D1726567

Hier finden Sie alle Formulierungsbeispiele und Gesamtmuster zur Übernahme in Ihre Textverarbeitung:

https://ch.beck.de/BeckNotar-HdB-7A

So laden Sie die Dateien herunter:
- Rufen Sie die oben genannte Internetseite in Ihrem Browser auf. Achten Sie dabei bitte auf die vorgegebene Groß-/Kleinschreibung!
- Geben Sie im dafür vorgesehenen Feld Ihren persönlichen Freischaltcode ein:

2EA6-4B25-57CA

- Speichern Sie die benötigte/n Datei/en auf Ihrer Festplatte.

Bei Fragen hierzu sind wir Ihnen gerne behilflich:

hotline@beck.de

Hinweis: Eine Weiterverbreitung der heruntergeladenen Daten ist nicht gestattet und würde einen strafbewehrten Verstoß gegen das Urheberrechtsgesetz darstellen.

Heckschen/Herrler/Münch

Beck'sches Notar-Handbuch

Beck'sches Notar-Handbuch

Herausgegeben von

Prof. Dr. Heribert Heckschen
Notar in Dresden

Sebastian Herrler
Notar in München

Dr. Christof Münch
Notar in Kitzingen

Fortführung des von
Prof. Dr. Günter Brambring und **Prof. Dr. Hans-Ulrich Jerschke**
begründeten Werkes

7., überarbeitete und erweiterte Auflage 2019

C.H.BECK

Zitiervorschlag:
BeckNotar-HdB/*Bearbeiter* § … Rn. …

www.beck.de

ISBN 978 3 406 73389 5

© 2019 Verlag C.H. Beck oHG
Wilhelmstraße 9, 80801 München
Druck und Bindung: Druckerei C.H. Beck Nördlingen
(Adresse wie Verlag)

Satz: 3w+p GmbH, Rimpar
Umschlaggestaltung: Martina Busch, Grafikdesign, Homburg Saar

Gedruckt auf säurefreiem, alterungsbeständigem Papier
(hergestellt aus chlorfrei gebleichtem Zellstoff)

Vorwort

Mit der nun vorliegenden 7. Auflage wurde das Beck'sche Notar-Handbuch weiter fort-entwickelt. Einem vielfach geäußerten Wunsch aus der Praxis folgend, wurden nunmehr Gesamtmuster aufgenommen. Auch im Übrigen wurde das Werk mit der 7. Auflage deutlich erweitert, insbesondere das Kapitel zur Aktiengesellschaft und zur Europäischen Gesellschaft.

Folgende Kapitel wurden neu aufgenommen:
- Grundbuchverfahrensrecht *(Wilsch)*,
- Vorsorgevollmacht, Betreuungs- und Patientenverfügung *(Reetz)*,
- Stiftung *(Hushahn)*,
- Handelsregisterverfahrensrecht *(Müther)*,
- Partnerschaftsgesellschaft *(Heckschen/Jacoby)*,
- GmbH in Krise und Insolvenz *(Heckschen/Weitbrecht)*.

Dadurch wuchs der Umfang dieser 7. Auflage auf 3.002 Seiten (vormals 2.062 Seiten) an. Um die Zitierbarkeit und den Online-Zugriff zu erleichtern, wurde das Handbuch vollständig neu gegliedert.

Der bereits mit der 6. Auflage eingeleitete Generationenwechsel im Autorenkreis wurde fortgesetzt. Ausgeschieden sind die Kollegen *Prof. Dr. Manfred Bengel, Dr. Erkki Bernhard, Sven Eichel, Dr. Hans-Dieter Kutter, Dr. Timm Starke* und *Dr. Ralf Tönnies,* die das Werk über viele Jahre begleitet und mitgeprägt haben. Ihnen sei an dieser Stelle herzlich gedankt. Neu im Autorenteam sind nunmehr die Kollegen *Dr. Till Bremkamp, Christian Esbjörnsson, Dr. Johannes Hushahn, Julia Jacoby, Dr. Martin Kindler, Dr. Peter-Hendrik Müther, Jehannes Trömer, Dr. Jannik Weitbrecht, Harald Wilsch* und *Dr. Luitpold Graf Wolffskeel v. Reichenberg,* die in der 7. Auflage bereits zahlreiche Akzente gesetzt haben. Zudem ist nun *Dr. Christof Münch* neben *Prof. Dr. Heribert Heckschen* und *Sebastian Herrler* Mitherausgeber des Werkes.

Besonderer Dank gebührt wiederum *Bettina Miszler,* die das Werk verlagsseitig umsichtig und mit großem Engagement betreut und trotz manch' verspäteter Manuskriptabgabe für ein zeitnahes Erscheinen der 7. Auflage des Beck'schen Notar-Handbuchs Sorge getragen hat.

Dresden, München und Kitzingen im Juli 2019

Heribert Heckschen
Sebastian Herrler
Christof Münch

Bearbeiterverzeichnis

Dr. Till Bremkamp, LL.M. (Cambridge)
Notar, Bonn

Dr. Florian Dietz
Notar, Bamberg

Christian Esbjörnsson, Dipl.-Jur. & -jur. oec. (Univ.)
Notar, Rosenheim

Dr. Arne Everts
Notar, Berchtesgaden

Prof. Dr. Dr. Herbert Grziwotz
Notar, Regen

Udo Hagemann
Notariatsbürovorsteher, Burscheid

Prof. Dr. Heribert Heckschen
Notar, Dresden

Dr. Marc Hermanns
Notar, Köln

Sebastian Herrler
Notar, München

Peter Hogl
Prokurist, Referatsleiter Allianz Versicherungs-AG, München

Dr. Johannes Hushahn, LL.M. (Cambridge)
Notar, Jüchen

Julia Jacoby
Ass. jur., Dresden

Dr. Martin Kindler
Notarassessor, Geschäftsführer der Rheinischen Notarkammer, Köln

Dr. Hans-Frieder Krauß, LL.M. (Michigan)
Notar, München

Prof. Dr. Dieter Mayer
Notar, München

Dr. Peter-Hendrik Müther
Vorsitzender Richter am Kammergericht, Berlin

Dr. Joachim Püls
Notar, Dresden

Ingeborg Rakete-Dombek
Rechtsanwältin und Fachanwältin für Familienrecht, Notarin, Berlin

Dr. Manfred Rapp
Notar a.D., Landsberg am Lech

Dr. Wolfgang Reetz
Notar, Köln

Christoph Sandkühler
Rechtsanwalt, Geschäftsführer der Westfälischen Notarkammer, Hamm

Dr. Sebastian Spiegelberger
Notar a.D., Stephanskirchen

Dr. Rembert Süß
Rechtsanwalt, Referatsleiter für Internationales Privatrecht
am Deutschen Notarinstitut (DNotI), Würzburg

Jehannes Trömer, M.A.
Notar, Bergneustadt

Dr. Wolfram Waldner, M.A.
Notar, Lauf an der Pegnitz

Lucas Wartenburger
Notar, Rosenheim

Dr. Simon Weiler
Notar, München

Dr. Jannik Weitbrecht
Ref. jur., Mannheim

Harald Wilsch
Dipl.-Rechtspfleger, Bezirksrevisor, München

Dr. Luitpold Graf Wolffskeel v. Reichenberg
Notarassessor, München

Prof. Dr. Norbert Zimmermann, LL.M. (Harvard)
Notar, Düsseldorf

Es haben bearbeitet:

Kapitel 1. Grundstücksrecht

§ 1.	Grundstückskauf:[1]	Dr. Arne Everts
		Prof. Dr. Dr. Herbert Grziwotz
		Udo Hagemann
		Prof. Dr. Heribert Heckschen
		Sebastian Herrler
		Dr. Hans-Frieder Krauß
		Jehannes Trömer
		Dr. Wolfram Waldner
§ 2.	Bauträgervertrag:[2]	Christian Esbjörnsson
§ 3.	Wohnungseigentum:	Dr. Manfred Rapp
§ 4.	Erbbaurecht:[3]	Dr. Luitpold Graf Wolffskeel v. Reichenberg
§ 5.	Grundstückszuwendung:	Sebastian Herrler
		Dr. Hans-Frieder Krauß
§ 6.	Grundschulden:	Dr. Arne Everts
§ 7.	Dienstbarkeiten:	Dr. Arne Everts
§ 8.	Vorkaufsrechte:	Dr. Arne Everts
§ 9.	Sonderformen des Immobilienerwerbs:	Prof. Dr. Heribert Heckschen
§ 10.	Verträge im Erschließungs- und Städtebaurecht:	Prof. Dr. Dr. Herbert Grziwotz
§ 11.	Grundbuchverfahrensrecht:	Harald Wilsch

Kapitel 2. Familienrecht

§ 12.	Eheverträge:	Prof. Dr. Dr. Herbert Grziwotz
§ 13.	Scheidungs- und Trennungsvereinbarungen:	Ingeborg Rakete-Dombek
§ 14.	Partnerschaftsvertrag:	Prof. Dr. Dr. Herbert Grziwotz
§ 15.	Beurkundungen im Kindschaftsrecht:	Prof. Dr. Dr. Herbert Grziwotz
§ 16.	Vorsorgevollmacht; Betreuungs- und Patienten-verfügung:	Dr. Wolfgang Reetz

Kapitel 3. Erbrecht

§ 17.	Erbrecht:[4]	Dr. Florian Dietz

Kapitel 4. Gesellschaftsrecht

§ 18.	Eingetragener Verein:	Dr. Wolfram Waldner
§ 19.	Stiftung:	Dr. Johannes Hushahn
§ 20.	Personengesellschaft:	Dr. Marc Hermanns
§ 21.	Partnerschaftsgesellschaft:	Prof. Dr. Heribert Heckschen
		Julia Jacoby
§ 22.	Gesellschaft mit beschränkter Haftung:	Prof. Dr. Heribert Heckschen
		Prof. Dr. Dieter Mayer
		Dr. Simon Weiler
		Dr. Jannik Weitbrecht
§ 23.	Aktiengesellschaft:	Prof. Dr. Heribert Heckschen
§ 24.	Umwandlung:	Prof. Dr. Heribert Heckschen
§ 25.	Unternehmenskauf:	Prof. Dr. Heribert Heckschen
§ 26.	Handelsregisterverfahrensrecht:	Dr. Peter-Hendrik Müther

Kapitel 5. Querschnittsthemen

§ 27.	Vollmachten:	Dr. Wolfgang Reetz
§ 28.	Auslandsberührung:	Dr. Rembert Süß
		Prof. Dr. Norbert Zimmermann
§ 29.	Steuerrecht für Notare:	Dr. Sebastian Spiegelberger
§ 30.	Kostenrecht:	Dr. Wolfram Waldner

Kapitel 6. Beurkundungsverfahren und Berufsrecht

§ 31.	Beurkundung:[5]	Dr. Martin Kindler
§ 32.	Berufsrecht der Notare:[6]	Dr. Till Bremkamp
§ 33.	Sonderfragen des Anwaltsnotars:	Christoph Sandkühler
§ 34.	Amtsführung und Büro:	Dr. Joachim Püls
§ 35.	Notarhaftung:	Peter Hogl

Praxishinweise Steuern: Lucas Wartenburger

Ausgeschiedene Bearbeiter:

[1] § 1. Grundstückskauf (7. Teil: Kaufpreisabwicklung über Notaranderkonto):
Bis zur 6. Aufl. bearbeitet von **Dr. Ralf Tönnies** (vormals Kap. A I. 7. Teil).

[2] § 2. Bauträgervertrag:
Bis zur 6. Aufl. bearbeitet von **Dr. Hans-Dieter Kutter** (vormals Kap. A II.).

[3] § 4. Erbbaurecht:
Bis zur 6. Aufl. bearbeitet von **Sven Eichel** (vormals Kap. A IV.).

[4] § 17. Erbrecht:
Bis zur 6. Aufl. mitbearbeitet von **Prof. Dr. Manfred Bengel** (vormals Kap. C).

[5] § 31. Beurkundung:
Bis zur 6. Aufl. bearbeitet von **Dr. Erkki Bernhard** (vormals Kap. G).

[6] § 31. Berufsrecht der Notare:
Bis zur 6. Aufl. bearbeitet von **Dr. Timm Starke** (vormals Kap. L I.).

Inhaltsübersicht

Inhaltsübersicht

Inhaltsverzeichnis

Kapitel 1. Grundstücksrecht

Inhaltsverzeichnis

Inhaltsverzeichnis

Inhaltsverzeichnis

Kapitel 2. Familienrecht

Inhaltsverzeichnis

Kapitel 4. Gesellschaftsrecht

Inhaltsverzeichnis

Inhaltsverzeichnis

Inhaltsverzeichnis

Inhaltsverzeichnis

Inhaltsverzeichnis

Inhaltsverzeichnis

Kapitel 6. Beurkundungsverfahren und Berufsrecht

Verzeichnis der Formulierungsbeispiele und Gesamtmuster

Alle Formulierungsbeispiele und Gesamtmuster können unter dem vorne im Buch abgedruckten Link nach Eingabe des dort angegebenen Freischaltcodes zur Übernahme in ihre Textverarbeitung heruntergeladen werden.

Verzeichnis der Formulierungsbeispiele und Gesamtmuster

§ 2. Bauträgervertrag

Verzeichnis der Formulierungsbeispiele und Gesamtmuster

Verzeichnis der Formulierungsbeispiele und Gesamtmuster

Verzeichnis der Formulierungsbeispiele und Gesamtmuster

§ 18. Eingetragener Verein

§ 20. Personengesellschaft

Verzeichnis der Formulierungsbeispiele und Gesamtmuster

§ 21. Partnerschaftsgesellschaft

§ 22. Gesellschaft mit beschränkter Haftung

§ 23. Aktiengesellschaft

Abkürzungsverzeichnis

aA	anderer Ansicht
aaO	am angegebenen Ort
abgedr.	abgedruckt
abl.	ablehnend
ABl.	Amtsblatt
Abs.	Absatz
Abschn.	Abschnitt
Abt.	Abteilung
abw.	abweichend
AcP	Archiv für civilistische Praxis
aE	am Ende
AEUV	Vertrag über die Arbeitsweise der Europäischen Union
aF	alte Fassung
AfA	Absetzung für Abnutzung
AG	Aktiengesellschaft/Die Aktiengesellschaft (Zeitschrift)/Amtsgericht
AGB	Allgemeine Geschäftsbedingungen
AGG	Allgemeines Gleichbehandlungsgesetz
AgrarR	Agrarrecht
AIZ	Allgemeine Immobilienzeitung (Zeitschrift)
AktG	Aktiengesetz
AktStR	Aktuelles Steuerrecht (Zeitschrift)
allg.	allgemein
allgM	allgemeine Meinung
Alt.	Alternative
aM	anderer Meinung
amtl.	amtlich
AnfG	Gesetz betreffend die Anfechtung von Rechtshandlungen außerhalb des Konkursverfahrens
Anh.	Anhang
Anl.	Anlage
Anm.	Anmerkung
AnwBl.	Anwaltsblatt
AO	Abgabenordnung
ArbRB	Der Arbeitsrechts-Berater (Zeitschrift)
Arg.	Argument
ARoV	Amt zur Regelung offener Vermögensfragen
Art.	Artikel
ARUG	Gesetz zur Umsetzung der Aktionärsrechterichtlinie
AT	Allgemeiner Teil
Aufl.	Auflage
ausdr.	ausdrücklich
ausf.	ausführlich
AusglLeistG	Ausgleichsleistungsgesetz
AVB	Allgemeine Versicherungsbedingungen
AVNot	Allgemeine Verfügung über Angelegenheiten der Notare
AWV	Außenwirtschaftsverordnung
Az.	Aktenzeichen
BAFA	Bundesanstalt für Wirtschaft und Ausfuhrkontrolle
BAG	Bundesarbeitsgericht
BAGE	Amtliche Sammlung der Entscheidungen des Bundesarbeitsgerichts

BAT	Bundesangestellten-Tarif
BauGB	Baugesetzbuch
BauR	Baurecht
BayGT	Zeitschrift des Bayerischen Gemeindetags
BayObLG	Bayerisches Oberstes Landesgericht
BayObLGZ	Entscheidungen des Bayerischen Obersten Landesgerichts in Zivilsachen
BayVBl.	Bayerische Verwaltungsblätter
BB	Der Betriebs-Berater (Zeitschrift)
BBauBl.	Bundesbaublatt
BBergG	Bundesberggesetz
BBG	Bundesbeamtengesetz
BBodSchG	Bundesbodenschutzgesetz
Bd.	Band
BDSG	Bundesdatenschutzgesetz
BeamtVG	Beamtenversorgungsgesetz
BeckOF	Beck'sche Online-Formulare
BeckOGK	Beck'scher Online-Großkommentar
BeckOK	Beck'scher Online-Kommentar
BeckRS	Beck'sche Rechtssprechungs-Sammlung
BeckFormB	Beck'sches Formularbuch
BeckHdB	Beck'sches Handbuch
begl.	beglaubigt
Begr.	Begründung
Beil.	Beilage
Bek.	Bekanntmachung
BerHG	Gesetz über Rechtsberatung und Vertretung für Bürger mit geringem Einkommen (Beratungshilfegesetz)
Beschl.	Beschluss
betr.	betreffend
BetrVG	Betriebsverfassungsgesetz
BeurkG	Beurkundungsgesetz
BewG	Bewertungsgesetz
BezG	Bezirksgericht
BfA	Bundesversicherungsanstalt für Angestellte
BFH	Bundesfinanzhof
BFHE	Amtliche Sammlung der Entscheidungen des Bundesfinanzhofes
BFH/NV	Sammlung amtlich nicht veröffentlichter Entscheidungen des Bundesfinanzhofs
BGB	Bürgerliches Gesetzbuch
BGBl.	Bundesgesetzblatt
BGH	Bundesgerichtshof
BGHSt	Amtliche Sammlung der Entscheidungen des Bundesgerichtshofs in Strafsachen
BGHZ	Amtliche Sammlung der Entscheidungen des Bundesgerichtshofs in Zivilsachen
BilMoG	Bilanzrechtsmodernisierungsgesetz
BImSchG	Gesetz zum Schutz vor schädlichen Umwelteinwirkungen durch Luftverunreinigungen, Geräusche, Erschütterungen und ähnliche Vorgänge
BKleingG	Bundeskleingartengesetz
Bl.	Blatt
BMF	Bundesministerium der Finanzen

BMJV	Bundesministerium für Justiz und Verbraucherschutz
BNotK	Bundesnotarkammer
BNotO	Bundesnotarordnung
BORA	Berufsordnung für Rechtsanwälte
BoSoG	Bodensonderungsgesetz
BRAK	Bundesrechtsanwaltskammer
BRAK-Mitt.	Bundesrechtsanwaltskammer-Mitteilungen
BRAO	Bundesrechtsanwaltsordnung
BR-Drs.	Bundesrats-Drucksache
BSG	Bundessozialgericht
BSGE	Amtliche Sammlung der Entscheidungen des Bundessozialgerichts
BSHG	Bundessozialhilfegesetz
Bsp.	Beispiel
BStBl.	Bundessteuerblatt
BtÄndG	Gesetz zur Änderung des Betreuungsrechts
BT	Besonderer Teil
BT-Drs.	Bundestagsdrucksache
Buchst.	Buchstabe
BVerfG	Bundesverfassungsgericht
BVerfGE	Amtliche Sammlung der Entscheidungen des Bundesverfassungsgerichts
BVerfGG	Gesetz über das BVerfG (Bundesverfassungsgerichtsgesetz)
BVerwG	Bundesverwaltungsgericht
BVerwGE	Amtliche Sammlung der Entscheidungen des Bundesverwaltungsgerichts
BVG	Gesetz über die Versorgung der Opfer des Krieges (Bundesversorgungsgesetz)
BWNotZ	Zeitschrift für das Notariat in Baden-Württemberg
bzgl.	bezüglich
BZRG	Bundeszentralregistergesetz
bzw.	beziehungsweise
ca.	circa
cic	culpa in contrahendo
DAI	Deutsches Anwaltsinstitut
Darst.	Darstellung
DATEV	Datenverarbeitungsorganisation für die Angehörigen der steuerberatenden Berufe
DAV	Deutscher Anwaltverein
DB	Der Betrieb (Zeitschrift)
DCGK	Deutscher Corporate Governance Kodex
ders.	derselbe
DGVZ	Deutsche Gerichtsvollzieherzeitschrift
dh	das heißt
dies.	dieselbe/n
DIN	Deutsches Institut für Normung
DIS	Deutsches Institut für Schiedsgerichtsbarkeit
Diss.	Dissertation
DJT	Deutscher Juristentag
DM	Deutsche Mark
DNotI	Deutsches Notarinstitut
DNotI-Report	Report des Informationsdienstes des Deutschen Notarinstituts

Abkürzungsverzeichnis

DNotV	Deutscher Notarverein
DNotZ	Deutsche Notar-Zeitschrift
DONot	Dienstordnung für Notarinnen und Notare
DRiG	Deutsches Richtergesetz
DrittelbG	Gesetz über die Dittelbeteiligung der Arbeitnehmer im Aufsichtsrat
DRiZ	Deutsche Richterzeitung
DS-GVO	Datenschutz-Grundverordnung
DStB	Der Steuerberater (Zeitschrift)
DStR	Deutsches Steuerrecht (Zeitschrift)
DStZ	Deutsche Steuer-Zeitung
DtZ	Deutsch-Deutsche Rechtzeitschrift
DVBl.	Deutsches Verwaltungsblatt
DVO	Durchführungsverordnung
ebd.	ebenda
EDV	Elektronische Datenverarbeitung
EFG	Entscheidungen der Finanzgerichte
e. G.	eingetragene Genossenschaft
EG	Europäische Gemeinschaft
EGAktG	Einführungsgesetz zum Aktiengesetz
EGBGB	Einführungsgesetz zum Bürgerlichen Gesetzbuch
EGGmbHG	Einführungsgesetz betreffend die Gesellschaften mit beschränkter Haftung
EGGVG	Einführungsgesetz zum Gerichtsverfassungsgesetz
EGHGB	Einführungsgesetz zum Handelsgesetzbuch
EGMR	Europäischer Gerichtshof für Menschenrechte
EGVP	Elektronisches Gerichts- und Verwaltungspostfach
EheG	Ehegesetz
EHUG	Gesetz über elektronische Handelsregister und Genossenschaftsregister sowie das Unternehmensregister
Einf.	Einführung
Einl.	Einleitung
einschl.	einschließlich
einschr.	einschränkend
e. K.	eingetragener Kaufmann
EntschG	Entschädigungsgesetz
entspr.	entsprechend
ErbbauRG	Gesetz über das Erbbaurecht
ErbGleichG	Erbrechtsgleichstellungsgesetz
ErbStDV	Erbschaftsteuerdurchführungsverordnung
ErbStG	Erbschaftsteuer- und Schenkungsteuergesetz
ErbStH	Hinweise zu den Erbschaftsteuer-Richtlinien
ErbStR	Erbschaftsteuer-Richtlinien
ErholNutzG	Erholungsnutzungsrechtsgesetz
ERVV	Verordnung über den elektronischen Rechtsverkehr
ESchG	Embryonenschutzgesetz
EStDV	Einkommensteuerdurchführungsverordnung
EStG	Einkommensteuergesetz
EStH	Einkommensteuer-Hinweise
EStR	Einkommensteuer-Richtlinien
ESUG	Gesetz zur weiteren Erleichterung der Sanierung von Unternehmen
etc	et cetera

EU	Europäische Union
EuErbVO	Verordnung über die Zuständigkeit, das anzuwendende Recht, die Anerkennung und Vollstreckung von Entscheidungen und die Annahme und Vollstreckung öffentlicher Urkunden in Erbsachen sowie zur Einführung eines Europäischen Nachlasszeugnisses
EuGH	Gerichtshof der Europäischen Gemeinschaften
EUR	Euro
Euro-EG	Euro-Einführungsgesetz
EuZW	Europäische Zeitschrift für Wirtschaftsrecht
e. V.	eingetragener Verein
EV	Einigungsvertrag zwischen der Bundesrepublik Deutschland und der Deutschen Demokratischen Republik
evtl.	eventuell
EWG	Europäische Wirtschaftsgemeinschaft
EWiR	Entscheidungen zum Wirtschaftsrecht (Zeitschrift)
EWIV	Europäische wirtschaftliche Interessenvereinigung
EWR	Europäischer Wirtschaftsraum
f.	folgende
Fa.	Firma
FamFG	Gesetz über das Verfahren in Familiensachen und in Angelegenheiten der freiwilligen Gerichtsbarkeit
FamR	Familienrecht
FamRB	Familienrechts-Berater (Zeitschrift)
FamRZ	Zeitschrift für das gesamte Familienrecht
ff.	fortfolgende
FG	Finanzgericht
FGG	Gesetz über die Freiwillige Gerichtsbarkeit
FGO	Finanzgerichtsordnung
FGPrax	Praxis der Freiwilligen Gerichtsbarkeit
FinA	Finanzamt
FlErwV	Flächenerwerbsverordnung
FlurbG	Flurbereinigungsgesetz
Fn.	Fußnote
Form.	Formular
FR	Finanz-Rundschau (Zeitschrift)
FS	Festschrift
FuR	Familie und Recht (Zeitschrift)
FWW	Freie Wohnungswirtschaft (Zeitschrift)
GAL	Gesetz über eine Altershilfe für Landwirte
GBBerG	Grundbuchbereinigungsgesetz
GBl.	Gesetzblatt
GBO	Grundbuchordnung
GbR	Gesellschaft bürgerlichen Rechts
GBV	Grundbuchverfügung
geb.	geboren
gem.	gemäß
GemS	Gemeinsamer Senat der obersten Gerichtshöfe des Bundes
GenG	Gesetz betreffend die Erwerbs- und Wirtschaftsgenossenschaften
GesR	Gesellschaftsrecht
GewO	Gewerbeordnung
GG	Grundgesetz für die Bundesrepublik Deutschland

Abkürzungsverzeichnis

ggf.	gegebenenfalls
GGV	Gebäudegrundbuchverfügung
GK	Großkommentar
GKG	Gerichtskostengesetz
GmbH	Gesellschaft mit beschränkter Haftung
GmbHG	Gesetz betreffend die Gesellschaften mit beschränkter Haftung
GmbHR	GmbH-Rundschau (Zeitschrift)
GmbH-StB	GmbH-Steuerberater (Zeitschrift)
GNotKG	Gesetz über Kosten der freiwilligen Gerichtsbarkeit für Gerichte und Notare
GO	Gemeindeordnung
grds.	grundsätzlich
GrdstVG	Grundstücksverkehrsgesetz
GrEStG	Grunderwerbsteuergesetz
GrS	Großer Senat
GRUR	Gewerblicher Rechtsschutz und Urheberrecht (Zeitschrift)
GS	Gedächtnisschrift
GVBl.	Gesetz- und Verordnungsblatt
GVG	Gerichtsverfassungsgesetz
GVO	Grundstücksverkehrsordnung
GWB	Gesetz gegen Wettbewerbsbeschränkungen
GwG	Geldwäschegesetz
GWR	Gesellschafts- und Wirtschaftsrecht (Zeitschrift)
hA	herrschende Ansicht
HausrV	Hausratsverordnung
HdB	Handbuch
HGB	Handelsgesetzbuch
HK	Handkommentar
hL	herrschende Lehre
hM	herrschende Meinung
HOAI	Honorarordnung für Architekten und Ingenieure
HöfeO	Höfeordnung
HofV	Hofraumverordnung
HR	Handelsregister
HRA	Handelsregister Abteilung A
HRB	Handelsregister Abteilung B
HRegGebV	Handelsregistergebührenverordnung
Hrsg.	Herausgeber
hrsg.	herausgegeben
HRV	Handelsregisterverordnung
Hs.	Halbsatz
HV	Hauptversammlung
IBR	Immobilien & Baurecht (Zeitschrift)
idF	in der Fassung
idR	in der Regel
idS	in diesem Sinne
IDW	Institut der Wirtschaftsprüfer
iE	im Einzelnen
ieS	im engeren Sinne
iErg	im Ergebnis
i. Gr.	in Gründung

IHK	Industrie- und Handelskammer
iHv	in Höhe von
i. L.	in Liquidation
inkl.	inklusive
insbes.	insbesondere
insges.	insgesamt
InsO	Insolvenzordnung
IntVerschmRiLi	Richtlinie über die grenzüberschreitende Verschmelzung
InvG	Investmentgesetz
InVorG	Investitionsvorranggesetz
IPR	Internationales Privatrecht
IPRax	Praxis des Internationalen Privat- und Verfahrensrechts (Zeitschrift)
iRd	im Rahmen des/der
iRv	im Rahmen von
iSd	im Sinne des/der
iSv	im Sinne von
iÜ	im Übrigen
iVm	in Verbindung mit
iwS	im weiteren Sinne
JFG	Jahrbuch für Entscheidungen in Angelegenheiten der Freiwilligen Gerichtsbarkeit und des Grundbuchrechts
JMBl.	Justizministerialblatt
JR	Juristische Rundschau (Zeitschrift)
Jura	Juristische Ausbildung (Zeitschrift)
JurBüro	Das juristische Büro (Zeitschrift)
Juris	Juristisches Informationssystem
JuS	Juristische Schulung (Zeitschrift)
JW	Juristische Wochenschrift
JZ	Juristenzeitung
KAG	Kommunalabgabengesetz
Kap.	Kapitel
KapCoRiLG	Kapitalgesellschaften- und Co-Richtlinie-Gesetz
KapErhG	Gesetz über die Kapitalerhöhung aus Gesellschaftsmitteln und über die Verschmelzung von Gesellschaften mit beschränkter Haftung
KapErhStG	Gesetz über steuerrechtliche Maßnahmen bei Erhöhung des Nennkapitals aus Gesellschaftsmitteln
KfH	Kammer für Handelssachen
KfW	Kreditanstalt für Wiederaufbau
KG	Kammergericht/Kommanditgesellschaft
KGaA	Kommanditgesellschaft auf Aktien
KGJ	Jahrbuch für Entscheidungen des Kammergerichts in Sachen der freiwilligen Gerichtsbarkeit
KindRG	Kindschaftsrechtsreformgesetz
KindUG	Kindesunterhaltsgesetz
KK	Kölner Kommentar
km	Kilometer
KMU	kleine und mittlere Unternehmen
KonsularG	Gesetz über die Konsularbeamten, ihre Aufgaben und Befugnisse (Konsulargesetz)
KÖSDI	Kölner Steuerdialog (Zeitschrift)

Abkürzungsverzeichnis

MVHdB	Münchener Vertragshandbuch
mwN	mit weiteren Nachweisen
MwSt	Mehrwertsteuer
Nachw.	Nachweise
NdsRpfl	Niedersächsische Rechtspflege (Zeitschrift)
NEhelG	Gesetz über die rechtliche Stellung der nichtehelichen Kinder
nF	neue Fassung
NJ	Neue Justiz (Zeitschrift)
NJW	Neue Juristische Wochenschrift
NJW-RR	NJW-Rechtsprechungsreport
NK	Nomoskommentar
notar	Monatsschrift für die gesamte notarielle Praxis
NotBZ	Zeitschrift für die notarielle Beurkundungs- und Beratungspraxis
Nr.	Nummer
NutzEV	Nutzungsentgeltverordnung
NVwZ	Neue Zeitschrift für Verwaltungsrecht
NVwZ-RR	NVwZ-Rechtsprechungs-Report
NZFam	Neue Zeitschrift für Familienrecht
NZA	Neue Zeitschrift für Arbeitsrecht
NZFam	Neue Zeitschrift für Familienrecht
NZG	Neue Zeitschrift für Gesellschaftsrecht
NZI	Neue Zeitschrift für Insolvenzrecht
NZM	Neue Zeitschrift für Miet- und Wohnrecht
oÄ	oder Ähnliches
OFD	Oberfinanzdirektion
OGB	Oberste Gerichtshöfe des Bundes
OGH	Oberster Gerichtshof (Österreich)
OHG	Offene Handelsgesellschaft
OLG	Oberlandesgericht
OLGR	OLG-Report
OLGZ	Entscheidungen der Oberlandesgerichte in Zivilsachen
OVG	Oberverwaltungsgericht
p. a.	per annum
PAO	Patentanwaltsordnung
PartGG	Gesetz über Partnerschaftsgesellschaften Angehöriger Freier Berufe
PersGesR	Personengesellschaftsrecht
PflegeVG	Pflegeversicherungsgesetz
PrKG	Preisklauselgesetz
PrKV	Preisklauselverordnung
pVV	positive Vertragsverletzung
RA	Rechtsanwalt
RAK	Rechtsanwaltskammer
RBerG	Rechtsberatungsgesetz
RdA	Recht der Arbeit (Zeitschrift)
RDG	Rechtsdienstleistungsgesetz
RdL	Recht der Landwirtschaft (Zeitschrift)
RegBegr	Regierungsbegründung
RegE	Regierungsentwurf
RegVBG	Registerverfahrenbeschleunigungsgesetz
REIT	Real Estate Investment Trust

RG	Reichsgericht
RGBl.	Reichsgesetzblatt
RGZ	Amtliche Sammlung der Entscheidungen des Reichsgerichts in Zivilsachen
RHeimstG	Reichsheimstättengesetz
RIW	Recht der internationalen Wirtschaft (Zeitschrift)
RL	Richtlinie
Rn.	Randnummer
RNotZ	Rheinische Notar-Zeitschrift
Rpfleger	Der Deutsche Rechtspfleger (Zeitschrift)
RPflG	Rechtspflegergesetz
Rspr.	Rechtsprechung
RVG	Rechtsanwaltsvergütungsgesetz
RVO	Reichsversicherungsordnung
s.	siehe
S.	Satz/Seite
SachenRÄndG	Sachenrechtsänderungsgesetz
SachenRBerG	Sachenrechtsbereinigungsgesetz
ScheckG	Scheckgesetz
SchiedsVZ	Zeitschrift für Schiedsgerichtsverfahren
SchiffsRegO	Schiffsregisterordnung
SchlHA	Schleswig-Holsteinische Anzeigen
SchRMoG	Schuldrechtsmodernisierungsgesetz
SchuldRAnpG	Schuldrechtsanpassungsgesetz
SE	Societas Europaea
SEAG	SE-Ausführungsgesetz
SEBG	SE-Beteiligungsgesetz
SE-VO	Verordnung (EG) Nr. 2157/2001 des Rates vom 8.10.2001 über das Statut der Europäischen Gesellschaft
SGB	Sozialgesetzbuch
SignG	Gesetz über die Rahmenbedingungen für elektronische Signaturen
sog.	so genannte/r/s
SoH	Sonderheft
SPV	Sonderungsplanverordnung
StAG	Staatsangehörigkeitsgesetz
StB	Steuerberater
StBerG	Gesetz über die Rechtsverhältnisse der Steuerberater und Steuerbevollmächtigten
Stbg	Die Steuerberatung (Zeitschrift)
StEK	Steuerrechtsprechung in Karteiform
StGB	Strafgesetzbuch
StPO	Strafprozessordnung
str.	streitig
stRspr	ständige Rechtsprechung
teilw.	teilweise
THA	Treuhandanstalt
THG	Treuhandgesetz
TOP	Tagesordnungspunkt
Tz.	Teilziffer

ua	unter anderem
uÄ	und Ähnliches
UAbs.	Unterabsatz
UG	Unternehmergesellschaft (haftungsbeschränkt)
umstr.	umstritten
UmwBerG	Umwandlungsbereinigungsgesetz
UmwG	Umwandlungsgesetz
UmwStG	Umwandlungssteuergesetz
unstr.	unstreitig
unzutr.	unzutreffend
UPR	Umwelt- und Planungsrecht
UR-Nr.	Urkundenrollennummer
Urt.	Urteil
UStAE	Umsatzsteuer-Anwendungserlass
UStDV	Umsatzsteuer-Durchführungsverordnung
UStG	Umsatzsteuergesetz
UStR	Umsatzsteuerrichtlinien
usw	und so weiter
uU	unter Umständen
UVR	Umsatzsteuer- und Verkehrsteuer-Recht
UWG	Gesetz gegen den unlauteren Wettbewerb
v.	vom/von
VA	Verwaltungsakt
VAHRG	Gesetz zur Regelung von Härten im Versorgungsausgleich
Var.	Variante
VerbrKrG	Verbraucherkreditgesetz
VermRÄG	Vermögensrechtsänderungsgesetz
VermStRiLi	Vermögensteuerrichtlinien
VersR	Versicherungsrecht
vgl.	vergleiche
vH	vom Hundert
VIZ	Zeitschrift für Vermögens- und Investitionsrecht
VO	Verordnung
VOB/A	Vergabe- und Vertragsordnung für Bauleistungen Teil A: Allgemeine Bestimmungen für die Vergabe von Bauleistungen
VOB/B	Vergabe und Vertragsordnung für Bauleistungen Teil B: Allgemeine Bedingungen für die Ausführung von Bauleistungen
Vorb.	Vorbemerkung
VormG	Vormundschaftsgericht
VPI	Verbraucherpreisindex
VRV	Vereinsregisterverordnung
vs.	versus
VStG	Vermögensteuergesetz
VVaG	Versicherungsverein auf Gegenseitigkeit
VVG	Versicherungsvertragsgesetz
VwGO	Verwaltungsgerichtsordnung
VwVfG	Verwaltungsverfahrensgesetz
VZOG	Vermögenszuordnungsgesetz
WährungsG	Währungsgesetz
WE	Wohnungseigentum (Zeitschrift)
WEG	Wohnungseigentumsgesetz

wg.	wegen
WG	Wechselgesetz
WiB	Wirtschaftsrechtliche Beratung (Zeitschrift)
WiPra	Wirtschaftsrecht und Praxis (Zeitschrift)
WM	Wertpapiermitteilungen (Zeitschrift)
WoBauErlG	Wohnungsbau-Erleichterungsgesetz
WoBindG	Wohnungsbindungsgesetz
WoModSiG	Wohnungsbaumodernisierungssicherungsgesetz
WpHG	Wertpapierhandelsgesetz
WPO	Wirtschaftsprüferordnung
WpÜG	Wertpapiererwerbs- und Übernahmegesetz
WRP	Wettbewerb in Recht und Praxis (Zeitschrift)
WuB	Wirtschafts- und Bankrecht (Zeitschrift)
WuM	Wohnungswirtschaft und Mietrecht (Zeitschrift)
WuW	Wirtschaft und Wettbewerb (Zeitschrift)
XML	Extensible Markup Language
ZAP	Zeitschrift für die Anwaltspraxis
zB	zum Beispiel
ZBB	Zeitschrift für Bankrecht und Bankwirtschaft
ZErb	Zeitschrift für die Steuer- und Erbrechtspraxis
ZEV	Zeitschrift für Erbrecht und Vermögensnachfolge
ZfBR	Zeitschrift für deutsches und internationales Bau- und Vergaberecht
ZfIR	Zeitschrift für Immobilienrecht
ZfPW	Zeitschrift für die gesamte Privatrechtswissenschaft
ZGB	Zivilgesetzbuch der DDR
ZGR	Zeitschrift für Unternehmens- und Gesellschaftsrecht
ZHR	Zeitschrift für das gesamte Handels- und Wirtschafsrecht
Ziff.	Ziffer
ZInsO	Zeitschrift für das gesamte Insolvenzrecht
ZIP	Zeitschrift für Wirtschaftsrecht
zit.	zitiert
ZMR	Zeitschrift für Miet- und Raumrecht
ZNotP	Zeitschrift für die Notarpraxis
ZOV	Zeitschrift für Offene Vermögensfragen
ZPO	Zivilprozessordnung
ZRP	Zeitschrift für Rechtspolitik
zT	zum Teil
zust.	zustimmend
zutr.	zutreffend
ZVG	Gesetz über die Zwangsversteigerung und Zwangsverwaltung (Zwangsversteigerungsgesetz)
zw.	zweifelhaft
ZWE	Zeitschrift für Wohnungseigentum
zzgl.	zuzüglich
zzt.	zurzeit

Literaturverzeichnis

Vgl. zur zitierten Literatur auch die Schrifttumsverzeichnisse vor den einzelnen Kapiteln.

Amann/Brambring/ Hertel .... *Amann/Brambring/Hertel,* Vertragspraxis nach neuem Schuldrecht, 2. Aufl. 2002

Armbrüster/Preuß/ Renner/Bearbeiter .... *Armbrüster/Preuß/Renner,* BeurkG/DONot, 7. Aufl. 2015

Arndt/Lerch/Sandkühler/ Bearbeiter .... *Arndt/Lerch/Sandkühler,* BNotO Bundesnotarordnung, 8. Aufl. 2016

Bamberger/Roth/ Bearbeiter .... *Bamberger/Roth,* BGB, 3. Aufl. 2012 (siehe auch unter BeckOK BGB/*Bearbeiter* und BRHP/*Bearbeiter* = Folgeauflage)

Bauer/v. Oefele/ Bearbeiter .... *Bauer/von Oefele,* GBO Grundbuchordnung, 3. Aufl. 2013

Bauer/Schaub/ Bearbeiter .... *Bauer/Schaub,* GBO Grundbuchordnung, 4. Aufl. 2018

Baumbach/Hopt/ Bearbeiter .... *Baumbach/Hopt,* Handelsgesetzbuch, 38. Aufl. 2018

Baumbach/Hueck/ Bearbeiter .... *Baumbach/Hueck,* GmbHG, 21. Aufl. 2017

BeckFormB BHW/ Bearbeiter .... *Hoffmann-Becking/Gebele,* Beck'sches Formularbuch Bürgerliches, Handels- und Wirtschaftsrecht, 13. Aufl. 2019

BeckFormB ErbR/ Bearbeiter .... *Keim/Lehmann,* Beck'sches Formularbuch Erbrecht, 4. Aufl. 2019

BeckFormB FamR/ Bearbeiter .... *Bergschneider,* Beck'sches Formularbuch Familienrecht, 5. Aufl. 2017

BeckFormB GmbHR/ Bearbeiter .... *Lorz/Pfisterer/Gerber,* Beck'sches Formularbuch GmbH-Recht, 2010

BeckFormB ImmobilienR/Bearbeiter ... *Weise/Forst,* Beck'sches Formularbuch Immobilienrecht, 3. Aufl. 2018

BeckFormB M&A/ Bearbeiter .... *Seibt,* Beck'sches Formularbuch Mergers & Acquisitions, 3. Aufl. 2018

BeckFormB WEG/ Bearbeiter .... *H. Müller,* Beck'sches Formularbuch Wohnungseigentums-recht, 3. Aufl. 2016

BeckFormB ZivilR/ Bearbeiter .... *Walz,* Beck'sches Formularbuch Zivil-, Wirtschafts- und Unternehmensrecht, Deutsch-Englisch, 4. Aufl. 2018

BeckHdB AG/ Bearbeiter .... *Drinhausen/Eckstein,* Beck'sches Handbuch der AG, Gesell-schaftsrecht, Steuerrecht, Börsengang, 3. Aufl. 2018

Literaturverzeichnis

BeckHdB GmbH/
Bearbeiter .... *Prinz/Winkeljohann,* Beck'sches Handbuch der GmbH, Gesellschaftsrecht, Steuerrecht, 5. Aufl. 2014

BeckHdB PersGes/
Bearbeiter .... *Prinz/Hoffmann,* Beck'sches Handbuch der Personengesellschaften, Gesellschaftsrecht, Steuerrecht, 4. Aufl. 2014

BeckOF Vertrag/
Bearbeiter .... *Weise/Krauß,* Beck'sche Online-Formulare Vertrag, 48. Ed. 2019

BeckOGK/*Bearbeiter* .... *Gsell/Krüger/Lorenz/Reymann,* beck-online.GROSS-KOMMENTAR (fortlaufend aktualisiert; siehe zum Stand beim jeweiligen Zitat)

BeckOK BauGB/
Bearbeiter .... *Spannowski/Uechtritz,* BeckOK BauGB, 45. Ed. Stand: 1.5.2019

BeckOK BGB/
Bearbeiter .... *Bamberger/Roth/Hau/Poseck,* BeckOK BGB, 50. Ed. Stand: 1.5.2019 (siehe auch unter Bamberger/Roth/*Bearbeiter* und BRHP/*Bearbeiter*)

BeckOK GBO/
Bearbeiter .... *Hügel,* BeckOK GBO, 35. Ed. Stand: 1.3.2019 (siehe auch unter Hügel/*Bearbeiter*)

BeckOK GmbHG/
Bearbeiter .... *Jaeger/Ziemons,* BeckOK GmbHG, 39. Ed. Stand: 1.5.2019

BeckOK HGB/
Bearbeiter .... *Häublein/Hoffmann-Theinert,* BeckOK HGB, 24. Ed. Stand: 15.4.2019

BeckOK StGB/
Bearbeiter .... *von Heintschel-Heinegg,* BeckOK StGB, 42. Ed. Stand: 1.5.2019

Bormann/Diehn/
Sommerfeld/*Bearbeiter* ..... *Bormann/Diehn/Sommerfeld,* GNotKG Gesetz über Kosten der freiwilligen Gerichtsbarkeit für Gerichte und Notare, 2. Aufl. 2016

Boruttau/*Bearbeiter* .... *Boruttau,* Grunderwerbsteuergesetz, 19. Aufl. 2019

Böttcher/Faßbender/
Waldhoff Erneuerbare
Energien/*Bearbeiter* .... *Böttcher/Faßbender/Waldhoff,* Erneuerbare Energien in der Notar- und Gestaltungspraxis, 2014

BRHP/*Bearbeiter* .... *Bamberger/Roth/Hau/Poseck,* BGB, 4. Aufl. 2019 (siehe auch unter BeckOK BGB/*Bearbeiter* und Bamberger/Roth/*Bearbeiter* = Vorauflage)

Bumiller/Harders/
Schwamb .... *Bumiller/Harders/Schwamb,* FamFG, Familienverfahren, Freiwillige Gerichtsbarkeit, 12. Aufl. 2019

Demharter .... *Demharter,* Grundbuchordnung, 31. Aufl. 2018

Diehn Notarkosten-
berechnungen .... *Diehn,* Notarkostenberechnungen, 5. Aufl. 2017

EBJS/*Bearbeiter* .... *Ebenroth/Boujong/Joost/Strohn,* Handelsgesetzbuch, 3. Aufl. 2014/2015

Erman/*Bearbeiter* .... *Erman* (hrsg. von *Westermann/Grunewald/Maier-Reimer*), BGB, 15. Aufl. 2017

Eylmann/Vaasen/
Bearbeiter .... *Eylmann/Vaasen* (hrsg. von *Frenz/Miermeister*), Bundesnotarordnung, Beurkundungsgesetz, Richtlinienempfehlungen der BNotK, Dienstordnung für Notarinnen und Notare, 4. Aufl. 2016

EZBK/*Bearbeiter* .... *Ernst/Zinkahn/Bielenberg/Krautzberger*, Baugesetzbuch, Loseblatt-Kommentar, 132. EL Stand: 2/2019

Feuerich/Weyland/
Bearbeiter .... *Feuerich/Weyland*, BRAO Bundesrechtsanwaltsordnung, 9. Aufl. 2016

Ganter/Hertel/
Wöstmann/*Bearbeiter* ...... *Ganter/Hertel/Wöstmann*, Handbuch der Notarhaftung, 4. Aufl. 2018

GK-AktG/*Bearbeiter* .... *Hopt/Wiedemann*, Aktiengesetz, Großkommentar, 4. Aufl. 2013 ff. und 5. Aufl. 2015 ff.

Grziwotz/Heinemann/
Bearbeiter .... *Grziwotz/Heinemann*, BeurkG Beurkundungsgesetz, 3. Aufl. 2018

Haug/Zimmermann
Amtshaftung/*Bearbeiter* .... *Haug/Zimmermann*, Die Amtshaftung des Notars, 4. Aufl. 2018

Hauschild/Kallrath/
Wachter Notar-HdB/
Bearbeiter .... *Hauschild/Kallrath/Wachter*, Notarhandbuch Gesellschafts- und Unternehmensrecht, 2. Aufl. 2017

Hausmann/Odersky IPR/
Bearbeiter .... *Hausmann/Odersky*, Internationales Privatrecht in der Notar- und Gestaltungspraxis, 3. Aufl. 2017

Heinemann/*Bearbeiter* ..... *Heinemann*, Kölner Formularbuch Grundstücksrecht, 2. Aufl. 2016

Herrler GesR/*Bearbeiter* ... *Herrler*, Gesellschaftsrecht in der Notar- und Gestaltungspraxis, 2017

HK-BetreuungsR/
Bearbeiter .... *Jurgeleit*, Betreuungsrecht, Handkommentar, 4. Aufl. 2018

Hopt VertrFormB/
Bearbeiter .... *Hopt*, Vertrags- und Formularbuch zum Handels-, Gesellschafts- und Bankrecht, 4. Aufl. 2013

Hügel/*Bearbeiter* .... *Hügel*, GBO Grundbuchordnung, 3. Aufl. 2016 (siehe auch unter BeckOK GBO/*Bearbeiter*)

Jauernig/*Bearbeiter* .... *Jauernig*, BGB Bürgerliches Gesetzbuch, 17. Aufl. 2018

Kallmeyer/*Bearbeiter* .... *Kallmeyer*, Umwandlungsgesetz, 6. Aufl. 2017

Kapp/Ebeling .... *Kapp/Ebeling*, Erbschaftsteuer- und Schenkungsteuergesetz, Loseblatt-Kommentar, 79. EL Stand: 4/2019

KBLW/*Bearbeiter* .... *Kremer/Bachmann/Lutter/von Werder*, Deutscher Corporate Governance Kodex, 7. Aufl. 2018

KEHE/*Bearbeiter* .... KEHE (hrsg. von *Keller/Munzig*), Grundbuchrecht, 8. Aufl. 2019

Literaturverzeichnis

Keidel/*Bearbeiter*	*Keidel,* FamFG Gesetz über das Verfahren in Familiensachen und in den Angelegenheiten der freiwilligen Gerichtsbarkeit, 19. Aufl. 2017
Kersten/Bühling/*Bearbeiter*	*Kersten/Bühling,* Formularbuch und Praxis der freiwilligen Gerichtsbarkeit, 26. Aufl. 2019
KK-AktG/*Bearbeiter*	*Zöllner/Noack,* Kölner Kommentar zum AktG, 3. Aufl. 2009 ff.
KK-UmwG/*Bearbeiter*	*Dauner-Lieb/Simon,* Kölner Kommentar zum UmwG, 2009
KKRD/*Bearbeiter*	*Koller/Kindler/Roth/Drüen,* HGB Handelsgesetzbuch, 9. Aufl. 2019
KKRM/*Bearbeiter*	*Koller/Kindler/Roth/Morck,* HGB Handelsgesetzbuch, 8. Aufl. 2015
Korintenberg/*Bearbeiter* ...	*Korintenberg,* GNotKG Gerichts- und Notarkostengesetz, 20. Aufl. 2017
Krafka RegisterR	*Krafka,* Registerrecht, 11. Aufl. 2019
Krafka/Kühn RegisterR ...	*Krafka/Kühn,* Registerrecht, 10. Aufl. 2017
Krauß Immobilienkauf-verträge	*Krauß,* Immobilienkaufverträge in der Praxis, 8. Aufl. 2017
Krauß Vermögensnach-folge	*Krauß,* Vermögensnachfolge in der Praxis, 5. Aufl. 2018
Lutter/*Bearbeiter*	*Lutter,* UmwG, 5. Aufl. 2014
Lutter/Hommelhoff/*Bearbeiter*	*Lutter/Hommelhoff,* GmbH-Gesetz, 19. Aufl. 2016
MAH AktR/*Bearbeiter*	*Schüppen/Schaub,* Münchener Anwaltshandbuch Aktienrecht, 3. Aufl. 2018
MAH ErbR/*Bearbeiter*	*Scherer,* Münchener Anwaltshandbuch Erbrecht, 5. Aufl. 2018
MAH FamR/*Bearbeiter*	*Schnitzler,* Münchener Anwaltshandbuch Familienrecht, 4. Aufl. 2014
MAH GmbHR/*Bearbeiter*	*Römermann,* Münchener Anwaltshandbuch GmbH-Recht, 4. Aufl. 2018
MAH IntWirtschaftsR/*Bearbeiter*	*Piltz,* Münchener Anwaltshandbuch Internationales Wirtschaftsrecht, 2017
MAH PersGesR/*Bearbeiter*	*Gummert,* Münchener Anwaltshandbuch Personengesellschaftsrecht, 2. Aufl. 2015
Maunz/Dürig/*Bearbeiter* ...	*Maunz/Dürig* (hrsg. von *Herzog/Herdegen/Klein*), Grundgesetz, Loseblatt-Kommentar, 86. EL Stand: 1/2019
Meincke	*Meincke,* ErbStG Erbschaft- und Schenkungsteuergesetz, 16. Aufl. 2012
Meincke/Hannes/Holtz	*Meincke/Hannes/Holtz,* ErbStG Erbschaft- und Schenkungsteuergesetz, 17. Aufl. 2018
MHLS/*Bearbeiter*	*Michalski/Heidinger/Leible/Schmidt,* GmbHG, 3. Aufl. 2017
Münch FamR/*Bearbeiter*	*Münch,* Familienrecht in der Notar- und Gestaltungspraxis, 2. Aufl. 2016
MHdB GesR I/*Bearbeiter*	*Gummert/Weipert,* Münchener Handbuch des Gesellschaftsrechts, Band 1: BGB-Gesellschaft, OHG, PartG, EWIV, 5. Aufl. 2019

MHdB GesR II/ Bearbeiter	*Gummert/Weipert,* Münchener Handbuch des Gesellschafts-rechts, Band 2: Kommanditgesellschaft, GmbH & Co. KG, Publikums-KG, Stille Gesellschaft, 5. Aufl. 2019
MHdB GesR III/ Bearbeiter	*Priester/Mayer/Wicke,* Münchener Handbuch des Gesell-schaftsrechts, Band 3: Gesellschaft mit beschränkter Haftung, 5. Aufl. 2018
MHdB GesR IV/ Bearbeiter	*Hoffmann-Becking,* Münchener Handbuch des Gesellschafts-rechts, Band 4: Aktiengesellschaft, 4. Aufl. 2015
MHdB GesR V/ Bearbeiter	*Beuthien/Gummert/Schöpflin,* Münchener Handbuch des Gesellschaftsrechts, Band 5: Verein, Stiftung bürgerlichen Rechts, 4. Aufl. 2016
MHdB GesR VI/ Bearbeiter	*Leible/Reichert,* Münchener Handbuch des Gesellschafts-rechts, Band 6: Internationales Gesellschaftsrecht, Grenz-überschreitende Umwandlungen, 4. Aufl. 2013
MHdB GesR VII/ Bearbeiter	*Born/Ghassemi-Tabar/Gehle,* Münchener Handbuch des Gesellschaftsrechts, Band 7: Gesellschaftsrechtliche Streitigkeiten (Corporate Litigation), 5. Aufl. 2016
MHdB GesR VIII/ Bearbeiter	*Lieder/Wilk/Ghassemi-Tabar,* Münchener Handbuch des Gesellschaftsrechts, Band 8: Umwandlungsrecht, 5. Aufl. 2018
MüKoAktG/Bearbeiter	*Goette/Habersack,* Münchener Kommentar zum Aktiengesetz, 5. Aufl. 2019 und 4. Aufl. 2014 ff.
MüKoBGB/Bearbeiter	*Säcker/Rixecker/Oetker/Limperg,* Münchener Kommentar zum Bürgerlichen Gesetzbuch, 8. Aufl. 2018 f. und 7. Aufl. 2015 ff.
MüKoGmbHG/ Bearbeiter	*Fleischer/Goette,* Münchener Kommentar zum GmbH-Gesetz, 3. Aufl. 2018 f.
MüKoHGB/Bearbeiter	*K. Schmidt,* Münchener Kommentar zum Handelsgesetz-buch, 4. Aufl. 2016 ff. und 3. Aufl. 2012 ff.
MüKoInsO/Bearbeiter	*Kirchhof/Stürner/Eidenmüller,* Münchener Kommentar zur InsO, 4. Aufl. 2019 und 3. Aufl. 2013 ff.
MüKoZPO/Bearbeiter	*Krüger/Rauscher,* Münchener Kommentar zur Zivilprozess-ordnung, 5. Aufl. 2016 f.
Musielak/Voit/ Bearbeiter	*Musielak/Voit,* ZPO Zivilprozessordnung, 15. Aufl. 2018
MVHdB I GesR/ Bearbeiter	*Böhm/Burmeister,* Münchener Vertragshandbuch, Band 1: Gesellschaftsrecht, 8. Aufl. 2018
MVHdB II WirtschaftsR I/Bearbeiter	*Rieder/Schütze/Weipert,* Münchener Vertragshandbuch, Band 2: Wirtschaftsrecht I, 7. Aufl. 2015
MVHdB III WirtschaftsR II/Bearbeiter	*Rieder/Schütze/Weipert,* Münchener Vertragshandbuch, Band 3: Wirtschaftsrecht II, 7. Aufl. 2015

Literaturverzeichnis

MVHdB IV WirtschaftsR III/*Bearbeiter*	*Rieder/Schütze/Weipert*, Münchener Vertragshandbuch, Band 4: Wirtschaftsrecht III, 8. Aufl. 2018
MVHdB V BürgerlR I/ *Bearbeiter*	*Herrler*, Münchener Vertragshandbuch, Band 5: Bürgerliches Recht I, 7. Aufl. 2013
MVHdB VI BürgerlR II/ *Bearbeiter*	*Herrler*, Münchener Vertragshandbuch, Band 6: Bürgerliches Recht II, 7. Aufl. 2016
MWHLW/*Bearbeiter*	*Meilicke/Graf von Westphalen/Hoffmann/Lenz/Wolff*, Partnerschaftsgesellschaftsgesetz, 3. Aufl. 2015
NK-BGB/*Bearbeiter*	*Dauner-Lieb/Heidel/Ring*, BGB, Nomoskommentar, 2014 ff.
Notarkasse Streifzug GNotKG	*Notarkasse (A.d.ö.R.)*, Streifzug durch das GNotKG Gerichts- und Notarkostengesetz, 12. Aufl. 2017
Palandt/*Bearbeiter*	*Palandt*, Bürgerliches Gesetzbuch, 78. Aufl. 2019
Prütting/Gehrlein/ *Bearbeiter*	*Prütting/Gerlein*, ZPO, 10. Aufl. 2018
PWW/*Bearbeiter*	*Prütting/Wegen/Weinreich*, BGB, 13. Aufl. 2018
Reul/Heckschen/ Wienberg InsR/ *Bearbeiter*	*Reul/Heckschen/Wienberg*, Insolvenzrecht in der Gestaltungspraxis, 2. Aufl. 2018
Roth/Altmeppen/ *Bearbeiter*	*Roth/Altmeppen*, GmbHG Gesetz betreffend die Gesellschaften mit beschränkter Haftung, 9. Aufl. 2019
Rowedder/Schmidt-Leithoff/*Bearbeiter*	*Rowedder/Schmidt-Leithoff*, GmbHG Gesetz betreffend die Gesellschaften mit beschränkter Haftung, 6. Aufl. 2017
Schippel/Bracker/ *Bearbeiter*	*Schippel/Bracker*, BNotO Bundesnotarordnung, 9. Aufl. 2011
Schmidt/*Bearbeiter*	*Schmidt*, EStG Einkommensteuergesetz, 38. Aufl. 2019
Schmitt/Hörtnagl/Stratz/ *Bearbeiter*	*Schmidt/Hörtnagl/Stratz*, UmwG/UmwStG, Umwandlungsgesetz, Umwandlungssteuergesetz, 8. Aufl. 2018
Scholz/*Bearbeiter*	*Scholz*, GmbHG, 12. Aufl. 2018
Schöner/Stöber GrundbuchR	*Schöner/Stöber*, Grundbuchrecht, 15. Aufl. 2012
Semler/Stengel/ *Bearbeiter*	*Semler/Stengel*, Umwandlungsgesetz, 4. Aufl. 2017
Soergel/*Bearbeiter*	*Soergel*, BGB Bürgerliches Gesetzbuch, 13. Aufl. 2000 ff.
Sölch/Ringleb/ *Bearbeiter*	*Sölch/Ringleb*, Umsatzsteuer, Loseblatt-Kommentar, 85. EL Stand: 3/2018
SSSP/*Bearbeiter*	*Stumpf/Suerbaum/Schulte/Pauli*, Stiftungsrecht, 3. Aufl. 2018
Staudinger/*Bearbeiter*	*Staudinger*, J. von Staudingers Kommentar zum Bürgerlichen Gesetzbuch, Neubearbeitung 2006 ff. (siehe zum Stand beim jeweiligen Zitat)
Stöber	*Stöber*, Zwangsversteigerungsgesetz, 21. Aufl. 2016
Stöber/*Bearbeiter*	*Stöber*, Zwangsversteigerungsgesetz, 22. Aufl. 2019

Waldner .... *Waldner,* Immobilienkaufverträge, 2. Aufl. 2011

Weingärtner/Gassen/
Sommerfeldt/*Bearbeiter* .... *Weingärtner/Gassen/Sommerfeldt,* DONot Dienstordnung für Notarinnen und Notare, Berufsrecht, Elektronischer Rechtsverkehr, Kosten, 13. Aufl. 2016

Wendl/Dose
UnterhaltsR/*Bearbeiter* ..... *Wendl/Dose,* Das Unterhaltsrecht in der familienrichterlichen Praxis, 9. Aufl. 2015

Widmann/Mayer/
Bearbeiter .... *Widmann/Mayer,* Umwandlungsrecht, Umwandlungsgesetz, Umwandlungssteuergesetz, Loseblatt-Kommentar, 177. EL Stand 5/2019

Winkler BeurkG .... *Winkler,* Beurkundungsgesetz, 19. Aufl. 2019 und 18. Aufl. 2017

Wurm/Wagner/
Zartmann/*Bearbeiter* .... *Wurm/Wagner/Zartmann,* Das Rechtsformularbuch, 17. Aufl. 2015

WürzNotar-HdB/
Bearbeiter .... *Limmer/Hertel/Frenz/Mayer,* Würzburger Notarhandbuch, 5. Aufl. 2017

Zöller/*Bearbeiter* .... *Zöller,* Zivilprozessordnung, 32. Aufl. 2018

Kapitel 1. Grundstücksrecht

§ 1. Grundstückskauf

Übersicht

Schrifttum:

Grziwotz/Everts/Heinemann/Koller, Grundstückskaufverträge, 2015; *Heinemann,* Kölner Formularbuch Grundstücksrecht, 2. Aufl. 2016; *Hoffmann-Becking/Gebele,* Beck'sches Formularbuch Bürgerliches, Handels- und Wirtschaftsrecht, 13. Aufl. 2019 (zit.: BeckFormB BHW); *Krüger/Hertel,* Der Grundstückskauf, 11. Aufl. 2016; *Krauß,* Immobilienkaufverträge in der Praxis, 8. Aufl. 2017; *Waldner,* Immobilienkaufverträge, 2. Aufl. 2011.

1. Teil. Beratung der Vertragsparteien

A. Vorbemerkung

1   Bereits vor der Besprechung eines Grundstückskaufvertrages mit Verkäufer und Käufer sollte der Notar den **Grundbuchinhalt feststellen.** Ohne Kenntnis des aktuellen Grundbuchstands kann der Notar weder die Beteiligten qualifiziert beraten noch einen Vertragsentwurf erstellen. Auf die Aussage des Verkäufers, er sei eingetragener Eigentümer des lastenfreien Grundstücks, darf sich der Notar nicht verlassen (vgl. § 21 BeurkG). Sie ist häufig aus Rechtsunkenntnis unzutreffend. Der Erbe des noch eingetragenen Eigentümers geht davon aus, nach Abschluss des Vertrages sehr schnell den Kaufpreis zu erhalten; in Wirklichkeit muss aber vielfach zunächst ein Erbscheinsverfahren durchgeführt werden (vgl. §§ 39, 40 GBO). Ist das Darlehen zurückgezahlt, glaubt der juristische Laie, damit sei auch das Grundpfandrecht untergegangen. Die Vereinbarung einer Anzahlung auf den Kaufpreis unmittelbar nach Abschluss des Vertrages verbietet sich insbesondere bei Belastung des Grundstücks, wenn auch nur geringste Zweifel bestehen, ob der Restkaufpreis zur Lastenfreistellung ausreicht. Eingetragene Rechte Dritter, zB eine Dienstbarkeit, an die sich der Verkäufer nicht mehr erinnert, können zur Aufgabe der Kaufabsicht führen.

2   Was den **Vertragsinhalt** anbelangt, haben sich Verkäufer und Käufer vor dem Gespräch beim Notar regelmäßig über die Höhe des Kaufpreises und den Termin für Kaufpreiszahlung und Besitzübergabe geeinigt. Darüber hinaus haben die Beteiligten regelmäßig keine Vorstellungen von den zwischen ihnen regelungsbedürftigen Fragen. Im Beratungsgespräch kann der Notar allerdings davon ausgehen, dass auch eine Person, die zum ersten Mal einen Grundstückskaufvertrag abschließt, einzelne vertragliche Regelungen als selbstverständlich zugrunde legt, zB die Verpflichtung des Käufers, die Notar- und Gerichtsgebühren zu tragen (vgl. § 448 Abs. 2 BGB) – soweit es sich nicht um die Kosten der vertraglich geschuldeten Lastenfreistellung handelt (vgl. § 433 Abs. 1 S. 2 BGB) –, ebenso wie den Ausschluss der Haftung des Verkäufers für Mängel eines verkauften Altbaus.

3   Weitgehend unbekannt ist dagegen, dass der Kauf eines Hausgrundstücks anderen Regeln unterliegt als beispielsweise der Kauf eines Gebrauchtwagens. Der Notar wird daher zunächst erläutern müssen, dass zum Erwerb des Eigentums die Eintragung des Käufers im Grundbuch erforderlich ist, die nicht sofort nach Abschluss des Kaufvertrages erfolgen kann. Er wird den Beteiligten verständlich machen, warum die Zahlung des Kaufpreises nicht unmittelbar im Anschluss an die Beurkundung des Vertrages, sondern erst nach Eintritt bestimmter, im Sicherungsinteresse des Käufers unverzichtbarer Voraussetzungen (insbes. Eintragung einer Eigentumsvormerkung, Sicherung der Lastenfreistellung) erfolgen kann. Nicht selten wird aufgrund mangelnder Rechtskenntnis das **Sicherungsbedürfnis** beider Vertragsteile bei der Abwicklung eines Kaufvertrages nicht gesehen, das regelmäßig ein Bündel von Maßnahmen erfordert, um das Risiko der Vorleistung des einen oder des anderen Teils zu verringern. Der Notar wird um Vertrauen werben, dass seine Gestaltungsvorschläge nicht „juristische Förmelei" sind, sondern auf einen ausgewogenen, den Interessen beider Vertragsteile in gleicher Weise Rechnung tragenden Vertrag abzielen.

4   Der Verkäufer, dem an einer schnellen Kaufpreiszahlung gelegen ist, möchte vielfach wissen, zu welchem Zeitpunkt nach der Erfahrung des Notars mit dem Eintritt aller Fälligkeitsvoraussetzungen zu rechnen ist – eine Frage, die nur unter Berücksichtigung der Umstände des jeweiligen Einzelfalls beantwortet werden kann. Dem Käufer sollte empfohlen werden, bereits im Vorfeld des Vertragsschlusses die Finanzierung zu klären, um idealiter gleich im Anschluss an die Beurkundung des Kaufvertrages das etwa erforderliche Sicherungsgrundpfandrecht bestellen zu können. Zwar ist ein später erfolgender Rangrücktritt unter Geltung des GNotKG nicht mehr kostenpflichtig,[1] doch ist nur auf diese

---

[1] Nr. 14130 Anm. Abs. 2 KV GNotKG bestimmt, dass Rangänderungen nur als Veränderungen des zurück-

Weise gewährleistet, dass das Darlehen zum Fälligkeitstermin ausgezahlt werden kann. Wird die Finanzierungsgrundschuld nicht mitbeurkundet, ist der Käufer darauf hinzuweisen, dass die Bank in aller Regel auch ein bereits zugesagtes Darlehen erst nach Eintragung des Grundpfandrechts im Grundbuch auszahlen wird, was einige Zeit in Anspruch nehmen kann. Zudem gibt die Mitbeurkundung des Grundpfandrechts dem Verkäufer vielfach ein hinreichendes Maß an Sicherheit, dass der Käufer über ausreichende Mittel zur Bezahlung des Kaufpreises verfügt.

Nach ständiger Rechtsprechung des BGH[2] trifft den Notar gemäß § 17 Abs. 1 S. 1 BeurkG eine **doppelte Belehrungspflicht,** wenn ein Urkundsbeteiligter eine **ungesicherte Vorleistung** erbringen soll, die als solche nicht ohne weiteres erkennbar ist. Erfasst werden insoweit allerdings nur Hauptleistungspflichten. Der Notar hat zum einen über die Folgen zu belehren, die im Falle der Leistungsunfähigkeit des durch die Vorleistung Begünstigten eintreten (erste Pflicht), und zum anderen Wege aufzuzeigen, wie diese Risiken vermieden werden können (zweite Pflicht). Die Amtspflicht zur sicheren Gestaltung des Kaufvertrags darf jedoch **nicht überspannt** werden. Ursprünglich hatte der BGH den Umfang der zweiten Pflicht sehr weit gefasst. Nach dem Urteil des BGH vom 15. 1. 1998 (IX ZR 4/97)[3] sollte der Notar nicht nur die „klassischen" Sicherungsmöglichkeiten vorschlagen, sondern, sofern diese von den (uneinsichtigen) Beteiligten abgelehnt werden, gehalten sein, nach weiteren, ihm unbekannten Sicherungsmöglichkeiten zu suchen und die Beurkundung zu verschieben. Mittlerweile hat der BGH aber insbesondere durch die Entscheidung vom 12. 2. 2004 (III ZR 77/03)[4] klargestellt, dass sich der Notar damit begnügen darf, die sich nach dem Inhalt des Geschäfts und dem erkennbaren Willen der Beteiligten unter Berücksichtigung auch ihrer Leistungsfähigkeit anbietenden, realistisch in Betracht kommenden Sicherungsmöglichkeiten zu nennen. Im entschiedenen Haftungsfall hatte der Notar nachdrücklich auf die Risiken einer ungesicherten Vorleistung des Käufers hingewiesen und Sicherungsmöglichkeiten vorgeschlagen (Bankbürgschaft, Zahlung erst bei Sicherstellung des lastenfreien Erwerbs, Zahlungsabwicklung über ein Notaranderkonto), die abgelehnt wurden. Kann der Notar den belehrungsresistenten Beteiligten nicht umstimmen, ist er nicht gehalten, die Beurkundung abzulehnen, um weitere Informationen über denkbare alternative Sicherungsmöglichkeiten einzuholen.

Nach dem Urteil des BGH vom 17. 1. 2008 (III ZR 136/07)[5] stellt die zweite Komponente der doppelten Belehrungspflicht – das Aufzeigen von Abhilfemöglichkeiten – den Notar nicht nur beim Bauträgervertrag, sondern allgemein beim Grundstückskaufvertrag vor eine vielfach kaum zufriedenstellend lösbare Gestaltungsaufgabe, wenn der Verkäufer die **Erschließungs- und Anschlusskosten** übernimmt, diese jedoch von der Gemeinde noch nicht festgesetzt wurden. Der BGH sieht den Notar in der (haftungsbewehrten) Pflicht, den Erwerber auf die Risiken hinzuweisen, die mit einer Zahlung des die Erschließungskosten enthaltenden Kaufpreises/Kaufpreisteils vor deren Begleichung durch den Veräußerer gegenüber der Gemeinde verbunden sind. Nach Ansicht des BGH lässt sich das Vorleistungsrisiko durch Vereinbarung eines Zurückbehaltungsrechts, durch „eine Abrede, die Erschließungskosten ganz oder teilweise aus dem Kaufpreis herauszunehmen", durch Stellung einer Höchstbetragsbürgschaft einer Bank[6] oder durch Hinterlegung eines entsprechenden Kaufpreisteils auf Anderkonto effektiv beseitigen. Im Regelfall steht die Höhe der Anlieger- und Erschließungsbeiträge aber a priori nicht fest und die Gemeinden sind vielfach auch nicht zu Auskünften über die ungefähren Kosten bereit.

---

tretenden Rechts behandelt werden; Veränderungen einer Vormerkung sind aber mangels einer Gebührenvorschrift gebührenfrei.

[2] Unter anderem DNotZ 1998, 637; DNotZ 2001, 437; DNotZ 2008, 280; DNotZ 2008, 925; NJW-RR 2012, 300.

[3] DNotZ 1998, 637, vgl. auch *Ganter* NotBZ 2000, 277.

[4] DNotZ 2004, 841.

[5] DNotZ 2008, 280.

[6] So OLG Frankfurt a.M. als Vorinstanz, NotBZ 2008, 32.

Die genannten Gestaltungsvarianten sind unter diesen Umständen nur eingeschränkt zielführend. Ob dem Käufer mit dem – prima facie praktikabelsten – Vorschlag des BGH gedient ist, die Kosten gegen einen entsprechenden Kaufpreisabschlag zu übernehmen, sei dahingestellt.

7   Nicht zuletzt aufgrund der im Einzelfall nicht selten sehr strengen Haftungsrechtsprechung ist ein ungebrochener Trend zu immer umfangreicheren Vertragstexten zu konstatieren, insbesondere zur Vorsorge für (gänzlich) atypisch gelagerte Ausnahmefälle ohne konkreten Anlass sowie zur Aufnahme ausführlicher Hinweise und Belehrungsvermerke. Insoweit sollten jedoch stets auch die Verständnismöglichkeiten des rechtsunkundigen, mit Grundstücksgeschäften nicht vertrauten Verbrauchers im Blick behalten werden. Gerade eine vorherige Auseinandersetzung des Verbrauchers mit dem Gegenstand der Beurkundung iSv § 17 Abs. 2a S. 2 Nr. 2 BeurkG durch Zurverfügungstellung des beabsichtigten Texts des Rechtsgeschäfts wird durch eine nicht auf die *essentialia* fokussierte Vertragsgestaltung erheblich erschwert, zumal wenn die Relevanz zahlreicher Passagen für den konkreten Kaufvertrag kaum erkennbar ist. Auf eine Erläuterung des Vertragsinhalts sowie auf umfangreiche Belehrungsvermerke in der Urkunde selbst kann und sollte mE verzichtet werden, da diese Gegenstand der Beurkundungsverhandlung sind.[7] Andernfalls besteht die Gefahr, dass sich die Beurkundungsverhandlung auf die Verlesung langer Texte beschränkt und Erläuterungen mit weniger formaljuristischen, eigenen Worten des Notars, an die sich oft erst die Fragen der Beteiligten anknüpfen, in den Hintergrund treten. Das Spannungsverhältnis zwischen Übersichtlichkeit, Verständlichkeit und haftungssicherer Gestaltung lässt sich unter Umständen auch dadurch auflösen, dass ausführlichere Erläuterungen in Merkblättern oÄ enthalten sind, die den Vertragsparteien im Rahmen der Besprechung bzw. im Vorfeld des Vertragsschlusses zur Verfügung gestellt werden.

B. Beratungs-Checkliste

8   Die nachstehende Checkliste kann selbstverständlich nicht alle Fragen streifen, die im Einzelfall bei der Vorbereitung eines Kaufvertrages anzusprechen sind. Es geht hierbei um folgende Themenbereiche:

9   **Beratungs-Checkliste:**
- (1) Person des Verkäufers und des Käufers
- (2) Kaufgegenstand
- (3) Kaufpreis, Kaufpreisfälligkeit
- (4) Fälligkeitsvoraussetzung bei Direktzahlung
- (5) Kaufpreishinterlegung auf Anderkonto
- (6) Kaufpreisfinanzierung
- (7) Sicherung der pünktlichen Kaufpreiszahlung
- (8) Besitzübergang
- (9) Rechts- und Sachmängel; Erschließungskosten und Anliegerbeiträge
- (10) Kosten und Steuern.
- (11) Individualvertrag oder Formular-/Verbrauchervertrag

(1) Person des Verkäufers und des Käufers
  (a) Bei natürlichen Personen: Vorname und Familienname (Geburtsname), Geburtsdatum (§ 26 Abs. 2 S. 1 DONot), Anschrift, Staatsangehörigkeit (vgl. § 4 Abs. 3 Nr. 1 GwG), Güterstand – auf die früher übliche Angabe des Berufs wird heute überwiegend verzichtet, Steueridentifikationsnummer. Die Identifizie-

---

[7] In diesem Sinne bereits BeckNotar-HdB/*Brambring*, 5. Aufl. 2009, A I. Rn. 1.

rung hat grds. anhand eines gültigen Personalausweises oder Reisepasses zu erfolgen (§ 4 Abs. 4 S. 1 Nr. 1 GwG).

(b) Bei Personenhandelsgesellschaften und juristischen Personen: Firma, Name oder Bezeichnung, Rechtsform, Sitz, Handelsregister und Registernummer, inländische Geschäftsanschrift, Name, Geburtsdatum und Wohnort bzw. Dienst-/Geschäftsanschrift (§ 26 Abs. 2 S. 3 lit. a DONot) des oder der Vertreter (Gesellschafter, Vorstand, Geschäftsführer, Prokurist). Hat der Notar das Handels- oder Genossenschaftsregister vor der Beurkundung eingesehen oder wird ihm ein beglaubigter Registerauszug neuesten Datums vorgelegt (vgl. auch § 4 Abs. 4 S. 1 Nr. 2 GwG) – der Notar ist verpflichtet, die Vertretungsmacht zu prüfen –,[8] kann eine Vertretungsbescheinigung nach § 21 BNotO in die Niederschrift aufgenommen werden. Diese kann aber genauso gut gesondert erfolgen.

(c) Sofern ein Vertragsteil für einen wirtschaftlich Berechtigten iSv § 1 Abs. 6 GwG handelt: Angabe des Namens des wirtschaftlich Berechtigten und gegebenenfalls weiterer Identifizierungsmerkmale (vgl. vorstehend lit. a bzw. lit. b, §§ 3 Abs. 1 Nr. 3, 4 Abs. 5 GwG).

(d) In welchem Beteiligungsverhältnis erwerben mehrere Käufer (Bruchteilseigentum, Gütergemeinschaft, Güterstand des ausländischen Rechts)? Die Angabe ist nach § 47 Abs. 1 GBO zwingend erforderlich. Zum Sonderfall des Erwerbs durch eine (idealiter in der Urkunde neu zu gründende) GbR vgl. § 47 Abs. 2 GBO.

(e) Ist die Mitwirkung des anderen Ehegatten nach § 1365 BGB oder nach dem maßgeblichen ausländischen Güterrecht erforderlich? Kauft ein Ehegatte allein, ist darauf zu achten, dass aufgrund der Vereinbarung mit der Bank bei der Bestellung des Finanzierungsgrundpfandrechts vielfach auch der andere Ehegatte als weiterer persönlicher Schuldner (Abgabe eines Schuldanerkenntnisses mit Zwangsvollstreckungsunterwerfung) mitzuwirken hat.

(f) Ist der ausländische Staatsangehörige der deutschen Sprache „hinreichend kundig"? Andernfalls ist nach § 16 Abs. 1 BeurkG ein Dolmetscher hinzuzuziehen, sofern der Notar nicht selbst übersetzt. Stets ist die gesamte Niederschrift zu übersetzen. Eine partielle Sprachunkundigkeit kennt das Gesetz nicht.[9] Zudem ist zu klären, ob eine schriftliche Übersetzung gewünscht wird. Zur Ermittlung des Güterrechtsstatuts des ausländischen Rechts s. Länderliste, → § 28 Rn. 168; die Errungenschaftsgemeinschaft ist in vielen Ländern gesetzlicher Güterstand.

Ist der verheiratete ausländische Verkäufer allein zur Verfügung über das Grundstück befugt? Kann der verheiratete Ausländer zu Alleineigentum erwerben bzw. in welchem Beteiligungsverhältnis können und wollen miteinander verheiratete ausländische Staatsangehörige erwerben? Wird der Abschluss eines Ehevertrages mit Wahl des deutschen Güterrechts gewünscht?

Ist der ausländische Staatsangehörige nach dem maßgeblichen Heimatrecht volljährig?

(g) Ist der Verkäufer Erbe des eingetragenen Eigentümers?

Trotz der Erleichterung durch § 40 Abs. 1 GBO ist in aller Regel eine vorherige Grundbuchberichtigung empfehlenswert (Vorlage einer Ausfertigung des Erbscheins oder der notariell beurkundeten Verfügung von Todes wegen mit Eröffnungsniederschrift, § 35 GBO), da der mit dem Erbschein nach § 2366 BGB einhergehende Gutglaubensschutz hinter dem des § 892 BGB zurückbleibt. Etwas anderes gilt jedoch bei Handeln aufgrund trans- oder postmortaler Voll-

---

[8] BGH DNotZ 1994, 985.
[9] Vgl. DNotI-Report 2013, 129f. mwN.

macht. Eine vorherige Grundbuchberichtigung ist aber stets empfehlenswert, wenn ein Finanzierungsgrundpfandrecht des Käufers vor Eigentumsumschreibung eingetragen werden soll (vgl. Wortlaut § 40 Abs. 1 GBO), sofern nicht mit dem Grundbuchamt geklärt ist, dass diese in entsprechender Anwendung von § 40 GBO im Einklang mit einigen jüngeren OLG-Entscheidungen nicht verlangt wird.[10]

Ist aus dem Grundbuch, dem Erbschein oder der Verfügung von Todes wegen eine Verfügungsbeschränkung (Testamentsvollstreckung, Nacherbschaft) ersichtlich? Bedarf es des Nachweises der Entgeltlichkeit oder der Mitwirkung des Nacherben?

(h) Bei Verkauf durch Testamentsvollstrecker/Pfleger/Vormund/Betreuer/Insolvenzverwalter: Vorlage des Testamentsvollstreckerzeugnisses (§ 2368 BGB) oder der Bestallungsurkunde (§§ 1791, 1897, 1902, 1691, 1915 BGB; § 56 Abs. 2 InsO) in Urschrift oder Ausfertigung, § 12 BeurkG. Bei Mitwirkung eines Betreuers (§§ 1896 ff. BGB) Vorlage der Urkunde über seine Bestellung (§ 290 FamFG) und Feststellung, ob ein Einwilligungsvorbehalt (§ 1903 BGB) angeordnet ist. Erfordernis einer gerichtlichen Genehmigung?

(i) Bei Beteiligung eines Minderjährigen: Vertretung durch Eltern möglich oder Bestellung eines Pflegers und/oder Genehmigung des Familiengerichts erforderlich?

(j) Bei Beteiligung eines Bevollmächtigten: Ist die Vollmacht formgültig und inhaltlich ausreichend? Die Vorlage der Vollmachtsurkunde in Urschrift oder Ausfertigung (beglaubigte Abschrift genügt nicht!) ist unverzichtbar (beglaubigte Abschrift ist der Niederschrift beizufügen, § 12 S. 1 BeurkG).

Bei Beteiligung eines vollmachtlosen Vertreters: Wer trägt die Kosten der Genehmigung? Wer trägt die Kosten des Vertrages, wenn die Genehmigung nicht erteilt wird (insbesondere relevant, wenn Dritter als Vertreter ohne Vertretungsmacht auftritt)? Gegebenenfalls Vereinbarung einer Frist, bis zu der die Genehmigung beim Notar eingegangen sein muss.

Bedarf der Vertrag einer privaten oder gerichtlichen Genehmigung: keine Kaufpreisfälligkeit vor deren Eingang beim Notar, regelmäßig vorher auch keine Eintragung der Eigentumsübertragungsvormerkung.

(k) Bei Verbraucherverträgen iSv § 310 Abs. 3 BGB soll der Notar darauf hinwirken, dass die rechtsgeschäftlichen Erklärungen des Verbrauchers von diesem persönlich oder durch eine Vertrauensperson vor dem Notar abgegeben werden (§ 17 Abs. 2a S. 2 Nr. 1 BeurkG) und der Verbraucher ausreichend Gelegenheit erhält, sich vor dem Beurkundungstermin mit dem Gegenstand der Beurkundung auseinander zu setzen (§ 17 Abs. 2a S. 2 Nr. 2 S. 1 BeurkG). Letzteres hat bei gemäß § 311b Abs. 1 S. 1 bzw. Abs. 3 BGB beurkundungsbedürftigen Grundstückskaufverträgen unter Beteiligung eines Verbrauchers dadurch zu erfolgen, dass der beurkundende Notar oder sein Sozius dem Verbraucher den beabsichtigten Text des Kaufvertrages im Regelfall zwei Wochen vor der Beurkundung zur Verfügung stellt (§ 17 Abs. 2a S. 2 Nr. 2 BeurkG), einschließlich des aktuellen (vgl. § 21 BeurkG) Grundbuchstands des Kaufgegenstands.[11]

(l) Zur vergaberechtlichen Relevanz von Grundstückskaufverträgen der öffentlichen Hand *Regler* MittBayNot 2008, 253.

---

[10] Jüngst OLG Frankfurt a.M. RNotZ 2018, 28; OLG Köln RNotZ 2018, 401; OLG Stuttgart DNotZ 2019, 194; aA die (wohl) noch hM, vgl. KG FGPrax 2011, 270; *Demharter* GBO § 40 Rn. 17. Gegen die „Liberalisierung" durch die jüngsten OLG-Entscheidungen *Weber* DNotZ 2018, 884 (895 ff.) mwN.
[11] BGH DNotZ 2019, 37. Näher Herrler/Hertel/Kesseler/*Herrler*, Aktuelles Immobilienrecht 2019, S. 6 f., 9 ff.

(2) **Kaufgegenstand**
   (a) Ist das Kaufgrundstück im Bestandsverzeichnis unter einer laufenden Nummer selbständig gebucht oder mit anderen Katasterparzellen unter einer Nummer? Letzterenfalls genügt eine Erklärung des Eigentümers, dass ein Grundstücksteil grundbuchmäßig abgeschrieben und als selbständiges Grundstück eingetragen werden soll.
   Ist das Kaufgrundstück eine noch zu vermessende Teilfläche aus einem oder mehreren Flurstücken? – Vorlage eines Katasterplans; Problem der dinglichen Absicherung der Kaufpreisfinanzierungsmittel (Finanzierungsgrundschuld am gesamten Grundstück; Verpfändung des Eigentumsverschaffungsanspruchs).
   (b) Ist Kaufgegenstand der Miteigentumsanteil an einem oder mehreren Grundstücken?
   (c) Gehört zum Kaufgrundstück (Einfamilienhaus) ein Garagengrundstück und/ oder der Miteigentumsanteil an einem Garagenhof/Privatweg, der in einem anderen Grundbuchblatt gebucht ist (Hinweis durch Mithaftvermerk beim eingetragenen Grundpfandrecht)?
   (d) Zu den Besonderheiten beim Verkauf eines Erbbaurechts → § 4 Rn. 167 ff.
   (e) Beim Verkauf von Wohnungseigentum (→ § 3) ist häufig aus dem Grundbuch nicht ersichtlich, ob und welches Sondernutzungsrecht mit dem Wohnungseigentum verbunden ist (Grundbucheintrag: „Es bestehen Sondernutzungsrechte"). Vorlage der Teilungserklärung oder des Kaufvertrages, in dem der teilende Eigentümer das Sondernutzungsrecht zugewiesen hat. Zudem empfiehlt sich eine Prüfung, ob die tatsächliche Nutzung und die rechtliche Zuordnung von Kellerräumen und Stellplätzen in Einklang stehen.
   (f) Ist das Grundstück mit einem Ein- oder Mehrfamilienhaus oder mit einem Gewerbeobjekt bebaut? Ist das mitverkaufte Gebäude zum Abriss bestimmt? Erwirbt der Käufer das Grundstück zum Zweck der Bebauung?
   (g) Nutzungsabsicht des Käufers: landwirtschaftliche Nutzung, Gartenland, Baugrundstück (Bebaubarkeit als Beschaffenheitsvereinbarung?), Eigennutzung, Renditeobjekt?
   (h) Welche Gegenstände, die weder wesentlicher Bestandteil noch Zubehör des Grundstücks sind, werden mitverkauft? – Einbauküche, Gartengeräte, Heizöl (gesonderte Ausweisung des hierauf entfallenden Kaufpreisanteils wegen der Grunderwerbsteuer[12]). Liegt insoweit ein Verbrauchsgüterkaufvertrag iSd § 474 Abs. 1 BGB vor? Detaillierte Regelung empfiehlt sich wegen der teilweise schwierigen Abgrenzung auch bei wesentlichen Bestandteilen und Zubehör.
   (i) Liegt bereits ein Energieausweis vor? Verzicht auf Energieausweis ist unzulässig (Vorlage spätestens bei Besichtigung; Übergabe unverzüglich nach Vertragsschluss).
   (j) Sind die vom Verkäufer zu tragenden Erschließungskosten bereits gezahlt? Andernfalls unter Umständen Kaufpreisfälligkeit erst nach Sicherung des Käufers, zB durch Höchstbetragsbürgschaft einer Bank.[13]
(3) **Kaufpreis, Kaufpreisfälligkeit**
   Der Kaufpreis wird regelmäßig als Festpreis vereinbart; beim Verkauf einer Teilfläche meist auf der Grundlage eines Quadratmeterpreises.
   (a) Aufteilung des Kaufpreises auf Grundstück und Gebäude stets empfehlenswert, da vom Finanzamt grds. zugrunde zu legen (Abschreibung). Allerdings wird der Verkäufer regelmäßig keine Gewähr für den anteiligen Grundstückswert abgeben können.

---

[12] Allerdings ist unklar, ob die Finanzverwaltung an dieser bisherigen Praxis festhalten wird, vgl. BFH NJW 2016, 2207.
[13] BGH DNotZ 2008, 280.

Für die mitverkauften Einrichtungsgegenstände empfiehlt sich die gesonderte Ausweisung eines (realistischen) Kaufpreisteils (Grunderwerbsteuer[14]).

(b) Bei Verträgen zwischen Unternehmern iSv § 2 UStG: Umsatzsteueroption des Verkäufers, die als Verzicht auf Steuerbefreiung zwingend im Grundstückskaufvertrag erklärt werden muss (§ 9 Abs. 3 S. 2 UStG)?

(c) Zeitpunkt der Kaufpreisfälligkeit

Die Kaufpreisfälligkeit wird nahezu ausnahmslos an den Eintritt von im Vertrag zu bestimmenden Fälligkeitsvoraussetzungen geknüpft. Danach kommt es insbesondere darauf an, wieviel Zeit die Eintragung der Vormerkung, die Einholung aller zum Vertrag erforderlichen Genehmigungen, des Negativattests der Gemeinde und der Löschungsunterlagen für die nicht übernommenen Grundpfandrechte in Anspruch nimmt.

Darüber hinaus ist unter Umständen die Vereinbarung eines Termins sinnvoll, zu dem der Kaufpreis frühestens zu zahlen ist. Bei der Festlegung des Termins gilt es vor allem zu berücksichtigen, mit welcher Bearbeitungszeit bei der den Kaufpreis finanzierenden Bank zu rechnen ist (Erforderlichkeit eines Wertgutachtens?).

Beim Verkauf eines vom Verkäufer selbst genutzten Hauses ist in aller Regel die Räumung weitere (vom Notar nicht zu überprüfende) Fälligkeitsvoraussetzung. Welchen Auszugstermin kann der Verkäufer verbindlich zusagen? Bei einer langen Räumungsfrist: Ist der Verkäufer berechtigt (auch deutlich) früher auszuziehen und ggf. mit welcher Frist muss er dem Käufer den früheren Auszug ankündigen. Bei einem Kaufobjekt, das an einen Dritten vermietet ist und das der Käufer zur Eigennutzung erwirbt: Zu welchem Zeitpunkt endet das Mietverhältnis? Ist dieses einvernehmlich aufgehoben oder einseitig gekündigt? Welchen Räumungstermin kann der Verkäufer verbindlich zusagen?

(4) **Fälligkeitsvoraussetzungen bei Direktzahlung**

(a) Eintragung der Eigentumsübertragungsvormerkung für den Käufer an erster Rangstelle (bei unbelastetem Grundstück), sonst mit Rang nach den derzeit eingetragenen Belastungen.

(aa) Kann und soll die Vormerkung sofort nach Beurkundung des Vertrages eingetragen werden? Welche Genehmigungen sind hierfür erforderlich? Oder Eintragung der Vormerkung erst nach Vorlage einer Finanzierungszusage? Grundsätzlich ist die Eintragung der Vormerkung – sofern rechtlich möglich – unverzüglich nach Beurkundung zu beantragen (allerdings nicht vor Eingang der Genehmigung des vollmachtlos vertretenen Verkäufers). Soll die Eintragung der Vormerkung erst nach Eintritt einer vereinbarten aufschiebenden Bedingung für die Wirksamkeit des Vertrages (zB positive Bauvoranfrage) beantragt werden oder nach Ablauf der Frist, in der ein Vertragsteil ein vertragliches Rücktrittsrecht ausüben kann?

(bb) Soll die Löschung der Vormerkung bei Nichtzahlung des Kaufpreises gesichert werden (vorzugswürdig stets auflösend bedingte Vormerkung; denkbar auch Löschungsvollmacht oder sog. Schubladenlöschung unter Verwendungssperre, → Rn. 425 ff.)? Bei Verwendung der Löschungsvollmacht oder der Schubladenlöschung ist die Abtretbarkeit des Eigentumsverschaffungsanspruchs auszuschließen und der Ausschluss im Grundbuch eintragen zu lassen. Bei der auflösend bedingten Vormerkung ist dies entbehrlich.

(b) Sicherung der Lastenfreistellung

(aa) Welche eingetragenen Rechte Dritter werden vom Käufer übernommen und welche sind im Grundbuch zu löschen? Ist der Verkäufer im Besitz

---

[14] Vgl. aber BFH NJW 2016, 2207.

der erforderlichen Löschungsunterlagen, Prüfung der Vollständigkeit (häufig fehlt der Hypotheken-/Grundschuldbrief). Kann ein Recht in Abteilung II (zB Wohnungsrecht) gegen Vorlage der Sterbeurkunde gelöscht werden? Können die Rechte auflagenfrei gelöscht werden oder sind sie aus dem Kaufpreis abzulösen? Wird der Notar mit der Beschaffung der Löschungsunterlagen beauftragt (Name und Anschrift des Gläubigers, Darlehensnummer des abzulösenden Grundpfandgläubigers) oder beschafft der Verkäufer die Löschungsunterlagen auflagenfrei? Sind Briefrechte außerhalb des Grundbuchs abgetreten, insbesondere eine Eigentümergrundschuld an einen Dritten? Sind Rechte von Privatpersonen zu löschen, sollte deren tatsächliche Löschung im Grundbuch – soweit möglich – Fälligkeitsvoraussetzung sein; sofern eine Löschungsbewilligung nur unter Treuhandauflage erteilt wird, sollte erwogen werden, als Kaufpreisfälligkeitsvoraussetzung eine Löschungsvormerkung eintragen zu lassen (Risiken: irrationale Rücknahme des Treuhandauftrags; Insolvenz etc).

(bb) Reicht der Kaufpreis aus, um die Darlehensverbindlichkeiten des Verkäufers vollständig abzulösen? Ist dem Verkäufer bekannt, dass die Bank bei vorzeitiger Rückzahlung des Darlehens eine Vorfälligkeitsentschädigung fordern kann (gegebenenfalls Rücksprache des Verkäufers bei der Bank vor Beurkundung des Vertrages)? Kann der Verkäufer das Darlehen auf einem anderen Objekt absichern (Pfandtausch)?

(cc) Zur Kaufpreisfälligkeit bei Übernahme von Darlehensverbindlichkeiten des Verkäufers in Anrechnung auf den Kaufpreis und Übernahme von Grundschulden unter Ablösung der Darlehensverbindlichkeit des Verkäufers → Rn. 725 ff. und → Rn. 737 f.

(dd) Bei einem eingetragenen Zwangsversteigerungsvermerk: Wer ist betreibender Gläubiger? Soll der Notar den Antrag auf Rücknahme der Zwangsversteigerung (der Zwangsverwaltung) anfordern, ggf. zu treuen Händen?

(ee) Zusätzliche vertragliche Vorkehrungen sind erforderlich, wenn ein Vorkaufsrecht im Grundbuch eingetragen ist oder dem Mieter einer in Wohnungseigentum aufgeteilten Immobilie das Vorkaufsrecht nach § 577 BGB zusteht.

(ff) Bei „Altrechten", insbesondere zugunsten von Privatpersonen, kann die Beschaffung der Löschungsunterlagen (bei einem verstorbenen Gläubiger: Erbnachweis; bei Verlust des Briefes: Durchführung des Aufgebotsverfahrens) erhebliche Zeit in Anspruch nehmen. Soll der Vertrag unabhängig von der Löschung dieser Rechte durchgeführt werden, ist die Hinterlegung eines entsprechenden Kaufpreisteilbetrages auf Anderkonto bis zur Sicherstellung der Löschung vorzusehen (denkbar auch teilweiser Kaufpreiseinbehalt, aber risikobehaftet).

(c) Welcher privaten, gerichtlichen und behördlichen Genehmigung bedarf der Vertrag? Genehmigung des Ehegatten nach § 1365 BGB? Genehmigung des Familiengerichts nach §§ 1821, 1822 BGB oder des Betreuungsgerichts nach § 1908i BGB (→ Rn. 623 ff.)? Welcher Nachweise bedarf es im Genehmigungsverfahren (zB Verkehrswertgutachten gegenüber dem Familien- bzw. Betreuungsgericht)?

(d) Ergeben sich aus dem Grundbuch Verfügungsbeschränkungen? Eröffnung des Insolvenzverfahrens (§ 32 InsO), Anordnung der Zwangsversteigerung oder Zwangsverwaltung (§§ 19, 146 Abs. 2 ZVG), Testamentsvollstreckung (§ 52 GBO), Nacherbschaft (§ 51 GBO), Nachlassverwaltung, Veräußerungsverbot aufgrund einstweiliger Verfügung (§§ 935, 938 ZPO); bei Grundpfandrechten:

Treuhändersperrvermerk bei Versicherungsunternehmen (§§ 128, 129 VAG); Zustimmungserfordernis des Grundstückseigentümers bei Veräußerung/Belastung des Erbbaurechts (§ 5 ErbbauRG); Zustimmungserfordernis zur Veräußerung eines Wohnungs- oder Teileigentums (§ 12 WEG).

(e) Negativattest der Gemeinde und ggf. sonstiger öffentlicher Stellen hinsichtlich gesetzlicher Vorkaufsrechte. Bestehen Anhaltspunkte, dass die Gemeinde ihr Vorkaufsrecht ausübt (zB Ufergrundstück)? Ist Straßenland an die Gemeinde zu veräußern?

(f) Bei einem vertraglichen Rücktrittsrecht (zB bei negativem Bauvorbescheid) keine Fälligkeit, solange das Rücktrittsrecht ausgeübt werden kann.

(5) **Kaufpreishinterlegung auf Anderkonto**

(a) Sie ist nach § 57 Abs. 2 Nr. 1 BeurkG nur zulässig, wenn hierfür ein „berechtigtes Sicherungsinteresse der am Verwahrungsgeschäft beteiligten Personen besteht". Hinterlegungs- und Auszahlungsvoraussetzungen dürfen nicht hinter den Fälligkeitsvoraussetzungen bei direkter Kaufpreiszahlung zurückbleiben. Die vorstehend genannten Fälligkeitsvoraussetzungen bei direkter Kaufpreiszahlung sind daher bei Abwicklung über Anderkonto entweder Hinterlegungs- oder Auszahlungsvoraussetzungen. Insbesondere darf auch bei Zahlung des Kaufpreises über Notaranderkonto grundsätzlich nicht auf die Eintragung einer Vormerkung verzichtet werden (um Gerichtskosten zu sparen). Zwar schützen die Auszahlungsvoraussetzungen den Käufer davor, dass er den Kaufpreis zahlt ohne vertragsgerechtes Eigentum zu erhalten. Jedoch wäre anderenfalls der Vollzug des Kaufvertrages in hohem Maße gefährdet (zB Eintragung einer Sicherungshypothek für den Gläubiger des Verkäufers).

(b) Ein (objektives) berechtigtes Sicherungsinteresse für eine Kaufpreiszahlung über Notaranderkonto kann insbesondere in folgenden Fällen gegeben sein:

(aa) Hinterlegung des Kaufpreises ermöglicht einen gewünschten frühzeitigen Besitzübergang schon vor Eintritt der Fälligkeitsvoraussetzungen bei direkter Kaufpreiszahlung (in der Praxis der typische Fall: der Käufer will die leer stehende Wohnung kurzfristig nutzen; Besitzübergang nach Hinterlegung des Kaufpreises).

(bb) Hinterlegung des Kaufpreises (eines Teils des Kaufpreises) als Voraussetzung für die Eintragung der Vormerkung zur Verringerung des Vorleistungsrisikos des Verkäufers, als Anzahlung bei hinausgeschobener Fälligkeit des Kaufpreises (der Verkäufer nutzt das Kaufobjekt für weitere fünf Monate, Kaufpreiszahlung erst nach seinem Auszug) oder Hinterlegung eines entsprechenden Betrages bei Verlust des Grundschuldbriefs (Aufgebotsverfahren).

(cc) Das Kaufobjekt ist in der Zwangsversteigerung.

(c) Möglichst eindeutige Hinterlegungsvereinbarung im Kaufvertrag: Hinterlegungsvoraussetzungen, Verwahrungsanweisung (§ 57 Abs. 2 Nr. 2 BeurkG), insbesondere Auszahlungsvoraussetzungen, Zahlungsempfänger. Anlage als Festgeld? Wer trägt die Hinterlegungsgebühr? Wem stehen die Zinsen zu?

(6) **Kaufpreisfinanzierung**

(a) Zahlt der Käufer den Kaufpreis insgesamt aus eigenen Mitteln oder ist zur Finanzierung die Eintragung eines Grundpfandrechts auf dem Kaufgrundstück erforderlich?

Bei Finanzierung des Kaufpreises:

– Liegt die Darlehenszusage der Bank vor oder ist – nach Angaben des Käufers – die Finanzierung sichergestellt? Anderenfalls sollte die Beurkundung grds. zurückgestellt werden.

- Welche Unterlagen benötigt der Käufer vom Verkäufer für die Finanzierung (Katasterplan, Versicherungsschein etc)?
- Zu welchem Zeitpunkt hat die finanzierende Bank die Bereitstellung des Darlehens zugesagt? Ab welchem Zeitpunkt hat der Käufer Bereitstellungszinsen zu zahlen?
- Ist der Verkäufer bereit, bei der Bestellung von Grundpfandrechten auf dem Kaufgrundstück mitzuwirken und dem Käufer hierzu Vollmacht zu erteilen? Bei der Beratung ist dem Verkäufer zu erläutern, dass der Käufer auf die Eintragung eines Finanzierungsgrundpfandrechts angewiesen ist, da die Bank das Darlehen andernfalls nicht auszahlt, und im Kaufvertrag bzw. bei der Bestellung des Grundpfandrechts Vorkehrungen getroffen werden, welche die auflagenfreie Löschung dieses Grundpfandrechts sicherstellen, wenn der Vertrag nicht zur Durchführung gelangt. Ungeachtet gewisser Restrisiken (Haftung des Verkäufers für Kosten bei Gericht und Notar; verzögerte Rückabwicklung) liegt die Mitwirkung des Verkäufers grds. auch in dessen Interesse, da dadurch der potentielle Käuferkreis erweitert wird und daher tendenziell ein höherer Kaufpreis zu erzielen ist.
- Beim Grundstücksverkauf durch die öffentliche Hand ist die Eintragung eines Finanzierungsgrundpfandrechts des Käufers vor Eigentumsumschreibung ggf. ausgeschlossen (→ Rn. 285). Ist die Bank bereit, das Darlehen treuhänderisch (ohne dingliche Sicherung) auszuzahlen?
- Bedarf die Eintragung des Grundpfandrechts der Zustimmung eines Dritten, zB des Grundstückseigentümers bei einem Erbbaurecht oder Wohnungserbbaurecht[15] oder einer Genehmigung (Familien- oder Betreuungsgericht, Sanierungsausschuss nach § 51 BauGB)?
- Der Notar sollte darauf hinwirken, dass der Käufer die Grundschuld sofort im Anschluss an die Beurkundung des Kaufvertrages bestellt, um seine Leistungsfähigkeit und damit eine fristgerechte Zahlung des Kaufpreises sicherzustellen.

(b) Zur Schuldübernahme, zur Übernahme von Grundschulden unter Ablösung der Darlehensverbindlichkeit des Verkäufers, zur Stundung eines Kaufpreisteils mit Sicherung durch Restkaufpreishypothek und zur Verrentung des Kaufpreises → Rn. 725 ff.

(7) **Sicherung der pünktlichen Kaufpreiszahlung**
  (a) Fälligkeitsmitteilung des Notars (deklaratorisch oder konstitutiv, → Rn. 221) und gegebenenfalls zusätzlich Nachweis der Räumung des Hauses durch den Verkäufer als Verzug begründende Ereignisse iSd § 286 Abs. 2 Nr. 2 BGB.
  (b) Vereinbarung eines vertraglichen Rücktrittsrechts für den Verkäufer ohne Fristsetzung? Beim AGB-Vertrag/Verbrauchervertrag gilt § 309 Nr. 4 BGB.
    Soll im Interesse des Käufers für den Rücktritt eine bestimmte Frist als angemessene (§ 323 Abs. 1 BGB) vereinbart werden? Fristsetzung und Rücktrittserklärung sollten an die Schriftform gebunden werden.
  (c) Verpflichtung des Käufers zur Zahlung einer Schadenspauschale oder einer Vertragsstrafe für den Fall nicht rechtzeitiger Kaufpreiszahlung? Beim AGB-Vertrag/Verbrauchervertrag gelten § 309 Nr. 5 und Nr. 6 BGB.
  (d) Im Regelfall Zwangsvollstreckungsunterwerfung des Käufers wegen des Kaufpreises, der Verzugszinsen, gegebenenfalls auch wegen der Schadenspauschale bzw. der Vertragsstrafe. Nach § 794 Abs. 1 Nr. 5 ZPO ist der Anspruch, dem die Vollstreckbarkeit verliehen werden soll, konkret zu bezeichnen (unzulässig sind pauschale Unterwerfungserklärungen).[16]

---

[15] Zur Problematik einer „gespaltenen" Eigentümerzustimmung BGH DNotZ 2005, 847.
[16] Vgl. BGH DNotZ 2013, 120.

(e) Sicherung der Löschung der Eigentumsübertragungsvormerkung des Käufers bei Rücktritt des Verkäufers vom Vertrag (vorzugswürdig: auflösend bedingte Vormerkung; denkbar auch Löschungsvollmacht oder sog. Schubladenlöschung unter Verwendungssperre, → Rn. 425 ff.)?

(8) **Besitzübergang**

(a) Der Besitzübergang sollte Zug um Zug mit Kaufpreiszahlung erfolgen. Die Besitzüberlassung vor Kaufpreiszahlung ist eine ungesicherte Vorleistung, über deren Risiken der Notar den Verkäufer zu belehren und Sicherungsmittel vorzuschlagen hat (→ Rn. 296).[17]

(b) Verpflichtung des Verkäufers zur Räumung des von ihm genutzten Kaufobjekts bis zu einem bestimmten Zeitpunkt oder Räumung durch den derzeitigen Mieter. Grds. Zwangsvollstreckungsunterwerfung des Verkäufers wegen seiner Verpflichtung zur Räumung. Vereinbarung einer monatlichen Schadenspauschale oder Vertragsstrafe, falls das Kaufobjekt nicht fristgerecht geräumt wird?

(c) Soll der Käufer berechtigt sein, bereits vor Besitzübergang Renovierungsarbeiten in dem Kaufobjekt auszuführen? Risikohinweis, gegebenenfalls Beschränkung der „Renovierungsbefugnis" sowie Anzahlung eines Kaufpreisteils und Übergang der Lasten und der Gefahr der zufälligen Verschlechterung mit Beginn dieser Arbeiten.

(d) Bei Übernahme eines Mietverhältnisses: Ist dem Käufer der Inhalt des Mietvertrages und aller Zusatzvereinbarungen hierzu bekannt? Berechtigung des Käufers zur Kündigung des Mietverhältnisses vor Eigentumsumschreibung (Eigenbedarfskündigung ist aber nicht zulässig)?

Hinweis auf die Kündigungsbeschränkungen bei vorheriger Begründung von Wohnungseigentum gemäß § 577a BGB; ebenso bei Verkauf an eine Personenmehrheit oder eine Personengesellschaft („Erwerbermodell" – Ausnahme: Familie/gemeinsamer Haushalt; § 577a Abs. 1a BGB).

Sonderfall: Beim Verkauf eines Miteigentumsanteils an einer vermieteten Immobilie an einen Miteigentümer (zB im Rahmen einer Scheidungsvereinbarung) gilt § 566 BGB nach (zweifelhafter) hM nicht;[18] daher sollte dem Erwerber idR eine umfassende Vollmacht unter umfassender Haftungsfreistellung des Veräußerers (idealiter sogar Schuldhaftentlassung im Außenverhältnis) erteilt werden.[19]

(e) Kauf eines Mehrfamilienhauses:

Soll eine Aufstellung der Mietverhältnisse mit Angabe der Mieter, der Kaltmiete, der Nebenkosten, der Wohnfläche, der Kaution oder sonstiger Mietsicherheiten dem Vertrag als Anlage beigefügt werden? Garantiert der Verkäufer die Richtigkeit dieser Angaben? Auskunft des Verkäufers über Mietrückstände, Mietstreitigkeiten, Mietminderungen etc?

(f) Bestehen weitere Verträge hinsichtlich des Kaufobjekts (Hausmeistervertrag, Versorgungsverträge etc), die der Käufer übernimmt?

(g) Besteht ein Besetzungsrecht oder eine Mietpreisbindung?[20]

(9) **Rechts- und Sachmängel, Erschließungskosten und Anliegerbeiträge**

(a) Ausdrückliche Vereinbarung, welche Rechte Dritter in Abteilung II des Grundbuchs einschließlich der zugrunde liegenden Verpflichtungen vom Käufer übernommen werden; im Übrigen grds. kein Ausschluss der Rechte des Käufers

---

[17] BGH DNotZ 2008, 925.
[18] BGH NJW–RR 2019, 332; KG DNotZ 2019, 104.
[19] Näher *Herrler* MittBayNot 2019, 323 ff.
[20] Nach dem BGH (jüngst DNotZ 2019, 48) begründet die Sozialbindung einer mit öffentlichen Mitteln geförderten Wohnung einen Rechtsmangel.

wegen Rechtsmängeln. Übernimmt der Käufer Grundpfandrechte mit oder ohne die gesicherten Darlehensverbindlichkeiten des Verkäufers?

(b) Hat der Käufer die Immobilie besichtigt?[21] Auf welche Sachmängel hat der Verkäufer den Käufer hingewiesen? Diese Mängel sollten zur Beweissicherung der Kenntnis des Käufers (§ 442 BGB) in die Niederschrift aufgenommen werden. Welche Beschaffenheit des Kaufgegenstandes ist vereinbart? Ist der Käufer bereit, eine Garantie für eine bestimmte Beschaffenheit des Kaufgegenstandes abzugeben, zB Funktionstauglichkeit der Versorgungsanlagen für Kalt- und Warmwasser, Elektrizität und Telekommunikation sowie der Heizungsanlage?

(c) Bei Altbauten (gebrauchten Immobilien) werden regelmäßig die Rechte des Käufers wegen eines Mangels vollständig ausgeschlossen. Im Falle von AGB sowie beim Verbrauchervertrag gelten die Klauselverbote in § 309 Nr. 7 und Nr. 8 lit. b BGB – im Geschäftsverkehr zwischen Unternehmern mittelbar über die Generalklausel des § 307 BGB. Gegebenenfalls ist zudem § 307 Abs. 2 Nr. 2 BGB zu beachten (sog. Kardinalpflichten). Stehen dem Verkäufer bislang nicht verjährte Rechte wegen Mängeln gegen den Voreigentümer (zB Bauträger) oder gegen von ihm mit Arbeiten am Kaufobjekt beauftragte Handwerker zu, die zweckmäßigerweise (aufschiebend bedingt auf die Kaufpreiszahlung) an den Käufer abzutreten sind? Versicherung des Verkäufers, dass ihm versteckte Mängel (zB gesundheitsgefährdende Bestandteile in der Bausubstanz) nicht bekannt sind, nach seiner Kenntnis die für die vorhandene Bebauung erforderlichen Genehmigungen erteilt sind und die Immobilie nicht unter Denkmalschutz steht. Beim Verkauf eines unbebauten Grundstücks: Soll die Bebaubarkeit des Grundstücks als Beschaffenheit vereinbart werden?

(d) Bestehen Baulasten, im Grundbuch nicht eingetragene altrechtliche Dienstbarkeiten oder nachbarrechtliche Beschränkungen? Hat der Käufer das Baulastenverzeichnis eingesehen?

(e) Besteht der Verdacht auf schädliche Bodenveränderungen oder Altlasten iSd Bundesbodenschutzgesetzes?

(f) Ist das Grundstück vollständig erschlossen? Hat der Verkäufer sämtliche Erschließungs- und Anliegerbeiträge sowie Kosten naturschutzrechtlicher Ausgleichsmaßnahmen gezahlt? Ist mit Erschließungs- oder Ausgleichsmaßnahmen bautechnisch begonnen, trägt nach § 436 Abs. 1 BGB der Verkäufer die Erschließungsbeiträge und sonstigen Anliegerbeiträge, unabhängig vom Zeitpunkt des Entstehens der Beitragsschuld. Soll es bei der gesetzlichen Regelung bleiben oder soll etwas anderes vereinbart werden, insbesondere die Übernahme der Erschließungskosten zusätzlich zum Kaufpreis durch den Käufer (zB Vertragsschluss als maßgeblicher Stichtag für Beitragsbescheid)? Sind Erschließungs- und Anschlusskosten vom Verkäufer zu tragen, hat der Notar auf die Gefahren der mit der Bezahlung des vereinbarten Kaufpreises vor der tatsächlichen Bezahlung von Erschließungskosten als ungesicherte Vorleistung hinzuweisen und den Parteien bei konkreten Anhaltspunkten für noch offene Forderungen Wege aufzuzeigen, wie dieses Risiko durch eine andere Vertragsgestaltung vermieden werden kann, zB Stellung einer Höchstbetragsbürgschaft einer Bank, Vereinbarung eines Zurückbehaltungsrechts, Hinterlegung eines Kaufpreisteils auf Anderkonto.[22]

---

[21] Verzichtet der Käufer auf die ihm angebotene Besichtigungsmöglichkeit, besteht keine Offenbarungspflicht des Verkäufers bzgl. solcher Mängel der Kaufsache, die bei einer Besichtigung ohne weiteres erkennbar sind (OLG Köln BeckRS 2015, 20707).

[22] BGH DNotZ 2008, 280.

(10) Kosten und Steuern

(a) Der Käufer trägt nach § 448 BGB die Kosten der Beurkundung des Kaufvertrags und der Auflassung, der Eintragung ins Grundbuch und der zu der Eintragung erforderlichen Erklärungen.

Die Kosten der Löschung nicht übernommener Belastungen trägt in der Regel der Verkäufer (die Vollzugsgebühr nach GNotKG umfasst aber oft Lastenfreistellung und weitere Tätigkeiten (vgl. Vorbemerkung 2.2.1.1 KV GNotKG), deren Kosten den Käufer treffen sollen, daher zB nur die „durch Lastenfreistellung verursachten Mehrkosten"), die Kosten der Genehmigung eines vollmachtlos vertretenen Vertragsteils der Vertretene.

Die Hinterlegungsgebühr trägt in der Regel der Käufer; beruht die Notwendigkeit der Hinterlegung des Kaufpreises oder eines Kaufpreisteils auf einem dem Verkäufer zurechenbaren Umstand (zB Verlust des Hypotheken- oder Grundschuldbriefs, mangelnde Einigung mehrerer Verkäufer über die Aufteilung des Kaufpreises), ist die Gebühr vom Verkäufer zu tragen. Hinweis auf die gesamtschuldnerische Haftung von Verkäufer und Käufer für Notar- und Gerichtsgebühren.

(b) Wer trägt die Grunderwerbsteuer? Ist der Erwerb des Grundstücks von der Besteuerung nach § 3 GrEStG ausgenommen? Keine Grunderwerbsteuer bei einem Kaufpreis bis 2.500 EUR, beim Erwerb durch den Ehegatten des Veräußerers oder den früheren Ehegatten des Veräußerers im Rahmen der Vermögensauseinandersetzung nach der Scheidung, beim Erwerb eines Grundstücks durch Personen, die mit dem Veräußerer in gerader Linie verwandt sind und deren Ehegatten. Hinweis auf die gesamtschuldnerische Haftung für die Grunderwerbsteuer.

(c) Liegt ein privates Veräußerungsgeschäft iSv § 23 Abs. 1 S. 1 Nr. 1 EStG vor (Veräußerung innerhalb von zehn Jahren nach Anschaffung/Entnahme, ausgenommen ist die im Jahr der Veräußerung und den beiden vorangegangenen Jahren ausschließlich zu eigenen Wohnzwecken genutzte Immobilie)? Gehört die Immobilie zu einem Betriebsvermögen oder droht durch die Veräußerung die Entstehung eines sog. gewerblichen Grundstückshandels?

(d) Aufnahme einer Maklerklausel? Jedenfalls konstitutive Maklerklauseln grds. nur angezeigt, wenn die Ausübung eines Vorkaufsrechts nicht nur ganz entfernt droht (unter anderem dingliches Vorkaufsrecht (§ 577 BGB), öffentlich-rechtliche Vorkaufsrechte bei konkreten Anhaltspunkten für deren Ausübung).

(11) Individualvertrag oder Formular-/Verbrauchervertrag

Die Abgrenzung des Verbrauchervertrags von anderen Verträgen, also Verträgen, an denen ausschließlich Verbraucher oder ausschließlich Unternehmer beteiligt sind (Sonderfall: hoheitlich handelnde Gemeinde), hat bei Grundstücksgeschäften materiell-rechtliche und verfahrensrechtliche Auswirkungen.

(a) Bereits im Beratungsgespräch hat der Notar daher zu klären, ob der Grundstückskaufvertrag ein Verbrauchervertrag iSd § 310 Abs. 3 BGB, ein Formularvertrag iSv § 305 Abs. 1 BGB oder ein Individualvertrag ist. Ein **Verbrauchervertrag** ist ein Vertrag zwischen einem Unternehmer und einem Verbraucher, der Formularvertrag iSd § 305 Abs. 1 BGB sein kann, es aber nicht sein muss. Der Verbrauchervertrag unterliegt der Inhaltskontrolle nach den §§ 307–309 BGB. Für den Grundstückskaufvertrag sind insbesondere die strikten Klauselverbote des § 309 Nr. 5, Nr. 6, Nr. 7 und Nr. 8 BGB zu beachten. Sie begründen für den Notar die Amtspflicht, die Beurkundung des Vertrages mit der unzulässigen Klausel abzulehnen (§ 4 BeurkG, § 14 Abs. 2 BNotO). Die strikten

Klauselverbote in § 309 BGB indizieren die Missbräuchlichkeit einer AGB-Klausel auch bei Verwendung zwischen Unternehmern.[23]

(b) Der Verbrauchervertrag hat auch **verfahrensrechtliche Bedeutung.** Nach § 17 **Abs. 2a BeurkG** soll der Notar darauf hinwirken, dass der Verbraucher bei der Beurkundung persönlich anwesend ist (oder durch eine Vertrauensperson vertreten wird) und er ausreichend Gelegenheit erhält, sich vorab mit dem Gegenstand der Beurkundung auseinander zu setzen.

Bei einem Grundstückskaufvertrag ist dies „im Regelfall" erst sichergestellt, wenn nach Aushändigung des beabsichtigten Textes des Rechtsgeschäfts (nicht: des Vertragsentwurfs)[24] eine Frist von zwei Wochen vor der Beurkundung abgelaufen ist („Sperrfrist für Beurkundungstermine").

Seit der am 1. 10. 2013 in Kraft getretenen Neufassung von § 17 Abs. 2a S. 2 Nr. 2 BeurkG darf sich der beurkundende Notar nicht mehr allein auf Erklärungen der Beteiligten verlassen,[25] sondern muss die Einhaltung der Frist selbst überwachen, da er bzw. sein Sozius dem Verbraucher den beabsichtigten Text des Rechtsgeschäfts zur Verfügung zu stellen hat. Für die Berechnung der Zweiwochenfrist als Ereignisfrist iSv § 187 Abs. 1 BGB gelten die allgemeinen Vorschriften der §§ 187 ff. BGB. Geht der „Vertragsentwurf" dem Verbraucher an einem Dienstag zu, darf die Beurkundung erst am Mittwoch zwei Wochen später erfolgen.[26]

Der BGH hat mehrfach klargestellt, dass die **zweiwöchige Regelfrist** nicht zur Disposition der Urkundsbeteiligten steht. Eine Unterschreitung kommt nur in Betracht, wenn im Einzelfall nachvollziehbare Gründe – auch unter Berücksichtigung der Schutzinteressen des Verbrauchers – es rechtfertigen, die „Schutzfrist" zu verkürzen, was in der Urkunde zu vermerken ist (§ 17 Abs. 2a S. 2 Nr. 2 S. 3 BeurkG). Entscheidend ist, dass der bezweckte Übereilungs- und Überlegungsschutz auf andere Weise als durch Einhaltung der Regelfrist gewährleistet ist (nach BGH zB durch umfassende Auseinandersetzung mit dem übersandten Entwurf).[27] Darüber hinaus bedarf es keines Sachgrundes (bevorstehender Urlaub, Krankenhausaufenthalt etc).[28] Wesentliche Änderungen des Entwurfs können eine weitere Überlegungsfrist erfordern (Details unklar).[29]

Da **bei natürlichen Personen** nicht stets ohne weiteres erkennbar ist, ob diese als Verbraucher oder als Unternehmer handeln, kann es sich empfehlen, im Eingang der Urkunde eine **Versicherung** der Beteiligten aufnehmen, dass sie als Verbraucher iSd § 13 BGB bzw. als Unternehmer iSv § 14 BGB handeln. Zwar ist eine Vereinbarung über die Verbrauchereigenschaft mangels Disponibilität des Verbraucherschutzes weder formular- noch individualvertraglich möglich. Allerdings hat der BGH die Verbraucherschutzvorschriften bei bewusster Täuschung des Vertragspartners über den Geschäftszweck („Scheinunter-

---

[23] BGH DNotZ 2008, 356.

[24] Jedenfalls Wiedergabe der *essentialia negotii* (Kaufgegenstand, Kaufpreis, Vertragsparteien, aktueller Grundbuchinhalt) und der wesentlichen Regelungen des Leistungsaustausches.

[25] Den Zeitpunkt des Zugangs des beabsichtigten Texts des Rechtsgeschäfts sollte der Verbraucher aber weiterhin in der Urkunde bestätigen, damit der Notar die Einhaltung der Frist unschwer prüfen kann, was bei einer lediglich abstrakten Bestätigung betreffend die Einhaltung der Zweiwochenfrist durch den Verbraucher nicht gewährleistet ist.

[26] Herrler/Hertel/Kesseler/*Herrler*, Aktuelles Immobilienrecht 2019, S. 2; ggf. eine andere Berechnungsmethode zugrunde legend BGH DNotZ 2019, 37 (vor allem Rn. 18).

[27] BGH DNotZ 2019, 37; hierzu einschränkend Herrler/Hertel/Kesseler/*Herrler*, Aktuelles Immobilienrecht 2019, S. 12 ff.; BGH MittBayNot 2013, 325 mAnm *Rieger* = ZfIR 2013, 427 mAnm *Grziwotz*.

[28] BGH DNotZ 2019, 37 Rn. 19 mwN.

[29] Die Aussage des BGH (DNotZ 2019, 37 Rn. 21), dies gelte nicht für Änderungen auf Wunsch des Verbrauchers, dürfte in dieser Allgemeinheit zu weit gehen (zB kompletter Austausch des Vertragsgegenstands: Penthousewohnung für 1 Mio. EUR statt Souterrain-Einzimmer-Wohnung); zutreffend *Armbrüster/Wächter* NotBZ 2019, 34 (36); *Armbrüster* FS 25 Jahre DNotI 2018, 287 (291 f.).

nehmer") für unanwendbar erachtet (arg. venire contra factum proprium).[30] In diesem Zusammenhang ist jedoch zu beachten, dass sich der Notar aufgrund seiner Pflicht zur Sachverhaltsaufklärung gemäß § 17 Abs. 1 S. 1 BeurkG nicht blindlings auf die Angaben der Beteiligten verlassen darf.
Zu den weiteren Besonderheiten eines Verbrauchervertrages → Rn. 704 f.

2. Teil. Allgemeine Fragen des Grundstückskaufvertrages

A. Vorbereitende Tätigkeit

I. Grundbucheinsicht

10   Der Notar hat sich vor Beurkundung eines Kaufvertrages über den Grundbuchinhalt zu unterrichten. Sonst soll er nur beurkunden, wenn die Beteiligten trotz Belehrung über die damit verbundenen Gefahren auf einer sofortigen Beurkundung bestehen; dies soll er in der Niederschrift vermerken (§ 21 Abs. 1 BeurkG). Für das Verschulden von Hilfspersonen bei der Grundbucheinsicht haftet der Notar gemäß § 278 BGB analog wie für eigenes, ohne dass es auf ein Auswahl- oder Organisationsverschulden ankommt.[31]

11   **1. Art und Weise der Grundbucheinsicht.** Wie sich der Notar über den Grundbuchinhalt unterrichtet, ist seine Sache. In Betracht kommen neben dem Abruf beim EDV-Grundbuch die Einsicht durch den Notar persönlich oder durch einen sachkundigen und zuverlässigen Mitarbeiter,[32] die Vorlage eines beglaubigten Grundbuchauszugs neuesten Datums durch einen Vertragsbeteiligten und bei einem auswärtigen Grundbuchamt auch die Einsicht eines Kollegen (Übermittlung der Einsicht per E-Mail, Telefax, Brief).

12   **2. Zeitpunkt der Grundbucheinsicht.** Es kommt durchaus häufiger vor, dass sich die Beurkundung nach Übersendung des Vertragsentwurfs verzögert. § 21 Abs. 1 S. 1 BeurkG verhält sich nicht zur Frage der erforderlichen Aktualität der Grundbucheinsicht. Einvernehmen besteht jedoch dahingehend, dass die Einsichtnahme möglichst zeitnah zu dem Beurkundungstermin zu erfolgen habe.[33] Nach Ansicht des LG München II[34] ist jedenfalls ein Zeitraum von 14 Tagen zwischen der Grundbucheinsicht/dem Datum des Beglaubigungsvermerks auf dem Grundbuchauszug und der Beurkundung ausreichend. Das OLG Frankfurt a.M.[35] verneint eine Amtspflichtverletzung des Notars, wenn er eine sechs Wochen vorher gefertigte Grundbucheinsicht nicht erneut überprüft, solange keine konkreten Anhaltspunkte dafür vorliegen, dass zwischenzeitlich eine Änderung des Grundbuchinhalts eingetreten ist. In der Literatur wird teilweise ein etwas kürzerer Zeitraum für erforderlich erachtet (zwei bis vier Wochen).[36] Der BGH hat in seinem Urteil vom 23.8. 2018 jüngst einen **Zeitraum von drei bis vier Wochen** jedenfalls dann für ausreichend erachtet, wenn der Notar nicht am automatischen Abrufverfahren teilnimmt.[37] Ob strengere Maßstäbe anzulegen sind, wenn der Notar am **automatischen Abrufverfahren** teilnimmt, hat der BGH offengelassen. In der Literatur wird unter diesen Umständen vielfach eine noch zeitnähere Unterrichtung über den Grundbuchinhalt gefordert, zumin-

---

[30] BGH NJW 2005, 1045.
[31] BGH DNotZ 1996, 581 mAnm *Preuß.*
[32] BayObLG DNotZ 1980, 187.
[33] Jüngst BGH NJW-RR 2018, 1531 Rn. 27 mwN.
[34] MittBayNot 1978, 237.
[35] DNotZ 1985, 244.
[36] Eylmann/Vaasen/*Frenz* BeurkG § 21 Rn. 2: zwei bis vier Wochen; *Winkler* BeurkG § 21 Rn. 14 mwN: bis zu sechs Wochen („in Grenzfällen").
[37] BGH NJW-RR 2018, 1531 Rn. 27.

dest in Gestalt eines kostenlosen Aktualitätsnachweises.[38] Eine tagaktuelle Grundbucheinsicht dürfte indes im Regelfall nicht geboten sein. Meines Erachtens sollte insoweit ein **bis zu sieben Tage alter Grundbuchauszug** genügen, sofern dem Notar keine tatsächlichen Anhaltspunkte für Änderungen nach der Einsichtnahme vorliegen. Der BGH scheint dem Notar einen gewissen Ermessensspielraum insoweit zuzugestehen, der den Einzelfallumständen Rechnung tragen sollte.[39] Konnte der Notar das Grundbuch vor dem Beurkundungstermin nicht erneut einsehen, mag es sich empfehlen, bei Beantragung der Eigentumsvormerkung das Grundbuch zu vergleichen, um festzustellen, ob zwischenzeitlich Eintragungen erfolgt oder beantragt sind. Jedenfalls vor Erteilung der Fälligkeitsmitteilung hat der Notar ohnehin die ranggerechte Eintragung der Vormerkung zu überprüfen (und ggf. weitere Löschungsunterlagen einzuholen).

In dem bereits erwähnten Urteil des BGH vom 23.8.2018 hat dieser darüber hinaus **12a** angedeutet, dass im Anwendungsbereich des **§ 17 Abs. 2a S. 2 Nr. 2 S. 2 BeurkG** bereits der „beabsichtigte Text des Rechtsgeschäfts" einen aktuellen Grundbuchstand zu enthalten habe und das Grundbuch daher zeitnah vor Versand des Entwurfs einzusehen sei, wobei die im unmittelbaren Anwendungsbereich von § 21 Abs. 1 S. 1 BeurkG anerkannten Maßstäbe entsprechend Anwendung fänden.[40] Hier muss also **zu zwei Zeitpunkten** der aktuelle Grundbuchstand ermittelt und mitgeteilt werden. Wurde dies bei Versand des Entwurfs seitens des Notars versäumt, fehlt es an einem ordnungsgemäßen Entwurfsversand, sodass eine Beurkundung ohne erneuten Versand grundsätzlich nicht in Betracht kommt.[41]

3. Umfang der Grundbucheinsicht. Die Einsicht in das Grundbuch hat sich auf die **13** Tatsachen zu erstrecken, deren Kenntnis zur Erfüllung des Zwecks des § 21 BeurkG für das jeweilige Geschäft von Bedeutung ist. Den Grundbuchinhalt hat der Notar festzustellen, damit das Rechtsgeschäft mit dem von den Beteiligten gewollten Inhalt erfolgreich rechtlich durchgeführt werden kann. Es soll vermieden werden, dass durch falsche Angaben von Bezeichnungen des Grundbuchs, der Parzellen etc Beanstandungen und damit Verzögerungen eintreten.[42] Ist ein Grundstück als Straßenland ausgewiesen, hat der Notar die Beteiligten auf die öffentlich-rechtliche Nutzungsbeschränkung des Kaufgrundstücks hinzuweisen und zu klären, ob der vereinbarte Kaufpreis je qm auch hierfür zu zahlen ist.[43] Es ist daher zu empfehlen, die Wirtschaftsart in der Urkunde zu vermerken.

Der Notar ist grundsätzlich **nicht verpflichtet,** die **Grundakten einzusehen** (Arg.: **14** § 21 Abs. 1 BeurkG fordert nur eine Unterrichtung über den Grundbuchinhalt), um zu überprüfen, ob sich dort unerledigte Eintragungsanträge befinden.[44] Es genügt, wenn der Notar das aktuelle Grundbuchblatt einsieht.[45] Die Grundbucheinsicht muss in der Regel nicht das Datum des Ankaufs und der Eintragung des Verkäufers als Eigentümer in das Grundbuch umfassen.[46] Beim Verkauf einer Eigentumswohnung braucht der Notar mangels Vorliegens besonderer Umstände selbst dann nicht in die Grundakten Einsicht nehmen, wenn im Wohnungsgrundbuch auf die in den Grundakten befindliche Eintragungs-

[38] Vgl. Armbrüster/Preuß/Renner/*Rezori* BeurkG § 21 Rn. 16 mwN.
[39] BGH NJW-RR 2018, 1531 Rn. 27 mwN.
[40] BGH NJW-RR 2018, 1531 Rn. 27.
[41] Näher Herrler/Hertel/Kesseler/*Herrler,* Aktuelles Immobilienrecht 2019, S. 11 f., auch zur Frage, wie mit wesentlichen Änderungen des Grundbuchstands zwischen Entwurfsversand und Beurkundung umzugehen ist.
[42] BGH DNotZ 1985, 635; DNotZ 1980, 563.
[43] BGH NJW 1996, 520.
[44] OLG Köln DNotZ 1989, 455; OLG Frankfurt a.M. DNotZ 1985, 244.
[45] OLG Köln MittRhNotK 1985, 23: aus dem geschlossenen Grundbuchblatt ergab sich ein Anhaltspunkt für das Bestehen von Wohnungsbindung.
[46] BGH DNotZ 1985, 635; OLG Bremen DNotZ 1984, 638; BGH DNotZ 1996, 116: „der Notar ist nicht verpflichtet, das Grundbuch auf Tatsachen durchzusehen, die für das Entstehen eines zu versteuernden Spekulationsgewinnes bedeutsam sein können"; vgl. aber → Rn. 28.

bewilligung Bezug genommen wird.[47] Ebenso wenig bedarf es eines Hinweises auf die unterbliebene Einsichtnahme. Etwas anderes gilt nur bei ausdrücklichem Wunsch der Beteiligten oder konkreten Anhaltspunkten für unerledigte Voranträge.[48]

15   Nachforschungen über das Bestehen einer **Wohnungsbindung** muss der Notar nicht von sich aus anstellen;[49] er ist auch nicht verpflichtet, das **Baulastenverzeichnis** einzusehen[50] oder zu klären, ob auf dem Grundstück aus dem Grundbuch nicht ersichtliche **öffentliche Lasten** ruhen.[51]

16   **4. Vermerk über Grundbucheinsicht.** Der Notar ist gesetzlich grundsätzlich nicht verpflichtet, die im Grundbuch eingetragenen Lasten und Beschränkungen in der Urkunde aufzuführen. Gleichwohl sprechen gute Gründe für die Aufnahme eines **Vermerks über alle Eintragungen in Abteilung II und III des Grundbuchs** sowie das Datum der Grundbucheinsicht. Die vollständige Wiedergabe aller Belastungen (nicht im Wortlaut des Eintragungstextes, sondern in Stichworten, jedenfalls bei nicht übernommenen Belastungen), der im Urkundstext die Regelung folgt, welche Rechte vom Käufer übernommen werden und welche nicht, erleichtert die Abwicklung des Vertrages. Im Haftpflichtfall[52] war strittig, ob der Notar den Käufer auf ein **dingliches Vorkaufsrecht** hingewiesen hatte oder nicht. Diesen Beweisschwierigkeiten wäre der Notar nicht ausgesetzt gewesen, wenn der Grundbuchinhalt in der Urkunde wiedergegeben worden wäre. Denkbar ist auch eine Beifügung zu Beweiszwecken, insbesondere bei umfangreichen Erschließungsdienstbarkeiten, die keine relevante Beeinträchtigung der Eigentumsrechte darstellen, auf sämtlichen Einheiten einer Anlage lasten und deren Löschung faktisch nicht in Betracht kommt. Jedenfalls Verwertungsrechte sollten tendenziell aber in der Urkunde selbst aufgeführt werden. Ist ein dingliches Vorkaufsrecht eingetragen, hat der Notar einen rechtsunkundigen Urkundsbeteiligten auf einen diesem drohenden Schaden bei Vornahme von baulichen Maßnahmen vor Sicherung der Vertragsdurchführung (Verzicht auf das Vorkaufsrecht, Ablauf der Vorkaufsfrist) hinzuweisen.[53] In einer weiteren Entscheidung[54] hatte die den Kaufpreis finanzierende Bank einen Schaden erlitten, weil der Notar nicht auf einen eingetragenen Nacherbenvermerk hingewiesen hatte, der auch in der Urkunde nicht vermerkt war.[55]

17   Auf die Bedeutung eines im maßgeblichen Zeitpunkt der Grundbucheinsicht (→ Rn. 12 f.) eingetragenen **Zwangsversteigerungsvermerks** (Indiz für wirtschaftliche Schwierigkeiten des Vertragspartners/Gefährdung der Durchführbarkeit des Vertrages) muss der Notar den Erwerber nach Ansicht des BGH jedenfalls dann aufgrund der sich aus § 14 BNotO ergebenden sog. erweiterten Belehrungspflicht hinweisen, wenn sich das daraus resultierende (wirtschaftliche) Risiko aufgrund der Vertragsgestaltung (im konkreten Fall: Vorleistung des Verbrauchers in Gestalt von Abschlagszahlungen beim Bauträgervertrag) zulasten des Erwerbers realisieren kann.[56] Die entsprechende Belehrung ist zwar nicht notwendig im Urkundstext zu dokumentieren, doch wird sich dies vielfach schon aus Beweisgründen empfehlen. Hatte der Notar von einem erst kürzlich eingetragenen Zwangsversteigerungsvermerk keine Kenntnis und erfüllte die Grundbucheinsicht die Ak-

---

[47] BGH DNotZ 2009, 444 – anders zB bei Zweifeln am Umfang des Sondereigentums.
[48] OLG Karlsruhe notar 2015, 198; BeckOGK/*Regler*, 1.3.2019, BeurkG § 21 Rn. 18 mwN.
[49] OLG Köln DNotZ 1987, 695.
[50] OLG Schleswig DNotZ 1991, 339.
[51] *Winkler* BeurkG § 21 Rn. 13.
[52] BGH DNotZ 1984, 636.
[53] BGH DNotZ 1982, 504.
[54] BGH DNotZ 1969, 173.
[55] Vgl. auch BGH DNotZ 1992, 457: Amtspflichtverletzung bei unterbliebenem Hinweis des Notars auf eine auf dem Miteigentumsanteil eines Verkäufers eingetragene Sicherungshypothek aus Rücksichtnahme auf dessen Wünsche.
[56] BGH DNotZ 2011, 192.

tualitätsvorgaben, liegt keine Pflichtverletzung des Notars vor.[57] Tatsächlich im Notariat vorhandenes Wissen, etwa aufgrund einer überobligationsmäßigen Aktualität der Grundbucheinsicht (zB tagaktuell), ist indes zu offenbaren.[58] Ist ein vormals eingetragener Zwangsversteigerungsvermerk indes im maßgeblichen Zeitpunkt (→ Rn. 12 f.) bereits gelöscht, ist der Notar nach Ansicht des BGH grundsätzlich weder verpflichtet noch auch nur berechtigt (Neutralitätspflicht, § 14 Abs. 1 S. 2 BNotO), auf diesen hinzuweisen.[59] Es dürfte dem Notar aber freistehen, dem Kaufinteressenten auf dessen Wunsch hin einen vollständigen Grundbuchauszug auszuhändigen, in welchem der gelöschte Zwangsversteigerungsvermerk ersichtlich ist.[60]

5. Beurkundung ohne Grundbucheinsicht. Der Notar ist berechtigt, die Beurkundung ohne Unterrichtung über den Grundbuchinhalt vorläufig abzulehnen. Bestehen die Beteiligten auf einer sofortigen Beurkundung, hat der Notar sie über die damit verbundenen Gefahren zu belehren und dies in der Niederschrift zu vermerken (§ 21 Abs. 1 S. 2 BeurkG). Diese Belehrung muss besonders sorgfältig und eingehend sein; sie muss über die Bedeutung des Grundbuchstandes für die Vertragsgestaltung und über mögliche Gefahren unterrichten, die sich aus einer Beurkundung ohne Kenntnis des Grundbuchs ergeben können.[61] Wichtiger als die Belehrung sind vertragliche Vorkehrungen zum Schutz des Käufers vor nicht bekannten Eintragungen. Der Notar sollte sich daher möglichst unverzüglich nach der Beurkundung vom Grundbuchinhalt unterrichten. Fälligkeitsvoraussetzung ist stets die rangrichtige Eintragung der Vormerkung (→ Rn. 102), von der sich der Notar überzeugen muss. **18**

II. Sonstige, für die Kaufentscheidung wesentliche Umstände

Andere, für die Kaufentscheidung wesentliche Informationen (insbes. Nutzungsbeschränkungen) ergeben sich nicht aus dem Grundbuch und sind für den Käufer auch sonst nicht ohne Weiteres ersichtlich. Entweder muss der Käufer sich auf die Angaben des Verkäufers verlassen oder dem Käufer ist Gelegenheit zu geben, sich bei der zuständigen Stelle über etwaige Beschränkungen oÄ zu unterrichten. Da der Verkäufer vom betreffenden Umstand nicht notwendigerweise Kenntnis hat, sollten die Vertragsteile mit ausreichendem zeitlichem Vorlauf informiert werden, dass insoweit gegebenenfalls noch Klärungsbedarf besteht. **19**

Sofern sich der Käufer auf die Angaben des Verkäufers verlässt bzw. verlassen möchte, sollte **geregelt** werden, **welche Folgen sich an etwaige Falschangaben des Verkäufers knüpfen,** da andernfalls die Rechte des Käufers von der im Grenzbereich nicht immer einfachen Entscheidung darüber abhängig sind, ob es sich bei dem betreffenden Umstand um einen Sachmangel iSv § 434 BGB oder um einen Rechtsmangel iSv § 435 BGB handelt.[62] Denn ungeachtet des nach der gesetzlichen Konzeption nunmehr weitgehenden Gleichlaufs der Rechtsfolgen von Sach- und Rechtsmängeln in §§ 437 ff. BGB wird in einem Kaufvertrag über gebrauchte Immobilien üblicherweise ein weitreichender Haftungsausschluss für Sachmängel vorgesehen, während der Verkäufer für Rechtsmängel grundsätzlich unbeschränkt haftet.[63] Sofern sich fahrlässige Falschangaben des Verkäufers **19a**

---

[57] Zutreffend BGH NJW-RR 2018, 1531 Rn. 27.
[58] Herrler/Hertel/Kesseler/*Herrler,* Aktuelles Immobilienrecht 2019, S. 11.
[59] BGH NJW-RR 2018, 1531 Rn. 31 ff., auch zur etwaigen Hinweispflicht auf den gelöschten Zwangsversteigerungsvermerk aufgrund der besonderen Einzelfallumstände.
[60] Herrler/Hertel/Kesseler/*Herrler,* Aktuelles Immobilienrecht 2019, S. 16.
[61] BayObLG DNotZ 1990, 667.
[62] Instruktiv BeckOK BGB/*Faust* BGB § 435 Rn. 18 f.; MüKoBGB/*Westermann* BGB § 435 Rn. 10, jew. mwN.
[63] Ein auf Sachmängel beschränkter Haftungsausschluss ist (typischerweise) auch nicht dahingehend auszulegen, dass er fahrlässige Falschangaben betreffend eine etwaige Sozialbindung der Immobilie miterfasst (BGH BeckRS 2018, 26602 Rn. 9 mwN; nicht in DNotZ 2019, 48 abgedruckt).

daher auf Umstände beziehen, die als Sachmangel zu qualifizieren sind, stehen dem Käufer keine Gewährleistungsrechte zu. Sofern der Verkäufer typischerweise zuverlässige Kenntnis vom (Nicht-)Vorliegen eines bestimmten Umstands hat, sollte er für Falschangaben verschuldensunabhängig einstehen (unter anderem Sozialbindung der Immobilie; baurechtliche Zulässigkeit bei Verkauf durch den Bauherrn). Andernfalls sollte er tendenziell nur für die zutreffende Weitergabe seines eigenen Wissensstands einzustehen haben.

20 **1. Wohnungsbindung/soziale Wohnraumförderung.** Eine **Sozialbindung einer mit öffentlichen Mitteln geförderten Wohnung** stellt unabhängig davon einen Rechtsmangel iSv § 435 BGB dar, ob sich diese nach dem bis zum 31. 12. 2001 geltenden Wohnungsbindungsgesetz oder nach dem Gesetz über die soziale Wohnraumförderung (Wohnraumförderungsgesetz) ergibt, da hierdurch die rechtlichen Befugnisse des Eigentümers beschränkt werden, sowohl im Hinblick auf die Eigennutzung (§ 6 WoBindG; § 27 Abs. 7 WoFG) als auch im Hinblick auf die Fremdnutzung (§§ 4 ff. WoBindG; §§ 26 ff. WoFG).[64] Seit dem 1. 1. 2002 richtet sich die Neuvergabe von Fördermitteln nach dem Wohnraumförderungsgesetz. Bindungen für die geförderten Wohnungen ergeben sich nunmehr nicht mehr aus dem Gesetz, sondern werden nach Maßgabe der jeweiligen landesrechtlichen Förderrichtlinien durch Verwaltungsakt auferlegt. Die Nutzungsbeschränkung durch Verwaltungsakt aufgrund des neuen Wohnraumförderungsgesetzes ist ebenfalls Rechtsmangel.[65]

21   Zu einer Belehrung über eine mögliche Wohnungsbindung oder zu einem dahin gehenden Hinweis ist der Notar nicht verpflichtet, selbst wenn ein Grundpfandrecht zugunsten der Wohnungsbauförderungsanstalt eingetragen ist.[66] Auch bei der Grundbucheinsicht muss der Notar nicht von sich aus Nachforschungen über das Bestehen einer Wohnungsbindung anstellen.[67] Ein Hinweis auf eine etwaige Sozialbindung ist aber empfehlenswert, wenn der Notar hiervon positive Kenntnis hat oder sich diese ihm aufdrängt (zB eingetragenes Wohnungsbesetzungsrecht zugunsten der Gemeinde/Stadt). Wie bereits erwähnt, erscheint es unter Berücksichtigung der beiderseitigen berechtigten Interessen angemessen, dass der Verkäufer verschuldensunabhängig dafür einsteht, dass die Immobilie keiner Sozialbindung unterliegt. Eine entsprechende **Garantie des Verkäufers** sollte daher standardmäßig aufgenommen werden. Fehlt der verkauften Immobilie die garantierte Beschaffenheit, weil die Immobilie einer Mietpreisbindung unterliegt, soll es für eine nach dem Ertragswertverfahren errechnete Wertminderung nicht auf deren Restnutzungsdauer, sondern nur auf die Dauer der Bindung an die Kostenmiete ankommen.[68]

22 **2. Bebaubarkeit, baurechtliche Zulässigkeit der Nutzung, Denkmalschutz.** Ebenfalls für den Käufer nicht ohne Weiteres erkennbar ist die baurechtliche Zulässigkeit der bestehenden Bebauung. Bei an die Beschaffenheit, insbesondere die Lage des Grundstücks anknüpfenden Beschränkungen der Bebaubarkeit kann es sich nach allgM um einen Sachmangel iSv § 434 BGB handeln,[69] der freilich grundsätzlich vom allgemeinen Haftungsausschluss umfasst ist. Nach hM gilt dies ebenfalls bei fehlender Baugenehmigung (Arg.: Fehlen der baurechtlich gesicherten Befugnis der vertraglichen Nutzung)[70] und im Falle eines formell und materiell baurechtswidrig errichteten Gebäudes, für das eine Beseitigungsanordnung und/oder Nutzungsuntersagung ergehen könnte.[71] Je nachdem, ob der

---

[64] BGH DNotZ 2019, 48; NJW 2000, 1256.
[65] Vgl. *Griziwotz* DNotZ 2001, 822; *Heimsoeth* RNotZ 2002, 88.
[66] OLG Düsseldorf DNotZ 1985, 185.
[67] OLG Köln DNotZ 1987, 695.
[68] BGH NJW 1989, 1795.
[69] BGH NJW-RR 1993, 396; NJW 1992, 1384; BeckOK BGB/*Faust* BGB § 435 BGB Rn. 19; Palandt/ *Weidenkaff* BGB § 434 Rn. 61, jew. mwN.
[70] BGH NJW 2013, 2182 Rn. 9.
[71] BGH NJW 1986, 2824; abweichend BeckOK BGB/*Faust* BGB § 435 Rn. 19: Rechtsmangel, ggf. zusätzlich Sachmangel.

Verkäufer die baulichen Maßnahmen selbst vorgenommen hat oder nicht, ist ihm ein kenntnisunabhängiges Einstehen für die baurechtliche Zulässigkeit zumutbar. Hat der Verkäufer seinerseits das Grundstück bereits im bebauten Zustand erworben, sollte eine Erklärung aufgenommen werden, dass ihm eine Baurechtswidrigkeit des Gebäudes bzw. dessen derzeitiger Nutzung nicht bekannt ist.[72] Der Käufer sollte auf die Möglichkeit hingewiesen werden, im Vorfeld des Vertragsschlusses eigene Erkundigungen bei der Baubehörde über die Zulässigkeit der derzeitigen Nutzung anzustellen. Vorstehendes gilt *mutatis mutandis* für einen etwa bestehenden **Denkmalschutz.** Wird eine Denkmaleigenschaft eines Gebäudes nicht offenbart, begründet dies einen Sachmangel.[73]

3. Baulast und sonstige nicht im Grundbuch eingetragene Belastungen. Bei der   23
Baulast[74] handelt es sich ebenfalls um einen Sachmangel des Grundstücks,[75] soweit sie bestimmte Pflichten in der Nutzung bereits errichteter Gebäude begründet. Der Notar ist nicht verpflichtet, das Baulastenverzeichnis einzusehen (Arg.: § 21 BeurkG, → Rn. 14). Er sollte den Käufer jedoch auf die Möglichkeit des Bestehens von Baulasten, ihre Bedeutung sowie die Möglichkeit der Einsicht in das (von den Bauaufsichtsbehörden bzw. Gemeinden geführte) Baulastenverzeichnis hinweisen, insbesondere wenn der Käufer das Grundstück zum Zwecke der Bebauung erwirbt.[76] Außerdem sollte im Kaufvertrag eine **Wissenserklärung des Verkäufers** betreffend die Abwesenheit von Baulasten aufgenommen werden.

Die (richtige) Forderung, die Baulast wieder abzuschaffen, wird durch neuere Urteile   24
bekräftigt. Die Baulast beinhaltet die Verpflichtung eines Grundstückseigentümers zu einem sein Grundstück betreffendes Tun, Dulden oder Unterlassen zur Sicherung baurechtlicher Verpflichtungen, die sich nicht schon aus öffentlich-rechtlichen Vorschriften ergeben. Sie begründet für den Besteller nur eine öffentlich-rechtliche Verpflichtung gegenüber der Baubehörde, gibt dem Begünstigten aber keinen Anspruch gegen den Besteller auf Nutzung oder Duldung,[77] unter Umständen aber eine Einrede nach § 242 BGB.[78] Die von einem Grundstückseigentümer zugunsten eines anderen Grundstücks übernommene Baulast, Kraftfahrzeugeinstellplätze anlegen und nutzen zu lassen, bewirkt daher nur eine öffentlich-rechtliche Verpflichtung, die weder dem Eigentümer des begünstigten Grundstücks einen Nutzungsanspruch gewährt noch den Besteller der Baulast verpflichtet, die Nutzung zu dulden.[79] Der Eigentümer eines Grundstücks, der öffentlich-rechtlich durch eine Baulast gebunden ist, kann gegen den Baulastbegünstigten, der das Grundstück baulastgemäß, aber ohne zivilrechtlichen Rechtsgrund nutzt, einen Bereicherungsanspruch wegen unbefugter Inanspruchnahme seines Eigentums haben. Die Baulast selbst stellt keinen Rechtsgrund für die Nutzung dar (unveränderter Zuweisungsgehalt).[80] Sie vermittelt dem Eigentümer des durch sie begünstigten Grundstücks zudem regelmäßig keine subjektiv-öffentlichen Rechte, die durch einen Verzicht der Behörde auf die Baulast verletzt werden könnten.[81] Eine **schuldrechtliche Nutzungsvereinbarung** und deren **Sicherung durch Eintragung einer Grunddienstbarkeit** sind daher unverzichtbar.[82]

---

[72] BGH NJW 1979, 2243: **Aufklärungspflicht** bei Baurechtswidrigkeit; zu den Anforderungen an ein arglistiges Verschweigen BGH NJW 2013, 2182: Kenntnis der relevanten Tatsachen erforderlich.
[73] So jüngst OLG Koblenz NJW-RR 2019, 367.
[74] Vgl. hierzu *Kraft-Zörcher* NotBZ 2017, 130; *Schmitz-Vonmoor* RNotZ 2007, 121; *Harst* MittRhNotK 1984, 229; *Sachse* NJW 1979, 195; in Bayern existieren keine Baulasten, möglich ist allerdings die **Übernahme von Abstandsflächen,** vgl. *Schöner/Stöber* GrundbuchR Rn. 3201a.
[75] BGH DNotZ 1978, 621; aA OLG Hamm DNotZ 1988, 700: Rechtsmangel.
[76] Vgl. OLG Schleswig DNotZ 1991, 339.
[77] OLG Koblenz NJOZ 2013, 2001; OLG Hamm NJOZ 2014, 1406.
[78] BGH NJW 1981, 980; OLG Hamm RNotZ 2017, 665.
[79] BGH DNotZ 1984, 176.
[80] BGH DNotZ 1986, 140.
[81] OVG Münster DNotZ 1988, 693.
[82] Vgl. auch *Schöner/Stöber* GrundbuchR Rn. 3197 ff.; *Grziwotz* BauR 1990, 20.

Herrler

25 Auf die Möglichkeit der Existenz **sonstiger nicht im Grundbuch eingetragener Belastungen** (altrechtliche Dienstbarkeiten iSv Art. 187 EGBGB, ggf. dingliche Nutzungsrechte, Gebäudeeigentum, Mitbenutzungsrechte, vgl. Art. 233 §§ 4, 5 EGBGB) sollte ebenfalls hingewiesen und eine entsprechende **Wissenserklärung des Verkäufers** aufgenommen werden.

III. Steuerliche Fragen

26 **1. Grundsätzlich keine Pflicht zur Belehrung über steuerliche Folgen.** Der Notar, der einen Grundstückskaufvertrag beurkundet, ist regelmäßig nicht nach § 17 Abs. 1 BeurkG bzw. § 14 Abs. 1 S. 2 BNotO gehalten, auf die steuerrechtlichen Folgen des beurkundeten Geschäfts hinzuweisen.[83] Etwas anderes gilt nur dann, wenn die ihm in § 17 Abs. 1 S. 2 BeurkG auferlegte Betreuungspflicht dies gebietet. Dies setzt voraus, dass der Notar aufgrund besonderer Umstände Anlass zu der Besorgnis haben muss, einem Beteiligten drohe ein Schaden, weil dieser sich wegen mangelnder Kenntnis der Rechtslage oder von Sachumständen, die die Bedeutung des beurkundeten Rechtsgeschäfts für seine Vermögensinteressen beeinflussen, einer Gefährdung seiner Interessen nicht bewusst ist.[84] So wird eine Belehrungspflicht beispielsweise bejaht, wenn in einem Unternehmenskaufvertrag die Haftung des Erwerbers nach § 25 Abs. 1 HGB durch Eintragung und Bekanntmachung einer abweichenden Vereinbarung (§ 25 Abs. 2 HGB) ausgeschlossen werden soll, da ein umfassender Haftungsausschluss des Betriebsübernehmers für Steuerschulden wegen § 75 AO nicht möglich ist.[85]

27 Beim Grundstückskaufvertrag kommt für den Verkäufer eine Steuerpflicht
– bei einer **Entnahme aus dem Betriebsvermögen,**
– beim **gewerblichen Grundstückshandel**[86] oder
– beim **Verkauf innerhalb der Spekulationsfrist** (§§ 22 Nr. 2, 23 EStG)
in Betracht. Bestehen hierfür Anhaltspunkte, sollte der Notar nicht selbst die steuerliche Beratung übernehmen, sondern dem Verkäufer die Prüfung des Vertrages durch einen Steuerberater vor der Beurkundung anheimstellen.[87] Nehmen die Beteiligten keine steuerliche Beratung in Anspruch, kann ein Vermerk in der Urkunde ratsam sein, dass die steuerlichen Fragen nicht Gegenstand der Beratung durch den Notar waren. Die Spekulationsfrist für Grundstücke und grundstücksgleiche Rechte beträgt zehn Jahre (§ 23 Abs. 1 S. 1 Nr. 1 EStG) und beginnt mit der entgeltlichen oder teilentgeltlichen Anschaffung der Immobilie bzw. mit deren Entnahme aus einem Betriebsvermögen. Der steuerpflichtige Veräußerungsgewinn ist als Differenz von Veräußerungspreis und Anschaffungs- bzw. Herstellungskosten zu ermitteln. Letztere verringert um Abschreibungen (§ 23 Abs. 3 S. 1, S. 4 EStG). Das im Zeitraum zwischen Anschaffung/Fertigstellung und Veräußerung ausschließlich zu eigenen Wohnzwecken oder im Jahr der Veräußerung und in den beiden vorangegangenen Jahren zu eigenen Wohnzwecken genutzte Grundstück ist freigestellt (§ 23 Abs. 1 S. 1 Nr. 1 S. 3 EStG).

28 Der BGH[88] hält den Notar für verpflichtet, auf die drohende Versteuerung eines Spekulationsgewinnes hinzuweisen, wenn jener vor oder während der Vertragsbeurkundung positive Kenntnis davon erhält, dass der Verkäufer das Grundstück vor weniger als zehn Jahren erworben hat und die Anschaffungskosten unter dem Verkaufspreis liegen. Der positiven Kenntnis wird der Fall gleichgestellt, dass in der Kanzlei des Notars zu dem Urkundsvorgang Urkunden eingereicht werden, aus denen sich alle Tatsachen ergeben. Danach soll der Notar verpflichtet sein, aus der vom Verkäufer hereingereichten Abschrift

[83] BGH DNotZ 1992, 813; DNotZ 1996, 116; DNotZ 2008, 370 mAnm *Moes*.
[84] BGH DNotZ 1981, 775.
[85] BGH DNotZ 2008, 370 Rn. 20.
[86] Vgl. BMF MittBayNot 2004, 386; *Tiedtke* MittBayNot 2004, 325.
[87] Vgl. BGH DNotZ 2003, 845.
[88] DNotZ 1989, 452.

des Kaufvertrages das Datum des Ankaufs festzustellen. Das Urteil ist auf Kritik gestoßen, unter anderem mit Blick auf die Neutralitätspflicht des Notars.[89] Allerdings hat der BGH klargestellt, dass der Notar sein Personal nicht dazu anhalten muss, von sich aus die erforderlichen Urkunden zu beschaffen. Ebenso wenig ist der Notar verpflichtet, das Grundbuch auf Tatsachen durchzusehen, die für das Entstehen eines zu versteuernden Spekulationsgewinnes bedeutsam sein können.[90] Eine Nachforschungspflicht im Hinblick auf steuerrechtliche Tatbestände wird zu Recht abgelehnt.[91]

2. Freiwillige Belehrung über Steuerfolgen. Der Notar kann wegen Amtspflichtver- 29
letzung schadensersatzpflichtig werden, wenn er – ohne dazu verpflichtet zu sein – über steuerrechtliche Fragen des beurkundeten Rechtsgeschäfts berät und dabei eine unrichtige, unklare oder nicht erkennbar unvollständige Auskunft erteilt.[92] Ist eine steuerrechtliche Frage nicht abschließend geklärt, hat der Notar im Falle einer entsprechenden Beratung auf die unklare Rechtslage hinzuweisen und den Beteiligten das entsprechende Risikobewusstsein zu vermitteln.[93] Belehrt der Notar erkennbar nur über einen Teilaspekt der vorgeschlagenen steuerlichen Gestaltung, übernimmt er dadurch nicht die Gewähr für die steuergünstige Gestaltung im Übrigen.[94] Gleichwohl dürfte es empfehlenswert sein, in der Urkunde aus Gründen der Beweissicherung klarzustellen, dass der Notar ansonsten keine steuerliche Beratung übernommen hat.[95]

B. Kaufgegenstand

I. Grundstück, Teilfläche, Miteigentumsanteil etc

Für die Vertragsgestaltung ist der **Kaufgegenstand** von grundlegender Bedeutung: 30
– ein Grundstück im Rechtssinn (Grundbuchgrundstück), also das im Bestandsverzeichnis unter einer besonderen Nummer gebuchte Grundstück, das aus mehreren Flurstücken bestehen kann;
– ein Katastergrundstück, also das im Bestandsverzeichnis unter Bezugnahme auf die Flurkarte geführte Flurstück, das aber mit anderen Flurstücken unter einer Nummer gebucht sein kann;
– das Grundstück im wirtschaftlichen Sinn, von dem die Beteiligten regelmäßig ausgehen;
– eine noch zu vermessende Teilfläche eines Flurstücks;
– ein Miteigentumsanteil an einem oder mehreren Grundstücken;
– der Anteil (die Mitgliedschaft) eines Gesellschafters an einer Gesellschaft bürgerlichen Rechts, zu deren Gesamthandsvermögen ein oder mehrere Grundstücke gehören;
– der Anteil eines Miterben am Nachlass iSd § 2033 BGB, zu dem ein oder mehrere Grundstücke gehören (Erbteilskaufvertrag);
– ein Grundstück mit einem vom Verkäufer schlüsselfertig zu errichtenden Einfamilienhaus oder einer Eigentumswohnung, auch soweit es um den Umbau geht (Bauträgervertrag);
– ein bebautes Grundstück mit Renovierungspflicht des Verkäufers;
– ein Wohnungs-/Teileigentum vor oder nach Bildung im Grundbuch (Anlegung der Wohnungsgrundbuchblätter);
– ein Erbbaurecht oder ein Wohnungserbbaurecht.

---

[89] Vgl. *Brambring* EWiR 1989, 355; *ders.* FGPrax 1996, 161 (162); *Walter* MittRhNotK 1989, 86.
[90] BGH DNotZ 1996, 116.
[91] OLG Koblenz DNotZ 1993, 761; MittBayNot 2003, 69.
[92] BGH DNotZ 2008, 370 Rn. 16 mwN; vgl. auch Haftpflichtecke, BGH DNotZ 1978, 584; *Ganter* DNotZ 1998, 851.
[93] LG Münster BeckRS 2017, 137779.
[94] BGH DNotZ 2008, 370 Rn. 17.
[95] *Moes* DNotZ 2008, 373 (376).

31 Für die im Kaufvertrag zu treffenden Regelungen ist weiterhin von Bedeutung, **ob und** wenn ja, **wie** das Grundstück **bebaut** und **wie** es **genutzt** wird bzw. werden soll. Zu differenzieren ist insoweit vor allem zwischen
- einem unbebauten Grundstück;
- einem mit einem Einfamilien- oder einem Mehrfamilienhaus bebauten Grundstück;
- einem Grundstück mit einem Altbau, den der Käufer zwecks Neubebauung abreißt;
- einem gewerblich genutzten Grundstück (Fabrik, Lagerhalle, Supermarkt etc);
- einem landwirtschaftlich genutzten Grundstück (mit oder ohne Hofeigenschaft iSd Höfeordnung).

32 Die Auflistung ist nicht abschließend, sondern nur beispielhaft. Sie soll illustrieren, dass es **kein „Einheitsformular"** für alle Grundstückskaufverträge geben kann. Der Notar hat vielmehr **verschiedene Vertragsmuster** zu erarbeiten, die auf den **Kaufgegenstand abgestimmt** sind. Als Vertragsmuster bieten sich folgende Vertragsmuster an, die in der Praxis besonders häufig verwendet werden:
- Kaufvertrag über ein unbebautes Grundstück,
- Kaufvertrag über ein mit einem Einfamilienhaus bebautes Grundstück,
- Kaufvertrag über ein mit einem Mehrfamilienhaus bebautes Grundstück,
- Kaufvertrag über Wohnungseigentum/Teileigentum,
- Kaufvertrag über eine unvermessene Teilfläche eines Grundstücks.

Muster: Kaufvertrag über ein mit einem Einfamilienhaus bebautes Grundstück
Siehe hierzu das Gesamtmuster → Rn. 988.

Muster: Kaufvertrag über Wohnungseigentum
Siehe hierzu das Gesamtmuster → Rn. 989.

---

33   Die Beteiligten verstehen den Kaufgegenstand in aller Regel als ein bestimmtes Grundstück im wirtschaftlichen Sinne, zB das besichtigte, mit einem Einfamilienhaus und einer Garage bebaute Grundstück mit dem eingezäunten Garten. Der Notar ist nicht verpflichtet, einen Katasterplan anzufordern, um sich zu vergewissern, ob das im Grundbuch verzeichnete Flurstück hinsichtlich Lage und Grenzen mit dem Kataster und den Vorstellungen der Beteiligten übereinstimmt. Tauchen insoweit Zweifel auf, empfiehlt es sich, einen Katasterplan anzufordern (zu übereinstimmenden Fehlvorstellungen der Beteiligten über die Grundstücksgrenzen → Rn. 34). Wird dem Kaufvertrag ein Lageplan als Anlage iSd § 9 Abs. 1 S. 3 BeurkG beigefügt, sollte im Vertrag eine Aussage darüber getroffen werden, ob das „Grundbuchgrundstück" Vertragsgegenstand ist oder das „Lageplangrundstück". Beim Verkauf einer Teilfläche ist dagegen die Mitbeurkundung eines Katasterplans unverzichtbar (zu den weiteren Fragen der genauen Festlegung des Kaufgegenstandes → Rn. 593 ff.). Über den sachenrechtlichen Bestimmtheitsgrundsatz hinaus ist es für das Grundbuchverfahren erforderlich, das Grundstück gemäß den Anforderungen von § 28 GBO zu bezeichnen, dh übereinstimmend mit dem Grundbuch oder durch Hinweis auf das Grundbuchblatt. Um Schwierigkeiten beim Grundbuchvollzug und spätere Auseinandersetzungen der Vertragsbeteiligten von vornherein auszuschließen, sollte das Grundstück im Kaufvertrag sowohl nach dem Grundbuch (Grundbuch des Amtsgerichts ... von ... Blatt ... lfd. Nr. ...) als auch nach dem Kataster (Gemarkung, Flur, Flurstück, Wirtschaftsart und Flächengröße) bezeichnet werden. Eine ungenaue Bezeichnung des Kaufgegenstands kann zur Haftung des Notars führen.[96]

---

[96] BGH NJW 2004, 69: im Kaufvertrag über ein Wohnungseigentum war nicht eindeutig geregelt, ob der verkaufte Miteigentumsanteil an dem gesamten Flurstück oder an einer noch heraus zu vermessenden Teilfläche gebildet werden soll.

Ist das Kaufgrundstück unbewusst in der Vertragsurkunde **falsch bezeichnet** (verkauft 34 werden soll das Flurstück 110, beurkundet wird das Flurstück 101) oder ist ein Flurstück versehentlich nicht aufgeführt, sind sich Verkäufer und Käufer aber über den Kaufgegenstand einig, ist trotz des Formerfordernisses sowohl für die schuldrechtliche als auch für die dingliche Einigung das wirklich Gewollte maßgeblich *(falsa demonstratio non nocet)*; einer Andeutung des wirklich Gewollten in der formgerechten Erklärung bedarf es nicht.[97] Für die Zwecke des Grundbuchverfahrens bedarf es jedoch einer neuen Auflassung hinsichtlich des richtigen Kaufgegenstandes nach Maßgabe von § 28 S. 1 GBO, es sei denn, der Notar kann die Urkunde gemäß § 44a Abs. 2 S. 1, S. 2 BeurkG berichtigen.[98] Gleiches muss – trotz des missverständlichen Leitsatzes in BGH DNotZ 1979, 403 – bei Beurkundung des Verkaufs eines ganzen Grundstücks gelten, wenn nach dem Willen der Parteien nur eine noch nicht vermessene Teilfläche verkauft werden soll.[99] Etwas anderes gilt freilich dann, wenn das Erklärte nicht ordnungsgemäß beurkundet wurde.[100] Bei übereinstimmender **Fehlvorstellung über die tatsächlichen Grenzen** des Grundstücks (etwa aufgrund eingehender Besichtigung) ist bei relevanten Abweichungen das wirklich Gewollte und nicht das im Grundbuch Verzeichnete maßgeblich.[101] Kein Fall der *falsa demonstratio non nocet* liegt bei einer formgültigen Mitbeurkundung eines Verzeichnisses des mitverkauften Inventars vor (die Anlage wurde nicht verlesen).[102]

II. Mitverkaufte Gegenstände

1. Wesentliche Bestandteile, Zubehör, Inventar. Zu den **wesentlichen Bestandtei-** 35 **len** eines Grundstücks gehören nach § 94 Abs. 1 BGB die mit dem Grund und Boden fest verbundenen Sachen, insbesondere Gebäude. Zu den wesentlichen Bestandteilen eines Gebäudes gehören die zur Herstellung des Gebäudes eingefügten Sachen, § 94 Abs. 2 BGB (zur allgemeinen Definition des wesentlichen Bestandteils vgl. § 93 BGB). Die wesentlichen Bestandteile teilen notwendig das Schicksal des Grundstücks bzw. des Gebäudes, dh sie werden unabhängig von einem entgegenstehenden Parteiwillen mitübereignet. Eine abweichende schuldrechtliche Regelung ist zwar möglich, in aller Regel aber nicht gewünscht bzw. nicht sinnvoll. Sofern die Parteien nichts Abweichendes bestimmen, werden auch die **(einfachen) Bestandteile,** dh die ohne Zerstörung oder Wesensänderung trennbaren Einzelteile einer Sache, mitverkauft und mitübereignet. Trotz der geringen praktischen Relevanz unwesentlicher Bestandteile ist eine entsprechende Klarstellung verbreitet (→ Rn. 36).

Zubehör sind bewegliche Sachen, die, ohne Bestandteil der Hauptsache zu sein, dem 36 wirtschaftlichen Zweck der Hauptsache auf Dauer zu dienen bestimmt sind und zu ihr in einem dieser Bestimmung entsprechenden räumlichen Verhältnis stehen, § 97 Abs. 1, Abs. 2 BGB. Maßgeblich ist die – ggf. regional unterschiedliche – Verkehrsanschauung (vgl. § 97 Abs. 1 S. 2 BGB). Nach § 311c BGB ist Zubehör des Grundstücks/des Gebäudes im Zweifel mitverkauft.[103] Auch diesbezüglich empfiehlt sich eine entsprechende Klarstellung. Bei dem (vom Parteiwillen abhängigen) Mitverkauf von Zubehör sind nach

[97] BGH NJW 1983, 1610; NJW 2002, 1038; NJW 2008, 1658 Rn. 12 mwN; MüKoBGB/*Kanzleiter* BGB § 311b Rn. 67 mwN; vgl. auch *Köbl* DNotZ 1983, 598; zusammenfassende Darstellung der Problematik bei *Bergermann* RNotZ 2002, 557.
[98] Vgl. hierzu OLG Düsseldorf RNotZ 2017, 189.
[99] BGH NJW 2002, 1038: eine schon bislang vom Nachbarn genutzte, optisch getrennte Teilfläche gehörte ersichtlich nicht zum Vertragsgrundstück; *Köbl* DNotZ 1983, 598 (601); *Schöner/Stöber* GrundbuchR Rn. 875; aA BeckNotar-HdB/*Brambring*, 5. Aufl. 2009, A I. Rn. 30 sowie *Waldner* NotBZ 2002, 174.
[100] So der Fall BGH DNotZ 1979, 403: Parteien hatten durch Größenangabe im Vertrag erkennbar nur eine Teilfläche verkauft, diese aber nicht hinreichend bestimmt bezeichnet.
[101] Vgl. BGH NJW 2008, 1658; NJW 2002, 1038; hierzu *Krüger* ZNotP 2009, 2.
[102] So aber KG NJW 2006, 3786, dagegen *Altmeppen* NJW 2006, 3761; Palandt/*Grüneberg* BGB § 311b Rn. 37.
[103] Zu den Anwendungsgrenzen des § 311c BGB bei obligatorischen Berechtigungen zum Vorteil eines Grundstücks vgl. *Kohler* DNotZ 1991, 362.

hL insoweit die Vorschriften über den Verbrauchsgüterkauf (§§ 474 ff. BGB) anwendbar.[104] Ist Zubehör mitverkauft, erstreckt sich die Einigung über die Eigentumsübertragung am Grundstück gemäß § 926 Abs. 1 BGB im Zweifel auch auf die zur Zeit des Erwerbs vorhandenen Zubehörstücke, soweit sie dem Veräußerer gehören (§ 926 Abs. 1 S. 1 BGB aE). Dies sollte ebenfalls klargestellt werden, zB pauschal: „Alle Bestandteile des Grundstücks/Gebäudes sowie das Zubehör sind mitverkauft und werden aufschiebend bedingt auf die Kaufpreiszahlung, spätestens mit Eigentumsumschreibung, mitübereignet." Sofern es einer Partei auf einen bestimmten Bestandteil bzw. ein bestimmtes Zubehörstück ankommt, empfiehlt sich eine konkretere Bezeichnung.

37   **Beispiele: Wesentliche Bestandteile des Grundstücks/Gebäudes (§§ 93, 94 BGB)**

Antenne; Bodenbeläge (grds. auch passend zugeschnittener Teppichboden); ein in den Boden eingelassenes Fertigteilschwimmbecken;[105] Fenster und Rahmen; Fertiggarage; Zentralheizungsanlage;[106] Einbaumöbel, die an einer bestimmten Stelle fest eingepasst sind, die notwendige Gebäudeteile ersetzen bzw. wenn die sie umschließenden Gebäudeteile ihre Seiten- bzw. Rückwand bilden.[107]

38   **Keine wesentlichen Bestandteile** sind **Einbaumöbel,** wenn sie ausgebaut und an anderer Stelle wieder aufgestellt werden können. Eine aus serienmäßigen Teilen hergestellte Schranktrennwand ist nicht wesentlicher Bestandteil und auch nicht Zubehör eines Einfamilienhauses;[108] etwas anderes gilt nach OLG Köln[109] für eine Sonderanfertigung. Früher wurde eine **Einbauküche** generell als wesentlicher Bestandteil angesehen (Arg.: Haus nach der Verkehrsauffassung erst nach Einbau der Küche fertiggestellt). Diese Sichtweise ist mittlerweile überholt, auch wenn der BGH für Norddeutschland noch Ende der 1980er Jahre eine derartige Verkehrsauffassung bestätigt hat.[110] Heutzutage wird richtigerweise überwiegend allein danach differenziert, ob es sich um eine Spezialanfertigung handelt, die dem Raum besonders angepasst ist (→ Rn. 37), oder um eine Serienfertigung.[111] Soll die Einbauküche mitverkauft werden, empfiehlt sich stets eine ausdrückliche vertragliche Regelung (samt Ausweisung eines darauf entfallenden Kaufpreisteils wegen der Grunderwerbsteuer[112]).

39   **Beispiele: Zubehör iSv § 97 BGB**

Eingebaute Alarmanlage;[113] auf dem Baugrundstück lagerndes Baumaterial;[114] **Brennstoffvorrat**;[115] fest installierte Satelliten-Empfangsanlage;[116] fest installierte Sauna.[117] Im Hin-

---

[104] BeckOK BGB/*Faust* BGB § 474 Rn. 13 mwN; MüKoBGB/*S. Lorenz* BGB § 474 Rn. 4c; aA BeckNotar-HdB/*Brambring*, 5. Aufl. 2009, A I. Rn. 31; *Feller* MittBayNot 2003, 82 (84 f.).

[105] BGH NJW 1983, 567.

[106] Inkl. Öltank, BGH NJW 1970, 895.

[107] BGH NJW-RR 1989, 1045 (1047). Übersicht bei Palandt/*Ellenberger* BGB § 93 Rn. 5 ff.; vgl. auch *Binger* MittRhNotK 1984, 205; *Schulte-Thoma* RNotZ 2004, 61; MüKoBGB/*Stresemann* BGB § 94 Rn. 27 ff. mwN.

[108] OLG Düsseldorf DNotZ 1987, 108.

[109] NJW-RR 1991, 1081.

[110] BGH NJW-RR 1990, 587; anders in West- und Süddeutschland, vgl. OLG Hamm NJW-RR 1989, 333; OLG Düsseldorf NJW-RR 1994, 1039. Zur Relevanz einer **regionalen Verkehrsanschauung** vgl. BGH NJW 2009, 1078 Rn. 19, 28 mwN (Zubehöreigenschaft einer vom Mieter angeschafften Einbauküche).

[111] Vgl. jüngst OLG Koblenz NJW-RR 2017, 838 sowie MüKoBGB/*Stresemann* BGB § 94 Rn. 30 f. Fn. 132 mwN.

[112] In der Praxis der Finanzverwaltung wird der Kaufpreisteil derzeit weiterhin von der Bemessungsgrundlage der Grunderwerbsteuer abgezogen, obwohl der BFH dies jüngst aufgrund der Teilrechtsfähigkeit der Wohnungseigentümergemeinschaft in Zweifel gezogen hat (vgl. BFH NJW 2016, 2207).

[113] OLG München MDR 1979, 934.

[114] BGHZ 58, 309.

[115] OLG Schleswig SchlHA 1997, 110; LG Aachen NZM 2009, 276, jew. Heizöl; OLG Düsseldorf NJW 1966, 1714: Kohle; aA BeckNotar-HdB/*Brambring*, 5. Aufl. 2009, A I. Rn. 33.

[116] LG Nürnberg-Fürth DGVZ 1996, 123.

[117] Palandt/*Ellenberger* BGB § 97 Rn. 11 f. und MüKoBGB/*Stresemann* BGB § 97 Rn. 33 ff.

blick auf den **Heizölvorrat** sollte geregelt werden, ob dieser in der bei Besitzübergabe vorhandenen Menge zum Einkaufspreis veräußert wird oder – wie regelmäßig – im Kaufpreis enthalten ist. Im letztgenannten Fall ist ein Abpumpen des Vorrats durch den Verkäufer unzulässig, auch wenn im Vertrag keine spezielle Regelung getroffen wurde.

Kein Zubehör sind unter anderem Gartenmöbel und -geräte, Lampen, Regale und 40 sonstige **Einrichtungsgegenstände**, sofern sie nicht speziell dem jeweiligen Raumkörper angepasst wurden und daher nach der Verkehrsauffassung nicht bei Auszug mitgenommen werden (→ Rn. 38), ebenso Rohstoffvorräte bei einem Fabrikgrundstück.[118] Für diese beweglichen Sachen gilt weder § 311c BGB noch § 926 BGB. Sollen sie mitverkauft und mitübereignet werden, sind sie im Kaufvertrag aufzuführen („mitverkauft werden die Sauna und die Kellerbar") und nach §§ 929ff. BGB zu übereignen (aufschiebend bedingt mit Zahlung des Kaufpreises). Eine Einigung, durch die eine Vielzahl aufgelisteter Hausratsgegenstände, „soweit sie nicht unpfändbar sind", übereignet werden soll, ist mangels Bestimmtheit unwirksam.[119]

Praxishinweis:

Wird Zubehör bzw. sonstiges Inventar mitverkauft, sollte der hierauf entfallende, **anteilige Kaufpreisteil** (in angemessener Höhe!) **gesondert ausgewiesen** werden, da insoweit keine Grunderwerbsteuer anfällt (Arg.: nicht Teil des „Grundstücks" iSv § 2 Abs. 1 S. 1 GrEStG). Da bei einem Verbrauchsgüterkauf iSd § 474 BGB, bei einem Verbrauchervertrag iSv § 310 Abs. 3 BGB sowie bei Vorliegen von Allgemeinen Geschäftsbedingungen iSv § 305 BGB die Sachmängelgewährleistung nur teilweise ausgeschlossen werden kann, ist der Verkäufer auf die mit der Festlegung eines Kaufpreisteilbetrags „am oberen Ende" des Vertretbaren verbundenen Risiken hinzuweisen. Insoweit ist ein Einzelausweis des Kaufpreises für diverse mitverkaufte bewegliche Gegenstände wegen der Sachmängelgewährleistungsrechte des Käufers (insbes. Minderung) unverzichtbar.

---

2. Haftungsausschluss. Im Individualvertrag können die **Rechte des Käufers bei** 41 **Sachmängeln** mitverkaufter beweglicher Sachen **vollständig ausgeschlossen** werden (Ausnahme: Vorsatz, § 276 Abs. 3 BGB). In aller Regel ist es sachgerecht, etwaige Gewährleistungsansprüche des Verkäufers gegen Dritte (Lieferanten, Werkunternehmer etc) aufschiebend bedingt auf die Zahlung des Kaufpreises an den Käufer abzutreten.

Formulierungsbeispiel: Haftungsausschluss im Individualvertrag 42

Mitverkauft und mit Zahlung des Kaufpreises, spätestens mit Eigentumsumschreibung, aufschiebend bedingt übereignet sind die komplette Einbauküche mit allen elektrischen Geräten und drei Kellerregale im gebrauchten Zustand. Hierauf entfällt ein Kaufpreisteil von *** EUR bzw. von *** EUR.

Die Rechte des Käufers wegen eines Sachmangels sind ausgeschlossen.

Gewährleistungsansprüche gegen Dritte werden aufschiebend bedingt auf vollständige Zahlung des Kaufpreises an den Käufer abgetreten.

Verkauft ein Unternehmer einem Verbraucher mit dem Grundstück/der Eigentums- 43 wohnung Einrichtungsgegenstände, handelt es sich um einen **Verbrauchsgüterkauf** iSd § 474 BGB. Nach § 476 Abs. 1 BGB können die Rechte des Käufers wegen eines Mangels der beweglichen Sachen nicht ausgeschlossen werden, auch nicht im Individualvertrag. Allerdings kann die Verjährungsfrist für mitverkaufte, gebrauchte Sachen vertraglich auf ein Jahr verkürzt werden (§ 476 Abs. 2 BGB). Zudem ist beim Individualvertrag ge-

---

[118] RGZ 86, 326.
[119] BGH DNotZ 1988, 366.

mäß § 476 Abs. 3 BGB ein Ausschluss bzw. eine Beschränkung von Schadensersatzansprüchen zulässig.

44   Bei einem Verbrauchervertrag iSv § 310 Abs. 3 BGB sowie bei Vorliegen von Allgemeinen Geschäftsbedingungen (§ 305 BGB) sind jedoch die strikten Klauselverbote in
§ 309 Nr. 7 BGB zu beachten, unter Umständen ferner § 307 Abs. 2 Nr. 2 BGB
(→ Rn. 46).

45 **Formulierungsbeispiel: Haftungsausschluss im Verbrauchervertrag bei**
ᵾ **mitverkauften Gegenständen**

Mitverkauft und mit Zahlung des Kaufpreises, spätestens mit Eigentumsumschreibung,
aufschiebend bedingt übereignet sind folgende gebrauchte Gegenstände:
– die Einbauküche mit allen Geräten zu einem Kaufpreis von 3.200 EUR,
– die Sauna zu einem Kaufpreis von 1.200 EUR sowie
– drei Regale im Keller zu einem Kaufpreis von 100 EUR.

Der derzeitige Zustand ist dem Käufer bekannt.

Bei einem Mangel der mitverkauften Gegenstände gilt für die Rechte des Käufers auf
Nacherfüllung, Rücktritt oder Minderung die gesetzliche Regelung. Beseitigt der Verkäufer den Mangel nicht, kann der Käufer nach erfolgloser Fristsetzung den Kaufpreis mindern oder unter den gesetzlichen Voraussetzungen nach Rücktritt Erstattung des Kaufpreises verlangen, jedoch nicht vom Grundstückskaufvertrag im Übrigen zurücktreten.
Die Verjährungsfrist wird auf ein Jahr verkürzt.

Schadensersatzansprüche des Käufers wegen eines Sachmangels der mitverkauften beweglichen Gegenstände sind ausgeschlossen. Hiervon ausgenommen sind Ansprüche
auf Schadensersatz aus der Verletzung des Lebens, des Körpers oder der Gesundheit,
wenn der Verkäufer die Pflichtverletzung zu vertreten hat, und sonstiger Schäden, die
auf einer vorsätzlichen oder grob fahrlässigen Pflichtverletzung des Verkäufers beruhen.
Einer Pflichtverletzung des Verkäufers steht die eines gesetzlichen Vertreters oder eines
Erfüllungsgehilfen gleich. Die Verjährungsfrist für diese Ansprüche wird auf ein Jahr verkürzt.

46   Da noch nicht höchstrichterlich geklärt ist, ob bei Kaufverträgen über gebrauchte Sachen ein umfassender Haftungsausschluss für einfache Fahrlässigkeit zulässig ist[120] oder ob
es einer Rückausnahme für die Verletzung von Kardinalpflichten iSv § 307 Abs. 2 Nr. 2
BGB bedarf, könnte man anstelle des letzten Absatzes alternativ formulieren:[121]

47 **Formulierungsbeispiel: Haftungsausschluss im Verbrauchervertrag bei fahrlässiger**
ᵾ **Schadensverursachung**

Hat der Verkäufer aufgrund der gesetzlichen Bestimmungen für einen Schaden aufzukommen, der leicht fahrlässig verursacht wurde, so haftet er beschränkt: Die Haftung
besteht nur bei Verletzung vertragswesentlicher Pflichten und ist auf den bei Vertragsabschluss vorhersehbaren typischen Schaden begrenzt. Vertragswesentliche Pflichten
sind solche, deren Erfüllung den Vertrag prägt und auf die der Kunde vertrauen darf.
Diese Beschränkung gilt nicht bei Verletzung von Leben, Körper und Gesundheit. Einer
Pflichtverletzung des Verkäufers steht die eines gesetzlichen Vertreters oder eines Erfüllungsgehilfen gleich. Die Verjährungsfrist für diese Ansprüche wird auf ein Jahr verkürzt.

---

[120] So die hL, vgl. Limmer/*Herrler*, Gestaltungspraxis und Inhaltskontrolle, 2014, S. 1, 42 f. mwN zum
Streitstand.
[121] Vgl. BGH NJW 2013, 291, insbes. Rn. 40 ff.

3. Sonderfall Photovoltaikanlage. a) Sonderrechtsfähigkeit der Anlage. Befindet 48
sich eine Photovoltaikanlage auf dem zu verkaufenden Grundstück, gilt es zu klären, ob
diese mitverkauft oder weiterhin vom bisherigen Eigentümer (bzw. von einer dritten Person) betrieben werden soll. Ist Letzteres der Fall, möchte der bisherige Betreiber in aller
Regel (weiterhin) Eigentümer der Anlage bleiben, was voraussetzt, dass diese kein wesentlicher Bestandteil des Grundstücks ist bzw. von diesem (wieder) getrennt werden
kann. Die Bestandteilseigenschaft ist ebenfalls relevant für den Haftungsverband von
Grundpfandrechten in der Zwangsversteigerung (§§ 1120 ff. BGB).

aa) Scheinbestandteil (§ 95 BGB). Sofern die Anlage von vornherein nur zu einem 49
vorübergehenden Zweck (§ 95 Abs. 1 S. 1 BGB, zB zeitlich befristetes Nutzungsrecht eines Dritten) oder in Ausübung einer beschränkten persönlichen Dienstbarkeit (§ 95
Abs. 1 S. 2 BGB – dingliche Einigung bei Verbindung ausreichend, Grundbucheintragung
kann nachfolgen, str.)[122] mit dem Grundstück verbunden wurde, handelt es sich lediglich
um einen **Scheinbestandteil des Grundstücks.** Das eigentumsrechtliche Schicksal der
Anlage als bewegliche Sache ist daher nicht notwendig mit dem des Grundstücks verknüpft. Stand allerdings bereits im Zeitpunkt der Verbindung fest, dass der Grundstückseigentümer die Anlage übernehmen kann, wird die Scheinbestandteilseigenschaft mangels
vorübergehenden Zwecks überwiegend abgelehnt.[123] Demgegenüber steht der Umstand,
dass die Sache für ihre gesamte (wirtschaftliche) Lebensdauer auf dem Grundstück verbleiben soll, deren Qualifizierung als Scheinbestandteil nicht kategorisch entgegen. Maßgeblich ist allein, ob die Verbindung nach dem Willen des Einfügenden nicht dauernd,
sondern nur zeitweilig bestehen soll, wobei es für das Zeitmoment nicht auf die wirtschaftliche Lebensdauer der Sache, sondern auf deren Verbindung mit dem Grundstück
ankommt.[124]

Noch nicht abschließend geklärt ist ferner, ob die Bestellung einer beschränkten per- 50
sönlichen Dienstbarkeit (allein) zugunsten des Grundstückseigentümers zur Begründung
der Scheinbestandteilseigenschaft der Photovoltaikanlage gemäß § 95 Abs. 1 S. 2 BGB
führt. Seit einer Entscheidung des BGH[125] bestehen zwar keine ernsthaften Zweifel mehr
daran, dass eine beschränkte persönliche Dienstbarkeit ohne weitere Nachweise auch für
den Grundstückseigentümer bestellt werden kann **(Eigentümerdienstbarkeit);** ein berechtigtes Interesse ist also nicht darzulegen/nachzuweisen. Unter Hinweis auf den Wortlaut von § 95 Abs. 1 S. 2 BGB („an einem fremden Grundstück") verneint unter anderem
das OLG München[126] indes die Scheinbestandteilseigenschaft.[127] Diese Sichtweise ist meines Erachtens aber mit der generellen Anerkennung von Eigentümerrechten durch den
BGH nicht vereinbar. Denn in der Abspaltung einzelner Elemente des Vollrechtseigentums liegt gerade der Zweck von derartigen Eigentümerrechten.[128]

bb) Wesentlicher Bestandteil (§§ 93, 94 BGB). Liegen die Voraussetzungen eines 51
Scheinbestandteils im Zeitpunkt der Verbindung der Anlage mit dem Grundstück nicht
vor, wird der Eigentümer des Grundstücks nach § 946 BGB Eigentümer der Anlage, sofern sie einen **wesentlichen Bestandteil iSd §§ 93, 94 BGB** bildet. Maßgeblich ist insoweit die Verkehrsanschauung. Ungeachtet der folgenden Kategorisierung gilt es daher
stets die Umstände des jeweiligen Einzelfalls in den Blick zu nehmen. **Aufdachanlagen,**
die unschwer demontiert werden können, stellen grundsätzlich keinen wesentlichen
Bestandteil des Gebäudes dar, es sei denn, die Anlage ist nicht auf dem Dach, sondern –

---
122 MüKoBGB/*Stresemann* BGB § 95 Rn. 33 mwN.
123 Vgl. BGH DNotZ 1989, 420; OLG Koblenz ZfIR 2007, 292.
124 BGH NJW 2017, 2099; OLG Schleswig ZfIR 2006, 62 (64); aA OLG Köln NJW 1961, 461 (462).
125 DNotZ 2012, 137.
126 DNotI–Report 2011, 172.
127 Ebenso Staudinger/*Stieper* (2017) BGB § 95 Rn. 22; *Giesen* AcP 202 (2002), 689 (703).
128 DNotI–Report 2011, 172 (173); *Krafczyk* CuR 2017, 51 (56); *Reymann* ZIP 2013, 605 (607 f.).

jedenfalls teilweise – anstelle des Dachs montiert.[129] Versorgt die Anlage ausschließlich das „eigene" Grundstück mit Strom (sog. **Inselsystem**), ist dies ein Indiz für einen wesentlichen Bestandteil.[130] **Freilandanlagen** dürften vielfach wesentlicher Bestandteil des Grundstücks sein, wenn sie durch ein Betonfundament mit dem Boden verbunden sind.[131]

52   **cc) Nachträglicher Scheinbestandteil iSv § 95 Abs. 1 S. 2 BGB?** Ist die Anlage zunächst wesentlicher Bestandteil des Grundstücks geworden, stellt sich die Frage, ob eine nachträgliche Trennung, dh die **nachträgliche Begründung eines Scheinbestandteils** durch Bestellung einer Dienstbarkeit, in entsprechender Anwendung von § 95 Abs. 1 S. 2 BGB möglich ist. Während dies von der im Vordringen befindlichen, vor allem im notariellen Schrifttum vertretenen Ansicht unter anderem unter Hinweis auf zwei BGH-Entscheidungen betreffend Versorgungsleitungen im öffentlichen Straßengrund[132] befürwortet wird,[133] lehnt die Rechtsprechung nach wie vor die Anwendbarkeit von § 95 Abs. 1 S. 2 BGB bei Bestellung der Dienstbarkeit nach Errichtung des Bauwerks bzw. der Anlage ab.[134]

53   **dd) Aufrechterhaltung der Scheinbestandteilseigenschaft in Rechtsnachfolgefällen.** Zur **Aufrechterhaltung der Scheinbestandteilseigenschaft in Rechtsnachfolgefällen** (auf Seiten des Anlagenbetreibers oder der finanzierenden Bank) durch vormerkungsgesicherten Anspruch auf Bestellung weiterer Dienstbarkeiten (Vertrag zugunsten Dritter zwischen Eigentümer und Anlagenbetreiber bzw. Finanzierungsbank) vgl. **Formulierungsmuster** bei Böttcher/Faßbender/Waldhoff Erneuerbare Energien/*Böttcher* § 13 Rn. 4 und Rn. 5; *Kappler* ZfIR 2012, 264 (272 f.). Auch wenn (nacheinander) mehrere Dienstbarkeiten bestellt werden können, wird ganz überwiegend (mit unterschiedlicher Begründung) **eine** Vormerkung für ausreichend erachtet.[135] Das OLG München verlangt indes im Falle eines Selbstbenennungsrechts des Versprechensempfängers in ständiger Rechtsprechung (zu Unrecht) zwei Vormerkungen (Arg.: abtretbarer und nicht abtretbarer Anspruch gesichert).[136] Abschließend geklärt ist die rangwahrende Wirkung einer mehrfach verwendbaren Vormerkung mit Blick auf §§ 1061, 1090 Abs. 2 BGB bei der beschränkten persönlichen Dienstbarkeit aber nicht.[137]

54   **b) Mitverkauf der Photovoltaikanlage.** Wird die Photovoltaikanlage mitverkauft, wird sich vielfach ein **Haftungsausschluss unter Abtretung etwaiger Gewährleistungsansprüche** gegen Dritte empfehlen (→ Rn. 41 f.). Trotz des ggf. unternehmerischen Handelns des Verkäufers im Hinblick auf die mitverkaufte Photovoltaikanlage liegt gleichwohl kein Verbrauchervertrag iSv § 310 Abs. 3 BGB vor, da grundsätzlich der private Charakter des Geschäfts überwiegt (private Vermögensverwaltung).[138]

---

[129] OLG Nürnberg MittBayNot 2017, 146 = ZfIR 2017, 151 mAnm *Goldbach*.
[130] Vgl. *Kappler* ZfIR 2012, 264 (266); *Reymann* DNotZ 2010, 84 (96 f.), auch zum Ausnahmefall der architektonischen Einbindung in die Gebäudestruktur.
[131] Näher *Kappler* ZfIR 2012, 264 (266 f.).
[132] BGH DNotZ 2006, 290; BGHZ 37, 353.
[133] *Kappler* ZfIR 2012, 264 (268); *Kesseler* ZNotP 2006, 251 (254); *Reymann* DNotZ 2010, 84 (95); *Terstegen* RNotZ 2006, 433 (449 f.); *Wicke* DNotZ 2006, 252 (259 f.); *L. Böttcher* notar 2012, 383 (386). In der Tendenz auch MüKoBGB/*Stresemann* BGB § 95 Rn. 34.
[134] OLG Stuttgart NotBZ 2012, 152; OLG München RNotZ 2012, 44 – *obiter dictum;* OLG Koblenz NotBZ 2007, 144; ebenso Staudinger/*Stieper* (2017) BGB § 95 Rn. 21.
[135] OLG München NJW-RR 2017, 587 Rn. 13 f.; OLG Hamm FGPrax 2012, 192; *Keller* ZfIR 2011, 705 (706 ff.); *Klühs* RNotZ 2012, 28 (31 ff.); *Reymann* ZIP 2013, 605 (609 ff.), jew. mwN.
[136] OLG München FGPrax 2017, 109 Rn. 8 ff.
[137] Vgl. *Kesseler* ZfIR 2016, 540 f. Zur Verhinderung einer (ohnehin nicht gewünschten bzw. erforderlichen) Kumulierung sollte die jeweilige Dienstbarkeit auflösend bedingt auf die Bestellung der nachfolgenden Dienstbarkeit bestellt werden, *Reymann* ZIP 2013, 605 (611 ff.).
[138] Vgl. Palandt/*Ellenberger* BGB § 13 Rn. 4.

Der auf die Anlage entfallende **Kaufpreisteil** sollte aus Gründen der Grunderwerbsteuer-   55
ersparnis **gesondert ausgewiesen** werden. Werden Photovoltaikanlagen im Rahmen eines Gewerbebetriebs genutzt, wird der erzeugte Strom also an einen Energieversorger geliefert, handelt es sich um Betriebsvorrichtungen, die gemäß § 2 Abs. 1 Nr. 1 GrEStG
nicht zum Grundstück gehören, es sei denn, die Anlage dient als Dachersatz (vgl. § 68
Abs. 2 S. 2 BewG). Unter den genannten Voraussetzungen mindert der auf die Anlage
entfallende Kaufpreisteil die Bemessungsgrundlage der Grunderwerbsteuer (anders bei nur
für den Eigenbedarf betriebenen Anlagen).[139] Die Veräußerung der unternehmerisch genutzten Photovoltaikanlage unterfällt in der Regel **§ 1 Abs. 1a UStG.**[140]

Der Energielieferungsvertrag zwischen dem Eigentümer und dem Energieversorger ist   56
im Wege der Vertragsübernahme auf den Erwerber überzuleiten. Bei finanzierten Anlagen
ist der noch offene Darlehensbetrag abzulösen.[141]

III. Anteil an einer Grundstücks-GbR

1. Anteilsabtretung grundsätzlich nicht beurkundungsbedürftig. Der Kaufvertrag,   57
mit dem ein Gesellschafter seinen **Anteil** (Mitgliedschaft) **an einer GbR** veräußert, bedarf auch dann nicht der notariellen Form, wenn das Gesellschaftsvermögen im Wesentlichen aus Grundbesitz besteht.[142] Nach Ansicht des BGH ist allenfalls in Fällen bewusster
Umgehung des Formgebots des § 311b Abs. 1 S. 1 BGB eine analoge Anwendung in Betracht zu ziehen, „wo etwa Grundstücksgesellschaften nur zu dem Zwecke gegründet
werden, um mit Hilfe der hier verfügbaren rechtlichen Konstruktionsmöglichkeiten
Grundvermögen außerhalb des Grundbuchs und ohne förmliche Zwänge beweglicher
verlagern zu können".[143] Ein derartiger **Umgehungsfall,** der von der Rechtsprechung –
soweit ersichtlich – bislang noch nie bejaht wurde, könnte anzunehmen sein, wenn die
GbR allein zum Zwecke der einfacheren Übertragbarkeit von Grundstücken gegründet
wurde oder das Gesellschaftsvermögen ausschließlich aus einem oder mehreren Grundstücken besteht und sich der Gesellschaftszweck auf das Halten des Grundbesitzes beschränkt.[144] Sofern das Gesellschaftsvermögen im Wesentlichen aus Grundstücken besteht
und alle Gesellschafter ihre Anteile gemeinsam an neue Gesellschafter übertragen, lässt
sich eine Beurkundungsbedürftigkeit in analoger Anwendung von § 311b Abs. 1 S. 1
BGB ebenfalls begründen.[145] Der Notar sollte in den vorgenannten Zweifelsfällen jedenfalls zur **Beurkundung raten.** Ist der zum Vermögen der GbR gehörende Grundbesitz
mit (valutierenden) Grundpfandrechten belastet, ist eine Beurkundung regelmäßig schon
deshalb erforderlich, weil die Gläubiger den ausscheidenden Gesellschafter aus der gesamtschuldnerischen Haftung nur entlassen, wenn der eintretende Gesellschafter ein
Schuldanerkenntnis abgibt und sich wegen der persönlichen Haftung der sofortigen
Zwangsvollstreckung unterwirft (§ 794 Abs. 1 Nr. 5 ZPO).[146]

2. Grundbuchberichtigung bei Gesellschafterwechsel. Die **(Außen-)GbR** ist **(teil-)**   58
rechtsfähig, soweit sie durch Teilnahme am Rechtsverkehr eigene Rechte und Pflichten

---

[139] Verfügung des Bayerischen Landesamtes für Steuern v. 12. 2. 2008, MittBayNot 2008, 421.
[140] Näher zu den steuerlichen Fragestellungen rund um den Betrieb bzw. die Veräußerung einer Photovoltaikanlage Böttcher/Faßbender/Waldhoff Erneuerbare Energien/*Böttcher* § 1 Rn. 204 ff.
[141] Vgl. WürzNotar-HdB/*Hertel* Teil 2 Kap. 2 Rn. 126 für Formulierungsmuster.
[142] Arg.: streng tatbestandsmäßige Anwendung der Formvorschrift im Interesse der Rechtssicherheit, BGH
NJW 1998, 908 (910); NJW 1983, 1110.
[143] BGH NJW 1983, 1110; *Ulmer/Löbbe* DNotZ 1998, 711; *Grunewald* FS Hagen 1999, 277.
[144] Vgl. MüKoBGB/*Ruhwinkel* BGB § 311b Rn. 16; Staudinger/*Schumacher* (2018) BGB § 311b Abs. 1
Rn. 124.
[145] Vgl. MüKoBGB/*Kanzleiter,* 7. Aufl. 2016, BGB § 311b Rn. 14; aA nunmehr MüKoBGB/*Ruhwinkel*
BGB § 311b Rn. 15.
[146] Freilich fällt für die Anteilsabtretung eine 2,0-Gebühr nach Nr. 21100 KV GNotKG anstelle einer 1,0-
Gebühr nach Nr. 21200 KV GNotKG für ein vollstreckbares Schuldanerkenntnis an.

begründen kann.[147] Sie ist ebenfalls **grundbuchfähig.**[148] **Grundstücke** im Vermögen der Gesellschaft sind somit nicht (gesamthänderisch gebundenes) Eigentum der Gesellschafter, sondern **Eigentum der GbR,** so dass ein Gesellschafterwechsel infolge der Übertragung des Anteils an einer GbR (Ausscheiden und/oder Eintritt eines Gesellschafters) keine unmittelbare Veränderung in der Person des Berechtigten zur Folge hat. Einer Auflassung ist somit entbehrlich.

59   Im Grundbuch sind neben der GbR, ggf. samt ihres Namens (GbR mangels Kaufmannseigenschaft nicht firmenfähig) und ihres Sitzes (vgl. § 15 Abs. 1 lit. c GBV), **alle Gesellschafter** nach Maßgabe von § 15 Abs. 1 lit. a und lit. b GBV **einzutragen** (§ 47 Abs. 2 S. 1 GBO). Ein **Gesellschafterwechsel** führt wegen § 47 Abs. 2 S. 1 GBO zu einer Unrichtigkeit der Eigentümereintragung, die es zu berichtigen gilt (§ 82 S. 3 GBO). Eine **Berichtigung,** welche grundsätzlich die Bewilligungen des übertragenden und der verbleibenden Gesellschafter (§§ 19, 20 GBO) sowie die Zustimmung des Erwerbers (§§ 22 Abs. 2, 29 GBO) voraussetzt (alternativ: Unrichtigkeitsnachweis durch Vorlage des formgerechten Abtretungsvertrages samt Zustimmung aller Gesellschafter oder Nachweis einer Gestattung im Gesellschaftsvertrag; § 29 GBO),[149] ist auch deshalb geboten, um einen gutgläubigen Erwerb nach § 899a BGB zu verhindern. Bei mehreren aufeinander folgenden Übertragungen müssen die Zwischengesellschafter mangels Verfügung über das Recht der GbR nicht voreingetragen werden.[150]

60 **3. Gesellschaftsanteil als Kaufgegenstand.** Wirtschaftlich geht es bei dem Verkauf eines GbR-Anteils regelmäßig um die zu dem Gesellschaftsvermögen gehörende Immobilie. Rechtlich erwirbt der Käufer die Mitgliedschaftsrechte. Die Übertragung der Gesellschafterstellung im Ganzen (Mitgliedschaft) ist nur möglich, wenn der Gesellschaftsvertrag dies zulässt oder alle Gesellschafter zustimmen. Daher ist zu empfehlen, dass sämtliche Gesellschafter beim Verkauf des GbR-Anteils mitwirken. In die Urkunde sind die übereinstimmenden Erklärungen aufzunehmen, wie groß der Anteil des veräußernden Gesellschafters ist, welcher Grundbesitz sich im Gesellschaftsvermögen befindet, mit welchen Verbindlichkeiten der Grundbesitz belastet ist und ob und wenn ja, in welcher Höhe die GbR sonstige Verbindlichkeiten hat. Besteht ein verkörperter Gesellschaftsvertrag, ist er dem Käufer auszuhändigen.

61   Der Kaufvertrag über einen Gesellschaftsanteil in der Form des Gesellschafterwechsels spielt in der Vertragspraxis eine wachsende Rolle. Die Vertragsgestaltung ist anspruchsvoll. Auch wenn es in der Sache vielfach allein um den Verkauf eines oder mehrerer Grundstücke geht, scheidet die klassische Sicherung des Käufers durch Eintragung einer Vormerkung aus. Denn Kaufgegenstand ist nicht das Grundstück, sondern der Gesellschaftsanteil. Allerdings wird der gute Glaube an die Gesellschafterstellung der im Grundbuch eingetragenen Personen durch § 899a BGB geschützt.[151] Der Erwerber ist darauf hinzuweisen, dass er das **Gesellschaftsvermögen mit allen** (nicht nur mit den aus dem Grundbuch ersichtlichen) **Verbindlichkeiten** übernimmt. Diese Problematik hat an Brisanz gewonnen, seitdem der BGH **analog § 130 HGB** eine akzessorische, nicht disponible (§ 130 Abs. 2 BGB) Haftung des neuen Gesellschafters für Altverbindlichkeiten der Gesellschaft annimmt.[152] Daher sind zum Schutz des Erwerbers entsprechende **Garantien und Freistellungserklärungen des Veräußerers** erforderlich (ggf. Sicherung durch Bankbürg-

---

[147] BGH NJW 2001, 1056.
[148] BGH DNotZ 2009, 115, vgl. auch § 899a BGB, §§ 47 Abs. 2, 82 S. 3 GBO, § 15 Abs. 1 lit. c GBV.
[149] OLG München NZG 2016, 624 Rn. 25; OLG Zweibrücken NJW 2010, 384; *Heinze* RNotZ 2016, 24 (27 f.); aA KG NJW-RR 2015, 1252 (bei Übertragung an Mitgesellschafter).
[150] Vgl. Palandt/*Herrler* BGB § 899a Rn. 3 mwN zu den weiteren, eine Grundbuchberichtigung erfordernden Gesellschafterwechseln und deren Anforderungen (Eintritt; Ausscheiden; Übertragung aller Anteile; Tod eines Gesellschafters).
[151] Zu den etwaigen Grenzen des Gutglaubensschutzes → Rn. 686 sowie *Schöner/Stöber* GrundbuchR Rn. 4263 f.
[152] BGH DNotZ 2003, 764 mAnm *Hasenkamp;* vgl. insbesondere *Ulmer* ZIP 2003, 1113.

schaft etc). Da § 925 Abs. 2 BGB keine Anwendung findet, sollte die Abtretung der Beteiligung bzw. die Änderung des Gesellschaftsvertrages im Interesse einer Zug-um-Zug Leistung in aller Regel unter der aufschiebenden Bedingung der Gegenleistung (Zahlung des Kaufpreises, Genehmigung der Schuldübernahme etc) erklärt bzw. vereinbart werden. Gegebenenfalls kann zusätzlich ein Widerspruch gemäß § 899 BGB eingetragen werden.[153]

Im Falle des **Todes eines Gesellschafters** sind für die dann erforderliche Grundbuch- **62** berichtigung Bewilligungen aller verbleibenden Gesellschafter und der Erben iSv § 35 GBO (§ 19 GBO bzw. §§ 22 Abs. 2, 29 GBO) erforderlich. Der mitunter zusätzlich geforderten Vorlage des Gesellschaftsvertrags[154] bedarf es nicht, da die verfahrensrechtliche Bewilligungsberechtigung nicht der Sonderrechtsnachfolge unterliegt.[155] Alternativ kann durch Nachweis der Erbfolge iSv § 35 GBO, Vorlage des aktuellen Gesellschaftsvertrags (mangels Beweisnot hier stets § 29 GBO) und formgerechten Nachweis der Erfüllung etwaiger Qualifikationsmerkmale der Unrichtigkeitsnachweis nach §§ 22 Abs. 1, 29 GBO geführt werden.

Zu den bei Beteiligung einer GbR an einem Grundstückskaufvertrag **(Verkauf sowie** **63** **Erwerb durch GbR)** auftretenden Fragen vgl. auch → Rn. 683 ff.

4. Grunderwerbsteuer. Die Veräußerung eines GbR-Anteils ist **grundsätzlich nicht** **64** **grunderwerbsteuerpflichtig.** Etwas anderes gilt nach § 1 Abs. 2a GrEStG beim Übergang von mindestens 95 vH der Anteile einer Personengesellschaft innerhalb von fünf Jahren (vgl. auch § 9 Abs. 3 GrEStG)[156] sowie dann, wenn die Anteilsübertragung als Gestaltungsmissbrauch iSv § 42 AO anzusehen ist (Steuerpflichtigkeit nach § 1 Abs. 1 Nr. 1 GrEStG).[157] Ferner kann die Anteilsveräußerung zu einer Nachversteuerung führen, wenn die Immobilie innerhalb von fünf Jahren vor der Anteilsveräußerung unter Inanspruchnahme von § 5 GrEStG in die Gesamthand eingebracht worden ist (vgl. § 5 Abs. 3 GrEStG). Schließlich entsteht die Grunderwerbsteuer nach § 1 Abs. 1 Nr. 3 GrEStG, wenn durch die Anteilsübertragung eine Anteilsvereinigung in einer Hand und damit eine Anwachsung des Eigentums beim Alleingesellschafter eintritt. Eine steuerpflichtige Anteilsvereinigung iSv § 1 Abs. 3 Nr. 1 und Nr. 2 GrEStG kann bei einer Personengesellschaft nur in Ausnahmekonstellationen auftreten, da „Anteile" in diesem Sinne nach Köpfen gezählt werden, nicht nach gesellschaftsrechtlichen Beteiligungsquoten.[158] Diese Lücke, die sog. RETT-Blocker-Gestaltungen ermöglichte, wurde nunmehr jedoch durch § 1 Abs. 3a GrEStG geschlossen. Danach können mittelbare und unmittelbare Beteiligungen addiert und „durchgerechnet" werden. Ergibt sich, dass aufgrund eines Rechtsvorgangs ein Rechtsträger insgesamt zu mindestens 95 % an einer grundstückshaltenden Gesellschaft beteiligt ist, löst dieser Vorgang Grunderwerbsteuer aus.[159]

Das Grundbuchamt kann im Falle eines Gesellschafterwechsels gemäß § 22 Abs. 1 **65** GrEStG stets eine **Unbedenklichkeitsbescheinigung** verlangen, selbst wenn die Anteilsänderung weniger als 95 % der Anteile betrifft, es sei denn, es ist mit Sicherheit auszuschließen, dass *ein Grunderwerbsteuer auslösender Erwerbsvorgang vorliegt.*[160]

---

153 Vgl. DNotI-Report 2015, 97; *Jurksch* ZfIR 2017, 5. Mustervertrag bei *Krauß* Immobilienkaufverträge Rn. 5534.
154 So aber OLG München NJW-RR 2016, 83; NZG 2017, 941 (auch bei Tod des vorletzten Gesellschafters wegen einer möglichen rechtsgeschäftlichen Nachfolgeklausel).
155 Zutreffend KG NZG 2016, 555; *Goslich* MittBayNot 2018, 141 (143); *Reymann* FGPrax 2017, 252 f.; *Tomasic* MittBayNot 2015, 479; *Volmer* MittBayNot 2016, 326 (328); *Weber* ZEV 2017, 656 (657).
156 Vgl. *Stoschek* ZfIR 1999, 487 zur Grunderwerbbesteuerung von Beteiligungsverkäufen und Umwandlungen.
157 Vgl. BFH NJW-RR 2012, 265 Rn. 14 ff. sowie *Potsch* NZG 2012, 176.
158 Vgl. BFH DStR 1995, 1507.
159 Vgl. dazu *Behrens* DStR 2013, 1405; gleichlautende Ländererlasse v. 9. 10. 2013, BStBl. I 802.
160 OLG Jena NZM 2011, 863 f.; OLG Frankfurt a.M. MittBayNot 2006, 334 (335), jew. mwN.

IV. Renovierungspflicht

66 Ist Gegenstand des Kaufvertrages ein Altbau (eine Eigentumswohnung in einem Altbau) und verpflichtet sich der Verkäufer zur Durchführung einzelner Renovierungsarbeiten unterhalb der Schwelle der Anwendbarkeit der MaBV (kein Bauvorhaben iSv § 3 Abs. 2 S. 4 MaBV, zB bei geringfügigen Renovierungsarbeiten und Schönheitsreparaturen; Grenzziehung im Einzelnen sehr str.),[161] gelten für den Kaufvertrag gleichwohl folgende Besonderheiten:

67 **1. Mitbeurkundung der Baubeschreibung.** Jedenfalls dann, wenn die Renovierungsarbeiten bei Abschluss des Vertrages **noch nicht oder nicht vollständig durchgeführt** sind, muss die Baubeschreibung zwecks Bestimmung der noch zu erbringenden Leistungen mitbeurkundet werden (in der Urkunde selbst oder als verlesene Anlage nach § 9 Abs. 1 S. 2 BeurkG); bei Grundrissänderungen sind auch die Baupläne beurkundungsbedürftig (§ 9 Abs. 1 S. 3 BeurkG). Ein Verstoß führt zur Nichtigkeit des Kaufvertrages nach § 125 S. 1 BGB.

67a Auch **nach vollständiger Fertigstellung** der Renovierungsarbeiten sind diese im Kaufvertrag genau zu bezeichnen, wenn der Verkäufer zwar seine Haftung für Sachmängel der Altbausubstanz ausschließen möchte, dagegen für Mängel der ausgeführten Arbeiten einzustehen hat bzw. die ihm zustehenden Rechte wegen Mängeln gegen die Handwerker an den Käufer abtritt.

67b Beim **Bauträgervertrag** (auch bei Altbausanierungen, die als Bauvorhaben iSv § 3 Abs. 2 S. 4 MaBV zu qualifizieren sind), jedenfalls in Gestalt des Verbrauchervertrags, ist die Pflicht zur Mitbeurkundung einer Baubeschreibung in § 650u Abs. 2 iVm § 650j BGB seit dem 1. 1. 2018 unabhängig davon niedergelegt, ob und inwieweit der Verkäufer (Bauträger) die geschuldete Werkleistung zum Zeitpunkt des Vertragsabschlusses tatsächlich bereits ausgeführt hat (zu den inhaltlichen Anforderungen vgl. Art. 249 § 2 EGBGB).[162] Auch schon zuvor war die Mitbeurkundung einer Baubeschreibung selbst bei im Zeitpunkt des Vertragsschlusses vollständig erbrachter Bauleistung zweckmäßig und weit verbreitet, nicht zuletzt weil etwaige Zweifel jedenfalls im Bereich des Verbrauchervertrags stets zulasten des Unternehmers gingen,[163] was jetzt in § 650k Abs. 2 BGB normiert ist.[164]

68 **2. Bezugsfertigkeit, Abnahme, Fertigstellungssicherheit.** Zusätzliche Voraussetzung für die Fälligkeit des Kaufpreises ist die Bezugsfertigkeit und die Abnahme der Renovierungsarbeiten ohne wesentliche Mängel durch den Käufer (§ 640 BGB; vgl. auch § 650g BGB). Dies gilt ebenfalls für den **Umbau eines Hauses** oder eines vergleichbaren Bauwerks (§ 650u Abs. 1 BGB). Umbau meint die Umgestaltung eines vorhandenen Objektes mit wesentlichen Eingriffen in Konstruktion oder Bestand. Liegen diese Voraussetzungen vor, hat der Bauträger nach § 650m Abs. 2 BGB bei Verbraucherverträgen eine Fertigstellungssicherheit in Höhe von 5% des Vergütungsanspruchs zu leisten, und zwar bereits bei der ersten Abschlagszahlung. Näher zur Abschlagszahlung → § 2 Rn. 155 ff. Beschränken sich die Renovierungsarbeiten auf einzelne Leistungen, zB Anstrich, Verlegen von Teppichboden uÄ, finden weder die MaBV noch das Erfordernis einer Fertigstellungssicherheit Anwendung. Die Zahlung des Kaufpreises kann in zwei Raten erfolgen, wobei die zweite Rate, deren Höhe jedenfalls dem Kostenaufwand für die Renovierungsarbeiten entsprechen sollte, erst nach Abnahme dieser Arbeiten zu zahlen ist. Der Ratenplan und das Erfordernis der Fertigstellungssicherheit gelten nicht, wenn

---

[161] Vgl. *Basty* Bauträgervertrag Rn. 576 ff. mwN.

[162] Vgl. bereits zuvor BGH DNotZ 2005, 467.

[163] Vgl. *Hertel* DNotZ 2002, 6 (13); *Krick/Sagmeister* MittBayNot 2014, 205 ff.

[164] Diese Zweifelsfallregelung zulasten des Unternehmers ergab sich schon bisher in aller Regel aus § 305c Abs. 2 BGB.

Gegenstand des Vertrages die bereits umgebaute, modernisierte oder renovierte Wohnung ist, also die Arbeiten abgeschlossen sind und vom Käufer ohne wesentliche Mängel abgenommen wurden.[165]

3. Rechte des Käufers bei Sachmängeln. Bei der Frage eines Haftungsausschlusses des 69 Verkäufers für Sachmängel betritt der Notar ein „vermintes Terrain". Das gilt sowohl beim Verkauf bereits renovierter als auch noch zu renovierender Altbauobjekte durch einen Unternehmer an einen Verbraucher und – wenngleich in etwas geringerem Maße – ebenfalls beim Verkauf von einem Verbraucher an einen Verbraucher im Wege einer individualvertraglichen Vereinbarung.

a) Inhaltskontrolle beim Formular- bzw. Verbrauchervertrag. Der **Formular-** 70 oder **Verbrauchervertrag** (§ 305 Abs. 1 BGB bzw. § 310 Abs. 3 BGB) unterliegt der Inhaltskontrolle nach §§ 305 ff. BGB. Aufgrund des Verbots der geltungserhaltenden Reduktion hat die Teilunwirksamkeit einer Haftungsbeschränkung grundsätzlich die Gesamtunwirksamkeit der betreffenden Klausel zur Folge,[166] was regelmäßig mit einem erheblichen Eingriff in die vertraglich vereinbarte Parität von Leistung und Gegenleistung verbunden ist. Folglich ist besondere Sorgfalt bei der Formulierung einer formularmäßigen Haftungsbeschränkung geboten.

Bei der **Veräußerung von Grundstücken mit Altbauten ohne Herstellungsver-** 71 **pflichtung** des Veräußerers findet zwar § 309 Nr. 8a BGB keine Anwendung. Allerdings ist das allgemeine **Klauselverbot des § 309 Nr. 7 BGB** zu beachten. Die jüngere höchstrichterliche Rechtsprechung illustriert, dass es der BGH mit der peinlichen Beachtung der Vorgaben durch § 309 Nr. 7 BGB nach wie vor ernst meint.[167] Allerdings genügt eine **schlagwortartige Bezeichnung** der nicht von der Haftungsbegrenzung erfassten Schäden iSv § 309 Nr. 7 lit. a und lit. b BGB. Wie bereits erörtert, ist noch nicht abschließend geklärt, ob es bei dem Verkauf einer gebrauchten Immobilie einer Rückausnahme für die **Verletzung von Kardinalpflichten** bedarf (§ 307 Abs. 2 Nr. 2, → Rn. 46 f. mit Formulierungsbeispiel).

Demgegenüber haftet der **Verkäufer eines Altbaus oder einer Altbauwohnung** für 72 Sachmängel der gesamten Bausubstanz, also auch der Altbausubstanz, nach Werkvertragsrecht, wenn er vertraglich **Bauleistungen** übernommen hat, die insgesamt **nach Umfang und Bedeutung Neubauarbeiten vergleichbar** sind.[168] Dies gilt etwa beim Verkauf einer Eigentumswohnung in einem Altbau, der vollkommen modernisiert und umgebaut worden ist und den Käufern als „Neubau hinter historischer Fassade" angeboten wurde. Die fünfjährige werkvertragliche Verjährungsfrist kann nicht verkürzt werden (§ 309 Nr. 8 lit. b sublit. ff BGB). Der Veräußerer eines nach Umfang und Bedeutung einer Neuherstellung gleichkommenden sanierten Altbaus haftet selbst dann nach Werkvertragsrecht (auch für die Altbausubstanz), wenn die geschuldeten Bauleistungen bei Abschluss des Vertrages bereits erbracht sind.[169] Dagegen gelten die **Klauselverbote des § 309 Nr. 8 lit. b BGB,** die eine „neu hergestellte Sache" voraussetzen, nicht, wenn die vom Veräußerer übernommene Herstellungsverpflichtung nach Umfang und Bedeutung Neubauarbeiten nicht vergleichbar ist. Soweit die Herstellungsverpflichtung verletzt ist, findet Werkvertragsrecht Anwendung; ist dies nicht der Fall, also im Hinblick auf die unveränderte Altbausubstanz, gelten die kaufrechtlichen Vorschriften.[170] Der Anspruch des Käufers auf Beseitigung des Mangels nach § 439 Abs. 1 BGB und auf Minderung des Kaufpreises bei Fehlschlagen der Nacherfüllung kann nicht ausgeschlossen werden, wohl

---

[165] Vgl. DNotI-Report 2011, 133.
[166] Vgl. BGH NJW 2013, 2584; NJW 2010, 1131; NJW 2007, 3774.
[167] BGH NJW 2013, 2502; NJW 2013, 2584.
[168] BGH DNotZ 2006, 280.
[169] BGH DNotZ 2005, 464; DNotZ 2006, 280.
[170] BGH DNotZ 2006, 280 (281).

aber das Recht, vom Kaufvertrag insgesamt zurückzutreten (§ 309 Nr. 8 lit. b sublit. bb BGB). Die Verjährungsfrist für diese Ansprüche beträgt fünf Jahre (§ 438 Abs. 1 Nr. 2 lit. a BGB).

73 **b) Inhaltskontrolle beim Individualvertrag.** Gerade im C2C-Verkehr wird der Anwendungsbereich der §§ 305 ff. BGB bei Verwendung eines notariellen Vertragsmusters vielfach nicht eröffnet sein und demzufolge auch eine Inhaltskontrolle anhand der §§ 307–309 BGB ausscheiden. Bei Kaufverträgen über neu errichtete Immobilien ist insoweit allerdings zu beachten, dass im Einzelfall eine Inhaltskontrolle der Klauseln betreffend den Sachmängelgewährleistungsausschluss unter Rückgriff auf **§ 242 BGB** in Betracht kommt. So wird nach Ansicht der Rechtsprechung der – idR auf Vorschlag des Notars – in den **Kaufvertrag über ein neu errichtetes oder so zu behandelndes Gebäude** aufgenommene **formelhafte** (also nicht auf den konkreten Einzelfall zugeschnittene) **Ausschluss der Sachmängelgewährleistung im Individualvertrag** als unwirksam angesehen, wenn die Haftungsfreizeichnung nicht mit dem Erwerber unter ausführlicher Belehrung über die einschneidenden Rechtsfolgen eingehend erörtert wurde.[171] Begründet wird diese auf Treu und Glauben gestützte Inhaltskontrolle mit einem besonderen Schutzbedürfnis beim Erwerb neu errichteter Immobilien (Arg.: einschneidende Rechtsfolge eines Gewährleistungsausschlusses, da erhebliche Vermögenswerte betroffen). Dem lässt sich freilich entgegenhalten, dass außerhalb des Anwendungsbereichs der §§ 309 Nr. 8, 307 BGB (ggf. iVm § 310 Abs. 3 Nr. 1 bzw. Nr. 2 BGB) keine Rechtfertigung für eine derart weitreichende, erheblich in die Vertragsparität eingreifende Inhaltskontrolle besteht, zumal unklar ist, weshalb der Verkäufer die Beweislast für eine ausführliche Belehrung des Notars über die Problematik der Freizeichnungsklausel tragen sollte.[172]

74   Das OLG Köln hat die BGH-Rechtsprechung, die keine Anwendung findet, wenn die vom Verkäufer geschuldete Bauleistung nach Umfang und Bedeutung Neubauarbeiten nicht vergleichbar ist, in seinem Urteil vom 23.2.2011 aufgegriffen und tendenziell strenge Maßstäbe für eine Enthaftung des Verkäufers angelegt. So sollen abstrakt formulierte Belehrungshinweise („Abtretung der Gewährleistungsansprüche gegen Handwerker", „bei Mängeln müssen diese direkt in Anspruch genommen werden") nicht genügen. Vielmehr sei der **Käufer explizit auf** den **Ausschluss der Haftung** des Verkäufers und die **daraus resultierenden Risiken hinzuweisen,** insbesondere darauf, dass gerade keine Haftungsbündelung beim Verkäufer stattfindet, niemand für Planungsfehler des Verkäufers haftet und der Erwerber das Risiko der Leistungsunfähigkeit der Handwerker trägt. Der Käufer müsse sich Kenntnis von den relevanten Vertragsverhältnissen zu den Handwerkern verschaffen können (unter anderem Abnahmezeitpunkt, Mängelrügen, Nacherfüllungsverlangen). Zudem sei ihm eine Besichtigung und ggf. die Beauftragung eines Gutachters zu empfehlen.[173]

75   Hat der Verkäufer vertraglich Bauleistungen übernommen, die insgesamt nach Umfang und Bedeutung Neubauarbeiten vergleichbar sind, haftet er bei Unwirksamkeit des Gewährleistungsausschlusses nicht nur für die ausgeführten Umbauarbeiten, sondern auch für die in diesem Bereich vorhandene Altbausubstanz nach Werkvertragsrecht. Allerdings können die Rechte und Ansprüche des Käufers wegen eines Mangels der unberührt gebliebenen Altbausubstanz im Individualvertrag ausgeschlossen werden. Eine notarielle Belehrung über Umfang und Bedeutung des Gewährleistungsausschlusses ist selbst dann nicht Voraussetzung für die Wirksamkeit des Gewährleistungsausschlusses, wenn dieser in einer formelhaften Klausel enthalten ist.[174]

---

[171] BGH DNotZ 2007, 822 mwN.
[172] *Brambring* MittBayNot 2012, 483 (484); *Krauß* DNotZ 2012, 133 f.
[173] OLG Köln DNotZ 2012, 126.
[174] BGH DNotZ 2006, 280 mAnm *Blank.*

Formulierungsbeispiel: Verkauf einer Altbauwohnung mit Renovierungspflicht im Verbrauchervertrag (AGB-Konstellation)   76 ☉

Der Verkäufer verpflichtet sich, auf seine Kosten bis zum *** die Arbeiten in der verkauften Wohnung fachgerecht auszuführen, die in der in der Niederschrift als Anlage beigefügten Baubeschreibung im Einzelnen bezeichnet sind.

Der Verkäufer teilt dem Käufer die Fertigstellung dieser Arbeiten und den Termin zur Abnahme mit einer Frist von zehn Werktagen schriftlich mit. Zu diesem Termin findet eine Besichtigung der Wohnung statt. Etwaige Mängel oder noch auszuführende Restarbeiten sind (auch wenn insoweit kein Einvernehmen besteht) in einem Abnahmeprotokoll schriftlich festzulegen, das vom Verkäufer und vom Käufer zu unterzeichnen ist. Die in dem Abnahmeprotokoll aufgeführten Restarbeiten oder Baumängel hat der Verkäufer innerhalb einer im Protokoll festgelegten angemessenen Frist auszuführen bzw. zu beseitigen. Verkäufer und Käufer sind berechtigt, zur Abnahme einen Bausachverständigen auf eigene Kosten hinzuzuziehen.

[Die Kaufpreisfälligkeitsvoraussetzungen sind zu ergänzen um die Abnahme der Renovierungsarbeiten durch den Käufer.]

Bei Mängeln der Renovierungsarbeiten, die erst nach der Abnahme auftreten, stehen dem Käufer die Rechte nach den gesetzlichen Vorschriften für den Werkvertrag zu. Das Recht des Käufers, wegen des Mangels der Renovierungsarbeiten vom Kaufvertrag insgesamt zurückzutreten, wird ausgeschlossen. Die Verjährungsfrist beträgt fünf Jahre, gerechnet vom Zeitpunkt der Abnahme.

Die Rechte des Käufers wegen eines Mangels der Altbausubstanz der Wohnung und des gemeinschaftlichen Eigentums sind ausgeschlossen. Der Käufer hat das Kaufobjekt besichtigt, er kauft es im gegenwärtigen, altersbedingten Zustand. Der Verkäufer versichert, dass ihm versteckte Mängel nicht bekannt sind. Schadensersatzansprüche des Käufers wegen eines Sachmangels sind ausgeschlossen. Ausgenommen sind Ansprüche auf Schadensersatz aus der Verletzung des Lebens, des Körpers oder der Gesundheit, wenn der Verkäufer die Pflichtverletzung zu vertreten hat, und auf Ersatz sonstiger Schäden, die auf einer vorsätzlichen oder grob fahrlässigen Pflichtverletzung des Verkäufers beruhen. Einer Pflichtverletzung des Verkäufers steht die eines gesetzlichen Vertreters oder Erfüllungsgehilfen gleich. *[Alt. unter Berücksichtigung von § 307 Abs. 2 Nr. 2 BGB: → Rn. 46 f.].*

Verkauft ein Verbraucher ein Neubauobjekt, das er vom Bauträger erworben hat, und 77 sind seine Rechte wegen eines Sachmangels bislang nicht verjährt, hat er die ihm zustehenden Rechte an den Käufer (aufschiebend bedingt auf die Kaufpreiszahlung) abzutreten.

Formulierungsbeispiel: Verkauf eines Neubauobjekts: Haftungsausschluss und Abtretung der Gewährleistungsansprüche (Individualvertrag)   78 ☉

Der Verkäufer erklärt, dass er das Wohnungseigentum von der *** Bauträgergesellschaft mbH mit Sitz in *** gekauft hat. Die Abnahme des Sondereigentums ist am ***, die Abnahme des gemeinschaftlichen Eigentums ist am *** erfolgt. Dem Verkäufer stehen wegen Sachmängeln des Bauwerks Rechte und Ansprüche nach Werkvertragsrecht zu. Die Verjährungsfrist beträgt fünf Jahre vom Zeitpunkt der jeweiligen Abnahme an.

Der Verkäufer tritt die ihm zustehenden Rechte und Ansprüche wegen eines Sachmangels gegen die *** Bauträgergesellschaft mbH an den dies annehmenden Käufer ab mit der Verpflichtung, den Käufer bei der Geltendmachung seiner Ansprüche zu unterstützen. Die Abtretung erfolgt aufschiebend bedingt mit Zahlung des geschuldeten Kaufpreises, spätestens aber mit Eigentumsübergang.

Die Rechte des Käufers gegen den Verkäufer wegen eines Sachmangels sind ausgeschlossen. Dies gilt auch für alle Ansprüche auf Schadensersatz, es sei denn der Verkäufer handelt vorsätzlich.

Der Käufer hat das Kaufobjekt besichtigt, er kauft es im gegenwärtigen Zustand. Der Verkäufer versichert, dass ihm versteckte Mängel nicht bekannt sind und Mängel bislang nicht aufgetreten sind.

Der Notar hat den Käufer darüber belehrt, dass ihm aufgrund dieser Vereinbarung bei einem Sachmangel der gekauften Eigentumswohnung keine Ansprüche gegen den Verkäufer zustehen, in Ermangelung einer derartigen Haftungsbündelung niemand für Planungsfehler des Verkäufers haftet und der Käufer zudem Mängel auf eigene Kosten zu beseitigen hat, wenn die abgetretenen Ansprüche gegen den Bauträger nicht durchgesetzt werden können. Der Verkäufer versichert, dass ihm nichts bekannt ist, was der Durchsetzung der Ansprüche gegen den Bauträger entgegensteht. Der Notar hat dem Käufer geraten, sich Kenntnis von den Vertragsverhältnissen zu den beteiligten Werkunternehmern zu verschaffen (unter anderem Abnahmezeitpunkt, Mängelrügen, Nacherfüllungsverlangen), und darauf hingewiesen, dass sich ggf. die Beauftragung eines Gutachters empfiehlt.

79   Eine ähnliche vertragliche Regelung ist zu wählen, wenn der Verkäufer das Haus als sein „eigener Bauherr" gebaut oder Renovierungsarbeiten im Altbau durchgeführt hat und ihm insoweit Ansprüche gegen die Bauhandwerker oder sonstige am Bau beteiligte Dritte zustehen.

C. Kaufpreis und Kaufpreisfälligkeit

I. Festpreis und Steuerfragen

80   Beim Verkauf eines Grundstücks wird der Kaufpreis in der Regel als **Festpreis** in Euro vereinbart. Nur wenn Zweifel an der Richtigkeit der im Grundbuch eingetragenen Flächengröße bestehen und eine Neuvermessung des Grundstücks erfolgen soll, kann es ausnahmsweise richtig sein, einen Quadratmeter-Preis zu vereinbaren. Eine Garantie für die Richtigkeit der im Grundbuch angegebenen Grundstücksgröße kann der Verkäufer nicht übernehmen; der Käufer kann sie auch nicht erwarten. Ebenso selten sind (bei Bestandsobjekten, im Unterschied zu neu zu errichtenden Bauwerken) Klauseln, die eine Kaufpreisanpassung im Falle einer Abweichung der tatsächlich festgestellten Wohn-/Nutzfläche von der Angegebenen bzw. als Sollbeschaffenheit Vereinbarten vorsehen.

81   Bei **Bauplatzflächen** setzt sich die Gegenleistung mitunter aus einem „Basiskaufpreis" und einer **„Erhöhungskomponente"** zusammen, die vom künftig zugelassenen Maß der baulichen Nutzung (Geschossflächenzahl oder Grundflächenzahl) bzw. den Festsetzungen des künftigen Bebauungsplans (Mischgebiet, Gewerbegebiet etc) abhängt. Je nach der erwarteten zeitlichen Dauer bis zum Feststehen des Erhöhungsanteils kann entweder die Eigentumsumschreibung zurückgehalten werden, oder es findet, bei Auflassungsvollzug nach Zahlung des Basiskaufpreises, eine der in → Rn. 741 ff. erläuterten Techniken der Absicherung des Verkäufers bei vorzeitiger Umschreibung Anwendung. Der endgültig geschuldete Kaufpreis wird in einer von beiden Beteiligten zu unterzeichnenden Nachtragsbeurkundung festgestellt.

82   Beim Verkauf einer noch zu vermessenden **Teilfläche** wird dagegen in der Regel zunächst nur ein vorläufiger Kaufpreis fällig gestellt; in der Nachtragsurkunde zur Messungsanerkennung erfolgt dann die Anpassung. Eine zu hohe oder geringe, vor allem nicht auf einen Vermessungsingenieur oder genaues Kartenmaterial zurückgehende, Schätzung kann dabei zu ungesicherten Vorleistungen des Käufers oder Verkäufers führen.

Wird ein **unrichtiger Kaufpreis** angegeben, ist der beurkundete Kaufvertrag nach § 117 **83** Abs. 1 BGB nichtig, der wirklich gewollte Vertrag wegen Formmangels nach § 125 BGB ungültig; letzterer wird jedoch durch Eintragung geheilt, es sei denn, zur Wirksamkeit waren behördliche oder gerichtliche Genehmigungen (zB des Betreuungsgerichts) erforderlich, da sich diese nicht auf das eigentlich gewollte Rechtsgeschäft, sondern auf das zur Genehmigung eingereichte „Scheinrechtsgeschäft" bezogen (Ausnahme: § 7 Abs. 3 GrdStVG). Erfährt der Notar von der Absicht, einen „Schwarzkauf" zu schließen, hat er nach § 4 BeurkG die Beurkundung abzulehnen bzw. später den Vollzug zu suspendieren.[175]

Beim „**Mietkauf**"[176] handelt es sich in der Regel um einen Mietvertrag mit Ankaufs- **84** option unter (teilweiser) Anrechnung des gezahlten Mietzinses auf den Kaufpreis. Ist der Vermieter/Verkäufer Unternehmer, liegt eine entgeltliche **sonstige Finanzierungshilfe** iSd § 506 Abs. 1 Alt. 2 BGB vor. Seit 11.6.2010 gelten auch bei notarieller Beurkundung gemäß § 506 Abs. 1 BGB die §§ 358–359a BGB sowie die §§ 491a–502 BGB (bis auf § 492 Abs. 4 BGB), seit 21.3.2016 auch § 503 BGB, uneingeschränkt.[177] **Kostenrechtlich** sind Kauf- und Mietvertrag gegenstandsverschieden iSd § 86 Abs. 2 GNotKG (der Geschäftswert eines Mietvertrages mit unbestimmter Dauer entspricht gemäß § 99 Abs. 1 GNotKG der Fünfjahressumme des Mietzinses; der Kaufpreis ist im Fall der Anrechnung des Mietzinses wiederum um diesen Betrag zu mindern; beide Geschäftswerte sind zu addieren und hieraus eine 2,0-Gebühr gemäß Nr. 21100 KV GNotKG auch im Fall der Angebotslösung zu erheben). Grunderwerbsteuer fällt erst mit Geltendmachung des Ankaufsrechts an (§ 14 Nr. 1 GrEStG), auch iSd Ertragssteuerrechts (und bis Ende 2005 der Eigenheimzulage) ist das Objekt erst mit Annahme des Angebots/Ausübung der Potestativbedingung und Übergang des Eigenbesitzes auf ihn angeschafft. Die erhaltenen Mieten sind vom Verkäufer als solche zu versteuern, auch wenn sie sich aufgrund Teilanrechnung später als Kaufpreis darstellen.[178]

Häufig verbindet sich hinter der laienhaften Bezeichnung „Mietkauf" allerdings auch **84a** ein **Kauf auf Ratenzahlung** (was bei Nichterhebung eines mindestens 3%-igen Stundungszinses zur Zerlegung des Kaufpreises in einen Kapitalanteil also die Anschaffungskosten als Grundlage für AfA bzw. Eigenheimzulage (bis Ende 2005) und einen 5,5%-igen, gemäß § 20 Abs. 1 Nr. 7 EStG steuerpflichtigen Zinsanteil führt).[179] Bei Insolvenz des Käufers,[180] Überschreiten einer bestimmten[181] beim Unternehmerverkäufer (wegen § 506 Abs. 1 BGB) mindestens § 498 Abs. 2, Abs. 1 S. 1 Nr. 1a BGB genügenden Rückstandsschwelle (2,5%), Vollstreckungsmaßnahmen Dritter und ggf. weiterer Umständen (unzureichender Brandversicherungsschutz etc), regelmäßig nicht jedoch allein aufgrund Weiterveräußerung,[182] ist die **Stundungsabrede** kraft üblicherweise getroffener Vereinbarung **kündbar.**[183] Wird der sodann insgesamt fällige Kaufpreis nicht entrichtet und kommt es (anstelle von Vollstreckungsmaßnahmen) zur Rückabwicklung, ist überwiegend vereinbart, dass die geleisteten Kaufpreisraten zu einem erheblichen Teil als Nutzungsent-

---

[175] BayObLG DNotZ 1998, 646.
[176] Vgl. hierzu *Hügel/Salzig*, Mietkauf und andere Formen des Grundstücks-Ratenkaufs, 2. Aufl. 2010; *Salzig* MittBayNot 2008, 341 und MittBayNot 2008, 446 (allerdings noch ohne die Besonderheiten des Verbraucherdarlehensrechtes).
[177] Vgl. hierzu *Krauß* Immobilienkaufverträge Rn. 12 ff.
[178] Vgl. Erlass des FinMin Schleswig-Holstein v. 27.7.2004 – S 2170.
[179] Vgl. zu Details iRd Bilanzierung BMF-Schreiben v. 26.5.2005, DStR 2005, 1005.
[180] Wurde der Käufer bereits nicht nur Besitzer, sondern auch Eigentümer (wenn auch mit durch ihn hingenommenen Sicherungsrechten des Verkäufers belastet; § 435 BGB), hat der Verkäufer bereits vorgeleistet, sodass kein Fall des § 103 InsO vorliegt.
[181] Etwa orientiert an § 543 Abs. 2 Nr. 3 lit. a und lit. b BGB: zwei Monatsbeträge.
[182] Der persönliche und dingliche Vollstreckungszugriff des Verkäufers wird dadurch nicht verschlechtert. Ein Verstoß gegen § 1136 BGB läge in einer solchen Abrede gleichwohl nicht, BGH NJW 1980, 1625.
[183] Damit ist regelmäßig auch das eingetragene Sicherungsgrundpfandrecht kündbar. Eine solche Vorfälligkeitsabrede genügt, da an einen wichtigen (an § 490 BGB orientierten) Grund anknüpfend, sowohl den Anforderungen der §§ 339 ff. BGB als auch des § 307 BGB, vgl. OLG Düsseldorf BB 1997, 699.

gelte (§ 346 Abs. 2 Nr. 1 BGB) beim Veräußerer verbleiben, und nur iÜ rückzuerstatten sind (Verfallklausel[184]), und zwar auch mit Wirkung für einen etwaigen Ablösegläubiger, welcher die „Raten" erhalten hat. Häufig erfolgt die Umschreibung bereits nach Zahlung der Anfangsrate (Vorleistung des Verkäufers, dessen Kaufpreisrestanspruch durch die streng akzessorische Sicherungshypothek oder durch eine für die Neuvalutierung gedachte Buchgrundschuld mit Abtretungssperre[185] bzw. – aus Kostengründen – zumindest einen vormerkungsgesicherten Anspruch auf Bestellung eines solchen Grundpfandrechtes, gesichert wird, ebenso wie sein Rückauflassungsanspruch im Fall des Scheiterns der Sicherung durch eine Vormerkung (im Rang vor der Sicherungshypothek[186] bzw. der Buchgrundschuld[187]) bedarf sichern. Beide Sicherheiten sind gemeinsam einzutragen, zur Sicherung der Wahlmöglichkeit des Verkäufers (kein Verstoß gegen § 1149 BGB). Erfolgt die Eigentumsumschreibung erst nach Zahlung der letzten Rate, ist der Käufer durch die beiden genannten Rechte sowohl für das „Vorwärts"- wie auch für das „Rückwärts"-Szenario" zu schützen.

85   Hat der Käufer vor Abschluss des Vertrages bereits eine **Vorauszahlung** auf den Kaufpreis geleistet, so ist die Abrede, diese Zahlung auf den Kaufpreis anzurechnen, beurkundungsbedürftig.[188] Dies gilt auch für eine Vereinbarung, dass der Kaufpreis durch „Verrechnung" mit bestimmten Forderungen des Käufers erbracht werden soll. Die Formnichtigkeit einer Verrechnungsabrede lässt die Wirksamkeit des übrigen Kaufvertrages unberührt, wenn der Käufer die Belegung des Kaufpreises zu beweisen vermag.[189] Haben die Vertragsparteien sich nur darüber geeinigt, dass der Kaufpreis in bestimmter Höhe durch Verrechnung erbracht werden soll, nicht auch darüber, welche der in Betracht kommenden bestrittenen Gegenforderungen zur Tilgung verwandt werden soll, ist der Vertrag im Zweifel nicht geschlossen.[190]

86   Nach § 317 BGB kann die Bestimmung der Leistung, also auch die Höhe des Kaufpreises, einem Dritten überlassen werden. Die Vereinbarung eines solchen **Bestimmungsrechts** muss als Inhalt des Kaufvertrages beurkundet werden.[191] Die Bestimmungsbefugnis muss im Vertrag genügend abgegrenzt und darf nicht in einem Ausmaß vorbehalten sein, dass ihre Tragweite und damit die von den Parteien gewollte Bindungswirkung der zu treffenden Leistungsbestimmung selbst nicht mehr bestimmbar sind. Dies kommt in Betracht beim Abschluss eines Vorvertrages oder der Vereinbarung eines Ankaufsrechts, wenn der Abschluss des Hauptvertrages erst nach Ablauf einer mehrjährigen Frist verlangt bzw. das Ankaufsrecht ausgeübt werden kann. Die Ermittlung des seinerzeitigen Verkehrswerts wird einem Grundstückssachverständigen oder dem Gutachterausschuss als Schiedsgutachter übertragen.

---

[184] Wegen der identischen Funktion (Druckmittel zur Erfüllung; Erleichterung des Schadensnachweises) sind §§ 339 ff. BGB (Vertragsstrafe) entsprechend anwendbar.
[185] Abtretbarkeit nur mit Zustimmung des Käufers (in der Form des § 29 GBO) samt Vermerk beim Grundpfandrecht, um das Risiko der „Doppelzahlung" sowohl an den Altgläubiger auf das Darlehen als auch an den Neugläubiger auf das dingliche Recht zu vermeiden.
[186] Vgl. *Salzig* NotBZ 2005, 57: Teilzahlungen führen bei der Sicherungshypothek zum Entstehen nachrangiger Eigentümergrundschulden, die durch Gläubiger des Käufers gepfändet werden könnten, wenn die Zahlung in der Form des § 29 GBO dem Grundbuchamt nachgewiesen wurde (OLG Celle NotBZ 2007, 61, idR aufgrund Mitpfändung des Anspruchs auf Erteilung einer öffentlich beglaubigten Quittung; §§ 1144, 401 BGB). § 883 Abs. 2 S. 1 BGB setzt sich jedoch bei vorrangiger Vormerkung durch.
[187] Pfändbare Eigentümerrechte entstehen hier allenfalls bei (abredewidriger) Zahlung auf die Grundschuld selbst, § 1143 BGB analog, und im Fall des Verzichts, § 1168 BGB. Allerdings besteht die Gefahr des Pfändungszugriffs auf Rückgewähransprüche, die auch bei Fälligstellung der Gesamtrestforderung infolge Verzugs/Insolvenz sich auf den nicht benötigten „bereits getilgten" Teil beziehen können, BGH NJW 1986, 2108 und DNotZ 1990, 592.
[188] BGH DNotZ 1983, 232; DNotZ 1984, 236; DNotZ 1986, 265.
[189] BGH DNotZ 2000, 931 mAnm *Kanzleiter.*
[190] BGH MittBayNot 1999, 371.
[191] BGH NJW 1986, 845.

Aus **ertragsteuerlichen Gründen** wird häufig eine Zerlegung des Kaufpreises in einen 87
(nicht abschreibbaren) Anteil für das Grundstück und einen Anteil für das Gebäude
gewünscht, ggf. auch weiter differenzierend für eigengenutzte, fremdvermietete, und betrieblich genutzte Gebäudeteile. Solche Regelungen haben nach Ansicht der Finanzverwaltung[192], noch stärker aber der Rechtsprechung[193], hohe Indizwirkung. Grunderwerbsteuerlich bedeutsam ist dagegen die Ausweisung des Kaufpreisanteils, der auf die
mitverkauften beweglichen Gegenstände (Küche, Mobiliar, Photovoltaikanlage[194] etc), auf
mitverkaufte Genehmigungen und Konzessionen sowie auf den übergehenden Anteil an
der WEG-Instandhaltungsrücklage[195] entfällt, da diese nicht grunderwerbsteuerpflichtig
sind (§ 2 Abs. 1 GrEStG). Die Grundbuchgebühren für die Eintragung der Vormerkung
und die Umschreibung sind nur aus dem Grundstückswert zu entnehmen. Die notariellen
Vollzugs- und Betreuungsgebühren richten sich allerdings seit 1.8.2013 nach dem Ge-
samtgeschäftswert des zugrundeliegenden Beurkundungsverfahrens (§ 112 S. 1 GNotKG).

Grundsätzlich schließen sich **Umsatzsteuer** und Grunderwerbsteuer aus (§ 4 Nr. 9a 88
UStG). Nach § 9 Abs. 1 UStG kann allerdings der Unternehmer als Verkäufer eines
Grundstücks auf die Umsatzsteuerbefreiung verzichten und den Umsatz als steuerpflichtig
behandeln, wenn der Verkauf an einen anderen Unternehmer für dessen Unternehmen
ausgeführt wird. Dies empfiehlt sich (sofern die Voraussetzungen hierfür vorliegen) aus
Sicht des Verkäufers, um der sonst möglicherweise drohenden **Vorsteuerberichtigung**
(Zehn-Jahres-Zeitraum des § 15a UStG) zu entgehen. Aus Sicht des Käufers ist die Vereinbarung der Option akzeptabel, wenn er steuerpflichtige Ausgangsumsätze zu erbringen
beabsichtigt und deswegen zum Vorsteuerabzug berechtigt ist – allerdings setzt er ab dem
Zeitpunkt der erstmaligen Verwendung des Grundstücks einen eigenständigen zehnjährigen Berichtigungszeitraum in Gang, von dem er nicht weiß, ob er ihn einhalten können
wird (zB spätere Vermietung an einen Arzt – § 9 Abs. 2 UStG steht der Fortführung der
kraft Option umsatzsteuerpflichtigen Vermietung entgegen; spätere Veräußerung der Immobilie, bei der es ihm nicht gelingt, eine neuerliche Option zur Umsatzsteuer in Bezug
auf den Verkauf zu vereinbaren). Die Optionsausübung in Bezug auf künftige gewerbliche Vermietungen (§ 4 Nr. 12 S. 1 lit. a UStG) würde dem Erwerber selbstverständlich
auch zur Verfügung stehen, wenn der „Eingangsumsatz Immobilienerwerb", wie im Gesetz vorgesehen, umsatzsteuerfrei, also ohne diesbezügliche Option, erfolgte.

Nach § 9 Abs. 3 S. 2 UStG ist die Option zwingend in dem notariell zu beurkunden- 89
den Vertrag zu erklären, die strenge Rechtsprechung des BFH[196] wie auch – seit 1.1.2018
– die Finanzverwaltung[197] lässt eine Nachholung durch späteren Nachtrag in Übereinstimmung mit dem Gesetzeswortlaut („in dem Vertrag") nicht zu. Nach § 13b Abs. 1 S. 1
Nr. 3 UStG gilt nun die Steuerschuldnerschaft des Käufers als Leistungsempfänger bei allen umsatzsteuerpflichtigen Umsätzen, die unter das Grunderwerbsteuergesetz fallen.[198]
Die Grunderwerbsteuer, die der Käufer eines Grundstücks vereinbarungsgemäß zahlt, erhöht nicht die Bemessungsgrundlage der Umsatzsteuer;[199] auch umgekehrt erhöht die

---

[192] BMF-Schreiben v. 16.4.2004, DStR 2004, 912 Nr. 1 lit. a (auch zum Verhältnis eigengenutzter/fremd-
vermieteter Gebäudeteil).
[193] BFH RNotZ 2016, 205: Parteivereinbarung von 60% Gebäudeanteil, das FA hatte 35% Gebäudeanteil
angesetzt; der Steuerpflichtige hatte im Klageverfahren ein Gutachten vorgelegt, das einen Abschlag vom
Bodenrichtwert rechtfertigte.
[194] Liegt insoweit der Wertansatz über dem Restbuchwert, entsteht allerdings ein steuerpflichtiger Veräußerungsgewinn (gewerblicher Stromerzeugungsbetrieb!). Umsatzsteuerlich liegt § 1 Abs. 1a UStG vor.
[195] So (obiter) BFH DNotZ 2015, 677 Rn. 23; offen gelassen in BFH MittBayNot 2017, 529: jedenfalls
beim Sondereigentumserwerb durch Zuschlag im Wege der Zwangsversteigerung mindert die Instandhaltungsrückstellung die grunderwerbsteuerliche Bemessungsgrundlage nicht, da die „Mitgliedschaft" nicht
separater Gegenstand des Versteigerungsverfahrens sein könne.
[196] BFH DNotZ 2016, 188.
[197] Änderung des Abschn. 9.2. Abs. 9 UStAE durch BMF-Schreiben v. 2.8.2017, BStBl. I 2017, 1240.
[198] Zu diesen Vorschriften und ihrer Bedeutung für den Notar vgl. *Hipler* ZNotP 2004, 222; *Schubert* Mitt-
BayNot 2004, 237 – jeweils mit Formulierungsvorschlägen; *Woinar* NotBZ 2004, 249.
[199] BMF BStBl. I 2007, 716; BFH NotBZ 2006, 329; *Gottwald* NotBZ 2006, 307.

vom Käufer direkt an sein Finanzamt abzuführende Umsatzsteuer (§ 13b Abs. 2 Nr. 3, Abs. 5 S. 1 UStG) nicht (mehr) die grunderwerbsteuerpflichtige Gegenleistung.[200] Der Verzicht auf die Umsatzsteuerbefreiung erhöht allerdings gemäß § 110 Nr. 2 lit. c GNotKG die Bemessungsgrundlage für die Notargebühren, während sich die Grundbuchkosten nach dem Nettobetrag richten.[201]

90   Die Umsatzsteuer muss immer vom Käufer gezahlt werden, der zugleich Vorsteuervergütungsberechtigter ist, wenn er das Grundstück für steuerpflichtige Umsätze verwendet. Der Verkäufer muss Unternehmer iSv § 2 UStG sein und die Grundstücksveräußerung im Rahmen seines Unternehmens ausführen. Der Käufer muss ebenfalls die (umsatzsteuerrechtliche) Unternehmereigenschaft besitzen und das Grundstück für sein Unternehmen erwerben. Ferner darf keine **Geschäftsveräußerung im Ganzen** nach § 1 Abs. 1a UStG vorliegen, da es in diesem Fall schon an einem steuerbaren Umsatz fehlt. Die gemäß § 1 Abs. 1a UStG vorausgesetzte (auch unentgeltliche) Veräußerung eines Unternehmens oder eines in der Gliederung des Unternehmens gesondert geführten Betriebs[202] im Ganzen liegt jedenfalls[203] vor, wenn dessen wesentliche Grundlagen so übertragen werden, dass der[204] Erwerber ohne nennenswerte Neu-Investitionen eine Umsatztätigkeit ausführen kann.[205] Die erforderliche Kontinuität der Betriebsführung setzt eine gewisse Ähnlichkeit zwischen den vor und nach der Übertragung ausgeübten Tätigkeiten voraus – hieran fehlt es etwa, wenn das vermietete Bürogebäude an den Mieter veräußert wird, der es eigengewerblich nutzt,[206] bzw. der Verkäufer die bisherigen Vermietungen als Zwischenvermieter (im Falle eines „sale and lease back"[207]) weiterführt, also der Käufer ein „neues Vermietungsunternehmen" eröffnet, oder wenn ein Bauträger an einen Vermietungsunternehmer veräußert[208], oder wenn der Veräußerer jegliche wirtschaftliche Tätigkeit bereits aufgegeben hatte und das Objekt leer steht[209], bzw. der Veräußerer das Gebäude in Verkaufsabsicht errichtete (und durch eine lediglich kurzfristige Vermietung[210] kein Vermietungsunternehmen begründet hat, das iSd § 1 Abs. 1a UStG auf den Erwerber übergehen könnte). Nach Auffassung der Finanzverwaltung muss die Immobilie ferner zum **Anlagevermögen** zählen, also nicht in der Absicht rascher Veräußerung (als Vorratsvermögen – dann Umsatzgeschäft) erworben worden sein.[211] Während die **Veräußerung eines umsatzsteuerpflichtig vermieteten Grundstücks** (auch im Falle kurzfristiger Vermietung: Ferienwohnungsverkauf[212]) aus dem Anlagevermögen bzw. eines Miteigentumsanteils hieran[213] nahezu[214] immer eine Geschäftsveräußerung darstellen wird,[215] ist die Veräuße-

---

[200] *Gottwald* MittBayNot 2008, 187; FM Baden-Württemberg DStR 2004, 1432.

[201] OLG Celle 16.12.2010 – 4 W 242/10 gegen OLG Celle NJW-Spezial 2005, 533.

[202] Der Betrieb muss nicht bereits beim veräußernden Unternehmen als organisatorisch selbstständiger Unternehmensteil bestanden haben; es genügt, dass er beim Erwerber als selbstständiges Unternehmen fortgeführt werden kann; BFH DStR 2013, 585; Änderung des Abschn. 1.5 Abs. 6 S. 2 UStAE, ZfIR 2014, 29.

[203] Dieses Kriterium ist eine hinreichende, jedoch nicht stets notwendige Bedingung, vgl. *Beer/Zugmaier* MittBayNot 2008, 360: „Gesamtwürdigung aller Umstände".

[204] Nach BFH MittBayNot 2015, 520 liegt keine Geschäftsveräußerung im Ganzen vor, wenn mehrere Veräußerer einzelne Unternehmensteile an mehrere Erwerber verkaufen, zB Grundstück und Inventar getrennt.

[205] Abschn. 5 Abs. 3 S. 3 UStR.

[206] BFH BStBl. II 2010, 315.

[207] BFH DNotZ 2014, 852.

[208] Anders jedoch, wenn der Bauträger selbst nachhaltig vermietet, und damit ein Vermietungsunternehmen begründet hat, vgl. BFH ZfIR 2016, 241 mAnm *Wagner*.

[209] BFH RNotZ 2008, 240.

[210] Die für ein Vermietungsunternehmen erforderliche Nachhaltigkeit liegt allerdings bei einer 17-monatigen Vermietung vor, vgl. BFH ZfIR 2016, 206.

[211] OFD München v. 1.8.2000, UR 2001, 174.

[212] BFH/NV 2014, 1600.

[213] BFH ZfIR 2008, 737 mAnm *Wagner* (ist allerdings das Grundstück teils vermietet, teils eigenbetrieblich genutzt, beschränkt sich der Gegenstand der Geschäftsveräußerung auf den vermieteten Grundstücksteil).

[214] Nach BFH MittBayNot 2009, 254 liegt jedoch kein Fall des § 1 Abs. 1a UStG vor, wenn das verkaufte Grundstück erst bebaut werden soll und aufschiebend bedingt auf diesen Zeitpunkt vermietet ist.

[215] BFH DStR 2004, 1126 und DStR 2005, 1226.

rung eines eigenbetrieblich (ggf. auch im Rahmen einer Betriebsaufspaltung)[216] genutzten oder eines leerstehenden[217] bzw. eines zur Vermietung noch zu bebauenden[218] Grundstücks bei Fortbestehen des Geschäfts im Übrigen eine schlichte, grds. steuerbare Immobilienlieferung.

Liegen (auch unerkannt) die Voraussetzungen einer Geschäftsveräußerung im Ganzen vor, geht eine gleichwohl etwa erklärte **„Option" ins Leere.** Etwa zu Unrecht für die Veräußerung gezogene Vorsteuer ist zwischen Käufer und FA rückabzuwickeln. Der Vorsteuerberichtigungszeitraum des Verkäufers wird durch den Geschäftserwerber fortgeführt (§ 15a Abs. 10 UStG), sodass bei der künftigen Verwendung für steuerfreie Umsätze der Käufer auch diejenigen Vorsteuererstattungen zeitabschnittsweise zu berichtigen hat, die der Verkäufer rückwirkend bis zu (insgesamt) zehn Jahre erhalten hat. Ferner kann § 75 AO zu einer Haftung führen. **90a**

Praxishinweis Steuern:

Ist bei Abschluss des Vertrages noch ungewiss, ob die Transaktion vom Finanzamt als Geschäftsveräußerung im Ganzen anerkannt wird, muss aus Vorsichtsgründen, wenn gewünscht, eine Umsatzsteueroption bereits in die Urkunde aufgenommen werden.[219] Die Option gilt dann als bereits mit Vertragsschluss wirksam ausgeübt, wenn sie ausdrücklich **„vorsorglich und im Übrigen unbedingt"** erklärt ist.[220]

Der Notar ist nicht steuerlicher Berater der Beteiligten, er sollte daher auch keine Belehrungsvermerke in die Urkunde aufnehmen, sondern die entsprechenden Erklärungen der Beteiligten, die sie nach einer vorangegangenen steuerlichen Beratung abgeben. **91**

Formulierungsbeispiel: Umsatzsteueroption **92**

Der Kaufpreis beträgt *** EUR (in Worten: *** Euro). ☉

Hiervon entfallen *** EUR auf das Grundstück mit Gebäude und *** EUR auf das mitverkaufte Inventar.

Der Verkäufer verzichtet hiermit gemäß § 9 UStG auf die Steuerbefreiung nach § 4 Nr. 9a UStG und optiert hinsichtlich des Verkaufs des Grundbesitzes zur Umsatzsteuer und verpflichtet sich, diese Option nicht zu widerrufen.

Der Verkäufer garantiert, dass er den Grundbesitz als Unternehmer iSv § 2 UStG verkauft. Der Käufer garantiert, dass er den Grundbesitz als Unternehmer für sein Unternehmen verwendet. Die Beteiligten gehen übereinstimmend davon aus, dass keine Betriebsveräußerung iSv § 1 Abs. 1a UStG vorliegt.

Die Beteiligten stellen ausdrücklich klar, dass dieser Vertrag noch keine Rechnung darstellt. Der Verkäufer verpflichtet sich – jedoch nicht vor Besitzübergang – gemäß § 14a Abs. 5 UStG eine Rechnung mit den in § 14 Abs. 4 UStG genannten Angaben (zB Steuer- und Rechnungsnummer), allerdings ohne getrennten Steuerausweis, zu stellen. In der Rechnung ist auf die Steuerschuldnerschaft des Käufers zur Zahlung der Umsatzsteuer hinzuweisen.

---

[216] Veräußerung des Geschäftsgrundstücks durch das Besitzunternehmen einer umsatzsteuerlichen Organschaft, BFH DStRE 2005, 512.

[217] Da eine Geschäftstätigkeit bisher nicht vorhanden war, kann sie auch nicht fortgeführt werden, BFH BStBl. II 2008, 447.

[218] BFH BStBl. II 2009, 254; auch hier besteht (noch) kein vom Erwerber fortzuführendes Vermietungsunternehmen des Veräußerers.

[219] BMF-Schreiben DStR 2013, 2345.

[220] Abschn. 9.1 Abs. 3 S. 2 und S. 3 UStAE, eingefügt gemäß BMF-Schreiben v. 23.10.2013, DStR 2013, 2345; *Ehrmann/Dombrowsky* ZfIR 2016, 333 (335).

> Der Verkäufer garantiert, dass der Verkauf des Inventars umsatzsteuerpflichtig ist. Über die hierauf entfallende Umsatzsteuer wird der Verkäufer dem Käufer unverzüglich nach vollständiger Kaufpreiszahlung eine ordnungsgemäße Rechnung ausstellen.
>
> Der Notar hat über die steuerlichen Fragen nicht belehrt und den Beteiligten die Beratung durch einen Steuerberater empfohlen.

II. Kaufpreisfälligkeit

93 Beim Grundstückskaufvertrag ist ein Leistungsaustausch Zug-um-Zug (§ 320 BGB) anders als beim Kauf beweglicher Sachen gegen Barzahlung nicht durchführbar, weil zur Übertragung des Eigentums an einem Grundstück die Eintragung der Rechtsänderung in das Grundbuch erforderlich ist. Im Sicherungsinteresse des Verkäufers erfolgt die Kaufpreiszahlung vor Beantragung der Eigentumsumschreibung. Da mithin der Käufer vorleistungspflichtig ist, müssen die Voraussetzungen für die Fälligkeit des Kaufpreises im Vertrag so geregelt werden, dass seine Ansprüche auf das Eigentum und den Besitz bestmöglich gesichert sind.

94 ┌───┐

Checkliste: Kaufpreisfälligkeitsvoraussetzungen

(1) Eintragung einer Vormerkung zur Sicherung des Anspruchs des Käufers auf Eigentumsübertragung:

Sie ist grundsätzlich unverzichtbar. Der Notar hat bei der Beurkundung eines Grundstückskaufvertrages über die Sicherung des Eigentumserwerbs durch Auflassungs-(Eigentumserwerbs-)Vormerkung zu belehren.[221] Die Sicherheit aus abgetretener Vormerkung („Kettenkaufvertrag") ist der einer originär bewilligten und eingetragenen Vormerkung nicht gleichwertig.[222]

Da sich der Notar bei Stellung des Antrags auf Eintragung der Vormerkung nicht immer zuverlässig davon überzeugen kann, ob unerledigte Zwischenanträge vorliegen, sollte im Vertrag auf die (rangrichtige) Eintragung der Vormerkung und nicht auf die Antragstellung abgestellt werden.

(2) Rechtswirksamkeit des Vertrages, dh Eingang aller erforderlichen Genehmigungen beim Notar, insbesondere

 – Genehmigungen nach öffentlichem Recht;

 – Genehmigung eines vollmachtlos vertretenen Vertragsteils;

 – sonstige erforderliche Genehmigungen, insbesondere des Verwalters bei Verkauf von Wohnungseigentum, des Grundstückseigentümers bei Verkauf eines Erbbaurechts;

 – die Genehmigung des Familien- oder Betreuungsgerichts.

Die Unbedenklichkeitsbescheinigung des Finanzamtes ist keine zur Rechtswirksamkeit des Vertrages erforderliche Genehmigung. Von ihrem Eingang darf die Kaufpreisfälligkeit nicht abhängig gemacht werden,[223] da es der Käufer sonst in der Hand hätte, durch Nichtzahlung der Grunderwerbsteuer die Fälligkeit hinauszuschieben.

(3) Nachweis des Nichtbestehens oder der Nichtausübung des Vorkaufsrechts

 – nach Baugesetzbuch durch Zeugnis der Gemeinde („Negativattest");

 – beim dinglichen Vorkaufsrecht nach § 1094 BGB und beim Vorkaufsrecht des Mieters nach § 577 BGB: Verzicht des Berechtigten oder Ablauf der Frist.

└───┘

---

[221] BGH DNotZ 1989, 449.
[222] BGH DNotZ 2007, 360 mAnm *Kesseler; Krauß* Immobilienkaufverträge Rn. 1320 ff.
[223] OLG Hamm DNotZ 1992, 821.

(4) Freistellung des Grundstücks von allen eingetragenen und vom Käufer nicht übernommenen Belastungen:[224]
  - Eingang der Löschungsunterlagen beim Notar (bei einem Briefrecht samt des
    Briefs);
  - entweder auflagenfrei oder aber mit Treuhandauflagen, die aus dem Kaufpreis
    erfüllbar sind: die Ablösebeträge dürfen nicht höher als der Kaufpreis sein;
  - bei Gesamtgrundpfandrechten statt Löschungsbewilligung Pfandfreigabeerklä-
    rung;
  - bei Verkauf einer noch zu vermessenden Teilfläche unwiderrufliches Freigabever-
    sprechen des Gläubigers.
(5) Neben diesen Fälligkeitsvoraussetzungen können im Einzelfall weitere für den Käufer unverzichtbar sein, die jedoch nicht vom Notar überwacht und bescheinigt werden, insbesondere
  - bei Verkauf von Bauland Klärung der Bebaubarkeit (Bauvoranfrage, Baugenehmi-
    gung etc);
  - Räumung des verkauften Hauses/der Eigentumswohnung durch den Verkäufer;
  - Auszug des Mieters aus dem verkauften Haus/der Eigentumswohnung;
  - Abnahme der vom Verkäufer auszuführenden Renovierungsarbeiten.

Der Notar sollte sorgfältig darauf achten, beim Käufer nicht den Eindruck zu erwe- **95**
cken, er, der Notar, stehe dafür ein, dass der Käufer Eigentümer des Grundstücks wird.
Der Notar kann durch Vorschläge zur Vertragsgestaltung dem Käufer nur bestmögliche
Sicherheit vor dem Risiko geben, den Kaufpreis zu zahlen, ohne vertragsgerechtes Eigentum zu erhalten. Der Notar darf und kann nicht garantieren, dass bei Nichtdurchführung
des Vertrages dem einen oder anderen Vertragsteil kein Schaden entsteht und der Schaden
ersetzt wird. Es betrifft die rechtliche Tragweite des Grundstücksgeschäfts, über die der
Notar nach § 17 Abs. 1 BeurkG zu belehren hat, wenn eine Partei eine ungesicherte Vorleistung (zB Zahlung des Kaufpreises vor gesicherter Lastenfreistellung) zu erbringen
hat.[225] Zur Fälligkeitsmitteilung (also einem Kurzgutachten des Notars, dass die unter seiner fachkundigen Anleitung vereinbarten Stundungsvoraussetzungen nun erfüllt seien und
demnach Fälligkeit des Kaufpreises eingetreten sei, sofern dem Käufer keine sonstigen
Einreden zur Seite stünden) → Rn. 220 ff.

Den Lauf der regelmäßigen zehn- bis 14-tägigen (oder an einer etwas reduzierten Anzahl **96**
an Bankarbeitstagen orientierten) Zahlungsfrist in Gang setzen sollte der **Zugang**, nicht
die bloße Absendung der notariellen Fälligkeitsmitteilung; bei Verbraucher- und bei For-
mularverträgen lassen §§ 308 Nr. 6, 309 Nr. 12 BGB (Verbot der Zugangsfiktion und der
Beweislastumkehr) keine andere Wahl; im Individualvertrag kann mangels Verschulden
(§ 286 Abs. 4 BGB) andernfalls kein Verzug eintreten, sofern nicht im Ausnahmefall anderweitige Kenntnis des Käufers von der Fälligkeit vorliegt oder (im Fall der deklaratorischen Mitteilung) durch den Verkäufer verschafft wurde. Enthält der Vertrag keine näheren Regelungen, müsste der Käufer im nichtunternehmerischen Verkehr (Geldschuld =
Schickschuld) innerhalb der vereinbarten Frist nur die Leistungshandlung vornehmen, also
den Überweisungsauftrag bei gedecktem Konto seinem Kreditinstitut zugehen lassen, und
letzteres müsste den Auftrag innerhalb der Frist angenommen haben. Den Interessen der
Beteiligten eher gerecht wird jedoch das Abstellen auf den Leistungserfolg, also das **Datum der Gutschrift auf dem Empfängerkonto.** Nur so lässt sich zudem die Erfüllung
der Käuferpflichten auch mit Blick auf Verzugsfolgen ohne Nachweisprobleme überprüfen. Im Zahlungsverkehr zwischen Unternehmern (sog. „Geschäftsverkehr") – und damit
möglicherweise erst recht auch zwischen Verbrauchern[226] – wird dies auch durch Art. 3

---

[224] BGH DNotZ 1995, 406; *Schaal* RNotZ 2008, 569; *Krauß* Immobilienkaufverträge Rn. 1600–1750.
[225] BGH DNotZ 1995, 407.
[226] *Jäger* MittBayNot 2008, 471.

Abs. 1 lit. c sublit. ii der EG-Zahlungsverzugsrichtlinie (RL 2000/35/EG) gefordert.[227]
Fällt der Fristablauf auf einen Samstag, Sonntag oder Feiertag, verlängert sich die Frist auf
den nächsten Werktag, § 193 BGB.[228]

97   Bei **Kaufpreisabwicklung über Notaranderkonto** sind in der Hinterlegungsvereinbarung (= Verwahrungsanweisung, § 57 Abs. 2 Nr. 2 BeurkG) auch die Voraussetzungen
der Fälligkeit (= Hinterlegung) zu regeln. Ein Vorteil der Abwicklung der Kaufpreiszahlung über Notaranderkonto liegt in der Möglichkeit, einen bestimmten Termin für die
Fälligkeit des Kaufpreises vereinbaren zu können. In der Regel wird der Zeitpunkt festgelegt, in dem erfahrungsgemäß auch die Auszahlungsvoraussetzungen vorliegen. Die Vereinbarung eines festen Termins ist aber nur dann richtig, wenn die Durchführung des
Vertrages nicht konkret gefährdet ist. Wird der Verkäufer beim Vertragsschluss vollmachtlos oder von einem nur mündlich oder privatschriftlich Bevollmächtigten vertreten, ist
die Hinterlegung vom Eingang der Genehmigung bzw. Vollmachtsbestätigung in der
Form des § 29 GBO abhängig zu machen.[229]

98   Soweit die Hinterlegungsvoraussetzungen den Käufer nicht ausreichend sichern, ist die
fehlende Sicherheit durch die Gestaltung der Auszahlungsvoraussetzung zu schaffen. Hin-
terlegungs- und Auszahlungsvoraussetzungen dürfen hinter den Fälligkeitsvoraussetzungen
bei direkter Kaufpreiszahlung nicht zurückbleiben. Fälligkeits- und Auszahlungsvoraussetzungen sollten grundsätzlich nur Vorgänge sein, deren Eintritt der Notar feststellen kann,
zB Eintragung der Vormerkung, Vorliegen aller erforderlichen Genehmigungen, Lastenfreistellung etc. Ist zB die Räumung des verkauften Hauses Zahlungsvoraussetzung, ist es
Sache des Käufers, sich hiervon zu überzeugen. Hier ist vorzusehen, dass der Eintritt derartiger Voraussetzungen durch schriftliche Bestätigung des Vertragsteils dem Notar nachgewiesen wird, in dessen Interesse der Eintritt liegt, hilfsweise durch gerichtliches Urteil.

III. Eigentumsvormerkung

99   Um den Käufer zu sichern, sollte der Kaufpreis nicht fällig, jedenfalls für den Verkäufer
nicht frei verfügbar werden, bevor eine Eigentumsvormerkung für den Käufer (zu dieser
→ Rn. 404 ff.) im Grundbuch eingetragen ist (dazu iE → Rn. 406). Die Eigentumsvormerkung hilft dem Käufer aber nur gegen solche Rechte Dritter, die **nach** ihr eingetragen werden (§§ 883 Abs. 2, 888 BGB). Die Fälligkeit sollte daher abhängig gemacht werden von **Eintragung** *und* **Rang** der Vormerkung.

---

100   **Formulierungsbeispiel: Vormerkung, falls keine Belastungen bestehen oder zu**
🖐   **beseitigen sind**

Die Eigentumsvormerkung zugunsten des Käufers ist im Grundbuch eingetragen, wobei
ihr nur solche Grundbucheintragungen vorgehen oder gleichstehen, die vom Käufer
übernommen oder mit Zustimmung des Käufers bestellt wurden.

---

101   **Formulierungsbeispiel: Vormerkung, falls Belastungen zu beseitigen sind**
🖐   Die Eigentumsvormerkung ist im Grundbuch eingetragen. Dem Notar liegen alle Unterlagen vor, um [...; Fortsetzung wie in → Rn. 218].

---

102   Um Gewissheit über den richtigen **Rang** der Eigentumsvormerkung zu erhalten,
muss der Notar diesen entweder nach Eintragung der Vormerkung durch **Grundbucheinsicht** prüfen oder den Antrag auf Eintragung der Vormerkung mit einer **Rangbestimmung** nach § 45 Abs. 3 GBO versehen, so dass das Grundbuchamt – weil es an

---

[227] EuGH DNotZ 2009, 196 mAnm *Staudinger*.
[228] BGH DNotZ 2007, 672.
[229] Vgl. BGH DNotZ 1985, 48; KG DNotZ 1987, 169; weitere Beispiele und insgesamt zur Kaufpreiszahlung über Notaranderkonto *Brambring* DNotZ 1990, 615 (627 f.).

den Antrag gebunden ist – nicht ohne Zwischenverfügung an schlechterer Rangstelle eintragen darf.[230] Es bleibt das Restrisiko, dass das Grundbuchamt sich über die Rangbestimmung hinwegsetzt und der Notar, ohne dies zu bemerken, verfrüht die Fälligkeit mitteilt.

Die Fälligkeit nicht von der Eintragung der Eigentumsvormerkung abhängig zu machen, sondern von einer **Bestätigung des Notars,** dass die rangrichtige Eintragung unwiderruflich bewilligt und namens des Käufers beantragt ist sowie dem Grundbuchamt keine unerledigten Eintragungsanträge vorliegen, die den Anspruch des Käufers beeinträchtigen, ist im Anwendungsbereich des § 3 MaBV nicht zulässig und im Übrigen nicht empfehlenswert. Der Käufer vermag nämlich die Schwächen einer solchen Bestätigung (→ Rn. 408) typischerweise nicht zu beurteilen. Er wird in der Bestätigung meist eine – vom Notar übernommene – diesem aber verbotene (§ 14 Abs. 4 S. 1 BNotO) – Garantie für die richtige Eintragung der Eigentumsvormerkung sehen. Hierin liegt der Unterschied zur Notarbestätigung bei einer Bankgrundschuld (→ § 6 Rn. 149 ff.). 103

Verkauft der Erstkäufer den gekauften Grundbesitz weiter, so kann er dem Zweitkäufer keine wirksame Eigentumsvormerkung verschaffen, solange er selbst nicht als Eigentümer eingetragen ist (sog. Identitätsgebot).[231] Die Abtretung des Eigentumsverschaffungsanspruchs des Erstkäufers an den Zweitkäufer mit Abtretungsvermerk bei der Vormerkung des Erstkäufers bietet dem Zweitkäufer keine gleichwertige Sicherheit;[232] den Anforderungen des § 3 Abs. 1 MaBV bei Bauträgerverträgen würde dabei nicht genügt. Das lässt sich dahingehend verallgemeinern, dass sich solche Gestaltungen in Verbraucherverträgen grundsätzlich verbieten. 104

IV. Genehmigungen

Auf die erforderlichen gerichtlichen oder behördlichen Genehmigungen oder etwa darüber bestehende Zweifel soll der Notar die Beteiligten hinweisen und dies in der Niederschrift vermerken (§ 18 BeurkG). Auf die in Betracht kommenden Genehmigungen und die Folgen ihrer Versagung hat der Notar konkret hinzuweisen und die etwa erforderlichen Genehmigungen einzeln in der Niederschrift zu vermerken. Die Beteiligten erwarten vom Notar, dass er die zum Vertrag erforderlichen Genehmigungen einholt. Hierzu müssen die Beteiligten dem Notar einen besonderen Auftrag mit Vollmacht erteilen, die in die Niederschrift aufzunehmen sind. 105

Formulierungsbeispiel: Durchführungsvollmacht 106

Die Beteiligten beauftragen den Notar, sämtliche zur Durchführung des Kaufvertrages erforderlichen Genehmigungen und sonstigen Erklärungen für sie einzuholen und entgegenzunehmen.

Da bis zur Erteilung der Genehmigung der Kaufvertrag schwebend unwirksam ist, darf der Kaufpreis nicht vor Erteilung der Genehmigung (Rechtswirksamkeit des Vertrages) fällig gestellt werden; dies gilt regelmäßig auch bei Kaufpreiszahlung über Notaranderkonto. Wird die Genehmigung erteilt, so wird das Rechtsgeschäft rückwirkend von seinem Abschluss an wirksam. Wird die Genehmigung unanfechtbar versagt, ist der Kaufvertrag nichtig (§ 134 BGB). 107

1. Öffentlich-rechtliche Genehmigungen. Bei ihnen handelt es sich um öffentlich-rechtliche Verfügungsbeschränkungen. 108

---

[230] Vgl. *Bauch* Rpfleger 1983, 421.
[231] Vgl. BGH DNotZ 1997, 720 (724).
[232] *Monath* RNotZ 2004, 359; *Amann* NotBZ 2005, 1.

109 **a) Teilung eines Grundstücks.** Die Realteilung eines Grundstücks bedarf nach Bundesrecht keiner Genehmigung mehr.

110   Unberührt bleibt auch die Genehmigungspflicht in Sanierungsgebieten (§ 144 Abs. 2
Nr. 5 BauGB).

111   Nach § 19 Abs. 2 BauGB dürfen allerdings durch die Teilung eines Grundstücks **im
Geltungsbereich eines Bebauungsplans** keine Verhältnisse entstehen, die den Festset-
zungen des Bebauungsplans widersprechen. Ob dies der Fall ist, kann der Notar in aller
Regel nicht beurteilen; er hat auch keine Möglichkeit, diese materiell-rechtliche Voraussetzung für eine Teilung durch Antrag auf Erteilung eines Negativattests zu klären. Ein
durch Teilung entstandener baurechtswidriger Zustand dürfte einen Sachmangel iSv § 434
Abs. 1 BGB darstellen. Ein Haftungsausschluss ist in den Grenzen des § 444 BGB zulässig.
Im Kaufvertrag über eine Teilfläche sollte der Notar auf diese Vorschrift hinweisen und
dies in der Niederschrift vermerken.

112 **Formulierungsbeispiel: Hinweis auf mögliche baurechtswidrige Verhältnisse**

Der Notar hat die Beteiligten darauf hingewiesen, dass durch die Teilung des Grundstücks im Geltungsbereich eines Bebauungsplanes keine Verhältnisse entstehen dürfen,
die den Festsetzungen des Bebauungsplans widersprechen. Durch die Teilung kann die
Bebaubarkeit der Teilgrundstücke ausgeschlossen oder eingeschränkt sein.

113   In Einzelfällen kann der Kaufvertrag unter der aufschiebenden Bedingung geschlossen
werden, dass er erst wirksam wird, wenn innerhalb einer bestimmten Frist zB ein be-
standskräftiger Bauvorbescheid der Baugenehmigungsbehörde vorliegt. Dies hat den Vorteil, dass die Grunderwerbsteuer nicht sofort anfällt (vgl. § 14 GrEStG). Alternativ kommt
die Vereinbarung eines Rücktrittsrechts für den Fall in Betracht, dass das Baurecht innerhalb einer bestimmten Frist nicht geschaffen wird (wobei das Erlöschen dieses Rücktrittsrechts zugleich als – vom Notar nicht zu prüfende – Fälligkeitvoraussetzung vereinbart
werden sollte).

114 **b) Genehmigung nach dem Grundstücksverkehrsgesetz.** Die Veräußerung eines
land- oder forstwirtschaftlich nutzbaren Grundstücks bedarf im Regelfall einer Genehmigung nach dem Grundstücksverkehrsgesetz (§§ 1, 2 GrdstVG) bzw. nach dem Agrarstrukturverbesserungsgesetz (§ 3 ASVG); dieses hat das Grundstücksverkehrsgesetz in Baden
Württemberg abgelöst. Das Grundstück braucht nicht tatsächlich land- oder forstwirtschaftlich genutzt zu werden. Es genügt, wenn es in land- oder forstwirtschaftliche Kultur
gebracht werden kann. Daher unterliegen auch land- oder forstwirtschaftlich nutzbares
Bauland sowie Moor- und Ödland grundsätzlich der Grundstücksverkehrskontrolle nach
dem Grundstücksverkehrsgesetz. Mit der Kontrolle soll erreicht werden, dass
– land- oder forstwirtschaftlich nutzbare Grundstücke möglichst in der Hand von Haupt-
   berufslandwirten bleiben oder an sie gelangen,
– Grundstücke nicht in zu kleine Parzellen zerschnitten,
– lebensfähige Betriebe nicht zerteilt und
– für Land keine Überpreise bezahlt werden (§ 9 GrdstVG).

115 Aus dem Grundbuch ist nur in Großstädten zuverlässig zu entnehmen, ob ein Grundstück
als land- oder forstwirtschaftliches in Frage kommt. Aber schon in den Außenbereichen
der Großstädte, auf jeden Fall auf dem Lande, könnte mehr oder weniger jedes Grundstück ein land- oder forstwirtschaftlich nutzbares sein, etwa eine Hofstelle, eine ehemalige
Hofstelle oder landwirtschaftlich nutzbares Bauland. Auch aus der Katasterbezeichnung,
der Lage oder Nutzungsart lässt sich nur selten mit Sicherheit entnehmen, dass das
Grundstück kein land- oder forstwirtschaftliches sein kann. Dies ist der Grund, warum für
die Veräußerung solcher Grundstücke von den Grundbuchämtern regelmäßig eine Genehmigung oder ein so genanntes **Negativattest** verlangt wird, sofern sie die Freigrenze

(→ Rn. 120) überschreiten. Das wiederum ist der Grund, warum solche Verträge stets bei der Genehmigungsbehörde mit dem Antrag auf Erteilung eines Negativattests, hilfsweise auf Erteilung der Genehmigung eingereicht werden müssen, es sei denn, auch dem Grundbuchamt wäre sicher bekannt, dass es sich nicht um ein land- oder forstwirtschaftlich nutzbares Grundstück im vorgenannten Sinne handelt bzw. die Freigrenze nicht überschritten würde.

Für die Erteilung der Genehmigung bzw. des Negativattests ist die Genehmigungsbehörde zuständig, in deren Bezirk die Hofstelle liegt, zu der das Grundstück gehört. Ist keine Hofstelle vorhanden, so ist die Behörde örtlich zuständig, in deren Bezirk die veräußerten Grundstücke ganz oder zum größten Teil liegen (§ 18 Abs. 1 GrdstVG). Die sachliche Zuständigkeit im Einzelnen ergibt sich aus den jeweiligen Ausführungsgesetzen der Länder.[233]   **116**

Wenn die Genehmigungsbehörde selbst an dem Vertrag beteiligt ist, gelten Besonderheiten; → Rn. 119.   **117**

Genehmigungsbedürftig ist der Vertrag über die rechtsgeschäftliche Veräußerung eines Grundstücks, in Ermangelung eines solchen Vertrages die Auflassung. Nicht nur die Veräußerung eines Grundstücks ist genehmigungsbedürftig, sondern auch die Veräußerung eines Teils eines Grundstücks, die Einräumung oder Veräußerung eines Miteigentumsanteils, die Veräußerung eines Erbteils an einen Nichterben, wenn der Nachlass im Wesentlichen aus einem land- oder forstwirtschaftlichen Betrieb besteht, die Bestellung eines Nießbrauchs (§§ 1, 2 GrdstVG bzw. §§ 1, 2, 3 ASVG), in Nordrhein-Westfalen zusätzlich die Veräußerung eines grundstücksgleichen Rechts (insbesondere Erbbaurecht), das die land- oder forstwirtschaftliche Nutzung eines Grundstücks zum Gegenstand hat. Die Bestellung eines Erbbaurechts ist nicht genehmigungsbedürftig.   **118**

Nach § 4 GrdstVG bzw. § 4 ASVG sind Verträge **genehmigungsfrei,**   **119**
– an denen der Bund oder ein Land als Veräußerer oder Erwerber beteiligt ist,
– in denen eine mit den Rechten einer Körperschaft des öffentlichen Rechts ausgestattete Religionsgemeinschaft ein Grundstück erwirbt (also nicht veräußert),
– wenn das Grundstück in einem Bebauungsplan als nicht landwirtschaftlich ausgewiesen ist (Ausnahme: Hofstelle).

In den einzelnen Bundesländern sind auch Verträge zur Veräußerung an/durch Kommunen und/oder eines kleineren Grundstücks genehmigungsfrei,[234] wobei für die Grundstücksgröße jeweils auf das Grundstück im Rechtssinne abgestellt wird:[235]   **120**
– in Baden-Württemberg unter 1 ha (mit Sonderfällen),
– in Bayern unter 1 ha (Veräußerungen innerhalb von drei Jahren sind zusammenzurechnen; erwirbt eine Gemeinde, ein Gemeindeverband oder ein kommunaler Zweckverband, beträgt die Freigrenze 2 ha),
– in Berlin unter 1 ha,
– in Brandenburg bis 2 ha,
– in Bremen bis 2.500 qm,
– in Hamburg bis 1 ha,
– in Hessen unter 2.500 qm (unbebaut),
– in Mecklenburg-Vorpommern unter 2 ha,
– in Niedersachsen unter 1 ha,
– in Nordrhein-Westfalen bis 1 ha,
– in Rheinland-Pfalz grundsätzlich bis 5.000 qm (wenn weinbaulich genutzt bis 1.000 qm),
– im Saarland bis 1.500 qm,
– in Sachsen bis 5.000 qm (bei Veräußerung an jeweilige Gemeinde bis 1 ha),

---

[233] Vgl. auch die stets aktuell gehaltene Übersicht auf der Homepage des Deutschen Notarinstituts www.dnoti.de unter „Arbeitshilfen"/„Immobilienrecht".
[234] Nachfolgende Informationen wurden der Homepage des Deutschen Notarinstituts www.dnoti.de unter „Arbeitshilfen"/„Immobilienrecht" entnommen.
[235] Vgl. OLG Schleswig MittBayNot 2007, 431 mwN.

- in Sachsen-Anhalt unter 2 ha,
- in Schleswig-Holstein bis 2 ha,
- in Thüringen unter 2.500 qm.

121 Die Genehmigung muss erteilt werden, wenn ein Betrieb geschlossen veräußert oder zum Zwecke der Vorwegnahme der Erbfolge übertragen wird und der Erwerber entweder der Ehegatte des Veräußerers oder ein Verwandter in gerader Linie oder bis zum dritten Grad in der Seitenlinie ist. Dasselbe gilt, wenn beide Beteiligte bis zum zweiten Grad verschwägert sind (§ 8 Abs. 2 GrdstVG bzw. § 6 Abs. 1 ASVG). Es gibt noch eine Reihe weiterer Fälle, in denen die Genehmigung erteilt werden muss. Sie spielen in der Praxis jedoch keine große Rolle.

122 Die Genehmigung kann auch unter Auflagen oder Bedingungen erteilt werden (§§ 10, 11 GrdstVG bzw. §§ 7, 8, 9 ASVG). Ein bestehender Versagungsgrund kann durch eine Verpachtungsauflage indes nur dadurch ausgeräumt werden, wenn dadurch eine absehbare Übergangszeit bis zu dem bevorstehenden Wegfall des Versagungsgrundes überbrückt werden kann.[236]

123 Versagt werden darf die Genehmigung nur, wenn einer von den Versagungsgründen des § 9 GrdstVG bzw. § 7 ASVG erfüllt ist. Dabei muss unter Berücksichtigung aller Umstände des Einzelfalles beurteilt werden, ob ein Landwirt das Grundstück zur Aufstockung seines Betriebes dringend benötigt; dabei lässt sich nicht allgemein definieren, welches Verhältnis zwischen Pacht- und Eigenland als unausgewogen anzusehen ist.[237] Die Veräußerung an einen Nicht-Landwirt kann in der Regel nur genehmigt werden, wenn kein Hauptberufs-Landwirt am Erwerb zu demselben Preis bereit ist. Parzellen dürfen bei einer Teilung grundsätzlich nicht kleiner als 1 ha werden. Ein lebensfähiger landwirtschaftlicher Betrieb darf durch die Veräußerung nicht „unwirtschaftlich verkleinert oder aufgeteilt" werden. Der Gegenwert darf nicht in einem groben Missverhältnis zum Grundstückswert stehen.

124 Wenn das Grundstück oder eine Mehrheit von zusammengehörenden Grundstücken 2 ha oder größer ist und gegen den Erwerb einer der vorgenannten Versagungsgründe spricht, kann eine vorkaufsberechtigte Stelle das so genannte **siedlungsrechtliche Vorkaufsrecht** ausüben (§§ 6, 12 GrdstVG, § 17 ASVG, § 4 RSG).

125 Gegen die Versagung der Genehmigung, die Genehmigung unter einer Auflage oder Bedingung und gegen die Ausübung des siedlungsrechtlichen Vorkaufsrechts können die Beteiligten innerhalb von zwei Wochen seit der Zustellung des Bescheids Antrag auf **gerichtliche Entscheidung** stellen (§ 22 GrdStVG). Dann entscheidet das Landwirtschaftsgericht. Gegen dessen Entscheidung ist die Beschwerde an das OLG möglich, uU noch Rechtsbeschwerde an den BGH. Entscheidet die Genehmigungsbehörde nicht innerhalb eines Monats über die Genehmigung, so gilt sie als erteilt (§ 6 Abs. 2 GrdstVG); nach § 28 ASVG hat die Landwirtschaftsbehörde innerhalb von zwei Monaten zu entscheiden, andernfalls gilt die Genehmigung auch hier als erteilt (§ 28 Abs. 3 ASVG). Durch einen so genannten Zwischenbescheid verlängert sich diese Frist auf zwei Monate, und wenn eine Erklärung über die Ausübung des siedlungsrechtlichen Vorkaufsrechts herbeigeführt werden muss, auf drei Monate (§ 6 Abs. 1 GrdstVG bzw. § 28 Abs. 1 ASVG).

126 **c) Genehmigung im Umlegungsverfahren nach § 51 BauGB.** Danach dürfen im Umlegungsgebiet Grundstücke nur mit schriftlicher Genehmigung der Umlegungsstelle geteilt oder Verfügungen über ein Grundstück oder über Rechte an einem Grundstück getroffen oder Vereinbarungen abgeschlossen werden, durch die einem anderen ein Recht zum Erwerb, zur Nutzung oder Bebauung eines Grundstücks oder Grundstücksteils eingeräumt wird oder Baulasten neu begründet, geändert oder aufgehoben werden. Für die Verfügungssperre während der Umlegung kommt es nicht auf den Zeitpunkt der Eintra-

---

[236] BGH DNotZ 2018, 233.
[237] BGH DNotZ 2018, 233.

gung des Umlegungsvermerks im Grundbuch an (ein guter Glaube wird nicht geschützt).[238]

d) Genehmigung im Sanierungsgebiet nach § 144 BauGB. In einem förmlich fest- **127** gelegten Sanierungsgebiet bedürfen rechtsgeschäftliche Veräußerungen eines Grundstücks, auch eines realen oder ideellen Teils, die Bestellung und Veräußerung eines Erbbaurechts, die Übertragung des Alleineigentums auf einen Miterben im Wege der Erbauseinandersetzung, die Bestellung eines das Grundstück belastenden Rechts und schuldrechtliche Vertragsverhältnisse über den Gebrauch oder die Nutzung eines Grundstücks, Gebäudes oder Gebäudeteils auf bestimmte Zeit von mehr als einem Jahr nach § 144 BauGB der schriftlichen Genehmigung der Gemeinde.[239]

e) Flurbereinigungsverfahren. Die Einleitung des Flurbereinigungsverfahrens hat **128** weder ein Verfügungsverbot für den Grundstückseigentümer noch eine Sperre des Grundbuchs zur Folge. Der Grundstückseigentümer kann ein im Flurbereinigungsgebiet liegendes Grundstück veräußern oder belasten. Der Käufer eines in einem Flurbereinigungsgebiet gelegenen Grundstücks muss das bis zu seiner Eintragung im Grundbuch oder bis zur Anmeldung des Erwerbs bei der Flurbereinigungsbehörde durchgeführte Verfahren gegen sich gelten lassen (§ 15 FlurbG). Er erwirbt zunächst das Eigentum am bisherigen Grundstück des Verkäufers und im Falle der vorläufigen Besitzeinweisung auch den Besitz, die Verwaltung und Nutzung an dem neuen Grundstück (§§ 55 ff. FlurbG). Mit Ausführung des Flurbereinigungsplanes wird er Eigentümer des dem Veräußerer zugewiesenen Ersatzgrundstücks. Die Grundbucheintragung erfolgt im Wege der Berichtigung.[240]

f) Reichsheimstätten. Der Reichsheimstättenvermerk im Grundbuch (§ 4 Abs. 1 **129** RHeimstG) ist seit dem 31.12.1998 gegenstandslos; er ist daher (zusammen mit der Eintragung des Ausgebers und des Bodenwertes, §§ 4, 6 RHeimstG) von Amts wegen **kostenfrei** zu **löschen;** gleichzeitig ist die Bezeichnung als Reichsheimstätte in der Aufschrift des Grundbuchblattes rot zu unterstreichen und eine unzulässig gewordene Zusammenschreibung mehrerer Grundstücke auf einem Grundbuchblatt aufzuheben.

Die Löschung des Vermerks soll jedoch nur bei besonderem Anlass erfolgen, wie zB **130** auf Anregung eines Beteiligten, bei Vornahme einer anderen Eintragung oder bei Umschreibung des Grundbuchblattes.

g) Genehmigung nach der Grundstücksverkehrsordnung (GVO) in den neuen **131** **Bundesländern. Genehmigungsbedürftig** sind gemäß § 2 Abs. 1 S. 1 Nr. 1 GVO sowohl der schuldrechtliche als auch der dingliche Vertrag bezüglich eines Grundstücks oder Erbbaurechts, nicht jedoch der Zuschlagserwerb. Genehmigungsfrei sind Aufhebungen, ferner Änderungen des bereits genehmigten Vertrags, soweit dadurch der Vertragsgegenstand nicht erweitert wird.[241] Wegen der Genehmigungsbedürftigkeit des schuldrechtlichen Geschäfts sichert die (sofort eintragungsfähige, § 2 Abs. 1 S. 2 Nr. 4 GVO) Vormerkung lediglich den noch schwebend unwirksamen Erwerbsanspruch.

Zentrales Abgrenzungskriterium für die **Genehmigungsbedürftigkeit** ist die „Auf- **132** lassung". Die Übertragung eines Erbanteils oder eines Anteils an einer Personengesellschaft, die Vereinbarung der Gütergemeinschaft, Vorgänge nach dem Umwandlungsgesetz, die Abtretung eines Restitutionsanspruchs, die dingliche Aufgabeerklärung gemäß Art. 233 § 4 Abs. 6 EGBGB – auch soweit hiermit ein Eigentumswechsel verbunden

---

[238] Zu den Einzelheiten vgl. *Schöner/Stöber* GrundbuchR Rn. 3856 ff.
[239] Zu den Einzelheiten vgl. *Schöner/Stöber* GrundbuchR Rn. 3884 ff.
[240] Zu den weiteren Einzelheiten hierzu vgl. *Mannel* MittBayNot 2004, 397.
[241] Hierzu *Bleisteiner* NotBZ 2002, 35.

ist;[242] anders jedoch in Bezug auf die schuldrechtliche causa – sowie die Begründung von Sondereigentum gemäß § 8 WEG und die Ausübung eines Aneignungsrechts nach § 928 Abs. 2 BGB bedürfen also keiner GVO-Genehmigung.

133 § 2 Abs. 1 S. 2 GVO führt zu einer **Genehmigungsfreistellung** in bestimmten Fällen, in denen das Bestehen eines Restitutionsanspruchs ausgeschlossen ist bzw. dieser nicht gefährdet würde. Auf Antrag erteilt die Genehmigungsbehörde analog § 5 GrdstVG ein Negativattest in grundbuchmäßiger Form:[243]

– im Grundbuch vollzogener (ratio: § 7 Abs. 1 GVO) Rechtserwerb des Veräußerers aufgrund einer nach dem 28.9.1990 (dh In-Kraft-Treten der ersten vom Schutz des Restitutionsberechtigten geprägten Fassung der GVO) erteilten GVO-Genehmigung oder gleichwertiger Alternativen;

– sofern der Veräußerer aufgrund Eintragungsersuchens des Vermögensamtes (ARoV) oder Landesamtes zur Regelung offener Vermögensfragen (LARoV) gemäß §§ 31 Abs. 5 S. 3, 33 Abs. 4 VermG – im Grundbuch wird regelmäßig § 34 VermG zitiert – eingetragen wurde (Eintragungsersuchen aufgrund Zuordnungsbescheides, § 3 VZOG, zählen nicht hierzu);

– sofern der Veräußerer selbst ununterbrochen seit dem 29.1.1933 (Machtergreifung Hitlers; frühester Zeitpunkt restituierbarer Eigentumsschädigungen) als Eigentümer eingetragen ist und seitdem nur Erbfolgen (nicht auch Erbteilsabtretungen etc) zugunsten anderer Erben als des Fiskus stattgefunden haben. Da die Grundbücher regelmäßig aufgrund Verfügung des Reichsjustizministers im Jahr 1937 neu angelegt wurden, bedarf es der Einsicht in die geschlossenen Bücher (§§ 119, 114 Abs. 1 Nr. 3 GBO);[244]

– sofern der Rechtserwerb des Veräußerers nach dem 2.10.1990 durch Zuschlagsbeschluss in der Zwangsversteigerung erfolgte. (Gemäß § 3b Abs. 4 VermG steht dem Restitutionsberechtigten dann lediglich ein Anspruch auf Auskehr des Versteigerungserlöses zu, während der Rückübertragungsanspruch nach dem Erwerb durch Zuschlagsbeschluss erloschen ist.)

134 Leider erst mit Wirkung ab **1.7.2018** wurde § 2 Abs. 1 S. 2 GVO durch eine **Nr. 6** ergänzt, der zufolge Genehmigungsfreiheit auch dann besteht, wenn im Grundbuch im Zeitpunkt[245] der Eintragung der Vormerkung oder der Eintragung des Rechtserwerbs selbst[246] kein **Anmeldevermerk**[247] **gemäß § 30b Abs. 1 VermG** eingetragen ist. Damit wird in der ganz überwiegenden Zahl[248] der Fälle eine Genehmigung entbehrlich sein (was aber nicht notwendig bedeutet, dass der öffentlich-rechtliche Restitutionsanspruch auch untergegangen ist und sich gemäß § 3 Abs. 4 S. 3 VermG in einen Erlösanspruch umgewandelt hat). Noch praxisfreundlicher wäre es gewesen, zur Ermittlung der Genehmigungsfreiheit – da bereits das schuldrechtliche Geschäft der Genehmigung bedarf – auf den Zeitpunkt der Beurkundung abzustellen; so erlaubt erst die zusätzliche Grundbucheinsicht nach Eintragung der Vormerkung ein sicheres Urteil hierzu, bis dahin ist ungewiss, ob die Wirksamkeit des Rechtsgeschäftes (Anzeige bei der Grunderwerbsteuer-

---

[242] Vgl. *Salzig* NotBZ 2010, 357 (358).

[243] KG ZOV 1995, 368 setzt die Verpflichtung hierzu stillschweigend voraus.

[244] Zum Einsichtsrecht vgl. § 12b GBO und *Wolfsteiner* Rpfleger 1993, 273.

[245] Der Gesetzeswortlaut lässt offen, ob auch eine vor dem 1.7.2018 eingetragene Vormerkung (bzw. eine zuvor erfolgte Eigentumsumschreibung – das wären dann Millionen von Fällen! – bei Fehlen eines bis zum 30.6.2018 einzutragenden Anmeldevermerks ab dem 1.7.2018, 00:00 Uhr zur Genehmigungsfreiheit und damit rechtsgeschäftlichen Wirksamkeit führt, was der ratio des Gesetzes (Reduzierung des Verwaltungsaufwands) entsprechen würde. Es mag sich empfehlen, vorsorglich eine weitere Vormerkung nach dem 1.7.2018 zur Eintragung zu bringen, was gemäß RGZ 118, 162 (164) zulässig wäre (oder die erste löschen zu lassen mit Eintragung der neuen Vormerkung als verbundener Antrag gemäß § 16 Abs. 2 GBO, wenn keine vormerkungswidrigen Zwischeneintragungen erfolgt sind).

[246] Wenn keine Vormerkung voranging oder aber ein zZt der Vormerkung noch eingetragener Anmeldevermerk zwischenzeitlich gelöscht wurde.

[247] Hierzu *Böhringer* Rpfleger 2016, 253.

[248] In den verbleibenden Fällen sind Anmeldeauskünfte, etwa durch das BADV, weiter erforderlich.

stelle[249]! Maklerlohnanspruch! etc) bereits eingetreten ist oder nicht. Wird gar auf eine Vormerkung verzichtet, steht erst mit Vollzug des Eigentumserwerbs[250] die Genehmigungsfreiheit und damit Wirksamkeit fest, so dass vorangehende direkte Kaufpreiszahlungen eine potentiell ungesicherte Vorleistung darstellen, also entweder vorsorglich eine GVO-Genehmigung eingeholt werden sollte (unter Inkaufnahme des erheblichen Zeitverlusts) oder aber die Abwicklung über Anderkonto (mit Auszahlung nach anmeldevermerkfreier Umschreibung) gewählt werden mag.

Die gebührenfreie **Eintragung des Vermerks** gemäß § 30b Abs. 1 VermG („Es liegt **135** ein Antrag auf Rückübertragung nach § 30 Abs. 1 des Vermögensgesetzes vor.") erfolgt auf Ersuchen der das Verfahren bearbeitenden Behörde – also des ARoV, LARoV oder BADV – (das auch nach dem 30.6.2018 ergehen kann,[251] übrigens auch, wenn der Rückübertragungsanspruch offensichtlich unbegründet iSd § 1 Abs. 2 S. 2 GVO ist) durch den Urkundsbeamten der Geschäftsstelle.

Der Anmeldevermerk wird **gelöscht** (ausschließlich) aufgrund Ersuchens der zuständi- **135a** gen Behörde, § 30b Abs. 2 VermG nF, sei es im Zusammenhang mit der Rückübertragung von Eigentumsrechten an Grundstücken oder Gebäuden oder mit der Ablehnung, Rücknahme oder Erledigterklärung des Rückübertragungsantrags. Wird ein Vermerkseintragungsersuchen des LARoV ab dem 1.7.2018 gestellt, nachdem seit dem 1.7.2018 bereits eine Vormerkung eingetragen oder gar die Auflassung vollzogen wurde, geht es ins Leere;[252] der Restitionsanspruch wandelt sich gemäß § 3 Abs. 4 S. 2 und S. 3 VermG in einen bloßen Erlösherausgabeanspruch um, allerdings nur, wenn die Vormerkung einen entgeltlichen Vorgang schützt, denn nur dann gebührt dem Drittschutz der Vorrang vor dem Restitutionsinteresse.[253]

Anfang 2014 waren immerhin 99% der auf staatliche Behörden der DDR, und 77% **135b** der auf NS-Maßnahmen zurückzuführenden Anmeldungen „abgearbeitet" worden, so dass sich hierdurch eine deutliche Beschleunigung des Grundbuchverkehrs, allerdings unter Wahrung des Grundsatzes „Rückgabe vor Entschädigung", ergibt.

Gemäß § 8 S. 1 GVO sind für die Erteilung die Landkreise bzw. kreisfreien Städte **zu- 136 ständig,** bei Treuhandunternehmen seit 1.1.2004 das Bundesamt für Zentrale Dienste und offene Vermögensfragen, DGZ-Ring 12, 13086 Berlin (Fehlerfolge: § 6 S. 4 GVO als Erweiterung zu § 46 VwVfG).

Für den gemäß § 1 Abs. 2 S. 1 GVO erforderlichen **Antrag** benötigt der vollziehende **137** Notar eine entsprechende Ermächtigung durch einen der Beteiligten; sie wird nicht, wie in § 3 Abs. 2 S. 2 GrdStVG, vermutet. § 1 Abs. 1 S. 2 GVO ermöglicht die **Vorausgenehmigung** auf der Basis eines Entwurfes, der binnen zwei Jahren rechtsgeschäftlich wirksam beurkundet wird.

---

[249] Angesichts der statistisch vernachlässigbaren Fälle einer Vermerkeintragung zwischen letzter Grundbucheinsicht vor der Beurkundung und Vormerkungseintragung wird es sich ab Mitte 2018 in solchen Fällen als praktikabel erweisen, in der Veräußerungsanzeige die Rechtswirksamkeit als „voraussichtlich eingetreten" anzugeben (andernfalls müsste nach der vermerkfreien Vormerkungseintragung eine bestätigende Meldung der Wirksamkeit ergehen).

[250] Hier droht eine „catch 22"-Situation, wenn die Unbedenklichkeitsbescheinigung mangels feststehender Rechtswirksamkeit durch die Grunderwerbsteuerstelle nicht erteilt würde: die Eigentumsumschreibung und damit das Feststehen der Wirksamkeit könnte dann nicht eintreten! Dem Vernehmen nach erteilen die Finanzämter die Bescheinigung gleichwohl („Sicherstellung der Entrichtung der künftigen Steuer") wenn sie bezahlt ist.

[251] *Meikel/Böhringer* GBO Einl. H Rn. 154.

[252] *Stavorinus* DNotZ 2014, 340 (342), vgl. aber nachfolgende Fußnote.

[253] BVerwG VIZ 2000, 602 (analog § 816 Abs. 1 S. 2 BGB). Mit *Böhringer* Rpfleger 2016, 253 (258) müsste daher das Grundbuchamt die Vollentgeltlichkeit des Rechtsgeschäfts prüfen, was zwar bei Handlung eines Vorerben oder Testamentsvollstreckers systemimmanent hinzunehmen ist, beim vereinfachten behördlichen Eintragungsersuchen jedoch nicht in Betracht kommt.

138 Auf die Erteilung der Genehmigung besteht ein **Anspruch** in den Fällen des § 1 Abs. 2 S. 1 GVO:
  – „mitgeschleppte", also gemäß **§ 3c VermG** ausdrücklich übernommene Restitutionsansprüche;
  – **Zustimmung des Anmelders** (häufig gegen Abfindung oder zumindest Hinterlegung des Erlöses bis zur Klärung der tatsächlichen Berechtigung).
  – Die Genehmigung ist ferner dann zu erteilen, wenn weder (nur) beim örtlich zuständigen ARoV, LARoV oder beim BARoV (aktuelle Bezeichnung: BADV) für das Grundstück weder ein rechtzeitiger **Restitutionsantrag** gestellt wurde (Eingang bis 31. 12. 1992, § 30a VermG), noch eine Mitteilung über einen solchen, auch anderweitig eingegangenen, hinreichend spezifizierten (§ 1 Abs. 3 GVO) Antrag vorliegt oder aber ein solcher Antrag bzw. eine Mitteilung hierüber zwar existieren, der Antrag jedoch bestandskräftig abgelehnt oder zurückgenommen worden ist. Ein maximal ein Jahr altes **Negativattest** genügt gemäß § 11 Abs. 2 GVO stets als Genehmigungsgrundlage.

139 Liegt ein nicht offensichtlich unbegründeter Rückübertragungsantrag bei den örtlich zuständigen Ämtern vor, wird nicht etwa die Genehmigung verweigert, sondern das Verfahren **ausgesetzt** (§ 1 Abs. 4 S. 2 GVO). Ein gesetzliches Recht zum Rücktritt besteht erst bei sehr langem Aussetzungszeitraum (nach BGH[254] jedenfalls bei acht Jahren); hat der Verkäufer das Bestehen eines Restitutionsantrags verschwiegen, schuldet er gemäß § 249 BGB Freistellung vom Vertrag.[255]

140 Die GVO-Genehmigung ist ein Verwaltungsakt mit mittelbarer **drittbelastender Wirkung.** Der Anmelder ist daher zwingend am GVO-Verfahren zu beteiligen (§ 13 Abs. 1 Nr. 4, Abs. 2 S. 2 VwVG), sonst kann er bis zur Grenze der Verwirkung den Bescheid anfechten (eine öffentliche Zustellung – vergleichbar § 14 Abs. 2 InVorG – kennt die GVO nicht).

141 Zum Risiko und zu den Folgen einer **Kassation** einer erteilten Genehmigung (vor oder nach einer Weiterveräußerung) siehe näher Kap. A IX. Rn. 51 ff. der 5. Aufl.

142 **h) Genehmigung von Wertsicherungsklauseln (Preisklauseln).** Ein Genehmigungsverfahren für Wertsicherungsklauseln gibt es nicht (mehr). Die seinerzeit unter Geltung der PrKV bis zu deren Aufhebung durch das Bundesamt für Wirtschaft und Ausfuhrkontrolle erteilten Genehmigungen gelten weiterhin fort.

143 Mit der Einführung des Preisklauselgesetzes sind materiell-rechtlich keine Änderungen verbunden, das bisherige Indexierungsverbot bleibt bestehen. Auch wurden die bisherigen Ausnahmeregelungen, ausgenommen § 3 Abs. 5 PrKV und § 5 PrKV, beibehalten. Soweit nach den bisherigen Bestimmungen der PrKV eine Wertsicherungsklausel genehmigungsfähig war, ist diese nach der neuen Rechtslage **sofort wirksam.** Die Beteiligten haben selbst zu prüfen, ob die vereinbarte Wertsicherungsklausel wirksam ist.[256]

144 **i) Aufsichtsbehördliche Genehmigung.** Die Gemeindeordnungen der Bundesländer können **Genehmigungspflichten** für die Veräußerung und für die Belastung von Grundstücken durch die **Aufsichtsbehörde** vorsehen. Regelmäßig besteht das **Verbot der Bestellung von Sicherheiten** zugunsten Dritter für die Veräußerung von Grundstücken unter Wert.[257] Einige Bundesländer haben landesrechtliche Verordnungen über die Genehmigungsfreiheit für den Verkauf oder Tausch von Grundstücken bis zu einem bestimmten Wert (abhängig von der Einwohnerzahl) geschaffen. Nach den Gemeindeordnungen ist in der Regel die Bestellung von Finanzierungsgrundpfandrechten bei Veräußerung von ge-

---

[254] BGH VIZ 1998, 677.
[255] BGH ZfIR 2008, 417.
[256] Zu den weiteren Einzelheiten *Reul* MittBayNot 2007, 445.
[257] Übersicht über die Verfügungsbeschränkungen nach Kommunalrecht bei *Schöner/Stöber* GrundbuchR Rn. 4075 ff.; allg. zur Vertretung öffentlich-rechtlicher Körperschaften und aufsichtlicher Genehmigungserfordernisse *Neumayer* RNotZ 2001, 249.

meindeeigenen Grundstücken oder Erbbaurechten nicht zulässig. Im Grundbuchverfahren ist entweder die Genehmigung der Aufsichtsbehörde vorzulegen oder bei Genehmigungsfreiheit eine Erklärung der Gemeinde, dass der Abschluss des Veräußerungsgeschäfts genehmigungsfrei ist bzw. nicht unter Wert erfolgt. Bei einer Genehmigungspflicht darf die Eigentumsvormerkung erst nach Erteilung der Genehmigung eingetragen werden. Für die Ämter, Kreise, Bezirke und Landschaftsverbände gelten regelmäßig jeweils die gleichen Genehmigungspflichten wie für die Gemeinden.

Verfügungsbeschränkungen nach Kirchenrecht. Die Veräußerung, der Erwerb **145** und die Belastung von Grundstücken oder grundstücksgleichen Rechten und Verfügungen über Rechte an Grundstücken mit Ausnahme von Grundpfandrechten bedürfen der Genehmigung der kirchlichen Aufsichtsbehörde.[258] Dieses Genehmigungserfordernis ist auch im Grundbuchverfahren zu beachten.[259]

Das **Einholen der Genehmigung:** Die Gemeinden und Gemeindeverbände pflegen **146** die aufsichtsbehördliche Genehmigung selbst einzuholen. Üblicherweise wird es dem Notar aufgetragen, alle übrigen Genehmigungen bzw. Negativatteste für die Beteiligten zu besorgen. Zu diesem Zweck schickt der Notar eine (einfache) Abschrift des Vertrages mit dem Antrag zu der Genehmigungsbehörde, in erster Linie ein Negativattest, in zweiter Linie die Genehmigung zu erteilen. Da der Notar nur ausnahmsweise (so in § 3 Abs. 2 GrdstVG) kraft gesetzlicher Vermutung als ermächtigt gilt, den Genehmigungsantrag zu stellen, die Beteiligten aber die Besorgung der Genehmigung üblicherweise dem Notar übertragen, enthalten Grundstücksverträge regelmäßig eine entsprechende Ermächtigung des Notars.

Um sicherzustellen, dass die Beteiligten rechtzeitig von der Versagung der Genehmi- **147** gung bzw. ihrer Einschränkung durch Auflagen oder Bedingungen Kenntnis erlangen, andererseits dem Notar nicht die alleinige Verantwortung für die Wahrung der mit der Zustellung des Bescheides beginnenden Rechtsmittelfrist aufzubürden, hat es sich in der Praxis eingebürgert, die mit der Ermächtigung zur Antragstellung verbundene Zuständigkeit zur Entgegennahme der Bescheide auf die uneingeschränkt positiven Bescheide zu beschränken.

In zweifelhaften Fällen ist zu empfehlen, stets den Antrag auf Erteilung der Genehmi- **148** gung bzw. eines Negativattest zu stellen.

2. Genehmigungen des Familien-, Betreuungs- und Nachlassgerichts. Zur Verfü- **149** gung über ein Grundstück (grundstücksgleiches Recht wie Erbbaurecht, Wohnungs- und Teileigentum) des minderjährigen Kindes oder eines Miteigentumsanteils daran, zu seiner Belastung und bereits zur Eingehung einer Verpflichtung zu einer solchen Verfügung bedürfen die **Eltern** der Genehmigung des Familiengerichts (§§ 1643 Abs. 1, 1821 Abs. 1, 1822 Nr. 1, Nr. 4, Nr. 5 BGB).

Der **Vormund** bedarf zu Rechtsgeschäften nach §§ 1821, 1822 BGB der Genehmi- **150** gung des **Familiengerichts,** ein **Pfleger** ebenso wie ein **Betreuer** der des **Betreuungsgerichts** (§ 1915 Abs. 1 S. 1, S. 3 Hs. 1 BGB bzw. § 1908i Abs 1 BGB). Zur Genehmigung von Erklärungen des Ergänzungspflegers (wenn also die Eltern von der Vertretung ihres minderjährigen Kindes bei Abschluss eines Grundstücksgeschäfts ausgeschlossen sind) ist ebenfalls das Familiengericht zuständig (vgl. § 1915 Abs. 1 S. 3 Hs. 2 BGB).[260]

Für den **Nachlasspfleger** erteilt das Nachlassgericht anstelle des Betreuungsgerichts **151** die erforderliche Genehmigung (§ 1962 BGB). Zu den Einzelheiten vgl. auch hier → Rn. 152 ff.

---

[258] S. zB *Bamberger* RNotZ 2014, 1 (6); *Neumayer* RNotZ 2001, 249 (268) – je für Nordrhein-Westfalen; *Seeger* MittBayNot 2003, 361; *Eckert* MittBayNot 2006, 471 – je für die evangelische bzw. katholische Kirche in Bayern.

[259] OLG Schleswig FGPrax 2013, 114.

[260] DNotI-Report 2005, 195.

152 Die rechtskräftige Genehmigung des Familien- oder Betreuungsgerichts kann nur den Eltern (Vormund, Betreuer oder Pfleger) erteilt werden, § 1828 BGB. Sie wird nach Eintritt der Rechtskraft gemäß § 40 Abs. 2 FamFG wirksam mit Bekanntgabe an den gesetzlichen Vertreter. Die nachträgliche rechtskräftige Genehmigung eines Vertrages wird dem anderen Vertragsteil gegenüber erst wirksam, wenn sie ihm durch die Eltern (Vormund, Betreuer oder Pfleger) mitgeteilt wird, § 1829 Abs. 1 S. 2 BGB. Es liegt im pflichtgemäßen Ermessen des gesetzlichen Vertreters, ob er dem anderen Vertragteil von der Genehmigung Mitteilung machen will oder nicht. Nicht ausreichend hierfür ist eine rein verfahrensrechtliche Klausel, nach der die Genehmigung des Familien-/Betreuungsgerichts mit Eingang beim beurkundenden Notar als erteilt gilt. Im Grundbuchverfahren ist in der Form des § 29 GBO nachzuweisen, dass der gesetzliche Vertreter die Genehmigung des Betreuungsgerichts erhalten und sie dem anderen Vertragsteil mitgeteilt hat. Die hieraus folgenden Abwicklungsschwierigkeiten werden von der notariellen Praxis häufig unterschätzt. Sie werden vermieden durch eine **Doppelvollmacht,** die der gesetzliche Vertreter und der andere Vertragsteil dem Notar erteilen, und die die entsprechenden erforderlichen materiell-rechtlichen Komponenten enthält und zusammenführt, dabei aber auch die verfassungsrechtlichen Vorgaben[261] beachten muss.

153 **Formulierungsbeispiel: Doppelvollmacht (betreuungsgerichtliche Genehmigung)**

Ů Den Beteiligten ist bekannt, dass die in diesem Vertrag für den Betreuten abgegebenen Erklärungen erst wirksam werden, wenn das Betreuungsgericht diesen Vertrag genehmigt hat, diese Genehmigung rechtskräftig geworden ist und der Betreuer die Genehmigung des Betreuungsgerichts den übrigen Beteiligten mitgeteilt hat. Nach dem Gesetz kann der andere Vertragsteil den Betreuer jederzeit zur Mitteilung darüber auffordern, ob die Genehmigung des Betreuungsgerichts erteilt ist. Tut er dies, so kann die Mitteilung der Genehmigung des Betreuungsgerichts nur bis zum Ablauf von vier Wochen nach dem Empfang der Aufforderung erfolgen. Erfolgt sie nicht innerhalb dieser Vierwochenfrist, so gilt die Genehmigung als verweigert.

Der Notar hat darauf hingewiesen, dass dieses gesetzlich vorgeschriebene Verfahren zu spürbaren Verzögerungen führen kann.

Die Vertragsteile vereinbaren hiermit, dass die vorgenannte Vier-Wochen-Frist so lange in ihrem Lauf gehemmt ist wie das Genehmigungsverfahren bei Gericht noch betrieben wird, jedoch nicht auf längere Zeit als drei Monate nach dem Empfang der Aufforderung.

Der Betreuer erteilt hiermit dem Notar Vollmacht, die Genehmigung des Betreuungsgerichts zu beantragen, das Verfahren für ihn zu führen, diese zusammen mit einem Rechtskraftzeugnis entgegenzunehmen und sie den übrigen Beteiligten mitzuteilen. Die übrigen Beteiligten erteilen dem Notar Vollmacht, diese Mitteilung für sie in Empfang zu nehmen. Diese Vollmacht erstreckt sich nicht darauf, die Aufforderung zur Mitteilung, ob die Genehmigung des Betreuungsgerichts erteilt ist, für den Betreuer entgegenzunehmen.

Der Betreuer ersucht das Betreuungsgericht somit auch, dem Notar als Verfahrensbevollmächtigten von jedem Verfahrensschritt unverzüglich und unaufgefordert Mitteilung zu machen, insbesondere durch Übersendung von Abschriften zur Kenntnisnahme oder Ähnlichem.

Der Betreuer erklärt schon jetzt gegenüber dem Betreuungsgericht, dass er im Falle der auflagenfreien Genehmigung auf die Einlegung von Rechtsmitteln verzichtet.

---

[261] Ausgehend von BVerfG DNotZ 2000, 387.

Der Notar hat die Beteiligten darauf hingewiesen, dass gleichwohl
- der Betreuer das Wirksamwerden dieses Vertrags verhindern kann, indem er die Genehmigung des Betreuungsgerichts dem anderen Vertragsteil nicht mitteilt, der Notar eine Anweisung des Betreuers, die Mitteilung nicht vorzunehmen, beachtet,
- der Notar nicht von sich aus eine nochmalige Erlaubnis des Betreuers zur Ausübung der Vollmacht einholt,
- der Notar nicht von sich aus beim Betreuer zurückfragt, ob dieser zur Mitteilung aufgefordert worden ist.

[ggf. bei Kaufpreisfinanzierung unter Mitwirkung des Verkäufers: Der Betreuer erteilt die vorstehende Vollmacht in gleicher Weise bereits hiermit für Grundschuldurkunden, die gemäß vorstehendem Abschnitt *** *[Abschnitt zur Finanzierungsmitwirkung]* errichtet werden. Die Vollmacht zur Mitteilung der Genehmigung des Betreuungsgerichts bezieht sich dabei auf die Mitteilung an die Grundschuldgläubigerin. Eine Vollmacht der Grundschuldgläubigerin zur Entgegennahme der Mitteilung ist damit nicht erteilt und zur Eintragung der Grundschuld im Grundbuch auch nicht erforderlich.]*

Auch wenn der Kaufvertrag eine Beleihungsvollmacht enthält, bedarf die in Ausübung **154** dieser Vollmacht bestellte **Finanzierungsgrundschuld** nach hM ebenfalls der Genehmigung nach § 1821 Abs. 1 S. 1 BGB.[262]

Die Zulässigkeit einer Doppelbevollmächtigung des Notars ist heute unstreitig.[263] Es **155** empfiehlt sich aber herauszustreichen, dass die verfassungsmäßigen Rechte der Betroffenen letztlich nicht umgangen oder „ausgeschaltet" werden dürfen.[264]

Nach Eingang der **rechtskräftigen Genehmigung** beim Notar muss dessen innerer **156** Wille, die Genehmigung mitzuteilen, nach außen hin erkennbar in Erscheinung treten und dem Grundbuchamt nachgewiesen werden. Dies kann in der Weise geschehen, dass der Notar entweder auf der Beschlussausfertigung, die der Niederschrift beizuheften ist, bzw. als Zusatz auf der Vertragsurkunde einen Vermerk setzt.

Formulierungsbeispiel: Vermerk auf einem Genehmigungsbeschluss   **157**

Diese mir als Bevollmächtigtem des Vormunds *[Alt.:* der Eltern/des Pflegers/des Betreuers]* zugegangene Genehmigung habe ich heute mir selbst als gleichzeitigem Bevollmächtigten des anderen Vertragsteils mitgeteilt und für diesen in Empfang genommen.

Datum, Unterschrift Notar, Siegel

Dieser Vermerk ist eine notarielle **Eigenurkunde,** die keiner weiteren Beglaubigung **158** bedarf; sie ist öffentliche Urkunde (§ 29 GBO), wenn sie vom Notar unterschrieben und gesiegelt ist.

3. Private Genehmigungen. Wird ein Beteiligter bei Vertragsschluss vollmachtlos ver- **159** treten oder handelt ein Bevollmächtigter ohne formgültige bzw. mit einer inhaltlich unzureichenden Vollmacht (dazu → § 27 Rn. 36 ff.), bedarf der Vertrag seiner **Genehmigung,** die wegen § 29 GBO notariell zu beglaubigen ist. Regelmäßig wird der Notar betraut, die Genehmigung einzuholen.

---

[262] Vgl. nur LG Nürnberg-Fürth MittBayNot 2007, 218 und *Litzenburger* RNotZ 2010, 32.
[263] Vgl. nur BayObLG DNotZ 1983, 369; DNotZ 1989, 242.
[264] Vgl. BVerfG DNotZ 2000, 387.

160 **Formulierungsbeispiel: Einholung einer privatrechtlichen Genehmigung**

Sehr geehrte/r ***,

wie mit Ihnen abgesprochen, wurden Sie bei Abschluss des vorgenannten Vertrages vollmachtslos vertreten. Der Vertrag bedarf zu seiner Wirksamkeit Ihrer Genehmigung. In der Anlage überreiche ich eine Kopie der im Betreff genannten Urkunde sowie den Entwurf einer Genehmigungserklärung. Ich darf Sie bitten, die Genehmigungserklärung vor einem dortigen Notar zu unterzeichnen und nach Beglaubigung der Unterschrift wieder an mich zurückzugeben. Entstehende Kosten bitte ich selbst zu begleichen [*Alt.:* ... können mir in Rechnung gestellt werden]. Bei Rückfragen stehe ich jederzeit zur Verfügung. Sofort nach Erhalt der Genehmigungserklärung kann der Vorgang hier weiter bearbeitet werden. Ich werde sodann erneut berichten.

Anlage: Entwurf einer Genehmigungserklärung

Vom Inhalt der Urkunde des Notars *** mit dem Amtssitz in *** vom *** – UR-Nr. *** – habe ich Kenntnis genommen. Die Urkunde wird vorbehaltlos genehmigt. Erteilte Vollmachten werden bestätigt. Wert: *** EUR.

161   Verzögert sich die Erteilung der Genehmigung, kann der Vertretene zur Erklärung über die Genehmigung gemäß § 177 BGB aufgefordert werden. Sie kann in diesem Fall nur bis zum Ablauf von zwei Wochen nach dem Empfang der Aufforderung erklärt werden. Wird sie nicht erklärt, so gilt sie als verweigert, § 177 Abs. 2 BGB.

162   Hat der Vertreter aufgrund **mündlicher oder privatschriftlicher Vollmacht** gehandelt, bedarf es einer Bestätigung des Vertretenen in der Form des § 29 GBO.

163 **Formulierungsbeispiel: Vollmachtsbestätigung**

Ich bestätige, dass Frau *** von mir bevollmächtigt war, alle Erklärungen abzugeben, die enthalten sind in der Urkunde des Notars *** mit dem Amtssitz in *** vom *** – UR-Nr. ***.

Ich habe Kenntnis vom Inhalt dieser Urkunde genommen und genehmige hiermit vorsorglich alle Erklärungen, die in dieser Urkunde für mich abgegeben worden sind.

V. Öffentlich-rechtliche Vorkaufsrechte

164 Der Notar hat bei der Beurkundung eines Grundstückskaufvertrages die Beteiligten auf die Möglichkeit des Bestehens gesetzlicher Vorkaufsrechte[265] **hinzuweisen** und dies in der Niederschrift zu vermerken. Eine gesetzliche **Vollmacht für den Notar** zur Einholung der Verzichtserklärung besteht nicht. In der Praxis ist eine entsprechende Vollmacht der Vertragsteile für den Notar üblich und zu empfehlen. Ohne Glaubhaftmachung, dass ein Vorkaufsrecht besteht, kann die potenziell vorkaufsberechtigte Körperschaft **keine Abschrift des Kaufvertrags** verlangen, sofern das Gesetz dies nicht ausdrücklich vorsieht (beim Vorkaufsrecht nach dem BauGB zB nicht der Fall). Sie kann lediglich die für die Ermittlung des Bestehens eines Vorkaufsrechts erforderlichen Daten anfordern, falls diese ihr noch nicht vollständig vorliegen sollten.[266] Der Kaufpreis gehört dazu nicht. Ein Antrag eines Grundstücksverkäufers, ihm im Falle des Nichtbestehens eines Vorkaufsrechts ein Negativzeugnis auszustellen, darf demnach nicht mit der Begründung abgelehnt werden, dass zuvor eine Abschrift des Kaufvertrags vorzulegen wäre.[267]

---

[265] Umfassend zu öffentlich-rechtlichen Vorkaufsrechten aus notarieller Perspektive *Soester* RNotZ 2018, 1.
[266] Gutachten DNotI-Report 2018, 130 (132) zum Vorkaufsrecht nach dem BauGB.
[267] OVG Münster NJW 1980, 1067; Gutachten DNotI-Report 2018, 130 (132) zum Vorkaufsrecht nach dem BauGB.

Grundsätzlich darf der Kaufpreis nicht fällig gestellt werden, solange der Berechtigte hier- 165
auf nicht verzichtet hat oder das Vorkaufsrecht wegen Fristablaufs nicht mehr ausgeübt
werden kann. Besteht ein Vorkaufsrecht, hat der Notar die Vertragsbeteiligten über die
rechtliche Tragweite der Ausübung des Vorkaufsrechts zu belehren und besondere vertragliche Vorkehrungen für diesen Fall zu treffen, wenn schon im Vorfeld bekannt geworden ist, dass mit der Vorkaufsrechtsausübung zu rechnen ist (vgl. das Formulierungsbeispiel → § 8 Rn. 36). Im Übrigen, wenn (wie in der Regel), eine Vorkaufsrechtsausübung
wenig wahrscheinlich ist, oder überhaupt unklar ist, ob ein öffentlich-rechtliches Vorkaufsrecht besteht, reicht eine knappe Regelung. Denn es ist davon auszugehen, dass sich
öffentliche Stellen bei der Abwicklung rechtstreu verhalten werden und die erforderlichen
Mittel zur Verfügung stehen.

> **Formulierungsbeispiel: Vorsorgende Regelung zu öffentlich-rechtlichen** 165a
> **Vorkaufsrechten (allgemein)** ↻
> Falls ein öffentlich-rechtliches Vorkaufsrecht ausgeübt wird, führt dies zu keinem Scha-
> densersatzanspruch. Alle Forderungen aus der Ausübung eines solchen Vorkaufsrechts
> werden hiermit an den Käufer abgetreten.

1. Vorkaufsrechte nach dem Baugesetzbuch. Das **allgemeine** Vorkaufsrecht der Ge- 166
meinde besteht nach § 24 BauGB beim Kauf von Grundstücken
– im Geltungsbereich eines Bebauungsplans, soweit es sich um Flächen handelt, für die
   nach dem Bebauungsplan eine Nutzung für öffentliche Zwecke oder für Flächen oder
   Maßnahmen zum Ausgleich iSd § 1a Abs. 3 BauGB festgesetzt ist;
– in einem Umlegungsgebiet;
– in einem förmlich festgelegten Sanierungsgebiet und städtebaulichen Entwicklungsbereich;
– im Geltungsbereich einer Satzung zur Sicherung von Durchführungsmaßnahmen des
   Stadtneubaus und einer Erhaltungssatzung;
– im Geltungsbereich eines Flächennutzungsplans, soweit es sich um unbebaute Flächen
   im Außenbereich handelt, für die nach dem Flächennutzungsplan eine Nutzung als
   Wohnbaufläche oder Wohngebiet dargestellt ist; sowie
– in Gebieten, die nach §§ 30, 33 BauGB oder § 34 Abs. 2 BauGB vorwiegend mit
   Wohngebäuden bebaut werden können, soweit die Grundstücke unbebaut sind.
Das Vorkaufsrecht **steht der Gemeinde nicht zu** beim Kauf von Rechten nach dem 167
Wohnungseigentumsgesetz und von Erbbaurechten. Das Vorkaufsrecht darf nur ausgeübt
werden, wenn das Wohl der Allgemeinheit dies rechtfertigt. Bei der Ausübung des Vor-
kaufsrechts hat die Gemeinde den Verwendungszweck des Grundstücks anzugeben.
   Das durch **Satzung** begründete besondere Vorkaufsrecht (§ 25 BauGB) gibt es 168
– im Geltungsbereich eines Bebauungsplans an unbebauten Grundstücken,
– in Gebieten, in denen die Gemeinde städtebauliche Maßnahmen in Betracht zieht, zur
   Sicherung einer geordneten städtebaulichen Entwicklung durch Satzung Flächen bezeichnet, an denen ihr ein Vorkaufsrecht an den Grundstücken zusteht.
Einzelne Gemeinden (wie dies zB eine Zeit lang für die Stadt Köln der Fall war) können 169
generell auf ihr gemeindliches Vorkaufsrecht **verzichten** (§ 28 Abs. 5 BauGB) und dies
dem Grundbuchamt mitteilen, so dass für den Grundbuchvollzug ein Negativattest nicht
vorzulegen ist.
   Nach § 28 Abs. 2 BauGB kann das Vorkaufsrecht nur innerhalb von **zwei Monaten** 170
nach Mitteilung des rechtswirksamen Kaufvertrages gegenüber dem Verkäufer **ausgeübt**
werden. Das Vorkaufsrecht kann **nur bei Kaufverträgen** ausgeübt werden, mithin nicht
bei Tausch, Auseinandersetzung, gemischter Schenkung, Übergabe, Ausstattung, Einbringung von Grundbesitz in eine Gesellschaft. Auch bei bloßer Vereinbarung eines Ankaufs-

rechts oder bloßer Abgabe eines Vertragsangebotes kann das Vorkaufsrecht noch nicht ausgeübt werden.

171   Nach § 26 BauGB ist die Ausübung des **Vorkaufsrechts ausgeschlossen,** wenn
– der Eigentümer das Grundstück an seinen Ehegatten oder an eine Person verkauft, die mit ihm in gerader Linie verwandt oder verschwägert oder in der Seitenlinie bis zum dritten Grad verwandt ist;
– das Grundstück
  – von einem öffentlichen Bedarfsträger für Zwecke der Landesverteidigung, der Bundespolizei, der Zollverwaltung, der Polizei oder des Zivilschutzes, oder
  – von Kirchen und Religionsgemeinschaften des öffentlichen Rechts für Zwecke des Gottesdienstes oder der Seelsorge gekauft wird;
– auf dem Grundstück Vorhaben errichtet werden sollen, für die ein in § 38 BauGB genanntes Verfahren eingeleitet oder durchgeführt worden ist; oder
– das Grundstück entsprechend den Festsetzungen des Bebauungsplans oder den Zielen und Zwecken der städtebaulichen Maßnahme bebaut ist und genutzt wird und eine auf ihm errichtete bauliche Anlage keine Missstände oder Mängel iSd § 177 Abs. 2, Abs. 3 S. 1 BauGB aufweist.

172   Auch beim Verkauf von Miteigentumsanteilen unter **Miteigentümern** besteht kein Vorkaufsrecht, das Grundbuchamt kann ein Negativzeugnis nicht verlangen.[268]

173   § 27a BauGB regelt die Ausübung des **gemeindlichen Vorkaufsrechtes zugunsten Dritter** (für Bedarfs- oder Erschließungsträger bzw. für Zwecke des sozialen Wohnungsbaus).

174   Sofern die Gemeinde ein Grundstück für die Durchführung eines Bebauungsplanes benötigt und dafür auch enteignen könnte, kann sie ein auf den Verkehrswert **preislimitiertes** Vorkaufsrecht ausüben (§ 28 Abs. 4 BauGB), allerdings mit Rücktrittsrecht des Verkäufers. Nunmehr gilt dieses preislimitierte Vorkaufsrecht mit Rücktrittsrecht des Verkäufers für alle Verkaufsfälle (§ 28 Abs. 3 BauGB). Die Gemeinde hat nunmehr baurechtlich ein Wahlrecht zwischen dem normalen und dem preislimitierten Vorkaufsrecht.

175   Nach § 28 Abs. 1 S. 2 BauGB darf eine **Eigentumsumschreibung** im Grundbuch nur vorgenommen werden, wenn das Nichtbestehen oder die Nichtausübung des Vorkaufsrechts durch eine **Bescheinigung** der Gemeinde (oder eine generelle Verzichtserklärung nach § 28 Abs. 5 BauGB) nachgewiesen wird. Übt die Gemeinde das Vorkaufsrecht aus, bleibt der ursprüngliche Kaufvertrag wirksam, jedoch wird der Käufer von seiner Leistungspflicht nach §§ 326, 275 BGB frei, der Anspruch auf Zahlung des Kaufpreises entfällt. Ein Schadensersatz- oder Aufwendungsersatzanspruch steht dem Käufer bei einem öffentlich-rechtlichen Vorkaufsrecht nicht zu, da dies vom Verkäufer nicht zu vertreten ist. Der öffentlich-rechtliche Entschädigungsanspruch des § 28 Abs. 6 BauGB hat nur einen sehr eng begrenzten Anwendungsbereich.

176   **2. Vorkaufsrecht nach Naturschutzrecht.** In § 66 Abs. 1 BNatSchG ist ein gesetzliches Vorkaufsrecht der Länder für Grundstücke vorgesehen, die in Nationalparken, Nationalen Naturmonumenten, Naturschutzgebieten oder als solchen einstweilig sichergestellten Gebieten liegen, auf denen sich Naturdenkmäler oder als solche einstweilig sichergestellte Gegenstände befinden oder auf denen sich oberirdische Gewässer befinden.[269] Das Vorkaufsrecht darf nur ausgeübt werden, wenn dies aus Gründen des Naturschutzes und der Landschaftspflege einschließlich der Erholungsvorsorge erforderlich ist. Das Vorkaufsrecht bewirkt keine „Grundbuchsperre". Dritten gegenüber hat das Vorkaufsrecht aber die Wirkung einer **Vormerkung,** § 66 Abs. 3 S. 4 BNatSchG nF iVm § 1098 Abs. 2 BGB. Gemäß § 66 Abs. 5 BNatSchG nF bleiben zwar **abweichende Vorschriften der Länder unberührt.** Das Vorkaufsrecht geht aber nach § 66 Abs. 3 S. 2 BNatSchG nF rechtsge-

---

[268] BayObLG DNotZ 1986, 223.
[269] Überblick und Einzelheiten bei *Hecht* DNotZ 2010, 323.

schäftlich und landesrechtlich begründeten Vorkaufsrechten (hierzu → Rn. 179 f.) – mit Ausnahme solcher auf den Gebieten des Grundstücksverkehrs und des Siedlungswesens – im Rang vor.

3. Vorkaufsrecht zum Hochwasser- und Küstenschutz. Gemäß § 99a Abs. 1 Wasser- **176a** haushaltsgesetz (WHG) besteht ein Vorkaufsrecht der Länder an Grundstücken, die für Maßnahmen des Hochwasser- oder Küstenschutzes benötigt werden.[270] Es kann mangels Verweis auf § 473 BGB auf Dritte, etwa andere Körperschaften oder Stiftungen, **übertragen** werden.[271] Beim Verkauf von Sondereigentum besteht das Vorkaufsrecht nicht (§ 99a Abs. 2 WHG), auch nicht beim Verkauf an Ehegatten, eingetragene Lebenspartner oder Verwandte ersten Grades (§ 99a Abs. 4 S. 4 WHG). Das Vorkaufsrecht bewirkt keine Grundbuchsperre, auch besteht keine Bescheinigungspflicht gegenüber dem Grundbuchamt. Gemäß § 99a Abs. 4 S. 5 WHG iVm § 1098 Abs. 2 BGB hat es jedoch die Wirkung einer (ungeschriebenen!) **Vormerkung.** Abweichende **Rechtsvorschriften der Länder** bleiben nach § 99a Abs. 6 WHG unberührt. Zahlreiche Bundesländer haben (online einsehbare) **Vorkaufsrechtsverzeichnisse** eingerichtet, in denen abschließend die potenziell vorkaufsbetroffenen Grundstücke verzeichnet sind, in der Regel verbunden mit einem durch Allgemeinverfügung erteilten Verzicht auf die Vorkaufsrechtsausübung für alle dort (noch) nicht erfassten Grundstücke.[272]

4. Vorkaufsrecht nach dem Reichssiedlungsgesetz. Das Vorkaufsrecht nach dem **177** RSG kann zu dem beurkundeten Entgelt ausgeübt werden, wenn ein **landwirtschaftliches** Grundstück oder Moor- oder Ödland, das in landwirtschaftliche Kultur gebracht werden kann, durch Kaufvertrag veräußert wird, jedoch nur, wenn
– ein Grundstück in Größe von 2 ha aufwärts verkauft wird;
– der Kaufvertrag einer Genehmigung nach dem Grundstücksverkehrsgesetz bedarf;
– die Genehmigung nach § 9 des Grundstücksverkehrsgesetzes bzw. § 7 Agrarstrukturverbesserungsgesetz aber nach Auffassung der zuständigen Behörde zu versagen wäre;
– die Genehmigung darf also weder erteilt noch versagt sein (§ 4 Abs. 1 RSG).
Das Vorkaufsrecht ist jedoch **ausgeschlossen,** wenn die Veräußerung an eine Körperschaft **178** des öffentlichen Rechts, an den Ehegatten oder an eine Person erfolgt, die mit dem Verkäufer in gerader Linie oder bis zum dritten Grade in der Seitenlinie verwandt oder bis zum zweiten Grade verschwägert ist (§ 4 Abs. 2 RSG). Eine **Vorkaufsrechts-Verzichtserklärung** braucht dem Grundbuchamt nicht vorgelegt zu werden, weil die Eintragung der Eigentumsänderung ohnehin nur möglich ist, wenn dem Grundbuchamt die rechtskräftig erteilte Genehmigung nach dem Grundstücksverkehrsgesetz vorgelegt wird. Ist aber diese Genehmigung erteilt, kann ein Vorkaufsrecht nach dem RSG nicht mehr ausgeübt werden.

5. Weitere bundesrechtliche Vorkaufsrechte. Weitere **bundesrechtliche Vorkaufs- 178a rechte** bestehen bei verkehrsrechtlichen Planfeststellungs- und Plangenehmigungsverfahren nach § 19 Allgemeines EisenbahnG, § 9a BundesfernstraßenG, § 15 BundeswasserstraßenG, § 8a LuftverkehrsG, § 4 MagnetschwebebahnplanungsG, § 28a PersonenbeförderungsG.

6. Vorkaufsrechte nach Landesrecht. Nach **Landesrecht** bestehen **weitere Vorkaufs- 179 rechte** vor allem im Bereich des Naturschutzes, des Forstrechts und des Denkmalschutzes. Hierfür sei auf die stets aktuell gehaltene tabellarische Übersicht auf der Homepage des Deutsches Notarinstituts verwiesen.[273]

---

[270] Überblick und Einzelheiten bei *Böhringer* DNotZ 2017, 887.
[271] *Böhringer* DNotZ 2017, 887 (894).
[272] Vgl. die aktuell gehaltene Übersicht auf der Homepage des DNotI www.dnoti.de unter „Arbeitshilfen"/ „Immobilienrecht".
[273] www.dnoti.de unter „Arbeitshilfen"/„Immobilienrecht"; dort findet sich auch eine Sammlung der jeweiligen Gesetzestexte.

180   Insbesondere die Vorkaufsrechte der **Denkmalschutzgesetze der Länder** sind unterschiedlich gefasst. Zum Teil haben die Vorkaufsrechte dingliche Wirkung durch Verweisung auf § 1098 Abs. 1 BGB. Zum Teil haben die Vorkaufsrechte keine dingliche Wirkung; die Sicherung wird dann durch Anordnung einer Grundbuchsperre erreicht, nach der das Grundbuchamt bei Veräußerung eines Denkmal-Grundstücks den Erwerber in das Grundbuch nur eintragen darf, wenn entweder eine Vorkaufsrechtsverzichtserklärung oder ein Negativattest vorgelegt wird. Zu beachten ist hierbei, dass nach manchen Denkmalschutzgesetzen nicht nur die Gemeinde, sondern bei überörtlicher Bedeutung des Denkmals auch dem Land ein Vorkaufsrecht zusteht, das dem Vorkaufsrecht der Gemeinde im Rang vorgeht.[274]

VI. Sonstige Vorkaufsrechte – Zivilrecht

180a   Auch wenn in § 20 BeurkG das dingliche Vorkaufsrecht (§ 1094 BGB), das Vorkaufsrecht des Mieters (§ 577 BGB) und das Vorkaufsrecht der Miterben beim Verkauf eines Erbteils (§ 2034 BGB) nicht erwähnt sind, hat der Notar hierüber **zu belehren;** dies folgt aus § 17 Abs. 1 BeurkG.

181   In Betracht kommen
- das Vorkaufsrecht nach § 1094 BGB,
- das Vorkaufsrecht des Mieters nach § 577 BGB,
- das Vorkaufsrecht des Mieters nach Wohnungsbindungsgesetz,
- das Vorkaufsrecht von Mietern und Nutzern nach § 20 Vermögensgesetz (in den neuen Bundesländern),
- das Vorkaufsrecht des Miterben nach § 2034 BGB.

182   **1. Vorkaufsrecht nach § 1094 BGB.** Zur Bestellung eines dinglichen Vorkaufsrechts → § 8. Ist im Grundbuch ein dingliches Vorkaufsrecht eingetragen, so darf der Kaufpreis nicht fällig gestellt werden, solange das Vorkaufsrecht noch ausgeübt werden kann. Darüber hinaus ist im Kaufvertrag eine Vereinbarung erforderlich, dass für den Fall der Ausübung des Vorkaufsrechts der Vertrag nicht wirksam ist, in diesem Fall dem Käufer auch kein Schadensersatz zusteht (hierzu → § 8 Rn. 36).

183   **a) Vorkaufsfall.** Das Vorkaufsrecht kann nur ausgeübt werden, wenn der Eigentümer über das Grundstück einen **rechtswirksamen Kaufvertrag** geschlossen hat (§ 463 BGB). Danach liegt kein Verkaufsfall vor bei
- Verkauf an einen gesetzlichen Erben (§ 470 BGB) oder dessen Ehegatten;
- Übernahme des Grundstücks im Wege der Auseinandersetzung unter den Miterben,[275] oder Veräußerung des Grundstücks durch die Erbengemeinschaft an einen Miterben oder an einen Dritten, der zuvor den Erbteil erworben hat;[276]
- Erwerb durch Zwangsversteigerung (§ 471 BGB) – dagegen grundsätzlich Vorkaufsfall bei Teilungsversteigerung;[277]
- Erwerb eines Bruchteils des Grundstücks durch einen Miteigentümer[278] – dagegen Vorkaufsfall beim Verkauf eines ideellen Anteils;[279]
- Übertragung eines Erbteils, zu dem ein Grundstück gehört,[280] selbst wenn das Grundstück einziger Nachlassgegenstand ist;[281]
- Grundstückstausch.[282]

---

[274] S. im Einzelnen auch *Schöner/Stöber* GrundbuchR Rn. 4187 ff. mwN.
[275] BGH DNotZ 1970, 423.
[276] BGH DNotZ 1982, 368; DNotZ 1957, 654.
[277] Vgl. BGH MittBayNot 2017, 374 mAnm *Everts*.
[278] BGHZ 13, 133; vgl. auch KG MittBayNot 2017, 378 mAnm *Everts*.
[279] BGH WM 1984, 510.
[280] BGH DNotZ 1970, 423.
[281] LG München II MittBayNot 1986, 179.
[282] BGH NJW 1964, 541.

b) Vorkaufsrechtsausübung. Der Eigentümer hat dem Vorkaufsberechtigten den Inhalt 184
des mit dem Dritten geschlossenen Kaufvertrages unverzüglich **mitzuteilen** (§ 469 Abs. 1
BGB), und zwar durch Übermittlung einer Abschrift. Die Übersendung eines Vertragsentwurfs erfüllt die Mitteilungspflicht nicht und setzt die Frist des § 469 BGB nicht in
Lauf.[283] Das Vorliegen aller erforderlichen Genehmigungen ist hierbei zu bestätigen. Die
Ausübung des Vorkaufsrechts kann aber bereits vor Rechtswirksamkeit des Kaufvertrages
erklärt werden, sie wird dann wirksam mit Erteilung der behördlichen, gerichtlichen oder
sonstigen Genehmigung.[284]

Die **Frist zur Ausübung** beträgt nach § 469 Abs. 2 BGB zwei Monate; sie kann aber 185
vertraglich verlängert oder verkürzt werden. Dies ist durch den Notar bei der Mitteilung
eines Vorkaufsfalles gegenüber dem Berechtigten mit zu berücksichtigen. Das Vorkaufsrecht wird durch Erklärung gegenüber dem Verpflichteten ausgeübt. Die Erklärung bedarf
nicht der für den Kaufvertrag bestimmten Form (§ 464 Abs. 1 S. 2 BGB). Die Ausübung
durch Erklärung gegenüber dem Notar genügt nicht; er sollte hierzu auch nicht ermächtigt werden. Die Erklärung muss eindeutig und vorbehaltlos abgegeben werden. Steht das
Vorkaufsrecht mehreren gemeinschaftlich zu, so kann es nur im Ganzen ausgeübt werden;
ist es für einen der Berechtigten erloschen oder übt einer von ihnen sein Recht nicht aus,
so können die Übrigen das Vorkaufsrecht im Ganzen ausüben (§ 472 BGB). Steht das
Vorkaufsrecht einer Miterbengemeinschaft zu, bedarf es einer Einigung der Miterben. Ein
einzelner Miterbe kann daher das Vorkaufsrecht nur in der Weise ausüben, dass es aufschiebend bedingt ist durch eine Einigung aller Miterben, durch das Erlöschen des Rechts
oder durch den Verzicht auf Ausübung durch die übrigen Miterben.

Praxishinweis zum Nachweis der Mitteilung:

Eine Ausfertigung (auszugsweise ohne Auflassung) des Kaufvertrages nach Erteilung aller Genehmigungen an den Vorkaufsberechtigten schicken mit der Bitte um Empfangsbestätigung. Kommt der Berechtigte dieser Bitte nicht nach, sollte die Zustellung durch
den Gerichtsvollzieher erfolgen (nicht Einschreiben mit Rückschein).

---

c) Wirkung einer Vorkaufsrechtsausübung. Durch die Ausübung des Vorkaufsrechts 186
tritt der Berechtigte nicht in den den Vorkaufsfall auslösenden Kaufvertrag ein. Er be-
gründet vielmehr einen **selbständigen neuen Kaufvertrag,** dessen Inhalt sich nach dem
Ausgangsvertrag bestimmt. Liegen die Voraussetzungen zur Ausübung des Vorkaufsrechts
vor, so wird das daraus erwachsende Gestaltungsrecht des Vorkaufsberechtigten in seinem
Fortbestand nicht dadurch beeinträchtigt, dass der Käufer aufgrund eines vertraglichen
Vorbehalts vom Kaufvertrag zurücktritt, bevor das Vorkaufsrecht ausgeübt worden ist.[285]
Bei Ausübung des Vorkaufsrechts ist eine **Auflassung** an den Vorkaufsberechtigten erfor-
derlich, in aller Regel sind auch **ergänzende Vereinbarungen** (zB Beteiligungsverhältnis) notwendig (näher hierzu → § 8 Rn. 37 f.).

d) Erlöschen durch Fristablauf und Verzicht. Das nur für den ersten Verkaufsfall be- 187
stellte Vorkaufsrecht **erlischt,** wenn es nicht fristgemäß ausgeübt wird. Zur Aufhebung
des Vorkaufsrechts ist ein Erlassvertrag erforderlich; die einseitige **Verzichtserklärung** des
Berechtigten führt regelmäßig hierzu. Zur Löschung bedarf es der Bewilligung des Berechtigten in der Form des § 29 GBO. Das unvererbliche Vorkaufsrecht erlischt mit dem
Tode des Berechtigten; es kann vor Ablauf eines Jahres nur mit Bewilligung des Rechtsnachfolgers gelöscht werden.[286]

---

[283] BGH DNotZ 2003, 431.
[284] BGH DNotZ 1998, 895.
[285] BGH DNotZ 1977, 349.
[286] OLG Hamm MittBayNot 1989, 27.

188 **e) Regelungen für den Erstkaufvertrag.** Unverzichtbar ist im Kaufvertrag die Vereinbarung eines Rücktrittsrechts oder einer auflösenden **Bedingung** zwischen Verkäufer und Käufer, dass für den Fall der Ausübung des Vorkaufsrechts der Vertrag unwirksam wird, in diesem Fall dem Käufer auch kein Schadensersatz zusteht.[287]

2. Vorkaufsrecht des Mieters nach § 577 BGB

Schrifttum:
Monographien: Heintz, Vorkaufsrecht des Mieters, 1998.
Aufsätze: Brambring, Das Vorkaufsrecht des Mieters in der notariellen Praxis, ZAP 1993, 965 und DNotI-Report 13/1993, 6; *Hageböke/Horst,* Konkurrenzverhältnis zwischen Mietervorkaufsrecht und dinglichem Vorkaufsrecht, DNotZ 2019, 345; *Langhein,* Das neue Vorkaufsrecht des Mieters bei Umwandlungen, DNotZ 1993, 650; *Schmidt,* Das neue Vorkaufsrecht bei Umwandlung, MittBayNot 1994, 285; *ders.,* Die Nichtausübung des Mietervorkaufsrechts, ZNotP 1998, 218; *Wirth,* Probleme des Mietervorkaufsrechts in der notariellen Praxis, MittBayNot 1998, 9; *Rüßmann,* Vorkaufsrecht analog § 577 BGB bei Realteilung von Grundstücken?, RNotZ 2012, 97.

189 **a) Zweck und Voraussetzungen.** Das Vorkaufsrecht dient dem Schutz des Mieters, der eine Wohnung in einem Mehrfamilienhaus gemietet hat (und daher grundsätzlich eine Kündigung wegen Eigenbedarfs nicht zu befürchten hat), wenn nach der Überlassung der Wohnung (dh der Mieter hat rein tatsächlich die Möglichkeit, die Wohnung vertragsmäßig zu gebrauchen; das Datum des Mietvertrages ist nicht maßgeblich, allerdings str.) Wohnungseigentum begründet und dieses an einen Dritten veräußert wird. Durch Ausübung des Vorkaufsrechts kann der Mieter das erhöhte Risiko einer Eigenbedarfskündigung im Vorfeld der Kündigungssperre des § 577a BGB abwenden. Ihm soll zugleich die Gelegenheit zum Kauf zu einem Kaufpreis gegeben werden, den auch ein Dritter für die Wohnung zu zahlen bereit ist. Das gesetzliche Vorkaufsrecht des Mieters besteht nur bei dem **ersten Verkauf** nach der Umwandlung in Wohnungseigentum und erstreckt sich auch dann nicht auf nachfolgende Verkäufe, wenn die Möglichkeit zur Ausübung des Vorkaufsrechtes bei dem ersten Verkauf nicht bestand, weil die Wohnung zuvor an einen Familienangehörigen verkauft wurde.[288] Nach zwei Entscheidungen des BGH aus den Jahren 2008 und 2010[289] soll das Vorkaufsrecht nach § 577 BGB analog auch bei **Realteilung** und Veräußerung von vermieteten Ein- und Zweifamilienhäusern anzuwenden sein, und zwar auch bei nur teilweiser Vorkaufsrechtsbelastung.[290]

190 Geklärt ist, dass das Mietervorkaufsrecht auch bei sog. **Erwerbermodellen** Anwendung findet, wenn sich der Veräußerer noch zur WEG-Aufteilung verpflichtet.[291] Das sog. „Münchener Modell" ist demgegenüber dadurch gekennzeichnet, dass eine Personengesellschaft (zB eine GbR) ein Mietshaus mit dem Ziel erwirbt, ihren Gesellschaftern die Nutzung der Wohnungen zu ermöglichen und die Wohnungen in Eigentumswohnungen umzuwandeln. Dabei wird jedem Gesellschafter von vornherein eine bestimmte Wohnung zugewiesen. Derartige Gestaltungen werden zwar von der Kündigungsbeschränkung des § 577a BGB erfasst. Rückschlüsse auf die Erstreckung des Mietervorkaufsrechts nach § 577 BGB auf solche Modelle lassen sich hieraus jedoch nicht ziehen.

191 | **Checkliste: Voraussetzungen für die Ausübung des Vorkaufsrechts nach § 577 BGB**

(1) Es muss ein Mietverhältnis über **Wohnraum** bestehen. Dem Mieter nicht zu Wohnzwecken dienender Räume (zB Ladenlokal, Garage) steht das Vorkaufsrecht nicht zu, ebenso nicht dem Mieter, der das Mietverhältnis bereits gekündigt hat oder dem

---

[287] Zur Frage, ob – bei fehlender Vereinbarung – der Vertrag über Wegfall der Geschäftsgrundlage unwirksam wird: BGH NJW 1987, 890; *Burkart* NJW 1987, 3157; *Tiedtke* NJW 1987, 874.
[288] BGH MittBayNot 2008, 115.
[289] BGH NJW 2008, 2257; NJW 2010, 3571.
[290] BGH NotBZ 2016, 460.
[291] BGH DNotZ 2014, 218 (222).

der Vermieter bereits vor Kaufvertragsschluss (wirksam!) gekündigt hat.[292] Die Bezeichnung im Grundbuch als „Wohnungseigentum" oder „Teileigentum" ist nicht maßgeblich. Das Vorkaufsrecht gilt auch beim Wohnungserbbaurecht (§ 30 WEG). Es erstreckt sich auf eine **mitvermietete Garage**, wenn ein einheitliches Mietverhältnis besteht. Dies soll auch dann gelten, wenn die mit der Wohnung vermietete Garage (Stellplatz) in der Teilungserklärung einer anderen Wohnung zugeordnet und mit dieser verkauft wird.[293]

(2) Umwandlung in Wohnungseigentum **nach Überlassung an den Mieter**. Dabei sind die beiden gleichberechtigt nebeneinanderstehenden Alternativen in § 577 Abs. 1 S. 1 BGB in der Abfolge ihrer Tatbestandsmerkmale genau zu beachten: War das Wohnungseigentum bei Beginn des Mietverhältnisses bereits im Grundbuch gebildet, steht dem Mieter das Vorkaufsrecht nicht zu, auch dann nicht, wenn der *Käufer* lediglich beabsichtigt, das Mehrfamilienhaus in Wohnungseigentum aufzuteilen,[294] auch nicht im sog. „Erwerbermodell" (→ Rn. 190).[295] Kein Mietervorkaufsrecht besteht ferner, wenn Kaufgegenstand das ungeteilte Grundstück ist, auch wenn der Verkäufer die Wohnungsgrundbücher erst nach Kaufvertragsschluss schließen lässt.[296] Ein Vorkaufsrecht steht dem Mieter jedoch zu, wenn bei Überlassung der Wohnung das Wohnungseigentum bereits nach § 3 WEG oder § 8 WEG begründet, aber noch nicht durch Eintragung im Grundbuch entstanden war oder sich der Verkäufer gegenüber dem Käufer vertraglich zur Durchführung der Aufteilung gemäß § 8 WEG verpflichtet hat und die von dem Vorkaufsrecht erfasste zukünftige Wohnungseigentumseinheit in dem Vertrag bereits hinreichend bestimmt oder bestimmbar ist.[297]

(3) Dem Mieter steht das Vorkaufsrecht zu, wenn mit einem Kaufvertrag mehrere Wohnungseigentumsrechte oder sämtliche verkauft werden (Aufteilung des Kaufpreises auf die einzelnen Wohnungseigentumsrechte im Kaufvertrag daher unverzichtbar).[298]

Preisvergünstigungen bei einem **Paketverkauf** mehrerer Eigentumswohnungen sollen nach OLG Düsseldorf[299] auch für den Mieter gelten, der sein Vorkaufsrecht nur hinsichtlich einer Wohnung ausübt (sehr fraglich). Umgekehrt steht dem vorkaufsberechtigten Mieter ein Schadensersatzanspruch für den Fall zu, dass die Wohnung zu einem überhöhten Einzelkaufpreis im Rahmen eines Paketverkauftes veräußert wird.[300]

(4) Das Vorkaufsrecht besteht unabhängig davon, ob der teilende Eigentümer Verkäufer ist oder ein Dritter, der das Wohnungseigentum vor Inkrafttreten des Gesetzes (1. 9. 1993) erworben hat.

(5) Dem Mieter steht das Vorkaufsrecht nicht zu, wenn der Vermieter die Wohnung an eine zu seinem Hausstand gehörende Person oder an einen Familienangehörigen verkauft (§ 577b Abs. 1 S. 2 BGB), und zwar unabhängig von einem Eigenbedarf, nach einer Veräußerung im Wege der Zwangsvollstreckung[301] oder durch den Insolvenzverwalter. Es steht ihm auch nicht zu bei Übertragung eines Erbteils, selbst dann, wenn zum Nachlass nur dem Vorkaufsrecht unterliegende Wohnungseigentumsrechte gehören und sämtliche Erbanteile an denselben Erwerber veräußert werden.[302]

---

[292] *Brambring* ZAP 1993, 965 (967); aA *Heintz*, Vorkaufsrecht des Mieters, 1998, Rn. 96 f.
[293] *Wirth* MittBayNot 1998, 9.
[294] BayObLG MittRhNotK 1992, 184.
[295] BGH DNotZ 2014, 218 (222).
[296] Gutachten DNotI-Report 2006, 48.
[297] BGH DNotZ 2016, 847 (849); DNotZ 2014, 218 (220).
[298] Vgl. hierzu DNotI-Report 1995, 49.
[299] MittBayNot 1999, 57.
[300] BGH DNotI-Report 2005, 157.
[301] BGH ZNotP 1999, 291.
[302] DNotI-Report 1999, 73.

192 **b) Modalitäten der Ausübung.** Das Vorkaufsrecht nach § 577 BGB ist ein **gesetzliches Vorkaufsrecht,** auf das die §§ 463–473 BGB anwendbar sind. Es richtet sich ausschließlich gegen den **Eigentümer,** kann also auch nur ihm gegenüber durchgesetzt werden (anders als das dingliche Vorkaufsrecht, § 1098 BGB). Es kann auch in Konkurrenz zu einem rechtsgeschäftlichen Vorkaufsrecht treten.[303]

193   Zu den **Voraussetzungen** für den Vorkaufsfall → Rn. 191. Die **Frist** zur Ausübung des Vorkaufsrechts beträgt zwei Monate (§ 469 Abs. 2 S. 1 BGB). Die Frist beginnt mit dem Zugang der Mitteilung über den rechtswirksamen Vertrag an den Vorkaufsberechtigten zu laufen, die mit der Unterrichtung des Mieters über sein Vorkaufsrecht verbunden sein muss (§ 577 BGB). Sind **mehrere Personen** Mieter (zB Eheleute), ist jedem von ihnen die Mitteilung zu übersenden. Die Beteiligten können den Notar beauftragen, diese Mitteilung vorzunehmen; hierbei muss der Notar sein Handeln in deren Namen und die ihm erteilte Vollmacht kundtun. Als Vollmachtsnachweis empfiehlt sich eine dem Notar selbst erteilte Ausfertigung (→ § 8 Rn. 36 mit Formulierungsbeispiel).

194   Die **Ausübung** des Vorkaufsrechts bedarf nicht der Form des § 311b BGB (§ 577 Abs. 3 BGB, Ausnahme zu § 464 Abs. 1 S. 2 BGB).

195 **c) Wirkung der Vorkaufsrechtsausübung.** Der Verkäufer ist verpflichtet, dem Mieter die Ausübung seines Vorkaufsrechts zu ermöglichen. Verstößt er hiergegen und kann der Mieter sein Vorkaufsrecht nicht mehr durchsetzen, weil der Käufer bereits Eigentümer geworden ist, steht ihm ein **Schadensersatzanspruch** gegen den Verkäufer zu.[304] Mit der Ausübung des Vorkaufsrechts kommt der Kauf zwischen dem Mieter und dem Verkäufer unter den Bestimmungen zustande, die der Verkäufer mit dem Dritten vereinbart hat (§ 464 Abs. 2 BGB). Der Mieter tritt allerdings nicht in den den Vorkaufsfall auslösenden Kaufvertrag ein, er begründet vielmehr einen selbständigen **neuen Kaufvertrag,** dessen Inhalt sich nach den Bedingungen des Ausgangsvertrages bestimmt.[305] Es bedarf einer **Nachtragsbeurkundung,** in der die Auflassung erklärt, die Eintragung einer Vormerkung bewilligt, die Zwangsvollstreckungsunterwerfung wegen der Zahlung des Kaufpreises erklärt und die Finanzierungsvollmacht wiederholt wird (näher → § 8 Rn. 37 f. mit Formulierungsbeispiel). Der Vertrag mit dem Mieter bedarf aller erforderlichen Genehmigungen (zB die des Verwalters nach § 12 WEG).

196   Der Mieter hat auch die **Kosten** des ursprünglichen Vertrages zu tragen; er wird aber nicht Kostenschuldner gegenüber dem Notar.[306]

197   Ob hierzu auch die Kosten der Eintragung und Löschung der Vormerkung des Erstkäufers gehören, ist streitig.[307] Nach OLG Düsseldorf[308] übernimmt der Mieter regelmäßig die Verpflichtung zur Zahlung der **Maklerprovision** selbst dann, wenn die Beteiligten diese Verpflichtung nicht zu einem echten Bestandteil des ersten Kaufvertrages gemacht haben.[309]

198 **d) Vorkaufsrechtsverzicht.** Der **Verzicht** des Mieters auf die Ausübung des Vorkaufsrechts vor Abschluss des Kaufvertrages ist unwirksam. Dagegen ist nach der Mitteilung gemäß § 577 BGB der Verzicht auch vor Ablauf der Ausübungsfrist und unabhängig von der Rechtswirksamkeit des Kaufvertrages möglich und wirksam.[310]

---

[303] Hierzu *Hageböke/Horst* DNotZ 2019, 345 ff.
[304] BGH NJW 2015, 1516; DNotZ 2003, 431.
[305] BGH DNotZ 1983, 302.
[306] OLG Düsseldorf MittRhNotK 1994, 122.
[307] *Heintz* Rn. 472.
[308] MittRhNotK 1999, 153.
[309] Hierzu BGH DNotZ 1982, 629; BB 1996, 395.
[310] BGH DNotZ 2003, 431.

e) Hinweispflicht. Nach § 20 BeurkG hat der Notar die Amtspflicht, bei der Beurkundung des Kaufvertrages auf das Vorkaufsrecht nach § 577 BGB **hinzuweisen,** wenn dieses in Betracht kommt, und dies in der Niederschrift zu vermerken. Den Notar trifft jedoch keine Ermittlungspflicht. Die Aufnahme eines Vermerks ist zu empfehlen. 199

Formulierungsbeispiel: Hinweis zum Vorkaufsrecht nach § 577 BGB 200

[Var. 1 – Verkauf einer vermieteten Eigentumswohnung: Der Vertragsgegenstand ist vermietet. Der Notar hat auf ein mögliches Vorkaufsrecht des Mieters nach § 577 BGB hingewiesen. Nach Angaben des Verkäufers ist die Überlassung an den Mieter erst nach wirksamer Aufteilung in Eigentumswohnungen erfolgt, so dass ein Vorkaufsrecht des Mieters nicht besteht.]

[Var. 2 – Verkauf vermieteten, nicht nach WEG aufgeteilten Grundbesitzes: Der Notar hat auf Folgendes hingewiesen: Wenn aus den vermieteten Wohnräumen Eigentumswohnungen gebildet werden sollen, dann kann dem Mieter bereits zu diesem Kaufvertrag ein Vorkaufsrecht gemäß § 577 BGB zustehen. Hierzu erklären die Beteiligten: Verkäufer und Käufer haben keine Urkunden errichtet, um vermietete Wohnräume in Eigentumswohnungen aufzuteilen. Eine Vorkaufsrechtsanfrage beim Mieter soll daher unterbleiben.]

---

f) Auflösende Bedingung, Rücktrittsrecht. Besteht das Vorkaufsrecht des Mieters, hat 201 der Verkäufer im **Erstvertrag sicherzustellen,** dass bei Ausübung des Vorkaufsrechts der Kaufvertrag, der dann mit dem Mieter zustande kommt, von ihm **erfüllt** werden kann. Dies verlangt, dass der Kaufvertrag mit dem Käufer entweder auflösend bedingt geschlossen wird (Formulierungsbeispiel → Rn. 203) oder sich der Verkäufer für den Fall der Ausübung des Vorkaufsrechts den Rücktritt vorbehält.

Ist die Ausübung des Mietervorkaufsrechts ungewiss, kann es sich empfehlen, nicht nur 202 die **Kaufpreisfälligkeit** vom Eingang der Verzichtserklärung (Nichtausübung innerhalb der Frist) abhängig zu machen, sondern auch die Eintragung der Vormerkung und der Finanzierungsgrundpfandrechte erst zu diesem Zeitpunkt vorzusehen.

Formulierungsbeispiel: Auflösende Bedingung 203

1. Der Notar hat die Beteiligten darauf hingewiesen, dass dem Mieter nach § 577 BGB ein Vorkaufsrecht zusteht. Wird das Vorkaufsrecht ausgeübt, kommt der Kaufvertrag mit dem hier vereinbarten Inhalt mit dem Mieter zustande.
   Das Vorkaufsrecht kann bis zum Ablauf von zwei Monaten nach Mitteilung über die Rechtswirksamkeit dieses Vertrages ausgeübt werden.
2. Der Notar wird beauftragt und bevollmächtigt, dem Mieter nach Rechtswirksamkeit des Vertrages eine auszugsweise Ausfertigung (ohne Auflassung) dieser Urkunde zu übersenden mit der Aufforderung, innerhalb der gesetzlichen Frist gegenüber dem Verkäufer schriftlich zu erklären, ob er das Vorkaufsrecht ausübt oder nicht.
3. Der Kaufvertrag wird daher – mit Ausnahme der Auflassung – unter der auflösenden Bedingung geschlossen, dass er unwirksam wird, wenn der Mieter das Vorkaufsrecht ausübt. Der Verkäufer haftet nicht dafür, dass das Vorkaufsrecht nicht ausgeübt wird; jeglicher Schadensersatz des Käufers ist für den Fall der Ausübung des Vorkaufsrechts ausgeschlossen.
   Der Verkäufer verpflichtet sich, den Notar unverzüglich schriftlich zu unterrichten, sobald der Mieter sein Vorkaufsrecht ausgeübt hat oder auf die Ausübung seines Vorkaufsrechts verzichtet hat.
   Der Vertrag wird endgültig wirksam, sobald der Verkäufer dem Käufer und dem Notar schriftlich mitgeteilt hat, der Mieter habe auf die Ausübung des Vorkaufsrechts

---

> verzichtet oder innerhalb der Frist das Vorkaufsrecht nicht ausgeübt. Der Käufer und
> der Notar sind nicht verpflichtet, die Richtigkeit dieser Mitteilung zu prüfen.
> 4. Die Beteiligten weisen den Notar an, den Antrag auf Eintragung der Vormerkung
> und der Finanzierungsgrundpfandrechte des Käufers erst zu stellen, wenn ihm die
> Mitteilung des Verkäufers zugegangen ist, der Mieter habe auf die Ausübung des
> Vorkaufsrechts verzichtet oder das Vorkaufsrecht innerhalb der Frist nicht ausgeübt.

204 **3. Vorkaufsrecht nach §§ 20, 20a Vermögensgesetz.** In den **neuen Bundesländern**
kann Mietern und Nutzern von Ein- und Zweifamilienhäusern sowie von Grundstücken
für Erholungszwecke, die staatlich verwaltet sind oder auf die ein Anspruch auf Rückübertragung besteht, auf Antrag ein Vorkaufsrecht am Grundstück eingeräumt werden.
Bei Grundstücken, an denen Dritte Eigentums- oder dingliche Nutzungsrechte erworben
haben, wird dem Berechtigten auf Antrag ein Vorkaufsrecht am Grundstück eingeräumt.

205 **4. Vorkaufsrecht des Mieters nach Wohnungsbindungsgesetz.** § 2b Wohnungsbindungsgesetz ist auch für nach altem Recht geförderten Wohnraum abgeschafft. § 577
BGB gilt auch für öffentlich geförderte Wohnungen.[311]

VII. Lastenfreistellung

206 Wenn das verkaufte Grundstück von eingetragenen Belastungen freizustellen ist, soll die
Fälligkeit in der Regel nicht aufgeschoben werden, bis diese im Grundbuch gelöscht sind.
Der Kaufpreis soll vielmehr schon fällig werden, wenn die **Lastenfreistellung sichergestellt** ist. Darunter versteht die Praxis, dass die zur Lastenfreistellung erforderlichen Unterlagen (Löschungsbewilligungen, Freigaben, Grundpfandrechtsbriefe) dem Notar in
grundbuchtauglicher Form vorliegen, und zwar entweder ohne Auflagen oder unter Auflagen, zu deren Erfüllung der Kaufpreis ausreicht. Dieses Verfahren hat nicht nur den Vorteil, die Fälligkeit zu beschleunigen. Es erlaubt vor allem, die eingetragenen Belastungen
aus dem Kaufpreis selbst ohne den (oft ja gar nicht möglichen) Einsatz sonstiger Mittel
abzulösen. Eine ungesicherte Vorleistung des Käufers ist hiermit nicht verbunden.[312]

207   Die hierbei auftretenden **Risiken** sind weitgehend beherrschbar:
– Gelegentlich hält der Verkäufer die von seiner Bank geforderte **Ablösung für über-
  höht.** Der Käufer erwartet zu Recht, aus einem Streit hierüber herausgehalten zu werden.[313]
– Die Ablösung der im Grundbuch eingetragenen **Gläubiger** des Verkäufers mittels des
  Kaufpreises droht zu scheitern, wenn andere Gläubiger des Verkäufers dessen **Kaufpreisanspruch pfänden** (§§ 835, 836 ZPO). Um solche Pfändungen ins Leere laufen
  zu lassen, wird vielfach bereits im Kaufvertrag der Kaufpreis an den/die abzulösenden
  Gläubiger abgetreten. Unproblematisch ist dies nur, wenn lediglich ein einziger Gläubiger abzulösen ist, dieser die Abtretung **vor** der Pfändung annimmt, den ganzen Kaufpreis erhält und eine Unterwerfung des Käufers unter die Zwangsvollstreckung gleich
  ihm gegenüber erklärt wird.[314] Es ist daher besser, durch unechten Vertrag zugunsten
  Dritter die Zahlung des Kaufpreises ausschließlich an die abzulösenden Gläubiger zu
  vereinbaren gemäß → Rn. 209 – sog. Zweckbindung des Kaufpreises.[315]
– Die Freistellung kann auch dadurch gestört werden, dass der abzulösende Gläubiger
  vom Notar die **Freistellungsunterlagen zurückverlangt** oder seine Zahlungsaufla-

---

[311] Zum Wohnraumförderungsgesetz vgl. *Heimsoeth* RNotZ 2002, 88.
[312] OLG Düsseldorf DNotZ 2017, 600 (604).
[313] Zur Informationspflicht des Notars gegenüber dem Verkäufer KG DNotZ 1990, 446 mAnm *Reithmann*.
  Diese Informationspflicht darf nicht dahin überspitzt werden, dass sie die Vertragsabwicklung verzögert,
  vgl. OLG Schleswig DNotI-Report 2001, 86.
[314] IE *Hoffmann* NJW 1987, 3153.
[315] Vgl. BGH DNotZ 2000, 752 mwN.

gen erhöht. Dies ist allenfalls akzeptabel, solange noch nicht sämtliche Fälligkeitsvoraussetzungen erfüllt sind.[316] Gegen dieses Risiko sind die Beteiligten am besten geschützt, wenn sie dem Notar Vollmacht gemäß → Rn. 209 erteilen und der Notar dem Gläubiger deutlich macht, dass er die Freistellungsunterlagen aufgrund dieser Vollmacht erbittet und entgegennimmt.[317]

– Der Käufer (oder gar sein Finanzierungsinstitut) könnte, für den Fall, dass er schon in Beziehungen zum Gläubiger steht/stand, versucht sein, etwaige Auflagen mit vermeintlichen eigenen Ansprüchen gegen den Gläubiger zu „verrechnen", was vom Notar nicht geprüft werden kann und dem Verkäufer schon aus Zeitgründen nicht zumutbar ist, zumal eine solche „Verrechnungsablöse" nur unter besonderen Voraussetzungen zulässig wäre.[318] Dem ist dadurch zu begegnen, dass seitens des Käufers auf jeden Fall Geld fließen muss.

– Die Freistellung von Grundpfandrechten kann schließlich gestört werden, wenn Dritte etwaige **Eigentümerrechte** des Verkäufers daran oder die **Rückgewähransprüche** des Verkäufers erlangen, zB durch Abtretung oder Verpfändung. Die bedingte Abtretung gemäß → Rn. 209 erfasst alle derartigen Rechte und Ansprüche und erlischt, sobald der verkaufte Grundbesitz freigestellt ist, damit sie danach einen etwa mitbelasteten nicht verkauften Grundbesitz nicht mehr berührt.

– Die Wegfertigung von Gläubigern aus dem Kaufpreis könnte nach dem AnfG und der InsO **anfechtbar** sein („inkongruente Deckung"). Bei einem Verkauf zu marktüblichem Preis mit vollständiger Wegfertigung eingetragener Belastungen aus dem Kaufpreis ist dies jedoch nicht der Fall, auch nicht, wenn bereits ein Versteigerungsvermerk eingetragen sein sollte,[319] also anders als im vom BGH[320] entschiedenen Fall, in dem der Schuldner = Verkäufer die eingetragenen Belastungen im Nachhinein selbst wegfertigte.

– Ein **Gläubiger weigert** sich, an der Lastenfreistellung mitzuwirken, auch wenn er hierzu infolge vorheriger Befriedigung verpflichtet ist oder verzögert dies (nicht selten bei Privatgläubigern) oder die Einholung der Erklärungen ist aus anderen Gründen erschwert (zB bei Gläubigern im Ausland oder beim **Verlust von Grundpfandrechtsbriefen** beim Gläubiger, die erst für kraftlos erklärt werden müssen). Der Verkäufer hat dies zwar nicht zu vertreten,[321] gleichwohl schuldet er die Verschaffung rechtsmängelfreien Eigentums.[322] Deshalb muss der Käufer auch nicht, uU jahrelang, zuwarten. Ihm steht § 323 Abs. 1 BGB zur Verfügung (Rücktrittsrecht nach Fristsetzung und Ablehungsandrohung). Denn jedenfalls die Lastenfreistellungspflicht des Verkäufers ist mit Wirksamkeit des Kaufvertrags stets fällig, § 271 Abs. 1 BGB.[323] Hat demgegenüber der Käufer ein unbedingtes Erwerbsinteresse, muss er sich auf Ausweichgestaltungen einlassen, namentlich einstweilige Übernahme des Rechts mit Kaufpreiseinbehalt, bis auch insofern die Lastenfreistellung – nachträglich – gesichert ist. Der Notar muss in solchen Verzögerungsfällen jedoch darauf achten, dass Treuhandaufträge anderer Gläubiger nicht auslaufen und diese ggf. um Verlängerung bitten.[324]

Vorkehrungen gegen solche Gefahren sind auch dann nötig, wenn der Kaufpreis auf Notaranderkonto hinterlegt wird.[325]   208

---

[316] Vgl. LG Köln DNotI-Report 1998, 97.
[317] Vgl. *Schilling* ZNotP 2004, 138 (141 ff.).
[318] Vgl. BGH DNotZ 2011, 201.
[319] *Amann* DNotZ 2010, 246 ff.
[320] DNotZ 2009, 844.
[321] OLG Düsseldorf DNotZ 2017, 600.
[322] *Kesseler* DNotZ 2017, 606 (608); problematisch insofern OLG Düsseldorf DNotZ 2017, 600 (602).
[323] So iErg auch *Kesseler* DNotZ 2017, 606 (610).
[324] *Pflieger* MittBayNot 2017, 485 (487).
[325] Vgl. BGH DNotZ 1989, 234.

209   Formulierungsbeispiel: Auftrag Vollzug Lastenfreistellung

Käufer und Notar brauchen nicht nachzuprüfen, ob Auflagen, von denen die Lastenfreistellung abhängt, berechtigt sind. Soweit solche Auflagen reichen, kann der Kaufpreis nur durch ihre Erfüllung bezahlt werden, nicht durch sonstige Leistung an den Verkäufer oder an Dritte. Der Notar wird bevollmächtigt, die Unterlagen zur Lastenfreistellung für Verkäufer, Käufer und dessen Finanzierungsinstitute entgegenzunehmen und zu verwenden. Alle Rechte und Ansprüche, die mit den zu beseitigenden Belastungen zu tun haben, werden schon jetzt auf den Käufer übertragen; diese Übertragung wirkt, sobald der Kaufpreis bezahlt ist, und erlischt, sobald die Lastenfreistellung durchgeführt ist.

210   Die Freistellung könnte auch scheitern, wenn der Gläubiger vor ihrem Vollzug im Grundbuch die Verfügungsmacht verliert, zB durch Abtretung oder Insolvenzverfahren. Bei inländischen Kreditinstituten darf dieses Risiko grundsätzlich vernachlässigt werden, nicht dagegen bei anderen Grundpfandrechtsgläubigern und bei Eigentümergrundschulden. Hier lässt es sich, falls keine sofortige Löschung möglich ist, am besten beherrschen, indem
– der Gläubiger sich dem Käufer gegenüber zur Freistellung (gegen Zahlung des vom Gläubiger verlangten Betrages) verpflichtet,
– zur Sicherung dieses Freistellungsanspruchs am Grundpfandrecht des Gläubigers eine Vormerkung zugunsten des Käufers eingetragen wird,
– die Fälligkeit des Kaufpreises auch von dieser Freistellungsvormerkung abhängt und
– der Gläubiger die Freistellungsunterlagen dem Notar wie üblich zu treuen Händen zuleitet; hierbei kann zur Kostenersparnis die notariell beglaubigte Gläubigerbewilligung durch eine im Freistellungsversprechen dem Notar erteilte Freistellungsvollmacht ersetzt werden.[326]

211   Ist am verkauften Grundbesitz ein Zwangsversteigerungsvermerk eingetragen, so hindert dieser als nur relatives Veräußerungsverbot (§ 23 ZVG, §§ 136, 135 BGB) den Verkauf nicht. Zusätzlich zur Freistellung von nicht übernommenen beschränkten dinglichen Rechten muss aber der Versteigerungsvermerk beseitigt werden.[327] Hierzu wird der Notar nach Eintragung der Eigentumsvormerkung[328] für den Käufer
– den Käufer als Vormerkungsberechtigten gemäß § 9 Nr. 2 ZVG als Beteiligten des Zwangsversteigerungsverfahrens anmelden;
– mit Hilfe des Versteigerungsgerichts klären, welche Gläubiger bereits vor (dem unter dem Schutz des § 878 BGB gestellten Antrag auf) Eintragung der Eigentumsvormerkung des Käufers die Zwangsversteigerung beantragt haben oder ihr beigetreten sind;
– von diesen Gläubigern zu treuen Händen Erklärungen einholen, dass sie ihren Zwangsversteigerungsantrag gemäß § 29 ZVG zurücknehmen, und zwar von inländischen Kreditinstituten schriftlich, sonst vorsorglich in notariell beglaubigter Form, unter Entgegennahme der Zahlungsauflagen dieser Gläubiger;
– nach Erfüllung der Zahlungsauflagen dieser Gläubiger die Rücknahmeerklärungen dem Versteigerungsgericht vorlegen;
– die Eigentumsvormerkung des Käufers auch nach Eigentumsumschreibung auf den Käufer bestehen lassen, bis der Zwangsversteigerungsvermerk gelöscht ist.

212   Einer besonderen **Belehrung** über die Bedeutung eines Zwangsversteigerungsvermerks bedarf es – wenn überhaupt – nur in Bauträgerverträgen.[329] Wird, der Wahrheit entsprechend, das Wort „Zwangsversteigerungsvermerk" verwendet, so dürfte dies auch für juristische Laien eine aus sich heraus sprechende Signalwirkung haben. Demgegenüber

---

[326] Vgl. *Wörner* MittBayNot 2001, 450.
[327] Hierzu *Jursnik* MittBayNot 1999, 127; *Franck* MittBayNot 2012, 345 (348 ff.).
[328] Insbesondere zur Bedeutung der Vormerkung im Rahmen des ZVG, s. *Kesseler* DNotZ 2010, 404.
[329] Vgl. BGH DNotZ 2011, 192 – im entschiedenen Fall hatte der Notar im Grundbuchstand nur das Wort „Vermerk" verwendet, was schon grundsätzlich den Vertragsteilen keine Einschätzung ermöglicht.

könnte eine Belehrung über die zahlreichen Fallvarianten, die sich aus der Beschlagnahmewirkung ergeben, nur Verwirrung stiften.

Falls Gläubiger, die nach (dem unter dem Schutz des § 878 BGB gestellten Antrag auf) 213 Eintragung der Eigentumsvormerkung des Käufers der Zwangsversteigerung beigetreten sind, ihren Zwangsversteigerungsantrag trotz § 888 Abs. 2 S. 2 BGB nicht zurücknehmen, kann der Notar, nachdem der Käufer als Eigentümer eingetragen ist und seine Eigentumsvormerkung bestehen geblieben ist, das Versteigerungsgericht ersuchen, das Versteigerungsverfahren aufzuheben, so dass der Zwangsversteigerungsvermerk gelöscht wird.[330] Gegen vorrangige Gläubiger dagegen nützt die Eigentumsvormerkung dagegen nichts.[331]

Bei einer **Zwangsverwaltung** sind ggf. weitere Vorkehrungen nötig, da der Zeitpunkt 214 des zwischen Verkäufer und Käufer vereinbarten Besitzübergangs grundsätzlich keinen Einfluss auf die Einziehungsbefugnisse des Verwalters hat und es so zu einem Auseinanderfallen der damit verbundenen Rechtsfolgen kommen kann.[332] Im Übrigen muss bei einem parallel zum Zwangsversteigerungsverfahren anhängigen Zwangsverwaltungsverfahren eine eigenständige Lastenfreistellung durchgeführt werden (auch → Rn. 674 ff.).

Die Lastenfreistellung hängt ferner davon ab, dass die **Notar- und Gerichtskosten** 215 dafür bezahlt werden. Hat der Verkäufer diese übernommen, so sind zusätzliche Schutzmaßnahmen zugunsten des Käufers nur angezeigt, wenn abzusehen ist, dass der Verkäufer diese Kosten nicht bezahlen kann, insbes. bei eingetragenem Zwangsversteigerungsvermerk. Dann empfiehlt es sich, den Käufer zu ermächtigen, diese Kosten in Anrechnung auf den Kaufpreis zu bezahlen, und vorzusehen, dass die Zahlungsauflagen der abzulösenden Gläubiger nicht höher sein dürfen als der Kaufpreis abzüglich der Kosten der Lastenfreistellung.

Da die Eigentumsvormerkung des Käufers keine Grundbuchsperre bewirkt (→ Rn. 409), 216 können Rechte Dritter, die nach der Eigentumsvormerkung, aber vor Eigentumsumschreibung auf den Käufer eingetragen werden, die Lastenfreistellung erschweren, ohne dass der Notar dies zu verhindern vermag (dazu → Rn. 412).

Inwieweit „die Lastenfreistellung gesichert" ist, hängt also von vielen Umständen und 217 von den konkreten Vorsorgemaßnahmen im Vertrag ab. Dementsprechend ist einer allgemeinen Fälligkeitsvoraussetzung – „wenn die Lastenfreistellung gesichert ist" – eine **konkret formulierte** vorzuziehen.

Formulierungsbeispiel: Fälligkeitsvoraussetzung Lastenfreistellung 218

Dem Notar liegen alle Unterlagen vor, um den verkauften Grundbesitz von Rechten [*ggf.:* einschließlich des Zwangsversteigerungsvermerks] freizustellen, die im Grundbuch bereits vor oder gleichzeitig mit der Vormerkung des Käufers eingetragen wurden und vom Käufer nicht übernommen werden. Diese Unterlagen liegen auflagenfrei vor oder unter Auflagen, zu deren Erfüllung der Kaufpreis [*ggf.:* nach Begleichung der Kosten bei Notar und Grundbuchamt für die Lastenfreistellung] ausreicht.

Die in Klammer gesetzten Zusätze sind nur bei Eintragung eines Zwangsversteige- 219 rungsvermerks notwendig. Die Vorsorgemaßnahmen gemäß → Rn. 209 ergänzen die so formulierte Fälligkeitsvoraussetzung.

VIII. Fälligkeitsmitteilung

Der Notar kann auf Ersuchen der Beteiligten die Aufgabe übernehmen (§ 24 Abs. 1 S. 1 220 BNotO), diesen den Eintritt bestimmter Fälligkeitsvoraussetzungen mitzuteilen. Er sollte nur die Mitteilung solcher Fälligkeitsvoraussetzungen übernehmen, die er zuverlässig und

---

[330] Vgl. *Stöber* ZVG § 28 Rn. 5.3.
[331] BGH DNotZ 2007, 686.
[332] *Franck* MittBayNot 2012, 439 (442).

sachkundig feststellen kann, insbes. Vormerkung, Genehmigungen, Vorkaufsrechtszeugnisse, Lastenfreistellung – dagegen nicht Räumung, Bautenstand, Mängelfreiheit. Sind **Treuhandaufträge,** unter denen der Notar die Lastenfreistellungsunterlagen erhält, **befristet,** so darf der Notar die Fälligkeit nur mitteilen, wenn diese Frist auch dann gewahrt ist, wenn der Käufer die ihm im Kaufvertrag eingeräumte Frist für die Gutschrift des Kaufpreises ausschöpft; andernfalls darf die Fälligkeit erst mitgeteilt werden, nachdem der Treuhandauftrag entsprechend verlängert ist. Der Notar sollte den Käufer auf die Befristung des Treuhandauftrags deutlich hinweisen,[333] insbesondere wenn die Fälligkeit von weiteren Voraussetzungen abhängt, die der Notar nicht zu überprüfen hat, wie zB Räumung (hierzu auch → Rn. 225).[334]

221   Vom Vertragstext hängt es ab, ob die Mitteilung des Notars der einzige Weg ist, um die Fälligkeit auszulösen **(konstitutive Mitteilung),** oder nur der Normalweg, aber nicht der einzige Weg **(deklaratorische Mitteilung).** In der Formulierung zeigt sich der Unterschied beider Gestaltungen nach dem ersten Satzteil, der lauten könnte:

221a   **Formulierungsbeispiel: Konstitutive/deklaratorische Fälligkeitsmitteilung**

Der Kaufpreis muss innerhalb von zehn Tagen gutgeschrieben sein, nachdem

[Var. 1 – konstitutive Mitteilung: der Notar dem Käufer schriftlich mitgeteilt hat, dass der Vollzug dieses Vertrags gesichert ist wie folgt: *** [es folgen die Voraussetzungen gemäß → Rn. 94, 218 und weitere].]

[Var. 2 – deklaratorische Mitteilung: der Vollzug dieses Vertrags gesichert ist wie folgt: *** [es folgen die Voraussetzungen gemäß → Rn. 94, 100 f., 218 und weitere]. Die Zehntagesfrist beginnt mit der Mitteilung des Notars, wenn der Käufer nicht zuvor anderweitig Kenntnis erlangt hat.]*

222   § 3 MaBV schreibt eine konstitutive Mitteilung vor. Ansonsten kann eine solche für den Notar zu Komplikationen führen, weil sie ausschließlich ihm die Verantwortung aufbürdet für
– den nachweisbaren Zugang der Fälligkeitsmitteilung,
– erneute Fälligkeitsmitteilung nach Verlängerung eines befristeten Treuhandauftrags,[335]
– die Beurteilung unerwarteter Störungen des Vertrags, zB durch Auflagen, mit denen Genehmigungen versehen sind, Eintragung von Rechten nach der Eigentumsvormerkung (→ Rn. 409).

223   Seit 1.1.2002 ist die Fälligkeitsmitteilung des Notars – gleichgültig, ob konstitutiv oder deklaratorisch – ein verzugsbegründendes Ereignis iSd § 286 Abs. 2 Nr. 2 BGB, wenn seine weiteren Voraussetzungen erfüllt sind (dazu → Rn. 221). Verzug begründen kann wegen § 286 Abs. 4 BGB nur der Zugang, nicht Fiktionen, die ihn ersetzen oder vorverlagern (zB Frist ab Datum des Schreibens des Notars); solche sind als AGB und im Verbrauchervertrag ohnehin unwirksam (§§ 308 Nr. 6, 309 Nr. 12a, 310 Abs. 3 BGB).

224   Für die Fälligkeitsmitteilung genügt einfacher Brief.[336] Da es entgegen dem BGH[337] die ideale Versendungsart nicht gibt, sollte der Notar diese im Kaufvertragstext wiedergeben.[338] Für die Fälligkeitsmitteilung erhält der Notar die Betreuungsgebühr nach Nr. 22200 KV GNotKG.

224a   Gleich, ob konstitutive oder deklaratorische Mitteilung: Die notarielle Fälligkeitsmitteilung bzw. die dort genannten Voraussetzungen bedeuten zwar eine Bestimmung des Leistungszeitpunktes iSv § 271 Abs. 1 BGB, aber regelmäßig **keine Abbedingung des § 320**

---

[333] Vgl. *Schilling* ZNotP 2004, 142.
[334] Vgl. OLG Düsseldorf DNotI-Report 2001, 85.
[335] Vgl. OLG Düsseldorf DNotI-Report 2001, 85.
[336] LG Berlin DNotI-Report 2003, 135 mwN.
[337] MittBayNot 2005, 395 mAnm *Lichtenwimmer.*
[338] Vgl. DNotI-Report 2007, 84.

BGB. Sollten zB nach Vertragsschluss, aber vor Zahlung Mängel auftreten und die Haftung hierfür unklar sein, wird dies durch die notarielle Fälligkeitsmitteilung bzw. die vereinbarten Fälligkeitsvoraussetzungen nicht überspielt. Das Gleiche gilt für auftretende Rechtsmängel (es stellt sich eine Vermietung heraus oder der Vertragsgegenstand wird mit Zwischeneintragungen im Grundbuch belastet, selbst wenn diese im Rang nach der Vormerkung erfolgen – der Käufer hat gleichwohl einen Anspruch auf lastenfreie Eigentumsverschaffung). Auch fällt die Räumung des Vertragsobjekts hierunter, wenn und soweit bewegliche Sachen nicht mitverkauft sind, da dies Teil der Besitzverschaffungsverpflicht des Verkäufers ist; es empfiehlt sich selbstverständlich, gleichwohl Passagen zur Räumung explizit in den Kaufvertrag aufzunehmen.

IX. Sicherung der Kaufpreiszahlung, Verzug, Zwangsvollstreckungsunterwerfung, Rücktritt

Der Verkäufer ist daran interessiert, möglichst schnell nach Abschluss des Vertrages den Kaufpreis zu erhalten. Das Sicherungsinteresse des Käufers verlangt, dass der Kaufpreis erst nach Eintritt bestimmter Voraussetzungen fällig wird. Das Sicherungsinteresse des Verkäufers gebietet es, dass nach Eintritt der Kaufpreisfälligkeitsvoraussetzungen der Vertrag Zug um Zug abgewickelt wird, also die Verschaffung des Besitzes (Übergabe) und der Übergang des Eigentums erst mit Kaufpreiszahlung erfolgen. Zahlt der Käufer den Kaufpreis nicht rechtzeitig, kann der Verkäufer Ersatz des Verzugsschadens verlangen und, nachdem er dem Käufer (erfolglos) eine angemessene Frist zur Zahlung bestimmt hat, nach § 323 BGB vom Vertrag zurücktreten. **225**

In erster Linie interessiert den Verkäufer eine Sicherung seines Erfüllungsanspruchs. Die Vollstreckungsmöglichkeit aus der notariellen Urkunde verstärkt die Rechtsstellung des Verkäufers, ohne den Käufer unangemessen zu benachteiligen. **226**

Checkliste: Sicherung des Verkäufers für den Fall, dass der Käufer den Kaufpreis nicht oder nicht pünktlich zahlt **227**

(1) Eigentumsumschreibung erst nach Kaufpreiszahlung (→ Rn. 447 ff.); anderenfalls Belehrungspflicht des Notars über die Risiken einer ungesicherten Vorleistung[339]

(2) Verzug des Käufers ohne das Erfordernis der Mahnung mit Zugang der Fälligkeitsmitteilung des Notars

(3) Zwangsvollstreckungsunterwerfung in der Urkunde, § 794 Abs. 1 Nr. 5 ZPO (→ Rn. 245 ff.); Stellung werthaltiger (Rang!) dinglicher Sicherheiten durch den Käufer auf anderen Objekten als dem Kaufobjekt

(4) In Einzelfällen: Vereinbarung einer höheren Verzugsschadenspauschale und/oder eines vertraglichen Rücktrittsrechts mit abweichenden Voraussetzungen und/oder Rechtsfolgen

(5) Nachweis des Eigenkapitals und der Finanzierung (qualifizierte Finanzierungsbestätigung einer Bank) vor Abschluss des Vertrages

(6) Stellung von Zahlungssicherheiten (Bürgschaft) durch Dritte; Schuldbeitritt ohne oder gar mit Vollstreckungsunterwerfung

(7) Ist die Kaufpreisfälligkeit hinausgeschoben (der Verkäufer nutzt bis zu diesem Zeitpunkt das Kaufobjekt weiter), will der Käufer vor Kaufpreiszahlung Renovierungsarbeiten am Kaufobjekt ausführen oder soll der Besitz vor Kaufpreiszahlung übergehen: Anzahlung auf den Kaufpreis: entweder sofortige Hinterlegung auf Anderkonto oder Zahlung an den Verkäufer nach einer Mitteilung des Notars, dass er die Eintragung der Vormerkung beantragt und sich bei Antragstellung davon überzeugt hat, dass die Vormerkung die bedungene Rangstelle erhält, weiterhin sichergestellt ist, dass der

---

[339] OLG Rostock DNotZ 1996, 123.

Restkaufpreis zur Ablösung der dinglich gesicherten Darlehensverbindlichkeiten des Verkäufers ausreicht (Bestätigung der Bank)

(8) Besitzübergang erst nach Kaufpreiszahlung oder Kaufpreishinterlegung (wenn hinreichende Wahrscheinlichkeit für den späteren Eintritt der Auszahlungsvoraussetzungen besteht)

(9) Sicherstellung der Löschung der Vormerkung bei Nichtdurchführung des Vertrages (→ Rn. 424 ff.) sowie der Löschung etwaiger Finanzierungsgrundpfandrechte des Käufers (Herausgabeanspruch aufgrund eingeschränkter Sicherungsabrede)

228 **1. Verzug.** Leistet der Schuldner bei Fälligkeit nicht, verletzt er eine Pflicht aus dem Schuldverhältnis und ist dem Gläubiger zum Ersatz des hierdurch entstehenden Schadens verpflichtet, es sei denn, er hat die Pflichtverletzung nicht zu vertreten (§ 280 Abs. 1 BGB). Schadensersatz wegen Verzögerung der Leistung kann der Gläubiger nur unter der zusätzlichen Voraussetzung des § 286 BGB verlangen (§ 280 Abs. 2 BGB). Der Verzug des Schuldners setzt einen durchsetzbaren und fälligen Anspruch des Gläubigers und Mahnung voraus. Steht dem Käufer wegen eines Sachmangels die Einrede des nicht erfüllten Vertrags zu (§ 320 BGB) und verweigert er die Zahlung des Kaufpreises, kommt er nicht in Verzug.

229 Die Mahnung ist die an den Schuldner gerichtete Aufforderung des Gläubigers, die geschuldete Leistung zu erbringen. Sie muss nach Fälligkeit erfolgen, vorher ausgesprochen ist sie wirkungslos. Eine Fristsetzung ist nicht erforderlich. Eine Fristbestimmung iSd § 281 Abs. 1 BGB oder § 323 Abs. 1 BGB ist stets auch Mahnung iSd § 286 Abs. 1 BGB. Der Mahnung stehen die Erhebung der Klage auf die Leistung sowie die Zustellung eines Mahnbescheides im Mahnverfahren gleich.

230 Die Mahnung ist entbehrlich, wenn vertraglich für die Leistung eine Zeit nach dem Kalender bestimmt ist. Bei Grundstückskaufverträgen kommt eine Kaufpreiszahlung zu einem bestimmten Kalendertag nur bei Hinterlegung auf Anderkonto in Betracht und auch nur dann, wenn keine Hinterlegungsvoraussetzungen vereinbart sind, zB Eingang der Genehmigung eines vollmachtlos vertretenen Vertragsteils. Hier ist – wie bei direkter Kaufpreiszahlung – auf die Fälligkeitsmitteilung des Notars als verzugsbegründendes Ereignis abzustellen.

231 **Formulierungsbeispiel: Fälligkeitsregelung bei Einzahlung in Anderkonto**

🔔 Der Kaufpreis ist fällig am *** und zu hinterlegen auf das Anderkonto des Notars ***. Der Käufer kommt in Verzug, wenn er den Kaufpreis bei Fälligkeit nicht zahlt. Der Notar hat die Beteiligten darauf hingewiesen, dass der gesetzliche Verzugszinssatz für das Jahr fünf Prozentpunkte über dem Basiszinssatz beträgt.

232 Sind beide Vertragsparteien Unternehmer iSd § 14 BGB, beträgt der Zinssatz neun Prozentpunkte über dem Basiszinssatz, § 288 Abs. 2 BGB. Der Basiszinssatz wird gemäß § 247 BGB jeweils zum 1.1. und 1.7. eines Jahres durch die Deutsche Bundesbank neu festgelegt (→ Rn. 240).

233 Kommt der Verkäufer seiner Verpflichtung nicht nach, das Kaufobjekt bis zu einem bestimmten Datum zu räumen, kommt er ebenfalls ohne Mahnung in Verzug. Der Käufer kann Schadensersatz wegen Verzögerung der Leistung nach §§ 280 Abs. 1, 286 BGB verlangen.

234 Bei **direkter Kaufpreiszahlung** bestimmt der Vertrag in aller Regel, dass der Kaufpreis (frühestens) zu einem bestimmten Datum fällig ist, „jedoch nicht vor Ablauf von … Tagen nach Zugang einer schriftlichen Mitteilung des Notars an den Käufer, dass folgende Voraussetzungen erfüllt sind …".

235 Nach § 286 Abs. 2 Nr. 2 BGB ist eine Mahnung nicht erforderlich, wenn der Leistung ein Ereignis vorauszugehen hat und eine angemessene Frist für die Leistung in der Weise

bestimmt ist, dass sie sich von dem Ereignis an nach dem Kalender berechnen lässt. Unbestritten ist, dass die Fälligkeitsmitteilung des Notars als „Ereignis" für den Verzug vereinbart werden kann.[340] Abzustellen ist auf den Zugang der Mitteilung beim Käufer, nicht auf die Absendung durch den Notar. Vor dem Zugang der Mitteilung kommt der Schuldner nicht in Verzug, weil die Kaufpreiszahlung infolge eines Umstands unterbleibt, den er nicht zu vertreten hat (§ 286 Abs. 4 BGB); Verzug tritt dann erst nach Mahnung ein.[341] Die Frist von einer Woche ist für die Geldschuld eine „angemessene Zeit für die Leistung", da der Käufer auch dann rechtzeitig zahlt, wenn der Überweisungsauftrag vor Fristablauf bei der Bank eingeht und auf dem Konto Deckung vorhanden ist. Wird für die Fälligkeit der Zahlung auf die Gutschrift beim Verkäuferkonto abgestellt, sollte die Frist um drei Tage verlängert werden. Nach § 675s Abs. 1 S. 1 BGB ist die Bank verpflichtet, eine inländische Überweisung spätestens am Ende des auf den Zugangszeitpunkt des Zahlungsauftrags folgenden Geschäftstags auf das Konto des Begünstigten zu bewirken.

Formulierungsbeispiel: Verzug   236

Der Käufer kommt in Verzug, wenn er den Kaufpreis nicht innerhalb einer Woche nach Zugang der Mitteilung des Notars zahlt, jedoch nicht vor dem vereinbarten Fälligkeitsdatum. Der Notar hat die Beteiligten darauf hingewiesen, dass der gesetzliche Verzugszinssatz für das Jahr fünf Prozentpunkte über dem Basiszinssatz beträgt.

Verpflichtet sich der Verkäufer zur Räumung des Kaufobjekts vor Zahlung des Kaufpreises, kann diese weitere Fälligkeitsvoraussetzung als verzugsbegründendes Ereignis vereinbart werden. „Ereignis" ist aber nur eine Handlung oder ein anderer sinnlich wahrnehmbarer Umstand,[342] der Käufer muss also Kenntnis von der Räumung durch Mitteilung des Verkäufers erhalten. Nichts anderes gilt, wenn die Fälligkeit des Kaufpreises davon abhängig ist, dass das Kaufobjekt mietfrei übergeben werden kann.   237

Formulierungsbeispiel: Fälligkeit bei zusätzlichen Voraussetzungen (Räumung)   238

Der Kaufpreis muss zur Vermeidung der Verzugsfolgen innerhalb von vierzehn Tagen gutgeschrieben sein, nachdem die beiden nachgenannten Umstände eingetreten sind:
1. dem Käufer ist die Bestätigung des Notars (Versand per Einwurf-Einschreiben) zugegangen, dass
   a) die Eigentumsvormerkung im Grundbuch eingetragen ist,
   b) dem Notar hinsichtlich der gesetzlichen Vorkaufsrechte nach dem BauGB eine gesiegelte Erklärung der zuständigen Gebietskörperschaft vorliegt, wonach solche Vorkaufsrechte nicht bestehen oder zum gegenwärtigen Kauf nicht ausgeübt werden, und
   c) der Notar in grundbuchtauglicher Form über alle Unterlagen verfügt zur Freistellung von solchen Belastungen, die im Grundbuch vor oder mit der Vormerkung eingetragen und vom Käufer nicht zu übernehmen sind. Ihre Verwendung darf allenfalls von Zahlungsauflagen abhängig sein, für die der Kaufpreis ausreicht. Der Notar wird allseits bevollmächtigt, diese Unterlagen anzufordern, für alle am Vertrag und dessen Finanzierung Beteiligten auch gemäß § 875 Abs. 2 BGB entgegenzunehmen und zu verwenden;
2. der Verkäufer hat dem Käufer wahrheitsgemäß in Textform mitgeteilt, dass die vereinbarte Räumung des Anwesens erfolgt ist, sodass dieses bei Besitzübergang grob gereinigt übergeben werden kann. Diese Fälligkeitsvoraussetzung prüft und beschei-

---

[340] *Hertel* DNotZ 2001, 915.
[341] BGH NJW-RR 2003, 1238.
[342] Palandt/*Grüneberg* BGB § 286 Rn. 21.

> nigt der Notar nicht; der Verkäufer muss jedoch dem Käufer Gelegenheit geben, sich
> von der vertragsgemäßen Räumung zu überzeugen.

239   Der Mahnung bedarf es auch nicht, wenn der Schuldner die Leistung ernsthaft und
endgültig verweigert, oder aus besonderen Gründen unter Abwägung der beiderseitigen
Interessen der sofortige Eintritt des Verzugs gerechtfertigt ist (§ 286 Abs. 2 Nr. 3, Nr. 4
BGB). Der Ablauf einer 30-Tages-Frist nach Rechnungszugang ist nach § 286 Abs. 3
BGB nur noch ein weiterer den Verzug begründender Tatbestand („Spätestensverzug")
und für den Grundstückskaufvertrag ohne Bedeutung.

240   Die Höhe der gesetzlichen Verzugszinsen bei einer Geldschuld, beläuft sich auf fünf
Prozentpunkte über dem jeweiligen, (zum 1.1. und 1.7. eines Jahres neu bekannt gemachten) Basiszinssatz nach § 247 BGB (bei Verträgen, an denen ausschließlich Unternehmer beteiligt sind, neun Prozentpunkte über dem jeweiligen Basiszinssatz). Dies wird
von den Vertragsbeteiligten in aller Regel als ausreichend angesehen. Der Verzugszins
steht dem Gläubiger als objektiver Mindestschaden zu; ob dem Gläubiger tatsächlich ein
Schaden entstanden ist oder nicht, ist gleichgültig. § 288 BGB lässt den Gegenbeweis
nicht zu, dass dem Gläubiger kein oder ein geringerer Schaden entstanden ist. Neben
dem Mindestschaden nach § 288 Abs. 1, Abs. 2 BGB kann der Gläubiger einen weiteren
Schaden geltend machen, der beim Verkäufer insbesondere in der Aufwendung von höheren Kreditzinsen entstehen kann, § 288 Abs. 4 BGB. Die Vereinbarung eines höheren
als des gesetzlichen Verzugszinssatzes als Pauschalierung des Verzugsschadens ist im Individualvertrag zulässig; beim Formular-/Verbrauchervertrag ist das Klauselverbot des § 309
Nr. 5 lit. b BGB zu beachten, wonach dem anderen Vertragsteil **ausdrücklich** der Nachweis eines geringeren Schadens gestattet werden muss. Im Formular-/Verbrauchervertrag
ist nach § 309 Nr. 6 BGB die Vereinbarung einer vom Käufer zu zahlenden Vertragsstrafe
im Falle des Zahlungsverzugs unwirksam.

---

241   **Formulierungsbeispiel: Verzugszinsen**

Bei Verzug ist der Kaufpreis mit *** vom Hundert jährlich zu verzinsen. Dem Käufer
bleibt der Nachweis eines geringeren Schadens, dem Verkäufer der Nachweis eines höheren Schadens vorbehalten.

---

242   In kaufvertraglichen Fälligkeitsregelungen liegt der Natur nach eine zinslose Stundung
der (sonst gemäß § 271 Abs. 1 BGB) sofort fälligen Kaufpreisschuld bis zum Eintritt und
zum Nachweis bestimmter, den Käufer absichernder Ereignisse. Eine Verzinsung des
Kaufpreises ab seiner Fälligkeit (**„Fälligkeitszinsen"**), also Eintritt des auslösenden Umstandes, während der Erfüllungsfrist bis zur tatsächlichen Entrichtung (zu unterscheiden
von der Verzugsverzinsung) wird zwar bei einem beiderseitigen Handelsgeschäft vermutet
(§ 353 S. 1 HGB, Höhe: 5% gemäß § 352 Abs. 1 S. 1 HGB). Außerhalb dieses Anwendungsbereichs sind Fälligkeitszinsen ungebräuchlich, wenn auch im Individualvertrag bei
ausreichend klarer Regelung zulässig; im Formular- oder Verbraucherverträgen verstoßen
sie vor Besitzübergang – also solange es sich nicht um Nutzungszinsen, § 452 BGB aF,
handelt (dh Zinsen ab Besitzübergang, die auch in AGB zulässig sind)[343] – gegen § 309
Nr. 4 BGB (Erfordernis der Mahnung) bzw. gegen die Generalklausel des § 307 Abs. 2
Nr. 1 BGB.

243   In Bezug auf die Verpflichtung des Verkäufers zur Räumung des Vertragsobjektes empfehlen sich pauschalierte (idR am doppelten Mietwert orientierte) Ausgleichsvereinbarun-
gen, ebenso die Vereinbarung eines Termins, bei dessen Überschreitung die Pflichtverletzung „nicht nur unerheblich" iSd § 323 Abs. 5 S. 2 BGB ist:

---

[343] LG Göttingen NJW-RR 2001, 64.

> **Formulierungsbeispiel: Räumungsverpflichtung** 244
>
> Der Verkäufer verpflichtet sich, die Wohnung bis zum 31.8.*** vollständig zu räumen.
> Wegen seiner Verpflichtung zur Räumung (Auszug und Entfernung aller nicht mit ver-
> kauften Gegenstände) unterwirft sich der Verkäufer der sofortigen Zwangsvollstreckung
> aus dieser Urkunde. Dem Käufer kann ab dem 31.8.*** auf Antrag ohne weitere
> Nachweise vollstreckbare Ausfertigung erteilt werden. Bei Überschreitung der Frist
> schuldet der Verkäufer unabhängig von seinem Verschulden für jede angefangene Wo-
> che im Voraus einen Betrag von *** EUR.
>
> Diese Beträge sind, sofern die erteilten Auflagen zur Lastenfreistellung noch erfüllbar
> bleiben, bei Fälligkeit vom Kaufpreis in Abzug zu bringen. Die Verpflichtung zur Räu-
> mung besteht fort. Der Nachweis eines höheren oder geringeren Schadens bleibt bei-
> derseits vorbehalten; ebenso weiter gehende Ansprüche auf Schadensersatz bei Ver-
> schulden. Ab einer Fristüberschreitung von *** Wochen kann der Käufer ferner vom
> Vertrag zurücktreten.

2. Zwangsvollstreckungsunterwerfung. Die Erklärung der Zwangsvollstreckungsun- 245
terwerfung selbst ist gemäß § 794 Abs. 1 Nr. 5 ZPO beurkundungsbedürftig, nicht dagegen die (widerrufliche) **Vollmacht** zur Unterwerfung (§§ 80 ff. ZPO)[344] oder die Verpflichtung hierzu.[345] Für die Vollmacht zur Vollstreckungsunterwerfung gelten weder § 79
ZPO[346] noch § 10 FamFG.[347] Hat ein Vertreter die Unterwerfung des Schuldners unter
die sofortige Zwangsvollstreckung erklärt, ist die Zwangsvollstreckung nur zulässig, wenn
die Vollmacht des Vertreters oder – bei vollmachtslosem Handeln – die Genehmigung
von dessen Erklärungen seitens des Vertretenen durch öffentlich oder öffentlich beglaubigte Urkunden dem Schuldner zugestellt worden sind oder spätestens mit dem Beginn
der Vollstreckung zugestellt werden (§ 750 Abs. 1 ZPO).[348] Gleiches gilt bei Gesamtrechtsnachfolge im Falle einer Klauselumschreibung (§ 727 ZPO), hinsichtlich der Nachweise, aus denen sich die Berechtigung des nunmehrigen Gläubigers ergibt,[349] bspw. Registerauszügen[350] (es sei denn, die Offenkundigkeit der Rechtsnachfolge für die
klauselerteilende Stelle wurde gemäß § 727 Abs. 2 ZPO im Klauseltext erwähnt[351]) oder
einer Bescheinigung des Notars iSd § 21 BNotO.[352]

Der Notar ist grundsätzlich nicht verpflichtet, den Verkäufer auf die Möglichkeit hin- 246
zuweisen, eine Unterwerfungsklausel unter die sofortige Zwangsvollstreckung (§ 794
Abs. 1 Nr. 5 ZPO) in die Urkunde aufzunehmen (anders jedoch dann, wenn ein Teil des
Kaufpreises erst nach Eigentumsumschreibung gezahlt werden soll).[353] Die Kritik an der
Praxis der Vollstreckungsunterwerfung verkennt, dass das Synallagma der Vertragsabwicklung empfindlich gestört würde, „wenn der Verkäufer, der sich vertraglich gebunden hat
und mit Bewilligung der Vormerkung auch vorgeleistet hat, auf die im Erkenntnisverfahren mit quälender Langsamkeit arbeitenden Mühlen der Justiz verwiesen würde".[354] Soweit der Eintritt der Fälligkeitsvoraussetzungen nicht vom Notar überwacht wird (zB

---

[344] BGH DNotZ 2004, 360.
[345] BGH MittBayNot 2008, 204.
[346] *Lindemeier* RNotZ 2009, 37.
[347] *Grziwotz* ZfIR 2008, 821.
[348] BGH MittBayNot 2007, 337 mAnm *Bolkart.*
[349] Sogar im laufenden Vollstreckungsverfahren, vgl. BGH ZNotP 2007, 192.
[350] BGH DNotZ 2013, 190 mAnm *Wolfsteiner* = ZfIR 2013, 103 mAnm *Hertel; Dieckmann* notar 2013, 179.
[351] Allein aufgrund der Eintragung in öffentlichen Registern ergibt sich die Offenkundigkeit nicht, da sonst § 799 ZPO überflüssig wäre, aA offensichtlich *Wolfsteiner* DNotZ 2013, 196 und wohl auch LG Bonn RNotZ 2015, 368: Offenkundigkeit der Rechtsnachfolge kann sich aus www.handelsregister.de ergeben.
[352] Auch diese muss (entgegen BGH DNotZ 2013, 190 mAnm *Wolfsteiner*) genügen, da sie gemäß § 21 Abs. 1 S. 2 BNotO einem gerichtlichen Zeugnis gleichwertig ist, ebenso *Volmer* MittbayNot 2013, 166.
[353] OLG Düsseldorf MittBayNot 1977, 250.
[354] *Wolfsteiner* DNotZ 1990, 531 (549) mN der Rspr.

Räumung des Hauses durch den Verkäufer), ist eine Anweisung der Beteiligten, auch **ohne Nachweis** der Fälligkeit dem Verkäufer vollstreckbare Ausfertigung zu erteilen, unverzichtbar, da andernfalls die Vollstreckungsunterwerfung sinnlos wäre. Außerhalb des Anwendungsbereichs der §§ 3, 12 MaBV[355] und bei anderen als Werkverträgen[356] bestehen hiergegen keine Bedenken, auch nicht im **Formular- oder Verbrauchervertrag,** auch nicht gestützt auf Erwägungsgrund „q" der EG-Richtlinie 93/13.[357]

247   Unterwerfungsfähig sind nach § 794 Abs. 1 Nr. 5 ZPO neben Zahlungsansprüchen insbesondere Räumungs- und Herausgabeansprüche sowie Ansprüche auf Vornahme vertretbarer wie unvertretbarer Handlungen, insbesondere auf eine Werkleistung. Ausgenommen sind Ansprüche, die auf Abgabe einer Willenserklärung gerichtet sind oder den Bestand eines Mietverhältnisses über Wohnraum betreffen. Andere Mietverhältnisse als solche über Wohnraum fallen nicht unter die Beschränkung.[358] Da nach der amtlichen Begründung durch die Neuregelung „Waffengleichheit" hergestellt werden soll, werden die Notare, soweit sich der Käufer wegen der Zahlung des Kaufpreises der sofortigen Zwangsvollstreckung unterwerfen soll, darauf hinwirken, dass auch der Käufer etwa für seinen Anspruch auf Räumung oder Vornahme von Renovierungsarbeiten einen Vollstreckungstitel erhält.

248   Grundsätzlich gilt, dass bei Vorliegen der formellen Voraussetzungen der Notar die Erteilung einer vollstreckbaren Ausfertigung nur verweigern kann, wenn zweifelsfrei feststeht, dass der titulierte Anspruch nicht besteht. Ein solcher Ausnahmefall liegt nicht vor, wenn der Gläubiger zunächst die Erfüllung bestätigt, diese aber im Klauselerteilungsverfahren bestreitet.[359] Der Notar kann die Erteilung einer vollstreckbaren Ausfertigung ablehnen, wenn durch öffentliche oder öffentlich beglaubigte Urkunden nachgewiesen oder sonst für ihn offenkundig ist, dass der materielle Anspruch nicht (mehr) besteht, zB nach Hinterlegung des Kaufpreises auf Anderkonto.[360]

249   **Formulierungsbeispiel: Vollstreckungsunterwerfung wegen Kaufpreiszahlung**

Der Käufer unterwirft sich wegen der Verpflichtung zur Zahlung des Kaufpreises samt Zinsen hieraus in Höhe von 5 [*Alt.:* 9] Prozentpunkten über dem Basiszinssatz ab dem Datum der Erteilung der vollstreckbaren Ausfertigung dem Verkäufer gegenüber der sofortigen Zwangsvollstreckung aus dieser Urkunde. Dem Verkäufer kann jederzeit ohne Nachweis der die Fälligkeit der Forderung begründenden Tatsachen vollstreckbare Ausfertigung dieser Urkunde erteilt werden, jedoch nicht vor Eintritt der vom Notar zu überwachenden Fälligkeitsvoraussetzungen.

250   Der Schuldner muss sich in der Urkunde wegen des „zu bezeichnenden Anspruchs" der sofortigen Zwangsvollstreckung unterwerfen. Unzulässig sind danach pauschale Unterwerfungserklärungen wegen „aller in dieser Urkunde enthaltenen, der Zwangsvollstreckungsunterwerfung zugänglichen Ansprüche".[361]

251   Wenn auch **Verzugszinsen** in die Vollstreckungsunterwerfung einbezogen werden sollen, muss deren Höhe allein aus der Urkunde und dem Gesetz heraus bestimmbar sein, und der Zinsbeginn sich aus der Urkunde ohne Weiteres ergeben.[362] Abgestellt werden könnte etwa auf die gesetzlichen Verzugszinsen (wobei anzugeben ist, ob § 288 Abs. 1 oder Abs. 2 BGB maßgeblich ist, also fünf oder neun Prozentpunkte über dem Basiszinssatz geschuldet sind) oder aber auf einen abstrakt anzuerkennenden Zinssatz, der auch die gemäß § 288 Abs. 3 BGB aus einem anderen Rechtsgrund möglicherweise geschuldeten höheren Zinsen

---

[355] BGH MittBayNot 1998, 458.
[356] BGH NJW 2002, 138; OLG München MittBayNot 2009, 462.
[357] *Krauß* Immobilienkaufverträge Rn. 1872.
[358] *Wolfsteiner* DNotZ 1999, 306.
[359] BayObLG DNotZ 2000, 368.
[360] BayObLG DNotZ 1998, 194; DNotZ 2000, 368; *Winkler* BeurkG § 52 Rn. 18.
[361] BGH DNotZ 2013, 120.
[362] BGH ZIP 1999, 2024.

abdeckt. Bezüglich des **Verzinsungsbeginns**[363] kann zugrunde gelegt werden das Datum der Beurkundung oder aber – so die moderne Praxis – das Datum der Erteilung einer vollstreckbaren Ausfertigung oder aber ein anderer kalendermäßig berechenbarer Termin (zB ein Monat nach Beurkundung), auch wenn dadurch der vollstreckbare Anspruch vermutlich weiter gefasst sein wird als die gesicherte Forderung selbst.

Ist der Kaufpreis auf Anderkonto zu hinterlegen, hat der Notar dies bei der Erteilung 252 der Vollstreckungsklausel zu vermerken, ebenso wenn ein Teil des Kaufpreises „zweckgebunden" an abzulösende Gläubiger des Verkäufers zu entrichen ist.

Formulierungsbeispiel: Vollstreckungsklausel bei Anderkonto/Ablösegläubigern 252a

Vorstehende, mit der Urschrift übereinstimmende Ausfertigung wird hiermit dem Verkäufer zum Zwecke der Zwangsvollstreckung gegen den Käufer wegen des in § *** der Urkunde bezifferten Kaufpreises samt Verzugszinsen in Höhe von 5 [*Alt.:* 9] Prozentpunkten über dem Basiszinssatz hieraus ab heute erteilt, allerdings nur zum Zwecke der Gutschrift auf Konto *** [*Konto-Nr. des Zielkontos/des Anderkontos*]. [*Alt.:* ... allerdings in Höhe von *** EUR zuzüglich Tageszinsen von *** EUR ab dem *** bis zum Zahlungseingang nur zum Zwecke der Gutschrift auf Konto *** [*Konto-Nr. des Ablösegläubigers*] unter Angabe des Az. ***.]

---

3. Rücktritt. Das Schuldrechtsmodernisierungsgesetz hat die Voraussetzungen für den 253 Rücktritt des Gläubigers vom Vertrag gegenüber dem früheren Recht (§ 326 BGB aF) erleichtert. Der Gläubiger ist auch dann zum Rücktritt berechtigt, wenn der Schuldner die Pflichtverletzung (Nichtleistung oder nicht vertragsgemäße Leistung) nicht zu vertreten hat. Jede Pflichtverletzung (bei nicht vertragsgemäßer Bewirkung der Leistung: soweit sie nicht unerheblich ist, § 323 Abs. 5 S. 2 BGB) berechtigt zum Rücktritt. Voraussetzung für den Rücktritt ist neben der Pflichtverletzung nur der erfolglose Ablauf einer dem Schuldner gesetzten angemessenen Frist.[364]

Daher besteht für die Vereinbarung eines vertraglichen Rücktrittsrechts, bei dem auf 254 das Erfordernis der Fristsetzung verzichtet wird, nur noch in Ausnahmefällen Anlass, etwa wenn fraglich sein kann, ob die Pflichtverletzung nicht „nur unerheblich" iSd § 323 Abs. 5 S. 2 BGB ist (zB Nichtzahlung lediglich der Grunderwerbsteuer durch den Käufer: Kann der als gesetzlicher Zweitschuldner in Anspruch genommene Verkäufer bereits gemäß § 323 BGB zurücktreten, so dass die Grunderwerbsteuerschuld gemäß § 16 GrEStG wieder entfällt? Im Zweifel empfiehlt sich ein vertragliches Rücktrittsrecht). Nach § 437 Nr. 2 BGB kann der Käufer unter den Voraussetzungen des § 323 BGB, also nach erfolgloser Fristsetzung zur Nacherfüllung, vom Kaufvertrag auch wegen eines Sach- oder Rechtsmangels zurücktreten. Erklärt der Gläubiger den Rücktritt, ist nach § 325 BGB ein Anspruch auf Schadensersatz nicht (mehr wie vor der Schuldrechtsreform) ausgeschlossen.

Während nach dem früheren Recht häufig eine sachliche Berechtigung bestand, über 255 ein vertragliches Rücktrittsrecht dem Verkäufer den Rücktritt zu erleichtern, dürfte nach dem neuen Recht eher die Notwendigkeit bestehen, über das Schriftformerfordernis für Fristsetzung und Rücktritt und Vereinbarung einer ausreichend langen, bestimmten Frist den Verkäufer vor einem unbedachten Rücktritt und den Käufer vor den gravierenden Folgen des Rücktritts (und vor allem der Schadensersatzpflicht) zu schützen.

Formulierungsbeispiel: Nachfristsetzung bei Verzug mit Kaufpreiszahlung 256

Zahlt der Käufer den Kaufpreis bei Fälligkeit nicht, kann der Verkäufer vom Kaufvertrag zurücktreten, wenn er dem Käufer erfolglos eine Frist von 14 Tagen zur Zahlung be-

---

[363] BGH DNotZ 2001, 379.
[364] Zu den Pflichten des Rückgewährschuldners, insbesondere auf Wertersatz nach § 346 Abs. 1 S. 2 Nr. 2 BGB: BGH ZNotP 2008, 492.

stimmt hat. Fristsetzung und Rücktritt bedürfen der Schriftform. Der Notar hat den Käufer darauf hingewiesen, dass der Verkäufer auch bei Ausübung des Rücktrittsrechtes Schadensersatz verlangen kann.

257   Die Festlegung einer Mindestdauer der Frist schützt insbesondere den zahlungswilligen Käufer bei Auszahlungsschwierigkeiten der finanzierenden Bank, die Schriftform schützt den Verkäufer vor einer übereilten Erklärung, die zum Verlust seines Erfüllungsanspruchs (Anspruch auf Zahlung des Kaufpreises) und seines Vollstreckungstitels aus der notariellen Urkunde führt (§ 309 Nr. 13 lit. b BGB gilt nicht für notariell zu beurkundende Verträge, so dass auch in AGB zu Lasten des Verbrauchers Schriftform verlangt werden kann). Da der Verkäufer ohne Mahnung (aufgrund der Fälligkeitsmitteilung des Notars) Verzugszinsen verlangen kann, ist für ihn eine Frist von 14 Tagen nicht unzumutbar. Angemessen ist bereits eine Frist von einer Woche für die Zahlung des Kaufpreises,[365] bei besonderer Eilbedürftigkeit kann sogar eine Frist von zwei Tagen ausreichend sein.[366]

258   Für das Rücktrittsrecht des Käufers bei nicht rechtzeitiger Räumung des Kaufobjekts durch den Verkäufer, die unverschuldet sein kann, etwa weil das eigene Haus vom Bauträger nicht rechtzeitig fertig gestellt wurde, gelten die gleichen Überlegungen. Die Vereinbarung einer Schadenspauschale (Formulierungsbeispiel → Rn. 244), die der Verkäufer bei einem verspäteten Auszug an den Käufer zu zahlen hat, führt zu einer interessengerechten Vertragsgestaltung und erlaubt es, das Rücktrittsrecht des Käufers im Einzelfall für eine weitere zu bestimmende Frist auszuschließen.

259   Im **Formular-/Verbrauchervertrag** kann nach § 309 Nr. 8a BGB das Recht des Käufers als Verbraucher bei einer vom Verkäufer (Verwender oder Unternehmer) zu vertretenden Pflichtverletzung, vom Vertrag zurückzutreten, nicht ausgeschlossen oder eingeschränkt werden (etwas anderes gilt für den Rücktritt wegen eines Mangels der Kaufsache). Verkauft ein Unternehmer an einen Verbraucher eine vermietete Eigentumswohnung zur Eigennutzung mit der Verpflichtung, diese zu einem bestimmten Datum mietfrei und geräumt dem Käufer zu übergeben, oder verpflichtet er sich, bis zu einem bestimmten Zeitpunkt Renovierungsarbeiten auszuführen, kann das Rücktrittsrecht des Käufers bei Verzug des Verkäufers nicht ausgeschlossen werden. Der Ausschluss des „Wandelungsrechtes" ist daher insbesondere in Bauträgerverträgen[367] wie auch in Erwerberverträgen über neu hergestellte oder werkvertraglich sanierte Immobilien[368] unwirksam.

260   Die Vereinbarung eines **vertraglichen** Rücktrittsrechts kann in Sonderfällen für den Verkäufer oder den Käufer unverzichtbar sein. Finanziert der Käufer den Kaufpreis mit öffentlichen Mitteln, muss nach den Wohnungsförderungsbestimmungen im Vertrag ein Rücktrittsrecht für den Fall vereinbart werden, dass die öffentliche Förderung nicht bewilligt wird. Der Verkäufer wird sich ein vertragliches Rücktrittsrecht vorbehalten, wenn er das Grundstück zu einem Zeitpunkt verkauft, zu dem sein Eigentumserwerb aus dem Ankaufsvertrag nicht sichergestellt ist, oder er nicht garantieren kann, dass der Mieter das Kaufobjekt fristgerecht räumt, das der Käufer zur Eigennutzung erwirbt. Besteht ein Altlastenverdacht, wird sich der Käufer ein vertragliches Rücktrittsrecht vorbehalten, falls ein Sachverständigengutachten Altlasten oder schädliche Bodenveränderungen feststellt. Gestaltungshinweise beim Verkauf eines Baugrundstücks gibt *Grziwotz*.[369] Ein Rücktrittsvorbehalt des Verkäufers ist ferner unverzichtbar beim Bestehen eines Vorkaufsrechts nach § 1094 BGB oder des Mietervorkaufsrechts beim Verkauf von Wohnungseigentum nach § 577 BGB.

---

[365] BGH NJW 1985, 323; NJW 1985, 857.
[366] OLG Köln NJW-RR 1993, 949.
[367] BGH DNotZ 2002, 215.
[368] BGH MittBayNot 2007, 210.
[369] ZfIR 2002, 246, vgl. auch *Krauß* Immobilienkaufverträge Rn. 2810 ff.

In den geschilderten Fällen ist auch im Formular-/Verbrauchervertrag ein Rücktrittsvor- 261 behalt zulässig, weil ein sachlich gerechtfertigter Grund vorliegt (§ 308 Nr. 3 BGB).

Regelungsbedürftig ist insbesondere bei einem vertraglichen Rücktrittsrecht, ob der 262 Verkäufer dem Käufer die **Vertragskosten** zu erstatten hat, insbesondere die Notar- und Gerichtsgebühren. Der Käufer, der zu einem privaten Zweck erwirbt, kann die Vertragskosten nach § 284 BGB „anstelle des Schadensersatzes" als Ersatz vergeblicher Aufwendungen nur verlangen, wenn der Verkäufer den Rücktrittsgrund zu vertreten hat. Kann der Verkäufer beweisen, dass er die Pflichtverletzung nicht zu vertreten hat, oder sind im Vertrag Schadensersatzansprüche des Käufers ausgeschlossen bzw. im Verbrauchervertrag auf die Fälle des § 309 Nr. 7 lit. b BGB beschränkt, sehe ich ein Regelungsbedürfnis für die Vertragskosten, die richtigerweise unabhängig von einem Verschulden des Verkäufers dem Käufer zu erstatten sind, falls der Rücktrittsgrund in der Sphäre des Verkäufers liegt. Für den Ersatz der (vergeblichen) Finanzierungskosten des Käufers sollte es dagegen bei der gesetzlichen Regelung bleiben.[370] Der Anspruch auf Erstattung der Notar- und Gerichtskosten ist auch bei einem Rücktritt des Käufers wegen eines Mangels vertraglich zu begründen (entsprechend der früheren Regelung in § 467 S. 2 BGB).

Bei einem vertraglichen Rücktrittsrecht sind zu regeln: 263
- der Rücktrittsgrund, der exakt festzulegen ist;
- Form und Frist der Rücktrittserklärung, insbesondere die Befristung des Rücktrittsrechts bis zu einem bestimmten Zeitpunkt oder nach Eintritt eines bestimmten Ereignisses;
- die Verpflichtung zum Schadensersatz oder Beschränkung des Schadensersatzes auf einen bestimmten Betrag oder Ausschluss von Schadensersatzansprüchen;
- die Vertragskosten;[371]
- die Sicherstellung der Löschung der Vormerkung (→ Rn. 424 ff.).

Ist zugunsten des Käufers, der sich das Recht zum Rücktritt vorbehalten hat, eine Vor- 264 merkung (ohne vom Notar zu bewerkstelligende Löschungsmechanismen) eingetragen, verletzt der Notar seine Amtspflicht, wenn er für den Fall des Rücktritts im Vertrag nicht geregelt hat, dass der hinterlegte Kaufpreis erst an den Käufer zurückgezahlt werden darf, wenn der Käufer Löschungsbewilligung für die Auflassungsvormerkung erteilt hat.[372]

Bei einem vertraglichen Rücktrittsrecht sollte grundsätzlich ein Leistungsaustausch 265 (Kaufpreiszahlung, Besitzübergang) erst erfolgen, wenn feststeht, dass das Rücktrittsrecht nicht ausgeübt wird oder infolge Fristablaufs nicht mehr ausgeübt werden kann oder aber dass die Rückgewähr erhaltener Teilleistungen tatsächlich möglich und ausreichend besichert ist.

D. Finanzierung des Kaufpreises unter Mitwirkung des Verkäufers

Darlehen zur Finanzierung des Kaufpreises erhält der Käufer meist nur, wenn am gekauf- 266 ten Grundstück für seine Bank eine Grundschuld eingetragen wird. Dazu ist der Käufer erst in der Lage, wenn er Eigentümer des Kaufgrundstücks ist (§ 873 Abs. 1 BGB, § 19 GBO). Hierzu muss er in der Regel den gesamten Kaufpreis bezahlen, also über das Bankdarlehen verfügen können. Dieses Dilemma hat die Praxis früher durch **Hinterlegung** des Kaufpreises, insbesondere des **Kaufpreisdarlehens,** auf Notaranderkonto über-

---

[370] *Amann/Brambring/Hertel* S. 499.
[371] Zu den Maklerkosten vgl. OLG Karlsruhe MittBayNot 2005, 130: Courtage entfällt bei Ausübung eines im Vertrag vorbehaltenen vertraglichen freien Rücktrittsrechtes, anders jedoch bei Ausübung eines gesetzlichen – BGH NZM 2005, 711 – oder eines an bestimmte Voraussetzungen gebundenen vertraglichen Rücktrittsrechts, es sei denn, aus Inhalt und Motiv des an bestimmte Umstände anknüpfenden Rücktrittsvorbehalts sollte der Vertrag noch in der Schwebe gehalten werden, wie etwa beim Rücktritt im Fall der Nichtbebaubarkeit: BGH NJW-RR 1998, 1205; vgl. *Bomhard/Voßwinkel* ZfIR 2009, 529 (537).
[372] BGH DNotZ 1988, 383.

wunden. An den Verkäufer ausgezahlt kann dabei der Kaufpreis erst werden, wenn das Eigentum auf den Käufer umgeschrieben und die von ihm bestellte Grundschuld eingetragen ist. Das hat folgende **Nachteile:**

– Die Zeitspanne zwischen der Darlehenslastschrift beim Käufer (Einzahlung auf dem Anderkonto) und der Kaufpreisgutschrift beim Verkäufer (Auszahlung vom Anderkonto) ist relativ lang.
– Eine zwischenzeitliche Pfändung oder Verpfändung des Übereignungsanspruchs des Käufers oder seiner Anwartschaft gefährdet den Rang der bestellten Grundschuld.[373]
– Die Einrichtung eines Notaranderkontos ist unvermeidlich.

267 Diese Nachteile lassen sich vermeiden, indem der Verkäufer bei der Bestellung der Grundschuld mitwirkt, so dass diese unabhängig von der Eigentumsumschreibung schon eingetragen ist, wenn der Kaufpreis fällig wird.

268 Mit diesem verbreiteten Verfahren[374] verbunden, aber weitgehend beherrschbar sind folgende **Risiken:**

– Haftung des Verkäufers mit dem Grundstück für die Darlehensrückzahlung, obwohl er den Kaufpreis nicht erhalten hat;
– Haftung des Verkäufers mit dem Grundstück für Darlehenszinsen und Disagio des Käufers;
– Haftung des Verkäufers für die Kosten der Grundschuldbestellung;
– Pfändung der Rückgewähransprüche durch Gläubiger des Verkäufers, die auf diese Weise nicht valutierte Teile der Grundschuld erlangen können und den Käufer mit Vollstreckung bedrohen können, obwohl er den Kaufpreis bezahlt hat;
– Unbrauchbarkeit der Grundschuld für Finanzierungswünsche, die der Käufer nach Bezahlung des Kaufpreises hat.[375]

269 Der Notar hat diese für die Beteiligten schwer erkennbaren Risiken primär durch vertragliche Vorkehrungen auszuschließen und – soweit die Beteiligten dazu nicht bereit sind – darüber zu belehren.[376]

270 Die Mitwirkungspflicht des Verkäufers und die Vorkehrungen gegen vorstehend aufgeführte Risiken sind bereits in den Kaufvertrag aufzunehmen, nicht erst in die Grundschuldbestellungsurkunde,[377] um § 311b Abs. 1 BGB gerecht zu werden und um den Übereignungsanspruch des Käufers so zu modifizieren, dass solche Grundschulden nicht anspruchswidrig sind und daher etwa durch Pfändung des Übereignungsanspruchs des Käufers erlangte Sicherungshypotheken Dritter nur im Rang danach entstehen können).

271 **Formulierungsbeispiel: Finanzierungsmitwirkung des Verkäufers**

1. Der Verkäufer verpflichtet sich, bei der Bestellung vollstreckbarer (§ 800 ZPO) Buchgrundschulden zugunsten deutscher Kreditinstitute als derzeitiger Eigentümer mitzuwirken. Diese Mitwirkungspflicht besteht nur, wenn in der Grundschuldbestellungsurkunde folgende von den Beteiligten bereits jetzt getroffenen Bestimmungen wiedergegeben werden:

   a) Sicherungsabrede

   Die Grundschuldgläubigerin darf die Grundschuld nur insoweit als Sicherheit verwerten oder behalten, als sie tatsächlich Zahlungen mit Tilgungswirkung auf die Kaufpreisschuld des Käufers geleistet hat. Alle weiteren Zweckerklärungen, Sicherungs- und Verwertungsvereinbarungen innerhalb oder außerhalb dieser Urkunde gelten erst, nachdem der Kaufpreis vollständig bezahlt ist, in jedem Fall ab Eigen-

---

[373] BGH DNotZ 1968, 488; BayObLG DNotZ 1972, 536.
[374] Überblick zB bei *Nodoushani* ZfIR 2017, 305.
[375] BGH DNotZ 1989, 757; DNotZ 1990, 60.
[376] BGH DNotZ 1998, 621; DNotI-Report 1999, 103; NJW 2000, 2110.
[377] So auch *Nodoushani* ZfIR 2017, 305 (307).

tumsumschreibung. Ab dann gelten sie für und gegen den Käufer als neuen Sicherungsgeber.

b) Zahlungsanweisung

Zahlungen sind zu leisten, wie dies in Abschnitt *** dieser Urkunde vereinbart ist.

c) Persönliche Zahlungspflichten, Kosten

Der Verkäufer übernimmt im Zusammenhang mit der Grundschuldbestellung keine persönlichen Zahlungspflichten. Der Käufer hat den Verkäufer von allen Kosten und sonstigen Folgen der Grundschuldbestellung freizustellen.

d) Fortbestand der Grundschuld

Die bestellte Grundschuld darf auch nach Eigentumsumschreibung auf den Käufer bestehen bleiben. Alle Eigentümerrechte und Rückgewähransprüche, die mit ihr zu tun haben, werden hiermit mit Wirkung ab Bezahlung des Kaufpreises, in jedem Fall ab Eigentumsumschreibung, auf den Käufer übertragen. Entsprechende Grundbucheintragung wird bewilligt.

2. Der Verkäufer erteilt dem Käufer Vollmacht, ihn bei allen vorstehenden Rechtshandlungen zu vertreten. Diese

Vollmacht

gilt nur dann, wenn die Grundschuldbestellungsurkunde bei der Notarstelle *** beurkundet oder entworfen wird und in der Bestellungsurkunde die vorstehend unter a), b), c) und d) getroffenen Bestimmungen wiedergegeben werden. Die Vollmacht kann ausgeübt werden, bevor erforderliche Genehmigungen [*Alt. bei Wohnungs- und Teileigentum:* die erforderliche Verwalterzustimmung] erteilt sind.

Anzumerken ist zu diesem Formulierungsvorschlag noch Folgendes: Eine betragsmäßige Beschränkung der Grundschuld ist nicht vorgesehen, so dass sie auch eine über den Kaufpreis hinausgehende Kapitalbelastung des Grundstücks abdeckt.[378] Einen solchen **Höchstbetrag** für die unter Mitwirkung des Verkäufers zu bestellenden Grundschulden vorzusehen, ist möglich, aber häufig unzweckmäßig (Unklarheit über den Finanzierungsbedarf, spätere Investitionen des Käufers). Die fehlende Begrenzung auf einen Höchstbetrag erhöht die Kosten des Kaufvertrags nicht, aber das Haftungsrisiko des Verkäufers (§§ 29, 32 Abs. 1 GNotKG) für die Kosten der Grundschuld.[379] Vor den anderen Gefahren schützt den Verkäufer die in → Rn. 271 enthaltene Sicherungsabrede. **272**

Eigentümergrundschulden einschließlich sonstiger **Briefgrundschulden** sowie Grundschulden für Privatpersonen sind dem Verkäufer wegen der damit verbundenen zusätzlichen Risiken nicht zumutbar,[380] Grundschulden für ausländische Kreditinstitute allenfalls dann, wenn in der Sicherungsabrede (dazu → Rn. 274) zusätzlich[381] die Anwendung deutschen Rechts und die Zuständigkeit deutscher Gerichte ausbedungen wird. **273**

Die eingeschränkte **Sicherungsabrede** (→ Rn. 271) ist das **Kernstück** der gesamten Gestaltung.[382] Der Verkäufer als derzeitiger Eigentümer gibt der Bank die Grundschuld als Sicherheit. Die in der Grundschuld steckende Rechtsmacht darf die Bank nur ausüben, soweit es ihr ein mit dem Sicherungsgeber (Verkäufer) abgeschlossener Sicherungsvertrag erlaubt. Zu diesem Sicherungsvertrag gelangt die Bank nur, wenn sie das entsprechende Vertragsangebot des Verkäufers (ausdrücklich oder schlüssig) annimmt.[383] Die dem Schutz des Verkäufers dienenden Besonderheiten der Sicherungsabrede müssen der Bank verlässlich zur Kenntnis gebracht werden, am besten durch Wiederholung in der Grundschuldurkunde (→ Rn. 289). Kraft dieses Sicherungsvertrages darf die Bank die Grundschuld **274**

---

[378] Vgl. OLG Hamm ZfIR 2017, 332.
[379] Dazu LG Nürnberg-Fürth MittBayNot 2007, 218 mAnm *Fahl.*
[380] *Reithmann/Albrecht* Rn. 581.
[381] Als Vorsorgemaßnahme – vgl. DNotI-Report 2005, 97.
[382] Ertl MittBayNot 1989, 62.
[383] LG Karlsruhe DNotZ 1995, 892 mAnm *Reithmann; Schöner/Stöber* GrundbuchR Rn. 3158.

nur **verwerten** (insbes. die Versteigerung nur betreiben) wegen der Beträge (ohne Zinsen, Disagio), die sie tatsächlich mit Tilgungswirkung auf die Kaufpreisschuld geleistet hat, sei es an den Verkäufer, seinem Gläubiger oder über Notaranderkonto. Scheitert der Kauf, zB weil die anderen Kaufpreisteile nicht bezahlt werden, so darf sie die Grundschuld nicht **behalten,** wenn ihr diese Beträge (ohne Zinsen, Disagio uÄ) zurückerstattet werden; sie muss also Zug um Zug gegen Rückzahlung des auf die Kaufpreisschuld geleisteten Betrags die Löschung bewilligen. Vorkehrungen gegen die Gefahr, dass andere Kaufpreisteile nicht fließen, namentlich die Eigenmittel des Käufers, sind nicht generell praktizierbar, praktisch aber auch nicht nötig, da der kreditierte Teil in der Regel nur ausbezahlt wird, wenn die Eigenmittel geflossen sind oder das Finanzierungsinstitut diese zuvor zur Weiterleitung an den Käufer vereinnahmt hat, zusammen mit dem kreditierten Kaufpreisteil.[384]

275   Dass die Bank einen **weitergehenden Sicherungsvertrag** mit dem Verkäufer und/ oder dem Käufer schließen möchte, ist nicht ungewöhnlich und sollte berücksichtigt werden. Den Verkäufer gefährdet dies nicht mehr, sobald er den gesamten Kaufpreis erhalten hat. Die Bank hat ein legitimes Interesse daran, dann auch die Darlehenszinsen und etwaige weitere Verbindlichkeiten des Käufers dem Schutz der Grundschuld zu unterstellen. Es dient den Interessen aller Beteiligten, das Verhältnis zwischen der engen ursprünglichen und der weiten folgenden Sicherungsabrede und den Zeitpunkt klarzustellen, zu welchem Letztere Erstere ablöst und der Käufer Sicherungsgeber wird. Aus der Sicht des Verkäufers darf dieser Wechsel eintreten, sobald der gesamte Kaufpreis bezahlt ist. Der Bank wird die Arbeit erleichtert, wenn sie sich insoweit auch auf den (in der Regel von der Kaufpreiszahlung abhängigen) Eigentumswechsel verlassen darf. Daher kann auch der Verkäufer formularmäßige Sicherungsabreden der Bank unterzeichnen, die sich textlich womöglich nicht mit der im Kaufvertrag formulierten decken. Denn diese geht immer allen anderen Abreden zunächst vor.

276   Die **Zahlungsanweisung** (→ Rn. 271) sagt der Bank des Käufers, wie sie mit ihrer Zahlung Tilgungswirkung erreichen kann. Bindungswirkung zugunsten des Verkäufers gemäß § 784 BGB würde sie nur entfalten, wenn die Bank sie annimmt,[385] was in der Praxis kaum vorkommt, angesichts der eingeschränkten Sicherungsabrede aber auch nicht nötig ist.

277   Vielfach wird versucht, den Verkäufer zu schützen, indem der Käufer seinen Anspruch gegen die Bank auf **Auszahlung** des Darlehens an den Verkäufer **abtritt.** Eine solche Abtretung scheitert häufig bereits daran, dass der Darlehensvertrag oder die AGB der Banken sie gemäß § 399 BGB ausschließen.[386] Außerdem schützt die Abtretung den Verkäufer nicht gegen eine Inanspruchnahme des Grundstücks für die Darlehenszinsen und das Disagio des Käufers, wenn zwar die Bank die Fremdmittel an den Verkäufer auszahlt, der Käufer aber den aus Eigenmitteln aufzubringenden Restkaufpreis nicht zahlt.[387] Als Abwehr gegen eine Pfändung des Darlehensauszahlungsanspruchs durch Gläubiger des Käufers genügt die eingeschränkte Sicherungsabrede.[388] Die Abtretung kann die eingeschränkte Sicherungsabrede keinesfalls ersetzen.[389] Bei Unwirksamkeit des Darlehensvertrags kann sie zu einem Rückzahlungsanspruch der Bank gegen den Verkäufer führen.[390]

278   Abschnitt c) des Formulierungsvorschlags (→ Rn. 271) sowie die Übernahme aller **Kosten** und sonstigen Folgen der Grundschuldbestellung durch den Käufer dient der Klarstellung gegenüber anders lautenden oder unklaren Grundschuldformularen. Die Kos-

---

[384] *Reymann* MittBayNot 2008, 272.
[385] Vgl. *Tröder* DNotZ 1984, 367.
[386] Vgl. *Schöner/Stöber* GrundbuchR Rn. 3158.
[387] Dazu *Reymann* MittBayNot 2008, 272.
[388] *Schöner/Stöber* GrundbuchR Rn. 3158, auch dortige Fn. 61.
[389] *Ertl* MittBayNot 1989, 61.
[390] BGH DNotZ 2008, 923.

tenhaftung (§§ 29, 32 Abs. 1 GNotKG) kann der Käufer dem Verkäufer allerdings nur intern abnehmen.

Die Bestimmungen in Abschnitt d) des Formulierungsvorschlags über den **Fortbe-** 279 **stand der Grundschuld** (→ Rn. 271) klären das Schicksal der Grundschuld und der damit zusammenhängenden Rechte ab Kaufpreiszahlung bzw. Eigentumsumschreibung. Sie verhindern gleichzeitig, dass Gläubiger des Verkäufers auf die erwähnten Rechte Zugriff nehmen können, § 161 Abs. 1 BGB (vgl. → Rn. 268).

Die Wirksamkeit der Grundschuld gegenüber der Eigentumsvormerkung wird her- 280 kömmlicherweise durch Rangrücktritt der Eigentumsvormerkung hinter die Grundschuld zum Ausdruck gebracht. Stattdessen kann aber auch ein sog. **Wirksamkeitsvermerk** bei Grundschuld und Eigentumsvormerkung eingetragen werden.[391] Während die hM wahlweise Rangrücktritt oder Wirksamkeitsvermerk zulässt,[392] hält *Schubert*[393] nur noch den Wirksamkeitsvermerk für zulässig. Die Wirkungen beider in der Zwangsversteigerung sind identisch.[394] Da für den Rangrücktritt hinter eine Auflassungsvormerkung seit dem 1. 8. 2013 mangels eines Kostentatbestands keine Kosten mehr anfallen, besteht jedenfalls kein Kostenvorteil. Für den Notar empfiehlt es sich, bei der Wahl zwischen Rangrücktritt und Wirksamkeitsvermerk die Wünsche der Bank zu respektieren.

Wenn am verkauften Grundbesitz **dingliche Vorbehaltsrechte** für den Verkäufer ein- 281 zutragen sind, wie zB Wegerecht, Sicherungshypothek, muss vorgesorgt werden, dass deren bedungener Vorrang nicht durch die vorzeitige Eintragung der Grundschuld vereitelt wird. Entweder sind die Vorbehaltsrechte vorweg einzutragen oder die Grundschuldbestellung bzw. die Vollmacht dazu ist von einem Rangvorbehalt für diese dinglichen Rechte des Verkäufers abhängig zu machen.[395]

Im Vordergrund stehen die Sicherheitsvorkehrungen, an denen der Verkäufer mitwirkt. 282 Ob er sich bei dieser Mitwirkung vertreten lässt, ist demgegenüber zweitrangig. Die **Gefahren** für den Verkäufer aus **der Vollmacht** lassen sich am zuverlässigsten vermeiden, wenn die Vollmacht daran geknüpft ist, dass die wesentlichen Sicherheitsvorkehrungen in der Grundschuldurkunde selbst wiedergegeben werden (→ Rn. 288 f.). Dies hat dann auch das Grundbuchamt bei Eintragung der Grundschuld zu überprüfen.[396] Die Ausübung der Vollmacht an eine oder mehrere Notarstellen zu binden, ist zweckmäßig, aber nicht unbedingt notwendig.[397] Hat der Verkäufer sich bei Abschluss des Kaufvertrags vollmachtlos vertreten lassen, so wird durch seine Genehmigung des Kaufvertrags auch die Vollmacht zur Grundschuldbestellung *ex tunc* wirksam.[398] Anders könnte dies sein, wenn der Kaufvertrag durch **(Käufer)angebot und (Verkäufer)annahme** zustande kommt und der Käufer im Termin der Beurkundung des Angebots zugleich die Grundschuldbestellungsurkunde „aufgrund der Belastungsvollmacht" unterzeichnet: Die Annahme wirkt nur *ex nunc,* so dass insofern der Käufer hinsichtlich seines Finanzierungsgrundpfandrechts als Nichtberechtigter handelt. Meines Erachtens handelt es sich hier jedoch um ein Scheinproblem: Kunstgerechterweise werden in der Annahmeurkunde Vollmachtserklärungen des Verkäufers, da als einseitige Willenserklärungen nicht annahmefähig, ohnehin stets wiederholt. Dann ist ein Handeln aufgrund (in Wahrheit: „noch zu erteilender") Vollmacht jedenfalls dann unproblematisch, wenn die Grundschuldbestellung erst nach ihrer eigentlichen Beurkundung in der Annahme erfolgt. Im Übrigen steht aber auch nichts dem entgegen, diese Wiederholung der (Finanzierungs)vollmacht bei der Annahme zugleich als Genehmigung der Vorausverfügung des Käufers anzusehen bzw. auszulegen.

---

[391] BGH DNotZ 1999, 1000 mwN.
[392] Vgl. *Gursky* DNotZ 1998, 276.
[393] DNotZ 1999, 967.
[394] *Stöber* ZVG § 48 Rn. 3.3.
[395] Vgl. DNotI-Report 1997, 176.
[396] BGH DNotZ 2016, 853.
[397] Vgl. *Wilke* MittBayNot 1996, 260; *Wolfsteiner* MittBayNot 1996, 356; *Amann* MittBayNot 1996, 420.
[398] *Schippers* DNotZ 1997, 683.

283   Die Finanzierungs-Vollmacht besteht bereits vor Erteilung der zur Wirksamkeit des Kaufvertrags erforderlichen **Genehmigungen,** wird aber erst mit deren Erteilung *(ex tunc)* wirksam.[399] Der Erstkäufer kann die Belastungsvollmacht ohne ausdrückliche Zustimmung des Verkäufers nicht durch Untervollmacht an den Zweitkäufer weitergeben.[400] Eine umfassende Verkaufsvollmacht erstreckt sich nicht ohne weiteres auf die Belastung des verkauften Grundbesitzes mit Grundpfandrechten.[401]

284   Die in der Vergangenheit regional gebräuchliche vom Käufer erteilte Untervollmacht an **Notariatsangestellte** zur Grundschuldbestellung verstößt zwar nicht gegen § 305c Abs. 1 BGB,[402] in Verbraucherverträgen wohl aber gegen § 17 Abs. 1a S. 2 Nr. 1 BeurkG[403] (→ § 6 Rn. 36). Auch außerhalb von Verbraucherverträgen ist ein solches Vorgehen im Hinblick auf § 17 Abs. 2a S. 1 BeurkG kritisch zu sehen.

285   Eine Mitwirkung von Gemeinden, Kirchen und sonstigen **Körperschaften des öffentlichen Rechts** als Verkäufer bei der Bestellung von Finanzierungsgrundschulden des Käufers ist möglicherweise mit den für solche Körperschaften geltenden Vorschriften unvereinbar, was die Unwirksamkeit der Grundschuld[404] bis zum Eigentumserwerb des Käufers (§ 185 Abs. 2 S. 1 BGB) zur Folge haben kann.

286   Die **Genehmigung** des **Familiengerichts** zu einem Kaufvertrag, der die Bestellung einer Grundschuld zur Kaufpreisfinanzierung vorsieht, erstreckt sich
– wenn der Verkäufer minderjährig ist, nicht auf die eigentliche Grundschuldbestellung,[405] so dass eine gesonderte Genehmigung nötig ist;
– wenn der Käufer minderjährig ist, auch auf die Grundschuldbestellung.[406]
Dies gilt *mutatis mutandis* auch für Genehmigungen des **Betreuungsgerichts.**[407]

287   Der Käufer sollte die dingliche **Zwangsvollstreckungsunterwerfung** auch im eigenen Namen erklären, damit die Bank nach seinem Eigentumserwerb keine Umschreibung der Vollstreckungsklausel benötigt[408] und es bei einer Zwangsvollstreckung auf die Zustellung der vom Verkäufer erteilten Vollmacht gemäß § 750 ZPO[409] nicht ankommt.[410] **Nicht vollstreckbare** Grundschulden können beim Formulierungsbeispiel → Rn. 271 zur Kaufpreissicherung vorab nicht eingetragen werden. Die Überwachung der Einhaltung der Finanzierungs-Mitwirkungsbestimmungen in der Grundschuld selbst ist dem Notar hier erschwert, da er entweder das Grundschuldformular prüfen muss – das in der Regel nie die entsprechenden Bestimmungen einmal korrekt enthalten wird. Spätestens, wenn der Notar das Formular dann entsprechend ergänzen muss, ist der Kostenvorteil für den Käufer („unterschriftsbeglaubigte Grundschuld"; → § 6 Rn. 33 ff.) dahin, vgl. Vorbemerkung 2.4.1 Abs. 3 KV GNotKG: Da die Implementierung dieser Passagen die Grundschuld erst eintragungsfähig macht (→ Rn. 288), wäre der Ansatz der vollen (1,0) Gebühr hierfür gerechtfertigt.

288   Die Sicherheitsvorkehrungen, unter denen der Verkäufer bei der Grundschuldbestellung mitwirkt, sind zwar in den Kaufvertrag aufzunehmen. Sie müssen aber der **Bank zur Kenntnis** gebracht und gegenüber unklaren oder anders lautenden Bestimmungen des Grundschuldformulars oder anderer Zweckerklärungsformulare (→ Rn. 275) zur

---

[399] Vgl. KG DNotZ 2004, 795.
[400] OLG Düsseldorf MittBayNot 1999, 379.
[401] OLG Oldenburg MittBayNot 2003, 291.
[402] Vgl. BGH DNotZ 2003, 203.
[403] BGH DNotZ 2016, 72.
[404] Vgl. DNotI-Report 1995, 176.
[405] Vgl. *Schöner/Stöber* GrundbuchR Rn. 3688, OLG Zweibrücken DNotI-Report 2005, 24.
[406] BayObLG DNotZ 1993, 399 mAnm *Weidlich;* BGH DNotZ 1998, 490; krit. *Schöner/Stöber* GrundbuchR Rn. 3688.
[407] OLG Zweibrücken DNotZ 2005, 634.
[408] KG DNotZ 1988, 238.
[409] BGH DNotZ 2007, 33.
[410] Vgl. LG Cottbus NotBZ 2007, 224.

Geltung gebracht werden.[411] Hierfür wäre eine entsprechende bloße Vollmacht, die der Verkäufer dem Käufer im Kaufvertrag erteilt,[412] nicht ausreichend. Dies würde zwar zur Vereinfachung beitragen (Belastungsvollmacht kann gegenüber dem Grundbuchamt uneingeschränkt formuliert werden, Vermeidung von Textverdoppelungen und zeitlichem Beurkundungsmehraufwand). Gleichwohl wäre dann nicht gewährleistet, dass die vorrangige Sicherungsabrede im Anschluss auch tatsächlich zustande kommt. Der Notar hat die Einhaltung der Vollmachtsbestimmungen einschließlich Einhaltung der Bestimmungen der eingeschränkten Sicherungsabrede auf jeden Fall zu überwachen.[413] Dies ist nur bei **nochmaliger Aufnahme der Mitwirkungsbestimmungen** in die Grundschuldurkunde unter Übersendung der einfachen oder vollstreckbaren Ausfertigung für die Bank iVm § 151 S. 1 BGB gewährleistet. Die ansonsten nötige gesonderte Überwachung des Zustandekommens der eingeschränkten Sicherungsvereinbarung erfordert unnötigen Mehraufwand, der eine Fehler- und Haftungsquelle darstellt, den vorgenannten Zeitvorteil wieder zunichte macht und obendrein teurer ist. Denn hierfür würde eine 0,5-Betreuungsgebühr gemäß Nr. 22200 KV GNotKG anfallen. Dies ist bei (nochmaliger) Aufnahme der Sicherungsvereinbarungen in die Grundschuldurkunde und deren bloßer Versendung nicht der Fall; das darin zu sehende „Angebot" an die Bank wirkt sich umgekehrt kostenmäßig nicht aus, da insofern derselbe Beurkundungsgegenstand gemäß § 109 Abs. 2 S. 1 Nr. 3 GNotKG vorliegt. Denn die Aufnahme der Sicherungsabrede in die Urkunde ist zur Grundschuldbestellung in diesem Fall erforderlich, andernfalls die Belastungsvollmacht nicht ausgeübt und die Grundschuld nicht eingetragen werden könnte (→ Rn. 271, 282).

Formulierungsbeispiel: Bestimmung der Verkäufermitwirkung zur Aufnahme in die Grundschuldbestellungsurkunde 289

Der Pfandbesitz ist derzeit noch vorgetragen im Eigentum von *** – nachfolgend auch „Verkäufer" genannt.

Die Eheleute *** – nachfolgend auch „Käufer" genannt – haben den Pfandbesitz mit Urkunde vom *** des amtierenden Notars (UR-Nr. ***) – nachfolgend auch „Kaufvertrag" genannt – vom Verkäufer gekauft.

Der Käufer tritt mit der im Kaufvertrag für ihn bewilligten Eigentumsvormerkung hinter die bestellte Grundschuld samt Nebenleistungen im Range zurück. Er bewilligt und beantragt, diesen Rangrücktritt im Grundbuch einzutragen.

Der Verkäufer wirkt bei dieser Grundschuldbestellung nur als derzeitiger Eigentümer mit. Die Beteiligten haben daher folgende Bestimmungen getroffen:

a) Sicherungsabrede

b) Zahlungsanweisung

c) Persönliche Zahlungspflichten, Kosten

d) Fortbestand der Grundschuld

[a) bis d) wie in → Rn. 271].

Der Käufer stimmt dem gesamten Inhalt dieser Urkunde zu und wiederholt die Zwangsvollstreckungsunterwerfung in den Pfandbesitz wegen der Grundschuld samt Grundschuldnebenleistungen hiermit auch im eigenen Namen.

---

[411] Vgl. BGH DNotZ 1998, 621.
[412] *Kesseler* DNotZ 2016, 651 (662); ZNotP 2004, 433 (434).
[413] *Nodoushani* ZfIR 2017, 305 (307).

E. Übergang von Besitz, Nutzungen und Lasten

290   Nach § 446 BGB geht mit der Übergabe der verkauften Sache die Gefahr des zufälligen Untergangs und der zufälligen Verschlechterung auf den Käufer über. Von der Übergabe an gebühren dem Käufer die Nutzungen und trägt er die Lasten.

291   Soweit nichts anderes vereinbart, schuldet der Verkäufer die Übergabe Zug um Zug gegen Kaufpreiszahlung (§ 320 BGB). Regelmäßig wird im Kaufvertrag vereinbart, dass der Besitz und die Nutzungen, die Gefahr des zufälligen Untergangs und der zufälligen Verschlechterung und die Lasten mit dem Tage der Kaufpreiszahlung auf den Käufer übergehen bzw. zu übergeben sind (bei Abwicklung der Kaufpreiszahlung über Anderkonto: mit dem Tage der Hinterlegung des Kaufpreises); noch genauer kann dahingehend differenziert werden, dass die Lasten jedenfalls dann bereits auf den Käufer übergeben, wenn er mit der Kaufpreiszahlung in Verzug gerät.

292   Lasten nach § 103 BGB sind die auf der Sache liegende Verpflichtung zu Leistungen, die aus der Sache zu entrichten sind, also insbesondere die Grundsteuer und die Prämien der Sachversicherung.[414]

293   Hinsichtlich der **Sachversicherungen** gilt: Nach § 95 Abs. 1 VVG tritt der Erwerber in die während der Dauer seines Eigentums aus dem Versicherungsverhältnis sich ergebenden Rechte und Pflichten des Versicherungsnehmers (= Verkäufers) ein, also erst mit Eigentumsübergang. Der Veräußerer und der Erwerber haften für die Prämie, die auf die zur Zeit des Eintritts des Erwerbers laufende Versicherungsperiode entfällt, als Gesamtschuldner (insoweit bedarf es einer vertraglichen Regelung, nach der der Käufer ab Besitzübergang im Innenverhältnis die Prämie zu zahlen hat). Nach § 97 Abs. 1 VVG ist die Veräußerung dem Versicherer vom Veräußerer oder Erwerber unverzüglich anzuzeigen. Nach § 95 Abs. 1 VVG muss der Versicherer den Eintritt des Erwerbers erst gegen sich gelten lassen, wenn er hiervon Kenntnis erlangt hat. Nach § 96 Abs. 2 VVG ist der Erwerber berechtigt, das Versicherungsverhältnis mit sofortiger Wirkung oder für den Schluss der laufenden Versicherungsperiode zu kündigen. Das Kündigungsrecht erlischt, wenn es nicht innerhalb eines Monats nach dem Erwerb, bei fehlender Kenntnis des Erwerbers von dem Bestehen der Versicherung innerhalb eines Monats ab Erlangung der Kenntnis, ausgeübt wird. Wird eine Folgeprämie nicht rechtzeitig gezahlt, kann der Versicherer nach § 38 Abs. 1 VVG dem Versicherungsnehmer eine Zahlungsfrist bestimmen, die mindestens zwei Wochen betragen und einen bestimmten Inhalt haben muss. Tritt der Versicherungsfall nach Fristablauf ein und ist der Versicherungsnehmer bei Eintritt mit der Zahlung der Prämie in Verzug, ist der Versicherer nicht zur Leistung verpflichtet; der Versicherer kann nach Fristablauf den Vertrag ohne Einhaltung einer Frist kündigen, sofern der Versicherungsnehmer mit der Zahlung der geschuldeten Beträge in Verzug ist (§ 38 Abs. 3 VVG). Zahlt der Verkäufer die Prämie nicht, muss die Mahnung des Versicherers über den fälligen Beitrag der Gebäudeversicherung an den Verkäufer ergehen. Eine Mitteilung an den Käufer ist auch dann nicht erforderlich, wenn der Versicherer bereits Kenntnis von der Veräußerung hat.[415] Hieraus ergeben sich Risiken für den Käufer, wenn bei einem Schadensereignis vor Eigentumsübergang der Versicherungsschutz nicht mehr besteht.

294   Da die **Verkehrssicherungspflichten,** insbesondere die Streupflicht, dem Eigentümer obliegen, bedarf es einer ausdrücklichen Vereinbarung, dass diese vom Käufer bereits mit dem Besitzübergang übernommen werden (und nicht erst mit Eigentumsumschreibung). Die Formulierung „mit der Übergabe gehen Gefahren, Nutzungen und Lasten auf den Käufer über" genügt nicht.[416]

---

[414] OLG Düsseldorf NJW 1973, 146.
[415] OLG Jena DNotI-Report 2007, 144; *Berger* MittBayNot 2010, 164.
[416] BGH MittBayNot 1990, 25.

Formulierungsbeispiel: Übergang von Besitz, Nutzungen und Lasten   295

Mit vollständiger Kaufpreiszahlung ist dem Käufer der Besitz zu übergeben. Dann gehen auch Nutzungen und Gefahr auf den Käufer über; private und öffentliche Lasten, Verbrauchskosten, Verkehrssicherungspflichten und Haftung jedoch (jeweils zeitanteilig) spätestens ab Fälligkeit des Kaufpreises.

Der Notar wies darauf hin, dass etwa bestehende Wohngebäudeversicherungen mit Eigentumsübergang auf den Käufer übergehen und dem Käufer ein Kündigungsrecht zusteht, das innerhalb eines Monats nach Eigentumsumschreibung ausgeübt werden muss. Die Veräußerung ist dem Versicherer unverzüglich anzuzeigen.

Ist Kaufgegenstand ein unbebautes Grundstück oder ein leer stehendes Einfamilienhaus   296
(bzw. eine leer stehende Eigentumswohnung), wird häufig von beiden Vertragsteilen **der sofortige Besitzübergang** gewünscht. Der Notar hat den Verkäufer auf das Risiko dieser Vorleistung hinzuweisen, da im Falle der Nichtdurchführung des Vertrages (der Vertrag wird nicht rechtswirksam, ein Vorkaufsrecht wird ausgeübt, der Kaufpreis wird nicht gezahlt) Rückabwicklungsschwierigkeiten auftreten können, insbesondere wenn der Käufer das Vertragsobjekt bereits bezogen oder bauliche Investitionen (ggf. auch Verunstaltungen) vorgenommen hat. Die dem Notar dabei obliegende „doppelte Belehrungspflicht" umfasst auch das Aufzeigen der Wege zur Schadensabwendung,[417] zB einer Anzahlung oder wiederkehrender Nutzungsentschädigungen mit Rücktrittsmöglichkeiten vom Gesamtvertrag bei deren Ausbleiben, von Vollstreckungsunterwerfungen etc.

Bleibt es beim Besitzübergang Zug um Zug gegen Kaufpreiszahlung, will der Käufer   297
aber vorher Renovierungsarbeiten durchführen, ist vertraglich zu regeln, dass der Käufer diese auf eigene Kosten und eigenes Risiko ausführt, die Verbrauchskosten (das Wohngeld) und die Gefahr der zufälligen Verschlechterung mit Beginn der Arbeiten auf ihn übergeht, er auch keine Erstattung dieser Kosten vom Verkäufer verlangen kann, wenn der Vertrag aus Gründen nicht zur Durchführung gelangt, die der Verkäufer nicht zu vertreten hat (bzw. der Käufer, nach Wahl des Verkäufers, auf eigene Kosten den früheren Zustand wieder herzustellen hat). Auf eine Anzahlung sollte auch in diesem Fall nicht verzichtet werden, um die Schadensersatzansprüche des Verkäufers zu sichern.

Wird das Hausgrundstück/die Eigentumswohnung vom **Verkäufer selbst genutzt,**   298
gebietet das Interesse des Käufers regelmäßig, die Kaufpreisfälligkeit von der vollständigen Räumung des Hauses/der Wohnung durch den Verkäufer abhängig zu machen. Dies gilt auch bei Kaufpreishinterlegung. Soll ausnahmsweise der Kaufpreis bereits vorher hinterlegt werden, darf die Auszahlungsvoraussetzung nicht so formuliert werden, dass sie auf die tatsächliche Räumung abstellt, da diese vom Notar nicht festgestellt werden kann; abzustellen ist auf eine schriftliche Bestätigung des Käufers über die Räumung an den Notar, hilfsweise eine schriftliche Bestätigung einer dritten „sachverständigen" Person (Makler?). Der Verkäufer hat sich im Vertrag zu verpflichten, bis zu einem bestimmten Zeitpunkt das Vertragsobjekt vollständig zu räumen; zu den Sanktionen bei Verletzung dieser Pflicht → Rn. 112 mit Formulierungsvorschlag.

Beim Verkauf eines **vermieteten Objekts** ist zunächst zu klären, ob der Käufer das   299
Mietverhältnis übernimmt oder nicht. Miet- und Pachtverhältnisse sind Rechtsmängel iSv § 435 BGB. Gesetzlich ist der Verkäufer daher verpflichtet, dem Käufer das Vertragsobjekt mietfrei zu übergeben, anderenfalls diesem die Rechte nach § 437 BGB zustehen. Die Rechte des Käufers sind nach § 442 BGB ausgeschlossen, wenn er bei Abschluss des Kaufvertrages Kenntnis vom tatsächlichen Mietverhältnis hat (die Beweislast hierfür trägt der Verkäufer) oder wenn der Käufer gemäß § 435 BGB den Rechtsmangel übernimmt („keine oder nur die im Kaufvertrag übernommenen Rechte"). Verpflichtet sich der Verkäufer, das Kaufobjekt mietfrei zu übergeben, und erwirbt es der Käufer zur Eigennut-

---

[417] BGH DNotZ 2008, 925.

zung, ist es sachgerecht, die Räumung durch den Mieter als Kaufpreisfälligkeitsvoraussetzung zu bestimmen. Der Verkäufer wird die Übergabe des Hauses oder der Wohnung im geräumten Zustand zu einem bestimmten Zeitpunkt nur dann zusagen können, wenn bereits die Beendigung des Mietverhältnisses als solchen (Kündigung des Mieters, Aufhebungsvertrag) sichergestellt ist.

300   Wird (wie idR) das **Miet- oder Pachtverhältnis übernommen,**[418] ist dies zur Vermeidung einer Inanspruchnahme des Verkäufers nach § 435 S. 1 BGB im Vertrag ausdrücklich zu vereinbaren oder zumindest der Bestand des Mietvertrags (also des Rechtsmangels) dem Käufer nach § 442 Abs. 1 BGB spätestens bei Beurkundung zur Kenntnis zu geben. Der „**Eintritt des Käufers**" (tatsächlich entsteht ein neues, inhaltsgleiches Mietverhältnis mit dem Erwerber)[419] in die Rechte und Pflichten erfolgt gemäß **§ 566 Abs. 1 BGB** erst mit Eigentumserwerb. Es handelt sich um einen unmittelbaren Rechtserwerb für alle ab dem Eigentumserwerb fällig werdenden Vermieterforderungen, ferner – ohne diese zeitliche Zäsur – für alle Vermieterforderungen, die das Mietverhältnis als Ganzes betreffen, zB auch den Anspruch auf Leistung der noch ausstehenden Kaution,[420] verbunden mit der Haftung für alle ab dann entstehenden Schäden, auch wenn noch der Verkäufer hinsichtlich der Mängelbeseitigung in Verzug (§ 536a Abs. 1 Alt. 3 BGB) geraten war („Fortgeltung der Verzugslage gegen den Erwerber"). Bestehen Optionsrechte des Vermieters (zB Verzicht auf die Umsatzsteuerfreiheit gemäß §§ 9 Abs. 1, 4 Nr. 12 UStG), ist der Käufer als neuer Vermieter freilich nicht an die frühere Ausübung dieser – pesonenbezogenen – Rechte durch den Verkäufer gebunden.[421]

301   Vor Eigentumsumschreibung stehen dem Käufer keine Rechte aus dem Mietvertrag zu, er kann insbesondere den Mietvertrag nicht kündigen, auch keine Mieterhöhung verlangen. Der Verkäufer kann den Käufer ermächtigen, einen bestehenden Mietvertrag im eigenen Namen zu kündigen, schon bevor der Käufer mit der Eintragung im Grundbuch in den Mietvertrag eintritt,[422] jedoch nicht zur Eigenbedarfskündigung.[423] Ergänzend sollte vereinbart werden, dass der Verkäufer insoweit von jeder Haftung freigestellt wird. Eine vom Verkäufer ausgesprochene wirksame Kündigung bleibt auch nach Eigentumsumschreibung auf den Käufer bestehen (anders bei Eigenbedarfskündigung des Verkäufers). Nach § 566 Abs. 2 S. 1 BGB haftet der Verkäufer dem Mieter für den von dem Käufer zu ersetzenden Schaden wie ein Bürge, der auf die Einrede der Vorausklage verzichtet hat. Erlangt der Mieter von der Veräußerung durch Mitteilung des Vermieters Kenntnis, wird der Vermieter von der Haftung befreit; dies gilt nicht für Ansprüche, die in der Zeit vor der Veräußerung fällig geworden sind und in die der Käufer nicht eingetreten ist.

302   Für die **Mietsicherheit (Kaution bzw. Bürgschaft)** gilt die für Verkäufer oder Käufer gleichermaßen gefährliche Vorschrift des § 566a BGB:[424]
   – Der Käufer tritt nicht nur in die durch die geleistete Sicherheit begründeten Rechte, sondern auch in die Pflichten ein, insbesondere zur Rückgewähr der Mietsicherheit, unabhängig davon, ob er die Sicherheit vom Verkäufer erhalten hat oder die Rückgewährpflicht durch Vereinbarung mit dem Verkäufer übernommen hat (Schuldbeitritt kraft Gesetzes); bei einer Barkaution muss er auch die Zinsen gemäß § 551 Abs. 3 S. 3 BGB auszahlen.
   – Kann bei Beendigung des Mietverhältnisses der Mieter die Sicherheit von dem Käufer nicht erlangen, ist der frühere Vermieter weiterhin zur Rückgewähr verpflichtet, und zwar auch dann, wenn er die Mietsicherheit auf den Käufer übertragen hat. Darüber

[418] Überblick bei *Derleder* NJW 2008, 1189.
[419] BGH NJW 2012, 1881.
[420] BGH DNotZ 2012, 940.
[421] OLG München NotBZ 2012, 473.
[422] BGH DNotZ 1998, 807; *Mayer* ZMR 1990, 121.
[423] DNotI-Report 1998, 93.
[424] Vgl. *Plagemann* NotBZ 2013, 2.

sind die Vertragsbeteiligten vom Notar zu belehren. Der Verkäufer als Erstvermieter wird von dieser Verpflichtung nur frei, wenn der Mieter die befreiende Schuldübernahme gemäß § 415 BGB genehmigt; die bloße Zustimmung zur „Übertragung der Sicherheit auf den Erwerber" dagegen bestätigt lediglich die Rechtslage, genügt also nicht.[425] Ist diese Genehmigung nicht zu erlangen, legen vorsichtige Verkäufer daher Wert darauf, die Verpflichtungen aus ihren Mietsicherheitenvereinbarungen unmittelbar ggü. den Mietern zu erfüllen (durch Rückgewähr der abgerechneten Kaution, allerdings unter Klarstellung, dass darin kein Angebot auf einvernehmliche Aufhebung der Sicherungsvereinbarung im Mietvertrag liege,[426] sodass der Käufer sie aus dem übergehenden Mietvertrag neuerlich verlangen kann.[427]

Formulierungsbeispiel: Übergang von Mietverhältnissen 303

Miet- und Pachtverhältnisse bestehen und werden vom Käufer übernommen. Der Inhalt der Verträge ist dem Käufer bekannt. Der Verkäufer garantiert, dass zur Zeit keine Mietrückstände bestehen, keine Mietstreitigkeiten außergerichtlich oder gerichtlich geführt werden und Mieter eine Mietminderung oder einen Mieteinbehalt nicht geltend machen.

Der Verkäufer garantiert, dass die dieser Niederschrift als Anlage beigefügte Aufstellung über die Mietverhältnisse richtig und vollständig ist.

Die Beteiligten vereinbaren, dass im Innenverhältnis der Käufer bereits mit Besitzübergang in die Mietverhältnisse eintritt. Der Verkäufer garantiert, dass die Mieter nur die in den Mietverträgen verzeichneten Sicherheiten geleistet haben. Der Verkäufer hat dem Käufer bei Besitzübergang die von den Mietern geleisteten Sicherheiten einschließlich Zinsen zu übertragen.

Der Notar hat den Verkäufer darauf hingewiesen, dass er zur Rückgewähr der Sicherheiten verpflichtet bleibt, wenn die Mieter diese bei Beendigung des Mietverhältnisses vom Käufer nicht erlangen können, es sei denn sie stimmen der Übertragung der Sicherheiten zu. Der Verkäufer wird die Mieter vom Verkauf unterrichten und ihre Zustimmung zur Übertragung der Sicherheiten einholen.

Beim Verkauf eines **Mehrfamilienhauses** als Renditeobjekt erwartet der Käufer über 304 die Aushändigung der Mietverträge hinaus nähere Angaben zu den Mietverhältnissen, insbesondere über Mietrückstände, Mietstreitigkeiten, auch über die Höhe der derzeitigen Mieten und Nebenkosten, Kautionshöhen etc, die der Verkäufer garantiert. Ein bestimmter Mietertrag des Grundstücks kann eine vereinbarte Beschaffenheit sein, auch bei Mietpreisbindung nach dem Wohnungsbindungsgesetz. Werden die tatsächlich erzielten Mieterträge in einem Grundstückskaufvertrag aufgeführt und ausdrücklich zum Gegenstand der Vereinbarungen gemacht, spricht dies regelmäßig für eine vertragsmäßige Zusicherung/Garantie.[428] Garantieren wird der Verkäufer allein die vereinbarte Miete, nicht einen bestimmter Reinertrag oder gar den tatsächlichen Eingang der Mieten. Die Beifügung einer Mietaufstellung mit Angaben über die derzeitigen Kaltmieten, Nebenkosten und

---

[425] Vgl. BGH NotBZ 2012, 92.

[426] Als solches interpretierte LG Berlin RNotZ 2011, 605 fehlerhafterweise die Rückgabe der Sicherheit durch den Vermieter im Laufe eines Mietverhältnisses „aus welchen Gründen auch immer". BGH ZfIR 2012, 125 Rn. 19 mAnm *Jaeger* stellt demgegenüber klar, der Mieter könne nicht von einem endgültigen Verzicht ausgehen, wenn er die Kaution zurückerhält, nachdem er auf die Bitte um Zustimmung zur Entlassung des Verkäufers aus der Kautionshaftung nicht reagierte, ebenso wenig, wenn der Vermieter dem Mieter die Kaution (verpfändete Bundesschatzbriefe) auf Wunsch des Mieters zurückgibt, da die Schatzbriefe fällig werden, und der Mieter zusagt, in Bälde eine neue Kaution zu stellen: BGH DNotZ 2012, 940.

[427] Ebenso *Herrlein* NJW 2012, 2928. Der Mieter kann dann bei der neuerlichen Stellung darauf achten, dass die Kaution beim Käufer insolvenzsicher (§ 551 Abs. 3 S. 3 BGB) angelegt wird.

[428] BGH NJW 1990, 902.

Kautionen zum Kaufvertrag ist üblich. Die Mietaufstellung als Bestandsverzeichnis kann nach § 14 BeurkG (eingeschränkte Vorlesungspflicht) mitbeurkundet werden.

305   Nach § 577a BGB kann sich der Käufer auf berechtigte Interessen iSd § 573 Abs. 3 Nr. 2 oder Nr. 3 BGB **(Eigenbedarfs- oder Verwertungskündigung)** erst nach Ablauf von drei Jahren seit der Veräußerung berufen und mit der Frist des § 573c BGB[429] kündigen, wenn an vermieteten Wohnräumen nach der Überlassung an den Mieter **Wohnungseigentum** begründet und das Wohnungseigentum veräußert worden ist. Nach § 577a Abs. 2 BGB kann die Frist auf bis zu zehn Jahre durch Rechtsverordnung der Landesregierung verlängert werden, wenn die ausreichende Versorgung der Bevölkerung mit Mietwohnungen zu angemessenen Bedingungen in einer Gemeinde oder einem Teil einer Gemeinde besonders gefährdet ist. So ist bspw. in NRW[430] die Kündigungssperrfrist durch Verordnung seit 10. 2. 2012 für Düsseldorf, Köln und Münster auf acht, in weiteren 33 Kommunen auf fünf Jahre verlängert worden; ähnlich ist die Rechtslage in Bayern,[431] Berlin,[432] Hamburg,[433] Hessen[434] und Baden-Württemberg.[435] Stellplatzmietverträge sind von diesem besonderen (wie auch dem allgemeinen Wohnraum-)Kündigungsschutz nicht erfasst,[436] wenn sie selbstständig angeknüpft werden.[437]

306   Ist Kaufgegenstand eine vermietete Wohnung in einem Mehrfamilienhaus und ist nach der Überlassung der Wohnung an den Mieter Wohnungseigentum begründet worden, steht dem Mieter das Vorkaufsrecht nach § 577 BGB zu (→ Rn. 189 ff.). Das Vorkaufsrecht gilt nur für den ersten Verkaufsfall. Unterliegt das Kaufobjekt der Wohnungsbindung/sozialer Wohnraumförderung, darf der Käufer eine Wohnung nur dann selbst beziehen, wenn er einen **Wohnberechtigungsschein** hat; die Miete ist nach den Bestimmungen über die Kostenmiete festgelegt. Dies kann auch nach Rückzahlung der öffentlichen Mittel für einen weiteren Zeitraum gelten.

F. Rechts- und Sachmängel

I. Rechtsmängel

307   Gemäß § 433 Abs. 1 S. 2 BGB hat der Verkäufer dem Käufer die Sache frei von (Sach- und) **Rechtsmängeln** zu verschaffen. Nach § 435 BGB ist die Sache frei von Rechtsmängeln, wenn Dritte in Bezug auf die Sache keine oder nur die im Kaufvertrag übernommenen Rechte gegen den Käufer geltend machen können. Einem Rechtsmangel steht es gleich, wenn im Grundbuch ein Recht eingetragen ist, das nicht besteht (sog. Buchrecht). Nach § 442 Abs. 2 BGB hat der Verkäufer ein im Grundbuch eingetragenes Recht zu beseitigen, auch wenn es der Käufer kennt – es bedarf also insbesondere im Hinblick auf Abt. II – Rechte, die nicht zu beseitigen sind, nunmehr (anders als in § 439 S. 2 BGB aF) einer ausdrücklichen Übernahme gemäß § 435 BGB, was wiederum voraussetzt, dass eine ausreichend aktuelle Grundbucheinsicht zur Verfügung steht, da (ungeachtet § 21 BeurkG) sich eine pauschale Übernahme „ins Blaue hinein" verbietet („alle etwa in Abt. II eingetragenen Rechte werden übernommen"). Da die Unterschiede der Rechtsfolgen bei einem Sach- oder Rechtsmangel weitgehend beseitigt sind (und zB nun

---

[429] BGH NJW 2003, 3265.
[430] GVBl. 2012, 82, endet am 31. 12. 2021.
[431] BayGVBl. 2015, 398: zehn Jahre, endet am 31. 12. 2020.
[432] GVBl. 2013, 488, endet am 30. 9. 2023.
[433] Drs. 20/9920, endet am 31. 1. 2024.
[434] GVBl. 2014, 339, endet am 31. 12. 2019 (Kündigungsfrist zT fünf, zT zehn Jahre).
[435] BWGBl. 2015, 346: Verlängerung um fünf Jahre, endet am 19. 6. 2020, fünf Jahre Sperrfrist in 44 Gemeinden, vor allem Stuttgart und Ulm.
[436] Kündigungsfrist nach § 580a Abs. 1 BGB: drei Monate, ohne Angabe von Gründen; auch die Änderungskündigung ist zulässig.
[437] Trotz urkundlicher Trennung kann eine einheitliche Vermietung vorliegen, wenn Wohnung und Stellplatz sich auf demselben Grundstück befinden (BGH ZMR 2012, 176), es sei denn, die Verträge enthalten abweichende Kündigungsfristen (BGH WuM 2013, 421).

auch ein Rechtsmangel zur Minderung berechtigt), ist die früher erforderliche Abgrenzung nahezu bedeutungslos geworden. Gestalterisch bestehen jedoch weiterhin bedeutende Unterschiede: Ein genereller Ausschluss der Haftung des Verkäufers für Rechtsmängel verbietet sich. Übernimmt der Käufer vertraglich im Grundbuch eingetragene Belastungen und Beschränkungen oder einen Mietvertrag, liegt nach § 435 BGB bereits kein Rechtsmangel vor, sodass Haftungsausschlüsse insoweit überflüssig sind.

Checkliste: Rechtsmängel eines Grundstücks 308

(1) Alle in Abt. II und III des Grundbuchs eingetragenen Rechte und Beschränkungen, auch eine beschränkte persönliche Dienstbarkeit,[438] das Vorkaufsrecht und die Vormerkung, auch soweit sie nach Vertragsschluss, aber vor Eigentumsübergang zur Eintragung gelangen. Wird mit Rang nach der Vormerkung eine Zwangssicherungshypothek für den Gläubiger des Verkäufers eingetragen, kann der Verkäufer den Käufer nicht darauf verweisen, diese Belastung sei vormerkungswidrig und relativ unwirksam (§ 883 Abs. 2 S. 1 BGB), und er selbst könne deshalb deren Löschung nach § 888 Abs. 1 BGB durchsetzen.[439] Der Käufer hat vielmehr den Anspruch aus § 433 Abs. 1 S. 2 BGB gegen den Verkäufer auf Verschaffung lastenfreien Eigentums und kann bis zur Löschung die Zahlung des Kaufpreises nach § 320 BGB verweigern.[440]

(2) Miet- und Pachtverhältnisse (§ 566 BGB), auch wenn diese später enden als vertraglich vorausgesetzt,[441] oder eine Verlängerungsoption besteht.[442]

(3) Sozialbindung.[443]

(4) Die Verpflichtung, als Straßenland ausgewiesenes Gelände an die Gemeinde zu veräußern;[444] Ausweisung des Kaufgrundstücks im Bebauungsplan als öffentliche Verkehrsfläche oder Gemeinschaftstiefgarage;[445] Überbau.[446]

(5) Unbebaubarkeit des Erbbaugrundstücks aufgrund Veränderungssperre.[447]

(6) Baulast, soweit sie ein Nutzungsrecht zum Inhalt hat.[448]

(7) Mitverkauf eines Raums, an dem weder Sondereigentum noch ein Sondernutzungsrecht besteht,[449] oder Verkauf eines in der Teilungserklärung als Speicher ausgewiesenen Raums als Wohnraum.[450]

(8) Verkauf eines Teileigentums als Wohnungseigentum bei Untersagung der Umwandlung durch andere Wohnungseigentümer;[451] Verkauf eines Ladenlokals zur Nutzung als Gaststätte.[452]

(9) Das auf dem verkauften Grundstück aufstehende Gebäude ist teilweise auf fremden Grund überbaut, sodass Überbaurentenpflichten im Raum stehen[453] oder gar die Beseitigung verlangt werden kann.

---

[438] BGH NJW 2000, 803.
[439] BGH DNotZ 1986, 275.
[440] BGH DNotZ 2004, 464 mAnm *Oppermann*.
[441] BGH NJW 1991, 2700.
[442] BGH DNotZ 1998, 364.
[443] BGH NJW 2000, 1256.
[444] BGH DNotZ 1983, 36.
[445] OLG Köln MittBayNot 1999, 59.
[446] OLG Koblenz DNotZ 2008, 279.
[447] BGH DNotZ 1986, 286: Die Erfüllung eines Kaufvertrages über ein noch zu bestellendes Erbbaurecht ist objektiv unmöglich iSd § 275 BGB, *wenn* im Zeitpunkt der Bestellung das Erbbaugrundstück infolge eines Bebauungsplanes nicht mehr bebaut werden darf.
[448] OLG Hamm DNotZ 1988, 700.
[449] BGH DNotZ 1998, 51.
[450] BGH DNotZ 2004, 145.
[451] OLG Düsseldorf DNotZ 1998, 369.
[452] BGH NJW-RR 1995, 715.
[453] OLG Koblenz DNotZ 2008, 279.

(10) Das nach übereinstimmendem Willen verkaufte Grundstück besteht grundbuchrechtlich nicht.[454]

309   Liegt ein Rechtsmangel vor, kann der Käufer vom Verkäufer dessen Beseitigung verlangen und die Zahlung des Kaufpreises verweigern (§ 320 BGB). Beseitigt der Verkäufer
den Rechtsmangel nicht innerhalb angemessener Frist, oder verweigert er sie nach § 439
Abs. 3 BGB, kann der Käufer vom Vertrag unter den Voraussetzungen des § 323 BGB
zurücktreten oder nach § 441 BGB den Kaufpreis mindern und nach den allgemeinen
Vorschriften Schadensersatz oder nach § 284 BGB Ersatz vergeblicher Aufwendungen
verlangen. Schadensersatz steht dem Käufer jedoch nur zu, wenn der Verkäufer den
Rechtsmangel zu vertreten hat, was in aller Regel der Fall sein wird. Übernimmt der
Verkäufer eine Garantie für die Löschung eines eingetragenen Rechts oder das Nichtbe-
stehen von Wohnungsbindung oder Wohnungsbauförderung, haftet er nach § 276 Abs. 1
S. 1 BGB verschuldensunabhängig. Die Verjährungsfrist beträgt nach § 438 Abs. 1 Nr. 3
BGB zwei Jahre, bei einem im Grundbuch eingetragenen Recht, das der Käufer nicht
übernommen hat, 30 Jahre (§ 438 Abs. 1 Nr. 1 lit. b BGB).

310   **Formulierungsbeispiel: Freiheit von Rechtsmängeln**

Ⓤ   Der Verkäufer hat dem Käufer den Grundbesitz frei von im Grundbuch eingetragenen
Belastungen und Beschränkungen zu verschaffen, soweit sie nicht vom Käufer übernommen worden sind. Der Verkäufer garantiert, dass Wohnungsbindung oder Wohnungsbauförderung nicht bestehen.

311   Es empfiehlt sich, bereits im Eingang der Urkunde nach dem Bericht über die Grundbucheinsicht eine Regelung aufzunehmen, welche Rechte vom Käufer übernommen
werden und welche nicht (§ 435 BGB), da allein die Kenntnis des Käufers von der
Grundbucheintragung die Verpflichtung des Verkäufers zur Löschung nicht beseitigt
(§ 442 Abs. 2 BGB).

312   **Formulierungsbeispiel: Übernahme einzelner Belastungen**

Ⓤ   Der Käufer übernimmt die Dienstbarkeit Abteilung II Nr. 2 mit den zugrunde liegenden
Verpflichtungen. Das Wohnungsrecht Abteilung II Nr. 4 und die in Abteilung III eingetragenen Grundpfandrechte werden vom Käufer dagegen nicht übernommen. Die
durch Letztere gesicherten Verbindlichkeiten des Verkäufers sind aus dem Kaufpreis Zug
um Zug gegen Löschung der Grundpfandrechte im Grundbuch abzulösen.

313   Zu den Erschließungsbeiträgen und sonstigen Anliegerbeiträgen → Rn. 377 ff.

314   Nach § 436 Abs. 2 BGB haftet der Verkäufer eines Grundstücks nicht für die Freiheit
des Grundstücks von anderen öffentlichen Abgaben und von anderen öffentlichen Lasten,
die zur Eintragung in das Grundbuch nicht geeignet sind. Dazu zählen die Grundsteuer,
kommunale Abgaben, Straßenanliegerbeiträge, Müllabfuhrgebühren etc.

315   In den **neuen Ländern** gehören gemäß Art. 231 § 5 Abs. 1 EGBGB unter anderem
die Gebäude, Anlagen, Anpflanzungen und Einrichtungen, die nach DDR-Recht als unabhängiges Eigentum behandelt wurden, nicht zu den wesentlichen Bestandteilen des
Grundstücks. Fehlt jedoch ein Vermerk im Grundbuch des belasteten Grundstücks (wie
regelmäßig bei Gebäudeeigentum auf der Grundlage der „Bereitstellungsverordnung"
vom 9. 9. 1976, gemäß § 27 LPG-Gesetz und nach § 459 ZGB), wird der gute Glaube des
Erwerbers oder Belastungsgläubigers gemäß Art. 233 § 4 Abs. 2 EGBGB und Art. 231 § 5
Abs. 3 EGBGB seit dem 1. 1. 2001 geschützt. Das selbständige Gebäude- oder Anpflan-
zungseigentum geht unter; der Grundstücksveräußerer ist zum Wertersatz verpflichtet; so-

---

[454] OLG Frankfurt a.M. OLGR 2004, 318.

fern an dem (unter Umständen selbständig gebuchten, jedoch nicht im Grundstücksgrundbuch verankerten) Gebäudeeigentum Grundpfandrechte eingetragen waren, setzen sich diese am Wertausgleichsanspruch fort.

Baulichkeiten in den neuen Ländern sind allerdings weiterhin „immun" gegen gutgläubigen Wegerwerb, da sie schuldrechtlich (mit mobiliarrechtlicher Komponente) angeknüpft werden (§ 566 BGB analog). **316**

Nicht gebuchte Mitbenutzungsrechte („Dienstbarkeiten") in den neuen Ländern iSd §§ 321, 322 ZGB sind überraschenderweise materiell-rechtlich gemäß § 8 GBBerG untergegangen, wenn sie nicht vor dem 1.1.2001 in verjährungsunterbrechender Weise geltend gemacht wurden.[455] **317**

§ 9 GBBerG[456] enthält eine komplexe Regelung über die gesetzliche Begründung von Dienstbarkeiten zur Sicherung **leitungsgebundener Anlagen** der Energie- und Wasserversorgung und Abwasserentsorgung gegen eine Entschädigung, die gemäß OLG Dresden[457] demjenigen zusteht, der am 25.12.1993 Eigentümer war (vorsorgliche Abtretung empfehlenswert!). Diese gesetzlichen Dienstbarkeiten können erst seit 1.1.2011 gutgläubig wegerworben werden. Ihre Löschung erfolgt aufgrund Bescheinigung gemäß § 9 Abs. 7 GBBerG iVm § 10 SachenR-DV. **318**

II. Sachmängel

Der Verkäufer hat nach § 433 Abs. 1 S. 2 BGB dem Käufer die Sache frei von **Sachmängeln** zu verschaffen. Die Definition des Sachmangels in § 434 Abs. 1 S. 1 BGB stellte in erster Linie darauf ab, ob die Sache bei Gefahrübergang die **vereinbarte** Beschaffenheit hat. Ob ein Sachmangel vorliegt oder nicht, bestimmt sich zunächst nach dem Inhalt der von den Vertragsparteien getroffenen (beurkundungspflichtigen, und im Falle der Klauselkontrolle auch dem Transparenzgebot, § 307 Abs. 1 S. 2 BGB, Stand haltenden) Vereinbarung. Soweit die Beschaffenheit nicht vereinbart ist, kommt es darauf an, ob die Sache sich für die nach dem Vertrag vorausgesetzte Verwendung eignet, sonst ob sie sich für die gewöhnliche Verwendung eignet und die Beschaffenheit aufweist, die bei Sachen der gleichen Art üblich ist und die der Käufer nach der Art der Sache erwarten kann („Normalbeschaffenheit"). Bei einem Sachmangel des Grundstücks oder des Gebäudes kann der Käufer nach § 439 Abs. 1 BGB zunächst nur die Beseitigung des Mangels verlangen. Beim Kauf eines Grundstücks (Wohnungseigentums, Teileigentums, Erbbaurechts) ist zwar die Ersatzlieferung nicht von vorneherein ausgeschlossen,[458] in aller Regel aber unmöglich. Etwas anderes kann beim Verkauf eines Bauplatzes gelten, wenn der Verkäufer über weitere angrenzende gleichartige und gleichwertige Baugrundstücke verfügt. Der Käufer kann auch die Beseitigung eines unerheblichen Mangels verlangen, es sei denn, der Verkäufer kann sie nach § 439 Abs. 3 BGB verweigern, insbesondere wenn sie nur mit unverhältnismäßigen Kosten möglich ist. Nach erfolglosem Ablauf der Frist zur Beseitigung des Mangels oder unter den Voraussetzungen der §§ 439 Abs. 3, 440 BGB kann der Käufer von dem Vertrag zurücktreten oder den Kaufpreis mindern und Schadensersatz oder Ersatz vergeblicher Aufwendungen verlangen, soweit die Voraussetzungen der jeweiligen Vorschrift vorliegen. Der Käufer ist nicht berechtigt, den Mangel selbst zu beseitigen und vom Verkäufer Ersatz ersparter Aufwendungen zu verlangen. **319**

Die Ansprüche des Käufers wegen eines Mangels bei einem Bauwerk verjähren in fünf Jahren, wegen eines Mangels des Grundstücks in zwei Jahren. Die Verjährung beginnt bei Grundstücken mit der Übergabe (§ 438 BGB). Die gleichen Verjährungsfristen gelten für den Rücktritt und die Minderung (§ 438 Abs. 4, Abs. 5 BGB iVm § 218 BGB). Nach § 218 BGB ist der Rücktritt wegen eines Mangels unwirksam, wenn der Nacherfüllungs- **320**

---

[455] *Böhringer* VIZ 2000, 441; BGH VIZ 2003, 488.
[456] Hierzu *Maaß* NotBZ 2001, 280; *Schmidt-Räntsch* VIZ 2004, 473.
[457] NotBZ 2005, 81.
[458] BGH NJW 2006, 2839.

anspruch nach § 438 BGB verjährt ist. Hat der Verkäufer den Mangel arglistig verschwiegen, verjähren die Ansprüche des Käufers in der regelmäßigen Verjährungsfrist von drei Jahren (§ 195 BGB) mit dem Verjährungsbeginn nach § 199 BGB.

321   Nach § 442 BGB sind die Rechte des Käufers wegen eines Sachmangels ausgeschlossen, wenn er bei Vertragsschluss den Mangel kennt oder ihm ein Mangel infolge grober Fahrlässigkeit unbekannt geblieben ist. Solche Wissenserklärungen sind nicht beurkundungspflichtig, allerdings wird der Notar, wenn im Termin (etwa anlässlich des Verlesens der „Arglistprobe", wonach der Verkäufer nichts verschwiegen habe, was der Käufer auch ungefragt an Offenlegung erwarten dürfe) übermittelte Informationen durch den Käufer bestätigt werden, dies zur Beweissicherung festhalten.

---

322 | ### Checkliste: Sachmängel eines Grundstücks

(1) Unbebaubarkeit oder beschränkte Bebaubarkeit eines Grundstücks, insbesondere durch öffentliches Baurecht[459]

(2) Baurechtswidriger Zustand;[460] fehlende Baugenehmigung für einen Teil des Gebäudes;[461] ausgeschlossene oder beschränkte Benutzbarkeit von Räumen[462]

(3) Pflicht zur Duldung eines Überbaus nach § 912 Abs. 1 BGB[463]

(4) Stellplatzauflage[464]

(5) Bestehender Denkmalschutz[465]

(6) Unterschreiten der Wohnfläche einer Eigentumswohnung um rund 10 %[466] oder Abweichung von der vereinbarten Wohnfläche[467]

(7) Beseitigter Schwammbefall, wenn Verdacht besteht, er könne neu auftreten[468]

(8) Schäden an den Außenwänden angrenzender Gartenhof-Reihenhäuser[469]

(9) Asbestbelastung der Außenwände des Gebäudes, selbst wenn sie bei der Errichtung zulässig war[470] – anders, wenn Asbest lediglich in Bauteilen verwendet wurde, in die üblicherweise nur eine Fachfirma eingreift, etwa bei einem Kaminabzug oder einer Dacheindeckung; die Fertigbauweise eines verkauften Hauses ist jedoch kein Fehler[471]

(10) Baulast[472]

(11) Bebaubarkeit eines Nachbargrundstücks, wenn Unbebaubarkeit vertraglich vorgesehen ist[473]

(12) Frühere Verwendung als wilde Müllkippe bei Baugrundstück[474] oder als Werksdeponie;[475] erhebliche Geruchsbelästigung;[476] Lärm einer Flugschneise[477] und unzureichender Schutz vor Überschwemmungen[478]

---

[459] BGH NJW 1979, 2200; *Johlen* NJW 1979, 153.
[460] Ohne Baugenehmigung errichtetes Haus, BGH WM 1985, 230; Umbau eines Trockenspeichers zu Wohnraum, BGH NJW 1991, 2138.
[461] OLG Hamm NJW-RR 1997, 77.
[462] BGH NJW 2001, 65.
[463] BGH NJW 1981, 1362.
[464] OLG Karlsruhe NJW 1992, 1104.
[465] OLG Celle DNotZ 1988, 702; OLG Saarbrücken NJW-RR 1996, 692.
[466] KG NJW-RR 1989, 459.
[467] BGH NJW-RR 1998, 1169; MittBayNot 1999, 372 – Mangel iSd § 633 Abs. 1 BGB beim Bauträgervertrag.
[468] BGH NJW-RR 1987, 1415.
[469] BGH NJW 1988, 2238.
[470] BGH ZfIR 2009, 560 mAnm *Everts; Kirchhof* ZfIR 2009, 853.
[471] OLG Düsseldorf NJW 1989, 2001.
[472] BGH DNotZ 1978, 621.
[473] BGH NJW 1993, 1323.
[474] BGH NJW 1991, 2900.
[475] BGH NJW 1995, 1549.
[476] BGH NJW-RR 1988, 10.
[477] OLG Köln NJW-RR 1995, 531.

(13) Bodenverunreinigungen, insbesondere Altlasten;[479] bereits der Verdacht hierauf[480]

1. Beschaffenheitsvereinbarung. Die **Beschaffenheit** der Sache ist nach § 434 BGB 323 der neue zentrale Begriff des Sachmängelrechts. Das Gesetz definiert den Begriff „Beschaffenheit" nicht, er umfasst jedoch, wie bisher der Begriff „Eigenschaft", auch Umstände, die außerhalb der Sache selbst liegen.[481] Ist eine bestimmte Beschaffenheit vereinbart, ist die Sache mangelhaft, wenn ihre tatsächliche Ist-Beschaffenheit von der im Vertrag vereinbarten Soll-Beschaffenheit zum Nachteil des Käufers abweicht (es gibt nicht mehr, wie in § 459 Abs. 1 S. 2 BGB aF, einen **„Geringfügigkeitsfilter",** wonach „eine unerhebliche Minderung des Wertes oder der Tauglichkeit" (!) außer Betracht bleibe, so dass ggf. vertragliche Vorkehrungen ratsam sind). Die Vereinbarung einer konkreten Beschaffenheit muss beim Grundstückskaufvertrag mitbeurkundet werden (Willenserklärung – anders verhält es sich bei der Widergabe von Wissenserklärungen auf der Tatbestandsseite, § 442 BGB, die zwar die Beweislage verbessern, aber nicht zwingend sind). Gegenstand der Vereinbarung kann eine „positive" Beschaffenheit sein, zB Funktionsfähigkeit der Heizung, aber auch eine „negative", zB die fehlende Funktionstauglichkeit der Heizung, die der Käufer zu erneuern hat.

Formulierungsbeispiel: Negative Beschaffenheitsvereinbarung 324 �
Die Beteiligten vereinbaren als Beschaffenheit des Gebäudes: Es handelt sich um einen Altbau aus dem Jahre 1959, der nicht modernisiert worden ist. Insbesondere sind die Wasser- und Elektroleitungen nicht erneuert, so dass der Käufer damit rechnen muss, dass es zu einem Schaden kommen kann.

Formulierungsbeispiel: Positive Beschaffenheitsvereinbarung (Bebaubarkeit) 325
Die Beteiligten vereinbaren die Bebaubarkeit des Grundstücks mit einem zweigeschossigen Einfamilienhaus als Beschaffenheit iSd § 434 Abs. 1 S. 1 BGB, ohne dass der Verkäufer hierfür eine Garantie übernimmt. Sollte die Bebaubarkeit nicht gegeben sein, kann der Käufer ohne weitere Fristsetzung vom Kaufvertrag zurücktreten, nicht allerdings die Herabsetzung des Kaufpreises (Minderung) oder Schadensersatz verlangen. Im Falle des Rücktritts trägt der Verkäufer die Notar- und Gerichtskosten.

Verfehlt ist die anfangs geäußerte Ansicht,[482] die Vertragsparteien könnten pauschal die 326 tatsächliche Ist-Beschaffenheit (mit versteckten Mängeln) als vertraglich geschuldete Soll-Beschaffenheit vereinbaren („gekauft wie besichtigt"), so dass ein ganzer oder teilweiser Haftungsausschluss für Sachmängel entbehrlich werde.[483] Wäre die vorgenannte Meinung richtig, könnten die zwingenden Verbraucherschutzvorschriften selbst beim Verbrauchsgüterkauf nach § 475 BGB „ausgehebelt" werden.

Den Verkäufer trifft die Nebenpflicht, dem Käufer über die das Kaufobjekt betreffen- 327 den rechtlichen Verhältnisse Auskunft zu erteilen und ihm die als Beweise des Rechts dienenden Urkunden, soweit sie sich in seinem Besitz befinden, auszuliefern, zB Bauunterlagen, Betriebsanleitungen, Wartungsverträge etc (§ 444 BGB aF).[484]

---

[478] BGH NJW 2007, 835.
[479] *Müggenberg* NJW 2005, 2810.
[480] OLG München NJW 1995, 2566; OLG Düsseldorf NJW 1996, 3284; vgl. *Knoche* NJW 1995, 1985.
[481] *Krauß* Immobilienkaufverträge Rn. 3037 ff.
[482] *Kornexl* ZNotP 2002, 86; *Heinze/Salzig* NotBZ 2002, 1.
[483] Dagegen auch *Hertel* ZNotP 2002, 126.
[484] Zur „Einweisungspflicht" vgl. *Krauß* Immobilienkaufverträge Rn. 3778 ff.

328 **2. Beschaffenheitsgarantie.** Von der Beschaffenheitsvereinbarung strikt zu trennen ist die **Beschaffenheitsgarantie** iSd § 443 BGB. Übernimmt der Verkäufer die Garantie für eine bestimmte Beschaffenheit des Grundstücks oder Gebäudes in dem Sinne, dass er für alle Folgen des Fehlens einstehen wird,[485] haftet er nach §§ 276 Abs. 1, 278 BGB verschuldensunabhängig im Umfang der Garantie. Die Rechte des Käufers wegen eines Mangels aus § 437 BGB bestehen daneben. Die Rechte des Käufers wegen eines Mangels, der ihm infolge grober Fahrlässigkeit unbekannt geblieben ist, sind nicht ausgeschlossen (§ 442 Abs. 1 S. 2 BGB). Der Verkäufer kann sich nicht auf die Vereinbarung berufen, durch welche die Rechte des Käufers wegen eines Mangels ausgeschlossen oder beschränkt werden (§ 444 BGB). Dies gilt sowohl für den Formular-/Verbrauchervertrag als auch für den Individualvertrag. Über diese Rechtsfolgen hat der Notar den Verkäufer nach § 17 Abs. 1 BeurkG („rechtliche Tragweite") zu belehren. Die Übernahme einer Beschaffenheitsgarantie ist nach § 311b Abs. 1 BGB beurkundungsbedürftig.

329   Formulierungsbeispiel: Beschaffenheitsgarantie

Ϙ   Der Verkäufer garantiert als Beschaffenheit des Gebäudes die Dichtigkeit des Flachdachs und der Kelleraußenwände. Der Notar hat den Verkäufer darauf hingewiesen, dass dem Käufer die gesetzlichen Rechte zustehen, wenn die garantierte Beschaffenheit bei Gefahrübergang nicht gegeben ist, der Käufer insbesondere unter den gesetzlichen Voraussetzungen vom Kaufvertrag zurücktreten und Schadensersatz verlangen kann, ohne dass es auf ein Verschulden des Verkäufers ankommt. Die Verjährungsfrist beträgt fünf Jahre ab Übergabe des Grundstücks.

330   Durch das Wort „soweit" (statt „wenn") in § 444 BGB und in § 639 BGB ist klargestellt, dass sich der Verkäufer insoweit auf einen Haftungsausschluss (oder eine Haftungsbeschränkung) nicht berufen kann, als dieser mit der Garantie im Widerspruch steht. Es kommt also auf den Inhalt der Garantie an. Danach können zB die Schadensersatzansprüche des Käufers auf einen bestimmten Höchstbetrag begrenzt werden, auch kann die Verjährungsfrist verkürzt werden. Im Umfang der Beschaffenheitsgarantie haftet der Verkäufer verschuldensunabhängig. Ist der Verkäufer nicht bereit, eine Beschaffenheitsgarantie zu übernehmen, will er aber dafür einstehen, dass eine bestimmte Beschaffenheit gegeben ist, ist die **Beschaffenheitsvereinbarung** die richtige vertragliche Lösung.

331   Im Individualvertrag ist es bei der Beschaffenheitsvereinbarung rechtlich zulässig, die Rechte des Käufers wegen eines Mangels zu beschränken, im Formular-/Verbrauchervertrag ist dagegen ein Ausschluss der Schadensersatzansprüche nach § 309 Nr. 7 BGB auch bei grober Fahrlässigkeit sowie – unabhängig vom Grad des Verschuldens – bei verschuldeter Verletzung von Leben, Körper oder Gesundheit unzulässig; für solche Ansprüche gilt dann auch zwingend die Verjährungsfrist von fünf Jahren bei Mängeln des Bauwerks nach § 438 Abs. 1 Nr. 2a BGB.

332 **3. Einzelne Beschaffenheitsvereinbarungen; Altlasten.** Es obliegt der Aufklärungs-, Belehrungs- und Formulierungspflicht des Notars, den Willen der Parteien eindeutig zu erforschen und unmissverständlich wiederzugeben. So kann zB der **Verkauf eines Grundstücks „als Bauplatz"** zum Inhalt haben:
- eine **Beschaffenheitsgarantie** iSd § 443 Abs. 1 Alt. 1 BGB;
- eine **Eigenschaftszusicherung** als Abdingung des Verschuldensmerkmals, also Garantiezusage iSd § 276 Abs. 1 BGB aE;
- eine **bloße Beschaffenheitsvereinbarung** gemäß § 434 Abs. 1 BGB (des Inhalts, dass der Bebauung im Zeitpunkt des Gefahrübergangs keine objektiven baurechtlichen Hin-

---

[485] BGH NJW 2007, 1346.

dernisse entgegenstehen), die sich gemäß § 434 Abs. 1 S. 3 BGB möglicherweise auch aus öffentlichen Ankündigungen (Inseraten in der Zeitung) ergeben kann;
– die Erhebung eines Umstandes zur **Geschäftsgrundlage** gemäß § 313 BGB; oder
– eine **schlichte Wissenserklärung** des Verkäufers, deren wissentliche Falschheit Arglist begründen würde (mit der Folge der Sonderverjährung des § 438 Abs. 3 BGB, der Unwirksamkeit etwaiger allgemeiner vertraglicher Haftungsausschlüsse, § 444 BGB, der Entbehrlichkeit einer Nachfristsetzung vor dem Rücktritt und des Abschneidens des Einwandes grob fahrlässiger Unkenntnis des Käufers über einen Mangel, § 442 Abs. 1 S. 2 BGB).

Beim **Teilflächenkaufvertrag** besteht durch den Wegfall der Genehmigungspflicht nach **333** BauGB für den Käufer im späteren Baugenehmigungsverfahren die Gefahr, dass die mit der Teilung bezweckte Nutzung mit den Festsetzungen des Bebauungsplans nicht vereinbar ist oder dass infolge der Teilung im unbeplanten Innenbereich (§ 34 BauGB) ein Grundstück entstanden ist, auf dem das vom Käufer vorgesehene Vorhaben unzulässig ist, weil es sich nicht nach § 34 Abs. 1 BauGB in die Umgebung einfügt. Nach § 19 BauGB dürfen durch die Teilung eines Grundstücks im Geltungsbereich eines Bebauungsplans keine Verhältnisse entstehen, die den Festsetzungen des Bebauungsplans widersprechen.

> **Formulierungsbeispiel: Beschaffenheitsvereinbarung (Mindestbebauung)** **334**
>
> Die Beteiligten vereinbaren die Bebaubarkeit des Grundstücks mit einem fünfgeschossigen Mehrfamilienhaus (mit Tiefgarage) mit einer Wohn-/Nutzfläche von mindestens *** qm als Beschaffenheit, ohne dass der Verkäufer hierfür eine Garantie übernimmt. Sollte diese Bebaubarkeit nicht gegeben sein, kann der Käufer vom Vertrag zurücktreten, jedoch nicht die Herabsetzung des Kaufpreises (Minderung) oder Schadensersatz verlangen. Das Rücktrittsrecht ist bis zum *** befristet und vom Käufer gegen Nachweis der Nichtgenehmigungsfähigkeit gegenüber dem Verkäufer durch Einschreiben mit Rückschein zu erklären. Mit Ablauf der Frist erlischt das Rücktrittsrecht. Im Falle des Rücktritts trägt der Verkäufer sämtliche Notar- und Gerichtskosten, auch die der Rückabwicklung des Vertrags.

Zum Gesetz zum Schutz vor **schädlichen Bodenveränderungen** und zur Sanierung **335** von **Altlasten** (Bundes-Bodenschutzgesetz – BBodSchG).[486] Die gesetzliche Regelung ist für den Notar bei der Vertragsgestaltung von großer Bedeutung, wenn schädliche Bodenveränderungen bekannt sind, dh Beeinträchtigungen der Bodenfunktionen, die geeignet sind, Gefahren, erhebliche Nachteile oder erhebliche Belästigungen für den Einzelnen oder die Allgemeinheit herbeizuführen (§ 2 Abs. 3 BBodSchG), oder der Verdacht schädlicher Bodenveränderungen besteht („Verdachtsflächen", § 2 Abs. 4 BBodSchG). Da die Altlast (§ 2 BBodSchG) eine besondere Erscheinungsform schädlicher Bodenveränderungen ist, sollte dieser Begriff in Grundstückskaufverträgen nicht mehr verwendet werden, sondern durch „schädliche Bodenveränderungen und Altlasten" ersetzt werden.

Beim Verkauf eines Grundstücks bleibt der Verkäufer als früherer Eigentümer nach § 4 **336** Abs. 6 BBodSchG zur Sanierung verpflichtet, wenn er „die schädliche Bodenveränderung oder Altlast" zu diesem Zeitpunkt kannte oder kennen musste, es sei denn, dass er beim Erwerb des Grundstücks darauf vertraut hat, dass solche nicht vorhanden sind, und sein Vertrauen unter Berücksichtigung der Umstände des Einzelfalles schutzwürdig ist.

Nach § 24 Abs. 2 BBodSchG besteht ein Ausgleichsanspruch mehrerer Verpflichteter **337** unabhängig von ihrer Heranziehung, bei dem bei mehreren Zustandsstörern auf den Grad der Verursachung abgestellt wird mit einer dem § 852 BGB entsprechenden Verjährungsregelung. Der Ausgleichsanspruch steht unter dem Vorbehalt anderweitiger vertraglicher

---

[486] Vgl. *Oyda* RNotZ 2008, 246; Rechtsprechungsübersicht: *Kügel* NJW 2004, 1570; zur Sachmängelhaftung: *Müggenborg* NJW 2005, 2810; mit Formulierungsvorschlägen: *Krauß* Immobilienkaufverträge Rn. 3322 ff.

Regelung (§ 24 Abs. 2 S. 2 BBodSchG: „soweit nichts anderes vereinbart wird"). Übernimmt der Verkäufer die Kosten der Beseitigung schädlicher Bodenveränderungen und Altlasten oder stellt der Käufer den Verkäufer insoweit umfassend frei, ist zusätzlich der Ausgleichsanspruch nach § 24 Abs. 2 S. 1 BBodSchG auszuschließen. Ein Ausschluss des Ausgleichsanspruchs im Innenverhältnis zwischen den Vertragsbeteiligten ändert an der Weiterhaftung des Verkäufers bei Vorliegen der Voraussetzungen nach § 4 Abs. 6 BBodSchG nichts („Ewigkeitshaftung"). Übernimmt der Käufer die Kosten der Beseitigung bekannter schädlicher Bodenveränderungen oder Altlasten, oder übernimmt er bei einer Verdachtsfläche das Risiko der Sanierung, wird dies bei der Höhe des Kaufpreises berücksichtigt; das Risiko bei Zahlungsunfähigkeit des Käufers verbleibt aber beim Verkäufer.

338   Übernimmt der Käufer vertraglich bei einer bereits erfassten Altlast die Kosten der Sanierung,[487] sollte der Notar den Verkäufer auf seine fortbestehende Sanierungspflicht (§ 4 Abs. 6 BBodSchG) hinweisen und die Möglichkeit der Sicherung zB durch eine vom Käufer zu stellende Bankbürgschaft. Besteht der Verdacht schädlicher Bodenverunreinigungen oder Altlasten, hat der Verkäufer dem Käufer ihm bekannte Tatsachen zu offenbaren, die den Verdacht des Vorhandenseins begründen, und für die Richtigkeit seiner Erklärung einzustehen. Will sich der Käufer verpflichten, den Verkäufer insoweit umfassend freizustellen, und soll auch der Ausgleichsanspruch nach § 24 Abs. 2 BBodSchG ausgeschlossen werden, sollte der Notar wegen des unkalkulierbaren Risikos der Kosten der Sanierung empfehlen, vor Abschluss des Vertrages einen Gutachter einzuschalten, der ein Schadensgutachten mit Kostenschätzung erstellt. Soll das Gutachten erst nach Abschluss des Kaufvertrages eingeholt werden, sind vertragliche Regelungen zu empfehlen, nach denen die Fälligkeit des Kaufpreises auch von der Vorlage des Gutachtens abhängig gemacht wird und weiterhin bestimmt wird, welcher Vertragsteil bis zu welcher Höhe die Kosten trägt, letztlich der Käufer zum Rücktritt vom Vertrag berechtigt ist, falls die Kosten den kalkulierten Betrag überschreiten, soweit der Verkäufer nicht bereit ist, diese Mehrkosten zu übernehmen.[488]

339   Beim Weiterverkauf eines Grundstücks mit der Vereinbarung eines Haftungsausschlusses für Sachmängel, dessen Belastung mit einem Ölschaden vom Erstverkäufer arglistig verschwiegen wurde, kann nach den konkreten Umständen des einzelnen Falles Raum für eine ergänzende Vertragsauslegung dahingehend sein, dass die Parteien des Zweitvertrages die Abtretung etwaiger Ansprüche des Verkäufers gegen den Erstverkäufer vereinbart hätten.[489]

340   **4. Gesetzliche Rechte des Käufers wegen eines Sachmangels.** Beim Verkauf eines unbebauten Grundstücks oder eines Grundstücks mit einem Altbau werden im Kaufvertrag nahezu ausnahmslos die Rechte und Ansprüche des Käufers nach § 437 BGB wegen eines Sachmangels ausgeschlossen. In Einzelfällen wird die Bebaubarkeit oder eine bestimmte Bebaubarkeit des Grundstücks als Beschaffenheit vereinbart oder die Beschaffenheit von Teilen des Gebäudes (Dichtigkeit des Flachdachs, keine Feuchtigkeit im Keller) vom Haftungsausschluss ausgenommen. In diesen Fällen werden jedoch die Rechte und Ansprüche des Käufers gegenüber der gesetzlichen Regelung modifiziert, zB dahin, dass der Käufer bei Unbebaubarkeit des Grundstücks vom Kaufvertrag zurücktreten, jedoch weder den Kaufpreis mindern noch Schadensersatz verlangen kann, oder bei Undichtigkeit des Flachdachs oder Feuchtigkeit im Keller zwar die Ansprüche auf Beseitigung des Mangels und Minderung des Kaufpreises gegeben sind, der Käufer jedoch nicht vom Kaufvertrag insgesamt zurücktreten kann.

341   Beim Verbrauchsgüterkauf (Mitverkauf von Einrichtungsgegenständen durch Unternehmer an Verbraucher) kann sich der Unternehmer nicht auf Vereinbarungen berufen,

---

[487] Formulierungsbeispiel bei *Pützenbacher* NJW 1999, 1137 (1141).
[488] Vgl. hierzu *Schürmann* MittRhNotK 1994, 1 (18).
[489] BGH DNotZ 1998, 40.

die von den §§ 433–435, 437, 439–443, 474–479 BGB (und damit auch der Beweislastumkehr in den ersten sechs Monaten, § 477 BGB) abweichen. Uneingeschränkt zulässig sind vom Gesetz abweichende Vereinbarungen erst nach der Mitteilung eines Mangels. Hier bleiben also nur die Vereinbarung einer „mangelhaften" Beschaffenheit im Einzelfall bzw. die Bekanntgabe der Mängel, also die Willens- oder die Wissens-Gestaltungsvariante (§§ 434 Abs. 1, 442 BGB) auf der Tatbestandsseite.

Nach der gesetzlichen Regelung hat der Käufer zunächst den **Anspruch auf Beseitigung des Mangels** (§ 439 Abs. 1 BGB). Wegen des Vorrangs der Nacherfüllung (§ 439 BGB) ist der Käufer nicht berechtigt, den Mangel selbst zu beseitigen, ohne dem Verkäufer zuvor ergebnislos eine erforderliche Frist zur Nacherfüllung gesetzt zu haben. Beseitigt er den Mangel selbst, verliert er seinen Nacherfüllungsanspruch (er wird nach § 275 Abs. 1 BGB unmöglich), er kann auch nicht die aufgewendeten Kosten vom Verkäufer als ersparte Aufwendungen aus § 326 Abs. 2 S. 2, Abs. 4 BGB direkt oder analog, aus GoA oder aus ungerechtfertigter Bereicherung verlangen. Dies ist inzwischen gefestigte Rechtsprechung des BGH,[490] der anders lautender Ansicht der Literatur nicht gefolgt ist. Im Übrigen kennt das Kaufrecht (anders als das Werkvertragsrecht) ein Recht zur Selbstvornahme nicht. **342**

Etwas anderes kann ausnahmsweise dann gelten, wenn eine Notmaßnahme zur Erhaltung des Kaufgegenstandes erforderlich ist, die der Verkäufer nicht rechtzeitig veranlassen konnte.[491] **343**

Nach ergebnislosem Ablauf einer angemessenen Frist (Ausnahme: § 440 BGB) oder wenn der Verkäufer die Beseitigung des Mangels verweigert, kann der Käufer vom Vertrag zurücktreten oder den Kaufpreis mindern. **Minderung** ist auch möglich bei einem unerheblichen Mangel. Die Minderung ist nunmehr ein Gestaltungsrecht, durch dessen Ausübung der Kaufpreis unmittelbar herabgesetzt wird. An die Erklärung der Minderung ist der Käufer gebunden, er kann also nicht mehr vom Vertrag zurücktreten. Die Erklärung der Minderung ist eine zugangsbedürftige Willenserklärung und bedarf keiner Form. Bei der Minderung ist der Kaufpreis in dem Verhältnis herabzusetzen, in welchem zur Zeit des Vertragsschlusses der Wert der Sache in mangelfreiem Zustand zu dem wirklichen Wert gestanden haben würde. **344**

Erklärt der Käufer den **Rücktritt** (die Erklärung bedarf keiner Form, ist bedingungsfeindlich und unwiderruflich), sind nach § 346 Abs. 1 BGB die empfangenen Leistungen zurückzugewähren und die gezogenen Nutzungen herauszugeben. Der Verkäufer hat den gezahlten Kaufpreis an den Käufer zu erstatten. Der Käufer ist verpflichtet, Löschungsbewilligung für die eingetragene Vormerkung zu erteilen. Die unter Mitwirkung des Käufers bestellten Finanzierungsgrundpfandrechte sind im Grundbuch zu löschen Zug um Zug gegen Ablösung des Darlehens aus dem zu erstattenden Kaufpreis. Der Käufer hat das Kaufobjekt zu räumen und dem Verkäufer zu übergeben. Die sich aus dem Rücktritt ergebenden Verpflichtungen der Vertragsparteien sind Zug um Zug zu erfüllen (§ 348 BGB); sie verjähren in drei Jahren.[492] **345**

Nach § 323 Abs. 5 S. 2 BGB kann der Käufer vom Kaufvertrag nicht zurücktreten, wenn die Pflichtverletzung „unerheblich" ist. Dies ist in aller Regel bei einem unerheblichen Mangel der Fall. Bestehen Zweifel über die (gewollte) Rücktrittsberechtigung – zB im Falle einer Inanspruchnahme des Verkäufers aus seiner gesetzlichen Mithaftung auf die Grunderwerbsteuerschuld des Käufers – sollte daher vorsorglich ein vertragliches Rücktrittsrecht vereinbart werden. Bei **arglistiger Täuschung** ist eine unerhebliche Pflichtverletzung zu verneinen.[493] Hat der Verkäufer dem Käufer einen Mangel bei Abschluss des Vertrages arglistig verschwiegen, kann der Käufer ohne Fristsetzung nach § 323 Abs. 2 **346**

---

[490] NJW 2005, 1348; NJW 2006, 88.
[491] BGH NJW 2005, 3211.
[492] BGH DNotZ 2007, 304.
[493] BGH NJW 2006, 1960.

Nr. 3 BGB sofortige Rückabwicklung des Vertrages und nach § 281 Abs. 2 Alt. 2 BGB Schadensersatz statt der Leistung verlangen.[494]

347 **Schadensersatz** wegen eines Sachmangels kann der Käufer verlangen (auch nach Rücktritt oder Minderung), wenn der Verkäufer die Pflichtverletzung, also die Lieferung der mangelhaften Sache, zu vertreten hat (§§ 437 Nr. 3, 280 Abs. 1 BGB). Der Verkäufer hat den Mangel zu vertreten, wenn ihm ein zumindest fahrlässiges Verhalten vorgeworfen werden kann. Das vorwerfbare Verhalten kann in der Verursachung des Mangels liegen (zB der Verkäufer hat das Flachdach als Terrasse genutzt in Kenntnis, dass es hierfür nicht geeignet ist und er es dadurch beschädigt), oder in einem pflichtwidrigen Unterlassen, das den Mangel herbeigeführt hat (zB unterbliebene Wartung der Heizungsanlage, die der Hersteller vorschreibt).

348 Schadensersatz kann der Käufer erst nach erfolgloser Fristsetzung zur Beseitigung verlangen, er kann also die mangelhafte Sache behalten und verlangen, so gestellt zu werden, als ob gehörig erfüllt worden wäre. Der Anspruch richtet sich auf Ersatz des Wertunterschieds zwischen mangelfreier und mangelhafter Sache, umfasst aber nicht die dem Käufer entstandenen Finanzierungskosten.[495]

349 Der Käufer kann bei einem Sachmangel Schadensersatz statt der ganzen Leistung verlangen, es sei denn, die Pflichtverletzung ist unerheblich. In diesem Fall erfolgt die Rückabwicklung des Vertrages nach den §§ 346 – 348 BGB (§ 281 Abs. 5 BGB). Steuervorteile, die der Käufer durch Absetzung für Abnutzung erzielt hat, hat er sich nicht im Wege der Vorteilsausgleichung anrechnen zu lassen.[496] Daneben kann der Käufer Ersatz eines weitergehenden Schadens (Mangelfolgeschadens) vom Verkäufer verlangen.

350 Der Käufer kann „anstelle des Schadensersatzes statt der Leistung", also bei einer zu vertretenden Pflichtverletzung des Verkäufers, **Ersatz der Aufwendungen** verlangen, die er im Vertrauen auf den Erhalt der Leistung gemacht macht und billigerweise machen durfte, es sei denn, deren Zweck wäre auch ohne die Pflichtverletzung des Verkäufers nicht erreicht worden. Danach kann der Käufer, der ein Einfamilienhaus zur Eigennutzung erworben hat, neben den Vertragskosten (Notar- und Gerichtsgebühren) auch die Finanzierungskosten, Maklerkosten, Planungskosten etc ersetzt verlangen.

351 **5. Haftungsausschluss; Arglisthaftung.** Bei der Vereinbarung, mit der die Rechte des Käufers wegen eines Sachmangels ausgeschlossen oder beschränkt werden sollen, ist zu unterscheiden zwischen

– einem Individualvertrag, an dem ausschließlich Verbraucher oder als Verkäufer ein Verbraucher und als Käufer ein Unternehmer beteiligt sind, und hierbei zu differenzieren, ob es sich um den Verkauf eines Altbaus oder eines Neubaus bzw. eines zu renovierenden/bereits renovierten Altbaus handelt;

– einem Formularvertrag bzw. einem Verbrauchervertrag nach § 310 Abs. 3 BGB, also einem Vertrag zwischen einem Unternehmer und einem Verbraucher, gleichgültig ob der Verbraucher Käufer oder Verkäufer ist (hierzu → Rn. 704 ff.);

– beim Mitverkauf beweglicher Sachen (Inventar), ob es sich um einen Verbrauchsgüterkauf iSd § 474 BGB handelt, bei dem also der Verbraucher als Käufer vom Verkäufer eine bewegliche Sache kauft.

352 Weiterhin ist zu unterscheiden, ob die Vertragsbeteiligten lediglich eine Beschaffenheitsvereinbarung treffen, oder ob der Verkäufer für eine bestimmte Beschaffenheit die Garantie übernimmt.

353 Die Frage der Zulässigkeit der Vereinbarung des vollständigen oder teilweisen Ausschlusses der Rechte des Käufers wegen eines Sachmangels des Kaufobjekts stellt sich nur, wenn die Rechte nicht bereits gesetzlich ausgeschlossen sind.

---

[494] BGH DNotZ 2007, 216.
[495] BGH NJW-RR 2002, 1593.
[496] BGH ZNotP 2008, 408.

Ob ein Sachmangel vorliegt oder nicht, bestimmt sich zunächst nach dem Inhalt der von 354
den Vertragsparteien getroffenen Vereinbarung im Grundstückskaufvertrag. Ist Kaufgegenstand ein renovierungsbedürftiger Altbau oder gar ein Gebäude, das vom Käufer zum Abriss bestimmt ist, ist die vereinbarte Beschaffenheit eine andere als beim Verkauf eines
Neubaus oder eines in den letzten Jahren grundlegend modernisierten und renovierten
Altbaus. Die Vertragsparteien haben überdies die Möglichkeit, eine „negative" Beschaffenheit zu vereinbaren, also zB Feuchtigkeit in den Kellerräumen oder die fehlende
Funktionstauglichkeit der Heizung, die damit kein Mangel sind.

Die Rechte des Käufers wegen eines Mangels sind ausgeschlossen, wenn er bei Ver- 355
tragsschluss den Mangel kennt oder ihm der Mangel infolge grober Fahrlässigkeit unbekannt geblieben ist (§ 442 BGB), zB weil er darauf verzichtet, das Kaufobjekt, wie angeboten, zu besichtigen. Dieser Ausschlusstatbestand gilt, wie sich aus der Verweisung in
§ 475 Abs. 1 S. 1 BGB ergibt, auch beim Verbrauchsgüterkauf und beim Formular-/Ver-
brauchervertrag. Da der Verkäufer insoweit die Beweislast trägt, ist es richtig, die Kenntnis des Käufers von bestimmten Mängeln des Kaufobjekts im Vertrag festzuhalten. Die
„negative" Beschaffenheitsvereinbarung, die notariell beurkundungsbedürftig ist, führt zugleich zum Ausschluss der Rechte des Käufers wegen Kenntnis.

Formulierungsbeispiel: Kenntnis von Sachmängeln 356

Der Käufer hat das Kaufobjekt besichtigt; er kauft es im gegenwärtigen, altersbedingten
Zustand. Dem Käufer ist bekannt, dass die Heizungsanlage nicht funktionstüchtig ist
und von der rückwärtigen Außenwand des Hauses Feuchtigkeit in die Kellerräume ein-
dringt.

Für die Zulässigkeit eines Ausschlusses oder einer Beschränkung der Rechte des Käufers 357
wegen Sachmängeln des Grundstücks und/oder des Gebäudes ist strikt zu unterscheiden
zwischen dem Individualvertrag und dem Formular-/Verbrauchervertrag. Sprachlich ist bei
solchen Abweichungen auf der „Rechtsfolgenseite" (zu unterscheiden von der „Tatbestandsseite", die wiederum Wissenserklärungen = Kenntnisverschaffungen iSd § 442 BGB
oder beurkundete Sollbeschaffenheitsvereinbarungen iSd § 434 BGB umfassen kann) stets
der Begriff „Sachmängelrechte", nicht „Ansprüche wegen Sachmängeln" zu verwenden,
um alle Behelfe zu erfassen; die bisweilen noch anzutreffende Diktion „Ansprüche und
Rechte" ist wegen § 194 BGB redundant.

Im **Individualvertrag** über „gebrauchte Objekte" ist ein vollständiger Haftungsaus- 358
schluss für Sachmängel des Grundstücks und des Gebäudes weiterhin zulässig, sachgerecht
und wird auch vom Käufer als selbstverständlich angesehen. Zu bedenken ist, dass damit
auch Ansprüche auf Schadensersatz und auf Ersatz vergeblicher Aufwendungen (§§ 437
Nr. 3, 280, 281, 284 BGB) ausgeschlossen werden. Nach § 276 Abs. 3 BGB kann die
Haftung wegen Vorsatzes dem Schuldner nicht im Voraus erlassen werden, ebenso wenig
die Rechte im Falle der Arglist (§ 444 BGB, gleichgültig ob die Arglist durch dolus directus = bewusste Lüge, dolus eventualis = Erklärung ins Blaue hinein oder durch Unterlassen = Verschweigen trotz Offenbarungspflicht sich verwirklicht).

Formulierungsbeispiel: Ausschluss der Sachmängelrechte 359

Die Rechte des Käufers wegen eines Sachmangels des Grundstücks und des Gebäudes
sind ausgeschlossen, ausgenommen Fälle des Vorsatzes oder der Arglist.

Der Käufer hat das Kaufobjekt besichtigt, er kauft es im gegenwärtigen, gebrauchten
Zustand.

359a Besteht ein pauschaler Ausschluss der Sachmängelrechte auf der Rechtsfolgenseite, erfasst dieser nicht

(a) die unmittelbare Beschaffenheitsvereinbarung gemäß § 434 Abs. 1 S. 1 BGB, da der Haftungsausschluss insoweit einschränkend auszulegen ist,[497] ebenso wie bereits unter Geltung des alten Rechts vor der Schuldrechtsreform, für die zugesicherte Eigenschaft des § 459 Abs. 2 BGB entschieden.[498] Angaben zu Mieten und Betriebskosten müssen also trotz des allgemeinen Haftungsausschlusses zutreffend sein,[499] ebenso Kilometerstandsangaben beim Verkauf eines gebrauchten Pkw.[500] Handelt es sich um vom Verkäufer gestellte Vertragsbedingungen, ergibt sich der Vorrang der individuellen Beschaffenheitsvereinbarung bereits aus § 305b BGB, sowie aus dem Verbot überraschender Klauseln, § 305c Abs. 1 BGB.[501] Ausdrücklich offen gelassen hat der BGH die Frage, ob durch eine **ausdrückliche** Vereinbarung die Haftung des Verkäufers für eine vereinbarte Beschaffenheit ausgeschlossen werden kann.[502]

(b) Bei der Annahme lediglich „stillschweigender" oder „konkludenter" Beschaffenheitsvereinbarungen, die einem allgemeinen Haftungsausschluss naturgemäß ebenfalls vorgehen würden,[503] ist allerdings im Zusammenhang mit beurkundungsbedürftigen Rechtsgeschäften große Zurückhaltung geboten, auch in Bezug auf beurkundungspflichtige Werkleistungspflichten. Anders verhält es sich bei in Richtung auf die gesamte Öffentlichkeit, also nicht gegenüber dem Käufer, getätigten vorvertraglichen Äußerungen des Verkäufers (in Internetanzeigen etc), die gemäß § 434 Abs. 1 S. 2 Nr. 2, S. 3 BGB eine geschuldete Normalbeschaffenheit begründen können, auch ohne dass sie in der Urkunde ihren Niederschlag gefunden hätten.[504]

(c) Ebenso wenig erfasst der allgemeine Haftungsausschluss garantierte Beschaffenheiten (und arglistig verschwiegene Mängel), wie sich bereits aus dem Gesetz (§ 444 BGB) ergibt.

(d) Allerdings erfasst der allgemeine Haftungsausschluss (sofern dem Verkäufer nicht Arglist zur Last fällt, § 444 BGB) die Haftung für Mängel der vorausgesetzten oder der gewöhnlichen Verwendung (§ 434 Abs. 1 S. 2 Nr. 1 und Nr. 2 BGB).[505] Die Abgrenzung zwischen konkludenten Beschaffenheitsvereinbarungen (b) – soweit sie angesichts der strengen Anforderungen überhaupt gegeben sind – einerseits und der Normalbeschaffenheit gemäß § 434 Abs. 1 S. 2 Nr. 2 BGB andererseits kann mitunter schwer fallen, allerdings bezieht sich die Normalbeschaffenheit idR auf allgemeine Eigenschaften (funktionierende Heizung etc), nicht auf konkret-individuelle Merkmale (Wohnfläche) der Immobilie.[506] Noch ungeklärt ist, ob im Verhältnis B2B oder B2C nicht strengere Maßstäbe an Ermittlungs- bzw. Aufklärungspflichten des Verkäufers gelten.[507]

(e) Ebenso wirkt der Ausschluss auch gegen eine Haftung für die nach den öffentlichen Äußerungen des Verkäufers oder eines Gehilfen (Maklers) zu erwartende Beschaffen-

---

[497] BGH NJW 2016, 1815 Rn. 9.

[498] BGH NJW 1996, 2027.

[499] BGH NJW 2011, 1217 Rn. 18.

[500] BGH NJW 2007, 1346 (Verkauf eines gebrauchten Pkw „natürlich ohne Gewähr", aber mit Kilometerstandsangabe); ebenso KG NJW-RR 2012, 290 (291).

[501] BGH NJW-RR 2006, 490 Rn. 14; *Gsell* FS Eggert 2008, 1 (10 ff.) (für § 305b BGB).

[502] BGH NJW 2007, 1346 Rn. 31.

[503] BGH DNotZ 2016, 271 Rn. 9; hierzu *Oldenburg* ZfIR 2016, 613; *Cziupka/Hübner* DNotZ 2016, 323 sowie *Herrler* NotBZ 2016, 137 und *Weber* RNotZ 2016, 650.

[504] BGH 25.1.2019 – V ZR 38/18.

[505] BGHZ 170, 86 Rn. 31 = NJW 2007, 1346; BGH NJW 2013, 1733 Rn. 15, vgl. *Herrler* NotBZ 2017, 121 (123 ff.).

[506] *Herrler* in DAI, Aktuelle Probleme der notariellen Vertragsgestaltung im Immobilienrecht 2016/2017, S. 58 gegen *Faust* JZ 2016, 1012 (1013).

[507] So *Weber* RNotZ 2016, 1767 (1769); *Herrler* NJW 2016, 1767 (1769): bei leicht fahrlässiger vorvertraglicher Pflichtverletzung soll das Sachmängelgewährleistungsrecht keine Sperrwirkung mehr gegen die Haftung aus §§ 280 Abs. 1, 241 Abs. 2, 311 Abs. 2 BGB entfalten.

heit, § 434 Abs. 1 S. 3 BGB, also etwa Angaben in Internetportalen oder in einem Exposee, sofern diese nicht in die Urkunde aufgenommen sind,[508] es sei denn wiederum, dem Verkäufer fällt Arglist zur Last.[509] Dies gilt jedoch nur für das Kaufrecht: Der VII. (Bauträger-)Senat neigt dazu, ungeachtet der Formerfordernisse bei Immobiliengeschäften berechtigten Erwartungen des Käufers an die Beschaffenheit des Werks Rechnung zu tragen.[510]

Bei einem **neu errichteten Gebäude** hat der Verkäufer die ihm zustehenden Rechte **360** wegen eines Mangels gegen seinen Verkäufer bzw. die am Bau beteiligten Dritten an den Käufer abzutreten. Erfolgt diese Abtretung nicht nur sicherungshalber, sondern anstelle eigener Haftung des Verkäufers (auch als Verbraucher), darf sie nicht formelhaft erfolgen, sonst ist sie unwirksam (richterliche Inhaltskontrolle, § 242 BGB, hierzu → Rn. 73 ff.[511]

Auf eine Vereinbarung, durch welche die Rechte des Käufers wegen eines Sachmangels **361** ausgeschlossen oder beschränkt werden, kann sich der Verkäufer nach § 444 BGB nicht berufen, wenn ihm **Arglist** zur Last fällt. Ein danach unwirksamer Haftungsausschluss berührt die Wirksamkeit des Kaufvertrages im Übrigen nicht. Arglist kann sich verwirklichen durch *dolus directus* (unmittelbare Lüge), durch *dolus eventualis* (Erklärung ins Blaue hinein),[512] oder durch Verschweigen eines Umstandes trotz Bestehens einer Offenlegungspflicht. Stets ist jedoch Kenntnis des Verkäufers oder derjenigen Personen, deren Kenntnis er sich zuzurechnen lassen hat, erforderlich. Fahrlässige Unkenntnis genügt nicht: Wer **gutgläubig** falsche Angaben macht, handelt nicht arglistig, mag der gute Glaube auch gar auf Leichtfertigkeit beruhen.[513] Die Offenbarungspflicht kann entfallen, wenn der Käufer durch ein „Expertenteam" (Architekt, Bankkaufmann) unterstützt wird,[514] oder wenn der Mangel sich aus übergebenen Objektunterlagen ergibt (nicht ausreichend ist es jedoch, wenn sich der Mangel aus Unterlagen ergibt, die für die den Käufer finanzierende Bank bestimmt sind)[515] bzw. bei einer gewöhnlichen **Besichtigung leicht zu erkennen** ist.[516] Es genügt allerdings nicht, dass lediglich äußere Spuren eines Symptoms sichtbar sind, diese jedoch keinen tragfähigen Rückschluss auf die Art und den Umfang des eigentlichen Mangels, insbesondere die Ursache, erlauben.[517] Der Kreis der **offenbarungspflichtigen Tatsachen** wird immer weiter gezogen.

Beispiele:

(1) das Unterbleiben einer vertraglich geschuldeten Untersuchung durch den Verkäufer (zB einer Bodenuntersuchung in Bezug auf Gründungsmängel des Grundstücks)[518]

(2) die baurechtswidrige Nutzung einer Immobilie auch ohne Untersagungsverfügung,[519] erst recht das Fehlen einer Baugenehmigung[520] – nach neuem Baurecht dürfte auch das Bestehen eines lediglich zeitlich befristeten Bebauungsrechts gemäß §§ 9 Abs. 2, 11 Abs. 2 Nr. 2 BauGB ähnlich zu behandeln sein[521]

(3) das Anpreisen von Kellerräumen als Wohnraum, obwohl die für diese Nutzung erforderliche Genehmigung fehlt bzw. die behördliche Entscheidung, ob in eine förmliche

---

[508] BGH DNotZ 2016, 921; hierzu *Herrler* NotBZ 2017, 121 und *Raff* MittBayNot 2017, 451.
[509] BGH DNotI-Report 2018, 61 (Anbringung einer weißen Verkaufslackierung im Keller um die Feuchtigkeit zu verdecken; das Verkäuferexposé führt aus: „Zudem ist das Haus unterkellert (trocken)."
[510] BGH NJW 2004, 2156 und NJW-RR 2008, 258; § 650k BGB hat insoweit wohl nichts geändert.
[511] Insbesondere BGH DNotZ 2007, 822 und OLG Köln DNotZ 2012, 126 mAnm *Krauß*.
[512] Bsp.: OLG Koblenz NotBZ 2012, 141.
[513] BGH NotBZ 2012, 295 mAnm *Krauß*.
[514] OLG Koblenz ZMR 2010, 298.
[515] Vgl. BGH ZNotP 2011, 68.
[516] OLG Hamm MDR 2005, 621.
[517] BGH NotBZ 2012, 295 mAnm *Krauß*.
[518] BGH ZfIR 2012, 289.
[519] BGH NJW-RR 1988, 1290.
[520] BGH NJW 2003, 2380; OLG Brandenburg BeckRS 2016, 11236.
[521] Vgl. *Grziwotz* DNotZ 2004, 679.

Überprüfung eingetreten wird, nicht durch die vorgeschriebene Anzeige der Nutzungsänderung in Gang gesetzt wurde[522]

(4) das Fehlen eines Hinweises auf die dem Verkäufer bekannte ablehnende Haltung der Genehmigungsbehörde zu einem geplanten Dachgeschossausbau, der dem Käufer zu Recht als genehmigungsbedürftig geschildert wird[523]

(5) das Fehlen einer gesicherten Zufahrtsmöglichkeit oder Wasserversorgung[524]

(6) Leerstände (auch bei Vorliegen einer Mietgarantie);[525] erhebliche Mietrückstände;[526] möglicherweise auch konkrete Kenntnis über drohende wirtschaftliche Schwierigkeiten des Hauptmieters[527]

(7) das Bestehen einer Mietpreisbindung[528], jedoch wohl nicht die allgemeingesetzliche, wenn auch lokal begrenzte, Beschränkung aus der „Mietpreisbremse"

(8) das Bestehen einer Baulast, welche die Änderung der äußeren Gebäudegestalt untersagt[529] (da dem „Gestaltwert des Gebäudes eine die Kulturlandschaft prägende Bedeutung zukomme", § 35 Abs. 4 S. 1 Nr. 4 BauGB[530])

(9) besondere, nicht ohne Weiteres erkennbare Gefahr einer Überflutung;[531] ebenso das Fehlen einer Absicherung gegen das Eindringen zu erwartenden Hochwassers

(10) konkrete Kontaminationen,[532] auch wenn allgemeiner Altlastenverdacht eingeräumt wurde oder dem Käufer bekannt war

(11) Verwendung gesundheitsgefährdender Baustoffe (Asbest), auch wenn diese zZt der Errichtung als unbedenklich galten[533] – anders, wenn eine Gesundheitsgefährdung durch die Art und Weise der Verwendung zuverlässig ausgeschlossen werden kann[534]

(12) Betrieb einer Wäscherei auf dem Gelände vor über 25 Jahren, auch wenn seitdem ein Lebensmitteleinzelhandel dort beanstandungsfrei geführt wurde, ebenso die frühere Nutzung als wilde Müllkippe[535] bzw. allgemein als Mülldeponie,[536] Werksdeponie[537] oder als Tankstelle[538] bzw. als Rangiergelände für den Bahnbetrieb[539] oder als Asphaltmischanlage sowie Klärschlammrückhaltebecken[540] bzw. allgemein jede frühere Nutzung, die dem Grunde nach einen Altlastenverdacht begründet[541], ohne dass „kon-

---

[522] BGH NotBZ 2014, 462 mAnm *Krauß*.

[523] BGH BeckRS 2017, 133498. Zur Schadensberechnung ist der Wert der ungesicherten Ausbaumöglichkeit als solcher zu ermitteln.

[524] BGH ZfIR 2011, 657 mAnm *Grziwotz* (auch bei Wohnimmobilien im Außenbereich, wobei dort keine Anbindung an das öffentliche Leitungsnetz, aber eine durch Dienstbarkeit gesicherte private Anbindung erwartet werden darf. Der Schadensersatz kann berechnet werden entweder anhand der Wertdifferenz zwischen Gebäude mit und ohne gesicherte Versorgung oder anhand der Ausgleichszahlung, die der Nachbar verlangt, jedoch gedeckelt auf die Kosten der Herstellung einer eigenen Leitung).

[525] BGH NJW 2008, 3699.

[526] OLG Celle NJW-RR 1999, 280.

[527] BGH NJW-RR 2003, 700; kritisch *Derleder* NJW 2008, 1193, da auch einer Bank die Kenntnis, die sie aus anderen Vertragsbeziehungen abrufen könnte, nicht zugerechnet wird.

[528] BGH ZfIR 1998, 71.

[529] BGH NotBZ 2011, 434 mAnm *Krauß; Arnold* MittBayNot 2012, 39.

[530] Erweitert mit Wirkung ab 20.9.2013 gemäß § 35 Abs. 4 S. 2 BauGB für die Neuerrichtung anstelle eines abzureißenden landwirtschaftlichen Gebäudes bei weitgehender Wahrung der äußeren Gestalt.

[531] BGH NJW-RR 1992, 334.

[532] BGH DNotZ 1992, 298; NJW 2002, 1867.

[533] BGH ZfIR 2009, 560 mAnm *Everts;* vgl. auch *Kirchhof* ZfIR 2009, 853 (859).

[534] OLG München NJW-RR 2010, 677.

[535] BGH NJW 1991, 2900.

[536] BGH NJW 1992, 1953; OLG Düsseldorf NJW 1996, 3284.

[537] BGH NJW 1995, 1549.

[538] BGH DNotZ 2000, 46.

[539] Im Hinblick auf Kontaminationsgefahr durch Schmiermittelverluste, Herbizide, Holzbohlenimprägniermittel, vgl. BGH ZfIR 2016, 783 mAnm *Bickert* = NotBZ 2017, 99 mAnm *Krauß* = MittBayNot 2017, 363 mAnm *Goslich*.

[540] BGH ZfIR 2018, 55 mAnm *Hahn* = NotBZ 2018, 103 mAnm *Krauß*.

[541] Für den subjektiven Tatbestand genügt es, dass der Verkäufer die frühere Nutzung kannte und es zumindest für möglich hielt, dass diese einen Altlastenverdacht begründet; eine Erhärtung des Verdachtes durch

krete und gewichtige Tatsachen" das Vorhandensein von Altlasten nahelegen müssten[542] – nicht ausreichend ist jedoch die bloße frühere Nutzung als Industriegelände[543]

(13) die Durchführung von Sanierungsmaßnahmen zur Altlastenbeseitigung in der Vergangenheit,[544] nicht jedoch das Vorhandensein ordnungsgemäß verfüllter Tanks[545] oder der Umstand, dass im angebotenen Wohnhaus in den 1970er Jahren das Holzschutzmittel „Xyladecor" verwendet wurde[546]

(14) die Eintragung des Grundstücks im Altlastenkataster wegen des dadurch begründeten hinreichenden Verdachts[547]

(15) der Verdacht auf Holzschäden, der – jedenfalls nach Feststellung im vom Verkäufer in Auftrag gegebenen Verkehrswertgutachten – ein Holzschutzgutachten erforderlich erscheinen lässt[548]

(16) konkreter Hausschwammverdacht[549] oder früherer Hausschwammbefall, auch wenn er vor 25 Jahren behandelt wurde[550] (da der Immobilie dann nach der Verkehrsanschauung ein dauernder merkantiler Minderwert anhaftet,[551] aufgrund der latenten Gefahr jederzeitiger Wiederkehr) – anders jedoch bei behandeltem früherem Hausbockbefall:[552] hat der Verkäufer damit eine Fachfirma beauftragt, muss er sich nicht sichere Kenntnis vom Erfolg der Maßnahme verschaffen, sofern er nicht gegenteilige konkrete Anhaltspunkte erkennt

(17) erheblicher Marderbefall,[553] anders wenn er bereits Jahre zurücklag[554]

(18) nicht erkennbare[555] Kellerdurchfeuchtung aufgrund unzureichender Isolierung der Außenwände;[556] breitflächiges Eindringen von Wasser in flüssiger Form in den Keller bei einem 1938 errichteten Gebäude;[557] ebenso erneutes Auftreten von Wölbungen nach einer feuchtigkeitsbedingten Fassadensanierung[558]

(19) Denkmaleigenschaft[559]

(20) Geruchsbelästigungen aus einem nahe gelegenen Klärwerk[560]

---

zusätzliche Umstände ist nicht erforderlich, vgl. BGH ZfIR 2018, 55 mAnm *Hahn* = NotBZ 2018, 103 mAnm *Krauß*.

[542] BGH ZfIR 2018, 55 mAnm *Hahn* = NotBZ 2018, 103 mAnm *Krauß*.

[543] BGH NJW 1994, 253 (Chemie- und Gasproduktion!).

[544] Aufklärungspflicht sogar der finanzierenden Bank ggü. ihrem Kunden aus Wissensvorsprung, OLG Karlsruhe ZfIR 2009, 29 (fraglich!).

[545] OLG Bremen OLGR 2003, 519.

[546] LG Arnsberg BeckRS 2007, 06679.

[547] OLG Düsseldorf NJW 1996, 3284 re. Sp. unten; offen gelassen in BGH NJW 2003, 2380. Den Käufer trifft keine Einsichtspflicht in den Altlastenkataster, auch nicht iSd § 442 Abs. 1 S. 2 BGB (grob fahrlässige Unkenntnis eines Mangels), vgl. NK-BGB/*Thau*, 2. Aufl., Anh. I zu §§ 433–480 Rn. 93 mwN.

[548] OLG Brandenburg BeckRS 2012, 15130.

[549] BGH DNotZ 2003, 689. Als „Schwamm" wird der Befall mit holzzerstörenden Gebäude- bzw. Hausfäulepilzen verstanden, BGH NJW 2012, 3238 Rn. 13 ff.

[550] BGH NJW-RR 1987, 1415.

[551] BGH NZBau 2013, 159 Rn. 19 ff.

[552] BGH DNotZ 2016, 473 (474).

[553] OLG München Urt. v. 5. 4. 2017 – 20 U 3300/16, ZfIR 2017, 586 (nur Ls.).

[554] OLG Hamm NJW-RR 2017, 892 (zumal keine allgemeine Vermutung dafür besteht, dass Marder an denselben Ort zurückkehren).

[555] Also anders, wenn der Verkäufer nach dem äußeren Erscheinungsbild des Kellers darauf vertrauen durfte, dass der Käufer den Mangel bei Besichtigung erkannt hat, OLG Köln BeckRS 2002, 5867.

[556] OLG Karlsruhe MittBayNot 2005, 401: „insbes. wenn ihm die ausdrückliche Erklärung abverlangt worden war, verdeckte Mängel seien ihm nicht bekannt"; OLG Saarbrücken NJW-RR 2009, 66; OLG Koblenz NJW-RR 2010, 989.

[557] OLG Hamm NJOZ 2017, 951.

[558] BGH NJW 1993, 1703 (fraglich, weil der Werkunternehmer eine Nachbesserung mit Hinweis auf zulässige Toleranzen abgelehnt hatte, *Schmid* ZfIR 2011, 43).

[559] OLG Celle DNotZ 1988, 702.

[560] BGH NJW-RR 1988, 10.

(21) Lärmbelästigung,[561] wobei zwischenzeitlich die Wertung des § 22 Abs. 1a BImSchG (Kinderlärm) zu berücksichtigen ist[562] – Fluglärm ist idR allgemein wahrnehmbar; es besteht jedoch Aufklärungspflicht, wenn ein ortsfremder Käufer den Lärm wegen vorübergehender Schließung der Startbahn nicht wahrnehmen konnte;[563] keine Hinweispflicht besteht jedenfalls, wenn das Grundstück außerhalb der „Lärmkeule" liegt und daher Fluglärm nur bei ungünstigen Windverhältnissen auftritt[564]

(22) Bestehen tiefgreifender und den Vertragszweck gefährdender Planungen über eine Verkehrsumgestaltung[565]

(23) vom äußeren Erscheinungsbild abweichende rechtliche Grundstücksgrenzen[566]

(24) Angabe des Fertigstellungsjahres des Gebäudes als Baujahr ohne Offenlegung der Tatsache, dass der Bau jahrelang im Rohbaustadium „steckengeblieben" ist[567]

(25) Versicherung der Richtigkeit erzielter Mieten eines Einkaufszentrums ohne gleichzeitigen Hinweis darauf, dass diese kein zutreffendes Bild der Ertragskraft (mehr) vermitteln, da erhebliche Flächen zu sehr viel niedrigerem Mietzins untervermietet sind[568]

(26) Durchführung solcher Arbeiten in Eigenleistung, die ein baulicher Laie üblicherweise nicht selbst durchführt[569] (also nicht bei Umbaumaßnahmen zu DDR-Zeiten, wo – notgedrungen – auch solche Eigenleistungen üblich waren[570]); dagegen sei der Einsatz von Schwarzarbeitern nicht per se offenbarungspflichtig, sofern keine Leistungen minderer Qualität erbracht wurden[571] (ob Letzteres noch aufrecht zu erhalten ist, ist ungewiss, da § 1 Abs. 2 Nr. 2 SchwarzArbG nF nun bei „ohne-Rechnung-Abreden" keine Werkmängelrechte mehr gewährt[572])

(27) Fehlen erforderlicher Standsicherheit einer Grundstücksstützmauer, die in Eigenleistung mit anderen als den in der statischen Berechnung dafür vorgesehenen L-Steinen errichtet wurde[573]

(28) Aussagen der (weiterhin mindernden) Mieter, denen zu Folge die vom Verkäufer in Auftrag gegebenen Mängel-(Schimmel-)Beseitigungsarbeiten nicht vollständig erfolgreich waren[574]

(29) das Bestehen einer tiefgreifend zerstrittenen WEG-Gemeinschaft[575] oder schikanöses Verhalten von Nachbarn[576]

(30) in der Vergangenheit aufgetretene Schäden, sofern der Verkäufer zumindest für möglich hält, dass die Schadensursache nicht nachhaltig behoben wurde; auch bei einer

---

[561] BGH MittBayNot 1991, 156; „Hellhörigkeit": BGH GE 2009, 582 (Frage des Einzelfalls); keine Offenbarungspflicht bei „laut schnarchenden Nachbarn": AG Bonn NJW-RR 2010, 1235; ebenso wenig bei „Geschrei eines autistischen Kindes auf dem Nachbargrundstück": LG Münster NJW 2009, 3730.

[562] Mit Ausstrahlungswirkung auch auf das WEG (Zustimmung zur gewerblichen Nutzung durch eine Tagesmutter: BGH ZfIR 2012, 744 mAnm *Dötsch*).

[563] OLG Köln ZMR 1995, 71.

[564] OLG Düsseldorf NotBZ 2015, 468; hierzu *Herrler* in: DAI, Aktuelle Probleme der notariellen Vertragsgestaltung im Immobilienrecht 2015/2016, S. 60 ff.

[565] OLG Frankfurt a.M. NJW-RR 2002, 523.

[566] LG Dortmund BeckRS 2010, 27983 (an Zufahrt bestand nur Wegerecht).

[567] OLG Rostock BeckRS 2009, 27260.

[568] BGH ZfIR 2013, 501 mAnm *Hertel* = NotBZ 2013, 257 mAnm *Krauß*.

[569] OLG Düsseldorf Urt. v. 9.5.2005 – I-9 U 179/04, nv; ebenso bei Verkauf eines „privat" reparierten Gebrauchtwagens: OLG Düsseldorf OLG-Report 1993, 129.

[570] OLG Brandenburg BeckRS 2006, 19263.

[571] BGH DNotZ 1980, 38: „ein Erfahrungssatz, dass Selbsthilfearbeiten mit Einsatz von Schwarzarbeitern in aller Regel von minderer Qualität sind, besteht nicht."

[572] BGH NotBZ 2013, 383 mAnm *Suppliet;* anders zur vor dem 1.4.2008 geltenden Rechtslage: BGH NJW-RR 2008, 1050.

[573] BGH NotBZ 2016, 414 mAnm *Krauß*.

[574] OLG Koblenz BeckRS 2015, 11836.

[575] OLG Düsseldorf MittRhNotK 1997, 29.

[576] OLG Frankfurt a.M. BauR 2005, 1821; BGH NJW 1991, 1673.

Mangelbehebung in Eigenleistung besteht jedoch keine Hinweispflicht, wenn nachfolgend eine Erfolgskontrolle mit zufriedenstellendem Ergebnis durchgeführt wurde.[577]

Der BGH[578] hat entschieden, dass ein vereinbarter Ausschluss der Rechte des Käufers **362** „in der Regel nicht solche **Mängel, die nach Vertragsschluss und vor Gefahrübergang entstehen,** erfasst; wollen die Parteien auch solche Mängel von der Haftung ausschließen, müssen sie dies deutlich machen.[579] Der Verkäufer könne die Risiken einer zufällig eintretenden Verschlechterung der Kaufsache nach Vertragsschluss, solange die Gefahr noch nicht übergegangen ist, eher beherrschen. Das Gesetz weise ihm daher diese Risiken zu (§ 446 BGB).

Angesichts dessen erscheint es nicht sachgerecht, den Haftungsausschluss auch auf solche **363** Mängel zu erstrecken, die nach Vertragsschluss und vor Gefahrübergang entstehen, zB dadurch, dass die Vertragsparteien den Gefahrübergang rechtsgeschäftlich auf den Zeitpunkt des Vertragsschlusses vorverlegen. Wünschen die Beteiligten einen so weitgehenden Haftungsausschluss, darf dies nur für eine zufällige Verschlechterung gelten, nicht für Mängel, die vom Verkäufer verschuldet worden sind. Soll es jedoch bei der gesetzlichen Regelung bleiben, kann das vorstehende Formulierungsbeispiel wie folgt ergänzt werden:

Formulierungsbeispiel: Sachmängel nach Vertragsschluss **364**

Sachmängel, die nach Vertragsschluss und vor Übergabe entstehen, und über bloße Abnutzung hinausgehen, hat der Verkäufer auf seine Kosten zu beseitigen. Hierfür wird die Verjährungsfrist jedoch auf drei Monate ab Übergabe verkürzt.

Stellt der Käufer vor Übergabe einen nach Vertragsschluss entstandenen Mangel fest, **365** stehen ihm nicht die Rechte nach § 437 BGB zu. Er hat weiterhin den (Erfüllungs-) Anspruch aus § 433 Abs. 1 S. 2 BGB. Er kann Beseitigung des Mangels verlangen und nach erfolglosem Ablauf einer Frist Schadensersatz nach §§ 280, 281 Abs. 1 S. 1 BGB verlangen oder vom Vertrag zurücktreten. Bis zur Beseitigung des Mangels kann er nach § 320 BGB die Zahlung des Kaufpreises verweigern. Fraglich ist, ob er die Zahlung des Kaufpreises insgesamt oder nur eines Teils in Höhe der voraussichtlichen Mängelbeseitigungskosten verweigern kann. Grundsätzlich kann der Käufer die mangelhafte Kaufsache gemäß § 266 BGB zurückweisen und die Einrede aus § 320 BGB wegen vollständiger Nichterfüllung geltend machen. Bei einem geringfügigen Mangel verstößt allerdings die Verweigerung der Kaufpreiszahlung gegen Treu und Glauben. Der Käufer ist auch in diesem Fall nicht berechtigt, den Mangel selbst zu beseitigen und vom Verkäufer Erstattung der Kosten zu verlangen. Ihm steht zunächst nur der Anspruch auf Beseitigung des Mangels durch den Verkäufer zu. Die Hinterlegung eines angemessenen Teils des Kaufpreises (in Höhe des Zweifachen der für die Beseitigung des Mangels erforderlichen Kosten, § 641 Abs. 3 BGB) auf Anderkonto bis zur Mängelbeseitigung und die Abwicklung des Kaufvertrages im Übrigen (insbesondere Besitzübergabe) bieten sich als sachgerechte Lösung an.

Im **Formular-/Verbrauchervertrag,** mit dem ein Verbraucher Grundbesitz an einen **366** Unternehmer verkauft, können die Rechte des Unternehmer-Käufers wegen Sachmängeln vollständig (also bis auf die auch bei einem Individualvertrag nicht beseitigbaren Pflichten im Fälle des Vorsatzes, der Arglist oder einer Garantie) ausgeschlossen werden. Bei einem Formularvertrag iSd § 305 BGB oder bei einem Verbrauchervertrag iSd § 310 Abs. 3 BGB, mit dem ein Unternehmer Grundbesitz an einen Verbraucher verkauft, unterliegen Haftungsausschlussklauseln der Inhaltskontrolle nach §§ 307–309 BGB; für Sachmängel sind insbesondere die strikten Klauselverbote in § 309 Nr. 7 BGB (Schadens-

---

[577] OLG Düsseldorf RNotZ 2019, 298.
[578] DNotZ 2003, 687.
[579] Vgl. hierzu *Amann* DNotZ 2003, 643.

ersatzansprüche bei grober Fahrlässigkeit und bei Körper-, Lebens- und Gesundheitsschäden) und § 309 Nr. 8 BGB (Ansprüche wegen eines Mangels) zu beachten. Die strikten Klauselverbote in § 309 BGB indizieren eine unangemessene Benachteiligung auch gegenüber Unternehmern. Eine Freizeichnung auch für Schäden aus Verletzung des Lebens, des Körpers oder Gesundheit und für sonstige Schäden bei grobem Verschulden (§ 309 Nr. 7 BGB) ist auch im Geschäftsverkehr zwischen Unternehmern unwirksam.[580]

367   Beim Verkauf einer „neu hergestellten Sache" oder bei Werkleistungen (Umbau- oder Renovierungspflicht des Verkäufers) verbietet § 309 Nr. 8 lit. b BGB den Ausschluss oder die Beschränkung der Rechte des Käufers auf Nacherfüllung und Minderung, dagegen kann bei einer Bauleistung (Renovierungspflicht) das Rücktrittsrecht ausgeschlossen werden.[581] Die fünfjährige Verjährungsfrist darf nicht verkürzt werden (Einzelheiten → Rn. 70 ff.). Damit wird die Abgrenzung bedeutsam, ob ein Haus oder eine Eigentumswohnung als noch **„neu hergestellt"** gilt. Die Ingebrauchnahme des Gemeinschaftseigentums durch andere Erwerber beendet jedenfalls nicht zwingend die „Neuheit".[582] Beim Ersterwerb endet der Schutz des § 309 Nr. 8 lit. b BGB spätestens dann, wenn der Leerstand fünf Jahre gedauert hat (tatsächlich wohl bereits früher, vom BGH bisher allerdings entschieden nur für Zeiträume bis zu zwei Jahren und sieben Monaten, die der „Neuheit" der leer stehenden Wohnung nicht entgegen stehen),[583] bei einer bereits bewohnten Immobilie schon früher,[584] jedenfalls gilt die drei Jahre nach Errichtung verkaufte, dann vermietete[585] Wohnung nicht mehr als „neu" und es findet demnach sicherlich Kauf-, nicht mehr Werkvertragsrecht Anwendung in Bezug auf Sachmängel;[586] beim Individualverkauf von Verbraucher an Verbraucher schließlich gilt dann nicht mehr die Sonderrechtsprechung zur richterlichen Inhaltskontrolle formelhafter Sachmängelrechtsausschlüsse, → Rn. 73 ff.

368   Beim Verkauf eines Altbaus sind im Verbrauchervertrag die **zwingenden Klauselverbote in § 309 Nr. 7 BGB** zu beachten. Allzu schnell wird im Kaufvertrag der vollständige Haftungsausschluss vereinbart. Der Zusatz „soweit gesetzlich zulässig" hilft nicht (Verstoß gegen das Transparenzgebot, § 307 Abs. 1 S. 2 BGB). Verstößt der Inhalt einer Klausel teilweise gegen die §§ 307 ff. BGB, ist die Klausel grundsätzlich im Ganzen unwirksam, führt also bei einer teilweisen Unwirksamkeit des Haftungsausschlusses zur Totalnichtigkeit der Klausel (Verbot einer geltungserhaltenden Reduktion). In diesem Fall stehen dem Käufer die gesetzlichen Rechte auch wegen eines solchen Mangels zu (auf die Dauer von fünf Jahren), die wirksam hätten ausgeschlossen werden können. Der Ausschluss der Haftung des unternehmerischen Verkäufers auf Schadensersatz wegen eines Mangels muss also beim Verbrauchervertrag und beim Vertrag unter Unternehmern um die Fälle des § 309 Nr. 7 BGB eingeschränkt werden.

369   **Formulierungsbeispiel: Ausschluss der Sachmängelrechte bei Klauselkontrolle**

⟳   Die Rechte des Käufers wegen eines Sachmangels des Grundstücks und des Gebäudes sind ausgeschlossen. Davon ausgenommen sind Ansprüche auf Schadensersatz aus der Verletzung des Lebens, des Körpers oder der Gesundheit, wenn der Verkäufer die

---

[580] BGH DNotZ 2008, 365.
[581] Nicht im Bauträgervertrag, BGH DNotZ 2002, 215; MittBayNot 2007, 204; auch nicht beim Verkauf über ein umfassend saniertes Objekt, BGH MittBayNot 2007, 210.
[582] *Brambring* NJW 1987, 102.
[583] Bei einem Leerstand von zwei Jahren findet wegen der Neuheit auf jeden Fall Werkvertragsrecht auf den Verkauf durch den Errichter Anwendung, vgl. BGH DNotZ 2016, 856 = ZfIR 2016, 570 mAnm *Gritschneder;* ebenso BGH NJW 1985, 1551 bei Übergabe der (wohl leerstehenden) Wohnung durch den Bauträger nach zwei Jahren sieben Monaten.
[584] Zwei Jahre: *Klumpp* NJW 1993, 372. BGH DNotZ 1986, 610 wendet beim Ankauf einer neu errichteten Doppelhaushälfte, die der Käufer zunächst als Mieter neun Monate lang genutzt hatte, naturgemäß Werkvertragsrecht an.
[585] Wobei der BGH nicht fordert, dass die Vermietung schon drei Jahre lang bestanden haben muss.
[586] BGH DNotZ 2016, 525; vgl. hierzu *Cramer/Cziupka* RNotZ 2016, 289 sowie *Basty,* MittBayNot 2016, 502 f.

Pflichtverletzung zu vertreten hat, und auf Ersatz sonstiger Schäden, die auf einer vorsätzlichen oder grob fahrlässigen Pflichtverletzung des Verkäufers beruhen.

Einer Pflichtverletzung des Verkäufers steht die eines gesetzlichen Vertreters oder Erfüllungsgehilfen gleich.

Der Verkäufer versichert, dass ihm versteckte Mängel nicht bekannt sind. Der Käufer hat das Kaufobjekt besichtigt; er kauft es im gegenwärtigen altersbedingten Zustand.

Diese Klausel ist in **allen klauselkontrollierten Kaufverträgen** zu verwenden, es sei 370 denn beide Vertragsparteien sind Verbraucher oder der Verkäufer ist Verbraucher und der Käufer ist Unternehmer. Die verbotswidrige Begrenzung der Haftung um die in § 309 Nr. 7 lit. a und lit. b BGB aufgeführten Fälle hat zur Folge, dass die Klausel (hier: Verkürzung der Verjährungsfrist) generell unwirksam ist. Um zu einem inhaltlich zulässigen Klauselinhalt zu gelangen, müsste die Klausel um eine Ausnahmeregelung für die in § 309 Nr. 7 BGB aufgeführten Schadensersatzansprüche ergänzt werden.[587]

6. Energieeinsparverordnung. Ist der Verkäufer im Besitz eines Energieausweises 372 (§§ 16 ff. EnEV[588]), der eine Gültigkeitsdauer von zehn Jahren hat (§ 17 Abs. 6 EnEV), und hat der Aussteller (zur Ausstellungsberechtigung vgl. § 21 EnEV) den Energiebedarf und den Energieverbrauch selbst ermittelt (also der Eigentümer nicht die erforderlichen Daten bereit gestellt, § 16 Abs. 5 EnEV), kann im Kaufvertrag die Haftung des Verkäufers für die Richtigkeit des Ausweises ausgeschlossen werden. Der Energieausweis ist ab 1.1. 2008 für alle Wohngebäude, die bis Ende 1965 fertig gestellt wurden, bzw. ab 1.7.2008 für alle später fertig gestellten Wohngebäude und für Nichtwohngebäude ab 1.1.2009 verpflichtend, allerdings trat die Fälligkeit der Vorlagepflicht nur „auf Verlangen" ein. Die zum 1.5.2014 in Kraft getretene Verschärfung der EnEV sieht jedoch die Pflicht zur Vorlage „unverzüglich jedenfalls nach Abschluss des Kaufvertrags" vor.

Formulierungsbeispiel: Übergabe eines Energieausweises 373

Der Verkäufer hat dem Käufer den Energieausweis nach der Energieeinsparverordnung 2009/2014 ausgehändigt. Der Energieausweis dient lediglich der Information. Der Verkäufer erklärt, die verlangten Angaben zu Gebäude, Heizung und Energieverbrauch nach bestem Wissen gemacht zu haben und tritt etwaige gegen den Aussteller bestehende Ansprüche, insbesondere aus Pflichtverletzung, dem dies annehmenden Käufer aufschiebend bedingt mit dem Tage der Kaufpreiszahlung ab.

Eine Pflicht des Notars, den Käufer darauf hinzuweisen, dass er nach § 16 Abs. 2 EnEV 374 einen Energieausweis vom Verkäufer verlangen kann und/oder eine Belehrungspflicht über die Folgen des Fehlens eines Energieausweises, besteht nicht. Er darf aber (auch um den Verkäufer vor der Gefahr zu bewahren, durch Nichtvorlage des Ausweises nach Beurkundung eine Ordnungswidrigkeit iSd § 27 Abs. 2 Nr. 3 EnEV zu begehen) den Energieausweis ansprechen, ohne gegen seine Neutralitätspflicht zu verstoßen:

Formulierungsbeispiel: Hinweis auf Energieausweis im 375
Entwurfsübersendungsschreiben

Den Verkäufer darf ich darauf hinweisen, dass seit 1.5.2014 gemäß § 16 Abs. 2 S. 3 Energieeinsparverordnung (EnEV 2014) ein Energieausweis, der nicht älter als zehn Jahre sein darf, sowie etwaige begleitende Modernisierungsempfehlungen unverzüglich jedenfalls nach Abschluss des Kaufvertrags (im Original oder in Kopie) dem Käufer über-

[587] BGH DNotZ 2007, 364.
[588] Hierzu vgl. *Krauß* ZNotP 2007, 302; *Hertel* DNotZ 2007, 486; *Manger* ZfIR 2008, 642.

geben werden müssen; andernfalls kann eine Geldbuße gemäß § 27 Abs. 2 Nr. 3 EnEV drohen. Ich empfehle Ihnen daher, sofern nicht eine der seltenen Ausnahmen des § 1 Abs. 3 EnEV vorliegt, die rechtzeitige Beschaffung eines solchen Ausweises.

376   Nicht zu empfehlen ist eine Beschaffenheitsvereinbarung, die die Richtigkeit des Energieausweises zum Gegenstand hat, zumindest dann nicht, wenn dieser nicht auf den vom Verkäufer bereitgestellten Daten beruht (§ 17 Abs. 5 EnEV). Nach § 10 EnEV mussten grundsätzlich Heizkessel, die vor dem 1.10.1978 eingebaut oder aufgestellt worden sind, bis zum 31.12.2008 außer Betrieb genommen werden. Bei Wohngebäuden mit nicht mehr als zwei Wohnungen, von denen der Eigentümer eine Wohnung ab dem 1.2.2002 selbst bewohnt hat, muss der alte Heizkessel innerhalb von zwei Jahren nach dem ersten Eigentumsübergang außer Betrieb genommen werden (§ 10 Abs. 2 EnEV). Eine Offenbarungspflicht des Verkäufers, der seine Verpflichtung zur Nachrüstung des Heizkessels kennt, dürfte zu bejahen sein. Wird dies im Vertrag offen gelegt, ist ein Ausschluss der Rechte des Käufers wegen des Zustands des Heizkessels sachgerecht, zumal der Käufer bei einem Heizkessel, der bereits 1978 eingebaut wurde, davon ausgehen muss, dass er kurzfristig zu erneuern ist.

376a   § 1 Abs. 2 S. 2 des Schornsteinfeger-Handwerksgesetzes bestimmt seit 22.7.2017, dass der neue Eigentümer im Fall des Übergangs des Eigentums an einer Immobilie (auch durch Schenkung oder Erbfolge) verpflichtet sei, unverzüglich den **Eigentumsübergang** unter Angabe seines Namens und seiner Anschrift **dem** zuständigen bevollmächtigten **Bezirksschornsteinfeger** (also dem zur ausschließlichen Wahrnehmung der hoheitlichen Aufgaben im betreffenden Kehrbezirk berufenen Schornsteinfeger) **mitzuteilen;** die Pflicht ist bußgeldbewehrt. Der Gesetzgeber geht[589] davon aus, dass die Kontaktdaten des zuständigen bevollmächtigten Schornsteinfegers dem bisherigen Eigentümer aufgrund der regelmäßigen Feuerstättenschau bekannt seien; die Pflicht zur Mitteilung trifft jedoch den neuen Eigentümer, der sich diese Information daher vom früheren Eigentümer verschaffen muss. Eine Hinweispflicht des Notars hierauf besteht nicht.

III. Erschließungskosten und sonstige öffentliche Lasten

377   Checkliste: Erschließungs- und Anliegerkosten

(1) Ermittlung des beitragsrechtlichen Zustands des Grundstücks (Kopien der ergangenen Bescheide, Anliegerbescheinigung der Gemeinde)
(2) Kaufpreisbemessung: mit oder ohne, ggf. inkl. welcher Erschließungs- und Anliegerkosten
(3) Haftung im Außenverhältnis (ggf. Sicherungen, Rechtsbehelfe gegen Beitragsbescheide), Erstattungen und Anrechnung von Vorausleistungen
(4) Sonderfälle: Gemeindeeigenes Grundstück, vorliegender oder gleichzeitiger Ablösungsvertrag, Erschließungsvertrag mit oder ohne Fremdanliegerklausel, gestundete Beiträge

378   Das Fehlen der für die Bebauung eines Grundstücks erforderlichen gesicherten Erschließung (vgl. §§ 30 Abs. 1, Abs. 2, 33 Abs. 1 Nr. 4, 34 Abs. 1 S. 1, 35 Abs. 1, Abs. 2 BauGB),[590] und zwar auch eines Außenbereichsgrundstücks,[591] kann einen Sachmangel darstellen.[592] Das Merkmal der gesicherten Erschließung grenzt Rohbauland von baureifen Grundstücken ab (§ 5 Abs. 3, Abs. 4 ImmoWertV). Da für die Durchführung der Er-

---

[589] BT-Drs. 18/12493, 27.
[590] Zur Erschließung iSv § 116 Abs. 1 Nr. 2 SachenRBerG s. BGH NJW-RR 2009, 1028; zur straßenreinigungsrechtlichen Erschließung s. *Dahmen/Küas* BauR 2011, 1928.
[591] Vgl. VGH Mannheim DÖV 2009, 914; NVwZ-RR 2010, 163.
[592] Vgl. BGH MDR 2001, 149; OLG Hamm DNotI-Report 2002, 164.

schließung regelmäßig Abgaben erhoben werden, handelt es sich beim Erschlossensein eines Grundstücks zugleich um eine Kostenlast.[593] In diesem Sinne ist der beitrags- und abgabenrechtliche Zustand eines Grundstücks ein wertbildender Faktor (§ 6 Abs. 3 ImmoWertV). Eine gesetzliche Definition oder eine Unterscheidung hinsichtlich der verschiedenen Arten der Erschließungskosten existiert nicht.[594] Der BGH[595] ging zur Rechtslage vor der Schuldrechtsmodernisierung davon aus, dass mangels einer vertraglichen Vereinbarung der Erwerber eines Grundstücks die nach der Übergabe fällig werdenden öffentlichen Lasten, insbesondere Erschließungskosten, zu tragen hatte. Dies entsprach der früheren **gesetzlichen Regelung** (§§ 446, 103 BGB aF). Nach § 436 BGB aF haftete der Veräußerer eines Grundstücks zudem nicht für dessen Freiheit von öffentlichen Abgaben und anderen öffentlichen Lasten, die zur Eintragung in das Grundbuch nicht geeignet waren. Der BGH,[596] der die frühere gesetzliche Regelung für überraschend und unbillig hielt, forderte vom Notar, dass er mit den Beteiligten bei Beurkundung eines Grundstücksgeschäfts die Problematik nicht abgerechneter Erschließungsbeiträge erörterte und ihnen, falls sie dies wünschten, eine entsprechende vertragliche Regelung vorschlug.[597] Nach der geltenden gesetzlichen Regelung (§ 436 Abs. 1 BGB) hat mangels abweichender Vereinbarung der Verkäufer eines Grundstücks Erschließungsbeiträge und sonstige Anliegerbeiträge für Maßnahmen zu tragen, die bis zum Tage des Vertragsschlusses bautechnisch begonnen sind, unabhängig vom Zeitpunkt des Entstehens der Beitragsschuld. Im Übrigen haftet der Verkäufer weiterhin nicht für die Freiheit des Grundstücks von anderen öffentlichen Abgaben und von anderen öffentlichen Lasten, die zur Eintragung in das Grundbuch nicht geeignet sind (§ 436 Abs. 2 BGB). Öffentliche Lasten sind insbesondere die Grundsteuer, die Erschließungsbeiträge nach §§ 127 ff. BauGB bzw. dem entsprechenden Landesrecht, die KAG-Beiträge für die Wasserversorgung, die Entwässerung und (teilweise) den Straßenausbau, (teilweise) die Kostenerstattung für Haus- und Grundstücksanschlüsse für Wasser und Abwasser, die Geldleistungen in der Umlegung, die Bodenschutzlast (§ 25 BBodSchG) und die Schornsteinfegergebühren, nicht aber der Ausgleichsbetrag im Rahmen einer Sanierung oder Entwicklungsmaßnahme. Die gesetzlich geregelte **Beginnlösung** ist in der Praxis nicht üblich. Sie ist zudem für beide Vertragsteile unbefriedigend; vor allem ist der bautechnische Beginn bei einer Anliegerstraße möglicherweise noch erkennbar, nicht aber bei anderen Erschließungsmaßnahmen.[598] Der vom Gesetzgeber verwendete Begriff „Erschließungsbeiträge" knüpft an die §§ 127–135 BauGB bzw. die entsprechende landesrechtliche Regelung an. Die ebenfalls in der gesetzlichen Regelung genannten sonstigen Anliegerbeiträge umfassen die Beiträge für die Wasserversorgung und die Entwässerung nach dem LandesKAG sowie die Straßenausbaubeiträge, falls solche erhoben werden. Strittig ist dies für die Kostenerstattung hinsichtlich des naturschutzrechtlichen Ausgleichs (§§ 135a ff. BauGB)[599] sowie die Kostenerstattung für die Haus- und Grundstücksanschlüsse. Umstritten ist ferner, wann der bautechnische Beginn vorliegt, insbesondere ob hierzu bereits die Vermessungsarbeiten gehören.[600] Da das Gesetz nur von Beiträgen spricht, ist ferner fraglich, was bei einer Abrechnung der Wasserversorgung nach der AVBWasserV gilt.[601] Da es sich um eine Neuregelung im Rahmen der Schuldrechtsreform handelt und die diesbezüglichen Probleme bekannt waren, dürfte keine Amtspflicht für den Notar mehr bestehen, die Schwierigkeiten der gesetzli-

---

[593] Vgl. OLG Düsseldorf RNotZ 2002, 230.

[594] Vgl. *Quaas* BauR 1999, 1113.

[595] NJW 1982, 1278.

[596] DNotZ 1995, 403, vgl. auch BGH BauR 2003, 863 und nunmehr BGH NJOZ 2010, 2171.

[597] Krit. dazu *Grziwotz* NJW 1995, 641.

[598] Ausführlich *Grziwotz* BauR 2008, 471 (472).

[599] Bejahend WürzNotar-HdB/*Hertel* Teil 2 Kap. 2 Rn. 246; verneinend Dauner-Lieb/Konzen/Schmidt/*Grziwotz* S. 485; *Grziwotz* ZfIR 2002, 583 (584); vgl. DNotI-Report 2011, 157.

[600] *Grziwotz* NotBZ 2001, 383.

[601] Verneinend MüKoBGB/*Westermann* BGB § 436 Rn. 2; für weite Auslegung OLG Brandenburg BeckRS 2008, 15463.

chen Regelung von sich aus anzusprechen.[602] Die gesetzliche Regelung ist – auch im Formularvertrag – abdingbar. Regelmäßig dürfte dies von den Parteien gewünscht sein, da
die Beginnlösung meist nicht passt.[603]

379   Eine gerechte Verteilung der Erschließungs- und sonstiger Anliegerbeiträge fällt nicht
leicht. Grund hierfür ist, dass derartige Kosten mitunter erst lange Zeit nach der Herstellung
der beitragspflichtigen Maßnahmen abgerechnet werden[604] und bis zu diesem Zeitpunkt
keine zuverlässigen Kostenschätzungen möglich sind. Auch den Beteiligten selbst und sogar
Maklern sind die Möglichkeit einer Mehrfacherschließung,[605] die Beitragspflicht eines Hinterliegergrundstücks,[606] die Voraussetzungen der endgültigen Herstellung von Erschließungsanlagen,[607] die Erschließungsbeitragspflicht trotz Bestehens eines Erschließungsvertrags,[608]
die Nacherhebung von Beiträgen trotz eines bereits erlassenen Beitragsbescheids[609] und
selbst der erschließungsrechtliche Zustand eines Grundstücks, insbesondere auch das Vorliegen einer endgültigen Abrechnung, häufig nicht bekannt.[610] Grundstücke werden am Immobilienmarkt wegen des Vorhandenseins einer Straße teilweise als „voll erschlossen" angeboten, obwohl Beiträge bisher nicht abgerechnet oder lediglich Vorausleistungen gefordert
wurden. Ob ein Anspruch auf eine rechtlich verbindliche Bescheinigung der Gemeinde
(sog. **Anliegerbescheinigung**),[611] vor allem hinsichtlich abgerechneter Erschließungskosten
besteht, ist umstritten.[612] Vertreter von Gemeinden geben bei Beurkundungen nicht selten
unzutreffende Erklärungen über den beitragsrechtlichen Zustand eines Grundstückes ab.
Dabei ist zu beachten, dass Erklärungen der Gemeinde zur Beitragspflicht eines Grundstücks in der Regel keinen Verzicht auf noch nicht abgerechnete Beiträge enthalten.[613] Eine
unzutreffende Auskunft rechtfertigt in der Regel auch keinen Teilerlass von Beiträgen.[614]
Allerdings kann sich aus einer unrichtigen Auskunft einer Gemeinde über Erschließungskosten ein Amtshaftungsanspruch ergeben.[615]

380   Die **gesetzliche Regelung der Erschließungskosten** ist auf verschiedene Gesetze
verstreut und zudem landesrechtlich uneinheitlich.[616] Hinsichtlich der Beitragspflicht für
Erschließungsanlagen iSd § 127 Abs. 2 BauGB, nämlich die öffentlichen zum Anbau bestimmten Straßen, Wege und Plätze, Wohn- und Fußwege, Sammelstraßen, selbständige
Parkflächen (Flächen zum Parken von Fahrzeugen) und Grünanlagen (einschließlich unselbständiger Kinderspielplätze)[617] sowie Immissionsschutzanlagen gelten die Vorschriften
der §§ 127 ff. BauGB fort, bis entsprechendes Landesrecht erlassen wird. Von dieser Ge-

---

[602] Möglicherweise abw. bei ungesicherten Vorausleistungen BGH DNotZ 2008, 280.

[603] Ähnlich *Kroiß/Bülow*, Klauselbuch Schuldrecht, 2003, § 11 Rn. 51.

[604] Zu Schadensersatzansprüchen bei einer verzögerten Abrechnung vgl. BGH NJW 1999, 3630. Zur Ver-
jährung bzw. Obergrenze s. nur Art. 13 Abs. 1 Nr. 4 lit. b sublit. bb BayKAG, § 13b KAG LSA; § 15
Abs. 1 Nr. 4 lit. b sublit. bb ThürKAG sowie VGH München BayVBl. 2018, 241 und OVG Münster
NVwZ-RR 2018, 410.

[605] Vgl. VGH Mannheim DÖV 2012, 978; OVG Brandenburg-Berlin BeckRS 2014, 59616; OVG Lüneburg BauR 2016, 1218.

[606] Vgl. BVerwG NVwZ 2010, 910; NVwZ 2015, 528; NVwZ 2017, 1769; OVG Weimar LKV 2009, 475;
VGH Kassel DÖV 2012, 734; VGH München BeckRS 2018, 2395.

[607] Vgl. BVerwG NVwZ 2009, 1374; NVwZ 2016, 148; NVwZ 2017, 1769; VGH Mannheim DÖV 2012,
815.

[608] S. OVG Saarlouis BeckRS 2012, 59057. Zum nachträglich als nichtig erkannten Erschließungsvertrag
s. VGH Mannheim VBlBW 2015, 332.

[609] OVG Weimar LKV 2009, 35.

[610] Vgl. BGH NJOZ 2010, 2171 (Klage des Leiters eines städtischen Bauordnungs- und Bauplanungsamts
gegen den Notar).

[611] Vgl. *Grziwotz* KommJur 2009, 15.

[612] Bejahend *Grziwotz* ZfIR 2002, 583.

[613] Vgl. OVG Münster NVwZ-RR 1990, 435.

[614] OVG Lüneburg NVwZ-RR 2007, 275; OLG Jena DNotI-Report 2008, 53; zu den Voraussetzungen
eines Erlasses nach § 135 Abs. 5 BauGB s. BVerwG DÖV 2006, 925. Vgl. auch OLG Brandenburg
BeckRS 2011, 050058.

[615] BGH MDR 2001, 29 und ZfIR 2003, 87; OLG Jena DNotI-Report 2008, 53.

[616] Vgl. *Wilhelms* DNotZ 2004, 33.

[617] Vgl. BVerwG NVwZ 1996, 803.

setzgebungskompetenz haben bisher nur Bayern und Baden-Württemberg ausdrücklich Gebrauch gemacht. In Bayern ist das Erschließungsbeitragsrecht seit 1.1.1997 Landesrecht (Art. 5a BayKAG).[618] In Baden-Württemberg haben die §§ 33 ff. KAG am 1.10.2005 das Erschließungsbeitragsrecht abgelöst. In Hamburg gelten die §§ 44 ff. HWG. Das Berliner Erschließungsbeitragsgesetz (§§ 1 ff. EBG) soll die §§ 127 ff. BauGB lediglich ergänzen, aber nicht durch Landesrecht ersetzen.[619] Die Ausbaubeiträge für nicht leitungsgebundene öffentliche Einrichtungen und Anlagen, insbesondere Verkehrsanlagen, sind, soweit diesbezüglich Beiträge erhoben werden,[620] landesrechtlich geregelt (vgl. §§ 8 f. BbgKAG, § 17 BremGebBeitrG, § 11 HessKAG, § 8 KAG MV, §§ 6, 6b, 7 NdsKAG, §§ 8 f. KAG NRW, §§ 9 f. KAG RhPf, §§ 8 f. SaarlKAG, §§ 26 ff. SächsKAG, § 6 KAG LSA, §§ 8 f. KAG SchlH, §§ 7 f. ThürKAG).[621] Nach § 8 Abs. 1 S. 3 BbgKAG kann aufgrund einer vertraglichen Vereinbarung auf der Basis des Aufwandes ohne Abzug eines Gemeindeanteils oder Zuwendungen Dritter abgerechnet werden.[622] In Bayern können Erschließungskosten auch im Rahmen städtebaulicher Verträge übernommen werden (Art. 5a Abs. 4 BayKAG). Ferner kann für Maßnahmen an leitungsgebundenen öffentlichen Einrichtungen und Anlagen, zB für die durch diese vermittelte Anschlussmöglichkeit an die Wasserversorgung und die Entwässerung, zur Deckung des Aufwands bzw. in Sachsen zur Ausstattung mit Betriebskapital[623] ein kommunaler Anschlussbeitrag erhoben werden, der ebenfalls landesrechtlich geregelt ist (vgl. §§ 29 ff. KAG BW, Art. 5 BayKAG, § 8 BgbKAG, § 11 HessKAG, §§ 7, 9 KAG MV, § 6a NdsKAG, § 8 KAG NRW, § 9 KAG RhPf, § 8 SaarlKAG, §§ 17 ff. SächsKAG, § 6 KAG LSA, §§ 8, 9 KAG SchlH, § 7 ThürKAG). Anstelle der einmaligen Beiträge für bestimmte Maßnahmen lassen manche Länder auch wiederkehrende Beiträge für die jährlichen Investitionsaufwendungen zu (§ 11a HessKAG, § 6b NdsKAG, § 10a KAG RhPf, § 8a SaarlKAG, § 6a KAG LSA, § 8a KAG SchlH, § 7a ThürKAG). Mitunter werden Vereinbarungen und privatrechtliche Entgelte über die Beitragserhebung bzw. Kostenerstattung zugelassen (Art. 5 Abs. 9 S. 3, 9 Abs. 4 S. 3 BayKAG, § 8 Abs. 1 S. 2 BbgKAG, § 1 Abs. 3 KAG MV, §§ 2 Abs. 2, 7 Abs. 9 KAG RhPf, §§ 1 Abs. 1, 2 Abs. 6 ThürKAG). Zudem bestehen in Ländern teilweise Regelungen über den Aufwendungsersatz hinsichtlich der Grundstücks- und Hausanschlüsse für die Wasserversorgung und Entwässerung (vgl. § 42 KAG BW, Art. 9 BayKAG, § 10 BbgKAG, § 12 HessKAG, § 10 KAG MV, § 8 NdsKAG, § 10 KAG NRW, § 13 KAG RhPf, § 10 SaarlKAG, § 33 SächsKG, § 8 KAG LSA, § 9a KAG SchlH, § 14 ThürKAG)[624] sowie der Grundstückszufahrten (§ 10a BbgKAG). In den neuen Bundesländern muss hinsichtlich der Erschließungsanlagen geprüft werden, ob diese vor dem Wirksamwerden des Beitritts bereits nach dem technischen Ausbauprogramm oder den örtlichen Ausbaugepflogenheiten (§ 242 Abs. 9 S. 2 BauGB) hergestellt waren.[625] Bei der Wasserversorgung und Abwasserentsorgung ist fraglich, ob vor der Wiedervereinigung überhaupt eine Herstellung iSd jeweiligen KAG möglich war.[626] Die Gas- und Elektrizitätsversorgung werden in der Regel, die Wasserversorgung wird teilweise nicht unmittelbar durch die kommunale Körperschaft, sondern durch juristische Personen des privaten Rechts betrieben. Das Benutzungsverhältnis ist dann privatrechtlich geregelt, wobei Baukostenzuschüsse und die Erstattung der Kosten für die Erstellung der Hausanschlüsse aufgrund der allgemeinen Versorgungsbedingungen, die Vertragsbestandteil werden, gefordert werden können (§§ 9, 11 NAV, §§ 9, 11 NDAV, §§ 9 Abs. 1, 11 Abs. 5 AVBWasserV; vgl. auch

---

[618] Vgl. VGH München MittBayNot 2003, 240 und BVerwG MittBayNot 2003, 241; vgl. dazu *Hesse* BayGTzeitung 2002, 438 und *Grziwotz* MittBayNot 2003, 200.
[619] BVerwG NVwZ-RR 2018, 200.
[620] Zu einem ausdrücklichen Verbot s. Art. 5 Abs. 1 S. 3 BayKAG.
[621] Zur Abgrenzung BVerwG NVwZ 2008, 905.
[622] Vgl. *Halter* LKV 2004, 443.
[623] *Wehr* LKV 2006, 241.
[624] OVG Münster NVwZ 2007, 359; zum Begriff s. VGH Mannheim VBlBW 2014, 230.
[625] BVerwG DVBl. 2007, 1366; NVwZ 2010, 910.
[626] Verneinend OVG Greifswald LKV 2000, 161; LKV 2001, 516; LKV 2005, 76; NVwZ-RR 2002, 687.

§§ 9 Abs. 1, 10 Abs. 5 AVBFernwärmeV und § 8 Abs. 9 BbgKAG).[627] Eine vertragliche Kostentragungsregelung gilt nach dem Willen der Beteiligten, die von diesen Besonderheiten regelmäßig keine Kenntnis haben, auch für eine privatrechtliche Abrechnung, selbst wenn sie diese nicht ausdrücklich erwähnt. Bestehen Anhaltspunkte für eine derartige Abrechnung, kann die Vereinbarung entsprechend angepasst werden. Beim Verkauf eines „erschlossenen Grundstücks" kann die Herstellungspflicht hinsichtlich der Erschließungsanlagen deshalb auch einen Privatweg umfassen.[628]

381   Formulierungsbeispiel: Kostentragungsregelung

Die vorstehende Regelung der Kostenverteilung gilt im Verhältnis der Vertragsteile auch, wenn eine Abrechnung nicht durch Beitragsbescheid der Gemeinde *[Alt.: der beitragserhebenden Körperschaft]*, sondern, zB auf privatrechtlicher Grundlage oder aufgrund einer Vereinbarung zwischen dem Grundstückseigentümer und der Gemeinde *[Alt.: der beitragserhebenden Körperschaft]*, erfolgt.

382   Für die Erhebung von Beiträgen ist grundsätzlich erst Raum, nachdem für die betreffende Anlage oder Maßnahme die **sachlichen Beitragspflichten** entstanden sind. Bei § 133 Abs. 2 BauGB handelt es sich um den Zeitpunkt der endgültigen Herstellung der Erschließungsanlage. Mit Entstehen der sachlichen Beitragspflicht entsteht auch die öffentliche Last (vgl. § 134 Abs. 2 S. 1 BauGB, § 27 KAG BW, Art. 5 Abs. 7 BayKAG, § 8 Abs. 10 BbgKAG, § 21 BremGebBeitrG, § 11 Abs. 11 HessKAG, § 7 Abs. 6 KAG MV, § 6 Abs. 9 NdsKAG, § 8 Abs. 9 KAG NRW, § 7 Abs. 7 KAG RhPf, § 8 Abs. 12 SaarlKAG, §§ 24, 31 SächsKAG, § 6 Abs. 9 KAG LSA, § 8 Abs. 7 KAG SchlH, § 7 Abs. 11 ThürKAG) als dingliche Sicherung.[629] Die Bestimmung des Eigentümers, Erbbauberechtigten oder dinglich Nutzungsberechtigten, der **persönlich beitragspflichtig** ist, erfolgt entweder durch Beitragsbescheid (vgl. § 134 Abs. 1 BauGB, § 21 Abs. 1 S. 1 KAG BW, § 19 BremGebBeitrG, § 11 Abs. 7 HessKAG, § 7 Abs. 2 KAG MV, § 6 Abs. 8 NdsKAG, § 8 Abs. 8 SaarlKAG, §§ 21, 31 SächsKAG, § 6 Abs. 8 KAG LSA, § 8 Abs. 5 KAG SchlH),[630] fällt mit der sachlichen Beitragspflicht zusammen (vgl. Art. 5 Abs. 6 S. 1 BayKAG, § 8 Abs. 7 BgbKAG, § 55 HWG, § 11 Abs. 9 HessKAG, § 8 Abs. 7 KAG NRW, §§ 7 Abs. 4, 10 Abs. 6 KAG RhPf, § 7 Abs. 6, 7 S. 1 ThürKAG) oder erfolgt durch Regelung in der Beitragssatzung (vgl. § 21 Abs. 1 S. 2 KAG BW, § 7 Abs. 7 S. 1 ThürKAG).[631] Maßgeblich ist grundsätzlich das grundbuchrechtliche Grundstück und nur ausnahmsweise ein wirtschaftlicher Grundstücksbegriff.[632] Vorsicht ist bei einer Grundstücksteilung zur Vermeidung einer Beitragspflicht geboten; sie kann unwirksam sein oder einen Missbrauch rechtlicher Gestaltungsmöglichkeiten (§ 42 Abs. 1 AO) darstellen.[633]

383   Für ein Grundstück, für das eine Beitragspflicht noch nicht oder nicht in vollem Umfang entstanden ist, können **Vorausleistungen** verlangt werden (vgl. § 133 Abs. 3 S. 1 BauGB, § 25 KAG BW, Art. 5 Abs. 5 S. 1 BayKAG, § 8 Abs. 8 BbgKAG, § 20 BremGebBeitrG, § 11 Abs. 10 HessKAG, § 7 Abs. 4 KAG MV, § 6 Abs. 7 S. 1 NdsKAG, § 8 Abs. 8 KAG NRW, § 7 Abs. 5 S. 1 KAG RhPf, § 8 Abs. 9 S. 1 SaarlKAG, §§ 23 Abs. 1

---

[627] Zum Beginn der Verjährung vgl. KG IMR 2009, 325; zur zeitlichen Geltung in den neuen Bundesländern BGH IMR 2007, 403.
[628] OLG Schleswig MittBayNot 2009, 489.
[629] Zur öffentlichen Last bei Löschung eines Erbbaurechts VG Hamburg NVwZ-RR 2009, 411.
[630] Zum Bescheiderlass gegenüber dem Insolvenzverwalter s. OVG Berlin-Brandenburg NVwZ-RR 2010, 494 (495).
[631] Zur Beitragspflicht einer BGB-Gesellschaft s. VGH Mannheim MittBayNot 2007, 247; OVG Magdeburg NVwZ-RR 2008, 819; OVG Greifswald BeckRS 2009, 39110; VGH München BayVBl. 2011, 273; OVG Berlin-Brandenburg BeckRS 2013, 45366.
[632] BVerwG DNotZ 2016, 179; OVG Bautzen DÖV 2015, 578; OVG Weimar LKV 2011, 30; OVG Bautzen LKV 2009, 79; vgl. auch § 6b KAG LSA.
[633] VGH Mannheim VBlBW 2009, 26; OVG Münster DÖV 2014, 447; vgl. VGH München BeckRS 2012, 47382.

S. 1, 31 SächsKAG, § 6 Abs. 7 S. 1 KAG LSA, § 8 Abs. 5 S. 4 KAG SchlH, § 7 Abs. 8 S. 1 ThürKAG). Eine zu Unrecht als Verbesserungsbeitrag erhobene Vorausleistung kann als Vorauszahlung auf einen Herstellungsbeitrag aufrecht erhalten werden.[634] Während die Beitragspflicht durch einen späteren Eigentumswechsel nicht berührt wird, ist die Vorausleistung bei einem Eigentumswechsel, der nach Anforderung der Vorausleistung erfolgt, nur dann zu verrechnen, wenn dies das Gesetz ausdrücklich anordnet (so § 133 Abs. 3 S. 2 BauGB, § 25 Abs. 3 S. 2 KAG BW, Art. 5 Abs. 5 S. 2 BayKAG, § 8 Abs. 8 S. 5 BbgKAG, § 11 Abs. 10 S. 2 HessKAG, § 7 Abs. 4 S. 3 KAG MV, § 6 Abs. 7 S. 2 NdsKAG, § 7 Abs. 5 S. 3 KAG RhPf, § 8 Abs. 9 S. 2 SaarlKAG, §§ 23 Abs. 1 S. 2, 31 SächsKAG, § 6 Abs. 7 S. 2 KAG LSA, § 8 Abs. 5 S. 5 KAG SchlH, § 7 Abs. 8 S. 2 ThürKAG),[635] andernfalls hat eine Rückerstattung an den Leistenden zu erfolgen.

Die vertragliche Regelung zwischen den an einem Grundstücksgeschäft Beteiligten **384** lässt die **öffentliche Beitragsschuld unberührt.** Dies ist nicht nur zur Vermeidung ungesicherter Vorausleistungen, sondern auch im Hinblick auf Rechtsbehelfe zu berücksichtigen, wenn ein Beitragsbescheid einem Vertragsteil zugestellt wird, der im Innenverhältnis nicht kostentragungspflichtig ist. Erfolgt eine Abrechnung aufgrund der Allgemeinen Versorgungsbedingungen, gehen die daraus folgenden Verpflichtungen ohne besondere Vereinbarung nicht auf einen Grundstückserwerber über;[636] auch eine dingliche Haftung des Grundbesitzes besteht nicht.

Als **Maßstab** für eine gerechte Regelung der Erschließungskostentragungspflicht ist das **385** Kriterium des Verkaufs einer Immobilie, „so wie sie liegt und steht, also an einer asphaltierten oder nicht asphaltierten Straße, mit oder ohne Anschlussmöglichkeit an einen Abwasserkanal" wenig hilfreich.[637] Die beitragspflichtigen Erschließungsanlagen nach dem BauGB umfassen nämlich zB auch Grün- und Immissionsschutzanlagen, die weder vom Veräußerer noch vom Erwerber in die Kalkulation einbezogen oder gar besichtigt werden. Auch von der Möglichkeit einer Mehrfacherschließung und dem Begriff des Hinterliegergrundstücks haben die Beteiligten meist keine Kenntnis.[638] Hinsichtlich der Anschlussbeitragspflicht für die Wasserversorgung und die Entwässerung ist zu beachten, dass sich der einzelne Grundeigentümer in den meisten Ländern an dem Investitionsaufwand für die Gesamtanlage beteiligt, die aus den zentralen Einrichtungen (zB Klärwerk), dem Leitungssystem, den Hebeeinrichtungen und den Hauptsammlern besteht (anders § 17 SächsKAG, wonach der Beitrag der Ausstattung mit Betriebskapital dient). Der Beitrag stellt somit keinen Ersatz für die tatsächlichen Kosten der Wasser- und Kanalleitungen vor den einzelnen Grundstücken oder im Erschließungsgebiet dar, sondern wird für die Möglichkeit der Inanspruchnahme einer kommunalen Gesamteinrichtung erhoben.[639] Beitragspflichtige Änderungen an den zentralen Anlagen entziehen sich häufig der Kenntnis der Beteiligten. Aus diesem Grunde hat der BGH als Gerechtigkeitsmaßstab für die Kostentragung hinsichtlich der Erschließungskosten den **„Erschließungsvorteil"** genannt.[640] Die Erklärung des Grundstücksverkäufers im Kaufvertrag, die Kosten der Erschließung seien im Preis enthalten, enthält dementsprechend eine von der gesetzlichen Regelung abweichende Bestimmung, wer im Innenverhältnis die Erschließungskosten zu tragen hat.[641] Der Verkäufer eines Grundstücks haftet für Angaben, zB in einem Zeitungsinserat

---

[634] VGH München BayVBl. 2006, 108 und BayVBl. 2006, 248.

[635] Zur Zulässigkeit BayVerfGH BayVBl. 2006, 697.

[636] BGH NJW 1990, 2130 und NJW-RR 1991, 408.

[637] Vgl. *Grziwotz* ZRP 1994, 175.

[638] Zum Grundstücksbegriff in diesem Fall s. BVerwGE 71, 363; BVerwG DÖV 2004, 716; OVG Münster NVwZ-RR 2007, 125; BVerwG BayVBl. 2008, 154; OVG Lüneburg NVwZ-RR 2007, 129; NVwZ-RR 2007, 343 (344) und OVG Münster NVwZ-RR 2006, 63.

[639] VGH München BayVBl. 2007, 597; zur Auslegung einer „Kostenklausel" OLG Hamm MittBayNot 2007, 346.

[640] BGH DNotZ 1994, 52.

[641] BGH DNotZ 1994, 52; anders noch BGH NJW 1981, 1600; vgl. auch OLG München ZMR 1989, 15 und OLG Hamm NJW-RR 1989, 335.

oder im Exposé des von ihm entsprechend informierten oder mit den Vertragsverhand-lungen beauftragten Maklers, grundsätzlich nicht, wenn diese Erklärungen nicht Vertrags-inhalt wurden und nur ein geringer Teil der Erschließungskosten bezahlt ist.[642] Anders kann dies bei Erklärungen „ins Blaue hinein" sein.[643] Für die Frage der gerechten Vertei-lung der Erschließungskosten kommt es deshalb auf den Einzelfall an. Ist der Preis danach bemessen worden, dass es sich um erschlossenes Bauland handelt, ist es richtig, dass der Verkäufer die Erschließungskosten jedenfalls für die Ersterschließung trägt. Haben die Par-teien bei der Preisgestaltung die Erschließung nicht einbezogen, ist es Sache des Käufers, für diese Kosten aufzukommen. Hiervon gehen auch § 6 Abs. 3 ImmoWertV sowie § 19 Abs. 2 S. 3 Nr. 1 SachenRBerG aus. Dem Notar wird freilich die Kalkulation, die zur Festlegung des Kaufpreises geführt hat, im Normalfall nicht bekannt sein. Aus diesem Grunde kann er nur die Beteiligten anhalten, sich selbst hinsichtlich der Erschließungs-kosten zu informieren, und sodann aufbauend auf dieser von ihm regelmäßig nicht über-prüfbaren Basis eine Vereinbarung vorschlagen.

386   Die vertragliche Regelung[644] sollte zunächst zur Streitvermeidung den **Begriff** der Er-schließungskosten möglichst unter Bezugnahme auf die gesetzlichen Vorschriften bezeich-nen. Die Formulierungen „Erschließungskosten nach dem BauGB" und „an die Gemein-de zu zahlende Erschließungskosten" können auch die landesrechtlichen Anliegerbeiträge sowie die Hausanschlusskosten beinhalten.[645] Die „Kosten für bis heute bereits durchge-führte Erschließungsmaßnahmen im weitesten Sinne (nach dem BauGB und nach ande-ren Vorschriften)" beschränken sich nicht auf die Erschließungsbeiträge. Zu den „Anlagen im Sinne von § 123 BauGB" gehören nicht nur Anlagen zur verkehrsmäßigen Erschlie-ßung und zum Schutz des Baugebiets vor Immissionen, sondern auch die Anlagen zur Versorgung der Grundstücke mit Elektrizität, Wärme und Gas, die Anlagen zur Be- und Entwässerung und die Anlagen zur Abfallentsorgung.[646] Die Kosten „für die vollständige erstmalige Erschließung" können auch die Errichtung eines privaten Stichweges umfassen, der dazu dient, von der öffentlichen Straße zu dem veräußerten Grundstück zu gelan-gen.[647] Enthält der Vertrag keine ausdrückliche Regelung zu den Kosten naturschutzrecht-licher Ausgleichsmaßnahmen, kann die Erschließungskostenregelung einen Anhaltspunkt für die diesbezügliche Vertragsauslegung geben. Im Zweifel wird sie zu einem Regelungs-gleichlauf führen.[648] Haben die Vertragsteile nur die Verteilung der Erschließungsbeiträge und der Abgaben nach dem KAG beispielsweise nach dem Zugang von diesbezüglichen Beitragsbescheiden geregelt, kann im Normalfall nicht auf die Beginnlösung des § 436 Abs. 1 BGB für die nicht explizit erwähnten Kosten des naturschutzrechtlichen Ausgleichs lückenfüllend zurückgegriffen werden. Vertragliche Regelungen sind als Vereinbarungen darüber, welche Leistungen und Kosten mit dem Preis abgegolten sind und wer sie im Innenverhältnis der Vertragsparteien letztlich zu tragen hat, so auszulegen, dass sie einen Sinn geben. Deshalb kann eine Bescheidslösung, die mit der Erklärung verbunden ist, dass alle Beiträge bezahlt sind, soweit sie auf Leistungen zurückzuführen sind, die bis zum Tag der Beurkundung erbracht worden sind, als Garantie hinsichtlich des Kostenaufwands für die bereits durchgeführten Erschließungsleistungen zu verstehen sein.[649] Enthält die Rege-lung eine Lücke, kommt es auf das Kriterium des Erschließungsvorteils an; ergibt sich auch danach keine eindeutige Lösung, können die Kosten von beiden Teilen gleichmäßig zu tragen sein.[650] In Ländern, in denen die §§ 127 ff. BauGB bereits derzeit oder künftig

---

[642] Vgl. BGH DNotZ 2016, 921; teilw. abw. noch BGH NJW-RR 1994, 76.
[643] Vgl. aber BGH NJW 2018, 1954 bei Bestehen eines Haftungsausschlusses.
[644] Vgl. auch *Quaas* BauR 1999, 1113 (1116 ff.).
[645] Vgl. VGH Kassel NJW 1984, 2716; OLG Hamm NJW-RR 1994, 339; OLG Koblenz BauR 2003, 391.
[646] BGH MittBayNot 2005, 177.
[647] OLG Düsseldorf BauR 1995, 559; vgl. aber zur fehlenden Erschließungssicherung bei einem Privatweg OVG Schleswig BauR 2009, 952.
[648] Vgl. DNotI-Report 2011, 157 (158).
[649] Vgl. BGH RNotZ 2002, 230.
[650] BGH NJW-RR 1987, 458 und MittBayNot 2000, 316.

landesrechtlich geregelt sind, ist der Begriff „Erschließungsbeiträge nach dem BauGB" unproblematisch so zu verstehen, dass damit die nunmehr in Landesrecht überführten Erschließungsbeiträge gemeint sind. Dies gilt insbesondere, wenn der Landesgesetzgeber – wie zB in Bayern – auf eine vollständige Regelung verzichtet.

Die Vereinbarungen zwischen den Kaufvertragsparteien über die Tragung der Erschließungskosten wirken nur im Innenverhältnis. Sie lassen eine öffentlich-rechtliche Beitragspflicht und damit die **Haftung im Außenverhältnis** unberührt. Der BGH[651] hat den Notar bei einem im Bauträgervertrag vereinbarten Festpreis inklusive Ersterschließung für verpflichtet gehalten, erstens auf die Vorausleistung des Käufers hinzuweisen und zweitens Sicherungen zu ihrer Vermeidung vorzuschlagen. Ein Abweichen auf Wunsch des Bauträgers stellt nach der Rechtsprechung eine zum Schadensersatz verpflichtende Amtspflichtverletzung dar. Inwieweit eine notarielle „Belehrungspflicht" gegenüber der nunmehrigen gesetzlichen Regelung in § 436 Abs. 2 BGB generell besteht, ist fraglich.[652] **387**

Beim Kaufvertrag zwischen Privaten über ein **unerschlossenes Grundstück** ist es **388** ausreichend, wenn darauf hingewiesen wird, dass Erschließungskosten einschließlich Kostenerstattungen im Kaufpreis nicht enthalten sind und vom Erwerber entrichtet werden müssen. Soll der Veräußerer an den Erschließungskosten beteiligt werden, so kommen hierfür grundsätzlich zwei Lösungen in Betracht: Nach der sog. **Ausbauzustandslösung** hat der Veräußerer sämtliche Erschließungskosten für bis zum Tag der Beurkundung hergestellte Erschließungsanlagen nach dem BauGB und dem LandesKAG zu tragen, und zwar unabhängig davon, wem der Beitragsbescheid zugestellt wird. Die mit dieser Lösung verbundenen Abrechnungsprobleme, die sich daraus ergeben, dass die Gemeinde keine Kostenberechnung für den jeweiligen Tag der Beurkundung erstellt, sind nach der Rechtsprechung[653] hinzunehmen. Der Begriff der Maßnahmen sollte allerdings bautechnisch und nicht erschließungsrechtlich verstanden werden.[654] Probleme ergeben sich zudem bei einem bisher unbebauten Grundstück hinsichtlich der Anliegerbeiträge, wenn eine Bebauung durch den Erwerber geplant ist und Beitragsmaßstab die tatsächliche Bebauung sein soll. Insofern bezieht sich die Regelung auf die satzungsmäßige Abrechnung der Gemeinde für ein unbebautes Grundstück; diese geht häufig von einer fiktiven Geschossfläche aus. Da der Grundstückserwerber mit dem Kaufgrundstück sowie eventuell sogar persönlich für die Erschließungsbeiträge haftet, ist er bei der Ausbauzustandslösung auf einen Freistellungsanspruch gegen den möglicherweise zahlungsunfähigen Verkäufer angewiesen. Eine besondere Belehrungspflicht besteht diesbezüglich allerdings wohl nicht.[655] Dieser Freistellungsanspruch geht bei einer Weiterveräußerung nach hM nicht gemäß § 311c BGB auf den Zweiterwerber über,[656] sondern muss ausdrücklich an diesen abgetreten werden.[657] Die Freistellungspflicht besteht auch, wenn die Beitragserhebung wegen nachträglicher Satzungsänderung erst viele Jahre nach dem Kauf erfolgt.[658] Wird Freistellung von den Erschließungskosten geschuldet, so kann der Zahlungspflichtige die Zahlung von der Einlegung von Rechtsbehelfen gegen den Beitragsbescheid und von der Abtretung der für den Fall des Erfolges sich ergebenden Erstattungsforderung abhängig machen.[659]

651 DNotZ 2008, 280; vgl. auch OLG Köln BeckRS 2009, 22802.
652 Krit. *Grziwotz* MittBayNot 2007, 520 und DNotZ 2008, 284.
653 BGH DNotZ 1995, 403; OLG Hamm RNotZ 2013, 49.
654 BGH DNotZ 1993, 328.
655 OLG Hamm BauR 2004, 110; unklar OLG Köln RNotZ 2013, 49 (54).
656 BGH MDR 1993, 976.
657 AA nur Erman/*Grziwotz* BGB § 311c Rn. 1.
658 OLG Saarbrücken DNotZ 2007, 35.
659 BGH DNotZ 1993, 328 und MDR 1993, 976.

389   Formulierungsbeispiel: Ausbauzustandslösung

☝ Erschließungsbeiträge nach dem BauGB *[ggf.: landesrechtliche Vorschrift ergänzen]*, Anliegerbeiträge nach § ** KAG sowie Kostenerstattungsforderungen nach § *** KAG und §§ 135a ff. BauGB für bis heute ganz oder teilweise baulich erstellte Anlagen bzw. Maßnahmen hat der Veräußerer zu tragen. Alle derartigen Kosten für künftig bautechnisch erstellte Anlagen bzw. Maßnahmen hat der Erwerber zu tragen. Anschlusskosten und -gebühren treffen denjenigen, der anschließt. Gleichgültig ist dabei, wann diese Beiträge und Kosten fällig und wem sie in Rechnung gestellt werden. Auf die Haftung des Erwerbers für die Beitragsschuld und die eventuell hiermit verbundene Vorausleistung wurde hingewiesen; Sicherungen, wie zB eine Bankbürgschaft und der Zurückbehalt eines Kaufpreisteils, werden nicht gewünscht.

Vorausleistungen werden kraft Gesetzes mit der endgültigen Beitragsschuld verrechnet; Vorausleistungen sind im Innenverhältnis der Vertragsteile und ohne Sicherung zum Zeitpunkt der endgültigen Beitragspflicht zu erstatten, soweit der Leistende nach den vorstehenden Vereinbarungen nicht zur Tragung der Kosten verpflichtet ist. Überschüssige Vorausleistungen sind demjenigen zu erstatten, der sie erbracht hat; dies gilt auch bei der Rückzahlung von Vorausleistungen.

Die Zahlung kann davon abhängig gemacht werden, dass der nach den vorstehenden Vereinbarungen Zahlungspflichtige nur Zug um Zug gegen Abtretung eventueller künftiger Rückzahlungsansprüche des anderen Vertragsteils gegen die beitragserhebende Körperschaft bezahlt. Jeder Vertragsteil verpflichtet sich, auf Verlangen und auf Kosten des im Innenverhältnis Zahlungspflichtigen Rechtsbehelfe gegen Beitrags- und Kostenerstattungsforderungsbescheide einzulegen.

390   Die **Bescheidslösung** stellt auf den Zeitpunkt des Zugehens entsprechender Beitragsbescheide ab, wobei zur Vermeidung von Zufälligkeiten regelmäßig der Tag der Beurkundung und nicht der des Besitzüberganges[660] gewählt werden sollte. Bei dieser Lösung kann der Erwerber, der sich nicht bei der Gemeinde erkundigt hat, durch Beitragsforderungen für bereits erstellte Erschließungsanlagen überrascht werden. Dies ist dann unbillig, wenn der Kaufpreis bereits erstellte, aber noch nicht abgerechnete Erschließungsanlagen umfasst.

391   Formulierungsbeispiel: Bescheidslösung

☝ Erschließungsbeiträge nach dem BauGB *[ggf.: landesrechtliche Vorschrift ergänzen]*, Anliegerbeiträge nach § *** KAG sowie Kostenerstattungsforderungen nach § *** KAG und §§ 135a ff. BauGB, für die ein Bescheid ab heute *[genauere Alt.: Beginn des heutigen Tages]* zugestellt wird, hat der Erwerber zu tragen bzw., falls Bescheide vor Kaufpreisfälligkeit zugestellt werden, mit dem Kaufpreis zinslos gegen Zahlungsnachweis zu erstatten. Diesem ist bekannt, dass derartige Bescheide auch für umlegungsfähigen Aufwand aus früherer Zeit ergehen können. Alle bis zum vorgenannten Zeitpunkt zugestellten Bescheide hat der Veräußerer zu bezahlen. Er versichert dazu, dass Ihm unbezahlte Bescheide nicht vorliegen.

Vorausleistungen und etwaige Erstattungsansprüche aufgrund aufgehobener Bescheide werden an den Erwerber abgetreten und sind mit dessen endgültiger Beitragsschuld zu verrechnen, und zwar auch dann, wenn überschüssige Leistungen zu erstatten sind; die Vertragsteile werden die Abtretung der Gemeinde selbst anzeigen.

392   In Einzelfällen kann es sein, dass es die Parteien bei der gesetzlichen Regelung (sog. Beginnlösung) belassen wollen. Dies kann dann der Fall sein, wenn ein Grundstück „voll

---

[660] Vgl. KG LKV 2005, 564.

erschlossen" verkauft wird und nur unsicher ist, ob alle Maßnahmen bereits vollständig fertig gestellt sind. Das Abstellen auf den Baubeginn enthält in dieser Konstellation eine **Fertigstellungslösung.**

Formulierungsbeispiel: Beginnlösung   393
☝

Der Notar hat mit den Beteiligten die gesetzliche Regelung zur Verteilung der Erschließungsbeiträge und sonstigen Anliegerbeiträge erörtert, insbesondere die Zufälligkeiten, die sich aus dem Abstellen auf den Baubeginn hinsichtlich solcher Maßnahmen ergeben. Hierzu erklären die Beteiligten, dass sie sich diesbezüglich bei der Gemeinde *[Alt.: der zuständigen Körperschaft]* erkundigt haben und es bei der gesetzlichen Regelung belassen wollen. Diese soll auch auf Kostenerstattungen nach den §§ 135a ff. BauGB Anwendung finden.

Denkbar ist auch eine Kombination verschiedener Lösungen. So kann beispielsweise   394 hinsichtlich der Erschließungsbeiträge grundsätzlich die Ausbauzustandslösung und im Übrigen die Bescheidslösung gewählt werden.

Formulierungsbeispiel: Kombinationslösung   395
☝

Erschließungsbeiträge nach dem BauGB *[ggf.: landesrechtliche Vorschrift ergänzen]* für bis heute ganz oder teilweise erstellte und bautechnisch lediglich begonnene Anlagen hat der Veräußerer zu tragen. Alle derartigen Kosten für künftig bautechnisch begonnene, der Erschließungsbeitragspflicht unterliegende Anlagen hat der Erwerber zu tragen. Gleichgültig ist dabei, wann diese Beiträge und Kosten fällig und wem sie in Rechnung gestellt werden. Auf die Haftung des Erwerbers für die Beitragsschuld und die eventuell hiermit verbundene Vorausleistung wurde hingewiesen.

Die Anliegerbeiträge nach § *** KAG sowie die Kostenerstattungsforderungen nach § *** KAG und §§ 135a ff. BauGB, für die ein Bescheid ab heute *[genauere Alt.: Beginn des heutigen Tages]* zugestellt wird, hat der Erwerber zu tragen bzw., falls Bescheide vor Kaufpreisfälligkeit zugestellt werden, mit dem Kaufpreis zinslos gegen Zahlungsnachweis zu erstatten. Diesem ist bekannt, dass derartige Bescheide auch für umlegungsfähigen Aufwand aus früherer Zeit ergehen können. Bis zum vorgenannten Zeitpunkt zugestellte diesbezügliche Bescheide hat der Veräußerer zu bezahlen.

Vorstehende Vereinbarung gilt entsprechend für Vorausleistungen; solche wurden nach Erklärung der Vertragsteile bisher nicht entrichtet. Überschüssige Vorausleistungen sind demjenigen zu erstatten, der sie erbracht hat; dies gilt auch bei der Rückzahlung von Vorausleistungen.

Die Zahlung kann davon abhängig gemacht werden, dass der nach den vorstehenden Vereinbarungen Zahlungspflichtige nur Zug um Zug gegen Abtretung eventuell künftiger Rückzahlungsansprüche des anderen Vertragsteils gegen die beitragserhebende Körperschaft bezahlt. Jeder Vertragsteil verpflichtet sich, auf Verlangen und Kosten des im Innenverhältnis Zahlungspflichtigen Rechtsbehelfe gegen Beitrags- und Kostenerstattungsforderungsbescheide einzulegen.

Beim **Kauf** eines Grundstücks **von der Gemeinde** ist zu beachten, dass die Erschlie-   396 ßungsbeitragspflicht nach Bundesrecht erst mit dem Eigentumswechsel bzw. der Bestellung eines Erbbaurechtes entsteht.[661] Dies gilt überwiegend auch hinsichtlich der KAG-Beiträge, sofern nicht die Gemeinde ihr eigener Beitragsschuldner sein kann.[662] Ist das Erschließungsbeitragsrecht in Landesrecht überführt und lässt dieses eine Beitragsschuld

---

[661] BVerwG DVBl. 1984, 188 und NVwZ 1985, 912.
[662] So aber VGH München BayVBl. 1986, 84 und OVG Lüneburg NVwZ-RR 1991, 42; zur internen Verrechnung §§ 16, 24 KAG BW. Vgl. auch OVG Weimar NotBZ 2017, 424.

der Gemeinde zu, kann insoweit eine Änderung eintreten.[663] Aufgrund der Beitragserhebungspflicht der Gemeinde[664] ist zu beachten, dass die vertragliche Regelung keinen unzulässigen Beitragsverzicht enthalten darf.[665] Sämtliche betroffenen Eigentümer dürfen erwarten, dass alle erschlossenen Grundstücke in die Verteilung des beitragsfähigen Aufwands einbezogen werden.[666] § 436 Abs. 1 BGB enthält lediglich eine zivilrechtliche Regelung, keine Einschränkung der öffentlich-rechtlichen Beitragserhebungspflicht.[667] Der Grundsatz der Abgabengleichheit und -gerechtigkeit steht einer „BGB-Ablösung" entgegen. Die Anforderungen der abgabenrechtlichen Gleichbehandlung und des Äquivalenzprinzips sind bei jeder Form der Abrechnung zu beachten.[668]

397   Der **Kauf vom Bauträger** wird regelmäßig durch eine Festpreisabrede dergestalt gekennzeichnet, dass der Erwerber ein schlüsselfertiges Gebäude oder eine bezugsfertige Eigentumswohnung zu einem bestimmten Preis erwirbt und mit keinen zusätzlichen Kosten (ausgenommen Notar- und Grundbuchkosten sowie Grunderwerbsteuer) belastet werden soll. Die Preisvereinbarung im Bauträgervertrag hinsichtlich der Erschließungskosten bedeutet, dass die Kosten der „Ersterschließung" im Kaufpreis enthalten sind.[669] Auch hier ist freilich eine sachliche und zeitliche Präzisierung erforderlich.[670] Regelmäßig wird der Bauträger diejenigen Kosten zu tragen haben, die der Erwerber, wenn er auf einem eigenen Grundstück selbst als Bauherr das Kaufobjekt errichten würde, an die Gemeinde zu entrichten hätte. Hierzu gehören im Normalfall auch die Hausanschlusskosten.[671] Zusätzlich hat der Bauträger diejenigen Erschließungskosten zu entrichten, die für ihn leichter zu kalkulieren sind als für den Erwerber. Es handelt sich um die Beiträge für diejenigen Maßnahmen, die von der Gemeinde beschlossen wurden oder im (planreifen) Bebauungsplan enthalten sind.[672] Sie werden auch durch eine MaBV-Bürgschaft gesichert.[673] Der BGH[674] hält den Notar für verpflichtet, beim Verkauf zum „Komplettpreis" und nicht abgerechneten Erschließungskosten auf die ungesicherte Vorausleistung des Erwerbers deutlich hinzuweisen und Sicherungen, wie zB einen Kaufpreisrückbehalt oder eine Bürgschaft, soweit diese zulässig ist, vorzuschlagen.

398   Beim Kauf eines Bauplatzes vom **Erschließungsunternehmer,** der mit der Gemeinde einen Erschließungsvertrag abgeschlossen hat, ist zunächst zu prüfen, ob der Erschließungsunternehmer aufgrund einer vertraglichen Verpflichtung gegenüber dem Käufer Bauleistungen auf dem Kaufgrundstück erbringt. Ist dies der Fall, sind unstreitig die MaBV und die Sicherungen für Abschlagszahlungen bei Bauträgerverträgen anwendbar, wobei die Raten entsprechend anzupassen sind. Erbringt der Erschließungsunternehmer nur Bauleistungen auf Grundstücken, die an die Gemeinde übereignet werden oder im Eigentum Dritter stehen, so ist umstritten, ob die MaBV auch diesen Fall umfasst.[675] Unabhängig von dieser Streitfrage sollte der Erwerber vor einer ungesicherten Vorausleistung an den Erschließungsunternehmer geschützt werden.[676]

---

[663] Vgl. *Grziwotz* MittBayNot 2003, 200 (203).

[664] S. nur OVG Weimar LKV 2006, 178; OVG Jena DÖV 2006, 179; OVG Magdeburg LKV 2008, 139; OVG Bautzen LKV 2008, 130; VG Dessau DÖV 2006, 180.

[665] → § 10 Rn. 35 und ausführlich *Grziwotz* ZfIR 2000, 161.

[666] Vgl. BVerwG NVwZ 2007, 81.

[667] *Grziwotz* BauR 2008, 471; vgl. auch BVerwG ZfIR 2013, 205.

[668] VGH München DVBl. 2007, 709.

[669] AA *Pauly* MDR 2004, 16 (18).

[670] Vgl. LG Gießen NotBZ 1999, 34.

[671] Vgl. OLG Celle BauR 2003, 390.

[672] Vgl. die Formulierung → § 2 Rn. 114 sowie *Grziwotz* NotBZ 1999, 18 f.

[673] Anders BGH ZfIR 2003, 58 (59) für den Ausgleichsbetrag im Sanierungsgebiet.

[674] DNotZ 2008, 280; vgl. auch OLG Köln BeckRS 2009, 22802.

[675] Bejahend *Basty*, Der Bauträgervertrag, 9. Aufl. 2018, Rn. 66; verneinend *Grziwotz* MDR 1996, 978 und ZfIR 1998, 595; *Blank*, Bauträgervertrag, 5. Aufl. 2015, Rn. 1137; offen das Arbeitspapier der Notarkammer Mecklenburg-Vorpommern NotBZ 1997, 105; vgl. OLG Naumburg IBR 2001, 546.

[676] Vgl. hierzu die Musterformulierungen *Grziwotz* ZfIR 1998, 596 und Ernst/Zinkahn/Bielenberg/*Grziwotz* BauGB § 11 Rn. 428 ff.

Besteht ein **Ablösungsvertrag** (hierzu → § 10 Rn. 35 ff.), so kann bei Eintritt der Ablö- 399
sungswirkung eine Beitragspflicht nicht mehr entstehen. Lediglich wenn die Geschäftsgrundlage für den Ablösungsvertrag wegfällt, könnten Beiträge erhoben werden. Dieser
eventuelle Fall kann in der Vertragsgestaltung kaum berücksichtigt werden. Bestehen diesbezüglich begründete Bedenken, so kann eine „Auffangregelung" getroffen werden.

> **Formulierungsbeispiel: Hilfsregelung Ablösung** 400
>
> Sollte die vorstehende Ablösungsvereinbarung unwirksam sein oder werden, insbeson-
> dere ihre Geschäftsgrundlage wegfallen, so gelten für die Beitragserhebung die gesetzli-
> chen Bestimmungen und die gemeindliche Satzung. In diesem Fall soll die aufgrund des
> Ablösungsvertrages geleistete Zahlung eine vertraglich vereinbarte Vorausleistung des
> Erwerbers darstellen und mit dessen endgültiger Beitragsschuld verrechnet werden.

Erhebt die Gemeinde **Vorausleistungen** auf die Beitragspflicht, so sehen manche Ge- 401
setze vor (→ Rn. 383), dass die Vorausleistung mit der künftigen Beitragsschuld unabhängig vom Eigentum des Leistenden zu verrechnen ist. Ist dies nicht der Fall, so steht dem
früheren Eigentümer ein Erstattungsanspruch zu. Dies gilt ferner dann, wenn die spätere
Beitragspflicht übersteigende Vorausleistungen erbracht wurden,[677] die Vorausleistung aufgrund verzögerter Herstellung der Erschließungsanlagen zurückerstattet werden muss oder
eventuell auch bei Erlöschen der Vorausleistungsforderung infolge Eintritts der Zahlungs-
verjährung.[678] Hat in diesem Fall der Veräußerer die Vorausleistungen über den Kaufpreis
auf den Erwerber überwälzt, sollte diesem der Erstattungsanspruch zustehen (vgl. hierzu
das Formulierungsbeispiel → Rn. 391). Zu beachten ist, dass die Abtretung des Erstat-
tungsanspruches aufgrund der Verweisung in den LandesKAG auf § 46 AO auf einem dafür vorgesehenen Vordruck erfolgen müsste, aber derartige Vordrucke bisher – soweit bekannt – nicht existieren.[679]

Zu beachten ist schließlich, dass im **Sanierungs- und Entwicklungsgebiet** grund- 402
sätzlich keine Erschließungsbeiträge nach §§ 127 ff. BauGB anfallen, ausgenommen für
beitragspflichtige Erschließungsanlagen außerhalb des entsprechenden Gebietes. Die Erschließungsbeiträge werden über den Ausgleichsbetrag (§§ 154, 169 Abs. 1 Nr. 7 BauGB)
abgegolten. Im Sanierungsgebiet kann der Ausgleichsbetrag auch ausgehend vom Aufwand für die Erweiterung oder Verbesserung von Erschließungsanlagen iSv § 127 Abs. 2
S. 1–3 BauGB berechnet werden (§ 154 Abs. 2a BauGB). Ein Erlass des Ausgleichsbetrags ist nur ausnahmsweise (§§ 135 Abs. 5, 155 Abs. 4 S. 1 BauGB) zulässig.[680] KAG-
Beiträge fallen auch im Sanierungs- und Entwicklungsgebiet an.

Eine Sondersituation besteht, wenn bei Beurkundung ein Beitragsbescheid vorliegt, ge- 402a
gen den jedoch der Veräußerer bereits einen **Rechtsbehelf** eingelegt hat. Dabei ist zu
beachten, dass es sich bei dem Beitragsbescheid um einen belastenden Verwaltungsakt
handelt; eine Verböserung ist deshalb denkbar. Ein neuer Beitragsbescheid wird meist bereits dem Erwerber zugestellt. Zu regeln ist die Kostentragung für die abgerechnete Maßnahme, und zwar unabhängig vom Bescheid, durch den dies erfolgt.[681] Zudem ist die
Verpflichtung des Erwerbers aufzunehmen, gegen ihm zugestellte neue Beitragsbescheide
für die betreffende Maßnahme Rechtsbehelfe in einem bestimmten Umfang (zB erste Instanz) auf Kosten des Veräußerers einzulegen und eine Aussetzung der Vollziehung zu
beantragen. Gegebenenfalls sind auch Sicherheiten (zB Bankbürgschaft, Einbehalt eines
Kaufpreisteils) zu besprechen.

---

[677] VGH Kassel BWGZ 1996, 801; anders nur § 25 Abs. 3 S. 3 KAG BW und § 7 Abs. 5 S. 3 KAG RhPf.
[678] BVerwG MittBayNot 2009, 328.
[679] Ausführlich *Grziwotz* KommJur 2010, 96.
[680] BVerwG BauR 2007, 80.
[681] Vgl. OLG Hamm NJOZ 2010, 2171.

402b Ein Beitragsbescheid über Erschließungs- und Anliegerbeiträge enthält keine für die Baugenehmigungsbehörde bindende Aussage über die **Bebaubarkeit** des veranlagten Grundstücks. Zum Regelungsgehalt des Beitragsbescheides gehört nämlich nicht die für die Entstehung der Beitragspflicht zu treffende Feststellung, dass es sich bei dem veranlagten Grundstück um Bauland handelt. Diese Feststellung bezieht sich vielmehr auf eine Vorfrage, die nicht an der Bindungswirkung des Beitragsbescheides teilnimmt.[682] Eine diesbezügliche Beschaffenheitsvereinbarung wird durch den Beitragsbescheid somit nicht überflüssig.

403   Die Regelung der Erschließungskostentragung hat ferner Auswirkungen auf die **Grunderwerbsteuer.**[683] Ist ein Erschließungsträger eingeschaltet, kommt es entscheidend darauf an, was Gegenstand des Kaufvertrages ist, das erschlossene oder das unerschlossene Grundstück.[684] Nur im ersten Fall kann eine sonstige Leistung (§ 9 Abs. 1 S. 1 GrEStG) vorliegen, die in die Bemessungsgrundlage einzubeziehen ist.[685] Ist Gegenstand des Erwerbsvorgangs das unerschlossene Grundstück, fehlt es an der kausalen Verknüpfung zwischen Grundstückserwerb und Erschließungskostentragungspflicht.[686] Anders ist dies, wenn sich der Veräußerer verpflichtet hat, einem privaten Dritten „Kosten" zu „erstatten" und der Erwerber diese Verpflichtung übernimmt. Zudem gilt, dass die Übernahme von künftig entstehenden öffentlichen Abgaben, deren Schuldner der Erwerber selbst ist, keine grunderwerbsteuerliche Gegenleistung sein kann.[687] Dies ist unabhängig davon, ob die Gemeinde die Erschließung selbst durchführt oder auf einen Erschließungsunternehmer überträgt.[688] Sind im Zeitpunkt des Abschlusses des Kaufvertrages die Erschließungsanlagen bereits vorhanden und naturschutzrechtliche Ausgleichsmaßnahmen schon durchgeführt, gehört auch der hierfür enthaltene Kaufpreisteil zur Bemessungsgrundlage der Grunderwerbsteuer.[689] Gleiches gilt, wenn sich die veräußernde Gemeinde zur Durchführung einer naturschutzrechtlichen Ausgleichsmaßnahme an anderer Stelle gegen Kostenerstattung verpflichtet, und auch, wenn der Ausgleich dann doch auf einer anderen Fläche erfolgt.[690] Nicht grunderwerbsteuerpflichtig sind die in einem zwischen Gemeinde und Veräußerer abgeschlossenen Ablösevertrag vereinbarten und vom Erwerber im Kaufvertrag übernommenen Erschließungskosten.[691]

G. Eigentumsvormerkung

404 In der Regel soll der Kaufpreis schon vor dem Eigentumswechsel fällig werden. Der Käufer indessen hat ein berechtigtes Interesse, den Kaufpreis erst zu zahlen, wenn sein Eigentumserwerb nicht mehr gefährdet werden kann durch anderweitige Verfügungen des Verkäufers, durch Zwangsvollstreckungsmaßnahmen gegen den Verkäufer oder durch einen sonstigen Verlust der Verfügungsmacht des Verkäufers. Die beim Kauf beweglicher Sachen übliche Sicherung beider Vertragsteile durch bedingte Übereignung (Eigentumsvorbehalt) ist beim Immobilienkauf nicht möglich (§ 925 Abs. 2 BGB). Der Immobilienkäufer kann aber in vergleichbarer Weise durch eine Vormerkung nach § 883 BGB geschützt werden, die seinen schuldrechtlichen Anspruch aus § 433 Abs. 1 BGB auf Verschaffung des Eigentums und auf Freiheit von nach der Vormerkung entstehenden grundbuchersichtlichen

---

[682] BVerwG NVwZ-RR 2016, 471.
[683] Vgl. hierzu *Grziwotz/Gottwald* UVR 2005, 13 und *Gottwald/Mehler* MittBayNot 2001, 438 sowie die koordinierten Länder-Erlasse MittBayNot 2003, 78, abweichend die Beitragspflicht der Gemeinde *Bay-FinMin* DB 1990, 1696 – vgl. *Grziwotz* DB 1990, 1694 – und *FM BW* DB 2010, 140.
[684] Ausführlich Finanzbehörden der Länder v. 16. 9. 2015, BStBl. I 2015, 823 ff.
[685] BFH ZfIR 2001, 773.
[686] BFH ZfIR 2008, 339.
[687] *Boruttau/Loose*, GrEStG, 18. Aufl. 2016, § 9 Rn. 284.
[688] BFH DStR 2007, 912; *Gottwald* MittBayNot 2007, 460 (463).
[689] BFH MittBayNot 2010, 335; FM BW DB 2010, 140.
[690] BFH MittBayNot 2010, 339.
[691] BFH ZfIR 2004, 550.

Rechtsmängeln[692] sichert (§§ 883 Abs. 2, 888 Abs. 1 BGB). Herkömmlicherweise wird diese als „**Auflassungsvormerkung**" bezeichnet. Da der Käufer aber nicht nur die Leistungshandlung „Auflassung", sondern den Leistungserfolg „Eigentum" beanspruchen kann, ist es nach wie vor juristisch treffender und allgemein verständlicher, sie Erwerbsvormerkung oder „**Eigentumsvormerkung**" zu nennen.[693]

Soll der Käufer Vorleistungen an den Verkäufer (und nicht nur auf Notaranderkonto) **405** erbringen, bevor für ihn eine wirksame (dazu → Rn. 413ff.) Vormerkung eingetragen ist, alle Genehmigungen erteilt sind und die Lastenfreistellung gesichert ist (dazu → Rn. 206ff.), so muss ihn der **Notar** über die damit verbundenen Risiken **belehren** und Wege zur Vermeidung dieser Risiken aufzeigen.[694] Die Abtretung des Übereignungsanspruchs des noch nicht als Eigentümer eingetragenen Erstkäufers an den Zweitkäufer mit Abtretungsvermerk bei der Eigentumsvormerkung des Erstkäufers bietet dem Zweitkäufer keinen gleichwertigen Schutz wie eine originäre Eigentumsvormerkung (→ Rn. 104).

I. Sicherungswirkungen

Die wirksame (→ Rn. 413ff.) Eigentumsvormerkung sichert den Käufer dagegen, dass **406** sein Eigentumsverschaffungsanspruch nachträglich vereitelt oder beeinträchtigt wird durch:

- **rechtsgeschäftliche Verfügungen** des Verkäufers, wie zB Auflassung an einen Dritten, vertragswidrige Belastung (§§ 883 Abs. 2 S. 1, 888 Abs. 1 BGB), was insbesondere auch bei einem zwischenzeitlichen Versterben des Verkäufers von Bedeutung sein kann, wenn andernfalls die „nichtsahnenden Erben" (nochmals) veräußern;
- **Zwangsvollstreckungsmaßnahmen** gegen den Verkäufer und sonstige Maßnahmen der in § 883 Abs. 2 S. 2 BGB genannten Art;
- **Insolvenzverfahren** über das Vermögen des Verkäufers (§ 106 Abs. 1 InsO). Insolvenzfest ist auch die Vormerkung, welche einen künftigen Übereignungsanspruch sichert (dazu → Rn. 418). Der vorgemerkte Übereignungsanspruch ist nach § 106 Abs. 1 S. 2 InsO auch dann insolvenzfest, wenn der Verkäufer zu weiteren Leistungen verpflichtet ist, die der Insolvenzverwalter nach § 103 InsO ablehnen kann, wie zB beim Kauf vom Bauträger die Bauleistungen.[695]

Den Schutz der Vormerkung erlangt der Käufer schon weitgehend mit dem **Antrag,** die **407** Vormerkung einzutragen, nämlich
- den Schutz gegen vormerkungswidrige Übereignung und vormerkungswidrige Belastung über § 17 GBO,
- den Schutz gegen nachträgliche Verfügungsbeschränkungen unter den Voraussetzungen des § 878 BGB,[696]
- den Schutz gegen Unrichtigkeit des Grundbuchs gemäß §§ 892, 893 BGB.[697]

Ob diese Bestimmungen dem Käufer zugute gekommen sind, kann allerdings zuverlässig **408** nur nach Eintragung der Vormerkung beurteilt werden, zumal § 17 GBO nur eine Verfahrensvorschrift ist. Der Kaufpreis sollte daher in der Regel nicht nach beantragter, sondern erst nach eingetragener Vormerkung an den Verkäufer fließen (→ Rn. 99, 103).

Die Eigentumsvormerkung hindert nicht anderweitige rechtsgeschäftliche Verfügungen **409** des Verkäufers oder Zwangsvollstreckungsmaßnahmen gegen ihn. Sie bewirkt **keine Grundbuchsperre**[698] und keine Einstellung eines Versteigerungsverfahrens.[699]

---

[692] Vgl. BGH LM § 883 BGB Nr. 6 am Anfang; *Amann* MittBayNot 2004, 165.
[693] *Weirich* DNotZ 1982, 669.
[694] BGH DNotZ 1989, 449; *Reithmann/Albrecht* Rn. 478.
[695] BGH DNotZ 1981, 556; DNotZ 1977, 234; vgl. zu den Pflichten des Insolvenzverwalters auch *Amann* MittBayNot 2004, 165; MittBayNot 2005, 111; *Kesseler* MittBayNot 2005, 108.
[696] Palandt/*Herrler* BGB § 885 Rn. 11.
[697] Palandt/*Herrler* BGB § 885 Rn. 12, 13.
[698] Palandt/*Herrler* BGB § 883 Rn. 22.

410 Der vorgemerkte Käufer kann aber gemäß §§ 883 Abs. 2, 888 Abs. 1 BGB von jedem vormerkungswidrigen späteren Dritterwerber **Zustimmung zur Erfüllung seines Eigentumsverschaffungsanspruchs** verlangen, also von einem neuen Eigentümer Zustimmung gemäß § 19 GBO zu der vom ursprünglichen Verkäufer zu erklärenden oder erklärten Auflassung, vom Gläubiger einer nachträglichen vormerkungswidrigen Belastung Zustimmung zur Löschung.[700] Dabei ist nicht Voraussetzung, dass der Vormerkungsberechtigte bereits als Eigentümer in das Grundbuch eingetragen ist.[701] Dadurch wird jedoch der Verkäufer nicht frei von seiner Pflicht zur Lastenfreistellung; demgemäß behält der Käufer seine deswegen bestehende Einrede des nicht erfüllten Vertrags aus § 320 BGB.[702]

411 Wegen der Schutzwirkungen der Eigentumsvormerkung bei einem gegen den Verkäufer eingeleiteten **Insolvenz- oder Zwangsversteigerungsverfahren** → Rn. 406, 421, 674 ff.

412 Die Schutzwirkungen einer wirksamen Eigentumsvormerkung sind freilich nicht unbegrenzt. Sie bietet **keine Handhabe**
– dagegen, dass Genehmigungen, die zur Wirksamkeit oder zur Erfüllung des Kaufvertrags erforderlich sind, versagt werden (dazu → Rn. 105 ff.);
– dafür, dass vorrangige Belastungen beseitigt werden (dazu → Rn. 206 ff.);
– dafür, dass nachrangige Belastungen zügig und ohne Kostenrisiko beseitigt werden können;[703]
– dafür, dass der nach § 888 BGB Zustimmungspflichtige die Kosten seiner Zustimmung auch tatsächlich bezahlen kann (zur Zustimmungspflicht des Insolvenzverwalters → Rn. 406);
– dafür, dass sonstige dem Käufer zu bestellende dingliche Rechte, zB Wegerechte am Restbesitz des Verkäufers, rangrichtig entstehen; der Anspruch hierauf kann und muss vielmehr durch eine eigene hierauf gerichtete Vormerkung gesichert werden, solange solche Rechte nicht eingetragen sind.[704]

II. Sicherungsvoraussetzungen

413 Die Eigentumsvormerkung schützt den Käufer nur, soweit **drei Voraussetzungen** für ihre Entstehung vorliegen und sich inhaltlich decken, nämlich
– vormerkungsfähiger Eigentumsverschaffungsanspruch;
– materiell-rechtliche Bewilligung (§ 885 Abs. 1 S. 1 BGB) des mit dem Anspruchsschuldner identischen Eigentümers (sog. Identitätsgebot, → Rn. 104 aE), die formfrei ist;
– Eintragung der Vormerkung am zu übereignenden Grundbesitz, die Bewilligung und Antrag nach den §§ 19, 29, 13 GBO voraussetzt.

414 Die Vormerkung ist **streng akzessorisch.** Besteht kein vormerkungsfähiger Anspruch, so nützen Bewilligung und Eintragung der Vormerkung nichts. Reicht der Anspruch auf Eigentumsverschaffung weiter als die Bewilligung oder als die Eintragung der Vormerkung, so besteht materiell die Vormerkung und damit der Vormerkungsschutz nur, soweit alle Entstehungsvoraussetzungen sich decken. Daher ist die Vormerkung materiell wirkungslos, wenn der **Kaufvertrag** wegen eines Verstoßes gegen § 311b Abs. 1 BGB **unwirksam** ist. Gemäß § 125 BGB entsteht aus einem solchen Kaufvertrag auch kein vormerkungsfähiger künftiger Anspruch gemäß → Rn. 418 ff.[705] und kein Recht des Käufers, die

---

[699] Vgl. zum vormerkungsgestützten Eigentumserwerb im Zwangsversteigerungsverfahren *Kesseler* DNotZ 2010, 404.
[700] Palandt/*Herrler* BGB § 888 Rn. 5.
[701] BGH DNotZ 2011, 125; zum Zustimmungsanspruch *Muthorst* DNotZ 2011, 729.
[702] Vgl. BGH DNotZ 2004, 464 mAnm *Oppermann.*
[703] Vgl. *Franck* DNotZ 2012, 439; DNotI-Report 2012, 2; *Oppermann* DNotZ 2004, 465.
[704] Dazu *Franck* MittBayNot 2012, 439 (440f.); → § 7 Rn. 6.
[705] BGH NJW 1970, 1541.

Löschung der unwirksamen Vormerkung von der Rückzahlung des bereits entrichteten Kaufpreises abhängig zu machen.[706] Die Heilung des Formmangels durch Eigentumserwerb des Käufers (§ 311b Abs. 1 S. 2 BGB) wirkt erst, wenn der Käufer Eigentümer geworden ist,[707] ihren Schutz also nicht mehr benötigt. Heilen die Beteiligten den Formmangel durch formgerechte Bestätigung, so gelten die Ausführungen in → Rn. 416. Falls eine **Teilfläche** verkauft wird und deren Grenzen nach dem Kaufvertrag nicht hinreichend bestimmbar sind, kann dies zur Unwirksamkeit des Kaufvertrags und damit zur Wirkungslosigkeit der Vormerkung führen (dazu → Rn. 33).

Strittig ist, ob das **Grundbuchamt** sich mit einer bloßen formellen Bewilligung der 415 Vormerkung nach den §§ 19, 29 GBO begnügen muss (so zu Recht die hM) oder ob es die **Vorlage des Kaufvertrags** verlangen kann, um die Begründung eines vormerkbaren Anspruchs prüfen zu können.[708]

Erlischt ein Kaufvertrag durch **Rücktritt** oder einvernehmliche **Aufhebung,** so erlischt 416 *materiell* die darauf beruhende Eigentumsvormerkung. Wird der Kaufvertrag erneut geschlossen, kann die materiell wirkungslose Vormerkung den neu begründeten Eigentumsverschaffungsanspruch sichern, wenn Schuldner, Gläubiger und Anspruchsziel unverändert bleiben und für den neuen Anspruch eine formfreie materiellrechtliche Bewilligung gemäß § 885 Abs. 1 S. 1 BGB gegenüber Käufer oder Grundbuchamt abgegeben wird.[709] Die wirksame Wiederverwendung der erloschenen Vormerkung hängt laut BGH weder davon ab, dass die neue Bewilligung im Grundbuch vermerkt wird, noch davon, dass sonstige Bedingungen des Kaufvertrags, zB der Kaufpreis, unverändert geblieben sind. Dasselbe gilt, wenn die Entstehung des Anspruchs nachträglich erleichtert wird.[710] Voraussetzung ist lediglich, dass neuer Anspruch, neue Eintragung und neue Bewilligung kongruent zur bisherigen Lage sind,[711] was aber in diesen Fällen ja regelmäßig der Fall sein wird (anders, wenn die Vormerkung wegen Erfüllung des gesicherten Anspruchs erlischt, → Rn. 422). Dies heißt aber umgekehrt auch, dass in diesem Stadium die **Löschbarkeit** wegen behaupteter Grundbuchunrichtigkeit **erschwert** ist: Denn es besteht immer die Möglichkeit – die spätestens vom Grundbuchamt aus Anlass des späteren Löschungsantrags nach § 22 GBO unterstellt wird –, dass sich die Beteiligten des ersten Kaufvertrags erneut einig wurden/werden und die Vormerkung bereits insofern wieder erstarkt(e). Man wird daher in den Rücktritts- und Aufhebungsfällen die bestehende Vormerkung nicht mehr aufgrund eines materiellen Aufhebungsvertrags gleichsam „ignorieren" können, sondern stets auf einer Löschungsbewilligung (und Löschung) der vormaligen Vormerkung bestehen, bevor der Kaufpreis aus dem neuen Kaufvertrag fällig gestellt wird.[712] Drittberechtigten gegenüber, deren Rechte vor der neuen materiellrechtlichen Bewilligung entstanden sind, wirkte die „wiederbelebte" oder erweiterte Vormerkung laut BGH ohnehin nicht,[713] so dass sich schon deshalb die Weiterverwendungslösung verbat.

Falls das Grundstück von mehreren Personen gekauft wird, ist das **Gemeinschaftsver-** 417 **hältnis,** in welchem diesen der Eigentumsverschaffungsanspruch zusteht, bei der Eigentumsvormerkung einzutragen (§ 47 GBO). Am einfachsten ist es, wenn ihnen Anspruch und Vormerkung im gleichen Anteils- oder Gemeinschaftsverhältnis eingeräumt werden, wie sie später Eigentümer werden, zB zu gleichen Bruchteilen. Anspruch und Vormerkung können den Käufern aber auch als Mitberechtigten nach § 432 BGB oder als Ge-

---

[706] BGH DNotZ 2002, 635 (656).
[707] Vgl. BGH NJW 1983, 1545.
[708] Vgl. zu dieser Problematik *Schöner/Stöber* GrundbuchR Rn. 1514, 1515 mwN; *Amann* DNotZ 2008, 520 (526f.).
[709] BGH DNotZ 2000, 639 mAnm *Wacke.*
[710] BGH DNotZ 2008, 514 mAnm *Amann.*
[711] BGH ZfIR 2012, 598.
[712] *Everts* ZfIR 2012, 589 (592).
[713] DNotZ 2009, 639.

samtberechtigten nach § 428 BGB zustehen, während das Anspruchsziel Miteigentum nach Bruchteilen ist.[714] Gehört der Anspruch zu einem Gesamthandsvermögen (Gütergemeinschaft, BGB-Gesellschaft, Erbengemeinschaft), so überlagert dieses ein etwa vereinbartes anderes Gemeinschaftsverhältnis, zB gemäß § 741 BGB, § 432 BGB oder § 428 BGB.[715]

418 **Bedingte** und **künftige Übereignungsansprüche** können gemäß § 883 Abs. 1 S. 2 BGB bereits durch Vormerkung gesichert werden, **bevor** die aufschiebende Bedingung eingetreten oder die auflösende Bedingung ausgefallen oder der Anspruch sonst endgültig entstanden ist. Voraussetzung dafür ist, dass der Schuldner sich rechtsgeschäftlich gebunden hat und diese Bindung nicht mehr durch einseitige Willenserklärung, zB freien Widerruf, vorraussetzungslosen Rücktritt, abschütteln kann.[716]

419 Für die **praktisch relevanten Fallgruppen** ergibt sich die Vormerkbarkeit aus der folgenden **Aufstellung:**

	Noch fehlende Umstände zum voll wirksamen unbedingten Anspruch	Vormerkungsfähigkeit
(1)	Auf der Veräußererseite bestehende Geschäftsunfähigkeit oder beschränkte Geschäftsfähigkeit, wenn die Genehmigung des gesetzlichen Vertreters (Vormunds, Betreuers, Pflegers) und des Betreuungs-/Familiengerichts (§§ 108, 1643, 1821 Abs. 1 Nr. 1 und Nr. 4 BGB) noch nicht vorliegt oder noch nicht wirksam (§ 1829 Abs. 1 S. 2 BGB) ist:	Nein.[717]
(2)	Auf der Erwerberseite bestehende Mängel der in (1) genannten Art:	Ja.[718]
(3)	Vertreter ohne (alleinige) Vertretungsmacht oder Organ ohne (alleinige) Vertretungsmacht oder Vertreter (Organ) unter Verstoß gegen § 181 BGB auf der Veräußererseite:	Nein.[719]
(4)	Mängel wie in (3) auf der Erwerberseite:	Ja.[720]
(5)	Noch nicht erteilte Zustimmung eines Gesamthänders, Testamentsvollstreckers, Insolvenzverwalters und Ähnlicher auf der Veräußererseite:	Nein.[721]
(6)	Mängel wie in (5) auf der Erwerberseite:	Ja.
(7)	Noch fehlende Ehegattenzustimmung im Falle des § 1365 BGB auf der Veräußerer- oder Erwerberseite:	Ja.[722]
(8)	Noch nicht erteilte Verwalterzustimmung nach § 12 WEG:	Ja.[723]

---

[714] Vgl. *Amann* DNotZ 2008, 324 (333).

[715] Vgl. *Schöner/Stöber* GrundbuchR Rn. 1498ff. mwN.

[716] S. iE *Amann* MittBayNot 2007, 13 und die Nachw. bei Palandt/*Herrler* BGB § 883 Rn. 15ff.; Staudinger/*Gursky* BGB § 883 Rn. 118ff.

[717] OLG Oldenburg DNotZ 1971, 484; LG Stade MDR 1975, 933; Palandt/*Herrler* BGB § 883 Rn. 15.

[718] Vgl. BayObLG DNotZ 1994, 182 und (4).

[719] Vgl. BayObLGZ 1972, 397; BayObLG Rpfleger 1977, 361; KG DR 1943, 802.

[720] KG DNotZ 1971, 418; BayObLG DNotZ 1990, 297.

[721] KG NJW 1973, 430; RG DR 1943, 802.

[722] BayObLG DNotZ 1976, 421; *Tiedtke* FamRZ 1976, 320; KG NJW 1973, 430.

[723] BayObLGZ 1964, 237.

	Noch fehlende Umstände zum voll wirksamen unbedingten Anspruch	Vormerkungsfähigkeit
(9)	Noch ausstehende Genehmigungen nach öffentlich-rechtlichen Vorschriften:	Ja, zB nach § 2 GrdstVG,[724] § 51 Abs. 1 Nr. 1 BauGB,[725] § 144 Abs. 2 BauGB,[726] § 2 Abs. 1 S. 1 Nr. 1 GVO,[727] § 67 Abs. 3 ThürKO.[728]
(10)	Noch fehlende Zeugnisse, ohne die das Grundbuchamt die Eigentumsumschreibung nicht vollziehen darf, zB Unbedenklichkeitsbescheinigung des Finanzamts, Vorkaufsrechtszeugnis der Gemeinde:	Ja.
(11)	Bindendes, formgerechtes Vertragsangebot des Veräußerers auf Abschluss eines Grundstückskaufvertrags oder anderen Vertrags, der die Übereignung eines Grundstücks zum Gegenstand hat:	Ja.[729]
(12)	Angebot des Erwerbers wie in (11):	Nein.
(13)	Bindender, formgerechter Vorvertrag, der auf Abschluss eines die Übereignungspflicht begründenden Hauptvertrages gerichtet ist:	Ja.[730] Dies gilt nicht, wenn der Schuldner sich aus der (vor)vertraglichen Bindung jederzeit lösen kann.[731]
(14)	Verträge, die bedingte Übereignungspflichten begründen:	Ja.[732]
(15)	Formgerecht begründete bedingte oder künftige Ansprüche aus einem Ankaufsrecht bzw. einer Option:	Ja, da das Ankaufsrecht je nach gewählter Gestaltung unter (11) oder (13) fällt.[733]
(16)	Ansprüche aus einem schuldrechtlichen Vorkaufsrecht gemäß §§ 463 ff. BGB:	Ja.[734] Das dingliche Vorkaufsrecht nach §§ 1094 ff. BGB ist bereits vom Gesetz (§ 1098 Abs. 2 BGB) mit Vormerkungswirkung ausgestattet und daher nicht gesondert vormerkungsfähig.

[724] Vgl. RGZ 108, 94.
[725] Vgl. BayObLG DNotZ 1970, 152.
[726] LG Halle DNotI–Report 1996, 214.
[727] KG DNotZ 1992, 234.
[728] LG Erfurt NotBZ 2008, 128 mAnm *Döbereiner*.
[729] Vgl. BGH NJW 1981, 446; BayObLG MittBayNot 1995, 126; einschr. OLG Oldenburg DNotZ 1987, 369, wenn Anbietender die Annahme beeinflussen kann.
[730] BGH LM Nr. 13 zu § 883 BGB; BGH DNotZ 1975, 546.
[731] BayObLG Rpfleger 1977, 60.
[732] OLG Frankfurt a.M. DNotZ 1972, 180; vgl. BGH DNotZ 2002, 775 mAnm *Schippers*.
[733] Vgl. BGH DNotZ 1963, 230; WM 1973, 208; KG HRR 1939 Nr. 411; BayObLG DNotZ 1956, 206; MüKoBGB/*Wacke* BGB § 883 Rn. 33.
[734] Vgl. BayObLG NJW 1978, 700; Palandt/*Weidenkaff* BGB Vorb v § 463 Rn. 6.

Noch fehlende Umstände zum voll wirksamen unbedingten Anspruch	Vormerkungsfähigkeit
(17) Übereignungsanspruch aus einem vereinbarten Wiederkaufsrecht gemäß den §§ 456 ff. BGB, das nur rechtswirksam vereinbart, aber noch nicht ausgeübt sein muss:	Ja.[735]

420   Bei bedingten und künftigen Übereignungsansprüchen **ersetzt** die **Vormerkung nicht** den Eintritt der aufschiebenden oder den Wegfall der auflösenden **Bedingung** und auch keine andere Entstehungsvoraussetzung des Anspruchs. Die Eigentumsvormerkung sichert den Käufer aber bereits in der Zeitspanne zwischen der Begründung und der endgültigen Entstehung des Anspruchs.

421   **Insolvenzschutz** nach § 106 Abs. 1 InsO genießen nicht nur vorgemerkte bedingte, sondern auch vorgemerkte künftige und vorgemerkte schwebend unwirksame Ansprüche, und zwar selbst dann, wenn die noch fehlenden Voraussetzungen für die Entstehung eines solchen Anspruchs erst nach Eröffnung des Insolvenzverfahrens eintreten.[736]

III. Verfrühte Löschung

422   Wenn der vorgemerkte Anspruch des Käufers erfüllt ist, hat die Vormerkung ihre Funktion verloren. Sie kann gelöscht werden. Seinen Löschungsantrag sollte der Käufer nicht nur davon abhängig machen, dass er **Eigentümer** geworden ist, sondern zusätzlich davon, dass **nach** der **Vormerkung nichts eingetragen** worden ist, also keine Rechte entstanden sind, zu deren Beseitigung nach §§ 883 Abs. 2, 888 Abs. 1 BGB er die Vormerkung benötigt. Sonst läuft der Käufer Gefahr, dass sein Löschungsantrag als materiellrechtliche Aufgabeerklärung iSd § 875 BGB angesehen wird, die zusammen mit der Löschung die Vormerkung materiell aufhebt und damit den Käufer hindert, vormerkungswidrige Belastungen zu beseitigen.[737] Selbst wenn die gelöschte Vormerkung materiell-rechtlich fortbesteht, können Dritte vormerkungswidrige Zwischenrechte gutgläubig erwerben.[738] Der Löschungsantrag sollte daher an die **beiden** vorgenannten Bedingungen geknüpft werden; diese sind für das Grundbuchamt feststellbar und damit im Grundbuchverfahren zulässig,[739] so dass es insbesondere keiner expliziten Bewilligung der Löschung bedarf, da es sich um einen Fall der Grundbuchunrichtigkeit nach § 22 GBO handelt. Hieran hat die aktuelle Rechtsprechung zur „Wiederaufladung" der Vormerkung nichts geändert (→ Rn. 416), denn es ist aufgrund des Untergangs des solchermaßen spezifizierten Anspruchs wegen Erfüllung kein anderer, ebensolcher kongruenter Anspruch nebst Bewilligung und Eintragung (mehr) möglich, was Voraussetzung zur Weiterverwendbarkeit und damit neuerdings der erschwerten Löschbarkeit wäre.[740] Steht er unter diesen Bedingungen, so kann er zur Vereinfachung und Kostenersparnis bereits im Voraus in den Kaufvertrag aufgenommen werden. Davon, dass nach der Vormerkung nicht nur nichts eingetragen, sondern auch nichts **beantragt** ist, braucht der Löschungsantrag nicht abzuhängen, denn nach Eigentumsumschreibung sind nur noch Eintragungsanträge vollziehbar, zu denen eine Bewilligung des Käufers (§ 19 GBO) vorliegt.

---

[735] BGHZ 75, 288; BayObLG DNotZ 1977, 39; BGH DNotZ 1995, 205; *Ertl* Rpfleger 1977, 352.
[736] BGH DNotZ 2002, 275 mAnm *Preuß; Amann* MittBayNot 2007, 13.
[737] Vgl. BGH NJW 1973, 323.
[738] BGH DNotZ 1991, 757.
[739] BGH DNotZ 1991, 757.
[740] Vgl. BGH DNotZ 2012, 763 für den Fall eines bereits erloschenen Rückkaufanspruchs; ZfIR 2012, 598; anders ist dies im Falle von Aufhebung und Rücktritt, → Rn. 416.

> **Formulierungsbeispiel: Vormerkungslöschung „Normalfall"**　　　423
>
> Der Käufer beantragt schon jetzt, die Vormerkung wieder zu löschen, wenn er als Ei-　
> gentümer eingetragen wird und bis dahin nach der Vormerkung nichts eingetragen
> worden ist.

IV. Löschung der Vormerkung bei gescheitertem Kauf

Falls der Käufer den Kaufpreis nicht (vollständig) bezahlt, kann der Verkäufer nach § 323　424
BGB vom Kaufvertrag zurücktreten und nach Maßgabe der §§ 280 ff. BGB Schadenersatz
verlangen. Macht der Verkäufer hiervon Gebrauch, so verliert der Käufer seinen Übereig-
nungsanspruch. Seine Vormerkung wird **materiell-rechtlich** wirkungslos. Solange sie
aber im Grundbuch eingetragen ist, hindert sie den Verkäufer **faktisch** an jeder weiteren
Verfügung. Um sie im Grundbuch zu löschen, muss der Verkäufer gemäß § 22 Abs. 1 S. 1
GBO die Unrichtigkeit des Grundbuchs nachweisen. Dies gelingt ihm nur, wenn der
Kaufvertrag in der Form des § 29 GBO einvernehmlich aufgehoben worden ist (dazu
→ Rn. 956 ff.). Ansonsten benötigt er zur Berichtigung des Grundbuchs eine Bewilligung
des Käufers (§§ 22 Abs. 1, 19 GBO). Hierauf hat er einen Rechtsanspruch (§ 894 BGB).
Diesen gegen den (häufig zahlungsunfähigen oder nicht erreichbaren) Käufer durchzuset-
zen, kann aber viel Zeit und Geld kosten. Vorkehrungen hiergegen sind ohne besonderes
Anliegen des Verkäufers nicht geboten,[741] aber zB dann zu erwägen, wenn die Zahlungs-
fähigkeit des Käufers zweifelhaft ist oder der Käufer keinen inländischen Wohnsitz/Sitz
hat. Die Praxis geht vor allem folgende Wege:[742]

Der eine Weg besteht darin, die Löschung zu erleichtern durch vorweg dem Notar　425
oder seinen Mitarbeitern erteilte **Vollmacht** zur Abgabe einer rein grundbuchrechtlichen
Löschungsbewilligung (sog. **Schubladenvollmacht**). Diese ist nicht bereits in der üblichen Vollzugsvollmacht des Notars enthalten.[743] Die Löschung darf freilich nicht bloß von
einer einseitigen Erklärung des Verkäufers abhängen, er sei vom Kaufvertrag zurückgetreten. Sonst ist der Käufer schutzlos.[744] Umgekehrt darf die Löschung nicht vom vollen
Nachweis ihrer materiell-rechtlichen Voraussetzungen abhängen, da diese nur ein Gericht,
nicht der Notar verlässlich feststellen kann.[745] Die Löschung wird also gekoppelt an eine
vereinfachte, überschlägige Darlegung ihrer Voraussetzungen. Die entsprechenden Vereinbarungen hierüber sind Bestandteil des Kaufvertrags und daher nach § 311b Abs. 1 BGB
beurkundungspflichtig.[746] Dies gilt entsprechend, wenn der Käufer statt der Löschungsvollmacht bereits im Voraus Löschungsbewilligung zu erteilen hat (sog. **Schubladenlöschungsbewilligung**), für die Vereinbarungen über ihre Verwendung. Zu beachten ist
jeweils vor allem Folgendes:

– Die Eigentumsvormerkung darf erst eingetragen werden, wenn die Löschungsbewilli-
　gung oder -vollmacht gemäß den getroffenen Vereinbarungen wirksam erteilt ist; Lö-
　schungsbewilligung oder -vollmacht eines nicht existierenden oder nicht wirksam ver-
　tretenen Käufers sind nutzlos;[747] Entsprechendes gilt, wenn ein Vertretungsnachweis des
　Käufers nicht beigebracht werden kann. Diese Fälle drohen insbesondere bei einem Er-
　werb durch ausländische Gesellschaften, zumal wenn diese nach Angaben möglicher-
　weise noch im Gründungsstadium sind, oder trotz § 899a BGB bei einem zwischen-
　zeitlichen Gesellschafterwechsel in einer kaufenden GbR.[748] Hier hilft entweder nur

---

[741] Vgl. BGH NJW 1993, 2744.
[742] S. iE *Hagenbucher* MittBayNot 2003, 249.
[743] OLG Hamm MittBayNot 2018, 36; vgl. auch OLG Jena MittBayNot 2003, 298.
[744] BGH DNotZ 2016, 151.
[745] Vgl. *Weber* DNotZ 2016, 85, auch zum Recht der AGB.
[746] *Reithmann/Albrecht* Rn. 498.
[747] Übersehen von BGH NJW 1993, 274.
[748] Vgl. DNotI-Report 2012, 129.

ein Anderkonto (→ Rn. 429) oder eine auflösend bedingte Vormerkung mit Nachweis des Bedingungseintritts durch Eigenurkunde des Notars.[749]

– Eine Abtretung des Übereignungsanspruchs des Käufers sollte ausgeschlossen sein. Sonst kann die Abtretung oder Verpfändung des Übereignungsanspruchs – sobald sie dem Grundbuchamt bekannt ist – der Löschung entgegenstehen.

– Der Notar muss die Fälligkeit aus seinen Akten, den Verzug, die Fristsetzung und den Rücktritt primär aus den Erklärungen des Verkäufers und typisierten sonstigen Umständen feststellen; dabei kann es bei einem Formularvertrag oder Verbrauchervertrag (§ 310 Abs. 3 BGB) zu Konflikten mit § 308 Nr. 3, Nr. 5, Nr. 6 BGB kommen.

– Für alle Kaufpreisteile müssen Konten angegeben sein, auf welche die Kaufpreisgutschrift zu erfolgen hat, damit der Käufer dem Notar die Gutschrift nachweisen kann.

– Schlüssiger Vortrag des Käufers, wonach ihm Zurückbehaltungsrechte oder Einwendungen zustehen, zB wegen arglistiger Täuschung, wird nur berücksichtigt, wenn der Käufer deswegen ein gerichtliches Verfahren anhängig gemacht hat.[750]

– Wenn die Vormerkung gelöscht wird, treffen den Verkäufer in der Regel Löschungskosten und bereits angefallene Eintragungskosten sowie noch nicht bezahlte Notarkosten. Zu beachten ist, dass früher im Kosteninteresse gegebene Gestaltungsempfehlungen überholt sind (→ Rn. 545).

426   **Formulierungsbeispiel: „Schubladenlöschung" Vormerkung des Käufers[751]**

Der Käufer bevollmächtigt den Notar unwiderruflich, in seinem Namen die Löschung der Eigentumsvormerkung nach § 19 GBO zu bewilligen und zu beantragen. Die Vollmacht umfasst nicht die Aufgabe der Vormerkung nach materiellem Recht. Der Notar darf von dieser Vollmacht nur unter folgenden Voraussetzungen, deren Vorliegen dem Grundbuchamt nicht nachzuweisen ist, Gebrauch machen:

a) Die Fälligkeitsmitteilung des Notars wurde per Einwurfeinschreiben an die im Eingang dieser Urkunde genannte Anschrift des Käufers oder an eine vom Käufer dem Notar schriftlich mitgeteilte andere Anschrift des Käufers gesandt. Ist die Fälligkeitsmitteilung als unzustellbar an den Notar zurückgeleitet worden, so genügt ein zweites Verschicken der Fälligkeitsmitteilung gemäß den vorstehenden Bestimmungen, selbst wenn die zweite Mitteilung ebenfalls als unzustellbar an den Notar zurückgeleitet wird.

b) Der Verkäufer hat dem Notar schriftlich mitgeteilt, dass er vom Kaufvertrag zurückgetreten ist.

c) Der Notar hat eine Kopie dieser Mitteilung per Einwurfeinschreiben an den Käufer gesandt und dabei den Käufer darauf hingewiesen, dass die Löschung seiner Vormerkung droht, wenn er nicht innerhalb von sechs Wochen ab dem Datum, das auf dem gerade genannten Schreiben des Notars steht, dem Notar nachgewiesen hat, dass

– entweder der Kaufpreis bezahlt ist oder

– ein gerichtliches Verfahren zur Feststellung der Unwirksamkeit des Rücktritts des Verkäufers rechtshängig ist.

Im Übrigen gelten für dieses Schreiben des Notars die unter a) getroffenen Bestimmungen.

d) Der Käufer hat den Nachweis innerhalb der Sechswochenfrist dem Notar nicht erbracht.

Der Notar ist verpflichtet, von der Vollmacht Gebrauch zu machen, wenn die vorgenannten Voraussetzungen erfüllt sind und der Verkäufer ihn schriftlich dazu anweist. Der Notar kann den Gebrauch der Vollmacht davon abhängig machen, dass der Lö-

---

[749] *Hagenbucher* MittBayNot 2003, 249 (255 f.).
[750] Vgl. *Hagenbucher* MittBayNot 2003, 254.
[751] Anlehnung an *Hagenbucher* MittBayNot 2003, 249 (255 f.).

schungsantrag auch namens des Verkäufers gestellt wird.

Im Rahmen der vorstehenden Bestimmungen kann jeder Verkäuferteil alle übrigen Verkäuferteile einzeln vertreten. Bei Unzustellbarkeit von Sendungen an den Käufer gemäß vorstehenden Buchstaben a oder c ist der Notar nicht zu Nachforschungen verpflichtet, auch nicht zu einer Einholung einer Auskunft bei Behörden oder beim Registergericht.

Der Käufer kann seinen Anspruch auf Verschaffung des Eigentums nicht abtreten oder verpfänden.

Der Notar hat den Käufer insbesondere darüber unterrichtet, dass er
– jeden Wechsel seiner Anschrift unverzüglich dem Notar schriftlich mitteilen sollte und
– auf Schreiben des Notars stets reagieren sollte,
um sicherzustellen, dass er seine Eigentumsvormerkung nicht verliert und daher nicht Gefahr läuft, den Kaufpreis zu zahlen, ohne das Grundstück zu erhalten.

Bei Käufern mit Anschrift im Ausland empfiehlt es sich, die schräg gedruckten Worte **427** „per Einwurfeinschreiben" wegzulassen, da diese **Zustellungsart** dort möglicherweise unbekannt oder unmöglich ist. Generell sollte aber bei Auslandsbeteiligung möglichst eine inländische Zustelladresse angegeben werden, schon um den Verkehr mit Grundbuchamt und Finanzamt – Grunderwerbsteuerstelle – zu erleichtern.

Die vorstehenden „Schubladenlösungen" scheitern zum Einen dann, wenn die Hand- **428** lungsbefugnis des Vormerkungsberechtigten nicht in grundbuchfähiger Form „beim Aufziehen der Schublade" dem Grundbuchamt in der Form des § 29 GBO nachgewiesen werden kann (→ Rn. 425), zum Anderen dann, wenn der Käufer in Insolvenz gerät. Nach § 117 InsO erlöschen nämlich mit Eröffnung des Insolvenzverfahrens erteilte Vollmachten, was jedenfalls bei vorsichtiger Betrachtung auch für die mit der Schubladenlöschungsbewilligung verbundene „Notaranweisung" gelten dürfte.

Hier hilft nur eine entsprechend durch die Insolvenz **auflösend bedingte Vormer- 428a kung** mit Feststellung dieses Bedingungseintritts des Notars durch Eigenurkunde. Die Voraussetzungen, die zur entsprechenden notariellen Feststellung führen, sind identisch mit denen, die im Formulierungsbeispiel in → Rn. 426 den Notar zum Gebrauchmachen der Vollmacht bzw. der Löschungsbewilligung berechtigen.[752] Diese Gestaltung ist insolvenzfest und löst ebenfalls keine Mehrkosten aus. Sie ist mittlerweile auch gerichtlich anerkannt.[753]

Formulierungsbeispiel: Eigentumsvormerkung des Käufers, auflösende Bedingung **428b**
[Bestimmungen zur Eintragung der Eigentumsvormerkung …]

Der Käufer beantragt schon jetzt, die Vormerkung wieder zu löschen, wenn er als Eigentümer eingetragen wird und bis dahin nach der Vormerkung nichts eingetragen worden ist. Diese Vormerkung verliert darüber hinaus ihre Wirkung (auflösende Bedingung), wenn der Notar dies durch Eigenurkunde feststellt und diese in grundbuchfähiger Form beim Grundbuchamt einreicht. Der Notar darf diese Urkunde aber nur unter folgenden Voraussetzungen errichten und einreichen, wobei das Vorliegen dieser Voraussetzungen dem Grundbuchamt nicht nachzuweisen ist:

[… weiter wie bei → Rn. 426, wobei unter d) an die Stelle des Vollmachtsgebrauchs die Errichtung und Einreichung der Eigenurkunde tritt]

Dieser Weg ist somit eigentlich in *allen* Fällen der juristisch „beste" – aufgrund des mit **428c** Eigenurkunden stets verbundenen gesteigerten Haftungsrisikos ist aber dem Notar kein

---

[752] Im Einzelnen s. *Hagenbucher* MittBayNot 2003, 249 (255 f.).
[753] OLG Schleswig NotBZ 2017, 76; KG MittBayNot 2017, 245; OLG Oldenburg RNotZ 2017, 486.

Vorwurf zu machen, wenn er in den „Insolvenzfällen" gleichwohl die in → Rn. 425 f. dargestellten „Schubladenlösungen" verfolgt, wenn er für eine Insolvenz keine Anhaltspunkte hat, insbesondere die Beteiligten sich hierzu nicht besonders verhalten und der Käufer nicht im Ausland sitzt. Ferner ist jedenfalls bei den in diesem Abschnitt des Buches behandelten gegenseitigen Verträgen doch die Gefahr für den Verkäufer, auf seinem Objekt vormerkungsbelastet sitzen zu bleiben, ohne den Kaufpreis zu erhalten, im Ergebnis durch die Vorschrift über das Wahlrecht des Insolvenzverwalters (§ 103 InsO) wirtschaftlich praktisch nicht gegeben, weil bei Ablehnung der Erfüllung durch den Insolvenzverwalter der Anspruch auf Löschung der Vormerkung im Rückgewährschuldverhältnis – letztlich Grundbuchberichtigung! – keine Insolvenzforderung ist, sondern vom Insolvenzverwalter ohne Weiteres erfüllbar ist. Richtigerweise handelt es sich bei den dadurch ausgelösten Löschungskosten sogar um eine Masseverbindlichkeit, da auf dem Entschluss des Insolvenzverwalters beruhend, so dass den Verkäufer auch insoweit kein Risiko trifft.

429   Der dritte Weg besteht darin, die Vormerkung erst einzutragen, nachdem der Kaufpreis auf **Notaranderkonto** eingezahlt ist oder jedenfalls ein Kaufpreisteil, der ausreicht, um etwaige Schäden des Verkäufers abzudecken. Dieser Weg vermeidet die in → Rn. 428 dargestellten Nachteile, verzögert aber die Eintragung der Vormerkung und kann Mehrkosten auslösen,[754] weshalb auch insofern der zweite Weg (auflösend bedingte Vormerkung, zuvor → Rn. 428a ff.) vorzugswürdig ist. Die Frist für die Einzahlung sollte jedenfalls im Interesse des Käufers relativ kurz sein, um den Käufer möglichst früh durch Vormerkung zu schützen.

430   Formulierungsbeispiel: Kostenrisikoabdeckung auf Anderkonto

Innerhalb von zwei Wochen ab heute muss ein Kaufpreisteil von *** EUR auf dem Anderkonto des Notars Konto-Nr. *** bei der *** gutgeschrieben sein, und zwar unabhängig von Vormerkung, Lastenfreistellung und behördlichen Genehmigungen. Dieser Kaufpreisteil muss auflagenfrei gutgeschrieben sein, auch wenn der Käufer den Kaufpreis ganz oder teilweise durch Darlehen finanziert.

Durch die Hinterlegung dieses Kaufpreisteils soll unter anderem dem Verkäufer Sicherheit geschaffen werden wegen etwaiger ihm zustehender Ersatzansprüche für den Fall, dass er wegen Zahlungsverzugs des Käufers vom Kaufvertrag zurücktritt. Dies ist auch vom Notar zu beachten, wenn der Verkäufer solche Ersatzansprüche schlüssig behauptet. Bis zur Hinterlegung dürfen keine Ausfertigungen oder beglaubigte Abschriften erteilt werden, welche die Eintragung der Eigentumsvormerkung ermöglichen.

431   Auszahlungsvoraussetzungen, Anlagemodalitäten, Hinterlegungskosten sind wie üblich zu regeln. Falls Grundpfandrechtsgläubiger abzulösen sind, sollte auch der Restkaufpreis über Anderkonto fließen. Sofern keine besonderen Verwahrungsbedingungen vereinbart sind, ist bei beiderseitiger Abstandnahme vom Vertrag allein die Weisung des Käufers verbindlich, den hinterlegten Betrag an ihn zurückzuzahlen; unbeachtlich ist insbesondere ein Diktum des Verkäufers, ein bestimmter Betrag müsse auf dem Anderkonto zur Sicherung seiner behaupteten Schadensersatzansprüche zurückbehalten werden, jedenfalls dann, wenn der Käufer die Löschung seiner Eigentumsvormerkung bereits auflagenfrei bewilligt hat.[755] Entsprechendes gilt für vom Finanzierungsgläubiger des Käufers eingezahlte Beträge.

432   Verfügt der Käufer über kein Eigenkapital für diese Anzahlung, so steigt das Risiko des Verkäufers, so dass allenfalls Einzahlung des gesamten Kaufpreises auf Anderkonto durch das Kreditinstitut des Käufers in Betracht kommt.[756] Dieser Weg ist aber nur gangbar, wenn das Kreditinstitut des Käufers ausschließlich Treuhandauflagen macht, die der Ver-

---

[754] Vgl. *Klein* RNotZ 2004, 253.
[755] KG DNotZ 1998, 204.
[756] Formulierungsvorschlag dafür bei *Hagenbucher* MittBayNot 2003, 257.

käufer ohne Mitwirkung des Käufers erfüllen kann, also zB die Auszahlung vom Anderkonto nicht an ein abstraktes Schuldversprechen des Käufers mit Zwangsvollstreckungsunterwerfung knüpft (dazu → § 6 Rn. 26 ff.).

Zur bloßen Abschreckung von Gaunern kann bereits ein in Abstimmung mit dem Verkäufer verlangter Vorschuss auf die Notar- und Grundbuchkosten genügen. **433**

H. Auflassung

I. Form und Inhalt

Die Auflassung muss nach § 925 BGB bei gleichzeitiger Anwesenheit von Veräußerer und **434** Erwerber vor einer zuständigen Stelle erklärt werden. Sie ist nach § 925 Abs. 2 BGB unwirksam, wenn sie unter einer Bedingung oder einer Zeitbestimmung erfolgt. Ist die Auflassung unwirksam, erwirbt der Käufer trotz Eintragung im Grundbuch kein Eigentum; § 311b Abs. 1 S. 2 BGB setzt eine rechtswirksame Auflassung voraus. Das Eigentum an dem mitveräußerten Zubehör geht nach § 926 BGB mit dem Eigentum am Grundstück auf den Käufer über; eine Übergabe ist nicht erforderlich. Zum Erwerb des Eigentums an mitverkauften Einrichtungsgegenständen, die nicht Zubehör sind, bedarf es der Einigung und Übergabe (§ 929 BGB). Der Verkäufer wird die Einigung nur unter der aufschiebenden Bedingung der Kaufpreiszahlung erklären.

1. Erklärung. Zwingende Voraussetzung ist die gleichzeitige Anwesenheit beider Ver- **435** tragsteile. Ein Vermerk des Notars in der Urkunde, mit dem dies festgestellt wird, ist nicht erforderlich.[757] Zur Auflassung bei Beurkundung des Kaufvertrages durch Antrag und Annahme → Rn. 913. Die Vollmacht zur Erklärung der Auflassung muss dem Grundbuchamt gegenüber wegen § 20 GBO (materielles Konsensprinzip) in der Form des § 29 GBO nachgewiesen werden, ebenso die Genehmigung des vollmachtlosen Vertreters oder die Vollmachtsbestätigung bei mündlicher oder privatschriftlicher Vollmachtserteilung. Die Einwilligung des Eigentümers in die Auflassung eines Grundstücks durch einen Dritten bedarf nicht der Form des § 925 BGB, wenn ihre freie Widerruflichkeit (§ 183 BGB) keiner Einschränkung unterliegt.[758] Ausreichend ist die notarielle Beglaubigung. Bei einem rechtskräftigen Urteil nach § 894 ZPO genügt die Erklärung der Auflassung durch den verbleibenden Beteiligten unter Vorlage[759] einer vollstreckbaren (gemäß § 894 Abs. 1 S. 2 ZPO iVm § 726 Abs. 2 ZPO durch den Urkundsbeamten der Geschäftsstelle erst nach dem Nachweis dieser Leistung oder des Gläubigerannahmeverzuges zu erteilenden) Ausfertigung des rechtskräftigen Urteils vor einem deutschen Notar, von welchem dieser beglaubigte Abschrift fertigt. Hierdurch wird die Anwesenheit des Verurteilten fingiert; die Willenserklärung gilt als bereits iRd Urteils abgegeben.[760]

Das Einigsein über den Übergang des Eigentums an unbeweglichen Sachen („Auflas- **436** sung")[761] muss bei gleichzeitiger Anwesenheit beider Vertragsteile vor einem **deutschen Notar,** im Ausland dem Konsularbeamten (§ 12 Nr. 1 KonsG iVm § 19 KonsG), oder im Rahmen eines gerichtlichen Vergleichs[762] bzw. eines rechtskräftig bestätigten Insolvenzplans (§ 925 Abs. 1 S. 3 BGB, §§ 254 Abs. 1 S. 2, 248, 228 InsO) erklärt werden. Die Beurkundung einer Auflassung durch einen ausländischen Notar erfüllt nicht die Wirksamkeitsvoraussetzung des § 925 Abs. 1 S. 2 BGB und ist deshalb für im Geltungsbereich

---

[757] LG München I MittBayNot 1989, 31.
[758] BGH DNotZ 1999, 40.
[759] BayObLG Rpfleger 1983, 93.
[760] BayObLG DNotI-Report 2005, 103.
[761] Der Begriff stammt aus dem germanischen Recht (Sachsenspiegel: Landrecht I 9 § 5): Offenlassen des Tores bzw. der Türe. Das österreichische ABGB spricht von „Aufsandung".
[762] Auch insoweit (§ 925 Abs. 1 S. 3 BGB) müssen beide Beteiligten anwesend oder wirksam vertreten sein, OLG Düsseldorf DNotZ 2007, 46.

des BGB belegene Grundstücke unwirksam.[763] Ist der Kaufvertrag von einem ausländischen Notar beurkundet worden, so ist umstritten, ob für die Beurkundung der Auflassung durch einen deutschen Notar eine Ermäßigung der Gebühr nach Nr. 21102
KV GNotKG (statt Nr. 21100 KV GNotKG) eintritt (dazu → § 30 Rn. 61A).

437   Diese Erklärung bedarf nach materiellem keines bestimmten Wortlautes,[764] kann also
auch im Passiv formuliert sein („vorgenannter Grundbesitz wird hiermit in Erfüllung des
Rückübertragungsanspruchs an XY zurückübertragen"[765]) oder Gegenstand einer Verweisungsurkunde iSd § 9 Abs. 1 S. 2 BeurkG sein.[766]

438 **2. Auflassungsobjekt.** Bei der Auflassung muss das **Grundstück eindeutig bezeichnet**
werden. Ist in der Urkunde das Grundstück an anderer Stelle genau bezeichnet, genügt
die Erklärung, dass die Beteiligten darüber einig sind, dass das Eigentum an dem „verkauften Grundstück" auf den Käufer übergeht. Zur Auflassung beim Verkauf einer bislang
nicht vermessenen Teilfläche → Rn. 608 f. Ist das Grundstück falsch bezeichnet („falsa demonstratio"), ist die Auflassung gleichwohl wirksam, wenn beide Vertragsteile dasselbe
Grundstück gemeint haben; es bedarf allerdings einer Berichtigung der Auflassung in der
Form des § 29 GBO. Wird der Gegenstand der Auflassung von den Beteiligten versehentlich falsch bezeichnet, ist die Auflassung nur hinsichtlich des Objekts erklärt worden,
auf das sich der übereinstimmende Wille erstreckte,[767] während für den äußerlich umschriebenen Gegenstand nur scheinbar eine Einigung vorliegt, es insoweit aber in Wirklichkeit an einer Auflassung fehlt.[768]

439 **3. Gemeinschaftsverhältnis.** Bei der Auflassung an mehrere Personen ist die Angabe
des konkreten **Gemeinschaftsverhältnisses** (§ 47 GBO)[769] notwendiger Inhalt der Auflassung. Fehlt sie, ist die Auflassung unwirksam und muss durch alle Vertragsparteien
nachgeholt werden.[770] Mehrere Personen können das Eigentum erwerben: zu Bruchteilen
(§ 1008 BGB), Eheleute in Gütergemeinschaft, ausländische Staatsangehörige im Beteiligungsverhältnis gemäß dem maßgeblichen gesetzlichen Güterstand ihres Heimatrechts
(„Errungenschafts"- oder „Gütergemeinschaft"). Ist das Gemeinschaftsverhältnis unrichtig
angegeben (zB Erwerb zu Bruchteilseigentum bei Eheleuten, die in Gütergemeinschaft
leben), ist die Auflassung wirksam; es genügt Berichtigungsantrag des Käufers.[771] Erwirbt
eine GbR – also ein rechtsfähiger Verband mit eigener Rechtspersönlichkeit –, sind die
Gesellschafter gemäß § 47 Abs. 2 S. 1 GBO anzugeben, um die Gutglaubenswirkung des
§ 899a BGB (jedenfalls in Bezug auf die dingliche Rechtsänderung) zu eröffnen.

440 **4. Bedingungsfeindlichkeit.** Die Auflassung darf nicht unter einer **rechtsgeschäftlichen Bedingung** oder einer Zeitbestimmung erfolgen, § 925 Abs. 2 BGB. Um jeden

---

[763] KG DNotZ 1987, 44. Ein nach dem Recht eines anderen Staates bestellter Notar kann gemäß § 11a S. 3
BNotO keine notarielle Tätigkeit in Deutschland ausüben, BGH MittBayNot 2016, 72 mAnm *Huttenlo-
cher* = DNotZ 2015, 944 mAnm *Rachlitz* (umgekehrt der deutsche Notar auch nicht im Ausland: BGH
DNotZ 2013, 630); es handelt sich um eine (trotz des Wegfalls des Staatsangehörigkeitsvorbehaltes,
EuGH DNotZ 2011, 462) mit der europäischen Niederlassungs- und Dienstleistungsfreiheit (Art. 49, 56
AEUV) vereinbare, durch Gemeinwohlbelange (Funktionsfähigkeit des Notariats) gerechtfertigte Beschränkung. Vgl. auch EuGH DNotZ 2017, 447 – „Piringer" mAnm *Raff* zur europarechtlichen Zulässigkeit ausschließlicher notarieller Zuständigkeit für Unterschriftsbeglaubigungen.
[764] Allerdings genügt es nicht, „der Löschung meiner Eintragung als Miteigentümer zuzustimmen" (OLG
Hamm ZErb 2015, 311 – zu einem gerichtlichen Vergleich!).
[765] OLG München NotBZ 2014, 263.
[766] OLG Köln RNotZ 2014, 367.
[767] *Falsa demonstratio:* OLG Naumburg NotBZ 2006, 215, vgl. umfassend *Bergermann* RNotZ 2002, 557.
[768] BGH ZNotP 2002, 149.
[769] Vgl. hierzu *Amann* DNotZ 2008, 324.
[770] Palandt/*Herrler* BGB § 925 Rn. 16.
[771] Vgl. BGH DNotZ 1982, 692; BayObLG DNotZ 1983, 754; *Schöner/Stöber* GrundbuchR Rn. 3312
mwN.

Zweifel zu vermeiden, dass eine Bedingung oder Befristung des schuldrechtlichen Vertrags nicht für die Auflassung gilt, sollte die Einigung über den Eigentumsübergang in einem eigenen Abschnitt der Urkunde erklärt werden. Eines ausdrücklichen Vermerks, dass die Auflassung „unbedingt" erklärt ist, bedarf es nicht. Zulässig sind Weisungen der Beteiligten an den Notar, nur nach Eintritt bestimmter Voraussetzungen (insbesondere der Kaufpreiszahlung) den Antrag auf Eigentumsumschreibung zu stellen; sie berühren die Unbedingtheit der Auflassung nicht. Zulässig ist auch eine Bestimmung, dass die Eigentumsumschreibung nicht ohne gleichzeitige Eintragung der in der Urkunde bestellten dinglichen Rechte erfolgen darf (§ 16 Abs. 2 GBO). Typische Beispiele sind die Restkaufpreishypothek, ein Nießbrauch, eine Reallast oder eine Rückauflassungsvormerkung zugunsten des Verkäufers. Häufig wird in diesen Fällen die gleichzeitige Eintragung von Rechten zugunsten des Verkäufers durch eine übereinstimmende Weisung der Beteiligten an den Notar sichergestellt, die mehreren Anträge nur gemeinsam dem Grundbuchamt zum Vollzug einzureichen. Vorzuziehen ist hier die Möglichkeit nach § 16 Abs. 2 GBO, also die Bestimmung des Antragstellers, dass die eine Eintragung nicht ohne die andere erfolgen soll. Eine solche Bestimmung hat das Grundbuchamt zu beachten, selbst wenn aufgrund eines Büroversehens bei Stellung des Umschreibungsantrags vergessen wird, die Eintragung der zugunsten des Verkäufers bestellten Rechte zu beantragen.

5. Rechtsnachfolge. Die vom **Erblasser erklärte Auflassung** bindet dessen Gesamt- **441** rechtsnachfolger (Erben),[772] auch ein Widerruf durch die Erben scheidet aus, da die materiell-rechtliche Einigungserklärung durch die Beurkundung gemäß § 873 Abs. 2 BGB bindend geworden ist.[773] Die formell-rechtliche Eintragungsbewilligung, sofern sie vor dem Tod abgegeben worden ist, bleibt ebenfalls gemäß § 130 Abs. 2 BGB wirksam.[774] Gleiches gilt beim **Tod des Auflassungsempfängers** vor seiner Eintragung; es bedarf lediglich des Erbnachweises (§ 35 GBO) und eines Antrags auf Eintragung der Erben.[775] Eine vor dem Tod erklärte Auflassungsvollmacht erlischt im Zweifel gemäß § 168 BGB iVm §§ 672, 675 BGB nicht durch den Tod und ist auch nicht durch die Rechtsnachfolger widerruflich, da sie im besonderen Interesse des Bevollmächtigten erteilt wurde.[776] Dass zwischen Abgabe der Eintragungsbewilligung sowie Eingang der Auflassungserklärung beim Grundbuchamt einerseits und ihrem Vollzug Jahrzehnte vergehen, ist ebenfalls unschädlich.[777]

Der Käufer kann (vor Kaufpreiszahlung) seinen Anspruch auf Eigentumsübertragung **442** und nach Eintragung der Vormerkung sein Anwartschaftsrecht auf einen Dritten übertragen. Es empfiehlt sich, die **Abtretung** des Eigentumsübertragungsanspruchs vertraglich gemäß § 399 Abs. 1 BGB **auszuschließen,** um die Löschung der Vormerkung bei Scheitern des Vertrages sicherzustellen (→ Rn. 425). Der vertragliche Ausschluss der Abtretbarkeit eines durch Vormerkung gesicherten Anspruchs gehört zu den im Grundbuch einzutragenden Merkmalen des dinglichen Rechtes „Vormerkung".[778]

Ist die Auflassung an den Käufer erklärt, liegt darin idR die stillschweigende Ermächtigung (§ 185 BGB) durch weitere Auflassung an einen Nacherwerber im eigenen Namen über das noch fremde Eigentum zu verfügen, es sei denn, der Erwerb des Dritten liefe einer vertraglichen Zweckbestimmung zuwider.[779] **442a**

---

[772] BayObLGZ 1990, 312.
[773] BGHZ 32, 369.
[774] *Kofler* MittRhNotK 1971, 671.
[775] BayObLGZ 1933, 299.
[776] KG DNotZ 1972, 18.
[777] OLG München DNotI-Report 2018, 13.
[778] OLG Köln MittBayNot 2004, 263.
[779] BGH DNotZ 1998, 281: ob eine Ermächtigung zur Verfügung in der Auflassung liegt, ist eine Frage der Auslegung.

443   Formulierungsbeispiel: Auflassungserklärung

Die Beteiligten sind darüber einig, dass das Eigentum an dem verkauften Grundbesitz auf den Käufer im Beteiligungsverhältnis zu je 1/2 Anteil übergeht.

Sie bewilligen die Eintragung des Eigentumswechsels in das Grundbuch.

Die Abtretung des Anspruchs auf Übereignung wird ausgeschlossen.

Der Verkäufer bewilligt und der Käufer beantragt die Eintragung einer Vormerkung zur Sicherung des nicht abtretbaren Anspruchs des Käufers auf Eigentumsübertragung im Grundbuch im angegebenen Beteiligungsverhältnis.

Der Käufer bewilligt schon jetzt die Löschung dieser Vormerkung gleichzeitig mit der Eigentumsumschreibung, vorausgesetzt dass keine Zwischeneintragungen ohne seine Zustimmung erfolgt sind.

444   **6. Form.** Eine bestimmte **Form** ist für die Auflassung nicht vorgeschrieben. Die Auflassung bedarf jedoch gegenüber dem Grundbuchamt des Nachweises durch öffentliche Urkunde, die den zwingenden Formerfordernissen des Beurkundungsgesetzes genügt. Die fehlende Unterschrift eines Beteiligten kann nicht durch eine notarielle Eigenurkunde geheilt werden.[780] Die vor dem Notar erklärte Auflassung ist materiell wirksam, wenn die Unterschrift eines Beteiligten unter der Niederschrift fehlt.[781]

445   Das Grundbuchamt ist gemäß § 20 GBO weder verpflichtet noch berechtigt, die **Gültigkeit des Verpflichtungsgeschäfts** („Causa") zu prüfen. Es reicht daher die Vorlage einer auszugsweisen beglaubigten Abschrift oder Ausfertigung der Urkunde, die die Auflassung enthält, und in der der Vertragsgegenstand genau beschrieben ist, für den grundbuchlichen Vollzug der Eigentumsumschreibung aus (§ 24a GBVfg sieht dies sogar vor).[782] Das Grundbuchamt hat nur zu prüfen, ob die Auflassung ordnungsmäßig beurkundet ist.

446   Ist mit dem Antrag auf Eintragung der Vormerkung dem Grundbuchamt eine beglaubigte Abschrift/Ausfertigung der Urkunde (auszugsweise ohne Auflassung) zu den Grundakten hereingereicht worden, genügt es, wenn mit dem Antrag auf Eigentumsumschreibung ein Auszug der Urkunde, der die Auflassung enthält, vorgelegt wird. Zur leichteren Trennung der jeweiligen Teile der Urkunde nehmen einige Notare die Erklärung der Auflassung in eine Anlage zur Niederschrift über den Kaufvertrag.

II. Aussetzung der Auflassung oder beurkundungsrechtliche bzw. verfahrensrechtliche Lösung

447   Die Frage, ob es richtiger ist, beim Grundstückskaufvertrag die Auflassung bis zur Bezahlung des Kaufpreises auszusetzen, oder die Auflassung bereits mit dem Kaufvertrag zu beurkunden, wurde in der Praxis unterschiedlich beantwortet.[783] Die getrennte Beurkundung der Auflassung löst eine 0,5-Gebühr nach Nr. 21101 KV GNotKG bei Beurkundung durch denselben Notar und eine 1,0-Gebühr nach Nr. 21102 KV GNotKG bei Beurkundung durch einen anderen Notar aus, sodass einige OLG hierin eine unrichtige Sachbehandlung gemäß § 21 Abs. 1 GNotKG sehen[784] oder dieses Verfahren gar disziplinarisch ahnden wollen.[785] Außerdem werden die Beteiligten den zweiten Termin beim Notar als unnötige Förmelei empfinden. Auch könnte umgekehrt dem Käufer das Risiko

---

[780] BayObLG DNotZ 2001, 557 (560) mAnm *Reithmann.*
[781] OLG Rostock DNotZ 2007, 220.
[782] BayObLG DNotZ 1981, 570.
[783] Vgl. einerseits *Kanzleiter* DNotZ 1996, 242 – für getrennte Beurkundung der Auflassung und andererseits *Brambring* FS Hagen 1999, 251 – für Mitbeurkundung der Auflassung; *Amann* MittBayNot 2001, 150.
[784] OLG Köln MittRhNotK 1997, 328; OLG Düsseldorf DNotZ 1996, 324; aA jedoch OLG Hamm MittBayNot 1998, 275.
[785] OLG Celle DNotZ 2004, 196 mit zu Recht abl. Anm. *Kanzleiter.*

drohen, dass der Verkäufer nach Erhalt des Kaufpreises nicht mehr erreichbar ist, verstirbt oder beurkundungsunwillig ist; es drohen erhebliche prozessuale Mehrkosten.[786]

Für die **Mitbeurkundung der Auflassung** spricht entscheidend, dass die Beteiligten 448 an die Einigung gebunden sind (§ 873 Abs. 2 Alt. 1 BGB). Nur wenn bereits die Auflassung erklärt ist, erwirbt der Käufer mit Eintragung der Eigentumsübertragungsvormerkung ein Anwartschaftsrecht und damit Deliktsschutz.[787]

Einige Notare arbeiten auch heute noch formularmäßig mit einer **Bevollmächtigung** 449 **ihrer Mitarbeiter** zur Erklärung der Auflassung. Diese Vollmacht verstieß möglicherweise gegen § 1 RBerG – gegen das seit 1.7.2008 an dessen Stelle getretene RDG wohl nur in den seltenen Fällen, in denen der Rechtsuchende besondere rechtliche Aufklärung gerade vom Vertreter, nicht vom Notar, erwartet –; jedoch wohl nicht gegen § 17 Abs. 2a S. 2 Nr. 1 BeurkG („Vollzugsgeschäft" iSd Richtlinienempfehlungen der BNotK[788]). Die Vollmachtslösung krankt ferner an der grds. stets gegebenen Widerruflichkeit von Vollmachten sowie daran, dass eine möglicherweise (zB wegen Formmangels) gegebene Unwirksamkeit des Kaufvertrages auch die Vollmacht erfassen würde, sodass mangels wirksamer Auflassung die Heilung des Formmangels nicht gemäß § 311b Abs. 1 S. 2 BGB eintreten könnte. Sofern an der Kaufvertragsbeurkundung ihrerseits Bevollmächtigte beteiligt sind, müssen diese zur Erteilung von Untervollmachten ermächtigt sein. Ist die Auflassung noch nicht erklärt, bedürfen Vertragsänderungen, sofern es sich nicht um geringe technische Anpassungen handelt, in jedem Fall der Beurkundungsform. Dem steht als Vorteil gegenüber, dass eine vom Grundbuchamt etwa unachtsamerweise vorgenommene Umschreibung, da ja die Auflassung auch materiellrechtlich noch nicht erklärt wurde, nicht zum Eigentumsverlust führt. Auch aus haftungsrechtlichen Gründen ist von einer Mitarbeitervollmacht zur Erklärung der Auflassung dringend abzuraten.[789] Dem beurkundenden Notar selbst kann die Auflassungsvollmacht nicht erteilt werden, weil er diese vor einem anderen Notar erklären müsste; die Errichtung einer Eigenurkunde (nur bei verfahrensrechtlichen Erklärungen möglich) scheidet hier aus.

Beim Kaufvertrag über eine Grundstücksteilfläche bedarf es zur Eigentumsumschrei- 450 bung der Identitätserklärung (§ 28 GBO), in der das Grundstück entsprechend dem Veränderungsnachweis unter Angabe des Flurstücks bezeichnet wird. Da es sich hierbei um ein Vollzugsgeschäft handelt, ist eine Mitarbeitervollmacht unbedenklich, auch (vorsorglich) zur erneuten Auflassung (→ Rn. 608 f.).

Wird die Auflassung bereits mit dem Grundstückskaufvertrag erklärt, muss der Verkäu- 451 fer davor geschützt werden, dass der Käufer vertragswidrig vor Kaufpreiszahlung seine Eintragung als Eigentümer betreibt:

1. „Verzicht auf das Antragsrecht". Manche Notare arbeiten auch heute noch mit ei- 452 nem **Antragsverzicht,** also einem Verzicht des Käufers, selbst die Eigentumsumschreibung zu beantragen, oder mit einer das eigene Antragsrecht verdrängenden Vollmacht auf den Notar.[790] Im Anschluss an das gesamte Schrifttum[791] haben das OLG Frankfurt a.M.[792] und das OLG Hamm[793] deutlich zu verstehen gegeben, dass ein **Verzicht auf das Antragsrecht unwirksam** ist.

2. „Ausfertigungssperre". In der Praxis noch weit verbreitet ist die sog. **beurkun-** 453 **dungsrechtliche Lösung** der Vollzugs- und Ausfertigungssperre. Die Beteiligten weisen

---

[786] Gebührenstreitwert einer Klage auf Auflassung ist der Grundbesitzwert: BGH DNotZ 2002, 216.
[787] BGH DNotZ 1992, 293; ausführlich hierzu *Brambring* FS Hagen 1999, 251.
[788] DNotZ 1999, 258.
[789] Vgl. BGH ZNotP 2003, 71.
[790] OLG Hamm DNotZ 1975, 686.
[791] Nachweise bei *Stöber/Schöner* GrundbuchR Rn. 88.
[792] DNotZ 1992, 389.
[793] FGPrax 1998, 154.

den Notar in der Urkunde übereinstimmend an, vor Nachweis der Kaufpreiszahlung weder die Eigentumsumschreibung zu beantragen, noch dem Käufer oder dem Grundbuchamt eine Ausfertigung oder beglaubigte Abschrift der Urkunde zu erteilen, die die Auflassung enthält. Beurkundungsrechtlich ist dieses Verfahren unbedenklich. Nach § 53 BeurkG gilt die Verpflichtung des Notars zur unverzüglichen Einreichung der Urkunde beim Grundbuchamt zum Vollzug nicht, wenn „alle Beteiligten gemeinsam etwas anderes verlangen". Nach §§ 42 Abs. 3, 49 Abs. 5 BeurkG kann eine beglaubigte Abschrift oder eine Ausfertigung auf Antrag auch auszugsweise, also auch ohne Auflassung, erteilt werden. Nach § 51 Abs. 2 BeurkG kann ein Beteiligter auf sein Recht verzichten, sofort eine vollständige Ausfertigung der Urkunde zu verlangen.

454   **Formulierungsbeispiel: Auflassungssperre durch auszugsweise Ausfertigung**

Ⓤ   Der Notar wird angewiesen, die Eintragung des Eigentumswechsels erst zu veranlassen, wenn ihm die Zahlung des Kaufpreises nachgewiesen ist. Vorher darf er dem Käufer und dem Grundbuchamt keine Ausfertigung oder beglaubigte Abschrift dieser Urkunde erteilen, die die Auflassung enthält.

455   **3. „Ausgesetzte Bewilligung".** Auf *Ertl*[794] und ihm folgend *Weser*[795] geht die modernere **verfahrensrechtliche Lösung** zurück. Sie geht davon aus, dass nach dem Bewilligungsgrundsatz des § 19 GBO zur Eigentumsumschreibung neben dem Nachweis der materiellrechtlichen Auflassung eine Eintragungsbewilligung als verfahrensrechtliche Erklärung erforderlich ist. Nach *Demharter*[796] entspricht dies inzwischen allgemeiner Meinung.[797] Bei der verfahrensrechtlichen Lösung erklären die Vertragsbeteiligten die Auflassung, stellen jedoch ausdrücklich klar, dass hierin keine Eintragungsbewilligung liegt. Grundsätzlich wird davon ausgegangen, dass die Auflassung auch die verfahrensrechtliche Eintragungsbewilligung enthält, so dass die Eigentumsumschreibung ohne eine ausdrückliche Bewilligung des Verkäufers erfolgt. Etwas anderes gilt, wenn die Eintragungsbewilligung vorbehalten wird. Bei der verfahrensrechtlichen Lösung weisen die Beteiligten den Notar an, die Eintragung des Eigentumswechsels durch Eigenurkunde zu bewilligen, sobald ihm die Kaufpreiszahlung nachgewiesen ist; die Eigenurkunde ist dann Bestandteil des (gesiegelten) Antragsschreibens für den Endvollzug beim Grundbuchamt. Dieser Weg hat den Vorteil, dass **nur eine** (komplette) **Ausfertigung** den Beteiligten und dem Grundbuchamt erteilt wird, dass der Notar selbst bei Endvollzug das „fehlende Element" hinzufügt und bei dieser Gelegenheit prüfen kann, ob die Voraussetzungen hierfür vorliegen, und dass auch bei der Fertigung von Ausfertigungen oder beglaubigten Abschriften für Dritte (Finanzierungsgläubiger, Makler etc) keine Vorsicht walten muss. Der grundbuchrechtliche Weg empfiehlt sich auch zur Verschlankung der Grundbuchakten (vgl. § 24a GBV).

456   **Formulierungsbeispiel: Ausgesetzte Bewilligung als Auflassungssperre**

Ⓤ   Die Beteiligten sind darüber einig, dass das Eigentum an dem verkauften Grundstück auf den Käufer übergeht.

In der Auflassung ist ausdrücklich keine Bewilligung des Verkäufers zur Eintragung des Eigentumsübergangs auf den Käufer enthalten.

Die Beteiligten weisen den Notar an, die Eintragung des Eigentumswechsels zu bewilligen und zu beantragen, sobald ihm der Verkäufer die Zahlung des geschuldeten Kauf-

---

[794] MittBayNot 1992, 102.
[795] MittBayNot 1993, 253 (263).
[796] MittBayNot 2008, 124.
[797] AA noch *Kesseler* ZNotP 2005, 176.

preises originalschriftlich bestätigt oder der Käufer die Zahlung des geschuldeten Kaufpreises durch Bankbestätigung nachgewiesen hat.

Sobald die Kaufpreiszahlung nachgewiesen ist und die sonstigen für die Eigentumsumschreibung notwendigen Unterlagen (insbesondere Unbedenklichkeitsbescheinigung) dem Notar vorliegen, bewilligt und beantragt er die Eintragung des Eigentumswechsels durch Eigenurkunde. **457**

Die Vorteile der Bewilligungslösung, also die unreflektiert mögliche Verwendbarkeit der Gesamturkunde als physisches Dokument gegenüber jedermann, können mit den Vorteilen der „Ausfertigungssperre" (nämlich der Verwendbarkeit der dinglichen Erklärungen gem. § 185 BGB bei Insolvenzeröffnung und anschließender Freigabe durch den Insolvenzverwalter; eine gemäß § 117 InsO erloschene Vollmacht lebt dagegen nicht wieder auf) dadurch kombiniert werden, dass die Bewilligung zur Eigentumsumschreibung zwar bereits durch den Veräußerer in der Urkunde abgegeben wird, aber unter einer **aufschiebenden Wirksamkeitsbedingung** steht, die allein der Notar hinzusetzen kann. Ideal geeignet dafür ist das bereits zur Löschung einer Vormerkung eingesetzte Instrument, die Antragstellung durch den Notar als Bedingungsumstand zu definieren:[798] **458**

> **Formulierungsbeispiel: Aufschiebend bedingte Bewilligung (zum Rückbehalt des Eigentums)** **459**
>
>
> Die Beteiligten sind über den Eigentumsübergang auf den Erwerber im angegebenen Beteiligungsverhältnis einig (unbedingte **Auflassung**).
>
> Der Veräußerer bewilligt die Eigentumsumschreibung im Grundbuch hiermit, jedoch unter der aufschiebenden **Bedingung**, dass der beurkundende Notar durch gesiegelte Eigenurkunde die Eigentumsumschreibung beantragt.
>
> Die Beteiligten weisen den Notar unwiderruflich an, diesen Antrag zu stellen, nachdem der Verkäufer den Eingang des geschuldeten Betrages originalschriftlich (Post, Fax oder Scan) bestätigt oder hilfsweise der Käufer die Zahlung des vereinbarten Kaufpreises (jeweils ohne Zinsen) durch Bankbestätigung nachgewiesen hat.

Bei der beurkundungsrechtlichen und der verfahrensrechtlichen Lösung stellt sich in gleicher Weise die Frage, wie die **Kaufpreiszahlung dem Notar nachzuweisen** ist. Bei Abwicklung der Kaufpreiszahlung über Anderkonto des Notars ist dies unproblematisch. Bei direkter Kaufpreiszahlung ist grundsätzlich auf die (je nach Vereinbarung originalschriftliche oder auch gefaxte) **Bestätigung des Verkäufers** abzustellen. Gleichwohl sollte die Formulierung so gefasst werden, dass die Kaufpreiszahlung auch in anderer Weise dem Notar nachgewiesen werden kann. Weigert sich der Verkäufer nämlich nach Erhalt des Kaufpreises, die Bestätigung abzugeben, müsste der Käufer Klage erheben. Werden aus dem Kaufpreis Darlehensverbindlichkeiten des Verkäufers abgelöst, kann der Verkäufer auch nur den Erhalt des Restkaufpreises bestätigen. Erforderlich ist dann weiter die Bestätigung des Gläubigers über die Erledigung des erteilten Treuhandauftrags, damit der Notar die Löschungsunterlagen dem Grundbuchamt zum Vollzug einreichen kann, die ihm zu treuen Händen vorliegen. **460**

Es gilt die Empfehlung, dem Verkäufer mit Übersendung einer Kopie der Fälligkeitsmitteilung an den Käufer ein vorbereitetes Schreiben an den Notar beizufügen, in dem der Verkäufer die Zahlung des Kaufpreises bzw. des betragsmäßig anzugebenden Restkaufpreises (bei Ablösung von Darlehensverbindlichkeiten aus dem Kaufpreis) bestätigt. Solange Verkäufer und Käufer darüber streiten, ob der Kaufpreis in voller Höhe erbracht ist, ist der Notar befugt, die Stellung des Antrags auf Eigentumsumschreibung zu verwei- **461**

---

[798] Vgl. *Weber/Wesiack* DNotZ 2019, 164 ff.

gern.[799] Ist der Notar angewiesen, den Antrag auf Eigentumsumschreibung erst zu stellen, wenn der „Kaufpreis einschließlich etwaiger Verzugszinsen" gezahlt ist, kommt allerdings regelmäßig nur die schriftliche Bestätigung des Verkäufers in Betracht. Richtigerweise sollte die Eigentumsumschreibung nicht vom Ausgleich entstandener Verzugszinsen abhängig gemacht werden.[800]

462   Ist Vollzugsreife gegeben, hat der Notar die Urkunde beim Grundbuchamt zur Eigentumsumschreibung einzureichen (§ 53 BeurkG). Er darf hiervon nicht auf Weisung nur eines Beteiligten absehen.[801] Nur in Ausnahmefällen und unter besonderen Umständen kann der Notar berechtigt sein, auf einseitige Weisung nur eines von mehreren Beteiligten seine Vollzugstätigkeit aufzuschieben.[802] Ein solcher Sachverhalt kann vorliegen, wenn der Beteiligte dem Notar einen ausreichend substantiierten und glaubhaften Sachverhalt vorträgt, der einen Anfechtungs- oder Unwirksamkeitsgrund des Kaufvertrages oder einer seiner Bestimmungen als nahe liegend und offensichtlich gegeben erscheinen lässt, und der andere Beteiligte dagegen keine durchgreifenden Einwendungen vorbringen kann.[803] Eine Weigerung des Notars kann ferner berechtigt sein, wenn eine hohe Wahrscheinlichkeit dafür spricht, dass durch den Vollzug der Urkunde das Grundbuch unrichtig werden würde.[804] Die Rechtslage ist vergleichbar mit der des einseitigen Widerrufs der Verwahrungsanweisung, §§ 60, 61 BeurkG. Wie dort ist daher dem Notar im Zweifelsfall zu raten, den Vollzug um beispielsweise vier Wochen auszusetzen, um Gelegenheit zur Erwirkung eines Erwerbsverbots gegen den Käufer im Wege einstweiligen Rechtschutzes zu schaffen[805] oder aber durch beschwerdefähigen (§ 15 Abs. 2 S. 1 BNotO) **Vorbescheid** anzukündigen, er werde den Vollzug gleichwohl weiter betreiben, sofern nicht binnen kurzer Frist Beschwerde eingelegt werde.[806]

I. Kosten; Steuern; Maklerklausel; Vollzugsauftrag

I. Kostentragung, Grunderwerbsteuer

463   Nach § 448 Abs. 2 BGB trägt der Käufer eines Grundstücks die Kosten der Beurkundung des Kaufvertrags und der Auflassung, der Eintragung ins Grundbuch und der zu der Eintragung erforderlichen Erklärungen. Die gesetzliche Regelung ändert nichts daran, dass eine vertragliche Vereinbarung über die Notar- und Gerichtskosten notwendig bleibt.

464   Zweifelhaft ist bereits, ob die Gerichtsgebühren für die Eintragung der Eigentumsübertragungsvormerkung und ihrer späteren Löschung bei Eigentumsumschreibung gesetzlich vom Käufer zu tragen sind. Die Kosten der Vermessung des Grundstücks trägt der Verkäufer nach § 448 Abs. 1 BGB als Kosten der Übergabe. Ob hierzu auch die Kosten der Gebäudeeinmessung zählen, ist fraglich und eher abzulehnen. Zu den vom Käufer zu tragenden, „zu der Eintragung erforderlichen Erklärungen" zählen die Kosten der erforderlichen Genehmigungen, der Vorkaufsrechtsverzichtserklärung der Gemeinde, der nach WEG erforderlichen Genehmigung des Verwalters, wohl auch die Kosten für die vertraglich für den Verkäufer oder einen Dritten in das Grundbuch einzutragenden Rechte, zB Restkaufpreishypothek, Nießbrauch, Reallast, Vorkaufsrecht oder Dienstbarkeit.

465   Da der Verkäufer nach § 433 Abs. 1 S. 2 BGB dem Käufer das Grundstück frei von Rechtsmängeln zu verschaffen hat, hat er die Kosten der Löschung nicht übernommener Belastungen zu tragen, auch die der Grundbuchberichtigung und eines etwaigen Erb-

---

[799] OLG Köln MittRhNotK 1986, 269.
[800] OLG Hamm DNotI-Report 2003, 126.
[801] BayObLG DNotI-Report 2005, 43.
[802] Ausführlich hierzu *Winkler* BeurkG § 53 Rn. 25 ff.
[803] BGH ZNotP 2004, 295.
[804] BayObLG MittBayNot 1998, 200; DNotZ 1998, 645; OLG Jena NotBZ 1998, 239; BayObLG FGPrax 2000, 267; *Seeger* MittBayNot 2003, 11 (21).
[805] OLG Hamm DNotZ 2006, 682.
[806] OLG Köln FGPrax 2007, 96.

scheins nach dem verstorbenen eingetragenen Eigentümer. Die einheitliche Vollzugsgebühr gemäß Nr. 22110 KV GNotKG (aus dem vollen Geschäftswert, § 112 GNotKG) kann ausgelöst werden sowohl durch Tätigkeiten, die im Interesse des Erwerbers liegen, als auch solche, bei denen der Veräußerer seine – gesetzliche bzw. vertraglich konkretisierte – Pflicht zur Lastenfreistellung erfüllt; daher wird eine **Kostenteilung** erforderlich. Würde zB im „Auftragsbereich des Käufers" lediglich die Vorkaufsrechtsnegativanfrage gegenüber der Gemeinde und die Einholung der sanierungsrechtlichen Genehmigung anfallen (also mit Gebühren von regelmäßig je 50 EUR zzgl. Umsatzsteuer: Nr. 22112 KV GNotKG), jedoch Löschungstätigkeit im Interesse des Verkäufers hinzukommen, müsste der Verkäufer denjenigen Anteil der Vollzugsgebühr tragen, der über 100 EUR zzgl. Umsatzsteuer hinausgeht. Andererseits dürfte es nicht (mehr) standardmäßig zu empfehlen sein, dass sich Verkäufer und Käufer die „große Vollzugsgebühr" hälftig teilen sollen, wenn für jede Seite Tätigkeiten aus dem Katalog der Nr. 3 ff. der Vorbemerkung 2.2.1.1 Abs. 1 S. 2 KV GNotKG anfallen, da der Gesetzgeber § 448 Abs. 2 BGB nicht geändert hat, obwohl nun der umfassende (auch die Lastenfreistellung umfassende) Vollzugsbegriff gesetzlich[807] festgeschrieben ist.

Formulierungsbeispiel: Teilung der Notarkosten 466

Die Kosten dieser Urkunde und ihres Vollzugs sowie die Grunderwerbsteuer trägt der Käufer; der Verkäufer trägt die (Mehr-)Kosten etwaiger Lastenfreistellung bei Notar, Gläubiger und Grundbuchamt.

Viele Notare nehmen einen Hinweis auf, dass die Vertragsbeteiligten, ungeachtet der 467 internen Kostenverteilung, für die Gerichts- und Notargebühren als Gesamtschuldner haften (§ 32 Abs. 1 GNotKG). In Einzelfällen ist eine derartige pauschale Kostenregelung nicht sachgerecht, so dass es schnell zu einem Streit über die Kostentragungspflicht kommt. Dies gilt insbesondere für folgende Fallgestaltungen:

- Tritt für den Verkäufer (oder einen von mehreren Verkäufern) ein mündlich Bevollmächtigter oder vollmachtloser Vertreter auf, ist die Gebühr der Vollmachtsbestätigung bzw. Genehmigung grundsätzlich von dem vertretenen Vertragsteil zu tragen.
- Die Kosten der Bestellung eines dinglichen Rechts zugunsten des Verkäufers, zB eines Wegerechts am verkauften Grundstück oder eines Vorkaufsrechts, können vom Verkäufer zu tragen sein.
- Geregelt werden sollte, wer die Kosten der gerichtlichen Genehmigung trägt, wenn der Vertrag auf der Verkäuferseite genehmigungsbedürftig ist.
- Da § 448 Abs. 2 BGB nur gilt, wenn der Kaufvertrag wirksam zustande kommt und etwa vereinbarte aufschiebende Bedingungen eintreten;[808] ist eine vertragliche Kostenregelung unverzichtbar, welche Vertragspartei die Kosten bei Versagung einer Genehmigung oder Nichteintritt einer aufschiebenden Bedingung trägt. Der Verkäufer ist darauf hinzuweisen, dass die Notargebühren zu seinen Lasten gehen, wenn der Käufer bei Abschluss des Vertrages nicht ordnungsgemäß vertreten ist und seine Genehmigung versagt.
- Bestimmt der Vertrag allgemein, dass der Käufer die Kosten des Vertrages trägt, gilt das auch für die Hinterlegungsgebühr. Dies ist dann nicht richtig, wenn die Hinterlegung ausschließlich oder überwiegend im Interesse des Verkäufers erfolgt (mehrere Verkäufer können sich über die Aufteilung des Kaufpreises nicht einigen), oder die Notwendigkeit einer Hinterlegung von ihm zu vertreten ist (Hinterlegung eines Kaufpreisteils bei einem notwendigen Aufgebotsverfahren wegen Verlusts des Hypotheken- oder Grund-

---

[807] Und nicht nur, wie zuvor, richterrechtlich: BGH MittBayNot 2008, 71 mAnm *Tiedtke* MittBayNot 2008, 23.
[808] BGH NotBZ 2013, 180 mAnm *Krauß*.

schuldbriefs). Grundsätzlich ist der Notar nicht verpflichtet, über die Hinterlegungskosten zu belehren.[809]

– Eine schriftliche Verpflichtung des Angebotsempfängers, die Kosten der Angebotsbeurkundung auch im Falle der Nichtannahme des Angebots zu tragen, ist formungültig; diese Verpflichtung ist nach § 311b BGB beurkundungsbedürftig.[810] Daher ist die Mitwirkung des Angebotsempfängers bei der Beurkundung des Angebots erforderlich und seine Erklärung, die Notar- und Gerichtskosten der späteren Löschung der Vormerkung zu tragen.

– Da die Vertragskosten bei Rücktritt des Käufers vom Vertrag nur dann vom Verkäufer als vergebliche Aufwendungen iSd § 284 BGB zu erstatten sind, wenn der Verkäufer den Rücktrittsgrund zu vertreten hat (als Voraussetzung für Schadensersatzansprüche nach § 280 BGB), ist insbesondere bei einem vertraglichen Rücktrittsrecht die Frage der Erstattung der Vertragskosten zu regeln.

– Grundsätzlich gilt, dass bei Mehrkosten gegenüber einer normalen Kaufvertragsabwicklung (zB Löschung einer Sicherungshypothek auf dem Miteigentumsanteil eines Verkäufers oder Kosten der Genehmigung eines von mehreren Käufern) diese auch von demjenigen zu tragen sind, der sie verursacht.

468   Eine Pflicht des Notars, die Beteiligten auf die Höhe der anfallenden Gebühren hinzuweisen, besteht nicht, es sei denn, er wird ausdrücklich danach gefragt.

469   Für die **Grunderwerbsteuer** haften die Vertragsparteien als Gesamtschuldner, so dass nach § 426 Abs. 1 S. 1 BGB Käufer und Verkäufer diese Steuer je zur Hälfte zu tragen hätten. Ob die Unbedenklichkeitsbescheinigung des Finanzamts zu den zur Eigentumsumschreibung „erforderlichen Erklärungen" iSd § 448 Abs. 2 BGB zu rechnen ist, ist zumindest bislang nicht entschieden.[811] Vertraglich wird daher vereinbart, dass der Käufer die Grunderwerbsteuer zu zahlen hat. Die Verpflichtung des Notars aus § 19 BeurkG, auf das Erfordernis der Unbedenklichkeitsbescheinigung für die Eigentumsumschreibung hinzuweisen, beinhaltet keine Pflicht, allgemein über die Entstehung von Grunderwerbsteuer zu belehren; auch nicht zur Belehrung über die „Möglichkeit" der Steuerpflicht.[812] Wird der Verkäufer als Zweitschuldner auf die vom Käufer nicht gezahlte Grunderwerbsteuer in Anspruch genommen, sollte ihm jedenfalls (wegen § 323 Abs. 5 S. 2 BGB ratsam) vertraglich ein Rücktrittsrecht eingeräumt sein, um die Grunderwerbsteuer entfallen zu lassen, § 16 GrEStG.

II. Maklerklausel

470   Die Aufnahme und der Inhalt einer **Maklerklausel** auf Wunsch des Maklers ist für den Notar ein heikles Thema,[813] wenn sie über die rein beweissichernde Wissenserklärung (deklaratorische Klausel) hinaus geht – letztere ist Ausfluss und Mittel der Sachverhaltsermittlung und -darstellung,[814] dient der Entlastung der Justiz und der Klärung der Verhältnisse und ist damit standesrechtlich unbedenklich. Dass die wiedergegebenen Aussagen gemäß §§ 415ff. ZPO an der erhöhten Beweiskraft öffentlicher Urkunden auch mit Wirkung zugunsten des Maklers teilnehmen, ist ein beurkundungs- und berufsrechtlich unbedenklicher Reflex. Kosten werden hierdurch ebenso wenig ausgelöst.

---

[809] BayObLG DNotZ 1984, 110; LG Aachen MittRhNotK 1989, 255.
[810] OLG München MittBayNot 1991, 19.
[811] Bejahend zum alten Recht OLG Bremen DNotZ 1975, 95.
[812] BGH DNotZ 1979, 228.
[813] Vgl. insbes. Rundschreiben 5/2015 der BNotK v. 2.6.2015; Überblick bei *Suppliet* DNotZ 2012, 270; *Bethge* ZfIR 1997, 368; *Büchner* ZfIR 1999, 418; *Wälzholz* MittBayNot 2000, 357; *Althammer* ZfIR 2012, 765ff. sowie (monografisch) *Althammer*, Die Maklerklausel im notariellen Grundstückskaufvertrag, 2004; zu den kostenrechtlichen Folgen vgl. *Bund* NotBZ 2006, 46.
[814] Rundschreiben der BNotK 5/2015 v. 2.6.2015, S. 2; *Hertel* in: DAI, Aktuelle Probleme der notariellen Vertragsgestaltung im Immobilienrecht 2015/2016, S. 99ff. mit dem Hinweis, dass arglistig handeln würde, wer den Maklerauftrag erteilt hat, dies jedoch später bestreiten wollte.

Formulierungsbeispiel: Deklaratorische Maklerklausel 471

Der Käufer [*Alt.:* der Verkäufer] bestätigt, dass dieser Vertrag durch Vermittlung des ☉ Maklers *** zustande gekommen ist und dass dem Makler aus der mit ihm getroffenen Vereinbarung eine Maklerprovision in Höhe von ***, fällig am ***, zusteht. Diese Erklärung führt nicht zu einer Erweiterung seiner Verpflichtungen aus dem Maklervertrag oder zum Verzicht auf Einwendungen, hat allerdings Beweiswirkung zugunsten des Maklers.

Gemäß § 311b Abs. 1 BGB beurkundungspflichtige – und damit als einzige Variante 472 der Maklerklausel die Zwei-Wochen-Wartefrist des § 17 Abs. 2a S. 2 Nr. 2 BeurkG auslösende – Maklerklauseln liegen vor, wenn der Käufer die an sich den Verkäufer treffenden Maklercourtage übernimmt oder umgekehrt (Überwälzungsfall). Durch eine solche konstitutive Klausel erhöht (Käuferübernahme) bzw. reduziert (Verkäuferübernahme) sich die Grunderwerbsteuer; sie erhöht auch die Notargebühren. Der Makler erhält dadurch aber im Zweifel noch keinen eigenen Anspruch gegen den Erfüllungsübernehmer, es sei denn, die Klausel würde mit einer Vereinbarung gemäß § 328 BGB kombiniert. Letzteres ist zB angezeigt, wenn die aus dem ursprünglichen Maklervertrag verpflichtete Partei sichergestellt wissen möchte, dass sich der Makler unmittelbar an den Erfüllungsübernehmer wenden soll (und wird); die notwendig damit einhergehende Begünstigung des Maklers ist berufsrechtlich zulässig.[815]

Formulierungsbeispiel: Erfüllungsübernahme, Überwälzungsfall (§ 329 BGB) 473

Die Vertragsparteien bestätigen, dass dieser Vertrag durch Vermittlung des vom Verkäu- ☉ fer beauftragten Maklers *** zustande gekommen ist. Der Käufer verpflichtet sich gegenüber dem Verkäufer, die durch letzteren geschuldete Maklerprovision in Höhe von ***, fällig am ***, zu zahlen. Eine Erweiterung der Verpflichtungen aus dem Maklervertrag liegt hierin nicht, auch erlangt hierdurch der Makler keinen eigenen Forderungsanspruch gegen den Käufer.

Davon zu trennen ist die – selten außerhalb der zwingenden Überwälzungsfälle anzu- 474 treffende – konstitutive Maklerklausel[816] im Sinne eines abstrakten Schuldanerkenntnisses oder -versprechens (§§ 780, 781 BGB) – dann idR, wenn auch nicht zwingend, dem Makler einen unmittelbaren Anspruch gemäß § 328 BGB gewährend (abstrakter Vertrag zugunsten Dritter)[817] oder gar unmittelbar gegenüber ihm als nicht anwesendem Erklärungsgegner abgegeben, wobei auf den Zugang der konkludenten Annahme verzichtet wird (§ 151 BGB). Diese Klausel ist berufsrechtlich besonders problematisch:[818] Sie könnte Zweifel an der gemäß § 14 Abs. 1 S. 2 BNotO gebotenen Unparteilichkeit des Notars wecken.[819] Es ist grundsätzlich Sache des Maklers, seinen Provisionsanspruch zu sichern und insbesondere dessen Voraussetzungen ausreichend zu dokumentieren. Die Aufnahme in den Kaufvertrag ist durch § 311b Abs. 1 BGB geboten in den Überwälzungsfällen (→ Rn. 472 f.), sie ist angezeigt in Fällen, in denen die Ausübung eines gesetzlichen oder vertraglichen **Vorkaufsrechtes** (→ Rn. 475 f.) im Raume steht, jedenfalls wenn diese

---

[815] Rundschreiben der BNotK 5/2015 v. 2.6.2015, S. 4.

[816] Bei konstitutiven Maklerklauseln besteht die Gefahr, dass der Notar bei einem Beurkundungsfehler, der zur Nichtigkeit des Kaufvertrags führt, auch dem Makler für die entgangene Provision haftet: LG Potsdam NZM 2005, 390.

[817] So BGH NJW 2003, 1249 unter II. 2.

[818] Jedenfalls muss dem Zahlungspflichtigen verdeutlicht werden, dass der Makler von ihm möglicherweise auch dann Zahlung verlangen kann, wenn bisher kein wirksamer Maklervertrag zustandekam oder dieser wirksam widerrufen wurde; vgl. Rundschreiben der LNotK Bayern Nr. 8/2014, S. 5.

[819] Eingehend *Lerch* ZfIR 2015, 817 (822), der zu Recht darauf hinweist, der Notar müsse bereits die Anwesenheit des Maklers im Beurkundungstermin von beiden Beteiligten billigen lassen.

Ausübung ernsthaft in Betracht kommt,[820] im Übrigen ist der Wille und die Aufnahme-bereitschaft der Kaufvertragsparteien maßgebend;[821] dieser Wille ist in jedem Einzelfall zu erforschen (§ 17 Abs. 1 S. 1 BeurkG); fehlt er, kann der Notar ohne Verstoß gegen § 15 Abs. 1 BNotO die Beurkundung ablehnen.[822] Sie tritt auch bspw. auf in Gestalt eines offenen abstrakten Provisionsversprechens, wenn die gesetzlichen Voraussetzungen eines Maklerlohns evident nicht vorliegen (zB wegen Interessenkollision in den Fällen des § 12 WEG bei Vermittlung durch den WEG-Verwalter).

475   Eine Maklerlohnverpflichtung des Käufers stellt nach Ansicht des BGH im Fall der Ausübung eines Vorkaufsrechts keinen unzulässigen „Fremdkörper" dar[823] – jedenfalls in dem (Normal-)Fall, dass vor Beurkundung bereits dem Grunde nach maklerlohnbegrün-dende Vereinbarungen (wenn auch möglicherweise ggü. dem Verkäufer[824]) bestehen, also nicht erst der Notarvertrag diese schafft,[825] und die Höhe der Maklerprovision dem Übli-chen entspricht.[826] Die Maklerklausel bindet dann also auch den Vorkäufer, sofern es sich zumindest auch um eine konstitutive, in den Kaufvertrag aufgenommene Verpflichtung (nicht nur eine deklaratorische Wissenserklärung) ggü. dem Verkäufer als Versprechens-empfänger gemäß § 335 BGB handelt.[827] Der Erstkäufer wird zwar selbst von der Makler-lohnverpflichtung frei (da der wirtschaftliche Erfolg der Maklertätigkeit für ihn ausgeblie-ben ist[828]), ist aber idR als (formularmäßige ausdrückliche, sonst stillschweigende) Nebenpflicht aus dem Maklervertrag verpflichtet, dafür zu sorgen, dass der Makler seinen Anspruch im Falle der Vorkaufsrechtsausübung nicht verliert, so dass dem Erstkäufer an einer konstitutiven und iSd § 328 BGB erfolgenden Aufnahme in den Kaufvertrag gele-gen sein muss.[829] Schuldet jedoch der Verkäufer die Maklercourtage, wird seine Provisi-onsverpflichtung von der Ausübung des Vorkaufsrechts ohnehin nicht berührt.

476   **Formulierungsbeispiel: Konstitutive Maklerklausel als echter Vertrag zugunsten Dritter (§ 328 BGB)**

Dieser Vertrag kam durch Vermittlung des *** zustande. Der Käufer verpflichtet sich im Wege eines echten Vertrages zugunsten des Maklers als Drittem iSd §§ 328, 334, 335 BGB, durch ein hierdurch abgegebenes selbständiges (konstitutives) Provisionsverspre-chen, dem genannten Makler eine Provision in Höhe von *** % des Kaufpreises zu-züglich Umsatzsteuer zu schulden. Eine Übernahme von Verpflichtungen des Verkäufers liegt hierin nicht, es handelt sich also nicht um eine beurkundungspflichtige zusätzliche Gegenleistung im Verhältnis zwischen Verkäufer und Käufer. Der Notar hat den Käufer darauf hingewiesen, dass
(1) dem Makler hierdurch selbst dann ein Zahlungsanspruch gegen den Käufer zusteht, wenn die Provision an sich nicht verdient wäre, etwa da ein zuvor geschlossener

---

[820] Was mit *Hertel* in: DAI, Aktuelle Probleme der notariellen Vertragsgestaltung im Immobilienrecht 2015/2016, S. 102 ff. zu bejahen sein dürfte bei (a) rechtsgeschäftlichen Vorkaufsrechten, (b) dem Mietervor-kaufsrecht nach § 577 BGB, (c) dem Vorkaufsrecht nach RSG in landwirtschaftlichen Fällen, jedoch beim gesetzlichen Vorkaufsrecht gemäß §§ 24 ff. BauGB für die öffentliche Hand nur im konkreten Ein-zelfall.

[821] *Roth* ZfIR 2014, 85. So kann es zB sein, dass im Vorfeld zwischen den Parteien und dem Makler Streit bestand, der auf diese Weise beigelegt werden soll.

[822] LG Aachen BeckRS 2017, 138614; hierzu *Genske* notar 2018, 175 (183).

[823] BGH ZIP 1996, 424; Übersicht zur Rechtsprechungsentwicklung bei *Lindemann/Mormann* MDR 2007, 1113.

[824] So der Sachverhalt in BGH DNotZ 1982, 629.

[825] Vgl. BGH ZfIR 2007, 683 mAnm *Würdinger* Rn. 11.

[826] Andernfalls schuldet der Vorkaufsberechtigte auch keine auf das Übliche reduzierte Provision, BGH NotBZ 2016, 456 mAnm *Suppliet*.

[827] Anderenfalls verliert der Käufermakler seinen Provisionsanspruch bei Ausübung des Vorkaufsrechts, BGH NJW 1999, 2271 unter 2.

[828] RGZ 157, 243 (244); BGH WM 1982, 1098.

[829] Näher und differenzierend *Roth* ZfIR 2014, 85 (90).

Maklervertrag nicht wirksam zustande kam bzw. wirksam widerrufen wurde oder keine zum Abschluss führende Nachweis- oder Vermittlungstätigkeit stattfand, sowie
(2) die Informationspflichten gemäß § 312d Abs. 1 BGB und das Widerrufsrecht des Verbrauchers gemäß § 312g Abs. 1 BGB entfallen, weil die Provisionsabrede, ohne dass hierzu eine gesetzliche Pflicht bestand, notariell beurkundet wurde.

Ferner wurde auf die Erhöhung der Notargebühren hingewiesen.

Letztere, gemäß § 312 Abs. 2 Nr. 1 lit. b Hs. 2 BGB bzw. eher § 17 Abs. 1 BeurkG[830] **477** vorgeschriebene, Belehrung ist entbehrlich, wenn ein (zur Beurkundungspflicht führender) Überwälzungsfall vorliegt. Selbst wenn die notarielle Belehrung erforderlich war, jedoch unterblieben ist, besteht allerdings kein Widerrufsrecht (!), wie sich aus dem vorrangigen § 312g Abs. 2 Nr. 13 Hs. 1 BGB ergibt.[831] Nur deklaratorische, „beweissichernde" Maklerklauseln, die keinen eigenständigen Anspruch schaffen, genießen freilich nicht das Privileg des § 312g Abs. 2 Nr. 13 Hs. 1 BGB; trotz solcher Vertragsklauseln ist also der Makler zur Vermeidung eines wirksamen Widerrufs darauf angewiesen, die Widerrufsbelehrung ordnungsgemäß zu erteilen und bei Leistungserbringung vor Ablauf der Frist seinen Provisionsanspruch, hilfsweise den Wertersatzanspruch, zu sichern, vgl. § 356 Abs. 4 BGB bzw. § 357 Abs. 8 BGB.

Im Verhältnis zum Makler führt der Vertrag zugunsten Dritter allerdings wegen **§ 334** **478** **BGB**[832] zu einer Erweiterung der Einwendungen, die seinem Anspruch entgegengehalten werden können, um diejenigen des Käufers aus dem Kaufvertrag im Verhältnis zum Verkäufer (Deckungsverhältnis), sofern sie maklerrechtlich relevant sind (zB Rücktritt wegen erheblicher Mängel[833]). Er ist in diesem Fall, sofern nicht § 334 BGB (etwa in Gestalt eines selbständigen Provisionsversprechens) abbedungen werden sollte,[834] wiederum darauf verwiesen, seinen ggf. unmittelbaren Anspruch aus dem Maklervertrag (§ 652 BGB) gegen den dortigen Vertragspartner geltend zu machen. Die letzterem Anspruch möglicherweise entgegen stehenden rechtsgeschäftlichen Defizite (kein Zustandekommen des Maklervertrages)[835] oder gesetzlichen Verbote[836] oder Einwendungen (Interessenkollision bei gleichzeitiger Erteilung der Genehmigung nach § 12 WEG)[837] sollten iRd in der Notarurkunde enthaltenen „Maklerklausel" nicht abgeschnitten werden.

---

[830] *Rachlitz* MittBayNot 2015, 218.
[831] Vgl. *Gutachten* DNotI-Report 2014, 129 (132); Stellungnahme des Rechtsausschusses des Bundestages, BT-Drs. 17/13951, 62; Rundschreiben der LNotK Bayern 8/2014, S. 4.
[832] § 334 BGB gilt auch beim abstrakten Schuldanerkenntnis zugunsten Dritter, Staudinger/*Jagmann* (2009) BGB § 334 Rn. 1; der Versprechende hat also die Bereicherungseinrede des § 821 BGB auch gegenüber dem Dritten.
[833] Jedenfalls wenn das „Durchführungshindernis" zZt des Vertragsschlusses schon „im Keim" angelegt war, vgl. *Althammer* ZfIR 2012, 765 (771).
[834] Etwa durch die Formulierung: „Der Makler erlangt hierdurch einen vom Bestand dieses Vertrags unabhängigen Zahlungsanspruch gegen den Käufer gemäß § 328 BGB.", vgl. BGHZ 127, 385. Wegen der Abweichung vom Neutralitätsgebot wird eine solche Gestaltung jedoch nur nach eingehender Aufklärung des Käufers über die gesetzliche Lage in Betracht kommen und nicht im Verbraucher-/Formularvertrag (§ 309 Nr. 2 BGB). In der schlichten Schaffung eines eigenen Anspruchs des Maklers als Drittem liegt noch kein Abbedingen des § 334 BGB, LG Osnabrück Urt. v. 12. 1. 2018 – 9 O 1509/17, nv.
[835] Die bloße Aufnahme einer „Nachweisklausel" im Grundstückskaufvertrag „zur Zahlung der vereinbarten Provision" ersetzt nicht das fehlende Zustandekommen des Maklervertrages selbst, OLG Karlsruhe ZfIR 2010, 183 mAnm *Grziwotz*.
[836] ZB § 2 Abs. 2 S. 1 Nr. 2 WoVermittG, wonach der Sondereigentumsverwalter nicht Mietmakler sein könne – die Bestimmung gilt nicht für den Gemeinschaftseigentumsverwalter nach §§ 20ff. WEG, vgl. BGH MittBayNot 2003, 288. Fehlt dem Makler die Gewerbeerlaubnis nach § 34c GewO, führt dies nicht zu § 134 BGB, BGH NJW 1981, 387 unter 3.
[837] Die Interessenkollision des nach § 12 WEG zur Zustimmung berufenen Verwalters schließt seine gleichzeitige Tätigkeit als Erwerbsmakler aus, BGH NJW-RR 1998, 993. Gleiches gilt für die Mitarbeiter des Verwalters, BGH NJW 2004, 286. Eine abweichende Vereinbarung kann allerdings getroffen werden und sei im Zweifel anzunehmen, wenn der Erwerber beide Tätigkeiten kenne, BGH NJW 2003, 1249.

479 Konstitutive Klauseln sind **kostenrechtlich** bei der Geschäftswertermittlung als Erklärung mit verschiedenem Gegenstand gemäß § 86 Abs. 2 GNotKG zu berücksichtigen (Vertrag zugunsten Dritter: 2,0-Gebühr gemäß Nr. 21100 KV GNotKG mit der Folge der Hinzurechnung des Wertes gemäß § 35 Abs. 1 GNotKG iVm § 94 Abs. 1 GNotKG, schlichte einseitige Vollstreckungsunterwerfung: 1,0-Gebühr gemäß Nr. 21200 KV GNotKG; bei der Gebührenberechnung ist dann § 94 Abs. 1 GNotKG zu beachten, idR ist die 2,0-Gebühr aus dem addierten Wert auch hier günstiger als die Einzelberechnung).[838] Ein Hinweis des Notars im Vertrag auf die Kostenwirkung ist zwar (wie allgemein in Bezug auf kraft Gesetzes entstehende Notarkosten) nicht vorgeschrieben, aber gute Übung.[839] Rein deklaratorische Hinweise auf eine gemäß Maklervertrag geschuldete Provision ohne Vollstreckungsunterwerfung oder Ausgestaltung gemäß § 328 BGB bleiben kostenrechtlich außer Ansatz.[840]

480 Denkbar sind auch **selbstständige Provisionsversprechen,** für die § 652 BGB nicht gilt, etwa in Verflechtungsfällen (Hausverwalter, der gemäß § 12 WEG zuzustimmen hat, ist zugleich Makler),[841] sofern der Versprechende die Verflechtung kennt[842] oder aber wenn der Makleranspruch unabhängig vom Zustandekommen des Hauptvertrags (§ 652 Abs. 1 S. 2 BGB) sofort entstehen soll oder bei einem Verkauf/Kauf unabhängig davon entstehen soll, ob die Maklerleistung hierfür kausal war oder nicht.

481 **Formulierungsbeispiel: Selbständiges Maklerprovisionsversprechen trotz Eigengeschäfts**

Dieser Vertrag kam durch Vermittlung des *** zustande. Dem Käufer [*Alt.:* dem Verkäufer] ist bekannt, dass der Vermittler zugleich WEG-Verwalter der Wohnanlage ist, in der sich das Vertragsobjekt befindet, und zum Kaufvertrag zur Wahrung der Interessen der Eigentümergemeinschaft die Genehmigung gemäß § 12 WEG erteilen bzw. versagen muss. Damit kann er an sich keine echte Maklerleistung erbringen. Der Käufer [*Alt.:* der Verkäufer] erkennt dennoch im Sinne eines selbständigen Zahlungsversprechens an, dem Vermittler eine Provision in Höhe von *** % des Kaufpreises zuzüglich Umsatzsteuer in der Weise zu schulden, dass dieses Versprechen die Zahlungsverpflichtung selbständig begründet und dem Vermittler hieraus ein eigenes Forderungsrecht als Drittem zusteht (echter Vertrag zugunsten Dritter, § 328 BGB). Der Vermittler erhält eine Ausfertigung dieser Urkunde.

Eine Übernahme von Verpflichtungen des Verkäufers liegt hierin nicht, es handelt sich also nicht um eine beurkundungspflichtige zusätzliche Gegenleistung im Verhältnis zwischen Verkäufer und Käufer. Der Notar hat den Käufer darauf hingewiesen, dass
(1) dem Makler hierdurch trotz der geschilderten, den Anspruch an sich hindernden, Umstände ein Zahlungsanspruch gegen den Käufer zusteht, sowie
(2) die Informationspflichten gemäß § 312d Abs. 1 BGB und das Widerrufsrecht des Verbrauchers gemäß § 312g Abs. 1 BGB entfallen, weil die Provisionsabrede, ohne dass hierzu eine gesetzliche Pflicht bestand, notariell beurkundet wurde.

Auf die Erhöhung der Notargebühren wurde hingewiesen.

[*ggf.:* Der Käufer [*Alt.:* der Verkäufer] unterwirft sich wegen dieses abstrakten Zahlungsversprechens der Zwangsvollstreckung aus dieser Urkunde in sein Vermögen mit der Maßgabe, dass vollstreckbare Ausfertigung ohne weitere Nachweise auf Antrag des Vermittlers erteilt werden kann. Eine Umkehr der Beweislast ist damit nicht verbunden.]

---

[838] Vgl. *Frohne* NotBZ 2008, 58. Eine standardmäßig ohne Belehrung aufgenommene, nicht im Interesse der Beteiligten liegende Maklerklausel darf nach OLG Hamm FGPrax 2012, 269 = NotBZ 2013, 182 mAnm *Suppliet* nicht bewertet werden (§ 21 GNotKG); ebenso OLG Naumburg NotBZ 2017, 157.
[839] *Elsing* notar 2015, 339 (341) verspricht sich davon (nicht zu Unrecht) eine „abschreckende Wirkung".
[840] *Notarkasse* Streifzug GNotKG Rn. 1731.
[841] BGH NJW 2003, 1249.
[842] BGH NotBZ 2009, 176 mAnm *Suppliet.*

III. Vollzugsauftrag – Vollmacht für den Notar, Eigenurkunde

Schrifttum:
Diehn/Rachlitz, Notarielle Prüfungspflichten im Grundbuch- und Registerverkehr, DNotZ 2017, 487; *Everts,* Der „ablehnende" Vorbescheid im Beurkundungs- und Treuhandverfahren des Notars, ZNotP 2005, 220; *Grein,* Vollzugstätigkeiten des Notars, RNotZ 2004, 115; *Kasper,* Abwicklungsstörungen beim Grundstückskaufvertrag bei Konflikten zwischen den Vertragsparteien, RNotZ 2018, 133; *Milzer,* Die notarielle Eigenurkunde, ZNotP 2012, 35; *Reithmann,* Der Vorbescheid im Beurkundungs- und im Treuhandverfahren des Notars, ZNotP 2005, 57.

Ist die zu einer Eintragung erforderliche Erklärung von einem Notar beurkundet oder **482** beglaubigt, so **gilt er als ermächtigt,** im Namen der Beteiligten die Eintragung beim Grundbuchamt zu beantragen (§ 15 GBO). Macht der Notar von dieser Ermächtigung Gebrauch und leitet er die in der Urkunde enthaltenen Anträge **nicht lediglich als „Bote"** weiter, ist er auch befugt, die von ihm gestellten Anträge zurückzunehmen (§ 24 Abs. 3 BNotO). Die Rücknahmeerklärung ist wirksam, wenn sie mit der Unterschrift und dem Amtssiegel des Notars versehen ist. Anträge, die der Notar aufgrund der Ermächtigung bei Eintragung eines Grundpfandrechts zugleich im Namen des Gläubigers stellt, können von einem Beteiligten nicht einseitig zurückgenommen werden.

Nach § 53 BeurkG soll der Notar die Einreichung beim Grundbuchamt **nach Voll-** **483** **zugsreife unverzüglich** veranlassen. Die Anforderung der Rechtsprechung an die Einreichungsfrist[843] sind überzogen und verkennen die praktischen Erfordernisse einer sorgfältigen Bearbeitung des Urkundsgeschäfts.[844] Dem Notar ist eine Bearbeitungszeit von sieben Tagen einzuräumen, die bei besonderer Eilbedürftigkeit und ohne eine Prüfung der Vollzugsreife auch kürzer sein kann. Ein Zurückbehaltungsrecht wegen ausstehender Notargebühren besteht nicht, § 11 S. 2 GNotKG.[845]

Trotz Vollzugsreife hat der Notar von der **Einreichung** der Urkunde beim Grund- **484** buchamt **abzusehen,** wenn alle Beteiligten gemeinsam dies verlangen (§ 53 BeurkG). Typisches Beispiel beim Grundstückskaufvertrag ist die sog. Vollzugs- oder Vorlagesperre für die Eigentumsumschreibung, die der Notar erst beantragen darf, wenn ihm die Kaufpreiszahlung nachgewiesen ist. Diese Weisung ist in die Niederschrift aufzunehmen. Auch im Bauträgervertrag sichert die Vorlagesperre eine Zug-um-Zug-Abwicklung (§ 320 BGB) und führt nicht zu einer Vorleistungspflicht des Käufers,[846] da sie die Verpflichtung des Bauträgers unberührt lässt, dem Käufer das Eigentum Zug um Zug gegen Zahlung des geschuldeten Kaufpreises zu verschaffen. Es empfiehlt sich, dies in der Urkunde klarzustellen. Die verfahrensrechtliche Anweisung an den Notar, erst beim Nachweis der Kaufpreiszahlung die Eigentumsumschreibung zu beantragen, ist allein vor dem Hintergrund seiner gesetzlichen Verpflichtung zu sehen, unverzüglich nach Vollzugsreife, also unabhängig davon, ob der Kaufpreis gezahlt ist oder nicht, die Umschreibung zu veranlassen.[847]

Nicht immer einfach ist die Frage zu beantworten, ob der Notar den **(späteren) ein-** **485** **seitigen Widerruf** eines Beteiligten zu beachten hat, die Urkunde nicht zum Vollzug einzureichen. Grundsätzlich gilt, dass der einseitige Widerruf für den Notar unbeachtlich ist. Anderes gilt, wenn der Widerrufende schlüssig vorträgt, dass der beurkundete Vertrag nichtig ist, oder er seine Erklärungen angefochten hat.[848]

Zur Herbeiführung der Vollzugsreife ist der Notar nur verpflichtet, wenn er hierzu von **486** den Urkundsbeteiligten beauftragt und bevollmächtigt ist. Ein solcher gesonderter **Auf-**

---

[843] BGH DNotZ 1979, 311: Tag der Beurkundung, spätestens am darauf folgenden Tag.
[844] So auch *Winkler* BeurkG § 53 Rn. 18.
[845] So bereits zur KostO BGH MittBayNot 2015, 166.
[846] So aber evtl. BGH DNotZ 2002, 42.
[847] Vgl. *Keim* MittBayNot 2003, 21.
[848] Ausführliche Darstellung bei *Kasper* RNotZ 2018, 133; *Winkler* BeurkG § 53 Rn. 24 ff.; s. auch *Everts* ZNotP 2005, 220; *Reithmann* ZNotP 2005, 57; vgl. auch BGH DNotZ 2016, 151 zur Ausführung einer Weisung zur Löschung einer Vormerkung.

trag mit entsprechender Verfahrensvollmacht geht dabei über § 15 Abs. 2 GBO und ist nicht nur sinnvoll, sondern auch nötig, will der Notar seine Tätigkeit auch gegenüber den zur Vertragsdurchführung nötigen weiteren Stellen, nicht nur dem Grundbuchamt gegenüber entfalten. Den Vollzugsauftrag kann (und wird in aller Regel) der Notar daher annehmen, eine Amtspflicht besteht hierfür jedoch nicht. Bei der Vollzugstätigkeit ist der Notar an die erteilten Weisungen gebunden, wenn diese übereinstimmend sind (→ Rn. 485).[849]

487   Zu den **typischen Vollzugstätigkeiten** des Notars gehört die Einholung von privatrechtlichen, öffentlich-rechtlichen und gerichtlichen Genehmigungen, die Einholung von Vorkaufsverzichtserklärungen bzw. Negativattesten und die Einholung der zur Lastenfreistellung erforderlichen Unterlagen, sowie die Fälligkeitsmitteilung, schließlich die Überwachung der Eigentumsumschreibung mit Vorlage- und Ausfertigungssperre. Der typische Vollzugsauftrag berechtigt aber auch zur **Behebung von „Störungen"**, soweit sie nicht materieller Natur sind, vgl. die Fälle in → Rn. 493.

488   **Formulierungsbeispiel: Vollzugsauftrag**

⚕   Die Beteiligten beauftragen und bevollmächtigen den Notar mit dem Vollzug des Kaufvertrages. Sämtliche zum Vollzug erforderlichen Unterlagen, einschließlich erforderlicher Genehmigungen oder Negativzeugnisse sollen vom Notar eingeholt und mit Eingang bei ihm wirksam werden. Er soll auch die notwendigen Verzichtserklärungen oder Negativbescheinigungen hinsichtlich gesetzlicher Vorkaufsrechte anfordern.

489   Nach § 15 Abs. 3 GBO sind die zu einer Eintragung in das Grundbuch „erforderlichen Erklärungen"[850] vor ihrer Einreichung von einem Notar auf **Eintragungsfähigkeit zu prüfen.** Das Ergebnis der Prüfung ist vom Notar zu bescheinigen. Ein solcher Prüfvermerk vermag zwar keine Haftung gegenüber den Beteiligten zu begründen, ist aber vom Grundbuchamt zu prüfende formale Eintragungsvoraussetzung.[851] Er kann gesondert auf der Urkunde angebracht werden (bedarf dann allerdings der notariellen Unterschrift und Siegelung[852]), aber auch im allgemeinen Beglaubigungsvermerk „untergebracht" werden; auch eine Bescheinigung auf dem notariellen Vorlageschreiben ist ausreichend. Ein gesonderter Prüfvermerk ist entbehrlich, wenn die zur Eintragung erforderlichen Erklärungen notariell beurkundet worden sind; entsprechendes gilt für Unterschriftsbeglaubigungen mit Entwurf, die einen deutlichen, insbesondere aus sich heraus erkennbaren Entwurfsvermerk des beglaubigenden Notars tragen.[853] Einer gesonderten Unterzeichnung und Siegelung des Entwurfsvermerks bedarf es dann nicht, dies wäre reiner Formalismus.

489a   Der Vollzugsauftrag des Notars bzw. die entsprechende Formulierung einschließlich Vollmacht **berechtigen unter anderem aber nicht:**
– zur Erklärung und Entgegennahme einer Auflassung;[854]
– zu einer im Rahmen der Rückabwicklung des Kaufvertrags erklärten Bewilligung zur Löschung der eingetragenen Eigentumsvormerkung;[855]
– zu einer Eigenurkunde (Entgegennahme/Mitteilung) einer (nachlass-/familien/betreuungs-)gerichtlichen Genehmigung;[856]

---

[849] Vgl. BGH DNotZ 2016, 151.
[850] Hierzu näher *Diehn/Rachlitz* DNotZ 2017, 487 (494 f.).
[851] BT-Drs. 18/10607, 106, 109, 110; OLG Schleswig DNotZ 2017, 862 (863) mAnm *Rachlitz;* Gutachten DNotI-Report 2017, 89 (90).
[852] Gutachten DNotI-Report 2017, 89 (93).
[853] OLG Celle DNotZ 2018, 449 (450); OLG Schleswig DNotZ 2017, 862 (865); Gutachten DNotI-Report 2017, 89 (93).
[854] BGH DNotZ 2017, 549.
[855] OLG Hamm NotBZ 2018, 72 = MittBayNot 2018, 36 (Ls.).
[856] Vgl. OLG Zweibrücken MittBayNot 2017, 263 (264) mwN.

– zum „Austausch" von Belastungsgegenständen,[857] sofern nicht lediglich Schreibfehler oder ein in der Urkunde enthaltener Widerspruch (zB Abweichungen zwischen Text und Planbeilage) beseitigen sind.

Anders wäre dies nur, wenn die Urkunde zugleich eine umfassende, wenngleich proble- 489b
matische, **materielle Änderungsvollmacht** enthält; → Rn. 491.

In notariellen Urkunden enthaltene **Vollmachten an Mitarbeiter,** die teilweise sogar 490
zu materiell-rechtlichen Änderungen des Kaufvertrages berechtigen, sind problematisch. Hiergegen bestehen nicht nur Bedenken nach § 17 Abs. 2a Nr. 1 BeurkG, sondern auch aus Haftungsgründen.[858] In jedem Fall unzulässig ist eine Bevollmächtigung zur Bestellung von Finanzierungsgrundpfandrechten.[859] Auch hat in jedem Fall die Ausübung der Vollmacht der Überwachung durch den Notar zu unterliegen (zB Vollmacht zur Löschung der Vormerkung bei Nichtzahlung des Kaufpreises).[860] Unbedenklich sind Vollmachten, die Mitarbeitern des Notars zum Vollzug erteilt werden, zB um verfahrensrechtliche Eintragungshindernisse zu beseitigen. Obgleich die Berichtigungsbewilligung des Mitarbeiters mit Aufwand verbunden ist (Unterschriftsbeglaubigung, Eintragung in die Urkundenrolle), halten viele Notare hieran fest. Vorzuziehen ist eine **Bevollmächtigung des Notars** selbst, mittels **Eigenurkunde** die verfahrensrechtlichen Erklärungen der Beteiligten zu ergänzen und zu ändern.

Formulierungsbeispiel: Recht auf Antragstellung des Notar 491
(getrenntes Antragsrecht) ⟲

Der Notar ist berechtigt, Anträge aus dieser Urkunde getrennt und eingeschränkt zu stellen und sie in gleicher Weise zurückzunehmen. Die Beteiligten bevollmächtigen den Notar, für sie alle verfahrensrechtlichen Erklärungen abzugeben, die zur Durchführung des Vertrages noch erforderlich sind.

Es ist heute unbestritten, dass eine eigene Erklärung des Notars als bewirkende öffentli- 492
che Urkunde iSd § 415 ZPO anzusehen ist,[861] mit der ein Notar verfahrensrechtliche Erklärungen aufgrund ausdrücklicher Vollmacht im Namen der Beteiligten zu von ihm selbst beurkundeten oder beglaubigten Grundbucherklärungen abgibt und die Urkunde vom Notar unterschrieben und gesiegelt ist. Sie kann auch materiell-rechtliche Erklärungen zum Gegenstand haben, jedenfalls soweit diese dem Geschäftskreis des Notars zuzuordnen sind;[862] dies muss allerdings in der zugrundeliegenden Ermächtigung zum Ausdruck kommen, die typische notarielle Durchführungsvollmacht allein berechtigt hierzu nicht. Die **Anerkennung einer notariellen Eigenurkunde** als öffentliche Urkunde ist an mehrere Voraussetzungen gebunden:

– Der Errichtung muss eine Beurkundung dieses Notars entweder in der Form der Niederschrift oder in der Form der Unterschriftsbeglaubigung vorangegangen sein.

– In dieser Niederschrift oder in der notariell beglaubigten Erklärung hat der Beteiligte, dessen verfahrensrechtliche Erklärung in Rede steht, dem Notar ausdrücklich Vollmacht erteilt, seine Erklärung nachträglich zu berichten, zu ergänzen oder grundbuchlichen Erfordernissen inhaltlich anzupassen.

– Gegenstand der Eigenurkunde ist die Ergänzung, Berichtigung oder Anpassung verfahrensrechtlicher Erklärungen, also von Anträgen und Eintragungsbewilligungen. Die Ausstellung einer Eigenurkunde kommt nicht in Betracht, wenn materiellrechtlich für das Rechtsgeschäft die Beurkundung vorgeschrieben ist.

---

[857] OLG München BeckRS 2017, 134203.
[858] Vgl. nur BGH ZNotP 2003, 71 und OLG Schleswig ZNotP 2007, 430.
[859] BGH DNotZ 2016, 72.
[860] Vgl. BGH DNotZ 2016, 151 (152).
[861] BGH DNotZ 1981, 118; BayObLG DNotZ 1983, 434; OLG Frankfurt a.M. MittBayNot 2001, 225.
[862] OLG Zweibrücken MittBayNot 2017, 263.

– Die Eigenurkunde muss vom Notar unterzeichnet und gesiegelt sein.

492a Praktische **Anwendungsfälle** für notarielle Eigenurkunden sind
– Rücknahmeerklärung, wenn der Antrag von dem Beteiligten persönlich gestellt worden ist;
– Rangbestimmung, zB bei Eintragung mehrerer Grundpfandrechte;[863]
– Fehlende Zustimmung (Bewilligung, Antrag) des Eigentümers zur Löschung von Grundpfandrechten;
– Beanstandungen von Teilungserklärungen (fehlerhafte Bezeichnung der Wohnungseigentumsrechte, Bestimmungen der Gemeinschaftsordnung);
– Identitätserklärung beim Verkauf einer Teilfläche nach Vorlage des Veränderungsnachweises;
– Bestätigung, dass eine familien-/betreuungs-/nachlassgerichtliche Genehmigung entgegengenommen, dem anderen Vertragsteil mitgeteilt und die Mitteilung wiederum für diesen entgegengenommen wurde;
– überhaupt alle verfahrensrechtlichen Erklärungen, wie Bewilligungen, Zustimmungen, Anträge.

493 Mit der dem Notar erteilten Vollmacht können zB durch Eigenurkunde die nachstehend aufgeführten **Vollzugsschwierigkeiten ausgeräumt** werden:
– Die vereinbarte Freistellung des verkauften Grundstücks von einer Belastung verzögert sich. Das Eigentum soll schon zuvor auf den Käufer umgeschrieben werden. Das Grundbuchamt sieht Eigentumsumschreibung und Vollzug der bedungenen Lastenfreistellung als von den Beteiligten (stillschweigend) verbundene Anträge iSd § 16 Abs. 2 GBO an.
– Der Notar hat einen Kaufvertrag und eine Grundschuld zur Finanzierung des Kaufpreises beurkundet, bei deren Bestellung der Verkäufer mitgewirkt hat. Er hat beide Urkunden mit gleicher Post zur Eintragung der Eigentumsvormerkung und der Grundschuld dem Grundbuchamt vorgelegt. In der Grundschuldurkunde ist über den Rang der Grundschuld nichts gesagt. Der Rechtspfleger will Eigentumsvormerkung und Grundschuld gemäß § 17 GBO im Gleichrang eintragen.
– Im Kaufvertrag sind ein dingliches Vorkaufsrecht und eine Dienstbarkeit für den Verkäufer bestellt worden. Die Eintragungsbewilligungen hierfür sollten am Schluss der Kaufvertragsurkunde aufgenommen werden, wurden dann aber vergessen.
– Die Grundschuldbestellung enthält eine präzise Rangbestimmung. Die Einholung der zur Rangbeschaffung erforderlichen Unterlagen verzögert sich. Die Eintragung der Grundschuld soll an zunächst rangbereiter Stelle erfolgen.

Die materiellen Eigenurkunden sind nicht in die Urkundenrolle einzutragen.

494 Verfahrensrechtlich genügt ein **Schreiben** (nach Zwischenverfügung des Grundbuchamts), mit dem der Notar erklärt, dass er als Bevollmächtigter der Beteiligten aufgrund der ihm in der Kaufvertragsurkunde erteilten Vollmacht die Berichtigungsbewilligung abgibt, das Schreiben unterzeichnet unter Beifügung des Siegels.

J. Umfang der Beurkundungsbedürftigkeit

Schrifttum:

Handbücher und Monographien: *Heckschen,* Formbedürftigkeit mittelbarer Grundstücksgeschäfte, 1987; *Korte,* Handbuch der Beurkundung von Grundstücksgeschäften, 2005.
Aufsätze: *Armbrüster,* Grundstücksbezogene Treuhandverhältnisse und Formzwang nach § 313 S. 1 BGB, DZWiR 1997, 281; *Basty,* Beurkundungspflichten bei Ankaufsrechten, DNotZ 1996, 630; *Ganter,* Die Rechtsprechung des Bundesgerichtshofs zu den Belehrungs-, Hinweis- und Warnpflichten des Notars seit 1992, WM 1996, 701; *ders.,* Die Rechtsprechung des Bundesgerichtshofs zur Notarhaftung seit 1996, WM 2000, 641; *Heckschen,* Anmerkung zum Urteil des BGH v. 12.2.2009 – VII ZR 230/07, NotBZ 2009, 325; *Heckschen/Herzog,* Obergrenze für Reservierungsgebühren bei Immobilienkaufverträgen, NotBZ 2019, 14;

---

[863] *Demharter* GBO § 45 Rn. 31.

Kanzleiter, Die Beurkundungsbedürftigkeit von Rechtsgeschäften, die mit einem Grundstücksgeschäft im Zusammenhang stehen, DNotZ 1984, 421; *ders.,* Die Beurkundungsbedürftigkeit des „Verknüpfungswillens" bei zusammenhängenden Rechtsgeschäften – ein Scheinproblem!, DNotZ 2004, 178; *Keim,* § 313 BGB und die Beurkundung zusammengesetzter Verträge, DNotZ 2001, 827; *Steinbrecher,* Beurkundungspflicht von Änderungen eines Grundstückskaufvertrags mit Vorlagesperre der Auflassung, NJW 2018, 1214; *Ulmer/Löbbe,* Zur Anwendbarkeit des § 313 BGB im Personengesellschaftsrecht, DNotZ 1998, 711; *Weber,* Beurkundungspflichten nach § 311b Abs. 1 BGB bei zusammengesetzten Verträgen – Versuch einer Systematisierung und Typisierung, RNotZ 2016, 377; *Weigl,* Nochmals: Zur Beurkundungsbedürftigkeit des „Verknüpfungswillens", DNotZ 2004, 339; *Wesser/Saalfrank,* Formfreier Grundstückserwerb durch Miterben, NJW 2003, 2937; *Wolf,* Rechtsgeschäfte im Vorfeld von Grundstücksübertragungen und ihre eingeschränkte Beurkundungsbedürftigkeit, DNotZ 1995, 179; *Wufka,* Formfreiheit oder Formbedürftigkeit der Genehmigung von Grundstückskaufverträgen, der Ausübung von Wiederkaufs-, Vorkaufs- und Optionsrechten sowie der Anfechtung, des Rücktritts und der Wandlung? DNotZ 1990, 339.

I. Allgemeines

§ 311b BGB verlangt die Beurkundung des **gesamten Vertrages,** der eine Verpflichtung 495 zum Erwerb oder zur Veräußerung eines Grundstückes enthält und nicht nur die Beurkundung der entsprechenden Verpflichtungserklärung. Vielmehr müssen alle Vereinbarungen, aus denen das schuldrechtliche Veräußerungsgeschäft nach dem Willen der Parteien besteht, beurkundet werden.[864] Der Übertragung von Grundstücken ist gemäß § 11 ErbbauRG die Übertragung von Erbbaurechten[865] und gemäß Art. 231 § 5 EGBGB die Übertragung von **selbständigem Gebäudeeigentum** in den neuen Bundesländern gleichgestellt. Für **Wohnungs- oder Teileigentum** als Miteigentum an einem Grundstück gilt die Formpflicht ohne weiteres (§§ 4, 1 WEG). Es genügt für die Bezeichnung des zu verkaufenden Wohnungseigentums die Angabe des betr. Wohnungsgrundbuches.[866] Auf die Teilungserklärung muss nicht Bezug genommen werden, wenn diese im Grundbuch vollzogen ist. Es muss sich nicht um das Grundstück des Veräußerers handeln, auch die Übertragungsverpflichtung bezüglich eines **fremden Grundstücks** wird von § 311b Abs. 1 BGB erfasst.[867] Gleiches gilt, wenn die Verpflichtung gegenüber einem Dritten, der nicht am Vertrag beteiligt ist, eingegangen wird. Es bedarf nur die Verpflichtung bezüglich eines **konkreten Grundstücks** der Beurkundung.[868]

Unzweifelhaft zu beobachten ist, dass die Rechtsprechung, um den Zielsetzungen des 496 § 311b Abs. 1 BGB gerecht zu werden, im Zweifel die Norm **extensiv auslegt,** auch wenn damit eine gewisse Rechtsunsicherheit verbunden ist und die Rechtsprechung zur Frage des Umfangs der Formpflicht kasuistisch erscheint. Obwohl die **Normziele** des § 311b BGB keine Tatbestandsmerkmale sind, kommt ihnen entscheidendes Gewicht bei der Beantwortung der Formfrage zu.

(1) Angesichts der typischerweise großen Bedeutung von Grundstücksgeschäften für die Beteiligten soll die Form die Beteiligten vor Übereilung schützen **(Übereilungsschutz).**

(2) Allein durch die Pflicht zur notariellen Beurkundung und den Zwang, das Rechtsgeschäft beim Notar abzuschließen, sollen die Beteiligten auf die besondere Bedeutung des Rechtsgeschäfts hingewiesen werden **(Warnfunktion).**

(3) Die notarielle Beurkundung dient der Beweissicherung der Vereinbarungen **(Beweisfunktion).**

(4) Die Einschaltung des Notars dient der Beratung und damit dem Schutz der Beteiligten; § 17 BeurkG[869] **(Schutzfunktion).**

(5) Unter besonderer Berücksichtigung der Bedeutung, die klare Verhältnisse am Grundstücksmarkt haben, dient die Einschaltung des sachkundigen, mit der Vorbereitung,

---

[864] OLG Köln OLGR 1998, 94.
[865] So auch BGH NJW 1994, 720.
[866] BGH WM 1994, 1078.
[867] OLG München NJW 1984, 243.
[868] MüKoBGB/*Kanzleiter* BGB § 311b Rn. 12; *Heckschen* S. 59.
[869] BGH NJW 1974, 271.

Abfassung und Abwicklung von Grundstückskaufverträgen vertrauten Notars der Sicherung der Gültigkeit des abgeschlossenen Geschäfts (**Gültigkeitsgewähr**).

497 Auch wenn die besonderen Umstände des Einzelfalls einen **Schutz der Beteiligten** für entbehrlich erscheinen lassen, entfällt damit nicht die Anwendung der Norm.[870] Der Notar ist nicht verpflichtet, auf den Vollzug eines Grundstücksgeschäftes und damit dessen Heilung gemäß § 311b Abs. 1 S. 2 BGB hinzuwirken, wenn er Anhaltspunkte für die Nichtigkeit des Verpflichtungsgeschäftes hat.[871] Dabei muss es sich jedoch um massive Zweifel an der Wirksamkeit des Vertrages handeln.[872]

498 Der Notar darf sich nicht darauf beschränken, in der Urkunde nur die Hauptleistungspflichten der Beteiligten zu regeln. Er schuldet eine umfassende, ausgewogene und interessengerechte Vertragsgestaltung.[873] Er muss den Willen der Beteiligten erforschen, den Sachverhalt klären und die Beteiligten über die rechtliche Tragweite des Geschäfts belehren. Wenn Zweifel bestehen, ob das Geschäft dem Gesetz oder dem wahren Willen der Beteiligten entspricht, muss er die Bedenken mit den Beteiligten erörtern.

499 Er darf sich zwar grundsätzlich auf die tatsächlichen Angaben der Beteiligten auch ohne Nachprüfung verlassen, jedoch muss er dabei bedenken, dass die Beteiligten im Regelfall juristische Laien sind. Regelungsbedürftige Fragen muss der Notar unter Auswertung der Kautelarjurisprudenz ansprechen und den diesbezüglichen Willen der Beteiligten erforschen. Er darf nicht erwarten, dass die Beteiligten diese Fragen selbst erkennen.[874] Er muss die erforderlichen Belehrungen erteilen und bei Bedarf entsprechende Regelungen vorschlagen.[875] Wenn sich eine unzutreffende Erfassung des Sachverhalts oder des Willens der Beteiligten nicht ausschließen lässt, muss der Notar entsprechende Fragen stellen.[876]

500 Insbesondere ist der Notar auch verpflichtet, die Beteiligten auf Umstände hinzuweisen, die geeignet sind, die in einem von ihm beurkundeten Vertrag begründeten Rechte zu vereiteln, soweit ihm diese Umstände bekannt sind und er nicht davon ausgehen darf, dass den Beteiligten diese Gefährdung bewusst ist. Insbesondere muss er in einem solchen Fall die Beteiligten auf Möglichkeiten einer anderen Vertragsgestaltung hinweisen, wenn damit den Interessen aller Beteiligten ebenso bzw. besser gedient ist und die befürchtete Gefährdung der Rechte eines Beteiligten bei dieser Vertragsgestaltung nicht droht.[877]

501 Vor diesem Hintergrund kommt der Frage nach dem Umfang der Abreden der Beteiligten besondere Bedeutung zu. Die Frage nach Nebenabreden sollte ebenso zum Standard gehören wie der Hinweis auf die Rechtsfolgen unvollständiger oder unzutreffender („Schwarzkauf") Beurkundung. Die Formnichtigkeit des Grundstückskaufvertrages führt aber regelmäßig nicht zu einer Haftung des Erwerbers gemäß § 990 BGB, da er grundsätzlich von einer baldigen Heilung gemäß § 311b Abs. 1 S. 2 BGB ausgehen wird und somit nicht bösgläubig ist.[878] Kannten die Parteien die Formnichtigkeit eines Teils ihrer Vereinbarungen, gilt nur das Beurkundete.[879]

II. Nebenabreden

502 In vollem Umfang sind alle **anlässlich eines Grundstückskaufvertrages** getroffenen Abreden – gleichgültig ob wichtig oder nebensächlich – formbedürftig. So sind zum Beispiel Absprachen zu Renovierungsarbeiten, über Vorausleistung, die Übertragung von

---

[870] BGH NJW 1994, 3347.
[871] OLG Hamm FGPrax 2008, 128 bei formunwirksamem Kaufvertrag.
[872] BayObLG GE 1998, 297.
[873] *Ganter* WM 2000, 641.
[874] BGH NJW 1996, 520 (521).
[875] *Ganter* WM 2000, 641 mwN.
[876] *Ganter* WM 1996, 701 (703).
[877] BGH NJW 1996, 522 (523).
[878] OLG Celle OLGR 1996, 265.
[879] OLG Köln OLGR 1998, 94.

Zubehör und die Vereinbarung zu einem Nutzungsentgelt bei verspäteter Rückgabe beurkundungsbedürftig.

Insbesondere vor dem Hintergrund, dass die Grunderwerbsteuer in einzelnen Bundes- **502a** ländern auf bis zu 6,5 % erhöht wurde,[880] nimmt nicht nur die Zahl der Kaufverträge, bei denen ein zu „tiefer" Kaufpreis („Schwarzkauf") beurkundet wurde, stark zu. Häufig werden die Abreden nur teilweise beurkundet und beispielsweise den Wert bzw. die Gegenleistung erhöhende Reservierungs- bzw. Sanierungsvereinbarungen nicht mitbeurkundet, um Grunderwerbsteuer zu „sparen" (vgl. auch → Rn. 507). Die Konsequenzen dieses Verfahrens sind dramatisch: Der Kaufvertrag ist nichtig. Die Heilung tritt allenfalls mit der Umschreibung ein und dies nur dann, wenn für den Kaufvertrag keine öffentlich-rechtlichen Genehmigungen erforderlich waren. Die Auflassungsvormerkung bietet in der Insolvenz des Verkäufers keinen Schutz, da sie keinen wirksamen Anspruch des Käufers sichert.

Bei der Übernahme einer Verbindlichkeit des Verkäufers aus einem anderen Schuldver- **502b** hältnis im Grundstückskaufvertrag ist die Verlesung des Inhalts der übernommenen Verpflichtung nicht erforderlich,[881] das Schuldverhältnis muss nur genau bezeichnet werden. Nicht entscheidend ist, ob die Nebenabrede so wichtig ist, dass eine der Parteien ohne ihre Beurkundung das gesamte Grundstücksgeschäft nicht vorgenommen hätte. Davon zu unterscheiden ist der Fall, dass die Parteien bestimmte unwesentliche Punkte bewusst offen lassen, um sie einer späteren Klärung zuzuführen. Formfrei sind die Abreden, die keine Regelungen enthalten, die Rechtswirkung entfalten sollen.[882] Wenn sich aus der notariellen Urkunde ergibt, dass sie den Beteiligten vorgelesen und von ihnen unterschrieben wurde, wird vermutet, dass auch die als Anlage bezeichneten Schriftstücke bei der Unterzeichnung der Urkunde beigefügt waren.[883]

Dem Notar obliegt es aufgrund seiner Pflicht, den Sachverhalt zu klären und den **503** Willen der Beteiligten zu erforschen, nach dem Bestehen von **Nebenabreden** zu fragen. Ein Beispiel aus der Rechtsprechung mag zeigen, an welche Gesichtspunkte der Notar zu denken hat. Beim Verkauf einer landwirtschaftlichen Fläche hatten die Beteiligten vergessen, die Frage zu klären, ob Zuckerrübenlieferungsrechte, die dem Betrieb des Veräußerers zustanden und unter anderem an die Grundstücksfläche gekoppelt waren, mit übergehen sollten oder nicht. Solche Abreden (vgl. auch EG-Quoten) sind beurkundungsbedürftig und entscheidende Merkmale eines solchen Vertrages.[884]

III. Koppelgeschäfte, Zusammengesetzte Verträge

Rechtsunsicherheit herrscht in dem Bereich, wo es zu beurteilen gilt, ob Vereinbarungen, **504** die **parallel zum Grundstückskaufvertrag** geschlossen werden, zu beurkunden sind. Die Rechtsprechung behilft sich bei der Beantwortung der Frage, ob sogenannte zusammengesetzte Verträge oder Parallelvereinbarungen formbedürftig sind, mit der Formel: „Sollen nach dem Willen auch nur einer der Parteien, auf den sich die andere Seite einlässt, die verschiedenen Verträge miteinander stehen und fallen, so sind beide Verträge beurkundungsbedürftig".[885] Bei Vertragswerken mit steuerlicher Zielrichtung kann der **wirtschaftliche Zusammenhang** ein entscheidendes Indiz auch für die rechtliche Einheit der Verträge sein.[886] Ein wirtschaftlicher Zusammenhang ist nicht immer schon dann gegeben, wenn sich aus einem Vertrag, der im Hinblick auf den Grunderwerb geschlossen wurde, ein wirtschaftlicher Druck auf den Erwerber ergeben kann. Auf Verträge über die

---

[880] Vgl. zu den Steuersätzen in den einzelnen Bundesländern die Fn. 2 zu § 11 GrEStG auf beck-online und in den Beck-Gesetzestexten.
[881] BGH WM 1994, 1078.
[882] BGH NJW 1983, 563; NJW 1989, 898: sehr instruktiv.
[883] BGH WM 1994, 984.
[884] BGH MittBayNot 1990, 238.
[885] BGH DNotZ 1990, 658.
[886] Vgl. BGH NJW 1987, 1069; NJW 1988, 132; NJW-RR 1988, 348 (351).

Finanzierung von Grundstücksgeschäften ist § 311b Abs. 1 BGB daher auch nicht analog anzuwenden.[887] Nach Ansicht des BGH bleibt eine solche nicht beurkundungsbedürftige Vereinbarung vom Formerfordernis des § 311b Abs. 1 BGB dann frei, wenn sie vom Grundstücksgeschäft abhängig ist, dieses aber nicht von ihr (sog. einseitige Abhängigkeit).[888] Für die Beurteilung von „Koppelgeschäften" im Grundstücks-/Baubereich hat diese Entscheidung jedoch in der Regel keine Konsequenzen: Der Verkäufer schließt den Kaufvertrag in der Regel ebensowenig ohne Bauvertrag ab, wie der Käufer dies häufig wünscht (einheitlicher Preis).[889] Nach BGH[890] genügt aber allein die wirtschaftliche Verquickung der beiden Verträge nicht, um zu begründen, dass der Grundstückskaufvertrag vom Bauvertrag abhängt.[891] Es genügt ausdrücklich nicht, dass der Bauvertrag Anlass zum Grundstückskauf gegeben hat oder diesen erst ermöglichte. Da die Abgrenzung für die Baubeteiligten und auch für die Gerichte schwer zu ziehen ist, empfiehlt sich in allen nicht ganz klaren Fällen die Beurkundung.

505   Für die notarielle Praxis sind besonders die **Fertighauskaufverträge**,[892] **Bauwerksverträge** und **Sanierungsvereinbarungen** über Gebäude und Eigentumswohnungen anlässlich des Abschlusses eines Grundstückskaufvertrages relevant.[893] Im **Regelfall** sind diese Verträge **beurkundungspflichtig,** da bei Abschluss für den Fertighauslieferanten und den Werkunternehmer erkennbar ist, dass nach dem Willen des Käufers der Fertighauskauf-/Werkvertrag bzw. die Sanierungsvereinbarung mit dem Bestand des Grundstückskaufvertrages **stehen und fallen** sollen. Ein einheitlicher Vertrag in diesem Sinne kann auch vorliegen, wenn nur eine der Vertragsparteien einen Verknüpfungswillen zeigt und die andere Partei diesen anerkennt oder hinnimmt. Zwar wird durch den Umstand, dass die Vereinbarungen in mehreren Vertragsurkunden niedergelegt sind und eventuell auch die Vertragspartner auf Veräußerer-/Auftragnehmerseite nicht stets dieselben sind, eine Indizwirkung gegen einen solchen Einheitswillen begründet, jedoch ist dennoch von einem einheitlichen Vertrag auszugehen, wenn die Abreden in den Nebenverträgen nach dem Willen aller Beteiligten in den rechtlichen Zusammenhang der Grundstückskaufverträge einbezogen werden sollten.[894] Ein Anzeichen hierfür ist beispielsweise die Reduzierung des Kaufpreises bei gleichzeitiger Zahlung des Differenzbetrages auf die Leistungen, die in den Nebenverträgen vereinbart wurden.[895] Vielfach ergibt sich die Beurkundungspflicht dieser Verträge auch daraus, dass sie **mittelbaren Zwang** zum Erwerb eines Grundstücks dadurch ausüben, dass sie dem Käufer Zahlungspflichten (Aufwandsentschädigung, Vertragsstrafen, Messegebühren, Reservierungsvereinbarungen) für den Fall auferlegen, dass der Käufer die Leistungen nicht abnimmt, wenn er ein in Aussicht genommenes Grundstück nicht erwirbt (→ Rn. 508). Auch wenn die Käufer bzw. Bauherren des Fertighauses zur Durchführung des Vertrages ein Grundstück kaufen müssen, kann es gleichwohl an einer rechtlichen Einheit mit dem Grundstückskaufvertrag fehlen. Dies ist nach Ansicht des LG Berlin dann der Fall, wenn im Bauvertrag für den Erwerber ein einseitiges Rücktrittsrecht vereinbart wurde, selbst wenn der Erwerber hierfür Schadensersatz in Höhe von 10% der Vertragssumme zahlen muss, mit der Möglichkeit, einen geringeren Schaden nachzuweisen.[896] Die Pflicht des Notars zur Erforschung des Sachverhalts richtet sich gerade auch auf die **Nachfrage** nach derartigen – in der Regel unwirksamen – Koppelgeschäften.

---

[887] OLG Köln OLGR 1997, 143.

[888] BGH DNotI-Report 2000, 33; MittRhNotK 2000, 27.

[889] Vgl. dazu OLG Hamm FGPrax 2008, 128.

[890] BauR 2002, 1541.

[891] Einschränkend auch OLG Celle OLGR 2007, 439.

[892] Vgl. OLG Jena DNotI-Report 1996, 1; OLG Hamm BB 1995, 1210.

[893] Vgl. zu letzterem einerseits OLG Hamm FGPrax 2008, 128 und andererseits OLG Celle OLGR 2007, 439.

[894] *Weber* RNotZ 2016, 377 (387).

[895] KG KGR 1997, 271.

[896] LG Berlin WiB 1997, 657.

Sind Fertighauskaufvertrag, Werkvertrag oder Sanierungsvereinbarung ausnahmsweise **506** nicht beurkundungspflichtig, so sollte der Notar gleichwohl aus Gründen des **Verbraucherschutzes** auf eine notarielle Beurkundung von Grundstückskaufvertrag und Fertighaus-/Werkvertrag drängen. Für den Käufer besteht das Risiko, in der Regel auf den Fertighauskauf- oder Bauwerkvertrag **vorzuleisten,** ohne dass seine Erwerbsansprüche für den Grundbesitz abgesichert sind.

Ein weitverbreiteter Irrtum ist, dass sich durch die **Aufspaltung in zwei Verträge** – **507** notarieller Kaufvertrag und privatschriftlicher Fertighauskauf-/Werkvertrag – **Grunderwerbsteuer** sparen ließe. Für die Höhe der Grunderwerbsteuer kommt es allein darauf an, dass Grundstückskauf und Bauwerkerrichtung eine wirtschaftliche Einheit darstellen. Der BFH zieht auch dann parallel zum Grundstückskaufvertrag abgeschlossene Vereinbarungen zur Bemessung der Besteuerung heran, wenn kein rechtlicher Zusammenhang vorliegt und die Vereinbarungen unabhängig voneinander lösbar sind.[897] Ausreichend ist ein enger sachlicher Zusammenhang, so dass bei objektiver Betrachtungsweise der Erwerber das bebaute Grundstück als einheitlichen Leistungsgegenstand erhält. Entscheidend ist nach Ansicht des BFH, ob letztlich die Abreden darauf gerichtet sind, ein bebautes Grundstück zu verkaufen.[898] Dies ist dann der Fall, wenn dem Erwerber aufgrund einer bautechnisch konkreten und dem Zustand der Baureife nahen Vorplanung ein Grundstück zu einem weitgehend feststehenden Preis angeboten wird und er dieses Angebot nur als einheitliches annehmen kann oder tatsächlich annimmt.[899] Dies ist auch dann der Fall, wenn bei verschiedenen Personen auf Veräußerer-/Bauunternehmerseite dem Erwerber ein abgestimmtes Angebot vorgelegt wird.[900] Die Reihenfolge des Abschlusses der verschiedenen Verträge ist unerheblich. Entscheidend ist nur, dass der Erwerber die zur Umsetzung des von ihm hingenommenen einheitlichen Angebotes erforderlichen Verträge auch abschließt. Treten auf Veräußererseite mehrere Personen auf, liegt der enge sachliche Zusammenhang vor, wenn im Zeitpunkt des Abschlusses des Grundstückskaufvertrages bereits eine vertragliche Bindung des Erwerbers hinsichtlich der Bebauung besteht und die auf Veräußererseite handelnden Personen miteinander verbunden sind, erkennbar zusammenwirken oder sich erkennbar abgestimmt verhalten. Allein die Verpflichtung des Erwerbers gegenüber dem Veräußerer, an dessen Stelle in einen Bauwerkerrichtungsvertrag einzutreten, führt noch nicht zu dem engen sachlichen Zusammenhang.[901] Selbst wenn der Erwerber die Planung selber mit betrieben hat, kann dennoch ein einheitliches Vertragswerk bestehend aus Grundstückskauf und Bauvertrag zu bejahen sein.[902] Erfolgt die Aufspaltung willkürlich, um das Finanzamt darüber hinwegzutäuschen, dass an sich ein einheitlicher wirtschaftlicher Vorgang vorliegt, der darauf gerichtet ist, dem Käufer Eigentum an einem bebauten Grundstück/sanierten Grundstück zu verschaffen, kann dies sogar zu einer **strafbaren Steuerhinterziehung** führen.

IV. Mittelbarer Zwang

Die Belehrung und Warnung der Vertragsbeteiligten ist in dem Moment zu gewährleisten, **508** in dem diese sich binden. Aus dieser Überlegung heraus hat die Rechtsprechung zu Recht festgelegt, dass auch solche Vereinbarungen, die einen – **wirtschaftlichen** – **Zwang** zur Abgabe der entsprechenden Verpflichtungserklärung auslösen, formbedürftig sind.[903] Formbedürftig sind daher jedwede Vereinbarungen, selbst zwischen Unterneh-

---

[897] *BFH BB* 1990, 1613.
[898] BFH BStBl. II 1990, 181; BStBl. II 1995, 331; BFH/NV 1994, 339; BFH/NV 2003, 1446; BFH BStBl. II 2006, 269.
[899] BFH/NV 1995, 337.
[900] BFH BeckRS 2004, 25009340.
[901] BFH BStBl. II 1994, 48.
[902] BFH/NV 2006, 686.
[903] Vgl. BGH NJW 1970, 1915; NJW 1971, 557; NJW 1979, 307; DNotZ 1990, 656.

mern,[904] die durch die Festlegung eines wirtschaftlichen Nachteils für den Fall des Scheiterns des Vertrages die Entscheidungsfreiheit des potentiellen Erwerbers beeinträchtigen. Die Bezeichnung als **Beratungshonorar, Aufwendungsersatz, Reservierungsvereinbarung** etc spielt keine Rolle. Es ist allerdings formfrei möglich, den Ersatz tatsächlich entstandener Aufwendungen oder einer im Vergleich zum Aufwand angemessenen Pauschale zu vereinbaren.[905] Betroffen sind vor allem **Maklerverträge, Bauverträge** und **Fertighauskaufverträge.**

V. Belehrungen und Beurkundungstechnik

509 Der **Belehrungshinweis,** dass alle Vereinbarungen beurkundungsbedürftig sind und die Nichtbeurkundung zur Unwirksamkeit des gesamten Vertrages führen kann, erweist sich häufig als heilsam und sollte daher in der Urkunde nicht fehlen. Beurkundungstechnisch ist darauf zu achten, dass bei Vorliegen einer rechtlichen Einheit dem Beurkundungserfordernis nicht bereits durch die getrennte Beurkundung der verschiedenen voneinander abhängigen Vereinbarungen genügt wird. Die **Verknüpfungsabrede** ist in der zeitlich später errichteten Urkunde selber zum Ausdruck zu bringen.[906]

510 Formulierungsbeispiel: Verknüpfungsabrede

☉ Der hier abgeschlossene Kaufvertrag steht nach dem Willen der Parteien in einem unlösbaren Zusammenhang mit dem am *** geschlossenen Bauvertrag (UR-Nr. *** des beurkundenden Notars). Sollte der Bauvertrag keinen rechtlichen Bestand haben, so ist auch der vorliegende Kaufvertrag mit Wirkung vom Datum seines Abschlusses an rückabzuwickeln (auflösende Bedingung).

511 Wenn der Käufer in Anrechnung auf den Kaufpreis eine grundschuldgesicherte Darlehensverbindlichkeit übernimmt, muss der beurkundende Notar über das Erfordernis der Genehmigung gemäß § 415 Abs. 1 BGB belehren.[907]

512 Wenn lediglich eine Annahmeerklärung beurkundet wird, kann eine Pflicht zur betreuenden Belehrung bestehen, wenn ein sorgfältiger Notar erkennen kann, dass der Annehmende im Fall der Annahme in seinen Vermögensinteressen gefährdet wird.[908]

VI. ABC zur Formbedürftigkeit

513A **Abstandszahlung:** Vereinbarung von Abstandszahlungen in Bauverträgen, Fertighauskaufverträgen etc machen diese Vereinbarungen formbedürftig, wenn damit Einfluss auf die Entscheidungsfreiheit zum Abschluss des Grundstückskaufvertrages ausgeübt wird.[909]

Abtretung: Nach hM ist sowohl der schuldrechtliche Vertrag, der die Abtretung des Auflassungsanspruches zum Gegenstand hat, formfrei als auch die Abtretung selber.[910] Ist für den Abtretenden bereits ein Anwartschaftsrecht entstanden, dh Antrag auf Eintragung einer Vormerkung oder Eigentumsumschreibung gestellt, so gelten sowohl für die Übertragung des Anwartschaftsrechts[911] als auch für die Aufhebung[912] dessen die

---

[904] OLG Dresden RNotZ 2017, 31.
[905] BGH DNotZ 1990, 656; DNotZ 1990, 653 mAnm *Heckschen.*
[906] BGH NJW-RR 1991, 688; OLG Hamm ZfIR 1997, 395 (398); diff. *Kanzleiter* DNotZ 2004, 178; *Weigl* DNotZ 2004, 339.
[907] *Ganter* WM 1996, 701 (704) mwN.
[908] *Ganter* WM 1996, 701 (704) mwN.
[909] OLG München NJW 1984, 243; unzutreffend und im Widerspruch zur übrigen Rechtsprechung BGH NJW 1980, 829.
[910] BGHZ 89, 45; BGH NJW 1994, 1346.
[911] BGHZ 83, 400.
[912] BGHZ 83, 389; BGH NJW-RR 88, 265; *Pohlmann* DNotZ 1993, 357.

§§ 311b, 925 BGB entsprechend, da dieses dem Vollrecht gleichsteht. Die Abtretung des Anspruchs auf Rückübertragung von Grundstücken, Gebäuden und Unternehmen nach dem Vermögensgesetz unterfällt dem Beurkundungserfordernis ebenso wie das zugrunde liegende Kausalgeschäft.[913]

Änderungen: Nachträgliche Änderungen oder Ergänzungen des Grundstückskaufvertrages sind grundsätzlich formbedürftig, und zwar unabhängig davon, ob es sich um wesentliche oder unwesentliche Änderungen handelt. Dem Formzwang unterliegen somit beispielsweise die Vereinbarung über die Anrechnung oder Aufrechnung von Leistungen;[914] Änderung eines bedingten in ein unbedingtes Kaufangebot[915] oder die Erschwerung des Rücktritts.[916] Eine Ausnahme bilden die drei folgenden Fälle:

– Die Veräußerungs- oder Erwerbspflicht wird weder unmittelbar noch mittelbar verschärft oder erweitert, einziges Rechtsprechungsbeispiel für diesen engen Anwendungsbereich ist die Fristverlängerung für ein vertragliches Rücktrittsrecht.[917]

– Vereinbarungen zur Behebung unvorhergesehen aufgetretener Schwierigkeiten bei der Vertragsabwicklung **(Abwicklungsabrede)** sind nicht formbedürftig, wenn sie die beiderseitigen Verpflichtungen im Kern nicht wesentlich verändern.[918] Etwas anderes gilt jedoch dann, wenn der Kaufpreis teilweise erlassen oder langfristig gestundet werden soll.[919] Die Vereinbarung eines anderen Zahlungsweges,[920] die Übernahme einer Verbindlichkeit,[921] die Vereinbarung einer Fristverlängerung für die Ausübung eines Wiederkaufs- oder Rücktrittsrechtes,[922] die Vereinbarungen über Rechts- oder Sachmängel[923] oder die Festlegung einer Frist für den Baubeginn und Einräumung eines Rücktrittsrechts bei Fristversäumung bei Überwindung eines unvorhersehbaren Hindernisses[924] ist jedoch formfrei möglich.

– **Änderungen nach (bindend) erklärter Auflassung** waren nach bisheriger Rechtsprechung nicht formbedürftig,[925] weil die Erwerbs- und Übereignungsverpflichtung bereits erfüllt seien. Die hM in der Literatur[926] und auch einige Oberlandesgerichte[927] sind jedoch bei Änderungen zwischen Auflassung und Eigentumsumschreibung anderer Ansicht. Insbesondere sei die bisherige Ansicht nicht mehr zeitgemäß, denn die Auflassung sei nicht mehr Schlusspunkt, sondern werde heute idR aus praktischen Gründen bereits vor Erfüllung der sonstigen vertraglichen Pflichten erklärt. Somit sei der Zweck (→ Rn. 496, vor allem Übereilungsschutz) nicht gewährleistet. Der BGH bestätigte nun allerdings ausdrücklich, dass er bei seiner Ansicht bleibe.[928] Die Parteien eines Grundstückskaufvertrages bedürfen des Schutzes des § 311b Abs. 1 S. 1 BGB nach erklärter Auflassung nicht mehr, da dessen Zweck bereits erfüllt sei. Abzustellen sei auf die unwiderrufliche Erbringung der geschuldeten Leistungshandlungen. Nach erklärter Auflassung liege die Eigentumsumschreibung weder in der Hand des Veräußerer noch des Erwerbers. Durch die angeordnete Vorlagen- und Ausfertigungssperre dem Notar gegenüber sei der Veräußerer zudem geschützt. Das Festhalten an der Rechtsprechung liege überdies im Interesse der Rechtsklarheit und

---

[913] *Weimar/Alfes* DNotZ 1992, 624.
[914] BGH NJW 1984, 974; MittBayNot 2005, 222.
[915] BGH NJW 1982, 882.
[916] BGH NJW 1988, 3263.
[917] BGHZ 66, 270.
[918] BGH NJW-RR 1988, 186; NJW 2001, 1932.
[919] BGH NJW 1982, 434.
[920] BGH NJW 1998, 1483.
[921] BGH ZIP 1999, 143.
[922] BGH NJW 1973, 37; OLG Brandenburg NJW-RR 1996, 724.
[923] BGH WM 72, 557.
[924] BGH NJW 2001, 1932.
[925] BGH NJW 1985, 266; OLG Hamm ZfIR 1997, 398; OLG Bamberg MDR 1999, 151.
[926] *Steinbrecher* NJW 2018, 1214f. mwN.
[927] OLG Stuttgart RNotZ 2018, 316; OLG Düsseldorf DNotZ 1998, 949.
[928] BGH IMR 2018, 3467.

-sicherheit, so bestehe nämlich kein Zweifel über die Wirksamkeit des gesamten Vertrages, § 139 BGB.

Änderungen nach Auflassung und Eintragung sind formfrei, formbedürftig ist aber eine Rückkaufsvereinbarung.[929]

Anfechtung: Kann formfrei erfolgen.

Ankaufsrecht: Stets formbedürftig, da auch jede bedingte Übertragungsverpflichtung von § 311b BGB erfasst wird.[930] Ist das Ankaufsrecht bspw. mit einem Mietvertrag verbunden, so ist es nach *Basty*[931] sowie OLG Schleswig,[932] entgegen der Ansicht des OLG Düsseldorf[933] erforderlich, auch den Mietvertrag zu beurkunden, wenn sich aus dem Vertrag oder aus dem Parteiwillen ergibt, dass beide Vereinbarungen miteinander stehen und fallen sollen. Ein Mietvertrag, der ein Ankaufsrecht des Mieters nach Beendigung des auf 20 Jahre abgeschlossenen Mietvertrags beinhaltet, bedarf der notariellen Beurkundung.[934] Nicht erforderlich sei es allerdings, dass in der Ankaufsrechtsvereinbarung ein Maßstab für die Bemessung der einem evtl. Sondereigentum zuzuordnenden Miteigentumsanteile und Vorgaben für den näheren Inhalt der Gemeinschaftsordnung enthalten ist. Der Notar sollte jedoch, zur Streitvermeidung, dennoch umfassende Regelungen anregen.[935] Der wesentliche Inhalt des durch Ausübung des Ankaufsrechts zustande kommenden Vertrages sollte mindestens bestimmbar sein. Im Regelfall wird wohl die Einräumung eines Leistungsbestimmungsrechts gemäß § 315 BGB idR für den Grundstückseigentümer erforderlich sein, welches allerdings nicht zu umfassend sein darf. Ratsam ist ebenfalls eine Auflassungsvormerkung zugunsten des Ankaufsberechtigten. Zwar ist das Ankaufsrecht als solches nicht im Grundbuch eintragbar und kann insoweit nicht durch Vormerkung im Grundbuch gesichert werden. Jedoch kann der aus dem Ankaufsrecht entspringende künftige Anspruch durch Auflassungsvormerkung gesichert werden.[936] Das Ankaufsrecht kann in drei Formen begründet werden:[937]

– in Form eines befristeten Verkaufsangebotes, das vom Berechtigten durch Erklärung, dh Ausübung des Ankaufsrechts, angenommen wird.[938] Außer dem Angebot bedarf dann auch die spätere Annahmeerklärung der Form des § 311b Abs. 1 BGB.[939] Der Eigentümer kann sich in einem Verkaufsangebot einen Widerruf vorbehalten, welches auch die Befristung des Angebotes zur Folge hätte. Möglich ist auch ein weiterer Vorbehalt zum Widerruf des Widerrufs. Die Erklärung des Widerrufs ist nicht formbedürftig;[940]

– in Form eines aufschiebend bedingten Kaufvertrages.[941] Wird durch Abschluss eines aufschiebend bedingten Vertrages ein Optionsrecht für den Käufer begründet, so ist die Optionserklärung formfrei möglich.[942] Ebenso verhält es sich mit der Ausübung des Ankaufsrechtes, auch sie ist formfrei möglich;[943]

[929] BGH NJW 2012, 3173.
[930] BGH LM § 433 Nr. 16; OLG München OLGR 1997, 121.
[931] DNotZ 1996, 630.
[932] OLGR 1998, 3.
[933] DNotZ 1996, 39.
[934] OLG Stuttgart OLGR 2007, 881.
[935] Anders wieder OLG Düsseldorf DNotZ 1998, 949, das diesbezügliche Angaben für zwingend erforderlich hält.
[936] BayObLG NJW 1968, 553.
[937] BGHZ 47, 387 f.
[938] RGZ 169, 71.
[939] Staudinger/*Beckmann* BGB Vorb. §§ 433 ff. Rn. 155.
[940] BGH NJW-RR 2004, 952.
[941] *Basty* DNotZ 1996, 630; vgl. aber auch BGH NJW 1967, 153, wonach die Bedingung in den freien Willen beider Parteien gestellt werden kann.
[942] BGH NJW-RR 1996, 1167; OLG Köln NJW-RR 2003, 375.
[943] BGH WM 1996, 1734; MittBayNot 1996, 367; BB 1996, 2379.

– durch einen Vorvertrag, aus dem für einen Vertragsteil ein Recht auf ein Vertragsangebot des anderen mit dem bereits im Vorvertrag bestimmten Inhalt erwächst.[944] Sowohl einseitig bindender Vorvertrag als auch Hauptvertrag sind formbedürftig.[945]

Anlagevermittler: Vgl. Beratungsvertrag, formbedürftig;[946] vgl. Vollmacht.[947]

Anrechnungsabrede: Treffen die Parteien eine Abrede, nach der eine Vorauszahlung auf den Kaufpreis anzurechnen ist oder nicht, so ist eine solche Vereinbarung nach ständiger Rechtsprechung formbedürftig, da sie konstitutive rechtliche Bedeutung hat.[948] Dies gilt sinngemäß auch für die Anrechnung anderer Leistungen.[949]

Anwachsung: Der Eigentumsübergang durch Anwachsung unterliegt nicht der Regelung des § 311b Abs. 1 BGB, da es sich hierbei nicht um eine rechtsgeschäftliche Übertragung handelt. Daher kann beispielsweise die Übertragung von Mitgliedschaftsrechten an einer Grundstücksgesellschaft, der Eintritt in eine solche Gesellschaft oder entsprechende Verpflichtungsgeschäfte formfrei erfolgen.[950] Gleiches gilt für den Fall des Ausscheidens von Miterben aus einer Erbengemeinschaft, die über Grundbesitz verfügt.[951] Auch kann das Gesellschaftsvermögen einer zweigliedrigen OHG oder GbR durch Anwachsung formfrei auf den allein verbleibenden Gesellschafter übergehen.[952]

Anwartschaft: Vgl. Abtretung, Übertragung; formbedürftig.[953]

Architektenvertrag: Kann grundsätzlich formfrei zustande kommen. Schriftform ist üblich und zweckmäßig und nach § 4 HOAI nur für bestimmte Honorarvereinbarungen notwendig.[954] Auch wenn der Kaufinteressent in der Erwartung, demnächst ein bestimmtes Grundstück zu erwerben, einen Architekten mit der Entwurfsplanung beauftragt und sich verpflichtet – unter der Bedingung des Grundstückserwerbes – dem Architekten weitere Architektenleistungen zu übertragen, bedarf es nicht der Form des § 311b BGB.[955]

Aufhebung: Ist formbedürftig, wenn der Kaufvertrag durch Auflassung und Eintragung vollzogen ist und seine Aufhebung damit die Verpflichtung zur Übertragung und zum Rückerwerb des Grundstücks begründet.[956] Formbedürftigkeit besteht auch, wenn ein Anwartschaftsrecht entstanden ist, dh Antrag auf Eintragung einer Vormerkung nach erklärter Auflassung oder Antrag auf Eigentumsumschreibung gestellt ist.[957] Nach *Tiedtke*[958] ist die Aufhebung des Grundstückskaufvertrages auch dann noch möglich, wenn bereits ein akzessorisches Anwartschaftsrecht des Käufers besteht. Durch die Aufhebung des Kaufvertrages verpflichte sich der Käufer nicht, das Anwartschaftsrecht aufzugeben, sondern es entfalle automatisch, da es auf der akzessorischen Auflassungsvormerkung beruht, die entfällt, wenn der durch sie zu sichernde Anspruch wegfällt. Daher sei § 311b BGB nicht tangiert, der Käufer bedürfe keines Schutzes vor Übereilung.[959] Ist der Kaufvertrag noch nicht vollzogen und besteht für den Käufer auch keine Anwart-

[944] RGZ 154, 355 (359); RGZ 169, 71.
[945] BGH LM § 433 Nr. 16.
[946] BGH DNotZ 1990, 651 mAnm *Heckschen.*
[947] BGH DNotZ 2004, 787.
[948] BGH DNotZ 1986, 246 (248); NJW 1994, 720; NJW-RR 1998, 1470.
[949] BGH NJW-RR 1999, 927.
[950] BGHZ 86, 370; BGH NJW 1998, 376; OLG Frankfurt a.M. NZG 2008, 19.
[951] BGH NJW 1998, 1557; LG Köln NJW 2003, 2993; *Wesser/Saalfrank* NJW 2003, 2937.
[952] BGH NJW 1990, 1171.
[953] Vgl. BGHZ 83, 400.
[954] Staudinger/*Jacoby*/*Peters* BGB Vorb. §§ 631 ff. Rn. 130.
[955] OLG Köln NJW-RR 1991, 642.
[956] BGH NJW 1982, 1639; OLG Köln NJW-RR 1995, 1107.
[957] → Rn. 956 ff.; OLG Düsseldorf OLGR 1995, 233; OLGR 1992, 170; DNotZ 1990, 370; OLG Saarbrücken NJW-RR 1995, 1105; angenommen auch in OLG Hamm DNotZ 1991, 149; davor formlos möglich: OLG Köln NJW-RR 1995, 1107.
[958] JZ 1994, 526.
[959] Ähnlich auch BGH JZ 1994, 524.

schaft, ist dieser formfrei, da die Aufhebung weder eine Übertragungs- noch eine Erwerbspflicht begründet.[960]

Auflassungsvollmacht: Formbedürftig, wenn sie unwiderruflich erteilt wird; Unwiderruflichkeit kann auch dann vorliegen, wenn die Vollmacht zwar nicht ausdrücklich unwiderruflich erteilt wurde, nach den Umständen des Einzelfalls ein Widerruf aber praktisch nicht mehr möglich ist, wobei insbesondere eine Befreiung von § 181 BGB oder die in Aussicht genommene kurzfristige Durchführung des Geschäfts von Bedeutung sein können.[961]

Auftrag: Der Auftrag zur Ersteigerung eines Grundstückes kann unter dem Gesichtspunkt einer Erwerbpflicht des Auftragnehmers und dem einer Erwerbspflicht des Auftraggebers nach § 311b BGB formbedürftig sein.[962] Der Bundesgerichtshof hat bei Auftragsverhältnissen wiederholt betont, dass der Formzwang für die Erwerbsverpflichtung des Auftraggebers nicht dem Schutze des Auftragnehmers diene.[963] Dies kann aber dann anders zu beurteilen sein, wenn der Auftragnehmer zunächst das „Risiko" des Erwerbsgeschäfts trägt, weil er das Grundstück zunächst mit weitgehend eigenen Mitteln erwirbt und deren Erstattung durch den Auftraggeber nicht sicher ist.[964] Im Auftragsverhältnis kann sich ein Grundstücksherausgabeanspruch aus § 667 BGB ergeben, da sich der Anspruch aus Gesetz ergibt, bedarf er entgegen der ihm zugrundliegenden Abrede keiner Form.[965]

Ausbietungsgarantie: Abgabe und Annahme des Angebots müssen analog § 311b Abs. 1 BGB notariell beurkundet werden, soll eine Ausbietungsgarantie zum Erwerb eines Grundstücks im Zwangsversteigerungsverfahren übernommen werden. Dass die Garantie nur unter der Bedingung in Anspruch genommen wird, dass im Zwangsversteigerungsverfahren ein höheres Angebot abgegeben wird, macht das Geschäft gerade nicht formfrei.[966] Nicht beurkundungspflichtig ist dagegen eine reine *Ausfallgarantie,* da sie keine Verpflichtung zur Abgabe eines Gebots im Versteigerungstermin enthält.[967]

Auseinandersetzungsvereinbarung: Eine Auseinandersetzungsvereinbarung ist dann formbedürftig, wenn sie nicht genau gemäß § 752 BGB erfolgt,[968] also von den gesetzlichen Regelungen abweicht.[969] Siehe auch Erbengemeinschaft, Gemeinschaft und Gütergemeinschaft.

Auslandsgrundstück: Formbedürftig, wenn deutsches Recht anwendbar ist.[970] Siehe auch im Ausland belegenes Grundstück.

Auslobung: Als einseitige nichtempfangsbedürftige Willenserklärung nach hM dann formbedürftig nach § 311b Abs. 1 BGB,[971] wenn der Auslobende für die Vornahme einer bestimmten Handlung die Übereignung eines Grundstücks verspricht. Formvoraussetzung der Auslobung selbst, ist die öffentliche Bekanntmachung.[972]

Ausübung des Vorkaufs-/Wiederkaufsrechts: Formfrei nach §§ 464 Abs. 1 S. 2, § 456 Abs. 1 S. 2 BGB.[973] § 456 Abs. 1 S. 2 BGB kommt aber dann nicht zur Anwen-

---

[960] BGH NJW 1982, 1639; NJW-RR 1988, 265.
[961] OLG Schleswig DNotZ 2000, 777; OLG Brandenburg BeckRS 2012, 07377.
[962] BGH NJW 1983, 566; MüKoBGB/*Schäfer* BGB § 662 Rn. 39; OLG Köln BeckRS 2010, 13302.
[963] Vgl. BGHZ 85, 245 ff.; BGHZ 127, 175 ff.
[964] Vgl. BGH NJW 1996, 1960 (1961).
[965] OLG Köln BeckRS 2010, 13302.
[966] BGHZ 110, 321; OLG Celle NJW-RR 1991, 867; OLG Hamburg MittBayNot 2003, 294.
[967] AG Hannover WM 1979, 1197.
[968] Vgl. *OGH* NJW 1949, 64.
[969] BGH DNotZ 1973, 472; NJW 2002, 2560 und DNotZ 2002, 941.
[970] BGH NJW 1969, 1760.
[971] MüKoBGB/*Kanzleiter* BGB § 311b Rn. 24; BeckOK BGB/*Gehrlein* BGB § 311b Rn. 9.
[972] MüKoBGB/*Schäfer* BGB § 657 Rn. 20 ff.; BeckOK BGB/*Kotzian-Marggraf* BGB § 657 Rn. 8.
[973] OLG Frankfurt a.M. NJW-RR 1999, 16; BGH DNotI-Report 1996, 158; vgl. *Wufka* DNotZ 1990, 339; *Heckschen* S. 52 ff.

dung, wenn vereinbart wurde, dass für den Wiederverkauf ein weiterer Vertrag abzuschließen ist.[974]

Baubeschreibung/Baupläne: Unterliegen dem Formerfordernis des § 311b Abs. 1 **513B** BGB, wenn sich Inhalt und Umfang der Pflichten daraus ergeben.[975] Gemäß §§ 9 Abs. 1 S. 3, 13 Abs. 1 S. 1 BeurkG kann die Beurkundung durch Verweisung auf beizufügende Anlagen erfolgen. Eine in Bezug genommene DIN-Regelung braucht jedoch eben so wenig, wie ein zu berücksichtigendes Bodengutachten mitbeurkundet werden.[976] Baupläne können die vertraglich geschuldete Ausführung eines Bauvorhabens, auch ohne Vertragsbestandteil des notariellen Kaufvertrages zu sein, dann näher festlegen, wenn die eine Auslegung nach §§ 133, 157 BGB nichts anderes zulässt und der Formmangel nach § 311b Abs. 1 S. 2 BGB geheilt wird.[977]

Baubetreuungsvertrag: Der Baubetreuungsvertrag unterliegt der Formbedürftigkeit des § 311b BGB, wenn er mit dem Grundstückskaufvertrag in der Weise verbunden ist, dass beide Verträge miteinander stehen und fallen sollen (siehe auch Vollmacht). Dies ist insbesondere der Fall, wenn der Baubetreuer ein Grundstück auf eigene Rechnung kaufen oder ein vorhandenes eigenes Grundstück bebauen und liefern soll.[978] Auch wenn der Baubetreuungsvertrag keine Grundstücksübertragungsverpflichtung zum unmittelbaren Inhalt hat, ist er in der Regel wegen der Einheitlichkeit mit dem Kaufvertrag und oftmals auch wegen eines mittelbaren Zwangs zum Abschluss des Grundstückskaufvertrages (Vertragsstrafen etc) formbedürftig.[979] Selbiges gilt für Baubetreuungsvorverträge.[980] Auch die nachträgliche Abänderung eines Bauträgervertrages in einen Baubetreuungsvertrag unterliegt der Form des § 311b BGB.[981]

Baugenehmigung: Verpflichtet sich ein Verkäufer eines Grundstückes, die Baugenehmigung nach vorher erstellter Planung einzuholen, ist diese Vereinbarung formbedürftig.[982] Werden im Grundstückskaufvertrag auch die Rechte an einer bereits vorhandenen Baugenehmigungsplanung übertragen, so ist zwar die Verpflichtung zur Übertragung beurkundungsbedürftig, die Planungsunterlagen selbst müssen jedoch nicht mit beurkundet werden, da diese keine Regelungen in Bezug auf den Vertrag enthalten.[983] Ausdrückliche Regelungen können sich aber aus anderen Gründen empfehlen. Bspw. wegen bestehender Urheberrechte des bislang mit dem Baugenehmigungsverfahren betrauten Architekten.[984] Ein durch notariellen Kaufvertrag im Wege der Einzelrechtsnachfolge übernommener Bauvorbescheid schützt nur das rechtliche Vertrauen auf die planungsrechtliche Bebaubarkeit und rechtfertigt keinen Schutz des Vertrauens eine spätere – von Auflagen und Beschränkungen freie – Baugenehmigung, die im Verfahren über eine Bauvoranfrage nicht geklärt werden.[985]

Bauherrenmodell: Es ist zu beachten, dass das Bauherrenmodell aus einem Bündel von Verträgen besteht. Die einzelnen der Vereinbarungen sind formbedürftig, wenn sie zumindest für eine Seite in einem für beide erkennbaren untrennbaren rechtlichen und wirtschaftlichen Zusammenhang mit dem Grundstückskaufvertrag stehen und miteinander „stehen und fallen" sollen.[986] Formbedürftig ist die darin enthaltene Vollmacht

---

[974] BGH NJW 1999, 941.
[975] BGH NJW-RR 2002, 1050; NJW-RR 2005, 1356; NJW-RR 2008, 1506.
[976] BGH NJW-RR 2003, 1136.
[977] OLG Hamm NJOZ 2003, 2331.
[978] BGH LM § 313 Nr. 40, 48; NJW 1998, 730.
[979] Vgl. BGH DNotZ 1980, 344 mAnm *Wolfsteiner;* OLG Stuttgart MittBayNot 1979, 63.
[980] OLG Düsseldorf BauR 1992, 413.
[981] OLG Hamm NJW-RR 1994, 296.
[982] OLG Hamm OLGR 1992, 177.
[983] BGH DNotZ 1999, 50 mAnm *Kanzleiter; DNotI-Report 2012, 56.*
[984] OLG Celle NJOZ 2011, 1059; OLG Frankfurt a.M. NZBau 2007, 322; DNotI-Report 2012, 56.
[985] OLG Celle NJOZ 2003, 2660.
[986] Vgl. BGHZ 101, 397; BGH DNotZ 1980, 344; NJW 1994, 295; NJW 2004, 3330; NJW-RR 2009, 953.

zum Grundstückserwerb.[987] Dies gilt wegen der durch sie erzeugten faktischen Bindung erst recht für sog. Basisvollmachten, die dem Treuhänder eine umfassende Stellung einräumen. Bildet die Vollmacht mit dem ihrer Erteilung zugrunde liegenden Auftrag oder Treuhandverhältnis eine Einheit, ist dieses mit zu beurkunden.[988] Auch ein den Beitritt zum Bauherrenmodell vorbereitender Vertrag ist formbedürftig, wenn dem Anlagevermittler unabhängig vom Zustandekommen des Geschäftes ein Entgelt zu zahlen ist, welches wegen seiner Höhe nur als vorweggenommene Vermittlungsprovision verstanden werden kann.[989]

Bauvertrag/Bauwerkvertrag: In der Regel formbedürftig, da in rechtlicher Einheit mit einem Grundstückskaufvertrag;[990] nicht notwendig ist, dass Werkunternehmer und Verkäufer identisch sind.[991] Ein einheitlicher Vertrag kann schon dann vorliegen, wenn nur eine der Vertragsparteien einen solchen Einheitswillen erkennen lässt und der andere Partner ihn anerkennt oder zumindest hinnimmt.[992] Indiz für den einheitlichen Vertragswillen ist zB ein ausdrücklicher Bezug der versprochenen Bauleistung auf ein konkretes, wenn auch vom Eigenheiminteressenten noch zu erwerbendes Grundstück[993] oder dass der Grundstückskaufvertrag geschlossen wird, um das Bauvorhaben zu ermöglichen[994] oder das Grundstück und der Bauvertrag als ein Paket beworben werden.[995] Eine rechtliche Einheit kann auch dann vorliegen, wenn der Bauvertrag noch vor Abschluss des Grundstückskaufvertrages geschlossen wurde. Entscheidend ist der Wille – auch nur einer Partei – die Verträge in der Weise zu verknüpfen, dass der eine mit dem anderen stehen und fallen soll.[996] Im Übrigen oftmals Formpflicht aus dem Gesichtspunkt des mittelbaren Zwanges.[997] Der rechtliche Zusammenhang – der die Beurkundungspflicht auch auf ein grundsätzlich formlos gültiges Rechtsgeschäft erstreckt – kann entfallen, wenn die jeweiligen Rechtsgeschäfte in verschiedenen Urkunden niedergelegt sind. Hieraus spricht die widerlegbare Vermutung, dass die Parteien die Rechtsgeschäfte nicht als Einheit wollen.[998] Die Einheitlichkeit von Werk- und Grundstücksvertrag kann sich auch aus weitreichenden Einflussmöglichkeiten des Bauunternehmers auf die Durchführung des Kaufvertrages ergeben. Fehlt es an dieser Einflussmöglichkeit, müssen weitere Umstände hinzutreten, um die Verknüpfung und damit die Beurkundungspflicht zu begründen. Daran fehlt es insbesondere, wenn bei einem Hausbauvertrag nicht auf ein konkretes Grundstück Bezug genommen wird und Informationen über mögliche Grundstücke nicht mehr als eine unverbindliche Serviceleistung des Bauunternehmers sind.[999]

Bedingte Verpflichtung: Auch lediglich bedingte Verpflichtungen sind beurkundungsbedürftig.[1000] Die bedingte Verpflichtung muss nicht unmittelbar auf die Veräußerung oder den Erwerb von Grundeigentum gerichtet sein. Es reicht aus, wenn der Vertrag Regelungen enthält, welche an die Nichtveräußerung oder den Nichterwerb des

---

[987] BGH DB 1992, 1925.
[988] *Schmenger* BWNotZ 1996, 28 mwN; BGH DNotI–Report 1997, 5.
[989] BGH EWiR 1989, 1179.
[990] BGH BauR 1990, 228; OLG Brandenburg OLG-NL 2002, 261; OLG Hamm FGPrax 2008, 128.
[991] So grds. OLG Koblenz NotBZ 2002, 187; BGH DNotI–Report 2010, 194.
[992] OLG Hamm MDR 1993, 537; MDR 1992, 583; MDR 1989, 909; OLG Schleswig NJW-RR 1991, 1175.
[993] BGH NJW 1994, 721; *Schmenger* BWNotZ 1996, 28.
[994] BGH NJW 2002, 2559.
[995] OLG Hamm FGPrax 2008, 128.
[996] BGH BeckRS 2010, 2056; DNotI–Report 2010, 194; NJW-Spezial 2010, 588; *Heckschen* NotBZ 2009, 325.
[997] OLG Hamm DNotZ 1982, 367; NJW-RR 1989, 1367; OLG Hamburg DNotZ 1983, 625; OLG Düsseldorf NJW-RR 1993, 667; BGH NJW 2002, 1972.
[998] KG BeckRS 2009, 28276.
[999] OLG Naumburg NJW-RR 2011, 743; NotBZ 2011, 188.
[1000] BGH DNotZ 1973, 542; NJW-RR 2008, 824 für eine sog. Reservierungsvereinbarung.

Grundeigentums wesentliche wirtschaftliche Nachteile knüpfen, die mittelbar zur Veräußerung oder zum Erwerb des Grundeigentums zwingen.[1001]

Bedingungen: Sind für den Grundstückserwerb mit zu beurkunden.[1002] Wird anstelle eines aufschiebend bedingt gewollten Kaufvertrages ein unbedingter beurkundet, ist die Bedingung daher nach § 125 BGB nichtig. Hier lässt sich der Vertrag nicht iSd § 139 BGB in einen wirksamen und einen unwirksamen Teil aufspalten, so dass der Vertrag auch nicht im beurkundeten Umfang wirksam ist.[1003]

Es kann jedoch genügen, wenn die Bedingung in der notariellen Urkunde allgemein bezeichnet wird (behördliche Genehmigung des Gewerbebetriebs des Käufers), aber nicht das näher Vereinbarte erwähnt (Autowaschanlage), denn „die Besonderheit des Vereinbarten kommt in dem gewählten Oberbegriff ‚Gewerbebetrieb' in einer den Zwecken des § 311b BGB genügenden Weise zum Ausdruck".[1004] Die Ausübung der Bedingung ist jedoch formfrei möglich.[1005]

Beratungsvertrag: Formbedürftig, wenn durch Vereinbarung eines übersetzten Beratungshonorars mittelbarer Zwang zum Abschluss eines Grundstückskaufvertrages ausgeübt wird. Oftmals handelt es sich um eine bloße Falschetikettierung; der Berater möchte eine erfolgsunabhängige Maklerprovision.[1006]

Bierbezugsvertrag: In der Regel formbedürftig, wenn im Zusammenhang mit Grundstückskaufvertrag geschlossen. Brauerei würde das Grundstück ohne Abschluss des Bierbezugsvertrages nicht veräußern.[1007]

Bindungsentgelt: Formbedürftig.[1008]

Bodengutachten: Ein Bodengutachten, welches nach der Baubeschreibung zu beachten ist, nicht aber die vertragliche Beschaffenheit des Gebäudes bestimmt, bedarf keiner Beurkundung.[1009]

Bürgschaft: Eine Bürgschaft über die Veräußerungs- oder Erwerbspflicht ist formfrei möglich.[1010] Nach wohl hM nur dann formbedürftig, wenn im rechtlichen Zusammenhang mit Grundstückskaufvertrag vereinbart. Dies ist dann der Fall, wenn die Bürgschaft Bestandteil des Veräußerungsvertrages sein soll.[1011]

Break up fee: Formbedürftigkeit ist zu bejahen, wenn im Letter of Intent (LOI) eine break up fee (Vertragsstrafe für den Fall, dass es nicht zum Vertragsschluss kommt) eines asset oder share deal vereinbart wird, die Zwang zum Grundstückskauf/-verkauf bzw. Unternehmenskauf auslöst. So unterliegt unter anderem eine Vereinbarung, nach der sich jeder Gesellschafter verpflichtet, den anderen Gesellschaftern ein „break up fee" für den Fall zu zahlen, dass er die für eine Verschmelzung erforderlichen Beschlüsse nicht mitträgt.[1012] Vgl. auch → § 25 Rn. 8.

Closing Protokoll: Siehe Vollzugsprotokoll.   513C

Darlehensvertrag: Siehe auch zusammengesetzte Verträge; kann im Rahmen eines Bauherrenmodells, aber auch im Übrigen formbedürftig sein, wenn rechtlicher Zusammenhang mit Grundstückskaufvertrag besteht.[1013] Dies ist dann der Fall, wenn die Verträge nach dem Willen der Parteien nicht für sich allein gelten sollen, sondern   513D

[1001] BGH NJW 1980, 829; NJW 1990, 390; NJW-RR 2008, 824.
[1002] *LArbG Kiel* DB 1989, 1975.
[1003] BGH DB 1999, 143.
[1004] BGH WM 1996, 1735.
[1005] BGH NJW-RR 1996, 1167.
[1006] Vgl. BGH DNotZ 1990, 651 mAnm *Heckschen*.
[1007] MüKoBGB/*Kanzleiter* BGB § 311b Rn. 55.
[1008] Vgl. OLG Düsseldorf NJW 1983, 181; BGH DB 1986, 379.
[1009] BGH NJW-RR 2003, 1136.
[1010] BGH NJW-RR 1988, 1197.
[1011] Vgl. BGH NJW 1962, 586; sehr zweifelhaft.
[1012] LG Paderborn MittRhNotK 2000, 441.
[1013] BGH NJW 1986, 1983; WM 1984, 857; ZIP 2006, 459 (461).

miteinander „stehen und fallen" sollen.[1014] Ausreichend ist dabei die einseitige Abhängigkeit des Grundstückskaufvertrages vom Darlehensvertrag.[1015] Die Formbedürftigkeit ist daher insbesondere gegeben, wenn das Darlehen Teil der Gegenleistung ist[1016] oder der Grundstücksvertrag von der Gewährung des Darlehens abhängen soll.[1017] Die Möglichkeit wirtschaftlichen Drucks bzw. ein bloß wirtschaftlicher Zusammenhang reicht jedoch nicht aus.[1018]

Datsche: Soweit es sich um bauliche Anlagen auf dem Gebiet der ehemaligen DDR handelt, ist die Besonderheit des Bodenrechts der ehemaligen DDR zu beachten. Hiernach war selbständiges Eigentum an Gebäuden losgelöst von dem Grundstück zulässig. Das selbständige Eigentum an Gebäuden blieb nach dem Einigungsvertrag bestehen und wurde nicht wesentlicher Bestandteil des Grundstücks iSv § 94 BGB, vgl. Art. 231 § 5 Abs. 1 EGBGB. Das Gebäudeeigentum ist eigenständig verkehrsfähig. Für Verfügungen gelten die Vorschriften des BGB nach Maßgabe des Art. 233 § 4 Abs. 1, Abs. 3 EGBGB.[1019] Somit ist für den schuldrechtlichen Vertrag, die Form des § 311b BGB zu wahren.

DDR: Bis zum In-Kraft-Treten des *ZGB* am 1.1.1976 galt das Formerfordernis des (heutigen) § 311b BGB auch in der DDR.[1020]

Das ZGB enthielt darüber hinaus in **§ 297** ebenfalls eine dem § 311b Abs. 1 S. 1 BGB entsprechende Regelung.[1021] Wurde ein Grundstück unentgeltlich überlassen, war auch die wesentliche Vereinbarung der Unentgeltlichkeit zu beurkunden.[1022] Fraglich ist allerdings, ob die zu § 311b BGB entwickelte extensive Rechtsprechung zur Formbedürftigkeit so ohne weiteres auf § 297 Abs. 1 ZGB übertragen werden kann.[1023]

Es gab aber keine dem § 311b Abs. 1 S. 2 BGB entsprechende Heilungsmöglichkeit.[1024] Ist die Grundstücksveräußerung so wegen Formmangels nach § 297 ZGB nichtig, hat der Erwerber auch durch Eintragung kein Eigentum erworben.[1025] Die Heilungsmöglichkeit wurde zumindest für die Frage der Formunwirksamkeit von vor dem Beitrittszeitpunkt (3.10.1990) durch bundesdeutsche oder Westberliner Notare beurkundete Verträge über in der DDR belegene Grundstücke durch Einführung des Art. 231 § 7 Abs. 1 EGBGB mit dem 2. VermRÄndG geschaffen. Die Norm wirkt *ex tunc*.[1026] Nach Art. 231 § 7 Abs. 2 EGBGB bleiben jedoch bis dahin rechtskräftig entschiedene Fälle unberührt.[1027]

Ein zum damaligen Zeitpunkt dort zur Umgehung des staatlichen Vorkaufsrechts als Grundstücksschenkungsvertrag beurkundeter verdeckter Kaufvertrag ist formnichtig,[1028] kann aber uU nach Treu und Glauben als wirksam zu behandeln sein.[1029] Wurde zum Schein zur legalen Ausreise ein Kaufvertrag beurkundet, war zwischen den Parteien aber nur ein Treuhandvertrag gewollt, so ist der „Erwerber" wegen Formnichtigkeit nicht Eigentümer geworden.[1030]

[1014] BGH NJW 2004, 3330; WM 2010, 1817.
[1015] BGH NJW-RR 2009, 953; WM 2010, 1817.
[1016] BGH DNotZ 1985, 279.
[1017] BGH NJW 1986, 1984.
[1018] OLG Köln OLGR 1997, 143; BGH NJW 1986, 1984; ZIP 2006, 459 (461).
[1019] *Böhringer* DtZ 1994, 266.
[1020] OLG Brandenburg RAnB 1995, 143 (145).
[1021] Siehe zB OLG Rostock AgrarR 1993, 311; OLG Naumburg OLG-NL 1994, 1.
[1022] *BezG Dresden* NJ 1993, 227.
[1023] LG Berlin ZOV 1992, 108.
[1024] OLG Naumburg OLG-NL 1994, 1.
[1025] *BezG Cottbus* ZIP 1992, 737.
[1026] BGH DtZ 1993, 372.
[1027] LG Berlin DtZ 1991, 411; Kreisgericht Leipzig-Stadt DtZ 1991, 771; *Steiner* DtZ 1991, 372.
[1028] *BezG Cottbus* ZIP 1992, 737.
[1029] BGH NJW 1994, 655.
[1030] BGH DB 1993, 1462.

Drittvereinbarungen: Vereinbarungen mit einem Dritten unterliegen dann dem Formzwang des § 311b BGB, wenn sie nach dem Willen der Parteien des Grundstückskaufvertrages mit diesem eine rechtliche Einheit bilden sollen.[1031] Ausreichend ist, dass nur
eine der Parteien einen solchen Willen erkennen lässt und ihn die andere Partei anerkennt oder wenigstens hinnimmt.[1032] Grundsätzlich kommt es nicht darauf an, ob der
Vertrag nur Verpflichtungen zwischen den Parteien begründen soll. Auch Ansprüche
eines Dritten, also Verpflichtungen zugunsten eines Dritten – sei es als echter oder unechter Vertrag zugunsten Dritten – sind formbedürftig.[1033]

Einberufungsvertrag: Ein Einberufungsvertrag, mit welchem sich der Grundstücksei- 513E
gentümer verpflichtet, das Grundstück an den Bieter zu verkaufen, ist beurkundungsbedürftig nach § 311b Abs. 1 BGB.

Einseitige Rechtsgeschäfte: Auch einseitige Rechtsgeschäfte wie beispielsweise Stiftungsgeschäfte (§§ 80, 82 BGB) oder die Auslobung (§ 657 BGB) unterliegen dem
Formzwang des § 311b Abs. 1 BGB entsprechend.[1034]

Einwilligung: Die Einwilligung in die Auflassung eines Grundstücks ist formfrei möglich, wenn sie ohne Einschränkung frei widerruflich ist.[1035]

Entschädigungsabrede: Vor allem in Verträgen mit Gemeinden über die Straßenland-
übertragung fehlt häufig die zwischen den Gemeinden und dem Veräußerer getroffene
Abrede über eine Entschädigung wegen des Verlustes von Aufwuchs etc. Solche Ent-
schädigungs- oder auch Ausfallabreden sind formpflichtige Nebenvereinbarungen.[1036]

Erbbaurecht: Übertragung eines schon bestellten Erbbaurechts ist nach § 11 Abs. 2 ErbbauRG (mit Wirkung vom 30.11.2007 wurde die ErbbauVO ohne inhaltliche Änderungen in das ErbbauRG umbenannt) beurkundungspflichtig. Der schuldrechtliche
Vertrag über die Bestellung und den Erwerb eines noch nicht bestellten Erbbaurechts
ist nach § 11 Abs. 1 ErbbauRG beurkundungspflichtig. Da § 925 BGB in § 11 Abs. 2
ErbbauRG nicht genannt ist, ist auch – die an sich formlos wirksame – (dingliche)
Einigung über die Bestellung des Erbbaurechts beurkundungspflichtig, wenn das Kausalgeschäft und die Einigung nach dem Parteiwillen eine Einheit gemäß § 139 BGB
darstellen.[1037] Anders als bei der Auflassung steht beim Erbbaurecht nicht das Abstrakti-
onsprinzip entgegen.[1038] Umstritten ist die Formbedürftigkeit von Verpflichtungen zur
Änderung des Inhalts des Erbbaurechts.[1039] Jedenfalls ist die Änderung immer dann
formbedürftig, wenn es sich um eine Teil-Aufhebung oder Teil-Neubestellung handelt
und dadurch die Rechtsidentität des Erbbaurechts berührt.[1040] Dies ist immer dann der
Fall, wenn der gemäß § 1 Abs. 1 ErbbauRG notwendige gesetzliche Inhalt des Erbbaurechts betroffen ist.

Erbengemeinschaft/Auseinandersetzung: Die Auseinandersetzungsvereinbarung der
Erbengemeinschaft gemäß § 2047 Abs. 1 BGB iVm § 752 BGB[1041] ist dann formbe-
dürftig, wenn sie nicht genau gemäß § 752 BGB erfolgt,[1042] also von den gesetzlichen
Regelungen abweicht.[1043]

[1031] BGH NJW-RR 1991, 1031.
[1032] Vgl. BGH NJW 2002, 2560 mwN.
[1033] BGH NJW 1970, 1915; NJW 1983, 1543; DNotZ 1990, 656.
[1034] BGHZ 15, 182; OLG Schleswig DNotZ 1996, 770.
[1035] BGH DNotZ 1999, 40 mit ablehnender Anm. von *Einsele*.
[1036] BGH NJW 1989, 898.
[1037] Staudinger/*Schumacher* BGB § 311b I Rn. 13.
[1038] *Wufka* DNotZ 1985, 651; aA OLG Oldenburg DNotZ 1985, 712.
[1039] Für Formfreiheit: Palandt/*Wicke* ErbbauRG § 11 Rn. 11; für Formpflicht: Staudinger/*Rapp* ErbbauRG § 11 Rn. 23.
[1040] Palandt/*Wicke* ErbbauRG § 11 Rn. 10f.; Staudinger/*Rapp* ErbbauRG § 11 Rn. 23.
[1041] BGH NJW 1973, 1611.
[1042] Vgl. *OGH* NJW 1949, 64.
[1043] BGH DNotZ 1973, 472; NJW 2002, 2560 und DNotZ 2002, 941.

Erbteilsübertragung: Aus dem Gesichtspunkt des § 311b BGB nach hM nicht formbedürftig, da Gegenstand der Übertragung auch bei einer Erbschaft, die nur aus Grundbesitz besteht, nicht der Grundbesitz, sondern der Anteil am Gesamtvermögen ist; aber § 2371 BGB. Die Abschichtung ist eine formfreie Möglichkeit der Auseinandersetzung einer Erbengemeinschaft gemäß § 2042 BGB;[1044] → § 17 Rn. 463.

Erschließungsvertrag: Häufig formbedürftig, da sich Erschließungsträger verpflichtet, nach Durchführung der Erschließung Grundbesitz (zB öffentliche Verkehrs- oder Grünfläche) an Kommune zu übertragen. Öffentlich-rechtliche Erschließungsverträge nach § 124 BauGB sind notariell zu beurkunden, wenn sie entweder selbst eine Verpflichtung zur Übertragung eines Grundstücks enthalten oder wenn sie als Vorvertrag mit einem Grundstücksüberlassungsvertrag derart rechtlich verbunden sind, dass eine wechselseitige Abhängigkeit besteht.[1045]

Ersteigerungsauftrag: Der Auftrag, ein Grundstück zu ersteigern, ist formbedürftig, da auch der über den Zuschlag in der Zwangsversteigerung vermittelte Erwerb formauslösend ist.[1046] Unter bestimmten Umständen ist es jedoch dem Beauftragten nach § 242 BGB verwehrt, sich auf einen Formmangel zu berufen, da der Formzwang nicht dem Schutz des Beauftragten dient. Es sind jene Fälle, in denen es mit Treu und Glauben schlechterdings nicht zu vereinbaren ist, wenn der Beauftragte das ersteigerte Grundstück für sich behält. Ein solcher Fall liegt dann nicht vor, wenn die für den Erwerb aufgebrachten Mittel überwiegend vom Beauftragten erbracht wurden und der Auftraggeber hinsichtlich der Finanzierung keine eigenen Verpflichtungen eingegangen ist.[1047] Siehe auch Vollmacht: Die Ersteigerungsvollmacht bedarf dann nicht der Form des § 311b BGB, wenn danach lediglich ein Gebot zum Mindestgebot abgegeben werden soll, der Vollmachtgeber sich aber die Abgabe höherer Gebote vorbehält.[1048]

513F Fertighausvertrag: In der Regel beurkundungsbedürftig (→ Rn. 505 f.).[1049] Ist der Erwerber des Kaufes eines Fertighauses bereits Eigentümer eines entsprechenden Grundstücks, bedarf der Kaufvertrag keiner Beurkundung. Der Vertrag über ein Fertighaus ist dann beurkundungspflichtig, wenn er eine unmittelbare Erwerbsverpflichtung bzgl. des Grundstücks enthält und der Grundstückskaufvertrag im rechtlichen Zusammenhang mit dem Fertighauskaufvertrag steht.[1050] Auch hier genügt die einseitige Abhängigkeit.[1051] Der BGH verneint die Beurkundungspflicht bei Vorliegen einer nur mittelbaren Erwerbsverpflichtung.[1052]

Flächennutzungsplan: Die Bezugnahme auf einen noch nicht rechtskräftigen Flächennutzungsplan im notariellen Kaufvertrag reicht nicht zur Wahrung der Form des § 311b BGB aus, da das Grundstück nicht hinreichend bestimmt ist.[1053]

Fremdes Grundstück: Auch Verpflichtung, die sich auf Grundstück eines Dritten bezieht, ist formbedürftig.[1054] Daher ist beispielsweise ein Lotterievertrag, in dem ein fremdes Grundstück als Gewinn ausgesetzt ist, beurkundungspflichtig.[1055]

513G Garage: Siehe Datsche.

[1044] AG Bautzen FamRZ 2016, 1111.
[1045] OVG Schleswig NJW 2008, 601; vgl. auch Stichwort „Öffentlich-rechtliche Verträge".
[1046] BGHZ 85, 250; BGH WM 1996, 1143; WM 2003, 376.
[1047] BGH WM 1996, 1143.
[1048] OLG Brandenburg NJW-RR 2010, 1166.
[1049] Abweichend BGH NJW 1980, 829; zutreffend jedoch OLG Hamm DNotZ 1983, 626; OLG Köln MittBayNot 1997, 99; OLG Frankfurt a.M. OLGR 2002, 61; MüKoBGB/*Kanzleiter* BGB § 311b Rn. 55.
[1050] OLG Köln NJW-RR 1996, 1484.
[1051] BGH NJW 2000, 951. Zur „Einheit" von Fertighausvertrag und Grundstücksvertrag: OLG Dresden NotBZ 2005, 364; OLG Karlsruhe BeckRS 2011, 15243.
[1052] BGH NJW 1980, 829; DNotZ 1985, 298.
[1053] OLG Karlsruhe DNotZ 1990, 422.
[1054] OLG München NJW 1984, 243.
[1055] DNotI-Report 2009, 33.

Garantie: Eine im Garantievertrag vereinbarte Ausbietungsgarantie (Erfüllung der Garantiepflicht durch Abgabe eines gültigen Gebots im ersten Versteigerungstermin über ein Grundstück in Höhe der Gesamtforderung und durch Zahlung im Verteilungstermin) unterliegt dem Formzwang des § 311b BGB.[1056] Wahlweise daneben vereinbarte Verpflichtung zur Darlehenstilgung ist aber formfrei möglich, da damit kein mittelbarer Zwang zum Grundstückserwerb auf den Garanten ausgeübt wird.[1057] Beurkundungspflicht tritt dann ein, wenn sich der Garant des Erwerbspflichtigen bedingt zum Erwerb des Grundstücks verpflichtet.[1058]

Gebrauchsüberlassung: Wird zB im Rahmen eines Gesellschaftsvertrages als Beitrag lediglich die Gebrauchsüberlassung eines Grundstückes geschuldet, so ist der Gesellschaftsvertrag deswegen nicht formbedürftig.[1059]

Gegenleistungen: Formzwang erstreckt sich auch auf alle Abreden, die die Gegenleistung betreffen (Art, Höhe und Modalitäten), wie beispielsweise die Verrechnung von Gegenforderungen[1060] oder die Vereinbarung von Zusatzentgelten, etwa für eine baldige Räumung.[1061]

Gemeinschaft (Auseinandersetzung): In jedem Falle formpflichtig, wenn Auseinandersetzung nicht genau gemäß § 752 BGB[1062] vollzogen wird, also von den gesetzlichen Regelungen abweicht.[1063] Daher in der Regel formpflichtig.[1064] Für eine Auseinandersetzungsvereinbarung nach beendigter Gütergemeinschaft gemäß § 1477 Abs. 1 BGB iVm § 752 BGB, der Erbengemeinschaft gemäß § 2047 Abs. 1 BGB iVm § 752 BGB[1065] sowie der Auflösung einer Gesellschaft gilt entsprechendes.[1066]

Genehmigung: Formfrei nach § 182 Abs. 2 BGB sowie gefestigter Rechtsprechung.[1067] Bei der Beurkundung eines Grundstückskaufvertrages mit Auflassung durch einen Nichtberechtigten muss der Notar die Beteiligten über das Erfordernis der Genehmigung durch den Berechtigten und die Folgen einer Versagung der Genehmigung belehren. Für die Behauptung, die Belehrung sei entbehrlich, da sie schon im Vorfeld stattgefunden habe, trifft den Notar die Beweislast.[1068] Die Genehmigung selbst kann ausnahmsweise − in dem seltenen Fall − formbedürftig sein, wenn sich aus dem zugrundeliegenden Kausalgeschäft eine unmittelbare oder mittelbare Verpflichtung zur Genehmigung des Vertretergeschäfts ergibt und sie mit dem Kausalgeschäft eine Geschäftseinheit iSd § 139 BGB bildet.[1069] Mit der Genehmigung wird gemäß § 177 Abs. 1 BGB auch ein durch nicht formgerecht bevollmächtigten Vertreter abgeschlossener und im Übrigen der Form des § 311b Abs. 1 BGB entsprechender schuldrechtlicher Vertrag sowie die etwa erklärte Auflassung wirksam.[1070]

Genossenschaftliche Satzung: Nach hM selbst dann formfrei, wenn durch sie Erwerbsanspruch der Genossen begründet wird.[1071]

[1056] BGH NJW-RR 1993, 14; BGHZ 110, 319; OLG Celle NJW-RR 1991, 866.

[1057] BGH NJW-RR 1993, 14; aA OLG Köln VersR 1993, 321.

[1058] Staudinger/*Schumacher* BGB § 311b Rn. 68.

[1059] RGZ 109, 383; ausführlich *Heckschen* S. 125 ff.

[1060] BGH NJW 2000, 2100.

[1061] RGZ 114, 233.

[1062] Vgl. BGH NJW 1949, 64.

[1063] BGH DNotZ 1973, 472; NJW 2002, 2560 und DNotZ 2002, 941.

[1064] BGH DNotZ 1973, 472.

[1065] BGH NJW 1973, 1611.

[1066] Staudinger/*Schumacher* BGB § 311b Rn. 103.

[1067] BGH NJW 1994, 1344; OLG Köln Rpfleger 1993, 440; DB 1991, 2280; zustimmend *Dilcher* JZ 1995, 101 und *Schmenger* BWNotZ 1996, 28; aA OLG Karlsruhe DNotZ 1990, 368; OLG Köln NJW-RR 1993, 1364; *Wufka* DNotZ 1990, 339.

[1068] BGH DB 1996, 2333.

[1069] MüKoBGB/*Kanzleiter* BGB § 311b Rn. 39.

[1070] RGZ 108, 129; BGH WM 1964, 184; offen gelassen in BGH NJW 1989, 164.

[1071] Ständige Rspr.: RGZ 110, 241; RGZ 126, 221; RGZ 147, 207; RGZ 156, 216; BGHZ 15, 182; dagegen zu Recht MüKoBGB/*Kanzleiter* BGB § 311b Rn. 24 sowie Staudinger/*Schumacher* BGB § 311b Rn. 127.

Gesamthandseigentum: Die Umwandlung von Gesamthandseigentum in Bruchteils- oder Alleineigentum oder umgekehrt wird von § 311b Abs. 1 BGB erfasst.[1072] Gleiches gilt für die Übertragung des Grundstücks einer Gesamthandsgemeinschaft auf eine andere,[1073] beispielsweise von einer Gesellschaft auf eine andere personengleiche Gesellschaft, denn es handelt sich jeweils um selbständige Gesamthandsgemeinschaften.[1074] Die Auseinandersetzung einer Gemeinschaft durch Vertrag ist jedoch formfrei möglich, wenn sie der Regelung des § 752 BGB voll entspricht.[1075] Ist dies nicht der Fall, bedarf der Auseinandersetzungsvertrag der Form des § 311b Abs. 1 BGB.[1076]

Geschäftsanteilsübertragungsvertrag: Nach BGH auch dann formfrei, wenn das Vermögen der Gesellschaft im Wesentlichen aus Grundbesitz besteht, denn die Grundstücksübertragung ist nicht Vertragsgegenstand, sondern lediglich Rechtsfolge des Anteilerwerbs.[1077] Die Grenze liegt nach der Rechtsprechung dort, wo eine Umgehung beabsichtigt ist.

Geschäftsbesorgungsvertrag: Der im Rahmen eines Bauherrenmodells abgeschlossene Geschäftsbesorgungsvertrag, der sich unter anderem darauf richtet, dem Geschäftsherrn Eigentum zu verschaffen, ist grundsätzlich formbedürftig, da er mit dem Grundstückskaufvertrag eine rechtliche Einheit bildet und mit diesem „stehen und fallen" soll.[1078]

Gesellschaftsanteile an GbR: Die Anteilsübertragung ist grds. formfrei;[1079] auch die Übertragung der Miteigentumsanteile an einem Grundstück von den Gesellschaftern einer BGB-Gesellschaft auf die – von ihnen personengleich geführte – Gesellschaft bedarf nicht mehr der Form des § 311b BGB, da es sich um selbständige Gesamthandsgemeinschaften handelt.[1080] Im Übrigen siehe Geschäftsanteilsübertragungsvertrag.

Gesellschaftsvertrag: In jedem Falle formpflichtig, wenn durch ihn die Pflicht zum Erwerb oder zur Veräußerung eines konkreten Grundstückes für einen Gesellschafter (Individualverpflichtung) oder die Gesellschaft (Gesamthandsverpflichtung) begründet wird.[1081] Anders, wenn der Gesellschaftszweck allgemein mit „Verwaltung und Verwertung" beschrieben ist, da es hier an einer konkreten Verpflichtung iSd § 311b BGB fehlt.[1082] Formbedürftigkeit entfällt auch dann, wenn Grundstück nur zum Zwecke der Nutzung oder nur dem Wert nach in die Gesellschaft eingebracht werden soll[1083] oder eine bloße Innengesellschaft gegründet werden soll.[1084] Auch hier besteht jedoch der Formzwang dann, wenn eine bedingte Übereignungsverpflichtung vorgesehen ist.[1085] Dies ist beispielsweise der Fall, wenn dem Gesellschaftszweck die Weiterveräußerung zugrunde liegt, denn häufig ist damit die Abrede über die Bildung von Wohnungseigentum verbunden. Aufgrund des rechtlichen Zusammenhangs und soweit § 4 Abs. 2 WEG einschlägig, ist der gesamte Gesellschaftsvertrag beurkundungspflichtig.[1086]

[1072] OLG München DNotZ 1971, 544.
[1073] BayObLG 1980, 305.
[1074] KG NJW-RR 1987, 1321; zur GbR nunmehr die Grundlagenentscheidungen BGH NJW 2001, 1056; NJW 2006, 3716; NJW 2008, 1378; NJW 2009, 594.
[1075] OGH NJW 1949, 64.
[1076] BGH NJW 2002, 2560.
[1077] BGHZ 86, 370; *Ulmer/Löbbe* DNotZ 1998, 712; OLG Frankfurt a.M. NZG 2008, 19.
[1078] BGH DNotZ 1990, 658; NJW 2004, 3330; NJW-RR 2000, 953.
[1079] BGH NJW 1983, 1110.
[1080] Früher: OLG Frankfurt a.M. OLGR 1995, 74; Grundlagenentscheidung zur GbR: BGH NJW 2001, 1056; NJW 2006, 3716; NJW 2008, 1378; NJW 2009, 594.
[1081] BGH NJW 1996, 1279; OLG Koblenz NJW-RR 1992, 614; *Petzoldt* BB 1975, 907; *Binz/Mayer* NJW 2002, 3054.
[1082] BGH WiB 1996, 588; *Edelmann* WiB 1996, 589; siehe auch BGH NJW 1998, 376.
[1083] OLG Hamburg NJW-RR 1996, 803.
[1084] BGH NJW 1974, 2279.
[1085] OLG Hamm MDR 1984, 843.
[1086] BayObLG DNotZ 1982, 770.

Gestaltungsrechte: Ausübung grundsätzlich formfrei;[1087] gilt beispielsweise für die Anfechtung, den Rücktritt, das Vorkaufsrecht oder das Wiederkaufsrecht. Etwas anderes gilt aber dann, wenn das Wiederkaufsrecht einen schuldrechtlichen Anspruch auf Abschluss eines Rückkaufvertrages zum Inhalt hat.[1088] Die Einräumung eines schuldrechtlichen Vorkaufsrechts[1089] sowie eines vertraglichen Wiederkaufsrechts[1090] ist gemäß § 311 Abs. 1 BGB formbedürftig.

Grundstücksbestandteile: Übertragung ist nicht gemäß § 311b Abs. 1 BGB formbedürftig, es sei denn, es handelt sich um eine Nebenabrede oder es wird mittelbarer Zwang zum Kaufvertrag ausgeübt.[1091]

Grundstückszubehör: Übertragung ist grundsätzlich nicht formbedürftig, es sei denn, der Vertrag über das Zubehör und der Grundstückskaufvertrag sollen miteinander stehen und fallen.[1092] Nach § 311c BGB ist das Zubehör aufgrund der wirtschaftlichen Einheit mit der Hauptsache „im Zweifel" vom Kaufvertrag umfasst. Die Auslegungsregel führt zur Vertragserleichterung. Danach ist Zubehör nur mit aufzuführen, wenn es nicht mit veräußert werden soll.[1093]

Gründung einer GbR: Dann formbedürftig gemäß § 311b Abs. 1 BGB, wenn durch den Gründungsvertrag eine Gesellschaft zur Einbringung eines Grundstücks verpflichtet wird oder mit der Gründung der GbR gleichzeitig eine Verpflichtung der GbR zum Erwerb eines konkreten Grundstücks begründet werden soll. Die Angabe „Grundstückserwerb" als Gesellschaftszweck macht den Gesellschaftsvertrag jedoch nicht formbedürftig.[1094] Formbedürftig, wenn im Rahmen der Gründung ein Gesellschafter sich verpflichtet, ein (auch fremdes) Grundstück einzubringen oder sich alle einzelnen Gesellschafter verpflichten, von der Gesellschaft Grundstücke/Wohnungen/Teileigentum/Erbbaurechte zu erwerben. Im Übrigen siehe Gesellschaftsvertrag.

Gutachten: Ein Bodengutachten, welches laut Baubeschreibung im Vertrag „zu beachten" ist, muss nicht beurkundet werden, weil es nicht der vertraglichen Beschaffenheit des noch zu errichtenden Gebäudes diene.[1095] Wird bei Übertragung eines landwirtschaftlichen Betriebes zur Bezeichnung des beweglichen Betriebsvermögens auf ein Gutachten verwiesen, so ist dieses mitzubeurkunden.[1096]

Gütergemeinschaft/Auseinandersetzung: Die Auseinandersetzungsvereinbarung nach beendigter Gütergemeinschaft ist dann formbedürftig gemäß § 1477 Abs. 1 BGB iVm § 752 BGB, wenn sie nicht genau gemäß § 752 BGB erfolgt,[1097] also von den gesetzlichen Regelungen abweicht.[1098]

Hofübergabevertrag: Formlos im Bereich der Höfeordnung,[1099] dabei ist der geschützte **513H** Personenkreis aber auf den oder die Abkömmling(e) des Hofeigentümers beschränkt, wenn diese(r) nach außen erkennbar – formlos – zum Hoferben bestimmt wird/werden. Außerhalb der Höfeordnung sind die Grundsätze des formlosen sog. Hofüberlassungsvertrags nicht übertragbar.[1100] Allerdings steht der Berufung auf den Formmangel uU Treu und Glauben entgegen. Dies wurde insbesondere bei Existenzgefährdung[1101] oder besonders schwerer Treuepflichtverletzung[1102] angenommen.

[1087] RGZ 137, 296; MüKoBGB/*Kanzleiter* BGB § 311b Rn. 28.
[1088] BGH ZIP 1999, 143.
[1089] BGH DNotZ 1968, 93.
[1090] BGH NJW 1973, 37; zum alten Recht RGZ 126, 312.
[1091] Vgl. MüKoBGB/*Kanzleiter* BGB § 311b Rn. 15.
[1092] BGH NJW 1961, 1764.
[1093] BGH NJW 2000, 354.
[1094] OLG Köln MittRhNotK 2000, 439.
[1095] BGH DNotZ 2003, 698; kritisch dazu Staudinger/*Schumacher* BGB § 311b Rn. 157, 161.
[1096] OLG Düsseldorf DNotI-Report 22/1994, 7.
[1097] Vgl. *OGH* NJW 1949, 64.
[1098] BGH DNotZ 1973, 472; NJW 2002, 2560 und DNotZ 2002, 941.
[1099] BGH MDR 1991, 150; AgrarR 1991, 194; MDR 1993, 240.
[1100] BGH NJW 1965, 813; DNotZ 1976, 94.
[1101] BGH NJW 1972, 1189.

Hamburger Modell: Gesellschaftsvertrag, der vorsieht, dass Gesellschafter letztlich Wohnungseigentum von der Gesellschaft erhalten, ist formbedürftig.[1102] Im Übrigen siehe Gesellschaftsvertrag.

513l Im Ausland belegene Grundstücke: Bei der Veräußerung im Ausland belegener Grundstücke ist § 311b BGB anwendbar, wenn die Beteiligten deutsches materielles (Schuld-)Recht als Geschäftsstatut und damit Formstatut vereinbart haben.[1104] Andererseits genügt bei der Veräußerung eines deutschen Grundstückes im Ausland nach Art. 11 Abs. 1 Alt. 2 Rom I-VO die Einhaltung der Ortsform.[1105]

Immobilien-Fonds-Gesellschaft: Beitritt ist formfrei, wenn Abfindung mittels Immobilie nur als Möglichkeit ohne Verpflichtung zu Angebot und Annahme vorgesehen ist.[1106]

Innengesellschaft: Gründung einer reinen Innengesellschaft ist auch dann formfrei möglich, wenn sich ein Gesellschafter verpflichtet, Grundbesitz in die Gesellschaft einzubringen.[1107]

Inventar/Inventarkauf: Kann als Nebenabrede zum Grundstückskaufvertrag, aber auch aus dem Gesichtspunkt der rechtlichen Einheit mit Grundstückskaufverträgen formbedürftig sein.[1108] Ein separat neben dem eigentlichen Grundstückskaufvertrag bestehender Inventarkaufvertrag bedarf der Form des § 311b BGB, wenn Abschluss und Inhalt des Grundstückkaufvertrages von ihm abhängen. Hierbei kommt es darauf an, ob der Grundstückskaufvertrag in der Weise mit dem Inventarvertrag zu einer Geschäftseinheit verbunden ist, dass die Vereinbarung nach dem Willen der Parteien oder zumindest nach dem erkennbaren und von der anderen Seite gebilligten Willen eine rechtliche Einheit bilden soll.[1109] Ist der nicht beurkundungsbedürftige Inventarvertrag von dem Grundstücksgeschäft abhängig, dieses aber nicht von ihm, bleibt der Inventarvertrag von der Form des § 311b BGB frei,[1110] es sei denn der Inventarkaufvertrag wird mit Rücksicht auf das erwartete Grundstücksgeschäft abgeschlossen.[1111] Siehe auch Grundstückszubehör.

IPR: Über Art. 3, 11 Abs. 1 Alt. 1 Rom I-VO ist § 311b Abs. 1 BGB dann für den schuldrechtlichen Veräußerungsvertrag über ein im Ausland belegenes Grundstück maßgeblich, wenn die Beteiligten die Anwendung deutschen Rechts vereinbaren.[1112] Für die Veräußerung oder den Erwerb eines inländischen Grundstücks im Ausland bedarf es nach Art. 11 Abs. 1 Alt. 1 Rom I-VO grundsätzlich der Form des § 311b BGB, es genügt jedoch nach Art. 11 Abs. 1 Alt. 2 Rom I-VO auch die Ortsform.[1113] Beurkundungspflicht ist aber immer dann gegeben, wenn der Vertragsschluss zur Umgehung ins Ausland verlegt wird.[1114] Zu beachten sind für den Notar die mit dem Vollzug verbundenen Risiken sowie Anforderungen an die Belehrungspflichten bei einem Vertrag über eine ausländische Immobilie.[1115]

513K Konsumgenossenschaften: Bei Übertragung konsumeigener Grundstücke an die Regierung der DDR ist die Nichteinhaltung des damals (1956) auch dort geltenden

---

[1102] BGH NJW-RR 1994, 317.
[1103] BGH NJW 1978, 2505.
[1104] BGH NJW 1996, 1760; NJW 1970, 999; NJW 1972, 715; MüKoBGB/*Kanzleiter* BGB § 311b Rn. 8; Staudinger/*Schumacher* BGB § 311b Rn. 31.
[1105] BeckOK BGB/*Mäsch* VO (EG) 593/2008 Art. 11 Rn. 56.
[1106] OLG München NJW-RR 1994, 37; vgl. dazu insgesamt → § 9; BGH NJW 1996, 1272.
[1107] BGH NJW 1974, 2279.
[1108] BGH DNotZ 1971, 410; DB 2004, 2692; OLG Hamm NJW 1976, 1212.
[1109] BGHZ 76, 43 (48); BGHZ 101, 393 (396); BGH NJW 2000, 951; NJW 2004, 3330 (3331); Palandt/*Grüneberg* BGB § 311b Rn. 32.
[1110] BGH DNotZ 2000, 635; OLG Oldenburg NotBZ 2008, 82.
[1111] MüKoBGB/*Kanzleiter* BGB § 311b Rn. 55.
[1112] MüKoBGB/*Martiny* Rom I-VO Art. 4 Rn. 118.
[1113] BeckOK BGB/*Mäsch* VO (EG) 593/2008 Art. 11 Rn. 56.
[1114] *Winkler* NJW 1972, 983; *Geimer* DNotZ 1981, 410.
[1115] OLG Frankfurt a.M. NJW 2011, 392.

§ 311b BGB unbeachtlich, da kein Eigentumserwerb unter Privaten, sondern zwischen Trägern staatlicher Gewalt aufgrund eines Hoheitsaktes vorlag.[1116]

Kaufpreis: Nach Ansicht des LG Halle begründet die Beurkundung eines ungeraden Kaufpreises (hier: 198.000,– DM) die Vermutung eines Scheingeschäftes, die nicht durch Vorlage der notariellen Urkunde widerlegt werden könne.[1117]

Leasing: Hier werden in der Regel drei Vereinbarungen nach dem beiderseitigen Partei- **513L** willen untrennbar miteinander verknüpft. Der Eigentümer verkauft an die Leasinggesellschaft, schließt mit dieser einen Leasingvertrag, der die weitere Nutzung des Grundstückes sicherstellt, und erhält nach Ablauf der Leasingzeit ein Ankaufsrecht.[1118] Alle Vereinbarungen sind formbedürftig und bei getrennter Beurkundung durch Verknüpfungshinweise miteinander zu verbinden,[1119] wenn sie nach dem Parteiwillen eine rechtliche Einheit bilden sollen.[1120] Gleiches gilt für den Fall, dass ein Fremdobjekt zugleich von der Leasingfirma auf Wunsch des Leasingnehmers gekauft und diesem zur Verfügung gestellt wird (sog. buy and lease). Hier sind Leasingvertrag und Ankaufsrecht in der Regel wegen des wirtschaftlichen Zusammenhangs zwischen Laufzeit und Ausübungszeitpunkt untrennbar miteinander verbunden.[1121] Soweit das Gebäude lediglich aufgrund der Einräumung von Erbbaurechten errichtet wird, gilt für den Erbbaurechtsvertrag das Gleiche.

Letter of Intent: Formbedürftigkeit ist zu bejahen, wenn im Letter of Intent (LOI) eine break up fee vereinbart wird, die Zwang zum Grundstückskauf/-verkauf bzw. Unternehmenskauf auslöst. Vgl. auch → § 25 Rn. 8.

Lotterievertrag: Ein Lotterievertrag, in dem ein fremdes Grundstück als Gewinn ausgesetzt ist, ist beurkundungspflichtig.[1122]

Maklervertrag: Grundsätzlich formfrei, es sei denn, er enthält eine unmittelbare oder **513M** mittelbare Kaufverpflichtung. Dann bedarf er ohne Rücksicht auf die Höhe der Entschädigung, die sich der Makler für den Fall der Nichterfüllung der Erwerbsverpflichtung ausbedungen hat, der notariellen Beurkundung.[1123] Mittelbare Bindungen kommen insbesondere im Fall der Nichtveräußerung, des Nichterwerbs oder Widerrufs in Betracht. Beispielsweise aufgrund: Vereinbarung über Zahlung einer Vertragsstrafe,[1124] Provisionszahlung,[1125] Vereinbarung über Zahlung einer Reservierungsgebühr,[1126] Projektentwicklungsgebühren[1127] oder Zahlung eines vertraglichen Schadenersatzes.[1128] Außerdem ist die Verpflichtung, an einen vom Makler/Projektentwickler benannten Kunden zu veräußern, beurkundungspflichtig.[1129] Soweit Maklerverträge Klauseln vorsehen, die den Kunden unabhängig vom Zustandekommen des Grundstückskaufvertrages zu einer Zahlung an den Makler verpflichten, die über einen geringen Prozentsatz

---

[1116] LG Zwickau OV spezial 1995, 367; aA *BezG Dresden* VIZ 1993, 313 sowie OLG Rostock VIZ 1997, 112: Solange das BGB in der DDR galt, konnte durch Ersitzung kein Volkseigentum entstehen. Danach, ab 1.1.1976, war eine Ersitzung nicht möglich, da gemäß § 11 GBVfO (DDR) die maßgebliche Frist 20 Jahre betrug, die bis zum 3.10.1990 nicht ablaufen konnte. Ein regulärer Eigentumserwerb war nicht möglich, da es sich um privatschriftliche Verträge handelte, bei denen die notariell beurkundete Auflassung fehlte; anders OLG Brandenburg OLGR 1997, 62: Zwar habe kein wirksamer Erwerb von Volkseigentum stattgefunden, der Grundbuchberichtigungsanspruch sei jedoch verwirkt wegen Ablaufs von über 30 Jahren und nicht erfolgter Geltendmachung in dieser Zeit; sehr zweifelhaft.
[1117] LG Halle DZWiR 1997, 294 ff. mit ablehnender Anm. *Smid.*
[1118] Sog. Sale-and-Lease-back, vgl. LG Düsseldorf WM 1989, 1127.
[1119] LG Düsseldorf WM 1989, 1126.
[1120] BGH NJW 2002, 2559.
[1121] *Keim* RNotZ 2005, 102.
[1122] DNotI-Report 2009, 33.
[1123] BGH NJW-RR 1990, 57; DNotZ 1990, 656.
[1124] OLG Düsseldorf NJW-RR 1993, 667.
[1125] BGH NJW 1990, 390; OLG Düsseldorf NJW-RR 1993, 667.
[1126] BGHZ 125, 218; zu „Time-Sharing-Verträgen" *Hildebrand* NJW 1996, 3249.
[1127] OLG Zweibrücken BauR 2006, 1948.
[1128] BGH NJW 1979, 307.
[1129] OLG Dresden NJOZ 2018, 241.

der für den Erfolgsfall anfallenden Maklerprovision hinausgehen, sind diese Vereinbarungen beurkundungsbedürftig.[1130] Auf die Bezeichnung der „Gebühr" kommt es nicht an. Die Vereinbarung einer Ersatzpflicht für nachgewiesene und angemessene Aufwendungen ist dagegen formfrei möglich. Gleiches soll für die Verpflichtung in einem Makleralleinauftrag zur Zahlung des Maklerlohns nur für den Fall, dass der Grundstückskaufvertrag tatsächlich wirksam geschlossen wird, gelten, auch wenn eine Bindungsfrist des Auftraggebers vereinbart wird.[1131] Heilung des formnichtigen Vertrages tritt mit Abschluss des Hauptvertrages ein.[1132]

Mehrheit von Grundstückskaufverträgen: Sollen mehrere Grundstückskaufverträge rechtlich eine Einheit bilden, muss ihre Abhängigkeit voneinander mindestens in einer Urkunde ihren Ausdruck finden und dort mitbeurkundet werden.[1133]

Mehrwertsteuerausweisung: Die Vereinbarung über eine gesonderte Ausweisung der Mehrwertsteuer beim gewerblichen Grundstückskauf unterliegt der Form des § 311b BGB;[1134] vgl. nunmehr auch § 9 Abs. 3 S. 2 UStG.

Mietgarantie- und Mietverwaltungsvertrag: Die grundsätzlich nicht formbedürftige Vereinbarung ist dann notariell zu beurkunden, wenn sie nach dem Vorstellungsbild auch nur eines Vertragsbeteiligten mit einem Grundstückskaufvertrag eine rechtliche Einheit bilden soll.[1135] Siehe ausführlich: zusammengesetzte Verträge.

Mietkauf: Mietvertrag formbedürftig, wenn mit dem Optionsvertrag kraft Parteiwillens eine Einheit bildend.[1136]

Mietpoolvereinbarung: Als Nebenabrede des eigentlichen Grundstückskaufvertrages ist eine Mietpoolvereinbarung dann der Form des § 311b BGB unterworfen, wenn sie mit dem Grundstückskaufvertrag eine Geschäftseinheit iSd § 139 BGB bildet.[1137]

Miteigentumsanteil: Steht dem Grundstück gleich; Übertragung unterfällt daher auch dem Beurkundungserfordernis nach § 311b BGB.[1138]

Miteigentümervereinbarungen: Die Verpflichtung, einen Miteigentumsanteil oder einen Teil davon zu übertragen, bedarf ebenso der notariellen Form wie die Verpflichtung zur Übertragung eines Grundstückes.[1139] Eine Miteigentümervereinbarung über den Ausschluss des Rechts zur Aufhebung der Gemeinschaft bedarf – als Belastung des Anteils – der Eintragung im Grundbuch, § 1010 Abs. 1 BGB. Die Eintragung erfordert die Einigung der Miteigentümer nach § 873 BGB sowie den Eintragungsantrag gemäß § 13 GBO und die Eintragungsbewilligung in öffentlicher oder öffentlich beglaubigter Form gemäß §§ 19, 29 GBO.[1140]

Mitgliedschaftsrechte an einer Grundstücksgesellschaft: Siehe auch Anwachsung; Übertragung der Mitgliedschaftsrechte ist formfrei möglich.[1141] Anders ist nur zu entscheiden, sofern die Gesellschaft in bewusster Umgehung zur vereinfachten Übertragung von Grundstücksanteilen gegründet wurde.[1142]

[1130] Schon 15% der Provision sind zu viel: BGH NJW 1980, 1622; NJW 1987, 54; OLG München NJW 1984, 243; OLG Köln NJW-RR 1994, 1108; nach OLG Dresden BB 1997, 2342 liegt die Grenze bei 10% der erwarteten üblichen Käuferprovision; OLG Koblenz WuM 2010, 322.

[1131] OLG Frankfurt a.M. AIZ Allgemeine Immobilienzeitung A 103, B 161.

[1132] BGH WM 1989, 918.

[1133] KG MDR 1991, 346.

[1134] OLG Stuttgart DNotZ 1994, 309.

[1135] BGH NJW-RR 2004, 873.

[1136] OLG Köln MittRhNotK 1989, 191; BGH NJW 1987, 1069; NJW 2002, 2559.

[1137] BGH NJW 2002, 2559; Staudinger/*Schumacher* BGB § 311b Rn. 80.

[1138] BGH NJW 1994, 3346; BayObLG DNotZ 1999, 212.

[1139] BayObLG DNotZ 1999, 212.

[1140] Staudinger/*Gursky* BGB § 1010 Rn. 7.

[1141] RGZ 82, 160; BGH MDR 1957, 733; BGHZ 86, 370; NJW 1998, 376.

[1142] BGHZ 86, 367; *K. Schmidt* AcP 182, 510ff.

Mündliche Abreden: Ob mündlich Besprochenes, auf das in der notariellen Urkunde Bezug genommen wird, beurkundungsbedürftig war, lässt sich grundsätzlich nur beurteilen, wenn sein Inhalt bekannt ist.[1143]

Nacherbenzustimmung: Die Zustimmung des Nacherben zu einer Grundstücksveräußerung seitens der Vorerben ist zu beurkunden.[1144] Einer Zustimmung des Ersatznacherben bedarf es nicht.[1145] Erforderlich ist aber auch die Zustimmung eines nur bedingt eingesetzten Nacherben[1146] sowie eines weiteren Nacherben.[1147]

Nachträgliche Vereinbarungen: Die Formvorschrift des § 311b BGB findet Anwen-   513N
dung, sofern dadurch eine bereits formgültig begründete Verpflichtung in rechtlich erheblicher Weise verändert wird; dies gilt grundsätzlich auch für die nachträgliche Verlängerung der Frist zur Ausübung des Wiederkaufsrechts.[1148] Dies gilt jedoch nicht für eine nach erklärter Auflassung erfolgte Herabsetzung des Kaufpreises.[1149]
Wird die in einem Grundstückskaufvertrag vereinbarte Hinterlegungsanweisung erst nach Erklärung der Auflassung geändert, gilt der Beurkundungszwang des § 311b BGB nicht mehr.[1150]

Negative Verpflichtungen: Die Verpflichtung, ein Grundstück nicht zu veräußern oder nicht zu erwerben, unterliegt nicht dem Formzwang des § 311 Abs. 1 BGB.[1151]

Nichtbietungsvereinbarung: Kann in Ausnahmefällen, wenn sie einer Veräußerungspflicht gleichkommt, beurkundungspflichtig sein.[1152] Insbesondere in den Fällen, in denen sich ein Miteigentümer eines Grundstückes gegenüber einem Dritten dazu verpflichtet, im Rahmen einer Teilungsversteigerung gemäß § 180 ZVG zugunsten des Dritten nicht mitzubieten, um dem Dritten das gesamte Grundstück zu verschaffen, bedarf die Vereinbarung der Form des § 311b BGB.[1153]

Nichtveräußerungsverpflichtung: Grundsätzlich formfrei, es sei denn, dass sie im rechtlichen Zusammenhang mit Grundstückskaufvertrag steht.[1154] Dies ist beispielsweise der Fall, wenn die Nichtveräußerungsverpflichtung Teil der Gegenleistung des Erwerbers eines Grundstücksveräußerungsvertrages ist[1155] oder eine Rückübereignungsverpflichtung an die Verletzung der Nichtveräußerungsverpflichtung geknüpft ist.[1156] Die Sicherung der Nichtveräußerungsverpflichtung mit einer Vertragsstrafe ist nicht formpflichtig.[1157]

Nießbrauchsbestellung: Bei gleichzeitiger Grundstücksübertragung uU auch formlos möglich.[1158] Die Verpflichtung zur Bestellung eines Nießbrauchs ist immer formlos möglich. § 311b Abs. 1 BGB ist dann einschlägig, wenn die rechtliche Eigentumszuordnung verändert werden soll, nicht bei Änderung der lediglich wirtschaftlichen Verfügungsgewalt.[1159]

[1143] BGH DNotZ 2006, 854; NJW-RR 2012, 341.
[1144] BGH MDR 1972, 496.
[1145] BayObLG NJW-RR 2005, 956.
[1146] OLG Hamm DNotZ 1970, 360.
[1147] OLG Zweibrücken NJW-RR 2011, 666.
[1148] BGH ZIP 1996, 79; MittBayNot 1996, 26.
[1149] OLG Bamberg MDR 1999, 151.
[1150] OLG Düsseldorf Gerlinginformationen für wirtschaftsprüfende, rechts- und steuerberatende Berufe 1995, 201.
[1151] BGHZ 31, 19; BGHZ 103, 238; OLG Hamm OLGZ 1974, 123; beachte aber auch OLG Köln NJW 1978, 47 zu § 138 BGB.
[1152] OLG Hamm OLGZ 1974, 123.
[1153] OLG Hamm DNotZ 1974, 507.
[1154] Vgl. MüKoBGB/*Kanzleiter* BGB § 311b Rn. 20.
[1155] BGH WM 1965, 1115.
[1156] *Pikalo* DNotZ 1972, 644.
[1157] Staudinger/*Schumacher* BGB § 311b Rn. 76; aA OLG Köln NJW 1971, 1942.
[1158] BFH/NV 1991, 157.
[1159] RG NJW 1925, 1109.

Nutzungsüberlassung: Soll ein Grundstück nur zur Nutzung in eine Gesellschaft einge-bracht werden, greift die Regelung des § 311b Abs. 1 BGB nicht ein.

513O **Öffentlich-rechtliche Verträge:** Formpflicht gilt für öffentlich-rechtliche Verträge, die eine Grundstücksübertragung zum Inhalt haben, entsprechend.[1160] Ausnahmen können sich aber aus Sondervorschriften ergeben, wie beispielsweise aus § 110 BauGB für die Einigung im Enteignungsverfahren[1161] oder aus dem Preußischen Enteignungsgesetz.[1162] Auch die vor Einleitung eines Enteignungsverfahrens abgeschlossene Teileinigung über den Besitzübergang bedarf keiner Form.[1163] Jedoch unterliegt die außerhalb eines förm-lichen Enteignungsverfahrens getroffene Einigung der Form des § 311b Abs. 1 BGB.[1164] Gleiches gilt für die Verpflichtung zur Flächenabtretung im Vorgriff auf eine spätere Umlegung.[1165]

Option, Optionsrecht, Optionserklärung: Einräumung eines Optionsrechtes ist form-bedürftig, die Ausübungserklärung soll es nicht sein.[1166] Siehe auch Ankaufsrecht und Mietkauf.

513P **Parallelvereinbarungen mit Dritten:** Formbedürftig, wenn ein Vertragsteil dadurch bereits wirtschaftlich gebunden wird, dass für den Fall des Unterbleibens des Grund-stückserwerbs ins Gewicht fallende wirtschaftliche Nachteile vereinbart werden.[1167]

Parzellierungsvertrag: Ist nach der Rechtsprechung formbedürftig.[1168]

Planskizze: Nicht formbedürftig.[1169]

Planung: Formbedürftig.[1170]

Preisnachlass: Ist formbedürftig.[1171] Formfrei, wenn Auflassung bereits erklärt wurde.[1172]

Prozessvergleich: Ersetzt nach § 127a BGB die notarielle Beurkundung. Ein Prozess-vergleich wird nicht dadurch unwirksam, dass neben der protokollierten Grundstücks-übertragung die Übertragung weiterer Vermögenswerte (hier: Bankguthaben) verse-hentlich nicht protokolliert wurde.[1173]

Publikums-KG: Der Beitritt zu einer Publikums-KG ist formbedürftig, soweit damit die Verpflichtung verbunden ist, eine Eigentumswohnung zu erwerben.[1174]

513R **Räumung:** Die Vereinbarung eines Zusatzentgeltes für eine baldige Räumung ist form-bedürftig, da es sich hierbei um eine Nebenabrede handelt.[1175]

Rechtswahl: Beim Abschluss eines Kaufvertrages über ein in Spanien belegenes Grund-stück können die Beteiligten für die einzuhaltende Form spanisches Recht und im Üb-rigen deutsches Recht vereinbaren, mit der Folge, dass § 311b BGB nicht gilt.[1176] Auch eine stillschweigende Rechtswahl ist möglich.[1177] Siehe auch IPR.

[1160] Vgl. BVerwG DVBl. 1985, 299; VGH Mannheim NJW-RR 1995, 721; OVG Münster NJW 1989, 1879; OLG Hamm BauR 1991, 621; unstreitig auch in OLG Oldenburg OLGR 1995, 125 sowie BVerwG Buchholz 316 § 59 VwVfG Nr. 11 angenommen.

[1161] BGH NJW 1973, 657.

[1162] BGHZ 88, 173; OLG Schleswig DNotZ 1981, 563.

[1163] BayObLG DVBl. 1982, 360.

[1164] BGHZ 88, 171.

[1165] VGH Mannheim NJW-RR 1995, 721.

[1166] BGH LM § 433 Nr. 16; NJW 1987, 1069; NJW-RR 1996, 1167; OLG Hamburg NJW-RR 1992, 20; OLG Köln NJW-RR 2003, 375; zur Optionsentschädigung vgl. BGH NJW 1986, 246.

[1167] BGH EWiR 1990, 131.

[1168] RGZ 68, 62.

[1169] BGH DNotZ 1998, 944.

[1170] OLG Hamm OLGR 1992, 177; OLG Düsseldorf NJW-RR 1993, 667.

[1171] BGH NJW-RR 1992, 589.

[1172] OLG Bamberg MDR 1999, 151; fraglich allerdings, wenn Auflassung mit Ausfertigungssperre oder Vor-lagevorbehalt versehen wird, vgl. *Kanzleiter* DNotZ 1984, 421.

[1173] OLG Oldenburg MDR 1997, 781.

[1174] BGH NJW 1978, 2505.

[1175] RGZ 114, 233.

[1176] OLG Hamm DNotI-Report 1996, 55; offen gelassen bei BGH NJW-RR 1990, 248.

[1177] OLG Dresden RNotZ 2017, 31; OLG Nürnberg NJW-RR 1997, 1484.

Reservierungsvereinbarung: Der BGH bejaht die Formpflicht jedenfalls dann, wenn die Reservierungsgebühr über 10% einer üblichen Maklergebühr hinausgeht.[1178] Dies gilt selbst dann, wenn die Vereinbarung zwischen gewerblichen Immobilienhändlern geschlossen wird und die Schwelle von 1% des Kaufpreises überschritten wird.[1179] Eine unwiderrufliche Reservierungsvereinbarung in Bezug auf ein Grundstück kommt einem Vorkaufsrecht gleich und bedarf der notariellen Beurkundung.[1180] Die bloße Zusage, ein Grundstück nicht anderweitig zu verkaufen, löst die Beurkundungspflicht nicht aus.[1181] Soll jedoch aus der Reservierungsvereinbarung eine Veräußerungspflicht folgen, ist die Beurkundungspflicht gegeben.[1182]

Restitutionsansprüche: Schuldrechtliche und dingliche Rechtsgeschäfte sind nicht nach § 311b BGB, aber nach § 3 VermG beurkundungsbedürftig.[1183]

Rückkaufvereinbarung: Formbedürftig.[1184]

Rücktritt: Ausübung des Rücktrittsrechts ist nach hM formfrei.[1185] Nachträgliche Vereinbarung eines Rücktrittsrechts ist formfrei, wenn damit nachträglich aufgetretene Schwierigkeiten bei der Vertragsabwicklung beseitigt werden sollen und damit keine wesentliche Änderung des ursprünglichen Vertrages einhergeht.[1186]

Rückübertragungsverpflichtung: Eine außerhalb der notariellen Kaufvertragsurkunde getroffene Vereinbarung der Parteien eines Grundstückskaufvertrages, wonach der Käufer gegenüber dem Käufer verpflichtet sein soll, diesem das Grundstück unter bestimmten Voraussetzungen zurück zu übertragen, bedarf der notariellen Beurkundung. Die Heilung dieser formnichtigen Wiederkaufsabrede tritt schon mit der Auflassung und Eintragung des Eigentumswechsels in das Grundbuch zugunsten des Käufers und nicht erst mit der Rückauflassung an den Verkäufer und seiner Eintragung im Grundbuch ein.[1187]

Scheinbestandteile: Verfügungen über Scheinbestandteile (§ 95 BGB) sind formfrei 513S möglich. Siehe auch Grundstücksbestandteile.

Schenkungsversprechen: Auch die mit einem Schenkungsversprechen über eine noch zu schaffende Eigentumswohnung als Gegenleistung verbundene Verpflichtung des „Beschenkten" zur Freistellung des Grundstückseigentümers von der Grundstücksbelastung ist zu beurkunden. Nicht nur das Schenkungsversprechen nach § 518 BGB sondern auch die Erklärung des Annehmenden bedarf der notariellen Beurkundung.[1188]

Schiedsvertrag/-vereinbarung: Zur Wirksamkeit ist grundsätzlich lediglich die Einhaltung der in § 1031 ZPO geregelten Schriftform erforderlich.[1189] Er ist jedoch dann beurkundungspflichtig, wenn der Grundstücksvertrag nach dem Parteiwillen zumindest einseitig von den Schiedsvereinbarungen abhängt.[1190]

Schuldübernahme: Siehe auch Vertragsübernahme; Übernahme von Verbindlichkeiten; Übernahme der Veräußerungs- oder Erwerbspflicht ist formbedürftig, jedoch nicht die Übernahme der Kaufpreisschuld.[1191] Beurkundungsbedürftig ist auch die Schuldübernahme, die sich auf ein an sich nicht beurkundungspflichtiges Rechtsgeschäft bezieht, und nur aus Gründen des Vollständigkeitsgrundsatzes in einem Grundstückskaufvertrag

[1178] BGHZ 103, 239; so auch LG Frankfurt a.M. DNotI-Report 2018, 117.
[1179] OLG Dresden RNotZ 2017, 31; *Heckschen/Herzog* NotBZ 2019, 14.
[1180] OLG Rostock NJ 2007, 312 mAnm *Maue*.
[1181] BGH NJW 1988, 1716.
[1182] BGH NJW-RR 2008, 824.
[1183] *Weimar/Alfes* DNotZ 1992, 624.
[1184] BGHZ 104, 277.
[1185] Vgl. MüKoBGB/*Kanzleiter* BGB § 311b Rn. 28.
[1186] BGH EWiR 2001, 569 mit ablehnender Anm. *Grziwotz* = DNotZ 2001, 798 mAnm *Kanzleiter*.
[1187] BGH RNotZ 2010, 133.
[1188] RGZ 82, 152; RGZ 110, 392.
[1189] BGHZ 202, 168 Rn. 14.
[1190] BGH NJW 2000, 951; NJW 2000, 2017.
[1191] BGH NJW 1996, 2503.

mitbeurkundet werden muss.[1192] Es ist jeweils immer nur die Schuldübernahme beurkundungsbedürftig, nicht jedoch das Rechtsgeschäft, auf das sie sich bezieht.

Sicherungsabrede: Kann formbedürftig sein, wenn Darlehensnehmer zur Absicherung eines Darlehens Kaufvertragsangebot macht.[1193]

Sonderbetriebsvermögen: Möchte ein Gesellschafter seinen Mitunternehmensanteil an der Gesellschaft veräußern, ist zu beachten, dass dieser den Geschäftsanteil und das Sonderbetriebsvermögen umfasst.[1194] Handelt es sich bei dem Sonderbetriebsvermögen um ein Grundstück, löst dies bei der Übertragung das Mitunternehmeranteils das Formerfordernis des § 311b BGB aus.

Sondereigentum an Gebäuden nach ZGB: Übertragung ist formbedürftig nach § 311b BGB.

Sonderwunschvereinbarungen: Nachträgliche Vereinbarungen von Sonderwünschen bei Bauträgerverträgen sind grundsätzlich formbedürftig, wenn nicht die Auflassung bereits erklärt ist. Davon zu unterscheiden ist das nicht formbedürftige Leistungsbestimmungsrecht des Käufers gemäß § 315 BGB bei der Auswahl unter mehreren Alternativen oder zusätzlichen Leistungen des Bauträgers, die im Bauträgervertrag bereits nach Inhalt und Preis genau beschrieben sind.[1195]

Stiftungsgeschäft: Auf das Stiftungsgeschäft als einseitiges Rechtsgeschäft ist ebenso wie auf die Auslobung § 311b BGB anwendbar;[1196] aA insofern OLG Schleswig:[1197] einfache Schriftform reicht für das Stiftungsgeschäft auch dann aus, wenn die Übertragung von Grundeigentum auf die Stiftung zugesichert wird; und mit Verweisung auf die ausreichende Garantie durch das Erfordernis staatlicher Genehmigung.[1198] Dies ist nicht überzeugend, da die staatliche Genehmigung und die notarielle Beurkundung völlig unterschiedlichen Zwecken dienen.[1199]

513T **Teilungserklärung und Gemeinschaftsordnung:** Konkretisieren die mit dem Erwerb von Wohnungseigentum verbundenen Rechte und Pflichten und sind daher mit zu beurkunden,[1200] es sei denn, die Teilungserklärung ist bei Abschluss des Kaufvertrages bereits im Grundbuch eingetragen und ihr Inhalt – einschließlich der Regelung des Gemeinschaftsverhältnisses – war bereits Inhalt des zu veräußernden Sondereigentums (vgl. § 10 Abs. 2 WEG). Der Notar kann aber bei der Beurkundung des Kaufvertrages auf die „gesetzmäßige Teilungserklärung" Bezug nehmen.[1201]

Time-Sharing-Modell: Für den Kauf von Miteigentumsanteilen im sog. Time-Sharing-Modell gilt unabhängig von der dinglichen Seite des Rechtsgeschäftes für den schuldrechtlichen Teil dann die Vorschrift des § 311b BGB, wenn beide Vertragspartner Deutsche sind und der in DM gezahlte Kaufpreis auf das Konto einer Bank in Deutschland gezahlt werden sollte.[1202] AA LG Hamburg:[1203] Für einen Urlaubssparvertrag über ein Dauernutzungsrecht für ein Teileigentum-Appartement soll notarielle Beurkundung nicht notwendig sein. Hinsichtlich der Sittenwidrigkeit eines solchen Vertrages kommt es nicht auf die Marktpreise für normale Eigentumswohnungen an. Die Sittenwidrigkeit kann sich auch aus dem Gesamtcharakter des Vertrages ergeben. Hier sind auch die Umstände zu berücksichtigen, die zum Vertragsschluss geführt haben. Bei

[1192] BGHZ 125, 235.
[1193] BGH DNotZ 1983, 231.
[1194] BFH BStBl. II 635.
[1195] *Weigl* MittBayNot 1996, 10.
[1196] Vgl. Staudinger/*Wufka* BGB § 313 Rn. 83.
[1197] SchlHA 1995, 303 (304) und DNotZ 1996, 770.
[1198] LG Kiel SchlHA 1995, 134.
[1199] So auch *Wochner* Anm. zu OLG Schleswig DNotZ 1996, 773.
[1200] OLG Frankfurt a.M. OLGR 1993, 1; BGH NJW 2002, 1050; DNotI-Report 2002, 84.
[1201] OLG Hamm OLGR 1992, 96.
[1202] OLG Frankfurt a.M. RIW/AWD 1995, 1033.
[1203] NJW-RR 1991, 823.

„time-sharing-Verträgen" kann sich eine mittelbare Erwerbspflicht und damit die Beurkundungspflicht aus einer Reservierungsvereinbarung ergeben.[1204]

Treuhandvertrag: Der im Rahmen von Bauherrenmodellen vereinbarte Treuhandvertrag ist regelmäßig beurkundungspflichtig.[1205] Gleiches gilt für andere Treuhandvereinbarungen, wenn darin eine Grundstückserwerbsverpflichtung enthalten ist,[1206] sowie dann, wenn ein Grundstückskaufvertrag einen am selben Tag geschlossenen Treuhandvertrag (bezüglich der Renovierung des Kaufobjekts) inhaltlich voraussetzt und auf diesen Bezug nimmt.[1207] Bei Aufträgen zum treuhänderischen Erwerb von Grundstücken und Miteigentumsanteilen verbunden mit der Verpflichtung zur Weiterübertragung auf den Auftraggeber soll die Weiterübertragungsverpflichtung dagegen nicht beurkundungsbedürftig sein, da sich diese Verpflichtung bereits aus § 667 BGB ergebe.[1208] Nach einer Entscheidung des BGH soll aus diesem Grunde auch der Auftrag selbst nicht beurkundungsbedürftig sein;[1209] anders, wenn noch Erwerbspflicht des Auftraggebers oder Auftragnehmers hinzutritt. Dies gilt jedoch nicht für Treuhandverträge, die vor 1976 in der ehem. DDR abgeschlossen wurden. § 311b Abs. 1 BGB in der damals dort geltenden Fassung verlangte für Verträge, die die Pflicht zum Erwerb eines Grundstücks beinhalteten, keine notarielle Beurkundung.[1210]

Übernahme einer Verbindlichkeit: Siehe auch Schuldübernahme; bei der Übernahme 513U einer Verbindlichkeit aus einem anderen Schuldverhältnis muss deren Inhalt nicht mitbeurkundet werden; die nähere Bezeichnung der Verpflichtung dient hier nur der Identifizierung.[1211]

Übernahmerecht bei Vermögensgemeinschaft: Die Ausübung des Übernahmerechtes aus § 1477 Abs. 2 BGB ist formfrei möglich.[1212]

Umwandlung: Die Umwandlung von Gesamthandseigentum in Bruchteils- oder Alleineigentum ist formbedürftig,[1213] sofern dem Auseinandersetzungsvertrag nicht nur die gesetzlichen Regelungen zugrunde liegen.

Umwandlung iSd UmwG: Bei einer Umwandlung nach den Bestimmungen des UmwG 1994 geht das Vermögen im Wege der (partiellen) Gesamtrechtsnachfolge über. Für Grundstücke gilt daher § 311b BGB **nicht,** aber § 6 UmwG ist zu beachten. Wird eine „Umwandlung" im Wege der Einzelübertragung der Aktiva und Passiva durchgeführt und zählen zu den Aktiva auch Grundstücke, so ist die Gesamtvereinbarung zu beurkunden.

Unternehmenskauf: Beim Unternehmenskauf ist zu unterscheiden, ob ein Anteilskauf[1214] oder Übernahme des Vermögens im Wege der Einzelrechtsübertragung vereinbart wird. Im letzteren Falle besteht Formpflicht, wenn auch Immobilien Gegenstand des Vertrages sind,[1215] die sich im Regelfall wegen des unlösbaren rechtlichen Zusammenhangs mit den anderen Vereinbarungen auf den gesamten Vertrag erstreckt.[1216] Formpflicht kann auch aus § 311b Abs. 5 BGB folgen.

Verfallklausel: Die Vereinbarung, nach der eine bestimmte Anzahlung verfällt, wenn es 513V nicht zum Abschluss des Grundstückskaufvertrages kommt, ist formbedürftig.[1217]

[1204] BGH DNotZ 1994, 764; *Hildebrand* NJW 1996, 3249.
[1205] BGH BB 1990, 1997; NJW 1990, 2755; DNotZ 1988, 547; DNotZ 1990, 658.
[1206] BGH NJW 1983, 566; BFH BeckRS 2017, 142675; OLG Dresden NotBZ 2017, 391.
[1207] BGH NJW-RR 1993, 1421.
[1208] OLG Köln OLGR 1995, 301; BGHR BGB § 313 S. 1 Treuhand 2.
[1209] BGH NJW 1994, 3346; WM 1994, 2202.
[1210] BGH DZWiR 1997, 288 mAnm *Armbrüster* DZWiR 1997, 281.
[1211] BGH NJW 1998, 3197; siehe auch BGH ZIP 1999, 143.
[1212] OLG München FamRZ 1988, 1277.
[1213] OLG München DNotZ 1971, 544.
[1214] Nach hM formfrei, BGHZ 86, 370, aber ggf. § 15 GmbHG.
[1215] BGH MDR 1979, 469.
[1216] Vgl. zum Unternehmenskaufvertrag auch *Wiesbrock* DB 2002, 2311, *Stiller* BB 2002, 2622; *Heckschen* NZG 2006, 772 sowie *Morshäuser* WM 2007, 337.
[1217] BGH NJW 1979, 307; OLG Köln NJW-RR 1994, 1108.

Vergleich: In der Regel formbedürftig, wenn Erwerbs- oder Veräußerungsverpflichtung erstmalig begründet oder erneut übernommen oder abgeändert wird.[1218] Der gerichtliche Vergleich ersetzt gemäß § 127a BGB die notarielle Beurkundung.

Vermittlung eines Grundstückskaufs: Wird mit einem Rechtsanwalt, der mit der Vermittlung eines Grundstückes beauftragt ist, eine Vereinbarung ähnlich einer erfolgsunabhängigen Maklerprovision dahin gehend getroffen, dass die Vergütung auch ohne Zustandekommen eines Kaufvertrages gewährt wird, so ist diese Vereinbarung zu beurkunden.[1219]

Verpflichtung zur Veräußerung oder zum Erwerb eines Grundstücks: Formbedürftig; § 311b BGB gilt auch dann, wenn wegen besonderer Umstände des Einzelfalls die Parteien nicht schutzbedürftig sind;[1220] anders beim sog. Letter of Intent, da hier keine wirkliche Bindung begründet wird.[1221]

Verpflichtung zur Zustimmung zur Grundstücksveräußerung durch Nacherben: Die Verpflichtung des Nacherben, dem Verkauf eines zum Nachlass gehörenden Grundstücks zuzustimmen, ist formbedürftig, da es der Begründung einer Veräußerungsverpflichtung gleich steht.[1222]

Verpflichtungsübernahme durch den Käufer aus anderem Schuldverhältnis: Inhalt der übernommenen Verpflichtung muss nicht mitbeurkundet werden.[1223] Siehe auch Schuldübernahme.

Verrechnungsvereinbarung: Eine dahin gehende Vereinbarung, dass der Grundstückskaufpreis mit bestimmten Forderungen des Käufers verrechnet werden soll, bedarf der notariellen Beurkundung.[1224] Es handelt sich nicht um die deklaratorische Bezeichnung eines Rechts, welches den Parteien ohnehin nach § 387 BGB zusteht, sondern um eine vertragliche Einigung bzgl. der Art der Erbringung des Kaufpreises, da sie dem Beklagten die Möglichkeit nimmt, den Kaufpreis auf andere Weise zu entrichten und auch den Verkäufer auf die Aufrechnung festlegt. Unschädlich ist die fehlende Beurkundung für die Wirksamkeit des übrigen Kaufvertrages aber dann, wenn der Käufer die Belegung des Kaufpreises beweist und damit die Vermutung des § 139 BGB widerlegt.[1225]

Verschmelzung: Bei der Verschmelzung findet eine Gesamtrechtsnachfolge statt, Formpflicht folgt nicht aus § 311b BGB, sondern aus § 6 UmwG.

Versteigerung: Auch der im Wege der freiwilligen Versteigerung geschlossene Vertrag über ein Grundstück unterliegt dem Formzwang des § 311b BGB.[1226] Damit ist auch § 13 BeurkG anzuwenden. Dies bedeutet, iVm § 15 BeurkG, dass die entsprechende notarielle Urkunde dem Ersteher und dem Auktionator selbst vorgelesen und von diesen genehmigt und unterschrieben werden muss. Für den Ersteher kann die Sonderregel des § 15 S. 2 BeurkG eingreifen, für den Auktionator gilt sie nicht. Bei Vorlesung, Genehmigung und Unterschrift auf Seiten des Auktionators ist angesichts des Wortlauts und des Regelungszwecks des § 13 BeurkG („selbst") eine Stellvertretung ausgeschlossen.[1227] Der sog. Einberufungsvertrag, mit welchem sich der Grundstückseigentümer verpflichtet, das Grundstück an den Bieter zu verkaufen, ist beurkundungsbedürftig nach § 311b Abs. 1 BGB.

Vertrag über gegenwärtiges Vermögen: Formbedürftig gemäß § 311b Abs. 3 BGB; der Regelung des § 311b Abs. 3 BGB kommt insbesondere eine Warnfunktion zu,

---

[1218] BGH LM § 313 Nr. 5; Staudinger/*Wufka* BGB § 313 Rn. 42.
[1219] BGH NJW 1990, 390; OLG Hamm NJW-RR 1995, 951.
[1220] BGH NJW 1994, 3347.
[1221] *Wolf* DNotZ 1995, 193.
[1222] BGH LM § 2120 Nr. 2/3.
[1223] BGH NJW 1994, 1347.
[1224] BGH NJW 2000, 2100.
[1225] BGH NJW 2000, 2100.
[1226] KG KGR 1995, 193 zu § 313 BGB aF.
[1227] BGH WM 1998, 1402.

gleichzeitig soll aber auch eine sachgerechte Beratung der Parteien gewährleistet werden, § 17 BeurkG.

Vertragsanbahnung: Absprachen vor dem Abschluss eines Grundstückskaufvertrages sind dann beurkundungsbedürftig, wenn der Kaufinteressent Ersatz für Aufwendungen des potentiellen Verkäufers verspricht, welche ihm nur bei Ankauf des Grundstückes Vorteile bringen.[1228]

Vertragsstrafe: Formbedürftig, da ein mittelbarer Zwang zum Grundstückserwerb ausgeübt wird.[1229] Dabei ist es unerheblich, wie das Entgelt bezeichnet wird („Abstandssumme", „Provision", „Aufwandsentschädigung").[1230] Vgl. auch „break up fee".

Vertragsübernahme: Werden im Rahmen eines beurkundungspflichtigen Vertrages von einem der Vertragspartner Rechte und Pflichten aus einem anderweitig abgeschlossenen Vertragsverhältnis übernommen, so ist nur der Eintritt bzw. die Übernahme als solches formbedürftig. Die Beurkundung der Rechte, in die eingetreten wird, und der übernommenen Schuld sowie deren einzelner Bedingungen ist nicht erforderlich.[1231] Dies soll auch dann gelten, wenn die übernommene Verpflichtung darauf gerichtet ist, den Erwerber auszutauschen, obwohl in der Person des neuen Schuldners eine Verpflichtung nach § 311b BGB begründet wird.[1232]

Wird der Vertragseintritt auf der Verkäuferseite erklärt, um den Rangrücktritt der Auflassungsvormerkung des Käufers zu erreichen, kann die Berufung auf den Formmangel des Vertragseintritts gegen Treu und Glauben verstoßen, wenn sich der Verkäufer nach erfolgtem Rangrücktritt ohne Grund von dem Vertrag lösen will.[1233]

Verwaltervertrag: Macht der Verkäufer den Abschluss des Kaufvertrages davon abhängig, dass er einen Vertrag als Verwalter der Immobilie erhält, ist dieser Vertrag mit zu beurkunden. Miteigentümer können eine Verwaltungsregelung für das Grundstück als Belastung in Abteilung II des Grundstückes eintragen lassen. Die Eintragung erfordert die Einigung der Miteigentümer nach § 873 BGB, den Eintragungsantrag gemäß § 13 GBO und die Eintragungsbewilligung in öffentlicher oder öffentlich beglaubigter Form gemäß §§ 19, 29 GBO.

Volkseigenes Gut: Zur Eigentumsumschreibung eines umgewandelten volkseigenen Gutes reicht die Bescheinigung der Treuhandanstalt, die Form des § 311b BGB muss nicht gewahrt werden.[1234]

Vollmacht: Formbedürftig, wenn aus rechtlichen oder tatsächlichen Gründen unwiderruflich oder in untrennbarem rechtlichem Zusammenhang mit Grundstückskaufvertrag.[1235] Dies gilt auch für Vollmachten, die zwar rechtlich widerrufen werden können, aber tatsächlich die gleiche Bindungswirkung eintreten sollte und nach Vorstellung des Vollmachtgebers auch eingetreten ist.[1236] Das der Vollmachtserteilung zugrunde liegende Geschäft bedarf der Beurkundung.[1237]

Das Recht zum jederzeitigen Widerruf der Vollmacht kann nur durch Vertrag wirksam ausgeschlossen werden, der der notariellen Beurkundung bedarf. Es müssen die Erklä-

---

[1228] OLG Hamm DNotZ 1992, 423 für vereinbarte Umbauarbeiten gegen eine auf den Kaufpreis anzurechnende Vorausleistung des Interessenten.

[1229] Vgl. BGH NJW 1970, 1916; NJW 1987, 54; OLG Köln NJW-RR 1994, 1108; OLG Düsseldorf NJW-RR 1993, 667; OLG Hamm DNotZ 1992, 423 für ein Entgelt, das der Erwerbsinteressent für einen vorweg durchzuführenden Umbau zusagt.

[1230] Vgl. hierzu beispielsweise OLG Dresden BB 1997, 2342 zur Vereinbarung einer erfolgsunabhängigen Maklerprovision; siehe auch OLG Hamburg NJW-RR 1992, 20.

[1231] BGH NJW 1994, 1347.

[1232] *Schmenger* BWNotZ 1996, 28 mwN.

[1233] BGH DNotZ 1997, 307.

[1234] *BezG Dresden* ZIP 1992, 141.

[1235] BGHZ 89, 47; BGH NJW-RR 1988, 351; NJW-RR 1989, 1100; NJW-RR 1993, 1421; BayObLG DNotI-Report 1996, 90.

[1236] *Schmenger* BWNotZ 1996, 28 mwN.

[1237] BayObLG MittBayNot 1996, 197.

rungen beider Vertragsparteien beurkundet werden.[1238] Für die Wirksamkeit der in der ehemaligen DDR erteilten Grundstücksveräußerungsvollmachten ist das zum Erteilungszeitpunkt dort geltende Recht zu beachten.[1239] Die Übertragung der Verfügungsberechtigung für ehemals volkseigene Grundstücke in der DDR durch den Bundesfinanzminister an die Treuhandanstalt ist keine Vollmacht und unterliegt so nicht der Form des § 311b BGB, auch wenn in ihr das Recht eingeschlossen ist, über das betroffene Grundstück zu verfügen.[1240] Eine Haftung des Vollmachtgebers ist jedoch auch bei – wegen fehlender Beurkundung – unwirksamer Vollmacht möglich, wenn das Vertrauen eines Dritten auf den Bestand der Vollmacht nach den Grundsätzen über die Duldungsvollmacht schutzwürdig erscheint und der Vollmachtgeber wissentlich einen diesbezüglichen Rechtsschein veranlasst hat.[1241] Diese Grundsätze sind auch auf die Vollmacht zur Übertragung eines Erbteils übertragbar.[1242]

Eine Notarbestätigung bzgl. einer Angebotsabgabe ersetzt keine beurkundete Vollmacht und begründet keine Duldungsvollmacht.[1243] Wenn ein Baubetreuungsvertrag in der Weise mit einem Grundstückskaufvertrag verbunden ist, dass beide Verträge miteinander stehen und fallen, bedarf in Ausnahme zu § 167 Abs. 2 BGB auch die dem Baubetreuer erteilte Vollmacht einer *notariellen Beurkundung,*[1244] es sei denn, der Baubetreuungsvertrag ist zwar vom Grundstückskaufvertrag abhängig, dieser aber nicht vom Baubetreuungsvertrag.[1245] Die nicht formwirksam erteilte Vollmacht kann ggf. nach Rechtsscheingrundsätzen Wirkungen erzeugen.[1246]

Eine Ersteigerungsvollmacht (vgl. auch Bietvollmacht), bedarf nicht als unwiderrufliche bindende Vollmacht der Form des § 311b BGB, wenn danach lediglich ein Gebot zum Mindestgebot abgegeben werden sollte, der Vollmachtgeber sich aber die Abgabe höherer Gebote vorbehalten hat.[1247]

Vollzugsprotokoll/Closing-Memorandum (Closing Protokoll): Grundsätzlich bedarf es keiner besonderen Form, insbesondere findet § 15 Abs. 3 und Abs. 4 GmbHG keine Anwendung,[1248] denn der Zweck eines Vollzugsprotokolls, Erklärungen und Handlungen im Rahmen eines Unternehmenskaufs „protokollarisch" festzuhalten, ist rein deklaratorischer Natur. Der Eintritt bestimmter Tatsachen soll dokumentiert werden, so dass hierdurch keine Rechte oder Pflichten der Parteien begründet, aufgehoben, modifiziert oder Verfügungen vorgenommen werden. Es dient somit in erster Linie der Rechtssicherheit zwischen den Parteien.

Das Vollzugsprotokoll ist jedoch dann beurkundungspflichtig, wenn es eine Änderung der dinglichen Einigung enthält. Denkbar ist das vor allem, wenn im Rahmen des Vollzugsprotokolls auf den Eintritt bestimmter aufschiebender Bedingungen für den Anteilsübergang verzichtet wird und dahinter die Absicht steht, den dinglichen Übergang des Geschäftsanteils mit Abschluss des Vollzugsprotokolls zu vollziehen. Der Verzicht auf die aufschiebende Bedingung stellt grundsätzlich eine Änderung der dinglichen Einigung da und ist nach § 15 Abs. 3 GmbHG formbedürftig.

Aber auch Änderungen auf schuldrechtlicher Ebene können die Beurkundungspflicht auslösen. Dies ist insbesondere denkbar, wenn in dem Vollzugsprotokoll die schuldrechtliche Verpflichtung zur Anteilsübertragung modifiziert wird, insbesondere wenn die Abtretung des Geschäftsanteils erst mit Abschluss des Vollzugsprotokolls erfolgen

---

[1238] BayObLG NJW-RR 1996, 848.
[1239] So auch KGR 1995, 229.
[1240] LG Chemnitz ZOV 1994, 193.
[1241] BGH WM 1996, 2230.
[1242] OLG Dresden ZEV 1996, 461 sowie BGH ZEV 1996, 462 mAnm *Keller.*
[1243] BGH DNotZ 2004, 787.
[1244] BGHZ 101, 393 (397); BGH NJW-RR 2009, 953.
[1245] BGH NJW 2002, 2559.
[1246] BGH NJW 1988, 697.
[1247] OLG Brandenburg NJW-RR 2010, 1169.
[1248] *Hasselmann* NZG 2009, 486 (491); *Stoppel* GmbHR 2012, 828.

soll. Eine solche Änderung auf schuldrechtlicher Ebene löst das Formerfordernis des § 15 Abs. 4 GmbHG aus.

Vorauszahlung: Soll eine Vorauszahlung auf den Kaufpreis angerechnet werden, ist diese grundsätzlich ebenfalls zu beurkunden. Eine Ausnahme gilt für den Fall, dass der Käufer die Vorauszahlung gegen Quittung erbracht hat und diese daher beweisen kann.[1249]

Vorbereitungsverträge: Nicht formbedürftig, auch wenn sie mit wirtschaftlichen Belastungen verbunden sind, die nutzlos werden, wenn es nicht zu dem beabsichtigten Grundstückskauf/-verkauf kommt;[1250] zweifelhaft, siehe „Vertragsanbahnung".

Vorkaufsrecht: Die Verpflichtung zur Bestellung eines Vorkaufsrechts bedarf der Form des § 311b BGB,[1251] nicht jedoch die dingliche Einigung nach §§ 1094, 873 BGB.[1252] Wird ein solches in einem Mietvertrag vereinbart, bedarf der gesamte Vertrag der Form des § 311b BGB.[1253] Entgegen einer neueren Ansicht in der Literatur ist jedoch die Ausübung des Vorkaufsrechts formfrei möglich.[1254] Die Ausübung kann auch schon vor Erteilung der Grundstücksverkehrsgenehmigung erklärt werden, die Erklärungsfrist läuft dennoch erst nach Mitteilung des genehmigten Vertrages.[1255]

Vorvertrag: Stets formbedürftig.[1256] Ein wegen privatschriftlich vorgenommener Modifizierungen formunwirksamer Vorvertrag kann nur dann nach § 311b Abs. 1 S. 2 BGB durch den Abschluss eines formgültigen Kaufvertrages geheilt werden, wenn der Abschluss des Kaufvertrages in Erfüllung des zuvor formunwirksam vorgenommenen Verpflichtungsgeschäftes erfolgte.[1257] An einem solchen Erfüllungszusammenhang fehlt es, wenn die Annahme eines unterbreiteten Angebotes auf Abschluss eines Grundstückskaufvertrages unterbleibt, der Anbietende aber, ohne hierzu verpflichtet zu sein, auf Vermittlung seines Vertragspartners das Grundstück in einem separaten Kaufvertrag an einen Dritten verkauft und übereignet.[1258]

Wahlschuld: Auch wenn die Erwerbs- oder Veräußerungsverpflichtung nur wahlweise geschuldet wird, ist der entsprechende Vorvertrag formbedürftig.[1259]   513W

Weilheimer Modell: Die Sicherung der Bevorzugung einheimischer Bewerber bei der Vergabe von Bauland durch die Gemeinde durch Verträge der Gemeinde mit den Grundstückseigentümern unterliegt der Form des § 311b BGB.[1260]

Werkvertrag: Siehe Bauvertrag/Bauwerkvertrag; in der Regel formbedürftig.

Widerruf: Es ist zulässig, sich bei Abgabe eines Angebotes auf Abschluss eines Grundstückskaufvertrages vorzubehalten, das Angebot mit der Folge widerrufen zu können, dass das Angebot bei Ausübung des Widerrufs nur noch befristet Gültigkeit hat. Erfolgt später die Rücknahme des Widerrufs zu einem Zeitpunkt, in dem das Angebot noch wirksam ist, so bedarf die Rücknahmeerklärung nicht der notariellen Beurkundung, da hierin nicht die Abgabe eines neuen Kaufvertragsangebotes gesehen werden kann.[1261]

Wiederkaufsrecht: Siehe Vorkaufsrecht und Rückübertragungsverpflichtung; stets ist die Einräumung oder die Verpflichtung zur Einräumung eines Wiederkaufsrechts formbedürftig, die Ausübung hingegen nicht, auch nicht der Verzicht.[1262] Die nachträgliche Verlängerung eines im Kaufvertrag eingeräumten Wiederkaufsrechtes bedarf der Beur-

---

[1249] *Schmenger* BWNotZ 1996, 28 mwN.
[1250] OLG Köln NJW-RR 1994, 1108.
[1251] BGH DNotZ 1968, 93; NJW 1987, 1069 für vergleichbare Konstellation; BGH DNotZ 2003, 426; NJW-RR 1991, 206; OLG Hamm OLGR 1992, 273.
[1252] BGH NJW 2016, 2035.
[1253] BGH DWW 1994, 283.
[1254] OLG Frankfurt a.M. NJW-RR 1999, 16; *Sarnighausen* NJW 1998, 37.
[1255] BGH DNotZ 1998, 895.
[1256] Vgl. BGH NJW 1989, 166; OLG Jena OLG-NL 1995, 230.
[1257] Nachw. bei Staudinger/*Wufka* BGB § 311b Rn. 328.
[1258] BGH MittBayNot 2005, 222; vgl. zum Vorvertrag auch *Freitag* AcP 207, 287.
[1259] Vgl. BGH NJW 1983, 1545; OLG Köln VersR 1993, 321; MüKoBGB/*Kanzleiter* BGB § 311b Rn. 35.
[1260] BVerwG DVBl. 1993, 654.
[1261] BGH MittBayNot 2005, 34.
[1262] BGH DNotZ 1988, 560; OLG Frankfurt a.M. NJW-RR 1999, 16.

kundung.[1263] Auch die Begründung eines Wiedererwerbsrechtes im Sale-and-lease-back-Verfahren ist formbedürftig.[1264]

Wiederkehrende Leistungen: Sind als Gegenleistung für den Grundstückserwerb formbedürftig, wenn das eine Geschäft mit dem anderen stehen und fallen soll.[1265]

Wohnungseigentum: Verfügung über Wohnungseigentum ist formbedürftig. Für die vertragliche Einräumung und Aufhebung des Sondereigentums iSv § 3 WEG ergeben sich Formerfordernisse aus § 4 Abs. 2 S. 1, Abs. 3 WEG. Hiernach bedarf es für die Wirksamkeit der dinglichen Einigung nach § 4 Abs. 2 S. 1 WEG der qualifizierten Form des § 925 Abs. 1 BGB. Für das Verpflichtungsgeschäft wird nach § 4 Abs. 3 WEG der § 311b BGB für entsprechend anwendbar erklärt. Für die Veräußerung von WE gelten die Regeln für die Veräußerung von Grundstücken entsprechend. Somit ergibt sich, wie zuvor, für das Verpflichtungsgeschäft der Formzwang nach § 311b BGB und für das Verfügungsgeschäft der Formzwang entsprechend nach §§ 873, 925 BGB. Werden neben der Verpflichtung zum Erwerb oder zur Veräußerung des WE weitere Verpflichtungen eingegangen und besteht der Wille der Parteien die Verpflichtungen in einer Weise zu verknüpfen, dass der eine mit dem anderen stehen und fallen soll, so erstreckt sich die Beurkundungspflicht auch auf die nicht einer bestimmten Form unterworfenen Verpflichtungserklärungen. Entscheidend ist auch hier, der Verknüpfungswille der Parteien.[1266]

Wohnungsrecht: Vereinbarungen über die Ausübung eines bestehenden dinglichen Wohnungsrechtes unterliegen nicht der Form des § 311b BGB.[1267]

513Z **Zusammengesetzte Verträge:** Formzwang erstreckt sich grundsätzlich auf gesamten Vertrag, sofern die einzelnen Vertragteile eine rechtliche Einheit bilden. Ausreichend ist eine einseitige Abhängigkeit des Grundstückskaufvertrages von dem anderen Vertrag.[1268] Wird dagegen der Grundstückskaufvertrag unbedingt abgeschlossen und soll der Nebenvertrag nur im Falle der Grundstücksveräußerung gelten, erstreckt sich der Formzwang des § 311b Abs. 1 BGB nicht auf den Nebenvertrag.[1269] Besondere Vorsicht ist geboten, wenn die einzelnen Geschäfte getrennt voneinander beurkundet werden. Sollen die Verträge nach dem Parteiwillen miteinander stehen und fallen, muss der rechtliche Zusammenhang zumindest aus der zeitlich nachfolgenden Urkunde ersichtlich sein,[1270] da anderenfalls die Urkundentrennung die rechtliche Selbständigkeit der Geschäfte vermuten lassen kann.[1271] Eine rechtliche Einheit kann beispielsweise angenommen werden zwischen: Grundstückskaufvertrag und Treuhandauftrag zur Hausrenovierung,[1272] zwischen Options- und Mietvertrag im Rahmen des sog. Mietkaufmodells,[1273] zwischen Kauf- und vorgeschaltetem Mietvertrag,[1274] zwischen Pachtvertrag und Begründung eines Erwerbsrechtes für den Pächter,[1275] zwischen Kaufvertrag und Schuldanerkenntnis,[1276] zwischen Kaufvertrag und Sicherungsübereignung zugunsten eines Käuferanspruchs.[1277] Ein bloß wirtschaftlicher Zusammenhang zwischen Darlehensvertrag und Grundstückskaufvertrag ist nicht ausreichend, um eine

---

[1263] BGH MittBayNot 1996, 26.
[1264] LG Düsseldorf WM 1989, 1127.
[1265] BFH/NV 1992, 306.
[1266] BGH NJW 2002, 2559.
[1267] OLG Köln ZMR 1998, 226.
[1268] BGH MittBayNot 2003, 46; NJW 2001, 266.
[1269] BGH NJW 2000, 951; NJW 2001, 226; OLG Celle RNotZ 2006, 191; *Keim* DNotZ 2001, 827.
[1270] BGH NJW 2000, 2017; NJW-RR 2003, 1565; krit. hierzu *Kanzleiter* DNotZ 2004, 178; *Weigl* DNotZ 2004, 339.
[1271] BGHZ 78, 349; OLG Koblenz DNotZ 1994, 773.
[1272] BGH NJW-RR 1993, 1421.
[1273] BGH NJW 1987, 1069.
[1274] OLG München NJW-RR 1987, 1042.
[1275] BGH NJW 1988, 2881; *Basty* DNotZ 1996, 631.
[1276] BGH NJW 1988, 131.
[1277] BGH NJW 1994, 2885.

rechtliche Einheit zwischen beiden Geschäften und somit die Formbedürftigkeit auch des Darlehensvertrages annehmen zu können.[1278] Der Darlehensvertrag ist jedoch dann formbedürftig, wenn das Darlehen (ein Teil der) Gegenleistung ist,[1279] der Darlehensgeber die Option hat, Grundstück und Haus zu verkaufen, sofern der Darlehensnehmer die Rückzahlung des Kredites grundlos einstellt oder wenn der Grundstückskaufvertrag von der Darlehensgewährung abhängen soll.[1280]

Zusicherung: Jede Zusicherung ist im Rahmen eines Grundstückskaufvertrages eine wesentliche Nebenabrede, die mitbeurkundet werden muss.[1281]

K. Hinweise zum Beurkundungsverfahren

I. Vermerkpflichten, Belehrungsvermerke

§ 18 BeurkG schreibt vor, dass der Notar die Beteiligten auf die erforderlichen gerichtlichen und behördlichen **Genehmigungen** oder Bestätigungen oder etwa darüber bestehende Zweifel hinweist und dies in der Niederschrift vermerkt (zu den Genehmigungserfordernissen → Rn. 105 ff.). Ein pauschaler Vermerk genügt insoweit nicht.[1282] Der Notar hat daher über die erforderlichen Genehmigungen, zB nach § 2 GrdstVG, zu belehren und diese konkret zu vermerken. Ergibt sich weder aus dem Grundbuch noch aus den Angaben der Beteiligten oder den besonderen Umständen des Einzelfalls (anders zB Verkauf eines Grundstücks durch einen Minderjährigen) ein Anhaltspunkt für ein bestimmtes Genehmigungserfordernis, genügt jedoch ein allgemeiner Vermerk. **514**

Nach § 19 BeurkG hat der Notar die Beteiligten darauf hinzuweisen, dass die Eigentumsumschreibung erst erfolgen kann, wenn die **Unbedenklichkeitsbescheinigung** des Finanzamts (§ 22 GrEStG) vorliegt. Dies ist in der Niederschrift zu vermerken. Diese Vorschrift darf nicht dahin missverstanden werden, der Notar sei zur Belehrung über die steuerlichen Auswirkungen des Kaufvertrages verpflichtet, → Rn. 26 ff. **515**

Nach § 20 BeurkG hat der Notar darauf hinzuweisen, dass ein **gesetzliches Vorkaufsrecht** in Betracht kommen könnte, und dies in der Niederschrift zu vermerken. Die Hinweispflicht des Notars erstreckt sich nur darauf, dass die abstrakte rechtliche Möglichkeit eines Vorkaufsrechts besteht. Der Notar ist nicht bereits kraft Gesetzes zur Einholung des Negativzeugnisses der Gemeinde nach § 28 Abs. 1 S. 2 BauGB ermächtigt. Die Beteiligten müssen daher den Notar ausdrücklich bevollmächtigen, der Gemeinde den Vertrag mitzuteilen und die Ausstellung des Negativzeugnisses zu beantragen. Zu den Vorkaufsrechten → Rn. 164 ff. **516**

Die „**Pflichtvermerke**" werden textlich regelmäßig in einem eigenen „**Belehrungstextblock**" zusammengefasst, etwa nach folgendem Muster: **517**

Formulierungsbeispiel: Belehrungspflichtvermerke **518**

Der Notar bzw. sein amtlicher Vertreter hat die Vertragsbestimmungen erläutert und abschließend auf Folgendes hingewiesen:
a) Das Eigentum geht nicht schon heute, sondern erst mit der Umschreibung im Grundbuch auf den Käufer über.
b) Voraussetzung hierfür sind das Vorliegen der Unbedenklichkeitsbescheinigung des Finanzamts (nach Zahlung der Grunderwerbsteuer), der Genehmigung nach dem Grundstücksverkehrsgesetz und der Verzichtserklärung der Gemeinde auf gesetzliche Vorkaufsrechte.

[1278] BGH NJW 1986, 1984.
[1279] BGH DNotZ 1985, 279.
[1280] BGH NJW 1986, 1984; vgl. aber auch BGH WM 1979, 868.
[1281] BGH NJW 1989, 2050; KG MDR 1995, 37; OLG Hamm OLGR 1996, 182; OLG Koblenz OLGR 2006, 89.
[1282] BGH NJW 1993, 648 (649); *Winkler* BeurkG § 18 Rn. 46.

c) Der jeweilige Eigentümer haftet kraft Gesetzes für nicht bezahlte öffentliche Lasten (zB Erschließungskosten, Grundsteuer, Ausgleichsbetrag nach dem Bundesbodenschutz G).

d) Unabhängig von den internen Vereinbarungen in dieser Urkunde haften beide Vertragsteile kraft Gesetzes für die Grunderwerbsteuer und die Kosten als Gesamtschuldner.

e) Alle Vereinbarungen müssen richtig und vollständig beurkundet werden, sonst kann der ganze Vertrag unwirksam sein.

519   Besteht der Urkundsbeteiligte, der eine ungesicherte Vorleistung erbringen soll, nach eingehender Belehrung des Notars über die damit verbundenen Risiken und entgegen dessen Vorschlägen zur Vermeidung dieser Risiken, auf der außergewöhnlichen, risikoträchtigen Vertragsgestaltung, obliegt also dem Notar die doppelte Belehrungspflicht, ist ein aussagekräftiger Belehrungsvermerk unverzichtbar. Dieser darf sich inhaltlich nicht mit einem lapidaren Satz, auf die mit dieser Vertragsgestaltung verbundenen Risiken habe der Notar hingewiesen, beschränken, sondern sollte nicht nur den Vertragsbeteiligten in einer deutlichen Sprache die konkrete Gefahr vor Augen führen, sondern auch die (vergeblichen) Vorschläge des Notars zur Risikovermeidung dokumentieren. Soll zB, wie in dem vom BGH[1283] entschiedenen Fall, der Besitz vor Kaufpreiszahlung auf den Käufer übergehen (mit oder ohne Zahlung einer Nutzungsentschädigung), könnte der Belehrungsvermerk wie folgt lautet:

520   **Formulierungsbeispiel: Hinweis auf Risiken vorzeitigen Besitzübergangs**

Der Notar hat den Verkäufer darauf hingewiesen, das die Besitzüberlassung an den Käufer vor Kaufpreiszahlung eine ungesicherte Vorleistung ist, die, sollte der Käufer den Kaufpreis bei Fälligkeit nicht zahlen und der Verkäufer vom Kaufvertrag zurücktreten, dazu führen kann, dass er seinen Anspruch auf Räumung gegen den Käufer gerichtlich geltend machen muss, ihm darüber hinaus ein erheblicher Schaden entstehen kann. Der Notar hat vorgeschlagen, die Besitzüberlassung von einer Anzahlung auf den Kaufpreis abhängig zu machen und eine Unterwerfungserklärung des Käufers unter die Zwangsvollstreckung bezüglich des Rückgabeanspruchs der Kaufsache in die Urkunde aufzunehmen. Er hat auch auf die Möglichkeit der Sicherung durch eine Bankbürgschaft hingewiesen und – nach Ablehnung seiner Vorschläge – nachdrücklich empfohlen, die Besitzüberlassung von der Zahlung des Kaufpreises abhängig zu machen. Gleichwohl bestand der Verkäufer auf der vertraglichen Regelung.

521   Soll zB der Kaufpreis ganz oder teilweise bereits bei Vertragsunterzeichnung gezahlt werden, kann es sich zur späteren Beweissicherung empfehlen, dass der Notar den Vertragsentwurf wie üblich vorbereitet (mit den klassischen Fälligkeitsvoraussetzungen) und, falls die Beteiligten trotz eindringlicher Warnung an einer sofortigen Kaufpreiszahlung festhalten, den Entwurfstext in der Verhandlung handschriftlich ändert, um so zu dokumentieren, dass die Vertragsgestaltung nicht auf Vorschlag des Notars, sondern gegen seinen Rat verlangt wurde.

II. Mitbeurkundung von Anlagen, Verweisen und Bezugnahme

522   Die Niederschrift über den Kaufvertrag muss den Beteiligten **vollständig vorgelesen** werden, einschließlich der nach § 9 Abs. 1 S. 2 BeurkG als Anlage beigefügten Schriftstücke (§ 13 BeurkG). Nicht vorlesungspflichtig sind der Schlussvermerk und die nach § 12 BeurkG der Niederschrift beizufügenden Vollmachten und Ausweise über die Berechtigung eines gesetzlichen Vertreters (zB Testamentsvollstreckerzeugnis). Das Vorlesen der

---

[1283] ZNotP 2008, 213.

Niederschrift ist das Essentiale der Beurkundung, deren Nichtbeachtung zur Formnichtigkeit gemäß § 125 S. 1 BGB und damit zur Unwirksamkeit des beurkundeten Rechtsgeschäfts führt.[1284]

Auf das Verlesen können die Beteiligten nicht verzichten. Das Gesetz gestattet dies nur **523** beim Verweisen auf eine andere notarielle Niederschrift (§ 13a Abs. 1 BeurkG) und in den Fällen des § 14 BeurkG (eingeschränkte Vorlesungspflicht).

Beim Grundstückskaufvertrag gehören zu den sonstigen „**Bestandsverzeichnissen** **524** über Sachen, Rechte und Rechtsverhältnisse" iSv § 14 BeurkG die Liste des mitverkauften Inventars, die Aufstellung über die Mietverhältnisse, jedoch nicht die Baubeschreibung, auch nicht ein Verzeichnis über den zu übertragenden Grundbesitz,[1285] die stets als verlesene Anlage mitbeurkundet werden müssen.

Für das Beurkundungsverfahren nach § 14 BeurkG ist zwingend erforderlich, dass auf **525** dieses Schriftstück in der Niederschrift verwiesen wird, also die Beteiligten erklären, dass der Inhalt des Schriftstücks Gegenstand ihrer Vereinbarung ist, die Beteiligten auf das Vorlesen verzichten und dies vom Notar in der Niederschrift festgestellt wird (§ 14 Abs. 3 BeurkG), weiterhin das Schriftstück der Niederschrift beigefügt wird, also nach § 44 S. 2 BeurkG mit Schnur und Prägesiegel mit der Niederschrift verbunden wird. Besteht das Schriftstück aus mehreren Seiten, ist jede Seite von allen Beteiligten zu unterzeichnen; dies gilt auch bei einem Schriftstück, auf das bei Bestellung eines Grundpfandrechts verwiesen wird. Streitig ist, ob für die Unterzeichnung eine Paraphe genügt.[1286]

> **Formulierungsbeispiel: Verweisung nach § 14 BeurkG** **526**
>
> Wegen des mitverkauften Inventars und der Aufstellung der Mietverhältnisse verweisen die Beteiligten auf die der Niederschrift beigefügten Anlagen. Die Beteiligten verzichteten auf das Vorlesen. Die Anlagen wurden den Beteiligten zur Kenntnisnahme vorgelegt und von ihnen auf jeder Seite unterschrieben.

Nach § 9 Abs. 1 S. 2 BeurkG können Willenserklärungen auch in der Weise beurkun- **527** det werden, dass die Beteiligten in der Niederschrift auf ein Schriftstück verweisen. Diese Verweisung führt dazu, dass die in dem Schriftstück enthaltenen Erklärungen ebenso beurkundet sind wie die Erklärungen in der Niederschrift selbst. Auf die sog. Anlage muss in der Niederschrift **verwiesen** werden; dazu muss die Verweisung als Erklärung der Beteiligten protokolliert werden und den Willen erkennen lassen, dass die Erklärungen in der beigefügten Anlage Gegenstand der Beurkundung sein sollen.[1287] Sämtliche Verfahrensvorschriften und Amtspflichten des Notars gelten in gleicher Weise für die Anlage, die also insbesondere vollständig vorgelesen werden muss. Die Anlage muss weder von den Beteiligten noch von dem Notar unterschrieben werden; eine Unterzeichnung durch die Beteiligten kann aus Gründen der Beweissicherung empfehlenswert sein. Das Schriftstück muss im Zeitpunkt der Beurkundung bereits vorliegen und darf nicht nachgereicht werden[1288] und muss der Niederschrift „beigefügt" werden; die Verbindung hat mittels Schnur und Prägesiegel zu erfolgen (§ 44 BeurkG, § 29 Abs. 2 DONot). Als Anlage werden üblicherweise solche Schriftstücke mitbeurkundet, die die Beteiligten selbst aufgesetzt haben, zB die Baubeschreibung, Inventarlisten, Aufstellung über Mietverhältnisse. Ergibt sich aus der Niederschrift der notariellen Urkunde, dass diese den Beteiligten vorgelesen und von ihnen unterschrieben worden ist, so wird vermutet, dass auch die als Anlage bezeichneten Schriftstücke bei Unterzeichnung der Urkunde beigefügt waren.[1289]

[1284] BGH DNotZ 1995, 26.
[1285] DNotI-Report 2003, 17; großzügiger DNotV notar 2008, 236.
[1286] So *Kanzleiter* DNotZ 1999, 292 (299).
[1287] *Kanzleiter* DNotZ 1995, 35.
[1288] BGH DNotZ 1995, 26.
[1289] BGH DNotZ 1995, 26.

528 Geben die Beteiligten Erklärungen unter Verwendung von Karten, Zeichnungen oder Abbildungen ab, gilt:

– Die Karte, zB der Katasterplan beim Kauf einer Teilfläche, kann nicht „isoliert" beurkundet werden, dh die Beteiligten müssen in der Niederschrift eine Erklärung abgeben, die sich auf die Karte als Erklärungsmittel bezieht. Die bloße Beiheftung der Karte zur Urkunde genügt nicht und führt zur Formunwirksamkeit.[1290]

– Der Plan muss den Beteiligten nach § 13 Abs. 1 S. 1 BeurkG anstelle des Vorlesens zur Durchsicht vorgelegt werden; dies soll in der Niederschrift festgestellt werden.

– Eine besondere Unterzeichnung des Plans durch die Beteiligten oder den Notar ist nicht erforderlich.

529 Für den Notar stellt sich bei der Beurkundung eines Kaufvertrages häufig die Frage, ob ein Schriftstück mitbeurkundet werden muss oder nicht. Insbesondere beim Kaufvertrag über Wohnungseigentum ist zu entscheiden, ob die Teilungserklärung und die Baubeschreibung mitzubeurkunden sind. Hier sind zwei Fragen zu unterscheiden. Die erste Frage gilt dem Umfang der Beurkundungspflicht, *was* bei dem formbedürftigen Rechtsgeschäft zu beurkunden ist. Sind danach die Teilungserklärung und die Baubeschreibung nach dem materiellen Recht (§ 311b BGB) beurkundungspflichtig, stellt sich die weitere Frage, *wie* zu beurkunden ist, welche verfahrensrechtlichen Möglichkeiten der Mitbeurkundung gegeben sind. Ist ein Teil des beurkundungsbedürftigen Rechtsgeschäfts bereits notariell beurkundet (notarielle Beglaubigung reicht nicht aus), so kann auf diese andere notarielle Niederschrift in dem **vereinfachten Verfahren nach § 13a BeurkG** verwiesen werden. Die Vereinfachung liegt allein darin, dass die Beteiligten auf das Vorlesen und Beifügen dieser anderen Niederschrift verzichten können. Ist dagegen der im Schriftstück enthaltene beurkundungsbedürftige Teil des Rechtsgeschäfts nicht in einer anderen notariellen Niederschrift enthalten, so muss es als Anlage nach § 9 Abs. 1 S. 2 BeurkG beurkundet werden, also insbesondere den Beteiligten vorgelesen und der Niederschrift beigefügt werden.

530 Vor der verfahrensrechtlichen Frage steht stets die materiell-rechtliche Frage der **Beurkundungspflicht.** Beurkundungsbedürftig sind alle konstitutiven Vereinbarungen, dh alle Erklärungen, die Rechtswirkungen erzeugen sollen, die Umfang und Inhalt der vertraglichen Leistung bestimmen. Im Beispiel des Verkaufs einer Eigentumswohnung ist bei der Beurkundungspflicht wie folgt zu unterscheiden:

531 Ist die Wohnanlage fertig gestellt und das Wohnungseigentum im Grundbuch gebildet, ist die Teilungserklärung nicht beurkundungsbedürftig; sie gehört nicht mehr zum Regelungsinhalt des Kaufvertrages, da sie bereits Inhalt des Wohnungseigentums geworden ist (§ 10 Abs. 2 WEG). Die Baubeschreibung und die Aufteilungspläne müssen dagegen beurkundet werden. Die Beurkundungspflicht besteht unabhängig davon, ob und inwieweit der Veräußerer (Bauträger) die geschuldete Werkleistung zum Zeitpunkt des Vertragsschlusses tatsächlich bereits ausgeführt hat.[1291] Ist das Wohnungseigentum bei Abschluss des Kaufvertrages noch nicht im Grundbuch gebildet, muss die Teilungserklärung (nebst Aufteilungsplänen) mitbeurkundet werden. Ist die Teilungserklärung in Form der Niederschrift beurkundet, kann hierauf nach § 13a BeurkG verwiesen werden (unter Verzicht auf das Vorlesen und Beifügen dieser Niederschrift). Die Teilungserklärung mit den Aufteilungsplänen[1292] muss bei der Beurkundungsverhandlung in beglaubigter Abschrift vorliegen. Ist die Teilungserklärung dagegen lediglich notariell beglaubigt, muss sie als (verlesene) Anlage nach § 9 Abs. 1 S. 2 BeurkG mitbeurkundet werden. Die Aufteilungspläne müssen den Beteiligten nach § 13 Abs. 1 S. 1 BeurkG zur Durchsicht vorgelegt werden.

[1290] BGH DNotZ 1982, 228.
[1291] BGH DNotZ 2005, 467.
[1292] S. DNotI-Report 1997, 58.

Formulierungsbeispiel: Verweisung nach § 13a BeurkG 532

Wegen der Teilungserklärung, der Aufteilungspläne und der Baubeschreibung, die Ge- Ȣ
genstand dieses Vertrages sind, verweisen die Beteiligten auf die Urkunde des amtierenden Notars *** (UR-Nr. ***), die in Urschrift bei der heutigen Verhandlung vorlag.

Der Käufer hat bereits vor der heutigen Verhandlung vom Verkäufer eine beglaubigte
Abschrift dieser Urkunde (ohne Aufteilungspläne) erhalten. Die Aufteilungspläne wurden den Erschienenen zur Durchsicht vorgelegt.

Der Notar hat die Beteiligten darüber belehrt, dass der Inhalt dieser Urkunde als Teil
ihrer Vereinbarungen mit Abschluss dieses Vertrages für sie verbindlich ist. Die Beteiligten erklärten, dass ihnen der Inhalt dieser Urkunde bekannt ist und sie auf das Vorlesen
und das Beifügen dieser Urkunde zur heutigen Niederschrift verzichten.

Beim Verkauf von Wohnungseigentum (Bauträgervertrag) gilt daher die Empfehlung, 533
die Teilungserklärung mit der Baubeschreibung in Form der Niederschrift (§§ 8 ff.
BeurkG) vorab zu beurkunden, um hierauf in den Kaufverträgen nach § 13a BeurkG
verweisen zu können. Die gleiche Empfehlung gilt beim Verkauf von Einfamilienhäusern
hinsichtlich der Baubeschreibung und der Baupläne.

Das Verweisen setzt **verfahrensrechtlich** voraus, dass die Verweisungsurkunde eindeu- 534
tig bezeichnet wird (Datum, UR-Nr., Name und Amtssitz des Notars). Fehlt in der Niederschrift die Feststellung, dass die Beteiligten erklären, auf das Vorlesen der anderen
notariellen Niederschrift zu verzichten, da ihnen der Inhalt bekannt sei (§ 13 Abs. 1 S. 2
BeurkG), steht dies der Wirksamkeit nicht entgegen.[1293] Gleichwohl verstößt der Notar
gegen seine Amtspflicht und provoziert möglicherweise einen Rechtsstreit über die
Formwirksamkeit der Urkunde.

In gleicher Weise erlaubt § 13a Abs. 4 BeurkG die Verweisung auf Karten oder Zeich- 535
nungen, die von einer **öffentlichen Behörde** im Rahmen ihrer Amtsbefugnis **gesiegelt**
wurde, bspw. also die zeichnerische Darstellung eines bereits in Kraft getretenen (also
nicht lediglich im Entwurf vorhandenen) Bebauungsplanes. Hinsichtlich dessen textlicher
Festsetzungen genügt – wie bei jeder anderen Rechtsnorm – eine untechnische Verweisung. Bei Bebauungsplanentwürfen bedarf es für die textlichen wie die zeichnerischen
Festsetzungen der unmittelbaren Beurkundung (durch Verlesen Ersterer bzw. Vorlage zur
Durchsicht Letzterer).

Wird in der Niederschrift lediglich zur Verdeutlichung und Erläuterung des beurkun- 536
deten Inhalts auf Erklärungen in einem anderen Schriftstück, auf Rechtsverhältnisse oder
tatsächliche Umstände hingewiesen, die also selbst nicht zum beurkundungsbedürftigen
Inhalt des Rechtsgeschäfts gehören, spricht man von einer **Bezugnahme** (unechte Verweisung). Erklärungen in einem Schriftstück, auf das Bezug genommen wird, sind also
nicht Inhalt der Niederschrift und somit nicht beurkundet; sie bedürfen aber auch nach
materiellem Recht nicht der Mitbeurkundung.

Checkliste: Fälle, in denen eine Bezugnahme ausreicht 537

(1) Bei der (beurkundungspflichtigen) Änderung, Ergänzung oder Aufhebung eines
beurkundeten Rechtsgeschäfts auf diese Niederschrift: „Die Beteiligten nehmen
Bezug auf den Kaufvertrag … (UR-Nr. … des amtierenden Notars), den sie in Abschnitt III. Ziff. 5 wie folgt ändern: …".

(2) Bei Annahme eines Angebots auf die Angebotsurkunde.[1294] Dem Annehmenden
muss allerdings eine **Ausfertigung** des Angebots (§ 47 BeurkG) zugegangen sein,

---

[1293] BGH DNotZ 2004, 188.
[1294] BGH DNotZ 1990, 356 (358).

worauf er jedoch in der Annahme verzichten können soll.[1295] Die Ausfertigung muss bei der Annahme selbst nicht vorliegen. Eine förmliche Verweisung auf das Angebot iSd § 13a BeurkG ist dagegen erforderlich, wenn in diesem Erklärungen des Annehmenden enthalten sind, die er sich durch Verweisung zu eigen machen muss, sofern sie nicht neu abgegeben werden (Vollmachten, Bewilligungen, Vollstreckungsunterwerfungen.) Anderenfalls genügt die genaue Identifizierung des Angebots (regelmäßig durch Angabe der Urkundsnummer).

(3) Gleiches gilt bei Beurkundung einer in notarieller Form zu erteilenden Genehmigung der von einem vollmachtlosen Vertreter abgegebenen Erklärung.[1296]

(4) Bei einem Kaufvertrag über Wohnungseigentum, wenn die Teilungserklärung bereits im Grundbuch vollzogen ist und damit einen sachenrechtlich verbindlichen Inhalt hat. Auch wenn die Wohnanlage bei Vertragsschluss bereits vollständig fertig gestellt ist, sind die Aufteilungspläne und die Baubeschreibung weiterhin beurkundungspflichtig, so dass es sich empfiehlt, auch hier auf die (beurkundete) Teilungserklärung nach § 13a BeurkG zu verweisen (s. vorstehendes Formulierungsbeispiel).

(5) Auf gesetzliche Vorschriften kann stets Bezug genommen werden. Dies ist auch anerkannt für Normen oder allgemeine Regeln, die für jedermann feststehen und in Amtsblättern des Bundes oder der Länder veröffentlicht sind (zB DIN-Normen,[1297] die TA-Luft, Lebenshaltungskostenindices), wohl auch für die Verdingungsordnung für Bauleistungen (VOB) und Tarifverträge im öffentlichen Dienst.

(6) Beim Kauf eines vermieteten Objekts tritt der Käufer nach § 566 BGB anstelle des Verkäufers (= Vermieters) in die sich aus dem Mietverhältnis ergebenden Rechte und Verpflichtungen kraft Gesetzes ein; eine rechtsgeschäftliche Vereinbarung ist daher nur insoweit erforderlich, wenn der Käufer das Mietverhältnis übernimmt (§ 435 BGB). Eine Mitbeurkundung der Mietverträge ist – selbstverständlich – nicht erforderlich.

(7) In Fällen der Schuldübernahme, der Abtretung einer Forderung oder der Vertragsübernahme unterliegt zwar die Vereinbarung iSd §§ 398, 415 BGB als Teil des beurkundungsbedürftigen Vertrages der Beurkundungsform, nicht jedoch der Darlehnsvertrag, die Grundschuldbestellungsurkunde, der Erbbaurechtsvertrag etc, da bereits der Vertrag über die Schuldübernahme bzw. die Abtretung gesetzlich zum Übergang von Rechten und Pflichten auf den Dritten führt mit dem Inhalt, wie sie bestehen.[1298]

(8) Für die Bestätigung des formgerecht abgeschlossenen Vertrages reicht es aus, dass die Bestätigungsurkunde auf die Urkunde, die das bestätigende Rechtsgeschäft enthält, hinweist.[1299] Ist dagegen das zu bestätigende Rechtsgeschäft formungültig, ist eine Neubeurkundung erforderlich.

(9) Wissenserklärungen der Beteiligten bedürfen ebenfalls keiner Beurkundung,[1300] allerdings Willenserklärungen, die sich daran knüpfen, soweit sie vom Gesetz (§ 442 BGB) abweichen.

(10) Wer an der Niederschrift, auf die verwiesen wird, beteiligt war, ist unerheblich; es können dieselben Beteiligten, nur einer von ihnen oder Dritte gewesen sein.[1301]

[1295] OLG Dresden ZNotP 1999, 394.
[1296] BGH DNotZ 1990, 356.
[1297] OLG Düsseldorf DNotZ 1985, 626.
[1298] BGH NJW 1994, 1347: „Übernimmt in einem Grundstückskaufvertrag der Käufer eine Verbindlichkeit des Verkäufers aus einem anderen Schuldverhältnis, muss der Inhalt der übernommenen Verpflichtung nicht mitbeurkundet werden."
[1299] BGH DNotZ 2000, 288.
[1300] Daher auch keine Beurkundungspflicht für die Erteilung einer Quittung über den Erhalt des Kaufpreises, auch wenn in der Urkunde enthalten: KG ZfIR 2011, 153.
[1301] OLG Düsseldorf FGPrax 2003, 88.

> Das gilt zB für die erforderliche Nachbeurkundung mit dem Mieter, wenn dieser sein Vorkaufsrecht ausgeübt hat. Der Belehrung kommt in diesen Fällen besondere Bedeutung zu.

Für die Bezugnahme gibt es keine verfahrensrechtlichen Vorschriften. Beim Kaufvertrag über ein Wohnungseigentum oder ein Erbbaurecht sollte der Notar darauf hinwirken, dass der Verkäufer dem Käufer vor dem Beurkundungstermin eine Abschrift der Teilungserklärung bzw. des Erbbaurechtsbestellungsvertrages aushändigt, und in der Niederschrift vermerken, dass dem Käufer der Inhalt dieser Urkunde bekannt ist. Vorsorglich sollte eine Vertragsübernahme erklärt werden, da die Teilungserklärung/der Erbbaurechtsbestellungsvertrag Bestimmungen enthalten können, die nur schuldrechtlich wirken. **538**

L. Kostenberechnung

Für die Beurkundung des Kaufvertrags ist eine 2,0-Gebühr Nr. 21100 KV GNotKG, mindestens 120 EUR, zu erheben. Geschäftswert ist grundsätzlich der Kaufpreis (§ 47 S. 1 GNotKG). Hinzugerechnet werden vorbehaltene Nutzungen und dem Käufer obliegende Leistungen (§ 47 S. 2 GNotKG); zB vom Käufer übernommene **Vermessungskosten** beim Teilflächenkauf, weil diese gesetzlich (§ 448 S. 1 BGB) den Verkäufer treffen, oder eine dem Verkäufer zu zahlende Entschädigung für die Erschwerung der Bewirtschaftung, die durch die „Anschneidung" eines Grundstücks für Straßenzwecke bedingt ist.[1302] Die Untergrenze bildet in jedem Fall der Verkehrswert der Kaufsache (§ 47 S. 3 GNotKG), der zB durch eine Verpflichtung, Mietwohnungen im sozialen Wohnungsbau zu errichten, gemindert sein kann. Die **Übernahme** von Energielieferungsverträgen ist mit dem Interesse des Verkäufers an der Vertragsübernahme werterhöhend zu berücksichtigen.[1303] **539**

Zinsen (und deshalb eine Nebenentschädigung, die eine Verzinsung des Kaufpreises für die Zeit zwischen Besitzübergang und Kaufpreiszahlung darstellen soll)[1304] erhöhen den Geschäftswert nicht, wie umgekehrt eine (auch langfristige) Stundung des Kaufpreises ihn nicht vermindert. Etwa zu zahlende Umsatzsteuer erhöht den Geschäftswert ebenfalls nicht; mit einem Teilwert (§ 97 Abs. 3 GNotKG) zu bewerten ist allerdings seit 1. 8. 2013[1305] der Verzicht auf die Umsatzsteuerbefreiung (§ 110 Nr. 2 lit. c GNotKG; Vorschlag: 10 % der zu zahlenden Umsatzsteuer).[1306] Hat der Käufer den Grundbesitz bereits auf eigene Kosten bebaut, ist dies (anders als nach § 20 Abs. 1 S. 2 KostO) irrelevant. Eigenleistungen des Käufers beim Bauträgervertrag erhöhen den Geschäftswert jedoch nicht.[1307] Zur **Maklerklausel** → Rn. 479. Beim **Kauf auf Rentenbasis** ist der zu zahlende Rentenbetrag nach § 52 GNotKG zu kapitalisieren[1308] und mit dem von den Beteiligten zugrundegelegten Wert des Kaufgegenstands zu vergleichen (§ 97 Abs. 3 GNotKG). **539a**

Gegenstandsgleich im Sinne des Kostenrechts und daher nach § 109 Abs. 1 GNotKG nicht gesondert zu bewerten sind: **540**
– der Kaufvertrag und die mitbeurkundete Auflassung;
– die Zwangsvollstreckungsunterwerfung wegen des Kaufpreises;
– die Erklärungen des Käufers wegen eines in Anrechnung auf den Kaufpreis übernommenen Darlehens gegenüber dem Käufer (nicht dagegen die Erklärungen gegenüber Dritten; § 110 Nr. 2 lit. a GNotKG);

[1302] BayObLG Rpfleger 1992, 248.
[1303] OLG Hamm FGPrax 2016, 185; BayObLG MittBayNot 1999, 494.
[1304] OLG München MittBayNot 2008, 152.
[1305] Abweichend von der bisherigen Rechtsprechung; BGH NJW-RR 2011, 591.
[1306] AA Korintenberg/Tiedtke GNotKG § 47 Rn. 49: voller Betrag der Umsatzsteuer.
[1307] OLG Köln JurBüro 2000, 41.
[1308] Zur Berechnung bei Zahlung von Renten bis zum Ableben mehrerer Personen vgl. LG Hagen Rpfleger 2001, 569.

- die Übernahme bestehender Rechte in Abteilung II des Grundbuchs, die nicht einseitig ablösbar sind;
- ein subjektiv-persönliches Vorkaufs- oder Wiederkaufsrecht, das sich der Verkäufer vorbehält, wenn damit ohne wirtschaftliches Interesse des Verkäufers lediglich der Vertragszweck gesichert werden soll;[1309]
- die Übernahme noch nicht fälliger Erschließungskosten (auch für bereits erfolgte Erschließungsmaßnahmen);
- die mitbeurkundeten Löschungszustimmungen des Verkäufers zur Löschung von Grundpfandrechten am Kaufgegenstand ohne Rücksicht auf deren Höhe (§ 109 Abs. 1 S. 4 und S. 5 GNotKG);
- Vollmachten zur Belastung des Kaufgegenstands durch den Käufer ohne Rücksicht auf Zweck und Höhe (§ 109 Abs. 1 S. 4 und S. 5 GNotKG).

541 **Nicht gegenstandsgleich** und daher zusätzlich zu bewerten (§ 35 Abs. 1 GNotKG) sind:
- Erklärungen zur Finanzierung des Kaufpreises gegenüber Dritten, insbesondere die Übernahme einer unvalutierten Grundschuld oder einer solchen, deren Valutierung aus dem Kaufpreis abgelöst wird, für eigene Kreditzwecke des Käufers, wenn er gegenüber der Bank die persönliche Haftung übernimmt und deswegen die Unterwerfung unter die sofortige Zwangsvollstreckung erklärt (Gebühr Nr. 21200 KV GNotKG);
- ein Wiederkaufsrecht bei Verkauf unter Wert, das ausgeübt werden kann, wenn die mit dem Preisnachlass verfolgten Ziele nicht erreicht werden; die Bewertung erfolgt nach § 51 Abs. 1 S. 2 GNotKG, wobei aber wegen der geringen Wahrscheinlichkeit der Ausübung oft Anlass bestehen wird, von § 51 Abs. 3 GNotKG Gebrauch zu machen;[1310]
- andere Rechte als ein Vorkaufs- oder Wiederkaufsrecht, die sich der Verkäufer vorbehält, sowie alle subjektiv-dinglichen Rechte (§ 110 Nr. 2 lit. b GNotKG); wegen der Bewertung beachte §§ 50, 51 GNotKG;
- die Übernahme von Erschließungskosten, die bereits fällig sind[1311] und die vom Käufer eingegangene Verpflichtung, Vorauszahlungen auf künftige Erschließungskosten zu leisten;[1312]
- eine Bauverpflichtung, Investitionsverpflichtung oder Beschäftigungsverpflichtung. Derartige Verpflichtungen werden mit 20% des Werts des unbebauten Grundstücks bei Wohnimmobilien, mit 20% der voraussichtlichen Herstellungskosten bei gewerblichen Immobilien bewertet (§ 50 Nr. 3 GNotKG), bei Investitionsverpflichtungen mit 20% der Investititionssumme (§ 50 Nr. 4 GNotKG). Wohnimmobilien sind auch solche, die der zur Errichtung der Immobilien Verpflichtete verkaufen oder vermieten will.[1313]

542 Neben der Beurkundungsgebühr wird in den Fällen der Vorbemerkung 2.2.1.1 KV GNotKG die **Vollzugsgebühr** Nr. 22110 KV GNotKG erhoben, insbesondere für:
- die Einholung der Vorkaufsrechtsbescheinigung nach dem BauGB und landesrechtlichen Bestimmungen, und zwar ohne Rücksicht darauf, ob diese Vollzugsvoraussetzung sind oder nicht;
- die Einholung einer Genehmigung (GrdstVG, Betreuungsgericht, Familiengericht usw);
- die Einholung von Pfandfreigabe- und Löschungserklärungen für die vom Verkäufer geschuldete Lastenfreistellung;
- die Einholung der Zustimmung unmittelbar oder mittelbar Beteiligter (vollmachtslos Vertretene, Verwalter nach WEG, Eigentümer nach ErbbauRG usw).

[1309] So ist es etwa bei einem Vorkaufsrecht, das sich eine Gemeinde in einem Kaufvertrag vorbehält, mit dem sie an einen privilegierten Bauwilligen verkauft hat; OLG Frankfurt a.M. FGPrax 2016, 40.
[1310] OLG Stuttgart BeckRS 2016, 132527.
[1311] OLG Hamm FGPrax 1995, 125.
[1312] Teilwert, vgl. BayObLG JurBüro 1998, 489.
[1313] BGH Rpfleger 2018, 235.

Die Stellung des Messungsantrags fällt nicht unter Vorbemerkung 2.2.1.1 KV GNotKG;   543
eine Gebühr kann hierfür daher nicht erhoben werden (str.).

Die Vollzugsgebühr fällt auch bei mehreren Vollzugstätigkeiten nur einmal an (§ 93   544
Abs. 1 S. 1 GNotKG); Geschäftswert ist in jedem Fall der Geschäftswert der Urkunde
(§ 112 S. 1 GNotKG); dies kann dazu zwingen, mehrere Beurkundungsgegenstände, von
denen nur einer vollzogen werden muss, auf mehrere Urkunden zu verteilen[1314] und die
rechtliche Abhängigkeit der Urkunden voneinander in diesen zu verlautbaren. Der
Gebührensatz ist 0,5; allerdings kann für bestimmte Tätigkeiten (Erklärung und Bescheinigung nach öffentlich-rechtlichen Vorschriften; gerichtliche Entscheidung oder Genehmigung mit Ausnahme einer solchen des Familien-, Betreuungs- oder Nachlassgerichts)
maximal eine Gebühr von 50 EUR je Tätigkeit gefordert werden (Nr. 22112 KV
GNotKG). Neben der Vollzugsgebühr fällt keine Entwurfsgebühr an (Vorbemerkung 2.2
Abs. 2 KV GNotKG). Da keine Entwurfsgebühr angefallen ist, entfällt allerdings auch die
Privilegierung der Vorbemerkung 2.4.1 Abs. 2 KV GNotKG; auch für die erste Beglaubigung unter einen gefertigten Entwurf wird deshalb die Gebühr Nr. 25100 KV GNotKG
erhoben.[1315]

Umstritten ist, ob die Erhebung der Vollzugsgebühr zwingend ist[1316] oder ob sich der   544a
Notar stattdessen auch zur Fertigung von Entwürfen beauftragen lassen kann.[1317] Der
Kostengerechtigkeit entspricht nur die letztere Meinung.

Beispiel:

Beim Kauf einer Eigentumswohnung zum Kaufpreis von 300.000 EUR ist einzige erforderliche Vollzugshandlung die vom Verkäufer geschuldete Löschung einer nicht mehr valutierten Grundschuld im Betrag von 10.000 DM. Eine 0,5 Vollzugsgebühr Nr. 22110
KV GNotKG würde 317,50 EUR betragen, die Gebühr für den Löschungsentwurf
(Nr. 24102 KV GNotKG iVm Nr. 21201 Ziff. 4 KV-GNotKG) beträgt nur 30 EUR.

Neben der Vollzugsgebühr fällt eine **Betreuungsgebühr** an, wenn einer der Fälle der   545
Anmerkung zu Nr. 22200 KV GNotKG gegeben ist. Hierunter fallen insbesondere:
– die Mitteilung der Kaufpreisfälligkeit;
– die Entgegennahme der Anweisung, den Kaufpreis erst nach Vorliegen bestimmter Voraussetzungen dem Grundbuchamt vorzulegen; dafür genügt allerdings – abweichend
  von der bisherigen Rechtsprechung[1318] – nicht, dass die Vorlage nur von der Zustimmung des Verkäufers abhängt;
– die Anzeige einer Schuldübernahme an den Gläubiger, wenn sie sich nicht auf Übersendung einer Urkundenausfertigung beschränkt;
– die Überwachung der vom Käufer im Kaufvertrag für den Fall des Rücktritts des Verkäufers vom Kaufvertrag erteilten Löschungsbewilligung für seine Auflassungsvormerkung (→ Rn. 425);
– die Prüfung und Beachtung der Auszahlungsvoraussetzungen bei der Kaufpreishinterlegung. Diese Gebühr fällt neben der Verwahrungsgebühr Nr. 25300 KV GNotKG
  an.[1319]

Die Betreuungsgebühr entsteht auch bei mehreren Betreuungstätigkeiten nur einmal (§ 93   546
Abs. 1 S. 1 GNotKG); Geschäftswert ist der Geschäftswert der Urkunde (§ 113 Abs. 1
GNotKG). Der Gebührensatz ist 0,5. Da die Betreuungsgebühr in aller Regel bereits mit
der Mitteilung der Kaufpreisfälligkeit entsteht, lösen weitere Betreuungstätigkeiten keine
zusätzlichen Kosten mehr aus. Die Rechtsprechung des BGH zur Kostenordnung, der No-

---

[1314] Nicht beachtet von LG Düsseldorf BeckRS 2015, 5136.
[1315] LG Bielefeld NotBZ 2015, 276.
[1316] So OLG Nürnberg JurBüro 2018, 25 mAnm *H. Schmidt.*
[1317] So *Tondorf/Schmidt,* 50 Tipps zum GNotKG, 2. Aufl. 2018, § 6 Rn. 8 f.
[1318] BGH NotBZ 2005, 289.
[1319] Anders die Rechtsprechung zur Kostenordnung (BGH NJW-RR 2012, 255).

tar dürfe im Kosteninteresse keine überwachungsbedürftige Löschungsbewilligung für die Auflassungsvormerkung des Käufers mehr in den Vertrag aufnehmen, sondern müsse sich auf die Erteilung einer Löschungsvollmacht für diesen Fall beschränken,[1320] ist deshalb überholt: sowohl die Löschungsvollmacht als auch die überwachungsbedürftige Löschungsbewilligung lösen keine weiteren Kosten aus; für den in → Rn. 428 beschriebenen Weg (auflösend bedingte Vormerkung) gilt nichts anderes.

547   Neben der Betreuungsgebühr fällt für die Beachtung von Treuhandaufträgen mittelbar Beteiligter (insbesondere bei der Übersendung von Grundbucherklärungen unter Treuhandauflage) eine **Treuhandgebühr** Nr. 22201 KV GNotKG an; der Gebührensatz ist ebenfalls 0,5; Geschäftswert ist jedoch der Wert des Sicherungsinteresses (§ 113 Abs. 2 GNotKG). Dabei darf der Notar grundsätzlich auf die Richtigkeit des entsprechenden Treuhandvertrags der Bank vertrauen, muss seine Kostenberechnung aber ändern, wenn sich herausstellt, dass das wirkliche Sicherungsinteresse geringer ist.[1321] Die Treuhandgebühr entsteht für jeden Treuhandauftrag gesondert.

547a   Wenn beim Grundbuchamt bereits der **elektronische Rechtsverkehr** eingeführt ist und der Landesgesetzgeber eine Verordnung nach § 135 Abs. 1 Nr. 4 lit. b GBO erlassen hat, erhält der Notar für die Übermittlung der Eintragungsdaten in strukturierter, maschinell lesbarer Form („XML-Daten") eine zusätzliche 0,3-Gebühr Nr. 22214 KV GNotKG, die auf 250 EUR begrenzt ist. Für diese Übermittlung bedarf es keines besonderen Auftrags (Vorbemerkung 2.2 Abs. 1 KV GNotKG), weil der Notar dann zur Übermittlung in dieser Form verpflichtet ist.

548   Ist beim Kauf einer zu vermessenden Teilfläche die Auflassung im Kaufvertrag bereits erklärt, so bedarf es nach Vermessung einer **Identitätserklärung** (idR durch Eigenurkunde, → Rn. 608); 10% des Kaufpreises sind als Wert für die Gebühr Nr. 25204 KV GNotKG angemessen.[1322] Erfolgt die Auflassung in gesonderter Verhandlung, dann entsteht bei dem Notar, der den Kaufvertrag beurkundet hat, eine 0,5-Gebühr Nr. 21101 KV GNotKG, mindestens 30 EUR, bei einem anderen Notar eine 1,0-Gebühr Nr. 21102 KV GNotKG, mindestens 60 EUR; Geschäftswert ist dann der volle Kaufpreis. Die Messungsanerkennung ist nach neuer Rechtsprechung des BGH[1323] eine Grundbuchverfahrenserklärung und kann neben der Auflassung deshalb nicht bewertet werden. Auch ein Kaufpreisausgleich, der nur auf in der Vorurkunde begründete Vereinbarungen verweist, führt nicht zum Anfall einer Gebühr Nr. 21100 KV GNotKG.[1324] Diese kommt nur bei einer Veränderung des Kaufgegenstands (Zusatzkauf, Wegfall eines Teils des Kaufgegenstands) in Betracht. Dann ist im Umfang der Änderung eine Gebühr Nr. 21100 KV GNotKG zu erheben. Bei kleinen Geschäftswerten ist zu prüfen, ob nicht die Erhebung einer 2,0-Gebühr Nr. 21100 KV GNotKG aus dem (endgültigen) Kaufpreis für den Kostenschuldner günstiger ist als der Ansatz der Gebühr Nr. 21101 KV GNotKG aus dem Wert der Auflassung und der Gebühr Nr. 21100 KV GNotKG aus dem Wert der Änderung (§ 94 Abs. 2 GNotKG). Ob beim Ansatz von Gebühren Nr. 21100, 21101 KV GNotKG jeweils die Mindestgebühr zu beachten ist oder es sich um Gebührenteile handelt, die erst zusammenzurechnen und dann erforderlichenfalls auf die Mindestgebühr der Nr. 21100 KV GNotKG anzuheben sind, ist umstritten.

3. Teil. Abwicklung des Grundstückskaufvertrages

549 Die Abwicklung der Grundstücksverträge unterliegt keinen starren Regeln. Die Praxis hat im Einzelnen sehr unterschiedliche Handhabungen dafür entwickelt. Durch die weiter

---

[1320] BGH MittBayNot 2013, 78.
[1321] OLG Hamm FGPrax 2015, 229.
[1322] *Rohs/Wedewer* GNotKG KV Nr. 25204 Rn. 6.
[1323] BGH DNotZ 2016, 115.
[1324] LG Postdam NotBZ 2018, 117.

fortschreitende Einführung von EDV-Anlagen werden sich wohl die Methoden der Urkundsabwicklung immer mehr vereinheitlichen. Praktisch bewährt haben sich so genannte „Verfügungsbogen". Auf ihnen sind die regelmäßig oder häufiger vorkommenden „Ausgänge" vorgedruckt. Der Tag des „Ausgangs" wird darin vermerkt, ebenso alle „Eingänge". Nach Eintragung des Vertrages in die Urkundenrolle wird verfügt (in der Regel vom Bürovorsteher, sonst vom Notar selbst), was zu geschehen hat. Zum Beispiel Folgendes:

– Antrag auf Eintragung der Eigentumsübertragungsvormerkung unter Beifügung einer auszugsweisen (ohne Auflassung) Ausfertigung oder beglaubigten Abschrift der Urkunde,
– Antrag auf Erteilung eines Zeugnisses über die Nichtausübung oder das Nichtbestehen eines Vorkaufsrechts gemäß §§ 24 ff. BauGB,
– Veräußerungsanzeige gegenüber dem Finanzamt – Grunderwerbsteuerstelle – gemäß § 18 GrEStG,
– Abschrift des Vertrages für die Kaufpreissammlung zur Geschäftsstelle des Gutachterausschusses gemäß § 195 BauGB,
– zunächst einfache Abschrift an Verkäufer und Käufer.

A. Behandlung der Urkunde (Abschriften, Ausfertigungen, Eintragung in die Urkundenrolle)

Der IV. Abschnitt des Beurkundungsgesetzes (§§ 44–54) enthält Bestimmungen über die **550** Behandlung der Urkunden und Vorschriften über das Verfahren nach dem Abschluss der Beurkundung. Ergänzt werden die gesetzlichen Regelungen durch die Dienstordnung für Notare (DONot), die den technisch-praktischen Ablauf betreffen.

I. Äußere Form der Niederschriften und Vermerke

Nach § 29 DONot sind Urschriften, Ausfertigungen und beglaubigte Abschriften notari- **551** eller Urkunden so herzustellen, dass sie gut lesbar, dauerhaft und fälschungssicher sind. Es ist festes, holzfreies weißes oder gelbliches Papier in DIN-Format zu verwenden.

Bei Unterschriftsbeglaubigungen, für Abschlussvermerke in Niederschriften, für Ver- **552** merke über die Beglaubigung von Abschriften sowie für Ausfertigungsvermerke ist der Gebrauch von Stempeln unter Verwendung von haltbarer schwarzer oder dunkelblauer Stempelfarbe zulässig.

Vordrucke, die dem Notar von einem Urkundsbeteiligten zur Verfügung gestellt wer- **553** den, müssen den Anforderungen dieser Dienstordnung an die Herstellung von Urschriften genügen; insbesondere dürfen sie keine auf den Urheber des Vordrucks hinweisenden individuellen Gestaltungsmerkmale (Namensschriftzug, Firmenlogo, Signet, Fußzeile mit Firmendaten) aufweisen; der Urheber soll am Rand des Vordrucks angegeben werden. Dies gilt nicht bei Beglaubigungen ohne Entwurf.

II. Auszugsweise Ausfertigung zur Eintragung der Vormerkung

Die Ausfertigung besteht in einer Abschrift der Urschrift, die mit dem Ausfertigungsver- **554** merk versehen ist und in der Überschrift als Ausfertigung bezeichnet ist (§ 49 Abs. 1 BeurkG). Der Ausfertigungsvermerk soll den Tag und den Ort der Erteilung angeben, die Person bezeichnen, der die Ausfertigung erteilt wird, und die Übereinstimmung der Ausfertigung mit der Urschrift bestätigen. Er muss unterschrieben und mit dem Siegel des Notars versehen sein (§ 49 Abs. 2 BeurkG). § 49 Abs. 5 BeurkG gestattet es, auf Antrag Ausfertigungen auch auszugsweise zu erteilen. Darf von der Niederschrift ein bestimmter Teil – so wie regelmäßig vereinbart – die Auflassung derzeit nicht ausgefertigt werden (um den Erwerber daran zu hindern, selbst vorzeitig die Eigentumsumschreibung zu bewirken), so wird eine auszugsweise Ausfertigung erteilt. In dem Ausfertigungsvermerk muss der Gegenstand des Auszugs angegeben und bezeugt werden, dass die Urschrift keine weiteren Bestimmungen über diesen Gegenstand enthält (§ 49 Abs. 5 BeurkG iVm § 42 Abs. 3 BeurkG).

555 **Formulierungsbeispiel: Vermerk für eine auszugsweise Ausfertigung**

Diese auszugsweise gleich lautende Ausfertigung, die nur den Kaufvertrag enthält (nicht die Auflassung), wird Herrn *** in *** erteilt. Zugleich wird bescheinigt, dass die Urkunde keine weiteren Bestimmungen über den Kaufvertrag enthält.

Ort, Datum, Siegel, Unterschrift des Notars

III. Anspruch auf Erteilung von Ausfertigungen und Abschriften

556 Nach § 51 Abs. 1 BeurkG kann bei Niederschriften über Willenserklärungen jeder Ausfertigungen verlangen, der eine Erklärung im eigenen Namen abgegeben hat oder in dessen Namen eine Erklärung abgegeben worden ist (Vertretener), bei anderen Niederschriften jeder, der die Aufnahme der Urkunde beantragt hat, sowie die Rechtsnachfolger dieser Person.

557 Die Beteiligten können gemeinsam in der Niederschrift oder durch besondere Erklärung etwas anderes bestimmen, insbesondere also auch die Erteilung von Ausfertigungen an dritte Personen vorsehen (§ 51 Abs. 2 BeurkG). Wer Anspruch auf Ausfertigungen hat, kann auch einfache oder beglaubigte Abschriften verlangen und die Urschrift einsehen (§ 51 Abs. 3 BeurkG). Der Notar muss nach § 14 Abs. 2 BNotO die Erteilung von Ausfertigungen verweigern, wenn ihm nach der Beurkundung Ablehnungsgründe erkennbar werden, aufgrund derer er die Beurkundung nach § 4 BeurkG hätte ablehnen müssen.[1325]

IV. Vermerke auf der Urschrift

558 Auf der Urschrift ist zu vermerken, wem und an welchem Tage eine Ausfertigung erteilt worden ist (§ 49 Abs. 4 BeurkG). Der Vermerk sollte zweckmäßigerweise auch vom Notar mit seiner vollen Unterschrift und nicht nur mit seiner Paraphe unterschrieben werden. Er beweist die Erteilung der Ausfertigung, insbesondere die Erteilung einer **vollstreckbaren** Ausfertigung, um sicherzustellen, dass nicht eine weitere Ausfertigung mit Vollstreckungsklausel erteilt wird. Dies ist besonders wichtig bei beurkundeten Vollmachten. Die Vertretungsmacht bleibt bestehen, bis die Vollmachtsurkunde zurückgegeben oder für kraftlos erklärt wird (§ 172 Abs. 2 BGB). Ist die Vollmacht widerrufen, ist dies auf der Urschrift zu vermerken; eine weitere Ausfertigung darf nicht erteilt werden. Die nach § 19 Abs. 6 GNotKG zu den Akten zu bringende Abschrift der Kostenrechnung wird häufig ebenfalls mit einem Kostenstempel oder Formblatt auf der letzten Seite der Urschrift angebracht. Vielfach vermerkt man hier auch die Übermittlung von Abschriften an die Steuer-, Genehmigungs- und sonstigen Behörden und an das Grundbuchamt.

V. Urkundenrolle

559 → § 34 Rn. 100 ff.

B. Anzeigepflichten des Notars

I. Steuerliche Anzeigepflichten, Grunderwerbsteuer

560 Maßgebend sind §§ 18, 20, 21 GrEStG sowie § 102 Abs. 4 AO. Die Anzeigen sind an das für die Besteuerung, in den Fällen des § 17 Abs. 2, Abs. 3 GrEStG an das für die gesonderte Feststellung zuständige Finanzamt zu richten (§ 18 Abs. 5 GrEStG). Für die Be-

---

[1325] OLG Jena DNotI-Report 1999, 169.

steuerung ist das **Finanzamt örtlich zuständig,** in dessen Bezirk das Grundstück oder der wertvollste Teil des Grundstücks liegt. Betrifft der Erwerbsvorgang Grundbesitz im Bereich verschiedener Länder, so sind die Finanzämter jedes Landes für die Besteuerung insoweit zuständig, als die Grundstücke in ihren Bezirken liegen (§ 17 Abs. 1 GrEStG).

Dem zuständigen Finanzamt ist **Anzeige** nach amtlich vorgeschriebenem Vordruck zu 561 erstatten über die folgenden **Rechtsvorgänge,** die der Notar beurkundet oder über die er eine Urkunde entworfen und darauf eine Unterschrift beglaubigt hat, wenn die Rechtsvorgänge ein Grundstück im Geltungsbereich dieses Gesetzes betreffen (§ 18 Abs. 1 Nr. 1 GrEStG):

– Grundstückskaufverträge und andere Rechtsgeschäfte, die den Anspruch auf Übereignung eines Grundstücks begründen (zB Tauschverträge, Einbringungsverträge, Übergabeverträge, Auseinandersetzungsverträge, Annahme von Kauf- und Verkaufsangeboten, Ausübung von Optionen bzw. Vor- und Wiederkaufsrechten);
– Auflassungen, wenn kein Rechtsgeschäft vorausgegangen ist, das den Anspruch auf Übereignung begründet;
– Rechtsgeschäfte über ein Grundstück, die den Anspruch auf Abtretung eines Übereignungsanspruchs oder der Rechte aus einem Meistgebot begründen;
– Rechtsgeschäfte, die den Anspruch auf Abtretung der Rechte aus einem Grundstückskaufangebot oder auf Abtretung der Rechte aus einem Angebot zum Abschluss eines anderen Vertrags begründen, kraft dessen die Übereignung eines Grundstücks verlangt werden kann;
– Rechtsvorgänge, die es ohne Begründung eines Anspruchs auf Übereignung einem anderen rechtlich oder wirtschaftlich ermöglichen, ein Grundstück auf eigene Rechnung zu verwerten (zB Begründung und Auflösung eines Treuhandverhältnisses, Wechsel des Treugebers);
– Rechtsgeschäfte, die die Übertragung von Anteilen einer Personen- oder Kapitalgesellschaft betreffen, wenn zum Vermögen der Gesellschaft ein Grundstück gehört;
– Übertragung eines Anteils an einem Nachlass, zu dem ein Grundstück gehört oder ein Anteil an einem anderen Nachlass, der ein Grundstück enthält;
– Vorverträge, Optionsverträge sowie Kauf- und Verkaufsangebote. Die Einräumung eines Vorkaufsrechts ist nicht anzeigepflichtig.

Die Anzeige ist auch für nachträgliche Änderungen oder Berichtigungen eines der vorge- 562 nannten Vorgänge zu erstatten (§ 18 Abs. 1 Nr. 4 GrEStG). Die Anzeigepflicht bezieht sich auch auf Vorgänge, die ein Erbbaurecht oder ein Gebäude auf fremdem Boden betreffen. Anzeigepflichtig ist weiterhin die Begründung von Wohnungseigentum. Anträge auf Berichtigung des Grundbuchs, die der Notar beurkundet oder über die er eine Urkunde entworfen und darauf eine Unterschrift beglaubigt hat, sind anzuzeigen, wenn der Antrag darauf gestützt wird, dass der Grundstückseigentümer gewechselt hat.

Die Anzeigen sind auch dann zu erstatten, wenn ein Rechtsvorgang von der Besteue- 563 rung ausgenommen ist (§ 18 Abs. 3 S. 2 GrEStG) bzw. nach den bestehenden Verwaltungsanweisungen eine Unbedenklichkeitsbescheinigung iSd § 22 GrEStG nicht zu erteilen ist. In einigen Bundesländern, so zum Beispiel in Bayern, Baden-Württemberg, Hamburg, Mecklenburg-Vorpommern, Niedersachsen, Nordrhein-Westfalen, Rheinland-Pfalz, Saarland, Schleswig-Holstein ist die Vorlage der Unbedenklichkeitsbescheinigung für den Grundbuchvollzug entbehrlich beim Grundstückserwerb durch den Ehegatten des Veräußerers und Rechtsvorgängen zwischen Personen, die miteinander in gerader Linie verwandt sind. Den Abkömmlingen stehen die Stiefkinder gleich. Den Verwandten in gerader Linie sowie den Stiefkindern stehen deren Ehegatten gleich (§ 3 Nr. 4, Nr. 6 GrEStG).

Die Anzeige muss auf einem amtlich vorgeschriebenen Vordruck **(Veräußerungsan-** 564 **zeige)** erfolgen unter Beifügung einer einfachen Abschrift der Urkunde. Der Inhalt ergibt sich aus § 20 GrEStG. Insbesondere ist zu beachten, dass nach der letzten Änderung des § 20 Abs. 1 S. 1 GrEStG die steuerliche **Identifikationsnummer** bei Privatpersonen

(§ 139b AO) bzw. die **Wirtschafts-Identifikationsnummer** (§ 139c AO) in der Veräußerungsanzeige anzugeben sind.

565   Die Anzeige ist nach § 18 Abs. 3 GrEStG innerhalb von **zwei Wochen** nach der Beurkundung oder der Unterschriftsbeglaubigung zu erstatten, und zwar auch dann, wenn die Wirksamkeit des Rechtsvorgangs vom Eintritt einer Bedingung, vom Ablauf einer Frist oder von einer Genehmigung abhängig ist.

566   Die Absendung der Anzeige ist auf der Urschrift der Urkunde, in den Fällen, in denen eine Urkunde entworfen und beglaubigt worden ist, auf der zurückbehaltenen beglaubigten Abschrift zu vermerken (§ 18 Abs. 4 GrEStG), und zwar der Absendetag, das Finanzamt (die Finanzämter), an welches die Anzeige erfolgt ist. Urkunden, die einen anzeigepflichtigen Vorgang betreffen, dürfen den Beteiligten erst ausgehändigt und Ausfertigungen oder beglaubigte Abschriften den Beteiligten erst erteilt werden, wenn die Anzeigen an das Finanzamt abgesandt sind (§ 21 GrEStG).

567   Die obersten Finanzbehörden mehrerer Länder haben Merkblätter über die Beistandspflichten der Notare auf dem Gebiet der Grunderwerbsteuer (Erbschaft-/Schenkungsteuer) herausgegeben.

II. Mitteilungspflicht nach dem Baugesetzbuch

568   Jeder Vertrag, durch den sich jemand verpflichtet, das Eigentum an einem Grundstück gegen Entgelt, auch im Wege des Tausches, zu übertragen oder ein Erbbaurecht zu begründen, ist dem **Gutachterausschuss** anzuzeigen, § 195 Abs. 1 BauGB. Gutachterausschüsse bestehen bei allen kreisfreien Städten und den Landkreisen. Durch die Anzeige soll dem Gutachterausschuss eine Übersicht über die Entwicklung der Kaufpreise ermöglicht werden, die ihn in den Stand versetzt, Wertgutachten über andere vergleichbare Grundstücke abzugeben.

C. Vollzug, Schriftverkehr

569   Der Notar kommt seinen Anzeigeverpflichtungen nach, beschafft im Auftrag der Vertragsparteien behördliche Genehmigungen und Verzichtserklärungen und stellt bei Vollzugsreife die Anträge beim Grundbuchamt. Dies geschieht in der Praxis meist unter Verwendung von Formbriefen. Zur Überwachung des Vollzugs ist zu bemerken: Eine gesetzlich geregelte Überwachungspflicht besteht für den Notar nicht. Der BGH hat jedoch eine Amtspflicht des Notars bejaht, den erteilten Erbschein zu prüfen, ob er dem beantragten entspricht.[1326] Danach ist davon auszugehen, dass der Einreichungspflicht des Notars auch eine Pflicht zur Überwachung des Vollzugs entspricht.[1327]

> **Praxishinweis:**
> Der Notar sollte prüfen, ob die von ihm beantragten Eintragungen im Grundbuch vollzogen wurden. Die Überwachungspflicht umfasst nicht nur die Pflicht zu genauer Prüfung der Eintragungsnachrichten des Grundbuchamts, sondern auch die Pflicht, die zur Beseitigung von Hindernissen erforderlichen Schritte zu übernehmen und gegebenenfalls die Beteiligten zur Abgabe noch erforderlicher Erklärungen aufzufordern.[1328]

[1326] DNotZ 1988, 372.
[1327] *Winkler* BeurkG § 53 Rn. 56.
[1328] BGH DNotZ 1968, 318.

Nachfolgend werden zehn Muster für den Schriftverkehr des Notars beispielhaft wiedergegeben.

Übersicht

Formulierungsbeispiel: Anzeigen/Mitteilungen/Einholung von Genehmigungen an die Gemeinde

570
☞

Vertrag vom ***
Vertragsparteien: ***

Sehr geehrte Damen und Herren,

im Namen der Vertragsparteien wird Kopie des oben genannten Vertrages überreicht, …

[*Var.:* … mit dem Antrag, gemäß § 28 Abs. 1 BauGB ein Zeugnis über die Nichtausübung oder das Nichtbestehen eines Vorkaufsrechts gemäß §§ 24 ff. BauGB und Denkmalschutzgesetz auszustellen.]

[*Var.:* … für die Kaufpreissammlung der Geschäftsstelle des Gutachterausschusses gemäß § 195 BauGB.]

[*Var.:* … mit dem Antrag, im förmlich festgelegten Sanierungsgebiet das Rechtsgeschäft nach § 144 Abs. 1 BauGB zu genehmigen und den Genehmigungsbescheid oder ein Negativzeugnis zu erteilen.]

[*Var.:* … mit dem Antrag auf Grundstücksverkehrsgenehmigung. Bei uneingeschränkter Genehmigung wird auf Einlegung von Rechtsmitteln verzichtet (§ 2 GrdstVG)].

Formulierungsbeispiel: Anzeige an das Finanzamt – Grunderwerbsteuerstelle –

571
☞

Finanzamt
– Grunderwerbsteuerstelle –

Kaufvertrag und Auflassung vom *** – UR-Nr. *** –

Sehr geehrte Damen und Herren,

gemäß § 18 Abs. 1 GrEStG übersende ich in der Anlage Abschrift der vorgenannten Urkunde. Eine Veräußerungsanzeige ist beigefügt.

Ich beantrage die Erteilung der Unbedenklichkeitsbescheinigung.

Eine Vielzahl von Notaren vertritt die Auffassung, dass es angezeigt sein kann, statt eine Abschrift des Kaufvertrages zu übersenden, lediglich eine Anfrage an die Gemeinde zu richten, in der weder die Höhe des Kaufpreises noch der Käufer angegeben sind. Nach 572 der Entscheidung des OVG Münster[1329] muss die Gemeinde diese Anfrage beantworten. Muster für eine solche Anfrage:

573 **Formulierungsbeispiel: Anfrage an die Gemeinde/Stadt wegen des Vorkaufsrechts nach BauGB und Denkmalschutzgesetz**

Stadt-/Gemeindeverwaltung

Vorkaufsrechtserklärung zu dem Kaufvertrag vom *** – UR-Nr. *** –

Sehr geehrte Damen und Herren,

in dem vorgenannten Kaufvertrag ist der Grundbesitz Gemarkung *** Flur *** Flurstück *** verkauft worden.

Ich frage an, ob an diesem Grundbesitz ein Vorkaufsrecht nach dem Baugesetzbuch oder dem Denkmalschutzgesetz besteht.

Ich bitte, mir ggf. ein Negativattest oder eine Verzichtserklärung zuzusenden.

Sollte ein Vorkaufsrecht in Frage kommen, so bitte ich um einen formlosen Hinweis. Ich werde Ihnen dann eine beglaubigte Abschrift des Vertrages nach Eintritt der Rechtswirksamkeit zusenden.

574 **Formulierungsbeispiel: Antrag auf Genehmigung nach dem Grundstücksverkehrsgesetz**

Geschäftsführer der Kreisstelle der
Landwirtschaftskammer

[*Alt.:* Amt für Landwirtschaft und Landesentwicklung
Zuständigkeit in den einzelnen Bundesländern verschieden]

Kaufvertrag vom *** – UR-Nr. *** –

Sehr geehrte Damen und Herren,

ich beantrage hiermit gemäß den Bestimmungen des GrdstVG zu dem in der anliegenden Abschrift enthaltenen Rechtsgeschäft ein Negativattest, hilfsweise die Genehmigung zu erteilen.

Anfechtbare Entscheidungen, insbesondere eine Genehmigungsversagung, eine eingeschränkte Genehmigung und die Erklärung über die Ausübung des Vorkaufsrechts, bitte ich unmittelbar den Beteiligten zuzustellen und mir eine Abschrift davon zu erteilen. Im Falle der Erteilung eines Zwischenbescheides oder einer anfechtbaren Entscheidung bitte ich, mit Rücksicht auf § 6 GrdstVG, auf dem Bescheid den Tag des Eingangs des Antrags zu vermerken.

575 **Formulierungsbeispiel: Antrag auf Eintragung einer Eigentumsübertragungsvormerkung**

Amtsgericht
– Grundbuchamt –

Grundstückskaufvertrag vom *** – UR-Nr. *** –

Sehr geehrte Damen und Herren,

in der Anlage übersende ich auszugsweise Ausfertigung der im Betreff genannten Urkunde und beantrage die Eintragung der Vormerkung zur Sicherung des Anspruchs des Käufers auf Eigentumsübertragung im Grundbuch.

[1329] DNotZ 1979, 617; vgl. auch DNotI-Report 2018, 130.

Für meine Akten bitte ich nach Eintragung um Überlassung eines auf den neuesten Stand gebrachten Grundbuchauszuges.

Kosten trägt der Käufer.

Formulierungsbeispiel: Schreiben an den Verkäufer　　　　　　　　　576

Kaufvertrag mit *** vom *** – UR-Nr. *** –　　　　　　　　　　

Sehr geehrte ***,

in der Anlage erhalten Sie eine einfache Abschrift der oben genannten Urkunde für Ihre Akten.

Um die behördlichen Genehmigungen, die Verzichtserklärung der zuständigen Gemeinde nach dem Baugesetzbuch und um die steuerliche Unbedenklichkeitsbescheinigung habe ich nachgesucht.

Sobald die Voraussetzungen zur Zahlung des Kaufpreises gemäß Abschnitt *** Ziff. *** des Vertrages geschaffen sind, werde ich erneut berichten.

Formulierungsbeispiel: Schreiben an den Käufer　　　　　　　　　577

Kaufvertrag mit *** vom *** – UR-Nr. ***–

Sehr geehrte ***,

in der Anlage erhalten Sie eine einfache Abschrift des Kaufvertrages für Ihre Akten. Um die behördlichen Genehmigungen, die Verzichtserklärung der zuständigen Gemeinde nach dem Baugesetzbuch und um die steuerliche Unbedenklichkeitsbescheinigung habe ich nachgesucht.

Sobald die Fälligkeitsvoraussetzungen zur Zahlung des Kaufpreises gemäß Abschnitt *** Ziff. *** des Kaufvertrages geschaffen sind, werde ich erneut berichten.

Meine Kostenrechnung füge ich mit der Bitte um Begleichung bei.

Formulierungsbeispiel: Mitteilung an den Käufer über die Fälligkeit des Kaufpreises　　　　　　578

Kaufvertrag mit *** vom *** – UR-Nr. ***–

Sehr geehrte ***,

gemäß Abschnitt *** Ziff. *** des vorbezeichneten Kaufvertrages bestätige ich, dass folgende Voraussetzungen erfüllt sind:

a) Zur Sicherung Ihres Anspruchs auf Eigentumsübertragung ist eine Vormerkung im Grundbuch an ausschließlich erster Rangstelle eingetragen.

b) Die zu diesem Vertrag erforderliche Genehmigung nach dem Grundstücksverkehrsgesetz liegt hier vor.

c) Die zuständige Gemeinde hat bestätigt, dass ein gesetzliches Vorkaufsrecht nicht besteht.

Damit ist der Kaufpreis zur Zahlung fällig. Ich darf Sie bitten, die Überweisung des Betrages an den Verkäufer auf das im Kaufvertrag angegebene Konto vorzunehmen. Den Verkäufer, der eine Durchschrift dieses Schreibens erhält, bitte ich, mir zu gegebener Zeit den Eingang des Kaufpreises schriftlich zu bestätigen.

Nachdem der Verkäufer den Eingang des Kaufpreises bestätigt hat oder dem Notar die 579 Kaufpreiszahlung durch den Käufer nachgewiesen ist und die steuerliche Unbedenklichkeitsbescheinigung vorliegt, kann die Eintragung des Eigentumswechsels beantragt werden. Der Notar ist hierzu sowohl nach den Bestimmungen des Vertrages als auch nach § 53 BeurkG verpflichtet.

580 **Formulierungsbeispiel: Antrag auf Eigentumsumschreibung und Löschung der Vormerkung**

Amtsgericht
– Grundbuchamt –

Grundstückskaufvertrag vom *** – UR-Nr. *** –

Sehr geehrte Damen und Herren,

in der Anlage übersende ich Ausfertigung der im Betreff genannten Urkunde mit Auflassungserklärung.

Beigefügt sind:
1. Genehmigung nach dem Grundstücksverkehrsgesetz,
2. Verzichtserklärung der Gemeinde,
3. Unbedenklichkeitsbescheinigung des Finanzamts.

Ich beantrage die Eintragung des Eigentumswechsels und die Löschung der Vormerkung; Letzteres nur, sofern keine Zwischeneintragungen ohne Zustimmung des Käufers erfolgt sind.

Grundbuchnachrichten erbitte ich an mich.

Nach durchgeführter Eigentumsumschreibung bitte ich um Erteilung eines auf den neuesten Stand gebrachten unbeglaubigten Grundbuchauszuges.

581 **Formulierungsbeispiel: Abschließendes Schreiben an den Käufer nach Eigentumsumschreibung**

Kaufvertrag mit *** vom *** – UR-Nr. *** –

Sehr geehrte ***,

in der Anlage erhalten Sie einen auf den neuesten Stand gebrachten Grundbuchauszug. Wie Sie daraus entnehmen wollen, sind Sie als Eigentümer des von Ihnen erworbenen Grundbesitzes im Grundbuch eingetragen.

Gleichzeitig erhalten Sie eine Ausfertigung des Kaufvertrages mit Auflassungserklärung. Die Angelegenheit ist damit zum Abschluss gebracht.

D. Einholung von Löschungsunterlagen, Treuhandauftrag

582 Im Rahmen der Abwicklung eines Grundstückskaufvertrages wird der Notar regelmäßig mit der Einholung von Löschungsunterlagen beauftragt.

583   Soweit zu treuen Händen Löschungsunterlagen erbeten werden, sollten die Formschreiben so gefasst sein, dass der Notar von den Gläubigern Treuhandauflagen erhält, die von ihm auch akzeptiert werden können.

Formulierungsbeispiel: Einholung von Löschungsunterlagen zur freien Verfügung   584

Darlehensnehmer: ***

Darlehensnummer: ***

Grundbesitz: ***

Sehr geehrte Damen und Herren,

im Grundbuch von *** Blatt *** ist zu Lasten des im Betreff genannten Grundbesitzes in Abteilung III lfd. Nr. 1 eine Briefhypothek in Höhe von 65.000,– EUR zu Ihren Gunsten eingetragen.

Nach Mitteilung der Grundstückseigentümer soll eine Forderung hieraus nicht mehr bestehen.

Ich bitte deshalb um Erteilung der Löschungsbewilligung in grundbuchmäßiger Form und um Überlassung des Hypothekenbriefes.

Die entstehenden Kosten bitte ich den Darlehensnehmern aufzugeben.

Formulierungsbeispiel: Einholung von Löschungsunterlagen zu treuen Händen   585

Darlehensnehmer: ***

Darlehensnummer: ***

Grundbesitz: ***

Sehr geehrte Damen und Herren,

im Grundbuch von *** Blatt *** ist zu Lasten des im Betreff genannten Grundbesitzes in Abteilung III lfd. Nr. 2 eine Grundschuld mit Brief in Höhe von 120.000,– EUR zu Ihren Gunsten eingetragen.

Die Grundstückseigentümer haben das Pfandobjekt verkauft. Aus dem Kaufpreis soll Ihre bestehende Restforderung per *** abgelöst werden.

Ich bitte im Auftrag der Eigentümer um Übersendung der Löschungsbewilligung und um Überlassung des Grundschuldbriefes zu treuen Händen.

Ferner bitte ich, mir den Ablösungsbetrag zum Stichtag möglichst in einer Summe mitzuteilen und in diesen Betrag auch sämtliche Nebenkosten, wie Beglaubigungskosten und Bearbeitungsgebühren, mitaufzunehmen. Zusätzlich bitte ich auch die Tageszinsen anzugeben, die anfallen, wenn die Ablösung nicht zum genannten Stichtag erfolgen kann, und um Angabe des Kontos, auf das gezahlt werden soll. Dem Eigentümer bitte ich eine Kopie Ihres Treuhandschreibens zuzuleiten.

Ich übernehme die amtliche Haftung dafür, dass ich die von Ihnen zu übersendenden Unterlagen nur dann dem Grundbuchamt zum Vollzug einreichen werde, wenn mir Ihre Bestätigung über den Eingang des Betrages vorliegt.

E. Eintragung des Finanzierungsgrundpfandrechts, Notarbestätigung

I. Eintragung des Finanzierungsgrundpfandrechts

Der Kaufvertrag sieht regelmäßig die Mitwirkung des Verkäufers bei der Beleihung des   586 Kaufgegenstandes zur Kaufpreisfinanzierung vor. Dies bedarf einer umfassenden Sicherung des Verkäufers. Die Interessen des Käufers und der Darlehensgeber sind gleichfalls zu berücksichtigen. In der Praxis bewährt hat sich eine besondere **Anlage zur Grundschuldbestellungsurkunde.**

587   **Formulierungsbeispiel: Eingeschränkte Sicherungszweckerklärung bei einer**
◑   **Grundschuld**

Anlage zur Grundschuldbestellungsurkunde vom ***

Der Pfandbesitz ist derzeit noch eingetragen im Eigentum von *** – nachfolgend auch „der Verkäufer" genannt –.

Die Eheleute *** – nachfolgend auch „der Käufer" genannt – haben den Pfandgrundbesitz mit Urkunde vom *** des amtierenden Notars (UR-Nr. ***) – nachfolgend auch „Kaufvertrag" genannt – vom Verkäufer gekauft.

Der Käufer tritt mit der im Kaufvertrag für ihn bewilligten Eigentumsvormerkung hinter die bestellte Grundschuld samt Nebenleistungen im Range zurück. Er bewilligt und beantragt, diesen Rücktritt im Grundbuch einzutragen.

Der Verkäufer wirkt bei dieser Grundschuldbestellung nur als derzeitiger Eigentümer mit. Die Beteiligten haben daher folgende Bestimmungen getroffen:

a) Sicherungsabrede

Die Grundschuldgläubigerin darf die Grundschuld nur insoweit als Sicherheit verwerten oder behalten, als sie tatsächlich Zahlungen mit Tilgungswirkung auf die Kaufpreisschuld des Käufers geleistet hat. Alle weiteren Zweckbestimmungserklärungen, Sicherungs- und Verwertungsvereinbarungen innerhalb oder außerhalb dieser Urkunde gelten erst, nachdem der Kaufpreis vollständig gezahlt ist, in jedem Fall ab Eigentumsumschreibung. Ab diesem Zeitpunkt gelten sie für und gegen den Käufer als neuen Sicherungsgeber.

b) Zahlungsanweisung

Soweit der Kaufpreis nicht anderweitig zur Freistellung des verkauften Grundbesitzes von eingetragenen Belastungen zu verwenden ist, sind Zahlungen gemäß a) zu leisten auf das Konto des Verkäufers Nr. *** bei der ***.

c) Persönliche Zahlungspflichten, Kosten

Der Verkäufer übernimmt im Zusammenhang mit der Grundschuldbestellung keinerlei persönliche Zahlungspflichten. Der Käufer verpflichtet sich, den Verkäufer von allen Kosten und sonstigen Folgen der Grundschuldbestellung freizustellen.

d) Fortbestand der Grundschuld

Die bestellte Grundschuld darf auch nach der Eigentumsumschreibung auf den Käufer bestehen bleiben. Alle Eigentümerrechte und Rückgewähransprüche, die mit ihr zu tun haben, werden hiermit mit Wirkung ab Bezahlung des Kaufpreises, in jedem Fall ab Eigentumsumschreibung, auf den Käufer übertragen. Entsprechende Grundbucheintragung wird bewilligt.

Der Käufer stimmt dem gesamten Inhalt dieser Urkunde zu und wiederholt die Zwangsvollstreckungsunterwerfung in den Pfandbesitz wegen der Grundschuld samt Grundschuldnebenleistungen hiermit auch im eigenen Namen.

588   Hat in der Grundschuldbestellungsurkunde auch der Käufer bereits die dingliche Zwangsvollstreckungsunterwerfung erklärt, so braucht die dingliche Vollstreckungsklausel nach Eigentumsübergang nicht auf den Käufer umgeschrieben zu werden.[1330]

[1330] KG DNotZ 1988, 238.

Bei Verwendung der Anlage zur Grundschuldbestellung empfiehlt sich das nachstehende **589**

> **Formulierungsbeispiel: Schreiben an den Darlehensgeber** **590**
>
> Sehr geehrte Damen und Herren,
>
> in der Anlage erhalten Sie
> a) vollstreckbare Ausfertigung der vorgenannten Urkunde,
> b) Abschrift des in der Anlage zur Grundschuldbestellung bezeichneten Kaufvertrages.
>
> Ich verweise ausdrücklich auf die zwischen Ihrem Darlehensnehmer und dem Verkäufer im Kaufvertrag und in der Anlage zur Grundschuldbestellung getroffenen Vereinbarungen; insbesondere auf die Sicherungsabrede und Zahlungsanweisung. Die Eintragung des Grundpfandrechts im Grundbuch werde ich beantragen, sobald mir eine Bestätigung Ihrerseits vorliegt, aus der hervorgeht, dass Sie vom Inhalt der Anlage der Grundschuldbestellungsurkunde Kenntnis genommen haben und entsprechend verfahren werden. Zum Zwecke der Arbeitserleichterung füge ich eine Kopie dieses Schreibens mit der Bitte um Unterzeichnung und Rückgabe bei.

II. Notarbestätigung

Kreditinstitute zahlen Darlehen in der Regel erst aus, wenn die bestellten Grundpfand- **591** rechte im Grundbuch eingetragen sind und, falls es sich um Briefrechte handelt, sie im Besitz des Briefes sind; denn erst dann ist das Grundpfandrecht zu ihren Gunsten entstanden. Dem Schuldner verhilft eine so genannte „Notarbestätigung" oder „Rangbescheinigung" schneller zu dem Geld des Gläubigers. Bescheinigt der Notar dem Geldinstitut, dass er den Antrag auf Eintragung des Grundpfandrechts beim Grundbuchamt eingereicht hat und das Grundpfandrecht die verlangte Rangstelle im Grundbuch erhalten wird, so zahlt es dem Schuldner das Darlehen bereits aufgrund dieser Bescheinigung aus. Bevor der Notar die Rangbescheinigung erteilt, muss er anhand der Grundbuchlage, insbesondere aber auch durch Einsicht in die Grundakten feststellen, ob das Grundpfandrecht mit dem ausbedungenen Rang in das Grundbuch eingetragen wird. Hier übernimmt der Notar eine große Verantwortung. Nach wie vor werden von den Banken und Sparkassen vom Notar Bestätigungen in einer Form gefordert, die er nicht abzugeben in der Lage ist.

Die Bundesnotarkammer hat mit Rundschreiben vom 17.2.1999[1331] Formulierungs- **592** vorschläge für die Notarbestätigung und den Treuhandauftrag der den Kaufpreis finanzierenden Bank bei Überweisung auf Notaranderkonto gemacht, die mit den im Zentralen Kreditausschuss zusammengeschlossenen Verbänden der deutschen Kreditwirtschaft abgestimmt wurden.

4. Teil. Kaufvertrag über eine Grundstücksteilfläche

A. Vertragsgestaltung

I. Genaue Beschreibung der verkauften Teilfläche

Ist Kaufgegenstand eine noch zu vermessende Teilfläche aus einem oder mehreren Flur- **593** stücken, verlangt § 311b BGB eine so genaue Beschreibung des Grundstücksteils in der Niederschrift, dass auch außenstehende Dritte Lage und Grenzen eindeutig feststellen können. Zur Vermeidung der Formnichtigkeit bedarf es in der Regel der Angabe der Umgrenzungslinien, etwa von Verbindungslinien zwischen Markierungspunkten, die im Gelände vorhanden sind, oder der Angabe der Flächengröße und geometrischen Form.[1332]

[1331] DNotZ 1999, 369.
[1332] BGH DNotZ 1969, 286; NJW 1988, 1262 – Haftungsfall; OLG Schleswig MittBayNot 1973, 80.

Da dies durch Erklärungen der Beteiligten, durch eine Beschreibung in Worten, regelmäßig nicht möglich ist, ist eine **maßstabsgerechte Skizze,** in dem die Grenzen der verkauften Teilfläche eingezeichnet sind, als Anlage zur Niederschrift iSd § 9 Abs. 1 S. 2 BeurkG zu nehmen, die mit der Niederschrift mit Schnur und Prägesiegel verbunden wird (§ 44 BeurkG).

594 Für das Beurkundungsverfahren unter Verwendung eines Lageplans gilt:
- Der Lageplan kann nicht „isoliert" beurkundet werden, dh, es muss stets in der Niederschrift selbst eine Erklärung abgegeben werden, die sich auf die Karte als Erklärungsmittel bezieht. Die bloße Beiheftung der Karte zur Urkunde genügt nicht und führt zur Formunwirksamkeit.[1333]
- Der Plan muss den Beteiligten zur Durchsicht vorgelegt werden (§ 13 Abs. 1 S. 1 BeurkG); dies soll in der Niederschrift festgestellt werden.
- Eine besondere Unterzeichnung des Plans durch die Beteiligten ist nicht erforderlich, aber gerade beim Verkauf einer Teilfläche zu empfehlen zur Sicherung des Nachweises, dass der zwingenden Formvorschrift des § 13 Abs. 1 S. 1 BeurkG Genüge getan ist. Eine Unterzeichnung des Plans durch den Notar ist überflüssig.
- Befinden sich auf dem Katasterplan Worte und Zahlen, so brauchen diese nicht vorgelesen zu werden.

595 Beim Verkauf einer Teilfläche sollte möglichst ein **Katasterplan** verwendet werden; zwingend erforderlich ist das nicht. Die verkaufte Teilfläche kann auch dann hinreichend bestimmt sein, wenn die Grenzziehung, die in der notariellen Urkunde durch einen maßstabsgerechten Plan angegeben ist, mit der beurkundeten Flächenmaßangabe nicht übereinstimmt. Ist die Planskizze nicht maßstabsgetreu, kann nach dem übereinstimmenden Willen der Vertragsbeteiligten der Vertrag dann wirksam sein, wenn einer Partei ein Bestimmungsrecht (§ 315 BGB) zugestanden ist.

596 Werden noch zu vermessende Teilflächen aus mehreren Grundstücken verkauft, ist die Flächengröße der Teilfläche eines jeden Flurstücks anzugeben.[1334] Da die unzureichende Bestimmung der Teilfläche als Kaufgegenstand schnell zu einem Rechtsstreit der Vertragsparteien[1335] und zu einem Haftungsfall des Notars führt und die Einräumung eines Bestimmungsrechts einer Vertragspartei oder eines Dritten in aller Regel von den Vertragsparteien nicht gewünscht wird, sollte der Notar auf der Mitbeurkundung eines Katasterplans bestehen. Die Teilfläche ist dann unzweifelhaft bestimmt, wenn der Vermessungsingenieur allein anhand der Urkunde die Vermessung vornehmen kann.

597 Steht bei der Beurkundung ein Katasterplan oder eine sonstige Karte nicht zur Verfügung, ist zur Vermeidung der Nichtigkeit des Kaufvertrages peinlichste Sorgfalt bei der Festlegung des Kaufgrundstücks erforderlich. Nicht ausreichend ist die Erklärung der Beteiligten, ihnen sei die Teilfläche nach Lage und Größe genau bekannt,[1336] die Angabe der ungefähren Größe oder einer bestimmten Größe allein ohne Bezeichnung deren Lage auf dem Grundstück[1337] oder die Kombination von Größen und Grenzangaben, die einander in der wörtlichen Beschreibung und zeichnerischen Festlegung widersprechen.[1338] Der Vertrag ist unwirksam, wenn die verkaufte Teilfläche weder aufgrund der Angaben im Kaufvertrag noch außerhalb der dem Vertrag beigefügten Skizze genau ermittelt werden kann.[1339] Grundsätzlich ist nicht anzunehmen, dass bei nicht ausreichenden Angaben über die Teilfläche einem Vertragsteil ein Bestimmungsrecht nach § 315 BGB eingeräumt ist, so dass die unzureichende Identifikation regelmäßig zur Nichtigkeit des Kaufvertrages

---

[1333] BGH DNotZ 1982, 228.
[1334] BGH DNotZ 1969, 486.
[1335] Vgl. KG DNotI-Report 2004, 53.
[1336] BGH DNotZ 1979, 403.
[1337] BayObLG DNotZ 1974, 176; FGPrax 1998, 48.
[1338] BGH DNotZ 1971, 95.
[1339] BGH DNotZ 2000, 121, hierzu *von Campe* DNotZ 2000, 109; *Kanzleiter* MittBayNot 2002, 393.

führt.[1340] Nach BGH[1341] hat der Käufer keinen Auflassungsanspruch, wenn das verkaufte Teilgrundstück von dem zur Kaufvertragsanlage gemachten maßstabsgerechten Plan nach Vermessung erheblich abweicht, also die Einzeichnung im Plan der Kaufvertragsurkunde und der Veränderungsnachweis nicht identisch sind. Im entschiedenen Fall war das Grundstück in seiner Länge um mehr als fünf Meter kürzer, dafür zwei Meter breiter.

Weitere Probleme ergeben sich, wenn das Vermessungsergebnis zwar in den Grenzen mit dem Plan übereinstimmt, jedoch die Flächengröße abweicht bzw. das neue Kataster- grundstück die richtige Größe hat, aber die Grenzziehung anders verläuft. Im Kaufvertrag ist daher eindeutig festzulegen, ob sich die Teilfläche letztlich nach den im Lageplan eingezeichneten Grenzen (also unabhängig von der Flächengröße) bestimmt, oder ob ein bestimmtes Flächenmaß (unabhängig vom Grenzverlauf) maßgeblich ist. Der Veränder- ungsnachweis gibt dann Auskunft, ob das neu gebildete Grundstück identisch mit dem Kaufgrundstück ist oder nicht. Wird die Teilfläche sowohl durch eine bestimmte Grenz- ziehung in einem maßstabsgerechten Plan als auch durch eine Circaflächenmaßangabe be- stimmt, so ist bei Flächendifferenzen in der Regel allein die angegebene Grenzziehung maßgeblich.[1342] Hat der Verkäufer eine Teilfläche „zu circa 564 qm" verkauft, die im La- geplan eingezeichnet war, kann bei einer Abweichung des Vermessungsergebnisses von 78 qm der Käufer Schadensersatz verlangen, wenn die Auslegung des Vertrages ergibt, dass der Verkäufer eine bestimmte Grundstücksgröße zugesichert hat.[1343]

598

II. Kaufpreis

Beim Verkauf einer noch zu vermessenden Teilfläche kann der Kaufpreis als Festpreis (also unabhängig vom Vermessungsergebnis) oder pro Quadratmeter vereinbart werden, so dass sich die Höhe des Kaufpreises aus der Grundstücksgröße des Veränderungsnachweises er- gibt. Beim Verkauf von Baugrundstücken ist es sachgerechter, für den Kaufpreis auf die endgültige Grundstücksgröße abzustellen. Wegen des vorläufig berechneten Kaufpreises kann sich der Käufer der sofortigen Zwangsvollstreckung unterwerfen.

599

Der Vertrag sollte ausdrücklich regeln, ob der Verkäufer oder der Käufer die Vermes- sung in Auftrag gibt und wer die Kosten trägt. Fehlt eine Vereinbarung, trägt sie der Ver- käufer nach § 448 Abs. 1 BGB.

600

Das Erfordernis der **Teilungsgenehmigung** nach § 19 BauGB ist entfallen, kann sich aber aus der Landesbauordnung ergeben; ferner sind Teilungen im Umlegungs- (§ 51 Abs. 1 Nr. 1 BauGB), im Enteignungsverfahren (§ 109 Abs. 1 BauGB), im förmlich fest- gelegten Sanierungs- (§ 144 Abs. 2 Nr. 5 BauGB) und städtebaulichen Entwicklungsbe- reich (§ 169 Abs. 1 Nr. 1 BauGB) noch genehmigungspflichtig. Während nach der bis Ende 2001 geltenden Rechtslage die Versagung der Teilungsgenehmigung bei a priori fehlenden Genehmigungsvoraussetzungen als anfängliche objektive Unmöglichkeit zu werten war (mit der Folge der Unwirksamkeit des Kaufvertrages gemäß § 306 BGB aF und einer Ersatzpflicht bzgl. des Vertrauensschadens gemäß § 307 Abs. 1 S. 1 BGB aF al- lenfalls dann, wenn der Verkäufer die Unmöglichkeit kannte oder kennen musste), haftet nunmehr der Verkäufer bei **anfänglicher Unmöglichkeit** gemäß § 311a Abs. 2 BGB stets auf das **positive Interesse,** es sei denn, dass er das Hindernis weder kannte noch seine Unkenntnis zu vertreten hat. Wenn also beide Parteien das Hindernis (fehlende Ge- nehmigungsfähigkeit) hätten erkennen können, wird das Haftungsrisiko zwischen beiden gemäß § 254 BGB verteilt. In der Regel wird es sachgerecht sein, solche **Schadenser- satzansprüche beiderseits vertraglich auszuschließen.** Dies kann zB dadurch erreicht werden, dass für diesen Fall ein vertragliches Rücktrittsrecht vereinbart wird, oder aber

601

[1340] BGH NJW 1988, 1262; DNotZ 1969, 286; DNotZ 1989, 41.
[1341] NJW 1995, 957; hierzu DNotI-Report 1995, 25 und DNotI-Report 1995, 107; *Böhmer* MittBayNot 1998, 329.
[1342] BGH DNotZ 1981, 235; DNotZ 2000, 121.
[1343] BGH DNotZ 1986, 284; heute: garantiert hat.

durch Vereinbarung einer aufschiebenden Bedingung[1344] (versagte Genehmigungen nach zB GVO oder GrdStVG führen bereits per se zur Unwirksamkeit des Vertrages; die Teilungsgenehmigung ist lediglich Vollzugsvoraussetzung).

602   Fälligkeitsvoraussetzungen für die Zahlung des Kaufpreises ist neben der Eintragung der Vormerkung, dem Vorliegen der zum Vertrag erforderlichen Genehmigungen und der Vorkaufsrechtsverzichtserklärung der Gemeinde bei einem mit einem Grundpfandrecht belasteten Grundstück die **Lastenfreistellung.** Hierfür kann entweder (nach dem Muster des § 3 Abs. 1 S. 1 Nr. 3 MaBV) eine schriftliche schuldrechtliche Freigabeverpflichtung des Gläubigers (ggf. unter Treuhandauflagen) eingeholt werden; nach Vorlage des katasteramtlichen Veränderungsnachweises und Entrichtung der Treuhandauflage erteilt der Gläubiger die so genannte Pfandfreigabe in Form des § 29 GBO für das Kaufgrundstück. Alternativ kann die Freigabeerklärung als solche sogleich in grundbuchmäßiger Form erteilt werden, allerdings unter Wahrung ausreichender Bandbreite („eine gemäß Kaufvertrag …/2019 des Notars … zu vermessende Teilfläche von ca. 600 qm, oder mehr oder weniger, je nach Ergebnis der amtlichen Vermessung"). Soll bei zu **erwartender langer Vollzugs- (insbes. Vermessungs-)dauer** auch das Risiko einer Abtretung des Grundpfandrechtes oder der Insolvenz des Gläubigers (§ 106 InsO!) bzw. einer Zwangsverfügung über das betreffende Grundpfandrecht (§ 883 Abs. 2 S. 2 BGB) vor Vollzug der Freigabe abgesichert sein, kann die ggü. dem Eigentümer eingegangene Verpflichtung zur Freigabe durch eine vom Gläubiger zu bewilligende, beim Grundpfandrecht (und ggf. auf dem Grundschuldbrief!) einzutragende „Freigabevormerkung" gesichert werden.[1345] Ein solchermaßen vorgemerkter Freigabeanspruch ist auch einem eventuellen **Zessionar bzw. Insolvenzverwalter ggü. durchsetzbar,** die tatsächliche Bewilligung kann also über §§ 883 Abs. 2, 888 BGB bzw. § 106 InsO erzwungen werden.

603   **Formulierungsbeispiel: Freigabebewilligung**

Der Berechtigte des einleitend bezeichneten Rechtes verpflichtet sich hiermit unwiderruflich, die oben genannte Teilfläche, so wie sie sich hinsichtlich Ausmaß, Größe und Beschrieb nach der amtlichen Vermessung aus dem künftigen Fortführungsnachweis samt Messungsanerkennung ergibt, von seinem Recht in Haupt- und Nebensache freizugeben und bewilligt bereits heute die dementsprechende Pfandfreigabe. Soweit es sich um auf Zahlung gerichtete Rechte handelt, verzichtet er auf sein Recht, bzgl. dieser Teilfläche die Zwangsversteigerung durchzuführen.

Zur vorläufigen Sicherung bis zum Vollzug der og Freigabe bewilligt der Berechtigte die Eintragung einer Vormerkung bei seinem oben bezeichneten Recht zugunsten des derzeitigen Eigentümers, bei mehreren als Berechtigte gemäß § 432 BGB.

Die Eintragung der Freigabevormerkung sowie der Pfandfreigabe nach amtlicher Vermessung in das Grundbuch wird vom Berechtigten bewilligt.

Der Berechtigte des vorbezeichneten Rechtes bevollmächtigt vorsorglich darüber hinaus den Notar *** sowie dessen Vertreter und Nachfolger im Amt, die freigegebene Teilfläche nach Vorliegen des amtlichen Messungsergebnisses genau zu bezeichnen und die Freigabeerklärung zu wiederholen, wobei eine Mehrfläche von bis zu 10 % als unschädlich gilt.

Er verpflichtet sich weiter, alles zu tun, was zur endgültigen Freistellung der oben bezeichneten Teilfläche von seiner Seite noch erforderlich sein sollte.

Kosten trägt der Berechtigte für diese Erklärung und ihren grundbuchamtlichen Vollzug nicht.

[1344] Vgl. *Krauß* Immobilienkaufverträge Rn. 1043.
[1345] *Wörner* MittBayNot 2001, 450 ff.

Finanziert der Käufer den Kaufpreis und ist dieser vor Bildung des Kaufgrundstücks als **604** selbständiges Flurstück zu zahlen, kann das Finanzierungsgrundpfandrecht nur an dem ungeteilten Flurstück eingetragen werden. Ergibt sich die Notwendigkeit einer Finanzierungsbelastung schon vor diesem Zeitpunkt, stehen mehrere Alternativen zur Wahl:

1. Der Käufer könnte, gestützt auf die allgemeine Finanzierungsvollmacht, die rechtsgeschäftliche Beurkundung des Grundpfandrechts sofort vornehmen. Aus dem darin regelmäßig enthaltenen **„persönlichen Titel"** (abstraktes Schuldversprechen iSd § 780 BGB mit Vollstreckungsunterwerfung) kann sich der Gläubiger sofort (und ohne Beschränkung auf Finanzierungszwecke etc) befriedigen. Zur weiteren Absicherung des Gläubigers im Zwischenstadium bis zur Vermessung (und Bewilligung der Grundpfandrechtseintragung an dem dann gemäß § 28 S. 1 GBO bezeichenbaren Grundstück, typischerweise iRd Messungsanerkennungs- und Auflassungsurkunde) sind zwei Verfahren denkbar, deren jedoch lediglich eines gebräuchlich ist:

   – Der Verkäufer bewilligt (regelmäßig durch eigene Erklärung, da die typische Finanzierungsvollmacht hierzu nicht berechtigt) die Eintragung einer **Vormerkung** zugunsten des Gläubigers zur Sicherung seiner, des Verkäufers, bestehenden (wenngleich eingeschränkten) Verpflichtung **zur dinglichen Belastung** der noch zu vermessenden Erwerbsfläche. Die Art der Belastung (Grundschuld/Hypothek/Grundpfandrecht) und der Höchstbetrag an Kapital, sowie Zinsen und Nebenleistungen hieraus, muss bestimmt sein. Um auch materiell-rechtlich gesichert zu sein, sollte dann jedoch die Bindungswirkung gemäß § 873 Abs. 2 BGB nicht nur zwischen Gläubiger und Käufer, sondern auch zum derzeitigen Eigentümer (Verkäufer) eingetreten oder durch den Notar herbeigeführt worden sein.

   – Gebräuchlicher ist die verstärkende **Verpfändung des Eigentumsverschaffungsanspruchs** durch den Käufer zur Sicherung der Darlehensverpflichtung bzw. der Verpflichtung aus dem in der Grundschulurkunde enthaltenen abstrakten Schuldversprechen. Diese als einseitige Erklärung in der Grundpfandrechtsbestellung enthaltene Erklärung nimmt der Gläubiger durch Entgegennahme einer Ausfertigung dieser Urkunde stillschweigend (§ 151 BGB) an, sie ist jedoch durch den Käufer dem Drittschuldner (dem Verkäufer) gemäß § 1280 BGB als Voraussetzung ihrer Wirksamkeit anzuzeigen, oder Verkäufer und Käufer erteilen dem Notar „Doppelvollmacht", diese Anzeige vorzunehmen und entgegenzunehmen, um den Nachweis des Zugangs zu ersparen. Darüber errichtet er dann eine Eigenurkunde. Im eigentlichen Finanzierungsgrundpfandrecht wird die Verpfändung regelmäßig auflösend bedingt eine logische Sekunde vor Eintragung des eigentlichen Grundpfandrechts vereinbart, um zu vermeiden, dass die sonst kraft Gesetzes entstehende Sicherungshypothek (§ 1287 BGB) neben der eigentlichen Grundschuld eingetragen wird, ferner dass der Verpfändungsgläubiger an der Entgegennahme der Auflassung und der Bewilligung der Löschung seines Verpfändungsvermerks mitwirken müsste oder aber die Auflassung an einen Sequester (§ 848 Abs. 2 ZPO) zu erklären wäre.[1346] Die Anzeige nach § 1280 BGB entfällt, wenn (selten) auch das etwa bereits entstandene Anwartschaftsrecht (2,0-Gebühr!) verpfändet werden sollte.

2. In Betracht kommt schließlich – das Einverständnis des Verkäufers vorausgesetzt – die Möglichkeit einer **Beleihung des gesamten Grundbuchgrundstücks,** solange bis das Grundpfandrecht (durch Freigabe) auf die eigentliche Belastungsfläche beschränkt werden kann. Der Verkäufer wird hierzu nur dann bereit sein, wenn eine Grundpfandbelastung der Restfläche (durch ihn selbst oder durch Erwerber jener Fläche) bis zur Vermessung des Verkaufsstücks nicht zu erwarten ist, da sich Kreditinstitute regelmäßig am „optischen" Vorrang des Erstkäufergrundpfandrechts stören. Der Gläubiger muss sich verpflichten, nach Vermessung auf seine bzw. des Käufers Kosten die nicht veräußerte Fläche auflagenfrei freizugeben; diese Verpflichtung kann (bei entsprechender

---

[1346] *Krauß* Immobilienkaufverträge Rn. 1978.

Bewilligung des Gläubigers in grundbuchmäßiger Form) durch eine Freigabevormerkung, die beim Grundpfandrecht einzutragen ist, gesichert und insolvenzfest ausgestaltet werden (ähnlich der Freigabevormerkung zur Absicherung eines Teilflächenkäufers, → Rn. 603). Fehlt eine solche Freigabevormerkung, wird sich der Gläubiger verpflichten müssen, das Grundpfandrecht nicht oder nur unter Weitergabe der Verpflichtungen an andere Gläubiger abzutreten.

605 **Formulierungsbeispiel: Freigabeverpflichtung bei Gesamtbelastung**

Der Notar wird angewiesen, eine Verpflichtungserklärung des Gläubigers dahin gehend einzuholen, dass dieser nach Vermessung den nicht betroffenen Grundstücksteil auflagenfrei freigeben wird, vor Vollzug der Vermessung nicht die Versteigerung in den nicht betroffenen Grundstücksteil betreibt und das Grundpfandrecht nur unter Weitergabe dieser Verpflichtungen an Dritte abtreten wird. Bindungswirkung gemäß § 873 Abs. 2 BGB darf erst nach Vorliegen dieser Verpflichtungserklärung eintreten; Antrag auf Eintragung erst dann gestellt werden.

III. Eigentumsvormerkung

606 Eine Eigentumsvormerkung kann auf dem ungeteilten Grundstück für den Käufer eingetragen werden; dagegen kann die Teilfläche nicht selbständig belastet werden. Der Verkäufer kann ein Interesse daran haben, dass die Vormerkung auch bereits vor Eigentumsumschreibung auf der nicht verkauften Restfläche nach Vorliegen des Veränderungsnachweises gelöscht wird.

607 **Formulierungsbeispiel: Vormerkung beim Teilflächenverkauf**

Um den vereinbarten Eigentumserwerb zu sichern, bewilligt der Verkäufer und **beantragt** der Käufer, zu dessen Gunsten eine Vormerkung gemäß § 883 BGB an dem in § 1 bezeichneten (Gesamt-)Grundbesitz ohne weitere Voraussetzungen an nächst offener Rangstelle einzutragen. Der Käufer bewilligt, die Vormerkung mit Vollzug des Fortführungsnachweises nach Vermessung auf die verkaufte Teilfläche zu beschränken und bei Eigentumsumschreibung wieder zu löschen, sofern nachrangig keine Eintragungen bestehen bleiben, denen er nicht zugestimmt hat.

IV. Auflassung

608 Die Auflassung kann bereits mit dem Kaufvertrag beurkundet werden. Ihrer Wirksamkeit steht nicht entgegen, dass die Teilfläche nicht katastermäßig bezeichnet ist, wie dies § 28 GBO vorschreibt.[1347] Für den grundbuchlichen Vollzug bedarf es aber einer Ergänzungsurkunde (in der Form des § 29 GBO), in der das Grundstück entsprechend dem Veränderungsnachweis unter Angabe des Flurstücks bezeichnet wird, so genannte **Identitätserklärung.** Zur Abgabe dieser Identitätserklärung können die Beteiligten Mitarbeiter des Notars bevollmächtigen, aber auch den Urkundsnotar. Ist der Urkundsnotar zur Nachholung der Bezeichnung durch die Beteiligten ermächtigt, genügt eine notarielle Eigenurkunde. Ausreichend ist die Unterzeichnung der Erklärung durch den Notar unter Beifügung des Siegels; die Eigenurkunde wird nicht in die Urkundenrolle eingetragen.[1348] Die aufgrund Vollmacht von einem Mitarbeiter oder vom Notar selbst abgegebene Identitätserklärung reicht aber nur dann aus, wenn das vermessene Grundstück mit dem im Kaufvertrag beurkundeten und aufgelassenen genau übereinstimmt. Ist das nicht der Fall, bedarf es einer erneuten Auflassung (die frühere Auflassung ist mangels Einigung über das

---

[1347] BayObLG DNotZ 1988, 117.
[1348] Formulierungsbeispiel für die Vollmacht auf den Notar und für die Identitätserklärung in notarieller Eigenurkunde bei *Schöner/Stöber* GrundbuchR Rn. 882, 883.

richtige Grundstück unwirksam; keine Heilung nach § 311b Abs. 1 S. 2 BGB durch Eintragung!). Ergeben sich aus dem Veränderungsnachweis auch nur geringfügige Abweichungen gegenüber der im Lageplan bezeichneten Teilfläche, sollte also die Auflassung zumindest vorsorglich erneut erklärt werden.

Es sprechen daher gute Gründe für die Empfehlung,[1349] die Auflassung nach Vorliegen **609** des Veränderungsnachweises stets erneut zu erklären. Häufig werden darin auch Eintragungsbewilligungen für wechselseitige Dienstbarkeiten etc abgegeben. Zu dieser Messungsanerkennung und Auflassung kann (ohne Verstoß gegen § 17 Abs. 2a S. 2 Nr. 1 BeurkG: Vollzugsgeschäft) auch Vollmacht an Mitarbeiter des Notars erteilt werden. Von der Vollmacht sollte nur Gebrauch gemacht werden, wenn das aufgrund des Veränderungsnachweises neu gebildete Flurstück in Größe, Lage und Grenzverlauf mit dem im Kaufvertrag durch Einzeichnung in den Katasterplan beschriebenen Kaufgrundstück übereinstimmt. Bei geringfügigen Abweichungen sollte die schriftliche Bestätigung der Vertragsbeteiligten eingeholt werden (unter Übersendung einer Abschrift des Veränderungsnachweises), dass von der Vollmacht Gebrauch gemacht werden kann (auch aus haftungsrechtlichen Gründen). Bei erheblichen Abweichungen haben die Beteiligten selbst die Auflassung zu erklären, die Auflassungsvollmacht berechtigt nicht zur Auflassung des vom Kaufvertrag abweichenden Grundstücks.[1350]

V. Dienstbarkeiten

Verlieren Teilflächen aufgrund der Wegmessung die Anbindung an das öffentliche Ver- **609a** kehrs- oder Leitungsnetz, ist die Bestellung von Grunddienstbarkeiten über die „Vorderliegerfläche" zugunsten des „Hinterlieger-Grundstücks" erforderlich, unabhängig davon, welches von beiden die verkaufte Teilfläche ist. Öffentlich-rechtlich ist darauf hinzuweisen, dass zahlreiche Landesbauordnungen für die „rechtliche Sicherung" zB einer Zufahrt als Voraussetzung für eine Baugenehmigung die „Doppelsicherung" über eine Grunddienstbarkeit und zusätzlich entweder eine beschränkt persönliche Dienstbarkeit zugunsten des Trägers der Bauaufsicht oder eine Baulasteintragung verlangen,[1351] andere begnügen sich entweder mit einer beschränkt persönlichen Dienstbarkeit zugunsten des Rechtsträgers der Bauaufsichtsbehörde oder einer privaten Grunddienstbarkeit, sofern zusätzlich eine schuldrechtliche Verpflichtung der Beteiligten gegenüber der Bauaufsichtsbehörde als Dritter gemäß § 328 BGB eingegangen wird, diese nur mit Zustimmung der Behörde zu löschen und diese Verpflichtung auch an Rechtsnachfolger weiterzugeben;[1352] richtigerweise genügt jedoch auch das Miteigentum an der Zufahrtsfläche, wenn die Benutzung dinglich geregelt und die Teilungsversteigerung gemäß §§ 749, 1010 BGB ausgeschlossen ist.[1353] Zur Haftungsvermeidung ist der Notar nach Ansicht der Rechtsprechung[1354] gehalten, die Absicherung von Leitungsrechten mit den Beteiligten zu erörtern, wenn zB Wegerechte bestellt werden, sodass es sich lohnt, einen „Vorlese-Stolperstein" in Teilflächenverkäufen zu platzieren („Wechselseitige Grunddienstbarkeiten, etwa zur Absicherung von Zu- oder Überfahrtsrechten sowie Ver- und Entsorgungsleitungen, sind nach Angabe der Beteiligten nicht erforderlich.").

Ist lediglich eine noch zu vermessende Teilfläche verkauft, zu deren Erreichung oder **609b** Versorgung Dienstbarkeiten an der Restfläche des Verkäufers erforderlich sind, werden diese Grunddienstbarkeiten regelmäßig bereits im Kaufvertrag bestellt. Mangels Vermessung und grundbuchlicher Bildung der beteiligten Grundstücke oder zumindest Flurstü-

---

[1349] *Schöner/Stöber* GrundbuchR Rn. 879; *Böttcher* ZNotP 2008, 258.
[1350] DNotI-Report 1997, 225.
[1351] So etwa §§ 2 Abs. 11, 4 Abs. 1 SächsBO.
[1352] VGH München BeckRS 2014, 58920.
[1353] VGH München BeckRS 2013, 58918. AA jedoch die Verwaltungsauffassung der Obersten Baubehörde im Bayerischen Staatsministerium des Inneren, vgl. Rundschreiben 5/2015 der LNotK Bayern v. 29. 9. 2015.
[1354] OLG Celle OLGR 2005, 270; ebenso OLG Celle ZfIR 2009, 838: Schaden iHd Notwegerente.

cke (beim Modell des Zerlegungs-Fortführungsnachweises)[1355] ist die sofortige Eintragung noch nicht möglich, und demnach durch zwischenzeitliche Weiterveräußerungen, Belastungen, Pfändungen, oder Insolvenzeröffnung gefährdet. Daher kann und sollte der Anspruch auf Einräumung solcher Grunddienstbarkeiten – der (anders als ein Anspruch auf Bestellung einer beschränkten persönlichen Dienstbarkeit) auch abgetreten werden kann[1356] – durch Vormerkung[1357] gesichert werden. Möglich ist wohl auch eine Vormerkung zugunsten des „jeweiligen Eigentümers des Flurstücks 5".[1358]

VI. Verkauf von mehreren Teilflächen (Baugrundstücken) aus einem Flurstück

610 Verkauft der Eigentümer (Bauträger) an mehrere Käufer zu vermessende Teilflächen aus einem Flurstück als Baugrundstücke (der Bauträger mit der Verpflichtung zur Errichtung eines Einfamilienhauses), wird häufig eine Kaufpreisfälligkeit vor katasteramtlicher Fortschreibung (die bis zu einem Jahr und mehr dauern kann) gewünscht. Die Vertragsgestaltung und -abwicklung ist in diesen Fällen höchst anspruchsvoll und verlangt zunächst, dass alle Kaufverträge bei ein und demselben Notar beurkundet werden, der bei allen Folgeverträgen zu prüfen hat, ob die nunmehr zu verkaufende Teilfläche nicht bereits ganz oder teilweise Gegenstand eines früheren Kaufvertrages war. Da die einzutragenden Vormerkungen jeweils den Anspruch auf Übertragung des Eigentums an einer unterschiedlichen Teilfläche betreffen, entsteht kein Rangverhältnis; § 883 Abs. 2 BGB gilt insoweit nicht. Die Löschung des Globalgrundpfandrechts des Verkäufers ist durch eine schuldrechtliche Verpflichtung zur Pfandfreigabe der verkauften Teilfläche sicherzustellen. Die rangrichtige Eintragung des Finanzierungsgrundpfandrechts des Käufers ist sichergestellt, sobald die Gläubiger bereits eingetragener oder zur Eintragung beantragter Finanzierungsgrundpfandrechte aller weiterer Erwerber sich gegenüber dem Käufer verpflichtet haben, die an ihn verkaufte Teilfläche nach Bildung der Einzelgrundstücke auflagenfrei aus der Mithaft freizugeben.

611 **Formulierungsbeispiel: Kaufvertrag über eine noch zu vermessende Teilfläche aus
einem mit einem Grundpfandrecht belasteten Flurstück**

I. Verkauf

1. Der Verkäufer verkauft dem dies annehmenden Käufer im Beteiligungsverhältnis zu je 1/2 Anteil aus dem Flurstück 4711 eine noch zu vermessende unbebaute Teilfläche in einer Größe von ca. 340 qm.
Die Teilfläche ist in dem dieser Niederschrift als Anlage beigefügten Katasterplan rot umrandet eingezeichnet. Der Katasterplan wurde den Beteiligten zur Durchsicht vorgelegt. Maßgeblich für die Vermessung ist die Einzeichnung im Katasterplan.
2. Der Verkäufer wird die Vermessung des Grundstücks unverzüglich in Auftrag geben. Die Kosten der Vermessung (nicht der späteren Gebäudeeinmessung) trägt der Verkäufer.

II. Kaufpreis

1. Der Kaufpreis beträgt 100,– EUR pro Quadratmeter.
Das ergibt bei der angenommenen Grundstücksgröße von 340 qm einen vorläufig berechneten Kaufpreis von 34.000,– EUR (in Worten: vierunddreißigtausend Euro).

[1355] Hat bisher lediglich eine Flurstückszerlegung stattgefunden, noch keine Grundstücksteilung, ist umstritten, ob ein Flurstück eines zusammengesetzten Grundstücks bereits als herrschendes Grundstück iSd § 1018 BGB fungieren kann (bejahend Staudinger/*Ring* BGB § 1018 Rn. 12 mwN). Eine Eintragung zulasten einer Teilfläche setzt jedoch nicht die Abschreibung gemäß § 7 Abs. 2 GBO voraus.
[1356] BGH NJW 2010, 1074.
[1357] Sie wird zugunsten des derzeitigen Käufers eingetragen, erlaubt jedoch die Rang wahrende „Umschreibung" gemäß § 883 Abs. 3 BGB auch zugunsten eines künftigen Eigentümers des herrschenden Grundstücks, *Schöner/Stöber* GrundbuchR Rn. 261i sowie LG München II MittBayNot 1972, 229.
[1358] Implizit bestätigt durch KG RNotZ 2016, 580.

2. Sollte das Ergebnis der Vermessung und Fortschreibung des Liegenschaftskatasters eine Mehr- oder Mindergröße gegenüber dem angenommenen Flächenwert ergeben, ist die Differenz nach Vorlage des katasteramtlichen Veränderungsnachweises auf der Basis von 100,– EUR/qm zwischen den Beteiligten unmittelbar auszugleichen, jedoch nicht vor Eintritt der nachstehend vereinbarten Fälligkeitsvoraussetzungen.

3. Der vorläufig berechnete Kaufpreis ist fällig am ***, jedoch nicht vor Ablauf einer Woche nach Zugang einer schriftlichen Mitteilung des Notars an den Käufer, dass folgende Voraussetzungen erfüllt sind:

   a) zur Sicherung des Anspruchs des Käufers auf Übertragung des Eigentums an der Teilfläche eine Vormerkung im Grundbuch eingetragen ist, und zwar mit Rang nur nach der Grundschuld Abteilung III Nr. 1 bzw. mit Rang nach Grundpfandrechten, bei deren Bestellung der Käufer mitgewirkt hat;

   b) die zuständige Gemeinde bestätigt hat, dass ein gesetzliches Vorkaufsrecht nicht besteht oder nicht ausgeübt wird;

   c) der Gläubiger der Grundschuld Abteilung III Nr. 1 sich gegenüber dem Käufer verpflichtet hat, nach Vorlage des Veränderungsnachweises die verkaufte Teilfläche auflagenfrei oder aber gegen Zahlung eines Betrages bis zur Höhe des Kaufpreises aus der Mithaft freizugeben.

   Soweit Finanzierungsgrundpfandrechte der Erwerber anderer Teilflächen aus dem Flurstück 4711 der Vormerkung des Käufers im Rang vorgehen, ist weitere Voraussetzung die Verpflichtung der Gläubiger, die hier verkaufte Teilfläche nach Vorlage des Veränderungsnachweises auflagenfrei aus der Mithaft freizugeben.

4. Die Beleihungsvollmacht wird erteilt zur Belastung des Flurstücks 4711 insgesamt und ist zu ergänzen:

   Der Notar wird angewiesen, den Antrag auf Eintragung der Finanzierungsgrundpfandrechte des Käufers erst zu stellen, wenn sich der Gläubiger gegenüber dem Verkäufer und den Erwerbern anderer Teilflächen unwiderruflich verpflichtet hat, die nicht verkaufte Teilfläche nach katasteramtlicher Fortschreibung auflagenfrei aus der Mithaft zu entlassen.

III. Auflassung und Grundbuchanträge

1. Die Beteiligten sind sich darüber einig, dass das Eigentum an dem verkauften Grundbesitz auf den Käufer im Beteiligungsverhältnis zu je 1/2 Anteil übergeht.

2. Die Beteiligten bevollmächtigen *** und ***, Notarfachangestellte bei dem amtierenden Notar, und zwar jeden einzeln und unter Befreiung von den Beschränkungen des § 181 BGB, nach Vorliegen des katasteramtlichen Veränderungsnachweises die hier verkaufte Teilfläche gegenüber dem Grundbuchamt zu bezeichnen, die Auflassung erneut zu erklären und entgegenzunehmen, die Eintragung des Eigentumswechsels zu bewilligen, Pfandfreigaben zuzustimmen und diese zu beantragen, überhaupt alles zu tun, was zur Eigentumsumschreibung auf den Käufer erforderlich oder zweckmäßig ist, auch die Löschung der Vormerkung auf der nicht verkauften Teilfläche zu bewilligen und zu beantragen.

B. Abwicklung

Grundsätzlich legt das Katasteramt dem zuständigen Grundbuchamt ein Exemplar des **612** Veränderungsnachweises vor, mit dem Antrag, den alten Bestand (zB Flur 3 Nr. 644 = 497 qm) im Wege der Flurstückszerlegung und Flächenberichtigung als neuen Bestand (zB Flur 3 Nr. 644/2 = 421 qm und Nr. 644/1 = 76 qm) im Grundbuch einzutragen. Die Eintragung des neuen Bestandes erfolgt von Amts wegen unter einer laufenden Nummer im Grundbuch. Der neue Bestand bildet zunächst ein Grundstück im Rechtssinne. Eine getrennte Veräußerung oder Belastung setzt die grundbuchmäßige Abschreibung voraus. Antrag des Eigentümers in der Form des § 29 GBO ist erforderlich. Nach der Neufassung des § 19 BauGB entfällt die Vorlage einer Teilungsgenehmigung oder eines Negativattestes. Jedoch sind die weiterhin geltenden landesrechtlichen Genehmigungserfordernisse durch den Notar zu beachten, so zB nach § 8 BauO NRW und § 7 HessBauO. Der Erwerber, gegebenenfalls auch der Eigentümer, werden durch die Katasterbehörden häufig gebeten zu veranlassen, die Flurstücke, die künftig ein Besitzstück bilden, im Grundbuch unter einer laufenden Nummer eintragen zu lassen (Vereinigung gemäß § 890 Abs. 1 BGB), damit diese danach verschmolzen werden können. Vereinigung mehrerer Grundstücke (§ 890 Abs. 1 BGB, § 5 GBO): Mehrere, demselben Eigentümer gehörende Grundstücke können auf seinen Antrag „vereinigt" werden, wenn keine Verwirrung, dh keine Unübersichtlichkeit des Grundbuchs, zu befürchten ist. Nach Vereinigung bilden die bisher selbständigen Grundstücke nur noch Bestandteile des neuen Grundstücks. Die vor der Vereinigung auf den einzelnen Grundstücken lastenden Rechte bleiben bestehen. Ihre erhebliche Verschiedenheit kann aber zur Verwirrung führen und deshalb die Vereinigung verhindern. In der Praxis wird deshalb meist versucht, das Nebengrundstück, das mit dem Hauptgrundstück vereinigt werden soll, lastenfrei zu machen. Bei der Vereinigung nach § 890 Abs. 1 BGB erstrecken sich die Belastungen auf dem Hauptgrundstück nicht – was aber meist gewollt ist – auf das Nebengrundstück. Wenn Grundpfandrechte des Hauptgrundstücks auf das Nebengrundstück ausgedehnt werden sollen, bedarf es eines Erstreckungsantrages und häufig auch der Zwangsvollstreckungsunterwerfung bezüglich des Nebengrundstücks. Die Zuschreibung als Bestandteil (§§ 890 Abs. 2, 1131 BGB, § 6 GBO) wird deshalb der Vereinigung gerade dann vorzuziehen sein, wenn die Grundpfandrechte des Hauptgrundstücks ausgedehnt werden sollen. Bei der Zuschreibung geht das Nebengrundstück durch die Einverleibung in dem Hauptgrundstück auf. Dies braucht nicht zwingend das größere oder wirtschaftlich bedeutendere zu sein. Die Belastungen des Hauptgrundstücks in Abt. III des Grundbuchs gehen auf das zugeschriebene Grundstück ohne weiteres über (kein Erstreckungsantrag mit erneuter Zwangsvollstreckungsunterwerfung).

613
Ɵ **Formulierungsbeispiel: Aufnahme in die Urkunde über die getrennte Auflassung – Teilungsantrag**

Im Grundbuch von ***, Blatt ***, ist Herr *** als Alleineigentümer des Grundbesitzes Gemarkung *** Flur *** Nr. *** eingetragen.

Aufgrund des Auszuges aus dem Veränderungsnachweis des Katasteramtes für die Gemarkung *** Nr. *** Jahrgang *** wird der vorbenannte Grundbesitz im Wege der Flurstückszerlegung und Flächenberichtigung unter einer lfd. Nr. wie folgt im Grundbuch eingetragen:

Flur 3 Nr. ***/1

Flur 3 Nr. ***/2

Der Grundstückseigentümer beantragt die Teilung und Eintragung der vorgenannten Flurstücke unter jeweils einer gesonderten lfd. Nr. im Grundbuch.

614
Ɵ **Formulierungsbeispiel: Aufnahme in die Urkunde über die getrennte Auflassung – Zuschreibungsantrag gemäß § 890 Abs. 2 BGB**

Im Grundbuch von ***, Blatt ***, sind die Eheleute *** je zur Hälfte als Eigentümer des Grundbesitzes Flur *** Nr. *** eingetragen.

Die Grundstückseigentümer beantragen, das aufgelassene neugebildete Grundstück Flur *** Nr. *** dem Grundstück Flur *** Nr. *** gemäß § 890 Abs. 2 BGB als Bestandteil zuzuschreiben.

Formulierungsbeispiel: Aufnahme in die Urkunde über die getrennte Auflassung – **615**
Erstreckungsantrag bei Rechten in Abt. II des Grundbuchs

Im Grundbuch von ***, Blatt ***, sind in Abt. II zu Lasten des Grundstücks Flur ***
Nr. *** folgende Rechte eingetragen:
– lfd. Nr. 1 Grunddienstbarkeit (Hochspannungsfreileitungsrecht für den jeweiligen Eigentümer des Grundstücks Gemarkung *** Flur *** Nr. ***),
– lfd. Nr. 2 Auflassungsvormerkung (Wiederkaufsrecht) für die Gemeinde ***.

Wir, die Eigentümer des Grundstücks Flur *** Nr. *** bewilligen und beantragen, diese
vorgenannten Rechte auf das aufgelassene neugebildete Grundstück Flur *** Nr. ***
zu erstrecken.

5. Teil. Kaufverträge mit Besonderheiten in der Person des Verkäufers oder des Käufers

A. Vertragsschluss durch Bevollmächtigten/Vertreter ohne Vertretungsmacht

Hierzu → § 27. **616**

B. Zustimmung des Ehegatten nach § 1365 BGB; Art. 5 des Abkommens zur Wahlzugewinngemeinschaft

Das absolute Veräußerungsverbot nach § 1365 BGB ist für den Grundstückskaufvertrag von **617**
Bedeutung, wenn eine verheiratete Person Vertragsbeteiligte ist, soweit sie nicht durch Ehevertrag Gütertrennung vereinbart (§ 1365 BGB gilt nur für die Zugewinngemeinschaft)
oder unter Beibehaltung des gesetzlichen Güterstands die Verfügungsbeschränkung des
§ 1365 BGB ausgeschlossen hat. Das Veräußerungsverbot nach § 1365 BGB bereitet der
Praxis immer wieder Schwierigkeiten, weil es aus dem Grundbuch nicht ersichtlich ist,
auch ein gutgläubiger Erwerb und eine Heilung nach § 311b Abs. 1 S. 2 BGB durch Eigentumsumschreibung im Grundbuch ausscheiden. Bedarf der Vertrag der Zustimmung des
anderen Ehegatten, sind sowohl das Verpflichtungsgeschäft als auch die Auflassung schwebend unwirksam. Verweigert der andere Ehegatte die Genehmigung, ist der Vertrag nach
§ 1366 Abs. 4 BGB unwirksam. Der spätere Widerruf dieser Verweigerung ist wirkungslos.[1359] Der andere Ehegatte kann nach § 1368 BGB im eigenen Namen die sich aus der
Unwirksamkeit ergebenden Rechte geltend machen (auch nach Scheidung der Ehe).[1360] Er
kann insbesondere vom Käufer Zustimmung zur Grundbuchberichtigung dahin verlangen,
dass der veräußernde Ehegatte wieder als Eigentümer eingetragen wird.[1361] Dem Käufer
steht wegen des gezahlten Kaufpreises kein Zurückbehaltungsrecht zu, dagegen ist Aufrechnung zulässig.[1362] In der notariellen Praxis stehen die Fragen des Anwendungsbereichs der
Vorschrift und der Belehrungspflicht des Notars im Vordergrund.

Checkliste: Voraussetzungen des § 1365 BGB beim Grundstückskaufvertrag **618**

(1) Die Vorschrift greift nicht nur ein, wenn ein Ehegatte sein Vermögen im Ganzen
    (vgl. § 311b Abs. 3 BGB) überträgt, sondern auch bei Übertragung eines Einzelge-
    genstandes, wenn dieser nahezu das ganze Vermögen ausmacht. Dies ist bei der
    Veräußerung eines Grundstücks oder einer Eigentumswohnung nicht selten der Fall.

[1359] BGH DNotZ 1995, 149.
[1360] BGH NJW 1984, 609.
[1361] BGH NJW 1984, 609.
[1362] BGH NJW 2000, 1947.

(2) Bei der Frage, ob das veräußerte Grundstück nahezu das gesamte Vermögen ausmacht, hat ein Wertvergleich mit dem sonstigen Vermögen des Ehegatten (ohne Berücksichtigung des Kaufpreises) stattzufinden. Bei einem „kleinen" Vermögen ist § 1365 BGB nicht erfüllt, wenn dem veräußernden Ehegatten Werte von 15 % seines ursprünglichen Gesamtvermögens verbleiben;[1363] bei größerem Vermögen – über etwa 150.000 EUR –, wenn 10 % verbleiben.[1364]

(3) Beim Vermögensvergleich bleibt der Kaufpreis als Gegenleistung für das Grundstück auch dann außer Ansatz, wenn er dem Wert des Grundstücks entspricht.[1365]

(4) Beim Wertvergleich sind dingliche (valutierte) Belastungen des Grundstücks abzuziehen. Das Gleiche gilt, soweit das Grundstück zugunsten von betreibenden bzw. beigetretenen Gläubigern in der Zwangsversteigerung verhaftet ist, hinsichtlich der jeweiligen Haftungssumme.[1366]

Berechnungsbeispiel: Ehefrau A veräußert ein Grundstück zum Kaufpreis von 300.000 EUR. Aus dem Kaufpreis sind dinglich gesicherte Darlehensverbindlichkeiten in Höhe von 200.000 EUR abzulösen; der Restkaufpreis in Höhe von 100.000 EUR ist an Frau A zu zahlen, die über sonstiges Vermögen von 5.000 EUR verfügt. Nach Abwicklung des Kaufvertrages verlangt Ehemann A vom Käufer die Zustimmung zur Grundbuchberichtigung. Der nach § 1365 BGB erforderiche Wertvergleich ergibt: Vor der Veräußerung hatte Frau A ein Vermögen von insgesamt 110.000 EUR (310.000 EUR abzüglich Darlehensverbindlichkeiten); nach der Veräußerung verbleibt ein Vermögen von 10.000 EUR, da der an sie gezahlte Kaufpreis von 100.000 EUR unberücksichtigt bleibt. Da sie nach der Veräußerung über ein Vermögen von weniger als 10 % ihres früheren Vermögens verfügt, ist § 1365 BGB insoweit anwendbar, als Frau A über das nahezu ganze Vermögen verfügt hat.

(5) Nach der subjektiven Theorie findet die Vorschrift nur Anwendung, wenn der Käufer weiß, dass das verkaufte Grundstück das ganze oder nahezu das ganze Vermögen des veräußernden Ehegatten darstellt, zumindest die Verhältnisse kennt, aus denen sich dies ergibt. Umstritten war, auf welchen Zeitpunkt für die Kenntnis abzustellen ist. Der BGH hat entschieden, dass es für die Kenntnis auf den Abschluss des schuldrechtlichen Vertrages ankommt.[1367] Dieses Urteil ist aus Gründen der Rechtssicherheit zu begrüßen, da es den „gutgläubigen" Käufer davor schützt, nach Zahlung des Kaufpreises nicht Eigentümer zu werden und den Kaufpreis zu verlieren (§ 818 Abs. 3 BGB). Zugleich dürfte damit das leidige Problem der Prüfungsbefugnis des Grundbuchamts erledigt sein, weil eine Beanstandung durch Zwischenverfügung voraussetzt, dass dem Grundbuchamt konkrete Anhaltspunkte dafür vorliegen, dass der Käufer bei Abschluss des Vertrages wusste, dass das Grundstück nahezu das gesamte Vermögen des veräußernden Ehegatten ausmacht.

(6) Bei der Prüfung der Erforderlichkeit einer Zustimmungen zu **Belastungen** ist der Verkehrswert vor und nach der Belastung zu vergleichen; dabei werden bereits eingetragene Grundschulden nur in Höhe ihrer aktuellen Valutierung, die zusätzlich einzutragende Grundschuld aber in Höhe des Nominalbetrages, der Nebenleistung und der dinglichen Zinsen für 2 1/2 Jahre[1368] berücksichtigt. Gerade bei den in der Praxis häufigen 80 % – Beleihungen kann dies vermehrt zur schwebenden Unwirksamkeit der Grundschuldbestellung führen (§ 1366 Abs. 1, Abs. 4 BGB).

[1363] BGH DNotZ 1981, 43.
[1364] BGH DNotZ 1992, 239.
[1365] BGHZ 66, 129; BGHZ 93, 138.
[1366] BGHZ 66, 217 (220).
[1367] BGH NJW 1989, 1609: „Weiß der Vertragspartner in diesem Zeitpunkt nicht, dass nahezu das ganze Vermögen betroffen ist, so muss er darauf vertrauen können, durch Abschluss des Vertrages einen rechtsbeständigen Erfüllungsanspruch zu erwerben".
[1368] BGH ZfIR 2012, 93 mAnm *Zimmer* = MittBayNot 2012, 222 mit kritischer Anm. *Gladenbeck*.

> (7) Eine Vollstreckungsunterwerfungserklärung unterliegt als prozessuale Erklärung nicht dem Zustimmungserfordernis des § 1365 BGB.[1369]

Als weitgehend geklärt kann die Frage angesehen werden, ob der Notar von sich aus **619** die Vertragsbeteiligten über Bestehen und Rechtswirkungen des § 1365 BGB aufklären muss. Weiß der Notar, dass es sich um ein zustimmungsbedürftiges Rechtsgeschäft nach § 1365 BGB handelt, hat er nicht nur die Pflicht zur Belehrung und Aufnahme eines Belehrungsvermerks nach § 17 Abs. 2 S. 2 BeurkG, er darf auch keine Vollzugsanträge stellen.[1370] Vorsorglich sollte der Notar in den Fällen, in denen er keine positive Kenntnis hat, auf die Mitwirkung des anderen Ehegatten hinwirken oder nachträglich dessen Genehmigung einholen. Die Zustimmung/Genehmigung des anderen Ehegatten ist formlos gültig; dem Grundbuchamt ist sie in notariell beglaubigter Form nachzuweisen. Fehlen konkrete Anhaltspunkte, dass objektiv und subjektiv (Kenntnis des Käufers) die Voraussetzungen des § 1365 BGB vorliegen, hat der Notar von sich aus Nachforschungen darüber, ob der Verkäufer verheiratet ist, in welchem Güterstand er lebt, ob das veräußerte Grundstück sein nahezu ganzes Vermögen darstellt und welche Kenntnisse der Käufer insoweit hat, nicht anzustellen.[1371] Zutreffend weist der BGH darauf hin, dass der Notar mit der Offenlegung der persönlichen und wirtschaftlichen Verhältnisse in vielen Fällen überhaupt erst die Voraussetzungen für das Eingreifen des § 1365 BGB schaffen würde und den Käufer erst „bösgläubig" macht. Die Klausel: „Der Verkäufer versichert, dass er nicht über sein gesamtes oder nahezu gesamtes Vermögen verfügt", hilft freilich dem Käufer bei Kenntnis ihrer Unrichtigkeit nicht, ebenso wenig die umgekehrte Nichtwissenerklärung des Käufers: „Vom Notar auf die gesetzliche Bestimmung des § 1365 BGB hingewiesen, erklärt der Käufer, ihm seien die Vermögensverhältnisse des Verkäufers weder mitgeteilt worden noch sonst bekannt".

Veräußert ein verheirateter Ehegatte den ihm allein gehörenden Grundbesitz, ist es **620** heute unbestritten, dass das Grundbuchamt nur ausnahmsweise eine Prüfungspflicht und Prüfungsbefugnis im Hinblick auf § 1365 BGB hat. Das Grundbuchamt ist nur dann berechtigt und verpflichtet, die Zustimmung des anderen Ehegatten oder den Nachweis weiteren Vermögens zu verlangen, wenn zur Zeit der Entscheidung über den Eintragungsantrag[1372] konkrete Anhaltspunkte dafür vorliegen, dass es sich um das überwiegende Vermögen handelt[1373] und der Käufer bei Abschluss des Vertrags „bösgläubig" war.[1374] Allein der hohe Wert des Übertragungsobjekts genügt nicht als „Anhaltspunkt";[1375] ebenso wenig die Behauptung des „übergangenen Ehegatten", der Käufer habe die Verhältnisse gekannt.[1376]

Das Abkommen vom 4.2.2010 zum deutsch-französischen Wahlgüterstand[1377] (durch **621** § 1519 BGB als „Wahl-Zugewinngemeinschaft" ins deutsche Recht übernommen)[1378] schafft zwischen den Vertragsstaaten (derzeit lediglich Deutschland und Frankreich) materielles Einheitsrecht auf der Grundlage der Zugewinngemeinschaft des BGB unter Hereinnahme von Elementen französischen allgemeinen Ehe- und Güterrechts. Der Güterstand kann seit 1.5.2013 (durch notarielle Beurkundung, mit Registrierung im Zentralen Testamentsregister – wegen des Einflusses auf die gesetzliche Erbfolge, § 78d Abs. 2 S. 1

[1369] BGH ZNotP 2008, 461.
[1370] OLG Frankfurt a.M. DNotZ 1986, 244.
[1371] BGH DNotZ 1975, 628.
[1372] OLG Frankfurt a.M. NotBZ 2012, 225.
[1373] OLG Schleswig MittBayNot 2006, 38 mAnm *Bauer.*
[1374] BGH ZNotP 2013, 1049.
[1375] OLG München MittBayNot 2008, 119 mAnm *Bauer.*
[1376] OLG München RNotZ 2009, 651.
[1377] BGBl. 2012 II 178.
[1378] Überblick bei *Braun* MittBayNot 2012, 89 sowie *Süß* ZErb 2010, 281 und *Jäger* DNotZ 2010, 804.

Fall 3 BNotO, und zwar als „sonstige Urkunde" iSd § 1 S. 1 Nr. 4 ZTRV!) begründet werden.

622   Art. 5 Abs. 1 des Abkommens normiert die Unwirksamkeit von Verpflichtungs- und Verfügungsgeschäften über Haushaltsgegenstände und „über Rechte, durch die die **Familienwohnung** sichergestellt wird", es sei denn, solche Rechtsgeschäfte würden vom anderen Ehegatten (oder dessen Bevollmächtigten) genehmigt bzw. die Genehmigung familiengerichtlich ersetzt. Bei dieser Beschränkung, die Art. 215 Abs. 3 CC nachgebildet ist, dürfte es sich aus deutscher Sicht (anders als im französischen Recht: Anfechtbarkeit) um eine absolute Verfügungsbeschränkung handeln, die bspw. bei der Veräußerung der Familienwohnung, ihrer Belastung mit Verwertungsrechten (Grundschulden!), der Bestellung eines Nutzungsrechts zugunsten eines Dritten an der Familienwohnung, der Vermietung der Familienwohnung, aber auch bei der Löschung eines Nießbrauchs- oder Wohnungsrechts, das bisher zur Eigennutzung für die Familie in Anspruch genommen wurde, einschlägig sein kann.[1379] Art. 16 Abs. 1 EGBGB bewirkt keinen Gutglaubensschutz, da es sich nicht um einen ausländischen, sondern um einen inländischen Güterstand handelt. § 1412 BGB würde zwar an sich gelten; seine Anwendung wird jedoch durch § 1519 S. 3 BGB ausdrücklich ausgeschlossen. Als absolute Verfügungsbeschränkung ist das Vorliegen eines deutsch-französischen Wahlgüterstands im Grundbuch nicht eintragungsfähig; das Grundbuchamt darf Eintragungen nur ablehnen, wenn es positive Anhaltspunkte für ihr Vorliegen hat. Die genannte Verpflichtungs- und Verfügungsbeschränkung kann auch nicht durch Ehevertrag abbedungen werden (Art. 3 Abs. 3 des Abkommens). Damit steht kein taugliches Schutzinstrument für die Vertragsgestaltung zur Verfügung (ausgenommen die vorsorgliche Mitwirkung des Nichteigentümer-Ehegatten bei Geschäften in Bezug auf das Familienheim).

622a   Für ab dem 30. 1. 2019 geschlossene Ehen oder solche, die ab diesem Zeitpunkt eine notarielle Rechtswahl beurkundet haben, und damit unter den Geltungsbereich der **EuGüVO** fallen, bestimmt Art. 28 EuGüVO zum **Schutz des Rechtsverkehrs** und der Aussagekraft öffentlicher Register (vgl. auch Art. 1 Abs. 2 lit. h EuGüVO), dass ein Ehegatte einem **Dritten gegenüber** sich **nur dann**[1380] auf das anwendbare Güterrechtsregime und seine **verfügungsbeschränkenden Vorschriften** berufen kann,[1381] wenn der Dritte dieses **kannte** oder (was der Ehegatte zu beweisen hat), kennen musste (auf den tatsächlichen Güterstand braucht sich die Kenntnis oder grob fahrlässige Unkenntnis hingegen nicht zu beziehen). Der ggf. durch Art. 28 EuGüVO vermittelte Gutglaubensschutz überwindet auch den Vorrang der Eingriffsnormen der lex fori gemäß Art. 30 Abs. 1 EuGüVO[1382] sowie den Vorrang des ordre public-Vorbehalts, Art. 31 EuGüVO. Das den Gutglaubensschutz vereitelnde **„Kennen-Müssen"** wird gemäß Art. 28 Abs. 2 lit. a EuGüVO allerdings **unwiderleglich vermutet,** wenn

1. auch das Rechtsverhältnis mit dem Dritten (= das Geschäftsstatut) demselben Recht folgt wie das Güterrechtsstatut oder
2. beide Vertragsparteien im betreffenden Land ihren gewöhnlichen Aufenthalt haben oder
3. sich der unbewegliche Vermögensgegenstand im Land des Güterrechtsstatuts befindet;

[1379] Vgl. im Einzelnen *Amann* DNotZ 2013, 252.

[1380] Kann sich der Ehegatte (mangels positiver Kenntnis oder grob fahrlässiger Unkenntnis) dem Dritten die beschränkenden Vorschriften seines Güterrechtsstatuts nicht entgegen halten, gilt gemäß Art. 28 Abs. 3 EuGüVO wahlweise das Geschäftsstatut (Recht des Staates, dessen Recht auf das Rechtsgeschäft mit dem Dritten anwendbar ist) oder das Recht der Belegenheit bzw. Registrierung (lex rei sitae bzw. lex libri).

[1381] Relevant wird dies vor allem für Verfügungsbeschränkungen, die nicht ihrerseits bereits durch guten Glauben überwunden werden können, zB Art. 215 Abs. 3 CC (Verfügung über das Familienheim), vgl. *Weber* DNotZ 2016, 659 (685 f.).

[1382] Zu denen an sich gemäß Erwägungsgrund 53 S. 2 EuGüVO auch die Normen „zum Schutz der Familienwohnung" zählen.

alternativ (Art. 28 Abs. 2 lit. b EuGüVO) wenn der Ehegatte, der sich auf die Verfügungsbeschränkung berufen will, die Publizitäts- oder Registrierungsanforderungen (**Güterrechtsregister!**) im Hinblick auf seinen ehelichen Güterstand (nicht das maßgebliche Güterrechtsregime) eingehalten hat im vorbezeichneten Staat
1. des Geschäftsstatuts,
2. des übereinstimmenden gewöhnlichen Aufenthalts der Vertragsparteien oder – bei unbeweglichem Vermögen –
3. im Staat der lex rei sitae.[1383]

Beispiel: 622b

Verkauft ein Ehegatte, der mit erstem gewöhnlichem Aufenthalt in Frankreich geheiratet hat, nach gemeinsamem dauerhaftem Umzug nach Deutschland eine dort belegene, ihm nach Grundbuchlage allein gehörende Ehewohnung, kann der „übergangene" Ehegatte dem Käufer dieser Wohnung nicht die (nach französischem Recht nicht durch guten Glauben überwindbare) absolute Verfügungsbeschränkung des Art. 215 Abs. 3 CC entgegenhalten, da es sich bei dem (an sich weiter anwendbaren) französischen Güterrechtsregime weder um das Geschäftsstatut der schuld- oder sachenrechtlichen Vertragsbeziehung, noch den gewöhnlichen Aufenthalt beider Kaufvertragsparteien, noch das Belegenheitsrecht handelt (Art. 28 Abs. 2 lit. a EuGüVO) und der übergangene Ehegatte des Veräußerers auch nicht seinen Güterstand im (hier wegen der Belegenheit, des gemeinsamen Vertragspartneraufenthalts und des Geschäftsstatuts maßgeblichen) deutschen (nicht französischen!) Güterrechtsregister hat eintragen lassen, Art. 28 Abs. 2 lit. b EuGüVO. Möglicherweise wird künftig vom kaufvertragsvorbereitenden Notar erwartet werden, das Güterrechtsregister einzusehen, jedenfalls sobald dieses digital und zentral[1384] geführt wird,[1385] da eine dortige Eintragung das Kennenmüssen der Verfügungsbeschränkung zur Folge hätte und damit den Gutglaubensschutz des Vertragspartners entfallen lässt. Zumindest muss der Notar, wenn er zur Anwendbarkeit ausländischen Güterrechts gelangt, auf die mögliche Existenz von Verfügungsbeschränkungen hinweisen und vorsorglich die Mitwirkung des Ehegatten anregen.[1386]

C. Minderjähriger, Betreuter, gerichtliche Genehmigung

Ein **Minderjähriger** als Verkäufer oder Käufer eines Grundstücks, wird durch seine Eltern gemeinschaftlich vertreten (§ 1629 Abs. 1 S. 2 BGB). Ein Elternteil vertritt das Kind allein, soweit es die elterliche Sorge allein ausübt (nach dem Tode des anderen Elternteils, § 1680 Abs. 1 BGB), oder ihm die Entscheidung nach § 1628 BGB durch das Gericht übertragen worden ist. Bei der gemeinschaftlichen Vertretung des Kindes bleibt es auch, wenn die Eltern nicht nur vorübergehend getrennt leben (§ 1687 Abs. 1 BGB), solange nicht das Familiengericht die elterliche Sorge einem Elternteil allein übertragen hat (§ 1671 BGB). Der Nachweis ist durch die Entscheidung des Familiengerichts zu führen.   623

Sind die Eltern bei der Geburt des Kindes nicht miteinander verheiratet, steht der Mutter des Kindes die elterliche Sorge zu, es sei denn, es liegt eine Sorgeerklärung vor (§ 1626a Abs. 1 Nr. 1 BGB) oder das Familiengericht überträgt auf Antrag die elterliche Sorge an beide gemeinsam (§ 1626a Abs. 2 BGB). Die Ausfertigung der notariellen Ur-   624

[1383] Nach *Weber* DNotZ 2016, 659 (686).

[1384] Derzeit ist gemäß § 377 Abs. 3 FamFG, § 1558 Abs. 1 BGB das Amtsgericht zuständig, in dem zumindest ein Ehegatte seinen gewöhnlichen Aufenthalt hat. Für die Wirkungen des § 1412 BGB muss die Registrierung, wenn die Ehegatten verschiedene gewöhnliche Aufenthalte haben, sogar bei allen betroffenen Amtsgerichten erfolgt sein.

[1385] Vgl. zu Überlegungen, das Register bei der BNotK zu führen, notar 2017, 226.

[1386] *Döbereiner* notar 2018, 244 (258); das ausländische Recht selbst braucht der Notar wegen § 17 Abs. 3 BeurkG nicht zu kennen.

kunde mit der Sorgeerklärung erbringt den Nachweis der gemeinsamen Sorge und damit der gemeinschaftlichen Vertretung.

625   Die elterliche Vermögenssorge (und damit die Vertretung) erstreckt sich nicht auf das Vermögen, welches das Kind von Todes wegen oder unter Lebenden unentgeltlich mit der Bestimmung erworben hat, dass es die Eltern nicht verwalten sollen (§ 1638 BGB); Anordnungen über die Verwaltung haben die Eltern zu beachten (§ 1639 BGB). Auf Angelegenheiten des Kindes, für die dem Kind ein Pfleger bestellt ist, erstreckt sich die elterliche Sorge nicht (§ 1630 Abs. 1 BGB); die Eltern sind insoweit von der Vertretung des Kindes ausgeschlossen.

626   Die Haftung für Verbindlichkeiten, die die Eltern im Rahmen ihrer gesetzlichen Vertretungsmacht durch Rechtsgeschäfte mit Wirkung für das Kind begründet haben, beschränkt sich auf den Bestand des bei Eintritt der Volljährigkeit vorhandenen Vermögens des Kindes; das gilt auch für Verbindlichkeiten aus Rechtsgeschäften, zu denen die Eltern die Genehmigung des Familiengerichts erhalten haben (§ 1629a BGB). Eine Hinweispflicht des Notars auf diese Möglichkeit der Haftungsbeschränkung kommt wohl nur dann in Betracht, wenn der Kaufpreis über die Volljährigkeit des kaufenden Minderjährigen hinaus gestundet oder eine Rentenzahlung vereinbart wird. Nach § 1629a Abs. 3 BGB werden Rechte aus einer für die Forderung bestellten Sicherheit (Kaufpreisresthypothek, Reallast) oder aus einer deren Bestellung sichernden Vormerkung von der Möglichkeit der Haftungsbeschränkung nicht berührt.

627   Mit dem Inkrafttreten des FamFG zum 1. 9. 2009 wurde das Vormundschaftsgericht abgeschafft, das Familiengericht ist ausschließlich zuständig. Nach § 23c GVG wurden ferner bei den Amtsgerichten **Betreuungsgerichte** gebildet, zuständig für die Bestellung eines Betreuers (§ 1897 Abs. 1 S. 1 BGB), und für die Genehmigung nach §§ 1821, 1822 Nr. 1–4, Nr. 6–13 BGB. Das Verfahren in Betreuungssachen ist in §§ 271 ff. FamFG geregelt. Der Betreuer erhält vom Betreuungsgericht eine Urkunde über seine Bestellung (§ 290 FamFG).

628   Wollen die Eltern ein Grundstück des Kindes verkaufen oder für das Kind kaufen, bedürfen sie nach § 1643 Abs. 1 BGB der **Genehmigung des Familiengerichts** (§§ 1643 Abs. 1, 1821 BGB). Auf Erwerberseite erfasst das Genehmigungserfordernis (§ 1821 Abs. 1 Nr. 5 BGB) nur den schuldrechtlichen Vertrag, braucht also dem Grundbuchamt nicht nachgewiesen und vorgelegt zu werden. Anders auf Veräußererseite: dort erfasst sie gemäß § 1821 Abs. 1 Nr. 1 BGB die „Verfügung", also das dingliche Geschäft, muss also samt Rechtskrafvermerk in gesiegelter Form vorgelegt werden und auch die für die Wirksamkeit nötige Mitteilung an den anderen Vertragsteil (§ 1829 Abs. 1 S. 2 BGB) ist in der Form des § 29 GBO nachzuweisen, was in der Praxis durch Eigenurkunde des Notars aufgrund sog. „Doppelvollmacht" geschieht (→ Rn. 157).

629   Wollen die Eltern ein eigenes Grundstück an das Kind verkaufen oder ein Grundstück des Kindes kaufen, können sie das Kind insoweit nicht vertreten (§§ 1629 Abs. 3, 1795 Abs. 2, 181 BGB). Nach § 1795 Abs. 1 Nr. 1 BGB kann ein Elternteil das Kind auch nicht vertreten bei einem Rechtsgeschäft zwischen seinem Ehegatten oder einem seiner Verwandten in gerader Linie einerseits und dem Kind andererseits, es sei denn, dass das Rechtsgeschäft ausschließlich in der Erfüllung einer Verbindlichkeit besteht. § 181 BGB findet keine Anwendung, wenn die Eltern im eigenen Namen und als Vertreter des Kindes „parallele" Willenserklärungen abgeben, also etwa beim Verkauf eines Grundstücks, das den Eltern/einem Elternteil und dem Kind zu Miteigentum oder in einer Erbengemeinschaft gehört.[1387] Für den anschließenden Erbauseinandersetzungsvertrag hinsichtlich des Kaufpreises gilt § 181 BGB.

630   Da ein Kaufvertrag für das Kind in keinem Fall „lediglich rechtlich vorteilhaft" ist (§ 107 BGB), ist in den Fällen, in denen die Eltern das Kind nicht vertreten können, eine Ergänzungspflegschaft nach § 1909 Abs. 1 BGB durch das Familiengericht auf Anzeige

---

[1387] BayObLG FGPrax 1995, 20; OLG Jena NJW 1995, 3126.

der Eltern anzuordnen; für die erforderliche Genehmigung ist das Familiengericht zuständig. Der Notar hat nach § 18 BeurkG die Beteiligten auf die erforderliche Genehmigung des Familiengerichts hinzuweisen und dies in der Niederschrift zu vermerken. Die Genehmigung des Gerichts wird dem anderen Vertragsteil gegenüber erst wirksam, wenn sie ihm von den Eltern bzw. dem Pfleger mitgeteilt worden ist, § 1829 Abs. 1 S. 2 BGB. Eine Vereinbarung, dass die Genehmigung mit ihrem Eingang beim Notar wirksam wird, ist ungültig.[1388]

Die Entscheidung des Familiengerichts über Erteilung oder Verweigerung der Genehmigung ist eine Ermessensentscheidung; maßgeblich hierfür sind allein die Interessen des Kindes. Zu empfehlen ist, dass die Eltern (der Pfleger) vor Beurkundung des Kaufvertrages die Frage der Genehmigung mit dem Gericht klären. In der Regel ist ein Verkehrswertgutachten vorzulegen. **631**

Minderjährige Kinder, die nicht unter elterlicher Sorge stehen, zB weil beide Eltern verstorben sind, werden durch einen Vormund vertreten (§§ 1773, 1793 Abs. 1 S. 1 BGB). Der Vormund kann den Mündel in den Fällen des § 1795 BGB nicht vertreten. **632**

Kann ein Volljähriger aufgrund einer psychischen Krankheit oder einer körperlichen, geistigen oder seelischen Behinderung seine Angelegenheiten ganz oder teilweise nicht selbst besorgen, so bestellt das Betreuungsgericht auf seinen Antrag oder von Amts wegen einen **Betreuer.** Der Betreuer vertritt nach § 1902 BGB in seinem Aufgabenkreis den Betreuten gerichtlich und außergerichtlich. **633**

Das Betreuungsgericht kann anordnen, dass der Betreute zu einer Willenserklärung, die den Aufgabenkreis des Betreuers betrifft, dessen Einwilligung bedarf (Einwilligungsvorbehalt), soweit dies zur Abwendung einer erheblichen Gefahr für die Person oder das Vermögen des Betreuten erforderlich ist (§ 1903 BGB). Ist ein Einwilligungsvorbehalt angeordnet, so bedarf der Betreute dennoch nicht der Einwilligung seines Betreuers, wenn die Willenserklärung ihm lediglich einen rechtlichen Vorteil bringt (§ 1903 Abs. 3 BGB). **634**

Der Betreuer bedarf nach § 1908i Abs. 1 BGB für die in §§ 1821, 1822 Nr. 1−4, Nr. 6−13 BGB genannten Rechtsgeschäfte der betreuungsgerichtlichen Genehmigung, also insbesondere zum Verkauf oder Kauf eines Grundstücks. Entgegen OLG Köln[1389] besteht ein Genehmigungserfordernis bei Grundstücksgeschäften durch einen **Vorsorgebevollmächtigten** auch dann nicht, wenn der Vollmachtgeber zwischenzeitlich geschäftsunfähig geworden ist.[1390] Vormund, Pfleger und Betreuer weisen sich aus durch Vorlage der Urkunde über ihre Bestellung, die in Urschrift vorzulegen ist. Aus der Bestellungsurkunde des Betreuers ergibt sich der Aufgabenkreis des Betreuers und bei Anordnung eines Einwilligungsvorbehalts die Bezeichnung des Kreises der einwilligungsbedürftigen Willenserklärungen (§ 290 FamFG). **635**

Stirbt das Mündel/der Betreute, erlischt das Amt des Vormundes/Betreuers (mit Ausnahme unaufschiebbarer Notgeschäftsführungsmaßnahmen gemäß § 1698b BGB) und damit auch die („Doppel")Vollmacht an den Notar, den Vertrag durch Mitteilung und Genehmigung einer etwa bereits erteilten betreuungs-/familiengerichtlichen Genehmigung wirksam werden zu lassen. War diese Wirksamkeit gemäß § 1829 BGB bereits eingetreten,[1391] der Schwebezustand also beendet, sind die damit bindend gewordenen Pflichten und Rechte auf die Erben übergegangen. Stirbt der Betreute/das Mündel während des Schwebezustandes, „führen" die Erben diesen „weiter", indem sie über Erteilung oder **635a**

[1388] OLG Frankfurt a.M. DNotZ 1985, 244.
[1389] NJW-RR 2001, 652.
[1390] DNotI-Report 2003, 113.
[1391] Nach LG Memmingen MittBayNot 1983, 76 soll Gleiches gelten, wenn der Pflegling zwar vor Erteilung und Mitteilung der Genehmigung verstorben ist, aber weder Gericht noch Notar davon Kenntnis hatten: die Genehmigung sei zunächst allenfalls anfechtbar, nicht nichtig, sodann nach §§ 55, 62 FGG (jetzt: § 40 FamFG) bindend.

Versagung der Genehmigung entscheiden;[1392] eine gleichwohl durch das Gericht erteilte „Genehmigung", mag sie auch scheinbar nach § 1829 BGB wirksam geworden sein, ist ohne Belang. Vorsichtshalber sollte daher der Notar vor Mitteilung der Fälligkeit – nachdem die betreuungsgerichtliche Genehmigung samt Rechtskraftzeugnis durch Mitteilung an den anderen Vertragsteil „wirksam geworden" und sodann die Vormerkung eingetragen worden ist – prüfen, dass den gerichtlichen Betreuungs-/Vormundschaftsakten keine Hinweise auf eine vor Wirksamwerden der Genehmigung eingetretene Beendigung der Betreuung zu entnehmen sind (Ableben des Betreuten oder Betreuers, Amtsenthebung, Aufhebung der Betreuung). Letzte Sicherheit kann er jedoch auch dadurch nicht erlangen.

636 Aufgrund der Entscheidung des BVerfG[1393] ist dem Betreuten vor Erteilung der gerichtlichen Genehmigung rechtliches Gehör zu gewähren; ist er hierzu selbst nicht in der Lage, ist ihm ein Verfahrenspfleger zu bestellen (§ 276 Abs. 1 FamFG). Die (häufig überlange) Verfahrensdauer birgt die Gefahr, dass der Betreute vor Wirksamwerden der gerichtlichen Genehmigung verstirbt. Der Kaufvertrag ist dann unwirksam, wenn er nicht von den Erben genehmigt wird. Ferner könnte der andere Vertragsteil durch Anfrage die Vier-Wochen-Frist des § 1829 Abs. 2 BGB in Gang setzen, nach deren Ablauf die Genehmigung als versagt gilt, so dass sich der andere Vertragsteil anderweit entscheiden kann. Hiergegen könnte wie folgt vorgesorgt werden:

637 **Formulierungsbeispiel: Vorkehrung gegen § 1829 Abs. 2 BGB**

Die Beteiligten vereinbaren angesichts der zu erwartenden längeren Verfahrensdauer ferner: Sollte der andere Vertragsteil den gesetzlichen Vertreter (Empfangsvollmacht an den Notar ist insoweit nicht erteilt) zur Mitteilung darüber auffordern, ob die Genehmigung erteilt ist, wird die gesetzliche Vier-Wochen-Frist in ihrem Lauf so lange gehemmt als das gerichtliche Genehmigungsverfahren noch betrieben wird.

638 Die Belastung eines Grundstücks des Betreuten mit einem Grundpfandrecht ist nach § 1821 Abs. 1 Nr. 1 BGB genehmigungsbedürftig; dies gilt nach Nr. 4 auch zur Eingehung einer Verpflichtung zur Bestellung eines Grundpfandrechts. Hat das Gericht den Kaufvertrag mit (sachgerechter) Belastungsvollmacht genehmigt, verlangen Grundbuchämter zusätzlich die gerichtliche Genehmigung zur Grundschuldbestellungsurkunde.[1394] Da die Erteilung der Genehmigung zur Grundschuldbestellungsurkunde (aus idR nicht nachvollziehbaren Gründen) erhebliche Zeit in Anspruch nimmt, kommt der Käufer schnell in Verzug. Hat das Betreuungsgericht auf ausdrücklichen Antrag den Kaufvertrag und die Belastungsvollmacht genehmigt und damit die Verpflichtung des Betreuten zur Mitwirkung bei der Bestellung des Finanzierungsgrundpfandrechts des Käufers begründet, darf es die Genehmigung zur Grundschuldbestellungsurkunde allenfalls versagen, wenn darin die schuldrechtlichen Schutzmechanismen (Zweckbeschränkung) nicht eingehalten werden.

D. Erbengemeinschaft, Testamentsvollstrecker, Vorerbe

I. Verkauf eines Grundstücks durch Alleinerben oder Erbengemeinschaft

639 Eine **Voreintragung des oder der Erben** ist nach § 40 Abs. 1 GBO nicht erforderlich, wenn die Übertragung des Eigentums auf den Käufer eingetragen werden soll; das Gleiche gilt für die Eintragung der Eigentumsvormerkung. Sofern allerdings – wie regelmäßig – der

---

[1392] BayObLGZ 1964, 351 (ähnlich § 1829 Abs. 3 BGB, wonach ab Volljährigkeit des Mündels nur dieses selbst zur Entscheidung berufen ist).
[1393] DNotZ 2000, 387.
[1394] Vgl. DNotI-Report 2003, 129; *Schöner/Stöber* GrundbuchR Rn. 3688; OLG Zweibrücken DNotZ 2005, 634.

Käufer ein Finanzierungsgrundpfandrecht vor Eigentumsumschreibung benötigt, ist die Berichtigung des Grundbuchs ohnehin zwingend erforderlich, da § 40 GBO nach noch hM[1395] dann keine Ausnahme vom Voreintragungsgrundsatz des § 39 GBO erlaubt.[1396] *Vollhard*[1397] hat nachgewiesen, dass auch in den nicht von § 40 GBO erfassten Fällen auf die Voreintragung des Erben nicht verzichtet werden sollte. Ergibt sich die Erbfolge aus einem notariellen Testament/Erbvertrag, genügt es nach § 35 Abs. 1 S. 2 GBO, wenn diese Verfügung und die Niederschrift über die Eröffnung vorgelegt werden. Wird auf die Voreintragung des Erben im Grundbuch verzichtet, ist ein gutgläubiger Erwerb ausgeschlossen, da die Voraussetzungen weder des § 892 BGB noch des § 2366 BGB vorliegen.

Ist ein Dritter wirklicher Erbe (zB aufgrund einer zunächst unbekannten zeitlich späteren Verfügung von Todes wegen), kann er auch nach Eigentumsumschreibung Herausgabe des Grundstücks und Grundbuchberichtigung verlangen. Die Voreintragung des Erben ist dringend zu empfehlen. Ist ein Erbschein erteilt, muss der Käufer nach § 2366 BGB auch noch im Zeitpunkt der Eigentumsumschreibung gutgläubig sein, während nach § 892 Abs. 2 BGB für die Kenntnis des Käufers der Zeitpunkt des Antrags auf Eigentumsumschreibung bzw. Eintragung einer Vormerkung maßgeblich ist. Der BGH[1398] hat allerdings entschieden, dass die Vormerkung in diesem Fall gutgläubig mit der Folge erworben werden kann, dass der gute Glaube auch für den späteren Erwerb des Eigentums maßgebend ist. Gleichwohl ist auch hier die vorherige Grundbuchberichtigung unverzichtbar (zumal sie nach Nr. 14110 KV GNotKG innerhalb von zwei Jahren seit dem Erbfall kostenfrei ist!), da § 40 GBO nicht für die Eintragung eines unter Mitwirkung des Erben als Verkäufer vom Käufer bestellten Finanzierungsgrundpfandrechts gilt. **640**

Für die **Grundbuchberichtigung** ist der Nachweis der Erbfolge nach § 35 Abs. 1 GBO durch Vorlegung der Urschrift oder einer Ausfertigung des Erbscheins zu führen; eine beglaubigte Abschrift des Erbscheins ist nicht ausreichend.[1399] Die Vorlage des Erbscheins kann aber ersetzt werden durch Verweisung auf die Nachlassakten, sofern diese beim selben Amtsgericht geführt werden.[1400] Bestätigt der Notar in der Kaufvertragsurkunde, dass ihm der Erbschein in Ausfertigung vorgelegen hat, und fügt er eine beglaubigte Abschrift der Niederschrift bei, genügt dies zumindest dann, wenn kurzfristig danach der Antrag gestellt wird;[1401] es ist nicht einzusehen, warum für den Erbschein etwas anderes gelten soll als für die Vollmachtsurkunde, die im Grundbuchverfahren nicht in Ausfertigung/Urschrift vorgelegt werden muss, wenn der Notar in der Niederschrift bescheinigt, dass ihm diese in Urschrift/Ausfertigung vorgelegt wurde. Die praktische Notwendigkeit ergibt sich daraus, dass einzelne Nachlassgerichte sich weigern, mehr als eine Ausfertigung des Erbscheins zu erteilen. **641**

Beruht die Erbfolge auf einer Verfügung von Todes wegen, die in einer öffentlichen Urkunde enthalten ist (notarielles Testament oder Erbvertrag), genügt es nach § 35 Abs. 1 S. 2 GBO, wenn diese Verfügung und die Niederschrift über die Eröffnung vorgelegt werden; Vorlage in beglaubigter Abschrift reicht aus. Wird der Nachweis der Erbfolge durch eine Verfügung von Todes wegen, die notariell beurkundet ist, geführt, darf das Grundbuchamt die Vorlage eines Erbscheins nicht deswegen fordern, weil die abstrakte Möglichkeit des Vorhandenseins einer späteren Verfügung besteht oder weil die Erbfolge **642**

[1395] Gegen die hM für eine analoge Anwendung des § 40 Abs. 1 Alt. 2 GBO jedenfalls für die Finanzierungsgrundschuld (bei der, ebenso wie bei der Eigentumsvormerkung, der Eigentumswechsel rasch nachfolge) OLG Frankfurt a.M. ZfIR 2017, 833 mAnm *C. Cramer;* ebenso *Milzer* DNotZ 2009, 325 (326) und OLG Köln ZEV 2018, 418; OLG Stuttgart DNotZ 2019, 194. Kritisch hiergegen *Weber* DNotZ 2018, 884 (895 ff.).

[1396] Seit RGZ 88, 345 (349); KG BeckRS 2011, 20271.

[1397] MittBayNot 1986, 114.

[1398] DNotZ 1972, 365.

[1399] BGH DNotZ 1982, 159.

[1400] BGH DNotZ 1982, 159 (ein Fall der „Offenkundigkeit").

[1401] KG DNotZ 1972, 615; OLG Köln Rpfleger 1984, 182; OLG Frankfurt a.M. FGPrax 1996, 208; aA *Schöner/Stöber* GrundbuchR Rn. 782.

nicht zweifelsfrei bestimmt werden könne.[1402] Nur beim Vorliegen konkreter Anhaltspunkte dafür, dass tatsächlich eine wirksame spätere Verfügung von Todes wegen vorliegt, durch die die Erbfolge geändert worden ist, kann das Grundbuchamt den Nachweis der Erbfolge durch einen Erbschein verlangen.[1403] Sind die Erben in der letztwilligen Verfügung nicht zweifelsfrei bezeichnet (zB: „Ich setze meine Kinder zu Erben ein"), kann das Grundbuchamt einen Erbschein verlangen, es sei denn, die Zweifel können mit Hilfe einer anderen öffentlichen Urkunde (zB Personenstandsurkunde) ausgeräumt werden.[1404] Auch eine eidesstattliche Versicherung kann das Grundbuchamt verwerten, zB wenn die letztwillige Verfügung eine Pflichtteilsstrafklausel[1405] oder einen voraussetzungslosen Rücktrittsvorbehalt[1406] enthält. Der Notar hat zu prüfen, ob sich aus der Verfügung von Todes wegen für den Erben Verfügungsbeschränkungen ergeben.

643   Eine Grundbuchberichtigung ist entbehrlich, wenn aufgrund einer **post- oder transmortalen Vollmacht** des Verstorbenen gehandelt wird. Der aufgrund solcher Vollmacht Handelnde braucht weder die Erben namhaft zu machen, für die er handelt,[1407] falls diese überhaupt bekannt sind,[1408] geschweige denn einen Erbnachweis hierzu vorzulegen;[1409] anders wenn
1. im Namen der Erben ein Grundstück erworben werden soll[1410] sowie
2. der Bevollmächtigte die Berichtigung des Grundbuches auf die (angeblichen) Erben
   a) begehrt[1411] oder
   b) begehren muss, also notwendig dann, wenn § 40 GBO nicht gilt – problematisch bei Finanzierungsgrundschuld des Käufers, → Rn. 639 – und daher die Eintragung der Erben zunächst erforderlich ist,[1412] oder aber
3. das Rechtsgeschäft das Eigenvermögen der Erben, zB deren durch Tod erworbene Erbteile betrifft; problematisch ist daher die durch transmortale Vollmacht bewirkte Erbauseinandersetzung[1413]).

643a Bei einer postmortalen, also mit dem Tod des Vollmachtgebers beginnenden, Vollmacht, muss allerdings dessen Ableben nachgewiesen werden (durch Sterbeurkunde, § 29 GBO).[1414] Auch wenn die Erbfolge bereits eingetragen ist, gilt die post- oder transmortale Vollmacht, da auf den (fortbestehenden) Nachlass bezogen, weiter, solange sie nicht wi-

[1402] OLG Schleswig MittBayNot 2007, 509.
[1403] OLG Frankfurt a.M. MittBayNot 1999, 184.
[1404] BayObLG DNotZ 2001, 385; *Schöner/Stöber* GrundbuchR Rn. 790.
[1405] OLG Hamm MittBayNot 2012, 146 mAnm *Reimann.*
[1406] OLG München MittBayNot 2012, 293 mit zu Recht kritischer Anm. *Braun.*
[1407] *Bestelmeyer* Rpfleger 2008, 552 (563); LG Stuttgart ZEV 2008, 198; OLG Dresden ZEV 2012, 339.
[1408] Fürsorgebedürfnis für eine Nachlasspflegschaft kann daher trotz bestehender transmortaler Generalvollmacht bestehen, OLG Stuttgart ErbR 2016, 159.
[1409] OLG Frankfurt a.M. DNotZ 2012, 140; hierzu *Mensch* BWNotZ 2012, 15; OLG Frankfurt a.M. NJOZ 2012, 1873; OLG München MittBayNot 2012, 227 mAnm *Reimann:* der transmortal Generalbevollmächtigte kann sogar das Nachlassgrundstück an sich selbst auflassen, ebenso OLG München ZEV 2014, 618; hierzu *Everts* MittBayNot 2016, 139.
[1410] OLG Frankfurt a.M. DNotZ 2012, 140; hierzu *Mensch* BWNotZ 2012, 15.
[1411] Arg: auch der Erblasser hätte dies nicht vornehmen können, da es hierfür seines Todes bedarf: *Sagmeister* MittBayNot 2013, 107 (108); BayObLG NJW-RR 1994, 914; OLG Stuttgart DNotZ 2012, 371; aA OLG Dresden ZEV 2012, 339. Auch die Eintragung der Erben als „Gesamtrechtsnachfolger" eines verstorbenen Kommanditisten in das Handelsregister kann der postmortal Bevollmächtigte nicht anmelden, OLG München MittBayNot 2017, 618.
[1412] Vgl. *Gutachten* DNotI-Report 2015, 65 (67).
[1413] Sicherlich nicht wirksam ist eine Verfügung über den Erbteil als solche, oder ein „Austritt" aus der Erbengemeinschaft (Abschichtung), nach wohl hM aber auch nicht eine Erbauseinandersetzung unter Miterben, da darin eine „teilweise Verfügung" über den Erbteil liege (*Kroiß/Horn* NJW 2013, 516 (517); aA *Roth* NJW-Spezial 2016, 679). Die zu deren Erfüllung erklärte Auflassung (an den Miterben) ist aber stets wirksam, in gleicher Weise wie die Auflassung an einen Dritten, vgl. Gutachten DNotI-Report 2017, 156 (157).
[1414] OLG Frankfurt a.M. NotBZ 2014, 148.

derrufen wird – was, sofern nicht ausgeschlossen,[1415] durch jeden Erben einzeln[1416] oder einen Testamentsvollstrecker erfolgen kann.

Materiell-rechtlich erlischt die Vollmacht nach wohl zutreffender Auffassung (ver- **643b** gleichbar der „Konfusion"), wenn der Bevollmächtigte zugleich Alleinerbe des Vollmachtgebers ist,[1417] so dass der Rechtsschein der Vollmacht auch grundbuchrechtlich zerstört ist, wenn der Bevollmächtigte in der Urkunde (unnötigerweise) erklärt, zugleich Alleinerbe zu sein[1418] – ist er Miterbe, erlischt die Vollmacht zwar insoweit,[1419] ohne dass Letzteres zur auch nur teilweisen Unwirksamkeit der Erklärungen führen würde.[1420] Die Vollmacht erlischt jedoch nicht, wenn der Allein- bzw. Miterbe durch Testamentsvollstreckung beschwert war, im Hinblick auf die ihm damit unabhängig von Testamentsvollstreckerzeugnissen etc verliehene Rechtsmacht.[1421] Richtigerweise führt jedoch auch das Erlöschen der Vollmacht zugunsten des Alleinerben nicht zur Unwirksamkeit der abgegebenen Erklärungen.[1422] In der trans- oder postmortalen Vollmacht steckt nämlich als „materieller Restbestand" die zumindest konkludent miterteilte **Ermächtigung,** im eigenen Namen Verfügungen mit Wirkungen über Nachlassgegenstände zu treffen. Dies kann wie folgt verdeutlicht werden:

Formulierungsbeispiel: Handeln aufgrund transmortaler Vollmacht   **643c**

Der Erschienene gibt bekannt, aufgrund der ihm über den Tod des Vollmachtgebers hinaus erteilten, heute unwiderrufen in Urschrift/Ausfertigung vorgelegten Vollmacht für die Erben des am *** verstorbenen Herrn *** zu handeln, ferner vorsorglich im eigenen Namen für den Fall, dass er Mit- oder Alleinerbe sein sollte, ohne dass er hierzu der Mitwirkung eines etwa eingesetzten Testamentsvollstreckers bedürfte, aufgrund der in der Vollmacht zugleich enthaltenen Ermächtigung zu Verfügungen über Gegenstände des Nachlasses (§ 185 BGB).

II. Verkauf durch Testamentsvollstrecker

Verkauft der Testamentsvollstrecker ein Nachlassgrundstück, hat er das Testamentsvoll- **644** streckerzeugnis in Ausfertigung vorzulegen; eine beglaubigte Abschrift genügt nicht. Das Zeugnis nach § 2368 BGB verschafft dem Käufer Gutglaubensschutz hinsichtlich der Verfügungsbefugnis des Vollstreckers,[1423] allerdings nicht hinsichtlich des Fortbestands des Amtes (§ 2368 S. 2 Hs. 2 BGB: Kraftlosigkeit des Zeugnisses, ohne dass es – wie beim Erbschein – der Einziehung, Kraftloserklärung oder Herausgabe an das Nachlassgericht bedürfte[1424]). Wurde daher der Vollstrecker vor Eintragung der Eigentumsvormerkung des

---

[1415] Unzulässig ist allerdings ein Widerrufsausschluss alleine zu Lasten der Erben, vgl. BGH WM 1976, 1130 (1132).

[1416] KG DNotZ 1937, 813, aA *Madaus* ZEV 2004, 448.

[1417] OLG Hamm ZEV 2013, 341 mit kritischer Anm. *Lange;* ebenso zuvor OLG Stuttgart NJW 1948, 627; *Bestelmeyer* notar 2013, 147 (160) mwN.

[1418] So im Fall OLG München ZfIR 2017, 70 mAnm *Volmer* sowie OLG Hamm ZEV 2013, 341.

[1419] Vgl. *Bestelmeyer* notar 2013, 147 (161); aA DNotI-Gutachten Abruf Nr. 112811.

[1420] OLG Schleswig MittBayNot 2015, 132; zustimmend hierzu *Wendt* ErbR 2016, 74, der dies unter Hinweis auf das DNotI-Gutachten Abruf Nr. 112811 mit Blick auf die gesamthänderische Gebundenheit des „vertretenen" Nachlasses begründet.

[1421] OLG München DNotI-Report 2012, 161.

[1422] Ebenso, mit anderer (auf § 172 BGB gestützter) Begründung, OLG München ZEV 2016, 656 Rn. 23 ff. mAnm *Reimann.* Anders läge es nur dann, wenn die Vollmacht für den Fall der Alleinerbenstellung des Bevollmächtigten auflösend bedingt wäre.

[1423] § 2368 S. 2 BGB iVm § 2366 BGB: Schutz eines gutgläubigen Käufers davor, dass sich aus einem später aufgefundenen privatschriftlichen Testament eine andere Erbfolge oder die Nichtanordnung der Testamentsvollstreckung ergibt, vgl. auch *Schaal* notar 2010, 431 (432). Übersicht zur positiven und negativen Richtigkeitsvermutung des § 2368 BGB bei *Joachim* ZEV 2017, 499.

[1424] Die förmliche Einziehung wäre sogar unzulässig, OLG Köln Rpfleger 1986, 309 (anders beim Erbschein: §§ 2361 Abs. 1, Abs. 2, 2362 Abs. 1 BGB).

Amtes enthoben oder ist sein Amt wegen Versterbens vorher erloschen, konnte der Käufer nicht einmal die Vormerkung gutgläubig erwerben; § 878 BGB hilft nach überwiegender (wenngleich unrichtiger) Auffassung nicht.[1425] Handelt der Testamentsvollstrecker vor Erteilung des Zeugnisses, hat er nachzuweisen, dass er sein Amt gegenüber dem Nachlassgericht angenommen hat (§ 2202 Abs. 2 BGB). Der Notar hat das Testamentsvollstreckerzeugnis darauf zu prüfen, ob sich aus ihm Beschränkungen der Verfügungsbefugnis ergeben. Nach BGH[1426] ist die Verfügungsbefugnis des Testamentsvollstreckers auch „dinglich ausgeschlossen", wenn sie in Widerspruch zu einer Anordnung des Erblassers steht. Ein Veräußerungsverbot muss in diesem Fall aber im Testamentsvollstreckerzeugnis angegeben werden (§ 2368 Abs. 1 BGB). Das Gleiche gilt für gegenständliche Beschränkungen, etwa die Anordnung des Erblassers, dass ein bestimmtes Nachlassgrundstück nicht der Verwaltung des Testamentsvollstreckers unterliegen soll. Ist ein Erbe minderjährig, bedarf der Testamentsvollstrecker zur Veräußerung des Nachlassgrundstücks nicht der familiengerichtlichen Genehmigung.

644a   Gemäß § 40 Abs. 2 GBO bedarf es keiner Voreintragung der Erben, wenn eine Eintragung aufgrund Bewilligung des Testamentsvollstreckers erfolgt und den Erben gegenüber wirksam ist, also sie im Rahmen seiner Befugnisse abgegeben wurde und unentgeltlicher Natur ist (zum Nachweis der Entgeltlichkeit sogleich). Ein Erbschein ist also dann entbehrlich, und zwar (anders als iRd § 40 Abs. 1 Alt. 1 GBO, → Rn. 639) nicht nur für Übertragungen und Aufhebungen von Rechten, sondern für jede Eintragung, auch zB eines Finanzierungsgrundpfandrechtes.[1427]

645   Zu **unentgeltlichen Verfügungen** ist der Testamentsvollstrecker nach § 2205 S. 2 BGB nicht befugt (es sei denn er handelt in Erfüllung einer Verpflichtung, etwa eines Vermächtnisses). Die Entgeltlichkeit bei Veräußerung eines Grundstücks ist dem Grundbuchamt nachzuweisen. In Zweifelsfällen ist die Mitwirkung der Erben als Urkundsbeteiligte zu empfehlen, weil mit Zustimmung aller Erben (auch etwaiger Nacherben) der Testamentsvollstrecker auch unentgeltlich verfügen kann.[1428] Die Zustimmung der Vermächtnisnehmer ist nur erforderlich, wenn das Vermächtnis bislang nicht erfüllt ist. Verkauft der Testamentsvollstrecker ein Nachlassgrundstück an einen Dritten, ist eine Zwischenverfügung des Grundbuchamts, mit der der Nachweis der Entgeltlichkeit aufgegeben wird, (ärgerliche) Regel. Dabei sind die allgemeine Lebenserfahrung – wonach sich Fremde nichts zu schenken pflegen – und auch nur als wahrscheinlich nachgewiesene Geschehensabläufe zugrunde zu legen; Unentgeltlichkeit liegt nicht schon dann vor, wenn objektiv noch ein besserer Preis erzielbar gewesen wäre, sondern nur, wenn der Testamentsvollstrecker wusste oder sich der Erkenntnis verschloss, dass dem Nachlass keine gleichwertige Gegenleistung zufließt.[1429] Es genügt zum Nachweis der Entgeltlichkeit, dass die maßgeblichen Beweggründe im Einzelnen angegeben werden, verständlich und der Wirklichkeit gerecht werdend erscheinen und begründete Zweifel an der Pflichtmäßigkeit der Handlung nicht ersichtlich sind.[1430] Angesichts der Marktgegebenheiten sind

---

[1425] § 878 BGB, der den Zeitpunkt von der Vollendung des Rechtserwerbs auf die Antragstellung beim Grundbuchamt vorverlegt, gilt nur bei Beeinträchtigungen der Verfügungsbefugnis, nicht aber beim Wegfall der Amtsbefugnisse, wird jedoch hierauf uU analog angewendet (dafür Staudinger/*Gursky* (2012) BGB § 878 Rn. 58 und LG Mönchengladbach RNotZ 2010, 540 – Amtsenthebung eines Testamentsvollstreckers; dagegen *Bonefeld*/Mayer/*Daragan,* Testamentsvollstreckung, 4. Aufl. 2015, Rn. 342 und *Schmenger* BWNotZ 2004, 97 mwN sowie die ganz herrschende Rspr.: OLG Köln MittRhNotK 1981, 139 f.; BayObLG MittBayNot 1975, 228; OLG Düsseldorf BeckRS 2011, 23539; hierzu *Diefenbach*/*Hillmann* ZErb 2011, 205); vgl. auch Gutachten DNotI-Report 2017, 65 (66).

[1426] NJW 1984, 2462.

[1427] Vgl. *Gutachten* DNotI-Report 2013, 75.

[1428] BGH DNotZ 1972, 90.

[1429] BayObLG DNotZ 1989, 182 und OLG München MittBayNot 2012, 292; hierzu *Amann* MittBayNot 2012, 267. Die Form des § 29 GBO muss bei Beweisnot nicht eingehalten werden, vgl. *Gutachten* DNotI-Report 2011, 135.

[1430] OLG München BeckRS 2017, 130676; ebenso OLG Köln BeckRS 2014, 18407 zu einem Verkauf gegen Schuldübernahme.

demnach beim Erwerb eines bloßen ideellen Miteigentumsanteils auch prozentuale Abschläge vom anteiligen Verkehrswert möglich,[1431] es sei denn es handelt sich um den Hinzuerwerb des letzten verbleibenden Fremdanteils.[1432] Auch zugunsten des Veräußerers ausbedungene Rechte (zB Nießbrauch) sind zu berücksichtigen.[1433] Hat das Betreuungsoder Familiengericht den Kaufvertrag genehmigt, spricht ebenfalls ein allgemeiner Erfahrungssatz für die Entgeltlichkeit der Veräußerung,[1434] ebenso wenn der Kaufpreis einer rezenten nachlassgerichtlichen Ermittlung (die den Bodenrichtwert zuzüglich des Gebäudewertes nach dem Brandversicherungswert kombiniert) entspricht. Fließt der Gegenwert nicht in den Nachlass, sondern (abkürzend) an einen Vermächtnisnehmer, muss dessen Vermächtnisnehmerstellung (nicht notwendig in der Form des § 29 GBO) hinreichend glaubhaft nachgewiesen werden.[1435]

Auf Antrag des Testamentsvollstreckers oder von Amts wegen nach § 84 GBO ist mit **646** der Umschreibung des Eigentums auf den Käufer der Testamentsvollstreckervermerk im Grundbuch zu löschen. Schwieriger ist die Löschung, wenn der Gegenstand nicht aus der Testamentsvollstreckung ausscheidet: In Betracht kommt bspw. ein (neuer) Erbschein, der keinen Vollstreckervermerk mehr enthält, oder aber der Nachweis der Niederlegung in unterschriftsbeglaubigter Form samt deren Zugang beim Nachlassgericht bzw. Vorlage der Sterbeurkunde und der Nachweis, dass damit die Vollstreckung insgesamt erloschen sei (durch beglaubigte Abschrift des diesen Umstand regelnden Testaments mit Eröffnungsniederschrift[1436] oder aber durch Beschluss des Nachlassgerichts, dass ein Bedürfnis für die Benennung eines Ersatztestamentsvollstreckers nicht bestehe[1437]).

Auf Insichgeschäfte des Testamentsvollstreckers, zB Auflassung eines Nachlassgrund- **647** stücks an sich selbst, ist § 181 BGB entsprechend anwendbar, sie können ihm aber vom Erblasser gestattet worden sein.[1438] Das Verbot gilt nicht, wenn es um die Erfüllung einer Verbindlichkeit geht, zB wenn der Erblasser dem Testamentsvollstrecker das Grundstück vermacht hat.[1439] Wirkt der Testamentsvollstrecker bei der Bestellung eines Grundpfandrechts für die Bank des Käufers mit, bedarf es gegenüber dem Grundbuchamt keiner weiteren Nachweise, wenn sichergestellt ist, dass das Darlehen zunächst nur zur Zahlung des Kaufpreises verwendet werden darf.

III. Verkauf durch den Vorerben

Ist der Veräußerer Vorerbe, kann er zwar über ein zur Erbschaft gehörendes Grundstück **648** verfügen, seine Verfügung, insbesondere eine Veräußerung des Grundstücks, ist jedoch im Falle des Eintritts der Nacherbfolge nach § 2113 Abs. 1 BGB insoweit unwirksam, als sie das Recht des Nacherben vereiteln oder beeinträchtigen würde. Der Erblasser kann den Vorerben von den Beschränkungen des § 2113 Abs. 1 BGB befreien, jedoch nicht von der für unentgeltliche Verfügungen nach § 2113 Abs. 2 BGB geltenden Beschränkung (§ 2136 BGB). Zur Veräußerung eines Grundstücks durch den nicht befreiten Vorerben

---

[1431] OLG Düsseldorf RNotZ 2015, 575: 15%; aA BGH ErbR 2015, 436 bei der Bestimmung des „Wertes des Nachlasses" iSd § 2311 BGB.
[1432] BGH MittBayNot 2017, 264 mAnm *Braun:* dann ist kein Wertabschlag von 13,7% gerechtfertigt.
[1433] OLG München MDR 2014, 1384 (zur Vorerbschaft); OLG München ErbR 2016, 527.
[1434] KG ZEV 2013, 32.
[1435] OLG München MittBayNot 2014, 69 mAnm *Keim; Hertel* in: DAI, Aktuelle Probleme der notariellen Vertragsgestaltung im Immobilienrecht 2013/2014, S. 331 ff. (fraglich: anders läge es nämlich – so auch das Gericht unter 2a) der Urteilsgründe –, wenn die Gegenleistung zunächst in den Nachlass gelangte, und sodann vom Testamentsvollstrecker an den „Vermächtnisnehmer" herausgegeben würde, so auch der in der selben Sache ergangene Beschluss OLG München ErbR 2014, 543.
[1436] Vgl. *Schaal* RNotZ 2008, 582f. Andernfalls besteht der Vermerk fort, vgl. OLG München RNotZ 2015, 232; kritisch hierzu *Grotheer* notar 2015, 129f.
[1437] OLG Düsseldorf BeckRS 2016, 2565, der Beschluss muss allerdings in öffentlicher oder öffentlich beglaubigter Form zur Akte gereicht sein und – belegt durch Rechtskraftvermerk – in Rechtskraft erwachsen.
[1438] BayObLG DNotZ 1983, 176; Palandt/*Weidlich* BGB § 2205 Rn. 30.
[1439] BayObLG DNotZ 1983, 176.

ist daher die Zustimmung aller Nacherben (nicht der Ersatznacherben)[1440] erforderlich, damit der Erwerb für den Käufer auch gegenüber dem Nacherben wirksam ist. Ist der Vorerbe gesetzlicher Vertreter eines minderjährigen Nacherben, ist es streitig, ob § 181 BGB gilt; in jedem Fall bedarf die Zustimmung der familiengerichtlichen Genehmigung gemäß § 1821 Abs. 1 Nr. 1 BGB.[1441] Will der nicht befreite Vorerbe ein Nachlassgrundstück veräußern, sollte der Notar darauf hinwirken, dass der oder die Nacherben als Beteiligte beim Abschluss des Kaufvertrages mitwirken. Ist das nicht möglich, ist die Kaufpreisfälligkeit vom Eingang der Genehmigung (in der Form des § 29 GBO) abhängig zu machen.

649   Nach (leider[1442]) einhelliger Auffassung sind allerdings die Nacherben (für die ggf. ein gesetzlicher Vertreter – sog. Anhörungspfleger – zu bestellen ist) vom Grundbuchamt zur Gewährung **rechtlichen Gehörs** vor der **Löschung des Nacherbenvermerks** auch bei der **befreiten Vorerbschaft** stets[1443] anzuhören,[1444] selbst wenn die Entgeltlichkeit nicht ernstlich bestritten werden kann[1445] oder wenn die Bundesrepublik Deutschland als Vorerbe auftritt[1446] – dies führt zu einer ungerechtfertigten Verzögerung der Eigentumsumschreibung! Stimmen jedoch die Nacherben vorsorglich (in der Form des § 29 GBO) zu, bedarf es des Nachweises der Entgeltlichkeit nicht. Die Rechtsprechung sieht den Nacherben analog § 2120 BGB sogar in der Verpflichtung, die (materiell-rechtlich nicht erforderliche) Zustimmung auf Verlangen des befreiten Vorerben zu erteilen, wenn der Käufer es (zB auf Betreiben des Grundbuchamtes) verlangt.[1447]

649a   Die erst beim Endvollzug (zur Löschung des Nacherbenvermerks) durchzuführenden Anhörungsprozeduren wirken sich insbesondere für den Käufer, der ja Kaufpreis und Grunderwerbsteuer bereits entrichtet hat, nachteilig aus: Investitionen und weitere Verfügungen sind blockiert. Dies lässt sich verhindern, indem als weitere Fälligkeitsvoraussetzung bei der einzutragenden Käufervormerkung zugleich ein Vermerk ausbedungen wird, der die Wirksamkeit der Vormerkung gegenüber allen Nacherben verlautbaren soll. Das Grundbuchamt muss dann die Anhörung bereits vor der Vormerkungseintragung durchführen (Fälligkeitsvoraussetzung wäre dann, dass „… die Eigentumsvormerkung für den Käufer im Rang nach den derzeitigen Belastungen und solchen Rechten, denen der Käufer zugestimmt hat, eingetragen ist – samt einem vorsorglich zu beantragenden Wirksamkeitsvermerk, wonach der eingetragene Nacherbenvermerk gegenüber der Vormerkung keine Unwirksamkeit iSd § 2113 BGB anzeige.").

650   Stimmt der Nacherbe der Veräußerung zu oder verfügt der befreite Vorerbe entgeltlich, ist der Nacherbenvermerk mit Eigentumsumschreibung auf den Käufer auch ohne eine besondere Bewilligung des Nacherben zu löschen.[1448] Verfügt der (bislang im Grundbuch nicht eingetragene) Vorerbe über ein Nachlassgrundstück zugunsten eines Dritten, so kann der Dritte ohne Voreintragung des Vorerben als Eigentümer nach dem Erblasser eingetragen werden, wenn zugleich der Nacherbe auf die Eintragung des Nacherbenvermerks verzichtet.[1449]

[1440] BGH DNotZ 1964, 623.
[1441] OLG Hamm DNotZ 1966, 102.
[1442] Zutreffend die krit. Stellungnahme von *Jurksch* ZfIR 2016, 392, gegen ihn freilich *Bestelmeyer* RPfleger 2016, 694 (701).
[1443] Die formlose Anhörung dient der Vermeidung einer Amtshaftung, um Anhaltspunkte für eine weitere Amtsermittlung gemäß § 26 FamFG zuerkennen, vgl. *Hartmann* DNotZ 2017, 28 (34).
[1444] BayObLG Rpfleger 1995, 105. Ersatznacherben sind nicht anzuhören, vgl. OLG Karlsruhe BeckRS 2015, 15066; ebenso nun auch OLG München FamRZ 2015, 1429.
[1445] OLG Bamberg MittBayNot 2015, 402; hierzu krit. *Morhard* MittBayNot 2015, 361 und *Volmer* MittBayNot 2015, 535 (der hierfür Nacherbenvollstreckung gemäß § 2222 BGB empfiehlt).
[1446] OLG Düsseldorf RNotZ 2012, 328: die Person und Anschrift des/der Nacherben müsse das Grundbuchamt selbst ermitteln.
[1447] OLG Frankfurt a.M. NotBZ 2011, 398.
[1448] BayObLG DNotZ 1983, 320.
[1449] BayObLG DNotZ 1990, 56.

E. Gütergemeinschaft

Gehört Grundbesitz zum Gesamtgut einer Gütergemeinschaft, so kann der Ehegatte, der 651 das Gesamtgut allein verwaltet, ohne Mitwirkung des anderen nicht einmal einen wirksamen Vertrag über den Verkauf solchen Grundbesitzes schließen (§ 1424 S. 1 Hs. 2 BGB). Der Ehegatte, der das Gesamtgut nicht (allein) verwaltet, kann zwar einen wirksamen Vertrag über den Verkauf solchen Grundbesitzes schließen;[1450] dem Käufer Eigentum verschaffen kann er aber nach § 1438 BGB nur, wenn der andere Ehegatte zustimmt oder die Übereignung ausnahmsweise ohne Zustimmung für das Gesamtgut wirksam ist nach den §§ 1429–1431 BGB.[1451]

Der gutgläubige Käufer ist allerdings gegen die ihm daraus erwachsenden Gefahren ge- 652 schützt gemäß §§ 1412, 892 BGB. Ist jedoch die Zugehörigkeit des Grundstücks zum Gesamtgut aus dem Grundbuch ersichtlich und fehlt die Zustimmung des anderen Ehegatten, so müssen dem Grundbuchamt die Voraussetzungen der §§ 1429–1431 BGB in der Form des § 29 GBO nachgewiesen werden, was in den Fällen der §§ 1429, 1431 BGB praktisch kaum einmal möglich ist.

Wenn dem Notar die auf der Verkäuferseite bestehende Gütergemeinschaft bekannt ist, 653 hat er darauf hinzuweisen, dass der Kaufvertrag unwirksam oder unerfüllbar sein kann, solange nicht beide Ehegatten zustimmen (§ 17 Abs. 2 S. 2 BeurkG). Dies gilt auf die Gefahr hin, dass erst der Hinweis des Notars dem Käufer die Möglichkeit nimmt, diese Hindernisse durch guten Glauben zu überwinden.[1452]

Besteht auf der Käuferseite Gütergemeinschaft, so kann jeder Ehegatte – auch der nicht 654 (allein) verwaltende – einen wirksamen Kaufvertrag schließen.[1453] Der nicht (allein) verwaltende Ehegatte kann den Kaufpreis aber nur dann aus dem Gesamtgut zahlen, wenn der andere Ehegatte zustimmt oder die sonstigen Voraussetzungen des § 1438 BGB erfüllt sind. Andernfalls haftet er nur mit seinem (meist nicht vorhandenen) Vorbehaltsgut oder Sondergut.[1454] Ebenso kann aufgrund einer Unterwerfungserklärung des nicht (allein) verwaltenden Ehegatten grundsätzlich nicht in das Gesamtgut vollstreckt werden (§§ 794 Abs. 1 Nr. 5, 795, 740, 741 ZPO).

Die Auflassung an einen der Ehegatten, die in Gütergemeinschaft leben, ist wirksam, 655 gleichgültig wer das Gesamtgut verwaltet. Das Grundstück fällt mit Eigentumserwerb oder eine logische Sekunde danach – jedenfalls aber nicht kraft Auflassung, sondern nach § 1416 BGB – in das Gesamtgut.[1455] Wenn das Grundbuchamt das Bestehen der Gütergemeinschaft aus den Angaben des Käufers oder aus den Grundakten kennt, darf es nach § 82 GBO den kaufenden Ehegatten nicht als Alleineigentümer eintragen.[1456] Zur Eintragung beider Ehegatten in Gütergemeinschaft ist ein entsprechender Antrag (§ 13 GBO) erforderlich und die Bewilligung des eingetragenen oder erwerbenden Ehegatten sowie (str.) die Zustimmung des anderen Ehegatten (§§ 19, 22 Abs. 2 GBO) in der Form des § 29 GBO oder Vorlage des Ehevertrags.[1457]

Weiß der Notar von der Gütergemeinschaft auf der Käuferseite, so wird er diese Erfor- 656 dernisse bereits im Kaufvertrag berücksichtigen, jedenfalls aber auf sie hinweisen. Aus all diesen Gründen ist es zu empfehlen, auch bei Gütergemeinschaft auf der Käuferseite beide Ehegatten am Kaufvertrag mitwirken zu lassen (Kauf und Auflassung zum Gesamtgut, Zahlungspflicht und Zwangsvollstreckungsunterwerfung beider).

[1450] Palandt/*Brudermüller* BGB § 1422 Rn. 3.
[1451] Vgl. Palandt/*Brudermüller* BGB § 1438 Rn. 1.
[1452] Vgl. OLG Frankfurt a.M. DNotZ 1986, 244.
[1453] Palandt/*Brudermüller* BGB § 1422 Rn. 3.
[1454] Palandt/*Brudermüller* BGB § 1437 Rn. 7.
[1455] Vgl. KEHE/*Munzig* GBO § 20 Rn. 73.
[1456] BayObLG Rpfleger 1975, 302.
[1457] *Schöner/Stöber* GrundbuchR Rn. 760.

657 Kaufen Ehegatten, die in Gütergemeinschaft leben, irrtümlich als Miteigentümer nach Bruchteilen, so sind Kaufvertrag und Auflassung wirksam.[1458] Die erworbenen Miteigentumsanteile fallen materiell-rechtlich nach § 1416 BGB in das Gesamtgut. Wenn das Grundbuchamt weiß, dass Gütergemeinschaft besteht, verlangt es gemäß § 82 GBO einen Antrag, das Grundbuch entsprechend zu berichtigen. Die formellen Voraussetzungen einer solchen oder von den Beteiligten selbst eingeleiteten Berichtigung sind in → Rn. 439 dargestellt.

658 Geben Ehegatten beim Kauf an, zwischen ihnen bestehe Gütergemeinschaft, obwohl sie im gesetzlichen Güterstand leben, und führt dies zu einer Auflassung des Grundstücks an die Käufer in Gütergemeinschaft, so ist nach hM dieses unzutreffende Gemeinschaftsverhältnis zwar Bestandteil der Auflassung.[1459] Es ist aber materiell-rechtlich umdeutbar in eine Auflassung an die Ehepartner als Miteigentümer je zur Hälfte.[1460] Wird der Irrtum entdeckt, bevor die Eheleute als Eigentümer in Gütergemeinschaft eingetragen sind, so ist nach hM verfahrensrechtlich (§ 20 GBO) eine berichtigte Auflassung gemäß den § 925 BGB, § 29 GBO erforderlich. Bei dieser braucht der Verkäufer jedoch nicht mehr mitzuwirken, weil in der früheren Auflassung seine Einwilligung zu der berichtigten Auflassung enthalten ist.[1461] Für den Fall, dass die Käufer bereits im Grundbuch eingetragen sind, ist noch nicht abschließend geklärt, ob die Korrektur in gleicher Weise oder gemäß → Rn. 655 oder von Amts wegen erfolgen kann.[1462]

659 Die vorstehenden Grundsätze können mE auch weiterhelfen, wenn Gemeinschaftsverhältnisse ausländischen Güterrechts bei der Auflassung[1463] nicht oder unzutreffend angegeben worden sind (dazu → Rn. 439, 673).

F. Auslandsbezug

660 Allgemein zur Auslandsberührung bei Beurkundungen → § 28. Ist der Verkäufer oder der Käufer ausländischer Staatsangehöriger, so stellen sich folgende Fragen:
- Ist der ausländische Staatsangehörige der deutschen Sprache mächtig? Ist ein Beteiligter nach seinen Angaben oder nach der Überzeugung des Notars der deutschen Sprache nicht hinreichend kundig, gilt für das Beurkundungsverfahren § 16 BeurkG.
- Ist der ausländische Staatsangehörige nach seinem Heimatrecht geschäftsfähig (Art. 7 EGBGB)?
- Ist der ausländische Staatsangehörige verheiratet oder ledig/verwitwet/geschieden?
- Will ein verheirateter ausländischer Staatsangehöriger Grundbesitz verkaufen, stellt sich die Frage nach der Verfügungsbefugnis, auch wenn er als Alleineigentümer im Grundbuch eingetragen ist.
- Erwerben ausländische Staatsangehörige Grundbesitz, ist das Beteiligungsverhältnis (§ 47 GBO) festzustellen. Will ein ausländischer Staatsangehöriger Grundbesitz zu Alleineigentum erwerben, kann dem das maßgebliche Recht entgegenstehen.

661 Ist der ausländische Staatsangehörige **unverheiratet** (verwitwet oder geschieden), ergeben sich keine Besonderheiten. Lästige Rückfragen und Zwischenverfügungen des Grundbuchamts lassen sich vermeiden, wenn der Notar in der Urkunde vermerkt, dass der Beteiligte mit ausländischer Staatsangehörigkeit nach seinen Angaben ledig, verwitwet oder geschieden ist.

662 Will ein verheirateter ausländischer Staatsangehöriger ein Grundstück **veräußern,** kann er, auch wenn er als Alleineigentümer im Grundbuch eingetragen ist, nach Eheschließung

---

[1458] BGH DNotZ 1982, 692.
[1459] BayObLG DNotZ 1976, 174; Staudinger/*Pfeifer*/*Diehn* (2017) BGB § 925 Rn. 54; aA *Schöner/Stöber* GrundbuchR Rn. 762, 3312.
[1460] BayObLG DNotZ 1983, 754; Staudinger/*Pfeifer*/*Diehn* (2017) BGB § 925 Rn. 56.
[1461] Vgl. OLG Köln Rpfleger 1980, 16; KEHE/*Munzig* GBO § 20 Rn. 75.
[1462] Vgl. Staudinger/*Pfeifer*/*Diehn* (2017) BGB § 925 Rn. 56.
[1463] Dazu *Weber* MittBayNot 2016, 482; MittBayNot 2017, 22.

aufgrund des maßgeblichen ausländischen Güterrechts in der Verfügung beschränkt sein. Das ist der Fall, wenn der maßgebliche ausländische Güterstand „Gütergemeinschaft" oder „Errungenschaftsgemeinschaft" ist. Hierbei unterscheiden die meisten ausländischen Rechtsordnungen zwischen dem vorehelichen Vermögen und dem während der Ehe erworbenen Vermögen; nur für das Letztere gilt die „gesamthänderische Bindung". Schließlich ist denkbar, dass nach dem maßgeblichen ausländischen IPR auch für das Güterrecht die lex rei sitae oder das Recht des gewöhnlichen Aufenthalts gilt, also deutsches Recht zur Anwendung kommt. Ist auf der Verkäuferseite ein verheirateter ausländischer Staatsangehöriger beteiligt und zweifelhaft, ob er einer güterrechtlichen Verfügungsbeschränkung unterliegt, ist die Mitwirkung seines Ehegatten (auch nur vorsorglich) zu empfehlen. Unterliegt der alleinveräußernde ausländische Ehegatte nach seinem maßgeblichen Güterrecht einer Verfügungsbeschränkung und hat er seinen gewöhnlichen Aufenthalt im Inland (oder betreibt hier ein Gewerbe), genießt der Käufer den Schutz des guten Glaubens nach Art. 16 Abs. 1 EGBGB, wenn der ausländische Güterstand nicht im Güterrechtsregister eingetragen ist und der Käufer bei Vertraganschluss nicht positiv weiß, dass die Ehegatten in einem ausländischen Güterstand leben.[1464]

Das Grundbuchamt darf den Antrag auf Eintragung des Käufers als Eigentümer oder **663** auf Eintragung einer Eigentumsvormerkung nicht zurückweisen und auch keine Zwischenverfügung erlassen, weil es Zweifel hat, ob der als Alleineigentümer eingetragene Verkäufer einer Verfügungsbeschränkung des ausländischen Güterrechts unterliegt. Soweit die Voraussetzungen des Art. 16 Abs. 1 EGBGB vorliegen, darf das Grundbuchamt einen gutgläubigen Erwerb nur verhindern, wenn es positiv weiß, dass der Verkäufer einer güterrechtlichen Verfügungsbeschränkung unterliegt.[1465]

Schwieriger sind in der notariellen Praxis die Fälle, in denen ein verheirateter ausländi- **664** scher Staatsangehöriger ein Grundstück zu Alleineigentum **erwerben** will oder beide Ehegatten gemeinsam ein Grundstück erwerben wollen und zumindest einer von ihnen ausländischer Staatsangehöriger ist.

Den Beteiligten ist nicht damit gedient, wenn der Notar über die Auslandsberührung **665** „ein Tuch des Schweigens breitet".[1466] Auch wenn der Notar zur Belehrung über ausländisches Recht nicht verpflichtet ist (§ 17 Abs. 3 BeurkG), sollte er an einer Klärung der güterrechtlichen Fragen mit dem Ziel einer sachgerechten Vertragsgestaltung mitwirken. In den meisten Fällen mit Auslandsberührung gibt die Länderübersicht (→ § 28 Rn. 168) Auskunft über den gesetzlichen Güterstand und sich daraus ergebende Verfügungsbeschränkungen.[1467]

Die in (zu vielen) Grundstückskaufverträgen unter Beteiligung eines ausländischen **666** Ehegatten standardmäßig aufgenommene Rechtswahlklausel nach Art. 15 Abs. 2 Nr. 3 EGBGB, vor allem beim Kauf durch türkische Ehegatten, ist mehr als ärgerlich (auch wegen der damit verbundenen zusätzlichen Notargebühren: § 104 GNotKG: 30% Teilwert). Gesetzlicher Güterstand des **türkischen** Rechts ist die Errungenschaftsbeteiligung, die der deutschen Zugewinngemeinschaft ähnlich ist. Jeder Ehegatte ist allein verfügungsbefugt und kann Alleineigentum erwerben; die türkischen Ehegatten können zu Bruchteilseigentum erwerben.[1468] Eine Besonderheit gilt für die Veräußerung der Familienwohnung, die nur mit ausdrücklicher Zustimmung des anderen Ehegatten erfolgen kann.

Ähnlich ist die Rechtslage in der Schweiz, in den Niederlanden und in den nordischen **667** Staaten. Die Errungenschaftsgemeinschaft ist gesetzlicher Güterstand in Frankreich, Italien, Spanien, Portugal, Belgien, Luxemburg und den meisten osteuropäischen Staaten der

---

[1464] *Schotten/Schmellenkamp,* Das internationale Privatrecht in der notariellen Praxis, 2. Aufl. 2007, Rn. 313.

[1465] *Amann* MittBayNot 1986, 222.

[1466] *Amann* MittBayNot 1986, 227.

[1467] Vgl. hierzu auch *Schotten/Schmellenkamp,* Das Internationale Privatrecht in der notariellen Praxis, 2. Aufl. 2007, mit Länderübersicht in Anhang II; *Krauß* Immobilienkaufverträge Rn. 819 ff.

[1468] DNotI-Report 2004, 93; *Baumann* RNotZ 2003, 343.

ehemaligen Sowjetunion. Gütertrennung ist gesetzlicher Güterstand in England, den USA (mit Ausnahme einzelner Bundesstaaten) sowie im islamischen Rechtskreis.

668

Checkliste: Ermittlung des Güterrechtsstatuts nach EGBGB

(1) Nach dem für bis zum 29.1.2019 geschlossene Ehen (die nach dem 30.1.2019 keine Rechtswahl vorgenommen haben) geltenden deutschen IPR des EGBGB unterliegen die güterrechtlichen Wirkungen der Ehe dem bei der Eheschließung für die allgemeinen Wirkungen der Ehe maßgebenden Recht, Art. 15 EGBGB. Nach Art. 14 Abs. 1 Nr. 1 EGBGB unterliegen die allgemeinen Wirkungen der Ehe grundsätzlich dem Recht des Staates, dem beide Ehegatten angehören. Sind zB beide Eheleute belgische Staatsangehörige, ist ihr gesetzlicher Güterstand die Errungenschaftsgemeinschaft belgischen Rechts; Erwerb während der Ehe wird Gesamtgut (soweit die Mittel nicht aus dem vorehelichen Vermögen stammen).

(2) Enthält das maßgebliche ausländische IPR eine Rückverweisung auf das deutsche Recht, oder erklärt es bei Grundstücken die lex rei sitae auch in Bezug auf das Güterrecht für maßgeblich?

(3) Haben die Eheleute durch Ehevertrag in ihrem Heimatland einen anderen Güterstand (Gütertrennung) vereinbart?

(4) Ergibt die Prüfung, dass nach dem ausländischen Güterrecht der Erwerb des Grundstücks nur gemeinsam als Gesamtgut einer Errungenschafts- oder Gütergemeinschaft möglich ist, will aber ein Ehegatte das Grundstück zu Alleineigentum erwerben oder wollen die Eheleute zu Miteigentum nach Bruchteilen erwerben, ist mit ihnen die Möglichkeit zu erörtern, durch Ehevertrag deutsches Güterrecht (Zugewinngemeinschaft oder Gütertrennung) zu wählen. Nach Art. 15 Abs. 2 EGBGB können die Ehegatten deutsches Güterrecht wählen, wenn einer von ihnen im Inland seinen gewöhnlichen Aufenthalt hat. Ist das nicht der Fall oder wünschen die Eheleute keine allgemeine Rechtswahl, können sie deutsches Güterrecht beschränkt für ihr unbewegliches Vermögen im Inland wählen. Ab dem 30.1.2019 sind für alle Ehen nur noch die Rechtswahlmöglichkeiten des Art. 22 EuGüVO eröffnet, → Rn. 668a Ziffer 4.

668a

Checkliste: Ermittlung des Güterrechtsstatuts nach EuGüVO

(1) Nach dem für ab dem 30.1.2019 geschlossene Ehen (oder zuvor geschlossene Ehen, die nach dem 30.1.2019 eine Rechtswahl vorgenommen haben) geltenden „europäischen" IPR der EuGüVO richten sich die güterrechtlichen Wirkungen der Ehe gemäß Art. 26 Abs. 1 lit. a EuGüVO zunächst

    (a) nach dem Recht des Staates (oder Rechtsgebiets bei Mehrrechtsstaaten[1469]), in dem die Eheleute nach[1470] der Eheschließung ihren ersten gemeinsamen[1471] gewöhnlichen Aufenthalt[1472] hatten;

[1469] Art. 33 EuGüVO: Bei Mehrrechtsstaaten wie etwa den USA oder Spanien entscheiden zunächst die internen Kollisionsvorschriften des Staates, hilfsweise die örtliche Zuordnung des gewöhnlichen Aufenthalts. Hält ein Staat für verschiedene Personen- (zB Religions-)Gruppen unterschiedliche Güterrechtsregime bereit, gelten wiederum die staatsinternen Zuordnungsnormen, hilfsweise ist dasjenige Regelwerk maßgebend, zu dem die Ehegatten die engste Verbindung haben.

[1470] Maßgebend wird ein Zeitraum von drei bis sechs Monaten nach der Eheschließung sein, vgl. *Heiderhoff* IPrax 2018, 1 (5). Problematisch ist, dass mglw. in den ersten Monaten nach der Eheschließung dann ein „güterrechtliches Vakuum" entstehen kann, vgl. *Döbereiner* notar 2018, 244 (248).

[1471] Ausreichend ist auch eine „Gemeinsamkeit" im Sinne verschiedener Orte im selben Staat.

[1472] Indizien können auch Staatsangehörigkeit, Belegenheit von Vermögensgegenständen, Arbeitsort, Bleibewille, Integrationsabsicht, Sprachkenntnisse, Häufigkeit der Besuche in anderen Ländern etc sein.

(b) hilfsweise wird an die gemeinsame Staatsangehörigkeit[1473] bei Eheschließung angeknüpft (Art. 26 Abs. 1 lit. b EuGüVO);

(c) weiter hilfsweise auf die gemeinsame engste Verbindung[1474] zu einem Staat (Art. 26 Abs. 1 lit. c EuGüVO) zur Zeit der Eheschließung.

(2) Es handelt sich um eine grundsätzlich (Ausnahme: Ausweichklausel gemäß Art. 26 Abs. 1 lit. a EuGüVO) unwandelbare Sachnormverweisung auf das Recht des betreffenden Staates, dh eine etwa nach dortigem IPR erfolgende Rückverweisung (renvoi) ist – anders als bisher – unbeachtlich. Damit ist der internationale Entscheidungsgleichklang nicht mehr gewährleistet, so dass die „Lösung" der EuGüVO für Vermögen außerhalb der Mitgliedsstaaten mangels Durchsetzbarkeit wertlos sein kann, wenn nicht eine im Drittstaat eröffnete und durchgeführte Rechtswahl oder aber eine korrigierende Rechtwahl nach Maßgabe der EuGüVO zu einem deckungsgleichen Ergebnis führt

(3) Haben die Eheleute durch Ehevertrag nach dem anwendbaren ausländischen Recht einen anderen Güterstand (Gütertrennung) vereinbart?

(4) Ergibt die Prüfung, dass nach dem ausländischen Güterrecht der Erwerb des Grundstücks nur gemeinsam als Gesamtgut einer Errungenschafts- oder Gütergemeinschaft möglich ist, will aber ein Ehegatte das Grundstück zu Alleineigentum erwerben oder wollen die Eheleute zu Miteigentum nach Bruchteilen erwerben, ist mit ihnen die Möglichkeit zu erörtern, durch Ehevertrag deutsches Güterrecht (mit oder ohne anschließende Abänderung des Güterrechts) zu wählen. Gemäß Art. 22 Abs. 1 EuGüVO[1475] kann die Wahl erfolgen

(a) zugunsten des Rechts eines Staats, in dem die Ehegatten oder künftigen Ehegatten oder zumindest einer von ihnen zum Zeitpunkt der Rechtswahl ihren/seinen gewöhnlichen Aufenthalt haben; oder

(b) des Rechts eines Staats, dessen Staatsangehörigkeit einer der Ehegatten bzw. künftigen Ehegatten zum Zeitpunkt der Rechtswahl[1476] zumindest auch besitzt.

Der Kreis der wählbaren Rechte entspricht also dem bisher in Art. 15 Abs. 2 EGBGB Festgelegten, allerdings ohne die dort (Nr. 3 aF) bisher weiter eröffnete Möglichkeit, für unbewegliches Vermögen das Recht des Lageorts zu wählen; der Grundsatz der **Vermögenseinheit** soll nicht durchbrochen werden.

Formulierungsbeispiel: Erklärungen zum Güterstand 669
Ⓤ
Der Ehemann ist belgischer Staatsangehöriger, die Ehefrau ist deutsche Staatsangehörige. Der Ehemann versichert, der deutschen Sprache mächtig zu sein. Wir erklären, dass wir im Jahr 1999 in der Bundesrepublik Deutschland die Ehe geschlossen haben und zu diesem Zeitpunkt im Inland unseren gemeinsamen gewöhnlichen Aufenthalt hatten. Wir gehen daher davon aus, dass wir im gesetzlichen Güterstand der Zugewinngemeinschaft nach deutschem Recht leben.

Bei einer Heirat vor dem 1. 4. 1953 gilt für das Güterrechtsstatut Art. 15 Abs. 1 670 EGBGB aF (grundsätzlich ist das Heimatrecht des Mannes maßgeblich mit der Möglichkeit der Rechtswahl nach Art. 15 Abs. 2, 220 Abs. 3 S. 6 EGBGB). Bei Heirat nach dem

---

[1473] Bei Mehrstaatern zählt wegen des Diskriminierungsverbots des Art. 18 AEUV nicht (wie in Art. 5 Abs. 1 S. 2 EGBGB vorgesehen) stets die deutsche Staatsangehörigkeit; maßgeblich ist vielmehr die effektive Staatsangehörigkeit. Sind beide Ehegatten Mehrstaater, ist die gemeinsame übereinstimmende Staatsangehörigkeit nur relevant, wenn es bei beiden die effektive ist.

[1474] Abzustellen ist etwa auf verwirklichte oder noch nicht verwirklichte Pläne zur Begründung eines gemeinsamen Aufenthalts, die Staatsangehörigkeit, die Belegenheit des Vermögens, gemeinsame soziale Bindungen, Herkunft, Religionszugehörigkeit, Sprachkenntnisse etc, vgl. *Kroll-Ludwigs* GPR 2016, 231 (241).

[1475] Vgl. *Meise* RNotZ 2016, 485 (493 ff.).

[1476] Eine aufschiebend bedingt auf den positiven Ausgang des laufenden Einbürgerungsverfahrens erklärte Rechtswahl ist also unzulässig.

31. 3. 1953 und vor dem 9. 4. 1983 gilt die Übergangsregelung in Art. 220 Abs. 3 S. 1–4 EGBGB. In den Fällen, in denen die Übergangsregelung des Art. 220 EGBGB Anwendung findet oder das Ehewirkungsstatut nicht nach Art. 14 Abs. 1 Nr. 1 und Nr. 2 EGBGB ermittelt werden kann, ist den Eheleuten zu einer Wahl des deutschen Güterrechts nach Art. 15 Abs. 2 EGBGB – auch nur vorsorglich – zu raten, wenn sie sich dem deutschen Recht am engsten verbunden fühlen.

671   Von einer bis zum 30. 1. 2019 gemäß Art. 15 Abs. 2 Nr. 3 EGBGB möglichen auf den inländischen Grundbesitz (oder gar auf das zu erwerbende Grundstück) beschränkten Rechtswahl ist abzuraten, da diese zu einer Güterrechtsspaltung führen kann, die bei einer Scheidung zu erheblichen Komplikationen führt. Die in Grundstückskaufverträgen anzutreffende „Standard-Rechtswahlklausel", mit der Gütertrennung (gegebenenfalls beschränkt auf inländischen Grundbesitz) vereinbart wird (die bereits im Vertragsentwurf des Notars enthalten ist), wird der Bedeutung der Rechtswahl und vor allem der nachteiligen Wirkungen der Gütertrennung in keiner Weise gerecht.

672   Steht als Ergebnis fest, dass nach dem maßgeblichen ausländischen Güterstand der Erwerb des Grundstücks nur zum Gesamtgut einer Errungenschafts- oder Gütergemeinschaft erfolgen kann, scheidet der Erwerb zu Alleineigentum eines Ehegatten aus. Erwerben Eheleute gemeinsam, ist wegen § 47 GBO das für die Gemeinschaft maßgebende Rechtsverhältnis zu bezeichnen. Dabei sollten die Begriffe „Errungenschaftsgemeinschaft" oder „Gütergemeinschaft" nicht ohne Zusatz verwendet werden, da sie im Zweifel mit den deutschen Rechtsbegriffen nicht übereinstimmen. Zu empfehlen ist, bei der Auflassung zu formulieren: „Die Beteiligten sind darüber einig, dass das Eigentum an dem verkauften Grundbesitz auf die Käufer in Errungenschaftsgemeinschaft gemäß dem gesetzlichen Güterstand des belgischen Rechts übergeht."

673   Wollen Eheleute gemeinsam ein Grundstück erwerben und kann die Frage des Güterrechtsstatuts im Beurkundungstermin nicht sicher beantwortet werden, oder wünschen die Eheleute eine Beratung des Notars über eine Rechtswahl, kann im Kaufvertrag die Auflassung zu Miteigentum erfolgen. Nach der Entscheidung des *BayObLG*[1477] ist heute unstreitig, dass die Eigentumsvormerkung einzutragen ist, ohne dass festgestellt werden müsste, welches Güterrecht anwendbar ist und ob es den Erwerb zu Miteigentum zulässt oder nicht. Da diese Entscheidung offenbar nicht allen Rechtspflegern beim Grundbuchamt bekannt ist, kommt es immer wieder zu unnötigen Zwischenverfügungen. Ein Hinweis in der Urkunde, dass die Frage des Beteiligungsverhältnisses noch geklärt werden soll, kann helfen. Wählen die Eheleute deutsches Recht, legt der Notar bei Stellung des Umschreibungsantrags die Urkunde in beglaubigter Abschrift vor. Stellt sich heraus, dass nach dem maßgeblichen Güterrecht ein Erwerb zu Miteigentum nicht zulässig ist, bedarf es nicht einer erneuten Auflassung, es genügt die Bewilligung der Käufer in der Form des § 29 GBO, in Gemeinschaft gemäß dem gesetzlichen Güterstand des ausländischen Rechts eingetragen zu werden.[1478] Gleiches gilt, falls ein Ehegatte allein erworben hat, obwohl nach dem einschlägigen Güterrecht nur ein gemeinsamer Erwerb möglich ist.

G. Insolvenz- und Zwangsversteigerungsvermerk

674   Mit Eröffnung des Insolvenzverfahrens geht nach § 80 InsO die Verwaltungs- und Verfügungsbefugnis über das zur Insolvenzmasse gehörende Vermögen auf den Insolvenzverwalter über.[1479] Die Eröffnung des Insolvenzverfahrens ist nach § 32 Abs. 1, Abs. 2 InsO auf Ersuchen des Insolvenzgerichts oder auf Antrag des Insolvenzverwalters in das Grundbuch einzutragen.

[1477] DNotZ 1986, 487.
[1478] BGH DNotZ 1982, 692.
[1479] Überblick zum Folgenden: *Piegsa* RNotZ 2010, 433; monografisch: *Reul/Heckschen/Wienberg*, Insolvenzrecht in der Gestaltungspraxis, 2012, S. 29 ff.

Bei Veräußerung eines Grundstücks durch den **Insolvenzverwalter** hat sich dieser durch 675
die Urkunde über seine Bestellung (§ 56 Abs. 2 InsO) auszuweisen; eine beglaubigte Abschrift ist nach § 12 BeurkG der Niederschrift beizufügen. Das Insolvenzgericht hat auf Antrag das Grundbuchamt um Löschung des Insolvenzvermerks zu ersuchen; die Löschung kann auch im Kaufvertrag vom Insolvenzverwalter beantragt werden (§ 32 Abs. 3 InsO). Ein gutgläubiger Erwerb vom Insolvenzverwalter ist nicht möglich. Die Eigentumsumschreibung auf den Käufer ist unwirksam, wenn die Auflassung von einem Insolvenzverwalter erklärt wird, der zum Zeitpunkt des Grundbuchvollzugs (§ 878 BGB) nicht mehr im Amt ist oder das Grundstück bereits aus dem Insolvenzbeschlag freigegeben hat. Empfohlen wird, die Löschung der Vormerkung wegen § 106 InsO erst dann zu beantragen, wenn sich der Notar nach Eigentumsumschreibung vom Fortbestand der Verfügungsbefugnis des Insolvenzverwalters zum Zeitpunkt des Grundbuchvollzugs überzeugt hat.[1480]

Wird nach **Abschluss des Kaufvertrages,** aber vor Eigentumsumschreibung auf den 676
Käufer über das Vermögen des Verkäufers das **Insolvenzverfahren eröffnet,** geht bereits mit der Eröffnung (nicht erst mit Eintragung des Vermerks im Grundbuch) die Verfügungsbefugnis auf den Insolvenzverwalter nach § 80 Abs. 1 InsO über. Ist der schuldrechtliche Kaufvertrag formwirksam beurkundet, die Auflassung erklärt und der Eintragungsantrag des Notars beim Grundbuchamt eingegangen, ist der Eigentumserwerb insolvenzfest (§ 91 Abs. 2 InsO iVm § 878 BGB); einer Mitwirkung des Insolvenzverwalters bedarf es nicht. Wird vor Eröffnung des Insolvenzverfahrens eine **Vormerkung** für den Käufer **eingetragen,** ist nach § 106 Abs. 1 S. 1 InsO der Anspruch auf Eigentumsverschaffung insolvenzfest. Ein Insolvenzverwalterwahlrecht besteht wegen § 106 InsO nicht. Mit der Eröffnung des Insolvenzverfahrens erlöschen dagegen vom Schuldner erteilte Vollmachten (insbesondere die im Kaufvertrag dem Käufer erteilte Beleihungsvollmacht, dem Notar oder seinen Mitarbeitern erteilte Vollmachten), ebenso ein zugrunde liegender Auftrag oder Geschäftsbesorgungsvertrag (§§ 115–117 InsO).

Ist die Auflassung ohne Bewilligung erklärt und dem Notar entsprechende Vollmacht 677
erteilt, erlischt diese nach § 117 Abs. 1 InsO, es bedarf also der Bewilligung des Insolvenzverwalters zur Eigentumsumschreibung. Das Ergebnis überzeugt nicht, wenn der Insolvenzverwalter zur Abgabe der entsprechenden Erklärung nach § 106 Abs. 1 InsO verpflichtet ist. Ist das aufgrund Vollmacht bestellte Finanzierungsgrundpfandrecht nicht bereits vor Eröffnung des Insolvenzverfahrens im Grundbuch eingetragen (oder der Eintragungsantrag beim Grundbuchamt gestellt), ist die Mitwirkung des Insolvenzverwalters erforderlich; eine Verpflichtung hierzu besteht allerdings nicht, sofern nicht die Pflicht zur Mitwirkung an der Bestellung durch eine Grundpfandrechtsbestellungsvormerkung (zugunsten des Käufers) gesichert ist. Voraussetzung für die Fälligkeitsmitteilung des Notars ist in diesen Fällen zusätzlich die Mitwirkung des Insolvenzverwalters bei der Auflassung und dessen Zustimmung zur Löschung nicht übernommener Grundpfandrechte. Hierbei sollte geregelt werden, wer die Kosten der Lastenfreistellung trägt.

Ist bereits vor Abschluss des Kaufvertrages das Insolvenzverfahren eröffnet worden 678
(oder vor Eröffnung des Verfahrens ein allgemeines Verfügungsverbot erlassen und gleichzeitig ein vorläufiger Insolvenzverwalter bestellt, § 21 Abs. 2 Nr. 1, Nr. 2 InsO), so geht gemäß § 80 Abs. 1 InsO (bzw. § 22 InsO) das Verwaltungs- und Verfügungsrecht auf den Insolvenzverwalter (bzw. den vorläufigen Insolvenzverwalter) über. Verfügungen des Schuldners nach der Eröffnung des Insolvenzverfahrens (bzw. nach Anordnung einer Verfügungsbeschränkung aus § 21 Abs. 2 Nr. 2 InsO) sind nach § 81 Abs. 1 InsO (bzw. § 24 Abs. 1 InsO) unwirksam. Solange die Eröffnung des Insolvenzverfahrens nicht nach § 32 InsO (bzw. die Verfügungsbeschränkung nach § 23 Abs. 3 InsO) im Grundbuch eingetragen ist, ist nach § 81 Abs. 1 S. 2 InsO (bzw. § 24 Abs. 1 InsO) ein gutgläubiger Erwerb des Eigentums am Grundstück, auch einer Vormerkung, möglich. Strittig ist, ob das

---

[1480] *Kesseler* ZNotP 2008, 117.

Grundbuchamt die Vormerkung einzutragen hat, wenn es nach Eingang des Antrags von der Eröffnung des Insolvenzverfahrens (Anordnung einer Verfügungsbeschränkung) Kenntnis erhält. Ist die Vormerkung vom Schuldner vor Eröffnung des Insolvenzverfahrens bewilligt und der Antrag auf Eintragung gestellt, ist sie wegen § 878 BGB einzutragen (§ 91 Abs. 2 InsO). Sie ist unwirksam, wenn der Eintragungsantrag erst nach Eröffnung des Insolvenzverfahrens beim Grundbuchamt eingeht.[1481] Wird dagegen erst nach Eröffnung des Verfahrens der Kaufvertrag geschlossen, in dem die Eintragung der Vormerkung bewilligt ist, ist streitig, ob sie in das Grundbuch auch dann einzutragen ist, wenn das Grundbuchamt Kenntnis von der Eröffnung des Insolvenzverfahrens hat und ihm keine konkreten Anhaltspunkte dafür vorliegen, dass der Käufer Kenntnis von der Eröffnung des Verfahrens hatte.[1482]

679   Hat der Notar aufgrund Grundbucheinsicht Kenntnis von der Eröffnung des Verfahrens bzw. der Verfügungsbeschränkung (§§ 32 Abs. 1, 23 Abs. 3 InsO), hat er die Beurkundung des Kaufvertrages durch den Schuldner abzulehnen.

680   Erhält der Notar vor oder bei der Beurkundung des Grundstückskaufvertrages Kenntnis von einer drohenden Zahlungsunfähigkeit des Verkäufers und bestehen keine Anhaltspunkte dafür, dass das Grundstück unter Wert verkauft wird, kommt nach § 142 InsO eine Insolvenzanfechtung nur in Betracht, wenn die Voraussetzungen des § 133 Abs. 1 InsO vorliegen, also der Käufer weiß, dass die Zahlungsunfähigkeit des Schuldners droht und der Verkauf die Gläubiger benachteiligt. Die für das „Bargeschäftsprivileg" des § 142 InsO erforderliche **„Unmittelbarkeit" des Austauschs** von Leistung und Gegenleistung ist gegeben, wenn der Austausch nach Art der ausgetauschten Leistungen und unter Berücksichtigung der Gepflogenheiten des Geschäftsverkehrs in einem engen zeitlichen Zusammenhang erfolgt. Bei Grundstücksgeschäften hat der BGH sogar einen Zeitraum von einem bis zwei Monaten gemäß den Gepflogenheiten des Rechtsverkehrs als ausreichend angesehen,[1483] sofern keine Stundung gewährt[1484] oder sonstige Vorleistung vereinbart wurde.

681   Die Beschlagnahme des Grundbesitzes nach § 20 ZVG hat die Wirkung eines relativen Veräußerungsverbots nach §§ 136, 135 BGB, so dass der Eigentümer trotz Anordnung der **Zwangsversteigerung** das Grundstück veräußern, auch die Eintragung einer Eigentumsvormerkung bewilligen kann.[1485]

682   Die Eintragung der Vormerkung für den Käufer sollte sofort beantragt werden; sie bietet Schutz (§ 833 Abs. 2 BGB) vor später beitretenden Gläubigern. Der Notar hat die Beteiligten darüber zu belehren, dass der Verkäufer dem Käufer zwar Eigentum verschaffen kann, allerdings der Erwerb gegenüber den betreibenden Gläubigern nach § 23 Abs. 1 ZVG iVm §§ 136, 135 BGB unwirksam ist, und das Versteigerungsverfahren auch nach Eigentumsumschreibung fortgeführt wird. Wird die Zwangsversteigerung eines Grundstücks aus einem Recht betrieben, das einer vor der Beschlagnahme eingetragenen Auflassungsvormerkung im Rang vorgeht, hat eine nach der Beschlagnahme erfolgte Umschreibung des Eigentums auf den Vormerkungsberechtigten keinen Einfluss auf den Fortgang des Verfahrens.[1486] Erforderlich ist daher, dass sämtliche betreibenden Gläubiger zur Rücknahme des Versteigerungsantrags bereit sind, so dass das Zwangsversteigerungsverfahren von Amts wegen aufgehoben werden kann (§ 29 ZVG). Die Fälligkeit des Kaufpreises (bzw. die Auszahlung vom Anderkonto) ist daher davon abhängig zu machen, dass dem

---

[1481] BGH DNotI-Report 2005, 94.
[1482] OLG Karlsruhe NJW-RR 1998, 445; OLG Dresden NotBZ 1999, 261 mAnm *Scheer*.
[1483] BGH NJW 1977, 718; vgl. *Jenn* ZfIR 2009, 181.
[1484] Davon ist in Anlehnung an § 286 Abs. 3 BGB ab einem Zeitraum von 30 Tagen auszugehen, BGH ZInsO 2014, 1602 Rn. 31 ff.
[1485] Zur Veräußerung von Grundbesitz nach Anordnung der Zwangsversteigerung vgl. *Franck* MittBayNot 2012, 345 und MittBayNot 2012, 439; *Jursnik* MittBayNot 1999, 125; *Krauß* Immobilienkaufverträge Rn. 2962 ff.
[1486] BGH DNotZ 2007, 686.

Notar von allen betreibenden Gläubigern die Rücknahmeerklärungen mit Auflagen vorliegen, die aus dem Kaufpreis erfüllt werden können. Da betreibender Gläubiger auch ein nicht im Grundbuch eingetragener dinglich Berechtigter sein kann, können diese nur aus den Versteigerungsakten ermittelt werden (Anfrage des Notars beim Vollstreckungsgericht auf Erteilung einer Bescheinigung hinsichtlich der betreibenden Gläubiger). In aller Regel besteht hier ein berechtigtes Sicherungsinteresse des Käufers für eine Kaufpreiszahlung über Anderkonto. Die die Zwangsversteigerung betreibenden Gläubiger werden das Verfahren nur dann vorläufig einstellen (§ 30 ZVG), wenn ihnen der Notar bestätigt hat, dass der Kaufpreis hinterlegt ist. Die abzulösenden Gläubiger sind nur bereit, Löschungsbewilligung für ihr Grundpfandrecht auch ohne volle Befriedigung ihrer Forderung zu erteilen, wenn eine kurzfristige Zahlung sichergestellt ist. Der Käufer ist jedoch zu belehren, dass auch nach Hinterlegung des Kaufpreises auf Anderkonto die Durchführung des Vertrages scheitern kann, weil die Forderungen aus dem Kaufpreis nicht in voller Höhe erfüllt werden können, und ihm hieraus ein Schaden entstehen kann.[1487] Es kann daher richtig sein, die Hinterlegung des Kaufpreises auf Anderkonto davon abhängig zu machen, dass alle betreibenden Gläubiger dem Verkauf zu dem vereinbarten Kaufpreis zugestimmt haben. Vor Fälligstellung/Auszahlung hat sich der Notar durch Rückfrage beim Vollstreckungsgericht zu vergewissern, dass kein weiterer Gläubiger dem Verfahren beigetreten ist. Tritt ein Gläubiger nach Eintragung der Vormerkung dem Verfahren bei, ist eine Zwangsversteigerung deshalb nicht ausgeschlossen. Wird der Vormerkungsberechtigte vor Zuschlag als Eigentümer eingetragen, so ist das Verfahren aufzuheben (§ 28 ZVG).

H. Gesellschaft (GbR, Personenhandelsgesellschaft, juristische Person)

I. Gesellschaft bürgerlichen Rechts

Nach der Grundsatzentscheidung des BGH[1488] ist die GbR, ohne juristische Person zu **683** sein, (teil-)rechtsfähig, soweit sie durch Teilnahme am Rechtsverkehr eigene Rechte und Pflichten begründet. Die Anerkennung der Teilrechtsfähigkeit der GbR führt dazu, dass eine GbR auch Eigentum an Grundstücken und grundstücksgleichen Rechten sowie beschränkte dingliche Rechte an Grundstücken und grundstücksgleichen Rechten erwerben kann. Das Grundstück, als dessen Eigentümer mehrere natürliche Personen mit dem Zusatz „als Gesellschafter bürgerlichen Rechts" (entsprechend der bisherigen Praxis der Grundbuchämter) eingetragen sind, ist nicht (gesamthänderisch gebundenes) Eigentum dieser natürlichen Personen, sondern **Eigentum der GbR**.[1489] Der Grundstückssenat des BGH[1490] führte den mit der Anerkennung der materiellen (Teil-)Rechtsfähigkeit der GbR begonnenen Weg auch formellrechtlich konsequent weiter: Aus der (Teil-)Rechtsfähigkeit der GbR ergebe sich ihre Grundstückserwerbsfähigkeit und daraus zwingend, da das Grundbuchrecht nur dienende Funktion habe, auch die formale **Grundbucheintragungsfähigkeit.**

Die damit aufgeworfenen Probleme des Grundstücksverkehrs sollten durch die am **684** 18.8.2009, in Kraft getretene Reform der Grundbuchordnung (§§ 47 Abs. 2, 82 GBO), des Grundbuchverfahrensrechts (§ 15 Abs. 3 GBV) und des materiellen Rechts (Einfügung des § 899a BGB) gelöst werden, was allerdings nur teilweise gelang, nämlich
(1) beschränkt auf das Eigentum an Immobilien bzw. auf beschränkt dingliche Grundbuchrechte, also ohne Auswirkungen auf den Erwerb oder die Veräußerung von beweglichen Sachen oder Forderungen;

[1487] Vgl. hierzu *Jursnik* MittBayNot 1999, 125 (129 ff.).
[1488] DNotZ 2001, 234.
[1489] BGH NJW 2006, 3716.
[1490] BGH ZfIR 2009, 93 mit ablehnender Anm. *Volmer.*

(2) weiterhin beschränkt auf Verfügungen (Eigentumsübertragungen/Übertragung beschränkt dinglicher Rechte) bereits eingetragener Gesellschaften bürgerlichen Rechts, also nicht mit Wirkung für die Erwerberseite;

(3) mit ungewissen Auswirkungen auf die zugrunde liegenden schuldrechtlichen Vereinbarungen; und

(4) schließlich beschränkt auf solche GbR, die unter gleichzeitiger Nennung von Gesellschaftern eingetragen sind, also nicht mit Wirkung für Altfälle sog. „Namens-GbR".

685   Im Grundkonzept erklärt die Gesetzesnovelle den mit anzugebenden Gesellschafterbestand wieder zum Inhalt des Grundbuchs (und nicht lediglich als Identifikationsbehelf zur Bezeichnung der namenlosen GbR), sodass sich die Gutglaubenswirkungen der Eintragung auch hierauf erstrecken und mittelbar (über die Vermutungsregelung des §§ 709, 714 BGB) damit auch das Vertrauen darauf geschützt wird, dass jedenfalls die eingetragenen Gesellschafter gemeinsam (bei Fehlen positiver Kenntnis von der Existenz anderer oder zusätzlicher Gesellschafter) die GbR wirksam aktiv vertreten können; auf der Passivseite genügt dagegen stets die Zustellung bei einem der Gesellschafter (nur über diese Brücke – die gemäß § 899a BGB iVm § 892 BGB gesetzlich vermutete Identität der Vertretungsbefugnis mit der Gesamtheit aller Gesellschafter – wird die Erweiterung der Gutglaubensbasis auf der Seite verfügender GbRs für die Praxis nutzbar).

686   Gegen die Erstreckung des Gutglaubensschutzes hinsichtlich der Vertretungsbefugnis auch auf den Abschluss schuldrechtlicher Verpflichtungsgeschäfte[1491] spricht die systematische Stellung des § 899a BGB im Sachenrecht (und nicht in §§ 172ff. BGB oder §§ 705ff. BGB), ebenso der Wortlaut „in Ansehung des eingetragenen Rechtes", sowie der mehrfach vorgetragene Hinweis in den Materialien, kein allgemeines GbR-Register in Gestalt des Grundbuchs schaffen zu wollen. Bis zu einer (gerichtlichen oder gesetzlichen) Klärung der Reichweite des Gutglaubensschutzes hinsichtlich der **schuldrechtlichen Vertretungsmacht** sollte jedoch zumindest eine teilweise Verbesserung der Situation des Erwerbers geschaffen werden, indem die Auflassung auch hilfsweise der Erfüllung einer daneben geschaffenen Übereignungsverpflichtung der handelnden Personen dient und damit konditionsfest ist. War die GbR bei der dabei im Innenverhältnis getroffenen Abrede, mit der Auflassung die Verpflichtung der Gesellschafterpersonen zu erfüllen, nicht existent oder nicht wirksam vertreten, führt dies nur zu einem Bereicherungsausgleich zwischen der „Schein-GbR" und ihren „Schein-Gesellschaftern", wegen des Vorrangs der Leistungskondiktion aber nicht ggü. dem Erwerber, da aus dem Empfängerhorizont darin jedenfalls eine – mit Rechtsgrund erfolgte – Leistung der Schein-Gesellschafter liegt.[1492]

687   **Formulierungsbeispiel: Schuldrechtliche Doppelverpflichtung bei GbR**

↻   Die Erschienenen A und B (also die im Grundbuch eingetragenen Gesellschafter der veräußernden GbR) verpflichten sich zugleich persönlich, über ihre gesetzliche Haftung für die GbR hinaus, zur Übertragung des vorgenannten Grundbesitzes; die seitens der GbR nachstehend erklärte Auflassung dient zugleich der Erfüllung dieser Übertragungsverpflichtung, so dass darin eine Leistung der für die GbR auftretenden Personen liegt. Den Beteiligten ist bekannt, dass das Gesetz unmittelbar nur das Vertrauen darauf schützt, die GbR sei Eigentümer der Immobilie und könne diese wirksam übertragen, wenn sie dabei durch die im Grundbuch eingetragenen Gesellschafter vertreten wird. Um einen jedenfalls wirksamen Rechtsgrund zum Behaltendürfen dieses Eigentums zu schaffen, verpflichten sich die handelnden Gesellschafter auch selbst; der Notar hat jedoch darauf hingewiesen, dass die durch die GbR bewilligte Vormerkung wohl nur dann wirksam ist, wenn auch die GbR sich wirksam verpflichtet hat, was er nicht prüfen kann. Von einer vorherigen Übertragung des Eigentums an die auftretenden Gesell-

---

[1491] *Krüger* NZG 2010, 801 (805).
[1492] *Hartmann* ZNotP 2011, 139 (141).

schafter als Bruchteilseigentümer oder einer „Umwandlung" in eine oHG oder einer Abwicklung über Anderkonto mit Auszahlung erst nach Umschreibung sehen die Beteiligten ab.

In Bezug auf eine **erwerbende GbR** wurde die Lähmung des Grundbuchverkehrs, die als Folge der strengen Linie einiger Oberlandesgerichte eintrat (derzufolge die GbR bereits als „klinisch tot" bezeichnet wurde),[1493] erst spät durch den BGH[1494] beendet. Darin findet der BGH eine das sonstige Grundbuchrecht nicht beschädigende, also § 29 GBO nicht unter Rückgriff auf die Grundsätze der Beweisnot (Anwendung der subsidiären Beweisvorschriften der freiwilligen Gerichtsbarkeit in §§ 29–31 FamFG) aufweichende, Lösung, und zwar durch Rückgriff auf den Willen des Gesetzgebers, der sich in der systematischen Stellung der § 47 Abs. 2 GBO manifestiert: Wie auch iRd § 47 Abs. 1 GBO, also beim Anteils- oder Gemeinschaftsverhältnis mehrerer Personen, die Auflassungsempfänger sind, werden die von den Beteiligten geäußerten Angaben vom Grundbuchamt nicht auf ihre materielle Richtigkeit geprüft, insbes. kann kein Nachweis in der Form des § 29 Abs. 1 GBO verlangt werden, es sei denn, es bestünden Anhaltspunkte dafür, dass das Grundbuch durch die Umsetzung der Angaben der Beteiligten unrichtig würde. Dies gilt auch für eine anderswo bereits eingetragene GbR. Nur der Klarheit halber sei an dieser Stelle nochmals darauf hingewiesen, dass der BGH in seiner genannten Entscheidung zwar die vielerorts gegebene grundbuchliche Blockade für den Erwerb durch eine bereits bestehende GbR „gebrochen" hat, die materielle Wirksamkeit sowohl der schuldrechtlichen wie auch der dinglichen Erklärungen der angeblich erwerbenden GbR aber weiterhin ungewiss bleibt. 688

Zusätzliche Probleme ergeben sich, wenn – wie regelmäßig – der Verkäufer bei der Bestellung der Finanzierungsgrundschuld durch den Käufer, hier die (angebliche) GbR, vertreten wird („Vorwegfinanzierungsvollmacht"). Existiert die GbR tatsächlich nicht, kann sie auch nicht Bevollmächtigte sein und keine wirksamen Erklärungen abgeben, weder dingliche (§ 873 BGB), noch schuldrechtliche (§ 780 BGB; Sicherungsabrede, Darlehensvertrag als causa etc), noch prozessuale (§§ 794 Abs. 1 Nr. 5, 800 ZPO) oder grundbuchrechtliche (§ 19 GBO). § 899a BGB, § 47 Abs. 2 GBO helfen in diesem Fall nicht, auch nicht in ihrer durch den BGH[1495] vermittelten Ausprägung, da ja nicht die GbR einzutragen ist, sondern der Verkäufer als Besteller durch sie vertreten werden können soll. Der Notarpraxis ist also zu raten, die Vorwegfinanzierungsvollmacht ausdrücklich ebenso jedem für die (Schein-) GbR auftretenden Gesellschafter zu erteilen (und diesen sodann in der Grundschuldbestellung auch als – zugleich – selbst Bevollmächtigten auftreten zu lassen): 689

Formulierungsbeispiel: Finanzierungsvollmacht für erwerbende GbR 690

Der Verkäufer erteilt daher der erwerbenden BGB-Gesellschaft, ebenso jedem für diese auftretenden Beteiligten persönlich, jeweils befreit von § 181 BGB, folgende Vollmacht: *** *[weiterer Inhalt der Finanzierungsvollmacht].*

[Der Urkundseingang der Grundschuldbestellung gibt sodann die Funktionen der Handelnden auf Erwerberseite wie folgt wieder:]

[Es erscheinen ...] die Herren A und B, persönlich bekannt, handelnd als persönlich Bevollmächtigte und in gemeinsamer Vertretung für die ebenfalls bevollmächtigte, erwerbende BGB-Gesellschaft; jeder Bevollmächtigte wiederum handelt zugleich eigenen Namens – als möglicher Kreditnehmer, Schuldner, und künftiger Eigentümer – wie auch für Herrn und Frau C als Verkäufer und derzeitiger Eigentümer, jeweils aufgrund der

[1493] *Bestelmeyer* Rpfleger 2010, 169 ff.
[1494] BGH NJW 2011, 1958 mAnm *Böttcher* ZfIR 2001, 461.
[1495] BGH NJW 2011, 1958 mAnm *Böttcher* ZfIR 2001, 461.

Vollmacht, die in § 9 des dem Grundbuchamt zeitgleich vorgelegten Kaufvertrags vom heutigen Tag enthalten ist. Derzeitiger und künftiger Eigentümer werden nachstehend auch zusammenfassend „der Eigentümer" oder „der Sicherungsgeber" genannt.

691   Als – auch schuldrechtlich – sicherster Weg bleibt die Eintragung der GbR als vermögensverwaltende OHG oder KG in das Handelsregister, aus welchem die Vertretungsverhältnisse ersichtlich sind, ebenso die Möglichkeit, dass die Gesellschafter die GbR in eine reine Innengesellschaft umwandeln und sich nach außen hinsichtlich des Grundstücks in der Weise auseinandersetzen, dass sie Miteigentümer nach Bruchteilen werden (daher als Eigentümer im Grundbuch eingetragen werden) und anschließend in ihrer Eigenschaft als Miteigentümer das Grundstück an den Käufer veräußern.

692   Wollen mehrere Personen, die nicht miteinander verheiratet sind, zB Partner einer nichtehelichen Lebensgemeinschaft, ein Grundstück erwerben, sollte der Notar die Möglichkeit ansprechen, das Grundstück in GbR zu kaufen. Den Vorteilen (gesamthänderische Bindung, grunderwerbsteuerfreie Übertragung der Beteiligung an einen Dritten oder Veränderung der Beteiligungsquoten unter den Gesellschaftern) sind die Nachteile (gesamtschuldnerische Haftung, Auflösung der GbR durch Tod eines Gesellschafters, jederzeitige Kündigung durch einen Gesellschafter) gegenüberzustellen. Gute Gründe sprechen für die Mitwirkung des Notars bei der Abfassung des Gesellschaftsvertrages, da die §§ 705 ff. BGB bei einer GbR, deren alleiniger Zweck der Erwerb und das Halten eines Grundstücks ist, nicht zu interessengerechten Ergebnissen kommen. Der Gesellschaftsvertrag ist nach § 311b BGB allerdings nur dann beurkundungsbedürftig, wenn Zweck der Gesellschaft der Erwerb eines bestimmten Grundstücks ist.

693   Es ist keineswegs selten, dass ein Ehegatte die Eigenmittel zum Kauf ganz oder überwiegend aus seinem (nicht ausgleichspflichtigen) Anfangsvermögen aufbringt. Werden die Ehegatten Miteigentümer zu je 1/2 Anteil, führt die ehebedingte (unbedachte) Zuwendung bei Scheidung der Ehe als Rechnungsposten beim Zugewinnausgleich zum hälftigen Verlust des Zugewendeten. Es sollten von vorne herein die Miteigentumsanteile entsprechend gebildet, oder in GbR (mit Festsetzung der Beteiligungsquote) erworben werden. Stehen die gesamten Aufwendungen für das Kaufobjekt (zB Renovierungskosten) nicht fest, können die Ehegatten vereinbaren, dass sie an dem Gesellschaftsvermögen zu den Anteilen beteiligt sind, zu denen ein jeder von ihnen hierzu beigetragen hat. Das ist eine flexible Lösung, die das Hausgrundstück insgesamt bei Scheidung der Ehe aus dem Zugewinnausgleich herausnimmt.[1496]

694   **Beurkundungsbedürftig** ist die Umwandlung von Gesamthands- in Bruchteilseigentum oder Alleineigentum oder von einer Gesamthandsgemeinschaft auf eine andere, etwa von einer Erbengemeinschaft auf eine personengleiche GbR. In allen Fällen ist eine Auflassung erforderlich, auch bei Übereignung eines Grundstücks von der fortbestehenden auf eine andere GbR, selbst wenn die Gesellschafter die gleichen Personen sind.[1497]

694a   Durch einen Gesellschafterwechsel außerhalb des Grundbuchs (Eintritt, Austritt, Versterben, Einzelrechtsnachfolge etc) wird das Grundbuch zwar streng genommen nicht unrichtig iSd § 22 GBO, § 894 BGB; das Grundbuch wird jedoch hinsichtlich der Gesellschafter als unrichtig behandelt, sodass die Vorschriften über den Unrichtigkeitsnachweis bzw. die Berichtigungsbewilligung entsprechend gelten (§ 22 GBO). Die GbR ist zudem gemäß § 82 S. 3 GBO gehalten, die Angaben zum Gesellschafterbestand im Grundbuch richtigzustellen. In diesem Zusammenhang gelten auch ggü. dem Grundbuchamt die im Grundbuch eingetragenen Gesellschafter als **bewilligungsberechtigt**.[1498] Von § 899a BGB geht dieselbe

---

[1496] Formulierungsbeispiel zur „quotenbeweglichen GbR" bei *Krauß* Immobilienkaufverträge Rn. 540.
[1497] OLG Hamm DNotZ 1983, 750; KG NJW-RR 1987, 1321.
[1498] OLG München NotBZ 2010, 422; ebenso OLG Zweibrücken DNotZ 2011, 207 und OLG Brandenburg NotBZ 2011, 443 sowie OLG Brandenburg RNotZ 2016, 534; zustimmend *Böttcher* notar 2012, 111 (117).

Vermutungswirkung (bezogen auf die Gesellschafterstellung) aus wie von § 891 BGB vor Anerkennung der Rechts- und Grundbuch-Buchungsfähigkeit der GbR.[1499] Da ein Wechsel im Gesellschafterbestand nunmehr wieder wie eine Grundbuchberichtigung behandelt wird, steht außer Zweifel, dass – wie vor der Entscheidung des BGH vom 4.12.2008 – die Unbedenklichkeitsbescheinigung des Finanzamts vorgelegt werden muss.[1500] Die erforderlichen Erklärungen und Nachweise sind für die unterschiedlichen Sachverhalte (Abtretung, Austritt, Eintritt, Hinauskündigung, Tod) und die beiden Berichtigungsvarianten (Unrichtigkeitsnachweis oder Berichtigungsbewilligung) unterschiedlich und im Einzelnen sehr umstritten;[1501] so verlangt zB die neuere Rechtsprechung in allen Fällen der rechtsgeschäftlichen Einzelrechtsnachfolge, auch der Übertragung auf einen Mitgesellschafter, die **Mitwirkung aller Mitgesellschafter** als Beteiligter,[1502] da nicht auszuschließen sei, dass nach dem Inhalt des (allenfalls in der Sekunde der Abfassung, jedoch nicht mehr später, feststehenden) Gesellschaftsvertrags Zustimmungserfordernisse etc einzuhalten wären.[1503]

II. Personenhandelsgesellschaft, juristische Person

Veräußert oder erwirbt eine in einem deutschen Register eingetragene Gesellschaft (Verein, Genossenschaft, Partnerschaft) ein Grundstück, hat der Notar zu prüfen, ob die Gesellschaft ordnungsgemäß vertreten wird.[1504] Der Notar ist daher grundsätzlich verpflichtet, entweder vor der Beurkundung das Handelsregister einzusehen, oder auf der Vorlage eines beglaubigten Handelsregisterauszuges neuesten Datums zu bestehen. Hat der Notar die Vertretungsmacht nicht geprüft und ergeben sich Zweifel an der Vertretungsmacht (im entschiedenen Fall war Käufer eine ausländische Gesellschaft), so hat der Notar die sich daraus abzuleitenden Bedenken mit den Beteiligten zu erörtern und – falls diese gleichwohl auf der Beurkundung bestehen – einen entsprechenden Vorbehalt in die Niederschrift aufzunehmen.[1505] Zum Nachweis der Prüfung durch den Notar ist zu empfehlen, die Vertretungsbescheinigung nach § 21 BNotO in die Niederschrift selbst aufzunehmen. **695**

Die Befugnis zur Vertretung ist dem Grundbuchamt nach § 32 GBO durch ein Zeugnis des Registergerichts nachzuweisen. Ist das Grundbuchamt zugleich das Registergericht, so genügt statt des Zeugnisses die Bezugnahme auf das Register, § 34 GBO. Für das Beurkundungsverfahren gilt: Ergibt sich die Vertretungsbefugnis aus einer Eintragung im Handelsregister (Vereins-, Genossenschafts-, Partnerschaftsregister), so genügt zum Nachweis der Vertretungsbefugnis die **Bescheinigung des Notars** nach § 21 BNotO. Die Registerbescheinigung hat die gleiche Beweiskraft wie ein Zeugnis des Registergerichts. Bei einer vollmachtgebenden öffentlichen Corporation genügt die Feststellung des Notars in der Vollmachtsurkunde, wer nach der Satzung vertretungsberechtigt ist.[1506] **696**

Durch die Neufassung des § 21 BNotO ist die Zuständigkeit des Notars zur Erteilung von Bescheinigungen über eine Eintragung im Handelsregister (oder einem ähnlichen Register) über die Vertretungsbescheinigung hinaus auch auf Bescheinigungen „über das Bestehen oder den Sitz einer juristischen Person oder Handelsgesellschaft, die Firmenänderung, eine Umwandlung oder sonstige rechtserhebliche Umstände" erweitert worden. Diese erweiterte Zuständigkeit bringt auch erhebliche Erleichterungen im Grund- **697**

[1499] *Böhringer* Rpfleger 2009, 537 (540 f.); *Heßeler/Kleinhenz* WM 2010, 446 (449 f.); BT-Drs. 16/13437, 24 li. Sp. unten.

[1500] Vgl. *Böttcher* ZfIR 2009, 613 (623).

[1501] Übersicht mit Formulierungsvorschlägen bei *Krauß* Immobilienkaufverträge Rn. 500 ff.

[1502] So OLG Zweibrücken NJW 2010, 384; OLG München ZfIR 2011, 303; MittBayNot 2016, 408 mit zustimmender Anm. *Lautner;* hierzu *Heinze* RNotZ 2016, 24 (auch bei Übertragung auf einen Mitgesellschafter); OLG Köln RNotZ 2013, 106 und notar 2013, 414 mAnm *Munzig.*

[1503] Es ist schon grds. zu bezweifeln, ob der Gesellschaftsvertrag als Beweisquelle „mangelnder Betroffenheit" ausreichen kann. Im Handelsregisterrecht wird selbst bei beurkundeten Personengesellschaftsverträgen die Mitwirkung aller Gesellschafter an der Anmeldung einer Sonderrechtsnachfolge verlangt!

[1504] BGH NJW 1993, 2744.

[1505] BGH NJW 1993, 2744.

[1506] BGH ZNotP 2000, 30.

buchverfahren (zB Verkauf eines Grundstücks durch eine Gesellschaft nach ihrer Umwandlung). Nach § 21 Abs. 2 BNotO darf der Notar die Bescheinigung nur ausstellen, wenn er sich zuvor über die Eintragung Gewissheit verschafft hat, die auf Einsichtnahme in das Register oder in eine beglaubigte Abschrift hiervon beruhen muss. Er hat den Tag der Einsichtnahme in das Register oder den Tag der Ausstellung der beglaubigten Abschrift in der Bescheinigung anzugeben. Die Neufassung der Vorschrift stellt klar, dass der Notar das Register nicht persönlich einsehen muss. Eine Vertretungsbescheinigung dürfte nur dann beweiskräftig sein, wenn die Einsicht nicht länger als vier Wochen zurückliegt.[1507]

698 **Formulierungsbeispiel: Vertretungsbescheinigung im Grundstückskaufvertrag**

Aufgrund Einsicht in das elektronische Handelsregister des Amtsgerichts *** vom heutigen Tage bescheinige ich, der amtierende Notar, dass unter HRB *** die *** GmbH eingetragen ist und die Herren *** und *** als Geschäftsführer gemeinsam zur Vertretung der Gesellschaft berechtigt sind.

699 Das Eintragungsverfahren beim Grundbuchamt wird beschleunigt, wenn der Notar auch dann eine Vertretungsbescheinigung in die Kaufvertragsurkunde aufnimmt, wenn das Grundbuch und das Register vom selben Amtsgericht geführt werden.

700 Bei einer **ausländischen Gesellschaft** als Käufer oder Verkäufer hat der Notar deren Existenz und die Vertretungsberechtigung der handelnden Personen zu prüfen.[1508] Ist die Gesellschaft in einem öffentlichen Register eingetragen, kann der Vertretungsnachweis durch Vorlage einer öffentlich beglaubigten Registerblattabschrift geführt werden. Die Vertretungsbescheinigung eines ausländischen Notars aus dem Bereich des lateinischen Notariats genügt, wenn sie den für eine solche Bescheinigung geltenden Bestimmungen des ausländischen Rechts entspricht.[1509] Zum Erfordernis der Legalisation/Apostille → § 28 Rn. 330 ff.[1510] *Mödl*[1511] warnt eindringlich vor der Vertretungsbescheinigung einer Zweigniederlassung, insbesondere einer britischen Limited, da die im Inland eingetragene Gesellschaft nach dem Heimatrecht bereits erloschen sein kann.[1512]

701 Vorgänge nach dem **Umwandlungsgesetz**[1513] führen materiell-rechtlich zu einer vollständigen oder partiellen Gesamtrechtsnachfolge (Verschmelzung, Spaltung, Vermögensübertragung) bzw. bei einer Umwandlung durch Formwechsel zu einer gesetzlich fingierten Identität des bisherigen mit dem neuen Rechtsträger. Mit der Wirksamkeit der Verschmelzung (Eintragung der Verschmelzung in das Register des übernehmenden Rechtsträgers) gehen das Eigentum und sonstige Rechte an Grundstücken auf den übernehmenden Rechtsträger über (§ 20 Abs. 1 Nr. 1 UmwG). Eine Auflassung ist nicht erforderlich; es genügt ein Antrag auf Grundbuchberichtigung, dem ein beglaubigter Handelsregisterauszug der übernehmenden Gesellschaft beizufügen ist (oder eine Notarbescheinigung nach § 21 Abs. 1 S. 1 Nr. 2 BNotO). Bei der Spaltung wird das Grundbuch ebenfalls mit Rechtswirksamkeit der Spaltung, die mit Eintragung im Register des übertragenden Rechtsträgers eintritt (§ 131 UmwG), unrichtig. Im Spaltungs- und Übernahmevertrag bzw. Spaltungsplan sind die Grundstücke genau zu bezeichnen (§ 28

[1507] OLG Frankfurt a.M. Rpfleger 1995, 248; OLG Saarbrücken MittBayNot 1993, 398.
[1508] BGH NJW 1993, 2744.
[1509] LG Kleve RNotZ 2008, 30.
[1510] Länderübersicht zu den vertretungsberechtigten Organen und dem Nachweis der Vertretungsmacht bei Bauer/v. Oefele/*Schaub* GBO Internationale Bezüge Rn. 26 ff. und *Krauß* Immobilienkaufverträge Rn. 742 ff.
[1511] RNotZ 2008, 1 (18).
[1512] Vgl. auch *Süß* DNotZ 2005, 180.
[1513] Vgl. *Böhringer* Rpfleger 2001, 59; *Volmer* WM 2002, 428.

S. 1 GBO).[1514] Dem Antrag auf Grundbuchberichtigung ist eine beglaubigte Abschrift des Spaltungs- und Übernahmevertrages bzw. Spaltungsplans beizufügen.[1515]

III. Gesellschaft in Gründung

Die KG entsteht, sofern sie ein Handelsgewerbe iSd § 1 Abs. 2 HGB betreibt, mit der **702** Aufnahme des Geschäftsbetriebs (§§ 161 Abs. 2, 123 Abs. 2 HGB), aber nur wenn dieser mit Einverständnis aller Gesellschafter erfolgt, anderenfalls (also insbesondere bei vermögensverwaltenden Kommanditgesellschaften) erst mit der Eintragung in das Handelsregister. Vorsichtigerweise sollten daher alle Gesellschafter an der Beurkundung teilnehmen (um der Obliegenheit des Nachweises enthoben zu sein, die Aufnahme der Geschäftstätigkeit bei einem Handelsgewerbe sei mit Einverständnis aller Gesellschafter erfolgt, oder um Abgrenzungsschwierigkeiten zwischen einem Handelsgewerbe und einer lediglich vermögensverwaltenden KG nicht relevant werden zu lassen: vor Entstehung der vermögensverwaltenden KG handelt es sich materiell-rechtlich um eine GbR – keine „Vor-KG" –, die durch alle Gesellschafter gemeinsam vertreten wird[1516]). Eine fälschlicherweise für eine **„KG in Gründung"**, die mangels Vorliegens eines Handelsgewerbes noch nicht wirksam begonnen hat, eingetragene Vormerkung soll jedoch nach der Rechtsprechung gleichwohl wirksam sein;[1517] richtigerweise wird man sie in eine Vormerkung für eine GbR umdeuten (Identität der GbR mit der nach Eintragung entstehenden KG).

Kautelarjuristisch wird es sich empfehlen, die Vormerkung zugunsten der GbR zu be- **702a** willigen – deren Gesellschafter ohnehin zum wirksamen Abschluss des Kaufvertrages vollständig erscheinen oder vertreten sein müssen – und die Auflassung auf die KG (derzeit noch in Gründung) zu erklären,[1518] den Endvollzug jedoch erst dann vorzunehmen, wenn die KG im Handelsregister eingetragen ist, und hierüber den Nachweis der Identität zu führen. Dieser Nachweis kann richtigerweise durch Auszug bzw. Bezugnahme (§ 32 Abs. 2 GBO) auf das Handelsregister und die hierfür zugrunde gelegte Registeranmeldung[1519] geführt werden, sodass es auf die sonst bestehenden Unsicherheiten, wie die zur Zeit der Auflassungserklärung materiell-rechtlich bestehende GbR vertreten werden konnte, dann nicht mehr ankommt.[1520] Die strengere Rechtsprechung lässt einen beglaubigten[1521] (nach aA sogar nur einen beurkundeten[1522]) Gesellschaftsvertrag genügen, wenn zwischen dessen Abschluss und der Erklärung der Auflassung nur kurze Zeit (max. sechs Wochen) verstrichen sind.[1523] Die Eintragung der „KG i.G." als Eigentümer kommt nur in Betracht, wenn das Grundbuchamt die Handelsregisteranmeldung als Nachweis iSd

---

[1514] Zu den Anforderungen BGH ZNotP 2008, 163 mAnm *Leitzen; Krüger* ZNotP 2008, 466; *Leitzen* ZNotP 2008, 272, *Link* RNotZ 2008, 358; *Weiler* MittBayNot 2008, 310; abschwächend OLG Düsseldorf ZfIR 2010, 842 mit zustimmender Anm. *Ising* ZfIR 2010, 821.

[1515] Einzelheiten bei *Schöner/Stöber* GrundbuchR Rn. 995.

[1516] Haben alle Kommanditisten der vermögensverwaltenden Kommanditgesellschaft dem Vertragsschluss zugestimmt, liegt darin uU stillschweigend die Vollmachtserteilung an die künftige Komplementärin, vgl. Gutachten DNotI-Report 2017, 169 (170).

[1517] BayObLG DNotZ 1986, 156: die Vormerkung sei kein dingliches Recht im eigentlichen Sinne, sondern sichert den Anspruch der künftigen Gesellschaft, sofern Letztere hinreichend bestimmbar ist.

[1518] Zögernd insoweit *Wälzholz* in: NotRV, Aktuelle Tendenzen und Entwicklungen im Gesellschaftsrecht, 2004, S. 30: unzulässige aufschiebende Bedingung.

[1519] Allein das Handelsregister gibt für den Zeitraum vor der Eintragung keine Gewissheit, vgl. KG ZfIR 2015, 62 mit kritischer Anm. *Wilsch;* kritisch auch *Kesseler* MittBayNot 2015, 505; das KG hält möglicherweise nur einen Gesellschaftsvertrag in der Form des § 29 Abs. 1 S. 2 GBO für ausreichend (Revision BGH V ZB 199/14 wurde zurück genommen); aA wohl OLG Hamm, s. nachfolgende Fn., und *Wilsch,* der zu Recht für eine extensive Anwendung des § 32 GBO plädiert.

[1520] OLG Hamm MittBayNot 2011, 252; vgl. Meikel/*Böttcher* GBO Einl. C Rn. 52; zustimmend auch *Kilian* notar 2015, 10 (11).

[1521] OLG Frankfurt a.M. BeckRS 2011, 00348; wohl auch BGH DNotZ 2009, 115 Rn. 12.

[1522] *Wagner* ZIP 2005, 637 (645).

[1523] Vgl. Gutachten DNotI-Report 2017, 169 (172): auch Registerbescheinigungen müssen nicht tagaktuell sein.

§ 29 GBO ausreichen lässt, dass die Gesellschaft ein Handelsgewerbe betreibt und alle (anmeldenden) Gesellschafter der sofortigen Aufnahme der Geschäfte zugestimmt haben.

703 Zugunsten einer **GmbH in Gründung,** die mit notarieller Urkunde errichtet, aber noch nicht im Handelsregister eingetragen ist, kann bereits eine Eigentumsvormerkung in das Grundbuch eingetragen werden, auch wenn der beabsichtigte Grunderwerb nicht mit der Einbringung einer Sacheinlage in die Gesellschaft zusammenhängt.[1524] Unbestritten ist, dass bei den juristischen Personen des Handelsrechts (AG, GmbH und andere) schon vor deren Eintragung im Handelsregister eine Auflassung an die künftige Rechtsperson zulässig ist.[1525] Die Vor-GmbH ist grundbuchfähig. Die Auflassung ist (auch bei Einbringung eines Grundstücks als Sacheinlage) an die werdende GmbH zu erklären, die durch den oder die Geschäftsführer vertreten wird. Dem Grundbuchamt sind die Gründungsurkunde mit der Geschäftsführerbestellung in der Form des § 29 GBO vorzulegen. Die Vor-GmbH kann als Eigentümer im Grundbuch eingetragen werden. Nach Eintragung der Gesellschaft im Handelsregister bedarf es nicht einer erneuten Auflassung; es genügt eine Grundbuchberichtigung. Der Nachweis der Eintragung wird durch einen beglaubigten Handelsregisterauszug oder die Vertretungsbescheinigung des Notars nach § 21 BNotO geführt.

I. Verbrauchervertrag

1. Verbraucher/Unternehmer

704 Nach der Legaldefinition des § 310 Abs. 3 BGB ist ein Verbrauchervertrag ein Vertrag zwischen einem Unternehmer und einem Verbraucher. Entscheidend für das Eingreifen der Inhaltskontrolle bei Verbraucherverträgen ist dann lediglich das Vorliegen „vorformulierter Vertragsbedingungen". Es genügt gemäß § 310 Abs. 3 Nr. 2 BGB, dass sie **zur einmaligen Verwendung bestimmt** sind; auch das **„Stellen"** der Bedingungen wird gemäß § 310 Abs. 3 Nr. 1 BGB seitens des Unternehmers vermutet. Vorformulierte Klauseln im Verbrauchervertrag unterliegen also grundsätzlich stets der AGB-Kontrolle, auch wenn sie auf Vorschlag des Notars in einen Vertrag zwischen Unternehmer und Verbraucher – nur zur einmaligen Verwendung – einbezogen wurden.[1526] Allerdings verlangt § 310 Abs. 3 Nr. 2 BGB **zusätzlich,** dass der Verbraucher als Folge dieses vorformulierten Charakters bei zur einmaligen Verwendung bestimmten Klauseln **keinen Einfluss** auf ihren Inhalt nehmen konnte. Hierfür trägt bei Vertragsklauseln, die zur Verwendung in einem einzigen Verbrauchervertrag bestimmt sind, der Verbraucher die Darlegungs- und Beweislast.[1527] Zu Recht wird darauf hingewiesen, dass ein ordnungsgemäßes notarielles Verfahren im Rahmen der Erläuterung und gemeinsamen Erörterung am Beurkundungstisch an sich die Einflussnahme auch des Verbrauchers auf den Textinhalt eröffnet, „die Vorformulierung wirkt daher nicht in gleicher Weise abschreckend wie umfangreiche Klauselwerke bei Massengeschäften."[1528]

705 **Verbraucher** iSd § 13 BGB („c" für consumer) können an sich nur natürliche Personen sein, sofern das Rechtsgeschäft überwiegend[1529] weder der gewerblichen noch selbstständigen beruflichen Tätigkeit dieser Person zugerechnet werden kann. Zum **Privatbereich** zählt neben dem Konsum, der Erholung und Gesundheitsvorsorge auch die

---

[1524] OLG Hamm DNotZ 1981, 582.
[1525] BayObLG DNotZ 1984, 567 (569).
[1526] Gegen diese Zurückdrängung der Vertragsfreiheit wenden sich allerdings zu Recht NK-BGB/*Henrichs* BGB § 310 Rn. 8, 12; *Wälzholz* DNotZ 2002, 896.
[1527] BGH DNotZ 2008, 763 mAnm *Häublein;* BGH ZfIR 2013, 766 mAnm *Häublein* = RNotZ 2013, 422 mit ablehnender Anm. *Basty; Suttmann* MittBayNot 2014, 46 f.; ausführlich hierzu *Herrler* DNotZ 2013, 887.
[1528] *Häublein* DNotZ 2008, 769, der die Frage allerdings für europarechtlich nicht geklärt hält.
[1529] Diese Abschwächung gilt seit 13. 6. 2014 (Gesetz zur Umsetzung der Verbraucherrichtlinie).

Verwaltung von Vermögen, sofern sie keinen planmäßigen Geschäftsbetrieb erfordert,[1530] so dass – unabhängig von der steuerlichen Einordnung – allein der Betrieb einer Fotovoltaikanlage auf dem Dach den Verkäufer noch nicht – zum Unternehmer werden lässt.[1531] Rechtsgeschäfte im Zusammenhang mit unselbständiger Tätigkeit als Arbeitnehmer (auch als GmbH-Geschäftsführer!)[1532] begründen die Verbrauchereigenschaft, nicht jedoch Rechtsgeschäfte im Vollzug oder auch nur zur Aufnahme einer gewerblichen oder selbständigen beruflichen Tätigkeit (der Existenzgründer wird nur punktuell in § 507 BGB einem Verbraucher gleichgestellt)[1533] bzw. zu deren Beendigung.[1534] Beurteilungszeitpunkt und **Beurteilungsobjekt** ist der jeweilige Vertragsabschluss.[1535] Erfolgt also der Erwerb einer Immobilie nach dem objektiven Inhalt des Rechtsgeschäfts in der Absicht langfristiger Vermögensanlage oder gar zur Eigennutzung, handelt der Käufer insoweit als Verbraucher,[1536] erwirbt er es in kurzfristiger Weiterveräußerungsabsicht als „Umlaufvermögen" eines gewerblichen Grundstückshandels, liegt unternehmerische Tätigkeit vor.

Die nun ebenfalls rechtsfähige **Wohnungseigentümergemeinschaft** sieht der 705a BGH[1537] unter wertenden Aspekten (obwohl nicht natürliche Person) **analog § 13 BGB** ebenfalls als Verbraucher, wenn ihr zumindest ein (damit schützenswerter) Verbraucher angehört und der Verband das Rechtsgeschäft weder zu einem gewerblichen noch zu einem selbständigen beruflichen Zweck schließt, so dass bei Verträgen mit Dritten (zB Energielieferungsverträgen), aber auch beim Verwaltervertrag selbst,[1538] die Klauseln der Inhaltskontrolle gemäß §§ 307 ff. BGB standhalten müssen, und bei Erwerb/Veräußerung von Grundbesitz gegenüber Unternehmern zusätzlich § 17 Abs. 2a BeurkG gilt (die Zusendung des Entwurfs an den WEG-Verwalter als „Person des Vertrauens" wird genügen[1539]). Anders verhält es sich bei der **Außen-GbR,** die auch dann, wenn ihr ein oder mehrere Verbraucher angehören, daneben jedoch mindestens ein Unternehmer, insgesamt als Unternehmer anzusehen ist[1540] (da keine Zwangsmitgliedschaft wie beim WEG-Verband, sondern ein freiwilliger Zusammenschluss vorliegt, tritt der Schutzaspekt in den Hintergrund); Verbrauchereigenschaft hat die GbR also nur, wenn ihr ausschließlich Verbraucher angehören *und* sie nicht in Ausübung einer gewerblichen oder selbständig beruflichen Tätigkeit handelt.

Unternehmer iSd § 14 BGB („b" für business) ist jede[1541] natürliche oder juristische 705b Person, die beim betreffenden Rechtsgeschäft am Markt in Ausübung ihrer gewerblichen

---

[1530] Zur Abgrenzung zwischen privater und berufsmäßiger Vermögensverwaltung vgl. OLG Düsseldorf ZEV 2010, 417 („Umfang, Anzahl und Komplexität der damit verbundenen Vorgänge"). Als Orientierung mag nun in immobilienbezogener Hinsicht das von der Finanzverwaltung zugrunde gelegte Größenkriterium von 300 Wohneinheiten zur Erreichung eines gemäß § 13b Abs. 2 S. 2 Nr. 1 lit. d ErbStG privilegierungsfähigen Wohnungsunternehmens dienen.

[1531] OLG Hamm notar 2016, 197 mAnm *Osthus; Schneidewindt* NJW 2013, 3751; *Kleefisch* NZBau 2012, 475; *Welsch/Woinar* NotBZ 2014, 161 (164) (§ 17 Abs. 2a BeurkG ist also nicht zu beachten).

[1532] BGHZ 133, 77; bestätigt durch BGH DStR 2006, 574 zur Anwendbarkeit des VerbrKrG auf die Mithaftungsübernahme eines Geschäftsführers für GmbH-Schulden.

[1533] BGH NotBZ 2005, 143; ebenso OLG Rostock DNotI-Report 2003, 108; ebenso OLG Düsseldorf DNotI-Report 2005, 12 (zu § 1031 Abs. 5 ZPO): Der Existenzgründer ist nicht Verbraucher.

[1534] Auch Geschäfte zur Abwicklung und Aufgabe eines Unternehmens werden wohl noch als Unternehmer geschlossen, vgl. EuGH 14.3.1991 – C-361/89, Slg. 1991 I, 1189 (di Pinto); *Amann/Brambring/Hertel,* Vertragspraxis nach neuem Schuldrecht, S. 352 f. Bei der Übergabe eines landwirtschaftlichen Hofes handeln also beide als Unternehmer.

[1535] Vgl. *Pützhoven* NotBZ 2002, 277.

[1536] Auch wenn er daneben durch andere „Handelsvorgänge" bereits die Kriterien eines gewerblichen Grundstückshandels (Drei-Objekt-Grenze!) erfüllt haben mag.

[1537] BGH ZfIR 2015, 438 mAnm *Lehmann-Richter.*

[1538] Vgl. hierzu *Lehmann-Richter* ZfIR 2015, 446.

[1539] *Böttcher* NotBZ 2015, 341.

[1540] BGH DNotZ 2017, 623; aA OLG Köln NZG 2017, 944 im Bereich der §§ 491 ff. BGB (Verbraucherstatus einer nicht unternehmerisch tätigen GbR, der mindestens eine natürliche Person angehört).

[1541] Betreibt ein Ehegatte ein Gewerbe im Gesamtgut einer Gütergemeinschaft, sind beide Ehegatten Unternehmer, außer bei Alleinverwaltung des betreibenden Ehegatten (BayObLG FamRZ 1992, 62).

oder selbständigen beruflichen Tätigkeit handelt, also plangemäß und dauerhaft[1542] Leistungen gegen Entgelt anbietet, gleichgültig ob sie als Kaufmann iSd § 1 HGB, Freiberufler, Landwirt, in haupt- oder nebenberuflicher Tätigkeit auftritt. Erfasst sind auch branchenfremde, atypische Geschäfte (zB Grundstücksverkäufe oder Verpachtung von Windkraftanlagenflächen[1543] durch einen Landwirt). Der BGH lehnt sich bei der Qualifizierung natürlicher Personen offensichtlich an die steuerliche Beurteilung an,[1544] und zwar richtigerweise unter Zugrundelegung einkommensteuerlicher Kriterien, bezogen auf den jeweils in Rede stehenden Vertragstyp: beim Kaufvertrag ist also die konkrete Objektzugehörigkeit zu einem gewerblichen Grundstückshandel einer natürlichen Person oder einer nur in extremen Ausnahmefällen möglichen großgewerblichen Vermögensverwaltung,[1545] beim Mietvertrag das Bestehen eines gewerblichen Vermietungsbetriebes entscheidend.[1546] In einer neueren Entscheidung hat der BGH[1547] jedoch die Auffassung vertreten, es genüge die umsatzsteuerliche (nicht die einkommensteuerliche!) Unternehmereigenschaft eines Vermieters eines Gewerbeobjekts, die ja Voraussetzung für eine Option zur Umsatzsteuer ist, zur Erfüllung der Kriterien des § 14 BGB (was außerordentlich fragwürdig erscheint, da im Sinne des UStG jede Vermietung, obwohl der Sache nach private Vermögensverwaltung, zur Unternehmereigenschaft führt).

705c   In Vertretungsfällen ist auf den Vertretenen abzustellen, in Fällen der Sachwalterschaft (Insolvenzverwalter, Testamentsvollstrecker: Handeln im eigenen Namen für fremde Rechnung) liegt dagegen näher, auf den Sachwalter abzustellen, str.

705d   Dass juristische Personen des öffentlichen Rechts („p" für public entity) nicht notwendig als Unternehmer auftreten müssen, ergibt sich bereits aus § 310 Abs. 1 S. 1 BGB („Allgemeine Geschäftsbedingungen, die gegenüber einem Unternehmer, einer juristischen Person des öffentlichen Rechts oder einem öffentlich-rechtlichen Sondervermögen verwendet werden …"). Dient der Vertrag unmittelbar öffentlichen Zwecken (wie etwa häufig bei städtebaulichen Verträgen), ist die öffentliche Hand **„weder Unternehmer noch Verbraucher"**, was als „dritte Kategorie" anerkannt werden sollte.[1548] In diesem Fall findet Inhaltskontrolle gemäß § 11 Abs. 2 BauGB sowie § 56 Abs. 1 S. 2 VwVfG und möglicherweise ergänzend gemäß § 307 ff. BGB analog (zur Behebung der strukturellen Unterlegenheit Privater gegenüber der öffentlichen Hand in der Konstellation p2c oder c2p) statt.[1549] Die beurkundungsrechtlichen Anforderungen des § 17 Abs. 2a BeurkG gel-

---

[1542] Nach OLG Koblenz ZfIR 2002, 897 genügt die Errichtung und Veräußerung einer Wohnungseigentumsanlage durch Gesellschafter in GbR.

[1543] Enger insoweit *Roth* ZfIR 2015, 635 (643) (nur beim sog. „Energielandwirt").

[1544] Wobei der Gewerbebegriff des § 15 Abs. 2 S. 1 EStG (Gewerbebetrieb ist jede selbstständige, nachhaltige Betätigung, die mit Gewinnabsicht unternommen wird und sich als Beteiligung am allgemeinen wirtschaftlichen Verkehr darstellt, wenn die Betätigung weder als Ausübung von Land- und Forstwirtschaft noch als Ausübung eines freien Berufs noch als eine andere selbstständige Arbeit im Sinne des Einkommensteuerrechts anzusehen ist) um die Land- und Forstwirtschaft zu erweitern ist, die ertragsteuerlich wegen ihrer gesonderten Erfassung in § 14 EStG ausgenommen ist.

[1545] Zur Abgrenzung zwischen privater und berufsmäßiger Vermögensverwaltung vgl. OLG Düsseldorf ZEV 2010, 417 („Umfang, Anzahl und Komplexität der damit verbundenen Vorgänge"). Als Orientierung mag nun in immobilienbezogener Hinsicht das von der Finanzverwaltung zugrunde gelegte Größenkriterium von 300 Wohneinheiten zur Erreichung eines gemäß § 13b Abs. 2 S. 2 Nr. 1 lit. d ErbStG privilegierungsfähigen Wohnungsunternehmens dienen.

[1546] Die Literatur (zB MüKoBGB/*Micklitz/Purnhagen* BGB § 14 Rn. 23 plädiert ihrerseits teilweise dafür, nicht auf die Gewinnerzielungsabsicht, sondern auf die Entgeltlichkeit der Tätigkeit abzustellen, sodass auch das wiederholte Vermieten einer Segeljacht oder steuerrechtliche Liebhaberei die Unternehmereigenschaft begründen können.

[1547] BGH DNotZ 2016, 530; kritisch hierzu auch *Leitzen* ZNotP 2016, 126 (129); zu Recht dezidiert aA OLG Stuttgart ZGS 2010, 380: „für die zivilrechtliche Fragestellung, ob ein Vertragspartner bei Abschluss des Geschäfts als Verbraucher gemäß § 13 BGB gehandelt hat, kann die umsatzsteuerrechtliche Betrachtung indessen keine Rolle spielen."

[1548] Ebenso wie Vereine, Stiftungen, auch wenn sie gemeinnützige Zwecke verfolgen, vgl. *Böhr* RNotZ 2003, 285.

[1549] BGH DNotZ 2016, 530.

ten allerdings nicht (zB Erwerb einer Erweiterungsfläche für das Handwerksmuseum[1550] oder von Flächen als Straßengrund.[1551] Freilich können § 17 Abs. 1 S. 2, Abs. 2a S. 1 BeurkG dazu führen, dass auch hier eine ausreichend lange Zeit zwischen Entwurfsversendung und Beurkundung verstreichen sollte.)

II. Klauselverbote

Auf den Verbrauchervertrag finden die Klauselverbote mit und ohne Wertungsmöglich- 706
keit der §§ 308, 309 BGB uneingeschränkt Anwendung. Bei der Beurteilung der unangemessenen Benachteiligung iSd § 307 BGB sind nach § 310 Abs. 3 Nr. 3 BGB „auch die den Vertragsschluss begleitenden Umstände zu berücksichtigen", also einerseits die Ausnutzung einer Überrumpelungssituation oder geschäftlichen Unerfahrenheit, andererseits die Geschäftserfahrenheit des Verbrauchers als Jurist oder in der Immobilienbranche Tätigen. Für den Grundstückskaufvertrag als Verbrauchervertrag, der nicht Bauträgervertrag ist, sind insbesondere folgende Klauselverbote von Bedeutung:

– § 308 Nr. 1 BGB: Der Unternehmer darf sich für die Annahme des Angebots des Verbrauchers keine unangemessen lange Frist vorbehalten. Angemessen ist idR eine Frist von vier Wochen (hierzu → Rn. 914 ff.). Schuldet der Unternehmer Renovierungsarbeiten, ist ein verbindlicher Fertigstellungstermin zu bestimmen.
– § 308 Nr. 3 BGB: Ein vertragliches Rücktrittsrecht des Unternehmers ist nur aus einem sachlich gerechtfertigten im Vertrag angegebenen Grund zulässig, zB beim Mietervorkaufsrecht.
– § 308 Nr. 4 BGB: Übernimmt der Unternehmer eine Renovierungspflicht, sind die von ihm zu erbringenden Leistungen in einer detaillierten Baubeschreibung (Transparenzgebot) zu bezeichnen. Der Unternehmer kann sich Änderungen der Bauausführung vorbehalten, soweit sie sich nicht wert- oder gebrauchsmindernd auf das Kaufobjekt auswirken und dem Käufer zumutbar sind.
– § 308 Nr. 5 BGB: Darunter fällt insbesondere die Abnahmefiktion der vom Unternehmer geschuldeten Renovierungsarbeiten.
– § 308 Nr. 7 BGB: Die Bestimmung eines unangemessen hohen Ersatzes von Aufwendungen, den der Verbraucher an den Unternehmer bei einem Rücktritt vom Vertrag zu zahlen hat.
– § 309 Nr. 2 BGB: Der Ausschluss oder die Einschränkung des Leistungsverweigerungsrechts, das dem Verbraucher nach § 320 BGB zusteht, zB Kaufpreiseinbehalt bei einem Mangel bei Übergabe oder nicht fristgerechter Fertigstellung der Renovierungsarbeiten.
– § 309 Nr. 3 BGB: Verbot der Aufrechnung mit unbestrittenen oder rechtskräftig festgestellten Forderungen.
– § 309 Nr. 4 BGB: Verzicht auf das Erfordernis der Mahnung nach § 286 Abs. 1 BGB. Vereinbaren die Beteiligten die Fälligkeitsmitteilung des Notars als verzugsbegründendes Ereignis (§ 286 Abs. 2 Nr. 2 BGB), liegt kein Verstoß gegen dieses Klauselverbot vor.
– Verzicht auf das Erfordernis der Fristsetzung nach §§ 281, 323 BGB: Der Unternehmer kann vom Vertrag bei Zahlungsverzug des Käufers erst zurücktreten (und Schadensersatz verlangen), wenn er dem Verbraucher erfolglos eine angemessene Frist gesetzt hat.
– § 309 Nr. 5 BGB: Pauschalierung von Schadensersatzansprüchen, soweit nicht dem Verbraucher ausdrücklich der Nachweis gestattet wird, ein Schaden sei überhaupt nicht entstanden oder wesentlich niedriger als die Pauschale.
– § 309 Nr. 6 BGB: Verbot der Vertragsstrafe bei Zahlungsverzug des Verbrauchers oder für den Fall, dass dieser vom Vertrag zurücktritt.
– § 309 Nr. 7 BGB: Verbot des Haftungsausschlusses bei Verletzung von Leben, Körper, Gesundheit und bei grobem Verschulden. Das strikte Klauselverbot gilt auch für Schadensersatzansprüche wegen eines Sachmangels.

[1550] OLG Celle DNotI-Report 2018, 12.
[1551] *Gutachten* DNotI-Report 2014, 137 (139).

- § 309 Nr. 8a BGB: Ausschluss oder Einschränkung des Rücktrittsrechts des Verbrauchers wegen einer Pflichtverletzung des Unternehmers, soweit es nicht um das Rücktrittsrecht wegen eines Mangels der Kaufsache geht.

- § 309 Nr. 8b BGB: Beim Kaufvertrag über eine neu hergestellte Sache (Neubauobjekt) oder bei Vereinbarung von Werkleistungen (Renovierungspflicht) dürfen die Rechte des Verbrauchers wegen eines Mangels nicht ausgeschlossen oder eingeschränkt werden. Soweit eine Bauleistung (Renovierungspflicht) Gegenstand der Mängelhaftung ist, kann das Rücktrittsrecht des Verbrauchers ausgeschlossen werden. Die gesetzlichen Verjährungsfristen dürfen nicht verkürzt werden.

706a   Hinzu tritt das **Transparenzgebot,** das in § 307 Abs. 1 S. 2 BGB als Unterfall der unangemessenen Benachteiligung kodifiziert ist, und auch zu beachten ist, wenn die Klausel nicht von dispositivem Recht abweicht, sondern im Gesetz gar keine Entsprechung hat (wie etwa sog. Preishauptabreden, oder Baubeschreibungen), vgl. § 307 Abs. 3 S. 2 BGB. In der Rechtsprechung wird das Transparenzgebot mittlerweile in drei Richtungen aufgefächert.[1552] Es umfasst:

(1) Das **Verständlichkeitsgebot:** Die Tragweite allgemeiner Geschäftsbedingungen, einschließlich ihrer wirtschaftlichen Folgen, muss dem Kunden klar vor Augen geführt werden, sowohl angesichts des Wortlauts als auch der systematischen Anordnung der Klauseln. So dürfen etwa in der Baubeschreibung keine rechtlichen Regelungen „versteckt" werden, wie Rücktrittsvorbehalte oder Ähnliches.[1553] Wird in einer Preisbildungsklausel die dem Grunde nach vereinbarte Inflationsanpassung unter Anwendung eines davon unabhängigen Maßstabs (Zinsentwicklung) gekappt, muss dies im Wortlaut deutlich werden.[1554] Begriffe müssen im Gesamtvertrag mit einheitlicher Bedeutung verwendet werden (zB für das Gemeinschaftseigentum soll die Werkmängelverjährung bereits mit der vor zwei Jahren erfolgten Abnahme beginnen, für „das Vertragsobjekt" – richtig wäre: das Sondereigentum – jedoch erst mit der Abnahme durch den Käufer[1555]); sog. Gebot „konsistenter Vertragsgestaltung" (insbesondere also auch widerspruchsfreie Begriffsverwendung).[1556]

(2) Das **Bestimmtheitsgebot:** Voraussetzungen und Folgen von zB Änderungsvorbehalten sind verständlich anzugeben (Rechtsgedanke des § 308 Nr. 4 BGB). Eine Verweisung auf Verordnungsinhalte (zB die Betriebskostenverordnung, BetrKV) hat klarzustellen, ob es sich um eine „statische" Verweisung auf den derzeitigen, oder eine „dynamische" Verweisung auf den jeweiligen Wortlaut handelt.[1557] Auch in gewerblichen Mietverträgen genügt es nicht, pauschal die Umlegung der „Kosten des Centermanagers"[1558] – ohne nähere Aufschlüsselung – formularmäßig zu vereinbaren, obwohl im unternehmerischen AGB-Verkehr[1559] aufgrund der größeren Geschäftsgewandtheit Transparenzfragen großzügiger zu beurteilen sind, so dass zB der Begriff „Mehrerlös" im Rahmen einer befristeten Abführungsklausel zwischen Gemeinde und unternehmerischem Erwerber ausreicht.[1560] Daneben kann auch eine Unwirksamkeit

---

[1552] Vgl. *Armbrüster* DNotZ 2004, 437.

[1553] Vgl. *Viering* referiert bei *Eckert* DNotZ 2004, 417.

[1554] BGH NotBZ 2008, 116 mAnm *Krauß*: Kappung auf den Betrag, der als max. zulässige Fremdkosten iRd Kostenmiete im sozialen Wohnungsbau gemäß § 21 Abs. 1 Nr. 2 der II. BerechnungsVO angesetzt werden kann.

[1555] So der Sachverhalt in BGH RNotZ 2016, 316 Rn. 30 ff., vgl. hierzu *Cramer/Cziupka* RNotZ 2016, 289.

[1556] Vgl. *Bickert* ZfIR 2016, 377.

[1557] BGH NotBZ 2008, 116 m.Anm *Krauß*.

[1558] BGH ZfIR 2013, 55 mAnm *Reichelt/Huperz* und BGH ZfIR 2014, 857 mAnm *Aufderhaar/Jaeger* (anders für „Kosten der Verwaltung": BGH NJW 2012, 54). Zur Umlage von Centermanagementkosten vgl. *Hille* ZfIR 2014, 630.

[1559] Vgl. § 310 Abs. 1 S. 2 Hs. 2 BGB zur Berücksichtigung der Besonderheiten des Handelsverkehrs.

[1560] BGH BeckRS 2018, 13731.

als überraschende Klausel iSd § 305c Abs. 1 BGB in Betracht kommen („Kosten für die Hausverwaltung iHv 4% der Jahresnettomiete"[1561]).

(3) Das **Vollständigkeitsgebot:** Beispielsweise müssen vertragliche Regelungen zu Mängelrechten oder Fristen, soweit der Vertrag in das gesetzliche Gefüge eingreift, vollständig aufgeführt sein. Pauschale Vorbehalte wie „soweit gesetzlich zulässig" genügen daher in AGB nicht.[1562] Allgemein darf der Verbraucher durch die vage Formulierung (bzw. gar das Schweigen) des Vertrages nicht davon abgehalten werden, seine berechtigten Ansprüche dem Verwender gegenüber geltend zu machen (zB indem ein Ratenplan in einem Fertighausvertrag durch Nichterwähnung der Fertigstellungssicherheit gemäß § 650m Abs. 2 BGB (bis 31.12.2017: § 632a Abs. 3 BGB) den Eindruck erweckt, weitere Einbehalte seien nicht zulässig[1563]). Es genügt nicht, ein (gesetzlich ja nicht definiertes) „Vorpachtrecht" zu vereinbaren, ohne zugleich zu bestimmen, ob es nur für den ersten oder alle künftigen Pachtverträge ausgeübt werden kann, binnen welcher Frist die Entscheidung zu erfolgen hat etc.[1564]

III. Amtspflichten des Notars (§ 17 Abs. 2a BeurkG)

Eine Verbesserung des Verbraucherschutzes bezweckt auch § 17 Abs. 2a S. 2 BeurkG als **707** **verfahrensrechtliche** Vorschrift, die bei Verbraucherverträgen zusätzliche Amtspflichten begründet, bei Grundstückskaufverträgen unabhängig davon, ob der Verbraucher Käufer oder Verkäufer ist, soweit nur der andere Vertragsteil Unternehmer ist.

Hiernach soll der Notar (gemäß § 17 Abs. 2a S. 2 Nr. 1 BeurkG) zum einen darauf **708** hinwirken, dass die rechtsgeschäftlichen Erklärungen des Verbrauchers (zB beim Erwerb einer Immobilie oder der Bestellung eines Grundpfandrechts, also auch außerhalb der Beurkundungspflicht gemäß § 311b Abs. 1 S. 1 und Abs. 3 BGB, jedoch mit Ausnahme reiner Erfüllungs- und Vollzugsgeschäfte) von diesem persönlich oder durch eine Vertrauensperson[1565] vor dem Notar abgegeben werden. Nicht zu den Vollzugsgeschäften gehört die Bestellung von Finanzierungsgrundpfandrechten,[1566] wobei der Käufer als Darlehensnehmer der materiell betroffene Verbraucher ist,[1567] auf den iRd § 17 Abs. 2a S. 2 Nr. 1 BeurkG abzustellen ist (würde man auf den Verkäufer als dinglich vorübergehenden Sicherungsgeber abstellen, wäre die in fast jedem Vertrag enthaltene „klassische" Finanzierungsvollmacht zugunsten des Käufers als systematischer Verstoß gegen § 17 Abs. 2a S. 2 Nr. 1 BeurkG unzulässig, da der Käufer wohl kaum als Vertrauensperson des Verkäufers im Verhältnis zum Kreditinstitut gewertet werden darf!). Erfolgt im Ausnahmefall eine Vertretung des Verbrauchers durch eine andere als eine Vertrauensperson, sollte die dem Verbraucher zugedachte Belehrung auf andere Weise vorab erfolgen, etwa durch telefonische Besprechung oder durch Beifügung des Entwurfs an die beurkundete Vollmachtserteilung; im Entwurfsbegleitschreiben kann hierauf hingewiesen werden.

[1561] OLG Hamm ZfIR 2017, 665 mAnm *Burbulla*.

[1562] Bsp: BGH ZIP 2015, 2414.

[1563] BGH DNotZ 2013, 197.

[1564] BGH ZfIR 2018, 141 mit zu Recht kritischer Anm. *Brändle:* es handelt sich eigentlich um einen versteckten Einigungsmangel gemäß § 155 BGB, so dass fraglich ist, ob der Vertrag im Übrigen ohne diese unvollständige Abrede gewollt war oder nicht.

[1565] Also nicht durch die andere Vertragspartei, jener nahe stehende Beteiligte, Makler, Notarangestellte – *Hertel* ZNotP 2002, 288; *Sorge* DNotZ 2002, 603; *Schmucker* ZNotP 2003, 243; *Brambring* ZfIR 2002, 597; aA *Litzenburger* NotBZ 2002, 281; *Maaß* ZNotP 2004, 216; *Helms* ZNotP 2005, 18.

[1566] BGH ZfIR 2016, 73 mAnm *Zimmer* (Geldbuße von 3.000 EUR aufgrund Bestellung von Grundschulden durch Mitarbeiter in 180 Fällen), hierzu *Püls* NotBZ 2016, 81, auch zu den Fällen einer möglichen abweichenden Handhabung im Einzelfall; ebenso bereits zuvor, jedenfalls wenn ein abstraktes Schuldversprechen aufgenommen wird: OLG Schleswig ZNotP 2007, 430, wenn man angesichts der bereits in Darlehens- und Sicherungsvereinbarung eingegangenen Bindungen wenig Variationsmöglichkeit bestehen mag. Abgeschwächt BGH ZfIR 2016, 37: nur zulässig wenn der Kaufvertrag eine eingehende Belehrung enthält.

[1567] BGH ZfIR 2016, 73 mAnm *Zimmer:* „Die Darlehensnehmer waren Verbraucher und die beurkundeten Erklärungen wurden gegenüber der finanzierenden Bank abgegeben".

708a **Formulierungsbeispiel: Anschreiben an den Verbraucher**

Sehr gehrte Eheleute ***,

beigefügt erhalten Sie den von mir erstellten Entwurf des Kaufvertrages mit der *** Immobilien GmbH zur Prüfung.

Sollten Sie hierzu Fragen haben oder Änderungen wünschen, rufen Sie mich bitte an. Ich stehe Ihnen selbstverständlich auch zu einer persönlichen Besprechung zur Verfügung.

Das Gesetz sieht vor, dass Sie bei der Beurkundung persönlich anwesend sind. Dies liegt in Ihrem Interesse, damit Sie Ihre Fragen stellen und ich Ihnen den Vertragsinhalt erläutern kann. Sollten Sie daran gehindert sein, bitte ich in jedem Fall um Ihren Anruf.

Ich weise Sie ferner darauf hin, dass das Gesetz Ihnen eine Prüfungs- und Überlegungsfrist von zwei Wochen einräumt, bevor die Beurkundung stattfindet. Diese Frist beginnt mit dem Erhalt des Vertragsentwurfs. Diese Überlegungsfrist bezweckt auch, Ihnen ausreichend Zeit zu geben, das Kaufobjekt zu besichtigen (bzw. die Baubeschreibung zu prüfen) und die Finanzierung des Kaufpreises durch eine Bank sicher zu stellen.

Als Notar bin ich für den rechtlichen Inhalt des Vertrages und für seine Abwicklung zuständig und verantwortlich. Sollten Sie wirtschaftliche oder steuerliche Fragen haben, müssen Sie sich an einen hierfür sachkundigen Berater wenden.

708b   Bei allen Verbraucherverträgen hat der Notar ferner „darauf hinzuwirken", dass der Verbraucher persönlich an der Beurkundungsverhandlung teilnimmt, weil nur so der Notar seinen Prüfungs- und Belehrungspflichten sachgerecht nachkommen kann. Richtig ist aber, dass dies nicht als unbedingte Amtspflicht (also ohne Ausnahmen) zu verstehen ist. Der Notar soll **grundsätzlich** das Beurkundungsverfahren so gestalten, dass ein materiell Beteiligter nicht vollmachtlos vertreten wird oder durch Erteilung einer Vollmacht von einer Beurkundungsverhandlung ausgeschlossen wird.[1568] Der Notar darf daher von sich aus kein Beurkundungsverfahren vorschlagen, bei dem der Verbraucher vollmachtlos vertreten wird, insbesondere dann nicht, wenn dies planmäßig vom Verkäufer (Bauträger, Strukturvertrieb) gewünscht wird. Anders ist es, wenn dieses Beurkundungsverfahren auf den ausdrücklichen Wunsch des materiell Beteiligten zurückgeht, etwa weil er die Anreise von einem auswärtigen Wohnort ablehnt. In diesen Fällen kann ein Vermerk in die Urkunde aufgenommen werden.

708c **Formulierungsbeispiel: Vollmachtlose Vertretung eines Verbrauchers**

Herr *** wird auf seinen ausdrücklichen Wunsch bei der heutigen Beurkundung vollmachtlos vertreten. Er bestätigt durch seine Nachgenehmigung, von dem Notar vor der heutigen Beurkundung den Vertragsentwurf erhalten zu haben mit der Aufforderung, von ihm gewünschte Änderungen mitzuteilen und eine telefonische Beratung des Notars in Anspruch zu nehmen.

Herr *** hat mit Schreiben vom *** bestätigt, dass er mit dem Inhalt des Vertrages und seiner vollmachtlosen Vertretung bei der Beurkundungsverhandlung einverstanden ist.

708d   Eine vollmachtlose Vertretung des Verbrauchers ist zulässig, wenn hierfür ein sachlicher Grund (auswärtiger Wohnort, Krankenhausaufenthalt) gegeben ist und das zu beurkundende Rechtsgeschäft eine besondere persönliche Beratung und Belehrung dieses Vertragsteils nicht erfordert (was regelmäßig beim Bauträgervertrag nicht der Fall ist).

709   Zum anderen soll der Notar (gemäß § 17 Abs. 2a S. 2 Nr. 2 BeurkG) darauf hinwirken, dass dem Verbraucher ausreichend Gelegenheit gegeben wird, sich vorab mit dem

---

[1568] *Brambring* FGPrax 1998, 201.

Gegenstand der Beurkundung auseinander zu setzen. Bei Verbraucherverträgen, die der Beurkundungspflicht nach § 311b Abs. 1 S. 1 und Abs. 3 BGB unterliegen, also Kaufverträgen über Grundstücke, Wohnungseigentum und Erbbaurechte, geschieht Letzteres nach dem Gesetzestext im Regelfall dadurch, dass dem Verbraucher der **beabsichtigte Text des Rechtsgeschäfts zwei Wochen vor der Beurkundung zur Verfügung** gestellt wird. Die Frist soll den Beteiligten Gelegenheit geben, den Vertragsentwurf genau zu studieren, aber auch sich über den Wert des Objektes und seine Tauglichkeit klar zu werden, die steuerlichen Folgen zu prüfen, die Höhe der Vorfälligkeitsentschädigung zu ermitteln, aber auch bauliche Untersuchungen vorzunehmen (Stichworte:[1569] Fundamente, Stahlträger, Schimmelbefall, Dachstuhl, Feuchtigkeitsschäden, Schall- und Wärmeschutz, Flachdächer, Asbest, gesundheitsgefährdende Holzbauteile) – alles Umstände, von denen der spontan handelnde Verbraucher möglicherweise laienhaft annimmt, sie würden vom Notar vorab geprüft oder mit begleitet. Die Anknüpfung an die Textübermittlung als Verbraucherschutzkriterium ist gleichwohl rechtspolitisch verfehlt, den Gefahren lauern nicht im (von erfahrener, sachkundiger und neutraler Hand verfassten) Vertragstext, sondern resultieren aus ungenügender tatsächlicher Befassung mit dem baulichen Zustand des Vertragsobjekts, seiner Umgebung, den WEG-Beschlüssen, dem (fehlenden) Wertsteigerungspotential, der Verlässlichkeit des Mieters, den Finanzierungsalternativen etc.

Die **2-wöchige Überlegungsfrist gilt** bspw. nicht bei der Bestellung von Grund- **710** pfandrechten, da die Pflicht zur Beurkundung dort nicht auf § 311b Abs. 1 BGB beruht, sondern auf § 794 Abs. 1 Nr. 5 ZPO. Die Maklerklausel „infiziert" einen nur unter Verbrauchern abgeschlossenen Kaufvertrag nur in den unter § 311b Abs. 1 BGB fallenden „Überwälzungsfällen" (→ Rn. 473). Ein **Rücktrittsrecht zugunsten des Verbrauchers** ist der gesetzlichen Vorgabe nicht gleichwertig.

Die Frist beträgt zwei Wochen. Unmittelbare höchstrichterliche Entscheidungen zur **711** Fristberechnung fehlen; der BGH[1570] rechnet den Zugangstag – wenn auch im Ergebnis nicht entscheidungserheblich – mit (Versand 30.3.2005/Beurkundung 12.4.2005: „ein Tag fehlt", dh am 13.4.2005 – selber Wochentag zwei Wochen nach Entwurfszugang – hätte beurkundet werden dürfen). Damit läge eine Ablauffrist iSd § 187 Abs. 2 BGB, keine Ereignisfrist iSd § 187 Abs. 1 BGB vor. In der Praxis sollte der Notar jedoch vorsichtigerweise bis zu einer noch deutlicheren Aussage des BGH stets „15 Tage" einhalten.[1571] In anderen Gesetzesfällen einer Rückwärts-Frist (zB § 132 Abs. 1 ZPO: „eine Woche vor der mündlichen Verhandlung" oder § 43 Abs. 1 S. 1 ZVG: „sechs Wochen vor dem Termin") geht die Praxis nämlich ebenfalls von einer Ereignisfrist aus (so dass 15 statt 14 Tage zu lesen ist); umgekehrt ordnet der Gesetzgeber allerdings auch in solchen Fällen zum Teil (§ 123 Abs. 1 S. 1 AktG: „dreißig Tage vor dem Tage der Versammlung") ausdrücklich an (§ 123 Abs. 1 S. 2 AktG), dass „der Tag der Einberufung nicht mitzurechnen ist", was überflüssig wäre, wenn ohnehin immer eine Ereignisfrist iSd § 187 Abs. 1 BGB vorläge, sofern der Beginn an ein Ereignis und nicht an ein Datum anknüpft. Die Fristverlängerung bei Samstagen, Sonn- und Feiertagen gemäß § 193 BGB findet jedenfalls nicht statt, auch auf den Vergleich der Uhrzeiten kommt es in keinem Fall an (Ausschluss der Naturalkomputation im BGB). Beim Versand per E-Mail tritt Zugang bereits ein, wenn die E-Mail abrufbereit im elektronischen Postfach des Empfängers eingeht.[1572] Beim Versand per Post wird der Notar mit dem Zugang am folgenden Werktag rechnen dürfen; Gewissheit hierüber kann er freilich nur durch Befragen des Verbrauchers (bei unterstellter wahrheitsgemäßer Beantwortung) erlangen, da

---

[1569] Vgl. die Zusammenstellung in: *Verbraucherzentrale,* Kauf eines gebrauchten Hauses, 8. Aufl. 2012, S. 33 ff.
[1570] BGH DNotI-Report 2018, 142 Rn. 4 und Rn. 18.
[1571] Ebenso *Herrler* in: DAI-Skript Aktuelle Probleme der notariellen Vertragsgestaltung im Immobilienrecht 2017/2018, S. 17 und mglw. auch LG Berlin 2.3.2012 – 82 OH 124/11 Tz. 14 (obiter), BeckRS 2012, 08540; *Armbrüster* FS 25 Jahre DNotI 2018, 287 (297): „analog § 187 Abs. 1 BGB".
[1572] So die hM bei § 130 Abs. 1 BGB; OLG München NZBau 2012, 460 (461).

das Gesetz weder eine Übermittlung mit dokumentierter Eingangsprüfung (etwa durch PZU oder Übergabeeinschreiben-Rückschein) vorsieht noch überhaupt eine Verwahrung der Versendungsdokumentation vorschreibt.

712   Eine **Pflicht zur Dokumentation der Fristwahrung** besteht (anders als bei Nichteinhaltung der Frist) nicht. Ebenso wenig ist der Notar verpflichtet zu prüfen, ob der Verbraucher den rechtzeitig übersandten Entwurf auch gelesen hat[1573] (anders im Falle der Nichteinhaltung der Frist, wo der Notar auch im eigenen Interesse die anderweitige Zweckerreichung des Übereilungsschutzes festzustellen hat), vgl. aber → Rn. 718.

713   Es ist also in **Ausnahmefällen** denkbar, zB bei in Grundstücksgeschäften versierten Verbrauchern,[1574] etwa aus Gründen der privaten Zeitplanung, zB gebuchte Urlaubsreise des Verbrauchers, Sorge vor einem anderweitigen Verkauf des Objektes[1575] gerade bei „Top-Immobilien" (Nachfragedruck),[1576] Erhöhung der Grunderwerbsteuer, Vermeidung der sog. „Neujahrsfalle", von der Regelfristvorgabe abzusehen, **falls** der Notar sich davon überzeugt hat, dass der Verbraucher sich mit dem Inhalt des Rechtsgeschäfts und der Investition ausreichend beschäftigt hat,[1577] also der vom Gesetz bezweckte Überlegungsschutz in anderer Weise gesichert ist.[1578] Ist letzteres gewährleistet, bedarf es nicht darüber hinaus (kumulativ) eines sachlichen Grundes (wichtigen äußeren Anlasses: Urlaub, Klinikaufenthalt etc) für die Fristunterschreitung;[1579] vielmehr liegt bereits in den Umständen, die den Übereilungsschutz gewährleisten, der sachliche Grund. Allein der äußere Termindruck (Grunderwerbsteuererhöhung, Zeitplanung des Verbrauchers etc) für sich, so nachvollziehbar die Motive auch sein mögen, vermag aber die Fristunterschreitung nicht zu rechtfertigen.[1580]

714   Maßgeblich für die vom Notar vorzunehmende[1581] Prüfung, ob der **Schutzzweck** der Wartefrist auch ohne ihren Ablauf **erreicht** wird, sind die Umstände des jeweiligen Einzelfalls, zB

(a) das Maß der Fristunterschreitung;
(b) die Komplexität des Rechtsgeschäfts bzw. des Investitionsvorgangs, auch der (geringe) wirtschaftliche Umfang des Rechtsgeschäfts;[1582]
(c) die rechtliche und wirtschaftliche Vorbildung und Erfahrung des Verbrauchers in Immobilienangelegenheiten, ggf. auch in Bezug auf den örtlich betroffenen Markt;

[1573] *Grziwotz* notar 2013, 343 (345).

[1574] KG DNotZ 2009, 47; aA *Grziwotz* ZflR 2009, 630.

[1575] KG DNotZ 2009, 47 erwähnt die „objektive Drittveräußerungsgefahr" als sachlichen Grund.

[1576] Hier verkehrt sich der Schutz vor dem Kauf sog. Schrottimmobilien in das Gegenteil, gerade auch in Konkurrenz zu unternehmerischen Aufkäufern!

[1577] *Renner* NotBZ 2013, 174 (176) empfiehlt hierzu folgenden Fragenkatalog: Seit wann interessiert sich der Verbraucher für die Immobilie? Wann fand die erste Besichtigung statt? Wurden Berater hinzugezogen? Ist die Frage der Finanzierung geklärt?

[1578] Dies ist nicht erfolgt im Sachverhalt KG DNotZ 2009, 47 (Beurkundung am Sonntag wenige Stunden nach der ersten Besichtigung des Objekts nur von außen).

[1579] BGH MittBayNot 2016, 79 mAnm *Meininghaus* mit Hinweis auf BT-Drs. 14/9266, 51, wonach ein „Abweichen möglich sein soll, wenn der Verbraucher den Text schon vorher vom Unternehmer erhalten hat *oder* wenn im Einzelfall Eile geboten, aber überlegtes Handeln gleichwohl sichergestellt ist"; vgl. auch *Cramer* DNotZ 2015, 725 (733).

[1580] So zu Recht *Cramer* DNotZ 2015, 725 (736); abschwächend *Eylmann/Vaasen/Frenz* BeurkG § 17 Rn. 39 g.

[1581] Der Notar darf sich dabei auf plausible Auskünfte des Verbrauchers verlassen, vgl. *Rieger* MittBayNot 2013, 329 (330); eine Ausforschung ist nicht angezeigt: *Heinze* ZNotP 2013, 122 (124 ff.) gegen *Junglas* NJOZ 2012, 561. Optimal ist es, diese Prüfung (zB telefonisch) schon vor dem ins Auge gefassten Beurkundungstermin durchzuführen, vgl. *Herrler* in: DAI-Skript Aktuelle Probleme der notariellen Vertragsgestaltung im Immobilienrecht 2015/2016, S. 8. Einen Fragenkatalog präsentiert *Renner* NotBZ 2013, 174 (176). Zusammenstellung der vertretenen Auffassungen, auch zu den möglichen Sachverhaltskonstellationen anderweitiger Zweckerreichung, im Internetgutachten des DNotI Nr. 141470, S. 9.

[1582] *Winkler* BeurkG § 17 Rn. 193 („Bagatellfälle").

(d) die bereits in weniger als 14 Tagen nach Erhalt durchgeführte Überprüfung und Kommentierung des Entwurfs durch einen sachverständigen Verbraucher;[1583]

(e) die Art und Anzahl der Besichtigungen des Vertragsobjektes durch den Verbraucherkäufer, ebenso der Zeitraum seit dem Erstkontakt mit dem Unternehmer;

(f) die konkrete, durch das Fachgespräch zu ermittelnde, qualifizierte Befassung des Verbrauchers mit dem in verkürzter Frist übersandten Entwurf;

(g) die erfolgte Einschaltung anderer Sachverständiger (Rechtsanwalt, Architekt etc), auch das Stattfinden eines Besprechungstermins beim Notar oder einem seiner Mitarbeiter;[1584]

(h) die „Ungefährlichkeit" des Unternehmers (insbesondere bei branchenfremden Geschäften: Landwirt veräußert Teilfläche);[1585]

(i) die zwar rechtzeitige, aber von dritter Seite, etwa vom anderen Vertragsbeteiligten bzw. einem Makler ausgehende, Übersendung;[1586]

(j) die Tatsache, dass der Verbraucher bereits den identischen Vertragstext für ein erworbenes Vorgängerobjekt 14 Tage lang prüfen konnte (Erwerb der zweiten Wohnung in der Anlage, Hinzuerwerb eines Stellplatzes etc);[1587] und schließlich

(k) der Umstand, dass die Finanzierungsgrundschuld im Termin mit bestellt wird, also offensichtlich die Finanzier- und Beleihbarkeit geklärt sind.

Keinesfalls allein ausschlaggebend ist der bloße Wunsch der Beteiligten als solcher, etwa um **715** eine bessere Vereinbarkeit mit der privaten Urlaubsplanung zu erreichen oder um bei vermeintlichen „Schnäppchen" zum Zuge zu kommen, ohne dass der Schutzzweck der Warteobliegenheit anderweitig erreicht wäre. Die Regelfrist steht nicht zur Disposition der Parteien selbst.[1588] Daher sind seit 1.10.2013, auch zum Schutz des Notars vor eigener **Haftung,**[1589] bei einer Nichteinhaltung der „Wartefrist" die Gründe in der Urkunde anzugeben („Gründe" im Sinne der gesetzlichen Bestimmung ist zu verstehen als „die Begründung", dh die Darlegung, wie der Notar zur Überzeugung gelangt ist, dass überlegtes Handeln gleichwohl sichergestellt ist). Dabei darf der Notar den Angaben der Beteiligten vertrauen.[1590]

Formulierungsbeispiel: Nichteinhaltung der Zwei-Wochen-Frist   **716**

Der Notar hat darauf hingewiesen, dass § 17 Abs. 2a BeurkG im Regelfall die Übersendung eines Entwurfes zwei Wochen vor der Beurkundung verlangt, um dem Verbraucher ausreichend Gelegenheit zu geben, sich vorab mit dem Gegenstand der Beurkun-

---

[1583] So der Sachverhalt in BGH DNotI-Report 2018, 142: fünf Tage nach Erhalt sendet der Verbraucher den Entwurf mit Änderungswünschen zurück und erhält vom Notar eine geänderte Fassung, „Anhaltspunkte, dass der Verbraucher noch weitere Zeit benötigt hätte, sind nicht ersichtlich." (Rn. 21).

[1584] *Brambring* ZfIR 2002, 597 (599); aA *Terner* NJW 2013, 1404 (1405).

[1585] *Rieger* MittBayNot 2002, 325 (326).

[1586] BT-Drs. 14/9266, 51, wonach ein „Abweichen möglich sein soll, wenn der Verbraucher den Text schon vorher vom Unternehmer erhalten hat"; zustimmend zitiert in BGH MittBayNot 2016, 79 mAnm *Meininghaus.*

[1587] *Heinze* ZNotP 2013, 122 (125); *Cramer* DNotZ 2015, 725 (734).

[1588] BGH MittBayNot 2013, 325 mAnm *Rieger* = ZfIR 2013, 427 mAnm *Grziwotz*: Notarhaftung iHd vom Verbraucher zur Auflösung des voreilig geschlossenen Vertrages zu leistenden Abstandszahlung, aufgewendeter Anwalts- und der Notarkosten; vgl. hierzu *Schlick* ZNotP 2013, 362.

[1589] Siehe den Fall des BGH aus der vorangehenden Fn.; freilich muss zusätzlich nachgewiesen werden, dass das Geschäft bei Einhaltung der Regelfrist nicht zustande gekommen wäre. Dabei soll den Notar überraschender Weise die Darlegungs- und Beweislast dafür treffen, dass der Verbraucher, wenn der Notar die Beurkundung pflichtgemäß abgelehnt hätte, diese nach Ablauf der Regelwartefrist genauso wie geschehen hätte vornehmen lassen: BGH DNotZ 2015, 792 Rn. 21. Der Notar droht zum Ausfallbürgen für wirtschaftlich gescheiterte Immobilieninvestitionen zu werden. Die Instanzgerichte sind mit einer großzügigeren Berücksichtigung des Einwands rechtmäßigen Alternativverhaltens iRd durch § 287 ZPO gebotenen Würdigung aller Umstände näher an der Praxis; die hiergegen erhobenen Nichtzulassungsbeschwerden weist der BGH regelmäßig zurück, vgl. *Herrmann* in: DAI-Skript 16. Jahresarbeitstagung des Notariats, 2018, S. 878.

[1590] LG Paderborn MittBayNot 2017, 294.

dung auseinander zu setzen. Diese Frist ist bisher nicht abgelaufen, sodass der Notar dringend empfohlen hat, die Beurkundung zu verschieben. Der Verbraucher besteht jedoch auf der heutigen Beurkundung und erklärt, er sei sich über die rechtliche und wirtschaftliche Tragweite des Geschäftes im Klaren und wisse auch, dass der Notar Wert, Beschaffenheit und Finanzierbarkeit des Objektes nicht prüft. Auch die Vereinbarung eines befristeten Rücktrittsrechts werde nicht gewünscht. Der Notar hat sich durch Befragen davon überzeugt, dass der Betroffene den vor *** Tagen erhaltenen Entwurf gelesen und verstanden hat, er das Objekt aus eigener Anschauung kennt und die Finanzierung geklärt habe. *[ggf.: weitere Schilderung zu den in → Rn. 714 genannten Umständen]*

717   Mit Wirkung vom 1. 10. 2013 wurde § 17 Abs. 2a S. 2 Nr. 2 BeurkG dahingehend verschärft, dass

(a) die Übersendung des Entwurfs durch den Notar (bzw. seine Mitarbeiter) selbst – also nicht durch den Makler, Verkäufer oder die Vertriebsorganisation – zu erfolgen habe. Der Notar soll dadurch bereits im Vorfeld, zur Überwindung einer „Beratungsisolation", als die für den Vertrag verantwortliche Person wahrgenommen werden. Es ist ratsam (gleichwohl freilich nicht vorgeschrieben!), das Datum der Übermittlung im Urkundseingang wiederzugeben, so dass die Unterschrift des Verbrauchers auch diesen Sachverhalt bestätigt. Weiterhin sind (anders als früher)

(b) die Gründe für eine etwaige Fristunterschreitung in der Urkunde anzugeben. Dadurch wird sichergestellt, dass der Verbraucher (als Folge des Verlesens) Kenntnis von der zweiwöchigen Prüffrist erhält; ferner wird die spätere Wahrnehmung der Dienstaufsicht erleichtert. Ein wiederholter grober Pflichtverstoß kann in Ausnahmefällen (vor allem auch materieller Verbraucherschädigung) zur behördlichen Amtsenthebung führen (Änderung des § 50 Abs. 1 Nr. 9b BNotO).

718   **Formulierungsbeispiel: Einhaltung der Zwei-Wochen-Frist**

Ↄ Der Käufer [*Alt.:* Verkäufer] bestätigt, dass ihm gemäß § 17 Abs. 2a BeurkG mindestens zwei Wochen vor der heutigen Beurkundung (nämlich per Post/Fax/E-Mail am ***) der beabsichtigte Text des Vertrages zur Prüfung und Durchsicht durch das Notariat zur Verfügung gestellt wurde, so dass er ausreichend Gelegenheit hatte, sich mit dem Gegenstand der Urkunde [*ggf.: beim Käufer:* und der geplanten Investition] auseinander zu setzen.

J. Miteigentümervereinbarung, § 1010 BGB

719 Erwerben mehrere Käufer ein Grundstück zu Bruchteilen (§ 741 BGB), können sie nach § 745 BGB die Verwaltung und Benutzung regeln und/oder nach § 749 Abs. 2 BGB das Recht, die Aufhebung der Gemeinschaft zu verlangen, für immer oder auf Zeit ausschließen. Haben die Miteigentümer eines Grundstücks die Verwaltung und Benutzung geregelt oder das Recht, die Aufhebung der Gemeinschaft zu verlangen, ausgeschlossen, so wirkt die getroffene Bestimmung gegen den Sondernachfolger eines Eigentümers nur, wenn sie als Belastung des Anteils im Grundbuch eingetragen ist (§ 1010 Abs. 1 BGB).

> **Praxishinweis Steuern:**
> Diese Vereinbarungen finden nach zutreffender Auffassung des FG München auch steuerlich Anerkennung.[1591] Ob dies nach der restriktiven Entscheidung des BFH zum ähnlich gelagerten Fall des Sondernutzungsrechtes[1592] noch gilt, ist aber nicht gesichert. Im Zweifel sollte nach Möglichkeit eine verbindliche Auskunft des Finanzamtes eingeholt werden. Relevant ist die Frage steuerlich vor allem bei gemischt genutzten Grundstücken, die von einem Miteigentümer zu privaten Zwecken, von einem anderen Miteigentümer aber zu betrieblichen Zwecken genutzt werden.

Die Vereinbarung kann zugunsten eines von mehreren, aber auch zugunsten aller anderen Miteigentümer getroffen und eingetragen werden, jedoch nicht zugunsten eines Dritten. Typische Beispiele für eine Vereinbarung im vorgenannten Sinne sind ein Wegegrundstück oder ein Grundstück, das als Garagenhof oder Grünfläche genutzt wird und neben dem Hausgrundstück von mehreren Käufern zu Bruchteilen erworben wird. Kaufen zwei Käufer ein Zweifamilienhaus, das nicht in Wohnungseigentum aufgeteilt werden soll, werden sie eine Nutzungsvereinbarung in der Weise treffen, dass jeweils ein Käufer das Nutzungsrecht an einer Wohnung erhält. **720**

Eintragungsfähig ist die Vereinbarung der Miteigentümer eines Grundstücks, mit der das Recht, die jederzeitige Aufhebung der Gemeinschaft zu verlangen, ausgeschlossen wird (möglich ist auch der Ausschluss für bestimmte Zeit),[1593] auch die Vereinbarung, nach der die Benutzung des Hauses nach Stockwerken und Räumen, des Gartens etc in der Weise geregelt ist, dass jeweils einem Miteigentümer die ausschließliche Nutzung zusteht. Bei einem gemeinschaftlichen Grünflächengrundstück kann eine anderweitige Nutzung ausgeschlossen werden. **721**

Nicht eintragungsfähig sind Vereinbarungen, nach denen das Recht, die Aufhebung der Gemeinschaft aus wichtigem Grund zu verlangen, ausgeschlossen wird; Vereinbarungen über die Durchführung der Teilung des Grundstücks;[1594] Absicherung eines Bebauungsrechts.[1595] Auch die besonders praxiswichtigen **Kosten- und Lastenregelungen** zählen, da nicht Gegenstand der „Verwaltung", nach hM[1596] nicht zu grundbuchtauglichen Vereinbarungen iSd § 1010 BGB. Sie bedürfen also der ausdrücklichen Vertragsübernahme. Rechtsnachfolgeklauseln sorgen für eine Basisabsicherung; vorsichtigere Gestalter knüpfen die Ausübung der gemäß § 1010 BGB gesicherten Nutzungsrechte an den Eintritt in die Verpflichtung zur Tragung der zugeordneten Kosten und Lasten bzw. deren tatsächliche Erfüllung.[1597] Im Verhältnis zu Dritten (zB Erschließungsträgern) bleiben die Miteigentümer ohnehin stets Gesamtschuldner, anders als bei der Aufteilung nach WEG. **722**

Belastungsgegenstand kann nur der Anteil eines Miteigentümers sein; die Vereinbarung kann daher erst mit Eigentumsumschreibung auf den Bruchteilseigentümer erfolgen. Die Eintragungsbewilligung muss den zu belastenden Anteil, den Berechtigten und die als Belastung einzutragende Verwaltungs- und/oder Nutzungsregelung und/oder den vereinbarten Ausschluss des Aufhebungsrechts bestimmt bezeichnen. Zur Bezeichnung des Berechtigten genügt die Angabe „zugunsten der jeweiligen Eigentümer der übrigen Miteigentumsanteile des Grundstücks". **723**

[1591] FG München MittBayNot 2008, 77.
[1592] BFH DStR 2018, 2325.
[1593] BayObLG DNotZ 1999, 1011.
[1594] OLG Köln DNotZ 1971, 373; OLG Frankfurt a.M. Rpfleger 1976, 397.
[1595] DNotI-Report 1997, 33.
[1596] OLG Hamm DNotZ 1973, 549; *Schnorr*, Die Gemeinschaft nach Bruchteilen, 2004, S. 276f.; *Erman/Aderhold* BGB § 1010 Rn. 4 mwN; aA BayObLG DNotZ 1993, 391 und OLG Hamm RNotZ 2011, 344, jedenfalls sofern die Benutzungs- und die Kostenregelung nur als einheitliche gewollt seien.
[1597] Vgl. *Tschon* RNotZ 2006, 222.

724 Formulierungsbeispiel: Miteigentümervereinbarungen mit Trennung von
Nutzungs- und Kostenbereichen

Die beteiligten Käufer wurden auf die gesetzlichen Regelungen hinsichtlich des Miteigentums hingewiesen. Vereinbarungen hierzu werden wie folgt getroffen:

a) Das Recht jedes Miteigentümers, die Aufhebung der Gemeinschaft aus einem anderen als einem wichtigen Grunde zu verlangen, ist für immer ausgeschlossen.

b) Der jeweilige Inhaber des Miteigentumsanteils, der in heutiger Urkunde durch Herrn A erworben wird („Anteil A") ist zur ausschließlichen Benutzung des im beigefügten Lageplan rot gekennzeichneten Grundstücksteils, der jeweilige Inhaber des heute von Herrn B erworbenen Anteils („B") zur ausschließlichen Benutzung des im Plan grün gekennzeichneten Grundstücksteils berechtigt. Die Ausübung dieser Berechtigung ist jedoch daran geknüpft, dass auch die Kosten und Lasten der Unterhaltung, Instandhaltung und Instandsetzung, Verkehrssicherung und Haftung für diese Flächen durch den jeweiligen Inhaber des Anteils A bzw. B getragen werden bzw. sich ein Rechtsnachfolger hierzu verpflichtet. Im Verhältnis zueinander gelten die Bestimmungen des öffentlich-rechtlichen und bürgerlich-rechtlichen Nachbarrechtes, wie wenn es sich um selbstständige Grundstücke handeln würde. Die nicht farblich gekennzeichnete Zugangsfläche steht zur gemeinschaftlichen Nutzung zur Verfügung; bauliche Veränderungen auf dieser Fläche sind nur einvernehmlich möglich. Deren Kosten und Lasten im obigen Sinne tragen – soweit sie nicht als Beschädigungen dem Verursacher zugeordnet werden können – die Anteilsinhaber A und B als Voraussetzung der Nutzungsausübung je hälftig.

c) Auf Verlangen eines jeden Anteilsinhabers ist auf je hälftige Kosten die Vermessung und Zerlegung in drei Grundstücke im je alleinigen Eigentum des Anteilsinhabers A und B bzw. in deren je hälftigem Miteigentum herbeizuführen.

Die Eintragung dieser Vereinbarung nach §§ 749, 1010 BGB an nächstoffener Rangstelle im Grundbuch als Belastung des jeweiligen Miteigentumsanteils zugunsten des jeweiligen Inhabers der anderen Miteigentumsanteile wird

bewilligt

und beantragt Zug-um-Zug mit Eigentumsumschreibung auf den Käufer (verbundener Antrag iSd § 16 Abs. 2 GBO).

Wechselseitige Vorkaufs- oder Ankaufsrechte werden nicht gewünscht.

6. Teil. Kaufverträge mit Besonderheiten bei der Kaufpreiszahlung

A. Übernahme von Darlehensverbindlichkeiten des Verkäufers in Anrechnung auf den Kaufpreis

725 Die Übernahme eines auf dem Kaufgrundstück durch Grundpfandrecht gesicherten Darlehens in Anrechnung auf den Kaufpreis[1598] kann im Interesse sowohl des Verkäufers als auch des Käufers liegen. Bei langer Restlaufzeit des Darlehens spart der Verkäufer eine uU beträchtliche Vorfälligkeitsentschädigung (der Käufer zahlt allerdings einen höheren als den aktuellen Zins); der Käufer spart die Kosten einer Neufinanzierung (Wertgutachten, Notar- und Gerichtskosten). Beim Kauf eines Erbbaurechts entfällt die Zustimmung des Grundstückseigentümers zur Belastung des Grundstücks (und etwa erforderliche Vorrangseinräumungserklärungen, Stillhalteerklärungen etc). Von dieser Fallgestaltung zu unterscheiden ist die in der Praxis weit häufigere Übernahme einer Grundschuld durch den Käufer, die nicht mehr valutiert, oder deren gesicherte Darlehnsverbindlichkeit des Ver-

---

[1598] „Schuldübernahme": *Ogilvie* MittRhNotK 1990, 145; *Krauß* Immobilienkaufverträge Rn. 1502 ff.

käufers abgelöst wird (→ Rn. 737 ff.), zur „Neuvalutierung". *Amann*[1599] rät zu einer allgemein gefassten Verpflichtung zur Freistellung des Verkäufers statt einer Schuldübernahme, um so dem Käufer die spätere Entscheidung zu überlassen, ob er mit dem Gläubiger eine befreiende Schuldübernahme vereinbart oder die Verbindlichkeit tilgt und den Kaufpreis finanziert.

Wird die Schuldübernahme zwischen Verkäufer und Käufer vereinbart, hängt ihre   726
Wirksamkeit von der Genehmigung des Gläubigers ab (§ 415 Abs. 1 S. 1 BGB). Nach
§ 416 BGB kann der Gläubiger die Schuldübernahme nur genehmigen, wenn der Käufer
sie ihm mitteilt; die Mitteilung kann erst erfolgen, wenn der Käufer als Eigentümer im
Grundbuch eingetragen ist. Die gesetzliche Regelung und der Umstand, dass keine Bank
unbesehen einen guten Schuldner gegen einen schlechten tauscht, sollte für den Notar
Anlass sein, den Beteiligten zu raten, vor der Beurkundung des Kaufvertrages die Schuldübernahme mit der Bank abzustimmen, und die Zustimmung des Gläubigers nur nach
§ 415 BGB, nicht nach § 416 BGB einzuholen.

Checkliste: Schuldübernahme   727

(1) Stellt die Bank die Genehmigung zur Schuldübernahme zu den bisherigen Konditionen in Aussicht?
(2) Wie hoch sind die Zinsen? In welcher Höhe fällt eine Bearbeitungsgebühr an?
(3) Verlangt die Bank im Zusammenhang mit der Schuldübernahme ein persönliches Schuldanerkenntnis mit Zwangsvollstreckungsunterwerfung? Das ist regelmäßig der Fall. Es löst allerdings zusätzliche Notarkosten aus, da es sich um einen gemäß § 110 Nr. 2a GNotKG verschiedenen Beurkundungsgegenstand handelt.
(4) Erteilt die Bank Löschungsbewilligung für den nicht mehr valutierenden letztrangigen Teilbetrag des Grundpfandrechts?
(5) Wie hoch ist der Schuldenstand zum Übernahmestichtag?
(6) Ist die Bank bereit, einem weiteren Finanzierungsgrundpfandrecht des Käufers (der Gläubiger verlangt erstrangige Eintragung) den Vorrang einzuräumen?

Eine Amtspflicht des Notars, mit den Beteiligten die Frage zu erörtern, ob der Gläubi-   728
ger der Schuldübernahme zustimmen wird, besteht grundsätzlich nicht.[1600]

Ist diese Frage bei Abschluss des Kaufvertrages nicht oder nicht vollständig geklärt, soll-   729
te im Vertrag vorsorglich dem Fall Rechnung getragen werden, dass die Bank die Schuldübernahme nicht genehmigt und das Darlehen aus Anlass der Veräußerung des Grundstücks fristlos kündigt.[1601] Ist für den Käufer entscheidend, dass er das zinsgünstige
Darlehen übernehmen kann, sollte ihm für den Fall der Nichterteilung der Genehmigung
ein Rücktrittsrecht vorbehalten werden, andernfalls ist er zu verpflichten, das Darlehen in
Anrechnung auf den Kaufpreis abzulösen.

Wird die Genehmigung zu der im Grundstückskaufvertrag unter Anrechnung auf den   730
Kaufpreis vereinbarten Übernahme einer durch Grundpfandrecht gesicherten Darlehensverbindlichkeit des Verkäufers vom Gläubiger verweigert, so ist entgegen der Auslegungsregel des § 415 Abs. 3 BGB eine bloße Erfüllungsübernahme auch dann nicht gewollt,
wenn Verkäufer und Käufer für diesen Fall zwar keine ausdrückliche anderweitige Regelung getroffen haben, jedoch aus dem Vertrag hervorgeht, dass der Käufer das Risiko eines Scheiterns der Schuldübernahme tragen soll.[1602] Dieses Ergebnis fordert das Interesse
des Verkäufers, der bei verweigerter Genehmigung allein durch die Ablösung des Darlehens aus dem Kaufpreis Befreiung von seiner Verbindlichkeit erhält.

[1599] MittBayNot 2002, 245.
[1600] KG DNotZ 1972, 250.
[1601] Fristlose Kündigung ist zulässig, BGH DNotZ 1980, 475.
[1602] BGH DNotZ 1992, 27.

731 Umstritten ist, ob auf die zwischen dem Veräußerer als Altschuldner und dem Erwerber als Übernehmer vereinbarte Schuldübernahme §§ 491 ff. BGB (Verbraucherdarlehensrecht) entsprechend anwendbar sind. Dies wird überwiegend verneint,[1603] ist aber nicht höchstrichterlich geklärt. Anders als bei der Schuldübernahme nach § 414 BGB oder einer Vertragsübernahme durch dreiseitige Vereinbarung unter Einbeziehung des Gläubigers[1604] besteht bei der privaten Schuldübernahme nach § 415 BGB nur ein Vertrag zwischen Altschuldner und Übernehmer, auf den die Vorschriften der §§ 491 ff. BGB mangels Kreditgebereigenschaft des Altschuldners nicht analog angewendet werden können. Etwas anderes gilt, wenn die Schuldübernahme auf der Initiative des Kreditgebers beruht. Dies ist aber bei der Übernahme einer durch Grundpfandrecht gesicherten Schuld nach § 416 BGB regelmäßig nicht der Fall.

732   Dagegen sind die vorgenannten Vorschriften auf den **Schuldbeitritt** (Schuldmitübernahme) zu einem Kreditvertrag entsprechend anwendbar,[1605] auch auf eine befreiende Schuldübernahme durch Vertrag zwischen Kreditgeber und Neuschuldner gemäß § 414 BGB. Die Entlassung eines Gesamtschuldners aus der Mithaft fällt dagegen nicht unter diese Vorschriften.

733 **Formulierungsbeispiel: Befreiende Schuldübernahme**

Ein Kaufpreisteil von *** EUR soll dadurch getilgt werden, dass der Käufer die durch das Grundpfandrecht Abt. III lfd. Nr. *** gesicherten Verbindlichkeiten samt etwaigen Rückständen auf seine Kosten anstelle des bisherigen Schuldners in schuldbefreiender Weise zur Verzinsung und Tilgung ab dem Tage der Fälligkeit der ersten Kaufpreisrate übernimmt. Gelangt der Vertrag nicht zur Durchführung, ist er hiervon wieder rückwirkend freizustellen.

Für die Anrechnung der Schuldübernahme auf den Kaufpreis ist der vom Gläubiger zum Übernahmestichtag geforderte Betrag verbindlich. Etwaige Abweichungen von dem heute angenommenen Betrag sind bei der Kaufpreisrestzahlung zu berücksichtigen. Etwaige für die Schuldübernahme in Rechnung gestellte Gebühren gehen zu Lasten des Verkäufers; trägt sie der Käufer, sind sie mit dem Anrechnungsbetrag zu berücksichtigen.

Die Konditionen der zu übernehmenden Verbindlichkeiten (Zinsen, Laufzeit, Tilgungsmöglichkeiten, Kosten etc) sind den Beteiligten nach Angabe bekannt. Der beurkundende Notar kennt diese nicht; er hat jedoch auf die mögliche Anwendbarkeit der gesetzlichen Regelung über Verbraucherdarlehensverträge sowohl auf den bisherigen Schuldvertrag als auch auf die Vertragsübernahme und die daraus resultierenden Folgen, insbes. das Widerrufsrecht des Schuldübernehmers, hingewiesen.

Der Verkäufer tritt aufschiebend bedingt auf die Genehmigung der Schuldübernahme und Zahlung etwaigen Restkaufpreises, spätestens jedoch mit Eigentumsumschreibung, alle Rechte und Ansprüche, die ihm am Tage der Eigentumsumschreibung an dem vom Käufer übernommenen Grundpfandrecht zustehen, an den Käufer ab; der Käufer nimmt die aufschiebend bedingte Abtretung an. Der Verkäufer bewilligt, sie in das Grundbuch einzutragen; Antrag wird insoweit derzeit nicht gestellt.

Der Käufer anerkennt – mehrere als Gesamtschuldner – dem Grundpfandrechtsgläubiger einen Geldbetrag in Höhe des Grundpfandrechtsnennbetrages und der Zinsen und Nebenleistungen ab dem Datum der Grundbuchbewilligung in der Weise zu schulden, dass dieses Anerkenntnis die Zahlungsverpflichtung selbstständig begründet. Er unterwirft sich der sofortigen Vollstreckung aus dieser Urkunde in sein Vermögen sowie als künftiger Eigentümer in den Grundbesitz mit der Maßgabe, dass vollstreckbare Ausferti-

---

[1603] OLG Düsseldorf MittBayNot 2001, 313; *Kurz* DNotZ 1997, 552; *Volmer* WM 1999, 212.
[1604] Insoweit bejahend BGH NJW 1999, 2664.
[1605] BGH DNotZ 1998, 29; NJW 2000, 3133; NJW 2006, 431.

gung frühestens ab Genehmigung der Schuldübernahme oder schriftlicher Mitteilung des Käufers über die Neuvalutierungsabsicht erteilt werden darf und die dingliche Vollstreckung gegen den jeweiligen Eigentümer zulässig ist (§ 800 Abs. 1 ZPO).

Der Notar wird damit beauftragt, diese Schuldübernahme dem Gläubiger unter Übersendung einer Ausfertigung der heutigen Urkunde gemäß § 415 Abs. 1 BGB mitzuteilen und dessen Genehmigung für die Beteiligten zu beantragen und entgegenzunehmen. In der Erklärung sind zugleich die Zweckerklärungen dahingehend anzupassen, dass diese Grundpfandrechte künftig nur noch für die Verbindlichkeiten der Schuldübernehmer haften, bis zur Eigentumsumschreibung nur mehr für den übernommenen Kredit. Die Entlassung des Verkäufers aus Schuldanerkenntnissen und persönlichen Vollstreckungsunterwerfungen im zu übernehmenden Grundpfandrecht hat der Notar nicht zu betreiben.[1606]

Sollte die Genehmigung der Schuldübernahme verweigert oder nur unter Bedingungen genehmigt werden, denen der Käufer nicht zustimmt, ist der Kaufpreis auch insoweit durch unmittelbare Zahlung zu erbringen. Er ist fällig binnen 14 Tagen, nachdem der Notar dem Käufer schriftlich bestätigt hat, dass bezüglich des betreffenden Grundpfandrechtes Löschungsbewilligung vorliegt unter Zahlungsauflagen, die aus dem Kaufpreis erfüllbar sind. Sofern der Käufer dem Notar vorher schriftlich die Absicht mitgeteilt hat, das Grundpfandrecht dinglich zur eigenen Neuvalutierung übernehmen zu wollen, tritt an die Stelle der Löschungsbewilligung die Nichtvalutierungsbestätigung unter gleichzeitiger Entlassung des Verkäufers aus persönlichen Haftungen und Anpassung der Sicherungsvereinbarung. Der Verkäufer hat gegen den Käufer nur Anspruch auf Erfüllung dieser Gläubigerauflagen, die der Notar ohne weitere Prüfung dem Käufer mitteilt, nicht auf Zahlung an sich oder sonstige Dritte.

Notwendig ist die Angabe eines **Datums,** zu dem die Schuldübernahme erfolgt. Dieser **734** Zeitpunkt sollte so gewählt werden, dass auch die Voraussetzungen für die Fälligkeit des bar zu zahlenden Kaufpreisteils mit großer Sicherheit vorliegen. Beurkundungspflichtig ist die Schuldübernahme als solche; eine Mitbeurkundung des Darlehensvertrages oder der Grundschuldbestellungsurkunde ist nicht erforderlich.[1607] Da die Urkunde Vollstreckungstitel für den Gläubiger ist, muss sie alle für die Vollstreckung maßgeblichen Angaben enthalten. Da das abstrakte Schuldanerkenntnis des Käufers in aller Regel dem Nennbetrag des Grundpfandrechts und der Höhe der eingetragenen Zinsen und Nebenleistungen entspricht, sind diese Angaben aus dem Grundbuch zu übernehmen.[1608]

Solange zur Fallgruppe der bilateralen Vertragsübernahme mit bloßer Genehmigung **735** durch den Gläubiger noch keine höchstrichterliche Rechtsprechung zur Frage der Anwendbarkeit des Verbraucherdarlehensrechtes vorliegt, weichen vorsichtige Gestalter auf die **bloße Freistellungspflicht** (Erfüllungsübernahme gemäß § 329 BGB) aus. Sie ist beim Überlassungsvertrag und der Auseinandersetzungsvereinbarung der direkten, zudem weit weniger flexiblen Schuldübernahmevereinbarung vorzuziehen, trifft allerdings beim Kaufvertrag nicht immer die wirtschaftlichen Interessen des Käufers, da dieser gerade an dem bisherigen, günstigen Zinssatz des Veräußererdarlehens interessiert war, als zur Freistellung Verpflichteter an den Kauf aber auch dann gebunden ist, wenn die ins Auge gefasste Schuldübernahme nicht stattfinden kann. Viele Verkäufer werden darauf jedoch bestehen, um nicht dem Risiko ausgesetzt zu sein, dass ihm, dem Verkäufer, der bereits „abgehakte" Kredit aufgrund späteren Widerrufs des Käufers wieder „auf die Füße fällt", mutmaßlich nachdem er das Eigentum bereits zur Übertragung freigemeldet hat; ferner wirkt der günstige Darlehenszins als Stimulans für den Käufer, sich beim Gläubiger ge-

---

[1606] Die Formulierung geht davon aus, dass der Verkäufer dem Kreditinstitut noch andere Beträge schuldet, wegen derer die persönliche Vollstreckungsunterwerfung aufrechterhalten werden muss.
[1607] BGH NJW 1994, 1347.
[1608] Vgl. *Ogilvie* MittRhNotK 1990, 145.

bührend „ins Zeug zu legen" und damit dem Verkäufer die Vorfälligkeitsentschädigung (und die Kosten der Grundschuldlöschung) zu ersparen. Die Vereinbarung einer Freistellungspflicht wäre etwa wie folgt zu formulieren:

735a **Formulierungsbeispiel: Erfüllungsübernahme**

[Die Regelung zur Fälligkeitsmitteilung des Notars umfasst die Eintragung der Eigentumsvormerkung, Vorkaufsrechtsnegativerklärungen und das Vorliegen der Lastenfreistellungsunterlagen (ggf. unter Treuhandauflagen) für alle Rechte mit Ausnahme desjenigen, auf das sich das potentielle Übernahmeinteresse des Käufers bezieht.]

Der Kaufpreis kann nur durch Erfüllung etwaiger Lastenfreistellungsauflagen erbracht werden, ist also bei Fälligkeit zweckgebunden zu überweisen, ohne dass der Zahlungsempfänger hieraus eigene Rechte erwirbt. Der Restbetrag nach Berücksichtigung etwaiger solcher Treuhandauflagen ist zu überweisen auf das Konto des Verkäufers IBAN ***, allerdings erst dann, wenn entweder die nachgenannte „Gläubigerbestätigung" vorliegt (unter Reduzierung des Restbetrages um den dadurch als getilgt geltenden Betrag) oder der Notar die „ergänzende Fälligkeitsvoraussetzung" bescheinigt hat, dann nach Maßgabe dieser Bescheinigung.

Insoweit gilt: Der Verkäufer ist Schuldner einer Verbindlichkeit in Höhe von derzeit *** EUR bei der *** Bank, besichert durch das Grundpfandrecht Abteilung III Nr. 7. In dieser Höhe leistet der Käufer den Kaufpreis dadurch, dass er den Verkäufer hiervon mit Wirkung ab Eintritt der vorbeschriebenen Kaufpreisfälligkeit (= Stichtag) freistellt. Dem Käufer steht es frei, dies zu bewirken, indem er mit dem Gläubiger eine befreiende Schuldübernahme vereinbart oder indem er die Verbindlichkeit tilgt und mit diesem oder einem anderen Gläubiger ausschließlich im eigenen Namen eine neue Darlehensverbindlichkeit begründet oder indem er auf andere Weise die Freistellung des Verkäufers herbeiführt.

Hierbei handelt es sich um eine wesentliche Pflicht des Käufers, deren Erfüllung er dem Verkäufer und dem Notar innerhalb von 45 Tagen ab Erhalt der notariellen Bescheinigung über das Vorliegen der Fälligkeitsvoraussetzungen durch Bestätigung des Gläubigers nachzuweisen hat. Die Gläubigerbestätigung darf allenfalls an die Bedingung geknüpft sein, dass
(a) der Käufer im Grundbuch als Eigentümer eingetragen werden wird und/oder
(b) das betroffene Grundpfandrecht Abteilung III Nr. 7 durch den Käufer in dinglicher Weise übernommen wird.

Sie hat anzugeben, ob die Freistellungsverpflichtung durch
i) Übernahme der bestehenden Schuld, oder
ii) durch deren Tilgung erfüllt wurde

und den Betrag der im Falle (i) übergehenden Valuta, im Falle (ii) aufgewendeten Tilgungsleistung. In dieser Höhe gilt der Kaufpreis als getilgt.

Der Verkäufer tritt aufschiebend bedingt auf die Eigentumsumschreibung, alle Rechte und Ansprüche, die ihm am Tage der Eigentumsumschreibung an dem vom Käufer etwa übernommenen Grundpfandrecht zustehen, an den Käufer ab; der Käufer nimmt die aufschiebend bedingte Abtretung an. Der Verkäufer bewilligt, sie in das Grundbuch einzutragen; Antrag wird insoweit derzeit nicht gestellt.

Der Käufer anerkennt – mehrere als Gesamtschuldner – dem Grundpfandrechtsgläubiger Abteilung III Nr. 7 einen Geldbetrag in Höhe des Grundpfandrechtsnennbetrages und der Zinsen und Nebenleistungen ab dem Datum der Grundbuchbewilligung in der Weise zu schulden, dass dieses Anerkenntnis die Zahlungsverpflichtung selbstständig begründet. Er unterwirft sich der sofortigen Vollstreckung aus dieser Urkunde in sein Vermögen sowie als künftiger Eigentümer in den Grundbesitz mit der Maßgabe, dass vollstreckbare Ausfertigung frühestens ab Vorliegen der genannten Gläubigerbestätigung samt Bedingung (b) erteilt werden darf und die dingliche Vollstreckung gegen den jeweiligen Eigentümer zulässig ist (§ 800 Abs. 1 ZPO). Der Notar hat den Käufer auf die durch dieses Schuldanerkenntnis samt Vollstreckungsunterwerfung eintretende Erhöhung der Notargebühren hingewiesen; der Käufer wünscht sie gleichwohl, da er davon ausgeht, künftig mit dem betreffenden Gläubiger in einem Darlehensverhältnis zu stehen, das eine solche Besicherung verlangt.

Liegt die Gläubigerbestätigung – allenfalls unter den genannten Bedingungen – nicht innerhalb der genannten Frist vor, hat der Notar eine Löschungsbewilligung des Gläubigers Abteilung III Nr. 7 in grundbuchmäßiger Form einzuholen. Dem Verkäufer ist bewusst, dass diese Dokumente unter Zahlungsauflagen stehen werden, deren Höhe (insbesondere wegen der zusätzlich zu entrichtenden Vorfälligkeitsentschädigung) den derzeitigen oben genannten Darlehensbetrag übersteigt. Das Vorliegen dieser „ergänzenden Fälligkeitsvoraussetzung" und die Lastenfreistellungsauflage teilt der Notar dem Käufer mit; der Kaufpreis ist dann in Höhe der weiteren Lastenfreistellungsauflage zweckgebunden durch deren Erfüllung, im Übrigen durch Zahlung unmittelbar an den Verkäufer auf dessen oben genanntes Konto zu erbringen.

[Hinsichtlich der „Auflassungssperre" ist abzustellen auf die Bestätigung des Verkäufers, von der Verbindlichkeit befreit zu sein und im Übrigen den Kaufpreis erhalten zu haben, alternativ die entsprechenden Bankbestätigungen des Käufers.]

Mit dem Übergang der Verbindlichkeit und dem Fortbestand der Grundschuld zu **736** deren dinglichen Sicherung ist **keine Änderung des Sicherungsvertrages** verbunden. Sofern bisher eine „enge Fassung" der Zweckbestimmungserklärung galt, also die Verwertung der Grundschuld beschränkt war auf Rückstände ausschließlich des nunmehr zu übernehmenden Kredites, kann sie in dieser Form bestehen bleiben – aus der bisherigen Sicherungsabrede kann der neue Eigentümer Einreden gegen eine aus der fortbestehenden Grundschuld gegen ihn betriebene Inanspruchnahme freilich nur dann erheben, wenn die Rückgewähransprüche an ihn abgetreten wurden.[1609] Auf jeden Fall wird eine künftige Anpassung erforderlich werden, wenn der übernommene Kredit getilgt ist. Dies kann jedoch unmittelbar zwischen Gläubiger und Erwerber stattfinden. Gefährlich ist der Fortbestand der bisherigen Zweckvereinbarung allerdings dann, wenn diese – wie bisher häufig noch üblich – in „weiter Fassung" alle Ansprüche aus der gesamten Geschäftsverbindung zwischen Gläubiger und bisherigem Schuldner (Verkäufer) absicherte.

B. Übernahme von Grundschulden (ohne gesicherte Darlehen)

Die Übernahme eines Grundpfandrechts gegen Ablösung der Verbindlichkeiten des Ver- **737** käufers ist praktisch nur bei der Grundschuld sinnvoll. Sie kommt in aller Regel dann in Betracht, wenn der Käufer den Kaufpreis mit dem eingetragenen Grundschuldgläubiger finanziert (ansonsten Abtretung an den Finanzierungsgläubiger). Verkäufer und Käufer haben regelmäßig allein aus Kostengründen (Ersparnis der Kosten der Löschung und der Neubestellung einer Grundschuld) ein Interesse an der Übernahme einer Grundschuld. Gleichwohl sollte der Notar grundsätzlich nicht dazu raten, zumal die Kostenersparnis gering ist. Für das von der Bank geforderte Schuldanerkenntnis (mit Zwangsvollstreckungsunterwerfung) des Käufers fällt in jedem Fall eine 1,0-Gebühr an, vgl. §§ 94 Abs. 1, 110 Nr. 2a GNotKG. Die Übernahme der Grundschuld verlangt neben der Abtretung der Rückgewähransprüche und Eigentümerrechte insbesondere eine Änderung des Siche-

---

[1609] BGH ZfIR 2018, 145 mit zustimmender Anm. *Wolfsteiner;* eine stillschweigende Übertragung der Rückgewähransprüche (vgl. Staudinger/*Wolfsteiner* BGB Vorbem. zu §§ 1191 ff. Rn. 262, 304) wurde im Prozess trotz richterlichen Hinweises nicht vorgetragen.

rungsvertrages, da andernfalls der Bank die Grundschuld auch nach Ablösung des Verkäuferdarlehns weiterhin als Sicherheit für alle Forderungen gegen den Verkäufer dient.[1610] Die Übernahme einer Grundschuld (ohne die gesicherte Verbindlichkeit) fällt nicht unter §§ 491 ff. BGB (wohl aber der abzuschließende Verbraucherdarlehensvertrag).

738 **Formulierungsbeispiel: Grundschuldübernahme zur Neuvalutierung**

Der Käufer übernimmt die in Abteilung III unter Nr. 1 eingetragene Grundschuld der A-Bank im Betrage von *** EUR nebst 18 vom Hundert Zinsen jährlich, jedoch ohne die gesicherte Darlehensverbindlichkeit des Verkäufers, die aus dem Kaufpreis abzulösen ist.

Der Käufer wird den Kaufpreis teilweise über ein Darlehen der A-Bank finanzieren.

Er erkennt an, der Gläubigerin einen Betrag in Höhe der Grundschuldsumme nebst 18 vom Hundert Zinsen jährlich seit dem heutigen Tage zu schulden (abstraktes Schuldanerkenntnis iSd § 780 BGB) und unterwirft sich insoweit der sofortigen Zwangsvollstreckung aus dieser Urkunde in sein gesamtes Vermögen. Der Gläubigerin soll sofort eine vollstreckbare Ausfertigung dieser Urkunde erteilt werden.

Die Grundschuld der A-Bank soll künftig zur Sicherung von Verbindlichkeiten des Käufers verwendet werden. Rechte des Eigentümers an dieser Grundschuld werden hiermit mit Wirkung ab Eigentumsumschreibung auf den Käufer übertragen. Entsprechende Grundbucheintragung wird bewilligt.

Zur weiteren Verwendung der Grundschuld treffen die Beteiligten die nachfolgenden Vereinbarungen, auch namens der A-Bank vorbehaltlich deren Bestätigung:
1. Ansprüche auf Rückgewähr der Grundschuld richten sich ab sofort nur auf Löschung, nicht auf Abtretung oder Verzicht. Die A-Bank gibt dem Notar die Beträge bekannt, welche aus dem Kaufpreis auf die bisher durch die Grundschuld gesicherten Verbindlichkeiten des Verkäufers zu zahlen sind.
2. Mit Zahlung der unter 1. genannten Beträge treten ohne weiteres Zutun der Beteiligten folgende Wirkungen ein:
   a) Der Käufer tritt an Stelle des Verkäufers in den Sicherungsvertrag ein.
   b) Der Sicherungsvertrag wird dahingehend geändert, dass die Grundschuld nur noch Verbindlichkeiten des Käufers gegenüber der A-Bank aus Darlehen zur Finanzierung des Kaufpreises und aus sonstiger Geschäftsverbindung sichert. Im Interesse des Verkäufers gilt bis zur Bezahlung des Kaufpreises, längstens bis zur Eigentumsumschreibung, hierfür die Einschränkung, dass die A-Bank die Grundschuld nur insoweit als Sicherheit für Verbindlichkeiten des Käufers verwerten oder behalten darf, als sie tatsächlich Zahlungen mit Tilgungswirkung auf die Kaufpreisschuld des Käufers geleistet hat.
3. Der Notar wird beauftragt, bei der A-Bank eine schriftliche Bestätigung einzuholen, dass sie den unter 1. und 2. getroffenen Vereinbarungen zustimmt und nach Ablösung der Verbindlichkeit des Verkäufers die vorbezeichnete Grundschuld ausschließlich der Sicherung von Forderungen gegen den Käufer dient und sie mit der Grundschuld nur nach Weisung des Käufers verfahren wird.

739 Bei den Voraussetzungen für die Kaufpreisfälligkeit (bzw. für die Auszahlung des Kaufpreises vom Anderkonto) ist zu ergänzen:

[1610] *Pfeifer* ZNotP 1999, 117.

Formulierungsbeispiel: Nichtvalutierungserklärung bei Kaufpreishinterlegung 740

Weitere Voraussetzung für die Fälligkeit des Kaufpreises ist die Bestätigung der A-Bank ☝ mit dem vorstehend vereinbarten Inhalt unter Bekanntgabe der abzulösenden Verbindlichkeiten des Verkäufers.

C. Stundung eines Kaufpreisteils mit Sicherung durch Restkaufpreishypothek

Diese Vertragsgestaltung hat aus guten Gründen kaum praktische Bedeutung. Der Verkäu- 741 fer ist regelmäßig nicht bereit, über einen längeren Zeitraum einen Teil des Kaufpreises zu stunden. Wird das Eigentum auf den Käufer umgeschrieben und der gestundete Kaufpreisteil bei Fälligkeit nicht gezahlt, kann der Verkäufer zwar vom Vertrag zurücktreten, er erhält aber, wenn der Käufer den bereits gezahlten Kaufpreisteil finanziert hat, mit Grundpfandrechten belastetes Eigentum zurück (möglicherweise auch noch belastet mit seiner Hypothek im Range nachgehenden Sicherungshypotheken). Der Verkäufer ist regelmäßig nicht daran interessiert, über die Zwangsversteigerung des Grundstücks sein Geld zu bekommen. In Einzelfällen ist zu empfehlen, den Anspruch des Verkäufers auf Rückübereignung nach Rücktritt durch Eintragung einer Vormerkung zu sichern.

Die Vertragsgestaltung sollte daher nur gewählt werden, wenn ein Kaufpreisteil für län- 742 gere Zeit gestundet wird und/oder in laufenden Raten zu zahlen ist. Wünscht der Käufer die Stundung eines Kaufpreisteils für einen kürzeren Zeitraum, sollte statt der sofortigen Eigentumsumschreibung mit Eintragung einer Restkaufpreishypothek richtiger die Eigentumsumschreibung bis zur vollständigen Kaufpreiszahlung ausgesetzt werden ("Vorlagesperre").

Bei einer langfristigen Stundung eines Kaufpreisteils ist die Grundschuld der Hypothek 743 vorzuziehen. Als Inhalt der Grundschuld zugunsten des Verkäufers ist zu vereinbaren, dass sie nur mit Zustimmung des Käufers abgetreten werden kann. Bei Fälligkeit des Restkaufpreises kann die Grundschuld Zug um Zug gegen Zahlung an die finanzierende Bank abgetreten werden (gegen Aufhebung der Abtretungsbeschränkung). Hierdurch werden die Kosten für die Löschung der Restkaufpreishypothek und Neueintragung der Finanzierungsgrundschuld gespart.

D. Verrentung des Kaufpreises

Der Grundstückskauf gegen Zahlung einer lebenslänglichen Rente[1611] kann eine für beide 744 Vertragsteile interessengerechte Vertragsgestaltung sein ("Verflüssigung des Betongoldes"), allerdings sind gerade hier bei Verträgen unter Familienfremden häufig unlautere Absichten des Käufers im Spiel. Älteren Leuten, denen die Verwaltung ihres Mietshauses zur Last fällt, werden die Vorzüge einer "sicheren Altersversorgung" gerühmt, allerdings gegen Zahlung einer Leibrente, die gemessen am Verkehrswert des Grundbesitzes und dem Lebensalter der Berechtigten viel zu niedrig festgesetzt werden soll. Wird der Hinweis nicht aufgegriffen, zunächst ein Sachverständigengutachten über den Verkehrswert des Grundbesitzes einzuholen, sollte der Notar in der Urkunde vermerken, dass er sich an der Ermittlung der Höhe der Rente nicht beteiligt hat.

Bei der Beratung der Beteiligten wird der Notar auch darauf hinweisen, dass der Kauf 745 gegen Zahlung einer lebenslänglichen Rente sowohl für den Verkäufer als auch für den Käufer ein Risikogeschäft ist. Stirbt der Verkäufer kurz nach Vertragsschluss, hat der Käufer ein gutes Geschäft gemacht, die Erben des Verkäufers gehen leer aus. Schlägt der Verkäufer der "Sterbetafel" ein Schnippchen, zahlt der Käufer mehr, als das Grundstück wert ist. Diese Risiken können gemildert werden, wenn die Leibrente mit einer Zeitrente

---

[1611] *Krauß* Immobilienkaufverträge Rn. 1481 ff. mit Gesamtvertragsmuster Rn. 5517.

kombiniert wird (Rente auf Lebenszeit des Verkäufers, mindestens aber für die Dauer von zehn Jahren) oder die Dauer der Rentenzahlung zeitlich begrenzt wird oder ab einem bestimmten Zeitpunkt gekürzt wird.

746　Der „Immobilienverkauf zur Alterssicherung" unter (zumindest vorläufiger) Fortführung der Eigennutzung lässt sich besser umsetzen durch einen Direktverkauf mit Einmalzahlung zum Verkehrswert, unter Rückanmietung durch den Verkäufer (der mit zu beurkundende Mietvertrag enthält zugunsten des Mieters einen lebenslangen Ausschluss des Eigenbedarfskündigungsrechtes sowie des Kündigungsrechtes wegen unwirtschaftlicher Verwertung). Der Käufer kann, da er Mieteinnahmen erzielt, Abschreibung und sonstige Werbungskosten geltend machen, und er verfügt über einen Mieter, wie er ihn nicht besser finden könnte: liquide, aber mit der Sichtweise eines eigenverantwortlichen Eigentümers. Der Verkäufer verfügt sofort über den Gesamterlös und zahlt für die Nutzung der Immobilie nur so lange, als er diese auch ausübt.

747　Die Höhe der Rente[1612] ist nach dem Verkehrswert des Grundstücks, dem Lebensalter des Berechtigten und der Zahl der Berechtigten (Eheleute als Gesamtgläubiger) und dem so genannten Rechnungszins zu bemessen; zu berücksichtigen ist ferner der Wert eines etwa vorbehaltenen Wohnungsrechtes.

748　Rentenansprüche sind durch Vereinbarung einer Wertsicherungsklausel und durch Eintragung einer Reallast (möglichst erstrangig) im Grundbuch zu sichern; ggf. kombiniert mit einer nachrangigen Grundschuld, aus der vorgegangen wird, um etwaige rückständige Einzelraten beizutreiben, ohne das Stammrecht der Reallast zu verlieren.[1613]

749　Für den Verkäufer sollte ein vertragliches Rücktrittsrecht vorgesehen werden, falls der Käufer trotz Mahnung mit der Zahlung der Rente in Verzug gerät; der bedingte Anspruch auf Rückübereignung muss durch eine Vormerkung (im Rang vor der Reallast) gesichert werden. Es sollte festgelegt werden, ob und inwieweit dem Käufer Erstattungsansprüche für bereits erbrachte Rentenzahlungen zustehen (in der Regel sind diese ausgeschlossen), falls der Verkäufer das Rücktrittsrecht ausübt.

750　**Formulierungsbeispiel: Leibrentenverpflichtung**

1. Der Käufer verpflichtet sich, an den Verkäufer von dem auf die Beurkundung folgenden Monatsersten an auf dessen Lebenszeit eine monatliche Rente von *** EUR (in Worten: *** Euro) zu zahlen. Die Zahlung hat jeweils bis zum dritten Werktag eines Monats im Voraus zu erfolgen.
Ändert sich künftig der vom Statistischen Bundesamt ermittelte Verbraucherpreisindex für Deutschland gegenüber dem Index für den Monat der Beurkundung um 5 % (nicht: Punkte), so erhöht oder vermindert sich die Rente vom Beginn des folgenden Monats an unter Berücksichtigung der gesamten prozentualen Veränderung in dem gleichen Verhältnis. Jede Indexveränderung um erneut 5 % führt sodann erneut zu einer Veränderung der Rente.
2. Zur Sicherung der vorstehend begründeten Zahlungsverpflichtung in Höhe des Ausgangsbetrags von *** EUR monatlich und der durch die Änderung des Lebenshaltungskostenindex ausgelösten Änderungen dieses Ausgangsbetrages bestellt der Käufer eine entsprechende Reallast zugunsten des Verkäufers am übertragenen Grundbesitz.
3. Der Käufer unterwirft sich wegen der von ihm übernommenen Verpflichtung zur Zahlung der Leibrente in Höhe von *** EUR monatlich der sofortigen Zwangsvollstreckung in sein gesamtes Vermögen und aus der Reallast in den Grundbesitz.
Der Notar wird angewiesen, vollstreckbare Ausfertigung zu erteilen, ohne dass es des Nachweises der die Vollstreckbarkeit begründenden Tatsachen bedarf.

[1612] Vgl. *Heubeck* DNotZ 1978, 643; DNotZ 1985, 469; DNotZ 1985, 606; *Schöner/Stöber* GrundbuchR Rn. 3241 ff. (mit Sterbetafel, Verrentungstabellen und weiteren Hinweisen).
[1613] Vgl. *Oppermann* RNotZ 2004, 90 und → § 5 Rn. 423 ff.

4. Kommt der Käufer mit der Zahlung der Rente trotz Mahnung des Verkäufers länger als zwei Monate in Verzug, ist der Verkäufer zum Rücktritt vom heutigen Kaufvertrag berechtigt. Der Rücktritt ist durch Einschreiben/Rückschein gegenüber dem Käufer zu erklären. Im Falle des Rücktritts sind die bis dahin gezahlten Rentenbeträge nicht an den Käufer zu erstatten. Zur Sicherung des bedingten Anspruchs des Verkäufers auf Eigentumsübertragung bewilligt und beantragt der Käufer die Eintragung einer Vormerkung in das Grundbuch, im Rang vor der Reallast.

5. Die Beteiligten bewilligen und beantragen die Eintragung der Reallast mit Rang nach der Vormerkung (Rangbestimmung) in das Grundbuch. Die Beteiligten bestimmen gemäß § 16 Abs. 2 GBO, dass die Eintragung des Eigentumswechsels nicht ohne die Eintragung der Reallast und der Vormerkung erfolgen darf. Der Reallast und der Vormerkung dürfen in Abteilung II und III des Grundbuchs keine Rechte vorgehen.

7. Teil. Kaufpreisabwicklung über Notaranderkonto

Schrifttum:

Kommentare, Handbücher und Monographien: *Armbrüster/Preuß/Renner*, Beurkundungsgesetz und Dienstordnung für Notarinnen und Notare, 7. Aufl. 2015; *Bamberger/Roth/Hau/Poseck*, BeckOK BGB, 48. Ed. (Stand: 1.11.2018); *Basty*, Der Bauträgervertrag, 9. Aufl. 2017; *Bauer/Schaub*, GBO, 4. Aufl. 2018; *Baumbach/Hopt*, Handelsgesetzbuch, 38. Aufl. 2018; *Baumbach/Hueck*, GmbHG, 21. Aufl. 2017; *Bormann/Diehn/Sommerfeldt*, GNotKG, 2. Aufl. 2016; *Fleischer/Goette*, Münchener Kommentar zum GmbHG, 3. Aufl. 2018 (zit.: MüKoGmbHG); *Grziwotz/Heinemann*, BeurkG, 3. Aufl. 2018; *Herrler/Hertel/Kesseler*, Aktuelle Probleme der notariellen Vertragsgestaltung im Immobilienrecht 2017/2018, DAI Tagungsskript 2018; *Kawohl*, Notaranderkonto, 1995; *Krauß*, Immobilienkaufverträge in der Praxis, 8. Aufl. 2017; *Limmer/Hertel/Frenz/Mayer*, Würzburger Notarhandbuch, 5. Aufl. 2017 (zit.: WürzNotar-HdB); *Preuß*, Die notarielle Hinterlegung, 1995; *Schöner/Stöber*, Grundbuchrecht, 15. Aufl. 2012; *Winkler*, BeurkG, 18. Aufl. 2017; *Weingärtner*, Das notarielle Verwahrungsgeschäft, 2. Aufl. 2004.

Aufsätze: *Blank*, Zulässigkeit einer Notaranderkontoregelung für die letzte Kaufpreisrate im Bauträgervertrag, DNotZ 1997, 298; *Bohrer*, Vormerkung – Vorleistung – Vorratslöschung, Zur Sicherungswirkung der Auflassungsvormerkung nach Vertragsrücktritt, DNotZ 2007, 500; *Brambring*, Kaufpreiszahlung über Notaranderkonto, DNotZ 1990, 615; *ders.*, Kaufpreiszahlung über Notaranderkonto, RWS-Forum 13 Immobilienrecht, 1998, 11; *ders.*, Widerruf der notariellen Verwahrungsanweisung (§ 54c BeurkG), ZfIR 1999, 333; *ders.*, Das „berechtigte Sicherungsinteresse" als Voraussetzung für notarielle Verwahrungstätigkeit, DNotZ 1999, 381; *ders.*, Kaufpreisabwicklung über Notaranderkonto: Nur als Maßanzug kein Auslaufmodell, DB 2000, 1319; *Franck*, Zwangsversteigerungsrecht – Probleme der Vertragsgestaltung (Teil I), MittBayNot 2012, 345; *Franken*, Rechtsprobleme nach Kaufpreishinterlegung auf Notaranderkonto beim Grundstückskauf, RNotZ 2010, 597; *Gaier*, Weisungsbefugnisse der Dienstaufsicht bei der Dokumentation notarieller Verwahrgeschäfte, ZNotP 2012, 442; *Ganter*, Notarielle Pflichten und Gläubigerschutz, DNotZ 2004, 421; *ders.*, Die Rechtsprechung des Bundesgerichtshofs zu Treuhandkonten in der Insolvenz des Treuhänders, FS Kreft 2004, 251; *Gößmann*, Die neuen Anderkonten-Bedingungen 2000, WM 2000, 857; *ders.*, Der untreue Notar: Hat die das Anderkonto führende Bank drittbegünstigende Sorgfaltspflichten?, FS Fischer 2008, 159; *ders.*, Kein Reformbedarf: Das Anderkonto als ein Erfolgsmodell, DNotZ 2008, 803; *Hagenbucher*, Die Eintragung der Eigentumsvormerkung für den Grundstückskäufer: ein unvermeidbares Risiko für den Verkäufer?, MittBayNot 2003, 249; *Hansmeyer*, Zwangsvollstreckungsmaßnahmen gegen Verkäufer oder Käufer während der Abwicklung eines notariellen Kaufvertrages, MittRhNotK 1989, 151; *Hantke/Malzer/Kirchner/Pauker/Schervier*, Qualitätsmanagement im Notariat und Entwurf eines Systems, MittBayNot 2002, 433; *Heil*, Erwerberschutz bei Grundstücksveräußerung durch Testamentsvollstrecker, RNotZ 2001, 269; *Heinemann*, Schriftform der Verwahrungsanweisung, ZNotP 2002, 104; *Jursnik*, Veräußerung von Grundbesitz nach Anordnung der Zwangsversteigerung, MittBayNot 1999, 125; *Kasper*, Abwicklungsstörungen beim Grundstückskaufvertrag bei Konflikten zwischen den Vertragsparteien, RNotZ 2018, 133; *Kesseler*, § 878 und Verfügungen durch Testamentvollstrecker, Nachlassverwalter oder Insolvenzverwalter – Licht im Horizont?, RNotZ 2013, 480; *Lerch*, Die notarielle Verwahrungstätigkeit, NJW 1998, 3697; *Milzer*, § 39 GBO – ein Hemmschuh für die Verwendbarkeit transmortaler Vollmachten bei nachlassbezogenen Immobiliengeschäften?, DNotZ 2009, 334; *Möhrle*, Kaufpreisabwicklung über Notaranderkonto – Auslaufmodell oder Maßanzug?, DB 2000, 605; *Oppermann*, Treuhandauflagen der finanzierenden Bank, ZNotP 2006, 176; *Sandkühler*, Zum einseitigen Widerruf von Vollzugs- und Verwahrungsanweisungen – Anmerkungen zum Beschl. des OLG München v. 14.3.2008 – 31 Wx 010/08, DNotZ 2009, 164; *Weber*, Vorkehrungen zur Löschung der im Kaufvertrag bewilligten Vormerkung: Gestaltungsvarianten im Vergleich, RNotZ 2015, 195; *ders.*, Anwendbarkeit des AGB-Rechts auf notarielle Vollzugsanweisungen: Klauseln zur Löschung der

Auflassungsvormerkung – zugleich Anmerkung zum Beschl. des BGH v. 1.10.2015 – V ZB 171/14, DNotZ 2016, 85; *Weingärtner,* Berechtigtes Sicherungsinteresse iSd § 54a Abs. 2 BeurkG, DNotZ 1999, 393; *Zahn,* Testamentsvollstreckung im Grundbuchverkehr, MittRhNotK 2000, 90; *Zimmermann,* Nochmals: Das „berechtigte" Sicherungsinteresse bei Übernahme einer Verwahrungstätigkeit, DNotZ 2000, 164; *ders.,* Der beteiligtenorientierte Anderkontenservice – ein Durchbruch!, DNotZ 2008, 91; *ders.,* Kein Reformbedarf bei Anderkonten? – eine Frage der Perspektive, DNotZ 2008, 807.

A. Beratungs-Checkliste

751 | Beratungs-Checkliste:
(1) **Zulässigkeit und Zweckmäßigkeit** der Verwahrung (→ Rn. 763)
    (a) Verwahrung als Option zur **Lösung von Gestaltungsproblemen**:
       – Sicherungsinteresse ist nach objektiven Kriterien zu bestimmen (→ Rn. 767)
       – Wunsch der Beteiligten als notwendige Bedingung für Verwahrung (→ Rn. 768)
       – Bereitschaft des Notars, die Verwahrung zu übernehmen
    (b) Verwahrung zur **Vermeidung ungesicherter Vorleistungen**:
       – Eintragung einer Eigentumsvormerkung (→ Rn. 770)
       – Besitzübergang vor Kaufpreiszahlung (→ Rn. 776)
       – Räumung des Kaufobjekts (→ Rn. 786)
    (c) Verwahrung zur **Ermöglichung der Lastenfreistellung**:
       – Normalfall: Direktabwicklung (→ Rn. 788)
       – Sonderfälle: Privatgläubiger (→ Rn. 791), Probleme des Vertretungsnachweises (→ Rn. 800), Zwangsversteigerung (→ Rn. 802)
    (d) Verwahrung zur **Lösung von Problemen auf der Käuferseite**:
       – Finanzierung über mehrere Kreditinstitute (→ Rn. 805)
       – Finanzierungsvollmacht (→ Rn. 807)
       – Fragliche Mitwirkung des Käufers bei der Erfüllung von Treuhandaufträgen (→ Rn. 812)
       – Sonstige Besonderheiten auf Käuferseite (→ Rn. 814)
    (e) Verwahrung bei **Verkauf durch Parteien kraft Amtes**:
       – Problem des Verlustes der Verfügungsbefugnis
       – (Nicht-)Geltung von § 878 BGB (→ Rn. 815).
    (f) Verwahrung bei **GmbH-Gründung**:
       – Einzahlung der Stammeinlagen auf Notaranderkonto (→ Rn. 821a)
(2) **Typische Probleme** bei der Verwahrung (→ Rn. 822)
    (a) Erhöhte **Haftungsgefahren**:
       – Sorgfaltsverstöße (→ Rn. 824)
       – Notwendigkeit einer Entscheidung bei Abwicklungsstörungen (→ Rn. 825)
    (b) Verzinsungsproblematik (→ Rn. 829), Kontoführungsgebühren (→ Rn. 831), Vermischungsverbot (→ Rn. 832)
    (c) Mangelnde Flexibilität (→ Rn. 833)
    (d) Vortäuschen nicht bestehender Sicherheiten (→ Rn. 836)
    (e) Nicht vertragskonforme Weisungen des Finanzierungsgläubigers (→ Rn. 839)
(3) Inhalt der **Verwahrungsvereinbarung**
    (a) Fakultative Verwahrung – Verlust des Grundschuldbriefes (→ Rn. 846)
    (b) Erfüllungswirkung der Verwahrung (→ Rn. 851)
    (c) Angabe des Anderkontos (→ Rn. 853)
    (d) Hinterlegungszeitpunkt (→ Rn. 855)
    (e) Auszahlungsempfänger (→ Rn. 859), Verwahrungszinsen (→ Rn. 860), Kontoführungsgebühren (→ Rn. 861), Notar- und Löschungskosten (→ Rn. 862)
    (f) Festgeldanlage (→ Rn. 865)
    (g) Auszahlungsvoraussetzungen (→ Rn. 872)
    (h) Rückzahlung bei Nichteintritt der Auszahlungsvoraussetzungen (→ Rn. 879)

(i) Verzugsregelung (→ Rn. 880)
(j) Verwahrungsgebühr (→ Rn. 885)
(4) **Widerruf** von Anweisungen, Absehen von Auszahlungen (→ Rn. 886)
    (a) Einseitige oder mehrseitige Anweisung (→ Rn. 887)
    (b) Beachtlichkeit des Widerrufsgrundes (→ Rn. 889)

B. Grundlagen: Gesetzliche Regelung der Verwahrung, Inanspruchnahme von Dienstleistungen, Rechtsnatur

I. Gesetzliche Regelung: § 23 BNotO, §§ 57–62 BeurkG, §§ 10–12, 22 Abs. 2, 25, 27 DONot

Notare sind gemäß § 23 Hs. 1 BNotO für die Verwahrung von Geld, Wertpapieren und **752** Kostbarkeiten zuständig. Das **Verfahren** der Verwahrung von Geld ist in §§ 57–61 BeurkG geregelt; für die Verwahrung von Wertpapieren und Kostbarkeiten erklärt § 62 BeurkG die §§ 57, 60, 61 BeurkG für entsprechend anwendbar.

Durch das Gesetz zur Neuordnung der Aufbewahrung von Notariatsunterlagen und zur **753** Einrichtung des Elektronischen Urkundenarchivs bei der Bundesnotarkammer sowie zur Änderung weiterer Gesetze vom 1.6.2017[1614] wurde die bisherige **Paragraphenzählung** im betreffenden sechsten Abschnitt des Beurkundungsgesetzes **geändert.**[1615] Inhaltlich ergaben sich hinsichtlich der bisherigen Regelungen keine Veränderungen, es wurde jedoch § 59 BeurkG neu eingefügt, der eine Verordnungsermächtigung zum Verwahrungsverzeichnis enthält. Das Verwahrungsverzeichnis selbst ist im künftigen § 59a BeurkG geregelt, der zum 1.1.2020 in Kraft treten wird. Danach wird der Notar im künftigen elektronischen Urkundenarchiv auch ein elektronisches Verzeichnis über Verwahrungsmassen, die er nach § 23 BNotO und nach den §§ 57, 62 BeurkG entgegennimmt (das Verwahrungsverzeichnis), führen.

Vor der Regelung des Verfahrens der notariellen Verwahrung im Beurkundungsgesetz **754** im Jahr 1998 fanden sich die Regelungen zur Durchführung der Verwahrung nur in der DONot. Da der Gesetzgeber die Regelung des insoweit maßgeblichen Verfahrensrechts lediglich auf Ebene einer Verwaltungsvorschrift als unzureichend ansah,[1616] wurde das Verfahren in den §§ 54a–54e BeurkG aF geregelt. Die Bestimmungen zu den notariellen Dokumentationspflichten im Rahmen der Verwahrung (Führung des Verwahrungs- und Massenbuchs, der Anderkontenliste, der Blattsammlungen sowie Erstellung der Übersicht über die Verwahrungsgeschäfte) befinden sich weiterhin in der DONot (→ § 34 Rn. 128 ff.).

Notaranderkonten müssen gemäß § 27 Abs. 2 DONot entsprechend den von der Ver- **755** treterversammlung der BNotK beschlossenen Bedingungen[1617] eingerichtet und geführt werden. In diesem Zusammenhang von Bedeutung ist die letzte **Änderung des § 27 DONot:** Nach der früheren Rechtslage war gemäß § 27 Abs. 2 S. 2 DONot eine **elektronische Führung** der Notaranderkonten (Online Banking) unzulässig.[1618] § 27 Abs. 2 S. 2 DONot ist entfallen; es ist nunmehr in § 27 Abs. 3 S. 1 DONot geregelt, dass die

---

[1614] BGBl. 2017 I 1396.
[1615] Es gilt demnach folgendes:
  § 54a BeurkG aF = § 57 BeurkG nF.
  § 54b BeurkG aF = § 58 BeurkG nF.
  § 54c BeurkG aF = § 60 BeurkG nF.
  § 54d BeurkG aF = § 61 BeurkG nF.
  § 54e BeurkG aF = § 62 BeurkG nF.
  Neu eingefügt mit Wirkung vom 9.6.2017: § 59 BeurkG.
  Neu eingefügt mit Wirkung vom 1.1.2020: § 59a BeurkG.
[1616] BT-Drs. 13/4184, 37.
[1617] DNotZ 2011, 481.
[1618] Vgl. hierzu WürzNotar-HdB/*Hertel* Teil 2 Kap. 2 Rn. 708.

elektronische Notaranderkontenführung zulässig ist, wenn dem jeweiligen Stand der Technik entsprechende technische und organisatorische Maßnahmen zur Gewährleistung der Vertraulichkeit, Integrität und Authentizität der Überweisungen sowie der Umsatzdaten getroffen sind. Die weiteren Voraussetzungen im Hinblick auf die zur elektronischen Notaranderkontenführung erforderlichen Netze sind in § 27 Abs. 3 S. 2, S. 3 DONot niedergelegt. Die jeweils erforderliche Anpassung der DONot auf Landesebene ist – soweit ersichtlich – zum Stand Februar 2019 in allen Bundesländern außer Bremen erfolgt. Der rechtliche Rahmen für die elektronische Führung der Notaranderkonten ist damit gegeben.

756   Die technische Umsetzung wird durch die BNotK bereits seit 2013 im Rahmen eines Pilotprojektes mit Notaren aus dem Bereich der Rheinischen Notarkammer, aus Hamburg und aus Baden-Württemberg erprobt. Nach Auskunft der BNotK ist eine **flächendeckende Einführung** des elektronischen Notaranderkontos für das **Jahr 2020** zu erwarten; die multibankenfähige Einführung (am Pilotprojekt ist nur ein Kreditinstitut beteiligt) soll voraussichtlich gemeinsam mit der Integration des Verwahrungsverzeichnisses als Teil des Urkundenarchivs erfolgen. Die erforderliche Software soll in der künftigen Version 4 des in allen Notariaten bereits vorhandenen Programms XNotar als Fachmodul integriert sein, so dass die „Freigabe der Zahlungsaufträge durch den Notar mittels Signaturkarte"[1619] erfolgen kann. Nach Verständnis des Verfassers dürfte hiermit die bereits bei jedem Notar vorhandene qualifizierte elektronische Signatur des Notars mit Notarattribut gemeint sein, so dass sämtliche elektronischen Signaturen im Notariat weiterhin einheitlich mit der vorhandenen qualifizierten elektronischen Signatur und nicht etwa unter Verwendung einer zusätzlichen (HBCI-)Karte des jeweiligen Kreditinstitutes erzeugt würden.

II. Inanspruchnahme von Dienstleistungen: § 26a BNotO

757 Mit Wirkung vom 9. 11. 2017[1620] wurde § 26a BNotO neu in die Bundesnotarordnung eingefügt. Zu den Einzelheiten dieser Vorschrift wird auf die Bearbeitung in → § 34 Rn. 3 ff. verwiesen. Im Zusammenhang mit der Einrichtung und Führung der Notaranderkonten ist von Bedeutung, dass es sich bei dem die Anderkonten führenden Kreditinstitut um einen **Dienstleister iSd § 26a Abs. 1 BNotO** handeln dürfte. Die Führung des Anderkontos durch das Kreditinstitut ist dann eine Inanspruchnahme von Dienstleistungen, die unmittelbar einem einzelnen Amtsgeschäft dient (§ 26a Abs. 4 BNotO), so dass der der Notar dem Dienstleister den Zugang zu fremden Geheimnissen[1621] nur dann eröffnen darf, wenn der Beteiligte darin eingewilligt hat. Diese Einwilligung der Beteiligten ist nach hier vertretener Auffassung bei Abwicklung eines notariellen Amtsgeschäftes unter Verwendung eines Notaranderkontos stets gegeben, da jedem Beteiligten klar sein muss, dass der Notar das Anderkonto nur unter Weitergabe bestimmter personenbezogener Daten an das Kreditinstitut einrichten und führen lassen kann. Weder dem Wortlaut der Vorschrift noch der Gesetzesbegründung[1622] lässt sich entnehmen, dass die Einwilligung ausdrücklich oder in bestimmter Form erteilt werden muss, so dass von einer schriftlichen Einwilligungserklärung abgesehen werden kann.[1623]

[1619] Informationsschreiben der BNotK zur Elektronischen Notaranderkontenführung (Stand Juli 2017).
[1620] Gesetz v. 30. 10. 2017 (BGBl. I 3618).
[1621] Das das Anderkonto führende Kreditinstitut erlangt aufgrund der Regelung in Nr. 2 der Anderkontenbedingungen (abgedruckt in DNotZ 2011, 481) jedenfalls Kenntnis von der Person des wirtschaftlich Berechtigten.
[1622] https://www.bmjv.de/SharedDocs/Gesetzgebungsverfahren/Dokumente/ReGE_Neuregelung_Schutzes_von_Geheimnissen_bei_Mitwirkung_Dritter_an_der_Berufsausuebung_schweigepflichtiger_Personen.pdf?__blob=publicationFile&v=2; zuletzt abgerufen am 10. 2. 2019.
[1623] Dazu BNotK-Rundschreiben 4/2018, 14: „[…] eine gesondert eingeholte Einwilligung des Beteiligten iSd § 26 Abs. 4 BNotO dürfte hingegen regelmäßig entbehrlich sein. Gleichwohl kann es sich in der Praxis empfehlen, in die Urkunde ein explizite Einwilligung der Beteiligten in die Übermittlung der erforderlichen Informationen an das kontoführende Kreditinstitut aufzunehmen." Worin der Mehrwert einer solchen expliziten Einwilligung liegt, bleibt mE unklar.

Erforderlich dürfte es hingegen sein, das die Anderkonten führende Kreditinstitut gemäß **758**
§ 26a Abs. 3 BNotO zu verpflichten: Zwar regelt § 26a Abs. 6 S. 2 BNotO, dass
Abs. 3 S. 2 nicht gilt, soweit der Dienstleister hinsichtlich der zu erbringenden Dienstleistung gesetzlich zur Verschwiegenheit verpflichtet ist. Das Bankgeheimnis dürfte jedoch
nicht als Verschwiegenheitsverpflichtung im Sinne dieser Vorschrift anzusehen sein, da es
sich nicht aus Gesetz, sondern aus dem Bankvertrag und zusätzlich deklaratorisch aus den
AGB-Banken Nr. 2 I ergibt.[1624]

III. Rechtsverhältnisse bei der Verwahrung

Hinsichtlich der Rechtsnatur der Verwahrung auf Notaranderkonto ist zwischen zwei **759**
Rechtsverhältnissen zu differenzieren:[1625]
1. Zwischen den Beteiligten des Kaufvertrages untereinander besteht die **Verwahrungs-**
vereinbarung. Diese betrifft den materiell-rechtlichen Kaufpreisanspruch und besagt,
dass die Primärpflicht des Käufers auf Zahlung des Kaufpreises an den Verkäufer dahingehend abgeändert wird, dass nicht direkt an den Verkäufer zu zahlen ist, sondern auf
das Notaranderkonto. Mindestinhalt dieser Verwahrungsvereinbarung sind das Datum
oder die Voraussetzungen für die Fälligkeit und Hinterlegung des Kaufpreises, die Voraussetzungen, nach deren Eintritt der Kaufpreis auszuzahlen ist, und an wen der hinterlegte Betrag auszuzahlen ist.[1626]
2. Im Verhältnis der Beteiligten des Kaufvertrages zum Notar besteht die **Verwahrungs-**
anweisung. Diese ist verfahrensrechtlicher Art und bestimmt die Durchführung der
Verwahrung durch den Notar, wobei die Beteiligten und der Notar bei der Bestimmung dieses Verfahrens nicht frei, sondern an die Vorgaben der §§ 57–61 BeurkG gebunden sind.
In der Regel werden neben Verkäufer und Käufer auch Dritte an der Abwicklung betei- **760**
ligt sein, nämlich die abzulösenden Gläubiger des Verkäufers und/oder die den Kaufpreis
finanzierende Bank des Käufers. Von der Verwahrungsvereinbarung der Vertragsbeteiligten
zu trennen ist dann auch die Betreuungstätigkeit, die der Notar im Rahmen der Abwicklung für diese Dritten ausübt.[1627]

Zum Verständnis der Abwicklung der Kaufpreiszahlung über Notaranderkonto ist es **761**
von Bedeutung, sich zu verdeutlichen, dass die verfahrensmäßige Abwicklung durch den
Notar nur dann gewährleistet ist, wenn der Notar sich an die Verwahrungsanweisung hält,
ohne dabei alle etwaigen materiell-rechtlich begründeten Störfälle der Vertragsabwicklung
zu berücksichtigen. Dies ist Ausdruck des allgemeinen Grundsatzes, dass der Notar aufgrund der ihm nur eingeschränkt zur Verfügung stehenden tatsächlichen Ermittlungs- und
Erkenntnismöglichkeiten keine streitentscheidende Funktion auszuüben hat, sondern diese dem zivilprozessualen Verfahren vorbehalten ist. Im Rahmen des Verwahrungsverfahrens kommt dies insbesondere in § 60 BeurkG zum Ausdruck, der regelt, unter welchen
Voraussetzungen und nach welchen Maßgaben Widerrufe von Verwahrungsvereinbarun-
gen beachtlich sind (→ Rn. 886 ff.).

Die Differenzierung zwischen Kaufpreisanspruch als Gegenstand der Verwahrungsver- **762**
einbarung und Auskehrungsanspruch als Gegenstand der Verwahrungsanweisung ist nicht
nur im Fall des Widerrufs der Verwahrungsvereinbarung von Bedeutung, sondern auch
für den Fall der **Pfändung des Kaufpreisanspruchs.** Hier zeigt sich, dass zwar zwischen
Kaufpreisanspruch und Auskehrungsanspruch zu unterscheiden ist, diese jedoch nicht von
einander losgelöst gesehen werden können. Bei einer Kaufvertragsabwicklung im Wege

---

[1624] Baumbach/Hopt/*Hopt* 2. Teil. Handelsrechtliche Nebengesetze V. Bankgeschäfte (mit Börsen- und Kapitalmarktrecht) (7) Bankgeschäfte Rn. A/9.
[1625] *Zimmermann* DNotZ 1980, 451 (456 ff.); *Brambring* DNotZ 1990, 615 (624 ff.); WürzNotar-HdB/*Hertel*
Teil 2 Kap. 2 Rn. 654.
[1626] *Brambring* DNotZ 1990, 615 (624 ff.).
[1627] *Brambring* DNotZ 1990, 615 (626).

der Direktzahlung betrifft den Notar die Pfändung des Kaufpreisanspruchs nicht weiter: Die Beachtung der Pfändung und der sich hieraus ergebenden Folgen liegt allein im Verantwortungsbereich des Käufers. Anders ist dies bei einer Abwicklung über Notaranderkonto; hier hat der Notar zu entscheiden, ob er die Pfändung zu beachten hat oder nicht (→ Rn. 827 f.).

C. Zulässigkeit und Zweckmäßigkeit der Verwahrung

I. Ausgangspunkt: Verwahrung als Gestaltungsoption

763 Die notarielle Praxis entwickelt sich ausgehend von Gestaltungsproblemen: Stellt sich ein Problem rechtlicher oder tatsächlicher Art, so ist danach zu fragen, mit welcher Gestaltung dieses Problem gelöst werden kann. Die Verwahrung eines Kaufpreises auf Notaranderkonto stellt offenbar eine solche Lösung für sich stellende Gestaltungsprobleme dar, jedenfalls wird diese Gestaltung – wenn auch wohl im geringeren Umfang als zu früheren Zeiten und regional unterschiedlich – zur Lösung von Abwicklungs- und Gestaltungsproblemen eingesetzt. Es stellen sich dann zwei Fragen: Im ersten Schritt ist zu entscheiden, *ob* der Weg der Verwahrung gewählt wird, im zweiten Schritt ist zu fragen, *wie* das Verfahren konkret abzuwickeln ist.

764 Ausgangspunkt zur Beantwortung beider Fragen ist die gesetzliche Regelung in § 57 Abs. 2 BeurkG. Danach darf der Notar Geld zur Verwahrung nur entgegennehmen, wenn

1. hierfür ein berechtigtes Sicherungsinteresse der am Verwahrungsgeschäft beteiligten Personen besteht,
2. ihm ein Antrag auf Verwahrung verbunden mit einer Verwahrungsanweisung vorliegt, in der hinsichtlich der Masse und ihrer Erträge der Anweisende, der Empfangsberechtigte sowie die zeitlichen und sachlichen Bedingungen der Verwahrung und die Auszahlungsvoraussetzungen bestimmt sind,
3. er den Verwahrungsantrag und die Verwahrungsanweisung angenommen hat.

765 § 57 Abs. 2 BeurkG regelt demnach die Frage, unter welchen Voraussetzungen die Verwahrung überhaupt zulässig ist, wohingegen § 58 BeurkG das weitere Verfahren vorgibt und die §§ 60, 61 BeurkG besonders wichtige Störfälle, die im Rahmen des Verwahrungsverfahrens auftreten können, behandeln.

766 Stets zu beachten ist demnach, dass im konkreten Fall überhaupt ein berechtigtes Sicherungsinteresse gegeben ist. Im Regierungsentwurf zu § 54a BeurkG aF[1628] heißt es hierzu auf S. 37 f.:

„Absatz 2 konkretisiert darüber hinaus die Voraussetzungen für die Übernahme von Verwahrungsgeschäften, indem hierfür ein – nach objektiven Kriterien – vorliegendes berechtigtes Sicherungsinteresse gefordert wird. Hierdurch soll einer ‚formularmäßig‘ vorgesehenen Verwahrung entgegengewirkt werden."

767 Aus dem Erfordernis, dass das **Sicherungsinteresse nach objektiven Kriterien zu bestimmen** ist, folgt nach (nahezu) einhelliger Auffassung,[1629] dass der einvernehmliche Wunsch der Beteiligten nach einer Abwicklung mittels Verwahrung auf Notaranderkonto nicht ausreichend sein kann, um die Zulässigkeit einer Verwahrung zu begründen. Dies mag auf den ersten Blick überraschen, könnte man doch der Auffassung sein, dass der übereinstimmende Parteiwille für die Entscheidung über eine bestimmte Abwicklungsmodalität vorrangig sein müsste, zumal wenn diese Entscheidung in Kenntnis und unter Inkaufnahme der durch das gewählte Verfahren entstehenden Mehrkosten getroffen wird. Beurkundungsrechtlich ist es jedoch konsequent, die Entscheidung über das Abwicklungsverfahren nicht der vollständigen Disposition durch die Beteiligten zu unterwerfen,

---

[1628] BT-Drs. 13/4184.
[1629] *Winkler* BeurkG § 54a Rn. 10 mwN.

denn das gesamte Beurkundungsverfahren ist davon geprägt, dass es vom Notar unbedingt zu beachtende Maßgaben enthält, von denen die Beteiligten grundsätzlich keinen Dispens erteilen können.[1630]

Klarzustellen ist in diesem Zusammenhang, dass zwar der Wunsch der Beteiligten nach 768 einer Abwicklung mittels Verwahrung auf Notaranderkonto keine hinreichende, wohl aber eine notwendige Bedingung für die Wahl dieses Verfahrens ist: Kommt der Notar zu dem Schluss, dass die Verwahrung im konkreten Fall die angemessene Art der Abwicklung darstellt und wünschen die Beteiligten eine solche Gestaltung des Verfahrens – etwa auf Kostengründen – gleichwohl nicht, ist von der Verwahrung abzusehen. In der Regel wird es in solchen Fällen geboten sein, dass der Notar nach den Grundsätzen der doppelten Belehrungspflicht[1631] in der Urkunde dokumentiert, dass er (auch) die Abwicklung über Notaranderkonto vorgeschlagen hat, die Beteiligten dies jedoch nicht wünschten.

Liegt demnach die Entscheidung über das Vorliegen eines berechtigten Sicherungsinter- 769 esses beim Notar, so benötigt dieser **Kriterien,** nach denen die Erfüllung der Voraussetzungen beurteilt werden kann. In der Literatur werden hierzu in der Regel Fallgruppen gebildet, in denen – teilweise in Anlehnung an das BNotK-Rundschreiben 1/1996 vom 11.1.1996 – eine Verwahrung zulässig sein soll.[1632] Nach hier vertretener Auffassung lassen sich jedoch die Fragen der Zulässigkeit und der Zweckmäßigkeit einer Abwicklung mittels Verwahrung auf Notaranderkonto nicht von einander trennen: Die Verwahrung kann nur dann die richtige Gestaltung sein, wenn sie zur Lösung eines sich im Zuge der Gestaltung und Abwicklung eines Grundstückaufvertrages stellenden Problems beiträgt und dies besser im Sinne von sicherer oder effizienter (letzeres hier in erster Linie verstanden als zeitsparender) als eine andere Gestaltung. Liegt diese Voraussetzung vor, ist die Verwahrung zulässig. Für die notarielle Praxis von Bedeutung ist demnach, welche sich tatsächlich und typischerweise stellenden Problemfelder durch eine Verwahrung angemessen bearbeitet werden können. Es wird daher hier eine Ordnung nach **Problemfeldern** vorgeschlagen, in denen die **Verwahrung als Lösungsmöglichkeit in Betracht kommt,** zugleich werden jeweils **Alternativgestaltungen,** die eine Abwicklung ohne Verwahrung (auch wenn diese zulässig ist) ermöglichen, genannt.

II. Problemfeld: Ungesicherte Vorleistungen

1. Eintragung der Vormerkung. Die übliche Gestaltung eines Grundstückskaufvertra- 770 ges sieht vor, dass Voraussetzung des Eintritts der Kaufpreisfälligkeit jedenfalls die rangrichtige Eintragung einer Eigentumsvormerkung in das Grundbuch ist. Zahlt der Käufer den Kaufpreis nicht und tritt der Verkäufer infolgedessen vom Vertrag zurück, so erlischt mit Zugang der Rücktrittserklärung beim Käufer dessen Anspruch auf Übertragung des Eigentums und aufgrund ihrer Akzessorietät auch die Vormerkung. Das Grundbuch ist unrichtig geworden, die Vormerkung ist zu löschen.[1633] Diese materiell-rechtliche Lage ist grundbuchverfahrensrechtlich dadurch umzusetzen, dass gegenüber dem Grundbuchamt der formgerechte Nachweis (§ 29 GBO) des Erlöschens des ursprünglich durch die eingetragene Vormerkung zu sichernden Anspruchs geführt werden muss.[1634] Da dieser Nachweis in der erforderlichen Form kaum erbracht werden kann, bedarf es der **Berich-**

[1630] Deutlich zeigt sich dies an der Entwicklung der Regelung des § 17 Abs. 2a S. 2 Nr. 2 BeurkG: Wurde diese Vorschrift in den ersten Jahren nach ihrer Einführung offenbar in Teilen des notariellen Praxis als auf Wunsch der Beteiligten weitgehend disponibel angesehen und dies auch praktisch so gehandhabt, so hat der Gesetzgeber jedenfalls mit den Änderungen der Vorschrift im Jahr 2013 und der entsprechenden Ergänzung des § 50 Abs. 1 Nr. 9 lit. b BNotO (beides durch Gesetz v. 15.7.2013, BGBl. I 2378) klargestellt, dass dem nicht so ist und allein der Notar für die Einhaltung des Verfahrens zuständig und verantwortlich ist.
[1631] Hierzu etwa *Winkler* BeurkG § 17 Rn. 234 ff.
[1632] Vgl. etwa *Krauß* Immobilienkaufverträge Rn. 1634 ff.; WürzNotar-HdB/*Hertel* Teil 2 Kap. 2 Rn. 663 ff.
[1633] BGH NJW 2000, 805 (806).
[1634] Bauer/Schaub/*Schäfer* GBO § 22 Rn. 223.

tigungs- oder Löschungsbewilligung des Vormerkungsberechtigten zu deren Löschung. Gibt der Berechtigte die Bewilligung nicht zeitnah ab, so stellt die erloschene aber noch im Grundbuch eingetragene Vormerkung ein **Hindernis insbesondere für den erneuten Verkauf** des Grundstücks an einen Dritten dar.

771   Der BGH hat hierzu entschieden, dass die Bewilligung und Eintragung einer Vormerkung zur Sicherung des Anspruchs auf Eigentumsübertragung grundsätzlich keine – einer Rechtsbelehrung gemäß § 17 BeurkG unterliegende – ungesicherte Vorleistung des Verkäufers ist, weil die Vormerkung als solche nicht verkehrsfähig, sondern an den zu sichernden Anspruch gebunden ist.[1635] Abweichend von diesem Grundsatz hat der BGH jedoch in der gleichen Entscheidung festgestellt, dass die besonderen Umstände des Einzelfalles (im entschiedenen Fall: Erwerb durch eine ausländische Gesellschaft, deren Existenz und Vertretung fraglich waren) eine über die regelmäßige Belehrungspflicht aus Urkundstätigkeit hinausgehende Pflicht zur allgemeinen Betreuung der Beteiligten (§ 14 Abs. 1 BNotO) sich ergebende Belehrungspflicht durch den Notar begründen könnten. Ist der Notar zur Belehrung über Risiken verpflichtet, so hat er nach allgemeinen Grundsätzen jedoch nicht nur auf die Risiken hinzuweisen, sondern auch Gestaltungen zur Vermeidung dieser Risiken vorzuschlagen.

772   Aus heutiger Sicht keine ausreichende und angemessene Gestaltung zur Sicherung gegen das in der Eintragung der Vormerkung ggf. liegende Vorleistungsrisiko des Verkäufers stellen die – in der Praxis offenbar noch verbreiteten – Gestaltungen der „Schubladenlöschung" und der Löschungsvollmacht an Mitarbeiter des Notars oder den Notar selbst dar, was zwei praxisrelevante Konstellationen zeigen: Die vom Käufer erteilte Vollmacht erlischt im Fall von dessen Insolvenz, ebenso die bereits abgegebene Löschungsbewilligung, wenn die insolvenzrechtlichen Verfügungsbeschränkungen vor Antragstellung beim Grundbuchamt eintreten;[1636] die ausländische Gesellschaft, die nicht ordnungsgemäß vertreten oder nicht existent war, konnte auch keine wirksame Löschungsvollmacht oder -bewilligung erteilen. In beiden Fällen ist die vermeintliche Sicherung („Löschungserleichterung") wertlos.

773   Hieraus folgt jedoch nicht, dass die Verwahrung auf Notaranderkonto zur Vermeidung der in der Bewilligung der Vormerkung ggf. liegenden ungesicherten Vorleistung des Verkäufers stets erforderlich wäre: Wie *Hagenbucher* bereits im Jahr 2003[1637] und *Weber* nochmals im Jahr 2015[1638] gezeigt haben, lassen sich die mit der Vormerkung verbundenen Vorleistungsrisiken bei Gestaltung unter Verwendung einer **auflösend bedingten Vormerkung** weitgehend beherrschen.[1639] Insbesondere erfüllt die auflösend bedingte Vormerkung auch dann noch ihren Zweck, wenn keine wirksame Vertretung des Käufers erfolgt ist: Die auflösende Bedingung wird vom Verkäufer einseitig formuliert,[1640] bleibt also von Mängeln in Bestand und Vertretung der Käuferseite unbeeinflusst und kann daher die Löschung auch dann ermöglichen, wenn die erwerbende Gesellschaft überhaupt nicht existierte. Die Gestaltungen der „Schubladenlöschung" und der Löschungsvollmacht haben gegenüber der auflösend bedingten Vormerkung Nachteile, denen keine Vorteile gegenüberstehen, und können daher nicht (mehr) als angemessene Gestaltungen angesehen werden.

774   Wenn demnach selbst die Abwicklung bei Eintritt der Störfälle einer **Käuferinsolvenz** oder einer **Nichtexistenz des Käufers** mit der auflösend bedingten Vormerkung ange-

---

[1635] BGH DNotZ 1994, 485 (489).
[1636] Ausführlich hierzu *Weber* RNotZ 2015, 195 (201 f.).
[1637] MittBayNot 2003, 249.
[1638] RNotZ 2015, 195.
[1639] AA *Bohrer* DNotZ 2007, 500 (511 ff.), der offenbar jede Art von notarieller Tätigkeit im Zuge der durch Rücktritt erforderlich gewordenen Löschung der Vormerkung ablehnt und der Auffassung ist, dass „Bürgschaftssicherung das Mittel der Wahl" sei.
[1640] Herrler/Hertel/Kesseler/*Hertel*, Aktuelle Probleme der notariellen Vertragsgestaltung im Immobilienrecht 2017/2018, DAI Tagungsskript 2018, S. 105.

messen gesichert werden kann, verbleibt für eine Gestaltung, welche die Verwahrung des Kaufpreises auf Notaranderkonto als Voraussetzung der Eintragung der Vormerkung vorsieht, nur ein **kleiner Anwendungsbereich.** Dieser kann etwa dann gegeben sein, wenn aus Sicht des Verkäufers die auch bei Verwendung einer auflösend bedingten Vormerkung bis zur tatsächlichen Löschung verstreichende Zeitspanne von mehreren Wochen[1641] nicht akzeptabel ist, weil sie zu einem schon bei Vertragsabschluss absehbaren Schaden führte. Dies mag etwa der Fall sein, wenn für den Verkäufer einerseits die schnelle Abwicklung des Kaufvertrages besonders wichtig ist (etwa weil er bereits ein anderes Objekt erworben hat und die Kosten der Zwischenfinanzierung gering gehalten werden sollen) und er andererseits über einen weiteren Interessenten verfügt, der als Käufer sogleich einspringen könnte, falls der „Erstkauf" aus vom dortigen Käufer zu vertretenden Gründen scheitert.

Es ist außerdem nicht zu leugnen, dass die Gestaltung der auflösend bedingten Vormerkung leistungsfähig im Hinblick auf die technische Seite der Abwicklung – nämlich die grundbuchliche Durchführung der Löschung – ist, das **Problem, unter welchen Voraussetzungen der Notar die Löschung durchzuführen hat,** jedoch ebenso wie bei „Schubladenlöschung" und Löschungsvollmacht fortbesteht. Insoweit zutreffend weist *Bohrer* darauf hin, dass der Notar sich bei der Entscheidung über die Löschung der Vormerkung nicht in die Rolle eines Richters drängen lassen darf, der einen materiell-rechtlichen Streit zwischen den Beteiligten des Beurkundungsverfahrens entscheidet.[1642] Die mE unter diesem Aspekt vorzugswürdige Gestaltung der Löschungsvoraussetzungen als „Widerspruchslösung"[1643] vermeidet dies, ist transparent und dürfte auch unter AGB-Gesichtspunkten unbedenklich sein.[1644] Bei jeder Form der Löschungserleichterung verbleibt letztlich für den Verkäufer ein Restrisiko dahingehend, dass er im Streitfall möglicherweise über einen längeren Zeitraum am Verkauf seines Grundstückes gehindert sein wird. Dies ist aus Sicht der Vertragsgestaltung nicht ganz befriedigend, jedoch kaum vermeidbar, möchte man nicht doch wieder eine Notwendigkeit zur Abwicklung über Notaranderkonto bei jedem Kaufvertrag kreieren.[1645] Legt der Käufer von sich aus, dh ohne dass den Notar insoweit irgendwelche Nachforschungspflichten treffen würden, dem Notar gegenüber schlüssig dar, dass er ein gegenüber dem Normalfall gesteigertes Interesse an der Vermeidung einer ungesicherten Vorleistung durch Bewilligung der Vormerkung hat, so gibt es jedoch keinen Grund, dem Verkäufer die **Sicherung des Erfüllungsinteresses**[1646] mittels vorheriger Verwahrung des Kaufpreises zu verweigern und ihn von vornherein auf das in jedem Fall (dh auch im einfachsten Fall der Nichtreaktion des Käufers auf die Löschungankündigung des Notars) mit Zeitverlust verbundene Löschungsverfahren zu verweisen.

2. Besitzübergang vor Kaufpreiszahlung. Die Standardgestaltung eines Grundstückskaufvertrag sieht vor, dass der **Besitz Zug um Zug gegen vollständige Kaufpreiszahlung** zu übergeben ist (→ Rn. 290 ff.). Steht das Gebäude bei Vertragsschluss bereits leer, möchte Verkäufer und Käufer allerdings häufig den **Besitzübergang vorzeitig,** ggf. bereits am Tag der Beurkundung, herbeiführen: Der Käufer hat hieran ein Interesse, da er

775

776

[1641] Vgl. etwa den Formulierungsvorschlag von *Weber* RNotZ 2015, 195 (212); zu den dort vorgeschlagenen vier Wochen (weitere Vorschläge in der Literatur: zwischen drei und sechs Wochen, vgl. *Weber* DNotZ 2016, 85 (97)) kommt der Zeitraum, der zwischen Fälligkeitsmitteilung und Verzugseintritt liegt (üblicherweise zehn bis 14 Tage, → Rn. 96) und die üblichen Postlaufzeiten, so dass sich insgesamt mindestens eine Verzögerung von sechs bis sieben Wochen ergibt.

[1642] *Bohrer* DNotZ 2007, 500 (512 f.).

[1643] *Weber* DNotZ 2016, 85 (96 f.).

[1644] *Weber* DNotZ 2016, 85 (97).

[1645] Dem Vorschlag *Bohrers* (DNotZ 2007, 500 (512)), eine Kaufpreisbürgschaft zu stellen, kann nicht gefolgt werden: Die Beteiligten erwarten bei einem „normalen" Grundstückskaufvertrag zu Recht vom Notar die Sicherung des Leistungsaustausches ohne dass die Notwendigkeit der Einschaltung eines Dritten zur Sicherung desselben entsteht.

[1646] Vgl. WürzNotar-HdB/*Hertel* Teil 2 Kap. 2 Rn. 665.

möglichst bald renovieren und einziehen möchte; der Verkäufer ist damit einverstanden, da er an einem sofortigen Übergang der laufenden Lasten und der Verkehrssicherungspflicht auf den Käufer interessiert ist.

777   In dieser Situation hat der Notar darüber zu belehren, dass in der vorzeitigen Überlassung des Besitzes an den Käufer eine **ungesicherte Vorleistung** des Verkäufers liegt. Bei Bestehen eines Vertrauensverhältnisses zwischen Verkäufer und Käufer *und* gesicherter Finanzierung (Anhaltspunkt hierfür ist die Vorlage einer Finanzierungs- oder Eigenkapitalbestätigung eines deutschen Kreditinstitutes) wird es damit oft sein Bewenden haben, da der Verkäufer bereit sein wird, die für ihn bestehenden Risiken einzugehen und dem Käufer den Besitz ohne weitere Sicherung zu überlassen. Der Notar sollte dann seine Belehrung dokumentieren, und zwar im Rahmen der Regelungen zum Besitzübergang:

778   **Formulierungsbeispiel: Nur Belehrung bei vorzeitigem Besitzübergang**

Ϙ   Der Verkäufer leistet bei Besitzübergabe vor Kaufpreiszahlung [*Alt. bei festem Übergabetermin:* unabhängig von der Kaufpreiszahlung möglicherweise] ungesichert vor. Bei Nichtdurchführung des Kaufvertrages können Rückabwicklungsschwierigkeiten hinsichtlich der Rückgabe des Besitzes an den Verkäufer und zwischenzeitlich erfolgter Veränderungen (zB durch Renovierungsmaßnahmen) entstehen. Der Notar schlug daher vor, den Besitz – wie üblich – erst mit Kaufpreiszahlung auf den Käufer übergehen zu lassen, so dass Nutzung des Kaufobjekts einerseits und des Kaufpreises andererseits zu demselben Zeitpunkt wechseln. Die Parteien wünschen dies nicht. Weitere Sicherungen, über die der Notar belehrt hat, insbesondere Besitzübergang mit Verwahrung des Kaufpreises auf Notaranderkonto, wünschen die Parteien ebenfalls nicht.

[*ggf.:* Vor Kaufpreiszahlung geschehen alle Aufwendungen des Käufers auf das Kaufobjekt, insbesondere Baumaßnahmen, auf eigene Kosten und eigenes Risiko des Käufers. Der Käufer kann vom Verkäufer keinerlei Ersatz für solche Maßnahmen verlangen, wenn der Vertrag aus vom Verkäufer nicht zu vertretenden Gründen scheitert.]

779   Durch Verwahrung des Kaufpreises auf Notaranderkonto lässt sich ein **früher Besitzübergang zu einem festen Termin** unter Vermeidung insoweit ungesicherter Vorleistungen des Verkäufers herbeiführen: Der Besitzübergang erfolgt dann mit **Eingang des Kaufpreises auf Notaranderkonto;** hierfür kann ein Termin wenige Tage nach Beurkundung gewählt werden. Der Verkäufer ist durch diese Gestaltung ausreichend vor einer ungesicherten Vorleistung hinsichtlich des Besitzübergangs geschützt.

780   Es sollte jedoch nicht übersehen werden, dass auch bei einer solchen Gestaltung **Rückabwicklungsschwierigkeiten** entstehen können, wenn die Durchführung des Vertrages scheitert. Der Käufer erhält mit der Verwahrung den Besitz, jedoch keine Sicherheit dahingehend, dass er diesen letztlich auch behalten darf, weil er Eigentümer wird. Dieses Problem lässt sich dadurch entschärfen, dass der Besitzübergang grundsätzlich – auch bei Verwahrung auf Notaranderkonto – jedenfalls nicht vor Rechtswirksamkeit des Vertrages erfolgen soll, wenn also keine Genehmigungen ausstehen und der Vertrag folglich mit Beurkundung sofort wirksam ist.[1647] Auch dann verbleibt jedoch das Risiko, dass der Vertrag nicht durchgeführt wird, weil etwa der Verkäufer seiner Verpflichtung zur Lastenfreistellung nicht nachkommen kann.

781   Eine dem Sicherungsinteresse des Verkäufers gleichwertig Rechnung tragende **Alternativgestaltung** zur Herbeiführung des vorzeitigen Besitzüberganges ist nicht ersichtlich. Erwogen werden kann allenfalls eine Gestaltung, wonach dem Käufer die Herbeiführung des vorzeitigen Besitzübergangs gegen **Leistung einer Anzahlung** gestattet wird. Diese Anzahlung soll dann dem Verkäufer als Sicherheit für Kosten der Rechtsverfolgung (Räu-

---

[1647] AA offenbar WürzNotar-HdB/*Hertel* Teil 2 Kap. 2 Rn. 664, der hinsichtlich des frühzeitigen Besitzüberganges durch Verwahrung auch darauf abstellt, dass „noch Genehmigungen einzuholen sind".

mungsklage, Vollstreckung) und als Rückbehalt bei einem späteren Schadensersatzverlangen dienen.

Formulierungsbeispiel: Besitzübergang gegen Anzahlung 782

Der Verkäufer gestattet dem Käufer, den Besitzübergang bereits vor vollständiger Kaufpreiszahlung [*Alt.:* zum *** *(Datum)*] herbeizuführen, indem der Käufer [*in der Alt.:* bis zu diesem Termin] einen Kaufpreisteil in Höhe von EUR *** (in Worten: Euro ***) anzahlt.

[*ggf.:* Vermietung/Beginn mit Baumaßnahmen, die über allgemeine Schönheitsreparaturen hinausgehen, ist dann noch nicht gestattet.]

Auf die insoweit ggf. beiderseits ungesicherten Leistungen wies der Notar hin; insbesondere darauf, dass der Käufer möglicherweise seine eigene Leistung (die Anzahlung) verliert, ohne die vom Verkäufer geschuldete Gegenleistung zu erhalten. Weitere Sicherung wurde nach Erörterung der hierzu bestehenden Möglichkeiten nicht gewünscht.

Diese auf den ersten Blick gegenüber der Verwahrung einfach und kostensparend erscheinende Gestaltung hat jedoch gravierende **Nachteile:** Zunächst ist es grundsätzlich problematisch, wenn der Notar zur Vermeidung von ungesicherten Vorleistungen eine Gestaltung vorschlägt, die ihrerseits wieder zu ungesicherten Leistungen führt: Der Käufer leistet seine Anzahlung völlig ungesichert vor, was jedenfalls wieder eine diesbezügliche Belehrungspflicht des Notars auslöst.[1648] Ob der Verkäufer ebenfalls noch teilweise ungesichert vorleistet, lässt sich zum Zeitpunkt der Beurkundung kaum sagen, da nicht feststeht, ob die Anzahlung die möglichen Folgeschäden des Verkäufers decken kann. Es erscheint widersprüchlich, wenn der Notar zur Vermeidung eines Risikos eine Gestaltung verwendet, von der er aufgrund anderer Risiken sogleich wieder abraten muss. 783

Zu diesen grundsätzlichen Bedenken kommt die praktische Frage, in welcher Höhe die Anzahlung zu leisten sein soll. Die Parteien werden hierzu oftmals keine Vorstellung haben und daher den Notar um einen Vorschlag bitten. Es ist jedoch nicht Aufgabe des Notars, diese Frage zu entscheiden, zumal er ebenfalls nicht in der Lage sein wird, die Angemessenheit zu beurteilen. Erkennt der Notar, dass eine völlig ungemessene Anzahlung vereinbart werden soll (zB in Höhe der Hälfte des Gesamtkaufpreises) dürfte ihn insoweit eine Hinweispflicht treffen, woraus dann praktisch wieder die Frage der Beteiligten folgen wird, welche Höhe denn stattdessen angemessen sei. 784

Zusammenfassend lässt sich demnach zum Besitzübergang festhalten: **Regelfall** ist der Besitzübergang mit Kaufpreiszahlung nach Vorliegen der üblichen Fälligkeitsvoraussetzungen, **Ausnahmefall** ist der feste Besitzübergang mit Verwahrung auf Notaranderkonto, Alternativgestaltung, die jedoch aufgrund ihrer Nachteile nicht als gleichwertig mit der Verwahrung angesehen werden kann, ist die Herbeiführung des Besitzübergangs gegen Anzahlung vor Kaufpreisfälligkeit. 785

3. Räumung des Kaufobjekts. Steht das Kaufobjekt bei Beurkundung noch nicht leer, sei es, weil es noch vom Verkäufer bewohnt oder von einem Mieter, dessen Mietverhältnis nicht vom Käufer übernommen wird, genutzt wird, ist die Räumung in der Regel eine nicht vom Notar zu überwachende Fälligkeitsvoraussetzung (→ Rn. 93 f., → Rn. 237 f.). Diese Gestaltung führt zu einer Vorleistungspflicht des Verkäufers: Er muss zunächst räumen und erhält dann erst den Kaufpreis. In aller Regel wird diese Gestaltung in der Praxis gleichwohl vom Verkäufer nicht in Frage gestellt; im Fall der Eigennutzung wohl auch deshalb, weil der Verkäufer sowieso auszuziehen beabsichtigt. 786

[1648] Entbehrlich dürfte es hingegen in diesem Fall sein, den zweiten Teil der doppelten Belehrungspflicht – also das Aufzeigen der Sicherungsmöglichkeiten – zu dokumentieren, denn dass den Beteiligten die üblichen Sicherungen bekannt sind, ergibt sich ohne weiteres daraus, dass diese die Fälligkeitsvoraussetzungen für die Zahlung des Restkaufpreises darstellen.

787   In Einzelfällen kann es jedoch vorkommen, dass der Verkäufer nicht bereit sein wird, die
       ggf. noch durch Zwangsvollstreckungsunterwerfung und Vertragsstrafenvereinbarung ver-
       schärfte Räumungsverpflichtung zu übernehmen, wenn er keine weitergehende Siche-
       rung seines Erfüllungsinteresses erhält. Dies kann etwa dann der Fall sein, wenn ein Miet-
       verhältnis durch den Verkäufer beendet werden muss, das er sonst weiterführen würde
       oder auch beim Verkauf der bisher gemeinsam genutzten Immobilie durch getrennt le-
       bende Eheleute, wenn einer der Verkäufer bereits ausgezogen ist und daher auf die Räu-
       mung durch den anderen keinen Einfluss mehr nehmen kann.[1649] Dann ist die Verwah-
       rung auf Notaranderkonto der sichere – und wohl auch einzige – Weg, eine Zug um
       Zug-Abwicklung hinsichtlich der Räumung zu gewährleisten. Die Gestaltung erfolgt
       dann so, dass der Käufer auf Notaranderkonto einzahlt, der Notar dies dem Verkäufer
       schriftlich (in entsprechender Weise, wie es sonst bei Fälligkeitsmitteilungen gehandhabt
       wird) mitteilt, der Verkäufer räumt und der Käufer die erfolgte Räumung dem Notar
       schriftlich mitteilt (diese Mitteilung ist dann zusätzliche Auszahlungsvoraussetzung).

III. Problemfeld: Lastenfreistellung

788   **1. Normalfall.** Ist das Kaufobjekt belastet, so ist der Verkäufer hinsichtlich der vom Käu-
       fer nicht übernommenen Belastungen zur Lastenfreistellung verpflichtet. Valutieren Belas-
       tungen in Abteilung III noch, so ist in aller Regel eine Treuhandtätigkeit des Notars zur
       Abwicklung der Lastenfreistellung erforderlich. Der Normalfall einer Belastung in Abtei-
       lung III ist dadurch gekennzeichnet, dass Gläubiger deutsche Kreditinstitute sind. In die-
       sem Fall liegt die Treuhandtätigkeit des Notars – jedenfalls seit der gesetzlichen Fest-
       schreibung des Erfordernisses eines berechtigten Sicherungsinteresses für die Verwahrung
       – nicht darin, dass der Notar den Kaufpreis zur Verwahrung auf Notaranderkonto entge-
       gennimmt und hieraus die Forderungen der Gläubiger ablöst, sondern darin, dass der No-
       tar bevollmächtigt wird, die zur Lastenfreistellung erforderlichen Unterlagen bei den
       Gläubigern anzufordern, für die Vertragsparteien entgegenzunehmen und zu verwenden.
       Fälligkeitsvoraussetzung ist dann unter anderem, dass dem Notar alle Unterlagen in
       grundbuchtauglicher Form auflagenfrei oder unter Auflagen, zu deren Erfüllung der
       Kaufpreis ausreicht, um den Kaufgegenstand von Rechten freizustellen, die im Grund-
       buch bereits vor oder gleichzeitig mit der Eigentumsvormerkung des Käufers eingetragen
       wurden und vom Käufer nicht übernommen werden, vorliegen. Der Notar teilt dem
       Käufer im Rahmen der Fälligkeitsmitteilung den Inhalt von Zahlungsauflagen mit, von
       deren Erfüllung die spätere Verwendbarkeit der Unterlagen abhängt.

789   Das Funktionieren dieser sog. Direktabwicklung ist – neben der zu unterstellenden
       fehlerfreien Arbeit des Notars bei Prüfung der Fälligkeitsvoraussetzungen – im Wesentli-
       chen von zwei Faktoren abhängig:
       1. Zum einen von der Person und der Zuverlässigkeit des Gläubigers, welcher die Lasten-
          freistellungsunterlagen zur Verfügung stellt: Stellt der Gläubiger dem Notar die Lasten-
          freistellungsunterlagen (zB in Form einer Löschungsbewilligung) unter Treuhandaufla-
          ge zur Verfügung, verliert er aber später, dh nach Überlassung der Löschungsunterlagen
          an den Notar aber vor deren grundbuchmäßiger Verwendung, die Rechtsinhaberschaft
          bzw. Verfügungsbefugnis (zB durch Abtretung, Insolvenz),[1650] so hat der Käufer uU
          aufgrund der Fälligkeitsmitteilung an den „falschen" Gläubiger geleistet und die spätere
          Löschung kann scheitern.
       2. Zum anderen von einem Mindestmaß an Mitwirkungsfähigkeit und -bereitschaft auf
          Käuferseite: Dem Käufer werden bei einer Direktabwicklung mit der Fälligkeitsmittei-

---

[1649] Formulierungsvorschläge zu letzterer Situation bei *Krauß* Immobilienkaufverträge Rn. 2982 f.
[1650] § 91 Abs. 2 InsO iVm § 878 BGB löst dieses Problem nicht, da in dem fraglichen Fall die Löschungsun-
       terlagen noch treuhänderisch beim Notar verwahrt werden und gerade kein Eintragungsantrag beim
       Grundbuchamt gestellt wurde; vgl. auch *Krauß* Immobilienkaufverträge Rn. 1351.

lung die Treuhandauflagen der abzulösenden Gläubiger bekannt gegeben. Diese müssen genau beachtet werden, da sonst eine spätere Verwendung der Lastenfreistellungsunterlagen nicht möglich ist. In aller Regel stellt dies kein Hindernis dar, da der Käufer die Treuhandaufträge seinem Kreditinstitut vorlegen wird und dieses dann die Überweisungsaufträge vorbereitet, insbesondere die Berechnung etwaiger Tageszinsen übernimmt. Diese Hilfestellung der Käuferbank kann nicht nur erfolgen, wenn der Käufer den Kaufpreis finanziert, sondern in der Regel auch beim Erwerb mit Eigenkapital.

Ist eine der vorgenannten Voraussetzungen nicht gegeben oder fraglich, so kann abweichend vom Normalfall der Lastenfreistellung im Wege der Direktabwicklung eine Abwicklung über Notaranderkonto sinnvoll sein, etwa in folgenden Situationen: **790**

2. Sonderfälle. a) Privatgläubiger. Ist der abzulösende Gläubiger eines Grundpfandrechts kein inländisches Kreditinstitut, sondern eine sonstige Privatperson[1651] (gleich ob natürliche oder juristische), so stellt sich das vorstehend (→ Rn. 789) skizzierte Problem des Gläubigerwechsels bzw. des Eintritts von Verfügungsbeschränkungen beim Gläubiger. Für diese Störfälle sollte bei Vorhandensein von Privatgläubigern Vorsorge durch Anpassung der Regelungen zur Abwicklung der Lastenfreistellung getroffen werden. **791**

Der Unsicherheitsfaktor Privatgläubiger lässt sich durch Verwahrung auf Notaranderkonto beherrschen: Der Notar wird dazu – wie üblich – beauftragt, die Lastenfreistellungsunterlagen (auch) des Privatgläubigers anzufordern und entgegenzunehmen. Auszahlungsvoraussetzung ist in diesem Fall jedoch nicht, dass dem Notar die betreffenden Löschungsunterlagen unter erfüllbaren Treuhandauflagen vorliegen, sondern dass die Löschung des betreffenden Rechts im Grundbuch erfolgt ist. Der Notar ist in der Verwahrungsvereinbarung zusätzlich zu den übrigen Auszahlungsvoraussetzungen anzuweisen, die von den Privatgläubigern geforderten Ablösebeträge erst nach der erfolgten Löschung an diese auszuzahlen. **792**

Formulierungsbeispiel: Auszahlungsvoraussetzung bei Privatgläubiger **793**

Die Parteien weisen den Notar an, den Kaufpreis auszuzahlen, wenn
– *** *[übliche Auszahlungsvoraussetzungen]*
– die Löschung des Rechts Abteilung III Nr. *** im Grundbuch erfolgt ist und dem Notar hierüber Eintragungsnachricht vorliegt.

Es ist nicht zwingend, die Löschung des Rechts zur Auszahlungsvoraussetzung zu machen; im Gegenteil wäre es ausreichend und nach der gesetzlichen Systematik prinzipiell auch überzeugender, auf den Zeitpunkt des Eintritts der Wirkung der §§ 875, 878 BGB abzustellen. Die vorstehende Formulierung erleichtert dem Notariat allerdings die Abwicklung, da sonst auch noch Vorsorge für den Fall der Nichtzahlung der Löschungskosten getroffen werden müsste. Bei kurzen Grundbuchbearbeitungszeiten dürfte es daher vertretbar sein, auf die erfolgte Löschung als Auszahlungsvoraussetzung abzustellen, vorausgesetzt der Treuhandauftrag des betreffenden Gläubigers lässt dies zu. **794**

Die Reihenfolge der Abwicklung wäre somit: **795**
1. Verwahrung des Kaufpreises auf Notaranderkonto;
2. Anforderung und Entgegennahme der Löschungsunterlagen in grundbuchtauglicher Form mit Treuhandauftrag;
3. Prüfung, ob die diesbezüglichen Zahlungsauflagen (ggf. unter Berücksichtigung der Treuhandaufträge weiterer Gläubiger) aus dem verwahrten Kaufpreis erfüllbar sind;
4. wenn ja: Löschung der Rechte im Grundbuch (wenn nein: Rückgabe der Löschungsunterlagen an den Gläubiger; weitere Abwicklung ist dann nur möglich, wenn der

---

[1651] Bei öffentlich-rechtlichen Gläubigern stellt sich das Problem nicht.

Verkäufer den Differenzbetrag unmittelbar an den Gläubiger zahlt und/oder der Treuhandauftrag geändert wird);

5. Auszahlung der Ablösebeträge an den Gläubiger;
6. Auszahlung des Restkaufpreises an den Verkäufer.

796 Diese Abwicklung kann nicht nur bei der Ablösung von Privatgläubigern in Abteilung III verwendet werden, sondern auch zur Lastenfreistellung hinsichtlich Rechten in Abteilung II. Soll etwa im Zuge eines Verkaufs ein am Kaufobjekt bestehender Nießbrauch gelöscht werden und ist der Nießbraucher nicht bereit, die Löschungsbewilligung auflagenfrei abzugeben (und ggf. seine Ablösung intern mit dem Verkäufer abzuwickeln), so kann bei Verwahrung zunächst der Nießbrauch gelöscht und dann der vom Nießbraucher geforderte Betrag an diesen ausgezahlt werden.

797 Wird diese Abwicklung gewählt, so ist darauf zu achten, dass der Treuhandauftrag des Gläubigers es zulassen muss, dass zuerst sein Recht gelöscht wird und der Ablösebetrag erst nach Vorliegen der Eintragungsnachricht über die erfolgte Löschung ausgezahlt wird. Meines Erachtens ist es zulässig und sinnvoll, wenn der abwickelnde Notar dem Gläubiger einen möglichen Text des Treuhandauftrages vorschlägt (dies selbstverständlich nicht im Hinblick auf die geforderten Ablösebeträge, sondern nur auf den Zeitpunkt der Auszahlung), was den Vorzug haben dürfte, dass ein annehm- und durchführbarer Treuhandauftrag formuliert wird.

798 Alternativ zur vorstehend dargestellten Abwicklung mittels Verwahrung kann bei Vorhandensein von Privatgläubigern zugunsten des Käufers als Berechtigtem der Eigentumsvormerkung eine „Löschungs"-Vormerkung bei dem betreffenden Grundpfandrecht eingetragen werden, mit der Folge der Wirkung des § 106 Abs. 1 InsO für den Insolvenzfall des Gläubigers und der §§ 883 Abs. 2, 888 BGB für den Fall der Abtretung. Die Eintragung dieser Vormerkung sollte dann zur zusätzlichen Fälligkeitsvoraussetzung gemacht werden.[1652]

799 Beide Varianten – Abwicklung über Notaranderkonto oder Direktabwicklung mit Eintragung von „Löschungs"-Vormerkungen als zusätzlicher Fälligkeitsvoraussetzung – stellen angemessene Sicherungen bei Vorhandensein von Privatgläubigern, deren Forderungen aus dem Kaufpreis abgelöst werden sollen, dar. Vorteil der Direktabwicklung dürften die ersparten Verwahrungskosten sein, Vorteil der Verwahrung die etwas zügigere Abwicklung, insbesondere für den Fall, dass der Gläubiger sich sträubt, nicht nur die Löschungsbewilligung abzugeben, sondern zusätzlich noch eine Vormerkung zu bewilligen.[1653] Meines Erachtens sind die Abwicklungsvarianten als gleichwertig anzusehen, so dass der Notar aufgrund des ihm zustehenden Beurteilungsspielraums entscheiden kann, welche Variante er den Beteiligten in erster Linie vorschlägt.

800 b) Probleme des Vertretungsnachweises. Ist ein ausländisches Kreditinstitut als Gläubiger in Abteilung III eingetragen, so ergeben sich unabhängig von der Frage, ob dieses als Privatgläubiger im Sinne der vorstehenden Ausführungen behandelt werden sollte, möglicherweise Probleme beim Vertretungsnachweis desjenigen, der die Löschungsbewilligung unterschrieben hat. Der Nachweis der Vertretung ist erschwert, da das ausländische Kreditinstitut nicht in das deutsche Handelsregister eingetragen ist und damit die Voraussetzungen des § 32 GBO nicht erfüllt werden können,[1654] so dass wieder der allgemeine Grundsatz des § 29 Abs. 1 GBO gilt. Die danach erforderlichen Nachweise beizubringen kann mit einigen Schwierigkeiten verbunden sein, wie etwa der Beschluss des OLG München vom 14.10.2015[1655] zeigt.

[1652] Zur Löschungsvormerkung am Grundpfandrecht eines Privatgläubigers ausführlich *Krauß* Immobilienkaufverträge Rn. 1351 ff. mit Formulierungsbeispielen.

[1653] Dies mag bei sehr vorsichtigen oder wenig kooperativen Privatgläubigern durchaus der Fall sein, vgl. *Krauß* Immobilienkaufverträge Rn. 1360 f.

[1654] BayObLG DNotZ 2003, 295.

[1655] RNotZ 2016, 97.

Für den Notar ergibt sich bei unsicherem Vertretungsnachweis eines ausländischen Kre- 801
ditinstitutes im Rahmen einer Direktabwicklung die Notwendigkeit einer Prognose: Er
muss ex ante entscheiden, ob die ihm vorliegenden Vertretungsnachweise dem Grundbuchamt später ausreichen werden, um die Löschung im Grundbuch zu vollziehen. Sieht
das Grundbuchamt den Vertretungsnachweis abweichend von der Beurteilung des Notars
nicht als geführt an, so verzögert sich die Löschung uU erheblich, was den Notar in die
missliche Situation bringt, die Fälligkeit bereits mitgeteilt zu haben, die Lastenfreistellung
jedoch mit den ihm hierzu vorliegenden Unterlagen nicht bewirken zu können. Es sollte
demnach bei der Prüfung der vorgelegten Vertretungsnachweise ein strenger Maßstab unter Berücksichtigung der hierzu ergangenen Rechtsprechung[1656] angelegt und die vorgelegten Unterlagen ggf. beanstandet werden. Verbleibt gleichwohl eine Unsicherheit oder
ist das Kreditinstitut zur zeitnahen Beibringung der Nachweise voraussichtlich nicht bereit
oder in der Lage, sollte der Weg der Verwahrung gewählt werden, wobei dann wiederum
– entsprechend der Vorgehensweise bei Ablösung eines Privatgläubigers (→ Rn. 791 ff.) –
zunächst die Löschung im Grundbuch und erst dann die Auszahlung an Gläubiger und
Verkäufer zu erfolgen hat.

c) Zwangsversteigerung. Der Verkauf eines in der Zwangsversteigerung befindlichen 802
Grundstücks macht besondere Vorkehrungen bei der Vertragsgestaltung und der Abwick-
lung erforderlich.[1657] Kaufverträge dieser Art sind ein **typischer Anwendungsfall** der
Abwicklung mittels Notaranderkonto; zwingend ist die Verwahrung jedoch auch bei
Zwangsversteigerungsfällen nicht. Denn die Einstellung der Zwangsversteigerung und
Lastenfreistellung lassen sich auch im Wege der Direktzahlung erreichen, wenn die betreibenden und ggf. die vor Eintragung der Vormerkung beigetretenen Gläubiger dem Notar
ihre Rücknahmeerklärungen und die Lastenfreistellungsunterlagen zu treuen Händen
überlassen. Die Sicherung des Käufers erfolgt dann wie stets bei Direktabwicklung durch
die vor Kaufpreiszahlung zu erfüllenden Fälligkeitsvoraussetzungen.[1658]

Vorteil der Abwicklung über Notaranderkonto ist, dass es nur in dieser Variante mög- 803
lich ist, die **Auszahlung erst nach der Eigentumsumschreibung** erfolgen zu lassen.[1659] Hierdurch wird insbesondere das bei Direktzahlung bestehende Risiko vermieden,
dass der vom Notar **treuhänderisch verwahrte Rücknahmeantrag nach Fälligkeitsmitteilung, aber vor seiner Verwendung widerrufen** oder durch Insolvenz des Gläubigers unbeachtlich wird.[1660] Zu beachten ist, dass auch in dieser Variante die Eigentumsvormerkung nicht mit Umschreibung des Eigentums, sondern erst mit rechtskräftiger
Aufhebung des Verfahrens gelöscht werden sollte.[1661]

Auch wenn die Abwicklung über Notaranderkonto mit Auszahlung nach Eigentums- 804
umschreibung in Zwangsversteigerungsfällen die sicherste und aus Sicht der Beteiligten
einfachste Variante darstellen dürfte, ist der Notar nicht verpflichtet, diese Art der Abwicklung zu wählen, da er nach allgemeinen Grundsätzen[1662] zur Übernahme der Verwahrungstätigkeit nicht verpflichtet ist. Die Entscheidung des Notars, ob im konkreten
Einzelfall die Abwicklung über Direktzahlung oder Verwahrung die richtige Gestaltung ist
(sofern nicht – was zulässig wäre – bei Zwangsversteigerungsfällen stets über Notaranderkonto abgewickelt wird), kann sich nach folgenden Maßgaben richten: Betreibt nur ein

---

[1656] OLG München RNotZ 2016, 97; OLG Düsseldorf RNotZ 2015, 88 mwN zu dieser Problematik in
der Entscheidungseinordnung; OLG Jena RNotZ 2018, 466.

[1657] Vgl. hierzu die ausführlichen Darstellungen von *Jursnik* MittBayNot 1999, 125 (133) und *Franck* Mitt-
BayNot 2012, 345 (439).

[1658] Baustein zur Direktabwicklung bei zwangsversteigerungsbefangenem Grundstück: *Krauß* Immobilienkaufverträge Rn. 2409 ff.

[1659] Gesamtmuster für diese „ganz sichere Variante": *Krauß* Immobilienkaufverträge Rn. 4504.

[1660] *Krauß* Immobilienkaufverträge Rn. 2417.

[1661] *Krauß* Immobilienkaufverträge Rn. 2407.

[1662] § 15 Abs. 1 BNotO ist beschränkt auf die Urkundtätigkeit, dh auf die in §§ 20–22 BNotO genannten
Tätigkeiten (Schippel/Bracker/*Reithmann* BNotO § 15 Rn. 16).

inländisches Kreditinstitut die Zwangsversteigerung, sind weitere Komplikationen (insbesondere Beitritte) nicht zu erwarten und lässt sich diese Situation bereits im Vorfeld der Beurkundung „vorklären",[1663] so kann die Direktabwicklung gewählt werden. Betreibt hingegen ein Privatgläubiger die Zwangsversteigerung oder ist ein solcher beigetreten, so ist schon zur Vermeidung des Risikos eines Widerrufs oder der Unbeachtlichkeit des Rücknahmeantrages (→ Rn. 803) die Abwicklung über Notaranderkonto mit Auszahlung nach Eigentumsumschreibung vorzuziehen.

IV. Problemfeld: Besonderheiten auf Käuferseite, insbesondere bei der Finanzierung

805 **1. Finanzierung über mehrere Kreditinstitute.** Als zulässig und ggf. sinnvoll wird die Abwicklung über Notaranderkonto auch angesehen, wenn die Ablösung von Gläubigern in Abteilung III erforderlich ist und der Käufer über mehrere Kreditinstitute finanziert.[1664] Dann führe die Verwahrung zu einer **Abwicklungserleichterung,** da der Notar zunächst den gesamten Kaufpreis auf dem Anderkonto sammeln kann und diesen erst dann auszahlt, wenn feststeht, dass die Treuhandauflagen sämtlicher Gläubiger erfüllt werden können.

806 Es spricht nichts dagegen, die Verwahrung in einem solchen Fall, sollten sich tatsächlich einmal Koordinierungsschwierigkeiten zwischen mehreren finanzierenden Kreditinstituten ergeben, als zulässig anzusehen. Das praktische Bedürfnis nach Abwicklungen über Notaranderkonto in diesem Bereich dürfte aber inzwischen[1665] gering sein. Zum einen sollte es für Kreditinstitute kein ernsthaftes Problem darstellen, sich untereinander dahingehend verbindlich abzustimmen, wer welche Zahlungen leistet; zum anderen ist aus Sicht des Kreditinstitutes die Situation bei teilweiser Eigenkapitalfinanzierung auch nicht anders: Auch hier kann das Kreditinstitut nur dann sicher sein, dass die Zahlungsauflagen der abzulösenden Gläubiger vollständig erfüllt werden, wenn Eigen- und Fremdkapitalanteile bei einem – nämlich in diesem Fall dem finanzierenden – Kreditinstitut zusammengeführt werden. Dies umzusetzen oder hierauf zu verzichten liegt im Verantwortungsbereich des Kreditinstitutes; Koordinierungsbedarf durch den Notar besteht insoweit nicht.

807 **2. Finanzierungsvollmacht.** Die Aufnahme einer Finanzierungsvollmacht, welche die übliche **Einschränkung der Sicherungsabrede** enthält (→ Rn. 266 ff.) ist bei Notwendigkeit der Vorwegbeleihung zur Sicherung des Verkäufers erforderlich, aber grundsätzlich auch ausreichend. Wenn die Gefahr besteht, dass der Grundpfandrechtsgläubiger sich nicht an die eingeschränkte Sicherungsabrede hält, kann von dieser Gestaltung kein Gebrauch gemacht werden. Die Finanzierungsvollmacht sollte daher vorsehen, dass sie nur für die Bestellung von Grundpfandrechten für Kreditinstitute mit Sitz in Deutschland gilt;[1666] die Bestellung von Grundpfandrechten für Privatgläubiger aufgrund der Finanzierungsvollmacht kommt nicht in Betracht.

808 Wenn ohnehin, dh aus anderen Gründen als der Vorwegbeleihung, die Abwicklung über Notaranderkonto erfolgt, könnte erwogen werden, keine Finanzierungsvollmacht in den Vertrag aufzunehmen, sondern nach Verwahrung des Kaufpreises auf Notaranderkonto und Vorliegen aller sonstigen Umschreibungsvoraussetzungen die Eigentumsumschrei-

---

[1663] Eine Klärung der Verhältnisse im Vorfeld ist insbesondere dann möglich und sinnvoll, wenn auf Veranlassung des betreibenden Kreditinstitutes ein auf „Problemfälle" spezialisierter Makler die Vermarktung des Objektes übernommen hat. Mit diesem kann dann vorab zumindest die wichtige Frage geklärt werden, ob der betreibende Gläubiger überhaupt bereit ist, Rücknahmeerklärung und Löschungsunterlagen ohne vorherige Verwahrung des Kaufpreises als „Lockmittel" (*Krauß* Immobilienkaufverträge Rn. 2415) dem Notar zur Verfügung zu stellen.

[1664] Vgl. etwa *Tönnies* in der 6. Aufl. Rn. 774; WürzNotar-HdB/*Hertel* Teil 2 Kap. 2 Rn. 667.

[1665] Dies mag in den ersten Jahren nach Normierung des Erfordernisses des berechtigten Sicherungsinteresses anders gewesen sein.

[1666] → Rn. 273; vgl. auch WürzNotar-HdB/*Hertel* Teil 2 Kap. 2 Rn. 426 zu möglichen Erweiterungen auf bestimmte ausländische Kreditinstitute.

bung sowie am gleichen Tag die Eintragung der vom Käufer im eigenen Namen bestellten Grundpfandrechte zu beantragen.

Hiervon ist abzuraten, da dieses Verfahren mit Blick auf § 848 Abs. 2 S. 2 ZPO riskant **809** ist. Wurde der Eigentumsverschaffungsanspruch des Käufers durch Zustellung eines Pfändungs- und Überweisungsbeschlusses an den Verkäufer (§ 829 Abs. 3 ZPO) gepfändet, wovon der Notar nicht zwingend Kenntnis erlangen muss, erlangt der Pfändungsgläubiger gemäß § 848 Abs. 2 S. 2 ZPO mit dem Übergang des Eigentums eine (nicht im Grundbuch eingetragene) Sicherungshypothek. Diese Sicherungshypothek geht den erst mit Eigentumsumschreibung wirksam werdenden Finanzierungsgrundpfandrechten im Rang vor.[1667] Den Treuhandauftrag der den Kaufpreis finanzierenden Bank, die Auszahlung des Kaufpreises dürfe erst nach Sicherstellung des ersten Ranges der Finanzierungsgrundschuld erfolgen, kann der Notar somit praktisch nicht bzw. nur dann erfüllen, wenn er sichere Kenntnis von der Nichtpfändung des Übereignungsanspruches hat. Auch dann, wenn die Abwicklung über Notaranderkonto erfolgt, sollte demnach die Eintragung der Grundpfandrechte in jedem Fall aufgrund Finanzierungsvollmacht vor Eigentumsumschreibung erfolgen.

Der Notar muss von einer Pfändung auch nicht unbedingt durch Mitteilung des Ver- **810** käufers Kenntnis erhalten: Hat der Käufer bereits ein Anwartschaftsrecht erworben, kann dieses durch ausschließliche Zustellung an den Käufer gepfändet werden.[1668] Auch kann der Käufer seinen Eigentumsverschaffungsanspruch gemäß § 1287 S. 2 BGB formfrei und ohne Kenntnis des Verkäufers verpfänden.[1669]

Aufgrund der sich aus § 848 Abs. 2 ZPO ergebenden Risiken ist daher auch bei einer **811** Abwicklung über Notaranderkonto eine Mitwirkung des Verkäufers bei der Grundpfandrechtsbestellung unverzichtbar.[1670]

3. Fragliche Mitwirkung der Käuferseite bei der Abwicklung. Wie bereits dargelegt **812** (→ Rn. 789) setzt das Funktionieren der Direktabwicklung ein Mindestmaß an Mitwirkungsfähigkeit und -bereitschaft auf Käuferseite voraus. Jedenfalls **geschäftsunerfahrene Beteiligte** kämen bei der Ablösung mehrerer Gläubiger, ggf. zuzüglich separat zu begleichender Notarkostenrechnungen für die Unterschriftsbeglaubigung des Gläubigers und dem Erfordernis der Berechnung von Tageszinsen, an ihre Grenzen. Wenn und soweit der Käufer sich der Hilfe eines Kreditinstitutes bedienen kann, das ihn bei der Vorbereitung der erforderlichen Überweisungen unterstützt (dies dürfte bei allen deutschen Kreditinstituten der Fall sein), funktioniert die Direktabwicklung. Fehlt es jedoch hieran, etwa weil der Käufer seine Kaufpreiszahlung aus Eigenkapital von einem ausländischen Kreditinstitut aus überweisen möchte, kann der sonst unproblematische Fall mit erheblichen Schwierigkeiten verbunden sein, wenn sich das betreffende Kreditinstitut nicht dazu in der Lage sieht, die Überweisungen entsprechend vorzubereiten.

Auch solche Fälle lassen sich in der Regel nach Rücksprache mit dem Notariat bewäl- **813** tigen, indem zusätzliche Hilfestellung und Hinweise dazu gegeben werden, wieviel an wen zu überweisen ist, wieviele Tage für die Tageszinsen einzukalkulieren sind etc. Dies führt letztlich jedoch zu einer Vermischung der Tätigkeits- und Verantwortungsbereiche von Notar und Käufer: Der Notar ist im Rahmen einer Direktabwicklung nur für die Überwachung und Mitteilung der Fälligkeitsvoraussetzungen und der hiermit verbundenen Zahlungsauflagen zuständig; die Abwicklung der Zahlungen selbst liegt im alleinigen Zuständigkeits- und Verantwortungsbereich des Käufers. In Konstellationen, in denen von vornherein absehbar ist, dass der Käufer Schwierigkeiten bei der Ausführung der nach den Treuhandaufträgen der abzulösenden Gläubiger zu tätigenden Zahlungen haben wird,

---

[1667] *Hansmeyer* MittRhNotK 1989, 151.
[1668] DNotI–Report 2002, 138 mwN.
[1669] DNotI–Report 2002, 138.
[1670] *Milzer* DNotZ 2009, 334.

kann daher im Einzelfall erwogen werden, eine Abwicklung über Notaranderkonto vorzunehmen und somit sowohl die Überwachung der Zahlungsvoraussetzungen als auch die praktische Durchführung der Zahlungen einheitlich in den Verantwortungsbereich des Notars zu überführen. Das Sicherungsinteresse liegt dann darin, dass durch die Verwahrung sichergestellt wird, dass die Zahlungen an die richtigen Gläubiger in der richtigen Höhe und rechtzeitig, dh während der Bindungsfrist der Treuhandaufträge, geleistet werden und damit die Verwendbarkeit der Lastenfreistellungsunterlagen gewährleistet ist. Diese Notwendigkeit wird sich zwar allenfalls vereinzelt ergeben und ist in jedem Fall besonders begründungsbedürftig, dann aber stellt die Verwahrung eine zulässige und auch sinnvolle Abwicklungserleichterung dar.

814 **4. Sonstige Besonderheiten auf Käuferseite.** In Einzelfällen können sich noch weitere Besonderheiten auf der Käuferseite ergeben, die eine Abwicklung über Notaranderkonto erforderlich machen, insbesondere wenn ein fester Zahlungstermin ermöglicht werden soll. Die möglichen Beweggründe hierfür können steuerlicher Art[1671] sein oder aus persönlichen Umständen resultieren und lassen sich kaum kategorisieren. Verlangt der Käufer aus in seiner Sphäre liegenden Gründen die Verwahrung und ist er bereit die Kosten zu tragen, so hilft nur die genaue Prüfung der vom Käufer vorgetragenen Gründe im Einzelfall, um über die die Zulässigkeit der Verwahrung zu entscheiden.

V. Problemfeld: Verkauf durch Parteien kraft Amtes

815 Bei Veräußerung eines Grundstücks durch Parteien kraft Amtes **(Insolvenzverwalter, Nachlassverwalter, Testamentsvollstrecker)** ist die obergerichtliche Rechtsprechung zu beachten, nach der bei **Verlust der Verfügungsbefugnis** (zB durch Abberufung, Niederlegung des Amtes, Tod) § 878 BGB keine Anwendung finden soll,[1672] mit der Folge, dass zum wirksamen Rechtserwerb die Amtsstellung noch zum Zeitpunkt dessen Vollendung bestehen muss.[1673] Auch wenn die Literatur überwiegend anderer Auffassung ist und für eine analoge Anwendung des § 878 BGB plädiert,[1674] sollte der sicherste Weg der Vertragsgestaltung die Auffassung der Rechtsprechung berücksichtigen, denn für den Käufer sind die Folgen uU schwerwiegend: Verliert die Partei kraft Amtes die Verfügungsbefugnis vor Eigentumsumschreibung, so hat der Käufer seine Leistung erbracht, erwirbt jedoch kein Eigentum; entsprechendes gilt im früheren Stadium der Vertragsabwicklung für die Vormerkung und die durch sie vermittelte Sicherungswirkung.

816 Diese Problematik lässt sich durch eine Abwicklung über Notaranderkonto weitestgehend beherrschen. Dabei wäre es allerdings sinnlos, wenn schlicht die Eigentumsumschreibung abgewartet und dann ohne weitere Prüfung der Kaufpreis ausgezahlt würde.[1675] Erforderlich ist vielmehr, nach Eigentumsumschreibung und vor Auszahlung zu prüfen, ob die Verfügungsbefugnis noch fortbesteht. Dies kann für den wohl häufigsten Fall der Testamentsvollstreckung etwa wie folgt geschehen (für Insolvenz- und Nachlassverwaltung ist die Formulierung ebenfalls – entsprechend abgeändert – verwendbar):

[1671] Zahlungsabfluss erfolgt nach der Rechtsprechung des BFH schon, wenn Geldmittel auf Konten eingezahlt werden, über die der Zahlungsempfänger noch nicht verfügen kann (BFH BStBl. II 1987, 219).
[1672] Vgl. die Nachweise bei *Schöner/Stöber* GrundbuchR Rn. 124, auch zur Gegenmeinung.
[1673] *Kesseler* RNotZ 2013, 480 (481).
[1674] Vgl. etwa BeckOK BGB/*H.-W. Eckert* BGB § 878 Rn. 15 mwN; in diese Richtung deutend wohl auch BGH DNotZ 2013, 362 mAnm *Commichau* = MittBayNot 2013, 130 mAnm *Kreuzer;* vgl. hierzu auch *Kesseler* RNotZ 2013, 480.
[1675] *Zahn* MittRhNotK 2000, 90 (104).

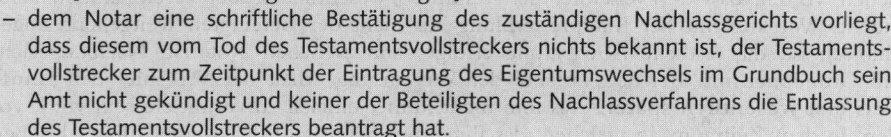

Formulierungsbeispiel: Auszahlungsvoraussetzung bei Testamentsvollstreckung   817

Die Parteien weisen den Notar an, den Kaufpreis auszuzahlen, wenn
– *** [übliche Auszahlungsvoraussetzungen]
– dem Notar eine schriftliche Bestätigung des zuständigen Nachlassgerichts vorliegt, dass diesem vom Tod des Testamentsvollstreckers nichts bekannt ist, der Testamentsvollstrecker zum Zeitpunkt der Eintragung des Eigentumswechsels im Grundbuch sein Amt nicht gekündigt und keiner der Beteiligten des Nachlassverfahrens die Entlassung des Testamentsvollstreckers beantragt hat.

Diese Formulierung stellt nur auf die Bestätigung des Nachlassgerichts, nicht – wie die 818 Formulierung bei *Krauß*[1676] zur Löschung der Vormerkung, die auch als Formulierung der Auszahlungsvoraussetzung verwendet werden könnte – auf eine Bestätigung (auch) des Testamentsvollstreckers selbst ab. Die hier vorgeschlagene Vorgehensweise dürfte den Vorzug haben, dass der Notar nicht auf die weitere Mitwirkung des Testamentsvollstreckers angewiesen ist, der möglicherweise nicht erreichbar ist oder nicht reagiert. Zuzugeben ist allerdings, dass der Fall der Amtsbeendigung durch Versterben ganz sicher nur mit einer Bestätigung des Testamentsvollstreckers selbst abgedeckt wird.[1677]

Formulierungsbeispiel: Anforderungsschreiben an das Nachlassgericht   819

Az. *** [Az. der Nachlasssache]
UR-Nr. *** [UR-Nr. des Kaufvertrages]

Sehr geehrte Damen und Herren,

in oben genannter Angelegenheit bitte ich zum Zweck der Abwicklung eines Grundstückkaufvertrages um Bestätigung, dass dem Nachlassgericht vom Tod des Testamentsvollstreckers nichts bekannt ist, der Testamentsvollstrecker zum Zeitpunkt der Eintragung des Eigentumswechsels im Grundbuch sein Amt nicht gekündigt und keiner der Beteiligten des Nachlassverfahrens die Entlassung des Testamentsvollstreckers beantragt hat.

Wie Sie dem auszugsweise in Kopie anliegenden Grundbuchauszug entnehmen können, ist die Eigentumsumschreibung am *** erfolgt.

Da die Auszahlung des Kaufpreises von der Vorlage der erbetenen Bestätigung bei mir abhängt, bin ich im Namen der Beteiligten für eine kurzfristige Erteilung dankbar.

Mit freundlichen Grüßen

Notar

Alternativ zur Abwicklung über Notaranderkonto kann im Rahmen der Direktzah- 820 lung eine Gestaltung verwendet werden, nach der eine der vorstehenden Formulierung entsprechende Bestätigung des Nachlassgerichts eingeholt wird erstens nach Eintragung der Vormerkung und vor Mitteilung der Kaufpreisfälligkeit und zweitens nach Eigentumsumschreibung; die Vormerkung darf dann nicht – wie üblich – schon zur Löschung beantragt werden, wenn keine Zwischeneintragungen ohne Zustimmung des Käufers erfolgt sind, sondern erst nach Vorlage der Bestätigung.[1678]

Beide Gestaltungen – Abwicklung über Notaranderkonto oder Einholung der nachlass- 821 gerichtlichen Bestätigung nach Vormerkung und Eigentumsumschreibung – können als sichere und angemessene Gestaltungen zur Minimierung der sich bei Verkauf durch Par-

---

[1676] Immobilienkaufverträge Rn. 607; vgl. auch *Heil* RNotZ 2001, 269.
[1677] Es gibt Nachlassgerichte, die den Testamentsvollstrecker vor Erstellung der im Formulierungsvorschlag genannten Bescheinigung anhören, was der Wortlaut der Bescheinigung allerdings nicht nahelegt oder gar voraussetzt.
[1678] Zu dieser Abwicklung *Heil* RNotZ 2001, 269 (270f.); *Krauß* Immobilienkaufverträge Rn. 601ff.

teien kraft Amtes ergebenden Risiken angesehen werden; mE steht dem Notar auch in diesem Fall aufgrund seines Beurteilungsspielraumes ein Wahlrecht dahingehend zu, welche Gestaltung er den Beteiligten primär vorschlägt. Die Direktabwicklung hat den praktischen Vorteil, dass der Verkäufer den Kaufpreis wesentlich früher vereinnahmen kann und der Vorgang mit der Kaufpreiszahlung aus Sicht der Beteiligten weitgehend abgeschlossen ist; die restliche Abwicklung erfolgt dann zwischen Notariat, Nachlassgericht und Grundbuchamt. Bei der Variante der Verwahrung erhält der Verkäufer den **Kaufpreis erst wesentlich später,** was ihm nicht immer einfach zu vermitteln sein wird, vor allem in dem Zeitraum, in welchem das Eigentum bereits auf den Käufer umgeschrieben ist, der Notar jedoch noch immer nicht auszahlen kann, weil er noch auf die Bestätigung des Nachlassgerichts zu warten hat.[1679]

VI. Problemfeld: Verwahrung bei GmbH-Gründung

821a Der häufigste Anwendungsbereich der Verwahrung auf Notaranderkonto dürfte die Abwicklung von Grundstückskaufverträgen sein. Jedoch kann sich auch außerhalb des Grundstücksrechts die Frage stellen, ob eine Verwahrung sinnvoll und zulässig ist, etwa bei GmbH-Gründungen. Gemäß § 7 Abs. 2 S. 1 GmbHG darf die Anmeldung einer neu gegründeten GmbH zum Handelsregister erst erfolgen, wenn auf jeden Geschäftsanteil, soweit nicht Sacheinlagen vereinbart sind, ein Viertel des Nennbetrags eingezahlt ist. In der Anmeldung ist durch den oder die Geschäftsführer die Versicherung abzugeben, dass die in § 7 Abs. 2 und Abs. 3 GmbHG bezeichneten Leistungen auf die Geschäftsanteile bewirkt sind und dass der Gegenstand der Leistungen sich endgültig in der freien Verfügung der Geschäftsführer befindet (§ 8 Abs. 2 S. 1 GmbHG; vgl. auch → § 22 Rn. 196 ff.).

821b   Im Fall einer Bargründung vollzieht sich der Gründungsprozess im Regelfall so, dass die Gesellschaftsgründung notariell beurkundet wird, sodann die Gesellschafter ihre Stammeinlagen in der festgesetzten Höhe auf ein bei einem Kreditinstitut eingerichtetes Konto leisten und danach der Notar die bereits vorher vom Geschäftsführer unterschriebene Anmeldung der Gesellschaft zum Handelsregister, welche die Versicherung gemäß § 8 Abs. 2 S. 1 GmbHG enthält, dem Handelsregister einreicht. Haben die Gesellschafter bereits vor der Gründung die Formalitäten zur Einrichtung des Kontos mit dem betreffenden Kreditinstitut abgestimmt, so kann die Einzahlung unter Vorlage einer (ggf. beglaubigten) Abschrift der Gründungsurkunde unmittelbar nach der notariellen Beurkundung bei dem Kreditinstitut erfolgen. Die Eintragung der Gesellschaft ist dann bei vielen Registergerichten unter Kostenstarksagung des Notars sehr kurzfristig zu erlangen. Vgl. hierzu auch → § 22 Rn. 3 ff. und → § 26 Rn. 71.

821c   Eine Störung dieses Ablaufes ergibt sich allerdings, wenn eine zeitnahe Kontoeröffnung bei einem Kreditinstitut nicht möglich ist. Dies wird ein Ausnahmefall sein, der jedoch in der Praxis durchaus vorkommen kann. Es stellt sich dann die Frage, wohin die Stammeinlagen zu zahlen sind, wenn die Gesellschaft gleichwohl kurzfristig zur Eintragung im Handelsregister angemeldet werden soll.

821d   Gesellschaftsrechtlich ohne weiteres zulässig wäre statt einer Zahlung auf ein Konto eines Kreditinstitutes die Zahlung in bar,[1680] dh konkret in eine Barkasse. Aus der gesellschaftsrechtlichen Perspektive wäre jedenfalls bei der GmbH[1681] und hinsichtlich der Voraussetzungen des § 7 Abs. 2 GmbHG auch die Einzahlung auf ein Notaranderkonto

---

[1679] Auf das generelle Problem, dass bei der Abwicklung über Notaranderkonto dem Notar nicht selten der unberechtigte Vorwurf gemacht wird, dass das „Liegenbleiben" des Geldes auf dem Anderkonto an ihm liege, obwohl tatsächlich die fehlende Mitwirkung anderer Stellen hierfür verantwortlich ist, weist zutreffend *Krauß* Immobilienkaufverträge Rn. 1633 hin.
[1680] Vgl. Baumbach/Hueck/*Fastrich* GmbHG § 7 Rn. 8.
[1681] Bei der AG ist § 37 Abs. 1 S. 3 AktG zu beachten.

möglich.[1682] Dies sagt jedoch noch nichts darüber, ob eine Verwahrung auf Notaranderkonto in dieser Konstellation auch beurkundungsrechtlich zulässig wäre, ob also in diesem Fall ein berechtigtes Sicherungsinteresse gegeben ist.

Sieht der Notar sich mit der Frage der Beteiligten konfrontiert, ob und ggf. wie ohne **821e** die Eröffnung eines Kontos bei einem Kreditinstitut die Eintragung der Gesellschaft zeitnah zu erreichen wäre, so kann er auf die Möglichkeit der Barzahlung verweisen. Es stellt sich jedoch die Frage, ob den Beteiligten hiermit gedient ist, da die Nachteile der Barkasse erheblich sein dürften: Es besteht jedenfalls das Problem des sicheren Transports und der sicheren Verwahrung der Barmittel; beide Risiken lassen sich verringern, was jedoch mit – je nach Höhe des Stammkapitals nicht unerheblichen – zusätzlichen Kosten verbunden sein wird. Schwerwiegend dürfte auch der Umstand sein, dass Barzahlungen hoher (wie immer man dies definieren mag) Beträge inzwischen – ob berechtigt oder nicht sei dahingestellt – mit einigem Misstrauen begegnet wird; diese werden mit den Themen Terrorismusfinanzierung, Geldwäsche und Schwarzarbeit in Zusammenhang gebracht.[1683] Allgemein dürfte die Wahrnehmung der Beteiligten dahin gehen, dass die Einzahlung des Stammkapitals einer neu gegründeten GmbH in eine Barkasse als riskant und wenig transparent angesehen wird. Die Wertung, dass Barzahlungen im Hinblick unter anderem auf Geldwäsche grundsätzlich problematischer sind als Zahlungen im unbaren Zahlungverkehr kommt nicht zuletzt auch im notariellen Verfahrensrecht der Verwahrung selbst zum Ausdruck: So darf gemäß § 57 Abs. 1 BeurkG der Notar Bargeld zur Aufbewahrung oder zur Ablieferung an Dritte nicht entgegennehmen, was den Notar vor missbräuchlicher Inanspruchnahme für Geldwäschezwecke bewahren soll.[1684] Es steht dem Notar selbstverständlich frei, es hiermit bewenden zu lassen und darauf zu verweisen, es müsse dann eben die Kontoeröffnung abgewartet werden. Möchte man die durch das Zusammenwirken von notarieller Beurkundungstätigkeit und gerichtlicher Eintragung gegebene Möglichkeit einer sowohl schnellen als auch sicheren Gesellschaftsgründung jedoch nicht durch einen externen Faktor – eben die ggf. länger dauernde Kontoeröffnung – schwächen, so wird man erwägen, die Stammeinlagen zunächst auf Notaranderkonto einzahlen zu lassen. Das Sicherungsinteresse in dieser Konstellation ist dann im Grundsatz recht einfach damit zu begründen, dass die vorstehend geschilderten und offenkundigen Nachteile einer Barkasse durch die Verwahrung auf Notaranderkonto vermieden werden: Die Verwendung einer Barkasse wird sowohl unter den Gesichtspunkten des Risikos von Diebstahl oder Veruntreuung als auch der Transparenz und Nachverfolgbarkeit der Zahlungsflüsse die gegenüber dem Notaranderkonto schlechtere Wahl sein.

Gleichwohl sollte die Verwahrung der Stammeinlagen auf Notaranderkonto bei **821f** GmbH-Gründung als atypischer Fall angesehen werden, der einer Begründung im Einzelfall bedarf. Hierbei dürfte besonders relevant sein, ob die Angaben der Beteiligten, dass eine zeitnahe Kontoeröffnung nicht möglich sei, schlüssig sind. Es gilt zwar auch hier der Grundsatz, dass der Notar sich auf die Angaben der Beteiligten verlassen darf. Wenn es aber als Regelfall angesehen wird, dass eine Kontoeröffnung für eine neu gegründete GmbH bei einem Kreditinstitut kurzfristig unproblematisch möglich ist, so muss von den Beteiligten zumindest nachvollziehbar dargelegt werden, warum dies im betreffenden Fall ausnahmsweise nicht so ist. Weiterhin ist nicht zu übersehen, dass zwar die Verwahrung auf Notaranderkonto gegenüber der Barkasse eine Verbesserung der Transparenz darstellt

---

[1682] MüKoGmbHG/*Herrler* GmbHG § 7 Rn. 86 mwN; vgl. dort auch zu den weiteren GmbH-rechtlichen Voraussetzungen im Falle der Nutzung eines Treuhandkontos.

[1683] Vgl. etwa https://www.sueddeutsche.de/wirtschaft/-ezb-schafft-euro-schein-ab-1.2980071, zuletzt abgerufen am 10.2.2019. Deutlich wurde die Kritik an Barzahlungen etwa bei der Diskussion um die – zwischenzeitlich erfolgte – Abschaffung der 500-EUR-Banknote; vgl. hierzu auch die Pressemitteilung der EZB vom 4.5.2016, die allgemein davon ausgeht, dass „diese Banknote illegale Aktivitäten Vorschub leisten könnte" (https://www.bundesbank.de/resource/blob/664906/c8dd9a88d8d15f8ab3fa29f30d6b3443/mL/2016-05-04-500-euro-banknote-368798-download.pdf, zuletzt abgerufen am 10.2.2019).

[1684] Regierungsbegründung zum Entwurf eines Dritten Gesetzes zur Änderung der Bundesnotarordnung und anderer Gesetze, BT-Drs. 13/4184, 37.

und somit durch den unbaren Zahlungsfluss Geldwäsche eher erschwert, andererseits jedoch gerade die Zwischenschaltung eines Notaranderkontos auch der Verschleierung der Herkunft von Geldmitteln und damit Geldwäschezwecken dienen kann. Dieses Problem dürfte jedoch durch eine genaue Beachtung der Auslegungs- und Anwendungshinweise gemäß § 51 Abs. 8 GwG[1685] beherrschbar sein. Eine Verwahrungsvereinbarung für die Einzahlung von Stammeinlagen bei einer GmbH-Gründung könnte dann wie folgt gestaltet werden:

821g **Formulierungsbeispiel: Verwahrungsvereinbarung und -anweisung bei GmbH-Gründung**

Verwahrungsvereinbarung und -anweisung

zwischen

1.

GRÜNDER,

2.

XY GmbH i. Gr.,

eine Gesellschaft mit beschränkter Haftung nach deutschem Recht,
gegründet zur Urkunde des Notars *** vom ***, UR-Nr. ***
und mit Geschäftsanschrift ***,

3.

***,

Notar in ***,

mit der Geschäftsstelle ***.

I.

GRÜNDER ist der alleinige Gründungsgesellschafter der XY GmbH. Das Stammkapital der XY GmbH beträgt EUR ***, welches aus einem Geschäftsanteil im Nennbetrag von EUR *** besteht, welchen GRÜNDER zur Urkunde des Notars *** vom ***, UR-Nr. *** übernommen hat.

Der Geschäftsanteil soll zum Nennwert ausgegeben werden, die Einlagen sind sofort in bar zu leisten. Die zeitnahe Einrichtung eines Kontos der neu gegründeten XY GmbH erweist sich nach Angabe der Beteiligten als schwierig [*ggf. weiter ausführen:* da ***]. Um kurzfristig eine Leistung der Bareinlagen zur endgültigen freien Verfügung der Geschäftsführung der XY GmbH zu erreichen, sollen die zu leistenden Bareinlagen auf ein Anderkonto des Notars *** überwiesen werden.

II.

GRÜNDER verpflichtet sich, die geschuldeten Bareinlagen von EUR *** zur freien Verfügung der Geschäftsführung der XY GmbH auf das Notaranderkonto des Notars *** einzuzahlen.

Das Notaranderkonto ist unter der Bezeichnung „*** GmbH" bei der ***, IBAN: DE ***, BIC: ***, eingerichtet.

Der Notar wird angewiesen, den hinterlegten Geldbetrag entsprechend einer ihm zugehenden schriftlichen, durch die Geschäftsführung der XY GmbH unterzeichneten Anweisung auszuzahlen. Die Geschäftsführung der XY GmbH hat den Notar spätestens bis zum Ablauf von drei Monaten nach Beurkundung der Gesellschaftsgründung zur vollständigen Auszahlung des hinterlegten Geldbetrages jeweils auf ein anzugebendes Konto anzuweisen.

[1685] Anwendungsempfehlungen der Bundesnotarkammer zum GwG, dort insbesondere Abschnitt VIII.

Sollte die Anweisung nicht bis spätestens *** formgerecht erteilt sein bzw. nicht den gesamten hinterlegten Betrag erfassen, ist der Notar berechtigt, den hinterlegten Betrag an auf ein ihm von GRÜNDER dann bekannt zu gebendes Konto zurückzuüberweisen.

III.

Die Kosten für die Führung des Notaranderkontos, auch die Notarkosten hierfür, trägt XY GmbH.

Die Zinsen für den auf dem Notaranderkonto hinterlegten Betrag stehen XY GmbH zu, soweit solche anfallen. Eine Festanlage soll nicht erfolgen.

Der Notar hat die Beteiligten darauf hingewiesen, dass er sie als wirtschaftlich Berechtigte der das Notaranderkonto führenden Bank gemäß § 8 Abs. 1 S. 2 GWG (Geldwäschegesetz) zu benennen hat.

Ort, Datum, Unterschriften

D. Typische Probleme der Verwahrung

Auch wenn die Abwicklung über Notaranderkonto ein Gestaltungsproblem besser als 822 eine andere Gestaltung löst und damit eine zulässige Abwicklungsvariante darstellt, ist der **Notar nicht verpflichtet,**[1686] die Abwicklung über Anderkonto zu wählen. Die Verwahrung mag ein Gestaltungsproblem zunächst lösen, sie ruft aber möglicherweise dafür anderer Stelle **eigene Probleme hervor, die es sonst nicht gäbe.** Bei der Entscheidung, ob den Klienten überhaupt Abwicklungen über Notaranderkonto angeboten werden und ob dies im Einzelfall den Beteiligten vorgeschlagen werden soll, kann es hilfreich sein, sich die typischerweise mit der Verwahrung verbundenen Nachteile bewusst zu machen; wegen der zahlreichen sich im Detail stellenden Schwierigkeiten bei Auftreten von Abwicklungsstörungen wird im Übrigen auf die instruktiven Darstellungen von *Franken*[1687] und *Kasper*[1688] verwiesen.

I. Erhöhte Haftungsgefahren, Notwendigkeit einer Entscheidung bei Abwicklungsstörungen

Die Tätigkeiten des Notars bei der Abwicklung über Notaranderkonto werden im Allge- 823 meinen als besonders haftungsträchtig angesehen. Dies dürfte weniger darin begründet liegen, dass das Haftungsprivileg des § 19 Abs. 1 S. 2 Hs. 1 BNotO für Verwahrungstätigkeiten nicht gilt, denn dies ist bei den allgemeinen und ständig übernommenen Betreuungstätigkeiten (Fälligkeitsmitteilung etc) ebensowenig der Fall. Vielmehr gibt es bei der Abwicklung über Notaranderkonten Fehlerquellen, die sonst in der notariellen Tätigkeit nicht auftreten. Dies betrifft einerseits Sorgfaltsverstöße bei der Abwicklung der Zahlungen,[1689] andererseits die Notwendigkeit, bei Abwicklungsstörungen möglicherweise eine Entscheidung über die (Nicht-)Auszahlung treffen zu müssen.

Die erste Fehlerquelle, die möglichen **Sorgfaltsverstöße,** können mE kein grundle- 824 gendes Argument gegen eine Abwicklung über Notaranderkonto darstellen. Denn wenn Auszahlungsvoraussetzungen nicht beachtet, Zahlungsempfänger vertauscht oder Kontonummern falsch eingegeben werden, dürfte dies auf ein generelles Qualitätsproblem an der betreffenden Notarstelle hindeuten, das bei der Anderkontenabwicklung nur besonders deutlich zum Vorschein kommt. Diesen Problemen kann allgemein durch Maßnah-

---

[1686] *Winkler* BeurkG § 54a Rn. 47.
[1687] RNotZ 2010, 597.
[1688] RNotZ 2018, 133.
[1689] *Haug* DNotZ 1982, 551 spricht in diesem Zusammenhang von „banalen Versehen" mit schwerwiegenden Folgen.

men des Qualitätsmanagements[1690] und speziell im Anderkontobereich durch eine erhöhte Kontrolldichte bei der Überwachung und Überprüfung der Abwicklungstätigkeit der Mitarbeiter begegnet werden. Entsprechendes gilt für die Einhaltung der Vorgaben der DONot über die Dokumentationspflichten bei der Anderkontenführung: Kommt es hierbei zu größeren Unregelmäßigkeiten, so dürfte dies dafür sprechen, dass es um die dienstordnungskonforme Führung der Notarstelle insgesamt nicht gut bestellt ist.

825   Die zweite Fehlerquelle, die Notwendigkeit bei **Abwicklungsstörungen** (Behaupten von Nichtigkeitsgründen, Ausübung von Gestaltungsrechten wegen angeblich arglistig verschwiegener Sachmängel etc) möglicherweise eine **Entscheidung über die (Nicht-) Auszahlung** treffen zu müssen und hierdurch einen Schaden zu verursachen, ist ein für die Abwicklung über Notaranderkonto spezifisches Risiko, das sich auch durch sorgfältige und exakte Arbeitsweise nicht vollständig ausschließen lässt. Wenn etwa der Notar von der Auszahlung absieht, weil er der Auffassung ist, dass eine der Voraussetzungen des § 61 BeurkG vorliegt, dies aber später im gerichtlichen Verfahren anders entschieden wird, kann der Notar jedenfalls für eine sich aus der Nichtauszahlung ergebende Verzögerung haften. Der Notar muss vor seiner Entscheidung rechtliches Gehör gewähren und den Vortrag aller Beteiligten umfassend würdigen, ohne jedoch zu eigenen Nachforschungen verpflichtet zu sein;[1691] in dem Erfordernis der umfassenden Würdigung des Vortrages der Beteiligten liegt das Risiko begründet, dass dies – mag der Notar auch noch so sorgfältig vorgegangen sein – später vom Gericht anders gesehen wird.

826   Die Direktabwicklung ist in dieser Hinsicht aus Sicht des Notars vergleichsweise unproblematisch: Der Notar überwacht die Fälligkeitsvoraussetzungen und teilt diese mit; es liegt – unabhängig davon, ob es sich um eine sog. deklaratorische oder konstitutive Fälligkeitsmitteilung handelt – in der Entscheidungsmacht, Verantwortung und Risikosphäre des Käufers, ob er hierauf zahlt oder den Kaufpreis zurückbehält.[1692]

827   Darüber hinaus muss der Notar bei der Verwahrung ggf. **Fragen entscheiden, die ihn im Fall der Direktabwicklung überhaupt nicht berühren würden,** stets verbunden mit dem Risiko, hierbei einen Fehler zu begehen. Dies wird besonders deutlich bei Pfändungen und Abtretungen des Kaufpreisanspruchs: Bei einer Direktabwicklung betrifft dies allein die Sphäre des Käufers, was für diesen erfahrungsgemäß eine unangenehme Situation darstellt; bei Verwahrung hingegen muss der Notar die Pfändung bzw. die Abtretung beachten. Allgemein gesprochen korrespondiert demnach bei der Verwahrung mit der Entlastung des Käufers von Verantwortung eine zusätzliche Belastung des Notars mit Verantwortung.

828   Klarheit besteht inzwischen immerhin in Bezug auf die Frage, ob bei Abwicklung über Notaranderkonto **eine Pfändung (nur) des Kaufpreisanspruchs ausreichend** und damit vom Notar zu beachten ist oder ob stets eine **Doppelpfändung** von materiellrechtlichem Kaufpreisanspruch und verfahrensrechtlichem Auszahlungsanspruch erforderlich ist. Entschieden hatte der BGH bereits im Jahr 1988 die Frage, dass eine Pfändung nur des Auszahlungsanspruches nicht ausreichend ist: Der Pfändung des Auskehrungsanspruchs des Verkäufers gegen den Notar als Drittschuldner sei die Beschlagnahmewirkung zu versagen, wenn der Gläubiger davon absieht, auch die Forderung des Schuldners gegen den Käufer auf den Kaufpreis zu pfänden.[1693] Nunmehr hat der BGH entschieden, dass der Auszahlungsanspruch gegen den Notar ein Nebenrecht iSv § 401 BGB ist und dieser daher bei einer Pfändung des Kaufpreisanspruchs automatisch mit erfasst wird;[1694] für den Fall der Abtretung galt entsprechendes schon seit einer Entscheidung aus dem Jahr 1998.[1695] Der BGH stellt auch klar, dass der Notar, der nichts von der Pfändung des

---

[1690] Dazu *Hantke/Malzer/Kirchner/Pauker/Schervier* MittBayNot 2002, 433.
[1691] *Kasper* RNotZ 2018, 133 (145) mwN.
[1692] Vgl. *Kasper* RNotZ 2018, 133 (134f.).
[1693] BGH DNotZ 1989, 234 (236).
[1694] BGH DNotZ 2016, 957.
[1695] BGH DNotZ 1999, 126.

Kaufpreisanspruches weiß, in entsprechender Anwendung von § 407 BGB von seiner Leistungspflicht frei wird und demnach keine Haftung des Notars gegenüber dem Pfändungsgläubiger bei Auszahlung an den Verkäufer in Unkenntnis der Pfändung besteht.[1696]

II. Verzinsungsproblematik, Kontoführungsgebühren, Vermischungsverbot

Gemäß § 58 Abs. 1 S. 2 BeurkG ist der Notar zu einer bestimmten Art der Anlage nur **829** bei einer entsprechenden Anweisung der Beteiligten verpflichtet. Eine andere Frage ist, ob und in welchem Maße der Notar im Einzelfall verpflichtet ist, auf eine entsprechende Weisung der Beteiligten hinzuwirken. Eine solche Verpflichtung hat der BGH[1697] jedenfalls dann bejaht, „wenn mit einer **längeren Hinterlegungszeit** als üblich zu rechnen ist". Dem Argument, dass die sofortige Verfügbarkeit Vorrang vor möglichst hohen Zinserträgen hat, hat der BGH entgegengehalten, dass dieses Argument jedenfalls dann nicht zum Tragen kommt, wenn – wie nachweisbar im entschiedenen Fall – die Möglichkeit bestanden hätte, das Festgeld vorzeitig zu kündigen. Wenn das Kreditinstitut auf das Anderkonto die gleichen Zinsen zahlt wie auf ein Girokonto, dürfte die Hinweispflicht des Notars auf die Anlagemöglichkeit als Festgeld entbehrlich sein,[1698] zumal sich die Zinssätze dann kaum unterscheiden werden.

In der derzeitigen Niedrigzinsphase stellt die Frage von Zinsverlusten durch die Ver- **830** wahrung allerdings ohnehin kein relevantes Problem dar: Anderkonten werden ebensowenig verzinst wie normale Girokonten, ein Verlust tritt demnach nicht ein.

Im Zusammenhang mit der Frage der (fehlenden) Verzinsung steht auch die Frage nach **831** der Behandlung von **Gebühren,** die vom Kreditinstitut für die Kontoführung verlangt werden. Die Bank zieht diese Kosten in der Regel von den Zinsen ab,[1699] was zulässig ist, da das Kreditinstitut zwar grundsätzlich bei einem Anderkonto unter anderem vom Recht der Aufrechnung keinen Gebrauch macht, dies jedoch wiederum für Forderungen, die in Bezug auf das Anderkonto selbst entstanden sind, nicht gilt.[1700] Werden jedoch keine Zinsen gezahlt, so steht kein Verrechnungsposten zur Verfügung und das Anderkonto kann ins Minus geraten, so dass ggf. auch Überziehungszinsen anfallen würden. Grundsätzlich darf ein Anderkonto nicht ins Soll geraten, da dies mit dem Wesen des Anderkontos als Treuhandkonto nicht vereinbar wäre.[1701] Ist das Konto nur kurzzeitig, geringfügig und wegen Abbuchung der Gebühren mit der Kontoeröffnung vor Einzahlung im Minus, dürfte dies jedoch nicht zu beanstanden sein.[1702]

Verauslagt der Notar für die Beteiligten die Kontoführungsgebühren, so handelt es sich **832** um eine sonstige Aufwendung iSv Nr. 32015 KV GNotKG.[1703] Fraglich ist, ob der Notar zulässigerweise ein eröffnetes Anderkonto, das durch die Abbuchung der Kontoführungsgebühren ins Minus geraten ist, mittels Einzahlung von einem eigenen dienstlichen Konto ausgleichen darf, etwa um das weitere Auflaufen von Sollzinsen zu vermeiden.[1704] Hierbei ist zu bedenken, dass die **Trennung des treuhänderisch verwahrten Geldes von Eigengeldern** – ebenso wie die Trennung der einzelnen Verwahrungsmassen – eine begriffsnotwendige Voraussetzung für die ordnungsgemäße Durchführung der Verwahrung ist und die vorsätzliche Vermischung von verwahrten Geldern mit Eigengeldern des Notars oder die Verwendung für eigene Zwecke ein schwerwiegendes Dienstvergehen ist

---

[1696] BGH DNotZ 2016, 957 (961).
[1697] DNotZ 1997, 53 mAnm *Tönnies.*
[1698] WürzNotar-HdB/*Hertel* Teil 2 Kap. 2 Rn. 702.
[1699] WürzNotar-HdB/*Hertel* Teil 2 Kap. 2 Rn. 704.
[1700] Nr. 10 der Anderkontenbedingungen (abgedruckt in DNotZ 2011, 481).
[1701] Grziwotz/Heinemann/*Grziwotz* BeurkG § 58 Rn. 19.
[1702] Armbrüster/Preuß/Renner/*Renner* NotAndKont Rn. 11.
[1703] Bormann/Diehn/Sommerfeldt/*Diehn* GNotKG KV Nr. 32015 Rn. 4.
[1704] Die denkbare Konstellation wäre hier etwa, dass zum Zeitpunkt der Eröffnung absehbar ist, dass bis zur Einzahlung ein längerer Zeitraum vergehen wird, so dass das Anderkonto bis dahin im Minus bliebe.

und als Untreue gemäß § 266 StGB strafbar sein kann.[1705] Meines Erachtens dürfte daher bei einem Ausgleich des Kontos aus Eigenmitteln Vorsicht und Zurückhaltung geboten sein, auch wenn ein Missbrauchsrisiko in der vorliegenden Konstellation kaum bestehen dürfte; vielmehr dürfte es lediglich darum gehen, unnötige Sollzinsen zu vermeiden. Unabhängig davon sollte jedoch zur Vereinfachung der Abwicklung und Vermeidung von zusätzlichen Fehlerquellen grundsätzlich darauf geachtet werden, dass eine Verauslagung und Notwendigkeit der Erstattung von Kontoführungsgebühren möglichst vermieden wird; etwa dadurch, dass die Kontoführungsgebühren von demjenigen zu tragen sind, an den der (Rest-)Kaufpreis auszuzahlen ist.

III. Mangelnde Flexibilität

833   In der Praxis lässt es sich nicht immer verhindern, dass ein Vertrag letztlich anders abgewickelt wird, als es sich aus seinem ursprünglichen Inhalt ergibt. Dabei ist nicht nur an die vorstehend (→ Rn. 825 ff.) angesprochenen Abwicklungsstörungen, sondern auch an einvernehmliche Vertragsgestaltungen zu denken, in denen es aufgrund nachträglicher Abtretung der Kaufpreisforderung, Aufrechnung durch den Käufer, vorzeitige Kaufpreiszahlung, freiwillige vorzeitige Besitzeinräumung, Geltendmachung beiderseits anerkannter Zurückbehaltungsrechte und weiterer – nach Auflassung grundsätzlich formlos möglicher[1706] – Kaufvertragsänderungen zu Abweichungen von der ursprünglich vorgesehenen Vertragsabwicklung kommt.

834   Dies ist bei unmittelbarer Zahlung vom Käufer an den Verkäufer grundsätzlich unproblematisch. Bestätigt der Verkäufer dem Notar, er habe den Kaufpreis erhalten bzw. der Notar solle die Eigentumsumschreibung beantragen, kann der Vertrag wie vorgesehen abgewickelt werden. Bestätigt der Verkäufer dies nicht und kann der Nachweis der vollständigen Kaufpreiszahlung nicht anderweitig geführt werden und begehrt der Käufer dennoch Eigentumsumschreibung, ist es Sache der Gerichte – und nicht des Notars – darüber zu befinden, ob der Käufer seinen Verpflichtungen unter Berücksichtigung des beurkundeten Vertrages, etwaiger nachträglicher Vertragsänderungen und nicht zuletzt des materiellen Rechts erfüllt hat oder nicht.

835   Bei Vereinbarung der Verwahrung ist dies jedenfalls aufwendiger. Auch bei Bestehen von Einvernehmen der Beteiligten kann der Notar den Vertrag erst abwickeln, wenn die Verwahrungsanweisung und damit der Vertrag vorher mindestens privatschriftlich geändert wurde (§ 57 Abs. 4 BeurkG).

IV. Vortäuschen nicht bestehender Sicherheiten

836   Das Vortäuschen einer nicht bestehenden Sicherheit führt dazu, dass die **Verwahrung ohne weiteres unzulässig** ist, was sich bereits aus § 14 Abs. 2 BNotO ergibt. Im Rahmen der Beurkundung eines Grundstückskaufvertrages dürfte dies eher selten der Fall sein; falls doch handelt es sich um eine fehlerhafte Vertragsgestaltung, die dann zugleich die Unzulässigkeit der Verwahrung nach sich zieht. Beispiel hierfür mag eine Gestaltung sein, die bei Abwicklung über Notaranderkonto wegen Veräußerung durch eine Partei kraft Amtes (→ Rn. 815 ff.) vorsieht, dass die Parteien vollständig darauf „verzichten", dass der Notar nach Eigentumsumschreibung und vor Auszahlung die Amtsinhaberschaft nochmals überprüft: Die Parteien können hierauf nicht verzichten, da der ganze Sinn der Abwicklung über Anderkonto in dieser Überprüfung besteht; der Verzicht hierauf würde die Verwahrung jedenfalls überflüssig machen und das Sicherungsinteresse entfallen lassen.

837   Auch die Abwicklung über Notaranderkonto beim Bauträgervertrag dürfte sich in der Regel unter das Vortäuschen nicht bestehender Sicherheiten subsumieren lassen, da, wenn die Voraussetzungen des § 3 Abs. 1 MaBV erfüllt sind, die Fälligkeit der einzelnen Raten

---

[1705] BGH DNotZ 2017, 788 (789).
[1706] BGH NJW 1985, 266.

nur noch vom Baufortschritt abhängt; die Verwahrung auf Notaranderkonto bietet keine zusätzliche Sicherheit.[1707]

Wenn die Verwahrung nicht im Zusammenhang mit einer Beurkundung erfolgen soll, ist in jedem Fall genaue Prüfung und Zurückhaltung bei der Annahme des Auftrages geboten, da das Risiko naheliegt, dass der Notar nicht zur Sicherung, sondern als „Geldsammelstelle"[1708] eingeschaltet wird. **838**

V. Probleme hinsichtlich nicht vertragskonformer Weisungen der Finanzierungsgläubiger

Bei der Abwicklung über Notaranderkonto kann sich die Situation ergeben, dass der Käufer den Kaufpreis zwar vertragsgemäß einzahlt; aufgrund von Treuhandanweisungen der finanzierenden Bank kann der Notar jedoch nicht auszahlen. Dies ist der Fall bei einer Auflage des Finanzierungsgläubigers, dass der verwahrte Betrag erst bei **„Sicherstellung der Eigentumsumschreibung"** – und damit nach Vorliegen der Unbedenklichkeitsbescheinigung – ausgezahlt werden dürfe. Der Notar verletzt den von der Bank erteilten Treuhandauftrag, wenn er die Darlehenssumme auszahlt, obwohl die Unbedenklichkeitsbescheinigung des Finanzamts nicht vorliegt; dies ist auch dann nicht anders zu beurteilen, wenn in dem vom Notar beurkundeten Kaufvertrag ausdrücklich bestimmt ist, dass die Fälligkeit des Kaufpreiszahlungsanspruchs nicht von der Erteilung der Unbedenklichkeitsbescheinigung abhängen soll.[1709] **839**

Der „Hinweis" des Notars, dass die Auszahlung an den Verkäufer erst nach Erfüllung der Weisungen des hinterlegenden Kreditinstitutes erfolgen könne, führt in diesem Zusammenhang nicht weiter. Jedenfalls stellt ein solcher Hinweis nicht die Vereinbarung einer entsprechenden Auflage der Kaufparteien an den Notar dar, welche dieser bei Auszahlung zu beachten hätte. Er enthält nämlich in Wahrheit überhaupt keine Erklärung der Vertragsparteien, sondern eine solche des Notars.[1710] **840**

Unzulässige oder nicht erfüllbare Auflagen der finanzierenden Bank darf der Notar nicht annehmen, er hat dann zunächst die Bank um Erteilung einer zulässigen Auflage zu ersuchen, zB unter Hinweis auf den **Formulierungsvorschlag der BNotK zur Abfassung von Treuhandaufträgen** bei Abwicklung über Anderkonto.[1711] Jedenfalls der Käufer, bei längerer Dauer aber auch der Verkäufer, sollten hiervon in Kenntnis gesetzt werden. Wenn eine zulässige Auflage nicht zu erlangen ist, ist der eingezahlte Kaufpreis zurückzuzahlen. **841**

E. Inhalt der Verwahrungsvereinbarung

§ 57 Abs. 2 BeurkG: **842**

„Der Notar darf Geld zur Verwahrung nur entgegennehmen, wenn […] ihm ein Antrag auf Verwahrung verbunden mit einer Verwahrungsanweisung vorliegt, in der hinsichtlich der Masse und ihrer Erträge der Anweisende, der Empfangsberechtigte sowie die zeitlichen und sachlichen Bedingungen der Verwahrung und die Auszahlungsvoraussetzungen bestimmt sind, […]."

Die Verwahrungsanweisung sowie deren Änderung, Ergänzung oder Widerruf bedürfen der Schriftform (§ 57 Abs. 4 BeurkG). Formal ist demnach die **Schriftform** der Verwahrungsanweisung erforderlich, aber auch ausreichend. Praktisch relevant wird dies insbesondere in Konstellationen, in denen sich nachträglich herausstellt, dass eine Ab- **843**

[1707] *Winkler* BeurkG § 54a Rn. 39; zur umstrittenen Frage der Zulässigkeit der Verwahrung der letzten Rate vgl. *Blank* DNotZ 1997, 298; *Basty* Bauträgervertrag Rn. 109.

[1708] OLG Frankfurt a.M. DNotZ 2004, 203.

[1709] BGH DNotZ 2004, 218 mAnm *Hertel*.

[1710] BGH DNotZ 2002, 213 (214).

[1711] DNotZ 1999, 369 (370); vgl. zu diesem Thema auch *Müller-Magdeburg* ZNotP 2003, 213.

wicklung über Notaranderkonto erforderlich ist, etwa bei verlorenem Grundpfandrechtsbrief. Hier wäre es grundsätzlich ausreichend, die Abwicklung in schriftlicher Form von Direktzahlung auf Verwahrung umzustellen, sofern sich ein Beurkundungserfordernis der hierin liegenden Vertragsänderung nicht im konkreten Fall aus anderen Gründen ergibt.

844   Dass der Verwahrungsvereinbarung selbst die erforderliche Schriftform fehlen kann, ist nicht leicht vorstellbar, da diese grundsätzlich im Kaufvertrag enthalten ist. Passieren kann dies gleichwohl und dieses Risiko dürfte in erster Linie bestehen bei **nachträglichen tatsächlichen Änderungen,** wenn übersehen wird, dass hieraus auch eine Änderung oder Ergänzung der Verwahrungsanweisung folgt.[1712] Erhält der Notar Zahlungen ohne schriftliche Verwahrungsanweisung, so hat er zunächst auf eine schriftliche Verwahrungsanweisung hinzuwirken und (im Falle der Ablehnung) die eingezahlten Gelder **zurückzuzahlen.**[1713]

845   Für die inhaltliche Gestaltung der Verwahrungsvereinbarung sind insbesondere folgende Punkte zu beachten:

I. Pflicht zur Verwahrung – fakultative Verwahrung

846 In der Regel wird bei Vertragsbeurkundung feststehen, ob unter Berücksichtigung der oben dargestellten Vor- und Nachteile eine Kaufpreisverwahrung geboten ist oder nicht. Ist sie geboten, ist eine eindeutige Hinterlegungsverpflichtung zu vereinbaren: „Der Kaufpreis ist auf Anderkonto ... zu hinterlegen." Vereinzelt stellt sich jedoch erst nach Beurkundung heraus, dass Verwahrung – wider Erwarten – doch erforderlich ist. Der mE inzwischen einzige immer wieder praxisrelevante Fall ist der **Verlust eines Grundschuldbriefs:** Im Kaufvertrag wird der Notar wie üblich angewiesen, die Lastenfreistellungsunterlagen für die Beteiligten anzufordern, entgegenzunehmen und zu verwenden. Auf Anforderung teilt das Kreditinstitut jedoch mit, dass die Löschungsbewilligung und der Grundschuldbrief dem Eigentümer schon vor geraumer Zeit übersandt worden seien. Der Eigentümer/Verkäufer verfügt über den Grundschuldbrief jedoch nicht (mehr). In diesem Fall muss der Vertrag geändert werden, und zwar in aller Regel dahingehend, dass ein Kaufpreisteil auf Notaranderkonto verwahrt und erst nach erfolgter Löschung des fraglichen Grundpfandrechts bzw. Vorliegen des rechtskräftigen Ausschließungsbeschlusses an den Verkäufer ausgezahlt wird.

847   Ist es schon bei Beurkundung wahrscheinlich, jedoch nicht sicher, dass der Verkäufer den Grundpfandrechtsbrief verloren hat (etwa weil er zwar über die Löschungsbewilligung verfügt, aber der Brief „noch suchen muss"), so sollte zur Vermeidung der Notwendigkeit einer späteren Vertragsänderung eine fakultative Verwahrungsvereinbarung über einen Kaufpreisteil, etwa nach dem Formulierungsvorschlag von *Krauß,*[1714] in den Vertrag aufgenommen werden.

848   Da der Notar gemäß § 57 Abs. 4 BeurkG Geld nur nach Vorliegen einer schriftlichen Verwahrungsanweisung annehmen darf, könnte auch in sonstigen (seltenen) Zweifelsfällen folgende **fakultative Verwahrungsvereinbarung** und -anweisung in Kurzfassung formuliert werden:

849   **Formulierungsbeispiel: Fakultative Verwahrungsvereinbarung**

🔾 *[Übliche Fälligkeitsvoraussetzungen]*

Der Käufer ist zur Hinterlegung des Kaufpreises berechtigt, wenn sich hierfür ein berechtigtes Sicherungsinteresse herausstellen sollte. Wenn der Käufer den Kaufpreis auf Anderkonto hinterlegt, hat er diesen bei dem Notar so zu hinterlegen, dass der Notar

---

[1712] Eine nachträgliche zusätzliche Zahlung auf Notaranderkonto lag offenbar auch dem Fall BGH DNotZ 2018, 44 zugrunde.

[1713] BGH DNotZ 2018, 44.

[1714] Immobilienkaufverträge Rn. 1306.

den Kaufpreis rechtzeitig bis zur Fälligkeit an den Verkäufer bzw. an die abzulösenden Gläubiger überweisen kann. Der Notar wird für den Fall der Hinterlegung angewiesen, bei Fälligkeit aus dem hinterlegten Betrag die von den Gläubigern des Verkäufers angegebenen Forderungen abzulösen und alsdann einen etwaigen Restbetrag einschließlich der Hinterlegungszinsen abzüglich entstandener Bankkosten an den Verkäufer nach dessen Weisung auszuzahlen.

Eine Verpflichtung zur Hinterlegung besteht danach für den Käufer nicht. Wenn er **850** dennoch hinterlegt, liegt jedenfalls eine den Mindestanforderungen des § 57 Abs. 2 Nr. 2 BeurkG entsprechende Hinterlegungsanweisung vor.

II. Erfüllungswirkung der Verwahrung

Erfüllungswirkung hat die Verwahrung nach der Rechtsprechung des BGH nur dann, **851** wenn die Parteien dies ausnahmsweise vereinbaren.[1715] Von einer solchen (Vorleistungs-) Vereinbarung ist mit Blick auf die Risiken des Käufers bei Insolvenz des Verkäufers[1716] abzuraten. Ob Erfüllungswirkung erst mit Auszahlung an den Verkäufer[1717] oder bereits bei Vorliegen der Auszahlungsvoraussetzungen[1718] eintritt, hat der BGH[1719] offengelassen. Ungeachtet der Frage, ob der Zeitpunkt der Erfüllungswirkung rein tatsächlich von großer praktischer Bedeutung ist oder nicht – das OLG Köln[1720] begründet etwa seine Auffassung, der Notar sei ohne ausdrückliche Gestattung der Betroffenen nicht befugt, seine in anderen Sachen entstandenen Gebührenforderungen gegen den Verkäufer von dem hinterlegten Kaufpreis zu entnehmen, auch damit, Erfüllung trete erst mit Auszahlung ein – sollte sie eindeutig geklärt werden: „Die Erfüllung des Kaufpreisanspruchs tritt mit Auszahlungsreife ein."

Mit Urteil vom 17. 2. 1994[1721] ist der BGH im Wege der Auslegung „mit Rücksicht auf **852** den Hinterlegungszweck und die damit verbundene Interessenlage der Vertragsparteien" zu dem Schluss gekommen, nach dem Willen der Vertragsparteien habe Erfüllung mit Auszahlung eintreten sollen. Wenngleich der BGH dabei offen gelassen hat, in welchem Zeitpunkt bei Hinterlegung auf Anderkonto grundsätzlich Erfüllungswirkung eintritt, ist diese Entscheidung insofern von Bedeutung, als der konkret ermittelte Hinterlegungszweck (Sicherung der Erfüllung der wechselseitigen Vertragspflichten und Schutz vor Vorleistung) weniger als besonders gelagerter Einzelfall, sondern vielmehr als der Regelfall der Hinterlegung angesehen werden kann.

III. Angabe des Anderkontos

§ 58 Abs. 2 BeurkG: **853**

„Das Notaranderkonto muss bei einem im Inland zum Geschäftsbetrieb befugten Kreditinstitut oder der Deutschen Bundesbank eingerichtet sein. Die Anderkonten sollen bei Kreditinstituten in dem Amtsbereich des Notars oder den unmittelbar angrenzenden Amtsgerichtsbezirken desselben Oberlandesgerichtsbezirks eingerichtet werden, sofern in der Anweisung nicht ausdrücklich etwas anderes vorgesehen wird oder eine andere Handhabung sachlich geboten ist. Für jede Verwahrungsmasse muss ein gesondertes Anderkonto geführt werden, Sammelanderkonten sind nicht zulässig."

[1715] DNotZ 1983, 549.
[1716] BGH DNotZ 1983, 552; *Zimmermann* DNotZ 1980, 460.
[1717] So OLG Köln DNotZ 1989, 261.
[1718] *Brambring* DNotZ 1990, 615 (633) und *Zimmermann* DNotZ 1989, 262.
[1719] DNotZ 1983, 552.
[1720] DNotZ 1989, 261.
[1721] BGH NJW 1994, 1404.

854 Bei der Auswahl des Kreditinstituts sind in der Regel praktische Gesichtspunkte ausschlaggebend, allerdings hat der BGH entschieden, dass der Notar auch verpflichtet sei, bei der Annahme anvertrauter Gelder, die einem Notaranderkonto zuzuführen sind, die Sicherung für den Insolvenzfall zu berücksichtigen.[1722] Die Verwahrung auf einem Anderkonto beim Finanzierungsgläubiger des Käufers kann die Einzahlung auf, die Verwahrung beim abzulösenden Gläubiger des Verkäufers die Auszahlung vom Anderkonto geringfügig beschleunigen. Praktisch von Bedeutung kann ferner sein, zu welcher Bank der Notar aufgrund laufender Geschäftsbeziehungen guten Kontakt hat, damit etwa ein neues Anderkonto kurzfristig auf telefonische Anforderung zur Verfügung gestellt werden kann.[1723] In der Regel wird das Anderkonto, auf das zu hinterlegen ist, bereits **im Kaufvertrag angegeben;** zwingend ist dies nicht. Für die Angabe in der Urkunde spricht die Klarheit für alle Beteiligten sowie der Umstand, dass der Notar nicht in einem weiteren Arbeitsgang das Anderkonto schriftlich mitteilen muss. Dagegen kann sprechen, dass bei Nichtdurchführung des Vertrages unnötigerweise ein Anderkonto angelegt wurde, dass die Möglichkeit verfrühter Einzahlung eröffnet wird und dass schließlich uU bei Vertragsbeurkundung die Kriterien für die Auswahl des Anderkontos – etwa Finanzierungsgläubiger des Käufers – noch nicht feststehen.

IV. Hinterlegungszeitpunkt

855 In der Regel wird ein fester Hinterlegungszeitpunkt im Vertrag zu vereinbaren sein, da die Möglichkeit des festen Zahlungstermins gerade ein Vorzug der Abwicklung über Notaranderkonto ist. Der Käufer kann seinem Finanzierungsgläubiger rechtzeitig konkrete Auszahlungsanweisungen erteilen und braucht nicht zu befürchten, bei urlaubs- oder krankheitsbedingter Abwesenheit die Fälligkeitsmitteilung nicht rechtzeitig berücksichtigen zu können. Der bestimmte Hinterlegungszeitpunkt ermöglicht zudem die Vereinbarung eines ebenso bestimmten, an die Hinterlegung gekoppelten **Besitzübergangstermins.** Der Nachteil eines bestimmten und damit von dem Vorliegen der Auszahlungsvoraussetzungen unabhängigen Hinterlegungszeitpunkts besteht in den uU erheblichen **Zinsverlusten** bei endgültiger Nichtdurchführung des Kaufvertrages. Stellt sich etwa einige Monate nach Hinterlegung des Kaufpreises heraus, dass die Lastenfreistellung des verkauften Grundbesitzes aus dem Kaufpreis nicht möglich oder die als Auszahlungsvoraussetzung vereinbarte Räumung des Grundbesitzes durch den Mieter nicht erfolgt ist, kann die Inanspruchnahme des Verkäufers wegen entstandener Zinsverluste für den Käufer mit erheblichen rechtlichen und tatsächlichen Schwierigkeiten verbunden sein.

856 Bestehen konkrete Anhaltspunkte dafür, dass die Durchführung des Kaufvertrages unsicher ist, sollte die Verwahrung von bestimmten Voraussetzungen abhängig gemacht werden:

857 **Formulierungsbeispiel: Fälligkeitsmitteilung bei Verwahrung**
Die Kaufpreisfälligkeit zur Einzahlung auf Notaranderkonto setzt das Vorliegen folgender – soweit erforderlich grundbuchtauglicher – Unterlagen beim Notar voraus:
– Genehmigung [*Alt.:* Vollmachtsbestätigung] des ***
– [*ggf.: weitere Voraussetzungen, von denen die Einzahlung abhängen soll*]
Der Notar soll den Beteiligten – dem Käufer per Einwurf-Einschreiben – den Eintritt dieser Voraussetzungen mitteilen.

Falls der Käufer nicht anderweitig vorher von der Erfüllung aller dieser Voraussetzungen Kenntnis erlangt, ist der Kaufpreis sodann jedenfalls in zehn Tagen nach der Mitteilung des Notars (Datum des Schreibens) zur Einzahlung auf Notaranderkonto fällig.

[1722] BGH DNotZ 2006, 358.
[1723] So auch vorgesehen in Nr. 2 der Anderkontenbedingungen: „Auf Wunsch des Notars kann die Bank weitere Anderkonten auch ohne schriftlichen Kontoeröffnungsantrag einrichten."

Hinterlegungsvoraussetzung sollte regelmäßig das Vorliegen der zur Wirksamkeit des **858** Vertrages erforderlichen **Genehmigungen,** insbesondere die Genehmigung einer vollmachtlos vertretenen Vertragspartei sein. Zum einen ist die Durchführung eines schwebend unwirksamen Kaufvertrages unsicher. Zum anderen gibt es bei unwirksamem Kaufvertrag noch keine wirksame Verwahrungsanweisung, aufgrund derer der Notar Geldbeträge annehmen könnte. Bei Fehlen einer behördlichen Genehmigung ist es nicht zwingend, die Verwahrung von der Wirksamkeit des Vertrages abhängig zu machen; es ist dann im Einzelfall abzuwägen, wie groß das Risiko der Verweigerung der Genehmigung ist und welche Rückabwicklungsschwierigkeiten daraus bei bereits erfolgter Verwahrung entstünden.

V. Auszahlungsempfänger, Verwahrungszinsen, Kontoführungsgebühren, Löschungskosten

Es ist genau zu regeln, wann der Notar welche Beträge an wen auszuzahlen hat. Zunächst **859** sind aus dem verwahrten Kaufpreis die Gläubiger von Grundpfandrechten abzulösen, die im Grundbuch bereits vor oder gleichzeitig mit der Eigentumsvormerkung des Käufers eingetragen wurden und vom Käufer nicht übernommen werden. In diesem Zusammenhang sollte – wie auch bei Direktzahlung – vermieden werden, dass sich der Notar die Richtigkeit der von den Gläubigern angegebenen Forderungen vom Verkäufer bestätigen lassen oder diese Richtigkeit selbst prüfen muss, da anderenfalls die Gefahr besteht, dass die Abwicklung des Kaufvertrages wegen eines zwischen dem Verkäufer und seinen Gläubigern bestehenden Streits über Ablösungsbeträge, Vorfälligkeitsentschädigung oder sonstige Nebenkosten verzögert wird. Ähnlich wie bei der Direktzahlung ist dazu zu regeln, dass der Notar nicht zu prüfen braucht, ob Auflagen berechtigt sind, von denen die Lastenfreistellung abhängt. Sollten sich diese Angaben nachträglich als falsch erweisen, bleibt es dem Verkäufer unbenommen, ungeachtet der bereits erfolgten Abwicklung des Kaufvertrages von seinem Gläubiger zuviel erhaltene Beträge zurückzuverlangen. Bei Privatgläubigern ist es zur Sicherung des Verkäufers hilfreich, wenn die Ablöseforderungen schon bei Beurkundung des Kaufvertrages feststehen; ansonsten ist zu erwägen, dem Verkäufer die Forderungen mitzuteilen, sobald sie vorliegen und ihm ein befristetes Widerspruchsrecht hiergegen einzuräumen. Falls der Verkäufer widerspricht, ist dann allerdings eine weitere Abwicklung (zunächst) nicht möglich.

Bei der Frage, wem die **Verwahrungszinsen** zustehen, ist darauf zu achten, wem im **860** jeweiligen Hinterlegungszeitpunkt die Nutzungen an dem verkauften Grundbesitz zustehen. Im Ergebnis sollte vermieden werden, dass einer Vertragspartei zu irgendeinem Zeitpunkt sowohl die Nutzungen an dem Grundbesitz (insbesondere Mieten) als auch die Nutzungen an dem verwahrten Kaufpreis zustehen. In der Regel wird vereinbart, dass die Nutzungen mit Kaufpreishinterlegung übergehen. In diesem Fall sollten dem Verkäufer sämtliche Verwahrungszinsen zustehen.

Die **Kontoführungsgebühren** sollte aus praktischen Erwägungen derjenige tragen, **861** dem die Verwahrungszinsen zustehen, da die Anderkonten führenden Kreditinstitute die Guthabenzinsen mit den Kontoführungsgebühren teilweise ohne Ausweis der Einzelpositionen saldieren (→ Rn. 831).

Wenngleich der Notar auch ohne entsprechende ausdrückliche Regelung berechtigt ist, **862** seine **Gebührenforderung** gegen den Auszahlungsempfänger aus dem hinterlegten Betrag zu befriedigen (für die Hebegebühr ergibt sich dies bereits aus der Anmerkung zu Nr. 25300 KV GNotKG), sollte ein entsprechender Passus in die Verwahrungsvereinbarung aufgenommen werden. Bei der Berechnung der Hebegebühr bleibt die entnommene Hebegebühr[1724] selbst im Übrigen außer Ansatz. Die mit der **Löschung** nicht übernommener Belastungen verbundenen Gerichts- und Notarkosten trägt in aller Regel der

---

[1724] LG Mönchengladbach MittRhNotK 1983, 249.

Verkäufer, da er zur Lastenfreistellung verpflichtet ist. Die Löschung nicht übernommener Belastungen ist daher erst dann sichergestellt, wenn
– der Verkäufer die Löschungskosten selbst bezahlt hat,
– die Löschungskosten durch den Notar vom Notaranderkonto bezahlt werden sollen und entsprechende Beträge vorhanden sind oder
– der Notar sich für die Löschungskosten stark sagt.

863 Die erste Möglichkeit scheidet in der Regel aus, da Löschungsanträge regelmäßig erst nach Befriedigung der Gläubiger eingereicht werden dürfen. Die zweite Möglichkeit ist grundsätzlich vorzuziehen, praktisch allerdings mit nicht unerheblicher Mehrarbeit im Notariat verbunden. Der Notar muss die **Gerichtskosten** genau berechnen, zahlen und die künftig anfallenden Gerichtskosten bei Auszahlung an den Verkäufer im Voraus berücksichtigen. Entscheidet sich der Notar für diesen Weg, müssen entsprechende Vereinbarungen und Anweisungen in den Kaufvertrag aufgenommen werden. Zum einen ist zu vereinbaren, dass der Notar auch die Löschungskosten vom Notaranderkonto befriedigen soll. Zum anderen ist bei den Auszahlungsvoraussetzungen darauf zu achten, dass nicht nur die von den Gläubigern angegebenen Forderungen, sondern auch die mit der Löschung verbundenen Notar- und Gerichtskosten aus dem Kaufpreis befriedigt werden können müssen. Bei Kostenstarksagung durch den Notar entfallen vorbezeichnete Schwierigkeiten und Vertragsergänzungen. Meines Erachtens wird das nicht unerhebliche **Kostenhaftungsrisiko** des Notars jedoch in aller Regel dazu führen, dass diese Variante ausscheidet. Dies gilt umso mehr bei Zwangsversteigerungsfällen, in denen gerade ein Vorzug der Abwicklung über Notaranderkonto darin besteht, dass die Löschungskosten aus dem Kaufpreis bezahlt werden können.

864   Vom Auszahlungsempfänger zu tragende Kosten und Auslagen kann der Notar von den Auszahlungsbeträgen in Abzug bringen und dem Anderkonto entnehmen.

VI. Festgeldanlage

865 Die Problematik der Festgeldanlage dürfte aufgrund der derzeitigen Niedrigzinslage weniger bedeutsam sein, insofern wird auf die diesbezüglichen Ausführungen in der Vorauflage verwiesen. Wenn sich das Zinsumfeld ändert, dürfte damit zu rechnen sein, dass dann auch Notaranderkonten (wieder) so verzinst werden, wie normale Girokonten, so dass die Notwendigkeit einer Festgeldanlage auch dann entfallen dürfte.[1725] Selbst eine (geringfügig) geringere Verzinsung des Anderkontos würde im Regelfall dadurch mindestens kompensiert, dass jeder eingehende (auch kleinere) Betrag ab sofort verzinst wird und im Falle einer sofortigen Auszahlung bei Auszahlungsreife kein rückwirkender Zinsverlust droht.

866   Sollte gleichwohl noch die Notwendigkeit einer fakultativen Festgeldanlage gesehen werden, kann dies in folgender Weise geschehen:

867 **Formulierungsbeispiel: Fakultative Festgeldanlage bei späterer Weisung**

Der Notar ist berechtigt, hinterlegte Beträge auf einseitige schriftliche Weisung des Verkäufers als Festgeld anzulegen, vor Vorliegen der Auszahlungsvoraussetzungen jedoch nur für maximal einen Monat und nur dann, wenn der Käufer dem nicht schriftlich widersprochen hat. Alle übrigen in dieser Urkunde enthaltenen Verwahrungsanweisungen werden durch Käufer und Verkäufer zweiseitig und unter Verzicht auf einseitigen Widerruf erteilt.

868   Ist ausnahmsweise schon bei Beurkundung des Kaufvertrages mit Sicherheit zu erwarten, dass der Kaufpreis für einen längeren Zeitraum auf dem Anderkonto bleiben wird, so kann wie folgt formuliert werden:

[1725] Unterstellt, dass dann kein nennenswerter Unterschied zwischen der Verzinsung des Girokontos und von Festgeld auf 30 Tage besteht.

Formulierungsbeispiel: Anweisung zur Festgeldanlage bei Verwahrung   869

Schon jetzt weist der Verkäufer den Notar an, hinterlegte Beträge für einen Monat mit ☉ jeweils automatischer Verlängerung für einen weiteren Monat als Festgeld anzulegen, bis nachfolgend vereinbarte Auszahlungsvoraussetzungen vorliegen.

Hält es der Notar aufgrund der Rechtsprechung des BGH[1726] für erforderlich, immer 870 eine Verwahrungsanweisung mit Festgeldanlage vorzuschlagen, so könnte diese etwa folgenden Wortlaut haben:

Formulierungsbeispiel: Festgeldkündigung bei Verwahrung   871

Der Notar wird angewiesen, auf dem Anderkonto eingehende Beträge, die mindestens ☉ 10.000 EUR betragen, für einen Monat mit jeweils automatischer Verlängerung für einen weiteren Monat als Festgeld anzulegen, bis die Auszahlungsvoraussetzungen vorliegen. Liegen diese vor, sind bei sofort vorzunehmender Auszahlung etwaige Festgeldkonten trotz damit verbundener Zinsverluste bezüglich des jeweils angebrochenen Anlagezeitraumes fristlos zu kündigen.

VII. Auszahlungsvoraussetzungen

Die Auszahlungsvoraussetzungen sichern den Käufer und dienen der Vermeidung von un- 872 gesicherten Vorleistungen. Sie entsprechen damit grundsätzlich den vom Notar zu überwachenden Fälligkeitsvoraussetzungen im Rahmen einer Direktabwicklung.

Ein Unterschied zur Direktabwicklung ergibt sich hinsichtlich der **Räumung,** sofern 873 eine Räumungsverpflichtung des Verkäufers vereinbart ist: Bei einer Direktabwicklung ist vorzusehen, dass es sich bei der Räumung um eine nicht vom Notar zu überwachende Fälligkeitsvoraussetzung handelt. Bei der Verwahrung gilt, dass der Notar (selbstverständlich) ebenfalls nicht die tatsächliche Räumung zu überprüfen hat; dies sollte in der Formulierung klar zum Ausdruck kommen. Erforderlich für die Auszahlung ist jedoch jedenfalls eine Mitteilung an den Notar darüber, dass die vertragsgemäße Räumung erfolgt ist; eine solche Mitteilung ist bei Direktzahlung entbehrlich. *Hertel*[1727] schlägt hierzu die Mitteilung eines vertrauenswürdigen Dritten oder eine Mitteilung durch den Verkäufer, der der Käufer nicht binnen einer bestimmten Frist nach Weiterleitung durch den Notar an ihn widerspricht, vor. Aus Sicht des Notars spricht jedoch vieles dafür, eine übereinstimmende Erklärung der Parteien im Sinne einer Bestätigung der Räumung zu verlangen und als Auszahlungsvoraussetzung vorzusehen. Dies kann zwar zu einer Pattsituation führen, wenn sich Verkäufer und Käufer nicht darauf einigen können, ob vertragsgemäß geräumt wurde; eine solche Situation kann jedoch bei der von *Hertel* vorgeschlagenen Widerspruchslösung ebenso eintreten, wenn der Käufer tatsächlich widerspricht. Daher dürfte es transparenter und sicherer sein, von vornherein auf eine übereinstimmende Weisung abzustellen, wenn nicht ohnehin eine Bestätigung allein des Käufers, dessen Schutz diese Auszahlungsvoraussetzung bezweckt, als ausreichend angesehen wird.

Zusätzlich zu den Auszahlungsvoraussetzungen, die den üblicherweise vom Notar zu 874 überwachenden Fälligkeitsvoraussetzungen entsprechen, kann vereinbart werden, dass Auszahlungen erst nach **vollständiger Kaufpreishinterlegung** erfolgen dürfen.[1728] Diese Regelung ist nicht zwingend, jedoch insbesondere sinnvoll, wenn ein Teil des Kaufpreises finanziert und ein Teil aus Eigenkapital erbracht wird, da die finanzierende Bank ein In-

---

[1726] DNotZ 1997, 53.
[1727] WürzNotar-HdB/*Hertel* Teil 2 Kap. 2 Rn. 694.
[1728] Vgl. auch *Brambring* DNotZ 1990, 629.

teresse daran hat, dass vollständige Kaufpreiszahlung erfolgt, um das Risiko einer Rückabwicklung zu vermeiden.[1729]

875   Sind aus dem Kaufpreis Gläubiger des Verkäufers zu befriedigen, darf eine Auszahlung jedenfalls nicht erfolgen, bevor aus dem hinterlegten Betrag alle Forderungen aller Gläubiger befriedigt werden können. Die anderenfalls etwa erforderliche Prüfung, welche Gläubiger zuerst zu befriedigen oder ob uU auch Teilablösungen vorzunehmen sind, wird zu viele Unsicherheiten bergen, als dass der Notar sie verantworten könnte.

876   Darüber hinaus, wenn also die Ablösung aller Gläubiger und damit – bei Kaufpreisfinanzierung durch den Käufer – zugleich die rangrichtige Sicherstellung der Gläubiger des Käufers gewährleistet ist, scheint ein Schutz des Käufers davor, dass er den Kaufpreis endgültig nicht vollständig zahlt, nicht erforderlich. Vor den Gefahren, die mit einer teilweisen Kaufpreiszahlung für den Käufer selbst verbunden sein können, wird der Käufer auch bei Direktzahlung nicht geschützt. Entscheidend für die Frage, ob eine Auszahlung erst bei vollständiger Kaufpreisverwahrung erfolgen soll, dürfte damit die Frage des Treuhandauftrages der finanzierenden Bank sein, der in jedem Fall zu beachten ist: Wenn die Treuhandaufträge der finanzierenden Banken die vollständige Verwahrung erfahrungsgemäß vorsehen, sollte dies zugleich auch zum Gegenstand der Verwahrungsvereinbarung gemacht werden, was auch den Vorstellungen der Beteiligten entsprechen dürfte, dass der Vertrag nur dann abgewickelt wird, wenn die Gegenleistung vollständig erbracht wird. Anderenfalls kann aus grundsätzlichen Erwägungen[1730] und zur Ermöglichung der Abwicklung bei Teileinzahlungen auf das Erfordernis der Einzahlung des gesamten Kaufpreises verzichtet werden.

877   Insgesamt könnten die Auszahlungsvoraussetzungen demnach wie folgt lauten (je nach Fall können nachfolgend genannte Voraussetzungen entfallen oder weitere hinzukommen, es gelten insoweit die gleichen Maßgaben wie bei der Fälligkeitsüberwachung bei Direktzahlung):

878   **Formulierungsbeispiel: Auszahlungsvoraussetzungen**

Die Parteien weisen den Notar an, den Kaufpreis auszuzahlen, wenn dem Notar folgende Unterlagen – soweit erforderlich in grundbuchtauglicher Form – vorliegen:

a) Negativattest der Gemeinde hinsichtlich des Vorkaufsrechts gemäß §§ 24 ff. BauGB;

b) Genehmigung oder Negativattest nach dem Grundstücksverkehrsgesetz;

c) Genehmigung [*Alt.:* Vollmachtsbestätigung] des ***;

d) Genehmigung nach § 144 BauGB (Sanierungsgenehmigung) oder entsprechendes Negativattest;

e) die zur Lastenfreistellung erforderlichen Unterlagen;

f) alle Unterlagen auflagenfrei oder unter Auflagen, zu deren Erfüllung der Kaufpreis ausreicht, um den Kaufgegenstand von Rechten freizustellen, die im Grundbuch bereits vor oder gleichzeitig mit der Eigentumsvormerkung des Käufers eingetragen wurden und vom Käufer nicht übernommen werden; und

g) Grundbuchnachricht über die Eintragung der Eigentumsvormerkung für den Käufer im Grundbuch im Rang unmittelbar nach den Belastungen gemäß § 1 oder nur nach solchen Belastungen, deren Eintragung der Käufer zugestimmt hat;

[*ggf.:*

h) Schriftliche Bestätigung durch [*ggf.:* Verkäufer und] Käufer, dass das Kaufobjekt vertragsgemäß geräumt ist;

i) Nachweis der vollständigen Hinterlegung des Kaufpreises (ohne etwaige Verzugszinsen).]

[1729] WürzNotar-HdB/*Hertel* Teil 2 Kap. 2 Rn. 696.
[1730] Vgl. hierzu *Tönnies* in der 6. Aufl. Rn. 862 ff.

VIII. Rückzahlung bei Nichteintritt der Auszahlungsvoraussetzungen

Auch die genaue Formulierung der Auszahlungsvoraussetzungen hilft dann nicht weiter, **879** wenn die vereinbarten Voraussetzungen über einen längeren Zeitraum oder sogar endgültig nicht eintreten. Übersteigen etwa die von den Gläubigern des Verkäufers angegebenen Forderungen den Kaufpreis und gelingt es dem Verkäufer trotz Vergleichsverhandlungen oder teilweiser Befriedigung der Forderungen nicht, dass diese den Kaufpreis nicht mehr übersteigen, stellt sich für den Notar die Frage, ob, wann und an wen er auch ohne Vorliegen der Auszahlungsvoraussetzungen auszahlen kann. *Brambring*[1731] empfiehlt, die Verwahrungsvereinbarung regelmäßig auf den Fall der ordnungsgemäßen Durchführung zu beschränken und über die Frage, an wen bei **Vertragsstörungen** auszuzahlen ist, notfalls die Gerichte entscheiden zu lassen. Die Gründe etwaiger Leistungsstörungen seien so vielgestaltig, dass es nicht möglich sei, für jede denkbare Fallgestaltung die Auszahlung sachgerecht festzulegen.[1732] Dem ist grundsätzlich zuzustimmen. §§ 57–61 BeurkG sehen folgerichtig keine Verpflichtung des Notars vor, die Rückzahlung bei Nichteintritt der Auszahlungsvoraussetzungen zu regeln. Auch die DONot enthält eine derartige Regelung – anders als § 11 Abs. 1 DONot aF – nicht mehr. Besteht konkreter Anlass zu der Sorge, dass es nicht zur Auszahlungsreife kommen könnte, kann, sofern eine Direktabwicklung aus anderen Gründen ausscheidet, aber das konkret gesehene Risiko (zB Belastungen höher als Kaufpreis) nicht nur bei den Auszahlungs-, sondern bereits bei den Fälligkeitsvoraussetzungen Berücksichtigung finden (zB Hinterlegung erst, nachdem dem Notar die Löschungsunterlagen unter erfüllbaren Auflagen vorliegen).

IX. Verzugsregelung

Dem Verkäufer ist wenig damit gedient, wenn der Käufer zwar rechtzeitig durch seinen **880** Finanzierungsgläubiger auf Anderkonto hinterlegen lässt, die Treuhandauflagen eben dieses Gläubigers aber nicht erfüllt werden können. Die **Hinterlegungspflicht** des Käufers kann daher wie folgt konkretisiert werden: „Der Käufer hat den Kaufpreis zu vorbezeichnetem Zeitpunkt so zu hinterlegen, dass der Notar bei Vorliegen der Auszahlungsvoraussetzungen darüber verfügen kann." Kommt der Käufer dieser Verpflichtung ganz oder teilweise nicht nach, so stellt sich die Frage, wann er in Verzug gerät und welche Verzugszinsen er für welche Beträge zu zahlen hat. Bei bestimmtem Hinterlegungszeitpunkt kommt der Käufer gemäß § 286 Abs. 2 S. 1 BGB ohne **Mahnung** in Verzug. Ist die Hinterlegung innerhalb einer bestimmten Frist nach Mitteilung des Notars vorzunehmen, ist nach § 286 Abs. 2 S. 2 BGB ebenfalls keine Mahnung erforderlich.

Ist der Käufer in Verzug, stellt sich die weitere Frage, ob er den gesamten oder nur den **881** rückständigen Betrag zu verzinsen hat und ob die Verzinsung bereits mit dem vereinbarten Hinterlegungszeitpunkt oder erst mit dem wesentlich später erfolgenden Eintritt der Auszahlungsvoraussetzungen beginnt.

Insgesamt ist die Regelung des Verzugszinses bei der Abwicklung über Notaranderkonto **882** komplizierter als bei unmittelbarer Kaufpreiszahlung und bedarf daher einer besonders sorgfältigen Formulierung. Ist etwa die vollständige Kaufpreishinterlegung Auszahlungsvoraussetzung, erhält der Verkäufer auch bei 99 %-iger Kaufpreishinterlegung noch nichts. Die sonst übliche Verzinsung nur der „rückständigen Beträge" ist in diesem Fall somit nicht sachgerecht, es sei denn, dass mit „rückständigem Betrag" der nicht ausgezahlte und nicht der nicht hinterlegte Kaufpreisteil gemeint ist. Stehen die Verwahrungszinsen bis zur Auszahlungsreife dem Käufer zu und ist Auszahlungsreife noch nicht eingetreten, entsteht dem Verkäufer auch bei Verstreichenlassen des vertraglich vereinbarten Hinterlegungstermines bis zur Auszahlungsreife kein Schaden. Unterstellt, die Verwahrungszinsen sollen ab Hinterlegung dem Verkäufer zustehen (weil Käufer gleichzeitig Besitzer werden soll) und

---

[1731] DNotZ 1990, 631.
[1732] *Brambring* DNotZ 1990, 631.

100%-ige Kaufpreishinterlegung ist nicht Auszahlungsvoraussetzung, könnte eine Verzugszinsregelung wie folgt lauten:

883 **Formulierungsbeispiel: Verzugszinsen bei Verwahrung**

Verzugszinsen sind (unmittelbar an den Verkäufer, also nicht auf das Anderkonto) zu zahlen
a) für nicht rechtzeitig hinterlegte Beträge sowie
b) für solche Beträge, die zwar rechtzeitig hinterlegt werden, aber aus ausschließlich vom Käufer zu vertretenden Gründen nicht ausgezahlt werden können.

884 Da eine Verzugszinsregelung einen gewissen Strafcharakter haben kann, wird dabei in Kauf genommen, dass der Verkäufer für nicht ausgezahlte, uU als Festgeld angelegte Kaufpreisteilbeträge vorübergehend Verzugs- und Festgeldzinsen erhält.

X. Verwahrungsgebühr

885 Die Verwahrungsgebühr nach Nr. 25300 KV GNotKG wird vom jeweiligen **Auszahlungsbetrag** erhoben. Wegen der Degression der Gebührentabelle führt das dazu, dass bei Auszahlung mehrerer kleiner Beträge höhere Verwahrungsgebühren anfallen als bei Auszahlung eines großen Betrages. Die Verwahrungsgebühr bei Auszahlung eines Betrages von 100.000 EUR beträgt 273 EUR, die bei Auszahlung zweier Beträge von 50.000 EUR zweimal 165 EUR = 330 EUR. Im Ergebnis fallen somit dann höhere Verwahrungsgebühren an, wenn ein oder mehrere Gläubiger des Verkäufers aus dem verwahrten Kaufpreis zu befriedigen sind. Es erscheint folgerichtig, dem Verkäufer, der ja auch bei unmittelbarer Kaufpreiszahlung üblicherweise die Kosten der Lastenfreistellung zu tragen hat, die durch die Befriedigung seiner Gläubiger bedingten Verwahrungskosten aufzuerlegen: „Kosten der Lastenfreistellung einschließlich hierdurch bedingter Mehrkosten der Verwahrung trägt der Verkäufer." Diese Lösung, die einer undifferenzierten Kostentragung durch den Käufer vorzuziehen sein dürfte, erscheint jedoch aus folgenden Gründen nicht unbedenklich: Beruht die Abwicklung über Anderkonto allein darauf, dass auf Verkäuferseite mehrere Gläubiger zu befriedigen sind, werden nicht nur „Mehrkosten", sondern die gesamten Verwahrungskosten durch den Verkäufer verursacht. Umgekehrt kann es sein, dass zwar mehrere Verkäufer-Gläubiger zu befriedigen sind, die Hinterlegung aber dennoch allein auf einem Interesse des Käufers (zB Besitzübergang zu einem festen Termin) beruht, sodass der Käufer richtigerweise alle Verwahrungskosten tragen sollte. Beruht die Verwahrung auf den Sphären bzw. Interessen beider Vertragsparteien erscheint daher folgende Regelung angemessen: „Verwahrungskosten tragen Käufer und Verkäufer je zu 1/2-Anteil."

F. Widerruf von Anweisungen, Absehen von Auszahlungen

886 Der Widerruf der (Verwahrungs-)Anweisung ist in § 60 BeurkG geregelt, außerdem hat der Notar in den Fällen des § 61 BeurkG von Amts wegen von der Auszahlung abzusehen.

887 Nach der gesetzlichen Systematik ist zu differenzieren zwischen dem Widerruf **einseitiger** (§ 60 Abs. 1 BeurkG) und **mehrseitiger** (§ 60 Abs. 2 BeurkG) Anweisungen. Die Abgrenzung zwischen ein- und mehrseitiger Weisung soll nach dem Schutzbedürfnis der Beteiligten erfolgen: Mehrseitig sind danach alle Anweisungen, die dem Schutz des Empfangsberechtigten ab Fälligkeit der Einzahlung bzw. dem Schutz des Einzahlenden bis zum Vorliegen der Auszahlungsvoraussetzungen dienen; konkret also insbesondere die Auszahlungsvoraussetzungen sowie die Anweisung zur Ablösung von Grundpfandrechtsgläubigern und anderen Drittberechtigten aus dem Kaufpreis.[1733] Einseitig ist demgegenüber etwa die Anweisung des Verkäufers, auf welches Konto auszuzahlen ist.[1734]

Aus der gesetzlichen Systematik ergibt sich ein abgestuftes Verhältnis der Beachtlichkeit **888** von Widerrufen:

- Bei einer einseitigen Anweisung ist der Widerruf für den Notar zu beachten, wenn dadurch Dritten gegenüber bestehende Amtspflichten nicht verletzt werden (§ 60 Abs. 1 BeurkG).
- Bei mehrseitigen Anweisungen ist der Widerruf für den Notar zu beachten, wenn er durch alle Anweisenden erfolgt und § 60 Abs. 1 BeurkG nicht entgegensteht (§ 60 Abs. 2 BeurkG).
- Bei mehrseitigen Anweisungen ist der Widerruf für den Notar außerdem zu beachten, wenn der Widerruf zwar nicht durch alle Anweisenden erfolgt, aber darauf gegründet wird, dass das mit der Verwahrung durchzuführende Rechtsverhältnis aufgehoben, unwirksam oder rückabzuwickeln sei; dann soll sich der Notar jeder Verfügung über das Verwahrungsgut enthalten (§ 60 Abs. 3 S. 1 BeurkG). Das weitere von Notar in diesem Fall zu beachtende Verfahren ergibt sich dann aus § 60 Abs. 3 S. 2, S. 3 BeurkG.

Ausschlaggebend für die Beachtlichkeit des Widerrufs unter den Voraussetzungen des § 60 **889** Abs. 3 BeurkG ist die Differenzierung zwischen unbeachtlichen und beachtlichen Widerrufsgründen: Beachtlich sind danach nur solche Widerrufsgründe, die den Bestand des Rechtsgeschäfts in Frage stellen.[1735] Ergibt sich demnach etwa schon aus dem Vortrag des Käufers eindeutig, dass er nur Minderung des Kaufpreises geltend macht, ist der Widerrufsgrund unbeachtlich. Meines Erachtens ist es iRd § 60 Abs. 3 BeurkG nicht geboten, im Fall der Minderung zugleich die Möglichkeit der Anfechtung wegen arglistiger Täuschung von Amts wegen in Betracht zu ziehen und damit den Widerrufsgrund der möglichen Nichtigkeit zu unterstellen, wenn der Käufer in keiner Weise geltend macht, nicht am Vertrag festhalten zu wollen,[1736] denn ein Korrektiv ist insoweit jedenfalls über den zusätzlich zu beachtenden Tatbestand des § 61 BeurkG gegeben. Darüber hinaus dürfte es weder erforderlich noch überhaupt zulässig sein, dass der Notar einer Partei Hinweise dazu gibt, was sie als wirksamen Widerrufsgrund vorzutragen hat. Sinnvoll und auch geboten dürfte es hingegen sein, die Partei, die einen unbeachtlichen Widerrufsgrund vorträgt hierauf hinzuweisen, etwa wie folgt:

Formulierungsbeispiel: Schreiben bei Unbeachtlichkeit des Widerrufsgrundes **890**

UR-Nr. *** [UR-Nr. des Kaufvertrages]

Sehr geehrte(r) ***,

in oben genannter Angelegenheit haben Sie mit Schreiben vom *** geltend gemacht, dass Ihnen wegen eines Sachmangels des Kaufobjekts das Recht auf Minderung des Kaufpreises zustehe und mich aufgefordert, den Kaufpreis bei Vorliegen der Auszahlungsvoraussetzungen nicht bzw. nur abzüglich des von Ihnen genannten Minderungsbetrages an den Verkäufer auszuzahlen.

Ich weise darauf hin, dass sich die von mir im Rahmen der Abwicklung der Kaufpreisverwahrung zu beachtenden Widerrufsgründe im – hier vorliegenden – Fall einer mehrseitigen Verwahrungsanweisung abschließend aus § 60 Abs. 3 S. 1 Beurkundungsgesetz (BeurkG, abrufbar unter https://www.gesetze-im-internet.de) ergeben. Die von Ihnen geltend gemachte Minderung ist kein solcher Grund.

[1733] *Winkler* BeurkG § 54c Rn. 10.
[1734] Vgl. WürzNotar-HdB/*Hertel* Teil 2 Kap. 2 Rn. 724f. mit dem Hinweis auf die Risiken bei Insolvenz des Verkäufers und Zahlung auf das Konto eines Dritten auf Weisung des Verkäufers.
[1735] *Winkler* BeurkG § 54c Rn. 23.
[1736] Hiervon zu unterscheiden ist der Fall, dass ein Widerrufsgrund schlüssig vorgetragen wird, jedoch offensichtlich nicht besteht; dann sollte sich der Notar jeder Verfügung enthalten (*Winkler* BeurkG § 54c Rn. 38).

> Ich werde daher die Abwicklung des Kaufvertrages gemäß der mir erteilten Verwahrungsanweisung (vgl. § *** der Kaufvertragsurkunde) fortsetzen.
>
> Mit freundlichen Grüßen
>
> Notar

891   Entsprechend kann vorgegangen werden, wenn der Widerruf unter Verstoß gegen das Schriftformerfordernis gemäß § 60 Abs. 1 BeurkG etwa nur per E-Mail erfolgt. Es dürfte nicht vertretbar sein, einen Widerruf per E-Mail ohne weiteren Hinweis schlicht zu ignorieren.[1737] Auf diese Weise erhält die betreffende Partei Kenntnis davon, dass ihr Widerrufsgrund als unbeachtlich angesehen wird, ohne dass der Notar eine Beratung zum weiteren Vorgehen übernommen und damit seine Neutralitätspflicht verletzt hätte.

892   Es dürfte auch zulässig sein, das vorgenannte Schreiben vorsichtshalber in Gestalt eines Bescheides gemäß § 15 BNotO zu fassen (vgl. § 60 Abs. 5 BeurkG). Dies könnte in dem Fall erwogen werden, dass unsicher ist, ob nach dem Vortrag der Partei ein Widerrufsgrund iSv § 60 Abs. 3 S. 1 BeurkG vorliegt. Klarzustellen ist allerdings, dass dann das weitere Verfahren nach § 60 Abs. 3 S. 2, S. 3 BeurkG kein Verfahren der Beschwerde nach § 15 Abs. 2 BNotO ist; der Bescheid diente in der hier beschriebenen Konstellation nur dazu, die Tatbestandvoraussetzung des § 60 Abs. 3 S. 1 BeurkG zu klären.

893   Es ist daher mE vorzugswürdig, die Verfahren nach § 60 Abs. 3 BeurkG und nach § 15 BNotO nicht zu vermischen, sondern im Anwendungsbereich des § 60 Abs. 3 BeurkG nur nach dem dort vorgegebenen Verfahren vorzugehen, dh nach § 60 Abs. 3 S. 3 Nr. 2 sogleich auf den Rechtsweg zu verweisen. In einem solchen Rechtsstreit können dann die verfahrens- und materiellrechtlichen Fragen umfassend geklärt werden, während im Verfahren nach § 15 Abs. 2 BNotO nur die Rechtmäßigkeit des notariellen Handelns Gegenstand ist.[1738]

894   Zu beachten ist, dass eine gemäß § 60 Abs. 3 S. 1 BeurkG unbeachtliche Begründung durchaus eine Einstellung des Verwahrungsverfahrens gemäß § 61 BeurkG von Amts wegen erfordern kann.[1739]

G. Zusammenfassende Musterformulierung

895 Der abschließende Formulierungsvorschlag geht von folgenden Annahmen aus:
– Bei Beurkundung steht fest, dass über Notaranderkonto abgewickelt werden soll.
– Bei Beurkundung steht fest, auf welches Anderkonto einzuzahlen ist.
– Ein Verkäufer wird vollmachtlos vertreten, weshalb nicht vor Vorliegen der Genehmigung eingezahlt werden soll.
– Besitzübergang soll schon bei Hinterlegung, nicht erst bei Auszahlung an den Verkäufer erfolgen, so dass dem Verkäufer ab Hinterlegung die Zinsen zustehen.
– Die Höhe und die Art der eingetragenen Belastungen lässt es ratsam erscheinen, von einer Kostenstarksagung durch den Notar abzusehen und stattdessen auch die Begleichung der Löschungskosten vom Anderkonto vorzunehmen.

896 **Formulierungsbeispiel: Vollständige Verwahrungsvereinbarung**
↻   **§ ***. Kaufpreis**
1. Der Kaufpreis beträgt Gegenleistung – Kaufpreis *** EUR (Gegenleistung – Kaufpreis in Worten *** Euro).
2. Er ist auf Anderkonto des Notars IBAN *** bei der *** zu zahlen.

[1737] *Winkler* BeurkG § 54c Rn. 13.
[1738] Vgl. auch WürzNotar-HdB/*Hertel* Teil 2 Kap. 2 Rn. 788.
[1739] *Kasper* RNotZ 2018, 133 (144); vgl. auch dort zu den weiteren Voraussetzungen des § 61 BeurkG.

3. Die Kaufpreisfälligkeit zur Einzahlung auf Notaranderkonto setzt das Vorliegen folgender – soweit erforderlich grundbuchtauglicher – Unterlagen beim Notar voraus: Genehmigung [*Alt.:* Vollmachtsbestätigung] des ***.
   Der Notar soll den Beteiligten – dem Käufer per Einwurf-Einschreiben – den Eintritt dieser Voraussetzungen mitteilen.
   Falls der Käufer nicht anderweitig vorher von der Erfüllung aller dieser Voraussetzungen Kenntnis erlangt, ist der Kaufpreis sodann jedenfalls in zehn Tagen nach der Mitteilung des Notars (Datum des Schreibens) zur Einzahlung auf Notaranderkonto fällig.
   Der Notar soll dem Verkäufer den Zahlungseingang schriftlich [*Alt.:* per E-Mail an folgende Adresse: ***] mitteilen.
4. Der Notar wird angewiesen, bei Vorliegen der Auszahlungsvoraussetzungen aus dem verwahrten Kaufpreis die von den Grundpfandrechtsgläubigern des Verkäufers angegebenen Forderungen abzulösen, die vom Verkäufer im Zusammenhang mit der Verwahrung und der Lastenfreistellung anfallenden Notar- und Gerichtskosten zu begleichen und sodann einen etwaigen Restbetrag einschließlich der Zinsen abzüglich entstandener Bankkosten an den Verkäufer auf dessen Konto IBAN *** bei der *** auszuzahlen.
   Vom Auszahlungsempfänger zu tragende Kosten und Auslagen kann der Notar von den Auszahlungsbeträgen in Abzug bringen und dem Anderkonto entnehmen.
5. Zur Sicherstellung der Lastenfreistellung wird vereinbart: Der Notar wird bevollmächtigt, die Unterlagen zur Lastenfreistellung anzufordern, für alle Vertragsteile entgegenzunehmen und zu verwenden. Der Notar braucht nicht zu prüfen, ob Auflagen berechtigt sind, von denen die Lastenfreistellung abhängt. So weit solche Auflagen reichen, kann der Kaufpreis nur durch ihre Erfüllung, nicht durch sonstige Leistungen an den Verkäufer oder an Dritte bezahlt werden. Die Empfänger erlangen jedoch kein eigenes Forderungsrecht. Alle Rechte und Ansprüche, die mit den zu beseitigenden Belastungen zu tun haben, werden aufschiebend bedingt mit Zahlung der Ablösebeträge auf den Käufer übertragen.
6. Der Notar ist berechtigt, verwahrte Beträge auf einseitige schriftliche Weisung des Verkäufers als Festgeld anzulegen, vor Vorliegen der Auszahlungsvoraussetzungen jedoch nur für maximal einen Monat und nur dann, wenn der Käufer dem nicht schriftlich widersprochen hat. Alle übrigen in dieser Urkunde enthaltenen Verwahrungsanweisungen werden durch Käufer und Verkäufer zweiseitig erteilt.
   Schon jetzt weist der Verkäufer den Notar an, hinterlegte Beträge für jeweils einen Monat mit automatischer Verlängerung für jeweils einen weiteren Monat als Festgeld anzulegen, bis nachfolgende Auszahlungsvoraussetzungen vorliegen. Liegen diese vor, sind bei sofort vorzunehmender Auszahlung etwaige Festgeldkonten trotz damit verbundener Zinsverluste bezüglich des jeweils angebrochenen Anlagezeitraumes fristlos zu kündigen.
7. Die Parteien weisen den Notar an, den Kaufpreis auszuzahlen, wenn dem Notar folgende Unterlagen – soweit erforderlich in grundbuchtauglicher Form – vorliegen:
   a) Negativattest der Gemeinde hinsichtlich des Vorkaufsrechts gemäß §§ 24 ff. BauGB;
   b) Genehmigung oder Negativattest nach dem Grundstücksverkehrsgesetz;
   c) Genehmigung [*Alt.:* Vollmachtsbestätigung] des ***;
   d) Genehmigung nach § 144 BauGB (Sanierungsgenehmigung) oder entsprechendes Negativattest;
   e) die zur Lastenfreistellung erforderlichen Unterlagen;
   f) alle Unterlagen auflagenfrei oder unter Auflagen, zu deren Erfüllung der Kaufpreis ausreicht, um den Kaufgegenstand von Rechten freizustellen, die im Grundbuch bereits vor oder gleichzeitig mit der Eigentumsvormerkung des Käufers eingetra-

gen wurden und vom Käufer nicht übernommen werden;
und

g) Grundbuchnachricht über die Eintragung der Eigentumsvormerkung für den Käufer im Grundbuch im Rang unmittelbar nach den Belastungen gemäß § 1 oder nur nach solchen Belastungen, deren Eintragung der Käufer zugestimmt hat;

[*ggf.:*
h) Schriftliche Bestätigung durch Verkäufer und Käufer, dass das Kaufobjekt vertragsgemäß geräumt ist;
i) Nachweis der vollständigen Hinterlegung des Kaufpreises (ohne etwaige Verzugszinsen).
Mit Auszahlungsreife tritt Erfüllung des Kaufpreisanspruchs ein.

8. Der Käufer hat den Kaufpreis zu dem vorbezeichneten Zeitpunkt so zu hinterlegen, dass der Notar bei Vorliegen der Auszahlungsvoraussetzungen darüber verfügen kann.
9. Hinterlegungskosten tragen Käufer und Verkäufer zu je 1/2-Anteil.
10. Verzugszinsen sind (unmittelbar an den Verkäufer, also nicht auf das Anderkonto) zu zahlen
    a) für nicht rechtzeitig auf Anderkonto eingezahlte Beträge sowie
    b) für solche Beträge, die zwar rechtzeitig auf Anderkonto eingezahlt werden, aber aus ausschließlich vom Käufer zu vertretenden Gründen nicht ausgezahlt werden können.
11. Der Käufer unterwirft sich wegen seiner Verpflichtung zur Einzahlung des Kaufpreises auf das Anderkonto sowie zur Zahlung der etwaigen Verzugszinsen in Höhe des gesetzlichen Verzugszinses unmittelbar an den Verkäufer dem Verkäufer gegenüber der sofortigen Zwangsvollstreckung aus dieser Urkunde. Eine vollstreckbare Ausfertigung kann dem Verkäufer jederzeit ohne weiteren Nachweis erteilt werden, wenn die vom Notar gemäß Ziffer 7 zu überwachenden Auszahlungsvoraussetzungen vorliegen.

§ ***. Besitzübergang

Der Verkäufer hat dem Käufer den Besitz am Kaufobjekt mit vollständiger Kaufpreiszahlung auf Notaranderkonto zu übergeben.

[...]

§ ***. Grundbucherklärungen

[...]

Die Beteiligten sind darüber einig, dass das Eigentum an dem Kaufobjekt auf den Käufer übergeht. In der Auflassung ist ausdrücklich keine Bewilligung des Verkäufers zur Eintragung des Eigentumsübergangs auf den Käufer enthalten.

Der Notar wird allseits angewiesen, die Eintragung des Eigentumswechsels erst zu bewilligen, wenn der Kaufpreis an den Verkäufer bzw. auf dessen Weisung an Dritte ausgezahlt ist.

[...]

8. Teil. Getrennte Beurkundung von Angebot und Annahme

A. Beratungs-Checkliste

Beratungs-Checkliste:

897

(1) Die **systematische** Aufspaltung des Vertrages in Angebot und Annahme[1740] verstößt gegen die Amtspflicht des Notars aus § 17 Abs. 2a BeurkG zur Gestaltung des Beurkundungsverfahrens. Nach den Richtlinienempfehlungen der Bundesnotarkammer[1741] soll, soweit die Aufspaltung aus sachlichen Gründen gerechtfertigt ist, das Angebot vom belehrungsbedürftigeren Vertragsteil ausgehen.[1742]

(2) Wird die sukzessive Beurkundung des Kaufvertrages durch Angebot und Annahme allein deshalb gewünscht, weil der eine Vertragsteil (auswärtiger Wohnort) am Beurkundungstermin nicht teilnehmen kann? In diesem Fall ist es häufig – auch unter kostenrechtlichen Gesichtspunkten – vorzugswürdig, dass der abwesende Vertragsteil vollmachtlos vertreten wird.

(3) Macht der Verkäufer oder der Käufer das Angebot auf Abschluss des Kaufvertrages? Nur beim Antrag des Verkäufers kann vor Annahme eine Eigentumsübertragungsvormerkung zugunsten des Angebotsempfängers eingetragen werden. Nur beim Antrag des Käufers kann sich dieser in der Angebotsurkunde wegen der Verpflichtung zur Zahlung des Kaufpreises der sofortigen Zwangsvollstreckung unterwerfen.

(4) Das wirksame Angebot setzt voraus, dass der *gesamte* Inhalt des Kaufvertrages festgelegt und beurkundet wird. Da die Auflassung nur bei gleichzeitiger Anwesenheit erklärt werden kann (also nicht in Form von Angebot und Annahme), erteilt regelmäßig der Anbietende dem Angebotsempfänger Vollmacht zur Erklärung der Auflassung.

(5) Bestimmung einer (ausreichend langen) Bindungsfrist (bei nicht fristgerechter Annahme erlischt der Antrag) oder Differenzierung zwischen einer kurzen Bindungsfrist und anschließend fortbestehender Annahmefähigkeit des Angebots (unbefristet oder mit Endtermin) bei jederzeitiger Widerruflichkeit (das Angebot kann dann bis zum Zugang der Widerrufserklärung angenommen werden).

(6) Dient das Angebot des Grundstückseigentümers der Sicherung des Grundstückserwerbs eines Kaufinteressenten, der seine Kaufentscheidung nicht sofort, sondern erst später, zB nach Klärung des Baurechts, treffen will („Ankaufsrecht" oder „Option"), empfiehlt sich der Abschluss eines sog. Angebotsvertrages, bei welchem der Angebotsempfänger zu dem Verkaufsangebot des Eigentümers eigene, ihn verpflichtende Erklärungen abgibt (insbesondere Übernahme der Notargebühr für das Angebot, der Gerichtsgebühr für die Eintragung der Vormerkung, Vorkehrungen zur Löschung der Vormerkung bei Nichtannahme des Angebots, Verpflichtung zur Zahlung eines Reservierungs-/Optionsentgelts bis zur Annahme, ggf. Verpflichtung, sich nach Kräften um Bedingungseintritt zu bemühen).

(7) Ist der Abschluss eines aufschiebend bedingten Kaufvertrags, der durch die Ausübung der Option (Potestativbedingung) oder durch Eintritt eines bestimmten Ereignisses, zB Erteilung der Baugenehmigung, wirksam wird, die vorzugswürdige Vertragsgestaltung?

(8) Sofern es sich – jedenfalls bei der angeordneten Frist – um AGB handelt oder ein Verbrauchervertrag iSv § 310 Abs. 3 BGB vorliegt: Ist die Bindungs- bzw. die bloße Annahmefrist bzw. im Optionsvertrag die Frist zur Ausübung der Option unange-

---

[1740] Vom BGH bereits angenommen, wenn sich der Notar über das Erfordernis eines sachlichen Grundes hinwegsetzt und das Fehlen des sachlichen Grundes bewusst hinnimmt (DNotZ 2016, 876).
[1741] DNotZ 1999, 258.
[1742] Vgl. hierzu *Winkler* MittBayNot 1999, 1 (16).

messen lang (§§ 308 Nr. 1, 307 Abs. 1 S. 1, Abs. 2 Nr. 1 BGB, ggf. iVm § 310 Abs. 3 BGB)? Ausgangspunkt der Angemessenheitsprüfung ist grundsätzlich die vom BGH postulierte Regelbindungsfrist von vier Wochen.[1743] Eine wesentliche und daher idR unangemessene Überschreitung dieser Frist ist nach dem BGH grundsätzlich ab einer Frist von sechs Wochen (50 %-ige Überschreitung der Regelfrist) anzunehmen.[1744]

(9) Der Abschluss eines Vorvertrages ist unter anderem wegen der zusätzlichen Notargebühren in aller Regel nicht zu empfehlen.

(10) Soll für den Kaufinteressenten vor Annahme oder Ausübung der Option eine Eigentumsübertragungsvormerkung eingetragen werden, ist die Löschung der Vormerkung für den Fall des Nichtzustandekommens des Vertrages sicherzustellen.[1745]

B. Allgemeine Hinweise

898　Die mit der notariellen Belehrung nach § 17 BeurkG verbundenen Zielsetzungen lassen sich bei getrennter Beurkundung von Angebot und Annahme in aller Regel nicht vollumfänglich erfüllen. Es besteht die Gefahr einer Verkürzung der Vertragsfreiheit – das Angebot muss bereits sämtliche Regelungen enthalten, aus denen sich der Vertrag nach dem Willen der Beteiligten zusammensetzen soll – und der Belehrung auf Seiten des Annehmenden, der das Angebot nur so annehmen kann, wie es ihm gemacht wird. Zwar lassen sich diese Probleme durch verfahrensmäßige Vorkehrungen verringern (Anfertigung und Zusendung eines Entwurfes, schriftliche Belehrung und ausreichend lange Überlegungsfristen). Gleichwohl handelt es sich bei einer derartigen Aufspaltung des Vertragsschlusses **stets nur** um ein **Mittel zweiter Wahl,** von dem zurückhaltend Gebrauch gemacht und auf das nur bei Vorliegen eines triftigen sachlichen Grundes zurückgegriffen werden sollte,[1746] zumal der Annahmenotar nach ständiger höchstrichterlichen Rechtsprechung nicht zur Belehrung über den Inhalt des Angebots, dh über die kaufvertraglichen Regelungen, verpflichtet ist;[1747] er hat nach § 17 Abs. 1 BeurkG lediglich zu prüfen, ob das Angebot noch annahmefähig ist[1748] und ob etwaige Annahmebedingungen zu beachten sind (Belehrung bei nicht vorliegendem Angebotstext!, → Rn. 932 f.). Als sachliche Gründe werden unter anderem eine große räumliche Entfernung zwischen den Vertragsparteien oder Terminschwierigkeiten von einiger Erheblichkeit angesehen. Wird die Trennung in Angebot und Annahme nur deshalb gewünscht, weil ein Vertragsteil am Beurkundungstermin – etwa wegen auswärtigen Wohnorts – nicht teilnehmen kann, dürfte aber regelmäßig die vollmachtlose Vertretung des abwesenden Vertragsteils vorzuziehen sein (zu den verfahrensmäßigen Vorkehrungen siehe oben). Sofern eine Aufspaltung in Angebot und Annahme aus anderen Gründen gewünscht wird, sollte das Angebot in Gestalt eines **Angebotsvertrages,** dh unter Beteiligung des Angebotsempfängers, beurkundet werden, da auf diese Weise beide Parteien vom Notar belehrt werden und unmittelbar auf den Inhalt des Angebots Einfluss nehmen können.

[1743] BGH DNotZ 2010, 913; DNotZ 2014, 41.

[1744] BGH DNotZ 2014, 358 = MittBayNot 2014, 525 mAnm *Herrler*.

[1745] Vorzugswürdig: auflösend bedingte Vormerkung, vgl. MVHdB V BürgerlR I/*Herrler* Form. I.15a Angebot I Abs. 6 Anm. 10.

[1746] *Vaasen/Starke* DNotZ 1998, 661 (674 f.); *Winkler* BeurkG § 17 Rn. 18 ff.

[1747] Vgl. jüngst BGH DNotZ 2012, 356 (358), auch zur Gegenauffassung.

[1748] Vgl. aber BGH DNotZ 2016, 711 mAnm *Seger* = NJW 2016, 1324 mAnm *Zimmer*: Pflicht des die Annahmeerklärung beurkundenden Notars, in dessen Person nach dem von ihm entworfenen Angebot des Käufers mehrere für den Abschluss und die Durchführung des Vertrags wesentliche Funktionen gebündelt sind, nach § 17 Abs. 1 S. 1 BeurkG, § 14 Abs. 1 S. 2 BNotO („betreuende Belehrung"), den Käufer über das aufgrund unangemessen langer Bindungsfrist nicht mehr annahmefähige Angebot zu informieren, um die weitere Vorgehensweise zu klären, bzw. diesen auf die insoweit unklare Rechtslage hinzuweisen („Fortgeltungsklausel").

Eine **systematische Aufspaltung** von Kaufverträgen in Angebot und Annahme ist ge- 899
mäß § 17 Abs. 2a S. 1 BeurkG (berufsrechtlich) unzulässig. Gleiches gilt für eine systematische Beurkundung mit vollmachtlosen Vertretern.[1749] Besteht zwischen den Parteien ein
strukturelles Gefälle **(Verbraucher–Unternehmer),** hat das **Angebot** nach § 17 Abs. 2a
S. 1 BeurkG grundsätzlich **vom belehrungsbedürftigeren Vertragsteil** auszugehen.[1750]
Wird hiergegen verstoßen, darf der um die Beurkundung der Annahme ersuchte Notar
die Beurkundung ablehnen,[1751] anderenfalls sollte er sich seiner Amtshaftung für den Inhalt der Angebotsurkunde bewusst sein.

I. Das Angebot

Das Angebot (Vertragsantrag) ist eine einseitige, empfangsbedürftige Willenserklärung. Sie 900
enthält die Verpflichtung zur Übertragung oder zum Erwerb eines Grundstücks, so dass
sowohl der Antrag als auch dessen Annahme beurkundungspflichtig sind. Die Angebotsurkunde sollte unterteilt werden in das **eigentliche Angebot** und den (vollständigen) Inhalt des angebotenen Kaufvertrages, welcher der Niederschrift in der Regel als Anlage
nach § 9 Abs. 1 S. 2 BeurkG beigefügt wird. Ein häufiger Fehler des Angebots ist es, dass
der **Inhalt des Kaufvertrages** nicht **vollständig beurkundet** wird, sondern lediglich
Kaufgegenstand, Kaufpreis und Fälligkeit angegeben werden. Das Angebot kann jedoch
nur angenommen werden, wenn sämtliche Vereinbarungen, aus denen sich der schuldrechtliche Vertrag nach dem Willen der Beteiligten zusammensetzen soll, bereits beurkundet sind und es zum Zustandekommen des Vertrages nur noch des Wortes „ja" seitens des
Annehmenden bedarf. Bei noch offenen Punkten können Leistungsbestimmungsrechte
nach §§ 315ff. BGB helfen. Bei ihnen besteht allerdings die im Extremfall auch auf die
Wirksamkeit des Vertrages durchschlagende Gefahr des einseitigen Diktats der Vertragsbedingungen durch eine Partei.[1752]

Der Angebotsteil enthält die Bindungs- bzw. Annahmefrist (→ Rn. 914 ff.), ggf. die 901
Bewilligung der Vormerkung (idR samt Vorkehrungen zur Löschung derselben bei
Nichtannahme, → Rn. 905 ff.) und die Bedingungen für die Annahme (insbesondere
Zwangsvollstreckungsunterwerfung des Käufers wegen der Verpflichtung zur Zahlung des
Kaufpreises). Außerdem ist zu bestimmen, welcher Notar mit der Abwicklung des Kaufvertrages beauftragt wird. Sofern der **Angebotsempfänger ebenfalls** bereits **Verpflichtungen übernehmen** soll (Kostenübernahme bei Nichtannahme des Antrags, Zahlung
eines Reservierungsentgelts etc), muss auch er mitwirken. **Erklärungen** des Angebotsempfängers, die sich auf das Angebot beziehen, sind unabhängig davon **beurkundungspflichtig,** ob sie bereits eine bedingte Verpflichtung zum Erwerb des Grundstücks
begründen oder nicht.[1753] Demgegenüber bedarf es der Mitwirkung des Angebotsempfängers bei der Beurkundung des Angebots nicht allein deshalb, weil die Löschung der Vormerkung bei Nichtannahme des Angebots gewährleistet werden soll (auflösend bedingte
Vormerkung, → Rn. 907 f.; anders noch BeckNotar-HdB/*Brambring,* 5. Aufl. 2009, A I.
Rn. 387).

1. Zwangsvollstreckungsunterwerfung; Annahmebedingungen. Beim **Inhalt** des 902
Angebots kommt es darauf an, ob es vom Verkäufer oder vom Käufer stammt. Gibt der

---

[1749] Richtlinienempfehlungen der *BNotK* DNotZ 1999, 258 (259 f.); *Brambring* DNotI-Report 1998, 184
(187); *Winkler* MittBayNot 1999, 1 (16 f.).
[1750] Richtlinienempfehlungen der *BNotK* DNotZ 1999, 258; *Winkler* MittBayNot 1999, 1 (16). Anders allenfalls aufgrund besonderer Einzelfallumstände.
[1751] Gegen ein generelles Ablehnungsrecht *Winkler* BeurkG § 17 Rn. 68–70, allerdings auf der Grundlage
einer weitreichenden Belehrungspflicht des Annahmenotars.
[1752] Dazu *Weber* MittRhNotK 1987, 37 (38 f.).
[1753] Übernahme der Notar- und Gerichtsgebühren, vgl. OLG München MittBayNot 1991, 19; Versprechen
des Angebotsempfängers, bei Nichtannahme des Angebots eine Entschädigung oder bis zur Annahme
des Angebots eine „Bietungsgebühr" zu zahlen, vgl. BGH DNotZ 1986, 264; DNotZ 1983, 231.

Verkäufer das Angebot ab, erklärt der Annehmende die in seinem Namen im Angebot formulierten einseitigen Erklärungen bei Annahme materiell-rechtlich durch (auch untechnische) Bezugnahme auf das Angebot stillschweigend mit. Gleichwohl empfiehlt es sich, sämtliche materiell-rechtlichen und vor allem prozessualen einseitigen Erklärungen in der Annahmeurkunde ausdrücklich zu wiederholen oder diese im Wege der Verweisung nach § 13a BeurkG zum Inhalt der Annahme zu machen. Die Zwangsvollstreckungsunterwerfung muss als Prozesshandlung explizit erklärt werden und dem vollstreckungsrechtlichen Bestimmtheitsgebot des § 794 Abs. 1 Nr. 5 ZPO genügen, so dass die Verweisungsurkunde bei einem Vorgehen nach § 13a BeurkG in beglaubigter Abschrift beizufügen wäre.[1754] Zur Vermeidung vollstreckungsrechtlicher Schwierigkeiten ist daher die **ausdrückliche Wiederholung der Zwangsvollstreckungsunterwerfung** seitens des Käufers unter Angabe des Kaufpreises vorzugswürdig („Der Käufer unterwirft sich wegen der Verpflichtung zur Zahlung des Kaufpreises in Höhe von 244.000,– EUR der sofortigen Zwangsvollstreckung.").[1755]

903   Um zu gewährleisten, dass eine Vollstreckungsunterwerfung durch den Käufer vorliegt, sollte die Annahmefähigkeit des Angebots im Sinne einer **Annahmebedingung** an deren Abgabe geknüpft werden. Häufig enthalten Angebote weitere, meist überflüssige Bedingungen, zB ausdrückliche Bestätigung der vom Annehmenden in der Angebotsurkunde erteilten Vollmachten.[1756] Übersieht der die Annahme beurkundende Notar auch nur eine Bedingung, ist das Zustandekommen des Vertrages fraglich, selbst wenn die Bedingung nicht der Wahrung der Interessen des Anbietenden dient.[1757] Daher sollte von Annahmebedingungen im Übrigen eher zurückhaltend Gebrauch gemacht werden.

904   Gibt umgekehrt der **Käufer** das **Angebot** ab, kann er sich wegen seiner Verpflichtung zur Zahlung des Kaufpreises der Zwangsvollstreckung unterwerfen. Allerdings möchte er ggf. sichergestellt haben, dass sich der Verkäufer wegen seiner Verpflichtung zur Räumung und Übergabe des Vertragsobjekts ebenfalls der Zwangsvollstreckung unterwirft. Insoweit gelten die vorstehenden Ausführungen entsprechend.

905 **2. Vormerkung.** Zur Sicherung des künftigen Anspruchs des Angebotsempfängers (§ 883 Abs. 1 S. 2 Var. 2 BGB) kann aufgrund Bewilligung und Antrag des Eigentümers als Anbietendem eine **Vormerkung** in das Grundbuch eingetragen werden,[1758] es sei denn, der Anbietende kann die Bindung willkürlich beseitigen (zB „Angebot einseitig jederzeit frei widerruflich").[1759] Die Widerruflichkeit des Angebots nach Ablauf einer (auch kurzen) Bindungsfrist führt zur (späteren) Unwirksamkeit der Vormerkung (fehlender Rechtsboden).[1760] Demgegenüber ist die Eintragung der Vormerkung bei einem Angebot des Erwerbsinteressenten erst ab Annahme möglich. In diesem Fall genügt es, wenn die Bewilligung – wie auch sonst üblich – Bestandteil des angebotenen Kaufvertrages ist.

906   Der Vormerkungsschutz besteht auch in der **Insolvenz** (§ 106 InsO). Die Annahme des Angebots erst nach Eröffnung des Insolvenzverfahrens schadet nicht.[1761] Unklar ist, wem gegenüber die Annahme im Fall der Verkäuferinsolvenz zu erklären ist; daher empfiehlt sich die Annahme gegenüber beiden.[1762] Noch nicht abschließend geklärt ist ferner,

---

[1754] *Schöner/Stöber* GrundbuchR Rn. 2652.
[1755] *Winkler* DNotZ 1971, 354 (355); vgl. BayObLG MittBayNot 1992, 190.
[1756] Durch die Annahme erteilt der Annehmende die im Angebot bzw. in dem diesem beigefügten Vertrag erteilten Vollmachten, OLG Celle DNotI-Report 2005, 93.
[1757] Vgl. OLG Dresden ZNotP 1999, 123.
[1758] BGH NJW 1981, 446.
[1759] Vgl. OLG München MittBayNot 2010, 471.
[1760] *Amann* MittBayNot 2010, 451 ff. mwN; aA OLG München MittBayNot 2010, 471 (472): Vormerkung für schon begründeten, den Schuldner jedoch nicht hinreichend bindenden künftigen Anspruch inhaltlich unzulässig iSv § 53 Abs. 1 S. 2 GBO, Vormerkung für nicht entstandene oder später wieder erloschene Rechte hingegen nicht unzulässig in diesem Sinne.
[1761] BGH DNotZ 2002, 275 mAnm *Preuß*.
[1762] Vgl. *Piegsa* RNotZ 2010, 433 (443).

ob der Angebotsempfänger die (ggf. mehrjährige) Bindungs- bzw. Annahmefrist im Insolvenzfall stets ausschöpfen darf oder ob er die Annahme nach Aufforderung durch den Insolvenzverwalter unverzüglich erklären muss.

Wird die Vormerkung noch vor Annahme des Angebots bewilligt und im Grundbuch 907 eingetragen, liegt darin eine **ungesicherte Vorleistung** des Anbietenden. Je nachdem, ob die Schutzwirkung der Vormerkung unter Abwägung der beiderseitigen Interessen schon vor Annahme des Angebots erforderlich erscheint, kann es sich daher für den Anbietenden empfehlen, entweder den Angebotsempfänger zur Bewilligung der Vormerkung nach fristgerechter Annahme des Angebots zu bevollmächtigen oder – bei Eintragungsbewilligung bereits im Angebot – den Notar anzuweisen, die Vormerkung erst nach Annahme des Angebots und Übersendung einer Ausfertigung zur Eintragung zu bringen. Sofern die sofortige Eintragung der Vormerkung gewünscht wird, sollten geeignete Schutzmaßnahmen für den Fall der Nichtannahme des Angebots (ggf. zusätzlich für den Fall der Nichterfüllung der vertraglichen Pflichten seitens des Käufers) ergriffen werden. Hier bietet es sich an, die sofort zur Eintragung zu bringende Vormerkung unter eine **auflösende Bedingung** zu stellen. Andere Schutzmechanismen (sog. „Schubladenlöschung" oder Löschungsvollmacht) setzen die Mitwirkung des Berechtigten voraus bzw. sind wegen § 117 InsO nicht insolvenzfest. Auf diese Weise ist gewährleistet, dass der Eigentümer bei Nichtannahme des Angebots die bereits eingetragene Vormerkung zur Löschung bringen kann. Wichtig ist, die Bedingung so zu gestalten, dass deren Eintritt in grundbuchtauglicher Form nachgewiesen werden kann (§§ 22, 29 GBO). Um den Angebotsempfänger vor dem (ggf. unberechtigten) Verlust seiner quasidinglichen Sicherung zu schützen, sollte zusätzlich angeordnet werden, dass der Notar die Erklärung erst abgeben darf, nachdem er den Angebotsempfänger zuvor fruchtlos zum Nachweis der Angebotsannahme aufgefordert hat.

Formulierungsbeispiel: Auflösend bedingte Vormerkung (Angebot) 908

Ich bewillige und beantrage die Eintragung einer Vormerkung zur Sicherung des künftigen Erwerbsanspruchs des Angebotsempfängers im Grundbuch. Die Vormerkung steht unter der auflösenden Bedingung, dass der beurkundende Notar eine vom Grundbuchamt inhaltlich nicht zu prüfende Erklärung bei diesem einreicht, dass der gesicherte Anspruch nicht besteht. Der Notar wird angewiesen, diese Erklärung nur zu erstellen und dem Grundbuchamt einzureichen, wenn ich ihn dazu schriftlich auffordere, ihm nicht innerhalb von acht Wochen nach Ablauf der Bindungsfrist gemäß Ziffer ... eine nach Aktenlage wirksame, insbesondere fristgerechte und den Angebotsbedingungen Rechnung tragende Annahmeerklärung des Angebotsempfängers in Ausfertigung oder beglaubigter Abschrift vorliegt <u>und</u> er den Angebotsempfänger mindestens vier Wochen vor Einreichung der Erklärung fruchtlos schriftlich zum Nachweis der Annahme aufgefordert hat (Übersendung der Aufforderung an die dem Notar zuletzt mitgeteilte Adresse genügt).

Mit der Annahme des Angebots ändert sich der Inhalt des gesicherten Anspruchs trotz 909 der damit verbundenen Wandelung von einem künftigen in einen bestehenden Anspruch nicht. Daher ist dieser Umstand weder eintragungsbedürftig noch eintragungsfähig.[1763]

3. Verlängerung bzw. Verkürzung der Angebotsfrist. Wird die Angebotsfrist **vor ih-** 910 **rem Ablauf** verlängert, handelt es sich um eine beurkundungspflichtige, zugangsbedürftige Inhaltsänderung des Angebots.[1764] Die Verlängerung der Angebotsfrist braucht bei der Eigentumsvormerkung jedoch nicht eingetragen zu werden, weil der BGH[1765] die Bin-

---

[1763] BayObLG DNotZ 1995, 311.
[1764] BGH NJW 1996, 452.
[1765] DNotZ 2000, 639.

dungsdauer nicht zum Inhalt des künftigen Eigentumsverschaffungsanspruchs zählt. Umstritten ist, ob der **Vormerkungsschutz** insoweit nur gegenüber zeitlich nachfolgenden Belastungen greift.[1766] Bei erfolgten Zwischeneintragungen mag sich daher die Angebotsannahme unter gleichzeitiger Vereinbarung eines befristeten Rücktrittsrechts empfehlen. Soll hingegen ein weiteres Grundstück oder eine größere Teilfläche Gegenstand des zu ändernden Angebots sein, erstreckt sich der Schutz der bereits eingetragenen Vormerkung hierauf nur, wenn diese Anspruchserweiterung bei der bisherigen Vormerkung als Inhaltsänderung vermerkt wird. Etwas anders gilt ggf. bei nachträglicher Modifikation des Angebots in „die Eigentumsverschaffungspflicht nicht berührenden Nebenpunkten". Hierauf sollte man sich aber nicht verlassen, sondern stets auf einen Vermerk hinwirken bzw. eine neue Vormerkung eingetragen lassen.

911   **Nach Ablauf der Annahmefrist** bedarf deren „Verlängerung" eines neuen beurkundungsbedürftigen Angebots. Nach dem BGH[1767] soll eine erloschene Eigentumsvormerkung lediglich durch erneute Bewilligung – und ohne Grundbuchberichtigung sowie inhaltsgleiche Neueintragung – wieder zur Sicherung eines neuen deckungsgleichen Anspruchs verwendet werden können. Allerdings bestimmt sich der Rang der neu bewilligten Vormerkung nicht nach der alten Eintragung, sondern nach dem Zeitpunkt der neuen Bewilligung. Es ist jedoch noch nicht abschließend geklärt, unter welchen Umständen eine „alte, erloschene" **Vormerkung wiederverwendet** werden kann. Mit seiner Entscheidung vom 3.5.2012 hat sich der BGH von einem allzu liberalen Verständnis der Wiederverwendbarkeit distanziert und klargestellt, dass die eingetragene, erloschene Vormerkung für einen neuen Anspruch nur dann verwendet werden kann, wenn **Anspruch, Eintragung und Bewilligung kongruent** sind.[1768] Angesichts dieses restriktiven Ansatzes erscheint es jedenfalls nicht gesichert, dass eine Vormerkung bei bloßer Verlängerung der Bindungsfrist ohne Verlautbarung im Grundbuch „wiederverwendet" werden kann.[1769] Daher **empfiehlt sich stets** die **Eintragung einer „neuen" Vormerkung.**[1770] War das ursprüngliche Angebot nicht befristet, sondern dem Anbietenden nach Ablauf der Bindungsfrist lediglich das Recht zum Widerruf des Angebots bei fortbestehender Annahmefähigkeit eingeräumt,[1771] bedarf es bis zum Wirksamwerden eines etwaigen Widerrufs keines neuen Angebots.[1772] Zu Problemen bei Abänderung und Widerruf von Grundstückskaufangeboten vgl. auch *Keim* MittBayNot 2005, 10.

912   Eine einseitige **Verkürzung** der Angebotsfrist kommt wegen der Bindungswirkung grundsätzlich nicht in Betracht. Etwas anderes gilt jedoch, wenn sich der Anbietende dies im (grundsätzlich unwiderruflichen) Antrag vorbehalten hat. Sofern eine Verkürzung der Angebotsfrist in Gestalt eines Widerrufsrechts mit „Auslauffrist" (Antrag erlischt innerhalb von zwei Monaten ab Zugang des Widerrufs) vorgesehen war, kann der Antragende den erklärten Widerruf nach Ansicht des BGH formlos zurücknehmen, solange das Angebot noch nicht erloschen ist.[1773]

[1766] So OLG Köln NJW 1976, 631; OLG Frankfurt a.M. DNotZ 1994, 247 mAnm *Promberger; Amann* DNotZ 2014, 178 (194 f.); aA (Arg.: identische Drittbelastung bei sofortiger Annahme unter Vorbehalt eines befristeten Rücktrittsrechts) OLG Düsseldorf FGPrax 2013, 244 (245); *Böhringer* Rpfleger 2010, 406 (410 f.); *Kohler* DNotZ 2011, 808 (830) Fn. 102; Staudinger/*Gursky* (2013) BGB § 883 Rn. 357 (S. 218), jew. mwN.

[1767] DNotZ 2000, 639.

[1768] DNotZ 2012, 609; vgl. auch → Rn. 416.

[1769] In diesem Sinne aber OLG Düsseldorf FGPrax 2013, 244 sowie Staudinger/*Gursky* (2013) BGB § 883 Rn. 357; krit. *Reymann* MittBayNot 2013, 456 (458) mwN, dessen Differenzierung zwischen „Wiederaufladung" mit inhaltsgleichem Anspruch – identische Bindungsfrist, also zB nochmals ein Jahr – und schlichter Fristverlängerung um ein Jahr wertungsmäßig aber zweifelhaft ist.

[1770] Rechtsschutzbedürfnis stets aus Gründen der Rechtssicherheit zu bejahen, vgl. *Amann* MittBayNot 2010, 451 (454).

[1771] Zur Unzulässigkeit einer formularmäßigen Fortgeltungsklausel BGH DNotZ 2013, 923, vgl. auch → Rn. 916.

[1772] *Promberger* DNotZ 1994, 249 (252).

[1773] BGH DNotZ 2004, 846.

4. Auflassung. Soll der Angebotsempfänger bei Annahme die Auflassung erklären, ist 913
ihm eine entsprechende Vollmacht im Angebot zu erteilen (Erfordernis der gleichzeitigen,
nicht notwendig persönlichen Anwesenheit beider Teile, § 925 Abs. 1 S. 1 BGB). Wird
der Käufer als Angebotsempfänger bevollmächtigt, muss sichergestellt werden, dass der
Grundbuchvollzug erst nach Zahlung des Kaufpreises veranlasst werden kann. Zur Wahl
stehen insoweit die sog. beurkundungsrechtliche Lösung der Vollzugs- und Ausfertigungssperre (keine Ausfertigung oder beglaubigte Abschrift mit der Auflassung vor Zahlung des
Kaufpreises) und die sog. verfahrensrechtliche Lösung, bei welcher klargestellt wird, dass
in der Auflassung noch keine Eintragungsbewilligung enthalten ist bzw. dass die Auflassungsvollmacht keine Befugnis zur Abgabe einer Eintragungsbewilligung vermittelt bzw.
bei der die Bewilligung bedingt erklärt und der Bedingungseintritt in die Hand des beurkundenden Notars gelegt wird[1774] (näher → Rn. 447 ff. mit Formulierungsbeispielen).

II. Bindungs- bzw. Annahmefrist

1. Allgemeines. Sofern es sich bei der Bindungs- bzw. Annahmefrist nicht um Allgemei- 914
ne Geschäftsbedingungen handelt und auch kein Verbrauchervertrag vorliegt, bestehen
keine grundsätzlichen Bedenken gegen eine **langfristige Bindung** des Anbietenden
bzw. eine langfristige Aufrechterhaltung der Annahmefähigkeit des Angebots bei jederzeitiger Widerruflichkeit.[1775] Jeglicher Befristung steht indes regelmäßig § 138 BGB entgegen.[1776] Eine 30-jährige Frist (vgl. § 462 S. 1 BGB) sollte nicht überschritten werden;[1777]
bei langer Bindungsfrist sollte zudem die Statuierung einer Widerrufsmöglichkeit aus
wichtigem Grund (vgl. § 314 BGB) erwogen werden.[1778] Mit Ablauf der Bindungsfrist
erlischt der Antrag (§ 146 BGB), es sei denn, der Anbietende hat bestimmt, dass dessen
Annahmefähigkeit bis zu einem Widerruf des Antrags aufrechterhalten bleiben soll (sog.
Fortgeltungsklausel). Der Widerruf des Angebots muss nicht notwendig sofort zum Erlöschen des Antrags führen; vielmehr kann damit eine letzte (kurze) Annahmefrist verbunden werden (Formulierungsbeispiel → Rn. 934).

Ist hingegen der **Anwendungsbereich der §§ 307–309 BGB** eröffnet, ist die Länge 915
der Bindungs- bzw. Annahmefrist an § 308 Nr. 1 BGB bzw. § 307 Abs. 1 S. 1, Abs. 2
Nr. 1 BGB zu messen. Nach Ansicht des BGH benachteiligt eine **vier Wochen erheblich übersteigende Bindungsfrist** auch bei finanzierten, beurkundungsbedürftigen Verträgen, deren Abschluss eine Bonitätsprüfung vorausgeht, den Anbietenden grundsätzlich
unangemessen in seiner Dispositionsfreiheit (§ 308 Nr. 1 BGB). Welche Fristüberschreitung gerade noch zulässig ist, wird in der Literatur unterschiedlich beurteilt.[1779] Der
V. Zivilsenat des BGH hat klargestellt, dass eine erhebliche Überschreitung der Regelbindungsfrist erst **ab** einer **Überschreitung von relativ 50 %** anzunehmen ist. Ob zusätzlich eine absolute Obergrenze eingreift, wurde offen gelassen („allenfalls bei Überschreitung um zwei Wochen").[1780] Mit anderen Worten: Eine formularmäßige Bindungsfrist
von sechs Wochen stellt grundsätzlich eine unangemessene Benachteiligung des Klauselgegners dar, eine nur unwesentlich kürzere Bindungsfrist (fünf Wochen und sechs Tage)
ist nach den insoweit eindeutigen Ausführungen des BGH hingegen unschädlich.[1781] Der
BGH hat jüngst eine Frist von „mehr als sechs Wochen" für schädlich erachtet,[1782] ohne
allerdings insoweit eine bewusste Abweichung von der Entscheidung zu kennzeichnen, in

---

[1774] Vgl. *Weber/Wesiack* DNotZ 2019, 164 ff.
[1775] Vgl. BGH DNotZ 2013, 923 Rn. 10.
[1776] Vgl. BGH NJW 1957, 711.
[1777] *Klühs* DNotZ 2011, 886 (894).
[1778] OLG Düsseldorf NJW-RR 1991, 311.
[1779] Vgl. *Herrler* notar 2013, 71 (74).
[1780] Vgl. BGH DNotZ 2014, 358.
[1781] Ebenso MüKoBGB/*Wurmnest* BGB § 308 Nr. 1 Rn. 7.
[1782] BGH NJW 2016, 2173 Rn. 11.

der bereits eine Frist ab sechs Wochen[1783] als erhebliche Überschreitung der Regelfrist angesehen wurde. Ungeachtet dieser Detailfrage empfiehlt sich generell etwas Zurückhaltung bei der Ausnutzung der gerade noch zulässigen Frist.

916   Auch ein Angebot, das nach Ablauf einer kurzen Bindungsfrist nicht erlöschen, sondern in jederzeit widerruflicher Weise **unbefristet fortbestehen** soll, stellt sich als **unangemessen benachteiligend** iSv § 308 Nr. 1 BGB dar. Zwar beschränkt eine bloße Fortgeltungsklausel den anderen Teil nicht in gleicher Weise wie ein nach § 145 BGB bindendes Angebot in seiner Dispositionsfreiheit. Hierdurch werden die mit einer unbefristeten Fortgeltungsklausel für den Antragenden verbundenen Nachteile nach Ansicht des BGH allerdings nicht annähernd ausgeglichen (ggf. sehr lange Ungewissheit über das Zustandekommen des Vertrages; Zustandekommen des Vertrages noch nach Monaten oder Jahren – Überraschungseffekt).[1784] In einem *obiter dictum* äußert der V. Zivilsenat auch grundsätzliche **Zweifel an** der Zulässigkeit einer **befristeten Fortgeltungsklausel**.[1785] Insoweit erscheint indes ein pauschales Unangemessenheitsverdikt nicht gerechtfertigt, da es sich bei der Angebotsfiktion nach § 150 Abs. 1 BGB nicht um ein gesetzliches Leitbild handelt und daher eine einzelfallbezogene Angemessenheitsprüfung vorzunehmen ist.[1786] In der Praxis sollte man derartige Gestaltungen einstweilen freilich nur sehr bewusst einsetzen. Auch ein Verzicht auf jegliche Bindung, dh die Abgabe eines „**freibleibenden**", also jederzeit widerruflichen Angebots, rechtfertigt keinen hinausgeschobenen Endtermin, ebenso wenig ein auf die Erklärung des Anbietenden, die Finanzierung sei gesichert, aufschiebend bedingtes Angebot.[1787] Sofern man hingegen die Annahme durch den Klauselverwender von der **vorherigen Ankündigung der Annahmeabsicht** mit angemessener Frist abhängig macht, dürften mE keine Bedenken gegen eine auch längerfristig fortbestehende Annahmefähigkeit bestehen, da die Entscheidung über das Zustandekommen des Vertrags auf diese Weise bei wertender Betrachtung in den Händen des Anbietenden liegt.[1788]

917   Ist die vorgegebene **Bindungs- bzw. Annahmefrist unangemessen lang**, tritt an ihre Stelle die übliche Frist nach § 147 Abs. 2 BGB, welche nach dem BGH mit maximal vier Wochen zu bemessen ist (Regelbindungsfrist). Nach Ablauf dieser Frist erlischt das Angebot (§ 146 BGB). Wird das Angebot anschließend „angenommen", liegt in der vermeintlichen Annahme durch den Klauselverwender ein neuer Antrag (§ 150 Abs. 1 BGB), welcher in aller Regel in der Folge nicht konkludent angenommen wurde. Denn bei Vornahme der Vollzugshandlungen (insbesondere Zahlung des Kaufpreises) fehlt dem ursprünglich Anbietenden das (aktuelle oder auch nur potentielle) Erklärungsbewusstsein.[1789] Mangels *causa* bestehen somit **bereicherungsrechtliche Rückabwicklungsansprüche**. Dem Anspruch des Klauselverwenders dürfte jedoch § 242 BGB entgegenstehen (anders ggf. bei Geltendmachung des Anspruchs durch dessen Insolvenzverwalter als Sachwalter der Gläubiger). Noch nicht abschließend geklärt ist, ob die eingetragene Eigentumsvormerkung ihre Schutzwirkungen zu entfalten vermag bzw. ob der Eigentumsübergang bei Erklärung der Auflassung durch den Klauselverwender aufgrund einer im Angebot enthaltenen Auflassungsvollmacht geglückt ist.[1790]

918   Neben der grundsätzlichen **Haftung des Angebotsnotars** hat der III. Zivilsenat auch eine Verantwortlichkeit des Annahmenotars, in dessen Person nach dem von diesem entworfenen Angebot des Käufers mehrere für den Abschluss und die Durchführung des Vertrages wesentliche Funktionen gebündelt sind, aufgrund einer nach § 17 Abs. 1 S. 1

[1783] BGH DNotZ 2014, 358.
[1784] Vgl. BGH DNotZ 2013, 923 Rn. 24.
[1785] BGH DNotZ 2013, 923 Rn. 26: § 150 Abs. 1 BGB als gesetzliches Leitbild iSv § 307 Abs. 2 Nr. 1 BGB?; Formulierungsvorschlag MVHdB V BürgerlR II/*Herrler* Form. I.15b (S. 225).
[1786] Näher *Herrler* DNotZ 2013, 887 (900 f.).
[1787] Vgl. BGH DNotZ 2016, 530 Rn. 20 ff.
[1788] Formulierungsvorschlag MVHdB V BürgerlR II/*Herrler* Form. I.15c (S. 229 f.).
[1789] BGH DNotZ 2013, 923 Rn. 27; DNotZ 2010, 913 Rn. 14–16.
[1790] Näher *Herrler* DNotZ 2013, 887 (918 f.) mwN, auch zum Umgang mit „Altfällen": Stopp des Vollzugs, Nachholung der Einigung.

BeurkG, § 14 Abs. 1 S. 2 BNotO erweiterten Belehrungspflicht gemäß **§ 19 BNotO** wegen Beurkundung unbefristeter Fortgeltungsklauseln im Dezember 2006 ohne entsprechenden Risikohinweis bejaht.[1791] Der für die Bejahung eines Schadensersatzanspruchs erforderliche Zurechnungszusammenhang *(haftungsbegründende Kausalität)* fehlt indes unter anderem, wenn das Angebot noch innerhalb der zulässig festgelegten Bindungsfrist angenommen wird.[1792] Im Rahmen der *haftungsausfüllenden Kausalität* (Ursachenzusammenhang zwischen Pflichtverletzung und Schaden) ist zu prüfen, wie sich die Dinge bei pflichtgemäßem Verhalten des Notars entwickelt hätten und wie sich die Vermögenslage des Geschädigten unter diesen Umständen darstellen würde.[1793] Hierbei kommt dem Geschädigten die Beweiserleichterung des § 287 Abs. 1 ZPO zu Gute. Sofern der Notar eine gebotene Belehrung oder einen gebotenen Hinweis nicht erteilt bzw. gegeben hat, streitet grundsätzlich der erste Anschein für ein beratungsgemäßes Verhalten des Beteiligten. Nach Ansicht mehrerer Obergerichte ist diese Rechtsprechung des BGH betreffend die Beweislastumkehr im Falle der Verletzung einer Aufklärungspflicht des Kapitalanlageberaters[1794] nicht auf die Notarhaftung übertragbar, insbesondere weil sich die notarielle Aufklärungs- und Beratungspflicht in aller Regel nicht auf die wirtschaftlichen Risiken des zu beurkundenden Rechtsgeschäfts erstrecke.[1795] Verwirkliche sich nur ein allgemeines, nicht auf die Annahmefrist bezogenes Risiko (zB Insolvenz des Vertragspartners), sei dies nicht dem Notar zuzurechnen. Vom Schutzzweck der Belehrungspflichten des Notars seien allenfalls Aufwendungen auf einen vermeintlich wirksamen, tatsächlich aber unwirksamen Vertrag erfasst, nicht dagegen Aufwendungen auf einen tatsächlich wirksamen, jedoch unwirtschaftlichen Vertrag.[1796]

2. (Potentielle) Sachgründe für längere Bindungsfrist. Aufgrund der strengen Behandlung auch der bloßen Annahmefrist durch den BGH stellt sich die Frage, welche besonderen Umstände im Einzelfall eine längere formularmäßige Bindungsfrist zu rechtfertigen vermögen. Voraussetzung ist ein schutzwürdiges, gegenüber den Belangen des Kunden vorrangiges Interesse des Klauselverwenders.[1797] Im Interesse der Transparenz sollte der jeweilige, zur Rechtfertigung einer längeren Bindungsfrist herangezogene **Sachgrund** in jedem Fall **ausdrücklich im Vertrag angegeben** und ggf. erläutert werden. 919

Einvernehmen besteht dahingehend, dass **Sonderwünsche des Kunden,** deren Abklärung einen erheblichen zeitlichen und finanziellen Aufwand erfordert, der bei Nichtzustandekommen des Vertrags verloren wäre, eine Verlängerung der Regelfrist nach § 147 Abs. 2 BGB und damit auch der noch zulässigen Bindungsfrist rechtfertigen können. Dies gilt freilich nur für noch nicht geprüfte und kalkulierte Sonderwünsche.[1798] Absehbare Verzögerungen, zB wenn das Ende der „üblichen" Annahmefrist auf die Weihnachtsfeiertage samt den Jahreswechsel fällt, können ebenfalls zu einer moderaten Fristverlängerung führen.[1799] Demgegenüber soll eine etwa erforderliche **Bonitätsprüfung des Kunden** seitens des Verwenders keinesfalls einen die Verlängerung der Regelbindungsfrist rechtfertigenden Grund darstellen, ebenso wenig die Abklärung der eigenen Erfüllungsfähigkeit 920

[1791] Vgl. BGH DNotZ 2016, 711 mit kritischer Anm. *Seger* = NJW 2016, 1324 mit kritischer Anm. *Zimmer.* Kritisch auch *Leitzen* ZNotP 2016, 126ff.; *Weber* NotBZ 2016, 177 (180).

[1792] OLG München MittBayNot 2015, 339 (341); *Ganter* DNotZ 2016, 483 (511).

[1793] Vgl. Herrler/Hertel/Kesseler/*Herrler,* Aktuelle Probleme der notariellen Vertragsgestaltung im Immobilienrecht 2015/2016, DAI-Tagungsskript April 2016, S. 146 ff.

[1794] Vgl. hierzu grundlegend BGHZ 193, 159 = NJW 2012, 2427 Rn. 33 ff.

[1795] OLG Dresden NotBZ 2015, 311 (312); OLG München MittBayNot 2015, 339 (341); ähnlich KG MittBayNot 2016, 174 = ZfIR 2016, 23 mit kritischer Anm. *Ganter.*

[1796] KG MittBayNot 2016, 174 (177).

[1797] BGH DNotZ 2014, 41 Rn. 14; DNotZ 2010, 913 Rn. 8.

[1798] *Hertel* ZfIR 2013, 769 (771).

[1799] KG MittBayNot 2016, 174 (176); ebenso BGH NJW 2016, 1441 (1442) mwN. Aber keine pauschale Verlängerung der § 147 Abs. 2 BGB-Frist um Zeiträume vor Heiligabend und bis Heilige Drei Könige, auch nicht in großen Unternehmen, BGH NJW 2016, 141 (142).

im Hinblick auf die etwa notwendig werdende **Pfandfreistellung** des Vertragsobjekts.[1800] Generell dürften der **Sphäre des Vertragspartners** zuzuordnende Umstände im Grundsatz geeignet sein, eine Fristverlängerung zu rechtfertigen. Unklar ist freilich, in welchem Ausmaß. Die **Art der Immobilienverwendung** durch den Erwerber ist allerdings grundsätzlich nicht als ein eine Fristverlängerung rechtfertigender Umstand anzusehen.[1801] Dass sich eine vier Wochen (ganz) erheblich übersteigende Bindungsfrist bei **Zahlung eines Bindungsentgelts** seitens des Verwenders nicht notwendig als unangemessen benachteiligend darstellt, ist ebenfalls konsensfähig.[1802] In der Regel wird es sich empfehlen, die Höhe des Bindungsentgelts in Relation zur Dauer der Bindungsfrist zu setzen. Die bloße Übernahme der Angebotskosten bei Nichtannahme durch den Unternehmer dürfte demgegenüber keine längere Frist rechtfertigen. Ob darüber hinaus auch **der Verwendersphäre zuzuordnende Umstände** im Einzelfall eine Fristverlängerung zu rechtfertigen vermögen, ist noch nicht abschließend geklärt. In der Praxis geht es hierbei vor allem um das sog. Platzierungsinteresse sowie die noch ausstehende Klärung der baurechtlichen Zulässigkeit.

921 **a) Platzierungsinteresse (Abverkaufsquote).** Handelt es sich bei dem Vertragsgegenstand nicht um eine bereits fertiggestellte, sondern um eine noch zu errichtende Immobilie, muss der Bauträger seiner finanzierenden Bank vielfach als „Eigenkapitalersatz" die Platzierung einer hinreichenden Anzahl von Einheiten nachweisen, bevor der Kredit freigegeben wird (sog. Platzierungsinteresse). Gerade bei größeren Bauprojekten dürfte eine über vier Wochen hinausgehende Bindungsfrist bzw. jedenfalls eine nach Ablauf von vier Wochen fortbestehende Annahmefähigkeit des Angebots vielfach überhaupt erst die Finanzierung und damit die Realisierung des Vorhabens ermöglichen. Insbesondere bei sehr großen Wohnungseigentumsanlagen dürfte sich die von finanzierenden Banken häufig verlangte **Abverkaufsquote** von zB 70% kaum je innerhalb eines vierwöchigen Zeitraums erreichen lassen, zumal wohl nahezu ausnahmslos die Zweiwochen-Frist des § 17 Abs. 2a S. 2 Nr. 2 BeurkG zu beachten ist.

922   Der BGH hat indes betont, dass die **vierwöchige Regelbindungsfrist** iSv § 147 Abs. 2 BGB **auch beim Bauträgervertrag** gilt, da eine derartige Platzierungsphase nicht generell erforderlich, sondern von der Finanzkraft des Bauträgers und den Vermarktungschancen des Vorhabens abhängig sei. In diesem Zusammenhang hat der Senat zutreffend darauf hingewiesen, dass das Interesse an einer längeren Bindungsfrist mit Erreichen der geforderten Abverkaufsquote entfalle und vor diesem Zeitpunkt mit jedem weiteren Angebot kontinuierlich abnehme, selbst wenn eine Platzierungsphase im Einzelfall notwendig ist.[1803] Somit wäre bei der Beurkundung eines jeden Angebots zu überprüfen, ob die nötige Abverkaufsmenge bereits erreicht ist bzw. wie viele Angebote bereits vorliegen, um **bezogen auf den jeweiligen Einzelfall** zu ermitteln, ob und wenn ja, inwieweit eine Überschreitung der vierwöchigen Regelbindungsfrist gerechtfertigt ist.[1804] Im Falle eines „Ein-Notar-Modells", bei welchem sowohl die Angebote als auch die Annahmen (nahezu) ausnahmslos bei demselben Notar beurkundet werden, mag dies noch praktikabel sein. Sobald – insbesondere bei Kapitalanlegermodellen, die überregional vertrieben werden – zahlreiche Notare beteiligt sind, dürften die Grenzen des Machbaren aber schnell erreicht sein. Auch vor diesem Hintergrund ist eine pauschale Verlängerung der Regelbindungsfrist wegen der noch nicht gesicherten Finanzierung des Vorhabens problematisch. Für die gesetzliche Bindungsfrist nach § 147 Abs. 2 BGB spielt all das ohnehin nur dann ein Rolle, wenn die **maßgeblichen Umstände dem Anbietenden** bekannt oder ihm **jedenfalls erkennbar** sind. Andernfalls verbleibt es bei der vierwöchigen Re-

---

[1800] BGH DNotZ 2010, 913 Rn. 9.
[1801] Vgl. *Herrler* notar 2013, 71 (75) mwN; *Hertel* ZfIR 2013, 769 (770).
[1802] *Ph. Müller/Klühs* RNotZ 2013, 81 (95 f.) mwN.
[1803] DNotZ 2014, 41 Rn. 12.
[1804] Vgl. *Stresemann* in 11. Jahresarbeitstagung des Notariats, DAI-Skript 2013, S. 1, 13 f.

gelbindungsfrist. Der BGH scheint generell von einer vierwöchigen Regelbindungsfrist auszugehen und die vorstehenden Erwägungen „nur" iRv § 308 Nr. 1 BGB anzustellen,[1805] was mE angesichts der Konzeption des § 147 Abs. 2 BGB jedoch nicht überzeugt.[1806] Eine gewisse Ausstrahlungswirkung des § 308 Nr. 1 BGB ist freilich nicht zu leugnen.[1807]

Ungeachtet dessen ist eine über die gesetzliche Bindungsfrist hinausgehende Frist nicht 923 generell unzulässig. Vielmehr kann im Einzelfall ein **schutzwürdiges Interesse** des Klauselverwenders vorliegen, welches das Interesse des anderen Teils an einer zeitnahen Entscheidung über die Annahme überwiegt und daher eine längere Bindung rechtfertigt. Zwar ist die **Sicherstellung der Finanzierung** des Projekts grundsätzlich allein Sache des Verkäufers. Dem einzelnen Erwerber wäre aber nicht damit gedient, wenn der Bauträger (insbesondere im Fall von schwach kapitalisierten Privatgesellschaften) das Angebot nach Ablauf einer kurzen Bindungsfrist „auf gut Glück" annehmen würde. Gerade mit Blick auf das vom Erwerber zu tragenden **Fertigstellungsrisiko** liegt die Gesamtfinanzierung des Projekts ebenfalls in dessen Interesse.[1808] Unter Umständen können auch die Vorgaben steuerlicher Vorschriften einen längeren Fristlauf rechtfertigen (zB § 7i Abs. 1 S. 5 EStG). Ergänzend mag zu berücksichtigen sein, dass der Erwerbsinteressent vielfach über die Mühen und ggf. auch Kosten eines erneuten Gangs zum Notar zwecks Verlängerung der Bindungsfrist bzw. Abgabe eines neuen Angebots nicht erbaut sein wird. Jedenfalls im Rahmen der Angemessenheitsprüfung ist die Erkennbarkeit der schutzwürdigen Belange des Verwenders für den anderen Teil von Relevanz.[1809] Der BGH hat allerdings klargestellt, dass eine **Bindungsfrist von mehr als drei Monaten in keinem Fall angemessen** iSv § 308 Nr. 1 BGB ist (Arg.: Verkäufer völlig frei in Annahmeentscheidung, gänzlicher Verlust der Dispositionsfreiheit auf Seite des Anbietenden).[1810]

b) Klärung der baurechtlichen Zulässigkeit. Zu der Frage, ob eine noch ausstehende 924 Klärung der baurechtlichen Zulässigkeit des Vorhabens einen Sachgrund für eine längere Bindungsfrist darstellen kann, fehlt bislang jegliche Stellungnahme des BGH. Die wohl noch überwiegende Auffassung hält dies grundsätzlich für möglich,[1811] wobei die Bindungsfrist zur Vermeidung einer unangemessenen Beschränkung der Dispositionsfreiheit des Anbietenden auf einen bestimmten Zeitraum nach Klärung der baurechtlichen Lage begrenzt werden sollte. Dem wird entgegengehalten, der Bauträger könne die Frage der Bebaubarkeit des Grundstücks bzw. der Realisierbarkeit des konkreten Projekts bereits im Vorfeld des Vertragsschlusses klären. Für die Abwälzung dieses Risikos auf den Erwerbsinteressenten bestehe bei wertender Betrachtung somit keine Rechtfertigung.[1812] Bei Abgabe eines schlichten Angebots seitens des Klauselgegners ist darüber hinaus zu berücksichtigen, dass dem Verwender einerseits aufgrund der noch ausstehenden Baugenehmigung mehr Zeit bleibt, über die Annahme zu entscheiden, er sich andererseits aber selbst bei Erteilung der Baugenehmigung aus Opportunitätsgründen – bei Vorliegen eines wirtschaftlich attraktiveren Angebots – gegen die Annahme entscheiden kann. Gleichwohl er-

---

[1805] BGH DNotZ 2014, 41 Rn. 13: „… welche Frist angemessen im Sinne von § 308 Nr. 1 BGB"; DNotZ 2016, 530.

[1806] Ebenso *Blank* DNotZ 2014, 166 (168); *Reichelt/Kruska* ZfIR 2014, 55 (57); *Scheibengruber* notar 2014, 84 (85).

[1807] Näher *Herrler* MittBayNot 2014, 109 (111 ff.); differenzierend *Schmidt-Räntsch* ZfIR 2014, 113 (118 f.): § 147 Abs. 2 BGB betreffe nur „äußeren Ablauf des Annahmeprozesses".

[1808] So der VIII. Zivilsenat, wenngleich in anderem Kontext, BGH DNotZ 2011, 273 (275 f.) mAnm *Herrler;* offen BGH DNotZ 2014, 41 Rn. 15.

[1809] Strenger wohl BGH DNotZ 2014, 41 Rn. 13.

[1810] BGH DNotZ 2014, 41 Rn. 16 f.

[1811] *Krauß* Immobilienkaufverträge Rn. 4196; zweifelnd indes *Basty,* Der Bauträgervertrag, 9. Aufl. 2017, Rn. 137 – anders aber für ein vertragliches Rücktrittsrecht im Fall der Nichterteilung der Baugenehmigung Rn. 256.

[1812] Vgl. *Brambring* DNotZ-Sonderheft 2013, 56; *Grziwotz/Koeble/Riemenschneider,* Handbuch Bauträgerrecht, 2004, Teil 3 Rn. 699 f.; *Schmidt-Räntsch* ZfIR 2014, 113 ff.

scheint mir eine längere Bindungsfrist jedenfalls dann gerechtfertigt, wenn bereits eine **Vorklärung der baurechtlichen Zulässigkeit** erfolgt, jedoch mit einer langen Verfahrensdauer bis zur Erteilung der Baugenehmigung zu rechnen ist, und dieser Umstand **in der Urkunde dokumentiert** wird, da der Klauselverwender dann bereits alles seinerseits Erforderliche getan hat und eine Realisierung des Bauvorhabens im Falle der Nichterteilung der Baugenehmigung ohnehin ausgeschlossen ist.[1813]

925   **3. Veräußerungskonstellation.** Die bisherigen Entscheidungen der Oberlandesgerichte und des BGH betrafen ausschließlich die sog. Erwerbskonstellation, in welcher der Klauselverwender auf Veräußererseite auftritt und der Erwerbsinteressent ihm die Entscheidung über das Zustandekommen des Vertragsschlusses durch Abgabe eines bindenden bzw. nach Ablauf der Bindungsfrist jedenfalls weiterhin annahmefähigen Angebots überlässt. In der sog. Veräußerungskonstellation sind die Rollen vertauscht, dh der **Klauselverwender** handelt **auf Erwerberseite** und lässt sich vom derzeitigen Eigentümer des Grundstücks eine für längere Zeit gültige Erwerbsmöglichkeit einräumen. Ob und wenn ja, inwieweit die vorstehend beschriebenen Grundsätze zur Zulässigkeit formularmäßiger Bindungsfristen auf die Veräußerungskonstellation übertragen werden können, ist noch nicht abschließend geklärt. Kontrollmaßstab sind auch insoweit § 308 Nr. 1 BGB und § 307 BGB.

926   Ob schlicht unter Verweis darauf, bei einem Grundstück handele es sich um einen weniger liquiden Vermögensgegenstand, in der Veräußerungskonstellation ganz allgemein längere Bindungsfristen als angemessen anzusehen sind, erscheint zumindest zweifelhaft (Beispiel: Verkauf einer bereits errichteten Eigentumswohnung). Wird dem Klauselverwender indes ein (noch unbebautes) Grundstück angeboten, hat er ein schutzwürdiges Interesse an einem längeren Bindungszeitraum, wenn er die **technische und baurechtliche Realisierbarkeit** des anvisierten Projekts (ggf. auch den Hinzuerwerb der ferner benötigten Grundstücke) noch **abklären** muss (Planungskosten wären sonst verloren), welches in der Regel auch bei einer Abwägung mit den Interessen des anderen Teils überwiegt.[1814]

927   Sofern der anvisierte **Verkaufspreis** den derzeitigen **Verkehrswert des Grundstücks offenkundig erheblich übersteigt,** etwa weil der Klauselverwender beabsichtigt, die Baureife von Ackerflächen herbeizuführen, und der Verkaufspreis in gewissem (nicht ganz unerheblichem) Umfang bereits die künftige Nutzbarkeit des Grundstücks widerspiegelt, ist mE auch eine vier Wochen nicht nur unerheblich übersteigende Bindungsfrist nicht ohne weiteres zu beanstanden. Denn wirtschaftlich betrachtet **erkauft** sich der Eigentümer die **Chance auf einen erheblichen Mehrerlös** mit der Einschränkung seiner Dispositionsfreiheit.[1815] Im Interesse der Transparenz sollte die Wertrelation in der Urkunde kurz erläutert werden. Mangels Bindung des Angebotsempfängers besteht freilich kein entsprechender Anspruch, was bei der Bemessung der Bindungsfrist zu berücksichtigen ist.

928   Generell großzügiger dürften **vertragliche Gestaltungsmodelle** (Optionsvertrag mit Bindungsentgelt, Rücktrittsvorbehalt) zu behandeln sein, da der Vertragspartner auf diese Weise ebenfalls vertraglichen Bindungen unterliegt, insbesondere wenn er Pflichten gegenüber dem „Anbietenden" übernimmt.[1816] Unter Umständen lässt sich eine Angemessenheitskontrolle der Rücktrittsfrist gänzlich vermeiden, wenn man beim Verkauf von Ackerland zunächst einen Kaufpreis in Höhe des derzeitigen Verkehrswertes festlegt und einen Preisanpassungsmechanismus bei Eintritt der Baureife vorsieht verbunden mit dem

---

[1813] Ebenso BeckOGK/*Weiler,* 1.1.2019, BGB § 308 Nr. 1 Rn. 90 aE.
[1814] Vgl. DNotI-Report 2008, 19 (20); *Hertel* ZfIR 2013, 769 (770 f.): anders uU bei anderweitiger, gleichwertiger Veräußerungsmöglichkeit ohne Prüfungszeitraum.
[1815] *Herrler* DNotZ 2011, 276 (280); *Ph. Müller/Klühs* RNotZ 2013, 81 (85 f.), jew. mwN.
[1816] BGH DNotZ 2014, 41 Rn. 17.

Recht allein des Klauselgegners zum Rücktritt bei Nichteingreifen des Preisanpassungsmechanismus bis zu einem bestimmten Datum.[1817]

III. Die Annahme

1. Wirksamkeitsvoraussetzungen. Die Annahme des Antrags setzt dessen Wirksamwerden durch Zugang beim Angebotsempfänger voraus (§ 130 Abs. 1 BGB). Nach ständiger Rechtsprechung[1818] werden empfangsbedürftige, einem Abwesenden gegenüber abgegebene Willenserklärungen, die der notariellen Beurkundung bedürfen, erst wirksam, wenn dem Erklärungsempfänger eine **Ausfertigung** der notariellen Urkunde zugeht. Nach **§ 47 BeurkG** vertritt (nur) die Ausfertigung der Niederschrift die Urschrift im Rechtsverkehr, nicht dagegen eine beglaubigte Abschrift oder eine Faxkopie. Erst nach körperlichem Erhalt der Ausfertigung des Antrags kann dieser also wirksam angenommen werden. Allerdings lässt der BGH einen formlosen Vertrag über den **Verzicht auf den Zugang der Ausfertigung** zu. Wird beispielsweise dem Käufer vom Verkäufer oder in dessen Auftrag vom Angebotsnotar der Antrag per Fax oder E-Mail übermittelt, liegt darin ein Angebot zum Abschluss eines Vertrages über den Verzicht auf das Zugangserfordernis, welches der Käufer durch die Erklärung der Annahme zur notariellen Urkunde schlüssig annimmt.[1819] Auch wenn die BGH-Entscheidung zu § 15 Abs. 4 GmbHG ergangen ist, spricht vieles für die Übertragbarkeit des Verzichtsgedankens auf den Grundstückskaufvertrag.[1820] Gleichwohl empfiehlt es sich, für den Zugang einer Ausfertigung zu sorgen. 929

Die Ausfertigung muss indes nicht notwendig bei der Beurkundung der Annahmeerklärung vorgelegt werden, es sei denn, der Annehmende möchte von **Vollmachten** Gebrauch machen, die ihm im Antrag erteilt wurden, zB bei Erklärung der Auflassung (vgl. § 12 BeurkG). Sofern eine **Bezugnahme nach § 13a BeurkG** auf das Angebot erfolgen soll, muss aber **jedenfalls** eine **beglaubigte Abschrift** vorliegen (Amtspflicht nach § 13a Abs. 1 S. 3 BeurkG). Zur Beurkundung der Annahme ohne Kenntnis des Angebots → Rn. 932. 930

Die wirksame Annahme setzt grundsätzlich lediglich voraus, dass die Angebotsurkunde hinreichend genau bezeichnet wird (Formulierungsbeispiel → Rn. 936). Der Angebotsempfänger kann das Angebot nur so annehmen, wie es ihm zugeht. Eine **Annahme unter Erweiterungen, Einschränkungen oder sonstigen Änderungen** gilt nach § 150 Abs. 2 BGB als Ablehnung verbunden mit einem neuen Antrag; der Kaufvertrag kommt also erst mit der Annahme des ursprünglich Anbietenden zustande. Erfolgt die Annahme nach Ablauf der hierfür bestimmten oder der gesetzlichen Frist, geht die Annahme ins Leere und gilt gemäß § 150 Abs. 1 BGB als neuer Antrag. Für die **Rechtzeitigkeit der Annahme** ist im gesetzlichen Regelfall nicht der Zugang der Erklärung maßgeblich, da der (beurkundungsbedürftige) Grundstückskaufvertrag bereits mit Beurkundung der Annahmeerklärung zustande kommt (§ 152 BGB). Setzt der Antragende eine bestimmte Annahmefrist, ist **§ 152 BGB** ggf. stillschweigend abbedungen.[1821] Daher sollte im Angebot stets ausdrücklich geregelt werden, ob es für das wirksame Zustandekommen des Vertrages des Zugangs der Annahme bedarf. Eine hiervon zu trennende Frage ist, ob es für die Fristwahrung auf den Zugang der Annahme ankommt (vgl. § 355 Abs. 1 S. 2 Hs. 2 BGB). 931

[1817] Vgl. *Herrler* DNotZ 2011, 276 (278).

[1818] BGH DNotZ 1996, 967 (968); OLG Koblenz MittBayNot 2006, 35.

[1819] BGH DNotZ 1996, 967 (969).

[1820] Ebenso OLG Dresden ZNotP 1999, 394; *Armbrüster* NJW 1996, 438; *Kanzleiter* DNotZ 1996, 931 (935); *Schöner/Stöber* GrundbuchR Rn. 900; offen DNotI-Report 1995, 145 (148); kritisch BeckNotarHdB/*Brambring*, 5. Aufl. 2009, A I. Rn. 388.

[1821] BGH NJW-RR 1989, 198 (199).

932 **2. Pflichten des Annahmenotars.** Der die Annahme beurkundende Notar hat die **Annahmefähigkeit** des Angebots zu **prüfen** (noch nicht abgelaufene Bindungs- bzw. Annahmefrist, Erfüllung etwaiger Annahmebedingungen). Die Beurkundung der Annahme gänzlich ohne Vorlage einer Abschrift (Kopie, Fax, E-Mail), also ohne Kenntnis vom Inhalt des Angebots, sollte deshalb nach Möglichkeit vermieden werden, da sonst die Gefahr besteht, dass im Antrag enthaltene Annahmebedingungen oder die Annahmefrist nicht beachtet werden. Über dieses Risiko hat der Notar zu belehren.[1822] Fehlende Kenntnis des Notars vom Inhalt des Angebots berechtigt diesen die Beurkundung abzulehnen, ungeachtet dessen, dass seine Amtspflicht zur **Rechtsbelehrung nach § 17 Abs. 1 BeurkG** nur gegenüber den formell (§ 6 Abs. 2 BeurkG) an der Beurkundung Beteiligten besteht, also nur gegenüber den Annehmenden, und sich die Aufklärungs- und Belehrungspflichten auf die rechtliche Bedeutung der Annahme beschränken.[1823] Auch wenn der Inhalt des Vertragsangebotes nicht zur rechtlichen Tragweite dieses Urkundsgeschäfts gehört, steht es dem Notar selbstverständlich frei, den angebotenen Kaufvertrag inhaltlich zu prüfen und den Annehmenden auf etwaige Bedenken hinzuweisen.

933   Unbeschadet der beschränkten Reichweite der Rechtsbelehrungspflicht nach § 17 Abs. 1 BeurkG kann dem sog. Zentralnotar, der nur die Vertragsannahme beurkundet, gegenüber dem Anbietenden eine betreuende Belehrungspflicht obliegen, zB bezüglich zwischenzeitlich eingetragener Belastungen.[1824] Im entschiedenen Fall hatte ein Zentralnotar Angebote zum Kauf von Eigentumswohnungen entworfen, die von Kapitalanlegern bei verschiedenen Ortsnotaren angenommen wurden. Vor Annahme des Angebots bestellte der Bauträger eine Dienstbarkeit mit einer Nutzungsbeschränkung (Studentenwohnungen), von der die Erwerber erst später Kenntnis erhielten. Nach dem BGH schuldet der die Annahme beurkundende Notar den an diesem Urkundsgeschäft (materiell) Beteiligten eine „betreuende Belehrung" (§ 14 Abs. 1 S. 2 BNotO), „wenn er bei gebotener Sorgfalt erkennen kann, dass der mit der Annahme bewirkte Vertragsschluss ihre Vermögensinteressen gefährdet". Der BGH bejaht den Schadensersatzanspruch der Erwerber gegen den Notar (jedenfalls in Höhe des Kaufpreises Zug um Zug gegen Übertragung der Eigentumswohnungen!). Jüngst hat der BGH eine erweiterte Belehrungspflicht des Annahmenotars nach § 17 Abs. 1 S. 1 BeurkG, § 14 Abs. 1 S. 2 BNotO bejaht, in dessen Person nach dem von diesem entworfenen Angebot des Käufers mehrere für den Abschluss und die Durchführung des Vertrages wesentliche Funktionen gebündelt sind. Dieser hätte auf die mögliche Unwirksamkeit einer Fortgeltungsklausel (→ Rn. 915) und auf die Rechtsfolgen bei Beurkundung einer Annahmeerklärung nach Ablauf der Annahmefähigkeit des Angebots (§ 150 Abs. 1 BGB) hinweisen müssen (→ Rn. 918).[1825]

934 **Formulierungsbeispiel: Angebot des Verkäufers auf Abschluss eines Grundstückskaufvertrages (unter Mitwirkung des Angebotsempfängers); keine AGB-Konstellation**[1826]

Der Erschienene erklärte das folgende

Angebot auf Abschluss eines Kaufvertrages

I. Angebot, Angebotsfrist, Vormerkung, Auflassung

1. Ich biete Frau/Herrn ***, geboren am ***, wohnhaft ***, den Abschluss des Kaufvertrages an, der dieser Niederschrift als <u>Anlage</u> beigefügt ist.
2. An dieses Angebot halte ich mich bis zum *** unwiderruflich gebunden. Wird das Angebot nicht bis zu diesem Zeitpunkt in notariell beurkundeter Form angenommen,

---

[1822] BGH DNotZ 2012, 356 (358).
[1823] BGH DNotZ 2012, 356 (358).
[1824] BGH DNotZ 2004, 843.
[1825] BGH DNotZ 2016, 711; OLG Celle BeckRS 2013, 18092.
[1826] Formulierungsbeispiel für ein Angebot an einen noch zu benennenden Dritten: MVHdB V BürgerlR II/*Herrler* Form. I.16 (S. 235 f.).

so erlischt es nicht, kann jedoch jederzeit von mir mit einer Fristsetzung von zehn Tagen widerrufen werden. Fristsetzung und Widerruf bedürfen der Schriftform. Auf den Zugang der Annahmeurkunde innerhalb der Frist verzichte ich.

3. Ich bewillige die Eintragung einer **Vormerkung** zur Sicherung des künftigen, nicht abtretbaren Anspruchs des Angebotsempfängers auf Eigentumsübertragung im Grundbuch. Die Vormerkung steht unter der **auflösenden Bedingung,** dass der beurkundende Notar deren Löschung im Grundbuch beantragt. *[Bedingungen für die Löschung → Rn. 895]*

4. Ich bevollmächtige Frau/Herrn *** unter Befreiung von den Beschränkungen des § 181 BGB und über meinen Tod hinaus, in meinem Namen die Auflassung zu erklären. Diese Vollmacht vermittelt dem Angebotsempfänger nicht die Befugnis zur Bewilligung der Eigentumsumschreibung. Vielmehr bevollmächtige ich den beurkundenden Notar, seinen Vertreter oder Amtsnachfolger unwiderruflich, über den Tod hinaus und unter Befreiung von den Beschränkungen des § 181 BGB zur Bewilligung der Eigentumsumschreibung sowie zur Stellung des Eintragungsantrags. Er wird angewiesen, diese Erklärungen erst dann abzugeben, wenn ich ihm den Erhalt des Kaufpreises bestätigt oder ihn entsprechend angewiesen habe (jeweils schriftlich) oder Herr *** die Zahlung des Kaufpreises nachgewiesen hat.

II. Bedingungen für die Annahme

1. Die Annahme des Angebots ist nur wirksam, wenn sie zur Niederschrift des amtierenden Notars erklärt wird.[1827]

2. Das Angebot kann nur angenommen werden, wenn sich der Angebotsempfänger bei der Annahme wegen der Verpflichtung zur Zahlung des Kaufpreises der sofortigen Zwangsvollstreckung in sein gesamtes Vermögen unterwirft und den Notar anweist, vollstreckbare Ausfertigung nach Eintritt der vom Notar zu überwachenden Fälligkeitsvoraussetzungen, im Übrigen aber ohne Nachweis der Fälligkeit zu erteilen.

3. Das Recht des Angebotsempfängers auf Annahme ist nicht abtretbar und nicht vererblich.

III. Erklärungen des Angebotsempfängers

Bei der heutigen Verhandlung war Frau/Herr *** als Angebotsempfänger miterschienen.

Diese/r erklärte:

1. Ich trage die Notar- und Gerichtsgebühren für das Angebot und die Eintragung der Vormerkung, gegebenenfalls auch für die Löschung der Vormerkung.

2. Ich beantrage die Eintragung der Vormerkung im Grundbuch.

IV. Vollzug

Die Beteiligten beauftragen den amtierenden Notar mit dem Vollzug des Kaufvertrages und bevollmächtigen ihn, für sie alle verfahrensrechtlichen Erklärungen gegenüber dem Grundbuchamt abzugeben und entgegenzunehmen.

Von dieser Urkunde erhalten:
– die Beteiligten je eine Ausfertigung,
– das Finanzamt – Grunderwerbsteuerstelle – eine einfache Abschrift.

Als Anlage zur Angebotsurkunde ist der vollständige Kaufvertrag mitzubeurkunden mit **935** folgenden Besonderheiten:
– die Zwangsvollstreckungsunterwerfung des Käufers wegen der Zahlung des Kaufpreises entfällt;

[1827] Bei fehlender Beschränkung auf den beurkundenden Notar ist sicherzustellen, dass dieser von der Beurkundung der Annahme Kenntnis erlangt.

– die Bewilligung des Verkäufers auf Eintragung einer Vormerkung entfällt, wenn sie bereits in der Angebotsurkunde enthalten ist. Soll dagegen die Vormerkung erst nach Annahme des Angebots eingetragen werden, ist sie in den Text des Kaufvertrages aufzunehmen.

936 Formulierungsbeispiel: Annahme des Angebots

1. Am *** (UR-Nr. *** des Notars *** in ***) hat mir Frau/Herr *** ein Angebot auf Abschluss eines Kaufvertrages gemacht. Eine Ausfertigung der Angebotsurkunde habe ich erhalten. Der Inhalt ist mir bekannt. Das Angebot kann bis zum *** angenommen werden. *[ggf.: Verweisung nach § 13a BeurkG]*
2. Hiermit nehme ich das Angebot seinem gesamten Inhalt nach vorbehaltlos und vollinhaltlich an.
3. Wegen meiner Verpflichtung zur Zahlung des Kaufpreises in Höhe von *** EUR unterwerfe ich mich der sofortigen Zwangsvollstreckung aus dieser Urkunde. Der Notar wird angewiesen, dem Verkäufer vollstreckbare Ausfertigung nach Eintritt der vom Notar zu überwachenden Fälligkeitsvoraussetzungen, im Übrigen aber ohne Nachweis der Fälligkeit zu erteilen.
4. Handelnd im eigenen Namen und als von den Beschränkungen des § 181 BGB befreiter Bevollmächtigter des Verkäufers erkläre ich, dass wir uns darüber einig sind, dass das Eigentum an dem verkauften Grundbesitz auf den Käufer übergeht (Auflassung). Ich beantrage die Eigentumsumschreibung im eigenen Namen.
5. Ich bewillige schon jetzt die Löschung der zu meinen Gunsten im Grundbuch eingetragenen Vormerkung gleichzeitig mit der Eigentumsumschreibung, vorausgesetzt dass keine Zwischeneintragungen ohne meine Zustimmung erfolgt sind.

C. Alternativgestaltungen

937 Anstelle des Vertragsschlusses durch Angebot und Annahme stehen der aufschiebend bedingte Kaufvertrag bzw. der Optionsvertrag und der Vertragsschluss unter Rücktrittsvorbehalt zur Wahl. Beiden vorgenannten Gestaltungsvarianten ist gemein, dass die letztverbindliche Entscheidung über die Begründung der wechselseitigen Rechte und Pflichten hinausgeschoben wird. Diese Gestaltungsvarianten sind dem einseitigen Angebot aufgrund der sofortigen Einbindung des anderen Teils und der damit verbundenen weitergehenden Regelungsmöglichkeiten, die eine interessengerechtere Gestaltung ermöglichen, klar vorzuziehen. Im Anwendungsbereich der §§ 307–309 BGB lässt sich auf diese Weise unter Umständen ein längerer Schwebezeitraum rechtfertigen.[1828]

I. Optionsvertrag

938 Unter dem Begriff **Option** versteht man das Recht, durch einseitige Erklärung einen bereits inhaltlich festgelegten Vertrag zustande zu bringen.[1829] Bei einer Option auf einen Kaufvertrag spricht man auch von „Ankaufsrecht". Durch die Einräumung eines Optionsrechts soll der Grundstückseigentümer gebunden werden, während sich der Kaufinteressent die freie (oder eingeschränkte) Entscheidung vorbehält, ob der Vertrag zustande kommt. Das Optionsrecht kann begründet werden durch
– ein längerfristiges bindendes Vertragsangebot („Festofferte");
– Abschluss eines Angebotsvertrages;
– Abschluss eines Optionsvertrages, dh eines Kaufvertrages, der aufschiebend bedingt durch die Ausübung des Optionsrechts durch den Begünstigten wirksam wird.

[1828] Vgl. BGH DNotZ 2014, 41 Rn. 17.
[1829] Palandt/*Ellenberger* BGB Einf. v. § 145 Rn. 23.

Hiervon zu unterscheiden ist der **Vorvertrag,** der durch die verbindliche Einigung zu- 939
stande kommt, einen seinem wesentlichen Inhalt nach bestimmten oder unter Berücksichtigung allgemeiner Auslegungsregeln sowie des dispositiven Rechts zumindest bestimmbaren Hauptvertrag zu schließen,[1830] und die Einräumung einer sog. **Vorhand,** bei
der sich der Eigentümer verpflichtet, das Grundstück, bevor er es anderweitig veräußert,
dem Berechtigten anzubieten. Der Optionsvertrag, der Vorvertrag und die Einräumung
einer Vorhand als Angebotsvorhand sind beurkundungsbedürftig, nicht hingegen die Verhandlungsvorhand, bei welcher dem Berechtigten lediglich Angebote anderer Interessenten mitzuteilen sind, ohne dass weitere Verpflichtungen begründet werden.[1831]

Sofern in den vorgenannten Gestaltungsvarianten bereits ein aufschiebend bedingter, 940
hinreichend konkreter Anspruch auf Eigentumsverschaffung begründet wird, kann dieser
durch **Vormerkung** gesichert werden. Bei der bloßen Verhandlungsvorhand fehlt es jedoch stets am nötigen „Rechtsboden".

1. Vorzüge des Optionsvertrages. Der **Optionsvertrag** (im Sinne eines bedingten 941
Kaufvertrages) hat erhebliche **Vorteile** gegenüber der Einräumung eines Optionsrechts
durch ein Angebot („Festofferte"). Da der Angebotsempfänger bei der Beurkundung des
Angebots vielfach schon wegen der Übernahme von Pflichten (Kostentragung; Verpflichtung zur Angebotsannahme bei Eintritt bestimmter Ereignisse etc) mitwirken muss, sprechen keine praktischen Gründe dagegen. Die „Fallstricke" bei der getrennten Beurkundung von Angebot und Annahme werden vermieden, da es sich um einen „normalen"
Kaufvertrag (mit Auflassung) handelt mit der alleinigen Besonderheit, dass die Wirksamkeit des schuldrechtlichen Vertrages unter einer aufschiebenden Bedingung steht. Aufschiebende Bedingung kann allein die Erklärung des Käufers sein, von der Option Gebrauch zu machen (Potestativbedingung), oder der Eintritt bestimmter Voraussetzungen,
die im Interesse des Käufers vor Wirksamwerden des Vertrages erfüllt sein sollen, zB (ggf.
bestandskräftige) Erteilung der Baugenehmigung. Die Optionserklärung ist formfrei.[1832]

Wird die Option nicht zeitlich befristet (zur Inhaltskontrolle formularmäßiger Aus- 942
übungsfristen sogleich → Rn. 944 f.), ist dem Verkäufer ein vertragliches Rücktrittsrecht
vorzubehalten, falls die Option nicht bis zu einem bestimmten Zeitpunkt ausgeübt wurde
oder die Bedingung (zB Erteilung der Baugenehmigung) nicht bis zu einem bestimmten
Zeitpunkt eingetreten ist. Die Löschung der Vormerkung des Käufers ist für diesen Fall
sicherzustellen (vorzugsweise durch auflösende Bedingung, → Rn. 907 f.).

Die Grunderwerbsteuer entsteht – anders als beim unbedingten Kaufvertrag mit einem 943
vertraglichen Rücktrittsrecht – gemäß § 14 Nr. 1 GrEStG erst mit Eintritt der Bedingung
(Wirksamwerden des schuldrechtlichen Kaufvertrages). Nach dem BFH[1833] führt auch die
wegen § 925 Abs. 2 BGB stets unbedingt zu erklärende Auflassung nicht zur Entstehung
der Grunderwerbsteuer, wenn sie auf einem Kaufvertrag beruht, dessen Wirksamkeit
noch vom Eintritt einer Bedingung abhängig ist, soweit durch weitere Vereinbarungen
sichergestellt ist, dass von der Auflassung erst nach Bedingungseintritt und nur durch den
beurkundenden Notar Gebrauch gemacht werden kann.

2. Optionsausübungsfrist (AGB-Problematik). Im Anwendungsbereich der §§ 307– 944
309 BGB (AGB, Verbrauchervertrag iSv § 310 Abs. 3 BGB) gilt es zu beachten, dass die
Optionsausübungsfrist an **§ 308 Nr. 1 BGB in analoger Anwendung** zu messen ist[1834]

[1830] Palandt/*Ellenberger* BGB Einf. v. § 145 Rn. 19.
[1831] Vgl. DNotI-Report 1999, 25; OLG München OLG-Report 1997, 134; Palandt/*Ellenberger* BGB Einf.
v. § 145 Rn. 24.
[1832] BGH NJW-RR 1996, 1167; NJW 1991, 2698; OLG Köln NJW-RR 2003, 375.
[1833] MittBayNot 2005, 523.
[1834] Staudinger/*Coester-Waltjen* BGB § 308 Nr. 1 Rn. 9; BeckOGK/*Weiler,* 1.1.2019, BGB § 308 Nr. 1
Rn. 35 ff., der allerdings eine analoge Anwendung von § 308 Nr. 1 BGB auf bloße Fortgeltungsklauseln

und damit einer Angemessenheitskontrolle unterliegt. Gleichwohl ist uU ein (deutlich) längerer Schwebezustand hinnehmbar. Erbringt der Unternehmer für die zeitlich befristete Einschränkung der Dispositionsfreiheit des Klauselgegners eine **echte Gegenleistung** (Bindungsentgelt, ggf. auch Sachleistung), stehen sich die eingeräumte Option und das Entgelt als nach § 307 Abs. 3 S. 1 BGB grundsätzlich nicht kontrollfähige Leistung und Gegenleistung gegenüber (Ausnahme: § 306a BGB). Im Übrigen dürfte es – ein schutzwürdiges Verwenderinteresse vorausgesetzt – maßgeblich darauf ankommen, welchen Einfluss der Klauselverwender auf den Bedingungseintritt hat. Im Fall eines auf die Abgabe einer **im Belieben des Unternehmers** stehenden Gestaltungserklärung aufschiebend bedingten Kaufvertrags gilt im Ergebnis nichts anderes als beim Angebot-Annahme-Modell (vierwöchige Regelbindungsfrist). Hieran ändert auch ein etwa bestehendes Rücktrittsrecht des anderen Teils nichts. Liegt der Eintritt der Bedingung hingegen **außerhalb des Einflussbereichs** des Klauselverwenders, wird die Dispositionsfreiheit beider Vertragspartner in gleicher Weise eingeschränkt, sodass eine deutlich längere Bindung als vier Wochen zulässig sein dürfte.[1835]

945   Hat der Unternehmer zwar einen **gewissen Einfluss** auf den Bedingungseintritt, ohne dass dieser zu seiner freien Disposition steht (Erreichen einer bestimmten Abverkaufsquote, Erteilung der Baugenehmigung), und verpflichtet er sich, sich redlich um den Bedingungseintritt zu bemühen, scheint mir ebenfalls – jedenfalls bei ausstehender abschließender Klärung der baurechtlichen Zulässigkeit – ein längerer Schwebezustand hinnehmbar, da bei Vereitelung des Bedingungseintritts die Eintrittsfiktion des § 162 Abs. 1 BGB greift und es dem Klauselverwender daher verwehrt ist, aus Opportunitätsgründen ein bestimmtes Angebot trotz Realisierung des Projekts abzulehnen. Ein etwaiges Vollzugsdefizit (Nachweisproblematik) besteht insoweit wohl nur bei Nichtrealisierung des Projekts.[1836] Gerade im Hinblick auf das Erreichen einer bestimmten Abverkaufsquote (Platzierungsinteresse) wird in der Literatur aber mitunter auch ein deutlich restriktiverer Standpunkt vertreten,[1837] weshalb die nachstehende Gestaltung – vor allem, wenn lediglich ökonomische Punkte zu klären sind (zB Abverkaufsquote) – **nur noch bewusst verwendet werden sollte.** Ist die Bedingungseintrittsfrist unangemessen lang, ist sie durch eine angemessene Frist zu ersetzen (Wertung von § 147 Abs. 2 BGB), was vielfach dazu führen wird, dass der Bedingungseintritt nicht rechtzeitig erfolgt und es folglich an einem wirksamen Vertragsschluss fehlt.[1838]

946   **Formulierungsbeispiel: Abverkaufsquote als aufschiebende Bedingung**
🔁   **Vorbemerkung**

Dem Erwerber ist bekannt, dass der Veräußerer für die Realisierung des Projekts (Errichtung von bis zu acht Eigentumswohnungen auf dem Grundstück ***, Veräußerung an einzelne Erwerber nach Aufteilung in Wohnungseigentum) auf eine Zwischenfinanzierung angewiesen ist. Diese wird seitens der finanzierenden Bank nur gewährt, wenn die abgeschlossenen Bauträgerverträge betreffend das vorgenannte Bauvorhaben ein Gesamtkaufpreisvolumen von *** EUR erreichen (erforderliche Abverkaufsquote). Bislang ist dies noch nicht der Fall. Um dem Veräußerer den Abschluss der erforderlichen weiteren Bauträgerverträge zu ermöglichen, erklärt sich der Erwerber mit einer Bindung bis zum *** einverstanden.

---

ablehnt (Arg.: keine Einschränkung der Dispositionsfreiheit, BeckOGK/*Weiler*, 1.1.2019, BGB § 308 Nr. 1 Rn. 43).

[1835] Wolf/Lindacher/Pfeiffer/*Dammann*, AGB-Recht, 6. Aufl. 2013, BGB § 308 Nr. 1 Rn. 24: § 308 Nr. 1 BGB nicht anwendbar; *Herrler* DNotZ 2013, 887 (909).

[1836] Vgl. *Herrler* DNotZ 2013, 887 (910) mwN.

[1837] BeckOGK/*Weiler*, 1.1.2019, BGB § 308 Nr. 1 Rn. 87; *Basty* MittBayNot 2005, 302 (303); ablehnend wohl auch BGH DNotZ 2016, 530; NJW 2014, 854 Rn. 12; aA MüKoBGB/*Wurmnest* BGB § 308 Nr. 1 Rn. 7; *Blank* NJW 2010, 2876; *Herrler* MittBayNot 2014, 109 (110).

[1838] Str., vgl. im Überblick *Ph. Müller/Klühs* RNotZ 2013, 81 (95).

Aufschiebende Bedingung

Die schuldrechtlichen Regelungen des Bauträgervertrages werden erst wirksam, wenn der Veräußerer bis spätestens mit Ablauf des *** Bauträgerverträge gemäß Anlage 1 betreffend die vertragsgegenständliche Wohnungs- und Teileigentumsanlage mit einem Gesamtkaufpreisvolumen von *** EUR abgeschlossen hat (Abverkaufsquote). *[ggf.: ausdrückliche Verpflichtung des Veräußerers zu weiteren Abverkaufsbemühungen]* Der Veräußerer ist berechtigt, durch schriftliche Erklärung, die dem Erwerber bis spätestens *** zugehen muss, auf vorstehende Bedingung zu verzichten. Der Erwerber nimmt diesen Verzicht bereits jetzt an.

Der Veräußerer verpflichtet sich gegenüber dem Erwerber, dem beurkundenden Notar den Bedingungseintritt bzw. den Verzicht auf die Bedingung unverzüglich schriftlich mitzuteilen.

Sofern dem beurkundenden Notar nicht bis spätestens mit Ablauf des *** eine entsprechende schriftliche Mitteilung des Veräußerers vorliegt, gilt die Bedingung als endgültig ausgefallen. Hierüber wird der Notar den Erwerber und den Veräußerer unverzüglich unterrichten.

Beruht der Ausfall der Bedingung darauf, dass die erforderliche Abverkaufsquote nicht erreicht wurde, und ist dem Veräußerer insoweit weder Vorsatz noch grobe Fahrlässigkeit vorzuwerfen, hat der Veräußerer lediglich die durch die Beurkundung des Vertrages entstandenen Kosten zu tragen. Die Geltendmachung weiterer Schadensersatzansprüche ist in diesem Fall ausgeschlossen.

II. Vertragsschluss unter Rücktrittsvorbehalt

1. Allgemeines. Im Gegensatz zum Optionsvertrag werden die gegenseitigen vertraglichen 947 Rechte und Pflichten beim Rücktrittsmodell unmittelbar begründet. Allerdings behält sich ein Vertragsteil (oder beide) das Recht vor, sich durch einseitige Ausübung des Rücktrittsrechts wieder vom Vertrag zu lösen. Je nach Ausgestaltung des Rücktrittsrechts (Rücktrittsfrist, freies oder an den Eintritt bestimmter Umstände geknüpftes Lösungsrecht) wird der Leistungsaustausch vertragsgemäß erst nach Erlöschen des Rücktrittsrechts erfolgen. Insoweit gleichen sich Optionsvertrag und Vertragsschluss unter Rücktrittsvorbehalt. Aus steuerlicher Sicht hat das Rücktrittsmodell den Nachteil, dass die **Grunderwerbsteuerpflicht** zunächst entsteht und eine nachträgliche Aufhebung der Steuerfestsetzung nur in den Grenzen des § 16 Abs. 1 und Abs. 2 GrEStG möglich ist, sodass der Options- bzw. aufschiebend bedingte Kaufvertrag grundsätzlich dem Rücktrittsrecht vorzuziehen ist.

Praxishinweis Steuern:

Sollte man dennoch einen Rücktrittsvorbehalt in Betracht ziehen, so ist zu beachten, dass insbesondere bei freien Rücktrittsrechten die Grunderwerbsteuerfestsetzung gemäß § 16 Abs. 1 Nr. 1, Abs. 2 Nr. 1 GrEStG nur aufgehoben wird, wenn die Rückabwicklung innerhalb von zwei Jahren nach Entstehung der Steuer stattfindet.[1839]

---

2. Formularmäßiges Rücktrittsrecht. Ungeachtet dieses steuerlichen Nachteils ist der 948 Vertragsschluss unter Rücktrittsvorbehalt im Anwendungsbereich der §§ 307−309 BGB tendenziell vorzugswürdig, zum einen, weil auf Rechtsfolgenseite selbst bei Unwirksamkeit des Rücktrittsrechts zeitnah für Rechtsklarheit gesorgt werden dürfte, zum ande-

---

[1839] Bei Vereinbarung von Rücktrittsrechten sollte zudem besonders auf die frist- und auch im Übrigen ordnungsgemäße Anzeige gemäß §§ 18−20 GrEStG geachtet werden (§ 16 Abs. 5 GrEStG). Zur Differenzierung zwischen freien Rücktrittsvorbehalten und Rückabwicklung aufgrund nachträglich eintretender Umstände vgl. Boruttau/*Loose* GrEStG § 16 Rn. 37 ff.

ren, weil nach Ansicht des BGH (wohl mit Blick auf die deutlich stärkere Position des Klauselgegners) längere Rücktrittsfristen zulässig sind. Zu beachten sind allerdings die Vorgaben des **§ 308 Nr. 3 BGB,** dh das Rücktrittsrecht des Verwenders muss sachlich gerechtfertigt sein und der Rücktrittsgrund muss im Vertrag selbst angegeben werden (Transparenzgebot).

949 **a) Position des Klauselgegners.** Auch wenn ein befristetes, formularmäßiges Rücktrittsrecht einer formularmäßigen Bindungsfrist beim Angebot-Annahme-Modell in gewisser Weise ähnelt, ist das **Rücktrittsmodell** aus Sicht des Klauselgegners (erheblich) **weniger belastend** als ein bindendes Angebot, zum einen, weil der Unternehmer zur Beseitigung der Bindungswirkung aktiv werden muss, zum anderen, weil der Dispositionsspielraum des Klauselverwenders gegenüber dem Angebot-Annahme-Modell deutlich geringer ist. Während ein etwa vorhandener Sachgrund für die Bestimmung einer Bindungsfrist beim Angebotsmodell ein bloßes Motiv des Klauselverwenders darstellt und allenfalls für die Bemessung der nach § 308 Nr. 1 BGB höchstzulässigen Bindungsdauer von Bedeutung ist – der Angebotsempfänger kann das Angebot grundsätzlich willkürlich ausschlagen –, ist im Fall des Vertragsschlusses unter Rücktrittsvorbehalt bereits eine Bindung (auch) des Klauselverwenders eingetreten, von der er sich nur lösen kann, wenn es zum Eintritt des klar umrissenen Rücktrittsgrundes kommt. Führt er den Eintritt des Rücktrittsgrundes wider Treu und Glauben herbei, ist ihm die Berufung auf das vertragliche Rücktrittsrecht verwehrt (Fiktion des § 162 Abs. 2 BGB in analoger Anwendung).[1840] Ein relevantes Vollzugsdefizit besteht auch insoweit nicht (→ Rn. 945). Aufgrund der stärkeren Position des anderen Teils erscheint mir ein **(deutlich) längerer Schwebezeitraum als beim Angebotsmodell hinnehmbar,**[1841] wobei stets auf den jeweiligen Rücktrittsgrund abzustellen ist (→ Rn. 950 ff.).

950 **b) Sachlich gerechtfertigter Rücktrittsgrund.** Ein iSv § 308 Nr. 3 BGB anzuerkennender Rücktrittsgrund liegt nur vor, wenn dieser bei Abwägung der beiderseitigen Interessen durch ein überwiegendes oder zumindest anerkennenswertes Interesse des Verwenders gerechtfertigt ist.[1842] Ob diese Anforderungen bei Nichterreichen der erforderlichen Abverkaufsquote bzw. Nichterteilung der Baugenehmigung erfüllt sind, ist nicht abschließend geklärt. Die bloß abstrakte Vorhersehbarkeit des Eintritts des Rücktrittsgrundes bei Vertragsschluss schadet grundsätzlich nicht. Gleiches gilt für ein Vertretenmüssen des Berechtigten, sofern die Grenzen der Abdingbarkeit des Leistungsstörungsrechts (insbes. § 309 Nr. 7 BGB) beachtet werden.[1843] Im Übrigen dürfte im Rahmen der Interessenabwägung die (maximale) Dauer des Schwebezustands (dh die Rücktrittsfrist) von Relevanz und somit bei kurzen Fristen keine allzu hohen Anforderungen an den Rücktrittsgrund zu stellen sein.[1844]

951 **aa) Klärung der baurechtlichen Zulässigkeit.** Unter Berücksichtigung des Vorstehenden dürfte die **Nichterteilung der beantragten Baugenehmigung** (bis zu einem bestimmten Zeitpunkt) grundsätzlich als statthafter Rücktrittsgrund anzusehen sein, sofern dies nicht bereits im Zeitpunkt des Vertragsschlusses mit einiger Gewissheit absehbar war und dem Klauselverwender an ihrer Versagung weder Vorsatz noch grobe Fahrlässigkeit vorzuwerfen sind, zumal ohne Erteilung der Genehmigung ohnehin die Durchführung

---

[1840] Vgl. DNotI-Report 2007, 157 (160).
[1841] *Herrler* DNotZ 2013, 887 (911 ff.); so tendenziell auch BGH NJW 2014, 854 Rn. 17 aE; aA *Hertel* ZfIR 2013, 769 (771); BeckOGK/*Weiler*, 1.1.2019, BGB § 308 Nr. 3 Rn. 146; ähnlich *Blank* DNotZ 2014, 166 (170).
[1842] BGH NJW 1987, 831 (833) mwN.
[1843] BGH NJW 1987, 831 (833); Staudinger/*Coester-Waltjen* BGB § 308 Nr. 3 Rn. 13 mwN.
[1844] Syst. § 308 Nr. 1 BGB; *Herrler* DNotZ 2013, 887 (913); vgl. auch MüKoBGB/*Wurmnest* BGB § 308 Nr. 3 Rn. 11.

des Bauvorhabens scheitert. Dies gilt umso mehr, wenn vor Vertragsschluss bereits eine hinreichend belastbare **Vorklärung der baurechtlichen Zulässigkeit** stattgefunden hat, was stets sinnvoll ist, und erst recht, wenn der Verwender bereits alles seinerseits für die Erteilung der Baugenehmigung Erforderliche getan hat.[1845] Unter diesen Umständen liegt regelmäßig keine ungerechtfertigte Risikoabwälzung auf den Erwerber vor. Dies gilt in besonderem Maße dann, wenn der frühzeitige Vertragsschluss vor abschließender Klärung der baurechtlichen Zulässigkeit (ebenfalls) im Interesse des Erwerbsinteressenten lag („Filetstück"). Gerade bei potentiell länger andauerndem Schwebezustand dürfte es sich empfehlen, das Rücktrittsrecht beiden Vertragsteilen zuzugestehen, um das Gegenüber nicht über Gebühr zu binden (Dispositionsfreiheit).

bb) Platzierungsinteresse (Abverkaufsquote). Die vorstehenden Erwägungen gelten 952 grundsätzlich *mutatis mutandis* für das **Nichterreichen einer bestimmten Abverkaufsquote** als Rücktrittsgrund, sofern sich der Verwender verpflichtet, sich redlich um den weiteren Absatz zu bemühen. Trotz der diesbezüglich kritischen Literaturstimmen[1846] kann der Verwender nicht beliebig über den Rücktrittsgrund Abverkaufsquote disponieren, sondern unterliegt – jedenfalls wenn er das Projekt weiterhin realisieren will – bereits einer rechtlichen wie faktischen Bindung (kein strukturelles Vollzugsdefizit, → Rn. 945). Hinzu kommt, dass nur ein allgemeiner Leistungsvorbehalt mit § 308 Nr. 3 BGB unvereinbar ist, während im Einzelfall ein an den Vermarktungserfolg des Produkts geknüpfter Rücktrittsgrund als sachlich gerechtfertigt angesehen werden kann.[1847] Sofern das Rücktrittsrecht beiden Vertragsteilen eingeräumt wird, um das Gegenüber nicht über Gebühr zu binden (Dispositionsfreiheit), erscheint mir eine Rücktrittsfrist von bis zu drei Monaten grundsätzlich denkbar.[1848] Angesichts der mitunter deutlich restriktiveren Stimmen in der Literatur und der tendenziell strengen Linie des BGH bei Angebotsfristen sollte eine vier Wochen wesentlich überschreitende Bindung jedenfalls beim Rücktrittsgrund „Platzierungsinteresse" nur bewusst vereinbart werden (→ Rn. 949).

Formulierungsbeispiel: Rücktrittsrecht wegen Platzierungsinteresse 953

Vorbemerkung

Dem Erwerber ist bekannt, dass der Veräußerer für die Realisierung des Projekts (Errichtung von bis zu acht Eigentumswohnungen auf dem Grundstück ***, Veräußerung an einzelne Erwerber nach Aufteilung in Wohnungseigentum) auf eine Zwischenfinanzierung angewiesen ist. Diese wird seitens der finanzierenden Bank nur gewährt, wenn die abgeschlossenen Bauträgerverträge betreffend das vorgenannte Bauvorhaben ein Gesamtkaufpreisvolumen von *** EUR erreichen (erforderliche Abverkaufsquote). Vor Erreichen der erforderlichen Abverkaufsquote kann mit dem Bauvorhaben nicht begonnen werden.

Rücktrittsrecht

1. Sofern der Veräußerer nicht bis zum *** *[max. fünf Wochen und sechs Tage nach dem Tag der Beurkundung]* Kaufverträge betreffend das in der Vorbemerkung bezeichnete Bauvorhaben mit einem Gesamtkaufpreisvolumen in Höhe von *** EUR abgeschlossen hat, ist er berechtigt, durch schriftliche Erklärung gegenüber dem Erwerber vom Vertrag zurückzutreten, es sei denn, ihm ist insoweit Vorsatz oder grobe Fahrlässigkeit vorzuwerfen.

[1845] Auf diesen Fall beschränkt BeckOGK/*Weiler*, 1.1.2019, BGB § 308 Nr. 3 Rn. 146 iVm § 308 Nr. 1 Rn. 90 aE.

[1846] Unter anderem *Basty*, Der Bauträgervertrag, 9. Aufl. 2017, Rn. 137; Grziwotz/Koeble/*Riemenschneider*, Handbuch Bauträgerrecht, 2004, Teil 3 Rn. 669 f.

[1847] Vgl. RegBegr, BT-Drs. 7/3919, 26: Mindestteilnehmerzahl bei Veranstaltung von Individualreisen; ebenso OLG München VuR 1993, 182.

[1848] Ansatzweise auch BGH DNotZ 2014, 41 Rn. 17.

> Dem Erwerber steht ebenfalls ein entsprechendes Rücktrittsrecht zu, sofern der Veräußerer nicht bis zum *** *[max. fünf Wochen und sechs Tage nach dem Tag der Beurkundung]* durch schriftliche Erklärung gegenüber dem Erwerber auf sein Rücktrittsrecht verzichtet oder bestätigt hat, dass die erforderliche Abverkaufsquote erreicht wurde. Der Erwerber nimmt diesen Verzicht bereits jetzt an. Der Veräußerer verpflichtet sich, den Erwerber und den beurkundenden Notar unverzüglich über das Erreichen der erforderlichen Abverkaufsquote zu informieren.
>
> 2. Veräußerer und Erwerber können ihr jeweiliges Rücktrittsrecht nur bis spätestens *** *[drei bis vier Monate nach dem Tag der Beurkundung]* ausüben. Maßgeblich ist der Zugang der Rücktrittserklärung beim jeweils anderen Vertragsteil. Danach erlischt das Rücktrittsrecht. Die zurücktretende Partei hat den beurkundenden Notar unverzüglich durch Übersendung einer Kopie der Rücktrittserklärung über den Rücktritt zu unterrichten. *[ggf.: Bevollmächtigung des beurkundenden Notars zur Entgegennahme der Rücktrittserklärung]*
>
> 3. Wird die erforderliche Abverkaufsquote nach dem *** *[Datum wie Ziffer 1]* erreicht, erlischt das noch nicht ausgeübte Rücktrittsrecht des Veräußerers. Gleiches gilt für das noch nicht ausgeübte Rücktrittsrecht des Erwerbers, wenn der Veräußerer gegenüber dem Erwerber auf sein Rücktrittsrecht verzichtet oder er das Erreichen der erforderlichen Abverkaufsquote bestätigt.

954 **c) Rechtsfolgen bei Nichtanerkennung des Rücktrittsgrundes.** Im Unterschied zu den anderen Gestaltungsvarianten drohen bei Unangemessenheit des formularmäßigen Rücktrittsrechts (§ 308 Nr. 3 BGB) nicht Rückabwicklungs- bzw. Haftungsstreitigkeiten lange Zeit nach Abschluss und Durchführung des Vertrages, da der wirksame Vertragsschluss von der Unwirksamkeit des Rücktrittsrechts nicht berührt wird. § 306 Abs. 3 BGB wird kaum je eingreifen. Meinungsverschiedenheiten hinsichtlich der Wirksamkeit des Rücktrittsrechts dürften zudem wegen der zu beachtenden Rücktrittsfrist einigermaßen zeitnah nach Vertragsschluss geklärt werden.

III. Vollmachtlose Vertretung (§ 177 Abs. 2 BGB)

955 Als weitere Alternativgestaltung kommt ein Vertragsschluss durch einen Vertreter ohne Vertretungsmacht in Betracht, dh entweder schließt der eine Vertragsteil den Vertrag im eigenen Namen und zugleich als vollmachtloser Vertreter des Vertragspartners oder es handelt ein nicht bevollmächtigter Vertreter des Vertragspartners, jeweils vorbehaltlich nachträglicher Genehmigung. In diesem Fall hängt die Wirksamkeit des Vertrages von der Genehmigung des Vertretenen ab, die **ohne jede Höchstfrist** erteilt werden kann. Anders als bei einem Angebot mit Fortgeltungsklausel hat ein Erwerbsinteressent in dieser Konstellation aufgrund der Offenlegung des Mangels der Vertretungsmacht kein Widerrufsrecht (vgl. § 178 S. 1 BGB), sondern kann **lediglich** nach **§ 177 Abs. 2 BGB** vorgehen (zweiwöchige Entscheidungsfrist). Zwar könnte diese Aufforderung unmittelbar nach Vertragsschluss erfolgen, doch dürfte ein derartiges Verhalten des Erwerbsinteressenten, dem primär an einem Zustandekommen des Vertrages gelegen ist, bei realistischer Betrachtung ausscheiden. Per Saldo erweist sich der Vertragsschluss durch Vertreter ohne Vertretungsmacht für den schutzbedürftigen Erwerbsinteressenten daher tendenziell als belastender als ein befristet annahmefähiges Angebot bzw. ein befristetes Rücktrittsrecht, da der Schwebezustand bei Untätigkeit noch lange Zeit nach Vertragsschluss bestehen kann. Die Annahme eines Umgehungsgeschäfts iSv § 306a BGB dürfte ausscheiden, da es sich bei § 177 BGB um eine gesetzlich eröffnete Gestaltungsvariante handelt. Andere Unwirksamkeitsgründe sind nicht ersichtlich.[1849] Vor diesem Hintergrund erscheint es wertungs-

---

[1849] BGH BeckRS 2016, 2702 Rn. 31; *Krauß* Immobilienkaufverträge Rn. 4216.

widersprüchlich und unter Steuerungsaspekten tendenziell kontraproduktiv, zu strenge Maßstäbe an Options- bzw. Rücktrittsfristen anzulegen.[1850]

9. Teil. Aufhebung, Änderung und Bestätigung des Kaufvertrages

A. Aufhebung des Kaufvertrages

I. Beurkundungserfordernis

Bei der Aufhebung eines Kaufvertrages stellt sich zunächst die Frage nach der **Formbe-** **dürftigkeit.** Soll der Vertrag einvernehmlich zwischen den Beteiligten aufgehoben werden, ist für die Beurkundungspflicht dieses Vertrages (ebenso wie für seinen Inhalt, hierzu → Rn. 958 f.) nach dem Abwicklungsstadium zu unterscheiden.[1851]   956

1. Aufhebung eines vollzogenen Kaufvertrages. Ist der Kaufvertrag durch Auflassung   957
und Eintragung des Eigentumsübergangs im Grundbuch **vollzogen,** bedarf seine Aufhebung nach § 311b Abs. 1 S. 1 BGB der **notariellen Beurkundung,** da sich der Käufer im schuldrechtlichen Aufhebungsvertrag dem Verkäufer gegenüber zur Rückübereignung des Grundstücks verpflichtet.[1852] Ob eine Vertragsaufhebung ohne Begründung einer Rückübereignungspflicht formfrei möglich wäre,[1853] ist nicht abschließend geklärt.[1854] In jedem Fall läuft eine derartige Vertragsgestaltung den Parteiinteressen zuwider (klare Regelung der Rückabwicklung, Vermeidung ungesicherter Vorleistung), zumal der Notar unter diesen Umständen durch § 925a BGB an der Beurkundung der Auflassung gehindert wäre.

2. Aufhebung eines Kaufvertrages vor Begründung eines Anwartschaftsrechts des   958
Käufers. Hat der Käufer noch **kein Anwartschaftsrecht** erworben, kann der Kaufvertrag **formfrei** aufgehoben werden, da durch die Aufhebung weder eine Übertragungs- noch eine Erwerbspflicht begründet wird.[1855] Ein Anwartschaftsrecht im Sinne einer rechtlich gesicherten Erwerbsposition erlangt der Käufer nach der Rechtsprechung,[1856] wenn die Auflassung bindend erklärt wurde (§ 873 Abs. 2 BGB) **und** der Erwerber bereits einen Antrag auf Eigentumsumschreibung gestellt hat (sog. antragsgestütztes Anwartschaftsrecht)[1857] oder zugunsten des Käufers bereits eine Eigentumsvormerkung im Grundbuch eingetragen wurde (vormerkungsgestütztes Anwartschaftsrecht).[1858] Anstelle der Eintragung der Vormerkung genügen auch die bindende Eintragungsbewilligung und der vom Berechtigten gestellte Eintragungsantrag.[1859] Richtigerweise ist das vormerkungsgestützte Anwartschaftsrecht wegen der Instabilität der akzessorischen Vormerkung und dem fehlenden Schutz durch § 878 BGB, § 17 GBO aber abzulehnen.

Sofern **zumindest** ein **teilweiser Leistungsaustausch** stattgefunden hat (zB Anzahlung   959
auf den Kaufpreis oder Besitzübergang), sollte den Parteien von einem privatschriftlichen, uU gar mündlichen Aufhebungsvertrag aber dringend abgeraten werden, da ansonsten Streit vorprogrammiert ist. Unabhängig von einem etwa begonnenen Leistungsaustausch sollte der Notar in jedem Fall auf einer übereinstimmenden schriftlichen Mitteilung beider Vertragsteile bestehen (vgl. § 53 BeurkG), den Vertrag nicht weiter abzuwickeln (Mitteilung

---

[1850] Zustimmend *Krauß* Immobilienkaufverträge Rn. 4216 f. mit Formulierungsvorschlag.
[1851] Vgl. BGH DNotZ 1982, 619.
[1852] Vgl. BGH DNotZ 1982, 619.
[1853] So *Krüger* FS Brambring 2011, 235 (240 ff.); vgl. auch BGH DNotZ 1995, 529 (531 f.).
[1854] BGH DNotZ 1982, 619 für analoge Anwendung des § 311b Abs. 1 S. 1 BGB.
[1855] Vgl. BGH NJW-RR 2005, 241 (242).
[1856] Vgl. Palandt/*Herrler* BGB § 925 Rn. 23 ff.
[1857] BGH NJW 1982, 1639.
[1858] BGH DNotZ 1992, 293; DNotZ 1982, 619; OLG Nürnberg NJW 2015, 562.
[1859] OLG Düsseldorf DNotZ 1981, 130.

an das Finanzamt zwecks Nichtfestsetzung der Grunderwerbsteuer oder deren Erstattung). In der Vereinbarung über die Aufhebung sollte auch geregelt werden, welcher Vertragsteil die Notarkosten trägt.

960 **3. Aufhebung eines Kaufvertrages nach Begründung eines Anwartschaftsrechts.** Sobald der Käufer ein **Anwartschaftsrecht** erworben hat (→ Rn. 958), ist die Vertragsaufhebung **beurkundungsbedürftig.** Früher wurde das Beurkundungserfordernis aus der Verpflichtung zur Aufgabe bzw. Rückübertragung des Anwartschaftsrechts abgeleitet,[1860] heute wird sie überwiegend unmittelbar auf § 311b Abs. 1 S. 1 BGB gestützt.[1861]

961   Mit Erlöschen des Anwartschaftsrechts, etwa durch formlose Aufhebung der Auflassung,[1862] Rücknahme des Umschreibungsantrags oder Erteilung der Löschungsbewilligung für die Vormerkung, fällt das Beurkundungserfordernis zwar grundsätzlich weg. Gleichwohl handelt es sich hierbei jedenfalls dann nicht um einen empfehlenswerten Weg, wenn bereits ein Leistungsaustausch stattgefunden, zB der Käufer den Kaufpreis ganz oder teilweise gezahlt hat, ein Finanzierungsgrundpfandrecht eingetragen ist oder dem Käufer bereits der Besitz eingeräumt wurde. Die Formbedürftigkeit des Aufhebungsvertrages ist in diesem Fall auch unter dem Gesichtspunkt sachgerechter Vertragsgestaltung unverzichtbar. Ohne Mitwirkung des Notars getroffene Vereinbarungen zur Aufhebung eines Kaufvertrages sind regelmäßig fehlerhaft, da die Beteiligten die rechtlichen Risiken nicht erkennen, insbesondere Vorleistungsrisiken nicht bedacht werden (näher → Rn. 963 ff.). Ob ein (nachträgliches) Erlöschen des Anwartschaftsrechts (zB durch Löschung der Vormerkung) nach formnichtiger Aufhebung des Kaufvertrages entsprechend § 311b Abs. 1 S. 2 BGB zur **Heilung des Formmangels** führt,[1863] erscheint mit Blick auf die Zielsetzungen des Formgebots aber sehr zweifelhaft.[1864]

962 **4. Grenzen des Formerfordernisses.** Weder die Erklärung der **Anfechtung** nach §§ 119, 123 BGB noch die Ausübung eines (vertraglichen oder gesetzlichen, vgl. § 323 BGB) **Rücktrittsrechts** bedarf der Form des § 311b Abs. 1 S. 1 BGB.

II. Inhalt des Aufhebungsvertrages

963 Hat der Käufer den **Kaufpreis bereits ganz oder teilweise gezahlt,** sollte der Kaufvertrag keinesfalls unbedingt aufgehoben werden, ohne dass die Rückzahlung sichergestellt ist. Denn mit Aufhebung des Vertrages erlischt der gesicherte Anspruch und damit auch die akzessorische Vormerkung;[1865] eine Löschungsbewilligung des Käufers ist nicht erforderlich, da die Unrichtigkeit des Grundbuchs durch öffentliche Urkunde nachgewiesen ist (§ 22 Abs. 1 S. 1 GBO). In diesen Fällen ist es daher unverzichtbar, die Aufhebung des Kaufvertrages unter der **aufschiebenden Bedingung** der Erstattung des Kaufpreises zu vereinbaren. Der Notar wird angewiesen, die Löschung der Vormerkung erst zu beantragen (und vorher keine beglaubigte Abschrift oder Ausfertigung der Urkunde zu erteilen), wenn ihm die Erstattung des Kaufpreises nachgewiesen ist. Wird der Vertrag insgesamt aufgehoben, bedarf es grundsätzlich keiner besonderen Erklärung über die Aufhebung der Auflassung. Allerdings empfiehlt sich bei aufschiebend bedingter Aufhebung eine Klarstellung, dass die Aufhebung der Auflassung unbedingt erfolgt (§ 925 Abs. 2 BGB). Ist zum Zeitpunkt der Aufhebung des Kaufvertrages das **Eigentum bereits auf den Käufer umgeschrieben,** ist zusätzlich die (Rück-)Auflassung zu erklären.

[1860] BGH DNotZ 1982, 619 (621); DNotZ 1984, 319; DNotZ 1988, 560.
[1861] BGH DNotZ 1995, 529; hierzu *Hagen* FS Schippel 1996, 172; Palandt/*Grüneberg* BGB § 311b Rn. 40.
[1862] BGH NJW 1993, 3323 (3325).
[1863] So OLG Hamm DNotZ 1991, 149; OLG Düsseldorf DNotZ 1990, 370.
[1864] MüKoBGB/*Ruhwinkel* BGB § 311b Abs. 1 Rn. 68; *Brambring* DNotZ 1991, 150; skeptisch auch OLG Saarbrücken NJW-RR 1995, 1105 (1106).
[1865] BayObLG DNotZ 1989, 363; vgl. BGH DNotZ 2009, 434 zum Parallelfall des Rücktritts.

Erfolgte die **Kaufpreiszahlung** (teilweise) **durch die Finanzierungsbank** des Käufers 964
und wurden in diesem Zusammenhang Grundpfandrechte eingetragen, wird vielfach die
Rückabwicklung über Notaranderkonto empfohlen (berechtigtes Sicherungsinteresse
iSv § 57 Abs. 2 Nr. 1 BeurkG wegen der Koordinierung der Erstattung des Kaufpreises an
die Bank – und ggf. an den Käufer – Zug um Zug gegen Vorlage der Löschungsunterlagen betreffend die Grundpfandrechte und die Vormerkung).

Im Aufhebungsvertrag sollte ferner geregelt werden, ob und wenn ja, welche weiteren 965
Folgen die Vertragsaufhebung für die Parteien hat (Rückabwicklungsregime, etwaige
Schadensersatzansprüche).[1866] Wird der Vertrag mit Wirkung *ex tunc* aufgehoben, kann
eine bereits erbrachte Leistung nur nach den Vorschriften über die ungerechtfertigte Bereicherung (§ 818 Abs. 3 BGB!) zurückgefordert werden (zudem Erlöschen der Vormerkung). Ein bereits entstandener Anspruch auf Schadensersatz aus Verzug entfällt.[1867] Nur
wenn der Vertrag mit Wirkung *ex nunc* aufgehoben wird, erfolgt die Rückabwicklung
nach §§ 346 ff. BGB. Vorzugswürdig ist aber ohnehin eine **abschließende Regelung
der Folgen der Aufhebung im Aufhebungsvertrag selbst.** Dabei hat der Notar darauf hinzuweisen, dass durch den Aufhebungsvertrag die spätere Geltendmachung von
Schadensersatzansprüchen aus dem aufgehobenen Vertrag ausgeschlossen wird,[1868] sofern
diese nicht vorbehalten werden.

III. Kosten

Für die Aufhebung eines Grundstückskaufvertrags ist es ohne Bedeutung, ob der aufzu- 966
hebende Vertrag ganz oder teilweise oder gar nicht erfüllt ist. Es fällt in jedem Falle eine
1,0-Gebühr Nr. 21102 KV GNotKG an.

IV. Steuern

Wird der Kaufvertrag aufgehoben, bevor das Eigentum auf den Käufer übergegangen ist, 967
wird nach § 16 Abs. 1 GrEStG auf Antrag die **Grunderwerbsteuer** nicht festgesetzt oder
die Steuerfestsetzung aufgehoben, wenn die Rückgängigmachung innerhalb von zwei
Jahren nach Entstehung der Steuer stattfindet.

Wird der Vertrag nach Eigentumsübergang aufgehoben, wird auf Antrag sowohl für 968
den Rückerwerb als auch für den vorausgegangenen Erwerbsvorgang die Steuer nicht
festgesetzt oder die Steuerfestsetzung aufgehoben, wenn der Rückerwerb innerhalb von
zwei Jahren seit der Entstehung der Steuer für den vorausgegangenen Erwerbsvorgang
stattfindet **und** innerhalb der Frist die Auflassung erklärt **und** die Eintragung im Grundbuch beantragt wird (§ 16 Abs. 2 Nr. 1 GrEStG).[1869] Für den Lauf dieser Frist ist es unerheblich, ob zum Erwerbsvorgang bereits eine steuerliche Unbedenklichkeitsbescheinigung
erteilt worden ist oder nicht.[1870]

Die jeweilige Zweijahresfrist entfällt, wenn die Rückabwicklung auf nachträglich ein- 969
getretenen Umständen, insbesondere auf zivilrechtlichen Ansprüchen (Nichterfüllung von
Vertragsbedingungen) beruht, vgl. § 16 Abs. 1 Nr. 2, Abs. 2 Nr. 3 GrEStG.

Die Rückgängigmachung iSv § 16 GrEStG setzt nach ständiger Rechtsprechung des 970
BFH voraus, dass der ursprüngliche Vertrag vollständig aufgelöst wird und der Veräußerer
seine Rechtsstellung, vor allem seine Dispositionsfreiheit, wieder erlangt.[1871] Jede Möglichkeit der Einflussnahme des Erstkäufers auf die anschließende Weiterveräußerung durch
den Verkäufer an einen Dritten ist daher kritisch und bedarf genauer steuerlicher Prüfung.

[1866] Vgl. BGH DNotZ 1995, 529.
[1867] OLG Bremen DNotZ 1985, 769.
[1868] Vgl. OLG Bremen DNotZ 1985, 769.
[1869] Vgl. hierzu insbes. Erlass des FM Baden-Württemberg ZNotP 2002, 429; *Schuhmann* ZfIR 1999, 503.
[1870] BFH MittBayNot 2006, 364.
[1871] Vgl. BFH BStBl. II 2003, 770; BStBl. II 2007, 726; NZG 2014, 217.

971 Zu beachten ist, dass in den Fällen des § 1 Abs. 2–3a GrEStG, also zB bei einer durch den Verkauf von GbR-Anteilen ausgelösten Steuerfolge, die Aufhebung bzw. Nichtfestsetzung der Grunderwerbsteuer gemäß § 16 GrEStG ausgeschlossen ist, wenn der Erwerbsvorgang nicht ordnungsgemäß grunderwerbsteuerlich angezeigt wurde (§ 16 Abs. 5 GrEStG).[1872]

972 **Formulierungsbeispiel: Aufhebung eines Kaufvertrages**

Wir schließen folgenden Vertrag über die

Aufhebung eines Kaufvertrages

I.

1. Mit Kaufvertrag vom *** (UR-Nr. *** des amtierenden Notars) hat der Verkäufer dem Käufer den im Grundbuch von *** eingetragenen Grundbesitz *** zum Kaufpreis von *** verkauft. Gleichzeitig ist die Auflassung erklärt worden. Auf den Kaufpreis hat der Käufer bislang 50.000,– EUR gezahlt.

2. Eigentumsumschreibung auf und Übergabe an den Käufer sind bislang nicht erfolgt. Für den Käufer ist eine Eigentumsvormerkung im Grundbuch eingetragen. Grundpfandrechte zur Kaufpreisfinanzierung sind vom Käufer nicht bestellt worden.
Den Grundbuchinhalt hat der Notar am *** festgestellt. Er ist – mit Ausnahme der Vormerkung für den Käufer – gegenüber dem Zeitpunkt des Abschlusses des Kaufvertrages unverändert.

3. Der Käufer hat die Grunderwerbsteuer gezahlt; die Unbedenklichkeitsbescheinigung des Finanzamts liegt vor.

II.

1. Die Beteiligten heben den vorbezeichneten Kaufvertrag seinem gesamten Inhalt nach unter der aufschiebenden Bedingung der Erstattung des Betrages von 50.000,– EUR an den Käufer auf. Die Aufhebung der Auflassung erfolgt allerdings unbedingt.

2. Für die Rückabwicklung treffen die Beteiligten die nachstehenden, abschließenden Vereinbarungen.
   a) Der Verkäufer verpflichtet sich, dem Käufer innerhalb von 14 Tagen (Zahlungseingang) den bereits gezahlten Kaufpreisteil von 50.000,– EUR auf dessen Konto Nr. *** bei der *** zu erstatten.
   b) Die Beteiligten sind sich darüber einig, dass weitere Ansprüche, gleich aus welchem Rechtsgrund, insbesondere Schadensersatzansprüche, aus der Nichtdurchführung des Kaufvertrages nicht bestehen, und verzichten vorsorglich gegenseitig auf derartige Ansprüche und nehmen den jeweiligen Verzicht wechselseitig an.
   c) Die mit dem Kaufvertrag und seiner bisherigen Durchführung verbundenen Notar- und Gerichtskosten, die Kosten des heutigen Aufhebungsvertrages und der Löschung der Vormerkung trägt ***.
   d) Der Käufer beantragt gemäß § 16 Abs. 1 Nr. 1 GrEStG die Aufhebung der Steuerfestsetzung und Erstattung der gezahlten Grunderwerbsteuer auf das vorgenannte Konto.
   Der Notar wird beauftragt, dem Finanzamt eine einfache Abschrift der Urkunde mit der Unbedenklichkeitsbescheinigung zu übersenden.
   e) Der Käufer bewilligt die Löschung der zu seinen Gunsten im Grundbuch eingetragenen Vormerkung. Die Bewilligung steht unter der aufschiebenden Bedingung, dass der amtierende Notar den Antrag auf Löschung der Vormerkung beim Grundbuchamt stellt. Die Beteiligten weisen den Notar übereinstimmend an, die Löschung der Vormerkung erst zu beantragen, wenn ihm der Käufer bestätigt oder der Verkäufer nachgewiesen hat, dass der Betrag von 50.000,– EUR an den Käufer gezahlt worden ist.

[1872] Vgl. hierzu BFH DStR 2012, 1342 sowie gleichlautender Ländererlass v. 4.6.2013, DStR 2013, 2580.

B. Änderung des Kaufvertrages

I. Beurkundungserfordernis

Änderungen eines Grundstückskaufvertrages sind **im Grundsatz beurkundungsbedürf-** 973
tig. In den folgenden drei Konstellationen sollen aber nach verbreiteter bzw. teilweiser
Auffassung formfreie Änderungen möglich sein:

1. Änderungen nach Erklärung der Auflassung (hM). Bei der Frage der Formbedürf- 974
tigkeit der Änderung eines Grundstückskaufvertrages unterscheidet der BGH in ständiger
Rechtsprechung – jüngst bestätigt durch Urteil vom 14. 9. 2018 (V ZR 213/17) – danach,
ob die Änderung zeitlich vor oder nach Erklärung der Auflassung erfolgt. Änderungen
vor Erklärung der Auflassung sind grundsätzlich beurkundungspflichtig, Änderungen
nach bindender (§ 873 Abs. 2 BGB) Erklärung der Auflassung grundsätzlich
formlos möglich.[1873] Dies gilt nach dem BGH ausdrücklich auch dann, wenn – wie
heute üblich – die Auflassung gleich bei Abschluss des Kaufvertrags miterklärt, aber sichergestellt wird, dass diese erst nach Bestätigung der Kaufpreiszahlung verwendet werden
kann (Ausfertigungssperre, Bewilligungslösung oder bedingte Bewilligung). In seiner Entscheidung aus 2018 hat der V. Zivilsenat sein Festhalten an seiner bisherigen Position ausführlich begründet und dabei unter anderem auf die Erreichung der Formzwecke durch
die bereits erfolgte Beurkundung verwiesen (Beweis-, Warn- und Schutzfunktion). Zwar
räumt der BGH ein, dass der Leistungserfolg (entgegen seiner bisherigen Argumentation)
noch nicht eingetreten sei. Aus Sicht des Schutzzwecks sei aber allein die unwiderrufliche
Erbringung der geschuldeten Leistungshandlung maßgeblich.[1874] Für § 311b Abs. 1 BGB
komme es allein auf die materiell-rechtliche Situation an; etwaige verfahrensrechtliche
Sperren würden daran nichts ändern.[1875] Ergänzend weist der BGH darauf hin, dass andernfalls das Risiko bestünde, dass ein etwaiger Formmangel der Änderungsvereinbarung
auch den ursprünglichen Vertrag „infiziere" – was eher weniger naheliegend ist (!)[1876] –
und dass der Formmangel der Änderungsvereinbarung nicht nach § 311b Abs. 1 S. 2 BGB
geheilt werden könne.[1877]

   Diese **Rechtsprechung überzeugt nicht** und ist wohl nur historisch zu rechtfertigen, 975
da früher die Auflassung erst erklärt wurde, nachdem die Verpflichtungen aus dem
schuldrechtlichen Vertrag im Übrigen bereits erfüllt waren und daher der Normzweck des
§ 311b Abs. 1 S. 1 BGB durch eine Änderung des Vertrages nicht berührt wurde. Weshalb die Vertragsparteien nicht schutzwürdig sein sollen, wenn sich der Kaufpreis oder
sonstige Leistungen ganz erheblich verändern, ist nicht ersichtlich. Ob der BGH ebenso
entschieden hätte, wenn die Parteien im Nachtrag den Kaufpreis verdoppelt hätten, erscheint zweifelhaft.[1878] Wenn man überhaupt die Formfreiheit vor Erfüllung der Eigentumsverschaffungspflicht durch Grundbucheintrag bejahen möchte, müsste man jedenfalls
auf den Zeitpunkt der Vollzugsreife (dh freie Verwendbarkeit der Auflassung) abstellen.[1879]

[1873] BGH DNotZ 2019, 183 mAnm *Raff* = MittBayNot 2019, 246 mAnm *Ruhwinkel* = NJW 2018, 3523
mAnm *Böttcher;* BGH DNotZ 1985, 284. Vgl. hierzu *Roemer* RNotZ 2019, 192 ff.; *Steinbrecher* NJW
2018, 1214 ff.

[1874] BGH DNotZ 2019, 183 Rn. 12–15.

[1875] BGH DNotZ 2019, 183 Rn. 19–21.

[1876] Man stelle sich vor, am 4. 6. 2019 wird ein (form-)wirksamer Kaufvertrag geschlossen. 13 Monate später
einigen sich Verkäufer und Käufer mündlich über eine Vertragsänderung. Soll eine etwaige Formunwirksamkeit der Änderungsvereinbarung den seit nunmehr gut 13 Monaten wirksamen Vertrag „infizie-
ren"? Fällt damit der Vormerkungsschutz weg? Ebenso Herrler/Hertel/Kesseler/*Hertel,* Aktuelles Immobilienrecht 2019, S. 23.

[1877] BGH DNotZ 2019, 183 Rn. 16–18.

[1878] Herrler/Hertel/Kesseler/*Hertel,* Aktuelles Immobilienrecht 2019, S. 22.

[1879] So zutreffend OLG Stuttgart RNotZ 2018, 316 (Vorinstanz zu BGH DNotZ 2019, 183). Vgl. insoweit
auch OLG Düsseldorf DNotZ 1999, 949 mAnm *Kanzleiter:* Beurkundungspflicht, wenn Zeitpunkt der
grundbuchrechtlichen Vollziehung der Eigentumsumschreibung trotz erklärter Auflassung im freien Belieben des Übertragenden.

In Anbetracht dessen, dass der **Schutzzweck des § 311b Abs. 1 S. 1 BGB** auch den Erwerber erfasst, ist jedoch ohnehin nicht recht einzusehen, weshalb dessen Schutzwürdigkeit nach Erklärung der Auflassung entfallen sollte.[1880] Mündliche oder privatschriftliche Änderungen des Kaufvertrages können von wesentlicher Bedeutung sein und weitreichende Auswirkungen für einen Vertragsteil haben.

976   Letztlich lässt sich die jüngst bestätigte Linie der höchstrichterlichen Rechtsprechung wohl nur mit der Kontinuität derselben und mit dem Vertrauen des Rechtsverkehrs darauf[1881] rechtfertigen, welche auch der BGH als weiteres (überzeugendes) Argument ins Feld führt.[1882] Im Interesse der zuverlässigen Ermittlung des Willens der Vertragsteile und der sachgerechten Umsetzung desselben erscheint es weiterhin empfehlenswert, Änderungsvereinbarungen, die nicht nur unwesentliche Punkte der gegenseitigen Rechte und Pflichten betreffen, auch dann zu beurkunden, wenn die Auflassung bereits mit Abschluss des Kaufvertrages erklärt wurde. Auf die (nach dem BGH) fehlende Beurkundungsbedürftigkeit sollte indes hingewiesen werden. Ist die Eigentumsumschreibung bereits erfolgt, kommt eine Beurkundungsbedürftigkeit von Änderungsvereinbarungen schon mit Blick auf die Heilungsvorschrift des § 311b Abs. 1 S. 2 BGB nach allgM nicht mehr in Betracht.

977   Unabhängig von vorstehendem Meinungsstreit gilt der Grundsatz der Formfreiheit von Veränderungen nach Auflassung jedenfalls nicht für solche Vereinbarungen, die eine durch die Auflassung noch nicht erfüllte Übereignungspflicht betreffen, zB eine Vereinbarung, durch welche die Voraussetzungen, Rechtsfolgen oder die Ausübung eines Wiederkaufsrechts geändert werden.[1883]

978   **2. Nachträgliche Beseitigung unvorhergesehener Schwierigkeiten bei Vertragsabwicklung.** Ferner sollen nach Ansicht des BGH Änderungen nicht beurkundungsbedürftig sein, „wenn durch eine nachträgliche Vereinbarung nur unvorhergesehen aufgetretene Schwierigkeiten bei der Vertragsabwicklung beseitigt werden sollen und wenn die zu diesem Zweck getroffene Vereinbarung die beiderseitigen Verpflichtungen aus dem Grundstückskaufvertrag nicht wesentlich verändert".[1884] Zu Recht wird in der Literatur unter anderem auf die mit vorstehender Ausnahme verbundenen Abgrenzungsschwierigkeiten hingewiesen und die Änderungsvereinbarung stattdessen als formloser, letztlich nur eingeschränkt verbindlicher **Vorschlag für eine ergänzende Vertragsauslegung** qualifiziert,[1885] was den mit dem Beurkundungserfordernis nach § 311b Abs. 1 S. 1 BGB verfolgten Zielen eher gerecht wird. Aus diesem Grund empfiehlt sich auch bei Abwicklungsschwierigkeiten stets eine Beurkundung der Änderungsvereinbarung.

979   **3. Keine Verschärfung der Veräußerungs- oder Erwerbsverpflichtung.** Mitunter werden als weitere Fallgruppe der formfreien Änderungsmöglichkeit Vereinbarungen angeführt, durch welche die Veräußerungs- oder Erwerbsverpflichtung weder unmittelbar noch mittelbar verschärft oder erweitert wird. Diese Ansicht überzeugt weder mit Blick auf den Schutzzweck von § 311b Abs. 1 S. 1 BGB[1886] noch wird sie von der hierfür in Bezug genommenen Entscheidung des BGH[1887] gestützt, da dort lediglich die Verlänge-

---

[1880] Näher MüKoBGB/*Ruhwinkel* BGB § 311b Rn. 67; Staudinger/*Schumacher* BGB § 311b Abs. 1 Rn. 207–210; BeckOGK/*Schreindorfer*, 1.3.2019, BGB § 311b Rn. 241 ff.; jew. mwN.

[1881] Andernfalls wären zahlreiche kleinere Änderungsvereinbarungen (jedenfalls zunächst) unwirksam.

[1882] BGH DNotZ 2019, 183 Rn. 22.

[1883] BGH DNotZ 1989, 233; NJW 1973, 37; vgl. zur grundsätzlichen Erstreckung der Heilungswirkung § 311b Abs. 1 S. 2 BGB auf eine in dem Veräußerungsvertrag vereinbarte Rückübertragungsverpflichtung MüKoBGB/*Ruhwinkel* BGB § 311b Rn. 95 mwN.

[1884] BGH DNotZ 2001, 798; DNotZ 1982, 310.

[1885] *Kanzleiter* DNotZ 2001, 799 (800).

[1886] So zu Recht MüKoBGB/*Ruhwinkel* BGB § 311b Rn. 66; Staudinger/*Schumacher* BGB § 311b Abs. 1 Rn. 199; BeckOGK/*Schreindorfer*, 1.3.2019, BGB § 311b Rn. 234 ff.

[1887] NJW 1976, 1842.

rung einer vertraglichen Rücktrittsfrist einer (in konkreto formfreien) Vertragsaufhebung vor Erklärung der Auflassung gleichgestellt wird.

4. Fallgruppen (Beurkundungserfordernis). Insbesondere die folgenden Änderungen 980 eines Grundstückskaufvertrages sind demnach – jedenfalls vor Erklärung der Auflassung (→ Rn. 974) – beurkundungsbedürftig:

– Herabsetzung oder Erhöhung des Kaufpreises;[1888] ebenso eine Vereinbarung über die Stundung und Tilgung des Restkaufpreises;[1889]
– Ersetzung der Barzahlung durch Ablösung von Verbindlichkeiten oder durch sonstige Leistungen an Erfüllungs statt;[1890]
– Inhaltsänderung der Verpflichtung zur Einräumung von Sondereigentum und Änderung der Regelung für die Pflicht zur Tragung von Kosten und Lasten;[1891]
– Änderung des Inhalts des veräußerten Sondereigentums;[1892]
– Verschärfung der Voraussetzungen für einen Rücktritt von einem Grundstückskaufvertrag;[1893]
– nachträgliche Verlängerung der Frist zur Ausübung eines Wiederkaufsrechts[1894] oder eines Ankaufsrechts;
– nachträgliche Sonderwunschvereinbarungen beim Bauträgervertrag.[1895]

5. Fazit. Da das Dogma von der Formfreiheit der Änderungsvereinbarung nach Erklä- 981 rung der Auflassung wenig überzeugend ist, wird der Notar schon im Interesse der Rechtssicherheit und Rechtsklarheit auch weiterhin unabhängig von einer bereits erklärten Auflassung die **Beurkundung der Änderungsvereinbarung empfehlen.**[1896] Etwaige Formmängel einer Änderungsvereinbarung lassen die Wirksamkeit des formgerecht geschlossenen Vertrages unberührt.[1897]

II. Bezugnahme auf ursprünglichen Kaufvertrag; Anzeigepflicht (§ 18 Abs. 1 S. 1 Nr. 4 GrEStG)

Beurkundungsrechtlich ist es ausreichend, bei der Beurkundung der Änderung auf den 982 ursprünglichen Kaufvertrag (untechnisch) Bezug zu nehmen; eine Mitbeurkundung in Form des Verweisens nach § 13a BeurkG ist nicht notwendig.

Nachträgliche Änderungen sind gemäß § 18 Abs. 1 S. 1 Nr. 4 GrEStG dem Finanzamt 983 anzuzeigen.

III. Steuern

Bei einer einvernehmlichen Herabsetzung des Kaufpreises innerhalb von zwei Jahren seit 984 Entstehung der Steuer oder bei einer Minderung des Kaufpreises wegen eines Mangels wird nach § 16 Abs. 3 GrEStG auf Antrag die Grunderwerbsteuer entsprechend niedriger festgesetzt oder die Steuerfestsetzung geändert.

[1888] BGH DNotZ 1982, 310.
[1889] BGH DNotZ 1985, 284.
[1890] BGH NJW 1971, 1459.
[1891] BGH NJW 1984, 612.
[1892] BGH DNotZ 1987, 208.
[1893] BGH DNotZ 1989, 228; anders bei bloßer Verlängerung der Rücktrittsfrist, vgl. BGH NJW 1976, 1842.
[1894] BGH NJW 1996, 452.
[1895] *Weigl* MittBayNot 1996, 10.
[1896] Vgl. *Schwarz* MittBayNot 1999, 55.
[1897] RGZ 65, 390 (392); anders bei nachträglicher Genehmigung nur des formwirksam geänderten Vertrages, vgl. BGH DNotZ 1989, 228. Zur umstrittenen Reichweite der Heilungsvorschrift des § 311b Abs. 1 S. 2 BGB vgl. jüngst BGH DNotZ 2019, 183 Rn. 18 mwN.

C. Bestätigung des Kaufvertrages

985   Die **Bestätigung** eines nichtigen Grundstückskaufvertrages nach § 141 Abs. 1 BGB ist auch dann **nach § 311b Abs. 1 S. 1 BGB formbedürftig,** wenn die Nichtigkeit des zu bestätigenden Geschäfts nicht auf der Verletzung des Formgebots beruhte.[1898] Das infolge einer Genehmigungsverweigerung endgültig unwirksame Rechtsgeschäft kann ebenfalls in entsprechender Anwendung von § 141 Abs. 1 BGB bestätigt werden.[1899] Die Bestätigung nach § 141 BGB erfordert eine **neue Einigung der Vertragsbeteiligten,** bezieht sich aber nur darauf, dass das bisher fehlerhafte Rechtsgeschäft als gültig anerkannt wird. Es genügt, dass sich die Parteien in Kenntnis der Abreden „auf den Boden des Vertrages stellen".[1900] Mit der Bestätigung kann eine Vertragsänderung oder –ergänzung verbunden werden.[1901]

986   Zur Bestätigung eines formgerecht abgeschlossenen Vertrages soll es nach Ansicht des BGH genügen, wenn auf die Urkunde, die das zu bestätigende Rechtsgeschäft enthält, (untechnisch) hingewiesen wird; eine vollständige Neubeurkundung (etwa durch Verweisung nach § 13a BeurkG) soll nicht erforderlich sein, da die Bestätigung nach § 141 Abs. 1 BGB als Neuvornahme gilt.[1902] Allerdings erscheint es mit Blick auf den Schutzzweck von § 311b Abs. 1 S. 1 BGB **vorzugswürdig, die in der Ausgangsurkunde enthaltenen Regelungen,** die nunmehr für die Parteien Wirkungen entfalten, entweder durch erneute Verlesung oder durch Verweisung nach § 13a BeurkG **zum Inhalt der Bestätigungsurkunde zu machen.**[1903] Sofern die Ausgangsurkunde an einem Beurkundungsmangel leidet (zB fehlende Verlesung einer Anlage), soll eine wirksame Verweisung nach § 13a BeurkG ausscheiden. Nach überwiegender Ansicht soll es nicht darauf ankommen, ob dieser Mangel aus der Urkunde selbst ersichtlich ist (zB versehentlich nicht mitbeurkundete Baubeschreibung, fehlende Unterschrift; Arg. keine ordnungsgemäße Verlesung nach § 13 BeurkG),[1904] was aus Verkehrsschutzgründen aber nicht unbedenklich ist.

987   Die wegen Nichtigkeit des Kaufvertrages zunächst ebenfalls **unwirksame Vormerkung kann** infolge der Bestätigung ungeachtet der mittlerweile restriktiveren Rechtsprechung des BGH **wiederverwendet werden.** Eintragung und (nachträgliche) Bewilligung der Vormerkung betreffen den gleichen sicherungsfähigen, auf dingliche Rechtsänderung gerichteten Anspruch bzw. – nach neuerer, etwas strengerer Diktion des BGH – Anspruch, Eintragung und Bewilligung sind kongruent.[1905] Zu beachten ist indes, dass die neuerlich bewilligte Vormerkung keine auf den alten Eintragungszeitpunkt zurückreichende Sicherungswirkung entfaltet (näher zur Wiederverwendung der Vormerkung → Rn. 416, 422).

[1898] BGH DNotZ 1985, 64.
[1899] BGH NJW 1999, 3704.
[1900] BGH NJW 1999, 3704 (3705) mwN.
[1901] BGH NJW 1982, 1981.
[1902] BGH DNotZ 2000, 288.
[1903] Zutr. Staudinger/*Schumacher* BGB § 311b Abs. 1 Rn. 97 mwN.
[1904] Näher BeckOGK/*Seebach/Rachlitz*, 1. 3. 2019, BeurkG § 13a Rn. 28 ff. mwN.
[1905] BGH DNotZ 2012, 609.

10. Teil. Gesamtmuster

A. Kaufvertrag Einfamilienhaus

Heute am ***

988

erschienen vor mir

***
Notar in ***
mit der Geschäftsstelle in ***

1. ***
geboren am ***,
wohnhaft ***
*** *[Güterstand]*

im Folgenden auch: „**Veräußerer**" oder „**Verkäufer**" –

2. ***
geboren am ***,
wohnhaft ***
*** *[Güterstand]*

– im Folgenden auch: „**Erwerber**" oder „**Käufer**" –

– Verkäufer und Käufer gemeinsam auch: „Beteiligte", „Erschienene" oder „Vertragsteile"

3. [*ggf.:* *** *[Ehegatte des Veräußerers bei § 1365 BGB-Konstellation; Berechtigter eines zu löschenden Abt. II/III-Rechts etc]*
geboren am ***,
wohnhaft ***
*** *[Güterstand]]*

Die Erschienenen wiesen sich aus durch Vorlage ihrer amtlichen mit Lichtbild versehenen Ausweise [*Alt.:* sind persönlich bekannt].

Die Vertragsteile erklären, dass sie diesen Vertrag nicht in Ausübung einer gewerblichen oder selbständigen beruflichen Tätigkeit abschließen und für eigene Rechnung handeln.

[*Alt. bei Verbrauchervertrag iSv § 17 Abs. 2a BeurkG:* Die Vertragsteile erklären, für eigene Rechnung zu handeln. *** *[Verbraucher]* erklärt, den Vertragsentwurf durch Übersendung durch den Notar am *** erhalten und somit ausreichend Gelegenheit gehabt zu haben, sich rechtzeitig damit vertraut zu machen.]

[*ggf.:* Der Notar erläuterte das Mitwirkungsverbot gemäß § 3 Abs. 1 Nr. 7 BeurkG. Die Erschienenen verneinten die Frage des Notars nach einer Vorbefassung im Sinne dieser Vorschrift.]

Ich, der Notar, habe mich am *** über den Grundbuchinhalt unterrichtet.

Die Beteiligten erklären bei gleichzeitiger Anwesenheit, was folgt:

Wir schließen hiermit den folgenden

KAUFVERTRAG.

I.
Grundbuchstand

Im Grundbuch des Amtsgerichts *** für *** ist der nachbezeichnete Grundbesitz der Gemarkung *** vorgetragen:

Flurstück *   Gebäude- und Freifläche   zu *** qm,

– im Folgenden auch: „**Vertragsgegenstand**" –.

Auf vorstehendem Grundbesitz befindet sich nach Angaben der Beteiligten ein im Jahr *** errichtetes Einfamilienhaus.

[*ggf.:* Eine Flurkarte ist dieser Urkunde zu Informationszwecken beigefügt.]

Als Eigentümer ist/sind *** [*ggf.: Beteiligungsverhältnis angeben]* im Grundbuch eingetragen.

Zum Zeitpunkt der Grundbucheinsicht war der Vertragsgegenstand in Abteilung II und III des Grundbuchs lastenfrei vorgetragen.

[*Alt.:* Zum Zeitpunkt der Grundbucheinsicht waren auf dem Vertragsgegenstand folgende Belastungen vermerkt:

In Abteilung II:

***

In Abteilung III:

***]

II.
Verkauf, Vormerkung und Auflassung

1. Verkauf

*** [*Verkäufer]*

verkauft

den Vertragsgegenstand mit allen Rechten und dem gesetzlichen Zubehör zum Alleineigentum [*Alt.:* Miteigentum je zur Hälfte *etc*]

an

*** [*Käufer].*

2. Eigentumsvormerkung

Der Verkäufer bewilligt zur Sicherung des vorstehend begründeten Anspruchs des Käufers auf Eigentumsverschaffung eine

Vormerkung

gemäß § 883 BGB an dem Vertragsgegenstand in das Grundbuch einzutragen.

Der Käufer bewilligt, diese Vormerkung bei Eigentumsumschreibung wieder zu löschen, wenn seit Eintragung der Vormerkung keine Zwischeneintragungen ohne seine Zustimmung erfolgt sind.

[*ggf. Löschungsvorkehrungen:* Die Vormerkung steht unter der **auflösenden Bedingung** der Einreichung einer vom Grundbuchamt inhaltlich nicht zu prüfenden Erklärung des amtierenden Notars beim Grundbuchamt, dass der gesicherte Anspruch nicht besteht.

Der Notar wird angewiesen, die vorstehende Erklärung nur dann zu erstellen und dem Grundbuchamt einzureichen, wenn
a) er die Kaufpreisfälligkeitsmitteilung an den Käufer versandt hat, und
b) der Verkäufer dem Notar gegenüber schriftlich erklärt hat, wegen Zahlungsverzugs vom Vertrag zurückgetreten zu sein, und
c) der Notar dem Käufer an dessen dem Notar zuletzt bekannt gemachte Adresse (schriftlich und unter Übersendung einer Kopie der Erklärung des Verkäufers) mitgeteilt hat, dass er nach Ablauf einer Frist von sechs Wochen ab dem Datum der Mitteilung die die auflösende Bedingung darstellende Erklärung erstellen und dem Grundbuchamt einreichen werde, und
d) der Käufer innerhalb der Sechs-Wochen-Frist dem Notar weder den Nachweis der Kaufpreiszahlung noch der Erhebung einer Klage auf Feststellung erbracht hat, den Kaufpreis nicht oder nur in der bereits entrichteten Höhe zu schulden, noch substan-

tiert Gründe dargelegt hat, wonach der Kaufpreis nicht fällig ist oder ein Zurückbehaltungsrecht besteht.

Weist der Käufer durch Bankbestätigung Teilzahlungen auf den Kaufpreis nach, darf der Notar die vorstehende Erklärung nur abgeben, wenn ihm die Rückzahlung durch Bankbestätigung nachgewiesen oder der Betrag auf ein Notaranderkonto mit der unwiderruflichen Anweisung eingezahlt ist, diesen nach Löschung der Vormerkung an den Käufer zurückzuzahlen.

Bei Unzustellbarkeit von Sendungen an den Käufer ist der Notar nicht zu Nachforschungen verpflichtet. Der Käufer sollte daher einen Wechsel seiner Anschrift unverzüglich mitteilen.]

3. Auflassung

Die Vertragsteile sind über den vereinbarten Eigentumsübergang an dem Vertragsgegenstand nach Abschnitt II. 1. dieser Urkunde

einig

und bewilligen die Eigentumsumschreibung im Grundbuch. Die Eintragungsbewilligung steht unter der **aufschiebenden Bedingung**, dass der Notar den Antrag auf Eigentumsumschreibung beim Grundbuchamt stellt.[1906]

Der Notar wird unwiderruflich angewiesen, diesen Antrag erst zu stellen und wird vorsorglich bevollmächtigt, die Eigentumsumschreibung zu bewilligen, wenn ihm der Verkäufer die Zahlung des geschuldeten Kaufpreises bestätigt oder ihn zur Antragstellung ermächtigt hat (jeweils schriftlich) oder ihm die Bezahlung des in dieser Urkunde vereinbarten Kaufpreises sonst nachgewiesen worden ist. Der Verkäufer verpflichtet sich, vorstehende Bestätigung nach Zahlung unaufgefordert abzugeben.

Das Grundbuchamt hat das Vorliegen dieser Voraussetzung nicht zu überprüfen.

III.
Kaufpreis; Fälligkeit

1. Verkauf

Der Kaufpreis beträgt EUR ***

– in Worten Euro ***.

Hiervon entfallen auf Grund und Boden EUR ***

und auf das Gebäude EUR ***.

2. Kaufpreisfälligkeit

Der Kaufpreis ist fällig nach Zugang der Fälligkeitsmitteilung des Notars [*ggf.:* und der Mitteilung des Verkäufers über die vertragsgemäße Räumung] beim Käufer [*ggf.:* nicht jedoch vor dem *** [Datum]].

Der Notar wird angewiesen, dem Käufer die Fälligkeitsmitteilung durch einfachen Brief [*Alt.:* Einwurfeinschreiben bzw. Einschreiben mit Rückschein] an dessen zuletzt bekannt gemachte Adresse zu senden, wenn folgende Voraussetzungen vorliegen:
a) Die Eigentumsvormerkung ist für den Käufer im Grundbuch im unmittelbaren Rang nach den derzeit eingetragenen Belastungen eingetragen; im Interesse des Käufers bestellte Finanzierungsgrundpfandrechte dürfen der Vormerkung im Rang auch vorgehen.
b) Es liegt ein Negativzeugnis nach dem BauGB über das Nichtbestehen oder die Nichtausübung etwaiger gesetzlicher Vorkaufsrechte in grundbuchtauglicher Form vor.

[1906] Näher zu dieser, bereits mehrfach problemlos praktizierten Gestaltungsvariante *Weber/Wesiack* DNotZ 2019, 164 ff.

c) Alle zur Wirksamkeit des Vertrags erforderlichen privaten und behördlichen Genehmigungen liegen in grundbuchtauglicher Form vor. [*Alt. einzuholende Genehmigung konkret bezeichnen:* Die Genehmigung bzw. das Negativzeugnis nach dem Grundstücksverkehrsgesetz liegt in grundbuchtauglicher Form vor.]

d) Für alle gegenüber der Eigentumsvormerkung vorrangigen, nicht übernommenen Belastungen und Beschränkungen liegen die erforderlichen Freistellungsunterlagen in grundbuchtauglicher Form entweder auflagenfrei oder lediglich unter Auflagen vor, zu deren Erfüllung der geschuldete Kaufpreis ausreicht.

[*ergänzend bei zu löschenden privaten Abt. II oder III-Rechten, bei denen die Löschungsunterlagen bei Beurkundung noch nicht vorliegen und deren Löschung voraussichtlich von der Erfüllung von Treuhandauflagen abhängig gemacht wird:* Zudem hat sich der Gläubiger zur Aufgabe der in Abt. II/III unter lfd. Nr. *** eingetragenen Belastung verpflichtet und eine diesen Anspruch sichernde Vormerkung ist zugunsten des Käufers bei diesem Recht im Grundbuch eintragen.]

[*ggf., insbesondere bei ohne Auflagen zu löschenden Abt. II oder III-Rechten, bei denen die Löschungsunterlagen bei Beurkundung vorliegen:* Die in Abt. II unter lfd. Nr. *** und die in Abt. III unter lfd. Nr. *** eingetragenen Belastungen sind gelöscht.]

[*ggf.:* Weitere, vom Notar nicht zu prüfende Voraussetzung der Fälligkeit ist die vertragsgemäße **Räumung** des Vertragsgegenstands. Der Verkäufer hat dem Käufer die Räumung in Textform mitzuteilen und ihm Gelegenheit zur Prüfung zu geben.]

3. Zahlungsempfänger

Machen Gläubiger die Verwendbarkeit ihrer Freistellungsunterlagen von Ablösezahlungen abhängig, sind diese vom Käufer entsprechend der Fälligkeitsmitteilung des Notars in Anrechnung auf den Kaufpreis unmittelbar an diese Gläubiger zu leisten. Erwerber und Notar brauchen nicht nachzuprüfen, ob die Auflagen der Gläubiger berechtigt bzw. richtig sind. Dem Verkäufer ist bekannt, dass bei vorzeitiger Kündigung eines Darlehens eine Vorfälligkeitsentschädigung anfallen kann.

Der Kaufpreis/Restkaufpreis ist auf folgendes Verkäuferkonto zu überweisen:

Bank: ***

IBAN: ***

4. Zahlungsverzug

Zahlt der Käufer bei Fälligkeit nicht (Zahlungseingang auf Empfängerkonto maßgeblich), gerät er ohne Mahnung in Verzug. Über die gesetzlichen Verzugsfolgen (Verzugszinsen, ggf. Schadensersatzanspruch und/oder Rücktrittsrecht) hat der Notar belehrt. Verzug tritt jedoch erst nach Ablauf von zehn Bankarbeitstagen nach Zugang der Fälligkeitsmitteilung [*Alt. bei Räumung:* der letzten Mitteilung] nach Ziffer 2 ein.

5. Zwangsvollstreckungsunterwerfung

Wegen seiner Verpflichtung zur Zahlung des vorstehend vereinbarten Kaufpreises nebst etwaiger Verzugszinsen unterwirft sich der Käufer [*ggf. bei mehreren Käufern:* als Gesamtschuldner] der sofortigen Zwangsvollstreckung aus dieser Urkunde in sein gesamtes Vermögen. Zwecks Bestimmtheit gelten Zinsen in Höhe von *** % ab dem *** [*Datum]* als geschuldet. Eine vollstreckbare Ausfertigung ist dem Verkäufer nach Absendung der notariellen Fälligkeitsmitteilung ohne weiteren Nachweis zu erteilen. Eine Beweislastumkehr ist damit nicht verbunden.

IV.
Übergang von Besitz, Nutzen und Lasten; Erschließung

1. Besitz und Lasten

Der Verkäufer hat dem Käufer den Besitz und die Nutzungen Zug um Zug gegen Kaufpreiszahlung [*Alt. bei vermieteten Objekten:* an dem auf die vollständige Zahlung des Kaufpreises folgenden Tag (0.00 Uhr)] zu verschaffen (im Folgenden auch: „Besitzübergang"). Mit Besitzübergang – spätestens jedoch bei Eintritt von Zahlungsverzug – gehen öffentliche sowie private Lasten, Haftung, Verkehrssicherung und die Gefahr der unverschuldeten Zerstörung oder Beschädigung des Vertragsgegenstands auf den Käufer über.

Spätestens bei Besitzübergang hat der Verkäufer dem Käufer sämtliche bei ihm vorhandenen Unterlagen im Zusammenhang mit dem Vertragsgegenstand im Original zu übergeben.

[*ggf. detaillierter:* Hierzu gehören insbesondere folgende Unterlagen: *** *[zB Bau- und Bestandspläne, Baugenehmigung, Grundsteuerbescheide und Einheitswertbescheide, Versicherungsurkunden, Energieausweis im Original etc].*]

2. Zwangsvollstreckungsunterwerfung

Wegen seiner Verpflichtung zur Besitzübergabe unterwirft sich der Verkäufer der sofortigen Zwangsvollstreckung aus dieser Urkunde. Eine vollstreckbare Ausfertigung ist dem Käufer nach Absendung der notariellen Fälligkeitsmitteilung ohne weiteren Nachweis zu erteilen [*ggf. bei Räumungsverpflichtung:* nicht jedoch vor dem *** *[Datum]*]. Eine Beweislastumkehr ist damit nicht verbunden.

3. Versicherungen

Der Verkäufer hat dem Käufer das Bestehen der Gebäudeversicherung nachgewiesen. Der Notar hat darauf hingewiesen, dass nach dem Versicherungsvertragsgesetz nicht innerhalb eines Monats nach Eigentumsumschreibung gekündigte Gebäudeversicherungen kraft Gesetzes auf den Käufer übergehen und der Eigentumswechsel der Versicherung unverzüglich mitzuteilen ist.

Bedingt durch Zahlung des geschuldeten Kaufpreises tritt der Verkäufer an den dies annehmenden Käufer alle Ansprüche gegen Gebäudeversicherungen ab, soweit sie ab Besitzübergang für das Vertragsobjekt entstehen.

4. Erschließung

Der Verkäufer trägt alle Erschließungsbeiträge nach dem BauGB und sonstige Anliegerbeiträge für heute ganz oder teilweise tatsächlich vorhandene Anlagen, unabhängig davon, ob sie bereits durch Zustellung eines Beitragsbescheides festgesetzt wurden. Im Übrigen gehen solche Beiträge zu Lasten des Käufers.

Der Verkäufer versichert, dass insoweit Rückstände nicht bestehen und dass ihm keine noch nicht abgerechneten Erschließungsmaßnahmen im vorgenannten Sinne bekannt sind.

Der Notar hat darauf hingewiesen, dass die Gemeinde den jeweiligen Grundstückseigentümer unabhängig von der vorstehenden Regelung zur Zahlung heranziehen kann, da die Beitragsschuld als öffentliche Last auf dem Grundbesitz ruht. Von der Möglichkeit, bei der zuständigen Behörde Auskunft über den Erschließungszustand einzuholen, haben die Beteiligten [*ggf.:* keinen] Gebrauch gemacht.

V.
Haftung für Mängel

1. Besitz- und Eigentumsverschaffung; Lastenfreistellung

Der Verkäufer hat dem Käufer den Vertragsgegenstand frei von Rückständen an öffentlichen Abgaben und Lasten, frei von im Grundbuch eingetragenen Belastungen und Beschränkungen, von Miet-, Pacht- und sonstigen Nutzungsverhältnissen zu verschaffen, soweit diese vom Käufer nicht ausdrücklich übernommen oder mit seiner Zustimmung bestellt werden.

Die im Grundbuch [*ggf. wenn nur einzelne Rechte gelöscht werden:* in Abt. II unter lfd. Nr. *** und/oder Abt. III unter lfd. Nr. ***] eingetragenen Belastungen werden nicht übernommen und sollen gelöscht werden. Der Notar wird angewiesen, die Löschungs- bzw. Freigabeunterlagen für alle Beteiligten einschließlich etwaiger Finanzierungsgläubiger des Erwerbers (§ 328 BGB) ggf. im Rahmen einer Freistellungsvereinbarung zu treuen Händen unter Übersendung eines Entwurfs anzufordern, entgegenzunehmen und im Zusammenhang damit vom Gläubiger etwa gemachte Treuhandaufträge zu übernehmen.

[*ggf. bei zu löschenden privaten Rechten empfehlenswert, bei denen die Löschungsunterlagen heute noch nicht vorliegen:* Die Löschungsunterlagen für das in Abt. II/III unter lfd. Nr. *** eingetragene Recht sind dergestalt einzuholen, dass zugunsten des Erwerbers eine Löschungsvormerkung am betroffenen Recht einzutragen ist.]

Diese Anweisung lässt die Verpflichtung des Verkäufers zur Beschaffung der Lastenfreistellungsunterlagen, für die er dem Käufer verschuldensunabhängig einzustehen hat, unberührt. Die Unterlagen hat der Verkäufer innerhalb von 12 (zwölf) Wochen seit heute zu beschaffen.

[*ggf.:* Der Käufer übernimmt die in Abt. II unter ldf. Nr. *** eingetragene Belastung zur weiteren Duldung und Erfüllung.]

Der Verkäufer garantiert, dass Bindungen aufgrund sozialer Wohnraumförderung nicht bestehen und dass der Vertragsgegenstand frei von nicht übernommenen Zinsen, Steuern und Abgaben übertragen wird.

Der Verkäufer haftet nicht für die Freiheit des Vertragsgegenstandes von etwaigen gesetzlichen Veränderungsverboten, Vorkaufsrechten, Grunderwerbsrechten, außerhalb des Grundbuchs bestehenden Dienstbarkeiten und nachbarrechtlichen Beschränkungen. Er versichert, dass ihm solche Belastungen nicht bekannt sind.

2. Sachmängel

Der Käufer hat den Vertragsgegenstand eingehend besichtigt. Verkauft wird dieser genau in dem Sachzustand, in dem er sich zur Zeit der Besichtigung befand. Ansprüche des Käufers wegen bei Besichtigung vorhandener Mängel des Vertragsgegenstands sind, soweit in dieser Urkunde keine besonderen Regelungen zur Beschaffenheit getroffen sind, ausgeschlossen.

Eine besondere vertragliche Beschaffenheit, für die der Veräußerer einzustehen hätte, ist nicht vereinbart, insbesondere nicht für

– eine bestimmte Größe des Grundstücks oder der Baulichkeiten,
– das Vorhandensein bestimmter technischer oder baulicher Anlagen oder Bauteile bzw. der Mangelfreiheit derselben,
– eine bestimmte Ertragsfähigkeit,
– die Verwendbarkeit.

Öffentliche Äußerungen oder Angaben aus etwaigen Anzeigen oder Exposés begründen ausdrücklich keine Soll-Beschaffenheit des Vertragsgegenstands.

Wegen etwaiger bis zum Gefahrübergang entstehender Schäden hat der Käufer gegen den Verkäufer nur insoweit Rechte, als sie das Maß der gewöhnlichen Abnutzung über-

steigen. Diesbezügliche Ansprüche des Käufers verjähren innerhalb von drei Monaten ab Übergabe.

Der Verkäufer versichert, dass er keine Kenntnis hat von

– verborgenen wesentlichen Mängeln, die ohne besondere Sachkunde nicht erkennbar sind,
– von Umständen, aus denen sich der Verdacht auf schädliche Bodenveränderungen oder Altlasten im Sinne des BBodSchG ergibt,
– von Umständen, aus denen sich ein baurechtswidriger Zustand ergibt (etwa nicht genehmigte An- oder Umbauten),[1907]
– von Baulasten/übernommenen Abstandsflächen zugunsten von Nachbargrundstücken,[1908]
– von denkmalrechtlichen Beschränkungen des Vertragsgegenstands,
– von öffentlich-rechtlichen Nutzungsbeschränkungen oder unerfüllten behördlichen Auflagen oder Anordnungen.

[*ggf.:* Von der Möglichkeit, das Baulastenverzeichnis einzusehen, haben die Beteiligten [*ggf.:* keinen] Gebrauch gemacht.]

Schadensersatzansprüche hat der Käufer nur bei vorsätzlichem Verhalten des Verkäufers.

[*Alt. in AGB-Konstellation, zB B2C-Vertrag:* Beschränkungen der Verkäufergewährleistung in diesem Vertrag gelten nicht für mindestens grob fahrlässig verursachte Schäden sowie für Schäden aus einer fahrlässigen Verletzung des Lebens, des Körpers oder der Gesundheit. Der Pflichtverletzung des Verkäufers steht die seines gesetzlichen Vertreters oder Erfüllungsgehilfen gleich.]

[*ggf. wegen § 307 Abs. 2 Nr. 2 BGB:* Der Verkäufer haftet zudem dafür, dass sich die Heizung, die Wasseranlagen, die Stromversorgung und die vorhandenen Elektroanlagen bei Besitzübergang in einem funktionstauglichen Zustand befinden.]

Soweit dem Verkäufer noch Gewährleistungsrechte gegen Dritte betreffend den Vertragsgegenstand zustehen, tritt er diese bedingt durch Zahlung des geschuldeten Kaufpreises an den dies annehmenden Käufer ab, ohne für Bestand und Durchsetzbarkeit dieser Rechte einzustehen.

VI.
Räumung

Der Vertragsgegenstand steht leer.

[*Alt.:* Der Vertragsgegenstand wird derzeit noch vom Verkäufer bewohnt. Dieser verpflichtet sich, den Vertragsgegenstand bis zum Ablauf des

*** [Datum]

von allen nicht mitverkauften Sachen zu räumen und grob zu reinigen. Auf Verlangen ist dem Käufer eine Besichtigung zur Kontrolle der ordnungsgemäßen Räumung zu ermöglichen.

Bei Fristüberschreitung ist der Verkäufer verpflichtet, dem Käufer als pauschalierten Schadenersatz für jede angefangene Woche der Überschreitung einen Betrag in Höhe von *** EUR zu zahlen, der mit dem Kaufpreis verrechnet werden kann. Der Nachweis eines höheren oder geringeren Schadens bleibt wechselseitig vorbehalten, ebenso weitergehende Schadensersatzansprüche. Die Räumungsverpflichtung besteht fort.

[1907] Sofern der Verkäufer die Immobilie selbst hat errichten lassen, sollte er für die baurechtliche Zulässigkeit über eine bloße Wissenserklärung hinaus einstehen müssen.
[1908] Qualifizierung als Sach- bzw. Rechtsmangel streitig, → § 1 Rn. 23.

Wegen seiner Räumungsverpflichtung unterwirft sich der Verkäufer der sofortigen Zwangsvollstreckung aus dieser Urkunde. Eine vollstreckbare Ausfertigung ist dem Käufer nach dem oben genannten Termin ohne weiteren Nachweis zu erteilen.

Ab einer Fristüberschreitung von *** Wochen ist der Käufer ohne weitere Fristsetzung zum Rücktritt vom Vertrag berechtigt.]

[*Alt.:* VI.
Mietvertrag

1. Der Vertragsgegenstand ist vermietet.

Der Käufer kennt den Mieter und den Mietvertrag. Eine Kopie des Vertrages wurde ihm bereits übergeben. Das Original ist unverzüglich nach Kaufpreiszahlung zu übergeben. Der Verkäufer garantiert, dass er mit dem Mieter keine anderen Vereinbarungen als die darin niedergelegten getroffen hat. Neue Vertragsabschlüsse und Vertragsänderungen bedürfen ab sofort der vorherigen schriftlichen Zustimmung des Käufers.

Der Käufer tritt im Innenverhältnis bereits mit Wirkung zum Besitzübergang in alle Rechte und Pflichten des Verkäufers aus dem Mietverhältnis ein. Die Vertragsteile sind sich über die Abtretung aller Ansprüche des Verkäufers aus dem Mietverhältnis ab dem Tag des Besitzübergangs einig. Der Käufer hat den Verkäufer ab diesem Zeitpunkt von jeglicher Haftung aus dem Mietverhältnis (auch gegenüber Dritten) auf erstes Anfordern freizustellen, insbesondere von Ansprüchen, die aus dem Gebrauch nachstehender Ermächtigung bzw. Vollmacht resultieren.

Vom Mieter geleistete Vorauszahlungen auf die Nebenkosten sollen zwischen den Vertragsteilen zum Zeitpunkt des Besitzübergangs abgerechnet werden.

Der Notar hat darauf hingewiesen, dass
– der Käufer nach § 566 Abs. 1 BGB mit Eigentumsübergang kraft Gesetzes anstelle des Verkäufers in alle Rechte und Pflichten aus dem Mietverhältnis in seinem jetzigen Bestand eintritt;
– der Verkäufer nach § 566 Abs. 2 BGB für die vom Käufer zu erfüllenden vertraglichen Vermieterpflichten wie ein selbstschuldnerischer Bürge haftet. Von dieser Haftung wird er befreit, wenn er dem Mieter den Eigentumsübergang mitteilt und der Mieter das Mietverhältnis nicht zum nächstzulässigen Termin kündigt;
– die Kündigung von Mietverhältnissen aufgrund gesetzlicher Kündigungsschutzbestimmungen schwierig sein kann.
– [*ggf. bei Veräußerung an Personengesellschaften oder Personenmehrheiten –* *Ausnahme: Familien- oder Haushaltsangehörige bzw. WEG-Umwandlung vor Überlassung der Miete*räume: eine Kündigungsbeschränkung nach § 577a Abs. 1a BGB bestehen kann.]

[*Alt. folgende Hinweise im Fall der Veräußerung von Miteigentumsbruchteilen unter Miteigentümern:*[1909] Der Notar hat darauf hingewiesen, dass das Mietverhältnis aufgrund der bereits vor Veräußerung bestehenden Vermieterstellung des Käufers voraussichtlich nicht automatisch mit Eigentumsübergang gemäß § 566 Abs. 1 BGB auf diesen übergeht. Gleichwohl sollte dem Mieter der Eigentumswechsel vorsorglich angezeigt werden (§ 566 Abs. 2 BGB). Der Notar hat den Vertragsteilen empfohlen, auf eine Vereinbarung mit dem Mieter hinzuwirken, wonach der Käufer das Mietverhältnis im Außenverhältnis als alleiniger Vermieter unter Haftentlassung des Verkäufers übernimmt. Der Notar wird nicht beauftragt, insoweit tätig zu werden. Die Veranlassung des

---

[1909] Näher *Herrler* MittBayNot 2019, 323.

Eigentumsübergangs soll ausdrücklich nicht von einer entsprechenden Haftentlassung im Außenverhältnis abhängig gemacht werden.[1910]]

Die Mieterverständigung werden die Beteiligten selbst vornehmen.

2. Garantien über die Höhe des Mietertrages oder den Mieteingang werden nicht vereinbart. Der Verkäufer garantiert aber,
– dass er keine Mietvorauszahlungen für die Zeit nach dem Besitzübergang erhalten hat und auch nicht entgegennehmen wird,
– dass er keine Vorausverfügung über die Miete getroffen hat,
– dass derzeit keine Mietrückstände bestehen, kein Mieter eine Mietminderung oder einen Mieteinbehalt geltend macht und weder gerichtlich noch außergerichtlich Mietstreitigkeiten geführt werden und
– dem Mieter bei Beendigung des Mietverhältnisses keine Verwendungsersatz- oder Wegnahmeansprüche zustehen.

3. Der Verkäufer ermächtigt und bevollmächtigt den Käufer hiermit unwiderruflich und mit dem Recht zur Erteilung von Untervollmacht in gleichem Umfang, ab dem Tag des Besitzübergangs für ihn jegliche im Zusammenhang mit dem Mietverhältnis nach Ansicht des Bevollmächtigten erforderlichen oder zweckmäßigen Erklärungen abzugeben und entgegenzunehmen, insbesondere Kündigungen, Mieterhöhung, Mietvertragsänderung oder Ankündigung von Modernisierungsmaßnahmen. Auf Verlangen des Käufers ist diese Ermächtigung bzw. Vollmacht schriftlich zu gesonderter Urkunde zu erteilen.

4. Eine Mietsicherheit wurde vom Mieter nicht geleistet.

[*Alt.:* Der Mieter hat eine Mietsicherheit in Form einer *** in Höhe von EUR *** geleistet. Der Käufer tritt mit Besitzübergang in alle Rechte und Pflichten aus der dazu getroffenen Vereinbarung ein. Die Mietsicherheit ist dem Käufer nach Kaufpreiszahlung zu übertragen. Der Verkäufer wurde darauf hingewiesen, dass er ohne zeitliche Beschränkung für die Rückgabe der Sicherheit bei Beendigung des Mietverhältnisses weiterhaftet, wenn der Mieter diese vom Käufer nicht erlangen kann, bis er vom Mieter aus dieser Verpflichtung entlassen wird. Der Notar wird nicht beauftragt, hierzu tätig zu werden.]]

VII.
Hinweise

Die Beteiligten wurden insbesondere auf Folgendes hingewiesen:
1. Das Eigentum geht erst mit der Eigentumsumschreibung im Grundbuch auf den Käufer über. Die Umschreibung kann erst erfolgen, wenn
   a) die Kaufpreiszahlung dem Notar nachgewiesen ist,
   b) die Unbedenklichkeitsbescheinigung des Finanzamtes wegen der Grunderwerbsteuer erteilt ist,
   c) eine Bescheinigung über das Nichtbestehen oder die Nichtausübung etwa bestehender gesetzlicher Vorkaufsrechte vorliegt.
2. Alle zwischen den Vertragsteilen getroffenen Vereinbarungen, insbesondere die vom Käufer zu erbringenden Gegenleistungen, müssen richtig und vollständig beurkundet werden. Abreden außerhalb der Urkunde können zur Unwirksamkeit des ganzen Vertrags führen.
3. Private Veräußerungsgeschäfte können der Einkommensteuer unterliegen. Eine steuerliche Beratung hat der Notar nicht übernommen.

[1910] Sofern ein relevantes Haftungsrisiko des Vermieters im Raum steht bzw. eine fortbestehende Haftung des Veräußerers für nicht hinnehmbar erachtet wird, sollte eine Haftentlassung im Außenverhältnis vorgesehen und die Eigentumsumschreibung davon abhängig gemacht werden.

4. Alle Vertragsteile haften kraft Gesetzes gesamtschuldnerisch für die Grunderwerbsteuer und alle Kosten bei Gericht und Notar.
5. Die Bestimmungen des § 16 EnEV.

VIII.
Vorkaufsrechte; Vollzugsauftrag; Vollmacht

1. Der Notar wird beauftragt und ermächtigt, eine Bescheinigung über das Nichtbeste-
   hen oder die Nichtausübung etwa bestehender gesetzlicher Vorkaufsrechte nach dem
   BauGB einzuholen und entgegenzunehmen.
   Bei vollständiger oder teilweiser Ausübung des Vorkaufsrechtes ist jeder Vertragsteil
   zum Rücktritt vom Vertrag berechtigt. Darüber hinaus stehen dem Käufer gegen den
   Verkäufer keine Rechte zu. Für den Fall der Ausübung des Vorkaufsrechtes tritt der
   Verkäufer alle aus der Ausübung des Vorkaufsrechts gegen den Vorkaufsberechtigten
   entstehenden Ansprüche sicherungshalber an den Käufer ab; der Käufer wird diese
   Abtretung dem Vorkaufsberechtigten selbst anzeigen.
2. Die Vertragsteile beauftragen und bevollmächtigen den Notar unter Befreiung von
   den Beschränkungen des § 181 BGB, sie im Grundbuchverfahren umfassend zu vertreten, Anträge aus dieser Urkunde getrennt oder geteilt zu stellen, zu ändern und
   zurückziehen, und alle sonst zum Vollzug dieser Urkunde im Grundbuch erforderlichen oder zweckdienlichen Erklärungen abzugeben, anzufordern und für alle Vertragsteile entgegenzunehmen. Alle Vollzugsmitteilungen des Grundbuchamtes sind
   an den beurkundenden Notar zu senden.
   Sie bevollmächtigen ferner die Angestellten des Notars *** je einzeln und unter Befreiung von den Beschränkungen des § 181 BGB, alle zur Durchführung des Vertrages erforderlichen oder zweckdienlichen Erklärungen einschließlich Auflassungs- und
   Freigabeerklärungen sowie Ergänzungs- und Berichtigungserklärungen abzugeben
   und entgegenzunehmen.

IX.
Inventar

Inventar und Mobiliar im Vertragsgegenstand ist nicht mitverkauft.

[*Alt.:* Mitverkauft und im Kaufpreis mit einem Betrag von EUR *** enthalten sind: ***
*[gerade bei höheren Beträgen möglichst präzise Angaben zwecks Vermeidung von
Rückfragen des Finanzamts empfehlenswert].*

Eine nachträgliche andere Bewertung dieser mitverkauften Gegenstände soll den Kaufpreis nicht verändern. Die mitverkauften Gegenstände sind gleichzeitig mit der Immobilie zu übergeben. Die Vertragsteile sind darüber einig, dass das Eigentum hieran mit
Zahlung des vollständigen Kaufpreises übergeht. Ansprüche des Käufers wegen Mängeln dieser Gegenstände sind [*ggf. im Falle einer AGB-Konstellation:* soweit nicht in
Abschnitt V. 2 abweichend geregelt] ausgeschlossen.] Vertragsstörungen wegen des
mitverkauften Inventars lassen den Grundstückskauf unberührt.

X.
Mitwirkung bei der Finanzierung

1. Der Verkäufer verpflichtet sich zum Zweck der Kaufpreisfinanzierung bei der Bestellung von Grundpfandrechten nebst Zinsen und Nebenleistungen in beliebiger Höhe
   am Vertragsgegenstand mitzuwirken und diesen der sofortigen Zwangsvollstreckung
   nach § 800 ZPO zu unterwerfen. Der Verkäufer ist vom Käufer von allen im Zusammenhang mit der Grundpfandrechtsbestellung entstehenden Kosten freizustellen.
   Die Grundpfandrechte dürfen nur zugunsten von Kreditinstituten oder Versicherungen, die der deutschen Kreditaufsicht unterliegen, und zugunsten von staatlichen
   Darlehensgebern bestellt werden.

2. Die Grundpfandrechte dürfen bis zur vollständigen, mit Tilgungsbestimmung auf die Kaufpreisschuld geleisteten Zahlung des Kaufpreises [*ggf.:* nebst Grunderwerbsteuer], längstens bis zur Eigentumsumschreibung, nicht als Sicherheit genutzt werden. Die Gläubiger sind daher unwiderruflich anzuweisen, die Darlehensvaluta nur nach Maßgabe der in diesem Kaufvertrag getroffenen Vereinbarungen auszuzahlen.

3. Der Verkäufer erteilt dem Käufer Vollmacht zur Abgabe aller Erklärungen, zu denen er nach dem Vorstehenden verpflichtet ist. Die Vollmacht berechtigt dazu, Bewilligungen und Anträge abzugeben, um den Grundpfandrechten die gewünschte Rangstelle zu verschaffen. Sie ist beschränkt auf Beurkundungen vor dem Notar. Sie ist dem Grundbuchamt gegenüber unbeschränkt und gilt auch vor Erteilung der zur Wirksamkeit des Vertrages eventuell notwendigen Genehmigungen. Der Käufer übernimmt die so bestellten Grundpfandrechte mit Eigentumsumschreibung. Alle Eigentümerrechte und übertragbaren Rechtspositionen aus dem Sicherungsvertrag werden aufschiebend bedingt durch Zahlung des vollständigen Kaufpreises an den Käufer abgetreten.

4. [*ggf. bei mehreren Käufern jedenfalls dann zweckmäßig, wenn die erforderlichen Grundpfandrechte nicht unmittelbar im Anschluss an den Kaufvertrag bestellt werden:* Mehrere Käufer werden je einzeln bevollmächtigt und bevollmächtigen sich auch untereinander in gleicher Weise einzeln und gegenseitig. Darüber hinaus bevollmächtigt jeder Käufer den jeweils anderen, auch Erklärungen zur Übernahme der persönlichen gesamtschuldnerischen Haftung für die Zahlung eines Geldbetrages in Höhe des Grundschuldbetrages (abstrakten Schuldanerkenntnis oder Schuldversprechen) abzugeben und ihn deswegen der sofortigen Zwangsvollstreckung in das gesamte Vermögen zu unterwerfen und alle Erklärungen, Bewilligungen und Anträge zur Beschaffung der bedungenen Rangstelle abzugeben, insbesondere auch den Rangrücktritt der Vormerkung hinter die bestellten Grundpfandrechte zu erklären und im Zusammenhang mit der Beurkundung eines Grundpfandrechtes Zweckbestimmungen abzugeben. Der Notar hat über die Bedeutung des abstrakten Schuldbekenntnisses, die Zwangsvollstreckungsunterwerfung und die Zweckbestimmung belehrt.]

XI.
Grundbuchanträge

Zur Eintragung im Grundbuch wird

beantragt

1. Vom Käufer die seinen Eigentumsverschaffungsanspruch sichernde Vormerkung [*ggf.:* in dem in Abschnitt II. 1. genannten Erwerbsverhältnis].

2. Vom Käufer die Eigentumsumschreibung auf ihn [*ggf.:* in dem in Abschnitt II. 1. angegebenen Erwerbsverhältnis] und die Löschung der Eigentumsvormerkung Zug um Zug mit Eigentumsumschreibung.

3. Vom Verkäufer die Löschung sämtlicher im Grundbuch zurzeit eingetragenen bzw. nach Beurkundung des Kaufvertrages noch eingetragenen Belastungen, soweit diese dem Verkäufer zustehen und deren Löschung von anderen Berechtigten bewilligt wird. Die Vertragsteile stimmen diesen Löschungen zu. Dies gilt ggf. auch für etwaige Mithaftstellen.

XII.
Kosten; Abschriften; Sonstiges

1. Sämtliche mit diesem Vertrag und seiner Durchführung verbundenen Notar- und Gerichtskosten sowie die Grunderwerbsteuer trägt der Käufer, soweit im Folgenden nichts anderes vereinbart ist.
[*ggf.:* Der Verkäufer trägt die für die Lastenfreistellung zusätzlich anfallenden Kosten bei Gericht und Notar.]

[*ggf.:* Die durch eine Nachgenehmigung ausgelösten Mehrkosten trägt die nicht vertretene Partei selbst.]

2. Von dieser Urkunde erhalten:
   Ausfertigungen:
   – die Vertragsteile,
   – das Grundbuchamt,
   einfache Abschriften:
   – das Finanzamt – Grunderwerbsteuerstelle –,
   – der zuständige Gutachterausschuss,
   beglaubigte Abschrift:
   – die zuständige Behörde zwecks Entscheidung über etwaige Vorkaufsrechte (nur auf Anforderung)
   – der Finanzierungsgläubiger des Käufers.

3. Notar im Sinne dieser Urkunde ist der beurkundende Notar, sein Sozius, deren amtlich bestellte Vertreter oder Amtsnachfolger.

4. [*ggf.: salvatorische Klausel*]

5. Der Notar ist berechtigt, unverschlüsselte E-Mails mit den Beteiligten auszutauschen. Dies gilt auch für die bereits vor dem heutigen Tage versandten E-Mails.

Diese Niederschrift wurde den Erschienenen vom Notar vorgelesen,
von ihnen genehmigt und
von ihnen und dem Notar eigenhändig wie folgt unterschrieben:

B. Kaufvertrag Eigentumswohnung

989 Heute am ***

Ʊ erschienen vor mir

***
Notar in ***
mit der Geschäftsstelle in ***

1. ***
   geboren am ***,
   wohnhaft ***
   *** [*Güterstand*]
   – im Folgenden auch: „**Veräußerer**" oder „**Verkäufer**" –

2. ***
   geboren am ***,
   wohnhaft ***
   *** [*Güterstand*]

   – im Folgenden auch: „**Erwerber**" oder „**Käufer**" –

   – Verkäufer und Käufer gemeinsam auch: „**Beteiligte**", „**Erschienene**" oder „**Vertragsteile**" –

3. [*ggf.: *** [Ehegatte des Veräußerers bei § 1365 BGB-Konstellation; Berechtigter eines zu löschenden Abt. II/III-Rechts etc]*]
   geboren am ***,
   wohnhaft ***
   *** [*Güterstand*]]

Die Erschienenen wiesen sich aus durch Vorlage ihrer amtlichen mit Lichtbild versehenen Ausweise [*Alt.:* sind persönlich bekannt].

Die Vertragsteile erklären, dass sie diesen Vertrag nicht in Ausübung einer gewerblichen oder selbständigen beruflichen Tätigkeit abschließen und für eigene Rechnung handeln.

[*Alt. bei Verbrauchervertrag iSv § 17 Abs. 2a BeurkG:* Die Vertragsteile erklären, für eigene Rechnung zu handeln. ...*** *[Verbraucher]* erklärt, den Vertragsentwurf durch Übersendung durch den Notar am *** erhalten und somit ausreichend Gelegenheit gehabt zu haben, sich rechtzeitig damit vertraut zu machen.]

[*ggf.:* Der Notar erläuterte das Mitwirkungsverbot gemäß § 3 Abs. 1 Nr. 7 BeurkG. Die Erschienenen verneinten die Frage des Notars nach einer Vorbefassung im Sinne dieser Vorschrift.]

Ich, der Notar, habe mich am *** über den Grundbuchinhalt unterrichtet.

Die Beteiligten erklären bei gleichzeitiger Anwesenheit, was folgt:

Wir schließen hiermit den folgenden

KAUFVERTRAG.

I.
Grundbuchstand

Im Wohnungsgrundbuch des Amtsgerichts *** für *** ist der nachbezeichnete Grundbesitz der Gemarkung *** vorgetragen:

/ Miteigentumsanteil

an dem

Flurstück ***   **Gebäude- und Freifläche**   zu *** qm,

verbunden mit dem Sondereigentum an der Wohnung Nr. *** laut Aufteilungsplan

      – im Folgenden auch: „**Vertragsgegenstand**" oder „**Wohnungseigentum**" –.

Sondernutzungsrechte bestehen zugunsten des Vertragsgegenstands nach Angaben des Veräußerers nicht.

Als Eigentümer ist/sind *** [*ggf.: Beteiligungsverhältnis*] im Grundbuch eingetragen.

Verwalter des Wohnungseigentums ist nach Angaben des Veräußerers ***.

Ausweislich des Grundbuchs und nach Angaben des Veräußerers ist für die heutige Veräußerung des Wohnungseigentums die [*Alt.:* keine] Zustimmung des Verwalters erforderlich.

Zum Zeitpunkt der Grundbucheinsicht war der Vertragsgegenstand in Abteilung II und III des Grundbuchs lastenfrei vorgetragen.

[*Alt.:* Zum Zeitpunkt der Grundbucheinsicht waren auf dem Vertragsgegenstand folgende Belastungen vermerkt:

In Abteilung II:

***

In Abteilung III:

***]

II.
Verkauf, Vormerkung und Auflassung

1. Verkauf

*** *[Verkäufer]*

verkauft

den Vertragsgegenstand mit allen Rechten und dem gesetzlichen Zubehör zum Alleineigentum [*Alt.:* Miteigentum je zur Hälfte *etc*]

an

*** *[Käufer].*

2. Eigentumsvormerkung

Der Verkäufer bewilligt zur Sicherung des vorstehend begründeten Anspruchs des Käufers auf Eigentumsverschaffung eine

Vormerkung

gemäß § 883 BGB an dem Vertragsgegenstand in das Grundbuch einzutragen.

Der Käufer bewilligt, diese Vormerkung bei Eigentumsumschreibung wieder zu löschen, wenn seit Eintragung der Vormerkung keine Zwischeneintragungen ohne seine Zustimmung erfolgt sind.

[*ggf. Löschungsvorkehrungen:* Die Vormerkung steht unter der **auflösenden Bedingung** der Einreichung einer vom Grundbuchamt inhaltlich nicht zu prüfenden Erklärung des amtierenden Notars beim Grundbuchamt, dass der gesicherte Anspruch nicht besteht.

Der Notar wird angewiesen, die vorstehende Erklärung nur dann zu erstellen und dem Grundbuchamt einzureichen, wenn

a) er die Kaufpreisfälligkeitsmitteilung an den Käufer versandt hat, und
b) der Verkäufer dem Notar gegenüber schriftlich erklärt hat, wegen Zahlungsverzugs vom Vertrag zurückgetreten zu sein, und
c) der Notar dem Käufer an dessen dem Notar zuletzt bekannt gemachte Adresse (schriftlich und unter Übersendung einer Kopie der Erklärung des Verkäufers) mitgeteilt hat, dass er nach Ablauf einer Frist von sechs Wochen ab dem Datum der Mitteilung die die auflösende Bedingung darstellende Erklärung erstellen und dem Grundbuchamt einreichen werde, und
d) der Käufer innerhalb der Sechs-Wochen-Frist dem Notar weder den Nachweis der Kaufpreiszahlung noch der Erhebung einer Klage auf Feststellung erbracht hat, den Kaufpreis nicht oder nur in der bereits entrichteten Höhe zu schulden, noch substantiiert Gründe dargelegt hat, wonach der Kaufpreis nicht fällig ist oder ein Zurückbehaltungsrecht besteht.

Weist der Käufer durch Bankbestätigung Teilzahlungen auf den Kaufpreis nach, darf der Notar die vorstehende Erklärung nur abgeben, wenn ihm die Rückzahlung durch Bankbestätigung nachgewiesen oder der Betrag auf ein Notaranderkonto mit der unwiderruflichen Anweisung eingezahlt ist, diesen nach Löschung der Vormerkung an den Käufer zurückzuzahlen.

Bei Unzustellbarkeit von Sendungen an den Käufer ist der Notar nicht zu Nachforschungen verpflichtet. Der Käufer sollte daher einen Wechsel seiner Anschrift unverzüglich mitteilen.]

3. Auflassung

Die Vertragsteile sind über den vereinbarten Eigentumsübergang an dem Vertragsgegenstand nach Abschnitt II. 1. dieser Urkunde

einig

und bewilligen die Eigentumsumschreibung im Grundbuch. Die Eintragungsbewilligung steht unter der **aufschiebenden Bedingung**, dass der Notar den Antrag auf Eigentumsumschreibung beim Grundbuchamt stellt.[1911]

Der Notar wird unwiderruflich angewiesen, diesen Antrag erst zu stellen und wird vorsorglich bevollmächtigt, die Eigentumsumschreibung zu bewilligen, wenn ihm der Verkäufer die Zahlung des geschuldeten Kaufpreises bestätigt oder ihn zur Antragstellung ermächtigt hat (jeweils schriftlich) oder ihm die Bezahlung des in dieser Urkunde vereinbarten Kaufpreises sonst nachgewiesen worden ist. Der Verkäufer verpflichtet sich, vorstehende Bestätigung nach Zahlung unaufgefordert abzugeben.

Das Grundbuchamt hat das Vorliegen dieser Voraussetzung nicht zu überprüfen.

III.
Kaufpreis; Fälligkeit

1. Verkauf

Der Kaufpreis beträgt   EUR ***
– in Worten: Euro ***.

Nach Angaben des Verwalters ist dem Vertragsgegenstand ein Anteil an der Instandhaltungsrücklage in Höhe von EUR *** zugeordnet (Stand: ***), ohne dass es sich hierbei um eine geschuldete Beschaffenheit des Vertragsgegenstands handeln würde.

Vom Restkaufpreis entfallen

auf Grund und Boden   EUR ***

auf das Gebäude   EUR ***

2. Kaufpreisfälligkeit

Der Kaufpreis ist fällig nach Zugang der Fälligkeitsmitteilung des Notars [*ggf.:* und der Mitteilung des Verkäufers über die vertragsgemäße Räumung] beim Käufer [*ggf.:* nicht jedoch vor dem *** *[Datum]*].

Der Notar wird angewiesen, dem Käufer die Fälligkeitsmitteilung durch einfachen Brief [*Alt.:* Einwurfeinschreiben bzw. Einschreiben mit Rückschein] an dessen zuletzt bekannt gemachte Adresse zu senden, wenn folgende Voraussetzungen vorliegen:

a) Die Eigentumsvormerkung ist für den Käufer im Grundbuch im unmittelbaren Rang nach den derzeit eingetragenen Belastungen eingetragen; im Interesse des Käufers bestellte Finanzierungsgrundpfandrechte dürfen der Vormerkung im Rang auch vorgehen.

b) Alle zur Wirksamkeit des Vertrags erforderlichen privaten und behördlichen Genehmigungen liegen in grundbuchtauglicher Form vor.

c) Die Zustimmung des Verwalters nach dem WEG nebst dessen Bestellungsnachweis liegt in grundbuchtauglicher Form vor.

d) Für alle gegenüber der Eigentumsvormerkung vorrangigen, nicht übernommenen Belastungen und Beschränkungen liegen die erforderlichen Freistellungsunterlagen in grundbuchtauglicher Form entweder auflagenfrei oder lediglich unter Auflagen vor, zu deren Erfüllung der geschuldete Kaufpreis ausreicht.
   [*ergänzend bei zu löschenden privaten Abt. II oder III-Rechten, bei denen die Löschungsunterlagen bei Beurkundung noch nicht vorliegen und deren Löschung voraussichtlich von der Erfüllung von Treuhandauflagen abhängig gemacht wird:* Zudem hat sich der Gläubiger zur Aufgabe der in Abt. II/III unter lfd. Nr. *** eingetragenen Belastung verpflichtet und eine diesen Anspruch sichernde Vormerkung ist zugunsten des Käufers bei diesem Recht im Grundbuch eintragen.]

[1911] Näher zu dieser Gestaltungsvariante *Weber/Wesiack* DNotZ 2019, 164 ff.

[*ggf., insbesondere bei ohne Auflagen zu löschenden Abt. II oder III-Rechten, bei denen die Löschungsunterlagen bei Beurkundung vorliegen:* Die in Abt. II unter lfd. Nr. *** und die in Abt. III unter lfd. Nr. *** eingetragenen Belastungen sind gelöscht.]

[*ausnahmsweise Verwalterzustimmung keine Fälligkeitsvoraussetzung bei gewünschtem zeitnahem Besitzübergang und sonst drohender Verzögerung, also ohne lit. c:*[1912] Aufgrund der im Grundbuch eingetragenen Veräußerungsbeschränkung nach § 12 WEG ist der Kaufvertrag erst wirksam, wenn der Verwalter diesem zugestimmt hat. Für die Eigentumsumschreibung müssen die Verwalterzustimmung und der Nachweis der Verwaltereigenschaft dem Grundbuchamt durch öffentliche oder öffentlich beglaubigte Urkunde nachgewiesen werden. Der Verwalter darf seine Zustimmung nur verweigern, wenn in der Person eines Käufers oder der von ihnen beabsichtigten Nutzung ein wichtiger Versagungsgrund vorliegt.

Nach dem Wunsch der Vertragsteile soll mit dem Austausch der vertraglichen vereinbarten Leistungen (Zahlung Kaufpreis, Besitzübergabe) schon begonnen werden, bevor die Verwalterzustimmung vorliegt. Deren Vorliegen soll ausdrücklich nicht Voraussetzung für die Fälligkeit des Kaufpreises sein. Die in dieser Urkunde vereinbarten Pflichten gelten bis dahin als einstweilige Pflichten, die erteilten Vollmachten sind sofort wirksam.

Sollte die Verwalterzustimmung zu Recht verweigert werden, trägt jeder Vertragsteil das Risiko, dass der andere bereits erhaltene Leistungen nicht mehr zurückgeben will oder kann.[1913] Der Notar hat deshalb unter anderem eine Abstimmung mit einem etwaigen Finanzierungsgläubiger und eine Kontaktaufnahme mit dem Verwalter im Vorfeld des heutigen Vertragsschlusses empfohlen.]

[*ggf.:* Weitere, vom Notar nicht zu prüfende Voraussetzung der Fälligkeit ist die vertragsgemäße **Räumung** des Vertragsgegenstands. Der Verkäufer hat dem Käufer die Räumung in Textform mitzuteilen und ihm Gelegenheit zur Prüfung zu geben.]

3. Zahlungsempfänger

Machen Gläubiger die Verwendbarkeit ihrer Freistellungsunterlagen von Ablösezahlungen abhängig, sind diese vom Käufer entsprechend der Fälligkeitsmitteilung des Notars in Anrechnung auf den Kaufpreis unmittelbar an diese Gläubiger zu leisten. Erwerber und Notar brauchen nicht nachzuprüfen, ob die Auflagen der Gläubiger berechtigt bzw. richtig sind. Dem Verkäufer ist bekannt, dass bei vorzeitiger Kündigung eines Darlehens eine Vorfälligkeitsentschädigung anfallen kann.

Der Kaufpreis/Restkaufpreis ist auf folgendes Verkäuferkonto zu überweisen:

Bank: ***

IBAN: ***

4. Zahlungsverzug

Zahlt der Käufer bei Fälligkeit nicht (Zahlungseingang auf Empfängerkonto maßgeblich), gerät er ohne Mahnung in Verzug. Über die gesetzlichen Verzugsfolgen (Verzugszinsen, ggf. Schadensersatzanspruch und/oder Rücktrittsrecht) hat der Notar belehrt. Verzug tritt jedoch erst nach Ablauf von zehn Bankarbeitstagen nach Zugang der Fälligkeitsmitteilung [*Alt. bei Räumung:* der letzten Mitteilung] nach Ziffer 2 ein.

[1912] Vgl. Herrler/Hertel/Kesseler/*Herrler*, Aktuelles Immobilienrecht 2019, S. 188 ff.

[1913] Ggf. kann man zum Schutz des Käufers zusätzlich einen gewissen Kaufpreiseinbehalt vorsehen um sicherzustellen, dass der Verkäufer seinen Anspruch gegen den Verwalter auf Erteilung der Zustimmung nach § 12 WEG auch tatsächlich mit dem erforderlichen Nachdruck durchsetzt. Die Fälligkeit dieses Restkaufpreisteils sollte dann daran geknüpft werden, dass dem Notar die Verwalterzustimmung samt dem erforderlichen Verwalternachweis in grundbuchtauglicher Form vorliegt. Im Ergebnis muss der Notar dann eine zweite Fälligkeitsmitteilung versenden.

5. Zwangsvollstreckungsunterwerfung

Wegen seiner Verpflichtung zur Zahlung des vorstehend vereinbarten Kaufpreises nebst etwaiger Verzugszinsen unterwirft sich der Käufer [*ggf.: bei mehreren Käufern:* als Gesamtschuldner] der sofortigen Zwangsvollstreckung aus dieser Urkunde in sein gesamtes Vermögen. Zwecks Bestimmtheit gelten Zinsen in Höhe von *** % ab dem *** [*Datum*] als geschuldet. Eine vollstreckbare Ausfertigung ist dem Verkäufer nach Absendung der notariellen Fälligkeitsmitteilung ohne weiteren Nachweis zu erteilen. Eine Beweislastumkehr ist damit nicht verbunden.

IV.
Übergang von Besitz, Nutzen und Lasten; Erschließung

1. Besitz und Lasten

Der Verkäufer hat dem Käufer den Besitz und die Nutzungen Zug um Zug gegen Kaufpreiszahlung [*Alt. bei vermieteten Objekten:* an dem auf die vollständige Zahlung des Kaufpreises folgenden Tag (0.00 Uhr)] zu verschaffen (im Folgenden auch: „Besitzübergang"). Mit Besitzübergang – spätestens jedoch bei Eintritt von Zahlungsverzug – gehen öffentliche sowie private Lasten, Haftung, Verkehrssicherung und die Gefahr der unverschuldeten Zerstörung oder Beschädigung des Vertragsgegenstands auf den Käufer über.

Spätestens bei Besitzübergang hat der Verkäufer dem Käufer sämtliche bei ihm vorhandenen Unterlagen im Zusammenhang mit dem Vertragsgegenstand im Original zu übergeben.

[*ggf. detaillierter:* Hierzu gehören insbesondere folgende Unterlagen: *** [*zB Bau- und Bestandspläne, Baugenehmigung, Grundsteuerbescheide und Einheitswertbescheide, Versicherungsurkunden, Energieausweis im Original etc*].]

2. Zwangsvollstreckungsunterwerfung

Wegen seiner Verpflichtung zur Besitzübergabe unterwirft sich der Verkäufer der sofortigen Zwangsvollstreckung aus dieser Urkunde. Eine vollstreckbare Ausfertigung ist dem Käufer nach Absendung der notariellen Fälligkeitsmitteilung ohne weiteren Nachweis zu erteilen [*ggf. bei Räumungsverpflichtung:* nicht jedoch vor dem *** [*Datum*]]. Eine Beweislastumkehr ist damit nicht verbunden.

3. Versicherungen

Der Verkäufer hat dem Käufer das Bestehen der Gebäudeversicherung nachgewiesen. Der Notar hat darauf hingewiesen, dass nach dem Versicherungsvertragsgesetz nicht innerhalb eines Monats nach Eigentumsumschreibung gekündigte Gebäudeversicherungen kraft Gesetzes auf den Käufer übergehen und der Eigentumswechsel der Versicherung unverzüglich mitzuteilen ist.

Bedingt durch Zahlung des geschuldeten Kaufpreises tritt der Verkäufer an den Käufer alle Ansprüche gegen Gebäudeversicherungen ab, soweit sie ab Besitzübergang für das Vertragsobjekt entstehen.

4. Erschließung

Der Verkäufer trägt alle Erschließungsbeiträge nach dem BauGB und sonstige Anliegerbeiträge für heute ganz oder teilweise tatsächlich vorhandene Anlagen, unabhängig davon, ob sie bereits durch Zustellung eines Beitragsbescheides festgesetzt wurden. Im Übrigen gehen solche Beiträge zu Lasten des Käufers.

Der Verkäufer versichert, dass insoweit Rückstände nicht bestehen und dass ihm keine noch nicht abgerechneten Erschließungsmaßnahmen im vorgenannten Sinne bekannt sind.

Der Notar hat darauf hingewiesen, dass die Gemeinde den jeweiligen Grundstückseigentümer unabhängig von der vorstehenden Regelung zur Zahlung heranziehen kann, da die Beitragsschuld als öffentliche Last auf dem Grundbesitz ruht. Von der Möglichkeit, bei der zuständigen Behörde Auskunft über den Erschließungszustand einzuholen, haben die Beteiligten [*ggf.:* keinen] Gebrauch gemacht.

V.
Haftung für Mängel

1. Besitz- und Eigentumsverschaffung; Lastenfreistellung

Der Verkäufer hat dem Käufer den Vertragsgegenstand frei von Rückständen an öffentlichen Abgaben und Lasten, frei von im Grundbuch eingetragenen Belastungen und Beschränkungen, von Miet-, Pacht- und sonstigen Nutzungsverhältnissen zu verschaffen, soweit diese vom Käufer nicht ausdrücklich übernommen oder mit seiner Zustimmung bestellt werden.

Die im Grundbuch [*ggf. wenn nur einzelne Rechte gelöscht werden:* in Abt. II unter lfd. Nr. *** und/oder Abt. III unter lfd. Nr. ***] eingetragenen Belastungen werden nicht übernommen und sollen gelöscht werden. Der Notar wird angewiesen, die Löschungs- bzw. Freigabeunterlagen für alle Beteiligten einschließlich etwaiger Finanzierungsgläubiger des Erwerbers (§ 328 BGB) ggf. im Rahmen einer Freistellungsvereinbarung zu treuen Händen unter Übersendung eines Entwurfs anzufordern, entgegenzunehmen und im Zusammenhang damit vom Gläubiger etwa gemachte Treuhandaufträge zu übernehmen.

[*ggf. bei zu löschenden privaten Rechten empfehlenswert, bei denen die Löschungsunterlagen heute noch nicht vorliegen:* Die Löschungsunterlagen für das in Abt. II/III unter lfd. Nr. *** eingetragene Recht sind dergestalt einzuholen, dass zugunsten des Erwerbers eine Löschungsvormerkung am betroffenen Recht einzutragen ist.]

Diese Anweisung lässt die Verpflichtung des Verkäufers zur Beschaffung der Lastenfreistellungsunterlagen, für die er dem Käufer verschuldensunabhängig einzustehen hat, unberührt. Die Unterlagen hat der Verkäufer innerhalb von 12 (zwölf) Wochen seit heute zu beschaffen.

[*ggf.:* Der Käufer übernimmt die in Abt. II unter lfd. Nr. *** eingetragene Belastung zur weiteren Duldung und Erfüllung.]

Der Verkäufer garantiert, dass Bindungen aufgrund sozialer Wohnraumförderung nicht bestehen und dass der Vertragsgegenstand frei von nicht übernommenen Zinsen, Steuern und Abgaben übertragen wird.

Der Verkäufer haftet nicht für die Freiheit des Vertragsgegenstandes von etwaigen gesetzlichen Veränderungsverboten, Vorkaufsrechten, Grunderwerbsrechten, außerhalb des Grundbuchs bestehenden Dienstbarkeiten und nachbarrechtlichen Beschränkungen. Er versichert, dass ihm solche Belastungen nicht bekannt sind.

2. Sachmängel

Der Käufer hat den Vertragsgegenstand eingehend besichtigt. Verkauft wird dieser genau in dem Sachzustand, in dem er sich zur Zeit der Besichtigung befand. Ansprüche des Käufers wegen bei Besichtigung vorhandener Mängel des Vertragsgegenstands sind, soweit in dieser Urkunde keine besonderen Regelungen zur Beschaffenheit getroffen sind, ausgeschlossen.

Eine besondere vertragliche Beschaffenheit, für die der Veräußerer einzustehen hätte, ist nicht vereinbart, insbesondere nicht für
– eine bestimmte Wohnungs- oder Grundstücksgröße,
– das Vorhandensein bestimmter technischer oder baulicher Anlagen oder Bauteile bzw. der Mangelfreiheit derselben,

– eine bestimmte Ertragsfähigkeit,
– die Verwendbarkeit.

Öffentliche Äußerungen oder Angaben aus etwaigen Anzeigen oder Exposés begründen ausdrücklich keine Soll-Beschaffenheit des Vertragsgegenstands.

Wegen etwaiger bis zum Gefahrübergang entstehender Schäden hat der Käufer gegen den Verkäufer nur insoweit Rechte, als sie das Maß der gewöhnlichen Abnutzung übersteigen. Diesbezügliche Ansprüche des Käufers verjähren innerhalb von drei Monaten ab Übergabe.

Der Verkäufer versichert, dass er keine Kenntnis hat von
– verborgenen wesentlichen Mängeln, die ohne besondere Sachkunde nicht erkennbar sind,
– von Umständen, aus denen sich der Verdacht auf schädliche Bodenveränderungen oder Altlasten im Sinne des BBodSchG ergibt,
– von Umständen, aus denen sich ein baurechtswidriger Zustand ergibt (etwa nicht genehmigte An- oder Umbauten),[1914]
– von Baulasten/übernommenen Abstandsflächen zugunsten von Nachbargrundstücken;[1915]
– von denkmalrechtlichen Beschränkungen des Vertragsgegenstands,
– von öffentlich-rechtlichen Nutzungsbeschränkungen oder unerfüllten behördlichen Auflagen oder Anordnungen.

[*ggf.:* Von der Möglichkeit, das Baulastenverzeichnis einzusehen, haben die Beteiligten [*ggf.:* keinen] Gebrauch gemacht.]

Schadensersatzansprüche hat der Käufer nur bei vorsätzlichem Verhalten des Verkäufers.

[*Alt. in AGB-Konstellation, zB B2C-Vertrag:* Beschränkungen der Verkäufergewährleistung in diesem Vertrag gelten nicht für mindestens grob fahrlässig verursachte Schäden sowie für Schäden aus einer fahrlässigen Verletzung des Lebens, des Körpers oder der Gesundheit. Der Pflichtverletzung des Verkäufers steht die seines gesetzlichen Vertreters oder Erfüllungsgehilfen gleich.]

[*ggf. zusätzlich wegen § 307 Abs. 2 Nr. 2 BGB:* Der Verkäufer haftet zudem dafür, dass sich die Heizung, die Wasseranlagen, die Stromversorgung und die vorhandenen Elektroanlagen bei Besitzübergang in einem funktionstauglichen Zustand befinden.]

Soweit dem Verkäufer noch Gewährleistungsrechte gegen Dritte betreffend den Vertragsgegenstand bzw. das Gemeinschaftseigentum zustehen, tritt er diese bedingt durch Zahlung des geschuldeten Kaufpreises an den dies annehmenden Käufer ab, ohne für Bestand und Durchsetzbarkeit dieser Rechte einzustehen.

VI.
Wohnungs- und Teileigentum

1. Der Käufer hat vor der Beurkundung vom Verkäufer eine Kopie der Teilungserklärung nebst Gemeinschaftsordnung einschließlich sämtlicher grundbuchlich vollzogener Änderungen erhalten. Ihm wurden ferner die Versammlungsprotokolle der letzten *** Jahre übergeben. Er hat diese nach eigenen Angaben durchgesehen.

Der Notar hat darauf hingewiesen, dass für den Umfang des gemeinschaftlichen Eigentums und des Sondereigentums, die Rechte und Pflichten der Miteigentümer untereinander, die Gebrauchsregelungen und die Verwaltung neben den Bestimmungen des Wohnungseigentumsgesetzes die Urkunde über die Begründung des Sondereigentums

---

[1914] Sofern der Verkäufer die Immobilie selbst hat errichten lassen, sollte er für die baurechtliche Zulässigkeit über eine bloße Wissenserklärung hinaus einstehen müssen.
[1915] Qualifizierung als Sach- bzw. Rechtsmangel streitig, → § 1 Rn. 23.

samt etwaiger Nachträge (Teilungserklärung nebst Gemeinschaftsordnung) sowie die bindenden Beschlüsse und Vereinbarungen der Eigentümergemeinschaft gelten.

Der Verkäufer erklärt, dass zwischen den Miteigentümern keine, nicht im Grundbuch eingetragenen Vereinbarungen im Sinne von § 10 WEG getroffen wurden und dass auch sonst keine Verpflichtungen bestehen, die an den Erwerber weitergegeben werden müssten.

2. Dem Käufer ist bekannt, dass er der Gemeinschaft gegenüber vom Eigentumswechsel an nach den gesetzlichen Bestimmungen und der Teilungserklärung seinen Anteil an den Gemeinschaftskosten zu entrichten hat, insbesondere für die Instandhaltungsrücklage, die Betriebskosten, die Versicherungen und das Verwaltungsentgelt; bis dahin haftet der Verkäufer gegenüber der Gemeinschaft. Der Käufer hat diese Kosten aber gegenüber dem Verkäufer bereits ab Besitzübergang zu. Entsprechend werden die Umlagen zwischen den Beteiligten zum Besitzübergang abgerechnet.

3. Der Verkäufer garantiert, mit Wohngeldzahlungen und sonstigen Leistungen gegenüber der Eigentümergemeinschaft nicht im Rückstand zu sein; der Käufer wurde darauf hingewiesen, dass er für derartige Rückstände des Verkäufers haften kann.

Der Verkäufer erklärt weiter, dass die Eigentümergemeinschaft keine Maßnahmen beschlossen hat, die zu Sonderumlagen führen werden, und dass er auch keine Kenntnis davon hat, dass derartige Beschlüsse unmittelbar bevorstehen. Soweit eine Sonderumlage ab heute beschlossen wird, hat sie der Käufer zu tragen.

4. Der Verkäufer versichert, dass ihm keine Erkenntnisse dazu vorliegen dass die Eigentumsanlage abweichend von den Teilungsplänen errichtet wurde. Der Notar hat auf die jeden Eigentümer treffende Verpflichtung zur Mitwirkung an der plankonformen Herstellung der Anlage und die daraus möglicherweise bestehende Kostenhaftung hingewiesen.

5. Der Käufer hat den Verwalter vom Besitzübergang zu verständigen.

6. Der Verkäufer bevollmächtigt den Käufer, ihn ab Besitzübergang als Mitglied der Wohnungseigentümergemeinschaft umfassend zu vertreten. Sofern die Stimmrechtsübertragung nicht wirksam ist, verpflichtet sich der Verkäufer, nach Weisung des Käufers abzustimmen.

VII.
Räumung

Der Vertragsgegenstand steht leer.

[*Alt.:* Der Vertragsgegenstand wird derzeit noch vom Verkäufer bewohnt. Dieser verpflichtet sich, den Vertragsgegenstand bis zum Ablauf des

*** *[Datum]*

von allen nicht mitverkauften Sachen zu räumen und grob zu reinigen. Auf Verlangen ist dem Käufer eine Besichtigung zur Kontrolle der ordnungsgemäßen Räumung zu ermöglichen.

Bei Fristüberschreitung ist der Verkäufer verpflichtet, dem Käufer als pauschalierten Schadenersatz für jede angefangene Woche der Überschreitung einen Betrag in Höhe von *** EUR zu zahlen, der mit dem Kaufpreis verrechnet werden kann. Der Nachweis eines höheren oder geringeren Schadens bleibt wechselseitig vorbehalten, ebenso weitergehende Schadensersatzansprüche. Die Räumungsverpflichtung besteht fort.

Wegen seiner Räumungsverpflichtung unterwirft sich der Verkäufer der sofortigen Zwangsvollstreckung aus dieser Urkunde. Eine vollstreckbare Ausfertigung ist dem Käufer nach dem oben genannten Termin ohne weiteren Nachweis zu erteilen.

Ab einer Fristüberschreitung von *** Wochen ist der Käufer ohne weitere Fristsetzung zum Rücktritt vom Vertrag berechtigt.]

[*Alt.:* VII.
Mietvertrag

1. Der Vertragsgegenstand ist vermietet.

Der Käufer kennt den Mieter und den Mietvertrag. Eine Kopie des Vertrages wurde ihm bereits übergeben. Das Original ist unverzüglich nach Kaufpreiszahlung zu übergeben. Der Verkäufer garantiert, dass er mit dem Mieter keine anderen Vereinbarungen als die darin niedergelegten getroffen hat. Neue Vertragsabschlüsse und Vertragsänderungen bedürfen ab sofort der vorherigen schriftlichen Zustimmung des Käufers.

Der Käufer tritt im Innenverhältnis bereits mit Wirkung zum Besitzübergang in alle Rechte und Pflichten des Verkäufers aus dem Mietverhältnis ein. Die Vertragsteile sind sich über die Abtretung aller Ansprüche des Verkäufers aus dem Mietverhältnis ab dem Tag des Besitzübergangs einig. Der Käufer hat den Verkäufer ab diesem Zeitpunkt von jeglicher Haftung aus dem Mietverhältnis (auch gegenüber Dritten) auf erstes Anfordern freizustellen, insbesondere von Ansprüchen, die aus dem Gebrauch nachstehender Ermächtigung bzw. Vollmacht resultieren.

Vom Mieter geleistete Vorauszahlungen auf die Nebenkosten sollen zwischen den Vertragsteilen zum Zeitpunkt des Besitzübergangs abgerechnet werden.

Der Notar hat darauf hingewiesen, dass
- der Käufer nach § 566 Abs. 1 BGB mit Eigentumsübergang kraft Gesetzes anstelle des Verkäufers in alle Rechte und Pflichten aus dem Mietverhältnis in seinem jetzigen Bestand eintritt;
- der Verkäufer nach § 566 Abs. 2 BGB für die vom Käufer zu erfüllenden vertraglichen Vermieterpflichten wie ein selbstschuldnerischer Bürge haftet. Von dieser Haftung wird er befreit, wenn er dem Mieter den Eigentumsübergang mitteilt und der Mieter das Mietverhältnis nicht zum nächstzulässigen Termin kündigt;
- die Kündigung von Mietverhältnissen aufgrund gesetzlicher Kündigungsschutzbestimmungen schwierig sein kann.
- [*ggf. bei Veräußerung an Personengesellschaften oder Personenmehrheiten – Ausnahme: Familien- oder Haushaltsangehörige bzw. WEG-Umwandlung vor Überlassung der Mieträume:* eine Kündigungsbeschränkung nach § 577a Abs. 1a BGB bestehen kann.]

Die Mieterverständigung werden die Beteiligten selbst vornehmen.

2. Garantien über die Höhe des Mietertrages oder den Mieteingang werden nicht vereinbart. Der Verkäufer garantiert aber,
- dass er keine Mietvorauszahlungen für die Zeit nach dem Besitzübergang erhalten hat und auch nicht entgegennehmen wird,
- dass er keine Vorausverfügung über die Miete getroffen hat,
- dass derzeit keine Mietrückstände bestehen, kein Mieter eine Mietminderung oder einen Mieteinbehalt geltend macht und weder gerichtlich noch außergerichtlich Mietstreitigkeiten geführt werden und
- dem Mieter bei Beendigung des Mietverhältnisses keine Verwendungsersatz- oder Wegnahmeansprüche zustehen.

3. Der Verkäufer ermächtigt und bevollmächtigt den Käufer hiermit unwiderruflich und mit dem Recht zur Erteilung von Untervollmacht in gleichem Umfang, ab dem Tag des Besitzübergangs für ihn jegliche im Zusammenhang mit dem Mietverhältnis nach Ansicht des Bevollmächtigten erforderlichen oder zweckmäßigen Erklärungen abzugeben und entgegenzunehmen, insbesondere Kündigungen, Mieterhöhung, Mietvertragsänderung oder Ankündigung von Modernisierungsmaßnahmen. Auf Verlangen des Käu-

fers ist diese Ermächtigung bzw. Vollmacht schriftlich zu gesonderter Urkunde zu erteilen.

4. Eine Mietsicherheit wurde vom Mieter nicht geleistet.

[Alt.: Der Mieter hat eine Mietsicherheit in Form einer *** in Höhe von EUR *** geleistet. Der Käufer tritt mit Besitzübergang in alle Rechte und Pflichten aus der dazu getroffenen Vereinbarung ein. Die Mietsicherheit ist dem Käufer nach Kaufpreiszahlung zu übertragen. Der Verkäufer wurde darauf hingewiesen, dass er ohne zeitliche Beschränkung für die Rückgabe der Sicherheit bei Beendigung des Mietverhältnisses weiterhaftet, wenn der Mieter diese vom Käufer nicht erlangen kann, bis er vom Mieter aus dieser Verpflichtung entlassen wird. Der Notar wird nicht beauftragt, hierzu tätig zu werden.]

5. Der Verkäufer erklärt, dass der Vertragsgegenstand nicht nach Überlassung an den Mieter in Wohnungseigentum aufgeteilt wurde. [andernfalls Regelungen zum Mietervorkaufsrecht nach § 577 BGB]

VIII.
Hinweise

Die Beteiligten wurden insbesondere auf Folgendes hingewiesen:
1. Das Eigentum geht erst mit der Eigentumsumschreibung im Grundbuch auf den Käufer über. Die Umschreibung kann erst erfolgen, wenn
   a) die Kaufpreiszahlung dem Notar nachgewiesen ist,
   b) die Unbedenklichkeitsbescheinigung des Finanzamtes wegen der Grunderwerbsteuer erteilt ist,
   c) die Verwalterzustimmung nebst Verwalternachweis in grundbuchtauglicher Form vorliegen.
2. Alle zwischen den Vertragsteilen getroffenen Vereinbarungen, insbesondere die vom Käufer zu erbringenden Gegenleistungen, müssen richtig und vollständig beurkundet werden. Abreden außerhalb der Urkunde können zur Unwirksamkeit des ganzen Vertrags führen.
3. Private Veräußerungsgeschäfte können der Einkommensteuer unterliegen. Eine steuerliche Beratung hat der Notar nicht übernommen.
4. Alle Vertragsteile haften kraft Gesetzes gesamtschuldnerisch für die Grunderwerbsteuer und alle Kosten bei Gericht und Notar.
5. Die Bestimmungen des § 16 EnEV.

IX.
Vollzugsauftrag; Vollmacht

Die Vertragsteile beauftragen und bevollmächtigen den Notar unter Befreiung von den Beschränkungen des § 181 BGB, sie im Grundbuchverfahren umfassend zu vertreten, Anträge aus dieser Urkunde getrennt oder geteilt zu stellen, zu ändern und zurückziehen, und alle sonst zum Vollzug dieser Urkunde im Grundbuch erforderlichen oder zweckdienlichen Erklärungen abzugeben, anzufordern und für alle Vertragsteile entgegenzunehmen. Alle Vollzugsmitteilungen des Grundbuchamtes sind an den beurkundenden Notar zu senden.

Sie bevollmächtigen ferner die Angestellten des Notars *** je einzeln und unter Befreiung von den Beschränkungen des § 181 BGB, alle zur Durchführung des Vertrages erforderlichen oder zweckdienlichen Erklärungen einschließlich Auflassungs- und Freigabeerklärungen sowie Ergänzungs- und Berichtigungserklärungen abzugeben und entgegenzunehmen.

X.
Inventar

Inventar und Mobiliar im Vertragsgegenstand ist nicht mitverkauft.

[*Alt.:* Mitverkauft und im Kaufpreis mit einem Betrag von EUR *** enthalten sind: ***
*[gerade bei höheren Beträgen möglichst präzise Angaben zwecks Vermeidung von
Rückfragen des Finanzamts empfehlenswert].*

Eine nachträgliche andere Bewertung dieser mitverkauften Gegenstände soll den Kaufpreis nicht verändern. Die mitverkauften Gegenstände sind gleichzeitig mit der Immobilie zu übergeben. Die Vertragsteile sind darüber einig, dass das Eigentum hieran mit
Zahlung des vollständigen Kaufpreises übergeht. Ansprüche des Käufers wegen Mängeln dieser Gegenstände sind [*ggf. im Falle einer AGB-Konstellation:* soweit nicht in
Abschnitt V. 2 abweichend geregelt] ausgeschlossen. Vertragsstörungen wegen des mitverkauften Inventars lassen den Grundstückskauf unberührt.

XI.
Mitwirkung bei der Finanzierung

1. Der Verkäufer verpflichtet sich zum Zweck der Kaufpreisfinanzierung bei der Bestellung von Grundpfandrechten nebst Zinsen und Nebenleistungen in beliebiger Höhe
   am Vertragsgegenstand mitzuwirken und diesen der sofortigen Zwangsvollstreckung
   nach § 800 ZPO zu unterwerfen. Der Verkäufer ist vom Käufer von allen im Zusammenhang mit der Grundpfandrechtsbestellung entstehenden Kosten freizustellen.
   Die Grundpfandrechte dürfen nur zugunsten von Kreditinstituten oder Versicherungen, die der deutschen Kreditaufsicht unterliegen, und zugunsten von staatlichen
   Darlehensgebern bestellt werden.
2. Die Grundpfandrechte dürfen bis zur vollständigen, mit Tilgungsbestimmung auf die
   Kaufpreisschuld geleisteten Zahlung des Kaufpreises [*ggf.:* nebst Grunderwerbsteuer],
   längstens bis zur Eigentumsumschreibung, nicht als Sicherheit genutzt werden. Die
   Gläubiger sind daher unwiderruflich anzuweisen, die Darlehensvaluta nur nach Maßgabe der in diesem Kaufvertrag getroffenen Vereinbarungen auszuzahlen.
3. Der Verkäufer erteilt dem Käufer Vollmacht zur Abgabe aller Erklärungen, zu denen
   er nach dem Vorstehenden verpflichtet ist. Die Vollmacht berechtigt dazu, Bewilligungen und Anträge abzugeben, um den Grundpfandrechten die gewünschte Rangstelle zu verschaffen. Sie ist beschränkt auf Beurkundungen vor dem Notar. Sie ist
   dem Grundbuchamt gegenüber unbeschränkt und gilt auch vor Erteilung der zur
   Wirksamkeit des Vertrages eventuell notwendigen Genehmigungen. Der Käufer übernimmt die so bestellten Grundpfandrechte mit Eigentumsumschreibung. Alle Eigentümerrechte und übertragbaren Rechtspositionen aus dem Sicherungsvertrag werden
   aufschiebend bedingt durch Zahlung des vollständigen Kaufpreises an den Käufer
   abgetreten.
4. [*ggf. bei mehreren Käufern jedenfalls dann zweckmäßig, wenn die erforderlichen
   Grundpfandrechte nicht unmittelbar im Anschluss an den Kaufvertrag bestellt
   werden:* Mehrere Käufer werden je einzeln bevollmächtigt und bevollmächtigen sich
   auch untereinander in gleicher Weise einzeln und gegenseitig. Darüber hinaus bevollmächtigt jeder Käufer den jeweils anderen, auch Erklärungen zur Übernahme der
   persönlichen gesamtschuldnerischen Haftung für die Zahlung eines Geldbetrages in
   Höhe des Grundschuldbetrages (abstrakten Schuldanerkenntnis oder Schuldversprechen) abzugeben und ihn deswegen der sofortigen Zwangsvollstreckung in das gesamte Vermögen zu unterwerfen und alle Erklärungen, Bewilligungen und Anträge
   zur Beschaffung der bedungenen Rangstelle abzugeben, insbesondere auch den
   Rangrücktritt der Vormerkung hinter die bestellten Grundpfandrechte zu erklären
   und im Zusammenhang mit der Beurkundung eines Grundpfandrechtes Zweckbestimmungen abzugeben. Der Notar hat über die Bedeutung des abstrakten Schuld-

bekenntnisses, die Zwangsvollstreckungsunterwerfung und die Zweckbestimmung belehrt.]

XII.
Grundbuchanträge

Zur Eintragung im Grundbuch wird

beantragt

1. Vom Käufer die seinen Eigentumsverschaffungsanspruch sichernde Vormerkung [*ggf.:* in dem in Abschnitt II. 1. genannten Erwerbsverhältnis].
2. Vom Käufer die Eigentumsumschreibung auf ihn [*ggf.:* in dem in Abschnitt II. 1. angegebenen Erwerbsverhältnis] und die Löschung der Eigentumsvormerkung Zug um Zug mit Eigentumsumschreibung.
3. Vom Verkäufer die Löschung sämtlicher im Grundbuch zurzeit eingetragenen bzw. nach Beurkundung des Kaufvertrages noch eingetragenen Belastungen, soweit diese dem Verkäufer zustehen und deren Löschung von anderen Berechtigten bewilligt wird. Die Vertragsteile stimmen diesen Löschungen zu. Dies gilt ggf. auch für etwaige Mithaftstellen.

XIII.
Kosten; Abschriften; Sonstiges

1. Sämtliche mit diesem Vertrag und seiner Durchführung verbundenen Notar- und Gerichtskosten sowie die Grunderwerbsteuer trägt der Käufer, soweit im Folgenden nichts anderes vereinbart ist.
[*ggf.:* Der Verkäufer trägt die für die Lastenfreistellung zusätzlich anfallenden Kosten bei Gericht und Notar.]
[*ggf.:* Die durch eine Nachgenehmigung ausgelösten Mehrkosten trägt die nicht vertretene Partei selbst.]
2. 2. Von dieser Urkunde erhalten:
    Ausfertigungen:
    – die Vertragsteile,
    – das Grundbuchamt,
    einfache Abschriften:
    – das Finanzamt – Grunderwerbsteuerstelle –,
    – der zuständige Gutachterausschuss,
    – der Verwalter (im Auszug – ohne Abschnitt III)
    beglaubigte Abschrift:
    – der Finanzierungsgläubiger des Käufers.
3. Notar im Sinne dieser Urkunde ist der beurkundende Notar, sein Sozius, deren amtlich bestellte Vertreter oder Amtsnachfolger.
4. [*ggf.: salvatorische Klausel*]
5. Der Notar ist berechtigt, unverschlüsselte E-Mails mit den Beteiligten auszutauschen. Dies gilt auch für die bereits vor dem heutigen Tage versandten E-Mails.

Diese Niederschrift wurde den Erschienenen vom Notar vorgelesen,
von ihnen genehmigt und
von ihnen und dem Notar eigenhändig wie folgt unterschrieben:

§ 2. Bauträgervertrag

Übersicht

Schrifttum:

Kommentare, Handbücher und Monographien: *Basty,* Der Bauträgervertrag, 9. Aufl. 2017; *Blank,* Bauträgervertrag, 5. Aufl. 2015; *Grziwotz,* Baulanderschließung, 1993; *Grziwotz/Koeble,* Handbuch Bauträgerrecht, 2004; *Korbion/Locher/Sienz,* AGB und Bauerrichtungsverträge, 4. Aufl. 2006; *Leinemann/Kues,* BGB-Bauvertragsrecht, 2018; *Limmer/Hertel/Frenz/Mayer,* Würzburger Notarhandbuch, 5. Aufl. 2018, Teil 2 Kap. 3: Bauträgervertrag (bearbeitet von *Hertel,* zit.: WürzNotar-HdB); *Locher,* Das private Baurecht, 8. Aufl. 2012; *Marcks,* MaBV, 9. Aufl. 2014; *Pause,* Bauträgerkauf und Baumodelle, 6. Aufl. 2018; *Reithmann/Terbrack,* Kauf vom Bauträger, 8. Aufl. 2017; *Ulmer/Brandner/Hensen,* AGB-Recht, 12. Aufl. 2016.

Vertragsformulare: *Basty,* Der Bauträgervertrag, 9. Aufl. 2017; *Blank,* Bauträgervertrag, 5. Aufl. 2015; *Grziwotz/Koeble,* Handbuch Bauträgerrecht, 2004; *Herrler,* Münchener Vertragshandbuch Band 5: Bürgerliches Recht I, 7. Aufl. 2013, Formulare 26–32 (bearbeitet von *Hertel,* zit.: MVHdB V BürgerlR II); *Kersten/Bühling,* Formularbuch und Praxis der Freiwilligen Gerichtsbarkeit, 26. Aufl. 2019, § 33: Bauträgervertrag (bearbeitet von *Wolfsteiner*); *Limmer/Hertel/Frenz/Mayer,* Würzburger Notarhandbuch, 5. Aufl. 2018, Teil 2 Kap. 3: Bauträgervertrag (bearbeitet von *Hertel,* zit.: WürzNotar-HdB).

Aufsätze: *Basty,* Das Notaranderkonto im Bauträgervertrag, FS Thode 2005, 217; *ders.,* Die Nachzüglerproblematik beim Bauträgervertrag, BauR 2011, 316; *ders.,* Baurechtsreform 2017 und Bauträgervertrag, MittBayNot 2017, 445; *Blank,* Bedarf es einer Stärkung der Rechte des Verbrauchers im Bauträgervertrag?, BauR 2010, 5; *ders.,* Gestaltungshinweise des BGH für den Bauträgervertrag, DNotZ 2014, 166; *Cramer,* Die Verjährungsverkürzung im Nachzüglerbauträgervertrag – taugliches Instrument zur Synchronisierung der Verjährung der Gewährleistungsansprüche wegen Mängeln des Gemeinschaftseigentums?, MittBayNot 2017, 547; *Derleder,* Die gemeinschaftsbezogenen Mängelrechte gemäß § 10 VI 3 WEG gegenüber dem Bauträger, ZWE 2009, 1; *Drasdo,* Die Makler- und Bauträgerverordnung: Das unbekannte (öffentlich-rechtliche) Wesen – Sicherungsinstrumente im Kundeninteresse, NZM 2009, 601; *Everts,* Die Auswirkungen des FoSiG auf die notarielle Praxis, insbesondere auf Bauträgerverträge, MittBayNot 2009, 190; *Greiner,* Kaufvertrag als rechtssichere Alternative zum Bauträgervertrag?, NZM 2017, 713; *Grziwotz,* Zivil-, steuer- und erschließungsrechtliche Probleme beim Verkauf noch zu erschließender Baugrundstücke, ZfIR 1998, 595; *Herrler,* Formularmäßige Bindungsfristen beim Immobilienkaufvertrag, DNotZ 2013, 887; *ders.,* Regelbindungsfrist von vier Wochen auch beim Bauträgervertrag, MittBayNot 2014, 109; *Herrler/Suttmann,* Bindungs- und Annahmefrist beim Immobilienkaufvertrag im Anwendungsbereich von § 308 Nr. 1 BGB, DNotZ 2010, 883; *Heyers,* Unangemessene Benachteiligungen durch antizipierte Vergütungsforderungszessionen von Bauträgern?, RNotZ 2012, 435; *Hogenschurz,* Bauträgervertrag – Die Abnahme des Gemeinschaftseigentums, MDR 2012, 386; *Joussen,* Sicherungsumfang einer MaBV-Bürgschaft, NZBau 2011, 275; *Kanzleiter,* Bundesnotarkammer und Verbraucherschutz – Die Schaffung der Makler- und Bauträgerverordnung 1974/1975, DNotZ-Sonderheft 2011, 89; *Keim,* „Schlüsselfertig, Grunderwerbsteuer und Notarkosten nur auf den Grundstücksteil"(?) – zu Beurkundungspflicht und Grunderwerbsteuer beim mit einem Grundstückskauf verbundenen Bauvertrag, DNotZ 2011, 513; *Kesseler,* Die Insolvenz des Bauträgers, RNotZ 2004, 176; *ders.,* Gefahren für den Bauträgervertrag jenseits der MaBV: Die Erfüllungswahl des Insolvenzverwalters, MittBayNot 2006, 17; *ders.,* Das Kündigungsrecht aus wichtigem Grund nach dem neuen Bauträgervertragsrecht, ZfIR 2018, 511; *Klühs,* Preisanpassungsklauseln in Bauträgerverträgen, ZfIR 2012, 850; *Klühs/Müller,* Bindung durch Angebot, Bedingung und Rücktrittsrecht bei Grundstücksgeschäften, RNotZ 2013, 81; *Karczewski,* Der neue alte Bauträgervertrag, NZBau 2018, 328; *Krick/Sagmeister,* Die Baubeschreibung in Bauträgerverträgen, MittBayNot 2014, 205; *Magel,* Verdeckte Bauherrenmodelle – Fragen zum Anwendungsbereich der MaBV und Rechtsfolgen vermeintlicher „Umgehungsgeschäfte", ZNotP 2011, 202; *Manteufel,* Grundlegende und aktuelle Fragen der Mängelhaftung im Bauvertrag, NZBau 2014, 195; *Messerschmidt/Leidig,* Rechtsfolgen unwirksamer Abnahmeklauseln zum Gemeinschaftseigentum in notariellen Bauverträgen, BauR 2014, 1; *von Oefele,* Abnahmeregelung für das Gemeinschaftseigentum im Bauträgervertrag nach der WEG-Novelle, DNotZ 2011, 249; *Ott,* Die Abnahme des Werkes bei Gemeinschaftseigentum, ZWE 2010, 157; *ders.,* Ausübung von Mängelrechten aus Bauträgerverträgen durch die Gemeinschaft, ZWE 2017, 106; *Pauly,* Die Baubeschreibung in Bauträgerverträgen, MDR 2016, 997; *Pause,* Abschlagszahlungen und Sicherheiten nach § 632a BGB, BauR 2009, 898; *ders.,* Bauträgerverträge – Strukturelle Probleme und unzulässige Klauseln, ZfIR 2014, 127; *ders.,* Trotz WEG-Novelle 2007 offene Fragen bei der Haftung wegen Mängeln am Gemeinschaftseigentum,

BauR 2011, 305; *ders.*, Bauträgerverträge – Strukturelle Probleme und unzulässige Klauseln, ZfIR 2014, 127; *ders.*, Verbraucherbaurecht und Bauträgerrecht – zugleich ein Ausblick auf weitere Entwicklungen im Gesetzgebungsverfahren, BauR 2017, 430; *ders.*, Unwirksamkeit von Fristenangleichungsklauseln für Nachzügler in Bauträgerverträgen, NZBau 2017, 22; *Pause/Vogel*, Vorschläge zum Verbraucherbau- und zum Bauträgervertrag, NZBau 2015, 667; *Pfennig*, Die Baubeschreibung in der notariellen Praxis, RNotZ 2018, 585; *Popescu*, Sekundäransprüche des Bestellers beim Verzug des Bauträgers mit der Fertigstellung des Bauvorhabens, BauR 2012, 1314; *ders.*, Zur Vergemeinschaftung der gemeinschaftsbezogenen Abnahme, ZWE 2014, 109; *Rapp*, Abnahme und Gewährleistung bezüglich des Gemeinschaftseigentums, MittBay-Not 2012, 169; *ders.*, Gemeinschaftsordnung und Bauträgervertrag bei Betreutem Wohnen, MittBayNot 2012, 432; *Schmid*, Warum es keine Zuständigkeit der WEG für die sog. „Mängel am Gemeinschaftseigentum" gibt, BauR 2009, 727; *D. Schmidt*, GbR als Beauftragte für Mängelrechte gegenüber Bauträger – Auslegung von Beschluss über Gewährleistungsansprüche, ZWE 2009, 301; *Schulz*, Ausschließliche Abnahmezuständigkeit Dritter in Bauträgerverträgen unwirksam, BWNotZ 2012, 62; *ders.*, Das vertragliche Aufrechnungsverbot in Bauträgerverträgen und Freigabeversprechen nach § 3 MaBV unter Berücksichtigung der Einschränkungen nach dem AGB-Recht, notar 2016, 66; *Schuska*, Die Wirksamkeit des Haftungsausschlusses für Sachmängel beim Erwerb sanierter Altbauten, NZM 2009, 108; *Schütz*, Die Rückgabe der Bürgschaftsurkunde nach § 632a Abs. 3 und 4 BGB, MittBayNot 2016, 211; *Selle/Hafkesbrink*, Die rechtliche Behandlung nachträglicher Vereinbarungen zur Bauausführung in Bauträgerverträgen, BauR 2016, 1369; *Sienz*, Das Transparenzgebot beim Bauträgervertrag, BauR 2009, 361; *Vogel*, Die Abnahme des Gemeinschaftseigentums – ein (immer noch) ungelöstes Problem der Bauträgerpraxis, NZM 2010, 377; *ders.*, Verhältnis zwischen der Bank des Bauträgers und dem Erwerber/Wohnungseigentümer – Die Lastenfreistellungserklärung, NZM 2009, 71; *Wagner*, Der steckengebliebene Sanierungsbauträgervertrag mit Teilkündigung, ZNotP 2015, 252; *Weber*, Die Auswirkungen des neuen Bauvertragsrechts auf das Bauträgerrecht, notar 2017, 379; *Werner*, Rechtsfolgen einer unwirksamen förmlichen Abnahme des Gemeinschaftseigentums im Rahmen eines Bauträgervertrags, NZBau 2014, 80.

A. Beratungs-Checkliste

1   Konzeption und Inhalt des Vertrages werden in einem Beratungsgespräch mit dem Mandanten entwickelt, das zugleich der Informationsaufnahme dient. Folgende Schritte und Fragen erscheinen als hilfreich:

2 | **Beratungs-Checkliste:**

    (1) Welches Bauwerk/welche Bauwerke soll(en) veräußert werden?

        (a) Gewerbliche(s) Gebäude (Büro, Praxis, Sonstiges)

        (b) Mischform Wohn-/gewerbliche(s) Gebäude

        (c) Wohngebäude:

            (aa) Mehr-, Ein- oder Zweifamilienhaus/-häuser (Einzel-, Doppel-, Reihen-, Eckhaus)

            (bb) Eigentumswohnanlage

        (d) Nebengebäude/Nebenanlagen – ggf. anteilig – ohne Rücksicht auf die Rechtsform: Garage(n), Stellplatz/-plätze, Mülltonnenstellplatz, Vorhof, Privatweg, Schwimmbad, Sonstiges

    (2) Welche Gestalt hat das Baugrundstück? Liegt ein Plan vor? Sonst ungefähre Skizze anfertigen!

    (3) Prüfung anhand des Planes oder der Skizze:

        (a) Wo verlaufen die Ver- und Entsorgungsleitungen?

        (b) Wo liegen etwaige Abstandsflächen?

        (c) Wo liegt die Zufahrt/liegen die Zufahrten?

        Zu a) bis c) einzeichnen in Plan bzw. Skizze!

    (4) Wie viele Grundstücke sind betroffen?

        (a) Ein ganzes/Mehrere ganze

        (b) Teilfläche(n)

            (aa) Schon vermessen? Liegt Veränderungsnachweis schon vor?

            (bb) Noch nicht vermessen? Vermessung schon beantragt?

(5) Wer ist Eigentümer des Grundstücks/der Grundstücke?
    (a) Name, Adresse
    (b) Ist dieser mit dem Bauherrn und Veräußerer identisch?
        (aa) Wenn ja: Bauträgervertrag!
        (bb) Wenn nein:
           – Dritter veräußert an Bauträger, dieser an Erwerber: Bauträgervertrag!
           – Dritter veräußert direkt an Erwerber (ohne Zwischenerwerb des Bauträgers):
               – Wobei Vertrag über den Grundstückserwerb und Bauvertrag in Abhängigkeit zueinander stehen: Generalübernehmer-Modell
               – Wobei der Grundstückskauf völlig unabhängig vom Vertrag über die Bauleistungen erfolgt (selten!): Grundstückskauf und separater Bauvertrag
    (c) Falls Vorerwerb durch den Bauträger nötig: Ist dieser
        (aa) schon beurkundet? Verfahrensstand?
        (bb) dem Grundbuchamt zum Vollzug bereits eingereicht?
(6) Ist der Veräußerer Bauherr? Wenn ja: Bauträgervertrag! Wenn nein: Bauherrenmodell!
(7) Welche Belastungen bestehen am betroffenen Grundbesitz?
    (a) Abteilung II: Inhalt? Ist Löschung möglich? Bei welchen? Ist Übernahme nötig? Bei welchen?
    (b) Abteilung III: Inhalt? Gläubiger? Übernahme zur Finanzierung (uU Aufteilung)? Löschung erfolgt sofort (Löschungsreife gegeben: Löschungsunterlagen liegen schon vor?)/über Vorerwerb/über Abwicklung des Bauträgervertrags
(8) In welcher Herstellungsphase befindet sich das Bauwerk?
    (a) Neuobjekt, noch zu errichten
      – Baugenehmigung liegt vor/noch nicht vor/ist nicht erforderlich
      – Bauplan schon erstellt/noch nicht erstellt
      – Architekt
    (b) Neuobjekt, ganz oder teilweise errichtet
      – Noch nicht bezugsfertig; ausstehende Arbeiten
      – Bezugsfertig seit
      – Bewohnt (vermietet) seit
    (c) Altobjekt
        (aa) mit Umbau
           – Totalsanierung
           – Teilsanierung, folgende Arbeiten
        (bb) mit Renovierung
        (cc) ohne Renovierung oder mit fakultativer Renovierung unabhängig vom Kauf: Reiner Grundstückskaufvertrag!
(9) Welche rechtliche Gestaltung für das Objekt bietet sich an?
    (a) Bei Mehrfamilienhaus/-häusern:
        (aa) Komplex bleibt geschlossen
        (bb) Aufteilung in Wohnungseigentum
    (b) Bei Einzel-, Doppel- oder Reihenhaus/-häusern:
        (aa) Parzelle mit Haus wird/bleibt Einzelgrundstück
        (bb) Aufteilung in Wohnungseigentum
           – weil Teilung baurechtlich (fehlende Abstandsflächen oÄ) unmöglich
           – weil Teilung aus tatsächlichen Gründen (Gestaltung möglicher Teilgrundstücke) nicht sinnvoll

(c) Eigentumswohnanlage
    (aa) Aufteilung in Wohnungseigentum
    (bb) Nur ausnahmsweise: Bruchteilseigentum mit Teilungsausschluss und Benutzungsregelung (§ 1010 BGB): Kein Äquivalent für Wohnungseigentum (→ § 3 Rn. 1)
(d) Garagen/Stellplätze
    (aa) auf Einzelparzelle des Hauptbauwerks (nicht möglich bei Wohnungseigentum)
    (bb) auf separater Einzelparzelle (eigene Flurnummer)
    (cc) Sondereigentum nach WEG (bei Stellplatz nur möglich, wenn im Gebäude und dauerhaft abgegrenzt; Dach mit vier Pfosten genügt nicht, → § 3 Rn. 32; bei Duplex-Stellplätzen kein einzelnes Sondereigentum möglich, → § 3 Rn. 29b, 29d, 57), selbständig oder unselbständig
    (dd) Sondernutzungsrecht(e)
    (ee) Dienstbarkeit an anderem Grundstück
(e) Keller und/oder sonstige Sonderflächen im Gebäude bei Wohnungseigentum:
    (aa) Sondereigentum möglich bei räumlicher Abgrenzung (→ § 3 Rn. 32); ggf. auch Sondereigentum für mehrere, eventuell mit Sondernutzungsrechten für einzelne von ihnen (→ § 3 Rn. 29d, 57)
    (bb) Sondernutzungsrecht(e) möglich
(f) Sonstige Sonderflächen außerhalb des Gebäudes bei Wohnungseigentum:
    (aa) Sondernutzungsrechte möglich
    (bb) Wegmessung der Fläche als Einzelparzelle
    (cc) Wegmessung der Parzelle für mehrere als Bruchteilseigentum mit Benutzungsregelung
(g) Vorhof/Mülltonnenplatz/Privatweg etc
    (aa) In der Regel Gemeinschaftseigentum ohne Sondernutzungsrecht(e) bei Wohnungseigentum
    (bb) Bei sonstigen Objekten oder räumlicher Trennung von Wohnungseigentum: Bruchteilseigentum
       – Unter Umständen Teilungsausschluss, eventuell Benutzungsregelung gewünscht
(10) Welche rechtlichen Eigenschaften hat der Veräußerer (Bauträger)?
    (a) Firma? Rechtsform?
    (b) Bauträgerzulassung nach § 34c GewO?
    (c) Architekt? Dann Verbot beachten (→ Rn. 13)
    (d) Privatperson, die nicht gewerblich tätig wird: MaBV nicht direkt anwendbar
(11) Welche Qualifikation wird der Vertrag nach dem AGB-Recht haben?
    (a) Formular- oder Verbrauchervertrag: AGB-Recht direkt anwendbar
    (b) Individualvertrag
       (aa) im Ganzen: AGB-Recht nicht anwendbar, aber richterliche Inhaltskontrolle nach § 242 BGB
       (bb) in einzelnen Punkten: AGB-Recht insoweit nicht anwendbar, aber insoweit richterliche Inhaltskontrolle
(12) In welchem Verfahrensstadium wird Beurkundung gewünscht?
    (a) Grundstück:
       (aa) Bereits gebildet, Fläche steht fest
       (bb) Noch zu vermessen, nur ca.-Fläche benennbar
         – Möglichst genau ca.-Fläche ermitteln!
         – Ist Garantie einer bestimmten Mindestfläche gewünscht?
         – Möglichst exakter (maßstabsgetreuer!) Lageplan!
       (cc) Mischform: Hauptfläche vermessen, Nebenflächen noch unvermessen

    (b) Bauwerk:
       (aa) Vor Errichtung
          – Volle Baubeschreibung nötig
          – Ratenplan nach MaBV voll anwendbar
       (bb) Teilerrichtung schon erfolgt:
          – Baubeschreibung für ausstehende Arbeiten
          – Ratenplan für ausstehende Arbeiten
       (cc) Errichtet, bezugsfertig: Vorletzte Rate nach MaBV erst nach Abnahme, letzte Rate erst nach vollständiger Fertigstellung
       (dd) Wahlrecht, Ausstattungsdetails (reguläre Ausstattung, keine Sonderwünsche)?

(13) Aufspaltung in Angebot/Annahme gewünscht?
    (a) Nur ausnahmsweise (widerspricht dem Sinn des Beurkundungsverfahrens, → Rn. 27)
    (b) Wer bietet an? Im Regelfall: Erwerber wegen Belehrung (→ Rn. 27)
    (c) Angebotsfrist: Höchstgrenze (in der Regel vier Wochen) beachten (→ Rn. 29)
    (d) Mitwirkung des anderen Vertragsteils an Angebotsurkunde (zB wegen Kostenübernahme bei Nichtannahme)?

(14) Was gehört zum Leistungsumfang?
    (a) Grundstück
       (aa) Hauptfläche; bei ca.-Fläche Garantie einer Mindestfläche? Preisausgleich bei Differenz?
       (bb) Nebenflächen; bei ca.-Fläche Garantie einer Mindestfläche? Preisausgleich bei Differenz?
    (b) Bauwerk
       (aa) Genaue Baubeschreibung, soweit noch nicht errichtet
       (bb) Verfahren bezüglich Baubeschreibung
          – in Mutterurkunde mit Verweisung
          – im ersten Veräußerungsvertrag, später Verweisung
          – in jedem Einzelvertrag
    (c) Umfang etwaiger Zusatzausstattungen
    (d) Sonderwünsche, Eigenleistungen
       (aa) Schon feststehend? Im Vertrag mitzubeurkunden!
       (bb) Liste wird angeboten: Erwerber hat Wahl nach §§ 315 ff. BGB
          – Direkte Vereinbarung mit Bauträger: Anpassung der Raten, Mängelhaftung des Bauträgers
          – Direkte Vereinbarung mit Bauhandwerker: Keine Änderung der Raten, direkte Zahlung an Handwerker, Mängelhaftung des Handwerkers
       (cc) Spätere Vereinbarung mit Bauträger: Nachtrag zu beurkunden (falls Auflassung noch nicht erklärt ist), Anpassung der Raten, Mängelhaftung des Bauträgers
       (dd) Spätere Vereinbarung mit einzelnem Bauhandwerker: Keine Beurkundung, Zahlung an Handwerker, Mängelhaftung durch ihn
    (e) Erschließungskosten und Anliegerbeiträge
       (aa) Private Erschließung durch Bauträger selbst: Zahlung an ihn, Abrechnung mit ihm
       (bb) Öffentlich-rechtliche Erschließung
          – Voll im Festpreis enthalten (mit jetzigem Planungsstand): Endabrechnung der Gemeinde über Bauträger; aber: Haftungsrisiko des Erwerbers
          – Nur Pauschalbetrag (etwa: in Höhe der Vorauszahlungen) im Festpreis enthalten: Endabrechnung der Gemeinde mit Erwerber

- Volle Abrechnung allein über Gemeinde
- Vorausleistungen noch nicht erbracht
- Vorausleistungen erbracht, insoweit Erstattung an Bauträger
(15) Wie bestimmt sich die Leistungszeit:
    (a) Fertigstellungstermin benennbar
        (aa) Gewollte Rechtsfolge: Garantie?
        (bb) Bei Überschreitung: Vertragsstrafe? Schadensersatz? Rücktrittsrecht?
        (cc) Zwangsvollstreckungsunterwerfung wegen Herstellungspflicht?
    (b) Baubeginn benennbar und Verpflichtung zur unverzüglichen Fertigstellung: Gewollte Rechtsfolge bei Überschreitung?
(16) Welche Eigentumsvormerkung (Auflassungsvormerkung) ist möglich?
    (a) Originäre: Bauträger bestellt sie für den Erwerber
    (b) Bei Eigentumswohnung vor Vollzug der Aufteilung:
        (aa) Vormerkung auf Bildung des Wohnungseigentums sinnvoll
        (bb) Vormerkung am gebildeten Wohnungseigentum zur Kaufpreisfälligkeit nach § 3 Abs. 1 MaBV erforderlich (→ Rn. 271)
    (c) Vor Vollzug des Vorerwerbs des Bauträgers: Abtretung genügt nicht, § 3 Abs. 1 MaBV erfordert nach ganz hM originäre Vormerkung (→ Rn. 124)
(17) Ist die Auflassung
    (a) sofort möglich und sinnvoll? Erst nach Vermessung!
    (b) sofort gewollt? Dann Vorlageanweisung an den Notar (Kosten: 0,5 Betreuungsgebühr Nr. 22200 KV GNotKG in der Regel schon für die Fälligkeitsmitteilung angefallen, s. unten Nr. 19 lit. g), die auch den Fall einer Minderzahlung berücksichtigen muss, → Rn. 108
    (c) auszusetzen, so dass nur Auflassungsverpflichtung besteht? Dann ist
        (aa) Auflassung später zu erklären, Kosten: 0,5 Gebühr Nr. 21101 KV GNotKG (sofern gleicher Notar)
        (bb) Vollmacht des Erwerbers an Bauträger zur Erklärung der Auflassung sinnvoll
(18) Wie hoch ist der Preis, was umfasst er?
    (a) Höhe des Gesamtpreises, korrespondierend mit dem Leistungsumfang; in der Regel Festpreis
    (b) Aufteilung? Sinnvoll wegen unterschiedlicher steuerlicher Abschreibung!
        (aa) Grundstück
- feste Fläche
- ca.-Fläche, aber Festpreis
- ca.-Fläche mit Ausgleich nach Vermessung
        (bb) Herstellungskosten für Hauptbauwerk
        (cc) Herstellungskosten für Garage/Stellplatz
        (dd) Herstellungskosten für Nebenanlagen
        (ee) Kosten von Sonderausstattungen (Mobiliar etc)
        (ff) Sonderwünsche, Eigenleistungen
- fest vereinbarte: Schon berücksichtigt im Gesamtkaufpreis?
- Preisliste für künftig wählbare
        (gg) Erschließungskosten (s. oben Nr. 14 lit. e)
(19) Fälligkeit? Beachte Merkblatt der Landesnotarkammer Bayern
    (a) Allgemeine Fälligkeitsvoraussetzungen
        (aa) § 3 Abs. 1 MaBV direkt anwendbar
        (bb) § 3 Abs. 1 MaBV analog anwendbar, da er Mindesterfordernisse des Erwerberschutzes regelt; Abweichungen nur ausnahmsweise, dann AGB-Kontrolle
    (b) Alternativ: § 7 MaBV – Bürgschaft

(c) Zahlung nach Baufortschritt
- (aa) MaBV gilt direkt:
  - § 3 Abs. 2 MaBV: Ratenplan
  - Abweichung geboten wegen erkennbarem Missverhältnis zum Wert der Leistung? Vorleistungsverbot nach AGB-Recht und HausbauVO!
- (bb) MaBV nicht direkt anwendbar: AGB-rechtliches Vorleistungsverbot zu beachten, MaBV analog als Richtschnur gegen Vorleistungen
- (cc) § 650m BGB:
  - Einbehalt oder Sicherheitsleistung?
  - Wahlmöglichkeit für Bauträger noch im Vertrag?
(d) Wahl- bzw. Umstiegsmöglichkeit zwischen § 3 MaBV und § 7 MaBV gewünscht? Schranken beachten (→ Rn. 182)
(e) Art des Nachweises des Baufortschritts? ZB Architektenbestätigung, keine Notarbestätigung!
(f) Verzugsfolgen: Schadensersatz
- (aa) Zinsen
  - nach § 309 Nr. 4 BGB nicht ohne Verzug
  - Höhe mit Einzelnachweis bei Kreditaufnahme
  - Höhe pauschaliert, in der Regel gesetzlicher Zins: 5 Prozentpunkte über Basiszins (→ Rn. 194)
- (bb) sonstiger Schaden mit Einzelnachweis
(g) Fälligkeitsmitteilung durch Notar? Kosten: 0,5 Betreuungsgebühr Nr. 22200 KV GNotKG
- (aa) in der Regel bezüglich aller allgemeinen Fälligkeitsvoraussetzungen (uU mit Ausnahme der Baugenehmigung)
- (bb) nicht bezüglich der Baufortschrittsraten, insoweit Architektenbestätigung

(20) Wie erfolgt Zahlungsabwicklung?
(a) Direkt an Bauträger, wenn keine Lastenfreistellung nötig
(b) Über Baukonto bei Globalbelastung
- (aa) Lastenfreistellungsunterlagen (Löschung, Freigabe, Brief) oder Freistellungsverpflichtung schon beim Notar
- (bb) Lastenfreistellungsunterlagen oder Freistellungsverpflichtung
  - kommen von der Bank
  - müssen vom Notar angefordert werden (mit Entwurf?)
- (cc) Abbuchungsautomatik gewünscht?
  - nur widerruflich
  - Abbuchung erst nach Baufortschrittsmitteilung und angemessener Frist
  - Folge: Zwischenkredit der Bank? Problematische Regelung im Bauträgervertrag (→ Rn. 205)
- (dd) Lastschriftverfahren gewünscht?
- (ee) Abtretungen notwendig?
  - Zahlungsanspruch des Bauträgers an Globalgläubigerin
  - Darlehensansprüche des Erwerbers an (zwischenfinanzierende?) Globalgläubigerin
(c) Hinterlegung gewünscht? Vorleistungsverbot beachten (→ Rn. 206 ff.); Kostenfolge: 1,0-Gebühr Nr. 25300 KV GNotKG

(21) Zwangsvollstreckungsunterwerfung gewünscht?
(a) wegen Kaufpreiszahlungspflicht: nicht möglich (→ Rn. 212)
(b) wegen Herstellungspflicht: selten sinnvoll (→ Rn. 211)

(22) Zeitpunkt des Besitz-, Lasten- und Gefahrenübergangs
(a) Gefahrenübergang ab wann?
(b) Lastenübergang ab wann?

      (c) Besitzübergang: in der Regel ab Abnahme
          (aa) Verfahren der Abnahme: Genaue Definition!
          (bb) Fingierte Abnahme nach § 640 Abs. 2 BGB
(23) Art und Umfang der Haftung für Mängel
      (a) Für Grundstück
          (aa) grundsätzlich Ausschluss der Sachmängelhaftung; uU Garantie für (Mindest-)Größe
          (bb) Altlastenproblematik
             – exakte Regelung, falls Altlasten bekannt oder zu vermuten
             – im Übrigen: Versicherung, dass keine Altlasten bekannt sind; Hinweis auf Haftung
      (b) Bei Baumängeln:
          (aa) Verjährungsfrist
             – Grundsatz: fünf Jahre nach Werkvertragsrecht
          (bb) Ausnahmen:
             – normale Abnutzung
             – natürliche Lebensdauer (zB Anstriche)
             – bewegliche Gegenstände (elektrische Geräte etc); aber: fünf Jahre, sofern Grundstücksbestandteil
          (cc) Inhalt der Rechte bei Mängeln (in der Regel kein Ausschluss möglich)
             – Nacherfüllung
             – Aufwendungsersatz bei Selbstvornahme
             – Minderung oder Rücktritt bei Fehlschlag
             – Schadensersatz: Ausschluss nur sehr eingeschränkt zulässig
          (dd) Anspruchsgegner
             – Bauträger selbst
             – einzelne Bauhandwerker, soweit Abtretung erfolgt
             – parallele Haftung des Bauträgers bleibt; sinnvoll: nur aufschiebend (durch Verzug) und auflösend (durch Erfüllung) bedingte Sicherungsabtretung
             – Beschränkung auf nur subsidiäre Haftung des Bauträgers: unzulässig
(24) Welche Besonderheiten bestehen bei Sanierungs- oder Renovierungsobjekt?
      (a) Abweichungen beim Ratenzahlungsplan (→ Rn. 299)
      (b) Abweichungen bei Mängelhaftung: Frist und Umfang (→ Rn. 305 ff.)
(25) Werden Belastungen übernommen?
      (a) Dienstbarkeiten, eventuell Reallasten
      (b) Finanzierungsgrundpfandrechte
(26) Wie wird finanziert? Bestehen Mitwirkungspflichten?
      (a) Finanzierungsplan sinnvoll
      (b) Wer bestellt die Grundpfandrechte?
          (aa) Der Erwerber allein unter Verpfändung des Eigentumsverschaffungsanspruchs
          (bb) Bauträger (dinglich) und Erwerber (abstraktes Schuldanerkenntnis) unter entsprechender Einschränkung der Zweckbestimmungsvereinbarungen
      (c) Ist Finanzierungsvollmacht vorgesehen?
          (aa) Bis zu welcher Gesamthöhe?
          (bb) Wer wird bevollmächtigt? Wegen § 17 Abs. 2a BeurkG in der Regel der Erwerber
          (cc) Ausübbarkeit der Vollmacht nur beim beurkundenden Notar?
      (d) Soll Bürgschaft nach § 7 MaBV zur Finanzierung herangezogen werden?
(27) Wer trägt Kosten und Steuern?
      (a) In der Regel der Erwerber, ausgenommen Lastenfreistellung

(b) Ist Sonderregelung gewollt für zB Vermessung, spätere Baueinmessung, nachträgliche Genehmigungen?

(28) Übliche Vollzugsvollmachten gewollt für Notar und Angestellte?

(29) Weitere Besonderheiten bei Aufteilung in Wohnungseigentum: Sind Mitwirkungspflichten, eventuell auch Vollmachten vorgesehen für spätere Änderungen?
    (a) Ver- und Entsorgungsdienstbarkeiten, eventuell Reallasten, Abstandsflächendienstbarkeiten
    (b) Änderungen der Grundstücksgröße
        (aa) ohne finanziellen Ausgleich
        (bb) mit finanziellem Ausgleich
    (c) Änderung der Teilungserklärung (soweit eigenes Sondereigentum nicht betroffen ist), eventuell der Gemeinschaftsordnung?

(30) Welche Vereinbarungen bestehen darüber hinaus?
    (a) Sind weitere Nebentätigkeiten des Bauträgers gewollt?
    (b) Wird ein Makler eingeschaltet? Soll Honorarvereinbarung in den Vertrag aufgenommen werden?

(31) Sind alle übrigen Fragen geklärt, die üblicherweise bei einem Grundstückskaufvertrag anfallen? Hinweis auf gesetzliche Vorkaufsrechte (Vorkaufsrecht nach BauGB, nicht bei Eigentumswohnung), auf Genehmigung nach Grundstücksverkehrsgesetz etc

(32) Abschlussprüfung: Sind alle vorgesehenen Vertragsformulierungen klar und eindeutig, ist der Vertrag übersichtlich aufgebaut? Transparenzgebot, § 307 Abs. 1 S. 2 BGB: Keine überraschenden Klauseln; Regelungen nur an der systematisch richtigen Stelle!

(33) Hinwirkungspflicht nach § 17 Abs. 2a S. 2 BeurkG erfüllt, insbesondere persönliche Anwesenheit des Verbrauchers oder Vertretung durch Vertrauensperson?

(34) Einhaltung der Regelfrist von zwei Wochen zur Textprüfung (§ 17 Abs. 2a S. 2 Nr. 2 BeurkG)
    – Übersendung durch den Notar erforderlich
    – ausnahmsweise nicht möglich: Wie wird anderweitige gründliche Information des Verbrauchers sichergestellt?
    – Dokumentationspflicht

B. Allgemeines zum Bauträgervertrag; Vorüberlegungen bei der Konzeption

I. Vorbemerkungen; Risiken für den Notar

Der Bauträgervertrag ist für den Bauträger und den Notar ein Routinegeschäft mit den **3** dafür typischen Risiken, für den Erwerber dagegen oft ein singuläres und ganz besonders wichtiges Geschäft.
– Für den **Erwerber** haben Pflichtverletzungen des Bauträgers nachhaltige Auswirkungen. Er investiert oft sein gesamtes Vermögen in den Kauf, geht zusätzlich eine Verschuldung ein und geht aufgrund der Abschlagszahlungen ganz erheblich in Vorleistung. Sein Risiko geht dabei bis zum Totalverlust.
– In aller Regel liegt ein **Formular- oder Verbrauchervertrag** vor, der dem AGB-Recht (§§ 305 ff. BGB) unterliegt.
– Die **Initiative** zur Beurkundung geht in der Regel allein vom **Bauträger** aus, der die Gesamtkonzeption bestimmt und positive wie negative Erfahrungen verwerten will und auch darf: So obliegt der **Erwerberschutz** allein dem **Notar,** der für eine ausgewogene Vertragsgestaltung zu sorgen hat. Besondere Beachtung verdienen dabei **§ 17 Abs. 2a BeurkG** (dazu → Rn. 24) und das **Transparenzgebot** des § 307 Abs. 1 S. 2 BGB,[1]

---

[1] Vgl. *Sienz* BauR 2009, 361.

welches **klare** und **verständliche** Regelungen erfordert; hierzu gehören ein übersichtlicher Vertragsaufbau (Zusammengehöriges sollte nicht dort stehen, wo es nicht vermutet wird) und der Verzicht auf überraschende oder versteckte Klauseln, die berechtigte Erwartungen des Erwerbers enttäuschen könnten. Der Vertrag muss trotz aller Regelungsbedürfnisse noch lesbar (und auch seinem Umfang nach noch vorlesbar!) bleiben, er darf sich nicht in den Details verlieren.[2]

– Da der Beurkundungsauftrag in der Regel vom Bauträger kommt, ist die Gefahr einer Abhängigkeit des Notars vom Bauträger besonders sorgfältig zu vermeiden, auf seine **Unparteilichkeit** muss ganz besonders geachtet werden.

– Aus Zeitgründen wünscht der Bauträger bei größeren Anlagen häufig **Sammelbeurkundungen** mit mehreren Erwerbern, was Ziff. II 1. lit. e der Richtlinienempfehlungen der Bundesnotarkammer bis zu fünf (in Bayern bis zu drei) Erwerbern toleriert. Wenngleich mehrere Erwerber eine größere Zahl von Problempunkten finden und ansprechen können – sofern sie sich nicht zu Unrecht vor der „Blamage" einer töricht erscheinenden Frage fürchten –, muss doch bei einer Sammelbeurkundung besonders sorgfältig darauf geachtet werden, dass jeder Erwerber die Erläuterungen des Notars verstanden und von seinem selbstverständlichen Fragerecht Gebrauch gemacht hat. Dem Erwerber sollte gesagt werden, dass mit der Sammelbeurkundung **keine Kostenersparnis** verbunden ist. Wünscht er eine Einzelbeurkundung, so ist dem Wunsch selbstverständlich zu entsprechen.

– Aus der Vielzahl von Bauträgerverträgen bei größeren Wohnanlagen folgt, dass sich **Fehler** im Mustervertrag **multiplizieren** – und mit ihnen die Haftungsrisiken.

– **Konzeptionsfehler** des Bauträgers, des Architekten oder des Notars (zB Übersehen einer zu übernehmenden Dienstbarkeit) sind nach der Veräußerung einer größeren Zahl von Objekten nur noch **schwer korrigierbar,** da eine **Vielzahl** von Beteiligten (Erwerber, Finanzierungsgläubiger) mit der Korrektur in der Form des § 29 GBO einverstanden sein muss.

4 Wegen all dieser Besonderheiten bedürfen Konzeption, Vorbereitung, Beurkundung und Abwicklung von Bauträgerverträgen der ganz **besonderen Sorgfalt** des Notars. Diese Sorgfalt bestimmt nicht zuletzt, welches Ansehen der Notar in der Öffentlichkeit genießt.

5 Kritik am Sicherungssystem des Bauträgervertrags gibt es immer wieder,[3] vor allem wegen der Gefahren der Ratenzahlung im Falle eines Steckenbleibens des Baus, insbesondere bei größeren Eigentumswohnanlagen. Andere europäische Länder sehen bei vorgezogenen Zahlungen eine Absicherung über eine Rückzahlungsbürgschaft vor (Belgien, Frankreich, Italien, Spanien) oder sie verschieben die Gesamtfälligkeit auf die Übergabe (Großbritannien, Irland).[4]

II. Begriff und Rechtsnatur des Bauträgervertrags

6 § 650u Abs. 1 S. 1 BGB definiert den Bauträgervertrag als einen Vertrag, der die Errichtung oder den Umbau eines Hauses oder eines vergleichbaren Bauwerks zum Gegenstand hat und zugleich die Verpflichtung des Unternehmers enthält, dem Besteller das Eigentum an dem Grundstück zu übertragen oder ein Erbbaurecht zu bestellen oder zu übertragen. Der Begriff wird im Sprachgebrauch typischerweise verwendet, wenn ein **Gewerbetreibender** (= Bauträger) auf eigenem Grundstück im **eigenen Namen** auf **eigenes Risiko** für **eigene oder fremde Rechnung** ein **Bauvorhaben** durchführt, um dieses zu **verkaufen.**[5] Bauträger ist Bauherr, er ist Vertragspartner des Architekten und des Bauunternehmers bzw. der einzelnen Bauhandwerker. Ihm wird die Baugenehmigung erteilt.[6]

---

[2] Vgl. den richtigen Appell von *Lotter* DNotZ 2002, 741.
[3] Vgl. statt vieler *Blank* BauR 2010, 5.
[4] Vgl. *Blank* BauR 2010, 5.
[5] Vgl. BGH NJW 1986, 925.
[6] Vgl. zur Begriffsbestimmung MVHdB V BürgerlR I/*Hertel* Form. I. 30 Anm. 2 (S. 410).

Ein Bauträgervertrag setzt voraus, dass sich der Bauträger zur Eigentumsübertragung oder 7
zur Erbbaurechtsbestellung verpflichtet, § 650u BGB. In Betracht kommt ein Erwerb
vom Bauträger selbst, das heißt der Bauträger ist oder wird Eigentümer des betroffenen
Grundstücks/Erbbaurechts, aber auch der Erwerb von einem Dritten (auch ohne Zwischenerwerb des Bauträgers), etwa auf Veranlassung des Bauträgers.[7] **Ist** der Erwerber
schon Eigentümer des Grundstücks/Erbbaurechts, so handelt es sich bezüglich der Herstellung des Bauwerks um einen reinen, nicht beurkundungspflichtigen Bauvertrag gemäß
§§ 650a ff. BGB.

Auch wenn der Bauträgervertrag in der Praxis häufig noch als „Kaufvertrag" bezeich- 8
net wird, so findet unabhängig von der Bezeichnung durch den Notar oder die Beteiligten auf den Vertrag gemäß § 650u Abs. 1 S. 3 BGB nur auf den Grundstücksteil **Kaufrecht** Anwendung, während auf Herstellung des Gebäudes und insbesondere die
Gewährleistung für Baumängel **Werkvertragsrecht** anzuwenden ist, § 650u Abs. 1 S. 2
BGB, und zwar einschließlich der Vorschriften des Bauvertrags und des Verbraucherbauvertrags, soweit Vorschriften nicht gemäß § 650u Abs. 2 BGB von der Anwendung ausgeschlossen sind. Bei sonstigen Betreuungsleistungen des Bauträgers kann im Einzelfall auf
diese **Auftrags- und Geschäftsbesorgungsrecht** anzuwenden sein[8]

Der Bauträgervertrag ist *kein* Ratenlieferungsvertrag iSd § 505 Abs. 1 BGB, da zwar 9
typischerweise in (Abschlags-)Raten gezahlt, aber nicht eine Mehrheit von Sachen geliefert wird; daher besteht auch kein entsprechendes Widerrufsrecht. Der Bauträgervertrag
ist – wie auch der Werkvertrag über Lieferung und Errichtung eines Ausbauhauses[9] – im
Regelfall auch *kein* Teilzahlungsgeschäft iSd § 499 Abs. 2 BGB, da dieses zwingend einen
Zahlungsaufschub voraussetzt; ein solcher liegt aber – abgesehen vom Sonderfall einer
verzinslichen Stundung (dazu → Rn. 209) – beim Bauträgervertrag nicht vor, und zwar
unabhängig davon, ob Raten nach § 3 MaBV vereinbart sind oder vom Zahlungsplan der
MaBV zugunsten des Erwerbers ohne ausdrücklichen Preisaufschlag abgewichen wird.
Auch im letzteren Fall wird die Fälligkeit der Vergütung nicht hinausgeschoben, es wird
nur vom Recht auf Vereinbarung von Abschlagszahlungen kein oder nur teilweiser Gebrauch gemacht. Ein Widerrufsrecht nach §§ 501, 495, 358 BGB besteht daher im Regelfall nicht, über ein solches muss somit auch nicht (wegen der Widerrufsfrist nach § 355
Abs. 2 BGB) belehrt werden.

III. Qualifikation des Veräußerers

1. Gewerblicher Bauträger. Der gewerberechtliche Begriff des Bauträgers setzt eine **ge-** 10
werbliche Tätigkeit voraus. Eine gewerbliche Bauträgertätigkeit bedarf nach § 34c Abs. 1
S. 2a GewO der behördlichen **Erlaubnis.** Folge dieser Qualifikation ist die unmittelbare
Anwendbarkeit der **MaBV,** sofern der Vertrag ein Bauträgervertrag ist (→ Rn. 6). Auch
gemeinnützige oder als Organ der staatlichen Wohnungspolitik anerkannte Bauträger unterliegen seit 1994 der MaBV (§ 37 Abs. 2 S. 1 II. WoBauG).

Ein **als Bürge** iSd § 7 MaBV **tauglicher** Bauträger (Bank, Versicherungsunternehmen) 11
bedarf nach der Ratio des § 7 MaBV keiner gesonderten Bürgschaft; er unterliegt daher
analog § 7 Abs. 1 S. 1 MaBV **nicht den Beschränkungen** des § 3 Abs. 1 und Abs. 2
MaBV.[10]

2. Nichtgewerblicher Bauträger. Veräußert ausnahmsweise eine Person, **ohne ge-** 12
werblich tätig zu werden, ein Grundstück mit zu errichtendem Gebäude, so liegt kein

---

[7] *Warda* MittBayNot 1988, 1 (3); *Magel* ZNotP 2011, 202 (203); *Basty* Bauträgervertrag Rn. 75; *Pause* Bauträgerkauf Rn. 33; BeckOGK/*Molt,* Stand: 1.11.2018, BGB § 650u Rn. 44.
[8] BGH NJW 1984, 2573; NJW 1986, 925; *Jagenburg* NJW 1987, 3107; MVHdB V BürgerlR I/*Hertel*
Form. I. 30 Anm. 3 (S. 410).
[9] BGH DNotZ 2006, 355.
[10] *Basty* Bauträgervertrag Rn. 79.

Bauträgervertrag im Sinne der GewO vor. Der zivilrechtliche Bauträgerbegriff des § 650u BGB setzt allerdings keine gewerbliche Tätigkeit voraus. Der Begriff des Werkunternehmers ist auch nicht deckungsgleich mit dem Unternehmer gemäß § 14 BGB. Auch Personen, die keine Unternehmer iSv § 14 BGB sind, etwa weil sie mit ihrem Bauprojekt keiner auf Dauer angelegten Tätigkeit nachgehen,[11] können daher Werkunternehmer und mithin Bauträger sein. Dies gilt auch für Privatpersonen, die einmalig ein Gebäude auf ihrem Grundstück errichten und mit der Verpflichtung zur Fertigstellung verkaufen. Auch für diese Verträge gilt das zivile Bauträgerrecht (ohne die Regelungen zum Verbraucherbauvertrag). Die MaBV findet mangels Gewerblichkeit zwar keine direkte Anwendung. Gemäß § 650u Abs. 2 BGB iVm § 1 der Verordnung über Abschlagszahlungen bei Bauträgerverträgen finden die §§ 3, 7 MaBV aber kraft zivilrechtlicher Verweisung auf alle Bauträgerverträge Anwendung, selbst wenn die MaBV nicht unmittelbar anwendbar ist (→ Rn. 18).

Praxishinweis Steuern:

Steuerlich wird in diesen Fällen der Bereich der privaten Vermögensverwaltung schnell verlassen; es liegt dann ein „gewerblicher Grundstückshandel" vor. Ausreichend ist bei bauträgerähnlichen Geschäften uU schon die Veräußerung eines einzigen Objektes während der Bauphase.[12]

---

13 **3. Freiberufler, insbesondere Architekten und Ingenieure.** Freiberufliche Bauträger sind keine Gewerbetreibenden, aber Unternehmer iSv § 14 BGB. Für sie gilt daher das zivilrechtliche Bauträgerrecht (einschließlich der anwendbaren Vorschriften des Verbraucherbauvertrags) und über die Verweisung in § 650v BGB die §§ 3 und 7 MaBV.

14 Architekten und Ingenieure dürfen nach Art. 10 § 3 des Mietrechtsverbesserungsgesetzes[13] keine Bauträgertätigkeit ausüben.[14] Das Koppelungsverbot gilt allerdings nicht, soweit sie die **Erlaubnis** nach § 34c GewO besitzen.[15] Architekten und Ingenieure können außerdem über eine Bauträger-GmbH tätig werden.[16] **Bindet** der Verkäufer den Käufer eines Grundstücks zur Errichtung von Eigentumswohnungen an einen bestimmten Architekten, so liegt darin kein Verstoß gegen das Koppelungsverbot.[17]

IV. Qualifikation des Vertrages; anzuwendende Vorschriften

15 **1. Formularvertrag nach §§ 305 ff. BGB; Verbrauchervertrag nach § 310 Abs. 3 BGB.** Ein Bauträger ist in aller Regel zugleich Unternehmer (→ Rn. 10). Verkauft er an Verbraucher (§ 13 BGB), so liegt ein „Verbrauchervertrag" vor. Auch wenn der Bauträgervertrag für ein einziges Vertragsobjekt des Bauträgers verwendet werden soll, unterliegt er gemäß § 310 Abs. 3 Nr. 2 BGB der AGB-Kontrolle nach §§ 305 ff. BGB. Verwender ist der Bauträger, auf den Verfasser kommt es nicht an (§ 310 Abs. 3 Nr. 1 BGB). Die Beurkundung ändert an der AGB-Eigenschaft nichts (§ 305 Abs. 1 S. 2 BGB).

16 Außerhalb des Bereichs der Verbraucherverträge kommt es dann zu einer Inhaltskontrolle nach §§ 305 ff. BGB, wenn das Vertragsmuster für eine Vielzahl von Verträgen vorformuliert ist, was in der Regel der Fall sein wird. Auch hier ist der Bauträger (unabhängig von der Person des Verfassers) dann in aller Regel der Verwender des Vertragsmusters.

---

[11] Vgl. hierzu etwa MüKoBGB/*Micklitz* BGB § 14 Rn. 20, 31.
[12] Vgl. BFH DStR 2006, 225.
[13] BGBl. 1971 I 1749.
[14] Sehr bedenklich, vgl. MVHdB V BürgerlR I/*Hertel* Form. I. 30 Anm. 4 (S. 413).
[15] BGH DNotZ 1989, 749 mAnm *Schmidt.*
[16] BGH NJW 1975, 259.
[17] BGH NJW 1986, 1811.

2. Individualvertrag mit Inhaltskontrolle nach § 242 BGB. Handelt es sich aus- 17 nahmsweise um keinen Formular- oder Verbrauchervertrag, so unterliegt er doch nach den sehr umstrittenen Grundsätzen der richterlichen Inhaltskontrolle auch notarieller Verträge einer solchen Kontrolle nach § 242 BGB.[18] Insbesondere ist ein formelhafter Sachmängelgewährleistungsausschluss beim Erwerb neu errichteter oder so zu behandelnder Häuser auch in einem Individualvertrag nach § 242 BGB unwirksam, wenn der Ausschluss nicht mit dem Käufer unter ausführlicher Belehrung über die einschneidenden Rechtsfolgen eingehend erörtert worden ist.[19]

3. MaBV und HausbauVO. Trotz der Qualifikation des Veräußerers als Bauträger setzt 18 die direkte Anwendbarkeit der MaBV voraus, dass der konkrete Vertrag auch tatsächlich ein Bauträgervertrag ist. Die MaBV gilt nicht nur, wenn der Bauträger auch das Eigentum am Grundstück (mit oder ohne Zwischenerwerb) selbst zu verschaffen hat, sondern findet auch Anwendung, wenn das Eigentum im Zusammenhang mit dem Abschluss eines Bauvertrags durch einen im Lager des Bauunternehmers stehenden Grundstückseigentümer verschafft werden soll.[20] Dies gilt nicht nur, aber vor allem bei einem einheitlichen Vertragswerk, bei dem auch der Werkvertrag beurkundungsbedürftig ist (hierzu → Rn. 23).

Die MaBV selbst ist nach der systematischen Einordnung ihrer Ermächtigungsgrundla- 19 ge **Gewerberecht** und bindet primär den Bauträger, der Zahlungen nur nach den § 3 und 7 MaBV entgegennehmen darf. Durch den Verweis in § 650v BGB iVm Art. 244 EGBGB und § 1 der Hausbauverordnung wird jedoch die Vereinbarung von Abschlagszahlungen in Bauträgerverträgen im Vergleich zur Regelung des Werkvertrags in § 632a Abs. 1 BGB auch zivilrechtlich eingeschränkt und solche nur nach den Regeln der MaBV (§§ 3 und 7 MaBV) für zulässig erklärt.

Die §§ 3 und 7 MaBV sind **Schutzgesetze** iSd § 823 Abs. 2 BGB[21] mit der Konse- 20 quenz, dass bei einer Bauträger-GmbH nicht nur diese, sondern auch deren **Geschäftsführer persönlich haftet,** wenn er durch den Verstoß gegen die §§ 3 und/oder 7 MaBV eine unerlaubte Handlung begangen hat.

V. Beurkundungspflicht und -verfahren

1. Beurkundungspflicht. Wegen seines Grundstücksteils bedarf der Bauträgervertrag der 21 **Beurkundung** nach § 311b Abs. 1 BGB, und zwar der **ganze** Vertrag.[22] Die Aufspaltung in einen beurkundungspflichtigen Grundstückskauf und einen beurkundungsfreien Bauvertrag genügt nicht den Anforderungen des § 311b Abs. 1 BGB, der das ganze einheitliche Rechtsgeschäft umfasst.

Wird dagegen die Renovierung ausnahmsweise nur als mögliche Leistung angeboten, 22 aber in das Belieben des Erwerbers gestellt, so liegt ein Grundstückskauf mit separatem Renovierungsvertrag vor, wenn beide Verträge in ihrem Bestand unabhängig voneinander sind. Denkbar ist dies nur bei einem Einzelhaus oder bei einer Renovierungsbedürftigkeit allein der Eigentumswohnung, nicht des Gemeinschaftseigentums. Bei gleichzeitigem Abschluss beider Verträge oder bei Abschluss des Renovierungsvertrages vor dem Grundstückskauf spricht immer eine Vermutung für die Abhängigkeit beider Verträge mit der Folge einer gemeinsamen Beurkundungspflicht nach § 311b Abs. 1 BGB.

---

[18] Vgl. *Rieder* DNotZ 1984, 226; *Brambring* NJW 1987, 97; *Eickels* MittRhNotK 1990, 121.

[19] BGH DNotZ 2012, 126 mAnm *Krauß,* welcher ein Formulierungsbeispiel bringt; OLG Köln MittBayNot 2011, 480 mAnm *Brambring.*

[20] OLG München MittBayNot 2017, 45 mAnm *Grziwotz* = ZfIR 2016, 400 mAnm *Everts; Warda* MittBayNot 1988, 1 (3); *Magel* ZNotP 2011, 202 (203); *Basty* Bauträgervertrag Rn. 75 mwN.

[21] BGH NJW 2009, 673.

[22] *Kanzleiter* DNotZ 1984, 421.

23 Eine Beurkundungspflicht nach § 311b Abs. 1 BGB kann sich auch ergeben, wenn der **Bauunternehmer nicht Eigentümer des Grundstücks** ist und der Erwerber mit letzterem als **Dritten** einen Grundstückskaufvertrag und mit ersterem einen Bauvertrag abschließt, aber ein einheitliches Vertragswerk vorliegt.[23] Er bedarf dann der Beurkundung, wenn die Parteien des Bauvertrags übereinstimmend davon ausgehen, dass der Grundstückskauf nach dem Willen der Parteien des Grundstückskaufs vom Zustandekommen des Bauvertrags abhängt.[24] Ausreichend ist eine einseitige Verknüpfung durch eine der Vertragsparteien des Grundstückskaufvertrags, wenn die andere Seite die Verknüpfung zumindest hinnimmt.[25] Die Verknüpfung liegt jedenfalls auf der Hand, wenn der Bauunternehmer oder eine mit diesem verflochtene Firma das Grundstück vermittelt hat. Wird die Abhängigkeit von den Beteiligten des Grundstückskaufvertrags verneint, sollte jedenfalls auf die drohende Nichtigkeit beider Verträge und den Sinn des einheitlichen Vertrags mit Verzahnung von Kauf- und Bauvertrag hingewiesen werden.

> **Praxishinweis Steuern:**
> Auch die oft dahinter stehende Motivation der Beteiligten Steuern zu sparen, lässt sich in der Regel nicht realisieren. Nach ständiger Rechtsprechung unterfällt das **gesamte** Bauvorhaben gemäß § 9 Abs. 1 Nr. 1 GrEStG der **Grunderwerbsteuer** aus dem Gesamtaufwand (einschließlich der auf die Bauleistung zu zahlenden Umsatzsteuer), wenn ein enger sachlicher Zusammenhang zwischen Kauf- und Bauvertrag besteht.[26] Anders als die Leistung des Bauträgers, welche gemäß § 4 Nr. 9a UStG umsatzsteuerfrei ist, weil sie der Grunderwerbsteuer unterliegt, sind Bauleistungen umsatzsteuerpflichtig.[27] Zu einer Mehrbelastung kommt es hierdurch aber kaum, da der Bauträger nicht vorsteuerabzugsberechtigt ist und daher seine bezahlten Vorsteuern mit seinem Verkaufspreis weitergeben wird.

24 **2. § 17 Abs. 2a BeurkG.** Zu den wichtigsten Punkten (Geltungsbereich, „Vertrauensperson", Zwei-Wochen-Frist, „beabsichtigter Text", Pflicht zur Übersendung durch den Notar, keine Dispositionsfreiheit der Beteiligten über die Einhaltung der Zwei-Wochen-Frist etc) eingehend → § 1 Rn. 707 ff.

25 **3. Zeitpunkt der Beurkundung und Verfahrensstadium.** Der Bauträger wünscht die Beurkundung in einem möglichst **frühen** Stadium, um den Erwerber zu **binden** und an den **Kaufpreis** – zumindest an die erste Rate – zu kommen. Dem ersten Anliegen kann und sollte Rechnung getragen werden, wenn die wesentlichen Voraussetzungen gegeben sind, nämlich
– der Grundstückserwerb und
– die Erteilung der Baugenehmigung – soweit erforderlich – sowie
– auf der Erwerberseite die Finanzierung
als tatsächlich gesichert erscheinen; die fehlende rechtliche Sicherung kann durch Rücktrittsrechte und Hinausschieben der Kaufpreisfälligkeit kompensiert werden. Die Kostenfolge ist natürlich zu bedenken, nach entsprechendem Hinweis sollte der Notar allerdings nicht zögern, einem Beurkundungswunsch zu folgen, da ansonsten alle Varianten privat-

---

[23] Zur Gestaltung solcher Verträge vgl. WürzNotar-HdB/*Hertel* Teil 2 Kap. 3 Rn. 358.
[24] BGH DNotZ 2011, 196; dazu *Keim* DNotZ 2011, 513; BGH DNotZ 2009, 619; DNotZ 2000, 635; NJW 1994, 721; OLG Karlsruhe BeckRS 2011, 1524.
[25] WürzNotar-HdB/*Hertel* Teil 2 Kap. 3 Rn. 356.
[26] BFH MittBayNot 2014, 96; ZfIR 2013, 148 mAnm *Möller*; ZfIR 2012, 609; ZfIR 2000, 58; ZfIR 1997, 167; BStBl. II 1990, 590 = BeckRS 1990, 22009346; *Gottwald* MittBayNot 2013, 1 (5 f.); *Keim* DNotZ 2011, 513 (521 ff.); zur Auffassung der Finanzverwaltung: Gleichlautende Erlasse zum Gegenstand des Erwerbsvorgangs (Einheitliches Vertragswerk/Einheitlicher Erwerbsgegenstand) vom 20. 9. 2017, BStBl. I 1328.
[27] BFH ZfIR 2013, 148; ZNotP 2000, 31 (33).

schriftlicher Vorverträge versucht werden, welche allesamt nach § 311b Abs. 1 BGB nichtig sind.

Dem zweiten Anliegen einer möglichst frühen Kaufpreisfälligkeit kann dagegen erst 26 nach Vorliegen aller Voraussetzungen der MaBV oder bei deren Nichtanwendbarkeit entsprechender Sicherungen nach §§ 305 ff. BGB bzw. § 242 BGB (→ Rn. 15) entsprochen werden (dazu eingehend → Rn. 124).

4. Aufspaltung in Angebot und Annahme. Eine **systematische** Aufspaltung des ein- 27 heitlichen Vertrages in eine getrennte Beurkundung von Angebot und Annahme muss **abgelehnt** werden, da die Aufspaltung dem Zweck des Beurkundungsverfahrens zuwiderläuft, ein Verhandeln beider Vertragsteile unter gleichzeitiger Beratung durch den Notar zu ermöglichen. Besteht der Bauträger aber dennoch auf der Trennung, so hat der **Erwerber,** nicht der Bauträger das **Angebot** (das alle Bestandteile der Erwerbsurkunde enthalten muss) abzugeben, um dem Unerfahrenen die **Belehrung** durch den Notar zukommen zu lassen (Ziff. II. 1. lit. d der Richtlinienempfehlungen der Bundesnotarkammer).

Erfolgt die Trennung nicht aus Bequemlichkeitsgründen (Ersparnis der Anreise, Zeiter- 28 sparnis für den Bauträger), sondern um dem Bauträger den Ausstieg aus dem Gesamtprojekt zu ermöglichen, bis eine bestimmte Anzahl von Einzelobjekten platziert ist, so sollte der Bauträger bei Angeboten des Erwerbers an der Beurkundungsverhandlung teilnehmen und mitunterschreiben und im Falle der Nichtannahme auch die Kosten der Angebotsurkunde übernehmen. Der Erwerber muss dann nachdrücklich darüber **belehrt** werden, dass die Annahme zu **gesonderter Urkunde** erst noch erfolgen muss und dass sie im Belieben des Angebotsempfängers steht. Er darf die Beurkundungsverhandlung nicht verlassen im (falschen) Bewusstsein, einen „Bauträgervertrag geschlossen" zu haben.

Die **Bindungsfrist** darf nicht ungemessen lang iSv § 308 Nr. 1 BGB sein, noch darf 29 das Angebot nach Ende der Bindung fortgelten. Die Rechtsprechung hat basierend auf § 147 Abs. 2 BGB eine gesetzliche Annahmefrist für Immobilienkauf- und Bauträgerverträge von **vier Wochen** entwickelt.[28] Eine längere Bindungsfrist kann zwar grundsätzlich vereinbart werden, höchstens jedoch eine Bindungsfrist von drei Monaten.[29] Bindungsfristen von sechs Wochen und darüber sind außerdem unangemessen, wenn der Bauträger hierfür nicht ein schutzwürdiges Interesse geltend machen kann, hinter dem das Interesse des Kunden an dem baldigen Wegfall der Bindung zurückstehen muss, und dies im Vertrag genannt wird.[30] Ob es überhaupt solche Interessen gibt, die der Rechtsprechung standhalten, erscheint zweifelhaft.[31] Nicht anerkannt wurden Abwarten der Sicherstellung der Finanzierung des Erwerbers,[32] eine Bonitätsprüfung,[33] Vielzahl der Vertragsbeteiligten oder Sitz eines Beteiligten im Ausland,[34] Nichtanlage der Wohnungsgrundbücher oder Fehlen des Freigabeversprechens der Bauträgerbank,[35] Platzierungsinteresse des Bauträgers.[36] Wohl nicht ausreichen wird auch das Fehlen der Baugenehmigung.[37] Bei einer un-

---

[28] BGH DNotZ 2014, 41; NJW 2010, 2873 mAnm *Blank* = MittBayNot 2011, 49 mAnm *Kanzleiter* = RNotZ 2010, 530 mAnm *Kessler* = NotBZ 2010, 335 mAnm *Kraus;* vgl. ferner *Herrler/Suttmann* DNotZ 2010, 88; *Kilian* notar 2011, 86.

[29] BGH DNotZ 2014, 41; MittBayNot 2014, 42 mit kritischer Anm. *Suttmann.*

[30] BGH MittBayNot 2014, 525 mAnm *Herrler;* DNotZ 2014, 41; nach *Basty* Bauträgervertrag Rn. 134 ff. ist bereits eine Überschreitung der Vier-Wochen-Frist rechtfertigungsbedürftig.

[31] *Basty* Bauträgervertrag Rn. 136.

[32] BGH DNotZ 2016, 530; DNotZ 2014, 358.

[33] BGH DNotZ 2016, 530; DNotZ 2010, 913.

[34] BGH DNotZ 2016, 530; DNotZ 2014, 358.

[35] BGH DNotZ 2014, 41; DNotZ 2010, 913.

[36] DNotZ 2014, 41.

[37] *Schmidt-Rätsch* ZfIR 2014, 113 ff.

wirksamen Bindungsfrist verbleibt es bei der gesetzlichen Frist zur Annahme gemäß § 147 Abs. 2 BGB, bei verspäteter Annahme kommt kein Vertrag zustande.[38]

30   Auch **Fortgeltungsklauseln,** wonach das Angebot nach Ablauf der Bindungsfrist fort gilt, aber frei widerruflich wird, sind wegen unangemessener Benachteiligung nach § 308 Nr. 1 BGB bzw. § 307 BGB unwirksam, wohl unabhängig davon, ob die Fortgeltung wiederum befristet ist.[39]

31   Auch andere Gestaltungsmöglichkeiten erscheinen nicht unbedingt als geeignete Alternativen.[40] Bei einer vollmachtlosen Vertretung steht die Aufforderung zur Genehmigung gemäß § 177 Abs. 2 BGB mit der Zweiwochenfrist im Raum. Für Rücktrittsrechte gelten gemäß § 308 Nr. 3 BGB ähnliche Grundsätze wie die Rechtsprechung sie zur Bindungsfrist entwickelt hat. Lediglich für das Fehlen der Baugenehmigung wird hier eine Zulässigkeit breit befürwortet.[41] Und auch bei bedingten Verträgen wird man letztlich ähnliche Maßstäbe ansetzen müssen.[42]

VI. Vertragsgegenstand; Abgrenzung

32   Wird – in der Regel vom Veräußerer – der Wunsch nach Erstellung eines Vertrages über den Erwerb eines Neubauobjekts an den Notar herangetragen, so bestimmen sich der Vertragstyp und die konkrete Vertragsgestaltung in erster Linie nach dem Vertragsobjekt, also dem Grundstück bzw. dem Grundstücksanteil und den Eigentumsverhältnissen daran, der Art des Bauwerks, der Zeit seiner Herstellung und der Art seiner Erschließung.

33   **1. Art des Bauwerks und seiner Verknüpfung mit dem Grundstück.** Beim betroffenen Bauwerk und seiner Verknüpfung mit dem Grundstück kann es sich handeln beim **Hauptgebäude** um
   – ein Einzelhaus auf einer Einzelparzelle (Ein- oder Mehrfamilienhaus);
   – ein Reihenhaus auf einer Einzelparzelle mit Grenzbebauung;
   – ein Reihenhaus oder (seltener) Einzelhaus als Wohnungseigentum im Sinne des WEG, wenn eine Parzellierung des Gesamtgrundstücks nicht möglich ist, weil etwa eine vorgeschriebene Mindestgröße des Grundstücks unterschritten wird oder Grenzabstände nicht eingehalten werden können;
   – eine Eigentumswohnung mit Sonder- und Gemeinschaftseigentum;
   – Teileigentum (nicht für Wohnzwecke);
   – Wohneigentum im Wege einer Gesellschaftsbeteiligung (BGB-Gesellschaft, Kommanditgesellschaft), etwa bei einem offenen oder geschlossenen Immobilien-Fonds.

34   Bei **Nebengebäuden und -anlagen** (Garagen, Stellplätzen, Gemeinschaftsflächen und -gebäuden wie Privatwegen, Grünflächen, Spielplätzen, Teichanlagen, Schwimmbädern etc) kann es sich handeln um
   – Einzelparzellen;
   – Sondereigentum nach WEG;
   – Sondernutzungsrechte nach § 15 WEG, solche können auch einem Miteigentumsanteil an einer Sondereigentumseinheit zugeordnet werden;[43]
   – Bruchteilseigentum mit Benutzungsregelung;
   – Dienstbarkeiten an fremden Grundstücken.

---

[38] *Basty* Bauträgervertrag Rn. 138 ff.
[39] BGH DNotZ 2013, 923.
[40] S. eingehend *Herrler* DNotZ 2013, 887 und MittBayNot 2014, 109; *Blank* DNotZ 2014, 166; MVHdB V BürgerlR I/*Hertel* Form. I. 30 Anm. 10 (S. 424); *Basty* Bauträgervertrag Rn. 142 ff.; Grziwotz/Koeble/*Riemenschneider* BauträgerR-HdB 3. Teil Rn. 699, je mwN.
[41] *Basty* Bauträgervertrag Rn. 256 mwN.
[42] *Basty* Bauträgervertrag Rn. 144 mwN.
[43] BGH DNotZ 2012, 769; OLG Nürnberg MittBayNot 2012, 42 mAnm *Kühnlein.*

2. Neues oder altes Bauwerk; Sanierung oder Renovierung. aa) Neubau. Soll das 35
Bauwerk erst erstellt werden oder ist es soeben fertig gestellt worden, so handelt es sich
um ein Neuobjekt. Schwierigkeiten bereitet die Abgrenzung des Bauträgervertrags vom
reinen Kaufvertrag, wenn das Vertragsobjekt bereits vollständig fertig gestellt ist. Die
höchstrichterliche Rechtsprechung differenziert hierzu wie folgt:

Bei Objekten, die nach der Verkehrsanschauung noch neu sind, kommt (auf das Bau- 36
werk) Werkvertragsrecht zur Anwendung, mag auch das Bauwerk bei Vertragsschluss bereits fertiggestellt sein.[44] Begründet wird dies mit der Interessenlage bei Verträgen über
Bauwerke, wo die Vorschusspflicht des Werkmängelrechts besser passe als das Wahlrecht
des Käufers zwischen Nachlieferung und Nachbesserung. Dabei sei ohne Bedeutung, ob
die Parteien den Vertrag als Kaufvertrag bezeichnen, sondern entscheidend, dass sich aus
dem Inhalt solcher Verträge, aus ihrem Zweck und ihrer wirtschaftlichen Bedeutung sowie aus der Interessenlage die Verpflichtung des Veräußerers zu einer mangelfreien Errichtung des Bauwerks ergebe.

Ob das Vertragsobjekt nach der Verkehrsanschauung noch neu ist, richtet sich nach der 37
Art der zwischenzeitlichen Nutzung und der seit der Fertigstellung verstrichenen Zeit.
Bei konstanter Fremdnutzung wird man bereits wenige Jahre nach Fertigstellung von einem nicht mehr neuen Objekt ausgehen dürfen, bei einem leerstehenden Objekt eher
später.[45] Als **Faustregel** wird man annehmen können: Ein **leerstehendes** Objekt ist
zwei Jahre nach Fertigstellung nicht mehr „neu", ein **bewohntes** Objekt bereits nach
einem Jahr.[46] Eine Rolle spielen auch die Vorstellungen der Beteiligten; insbesondere
wenn der Bauträger mit Neuwertigkeit wirbt, muss er sich hieran festhalten lassen.[47] Eine
Bezeichnung als gebrauchter Gegenstand im Vertrag ist dagegen ohne Belang.[48]

Enthält der Vertrag dagegen eine ergänzende Herstellungsverpflichtung (zB bezüglich 38
des Sondereigentums), gibt ihm das nach der Rechtsprechung des BGH insgesamt das
Gepräge eines Werkvertrags, auch wenn zB das Gemeinschaftseigentum bereits seit
Fertigstellung zwei Jahre in Gebrauch war und nur das vertragsgegenständliche Sondereigentum leer stand.[49] Hier fragt man sich allerdings, wie nun der Bauträger dem
Nachzüglerkäufer gegenüber bezüglich des gebrauchten Gemeinschaftseigentums seiner
Herstellungspflicht eines Neubaus nachkommen soll. Der Bauträger müsste seine Herstellungsverpflichtung auf ein gebrauchtes Gebäude beschränken, ein Widerspruch in
sich. Hier wäre es viel schlüssiger, die einzelnen Teile des Vertragsobjekts unterschiedlich zu qualifizieren und je nach vereinbartem Leistungsinhalt Kauf- oder Werkvertragsrecht auf den einzelnen Teil anzuwenden, wie dies ja auch in Bezug auf Grundstück
und Bauwerk geschieht.

Die Rechtsprechung des BGH überzeugt insgesamt nur teilweise. Richtigerweise wird 39
man jeden Einzelfall daraufhin zu überprüfen haben, ob sich aus Äußerungen des Verkäufers, Inhalt aller Vertragsunterlagen, Zweck des Vertrags und Interessenlage tatsächlich die
Übernahme einer Herstellungsverpflichtung ableiten lässt (oder eben nicht). Nur bei einer
übernommenen Herstellungsverpflichtung passt das Werkvertragsrecht mit Bestellung und
späterer Abnahme des Werks.

---

[44] BGH DNotZ 2016, 856; BGH DNotZ 2005, 464 mAnm *Basty*.
[45] ZB Objekt vor Verkauf drei Jahre nach Fertigstellung vermietet – Anwendung von Kaufrecht: BGH
DNotZ 2016, 525; bei kurzer Vermietung dagegen Werkvertragsrecht: BGH NJW 1985, 1551; so auch
bei Musterhaus: BGH NJW 1982, 2243.
[46] Vgl. *Kanzleiter* DNotZ 1987, 651; *Eickels* MittRhNotK 1990, 121 und ausf. *Basty* Bauträgervertrag
Rn. 1101 ff., je mwN.
[47] *Kanzleiter* DNotZ 1987, 651 (659).
[48] BGH DNotZ 2007, 364.
[49] BGH DNotZ 2016, 617.

> **Praxishinweis:**
> Im Zweifel sollte auch bei länger fertiggestellten Objekten sicherheitshalber eine Abnahme im Vertrag vorgesehen und nach Vertragsschluss auch durchgeführt werden.

40 **bb) Altbau.** Bei Objekten, die nach der Verkehrsanschauung nicht mehr neu sind, kommt beim Verkauf dieses **Altobjekts,** soweit keine Herstellungsverpflichtung übernommen wurde, grundsätzlich Kaufrecht zur Anwendung.

41   Zu differenzieren ist dagegen, wenn ein Altobjekt nicht unverändert verkauft wird, sondern im Zuge der Veräußerung
  – durch den ursprünglichen Bauträger noch vor Verkauf **umgebaut** wird: Dann liegt insgesamt ein Bauträgervertrag vor;
  – als Altbau **saniert** und damit umgebaut wird: Hier liegt ein Bauträgervertrag vor, zumindest für die Umbauleistungen (bei Totalsanierung auch für die Altbausubstanz, → Rn. 298, 306) gilt Werkvertragsrecht; bzw.
  – wenn das Altobjekt lediglich **renoviert** wird: Für die Renovierungsleistungen gilt Werkvertragsrecht.

42 Bei Vereinbarung lediglich geringfügiger Renovierungsarbeiten oder bloßer Schönheitsreparaturen liegt kein Bauvorhaben nach der MaBV vor, da die kaufvertraglichen Elemente die werkvertraglichen Teile des Rechtsgeschäfts ganz in den Hintergrund treten lassen.[50]

43 **3. Art der Erschließung; Ver- und Entsorgung.** Die Erschließung im weiten Sinne (Straßenbau und Errichtung öffentlicher Ver- und Entsorgungsleitungen) kann rein öffentlich-rechtlich durch die Gemeinde bzw. Versorgungsunternehmen oder privat durch den Bauträger aufgrund eines öffentlich-rechtlichen Erschließungsvertrages[51] durchgeführt werden, wobei auch Mischformen bezüglich der einzelnen Leistungen (Straße, Wasser, Kanal, Gas, Strom, Wärme) möglich sind. Entscheidend für die Konzeption des Vorhabens ist die **Sicherstellung der Erschließung** als Voraussetzung für die Erteilung einer **Baugenehmigung,** falls eine solche erforderlich ist.

44   Bei der Vertragsgestaltung ist darauf zu achten, dass der Umfang der im Kaufpreis enthaltenen Erschließungskosten und Anliegerbeiträge ganz präzise beschrieben (→ Rn. 114) und die Zahlung der im Kaufpreis enthaltenen Erschließungskosten durch den Bauträger an die Gemeinde sichergestellt wird, da sonst bei Insolvenz des Bauträgers eine doppelte Inanspruchnahme des Erwerbers erfolgt, nachdem Erschließungskosten und Anliegerbeiträge als öffentliche Lasten auf dem Grundstück ruhen (§ 134 BauGB) und damit vom jeweiligen Eigentümer geschuldet werden. Zur aus dieser Problematik folgenden **doppelten Belehrungspflicht** des Notars ausführlich → Rn. 160.

45 **4. Lage der Zuwege und der Ver- und Entsorgungsleitungen. Zuwege** zum Vertragsobjekt können
  – öffentlicher (gewidmeter) Grund sein;
  – auf dem privaten Grund des Erwerbers – bei Wohnungseigentum aller Wohnungseigentümer – liegen, auf welchem sich auch das Bauwerk befindet;
  – im Miteigentum aller oder mehrerer Erwerber stehen, wobei das Bauwerk nicht auf dieser Parzelle steht; die Sicherung erfolgt durch Grunddienstbarkeiten, als Voraussetzung der Baugenehmigung auch zugleich als beschränkte persönliche Dienstbarkeiten zugunsten des Landes oder der Kommune (teilweise wird es anstatt letzterer auch als ausreichend angesehen, dass sich der Dienstbarkeitsberechtigte gegenüber der Baube-

---

[50] BayObLG NotBZ 2005, 37; *Pause* Bauträgerkauf Rn. 51.
[51] Vgl. dazu eingehend *Schmittat* DNotZ 1991, 288 und *Grziwotz* Baulanderschließung S. 272 ff., 317 ff., je mwN.

hörde verpflichtet, die Dienstbarkeit nicht ohne deren Zustimmung zu löschen);[52] uU wird ergänzend eine Benutzungsregelung getroffen;

– im privaten Grund anderer am Gesamtobjekt beteiligter Erwerber liegen; auch hier erfolgt Sicherung über Dienstbarkeiten (Grund- und beschränkte persönliche Dienstbarkeiten);

– im privaten Grund unbeteiligter Dritter liegen; Sicherung ebenfalls durch Dienstbarkeiten (Grund- und beschränkte persönliche Dienstbarkeiten).

Gleiches gilt für **Ver- und Entsorgungsleitungen** aller Art sowie für Zugangs- und   **46** Entsorgungsmöglichkeiten in Sonderfällen (Regenwasserableitung, Gerüstaufstellung, Mülltonnenentsorgung etc).

5. Nutzungsbeschränkungen des Objektes. Soll die Anlage nur für bestimmte Nut-   **47** zungszwecke Verwendung finden können, etwa als **Hotelanlage** oder als **Ferienwohnanlage,** so erfolgen entsprechende Beschränkungen bei einer Eigentumswohnanlage durch Beschränkung des Nutzungszweckes in der Gemeinschaftsordnung, was jedoch nur Innenwirkung innerhalb aller beteiligten Eigentümer erzeugt, oder/und durch beschränkte persönliche Dienstbarkeiten gegenüber Land oder Kommune, die dann ohne Zustimmung des Berechtigten nicht mehr geändert werden können.[53]

6. Erbbaurecht. Sieht der Bauträgervertrag die Errichtung eines Bauwerks im Erbbau-   **48** recht vor, gelten folgende Besonderheiten: An die Stelle des Grundstückskaufteils im Bauträgervertrag tritt der Erwerb des Erbbaurechts mit dem Eintritt in den Erbbaurechtsvertrag. § 3 Abs. 2 MaBV sieht dementsprechend veränderte Zahlungsraten vor. Bei komplexen Wohnanlagen kann es vorkommen, dass der Erwerber neben dem Erbbaurecht am Hauptbauwerk Eigentum oder Miteigentum an Stellplatz-, Garagen- oder Gemeinschaftsflächen, Zuwegen etc erwirbt. Dann sollte für den Heimfall des Erbbaurechts eine Verklammerung vorgesehen werden, wonach der Eigentümer des Erbbaugrundstücks beim Heimfall auch derartige Eigentumsflächen gegen entsprechende Entschädigung miterwirbt, damit wirtschaftliche Einheiten nicht getrennt werden. Dieses Erwerbsrecht kann durch eine Vormerkung gesichert werden.

VII. Steuerliche Aspekte

1. Einkommensteuer. Bei Fremdnutzung (Vermietung) ist eine Abschreibung nach § 7   **49** Abs. 4 EStG mit jährlich 2% aus dem Gebäudewert (nicht aus dem Grund und Boden) möglich. Mitveräußerte Wirtschaftsgüter mit kürzerer Nutzungsdauer können allerdings unabhängig davon bei Fremdnutzung mit dem der Nutzungsdauer entsprechenden höheren Prozentsatz abgeschrieben werden. Zumindest bei Fremdnutzung sollten daher nicht nur Grund und Boden einschließlich der Erschließungskosten (nicht abzugsfähig) sowie Gebäude (lange Nutzungsdauer), sondern auch die sonstigen Anlagen und Einbauten (mit kürzerer Nutzungsdauer) und etwa miterworbenes Mobiliar mit getrennten Erwerbspreisen ausgewiesen werden. Das Finanzamt wird der Aufteilung allerdings nur dann folgen, wenn sie den wirklichen Wertverhältnissen entspricht.

Sonderabschreibungen sind zulässig für Gebäude in Sanierungsgebieten und städti-   **50** schen Entwicklungsbereichen (§ 7h EStG), für Baudenkmäler (§ 7i EStG bzw. § 82i EStDV) und für Wohnungen mit Sozialbindung (§ 7k EStG).

---

[52] Vgl. etwa in Bayern Ziff. 4.2.2 der Vollzugshinweise des Innenministeriums zur BayBO 1998.
[53] Eingehend dazu *Ertl* MittBayNot 1985, 177. Zu den Besonderheiten der Gemeinschaftsordnung und des Bauträgervertrages beim **Betreuten Wohnen** s. *Rapp* MittBayNot 2012, 432 mit Formulierungsvorschlägen.

51 **2. Umsatzsteuer.** Der Erwerb ist nach § 4 Nr. 9a UStG umsatzsteuerfrei, da er der Besteuerung nach dem Grunderwerbsteuergesetz unterliegt. Eine Mehrwertsteueroption gibt
es für gewerblich oder freiberuflich genutzte Objekte – werden sie vermietet, so muss der
Mieter zum Vorsteuerabzug berechtigt sein (§ 9 Abs. 2 S. 1 UStG) – oder für Wohnbau-
vorhaben zur Vermietung im Rahmen des Nato-Truppen-Statuts.

> **Praxishinweis Steuern:**
> Der Verzicht auf die Steuerbefreiung eröffnet dem Bauträger die Möglichkeit des Vor-
> steuerabzugs auf die von ihm eingekauften Bauleistungen; diesen Vorteil kann er –
> ganz oder teilweise – durch Vereinbarung eines günstigeren Nettopreises an den Käufer
> weitergeben. Ein Verzicht auf die gesetzliche Steuerbefreiung (sog. Umsatzsteueroption)
> kann nach Auffassung des BFH aber nur in dem ursprünglichen Kaufvertrag vereinbart
> werden, nicht hingegen in einer Nachtragsurkunde.[54] Ändert beispielsweise der Käufer
> nach Abschluss des Kaufvertrages seine Nutzungsabsicht (Vermietung an eine Anwalts-
> kanzlei statt Vermietung an eine Arztpraxis), so bleibt der Weg zur Umsatzsteueroption
> versperrt. Der theoretischen Möglichkeit, den Kaufvertrag aufzuheben und komplett
> neu abzuschließen, steht neben der Kostenfolge auch das Zivilrecht (Scheingeschäft)
> und die Grunderwerbsteuerfolge entgegen.

52 **3. Grunderwerbsteuer und Grundsteuer.** Beim Erwerb fällt Grunderwerbsteuer an.
Der Steuersatz ist den Ländern überlassen (Art. 105 Abs. 2a S. 2 GG) und liegt derzeit
zwischen 3,5% und 6,5%. Die Grunderwerbsteuer errechnet sich aus dem Kaufpreis
(§§ 8, 9 Abs. 1 S. 1, 11 GrEStG). Eigenleistungen werden dem Kaufpreis nicht hinzugerechnet, bleiben also unbesteuert, Sonderwünsche werden ihm zugerechnet und damit
besteuert – und zwar unabhängig davon, ob sie mitbeurkundet sind oder, da erst später
gewünscht, nicht. Nicht selten werden solche Sonderwünsche vom Finanzamt durch Fragebogen ermittelt. Erschließungskosten zählen nicht zur Bemessungsgrundlage, soweit sie
nur Vorausleistungen darstellen.[55] Vorausleistungen, die über die Abschlagszahlungen nach
§ 3 MaBV hinausgehen, begründen nach BFH[56] einen grunderwerbsteuerpflichtigen geld-
werten Vorteil.

> **Praxishinweis Steuern:**
> Häufig wird der Verkäufer selbst interessiert sein, eine Wohnung in dem zu erstellenden
> Gebäude zu erwerben. Hierzu haben sich unter der Sammelbezeichnung „Tausch mit
> dem Bauträger" verschiedene Modelle entwickelt, wobei in der Regel ein Rückkauf
> oder Tausch vereinbart wird.[57] Grunderwerbsteuerlich liegen hier zwei getrennte Steuer-
> fälle vor. Nach Auffassung des BFH[58] ist § 16 Abs. 2 Nr. 1 GrEStG nicht anwendbar,
> wenn der Veräußerer eines Grundstücks eine aus dem Grundstück gebildete Woh-
> nungs- oder Teileigentumseinheit zurückerwirbt, so dass das sog. „Tauschmodell"
> grunderwerbsteuerlich unattraktiv ist. Ob dieses Problem zu umgehen ist, indem der
> Grundstückseigentümer (anhand der Planung des Bauträgers) die Aufteilung nach § 8
> WEG vollzieht, dann sämtliche Wohnungs- und Teileigentumseinheiten an den Bauträ-
> ger veräußert und eine von diesen nebst Bauverpflichtung mit einem „normalen" Bau-
> trägervertrag zurückerwirbt, ist steuerlich nicht gesichert. Steuerlich unproblematisch –
> aber zivilrechtlich mit Problemen behaftet – ist der Rückbehalt eines Miteigentumsan-

---

[54] BFH RNotZ 2016, 199; krit. dazu unter anderem *Sterzinger* DStR 2016, 1303.
[55] Vgl. *Grziwotz* Baulanderschließung S. 360 mwN.
[56] MittBayNot 2003, 242 mAnm *Frantzen*.
[57] Vgl. die Darstellung bei *Spiegelberger/Schallmoser,* Immobilien im Zivil- und Steuerrecht, 3. Aufl. 2018,
Kap. 3. D.
[58] BFH/NV 2014, 901.

teils bzw. einer Wohnungseigentumseinheit beim Kaufvertrag mit Vereinbarung einer Bauverpflichtung (sog. Anteilsmodell).[59]

4. Bauabzugsteuer. Vertragliche Regelungen zur Bauabzugsteuer (§§ 48 ff. EStG) sind **53** im Bauträgervertrag entbehrlich. Der Erwerber eines Bauträgerobjekts ist kein Bauherr, da er Planung und Ausführung des Bauvorhabens weder rechtlich noch tatsächlich in der Hand hat und zudem der vereinbarte Festpreis die Bauherreneigenschaft ausschließt. Daher ist er auch kein Empfänger einer „Bauleistung" im Sinne der Bauabzugsteuer.[60]

VIII. Notar- und Grundbuchkosten

1. Notarkosten. Es können anfallen: **54**
- Beurkundungsgebühr: 2,0-Gebühr aus dem vollen Wert (Kaufpreis), Nr. 21100 KV GNotKG;
- Vollzugsgebühr: 0,5-Gebühr Nr. 22110 KV GNotKG aus dem vollen Wert (die jedoch nur anfällt, wenn einer der Tatbestände der Vorbemerkung 2.2.1.1 KV GNotKG gegeben ist);
- Vertretungsbescheinigung: 15 EUR je eingesehenes Registerblatt, Nr. 25200 KV GNotKG;
- Betreuungsgebühr für Fälligkeitsmitteilung, Anweisung, Auflassung erst nach Zahlung vorzulegen: 0,5-Gebühr aus dem vollen Wert (Kaufpreis), Nr. 22200 KV GNotKG (bei separater Beurkundung der Auflassung zusätzlich 0,5-Gebühr Nr. 21101 KV GNotKG);
- gegenstandsgleich (§ 109 Abs. 1 S. 4 Nr. 1 GNotKG) sind insbesondere Belastungsvollmacht (dazu → § 1 Rn. 266 ff.) und Abtretung des Kaufpreisanspruchs an Globalgläubiger;
- Dokumentenpauschale, Nr. 32000–32003 KV GNotKG (näher → § 30 Rn. 36);
- Auslagen: Nr. 32004–32005 KV GNotKG;
- Auswärtsgebühr Nr. 26002 KV GNotKG, Unzeitgebühr Nr. 26000 KV GNotKG;
- ggf. Kosten für Löschung und Freigabe von Globalbelastungen (trägt der Bauträger) und Rangrücktritt der Globalrechte hinter Einzelfinanzierungsrechte (trägt in der Regel der Erwerber).

2. Grundbuchkosten. Hier können anfallen: **55**
- Eigentumsvormerkung: 0,5-Gebühr Nr. 14150 KV GNotKG aus vollem Wert (Grundstück und Gebäude);
- deren Löschung: 25 EUR, Nr. 14152 KV GNotKG;
- Eigentumsumschreibung: 1,0-Gebühr Nr. 14110 KV GNotKG;
- Katasterfortführungsgebühr nach Landesrecht, vgl. in Bayern Art. 1 des Gesetzes über Gebühren für die Fortführung des Liegenschaftskatasters (KatFortGebG) vom 12.12. 1973:[61] Die Gebühr beträgt 30 % der Gebühr für die Eigentumsumschreibung.

IX. Vollzugsfragen

Der Vollzug des Bauträgervertrages erfolgt grundsätzlich wie der Vollzug eines Grundstücks- **56** kaufvertrages. Soweit Wohnungseigentum zu begründen ist, → § 3 Rn. 19 ff. Besonderheiten gibt es wegen der Vielzahl der Beteiligten bei der Veräußerung großer Anlagen: **Grundstückswegmessungen** sollten **frühzeitig** vollzogen werden, um Pfandfreigaben bei späteren Belastungen zu vermeiden.

---

[59] Vgl. dazu *Gottwald* MittBayNot 2015, 1 (12 f.).
[60] Nr. 18 des BMF-Schreibens v. 27.12.2002, BStBl. 2002 I 1399.
[61] BayRS 2013–1–19-F.

57 **Rechte in Abteilung II** des Grundbuchs, die neu bestellt werden müssen, sollten **frühzeitig** bestellt werden, da später viele Beteiligte zustimmen müssen; die Verpflichtung zur Zustimmung und der erste Rang sollten ggf. durch **Vormerkung** gesichert werden; bei Zwischeneintragung von Grundpfandrechten ist die **erste Rangstelle** später meist unerreichbar; bei Versteigerung eines entsprechenden Objektes (Wohnungseigentum) erlischt eine nachrangige Dienstbarkeit am Gesamtgrundstück an allen Objekten!

58 Für künftige **Änderungen** sind rechtzeitig **Vollmachten** vorzusehen; besondere Sorgfalt erfordert, sie nicht zu weit zu fassen. Zu beachten ist auch § 17 Abs. 2a S. 2 BeurkG, der nur noch für Durchführungsgeschäfte eine Vollmacht an eine andere als eine „Vertrauensperson" zulässt, → § 1 Rn. 708), sie aber auch nicht zu eng zu formulieren, um bei Änderungen ohne wirkliche Beeinträchtigung des formell Betroffenen dessen erneute Unterschrift entbehrlich zu machen. Um derartige Vollmachten grundbuchtauglich zu machen, empfiehlt es sich, sie im **Außenverhältnis** entsprechend **weit** zu fassen und **Beschränkungen** nur für das **Innenverhältnis** vorzusehen; ggf. kann die Vollmachtsausübung zu Überwachungszwecken auf eine bestimmte Notarstelle beschränkt werden (vgl. auch → Rn. 262).

59 Der Bauträger ist nachdrücklich hinzuweisen auf die Notwendigkeit der **Übereinstimmung** von **Aufteilungsplan** und **Bauausführung,** da bei Abweichungen das Risiko der Nichtigkeit der gesamten Aufteilung besteht.

X. Belehrungen

60 Alle üblichen Belehrungen im Rahmen eines Grundstückskaufvertrages sind auch hier angebracht. Besonders hinzuweisen ist auf **Globalrechte** und die Art ihrer Ablösung: Die Abwicklung erfolgt wegen des Inhalts der Freistellungsverpflichtung über ein Konto bei der betreffenden Bank. Hinzuweisen ist ferner darauf, dass die Zahlung nach Baufortschritt nur teilweise vor **Überzahlungen** schützt, da in den Raten größere „Sprünge" liegen als im kontinuierlichen Baufortschritt, und dass die Zahlung nach Baufortschritt nicht das **Fertigstellungsrisiko** deckt. Ist bei Beurkundung ein **Zwangsversteigerungsvermerk** im Grundbuch eingetragen, muss der Notar den Erwerber besonders nachdrücklich auf die Indizwirkung dieser Eintragung für eine wirtschaftliche Schieflage des Bauträgers hinweisen.[62]

61 **Steuerliche** Belehrungen werden in der Regel nicht vorgenommen; werden sie vom Notar ausnahmsweise erteilt, so haftet er für ihre Richtigkeit.

XI. Bauträgerobjekte in den neuen Bundesländern

62 In den neuen Bundesländern gelten keine rechtlichen Besonderheiten für Bauträgerverträge, abgesehen von den allgemeinen **Sonderregeln** des Grundstücksrechts nach dem **Einigungsvertrag** und seinen **Folgegesetzen,** insbesondere vom Genehmigungserfordernis nach § 1 GVO (wegen Genehmigung des Vorerwerbs meist entbehrlich) und von den immer noch vereinzelt bestehenden praktischen Schwierigkeiten (ungeklärte Eigentumsverhältnisse, unbekannte Beteiligte, Rückgabeansprüche etc).

XII. Auslandsberührung

63 **1. Beurkundungen im Inland.** Auslandsberührung kommt auch bei Beurkundungen in Deutschland in mehrfacher Hinsicht in Betracht:
- Ehegatten/Lebenspartner als Erwerber: Hier ist bei Auslandsbezug der maßgebliche Güterstand nach Art. 15 EGBGB bzw. für nach dem 29.1.2019 geschlossene Ehen nach Art. 20 ff. EuGüVO/EuPartVO (Verordnung 2016/1103/EU bzw. 2016/1104/EU, jeweils vom 24.6.2016) zu ermitteln.

---

[62] BGH NJW 2010, 3243.

– Erwerb eines Auslandsobjekts: Ohne Spezialkenntnisse des ggf. maßgeblichen ausländischen Rechts sollte der Kunde an einen deutschen Spezialisten oder an einen Notar im betreffenden Ausland verwiesen werden.

2. Anwendbares Recht. Das auf einen Bauträgervertrag mit Auslandsbezug anwendbare 64 Recht ist nach der Verordnung 2008/593/EG vom 17. 6. 2008 über das auf vertragliche Schuldverhältnisse anzuwendende Recht **(Rom I-VO)** zu bestimmen. In der Regel wird das Recht des Belegenheitsortes der Immobilie Anwendung finden. Eine Rechtswahl ist zulässig, kann aber nicht das Verbraucherschutzrecht umgehen (Art. 3 Abs. 3 und Art. 6 Abs. 3 Rom I-VO).[63] Die Regelungen der MaBV etwa gelten für alle Bauvorhaben im Inland, auch wenn der Unternehmer keiner Erlaubnis nach § 34c GewO bedarf.[64]

C. Vertrag über ein Einfamilienhaus

I. Grundbuchstand

Da im Vorfeld von Bauträgerverträgen Grundstücke häufig erst neu gebildet werden, sind 65 der aktuelle Grundbuchstand bei Beurkundung und seine ggf. noch erforderliche Entwicklung zum Vertragsobjekt mit besonderer Sorgfalt darzustellen:
– **Beschreibung des Grundbesitzes:**
   Die Fl.-Nr. des Grundstücks, die derzeit eingetragene Flächengröße, geplante oder schon beurkundete, aber nicht vollzogene Veränderungen sind hier anzugeben.
– **Belastungen in Abteilung II:**
   Aufzuführen sind insbesondere Dienstbarkeiten aller Art, Reallasten, Eigentumsvormerkungen für Drittberechtigte und die Voraussetzungen ihres Erlöschens.
– **Belastungen in Abteilung III:**
   In der Regel bestehen Finanzierungsrechte für den Grundstücksankauf, Globalrechte für die Vorfinanzierung des Bauvorhabens.
– **Situation von Sonderflächen:**
   Für eventuelle separate Garagen und Stellplätze, Vorhöfe, sonstige Gemeinschaftsflächen, Privatwege, Mülltonnenstellplätze etc ist die Situation dieser Sonderflächen darzustellen.

> **Muster: Bauträgervertrag über ein Einfamilienhaus mit noch zu vermessender Grundstücksfläche**
> Siehe hierzu das Gesamtmuster → Rn. 309.

II. Leistungsumfang; Vertragsgegenstand

1. Grundstück. Ist das Grundstück **schon gebildet** und damit vermessen, so verbleibt 66 es beim Beschrieb nach dem Grundbuchblatt (hilfsweise nach dem Messungsergebnis). Eine **Flächenangabe** ist Beschaffenheitsvereinbarung iSd § 434 BGB, bei unrichtiger Angabe durch den Verkäufer bestehen daher Mängelansprüche nach § 437 BGB. Wird gar ausdrücklich eine Beschaffenheits**garantie** übernommen, haftet der Bauträger auch auf Schadensersatz verschuldensunabhängig, § 276 Abs. 1 BGB; eine Haftungsbeschränkung ist völlig ausgeschlossen, § 444 BGB.

Wird das Grundstück **erst gebildet,** so sollte seine Lage in einem möglichst exakten 67 maßstabsgerechten **Plan** mit nachprüfbaren Fixpunkten (Einzeichnung des Altgrundstückes oder der unverändert bleibenden Nachbargrundstücke, Straßen etc, Angabe der Himmelsrichtung) festgehalten und die **Flächengröße** als ca.-Fläche angegeben werden.

---

[63] Vgl. zum ganzen ausführlich *Pause* Bauträgerkauf Rn. 169 ff.
[64] *Pause* Bauträgerkauf Rn. 172; *Basty* Bauträgervertrag Rn. 37.

Nach BGH[65] droht bei einem ungenauen Lageplan Nichtigkeit[66] des Vertrages, insbesondere bei falschen Maßangaben; bei verbleibenden Zweifeln vermeidet ein Leistungsbestimmungsrecht des Bauträgers nach § 315 BGB die Nichtigkeit.[67] Der Plan ist der Urkunde nach §§ 9 Abs. 1 S. 3, 13 Abs. 1 S. 1 BeurkG als Anlage beizufügen und den Beteiligten zur Durchsicht vorzulegen. Die ca.-Flächenangabe ist auch hier in der Regel Beschaffenheitsvereinbarung (keine Beschaffenheitsgarantie).

68   Ob bei Abweichung ein Mangel vorliegt, hängt von der vertraglichen Vereinbarung ab: Es kann vereinbart werden, dass geringfügige Abweichungen in bestimmten Toleranzgrenzen (zB 1 %) unschädlich sind.[68] Dies gilt auch für den ein Sondernutzungsrecht ausweisenden Plan, der der Kennzeichnung der Fläche dient, hinsichtlich der Flächengröße jedoch unverbindlich sein soll: Auch hier muss die Fläche im Wesentlichen der Darstellung im Plan entsprechen, Abweichungen dürfen also allenfalls geringfügig sein.[69] Anders ist es, wenn der Bauträger für eine gewisse Mindestgröße **einstehen** will,[70] was auch in einer Prospektwerbung zum Ausdruck kommen kann.[71] Bei Abweichungen liegt dann ein Mangel vor.[72]

69   Das Problem der Flächengröße entschärft sich etwas, wenn bei einer Änderung eine **Preisanpassung** vorgesehen wird (→ Rn. 101). Auch dann darf sich der Charakter des Gesamtobjekts nicht durch eine Flächenänderung verändern.

70   Wenn genaue Lage und Gestalt, Flächengröße oder die Zahl künftiger Miteigentümer mitveräußerter **Nebenflächen** ausnahmsweise noch nicht endgültig feststehen, sollte dieser Umstand und der Grad der möglichen Abweichungen in der Urkunde festgehalten werden. Dem Bauträger wird ein Leistungsbestimmungsrecht nach § 315 BGB eingeräumt. Größere Wertunterschiede sollten auch hier durch Preisausgleich kompensiert werden.

71   **2. Erschließung.** Zum Leistungsumfang gehören in der Regel die komplette Erschließung im weitesten Sinne und alle Hausanschlüsse. Festzulegen bei der Konzeption des Vertrages ist daher weniger deren Umfang, sondern **wer** deren **Kosten zu tragen** hat: der Erwerber zusätzlich zum Kaufpreis oder der Bauträger, so dass sie in den Kaufpreis eingerechnet und mit seiner Zahlung abgegolten sind (→ Rn. 116).[73]

72   Zur **doppelten Belehrungspflicht** des Notars über die Gefahr einer doppelten Inanspruchnahme des Erwerbers bei Zahlungsunfähigkeit des Bauträgers und mögliche vertragliche Sicherungen → Rn. 160.

73   **3. Baubeschreibung. a) Formelle Anforderungen an die Baubeschreibung.** Bei einem Verbraucherbauträgervertrag muss gemäß §§ 650u Abs. 1 S. 2, 650j Abs. 1 BGB der Unternehmer dem Verbraucher eine Baubeschreibung nach Art. 249 EGBGB in Textform zur Verfügung stellen. Dies hat rechtzeitig vor Vertragsschluss zu geschehen, Art. 249 § 1 EGBGB. Man wird sich für die Rechtzeitigkeit im Bereich von Bauträgerverträgen an der 14-Tagefrist des § 17 Abs. 2a BeurkG orientieren können, wobei es für die Einhaltung beider Vorschiften genügen muss, dass der Notar auch die Baubeschreibung mit zur Verfügung stellt, letztlich dann auch im Auftrag des Unternehmers.[74]

---

[65] NJW 1999, 3115.
[66] Etwas milder OLG Düsseldorf MittBayNot 2002, 44 und BGH MittBayNot 2002, 390, je mAnm *Kanzleiter*.
[67] MVHdB V BürgerlR I/*Hertel* Form. I. 30 Anm. 12 (S. 426).
[68] Vgl. BGH MittBayNot 1984, 175.
[69] OLG München NZM 2009, 747.
[70] BGH NJW 1986, 920.
[71] BGH DNotZ 1979, 336.
[72] Vgl. BGH NJW 1999, 1859.
[73] Vgl. hierzu eingehend *Grziwotz* NotBZ 1999, 16; *Basty* MittBayNot 1999, 211.
[74] *Weber* notar 2017, 379 (383).

Dass für die Zurverfügungstellung der Baubeschreibung Textform (§ 126b BGB) genügt, 74
ändert nichts an der Beurkundungspflicht der Baubeschreibung mit dem Bauträgervertrag.[75] Entsprechend ist auch § 650k Abs. 1 BGB, der die vorvertraglich übergebene Baubeschreibung zum Vertragsinhalt erklärt, nicht auf Bauträgerverträge anwendbar. Verbindlich ist die tatsächlich beurkundete Fassung.

Die textliche Baubeschreibung ist der Urkunde als Anlage nach § 9 Abs. 1 S. 2 BeurkG 75
beizufügen und mitzuverlesen. § 14 BeurkG (eingeschränkte Vorlesungspflicht) gilt nicht
für die Baubeschreibung.[76]

Die Pläne sind der Urkunde nach §§ 9 Abs. 1 S. 3, 13 Abs. 1 S. 1 BeurkG als Anlage 76
beizufügen und den Beteiligten zur Durchsicht vorzulegen. Liegen bereits **genehmigte
Baupläne** vor, kann auf diese auch nach § 13a Abs. 4 BeurkG verwiesen werden. § 13a
BeurkG bietet die Möglichkeit, Baubeschreibung und/oder Baupläne dadurch in die Urkunde einzuführen, dass auf eine andere notarielle Urkunde **(Mutterurkunde)** verwiesen
wird, wobei die Verfahrensvorschriften des § 13a BeurkG genau einzuhalten sind. Um
Mehrkosten zu vermeiden, werden häufig beim Verkauf des **ersten** Objektes Baubeschreibung und Pläne mitbeurkundet, bei allen folgenden Veräußerungen wird dann darauf verwiesen (aus Datenschutzgründen und zur Wahrung der Verschwiegenheit muss
eine Teilverweisung erfolgen)[77]. Stattdessen kann aber auch vorweg eine **separate** Bezugsurkunde mit dem Bauträger errichtet werden.

Ohne Beurkundung der Baubeschreibung und der Pläne ist der Wille der Vertragteile 77
nicht vollständig beurkundet, die Urkunde ist nach § 311b Abs. 1 BGB **nichtig.**[78]

b) Inhalt der Baubeschreibung. Die verbale **Baubeschreibung** muss die wesentlichen 78
Bau- und Ausstattungsmerkmale in Worten beschreiben. Auf sie ist **größte Sorgfalt** zu
verwenden, da sie die „vereinbarte Beschaffenheit" iSd § 633 Abs. 2 S. 1 BGB festlegt,
Unklarheiten gehen zu Lasten des Bauträgers.[79]

Art. 249 § 2 EGBGB stellt genaue Anforderungen an den Inhalt einer Baubeschreibung 79
auf:

(1) In der Baubeschreibung sind die wesentlichen Eigenschaften des angebotenen Werks in klarer
Weise darzustellen. Sie muss mindestens folgende Informationen enthalten:
1. allgemeine Beschreibung des herzustellenden Gebäudes oder der vorzunehmenden Umbauten, gegebenenfalls Haustyp und Bauweise,
2. Art und Umfang der angebotenen Leistungen, gegebenenfalls der Planung und der Baulei-
tung, der Arbeiten am Grundstück und der Baustelleneinrichtung sowie der Ausbaustufe,
3. Gebäudedaten, Pläne mit Raum- und Flächenangaben sowie Ansichten, Grundrisse und
Schnitte,
4. gegebenenfalls Angaben zum Energie-, zum Brandschutz- und zum Schallschutzstandard
sowie zur Bauphysik,
5. Angaben zur Beschreibung der Baukonstruktionen aller wesentlichen Gewerke,
6. gegebenenfalls Beschreibung des Innenausbaus,
7. gegebenenfalls Beschreibung der gebäudetechnischen Anlagen,
8. Angaben zu Qualitätsmerkmalen, denen das Gebäude oder der Umbau genügen muss,
9. gegebenenfalls Beschreibung der Sanitärobjekte, der Armaturen, der Elektroanlage, der In-
stallationen, der Informationstechnologie und der Außenanlagen.

---

[75] BT-Drs. 18/8486, 72; *Weber* notar 2017, 379 (382).
[76] *Winkler* MittBayNot 1999, 19. Zum geschuldeten **Schallschutz** vgl. BGH MittBayNot 2009, 460.
[77] BeckOGK/*Seebach/Rachlitz,* Stand: 1.10.2018, BeurkG § 13a Rn. 68.
[78] BGH NJW 1979, 1984.
[79] Vgl. eingehend *Amann/Brambring/Hertel* Vertragspraxis S. 234ff. „Fallstricke" der Baubeschreibung erläutert ausführlich *D. Schmidt* ZfIR 2004, 405; wichtige Empfehlungen zur Prüfung der Baubeschreibung
durch den Notar geben *Krick/Sagmeister* MittBayNot 2014, 205.

(2) Die Baubeschreibung hat verbindliche Angaben zum Zeitpunkt der Fertigstellung des Werks zu enthalten. Steht der Beginn der Baumaßnahme noch nicht fest, ist ihre Dauer anzugeben.

80　　Zum **Umfang und Detailgrad** der Baubeschreibung ist je nach Bautenstand zu unterscheiden:

– Ist das Bauwerk schon **fertig gestellt,** kann die Baubeschreibung **knapper** gehalten werden, da der Leistungsgegenstand tatsächlich bereits existiert und damit feststeht und besichtigt werden kann.

– **Ausstehende** Arbeiten müssen jedoch ausführlich und exakt beschrieben werden. Auch hier bestimmt sie den Leistungsgegenstand, sie wird Vertragsbestandteil und muss daher **mitbeurkundet** werden.[80]

– Befindet sich das Bauwerk noch in der **Planung** oder ist es erst **teilweise erstellt,** so muss der Leistungsgegenstand insgesamt ausführlich und **exakt beschrieben** werden.

81　Die Baubeschreibung muss gemäß Art. 249 § 2 Abs. 1 S. 2 Nr. 3 EGBGB **Gebäudedaten, Pläne mit Raum- und Flächenangaben** sowie **Ansichten, Grundrisse** und **Schnitte** enthalten, die den Vertragsgegenstand zeichnerisch wiedergeben. Am besten eignen sich die in der Baugenehmigung genehmigten Baupläne oder zumindest die Eingabepläne zur Baugenehmigung, um Widersprüche zu vermeiden.

82　　Für die Angabe einer **Wohnfläche** gelten die Ausführungen zur *Grundstücks*fläche (→ Rn. 66) sinngemäß. Auch sie ist in der Regel Beschaffenheitsangabe, nicht Garantie.[81] Gesetzlich ist der Begriff „Wohnfläche" nicht definiert, ein allgemeiner, völlig eindeutiger Sprachgebrauch hat sich bislang auch nicht entwickelt.[82] Da die Wohnfläche aber zu den zentralen Beschaffenheitsmerkmalen des Objekts gehört, sollten sie und ihre **Berechnungsgrundlage in der Urkunde** angegeben werden, zB die Wohnflächenverordnung (WoFlV – Verordnung zur Berechnung der Wohnfläche) *oder* DIN 283 *oder* nach Rohbaumaßen.[83] **Im Zweifel** wird die Berechnung nach der **WoFlV** gewollt sein, eine Berechnung nach DIN 283 nur dann, wenn letztere als Berechnungsmethode ortsüblich oder nach der Art der Wohnung nahe liegender ist.[84] Nach der WoFlV ist die Wohnfläche nach lichten Maßen zu berechnen, eine alternative Berechnung nach Rohbaumaßen mit pauschalem Abzug für Putz ist nicht mehr vorgesehen. Unterschiede bestehen vor allem bei der Anrechnung von Dachschrägen, Nebenflächen, Balkonen und Terrassen: Nach DIN 283 werden Loggien, Balkone und gedeckte Freisitze zu einem Viertel angerechnet, nach der WoFlV grundsätzlich zu ebenfalls einem Viertel, wobei aber auch eine Anrechnung zur Hälfte zulässig ist. Flächen mit lichter Höhe über zwei Metern sind voll, Flächen zwischen ein und zwei Metern lichter Höhe nur zur Hälfte anzurechnen. Angesichts der Wahlmöglichkeiten sollte in der Urkunde auch angegeben werden, mit welchem **Anteil Balkone, Terrassen** und sonstige **Freiflächen** in der Wohnfläche enthalten sind.[85]

83　　Ob **Toleranzklauseln** bis zu 3% nach § 308 Nr. 4 BGB auch ohne Preisausgleich noch zulässig sind, hat der BGH[86] ausdrücklich offen gelassen. Nach bisher ganz hM[87] war dies der Fall, angesichts verfeinerter Bau- und Vermessungstechniken könnte jedoch eine Absenkung auf 1 bis 2% geboten sein.[88] Bei höheren Prozentsätzen rettet eventuell – je nach Größe der Abweichung – im Falle einer Verkleinerung der Wohnfläche eine Preisanpassung **zugunsten** des Erwerbers die Klausel. Dagegen verbietet sich im Normalfall –

[80] BGH DNotZ 2005, 467 mAnm *Basty; DNotZ 2006, 280 mAnm *Blank; Thode* ZNotP 2005, 166.
[81] Vgl. *Amann/Brambring/Hertel* S. 240.
[82] BGH NJW 2004, 2230.
[83] Zu den Unterschieden s. *Amann/Brambring/Hertel* S. 240; *Blank* ZfIR 2004, 320; *Basty/Vogel* ZfIR 2004, 327.
[84] BGH NJW 2007, 2624.
[85] *Basty/Vogel* ZfIR 2004, 327.
[86] NJW 2004, 2156.
[87] *Amann/Brambring/Hertel* S. 240 f. mwN.
[88] *Blank* Rn. 125: auf 1 %.

jedenfalls bei Angabe eines „Festpreises" – bei Vergrößerung jede Aufzahlungspflicht als überraschende Klausel, der Bauträger hat eben exakt zu planen.[89] Anders wäre es nur, wenn – wie beim Teilflächenkauf – ausdrücklich nur eine „vorläufige Wohnfläche" mit „vorläufigem Kaufpreis" vereinbart würde, ergänzt um eine Ausgleichungspflicht.[90] **Fehlt** eine Wohnflächenangabe im Vertrag, gilt an deren Stelle die einseitige **Käufervorstellung,** wenn sie der Bauträger kennt oder ihm die Kenntnis von Hilfspersonen samt Untervermittlern zurechenbar ist.[91]

Gehören zum Leistungsumfang auch Teile der Innenausstattung (Mobiliar) oder der 84 gärtnerischen Außenanlagen, so sind auch diese in der Baubeschreibung genau zu bezeichnen.

c) Transparenzgebot; Widersprüche. Nach Art. 249 § 2 Abs. 1 S. 1 EGBGB muss die 85 Baubeschreibung klar formuliert sein. Nach der Gesetzesbegründung reicht Klarheit, während Verständlichkeit nicht erforderlich sei, da ein Verständlichkeitserfordernis für die Darstellung komplexer Informationen nicht sachgerecht sei und der Verbraucher einen Experten hinzuziehen könne.[92] Die Baubeschreibung wird sich – da in aller Regel AGB des Werkunternehmers – aber auch am **Transparenzgebot** des § 307 Abs. 1 S. 2 BGB messen lassen müssen, der neben Klarheit gerade auch Verständlichkeit verlangt. Da Art. 5 Abs. 1 der Klauselrichtlinie stets eine klare und verständliche Abfassung schriftlicher Vertragsklauseln europarechtlich gebietet, darf bezweifelt werden, dass die Intention des deutschen Gesetzgebers hier greifen kann.

> **Praxishinweis:**
> Letztlich sollten Baubeschreibungen daher – im Rahmen des Möglichen – verständlich abgefasst werden.[93] Technische Begriffe und Normen sollten bis zur höchstrichterlichen Klärung der Frage lieber zusätzlich umschrieben werden.[94]

Das Transparenzgebot des § 307 Abs. 1 S. 2 BGB erfordert eine möglichst präzise Bau- 86 beschreibung;[95] es gebietet auch, materiell-rechtliche Regelungen nicht in der Baubeschreibung zu „verstecken", sondern in den Hauptteil der Urkunde zu übernehmen.

Abweichungen von Baubeschreibung und/oder vorvertraglichen Erklärungen (Pro- 87 spekten etc) sind ausdrücklich unter exakter Beschreibung der Abweichung (also nicht nur mit einer allgemeinen Formel, dass vorvertraglich gemachte Angaben unmaßgeblich sind) in der Haupturkunde zu regeln.[96] Nach § 650k Abs. 2 BGB, der auf den Bauträgervertrag anwendbar ist, sind bei Unklarheiten im Vertrag auch vertragsbegleitende Umstände – etwa Werbeaussagen und Prospekte – zur Auslegung heranzuziehen. Für die Beurteilung der Frage, welche werkvertragliche Verpflichtung der Bauträger übernimmt, kann daher auch ein dem Erwerber übergebener Prospekt ausschlaggebend sein.[97]

Weichen Baubeschreibung und Baupläne voneinander ab, so wird sich die Annahme 88 eines Dissenses meist durch Auslegung vermeiden lassen.[98] Je präziser die Baubeschreibung ist, desto mehr treten nach der Verkehrsanschauung die Pläne in ihrer Bedeutung

---

[89] *Basty* Rn. 907; *Amann/Brambring/Hertel* S. 241.
[90] *Basty* Rn. 908.
[91] BGH NJW 2004, 2156.
[92] BT-Drucks 18/8486, 49.
[93] *Weber* notar 2017, 379 (382).
[94] *Basty* Bauträgervertrag Rn. 872; *Krick/Sagmeister* MittBayNot 2014, 205 (206); *Pause* BauR 2017, 430 (434); aA *Weber* notar 2017, 379 (382).
[95] MVHdB V BürgerlR I/*Hertel* Form. I. 30 Anm. 14 (S. 428); *Thode* ZNotP 2004, 131.
[96] Vgl. *D. Schmidt* ZfIR 2004, 405.
[97] So bereits zur alten Rechtslage BGH DNotZ 2008, 609 mAnm *Koeble.*
[98] BGH MittBayNot 2003, 216.

zurück.[99] Am besten sollte geregelt werden, was Vorrang genießt. Eine Schranke hierfür bildet das Transparenzgebot.

89 **d) Regeln der Technik; Leistungsbestimmungsrecht.** Das Bauwerk hat den **anerkannten Regeln der Baukunst** zu entsprechen, bei vereinbarten **höheren** Anforderungen jedoch diesen.[100] Nach ganz hM kommt es hierfür auf den Zeitpunkt der **Abnahme,** nicht des Vertragsschlusses an.[101] Die Vereinbarung eines **überholten** Standards verstößt ohne **ausdrücklichen** Hinweis gegen das Transparenzgebot des § 307 Abs. 1 S. 2 BGB.[102]

90   Da Baubeschreibung und Baupläne nicht alle Details wiedergeben können, kann für etwaige **Ergänzungen** dem Bauträger ein **Leistungsbestimmungsrecht** nach § 315 BGB vorbehalten werden. Dabei sind die Schranken des § 307 BGB zu beachten,[103] das heißt die Klausel muss die triftigen Gründe für das einseitige Leistungsbestimmungsrecht des Bauträgers nennen und in ihren Voraussetzungen und Folgen erkennbar die Interessen des Erwerbers angemessen berücksichtigen. Die Änderung muss dem Erwerber überdies zumutbar sein. Dies ist der Fall, wenn ein verständiger Erwerber sie billigen würde.

91 **Formulierungsbeispiel: Bauwerk – Leistungsgegenstand**

Der Bauträger verpflichtet sich, das Vertragsobjekt schlüsselfertig nach der Baubeschreibung und den Bauplänen herzustellen, wie diese in der Urkunde des Notars *** vom ***, UR-Nr. ***, enthalten sind. Auf diese Urkunde wird verwiesen mit der Folge, dass deren Inhalt rechtlich auch Inhalt der vorliegenden Niederschrift wird. Diese Urkunde liegt in Urschrift vor, ihr Inhalt ist den Beteiligten bekannt; sie verzichten auf deren Vorlesen und Beifügen zu dieser Niederschrift. Die Pläne wurden den Beteiligten zur Durchsicht vorgelegt und von ihnen genehmigt.

Die Baubescheinigung geht etwaigen anders lautenden Einzeichnungen in den Bauplänen vor.

Soweit Leistungen durch Baubeschreibung, Baupläne und diese Urkunde nicht bestimmt sind, darf sie der Bauträger nach billigem Ermessen bestimmen.

Die Leistungen sind technisch einwandfrei nach den anerkannten Regeln der Baukunst und den Bauvorschriften entsprechend zu erbringen. Abweichungen sind zulässig, wenn sie auf behördlichen Auflagen beruhen oder wenn sie aus technischen oder wirtschaftlichen Gründen erforderlich oder zweckmäßig und dem Erwerber zumutbar sind. Sie dürfen den Wert und die Gebrauchsfähigkeit des Vertragsobjekts nicht mindern.

Die vertragsgegenständliche Wohnung wird voraussichtlich eine Größe von ca. 100 qm haben. Als Beschaffenheit wird jedoch nur eine Mindestgröße der Wohnung von 98 qm vereinbart. Ein Sachmangel liegt nur dann vor, wenn die als Beschaffenheit vereinbarte Größe der Wohnung unterschritten wird, und nur insoweit, als eine Abweichung nicht aus Sonderwünschen des Erwerbers herrührt. Flächenangaben wurden berechnet nach der Wohnflächenverordnung, wobei Balkone mit der Hälfte ihrer Grundfläche angesetzt wurden.

92 **4. Sonderwünsche.** Kommen **Sonderwünsche** in Betracht oder sind **Eigenleistungen** möglich, so gilt Folgendes:

---

[99] BGH MittBayNot 2003, 216.
[100] OLG Hamm IBR 2006, 268.
[101] BGH DNotZ 2005, 464 mAnm *Basty;* OLG Zweibrücken DNotZ 2008, 187 mAnm *Pause;* MVHdB V BürgerlR I/*Hertel* Form. I. 30 Anm. 15 (S. 430) mwN; eingehend dazu auch *Herchen* NZBau 2007, 139.
[102] OLG München MittBayNot 2007, 1 (16); *Amann/Brambring/Hertel* Vertragspraxis S. 239.
[103] BGH DNotZ 2006, 174 mAnm *Basty* = MittBayNot 2006, 140 mAnm *Riemenschneider*.

a) Vereinbarung mit dem Bauträger. Stehen sie bei Beurkundung des Bauträgerver- 93
trages bereits fest, so sind sie **mitzubeurkunden.** Werden sie später vereinbart, so verändern sie den Leistungsumfang des Gesamtvertrages, bedürfen also – *solange die Auflassung
noch nicht* erklärt ist – einer **Nachtragsbeurkundung.** Dass dieses Erfordernis in der Praxis meist ignoriert wird, ändert nichts an der Problematik: Die nachträglichen Vereinbarungen sind formnichtig, sie werden erst mit Vollzug der Eigentumsumschreibung im
Grundbuch geheilt. Vorsichtige Bauträger, die solche Nachtragsvereinbarungen nicht beurkunden wollen, erklären daher frühzeitig die Auflassung – ab diesem Zeitpunkt sind
Nachträge nach hM formfrei wirksam.[104]

Bietet der Bauträger eine Sonderwunsch-Liste zu festgelegten Preisen an und ist diese 94
mitbeurkundet, so wird dem Erwerber ein Leistungsbestimmungsrecht nach § 315 BGB
eingeräumt. Die spätere Wahl einer so angebotenen Zusatzleistung bedarf daher keiner
Beurkundung mehr. In allen genannten Fällen erhöht sich der Gesamtkaufpreis, der Ratenzahlungsplan nach § 3 Abs. 2 MaBV ist entsprechend anzupassen.

b) Vereinbarung mit dem einzelnen Bauhandwerker. Der Bauträgervertrag kann 95
auch vorsehen, dass Sonderwünsche vom Erwerber unmittelbar mit den einzelnen Bauhandwerkern vereinbart werden können. Der Preis wird entweder frei vereinbart oder
vorher zwischen Bauträger und Handwerker festgelegt, was dem Erwerber mitzuteilen ist.
Die Sonderwunschvereinbarung bedarf dann keiner Beurkundung. Für die Ausführung
haftet der Handwerker allein, für vorbereitende Tätigkeiten hierzu (Planung, Bauaufsicht
etc; auch für die Prüfung, ob sich der Sonderwunsch störungsfrei in das Gesamtkonzept
der übrigen Bauleistungen einfügen lässt)[105] und die Koordinierung der Bauträger.[106] Für
Letzteres anfallende Honorare sollten vorher vereinbart werden.

c) Vereinbarung mit unbeteiligten Handwerkern. Dies wird die Ausnahme bilden 96
und nur dort in Betracht kommen, wo auch Eigenleistungen zulässig sind, die nach der
Abnahme erbracht werden sollen.

d) Eigenleistungen (negative Sonderwünsche). Sie können von vornherein aus Leis- 97
tungsumfang und Kaufpreis ausgenommen sein, oder es kann dem Erwerber vorbehalten
sein, bestimmte Leistungen durch einseitige Erklärung abzuwählen und den Kaufpreis um
einen hierfür vorher festgelegten Betrag zu vermindern. Schwierige Probleme können
sich für Bauaufsicht und Gewährleistung ergeben, wenn Eigenleistungen größeren Umfangs erfolgen.[107] Der Bauträger hat dann jedenfalls Hinweis- und Belehrungspflichten.[108]

e) Keine Vereinbarung. Ist nichts vereinbart, so besteht grundsätzlich kein Rechtsan- 98
spruch auf Berücksichtigung von Sonderwünschen. Aus der Verkehrssitte (§ 242 BGB)
kann sich ein Anspruch auf Zulassung aber ergeben, wenn sich der Sonderwunsch ohne
nennenswerte Mehrbelastung oder Interessenbeeinträchtigung des Bauträgers durchführen
lässt.

5. Nebenleistungen (Mietgarantie, Finanzierungsvermittlung etc). Gelegentlich 99
wird der Bauträgervertrag um **Zusatzvereinbarungen erweitert,** wenn zB der Bauträger sich verpflichtet, eine (Mindest-)**Miete** auf eine bestimmte Laufzeit zu garantieren
oder eine **Finanzierung** des Kaufpreises zu vermitteln (beachte aber das Verbraucherkreditrecht, → Rn. 199). Derartige Zusatzvereinbarungen bedürfen nach § 311b Abs. 1 BGB

---

[104] BGH NJW 2018, 3523; NJW 1996, 453; NJW 1985, 266; NJW 1973, 37.
[105] OLG Hamm DNotZ 2007, 291 mAnm *Pause.*
[106] OLG Karlsruhe NJW 2016, 1829.
[107] Vgl. MVHdB V BürgerlR I/*Hertel* Form. I. 30 Anm. 23 (S. 438).
[108] Vgl. OLG Hamm BauR 2011, 700.

der **Beurkundung,** wenn wie im Regelfall der Bauträgervertrag ohne sie nicht zustande käme.

100   Die Vergütung für solche Zusatzleistungen kann unabhängig von § 3 MaBV (allgemeine Fälligkeitsvoraussetzungen; Ratenplan) oder § 7 MaBV (Bürgschaft) fällig gestellt werden, da die MaBV beim Bauträgervertrag nur die Entgegennahme von Zahlungen „zur Vorbereitung und Durchführung des Bauvorhabens" regelt (vgl. § 4 Abs. 1 Nr. 2 MaBV).[109] Das Vorleistungsverbot ist allerdings auch hier zu beachten.

III. Leistungszeit

101 Ist sie nicht bestimmt, so gilt grundsätzlich § 271 BGB (sofortige Leistung, dh Beginn alsbald nach Vertragsschluss und zügige Durchführung in angemessener Zeit).[110] Daher sollte im beiderseitigen Interesse die **Zeit der bezugsfähigen** und der **vollständigen Fertigstellung,**[111] **mindestens** aber der **Baubeginn** und die Verpflichtung zur **unverzüglichen** Erstellung des Baus festgelegt werden. Auch hier wird man in der kalendermäßigen Bestimmung ohne ausdrückliche Benennung keine Garantie mit verschuldensunabhängiger Haftung zu sehen haben.[112]

102   Eine Überschreitung des Fertigstellungszeitraums ist eine Pflichtverletzung, die bei Vertretenmüssen einen Anspruch auf Schadensersatz nach §§ 280 Abs. 1, Abs. 2, 286 BGB wegen Verzögerung begründet (Nutzungsausfallentschädigung). Dieser tritt auch ohne Mahnung ein (§ 286 Abs. 2 Nr. 1 BGB). Bei vom Bauträger nicht zu vertretenden Verzögerungen (Streik, höhere Gewalt etc) kann aber vereinbart werden, dass die Herstellungsfrist sich um die Dauer der Behinderung verlängert.[113] Der Bauträger muss, wenn die vom Erwerber bisher genutzte Wohnung qualitativ hinter der zur Eigennutzung erworbenen Bauträgerwohnung zurückbleibt, nicht lediglich dessen bisherige Miete ersetzen, sondern den Nutzungswert der verkauften Wohnung.[114]

103   Die termingerechte Herstellung eines Wohnhauses oder einer Wohnung gehört zu den Kardinalpflichten des Bauträgers. Die Haftung für einfache Fahrlässigkeit kann daher formularmäßig nicht ausgeschlossen werden; eine Haftungsbeschränkung auf Vorsatz und grobe Fahrlässigkeit ist nach § 307 Abs. 2 Nr. 1 BGB unwirksam.[115] Dem Bauträger ist deshalb zu raten, dass durch genügend große Zeitpuffer ein Spielraum zur Behebung unvorhergesehener Hemmnisse besteht. Die Bauzeit darf aber auch nicht unangemessen lang sein (§ 308 Nr. 1 BGB).

104   Klare Vereinbarungen zu den Verspätungsfolgen sind hilfreich, etwa ein Vertragsstrafeversprechen[116] oder Schadensersatzpauschalen zugunsten des Erwerbers.[117] Der Erwerber muss sich allerdings bei Abnahme des Vertragsobjekts die Geltendmachung einer Vertragsstrafe vorbehalten, damit sie nicht verfällt (§ 341 S. 3 BGB).[118]

IV. Auflassungspflicht; Eigentumsvormerkung

105 **1. Auflassungspflicht.** Im Regelfall wird die Auflassung im Bauträgervertrag noch nicht erklärt, sondern bis zur Erfüllung der Erwerberpflichten, insbesondere bis zur Bezahlung **ausgesetzt.** Dies gilt vor allem, wenn noch Vermessungen ausstehen, damit in der späte-

---

[109] *Basty* Bauträgervertrag Rn. 223.
[110] BGH DNotZ 2001, 767.
[111] So *Amann/Brambring/Hertel* Vertragspraxis S. 242.
[112] Grziwotz/Koeble/*Riemenschneider* BauträgerR-HdB 3. Teil Rn. 377.
[113] MVHdB V BürgerlR I/*Hertel* Form. I. 30 Anm. 20 (S. 435); *Amann/Brambring/Hertel* Vertragspraxis S. 242.
[114] BGH DNotZ 2014, 450.
[115] RNotZ 2012, 503.
[116] Vgl. OLG Köln BauR 1995, 708.
[117] Vgl. *Amann/Brambring/Hertel* Vertragspraxis S. 243.
[118] Zu einzelnen Vertragsformulierungen s. *Vogel* BTR 2007, 54.

ren Auflassung dann auch das Messungsergebnis anerkannt wird. Regelmäßig wird der Bauträger **bevollmächtigt,** die Auflassung später auch im Namen des Erwerbers zu erklären.

2. Sofortige Auflassung mit Vollzugsanweisung. Nur ausnahmsweise – etwa bei Ver-   106 äußerung eines bereits fertig gestellten Objekts oder wenn der Bauträger eine Nachtragsbeurkundung wegen nachträglicher Sonderwünsche oder Eigenleistungen vermeiden und diese Vereinbarung nur privatschriftlich abschließen will (→ Rn. 97) – wird die Auflassung sofort miterklärt. Bei der Bewilligungslösung wird keine Eintragungsbewilligung abgegeben, der Notar jedoch bevollmächtigt, diese abzugeben. Bei der Lösung mit Vorlagensperre wird auch die Bewilligung erklärt, jedoch der Notar **angewiesen,** einstweilen Ausfertigungen und beglaubigte Abschriften der Urkunde nur auszugsweise, das heißt ohne Auflassung, zu erteilen.

In beiden Fällen wird der Notar angewiesen die Urkunde dem Grundbuchamt zum   107 Vollzug der Auflassung vorzulegen, wenn die Treuhandauflage erfüllt ist. Da der Notar die Frage der Mängelfreiheit des Vertragsgegenstands und die Berechtigung etwaiger Kaufpreiseinbehalte nicht beurteilen kann und auch Kaufpreisänderungen aufgrund von Sonderwünschen nicht unbedingt kennt, kommt als Anknüpfungspunkt für die Vorlage primär eine entsprechende Anweisung seitens des Bauträgers in Betracht.[119] Eine Vorlage auf Nachweis des Erwerbers über die Bezahlung des Kaufpreises ist dagegen selten interessengerecht.[120]

Formulierungsbeispiel: Vollzugsanweisung nach Auflassung   108

Die Vertragsteile weisen den Notar unwiderruflich an, diese Urkunde dem Grundbuchamt zum Vollzug der Auflassung erst vorzulegen, wenn der Verkäufer dem schriftlich zugestimmt hat; hierzu ist der Verkäufer verpflichtet, wenn der geschuldete Kaufpreis bezahlt ist.

Vor vollständiger Erbringung der vertragsgemäßen Leistung hat der Verkäufer dem Vollzug der Auflassung mit dem erreichten Bautenstand zuzustimmen, sobald sein Unvermögen zur weiteren Leistung feststeht, Zug um Zug gegen Zahlung des dem erreichten Bautenstand entsprechenden Kaufpreisteils.

3. Fälligkeit des Eigentumsverschaffungsanspruchs. Ein Bauträgervertrag bedarf ei-   109 ner Regelung, wann die Pflicht des Bauträgers, dem Erwerber das Eigentum am Kaufgegenstand zu verschaffen, fällig wird. Dies ist regelmäßig die Zahlung des geschuldeten Kaufpreises durch den Erwerber.[121] Dies gilt unabhängig davon, ob der Bauträgervertrag noch keine Auflassung enthält oder ob die Auflassung bereits enthalten und lediglich mit einer Bewilligungsvollmacht/Vorlagesperre für den Notar verbunden ist.

Strittig ist, ob die Verpflichtung zur Auflassung des Vertragsobjekts durch den Bauträger   110 auf den Erwerber im Vertrag von der Abnahme des Bauwerks abhängig gemacht werden darf.[122] In der Rechtsprechung wurden entsprechende Klauseln jedenfalls wegen Verstoß gegen § 307 Abs. 1 BGB für unwirksam erklärt.[123] Auch eine Klausel, welche die Auflassung von der Zahlung des vollen Kaufpreises abhängig macht, ist wegen der gegen § 307 Abs. 2 Nr. 1 BGB verstoßenden darin liegenden Vorleistungspflicht des Käufers unwirksam.[124] Die Auflassung darf auch nicht gemäß § 320 BGB verweigert werden, wenn dies gemäß § 320 Abs. 2 BGB gegen Treu und Glauben verstoßen würde, insbesondere wenn

---

[119] *Basty* Bauträgervertrag Rn. 769 ff.; MVHdB V BürgerlR I/*Hertel* Form. I. 30 Anm. 48 (S. 475).
[120] *Basty* Bauträgervertrag Rn. 778.
[121] *Meyer* RNotZ 2006, 497 (520); *Basty* Bauträgervertrag Rn. 769 ff.; MVHdB V BürgerlR I/*Hertel* Form. I. 30 Anm. 48 (S. 475).
[122] Dafür etwa *Basty* Bauträgervertrag Rn. 787 mwN.
[123] OLG Karlsruhe IBRRS 2017, 1554; IBRRS 2017, 1920.
[124] BGH DNotZ 2002, 41 mAnm *Basty* = NotBZ 2001, 462 mAnm *Hertel*.

der Bauträger mit einer Mängelbeseitigung in Verzug und der rückständige Kaufpreisteil relativ geringfügig ist.[125]

111 **4. Auflassungsvormerkung.** Dazu zunächst → Rn. 124 und → § 1 Rn. 99 ff. Die Auflassungsvormerkung ist das **wichtigste Sicherungsmittel** für den Erwerber und daher Fälligkeitsvoraussetzung für den Kaufpreis, insbesondere auch nach § 3 Abs. 1 MaBV. Wegen der relativen Unwirksamkeit späterer Verfügungen gegenüber dem Vormerkungsberechtigten (§ 883 Abs. 2 BGB) gewährt § 888 Abs. 1 BGB einen Löschungsanspruch gegen nachrangige Berechtigte. Zur analogen Wirkung in der Insolvenz vgl. § 106 InsO. Wegen § 878 BGB wirkt der Schutz der Vormerkung bereits ab Eingang des Eintragungsantrags beim Grundbuchamt. Werden unvermessene Teilflächen veräußert und lasten daher andere Vormerkungen am Gesamtgrundstück, so empfiehlt sich eine Vollmacht an den Notar, die betroffenen Teilflächen nach Vorliegen des Messungsergebnisses zu bezeichnen, wobei der Erwerber die nicht betroffenen Teilflächen vorab bereits pfandfrei stellt. In Zweifelsfällen sollten die Vormerkungsberechtigten jedoch beigezogen werden.[126]

112 **5. Abtretung eines Auflassungsanspruchs; Berichtigung bei der Vormerkung.** Ist der Vorerwerb durch den Bauträger noch nicht vollzogen, kann dessen Auflassungsanspruch gegen den Eigentümer an den Erwerber abgetreten werden, selbst wenn im Vorerwerbsvertrag die Auflassung schon erklärt wurde[127] – ggf. auch an mehrere Erwerber bezüglich einzelner Teilflächen.[128] Im Wege der Grundbuchberichtigung wird die (Teil-)Abtretung bei der Vormerkung des Bauträgers im Grundbuch eingetragen. Dies genügt jedoch nicht den Anforderungen der MaBV für die Fälligkeit des Kaufpreises (→ Rn. 111).

V. Kaufpreis

113 **1. Höhe.** Beim Kaufpreis handelt es sich regelmäßig um einen **Festpreis,** welcher die Kosten für das Grundstück, die Baukosten, Nebenkosten wie Planung, Bauaufsicht, Genehmigung, Vermessung, Vermarkung, die Kosten für die Erschließung, Anliegerbeiträge, Anschlusskosten und die Kosten der Gebäudeeinmessung – soweit nichts anderes vereinbart ist[129] – einschließt. Anzugeben ist der Gesamtkaufpreis einschließlich vereinbarter **Sonderwünsche** abzüglich zugestandener **Eigenleistungen** und einschließlich der **Erschließungskosten** und Anliegerleistungen, soweit diese zum Leistungsumfang gehören.

114 Formulierungsbeispiel: Festpreisdefinition

Ʊ Der Kaufpreis ist ein Festpreis. Er enthält alle Aufwendungen für die schlüsselfertige Erstellung des Vertragsobjektes, die anteiligen Grundstückskosten und die Bau- und Baunebenkosten. Er enthält auch sämtliche Kosten für die Herstellung der öffentlichen und privaten Anlagen zur Erschließung (Straßenherstellung mit -entwässerung und -beleuchtung), zur Ableitung von Abwasser und zur Versorgung des Vertragsobjektes, soweit sie nach Baugesetzbuch, Kommunalabgabengesetz, den derzeit geltenden örtlichen Erschließungssatzungen, Erschließungsverträgen oder der Baugenehmigung nach der für die Baumaßnahme derzeit maßgeblichen Planung der Gemeinde/Stadt im Erschließungsabrechnungsgebiet vorgesehen sind – unabhängig davon, wann die Beiträge anfallen und wann die Bescheide zugehen.

---

[125] OLG München IBR 2008, 157; OLG Hamburg RNotZ 2016, 29; OLG Karlsruhe IBRRS 2017, 1554; IBRRS 2017, 1920; noch stärker differenzierend *Basty* Bauträgervertrag Rn. 786.
[126] MVHdB V BürgerlR I/*Hertel* Form. I. 30 Anm. 47 (S. 474).
[127] BGH DNotZ 1995, 47.
[128] BayObLG DNotZ 1972, 233; *Ertl* DNotZ 1977, 81.
[129] Vgl. *Grziwotz* MittBayNot 1988, 115.

> Soweit der Bauträger derartige Beiträge zu tragen hat, ist er auch allein berechtigt und verpflichtet, mit den berechtigten Stellen darüber abzurechnen, Aufzahlungen zu leisten und Überzahlungen in Empfang zu nehmen.

2. Aufteilung. Wegen der unterschiedlichen steuerlichen Abschreibbarkeit empfiehlt sich 115
die Aufteilung des Kaufpreises (→ Rn. 49).

3. Anpassung an Veränderungen. Bei **Verkauf vor Vermessung** ist ein Preisausgleich 116
nach endgültiger Vermessung im Vergleich zum Festpreis sinnvoller (ausgenommen bei
Nebenflächen, sofern die exakte Größe keine praktischen Auswirkungen hat), → Rn. 66.

Je nach Leistungsumfang (genaue Definition) erfolgt die **Abrechnung der Erschlie-** 117
ßungskosten
– bei Festpreis auch insoweit zwischen Bauträger und Erschließungsträger (Ausgleich ist
  Risiko des Bauträgers);
– bei Abrechnungsvorbehalt zwischen Bauträger und Erwerber;
– bei Begrenzung des Festpreises auf bisher angefallene Kosten (eventuell nur Vorausleis-
  tungsbeträge) zwischen Erwerber und Erschließungsträger.

Zur doppelten Belehrungspflicht des Notars für den Fall, dass von der Gemeinde nicht 118
angeforderte Erschließungskosten im Festpreis enthalten sind, vom Erwerber auch bezahlt
werden, dann aber vom Bauträger nach Anforderung nicht mehr bezahlt werden können
(etwa bei Insolvenz), → Rn. 160.

Zu späteren **Sonderwünschen** und Eigenleistungen → Rn. 92 ff. 119

4. Verjährung. Nach § 196 BGB gilt eine **zehn**jährige Verjährungsfrist für alle Ansprü- 120
che auf Übertragung des Eigentums an einem Grundstück und auf Erbringung der Gegenleistung.[130] Häufig empfiehlt sich eine vertragliche **Verlängerung,** zulässig nach § 202
Abs. 2 BGB auf **maximal 30 Jahre.**

VI. Fälligkeit

Bei der Kaufpreisfälligkeit sind besonders die Vorschriften des **AGB-Rechts (§§ 305 ff.** 121
BGB) und der **MaBV/HausbauVO** zu beachten, soweit sie Anwendung finden. Häufigste Fälligkeitsregelung ist die nachfolgend dargestellte, von der ganz hM unverändert als
zulässig angesehene sog. „Vormerkungslösung" mit Ratenzahlung nach Baufortschritt.[131]
Die §§ 3 und 7 MaBV sind **Schutzgesetze** iSd § 823 Abs. 2 BGB.[132] Nimmt daher der
Geschäftsführer einer Bauträger-GmbH Zahlungen unter Verstoß gegen diese Schutzgesetze entgegen, **haftet** er auch **persönlich** aus unerlaubter Handlung.

Ist trotz korrekter Vereinbarung eine verbotene Vorleistung – zB wegen einer fehler- 122
haften Fälligkeitsmitteilung – erfolgt, steht dem Erwerber gegen den Bauträger ein Schadensersatzanspruch in Höhe der durch die Abschlagszahlungen gezogenen Zinsvorteile[133]
bzw. eines höheren eigenen Zinsschadens[134] des Erwerbers zu.

1. Allgemeine Fälligkeitsvoraussetzungen. Zu den allgemeinen Fälligkeitsvorausset- 123
zungen gehören:

---

[130] Ausführlich zur Neuregelung der Verjährung *Hertel* DNotZ 2002, 6; *Amann* DNotZ 2002, 94.
[131] Ebenso heftig wie nachhaltig, aber einsam kritisiert wegen angeblicher Europarechtswidrigkeit von
Thode ZNotP 2004, 210 und *Wagner* ZfBR 2004, 317; überzeugend wendet sich gegen diese Kritik mit
einem Aufruf zur „Gelassenheit" *Kanzleiter* BTR 2004, 74.
[132] BGH NJW 2009, 673.
[133] OLG Karlsruhe BauR 2010, 1111.
[134] OLG Stuttgart NotBZ 2012, 152; OLG Karlsruhe BauR 2011, 567.

124 **a) Auflassungsvormerkung.** Dazu zunächst → Rn. 111 und → § 1 Rn. 99 ff. Die Auflassungsvormerkung muss im Grundbuch **eingetragen** sein (§ 3 Abs. 1 S. 1 Nr. 2 Hs. 1 MaBV, bloße Vorlage ans Grundbuchamt genügt nicht). Nach § 3 Abs. 1 S. 1 Nr. 2 MaBV genügt nur eine „originäre" Vormerkung für den Erwerber, nicht dagegen die **Abtretung** des Auflassungsanspruchs mit Berichtigung bei der Vormerkung des Bauträgers (→ Rn. 112),[135] da die Sicherheit in einer Insolvenz des Bauträgers nicht vergleichbar ist.[136]

125 Bei der Veräußerung einer **Teilfläche** genügt die Eintragung am ungeteilten **Gesamt**grundstück.[137] Genügt der den Erwerber finanzierenden Bank die **Verpfändung des Erwerbsanspruchs** nicht als Sicherheit (vor allem bei Bausparkassen wegen § 7 BSpkG), kann entweder der Kaufpreis erst nach **Vollzug** der Teilung im Grundbuch fällig gestellt werden; ist auch dies nicht möglich, kann die Grundschuld am Gesamtgrundstück eingetragen werden, wenn sich der Gläubiger verpflichtet, nach Vermessung den nicht vertragsgegenständlichen Teil wieder freizugeben, was jedoch mit erheblichen Mehrkosten für den Erwerber verbunden ist.[138]

126 Die Vormerkung muss an der **vereinbarten Rangstelle** eingetragen sein. Die **Lastenfreistellung** von vorgehenden Grundpfandrechten wird durch § 3 Abs. 1 S. 1 Nr. 3 MaBV geregelt. Für **Rechte in Abteilung II** ist im Bauträgervertrag zu vereinbaren, ob (und wann) sie zur Löschung kommen oder übernommen werden. Wegerechte und ähnliche **Dienstbarkeiten** werden im Regelfall übernommen (→ Rn. 253). Bei einem eingetragenen **Zwangsversteigerungsvermerk** bedarf es neben der Sicherstellung der Löschung auch einer Belehrung durch den Notar über dessen Inhalt und Bedeutung.[139]

127 Eine Eigentumsvormerkung (nicht aber die Bauverpflichtung selbst) für die Gemeinde wird in der Regel ebenfalls übernommen, wenn sie deren **Wiederkaufsrecht** bei nicht fristgerechter Bebauung sichert. Die Gemeinde wird in der Regel nicht zum Rangrücktritt bereit sein. Über die Risiken der Vormerkung ist freilich zu belehren, auch sollten dem Erwerber zumindest die Ansprüche des Bauträgers gegen die Gemeinde bei Ausübung des Wiederkaufsrechts abgetreten werden.[140] Besser geschützt ist der Erwerber mit einer Absicherung durch Bürgschaft nach § 7 MaBV, sofern diese Lösung trotz der damit verbundenen Kosten durchgesetzt werden kann.

128 **b) Sicherung der Lastenfreistellung.** Die Sicherung der Lastenfreistellung erfolgt durch – Vorliegen einer **Löschungsbewilligung** – so in der Regel bei Einzelbelastung – oder **Pfandfreigabeerklärung** – bei Globalbelastung – (ggf. samt **Brief**) beim Notar, eventuell verbunden mit der Auflage, gegen Leistung einer Ablösezahlung davon Gebrauch zu machen; die **Ablösezahlung** muss aus dem Kaufpreis erfüllbar sein, beim „Steckenbleiben" des Baus aus einem entsprechenden Bruchteil, der (wie im Falle einer Freistellungsverpflichtung) nur an die geschuldete Vertragssumme anknüpfen darf, nicht an einen eventuell höheren Schätzwert; eine notarielle Pfandfreigabeerklärung beinhaltet wohl als deren Rechtsgrund auch eine Freistellungsverpflichtung, so dass sie auch **ohne** Vorliegen des **Grundschuldbriefs** den Anforderungen des § 3 Abs. 1 S. 1 Nr. 3 MaBV genügt.[141]

---

[135] *Amann* DNotZ 1997, 113; *Basty* Bauträgervertrag Rn. 297; *Blank* Bauträgervertrag Rn. 198 ff.; *Pause* Bauträgerkauf Rn. 232; WürzNotar-HdB/*Hertel* Teil 2 Kap. 3 Rn. 144; MVHdB V BürgerlR I/*Hertel* Form. I. 30 Anm. 28 (S. 442); Kersten/Bühling/*Wolfsteiner* § 33 Rn. 85.

[136] BGH DNotZ 2007, 360 mAnm *Kesseler* = MittBayNot 2010, 78 mAnm *Regler* = ZfIR 2010, 717 mAnm *Grziwotz*; *Kilian* notar 2011, 86 (87 f.).

[137] *Basty* Bauträgervertrag Rn. 286, 288.

[138] Vgl. *Basty* Bauträgervertrag Rn. 1184; *ders.* DNotZ 1991, 18 (21).

[139] BGH DNotZ 2011, 192.

[140] *Basty* Bauträgervertrag Rn. 289; *Blank* Bauträgervertrag Rn. 719.

[141] OLG Stuttgart NotBZ 2012, 152.

– **Freistellungsverpflichtung** iSd § 3 Abs. 1 S. 1 Nr. 3 MaBV – so in der Regel bei Globalbelastung –, die auch den Fall der Nichtbeendigung des Baues regeln muss.[142] Sie ist nicht nur Vertrag zugunsten Dritter zwischen Bank und Bauträger, sondern Angebot einer Garantieerklärung an den Erwerber, das dieser mit Beurkundung des Bauträgervertrages oder späterem Zugang der Freistellungsverpflichtung annimmt.[143]

– **(Teil-)Schuldübernahme,** die aufschiebend bedingt sein muss (ggf. in Teilbeträgen) durch das Vorliegen der übrigen Voraussetzungen des § 3 Abs. 1 und Abs. 2 MaBV (insbesondere Bautenstand).

Im Einzelnen gilt für die **Freistellungsverpflichtung** Folgendes: **129**

aa) Ablösezahlung. Die Ablösezahlung darf nur von der **Vertragssumme** ausgehen, **130** nicht von einem eventuellen höheren Schätzwert. Vertragssumme ist nur die bei Baufertigstellung geschuldete, nicht die volle, wenn – zB wegen Mängeln, die zur Minderung führen – Einwendungen oder Einreden der vollen Forderung entgegenstehen.[144] Bei **Steckenbleiben** des Baus (also nicht schon bei vorübergehender Baueinstellung oder Fristüberschreitung) ist nur der **dem erreichten Bautenstand entsprechende Teil** der ursprünglich geschuldeten Vertragssumme zu zahlen. Als **geschuldeter Betrag** kommt in Betracht:[145]

(a) Derjenige Betrag, der sich ergibt, wenn von der ursprünglich geschuldeten Vertragssumme alle **Gegenforderungen** des Erwerbers aus der Nicht- bzw. Schlechterfüllung des Vertrages – Minderung, Schadensersatz wegen Nichterfüllung etc – abgezogen werden (Aufrechnungsmethode).

(b) Derjenige **Prozentsatz** der ursprünglich geschuldeten Vertragssumme, der dem Verhältnis der **Selbstkosten** des Bauträgers für die erbrachte **Teil**leistung zu den gesamten (kalkulierten) Selbstkosten des fertigen Objekts entspricht, wobei für vom Bauträger selbst erbrachte Teilleistungen den Selbstkosten der kalkulierte Gewinn aus der betreffenden Teilleistung jeweils hinzuzurechnen ist (Selbstkostenmethode).

(c) Derjenige **Prozentsatz** der ursprünglich geschuldeten Vertragssumme, der dem Verhältnis von objektivem **Verkehrswert** der erbrachten **Teil**leistung (Grundstück plus unfertiges Gebäude, abzüglich eventueller Eigenleistungen hierauf) zum vollen hypothetischen objektiven Verkehrswert des fertigen Objekts (abzüglich eventueller im Kaufpreis bereits berücksichtigter Eigenleistungen) entspricht (Verkehrswertmethode).

Die Aufrechnungsmethode entspricht am ehesten den Intentionen der **MaBV,** vgl. **131** Nr. 3.3.1.3. S. 3 MaBVwV: „Etwaige Erwerbspreisminderungen, zB wegen festgestellter Mängel oder Aufrechnung mit Gegenforderungen, hat der Gewerbetreibende gegen sich gelten zu lassen." Dies kann nicht nur für das fertig gestellte, aber mängelbehaftete Objekt gelten, sondern es gilt – erst recht – auch für den stecken gebliebenen Bau. Der Erwerber soll andererseits durch die Einschaltung des Globalgläubigers nicht besser und nicht schlechter gestellt sein als ohne dessen Beteiligung. Er darf also zur Lastenfreistellung nicht mehr aufwenden müssen, als er nach dem Kaufvertrag – auch bei Leistungsstörungen – dem Bauträger selbst schuldet.[146]

Die Selbstkostenmethode entspräche dagegen eher den Bedürfnissen des Globalgläubi- **132** gers, da der so errechnete Betrag nicht hinter den (ggf. voll finanzierten) Aufwendungen des Bauträgers zurückbleibt, solange ein auch nur minimaler Gewinn unterstellt wird. Al-

---

[142] Vgl. grundlegend *Schöner* DNotZ 1974, 346; *Schöner/Stöber* GrundbuchR Rn. 3214; BGH DNotZ 1984, 322.

[143] *Behmer* DNotZ 1985, 196; *Schelter* DNotZ 1984, 332; vgl. zur Rechtsnatur ausf. *Basty* Bauträgervertrag Rn. 313 ff. mwN. Zum Muster einer solchen Freistellungsverpflichtung vgl. MVHdB V BürgerlR I/*Hertel* Form. I. 30 Anh. 2 (S. 511 f.).

[144] Vgl. *Basty* DNotZ 1991, 18 (22).

[145] Vgl. dazu *Kutter* RWS-Forum Immobilienrecht 1998, 208.

[146] BGH DNotZ 1984, 322 (325 f.) mAnm *Schelter* DNotZ 1984, 333.

lerdings muss der Erwerber dem Globalgläubiger zur Erlangung der Lastenfreistellung möglicherweise mehr zahlen, als er dem Bauträger schuldet.

133   Zu Zwischenwerten zwischen der Aufrechnungs- und der Selbstkostenmethode wird in der Regel die Verkehrswertmethode führen: Die meist höher als beim Bauträger liegenden Fertigstellungskosten des Erwerbers (oder eines beliebigen Dritten) werden den objektiven Verkehrswert der erbrachten Teilleistung mindern, allerdings fließt kein weiterer Schadensersatz wegen Nichterfüllung in die Berechnung ein, und die Minderung wird bei gegenüber der Vertragssumme gestiegenem Verkehrswert des fertigen Objekts nur anteilig berücksichtigt, nicht voll wie bei der Aufrechnungsmethode.

134   Auch die Selbstkosten- und die Verkehrswertmethode dürften noch **MaBV-konform** sein, da jedenfalls auch hier verhindert wird, „dass der Erwerber zur Enthaftung seines Grundstücks wegen der Globalgrundschuld mehr aufwenden muss, als es dem Wert der vom Bauträger erbrachten Leistung entspricht".[147] Sollte der objektive Verkehrswert des fertigen Objekts hinter der Vertragssumme zurückbleiben, so liegt darin kein Widerspruch, da für die Wertberechnung nur die Vorstellung der Beteiligten bei Vertragsschluss maßgeblich sein kann.

> **Praxishinweis:**
> Um Unklarheiten zu vermeiden, empfiehlt es sich, eine der MaBV-konformen Berechnungsmethoden in der Freistellungsverpflichtung ausdrücklich zu vereinbaren.

135   Gravierende Unterschiede in den Ergebnissen der einzelnen Berechnungsmethoden werden freilich dadurch abgeschwächt, dass die Freistellungsverpflichtung als solche keine Rückzahlungspflicht des Gläubigers begründet (→ Rn. 136).

136   Die **Abrechnung** des stecken gebliebenen Baus erfolgt **unabhängig von den Baufortschrittsraten** des § 3 Abs. 2 MaBV. Bleibt der Bau also kurz vor Rohbaufertigstellung stecken, so ist die erbrachte Teilleistung anteilig zu bezahlen, obwohl die zweite Baufortschrittsrate noch nicht fällig gewesen wäre. Der Erwerber hat eine entsprechende **Nachzahlung** für den sog. „**Mehrwert**" zu leisten – unabhängig davon, ob der Gläubiger sich dies in der Freistellungsverpflichtung ausdrücklich vorbehalten hat oder nicht. Allerdings ist die Freistellungsverpflichtung im Zweifel dahingehend auszulegen, dass der Globalgläubiger Grund und Höhe des Zahlungsanspruchs des Bauträgers im Einzelnen darzulegen und zu beweisen hat.[148] Liegt die jetzt noch geschuldete Vertragssumme dagegen unter der Summe der bereits geleisteten Ratenzahlungen, so ist der Erwerber auf **Rück**zahlungsansprüche gegen den Bauträger verwiesen, die meist wegen dessen Insolvenz nicht realisierbar sein werden. Eine **Rückzahlungspflicht des Gläubigers** enthält die Freistellungsverpflichtung in der Regel **nicht**.

137   **bb) Rückzahlungsvorbehalt.** Nach § 3 Abs. 1 S. 3 MaBV ist dem Gläubiger ein Rückzahlungsvorbehalt gestattet, der – wenn er in die Freistellungsverpflichtung aufgenommen wird – dem Gläubiger die **Wahl** lässt, anstelle der Freistellung die vertragsgemäß im Rahmen des § 3 Abs. 2 MaBV geleisteten Zahlungen bis zur Höhe des anteiligen Wertes des Vertragsobjekts zurückzuzahlen. Der Bauträgervertrag hat zu regeln, ob eine Freistellungsverpflichtung mit oder ohne einen solchen Vorbehalt als vertragsgemäß gilt.[149] Die Ausgestaltung des Vorbehalts als **Wahlschuld** führt allerdings dazu, dass die Wahl im Ergebnis

---

[147] BGH DNotZ 1984, 326.
[148] OLG Karlsruhe MittBayNot 2009, 39.
[149] *Basty* Bauträgervertrag Rn. 338 mwN; *ders.* MittBayNot 1995, 367.

auf den Erwerber übergeht.[150] Soll die Wahl beim Bauträger bzw. beim Kreditinstitut verbleiben, empfiehlt sich eine **Ersetzungsbefugnis.**[151]

Wird der Vorbehalt ausgeübt (was unverzüglich zu geschehen hat),[152] so sind **nur Zah-** 138 **lungen** (also keine Zinsen; auch Eigenleistungen sind nicht zu vergüten) zurück zu gewähren, die vertragsgemäß im Rahmen des § 3 Abs. 2 MaBV erfolgt sind: Sie müssen also in der Regel – da im Vertrag regelmäßig so ausbedungen – an den Gläubiger geflossen sein. Hat der Erwerber **Überzahlungen** geleistet, so sind diese an sich nicht „vertragsgemäß". Die Berufung hierauf ist aber treuwidrig, soweit auch solche Zahlungen an den Gläubiger geflossen sind.[153] Begrenzt ist die Rückzahlungspflicht auf den **objektiven Verkehrswert** der erbrachten Teilleistung. Das Risiko, bereits mehr bezahlt zu haben (weil eben erst eine Rate bezahlt wurde oder weil ohnehin das Objekt überteuert war), trägt der Erwerber. Dies erscheint als hart, doch erhielte der Erwerber bei Wahl der Freistellungsalternative wertmäßig auch nicht mehr.[154] **Weitergehende** Rückzahlungsansprüche (hinsichtlich aller dem Gläubiger zugeflossenen Zahlungen) nach §§ 346 ff. BGB kann und will die MaBV nicht ausschließen.[155]

§ 242 BGB setzt der Ausübung des Rückzahlungsvorbehalts freilich Schranken. Abzu- 139 wägen sind das Gläubigerinteresse an der Stellung im Zwangsvollstreckungsverfahren (wirtschaftlich sinnvoll ist oft nur die Verwertung des Gesamtobjekts) und das Erwerberinteresse, das mit dem erreichten Bautenstand zunimmt.[156]

Die Rückzahlung darf nicht von der **Zug um Zug** zu erfolgenden **Löschung der** 140 **Eigentumsvormerkung** des Erwerbers (und ggf. seiner Finanzierungsgrundpfandrechte, auch soweit diese Rang nach den Globalrechten haben) abhängig gemacht werden; entsprechende Einschränkungen sind unwirksam.[157] Die Rückzahlung beseitigt nur die Freistellungsverpflichtung des Gläubigers, sie sollte den Bauträgervertrag selbst und die Rechte des Erwerbers gegenüber dem Bauträger unberührt lassen. Gerade durch die Beschränkung der Rückzahlung auf den objektiven Verkehrswert würden weitergehende Zahlungsansprüche gegen den Bauträger entgegen § 309 Nr. 2a BGB sonst ungesichert bleiben, die Verknüpfung ist daher unwirksam.[158]

cc) Bedingungen. Die Freistellungsverpflichtung kann an Bedingungen geknüpft sein 141 (zB Mindestkaufpreis, Zahlungen auf bestimmtes Gläubigerkonto, Abtretung des Zahlungsanspruchs des Bauträgers an Gläubiger etc).[159] Wirksam ist sie nur dann, wenn diese Bedingungen mit dem Inhalt des Bauträgervertrages korrespondieren und dort auch wirksam – insbesondere nach MaBV und AGB-Recht zulässig – vereinbart sind. Eine Freistellungsverpflichtung *nur* für den Fall, dass der Erwerber die Nichtvollendung des Baus **nicht zu vertreten** hat, ist MaBV-widrig.[160] Die Unzulässigkeit dieser Klausel führt aller-

[150] BGH DNotZ 2005, 380 mAnm *Schmucker* = ZfIR 2004, 983 mAnm *Grziwotz:* Das Rücktrittsrecht des Erwerbers bei Insolvenz des Bauträgers stellt der BGH einer Unmöglichkeit der Freistellungsverpflichtung gleich, nach § 265 BGB beschränkt sich die Wahl daher auf die Rückzahlung.
[151] *Schmucker* DNotZ 2005, 383; Grziwotz/Koeble/*Schmucker* BauträgerR-HdB 3. Teil Rn. 492.
[152] *Pause* Bauträgerkauf Rn. 261; aM *Basty* Bauträgervertrag Rn. 344 mit Hinweis darauf, die Wahlschuld begründe keine Rechtspflicht, es gelte § 264 Abs. 1 BGB.
[153] *Basty* Bauträgervertrag Rn. 349 f.; *ders.* MittBayNot 1995, 367 (368).
[154] Vgl. *Basty* MittBayNot 1995, 367 (369).
[155] *Basty* Bauträgervertrag Rn. 351 f.
[156] Vgl. hierzu eingehend *Basty* Bauträgervertrag Rn. 353 ff.; *ders.* MittBayNot 1995, 367 (370).
[157] OLG München DNotZ 2011, 929 mAnm *Basty; Basty* Bauträgervertrag Rn. 357 ff.; *ders.* MittBayNot 1995, 367 (370 f.); *Pause* Bauträgerkauf Rn. 267, 277; MVHdB V BürgerlR I/*Hertel* Form. I. 30 Anm. 29 (S. 446); offen gelassen in BGH DNotZ 2014, 275 mAnm *Volmer.*
[158] *Basty* Bauträgervertrag Rn. 357 ff.
[159] Zu einzelnen Klauseln (Aufrechnungsausschluss, Befristung, Bedingung, Form, Gutachten, Kaufpreiszahlung und -abtretung, Kostentragung, Sicherstellung eines Mindestpreises, Mehrwertabschöpfung, Definition des „Steckenbleibens" des Baus und andere) s. *Basty* Bauträgervertrag Rn. 365 ff.; Zur grundsätzlichen Wirksamkeit einer sicherungshalber erfolgenden Vorausabtretung des Zahlungsanspruchs des Bauträgers an die Finanzierungsbank s. BGH DNotZ 2008, 436.
[160] BGH DNotZ 2014, 275 mAnm *Volmer;* OLG München DNotZ 2011, 929 mAnm *Basty.*

dings gemäß § 139 BGB nicht zur Gesamtnichtigkeit des Freigabeversprechens – was den Erwerberschutz konterkarieren würde –, sondern nur zur partiellen Unwirksamkeit der Einschränkung; das im Übrigen wirksame Freigabeversprechen bleibt infolgedessen aber auch eine taugliche Fälligkeitsvoraussetzung.[161]

142   Zulässig ist eine sicherungshalber erfolgte Vorausabtretung des Kaufpreisanspruchs des Bauträgers an den Globalgläubiger.[162]

143   **dd) Aushändigung an den Erwerber, Bezugnahme.** Nach § 3 Abs. 1 S. 4 MaBV muss die Freistellungsverpflichtung dem Erwerber ausgehändigt sein. Damit es ein Original gibt, wird Schriftform vorausgesetzt. Die Aushändigung einer Kopie genügt, wenn in der Urkunde festgehalten wird, dass der Notar das Original für alle Erwerber treuhänderisch verwahrt (§ 54 Abs. 4 BeurkG – mindestens schriftlicher Verwahrungsvertrag). Dem Notar muss dann das Original der Erklärung vorliegen.[163]

144   Nach § 3 Abs. 1 S. 5 MaBV muss auf eine vorliegende Freistellungsverpflichtung im Bauträgervertrag Bezug genommen werden; hierzu genügt ein bloßer Hinweis,[164] es handelt sich um keine beurkundungsrechtliche Bezugnahme. Es empfiehlt sich gleichwohl eine Beifügung einer Kopie der Freistellungserklärung an die Urkunde, womit – bei entsprechendem Treuhandauftrag – zugleich die Aushändigung an den Erwerber erfolgt. Liegt die Verpflichtung dagegen noch nicht vor, muss der Bauträgervertrag einen ausdrücklichen Hinweis auf die **Aushändigungspflicht** des Bauträgers und auf den notwendigen Inhalt der Verpflichtungserklärung enthalten. Der Hinweis kann kurz sein, wenn der Notar später den Inhalt überprüft, etwa vor Erteilung der Fälligkeitsmitteilung.[165]

145   **ee) Auslegung, Nichtigkeit.** Ist die Freistellungsverpflichtung **unklar** oder mehrdeutig, so wird die Auslegung in der Regel ergeben, dass sie inhaltlich so gewollt ist, wie dies den Erfordernissen des § 3 MaBV entspricht. Der Notar sollte aber auf eine Klarstellung hinwirken.

146   Ist der Bauträgervertrag nichtig, hat der Erwerber einen Anspruch auf Rückzahlung der geleisteten Raten auch gegen den Globalgläubiger,[166] allerdings aus § 812 Abs. 1 BGB, nicht aus der Freistellungsverpflichtung.

147   **ff) Zusätzliche Sicherheiten bei unsicheren Gläubigern.** Bei „unsicheren" Gläubigern (etwa privaten Kreditgebern, ausländischen Gläubigern) schützt den Erwerber im Insolvenzfall des Gläubigers ein **Aussonderungsrecht,** das im Regelfall dadurch entsteht, dass der Gläubiger die Grundschuld auch als Treuhänder des Erwerbers hält.[167] Als zusätzliche Sicherheit könnte zur Sicherung des Freistellungsanspruchs des Erwerbers eine **Vormerkung** zu dessen Gunsten an der Grundschuld eingetragen werden.[168] Wird allerdings bei einem solchen „unsicheren" Gläubiger die freizugebende Grundschuld trotz der Freistellungsverpflichtung an einen Dritten abgetreten, so verliert die Freistellungsver-

---

[161] BGH DNotZ 2014, 275; aA noch OLG München DNotZ 2011, 929.
[162] Sie ist nicht wegen Verstoßes gegen §§ 4 Abs. 1 Nr. 2, 6 Abs. 1 MaBV iVm § 12 MaBV, § 134 BGB unwirksam, vgl. BGH ZfIR 2007, 841 mAnm *Blank;* zustimmend auch *Heyers* RNotZ 2012, 435 mit der zutreffenden Einschränkung, dass Bauträger und Globalgläubiger die Abtretung mit der Zweckbindungsvereinbarung einer auf das konkrete Bauvorhaben bezogenen Verwendung der ausgereichten Darlehen verbinden müssen, da die Abtretung ansonsten nach § 134 BGB, aber auch nach § 307 BGB nichtig wäre.
[163] Ähnlich *Basty* Bauträgervertrag Rn. 317, 322, 399.
[164] *Marcks* MaBV § 3 Rn. 19.
[165] *Basty* Bauträgervertrag Rn. 402.
[166] BGH DNotZ 2005, 467 mAnm *Basty.*
[167] *Vierling* MittBayNot 2009, 78.
[168] *Vierling* MittBayNot 2009, 78.

pflichtung ihre Eignung als Fälligkeitsvoraussetzung, da dann die Freistellung nicht mehr gesichert ist.[169]

c) Rechtswirksamkeit des Vertrages. Alle rechtsgeschäftlichen und öffentlich-rechtlichen Genehmigungen des Vertrages müssen wirksam, nicht aber unanfechtbar[170] vorliegen, das heißt, es dürfen zumindest keine Gründe ersichtlich sein, die gegen die Wirksamkeit des Vertrages sprechen.[171] Zum Verstoß gegen ausländische Devisenbestimmungen, der den Anspruch uU undurchsetzbar macht.[172] Die **Verwalterzustimmung** (§ 12 WEG) ist nach BGH[173] auch zur Erstveräußerung erforderlich, soweit die Teilungserklärung dies nicht anders regelt (Altfälle vor dem 15.1.1994 heilt aber § 61 WEG). Zur Genehmigung nach **GVO** → Rn. 62. **148**

d) Zum Vollzug erforderliche Genehmigungen. Hierzu gehört die Genehmigung zur Sicherung von Gebieten mit Fremdenverkehrsfunktion nach § 22 BauGB, nicht aber die steuerrechtliche Unbedenklichkeitsbescheinigung (§ 22 GrEStG) oder die Vorkaufsrechtserklärung der Gemeinde (§§ 24, 28 Abs. 1 S. 2 BauGB). Allerdings empfiehlt es sich im Einzelfall, über § 3 MaBV hinaus die Fälligkeit auch an die Vorkaufsrechtserklärung der Gemeinde zu knüpfen. Dies kann uU sogar durch § 307 BGB geboten sein.[174] **149**

e) Baugenehmigung bzw. Bestätigung. § 3 Abs. 1 S. 1 Nr. 4 MaBV erfordert das Vorliegen einer Baugenehmigung, hilfsweise einer Fiktionsbestätigung der Behörde, hilfsweise einer Fiktionsbestätigung des Bauträgers, hilfsweise einer Baubeginns-Zulässigkeitsbestätigung der Behörde, hilfsweise einer Baubeginns-Zulässigkeitsbestätigung des Bauträgers und bei Bestätigungen des Bauträgers Ablauf der einmonatigen Wartefrist. **150**

Die Baugenehmigung muss das gesamte Vertragsobjekt umfassen, eine bloße Teilbaugenehmigung genügt nicht. Sie muss **wirksam** sein, Unanfechtbarkeit wird nicht verlangt. **151**

Die Baugenehmigungspflicht wurde für kleinere Bauvorhaben in den meisten Landesbauordnungen zugunsten unterschiedlicher Kombinationen von Anzeige-, Genehmigungsfreistellungs- und vereinfachten Baugenehmigungsverfahren (mit oder ohne Genehmigungsfiktion) abgeschafft. An die Stelle der nicht zwingenden Baugenehmigung tritt die **Fiktionsbestätigung** der zuständigen Behörde als gleichwertige Sicherheit. Ist eine solche Bestätigung nicht vorgesehen, so lässt die MaBV – wohl oder übel – eine **Bestätigung des Bauträgers** (dass die Genehmigung als erteilt gilt oder nach den baurechtlichen Vorschriften mit dem Bauvorhaben begonnen werden darf) genügen – eine zweifelhafte Sicherheit, wie auch der Verordnungsgeber erkannt hat: Zahlungen sind deshalb erst einen Monat nach Eingang der Bestätigung des Bauträgers beim Erwerber zulässig, damit dieser die Richtigkeit der Bestätigung notfalls durch eigene Rückfragen bei der Baubehörde nachprüfen kann. **152**

f) Fälligkeitsmitteilung. Sie umfasst in der Regel die **Voraussetzungen nach a)** (→ Rn. 124ff.), **b)** (→ Rn. 128ff.) und – zwingend, § 3 Abs. 1 S. 1 Nr. 1 MaBV – auch nach **c)** (→ Rn. 148) und **d)** (→ Rn. 149); sie ist Ausfluss der Betreuungstätigkeit des Notars nach § 24 BNotO und erfordert entsprechende **Sorgfalt,** insbesondere bei der Überprüfung der rangrichtigen Eintragung der Vormerkung.[175] Sie hat nicht die Wirkung einer Mahnung des Bauträgers.[176] **153**

---

[169] KG BauR 2012, 103.
[170] Vgl. *Schmidt* MittBayNot 1992, 114.
[171] Vgl. *Basty* DNotZ 1991, 18 (20).
[172] Vgl. *Schütze* BWNotZ 1992, 170.
[173] DNotZ 1991, 888.
[174] Vgl. *Basty* DNotZ 1991, 18 (19) mwN.
[175] Vgl. BGH DNotZ 1985, 48.
[176] OLG Düsseldorf DNotZ 1985, 767 mAnm *Reithmann.*

154 **g) Schlussrechnung?** Nach § 650g Abs. 4 BGB ist für Bauverträge eine Schlussrechnung Fälligkeitsvoraussetzung. Gemäß § 650v Abs. 1 S. 2 BGB gilt dies an sich auch für den Bauträgervertrag, auch wenn es bei dem regelmäßig vereinbarten Festpreis und den planmäßigen Abschlagszahlungen meist keinen Sinn macht.[177] Damit fällt der Regelung aber auch keine gesetzliche Leitbildfunktion iSd § 307 Abs. 2 Nr. 1 BGB zu. Diese dispositive Gesetzesregelung sollte daher (außer etwa bei umfangreichen Sonderwünschen oder ähnlichen Fällen) **abbedungen** werden.[178]

155 **2. Ratenzahlung nach Baufortschritt. a) Zusammensetzung.** § 3 Abs. 2 MaBV ermöglicht es dem Bauträger, aus den folgenden dreizehn Abschnitten sieben Zahlungsraten zusammenzusetzen.[179] Die Reihenfolge der Raten ist nicht zwingend, sie kann bei einem anderen Bauablauf auch anders gestaltet sein:[180]
- 30,0 % nach Beginn der Erdarbeiten,
- 28,0 % nach Rohbaufertigstellung, einschließlich Zimmererarbeiten,
- 5,6 % für die Herstellung der Dachflächen und Dachrinnen,
- 2,1 % für die Rohinstallation der Heizungsanlagen,
- 2,1 % für die Rohinstallation der Sanitäranlagen,
- 2,1 % für die Rohinstallation der Elektroanlagen,
- 7,0 % für den Fenstereinbau, einschließlich der Verglasung,
- 4,2 % für den Innenputz, ausgenommen Beiputzarbeiten,
- 2,1 % für den Estrich,
- 2,8 % für die Fliesenarbeiten im Sanitärbereich,
- 8,4 % nach Bezugsfertigkeit und Zug um Zug gegen Besitzübergabe,
- 2,1 % für die Fassadenarbeiten,
- 3,5 % nach vollständiger Fertigstellung.

156 Nach § 3 Abs. 2 S. 1 MaBV hat der Bauträger aus diesen **dreizehn** Abschnitten „**bis zu sieben** Raten entsprechend dem Bauablauf" zu bilden, in denen er die Zahlungen des Käufers entgegennehmen darf. **Streitig** ist jedoch, ob diese sieben Raten **schon im Bauträgervertrag** festgelegt sein müssen[181] oder ob der Bauträgervertrag die Festlegung dem Bauträger überlassen darf, der die sieben Raten dann erst entsprechend dem tatsächlichen Bauablauf nach seinem Ermessen abrufen kann (hM).[182] Der Wortlaut des § 3 Abs. 2 S. 1 MaBV lässt beide Möglichkeiten zu.

157 Diskutiert wird eine Inhaltskontrolle gemäß §§ 307 ff. BGB, weil der flexible Ratenplan ein einseitiges Leistungsbestimmungsrecht des Bauträgers bedeute.[183] Auch in der werkvertraglichen Regelung des § 632a BGB, welche auf den Bauträgervertrag ebenfalls Anwendung findet (→ Rn. 164 ff.), ist die Ausgestaltung der Abschlagszahlungen jedoch in das Ermessen des Unternehmers gelegt. Damit ist schon fraglich, ob ein flexibler Ratenplan überhaupt iSv § 307 Abs. 3 S. 1 BGB von Rechtsvorschriften abweicht. Jedenfalls ist eine solche Ausgestaltung mit den wesentlichen Grundgedanken der gesetzlichen Regelung iSv § 307 Abs. 2 Nr. 1 BGB vereinbar und keine unangemessene Benachteiligung.

---

[177] *Basty* MittBayNot 2017, 445 (447 f.).
[178] *Esbjörnsson* notar 2018, 91 (92).
[179] Vgl. zu den einzelnen Raten eingehend MVHdB V BürgerlR I/*Hertel* Form. I. 30 Anm. 33 (S. 450 ff.), *Basty* Bauträgervertrag Rn. 495 ff.
[180] *Basty* Bauträgervertrag Rn. 479.
[181] So *Marcks* MaBV § 3 Rn. 23a mwN; *Hermanns* ZfIR 1997, 578; *Kutter* in der 6. Aufl. Rn. 77a.
[182] So *Basty* Bauträgervertrag Rn. 482 ff. mwN; *Pause* Bauträgerkauf Rn. 299; MVHdB V BürgerlR I/*Hertel* Form. I. 30 Anm. 33 (S. 451); Grziwotz/Koeble/*Riemenschneider* BauträgerR-HdB 3. Teil Rn. 540 ff.; WürzNotar-HdB/*Hertel* Teil 2 Kap. 3 Rn. 189; *Reithmann* NotBZ 1997, 196; OLG Celle NJW-RR 2004, 592.
[183] *Hermanns* ZfIR 1997, 578.

Allenfalls wird man eine Zusammenstellung durch den Bauträger nach billigem Ermessen (gemäß § 315 BGB) verlangen können.[184]

Eine entsprechende Klausel muss jedoch dem Transparenzgebot des § 307 Abs. 1 S. 2 **158** BGB gerecht werden. So wurde eine Klausel von der Rechtsprechung für unzulässig erklärt, wonach der Bauträger die Raten für die Bezugsfertigkeit und die vollständige Fertigstellung gemeinsam abrufen und so die Übergabe der Wohnung vom Erwerber erst nach Zahlung des gesamten Kaufpreises verlangt werden konnte.[185] Soll die Übergabe des Vertragsobjekts erst nach vollständiger Fertigstellung erfolgen, so darf jedenfalls der Vertrag weder einen Termin für die Bezugsfertigkeit vorsehen, noch eine entsprechende Rate.[186]

Fallen einzelne der in den dreizehn Abschnitten genannten Leistungen nicht an, so **159** wird der jeweilige Prozentsatz anteilig auf die übrigen Raten verteilt, § 3 Abs. 2 S. 3 MaBV. Schuldet der Bauträger zB nur Grundstück und Rohbau, so wird der Gesamtkaufpreis im Verhältnis 30:28 aufgeteilt. So meint das § 3 Abs. 2 S. 3 MaBV mit der anteiligen Verteilung, die also nicht gleichmäßig zu einem Siebtel erfolgen muss (wohl aber darf; angesichts der beiden hohen ersten Raten wäre eine solche gleichmäßige Verteilung immer ein zulässiges Zurückbleiben hinter den zulässigen Höchstbeträgen des § 3 Abs. 2 MaBV), sondern im Verhältnis der geschuldeten Raten. Im Beispielsfall sähe die Rechnung so aus:

Für die Baubeginnsrate x:

x: 100 = 30: 58; x = 51,724

Für die Rohbaurate y:

y: 100 = 28: 58; y = 48,276

Besondere Probleme bereiten im Festpreis enthaltene, aber von der Gemeinde oft erst **160** nach Jahren angeforderte **Erschließungskosten:** Sollten sie mit der ersten Rate fällig gestellt werden, so enthält diese Vertragsgestaltung eine ungesicherte Vorleistung, die eine **doppelte Belehrungspflicht** des Notars auslöst;[187] er hat auf die **Folgen** hinzuweisen, die bei Leistungsunfähigkeit des Bauträgers eintreten – Gefahr der Doppelzahlung bei Inanspruchnahme des Erwerbers durch die Gemeinde –, und **Lösungswege aufzuzeigen,** wie diese Risiken vermieden werden können.

Der BGH[188] nennt vier Möglichkeiten. Welche Lösung vorzuziehen ist, hängt von den **161** Besonderheiten des Einzelfalls ab:

(1) Die Erschließungskosten werden ganz oder teilweise aus dem Kaufpreis **herausgenommen,** der Erwerber hat sie zusätzlich zum Kaufpreis bei Anforderung an die Gemeinde zu entrichten. Diese Lösung ist sicher, verstößt aber gegen den Gedanken des Festpreises, der Erwerber trägt das Kalkulationsrisiko, seine Finanzierung wird komplizierter. Zudem muss hier besonders sorgfältig geprüft werden, ob die erste Rate zu 30% nicht zu vermindern ist, um eine verbotene Vorleistung zu vermeiden.

(2) Der Bauträger stellt dem Erwerber, besser noch der Gemeinde eine **Bürgschaft** über sämtliche offenen Erschließungs- und Anschlusskosten – unbegrenzt oder in ausreichender Höhe (mit Sicherheitsspielraum) –, soweit nicht Vorausleistungen erhoben und bezahlt sind. Bei einer solchen Bürgschaft gegenüber der Gemeinde kann der Erwerber öffentlich-rechtlich nicht mehr in Anspruch genommen werden. Auch eine

---

[184] *Pause* Bauträgerkauf Rn. 299; Grziwotz/Koeble/*Riemenschneider* BauträgerR-HdB 3. Teil Rn. 543; für freies Ermessen *Basty* Bauträgerkauf Rn. 482.

[185] LG München I BeckRS 2015, 20227; BeckRS 2016, 15947; wohl auch OLG München BeckRS 2016, 131210 (Nichtzulassungsbeschwerde vom BGH zurückgewiesen, BGH 2.8.2017 – VII ZR 291/16).

[186] *Basty* Bauträgervertrag Rn. 528.

[187] BGH DNotZ 2008, 280 mAnm *Grziwotz;* MittBayNot 2008, 313 mAnm *Basty.*

[188] BGH DNotZ 2008, 280 mAnm *Grziwotz;* MittBayNot 2008, 313 mAnm *Basty.*

Bürgschaft gegenüber dem Erwerber ist MaBV-konform, sie verstößt nicht gegen das Vermischungsverbot des § 7 MaBV.[189]

(3) Bauträger und Erwerber vereinbaren ein besonderes, betragsmäßig bestimmtes **Zurückbehaltungsrecht** eines entsprechenden Teils der ersten Kaufpreisrate, welche die Erschließungskosten im Regelfall mit abdeckt. Je später die Erschließungskosten angefordert werden, desto problematischer ist dann die Sicherung des Bauträgers bei Zahlungsschwierigkeiten des Erwerbers.

(4) Der entsprechende Teil der ersten Rate fließt auf ein dem alleinigen Zugriff des Bauträgers entzogenes „geschütztes" Konto, also sinnvoller Weise auf ein **Notaranderkonto.**

162 Zum **Nachweis** des erreichten **Bautenstandes** wird häufig vereinbart, dass dieser durch den Architekten oder Bauleiter schriftlich **mitgeteilt** wird. Diese Mitteilung kann eine Fälligkeit der entsprechenden Rate nur begründen, wenn der Bautenstand auch **tatsächlich** erreicht ist. Stellt der Wortlaut der Fälligkeitsvereinbarung nur auf die Mitteilung ab, kann er im vorstehenden Sinne ausgelegt werden.[190] Erstellt ein Sachverständiger eine Fertigstellungsbescheinigung, so hat der Auftrag des Bauträgers an ihn **Schutzwirkung für Dritte,** also für den Erwerber.[191]

163 **Verstößt** die vertragliche Regelung gegen die **§§ 3 bzw. 7 MaBV,** was dem Bauträger nach § 12 MaBV verboten ist, so ist die gesamte Fälligkeitsvereinbarung **unwirksam;** dann gilt § 641 Abs. 1 BGB, die Gesamtfälligkeit tritt also erst mit **Abnahme** ein.[192] Bereicherungsrechtlich entsteht daraus eine Art Schaukel: Nach § 813 Abs. 2 BGB können schon geleistete Zahlungen nicht kondiziert werden, wohl aber nach § 817 S. 1 BGB wegen Verstoßes gegen das gesetzliche Verbot der MaBV – dort aber nur, soweit die Zahlung über einen zulässigen Ratenplan hinausgegangen ist; soweit dies nicht der Fall ist, verbleibt es beim Kondiktionsausschluss nach § 813 Abs. 2 BGB.[193] Daneben kann bei Verschulden ein Anspruch auf Schadensersatz nach § 823 Abs. 2 BGB bestehen.[194]

164 **b) Vorleistungsverbot; Deckelung auf Wert der erbrachten Leistungen.** Die Transformation der §§ 3 und 7 MaBV in das Zivilrecht ist allerdings mit der ausdrücklichen Einschränkung verbunden, dass § 1 HausbauVO nur die Leistung von **„Abschlagszahlungen"** zulässt. Trotz der Regelung des § 3 Abs. 2 MaBV sind Vorausleistungen dagegen unzulässig. Aus den auf den Bauträgervertrag anwendbaren Regelungen ergibt sich ein umfassendes **Vorleistungsverbot** (§§ 307 Abs. 2 Nr. 1, 309 Nr. 15 lit. a, 632a Abs. 1, 650m Abs. 1, 650u BGB iVm der HausbauVO).

165 Strittig ist, ob § 632a Abs. 1 BGB auf den Bauträgervertrag anwendbar ist. Dies ist zu bejahen, da § 650u Abs. 1 BGB auf das ganze Werkvertragsrecht verweist, und § 632a Abs. 1 BGB in § 650u Abs. 2 BGB, der nicht anwendbare Normen auflistet, nicht genannt ist.[195] Es ist auch nicht ersichtlich, warum gerade beim regelmäßig risikoträchtigeren Bauträgervertrag der Schutz des Erwerbers vor einem Verlust seiner Abschlagszahlung geringer angelegt werden soll, als bei anderen Werkverträgen.

166 Damit wird die zulässige Höhe der Raten auf die Höhe des Wertes der bereits erbrachten Leistungen beschränkt. Raten müssen herabgesetzt werden, wenn der tatsächliche Wert der Leistungen hinter dem Prozentsatz der jeweiligen Rate zurückbleibt. Die gewerberechtlich starren Raten nach § 3 Abs. 2 MaBV erhalten damit zivilrechtlich den

---

[189] AA *Grziwotz* MittBayNot 2007, 520.

[190] KG RNotZ 2004, 571.

[191] KG NZM 2010, 824.

[192] BGH NJW 2007, 1947 im Anschluss an BGH DNotZ 2001, 201.

[193] BGH NJW 2007, 1947; OLG Naumburg NJW-RR 2010, 1323; vgl. dazu *Drasdo* NJW 2007, 2741; differenzierend *Herrler* DNotZ 2007, 895; *Hildebrandt* ZfIR 2007, 621.

[194] *Basty* Bauträgervertrag Rn. 58.

[195] Von Anwendbarkeit ebenfalls ausgehend: *Basty* MittBayNot 2017, 445; *Pause* Bauträgerkauf Rn. 293; aA *Weber* notar 2017, 379 (388) mit Verweis auf die typisierende Regelung des MaBV-Ratenplans, der abschließend sei.

Charakter von Höchstbeträgen.[196] § 632a Abs. 1 BGB ist zwar dispositiv, allerdings nicht durch AGB beschränkbar, § 309 Nr. 15 lit. a BGB.

Abzustellen ist wohl nicht auf den objektiven Wert der erbrachten Teilleistung; ent- **167** scheidend ist die Vorstellung der Vertragspartner von der Gleichwertigkeit der von ihnen zu erbringenden Leistungen (subjektive Äquivalenz).[197] Bleibt also der vereinbarte Gesamtkaufpreis um 10% hinter dem objektiven Verkehrswert zurück, so wird auch die Teilleistung und deren Preis mit einem entsprechenden Abzug zu versehen sein.

Dem Ratenplan der MaBV liegt allerdings nach dem Verordnungszweck eine **Vermu-** **168** **tung** für die **Angemessenheit** von Leistung und Gegenleistung zugrunde, der Notar darf daher in aller Regel von der Angemessenheit des Ratenplanes ausgehen, wenn er der MaBV entspricht. Anders ist es nur, wenn sich dem Notar die Wertverhältnisse so klar darstellen, dass das Missverhältnis von Leistung und Gegenleistung als sicher erscheint. Drängen sich lediglich erhebliche Zweifel auf, sollte der Notar die Beteiligten auf die mit einer ungesicherten Vorleistung verbundenen Gefahren hinweisen.[198] Erkennt der Notar **erhebliche Wertdifferenzen** (sehr niedriger Grundstückswert; erhebliche Eigenleistungen schon beim Rohbau oÄ) sollte eine hinter den Raten des § 3 Abs. 2 MaBV zurückbleibende Zahlungsweise vereinbart werden.[199]

c) Sicherungseinbehalt von 5%. Gemäß § 650m Abs. 2 S. 1 BGB ist dem Verbraucher **169** bei der ersten Abschlagszahlung für die rechtzeitige Herstellung des Werks ohne wesentliche Mängel eine Sicherheitsleistung von 5% der Vergütung zu leisten. Die Norm ist zwar aufgrund der fehlenden Nennung in § 650o BGB dispositiv. Der neu eingeführte § 309 Nr. 15 lit. b BGB untersagt allerdings einen Verzicht auf diese Sicherheitsleistung sowie deren Einschränkung der Höhe nach durch AGB-Regelungen. Eine sonstige Gestaltung der Sicherheit sollte dagegen auch in AGB (in den sonstigen Grenzen von §§ 305 ff. BGB, insbesondere § 307 Abs. 2 BGB wegen der gesetzlichen Leitbildfunktion) zulässig sein. Zu denken wäre etwa an Regelungen zur Art und Weise der Sicherheit oder zum Zeitpunkt oder zum Verfahren der Rückgewähr.[200] Durch individuelle ausgehandelte Klauseln ist die Sicherheitsleistung künftig ohnehin frei regelbar.[201] Zur Fertigstellungssicherheit gilt im Einzelnen:

aa) Sicherheit. Sie kann als Sicherheitsleistung iSd §§ 232 ff. BGB durch Realsicherheit **170** (Hinterlegung oder Verpfändung von Geld oder Wertpapieren) oder durch Personalsicherheit erbracht werden, und zwar nach § 650m Abs. 3 BGB „auch durch eine Garantie oder ein sonstiges Zahlungsversprechen eines im Geltungsbereich dieses Gesetzes zum Geschäftsbetrieb befugten Kreditinstituts oder Kreditversicherers" – in der Praxis also meist durch Bankbürgschaft in der Form einer **Erfüllungsbürgschaft.**

bb) Einbehalt. Alternativ ist die Sicherheitsleistung nach § 650m Abs. 2 S. 3 BGB **171** durch **Einbehalt** dergestalt zu erbringen, dass der Besteller die Abschlagszahlungen bis zu dem Gesamtbetrag der geschuldeten Sicherheit zurückbehält. Das **Wahlrecht** hat der **Bauträger,** nicht der Erwerber. Der Bauträger kann die **Wahl** der zu leistenden Sicherheit (Bürgschaft oder Einbehalt) **vor** oder **nach** Beurkundung des Vertrages treffen. Eine vorher getroffene Wahl der Bürgschaftslösung kann – muss aber nicht – die sichernde Bank benennen. Die Sicherheit kann – muss aber nicht – bei Beurkundung schon vorliegen.[202]

---

[196] *Basty* Bauträgervertrag Rn. 447; *Pause* Bauträgerkauf Rn. 293.
[197] *Basty* Bauträgervertrag Rn. 451.
[198] BGH DNotZ 1995, 407.
[199] *Basty* Bauträgervertrag Rn. 450 ff.
[200] *Esbjörnsson* notar 2018, 91 (92).
[201] BT-Drs. 18/8486, 37.
[202] Zu Formulierungsvorschlägen für die entsprechenden Alternativen s. *Basty* DNotZ 2008, 891 (899 f.).

172 **cc) Berechnungsweise.** Die maßgeblichen 5% errechnen sich aus dem **gesamten** Vergütungsanspruch einschließlich des Grundstücksanteils, nicht nur aus der Bauleistung. Die Sicherheit ist schon bei der ersten Rate in **voller** Höhe zu erbringen, nicht nur in Höhe von 5% der jeweiligen Rate.[203] Die erste Zahlung darf vom Erwerber also von 30% auf **25%** (beim Erbbaurecht von 20% auf 15%) vermindert werden. Es ist nicht zulässig, einfach im Vertrag die erste Rate auf 25% und die letzte Rate von 3,5% auf 8,5% zu erhöhen. Zum einen sind die Voraussetzungen nicht deckungsgleich, da die Fälligkeit des Einbehalts auch die *rechtzeitige* Leistung erfordert. Zum anderen wäre eine solche Regelung intransparent iSv § 307 Abs. 1 S. 2 BGB. Der Sicherungseinbehalt ist jedoch in unmittelbarem Zusammenhang mit den Ratenzahlungen zu regeln.

173 **dd) Sicherungsumfang.** Die Sicherheit wird erbracht für die **rechtzeitige** Herstellung des Werkes **ohne wesentliche Mängel.** Bürgschaft oder Einbehalt sichern damit die **Vertragserfüllung,** keine Gewährleistungsansprüche – eine Gewährleistungssicherheit könnte nur individuell vereinbart werden. Die Bürgschaft ist daher *zurückzugeben* bzw. der Einbehalt ist zur Zahlung *fällig,* wenn
– rechtzeitig, dh vertragsgemäß
– Abnahmereife eingetreten ist und
– keine wesentlichen Mängel zu dieser Zeit mehr bestehen bzw. diese behoben sind.

174 Nicht gesichert sind damit unwesentliche Mängel sowie Mängel, die erst nach Abnahmereife auftreten, und Mängel, die bei der Abnahme nicht gerügt wurden. Insoweit ist nur ein Mängeleinbehalt mit Druckzuschlag zulässig (nach § 641 Abs. 3 BGB dem Doppelten der voraussichtlichen Kosten der Mängelbeseitigung).

175 Ist die Abnahmereife nicht rechtzeitig eingetreten, hat die Bürgschaftsrückgabe bzw. die Zahlung des Einbehalts erst nach Ersatz des Verzögerungsschadens zu erfolgen.

176 **ee) Verhältnis zu § 7 MaBV.** Eine Sicherheitsleistung durch Bürgschaft wird **nicht durch eine § 7 MaBV-Bürgschaft** ersetzt; sie tritt wegen des unterschiedlichen Sicherungszwecks kumulativ **neben** diese – die Bürgschaft nach § 7 MaBV sichert zwar weitergehend auch Rückzahlungsansprüche wegen Mängeln, nicht aber einen Verzögerungsschaden.

177 **ff) Verhältnis zur Freistellungsverpflichtung.** Das Erfordernis einer Fertigstellungssicherheit hat **keine Auswirkungen** auf die **Freistellungsverpflichtung** nach § 3 Abs. 1 S. 1 Nr. 1 MaBV, da die Höhe der geschuldeten Vertragssumme bzw. der dem erreichten Bautenstand entsprechenden Vertragssumme nicht verändert wird. Erforderlich und ausreichend ist nur, dass der Erwerber die gesicherten Ansprüche auch bei der Einbehaltslösung der zur Freistellung verpflichteten Bank entgegenhalten kann.

178 **gg) Verwahrung durch Notar.** Bei der Bürgschaftslösung kann die Bürgschaftsurkunde auch vom **Notar verwahrt** werden.[204] Dabei ist zu regeln, wann die Bürgschaft an den Bauträger bzw. den Bürgen zurück zu geben ist, wobei hier die Rechte des Erwerbers nicht beeinträchtigt werden dürfen. Hierfür sollte es genügen, wenn geregelt wird, dass der Notar die Bürgschaft zurückgeben darf, wenn der Erwerber trotz Aufforderung durch den Notar zur Stellungnahme der Rückgabe nicht innerhalb einer angemessenen Frist widerspricht.[205]

---

[203] AA *Elsäßer* BWNotZ 2009, 115.
[204] Vgl. *Basty* DNotZ 2008, 891 (899 f.) mit Formulierungsvorschlägen.
[205] *Basty* Bauträgervertrag Rn. 469.

Formulierungsbeispiel: Sicherheitseinbehalt nach § 650m Abs. 2 S. 1 BGB 179

Der Erwerber ist berechtigt, 5 % des Kaufpreises aus der ersten Kaufpreisrate bis zur rechtzeitigen Herstellung des Werks ohne wesentliche Mängel einzubehalten, sofern ihm nicht der Veräußerer in dieser Höhe Sicherheit durch Stellung einer Bürgschaft eines in Deutschland zum Geschäftsbetrieb befugten Kreditinstituts oder Kreditversicherers leistet.

---

3. Bürgschaft nach § 7 MaBV. § 7 MaBV bietet dem Bauträger die Möglichkeit, Si- **180** cherheit durch eine selbstschuldnerische **Bankbürgschaft** zu leisten; dann entfallen seine Bindungen an die §§ 2–6 MaBV, insbesondere an § 3 Abs. 1 MaBV; es entfällt auch seine strenge Bindung an den Ratenzahlungsplan des § 3 Abs. 2 MaBV. Die Bürgschaft sichert neben der **Fertigstellung** der geschuldeten Bauleistung auch den **Eigentumsverschaffungsanspruch.** Vor Eintragung der Eigentumsvormerkung kommt eine Rückgabe der Bürgschaft trotz vollständiger Fertigstellung daher nicht in Betracht.[206] Für die Bürgschaft nach § 7 MaBV gilt im Einzelnen Folgendes:

a) Aushändigung. Die Bürgschaftsurkunde ist dem Erwerber auszuhändigen (§§ 7 **181** Abs. 1 S. 2, 2 Abs. 4 S. 3 MaBV). Eine Hinterlegung beim Notar durch Bank oder Bauträger genügt hierfür nicht.[207] Anders ist es, wenn der Erwerber den Notar beauftragt, nach seinen Weisungen die Bürgschaftsurkunde in Empfang zu nehmen und für ihn zu verwahren; einseitige Weisungen der Bank oder des Bauträgers oder ein einseitiges Rückgabeverlangen von dieser Seite sind auszuschließen. Die Bürgschaft ist grundsätzlich aufrechtzuerhalten, bis die Voraussetzungen des **§ 3 Abs. 1 MaBV erfüllt** sind und das Vertragsobjekt vollständig fertig gestellt ist. Die Bürgschaft erlischt nicht zwingend mit der Rückgabe der Bürgschaftsurkunde, selbst wenn eine Klausel dies vorsieht.[208]

b) Sicherheitsaustausch. Ausdrücklich zulässig ist allerdings ein **völliger Austausch** der **182** Sicherungen des § 3 MaBV und des § 7 MaBV (§ 7 Abs. 1 S. 4 MaBV). Ein Übergang von § 3 MaBV nach § 7 MaBV setzt aber voraus, dass eine Bürgschaft über den **vollen Betrag** möglicher Ansprüche des Erwerbers, nicht etwa nur über den gegenüber § 3 Abs. 2 MaBV überschießenden Betrag gestellt wird.[209] **Unzulässig** ist es deshalb, § 3 Abs. 2 MaBV und § 7 MaBV so zu **mischen,** dass höhere Beträge durch Bürgschaft gesichert und deshalb vorzeitig fällig gestellt werden oder dass sich die Bürgschaft mit Baufortschritt reduziert.[210] Dies gilt insbesondere auch für die letzten beiden Raten.[211]

c) Keine Vorauszahlungen zulässig. § 7 MaBV beseitigt nicht das **Vorleistungsver-** **183** **bot** gemäß §§ 307 Abs. 2 Nr. 1, 309 Nr. 15 lit. a, 632a Abs. 1, 650m Abs. 1, 650u BGB iVm der HausbauVO (→ Rn. 164 ff.).[212] Eine Abweichung von den Raten des § 3 Abs. 2 MaBV ist daher auch in den Fällen des § 7 MaBV nur zulässig, soweit der Wert der Teilleistungen die in der MaBV vorgesehenen Raten übersteigt. Bis zum Wert der Teilleistungen dürfen dann höhere Abschlagszahlungen vereinbart werden.

---

[206] OLG München BauR 2006, 1919.
[207] BGH ZfIR 2007, 233 mAnm *Grziwotz* = MittBayNot 2007, 397 mit kritischer Anm. *Basty; Marcks* MaBV § 7 Rn. 9.
[208] OLG München OLGR 2002, 151.
[209] Vgl. *Basty* DNotZ 1991, 18 (26).
[210] BGH NotBZ 2003, 264.
[211] Vgl. eingehend MVHdB V BürgerlR I/*Hertel* Form. I. 30 Anm. 36 (S. 460); *Schelter* MittBayNot 1985, 12; *Marcks* MaBV § 7 Rn. 4.
[212] *Basty* Bauträgervertrag Rn. 445 ff.; 613 ff.; MVHdB V BürgerlR I/*Hertel* Form. I. 30 Anm. 36 (S. 459); *Dietrich* MittBayNot 1992, 178; *Schmidt* DNotZ 1995, 171; *ders.* MittBayNot 1992, 114; aM *Grziwotz* NJW 1994, 2745; *Speck* MittRhNotK 1995, 117.

184 **d) Umfang.** Die Bürgschaft hat alle etwaigen Ansprüche des Erwerbers **auf Rückgewähr oder Auszahlung** seiner Vermögenswerte iSd § 2 Abs. 1 S. 1 MaBV zu sichern; sie reicht damit weiter als die Bürgschaft nach § 2 MaBV. Auch ein **vertraglicher** Rückzahlungsanspruch ist abgesichert, wenn zur Zeit der Vereinbarung ein Rücktritt des Erwerbers bereits möglich gewesen wäre.[213] Gesichert ist ferner ein Rückzahlungsanspruch des Erwerbers bei mangels ordnungsgemäßer Beurkundung formnichtigem Bauträgervertrag unabhängig davon, wer die Formnichtigkeit zu vertreten hat.[214]

185   Die Bürgschaft muss nicht von Anfang an über die volle Vertragssumme lauten. Es genügt, sie auf die jeweils fälligen Raten zu beschränken, wobei es gleichgültig ist, ob bei jeder fällig werdenden Rate eine zusätzliche Bürgschaft in deren Höhe gestellt oder die alte Bürgschaft gegen eine neue über die gesamten bisher fälligen (und teilweise schon bezahlten) Beträge ausgetauscht wird.

186   Die Bürgschaft soll die fehlenden Fälligkeitsvoraussetzungen nach § 3 Abs. 1 MaBV ersetzen. Soweit also zulässig nach Baufortschritt gezahlt wird, sichert die Bürgschaft nach § 7 MaBV keine Mängelansprüche, da es hierfür an einer Äquivalenzstörung fehlt. Der Erwerberschutz durch Bürgschaft muss hier nicht weiter reichen als der Schutz nach § 3 MaBV.

187   Völlig anders hat dagegen die Rechtsprechung in Vorauszahlungsfällen entschieden:[215] In **Vorausleistungsfällen** verliert der Erwerber sein Zurückbehaltungsrecht nach § 320 BGB und die Möglichkeit der Aufrechnung mit Gegenansprüchen. Daher sichert die Bürgschaft in Vorausleistungsfällen alle aus einer Störung des Gleichgewichts zwischen geleisteter Zahlung und dem Wert des erbrachten Bautenstands (Äquivalenzstörung) resultierenden, auf Geldersatz gerichteten, Haftungsansprüche des Erwerbers (Aufwendungsersatz wegen Mangelbeseitigung, Vorschuss hierfür, Schadensersatz, Minderung).[216]

188   Unvermeidliche Folge dieser Unterscheidung ist allerdings, dass ein und dieselbe Bürgschaft je nach ihrem Sicherungszweck einen unterschiedlichen Inhalt hat, was AGB-rechtliche Probleme aufwerfen kann.[217] Lässt sich der Bürgschaftstext auch außerhalb der Vorausleistungsfälle so auslegen, dass Mängelansprüche unter die gesicherten Ansprüche fallen können, so gehen gemäß § 305c Abs. 2 BGB Unklarheiten zu Lasten des Verwenders mit der Folge, dass auch in Fällen ohne Vorleistung Mängelansprüche abgesichert wären.

> **Praxishinweis:**
>
> Es ist daher zu empfehlen, in den Bauträgervertrag und in die Bürgschaft eine Regelung aufzunehmen, wonach „Ansprüche wegen Mängeln des Vertragsobjekts, sofern solche nicht eine Rückgewähr der vom Erwerber geleisteten Vermögenswerte zum Inhalt haben, nicht gesichert werden".[218]

189 **e) Bedingungen; Modifizierungen.** Etwaige **Bedingungen** und sonstige **Modifizierungen** müssen stets MaBV- und (soweit ein Formularvertrag vorliegt) AGB-Rechts-

---

[213] BGH DNotZ 2005, 380.

[214] BGH DNotZ 2008, 511.

[215] Vgl. eingehend *Kunze* ZfIR 2003, 540; MVHdB V BürgerlR I/*Hertel* Form. I. 30 Anm. 36 (S. 462) mwN; *Blank* Bauträgervertrag Rn. 263.

[216] BGH DNotZ 2011, 351 mAnm *Wippler* = NJW 2011, 1347 mAnm *Basty* = ZfIR 2011, 239 mAnm *Salzig* = NotBZ 2011, 172 mAnm *Krause;* DNotZ 2002, 652 mAnm *Basty* DNotZ 2002, 567 und Anm. *Vollrath* MittBayNot 2002, 254; DNotZ 2002, 209 mAnm *Reiß;* DNotZ 1999, 482 mAnm *Basty* = MittBayNot 1999, 279 mAnm *Eue;* allerdings nicht Ansprüche aus einem Verzugsschaden, BGH MittBayNot 2003, 216; aA *Kunze* ZfIR 2003, 540 (545); und nicht Ansprüche wegen der *nach* einer als mangelfrei durchgeführten Abnahme auftretenden Sachmängel, BGH DNotZ 2003, 117.

[217] *Joussen* NZBau 2011, 275.

[218] *Basty* Bauträgervertrag Rn. 633; *Wippler* DNotZ 2011, 356 (361); *Kilian* notar 2012, 86.

konform sein.[219] Unzulässig ist nach BGH[220] eine Klausel, wonach Fälligkeit und Höhe des Rückzahlungsanspruchs durch rechtskräftiges Urteil, rechtskräftigen Vergleich oder eine übereinstimmende Erklärung von Bauträger und Erwerber nachgewiesen sein müssen.

f) Abtretung. Zur **Abtretung** der Rechte aus der Bürgschaft im Rahmen der **Kauf-** 190 **preis(zwischen)finanzierung** → Rn. 257.

g) Globalbürgschaft. Unpraktikabel, wenn auch nicht grundsätzlich ausgeschlossen, ist 191 eine **Globalbürgschaft.**[221] Schwierigkeiten bereiten
– die Aushändigung der Urkunde in einer im Urkundsprozess tauglichen Weise;[222]
– die Rückgabe einer vom Notar verwahrten Bürgschaftsurkunde bei Weigerung auch nur eines einzigen Erwerbers;
– die Festlegung des Betrags der Bürgschaft, das heißt die Überprüfung durch Notar oder einzelne Erwerber, ob der konkrete Betrag auch wirklich die Rückzahlungsansprüche aller Erwerber absichert; dagegen ist die Wirksamkeit einer unbegrenzten Globalbürgschaft zweifelhaft;[223]
– die Verwendung zur Zwischenfinanzierung des Kaufpreises (→ Rn. 257) des einzelnen Erwerbers. Sofern nicht alle Erwerber ihre Finanzierung über die gleiche Bank abwickeln, ist eine Weitergabe der Bürgschaft nach § 402 BGB an eine Bank unmöglich.[224]

4. Zurückbehaltungsrechte. Etwaige **Zurückbehaltungsrechte** des Erwerbers wegen 192 Mängeln können nach § 309 Nr. 2 BGB nicht ausgeschlossen oder eingeschränkt werden, der Zahlungsplan des § 3 Abs. 2 MaBV oder die Bürgschaft nach § 7 MaBV ändern daran nichts.[225] Diese Schranken sind auch bei Sicherheitsleistungen für fällige Raten zu beachten; eine unwiderrufliche Zahlungsanweisung ist deshalb unzulässig.[226]

5. Sonderwünsche. Sonderwünsche, die bei Beurkundung oder in einem Nachtragsvertrag 193 mit dem Bauträger vereinbart werden, sind in den Ratenzahlungsplan einzuarbeiten, bei späterer Vereinbarung ist er entsprechend anzupassen. Werden Sonderwünsche dagegen unmittelbar mit Bauhandwerkern vereinbart, ändern sich die Raten nicht.

6. Zinsen. § 309 Nr. 4 BGB erlaubt einen Zinsbeginn erst **ab Verzug,** nicht schon ab 194 einfachem Zahlungsrückstand.[227] Der gesetzliche Verzugszins beträgt fünf Prozentpunkte über dem nach § 247 BGB festzulegenden Basiszins (§ 288 Abs. 2 BGB); dieser wird zum 1. 1. und 1. 7. im Bundesanzeiger veröffentlicht (§ 247 Abs. 2 BGB). § 309 Nr. 5a BGB begrenzt die Zinshöhe insofern, als Zinsen **pauschalierte Schadensersatzansprüche** sind,[228] soweit höhere als die gesetzlichen Verzugszinsen vorgesehen werden. Sie haben sich – sofern der Bauträger Bankkredit in Anspruch nimmt – am **marktüblichen** Zinsniveau zu orientieren. Der Gläubiger kann jedoch einen höheren, der Schuldner einen

---

[219] Zu einzelnen Klauseln (Anpassung an Baufortschritt, Bedingungen, Befristungen, gerichtliche Feststellung des Rückzahlungsanspruchs, Hinterlegung, Kosten der Bürgschaft, Verweisung auf Allgemeine Geschäftsbedingungen, Verzicht auf Rechte aus einem Freigabeversprechen, Zahlung auf bestimmtes Konto, Abhängigkeit von voller Kaufpreiszahlung) s. ausf. *Basty* Bauträgervertrag Rn. 671 ff.
[220] DNotZ 2007, 229.
[221] *Basty* Bauträgervertrag Rn. 657 ff.; *Speck* MittRhNotK 1995, 117.
[222] Vgl. *Speck* MittRhNotK 1995, 117.
[223] *Basty* Bauträgervertrag Rn. 660 mwN.
[224] *Speck* MittRhNotK 1995, 117.
[225] BGH DNotZ 1985, 301.
[226] BGH DNotZ 1985, 280 mAnm *Schelter;* die Kaufpreishinterlegung beim Notar ist dadurch eingeschränkt, BGH DNotZ 1985, 287 mAnm *Reinartz* = MittBayNot 1985, 10 mAnm *Schelter.*
[227] Vgl. ausführlich *Keim* DNotZ 1999, 612.
[228] BayObLG BB 1981, 1418.

niedrigeren Schaden nachweisen. Der Vertragstext muss gemäß § 309 Nr. 5 lit. b BGB
dem Erwerber den **Nachweis eines niedrigeren** Schadens ausdrücklich gestatten.

195 **7. Umsatzsteueranpassungsklausel.** Die Vertragsleistung im Bauträgervertrag ist grundsätzlich **nicht** umsatzsteuerpflichtig, § 4 Nr. 9a UStG (→ Rn. 51). Da jedoch der Bauträger auf die Leistungen seiner Subunternehmer Umsatzsteuer zu zahlen hat, führt eine Erhöhung der Umsatzsteuer zu einer **Kostenerhöhung** für den Bauträger, die er über eine
Preisanpassung weitergeben möchte. § 309 Nr. 1 BGB verbietet jede Preisanpassung für
Leistungen, die innerhalb von vier Monaten zu erbringen sind, eine Preisanpassung ist
deshalb nur für solche Leistungsabschnitte zulässig, die erst **nach** Ablauf von **vier Monaten** erbracht werden. Erfolgt der Baubeginn erst nach vier Monaten, so ist dennoch eine
Preisanpassung für die erste Rate nicht sachgerecht[229] – sie deckt den umsatzsteuerfreien
Grundstückserwerb und in der Regel schon erbrachte Planungsleistungen. Erfasst werden
sollten nur Raten, die nach dem Wirksamwerden des neuen Umsatzsteuersatzes fällig
werden. Zur Absicherung, dass eine solche Pauschalierung nicht zu Lasten des Erwerbers
geht, sollte ein Sicherheitsabschlag vorgenommen werden und zB nur eine Weitergabe
der Erhöhung iHv 80% der Steuersatzerhöhung an den Erwerber zugelassen werden.[230]

196 **8. Preisanpassungsklausel.** Bauträgerverträge sind vom Grundsatz her als Festpreisver-
einbarung mit der Übernahme des Kalkulationsrisikos durch den Bauträger gedacht. Zu
diesen Grundsätzen passen Preisanpassungsklauseln nur sehr eingeschränkt.

197   Die Koppelung des Kaufpreises an einen allgemeinen Lebenshaltungskosten- bzw.
Preisindex würde gegen das Preisklauselverbot des § 1 Abs. 1 PreisklG verstoßen, in Betracht kommen aber die Ausnahmen nach § 1 Abs. 2 PreisklG, nämlich eine
– **Kostenelementeklausel,** bei welcher der Kaufpreis von der Entwicklung der Selbstkosten des Bauträgers (etwa für Material und Löhne) abhängig gemacht wird, wobei
  jedoch die Veränderung eines Kostenelements nur so weit auf den gesamten Kaufpreis
  übertragen werden darf, wie dies dem Anteil des Kostenelements am Gesamtpreis entspricht; oder eine
– **Spannungsklausel,** bei welcher an die Wertentwicklung gleichartiger bzw. vergleichbarer Bauträgerobjekte angeknüpft wird, soweit solche zur Verfügung stehen – der vom
  Bundesamt für Statistik ermittelte Häuserpreisindex mit dem Subindex „Schlüsselfertig
  neu hergestellte Wohnimmobilien" dürfte allerdings nicht geeignet sein, da er nicht
  nach Art des Bauträgerobjektes und Standort differenziert, so dass die Gleichartigkeit
  nicht gegeben sein dürfte; oder eine
– **Leistungsvorbehaltsklausel,** bei welcher der Leistungsvorbehalt etwa an die Veränderung des Verbraucherpreisindex geknüpft wird, wobei hier branchenspezifisch zusätzlich der erwähnte Häuserpreisindex in die Ermessensausübung einbezogen werden
  könnte.

198 Zu prüfen wäre allerdings weiter, ob derartige Preisanpassungsklauseln AGB-rechtlich zulässig wären, da sie als Preisnebenabreden in vollem Umfang der Inhaltskontrolle nach
§§ 307 ff. BGB unterliegen:[231] Zu beachten sind die Vier-Monats-Frist des § 309 Nr. 1
BGB, das Transparenzgebot und das Gebot einer Interessenabwägung, in welcher geprüft
würde, ob die Preisanpassung vom Vorliegen eines sachlichen Grundes abhängt, nach
§ 307 Abs. 1 S. 1 BGB. Nach dem Transparenzgebot müssten Preisanpassungen für den
Verbraucher derart nachvollziehbar sein, dass eine unzulässige Gewinnerhöhung mit Sicherheit ausgeschlossen werden könnte. Für das Vorliegen eines sachlichen Grundes
könnte sprechen, dass bei langfristigen Austauschverträgen immer schon ein Bedürfnis gesehen wurde, das bei Vertragsschluss bestehende Verhältnis von Leistung und Gegenleis-

---

[229] *Basty* Bauträgervertrag Rn. 190.
[230] *Basty* Bauträgervertrag Rn. 190 f.; MVHdB V BürgerlR I / *Hertel* Form. I. 30 Anm. 45 (S. 470) mwN.
[231] S. dazu ausf. *Klühs* ZfIR 2012, 850; DNotI-Report 2013, 4.

tung über die gesamte Vertragsdauer im Gleichgewicht zu halten. Gegen den sachlichen Grund könnte sprechen, dass zwischen Abschluss des Bauträgervertrages und Fertigstellung bzw. Schlusszahlung doch ein überschaubarer Zeitraum liegt, in welchem dem Bauträger die Kalkulation der Inflationsrisiken bei der Gestaltung des Festpreises zugemutet werden kann. Zudem wären Preisanpassungen nach oben sehr schnell geeignet, den durchschnittlichen Eigenheiminvestor in existentielle Nöte zu bringen.

Praxishinweis:

Insgesamt dürfte deshalb jede denkbare Preisanpassungsklausel derzeit mit so großen Risiken verbunden sein, dass sie nicht als normales Gestaltungselement in einen Bauträgervertrag aufgenommen werden kann. Völlig unklar ist außerdem, wie Finanzierungsinstitute auf derartige Anpassungsklauseln reagieren würden – im günstigsten Falle wohl mit einer Limitierung auf einen bestimmten prozentualen Aufschlag. Einen größeren Aufschlag könnte dann aber auch der Erwerber nicht akzeptieren.

---

9. Baukonto. Weitgehend üblich ist die Abwicklung der Zahlungen über ein auf den Namen des Erwerbers lautendes **Baukonto** bei der **globalfinanzierenden** Bank. Zweck ist 199
– die Einhaltung der Bedingungen in der Freistellungsverpflichtung und
– die Abrufung der Kaufpreisraten durch den Bauträger, wenn ihm eine Abbuchungsvollmacht erteilt wird;
– ggf. die Zwischenfinanzierung der Kaufpreisraten (→ Rn. 204).

§ 3 Abs. 2 MaBV darf dabei nicht umgangen werden: Der **Baufortschritt** muss vor Abbuchung der Bank **nachgewiesen** sein **(Architektenbestätigung).** 200

§ 309 Nr. 2 BGB verbietet unwiderrufliche Abbuchungsvollmachten, da sonst gesetzliche **Leistungsverweigerungsrechte** ausgeschlossen wären.[232] Der Erwerber muss zudem jede einzelne Abbuchung **verhindern können,** so dass die **Fälligkeitsmitteilung rechtzeitig** (etwa ein bis zwei Wochen) vor Abbuchung ihm zu übersenden ist. 201

Einwendungen gegen den Bauträger greifen auch gegenüber der (zwischen-)finanzierenden Bank durch, wenn diese Aufgaben und Funktionen des Bauträgers im Zusammenwirken mit ihm wahrnimmt.[233] 202

Im Regelfall werden Zahlungsansprüche, die über das Baukonto abgewickelt werden, an die betreffende Bank **abgetreten,** und zwar 203
– der **Kaufpreisanspruch** des Bauträgers, damit dessen Gläubiger ihn nicht pfänden können; dem Bauträger selbst sollte aber das Recht zur Einziehung verbleiben;
– die **Darlehensauszahlungsansprüche** des Erwerbers gegen seine Finanzierungsgläubiger, um so eine Sicherheit für einen etwaigen Zwischenkredit auf dem Baukonto zu stellen.

Ist ein **Zwischenkredit** eingeräumt, so wird er mit Kontoüberziehung durch Abbuchung in Anspruch genommen; dafür fallen Kreditzinsen – nicht Verzugszinsen – an, deren Höhe mit der Bank zu vereinbaren ist. Vor einer Zwischenkreditvereinbarung im Bauträgervertrag muss aber nachdrücklich **gewarnt** werden. 204

Das **Verbraucherkreditrecht** (§§ 491 ff. BGB) wirft erhebliche **Probleme** auf: Bauträgervertrag und Zwischenkreditvertrag sind in der Regel **verbundene Geschäfte** iSd § 358 Abs. 3 BGB, da das Kreditverhältnis zwischen Erwerber und Bank meist durch den Bauträger angebahnt wird. Der Bauträgervertrag bleibt gemäß § 358 Abs. 2 BGB bis zum **Erlöschen des Widerrufsrechts** nach § 495 BGB ebenfalls widerrufbar – ohne entsprechenden Hinweis also **ein Jahr** nach Abgabe der auf Kreditvertragsabschluss gerichteten Erklärung des Erwerbers bzw. nach vollständiger Leistungserbringung beider Vertragsteile. 205

---

[232] BGH NJW 1984, 2816.
[233] BGH BauR 1987, 108.

Anders wäre es nur, wenn auch der **Kreditvertrag** – also auch die Willenserklärung der Bank – **beurkundet** würde, und zwar mit seinem vollständigen Inhalt, also einschließlich der Jahreszinsen, Abschlusskosten und aller Voraussetzungen für deren Änderung. Zudem berechtigen Leistungsverweigerungsrechte gegenüber dem Bauträger auch zu **Einwendungen** gegenüber dem zwischenfinanzierenden Institut, § 359 BGB. Auf all diese Rechtsfolgen hat der Notar nach § 17 BeurkG **hinzuweisen,** wenn der Bauträgervertrag eine derartige Zwischenfinanzierung vorsieht. Aber auch ein **nachträglich vermittelter** Kreditvertrag kann den Kaufvertrag noch zum verbundenen Geschäft iSd § 358 Abs. 3 BGB machen, sein Widerruf kann auf den Kaufvertrag zurückwirken.

Praxishinweis:

Es empfiehlt sich daher, auf eine Zwischenkreditvereinbarung nach Vermittlung des Bauträgers ganz **zu verzichten,** oder aber – wenn sie getroffen werden soll und eventuell sogar (wenn der Kaufvertrag ohne sie nicht geschlossen werden soll) wegen § 311b Abs. 1 BGB mitbeurkundet werden muss – exakt die gesetzlichen Bestimmungen zu beachten. Enthält der Kaufvertrag keine Hinweise auf eine (geplante) Kreditvermittlung und ergeben sich solche auch nicht aus der Beurkundungsverhandlung, so ist ein **klarstellender Vermerk,** wonach eine Kreditvermittlung durch den Bauträger nicht erfolgt oder erfolgen wird, zwar nicht notwendig, aber empfehlenswert.

---

206 **10. Hinterlegung.** Eine Hinterlegung des Kaufpreises beim Notar wird nur ausnahmsweise in Betracht kommen. Bereits berufsrechtlich stellt sich die Frage, ob überhaupt ein berechtigtes Sicherungsinteresse des Bauträgers gemäß § 54a BeurkG besteht. Hiergegen spricht im Regelfall die Vorleistungspflicht des Werkunternehmers; nur im Ausnahmefall (zB Auslandswohnsitz des Erwerbers oder Eigentumsumschreibung schon vor Fertigstellung) wird man dies bejahen können.[234]

207 Zivilrechtlich ist eine Hinterlegung als zusätzliche Absicherung des Erwerbers sicher zulässig, eine Hinterlegungspflicht des Erwerbers dagegen bedenklich.[235] Teilweise wird die Hinterlegung der **letzten** Rate für sachgerecht und zulässig erachtet.[236] Ihre Auszahlung setze aber eine Bestätigung des Erwerbers über die vollständige Fertigstellung und die Behebung aller bei Abnahme gerügten Mängel voraus. Teilweise wird vorgeschlagen, dass der Erwerber einen Betrag für den Mängelbeseitigungsaufwand zurückbehalten darf, wenn zu dieser Zeit Mängel bekannt und unstreitig sind.[237]

208 Betrachtet man isoliert die MaBV, so mag eine solche Gestaltung zulässig sein. Zivilrechtlich ist sie im Zweifel jedenfalls dann, wenn sie dem Bauträger einen Nutzen bringt (zumindest in Verbraucherverträgen), wegen der Beeinträchtigung der Zurückbehaltungsrechte des Erwerbers gemäß § 309 Nr. 2 BGB unzulässig und unwirksam.[238] Sie ist geeignet, den Erwerber von einer Geltendmachung seiner Mängelrechte abzuhalten und bürdet ihm die prozessuale Initiativlast sowie bei Selbstvornahme der Mängelbeseitigung eine Vorfinanzierungslast auf. An dieser Wertung ändert auch die gesetzliche Bauhandwerkersicherung gemäß § 650f BGB nichts. Die Norm ist gemäß § 650f Abs. 6 S. 1 Nr. 2 BGB nicht auf Bauträgerverträge mit Verbrauchern anzuwenden und vermag daher hier auch nicht als Leitbild zu dienen.

209 **11. Stundung.** Sieht der Bauträgervertrag neben der üblichen Kaufpreisfälligkeit eine **alternative spätere Zahlung** vor, wobei für die Zwischenzeit **Zins** bezahlt werden muss, so kann auf diese Stundungsvereinbarung das Recht des **Zahlungsaufschubs** anwendbar

---

[234] *Basty* Bauträgervertrag Rn. 89.
[235] *Basty* Bauträgervertrag Rn. 97.
[236] *Brambring* DNotZ 1990, 615 (620); *Meyer* RNotZ 2006, 497 (513).
[237] *Dietrich* MittBayNot 1992, 178; kritisch *Blank* DNotZ 1997, 298 (305).
[238] *Basty* Bauträgervertrag Rn. 91 ff.; MVHdB V BürgerlR I/*Hertel* Form. I. 30 Anm. 41 (S. 466 f.).

sein, § 506 BGB.[239] In diesem Fall wären Angaben gemäß § 491a BGB in den Vertragstext aufzunehmen. Eine solche Stundung liegt aber sicher nicht in einer bloßen Abweichung (zugunsten des Erwerbers) vom Zahlungsplan des § 3 MaBV (→ Rn. 9). Eine
Qualifikation eines Bauträgervertrags als Ratenlieferungsvertrag (§ 510 BGB) scheidet dagegen aus.[240]

VII. Mehrere Erwerber

Wird das Vertragsobjekt von mehreren Erwerbern (etwa zwei Ehegatten) erworben, so ist   210
deren Rechtsverhältnis im Vertrag festzulegen (Erwerb in Bruchteilseigentum, Erwerb
zum Gesamtgut einer Gütergemeinschaft, Erwerb als BGB-Gesellschafter etc). Mehrere
Erwerber eines Objektes haften für den Kaufpreis regelmäßig als **Gesamtschuldner.**

VIII. Zwangsvollstreckungsunterwerfung

1. Herstellungspflicht. Eine Vollstreckungsunterwerfung des Bauträgers ist möglich und   211
rechtlich unbedenklich. Sie erhöht allerdings die Verjährungsfrist für Baumängel gemäß
§ 197 Abs. 1 Nr. 4 BGB auf 30 Jahre. Eine Rückdeckelung auf die in § 634a BGB vorgesehene Frist von fünf Jahren ist möglich und verstößt nicht gegen § 309 Nr. 8 lit. b
sublit. ff BGB. Einen Weiterbau im Wege der Zwangsvollstreckung durchzusetzen, wird
allerdings meist aufwendig und wenig Erfolg versprechend sein. Der praktische Wert einer solchen Vollstreckungsunterwerfung beim Bauträgervertrag ist daher zweifelhaft.

2. Kaufpreiszahlungspflicht. An sich ist auch eine Zwangsvollstreckungsunterwerfung   212
des Käufers durchaus denkbar, aber kaum sinnvoll.[241] Für eine Verlängerung der Verjährungsfrist bedarf es ihrer nicht (→ Rn. 120). Der für die Vollstreckung gemäß § 726 ZPO
zu führende Nachweis der Fälligkeit der Raten durch öffentliche Urkunde wird jedoch
praktisch kaum zu führen sein. Ein Verzicht auf einen entsprechenden Fälligkeitsnachweis
ist dagegen in der Regel wegen Verstoß gegen §§ 3, 12 MaBV unzulässig und gemäß
§ 134 BGB ebenso wie gemäß § 307 BGB unwirksam, weil dies den Käufer der Gefahr
einer Vorleistung aussetzt.[242]

IX. Abnahme

Durch die Abnahme nach § 640 BGB wird das Vertragswerk als **in der Hauptsache ver-**   213
tragsgemäße Leistung anerkannt.[243] Der **Zeitpunkt** ist im Vertrag möglichst genau so
zu regeln, dass er den Interessen beider Partner entspricht. Regelmäßig wird dies bei **Be-**
zugsfertigkeit der Fall sein. Meist fehlen bei Bezugsfertigkeit des Hauptbauwerks noch
Restarbeiten an Stellplätzen, Wegen, Außenanlagen. Dann kann eine **Teilabnahme** erfolgen, während die restliche Abnahme nach Fertigstellung aller Anlagen vorgenommen
wird. Ein **schriftliches Abnahmeprotokoll** ist nicht vorgeschrieben, aber zu Doku-
mentationszwecken dringend zu empfehlen.

Formulierungsbeispiel: Abnahmeverpflichtung   214

Zum Zwecke der Abnahme des bezugsfertigen Vertragsobjekts sind die Vertragsteile ver-   ⟳
pflichtet, an einem vom Bauträger zwei Wochen vorher schriftlich mitzuteilenden Abnahmetermin das Vertragsobjekt gemeinsam zu besichtigen und etwaige sichtbare Mängel

---

[239] *Basty* Bauträgervertrag Rn. 213 ff.
[240] *Basty* Bauträgervertrag Rn. 216.
[241] *Basty* Bauträgervertrag Rn. 704; *Reithmann* NotBZ 1998, 235; MVHdB V BürgerlR I/*Hertel* Form. I. 30
Anm. 40 (S. 466) mwN.
[242] BGH DNotZ 1999, 53; DNotZ 2002, 878; OLG München BauR 2009, 1760.
[243] BGH NJW 1985, 731; Palandt/*Sprau* BGB § 640 Rn. 3.

und ausstehende Leistungen – auch soweit sie streitig sind – in einem Abnahmeprotokoll festzuhalten. Andere Formen der Abnahme sind damit nicht ausgeschlossen.

215   Mit der Abnahme **beginnt** die **Verjährungsfrist der Mängelansprüche** zu laufen, § 634a Abs. 2 BGB. Werden bekannte – grob fahrlässige Unkenntnis genügt nicht – Mängel nicht gerügt, so gelten sie als hingenommen und die **Mängelrechte entfallen,** § 640 Abs. 3 BGB. Die **Beweislast** für Mängel kehrt sich nach der Abnahme um: Auftretende Mängel hat nunmehr der Erwerber zu beweisen.[244] Die **Gefahr** geht auf ihn über (§ 644 BGB).

216   Die Abnahme kann nach § 640 Abs. 2 S. 1 BGB nur unter Angabe eines Mangels verweigert werden (Obliegenheit). Wird trotz Fristsetzung nach vollständiger Fertigstellung zur Abnahme kein Mangel geltend gemacht, so greift die gesetzliche **Abnahmefiktion.** Als „angemessen" erscheint in der Regel eine Frist von 14 Tagen. Die Fiktion gilt beim Verbraucherbauträgervertrag nur, wenn der Verbraucher hierauf durch den Werkunternehmer bei der Aufforderung zur Abnahme hingewiesen wurde, § 640 Abs. 2 S. 2 BGB.[245] Ein Hinweis im Notarvertrag genügt dagegen nicht.[246] Die Abnahmefiktion greift auch dann, wenn das Werk noch mit einem wesentlichen Mangel behaftet ist.[247] Fraglich ist dagegen, ob die Geltendmachung eines nicht bestehenden oder eines unwesentlichen Mangels ausreichend ist, um die Abnahmefiktion zu verhindern. Die Gesetzesbegründung sieht es jedenfalls als rechtsmissbräuchlich an, wenn dies bewusst geschieht.[248] Allerdings tritt der Rechtsverlust für bekannte Mängel (§ 640 Abs. 3 BGB) bei der Fiktion nicht ein.

217   Wird die Abnahme vom Erwerber verweigert, hat der Bauträger nach § 650u Abs. 1 S. 2 BGB iVm § 650g BGB einen Anspruch auf **Zustandsfeststellung,** in der die bis zur Abnahmeverweigerung erbrachten Bauleistungen gemeinsam zu dokumentieren sind. Nimmt der Erwerber an dem vereinbarten Termin nicht teil, so kann der Bauträger sie allein vornehmen. Für offenkundige Mängel wird grundsätzlich vermutet, dass sie erst nach der Zustandsfeststellung entstanden sind, wenn sie nicht in dem hierbei zu errichtenden Protokoll erwähnt wurden.

218   Nicht gesetzlich geregelt ist der vertragswidrige **vorzeitige Bezug.** Er kann eine stillschweigende Abnahme sein.[249] Macht der Käufer jedoch Mängel geltend, so scheidet eine stillschweigende oder konkludente Abnahme aus.[250] Eine Klausel im Bauträgervertrag dahingehend, dass der Käufer mit Bezug automatisch abnimmt, ist gemäß § 307 BGB unwirksam.[251] Jedoch kann der Bauträger den Erwerber zur Abnahme **auffordern** und die **Fiktion** nach § 640 Abs. 2 BGB herbeiführen; wegen des schon erfolgten Bezugs wird auch eine kurze Frist „angemessen" sein.

219   Ist – etwa für verspätete Fertigstellung – eine **Vertragsstrafe** vereinbart, muss der Erwerber sie sich bei Abnahme ausdrücklich **vorbehalten** (§ 341 S. 3 BGB).

X. Besitz- und Lastenübergang; Gefahrübergang

220   Nach der Rechtsprechung gehört zur Abnahme auch die körperliche Entgegennahme des Werks.[252] Daher ist von einer Vertragsgestaltung dahingehend, dass die Abnahme(-erklärung) vor Besitzübergang zu erfolgen hat, abzuraten.[253] Zulässig ist es dagegen, im Vorfeld

---

[244] BGH NJW 1973, 1792.

[245] Die Formulierung lehnt sich an § 308 Nr. 5 BGB an.

[246] *Weber* notar 2017, 379 (387); *Esbjörnsson* notar 2018, 91 (93).

[247] BT-Drs. 18/8486, 48.

[248] BT-Drs. 18/8486, 48.

[249] BGH NJW 1985, 731; DNotZ 2001, 201 mAnm *Schmidt.*

[250] OLG Koblenz BeckRS 2016, 18737.

[251] OLG Koblenz BeckRS 2016, 18737.

[252] BGH BeckRS 1983, 31076021; NJW 2000, 1403 (1405); so auch *Pause* Bauträgerkauf Rn. 578.

[253] Zweifelnd noch *Basty* Bauträgervertrag Rn. 1022 ff.; das OLG München BeckRS 2016, 131210 hat eine entsprechende Klausel für unzulässig erklärt, allerdings mit dem unsinnigen Argument, wegen der damit

eine Prüfung des Werks vorzusehen, ggf. auch in einem eigenen Termin; die eigentliche Abnahmeerklärung erfolgt dann bei Besitzübergabe Zug-um-Zug gegen Zahlung der korrespondierenden Rate gemäß § 3 Abs. 2 MaBV.

Die Möglichkeiten einer Zug-um-Zug-Abwicklung werden mit modernen Zahlungs- **221** dienstleistungen immer breiter. Während früher hauptsächlich eine Übergabe von Bargeld oder eines bankbestätigten Schecks in Betracht kam,[254] sind inzwischen auch Banküber- weisungen und ähnliche Zahlungsdienste grundsätzlich geeignet. Diese können gemäß § 675p BGB nach dem Eingang bei der Bank unwiderruflich ausgestaltet werden und als Eil-/Blitz-/Sofortüberweisung auch sofort gebucht werden. Bei entsprechender Netzab- deckung lässt sich auch vor Ort im Vertragsobjekt eine Überweisung ausführen und vom Bauträger der Zahlungseingang überprüfen. Verkompliziert wird die Situation ggf. durch die Banken der Beteiligten, insbesondere wenn der Käufer vollfinanziert.[255] Auch dann sollte der Vertragstext allerdings nicht von einer Zug-um-Zug-Abwicklung abweichen.[256]

Der Bauträger kann die Besitzübergabe nicht verweigern, wenn er mit der Mängelbe- **222** seitigung in Verzug ist.[257] Ähnliches gilt, wenn Besitzübergabe bei Bezugsfertigkeit verein- bart ist und der Erwerber lediglich einen Kaufpreisteil für Mängelbeseitigungsansprüche gemäß § 641 Abs. 3 BGB einbehält.[258]

Strittig ist, ob auch eine vertragliche Gestaltung dergestalt zulässig ist, dass die Besitz- **223** übergabe erst nach **vollständiger Fertigstellung** erfolgt. Die MaBV weicht mit der Rate für Bezugsfertigkeit und Besitzübergang von den Regelungen des Werkvertrags- rechts ab, wonach der Besitzübergang erst nach Fertigstellung im Rahmen der Abnahme erfolgt. Daraus wird teilweise abgeleitet, dass Besitzübergabe bereits bei bezugsfertiger Fertigstellung geschuldet sei und abweichende Regelungen den Erwerber, der auf frühest- möglichen Besitz angewiesen sei, unangemessen benachteiligen und damit gemäß § 307 Abs. 1 BGB unwirksam seien.[259] Diese Argumentation geht allerdings zu weit. Im Bauträ- gervertrag darf auch eine Pflicht zur Besitzübergabe erst bei Fertigstellung geregelt wer- den.[260] Nicht die MaBV enthält das gesetzliche Leitbild des Bauträgervertrags, sondern das BGB.[261] Sie enthält auch keine Regelung dazu, wann eine Besitzübergabe zu erfolgen hat, sondern regelt nur, dass ein Teil des Kaufpreises erst bei Bezugsfertigkeit und Zug-um- Zug gegen Besitzübergabe fällig werden darf. Der Bauträger kann nicht dazu gezwungen werden, überhaupt einen Termin für die Bezugsfertigkeit anzubieten und eine entspre- chende Rate vorzusehen; ein Termin für die vollständige Fertigstellung reicht aus. Wie alle Raten können auch die Rate der Bezugsfertigkeit und der vollständigen Fertigstellung zusammengefasst werden.

Praxishinweis:

Eine solche Konstruktion muss allerdings dem Transparenzgebot des § 307 Abs. 2 S. 2 BGB gerecht werden. Es darf dann nicht beim Erwerber der Eindruck erweckt werden, dass eine Besitzübergabe bereits bei Bezugsfertigkeit erfolgen würde;[262] auf einen Be- zugsfertigkeitstermin und eine zugehörige Rate sollte vielmehr ganz verzichtet wer- den.[263]

---

verbundenen Fälligkeit der Besitzübergaberate erst nachdem auch die Abnahme durchgeführt wurde, sei der Ratenzahlungsplan der MaBV zulasten des Erwerbers verschärft.

[254] *Marcks* MaBV § 3 Rn. 7.

[255] Hierzu *Basty* Bauträgervertrag Rn. 522 ff.

[256] *Basty* Bauträgervertrag Rn. 522.

[257] BGH NJW 2000, 1403.

[258] KG NJW 2018, 311; NJOZ 2018, 367.

[259] LG München I BeckRS 2015, 20227; MittBayNot 2017, 371.

[260] So auch *Blank* MittBayNot 2017, 372.

[261] *Basty* Bauträgervertrag Rn. 528; *Blank* MittBayNot 2017, 372; *Karczewski* NZBau 2018, 328 (331).

[262] LG München I BeckRS 2015, 20227.

[263] *Basty* Bauträgervertrag Rn. 528.

224   Mit der Übergabe gehen in der Regel Besitz und Lasten, Verkehrssicherungspflichten und die Nutzungsbefugnis über. Auch die **Gefahr** des zufälligen Untergangs und der zufälligen Verschlechterung wird im Regelfall mit dem Besitz **übergehen,** soweit dies nicht mit einer vorangehenden Abnahme schon erfolgt ist (§ 644 BGB).

225   Die baurechtliche Verantwortung trägt bis zum Eigentumsübergang der Bauträger,[264] so dass er alle Bauauflagen zu erfüllen hat und die Schlussabnahme durch die Baubehörde durchführen lassen muss.

XI. Haftung für Mängel

226   **1. Anwendbares Recht; Gewährleistungsausschluss.** Die Haftung für **Mängel des Grundstücks** und für mitverkaufte bewegliche Gegenstände[265] richtet sich nach Kaufrecht (§ 433 Abs. 2 BGB). Ein **Haftungsausschluss** bezüglich des verkauften Grundstücks ist die Regel und begegnet keinen Bedenken. Wegen der Grundstücksgröße → Rn. 67 f. Ein Hinweis auf altrechtliche Dienstbarkeiten wird sich jedenfalls bei Neubauobjekten oft erübrigen.

227   Für **Betreuungsleistungen** gilt Auftrags- und Geschäftsbesorgungsrecht.

228   Die Haftung für **Baumängel und Planungsmängel** bestimmt sich nach den **werkvertraglichen** Regelungen der §§ 633 ff. BGB. Die Mängelhaftung ist hier nicht abdingbar, soweit – wie im Regelfall – auf den Bauträgervertrag AGB-Recht Anwendung findet, insbesondere als Verbrauchervertrag (§§ 309 Nr. 7 und Nr. 8, 310 Abs. 3 BGB). Auch eine Vereinbarung von Regelungen der VOB/B ist nicht zulässig. Dabei ist ohne Bedeutung, ob der Vertragsgegenstand neu hergestellt wurde, da § 309 Nr. 8 lit. b BGB für Bauwerkleistungen immer einschlägig ist (anders als beim Kauf, wo nur Verträge über Lieferungen neu hergestellter Sachen erfasst sind; den Werklieferungsvertrag kennt das BGB nur für bewegliche Sachen, § 651 BGB).

229   Denkbar ist ein Gewährleistungsausschluss dagegen bei einer **Individualvereinbarung,** die nach ständiger Rechtsprechung[266] nicht „formelhaft" sein darf, das heißt mit **Erläuterungen** den besonderen Charakter dieser Sondervereinbarung deutlich kennzeichnen muss, wobei alle Belehrungen schriftlich festgehalten werden sollten. Weiter muss sie inhaltlich sachgerecht und **ausgewogen** sein, um einer richterlichen Inhaltskontrolle nach § 242 BGB standzuhalten. So sollte deutlich zum Ausdruck gebracht werden, dass die Individualvereinbarung auch eine Absenkung des Kaufpreises mitumfasst.

230   Es versteht sich von selbst, dass **normaler Verschleiß** keine Sachmängelhaftung auslösen kann. Hat etwa ein Anstrich, der vielleicht besonders umweltfreundlich ist, nur eine „Lebensdauer" von vier Jahren, muss er also nach dieser Zeit erneuert werden, so ist die nötige Erneuerung eine vom Erwerber zu tragende Verschleißreparatur.[267]

231   **2. Inhalt der Rechte aus der Haftung für Werkmängel.** Der Bauträger hat dem Erwerber das Werk frei von Sach- und Rechtsmängeln zu verschaffen. Ist das Werk mangelhaft, kann der Erwerber nach § 634 BGB
       – Nacherfüllung verlangen, § 635 BGB;
       – den Mangel selbst beseitigen und Ersatz der erforderlichen Aufwendungen verlangen, § 637 BGB;
       – vom Vertrag zurücktreten, §§ 636, 323, 326 Abs. 5 BGB, oder die Vergütung mindern, § 638 BGB;
       – Schadensersatz verlangen, §§ 636, 280, 281, 283, 311a BGB;
       – Ersatz vergeblicher Aufwendungen verlangen, § 284 BGB.

---

[264] VGH München BauR 1980, 159.
[265] BGH NZBau 2009, 644.
[266] BGH MittBayNot 2008, 201 mAnm *Kilian.*
[267] Eingehend dazu *Grziwotz* NJW 1989, 193.

Voraussetzung für die Geltendmachung der übrigen Rechte und Ansprüche ist in der Re- 232
gel die Setzung einer angemessenen Frist zur Nacherfüllung (§§ 637, 636, 323 Abs. 1, 281
Abs. 1 S. 1, 638 BGB), soweit dies nicht nach den §§ 281 Abs. 2, 323 Abs. 2 BGB oder
§ 636 BGB entbehrlich ist.

Der Anspruch auf Nacherfüllung nach § 635 BGB ist der Primäranspruch; alle anderen 233
Ansprüche und Rechte setzen in der Regel das Verstreichen einer angemessenen Nachfrist
zur Nacherfüllung voraus, §§ 637, 636, 323 Abs. 1, 638 BGB. Die genannten sekundären
Ansprüche und Rechte stehen kumulativ nebeneinander, mit einer Ausnahme: Erklärter
Rücktritt und Minderung sind nach § 634 Nr. 3 BGB alternativ, sie schließen sich also
gegenseitig aus. Im Einzelnen gilt Folgendes:[268]

a) Nacherfüllung. Der Erwerber kann gemäß § 635 BGB Nacherfüllung verlangen. Der 234
Unternehmer kann nach seiner Wahl den Mangel beseitigen oder ein neues Werk herstellen.

b) Rücktritt. § 634 Nr. 3 BGB eröffnet den Weg zum allgemeinen Rücktrittsrecht nach 235
§ 323 BGB wegen nicht oder nicht vertragsgemäß erbrachter Leistung. Der Rücktritt ist
ein **Gestaltungsrecht.** Er kann also nach seiner Erklärung nicht mehr zurückgenommen
werden. Nach § 323 Abs. 5 S. 2 BGB ist das Rücktrittsrecht allerdings ausgeschlossen,
wenn der Mangel (als Pflichtverletzung) **unerheblich** ist. Wurde jedoch über das Vorhandensein eines unwesentlichen Mangels **arglistig getäuscht,** so ist dies eine erhebliche
Pflichtverletzung.[269] Ein Ausschluss des Rücktrittsrechts ist im Anwendungsbereich der
AGB-Kontrolle gemäß § 309 Nr. 8 lit. b sublit. bb BGB unwirksam, da der Bauträger
keine „Bauleistung" iSd Vorschrift erbringt.[270]

Bei nur teilweiser Nichterfüllung (zB Steckenbleiben nach Erstellung des Rohbaus) 236
kommt auch ein **Teilrücktritt** nach § 323 Abs. 5 BGB bezüglich der ausstehenden Leistungen in Betracht.[271] Der Vertrag sollte regeln, dass der Bauträger dem Erwerber nach
dessen Rücktritt auch die **Kosten des Vertrages** und seiner Rückabwicklung zu ersetzen
hat;[272] ansonsten erhielte der Erwerber dies als Schadens- oder Aufwendungsersatz nur bei
Verschulden des Bauträgers (§§ 280, 284 BGB).

c) Minderung. Die Minderung steht nach § 634 Nr. 3 BGB alternativ neben dem 237
Rücktritt, sie kann also nach einem wirksam erklärten Rücktritt nicht mehr verlangt werden. Sie greift jedoch auch bei unerheblichen Mängeln (§ 638 Abs. 1 S. 2 BGB) und hat
hier einen wichtigen Anwendungsbereich.

d) Schadensersatz. Schadensersatz und Rücktritt stehen nebeneinander. Wegen eines 238
Rechts- oder Sachmangels kann der Erwerber Schadensersatz auch dann verlangen, wenn
er zuvor wirksam zurückgetreten sein oder Minderung verlangt haben sollte. Selbst ein
Schadensersatz statt der ganzen Leistung (§ 281 BGB) ist durch den Rücktritt nicht ausgeschlossen. Schadensersatz setzt allerdings – anders als die übrigen Mängelrechte – gemäß
§ 278 Abs. 1 BGB Vertretenmüssen seitens des Bauträgers voraus, soweit keine Garantie
gemäß § 276 Abs. 1 S. 1 BGB übernommen wurde. Das Vertretenmüssen wird allerdings
gesetzlich vermutet; der Bauträger muss sich exkulpieren und trägt die Beweislast, § 280
Abs. 1 S. 1 BGB.

Eine Beschränkung des Schadensersatzanspruchs ist im Anwendungsbereich der AGB- 239
Kontrolle nur in sehr engen Grenzen möglich. Generell **unwirksam** ist jedenfalls ein

---

[268] Vgl. eingehend *Amann/Brambring/Hertel* Vertragspraxis S. 250 ff.; *Ott* NZBau 2003, 233; *Derleder* NZBau
2004, 237.
[269] BGH DNotZ 2006, 828.
[270] BGH NJW-RR 2007, 59; NJW 2002, 511.
[271] *Amann/Brambring/Hertel* Vertragspraxis S. 247.
[272] *Amann/Brambring/Hertel* Vertragspraxis S. 251.

Ausschluss oder eine Beschränkung der Haftung bezüglich Vorsatz (§ 276 Abs. 3 BGB bzw. bezüglich Erfüllungsgehilfen § 309 Nr. 7 lit. b BGB) und grober Fahrlässigkeit (§ 309 Nr. 7 lit. b BGB) sowie in Fällen der Verletzung von **Leben, Körper und Gesundheit** (§ 309 Nr. 7 lit. a BGB) und bezüglich der **Kardinalpflichten** (§ 307 Abs. 2 S. 2 BGB) hinsichtlich **jeden** Verschuldens. Dies gilt auch für Schadensersatz statt der ganzen Leistung.[273]

240   Die Herstellungspflicht ist Kardinalpflicht des Bauträgers. Kardinalpflicht ist auch die **termingerechte** Herstellung, so dass ein Haftungsausschluss bei Verzugsschäden nach § 307 Abs. 2 Nr. 1 BGB unwirksam ist.[274] Da der Nutzungsausfall ein vertragstypischer Schaden ist, ist auch eine Haftungsbeschränkung, etwa auf die bisherige Miete des Käufers, nicht zulässig. Zu ersetzen ist vielmehr der entgangene Nutzungswert des Vertragsobjekts.

241 **e) Abtretung der Mängelhaftungsansprüche gegenüber Subunternehmern.** Die Primärhaftung des Bauträgers kann auch dann nicht abbedungen werden, wenn dem Erwerber die Haftungsansprüche des Bauträgers gegen seine Subunternehmer abgetreten wurden, § 309 Nr. 8 lit. b sublit. aa BGB. Sinnvoll ist dagegen die **parallele Doppelsicherung** des Erwerbers, das heißt die Abtretung unter gleichzeitiger Aufrechterhaltung der originären Haftungsansprüche gegen den Bauträger, damit der Erwerber bei Insolvenz des Bauträgers sich möglichst aus den abgetretenen Ansprüchen schadlos halten kann. Durch eine Vollabtretung verliert allerdings der Bauträger die Möglichkeit, seinerseits gegen den einzelnen Bauhandwerker vorzugehen. Interessengerecht dürfte daher eine **Sicherungsabtretung** sein – **aufschiebend bedingt** durch Verzug und Untätigkeit (binnen angemessener Frist) des Bauträgers[275] und **auflösend bedingt** durch die ordnungsgemäße Mängelbeseitigung.

242 **Formulierungsbeispiel: Abtretung von Gewährleistungsansprüchen des Bauträgers**

Ansprüche gegen Vorlieferanten und die sonstigen am Bau Beteiligten tritt der Bauträger sicherungshalber an den Erwerber ab. Die eigene Mängelhaftung des Bauträgers bleibt unberührt. Die Sicherungsabtretung wird wirksam, wenn und soweit der Bauträger mit der Mängelbeseitigung in Verzug ist und den Mangel binnen angemessener Nachfrist nicht behoben hat; sie erlischt, wenn und soweit der Mangel vom Bauträger oder dem am Bau Beteiligten behoben ist.

243 **3. Anspruch auf Planungsunterlagen.** Gemäß § 650n BGB hat der Käufer einen Anspruch auf Erstellung und Verschaffung der Planungsunterlagen, die dieser benötigt, um gegenüber Behörden und (eingeschränkt) auch gegenüber Finanzierungsgläubigern den Nachweis der ordnungsgemäßen Werkerstellung führen zu können. Weiter trifft den Bauträger auch ohne ausdrückliche vertragliche Regelung die Pflicht, die Schließkarte und den Schließplan für die Schließanlage eines Mehrfamilienhauses an die Wohnungseigentümergemeinschaft herauszugeben.[276]

244   Ein Anspruch auf darüber hinausgehende Herausgabe von Bau- und Planungsunterlagen gegen den Bauträger besteht nur bei entsprechender vertraglicher Vereinbarung oder wenn ein besonderes, konkret begründetes rechtliches Interesse des Erwerbers besteht, wozu es des Vortrags konkreter Baumängel bzw. konkreter Umbau- und Reparaturplanungen oder -maßnahmen bedarf.[277]

---

[273] BGH DNotZ 2007, 22.
[274] OLG München RNotZ 2012, 503.
[275] Vgl. *Basty* Bauträgervertrag Rn. 1118.
[276] OLG Stuttgart NJW-Spezial 2017, 227.
[277] LG Krefeld BauR 2009, 860; LG München I BauR 2007, 1431.

4. Verjährung. Die Haftung für **Werkmängel am Bauwerk** beträgt fünf Jahre, § 634a 245 Abs. 1 Nr. 2 BGB, beginnend mit Abnahme, § 634a Abs. 2 BGB. Eine Verkürzung der Verjährung ist bei Vorliegen von AGB gemäß § 309 Nr. 8 lit. b sublit. ff BGB generell ausgeschlossen. Auch eine Vorverlegung des Verjährungsbeginns vor Abnahme ist unwirksam. Dies gilt auch für Nachzüglerfälle, soweit hier Werkvertragsrecht Anwendung findet (→ Rn. 36 f.).

Ist bewegliches **Zubehör** mitveräußert (elektrische Geräte etc), so gilt hierfür die kauf- 246 rechtliche Gewährleistungsfrist für bewegliche Sachen.[278] Anders ist es, soweit bewegliche Gegenstände **Gebäudebestandteile** geworden sind; dann unterliegen sie als Teile des Bauwerks der fünfjährigen Gewährleistung, soweit nicht Verschleiß anzunehmen ist.

Verschweigt der Bauträger **Mängel arglistig,** so gilt – je nachdem, was zu einer spä- 247 teren Verjährung führt – die regelmäßige Verjährungsfrist von drei Jahren (§§ 195, 634a Abs. 3 BGB) ab Kenntnis (oder grob fahrlässiger Unkenntnis) von den anspruchsbegründenden Tatsachen oder die fünfjährige Verjährungsfrist nach § 634a Abs. 1 Nr. 2 BGB (§ 634a Abs. 3 S. 2 BGB) beginnend mit Abnahme. Die Verjährung tritt spätestens nach zehn Jahren (§ 199 Abs. 3 Nr. 1 BGB) bzw. bei Verletzung von Leben, Körper, Gesundheit oder Freiheit spätestens nach 30 Jahren (§ 199 Abs. 2 BGB) nach Anspruchsentstehung ein. Gleiches gilt wohl unverändert – wie nach bisherigem Recht – bei **fahrlässiger Unkenntnis** des Mangels, das heißt, wenn dem Bauträger der Mangel durch sein **Organisationsverschulden** verborgen geblieben ist.[279]

Prüft der Bauträger Mängelrügen, so ist die Verjährung **gehemmt** (§ 203 BGB). Dies 248 gilt auch bei Beschwichtigung der Käufer durch den Bauträger, er werde seine Ansprüche gegen die Handwerker durchsetzen.[280]

XII. Rücktritt

§ 3 Abs. 1 MaBV verbietet die Kaufpreisfälligkeit, wenn und solange **vertragliche** 249 **Rücktrittsrechte** des Bauträgers bestehen. § 56 II. WoBauG beschränkt Rücktrittsrechte bei öffentlich geförderten Objekten. In anderen Fällen ist ein Rücktrittsrecht zulässig, setzt aber wegen § 308 Nr. 3 BGB einen sachlich rechtfertigenden Rücktrittsgrund, der genau im Vertrag beschrieben sein muss, und eine Interessenabwägung voraus. Gründe, die aus der eigenen Risikosphäre des Rücktrittsberechtigten stammen, genügen regelmäßig nicht.[281]

Modalitäten und Folgen des Rücktritts aus **gesetzlichen Rücktrittsrechten** (§ 323 250 BGB) können geregelt werden, etwa durch Vereinbarung der **Schriftform** (Beschränkung auf „Einschreiben" unzulässig, § 309 Nr. 13 lit. a BGB). Widerrufliche gegenseitige Empfangsvollmachten mehrerer Erwerber eines Objektes sind zulässig.

Wird der **Erwerb mit öffentlichen Mitteln gefördert,** darf er meist erst nach deren 251 Bewilligung abgeschlossen werden. Häufig gestattet die Bewilligungsstelle den vorzeitigen Abschluss, wenn dem Erwerber für den Fall der Versagung öffentlicher Mittel ein Rücktrittsrecht eingeräumt wird.

XIII. Kosten; Steuern

Die Regelungen zu Kosten und Steuern entsprechen denen beim allgemeinen Grund- 252 stückskaufvertrag. Dazu auch → Rn. 54 ff., 49 ff.

---

[278] Vgl. *Grziwotz* NJW 1989, 193.

[279] BGH DNotZ 1993, 675 mAnm *Merl; Basty* Bauträgervertrag Rn. 1093; *Amann/Brambring/Hertel* Vertragspraxis S. 311. Zur Produkthaftung für Baumaterialien vgl. *Bottke/Mayr* ZfBR 1991, 183 und ZfBR 1991, 233 mwN.

[280] Hemmung bis zum Abschluss des Gerichtsverfahrens zwischen Bauträger und Handwerker, OLG Hamm NJW-RR 1996, 1301.

[281] MüKoBGB/*Wurmnest* BGB § 308 Nr. 3 Rn. 7 ff.

XIV. Belastungsübernahme

253 **1. Rechte in Abteilung II des Grundbuchs. a) Dienstbarkeiten; Reallasten.** Dabei handelt es sich um Geh- und Fahrtrechte, Ver- und Entsorgungsleitungsrechte, Abstandsflächendienstbarkeiten, Heizwärmebezugsverpflichtungen, aber auch Wohnungsbesetzungsrechte, Fremdenverkehrsdienstbarkeiten etc.

254   Besondere Sorgfalt erfordert die Frage, welche dieser Rechte
– bestehen und nicht übernommen werden müssen, weil sie
  – insgesamt löschungsreif sind oder
  – nach § 1026 BGB abgeschrieben werden können oder
  – Freigaben zu erlangen sind;
– bestehen und übernommen werden müssen – solche Rechte sollten (alle!) in der Urkunde genannt und bei der Belehrung eingehend erläutert werden –;
– noch nicht eingetragen, aber bestellt sind und übernommen werden müssen – auf die Bestellungsurkunden sollte nach § 13a BeurkG verwiesen oder der Inhalt der Dienstbarkeit sollte wörtlich in den Bauträgervertrag aufgenommen werden –;
– erst noch bestellt werden müssen, aber derzeit noch nicht bestellt werden können, weil erforderliche Daten noch fehlen. Soweit möglich, sollten die Eintragung der Dienstbarkeit und ihr Rang durch eine Vormerkung gesichert werden. Im Bauträgervertrag sollten solche Rechte mit ihrem möglichen Inhalt beschrieben und der Erwerber zu ihrer Bestellung verpflichtet werden; dem Bauträger sollte ggf. Vollmacht – je nach Bedeutung des Rechtes kann sie aber gefährlich sein! – zur Bestellung erteilt werden.

255 **b) Auflassungsvormerkungen.** Ihre Übernahme kommt ausnahmsweise in Betracht, wenn Flächen übertragen werden, die sich im späteren Verlauf noch verkleinern werden, etwa weil andere Bauplätze, Stellplätze, Grünflächen, Straßen, Gehwege noch weggemessen werden müssen. Hier ist sorgfältig darauf zu achten, dass übernommene Verpflichtungen die eigentliche Vertragsfläche wirklich nicht betreffen. Finanzierungsgläubiger verlangen uU Rangrücktritte dieser Vormerkungen. Wer deren Kosten und die Kosten späterer Freigaben und Löschungen trägt, sollte klar geregelt sein. Zur (vorübergehenden) Übernahme einer Vormerkung der Gemeinde zur Sicherung ihres Wiederkaufsrechts bei nicht fristgerechter Bebauung → Rn. 127.

256 **2. Finanzierungsrechte. Globalrechte** werden uU auf die einzelnen Objekte verteilt. **Einzelfinanzierungsrechte** können nach den allgemeinen Grundsätzen einer befreienden Schuldübernahme[282] übernommen werden. Dies bedarf der Genehmigung des Gläubigers. Für den Fall ihrer Versagung muss geregelt werden, ob der Erwerber dann vom Vertrag zurücktreten kann, ob er verpflichtet ist, den entsprechenden Betrag in bar zu erbringen, dh in anderer Weise zu finanzieren, oder ob (ausnahmsweise) eine bloße Erfüllungsübernahme gewünscht wird.

XV. Finanzierung; Mitwirkungspflichten; Vollmacht

257 **1. Grundpfandrechte.** Das wichtigste Sicherungsmittel sind Grundpfandrechte, also Grundschulden, seltener Hypotheken. Es ist Sache des Bauträgers, das Vertragsobjekt so zu gestalten, dass die zur rangrichtigen Eintragung der Grundpfandrechte und zur Darlehensauszahlung notwendigen Sachvoraussetzungen geschaffen werden (Vermessung, Anlegung des Wohnungsgrundbuchs, Beschaffung von Plänen, Baubescheid, Abnahmeschein etc). Die Bestellung der Grundpfandrechte erfolgt entweder durch den **Erwerber** als künftigen Eigentümer, wobei dieser bis zur Eintragung der Grundpfandrechte nach Eigentumsumschreibung als Übergangssicherheit seinen **Eigentumsverschaf-**

---

[282] Auf die aber das Verbraucherkreditrecht anwendbar sein kann, vgl. BGH NJW 1999, 2664.

fungsanspruch an den Gläubiger **verpfändet,** was bei der Eigentumsvormerkung im Wege der Grundbuchberichtigung eingetragen wird (→ § 6 Rn. 158), oder durch den **Bauträger,** der im Auftrag und für Rechnung des Erwerbers noch vor Eigentumsumschreibung die Grundpfandrechte eintragen lässt, die dann bei Eigentumsumschreibung vom Erwerber übernommen werden; hier muss sichergestellt sein, dass die Grundpfandrechte bis zur vollständigen Kaufpreiszahlung **nur zu diesem Zwecke valutiert** werden;[283] dazu muss die **Zweckerklärung** gegenüber der Bank entsprechend **eingeschränkt** sein.

Wird der Kaufpreis nach § 7 MaBV gegen **Bürgschaft** fällig gestellt (→ Rn. 180 ff.), 258 können die Finanzierungsrechte des Käufers meist noch nicht im Grundbuch eingetragen werden. Als **Übergangssicherheit** können daher die durch Bürgschaft **gesicherten Ansprüche** an den Finanzierungsgläubiger **abgetreten** werden mit der Folge, dass die Rechte aus der Bürgschaft nach § 401 BGB übergehen und er die Urkunde nach § 402 BGB erhält. Probleme entstehen hier, wenn Erlöschen der Bürgschaft und Eintragung der Finanzierungsgrundschuld nicht aufeinander abgestimmt sind **(Sicherungslücke).**[284] Der Finanzierungsgläubiger wird deshalb in der Regel eine auf **ihn** ausgestellte Bürgschaft verlangen, aus der er selbst den Bürgen in Anspruch nehmen kann; zudem wird er Zahlungen an Bauträger oder Bürgen nur unter **Treuhandauflage** (Rückzahlung, falls Finanzierungsrecht nicht rangrichtig eingetragen wird) leisten. Denkbar ist, dass neben die Bürgschaft nach § 7 MaBV noch eine Darlehensbürgschaft des gleichen Bürgen gegenüber dem Finanzierungsgläubiger tritt.[285]

2. Finanzierungsvollmacht. Aus Gründen der Vereinfachung wird regelmäßig der Er- 259 werber bevollmächtigt, die erforderlichen Finanzierungsgrundpfandrechte zu bestellen. Zwar wäre grundsätzlich zivilrechtlich auch denkbar, dass der Erwerber dem Bauträger eine entsprechende Vollmacht erteilt. Gemäß § 17 Abs. 2a S. 2 Nr. 1 BeurkG hat der Notar allerdings darauf hinzuwirken, dass der Erwerber als Verbraucher die betreffenden Erklärungen selbst oder durch einen eigenen Vertrauten abgibt. Hier scheidet der Bauträger ebenso aus wie Notarangestellte.[286]

Angesichts des besonderen Vertrauenscharakters solcher Vollmachten ist es standesrecht- 260 lich unbedenklich, wenn deren Ausübung auf ihre Anwendung im Büro des beurkundenden Notars beschränkt wird, damit dieser die eingeschränkte Anwendung überwacht.[287]

XVI. Vollzugsvollmachten für Notar bzw. dessen Angestellte

Sie empfehlen sich wie bei einem normalen Grundstückskaufvertrag. Hierbei muss wegen 261 des Verbrauchervertrags § 17 Abs. 2a S. 2 BeurkG (→ § 1 Rn. 707 ff.) beachtet werden, so dass materiell-rechtliche Nachtragserklärungen problematisch sein können. Unproblematisch sind dagegen reine Vollzugshandlungen.

XVII. Spätere Änderungs- und Belastungsmöglichkeiten

Von der reinen Vollzugsvollmacht (→ Rn. 261) zu unterscheiden ist die Frage, ob sich 262 Vollmachten der Vertragspartner untereinander – meist Vollmachten des Erwerbers an den Bauträger – empfehlen, um in der Abwicklungsphase des Vertrages notwendige Anpassungen vornehmen zu können. In Betracht kommen

---

[283] Eingehend dazu *Ertl* MittBayNot 1989, 53.
[284] Vgl. *Brambring* DNotZ 1995, 88.
[285] Vgl. hierzu *Basty* Bauträgervertrag Rn. 1195 ff. und – mit Formulierungsvorschlägen – *Vossius* MittBayNot 1995, 169.
[286] Ähnlich *Basty* Bauträgervertrag Rn. 1192 ff.
[287] Ähnlich *Basty* Bauträgervertrag Rn. 1191.

– Änderungen der **Grundstücksgrenze** mit oder ohne finanziellen Ausgleich;
– **Dienstbarkeiten** aller Art und **Reallasten,** etwa für Ver- und Entsorgungsleitungen, seien sie für öffentlich-rechtliche Erschließungsträger oder für private Nachbarn notwendig; im letzteren Fall wird meist eine zusätzliche beschränkte persönliche Dienstbarkeit für Land oder Kommune erforderlich sein. Ferner Dienstbarkeiten zur Sicherung von Abstandsflächen, Fremdenverkehrsbeschränkungen, Wohnungsbesetzungsrechten etc. Bei allen Dienstbarkeiten und Reallasten ist darauf zu achten, dass sie nach Möglichkeit **erste Rangstelle** erhalten, um nicht bei Verwertung des Objektes in ihrem Bestand gefährdet zu sein;
– Teilungsausschluss und/oder **Benutzungsregelungen** nach § 1010 BGB.

263 Zu beachten ist § 17 Abs. 2a BeurkG (→ Rn. 24), der solche Vollmachten an den Bauträger beim Verbrauchervertrag nur zulässt, wenn sie **Durchführungs**vollmachten sind, also die *Verpflichtung* zur entsprechenden Änderung bereits *im Vertrag* möglichst präzise begründet worden ist (→ Rn. 58 f.). Eine derartige Vollmacht sollte im Regelfall **widerruflich** und zeitlich **befristet** sein, um Missbrauch möglichst einzuschränken. Oft empfiehlt es sich, die Ausübung auf Erklärungen vor dem beurkundenden Notar oder seinem Sozius zu beschränken. Inhaltlich sollte die Vollmacht möglichst präzise sein, aber dennoch alle wahrscheinlichen Ausübungsfälle umfassen. Beschränkungen können uU auch nur auf das Innenverhältnis bezogen sein (→ Rn. 58, 293).

XVIII. Sonstiges

264 Zu gesetzlichen Vorkaufsrechten → § 1 Rn. 164 ff. Zu Genehmigungen → § 1 Rn. 105 ff.

D. Vertrag über eine Eigentumswohnung

I. Grundsatz

265 Konzeption und Aufbau des Vertrages entsprechen grundsätzlich den für das Einfamilienhaus in → Rn. 65 ff. gemachten Ausführungen. Im Folgenden wird nur noch auf zusätzliche **Besonderheiten** eingegangen.

II. Aufteilung in Wohnungseigentum; Eigentümergemeinschaft

266 Zur Entstehung und Bedeutung der Eigentümergemeinschaft → § 3. Folgende Abschnitte sind zu unterscheiden:

267 **1. Die Teilungserklärung ist noch nicht beurkundet.** Hier sollte ein Bauträgervertrag nur ausnahmsweise beurkundet werden, etwa wenn die zu veräußernde Eigentumswohnung eindeutig festlegt, die Beurkundung der Teilungserklärung also nur zurückgestellt wurde, weil Fragen noch offen sind, die das konkrete Objekt nicht betreffen; die Lösbarkeit dieser Fragen darf aber nicht zweifelhaft sein. Die Bestimmung weniger wichtiger Einzelheiten kann dem Bauträger durch ein Leistungsbestimmungsrecht nach § 315 BGB überlassen werden. Davon sollte aber sparsamer Gebrauch gemacht werden.

268 **2. Die Teilungserklärung ist beurkundet, aber noch nicht vollzogen.** Hier muss sie samt der etwa schon vorliegenden Gemeinschaftsordnung **mitbeurkundet** oder durch **Verweisung** nach § 13a BeurkG in den Vertrag aufgenommen werden, da eine Verdinglichung nach § 10 Abs. 2 WEG noch nicht eingetreten ist. Die **Abgeschlossenheitsbescheinigung** sollte erteilt sein, ihre Rechtmäßigkeit darf nicht zweifelhaft sein.

Formulierungsbeispiel: Vorbemerkung mit Grundbuchstand   269

1. *** *[Grundbuchstand mit Belastungen]*
2. Mit Urkunde des Notars *** in *** vom ***, UR-Nr. *** („Teilungserklärung"), hat der Eigentümer den in vorstehender Ziffer näher beschriebenen Grundbesitz in Wohnungs- und Teileigentum aufgeteilt. Auf diese Urkunde, die heute in Urschrift *[Alt. 1: Ausfertigung]* *[Alt. 2: beglaubigter Abschrift]* vorliegt, wird verwiesen. Den Beteiligten ist der Inhalt der Urkunde bekannt und dass durch die Verweisung der Inhalt der genannten Bezugsurkunde zum Inhalt der gegenwärtigen Vereinbarungen wird und damit für sie verbindlich ist. Auf das erneute Verlesen bzw. Vorlage zur Durchsicht und Beifügen zu dieser Urkunde wird verzichtet.
3. Mit der Teilungserklärung wurden unter anderem folgende Sondereigentumseinheiten gebildet: ***.
4. Der Eigentümer wird auf dem Grundstück ein Mehrfamilienhaus mit *** Wohnungen sowie eine Tiefgarage mit *** Kfz-Einzel-Stellplätzen errichten. Der Veräußerer erklärt, dass die erforderliche Baugenehmigung bereits erteilt wurde.

3. Die Aufteilung ist vollzogen. Hier ist die **Verdinglichung** nach § 10 Abs. 2 WEG   270
eingetreten. Aus Teilungserklärung und/oder Gemeinschaftsordnung müssen aber solche Regelungen dennoch mitbeurkundet oder durch Verweisung nach § 13a BeurkG in die Urkunde aufgenommen werden, die **nur schuldrechtliche** Wirkung haben (Verpflichtung zur Erteilung einer Verwaltervollmacht etc, → § 3 Rn. 79).

III. Vertragsgegenstand

Der Vertragsgegenstand[288] wird umfassen   271
– die eigentliche **Eigentumswohnung** samt Keller, eventuellem Speicheranteil und Gemeinschaftseigentum;
– **Garage** und/oder **Stellplatz** in einer der möglichen Rechtsformen (Sondereigentum, Sondernutzungsrecht, separate Einzelparzelle, Bruchteilseigentum mit Regelung nach § 1010 BGB an separater Einzelparzelle).[289] Soweit die konkrete Garage bzw. der Stellplatz noch nicht feststeht und die genaue Lage für den Erwerber von untergeordneter Bedeutung ist, kann dem Bauträger ein Leistungsbestimmungsrecht nach § 315 BGB eingeräumt werden. Dann empfehlen sich entsprechende Vollmachten für die spätere Zuweisung oder etwa erforderliche Änderungen der Aufteilung, → Rn. 291 ff.;
– weitere **Nebenflächen, Sonderausstattungen** etc (→ Rn. 70, 92 ff. zum Einfamilienhaus).

IV. Eigentumsvormerkung

1. Fälligkeitsvoraussetzung. Fälligkeitsvoraussetzung ist gemäß § 3 Abs. 1 S. 1   272
Nr. 2 Hs. 2 MaBV die Eigentumsvormerkung am schon **gebildeten** Sondereigentum, das heißt die Teilungserklärung muss im Grundbuch **vollzogen** sein. Dem Erwerber darf nicht das Risiko des Vollzugs der Teilungserklärung auferlegt werden.[290] Zwar ist auch der Anspruch **auf Bildung** eines bestimmten Wohnungseigentums[291] **und dessen Übereignung** durch eine **einzige** Vormerkung sicherbar. Die Eintragung einer solchen Vormer-

---

[288] Zu den Sonderfragen, die sich bei in Wohnungseigentum aufgeteilten **Mehr- und Reihenhausanlagen** ergeben, vgl. ausführlich *Drasdo* NZM 2003, 961.
[289] Überblick über die Gestaltungsmöglichkeiten für Stellplätze bei MVHdB VI BürgerlR II/*Kreuzer* Form. VII. 1 Anm. 25 (S. 348 ff.).
[290] *Basty* Bauträgervertrag Rn. 284; *Pause* Bauträgerkauf Rn. 234 f.
[291] BGH DNotZ 2008, 930; BayObLG DNotZ 1977, 544.

kung macht durchaus Sinn um den Erwerber frühzeitig abzusichern, reicht aber nicht für die Fälligkeit aus.

273   Die Zuordnung von **Sondernutzungsrechten** (zB für ein Kellerteil oder einen Kfz-Stellplatz im Freien) muss im Grundbuch ebenfalls bereits eingetragen sein, dann umfasst der Vormerkungsschutz auch den Erwerbsanspruch bezüglich des Sondernutzungsrechts.[292]

274   **2. Wirkung der Vormerkung in der Insolvenz des Bauträgers.** Ist die Eigentumswohnanlage bei Insolvenz des Bauträgers nur **teilweise erstellt,** so ergeben sich schwierige Probleme. Die Vormerkung sichert nur den **Eigentumserwerb,** aber keine Verpflichtung der künftigen Wohnungseigentümer untereinander zur Fertigstellung. Das Bestehen und der Inhalt einer solchen **gegenseitigen Fertigstellungspflicht** gemäß §§ 21, 22 WEG[293] werden vom Umfang der noch ausstehenden Restarbeiten abhängen. Fehlen noch

– **geringe** Restarbeiten, so ist die Pflicht zu bejahen;[294]
– **größere** Restabschnitte, so wird die Pflicht ebenfalls zu bejahen sein; ein Mehrheitsbeschluss der Wohnungseigentümer ist zulässig, wenn die Wohnanlage zu deutlich mehr als der Hälfte ihres endgültigen Werts hergestellt ist;[295]
– **alle wesentlichen** Arbeiten am Grundstück, so dass das Grundstück ohne größere Verluste veräußert werden könnte, löst die Fertigstellung dagegen Mehrverpflichtungen aus, die diese Verluste deutlich übersteigen, so kann eine Fertigstellungspflicht nicht angenommen werden.

275   Besteht eine Verpflichtung zur Fertigstellung, so ergeben sich weitere Probleme, wenn
– **einzelne** Einheiten noch **nicht verkauft** sind: Der Insolvenzverwalter braucht diese Einheiten nicht fertig zu stellen;
– **unterschiedliche Zahlungen** von den einzelnen Erwerbern an den Bauträger geleistet sind: Diese sind zu berücksichtigen.[296]

V. Baufortschritt iSd § 3 Abs. 2 MaBV

276   Ob sich der Baufortschritt nach dem einzelnen Wohnungseigentum beurteilt oder nach dem Gesamtgebäude, ergibt sich aus dem Zweck der Rate:[297]
– **Gesamtgebäude**
    Baubeginn, Rohbaufertigstellung, Rohinstallation, Innenputz Treppenhaus und Gesamtfertigstellung verstehen sich bezogen auf das **Gesamt**gebäude, da mit diesen Abschnitten auch der entsprechende Wert des Gemeinschaftseigentums geschaffen wird.
– **Einzelwohnung (samt zugehöriger Teile des Gemeinschaftseigentums)**
    Alle übrigen Raten beziehen sich auf das **Einzel**objekt und die zu seiner Nutzung unbedingt erforderlichen Teile des Gemeinschaftseigentums.

VI. Abnahme

277   Die Abnahme von Sondereigentum und Gemeinschaftseigentum kann getrennt erfolgen.[298] Die Abnahme des **Sondereigentums** erfolgt in der Regel, aber nicht zwingend,

---

[292] *Basty* Bauträgervertrag Rn. 280; WürzNotar-HdB/*Hertel* Teil 2 Kap. 3 Rn. 158.
[293] OLG Karlsruhe NJW 1981, 466 mit insoweit zustimmender Anm. *Röll;* Weitnauer/*Lüke,* Wohnungseigentumsgesetz, 9. Aufl.2005, WEG § 22 Rn. 11a.
[294] OLG Karlsruhe NJW 1981, 466 mit insoweit zustimmender Anm. *Röll.*
[295] BayObLG NJW 2003, 2323.
[296] OLG Karlsruhe NJW 1981, 466; *Pause* Bauträgerkauf Rn. 1012 ff.; aA *Röll* NJW 1981, 466, soweit Mehrzahlungen gegenüber dem Bautenstand erbracht wurden.
[297] *Marcks* MaBV § 3 Rn. 34; *Basty* Bauträgervertrag Rn. 504, 561 ff.; aA Grziwotz/Koeble/*Riemenschneider* BauträgerR-HdB 3. Teil Rn. 754.
[298] Vgl. *Pause* NJW 1993, 553 (555).

sobald dieses bezugsfertig ist. Schwierigkeiten bereitet dagegen die Abnahme des **Gemeinschaftseigentums.**

Nachdem die Eigentümergemeinschaft weder eine eigene Kompetenz für die Abnahme hat noch diese an sich ziehen kann, muss die Abnahme durch jeden Erwerber für sich erfolgen.[299] Folglich läuft bei zeitlich unterschiedlicher Abnahme für jeden Erwerber eine **andere Gewährleistungsfrist.**[300] Der individuellen Abnahme auch des gesamten Gemeinschaftseigentums mit jedem Erwerber sind allerdings physische und psychische Grenzen gesetzt.[301]   278

Formulierungsbeispiel: Abnahme   279

Die Vertragsteile verpflichten sich gegenseitig zur Abnahme nach bezugsfertiger Herstellung des Vertragsobjekts. Dies gilt für Gemeinschaftseigentum nur, soweit es ausschließlich im Bereich des Sondereigentums des Erwerbers liegt oder dem Erwerber zur Sondernutzung zugewiesen ist. Auf Verlangen des Veräußerers ist auch sonstiges Gemeinschaftseigentum, soweit dieses zu diesem Zeitpunkt abnahmefähig hergestellt ist, vom Erwerber abzunehmen.

Sonstiges Gemeinschaftseigentum ist nach vollständiger Fertigstellung abzunehmen. Außenanlagen und sonstige Arbeiten, die erst nach bezugsfertiger Herstellung zu erbringen sind, werden nach Fertigstellung abgenommen.

Bei der Abnahme findet eine gemeinsame Besichtigung des Vertragsobjektes statt. Hierüber ist ein Abnahmeprotokoll anzufertigen, in das noch fehlende Leistungen und Mängel aufzunehmen sind, auch soweit hierüber Streit besteht. Andere Formen der Abnahme sind damit nicht ausgeschlossen.

Auch die Bestellung eines (gemeinsamen) **Bevollmächtigten** im Bauträgervertrag, der dann im Namen eines jeden einzelnen Erwerbers die Abnahme vornimmt, ist nicht zu empfehlen. Die Rechtsprechung hat hier in den vergangenen Jahren alle Ansätze, die irgendeinen Nutzen für den Bauträger bringen, als unangemessene Benachteiligung des Erwerbers verworfen. In der Regel eignen sich weder der Erstverwalter[302] noch ein Sachverständiger[303] und auch nicht beide zusammen.[304] Auch darf jedenfalls das Recht des Erwerbers, **selbst** an der Besichtigung **teilzunehmen** und die Abnahme selbst für sich zu erklären, nicht beschränkt werden; die Bevollmächtigung kann daher auch nur **widerruflich** erfolgen, worauf in der Vollmacht hinzuweisen ist.[305] Der Abnahmetermin ist deshalb jedem Erwerber rechtzeitig mitzuteilen.[306] Mangels Beschlusskompetenz kann ein Abnahmebevollmächtigter auch nicht durch die Eigentümerversammlung bestellt werden.[307]   280

---

[299] BGH DNotZ 2016, 856 = notar 2017, 72 mAnm *Scheibengruber;* OLG München BeckRS 2016, 112671; *Ott* ZWE 2010, 157; *Vogel* NZM 2010, 377; *Blank* DNotZ 2014, 166 (177); *Basty* Bauträgervertrag Rn. 1044; aA *v. Oefele* DNotZ 2011, 249 (261 f.); *Rapp* MittBayNot 2012, 169.

[300] BGH DNotZ 1985, 622.

[301] Zu Problemen der reinen Einzelabnahme s. *v. Oefele* DNotZ 2011, 249 (257).

[302] Da er kaum als neutral anzusehen ist, insbesondere wenn er vom Bauträger bestimmt wird oder gar mit dem Bauträger identisch oder rechtlich oder wirtschaftlich mit dessen Unternehmen verbunden ist, vgl. BGH DNotZ 2014, 39; NJW-RR 2016, 1143; DNotZ 2017, 171; OLG München ZWE 2019, 29 mAnm *Pause;* ZfIR 2018, 709; *Ott* ZWE 2010, 157.

[303] Auch er darf nicht vom Bauträger bestimmt sein oder bezahlt werden, da dann dessen Neutralität nicht gewährleistet ist, BGH NJW-RR 2016, 1143; NJW 2013, 3360; OLG München BauR 2009, 1444; BeckRS 2016, 112671; OLG Karlsruhe NJW-Spezial 2018, 526; NJW 2012, 237; OLG Frankfurt a.M. NZM 2013, 772; OLG Brandenburg BeckRS 2013, 12027.

[304] BGH DNotZ 2014, 39; OLG München ZfIR 2018, 709.

[305] OLG Stuttgart RNotZ 2015, 416; OLG Düsseldorf BeckRS 2013, 03691; OLG Karlsruhe NJW 2012, 237 (239); OLG Brandenburg BeckRS 2013, 12027.

[306] S. dazu eingehend *Blank* DNotZ 2014, 166.

[307] OLG Stuttgart RNotZ 2015, 416; OLG München BeckRS 2016, 112671.

281 Zulässig ist eine Abnahmevollmacht im Bauträgervertrag dagegen bei **Reihenhausanlagen,** wenn sie sich auf Gemeinschaftseigentum bezieht, welches im räumlichen Bereich des ausschließlichen Sondernutzungsrechts eines Miteigentümers liegt, wenn schützenswerte Belange der anderen Erwerber nicht beeinträchtigt würden.[308] Erteilt der Erwerber völlig unabhängig vom Bauträgervertrag später **freiwillig** eine Abnahmevollmacht, so ist dies unproblematisch.

282   In Betracht kommt, einen Sachverständigen zur Abnahmebegehung des Gemeinschaftseigentums hinzuzuziehen und diesen eine **technische Abnahmeempfehlung** aussprechen zu lassen. Gerade für größere Anlagen kann es sich daher empfehlen, in zwei Stufen zunächst einen Termin zur technischen Abnahme durch einen Sachverständigen vorzuschalten – wobei auch hier jeder Erwerber zur eigenen Teilnahme eingeladen wird – und sodann das technische Abnahmeprotokoll jedem Erwerber zuzusenden und selbst die individuelle rechtsgeschäftliche Abnahme schriftlich erklären zu lassen. Die Zusendung kann mit der Aufforderung zur Abnahme binnen angemessener Frist verbunden werden, um bei einem Schweigen die Abnahmefiktion des § 640 Abs. 2 BGB herbeizuführen. Dies ist allerdings erst nach Fertigstellung des Werks möglich (→ Rn. 216).[309] Außerdem ist im Anschreiben darauf hinzuweisen, dass ein **Schweigen** des Erwerbers oder eine Verweigerung der Abnahme ohne Benennung eines Mangels nach Fristablauf **als Abnahme** gilt. Eine Regelung im Bauträgervertrag ist hierfür nicht unbedingt erforderlich.

283   Nachzüglern (die nach vollständiger Fertigstellung des Gemeinschaftseigentums erwerben) kann weder eine bereits erfolgte Abnahme des Gemeinschaftseigentums durch frühere Erwerber, Sachverständige, Verwalter oder sonstige Personen zugerechnet werden, noch lässt sich eine Abnahmewirkung durch Bestimmungen in Teilungserklärungen oder Beschlüsse der Wohnungseigentümergemeinschaft herbeiführen. Entsprechende Klauseln verstoßen gegen § 307 Abs. 1 S. 1, Abs. 2 Nr. 1 BGB und auch gegen § 309 Nr. 8 lit. b ff. BGB, letzteres weil sie die Verjährungsfrist bei einem Vertrag über Werkleistungen verkürzen, und sind damit nichtig.[310] Der Nachzügler muss daher selbst die Abnahme erklären, was mangels Besitzübergang nicht im Bauträgervertrag erfolgen kann.[311] Dagegen kann einem Erwerber bei Kauf einer zweiten Einheit seine eigene Abnahme des Gemeinschaftseigentums zugerechnet werden.[312] Auch kann – sobald das Vertragsobjekt nicht mehr neu und kein Werkvertragsrecht mehr anwendbar ist – auf eine Abnahme verzichtet und die Gewährleistung auch verkürzt werden, da § 309 Nr. 8 lit. b ff. BGB dann nicht anwendbar ist. Allerdings dürfen auch dann die Ansprüche des Nachzüglers nicht früher verjähren als die Ansprüche früherer Vorerwerber.[313]

VII. Eigentümergemeinschaft

284 Bei einem Bauträgervertrag über eine Eigentumswohnung bedarf es zusätzlich zu den allgemeinen Regelungen zum Besitzübergang (→ Rn. 220 ff.) auch einer Regelung zur Eigentümergemeinschaft.

285 **Formulierungsbeispiel: Klausel zur Eigentümergemeinschaft**

Ϙ   Der Erwerber tritt vom Tag des Besitzübergangs an in alle Rechte und Pflichten ein, die sich für ihn aus der Teilungserklärung ergeben. Ein Wohngeld für das Vertragsobjekt hat bis zum Besitzübergang der Veräußerer, ab diesem Zeitpunkt der Erwerber zu zahlen.

---

[308] OLG Stuttgart NJW-RR 2016, 56 = notar 2015, 367 mAnm *Scheibengruber.*
[309] *Basty* Bauträgervertrag Rn. 1010, 1060.
[310] BGH DNotZ 2016, 525 = notar 2017, 69 mAnm *Scheibengruber;* DNotZ 2016, 617 = notar 2017, 70 mAnm *Scheibengruber;* DNotZ 2016, 856 = notar 2017, 72 mAnm *Scheibengruber.*
[311] *Basty* Bauträgervertrag Rn. 1067.
[312] *Basty* Bauträgervertrag Rn. 1065.
[313] BGH NJW 1985, 1551.

> Bei einer Weiterveräußerung hat der Erwerber sicherzustellen, dass die vorstehenden Pflichten auch von künftigen Erwerbern übernommen werden.
>
> Der Veräußerer bevollmächtigt den Erwerber, ab Besitzübergang die Rechte des Wohnungseigentümers auszuüben, insbesondere das Stimmrecht.

VIII. Haftung für Mängel

Auch bei Wohnungseigentum hat jeder Erwerber Mängelrechte. Die Mängelhaftung bezüglich des Sondereigentums entspricht weitgehend dem bei Einzelhäusern. Grundsätzlich gilt dies auch für Mängel am Gemeinschaftseigentum, jedoch bestehen hier im Hinblick auf den Koordinierungsbedarf unter den Erwerbern und den Schutz des Schuldners Beschränkungen. Insbesondere kann die Eigentümergemeinschaft gemäß § 10 Abs. 6 S. 3 WEG durch Beschluss gemeinschaftsbezogene Mängelansprüche einzelner Erwerber an sich ziehen.[314]   **286**

Dies führt zu einer Dreiteilung[315] der Mängelrechte in: **287**
– Exklusiv-Kollektivrechte: Minderung und kleiner Schadensersatz;
– Exklusiv-Individualrechte: Großer Schadensersatz und Rücktritt;
– Rechte, die die Gemeinschaft durch Mehrheitsbeschluss an sich ziehen kann: Erfüllungs- und Nacherfüllungsanspruchs, Aufwendungsersatzanspruch und Vorschussanspruch.

Die Eigentümergemeinschaft entscheidet dann im Rahmen ordnungsgemäßer Verwaltung, welche Rechte sie geltend macht; dies kann auch gegen Einzelinteressen geschehen und hat Vorrang vor den Maßnahmen des einzelnen Erwerbers.[316] Die Erwerber sind dann etwa an einen Vergleichsschluss der Gemeinschaft gebunden, der den Mangel erledigt.[317] Dies hindert den einzelnen Erwerber aber nicht an einer individuellen Fristsetzung mit Ablehnungsandrohung gegenüber dem Bauträger, wenn dies mit den Interessen der Eigentümergemeinschaft nicht kollidiert.[318] Auch kann der einzelne Erwerber ohne Mitwirkung der Gemeinschaft gegen die übrigen Eigentümer ein Beweissicherungsverfahren bezüglich etwaiger Sachmängel einleiten.[319] Die Verjährung der Mängelbeseitigungsansprüche des einzelnen Erwerbers ist gehemmt, solange dann die Eigentümergemeinschaft mit dem Bauträger Verhandlungen über die Mängelbeseitigung führt.[320] Divergiert die vereinbarte Beschaffenheit des Gemeinschaftseigentums in den verschiedenen Erwerbsverträgen kann die Gemeinschaft entscheiden, welche Beschaffenheit sie wählt.[321]   **288**

Die teilrechtsfähige **Eigentümergemeinschaft** kann Ansprüche der Erwerber aus **Bürgschaften** nach § 7 MaBV in gewillkürter Prozessstandschaft geltend machen.[322] Die § 7 MaBV-Bürgschaft sichert das Vorauszahlungsrisiko eines Erwerbers auch wegen Mängeln am Gemeinschaftseigentum, obwohl der Erwerber die Erstattung von Mängelbeseitigungskosten nur an die Gemeinschaft verlangen kann.[323] Die Bürgschaft umfasst allerdings nur den Anteil des Erwerbers, der seinem Haftungsanteil im Verhältnis zur Gemeinschaft für Instandsetzungsaufwendungen entspricht.[324]   **289**

---

[314] BGH NJW 2014, 1377; NJW 2010, 3089; NJW 2007, 1952.
[315] Ausführlich bei *Pause* Bauträgerkauf Rn. 883ff.; kritisch *Derleder* ZWE 2009, 1 und *Pause* BauR 2011, 305.
[316] BGH NJW 2014, 1377.
[317] OLG Köln ZWE 2014, 26.
[318] BGH NJW 2014, 1377; ZWE 2010, 404.
[319] BGH NJW 2018, 1749.
[320] BGH NJW 2014, 1377; ZWE 2010, 404.
[321] OLG Köln ZWE 2015, 28.
[322] BGH DNotZ 2007, 933.
[323] BGH DNotZ 2007, 933.
[324] BGH DNotZ 2007, 933.

290 Zu den Pflichten des Verwalters nach § 27 Abs. 1 Nr. 2 WEG gehört auch die Überprüfung des Gebäudes auf Baumängel innerhalb der Gewährleistungsfrist.[325] Er hat daher insbesondere nach Rüge und Anerkennung eines Mangels, etwa am Balkon, besonderen Anlass, das Bauwerk insgesamt auf vergleichbare Mängel zu untersuchen; wird der Bauträger selbst der erste Verwalter, so hat er bei einer solchen Überprüfung gerade auch seine Kenntnisse als Bauträger einzusetzen, auch wenn der Anspruch auf Beseitigung möglicher Schäden sich dann gegen ihn selbst richtet.[326]

IX. Änderungsvollmachten

291 Mehr noch als bei einem Einzelhaus können sich **nachträgliche Belastungen** (→ Rn. 262) oder **nachträgliche Änderungen** der Teilungserklärung, eventuell auch der Gemeinschaftsordnung, als notwendig oder sinnvoll erweisen. Im praktischen Vollzug sind **Vollmachten** der Erwerber an den Bauträger hilfreich, da Änderungen vor Vollzug der Eigentumsumschreibung der Zustimmung der Vormerkungsberechtigten bedürfen, nach Eigentumsumschreibung der Zustimmung aller Wohnungseigentümer. Der Erwerberschutz (zu § 17 Abs. 2a BeurkG → Rn. 24) gebietet allerdings, die Vollmacht so präzise wie möglich zu fassen, so dass sich ihr Inhalt durch die Erfordernisse der einzelnen Wohnanlage bestimmt. Eine Vollmacht zur „Änderung der Teilungserklärung" umfasst nicht die Befugnis zur Bestellung von Dienstbarkeiten, etwa für Ver- und Entsorgungsleitungen oder für Geh- und Fahrtrechte.[327] Derartiges muss ausdrücklich in der Vollmacht genannt sein, → Rn. 58, 263.

292 Unbedenklich erscheinen generell Änderungen,[328] die das einzelne Sondereigentum wirtschaftlich nicht betreffen, wie Änderungen der Aufteilung **anderer** Einheiten, auch soweit im Einzelfall dort gelegenes Gemeinschaftseigentum betroffen sein sollte, oder Änderungen der Garagen- und Stellplatz- oder der Kellereinteilung bzw. der Vorbehalt späterer Zuweisung entsprechender Sondernutzungsrechte. Bei Sondernutzungsrechten kann sich der Bauträger auch vorbehalten, deren Inhalt noch später – ohne zeitliche Begrenzung, aber mit der auch durch Auslegung zu ermittelnden Einschränkung, dass die Vollmacht mit der Veräußerung der letzten Sondereigentumseinheit an einen Erwerber erlischt – näher zu bestimmen oder zu ändern.[329] Wird keine klare zeitliche Grenze festgelegt, so ist im Zweifelsfall – ähnlich wie bei Grundbuchvollmachten – vom zeitlich geringeren Umfang der Zuweisungsbefugnis auszugehen.[330] Der sachenrechtliche Bestimmtheitsgrundsatz gebietet allerdings, die für eventuelle Sondernutzungsrechte vorbehaltenen Flächen so präzise zu bezeichnen, dass sie bestimmbar sind – „Teile der Gartenflächen" genügt hierfür nicht.[331]

293 Zu unbestimmt und daher unwirksam ist allerdings eine Vollmacht zur Änderung, solange „dem Käufer keine zusätzlichen Verpflichtungen auferlegt werden, sein Sondereigentum unangetastet bleibt und die Benutzung des Gemeinschaftseigentums nicht eingeschränkt wird".[332] Daher empfiehlt es sich, derartige Änderungsvollmachten im **Außenverhältnis** entsprechend weit zu fassen und **Beschränkungen** nur für das **Innenverhältnis** vorzusehen; die Vollmachtausübung kann zu Überwachungszwecken auf eine bestimmte Notarstelle beschränkt werden (→ Rn. 58, 263).[333] Allerdings gibt es auch hier

---

[325] OLG München DNotZ 2009, 220.
[326] OLG München DNotZ 2009, 220.
[327] OLG München BauR 2009, 1341.
[328] Vgl. eingehend *Amann/Brambring/Hertel* Vertragspraxis S. 238 f.
[329] BGH DNotZ 2012, 528.
[330] OLG München MittBayNot 2013, 378 mAnm *Kreuzer*. Zur Frage, ob und unter welchen Voraussetzungen die Zuweisungsbefugnis mit Veräußerung sämtlicher Miteigentumsanteile an Dritte erlischt, s. OLG Zweibrücken MittBayNot 2014, 48 mAnm *Kreuzer*.
[331] BGH DNotZ 2012, 684.
[332] BayObLG DNotZ 1994, 233 mit kritischer Anm. *Röll*.
[333] Kritisch zur Überwachungsmöglichkeit (-kriterien) durch den Notar *Schmidt* MittBayNot 1995, 434 (435).

Schranken: Hat das Grundbuchamt – etwa aus ihm bekannten offensichtlichen und eindeutig gefassten internen Bindungsklauseln – sichere Kenntnis vom Missbrauch einer im Außenverhältnis unbeschränkten Vollmacht, dann kann und muss es die Eintragung ablehnen.[334]

Formulierungsbeispiel: Änderungsvollmacht zur Teilungserklärung

294

Der Erwerber erteilt dem Bauträger unwiderruflich, über den Tod hinaus, unter Befreiung von den Beschränkungen des § 181 BGB Vollmacht, die Teilungserklärung mit Gemeinschaftsordnung nach Belieben abzuändern und alle hierzu erforderlichen oder zweckmäßigen Erklärungen abzugeben und entgegenzunehmen. Untervollmacht darf erteilt werden.

[*ggf.:* Zur Sicherung von Ver- und Entsorgungsleitungen oder nachbarlicher Geh- und Fahrtrechte dürfen auch Grund- und beschränkte persönliche Dienstbarkeiten bestellt werden. Der Bauträger wird auch hierfür bevollmächtigt.]

Im Innenverhältnis vereinbaren die Vertragsteile, dass Sondereigentum und Sondernutzungsrechte des Erwerbers durch solche Änderungen nicht beeinträchtigt werden dürfen. Diese Vollmacht erlischt ein Jahr, nachdem der Bauträger nicht mehr Eigentümer einer Sondereigentumseinheit in der Wohnungseigentümergemeinschaft ist, spätestens jedoch mit Ablauf des ***. Bis dahin ist auch die Erteilung durch etwaige Rechtsnachfolger sicherzustellen. Vollmacht und Untervollmacht können nur vor dem beurkundenden Notar, dessen Amtsnachfolger und Vertreter ausgeübt werden.

E. Vertrag über ein Renovierungsobjekt

Grundsätzlich gelten die allgemeinen Hinweise in → Rn. 65 ff. (Einzelhaus) bzw. 295 → Rn. 265 ff. (Eigentumswohnung), aber mit folgenden **Besonderheiten:**

I. Aufteilungsplan und Abgeschlossenheitsbescheinigung; Zweckentfremdungsgenehmigung

Ob bei Altbauten die Vorschriften des Wärme- und Schallschutzes eingehalten sind, ist 296 keine Frage der Abgeschlossenheit. Die Erteilung der Abgeschlossenheitsbescheinigung nach § 7 Abs. 4 S. 2 WEG darf nicht davon abhängig gemacht werden.[335]

Ob eine Baugenehmigung erforderlich ist, muss auch der Notar prüfen und ggf. als 297 Fälligkeitsvoraussetzung vorsehen.[336] Bei Altbauten bedarf es aber uU zusätzlich zur Baugenehmigung einer Zweckentfremdungsgenehmigung.[337] Sie wird von § 3 Abs. 1 S. 1 Nr. 4 MaBV nicht gefordert, sollte aber im Problemfall vertraglich als Fälligkeitsvoraussetzung vereinbart werden.[338]

II. Baubeschreibung

Der **Umfang** der vorzunehmenden **Renovierungs- oder Sanierungsarbeiten** muss in 298 der Baubeschreibung genau bezeichnet werden. Anders als bei einem neu zu erstellenden Objekt gilt dies nicht nur für künftig noch auszuführende Arbeiten (also zur Beschreibung des Vertragsgegenstandes, der noch nicht existiert), sondern auch für die **Altsubstanz** und für **bereits ausgeführte** Renovierungs- oder Sanierungsarbeiten (negative

---

[334] OLG München MittBayNot 2013, 382.
[335] GemS–OGB DNotZ 1993, 48; BGH DB 1991, 697; aA zuvor VGH München DNotZ 1990, 247; BVerwG DNotZ 1990, 249.
[336] OLG Nürnberg OLGR 2002, 392.
[337] Vgl. *Basty* Bauträgervertrag Rn. 434.
[338] *Basty* Bauträgervertrag Rn. 434.

Baubeschreibung)[339], da sich für die **Altsubstanz** einerseits und die durchgeführten **Arbeiten** andererseits **unterschiedliche Pflichten zur Mängelhaftung** ergeben können. Einer solchen konkreten **Beschaffenheitsvereinbarung** kommt gerade wegen des nur beschränkt möglichen Ausschlusses einer Mängelhaftung (→ Rn. 305 f.) erhebliche Bedeutung zu. Dies gilt umso mehr bei Totalsanierungen, wo der Bauträger ohne konkrete Vereinbarung einer Beschaffenheit des Werks auch für die Altbausubstanz voll haftet.[340] In jedem Fall sollte klar geregelt werden, ob der Bauträger zur Einhaltung von aktuellen technischen Normen und Standards verpflichtet ist.[341]

III. Baufortschrittsraten

299   § 3 Abs. 2 S. 1 und S. 2 MaBV gehen von der Erstellung eines Neubaus aus, sie gelten aber nach § 3 Abs. 2 S. 4 MaBV, wenn das Bauvorhaben einen Altbau betrifft, „mit der Maßgabe entsprechend, dass der hiernach zu errechnende Teilbetrag für schon erbrachte Leistungen mit Vorliegen der Voraussetzungen des Absatzes 1 entgegengenommen werden kann".

300   § 3 Abs. 2 S. 4 MaBV setzt ein **Bauvorhaben** voraus, **nicht** lediglich **geringfügige Renovierungsarbeiten** oder bloße **Schönheitsreparaturen.** Die Grenze ist fließend, Kriterien für ein Bauvorhaben sind in einer **Gesamtbetrachtung:**[342]
– die Bedeutung der Maßnahmen für Konstruktion, Bestand, Erhaltung und Erneuerung des Bauwerkes;
– der Wert der Maßnahmen im Verhältnis zum gesamten Objektswert;
– das Erfordernis einer Baugenehmigung (das für sich allein als Abgrenzungskriterium aber nicht genügt).[343]

301   Fraglich kann unter Umständen sein, ob das Bauvorhaben überhaupt einen Altbau betrifft oder ob ein Neubau entsteht. Bei Eigentumswohnungen wird auf das Gesamtobjekt abzustellen sein, so dass auch der erstmalige Dachgeschossausbau oder ein Anbau an die vorhandene Bausubstanz als Altbau iSd § 3 Abs. 2 S. 4 MaBV anzusehen sind.[344]

302   Liegt ein Bauvorhaben vor, so ist der **Ratenplan** des § 3 Abs. 2 S. 1 MaBV in der Höhe seiner Raten **zwingend,** die Tatbestandsvoraussetzungen müssen aber in ihren auf den Neubau ausgerichteten Begriffen an den Altbau **angepasst** werden: Die Erstellung oder Veränderung von tragenden Wänden, Treppen etc entspricht etwa der Rohbaufertigstellung. Die Reihenfolge der Raten ist austauschbar je nach Baurhythmus.[345] Werden alle Tatbestandsvoraussetzungen einer Rate bereits von der Altsubstanz erfüllt, sind sie also in der Natur schon vorhanden und nicht von Modernisierungsarbeiten betroffen, so kann diese Rate als iSv § 3 Abs. 2 S. 4 MaBV „schon erbracht" mit Vorliegen der Voraussetzungen des § 3 Abs. 1 MaBV in Rechnung gestellt werden (und damit auch schon vor dem Beginn der Arbeiten).

303   Die vorletzte Rate setzt auch hier stets Bezugsfertigkeit und als Zug-um-Zug-Leistung Besitzübergabe voraus, die letzte Rate vollständige Fertigstellung. Strittig ist die Fälligkeit der ersten Rate (Grundstücksrate, beim Neubau fällig mit Beginn der Erdarbeiten, § 3 Abs. 2 S. 2 Nr. 1 MaBV): Würde man nur auf den Wortlaut abstellen, würde auch bei nur geringfügigen Erdarbeiten für die Sanierung erst mit dem Beginn dieser Arbeiten die Fälligkeit der Grundstücksrate eintreten.[346] Jedoch sind die Raten nicht direkt, sondern entsprechend anzuwenden. Die erste Rate soll beim Neubau mit Beginn der Erdarbeiten

---

[339] *Pause* Bauträgerkauf Rn. 633.
[340] BGH NJW 2007, 3275.
[341] *Basty* Bauträgerkauf Rn. 931.
[342] Eingehend dazu *Basty* DNotZ 1991, 18 (24); *ders.* Bauträgerkauf Rn. 576, 918 ff.
[343] Vgl. *Basty* Bauträgerkauf Rn. 576, 918 ff.
[344] So auch *Basty* DNotZ 1997, 284 (292).
[345] Eingehend dazu *Basty* DNotZ 1991, 18 (25).
[346] So OLG Zweibrücken IBR 2016, 698; *Marcks* MaBV § 3 Rn. 47; *Grziwotz/Koeble/Riemenschneider* BauträgerR-HdB 3. Teil Rn. 805; nunmehr wohl auch *Pause* Bauträgerkauf Rn. 342.

fällig werden, weil erst danach überhaupt ein Gebäude entstehen kann. Bei einer Altbausanierung ist dagegen ein Gebäude vorhanden und ein solcher Schutz des Erwerbers nicht erforderlich. Die Grundstücksrate darf daher bei der Altbausanierung generell mit Vorliegen der Voraussetzungen des § 3 Abs. 1 MaBV fällig gestellt werden.[347]

IV. Besitzübergang

Für den Übergang von Besitz, Lasten und Gefahr gelten die allgemeinen Regelungen   **304** (→ Rn. 220 ff.). Soweit Altobjekte **vermietet** sind und erkennbar zum **Eigenbezug** erworben werden, ist der Erwerber auf den **besonderen Kündigungsschutz** des § 577a Abs. 1 BGB hinzuweisen: Innerhalb einer Frist von drei Jahren seit der Veräußerung kann nicht wegen Eigenbedarfs gekündigt werden; durch Rechtsverordnung der Landesregierung können auf die Dauer von jeweils höchstens zehn Jahren Gebiete ausgewiesen werden, in denen „die ausreichende Versorgung der Bevölkerung mit Mietwohnungen zu angemessenen Bedingungen … besonders gefährdet" ist (§ 577a Abs. 2 BGB): In diesen Gebieten verlängert sich die Schutzfrist sogar auf zehn Jahre ab Veräußerung. Zum unter der gleichen rechtspolitischen Zielsetzung eingeführten **Vorkaufsrecht** nach **§ 577 BGB** → § 1 Rn. 189 ff.

V. Haftung für Mängel

Da auch bei der Veräußerung von Altobjekten, die der Veräußerer saniert oder renoviert   **305** (hat), ein Bauträgervertrag vorliegt, richtet sich die Mängelhaftung nach **Werkvertragsrecht.**[348] Auch wenn die Renovierungsarbeiten nach Umfang und Wert kaum ins Gewicht fallen, liegt nach richtiger Ansicht ein Bauträgervertrag oder ähnlicher Vertrag vor. Jedenfalls ist auf diese Werkleistungen Werkvertragsrecht anzuwenden und nur auf das Grundstück und die unveränderte Substanz Kaufrecht.[349] Die MaBV findet dagegen mangels Bauvorhaben keine direkte Anwendung, jedoch können Abschlagszahlungen gemäß § 650v BGB nur nach MABV verlangt werden.[350] Der Abschluss der Arbeiten sollte daher Fälligkeitsvoraussetzung für die Kaufpreiszahlung sein. Bei geringfügigen Renovierungsarbeiten liegt regelmäßig keine Arbeit „bei einem Bauwerk" iSv § 634a Abs. 1 Nr. 2 BGB vor, weshalb es bei der zweijährigen Verjährungsfrist von § 634a Abs. 1 Nr. 1 BGB verbleibt.[351] Eine Haftungsbegrenzung ist für Werkleistungen nicht möglich, § 309 Nr. 8 lit. b BGB.

Unverändert zulässig ist ein **Ausschluss** der Haftung für Mängel an der **Altbausub-**   **306** **stanz,** wobei er nicht Mängel umfassen kann, die erkennbar waren und deren Beseitigung erforderlich gewesen wäre, um den Erfolg der Sanierung nachhaltig sicherzustellen.[352] Strittig ist, ob der Unternehmer seine (ansonsten bestehende) Pflicht zur Untersuchung der Altbausubstanz auf verborgene Mängel ausschließen kann.[353] In einem solchen Ausschluss kann man durchaus eine unangemessene Benachteiligung des Erwerbers iSv § 307 BGB sehen. Unzulässig ist ein Haftungsausschluss jedenfalls dann, wenn die Herstellungspflicht des Bauträgers die Altbausubstanz im Sinne einer Neuherstellung des Gesamtobjekts umfasst.[354] Zum Erfordernis einer **Beschaffenheitsvereinbarung** für die Festlegung des Umfangs eines Mängelausschlusses (→ Rn. 298).

---

[347] Wie hier *Basty* Bauträgervertrag Rn. 588.
[348] BGH DNotZ 2005, 464 mAnm *Fabis* RNotZ 2005, 429; BGH NJW 2006, 214; *Pause* Bauträgerkauf Rn. 632 ff.
[349] OLG Düsseldorf RNotZ 2005, 431; *Pause* Bauträgerkauf Rn. 51 f.; *Basty* Bauträgervertrag Rn. 926 mwN auch zur Gegenansicht.
[350] *Pause* Bauträgerkauf Rn. 51.
[351] *Basty* Bauträgervertrag Rn. 926.
[352] MVHdB V BürgerlR I/*Hertel* Form. I. 30 Anm. 55 (S. 558); *Amann/Brambring/Hertel* Vertragspraxis S. 254 f.; *Basty* Bauträgervertrag Rn. 920 ff.
[353] Dafür *Basty* Bauträgervertrag Rn. 926, 927; dagegen WürzNotar-HdB/*Hertel* Teil 2 Kap. 3 Rn. 359.
[354] BGH NJW 2007, 3275; s. auch eingehend mit zahlreichen Abgrenzungsbeispielen *Bischoff/Mauch* DNotZ 2004, 342.

307 Für die Frage, wie lange ein saniertes Objekt fertiggestellt sein muss, damit es als nicht mehr neu gilt und daher **Kaufrecht** Anwendung findet und die Haftung begrenzt werden kann, gelten die allgemeinen Grundsätze (→ Rn. 35 f., 226 ff.).

VI. Vollmachten

308 Soweit eine Aufteilung in Wohnungseigentum erfolgt ist, kommen Änderungen der Aufteilung im Zuge der Veräußerung ähnlich wie bei einem Neubauobjekt in Betracht. Entsprechende Vollmachten sind auch hier in Erwägung zu ziehen (→ Rn. 58, 262 f., 291 ff.).

F. Gesamtmuster: Bauträgervertrag über ein Einfamilienhaus mit noch zu vermessender Grundstücksfläche

309

UR-Nr. ***

Bauträgervertrag

Heute den ***

erschienen vor mir, *** Notar in ***, in den Amtsräumen in ***:
1. ***, ausgewiesen durch amtlichen Lichtbildausweis,
2. ***, ausgewiesen durch amtlichen Lichtbildausweis.

[ggf.: Vermerk zur Vorbefassung]

Die Beteiligten bestätigen, dass sie vom Notar den Entwurf dieses Vertrags samt Plänen vor mindestens zwei Wochen zugesandt bekommen haben und hinreichend Gelegenheit hatten, sich vorab mit dem Gegenstand der Beurkundung auseinanderzusetzen.

Auf Ansuchen beurkunde ich den vor mir abgegebenen Erklärungen gemäß, nach Unterrichtung über den Grundbuchinhalt, was folgt:

I. Grundbuchstand, Vorbemerkung
1. *** ist als Alleineigentümer des folgenden Grundbesitzes der Gemarkung *** eingetragen:
   Grundbuch von *** Band ***, Fl.-St. ***, *** *[Beschrieb]*
   Der Grundbesitz ist wie folgt belastet:
   Abteilung II:
   ***
   Abteilung III:
   ***
2. Der Eigentümer wird das Grundstück teilen und auf dem vertragsgegenständlichen Grundstücksteil ein Einfamilienwohnhaus mit Garage errichten.

II. Verkauf
***

– nachstehend „Veräußerer" genannt –

verkauft hiermit an
***

– nachstehend „Erwerber" genannt –

zum Alleineigentum *[Alt.: zum Miteigentum je zu Hälfte]*

aus dem in Ziffer I. bezeichneten Grundbesitz eine noch zu vermessende, im beigefügten Lageplan *** gekennzeichnete Teilfläche von ca. *** qm

mit allen Rechten, gesetzlichen Bestandteilen und Zubehör. Der Lageplan (**Anlage 2**) wurde zur Durchsicht vorgelegt und genehmigt. Der Veräußerer ist verpflichtet, die Vermessung unverzüglich im Normalverfahren zu beantragen.

Der Veräußerer wird hiermit ermächtigt, den genauen Grenzverlauf des Vertragsbesitzes nach billigem Ermessen zu bestimmen (§ 315 BGB). Bei der Bestimmung hat er sich möglichst an die Einzeichnungen im vorgenannten Lageplan zu halten, wobei Abweichungen dann zulässig sind, wenn andernfalls eine sonst mögliche Bebauung des dem Veräußerer verbleibenden Restgrundstücks mit *einem* gleichgroßen Wohngebäude eingeschränkt wäre.

III. Bauverpflichtung

1. Der Veräußerer hat auf dem vertragsgegenständlichen Grundbesitz ein Einfamilienwohnhaus nebst Garage gemäß diesem Vertrag, den Bauplänen (**Anlage 3**) und der Baubeschreibung (**Anlage 1**) (in der vorstehenden Rangfolge) schlüsselfertig zu erstellen. Er hat die Regeln der Baukunst zu beachten und normgerechte Baustoffe zu verwenden. Die Baupläne wurden zur Durchsicht vorgelegt und von den Beteiligten genehmigt.

   Der Veräußerer kann von vorgenannten Unterlagen abweichen, wenn dies rechtlich geboten ist, insbesondere wegen baubehördlicher Auflagen, oder wenn es sich als technisch oder wirtschaftlich notwendig erweist und dem Erwerber zumutbar ist.

   Soweit Bauleistungen hiernach nicht eindeutig beschrieben sind, hat der Veräußerer ihren Inhalt nach billigem Ermessen zu bestimmen.

2. Der Veräußerer hat die geschuldeten Arbeiten nach den gesetzlichen Anforderungen und behördlichen Vorschriften auszuführen.

   [*ggf.:* Außerdem hat er die im Zeitpunkt der Baugenehmigung anerkannten Regeln der Technik einzuhalten; spätere Änderungen dieser Vorschriften und Regeln muss der Veräußerer nicht beachten. Der Veräußerer muss somit nicht die bei Abnahme geltenden anerkannten Regeln der Technik einhalten, insbesondere nicht die energetischen Anforderungen nach der Energieeinsparverordnung für Neubauten mit Bauantrag ab ***.]

3. Der Veräußerer verpflichtet sich, das Vertragsobjekt bis *** bezugsfertig zu stellen. Die Fertigstellung erfolgt dann unverzüglich. Behinderungen bei der Herstellung des Objekts aus Umständen, die vom Veräußerer nicht zu vertreten sind, zB höhere Gewalt, Streik, Ausführung von Sonderwünschen, verlängern die Herstellungsfrist um die Dauer der Behinderung.

   Sollte die Bezugsfertigkeit des Vertragsobjekts bis zum vereinbarten Zeitpunkt nicht gegeben sein, haftet der Veräußerer nach den gesetzlichen Bestimmungen.

4. Ein Anspruch auf Übernahme von Sonderwünschen besteht nicht.

5. [*ggf.:* Pläne und Baubeschreibung sind nur für das Vertragsobjekt verbindlich, nicht auch für umgebende und angrenzende Objekte.]

   Einrichtungsgegenstände, Illustrationen, Gestaltung der Außenanlagen, die in Plänen oder anderem Werbematerial eingezeichnet sind, dienen grundsätzlich nur als beispielhafte Veranschaulichung und sind vertraglich nur geschuldet, soweit in diesem Vertrag oder der Baubeschreibung enthalten.

IV. Kaufpreis

Der Kaufpreis beträgt
– für das Grundstück *** EUR pro Quadratmeter, für angenommene *** qm also vorläufig *** EUR,
– für die Bauleistung *** EUR (als Festpreis),

somit insgesamt *** EUR (in Worten: *** Euro).

Ein sich mit der Vermessung etwaig ergebender Unterschiedsbetrag zum vorläufigen Kaufpreis ist im Rahmen des nachstehenden Ratenplans fällig bzw. zu verrechnen.

Eine Änderung der Wohnfläche gegenüber dem angestrebten Wert von *** qm bis zu zwei Prozent hat keinen Einfluss auf den vereinbarten Kaufpreis. Eine darüber hinausgehende Verringerung der Wohnfläche wird dem Erwerber mit *** EUR pro Quadratmeter erstattet.

Die Wohnfläche wurde gemäß *** berechnet. Überdeckte Flächen von Balkonen, Terrassen sowie Loggien werden zu 50 %, nicht überdeckte Flächen zu 25 % auf die Wohnfläche angerechnet.

V. Zahlung des Kaufpreises

1. Grundvoraussetzungen der Fälligkeit

Der Kaufpreis ist in Raten zu zahlen.

a) Grundvoraussetzungen für die Fälligkeit aller Raten sind
- das Vorliegen aller etwa zur Rechtswirksamkeit und zum Vollzug dieses Vertrags erforderlichen Genehmigungen beim Notar;
- die Eintragung der Auflassungsvormerkung am in Ziffer I bezeichneten Grundstück für den Erwerber im Rang nur nach den in Abschnitt I genannten und unter Mitwirkung des Erwerbers bestellten Grundstücksbelastungen;
- die Sicherung der Lastenfreistellung durch Vorliegen der Freistellungsverpflichtung des Gläubigers beim Notar, welcher diese treuhänderisch verwahrt, und Aushändigung einer Kopie dieser Erklärung an den Erwerber [*Alt.:* ... und dieser Urkunde in Kopie beigefügt ist].
  Nach dieser Freistellungsverpflichtung müssen nicht übernommene Grundpfandrechte gelöscht werden, und zwar, wenn das Bauvorhaben vollendet wird, unverzüglich nach Zahlung der geschuldeten Vertragssumme, andernfalls unverzüglich nach Zahlung des dem erreichten Bautenstand entsprechenden Teils der geschuldeten Vertragssumme durch den Erwerber. Für den Fall, dass das Bauvorhaben nicht vollendet wird, kann sich der Gläubiger vorbehalten, anstelle der Freistellung alle vom Erwerber vertragsgemäß geleisteten Zahlungen bis zum anteiligen Wert des Vertragsobjekts zurückzuzahlen;
- die Bestätigung des Notars, dass alle vorgenannten Voraussetzungen vorliegen und ihm keine Gründe ersichtlich sind, die gegen die Wirksamkeit des Vertrages sprechen. Der Notar wird beauftragt, die Bestätigung dem Erwerber an die hier genannte Anschrift zu erteilen. Der Veräußerer erhält eine Abschrift;
- das Vorliegen der Baugenehmigung oder des der Makler- und Bauträgerverordnung bzw. Hausbauverordnung entsprechenden Nachweises, dass eine Baugenehmigung nicht erforderlich ist, diese als erteilt gilt oder mit dem Bauvorhaben begonnen werden darf. Dies hat der Veräußerer dem Erwerber nachzuweisen.

b) [*ggf.:* Alternativ zu vorstehend a) ist Grundvoraussetzung der Fälligkeit aller Raten die Aushändigung je einer selbstschuldnerischen Bankbürgschaft gemäß § 7 MaBV an den Erwerber zur Absicherung aller etwaigen Ansprüche auf Rückgewähr oder Auszahlung der von ihm geleisteten Vermögenswerte. Die Bürgschaften sind an die Bank zurückzugeben, sobald der Veräußerer die Rückgabe verlangt, nicht aber bevor die in a) genannten Voraussetzungen vorliegen.]

2. Raten

Der Erwerber hat entsprechend der Durchführung des geschuldeten Bauvorhabens folgende Raten, berechnet in Vom-Hundert-Sätzen aus der Vertragssumme, zu zahlen:
- 30,0 % nach Beginn der Erdarbeiten;
- 28,0 % nach Rohbaufertigstellung einschließlich Zimmererarbeiten;
- 11,9 % für die Herstellung der Dachflächen und Dachrinnen und die Rohinstallation der Heizungs-, Sanitär- und Elektroanlagen;
- 7,0 % für den Fenstereinbau einschließlich Verglasung;
- 8,4 % für den Innenputz, ausgenommen Beiputzarbeiten, den Estrich und die Fassadenarbeiten;

– 11,2 % nach Bezugsfertigkeit und Zug um Zug gegen Besitzübergabe;
– 3,5 % nach vollständiger Fertigstellung.

Diese Raten sind – das Vorliegen der in Ziffer V. 1. genannten Grundvoraussetzungen vorausgesetzt – zur Zahlung fällig zehn Tage, nachdem die entsprechenden Arbeiten durchgeführt sind und der Veräußerer den Erwerber unter Vorlage einer Bestätigung des Bauleiters über den erreichten Bautenstand zur Zahlung aufgefordert hat

Der Notar wies darauf hin, dass die vereinbarten Kaufpreisraten mindestens dem tatsächlichen Wert des Baufortschritts entsprechen müssen. Dies ist nach Angabe des Veräußerers der Fall.

3. Einbehalt

Der Erwerber ist berechtigt, 5 % des Kaufpreises aus der ersten Kaufpreisrate bis zur rechtzeitigen Herstellung des Werks ohne wesentliche Mängel einzubehalten, sofern ihm nicht der Veräußerer in dieser Höhe Sicherheit durch Stellung einer Bürgschaft eines in Deutschland zum Geschäftsbetrieb befugten Kreditinstituts oder Kreditversicherers leistet.

Mit Wegfall des Sicherungszwecks, insbesondere wenn der Sicherungsfall nicht mehr eintreten kann, erlischt das Recht auf Sicherheitsleistung und eine gestellte Sicherheit ist zurückzugeben bzw. ein einbehaltener Betrag wird zur Zahlung fällig.

4. Zahlungen

Die Raten sind auf das im Freigabeversprechen des Gläubigers angegebene Konto zu zahlen. Der Veräußerer hat seinen Kaufpreisanspruch in voller Höhe an diesen Gläubiger abgetreten. Er hat gleichwohl Anspruch auf Leistung an den Gläubiger.

Der Erwerber gerät bei Fälligkeit auch ohne Mahnung in Verzug.

VI. Abnahme

Die Vertragsteile verpflichten sich gegenseitig zur Abnahme nach bezugsfertiger Herstellung des Vertragsobjekts. Werkleistungen, die erst nach diesem Zeitpunkt zu erbringen sind, werden nach Fertigstellung abgenommen.

Bei der Abnahme findet eine gemeinsame Besichtigung des Vertragsobjektes statt. Hierüber ist ein Abnahmeprotokoll anzufertigen, in das noch fehlende Leistungen und Mängel aufzunehmen sind, auch soweit hierüber Streit besteht. Andere Formen der Abnahme sind damit nicht ausgeschlossen.

VII. Besitzübergang

Besitz und Nutzungen gehen mit Übergabe auf den Erwerber über. Ab Übergabe sowie im Fall einer vorzeitigen Nutzung ab Nutzungsbeginn gehen alle Lasten, insbesondere auch die laufenden Steuern und öffentlichen Abgaben, die Gefahr der Verschlechterung sowie die Verkehrssicherungspflicht auf den Erwerber über.

Der Veräußerer ist verpflichtet dem Erwerber das Vertragsobjekt mit der Abnahme zu übergeben, wenn der Erwerber alle zu diesem Zeitpunkt fälligen Zahlungen geleistet hat oder Zug um Zug gegen Übergabe leistet.

VIII. Mängel

1. Rechtsmängel

Der Veräußerer schuldet dem Erwerber ungehinderten Besitz- und Eigentumsübergang und Freiheit des Vertragsobjekts von allen Belastungen, soweit sie nicht vom Erwerber übernommen werden. Der Erwerber übernimmt nur die unter Ziffer I. genannten Belastungen in Abteilung II sowie die mit seiner Zustimmung bestellten Rechte gemäß Ziffer X. und tritt in die zugrundeliegenden Rechte und Pflichten ein. Die unter Ziffer I. genannten Belastungen in Abteilung III sind zu löschen.

2. Sachmängel

Für Mängel am Bauwerk gelten die Bestimmungen des Bürgerlichen Gesetzbuchs über den Werkvertrag, die der Notar erläutert hat.

Hinsichtlich des Grundstücks haftet der Veräußerer dafür, dass das Gebäude dort errichtet und bestimmungsgemäß genutzt werden kann, und dass die Beschaffenheit des Grundstücks nicht zu Sachmängeln am Bauwerk führt. Eine weitere Haftung wird, außer im Falle der Arglist, ausgeschlossen. Schadensersatzansprüche des Erwerbers wegen Verletzung von Leben, Körper oder Gesundheit, sowie bei grober Fahrlässigkeit oder Vorsatz bleiben unberührt.

3. Abtretung

Sicherheitshalber tritt der Veräußerer die ihm gegen die am Bau beteiligten Architekten, Bauhandwerker, Zulieferer und alle sonst mit dem Bau befassten Dritten zustehenden Erfüllungs- und Schadensersatzansprüche sowie Ansprüche wegen Mängeln am Sondereigentum – soweit zulässig – an den Erwerber ab. Die Abtretungen werden erst wirksam, wenn der Veräußerer mit seinen entsprechenden Verpflichtungen in Verzug ist und ihnen trotz schriftlicher Aufforderung mit angemessener Fristsetzung nicht nachkommt oder die Ansprüche des Erwerbers gegen den Veräußerer nicht mehr bestehen. Der Veräußerer bleibt berechtigt, diese Ansprüche im eigenen Namen auf eigene Kosten durchzusetzen.

Der Veräußerer verpflichtet sich, dem Erwerber eine Liste mit allen an der Errichtung des Gebäudes beteiligten Personen bzw. Firmen auszuhändigen.

IX. Erschließungskosten

Der Veräußerer trägt die Kosten für naturschutzrechtliche Ausgleichsmaßnahmen, für Anschlussgebühren und die Verlegung der Ver- und Entsorgungsleitungen, ferner sämtliche Erschließungskosten, Abgaben und Beiträge nach dem BauGB, KAG und Satzungen für den zur Bezugsfertigkeit erforderlichen, bis dahin hergestellten oder abgerechneten Ausbau der Erschließungsanlagen. Art und Umfang der Leistungen des Veräußerers richten sich nach der Baubeschreibung und der Baugenehmigung für das Bauvorhaben. Erstattungen stehen demjenigen zu, der die Zahlung erbracht hat. Wenn öffentliche Lasten bei Fälligkeit der letzten Rate noch nicht bezahlt sind, kann der Erwerber Sicherheitsleistung verlangen.

X. Befugnisse des Veräußerers

1. Befugnisse des Veräußerers

Der Veräußerer ist befugt, nach billigem Ermessen Regelungen zu treffen
– zur Bebauung, Erschließung sowie Ver- und Entsorgung des Vertragsgrundbesitzes und der Nachbargrundstücke;
– für die Benutzung und Unterhaltung gemeinschaftlicher Anlagen und Einrichtungen;
– bezüglich der nachbarlichen Verhältnisse;
– zur Sicherung behördlicher Auflagen.

Zur rangrichtigen dinglichen Absicherung dieser Regelungen kann der Veräußerer Dienstbarkeiten, Reallasten und Miteigentümervereinbarungen im Grundbuch eintragen, ändern und löschen lassen sowie Rangrücktritte erklären.

Notar- und Grundbuchkosten die bei Wahrnehmung dieser Befugnis anfallen hat der Veräußerer zu tragen.

2. Vollmacht

Der Erwerber erteilt hiermit dem Veräußerer unwiderruflich, über den Tod hinaus, mit der Befugnis zu In-sich-Geschäften und zur Erteilung von Untervollmacht

Vollmacht,

alle Rechtsgeschäfte und Rechtshandlungen vorzunehmen, die ihm im Hinblick auf Ziffer X.1. zweckmäßig erscheinen. Soweit erforderlich ist der Erwerber auch verpflichtet, bei entsprechenden Rechtsgeschäften und -handlungen mitzuwirken.

Die Vollmacht kann nur zur Urkunde des beurkundenden Notars bzw. seiner Vertreter oder Nachfolger im Amt ausgeübt werden. Sie erlischt mit Ablauf des ***. Bis dahin ist auch die Erteilung durch etwaige Rechtsnachfolger sicherzustellen.

XI. Auflassung, Grundbucherklärungen

1. Vormerkung

Zur Sicherung des Anspruchs des Erwerbers auf Übertragung des Eigentums gemäß Ziffer II. bewilligt der Veräußerer und beantragt der Erwerber die Eintragung einer entsprechenden Vormerkung im Grundbuch.

Der Erwerber bewilligt und beantragt die Löschung dieser Vormerkung
a) an den nicht betroffenen Grundstücksflächen nach Grundstücksteilung; der Notar wird zu deren grundbuchmäßiger Bezeichnung bevollmächtigt;
b) am Vertragsobjekt bei Eigentumsumschreibung, wenn keine beeinträchtigenden Zwischeneintragungen ohne seine Zustimmung erfolgt sind.

2. Vollzug des Fortführungsnachweises

Der Veräußerer bewilligt und beantragt, die im Fortführungsnachweis enthaltenen Grundstücksveränderungen im Grundbuch zu vollziehen, insbesondere die Grundstücksteilung.

3. Auflassung

Der Veräußerer ist verpflichtet, dem Erwerber das Eigentum am Vertragsobjekt Zug um Zug gegen Zahlung des geschuldeten Kaufpreises zu verschaffen.

Die Vertragsteile verpflichten sich, in einem Nachtrag zu dieser Urkunde das Messungsergebnis anzuerkennen und die Auflassung zu erklären und entgegenzunehmen, sobald
a) der Auszug aus dem Fortführungsnachweis vorliegt;
b) das Vertragsobjekt vollständig fertig gestellt ist und
c) der Erwerber sämtliche bis dahin fälligen Kaufpreisansprüche des Veräußerers erfüllt hat.

Der Veräußerer hat die Auflassung auch dann zu erklären, wenn er das Bauvorhaben aus wirtschaftlichen Gründen nicht vollenden kann, vorausgesetzt, der Erwerber hat alle bis dahin fälligen Zahlungen geleistet und diese decken den Wert des Bauobjekts zu diesem Zeitpunkt.

Der Erwerber erteilt hiermit dem Veräußerer unter Befreiung von den Beschränkungen des § 181 BGB Vollmacht, die Auflassung des Vertragsobjekts zu erklären und entgegenzunehmen.

4. Lastenfreistellung

Es wird bewilligt und beantragt, alle vom Erwerber nicht übernommenen Belastungen im Grundbuch zu löschen.

XII. Hinweise

Der Notar hat insbesondere auf Folgendes hingewiesen:
– Der Erwerber wird nicht schon mit der heutigen Beurkundung, sondern erst mit der Umschreibung im Grundbuch Eigentümer des Vertragsgrundbesitzes und kann diesen

vorher nur mit Zustimmung des Veräußerers belasten. Die Umschreibung setzt voraus, dass die Nachtragsbeurkundung durchgeführt und die Auflassung erklärt, die erforderlichen Genehmigungen und die Unbedenklichkeitsbescheinigung des Finanzamtes wegen der Grunderwerbsteuer vorliegen.
– Diese Urkunde muss alle Vereinbarungen der Vertragsteile richtig und vollständig enthalten, da der Vertrag andernfalls unwirksam sein kann.
– Der Vertragsgrundbesitz haftet für alle öffentlichen Lasten, namentlich Erschließungsbeiträge. Hierzu erteilt die Gemeinde Auskunft.
– Zahlungen des Erwerbers sind nur insoweit abgesichert, als die Kaufpreisraten dem Wert der jeweiligen Leistungen des Veräußerers entsprechen und die genannten Fälligkeitsvoraussetzungen vorliegen. Die Auflassungsvormerkung im Grundbuch und die Freistellungsverpflichtungserklärung des Grundschuldgläubigers beseitigen nicht das allgemeine Baufertigstellungsrisiko. Hierzu mögliche Regelungen wurden mit dem Beteiligten besprochen, aber nicht gewünscht.
– Der Notar hat keine steuerliche Beratung übernommen, sondern empfohlen, sich von einem Steuerberater beraten zu lassen.

XIII. Vollzug

Der Notar, seine Vertreter und Amtsnachfolger werden beauftragt und bevollmächtigt, für mehrere Vertragsteile auch gleichzeitig, alle Erklärungen zum Vollzug dieses Vertrags abzugeben und entgegenzunehmen, insbesondere
– den Vertragsgrundbesitz grundbuchmäßig zu bezeichnen;
– Genehmigungen und Negativzeugnisse sowie Lastenfreistellungserklärungen unter Fertigung von Entwürfen einzuholen und für alle Beteiligten entgegenzunehmen und hierzu Auskünfte und Abschriften zu diesem Vertrag zu erteilen;
– Anträge zu stellen, abzuändern und zurückzunehmen.

Entsprechende Vollmacht wird jedem Mitarbeiter an der Notarstelle erteilt, einschließlich der Befugnis, diesen Vertrag zu Urkunde des Notars *** in ***, seiner Vertreter oder Amtsnachfolger zu ändern und zu ergänzen.

XIV. Sonstiges

1. Kosten

Alle Kosten aus Anlass dieses Vertrags und seines Vollzugs sowie die Grunderwerbsteuer trägt der Erwerber, die neben der Vollzugsgebühr anfallenden Kosten der Lastenfreistellung und etwaige Kosten der Gebäudeeinmessung der Veräußerer. Auf die gesamtschuldnerische Haftung aller Beteiligten wurde hingewiesen.

2. Kopien

Von dieser Urkunde erhalten beglaubigte Abschriften:
– Veräußerer,
– Erwerber,
– Grundbuchamt,
– Finanzierungsgläubiger des Veräußerers,
– Finanzierungsgläubiger des Erwerbers.

Einfache Abschriften erhalten:
– Finanzamt Grunderwerbsteuerstelle,
– Gutachterausschuss.

XV. Finanzierung

Der Veräußerer verpflichtet sich, bei der Bestellung von Grundpfandrechten zur Finanzierung des Kaufpreises nach Maßgabe der nachfolgenden Bestimmungen mitzuwirken und bevollmächtigt jeden Erwerber einzeln über den Tod hinaus, im Weg des Insichgeschäfts den verkauften Grundbesitz mit Grundpfandrechten in beliebiger Höhe mit beliebigen Zinsen und Nebenleistungen für deutsche oder österreichische Kredit- oder Versicherungsunternehmen zu belasten, deren Rang zu bestimmen und alle hierzu erforderlichen Erklärungen und Anträge abzugeben, insbesondere die dingliche Zwangsvollstreckungsunterwerfung zu erklären und Zweckbestimmungserklärungen abzugeben.

Eine persönliche Haftung des Veräußerers darf nicht begründet werden. Der Erwerber hat ihn von sämtlichen Kosten freizustellen.

Die Grundpfandrechte dienen bis zur vollständigen Kaufpreiszahlung ausschließlich als Sicherheit für die auf den Kaufpreis ausbezahlten Darlehensbeträge. Abweichende Sicherungsvereinbarungen gelten erst ab vollständiger Kaufpreiszahlung.

Der Erwerber weist den Darlehensgeber deshalb an, bis zur vollständigen Kaufpreiszahlung Auszahlungen nur, soweit zur Lastenfreistellung erforderlich, an die dinglich Berechtigten, im Übrigen an den Veräußerer vorzunehmen.

Dem dies annehmenden Erwerber werden mit Zahlung des Kaufpreises, in jedem Fall ab Eigentumsumschreibung, die für diese Grundpfandrechte entstandenen Eigentümerrechte und Rückgewähransprüche abgetreten und entsprechende Grundbucheintragung bewilligt. Diese Grundpfandrechte werden vom Erwerber übernommen.

Die Vollmacht kann nur zu Urkunde des beurkundenden Notars, dessen Vertreter oder Amtsnachfolger ausgeübt werden.

Der Erwerber kann seine Rechte aus diesem Vertrag vor vollständiger Kaufpreiszahlung nur zur Finanzierung des Kaufpreises abtreten oder verpfänden. Ihm ist bekannt, dass eine mit dieser Vollmacht bestellte Grundschuld erst nach Eintragung des vermessenen Vertragsgrundstücks im Grundbuch dort eingetragen werden kann.

Die Erwerber erteilen sich gegenseitig Vollmacht, alle Erklärungen und Rechtshandlungen zur Bestellung und rangrichtigen Eintragung dieser Grundpfandrechte am Vertragsobjekt vor- und entgegenzunehmen.

Insbesondere kann der Bevollmächtigte auch die persönliche Haftung im Namen des anderen Erwerbers eingehen und dessen Unterwerfung unter die sofortige Zwangsvollstreckung erklären sowie mit der Auflassungsvormerkung hinter die zubestellenden Grundpfandrechte zurückzutreten.

Pläne zur Durchsicht vorgelegt,
samt Anlage 1 vorgelesen, genehmigt und unterschrieben

§ 3. Wohnungseigentum

Übersicht

Schrifttum:

Abramenko, Das neue WEG in der anwaltlichen Praxis, 2007; *Bamberger/Roth,* BGB, 3. Aufl. 2012 (WEG bearbeitet von *Hügel*); *Bärmann,* WEG, 14. Aufl. 2018; *Bärmann/Seuß,* Praxis des Wohnungseigentums, 7. Aufl. 2017; beck-online.GROSSKOMMENTAR, WEG, 2019 (zit.: BeckOGK/*Bearbeiter*); *Häublein,*

Sondernutzungsrechte und ihre Begründung im Wohnungseigentumsrecht, 2003; *Hügel/Elzer,* Das neue WEG-Recht, 2007; *Hügel/Elzer,* Wohnungseigentumsgesetz, 2. Aufl. 2017; *Hügel/Scheel,* Rechtshandbuch Wohnungseigentum, 4. Aufl. 2018; *Ingenstau/Hustedt,* ErbbauRG, 11. Aufl. 2019; *Jennißen,* WEG, 5. Aufl. 2017; *Klaßen/Eiermann,* Das Mandat in WEG-Sachen, 3. Aufl. 2008; *Köhler,* Anwalts-Handbuch Wohnungseigentumsrecht, 3. Aufl. 2012; *Langhein,* Notarformulare Wohnungseigentumsrecht, 2. Aufl. 2014; *H. Müller,* Beck'sches Formularbuch Wohnungseigentumsrecht, 3. Aufl. 2016; *H. Müller,* Praktische Fragen des Wohnungseigentums, 6. Aufl. 2015; *M. Müller,* Änderungen des sachenrechtlichen Grundverhältnisses der Wohnungseigentümer, 2010; Münchener Kommentar BGB, 7. Aufl. 2017 (WEG bearbeitet von *Commichau* und *Engelhardt*); *Munzig,* Teilungserklärung und Gemeinschaftsordnung 2. Aufl. 2008; *Niedenführ/Kümmel/Vandenhouten,* WEG, 10. Aufl. 2012; NomosKommentar BGB, Band 3, 4. Aufl. 2016 (WEG bearbeitet von *Heinemann* und *Schulzky*); *Palandt,* Bürgerliches Gesetzbuch, 78. Aufl. 2019 (WEG bearbeitet von *Wicke*); *Riecke/Schmid,* WEG, 4. Aufl. 2015; *Schmid/Kahlen,* Wohnungseigentumsgesetz, 2007; *Spielbauer/Then,* WEG, 3. Aufl. 2017; *Staudinger,* BGB, WEG Band 1 und 2, 2018 (bearbeitet von *Häublein, Jacoby, Kreuzer, Lehmann-Richter, Rapp* und *Spiegelberger*); *Timme,* WEG, 2. Aufl. 2014; *Weitnauer,* Wohnungseigentumsgesetz, 9. Aufl. 2005.

A. Allgemeines zum Wohnungseigentum

1   Das Wohnungseigentumsgesetz (WEG) vom 15.3.1951 war durch die katastrophale Wohnungssituation der Nachkriegszeit entstanden. Die Miteigentümergemeinschaft des BGB mit Verwaltungs- und Benutzungsregelung sowie Ausschluss des Rechts, die Auseinandersetzung zu verlangen (§§ 746, 751, 1008, 1010 BGB), konnte sich in der Praxis nicht durchsetzen. Der entscheidende Mangel der BGB-Gemeinschaft liegt darin, dass Miteigentumsanteile für sich allein von den Banken nicht als Kreditsicherheit akzeptiert wurden. Damit war eine Wohnungsbaufinanzierung bei einem Mehrfamilienhaus nur über eine zumindest dinglich gesamtschuldnerische Haftung aller Miteigentümer möglich. Die Miteigentümergemeinschaft nach BGB leidet ferner darunter, dass bei Vorliegen eines wichtigen Grundes (§ 749 BGB), bei Pfändung (§ 751 BGB) oder Insolvenz des Eigentümers (§ 84 Abs. 2 InsO) die **Aufhebung der Gemeinschaft** verlangt werden kann, auch wenn dieses Recht ansonsten vertraglich ausgeschlossen wurde. Die alsdann folgende zwangsweise Verwertung erstreckt sich nicht nur auf den Anteil desjenigen Miteigentümers, in dessen Person ein wichtiger Grund gegeben ist oder der gepfändet wurde, sondern auf das gesamte Grundstück. Die Bruchteilsgemeinschaft nach BGB hat deshalb keine garantierte Stabilität.

2   Demgegenüber brachte das WEG mit seiner Ausgestaltung des Wohnungseigentums sachenrechtliches Neuland. In Abweichung zu den §§ 93, 94 BGB wurde das **Sondereigentum** geschaffen, das echtes Eigentum an realen Teilen eines Gebäudes zulässt (§ 5 Abs. 1 WEG). Dieses Sondereigentum ist untrennbar mit einem Miteigentumsanteil nach Bruchteilen am Grundstück (und am sonstigen Gemeinschaftseigentum) verbunden (§§ 1 Abs. 2, 6 Abs. 1 WEG). Die Wohnungseigentümergemeinschaft ist unauflöslich, selbst wenn ein wichtiger Grund vorliegt. Auch die Rechte des Pfändungsgläubigers (§ 751 BGB) sowie das Recht im Insolvenzverfahren (§ 84 Abs. 2 InsO), die Aufhebung der Gemeinschaft zu verlangen, sind ausgeschlossen (§ 11 WEG).

I. Gründe für die Wahl von Wohnungseigentum

3   **1. Schaffung selbständig verfügbarer Einheiten.** Die Schaffung rechtlich selbständiger, für sich allein verfügbarer in sich abgeschlossener Raumeinheiten ist der wichtigste Grund, Wohnungseigentum zu begründen. Wohnungseigentum kommt deshalb stets dann in Betracht, wenn sich auf einem Grundstück ein Gebäude mit mehreren in sich abgeschlossenen Einheiten befindet und diese jeweils für sich alleine zum Gegenstand des Rechtsverkehrs gemacht werden sollen.

4   **2. Ersatzlösung für nicht mögliche reale Grundstücksteilung.** Die Begründung von Wohnungseigentum kommt auch als Ersatz für eine reale Grundstücksteilung in Betracht.

Es ist möglich, dass durch örtliche Bauvorschriften bestimmte Mindestgrößen für Baugrundstücke vorgeschrieben sind, die bei Realteilung von Doppelhaushälftegrundstücken oder Reihenhausgrundstücken unterschritten werden. Möglicherweise wird auch, je nach örtlicher Anordnung der Gebäude, bei einer Realteilung auf einem Grundstücksteil die zulässige Geschossflächenzahl überschritten. Häufig kommt es auch vor, dass bei Reihenhäusern zahlreiche Dienstbarkeiten/Reallasten bestellt und eingetragen werden müssen, um die Ver- und Entsorgung der Gebäude sowie die Zufahrt sicherzustellen. Erfolgt hier die rechtliche Ausweisung nach dem WEG, so befinden sich diese Einrichtungen im Gemeinschaftseigentum mit dem Ergebnis, dass deren dingliche Sicherung entbehrlich ist.

In diesen Fällen kann mit der Konstruktion des Wohnungseigentums geholfen werden. 5 Bezüglich der ansonsten real aufgeteilten unbebauten Grundstücksflächen wird ein **Sondernutzungsrecht zur umfassenden Benutzung** begründet. Die Vereinbarungen der Wohnungseigentümer untereinander über ihr Verhältnis können gemäß § 10 WEG in der Weise ausgestaltet werden, dass im wirtschaftlichen Ergebnis jeder Eigentümer so gestellt ist, als ob er Alleineigentümer seiner Sondernutzungsfläche und seines Gebäudes ist, auch soweit es sich um zwingendes Gemeinschaftseigentum handelt (→ Rn. 52 ff.).

3. Vorsorgliche Teilung. Anlass zur Begründung von Wohnungseigentum kann auch 6 dann gegeben sein, wenn der Eigentümer befürchtet, dass die Begründung von Wohnungseigentum in Zukunft rechtlich ausgeschlossen oder erschwert wird oder wenn es sich um die Nichtanwendung von Mieterschutzvorschriften handelt. In der Wohnungspolitik wird regelmäßig aus politischen Gründen das **Verbot der Umwandlung** von Mietwohnungen in Eigentumswohnungen für Ballungszentren gefordert.[1] Hinzuweisen ist auch auf § 22 BauGB, wonach für Gemeinden, die durch den Fremdenverkehr geprägt sind, eine **Genehmigungspflicht** für die Begründung von Wohnungseigentum (nicht jedoch für eine Benutzungsregelung gemäß § 1010 BGB)[2] statuiert werden kann[3] und die Genehmigung nicht durch dienstbarkeitsgesichertes Verbot der Nutzung als Zweitwohnung eingeklagt werden kann.[4] Nach § 172 Abs. 1 S. 4 BauGB sind die Landesregierungen ermächtigt, im Geltungsbereich von **Erhaltungssatzungen** durch Rechtsverordnung mit einer Geltungsdauer von höchstens fünf Jahren zu bestimmen, dass die Begründung von Sondereigentum (Wohnungseigentum und Teileigentum gemäß § 1 des WEG) an Gebäuden, die ganz oder teilweise Wohnzwecken zu dienen bestimmt sind, nicht ohne Genehmigung erfolgen darf.[5] Zum Grundbuchvollzug ist die Vorlage eines Genehmigungsbescheides bzw. eines Negativzeugnisses jedoch nur dann erforderlich, wenn das entsprechende Bundesland eine entsprechende Rechtsverordnung erlassen hat.[6] Zu beachten ist auch § 577a BGB: Ist an den vermieteten Wohnräumen nach der Überlassung an den Mieter Wohnungseigentum begründet und das Wohnungseigentum veräußert worden, so kann sich der Erwerber auf berechtigte Interessen für eine Kündigung nicht vor Ablauf von drei Jahren seit der Veräußerung an ihn berufen (näheres hierzu → Rn. 201). Die Frist kann durch Verordnung der Landesregierung sogar auf zehn Jahre ausgeweitet werden. Neben der Erschwerung der Kündigung steht dem Mieter bei Umwandlung ferner ein gesetzliches Vorkaufsrecht gemäß § 577 BGB zu, das schriftlich auszuüben ist und das bei Tod des Mieters auch dem Nachfolgeberechtigten zusteht. Dieses Vorkaufsrecht ist rein schuldrechtlicher Natur.[7] Wird es von einem Verkäufer (Vermieter) nicht beachtet, so

---

[1] Vgl. *Schmidt* DNotZ 1990, 252.
[2] OLG Schleswig DNotZ 2000, 779.
[3] BVerwG MittBayNot 1996, 237.
[4] Abl. *Schmidt* MittBayNot 1996, 179; *Grziwotz* MittBayNot 1996, 181.
[5] *Krauß* notar 2015, 289; zu den Voraussetzungen für die Erteilung einer Genehmigung gem. § 172 Abs. 4 S. 3 BauGB s. DNotI-Report 2017, 185.
[6] KG MittBayNot 2016, 351; OLG München MittBayNot 2016, 353 mit zustimmender Anm. *Grziwotz;* OLG Zweibrücken MittBayNot 1999, 412; OLG Hamm DNotI-Report 1999, 122.
[7] Palandt/*Weidenkaff* BGB § 577 Rn. 6.

erwirbt der Dritte rechtmäßiges Eigentum und der vorkaufsberechtigte Mieter ist auf Schadensersatzansprüche angewiesen. Es liegt auf der Hand, dass diese Bestimmung die Umwandlung von Mietwohnungen in Eigentumswohnungen sowie die anschließende Veräußerung erschweren.[8] Erwerber, die Eigenbedarf geltend machen können, kommen als Interessenten wohl kaum in Betracht.

7   Liegen Gründe der dargestellten Art vor, so empfiehlt sich die Begründung von Wohnungseigentum auch dann, wenn die Schaffung selbständig verfügbarer Einheiten momentan nicht erforderlich ist („Vorsorgeteilung").

8   **4. Steuerliche Gründe für die Begründung von Wohnungseigentum.** Aus einkommensteuerrechtlicher Sicht gibt es keinen besonderen Anlass mehr, Wohnungseigentum zu begründen. Für das zu eigenen Wohnzwecken genutzte Wohnungseigentum gilt die Konsumgutlösung. Sie neutralisiert steuerlich das Wohnungseigentum in der Weise, dass weder Einkünfte hinzugerechnet werden noch Werbungskosten abgezogen werden können.[9] Erwirbt ein Steuerpflichtiger mehrere Einheiten, wovon er eine für eigene Wohnzwecke nutzen will, so kann er selbst bestimmen, auf welche Einheiten die aufgenommenen Fremdmittel angerechnet werden. Da bei der eigengenutzten Immobilie ein Schuldzinsenabzug nicht in Betracht kommt, wird eine Verrechnung sinnvoller Weise nur auf die fremdvermietete Einheit vorgenommen. Es steht dem Steuerpflichtigem frei, wie er Fremd- und Eigenmittel verwendet.[10] Das Erfordernis der Begründung von Wohnungseigentum zwecks Erzielung eines steuergünstigen Ergebnisses[11] besteht nicht mehr (→ § 29 Rn. 336).

II. Steuern und sonstige öffentliche Abgaben

9   **1. Einkommensteuer.** Bezüglich der allgemeinen Abschreibungsmöglichkeiten gibt es für Wohnungseigentum keine Besonderheiten gegenüber sonstigem Grundbesitz.

Praxishinweis Steuern:

Für die Inanspruchnahme von § 7 h EStG (Sonderabschreibung für Sanierungskosten) verlangt die Rechtsprechung eine Bescheinigung, die sich auf die konkrete Eigentumswohnung bezieht, so dass eine Bescheinigung bezüglich des gesamten (aus Sonder- und Gemeinschaftseigentum bestehenden) Gebäudes nicht ausreicht.[12] Zahlungen des Wohnungseigentümers in die Instandhaltungsrücklage sind für sich gesehen keine Werbungskosten bei Einkünften aus Vermietung und Verpachtung; der Werbungskostenabzug kommt erst in Betracht, wenn der Verwalter die Beträge auch tatsächlich verausgabt.[13] Daran ändert nach Auffassung des BFH auch die zivilrechtliche Teilrechtsfähigkeit der Wohnungseigentümergemeinschaft nichts.[14] Sofern die Wohnungseigentümergemeinschaft Handwerkerleistungen in Auftrag gibt oder entsprechendes Personal anstellt, kommt für den einzelnen Eigentümer die Steuerermäßigung nach § 35a EStG in Betracht.[15]

Durch die Begründung eines eigentumsähnlichen Dauerwohn- oder Dauernutzungsrechtes gemäß §§ 31 ff. WEG kann dem Berechtigten steuerlich das wirtschaftliche Ei-

---

[8] BGH NJW 1994, 2544.
[9] NK-BGB/*Grziwotz* Band 3 Anh. Einkommensteuer Rn. 108.
[10] BMF BStBl. I 1999, 1130; BFH BStBl. II 1999, 676 (678, 680).
[11] *Spiegelberger* DNotZ 1988, 210 (228 ff.).
[12] BFH NZM 2015, 93.
[13] BFH DStRE 2009, 524.
[14] BFH/NV 2013, 32; zum Parallelproblem bei bilanzierenden Gewerbeunternehmen, in deren Betriebsvermögen sich Wohnungseigentum befindet BFH DStR 2012, 173.
[15] BMF-Schreiben v. 15. 2. 2010, BStBl. I, 140 Rn. 23.

gentum iSv § 39 AO an einem Gebäude oder Gebäudeteil vermittelt werden. Wichtig ist hierbei insbesondere, dass dem Dauerwohnberechtigten bei Beendigung seines Rechtes ein Entschädigungsanspruch gegen den Eigentümer zusteht.[16]

Ein nach den Vorschriften des WEG begründetes Sondernutzungsrecht an einer unbebauten Grundstücksfläche soll hingegen nach der Rechtsprechung des BFH nicht ausreichen, um dem Sondernutzungsberechtigten wirtschaftliches Eigentum an der entsprechenden Teilfläche zu vermitteln.[17]

2. Umsatzsteuer. Der Verzicht auf die **Umsatzsteuerbefreiung** gemäß § 9 Abs. 1 **10** UStG ist nur zulässig, soweit der Unternehmer nachweist, dass das Grundstück weder Wohnzwecken noch anderen nicht unternehmerischen Zwecken dient oder zu dienen bestimmt ist (§ 9 Abs. 2 UStG). Die Leistungen der Wohnungseigentümergemeinschaft an die Wohnungseigentümer (zB Lieferung von Heizwärme) sind gemäß § 4 Nr. 13 UStG umsatzsteuerfrei.[18]

3. Grunderwerbsteuer. Hierzu gibt es keine Besonderheiten. Für Sondernutzungsrechte **11** → Rn. 133 ff. Die Begründung von Wohnungseigentum gemäß § 8 WEG stellt keinen Erwerbsvorgang gemäß § 1 GrEStG dar, da kein Rechtsträgerwechsel stattfindet. Die Begründung von Wohnungseigentum gemäß § 3 WEG ist dagegen prinzipiell steuerpflichtig, da sie jedoch eine Auseinandersetzung gemeinschaftlichen Eigentums darstellt, greift der Befreiungstatbestand des § 7 Abs. 1 GrEStG, wonach die Steuer insoweit nicht erhoben wird, als der Erwerb dem bisherigen Miteigentumsanteil entspricht.[19]

Praxishinweis Steuern:

Auch findet § 7 Abs. 2 GrEStG entsprechend Anwendung, wenn Gesamthandseigentümer ein Grundstück nach § 8 WEG aufteilen und anschließend in einem gewissen zeitlichen Zusammenhang die Eigentumswohnungen unter den Gesamthandseigentümern verteilen.[20] Das FG Nürnberg fordert hier einen recht engen zeitlichen Zusammenhang, der bei einem Abstand zwischen Teilungserklärung und Eigentumsübertragung von mehr als einem Jahr bereits überschritten sein soll.[21]

Die Steuer wird vom Wert der Gegenleistung (§ 8 Abs. 1 GrEStG) erhoben. Dabei darf nur derjenige Anteil der Gegenleistung veranlagt werden, der für den Erwerb des Wohnungseigentums bezahlt wird. Das Verwaltungsvermögen der rechtsfähigen Wohnungseigentümergemeinschaft bleibt hierbei unberücksichtigt, was insbesondere die Instandhaltungsrücklage betrifft.[22] Die Rechtsfähigkeit der Wohnungseigentümergemeinschaft ändert hieran nichts.[23] Es empfiehlt sich deshalb, in den Kaufvertrag eine Erklärung der Vertragsteile über den aktuellen Stand der Rücklage, soweit sie auf den Vertragsgegenstand entfällt, aufzunehmen.

---

[16] Vgl. BMF-Schreiben BStBl. I 1994, 887; BStBl. I 2005, 305; BFH BStBl. II 1986, 258; BStBl. III 1960, 289.
[17] BFH BB 2018, 3056.
[18] S. hierzu Riecke/Schmid/*Rohde*/*Kopatschek* SteuerR Rn. 226 ff.
[19] Riecke/Schmid/*Rohde*/*Kopatschek* SteuerR Rn. 294.
[20] BFH/NV 2012, 2025.
[21] FG Nürnberg EFG 2018, 770.
[22] BFH BStBl. II 1992, 152.
[23] Riecke/Schmid/*Rohde*/*Kopatschek* SteuerR Rn. 317; anders jedoch im Fall der Zwangsversteigerung, vgl. BFH NJW 2016, 2207.

> **Praxishinweis Steuern:**
> Die Rechtsprechung des BFH zum einheitlichen Erwerbsgegenstand gilt auch für den Erwerb von unsanierten Eigentumswohnungen, der mit einem Sanierungsvertrag verbunden ist.[24]

12 **4. Bewertungsgesetz.** Einheitswerte werden nur noch für die Erhebung der **Grundsteuer** festgestellt.[25] Danach gehören die Rechte nach dem WEG zum **Grundvermögen** gemäß § 68 Abs. 1 Nr. 3 BewG, soweit es sich nicht um land- und forstwirtschaftliches Vermögen oder um Betriebsgrundstücke handelt (§§ 33, 99 BewG). Die wirtschaftliche Einheit Wohnungseigentum entsteht jedoch, im Anschluss an die zivilrechtliche Wirkung des § 8 Abs. 2 WEG, erst mit der Eintragung im Wohnungsgrundbuch.[26] Nach § 93 BewG bildet jedes Wohnungseigentum und Teileigentum eine wirtschaftliche Einheit. Das zu mehr als 80 % Wohnzwecken dienende Wohnungseigentum ist im Wege des Ertragswertverfahrens zu bewerten. Das für den Eigentümer nachteilige Sachwertverfahren ist sonach bei Wohnungseigentum ausgeschlossen. Die Begründung von Wohnungseigentum führt danach bei aufwändig gestalteten Wohnungen zu einer erheblichen Grundsteuerersparnis.

Für die Erbschaft- und Schenkungsteuer gelten nicht mehr die Einheitswerte, sondern die Grundbesitzwerte. Diese werden gemäß § 138 Abs. 5 BewG gesondert festgestellt, wenn sie für die Erbschaftsteuer/Schenkungsteuer erforderlich werden (Bedarfsbewertung). Wohnungseigentum ist dabei grundsätzlich mit dem Vergleichswertverfahren zu bewerten (§ 182 Abs. 2 BewG). Dabei wird der Wert dieser Immobilien durch Vergleich mit den Kaufpreisen, die für vergleichbare Objekte bezahlt werden, ermittelt. Für Renditeobjekte wird das Ertragswertverfahren (§ 182 Abs. 3 BewG) angewendet. Falls sich kein Vergleichswert ermitteln lässt, kommt auch das Sachwertverfahren zur Anwendung (§ 182 Abs. 4 BewG). Hierzu → § 29 Rn. 70 ff.[27]

13 **5. Erschließungsbeiträge und Beiträge nach Kommunalabgabengesetz.** Im Erschließungsbeitragsrecht (§ 134 BauGB) und bei der Abgabepflicht auf landesrechtlicher Grundlage, insbesondere für Herstellungsbeiträge für Wasser und Abwasser, Verbesserungsbeiträge und Ausbaubeiträge, wird Wohnungseigentum und Teileigentum jeweils als **selbständiges Objekt der Abgabepflicht** behandelt. Die verschiedenen Miteigentümer haften danach, wenn die Aufteilung vollzogen ist, für den auf das Grundstück entfallenden Beitrag nur noch entsprechend ihrem Miteigentumsanteil. Für Doppelhaushälften/Reihenhäuser in der Rechtsform des Wohnungseigentums → Rn. 56.

III. Notar- und Grundbuchkosten

14 Der **Geschäftswert** bestimmt sich sowohl für die Notarkosten als auch für die Grundbuchkosten nach § 42 Abs. 1 GNotKG. Danach ist bei der Begründung von Wohnungseigentum (Teileigentum) – anders als nach der Kostenordnung – als Geschäftswert der Wert des bebauten Grundstücks bzw. der Wert des Grundstücks zuzüglich des Werts des zu errichtenden Bauwerks anzunehmen, wobei nach § 46 Abs. 1 GNotKG jeweils der Verkehrswert zugrunde zu legen ist.

---

[24] BFH DStRE 2006, 1020.
[25] Der Gesetzgeber muss hier jedoch aufgrund der vom BVerfG festgestellten Verfassungswidrigkeit des bisherigen Bewertungsverfahrens bis zum 31.12.2019 eine Neuregelung treffen; nach Verkündung der Neuregelung dürfen die alten Regeln noch bis zu max. fünf weiteren Jahren angewendet werden (längstens bis zum 31.12.2024), vgl. BVerfG NJW 2018, 1451.
[26] BFH NJW 1993, 1672.
[27] NK-BGB/*Grziwotz* Band 3 Anh. Steuer Rn. 136 ff.

Bei den **Notarkosten** für die Begründung von Wohnungseigentum ist zu unterscheiden 15
zwischen der vertraglichen Begründung nach § 3 WEG und der einseitigen Begründung
nach § 8 WEG: Die **vertragliche Begründung** nach §§ 3 Abs. 1, 4 Abs. 1 WEG löst
eine 2,0-Gebühr Nr. 21100 KV GNotKG aus. Teilt der Eigentümer gemäß § 8 WEG
durch Erklärung gegenüber dem Grundbuchamt das Eigentum auf, so handelt es sich kostenrechtlich um eine **einseitige Erklärung** gemäß Nr. 21200 KV GNotKG (1,0-Ge-
bühr). Dabei spielt es keine Rolle, ob der Vorgang als Niederschrift beurkundet wird
(§§ 9–13 BeurkG) oder ob der Notar den Inhalt der Urkunde entworfen hat und alsdann
nur die Unterschrift des Eigentümers beglaubigt wird (Nr. 24101 KV GNotKG iVm § 92
Abs. 2 GNotKG). Wegen der gleichen Kostenbelastung ist einer Beurkundung durch Erstellung einer Niederschrift stets der Vorzug zu geben, da nur bei diesem Verfahren eine
Bezugnahme gemäß § 13a BeurkG möglich ist.

Wird dem Notar der fertige Entwurf der Teilungserklärung vorgelegt und wird ledig- 16
lich die Unterschrift beglaubigt, dann fällt nur eine 0,2-Gebühr nach Nr. 25100
KV GNotKG (Höchstbetrag 70 EUR) an. Die **Vollzugsgebühr** nach Nr. 22110 ff.
KV GNotKG fällt an, wenn der Notar namens eines Beteiligten die Abgeschlossenheitsbescheinigung beantragt[28] oder eine Genehmigung zur Begründung von Wohnungseigen-
tum/Teileigentum erforderlich ist, zB nach § 22 BauGB. Die Vollzugsgebühr ist für
die vorgenannten Vollzugsmaßnahmen auf 50 EUR pro Vollzugstätigkeit begrenzt
(Nr. 22112 KV GNotKG). Die 0,5-Vollzugsgebühr nach Nr. 22110 KV GNotKG ohne
Begrenzung auf einen Höchstbetrag fällt beispielsweise an, wenn im Falle einer vertraglichen Begründung nach § 3 WEG eine familien- oder betreuungsgerichtliche Genehmigung gemäß § 1643 Abs. 1 BGB bzw. § 1908i Abs. 1 BGB iVm § 1821 Abs. 1 Nr. 1
BGB erforderlich und der Notar mit der Erwirkung derselben beauftragt ist.

Bei dem Verkauf von Wohnungseigentum ist zu beachten, dass nach § 24 Abs. 2 17
BauGB das **gesetzliche Vorkaufsrecht** der Gemeinde beim Verkauf von Rechten nach
dem WEG[29] ausgeschlossen ist. Eine Vollzugsgebühr für die Anforderung des Vorkaufs-
rechtszeugnisses nach dem BauGB gibt es deshalb bei der Veräußerung von Wohnungseigentum nicht. Die auftragsgemäße Anforderung einer notwendigen Verwalterzustimmung
löst dagegen die 0,5-Vollzugsgebühr nach Nr. 22110 KV GNotKG aus. Wird der Notar
beauftragt, den Entwurf der **Verwalterzustimmung** zu fertigen und dem Verwalter mit
der Aufforderung zur Zustimmung zu übersenden, so fällt hierfür keine Entwurfsgebühr
an. Die Erstellung des Entwurfes ist mit der Vollzugsgebühr abgegolten. Für die Beglaubigung der Unterschrift des Verwalters fällt die 0,2-Gebühr Nr. 25100 KV GNotKG an,
höchstens jedoch 70 EUR; der Geschäftswert der Zustimmungserklärung ist der halbe
Kaufpreis (§ 98 Abs. 1 GNotKG). Die Gebühr fällt auch an, wenn die Unterschrift von
dem Notar beglaubigt wird, der den Entwurf gefertigt hat, da für die Entwurfserstellung
selbst keine Gebühr erhoben wird. Der Geschäftswert der Verwalterzustimmung ist identisch mit dem Wert des Wohnungseigentums. Für sonstige Vollzugstätigkeiten gelten keine Besonderheiten.

Bezüglich der **Grundbuchkosten** ist Nr. 14112 KV GNotKG maßgeblich. Danach 18
wird für die Begründung von Wohnungseigentum – gleichgültig ob vertraglich oder nach
§ 8 erfolgt – die 1,0-Gebühr erhoben. Zu beachten ist die Festgebühr nach Nr. 14160
Abs. 5 KV GNotKG; die dort bezeichnete Festgebühr von 50 EUR bezieht sich auf jedes
von einer Eintragung betroffene Wohnungseigentum.[30]

---

[28] OLG Zweibrücken MittBayNot 2002, 310.
[29] Nicht jedoch bei Bruchteilseigentum, OLG Frankfurt a.M. DNotZ 1996, 41.
[30] OLG Zweibrücken ZMR 2016, 916; OLG München NJW-Spezial 2015, 642; *Wilsch* notar 2013, 309.

B. Die Begründung von Wohnungseigentum – dingliche Seite[31]

I. Die Grundstückssituation

19 **1. Grundstück, Grundstücksvereinigung.** Nach §§ 3, 8 WEG kann Wohnungseigentum nur an *einem* Grundstück gebildet werden. Die Begründung eines Wohnungserbbaurechtes setzt *ein* Erbbaurecht voraus (§ 30 WEG). An einem gemäß Art. 233 § 4 Abs. 1 EGBGB fortbestehenden Gebäudeeigentum gemäß § 288 Abs. 4 oder § 292 Abs. 3 DDR-ZGB kann Wohnungseigentum nicht begründet werden.[32] Das Gebäudeeigentum ist ohne rechtliche Verbindung zum Grundstückseigentum. Es stellt eine Durchbrechung des Akzessionsprinzips dar. Wohnungseigentum setzt jedoch zwingend die Mitberechtigung am Grundstückseigentum voraus.

Nach § 1 Abs. 1 WEG kann Wohnungseigentum nur an einem Gebäude begründet werden. Maßgeblich ist dabei der sachenrechtliche Gebäudebegriff des § 94 BGB.[33]

Nach § 1 Abs. 4 WEG kann Wohnungseigentum nicht in der Weise begründet werden, dass das Sondereigentum mit Miteigentum an mehreren Grundstücken verbunden wird. Soll deshalb Wohnungseigentum begründet werden, das sich über mehrere Grundstücke erstreckt, so sind diese Grundstücke rechtlich gemäß **§ 890 BGB zu vereinigen.** Eine katastertechnische Verschmelzung ist nicht erforderlich. Die **rechtliche Vereinigung** erfolgt dadurch, dass auf Antrag des Eigentümers (Form § 29 GBO) die mehreren Grundstücke im Grundbuch unter einer laufenden Nummer des Bestandsverzeichnisses gebucht werden. Die Eigentumsverhältnisse an den mehreren Grundstücken müssen identisch sein. Das aufzuteilende Grundstück ist dem sachenrechtlichen Grundsatz entsprechend gemäß § 28 GBO entweder in Übereinstimmung mit dem Grundbuch – also unter Angabe der Flurstücksnummer – oder durch Hinweis auf das Grundbuchblatt zu bezeichnen. Bei Aufteilung einer Teilfläche ist zur Wahrung des Bestimmtheitsgrundsatzes diese in einem (möglichst amtlichen) Lageplan zu kennzeichnen und anschließend, nach Vorlage des amtlichen Messungsergebnisses, eine Identitätserklärung vorzunehmen.

20 **2. Wohnungseigentum und Überbau.** Ergibt sich aus den **Aufteilungsplänen** (hierzu gehört auch ein amtlicher Lageplan), dass ein **Grenzüberbau** mit einem einheitlichen Bauwerk[34] vorliegt (wobei objektive Größe und wirtschaftliche Bedeutung des überbauten Gebäudeteiles allein grundsätzlich keine Rolle spielen),[35] dann ist wie folgt zu verfahren:

Wohnungseigentum kann nur bei einem rechtmäßigen Überbau entstehen. Nur in diesem Falle erstreckt sich das Eigentum am Stammgrundstück auf die Gebäudeteile, die auf dem überbauten Grundstück liegen.[36] Ein solcher Fall ist nur gegeben, wenn der Eigentümer des überbauten Grundstücks zustimmt.[37] Stimmt der Eigentümer des überbauten Grundstücks nicht zu, dann wird bei einem vorsätzlichen oder grob fahrlässigen Überbau der übergebaute Gebäudeteil **Eigentum des Nachbarn.**[38] Damit kann dann kein Wohnungseigentum (Sondereigentum) entstehen, wenn der Sondereigentumsbereich vollständig auf dem überbauten Grundstück liegt; der entsprechende Miteigentumsanteil ist ohne Sondereigentum, da dieses im Eigentum des Nachbarn steht. Ein Problem der Abgeschlossenheit der Sondereigentumseinheiten besteht dagegen beim Überbau nicht: § 3 Abs. 2 WEG gilt nur im Verhältnis der Sondereigentumseinheiten untereinander und zur

---

[31] Zur praktischen Anwendung s. Teilungserklärung, → Rn. 225 ff.
[32] OLG Jena DtZ 1996, 88; *Hügel* DtZ 1996, 66.
[33] OLG Schleswig ZMR 2016, 898; *Heinemann* ZMR 2017, 547.
[34] DNotI-Report 2007, 1; s. hierzu auch BGH MittBayNot 2013, 299 (300); KG MittBayNot 2016, 146.
[35] BGHZ 110, 298; BGHZ 62, 141.
[36] BGHZ 27, 197.
[37] OLG Düsseldorf DNotI-Report 1998, 202; ausführlich und vertieft *Tersteegen* RNotZ 2006, 452.
[38] BGHZ 177, 253 Rn. 12; BGH NJW-RR 1989, 1039; KG MittBayNot 2016, 146; *Jenißen/Zimmer* WEG § 1 Rn. 29; *Monreal* FS 25 Jahre DNotI 2018, 201 (202 f.).

Abgrenzung zum Gemeinschaftseigentum, nicht jedoch als Abgrenzung zum Grundstücks-Nachbareigentum.[39] Die Zustimmung des Eigentümers des überbauten Grundstücks ist in der Form des § 29 GBO bei ersichtlicher Grenzüberbauung als Entstehungsvoraussetzung des Wohnungseigentums nachzuweisen.[40] Ein Überbau gemäß § 912 BGB besteht auch, wenn nur im Luftraum mit einem Gebäudeteil die Grundstücksgrenze überschritten wird (überhängender Überbau, zB Erker). Der überbaute Grundstücksteil ist hier eindeutig dem Eigentümer des Stammgrundstücks zuzuordnen.[41]

Formulierungsbeispiel: Überbau   20a

Der Eigentümer des Grundstücks Fl.-Nr. *** hat Kenntnis davon, dass nach den genehmigten [*Alt.:* noch zu genehmigenden] Bauplänen des Eigentümers des Nachbargrundstücks Fl.-Nr. *** ein Überbau auf sein Grundstück Fl.-Nr. *** stattfinden soll. Das Ausmaß des Überbaues ergibt sich aus den Bauplänen. Der Eigentümer von Fl.-Nr. *** stimmt diesem Überbau unwiderruflich zu.

Für den Fall der Veräußerung des überbauten Grundstücks verpflichtet sich ***, einem Einzelrechtsnachfolger bei Veräußerung des Grundstücks die Zustimmungsverpflichtung aufzuerlegen mit der Maßgabe der Weiterübertragung unter der Voraussetzung, dass zum Zeitpunkt der Veräußerung mit dem Überbau noch nicht begonnen worden ist. Anstelle einer Überbaurente wird ein einmaliger Geldbetrag in Höhe von *** EUR bezahlt. Eine Grunddienstbarkeit ist nicht einzutragen.

Die Eintragung einer **Grunddienstbarkeit** zulasten des überbauten Grundstücks und zugunsten des jeweiligen Eigentümers des Stammgrundstücks ist nicht erforderlich,[42] jedoch zulässig.[43] Auf diese allein abzustellen würde den Bestand des Wohnungseigentums vom Bestand der Dienstbarkeit abhängig machen. Die Dienstbarkeit kann nämlich durch Vereinbarung der beteiligten Eigentümer wieder aufgehoben werden oder in einer Zwangsversteigerung, wenn sie nicht im geringsten Gebot liegt, untergehen. Von diesen Zufälligkeiten kann jedoch der Bestand des Wohnungseigentums nicht abhängig sein. Aus diesem Grunde ist auch der Widerruf einer Gestattung eines Überbaues nach Ausführung desselben unbeachtlich.[44] Wird eine Grunddienstbarkeit eingetragen, so erstreckt sich das Eigentum an dem Gebäude des Stammgrundstücks auf den überbauten Gebäudeteil des Nachbargrundstücks nur dann, wenn die Bebauung „in Ausübung eines Rechtes" erfolgt (§ 95 Abs. 1 BGB).[45] Die Grunddienstbarkeit ist deshalb vor Baubeginn einzuräumen, da nur in diesem Falle die Bebauung in Ausübung des Rechtes erfolgt.[46]

Wird zwischen Sondernutzungsbereichen überbaut, so sind § 912 BGB und die vorstehenden Grundsätze entsprechend anwendbar.[47]   21

Liegen mehrere Grundstücke eines Eigentümers vor, die überbaut werden sollen, so   22
kann Wohnungseigentum nicht begründet werden, da die eigentumsmäßige Zuordnung der Gebäudeteile sich nach der Absicht und dem Interesse des Erbauers bestimmt, was mit den Grundsätzen der dinglichen Rechtssicherheit unvereinbar ist.[48] Trifft der Eigentümer jedoch eine Gestattungserklärung oder durch die Bestellung einer Grunddienstbarkeit eine objektiv nachvollziehbare Zuordnung des überbauten Gebäudeteiles zum Stammgrundstück, so ist eine Bildung von Wohnungseigentum auch beim Vorliegen eines

---

[39] BayObLG NJW-RR 1991, 593; LG München I MittBayNot 1988, 237.
[40] *Tersteegen* RNotZ 2006, 453; Riecke/Schmid/*Schneider* WEG § 7 Rn. 108.
[41] Hügel/Scheel/*Müller* § 2 Rn. 54; *Tersteegen* RNotZ 2006, 453.
[42] Bamberger/Roth/*Hügel* WEG § 1 Rn. 14; BeckOGK/*Müller* WEG § 1 Rn. 400.
[43] BGH NJW 2014, 311 Rn. 9.
[44] OLG Düsseldorf DNotI-Report 1998, 202.
[45] KG MittBayNot 2016, 146.
[46] AA *Tersteegen* RNotZ 2006, 449; *Wicke* DNotZ 2006, 259; *Monreal* FS 25 Jahre DNotI 2018, 201 (204 f.).
[47] Zum Rechtsweg in diesen Fällen OLG Köln NJW-RR 1989, 1040.
[48] BGH NJW 1985, 789; KG MittBayNot 2016, 146.

Eigengrenzüberbaues möglich. Dieser unterscheidet sich insofern nicht von den anderen Fällen des Überbaues.[49]

II. Vertragliche/einseitige Begründung

22a Bei der Aufteilung muss zunächst geklärt werden, welche Einheiten als Wohnungseigentum und welche als Teileigentum im Grundbuch einzutragen sind. Die entsprechende Festlegung hat **Vereinbarungscharakter gemäß §§ 5 Abs. 4, 10 Abs. 2 S. 1, Abs. 3 WEG**.[50] Die Klassifizierung als Wohnungseigentum/Teileigentum entscheidet darüber, welche Nutzungen in den einzelnen Einheiten zulässig sind.[51]

23 **1. Vertragliche Begründung.** Eine vertragliche Begründung von Wohnungseigentum kommt gemäß § 3 Abs. 1 WEG in Betracht, wenn zwei oder mehr Miteigentümer eines Grundstücks vorhanden sind. Dabei muss es sich um **Miteigentum nach Bruchteilen** handeln, wie sich aus der Verweisung auf § 1008 BGB ergibt. Gesamthänderisches Miteigentum (Erbengemeinschaft, Gütergemeinschaft, Gesellschaft des bürgerlichen Rechts) kann nicht durch Vertrag nach § 3 Abs. 1 WEG in Wohnungseigentum umgewandelt werden.[52] In diesen Fällen hat zuerst eine Auseinandersetzung des Gesamthandseigentums in Bruchteilseigentum zu erfolgen. Davon zu unterscheiden ist die Möglichkeit, dass die gesamthänderisch verbundenen Eigentümer eine einseitige Erklärung nach § 8 WEG abgeben, was zur Folge hat, dass sich das gesamthänderische Gemeinschaftsverhältnis an allen durch die Erklärung gemäß § 8 WEG gebildeten Einheiten fortsetzt.

24 Mit jedem Miteigentumsanteil muss ein Sondereigentum verbunden werden. So genannte „freie Miteigentumsanteile" können bei rechtsgeschäftlicher Begründung von Wohnungseigentum nicht entstehen.[53] Es dürfen danach nur so viele Miteigentumsanteile bestehen, wie Sondereigentumseinheiten vorhanden sind. Umgekehrt können jedoch mit einem Miteigentumsanteil **mehrere Sondereigentumseinheiten** verbunden sein.[54] Sind deshalb mehr Miteigentumsanteile vorhanden als Sondereigentumsrechte, so sind die Miteigentumsanteile entsprechend der Anzahl der Sondereigentumsrechte und gemäß der geplanten Größe zusammenzulegen. Gegebenenfalls sind Veräußerungen mit Auflassungen zwischen den Miteigentümern durchzuführen, um die gewünschte Größe der Miteigentumsanteile herzustellen.

25 Eine **Unterbruchteilsgemeinschaft** ist unzulässig.[55] Es wurde deshalb angenommen, dass diejenigen Partner, die ein Wohnungseigentum begründen wollen, ihre Miteigentumsbruchteile in eine Gesellschaft bürgerlichen Rechts einbringen und diese Gesellschaft die Vereinbarung nach § 3 WEG abschließt. Der BGH[56] hat die Frage jedoch dahingehend entschieden, dass die Zahl der Miteigentumsanteile mit denjenigen des Sondereigentums erst dann übereinstimmen muss, wenn Wohnungseigentum begründet ist. Vor und bei der Begründung kann die Zahl differieren; der Umweg über eine Gesellschaft bürgerlichen Rechts ist nicht erforderlich. Die Verlautbarung der Zusammenlegung der Miteigentumsanteile erfolgt erst im Wohnungsgrundbuch.

---

[49] *Tersteegen* RNotZ 2006, 455; s. auch Staudinger/*Rapp* WEG § 1 Rn. 33; Weitnauer/*Briesemeister* WEG § 3 Rn. 10.

[50] BGH DNotZ 2015, 363; DNotZ 2004, 145; OLG München MittBayNot 2017, 238 Rn. 11; BeckOGK/ *Müller* WEG § 1 Rn. 146; *Bueb* ZWE 2018, 350; *Rapp* notar 2018, 135.

[51] BGH DNotZ 2018, 521 Rn. 8 f.; Staudinger/*Rapp* WEG § 1 Rn. 3 ff.; *Schmidt-Räntsch* ZWE 2018, 5 f.; *dies.* ZWE 2019, 7; *Elzer* ZWE 2019, 129; *Hügel* FS 25 Jahre DNotI 2018, 149 (159).

[52] Weitnauer/*Briesemeister* WEG § 3 Rn. 11.

[53] BGH DNotZ 1990, 377.

[54] BayObLGZ 1971, 102.

[55] BGHZ 13, 133 (141).

[56] BGHZ 86, 393.

Formulierungsbeispiel: Vertragliche Begründung

In Ansehung des Grundstücks Fl.-Nr. *** ist A Miteigentümer zu 1/2, B und C jeweils zu 1/4. Die Miteigentümer beschränken nunmehr ihre Miteigentumsanteile in der Weise, dass jedem Miteigentümer abweichend von § 93 BGB das Sondereigentum wie folgt zusteht:

– Dem Miteigentümer A an der im Aufteilungsplan vom *** mit Nr. 1 bezeichneten Wohnung samt zwei Kellerräumen und einer Garage, im Aufteilungsplan ebenfalls mit Nr. 1 bezeichnet;

– den Miteigentümern B und C gemeinschaftlich zum Miteigentum zu je 1/2 die im Aufteilungsplan vom *** mit Nr. 2 bezeichnete Wohnung samt Kellerraum, Dachspeicherraum und Garage, jeweils ebenfalls mit Nr. 2 bezeichnet.

Die Beteiligten sind sich über die entsprechende Einräumung von Sondereigentum einig und bewilligen und beantragen die dementsprechende Eintragung im Grundbuch.

Entsprechend § 873 Abs. 1 BGB bestimmt § 4 Abs. 1 WEG, dass zur Einräumung (und **26** zur Aufhebung) des Sondereigentums die **Einigung der Beteiligten** über den Eintritt der Rechtsänderung und die Eintragung in das Grundbuch erforderlich ist. Diese Einigung ist ein **auflassungsähnlicher** Vorgang, da die sondereigentumsfähigen Gegenstände vom Miteigentum in Alleineigentum überführt werden. Konsequenterweise schreibt deshalb § 4 Abs. 2 S. 1 WEG für diese Einigung die Form der Auflassung (§ 925 BGB) vor. Bedingtes oder befristetes Sondereigentum ist nicht möglich.

2. Einseitige Begründung. Die Teilung durch den Eigentümer nach § 8 Abs. 1 WEG **27** ist eine **einseitige, amtsempfangsbedürftige Willenserklärung** gegenüber dem Grundbuchamt, wobei § 878 BGB analog anwendbar ist.[57] Dabei werden Miteigentumsanteile gebildet und mit Sondereigentum an einer bestimmten Wohnung in einem auf dem Grundstück errichteten oder zu errichtenden Gebäude verbunden. Sind mehrere Personen Grundstückseigentümer, so können sie die Teilung nach § 8 WEG nur gemeinschaftlich vornehmen. Das Anteils- bzw. Gemeinschaftsverhältnis, das bezüglich des ganzen Grundstücks besteht, setzt sich an den einzelnen Einheiten fort.

Muster: Teilungserklärung mit Gemeinschaftsordnung und Baubeschreibung
Siehe hierzu das Gesamtmuster → Rn. 225.

Bei einer **Erbauseinandersetzung** mit dem Ziel, jedem Miterben Alleineigentum an **28** einer in sich abgeschlossenen Wohnung zu verschaffen, ist sowohl eine Teilung nach § 8 WEG möglich mit anschließendem Erbauseinandersetzungsvertrag als auch vorweg die Erbauseinandersetzung in eine Bruchteilsgemeinschaft und anschließende Wohnungseigentumsbegründung gemäß §§ 3, 4 WEG.

Praxishinweis Kosten:

Der erstgenannte Weg löst kostenmäßig für die Teilung eine 1,0-Gebühr und für die Erbauseinandersetzung eine 2,0-Gebühr, je aus dem ganzen Grundstückswert aus. Der zweite Weg begründet eine 2,0-Gebühr für die Erbauseinandersetzung sowie eine 2,0-Gebühr für die vertragliche Wohnungseigentumsbegründung, je aus dem vollen Grundstückswert. Unter dem Gesichtspunkt des **kostengünstigsten Weges** ist daher der erstbeschriebene Weg einzuschlagen.

---

[57] BGH NJW 2017, 1546; *Schmidt-Räntsch* ZWE 2018, 2.

28a **3. Time-Sharing-Modelle.** Das Verbot der zeitlichen Befristung des Eigentums schließt auch wechselndes Eigentum in zeitlichen Intervallen (Time-Sharing) aus. Es ist danach bei einer Ferienwohnung nicht möglich, dass A im Monat Januar, B im Monat Februar usw, im jährlichen Turnus wechselnd, Eigentümer sind. Eine solche Regelung kann vom Ergebnis her nur über eine Verwaltungs- und Benutzungsregelung gemäß § 1010 BGB erreicht werden, wobei die verschiedenen Eigentümer Miteigentümer des Wohnungseigentums nach Bruchteilen werden müssen.[58] Diese Regelung ist nicht pfändungs- und insolvenzsicher, da das Aufhebungsrecht nach § 751 BGB und § 84 Abs. 2 InsO nicht ausgeschlossen werden kann (→ Rn. 1). Time-Sharing ist danach nach deutschem Recht auf der Basis zeitlich befristeten Eigentums nicht möglich.[59] Möglich ist es jedoch, ein Grundstück mit einem Dauerwohn- bzw. Dauernutzungsrecht gemäß §§ 31 ff. WEG zu belasten. Dieses ist eine besondere Art einer beschränkt persönlichen Dienstbarkeit und abweichend von dieser übertragbar und vererblich. Eine Dienstbarkeit verlangt jedoch nicht eine ununterbrochene, sondern lediglich eine Nutzung von längerer Zeitdauer.[60]

III. Aufteilungsplan, Sondereigentumsfähigkeit

29 Der Aufteilungsplan ist zwingend der Eintragungsbewilligung (Teilungsvereinbarung oder Teilungserklärung) als Anlage beizufügen (§ 7 Abs. 4 Nr. 1 WEG). Nach der Legaldefinition handelt es sich dabei um eine von der Baubehörde (oder, falls durch Landesrecht eingeführt, Sachverständiger) mit Unterschrift und Siegel oder Stempel versehene **Bauzeichnung,** aus der die Aufteilung des Gebäudes sowie die Lage und Größe der im Sondereigentum und der im gemeinschaftlichen Eigentum stehenden Gebäudeteile ersichtlich ist. Hierzu gehören grundsätzlich Grundrisse, Schnitte und Ansichten[61] aller Gebäude, in denen Sondereigentum bestehen soll. Der Grundrissplan ist auch für einen im Gemeinschaftseigentum stehenden Dachspitzboden erforderlich, wenn dieser sinnvoll genutzt werden kann. Fehlt es aufgrund der räumlichen Dimensionen im Dachspitzboden an einer sinnvollen Nutzungsmöglichkeit, dann ist ein Grundrissplan insoweit entbehrlich.[62] Der Aufteilungsplan ist damit für die Abgrenzung der verschiedenen Eigentumssphären **(Gemeinschaftseigentum/Sondereigentum)** entscheidend.[63] Er stellt mit zeichnerischen Mitteln die Abgrenzung der Eigentumsbereiche in gleicher Weise dar, wie ein amtlicher Lageplan die Grundstücksgrenzen. Der Aufteilungsplan muss bei bestehenden Gebäuden eine **Baubestandszeichnung** sein und bei zu errichtenden Gebäuden den bauaufsichtlichen (baupolizeilichen) Vorschriften entsprechen. Maßgebend ist die allgemeine Verwaltungsvorschrift für die Ausstellung von Bescheinigungen gemäß § 7 Abs. 4 Nr. 2 und § 32 Abs. 2 Nr. 2 des WEG vom 19.3.1974.[64] Bei zu errichtenden Gebäuden wird ein behördlich bestätigter Aufteilungsplan erst erteilt, wenn die Baugenehmigung vorliegt. Erst zu diesem Zeitpunkt ist sicher, dass das Gebäude den bauaufsichtlichen Vorschriften entspricht. Sieht das Landes-Bauordnungsrecht vor, dass ein Baugenehmigungsverfahren nicht durchgeführt wird (Genehmigungsfreistellung), so ist die entsprechende Bescheinigung der Gemeinde der Baubehörde vorzulegen.

Der Bezeichnung von Räumlichkeiten im Aufteilungsplan kommt in der Regel, anders als bei der Bezeichnung in der Teilungserklärung, nicht die Bedeutung einer Zweckbe-

---

[58] Riecke/Schmid/*Schneider* WEG § 4 Rn. 5; *Böhringer* ZfIR 2018, 650 (651).

[59] Staudinger/*Martinek* BGB Vor § 481 Rn. 15.

[60] BGH MittBayNot 1996, 93; MittBayNot 1995, 383; Staudinger/*Spiegelberger* WEG Vor §§ 31 ff. Rn. 11; Jennißen/*Grziwotz* WEG § 31 Rn. 2, 7; BeckOGK/*Müller* WEG § 4 Rn. 60; BeckOGK/*Schulz* WEG § 31 Rn. 12. Zu weiteren Formen von Time-Sharing-Modellen s. Palandt/*Weidenkaff* BGB § 481 Rn. 1; *Tonner,* Das Recht des Time-Sharing an Ferienimmobilien, 1997; Staudinger/*Martinek* BGB Vor § 481 Rn. 15 ff.

[61] BayObLG DNotZ 1998, 378; DNotZ 1980, 749; zu den Anforderungen beim Dauerwohnrecht s. BayObLG DNotZ 1998, 374; Staudinger/*Spiegelberger* WEG § 32 Rn. 5, 18.

[62] BayObLG DNotZ 1996, 27.

[63] BGHZ 2018, 29 Rn. 10; BGH DNotZ 2018, 831 Rn. 12; BGHZ 177, 338.

[64] BAnz. 1974 Nr. 58, abgedruckt bei *Weitnauer* S. 931; Hügel/Scheel/*Müller* § 1 Rn. 21.

stimmung mit Vereinbarungscharakter zu.[65] Dies gilt auch, wenn in einer Baubestandszeichnung für ein bestimmtes Gebäude eine Nutzung angegeben wird – „bestehender Geräteschuppen".[66]

Die räumlichen Ausübungsbereiche von **Sondernutzungsrechten** sind im Aufteil- 29a
ungsplan oder in einem gesonderten Sondernutzungsplan nach dem Bestimmtheitsgrundsatz darzustellen, wie er für Grunddienstbarkeiten verlangt wird.[67] Eine wörtliche Umschreibung der Sondernutzungsbereiche wird nur in Ausnahmefällen mit der geforderten Bestimmtheit möglich sein. Bei der Eintragung der Sondernutzungsrechte in das Grundbuch kann zur Darstellung des räumlichen Ausübungsbereiches sowie des Inhalts des Rechtes gemäß § 7 Abs. 3 WEG auf die Vereinbarung oder Teilungserklärung Bezug genommen werden.[68] Sind Sondernutzungsbereiche im behördlich bestätigten Aufteilungsplan dargestellt, so bezieht sich die behördliche Bestätigung gemäß § 7 Abs. 4 Nr. 1 WEG sowie die Abgeschlossenheitsbescheinigung gemäß §§ 7 Abs. 4 Nr. 2, 3 Abs. 2 WEG hierauf nicht. Ein Aufteilungsplan, in dem beispielsweise ein Gartensondernutzungsbereich mit derselben Nummer gekennzeichnet ist wie die Wohnung, zu der er als Sondernutzungsrecht gehören soll, kann deshalb nicht mit der Begründung beanstandet werden, die Abgeschlossenheit eines nicht sondereigentumsfähigen Gegenstandes (Grundstücksfläche) sei behördlich bestätigt worden.

Im Aufteilungsplan sind alle zu demselben Wohnungseigentum gehörenden Einzelräu- 29b
me mit der jeweils gleichen Nummer zu kennzeichnen (§ 7 Abs. 4 Nr. 1 Hs. 2 WEG). Dies bedeutet aber nicht, dass die identische Nummer in jedem Raum, der zur selben Einheit gehört, eingetragen sein muss.[69] Die Vorschrift dient der Grundbuchklarheit. Nebenräume müssen danach mit derselben Nummer wie die Wohnung gekennzeichnet werden. Bestehen in einem Gebäude Wohnungseigentum und Teileigentum nebeneinander, müssen diese verschiedene Nummern oder entsprechende Zusätze tragen, beispielsweise WE 1, TE 1. Bei **Duplex-Parkern** ist sowohl eine Kennzeichnung mit einer Ziffer als auch mit zwei Ziffern möglich, wobei im letzteren Falle – um das Missverständnis auszuschließen, es handle sich um zwei selbständige Einheiten[70] – in der Erklärung zur Begründung von Sondereigentum darzustellen ist, dass beide Nummern eine Einheit bilden. Dies ermöglicht eine präzise Beschreibung des unteren und des oberen Doppelparker-Stellplatzes.

Bei der Erklärung zum Sondereigentum ist der **sachenrechtliche Bestimmtheits-** 29c
grundsatz zu beachten. Es muss demnach eindeutig sein, was Sondereigentum wird und was gemeinschaftliches Eigentum bleibt.[71] Gehören zu einer Wohnung Nebenräume (zB Kellerraum) und wird in der Aufteilungsurkunde Lage und Größe der Wohnung beschrieben (zB Dreizimmer-Wohnung, gelegen im 2. OG vom Aufgang her rechts gesehen), so dürfen zur Begründung von Sondereigentum die Nebenräume nicht unerwähnt bleiben. Zulässig, und zur Vermeidung von Fehlern zweckmäßig ist es jedoch, zur Ausweisung des Sondereigentums auf den Aufteilungsplan Bezug zu nehmen und das Sondereigentum zu beschreiben als „... Wohnung samt Nebenräumen, im Aufteilungsplan sämtliche mit Nr. ... bezeichnet".[72]

Sondereigentumsfähig sind nach § 5 Abs. 1 WEG zunächst „die gemäß § 3 Abs. 1 29d
bestimmten Räume". Fehlt die **Raumeigenschaft,** kann Sondereigentum gemäß § 5

---

[65] BGH NJW 2018, 41; ZWE 2013, 168; ZWE 2010, 178; OLG München ZMR 2008, 71.
[66] BayObLG MittBayNot 2004, 439; OLG München DNotI–Report 2007, 164.
[67] BGH NJW 2012, 677 Rn. 13; BGHZ 59, 11; BayObLGZ 1985, 204; BayObLG WE 1990, 30; OLG Frankfurt a.M. DNotZ 2007, 470.
[68] OLG Frankfurt a.M. NotBZ 2007, 330.
[69] *Grziwotz* DNotZ 2009, 407.
[70] Zur umstrittenen Sondereigentumsfähigkeit der einzelnen Einheiten s. BGH ZWE 2012, 81; Hügel/Scheel/*Müller* § 1 Rn. 57 ff.; BeckOGK/*Müller* WEG § 1 Rn. 79 ff.; Staudinger/*Rapp* WEG § 3 Rn. 20a; BeckOGK/*Schultzky* § 5 Rn. 101.
[71] BGH DNotZ 1996, 289; OLG München ZMR 2008, 96; OLG Frankfurt a.M. ZMR 2012, 31.
[72] OLG Frankfurt a.M. DNotZ 1998, 387.

Abs. 1 Alt. 1 WEG nicht gebildet werden. Dies gilt beispielsweise für Terrassen, Dachterrassen, Balkone, Loggien, nicht überdachte Innenhöfe, Carports, Doppelstockgaragen,[73] auch für offene Stellplätze auf dem Dach eines Garagengebäudes.[74] Hier ist vieles umstritten.[75] Der sicherste Weg wird dann begangen, wenn die Raumeigenschaft im Sinne einer allseitigen festen Abgeschlossenheit als Voraussetzung der Sondereigentumsfähigkeit zugrunde gelegt wird. In allen anderen Fällen kann mit Sondernutzungsrechten geholfen werden. Nebenräume einer Wohnung sind sondereigentumsfähig.

Sondereigentumsfähig sind ferner gemäß § 5 Abs. 1 WEG „die zu diesen Räumen gehörenden Bestandteile des Gebäudes". Darunter fallen jedoch nur wesentliche Bestandteile des Grundstückes oder des Gebäudes.[76] Während § 5 Abs. 1 WEG eine positive Umschreibung des Sondereigentums enthält, stellt § 5 Abs. 2 WEG eine negative Umschreibung des Sondereigentums und damit eine positive Umschreibung des Gemeinschaftseigentums dar. Zwingendes Gemeinschaftseigentum sind danach Teile des Gebäudes, die für dessen Bestand oder Sicherheit erforderlich sind sowie Anlagen und Einrichtungen, die dem **gemeinschaftlichen Gebrauch** der Wohnungseigentümer dienen, selbst wenn sie sich im Bereich der im Sondereigentum stehenden Räume befinden. Konstruktive Teile eines Gebäudes, die für dessen Bestand oder Sicherheit erforderlich sind, sind zwingendes Gemeinschaftseigentum.[77] Dasselbe gilt für alle Anlagen und Einrichtungen des gemeinschaftlichen Gebrauchs.[78] § 5 Abs. 2 letzter Hs. WEG schließt es nicht aus, dass eine Gemeinschaftsanlage wie die Heizung, sich in einem Raum befindet, der Sondereigentum ist. Bei einem Kellerraum, indem sich die Heizungsanlage befindet, kommt es jedoch darauf an, ob der Raum nach seiner Art, Lage und Beschaffenheit, insbesondere auch seiner Größe, objektiv geeignet ist, neben der Unterbringung der Heizungsanlage noch andere, zumindest annähernd gleichwertige Nutzungszwecke zu erfüllen.[79] Ist hiernach ein Gebäudebestandteil nicht sondereigentumsfähig, so kann die dementsprechende Erklärung im Einzelfall dahin umgedeutet werden, dass zugunsten des begünstigten Eigentümers ein Sondernutzungsrecht mit entsprechender Instandhaltungspflicht begründet werden sollte.[80]

Der BGH[81] hat ausgeführt, dass Heizkörper und dazugehörige Leitungen zum Anschluss an eine Zentralheizung durch die *Teilungserklärung* oder durch *nachträgliche Vereinbarung* dem *Sondereigentum* zugeordnet werden können. Dasselbe gelte dann vorbehaltlich ausdrücklicher anderweitiger Regelung in der Teilungserklärung auch für Heizungs- und

---

[73] OLG Düsseldorf MittBayNot 2000, 110; aA BGH DNotZ 1985, 622; wohl auch BGH MittBayNot 2013, 128 Rn. 9; *Heinemann* ZMR 2017, 716; Hügel/Scheel/*Müller* § 1 Rn. 47 f.; BeckOGK/*Müller* WEG § 1 Rn. 80 ff.; Bamberger/Roth/*Hügel* WEG § 5 Rn. 10; OLG Hamm DNotZ 2016, 622 – zustimmend *Ott* DNotZ 2016, 626; ablehnend *Rapp* MittBayNot 2016, 399; OLG München MittBayNot 2012, 215; DNotI-Report 2018, 137; die Rechtslage ist vor allem für Balkone umstritten, s. Staudinger/*Rapp* WEG § 5 Rn. 7 f.

[74] Für Sondereigentumsfähigkeit von Stellplätzen auf Garagendach: OLG Hamm DNotZ 1999, 216; OLG Köln DNotZ 1984, 700; OLG Frankfurt a.M. OLGZ 1984, 32; Balkon sondereigentumsfähig: BayObLG MittBayNot 1999, 288; OLG München DNotZ 2007, 691 mAnm *Rapp; Schmidt* MittBayNot 2001, 442.

[75] Vgl. Weitnauer/*Briesemeister* WEG § 5 Rn. 10; Staudinger/*Rapp* WEG § 5 Rn. 8; BeckOGK/*Schultzky* WEG § 5 Rn. 14, 51 ff.; für (mögliche) Sondereigentumsfähigkeit einer Dachterasse s. BGH ZMR 2018, 833 Rn. 7.

[76] BGH DNotZ 2012, 20; BGHZ 87, 227; BGHZ 73, 308; *Hügel* ZMR 2018, 113. S. hierzu das sehr informative „ABC der Räume und Gebäudebestandteile" bei BeckOGK/*Schultzky* WEG § 5 Rn. 42 ff.

[77] BGH MittBayNot 2001, 479 zu Bodenplatten von Balkonen und darauf angebrachter Isolierung.

[78] Treppenhäuser, Flure, Zugangsräume zum Gemeinschaftseigentum, Heizungsanlagen, die nur die Wohnanlage versorgen BGHZ 73, 310; BayObLG DNotZ 1992, 492; OLG Dresden ZWE 2017, 306 Rn. 8; OLG Schleswig MittBayNot 2008, 47; OLG München ZMR 2006, 713; DNotI-Report 1997, 17; *Suilmann* ZWE 2014, 302, auch zu ökologischen Systemen.

[79] BGHZ 73, 311; OLG Dresden ZWE 2017, 306 Rn. 7; OLG Schleswig ZMR 2006, 886; OLG Saarbrücken MittRhNotK 1998, 361; *Naumann* notar 2017, 131; Bamberger/Roth/*Hügel* WEG § 5 Rn. 15; DNotI-Abrufgutachten v. 13.3.2018, tle-vz 162120-u-f; BeckOGK/*Schultzky* WEG § 5 Rn. 80; DNotI-Report 2018, 163.

[80] OLG Hamm MDR 1992, 258.

[81] MittBayNot 2012, 212.

Thermostatventile und ähnliche Aggregate. Dieser Aussage kann jedenfalls dann nicht gefolgt werden, wenn der BGH von einer Wahlfreiheit der Eigentümer in dem Sinne ausgehen wollte, dass die aufgeführten Gegenstände entweder dem Gemeinschaftseigentum oder dem Sondereigentum zugeordnet werden. Eine solche Wahlfreiheit besteht nicht; die Zuordnung zu einem der beiden Eigentumsbereiche wird ausschließlich kraft Gesetzes gemäß § 5 Abs. 1, Abs. 2 WEG vorgenommen. Dies ergibt sich auch daraus, dass ein Wahlrecht nur im Rahmen des § 5 Abs. 3 WEG besteht (→ Rn. 45). Entsprechende Aussagen in der Teilungserklärung/Gemeinschaftsordnung können deshalb, wenn sie aus dem Blickwinkel des § 5 Abs. 1, Abs. 2 WEG zutreffend sind, nur deklaratorische Bedeutung haben.[82]

Die gesetzliche Eigentumszuordnung von Gebäudebestandteilen gemäß § 5 Abs. 1 WEG gilt auch dann, wenn bei dem Gebäudebestandteil eine Funktionsänderung eingetreten ist.

Beispiel:

Zwei nebeneinander liegende Doppelhaushälften haben in einem Raum, der an die gemeinsame Trennmauer angrenzt, eine gemeinsame Heizungsanlage. Die Eigentümer entschließen sich, zukünftig jeweils eine eigene Heizungsanlage zu betreiben. Mit Inbetriebnahme der neuen Heizungsanlage wird die bisherige Heizungsanlage kraft Gesetzes Sondereigentum desjenigen Wohnungseigentümers, in dessen Gebäude sie sich befindet und von diesem weiterhin benutzt wird.[83]

Sollen **nicht sondereigentumsfähige Stellplätze** an Erwerber außerhalb der Wohnungseigentumsanlage veräußert werden, so ist folgender Umweg geboten:

Die Stellplätze sind als Sondernutzungsrechte auszubilden, die mit einem selbständigen Teileigentum (zB Kellerraum, Tiefgaragenstellplatz) verbunden werden. Die außenstehenden Erwerber erwerben einen Miteigentumsanteil nach Bruchteilen gemäß §§ 741 ff. BGB am Teileigentum. Die Benutzung eines einzelnen Stellplatzes erfolgt entweder über eine Benutzungsregelung gemäß § 15 Abs. 1 WEG oder über eine solche gemäß § 1010 BGB.[84] Die (künftige) Regelung gemäß § 1010 BGB kann auch durch Vormerkung gemäß § 883 BGB gesichert werden.

Für die rechtliche Gestaltung von **Kellerräumen** ergibt sich Folgendes: Befindet sich 29e dort eine im Gemeinschaftseigentum stehende **Heizungsanlage,** so verlangt § 5 Abs. 2 WEG, dass alle Wohnungseigentümer dieses Gemeinschaftseigentum erreichen können, und zwar ausschließlich über Gemeinschaftseigentum. Die Zuweisung von Sondereigentum an Kellerräumen wird dadurch häufig erschwert. Die Ausweichlösung besteht darin, dass die für den *Zugang zur Heizung* notwendigen Kellerräume im Gemeinschaftseigentum verbleiben, einzelnen Eigentümern jedoch Sondernutzungsrechte hieran eingeräumt werden mit der Einschränkung, dass die anderen Wohnungseigentümer über den Sondernutzungsbereich zum gemeinschaftlichen Eigentum gelangen können.[85]

Diese Grundsätze gelten jedoch nicht, wenn ein im gemeinschaftlichen Eigentum stehender Raum seiner Beschaffenheit nach nicht dem ständigen Mitgebrauch aller Wohnungseigentümer dient (zB nicht ausgebauter Speicherraum). Hier ist ein Mitgebrauch aller Wohnungseigentümer gemäß § 13 Abs. 2 WEG von der tatsächlichen Seite her nicht gegeben; ein Dachspeicherraum muss beispielsweise nur für Instandsetzungs- und Instandhaltungsmaßnahmen am Dach betreten werden können. Hier verpflichtet § 14 Nr. 4 WEG den Wohnungseigentümer, durch dessen Wohnung der im gemeinschaftlichen Ei-

---

[82] *Hügel/Elzer* DNotZ 2012, 4 (7 f.); *Hügel* ZMR 2018, 113 (114); *Schmidt* MittBayNot 2012, 181; *Jennißen* ZMR 2011, 974.

[83] *Hügel* ZMR 2018, 113 (115).

[84] *Reinold* MittBayNot 2001, 540; DNotI-Report 2007, 185.

[85] OLG Dresden ZWE 2017, 306 Rn. 10; BayObLG DNotZ 1992, 490; DNotZ 1989, 433; DNotZ 1986, 494; aA *Leidner* FS 25 Jahre DNotI 2018, 193 (198 f.): Zugang zu gemeinschaftlichen Anlagen und Bestandteilen kann gem. § 14 Nr. 4 WEG auch über Sondereigentum erfolgen.

gentum stehende Raum erreicht werden kann, das Betreten und die Benutzung seines Sondereigentums für diesen Fall zu gestatten. Die einzige Zugangsmöglichkeit über Sondereigentum schadet deshalb nicht.[86]

29f   Die behördlich bestätigten Aufteilungspläne (sowie die Abgeschlossenheitsbescheinigung) sind nach § 7 Abs. 4 WEG der Eintragungsbewilligung bezüglich der Begründung von Wohnungseigentum „als Anlagen beizufügen". Der Begriff der Anlage ist hier nicht im beurkundungsrechtlichen Sinne des § 9 Abs. 1 S. 3 BeurkG zu verstehen,[87] was sich schon daraus ergibt, dass das BeurkG im Verhältnis zum WEG das jüngere Gesetz ist. Die behördlich bestätigten Aufteilungspläne und die Abgeschlossenheitsbescheinigung stellen öffentliche Urkunden (jedoch nur im Falle der Ausstellung durch die Baubehörde, nicht durch den Sachverständigen, § 7 Abs. 4 S. 5 WEG) iSd § 13a BeurkG dar. Der Grundbuchvollzug erfordert jedoch, dass in der Eintragungsbewilligung zur Begründung von Wohnungseigentum (also in dem Vertrag gemäß §§ 3, 4 WEG oder der Erklärung gemäß § 8 WEG) herausgestellt wird, dass die Teilung auf der Basis des behördlich bestätigten Aufteilungsplanes erfolgt[88] und dass Plan und Urkunde zusammengehören.[89]

29g   **Formulierungsbeispiel: Aufteilungsplan und Abgeschlossenheitsbescheinigung**

Zur Beurkundung liegt vor der behördlich bestätigte Aufteilungsplan vom ***, ausgestellt vom Landratsamt ***, Az.: ***, samt Abgeschlossenheitsbescheinigung derselben Behörde vom ***. Die nachfolgenden Erklärungen beziehen sich auf diesen behördlich bestätigten Aufteilungsplan samt Abgeschlossenheitsbescheinigung. Diese werden dieser Eintragungsbewilligung gemäß § 7 Abs. 4 WEG als Anlagen beigefügt.

30   Bei den oft langwierigen Baugenehmigungsverfahren besteht ein Bedürfnis, Urkunden über die Begründung von Wohnungseigentum und hieran anschließende Veräußerungen von Wohnungseigentum bereits zu einem früheren Zeitpunkt, also noch vor Erteilung der Baugenehmigung, zu errichten bzw. abzuschließen. Zwar sind diese Vorgänge wegen Fehlens der Voraussetzungen des § 7 Abs. 4 WEG zunächst nicht vollziehbar, gleichwohl kann jedoch eine Bindung der Vertragsteile herbeigeführt werden. Der Urkunde über die Begründung von Wohnungseigentum sind zu diesem Zeitpunkt **vorläufige Aufteilungspläne** beizufügen. Diese sollten den zur Genehmigung eingereichten Bauplänen entsprechen. Die Pläne sind der Aufteilungsurkunde als Anlage gemäß § 9 Abs. 1 S. 2, S. 3 BeurkG beizufügen.[90] Die vorläufigen Aufteilungspläne werden dadurch Bestandteil einer notariellen Niederschrift und damit bezugnahmefähig gemäß § 13a BeurkG.

31   Nach Vorliegen der behördlich bestätigten Aufteilungspläne samt Abgeschlossenheitsbescheinigung ist in einer Nachtragsurkunde zur Teilungserklärung durch den Eigentümer die **grundbuchmäßige Beschreibung der gebildeten Einheiten** anhand von Aufteilungsplänen und Abgeschlossenheitsbescheinigung vorzunehmen.[91] Diese Nachtragsurkunde ist jedenfalls dann zwingend erforderlich, wenn die vorläufigen Aufteilungspläne und die amtlich bestätigten Aufteilungspläne Unterschiede ausweisen, was jedoch im Zweifel vom Notar nicht geprüft werden kann.[92] Damit wird die Verbindung zwischen der Aufteilungsurkunde und den gemäß § 7 Abs. 4 WEG beizufügenden Anlagen hergestellt. Es gilt hier nichts anderes als bei einem Teilflächenkauf: Auch hier muss in einer

---

[86] BayObLG MittBayNot 2001, 480; MittBayNot 1995, 206; BayObLGZ 1991, 165; OLG Schleswig MittBayNot 2008, 47; die von der hM vertretene Rechtsauffassung ist umstritten, s. Staudinger/*Rapp* WEG § 5 Rn. 27b.
[87] *Hügel* NotBZ 2003, 149; BayObLG MittBayNot 2003, 149.
[88] DNotI-Report 1999, 18.
[89] BayObLG MittBayNot 2003, 127; OLG Frankfurt a.M. ZWE 2018, 160 Rn. 27.
[90] Vgl. *Morhard* MittBayNot 2003, 129.
[91] DNotI-Report 1999, 19; Staudinger/*Rapp* WEG § 7 Rn. 15a; aA BayObLG DNotZ 2003, 275: nicht erforderlich bei Identität der Pläne.
[92] *Hügel* NotBZ 2003, 150; BayObLG MittBayNot 2003, 127.

späteren Erklärung die Identität der Vertragsfläche gemäß der Haupturkunde mit der Fläche gemäß dem amtlichen Messungsergebnis verlautbart werden.

IV. Abgeschlossenheitsbescheinigung, behördliche/gerichtliche Genehmigung

Nach § 3 Abs. 2 S. 1 WEG soll Sondereigentum nur eingeräumt werden, wenn die Wohnungen oder sonstigen Räume in sich abgeschlossen sind. Dies ist nach § 7 Abs. 4 Nr. 2 WEG durch Bescheinigung der Baubehörde nachzuweisen. Die Voraussetzungen für die Erteilung dieser Bescheinigung sind in entsprechenden Richtlinien (→ Rn. 29) geregelt. **32**

Abgeschlossenheit iSv § 3 Abs. 2 S. 1 WEG bedeutet die feste und dauerhafte räumliche Abgrenzung und Abschließbarkeit einer jeden Wohnung gegenüber den anderen Wohnungen und dem gemeinschaftlichen Eigentum mit Gewährleistung des Zugangs zum Sondereigentum über Gemeinschaftseigentum.[93] Dabei handelt es sich um eine Soll-Vorschrift, deren Verletzung gleichwohl das Entstehen von Sondereigentum nicht hindert.[94] Die Abgeschlossenheit ist ein tatsächlicher Zustand; die Baubehörde übernimmt mit der Bescheinigung die Verantwortung dafür, dass sie bei Begründung des Wohnungseigentums oder bei der Unterteilung desselben gegeben ist. Die Bescheinigung ist kein Verwaltungsakt und deshalb auch nicht mit der Verpflichtungsklage, sondern mit der allgemeinen Leistungsklage im Verwaltungsrechtsweg einzuklagen.[95] Die Bescheinigung bezieht sich nur auf die Abgeschlossenheit; sie darf deshalb nicht mit der Begründung versagt werden, ein bestehendes Bauwerk sei bauordnungswidrig errichtet worden[96] oder aus den Aufteilungsplänen ergebe sich, dass eine nicht genehmigte Nutzung ausgeübt werde.[97] Um eine wahrheitsgemäße Bescheinigung ausstellen zu können, ist der teilende Eigentümer verpflichtet, der Baubehörde eine dem tatsächlichen Baubestand entsprechende Bauzeichnung vorzulegen.[98] Heben benachbarte Wohnungseigentümer durch einen Mauerdurchbruch die tatsächliche Abgeschlossenheit auf, so sah hierin das BayObLG[99] für die übrigen Wohnungseigentümer einen Nachteil, den diese nicht hinzunehmen verpflichtet sind.[100] Bei einem Dauerwohnrecht kommt es für die Abgeschlossenheit nur darauf an, dass die Wohnung des Dauerwohnberechtigten in sich abgeschlossen ist. Nach dem Sinn und Zweck des Abgeschlossenheitserfordernisses ist es nicht geboten, dass alle anderen Wohnungen des Gebäudes in sich abgeschlossen sind.[101]

Für **Garagenstellplätze** wird die Abgeschlossenheit fingiert, wenn ihre Flächen durch dauerhafte Markierungen ersichtlich sind (§ 3 Abs. 2 S. 2 WEG). Zur Sondereigentumsfähigkeit von Stellplätzen → Rn. 29d.

Zeitweise wurde die Erteilung einer Abgeschlossenheitsbescheinigung für Altbauten davon abhängig gemacht, dass die heutigen bauordnungsrechtlichen Vorschriften hinsichtlich Lärm-, Wärme- und Brandschutz bezüglich der Wohnungswände und -decken eingehalten werden. Der Gemeinsame Senat der Obersten Gerichtshöfe des Bundes[102] hat jedoch klargestellt, dass es nicht der Zweck des WEG sein kann, die Begründung von Wohnungseigentum zu erschweren. Das WEG ist kein Mieterschutzgesetz. Es ist auch unter verfassungsrechtlichen Gesichtspunkten nicht angängig, den **bundesrechtlichen** **33**

---

[93] GemS BGHZ 119, 46; BGHZ 110, 36; BayObLG MittBayNot 1994, 225; OLG München ZWE 2018, 442 Rn. 29.
[94] BGHZ 177, 338 Rn. 14.
[95] BVerwG NJW 1997, 71; DNotZ 1988, 703.
[96] VGH München NJW-RR 1986, 816.
[97] BVerwG DNotZ 1988, 703; VGH München DNotZ 1990, 246; DNotI-Report 1997, 4; DNotI-Report 1996, 12.
[98] BayObLG MittBayNot 1994, 225.
[99] MittBayNot 1995, 281 – überholt durch BGHZ 146, 248.
[100] Krit. hierzu *Rapp* MittBayNot 1995, 282.
[101] BayObLGZ 1997, 166; *Lotter* MittBayNot 1999, 354; Staudinger/*Spiegelberger* WEG § 32 Rn. 32.
[102] BGHZ 119, 51.

Begriff der Abgeschlossenheit, wie er im § 3 Abs. 2 WEG verwendet wird, unter landesrechtlichen Gesichtspunkten auszulegen.[103]

34 Der Zweck der Abgeschlossenheit besteht darin, **eindeutige Eigentumszuordnungen** zu gewährleisten, damit der Streitpunkt wegen unklarer Grenzziehungen, wie er beim **Stockwerkseigentum** (Rechtsgrundlage: Art. 182 EGBGB, Art. 62 BayAGBGB) bestanden hat, vermieden wird.[104] Dieser Gesetzeszweck verlangt es nicht, auf die bauordnungsrechtlichen Vorschriften über Schall-, Wärme- und Feuerschutz abzustellen. Die Bescheinigung darf deshalb weder aus bauordnungsrechtlichen noch aus bauplanungsrechtlichen Gesichtspunkten („Schwarzbau", nicht genehmigte Nutzung etc) versagt werden.[105] Dies wäre eine unzulässige Koppelung verschiedener Verwaltungszwecke.

Wurde eine Abgeschlossenheitsbescheinigung erteilt und dem Grundbuchamt vorgelegt, so ist es im Grundbuchverfahren unzulässig, nachzuprüfen, ob die Baubehörde die Erfüllung bautechnischer Anforderungen überprüft und zutreffend bejaht hat.[106] Der Zweck des § 7 Abs. 4 S. 1 Nr. 2 WEG besteht gerade darin, diese Entscheidung einer hierfür fachlich kompetenten Behörde und nicht dem Grundbuchamt zu übertragen. Eine „Kraftloserklärung" der Abgeschlossenheitsbescheinigung durch die Baubehörde aus bauordnungsrechtlichen Gründen ist für das Grundbuchamt unbeachtlich.[107] Das Grundbuchamt ist an die Abgeschlossenheitsbescheinigung nicht gebunden, sondern hat diesbezüglich ein eigenes Prüfungsrecht.[108]

34a Behördliche Genehmigungen sind unter den Voraussetzungen des § 22 BauGB (Fremdenverkehrsgemeinden, hierzu → Rn. 6) und des § 172 BauGB (Geltungsbereich einer Erhaltungssatzung) zur Begründung von Wohnungseigentum erforderlich.

V. Die Größe der Miteigentumsanteile

35 Gesetzliche Vorschriften über die Bestimmung der Größe der Miteigentumsanteile bestehen nicht. Zu beachten ist jedoch, dass gemäß § 16 WEG mangels einer anderweitigen Regelung sich Nutzen und Lasten des gemeinschaftlichen Eigentums nach dem **Verhältnis der Miteigentumsanteile** bestimmen. Diese sind zwingende Berechnungsgrundlage im öffentlichen Abgabenrecht, zB § 134 Abs. 1 S. 3 BauGB, Art. 5 Abs. 6 S. 2 BayKAG, vgl. auch § 93 Abs. 3 BewG. Nach § 10 Abs. 8 S. 1 WEG haftet jeder Wohnungseigentümer im Außenverhältnis einem Gläubiger nach dem Verhältnis seines Miteigentumsanteils für Verbindlichkeiten der Gemeinschaft der Wohnungseigentümer, die während seiner Zugehörigkeit zur Gemeinschaft entstanden oder während dieses Zeitraums fällig geworden sind. Dabei handelt es sich um eine nicht abdingbare Haftung gegenüber Dritten.[109] Die sachgerechte Bemessung der Größe der Miteigentumsanteile gewinnt unter diesem Gesichtspunkt eine zusätzliche Bedeutung. Allerdings schließt die gesetzlich vorgesehene teilschuldnerische Haftung im Endergebnis eine Haftung in unbegrenzter Höhe für den einzelnen Eigentümer nicht aus. Sollten bei einer Umlage einzelne oder gar alle anderen Wohnungseigentümer aufgrund finanzieller Probleme ausfallen, so ist der fehlende Betrag im Wege einer weiteren Sonderumlage von den anderen (zahlungsfähigen) Wohnungseigentümern einzuziehen.[110] Der zahlungspflichtige Wohnungseigentümer hat dann jedoch Ausgleichsansprüche gegenüber den nichtzahlenden Wohnungseigentümern, die nach dem neu geschaffenen § 10 Abs. 1 Nr. 2 ZVG nach Maßgabe der dort genannten Be-

---

[103] BGHZ 119, 54; BGH NJW 1991, 1613.
[104] GemSOBG BGHZ 119, 51; BGH NJW 1990, 1112.
[105] BVerwG DNotZ 1988, 703; VGH München DNotZ 1990, 246; NJW-RR 1986, 816; OVG Lüneburg DNotZ 1984, 390; DNotI-Report 1997, 4.
[106] BayObLG DNotZ 1990, 260.
[107] BayObLG DNotZ 1991, 474.
[108] BGH NJW 2018, 1309 Rn. 18; BGHZ 119, 42; Staudinger/*Rapp* WEG § 7 Rn. 28 ff.
[109] BGHZ 207, 99 Rn. 31; BGH NJW 2018, 1309 Rn. 18; *Hügel/Elzer* Das neue WEG § 3 Rn. 192; zur rechtsmissbräuchlichen Festlegung der Anteilsgröße s. BeckOGK/*Müller* WEG § 2 Rn. 103 ff.
[110] *Hügel/Elzer* Das neue WEG § 3 Rn. 193; *Abramenko* WEG § 6 Rn. 27.

grenzungen vorrangig zu befriedigen sind. Es ist also darauf zu achten, dass die Rückgriffsansprüche 5 % des Verkehrswertes der Einheiten der nichtzahlenden Wohnungseigentümer nicht übersteigen. § 10 Abs. 8 WEG schließt es nicht aus, dass durch landesrechtliche Vorschriften der Grundstückseigentümer als beitragspflichtig bezeichnet wird und dabei mehrere Beitragspflichtige, auch in der Form des Wohnungseigentums, als Gesamtschuldner haften.[111]

Durch die Schaffung der rechtsfähigen Wohnungseigentümergemeinschaft gibt es nunmehr im Bereich des WEG zwei verschiedene Gemeinschaften nämlich **35a**
– die Bruchteilsgemeinschaft gemäß §§ 741 ff. BGB als sachenrechtliche Eigentümerin des Grundstücks und seiner wesentlichen Bestandteile, ausgenommen des Sondereigentums und
– die rechtsfähige Wohnungseigentümergemeinschaft als Eigentümerin des Verbandsvermögens.[112]

VI. Sukzessive Wohnungseigentums-Begründung (Mehrhausanlage) – Nachträgliche Begründung von Sondereigentum

Von einer **Mehrhausanlage** spricht man, wenn auf einem Grundstück mehrere Gebäude **36** in der Rechtsform des Wohnungseigentums errichten werden sollen. Der Eigentümer (Bauträger) geht dabei mit der Planung und Bauerrichtung gebäudeweise vor. Er passt sich der Marktlage an. Die Problematik besteht darin, dass bei bestehendem Wohnungseigentum nachträglich weiteres Sondereigentum, verbunden mit einem Miteigentumsanteil am Grundstück, gebildet werden soll. Sie tritt auch auf, wenn in einem bestehenden Gebäude beispielsweise nachträglich das Dachgeschoss, welches bisher im Gemeinschaftseigentum stand, zu Wohnraum ausgebaut werden soll und weitere Wohnungseigentumseinheiten gebildet werden sollen. Schließlich gibt es dieselbe Thematik beim „Eingangsflurproblem", wo anlässlich der Unterteilung eines Sondereigentums solches in gemeinschaftliches Eigentum umgewandelt werden muss.

Die Umwandlung von Gemeinschaftseigentum in Sondereigentum oder umgekehrt kann dabei auf folgenden Wegen verwirklicht werden:

1. Kleine Aufteilung. Es wird eine so genannte kleine Aufteilung durchgeführt. Aufge- **37** teilt wird nur entsprechend der Anzahl der Wohnungen, die im aktuellen Bauabschnitt realisiert werden. Die Erwerber müssen sich dabei verpflichten, bei Realisierung weiterer Bauabschnitte an den Eigentümer (Verkäufer) Miteigentumsanteile zu übertragen, die alsdann mit Sondereigentum an den neu zu schaffenden Wohnungen verbunden werden. Diese Vereinbarung ist rein schuldrechtlicher Natur. Um sie im Falle der Veräußerung oder Belastung des Wohnungseigentums Dritten gegenüber durchsetzen zu können, ist die Eintragung von **Auflassungsvormerkungen an jedem Wohnungseigentum** gemäß § 883 BGB, die sowohl den Anspruch auf Übertragung eines Miteigentumsanteils als auch denjenigen auf Begründung von weiterem Sondereigentum sichern, erforderlich. Durch die eingetragenen Vormerkungen wird die Finanzierung (Beleihung) des Kaufpreises bei dem ersten Käufer erschwert, da die Vormerkung, soll sie vollstreckungssicher sein, im Range vor den Käufergrundpfandrechten eingetragen werden muss. Wird von dem Miteigentumsanteil ein Miteigentumsanteil abgespalten und auf den Verkäufer zurückübertragen (zum Zwecke der Verbindung mit Sondereigentum), so ist die **Zustimmung aller Drittberechtigten** am Wohnungseigentum erforderlich. Verweigert ein Wohnungseigentümer die Mitwirkung, so muss er auf Abgabe der entsprechenden Erklärungen verklagt werden. Die Begründung des weiteren Wohnungseigentums kann sich dadurch erheblich verzögern. Die Erteilung von Vollmachten, auch von unwiderruflichen, gibt

---

[111] BGHZ 181, 304 Rn. 18; BGH ZMR 2014, 557 Rn. 8.
[112] S. hierzu *Rühlicke* ZWE 2007, 266; *Hügel/Elzer* Das neue WEG § 3 Rn. 9 ff., wo auch die Gegenposition, die annimmt, dass es nur *eine* Gemeinschaft gebe (so *Bub* ZWE 2006, 257) dargestellt wird.

keine absolute Garantie, da solche aus wichtigem Grund widerrufen werden können. Diese „kleine Aufteilung" ist deshalb nicht ratsam.

38   **2. Aufteilung mit überdimensional großem Miteigentumsanteil.** Bei diesem Verfahren erfolgt die Aufteilung entsprechend den aktuell zu realisierenden Wohnungen, wobei mit einer Wohnung (die vermutlich am schwierigsten zu verkaufen sein wird) oder einem Tiefgaragenabstellplatz ein überdimensional großer Miteigentumsanteil verbunden wird. Dabei ist zu schätzen, wie viel Wohn- bzw. Nutzfläche in allen Bauabschnitten zusammen erstellt werden wird. Dementsprechend ist der überdimensional große Miteigentumsanteil zu berechnen. Bei Verwirklichung der weiteren Bauabschnitte werden von diesem überdimensional großen Miteigentumsanteil wiederum Miteigentumsanteile abgespalten und mit Sondereigentum aus weiteren Bauabschnitten verbunden. Die Problematik der Entstehung von weiterem Sondereigentum liegt darin, dass bei bereits bestehendem Sondereigentum neues Sondereigentum gemäß §§ 3 Abs. 1, 4 WEG nur durch **Einigung der betroffenen Eigentümer** entstehen kann.[113] Danach ist ein Vertrag unter Mitwirkung der bereits vorhandenen Wohnungseigentümer erforderlich. Das BayObLG[114] beschreibt diesen Weg als Aufhebung des Sondereigentums, dessen Umwandlung in Gemeinschaftseigentum sowie Neuverbindung mit Sondereigentum, das durch Umwandlung von Gemeinschaftseigentum geschaffen wird (Errichtung eines weiteren Gebäudes). Damit besteht aber dieselbe Problematik wie bei der kleinen Aufteilung.

39   Die bisherige Lösung der verdinglichten Ermächtigung des Eigentümers des überdimensionalen Miteigentumsanteils, das kraft Gesetzes entstehende Gemeinschaftseigentum an der Bausubstanz der weiteren Bauabschnitte – soweit es sondereigentumsfähig ist – in Sondereigentum umzuwandeln, ist nach der neueren Rechtsprechung des BayObLG[115] nicht mehr möglich.[116]

Ein Erfolg versprechendes neues Konzept zur Problematik der abschnittsweisen Begründung von Wohnungseigentum hat *Hügel*[117] entwickelt. Er geht davon aus, dass, nicht zuletzt im Interesse der Lasten- und Kostentragung, die Realisierung aller konzipierten Bauabschnitte auf dem Wohnungseigentumsgrundstück im Interesse aller Eigentümer liegt. Hieraus ergibt sich eine diesbezügliche Förderungspflicht der Wohnungseigentümer, die zum Verhältnis derselben untereinander zu rechnen ist und die deshalb als Inhalt des Sondereigentums gemäß § 10 Abs. 2, Abs. 3 WEG vereinbart werden kann. Im Erwerbsvertrag der Ersterwerber vom Bauträger wird diese Förderungsverpflichtung dadurch erfüllt, dass eine Verpflichtung zur Schaffung von weiterem Sondereigentum – vormerkungsgesichert – eingegangen wird und dem Bauträger eine unwiderrufliche Vollmacht zum Abschluss der hier erforderlichen weiteren Rechtsgeschäfte erteilt wird. Veräußert der Ersterwerber weiter, ist er verpflichtet, dafür zu sorgen, dass auch sein Rechtsnachfolger diese Verpflichtungen erfüllt. Als Sicherheit hierfür könnte eine Veräußerungszustimmung gemäß § 12 WEG statuiert werden. Zustimmungsberechtigt wäre der Bauträger. Erteilt ein nachfolgender Käufer nicht die erforderlichen Vollmachten, verstößt er gegen seine Förderverpflichtung aus dem Gemeinschaftsverhältnis. Die Veräußerungszustimmung könnte in diesem Falle gemäß § 12 WEG verweigert werden.[118] Der Vorschlag von *Hügel* ist lediglich noch dahingehend zu ergänzen, dass die Veräußerungszustimmung dadurch auflösend bedingt angeordnet ist, dass alle ursprünglich vorgesehenen Bauabschnitte

---

[113] BGH NJW 1998, 3712; BayObLG DNotZ 1995, 235; MittBayNot 1996, 29; MittBayNot 1994, 41; *Hügel/Elzer* WEG § 8 Rn. 41 ff.; *Hügel* ZMR 2004, 551; *Schmidt* FS Bärmann und Weitnauer 1990, 558, der auch die analoge Anwendung von § 8 WEG mit Zustimmung der anderen Eigentümer für möglich hält.
[114] DNotZ 1995, 235.
[115] DNotZ 2002, 149; DNotZ 2000, 466; DNotZ 1998, 379; zustimmend BGH DNotZ 2003, 538.
[116] Zu diesem Konzept s. 3. Aufl. Rn. 39; *Rapp* MittBayNot 1998, 79.
[117] DNotZ 2003, 517; *Hügel/Elzer* WEG § 8 Rn. 41 ff.
[118] *Hügel* DNotZ 2003, 529.

grundbuchmäßig gebildet sind. Zu diesem Zeitpunkt hat die Veräußerungszustimmung ihren Zweck erfüllt und kann, wenn sie nicht aus sonstigen Gründen beibehalten werden soll, für die Zukunft entfallen. Die Lösung von *Hügel* kann sowohl bei der kleinen Aufteilung als auch bei einer Aufteilung mit einem überdimensionalen Miteigentumsanteil praktiziert werden.

Gegen den Lösungsweg von *Hügel* sind von *Armbrüster*[119] und von *Schneider*[120] gravierende Bedenken vorgetragen worden. Der Schwerpunkt der Bedenken ist darin begründet, dass es sich bei der Verpflichtung zur Erteilung der Vollmachten nicht um eine **wohnungseigentumsrechtlich begründete Pflicht** handle. Die Vollmacht diene der reibungslosen Fortentwicklung der Anlage im Interesse des Bauträgers, nicht jedoch im Interesse der Eigentümergemeinschaft.[121]

Schließlich ist auch darauf hinzuweisen, dass nach § 12 Abs. 4 WEG die Wohnungseigentümer durch Stimmenmehrheit beschließen können, dass eine Veräußerungsbeschränkung gemäß § 12 Abs. 1 WEG aufgehoben wird. Diese Befugnis kann auch nicht durch Vereinbarung eingeschränkt oder ausgeschlossen werden. Diese Gesetzesbestimmung beeinträchtigt die rechtliche Sicherheit des Weges von *Hügel*.

Zustimmungserklärungen (Pfandfreigabeerklärungen) sind von den Berechtigten an dem überdimensionalen Miteigentumsanteil erforderlich.[122] Darüber hinaus verlangt das BayObLG[123] auch die Zustimmung der Gläubiger an allen bereits bestehenden Einheiten in den grundbuchmäßig bestehenden Bauabschnitten. Zur Begründung wird ausgeführt, der Miteigentumsanteil umfasse das gemeinschaftliche Eigentum; dieses werde durch die Bildung von neuem Sondereigentum in dem weiteren Bauabschnitt geschmälert. Die Belastungen an den umgewandelten Teilen würden erlöschen. Eine Beeinträchtigung der Rechte der dinglich Berechtigten sei damit nicht auszuschließen. **39a**

Diese Entscheidung bedeutet eine erhebliche Erschwerung der Sukzessivbegründung von Wohnungseigentum. Sie verdient aber auch sachlich Kritik: So bleibt unberücksichtigt, dass sowohl die Eigentümer als auch die Drittberechtigten an den Einheiten der aufgeteilten Bauabschnitte ihre Rechte von vornherein mit dem entsprechenden Änderungsvorbehalt erworben haben. Die Rechte der Gläubiger sind immer Rechte, die von den Eigentümern abgeleitet werden. Sie können daher auch niemals weiter gehen als die Eigentümerrechte. Die Entscheidung steht auch im Widerspruch zu einer früheren Entscheidung des BayObLG:[124] Ist danach ein Wohnungseigentümer bereits vom Mitgebrauch eines Teiles des gemeinschaftlichen Eigentums ausgeschlossen und soll an einem solchen Teil einem anderen Wohnungseigentümer ein Sondernutzungsrecht eingeräumt werden, so ist die Zustimmung der dinglich Berechtigten an demjenigen Wohnungseigentum, das bereits ausgeschlossen ist, nicht erforderlich. Hier bietet sich ein Ansatz zur Lösung der Problematik, die durch die spätere Entscheidung des BayObLG[125] entstanden ist. Der Grundstücksbereich der weiteren Bauabschnitte ist zum Sondernutzungsbereich des Inhabers des überdimensionalen Miteigentumsanteils zu erklären. Als Inhalt des Sondernutzungsrechtes ist festzulegen, dass weitere Gebäude errichtet werden können. Bei der Umwandlung in Sondereigentum wären die Wohnungseigentümer früherer Bauabschnitte nicht betroffen.[126]

Als Konsequenz aus den Entscheidungen des BayObLG[127] sollte als Erstes geprüft werden, ob eine Sukzessivbegründung von Wohnungseigentum unter Bildung eines überdi- **39b**

---

[119] ZMR 2005, 249.
[120] Riecke/Schmid/*Schneider* WEG § 1 Rn. 243; ebenso *M. Müller* Grundverhältnis S. 307.
[121] In dieser Tendenz auch *Häublein* DNotZ 2000, 454.
[122] BayObLG DNotZ 1996, 301.
[123] DNotZ 1996, 301.
[124] DNotZ 1986, 479.
[125] DNotZ 1996, 301.
[126] *Schmidt* MittBayNot 1996, 30.
[127] DNotZ 1998, 379; DNotZ 1996, 301.

mensionalen Miteigentumsanteils überhaupt zwingend erforderlich ist oder ob nicht eine Realteilung des Grundstücks für die einzelnen Bauabschnitte durchgeführt werden kann. Nach dem Wegfall der Teilungsgenehmigung gemäß § 19 BauGB dürfte einer Realteilung in den seltensten Fällen ein unüberwindliches Hindernis entgegenstehen. Versorgungs- und Abnahmeverpflichtungen sowie Mitbenützungsrechte für gemeinsame Einrichtungen beider Wohnungseigentumsanlagen müssen durch entsprechende Grunddienstbarkeiten, beschränkt persönliche Dienstbarkeiten zugunsten des Trägers der Baugenehmigungsbehörde und/oder Reallasten bzw. soweit landesrechtlich vorgesehen, durch Baulasten abgesichert werden.

39c   Sollte eine Realteilung nicht in Betracht kommen, kann dadurch geholfen werden, dass der Bauträger so lange Alleineigentümer aller Einheiten bleibt, bis die Aufteilung der weiteren Bauabschnitte auch grundbuchmäßig vollzogen ist. In den Kaufverträgen aus dem 1. Bauabschnitt ist die Zustimmung der Käufer als Vormerkungsberechtigte gemäß §§ 877, 876 S. 3 BGB aufzunehmen. Bei der einzutragenden Käufervormerkung ist die erteilte Zustimmung zur weiteren Unterteilung des überdimensionalen Miteigentumsanteils zu vermerken. Die Zustimmung wirkt auch gegenüber einem Rechtsnachfolger des ersten Käufers, schließt also einen Weiterverkauf des Objektes durch diesen nicht aus. Dieser Sonderrechtsnachfolger kann sich aufgrund der bei der Erstvormerkung vermerkten Zustimmung nicht auf einen gutgläubigen Erwerb gemäß § 892 Abs. 1 BGB berufen.[128] Alternativ kann auch die Abtretung des Eigentumsverschaffungsanspruches des Erstkäufers gegenüber dem Verkäufer (Bauträger) durch Vereinbarung gemäß § 399 BGB von der Zustimmung des Bauträgers abhängig gemacht werden, wobei dieser zur Zustimmung für den Fall verpflichtet wird, dass der Zweitkäufer seinerseits die Zustimmung zur weiteren Begründung von Wohnungseigentum durch den Bauträger diesem gegenüber erteilt.

39d   Schließlich ist auch an eine Vollmacht zu denken, die die Käufer des ersten Bauabschnittes dem Bauträger erteilen und die zur Umwandlung von Gemeinschaftseigentum in Sondereigentum berechtigt. Eine solche Vollmacht ist auch ohne ausdrückliche Erklärung unwiderruflich. Das entsprechende Rechtsverhältnis ist der Kaufvertrag.[129] Die Lösung hat allerdings den Nachteil, dass sie gegenüber einem Rechtsnachfolger nicht wirkt und die Vollmacht im Übrigen aus wichtigem Grund widerrufen werden kann; hier hilft jedoch (mit dem dort beschriebenen Vorbehalt, der sich aus § 12 Abs. 4 WEG ergibt) die Lösung von *Hügel* (→ Rn. 39) oder die in → Rn. 39c beschriebenen Wege.

40   **3. Sofortige endgültige Aufteilung.** Diese ist nur möglich, wenn für sämtliche Bauabschnitte bereits von Anfang an die Planung festliegt und die allgemeinen Voraussetzungen für die Begründung von Wohnungseigentum, insbesondere gemäß § 7 Abs. 4 WEG, gegeben sind.

4. Nichterstellter Bauteil

40a   **Fall (nach BayObLG MittBayNot 2002, 43):**
Bei einer vor 30 Jahren errichteten Wohnanlage war eine Tiefgaragenanlage vorgesehen. Bei der Aufteilung in Wohnungseigentum/Teileigentum entfiel auf diese ein Miteigentumsanteil von 120/1000. Die Kosten-/Lastenverteilung war für die gesamte Anlage nach Miteigentumsanteilen geregelt. Die Tiefgaragenanlage wurde nie gebaut. Die jetzigen Wohnungseigentümer haben auch kein Interesse daran, die Tiefgaragenanlage nachträglich zu erstellen. Teileigentümer der Tiefgaragenanlage (nicht erstellt) ist nach wie vor der ursprüngliche Bauträger.

---

[128] Palandt/*Herrler* BGB § 876 Rn. 5; Staudinger/*Gursky* BGB § 876 Rn. 34; OLG Hamm DNotZ 1995, 633.
[129] BayObLG DNotZ 2002, 153; OLG München MittBayNot 2011, 129.

Das Wohnungseigentum/Teileigentum bleibt bestehen, auch wenn das Sondereigentum an der Tiefgaragenanlage nicht erstellt wird. Dieses besteht also in der Substanz nur aus einem Miteigentumsanteil. Gleichwohl liegen keine isolierten Miteigentumsanteile vor, da die Tiefgarage nach wie vor gebaut werden könnte und deshalb ein Anwartschaftsrecht auf Entstehung des Sondereigentums besteht. Bei dieser Sachlage sieht das BayObLG einen Anspruch nach § 242 BGB darauf, dass das Sondereigentum an der Tiefgarage aufgehoben wird und der Miteigentumsanteil den anderen Eigentümern unentgeltlich übertragen wird. Die andauernde Lasten- und Kostentragungsverpflichtung des Teileigentümers sei diesem nicht zuzumuten, da er lediglich einen Miteigentumsanteil am Grundstück ohne Nutzungsmöglichkeit für Sondereigentum habe. Für die Übertragung erhält der Teileigentümer jedoch keine Entschädigung, da es seine wirtschaftliche Entscheidung war, vom Bau der Tiefgarage abzusehen, und die Wohnungseigentümer keinen Vorteil durch die Übertragung der Miteigentumsanteile erhalten. Die Auffassung des BayObLG hat allerdings zur Folge, dass sich die Kostenlast der vorhandenen Einheiten erhöht. Die Entscheidung ist deshalb mit dem Prinzip der Rechtssicherheit nicht zu vereinbaren. Es wird das Unternehmerrisiko auf unbeteiligte Eigentümer abgewälzt.[130]

VII. Zustimmung Drittberechtigter zur Wohnungseigentumsbegründung

1. Entstehung von Gesamtbelastungen. Lastet ein dingliches Recht oder eine Verfü- **41** gungsbeschränkung am ganzen Grundstück, so setzt sich die Eintragung nach Aufteilung in Wohnungseigentum an allen neu gebildeten Wohnungseigentumsrechten fort. Die Zustimmung der Berechtigten ist entbehrlich. Die Summe aller Wohnungseigentumsrechte ist mit dem ungeteilten Grundstückseigentum identisch. Dies gilt auch nach Einführung des Rangklassenprivilegs für rückständiges Wohngeld gemäß § 10 Abs. 1 Nr. 2 ZVG, welche eine gesetzlich angeordnete Rangverschlechterung für eingetragene Grundpfandrechte zur Folge hat.[131] Die gesetzliche Rangverschlechterung wurde vom Gesetzgeber gesehen und als verfassungsrechtlich unbedenklich eingestuft mit dem Hinweis, dass die gemäß § 10 Abs. 1 Nr. 2 ZVG bevorrechtigten Beträge im Wesentlichen auch dem einzelnen Wohnungseigentum als Belastungsgegenstand zugute kommen. Der mögliche Rangverlust eines Grundpfandrechtes gemäß § 10 Abs. 1 Nr. 2 ZVG gehört also seit dem 1. 7. 2007 zum gesetzlichen Inhalt eines solchen.

Ist die **Zwangsversteigerung** des ungeteilten Grundstücks angeordnet, so verstößt die **41a** Aufteilung des Grundstücks in Wohnungseigentum gegen das Veräußerungsverbot aus § 23 Abs. 1 S. 1 ZVG, §§ 135, 136 BGB. Die Aufteilung ist deshalb nur gegenüber dem betreibenden Gläubiger wirksam, wenn dieser ihr innerhalb des Vollstreckungsverfahrens zugestimmt hat.[132] Die Schaffung von Wohnungseigentum würde nämlich zu einer Verfahrensverzögerung führen, da für die neugebildeten Wohnungseigentumseinheiten eine neue Wertfestsetzung erfolgen müsste. Im Versteigerungstermin wäre weiter § 63 ZVG zu beachten.[133]

2. Zustimmungsbedürftigkeit bei Einzelbelastungen. Besteht ein Recht nur an ei- **42** nem (oder auch mehreren, aber nicht allen) Miteigentumsanteil, so ist die **Zustimmung der Berechtigten gemäß §§ 875, 877 BGB** erforderlich, da sich der Inhalt des belasteten Rechts verändert. So kann zB ein Pfandgläubiger an einem Miteigentumsanteil gemäß § 751 S. 2 BGB die Aufhebung der Gemeinschaft verlangen, was jedoch nach Begründung von Wohnungseigentum gemäß § 11 WEG ausgeschlossen ist. Dieser Berechtigte ist zweifelsohne in seinem Recht betroffen, was formellrechtlich seine **Bewilligung gemäß**

---

[130] Staudinger/*Rapp* WEG § 3 Rn. 73b aE.
[131] BGH DNotZ 2012, 431; OLG München NJW 2011, 3588; *Schmidt-Räntsch* ZWE 2012, 445; aA *Kesseler* NJW 2010, 2317.
[132] BGH ZWE 2012, 270.
[133] BGH ZWE 2012, 270.

§ 19 GBO erforderlich macht. Dies gilt auch, wenn ein Vorkaufsrecht lediglich an einem Miteigentumsanteil lastet.[134]

43 **3. Dienstbarkeiten am Grundstück.** Wird ein **dingliches Wohnrecht** (§ 1093 BGB) entsprechend der Eintragungsbewilligung nur in einer bestimmten Wohnung ausgeübt, so ergibt sich aus § 1026 BGB, dass mit Aufteilung des Grundstücks in Wohnungseigentum nur noch die Teile mit einer Dienstbarkeit belastet bleiben, auf denen das Recht ausgeübt werden darf. Die anderen Wohnungen werden kraft Gesetzes dienstbarkeitsfrei.[135] Voraussetzung für die Anwendung des § 1026 BGB ist dann lediglich, dass mit grundbuchmäßiger Bestimmtheit nachgewiesen werden kann, welche Einheit belastet bleibt und welche nicht. Der Dienstbarkeitsberechtigte darf das Gemeinschaftseigentum, sofern nichts anderes vereinbart wird, in demselben Umfange mitbenutzen, wie dies der Wohnungseigentümer ohne die Belastung selbst dürfte.

VIII. Aufteilungsplanwidrige Bauausführung

43a Die **rechtlichen Grenzen** zwischen den verschiedenen Sondereigentumseinheiten sowie zwischen Sondereigentum und Gemeinschaftseigentum werden durch den Aufteilungsplan definiert, der Inhalt des Grundbuches ist.[136] Der räumliche Umfang des Sondereigentums und des Gemeinschaftseigentums kann dabei gemäß § 4 Abs. 1, Abs. 2 WEG nur in gleicher Weise geändert werden wie beim allgemeinen Grundstückseigentum, nämlich durch dingliche Einigung (Auflassung) und dementsprechende Grundbucheintragung. Ohne Einhaltung dieser Formvorschriften kann eine rechtswirksame Änderung der Eigentumsverhältnisse nicht bewirkt werden.

43b Wird Wohnungseigentum bezüglich erst noch zu errichtender Gebäude begründet (§§ 3 Abs. 1, 8 Abs. 1 WEG), sind Abweichungen in der tatsächlichen Bauausführung gegenüber dem behördlich bestätigten Aufteilungsplan (der seinerseits identisch ist mit dem genehmigten Bauplan) nicht selten. Sie beruhen meist auf nachträglich gewonnenen Erkenntnissen des Bauherren (des Bauträgers) über eine optimalere Baugestaltung, aber auch auf Wünschen von Käufern des Wohnungseigentums. Aus § 21 Abs. 4, Abs. 5 Nr. 2 WEG ergibt sich, dass jeder Wohnungseigentümer von den übrigen Mitgliedern der Wohnungseigentümergemeinschaft verlangen kann, dass das Gemeinschaftseigentum plangerecht hergestellt wird. Die Pflicht zur Instandsetzung bezieht sich dabei auch auf die erstmalige Herstellung des Gemeinschaftseigentums.[137]

43c Rechtlich unbedeutend sind dabei Veränderungen, die sich **innerhalb der Grenzen eines Sondereigentums** vollziehen.[138] Die Außengrenzen des Sondereigentums sind hierbei nicht berührt. Dies gilt auch dann, wenn innerhalb des Sondereigentums eine tragende Wand versetzt wird. Dies kann zwar ein gemeinschaftswidriges Verhalten darstellen, dem die anderen Wohnungseigentümer im Verfahren gemäß §§ 43 ff. WEG begegnen können, für das Grundbuchamt, das die Eigentumsverhältnisse zu dokumentieren hat, ist eine solche Veränderung jedoch irrelevant.[139]

---

[134] DNotI-Report 2002, 59.

[135] OLG Hamm MittBayNot 2000, 440; OLG Oldenburg NJW-RR 1989, 273 mwN.

[136] BGHZ 208, 29 Rn. 10, 13; BGHZ 130, 159; BGH NJW 1994, 651; BeckOGK/*Müller* WEG § 2 Rn. 287.

[137] BGH NJW 2018, 3238 Rn. 18 f.; ZMR 2016, 553 Rn. 10; NJW 2016, 473 Rn. 7; s. *Schnellbacher* ZWE 2018, 395. Jeder Wohnungseigentümer hat danach gegenüber den anderen Wohnungseigentümern einen Anspruch darauf, dass das Gemeinschaftseigentum plangerecht hergestellt wird. Der Anspruch ist jedoch durch § 242 BGB begrenzt; er entfällt, wenn seine Erfüllung den übrigen Wohnungseigentümern nach den Umständen des Einzelfalls nicht zuzumuten ist, vgl. BGH NJW 2018, 3238 Rn. 18, 19. Zur planmäßigen Ersterstellung gehören jedenfalls alle öffentlich-rechtlich vorgeschriebenen baulichen Anlagen und Ausstattungen, vgl. BGH ZWE 2018, 411.

[138] OLG Frankfurt a.M. ZMR 2012, 31; OLG Hamm DNotI-Report 2006, 153.

[139] Staudinger/*Rapp* WEG § 3 Rn. 75.

Werden zusätzliche, im Aufteilungsplan **nicht vorgesehene Einheiten** errichtet, so stehen diese bzw. die entsprechenden Räume im Gemeinschaftseigentum.[140] Die Umwandlung in Sondereigentum erfordert einen Vertrag aller beteiligten Miteigentümer.[141] Dabei ist eine neue Abgeschlossenheitsbescheinigung samt geändertem Aufteilungsplan erforderlich, aus denen sich die Sondereigentumsfähigkeit ergibt. Werden dagegen **Einheiten,** die im Aufteilungsplan vorgesehen sind, **nicht erstellt,** so ist dies für die Entstehung von Wohnungseigentum bei den übrigen Eigentumseinheiten unbeachtlich. Insbesondere können die Eigentümer der Miteigentumsanteile, bei denen das dazugehörige Sondereigentum noch nicht erstellt ist, nicht die Aufhebung der Gemeinschaft verlangen. Das Wohnungseigentum (bei den nicht erstellten Einheiten die entsprechende Anwartschaft) bleibt erhalten.[142]

Werden dagegen die **„Grenzmauern"** zwischen verschiedenen Sondereigentumseinheiten und/oder zwischen Sondereigentum/Gemeinschaftseigentum **abweichend vom Aufteilungsplan** errichtet, so entsteht Wohnungseigentum gleichwohl nur in den Grenzen des Aufteilungsplanes.[143] Bei planabweichender Bauausführung können deshalb an *einem Raum* verschiedene Eigentumsverhältnisse bestehen, die durch die nicht sichtbare Grenze des Aufteilungsplanes („Luftschranke") getrennt werden.[144] Die beiden Räume sind damit gegeneinander nicht abgeschlossen; dies ändert aber an der Wirksamkeit des entstandenen Wohnungseigentums nichts.[145]   43d

Dies gilt jedenfalls dann, wenn die einzelnen Einheiten unter Anwendung des **sachenrechtlichen Bestimmtheitsgrundsatzes** identifiziert werden können. Die abweichende Bauausführung ändert deshalb die rechtlichen Grenzen nicht.[146] Eine Heilung ist nur durch entsprechenden Vertrag der beteiligten Eigentümer und, wenn Gemeinschaftseigentum betroffen ist, aller Eigentümer möglich. Eine Beschlussfassung der Wohnungseigentümerversammlung, auch wenn diese einstimmig erfolgt sein sollte, hat keinerlei Heilungswirkung, da diese das formpflichtige dingliche Rechtsgeschäft (Einigung und Eintragung) nicht ersetzen kann.[147]

Die Darstellung des Sondereigentums im Aufteilungsplan ist auch maßgeblich für die Darstellung des Vertragsgegenstandes bei einem Veräußerungsvertrag. Ein Erwerber erwirbt die Wohnung mit dem Zuschnitt, den das zu ihr gehörende Sondereigentum nach dem Aufteilungsplan hat.[148] Es liegt auch kein Fall einer versehentlichen Falschbezeichnung (falsa demonstratio) vor. Der Vertragsgegenstand wurde vielmehr richtig bezeichnet; die Divergenz bezieht sich nicht auf die Willenserklärung (das ist die Falschbezeichnung) sondern auf den tatsächlichen Zustand des in Übereinstimmung mit dem Grundbuch gekennzeichneten Vertragsgegenstandes.[149]

Die Verpflichtung zur plangerechten Herstellung des Gemeinschaftseigentums bezieht sich auch auf die Einhaltung öffentlich-rechtlicher Vorschriften. Danach sind *alle Woh-*

---

[140] BayObLG DNotZ 1982, 244; DNotZ 1973, 611; OLG München DNotI-Report 2007, 78; OLG Celle ZWE 2009, 128.

[141] BayObLGZ 1973, 267.

[142] BGH NJW 1990, 1111; BayObLG MittBayNot 2002, 43, zu diesem Sonderfall → Rn. 40a; *Dreyer* DNotZ 2007, 603.

[143] BGHZ 208, 29 Rn. 10; BGHZ 177, 338 Rn. 12, 16; OLG München ZWE 2014, 257; *Schmidt-Räntsch* ZWE 2016, 429; *Naumann* notar 2016, 18; BeckOGK/*Müller* WEG § 2 Rn. 287 f.; aA: *Kanzleiter* DNotZ 2018, 246 (252) – bei Altbau ist tatsächlicher Bauzustand maßgeblich.

[144] BGHZ 177, 338 Rn. 12; OLG München ZWE 2014, 257; *F. Schmitt* ZWE 2008, 424; BeckOGK/*Müller* WEG § 2 Rn. 287.

[145] AA *Hügel* PiG 93, 157; *Hügel/Elzer* WEG § 3 Rn. 91 f.

[146] BayObLG DNotZ 1999, 212; DNotZ 1982, 242; OLG Zweibrücken ZWE 2006, 187; Staudinger/*Rapp* WEG § 3 Rn. 73 ff.

[147] BGHZ 127, 103; BayObLG DNotZ 1999, 212.

[148] BGHZ 208, 29 Rn. 25, 29; *Schmidt-Räntsch* ZWE 2016, 429; aA *Kanzleiter* DNotZ 2018, 246 (252).

[149] Vgl. OLG München ZWE 2018, 93 Rn. 14; zustimmend hierzu *Weber* ZWE 2018, 95.

nungseigentümer verpflichtet, die nach den gesetzlichen Vorschriften notwendigen Stellplätze zu erstellen bzw. abzulösen.[150]

43e **Formulierungsbeispiel: Vom Aufteilungsplan abweichende Bauausführung**

Die Vertragsteile vereinbaren, dass abweichend vom genehmigten Bauplan und vom Aufteilungsplan die Trennmauer zwischen den Wohnungen Nr. 2 und Nr. 3 um 0,6 m nach Osten verschoben wird, wodurch sich die Einheit Nr. 2 – vertragsgegenständliche Einheit – um ca. 3 qm vergrößert.

Der Verkäufer ist verpflichtet, entsprechend geänderten behördlich bestätigten Aufteilungsplan beizubringen und die Aufteilungserklärung dementsprechend abzuändern. Die Änderung ist in einem vorläufigen Plan, der dieser Urkunde beigefügt ist und der den Beteiligten zur Durchsicht vorgelegt und von ihnen genehmigt wurde, rot eingezeichnet. Bei der Änderung der Teilungserklärung ist ferner der Miteigentumsanteil der Einheit Nr. 2 um 17/1000 zu vergrößern und derjenige der Einheit Nr. 3 um 17/1000 zu verkleinern. Vertragsgegenstand ist somit ein auf 153/1000 Miteigentumsanteil vergrößerter Miteigentumsanteil, der künftig verbunden ist mit dem Sondereigentum an der im Aufteilungsplan mit Nr. 2 bezeichneten Einheit, erweitert gemäß Plan, der dieser Urkunde beigefügt ist.

Der Verkäufer verpflichtet sich, die für die Vormerkungseintragung zugunsten des Käufers erforderlichen Bewilligungen abzugeben, sobald der behördlich bestätigte geänderte Aufteilungsplan vorliegt.[151]

Kann dagegen bei Anlegung der Grundsätze der sachenrechtlichen Bestimmtheit die Identifizierung der einzelnen Einheiten gemäß der tatsächlichen Bauausführung mit dem bestätigten Aufteilungsplan nicht mehr erfolgen, so ist Sondereigentum nicht entstanden mit der Folge, dass die Einheiten Gemeinschaftseigentum bleiben.[152]

Ist Wohnungseigentum entstanden, so richtet sich das Rechtsverhältnis der beteiligten Wohnungseigentümer bzw. eines Wohnungseigentümers zur Gemeinschaft der Wohnungseigentümer bei missglückten Grenzänderungen nach den Regeln des Überbaues, §§ 912 ff. BGB.[153]

43f Der sachliche Inhalt der **Aufteilungsurkunde** muss mit dem **Aufteilungsplan übereinstimmen.** Liegt zwischen beiden ein Widerspruch vor, so hat weder die Aufteilungsurkunde noch der Aufteilungsplan Vorrang.[154] Das Grundbuch ist in sich selbst widersprüchlich mit der Folge, dass die Begründung von Wohnungseigentum gescheitert ist.[155]

43g Wegen den gravierenden Folgen von Abweichungen der Bauausführung im Verhältnis zum Aufteilungsplan soll der Notar bei der Beurkundung von Wohnungseigentumsbegründungen hierauf hinweisen und darauf hinwirken, dass ihm jede vom Aufteilungsplan abweichende Bauausführung zur Beurteilung der Frage vorgelegt wird, welche rechtlichen Schritte veranlasst sind.

---

[150] BGH ZMR 2016, 553 Rn. 13; DNotZ 2018, 48; NJW-Spezial 2018, 641.

[151] Im Hinblick auf das Erfordernis der MaBV, dass die Käufervormerkung am Vertragsgegenstand eingetragen sein muss, ist die entsprechende Änderung im Grundbuch für die Vormerkungseintragung abzuwarten; im Anwendungsbereich der MaBV (→ § 2 Rn. 121) ist es danach unzulässig, eine Vormerkung bei der Wohnung Nr. 2 und bezüglich eines 17/1000 Anteils, verbunden mit dem Teil-Sondereigentum von ca. 3 qm bei der Wohnung Nr. 3 einzutragen.

[152] BayObLG DNotI-Report 1998, 210; DNotZ 1973, 611; OLG Frankfurt a.M. ZMR 2012, 31; OLG Hamm DNotZ 1987, 225.

[153] Str.; vgl. Staudinger/*Rapp* WEG § 3 Rn. 78; Bamberger/Roth/*Hügel* WEG § 3 Rn. 21; Riecke/Schmid/*Schneider* § 1 Rn. 210 und § 7 Rn. 204; Riecke/Schmid/*Elzer/Schneider* § 3 Rn. 92 ff.; OLG Köln DNotI-Report 1998, 174.

[154] BGH DNotZ 1996, 289; OLG München MittBayNot 2011, 228.

[155] BGH DNotZ 1996, 293; BayObLGZ 1987, 393.

C. Das Verhältnis der Wohnungseigentümer untereinander und über die Verwaltung

Die Vereinbarungen über das Verhältnis der Wohnungseigentümer untereinander (§§ 10– **44** 19 WEG) und über die Verwaltung (§§ 20–29 WEG) können zum **Inhalt des Sondereigentums** gemacht werden (§§ 5 Abs. 4, 8 Abs. 2 WEG). Dies ist jedoch nur fakultativ; sind solche Vereinbarungen nicht getroffen, so entsteht Wohnungseigentum mit gesetzlichem Inhalt. Dann bestimmt sich das Verhältnis der Wohnungseigentümer untereinander zunächst nach den Vorschriften des WEG und, soweit dieses keine besonderen Bestimmungen enthält, nach den Vorschriften des BGB über die Gemeinschaft (§ 10 Abs. 2 S. 1 WEG). Abweichende Vereinbarungen von den Vorschriften des WEG (und auch von den Vorschriften des BGB) sind jedoch zulässig, soweit nicht etwas anderes „ausdrücklich bestimmt ist". Das Gesetz gibt damit einen weiten Rahmen für die Ausarbeitung sachgerechter Vereinbarungen über das Verhältnis der Wohnungseigentümer untereinander. Solche Vereinbarungen werden üblicherweise **Gemeinschaftsordnung** (GO) genannt. Bei der Ausarbeitung einer Gemeinschaftsordnung muss vor einer Schematisierung gewarnt werden. Die Gemeinschaftsordnung hat sowohl die zwingenden Vorschriften des WEG als auch die allgemeinen Vorschriften des Zivilrechts (§§ 134, 138, 242 BGB) zu beachten. Die Vorschriften über allgemeine Geschäftsbedingungen sind auf die Gemeinschaftsordnung jedoch nicht anzuwenden.[156] Dem Grundbuchamt steht deshalb insoweit auch kein Prüfungsrecht zu.[157] Der Verbraucherschutz wird im WEG über zwingende Vorschriften sowie über den gesetzlichen Änderungsanspruch des § 10 Abs. 2 S. 3 WEG gewährleistet.

Von dem wohnungseigentumsrechtlichen Verhältnis der Eigentümer untereinander sind zu unterscheiden die Verpflichtungen, die mehrere Miteigentümer gemeinschaftlich zur Erstellung des Bauwerkes eingehen.[158] Hierbei besteht zwischen den Eigentümern regelmäßig eine Gesellschaft des bürgerlichen Rechts, deren Zweck die gemeinschaftliche Bauerstellung ist. Für „Aufbauschulden" besteht jedoch grundsätzlich nur eine anteilige Haftung der Gesellschafter, insbesondere auch bei einem geschlossenen Immobilienfonds. Eine gesamtschuldnerische Haftung ist dem einzelnen Teilhaber weder zumutbar noch kann sie vernünftigerweise vom Rechtsverkehr erwartet werden.[159]

Eine sachgerechte Lösung kann sich lediglich an **Fallgruppen**[160] orientieren. Beispiel- **45** hafte Überlegungen zur Gestaltung einer (komplexen) Gemeinschaftsordnung finden sich in → Rn. 225 ff. Um diese zu erkennen, ist ein **Studium der Aufteilungspläne durch den Notar** unerlässlich. Zweck einer Gemeinschaftsordnung ist es, im Voraus mögliche Konflikte im rechtlichen Zusammenleben der Eigentümer innerhalb einer Wohnungseigentümergemeinschaft zu erkennen und diese einer von den Eigentümern akzeptierten Lösung zuzuführen. Die Konfliktfelder sind vielfältig: Sie können sich sowohl auf die **Art und den Umfang der Benutzung einzelner Einheiten** (nur wohnungsmäßige Nutzung, Berufs- bzw. Gewerbeausübung, Ruhezeiten), auf die **Lastentragung** (Zuordnung einzelner Lasten nach dem Verursacherprinzip, Verteilungsschlüssel), auf den **Inhalt von Sondernutzungsrechten** bis zu speziellen Problemen der Eigentümerversammlung und der Abrechnung der Bewirtschaftungskosten beziehen. Auch die Möglichkeit späterer interner oder externer Veränderungen beim Wohnungseigentum (→ Rn. 82 ff.) muss in der Gemeinschaftsordnung berücksichtigt werden.

Besondere Aufmerksamkeit ist bei der Ausgestaltung von Teileigentum geboten. Sofern nicht eine besondere Nutzung *vereinbart* ist, sind zulässig alle Nutzungen, die nach dem

---

[156] KG ZWE 2017, 403; *Staudinger/Rapp* WEG § 7 Rn. 35 ff; *Hügel* FS 25 Jahre DNotI 2018, 149 (154).
[157] KG ZWE 2017, 403; *Hügel* FS 25 Jahre DNotI 2018, 149 (157).
[158] *Staudinger/Rapp* WEG § 3 Rn. 38.
[159] BGH NJW 2002, 1643.
[160] S. hierzu *Jerschke* DNotZ-Sonderheft 1989, 39 ff.; *Hügel* FS 25 Jahre DNotI 2018, 149 (151).

öffentlichen Recht möglich sind.[161] Nutzungsangaben in den Aufteilungsplänen haben deshalb nur nachrangige Bedeutung. Maßgeblich ist die textliche Inhaltsbestimmung des Teileigentums. Der BGH[162] versteht deshalb unter der plangerechten Herstellung von Teileigentum eine solche Ausstattung der Einheit, mit der alle nach dem öffentlichen Recht erforderlichen Standards erfüllt werden.

Beispiel:

In einem Teileigentum ist jede nach öffentlichem Recht zulässige Nutzung gestattet. In den Aufteilungsplänen ist als Nutzung „Architekturbüro" angegeben. Ein solches hat eine niedrige Verkehrsfrequenz und deshalb einen niedrigen Stellplatzbedarf. Der Eigentümer will die Nutzung in einen gastronomischen Betrieb ändern; die hierfür erforderliche baubehördliche Genehmigung wird ihm erteilt jedoch mit der Maßgabe, dass die nach der kommunalen Satzung notwendigen weiteren Stellplätze errichtet werden. Der BGH räumt in diesem Falle dem Teileigentümer einen Anspruch auf Herstellung der weiteren Stellplätze aus dem Gesichtspunkt des § 21 Abs. 4 WEG ein, da dies der erstmaligen plangerechten Herstellung des Gemeinschaftseigentums dient.[163] Die Kosten fallen, da es sich um eine Maßnahme am Gemeinschaftseigentum handelt, der Wohnungseigentümergemeinschaft zur Last.[164]

45a **Formulierungsbeispiel: Nutzungsänderung – Kostentragung**

In den Teileigentumseinheiten (ausgenommen jene, die als Tiefgaragenstellplätze, Kellerräume oder Hobbyräume gekennzeichnet sind) ist jede nach dem öffentlichen Baurecht zulässige Nutzung gestattet. Als Nutzung gemäß der erteilten Baugenehmigung ist ab Fertigstellung der Einheit Nr. TE 1 ein Architekturbüro, als Nutzung der Einheit TE 2 eine Apotheke und als Nutzung der Einheit Nr. TE 3 ein Hotel vorgesehen. Nutzungsänderungen im Rahmen zulässiger Vorhaben nach dem öffentlichen Baurecht bedürfen keiner Zustimmung durch die anderen Wohnungs-/Teileigentümer, auch wenn mit den Nutzungsänderungen bauliche Veränderung einhergehen. § 22 WEG wird insoweit abbedungen. Die Kosten solcher baulicher Änderungen im weitesten Sinne einschließlich dadurch ausgelöster öffentlicher Abgaben hat der die Nutzungsänderung anstrebende Eigentümer alleine zu tragen. Die Einräumung von Sondernutzungsrechten kann in diesem Zusammenhang nicht verlangt werden. Kann der die Nutzungsänderung anstrebende Eigentümer die satzungsmäßigen PKW-Stellplätze nicht nachweisen, so ist er verpflichtet, diese auf eigene Kosten abzulösen.

I. Wohnungseigentum im Geschosswohnungsbau, Betreutes Wohnen

46 Folgende Problemkreise sind anzusprechen und zu regeln: Umfang des Sondereigentums, Tiefgaragenstellplätze als Bestandteil der Eigentumswohnung, als separates Teileigentum oder lediglich als Sondernutzungsrecht, wohnungsmäßige Nutzung mit Verbot der Überbelegung, Ausnahmen von der wohnungsmäßigen Nutzung (nicht störende berufliche oder gewerbliche Tätigkeit, Zustimmungsbedürftigkeit entweder durch Verwalter oder durch Eigentümerversammlung), bauliche Veränderungen (Kabelanschluss, Markise, Balkonverglasung, Pergolaabdeckung, Wintergarten, Gartenhäuschen, Wand- und Deckendurchbruch etc), Lastentragung (Trennung zwischen Tiefgarage und Wohnungen), Verteilungsschlüssel: Miteigentumsanteile oder (beispielsweise) Verhältnis der Wohn- und Nutzflächen (wenn Letzteres: Bestimmung der Vorschrift, wie Wohn-/Nutzfläche berechnet wird – einschlägige DIN-Norm oder Wohnflächenverordnung vom 25.11.2003,

---

[161] BGH ZMR 2018, 783 Rn. 7; ZWE 2017, 367 Rn. 14; NJW 2012, 1722 Rn. 7; zur Nutzung eines Teileigentums (Laden) als Wohnung s. DNotI-Abrufgutachten v. 31.10.2018 – umo-hn 166866-u-f; s. auch *Kanzleiter* FS 25 Jahre DNotI 2018, 161 (167).
[162] BGH ZWE 2017, 367 Rn. 14; NJW 2012, 1722 Rn. 7.
[163] BGH ZWE 2017, 367 Rn. 7.
[164] BGH ZWE 2017, 367 Rn. 14.

Liftkostenschlüssel, Nichtbeteiligung einzelner Eigentümer an Kosten, die für sie keinen Nutzen haben;[165] alleinige Verpflichtung zur Instandhaltung/Instandsetzung von Teilen des Gemeinschaftseigentums, die ausschließlich von einem Wohnungseigentümer alleine genutzt werden, zB Balkone, Wohnungseingangstüren;[166] Sicherheitsfragen;[167] Instandsetzungsrücklage – getrennt für Tiefgarage und Wohnungen; Aufbringungsschlüssel: hier sollte derselbe Schlüssel gewählt werden wie bei der sonstigen Lastentragung; Stimmrecht in der Eigentümerversammlung: auch hierfür sollte derselbe Schlüssel gelten wie bei der Lastentragung. Zugegebenermaßen ist ein Stimmrecht nach dem Verhältnis der Miteigentumsanteile oder dem Verhältnis der Wohn-/Nutzfläche in der Ergebnisermittlung kompliziert. Es sollte jedoch bei der Ausgestaltung des Stimmrechtes unter allen Umständen verhindert werden, dass eine Eigentümergruppe, die bei der Lastentragung eine Minderheit bildet, beim Stimmrecht zu einer Mehrheit gelangen kann. Ein **Objektstimmrecht** – pro Eigentumswohnung eine Stimme (→ Rn. 71) – ist deshalb nur dann zu empfehlen, wenn alle Einheiten in etwa dieselbe Größe haben. Es bringt auch bei einer späteren Unterteilung der Einheit Probleme (→ Rn. 85). Bestellung, Bestellungszeitpunkt und Bestellungsdauer für den Verwalter; Aufgaben und Befugnisse des Verwalters, vor allem auch Vollzug der Beschlüsse der Eigentümerversammlung und Einzug des Hausgeldes im eigenen Namen oder namens der Gemeinschaft (§ 27 Abs. 1 Nr. 4 WEG).

Liegt eine **Mehrhausanlage** vor, so kann es zweckmäßig sein, soweit nur die Eigentümer eines bestimmten Gebäudes betroffen sind, das Stimmrecht der Eigentümer in anderen Gebäuden auszuschließen,[168] die Lastentragung getrennt nach Gebäuden zu ermitteln und – soweit möglich – getrennte Instandhaltungsrücklagen[169] zu bilden.[170] Die Gemeinschaftsordnung kann auch vorsehen, dass Beschlusskompetenzen, die sich auf gemeinschaftliche Angelegenheiten beziehen, einem Ausschuss der Eigentümerversammlung (zB „großer Verwaltungsbeirat") übertragen werden.[171]   47

Formulierungsbeispiel: Mehrhausanlage   47a

Unbeschadet des Umstandes, dass die Wohngebäude A und B eine einheitliche Wohnungseigentumsanlage bilden, soll die Verwaltung der beiden Gebäude soweit als rechtlich möglich getrennt werden. Angelegenheiten, die nur das gemeinschaftliche Eigentum in einem Gebäude betreffen, werden nur von den Wohnungseigentümern, die im betroffenen Gebäude ihr Sondereigentum haben, entschieden. Lasten des gemeinschaftlichen Eigentums, die sich nur aus einem Gebäude ergeben, werden nur von den Wohnungseigentümern dieses Gebäudes getragen. Ferner sind getrennte Instandhaltungsrücklagen zu bilden. Gemeinschaftlich genutzt sind die Heizungsanlage und die Außenanlagen; insoweit besteht Stimmrecht und Lastentragung aller Wohnungseigentümer. Ferner ist hierfür eine eigene Instandhaltungsrücklage zu bilden.

Als eine neue Form des Wohnens hat sich in den letzten Jahren das **„Betreute Wohnen"** herausgebildet.[172] Ziel dieser Wohnform ist es, den Umzug älterer Menschen in Al-   47b

---

[165] BGHZ 92, 18; OLG Düsseldorf NJW-RR 1986, 95: Liftkosten, wenn Benutzung nicht möglich ist.
[166] BGH NJW-Spezial 2018, 546; OLG München ZMR 2007, 725; DNotZ 2007, 690.
[167] ZB Videoüberwachung s. *Elzer* NJW 2013, 3537; BGH NJW 2013, 3089; zu E-Mobilität s. *Dötsch* ZMR 2018, 477 (482).
[168] OLG München ZMR 2007, 392; OLG Köln DNotI-Report 1998, 129.
[169] BGH ZWE 2015, 335 Rn. 22 ff.; MittBayNot 2018, 336 Rn. 22 ff.; OLG München ZMR 2016, 303; *Rüscher* ZWE 2015, 243.
[170] Zur Gestaltung der Gemeinschaftsordnung bei einer Mehrhausanlage s. *Häublein* ZWE 2010, 149; *Moosheimer* ZMR 2014, 602 (687); *Rüscher* ZWE 2015, 237; *Sommer* ZWE 2019, 155; zu Beschlüssen in der Mehrhausanlage *Ott* ZWE 2016, 193.
[171] OLG Celle NJW 2007, 2781.
[172] *Rapp* MittBayNot 2012, 432; *Heinemann* MittBayNot 2002, 76; *Forst* RNotZ 2003, 298; *Barth* MittBayNot 2013, 208; *Elzer* ZNotP 2019, 110. Das „Betreute Wohnen" ist als Wohnungseigentum abzugrenzen zu einer Heimunterbringung: Diese ist dadurch gekennzeichnet, dass eine heimtypische Organisations-

ten- und Pflegeheime zu verhindern oder jedenfalls so lange als möglich hinauszuschieben. Kennzeichen des Betreuten Wohnens sind, dass für die Bewohner ständige Hilfe verfügbar ist oder jedenfalls vermittelt werden kann. Dies wird über eine rund um die Uhr besetzte Notrufeinrichtung erreicht. Zu den Standardleistungen gehören tägliche Wohlbefindlichkeitskontrollen, Vermittlung von Handwerkern, Beratung in sozialen Angelegenheiten, Vermittlung von Pflegehilfsmitteln und von Hausbesuchen durch Pflegepersonal, Lieferung von „Essen auf Rädern" oder gastronomische Dienstleistungen. Um diese Leistungen erbringen zu können, sind in den behindertengerecht zu errichtenden Gebäuden umfangreiche Räumlichkeiten für medizinische, sportliche, kulturelle oder freizeitmäßige Gemeinschaftseinrichtungen erforderlich. Ferner müssen Pflegedienste zur Verfügung stehen. Der finanzielle Aufwand für alle Betreuungseinrichtungen und Betreuungsunternehmen ist für den einzelnen Bewohner umso günstiger, je mehr Personen die Leistungen in Anspruch nehmen. Die Initiatoren von Anlagen für das Betreute Wohnen wünschen deshalb, dass eine solche **Bewohnerstruktur rechtlich gesichert** wird, die die angebotenen Leistungen zumindest potentiell benötigt, wobei darüber hinaus im Interesse einer Kostenoptimierung auch eine Abnahmepflicht angestrebt wird.

47c   Wohnungseigentumsrechtlich kann dies folgendermaßen erreicht werden: Nach § 15 Abs. 1 WEG kann der **Gebrauch des Sondereigentums und des Gemeinschaftseigentums** durch Vereinbarung (über § 8 WEG auch durch den teilenden Eigentümer allein) geregelt werden. Regelungsinhalt kann bezüglich des Gebrauchs alles sein, was nicht gegen höherrangiges Recht oder die guten Sitten verstößt.[173] Danach kann die Benutzung der Einheiten Personen ab einem bestimmten Alter oder einer bestimmten Betreuungsbedürftigkeit vorbehalten bleiben.[174] Für Eigentümer, die nicht zu diesem Personenkreis gehören, kann als Regelung zur Benutzung des Sondereigentums eine Vermietungspflicht begründet werden, auch an einen gewerblichen Zwischenmieter.[175] In Betracht kommt auch ein Vormietrecht für Personen, die zur Nutzung der Anlage berechtigt sind.

Im Hinblick auf mögliche Veränderungen der gesellschaftlichen oder der wirtschaftlichen Rahmenbedingungen für das Betreute Wohnen empfiehlt es sich, eine Öffnungsklausel für andere Nutzungen vorzusehen, falls die zunächst vorgesehene Nutzung sich sinnvoller Weise nicht mehr realisieren lässt.[176]

47d   **Formulierungsbeispiel: Betreutes Wohnen – Nutzerkreis**

Die Wohnanlage dient dem seniorengerechten Wohnen mit der Zielsetzung, im Falle der Pflegebedürftigkeit eines Bewohners auf dessen Wunsch hin den Umzug in ein Pflegeheim nach Möglichkeit auszuschließen. Jedes Sondereigentum darf deshalb nur von Personen genutzt werden, die das 60. Lebensjahr vollendet haben oder die infolge Erwerbsunfähigkeit Versorgungsbezüge erhalten – bei mehreren nutzenden Personen muss dies bei mindestens einer Person zutreffen – oder die pflegebedürftig im Sinne des Pflegeversicherungsgesetzes sind. Nutzt ein Wohnungseigentümer seine Einheit nicht persönlich, ist er verpflichtet, diese einer Person zur Nutzung zu überlassen, die einer der vorstehend beschriebenen Personengruppen angehört.

---

struktur besteht. Bei typisierender Betrachtung fehlt es an einer Eigengestaltung der Haushaltsführung und des häuslichen Wirkungskreises. Die Einheit ist deshalb Teileigentum, *Rapp* notar 2018, 136.

[173] Staudinger/*Kreuzer* WEG § 15 Rn. 9.
[174] BGH NJW 2007, 213; *Klein* ZWE 2007, 470; *Kahlen* ZMR 2007, 671; *Drasdo* NJW-Spezial 2007, 193; Hügel/Scheel/*Hügel* § 6 Rn. 25 f.; *Forst* RNotZ 2003, 295.
[175] BayObLG DNotI-Report 1998, 140 – Nutzung als Ferienhäuser mit Vermietungsverpflichtung; BayObLG Rpfleger 1982, 15 (63) – Hotelappartement; BayObLG WuM 1994, 156 – Studentenheim; Staudinger/*Kreuzer* WEG § 10 Rn. 129 und § 15 Rn. 72; MüKoBGB/*Commichau* WEG § 10 Rn. 31. Zur Regelung mittels einer beschränkt persönlichen Dienstbarkeit s. BGH DNotZ 2003, 533.
[176] *Rapp* MittBayNot 2012, 434; *Heinemann* MittBayNot 2002, 71; *Forst* RNotZ 2003, 295.

Ist eine nutzungsberechtigte Person verstorben, so ist eine andere Person, die mit dem Verstorbenen einen gemeinsamen Haushalt geführt hat, berechtigt, die Nutzung fortzusetzen, auch wenn in ihrer Person die Voraussetzungen hierfür nicht vorliegen.

Steht eine Einheit seit mindestens drei Monaten leer, weil eine Nutzung durch eine nutzungsberechtigte Person zu hausüblichen Bedingungen trotz nachgewiesener Bemühungen des Eigentümers nicht vereinbart wurde, so ist der Eigentümer berechtigt, die Einheit für allgemeine Wohnzwecke zu nutzen. Der Eigentümer hat die Voraussetzungen für diese Ausnahme dem Verwalter glaubhaft zu machen. Die Verpflichtung zur Kostentragung, auch soweit sie auf dem Betreuten Wohnen beruht, bleibt hiervon unberührt.

Die Wohnungseigentümer können mit einer Mehrheit von drei Viertel aller vorhandenen Stimmen beschließen, dass die Zweckbestimmung der Wohnanlage für das Betreute Wohnen aufgehoben wird und diese zukünftig dem allgemeinen Wohnen dient. Der Beschluss wird erst wirksam nach Ablauf von zwei Jahren, nachdem er unanfechtbar wurde. Voraussetzung für eine dementsprechende Beschlussfassung ist, dass in der Wohnanlage aufgrund der vorstehenden Öffnungsklausel bereits mindestens die Hälfte aller Wohnungen für das allgemeine Wohnen freigegeben wurde.

In Einrichtungen des Betreuten Wohnens sind häufig Räumlichkeiten vorgesehen, deren Benutzung durch die Eigentümer geregelt werden soll. Dabei handelt es sich meistens um Räumlichkeiten, die für verschiedene Dienstleistungen geeignet sind. Eine Festlegung der Nutzung durch Vereinbarung ist in diesen Fällen unzweckmäßig, da sie nicht flexibel genug ist, um entweder Bedürfnissen der Bewohner oder Möglichkeiten der Anbieter gerecht zu werden. Hier bietet § 15 Abs. 2 WEG die Möglichkeit der Beschlussfassung durch die Eigentümer zur Benutzungsregelung. Die Beschlussfassung erfolgt durch die Eigentümer in einer Versammlung, der Vertragsschluss selbst mit dem Anbieter von Dienstleistungen wird durch die rechtsfähige Wohnungseigentümergemeinschaft vorgenommen.[177]   47e

Formulierungsbeispiel: Betreutes Wohnen – Nutzung Gemeinschaftseigentum   47f

Die im Aufteilungsplan dargestellten, im Erdgeschoss gelegenen Räume mit den Bezeichnungen „diverse Dienstleistungen" stehen im gemeinschaftlichen Eigentum. Die Wohnungseigentümer beschließen, welche Dienstleistungsangebote zur Nutzung in diesen Räumen zugelassen werden. Es sollen nur solche Angebote zugelassen werden, für die voraussichtlich ein Bedarf durch die Bewohner der Anlage besteht, zB für eine Arztsprechstunde, Physiotherapeut, Friseur, Bankberatung oder Unterhaltungsangebote. Nach Beschlussfassung durch die Eigentümerversammlung schließt der Verwalter namens der Eigentümergemeinschaft die entsprechenden Verträge mit den Anbietern ab.

Die **Kostentragungspflicht** für das erweiterte Gemeinschaftseigentum ergibt sich aus   47g
§ 16 WEG. Danach können beispielsweise die Kosten der Notrufeinrichtung in gleicher Weise umgelegt werden wie die Kosten sonstiger Gemeinschaftseinrichtungen ohne Rücksicht darauf, ob die Einrichtung durch den einzelnen Eigentümer tatsächlich benutzt wird.[178] Jeder Wohnungseigentümer ist nämlich verpflichtet, die Lasten und Kosten des gemeinschaftlichen Eigentums nach dem Verhältnis der Miteigentumsanteile (oder nach dem sonst vereinbarten Kostentragungsschlüssel) zu tragen, wobei die Nichtbenutzung einer Gemeinschaftseinrichtung durch einen Wohnungseigentümer nicht zu einer Kostenbefreiung führt.[179] Vertragspartner für den Notrufservice ist die rechtsfähige Gemeinschaft der Wohnungseigentümer. Die Einrichtung dient der **vereinbarten Nutzung** der einzel-

---

[177] Palandt/*Wicke* WEG § 15 Rn. 11.
[178] Zur Steuerermäßigung gem. § 35a Abs. 2 S. 1 EStG s. BFH NJW 2016, 1119.
[179] BGHZ 92, 18; Staudinger/*Kreuzer* WEG § 16 Rn. 18; Palandt/*Wicke* WEG § 16 Rn. 2.

nen Einheiten; ihre Vorhaltung im Gemeinschaftseigentum ist deshalb eine Verwaltungsmaßnahme. Werden Betreuungs- und Pflegeleistungen im gemeinschaftlichen Eigentum angeboten (zB Essen in einem Restaurant), kommt eine Zahlungspflicht nur bei tatsächlicher Inanspruchnahme aufgrund Einzelvertrages in Betracht. Durch § 15 Abs. 1 WEG kann nämlich nur der **Gebrauch des gemeinschaftlichen Eigentums** geregelt werden, nicht jedoch eine Verbrauchs- und/oder Abnahmeverpflichtung statuiert werden. Insoweit wäre lediglich eine schuldrechtliche Abnahmeverpflichtung denkbar. Unter Gebrauch iSv § 15 WEG ist dabei die Nutzung des gemeinschaftlichen Eigentums gemäß § 13 WEG zu verstehen; es geht also um Regelungen, wer, zu welchem Zeitpunkt, zu welchem Zwecke und in welchem Ausmaße gemeinschaftliches Eigentum nutzen darf.[180] Es kann auch festgelegt werden, dass nur bestimmte Personen/Unternehmen zur Erbringung von Betreuungs- und Pflegeleistungen zugelassen werden. Rechtstechnisch kann dies dadurch erfolgen, dass die Erbringung solcher Dienste gemäß § 15 Abs. 1, Abs. 2 WEG generell untersagt wird, es sei denn, dass die Wohnungseigentümergemeinschaft durch Beschlussfassung bestimmte Personen/Unternehmen zulässt. In Analogie zur Regelung bei Unterlassungsdienstbarkeiten muss auch hier das Verbot der übermäßig langen Bindung (mehr als zehn Jahre) berücksichtigt werden.[181] Von diesen sachenrechtlichen Beschränkungen zu unterscheiden ist die AGB-rechtliche Kündigungsmöglichkeit des Betreuungsvertrages (→ Rn. 47j).

47h   **Formulierungsbeispiel: Betreutes Wohnen – Pflegeleistungen**

Soweit unter Benutzung des Gemeinschaftseigentums Pflegeleistungen im Sinne des Pflegeversicherungsgesetzes erbracht werden sollen, ist dies nur nach einer entsprechenden Beschlussfassung der Wohnungseigentümer zulässig. Diese können nur einen gemäß dem Pflegeversicherungsgesetz anerkannten Pflegedienst und zeitlich höchstens begrenzt auf zehn Jahre zulassen. Die Kosten der Inanspruchnahme von Pflegeleistungen unterfallen nicht den Kosten gemäß § 16 Abs. 2 WEG. Die Eigentümergemeinschaft stellt insoweit lediglich räumliche/technische Voraussetzungen zur Verfügung.

47i   In der Praxis ist häufig folgende Konstruktion anzutreffen: Der Bauträger schließt mit einem Betreuungsunternehmen oder einem Wohlfahrtsverband einen **Betreuungsvertrag** ab. In ihm werden die Leistungen vereinbart, die zur Erreichung der Zwecke des Betreuten Wohnens – Erhaltung der Selbständigkeit in einer eigenen Wohnung (→ Rn. 47b) – erforderlich sind. Der Betreuungsvertrag enthält dabei Leistungen der Grundversorgung, vor allem den Betrieb einer Notrufeinrichtung rund um die Uhr sowie (meistens) eine tägliche Wohlbefindlichkeitskontrolle, die für alle Eigentümer verbindlich sind. Darüber hinaus enthält er ein Angebot zum Bezug weiterer Leistungen, zB Pflegeleistungen nach dem Pflegeversicherungsgesetz oder „Essen auf Rädern". Dieses Angebot ist für die Bewohner fakultativ; es kann, muss aber nicht angenommen werden.

     Der Abschluss des Betreuungsvertrages erfolgt dabei durch den Bauträger vor Verkaufsbeginn der Wohnungseigentumseinheiten, da den Kaufinteressenten das Leistungsprogramm bezüglich der Betreuung vorgestellt werden soll, da dieses für den Kaufentscheid mitbestimmend ist. Beim Bestehen einer Wohnungseigentümergemeinschaft stellt der Abschluss eines Betreuungsvertrages eine Verwaltungsmaßnahme gemäß den §§ 21 ff. WEG dar, da sie der Zweckerreichung der Wohnanlage dient. § 10 Abs. 6 S. 3 WEG bestimmt in diesem Zusammenhang, dass die Wohnungseigentümergemeinschaft die gemeinschaftsbezogenen Rechte der Wohnungseigentümer ausübt und die gemeinschaftsbezogenen Pflichten derselben wahrnimmt, ebenso sonstige Rechte und Pflichten der Wohnungseigentümer, soweit diese gemeinschaftlich geltend gemacht werden können oder zu erfüllen sind. Bei den gemeinschaftsbezogenen Rechten und Pflichten der Wohnungseigentü-

---

[180] Riecke/Schmid/*Abramenko* WEG § 15 Rn. 1, 6; Bärmann/*Suilmann* WEG § 15 Rn. 2, 4.
[181] Palandt/*Herrler* BGB § 1018 Rn. 25; Staudinger/*Weber* BGB § 1018 Rn. 119 f.

mer besteht dabei eine zwingende, die einzelnen Wohnungseigentümer verdrängende ge-setzliche Zuständigkeit der Gemeinschaft.[182] Dabei ist zu beachten, dass mit dieser Aus-übungsbefugnis keine Rechtsübertragung einhergeht; Rechtsinhaber bezüglich des ge-meinschaftlichen Eigentums sind nach wie vor die Wohnungseigentümer selbst. Nur die Ausübung der Eigentümerrechte geht bei der geborenen Ausübungsbefugnis kraft Geset-zes auf die rechtsfähige Gemeinschaft über. Durch den Betreuungsvertrag in Verbindung mit dem dazugehörigen Nutzungsüberlassungsvertrag wird die Nutzung des gemein-schaftlichen Eigentums entsprechend der Zweckbestimmung der Wohnanlage für das Be-treute Wohnen geregelt. Es liegt deshalb eine Gemeinschaftsbezogenheit gemäß § 10 Abs. 6 S. 3 Alt. 1 WEG vor, aus der sich eine zwingende Zuständigkeit der rechtsfähigen Gemeinschaft ergibt.[183]

> **Formulierungsbeispiel: Betreutes Wohnen – noch abzuschließender Betreuungsvertrag** 47j
>
> Die rechtsfähige Gemeinschaft nimmt diejenigen Rechtshandlungen vor, die zur Umset-zung des Zweckes der Wohnanlage als einer solchen, die dem „Betreuten Wohnen" dient, erforderlich oder zweckmäßig sind. Dazu gehören der Abschluss und auch die Beendigung eines Betreuungsvertrages mit einem Betreuungsunternehmen oder einem Wohlfahrtsverband, in dem die Dienstleistungen desselben zugunsten der Bewohner der Wohnanlage und auch eventuell weitere Angebote desselben geregelt werden.
>
> Der Abschluss des Betreuungsvertrages erfolgt nach einer Ausschreibung der Leistun-gen, die in einer vorhergehenden Eigentümerversammlung definiert werden. Über die Vergabe entscheidet die Eigentümerversammlung.

Bei einer Bauträgermaßnahme besteht jedoch naturgemäß vor Verkaufsbeginn – und zu diesem Zeitpunkt soll ja der Betreuungsvertrag bereits vorhanden sein – noch keine Ei-gentümergemeinschaft. Der Betreuungsvertrag wird deshalb vom Bauträger abgeschlos-sen. Dabei bedient sich dieser der Rechtsfigur des Vertrages zugunsten Dritter gemäß § 328 Abs. 1 BGB. Die dritte Person kann auch eine erst geplante juristische Person betreffen.[184] Die dritte Person ist hier die künftig entstehende rechtsfähige Wohnungsei-gentümergemeinschaft. Im Bauträgervertrag (Kaufvertrag) ist deshalb eine Regelung des Inhalts aufzunehmen, dass die rechtsfähige Wohnungseigentümergemeinschaft Vertrags-partner des Betreuungsunternehmens werden soll und den durch den Bauträger abge-schlossenen Betreuungsvertrag übernimmt. Der Bauträger-Käufer muss sich dabei in dem Kaufvertrag gegenüber dem Verkäufer verpflichten, in der ersten Eigentümerversammlung für eine entsprechende Vertragsübernahme zu stimmen. Der Betreuungsvertrag, der im Endergebnis mit der rechtsfähigen Wohnungseigentümergemeinschaft besteht, ist ein Ver-brauchervertrag gemäß § 310 Abs. 3 BGB. Dies ist damit zu begründen, dass die Woh-nungseigentümergemeinschaft Verbraucher gemäß § 13 BGB ist, da sie ausschließlich für eigene Zwecke tätig wird, die nicht einer gewerblichen oder selbständigen beruflichen Tätigkeit am allgemeinen Markt zugerechnet werden kann.[185] Die Verbrauchereigenschaft der WEG lässt sich daraus herleiten, dass ihre Mitglieder für die Verbindlichkeiten ihres Verbandes gemäß § 10 Abs. 8 S. 1 BGB unmittelbar, zunächst jedoch teilschuldnerisch, im schlechtesten Fall jedoch gesamtschuldnerisch, haften. Dies bewirkt die besondere Schutz-bedürftigkeit ihrer Mitglieder. Der Betreuungsvertrag unterliegt deshalb der Inhaltskon-trolle gemäß §§ 305 f. BGB mit der Wirkung, dass für seine Laufzeit gemäß §§ 310 Abs. 3 Nr. 2, 309 Nr. 9a BGB eine zeitliche Beschränkung von zwei Jahren besteht.[186] Wird ge-

---

[182] „Geborene Ausübungsbefugnis"; *Wenzel* NJW 2007, 1907.
[183] Vgl. Bärmann/*Suilmann* WEG § 10 Rn. 250; *Hügel* FS 25 Jahre DNotI 2018, 149 (152).
[184] BGHZ 129, 305; OLG München NJW 2000, 1423.
[185] Staudinger/*Rapp* WEG § 1 Rn. 54a.
[186] BGH NJW 2019, 1280 Rn. 21, 29; NJW 2013, 1963 Rn. 29; NJW 2007, 213 Rn. 15.

gen § 309 Nr. 9a BGB verstoßen, so treten bei dem hier maßgeblichen Dienstvertragsrecht gemäß § 306 Abs. 2 BGB die §§ 620 Abs. 2, 621 BGB an die Stelle der unwirksamen Klausel.[187] Der Vertrag kann also ab einer Laufzeit von zwei Jahren vorzeitig gekündigt werden, auch wenn in ihm selbst eine längere Laufzeit vereinbart worden sein sollte. Die Kündigung erfolgt durch die rechtsfähige Wohnungseigentümergemeinschaft nach einem entsprechenden Beschluss der Eigentümerversammlung, der durch den Verwalter zu vollziehen ist.

47k **Formulierungsbeispiel: Betreutes Wohnen – bereits abgeschlossener Betreuungsvertrag**

Der Verkäufer hat bereits mit der Firma „Seniorengerechtes Leben GmbH" einen Betreuungsvertrag für die vertragsgegenständliche Wohnanlage abgeschlossen. Der Vertrag ist als Vertrag zugunsten Dritter gemäß § 328 BGB für die künftige rechtsfähige Wohnungseigentümergemeinschaft zustande gekommen. Der Käufer hat Kenntnis von diesem Vertrag; er wurde ihm in einfacher Ablichtung vor Beurkundung ausgehändigt. Er wird diesem Kaufvertrag als (lediglich) informatorische Anlage beigefügt. Der Käufer verpflichtet sich, in einer Eigentümerversammlung einer diesbezüglichen Vertragsübernahme durch die Wohnungseigentümergemeinschaft zuzustimmen und für eine Freistellung des Verkäufers bezüglich aller künftigen Verpflichtungen, die sich aus dem Vertrag ergeben, einzustehen.

47l Nachdem der Betreuungsvertrag regelmäßig vor dem ersten Bauträger-Kaufvertrag abgeschlossen wird, liegt es nahe, bzw. kann nicht ausgeschlossen werden, dass der Inhalt des Betreuungsvertrages ein maßgebliches Motiv für den Abschluss des Kaufvertrages darstellt. Es stellt sich deshalb die Frage, ob der Betreuungsvertrag zusammen mit dem Kaufvertrag beurkundet werden muss.

Hier ist zunächst festzuhalten, dass der Betreuungsvertrag, betrachtet man seinen Inhalt alleine, keiner Formvorschrift unterliegt. Er begründet auch zwischen den Vertragsparteien des Kaufvertrages keine unmittelbaren Rechte und Verpflichtungen. Die einzigen diesbezüglichen Verpflichtungen sind dahingehend anzunehmen, dass der Verkäufer ohne Zustimmung des Käufers den Betreuungsvertrag seinem Inhalt nach weder verändern darf noch ihn aufheben darf. Der Käufer hat sich zu verpflichten, in einer Eigentümerversammlung für die Vertragsübernahme zu stimmen. Die Rechte und Verpflichtungen aus dem Betreuungsvertrag selbst sind jedoch zwischen dem Käufer und dem Betreuungsunternehmen zu erfüllen. Die Situation ist damit vergleichbar, dass die rechtsfähige Gemeinschaft Verträge mit Dritten abgeschlossen hat, zB Versorgungsverträge oder Wartungsverträge, die Leistungen auch zugunsten der einzelnen Wohnungseigentümer enthalten. Eine vergleichbare Situation liegt auch bei der Übernahme eines Mietvertrages vor. Es verbleibt deshalb in Ansehung des Betreuungsvertrages bei dem allgemeinen Grundsatz, dass ein anderweitig bereits bestehender Vertrag nicht der Beurkundungspflicht unterliegt, wenn der Käufer eine Verbindlichkeit aus diesem Vertrag übernimmt.[188]

Beurkundungsrechtlich bedeutet dies, dass es sich nicht um eine verlesungspflichtige Anlage gemäß § 9 Abs. 1 Nr. 2 S. 2 BeurkG handelt. Er gehört deshalb auch nicht zum „Vertrag" iSv § 311b Abs. 1 BGB. Gleichwohl sollte der Notar im Hinblick auf das Transparenzgebot des § 307 Abs. 1 S. 2 BGB in den notariellen Vertrag eine Erklärung des Käufers aufnehmen, dass dieser den Betreuungsvertrag inhaltlich kennt, weshalb eine informatorische Beifügung empfehlenswert ist.[189]

47m Das bisherige Heimgesetz galt nach der Föderalismusreform gemäß Art. 125a Abs. 1 GG als Bundesrecht in den Bundesländern fort, konnte aber dort durch eigene Gesetze

---

[187] BGH NJW 2013, 1963 Rn. 29; NJW 2007, 213 Rn. 15; *Elzer* ZNotP 2019, 110 (112).
[188] Palandt/*Grüneberg* BGB § 311b Rn. 25, 34.
[189] *Forst* RNotZ 2003, 308.

ersetzt werden. Hiervon hat zB Bayern mit dem Pflege- und Wohnqualitätsgesetz vom 8.7.2008[190] Gebrauch gemacht. In Art. 2 Abs. 2 dieses Gesetzes ist der Begriff des „Betreuten Wohnens" erstmals in einem Gesetz verwendet. Die Vorschrift besagt, dass das Gesetz nicht anzuwenden ist, wenn ein Mieter oder ein Käufer vertraglich lediglich dazu verpflichtet wird, allgemeine Betreuungsleistungen wie Notrufdienste, die Vermittlung von Dienst- und Pflegeleistungen oder Informationen und Beratungsleistungen (Grundleistungen) von bestimmten Anbietern abzunehmen und die über die Grundleistungen hinausgehenden Betreuungs- und Pflegeleistungen (Zusatzleistungen) von den Bewohnern frei wählbar sind. Zwischenzeitlich hat jedoch der Bundesgesetzgeber wieder von seiner Kompetenz Gebrauch gemacht und das Wohn- und Betreuungsvertragsgesetz vom 29.7.2009[191] erlassen.[192] Nach § 1 Abs. 1 S. 3 des WBVG ist das Gesetz jedoch nicht anzuwenden, wenn der Vertrag neben der Überlassung von Wohnraum ausschließlich der Erbringung von allgemeinen Unterstützungsleistungen sowie die Vermittlung von Pflege- oder Betreuungsleistungen, Leistungen der hauswirtschaftlichen Versorgung oder Notrufdiensten zum Gegenstand hat. Sachlich hat sich damit an dem Begriff des „Betreuten Wohnens" durch die vorgenannten Gesetze nichts geändert. Entscheidendes Kriterium für Betreutes Wohnen ist nach wie vor die Selbständigkeit des Bewohners, die sich in der Führung eines eigenen Haushaltes ausdrückt. Eine vertragliche Verpflichtung der Bewohner zur Abnahme von allgemeinen Betreuungsleistungen wie Notrufdiensten oder Vermittlung von Dienst- und Pflegeleistungen von bestimmten Anbietern oder hausmeisterlichen Diensten unterfällt nicht der Gesetzgebung über Heime, weder nach Bundesrecht noch nach Landesrecht. Es wird erst anwendbar, wenn die Eigentümer/Mieter vertraglich verpflichtet sind, Verpflegung und weitergehende Betreuungsleistungen von bestimmten Anbietern anzunehmen.[193] Die Anwendbarkeit des Heimgesetzes (oder der landesrechtlichen Folgegesetze) setzt eine erhöhte Abhängigkeit des Bewohners vom Leistungsspektrum des Heimbetreibers voraus, wobei faktisch der gesamte Lebensbedarf des Bewohners betroffen sein muss.

Zur Sicherstellung der Zweckbindung einer Wohnungseigentumsanlage für Betreutes   **47n** Wohnen ist es sinnvoll, zur Veräußerung die Verwalterzustimmung vorzusehen.[194] Dies ist rechtlich gesehen die einzig wirksame Möglichkeit, den Eigentumserwerb von Personen zu behindern, welche die Zweckbindung nicht einhalten wollen. Die vereinbarungswidrige Nutzungsabsicht ist ein wichtiger Grund gemäß § 12 WEG, der es rechtfertigt, die Verwalterzustimmung zu versagen.[195] Da Vertragspartner des Betreuungsvertrages die rechtsfähige Wohnungseigentümergemeinschaft ist, bedarf es bei der Veräußerung eines Wohnungseigentums keines Vertragseintritts des Erwerbers in denselben. Es gilt hier dasselbe wie beispielsweise für den Verwaltervertrag oder für Versorgungsverträge.

II. Gemischte Nutzung Wohnung/Gewerbe, Beruf

Es liegt auf der Hand, dass bei einer gemischten Nutzung leicht Konflikte zwischen den   **48** Eigentümern ausbrechen können. Die Wohnungseigentümer empfinden die Berufs-/Gewerbeausübung als Störung ihres Rechtes auf ungestörtes Wohnen, die Eigentümer der Teileigentumseinheiten empfinden Einschränkungen als Störung ihres Rechtes auf freie berufliche Entfaltung. Bei einem gemischt genutzten Gebäude sind deshalb folgende Problemkreise zu entscheiden:

In welchen Einheiten dürfen berufliche/gewerbliche Tätigkeiten ausgeübt werden?   **49** Welche **Arten von Berufen oder gewerblichen Tätigkeiten** dürfen ausgeübt werden?

---

[190] GVBl. S. 346.
[191] BGBl. I 2319.
[192] Abgedruckt und kommentiert in Palandt/*Weidenkaff* BGB S. 2989; hierzu *Drasdo* NJW-Spezial 2016, 609.
[193] DNotI-Report 2002, 7.
[194] *Forst* RNotZ 2003, 296.
[195] Staudinger/*Kreuzer* WEG § 12 Rn. 61.

Sind Konkurrenzschutzklauseln zulässig? Wo und in welcher Größe dürfen Werbeanlagen angebracht werden? Gerade zu diesem Fragenkreis gibt es wegen unpräziser Festlegungen in den Gemeinschaftsordnungen Streit. So wird häufig eine Einheit als „Teileigentum" ausgewiesen, nähere Festlegungen fehlen. Diese Fragen betreffen gerade das „Verhältnis der Wohnungseigentümer" iSd § 10 Abs. 2, Abs. 3 WEG und können deshalb durch Vereinbarung geregelt werden. Im Aufteilungsplan und in der Teilungserklärung ist die Einheit ausgewiesen mit einer bestimmten Bezeichnung, zB „Laden" oder „Gaststätte".[196] Darf in einem Laden ein Sexshop[197] betrieben werden und in einer Gaststätte ein Spielsalon? Klärung in der Gemeinschaftsordnung ist notwendig.[198] Als Grundsatz kann jedoch festgehalten werden dass, falls eine Vereinbarung über eine Nutzung vorliegt, eine anderweitige Nutzung regelmäßig dann erlaubt ist, wenn diese das Gemeinschaftsverhältnis nicht mehr als die vereinbarte Nutzung beeinträchtigt.[199] Die Nutzungsangabe im Aufteilungsplan bezeichnet zivilrechtlich nur die Nutzungsart, die zunächst vorgesehen ist, enthält jedoch keine Festlegung über spätere Nutzungsmöglichkeiten oder Nutzungsänderungen.[200] Nutzungsbeschränkungen können deshalb nur durch Vereinbarung gemäß § 15 Abs. 1 WEG getroffen werden. Nur soweit eine widerspruchsfreie Einschränkung vorliegt, entfällt bei einem Teileigentum die umfassende Nutzungsmöglichkeit.[201] Wird, wie vorstehend vorgeschlagen, in der Gemeinschaftsordnung auf übliche Geschäftszeiten oder auf das Ladenschlussgesetz verwiesen, so liegt eine dynamische Verweisung auf die öffentlich-rechtlichen Ladenöffnungszeiten vor. Treten hier Veränderungen ein, ist auch wohnungseigentumsrechtlich eine Nutzung des Teileigentums entsprechend den geänderten Vorschriften zulässig.[202]

49a   Erfolgt eine Nutzung des Wohnungs- oder Teileigentums, die nicht von der *vereinbarten* Nutzung gedeckt ist, so steht den anderen Eigentümern ein Unterlassungsanspruch aus § 1004 Abs. 1 BGB, § 15 Abs. 3 WEG zu.[203]

49b **Formulierungsbeispiel: Nutzungsbeschreibung von Teileigentum**

In den Teileigentumseinheiten ist jede gewerbliche/berufliche Nutzung, die nach öffentlichem Recht in der Einheit zulässig ist, gestattet. Die im Aufteilungsplan angegebene Nutzung ist nicht maßgeblich; maßgeblich ist nur diese Gemeinschaftsordnung.

In den Teileigentumseinheiten ist jede gewerbliche/berufliche Tätigkeit zulässig, jedoch nur zu den üblichen Geschäftszeiten, wie sie durch das Ladenschlussgesetz und örtliche Gepflogenheiten bestimmt sind.

In Teileigentumseinheiten sind ausgeschlossen:
– anstößige Gewerbe oder Tätigkeiten, zB Sexshop oder Bordellbetrieb,
– Gewerbe, die für die anderen Eigentümer mit unzumutbaren Lärm- oder Geruchsbelästigungen oder Erschütterungen verbunden sind.

50   Besonderes Augenmerk ist bei der gemischten Nutzung auf die **Lastentragung** zu legen: Soweit technisch möglich und wirtschaftlich vertretbar, sollte eine **getrennte Las-**

---

[196] Vgl. OLG München DNotI-Report 2007, 164.
[197] BayObLG MittBayNot 1995, 42; NJW 1992, 919; „Laden" ist kein Eiscafe, LG Itzehoe ZMR 2018, 362.
[198] BeckFormB WEG/*H. Müller* Form. D V. Anm. 4 zu § 2 Abs. 2.
[199] BGH DNotZ 2018, 521 Rn. 9; ZMR 2015, 947; OLG Düsseldorf NJW-Spezial 2008, 35; *Schmidt-Räntsch* ZWE 2019, 3 (7); *Kanzleiter* FS 25 Jahre DNotI 2018, 161 (168).
[200] BGH ZWE 2010, 178; hierzu *Langhein* notar 2010, 197; notar 2009, 209; LG Berlin ZWE 2019, 39 Rn. 18 ff.
[201] BGH DNotZ 2018, 521 Rn. 28; BayObLG ZWE 2000, 130; OLG München ZMR 2008, 71; OLG Düsseldorf ZWE 2000, 538; LG Berlin ZWE 2019, 42 Rn. 18.
[202] OLG Hamm NJW 2008, 302.
[203] BGH ZMR 2018, 529 Rn. 10 ff; der Anspruch kann von der Wohnungseigentümergemeinschaft gem. § 10 Abs. 6 WEG „an sich gezogen" werden, vgl. *Schmidt-Räntsch* ZWE 2019, 3.

tentragung[204] für die Teileigentumseinheiten einerseits und die Wohnungseigentumseinheiten andererseits statuiert werden. Dabei sind die Lasten nach dem Verursacherprinzip zuzurechnen. Mögliche Beschlussfassungen gemäß § 16 Abs. 3 WEG sollten in der Gemeinschaftsordnung antizipiert werden und damit überflüssig werden. In Verfolgung dieser Linie sollte bezüglich des Stimmrechtes bestimmt werden, dass Angelegenheiten, die nur die Teileigentümer betreffen, von diesen allein, Angelegenheiten, die nur die Wohnungseigentümer betreffen, nur von diesen allein entschieden werden. Hat bei Angelegenheiten, die alle Eigentümer betreffen, eine Gruppe – Wohnungen/Teileigentum – in der Eigentümerversammlung eine deutliche Mehrheit, so ist zu erwägen, ob nicht ein **Minderheitenschutz** in der Weise eingeführt werden muss, dass zu einer Beschlussfassung mindestens ein bestimmter Teil der Minderheitengruppe zustimmen muss. Auch bei der Besetzung eventueller Ämter im **Verwaltungsbeirat** ist dieser Gesichtspunkt zu berücksichtigen.

Es ist zu erörtern, ob die einzelnen Eigentümer die Möglichkeit haben sollen, ihre Einheiten von Wohnungseigentum in Teileigentum oder umgekehrt umzuwandeln. Eine solche **Umwandlung** ist eine Änderung der Vereinbarung iSd § 10 WEG und deshalb, wenn in der Gemeinschaftsordnung nicht ein einseitiges Umwandlungsrecht vorgesehen ist, nur einstimmig durch neue Vereinbarung möglich.[205] Das Einstimmigkeitserfordernis kann jedoch eine sinnvolle Nutzung einer Einheit beeinträchtigen (die bisherige Teileigentumseinheit, die als Arztpraxis genutzt wird, soll künftig als Wohnung genutzt werden). Zur Umwandlung → Rn. 110 ff. **51**

III. Doppelhaushälften/Reihenhäuser in der Rechtsform des Wohnungseigentums

Werden Doppelhaushälften/Reihenhäuser in der Rechtsform des Wohnungseigentums begründet, so hat dies meist in öffentlich rechtlichen Planungsvorgaben seine Ursache (hierzu → Rn. 4, 5). Die Interessenlage der Eigentümer der Doppelhaushälften/Reihenhäuser ist jedoch (im Regelfalle) eine völlig andere, was die Ausgestaltung der Gemeinschaftsordnung anbelangt, im Vergleich zu „klassischem Wohnungseigentum" bei Stockbauweise. Diese Eigentümer wollen im wirtschaftlichen Ergebnis so gestellt werden, als ob sie reales Grundstückseigentum, vermessen und ohne die Beschränkungen des WEG, erworben hätten.[206] Es ist deshalb eine **individualistische Gemeinschaftsordnung** erforderlich. **52**

Die **Sondernutzungsfläche** wird im Regelfall in einem Sondernutzungsplan zeichnerisch dargestellt. Häufig besteht jedoch der Wunsch, für die Sondernutzungsbereiche ein **amtliches Messungsergebnis,** ausgewiesen in einer amtlichen Flurkarte, zu haben. Eine weitere Annäherung an das Alleineigentum kann dadurch erreicht werden, dass die Sondernutzungsbereiche amtlich vermessen werden, eine eigene Flurstücks-Nummer erhalten, somit eine katastermäßige Teilung des Grundstücks vorgenommen wird und diese in das Grundbuch übertragen wird. Die mehreren Flurstücke bilden dabei ein Grundstück im Rechtssinne. **52a**

Im Einzelnen ergeben sich hieraus folgende Konsequenzen: Der Wohnungseigentümer hat das **ausschließliche Sondernutzungsrecht** an der sein Sondereigentum umgebenden Grundstücksfläche. Dieses Sondernutzungsrecht berechtigt zu jeder gärtnerischen und freizeitmäßigen Nutzung, ferner zur Errichtung weiterer Bauwerke (Garage, Wintergarten, Gartenhaus), ebenso zur Beseitigung von Gebäuden. Bei einer nach dem öffentlichen Baurecht möglichen weiteren Grundstücksbebauung ist Folgendes zu beachten: Die bauliche Ausnutzungsmöglichkeit, insbesondere die Geschossflächenzahl, bestimmt sich nach dem Gesamtgrundstück, nicht nach den Sondernutzungsbereichen. Es ist deshalb in Ausführung des vorstehend formulierten Obersatzes festzulegen, dass ein Wohnungseigentü- **53**

---

[204] BeckFormB WEG/*H. Müller* Form. D V. Anm. 14.
[205] BayObLG DNotZ 1990, 42; KG ZWE 2011, 84; Staudinger/*Rapp* WEG § 1 Rn. 11 ff.
[206] *Graf* ZMR 2018, 151 (153); *Sommer* ZWE 2019, 155 (156).

mer **weiteres Baurecht** nur entsprechend seinem Miteigentumsanteil am gesamten Grundstück (oder entsprechend seiner Sondernutzungsfläche) ausnutzen darf. Bezüglich weiterer zu erstellender Bauwerke besteht entweder ein Sondernutzungsrecht oder es erfolgt Umwandlung in Sondereigentum, wofür dann allerdings ein ergänzender Aufteilungsplan erforderlich ist. Die Zustimmung des anderen Wohnungseigentümers kann nicht mit dinglicher Wirkung antizipiert werden (hierzu → Rn. 39 ff.), jedoch kann eine schuldrechtliche Verpflichtung mit Weitergabeverpflichtung statuiert werden, an neu geschaffenen Räumen Sondereigentum einzuräumen.

Das **Sondernutzungsrecht** besteht ferner an den im zwingenden Gemeinschaftseigentum stehenden Gebäudeteilen. Dieses Gemeinschaftseigentum kann auch vom Erwerber mit Wirkung gegenüber allen anderen Wohnungseigentümern abgenommen werden. Eine unangemessene Benachteiligung der übrigen Gemeinschaftseigentümer ist ausgeschlossen, da diese zur Nutzung dieses Gemeinschaftseigentums nicht berechtigt sind.[207]

54   **Unterhaltungs- und Betriebskosten** sind gebäudeweise vollkommen zu trennen. Die Unterhaltungspflicht erstreckt sich auch auf die im Sondernutzungsrecht stehenden zwingenden Teile des Gemeinschaftseigentums. Die Instandhaltungs- und Instandsetzungspflicht bezüglich des zwingenden Gemeinschaftseigentums, das sich im Bereich des jeweiligen Sondereigentums befindet, ist abweichend von § 21 Abs. 1, Abs. 5 S. 2 WEG dem einzelnen Wohnungseigentümer zu übertragen. Die Verfolgung von Mängelrechten gegenüber dem Bauträger (hierzu → Rn. 167 ff.) steht demnach nicht der rechtsfähigen Gemeinschaft der Wohnungseigentümer sondern dem Einzeleigentümer zu. Der Gemeinschaft fehlt insoweit das Verwaltungsrecht gemäß § 21 Abs. 1 WEG und damit auch die Beschlusskompetenz. Dennoch gefasste Beschlüsse sind von Anfang an nichtig.[208]

55   Bezüglich der Grenzen, die sich zwischen den Sondernutzungsbereichen ergeben, sind die **allgemeinen Nachbarvorschriften** für entsprechend anwendbar zu erklären.[209] Möglicherweise sind jedoch über das allgemeine Nachbarrecht hinausgehende **Bepflanzungsbeschränkungen** zweckmäßig. Jeder Wohnungseigentümer ist auch ermächtigt, nicht nur bezüglich seines Sondereigentums, sondern auch bezüglich seiner Sondernutzungsbereiche alle Rechte und Ansprüche geltend zu machen, die einem Alleineigentümer zustehen, auch im Prozesswege, und zwar in gewillkürter Prozessstandschaft. Er hat auch insoweit den anderen Eigentümer vollumfänglich freizustellen.

Für Verletzungen der **Verkehrssicherungspflicht** sowie für **nachbarrechtliche Störungen** hafteten nach dem alten WEG-Recht die Wohnungseigentümer als Gesamtschuldner (§ 830 Abs. 1 BGB), weswegen gemeinschaftlicher Versicherungsschutz zu empfehlen war. Nach dem neuen Recht – § 10 Abs. 6 S. 2 WEG – ist die rechtsfähige Gemeinschaft jedoch auch Inhaberin der „gesetzlich begründeten" Pflichten. Die gesetzliche Begründung der Pflicht ist, was die Verkehrssicherung oder das Nachbarschaftsverhältnis anbelangt, zu bejahen, allerdings trifft diese Pflicht den Grundstückseigentümer als solchen[210] und nicht die rechtsfähige Gemeinschaft. Nach § 10 Abs. 6 S. 3 WEG nimmt die rechtsfähige Gemeinschaft jedoch auch die gemeinschaftsbezogenen Pflichten der Wohnungseigentümer wahr, ebenso sonstige Pflichten der Wohnungseigentümer, soweit diese gemeinschaftlich zu erfüllen sind. Bei § 10 Abs. 6 S. 3 WEG handelt es sich also nicht um Verpflichtungen der rechtsfähigen Gemeinschaft, sondern um Verpflichtungen der einzelnen Wohnungseigentümer.[211] Die Verkehrssicherungspflicht ist demnach von der Wohnungseigentümergemeinschaft zu erfüllen.[212] Im Verhältnis zwischen der rechtsfähigen Gemeinschaft und dem einzelnen Wohnungseigentümer ist danach die erstere gemäß § 10 Abs. 6 S. 3 WEG verpflichtet, die gemeinschaftsbezogenen Pflichten zu erfül-

---

[207] OLG Stuttgart ZMR 2015, 903 (904).
[208] *Becker* ZWE 2007, 489; OLG München ZWE 2007, 491 nimmt demgegenüber nur Anfechtbarkeit an.
[209] BGH NJW 2007, 3636; *Klein* ZWE 2007, 469.
[210] *Elzer* ZMR 2006, 229.
[211] *Wenzel* ZWE 2006, 466; *Armbrüster* ZWE 2006, 473; Bamberger/Roth/*Hügel* WEG § 10 Rn. 48 f.
[212] OLG München ZMR 2006, 226; Bärmann/*Suilmann* WEG § 10 Rn. 313; *Schmid* ZWE 2009, 296.

len. Die rechtsfähige Gemeinschaft ist danach ein gesetzlich berufener Erfüllungsgehilfe gemäß § 278 BGB für den einzelnen Wohnungseigentümer. Kommt dieser seinen Verpflichtungen schuldhaft nicht nach, so haftet der einzelne Wohnungseigentümer gemäß § 278 BGB. Diese Haftung ist nicht quotal beschränkt entsprechend § 10 Abs. 8 WEG,[213] da es sich um eine eigene Verbindlichkeit des Wohnungseigentümers handelt und nicht um eine Verbindlichkeit der Gemeinschaft.

Ein identisches Ergebnis ergibt sich aus der unmittelbaren Anwendung der nachbarrechtlichen Vorschriften gemäß §§ 903 ff. BGB. Es kann gegenüber Dritten keinen Unterschied machen, ob bei einem Grundstück, von dem Störungen ausgehen, die Eigentumsverhältnisse nach dem WEG oder nach den §§ 741 ff. BGB oder nach einem Gesamthandsverhältnis vorliegen. Demgegenüber nimmt *Wenzel*[214] an, dass sich der Anspruch des Nachbarn wegen einer vom Gemeinschaftseigentum ausgehenden Störung nur gegen die Gemeinschaft richtet, weil die Sicherung des Gemeinschaftseigentums gegen von ihm ausgehende Störungen eine Angelegenheit der Verwaltung ist. Richtig daran ist, dass gemäß § 10 Abs. 6 S. 3 WEG im Innenverhältnis zum Wohnungseigentümer eine Verpflichtung der Gemeinschaft vorliegt. Im Außenverhältnis knüpft die Verantwortlichkeit jedoch ausschließlich an das Eigentum an,[215] weshalb die einzelnen Wohnungseigentümer dem Nachbarn als Gesamtschuldner haften.[216]

Ein **Verwalter** braucht nicht bestellt zu werden. Vereinbarungen über Stimmrechte, Eigentümerversammlung und Verwaltungsbeirat sind entbehrlich.

Nach zwingenden öffentlich-rechtlichen Vorschriften (zB § 134 Abs. 1 S. 3 BauGB, 56 Art. 5 Abs. 6 BayKAG) werden diverse öffentliche Abgaben nach dem Verhältnis der Miteigentumsanteile veranlagt. Die Erschließungsbeiträge und Kommunalabgaben hängen meist der Höhe nach von der Grundstücksgröße und der darauf errichteten Geschossfläche ab. Bei Wohnungseigentum wird die Grundstücksgröße insgesamt (nicht der Sondernutzungsbereich) sowie die Geschossfläche bei allen Bauwerken insgesamt zugrunde gelegt. Dies kann in der **Lastentragung** bei verschieden großen Sondernutzungsbereichen und verschieden großer – auch nachträglicher – baulicher Ausnutzung zu Unzuträglichkeiten in der Tragung dieser öffentlichen Abgaben führen. Es ist deshalb festzulegen, dass die Eigentümer im Verhältnis zueinander bezüglich dieser Abgaben zu einem **Ausgleich** in der Weise verpflichtet sind, dass für jeden die Abgaben in der Weise zu berechnen sind, dass sein Sondernutzungsbereich wie die Grundstücksfläche behandelt wird und ihm die Geschossfläche, die sich hierauf befindet, zugerechnet wird. Der Ausgleich ist jedoch nur im Innenverhältnis geschuldet; gegenüber dem Abgabegläubiger besteht die gesetzliche Beitragspflicht.

Formulierungsbeispiel: Teilungserklärung

56a

1. Bezüglich der Gebäude steht jedem Wohnungseigentümer das ausschließliche Sondernutzungsrecht an denjenigen Teilen des zwingenden Gemeinschaftseigentums zu, die sich im Bereich seines Sondereigentums befinden, bezüglich der gemeinsamen Trennmauer bis zur Mitte derselben.

2. Bezüglich der unbebauten Teile des gemeinschaftlichen Grundstücks werden mit Ausnahme gemeinschaftlich genutzter Zugänge und Zufahrten Sondernutzungsrechte in der Weise begründet, dass die Nutzung dieser Flächen ausschließlich dem Eigentümer eines Wohnungseigentums zur beliebigen Benutzung im Rahmen des allgemeinen Nachbarrechtes zusteht: ***

3. Soweit das öffentliche Baurecht nicht entgegensteht, können die Sondernutzungsbereiche auch für eine weitere Bebauung genutzt werden. Ein für das Gesamtgrund-

---

[213] AA Jennißen/*Elzer* WEG § 10 Rn. 180 ff.
[214] NJW 2007, 1909.
[215] *Elzer* ZMR 2006, 229.
[216] BGH NJW 2007, 518 zur bisherigen Rechtslage.

stück vorhandenes weiteres Baurecht darf dabei von jedem Eigentümer nur entsprechend der Größe seines Sondernutzungsbereiches ausgenutzt werden.

4. Soweit Sondernutzungsrechte bestehen, hat der berechtigte Eigentümer insoweit gegenüber Dritten alle Rechte und Verpflichtungen, wie sie einem Alleineigentümer zustehen. Er ist ermächtigt, diese Rechte und Verpflichtungen im eigenen Namen geltend zu machen, auch im Prozesswege.

5. Auf gemeinsame Kosten ist eine Versicherung gegen Eigentümerhaftpflicht in ausreichender Höhe zu nehmen und zu unterhalten.

6. Jeder Eigentümer darf Teile des Gebäudes, in dem sich sein Sondereigentum befindet, beliebig verändern, soweit dadurch nicht die Sicherheit und der Bestand des Gebäudes gefährdet wird.

7. Jeder Eigentümer ist verpflichtet, die Räume und Anlagen seines Sondereigentums einschließlich aller Teile des Gebäudes, in dem sich die Räume seines Sondereigentums befinden, auch soweit sie gemeinschaftliches Eigentum sind, und die seiner Sondernutzung unterliegenden Teile des Grundstücks einschließlich der Einfriedung auf der Grundstücksgrenze auf seine Kosten in ordnungsgemäßem Zustand zu unterhalten, instandzusetzen und zu erneuern.

8. Soweit nach dem öffentlichen Abgabenrecht öffentliche Abgaben zwingend nach dem Verhältnis der Miteigentumsanteile veranlagt werden, sind die Eigentümer untereinander verpflichtet, sich in der Weise auszugleichen, dass auf jedes Wohnungseigentum der Betrag entfällt, der entfallen würde, wenn der jeweils zugewiesene Sondernutzungsbereich einschließlich der Gebräuchlichkeiten, die sich auf diesem befinden, Alleineigentum des entsprechenden Wohnungseigentümers wäre.

Eine Vereinbarung, das Wohnungseigentum bei Vorliegen bestimmter Voraussetzungen aufzuheben und das Grundstück real zu teilen, kann nicht Inhalt einer Vereinbarung gemäß § 10 Abs. 2 WEG sein. Sie wirkt nur schuldrechtlich und geht nicht automatisch auf den Rechtsnachfolger über.[217] Sie kann jedoch durch Vormerkung gesichert werden.[218]

IV. Begründung von Sondernutzungsrechten

57 Unter Sondernutzungsrechten versteht man die Befugnis eines einzelnen Eigentümers (oder auch nur eines Miteigentümers nach Bruchteilen an einer Einheit,[219] oder einer Gruppe von Eigentümern, Teile des Gemeinschaftseigentums (zur Darstellung → Rn. 29a) unter Ausschluss aller anderen Eigentümer oder einer anderen Gruppe von Eigentümern zu nutzen.[220] Ihre Begründung kann entweder nur durch Vereinbarung aller Wohnungseigentümer oder bei der Begründung von Wohnungseigentum gemäß § 8 Abs. 1 WEG durch einseitige Erklärung des teilenden Eigentümers[221] und entsprechende Grundbucheintragung erfolgen.[222] Durch Beschluss der Wohnungseigentümerversammlung kann ein Sondernutzungsrecht nicht begründet werden, ausgenommen den Fall, dass eine weite Öffnungsklausel dies ermöglicht (→ Rn. 62d). Sie kommen in vielfältiger Weise vor. Das Nutzungsrecht muss dabei nicht auf eine bestimmte Art der Nutzung be-

217 BGH DNotZ 2003, 536.
218 BayObLGZ 1979, 421; Staudinger/*Rapp* WEG § 4 Rn. 18 mwN. Vgl. allgemein zur Aufhebung von Wohnungseigentum bei Doppelhaushälften OLG Frankfurt a.M. DNotZ 2000, 778 und *Röll* DNotZ 2000, 749.
219 BGH DNotZ 2012, 769 Rn. 11.
220 BGHZ 145, 158 (167f.); BGH ZMR 2016, 888 Rn. 11; ZWE 2017, 180 Rn. 9; ZWE 2012, 359 Rn. 11; KG ZMR 2007, 449; s. hierzu auch *Spielbauer* ZWE 2017, 19.
221 Grundlegend BGHZ 145, 158ff.
222 OLG Düsseldorf MittBayNot 2018, 22. Denkbar ist auch ein rein schuldrechtliches, nicht in das Grundbuch einzutragendes Sondernutzungsrecht. Mangels Grundbucheintragung wirkt es nicht gegenüber einem Sonderrechtsnachfolger (§ 10 Abs. 3 WEG). Eine spätere Eintragung im Grundbuch erfordert die Zustimmung (Bewilligung) aller Wohnungseigentümer, OLG Saarbrücken ZWE 2018, 206 Rn. 18.

schränkt werden, auch wenn dies in der Regel geschieht.[223] Die geläufigsten Sondernutzungsrechte bestehen bezüglich **oberirdischer PKW-Abstellplätze** (da diese nicht sondereigentumsfähig sind), bezüglich **Gartenflächen,** Nutzung des Gemeinschaftseigentums für Werbezwecke, als Ersatzlösung für Sondereigentum (zB Doppelhaushälfte, Balkone, Terrassen und Loggien), gemeinschaftliche Kellerräume, deren Nutzung jedoch nur den Eigentümern eines bestimmten Treppenaufganges vorbehalten ist. Anzutreffen sind auch Sondernutzungsrechte an **Dachspeicherräumen** für die Eigentümer der darunter liegenden Wohnung, mit der Befugnis, die Räume zu Wohnzwecken auszubauen.

Die Ausweisung von Sondernutzungsrechten muss dem sachenrechtlichen Bestimmtheitserfordernis genügen.[224] Mit einer verbalen Beschreibung der Sondernutzungsfläche wird dies meistens nicht erreichbar sein. Erforderlich ist deshalb ein Lageplan, der jedoch nicht zwingend Teil des Aufteilungsplans gemäß § 7 Abs. 4 S. 1 WEG sein muss.[225]

Da bei einer **Duplexgarage** (Doppelstockgarage) der einzelne Stellplatz nach hM[226] nicht sondereigentumsfähig ist, sondern nur die Duplexgarage insgesamt,[227] besteht die Notwendigkeit, beim Erwerb eines solchen Sondereigentums durch zwei verschiedene Käufer deren Benutzungsrecht durch Miteigentümervereinbarung gemäß § 1010 BGB zu regeln.

Formulierungsbeispiel: Duplex-Stellplatz 57a

Die Firma ***-GmbH mit dem Sitz in *** verkauft mit allen Rechten, Pflichten, Bestandteilen und Zubehör von dem in Abschnitt *** näher bezeichneten Teileigentum einen Miteigentumsanteil zur Hälfte an ***.

Hinsichtlich des Teileigentums (Duplex-Stellplatz) wird hiermit das Recht ausgeschlossen, die Aufhebung der Gemeinschaft zu verlangen. Die Benutzung wird dahingehend geregelt, dass der Käufer ausschließlich den unten/oben liegenden Stellplatz benutzen darf. Diese Vereinbarungen werden als Belastung eines jeden Miteigentumsanteils zugunsten des jeweiligen Inhabers des anderen Miteigentumsanteils zur Eintragung in das Grundbuch bewilligt und beantragt.

Abweichend von dem Verständnis, wonach eine **Benutzungsregelung** (Sondernutzungsrecht) sich auf das gemeinschaftliche Eigentum bezieht, wendet die Rechtsprechung[228] § 15 Abs. 1 WEG in der Weise an, dass hiernach eine Rechtsgrundlage für die Gebrauchsregelung an einer Duplexgarage besteht. Sie ersetzt eine Regelung nach § 1010 BGB, die jedoch bei Erwerb von Bruchteilseigentum an einer Einheit anstelle einer Vereinbarung gemäß § 15 Abs. 1 WEG zulässig bleibt. Gegenüber einer Vereinbarung gemäß § 15 Abs. 1 WEG ist eine solche nach § 1010 BGB vorzugswürdig,[229] weil es dadurch möglich wird, den Miteigentumsanteil am erworbenen Teileigentum auf dem Grundbuchblatt des Wohnungseigentums zu buchen, wodurch nicht nur die wirtschaftliche Zu-

---

[223] BayObLG DNotZ 1999, 672; OLG Nürnberg ZWE 2018, 169 Rn. 15.

[224] BGH ZfIR 2012, 182 Rn. 13; OLG Nürnberg ZWE 2018, 169 Rn. 14; LG Itzehoe ZMR 2018, 68; LG Karlsruhe ZWE 2018, 208 Rn. 25. Der sachenrechtliche Bestimmtheitsgrundsatz ist jedoch auch für den Fall gewahrt, dass das Sondernutzungsrecht nur begründet werden soll, wenn der Gegenstand seiner Ausübung nicht sondereigentumsfähig ist, DNotI-Report 2018, 163.

[225] BGH NJW 2012, 677 Rn. 13; ZMR 2012, 844; OLG München MittBayNot 2016, 229; ZWE 2013, 319; OLG Frankfurt a.M. DNotZ 2007, 470; OLG Nürnberg MittBayNot 2018, 449 Rn. 22; zur Auslegung einer Gemeinschaftsordnung bei Fehlen eines Sondernutzungsplanes s. OLG Karlsruhe ZMR 2017, 660.

[226] S. Staudinger/*Rapp* WEG § 3 Rn. 20 mwN.

[227] BGH ZWE 2012, 81; BayObLG DNotZ 1995, 622; MittBayNot 1994, 538; BayObLGZ 1974, 470; Jennißen/*Zimmer* WEG § 3 Rn. 24a; Riecke/Schmid/*Schneider* WEG § 5 Rn. 43; zur Gegenmeinung s. *Hügel/Elzer* WEG § 3 Rn. 62 und § 5 Rn. 40.

[228] BGH DNotZ 2014, 448 Rn. 13 mit ablehnender Anm. *Hügel/Elzer* DNotZ 2014, 403; BayObLG MittBayNot 1994, 439; OLG Jena ZWE 2000, 232; nunmehr zustimmend Hügel/Scheel/*Müller* § 1 Rn. 58 ff.

[229] *Schöner* Rpfleger 1997, 416.

sammengehörigkeit dargestellt wird (§ 3 Abs. 4, Abs. 5 GBO), sondern auch die sofortige einheitliche Belastung der wirtschaftlichen Einheit Wohnung/Tiefgaragenstellplatz vollzugsfähig wird.[230] Möglich ist es jedoch auch, die Duplexgarage insgesamt im Gemeinschaftseigentum zu belassen und an ihren einzelnen Stellplätzen ein Sondernutzungsrecht herkömmlicher Art einzuräumen.[231]

Bei dem Sondereigentum einer Wohnung ist ein Mitgebrauch gemäß § 15 Abs. 1 WEG durch einen anderen Wohnungseigentümer zwar möglich, verstößt jedoch gegen das Abgeschlossenheitserfordernis des § 3 Abs. 2 WEG. Ein Mitbenutzungsrecht ist hier nur über den Weg einer Grunddienstbarkeit denkbar. Miteigentümer eines Wohnungseigentums können jedoch den Gebrauch des Sondereigentums auch gemäß § 1010 BGB regeln.

58 Rechtsgrundlage des Sondernutzungsrechtes sind §§ 5 Abs. 4, 13 ff. WEG: Danach können die Wohnungseigentümer den **Gebrauch des gemeinschaftlichen Eigentums** durch Vereinbarung regeln. Das Sondernutzungsrecht hat danach eine doppelte Komponente: Zum einen wird einem Wohnungseigentum eine Nutzungsbefugnis zugewiesen, zum anderen wird sie (allen) anderen Wohnungseigentümern entzogen. Die entsprechenden Vereinbarungen werden daher in der Gemeinschaftsordnung getroffen.

Das Sondernutzungsrecht hat dabei, soweit die eingeräumte Nutzungsbefugnis tangiert wird, einen eigentumsähnlichen Schutz. Wird es, beispielsweise durch eine Maßnahme der Baubehörde (auf einer Sondernutzungsfläche eines einzelnen Eigentümers muss ein Kinderspielplatz für die gesamte Wohnanlage errichtet werden) beeinträchtigt oder gar entzogen, so steht dem betroffenen Sondernutzungsberechtigten ein Ausgleichsanspruch aus ungerechtfertigter Bereicherung gegen die anderen Wohnungseigentümer im Verhältnis von deren Miteigentumsanteilen zu.[232] Das Sondernutzungsrecht ist also durch die ausschließliche Nutzungsberechtigung eines Wohnungseigentümers charakterisiert. Davon zu unterscheiden ist die mit Mehrheitsbeschluss mögliche Benutzungsregelung gemäß § 15 Abs. 3 WEG. Sie hat keinen Ausschließlichkeitscharakter zugunsten eines Wohnungseigentümers, sondern regelt den Mitgebrauch aller Wohnungseigentümer nach § 13 Abs. 2 WEG.[233] Ein Mitbenutzungsrecht eines Wohnungseigentümers liegt bei einer Benutzungsregelung gemäß § 15 Abs. 3 WEG auch dann vor, wenn Teile des gemeinschaftlichen Eigentums vermietet/verpachtet werden und der Wohnungseigentümer dadurch an den Rechtsfrüchten dieses Rechtsgeschäftes beteiligt ist.

59 Für die PKW-Abstellplätze besteht das praktische Bedürfnis, dass die Verkäufer (Bauträger) den Käufern die freie Wahl unter den vorhandenen Stellplätzen einräumen wollen.[234] Dem widerspricht es, wenn die einzelnen Sondernutzungsrechte an den Stellplätzen bereits mit der Wohnungseigentumsbegründung bestimmten Wohnungen zugeordnet werden. Der Aufwand bei späteren Änderungen wäre unübersehbar, Grundbuchunklarheiten wären nicht auszuschließen. Gelegentlich besteht auch das Bedürfnis, den Inhalt des Sondernutzungsrechtes (zB Stellplatz, Garten) erst bei dem Verkauf festzulegen. In der Praxis haben sich drei verschiedene Wege zur **Zuweisung der Sondernutzungsrechte** herausgebildet:

60 **1. Begründung von Sondernutzungsrechten durch Ausschluss aller und Zulassung Einzelner.** In der Gemeinschaftsordnung werden zunächst alle Wohnungseigentümer von der Benutzung der Stellplätze ausgeschlossen. Dem derzeitigen Eigentümer (Bau-

---

[230] Zu neuen Techniken bei automatischen Garagensystemen s. DNotI-Report 1996, 91.

[231] *Schmidt-Räntsch* ZWE 2012, 447; *Frank* MittBayNot 1994, 513.

[232] KG ZWE 2000, 138; BayObLG WE 1998, 509; zur Divergenz zwischen Grundbucheintragung und kaufvertraglicher Vereinbarung bzgl. eines Sondernutzungsrechtes s. BGH DNotZ 2017, 852; *Schmidt-Räntsch* ZWE 2018, 3.

[233] BGH ZWE 2016, 453 Rn. 17; *Schmidt-Räntsch* ZWE 2016, 429 (431).

[234] *Schmidt-Räntsch* ZWE 2018, 3.

träger; oder dem Verwalter) wird die (gemäß § 857 ZPO nicht pfändbare)[235] Befugnis eingeräumt, einzelnen Wohnungseigentümern das **Sondernutzungsrecht zuzuweisen** und auch dessen Inhalt (zB Stellplatz, Gartenfläche etc) zu bestimmen.[236] Es entsteht alsdann mit entsprechender Eintragung im Grundbuch. Die Zuweisungsbefugnis erlischt, wenn der Bauträger nicht mehr Eigentümer zumindest einer Einheit ist;[237] die Sondernutzungsbereiche stehen dann (vorbehaltlich einer anderweitigen Vereinbarung) dem gemeinschaftlichen Gebrauch offen. Auch die Zuweisung einer Grunddienstbarkeit zugunsten des Wohnungseigentumsgrundstücks als herrschendes Grundstück an einen Wohnungseigentümer zur Ausübung stellt eine Art Sondernutzungsrecht dar.[238] Die Grunddienstbarkeit zugunsten des Wohnungseigentumsgrundstücks stellt sich in diesem Falle als gemeinschaftliche Berechtigung dar (Gemeinschaftseigentum), und ist damit einer Gebrauchsregelung zugänglich. Davon zu unterscheiden ist der Fall, dass, was ebenfalls zulässig ist, zugunsten eines einzelnen Wohnungseigentums eine Grunddienstbarkeit an einem Nachbargrundstück bestellt wird. Diese ist dann Bestandteil gemäß § 96 BGB des herrschenden Wohnungseigentums.

Die **ausschließende Komponente des Sondernutzungsrechtes** besteht bei dieser 61 Konstruktion von Anfang an. Für die Zuweisung der Sondernutzungsrechte (oder Grenzänderungen zwischen Sondernutzungsbereichen)[239] ist deshalb weder die Zustimmung der anderen Wohnungseigentümer, noch diejenige von Drittberechtigten[240] an den verschiedenen Einheiten erforderlich. Diese können durch den Vorgang nicht in ihren Rechten gemäß § 19 GBO betroffen sein.

Formulierungsbeispiel: Stellplatzzuweisung durch Ausschluss aller und Zuweisung einzelner 61a

Solange der derzeitige Eigentümer aller Einheiten, die Firma ***, Eigentümer noch mindestens einer Einheit in der Anlage ist, sind alle anderen Eigentümer von der Nutzung der im Sondernutzungsplan mit den Nummern ST 1– ST 14 eingezeichneten oberirdischen Kfz-Stellplätze ausgeschlossen. Der derzeitige Eigentümer ist berechtigt, Erwerbern von Einheiten das Sondernutzungsrecht an einzelnen Kfz-Stellplätzen zuzuweisen und dies zur Eintragung im Grundbuch zu bewilligen und zu beantragen. Aufschiebend bedingt durch den Eingang eines entsprechenden Eintragungsantrages beim Grundbuchamt entsteht dadurch das Sondernutzungsrecht zugunsten des jeweiligen Wohnungseigentümers.

---

2. Anbindung der Sondernutzungsrechte bei einer Einheit. Die Sondernutzungs- 62 rechte werden sofort gebildet und sämtliche mit einer Einheit (am besten mit dem nach Auffassung des Bauträgers am schlechtesten verkäuflichen Tiefgaragenabstellplatz) verbunden.[241] Die Verbindung kann auch nur mit einem Miteigentumsanteil nach Bruchteilen an einer Einheit erfolgen.[242] Wird ein Sondernutzungsrecht zusammen mit einer Wohnung verkauft, so wird mit Vollzug der Auflassung das **Sondernutzungsrecht von der bisherigen Einheit abgetrennt** und mit der neuen Einheit verbunden. Auch hier ist der Nutzungsausschließungseffekt von Anfang an gegeben mit der Konsequenz, dass die anderen

---

[235] OLG Stuttgart ZWE 2002, 542.
[236] BGH DNotZ 2012, 529 Rn. 12; ZWE 2012, 258; KG ZMR 2007, 387.
[237] BGH DNotZ 2012, 529 Rn. 11, 16; OLG Frankfurt a.M. MittBayNot 1998, 443; ZWE 2016, 171; OLG Hamm ZWE 2017, 445; vgl. *Scheibengruber* notar 2016, 90.
[238] BayObLG DNotZ 1991, 600.
[239] BayObLG DNotZ 1999, 672.
[240] ZB Grundpfandrechtsgläubigern BGH NJW 2012, 577; ZMR 2012, 884; BayObLG DNotZ 1986, 476; OLG Frankfurt a.M. DNotZ 1998, 395; zustimmend *Schmidt* MittBayNot 1998, 185.
[241] KG ZMR 2007, 387.
[242] BGH DNotZ 2012, 769 mit zustimmender Anm. *Kühnlein* MittBayNot 2013, 134; *Häublein* DNotZ 2004, 635.

Wohnungseigentümer und die Drittberechtigten – ausgenommen diejenigen an der Einheit, von der abgetrennt wird, § 5 Abs. 4 S. 2, S. 3 WEG – der Übertragung **nicht** zustimmen müssen. Dieser Lösungsweg hat den Vorteil, dass zur Sicherung des Erwerbers bei der Einheit, von der das Sondernutzungsrecht abgetrennt wird, eine Vormerkung eingetragen werden kann.[243]

62a **Formulierungsbeispiel: Stellplatzzuweisung durch Anbindung des**
ᛟ **Sondernutzungsrechts an eine Einheit**

Dem Eigentümer des im Aufteilungsplan mit Nr. *** bezeichneten Tiefgaragenstellplatzes steht das alleinige Sondernutzungsrecht an den im Sondernutzungsplan mit den Nummern ST 1–ST 4 bezeichneten oberirdischen Kfz-Abstellplätzen zu. Der Eigentümer dieser Teileigentumseinheit ist berechtigt, einzelne Sondernutzungsrechte von der Einheit abzutrennen und sie mit anderen Einheiten aus derselben Wohnanlage zu verbinden. Die Zustimmung anderer Wohnungseigentümer/Teileigentümer ist hierzu nicht erforderlich.

62b **3. Ausschluss unter der Bedingung der Zuweisung eines Sondernutzungsrechtes.**
Die dritte Möglichkeit der Begründung eines Sondernutzungsrechtes geht zunächst davon aus, dass das gemeinschaftliche Eigentum gemäß § 13 Abs. 2 WEG allen Eigentümern zum Mitgebrauch offen steht. Die künftigen Erwerber können jedoch unter der aufschiebenden Bedingung der Zuweisung eines Sondernutzungsrechtes von der Mitbenutzung bestimmter Teile des gemeinschaftlichen Eigentums ausgeschlossen werden.[244] Dies bedarf weder der Mitwirkung der übrigen Miteigentümer noch der Zustimmung von Drittberechtigten am Wohnungseigentum.[245]

Für die Praxis ist zu beachten, dass die Zuweisung des Sondernutzungsrechts unverzüglich in das Grundbuch eingetragen werden sollte. Die Rechtsprechung geht nämlich davon aus, dass das nicht eingetragene, demgemäß auch nur schuldrechtlich wirkende Sondernutzungsrecht durch den Sondernutzungsberechtigten an einen Dritten abgetreten werden konnte. In diesem Falle wird eine Eintragungsbewilligung von allen Wohnungseigentümern verlangt.[246]

62c **Formulierungsbeispiel: Stellplatzzuweisung durch Ausschluss unter der Bedingung**
ᛟ **der Zuweisung eines Sondernutzungsrechts**

Die Wohnungseigentümer sind von der Nutzung der im Aufteilungsplan mit ST 1–ST 20 bezeichneten PKW-Abstellplätze unter der aufschiebenden Bedingung ausgeschlossen, dass an diesen Abstellplätzen einzelnen Wohnungseigentümern ein Sondernutzungsrecht zur ausschließlichen Benutzung zugewiesen wird. Die Zuweisung kann nur durch den derzeitigen Eigentümer aller Einheiten, also die Firma ***, erfolgen. Sie erfordert eine Erklärung in grundbuchtauglicher Form gegenüber dem Grundbuchamt. Das Zuweisungsrecht erlischt, wenn der derzeitige Eigentümer nicht mehr Eigentümer mindestens einer Einheit der Anlage ist.

Bei dieser Konstruktion ist die ausschließende Wirkung des Sondernutzungsrechtes bereits aufschiebend bedingt erfolgt; die Zuweisung bringt das Recht zum Entstehen und ordnet es einem bestimmten Inhaber zu.[247] Der teilende Eigentümer muss im Zeitpunkt

---

[243] *Schmidt* FS Bärmann und Weitnauer 1990, 564.
[244] OLG Nürnberg ZWE 2018, 169 Rn. 19; OLG Hamm ZWE 2015, 211; OLG München DNotI-Report 2013, 125; ZWE 2012, 487; KG ZMR 2007, 387.
[245] BayObLG NJW 2005, 444; BayObLGZ 1985, 378.
[246] OLG München ZWE 2018, 164; Staudinger/*Rapp* WEG § 5 Rn. 96.
[247] *Häublein* S. 282.

der Zuweisung noch Eigentümer einer Einheit sein.[248] Zur nachträglichen Begründung eines Sondernutzungsrechtes → Rn. 131.

Sowohl die Zuweisungsbefugnis als auch das Recht, den Inhalt des Sondernutzungsrechtes zu bestimmen, unterliegen einer Inhaltskontrolle gemäß § 242 BGB.[249] Dabei kommt es darauf an, dass für die Erwerber die flächenmäßigen Ausübungsbereiche und die möglichen Inhalte der Sondernutzungsrechte klar erkennbar sind. Die entsprechende Ermächtigung endet mit der letzten Veräußerung einer Einheit an einen Erwerber. Bei Beachtung des sachenrechtlichen Bestimmtheitserfordernisses ist für eine weitergehende Inhaltskontrolle gemäß § 315 BGB kein Raum.[250]

4. Begründung eines Sondernutzungsrechtes aufgrund Öffnungsklausel. Denkbar **62d** ist es, dass eine weit gefasste Öffnungsklausel in einer Gemeinschaftsordnung eine Eigentümermehrheit auch dazu ermächtigt, durch Beschluss ein Sondernutzungsrecht zu begründen.[251] Die Zulässigkeit eines solchen Beschlusses, also auch die Beschlusskompetenz, ergibt sich mittelbar aus § 10 Abs. 4 S. 2 WEG. Die Vorschrift besagt ihrem Wortlaut nach, dass „Beschlüsse", die eine Vereinbarung ändern, zur Wirkung gegenüber Rechtsnachfolgern nicht der Eintragung in das Grundbuch bedürfen. Es existiert dann ein nur schuldrechtlich zu verstehendes Sondernutzungsrecht außerhalb des Grundbuchs. Ein gutgläubiger Erwerb eines solchen Sondernutzungsrechtes ist mangels Grundbucheintragung ausgeschlossen.[252] Die Zustimmung von Grundpfandrechtsgläubigern ist nach dem Wortlaut des § 5 Abs. 4 S. 2 WEG nicht erforderlich, da dort der Abschluss einer (Änderungs-) Vereinbarung vorausgesetzt wird. Es ist allerdings zu erwägen, § 5 Abs. 4 S. 2 WEG analog auch auf Beschlüsse anzuwenden, wenn damit Sondernutzungsrechte geschaffen werden. Es liegt insoweit eine planwidrige Gesetzeslücke vor.[253] Insbesondere wegen der fehlenden Möglichkeit des gutgläubigen Erwerbes sollte von einer Öffnungsklausel, die die Begründung von Sondernutzungsrechten zulässt, abgesehen werden.[254]

Die Zuweisung im Gemeinschaftseigentum stehender Flächen an einzelne Wohnungs- **62e** eigentümer zur ausschließlichen Nutzung begründet auch dann ein Sondernutzungsrecht und erfordert daher eine Vereinbarung iSv § 10 Abs. 2 S. 2 WEG, wenn alle Wohnungseigentümer eine gleichwertige Fläche zur alleinigen Nutzung erhalten.[255] Demgegenüber führt eine Regelung, die im Interesse eines geordneten Gebrauchs des Gemeinschaftseigentums dessen turnusmäßige Nutzung durch einzelne Wohnungseigentümer vorsieht, grundsätzlich nicht zu einem (befristeten) Sondernutzungsrecht; sie kann daher durch Mehrheitsbeschluss getroffen werden.[256]

V. Veräußerungsbeschränkung und ihre Aufhebung

Als Inhalt des Sondereigentums kann vereinbart werden, dass ein Wohnungseigentümer **63** zur Veräußerung seines Wohnungseigentums der **Zustimmung der anderen Wohnungseigentümer** oder eines Dritten, insbesondere des **Verwalters,** bedarf.

Bei der Beratung des Notars mit den Beteiligten, ob eine solche Veräußerungsbeschränkung eingeführt werden soll oder nicht, ist auf den Gesetzeszweck der Vorschrift abzustellen. Durch die Veräußerungsbeschränkung soll verhindert werden, dass entweder

---

[248] OLG Hamm ZMR 2018, 59; Staudinger/*Rapp* WEG § 5 Rn. 98.
[249] BGH DNotZ 2012, 530 Rn. 14 ff.
[250] AA wohl *Stresemann,* DAI 10. Jahresarbeitstagung 2012, S. 485.
[251] Riecke/Schmid/*Lehmann-Richter* WEG § 10 Rn. 173 ff.; Jennißen/*Schultzky* WEG § 13 Rn. 85; Palandt/ *Wicke* WEG § 13 Rn. 10; *Hügel/Elzer* Das neue WEG § 3 Rn. 139 verneinen dagegen diesen Weg, lassen aber eine Begründung zu, wenn die Öffnungsklausel inhaltlich dies ausdrücklich zulässt.
[252] In diese Richtung tendierend *Hügel/Elzer* Das neue WEG § 3 Rn. 139.
[253] Vgl. hierzu *Abramenko* ZMR 2007, 336; Palandt/*Wicke* WEG § 5 Rn. 12; aA *Briesemeister* ZWE 2007, 422.
[254] *F. Schmidt* ZWE 2007, 447.
[255] BGH ZWE 2016, 453 Rn. 11 ff.
[256] BGH ZWE 2016, 453 Rn. 19 f.

wirtschaftlich nicht leistungsfähige oder in persönlicher Beziehung störende Personen in die Eigentümergemeinschaft gelangen. In der Praxis sind jedoch die diesbezüglichen Erkenntnismöglichkeiten des Verwalters, vor allem wenn dieser nicht ortsansässig ist, eingeschränkt. Dies deshalb, weil kein Erwerber von Wohnungseigentum eine vertragliche oder eine gesetzliche Verpflichtung gegenüber dem Verwalter zur Auskunftserteilung hat. Die Veräußerungsbeschränkung hilft deshalb nur, wenn die Tatbestände „stadtbekannt" sind. Als Inhalt des Sondereigentums kann auch vereinbart werden, dass ein Wohnungseigentümer zur Gebrauchsüberlassung der Wohnung an einen Dritten der Zustimmung des Verwalters oder anderer Wohnungseigentümer bedarf.[257] Damit soll – insbesondere bei einer Familienwohnanlage – das Hinzutreten fremder Bewohner verhindert werden. Unter wirtschaftlichen Gesichtspunkten führt eine solche Regelung zur faktischen Unverkäuflichkeit und damit Unbeleihbarkeit des Wohnungseigentums. Von ihr muss deshalb abgeraten werden.

Gelegentlich wünschen Verwalter eine Veräußerungsbeschränkung unter dem Gesichtspunkt, dass sie von einem Eigentumswechsel Kenntnis erhalten. Dem kann jedoch durch entsprechende Anzeigepflichten Rechnung getragen werden.

64 Entschließt man sich zur Einführung der Verwalterzustimmung, so sollte gleichzeitig über **Ausnahmen** gesprochen werden. Solche sind erforderlich, um die Beleihbarkeit nicht zu erschweren. Zustimmungsfrei sollte deshalb veräußert werden können vom Insolvenzverwalter oder von einem Grundpfandrechtsgläubiger, der eine Einheit erstanden hat; zu prüfen ist auch, ob Veräußerungen an Ehegatten[258] oder Verwandte oder an einen anderen Wohnungseigentümer zustimmungsfrei möglich sein sollen. Zur Verwalterzustimmung bei Veräußerung des Wohnungseigentums → Rn. 172 ff.

64a Seit 1.7.2007 können die Wohnungseigentümer durch Stimmenmehrheit beschließen, dass eine Veräußerungsbeschränkung gemäß § 12 Abs. 1 WEG aufgehoben wird (§ 12 Abs. 4 WEG). Diese Befugnis kann durch Vereinbarung der Wohnungseigentümer nicht eingeschränkt oder ausgeschlossen werden.

Grund der Regelung war, dass mit der Verwalterzustimmung gemäß § 12 Abs. 1 WEG häufig ein Zeitverlust und regelmäßig ein Kostenaufwand (zusätzliche Verwaltervergütung → Rn. 181)[259] verbunden ist. Zudem wurde die Sinnhaftigkeit der Regelung immer mehr angezweifelt (→ Rn. 63), weil sie mangels eines Informationsanspruchs des Verwalters gegenüber dem Erwerber[260] nicht geeignet ist, gemeinschaftswidrige Gefahren abzuwenden. Gegenüber Vorschlägen, das Institut der Verwalterzustimmung ersatzlos aufzuheben, hat der Gesetzgeber einen Mittelweg eingeschlagen und den Wohnungseigentümern eine zwingende Beschlusskompetenz dahingehend eingeräumt, mit einfacher Stimmenmehrheit eine vereinbarte Verwalterzustimmung aufzuheben. Für die Berechnung der Stimmenmehrheit gelten die allgemeinen, für die betreffende Gemeinschaft geltenden Stimmrechtsregelungen,[261] nicht die gesetzliche Stimmrechtsregelung des § 25 Abs. 2 WEG.[262] Dies ergibt sich aus § 16 Abs. 4 S. 2 WEG und § 22 Abs. 2 WEG: Wenn der Gesetzgeber von einer vereinbarten Stimmrechtsregelung abweichen will, hat er dies, wie in den zitierten Vorschriften geschehen, ausdrücklich verfügt. Eine vergleichbare Regelung fehlt zu § 12 Abs. 4 WEG.

Nach dem Wortlaut des § 12 Abs. 4 S. 1 WEG tritt mit entsprechender Beschlussfassung die Veräußerungsbeschränkung außer Kraft. Die Löschung im Grundbuch ist rein

---

[257] BGHZ 37, 203; LG Augsburg MittBayNot 1999, 381: Verwalterzustimmung zur Nießbrauchsbestellung.
[258] Auch nach Scheidung OLG Schleswig NJW-RR 1993, 1103; KG NJW-RR 1997, 78.
[259] *Armbrüster* ZWE 2006, 182.
[260] *Hügel* MittBayNot 2016, 117 f.
[261] BGHZ 191, 245 zu § 26 Abs. 1 S. 5 WEG; LG Frankfurt (Oder) ZWE 2015, 371; *Briesemeister* ZWE 2015, 357; *Hügel/Elzer* WEG § 12 Rn. 80; *Riecke/Schmid/Schneider* WEG § 12 Rn. 68c; *Bärmann/Suilmann* WEG § 12 Rn. 52; *Jennißen/Grziwotz* WEG § 12 Rn. 43; *Palandt/Wicke* WEG § 12 Rn. 17.
[262] So aber *Häublein* ZMR 2007, 410.

deklaratorischer Natur.[263] Gleichwohl ist die Löschung im Grundbuch erforderlich, da die dort eingetragene Veräußerungsbeschränkung, solange die Eintragung besteht, vom Grundbuchamt von Amts wegen zu beachten ist. Die Löschung erfolgt aufgrund eines Grundbuchberichtigungsantrags, wobei zum Nachweis der Beschlussfassung § 26 Abs. 3 WEG entsprechend anzuwenden ist (§ 12 Abs. 4 S. 5 WEG).[264] Grundbuchrechtlich antragsberechtigt gemäß § 13 Abs. 1 S. 2 GBO ist jeder Wohnungseigentümer, da er durch eine gegenstandslose, im Grundbuch jedoch noch nicht gelöschte Veräußerungsbeschränkung in seiner freien Verfügungsbefugnis beeinträchtigt wird.[265] Die Antragsbefugnis des einzelnen Wohnungseigentümers ergibt sich auch daraus, dass die Beschlussfassung alle Wohnungseigentümer gleichmäßig betrifft und deshalb vom Grundbuchamt nur eine einheitliche Sachentscheidung – für alle Wohnungseigentümer gleich – getroffen werden kann.

Für die notarielle Praxis bedeutet dies, dass an Stelle der Verwalterzustimmung eine Kaufpreisfälligkeit auch dann eintreten kann, wenn dem Notar der Aufhebungsbeschluss vorgelegt wird. Allerdings ist zu berücksichtigen, dass der Notar nicht in der Lage sein wird, die Wirksamkeit des Beschlusses zu überprüfen. Die Beachtung des Gebotes des sichersten Weges verlangt deshalb in diesem Falle, die Löschung der Veräußerungsbeschränkung im Grundbuch abzuwarten. Nur in diesem Falle wäre ein gutgläubiger Erwerb bei Unwirksamkeit des Aufhebungsbeschlusses möglich.[266]

Für die Grundbuchkosten der Löschung gilt Nr. 14160 Ziff. 5 KV GNotKG: 50 EUR pro betroffener Einheit.

VI. Nutzen und Lasten, Verteilungsschlüssel

Verbrauchskosten im einzelnen Sondereigentum sollten, soweit technisch möglich und   65 wirtschaftlich vertretbar, mit **Verbrauchsmessgeräten** erfasst und für jede Einheit gesondert abgerechnet werden. Für die **Heizkosten und Warmwasserkosten** ist dies gesetzlich vorgeschrieben (VO über Heizkostenabrechnung – HeizkostenV). Die Eigentümer haben dabei eine eingeschränkte Wahlmöglichkeit hinsichtlich der Verteilung der Heizkosten nach Verbrauchsmessung einerseits, Festverteilung andererseits. Mindestens 50%, höchstens 70% der gesamten Heizkosten (Warmwasserkosten) sind nach dem erfassten Verbrauch zu verteilen. Der Schlüssel kann gemäß § 10 VO durch die Gemeinschaftsordnung erhöht werden bis auf 100%. Eine Unterschreitung der 50%-Grenze ist jedoch ausgeschlossen (§ 2 VO).

Die Verbrauchskosten und die sonstigen Kosten und Lasten im Bereich des Gemein-   66 schaftseigentums werden mangels anderweitiger Regelung gemäß **§ 16 Abs. 2 WEG nach dem Verhältnis der Miteigentumsanteile** verteilt. Die gesetzliche Lasten- und Kostenverteilung kann jedoch durch Vereinbarung geändert werden. Eine Änderung durch Beschluss kommt (grundsätzlich) nur in Frage, wenn eine Öffnungsklausel besteht.

Differenzierungen sind jedoch auch hier geboten. So wird beispielsweise ein Lift von den Eigentümern der oberen Stockwerke mehr beansprucht als von den Eigentümern der unteren Stockwerke. Eine Kostenbelastung nach dem Maß der Inanspruchnahme ist nicht unbillig. Denkbar ist auch, dass eine Einrichtung des Gemeinschaftseigentums von einem Miteigentümer gar nicht genutzt werden kann. Er sollte deshalb auch nicht mit diesen Kosten belastet werden. Besonders streitanfällig sind die Instandhaltungskosten/Instandsetzungskosten für Balkone (Innenteile: Sondereigentum, Außenteile und tragende Teile: Gemeinschaftseigentum). Da ein Balkon regelmäßig nur von *einer* Einheit genutzt wird,

---

[263] *Hügel* MittBayNot 2016, 119; *Hügel/Elzer* WEG § 12 Rn. 82 ff.; *Wilsch* NotBZ 2007, 306; *Häublein* ZMR 2007, 414; *Palandt/Wicke* WEG § 12 Rn. 17. Für die Grundbuchkosten besteht eine Festgebühr von 50 EUR je Sondereigentumseinheit (Nr. 14160 Nr. 5 KV GNotKG), OLG München NJW-RR 2016, 332; *Drasdo* NJW-Spezial 2017, 161.

[264] *Böhringer* DNotZ 2016, 834.

[265] *Hügel* MittBayNot 2016, 119; *Wilsch* NotBZ 2007, 308.

[266] *Wilsch* NotBZ 2007, 307; *Abramenko* WEG § 3 Rn. 6.

kann abweichend von § 16 Abs. 2 WEG die Instandhaltung und Instandsetzung, auch soweit es sich um zwingendes Gemeinschaftseigentum handelt, dem nutzungsberechtigten Eigentümer alleine (§ 16 Abs. 4 WEG) auferlegt werden.[267] Haben Wohnungseigentümer die Möglichkeit, weitere Räume (typischer Fall Dachspitzboden) durch Ausbau in Wohnräume umzuwandeln, so ist vorzusehen, dass diese einen entsprechenden **Zuschlag zum monatlichen Hausgeld** zu entrichten haben, dessen Höhe der Verwalter nach billigem Ermessen bestimmt, sobald der Ausbau realisiert ist. Dasselbe gilt, wenn einem Wohnungseigentümer eine berufliche oder gewerbliche Nutzung seiner Einheit gestattet wird und dadurch eine größere Benutzung und Abnutzung des Gemeinschaftseigentums eintritt. Fehlt eine vereinbarte Kostenverteilung, erfolgt diese nach dem Verhältnis der Miteigentumsanteile auch dann, wenn die Kosten gegenüber der Wohnungseigentümergemeinschaft von einem außenstehenden Leistungserbringer (zB TV-Kabelanschluss) nach einem anderen Schlüssel verteilt werden.[268]

67   Bei Mehrhausanlagen ist **getrennte Kostenermittlung pro Gebäude** sinnvoll.[269] Lasten, die die Eigentümer in allen Gebäuden treffen, zB Kinderspielplatz und sonstige Außenanlagen, werden, wenn die endgültige Planung nicht von Anfang an festliegt, nach dem Verhältnis der Wohn-/Nutzflächen auf die Eigentümer verteilt. Der Verteilungsmaßstab nach Miteigentumsanteilen eignet sich hier weniger, da diese nur ein geschätztes, nicht aber ein genaues Spiegelbild der Wohnungsgrößen abgeben.

67a   Die Rechtsfähigkeit der Wohnungseigentümergemeinschaft und die damit einhergehende Haftungsverfassung gemäß § 10 Abs. 8 S. 1 WEG bringen es mit sich, dass bei Verträgen, die der Verwalter namens der Gemeinschaft abschließt, alle Wohnungseigentümer der **Mehrhausanlage** haften, auch wenn sie – wirtschaftlich gesehen – von der Maßnahme nicht betroffen sind (zB Fassadenerneuerung bei Haus 1; keine Arbeit bei Haus 2). In diesen Fällen sollte die Auftragsvergabe durch den Verwalter in der Weise erfolgen, dass die Eigentümer der nichtbetroffenen Einheiten von einer Verpflichtung freigestellt sind.[270] Zur teilschuldnerischen Haftung gemäß § 10 Abs. 8 WEG → Rn. 35.

67b   **Formulierungsbeispiel: Kostentragung bei Mehrhausanlage**

↻   Entscheidet eine Untergemeinschaft (wirtschaftliche Einheit bezüglich eines Gebäudes) über die Durchführung einer Instandsetzungs- oder Instandhaltungsmaßnahme bzw. eine sonstige bauliche Veränderung, darf der Verwalter den entsprechenden Vertrag mit dem hierzu beauftragten Unternehmen erst dann abschließen, wenn die betreffende Untereigentümergemeinschaft über die erforderlichen finanziellen Mittel verfügt.[271]

Alt.: Der Verwalter darf Rechtsgeschäfte, die nur die Eigentümer in einer wirtschaftlichen Einheit betreffen, nur namens der Wohnungseigentümer dieser wirtschaftlichen Einheit abschließen. Diese Wohnungseigentümer sind verpflichtet, dem Verwalter hierzu ausdrückliche Vollmacht zu erteilen. Die Verpflichtung trifft auch diejenigen Wohnungseigentümer, die an der entsprechenden Versammlung nicht teilgenommen haben oder dem Beschluss widersprochen haben. Die betreffenden Wohnungseigentümer sind verpflichtet, die Vollmacht schriftlich dem Verwalter zu erteilen.

68   Derselbe Verteilungsschlüssel wie bei den Kosten und Lasten sollte auch bei der **Instandhaltungsrückstellung** (§ 21 Abs. 5 Nr. 4 WEG) angewendet werden. Je nach

---

[267] BGH NJW 2013, 681 Rn. 9; ZWE 2017, 180 Rn. 19; OLG München ZMR 2007, 559; *Drasdo* NJW-Spezial 2015, 225; *Jacoby* ZWE 2017, 149 (150 ff.); *Riesenberger* ZMR 2018, 125 (130).
[268] BGH ZMR 2007, 975.
[269] BGH NJW 2018, 1309 Rn. 12; vgl. auch → Rn. 35; *Moosheimer* ZMR 2014, 689 f.; *Schmidt-Räntsch* ZWE 2019, 3 (10).
[270] BGH NJW 2018, 1309 Rn. 27; zust. *Bueb* ZWE 2018, 125.
[271] Formulierung nach *Hügel/Elzer* Das neue WEG § 3 Rn. 33.

Struktur der Anlage sind **getrennte Instandhaltungsrückstellungen** für Wohngebäude (bei mehreren für jedes) und Tiefgaragenanlage sachgerecht.[272]

Die **Vergütung des Verwalters** sollte abweichend von den voraufgezeigten Vertei- **69** lungsschlüsseln einheitlich mit einem **Pauschsatz pro Wohnung** festgelegt werden.[273] Der Verwaltungsaufwand für die einzelne Einheit hängt nicht von deren Größe oder Wert[274] ab. Die Höhe der Verwaltervergütung wird in dem zwischen der Wohnungseigentümergemeinschaft und dem Verwalter abzuschließenden Verwaltervertrag geregelt. In der Gemeinschaftsordnung kann jedoch festgelegt werden, dass bestimmte Höchstgrenzen nicht überschritten werden dürfen. Dies hat zur Folge, dass ein Eigentümerbeschluss, der hiergegen verstößt, nach §§ 23 Abs. 4, 43 Abs. 1 S. 4 WEG für ungültig erklärt werden kann. Aus Gründen der Verwaltungsökonomie sollte der Verwalter ermächtigt sein, das monatliche **Hausgeld im Lastschrifteinzugsverfahren** einzuziehen. Nach § 16 Abs. 3 WEG kann, falls eine Kostenverteilung vorstehenden Inhalts nicht vereinbart wurde, durch Mehrheitsbeschluss eine solche herbeigeführt werden.[275] Diese Beschlusskompetenz ist unabdingbar, § 16 Abs. 5 WEG.

VII. Vorrecht für Hausgeldbeträge in der Zwangsversteigerung

Seit 1.7.2007 kann aus Hausgeldansprüchen die Zwangsversteigerung betrieben werden; **69a** diese Ansprüche gewähren ein Vorrecht auf Befriedigung insbesondere gegenüber Grundpfandrechtsgläubigern. Ein Recht auf Befriedigung aus dem Grundstück besteht nach § 10 Abs. 1 Nr. 2 ZVG gemäß folgender Neufassung des Gesetzes:

„(1) Ein Recht auf Befriedigung aus dem Grundstück gewähren nach folgender Rangordnung, bei gleichem Rang nach dem Verhältnis ihrer Beträge: (…)

2. bei Vollstreckung in ein Wohnungseigentum die daraus fälligen Ansprüche auf Zahlung der Beiträge zu den Lasten und Kosten des gemeinschaftlichen Eigentums oder des Sondereigentums, die nach § 16 Abs. 2, § 28 Abs. 2 und 5 des WEG geschuldet werden, einschließlich der Vorschüsse und Rückstellungen sowie der Rückgriffsansprüche einzelner Wohnungseigentümer. Das Vorrecht erfasst die laufenden und rückständigen Beträge aus dem Jahr der Beschlagnahme und den letzten zwei Jahren. Das Vorrecht einschließlich aller Nebenleistungen ist begrenzt auf Beträge in Höhe von nicht mehr als 5 vom Hundert des nach § 74a Abs. 5 festgesetzten Wertes. Die Anmeldung erfolgt durch die Gemeinschaft der Wohnungseigentümer. Rückgriffsansprüche einzelner Wohnungseigentümer werden von diesen angemeldet; (…)"

Der Verwalter ist grundsätzlich verpflichtet, die gemäß § 10 Abs. 1 Nr. 2 ZVG bevorrechtigten Hausgeldansprüche der Wohnungseigentümergemeinschaft in dem Zwangsversteigerungsverfahren anzumelden, auch wenn von Dritten die Zwangsversteigerung in das Sondereigentum eines Wohnungseigentümers betrieben wird.[276]

Zur Zwangsversteigerung eines Wohnungseigentums bedarf es keines dinglichen Titels mehr, es genügt vielmehr jeder Zahlungstitel, auch ein Vollstreckungsbescheid.[277] In der notariellen Praxis wird die Vorschrift vor allem Bedeutung erlangen bei Verkauf eines Wohnungseigentums, bei dem die Zwangsversteigerung angeordnet ist. Titulierte Ansprüche der rechtsfähigen Gemeinschaft der Wohnungseigentümer, die von dieser geltend gemacht werden, sind vorrangig vor den Grundpfandrechtsgläubigern zu berücksichtigen, soweit sie 5% des Verkehrswertes des Wohnungseigentums nicht überschreiten und im Jahr des Verkaufs oder in den beiden davor liegenden Jahren fällig geworden sind. Nachdem die Zwangsversteigerung bereits angeordnet worden ist, kann bei einer während die-

---

[272] BGH ZMR 2015, 726 Rn. 22; vgl. LG Düsseldorf ZWE 2014, 316.
[273] Vgl. BGH NJW 2007, 1873; *Hügel/Elzer* WEG § 26 Rn. 140b.
[274] BGH NJW 2007, 1873.
[275] *Niedenführ* NJW 2007, 1842.
[276] BGH NJW 2018, 1613 Rn. 8.
[277] *Hügel/Elzer* Das neue WEG § 15 Rn. 4.

ser stattfindenden freiwilligen Veräußerung nichts anderes gelten als bei Durchführung derselben. Der Vorrang gilt jedoch nur mit der angegebenen quantitativen und zeitlichen Beschränkung. Hausgeldansprüche, die einen längeren Zeitraum zurückliegen oder das Volumen von 5% des Verkehrswertes übersteigen, genießen das Vorrecht nicht. Sie können nur im Range nach den Grundpfandrechtsgläubigern befriedigt werden (§ 10 Abs. 1 Nr. 5 ZVG).

69b   Der Gesetzgeber hat bei der Schaffung des Vorrangs für Hausgeldansprüche vor allem an die laufenden Bewirtschaftungskosten gedacht. Es sollte vermieden werden, dass ein zahlungsunfähiger Wohnungseigentümer auf Kosten der Gemeinschaft sein Wohnungseigentum nutzt. Der Anwendungsbereich ist jedoch damit nicht erschöpft. So sind Anwendungsfälle vor allem auch bei Insolvenz eines Bauträgers bezüglich dessen unverkaufter Wohnungen denkbar. Dies gilt vor allem bezüglich Mängeln am Gemeinschaftseigentum, die gegenüber dem Bauträger wegen dessen Insolvenz nicht mehr erfolgreich vollstreckt werden können. Die Gemeinschaft der Wohnungseigentümer ist dann darauf angewiesen, ihre gesetzliche Aufgabe der ordnungsmäßigen Instandhaltung und Instandsetzung des gemeinschaftlichen Eigentums (§ 21 Abs. 5 Nr. 2 WEG) aus eigenen Mitteln durchzuführren. In dieser Situation ist regelmäßig eine Beschlussfassung über eine Sonderumlage erforderlich, mit deren Hilfe der Instandsetzungsaufwand gedeckt werden kann. Auch diese Sonderumlage hat im Rahmen der quantitativen und zeitlichen Beschränkung Vorrang vor den Grundpfandrechten am Eigentum des insolventen Bauträgers. Hier eröffnet sich für die rechtsfähige Gemeinschaft der Wohnungseigentümer ein neuer und aussichtsreicher Weg zur Mängelbeseitigung am gemeinschaftlichen Eigentum bei Insolvenz des Bauträgers. Zur Anwendung von § 10 Abs. 1 Nr. 2 ZVG auf Erwerber von Wohnungseigentum → Rn. 193 ff.

VIII. Eigentümerversammlung

70   Gesetzliche Grundlagen der Eigentümerversammlung sind die §§ 23–25 WEG. In den meisten Fällen ist über die gesetzliche Regelung hinaus regelungsbedürftig die Frage des Stimmrechts (→ Rn. 71), die Frage der Ermittlung des Abstimmungsergebnisses (→ Rn. 72) und die Möglichkeit der Vertretung des Eigentümers in der Versammlung bzw. der Einschränkung der Vertretungsmöglichkeit (→ Rn. 73) sowie Fertigung der Versammlungsniederschrift gemäß § 24 Abs. 6 WEG (hierzu → Rn. 184f.).

71   **1. Regelung des Stimmrechtes.** Die positive Regelung des § 25 Abs. 2 S. 1 WEG bestimmt, dass jeder Wohnungseigentümer eine Stimme hat. Es kommt danach weder auf die Größe seines Miteigentumsanteils noch auf die Anzahl seiner Eigentumswohnungen an.[278] Gilt das Kopfstimmrecht, so hat jede Rechtsgemeinschaft, die nicht personenidentisch mit anderen Wohnungseigentümern ist, *eine* Stimme.[279] Ein Stimmrechtsausschluss bei Interessenkonflikten zwischen einem Wohnungseigentümer und der Eigentümergemeinschaft ist in § 25 Abs. 5 WEG geregelt. Ein solcher Stimmrechtsausschluss kommt unter dem Gesichtspunkt des Rechtsmissbrauchs in Betracht.[280] Unter dem Gesichtspunkt, dass die Mitbestimmungsrechte des Eigentümers mit seiner Verpflichtung zur Lastentragung kongruent sein sollten, empfiehlt es sich, das **Stimmrecht dem Lastentragungsschlüssel** anzupassen. Denkbar ist auch das so genannte Objektprinzip, das bedeutet pro Wohnung eine Stimme. Ein solches Stimmengewicht ist vertretbar, wenn die Einheiten in etwa gleich groß sind. Ist ein Wohnungseigentum mit einem **Nießbrauch**

---

[278] „Kopfstimmrecht", BayObLG DNotZ 1999, 215.
[279] *M. Müller* ZWE 2017, 395; DNotI-Report 2008, 51; Palandt/*Wicke* WEG § 25 Rn. 6.
[280] BGH ZWE 2017, 220; ZWE 2017, 411; *Schmidt-Räntsch* ZWE 2018, 10f.; *Drasdo* NJW-Spezial 2017, 641; *Rapp* notar 2018, 139; *Hügel* FS 25 Jahre DNotI 2018, 149 (155).

belastet, steht das Stimmrecht gleichwohl dem Eigentümer allein zu, da der Nießbraucher nicht Wohnungseigentümer ist.[281]

2. Feststellung der Mehrheit. Die Eigentümerversammlung beschließt, soweit in der **72** Gemeinschaftsordnung nichts anderes vorgesehen ist, mit der einfachen Mehrheit der in der Versammlung vertretenen Stimmen. Stimmenthaltungen sind nicht mitzuzählen.[282] Zulässig ist ein durch die Gemeinschaftsordnung eingeräumtes Vetorecht eines Wohnungseigentümers.[283]

3. Abstimmungsberechtigung. Das Stimmrecht ist untrennbar mit dem Wohnungsei- **73** gentum verbunden. Für die Frage der Stimmberechtigung ist ausschließlich maßgeblich die Grundbucheintragung zum Zeitpunkt der Wohnungseigentümerversammlung.[284] Der Wohnungseigentümer kann sich jedoch in der Versammlung durch einen Bevollmächtigten vertreten lassen.[285] Es ist zulässig, dass in der Gemeinschaftsordnung die Vertreterbestellung auf einen bestimmten Kreis von Bevollmächtigten (zB Ehegatten von Eigentümern, andere Miteigentümer, der Verwalter, Angehörige der rechtsberatenden Berufe) beschränkt wird.[286]

Bei Mehrhausanlagen besteht kraft Gesetzes das **Stimmrecht aller Eigentümer,** **73a** auch wenn bei einer zu beschließenden Maßnahme nur die Eigentümer eines bestimmten Gebäudes betroffen sind. Die Eigentümer eines Gebäudes bilden für sich kraft Gesetzes keine rechtlich verselbständigte Untergemeinschaft (hierzu auch → Rn. 67 f.). Aus diesen Gründen empfiehlt es sich, die Abstimmungsberechtigung für Maßnahmen, die nur die Eigentümer eines Gebäudes betreffen, auf diese Eigentümer zu begrenzen.[287] Konsequenterweise ist dann auch für jedes Gebäude alleine eine eigene Instandhaltungsrückstellung zu bilden. Für Beschlüsse, die über den Kreis der Untergemeinschaft hinaus wirken, fehlt jedoch die Beschlusskompetenz mit der Folge ihrer Nichtigkeit.[288]

Fehlt in der Gemeinschaftsordnung einer Mehrhausanlage eine Kosten- und Lastenzuweisung zu den einzelnen Gebäuden, so eröffnet § 16 Abs. 4 WEG (gültig seit 1. 7. 2007) nunmehr eine Kosten- und Lastentragungspflicht unter Berücksichtigung der Gebrauchsmöglichkeiten der einzelnen Wohnungseigentümer. Für Maßnahmen der Instandhaltung und Instandsetzung sowie für bauliche Veränderungen kann hier abweichend vom gesetzlichen oder vom vereinbarten[289] Kostenverteilungsschlüssel eine am Gebrauchsvorteil orientierte neue Regelung beschlossen werden. Diese gilt jedoch nur für den Einzelfall und bedarf einer doppelt qualifizierten Mehrheit von drei Viertel aller stimmberechtigten Wohnungseigentümer und mehr als die Hälfte aller Miteigentumsanteile (§ 16 Abs. 4 S. 2 WEG).

4. Beschluss-Sammlung. Seit 1. 7. 2007 ist für jede Wohnungseigentümergemeinschaft **73b** eine „Beschluss-Sammlung" zu führen (§ 24 Abs. 7 WEG). In diese sind alle seit dem 1. 7. 2007 gefassten Beschlüsse und gerichtlichen Entscheidungen einzutragen. Zweck der Vorschrift ist es vor allem, für die Erwerber von Wohnungseigentum eine Informationsquelle über die Rechtslage in der Gemeinschaft zu schaffen, da die in der Vergangenheit

---

[281] BGH NJW 2002, 1647; BayObLG DNotZ 1999, 585; *Schmidt* WE 1998, 2 (5); Jennißen/*Schultzky* WEG § 25 Rn. 42 ff.; *Armbrüster* DNotZ 1999, 562, der jedoch über § 10 Abs. 1 S. 2 (jetzt § 10 Abs. 2 S. 2) WEG eine abweichende Regelung durch die Gemeinschaftsordnung zulässt.
[282] BGH DNotZ 1990, 31 im Anschluss an die zum Vereinsrecht ergangene Entscheidung BGH DNotZ 1982, 631.
[283] BayObLG DNotZ 1998, 970.
[284] BGH NJW 1989, 1087.
[285] BGH DNotZ 2018, 135 Rn. 7.
[286] BGHZ 99, 90; BayObLG DNotZ 1998, 967; DNotZ 1989, 428.
[287] BGH ZMR 2012, 979; OLG Köln DNotI-Report 1998, 129.
[288] BGH ZMR 2012, 980.
[289] *Hügel/Elzer* Das neue WEG § 5 Rn. 57.

gefassten Beschlüsse und gerichtlichen Entscheidungen gemäß § 10 Abs. 4 WEG gegen sie wirken, auch wenn sie nicht im Grundbuch eingetragen sind. Gleichzeitig wurden die Beschlusskompetenzen der Eigentümer erheblich erweitert mit der Konsequenz, dass sich die Aussagekraft des Grundbuchs verringert. So kann mit einfacher Mehrheit gemäß § 16 Abs. 3 WEG eine Änderung des gesetzlichen Kostenverteilungsschlüssels beschlossen werden, ohne dass dies im Grundbuch eintragungsfähig wäre. Möglich sind auch Beschlüsse über die Kosten der Instandhaltung und Instandsetzung des gemeinschaftlichen Eigentums und die sich hieraus ergebenden Kosten, die von der gesetzlichen oder einer vereinbarten Kostenverteilung abweichen (§ 16 Abs. 4 WEG). Hinzuweisen ist auch darauf, dass Beschlüsse zur Abänderung der Gemeinschaftsordnung auf der Grundlage einer Öffnungsklausel nunmehr gesetzlich anerkannt sind und ausdrücklich festgelegt wurde, dass auch solche die Gemeinschaftsordnung abändernden Beschlüsse nicht im Grundbuch einzutragen sind (§ 10 Abs. 4 S. 2 WEG). Die für einen Sonderrechtsnachfolger gemäß § 10 Abs. 4 WEG maßgebliche Beschlusslage kann danach in großem Umfange von der Grundbuchlage abweichen; dies gilt auch für die besonders wichtigen Kostenverteilungsregelungen.[290] Auf das Grundbuch kann mithin nicht mehr vertraut werden,[291] aber auch nicht auf die Beschluss-Sammlung.[292]

Dem Informationsbedürfnis der Erwerber und auch der Wohnungseigentümer selbst soll durch die Beschluss-Sammlung, die vom Verwalter zu führen ist, Rechnung getragen werden. In der notariellen Praxis sollte der Erwerber bei Übersendung eines Vertragsentwurfes auf diese Informationsquelle hingewiesen werden. Der Notar hat jedoch auch darauf hinzuweisen, dass man sich über die Richtigkeitsgewähr der Beschluss-Sammlung keine Illusionen machen darf. Die den Erwerber bindenden Beschlüsse und gerichtlichen Entscheidungen gelten für diesen auch dann, wenn sie in der Beschluss-Sammlung nicht oder nicht richtig wiedergegeben werden. Hinzuweisen ist auch darauf, dass die Beschluss-Sammlung nichtige Beschlüsse enthalten kann;[293] eine rechtliche Kontrolle findet bei der Aufnahme in die Beschluss-Sammlung im Gegensatz zur Grundbucheintragung nicht statt. Es ist deshalb möglich, dass eine vom Gesetz abweichende Kostenverteilung beschlossen wurde, diese aber nicht in der Sammlung eingetragen ist. Sie gilt gleichwohl für den Rechtsnachfolger. Denkbar ist auch, dass auf der Grundlage einer allgemeinen Öffnungsklausel durch Mehrheitsbeschluss ein Sondernutzungsrecht für einen Wohnungseigentümer begründet wurde, das nicht im Grundbuch eingetragen ist. Der Rechtsnachfolger ist gleichwohl gebunden.

Die Führung der Beschluss-Sammlung obliegt dem Verwalter und, falls ein solcher fehlt, dem Vorsitzenden der Wohnungseigentümerversammlung oder einem anderen Wohnungseigentümer, dem die Wohnungseigentümer durch Stimmenmehrheit diese Aufgabe übertragen haben (§ 24 Abs. 8 WEG). Die Verpflichtung des Verwalters zur Führung der Beschluss-Sammlung wird vom Gesetz als so wichtig betrachtet, dass eine diesbezügliche Pflichtverletzung regelmäßig als wichtiger Grund betrachtet wird, den Verwalter fristlos abzuberufen (§ 26 Abs. 1 S. 4 WEG). Ob der Verwalter darüber hinaus der rechtsfähigen Gemeinschaft der Wohnungseigentümer, einzelnen Wohnungseigentümern oder Erwerbern von Wohnungseigentum schadensersatzpflichtig ist, ist noch ungeklärt.[294]

Die Verpflichtung zur Führung der Beschluss-Sammlung kann ganz oder teilweise durch die Gemeinschaftsordnung abbedungen werden.[295]

---

[290] *Hügel/Elzer* Das neue WEG § 8 Rn. 24; *Häublein* ZMR 2007, 415.
[291] Jennißen/*Schultzky* WEG § 24 Rn. 165.
[292] Jennißen/*Schultzky* WEG § 24 Rn. 164.
[293] Jennißen/*Schultzky* WEG § 24 Rn. 176.
[294] *Hügel/Elzer* WEG § 24 Rn. 118 ff.; Jennißen/*Schultzky* WEG § 24 Rn. 205.
[295] BeckFormB WEG/*H. Müller* Form. D II. 2. Anm. 18 zu § 18; Palandt/*Wicke* WEG § 24 Rn. 26; Bärmann/*Merle* WEG § 24 Rn. 148; Riecke/Schmid/*Riecke* WEG § 24 Rn. 154.

IX. Mehrere Eigentümer eines Wohnungseigentums/Teileigentums

Eine gemäß dem WEG gebildete Einheit kann mehreren Berechtigten zustehen, und **74** zwar entweder in Bruchteilsgemeinschaft oder in gesamthänderischer Verbundenheit (Gesellschaft bürgerlichen Rechts, Erbengemeinschaft, Gütergemeinschaft), wobei die Personenhandelsgesellschaften wegen ihrer eigenen Grundbuchfähigkeit unberücksichtigt bleiben können. Die Situation, dass mehrere Personen gemeinschaftlich eine Eigentumseinheit halten, ist vom Gesetz nur stiefmütterlich geregelt: Lediglich § 25 Abs. 2 S. 2 WEG bestimmt, dass in dieser Situation das Stimmrecht nur einheitlich ausgeübt werden kann.

Die **gesamtschuldnerische Haftung** mehrerer Berechtigter **einer Einheit** für alle **75** Verpflichtungen, die sich aus dieser Einheit ergeben, insbesondere für die Lastentragung, ist unbestritten.[296] Zu prüfen ist jedoch, ob dies in allen Fällen der Billigkeit entspricht, oder ob nicht der Verwalter bei Nichteingang der geschuldeten Zahlung zunächst eine Umlegung auf alle Miteigentümer der betroffenen Einheit – wenn ihm nichts anderes bekannt ist zu gleichen Anteilen – vornehmen und nur wegen eines danach noch offenen Betrages die gesamtschuldnerische Haftung eines Mitberechtigten geltend machen sollte.

Was das **Stimmrecht** der mehreren Berechtigten anbelangt, so regelt dies § 25 Abs. 2 **76** S. 2 WEG. Es kann jedoch nicht in Frage gestellt werden, dass jeder Berechtigte an dem Wohnungseigentum gemeinschaftlich mit den anderen Berechtigten „Wohnungseigentümer" im Sinne des WEG ist und die dementsprechenden Rechte für sich in Anspruch nehmen kann. Er ist damit in der Lage, das Stimmgewicht seines Personenverbandes durch gegenläufige Abstimmung, wie sie seine Vereinigung intern beschlossen hat, auszuschalten.

Problematisch erscheint es auch, bei einem *gesamthänderisch* gehaltenen Wohnungsei- **77** gentum die **Entziehung nach § 18 WEG** bereits dann zu befürworten, wenn die Voraussetzungen nur bei einem Gesamthänder erfüllt sind.[297] Es sollte in diesem Falle zunächst dem Personenverband aufgegeben werden, den untragbaren Mit-Wohnungseigentümer aus ihrem Verband selbst auszuschließen und nur bei Erfolglosigkeit sollte die Möglichkeit der Entziehung der Gesamteinheit in Betracht kommen.[298]

Regeln, die sich der Personenverband intern gegeben hat, sind von der Wohnungsei- **78** gentümergemeinschaft zu beachten, wenn sie dieser bekannt sind. Hat beispielsweise eine BGB-Gesellschaft durch Gesellschaftsvertrag die Geschäftsführung und Vertretung der Gesellschaft einer Person übertragen, so wird das Stimmrecht von dieser Person ausgeübt. Dies ergibt sich bereits aus ihrer Rechtsfähigkeit. Andere Gesellschafter sind alsdann in der Eigentümerversammlung nicht stimmberechtigt und auch nicht zu laden. Für die Gemeinschaftsordnung empfiehlt es sich in diesen Fällen festzulegen, dass Vereinbarungen über die Verwaltung der gemeinschaftlichen Einheit, die die mehreren Berechtigten getroffen haben, auch im Rahmen der WEG-Gemeinschaft wirken, wenn sie dieser bekannt gegeben worden sind. Die Wirkung reicht dort bis zu einer gegenteiligen Bekanntgabe.

X. Verwalterbestellung

Die Verwalterbestellung erfolgt häufig in der Teilungserklärung/Gemeinschaftsordnung.[299] **79** Diese Befugnis endet jedoch grundsätzlich mit dem Entstehen einer faktischen Wohnungseigentümergemeinschaft.[300] Mindestanforderung hierfür ist, dass die Wohnungseigentumskäufer die Eigentumswohnung in Besitz genommen haben und ihr Anspruch auf

---

[296] OLG Hamm MittBayNot 1989, 152; Weitnauer/*Gottschalg* WEG § 16 Rn. 27.
[297] Palandt/*Wicke* WEG § 18 Rn. 1; Bärmann/*Suilmann* WEG § 18 Rn. 11.
[298] Staudinger/*Kreuzer* WEG § 18 Rn. 19.
[299] *Bader* FS Seuß 1987, 11.
[300] BayObLG MittBayNot 1994, 429.

Eigentumsverschaffung durch eine Vormerkung gesichert ist.[301] In dieser Situation ist die faktische oder werdende Wohnungseigentümergemeinschaft bereits selbst handlungsfähig, so dass es keinen Grund mehr gibt, auf die frühere Bestellungsermächtigung zurückzugreifen. Die häufig zu findende Formulierung, die Bestellung gelte ab Bezugsfertigkeit der ersten Wohnung, ist unzweckmäßig. Nach Ablauf einer gewissen Zeit lässt sich dieser Zeitpunkt meist nicht mehr mit Sicherheit bestimmen. Besser ist es deshalb, den Verwalter zu einem bestimmten Zeitpunkt und auf eine bestimmte Dauer zu bestellen. Klargestellt werden sollte auch, ob die Beschränkung der Abberufung auf das Vorliegen eines wichtigen Grundes nur für den gegenwärtig bestellten Verwalter gilt oder auch für die spätere Bestellung anderer Personen zum Verwalter. Eine Verwalterbestellung in der Teilungserklärung, die die Vorgaben aus § 26 Abs. 1 S. 2−4 WEG beachtet, hält einer Inhaltskontrolle nach § 242 BGB stand und wäre auch − bei Anwendbarkeit der Vorschriften über allgemeine Geschäftsbedingungen − nicht unter dem Gesichtspunkt des § 307 BGB zu beanstanden. Die maximale Laufzeit eines Verwaltervertrages von fünf Jahren (der erste Verwalter darf nur auf drei Jahre bestellt werden, § 26 Abs. 1 S. 2 WEG) ist eine Sondervorschrift zu § 309 Nr. 9a BGB.[302] Eine auf diese Weise erfolgte Verwalterbestellung kann vom Eigentümer nur bis zum Entstehen einer werdenden oder faktischen Wohnungseigentümergemeinschaft geändert werden, und zwar nur durch Änderung der Teilungserklärung.

Die „Begründung von Wohnungseigentum" setzt dabei sowohl im Falle des § 3 WEG als auch im Falle des § 8 WEG die Anlegung der Wohnungsgrundbücher voraus. Dies ergibt sich für die Teilung nach § 8 WEG aus § 8 Abs. 2 S. 2 WEG. Wird der Verwalter in der Teilungserklärung bestellt, so beginnt die Dreijahresfrist mit Vollzug derselben im Grundbuch.[303] Ist in der Teilungserklärung ein erster Verwalter bestellt und endet dessen Amt vor Ablauf der Dreijahresfrist, so kann nach der ratio legis des § 26 Abs. 1 S. 2 WEG ein neuer Verwalter nur für die restliche Laufzeit der drei Jahre bestellt werden.[304] Ein anders lautender Beschluss ist anfechtbar.

80   Zum Verwalter kann **nur eine Person bestellt** werden. Dies kann sowohl eine juristische Person sein (auch eine UG (haftungsbeschränkt)),[305] wie auch eine natürliche oder eine Personenhandelsgesellschaft. Ausgeschlossen ist die Bestellung mehrerer Verwalter für ein und dieselbe Anlage (ausgeschlossen ist auch bei einer Mehrhausanlage die Bestellung eines Verwalters pro Gebäude).[306] Die Rechtsprechung nahm bisher an, dass eine Gesellschaft bürgerlichen Rechts nicht zum Verwalter bestellt werden kann.[307] Nachdem der BGH[308] jedoch die Rechtsfähigkeit der Gesellschaft bürgerlichen Rechts anerkannt hat, ist diese Rechtsprechung für nicht mehr anwendbar gehalten worden.[309] Der BGH[310] hat jedoch zwischenzeitlich klargestellt, dass die Rechtsfähigkeit für sich alleine nicht ausreichend ist, um eine Verwalterposition gemäß WEG einnehmen zu können. Der Verwalter hat die Handlungsfähigkeit der Wohnungseigentümergemeinschaft im Rechtsverkehr sicher zu stellen. Dies setzt voraus, dass sowohl Wohnungseigentümer wie auch Dritte sich darauf verlassen können müssen, dass die als Verwalter handelnde Person auch tatsächlich diese Rechtsposition einnimmt. Dies ist bei einer GbR mangels Registerpublizität nicht gewährleistet. Auch die Empfangszuständigkeit nach § 27 Abs. 2 S. 3 WEG setzt voraus, dass über die Identität und die Befugnis des Verwalters zur Vertretung der Eigentümerge-

---

[301] BGHZ 177, 53 Rn. 12, 14; BayObLGZ 1990, 102; BayObLGZ 1991, 152.
[302] BGH DNotI-Report 2002, 141.
[303] Palandt/*Wicke* WEG § 26 Rn. 4.
[304] AA Jennißen/*Jennißen* WEG § 26 Rn. 51.
[305] BGH DNotI-Report 2012, 152.
[306] *Bader* FS Seuß 1987, 3; Palandt/*Wicke* WEG § 26 Rn. 1.
[307] BGH DNotZ 1990, 34; KG MittBayNot 1994, 543; zu einem „Verwalterrat" s. OLG Bremen ZWE 2002, 417.
[308] BGHZ 146, 131.
[309] MüKoBGB/*Engelhardt* WEG § 26 Rn. 3; *Lautner* MittBayNot 2001, 436; *Schäfer* NJW 2006, 2160.
[310] NJW 2006, 2189.

meinschaft kein Zweifel besteht. Auch dies lässt sich angesichts möglicher Gesellschafterwechsel nicht durch ein öffentliches Register nachweisen.[311] Die Bestellung einer GbR zum Verwalter ist daher nichtig.[312]

Bei der Verschmelzung einer zur Verwalterin einer Wohnungseigentumsanlage bestellten juristischen Person auf eine andere juristische Person gehen die Organstellung und der Verwaltervertrag im Wege der Gesamtrechtsnachfolge auf den übernehmenden Rechtsträger über. Der Verwaltervertrag erlischt nicht in entsprechender Anwendung von § 673 BGB, weil diese Norm durch die im Umwandlungsgesetz enthaltenen Spezialvorschriften verdrängt wird. Die Verschmelzung kann jedoch eine vorzeitige Kündigung eines Verwaltervertrages rechtfertigen.[313] **80a**

Dagegen soll die Abspaltung eines Teilbetriebes der „WEG-Verwaltung" keinen Wechsel in der Person des bestellten Verwalters zur Folge haben. Eine Rechtsnachfolge in das personenbezogene Verwalteramt findet grundsätzlich nicht statt, weil das Vertrauensverhältnis zum Verwalter eine Rechtsnachfolge ohne Mitwirkung der Wohnungseigentümer ausschließt.[314]

XI. Verwaltungsbeirat

Der Verwaltungsbeirat ist ein **fakultatives Verwaltungsorgan** der Gemeinschaft. Er **81** kann installiert werden, auch wenn die Gemeinschaftsordnung ihn nicht vorsieht (§ 29 WEG). Die Zusammensetzung des Verwaltungsbeirats gemäß § 29 Abs. 1 S. 2 WEG – ein Wohnungseigentümer als Vorsitzender und zwei weitere als Beisitzer – ist durch die Gemeinschaftsordnung in jeder Weise abdingbar, und zwar sowohl dahin, dass die Mitgliederzahl verändert werden kann, als auch dahin, dass außenstehende Personen, die nicht oder nicht mehr Wohnungseigentümer sind, zum Verwaltungsbeirat berufen werden können.[315] Bei **Mehrhausanlagen** ist es zweckmäßig, dafür zu sorgen, dass jede Gruppe von Eigentümern vertreten ist. Entsprechendes gilt bei gemischt genutzten Gebäuden.

XII. Die Kompetenzen des Verwalters

Die Zuständigkeiten des Verwalters sind in § 27 WEG durch das WEG-ÄndG vom 26. 3. **81a** 2007 neu definiert worden. Dabei legt § 27 Abs. 1 WEG die Kompetenzen des Verwalters gegenüber den Wohnungseigentümern und gegenüber der Gemeinschaft der Wohnungseigentümer fest. Es handelt sich dabei um das Innenverhältnis, womit auch klargestellt wird, dass damit keine Vertretungsmacht nach außen begründet wird.[316] § 27 Abs. 2 WEG betrifft demgegenüber die Vertretung der Wohnungseigentümer nach außen, und zwar die einzelnen Eigentümer in Bezug auf ihr sachenrechtliches Bruchteilseigentum. Für die Gestaltung der Gemeinschaftsordnung bedeutsam ist hier besonders § 27 Abs. 2 S. 3 WEG, wonach der Verwalter Ansprüche gerichtlich und außergerichtlich geltend machen kann, sofern er hierzu durch Vereinbarung ermächtigt ist. Dabei handelt es sich um Ansprüche der einzelnen Wohnungseigentümer, nicht um solche der rechtsfähigen Gemeinschaft oder um solche der Wohnungseigentümer, für die jedoch die Gemeinschaft ausübungsbefugt ist.[317] § 27 Abs. 3 WEG betrifft demgegenüber die Vertretung der rechtsfähigen Gemeinschaft der Wohnungseigentümer nach außen. Hier ist der Verwalter namens der rechtsfähigen Gemeinschaft berechtigt, Rechtsgeschäfte und Rechtshandlungen

---

[311] BGH NJW 2006, 2189.
[312] Kritisch hierzu *Armbrüster* ZWE 2006, 181.
[313] BGHZ 200, 221 Rn. 16 ff.
[314] OLG München ZWE 2014, 169.
[315] KG NJW-RR 1989, 460.
[316] Palandt/*Wicke* WEG § 27 Rn. 4; *Niedenführ* NJW 2007, 1843. Der Verwalter ist im Innenverhältnis verpflichtet, die Beschlüsse der Wohnungseigentümer durchzuführen. Für Pflichtverletzungen haftet der Verwalter und nicht die Wohnungseigentümergemeinschaft, BGH NJW 2018, 3305 Rn. 16 mAnm *Häublein* ZfIR 2018, 671.
[317] Palandt/*Wicke* WEG § 27 Rn. 16.

vorzunehmen, soweit er hierzu durch Vereinbarung oder Beschluss der Wohnungseigentümer mit Stimmenmehrheit ermächtigt ist (§ 27 Abs. 3 S. 7 WEG). Durch die Gemeinschaftsordnung kann sonach die Stellung des Verwalters gestärkt werden und eine umfassende Vertretungsmacht für die Gemeinschaft nach außen begründet werden.

81b **Formulierungsbeispiel: Finanzierungsermächtigung des Verwalters**

Der Verwalter ist ermächtigt, im Namen der Gemeinschaft der Wohnungseigentümer alle Rechtsgeschäfte und Rechtshandlungen vorzunehmen, soweit es sich um einfache Geschäfte der laufenden Verwaltung handelt. Dies ist insbesondere dann gegeben, wenn die Finanzierung der Geschäfte aus den laufenden Einnahmen der Gemeinschaft entsprechend dem Wirtschaftsplan gewährleistet ist. Er ist darüber hinaus berechtigt, Instandsetzungs- bzw. Instandhaltungsmaßnahmen unter Entnahme von Mitteln aus der Rücklage in Auftrag zu geben, soweit die vertragliche geschuldete Leistung *** EUR im Einzelfall nicht übersteigt. Im Übrigen ist die Versammlung der Wohnungseigentümer berechtigt, durch Beschluss mit Stimmenmehrheit weitere Ermächtigungen des Verwalters einzuführen.

Aus § 27 Abs. 2, Abs. 3 WEG ergibt sich, dass die „Wohnungseigentümergemeinschaft" in zwei verschiedenen rechtlichen Strukturen auftritt, nämlich einmal als die sachenrechtliche Bruchteilsgemeinschaft (Abs. 2) und zum anderen Male als die rechtsfähige Gemeinschaft (Abs. 3). Dies entspricht auch der Konzeption des Gesetzgebers.[318]

D. Interne und externe Veränderungen am Wohnungseigentum

I. Unterteilung von Wohnungseigentum

82 **1. Ideelle Unterteilung von Wohnungseigentum.** Bestehen mehr Sondereigentumseinheiten als Miteigentumsanteile, so führt ein Vertrag nach §§ 3 Abs. 1, 4 Abs. 1 WEG dazu, dass mit Miteigentumsanteilen mehrere Sondereigentumsrechte verbunden sind. Dies ist rechtlich zulässig.[319]

Zur Schaffung von einzelnen Wohnungseigentumsrechten ist eine weitere **Unterteilung** in entsprechender Anwendung des § 8 WEG erforderlich. Diese **ideelle Unterteilung** des Wohnungseigentums ist ohne Zustimmung der anderen Wohnungseigentümer zulässig.[320] Eine neue Abgeschlossenheitsbescheinigung ist nicht erforderlich, da sich die Grenzen des Sondereigentums nicht verändern.

Um Zweifelsfragen, insbesondere bezüglich des Stimmrechtes und der Lastentragung auszuschließen, empfiehlt sich die Aufnahme folgender Bestimmung in den Vertrag gemäß §§ 3, 4 WEG (oder in die Erklärung gemäß § 8 WEG): „Jeder Wohnungseigentümer ist berechtigt, sein Wohnungseigentum ohne Zustimmung der anderen Wohnungseigentümer beliebig zu unterteilen." Die **Zustimmung von Drittberechtigten,** deren Rechte am Gesamtgrundstück oder auch nur an dem unterteilten Miteigentumsanteil lasten, ist nicht erforderlich, da durch die Unterteilungen Gesamtbelastungen entstehen.

83 **2. Unterteilung eines Wohnungseigentums im Wege der Realteilung.** Wie bei einem Grundstück, so ist auch bei einem Wohnungseigentum eine reale räumliche Aufteilung möglich. Eine solche Unterteilung erfordert einerseits eine ideelle Teilung, da mit jedem Sondereigentum ein Miteigentumsanteil verbunden sein muss, andererseits auch eine reale Teilung, die zu einer flächenmäßigen Abgrenzung der neu zu bildenden Ein-

---

[318] BT-Drs. 16/887, 60.
[319] BayObLGZ 1971, 102; MittBayNot 2000, 319.
[320] BGHZ 49, 252; DNotI-Abrufgutachten v. 8.3.2018, tle-fz 162035-u-f.

heiten führt. Eine **gemischte ideell-reale Teilung** ist zulässig.[321] Eine gleichzeitige Veräußerung ist nicht erforderlich; der Fall ist demjenigen vergleichbar, in dem ein Grundstück in der Natur vermessen und flächenmäßig aufgeteilt wird.

Bei der Unterteilung ist darauf zu achten, ob sich die **Grenzen des Sondereigentums/Gemeinschaftseigentums** gegenüber dem bisherigen Aufteilungsplan ändern. Dies setzt die Mitwirkung aller Wohnungseigentümer in Form einer Auflassung (§ 4 WEG) voraus.[322] Bei der Unterteilung von Sondereigentum ist daher zunächst zu prüfen, ob im Hinblick auf § 5 Abs. 2 WEG zwingend Gemeinschaftseigentum wegen gemeinschaftlichen Gebrauchs bisher im Sondereigentum stehender Bereiche durch die Eigentümer der unterteilten Einheiten gebildet werden muss (zB Treppenhäuser, Flure, Zugangsräume zum Gemeinschaftseigentum, → Rn. 29). Diese Unterteilung ist also zu unterscheiden von einer solchen, bei der bezüglich des Gemeinschaftseigentums keinerlei Eigentumsveränderung eintritt. Die Umwandlung von Sondereigentum in Gemeinschaftseigentum kann nur unter Mitwirkung aller Wohnungseigentümer erfolgen.[323]

Häufig ist das so genannte **„Eingangsflurproblem":** Bei Teilung einer Eigentumswohnung in zwei Einheiten wird ein bisher im Sondereigentum stehender Wohnungsbereich zum gemeinsamen Eingangsflur der unterteilten Einheiten. Da ein Mitsondereigentum der Eigentümer der unterteilten Einheiten nicht möglich ist[324] und außerdem der Zugang zum Sondereigentum nur über gemeinschaftliches Eigentum führen darf (§ 5 Abs. 2 WEG, → Rn. 29: Der Zugang dient dem gemeinschaftlichen Gebrauch),[325] kann eine Unterteilung hier nur durchgeführt werden, wenn der Vorflur von Sondereigentum in Gemeinschaftseigentum umgewandelt wird. Hierzu ist, da keinem Wohnungseigentümer zusätzliches Gemeinschaftseigentum aufgezwungen werden kann, die **Mitwirkung aller Eigentümer** notwendig, und zwar auch dann, wenn hieran die Umwandlung scheitern sollte.[326]

In gleicher Weise zu behandeln ist der Fall, dass in einem Raum, der bisher zum Sondereigentum ausgewiesen wird, eine Heizungsanlage für mehrere Wohnungen eingebaut wird. Auch hier ist eine Umwandlung in gemeinschaftliches Eigentum notwendig; eine Umwandlung kraft Gesetzes ist ausgeschlossen. Gleiches gilt, wenn mit einer Unterteilung eine Umwandlung von Teileigentum in Wohnungseigentum oder umgekehrt verbunden ist.[327]

Bei der Unterteilung müssen auch alle bisher im Sondereigentum stehenden Räume weiterhin mit einem Miteigentumsanteil verbunden sein. Wird beispielsweise bei der Unterteilung die Zuweisung eines bisher im Sondereigentum stehenden Kellerraumes an eine der unterteilten Wohnungen vergessen, so ist die Unterteilung nichtig.[328] Ein gutgläubiger Erwerb soll hier ausgeschlossen sein.[329]

Werden Flächen von Sondereigentum in Gemeinschaftseigentum umgewandelt, so sind die neuen Gemeinschaftsflächen von Rechten Dritter freizugeben, da schon zur Vermeidung von Grundbuchverwirrung am Gemeinschaftseigentum einheitliche Belastungsverhältnisse bestehen müssen. Die Zustimmung von Drittberechtigten an den Gemein-

---

[321] Grundlegend BGHZ 49, 250; BGHZ 73, 150; BGHZ 160, 366; BayObLG MittBayNot 1994, 225; MittBayNot 1986, 23; OLG München ZWE 2018, 442 Rn. 19; Bärmann/*Armbrüster* WEG § 2 Rn. 93.
[322] BGHZ 130, 168; BGH DNotI-Report 2004, 192; OLG München ZWE 2017, 28.
[323] BGH NJW 1998, 3712; DNotI-Abrufgutachten v. 8.3.2018, tle-fz 162035-u-f.
[324] BGHZ 130, 168; BGH DNotZ 1996, 292 mAnm *Röll;* OLG Schleswig DNotZ 2007, 620; Staudinger/*Rapp* WEG § 3 Rn. 10 und § 5 Rn. 31.
[325] BayObLG MittBayNot 1998, 181.
[326] BGH DNotZ 1999, 661; OLG München DNotI-Report 2007, 164; *Rapp* MittBayNot 1998, 79; *Schüller* RNotZ 2011, 203 (212); BeckOGK/*Schultzky* WEG § 6 Rn. 35; aA *Röll* DNotZ 1998, 79, der Umwandlung in Gemeinschaftseigentum kraft Gesetzes annimmt.
[327] BGH DNotZ 2015, 362.
[328] BayObLGZ 1987, 396; BayObLGZ 1998, 70; BayObLG MittBayNot 1999, 561; OLG Karlsruhe ZWE 2014, 162.
[329] BayObLGZ 1987, 390; BayObLGZ 1998, 73; OLG Karlsruhe ZWE 2014, 163; kritisch hierzu Staudinger/*Rapp* WEG § 6 Rn. 4b.

schaftseigentum erwerbenden Einheiten ist jedoch nicht erforderlich, auch wenn die gemeinschaftliche Unterhaltslast erhöht werden sollte, da dies nur eine wirtschaftliche, aber keine rechtliche Beeinträchtigung darstellt.[330]

84   Zur Frage der **Zustimmungsbedürftigkeit** dieser Unterteilung durch die anderen Wohnungseigentümer werden zwei Auffassungen vertreten:
(1) Veräußerliche Rechte können auch teilweise veräußert werden, und dies bedarf der Zustimmung der anderen Eigentümer nicht;[331]
(2) Wegen § 25 Abs. 2 S. 1 WEG bedeutet eine solche Unterteilung eine Vermehrung der Stimmrechte und damit eine Verminderung des Einflusses der anderen Eigentümer in der Versammlung der Wohnungseigentümer. Aus diesem Grunde ist die Zustimmung der anderen Wohnungseigentümer erforderlich.[332]

85 Nach der grundlegenden Entscheidung des BGH[333] bedarf jedenfalls die Unterteilung ohne gleichzeitige Veräußerung nicht der Zustimmung der anderen Wohnungseigentümer. Die Nutzungsbefugnis gemäß der ursprünglichen Aufteilung ändert sich durch die Unterteilung nicht.[334]

85a   Die Auswirkungen einer Unterteilung auf das Stimmrecht, das mit der einzelnen Einheit verbunden ist, sind danach zu differenzieren, welche Stimmrechtsregelung in der Gemeinschaft gilt:
– Besteht das Stimmrecht nach der gesetzlichen Regelung gemäß § 25 Abs. 2 S. 1 WEG, so hat jeder Wohnungseigentümer eine Stimme, und zwar ohne Rücksicht darauf, wie viele Einheiten ihm gehören. Allerdings liegt durch die Anzahl der Einheiten eine nach oben begrenzte Höchststimmzahl vor. Durch eine Unterteilung einer Einheit wird die Höchststimmzahl erhöht mit der Konsequenz, dass das Stimmrecht der übrigen Wohnungseigentümer an Gewicht verliert. Das verkleinerte Stimmrecht wird jedoch erst relevant, wenn der unterteilende Eigentümer die neu entstandene Einheit veräußert. In diesem Falle bedürfte also entweder die Unterteilung der Einheit der Zustimmung der anderen Eigentümer oder das Stimmrecht muss bei der aufgeteilten Einheit geteilt werden. Trifft die Gemeinschaftsordnung keine Entscheidung zu dieser Frage, so ist der letztgenannten Lösung der Vorzug einzuräumen. Die Unterteilung und Veräußerung einer Einheit führt also bei Geltung des Kopfstimmrechtes nicht zu einer Stimmenvermehrung.[335] Das Stimmrecht ist nach Auffassung des BGH[336] nach gleichgroßen Stimmrechtsbruchteilen auszuüben. Hier erscheint es richtiger, gemäß § 10 Abs. 2 S. 1 WEG; § 745 Abs. 1 S. 2 BGB, das Bruchteilsstimmrecht nach dem Verhältnis der unterteilten Anteile zueinander an der Einheit zu bestimmen.
– Ist das Stimmrecht nach dem Verhältnis der Größe der Miteigentumsanteile oder nach dem Verhältnis der Wohnflächen der einzelnen Wohnungen zueinander geordnet (was auch im Hinblick auf § 26 Abs. 1 S. 5 WEG zulässig ist),[337] dann ergibt sich durch die Unterteilung keine Verschlechterung für das Stimmgewicht der anderen Wohnungseigentümer.[338] Eine Zustimmung der anderen Wohnungseigentümer ist daher nicht erforderlich.
– Ist das Stimmrecht in der Weise geordnet, dass pro Eigentumswohnung eine Stimme besteht (Objektstimmrecht),[339] so führt die Vermehrung der Zahl der Eigentumswoh-

---

[330] BayObLG DNotZ 1999, 665.
[331] BayObLG Rpfleger 1977, 140.
[332] OLG Stuttgart MittBayNot 1973, 361.
[333] BGHZ 49, 250.
[334] BayObLG DNotZ 1995, 625: keine Nutzung eines Dachspeichers als Wohnraum; ebenso OLG München ZMR 2014, 138.
[335] BGH NJW 2012, 2434 Rn. 8; *Schüller* RNotZ 2011, 203 (212); BeckOGK/*Müller* WEG § 2 Rn. 427; aA OLG Düsseldorf DNotI-Report 2004, 130; KG ZWE 2000, 314.
[336] NJW 2012, 2434 Rn. 8 iVm BGHZ 160, 367.
[337] BGHZ 191, 245 Rn. 8 ff.
[338] OLG Frankfurt a.M. ZWE 2012, 272.
[339] Zulässig BGHZ 191, 245 Rn. 8 ff.

nungen durch Unterteilung zu einer Verringerung des Stimmgewichtes der anderen Wohnungseigentümer, falls man jeder neuen Einheit *eine* Stimme zubilligt. Die hM nimmt deshalb bei Geltung des Objektstimmrechtes an, dass sich das Stimmgewicht der unterteilten Einheit entsprechend der Anzahl der neuen Einheiten gleichmäßig aufteilt.[340] Wie beim Kopfstimmrecht sollte jedoch auch hier ein *Quotenstimmrecht* entsprechend der Größe der Anteile als ausgewogenere Lösung betrachtet werden. Eine analoge Anwendung des § 25 Abs. 2 S. 2 WEG auf die unterteilten Einheiten kommt dagegen nicht in Betracht.[341] § 25 Abs. 2 S. 2 WEG bezweckt, bei Geltung des Kopfprinzips keinem Wohnungseigentümer von vorne herein ein Stimmenübergewicht zu geben.[342] Diese Möglichkeit ist jedoch bei Quotelung des Stimmrechts infolge der Unterteilung von vorne herein ausgeschlossen.

Abweichend hiervon kann jedoch die Gemeinschaftsordnung vorsehen, dass bei einer Unterteilung unter Geltung des Objektprinzips für jedes entstandene Wohnungseigentum eine ganze Stimme besteht.[343] **85b**

Wegen des möglichen Eingriffes in die **Mitgliedschaftsrechte der anderen Wohnungseigentümer** empfiehlt es sich, gerade beim Vorratsbau die Befugnis des Eigentümers zur Unterteilung in die Teilungserklärung ausdrücklich aufzunehmen. **86**

Ist die Verwaltervergütung nach Pauschalsätzen pro Wohnung festgelegt (→ Rn. 69), so ist nach Unterteilung für jede Einheit der volle Pauschalsatz geschuldet. **86a**

Die **rechtliche Durchführung** der ideell-realen Teilung von Wohnungseigentum ist wie folgt vorzunehmen: **87**
– Ideelle Unterteilung des bestehenden Miteigentumsanteiles in zwei (oder mehrere) neue Miteigentumsanteile;
– Aufteilungsplan und Abgeschlossenheitsbescheinigung für die neuen Einheiten erforderlich, da sich die Grenzen des Sondereigentums gegenüber dem bisherigen Rechtszustand verändern.

Für die **Veräußerung** von ideell-real geteiltem Wohnungseigentum gilt Folgendes: Liegt die Abgeschlossenheitsbescheinigung samt Aufteilungsplänen für die unterteilten Einheiten bereits vor, kann wie folgt verfahren werden: **88**
(1) Der bisherige Wohnungseigentümer teilt in entsprechender Anwendung von § 8 WEG und veräußert alsdann die unterteilte Einheit.
(2) Der bisherige Eigentümer veräußert von seinem Miteigentumsanteil einen Bruchteil und vereinbart mit dem Erwerber in entsprechender Anwendung der §§ 3, 4 WEG unterteiltes Wohnungseigentum.

Bei dem Verfahren nach (1) handelt es sich um eine **„Teilung im eigenen Besitz".** Beim Kaufvertrag über die unterteilte Einheit muss in zulässiger Weise auf die „Unterteilungserklärung" verwiesen oder diese mitbeurkundet werden. Die Auflassungsvormerkung zugunsten des Käufers kann sofort am unterteilten Wohnungseigentum eingetragen werden. Beim Verfahren nach (2) kann zugunsten des Erwerbers eine **Vormerkung auf Bildung von Wohnungseigentum** eingetragen werden.[344] Wegen der grundbuchmäßigen Bestimmtheit der Vormerkung muss der Aufteilungsplan oder ein sonstiger zulässiger Identifizierungsbehelf beim Grundbuchamt eingereicht werden. Die grundbuchmäßige Begründung der unterteilten Einheiten erfolgt in diesem Falle erst beim Endvollzug.

Liegt die **Abgeschlossenheitsbescheinigung** samt Aufteilungsplänen für die unterteilten Einheiten **noch nicht** vor, so gilt Folgendes: **89**
(1) Zwecks Wahrung des grundbuchmäßigen Bestimmtheitsgrundsatzes ist in einer Ablichtung des bisherigen Aufteilungsplanes der Vertragsgegenstand, gegebenenfalls wie

340 BGHZ 160, 354 (367); BGH DNotZ 1989, 424; Bärmann/*Armbrüster* WEG § 2 Rn. 113; *Schüller* RNotZ 2011, 203 (213); BeckOGK/*Müller* WEG § 2 Rn. 430.
341 Riecke/Schmid/*Elzer* WEG § 8 Rn. 73.
342 Bärmann/*Merle* WEG § 25 Rn. 29.
343 BayObLG NJW-RR 1991, 910; *M. Müller* Grundverhältnis S. 124.
344 *Schmidt* FS Bärmann und Weitnauer 1990, 552.

er nach Durchführung der erforderlichen baulichen Maßnahmen sich darstellt, einzuzeichnen. Veräußert wird alsdann ein Miteigentumsanteil, verbunden mit dem Sondereigentum an der im künftigen Aufteilungsplan mit Nr. ... bezeichneten Wohnung. Hierfür kann am bisherigen Wohnungseigentum eine Vormerkung eingetragen werden. Die **Auflassung** kann jedoch noch nicht erklärt werden, da eine grundbuchmäßige Bezeichnung des Vertragsgegenstandes infolge Fehlens der Abgeschlossenheitsbescheinigung derzeit noch nicht vorliegt. Zur Absicherung von Finanzierungsmitteln des Käufers ist die **Verpfändung des Auflassungsanspruchs** in entsprechender Anwendung der Grundsätze beim Teilflächenkauf möglich. Erfolgt die Veräußerung einer durch Unterteilung neu zu bildenden Eigentumswohnung aus zwei bestehenden Wohnungseigentums-Rechten, so ist anzugeben, welcher Miteigentumsbruchteil von jeder der betroffenen Wohnungseigentumseinheiten veräußert und mit dem künftig neu zu bildenden Wohnungseigentum verbunden wird.

(2) Bei jeder Unterteilung gelten die allgemeinen Vereinbarungen der bisherigen Teilungserklärung mit Gemeinschaftsordnung für die neu entstehenden Einheiten. Es können aber auch **besondere Vereinbarungen** für das Verhältnis der unterteilten Einheiten untereinander anlässlich der Unterteilung getroffen werden. Solche Vereinbarungen (zB Zustimmung zu Veräußerung gemäß § 12 WEG, Benutzungsbeschränkungen) gelten alsdann jedoch nur im Verhältnis der unterteilten Einheiten zueinander, nicht jedoch zu den übrigen Einheiten.[345]

90 Ist mit einer zu unterteilenden Einheit ein **Sondernutzungsrecht** verbunden, so ist zu prüfen, ob das Sondernutzungsrecht künftig einer unterteilten neuen Einheit allein oder allen unterteilten Einheiten gemeinschaftlich zustehen soll.

90a   Formulierungsbeispiel: Unterteilung

Im Wohnungsgrundbuch von *** Band *** Blatt *** ist vorgetragen 153/1000 Miteigentumsanteil am Grundstück der Gemarkung X Fl.-Nr. 100, verbunden mit dem Sondereigentum an der im Aufteilungsplan mit Nr. 4 bezeichneten Wohnung, dem mit Nr. 4 bezeichneten Kellerraum sowie ferner verbunden mit dem im Aufteilungsplan mit Nr. 4 bezeichneten Tiefgaragenabstellplatz. Gemäß im Grundbuch eingetragener Gemeinschaftsordnung steht dem Eigentümer der Einheit Nr. 4 ferner das ausschließliche Sondernutzungsrecht an dem im Sondernutzungsplan mit Nr. ST 12 bezeichneten oberirdischen Pkw-Abstellplatz zu.

Der Wohnungseigentümer nimmt Bezug auf den vorliegenden, behördlich bestätigten geänderten Aufteilungsplan samt Abgeschlossenheitsbescheinigung, ausgestellt vom Landratsamt X am ***. Danach wird das Sondereigentum der Wohnung Nr. 4 ohne Veränderung des räumlichen Umfangs desselben unterteilt in die Einheiten Nr. 4 (neu) und Nr. 4a. Der Wohnungseigentümer unterteilt die bisherige Einheit Nr. 4 durch Erklärung gegenüber dem Grundbuchamt in entsprechender Anwendung des § 8 WEG wie folgt:

– Mit einem Miteigentumsanteil von 75/1000 am Grundstück Fl.-Nr. 100 wird verbunden das Sondereigentum an der im geänderten Aufteilungsplan vom *** mit Nr. 4 (neu) bezeichneten Wohnung samt Kellerraum Nr. 4 gemäß dem bisherigen Aufteilungsplan und

– mit einem Miteigentumsanteil von 78/1000 am Grundstück Fl.-Nr. 100 wird verbunden das Sondereigentum an der im geänderten Aufteilungsplan vom *** mit Nr. 4a bezeichneten Wohnung samt Tiefgaragenabstellplatz Nr. 4 gemäß dem bisherigen Aufteilungsplan.

---

[345] Staudinger/*Rapp* WEG § 6 Rn. 11.

> Bezüglich des Sondernutzungsrechtes am oberirdischen Pkw-Stellplatz Nr. ST 12 wird festgelegt, dass im Verhältnis der beiden Einheiten zueinander ausschließlich der Eigentümer der Einheit Nr. 4 (neu) zur Ausübung desselben berechtigt ist.

II. Vereinigung bestehender Wohnungseigentumsrechte

1. Ohne bauliche Veränderungen. Vereinigungen bestehender Wohnungseigentums- 91
rechte sind vor allem unter steuerlichen Aspekten notwendig. Die Vereinigung von zwei Eigentumswohnungen führt dazu, dass nur eine Eigentumswohnung sowohl in zivilrechtlicher als auch in steuerrechtlicher Beziehung[346] vorliegt.

Praxishinweis Steuern:

Umgekehrt kann auch eine im Kaufvertrag selbst vorgenommene Unterteilung eines bis dahin einheitlichen Miteigentumsanteils bei Zuweisung mehrerer Objekte an den Käufer zur Annahme eines gewerblichen Grundstückshandels führen.[347]

Rechtliche Durchführung: Der bisherige Eigentümer vereinigt gemäß § 890 Abs. 1 92
BGB[348] die beiden Eigentumswohnungen. Die bisherigen getrennten **Miteigentumsanteile** sind dabei **zusammenzurechnen.** Es entsteht ein einheitlicher, vereinigter Miteigentumsanteil, verbunden mit dem **Sondereigentum an zwei Wohnungen.** Dies ist zulässig,[349] auch bei Wohnungserbbaurechten.[350] Die Zustimmung der anderen Wohnungseigentümer ist hierzu nicht erforderlich.[351] Bei verschiedenartigen Belastungen der beiden zu vereinigenden Eigentumswohnungen ist im Hinblick auf § 5 GBO Verwirrung zu besorgen; eine Rangregulierung ist deshalb erforderlich.

Besteht ein **Sondernutzungsrecht** nur für eine der vereinigten Wohnungen, so tritt 93
in entsprechender Anwendung der Grundsätze über die Grunddienstbarkeit keine Erstreckung der Berechtigung auf die andere, nicht begünstigte Wohnung ein.[352] Wollte man eine Erstreckung annehmen, so bedürfte die Vereinigung der Zustimmung der anderen Wohnungseigentümer, da durch die Vergrößerung des Kreises der Berechtigten eine erhöhte Inanspruchnahme des Sondernutzungsrechtes und damit des Gemeinschaftseigentums die Folge wäre.

Gehören die zu vereinigenden Eigentumswohnungen demselben Eigentümer, so genügt zum Grundbuchvollzug ein Antrag in der Form des § 29 GBO.

Für das **Stimmrecht nach Vereinigung** gilt Folgendes: 94
– Stimmrecht gemäß Teilungserklärung nach Verhältnis der Miteigentumsanteile: Keine Veränderung.
– Pro Eigentumswohnung eine Stimme: Durch Vereinigung kann sich das Stimmgewicht der verbleibenden Wohnungseigentümer nicht erhöhen, deshalb Stimmrecht wie bisher.
– Jeder Wohnungseigentümer hat eine Stimme: Durch Vereinigung von zwei Einheiten, die demselben Eigentümer gehören, tritt keine Änderung ein.

---

[346] BFH NJW 1992, 2504.
[347] BFH DStRE 2011, 876.
[348] Die Vorschrift wird auf Wohnungseigentum entsprechend angewandt: BGH DNotZ 2002, 127; OLG Hamm DNotZ 2007, 226.
[349] BGH DNotZ 1983, 487; BayObLGZ 1971, 102; *Schüller* RNotZ 2011, 203 (213); DNotI-Abrufgutachten v. 26.7.2012, ah-ma 120.529-i-f-f.
[350] OLG Hamm DNotZ 2007, 225.
[351] BayObLG DNotZ 1999, 674; OLG Hamm MittBayNot 1999, 561; Bärmann/*Armbrüster* WEG § 1 Rn. 97 und § 3 Rn. 85.
[352] Palandt/*Herrler* BGB § 1018 Rn. 3 und § 890 Rn. 4.

94a   Nutzt ein Wohnungseigentümer zwei Einheiten, ohne dass diese rechtlich vereinigt sind, schuldet er die Verwaltervergütung für zwei Einheiten. Nach grundbuchlicher Vereinigung ist, vorausgesetzt die Verwaltervergütung wird nach Pauschalsätzen pro Wohnung erhoben (→ Rn. 69), nur noch Vergütung für eine Wohnung geschuldet. Dies gilt auch für sonstige Kosten, die gemäß einem vereinbarten Kostenverteilungsschlüssel nach der Anzahl der Wohnungen umgelegt werden.

95   **2. Vereinigung benachbarter Eigentumswohnungen mit baulichen Veränderungen (Wand- und Deckendurchbrüche).** Gehören räumlich benachbarte Eigentumswohnungen demselben Eigentümer, besteht häufig der Wunsch, diese faktisch zu vereinigen, was dadurch erfolgt, dass ein Mauerdurchbruch oder ein Deckendurchbruch vorgenommen wird. Häufig schließt sich an die faktische Vereinigung eine rechtliche Vereinigung (→ Rn. 92) an.

95a   Ist die zu durchbrechende **Wandmauer** eine **nichttragende,** so steht sie im Miteigentum zu gleichen Anteilen der Eigentümer der benachbarten Wohnungen.[353] Der Eigentümer, der hier einen Mauerdurchbruch vornehmen will, verletzt damit kein fremdes Eigentum, insbesondere auch kein Gemeinschaftseigentum. Damit ist auch § 22 Abs. 1 WEG nicht einschlägig.

95b   Handelt es sich dagegen um eine **tragende Mauer,** so stellt ein Mauerdurchbruch eine bauliche Veränderung iSd § 22 Abs. 1 WEG dar. Hierzu ist grundsätzlich unter dem Gesichtspunkt der statischen Sicherheit des Gebäudes die **Zustimmung aller Wohnungseigentümer,** deren Sondereigentum sich in dem betreffenden Gebäude befindet, erforderlich. Das Zustimmungserfordernis unter dem Gesichtspunkt der baulichen Veränderung entfällt jedoch dann, wenn durch Sachverständigengutachten nachgewiesen wird, dass die statische Sicherheit des Gebäudes durch die Maßnahme nicht beeinträchtigt wird und deshalb ein Fall des § 22 Abs. 1 S. 2 WEG vorliegt. Es empfiehlt sich, in der Gemeinschaftsordnung den Nachweis der statischen Unbedenklichkeit durch ein entsprechendes Gutachten, das dem Verwalter vorzulegen ist, führen zu lassen. Diese Grundsätze gelten auch für den Durchbruch durch Geschossdecken, da diese stets gemeinschaftliches Eigentum darstellen. Bei Durchbrüchen tragender Wände und Geschossdecken müssen ferner, um das Zustimmungserfordernis des § 22 Abs. 1 WEG auszuschließen, Beeinträchtigungen bezüglich Schall- und Wärmeisolation sowie Brandgefahr ausgeschlossen sein.

95c   In allen Fällen der faktischen Vereinigung durch Schaffung eines Mauer- oder Deckendurchbruchs wird die Abgeschlossenheit der Wohnungen aufgehoben. Die Rechtsprechung sah hierin zunächst einen rechtswidrigen, der Teilungserklärung widersprechenden Zustand, der von den übrigen Eigentümern nach § 14 Nr. 1 WEG nicht hingenommen werden müsse.[354] Der BGH[355] hat diese Rechtsprechung, auch unter Bezugnahme auf die Kritik in der Literatur,[356] korrigiert. Wand- und Deckendurchbrüche stellen nicht schon für sich alleine genommen einen für die anderen Wohnungseigentümer nicht hinnehmbaren Nachteil dar. Allerdings ist es erforderlich, dass bei Eingriffen in die Substanz des Gemeinschaftseigentums keine Gefahr für die konstruktive Stabilität des Gebäudes und dessen Brandsicherheit geschaffen wird. Sind solche Gefahren für die Wohnungseigentümer ausgeschlossen, sind diese Veränderungen nach § 14 Nr. 1 WEG hinzunehmen.[357] Dies ergibt sich auch daraus, dass die benachbarten Wohnungseigentümer ihre Wohnungen rechtlich vereinigen könnten, womit das Problem der Abgeschlossenheit beseitigt ist. Rechtlich ist hierzu ein neuer Aufteilungsplan für die beiden benachbarten Wohnungen

---

[353] BGHZ 57, 248; BGHZ 43, 129; *Sauren* DNotZ 1988, 675; Staudinger/*Rapp* WEG § 5 Rn. 120; für Gemeinschaftseigentum BeckOGK/*Schultzky* WEG § 5 Rn. 8.

[354] BayObLG MittBayNot 1997, 366; DNotZ 1995, 620; KG WE 1990, 91.

[355] NJW 2001, 1212.

[356] *Rapp* MittBayNot 1995, 282.

[357] OLG Celle ZWE 2002, 533.

samt Abgeschlossenheitsbescheinigung erforderlich und anschließend der rechtliche Weg, wie er in → Rn. 92 ff. dargestellt ist. Diese Vereinigung ist ohne Zustimmung der anderen Wohnungseigentümer möglich.[358]

Das Erfordernis der Abgeschlossenheit dient im Übrigen ausschließlich den Eigentümern der benachbarten Wohnungen und hat keinerlei Wirkungen auf das Sondereigentum der anderen Wohnungseigentümer oder auf das gemeinschaftliche Eigentum. Unter dem Gesichtspunkt der Abgeschlossenheit ist daher weder die Zustimmung der anderen Eigentümer zu einem Mauer- oder Deckendurchbruch erforderlich noch kann deren Beseitigung unter Berufung auf § 14 Nr. 1 WEG verlangt werden.[359]

Ergibt sich aus einem geänderten Aufteilungsplan, dass bei dem Mauer-/Deckendurch- **95d** bruch **gemeinschaftliches Eigentum** beseitigt wurde, so kann das **Grundbuchamt** gleichwohl nicht den Nachweis der Zustimmung der übrigen Wohnungseigentümer zu der Maßnahme verlangen.[360] Aufgabe des Grundbuchamtes ist es, die Eigentumsverhältnisse zu dokumentieren. Durch ein rein faktisches Verhalten wie einen Mauer-/Deckendurchbruch tritt jedoch keine Eigentumsänderung ein. Eine andere Frage ist es, ob die übrigen Wohnungseigentümer das Verhalten im Hinblick auf §§ 22, 14 WEG zu dulden haben. Diese Frage ist jedoch nicht im Grundbuchverfahren, sondern im Verfahren gemäß §§ 43 ff. WEG zu entscheiden.

III. Neuzuordnung von sondereigentumsfähigen Räumen

1. Ohne Miteigentumsanteil und ohne bauliche Veränderung. Sondereigentumsfähi- **96** ge Räume (das sind in sich abgeschlossene) können nach Begründung von Wohnungseigentum einer anderen Eigentumswohnung **desselben Eigentümers** zugeordnet werden. Die Befugnis des Eigentümers hierzu ergibt sich aus § 903 BGB.[361] Eine Auflassung ist, da ein Eigentumswechsel nicht stattfindet, nicht erforderlich. Zum grundbuchamtlichen Vollzug genügt ein Antrag in der Form des § 29 GBO. § 7 Abs. 4 S. 1 letzter Hs. WEG („alle zu demselben Wohnungseigentum gehörenden Einzelräume sind mit der jeweils gleichen Nummer zu kennzeichnen") steht nicht entgegen, da diese Bestimmung nur für die erstmalige Begründung von Wohnungseigentum gilt.[362] Ein geänderter Aufteilungsplan, in dem eine „Umnummerierung" der Räume dargestellt wird, ist nicht erforderlich.

Sind die Wohnungen mit einer Gesamtbelastung belastet, so ist die Zustimmung der **97** Drittberechtigten zu der geänderten Raumzuordnung nicht erforderlich, da sich der Belastungsgegenstand insgesamt nicht verändert.

Sind die Wohnungen einzeln belastet, so sind **Freigabeerklärungen nach §§ 875, 877 BGB** von den Drittberechtigten erforderlich. Für Rechte in Abteilung II des Grundbuches ist eine Pfandunterstellung des neu mit dem Miteigentumsanteil verbundenen Sondereigentumsraumes im Hinblick auf § 5 GBO erforderlich. Für Rechte in Abteilung III ist fraglich, ob § 1131 BGB entsprechend anwendbar ist. Vorsorglich auch deshalb Pfandunterstellung.[363]

2. Veräußerung sondereigentumsfähiger Räume unter verschiedenen Eigentü- 98 mern (Kellertausch, Garagentausch). Die Zulässigkeit ergibt sich daraus, dass veräußerliche Rechte auch teilweise veräußert werden können (§ 903 BGB). Für die Form der

---

[358] MüKoBGB/*Commichau* WEG § 3 Rn. 26 f.; Staudinger/*Rapp* WEG § 6 Rn. 13; KG WE 1990, 22.
[359] BGH NJW 2001, 1212; *Albrecht* MittBayNot 2002, 42.
[360] BayObLG DNotZ 1999, 210.
[361] BayObLG DNotZ 1984, 381.
[362] Staudinger/*Rapp* WEG § 7 Rn. 21.
[363] BayObLGZ 1993, 166; für gesetzliche Pfanderstreckung OLG Karlsruhe ZWE 2013, 208. Zur Auslegung einer Zustimmungserklärung des Grundpfandrechtsgläubigers als Freigabeerklärung s. OLG Hamm MittBayNot 1999, 290; DNotI-Abrufgutachten v. 13.7.2014, umo-cp-131020-u.

Veräußerung ist **notarielle Beurkundung** gemäß § 4 Abs. 3 WEG, § 311b BGB erforderlich, ferner Auflassung gemäß § 4 Abs. 2 WEG, § 925 BGB.[364]

99   Ein **neuer Aufteilungsplan** ist nicht erforderlich, da sich die Grenzen des Sondereigentums nicht verändern. § 7 Abs. 4 S. 1 letzter Hs. WEG steht nicht entgegen, da die Vorschrift nur für die erstmalige Begründung von Wohnungseigentum anwendbar ist, → Rn. 96. Für Lastenfreistellung und Pfandunterstellung gelten die Ausführungen zu → Rn. 97 entsprechend. Sind mit einzelnen Wohnungen Sondernutzungsrechte verbunden, so ist klarzustellen, dass diese bei der Wohnung verbleiben und nicht mit dem vertauschten sondereigentumsfähigen Raum den Berechtigten wechseln.

99a   **Formulierungsbeispiel: Tausch von Sondereigentum gegen Sondereigentum**

Herr A ist Alleineigentümer des im Grundbuch von *** Band *** Blatt *** vorgetragenen Wohnungseigentums Nr. 17 am Grundstück Fl.-Nr. 100 der Gemarkung X, zu dem ausweislich des grundbuchamtlichen Bestandsverzeichnisses und des Aufteilungsplanes auch der Kellerraum Nr. 17 gehört. Das Wohnungseigentum ist lediglich in Abteilung III des Grundbuchs belastet mit einer Grundschuld ohne Brief zu 100.000 EUR für die Sparkasse S.

Die Eheleute B sind Miteigentümer zu gleichen Anteilen des im Grundbuch von *** Band *** Blatt *** vorgetragenen Wohnungseigentums Nr. 21 am Grundstück Fl.-Nr. 100 der Gemarkung X, zu dem ausweislich des grundbuchamtlichen Bestandsverzeichnisses und des Aufteilungsplanes auch der Kellerraum Nr. 21 gehört. Dieses Wohnungseigentum ist lediglich belastet mit einem Nießbrauch für Frau Katharina M.

Es vertauschen jeweils mit allen Rechten, Pflichten, Bestandteilen und Zubehör:
1. Herr A das Sondereigentum an dem im Aufteilungsplan mit Nr. 17 bezeichneten Kellerraum an die Eheleute B zum Miteigentum zu gleichen Anteilen und
2. die Eheleute B den im Aufteilungsplan mit Nr. 21 bezeichneten Kellerraum an Herrn A zum Alleineigentum.

Die Kellerräume Nr. 17 und Nr. 21 werden jeweils von dem Miteigentumsanteil, zu dem sie bisher gehören, abgetrennt und neu verbunden mit dem Miteigentumsanteil des jeweiligen Erwerbers. Das erworbene Sondereigentum wird dem Wohnungseigentum des jeweiligen Erwerbers als Bestandteil gemäß § 890 Abs. 2 BGB zugeschrieben. Das hinzuerworbene Sondereigentum wird allen Belastungen des Wohnungseigentums, zu dem es künftig gehört, als weiteres Pfand (ggf. mit Zwangsvollstreckungsunterwerfung) unterstellt.

Die Beteiligen sind über diesen Eigentumsübergang einig und bewilligen und beantragen die Eintragung der Rechtsänderung im Grundbuch.

Sie stimmen allen der Lastenfreistellung dienenden Erklärungen mit dem Antrag auf Grundbuchvollzug zu, ferner beantragen sie die Eintragung von Pfanderstreckungen in der Weise, dass das erworbene Sondereigentum allen Belastungen des Wohnungseigentums, zu dem es künftig gehört, unterstellt wird.

100   **3. Veräußerung sondereigentumsfähiger Räume zusammen mit einem Miteigentumsanteil und evtl. baulichen Veränderungen.** So wie von einem Grundstück eine Teilfläche veräußert werden kann, kann von einem Wohnungseigentum ein Teil – ein sondereigentumsfähiger Raum – veräußert werden. Wegen der Veräußerung von Sondereigentum – und evtl. auch eines Miteigentumsanteiles – ist notarielle Beurkundung und Auflassung erforderlich (§§ 311b, 925 BGB). Der Auflassungsanspruch kann durch Vor-

---

[364] OLG München ZWE 2017, 309; OLG Köln ZMR 2007, 555; Staudinger/*Rapp* WEG § 6 Rn. 19 ff.; *Schmidt* MittBayNot 1985, 244; *Tasche* DNotZ 1972, 710; Weitnauer/*Briesemeister* WEG § 6 Rn. 4; Palandt/*Wicke* WEG § 6 Rn. 3; aA (Auflassung nicht erforderlich) Bärmann/*Armbrüster* WEG § 2 Rn. 116.

merkung gesichert werden.[365] Der Vertragsgegenstand ist durch Beifügung eines Planes – wenn schon vorliegend, des **geänderten Aufteilungsplanes** – eindeutig zu identifizieren, wenn dies durch die bauliche Veränderung angezeigt ist.

Zum grundbuchamtlichen Vollzug ist ein geänderter Aufteilungsplan erforderlich, da die Grenzen des Sondereigentums verändert werden. Die Mitveräußerung eines Miteigentumsanteiles ist nicht zwingend, da es für die Größe der Miteigentumsanteile, die mit dem jeweiligen Sondereigentum verbunden sind, keine zwingenden Vorschriften gibt (→ Rn. 35). Wegen der von der Größe des Miteigentumsanteiles jedoch abhängigen Verpflichtung zur Lastentragung und der teilschuldnerischen Außenhaftung gemäß § 10 Abs. 8 S. 1 WEG ist es zweckmäßig, einen Miteigentumsanteil abzutrennen und mitzuveräußern. Wegen der Lastenfreistellung und der Pfandunterstellung gelten die Ausführungen zu → Rn. 97 entsprechend. Der Verbleib eines eventuellen Sondernutzungsrechtes ist zu klären. 101

Die Zustimmung zur baulichen Veränderung am Wohnungseigentum durch die betroffenen Wohnungseigentümer braucht dem Grundbuchamt nicht nachgewiesen werden, da dieses weder in der Lage ist zu prüfen, inwieweit eine Zustimmungsbedürftigkeit vorliegt, noch welche Wohnungseigentümer „betroffen" sind. Es handelt sich um eine interne Frage der Wohnungseigentümer-Gemeinschaft (→ Rn. 95d). 102

4. Tausch Gemeinschaftseigentum/Sondereigentum

Beispiel: 103

Der Wohnungseigentümer A möchte seinen im Sondereigentum stehenden Kellerraum Nr. 1 gegen einen im Gemeinschaftseigentum stehenden Kellerraum tauschen.

Hierfür gibt es folgende Lösungen:
– An dem bisherigen gemeinschaftlichen Kellerraum ist Sondereigentum zu begründen. Hierzu ist die Mitwirkung **aller** Wohnungseigentümer erforderlich, und zwar in der Form des § 4 WEG.[366] Da sich der Belastungsgegenstand verändert, ist auch die Zustimmung von Drittberechtigten erforderlich, sofern sie ihre Rechte nicht nur außerhalb des Bauwerkes ausüben.[367] Die Lastenfreistellung des in Sondereigentum umzuwandelnden gemeinschaftlichen Kellerraumes kann deshalb sehr umfangreich und auch kostspielig (Bearbeitungsgebühren der Kreditinstitute und Bausparkassen) werden. Aufgrund des Vorbehaltes in Art. 120 EGBGB haben die Länder Gesetze über Unschädlichkeitszeugnisse erlassen. Die Lastenfreistellung mittels eines Unschädlichkeitszeugnisses ist auch bei der Umwandlung von Gemeinschaftseigentum in Sondereigentum zulässig.[368] Für die Wertgrenze ist maßgeblich der Anteil, der auf die einzelne Eigentumswohnung entfällt, nicht der Wert des Kellerraumes insgesamt. Das Unschädlichkeitszeugnis gilt allerdings nicht für die Freistellung von Auflassungsvormerkungen. Ist also beispielsweise eine Wohnung mit einer Auflassungsvormerkung belastet, so kann für den Grundbuchvollzug auf die Zustimmung des Vormerkungsberechtigten nicht verzichtet werden.
– Das Sondereigentum an dem anderen Kellerraum ist aufzuheben. Auch hierzu ist die Mitwirkung aller Eigentümer erforderlich. Es handelt sich um einen auflassungsähnlichen Vorgang (§ 4 WEG). Ein einseitiger Verzicht auf das Sondereigentum gegenüber dem Grundbuchamt mit der Wirkung, dass dieses gemeinschaftliches Eigentum wird, in entsprechender Anwendung des § 928 BGB ist nicht möglich.[369] 104

---

[365] LG Kempten MittBayNot 1977, 63.
[366] Auflassung, *Ertl* DNotZ 1988, 6; BGH NJW 1998, 3712; BayObLG DNotZ 1990, 37 mit zustimmender Anm. *Ertl* DNotZ 1990, 39.
[367] BayObLG NJW 1958, 2016; OLG Düsseldorf OLGZ 1970, 72.
[368] LG München I MittBayNot 1967, 365; MittBayNot 1983, 174.
[369] Staudinger/*Rapp* WEG § 1 Rn. 50; *M. Müller* Grundverhältnis S. 75.

– Wegen der veränderten Grenzen des Gemeinschaftseigentums und des Sondereigentums ist ein geänderter Aufteilungsplan zum Grundbuchvollzug erforderlich. Dies auch deshalb, weil die Abgeschlossenheit des bisherigen gemeinschaftlichen Kellerraumes bescheinigt werden muss. Ein nicht abgeschlossener Kellerraum ist nicht sondereigentumsfähig. Ein berichtigter amtlicher Aufteilungsplan ist jedoch ausnahmsweise dann nicht erforderlich, wenn ein in Gemeinschaftseigentum umzuwandelnder Kellerraum auch ohne einen solchen in der Eintragungsbewilligung eindeutig und zweifelsfrei bezeichnet werden kann und auf diese Weise das sachenrechtliche Bestimmtheitserfordernis gewahrt wird.[370]

104a **5. Grundbuchmäßige Behandlung der Neuzuordnung sondereigentumsfähiger Räume.** Gemäß § 7 Abs. 3 WEG ist das Grundbuchamt berechtigt, zur näheren Bezeichnung des Gegenstandes des Sondereigentums auf die Eintragungsbewilligung und damit insbesondere auch auf den Aufteilungsplan, Bezug zu nehmen. In allen Fällen der Neuzuordnung eines sondereigentumsfähigen Raumes bedarf es zum einen der Abschreibung des Raumes im Bestandsverzeichnis der bisherigen Einheit und der Zuschreibung dieses Raumes im Bestandsverzeichnis der neuen Einheit. Dabei genügt – im Interesse der Rechtssicherheit – eine Bezugnahme auf die Eintragungsbewilligung gemäß § 7 Abs. 3 WEG nicht; es ist vielmehr ein Vermerk auf den Grundbuchblättern der beteiligten Einheiten selbst erforderlich.[371]

IV. Nachträgliche An- oder Ausbauten

105 **Bauliche Veränderungen** können nicht gemäß § 21 Abs. 3 WEG (ordnungsgemäße Verwaltung durch Stimmenmehrheit) beschlossen oder gemäß § 21 Abs. 4 WEG (Verwaltung, die dem Interesse der Gesamtheit der Wohnungseigentümer nach billigem Ermessen entspricht) verlangt werden (§ 22 Abs. 1 S. 1 WEG). Die Zustimmung eines Wohnungseigentümers zu solchen Maßnahmen ist insoweit nicht erforderlich, als durch die Veränderung dessen Rechte nicht über das in § 14 WEG bestimmte Maß hinaus beeinträchtigt werden (§ 22 Abs. 1 S. 2 WEG).

Eine bauliche Veränderung im Sinne des Gesetzes liegt jedoch nur dann vor, wenn der Bauzustand, wie er sich aus den Aufteilungsplänen ergibt, verändert werden soll (zu Wand- und Deckendurchbruch → Rn. 95 ff.). Die erstmalige Herstellung von Bauwerken, auch wenn diese erst lange Zeit nach anderweitig bereits fertig gestellten Bauwerken erfolgen soll, stellt keine bauliche Veränderung dar.[372] Eine Zustimmung der Eigentümer ist daher entbehrlich.[373]

106 [Einstweilen frei.]

107 Die Wohnungseigentümer-Gemeinschaft ist unauflöslich. Deshalb hat jeder Miteigentümer ein begründetes Interesse daran, nicht durch Mehrheitsbeschluss zur Tragung von Kosten für bauliche Veränderungen gezwungen werden zu können, die beim Erwerb seines Wohnungseigentums nicht voraussehbar waren. Das Wohnungseigentum muss bei der Lastentragung kalkulierbar bleiben. Deshalb können bauliche Veränderungen grundsätzlich nur **einstimmig** von allen Wohnungseigentümern beschlossen werden.[374] Durch die Gemeinschaftsordnung kann jedoch, sachliche Gründe vorausgesetzt, eine bauliche Veränderung auch aufgrund Mehrheitsbeschlusses zugelassen werden.[375]

Ist der Wohnungseigentümergemeinschaft eine Baugenehmigung erteilt worden, so fehlt einem einzelnen Wohnungseigentümer die Klagebefugnis vor dem Verwaltungsge-

---

[370] BayObLG DNotZ 1999, 208. Zum Tausch Gemeinschaftseigentum/Sondereigentum s. *Tasche* DNotZ 1972, 710; BayObLG NJW 1977, 152.
[371] BGH NJW 2007, 3777.
[372] BayObLG DNotZ 2003, 539.
[373] OLG Hamm DNotZ 1988, 32.
[374] BGH NJW 1979, 817; BayObLG NJW-RR 1987, 717.
[375] BayObLG DNotZ 1991, 156.

richt gegen diese Baugenehmigung.[376] Gegen die Baumaßnahme kann sich der Eigentümer nicht vor dem Verwaltungsgericht, sondern nur im Verfahren gemäß § 43 WEG wehren. **Anbauten** können nur auf dem gemeinschaftlichen Grundstück errichtet werden. Wegen der dadurch bewirkten Schmälerung des Gemeinschaftseigentums ist Einstimmigkeit erforderlich. Durch die Gemeinschaftsordnung können jedoch abweichende Festlegungen getroffen werden.

In allen Fällen von Anbauten, Ausbauten oder Aufstockungen ersetzt eine erforderliche 108 öffentlich-rechtliche Genehmigung (Baugenehmigung) nicht die Zustimmung der anderen Wohnungseigentümer,[377] wie umgekehrt die Zustimmung der Wohnungseigentümer keine Baugenehmigung ersetzt.[378] Die neu geschaffenen Räume stehen im Gemeinschaftseigentum (→ Rn. 43c).

Auch in Sondernutzungsbereichen darf grundsätzlich nur eine solche Nutzung ver- 109 wirklicht werden, die der **Zweckbestimmung des Sondernutzungsbereiches** entspricht. Wurde in einem als Hoffläche ausgewiesenen Sondernutzungsbereich eine Halle errichtet, so ist dies durch die Zweckbestimmung nicht gedeckt mit der Konsequenz, dass etwaige Nutzungen der Halle (Mietzinsen) der Gemeinschaft der Eigentümer gebühren.[379]

V. Umwandlung von Wohnungseigentum in Teileigentum und umgekehrt

Die Qualifikation einer Einheit als Wohnungseigentum oder Teileigentum hat Vereinba- 110 rungscharakter gemäß § 10 Abs. 2 S. 2 WEG,[380] weshalb eine Umwandlung nur einstimmig durch Änderung dieser Vereinbarung herbeigeführt werden kann.[381] Daneben sind §§ 873, 877 BGB nicht anwendbar, da Wohnungseigentum/Teileigentum eine von ihrer Struktur her identische Rechtsfigur darstellen (Miteigentumsanteil verbunden mit Sondereigentum), die über §§ 3, 8 WEG begründet wird, was den allgemeinen Vorschriften vorgeht.[382] Nur bei einer **Änderungsvereinbarung** kann die Eintragung der Umwandlung in das Grundbuch erfolgen. Die Änderungsvereinbarung bedarf jedoch nicht der Form der Auflassung. Für die Grundbucheintragung genügt die **einseitige Bewilligung** gemäß §§ 19, 29 GBO, jedoch von allen Eigentümern[383] sowie eine geänderte Abgeschlossenheitsbescheinigung, weil das Ausstattungserfordernis für Wohnungseigentum/Teileigentum verschieden ist.[384] Der Einwand, die Umwandlung von Teileigentum in Wohnungseigentum sei eine freiwillige Nutzungsbeschränkung des Eigentümers, weil für die anderen Miteigentümer von einem Wohnungseigentum geringere Beeinträchtigungen ausgehen als von einem Teileigentum, wurde vom BayObLG[385] nicht anerkannt.

Die Gemeinschaftsordnung kann jedoch die Regelung enthalten, dass der Wohnungseigentümer/Teileigentümer berechtigt ist, durch einseitige Erklärung gegenüber dem Grundbuchamt die Umwandlung zu erklären und zur Eintragung in das Grundbuch zu bewilligen und zu beantragen. Die Zustimmung der anderen Wohnungseigentümer ist

---

[376] BVerwG NJW 1989, 3279.
[377] OLG Stuttgart WE 1980, 36.
[378] OLG Hamm NJW-RR 1987, 845.
[379] OLG Düsseldorf NJW-RR 1987, 1163.
[380] BGH DNotZ 2004, 145; KG ZMR 2007, 299; OLG München ZMR 2007, 304; Staudinger/*Rapp* WEG § 1 Rn. 11; *Hügel* FS Bub 2007, 138 (149); *Armbrüster* ZMR 2007, 324.
[381] *KG* ZMR 2015, 881; BayObLG MittBayNot 1998, 254; MittBayNot 1983, 124; DNotZ 1990, 42; BeckOGK/*Müller* WEG § 1 Rn. 171.
[382] *Hügel* FS Bub 2007, 145; aA *Wenzel* ZWE 2006, 62.
[383] KG ZMR 2015, 881; BayObLG DNotZ 1998, 379; MittBayNot 1996, 208; DNotZ 1990, 37; *Ertl* DNotZ 1990, 40.
[384] KG ZMR 2015, 881; ZWE 2013, 322; *Hügel* FS Bub 2007, 152; Staudinger/*Rapp* WEG § 1 Rn. 11; aA OLG Bremen ZWE 2002, 229; vgl. Staudinger/*Rapp* WEG § 3 Rn. 15 und § 1 Rn. 5.
[385] MittBayNot 1983, 124.

dabei nicht erforderlich; es handelt sich bei der Regelung um einen Unterfall einer Öffnungsklausel (→ Rn. 118 ff.).[386]

Nach der bis zum 30. 6. 2007 gültigen Rechtslage bedurfte diese Umwandlung nach §§ 876, 877 BGB der Zustimmung der dinglich Berechtigten an der von der Umwandlung betroffenen Einheit.[387] Erforderlich war ferner die Zustimmung der Drittberechtigten an den anderen Einheiten in derselben Anlage. Die Qualifikation einer Einheit als Wohnungseigentum oder Teileigentum wird zum Inhalt des Sondereigentums aller Einheiten der Anlage und hat deshalb bei einer Umwandlung eine Änderung der rechtlichen Ausgestaltung der übrigen Einheiten zur Folge. Es tritt eine Inhaltsänderung des jeweiligen Sondereigentums ein (§ 877 BGB) mit der Folge, dass die dinglich Berechtigten gemäß §§ 877, 876 S. 1 BGB zustimmen müssen.[388]

Nach der seit dem 1. 7. 2007 gültigen neuen Vorschrift des § 5 Abs. 4 S. 2 WEG ist die Zustimmung jedoch nur erforderlich, wenn ein Sondernutzungsrecht begründet oder ein mit dem Wohnungseigentum verbundenes Sondernutzungsrecht aufgehoben, geändert oder übertragen wird. Sonstige Inhaltsänderungen des Sondereigentums werden von der Zustimmungsverpflichtung ausgenommen, wobei das Gesetz auf eine wirtschaftliche Betrachtungsweise nicht abstellt.[389] So bleiben auch nachträgliche Nutzungsbeschränkungen einer Teileigentumseinheit von der Zustimmungspflicht ausgenommen.[390] Hiervon ausgehend ist anzunehmen, dass auch die Umwandlung von Wohnungseigentum in Teileigentum und umgekehrt gemäß § 5 Abs. 4 S. 2 WEG keiner Zustimmung der Grundpfandrechtsgläubiger mehr bedarf.[391] Wenn schon die Gläubiger der von der Umwandlung betroffenen Einheit nicht zustimmen müssen, so gilt dasselbe erst recht von den Grundpfandrechtsgläubigern der anderen, von der Umwandlung nicht unmittelbar betroffenen Einheiten.

Wohnungseigentum und Teileigentum sind nicht zwei verschiedene Sachenrechte, wie zB eine Grunddienstbarkeit und eine beschränkt persönliche Dienstbarkeit. Die Umwandlung von einer Nutzungsart in eine andere erfordert deshalb auch keinen sachenrechtlichen Neubegründungsakt.[392] Die Umwandlung ist der Veränderung des Gemeinschaftsverhältnisses zuzurechnen mit der Folge, dass sich ein diesbezüglicher Anspruch auch aus § 10 Abs. 2 S. 3 WEG ergeben kann, und dass die Zustimmung von Grundpfandrechtsgläubigern und Reallastgläubigern nach § 5 Abs. 4 S. 2 WEG nicht (mehr) erforderlich ist.[393]

111   Eine nur **scheinbare (unechte) Umwandlung** liegt dagegen vor, wenn mit einem Wohnungseigentum Nebenräume verbunden sind, die bei einer Abtrennung nur als Teileigentum eingetragen werden können. Dies ist beispielsweise der Fall, wenn mit einem Wohnungseigentum das Sondereigentum an einem Tiefgaragenabstellplatz verbunden ist. Wegen des überwiegenden Charakters des Wohnungseigentums erfolgt Eintragung als solches. Erfolgt später eine Unterteilung, so ist der Tiefgaragenabstellplatz als Teileigentum einzutragen; die Zustimmung der anderen Miteigentümer ist nicht erforderlich.[394]

112   Wurde auf einer Eigentümerversammlung mit Mehrheit beschlossen, der Umwandlung eines Wohnungseigentums in Teileigentum oder umgekehrt zuzustimmen, ohne dass dies die Gemeinschaftsordnung ausdrücklich zulässt, so liegt ein vereinbarungsändernder Be-

---

[386] OLG München RNotZ 2014, 431; ZWE 2017, 307; *Ott* DNotZ 2015, 485; *Rapp* notar 2018, 140; BeckOGK/*Müller* WEG § 1 Rn. 180.
[387] BayObLGZ 1989, 18; DNotZ 1992, 714; MittBayNot 2001, 205; Staudinger/*Rapp* WEG § 1 Rn. 11 ff.
[388] BayObLGZ 1989, 28.
[389] *Hügel/Elzer* Das neue WEG Rn. 18 ff.
[390] *Hügel/Elzer* Das neue WEG Rn. 25.
[391] KG ZWE 2011, 84; Bamberger/Roth/*Hügel* WEG § 1 Rn. 7; Palandt/*Wicke* WEG § 1 Rn. 4; BeckOGK/*Müller* WEG § 1 Rn. 184.
[392] *Hügel* FS Bub 2007, 145.
[393] BGH BeckRS 2019, 6979 Rn. 12; zu dem bis zum 1. 7. 2007 gültigen Rechtsstand s. Staudinger/*Rapp* WEG § 1 Rn. 13.
[394] BGHZ 73, 150; OLG München DNotZ 2014, 45; *Ott* DNotZ 2015, 486.

schluss vor, der nichtig ist.[395] Eine Vereinbarung kann (grundsätzlich, Ausnahme → Rn. 118ff.) nur durch eine neue Vereinbarung, nicht aber durch einen Beschluss, geändert werden. Die zur Umwandlung von Wohnungseigentum in Teileigentum ergangene anders lautende Entscheidung des BayObLG[396] kann nach der neuen BGH-Rechtsprechung keinen Bestand mehr haben. Näheres zu Änderungen von Vereinbarungen → Rn. 114ff.

Ist Wohnungseigentum verkauft, im Grundbuch aber Teileigentum eingetragen, so hat der Verkäufer so lange nicht erfüllt, bis entsprechende Grundbuchumschreibung erfolgt ist.[397] Erfolgt sie nicht, liegt ein Rechtsmangel vor.[398]

Gerade beim **Vorratsbau** steht die endgültige Nutzung der einzelnen Einheiten bei   113 Erstellung der Teilungserklärung mit Gemeinschaftsordnung in der Regel noch nicht fest, da Käufer hierfür noch nicht vorhanden sind. Auch für eine spätere Veräußerung können sich Nutzungsbeschränkungen als Hemmnisse erweisen. In die Gemeinschaftsordnung ist deshalb eine entsprechende Regelung aufzunehmen.

> **Formulierungsbeispiel: Umwandlung von Wohnungseigentum in Teileigentum**   113a
>
> Jeder Wohnungseigentümer ist berechtigt, sein Wohnungseigentum in Teileigentum   ↻ umzuwandeln. In einem solchen Teileigentum sind jedoch nur nicht störende gewerbliche Betätigungen oder eine freiberufliche Berufsausübung zulässig. Tritt infolge der geänderten Nutzung nach Umwandlung eine stärkere Benutzung des Gemeinschaftseigentums ein, so bestimmt der Verwalter nach billigem Ermessen, dass dieser Eigentümer einen erhöhten Anteil an den gemeinschaftlichen Lasten und Kosten zu tragen hat.

Nur wenn die Gemeinschaftsordnung eine derartige **Umwandlungsmöglichkeit** vorsieht, ist die Zustimmung der anderen Eigentümer zu einer Umwandlung, die eine Inhaltsänderung des Eigentums iSv § 877 BGB darstellt, entbehrlich.[399] Ist für einen Eigentümer eine Ausbaumöglichkeit vorgesehen, die zu Wohnraum führt, so besteht ein Anspruch gegen die anderen auf Zustimmung zur Umwandlung.[400]

VI. Dereliktion von Wohnungseigentum

Im Zusammenhang mit „Schrottimmobilien" ist die Frage aufgetaucht, ob ein Woh-   113b nungseigentümer sein Wohnungseigentum/Teileigentum gemäß § 928 BGB aufgeben kann. Nach verneinenden Entscheidungen des BayObLG[401] wollte das OLG Düsseldorf[402] eine Dereliktion von Wohnungseigentum zulassen. Nachdem der BGH bereits die Dereliktion eines schlichten Miteigentumsbruchteils gemäß §§ 741ff. BGB an einem Grundstück abgelehnt hatte,[403] verneinte er diese Möglichkeit auch bezüglich des Wohnungseigentums.[404] Wie bei dem schlichten Miteigentumsbruchteil erschöpft sich auch das Wohnungseigentum nicht allein in einer sachenrechtlichen Komponente. Die Miteigentümer sind, gleichgültig in welchem Typus sie dieses halten, zugleich in einer Miteigentümergemeinschaft berechtigt und verpflichtet und zwar so lange, bis diese in gesetzeskonformer Weise beendet wird. § 11 WEG bestimmt hier, dass eine Beendigung der Gemeinschaft durch deren Aufhebung, auch aus wichtigem Grund und im Falle der Insolvenz, ausgeschlossen ist. Eine Dereliktion hätte zur Folge, dass sich ein Wohnungsei-

---

[395] BGHZ 145, 158.
[396] MittBayNot 1983, 125.
[397] OLG Celle MittBayNot 1983, 115.
[398] BGH DNotZ 2004, 145; OLG Düsseldorf DNotZ 1998, 369.
[399] BayObLG DNotZ 1990, 44; OLG München DNotZ 2014, 47; *Ott* MittBayNot 2015, 477.
[400] BayObLG MittBayNot 1996, 208.
[401] NJW 1991, 1962; OLG Zweibrücken ZMR 2003, 137.
[402] ZMR 2007, 382.
[403] NJW 2007, 2254.
[404] BGH NJW 2007, 2547; ebenso *Briesemeister* ZWE 2007, 218.

gentümer seiner aus § 16 Abs. 2 WEG ergebenden Verpflichtung zur Lastentragung bezüglich des gemeinschaftlichen Eigentums sowie zur Kostentragung bezüglich der Instandhaltung, Instandsetzung, sonstigen Verwaltung und eines gemeinschaftlichen Gebrauchs des gemeinschaftlichen Eigentums nach dem Verhältnis seines Miteigentumsanteils entziehen könnte. Die dadurch nicht gedeckten Kosten würden damit zwangsläufig den anderen Miteigentümern angelastet werden, ohne dass diesen – mangels Anwachsung – ein größeres Miteigentum an dem gemeinschaftlichen Grundstück zustünde. Eine Rechtfertigung für diese gesetzeswidrige Mehrbelastung gibt es nicht.[405] Ein einseitiger **Eigentumsverzicht** gemäß § 928 BGB (Dereliktion) ist deshalb bei Wohnungseigentum nicht möglich.[406]

VII. Änderungen der Gemeinschaftsordnung

114 Das Gesetz spricht in § 10 Abs. 3, Abs. 4 WEG einerseits von „Vereinbarungen der Wohnungseigentümer", andererseits von „Beschlüssen der Wohnungseigentümer gemäß § 23". Der Vereinbarung steht gleich das vom teilenden Eigentümer gemäß § 8 festgelegte „Statut", das ebenfalls wie die Vereinbarungen zum Inhalt des Sondereigentums gemacht werden kann (§§ 8 Abs. 2 S. 1, 5 Abs. 4 S. 1 WEG). Für Vereinbarungen der Wohnungseigentümer hat sich die Bezeichnung **„Gemeinschaftsordnung"** (GO) durchgesetzt.

Bei Änderungen der Gemeinschaftsordnung geht es um Änderungen der Rechtsbeziehungen der Wohnungseigentümer untereinander, nicht dagegen um eine dinglich wirkende Neuzuordnung des Eigentums am Grundstück und seiner wesentlichen Bestandteile, insbesondere des Gebäudes. Soll die Größe von Miteigentumsanteilen oder der räumliche Umfang von Sondereigentum/Gemeinschaftseigentum geändert werden, so ist zwingend die Form der Auflassung und die Grundbucheintragung vorgeschrieben (§ 925 BGB, § 4 WEG). Vereinbarungen der Wohnungseigentümer untereinander oder Beschlüsse der Versammlung der Wohnungseigentümer sind insoweit wegen Formverstoßes nichtig, § 125 BGB.[407]

115 In der Gestaltung und in der späteren Änderung dieser Beziehungen sind die Wohnungseigentümer, mit Ausnahme der unabdingbaren Vorschriften des WEG, frei. Inwieweit neben den Vereinbarungen Beschlüsse zulässig sind, ergibt sich zum einen aus dem Gesetz und zum anderen aus den Vereinbarungen selbst. Schwierigkeiten bereitet die Abgrenzung, ob ein einstimmiger Beschluss als Beschluss gemäß § 23 WEG oder als Vereinbarung aufzufassen ist. Die Abgrenzung zwischen Vereinbarung und Beschluss hat weitreichende Auswirkungen: Eine Vereinbarung bedarf, um Wirkung gegenüber einem Sonderrechtsnachfolger zu erzeugen, der Eintragung in das Grundbuch (§ 10 Abs. 3 WEG), ein Beschluss wirkt ohne Eintragung gemäß § 10 Abs. 4 WEG gegenüber einem Sonderrechtsnachfolger. Für die Grundbuchkosten der Änderung ist Nr. 14160 Nr. 5 KV GNotKG maßgeblich. Die Vorschrift bewirkt eine Kostenexplosion.[408] Eine Vereinbarung kann grundsätzlich nur durch eine neue Vereinbarung abgeändert werden, ausnahmsweise auch aufgrund eines Abänderungsanspruchs gemäß § 10 Abs. 2 S. 3 WEG. Ein Beschluss kann demgegenüber grundsätzlich durch einen neuen Beschluss aufgehoben oder abgeändert werden. Die Abgrenzung ergibt sich daraus, was Beschlussgegenstand ist: Betrifft er das Verhältnis der Wohnungseigentümer in Ergänzung oder Abweichung von Vorschriften des WEG oder von eingetragenen Vereinbarungen, dann liegt eine Vereinbarung vor, ansonsten ein Beschluss.[409] Ist im Gesetz oder in den Vereinbarungen der Woh-

---

[405] BGH ZMR 2007, 797.
[406] BGH NJW 2007, 2547; Staudinger/*Rapp* WEG § 1 Rn. 50.
[407] *Kreuzer* ZWE 2002, 286.
[408] *Langhein* notar 2015, 124; *Wilsch* notar 2013, 309; OLG München NJW-Spezial 2015, 642.
[409] BayObLG NJW-RR 2003, 9; NJW-RR 1987, 1364; BayObLGZ 1984, 198; BayObLG DNotZ 1984, 101; BayObLGZ 1978, 377; BayObLGZ 1975, 201; BayObLGZ 1973, 83; *Hügel* DNotZ 2001, 176; *Weitnauer* JZ 1985, 988; *Ertl* DNotZ 1979, 276; Palandt/*Wicke* WEG § 10 Rn. 10; Weitnauer/*Lüke* WEG § 10 Rn. 28; OLG Hamburg ZMR 2008, 154; Jennißen/*Jennißen* WEG § 10 Rn. 9; *Müller* FS

nungseigentümer eine Beschlussfassung vorgesehen, so ist auch ein **einstimmiger Beschluss** nicht als Vereinbarung anzusehen, weil jeder Wohnungseigentümer, der an der Beschlussfassung beteiligt ist, durch seine Stimmabgabe lediglich die konkrete Angelegenheit in einem bestimmten Sinne geregelt sehen will, nicht aber eine darüber hinausgehende Bindung beabsichtigt.[410]

Vereinbarungen iSd § 10 Abs. 3 WEG liegen nur dann vor, wenn von einer dispositiven Norm des WEG abgewichen werden soll oder eine bereits in der Gemeinschaftsordnung enthaltene Vereinbarung ausdrücklich geändert werden soll und, in beiden Fällen, die **Regelung nicht nur für einen konkreten Einzelfall,** sondern generell und für Dauer getroffen werden soll. Beschlüsse können im Gegensatz zu Vereinbarungen durch die nächstfolgende Wohnungseigentümer-Versammlung wieder aufgehoben oder abgeändert werden.[411] **116**

Damit Vereinbarungen für den Sondernachfolger bindend sind (§ 10 Abs. 2 WEG), bedarf es der Grundbucheintragung und hierzu der Eintragungsbewilligung gemäß § 29 GBO durch **alle** Wohnungseigentümer.[412]

1. Änderung durch Vereinbarung, Zustimmung Drittberechtigter. Da Vereinbarungen grundsätzlich nur durch **alle** Wohnungseigentümer getroffen werden können, ist auch ihre Änderung nur mit Zustimmung aller Wohnungseigentümer zulässig. Dies ist die logische Konsequenz daraus, dass Vereinbarungen über § 5 Abs. 4 WEG Inhalt des Sondereigentums sind und es dem Eigentumsbegriff widerspricht, dass der Inhalt des Eigentums durch Mehrheit geändert werden kann. Die Sicherheit und der Wert des Wohnungseigentums, insbesondere auch seine Beleihbarkeit, hängen davon ab, dass eine erworbene Rechtsstellung dem Erwerber nicht ohne seine Zustimmung, auch nicht durch Mehrheitsbeschluss, entzogen werden kann. Die Änderungsvereinbarung bedarf, wie die Vereinbarung selbst, keiner Form. Sie wirkt zwischen den Vertragsteilen vor Eintragung im Grundbuch zunächst nur schuldrechtlich;[413] eine dingliche Wirkung gegenüber Rechtsnachfolgern (§ 10 Abs. 3 WEG) und damit auch eine Inhaltsveränderung des Sondereigentums wird jedoch nur bei Grundbucheintragung erreicht.[414] **117**

Zur Eintragung einer vereinbarten Inhaltsänderung des Sondereigentums in das Grundbuch ist – Anwendung der allgemeinen Vorschriften vorausgesetzt – die Zustimmung Drittberechtigter nach den §§ 877, 876 BGB erforderlich.[415] Bei bestehender Belastung des Wohnungseigentums mit einem Grundpfandrecht oder einer Reallast ist jedoch seit 1.7.2007 die Zustimmung des Dritten zur Inhaltsänderung grundsätzlich nicht mehr erforderlich, ausgenommen es wird ein Sondernutzungsrecht begründet oder ein mit dem Wohnungseigentum verbundenes Sondernutzungsrecht aufgehoben, geändert oder übertragen. Nach § 5 Abs. 4 S. 3 WEG gibt es auch bei Sondernutzungsrechten Zustimmungsfreiheit für Grundpfandrechts- und Reallastgläubiger, „wenn durch die Vereinbarung gleichzeitig das zu seinen Gunsten belastete Wohnungseigentum mit einem Sondernutzungsrecht verbunden wird". **117a**

Die Neuregelung bezieht sich ausschließlich auf die Veränderung des **Inhalts des Sondereigentums,** nicht dagegen auf Veränderungen des Gegenstandes des Wohnungseigentums. Die Vorschrift ist also nicht anwendbar auf die Veränderung von Miteigentumsan-

---

Bärmann und Weitnauer 1990, 509; demgegenüber stellt *Häublein* (S. 177 ff.) auf den „verobjektivierten Parteiwillen", der durch normative Auslegung zu ermitteln ist, ab.
[410] *Weitnauer* JZ 1985, 988.
[411] BGHZ 113, 200; BGHZ 148, 335; BayObLGZ 1985, 57; *Weitnauer* JZ 1985, 987; Bamberger/Roth/*Hügel* WEG § 10 Rn. 42 und § 23 Rn. 24; zu Ausnahmen wegen einem schutzwürdigen Bestandsinteresse einzelner Wohnungseigentümer s. Palandt/*Wicke* WEG § 10 Rn. 23.
[412] BayObLG DNotZ 1984, 101; BayObLGZ 1978, 383; *Hügel* FS 25 Jahre DNotI 2018, 149 (150).
[413] Vgl. BGH DNotZ 2015, 824 Rn. 23 f.
[414] Staudinger/*Rapp* WEG § 5 Rn. 63 ff. mwN; *Häublein* (S. 49 ff.) geht demgegenüber auch bei eingetragenen Vereinbarungen nur von einer schuldrechtlichen Wirkung aus.
[415] BGHZ 91, 343.

teilen oder auf die Veränderung der Grenzen zwischen dem Sondereigentum und dem Gemeinschaftseigentum. Bei Veränderungen des Gegenstandes des Wohnungseigentums gelten nach wie vor die allgemeinen Vorschriften.

Bei Inhaltsänderungen gibt es jedoch, Sondernutzungsrechte ausgenommen, generelle Zustimmungsfreiheit. Sie gilt für Gebrauchsregelungen gemäß § 15 Abs. 2 WEG (zB statt Gaststätte darf nur noch ein Laden betrieben werden) ebenso wie für Veränderungen der Kostenverteilung (zB Liftkosten nach Stockwerkshöhe statt nach Miteigentumsanteilen). Freigestellt sind auch Vereinbarungen über die Verwaltung, ja sogar die Umwandlung von Wohnungseigentum in Teileigentum und umgekehrt (→ Rn. 100). Die Freistellung gilt sowohl für die Veränderung von Vereinbarungen als auch – nach durchgeführter Begründung von Wohnungseigentum – für den erstmaligen Abschluss von Vereinbarungen.[416] Nicht freigestellt vom Zustimmungserfordernis ist eine etwa erforderliche Zustimmung von Berechtigten der Abteilung II des Grundbuchs, zB beschränkt persönliche Dienstbarkeiten, Grunddienstbarkeiten, Nießbrauch, Wohnungsrecht sowie Dauerwohn- und Dauernutzungsrechte sowie für Vormerkungen.[417] Auf diese Rechte – ausgenommen Vormerkung – sind jedoch die landesrechtlichen Gesetze über das Unschädlichkeitszeugnis analog Art. 120 EGBGB anwendbar.[418]

118 **2. Änderung aufgrund Öffnungsklausel.** Es ist allerdings nicht zu verkennen, dass vielfach ein Bedürfnis besteht, eine Gemeinschaftsordnung, die über Jahrzehnte hinweg gilt, geänderten persönlichen Bedürfnissen der Mehrheit der Wohnungseigentümer oder neuen technischen Möglichkeiten anzupassen.[419]

Beispiel:

Bei Erstbezug einer WE-Anlage mit 50 Wohnungen haben in dieser 50 Kinder gewohnt. Es waren 10 Pkws vorhanden. Dementsprechend wurden der Kinderspielplatz dimensioniert und Stellplätze angeordnet. Nach 20 Jahren befinden sich in derselben Anlage nur noch 10 Kinder, dagegen 50 Kraftfahrzeuge. Kann die Versammlung der Wohnungseigentümer mit absoluter (oder Dreiviertel-)Mehrheit beschließen, den nunmehr überdimensionierten Kinderspielplatz entsprechend dem jetzigen tatsächlichen Bedürfnis zu verkleinern und stattdessen zusätzliche Stellplätze zu bauen? Die herrschende Meinung verneint dies.

119 **a) Öffnungsklausel durch Gemeinschaftsordnung.** Der Mehrheitsbeschluss zielt auf eine Nutzungsänderung bzgl. des Gemeinschaftseigentums (Grundstücksflächen) und auf eine bauliche Veränderung, die nicht gemäß § 21 Abs. 3 WEG beschlossen oder gemäß § 21 Abs. 4 WEG verlangt werden kann.[420] Der BGH erachtet es deshalb im Interesse der Flexibilität der Wohnungseigentümergemeinschaft als zulässig, dass in der Gemeinschaftsordnung eine Regelung besteht, die vorsieht, dass die in ihr enthaltenen Vereinbarungen (neben dem Weg der Abänderungsvereinbarung) auch durch Mehrheitsbeschluss geändert werden können.[421] Diese Rechtsprechung wurde jetzt auch durch den Gesetzgeber bestätigt, da die Regelung des § 10 Abs. 4 S. 2 WEG (eingefügt durch das WEG-ÄndG) eine

---

[416] *Hügel/Elzer* WEG § 1 Rn. 7. Etwas abweichend BeckOGK/*Schultzky* WEG § 5 Rn. 128: Zustimmungspflicht wenn der Inhalt des belasteten Rechts so geändert wird, dass dies Auswirkungen auf die Sicherheit der Befriedigung des Gläubigers im Falle der Zwangsvollstreckung haben kann; zu einer solchen Prüfung ist das Grundbuchamt jedoch nicht in der Lage.

[417] *Hügel/Elzer* WEG § 1 Rn. 27 f.

[418] BayObLG MittBayNot 2004, 43; MittBayNot 1988, 175; *Kreuzer* ZWE 2002, 287; *Demharter* MittBayNot 2004, 17; Art. 5 Abs. 4 S. 2 des Bay. Gesetzes über das Unschädlichkeitszeugnis v. 9.11.2012, BayGVBl. 2012, 534; s. hierzu *Demharter* MittBayNot 2013, 104.

[419] Zu Reformvorschlägen *Armbrüster* DNotZ 2003, 494.

[420] Vgl. OLG Zweibrücken NJW-RR 1987, 1359 – Mülltonnenstellplatz statt Grünfläche; BayObLGZ 1971, 322; OLG Stuttgart OLGZ 1974, 404; OLG Frankfurt a.M. OLGZ 1980, 78.

[421] BGHZ 95, 137; vgl. zum Recht der Personengesellschaft BGH NJW 2015, 859 Rn. 16, 18; *Briesemeister* ZWE 2015, 116; *Lieder* notar 2016, 283.

solche beschlussmäßige Abänderungsmöglichkeit voraussetzt. Eine solche Bestimmung nennt man eine Öffnungsklausel.[422] Der sachliche Umfang der Öffnungsklausel wird durch diese selbst bestimmt.[423] Immanente Grenzen der Beschlusskompetenz ergeben sich jedoch aus zwingenden gesetzlichen Bestimmungen (zB §§ 134, 138, 242 BGB) und aus zwingenden Bestimmungen des WEG selbst; was durch Vereinbarung nicht geregelt werden kann, entzieht sich auch einer Regelung im Beschlusswege aufgrund einer Öffnungsklausel.[424] Zu den mehrheitsfesten Rechten gehört auch das dem Verbandsrecht immanente Belastungsverbot, also die Auferlegung von Leistungspflichten, die von ihrem Typus her weder im Gesetz noch in der Gemeinschaftsordnung angelegt sind.[425] Eine in der Gemeinschaftsordnung enthaltene Öffnungsklausel, die zu Abweichungen berechtigt, genügt nicht, um einen Wohnungseigentümer mit neuen Pflichten zu belasten.[426] So erfordert zB die Abänderung eines Kostenverteilungsschlüssels einen sachlichen Grund und verbietet es, einzelne Wohnungseigentümer gegenüber dem bisherigen Rechtszustand unbillig zu benachteiligen.[427] Es ist danach ausgeschlossen, dass sich eine „Koalition der Begünstigten" bildet. Diese Einschränkung gilt jedoch nicht gegenüber gesetzlichen Öffnungsklauseln, zB § 16 Abs. 3 WEG. Es gilt jedoch das Willkürverbot.[428]

Sowohl für die rechtsgeschäftliche als auch für die gesetzliche Öffnungsklausel gilt, dass für die Ermittlung der Mehrheitsverhältnisse das Stimmgewicht gemäß Gemeinschaftsordnung anzuwenden ist. Das Kopfstimmrecht gemäß § 25 Abs. 2 WEG ist abdingbar; wurde hiervon Gebrauch gemacht, so gilt das vereinbarte Stimmgewicht auch für jede Form der Öffnungsklausel.[429]

Beispiel:

Eine Gemeinschaftsordnung sieht vor, dass die im Erdgeschoss gelegenen Wohnungen an den Liftkosten nicht beteiligt werden. Die Wohnungseigentümer in den Stockwerken 2 bis 6 werden mit Sicherheit jedem Antrag zustimmen, der darauf abzielt, auch die Erdgeschosseigentümer an den Liftkosten zu beteiligen, da dies für sie eine Kostenverringerung zur Folge hat. Ohne Hinzutreten eines sachlichen Grundes entspräche jedoch ein solcher Beschluss nicht ordnungsmäßiger Verwaltung. Wurde dagegen zwischenzeitlich eine Dachterrasse gebaut, die auch von den Eigentümern der Erdgeschosswohnungen genutzt werden kann, so liegt ein sachlicher Grund für die Änderung des Kostenverteilungsschlüssels vor.

Der sachliche Grund und das Verbot der unbilligen Benachteiligung stellen sich demnach als eine besondere Ausprägung des Grundsatzes des Wegfalls der Geschäftsgrundlage dar, wie dieser im § 311 BGB geregelt ist.

Auf jeden Fall ist der **Rechtsgedanke des § 35 BGB,** wonach Sonderrechte eines 120 Mitglieds nicht ohne dessen Zustimmung durch Beschluss der Mitgliederversammlung beeinträchtigt werden dürfen, anwendbar.[430] So kann einem Wohnungseigentümer ohne dessen Zustimmung auf keinen Fall ein Sondernutzungsrecht entzogen werden. Nicht möglich ist es auch, die vereinbarte Nutzung eines Sondereigentums gegen den Willen des Eigentümers zu ändern. Demnach kann ein qualifizierter Mehrheitsbeschluss zur Abänderung von Vereinbarungen vorgesehen werden für Angelegenheiten, die alle Woh-

---

[422] *Armbrüster* DNotZ 2003, 494; Staudinger/*Kreuzer* WEG § 10 Rn. 168ff.; Hügel/Scheel/*Hügel* § 5 Rn. 78ff.; *Hügel* ZWE 2002, 503; *Becker* ZWE 2002, 341; *Häublein* S. 210ff.
[423] Staudinger/*Kreuzer* WEG § 10 Rn. 171; *Armbrüster* ZWE 2013, 242.
[424] BGHZ 202, 346 Rn. 15; DNotI-Report 2017, 98.
[425] BGHZ 202, 346 Rn. 16; ZWE 2012, 269; *Blankenstein* ZWE 2016, 202f.
[426] *Schmidt-Räntsch* ZWE 2015, 432.
[427] BGHZ 95, 137; OLG Hamm ZWE 2006, 230; ZWE 2007, 254; *Wenzel* FS Deckert 2002, 528; *Blankenstein* ZWE 2016, 199 zum Belastungsverbot.
[428] BGH ZWE 2011, 324.
[429] BGH ZWE 2015, 410; *Blankenstein* ZWE 2016, 200.
[430] *Langhein* notar 2015, 120.

nungseigentümer gleichermaßen betreffen (Einführung oder Aufhebung von Veräußerungsbeschränkungen gemäß § 12 WEG – unter Beachtung von § 12 Abs. 4 S. 2 WEG; Bestellung und Abberufung des Verwalters, Einberufung der Wohnungseigentümer-Versammlung, Wirtschaftsplan, Rechnungslegung und Verwaltungsbeirat; bauliche Veränderungen und Aufwendungen zur Anpassung an veränderte Umstände).

Aus der grundlegenden Entscheidung des BGH[431] ergibt sich nicht, ob der Bundesgerichtshof einen Beschluss, der eine Vereinbarung ändert, rechtlich als Beschluss oder als Vereinbarung qualifizieren will. Die Frage hat für die Rechtssicherheit erhebliche Bedeutung. Da der Beschluss auf eine Änderung dispositiver Gesetzesbestimmungen bzw. auf die Schaffung von Vereinbarungen abzielt, liegt materiell betrachtet eine **„Mehrheitsvereinbarung"** vor.[432] Da diese Mehrheitsvereinbarungen auf eine dingliche Inhaltsänderung des Sondereigentums abzielen, bedürfen sie gemäß § 10 Abs. 3 WEG zu ihrer Wirksamkeit gegenüber Sonderrechtsnachfolgern der Eintragung im Grundbuch.[433]

121 **b) Eintragungsbedürftigkeit von Mehrheitsvereinbarungen.** Die Diskussion um die Frage der Eintragungsbedürftigkeit von vereinbarungsändernden/vereinbarungsersetzenden Beschlüssen, die aufgrund einer Öffnungsklausel gefasst wurden, hat der Gesetzgeber mit der Neuregelung des § 10 Abs. 4 S. 2 WEG beendet, jedenfalls war dies seine Absicht.[434] Die Neuregelung ergänzt § 10 Abs. 4 S. 1 WEG, wo festgehalten wird, dass Beschlüsse der Wohnungseigentümer gemäß § 23 WEG zu ihrer Wirksamkeit gegenüber Sondernachfolgern der Eintragung in das Grundbuch nicht bedürfen. Dies bedeutet, dass sich die Rechtslage bezüglich Beschlussfassungen auf der Basis einer Öffnungsklausel nur mit außergrundbuchlichen Mitteln erschließen lässt, zB die Beschluss-Sammlung (§ 24 Abs. 7 WEG, hierzu → Rn. 73b) oder die Versammlungsniederschrift. Beide Informationsquellen haben jedoch nicht den öffentlichen Glauben des Grundbuchs für sich, so dass sich ein Erwerber auch nach ihrer gewissenhaften Einsicht nicht darauf berufen kann, dass dort nicht eingetragene oder nur fehlerhaft eingetragene vereinbarungsersetzende/vereinbarungsändernde Beschlüsse ihm gegenüber keine Wirkung entfalten.[435] Dies stellte eine Entwertung des Grundbuchs dar, der der BGH[436] gerade entgegen wirken wollte, da die sachenrechtliche Publizität des Grundbuch durch sie aufgehoben wird.[437] Bei der Auslegung des Begriffs „Beschluss" gemäß § 10 Abs. 4 S. 2 WEG ist deshalb nicht auf das formale Zustandekommen der Entscheidung in einer Versammlung der Wohnungseigentümer (oder in einem Umlaufverfahren) abzustellen, sondern auf den materiellen Inhalt der Entscheidung. Liegt materiell gesehen eine Vereinbarung vor, so bleibt diese eine solche auch dann, wenn sie zulässigerweise im Beschlusswege zustande gekommen ist.[438] Solche Mehrheitsvereinbarungen bedürfen also nach wie vor zur Wirksamkeit gegenüber Sondernachfolgern der Eintragung im Grundbuch, § 10 Abs. 3 WEG.[439] Angesichts des sich nicht auf den ersten Blick klar erschließenden Inhalts des § 10 Abs. 4 S. 2 WEG empfiehlt

---

[431] BGHZ 95, 137.

[432] *Hügel* DNotZ 2001, 186 und ZWE 2002, 304; *Hügel/Scheel/Hügel* § 5 Rn. 80 f.; *Hügel/Elzer* WEG § 10 Rn. 168 ff.

[433] *Hügel/Scheel/Hügel* § 5 Rn. 80; *Hügel/Elzer* WEG § 10 Rn. 160; *Wenzel* FS Deckert 2002, 530; *Armbrüster* DNotZ 2003, 502 – jedenfalls de lege ferenda; *ders.* ZMR 2007, 325; aA BGHZ 127, 104; OLG München NJW 2010, 450; *Demharter* DNotZ 1991, 31; *Häublein* S. 217 ff.; *Staudinger/Kreuzer* WEG § 10 Rn. 240; offen gelassen von BGHZ 95, 137.

[434] BT-Drs. 16/887, 12, 20 f.

[435] *Abramenko* WEG § 2 Rn. 5.

[436] BGH DNotZ 2000, 854.

[437] *Rapp* DNotZ 2000, 185; *Hügel/Elzer* WEG § 10 Rn. 144; *Bärmann/Suilmann* WEG § 10 Rn. 190.

[438] *Hügel/Elzer* Das neue WEG § 3 Rn. 143.

[439] *Hügel* DNotZ 2001, 191; *Hügel/Elzer* Das neue WEG § 3 Rn. 145; Bamberger/Roth/*Hügel* WEG § 10 Rn. 38; aA OLG München DNotZ 2010, 196; *Abramenko* WEG § 2 Rn. 5; *Armbrüster* ZWE 2013, 242; *Bärmann/Suilmann* WEG § 10 Rn. 190 – mit deutlicher Kritik an der gesetzgeberischen Entscheidung –; *Timme/Dötsch* WEG § 10 Rn. 261 ff.; *Jennißen/Jennißen* WEG § 10 Rn. 71; *Schmid/Kahlen* WEG § 10 Rn. 109; BeckOGK/*Falkner* WEG § 10 Rn. 184 ff.

es sich deshalb, die Eintragungspflicht auch in der Gemeinschaftsordnung zu statuieren. Da etwas anderes nicht „ausdrücklich bestimmt" ist (§ 10 Abs. 2 S. 2 WEG), ist § 10 Abs. 4 S. 2 WEG als dispositive Norm zu betrachten.

Formulierungsbeispiel: Änderung der Gemeinschaftsordnung	121a
Die Wohnungseigentümer, auch diejenigen, die an der Beschlussfassung nicht teilgenommen haben oder dagegen gestimmt haben, sind verpflichtet, Mehrheitsvereinbarungen zur Eintragung in das Grundbuch zu bewilligen und zu beantragen. Die Kosten trägt die Eigentümergemeinschaft. Der Verwalter ist gemeinsam mit den Mitgliedern des Verwaltungsbeirats berechtigt und verpflichtet, namens aller Wohnungseigentümer unter Vorlage einer den Vorschriften des § 26 Abs. 3 WEG entsprechenden Niederschrift beim Grundbuchamt die Eintragung zu bewirken.	

Mehrheitsvereinbarungen, ausgenommen solche, die die Begründung, Änderung oder Aufhebung eines Sondernutzungsrechtes betreffen, sind der typische Anwendungsfall der neuen Vorschrift des § 5 Abs. 4 S. 2 WEG (→ Rn. 117a). Sie bedürfen deshalb nicht der Zustimmung von Grundpfandrechtsgläubigern und Reallastberechtigten gemäß §§ 877, 876 BGB. Dies gilt für Inhaltsänderungen jeglicher Art.

3. Änderung durch vereinbarungsersetzenden Beschluss. Da die meisten Gemein- 122 schaftsordnungen bisher keine Öffnungsklausel enthalten haben, hat die Praxis der Wohnungseigentumsverwaltung den Ausweg des vereinbarungsändernden/vereinbarungsersetzenden Beschlusses gesucht. Einem Änderungsbedarf sollte dadurch Rechnung getragen werden, dass die Eigentümerversammlung ein Problem abweichend von einer dispositiven Gesetzesnorm oder einer getroffenen Vereinbarung durch Beschluss regelt. Gegenstand eines solchen Beschlusses sollte alles sein können, was die Eigentümer auch durch Vereinbarung hätten regeln können. Wurde dieser Beschluss nicht fristgerecht angefochten, so sollte er bestandskräftig werden und eine Rechtsgrundlage für die künftigen Maßnahmen der Eigentümergemeinschaft in den beschlussmäßig geregelten Bereichen abgeben. Auf diese Weise wurden Gebrauchsregelungen (Sondernutzungsrechte) ebenso begründet wie Kostenverteilungsschlüssel oder allgemeine Verwaltungsregelungen.[440] Da Beschlüsse gemäß § 10 Abs. 4 WEG nicht eintragungsfähig seien, würden sie jedoch gleichwohl gegenüber Rechtsnachfolgern wirken. Das sachenrechtliche Publizitätsprinzip verlor damit immer mehr an Bedeutung.[441] Mit der Grundsatzentscheidung des BGH vom 20. 9. 2000[442] wurde diese Rechtsprechung aufgegeben und das Wohnungseigentum wieder auf seine sachenrechtlichen Grundlagen zurückgeführt. Eine **Beschlusskompetenz** besteht danach nicht für alle Angelegenheiten der Gemeinschaft der Wohnungseigentümer, sondern nur für diejenigen, für die eine solche ausdrücklich im Gesetz oder in einer eingetragenen Vereinbarung vorgesehen ist. Ohne Beschlusskompetenz fehlt der Mehrheit die Regelungsmacht über die Minderheit mit der Konsequenz, dass entsprechende Beschlüsse nichtig sind. § 23 Abs. 4 WEG ist auf sie nicht anwendbar; die Nichtigkeit kann jederzeit geltend gemacht werden.

Gemäß § 15 Abs. 2 WEG bzw. § 21 Abs. 3 WEG können die Wohnungseigentümer einen ordnungsmäßigen Gebrauch bzw. eine ordnungsmäßige Verwaltung des Gemeinschaftseigentums mit Mehrheit beschließen, soweit diese Fragen nicht durch eine Vereinbarung geregelt sind. Da die Ordnungsmäßigkeit des Gebrauchs und der Verwaltung stets von den Umständen des Einzelfalls abhängt, ist diese Frage im Interesse der Rechtssicher-

---

[440] BGHZ 127, 99; BGHZ 54, 65; BayObLG DNotZ 2000, 203; DNotZ 1997, 958; vgl. *Armbrüster* DNotZ 2003, 495.

[441] *Rapp* DNotZ 2000, 185; *Derleder* NJW 2004, 3755.

[442] BGHZ 145, 158; s. auch BGHZ 156, 196 und BGHZ 156, 288.

heit nicht kompetenzbegründend.[443] Der BGH geht danach davon aus, dass ein Rechtsnachfolger an einen bestandskräftig gewordenen Beschluss gebunden ist, der einen nicht ordnungsmäßigen Gebrauch des Gemeinschaftseigentums gemäß § 15 Abs. 2 WEG regelt. Dieses Ergebnis des BGH[444] kann in der Gemeinschaftsordnung korrigiert werden. Die Beschlusskompetenz kann entsprechend eingeschränkt werden.

122a **Formulierungsbeispiel: Gebrauch des Gemeinschaftseigentums**

↻ Soweit eine Vereinbarung nicht entgegensteht, können die Wohnungseigentümer durch Stimmenmehrheit nur einen der Beschaffenheit der im Sondereigentum stehenden Gebäudeteile und des gemeinschaftlichen Eigentums entsprechenden ordnungsmäßigen Gebrauch beschließen, ein nichtordnungsmäßiger Gebrauch iSd § 15 Abs. 2 WEG kann nur durch Vereinbarung begründet werden.

Ein Ausschluss des Gebrauchs des Sondereigentums, zB Vermietungsverbot, ist dagegen auch unter keinen Umständen des Einzelfalles ein ordnungsmäßiger Gebrauch, sondern eine Gebrauchsvorenthaltung, die, wenn sie beschlussmäßig gefasst wurde, zur Nichtigkeit des Beschlusses führt.

Enthält die Gemeinschaftsordnung eine Öffnungsklausel, so ist klarzustellen, ob diese Beschlussbeschränkung auch in ihrem Rahmen gilt oder nicht.

Folgt man der BGH-Rechtsprechung zur Beschlusskompetenz der Wohnungseigentümer bei der ordnungsmäßigen Nutzung/Verwaltung, so ergibt sich hieraus die Folge, dass
– der Beschluss weder eintragungsfähig noch eintragungsbedürftig ist und gemäß § 10 Abs. 4 WEG gegen Sondernachfolger wirkt;
– der Beschluss – mangels Eintragung – keiner Zustimmung von Drittberechtigten am Wohnungseigentum bedarf.

123 Wegen der weittragenden Bedeutung einer Mehrheitsvereinbarung oder eines (noch zulässigen) vereinbarungsersetzenden Beschlusses sollte die Gemeinschaftsordnung vorsehen, dass dieser Beschluss allen Wohnungseigentümern gegen Empfangsbekenntnis mit Rechtsmittelbelehrung durch den Verwalter zugestellt wird.[445]

124 In der Tendenz der vorstehenden Rechtsauffassung liegt auch die **Heizkosten-Verordnung.** Durch sie wurde das Einstimmigkeitsprinzip bezüglich einer **Änderung des Verteilungsschlüssels,** der in der Gemeinschaftsordnung enthalten ist, durch das Prinzip des Mehrheitsbeschlusses ersetzt.[446]

125 **4. Änderung aufgrund Anpassungsverpflichtung.** Auch im Wohnungseigentumsrecht gilt § 242 BGB. Die Rechtsprechung vor dem ÄndG 2007 gewährte deshalb einen Anspruch auf Änderung einer Gemeinschaftsordnung, gestützt auf § 242 BGB, wenn deren Regelungen grob unbillig waren und einen Verstoß gegen Treu und Glauben darstellten.[447] Da die Gemeinschaft der Wohnungseigentümer auch ein gesetzliches Schuldverhältnis zwischen diesen begründet, gilt hierfür auch § 241 Abs. 2 BGB.[448] Ob eine grobe Unbilligkeit vorliegt, wurde daran gemessen, ob der gemäß Gemeinschaftsordnung gültige Maßstab der Kostenverteilung einen sachgerechten Maßstab darstellt oder nicht. Als sachgerechter Maßstab wurde beispielsweise die Größe des Miteigentumsanteils oder das Verhältnis der Wohnflächen zueinander angesehen. Ist danach ein Kostenverteilungsmaßstab nicht sachgerecht, so ist die Abweichung zum sachgerechten Maßstab zu ermitteln und hieraus die Billigkeit oder Unbilligkeit abzuleiten. Die Rechtsprechung hierzu ist kasuistisch: Eine grobe Unbilligkeit wurde angenommen bei Kostenmehrbelastungen von

[443] BGHZ 145, 169; Bärmann/*Merle* WEG § 23 Rn. 10; kritisch hierzu *Häublein* S. 245.
[444] BGHZ 145, 168.
[445] *Grebe* DNotZ 1987, 22; s. hierzu auch *Armbrüster* DNotZ 2003, 506.
[446] *Zimmermann* DNotZ 1981, 532; *Walberer* NJW 1984, 109.
[447] BGHZ 156, 196; BGHZ 130, 312; BGHZ 99, 90; BayObLG DNotZ 1995, 220.
[448] Wohnungseigentumsrechtliche Treuepflicht, *Armbrüster* DNotZ 2003, 298.

253%,[449] jedoch verneint bei einer Mehrbelastung von 17%.[450] Das Maß der Kosten-mehrbelastung ist jedoch nicht der einzige Gesichtspunkt zur Beurteilung einer groben Unbilligkeit. Zu berücksichtigen sind vielmehr auch die gesamten Umstände des Einzel-falles, wozu auch gehört, ob die Auswirkungen einer nicht sachgerechten Kostenvertei-lung bereits beim Erwerb des Wohnungseigentums absehbar oder gar bekannt waren.[451] Es gilt hier der Rechtsgedanke der §§ 442 Abs. 1, 640 Abs. 2 BGB: Wer die Unbilligkeit einer Regelung bei Erwerb des Wohnungseigentums kennt, kann sich später hierauf nicht berufen. Die ungünstige Regelung der Gemeinschaftsordnung wirkt sich in diesen Fällen nämlich kaufpreismindernd aus, so dass dieser Wohnungseigentümer per Saldo nicht als benachteiligt angesehen werden kann.

Berücksichtigt werden muss auch, dass sich die anderen Wohnungseigentümer auf den geltenden Kostenverteilungsschlüssel eingestellt haben und sich insoweit ein Vertrauens-schutz gebildet haben kann. Dabei muss auch beachtet werden, dass eine Änderung des Kostenverteilungsschlüssels lediglich eine Kostenumverteilung zur Folge hat, nicht eine Kostenminderung. Es besteht ein System der kommunizierenden Röhren: Die Kosten-minderung, die sich aufgrund eines geänderten Schlüssels bei einem oder einigen Woh-nungseigentümern ergibt, wirkt sich als Kostenmehrung bei anderen Wohnungseigentü-mern aus.

Durch das WEG-ÄndG wurde der bisher aus § 242 BGB abgeleitete gesetzliche Ände-rungsanspruch des Wohnungseigentümers kodifiziert:

„Jeder Wohnungseigentümer kann eine vom Gesetz abweichende Vereinbarung oder die Anpas-sung einer Vereinbarung verlangen, soweit ein Festhalten an der geltenden Regelung aus schwer-wiegenden Gründen unter Berücksichtigung der Umstände des Einzelfalles, insbesondere der Rechte und Interessen der anderen Wohnungseigentümer, unbillig erscheint."

Die Begründung des Gesetzes spricht davon, dass die Änderungsvoraussetzungen ge-genüber den bisherigen Anforderungen der Rechtsprechung erleichtert werden sollen. Sachlich betrifft der Änderungsanspruch des § 10 Abs. 2 S. 3 WEG alle Vereinbarungen der Wohnungseigentümer einschließlich der Festlegung einer Einheit als Wohnungseigen-tum oder Teileigentum oder den Inhalt eines Sondereigentums.[452] Bereits eine Abwei-chung von 25%[453] zwischen der Wohn- und Nutzfläche und dem für die Kostenvertei-lung maßgeblichen Miteigentumsanteil soll danach als „schwerwiegender Grund" ausreichen. Dabei muss die Abweichung für den anspruchstellenden Wohnungseigentü-mer[454] unbillig erscheinen. Die Möglichkeit, ein billiges Ergebnis durch Mehrheitsbe-schluss aufgrund einer Öffnungsklausel herbeizuführen lässt den Anspruch aus § 10 Abs. 2 S. 3 WEG – zB gerichtet auf Aufhebung eines Sondernutzungsrechts – nicht entfallen.[455]

Der Anspruch aus § 10 Abs. 2 S. 3 WEG betrifft lediglich den **Inhalt des Sonderei-gentums,** nicht dagegen den Gegenstand des Wohnungseigentums. Ansprüche auf Ände-rung von Miteigentumsanteilen oder auch Änderung der Bereiche des Sondereigentums/ Gemeinschaftseigentums, also alle Fragen der sachenrechtlichen Zuordnung des Woh-nungseigentums, werden von der neuen Vorschrift nicht erfasst.[456]

Der Anspruch des Wohnungseigentümers aus § 10 Abs. 2 S. 3 WEG geht auf den Ab-schluss einer Vereinbarung und zwar entweder auf eine abweichende Vereinbarung oder auf die Anpassung einer bestehenden Vereinbarung. Die anderen Wohnungseigentümer

125a

---

[449] BayObLGZ 1991, 399.
[450] BayObLGZ 1985, 50.
[451] BGH NJW 2010, 2129 Rn. 31; BayObLGZ 1987, 69; *Abramenko* WEG § 3 Rn. 54.
[452] BT-Drs. 16/887, 18; BGH BeckRS 2019, 6979 Rn. 12.
[453] OLG Köln ZWE 2008, 395.
[454] BGH NJW 2010, 3296 Rn. 19.
[455] BGH ZMR 2018, 681 Rn. 16; NJW 2010, 2129 Rn. 19; Jennißen/*Abramenko* WEG § 10 Rn. 57; *Schmidt-Räntsch* ZWE 2019, 3 (6).
[456] BGH ZMR 2018, 681 Rn. 16; NJW-RR 2012, 1036; *Schmidt-Räntsch* ZWE 2012, 446; *Merle* ZWE 2007, 473.

schulden danach die Abgabe einer Willenserklärung zum Zwecke des Zustandekommens eines Vertrages. Es besteht also ein gesetzlicher Kontrahierungszwang. Die Klage ist deshalb auf Abgabe einer Willenserklärung zu richten. Ihre Vollstreckung richtet sich nach § 894 ZPO. Da das Zustandekommen einer Vereinbarung Ziel des Anspruchs aus § 10 Abs. 2 S. 3 WEG ist, kann – aus Gründen der Verwaltungsökonomie – auch die Eintragung der Vereinbarung in das Grundbuch gemäß § 10 Abs. 3 WEG verlangt werden, da ansonsten das Verlangen stets erneut gegenüber einem Sonderrechtsnachfolger gestellt werden könnte. Die rechtsfähige Gemeinschaft der Wohnungseigentümer ist an dem Vorgang nicht beteiligt; insbesondere schuldet sie nicht die Abgabe der Willenserklärungen für die zu ändernde Vereinbarung. Dies ist und bleibt eine Individualverpflichtung der einzelnen Wohnungseigentümer.[457] Der Individualanspruch des Wohnungseigentümers aus § 10 Abs. 2 S. 3 WEG kann deshalb auch nicht der Ausübungsbefugnis des Verbandes überlassen werden und von der Gemeinschaft auch nicht nach § 10 Abs. 6 WEG an sich gezogen werden. Dies würde dem Zweck des Änderungsanspruchs, dem individuellen Schutz des Einzelnen im Innenverhältnis der Wohnungseigentümer zu sichern, zuwiderlaufen.[458]

Abramenko[459] ist der Auffassung, dass der Änderungsanspruch auch durch Beschlussfassung der Wohnungseigentümer erfüllt werden kann. Er begründet dies damit, dass der Wohnungseigentümer eine Änderung **verlangen** kann, was der Regelung des § 15 Abs. 3 WEG oder § 21 Abs. 4 WEG entspreche. § 10 Abs. 2 S. 3 WEG enthielte danach eine versteckte Beschlusskompetenz. Dieser Auffassung ist jedoch nicht zuzustimmen. In den §§ 15 Abs. 2, 21 Abs. 3 WEG ist ausdrücklich definiert, dass über das jeweilige Verlangen mit Stimmenmehrheit beschlossen werden kann. Eine entsprechende Vorschrift fehlt in § 10 Abs. 2 S. 3 WEG.[460] Gegen die Auffassung von *Abramenko* spricht auch, dass ein Beschluss nicht eintragungsfähig wäre (§ 10 Abs. 4 WEG) mit der Folge der weiteren Aushöhlung der Publizität des Grundbuchs.

125b   Im Rechtsstreit auf Abgabe der Willenserklärungen sind die beklagten Wohnungseigentümer notwendige Streitgenossen (§ 62 Abs. 1 Alt. 1 ZPO), da das Rechtsverhältnis gegenüber allen Streitgenossen (Wohnungseigentümern) nur einheitlich festgestellt werden kann. Die Abgabe der geforderten Willenserklärungen wird entweder von allen Beklagten in identischer Weise geschuldet oder von keinem Beklagten. Wird der Klage stattgegeben, so ersetzt das rechtskräftige Urteil die geforderte Willenserklärung. Bei der Eintragung im Grundbuch der auf diese Weise zustande gekommenen Vereinbarung ist die Zustimmung von Grundpfandrechtsgläubigern nicht erforderlich, da diese ihr Recht als mit der Abänderungsverpflichtung belastet erworben haben. Für die neue Rechtslage ergibt sich dies auch aus § 5 Abs. 4 S. 2 WEG.[461]

125c   Der schuldrechtliche Anspruch auf Abänderung ist auf eine Inhaltsänderung des Sondereigentums gerichtet und damit von seiner Rechtsnatur her vormerkungsfähig gemäß § 883 Abs. 1 BGB. Danach könnte auch die Eintragung einer Vormerkung aufgrund einstweiliger Verfügung gemäß § 885 BGB erwirkt werden. Hierzu bedürfte es nicht einmal der Glaubhaftmachung, dass eine Gefährdung des zu sichernden Anspruchs besteht. Allerdings wird man davon ausgehen müssen, dass bei einer Veräußerung des Wohnungseigentums, dessen Inhaber dem Änderungsanspruch ausgesetzt ist, sich der Änderungsanspruch kraft Gesetzes auch gegen den neuen Eigentümer richtet. Ein Rechtsverlust durch Veräußerung ist deshalb nicht zu befürchten. Aus diesem Grunde fehlt für die Eintragung einer Vormerkung das Rechtsschutzbedürfnis.

---

[457] BGH NJW 2018, 1254 Rn. 11; *Abramenko* WEG § 3 Rn. 46; Jennißen/*Abramenko* WEG § 10 Rn. 55.
[458] BGH NJW 2018, 1254 Rn. 6, 11; hierzu *Schmidt-Räntsch* ZWE 2019, 3 (4); *Hügel* FS 25 Jahre DNotI 2018, 149 (158).
[459] WEG § 3 Rn. 58; ZMR 2007, 424.
[460] *Merle* ZWE 2007, 473; Jennißen/*Abramenko* WEG § 10 Rn. 54; Bärmann/*Suilmann* WEG § 10 Rn. 166.
[461] AA Riecke/Schmid/*Lehmann-Richter* WEG § 10 Rn. 220.

Wird ein Wohnungseigentum, gegen dessen Eigentümer ein Änderungsanspruch geltend **125d** gemacht wurde, während des Rechtsstreits veräußert, so gilt Folgendes: Die Einheiten der Beklagten sind als streitbefangen anzusehen, da sich der geltend gemachte Anspruch auf eine Änderung des Inhalts des Sondereigentums bezieht. Die Streitbefangenheit hindert jedoch die Veräußerung der Sache nicht, § 265 ZPO. Der Rechtsstreit wird mit dem bisherigen Beklagten fortgesetzt mit der Wirkung, dass sich die Rechtskraft auch gegenüber dem Rechtsnachfolger erstreckt und zwar gemäß § 325 ZPO. Da jeder Wohnungseigentümer dem Anspruch aus § 10 Abs. 2 S. 3 WEG ausgesetzt ist, kommt auch bei Rechtshängigkeit ein gutgläubiger Erwerb nicht in Frage mit der Konsequenz, dass die Eintragung eines Rechtshängigkeitsvermerks gemäß § 325 Abs. 3 ZPO nicht erforderlich ist.

Da der Anspruch aus § 10 Abs. 2 S. 3 WEG ein schuldrechtlicher Anspruch ist, stellt **125e** sich die Frage, ob er der Verjährung unterliegt. Nach § 196 BGB verjährt ein Anspruch auf Änderung des Inhalts eines Rechtes in Ansehung eines Grundstücks in zehn Jahren. Der Anspruch aus § 10 Abs. 2 S. 3 WEG ergibt sich aus dem Wohnungseigentum, so dass seine Zuordnung zu § 902 BGB sachgerecht ist. Der Anspruch ist mit einem Grundbuchberichtigungsanspruch vergleichbar, da er sich gegenüber den jeweils anderen im Grundbuch eingetragenen Wohnungseigentümern richtet. Er unterliegt daher nicht der Verjährung.[462]

5. Gesetzliche Öffnungsklauseln. Durch das WEG-ÄndG wurden eine Reihe neuer **125f gesetzlicher** Öffnungsklauseln geschaffen:
- Aufhebung einer Veräußerungsbeschränkung durch Mehrheitsbeschluss gemäß § 12 Abs. 4 WEG, hierzu → Rn. 64a;
- Abänderung des Kostenverteilungsschlüssels durch Mehrheitsbeschluss bezüglich Betriebskosten und Verwaltungskosten gemäß § 16 Abs. 3 WEG;
- Abänderung des Kostenverteilungsschlüssels im Einzelfall bezüglich Instandhaltung/Instandsetzung oder bauliche Veränderungen gemäß § 16 Abs. 4 WEG;
- Beschlusskompetenz für Modernisierungsmaßnahmen gemäß § 22 Abs. 2 WEG;
- Beschlusskompetenz zu Art und Weise von Zahlungen etc gemäß § 21 Abs. 7 WEG.

Für die notarielle Praxis von Bedeutung ist § 16 Abs. 3 WEG. Danach können die Wohnungseigentümer abweichend von § 16 Abs. 2 WEG durch Stimmenmehrheit beschließen, dass die Betriebskosten des gemeinschaftlichen Eigentums oder des Sondereigentums iSd § 556 Abs. 1 BGB, die nicht unmittelbar gegenüber Dritten abgerechnet werden, und die Kosten der Verwaltung nach Verbrauch oder Verursachung erfasst und nach diesem oder nach einem anderen Maßstab verteilt werden, soweit dies ordnungsmäßiger Verwaltung entspricht.

Die Stimmenmehrheit wird dabei nach dem in der Gemeinschaftsordnung vereinbarten Stimmgewicht ermittelt. Ist dort von dem gesetzlichen Stimmgewicht des § 25 Abs. 2 WEG abgewichen, also zB das Kopfprinzip (pro ETW eine Stimme) oder das Wertprinzip (Stimmgewicht gemäß Miteigentumsanteil) festgelegt, so gilt dies auch für die Ermittlung der Stimmenmehrheit gemäß § 16 Abs. 3 WEG.[463]

Die Vorschrift enthält eine gesetzliche Öffnungsklausel gegenüber der gesetzlichen Kostenverteilung gemäß § 16 Abs. 2 WEG. Sachlich ist die Öffnungsklausel begrenzt auf die Betriebskosten des gemeinschaftlichen Eigentums gemäß § 556 Abs. 1 BGB sowie auf die Kosten der Verwaltung. Bezüglich den ebenfalls erwähnten Betriebskosten des Sondereigentums hat die Vorschrift keinen eigenständigen Regelungsgehalt, soweit es sich um Kosten handelt, die nach Verbrauch abgerechnet werden können, da dies bereits nach bisher geltendem Recht gemäß § 16 Abs. 2 WEG zulässig ist.[464] Die Beschlusskompetenz

---

[462] AA – für zehnjährige Verjährung – *Schoch* ZMR 2007, 429; Riecke/Schmid/*Lehmann-Richter* WEG § 10 Rn. 229.
[463] BGH DNotZ 2015, 922 Rn. 13; hierzu *Becker* ZWE 2015, 400; für die recht ähnliche Problematik bei § 26 WEG s. BGHZ 152, 46 (53 f.).
[464] BGH DNotZ 2004, 366.

bezieht sich darauf, dass zum einen die Betriebskosten erfasst werden können, zum anderen darauf, dass sie nach einem zu bestimmenden Maßstab auf die Wohnungseigentümer zu verteilen sind.

Im Verhältnis zu § 10 Abs. 2 S. 3 WEG ist zunächst festzuhalten, dass die neue Beschlusskompetenz nur die Betriebskosten sowie die Kosten der Verwaltung betrifft. Die Frage, ob es sich bei § 16 Abs. 3 WEG um eine Sondervorschrift im Verhältnis zu § 10 Abs. 2 S. 3 WEG handelt, stellt sich also nur bezüglich dieser beiden Kostenpositionen. Man wird dem änderungswilligen Wohnungseigentümer unter dem Gesichtspunkt der Verwaltungsökonomie zunächst zumuten müssen, dass er zur Versammlung der Wohnungseigentümer einen entsprechenden Änderungsantrag einbringt. Erlangt er hierbei keine Stimmenmehrheit, so kann er den Anspruch auf ordnungsmäßige Verwaltung gemäß § 21 Abs. 4 WEG geltend machen. Ein Vorgehen gemäß § 10 Abs. 2 S. 3 WEG ist jedoch durch die Beschlusskompetenz des § 16 Abs. 3 WEG nicht ausgeschlossen.[465] Der Weg des § 10 Abs. 2 S. 3 WEG hat den Vorteil, dass die im Gerichtswege erstrittene geänderte Vereinbarung zur Eintragung in das Grundbuch gelangt, § 10 Abs. 3 WEG (→ Rn. 125a).

125g Eine Beschlussfassung gemäß § 16 Abs. 3 WEG hat zur Folge, dass der im Grundbuch wiedergegebene (gesetzliche) Inhalt des Sondereigentums[466] sich ändert. Es gilt alsdann nicht mehr der gesetzliche Kostenverteilungsschlüssel des § 16 Abs. 2 WEG, wie er aus dem Grundbuch ersichtlich ist, sondern der mit Mehrheit beschlossene. Das Grundbuch taugt insoweit nicht mehr als Informationsquelle über die Rechtslage. *Hügel/Elzer*[467] schlagen deshalb vor, in das Grundbuch zur Wahrung eines Restes von Publizität einen Unrichtigkeitsvermerk einzutragen, wobei § 12 Abs. 4 S. 5 WEG (Vorlage des Versammlungsprotokolls gemäß § 26 Abs. 3 WEG) zur entsprechenden Anwendung empfohlen wird. Dieser Weg ist jedoch weder nach dem materiellen noch nach dem formellen Grundbuchrecht gangbar. Nach dem materiellen Grundbuchrecht kann bei Unrichtigkeit des Grundbuchs in den Fällen des § 894 BGB ein Widerspruch in das Grundbuch eingetragen werden, § 899 Abs. 1 BGB. Er schützt bei einem unrichtigen Grundbuch gegen einen Rechtsverlust durch gutgläubigen Erwerb.[468] Ein solcher ist jedoch im Recht des Wohnungseigentums ausgeschlossen, da (jedenfalls nach der Absicht des Gesetzgebers) bei einer beschlussmäßigen Änderung der Gemeinschaftsordnung der Beschluss auch ohne Eintragung im Grundbuch gegenüber Rechtsnachfolgern wirksam ist, § 10 Abs. 4 WEG. Richtiger ist es in diesem Zusammenhang, die Überlegungen aufzugreifen, die bei einer Änderung der Gemeinschaftsordnung aufgrund Öffnungsklausel angestellt wurden (→ Rn. 118 ff.) und entsprechend auch im Falle des § 16 Abs. 3 WEG eine Eintragungspflicht im Grundbuch anzunehmen.

125h Die hM nimmt an, dass die Beschlusskompetenz des § 16 Abs. 3 WEG nicht nur gegenüber einem gesetzlichen, sondern auch gegenüber einem vereinbarten Kostenverteilungsschlüssel gilt.[469] Dem kann nicht zugestimmt werden. Aus den Gesetzesmaterialien ergibt sich, dass diese Frage dort nicht gesehen wurde.[470] Allerdings hatte der Gesetzgeber die Rechtsprechung des BGH[471] vor Augen, wonach eine Beschlusskompetenz dann nicht besteht, wenn ein **vereinbarter** Kostenverteilungsschlüssel vorliegt. Die sprachliche Auslegung ergibt, dass § 16 Abs. 3 WEG ausdrücklich auf § 16 Abs. 2 WEG verweist und

---

[465] BGH NJW 2010, 2129 Rn. 19; s. auch BGH NJW 2010, 2654 Rn. 9; aA – für lex specialis des § 16 Abs. 3 WEG im Verhältnis zu § 10 Abs. 2 S. 3 WEG – Bamberger/Roth/*Hügel* WEG § 10 Rn. 36; *Hügel/Elzer* WEG § 10 Rn. 174; Jennißen/*Abramenko* WEG § 10 Rn. 57.

[466] S. hierzu Staudinger/*Rapp* WEG § 5 Rn. 72.

[467] *Hügel/Elzer* WEG § 10 Rn. 145; ihnen folgend Palandt/*Wicke* WEG § 16 Rn. 8.

[468] Palandt/*Herrler* BGB § 899 Rn. 1.

[469] BGH NJW 2010, 2654 Rn. 9; *Hügel/Elzer* WEG § 16 Rn. 74; Palandt/*Wicke* WEG § 16 Rn. 7; *Schmid* ZMR 2007, 844; *Blankenstein,* WEG-Reform 2007, S. 106; *Häublein* ZMR 2007, 415; *Abramenko* WEG § 3 Rn. 17; Jennißen/*Jennißen* WEG § 16 Rn. 29.

[470] BT-Drs. 16/887, 22.

[471] DNotZ 2004, 366; ebenso OLG Hamm ZWE 2006, 232.

dort **nur** der gesetzliche Kostenverteilungsschlüssel definiert ist. Schließlich ist die hM auch aus der Sicht einer systematischen Gesetzesauslegung nicht haltbar: Wie die §§ 15 Abs. 2, 21 Abs. 3 WEG zeigen, ist für eine Beschlussfassung der Wohnungseigentümer stets dann kein Raum (es fehlt also die Beschlusskompetenz), wenn der Regelungsgegenstand von einer Vereinbarung erfasst ist. Eine Beschlusskompetenz besteht mit anderen Worten positiv gesehen stets dann, wenn sie vom Gesetz oder von einer Vereinbarung eröffnet ist und negativ ausgedrückt, wenn der Regelungsgegenstand zwar durch Gesetz, nicht aber durch Vereinbarung geregelt ist. Liegt also ein vereinbarter Kostenverteilungsschlüssel vor, so gelten die Regeln über die Änderungsmöglichkeiten bei Vereinbarungen, insbesondere zur Anpassungsverpflichtung gemäß § 10 Abs. 2 S. 3 WEG (→ Rn. 125 ff.). Diese Auslegung hat im Übrigen den Vorteil, dass sie der Aushöhlung der Publizität des Grundbuchs entgegenwirkt, da Änderungen gemäß § 10 Abs. 2 S. 3 WEG in das Grundbuch einzutragen sind.

Dem steht auch § 16 Abs. 5 WEG nicht entgegen: Für die Frage der Nichtabdingbarkeit der Regelung des § 16 Abs. 3 WEG muss zunächst der Inhalt derselben ermittelt werden. Nur der so ermittelte Inhalt kann gemäß § 16 Abs. 5 WEG nicht eingeschränkt oder ausgeschlossen werden.

Dem steht auch § 16 Abs. 4 WEG nicht entgegen. Die dort getroffene Aussage des Gesetzgebers bezieht sich auf Kosten der Instandhaltung/Instandsetzung, bauliche Veränderungen oder Aufwendungen gemäß § 22 Abs. 1, Abs. 2 WEG. Hier kann im **Einzelfall** abweichend von Abs. 2 eine dem Gebrauch oder der Gebrauchsmöglichkeit entsprechende Kostenverteilung beschlossen werden. Dieser Beschluss bedarf jedoch – im Gegensatz zum Beschluss des § 16 Abs. 3 WEG – einer doppelt qualifizierten Mehrheit von drei Viertel aller stimmberechtigten Wohnungseigentümer iSd § 25 Abs. 2 WEG und mehr als der Hälfte aller Miteigentumsanteile. Bei diesem Sachverhalt begegnet es keinen Bedenken, einen abweichenden Beschluss auch zu einer vereinbarten Kostenverteilung für möglich zu halten.[472] Die Regelung führt zu keiner Unrichtigkeit des Grundbuchs, da sie nur für den Einzelfall gilt und außerdem sehr hohe Anforderungen an die Mehrheiten stellt. Sie unterscheidet sich dadurch ganz erheblich von der generell und auch für die Zukunft maßgeblichen Beschlussfassung gemäß § 16 Abs. 3 WEG.

VIII. Veräußerung/Aufhebung von Sondernutzungsrechten

1. Form, Zustimmungsbedürftigkeit, gutgläubiger Erwerb. Die Übertragung eines 126
Sondernutzungsrechtes (auch nur eines realen Teiles eines solchen[473]) kann materiellrechtlich formfrei erfolgen, da dieses kein Grundstück oder grundstücksgleiches Recht ist. §§ 311b, 925 BGB sind nicht anwendbar. Jedoch ist die (formlos mögliche) **Einigung und Grundbucheintragung** gemäß §§ 877, 873 BGB nötig.[474] Die Grundbucheintragung erfordert demnach die einseitige Eintragungsbewilligung gemäß §§ 19, 29 GBO durch den Veräußerer. Es gilt der sachenrechtliche Bestimmtheitsgrundsatz.[475] Ist schuldrechtliches Grundgeschäft für die Übertragung des Sondernutzungsrechtes ein Kaufvertrag, so haftet der Veräußerer für den Bestand.[476]

Die Zustimmung der anderen Wohnungseigentümer zur Veräußerung des Sondernut- 127
zungsrechtes ist nicht erforderlich, auch wenn für die Veräußerung des Wohnungseigen-

---

[472] *Hügel/Elzer* WEG § 16 Rn. 101.
[473] DNotI-Report 2014, 66.
[474] BGH DNotZ 1979, 168; BayObLG Rpfleger 1979, 217; aA *Ertl* DNotZ 1988, 18; *Häublein* S. 54; *Lehmann-Richter* ZWE 2018, 385 (389): § 873 BGB nicht anwendbar; es gelten §§ 398 ff. BGB. Möglich ist auch ein rein schuldrechtliches Sondernutzungsrecht, das nicht im Grundbuch eingetragen wird und das durch Abtretung nach § 398 BGB an ein anderes Mitglied der Gemeinschaft übertragen werden kann, OLG Saarbrücken ZWE 2018, 206 Rn. 12. Ein gutgläubiger Erwerb ist bei dieser Konstellation mangels Grundbucheintragung ausgeschlossen.
[475] BayObLG ZWE 2002, 403.
[476] Rechtsmängelhaftung, OLG Koblenz MittBayNot 1998, 252.

tums selbst eine Verwalterzustimmung erforderlich wäre.[477] In der Gemeinschaftsordnung selbst kann jedoch bestimmt werden, dass § 12 WEG entsprechend auch auf die Veräußerung eines Sondernutzungsrechtes anwendbar ist.[478]

128   Das **Sondernutzungsrecht** kann auch in entsprechender Anwendung des § 893 BGB gutgläubig erworben werden, und zwar nicht nur, wenn es für den falschen Berechtigten eingetragen ist – materiell also existiert –, sondern auch, wenn es eingetragen ist, aber materiell überhaupt nicht besteht.[479]

Ist das Wohnungseigentum, von dem ein Sondernutzungsrecht abveräußert werden soll, mit Rechten Dritter belastet, so ist deren Zustimmung erforderlich, da sich deren Rechte auch auf das Sondernutzungsrecht erstrecken.[480]

Zur Sicherung des Anspruches auf Übertragung des Sondernutzungsrechtes kann auch eine **Vormerkung am Wohnungseigentum** selbst eingetragen werden.[481]

129   **2. Erwerberkreis. Erwerber des Sondernutzungsrechtes** können nach absolut hM nur Eigentümer aus derselben Wohnungseigentumsanlage sein.[482] Denkbar ist jedoch die Gestaltung, dass mit einem untergeordneten Wohnungs-/Teileigentum zahlreiche Sondernutzungsrechte verbunden werden und ein Außenstehender einen Miteigentumsanteil an diesem Wohnungs-/Teileigentum erwirbt und dabei eine Benutzungsregelung auch mit Wirkung für die Sondernutzungsrechte gemäß § 1010 BGB vereinbart wird. Wegen des eingeschränkten Erwerberkreises kann das Wohnungseigentum nach hM auch nicht mit einer **Dienstbarkeit** des Inhaltes belastet werden, dass ein Dritter das Sondernutzungsrecht ausüben darf.[483] Jedoch ist eine schuldrechtliche Gestattung der Ausübung des Sondernutzungsrechtes durch Dritte zulässig, zB Vermietung.[484]

130   **3. Akzessorietät bei Wohnungsveräußerung.** Wird ein Wohnungseigentum veräußert, das mit einem Sondernutzungsrecht ausgestattet ist, so geht dieses automatisch ohne zusätzliche Einigung und Eintragung auf den Erwerber über, da es Inhalt des veräußerten Sondereigentums ist.[485] Eine besondere Erwähnung dahin gehend, dass das Sondernutzungsrecht mitveräußert sei, ist deshalb nicht geboten.

131   **4. Nachträgliche Begründung von Sondernutzungsrechten.** Wird bei einer bestehenden Wohnungseigentümer-Gemeinschaft nachträglich ein Sondernutzungsrecht begründet, so kann dies nur im Wege einer **einstimmigen Vereinbarung** erfolgen.[486] Eine Wirkung gegenüber einem Sonderrechtsnachfolger kann gemäß § 10 Abs. 2 WEG nur dadurch erreicht werden, dass die Vereinbarung als Inhalt des Sondereigentums im Grundbuch eingetragen wird. Es ist sachdienlich und entspricht der Verkehrssitte (§ 157

---

[477] BGHZ 73, 145; BayObLG ZWE 2002, 81; DNotI-Report 1999, 41; MittBayNot 1985, 74.

[478] BGHZ 73, 150.

[479] BayObLG DNotZ 1990, 381 mit kritischer Anm. *Weitnauer* DNotZ 1990, 385 (391); OLG Hamm ZWE 2009, 171; OLG Stuttgart OLGZ 1986, 35; LG Nürnberg-Fürth NJW 2009, 3445; LG München I ZWE 2011, 232; *Ertl* FS Seuß 1987, 151; DNotZ 1988, 20; *Röll* FS Seuß 1987, 233; Staudinger/*Rapp* WEG § 5 Rn. 74; BeckOGK/*Müller* WEG § 1 Rn. 362 ff.; offen gelassen von OLG Zweibrücken MittBayNot 2014, 56; aA *Schnauder* FS Bärmann und Weitnauer 1990, 591.

[480] BayObLGZ 1974, 217.

[481] BayObLG DNotZ 1979, 307.

[482] BGHZ 73, 145 mN.

[483] BayObLG DNotZ 1998, 125 mit ablehnender Anm. *Ott*; DNotZ 1990, 496 mit kritischer Anm. *Amann;* OLG Schleswig ZWE 2012, 42; OLG Düsseldorf DNotZ 1988, 31; BayObLGZ 1974, 396; OLG Zweibrücken MittBayNot 1999, 378; *Ertl* DNotZ 1988, 13; aA Staudinger/*Rapp* WEG § 1 Rn. 51a; Riecke/Schmid/*Schneider* WEG § 1 Rn. 114; Bärmann/*Suilmann* WEG § 13 Rn. 76; *Ott* DNotZ 1998, 130; zum Meinungsstand s. DNotI-Report 1999, 165.

[484] BayObLGZ 1974, 400.

[485] BayObLG MittBayNot 1987, 199.

[486] BGH ZWE 2012, 259; die Gebühr nach Nr. 14160 Nr. 5 KV GNotKG in Höhe von 50 EUR fällt hierfür nur einmal an, OLG Hamburg notar 2019, 22.

BGB), Vereinbarungen in das Grundbuch einzutragen.[487] Die schuldrechtliche Wirksamkeit der Vereinbarung zwischen den vertragsschließenden Wohnungseigentümern hängt jedoch von der Grundbucheintragung nicht ab.[488]

Beschlüsse der Wohnungseigentümer (gleichgültig ob es sich um allstimmige, einstimmige oder um mehrheitsmäßige handelt) können ein Sondernutzungsrecht nicht begründen, auch wenn sie nicht angefochten werden und deshalb (nach der früheren Rechtsprechung) als vereinbarungsersetzende Beschlüsse behandelt werden.[489] Solche Beschlüsse entziehen den nichtbegünstigten Wohnungseigentümern ein elementares, sich aus dem Miteigentum ergebendes Recht, nämlich dasjenige zum Mitgebrauch gemäß § 13 Abs. 2 WEG.   131a

Die **Drittberechtigten** an den einzelnen Wohnungseigentumseinheiten müssen wegen der Schmälerung des Gemeinschaftseigentums dieser Vereinbarung über die Begründung eines Sondernutzungsrechtes **zustimmen.** Dies gilt auch dann, wenn sich der teilende Eigentümer in der Gemeinschaftsordnung ausdrücklich die Befugnis vorbehalten hat, nachträgliche Sondernutzungsrechte zu begründen. Ist dieser Vorbehalt jedoch bereits grundbuchmäßig bestimmt und sind die Wohnungseigentümer, ggf. auch nur bedingt, von der Nutzung bereits ausgeschlossen, so können die Drittberechtigten durch die Begründung des Sondernutzungsrechtes nicht mehr in ihren Rechten betroffen sein, so dass ihre Zustimmung entbehrlich ist.[490] Sind die Sondernutzungsrechte bereits mit einer Einheit insgesamt verbunden, so bedarf die Abtrennung von dieser Einheit und die Neuverbindung mit einer anderen Einheit nicht der Zustimmung der anderen Wohnungseigentümer und der hieran Drittberechtigten,[491] da diese bereits von vornherein von der Nutzung ausgeschlossen waren. Dasselbe gilt, wenn Grenzen zwischen Sondernutzungsbereichen verschoben werden.[492] Durch gewohnheitsrechtliche Übung kann kein Sondernutzungsrecht entstehen.[493] Die tatsächliche Nutzung aufgrund eines Mehrheitsbeschlusses schafft keinen Vertrauenstatbestand, der einem dinglichen Recht gleichzusetzen wäre.   131b

Der Schutz des § 892 Abs. 1 S. 1 BGB geht auch dahin, dass Vereinbarungen mit Wirksamkeit gegenüber dem Sonderrechtsnachfolger über den im Grundbuch ausgewiesenen Bestand hinaus nicht getroffen sind.[494] Das sachenrechtliche Publizitätsprinzip kann nicht durch faktisches Handeln außerhalb des Grundbuchs außer Kraft gesetzt werden. Der Streit um den Geltungsbereich eines Sondernutzungsrechtes betrifft eine Frage der Gebrauchsregelung und nicht eine Frage der Eigentumszuordnung. Für diesen Streit ist das Verfahren gemäß § 43 Abs. 1 Nr. 1 WEG gegeben.[495]   131c

5. Gemeinschaftliche Sondernutzungsrechte. Veränderungen in der Zusammensetzung des Kreises gemeinschaftlich sondernutzungsberechtigter Wohnungseigentümer sind ohne Zustimmung der jeweils anderen Mitberechtigten an dem gemeinschaftlichen Sondernutzungsrecht möglich. Es handelt sich um kein höchstpersönliches Recht, was sich auch daraus ergibt, dass die verbleibenden Berechtigten einen Personenwechsel dann hinnehmen müssen, wenn das berechtigte Wohnungseigentum veräußert wird. § 47 GBO gilt für gemeinschaftliche Sondernutzungsrechte nicht, da diese nicht als Belastung der   132

---

[487] BayObLG DNotZ 2004, 931; OLG München ZWE 2014, 266.

[488] BayObLG ZWE 2002, 584.

[489] BGH NJW 2000, 3500; OLG München ZMR 2007, 561; OLG Köln NJW 1995, 202; Staudinger/ *Kreuzer* WEG § 13 Rn. 28 f. und § 15 Rn. 23; *Häublein* S. 208 f.; *Wenzel* FS Hagen 1999, 238.

[490] *Schneider* ZWE 2012, 172. Aufhebung und Neugründung eines Sondernutzungsrechts (oder auch der Tausch von solchen) bedarf der Zustimmung der Drittberechtigten; auf eine Gleichwertigkeit der Sondernutzungsrechte kommt es nicht an, da dieser Umstand im Grundbuchverfahren bei den dort nur zugelassenen Beweismitteln nicht festgestellt werden kann, OLG Köln ZWE 2018, 317 Rn. 12, 13.

[491] BayObLG DNotZ 1988, 30; OLG Düsseldorf NJW-RR 1987, 1491.

[492] BayObLG DNotZ 1999, 672.

[493] KG NJW-RR 1987, 654.

[494] OLG Hamm MittBayNot 1994, 130.

[495] OLG Zweibrücken ZWE 2002, 332.

einzelnen Wohnungseigentümer im Grundbuch eingetragen werden, sondern nur als Ausschluss der Benutzungsbefugnis der nichtberechtigten Wohnungseigentümer.

133 **6. Veräußerung eines Sondernutzungsrechtes und Grunderwerbsteuer.** Wird ein Wohnungseigentum zusammen mit einem Sondernutzungsrecht veräußert, so ist die gesamte Gegenleistung, auch soweit sie auf das Sondernutzungsrecht entfällt, grunderwerbsteuerpflichtig. Dies folgt daraus, dass das Sondernutzungsrecht Bestandteil des Wohnungseigentums ist.

134 Seit 1991 sind in § 2 Abs. 2 GrEStG „dinglich gesicherte Sondernutzungsrechte iSd § 15 WEG" den Grundstücken gleichgestellt.

135 Damit ist auch die isolierte Veräußerung eines Sondernutzungsrechts grunderwerbsteuerpflichtig und trifft den Notar auch die Anzeigepflicht gemäß § 18 Abs. 1 S. 1 GrEStG.

136 **7. Sondernutzungsrecht und Bewertungsgesetz.** Bei der Einheitsbewertung wird ein Sondernutzungsrecht, zumindest soweit es sich um ein Bauwerk handelt (Tiefgaragenabstellplatz, oberirdische Garage), durch § 70 Abs. 3 BewG erfasst, da es sich um ein Gebäude handelt, das einem anderen als dem Eigentümer des Grund und Bodens zuzurechnen ist, selbst wenn es wesentlicher Bestandteil des Grund und Bodens geworden ist (vgl. Steuerrichtlinien BewG Nr. 4 III).

136a **8. Aufhebung von Sondernutzungsrechten.** Die Aufhebung eines Sondernutzungsrechtes ist – im Vergleich zu einer Inhaltsänderung desselben – nur eine weitergehende Regelung. Sie bedarf materiell-rechtlich einer neuen Vereinbarung aller Wohnungseigentümer. Gegen den Willen eines Sondernutzungsberechtigten können die übrigen Wohnungseigentümer eine dauerhafte Änderung des Inhalts des Sondernutzungsrechts oder die dauerhafte Aufhebung eines solchen Rechts nur nach Maßgabe von § 10 Abs. 2 S. 3 WEG auf dem darin geregelten Weg einer Anpassung oder Änderung der Gemeinschaftsordnung herbeiführen. § 875 BGB – **einseitiger Verzicht auf das Sondernutzungsrecht** – ist nicht entsprechend anwendbar.[496] Die Rechtsprechung lässt jedoch für den grundbuchmäßigen Vollzug der Aufhebung eines Sondernutzungsrechtes die einseitige Eintragungsbewilligung des Sondernutzungsberechtigten genügen.[497] Zur Begründung wird darauf verwiesen, dass die Löschung nur die Wirkung des § 10 Abs. 3 WEG beseitige, aber die schuldrechtliche Vereinbarung über das Sondernutzungsrecht unberührt lasse. Werde das Sondernutzungsrecht im Grundbuch gelöscht, werde es bei Veräußerung oder Versteigerung nur eines Wohnungseigentums hinfällig, sofern nicht der Erwerber in die Vereinbarung eintritt. Bei dem hier vertretenen dinglichen Verständnis für Ausgestaltung des Sondereigentums stellt die Aufhebung eines Sondernutzungsrechtes eine Inhaltsänderung des Sondereigentums dar, die als Verfügungsgeschäft nur von allen Wohnungseigentümern gemeinschaftlich vorgenommen werden kann.[498] Die Aufhebung des Sondernutzungsrechtes bedarf auch der Zustimmung der Berechtigten der Abteilung II des Grundbuchs (soweit betroffen), in jedem Fall jedoch der Zustimmung der Berechtigten der Abteilung III, jeweils der sondernutzungsberechtigten Einheit.[499]

---

[496] BGHZ 145, 133; Bärmann/*Suilmann* WEG § 13 Rn. 130. Die Entziehung eines Sondernutzungsrechts richtet sich nicht nach § 18 WEG, sondern nach den Grundsätzen über die Anpassung einer Vereinbarung gem. § 10 Abs. 2 S. 3 WEG, BGH NJW-RR 2018, 776 Rn. 18; ZMR 2018, 681 Rn. 13; *Schmidt-Räntsch* ZWE 2019, 3 (6).

[497] BGHZ 145, 133; OLG Düsseldorf ZWE 2013, 210.

[498] Kritisch zur Rechtsprechung des BGH auch Bärmann/*Suilmann* WEG § 13 Rn. 132.

[499] BGHZ 91, 346; OLG München ZWE 2014, 164.

IX. Externe Veränderungen

1. Wegmessungen vom Wohnungseigentumsgrundstück. Eine **Verfügung über** 137
eine reale Teilfläche aus dem gemeinschaftlichen Wohnungseigentumsgrundstück kann
nur von allen Wohnungseigentümern insgesamt vorgenommen werden (§ 10 Abs. 2 S. 1
WEG; § 747 S. 2 BGB). Die Veräußerung einer Teilfläche aus dem gemeinschaftlichen
Wohnungseigentumsgrundstück ist auf ein Verfügungsgeschäft hin (Auflassung) gerichtet
und deshalb keine in die Beschlusszuständigkeit der Wohnungseigentümerversammlung
fallende Maßnahme. Dieser fehlt insoweit die Beschlusskompetenz mit der Folge, dass ein
gleichwohl gefasster Beschluss nichtig ist. Allenfalls aus dem besonderen Treueverhältnis
der Wohnungseigentümer untereinander kann sich ein Anspruch auf Zustimmung ergeben; dies erfordert jedoch solche außergewöhnlichen Umstände, die den Verkauf nahezu
als zwingend erscheinen lassen, weil ansonsten mit einem nicht unerheblichen Nachteil
für die anderen Wohnungseigentümer zu rechnen ist. Eine Abtretungsverpflichtung kann
auch nicht durch eine entsprechende Vereinbarung gemäß § 10 Abs. 2 S. 3 WEG begründet werden, da sie nicht das Verhältnis der Wohnungseigentümer untereinander betrifft,
sondern die sachenrechtliche Zuordnung.[500] Die veräußerte Teilfläche darf jedoch nicht
mit einem im Sondereigentum stehenden Gebäudeteil bebaut sein, es sei denn, dass
gleichzeitig insoweit das Sondereigentum aufgehoben wird.[501] Eine Auflassungsvormerkung kann nur an allen Einheiten gleichzeitig eingetragen werden.[502]

Für die **Abtretung von Straßengrund** wird allerdings die Auffassung vertreten, dass 138
es sich um eine **Maßnahme der ordnungsgemäßen Verwaltung** handelt, die durch
Stimmenmehrheit beschlossen werden kann (§ 21 Abs. 3 WEG).[503] *Weitnauer* hält den
Verwalter in diesem Falle für befugt, die Grundabtretung im Namen aller Wohnungseigentümer zu vollziehen.

Diese Auffassung berücksichtigt jedoch nicht, dass der Verwalter für die Eigentümer 139
nur im Falle des § 27 Abs. 2 WEG bevollmächtigt ist, nicht jedoch im Falle des § 27
Abs. 1 S. 1 WEG, der nur das Innenverhältnis des Verwalters zu den Wohnungseigentümern betrifft, aber keine gesetzliche Vertretungsmacht des Verwalters begründet.[504]

Allerdings können die Befugnisse des Verwalters erweitert werden (§ 27 Abs. 4 WEG).
Daraus ergibt sich die Möglichkeit, Grundabtretungen auch bei einer Vielzahl von Einheiten praktisch vollziehbar zu machen. Die Beschlusskompetenz ergibt sich aus der
Pflicht zur ordnungsgemäßen Verwaltung, da der Flächenabtretung eine öffentlich-rechtliche Verpflichtung zugrunde liegt.[505]

Formulierungsbeispiel: Verwalterkompetenz – Verfügungsgeschäft 139a

Der Verwalter ist nach vorherigem Mehrheitsbeschluss der Versammlung der Wohnungseigentümer zu solchen Verfügungen über das Wohnungseigentumsgrundstück ermächtigt, die nach einer Bestätigung der zuständigen Behörde auch im Wege der
Zwangsenteignung oder der Zwangsbelastung durchgeführt werden können.

Bei einer solchen **Ermächtigung (iSd § 185 BGB) des Verwalters** genügt alsdann
zum Grundbuchvollzug die Vorlage des Beschlusses der Wohnungseigentümer-Versammlung und der Bestätigung der zuständigen Behörde. Für die Form des Beschlusses gilt § 26
Abs. 4 WEG entsprechend.

---

[500] BGH NJW 2013, 1962 Rn. 8, 9, 10, 12.
[501] KG ZMR 2012, 462; BeckOGK/*Müller* WEG § 1 Rn. 423 ff.
[502] BayObLGZ 1974, 118; OLG Düsseldorf ZWE 2013, 208; vgl. § 3 Abs. 5 WE-GBVfg; aA BeckOGK/
Müller WEG § 1 Rn. 429.
[503] Weitnauer/*Lüke* WEG vor § 20 Rn. 3 und § 1 Rn. 27 ff.; s. BGHZ 140, 68; *Häublein* ZWE 2007, 477.
[504] BGHZ 78, 166; BGHZ 67, 232.
[505] Abl. *Reymann* ZWE 2013, 316.

Bei Vollendung der Grundabtretung ist zu erklären, dass das Wohnungseigentum an der weggemessenen Fläche aufgehoben wird.[506] Dies gilt auch dann, wenn die weggemessene Fläche bebaut ist. Das Sondereigentum ist insoweit aufzuheben; der dadurch entstehende freie Miteigentumsanteil ist mit (bereits bestehendem) Sondereigentum an der Restfläche zu verbinden.

140   Die **Lastenfreistellung** der weggemessenen Fläche kann durch **Unschädlichkeitszeugnisse** erleichtert werden (Art. 120 EGBGB in Verbindung mit den einschlägigen Landesgesetzen).[507] Für die Wertgrenze ist maßgeblich der Anteil, der auf die einzelnen Eigentumswohnungen entfällt.

Bei einer nicht von hoher Hand erzwingbaren Veräußerung muss es jedoch beim Einstimmigkeitsgrundsatz verbleiben. Eine Zuständigkeit des Verwalters kann hierfür nicht begründet werden. Der Eigentümerversammlung fehlt die Beschlusskompetenz.

141   **2. Hinzuerwerb einer Fläche zum Wohnungseigentumsgrundstück.** Der Hinzuerwerb eines Grundstücks zum Wohnungseigentumsgrundstück ist durch **alle** Wohnungseigentümer möglich, jedoch nur im Verhältnis deren Miteigentumsanteile.[508] Das hinzuerworbene Grundstück ist dem Wohnungseigentumsgrundstück als Bestandteil zuzuschreiben.[509] Eine Verpflichtung zum Hinzuerwerb besteht jedoch, abgesehen davon, dass dies in den Fällen des § 10 Abs. 2 WEG von den Eigentümern vereinbart ist, nicht, auch nicht zu einem unentgeltlichen Erwerb.[510] Eine Beschlusskompetenz der Wohnungseigentümer bezüglich eines Zuerwerbs besteht nicht, da ein solcher keine Verwaltung des bisherigen Verwaltungsgegenstandes darstellt.[511]

Die hinzuerworbene Fläche ist in Wohnungseigentum aufzuteilen und der für das Wohnungseigentumsgrundstück gültigen Gemeinschaftsordnung zu unterstellen.[512] Diese Aufteilung tritt nicht automatisch mit der Vereinigung gemäß § 890 Abs. 1 BGB ein. Es ist hierzu ein Vertrag nach § 3 WEG zwischen allen Wohnungseigentümern erforderlich.[513]

142   Für die **Lastenausdehnung** gelten die allgemeinen Bestimmungen: Bei Bestandteilszuschreibung erstrecken sich Grundpfandrechte gemäß § 1131 BGB auch auf den hinzuerworbenen Miteigentumsanteil;[514] Rechte in Abteilung II sind pfandzuunterstellen.

Einem Wohnungseigentum kann auch ein Grundstück gemäß § 890 Abs. 2 BGB als Bestandteil zugeschrieben werden.[515] Das Wohnungseigentum ist hier wie ein Grundstück, nicht wie ein schlichter Miteigentumsanteil zu behandeln. Ausgeschlossen ist jedoch die Vereinigung eines Wohnungseigentums mit einem Grundstück gemäß § 890 Abs. 1 BGB, da es an der Einheitlichkeit der neuen Sache fehlen würde.

142a   Zum Hinzuerwerb einer Fläche durch die rechtsfähige Gemeinschaft der Wohnungseigentümer → Rn. 146.

143   **3. Das Wohnungseigentumsgrundstück als herrschendes Grundstück.** Ist ein Wohnungseigentumsgrundstück **herrschendes Grundstück einer Grunddienstbarkeit,** ei-

---

[506] *Herrmann* DNotZ 1991, 609; OLG Frankfurt a.M. DNotZ 1991, 604; aA Weitnauer/*Briesemeister* WEG § 1 Rn. 33.
[507] ZB das einschlägige Gesetz in Bayern v. 9.11.2012, BayGVBl. 2012, 534, s. hierzu *Demharter* MittBayNot 2013, 104; LG München I MittBayNot 1967, 365.
[508] BayObLG Rpfleger 1976, 13; OLG Zweibrücken DNotZ 1991, 605; *Elzer* ZWE 2011, 17.
[509] OLG Frankfurt a.M. DNotZ 1993, 612; OLG Oldenburg Rpfleger 1977, 22.
[510] BayObLGZ 1973, 34.
[511] *Elzer* ZWE 2011, 17; Riecke/Schmid/*Elzer/Riecke* WEG § 20 Rn. 86; BeckOGK/*Müller* WEG § 1 Rn. 442.
[512] OLG Frankfurt a.M. ZWE 2006, 345; aA BeckOGK/*Müller* WEG § 1 Rn. 437.
[513] OLG Zweibrücken DNotZ 1991, 605; *Herrmann* DNotZ 1991, 611: für entsprechende Anwendung von § 8 WEG; aA Weitnauer/*Briesemeister* WEG § 1 Rn. 31f.: Erklärung gemäß § 890 BGB genügt.
[514] LG Bochum Rpfleger 1990, 291.
[515] BayObLGZ 1993, 70; Staudinger/*Rapp* WEG § 1 Rn. 41a.

ner Reallast oder eines dinglichen Vorkaufsrechts, so ist eine notwendig werdende Freiga-beerklärung von allen Wohnungseigentümer abzugeben. Eine Beschlusskompetenz der Wohnungseigentümer zur Aufgabe oder zur Veränderung des Rechts besteht nicht.[516] Bei großen Wohnungseigentumsanlagen stößt dies auf praktische Schwierigkeiten. Bei der Bestellung der Dienstbarkeit ist deshalb, wenn deren Ausübung auf einen realen Grund-stücksteil beschränkt sein soll, der Ausübungsbereich genau zu bezeichnen, am besten durch einen amtlichen Lageplan.[517] Bei der Abmessung einer Teilfläche aus dem belaste-ten Grundstück kann alsdann § 1026 BGB angewendet werden. Der für das Grundbuch-amt erforderliche Nachweis gemäß § 29 GBO dahingehend, dass die Abtretungsfläche die Ausübung der Dienstbarkeit nicht beeinträchtigt, kann durch eine Bescheinigung eines öffentlich bestellten Vermessungsingenieurs[518] oder des Vermessungsamtes[519] erbracht wer-den.

4. Das Wohnungseigentumsgrundstück als Nachbar im Sinne des Baurechtes. 144
Nachbar im Sinne des Baurechtes sind die einzelnen Wohnungseigentümer, nicht die rechtsfähige Gemeinschaft, da diese nicht Grundstückseigentümerin ist. Nach Art. 71 Abs. 3 S. 2 BayBO zB genügt jedoch wegen der im Baugenehmigungsverfahren erforder-lichen Nachbarunterschrift die Vorlage an den Verwalter. Seine Unterschrift gilt allerdings nicht als Zustimmung der einzelnen Wohnungseigentümer zu Abweichungen von nach-barschützenden Bestimmungen des öffentlichen Rechts. Die Zustellung der Baugenehmi-gung hat deshalb an alle einzelnen Wohnungseigentümer, nicht an den Verwalter, zu er-folgen.[520] Klageberechtigt ist jeder einzelne Wohnungseigentümer.[521]

5. Nachbardienstbarkeit, Baulasten. Nachbardienstbarkeiten (zB Geh- und Fahrtrech- 144a
te, Ver- und Entsorgungsleitungen, Grenzabstandsregelungen) betreffen Verfügungen über das gesamte Wohnungseigentumsgrundstück und können deshalb nur von *allen Wohnungs-eigentümern* vorgenommen werden. In diesen Angelegenheiten fehlt der Wohnungseigen-tümergemeinschaft die Beschlusskompetenz. Dasselbe gilt für die in vielen Bundesländern üblichen Baulasten. Sie wirken dinglich und ohne Grundbucheintragung gegenüber Son-derrechtsnachfolgern des belasteten Grundstücks. Auch hier ist die Mitwirkung aller Wohnungseigentümer erforderlich; auch hier fehlt jede Beschlusskompetenz.[522]

6. Erweiterte Zuständigkeit des Verwalters. Eine erweiterte Zuständigkeit des Verwal- 145
ters für Straßengrundabtretungen wurde bereits in → Rn. 139 vorgeschlagen. Aber auch für die Fälle in → Rn. 143 f. ist eine solche Zuständigkeitserweiterung erwägenswert. Sie erleichtert, ja in vielen Fällen ermöglicht sie sogar erst, die ansonsten wegen Passivität oder Desinteresse der einzelnen Wohnungseigentümer erforderlichen Rechtshandlungen.

Formulierungsbeispiel: Verwalterkompetenz – Nachbarrechte 145a

Der Verwalter ist ferner nach vorherigem Mehrheitsbeschluss der Wohnungseigentümer-Versammlung ermächtigt, über Rechte, die zu Gunsten des Wohnungseigentumsgrund-stückes an anderen Grundstücken eingetragen sind, Verfügungen zu treffen und die einzelnen Wohnungseigentümer in öffentlich-rechtlichen Angelegenheiten, bei denen es sich um die Wahrnehmung von Nachbarrechten handelt, zu vertreten.

---

[516] DNotI-Report 2017, 52.
[517] BGH NJW 1981, 1781.
[518] KG DR 1939, 1174.
[519] LG Landshut MittBayNot 1978, 215.
[520] *Simon/Busse,* BayBO, 2008, Art. 78 Rn. 13b; eine Adressierung an die „Wohnungseigentümergemein-schaft" mit Zustellung an den Verwalter soll jedoch genügen.
[521] *Simon/Busse,* BayBO, 2008, Rn. 33a; zur gesamten Thematik s. *Fraatz-Rosenfeld* ZMR 2018, 854.
[522] BGH DNotI-Report 2019, 57; DNotI-Abrufgutachten v. 10. 11. 2017, web-ms 159697-i.

X. Teilrechtsfähigkeit und Grundbuchfähigkeit der Wohnungseigentümergemeinschaft

146 Mit Beschluss des V. Zivilsenats des BGH vom 2.6.2005[523] wurde in Abkehr von der früheren eigenen Rechtsprechung[524] und der weit überwiegenden Ansicht in der Literatur[525] das Recht des Wohnungseigentums dahin gehend fortgebildet, dass die Gemeinschaft der Wohnungseigentümer als rechtsfähig anzuerkennen sei, soweit sie bei der Verwaltung des gemeinschaftlichen Eigentums am Rechtsverkehr teilnehme. Diese Auffassung wurde begründet von *Bärmann*[526] und zuletzt weiterentwickelt vorgestellt von *Häublein*.[527] Bei einer solchen Teilnahme am Rechtsverkehr sei die rechtsfähige Wohnungseigentümergemeinschaft als solche berechtigt und verpflichtet, nicht der einzelne Wohnungseigentümer.

Durch das WEG-ÄndG wurde die Rechtsprechung des BGH im Grundsatz kodifiziert, die Haftungsverfassung jedoch abweichend vom BGH-Konzept geregelt. Die zentrale Bestimmung findet sich nunmehr in § 10 Abs. 6 WEG. § 10 Abs. 7 WEG befasst sich alsdann mit dem Vermögen der rechtsfähigen Gemeinschaft, das vom Gesetz als „Verwaltungsmögen" bezeichnet wird. § 10 Abs. 8 WEG enthält die neue Haftungsverfassung, die im Grundsatz von einer teilschuldnerischen Verpflichtung, entsprechend dem Miteigentumsanteil, ausgeht.

147 Nach der Gesetzeslage kann es an der (Teil-)Rechtsfähigkeit der Wohnungseigentümergemeinschaft keine Zweifel geben.[528] Sie wird vom BGH[529] als Verband „sui generis" bezeichnet, ist aber vom Typus her eher der rechtsfähigen Personengesellschaft gemäß § 14 Abs. 2 BGB als der juristischen Person zuzuordnen. Dies ergibt sich aus der Haftungsverfassung, die im Gegensatz zur juristischen Person eine (wenn auch teilschuldnerische) persönliche Haftung der Wohnungseigentümer vorsieht.

148 **1. Die Bezeichnung der Wohnungseigentümergemeinschaft im Rechtsverkehr.** Aus der Rechtsfähigkeit der Gemeinschaft der Wohnungseigentümer folgt, dass diese im Rechtsverkehr unter einer bestimmten Bezeichnung auftreten muss (§ 10 Abs. 6 S. 4 WEG). Sie muss dabei die Bezeichnung „Wohnungseigentümergemeinschaft", gefolgt von der bestimmten Angabe des gemeinschaftlichen Grundstücks führen. Dementsprechend sollte zu Beginn einer jeden Gemeinschaftsordnung die Bezeichnung der Wohnungseigentümergemeinschaft vorausgestellt werden.

148a **Formulierungsbeispiel: Bezeichnung der Wohnungseigentümergemeinschaft**

↻ Die Wohnungseigentümergemeinschaft führt die Bezeichnung „Wohnungseigentümergemeinschaft Schönstadt, Hauptplatz 1 (Fl.-Nr. 1 Gemarkung Schönstadt)".

Der Verwalter hat bei dem Handeln für die Wohnungseigentümergemeinschaft diese Bezeichnung zu führen, ebenso wie beispielsweise der Geschäftsführer einer GmbH bei dem Handeln für diese die Firma anzugeben hat. Das Gesetz unterscheidet zwischen der rechtsfähigen Gemeinschaft der Wohnungseigentümer und der sachenrechtlichen Bruchteilsgemeinschaft gemäß § 1 Abs. 5 WEG. Dies ergibt sich aus § 27 Abs. 2, Abs. 3 WEG. Der rechtsfähigen Gemeinschaft ist das Verwaltungsvermögen gemäß § 10 Abs. 7 WEG,

---

[523] NJW 2005, 2061.
[524] BGHZ 142, 294; BGHZ 78, 172.
[525] ZB Bamberger/Roth/*Hügel* WEG § 10 Rn. 2 f.; MüKoBGB/*Commichau* WEG Vor § 1 Rn. 47; Staudinger/*Rapp* WEG Einl. Rn. 24 ff.
[526] Wohnungseigentümergemeinschaft, 1986, S. 282.
[527] FS Wenzel 2005, 175.
[528] S. die zusammenfassende Darstellung DNotI-Report 2007, 169 ff.
[529] NJW 2005, 2061.

der Bruchteilsgemeinschaft das gemeinschaftliche Eigentum gemäß § 1 Abs. 5 WEG zugeordnet.[530]

2. Der sachliche Bereich der Rechtsfähigkeit. Der sachliche Bereich der Rechtsfähig- 149
keit ist auf die gesamte Verwaltung des gemeinschaftlichen Eigentums bezogen. Dazu gehören alle Maßnahmen, die in tatsächlicher oder rechtlicher Hinsicht auf seine gewöhnliche Nutzung/Erhaltung/Verbesserung abzielen oder sich sonst als Geschäftsführung zugunsten der Wohnungseigentümer bezüglich des Gemeinschaftseigentums darstellen.[531]
Die Verwaltung ist damit nicht auf die in den §§ 20ff. WEG genannten Maßnahmen beschränkt; sie erstreckt sich auch auf die Verwaltung des Gebrauchs des gemeinschaftlichen Eigentums sowie den Erwerb von Gegenständen aller Art, auch von einem Grundstück oder von Rechten an einem solchen.[532] Auch die Aufnahme eines langfristigen, hohen Kredits durch die Wohnungseigentümergemeinschaft kann zur Verwaltung derselben gehören.[533] Zwar sind die wichtigsten Verwaltungsaufgaben im § 21 Abs. 5 WEG aufgezählt, die Verwaltung bezieht sich darüber hinaus jedoch auf das gesamte Innenverhältnis und auf alle Maßnahmen der Vertretung der rechtsfähigen Gemeinschaft nach außen.[534]

Ausgenommen von der Verwaltung sind alle Verfügungsgeschäfte, also Veränderungen des Gegenstandes des Wohnungseigentums, insbesondere Veränderungen am Grundstück sowie Veränderungen in der Größe des Miteigentumsanteils oder zwischen den Bereichen des Sondereigentums und des gemeinschaftlichen Eigentums. Nicht zur Verwaltung gehören auch Neuerungen, insbesondere bauliche Veränderungen, die über die ordnungsmäßige Verwaltung hinausgehen. Das sachenrechtliche Eigentum gehört den einzelnen Wohnungseigentümern (§ 10 Abs. 1 WEG) und nicht der rechtsfähigen Gemeinschaft[535] mit der Folge, dass der rechtsfähigen Gemeinschaft diesbezüglich keinerlei Verfügungsbefugnis zusteht. Damit wird auch der Charakter des Wohnungseigentums als Eigentum im sachenrechtlichen Sinne gewahrt.

Die Verpflichtungen, die sich aus dem allgemeinen Nachbarschaftsrecht gemäß §§ 903ff. BGB und auch aus der Verkehrssicherungspflicht ergeben, treffen jedoch den Grundstückseigentümer als solchen und nicht die Gemeinschaft. Es handelt sich dabei zwar um „gesetzlich begründete Pflichten" gemäß § 10 Abs. 6 S. 2 WEG, diese Pflichten haben jedoch ihre Ursache in dem gemeinschaftlichen Eigentum. Nach § 10 Abs. 6 S. 3 WEG nimmt die rechtsfähige Gemeinschaft jedoch auch die gemeinschaftsbezogenen Pflichten der Wohnungseigentümer wahr, ebenso sonstige Pflichten der Wohnungseigentümer, soweit diese gemeinschaftlich zu erfüllen sind. Dabei handelt es sich nicht um Verpflichtungen der rechtsfähigen Gemeinschaft sondern um Verpflichtungen der einzelnen Wohnungseigentümer.[536] Daraus ergibt sich auch eine passive Prozessführungsbefugnis der WEG.[537] Im Verhältnis zwischen der rechtsfähigen Gemeinschaft und dem einzelnen Wohnungseigentümer ist danach die erstere gemäß § 10 Abs. 6 S. 3 WEG verpflichtet, die gemeinschaftsbezogenen Pflichten zu erfüllen. Die rechtsfähige Gemeinschaft ist danach ein gesetzlich berufener Erfüllungsgehilfe gemäß § 278 BGB für den einzelnen Wohnungseigentümer. Kommt dieser seinen Verpflichtungen schuldhaft nicht nach, so haftet der einzelne Wohnungseigentümer gemäß § 278 BGB.[538] Diese Haftung ist nicht

---

[530] BGH NJW 2007, 518.
[531] Palandt/*Wicke* WEG § 10 Rn. 26; *Häublein* FS Seuß 2007, 131; BGH ZfIR 1997, 284; zur Darlehensaufnahme durch die WEG s. *Hügel/Elzer* DNotZ 2016, 247; zur Beteiligung der WEG an Gesellschaften s. *Häublein* ZWE 2017, 429.
[532] BGH ZWE 2016, 268 Rn. 27; OLG München ZMR 2016, 792; *Schmidt-Räntsch* ZWE 2016, 429 (433); *Naumann* notar 2017, 128.
[533] BGHZ 207, 99 Rn. 13ff.; BGHZ 195, 22 Rn. 8; s. auch *Dietrich* ZMR 2016, 429.
[534] Staudinger/*Jacoby* WEG § 20 Rn. 17ff.; *Hügel/Elzer* WEG § 20 Rn. 2.
[535] BGH NJW 2007, 517.
[536] *Wenzel* ZWE 2006, 466; *Armbrüster* ZWE 2006, 473.
[537] BGH ZMR 2016, 379 Rn. 20ff.
[538] BGH ZWE 2016, 252 Rn. 10.

quotal beschränkt entsprechend § 10 Abs. 8 WEG, da es sich um eine eigene Verbindlichkeit des Wohnungseigentümers handelt und nicht um eine Verbindlichkeit der Gemeinschaft. Es macht also bezüglich der Eigentümerhaftung gegenüber Dritten keinen Unterschied, ob ein Grundstück in Wohnungseigentum aufgeteilt ist oder nicht. Demgegenüber nehmen der BGH[539] sowie *Wenzel*[540] und *Hügel/Elzer*,[541] ebenso *Abramenko*[542] und *Suilmann*[543] an, dass die Verkehrssicherungspflicht eine Aufgabe des Verbandes sei,[544] weil die Sicherung des Gemeinschaftseigentums gegen von ihm ausgehende Störungen eine Angelegenheit der Verwaltung sein. Richtig daran ist, dass gemäß § 10 Abs. 6 S. 3 WEG im Innenverhältnis zum Wohnungseigentümer eine Verpflichtung der Gemeinschaft vorliegt.[545] Im Außenverhältnis knüpft die Verantwortlichkeit jedoch ausschließlich an das Eigentum an, weshalb die einzelnen Wohnungseigentümer dem Nachbarn als Gesamtschuldner persönlich haften. Der BGH[546] begründet dies auch damit, dass bei Verletzung von nachbarschaftlichen Verpflichtungen oder der Verkehrssicherungspflicht keine Teilnahme am Rechtsverkehr vorliege, wie dies insbesondere bei Rechtsgeschäften oder Rechtshandlungen im Außenverhältnis der Fall ist;[547] nur für diese Teilnahme am Rechtsverkehr bestehe die Rechtsfähigkeit der Gemeinschaft. Dem ist zuzustimmen.

Was für die Verpflichtungen der einzelnen Wohnungseigentümer gilt, gilt auch für deren Rechte. Die Abwehr von Störungen innerhalb der Wohnungseigentümergemeinschaft betrifft die einzelnen Wohnungseigentümer,[548] womit auch die Einzelpersonen klagebefugt sind. Die Gemeinschaft kann jedoch von den einzelnen Eigentümern beauftragt und bevollmächtigt werden, die Individualansprüche der Eigentümer aus § 15 Abs. 3 WEG, § 1004 BGB in Verfahrensstandschaft zu verfolgen.[549] Dies kommt vor allem bei Abwehransprüchen gegen Störungen in Frage, die eine Wohnanlage in ihrer Gesamtheit und sämtliche Eigentümer objektiv gleichermaßen betreffen.

Die Wohnungseigentümergemeinschaft ist auch gemäß § 10 Abs. 6 S. 3 Hs. 2 WEG berechtigt, durch Beschluss Unterlassungsansprüche der Wohnungseigentümer gemäß § 1004 Abs. 1 BGB an sich zu ziehen und geltend zu machen (gekorene Ausübungsbefugnis).[550]

149a   **3. Die Grundbuchfähigkeit der Wohnungseigentümergemeinschaft.** Aus der Rechtsfähigkeit der Gemeinschaft der Wohnungseigentümer ergibt sich deren Grundbuchfähigkeit. Dies hat der BGH bezüglich einer Zwangssicherungshypothek bereits in seinem Beschluss vom 2. 6. 2005 ausgesprochen.[551] Sie wird heute uneingeschränkt bejaht.[552] Nach dem Wortlaut des § 10 Abs. 6 S. 1 WEG kommt es für die Rechtsfähigkeit nicht darauf an, dass die Verwaltungsmaßnahme „ordnungsmäßig" ist.[553] Es wäre für den Rechtsverkehr unerträglich, würde die Wirksamkeit eines Rechtsgeschäftes im Hinblick

---

[539] NJW 2012, 1724 Rn. 10.
[540] *Wenzel* ZWE 2006, 468.
[541] *Hügel/Elzer* WEG § 10 Rn. 219, 244.
[542] *Jennißen/Abramenko* WEG § 10 Rn. 138.
[543] *Bärmann/Suilmann* WEG § 10 Rn. 312.
[544] AA *Sauren* ZWE 2006, 260.
[545] Vgl. *Schmidt-Räntsch* ZWE 2016, 429 (439).
[546] NJW 2007, 518.
[547] BGHZ 163, 177.
[548] OLG München NJW 2005, 3006.
[549] OLG München ZWE 2006, 339.
[550] BGH ZMR 2016, 382 Rn. 17; BGHZ 203, 327 Rn. 7.
[551] BGH DNotZ 2005, 783.
[552] BGH ZWE 2016, 268 Rn. 27; KG ZWE 2016, 24 Rn. 13; OLG München MittBayNot 2017, 150 Rn. 14 ff.; OLG Hamm NJW 2010, 1464; NJW 2010, 3586; OLG Celle NJW 2008, 1537; *Wenzel* ZWE 2004, 464; ZWE 2006, 7; *Hügel* DNotZ 2005, 771; *Sauren* ZWE 2006, 263; *Häublein* ZWE 2007, 478; *Lehmann-Richter* ZWE 2016, 250; *Weber* ZWE 2017, 68; *Naumann* notar 2017, 128.
[553] *Palandt/Wicke* WEG § 10 Rn. 31; *Hügel/Elzer* WEG § 10 Rn. 205 ff.; aA LG Nürnberg-Fürth ZMR 2006, 812.

auf die Erwerbsfähigkeit eines Erwerbers von der Frage der Ordnungsmäßigkeit der Verwaltung abhängen. Diese Frage ist nämlich im Rechtsverkehr nach außen nicht ersichtlich und erst recht nicht überprüfbar. Es gilt hier dasselbe wie bei der Frage, ob die Ordnungsmäßigkeit eines Gebrauchs des Sondereigentums/Gemeinschaftseigentums eine Beschlusskompetenz begründet oder nicht (→ Rn. 122).[554] Im Interesse der Rechtssicherheit ist deshalb das Kriterium der Ordnungsmäßigkeit nicht kompetenzbegründend. Nach den anerkannten Grundsätzen des deutschen Verbandsrechtes hängt die Handlungsfähigkeit von Verbänden nicht davon ab, dass der Verbandszweck eingehalten wird. Das Risiko der Einordnung eines Geschäfts als eine Angelegenheit der Verwaltung des gemeinschaftlichen Eigentums trägt daher die Gemeinschaft, nicht der Geschäftsgegner.[555] Bei Überschreitung des Verbandszwecks gelten lediglich die allgemeinen Grundsätze zur Überschreitung der Vertretungsmacht, §§ 177 ff., 138 BGB.[556]

Die Rechtsfähigkeit und damit die Erwerbsfähigkeit ist deshalb für die Wohnungseigentümergemeinschaft stets dann zu bejahen, wenn das Geschäft abstrakt[557] im Rahmen der Verwaltung vorkommen kann; auf die konkreten Verhältnisse der einzelnen Gemeinschaft kann es im Interesse der Rechtssicherheit nicht ankommen.[558] Die rechtsfähige Gemeinschaft kann deshalb nicht nur Grundpfandrechtsgläubigerin sein, sie kann auch Berechtigte einer beschränkt persönlichen Dienstbarkeit sein,[559] wobei jedoch Vorsicht insoweit geboten ist, als mit Beendigung der Gemeinschaft (§ 9 Abs. 1 Nr. 3 WEG oder § 10 Abs. 7 S. 4 WEG) die beschränkt persönliche Dienstbarkeit erlischt. Die Gemeinschaft kann auch Wohnungseigentum oder ein Grundstück[560] erwerben, Kontoinhaberin[561] oder Darlehensnehmerin[562] sein.

Dem Grundbuchamt ist zum Nachweis der Zugehörigkeit des erworbenen Gegenstandes zum Verwaltungsvermögen der entsprechende Beschluss der Versammlung vorzulegen, wodurch auch die Vertretungsbefugnis des Verwalters gemäß § 27 Abs. 3 Nr. 7 WEG nachgewiesen wird.[563] Ferner ist die Bestellung zum Verwalter nachzuweisen.[564] Ob der Beschluss ordnungsmäßiger Verwaltung entspricht unterliegt nicht der Beurteilung durch das Grundbuchamt.[565] Die Prüfung der Rechtmäßigkeit des Beschlusses unterfällt ausschließlich der Beschlussanfechtung gemäß § 43 WEG.

Der Beschluss der Wohnungseigentümerversammlung, ein Grundstück zu erwerben, unterfällt nicht dem Beurkundungserfordernis des § 311b Abs. 1 BGB.[566]

Praxisbeispiel: 149b

In einer größeren Wohnanlage soll eine Wohnung für Hausmeisterzwecke vorgehalten werden.

Es gibt zwei Gestaltungsalternativen:
– Die Wohnung wird, obwohl die Voraussetzungen dafür vorliegen, nicht zum Sondereigentum ausgewiesen. Sie bleibt gemeinschaftliches Eigentum und erhält folglich auch keinen Miteigentumsanteil, der mit Sondereigentum zu verbinden wäre.

---

[554] BGHZ 145, 169.
[555] Bärmann/*Suilmann* WEG § 10 Rn. 210 ff.; *Wenzel* ZWE 2006, 469; *Rühlicke* ZWE 2007, 270.
[556] Im Ergebnis ebenso *Schneider* ZMR 2006, 815; *Hügel/Elzer* § 10 Rn. 207; aA LG Hannover ZMR 2007, 893; LG Nürnberg-Fürth ZMR 2006, 812.
[557] Vgl. *Rühlicke* ZWE 2007, 271.
[558] Zweifelnd Jennißen/*Abramenko* WEG § 10 Rn. 80.
[559] *Hügel* DNotZ 2007, 338; *Rapp* MittBayNot 2005, 458.
[560] BGH ZMR 2016, 476 Rn. 26; *Häublein* ZWE 2007, 475 ff.; *Wenzel* ZWE 2006, 7; *Hügel/Elzer* WEG § 10 Rn. 224 ff.
[561] *Deckert* ZMR 2007, 215.
[562] *Schmidt* ZMR 2007, 90; LG Heilbronn ZMR 2007, 649 mit ablehnender Anm. *Hügel.*
[563] OLG München NJW-Spezial 2017, 98; Gutachten DNotI-Report 2007, 172; *Weber* ZWE 2017, 70; *Böhringer* DNotZ 2016, 835.
[564] OLG Hamm ZWE 2009, 453.
[565] OLG Celle NJW 2008, 1537; *Häublein* ZWE 2007, 485; Bärmann/*Suilmann* WEG § 10 Rn. 213.
[566] BGH ZWE 2016, 268 Rn. 29, 7; *Schmidt-Räntsch* ZWE 2016, 429 (433).

– Die Wohnung wird zu Sondereigentum ausgewiesen; sobald die Gemeinschaft rechtsfähig geworden ist (hierzu müssen mindestens zwei verschiedene Personen Eigentümer geworden sein), wird die betreffende Wohnung vom Bauträger an die rechtsfähige Gemeinschaft aufgelassen.

Die zweite Lösung hat den Vorteil, dass die Wohnung verkehrsfähig ist. Sollte die Zweckbestimmung als Hausmeisterwohnung später entbehrlich werden, kann das Wohnungseigentum durch die rechtsfähige Gemeinschaft problemlos an einen Dritten veräußert werden.[567]

149c   Von dem Erwerb von Grundstückseigentum durch die rechtsfähige Gemeinschaft ist zu unterscheiden die Veränderung am Wohnungseigentumsgrundstück selbst (externe Veränderungen, hierzu → Rn. 137 ff.).

149d **4. Das Verwaltungsvermögen.** Die rechtsfähige Gemeinschaft ist Inhaberin des Verwaltungsvermögens, § 10 Abs. 7 WEG. Dessen Gegenstände werden im § 10 Abs. 7 S. 2, S. 3 WEG näher umschrieben. Auf den Zeitpunkt des Erwerbs der Gegenstände kommt es dabei nicht an.[568] Mit Inkrafttreten des WEG-ÄndG ist sonach das Verwaltungsvermögen, auch wenn es bereits früher erworben war, in das Eigentum der rechtsfähigen Gemeinschaft übergegangen.[569]

Praxisbeispiel:

Zur Abfindung von Mängeln am Gemeinschaftseigentum hat ein Bauträger allen Tiefgarageneigentümern zu unter sich gleichen Anteilen drei Tiefgaragenstellplätze übereignet. Eigentümerin ist seit 1.7.2007 die rechtsfähige Gemeinschaft. Das Grundbuch kann unter Bezugnahme auf den Erwerbsvorgang und auf § 10 Abs. 7 WEG berichtigt werden.

Mit Beendigung der Wohnungseigentümergemeinschaft durch Aufhebung gemäß § 9 WEG endet auch die rechtsfähige Gemeinschaft. Dem stellt das Gesetz gemäß § 10 Abs. 7 S. 4 WEG den Fall gleich, dass ein Wohnungseigentümer alle Einheiten erworben hat. In diesen Fällen tritt eine **partielle Gesamtrechtsnachfolge** in der Weise ein, dass das Verwaltungsvermögen dem Grundstückseigentümer zufällt. Die rechtsfähige Gemeinschaft ist damit beendet. Erwirbt ein Dritter später eine Einheit, so entsteht eine neue Gemeinschaft, die jedoch das Verwaltungsvermögen der erloschenen Gemeinschaft nicht erwirbt.[570]

149e **5. Die Haftungsverfassung.** Einhergehend mit der Statuierung der Rechtsfähigkeit hat der Gesetzgeber in § 10 Abs. 8 WEG die Haftungsverfassung der rechtsfähigen Gemeinschaft neu geregelt. Die Außenhaftung wurde dabei § 128 HGB nachgebildet, jedoch mit der Maßgabe, dass anstelle einer gesamtschuldnerischen Haftung lediglich eine teilschuldnerische Haftung besteht. Die Außenhaftung ist zwingend und einer Vereinbarung der Wohnungseigentümer untereinander nicht mit Außenwirkung zugänglich.[571] Dies folgt daraus, dass es sich um Rechtsverhältnisse mit außenstehenden Dritten handelt und eine Haftungsbegrenzung oder ein Haftungsausschluss danach einen unzulässigen Vertrag zu Lasten Dritter darstellen würde. In Höhe der teilschuldnerischen Haftung besteht für ei-

---

[567] Zu den Fragen einer „Insichmitgliedschaft" s. *Häublein* ZWE 2007, 479; *Bärmann/Suilmann* WEG § 10 Rn. 223.

[568] *Palandt/Wicke* WEG § 10 Rn. 38; *Jennißen/Abramenko* WEG § 10 Rn. 86; *Hügel/Elzer* WEG § 10 Rn. 283.

[569] Gegen einen gesetzlichen Übergang und für notwendige rechtsgeschäftliche Übereignung treten ein *Hüger/Elzer* WEG § 10 Rn. 283.

[570] *Hügel/Elzer* WEG § 10 Rn. 290.

[571] BGH NJW 2018, 1309; BGHZ 207, 99 Rn. 31; BGH ZMR 2015, 563 Rn. 38; *Hügel/Elzer* WEG § 10 Rn. 296; *Palandt/Wicke* WEG § 10 Rn. 42; *Abramenko* WEG § 6 Rn. 34; *Hügel* FS 25 Jahre DNotI 2018, 149 (152).

nen Werkunternehmer auch ein Anspruch gemäß § 648 BGB.[572] Für die teilschuldnerische Außenhaftung ist es irrelevant, dass die Kostentragung gemäß § 16 Abs. 2 WEG im Innenverhältnis abweichend von den Miteigentumsanteilen geregelt ist. Im Hinblick auf die zwingende Außenhaftung hat die Bestimmung der Größe der Miteigentumsanteile bei Begründung von Wohnungseigentum einen neuen Stellenwert erlangt (→ Rn. 35).

Die Außenhaftung gemäß § 10 Abs. 8 WEG schließt es nicht aus, dass Wohnungseigentümer zur Erhöhung der Kreditwürdigkeit oder auch im Falle einer Mehrhausanlage (→ Rn. 67 ff.) Verträge im eigenen Namen abschließen und hierzu den **Verwalter ausdrücklich bevollmächtigen,**[573] wodurch für die Wohnungseigentümer eine gesamtschuldnerische Haftung entsteht.[574] Bei einer **Mehrhausanlage** kann in der Gemeinschaftsordnung ein solches Vorgehen auch vorgeschrieben werden um zu erreichen, dass nur die Eigentümer der jeweils betroffenen wirtschaftlichen Einheit durch das Rechtsgeschäft belastet werden, nicht jedoch die nicht betroffenen Eigentümer. Alternativ kommt in Betracht, mit dem Werkunternehmer die teilschuldnerische Haftung der Wohnungseigentümer des betroffenen Gebäudes zu vereinbaren. Hierzu ist jedoch die ausdrückliche persönliche Haftungsübernahme durch jeden Wohnungseigentümer erforderlich. Ein Mehrheitsbeschluss ist insoweit nichtig, da die Beschlusskompetenz fehlt.[575]

Zahlt ein Wohnungseigentümer gemäß § 10 Abs. 8 S. 1 WEG, erlangt er einen Ausgleichsanspruch gegen die Gemeinschaft.[576] Der Umfang der Haftung gegenüber dem Gläubiger bleibt für die anderen Wohnungseigentümer gleich.[577] Bezüglich öffentlicher Ver- und Entsorgungseinrichtungen ist davon auszugehen, dass bei privatrechtlicher Ausgestaltung die Wohnungseigentümergemeinschaft als rechtsfähiger Verband Vertragspartner ist und das Entgelt schuldet. Eine gesamtschuldnerische Haftung der Wohnungseigentümer kommt nur in Betracht, wenn sie auf einer ausdrücklichen gesetzlichen Anordnung beruht oder sich aus den Leistungsbedingungen in Verbindung mit den ihnen zugrunde liegenden landesgesetzlichen Normen klar und eindeutig ergibt, dass neben dem Verband auch der einzelne Wohnungseigentümer verpflichtet werden sollte.[578]   **149f**

6. Beginn und Ende der Rechtsfähigkeit. Die Rechtsfähigkeit der Wohnungseigentümergemeinschaft beginnt mit deren Entstehung, also mit der Eintragung von mindestens zwei verschiedenen Eigentümern im Grundbuch. Vor diesem Zeitpunkt kann jedoch eine „werdende Wohnungseigentümergemeinschaft" bestehen, auf die die Vorschriften des WEG Anwendung finden,[579] soweit nicht den Umständen nach eine Eintragung im Grundbuch notwendig ist. Dem „werdenden Wohnungseigentümer" stehen danach alle Rechte und Pflichten zu, wie sie einem „echten" Wohnungseigentümer, der im Grundbuch eingetragen ist, zustehen. Dies setzt voraus, dass er einen rechtswirksamen Erwerbsvertrag geschlossen hat, für ihn eine Auflassungsvormerkung im Grundbuch eingetragen wurde und ihm der Besitz übergeben ist.[580] Veräußert dieser werdende Wohnungseigentümer unter Abtretung des vorgemerkten Übereignungsanspruchs und Besitzübertragung seine Einheit, so ist der Zweiterwerber nicht als werdender Wohnungseigentümer anzusehen. Dies rechtfertigt sich daraus, dass der Einzelrechtsnachfolger eines werdenden Wohnungseigentümers andernfalls eine stärkere Rechtsstellung erlangte, als derjenige Erwer-   **149g**

---

[572] Jennißen/*Abramenko* WEG § 10 Rn. 151; *Hügel/Elzer* WEG § 10 Rn. 315 ff.; vgl. hierzu BGHZ 102, 95.

[573] BGH DNotZ 2005, 854.

[574] BGH Urt. v. 26.1.2010 – VIII ZR 329/08, Rn. 12.

[575] BGH NJW 2012, 3719 Rn. 13.

[576] BGH ZWE 2014, 166 Rn. 14.

[577] Palandt/*Wicke* WEG § 10 Rn. 45.

[578] BGHZ 193, 10 Rn. 23, 24; BGH ZWE 2014, 165 Rn. 8.

[579] BGHZ 177, 53. Zum Innenverhältnis und zum Außenverhältnis der werdenden Gemeinschaft s. *Becker* ZWE 2019, 61 und *Armbrüster* ZWE 2019, 66.

[580] BGHZ 193, 219 Rn. 5; BGHZ 177, 53 Rn. 12, 14; Staudinger/*Rapp* WEG § 8 Rn. 25.

ber, der von einem eingetragenen Eigentümer erworben hat.[581] Die werdende Wohnungseigentümergemeinschaft kann ebenfalls bereits Verwaltungsvermögen bilden, so dass auch ihr Teilrechtsfähigkeit zukommt.[582] Die Wohnungseigentümergemeinschaft endet in ihrer Rechtsfähigkeit mit Aufhebung des Wohnungseigentums gemäß § 9 WEG oder Vereinigung aller Wohnungseigentumsrechte in einer Person (§ 10 Abs. 7 S. 4 WEG).

149h   **7. Einpersonen-Eigentümergemeinschaft?** Mit der gesetzlichen Anerkennung der Rechtsfähigkeit der Gemeinschaft der Wohnungseigentümer in § 10 Abs. 6 WEG wurde die Frage aufgeworfen, ob es eine *Einpersonen-Eigentümergemeinschaft* geben kann. Die Frage wurde bejaht von *Becker*.[583] In dem hier zu besprechenden Zusammenhang ist dabei lediglich zu diskutieren die Frage, ob es eine solche Gemeinschaft auch bereits in der Begründungsphase des Wohnungseigentums nach durchgeführter Teilung gemäß § 8 WEG geben kann. *Becker*[584] weist zutreffend darauf hin, dass auch die *Bestellung eines Verwalters* durch den teilenden Alleineigentümer mit Wirkung für die künftige Gemeinschaft möglich ist.[585] Nicht zu bestreiten ist es auch, dass ein Bedürfnis dafür besteht, dass bei Fertigstellung der Wohnanlage *Versorgungsverträge* abgeschlossen sein müssen, die eine Kontinuität der Vertragsverhältnisse gewährleisten.[586] Dies sei rechtlich nur möglich wenn man eine Einpersonen-Gemeinschaft auch in der Begründungsphase für Wohnungseigentum anerkenne.[587]

Gleichwohl ist eine Einpersonen-Eigentümergemeinschaft **durch die Gesetzeslage nicht gedeckt**.[588] Das Gesetz geht, wie sich in § 10 Abs. 7 S. 4 WEG zeigt,[589] davon aus, dass mindestens zwei Personen Wohnungseigentümer sind. Die Wohnungseigentümergemeinschaft ist auch keine juristische Person, bei der eine Einpersonen-Gesellschaft zugelassen ist (§ 2 AktG, § 1 GmbHG), sondern ein *Personenverband sui generis*.[590] Die Nähe zur Personengesellschaft legt auch den Schluss nahe, dass es, wie bei einer solchen, keine Einpersonen-Gemeinschaft geben kann.[591]

Besonders gewichtig gegen eine Einpersonen-Gemeinschaft spricht jedoch der Umstand, dass sie das **Selbstverwaltungsrecht der Wohnungseigentümer** auf lange Zeit aushöhlen könnte. Gerade zu Beginn einer Gemeinschaft müssen zahlreiche Dauerschuldverhältnisse begründet werden. Man denke an Versorgungsverträge, Versicherungsverträge, Wartungsverträge, Arbeitsvertrag (zB mit Hausmeister) sowie an den Verwaltervertrag. Nur für den Letztgenannten gibt es eine gesetzlich zwingende Befristung bei der Erstbestellung auf drei Jahre (§ 26 Abs. 1 S. 2 WEG). Alle anderen Verträge können eine Laufzeit bis zur Grenze der Sittenwidrigkeit haben. AGB-rechtliche Fragen können hier unberücksichtigt bleiben. Anfechtungsmöglichkeiten für die Wohnungseigentumserwerber bestehen nicht, sofern die Anfechtungsfristen abgelaufen sind. Kontrollmöglichkeiten für die nachfolgenden Wohnungseigentümer bezüglich des Zeitpunktes und auch des Inhaltes der Beschlussfassungen durch den alleinigen Wohnungseigentümer gibt es nicht. Das Grundbuch gibt über Beschlüsse keine Auskunft (§ 10 Abs. 4 WEG). Diese Belastung mit

---

[581] BGH ZMR 2015, 878 Rn. 15 ff.; LG München I ZWE 2018, 447 Rn. 12.

[582] *Hügel/Elzer* WEG § 10 Rn. 9; *Jennißen/Abramenko* WEG § 10 Rn. 168 f.

[583] FS Seuß 2007, 19 ff.; ZWE 2007, 119; ebenso *F. Schmidt* ZMR 2009, 741; *J.H. Schmidt* PiG 93, 117 (135).

[584] FS Seuß 2007, 21.

[585] BGH ZWE 2002, 574.

[586] *J.H. Schmidt* PiG 93, 117.

[587] *Becker* FS Seuß 2007, 21 ff.

[588] *Schmidt-Räntsch* ZWE 2016, 429 (430); *Wenzel* FS Bub 2007, 267 ff.; BeckOK WEG/*Dötsch* WEG § 10 Rn. 527 ff.; *ders.* ZWE 211, 386 Fn. 20; *Spielbauer/Then* WEG § 2 Rn. 4; *Hügel* ZWE 2010, 124; *Elzer* ZMR 2008, 810; *Armbrüster* ZWE 2019, 66 (71); Staudinger/*Rapp* WEG § 8 Rn. 25e; BeckOGK/*Müller* WEG § 1 Rn. 190; BeckOGK/*Schultzky* WEG § 8 Rn. 31; OLG München ZMR 2006, 208; OLG Düsseldorf ZWE 2006, 145.

[589] BGHZ 177, 53 Rn. 12.

[590] *Wenzel* FS Bub 2007, 264.

[591] *Wenzel* FS Bub 2007, 265.

Beschlussinhalten, deren Zustandekommen für die Wohnungseigentümer nicht transparent ist und die auch der Rechtsicherheit nicht entsprechen, sind unzulässig. Es ist hier ein Rechtsgedanke aus dem österreichischen WEG fruchtbar zu machen, der in § 18 solche Rechtsvorgänge für unwirksam erklärt.[592]

E. Veräußerung und Belastung von Wohnungseigentum

I. Bezeichnung des Vertragsgegenstandes

1. Teilungserklärung und Gemeinschaftsordnung sind beurkundet, aber noch nicht grundbuchamtlich vollzogen. Durch die Teilungserklärung und Gemeinschaftsordnung wird der Vertragsgegenstand in seiner tatsächlichen Lage und Dimension sowie in seiner rechtlichen Ausgestaltung beschrieben. Aus der Teilungserklärung und den dazugehörigen Aufteilungsplänen ergibt sich die Identifizierung der zu veräußernden Wohnung nach Größe des Miteigentumsanteiles, Lage und Wohnfläche. Liegen Aufteilungspläne noch nicht vor, so können auch die **Baupläne als Bestandteil der Teilungserklärung** (→ Rn. 30 f.) beigefügt werden. Hierbei ist allerdings Vorsicht geboten: 150

Nach der Allgemeinen Verwaltungsvorschrift für die Ausstellung von Bescheinigungen gemäß § 7 Abs. 4 S. 2 WEG[593] ist dem Antrag auf Abgeschlossenheitsbescheinigung bei **zu errichtenden Gebäuden** eine Bauzeichnung beizufügen, die den bauaufsichtlichen (baupolizeilichen) Vorschriften entspricht. Ist demnach ein noch nicht bauaufsichtlich genehmigter Plan beigefügt worden, so ist es nicht ausgeschlossen, dass diesbezüglich im Baugenehmigungsverfahren Änderungen des Planes erforderlich werden können. Erfolgen Veräußerungen von Wohnungen, bevor eine bestandskräftige Baugenehmigung vorliegt, so ist in die Kaufverträge ein dementsprechender Änderungsvorbehalt für den Verkäufer aufzunehmen.   151

Wird nach beurkundeter Teilungserklärung mit dem Verkauf begonnen, sind Teilungserklärung und Gemeinschaftsordnung aber noch nicht im Grundbuch vollzogen, so ist eine **Verweisung nach Maßgabe des § 13a BeurkG** zulässig. Eine Verweisung nach dieser Vorschrift setzt voraus, dass Teilungserklärung und Gemeinschaftsordnung *beurkundet* gemäß §§ 8 ff. BeurkG vorliegen. Auf eine lediglich der Unterschrift nach beglaubigte Teilungserklärung und Gemeinschaftsordnung kann nicht gemäß § 13a BeurkG verwiesen werden.[594]   152

Die Baubeschreibung kann zusammen mit der Teilungserklärung in einer Urkunde errichtet werden. Möglich ist es auch, sie zusammen mit dem ersten Kaufvertrag zu beurkunden und den späteren Käufern eine auszugsweise beglaubigte Abschrift dieses Kaufvertrages – enthaltend die Baubeschreibung – auszuhändigen. Bei beiden Verfahren ist eine Bezugnahme gemäß § 13a BeurkG möglich.   153

2. Teilungserklärung und Gemeinschaftsordnung sind grundbuchamtlich vollzogen, Änderungsvollmacht. Ist die Teilungserklärung grundbuchamtlich vollzogen, so ist eine Verweisung oder eine Mitbeurkundung nicht mehr erforderlich, da bereits ein sachenrechtlich wirksames Rechtsverhältnis entstanden ist.[595] Die Einreichung beim Grundbuchamt selbst genügt jedoch nicht, da die Verdinglichung erst mit Eintragung eintritt (§ 8 Abs. 2 S. 2 WEG).[596]   154

---

[592] *Pittl* PiG 1993, 92. Zur Bestellung des Verwalters in der Teilungserklärung s. KG ZWE 2012, 96 mAnm *Jacoby*.

[593] Abgedr. bei *Weitnauer* Anh. III 1.

[594] BGH DNotZ 1979, 406.

[595] BGH NJW 1994, 1348; BGHZ 63, 364; BGH DNotZ 1979, 479.

[596] Zur Verweisung auf die Teilungserklärung s. auch *Röll* MittBayNot 1980, 1.

Zur grundbuchmäßigen Bezeichnung des Vertragsgegenstandes genügt es gemäß § 28 GBO, wenn das richtige Wohnungsgrundbuchblatt bezeichnet worden ist.[597] Es ist weder erforderlich, dass die Größe des Miteigentumsanteils noch die nähere Bezeichnung des Gegenstandes und des Inhalts des Sondereigentums in der Kaufvertragsurkunde aufgeführt wird, auch wenn dies, aus Informationsgründen für die Vertragsbeteiligten, wünschenswert ist.

Ist Wohnungseigentum veräußert und zugunsten eines Erwerbers eine Vormerkung eingetragen, so ist eine **Änderung der Teilungserklärung** mit Gemeinschaftsordnung gegenüber dem Vormerkungsberechtigten nur wirksam, wenn dieser gemäß §§ 877, 876 BGB zugestimmt hat.[598] Die Vormerkung sichert dem Erwerber den Erwerb des Wohnungseigentums mit dem Gegenstand und dem Inhalt, wie es im Grundbuch eingetragen ist. Soll hier eine Änderung eintreten, ist die Zustimmung des Vormerkungsberechtigten notwendig.

In der Vertragspraxis hat es sich deshalb eingebürgert, dass der Käufer im Kaufvertrag dem Verkäufer unter Befreiung von den Beschränkungen des § 181 BGB **Vollmacht** erteilt, die Zustimmung zur Abänderung der Teilungserklärung mit Gemeinschaftsordnung zu erklären. Voraussetzung hierfür ist, dass eine wirksame Vollmacht vorliegt,[599] die dem grundbuchrechtlichen Bestimmtheitsgrundsatz genügt. Mit der Änderung der Teilungserklärung und Gemeinschaftsordnung muss auch ein Kaufvertrag, der über einzelne Einheiten bereits abgeschlossen wurde, geändert werden: Die sachenrechtliche Änderung des Wohnungseigentums führt dazu, dass sich der Leistungsgegenstand zwischen dem auf der früheren Grundbuchlage basierenden Kaufvertrag und der neuen Grundbuchlage ändert. Die Änderungsvollmacht muss sich deshalb auch auf den Kaufvertrag erstrecken. Die Änderungsvollmacht bezüglich des Kaufvertrages unterfällt der AGB-rechtlichen Grenze der §§ 308 Nr. 4, 307 Abs. 2 BGB. Die Problematik der Änderungsvollmacht besteht darin, ihre Reichweite so zu begrenzen, dass die Interessen des Käufers nicht unzumutbar beeinträchtigt werden.[600]

Eine gegenüber dem Grundbuchamt taugliche Vollmacht wird daher zweckmäßigerweise dahingehend formuliert, dass sie im **Außenverhältnis** gegenüber dem Grundbuchamt **unbeschränkt** ist und die inhaltlichen Beschränkungen der Vollmacht nur im Verhältnis der Vertragsteile wirksam sein sollen. Ein solcher *Änderungsvorbehalt* samt *Änderungsvollmacht* könnte folgenden Wortlaut haben:

154a   Formulierungsbeispiel: Änderungsvollmacht beim Bauträgervertrag

1. Der Käufer räumt dem Verkäufer unter Beachtung von § 308 Nr. 4 BGB das Recht ein, die hier vereinbarte vertragliche Leistung zu ändern, wenn hierfür auf Seiten des Verkäufers ein triftiger Grund gegeben ist. Ein solcher liegt insbesondere vor, wenn Änderungen planerischer, bautechnischer oder rechtlicher Art durch das Nachfrageverhalten eines Kaufinteressenten veranlasst sind oder öffentlich rechtliche Anforderungen der Baubehörde oder bautechnische Notwendigkeiten eine solche Änderung veranlassen.

2. Die Änderungen dürfen keine erhebliche Wertminderung des Vertragsgegenstandes zur Folge haben. Änderungen bezüglich des Sondereigentums und dazugehöriger Sondernutzungsrechte sind ausgeschlossen. Der Miteigentumsanteil darf nur geringfügig (maximal +/– 3 %) verändert werden. Eine Aufhebung, erhebliche Verkleinerung oder Verlegung von Verkehrsflächen und solcher Bereiche, bei denen dem Käu-

---

[597] BGH NJW 1994, 1348.
[598] BayObLG DNotZ 1999, 667; MittBayNot 1995, 528; DNotZ 1994, 233; KG ZWE 2007, 238; Beck-OGK/*Müller* WEG § 2 Rn. 530.
[599] BayObLG MittBayNot 1998, 180; MittBayNot 1996, 29; DNotZ 1994, 233; OLG München MittBayNot 2011, 129; LG Nürnberg-Fürth MittBayNot 2011, 132; BeckOGK/*Müller* WEG § 2 Rn. 583 ff.; BeckOGK/*Schultzky* WEG § 8 Rn. 43 ff.
[600] *M. Müller* Grundverhältnis S. 201 ff.; *Häublein* S. 295 ff.

fer ein zweckbestimmtes Mitgebrauchsrecht zusteht, sind ausgeschlossen. Es darf keine Kostenmehrbelastung von über 5 % gegenüber dem früheren Zustand eintreten und das Stimmgewicht darf nicht über diese Größe hinaus vermindert werden. Schließlich darf die Eigenart der Anlage nicht verändert werden. Bei wirtschaftlicher Betrachtungsweise darf eine erhebliche Wertminderung des Vertragsgegenstandes nicht bewirkt werden.[601]

3. Der Käufer erteilt dem Verkäufer unter Befreiung von den Beschränkungen des § 181 BGB die unwiderrufliche und über den Tod des Vollmachtgebers hinaus bestehende Vollmacht, Änderungen der Teilungserklärung mit Gemeinschaftsordnung vorzunehmen und dies zum Grundbuchvollzug zu bringen. Die Vollmacht erlischt, sobald der Verkäufer nicht mehr Eigentümer einer Einheit in der Wohnanlage ist. Die Vollmacht kann nur vor dem amtierenden Notar, seinem amtlich bestellten Vertreter oder Amtsnachfolger ausgeübt werden. Diese haben die Vollmachtsbeschränkungen im Innenverhältnis zu beachten und in Zweifelsfällen dem Vollmachtgeber (Käufer) rechtliches Gehör zu gewähren. Ein Widerruf des Käufers bezüglich der Vollmachtsausübung ist dann beachtlich, wenn der Käufer schlüssig Tatsachen vorträgt, aus denen sich ein wichtiger Grund für einen Vollmachtswiderruf ergibt.

Werden Änderungen durchgeführt, so kann hieraus weder ein einzelner Eigentümer noch die Eigentümergemeinschaft Rechte oder Ansprüche aus dem Kaufvertrag gegenüber dem Verkäufer herleiten.

4. Die Vollmacht ist im Außenverhältnis, insbesondere gegenüber dem Grundbuchamt, unbeschränkt. Die vorstehenden Einschränkungen gelten nur im Verhältnis der Vertragsteile zueinander und sind für das Grundbuchamt unbeachtlich.

5. Bedürfen die Änderungen einer Baugenehmigung, so wird ein Kaufpreis erst fällig, wenn diese erteilt und vom Verkäufer dem Käufer nachgewiesen wurde. Im baurechtlichen Freistellungsverfahren ist nachzuweisen, dass mit dem Bau gemäß der geänderten Planung begonnen werden darf.

Unter dem Gesichtspunkt der Beurkundungsbestimmtheit bestehen gegen eine solche Vollmacht keine Bedenken.[602] Mögliche Verletzungen des Innenverhältnisses durch den Bevollmächtigten können vom Grundbuchamt nur dann berücksichtigt werden, wenn sie offensichtlich sind.[603]

Vollmachten des Käufers an den Verkäufer (Bauträger), die dem grundbuchrechtlichen Bestimmtheitsgrundsatz nicht genügen (zB „keine unzumutbare Änderung") sind unwirksam.[604]

3. Teilungserklärung und Gemeinschaftsordnung sind noch nicht vorhanden. Ist 155 eine Teilungserklärung mit Gemeinschaftsordnung noch nicht vorhanden, also weder beurkundet noch beglaubigt, so gilt Folgendes:

Das in Wohnungseigentum aufzuteilende **Gebäude besteht** bereits: Ein Aufteilungsplan ist nicht erforderlich, es genügt vielmehr – wie bei einer erst noch zu vermessenden Teilfläche eines Grundstückes – eine eindeutige Beschreibung des Vertragsgegenstandes nach Lage und Größe.[605]

---

[601] S. hierzu auch *Kilian* notar 2011, 89.
[602] Vgl. BGH NJW 1986, 845.
[603] OLG München ZWE 2013, 84; ZWE 2009, 323; DNotZ 2007, 41.
[604] BayObLG MittBayNot 1994, 527; MittBayNot 1994, 529; DNotZ 1994, 233; wirksam ist jedoch eine Vollmacht, „die Teilungserklärung zu ändern, sofern dadurch die im Sondereigentum stehenden Räume in ihrer Lage und Größe nicht verändert werden", BayObLG MittBayNot 1998, 182; zur Formbedürftigkeit einer Änderungsvollmacht s. OLG Hamm MittBayNot 1995, 531. Eine instruktive Gesamtdarstellung der Problematik unter dem Gesichtspunkt der notariellen Praxis findet sich bei *Schüller* RNotZ 2011, 203; *M. Müller* Grundverhältnis S. 153 ff.; DNotI-Gutachten v. 24. 8. 2012, Abruf-Nr. 114351.
[605] BayObLGZ 1977, 155; OLG Frankfurt a.M. DNotZ 1972, 180.

Bei erst zu **errichtenden Gebäuden** sind eindeutige Pläne, nicht jedoch unbedingt Aufteilungspläne, zur Identifizierung erforderlich. Am zweckmäßigsten wird auf genehmigte Baupläne gemäß § 13a Abs. 4 BeurkG verwiesen.

156   In allen Fällen, in denen eine Teilungserklärung und Gemeinschaftsordnung noch nicht vorliegt (weder beurkundet, noch beglaubigt) steht der rechtliche Inhalt des zu bildenden Wohnungseigentums, soweit von den Vorschriften des WEG abgewichen werden soll, noch nicht eindeutig fest. Häufig wird in diesen Fällen die Ausgestaltung der Gemeinschaftsordnung dem Verkäufer **nach billigem Ermessen** gemäß § 315 BGB überlassen.

Dies ist rechtlich zulässig.[606] Ein Verstoß gegen Vorschriften des BGB liegt nicht vor. Gerade bei gemischtgenutzten Grundstücken, bei denen die späteren Nutzungsarten und damit die Bedürfnisse für die Sachgerechtigkeit einer Gemeinschaftsordnung vor Verkauf der einzelnen Einheiten noch nicht feststehen, kommt diese Entscheidung des BGH den Bedürfnissen der Praxis entgegen.[607] Gleichwohl sollte dieses Verfahren nicht zum Regelfall werden, da der Käufer den rechtlichen Inhalt des Wohnungseigentums weitgehend „blind" kauft. Unter AGB-rechtlichen Gesichtspunkten ist ein solcher Vertrag gemäß § 307 Abs. 1 S. 1 BGB auf jeden Fall grenzwertig, da er dem Verkäufer eine für ihn optimale Interessendurchsetzung ermöglicht. Im Kaufvertrag sollten deshalb zumindest die Grundzüge einer Gemeinschaftsordnung festgelegt werden.

157   **4. Kaufpreisfälligkeit.** In allen Fällen, in denen Teilungserklärung und Gemeinschaftsordnung grundbuchamtlich noch nicht vollzogen sind, können gemäß § 3 Abs. 1 S. 1 Nr. 2 MaBV Kaufpreise nicht fällig gestellt werden. Im Anwendungsbereich der MaBV ist nämlich Fälligkeitsvoraussetzung, dass die Vormerkung am gebildeten, vertragsgegenständlichen Wohnungseigentum eingetragen ist. Fälligkeiten aufgrund von Notarbestätigungen sind ausgeschlossen (→ § 2 Rn. 121).

157a   **5. Belastung von Wohnungs-/Teileigentum.** Das Wohnungs-/Teileigentum ist mit allen beschränkt dinglichen Rechten belastbar. Ein einzelnes Wohnungseigentum kann auch nach § 1018 BGB mit einer Grunddienstbarkeit des Inhalts belastet werden, dass „bestimmte Handlungen nicht vorgenommen werden dürfen", wenn sich das Handlungsverbot auf das Sondereigentum beschränkt.[608] Belastet werden kann auch das gesamte Wohnungseigentumsgrundstück, wobei dies der Mitwirkung aller Wohnungseigentümer bedarf. Damit können auch Kredite der rechtsfähigen Wohnungseigentümergemeinschaft abgesichert werden.[609]

Ein typischer Fall für die Begründung eines Sondernutzungsrechtes ist die Ausweisung eines PKW-Stellplatzes für einen Wohnungseigentümer. Die Belastung des verpflichteten Wohnungseigentums mit einer Grunddienstbarkeit dahingehend, dass der Dienstbarkeitsberechtigte den Stellplatz benutzen darf, bedeutet, dass das Wohnungseigentum in „einzelnen Beziehungen" gemäß § 1018 BGB benutzt werden darf.

Die Grunddienstbarkeit ist deshalb zulässig.[610] Ein Wohnungsrecht gemäß § 1093 BGB kann nicht an einem selbständigen Tiefgaragenstellplatz oder an einem Keller begründet werden.[611]

Die Begründung einer Baulast entsprechend dem landesrechtlichen Bauordnungsrecht begründet eine öffentlich-rechtliche Pflicht zu einem das Grundstück betreffenden Tun,

---

[606] BGH ZWE 2002, 519; NJW 1986, 845.

[607] Zur Vormerkungsfähigkeit s. auch *Reithmann/Meichssner/von Heymann,* Kauf vom Bauträger, 7. Aufl. 1995, Rn. 476 ff.; *Schmidt* FS Bärmann und Weitnauer 1990, 545.

[608] BGHZ 107, 289.

[609] *Elzer* ZWE 2011, 16 (19).

[610] Staudinger/*Rapp* WEG § 1 Rn. 51a; Staudinger/*Weber* BGB § 1018 Rn. 60; *Ott* DNotZ 1998, 128; aA die Rechtsprechung: BayObLGZ 1974, 396 (400); OLG Schleswig ZWE 2012, 42; OLG Düsseldorf DNotZ 1988, 31.

[611] DNotI-Report 2018, 18.

Dulden oder Unterlassen. Die Baulast wirkt dinglich und ist auch gegenüber Rechtsnachfolgern wirksam. Sie hat im Ergebnis die Wirkung einer Dienstbarkeit. Ihre Bestellung ist deshalb keine Maßnahme der Verwaltung sondern betrifft das sachenrechtliche Grundverhältnis.

Eine Verpflichtung zur Übernahme einer das Wohnungseigentumsgrundstück betreffenden Baulast besteht deshalb nicht.[612] Eine entsprchende Entscheidungskompetenz kann der Wohnungseigentümergemeinschaft auch nicht durch die Gemeinschaftsordnung zugewiesen werden.[613]

II. Gewährleistung bezüglich des Gemeinschaftseigentums – Werkvertragsrecht

Nach der ständigen Rechtsprechung des BGH richten sich die Gewährleistungsansprüche des Erwerbers von neu herzustellendem Wohnungseigentum nach **Werkvertragsrecht,** auch wenn es sich um den Erwerb von zu sanierenden Altbauobjekten handelt.[614] Der Anspruch geht auf die plangerechte (auch erstmalige) Herstellung des Gemeinschaftseigentums einschließlich aller mit dem Grundstück und dem darauf errichteten Gebäude sich ergebenden öffentlich-rechtlichen Verpflichtungen sowie auf die Korrektur einer anfänglich planwidrigen Bauweise. Dies gilt auch für den Erwerb von sanierten Altbauobjekten, wenn der Erwerb mit einer Herstellungs- oder Sanierungsverpflichtung verbunden ist.[615]

Mit der Schuldrechtsmodernisierung wurden die Gewährleistungsfristen des Kauf- bzw. Werkvertragsrechtes in Ansehung von Bauwerken angeglichen, so dass der ursprüngliche Ansatz der Rechtsprechung, dem Erwerber eine fünfjährige Gewährleistung zu verschaffen und deshalb für die Bauerstellung Werkvertragsrecht anzuwenden, entfallen ist. Gleichwohl spricht auch nach dem neuen Recht die Interessenlage dafür, Werkvertragsrecht anzuwenden.[616] Die Anwendung von Werkvertragsrecht (§§ 631 ff. BGB) hat nunmehr der Gesetzgeber mit Wirkung zum 1. 1. 2018 ausdrücklich bestätigt (§ 650u Abs. 1 S. 1, S. 2 BGB). Gemäß dem folgenden Satz 3 finden hinsichtlich des Anspruchs auf Übertragung des Eigentums an dem Grundstück oder auf Übertragung oder Bestellung des Erbbaurechts die Vorschriften über den Kauf Anwendung. Der Bauträgervertrag hat also nunmehr, in diesem Punkt ohne sachliche Änderung, eine Kodifikation gefunden. Die bisherige Rechtsprechung, wonach Werkvertragsrecht nicht nur dann gilt, wenn noch Bauleistungen zu erbringen sind, sondern auch dann, wenn das Bauwerk bereits fertig gestellt ist,[617] kann als bestätigt betrachtet werden.[618]

Der BGH[619] sieht für die Anwendung von Werkvertragsrecht allerdings dann eine Grenze, wenn der Vertragsabschluss länger als drei Jahre nach der Fertigstellung des Gebäudes erfolgt. Für diesen Fall soll Kaufrecht Anwendung finden, so dass sich der Nacher-

158

---

[612] *Elzer* ZWE 2011, 11 (16, 19 f.).

[613] S. zu dieser Thematik DNotI-Report 2018, 11.

[614] BGH DNotZ 2018, 831 Rn. 11. Ob zur erstmaligen Herstellung eines ordnungsgemäßen Zustands des Gemeinschaftseigentums auch diejenigen Ausstattungsmerkmale gehören, die in den Baubeschreibungen der schuldrechtlichen Erwerbsverträge ziwschen den Wohnungseigentumserwerbern und dem teilenden Eigentümer enthalten sind, ließ der BGH ausdrücklich offen: BGH DNotZ 2018, 831 Rn. 17. Die Frage ist zu bejahen, da auch diesbezügliche Baumängel vertragswidrig sind, BeckOGK/*Karkmann* WEG § 21 Rn. 72. BGHZ 209, 128 Rn. 26; BGHZ 200, 263 Rn. 28; BGHZ 96, 129; BGHZ 82, 122 (125); BGHZ 81, 375; BGHZ 74, 204; BGH DNotZ 1982, 626; DNotZ 1985, 622; DNotZ 1990, 167; NJW 1989, 2535; NJW 2007, 3276 Rn. 19; MittBayNot 2007, 211; DNotZ 2005, 464.

[615] BGH MittBayNot 2007, 211; DNotZ 2005, 464.

[616] BGH ZWE 2016, 318 Rn. 21; *Schmidt-Räntsch* ZWE 2016, 429 (435); *Vogel* ZWE 2016, 442 (443); *Dötsch* ZWE 2016, 317; *Ott* ZWE 2016, 212; *Basty* ZWE 2002, 384; BeckFormB WEG/*Hügel* Form. O II. Anm. 1.

[617] BGH MittBayNot 2017, 41; *Basty* MittBayNot 2017, 447; für Kaufrecht in diesem Falle *Brambring* DNotZ 2001, 906.

[618] S. hierzu auch *Weber* notar 2017, 379; *M. Müller* ZWE 2018, 131.

[619] ZWE 2016, 215 Rn. 25.

füllungsanspruch dann aus §§ 437 Nr. 1, 439 BGB ergibt. Auch diesen Nacherfüllungsanspruch kann die Gemeinschaft an sich ziehen.[620]

159   Die werkvertraglichen Gewährleistungen gelten nur dann, wenn gegen den Veräußerer eine **Herstellungspflicht**[621] besteht. Durch das neue Bauvertragsrecht hat sich diese Rechtslage nicht geändert (§ 650u BGB). Werden dagegen **Altbauten in Wohnungseigentum** umgewandelt und **ohne** Umbau- oder Renovierungsverpflichtung veräußert, so ist ein Gewährleistungsausschluss auch im Anwendungsbereich der §§ 305 ff. BGB zulässig.[622]

160   Die werkvertraglichen Gewährleistungsbestimmungen gelten sowohl für das Sondereigentum als auch für das Gemeinschaftseigentum. Sie lassen sich wie folgt kurz umreißen:
– Der Besteller hat zunächst das Recht, von dem Unternehmer Nacherfüllung zu verlangen, §§ 634 Nr. 1, 635 BGB. Dabei hat der Unternehmer die Wahl, entweder den Mangel zu beseitigen oder ein neues Werk herzustellen. Letzteres wird im Bauträgerrecht nicht praktikabel werden. Die Mängelbeseitigung kann verweigert werden, wenn sie nur mit unverhältnismäßigen Kosten möglich ist (§ 635 Abs. 3 BGB).[623] Zu demselben Erfolg wie die Nacherfüllung führt die Selbstvornahme durch den Besteller gemäß § 637 BGB: Er erhält ein mangelfreies Werk auf Kosten des Unternehmers. Die Nacherfüllung und die Selbstvornahme führen danach zu der vertraglich vereinbarten Leistung, nämlich dem mangelfreien Werk. Dies gilt auch für den Anspruch auf Zahlung eines Kostenvorschusses an die Gemeinschaft der Wohnungseigentümer zur Finanzierung der Mängelbeseitigung. Sie sind damit Ansprüche auf vollständige Erfüllung (primäre Gewährleistungsansprüche).
– Der Besteller kann ferner gemäß § 634 Nr. 3 BGB zurücktreten, wenn er eine Frist zur Nacherfüllung erfolglos gesetzt hat oder eine Fristsetzung ausnahmsweise entbehrlich ist (§ 636 BGB) oder nach § 638 BGB die Vergütung mindern.
– Der Besteller kann ferner nach § 634 Nr. 4 BGB Schadensersatz[624] oder Ersatz vergeblicher Aufwendungen verlangen.
Die Rechte und Ansprüche gemäß § 634 Nr. 3, Nr. 4 BGB werden als sekundäre Gewährleistungsansprüche bezeichnet.

161 **1. Die Abnahme des Gemeinschaftseigentums.** Die vorstehend beschriebenen werkvertraglichen Gewährleistungsansprüche setzen die **Abnahme** des bestellten Werkes durch den Besteller voraus (§ 640 Abs. 1 BGB). Mit der Abnahme erlischt der allgemeine Erfüllungsanspruch; er konkretisiert und beschränkt sich nunmehr auf die Gewährleistungsrechte, die jedoch grundsätzlich erst ab Abnahme geltend gemacht werden können.[625] Wegen unwesentlicher Mängel kann die Abnahme nicht verweigert werden (§ 640 Abs. 1 S. 2 BGB). Durch das Bauvertragsgesetz, in Kraft getreten zum 1.1.2018,

---

[620] *Schmidt-Räntsch* ZWE 2016, 429 (435).
[621] BGH MittBayNot 2007, 211 zur Altbausanierung; ausführlich DNotI-Report 2018, 91.
[622] BGH NJW 2018, 1954 Rn. 22; NJW 2015, 2874 Rn. 16; DNotZ 1990, 156; kritisch hierzu *Vogel* ZWE 2016, 442 (446). Zu den Grenzen des Gewährleistungsausschlusses bei Neubauobjekten und Veräußerung mittels Individualvertrag s. BGH NJW 1989, 2748 im Anschluss an BGHZ 100, 391; BGHZ 101, 365; zur Unzulässigkeit eines AGB-mäßigen Ausschlusses der Wandelung (des Rücktritts) BGH MittBayNot 2007, 204 (210); DNotZ 2002, 215.
[623] S. hierzu BGHZ 200, 350 Rn. 39 zum Kaufvertragsrecht sowie BGH NJW 2013, 370 Rn. 12 und OLG Frankfurt a.M. NJW 2019, 1304 Rn. 54 ff. zum Werkvertragsrecht.
[624] Bei der Berechnung des Schadensersatzanspruchs ist die geänderte Rechtsprechung des BGH zum Werkvertragsrecht – BGH NJW 2018, 1463 – zu beachten. Die Höhe des Schadens wird nicht mehr nach den (fiktiven) Mängelbeseitigungskosten ermittelt. Maßgeblich ist die Bewertung anhand der konkreten Vermögenseinbuße, wozu der Nachweis einer Erlösminderung beim Verkauf oder ein Sachverständigengutachten zur Bezifferung verlangt wird. Dies ist auch für die werkvertragliche Minderung maßgebend, *Voit* NJW 2018, 2166 (2167).
[625] BGHZ 213, 319 Rn. 24 ff.; BGHZ 213, 349 Rn. 23 ff.; zur Neuregelung der Abnahme s. *Rieger/Elzer/Lieder/Jacoby* BauR 2018, 1590; grundlegend *McCready,* Die Abnahme des Gemeinschaftseigentums im Rahmen von Bauträgerverträgen, 2018.

ist die Abnahme teilweise neu geregelt worden. § 640 Abs. 1 S. 3 BGB wird durch § 640 Abs. 2 BGB ersetzt. Danach gilt das Werk als abgenommen, „wenn der Unternehmer dem Besteller nach Fertigstellung des Werks eine angemessene Frist zur Abnahme gesetzt hat und der Besteller die Abnahme nicht innerhalb dieser Frist unter Angabe mindestens eines Mangels verweigert hat". Die Folge dieser neuen Vorschrift ist, dass bei Angabe eines nur unwesentlichen Mangels die Abnahmefiktion nicht eintritt; die Verpflichtung des Bestellers, bei einem unwesentlichen Mangel gemäß § 640 Abs. 1 S. 2 BGB das Werk abzunehmen, bleibt jedoch bestehen.[626] Es tritt ferner ein Rechtsverlust ein, wenn sich der Besteller seine Rechte wegen eines Mangels bei der Abnahme nicht vorbehält (§ 640 Abs. 3 BGB).

Aus § 641 Abs. 1 S. 2 BGB ergibt sich, dass das Werk auch teilweise abgenommen **162** werden kann. Hiervon ist beim Kaufvertrag über neu zu schaffendes Wohnungseigentum Gebrauch zu machen. Sondereigentum und Gemeinschaftseigentum sind, schon wegen den in der Regel verschiedenen Fertigstellungsterminen, jeweils gesondert abzunehmen. Eine **Abnahmefiktion** ist bezüglich beider unter den weiteren Voraussetzungen des § 308 Nr. 5 BGB unzulässig.[627]

Die Abnahme ist eine Hauptverpflichtung des Bestellers,[628] auch bezüglich des Ge- **163** meinschaftseigentums. Eine Abnahme des Sondereigentums, die nicht mit einer Begehung der gesamten Anlage verbunden wird, bewirkt deshalb keine Abnahme des Gemeinschaftseigentums.[629] Eine gesamtschuldnerische Verpflichtung aller Erwerber zur Abnahme des Gemeinschaftseigentums besteht kraft Gesetzes nicht, auch nicht aus Gründen der Wohnungseigentümergemeinschaft.[630] Die Voraussetzungen für die Abnahme müssen sachkundig und neutral geprüft werden. Die Bevollmächtigung in allgemeinen Geschäftsbedingungen eines mit dem Bauträger wirtschaftlich oder rechtlich verbundenen Verwalters zur Abnahme ist daher nach § 307 Abs. 1 S. 1 BGB unwirksam.[631] Die **Folgen der Abnahme** bestehen deshalb für jeden Erwerber gesondert, insbesondere laufen auch bezüglich des Gemeinschaftseigentums bei Fehlen einer anderweitigen Regelung für jeden Erwerber eigene Gewährleistungsfristen.[632]

Hieraus ergibt sich ein dringendes Bedürfnis für eine gemeinschaftliche, einheitliche Abnahme des Gemeinschaftseigentums durch die Wohnungseigentumserwerber. Andernfalls bestünde die Möglichkeit, dass sich ein Erwerber weigert, die Abnahme vorzunehmen, mit der Folge, dass bezüglich des Gemeinschaftseigentums für ihn die Verjährungsfristen nicht zu laufen beginnen. Der Verkäufer wäre alsdann gehalten, den Käufer auf Abnahme zu verklagen.[633] Erst mit Rechtskraft des dementsprechenden Urteils wäre alsdann die Abnahme erfolgt. Dadurch könnte die Gewährleistungsfrist auf unbestimmte Zeit verlängert werden, was wegen des individuellen Nacherfüllungsanspruches gemäß § 634 Nr. 1 BGB allen Erwerbern zugute käme.

[Einstweilen frei.] **164**

Beim Fehlen einer einheitlichen Abnahme des Gemeinschaftseigentums mit Wirkung **165** auch gegenüber Erwerbern, die nach der Abnahme kaufen, wird der Bauträger folgenden Risiken ausgesetzt:

---

[626] *Basty* MittBayNot 2017, 446; zur Thematik der Abnahme des gemeinschaftlichen Eigentums s. auch *Weber* notar 2017, 386; *Bachern/Bürger* NJW 2018, 118.
[627] OLG Brandenburg MittBayNot 2014, 434.
[628] Palandt/*Sprau* BGB § 640 Rn. 5.
[629] *Häublein* DNotZ 2002, 609.
[630] Weitnauer/*Briesemeister* WEG Anh. § 8 Rn. 79; *Häublein* DNotZ 2002, 614; *Pause* NJW 1993, 555; aA *Deckert,* Mängel am Gemeinschaftseigentum, S. 93 ff.
[631] BGH ZWE 2013, 455 Rn. 8, 9; OLG München ZfIR 2018, 709; *Pause* ZWE 2019, 36; v. *Türkheim* notar 2019, 129.
[632] BGHZ 114, 383; BGH NJW 1985, 1551; OLG Köln NJW 1968, 2063; OLG Stuttgart MDR 1980, 496; *Brambring* NJW 1987, 99.
[633] BGH MittBayNot 1996, 193.

– Die Gewährleistungsansprüche beginnen und enden zu verschiedenen Zeitpunkten. Dies hat zur Folge, dass noch nicht verjährte Ansprüche erfüllt werden müssen, was zur Folge hat, dass die Käufer von Einheiten, deren Ansprüche verjährt sind, wegen der Unteilbarkeit der Gewährleistung eine Leistung erhalten, auf die sie keinen Anspruch mehr haben. Dies wird allerdings von *Schmidt-Räntsch*[634] für Rechtens gehalten.

– Der Rückgriff des Bauträgers gegenüber dem bauausführenden Unternehmen kann dadurch gefährdet werden, dass eine Verjährung eintritt, die Gewährleistungsansprüche einzelner Käufer dagegen noch nicht verjährt sind. Damit entfällt die Rückgriffsmöglichkeit des Bauträgers.

Aus Sicht des Bauträgers wünschenswert ist deshalb eine einheitliche Abnahme des Gemeinschaftseigentums, die für und gegen alle Wohnungseigentümer wirksam ist.[635]

Zur Herbeiführung einer einheitlichen Abnahme des Gemeinschaftseigentums wurde die Rechtsfähigkeit der Wohnungseigentümergemeinschaft dahingehend genutzt, dass dieser eine fakultative (teilweise wurde auch angenommen zwingende) Kompetenz zur Abnahme zugesprochen wurde.[636] Infolge dessen waren bei einer zu bejahenden Beschlusskompetenz die entsprechenden Beschlüsse gemäß § 10 Abs. 4 WEG gegenüber den Rechtsnachfolgern verbindlich. Der Erwerber von Wohnungseigentum, der nach Abnahme des gemeinschaftlichen Eigentums erworben hatte, war an die Ergebnisse derselben gebunden. Das OLG Koblenz[637] hat dieser Lösung zugestimmt.

Der BGH ist dem jedoch nicht gefolgt.[638] Zur Begründung führt er aus, dass durch die Regelung der Beginn der Verjährung von Mängelansprüchen betreffend das Gemeinschaftseigentum auf einen Zeitpunkt vorverlagert werde, zu dem die Erwerber das Werk weder erworben hatten, noch es ihnen übergeben war. Dies stelle eine mittelbare Verkürzung der Verjährungsfrist dar, die, bei Vorliegen von Allgemeinen Geschäftsbedingungen, nach § 309 Nr. 8b ff. BGB unwirksam sei.

Angesichts dieser Rechtsprechung hat der Notar den Bauträger bei Verkäufen von bereits fertiggestellten und abgenommenen Objekten auf die damit eintretende faktische Verlängerung der Verjährungsfrist hinzuweisen. Nutznießer dieser Entscheidung sind diejenigen Käufer, die vor der Abnahme des Gemeinschaftseigentums erworben haben. Sie erhalten, trotz Verjährung ihrer Ansprüche, wegen der Unteilbarkeit der Leistung die Nacherfüllung bei einer entsprechenden Anspruchstellung durch den Nachzüglerkäufer, wobei dessen Ansprüche durch entsprechenden Eigentümerbeschluss auch von der Wohnungseigentümergemeinschaft geltend gemacht werden können.[639]

Die Alternative für den Bauträger besteht darin, nach Abnahme des Gemeinschaftseigentums keine weiteren Verkäufe mehr vorzunehmen, sondern die Einheiten zu vermieten. Die Vermietung muss dabei mindestens drei Jahre, bei Beschreitung des sichersten Weges sogar einige Monate mehr, andauern. Veräußert der Bauträger danach, handelt es sich nach der Verkehrsanschauung im allgemeinen nicht mehr um neu errichtete Objekte, auch mit der Folge, dass auf die Gewährleistung nicht mehr das Werkvertragsrecht, son-

---

[634] ZWE 2016, 429 (435).

[635] *Rapp* MittBayNot 2012, 169; AG München NJW 2011, 2222; OLG Stuttgart ZMR 2015, 903: Abnahme des Gemeinschaftseigentums bei einem als Wohnungseigentum ausgestaltetem Reihenhaus; anders die hM; LG München I ZWE 2017, 39 (42); BeckFormB WEG/*Rüscher* Form. O I. 2. Anm. 1 und Form. O I. 3. Anm. 1; *Cramer* MittBayNot 2017, 547 (550); *Krick* MittBayNot 2014, 401; *Suilmann* ZWE 2013, 305; *Ott* ZWE 2013, 253; *ders.* ZWE 2015, 366; *Abramenko* ZMR 2013, 914; Jenißen/*Heinemann* WEG § 21 Rn. 15; Bärmann/*Suilmann* WEG § 10 Rn. 327 ff.; *Basty* FS Wenzel 2005, 108; Staudinger/*Peters*/*Jacoby* BGB § 640 Rn. 22; *Basty,* Bauträgervertrag, 7. Aufl. 2012, Rn. 1008 ff.; BeckOGK/*Falkner* WEG § 10 Rn. 536; Palandt/*Sprau* BGB § 640 Rn. 5; OLG Karlsruhe NJW 2012, 237.

[636] S. vorstehende Nachweise und insbesondere *Hügel*/*Elzer* WEG § 10 Rn. 277, 279, 266; *Hügel* FS 25 Jahre DNotI 2018, 149 (153).

[637] ZMR 2013, 912.

[638] BGHZ 209, 128 Rn. 37; aA *Hügel* FS 25 Jahre DNotI 2018, 149 (153).

[639] *Schmidt-Räntsch* ZWE 2016, 435.

dern das Kaufvertragsrecht anzuwenden ist.[640] Beim Verkauf einer gebrauchten Wohnung kann jedoch, auch unter AGB-Gesichtspunkten, die Sachmängelgewährleistung ausgeschlossen werden.[641]

Eine Bindung des Nachzüglers gemäß § 10 Abs. 4 WEG an einen vorhergehenden Beschluss wird vom LG München I erwogen.[642] Ein Nachzügler sei nicht zwingend benachteiligt durch eine bereits erfolgte Abnahme des Gemeinschaftseigentums. Möglicherweise sei die Mängelbeseitigung schon in Angriff genommen und zum anderen schlage sich die bereits erfolgte Abnahme ggf. in einem niedrigeren Kaufpreis nieder. Diese Argumentation ist überzeugend, wenn auch das LG München I im Endergebnis einen Abnahmebeschluss durch die Gemeinschaft ablehnt. Maßgebend hierfür ist für das LG München I, dass die Abnahme untrennbar mit weiteren individualvertraglichen Rechten und Pflichten verknüpft ist, die ihrerseits nicht vergemeinschaftet werden können, namentlich das Recht auf Rücktritt und großen Schadenersatz sowie die Pflicht zur Werklohnzahlung.[643]

Nach dieser Rechtsprechung ist und bleibt die Abnahme des Gemeinschaftseigentums eine sich aus dem Bauträgervertrag ergebende individuelle Verpflichtung eines jeden Wohnungseigentumserwerbers. Eine verdrängende Vollmacht an einen Dritten ist unzulässig. Im Gemeinschaftseigentum befinden sich die technisch anspruchsvollsten Teile des Vertragsobjektes Wohnungseigentum, zB Wärme-, Schall- und Brandschutz, die technischen Ver- und Entsorgungseinrichtungen sowie die Heizungs- und Warmwasserbereitung sowie generell die im Aufteilungsplan und der Baubeschreibung entsprechende Bauausführung. Der durchschnittliche Erwerber von Wohnungseigentum wird nicht in der Lage sein, bezüglich dieser Fragen eine fachgerechte Prüfung vorzunehmen. Es empfiehlt sich deshalb, in der ersten Eigentümerversammlung (die mit Entstehung der werdenden Wohnungseigentümergemeinschaft einzuberufen ist) durch die (werdenden) Wohnungseigentümer einen Sachverständigen bestimmen zu lassen, der im Auftrage der Erwerber eine technische Abnahme durchführt und hierzu eine gutachterliche Stellungnahme abgibt. In dieser hat er vorzuschlagen, ob die Abnahme vorzunehmen ist oder nicht. In einer anschließenden Wohnungseigentümerversammlung ist gegebenenfalls die Begutachtung zu erläutern und eine Abstimmung darüber herbeizuführen, ob die rechtliche Abnahme zu erklären ist. Dabei handelt es sich jedoch lediglich um einen Vorschlag an die einzelnen Wohnungseigentümer; eine Verpflichtung, bei entsprechender Empfehlung die rechtliche Abnahme zu erklären, besteht nicht. Der Bauträger ist bei verweigerter Abnahmeerklärung durch einzelne Erwerber gehalten, die fiktive Abnahme gemäß § 640 Abs. 2 BGB vorzunehmen.

Formulierungsbeispiel: Abnahme des Gemeinschaftseigentums 165a

Hinsichtlich des Gemeinschaftseigentums gelten folgende Besonderheiten: Die **technische Abnahme** des Gemeinschaftseigentums erfolgt auf Kosten des Verkäufers durch einen von diesem zu bestimmenden öffentlich bestellten und vereidigten Sachverständigen oder einen Sachverständigen der Prüfeinrichtungen TÜV oder DEKRA, dem der Käufer hierzu Vollmacht erteilt. Das Recht des Käufers, selbst an der technischen Abnahme des Gemeinschaftseigentums teilzunehmen sowie einen weiteren Sachverständigen auf eigene Kosten zu beauftragen, wird durch die vorstehende Vollmacht in keiner Weise beschränkt. Den Termin für die technische Abnahme wird der Verkäufer dem Käufer mit einer Frist von mindestens zwei Wochen schriftlich mitteilen.

---

[640] BGH ZMR 2016, 474 Rn. 25; *Weber* notar 2017, 380; *Cramer* MittBayNot 2017, 547 (554) mit dem zutreffenden Hinweis, dass der Nachzüglerkäufer nicht schlechter gestellt werden darf wie ein Erwerber, bei dem Werkvertragsrecht anzuwenden ist.
[641] BGH NJW 2015, 2874 Rn. 16; s. oben → Rn. 159; für Nacherfüllungsanspruch bei einem Verbrauchervertrag, also Unwirksamkeit des Gewährleistungsausschlusses sprechen sich dagegen aus *Vogel* ZWE 2016, 442 (446) und *Riesenberger* ZMR 2018, 125 (129).
[642] ZWE 2017, 39 (42).
[643] LG München I ZWE 2017, 39 (42).

Der Verkäufer wird dem Käufer eine Abschrift des Protokolls über die technische Abnahme (ggf. samt Nachweis über die Beseitigung festgestellter Mängel und Erledigung etwaiger Restarbeiten) mit der Aufforderung übersenden, die **rechtsgeschäftliche Abnahme** binnen einer Frist von vier Wochen zu erklären. Hierfür gilt § 640 Abs. 1 S. 3 BGB.

165b   Anders verhält es sich, wenn die rechtsfähige Gemeinschaft selbst einen Werkvertrag abgeschlossen hat. In diesem Falle ist ausschließlich sie Vertragspartnerin des Werkunternehmers und damit Inhaberin der aus dem Werkvertrag rechtsgeschäftlich erworbenen Rechte und Pflichten, § 10 Abs. 6 S. 2 WEG.[644] Die Abnahme hat deshalb durch die Gemeinschaft zu erfolgen. Sie erfolgt durch den Verwalter namens der Gemeinschaft der Wohnungseigentümer, wozu dieser gemäß § 27 Abs. 3 S. 3, 7 WEG berechtigt und verpflichtet ist.

166 **2. Gewährleistungsfristen bezüglich des Gemeinschaftseigentums bei zeitlich versetzten Bauabschnitten.** Fristenprobleme bezüglich der Gewährleistung am gemeinschaftlichen Eigentum ergeben sich auch bei der Erstellung einer Wohnungseigentumsanlage in **zeitlich** erheblich auseinander liegenden Abschnitten.[645] Eine sachgerechte Lösung liegt darin, dass die **Gewährleistungsfristen** bezüglich des Gemeinschaftseigentums **verschieden laufen,** je nachdem, ob die Erwerber aus späteren Bauabschnitten ein Interesse an der Mangelfreiheit des Gemeinschaftseigentums von früheren Bauabschnitten haben oder nicht.

166a **Formulierungsbeispiel: Abnahme bei Mehrhausanlagen**

Soweit Bauabschnitte in zeitlich aufeinander folgenden Zeiträumen erstellt werden, findet jeweils für jeden Bauabschnitt eine gesonderte Abnahme statt. Die Abnahme des Gemeinschaftseigentums erfolgt auch mit Wirkung für die Erwerber aus späteren Bauabschnitten. Dies gilt jedoch nur für solche Teile des Gemeinschaftseigentums, die von Erwerbern aus späteren Bauabschnitten nicht unmittelbar mitbenutzt werden (zB Dach, Außenputz, Treppenaufgänge, Ver- und Entsorgungsleitungen, Gemeinschaftsbeleuchtung). Wird Gemeinschaftseigentum aus einem früheren Bauabschnitt von Erwerbern aus einem späteren Bauabschnitt mitbenutzt (zB Heizung, Fernsehantenne), so findet eine Abnahme mit Wirkung für die Erwerber aus allen Bauabschnitten erst mit der Fertigstellung des letzten Bauabschnittes statt. Die Wirkungen der Abnahme treten erst mit dieser letzten Abnahme ein.

167 **3. Legitimation zur Geltendmachung der verschiedenen Gewährleistungsansprüche.** Die Legitimation zur Geltendmachung von Gewährleistungsansprüchen bezüglich des Gemeinschaftseigentums ist unterschiedlich, je nachdem welcher Anspruch/welches Recht geltend gemacht wird. Hier wirkt sich auch die Rechtsfähigkeit der Gemeinschaft der Wohnungseigentümer aus (§ 10 Abs. 6 WEG); vgl. hierzu → § 2 Rn. 128.[646]

168 **a) Individualansprüche und Verpflichtung der Gemeinschaft.** Den Käufern von Wohnungseigentum stehen wegen Mängeln am Gemeinschaftseigentum gegenüber dem Verkäufer (Bauträger) aus den jeweils geschlossenen Verträgen werkvertragliche (inhaltlich

---

[644] *Lehmann-Richter* ZWE 2006, 414; *Wenzel* ZWE 2006, 110; Staudinger/*Rapp* WEG § 1 Rn. 54a.
[645] DNotI-Report 1995, 205; *Pause* NJW 1993, 556; *Grziwotz* MittBayNot 2007, 208.
[646] Zur ganzen Thematik s. *Schmidt-Räntsch* ZWE 2015, 437 ff.; *Dötsch* ZWE 2016, 149; *Vogel* ZWE 2016, 442; *Ott* ZWE 2017, 106; *Elzer* DNotZ 2017, 163; *Scheibengruber* notar 2017, 95. Zur Obliegenheit, vor gerichtlicher Geltendmachung eines Mangels am Gemeinschaftseigentum gegen die übrigen Wohnungseigentümer zunächst die Wohnungseigentümerversammlung mit der Angelegenheit zu befassen, s. BGH NJW 2018, 1749 Rn. 14.

möglicherweise verschieden ausgestaltete) Gewährleistungsansprüche zu. Die Teilrechtsfähigkeit der Wohnungseigentümergemeinschaft ändert daran nichts. Durch sie werden die Rechte aus § 634 BGB keine gemeinschaftliche Berechtigung der rechtsfähigen Wohnungseigentümergemeinschaft.[647] Eine Geltendmachung der Mängelrechte durch die Gemeinschaft gemäß § 10 Abs. 6 S. 1, S. 2 WEG kommt deshalb nicht in Betracht.

Bei der Mängelbeseitigung bezüglich des Gemeinschaftseigentums kollidiert der werkvertragliche Individualanspruch des einzelnen Erwerbers mit den wohnungseigentumsrechtlichen Verpflichtungen und Beschränkungen,[648] die sich aus der Verpflichtung zur ordnungsgemäßen Verwaltung des gemeinschaftlichen Eigentums gemäß § 21 Abs. 1 WEG ergeben. Zu der letztgenannten Verpflichtung gehört insbesondere gemäß § 21 Abs. 5 S. 2 WEG die ordnungsmäßige Instandhaltung und Instandsetzung des gemeinschaftlichen Eigentums, was auch die Beseitigung von anfänglichen Baumängeln einschließt.[649] Der Anspruch auf Nacherfüllung kann dabei so lange geltend gemacht werden, bis die Zahlung des Vorschusses auf die Mängelbeseitigungskosten erfolgt ist.[650]

b) Die gemeinschaftsbezogenen Rechte der Wohnungseigentümer. Gemäß § 21 169 Abs. 5 Nr. 2 WEG gehört es zur ordnungsmäßigen Verwaltung, das gemeinschaftliche Eigentum instand zu halten und instand zu setzen. Es handelt sich dabei um eine Pflichtaufgabe der rechtsfähigen Gemeinschaft, die von dieser auszuführen ist. Diese Kompetenz und Verpflichtung der rechtsfähigen Gemeinschaft gilt auch bezüglich der Beseitigung anfänglicher Baumängel, da diese die Interessen der Wohnungseigentümer in gleicher Weise betreffen wie später, etwa nach Ablauf der Gewährleistungsfrist, auftretende Mängel. Grundsätzlich muss das gemeinschaftliche Eigentum jedenfalls in einem solchen baulichen Zustand sein, dass das Sondereigentum zu dem in der Gemeinschaftsordnung vorgesehenen Zweck genutzt werden kann.[651] Es besteht deshalb bei Baumängeln am Gemeinschaftseigentum einerseits der Individualanspruch des einzelnen Erwerbers, andererseits die Tätigkeitsverpflichtung der rechtsfähigen Gemeinschaft, die jedoch beide auf dasselbe Ziel gerichtet sind. Es liegt deshalb nahe, dass sich die rechtsfähige Gemeinschaft der vertraglichen Ansprüche ihrer Mitglieder bedient, um das Ziel zu erreichen. Der wohnungseigentumsrechtliche Ansatz hierzu ist § 21 Abs. 1 WEG.

Nach § 10 Abs. 6 S. 3 WEG übt die Gemeinschaft die „gemeinschaftsbezogenen Rechte" der Wohnungseigentümer aus. Dabei handelt es sich um eine gesetzliche Ermächtigung (entsprechend § 185 BGB), mit der ein fremdes Recht, nämlich dasjenige der einzelnen Wohnungseigentümer, durch die rechtsfähige Gemeinschaft im eigenen Namen geltend gemacht wird. Man spricht insoweit von einer geborenen[652] oder verdrängenden[653] Ausübungsbefugnis. Die Interessen der Wohnungseigentümer werden dadurch gewahrt, dass sie als Mitglieder der Gemeinschaft durch Mehrheitsbeschluss über die Ausübung ihrer gemeinschaftsbezogenen Rechte gemäß § 21 Abs. 3 WEG entscheiden und jeder Wohnungseigentümer gemäß § 10 Abs. 4 WEG an den entsprechenden Beschluss gebunden ist.[654] Zu den gemeinschaftsbezogenen Rechten zählt die Gesetzesbegründung jene aus dem individuellen Erwerbsvertrag mit dem Bauträger.[655] Dabei verweist die Ge-

[647] BGH NJW 2007, 1953 Rn. 14; BGHZ 169, 1; *Riesenberger* ZMR 2018, 125; *Schmidt-Räntsch* ZWE 2016, 429 (435); *Wenzel* NJW 2007, 1906; *Grziwotz* MittBayNot 2007, 208; *Hügel/Elzer* WEG § 10 Rn. 261 ff.; *Jennißen/Heinemann* WEG § 21 Rn. 8; *Bärmann/Suilmann* WEG § 10 Rn. 242 ff.
[648] Vgl. BeckFormB WEG/*Rüscher* Form. O II. Anm. 5.
[649] BGHZ 169, 7 Rn. 21; *Wenzel* NJW 2007, 1905; *ders.* ZWE 2006, 111.
[650] BGHZ 169, 8 Rn. 22.
[651] BGH NJW 2018, 3228 Rn. 10; NJW 2007, 1953; NJW 2010, 933; *Wenzel* NJW 2007, 1907; *Klein* ZWE 2007, 466; *Hügel/Elzer* WEG § 21 Rn. 78; *Schnellbacher* ZWE 2018, 395; BeckOGK/*Falkner* WEG § 10 Rn. 517.
[652] *Wenzel* NJW 2007, 1907.
[653] *Becker* ZWE 2007, 436.
[654] *Becker* ZWE 2007, 436; *Pause/Vogel* ZMR 2007, 582.
[655] BT-Drs. 16/3843, 61.

setzesbegründung auf die Fälle, in denen die Gemeinschaft rechtmäßigerweise Mängelansprüche ihrer Mitglieder gegen den Verkäufer und Bauträger an sich gezogen hat.[656] Der Wortlaut des § 10 Abs. 6 S. 3 WEG geht jedoch über diese Fälle hinaus und erfasst alle Ansprüche der Käufer in Bezug auf Baumängel am Gemeinschaftseigentum gegenüber dem Verkäufer, also auch zB den Anspruch auf Nacherfüllung. Dies ist jedoch vom sachlichen Umfang her zu weit und von der bisherigen Rechtsprechung auch nicht gedeckt. Danach können die primären Gewährleistungsansprüche vom Erwerber selbst geltend gemacht werden, eine zwingende und alleinige Zuständigkeit der Gemeinschaft gibt es nur für solche Rechte, die ihrer Natur nach gemeinschaftsbezogen sind und ein eigenständiges Vorgehen des einzelnen Wohnungseigentümers nicht zulassen, nämlich die gemeinschaftsbezogenen Rechte auf Minderung und kleinen Schadenersatz.[657] Es besteht deshalb Einigkeit darüber, dass der Begriff der „gemeinschaftsbezogenen Rechte", der eine verdrängende Ausübungsbefugnis zur Folge hat, einschränkend ausgelegt werden muss.[658]

Eine geborene oder verdrängende Ausübungsbefugnis ist lediglich bezüglich der sekundären Gewährleistungsansprüche der Minderung bzw. des kleinen Schadenersatzes gegeben.[659] Hier erfordert der Schutz des Verkäufers vor einer doppelten Inanspruchnahme eine abschließende Entscheidung durch die Gemeinschaft. Es muss ausgeschlossen sein, dass ein Käufer, wenn auch nur für seine Einheit, Minderung durchsetzt und anschließend ein anderer Käufer Nacherfüllung erlangt, was wegen des gezahlten Minderungsbetrages zu einer ungerechtfertigten Mehrbelastung des Verkäufers führt.[660]

Diese Einschränkung der individuellen Käuferrechte bezüglich Minderung und kleiner Schadensersatz gelten jedoch nicht, wenn eine gebrauchte Eigentumswohnung unter Ausschluss der Haftung für Sachmängel verkauft und eine Beschaffenheitsgarantie nicht vereinbart worden ist.[661] Der Haftungsausschluss ist in diesem Falle wirksam.

170 **c) Die fakultative Rechtsausübung durch die Gemeinschaft.** Neben der geborenen und verdrängenden Ausübungsbefugnis begründet § 10 Abs. 6 S. 3 WEG die Zuständigkeit der rechtsfähigen Gemeinschaft jedoch auch für „sonstige Rechte der Wohnungseigentümer", soweit diese gemeinschaftlich geltend gemacht werden können. Diese sonstigen Rechte unterscheiden sich von den „gemeinschaftsbezogenen Rechten" dadurch, dass sie nicht zwingend (geboren, verdrängend) von der Gemeinschaft ausgeübt werden müssen, sondern lediglich eine fakultative Möglichkeit besteht („ausgeübt werden *können*").[662] *Wenzel* spricht in diesen Fällen von einer „gekorenen" Ausübungsbefugnis.[663] Der BGH hat (noch zu der bis zum 30. 6. 2007 gültigen Rechtslage) entschieden, dass die Wohnungseigentümergemeinschaft im Rahmen der ordnungsgemäßen Verwaltung des Gemeinschaftseigentums die Ausübung der auf die ordnungsgemäße Herstellung des Gemeinschaftseigentums gerichteten werkvertraglichen Rechte der einzelnen Erwerber aus den Verträgen mit dem Veräußerer durch Mehrheitsbeschluss an sich ziehen kann. In gleicher Weise kann die Wohnungseigentümergemeinschaft die gemeinschaftliche Durchsetzung eines auf die Beseitigung von Mängeln des Gemeinschaftseigentums gerichteten werkvertraglichen Erfüllungs- oder Nacherfüllungsanspruchs beschließen. Ist ein solcher Beschluss gefasst, sind die einzelnen Erwerber von der Verfolgung ihrer Rechte insoweit

656 BT-Drs. 16/887, 61.
657 BGH NJW 2006, 2254; NJW 2007, 1954.
658 *Wenzel* NJW 2007, 1907; *Becker* ZWE 2007, 435; *Pause/Vogel* ZMR 2007, 579.
659 BGH ZMR 2016, 711 Rn. 34; DNotZ 2015, 828 Rn. 9; BGHZ 172, 42 Rn. 19; *Schmidt-Räntsch* ZWE 2015, 438; *Riesenberger* ZMR 2018, 125 (126).
660 BeckFormB WEG/*Rüscher* Form. O II. Anm. 4; *Suilmann* ZWE 2013, 304; *Moosheimer* ZMR 2014, 692.
661 BGH DNotZ 2015, 828 Rn. 11 ff.
662 *Wenzel* NJW 2007, 1908; *Becker* ZWE 2007, 436; *Pause/Vogel* ZMR 2007, 583; *Skauradszun* ZMR 2015, 515; *Schmid* ZWE 2015, 203.
663 NJW 2007, 1907.

ausgeschlossen.[664] Dasselbe gilt für kaufvertragliche Nacherfüllungsansprüche gemäß §§ 437 Nr. 1, 439 BGB.[665] Bei Mängeln am Gemeinschaftseigentum ist ein solcher Beschluss regelmäßig im Rahmen der ordnungsmäßigen Verwaltung.[666] Zieht die Wohnungseigentümergemeinschaft die Durchsetzung der auf die ordnungsgemäße Herstellung des Gemeinschaftseigentums gerichteten Rechte an sich, begründet sie damit ihre alleinige Zuständigkeit. Dies schließt ein selbstständiges Vorgehen der Erwerber aus[667] in Bezug auf die Verfolgung der Primäransprüche. Damit begründet der Verband seine alleinige Zuständigkeit für die gerichtliche Geltendmachung von Sachmängelansprüchen.[668] Eine Vertragserfüllungsbürgschaft zugunsten eines einzelnen Erwerbers kann von der klagenden Wohnungseigentümergemeinschaft jedoch nur geltend gemacht werden, wenn der Erwerber sie hierzu ermächtigt hat.[669] Der Erwerber kann aber weiterhin den Rücktritt oder den Anspruch auf großen Schadensersatz selbständig geltend machen.[670] Dies gilt auch dann, wenn sich die Gemeinschaft für Minderung oder kleinen Schadensersatz entschieden hat.[671]

Die entsprechende Beschlussfassung begründet also eine Kompetenzverlagerung vom einzelnen Wohnungseigentümer auf die Gemeinschaft der Wohnungseigentümer.

Für Beseitigungs- oder Unterlassungsansprüche (§ 1004 BGB, § 15 Abs. 3 WEG) nimmt der BGH eine vergleichbare Beschlusskompetenz der Wohnungseigentümer gemäß § 10 Abs. 6 S. 3 Hs. 2 WEG an. Danach kann die Wohnungseigentümergemeinschaft die entsprechenden Individualansprüche durch Mehrheitsbeschluss an sich ziehen. Damit wird die alleinige Zuständigkeit der Gemeinschaft für die gerichtliche Geltendmachung begründet.[672]

d) Vergleichsabschluss durch die Gemeinschaft. Ist eine solche Kompetenzverlagerung beschlossen worden, so umfasst die alleinige Zuständigkeit der Gemeinschaft auch die Möglichkeit des Abschlusses eines Vergleiches betreffend die Baumängel am Gemeinschaftseigentum, in dem anstatt der Nachbesserung die Zahlung eines Minderungsbetrages vereinbart werden kann.[673] **171**

e) Vorrang des Gemeinschaftsrechtes gegenüber Individualanspruch. Die Verlagerung der Kompetenz zur Geltendmachung von Gewährleistungsansprüchen ausschließlich auf die rechtsfähige Gemeinschaft führt also dazu, dass der Erwerber auch mit seinen primären Ansprüchen (Erfüllung, Nacherfüllung) ausgeschlossen ist. Der BGH begründet dies damit, dass eine derartige Einschränkung des Erwerbers in der Ausübung seiner aus dem Vertrag mit dem Veräußerer abgeleiteten Rechte dem jeweiligen Vertrag immanent sei. Mit dieser inhaltlichen Beschränkung werde das Vertragsverhältnis bereits begründet. Die Erwerber müssten es hinnehmen, dass über die Durchsetzung ihrer Rechte mit Mehrheitsbeschluss von der Gemeinschaft entschieden wird und dementsprechend die in- **171a**

---

[664] BGHZ 200, 263 Rn. 32; BGH ZMR 2015, 248 Rn. 9; OLG Köln ZWE 2018, 125 Rn. 20; zust. *M. Müller* ZWE 2018, 130; *Weller* NJW 2015, 1202; *Riesenberger* ZMR 2018, 125 (126).
[665] BGH ZMR 2016, 474 Rn. 18.
[666] BGH NJW 2007, 1954; NJW 2010, 933.
[667] BeckFormB WEG/*Rüscher* Form. O II. Anm. 4; Bärmann/*Suilmann* WEG § 10 Rn. 276 ff.; *Suilmann* ZWE 2013, 305 (306).
[668] BGHZ 203, 327 Rn. 9; *Schmidt-Räntsch* ZWE 2015, 438.
[669] *Weller* NJW 2015, 1203; vgl. zur ähnlichen Situation bei einer MaBV-Bürgschaft BGHZ 172, 63 Rn. 28 ff.
[670] BGH NJW 2014, 1377 Rn. 32; OLG München ZMR 2014, 564 Rn. 32; OLG Schleswig ZMR 2013, 917; *Vogel* ZWE 2016, 442 (444); *Wenzel* ZWE 2006, 115 und ZWE 2007, 114; Bärmann/*Suilmann* WEG § 10 Rn. 279.
[671] *Schulze-Hagen* ZWE 2007, 117.
[672] BGH ZMR 2015, 248 Rn. 13 ff.
[673] OLG Köln ZWE 2014, 26 (27); OLG München ZWE 2007, 491; Bärmann/*Suilmann* WEG § 10 Rn. 264; *Becker* ZWE 2007, 488; *Pause/Vogel* ZMR 2007, 581; BeckFormB WEG/*Rüscher* Form. O II. Anm. 4; *Scheibengruber* notar 2015, 89.

dividuelle Rechtsverfolgungskompetenz von der aus dem Gesetz abgeleiteten Befugnis der Wohnungseigentümergemeinschaft überlagert werde.[674] Der BGH leitet also die Kompetenz der Gemeinschaft im Ergebnis zu Recht aus deren allgemeiner Verwaltungskompetenz gemäß § 21 Abs. 1 WEG ab. Der tiefere Grund für die vom BGH gesehene „vertragsimmanente Einschränkung" liegt jedoch im gemeinschaftsrechtlichen Treueverhältnis der Wohnungseigentümer.[675] Die Geltendmachung der vertraglichen Gewährleistungsansprüche des einzelnen Erwerbers durch die rechtsfähige Gemeinschaft schadet dem Ersteren nicht; sie nützt jedoch der Zweitgenannten, da die Inanspruchnahme des Dritten (Bauträger) keinen Aufwand verursacht im Gegensatz zur Beauftragung eines Fremdunternehmens mit der Mängelbeseitigung, wozu die Gemeinschaft ansonsten verpflichtet wäre. Der Grundsatz der ordnungsmäßigen Verwaltung gebietet es deshalb, den kostengünstigsten Weg zur Erfüllung der gesetzlichen Aufgabe „Instandhaltung/Instandsetzung des gemeinschaftlichen Eigentums" zu wählen und dies ist die Inanspruchnahme des Bauträgers.

171b **f) Auswirkungen auf die Vertragspraxis.** Für die Praxis des Notars haben die vorstehenden Ausführungen Bedeutung für die Fälle der **Veräußerung von Wohnungseigentum.** Dabei sind zwei Fallgruppen zu unterscheiden:

– Die Gemeinschaft der Wohnungseigentümer hat im Wege der geborenen oder verdrängenden Ausübungsbefugnis bezüglich eines Mangels am Gemeinschaftseigentum eine Entscheidung entweder bezüglich Minderung oder kleiner Schadenersatz getroffen. Bei dieser Sachlage kann kein weiterer neuer Käufer mehr in Ansehung des betroffenen Mangels einen primären Gewährleistungsanspruch geltend machen. Im Kaufvertrag des Käufers, der der Beschlussfassung nachfolgt, ist jedoch diesbezüglich kein ausdrücklicher (möglicherweise problematischer) Gewährleistungsausschluss erforderlich. Die Bindung dieses Käufers folgt vielmehr aus § 10 Abs. 4 S. 1 WEG. Dieser Käufer ist an den Beschluss der Versammlung der Wohnungseigentümer, mit dem das Wahlrecht ausgeübt wurde, gebunden, ohne Rücksicht darauf, ob er ihn kennt.

– Hat darüber hinaus die Wohnungseigentümergemeinschaft beschlossen, die primären Gewährleistungsansprüche aus den Erwerbsverträgen auf die Gemeinschaft zu übertragen, so sind weitere, nachfolgende Erwerber ebenfalls von der selbstständigen Geltendmachung der Rechte ausgeschlossen. Sie können ihre Rechte ab Beschlussfassung nur noch im Rahmen der gemeinschaftlichen Verwaltung ausüben. Die Wirkung gegen Nachfolgekäufer ergibt sich ebenfalls aus § 10 Abs. 4 S. 1 WEG.

Der Notar wird im Rahmen seiner Belehrungspflicht gemäß § 17 BeurkG auf diese Möglichkeiten hinzuweisen haben.

171c **Formulierungsbeispiel: Baumängel – Gemeinschaftseigentum**

Der Notar hat darauf hingewiesen, dass bezüglich Baumängeln am Gemeinschaftseigentum von der Versammlung der Wohnungseigentümer Beschlüsse gefasst werden können, die die Geltendmachung von Gewährleistungsansprüchen durch den Käufer einschränken oder ausschließen, da der Erwerber an solche Beschlüsse gebunden ist.

Empfehlenswert ist es auch, in der Gemeinschaftsordnung eine Regelung darüber aufzunehmen, wer zu welchem Zeitpunkt und mit welchem Umfange berechtigt ist, Gewährleistungsansprüche bezüglich Baumängeln am Gemeinschaftseigentum geltend zu machen.

---

[674] BGH NJW 2007, 1954; OLG München ZMR 2014, 564 Rn. 39; ebenso *Skauradszun* ZMR 2015, 515 (519); *Scheibengruber* notar 2015, 89.
[675] *Armbrüster* FS Merle 2000, 1.

Formulierungsbeispiel: Baumängel – Anspruchsberechtigung 171d

1. Jeder Wohnungseigentümer ist berechtigt, seine sich aus dem Erwerbsvertrag ergebenden Ansprüche auf Nacherfüllung einschließlich des Anspruchs auf Ersatzvornahme und auf Kostenvorschuss hierfür alleine und ohne Mitwirkung der übrigen Wohnungseigentümer in der Weise geltend zu machen, dass er Leistung an alle Wohnungseigentümer verlangt.
Die Ansprüche auf Schadenersatz statt der gesamten Leistung (großer Schadenersatzanspruch) und das Recht auf Rücktritt können ebenfalls von jedem Wohnungseigentümer alleine geltend gemacht bzw. ausgeübt werden. Die Gemeinschaft kann jedoch beschließen, dass Ansprüche auf Erfüllung bzw. Nacherfüllung bezüglich der ordnungsmäßigen Herstellung des Gemeinschaftseigentums gemeinschaftlich durchzusetzen sind. Der Anspruch auf Minderung oder auf Schadenersatz statt der Leistung (kleiner Schadenersatzanspruch) kann nur geltend gemacht werden, wenn vorher ein entsprechender Beschluss der Wohnungseigentümer mit Stimmenmehrheit gefasst worden ist. Der aufteilende Grundstückseigentümer (Bauträger) hat hierbei kein Stimmrecht. Mit entsprechenden Beschlussfassungen der Wohnungseigentümergemeinschaft und Zugang des Beschlusses bei dem Verkäufer können Ansprüche auf Nacherfüllung nicht mehr neu geltend gemacht werden.
2. Stehen die in Abs. 1 bezeichneten Ansprüche bzw. Rechte vertraglich der Gemeinschaft der Wohnungseigentümer zu (§ 10 Abs. 6 S. 2 WEG), so ist gleichwohl jeder einzelne Wohnungseigentümer ermächtigt, den Anspruch auf Nacherfüllung, auf Ersatzvornahme sowie auf Kostenvorschuss hierfür alleine im eigenen Namen mit der Maßgabe geltend zu machen, dass die Leistung an die Gemeinschaft der Wohnungseigentümer zu erfolgen hat.

III. Verwalterzustimmung

1. Voraussetzungen und Nachweis. Die Zustimmung des Verwalters oder eines Dritten[676] zur Veräußerung des Wohnungseigentums ist nur dann erforderlich, wenn dies in der Gemeinschaftsordnung vereinbart oder gemäß § 8 WEG festgelegt worden ist. Solange die Verwalterzustimmung nicht erteilt ist, ist das Rechtsgeschäft sowohl im schuldrechtlichen wie im dinglichen Teil schwebend unwirksam.[677] Eine erforderliche Verwalterzustimmung muss im **Bestandsverzeichnis** des Grundbuchblattes **vermerkt** werden (§ 3 Abs. 2 WE-GBVfg). Die hM sieht dies jedoch nur als Ordnungsvorschrift an mit der Konsequenz, dass deren Verletzung an der materiell-rechtlich wirksamen Veräußerungsbeschränkung nichts ändert, wenn wegen des näheren Inhaltes des Rechtes auf die Eintragungsbewilligung Bezug genommen wurde.[678] Dieser Auffassung kann nicht gefolgt werden.[679] Die Möglichkeit einer Bezugnahme auf die Eintragungsbewilligung gemäß § 7 Abs. 3 WEG ist in das Ermessen des Grundbuchamtes gestellt. Dieses Ermessen ist durch die gesetzliche Vorschrift des § 3 Abs. 3 WE-GBVfg für den Bereich der Veräußerungsbeschränkungen beim Wohnungseigentum zulässigerweise ausgeschlossen worden. Das Grundbuchamt ist danach verpflichtet, Veräußerungsbeschränkungen und die Ausnahmen

172

---

[676] Zur zusätzlichen oder auch nur alternativen Zustimmung durch den Verwaltungsbeirat s. *Hogenschurz* ZMR 2014, 774; zur Zustimmung durch die „Mehrheit der übrigen Wohnungseigentümer" s. OLG Hamm ZMR 2016, 54.
[677] BGHZ 33, 76.
[678] Weitnauer/*Lüke* WEG § 12 Rn. 7; Bärmann/*Suilmann* WEG § 12 Rn. 9; Riecke/Schmid/*Schneider* WEG § 12 Rn. 17; NK-BGB/*Schultzky* WEG § 12 Rn. 2; Hügel/Scheel/*Grüner* § 15 Rn. 7.
[679] *Niedenführ/Kümmel/Vandenhouten* WEG § 12 Rn. 4; Staudinger/*Kreuzer* WEG § 12 Rn. 38; MüKoBGB/*Commichau* WEG § 12 Rn. 10; Jenißen/*Grziwotz* WEG § 12 Rn. 4; Bamberger/Roth/*Hügel* WEG § 12 Rn. 3; *Hügel* MittBayNot 2016, 109; Timme/*Hogenschurz* WEG § 12 Rn. 13; Palandt/*Wicke* WEG § 12 Rn. 5.

hiervon in das Grundbuch einzutragen. Die Eintragung hat deshalb konstitutive Bedeutung mit der Folge, dass bei Nichteintragung die Veräußerungsbeschränkung nicht besteht. Für die Praxis ist hieraus der Schluss zu ziehen, dass sich der Notar darauf verlassen kann, dass eine Veräußerungsbeschränkung nicht besteht, wenn sie nicht im Bestandsverzeichnis des Grundbuchblattes vermerkt ist.

Ist die Veräußerungsbeschränkung nicht eingetragen, so erwirbt ein gutgläubiger Erwerber das Wohnungseigentum frei von derselben. Die Weiterveräußerung durch ihn ist dann frei von der Veräußerungsbeschränkung gemäß § 12 WEG. Dies gilt auch dann, wenn die diesbezügliche Vereinbarung der Wohnungseigentümer nachträglich im Grundbuch eingetragen wird. Nach § 10 Abs. 2 WEG wirken Vereinbarungen gegenüber Rechtsnachfolgern nur, wenn sie – beim Erwerb – im Grundbuch eingetragen waren oder wenn sie der Wohnungseigentümer ausdrücklich akzeptiert. Eine nachträgliche Eintragung beim gutgläubig erworbenen Wohnungseigentum kommt deshalb nur mit Zustimmung von dessen Eigentümer in Betracht.

173   Besteht das Erfordernis der Verwalterzustimmung, so gilt dies auch für die Erstveräußerung durch den Bauträger.[680] Durch die Neufassung des § 61 WEG wurden die Ersterwerbe, bei denen Verwalterzustimmungen nicht vorlagen, gesetzlich geheilt. § 61 WEG gilt jedoch nur für einen Erwerb, der sich an eine Teilung nach § 8 WEG anschließt,[681] nicht jedoch bei einer Teilung nach § 3 WEG. Bei der Letzteren greift nämlich nicht der Gesichtspunkt, dass sich der Veräußerer (Bauträger) nicht selbst beim Verkauf behindern wolle, da bereits zumindest ein weiterer Wohnungseigentümer vorhanden ist. Freistellungen für die Erstveräußerung sind jedoch genauso zu empfehlen wie bei Veräußerungen im Wege der Zwangsvollstreckung oder durch den Insolvenzverwalter (Gesichtspunkte der Beleihungsfähigkeit sprechen hierfür), sowie in den Fällen der Verwandten/Ehegattengeschäfte. Vereinbarte Ausnahmen vom Zustimmungserfordernis gemäß § 12 WEG (zB Veräußerung an Ehegatten) bedürfen des Nachweises in der Form des § 29 Abs. 1 Nr. 2 GBO.[682] In der Gemeinschaftsordnung kann jedoch von diesem Nachweis befreit werden. Es genügt dann die entsprechende Erklärung der Beteiligten in der notariellen Urkunde. Die Freistellung ist möglich, da § 12 WEG nicht zwingend ist.

174   Die Zustimmung aller Wohnungseigentümer (auch der werdenden Wohnungseigentümer) **ersetzt die Verwalterzustimmung,** gleichgültig ob ein solcher bestellt ist oder nicht.[683]

175   Bei vereinbarter Verwalterzustimmung ist diese auch erforderlich für die Übertragung eines ideellen Miteigentumsanteiles am Wohnungseigentum[684] sowie bei einer schenkweisen Übertragung des Wohnungseigentums[685] und auch dann, wenn der Erwerber selbst bereits Wohnungseigentum in derselben Wohnanlage hat,[686] ebenso bei Übertragung eines Miteigentumsanteiles ohne Sondereigentum und umgekehrt,[687] bei der Übertragung aufgrund Teilungsanordnung oder Vermächtniserfüllung.[688] Gehört zu einem Nachlass ein Wohnungseigentum, so bedarf eine Erbanteilsübertragung keiner Verwalterzustimmung,[689] ebenso nicht die Übertragung eines Wohnungseigentums von der Erbengemeinschaft auf

---

[680] BGHZ 113, 374; dem steht eine Veräußerung gleich, bei der der Veräußerer alle Einheiten erworben hat und alsdann eine Veräußerung stattfinden soll.
[681] KG MittBayNot 1994, 544.
[682] KG DNotZ 2014, 698; *Hügel* MittBayNot 2016, 115.
[683] KG ZMR 2018, 692 (693); BayObLG DNotZ 1980, 751; OLG Saarbrücken DNotZ 1989, 439; OLG Zweibrücken NJW-RR 1987, 269; Jenißen/*Grziwotz* WEG § 12 Rn. 19; zu den Vollzugspflichten des Notars bei Fehlen eines Verwalters s. OLG Schleswig ZWE 2018, 185; zur „Vergemeinschaftung" der Veräußerungszustimmung s. LG München I ZMR 2018, 683.
[684] OLG Celle Rpfleger 1974, 438.
[685] KG 2012, 426.
[686] BayObLGZ 1977, 40; KG DNotZ 1979, 31.
[687] Weitnauer/*Lüke* WEG § 12 Rn. 2.
[688] BayObLGZ 1982, 46.
[689] OLG Hamm NJW 1980, 1397.

sämtliche Miterben zu Bruchteilen, da hierdurch die schutzwürdigen Interessen der Eigentümergemeinschaft nicht nachteilig berührt werden. Zustimmungspflichtig ist jedoch eine Erbauseinandersetzung, bei der ein Miterbe das Wohnungseigentum erwirbt.[690] Die Miterben haften auch als Bruchteilseigentümer gesamtschuldnerisch für die Kosten und Lasten des Wohnungseigentums.[691] Entsprechendes gilt für die Übertragung eines Gesellschaftsanteils an einer Gesellschaft bürgerlichen Rechts.[692] Zustimmungspflichtig ist auch der Verkauf von Wohnungseigentum von einer GmbH & Co. KG auf ihren alleinigen Kommanditisten.[693] Wird nach einer Vertragsaufhebung eine Rückauflassung durchgeführt, so ist auch dieser Fall zustimmungspflichtig,[694] nicht jedoch wenn eine Verpflichtung zu einer Rückübertragung besteht, zB bei Rücktritt vom Kaufvertrag oder Anfechtung desselben.[695] Werden gleichzeitig alle Einheiten einer Anlage veräußert oder ist Erwerber der rechtsfähige Verband der Wohnungseigentümer selbst, so entfällt aufgrund des Schutzzweckes der Veräußerungszustimmung dieselbe.[696]

Aus der Rechtsfähigkeit der GbR[697] zieht das OLG München[698] den Schluss, dass eine vereinbarte Zustimmungsfreiheit für die Veräußerung von Wohnungseigentum für bestimmte Personenkreise dann nicht anzuwenden ist, wenn die Veräußerung von einer GbR an einen ihrer Gesellschafter erfolgt, auch wenn alle Gesellschafter als Einzelpersonen von der Zustimmungsverpflichtung ausgenommen wären.[699]

Die Zustimmungsverpflichtung kann auch begründet werden für die Belastung des Wohnungseigentums mit einem Dauerwohnrecht oder einer beschränkten persönlichen Dienstbarkeit nach § 1093 BGB.[700] Auch die Vermietung des Wohnungseigentums kann von der Zustimmung des Verwalters abhängig gemacht werden. Für eine solche Nutzungsbeschränkung sind §§ 15 Abs. 1, 12 Abs. 2 S. 1 WEG entsprechend anwendbar.[701] Zur Eintragung einer Auflassungsvormerkung ist jedoch die Verwalterzustimmung noch nicht erforderlich.[702]

176

Ergibt sich die Verwalterbestellung aus der Teilungserklärung, so genügt zur Legitimation des Verwalters die Verweisung auf diese. Dies gilt auch, wenn der Verwalter durch den aufteilenden Eigentümer bestellt wurde.[703] Der Verwalter kann sich bei Erteilung der Zustimmung gemäß § 12 WEG auch rechtsgeschäftlich vertreten lassen; ausgeschlossen ist es jedoch, Dritten die Geschäftsbesorgung ganz oder in Teilbereichen in eigener Verantwortung zu überlassen.[704] Diese Vollmacht ist in der Form des § 29 GBO vorzulegen. Bei einer Änderung in der Person des Verwalters ist ein Protokoll gemäß § 26 Abs. 4 WEG (Niederschrift über den Bestellungsbeschluss mit beglaubigten Unterschriften des Versammlungsvorsitzenden, einem Wohnungseigentümer und, falls ein Verwaltungsbeirat besteht, von dessen Vorsitzendem oder seinem Vertreter) erforderlich. Das Protokoll kann, auch wenn es sich um einen Bevollmächtigten eines Beteiligten handelt, nur von einer

177

[690] OLG Nürnberg ZMR 2016, 55.
[691] OLG Karlsruhe ZWE 2012, 490.
[692] OLG München NJW 2007, 1537.
[693] OLG Hamm RNotZ 2007, 34; vgl. *Naumann* notar 2017, 132.
[694] BayObLGZ 1976, 328.
[695] AA KG NJW-RR 1988, 1426.
[696] Timme/*Hogenschurz* WEG § 12 Rn. 23.
[697] BGHZ 146, 341.
[698] NJW 2007, 1536; ebenso KG MittBayNot 2018, 28 mit zustimmender Anm. *Ruhwinkel* MittBayNot 2018, 29.
[699] Vgl. auch KG DNotZ 2014, 700.
[700] BGHZ 43, 203.
[701] BayObLG NJW-RR 1988, 17.
[702] BayObLG DNotZ 1964, 722.
[703] BGH NJW 2013, 3360 Rn. 8; KG ZMR 2018, 692; OLG Oldenburg DNotZ 1979, 33; *Weber* MittBayNot 2018, 557 (561).
[704] BayObLGZ 1990, 173.

Person unterzeichnet werden, die an der Versammlung teilgenommen hat.[705] Dabei genügt als Nachweis das Protokoll. Nachweis darüber, dass die Unterzeichneten desselben die gesetzlich vorgegebenen Funktionen innehaben, können nicht verlangt werden.[706] Entsprechendes gilt für Vollmachtsnachweise der Versammlungsteilnehmer. Öffentliche Beglaubigung ist nicht erforderlich.[707] Wurde der Verwalter im Umlaufwege schriftlich, also ohne Versammlung der Wohnungseigentümer, bestellt, so ist zur Legitimation des Verwalters die beglaubigte Erklärung **aller** Wohnungseigentümer erforderlich. § 26 Abs. 4 WEG gilt in diesem Falle nicht.[708] Die Fortdauer der Bestellung ist nur bei begründetem Zweifel nachzuweisen.[709]

Bei der Verschmelzung einer zur Verwalterin einer Wohnungseigentumsanlage bestellten juristischen Person auf eine andere juristische Person gehen die Organstellung und der Verwaltervertrag im Wege der Gesamtrechtsnachfolge auf den übernehmenden Rechtsträger über; der Verwaltervertrag erlischt nicht in entsprechender Anwendung von § 673 BGB, weil diese Norm durch die im Umwandlungsgesetz enthaltenen Spezialvorschriften verdrängt wird. Die Verschmelzung der Verwalterin einer Wohnungseigentumsanlage stellt zwar als solche keinen wichtigen Grund dar, der eine vorzeitige Kündigung eines Verwaltervertrages rechtfertigt; an die erforderlichen besonderen Umstände, die die Fortführung der Verwaltung durch den übernehmenden Rechtsträger für die Wohnungseigentümer unzumutbar machen, sind aber keine hohen Anforderungen zu stellen.[710]

178   Außerhalb des Eintragungsverfahrens (also in der Regel bei einem Eigentumswechsel) besteht keine Verpflichtung des Grundbuchamtes, einen Nachweis bezüglich des Verwalterwechsels zu den Grundakten zu nehmen. Das Grundbuchamt hat keine registergerichtliche Funktion.[711]

179   Manche Verwalter legen Wert darauf, in die Verwalterzustimmung die Erklärung aufzunehmen, dass diese keinen Verzicht auf die Geltendmachung rückständiger Leistungen des Veräußerers gegenüber der Wohnungseigentümergemeinschaft darstellt. Diesem Wunsch kann nachgekommen werden.

179a Bedenklich ist es, wenn ein Verwalter, dessen Zustimmung zur Veräußerung einer Wohnung erforderlich ist, den Wohnungseigentümern seine Dienste als Immobilienmakler beim Verkauf anbietet, da hier ein Interessenkonflikt zwischen der Verwalterstellung und der Maklertätigkeit besteht.[712] Als Verwalter hat er nämlich die Interessen der Wohnungseigentümer wahrzunehmen; diese können jedoch mit dem Provisionsinteresse des Maklers kollidieren.[713] Es wird deshalb in diesem Falle angenommen, dass zwar die Verwalterzustimmung gemäß § 12 WEG wirksam ist,[714] wegen des institutionalisierten Konflikts mit den Interessen des Käufers der Verwalter jedoch nicht dessen Makler sein kann,[715] mit der Folge, dass ein Anspruch auf Maklerlohn nicht besteht. Der Verwalter als Makler ist danach gehindert, wirksam eine Provisionsvereinbarung einzugehen. Keine Bedenken bestehen jedoch, wenn ein Verwalter Wohnungsvermietungen vermittelt.[716]

---

[705] DNotI-Abrufgutachten v. 22.12.2017, web-cp 160784-f; dies gilt auch bei einer „werdenden Wohnungseigentümergemeinschaft", KG ZWE 2018, 397 Rn. 18, 21 mAnm *Weber* MittBayNot 2018, 557 mit beachtlicher Kritik; zu weiteren Einzelfragen des Nachweises der Verwaltereigenschaft KG ZWE 2018, 263 (264).
[706] LG Lübeck Rpfleger 1991, 309; KG ZWE 2018, 397 Rn. 18.
[707] DNotI-Abrufgutachten v. 22.12.2017, web-cp 160784-f.
[708] BayObLG NJW-RR 1986, 565.
[709] BayObLG NJW-RR 1991, 978.
[710] BGH DNotZ 2014, 519 Rn. 17, 19, 28.
[711] BayObLGZ 1975, 266; Weitnauer/*Lüke* WEG § 26 Rn. 45.
[712] BayObLGZ 1997, 153.
[713] Riecke/Schmid/*Schneider* WEG § 12 Rn. 83; vgl. auch Hügel/Scheel/*Grüner* § 15 Rn. 38 zur „Insichvertretung".
[714] DNotI-Report 2008, 57.
[715] BGHZ 112, 240.
[716] BGH NJW 2003, 1393.

2. Anspruch auf Veräußerungszustimmung; Unwiderruflichkeit. Der Anspruch auf 180
Zustimmung ist gemäß § 12 Abs. 2 WEG unabdingbar. Durch die Vereinbarung der
Wohnungseigentümer kann ein unwichtiger Grund nicht zu einem wichtigen Grund ge-
macht werden.[717] Die Voraussetzungen für eine Versagung der Zustimmung sind jedoch
geringer als die für eine Entziehung des Wohnungseigentums.[718] Bei ungerechtfertigter
Versagung der Verwalterzustimmung ist der Verwalter schadensersatzpflichtig.[719]

Zur Vorbereitung seiner Entscheidung benötigt der Verwalter Informationen über den
anstehenden Eigentumswechsel und vor allem über die Person des Erwerbers. Ein eigener
Anspruch des Verwalters auf Erteilung einer beglaubigten (einfachen) Abschrift oder Ausfertigung eines Erwerbsvertrages besteht jedoch gemäß § 51 BeurkG nicht. Den Umfang
der Verwalterinformation bestimmen deshalb die Vertragsteile. Es empfiehlt sich, nur eine
auszugsweise Abschrift zu erteilen, aus der sich die Personalien der Vertragsteile, das
Vertragsobjekt sowie der Zeitpunkt des Überganges von Besitz, Nutzen und Lasten (Verpflichtung zur Zahlung des Hausgeldes!) ergeben. Der sonstige Vertragsinhalt, insbesondere die Höhe des Kaufpreises und die Finanzierung des Käufers, sind für die Entscheidungsfindung des Verwalters irrelevant. Darüber hinaus ist der Veräußerer gegenüber dem
Verwalter wohnungseigentumsrechtlich zu weiteren Informationen verpflichtet.[720]

Die Verwalterzustimmung ist, sobald die für die Beurteilung erforderlichen Informationen vorliegen, unverzüglich zu erteilen. Erfolgt die Erteilung verspätet, so liegt eine
Pflichtverletzung aus dem Verwaltervertrag vor (§ 280 Abs. 1 BGB) mit der Konsequenz
der Schadensersatzpflicht des Verwalters.[721]

Ein wichtiger Grund liegt nur vor, wenn die Veräußerung eine **gemeinschaftswidri-** 181
ge Gefahr für andere Wohnungseigentümer herbeiführt (Erwerber unzumutbar wegen
seiner Persönlichkeit, fehlender wirtschaftlicher Leistungsfähigkeit oder erkennbare Absicht einer rechtswidrigen Nutzung der Einheit[722]). Der wichtige Grund muss in der Person des Erwerbers liegen.[723] Zweckmäßigkeitserwägungen (zB eine Wohnung war bisher
als Hausmeisterwohnung vermietet, ohne dass eine dementsprechende vereinbarungsge-
mäße Bindung bestand und soll nunmehr an jemand veräußert werden, der die Haus-
meistertätigkeit nicht ausübt) rechtfertigen eine Versagung nicht.[724] Die Verwalterzustimmung schuldet der Verwalter, nicht der Veräußerer, weshalb bei verzögerter oder zu
Unrecht verweigerter Verwalterzustimmung eine Haftung des Verwalters gemäß § 280
BGB in Betracht kommt.[725] Kostenschuldner beim Notar ist der Verwalter, dem jedoch
ein Erstattungsanspruch gegenüber der Gemeinschaft zusteht.[726] Sie kann deshalb auch
nicht von einer Kostenübernahme durch den Veräußerer abhängig gemacht werden.[727]
Allerdings ist seit 1.1.2002 in § 448 Abs. 2 BGB geregelt, dass der Erwerber auch die
Kosten „der zu der Eintragung erforderlichen Erklärungen" zu tragen hat. Für die Praxis
ist daraus der Schluss zu ziehen, dass eine Regelung im Kaufvertrag über die Tragung der
Kosten der Verwalterzustimmung jedenfalls im Innenverhältnis der Vertragsteile vorzusehen ist. Eine Sondervergütung für die Erteilung der Verwalterzustimmung steht dem Verwalter nur zu, wenn dies im Verwaltervertrag vereinbart wurde. Die Vergütung wird fällig
mit Erteilung der Veräußerungszustimmung; zahlungspflichtig ist, wenn nicht etwas ande-

---

[717] BayObLGZ 1980, 29.
[718] BayObLG MittBayNot 2003, 54.
[719] OLG Karlsruhe OLGZ 1985, 133 (140).
[720] BayObLG WE 1983, 26; OLG Frankfurt a.M. ZMR 1994, 124.
[721] OLG Düsseldorf RNotZ 2004, 91; Staudinger/*Kreuzer* WEG § 12 Rn. 64.
[722] *Hügel* MittBayNot 2016, 116.
[723] BayObLG NJW-RR 1988, 1425; *Häublein* ZMR 2014, 777.
[724] BayObLGZ 1972, 348; vgl. auch BayObLG MittBayNot 1981, 190: kein Zurückbehaltungsrecht wegen
    rückständiger Hausgeldforderungen.
[725] *Häublein* ZMR 2014, 779; der Streitwert einer entsprechenden Klage gegen den Verwalter ist mit 20%
    des Verkehrswerts der Einheit anzunehmen; BGH NJW-Spezial 2018, 354.
[726] *Hügel* MittBayNot 2016, 115.
[727] OLG Hamm NJW-RR 1989, 974.

res vereinbart ist, die Eigentümergemeinschaft. Eine Erwerberhaftung für Verwaltervergütungen, die vor Eintritt des Erwerbers in die Eigentümergemeinschaft entstanden und fällig geworden sind, besteht nicht.[728] Was die Höhe der Verwaltervergütung anbelangt, hält das KG[729] eine Vergütung in Höhe von 150 EUR zuzüglich Mehrwertsteuer noch für vertretbar, jedoch nicht eine Vergütung in Höhe von 0,5 % des Kaufpreises, falls dadurch die gesamte normale Jahresvergütung um ein Mehrfaches überschritten wird.[730] Die Verwalterzustimmung muss inhaltlich (bedingungsfeindlich) und formal grundbuchtauglich sein.[731]

182   Bedarf die Veräußerung des Wohnungseigentums der Zustimmung des Verwalters und ist Verwalter der veräußernde Wohnungseigentümer, so kann dieser der Veräußerung seines Wohnungseigentums in seiner Eigenschaft als Verwalter ohne Verstoß gegen § 181 BGB durch Erklärung gegenüber dem Erwerber zustimmen.[732]

Die Verwalterzustimmung ist ein einseitiges, empfangsbedürftiges Rechtsgeschäft. Sie kann sowohl gegenüber dem Veräußerer als auch gegenüber dem Erwerber abgegeben werden (§ 182 BGB). In entsprechender Anwendung des § 19 GBO genügt für den Grundbuchvollzug der formgerechte Nachweis (§ 29 GBO) der Abgabe der Erklärung; auf den Nachweis des Zugangs bei dem Veräußerer/Erwerber in grundbuchmäßiger Form kann verzichtet werden. Bei Abgabe der Erklärung handelt der Verwalter als Treuhänder aller Wohnungseigentümer in verdeckter (mittelbarer) – und nicht in offener – Stellvertretung.[733] Gibt deshalb der Verwalter bei Veräußerung seines eigenen Wohnungseigentums die Zustimmung gegenüber dem Erwerber ab, so steht er in seiner Eigenschaft als Verwalter nicht auf beiden Seiten des Rechtsgeschäftes, so dass § 181 BGB nicht einschlägig ist. Auch § 25 Abs. 5 WEG ist als besondere Ausformung des § 181 BGB auf das Stimmrecht des Wohnungseigentümers beschränkt. Sie kann nicht auf die Vertretungsmacht des Verwalters übertragen werden.

182a   Die Verwalterzustimmung ist sowohl zum schuldrechtlichen als auch zum dinglichen Teil des Rechtsgeschäftes erforderlich.[734] Wird allerdings – der Praxis entsprechend – nach Abschluss des schuldrechtlichen Kaufvertrages die Verwalterzustimmung erteilt, so wird der Kaufvertrag damit von Anfang an gemäß § 184 Abs. 1 BGB rechtswirksam. Hierfür ist ausreichend, dass sie entweder gegenüber den Vertragsparteien oder dem mit dem Vollzug beauftragten Notar erklärt wird und dort zugeht.[735] Die Genehmigung hat in diesem Falle rechtsgestaltende Wirkung und ist deshalb unwiderruflich.[736] Sobald die Zustimmung zum schuldrechtlichen Geschäft unwiderruflich geworden ist, kann auch diejenige zur Auflassung nicht mehr widerrufen werden.[737] Zur Aufhebung einer Veräußerungsbeschränkung → Rn. 64a.

182b   Wegen der rechtsgestaltenden Wirkung kommt ein Widerruf der Verwalterzustimmung gemäß § 183 BGB nicht in Betracht. Es kommt deshalb auch nicht darauf an, ob zum Zeitpunkt des Eingangs des Antrages auf Eigentumsumschreibung beim Grundbuchamt der unterzeichnende Verwalter diese Funktion noch inne hat oder nicht. Seine Erklärungen werden deshalb nicht dadurch unwirksam, dass seine Bestellung vor dem Antrag auf

---

[728] KG DNotZ 1998, 390.
[729] NJW-RR 1989, 975.
[730] KG DNotZ 1998, 390.
[731] BayObLG NJW-RR 1993, 280.
[732] BayObLG MittBayNot 1986, 180; OLG Düsseldorf DNotZ 1985, 441; LG München I MittBayNot 1984, 258; aA Bärmann/*Suilmann* WEG § 12 Rn. 27; Riecke/Schmid/*Schneider* WEG § 12 Rn. 82.
[733] BayObLGZ 1997, 152.
[734] BGH MittBayNot 2018, 244 Rn. 16; aA OLG München MittBayNot 2018, 250 mit ablehnender Anm. *Kössinger* MittBayNot 2018, 253; BGHZ 33, 76 zu § 5 ErbbauRG.
[735] Bärmann/*Suilmann* WEG § 12 Rn. 32.
[736] BGH ZWE 2017, 444 zur Veräußerungszustimmung durch den Grundstückseigentümer nach dem ErbbauRG; *Rapp* DNotZ 2018, 413; BGHZ 40, 164.
[737] BGH Beschl. v. 6.12.2018 – V ZB 134/17, BeckRS 2018, 41809 und Beschl. v. 6.12.2018 – V ZB 139/17, BeckRS 2018, 39420; MüKoBGB/*Commichau* WEG § 12 Rn. 35; DNotI-Report 2004, 166; aA OLG München Rpfleger 2017, 529.

Eigentumsumschreibung erlischt oder aufgehoben wird.[738] § 878 BGB ist daher auf die Verwalterzustimmung nicht anzuwenden. Die Erklärung des Verwalters erfolgt in Ausübung der den Wohnungseigentümern gemäß § 21 WEG zustehenden Verwaltungsbefugnis.

IV. Eintritt in die Rechtsverhältnisse der Gemeinschaft

Die **Beschlüsse der Wohnungseigentümer-Versammlung** wirken nach § 10 Abs. 4 WEG auch gegen Sondernachfolger. Sie sind nicht eintragungsbedürftig (im Gegensatz zu Vereinbarungen) und deshalb auch nicht eintragungsfähig.[739]   **183**

1. Unanfechtbar gewordene Beschlüsse der Gemeinschaft. Rechtmäßige oder unanfechtbar gewordene Beschlüsse der Wohnungseigentümer-Versammlung gelten für den **Sondernachfolger** auch dann, wenn sie ihm **unbekannt** sind. Dabei kommt es nicht darauf an, ob der Sondernachfolger die Beschlüsse hätte kennen müssen. Jeder Wohnungseigentümer kann sich gemäß § 24 Abs. 6 WEG Kenntnis von den Beschlüssen verschaffen. Jedoch bietet dies keine absolute Garantie dagegen, dass Beschlüsse einem Wohnungseigentümer unbekannt bleiben, da zum einen § 24 Abs. 6 S. 1 WEG abdingbar ist,[740] zum anderen ein Verstoß gegen die Vorschrift die Gültigkeit des Beschlusses nicht berührt.[741] Auch die Beschlusssammlung gemäß § 24 Abs. 7 WEG gibt keine Garantie für das Nichtvorhandensein belastender Beschlüsse (→ Rn. 73b). Zweckmäßig sind Regelungen, die eine korrekte Wiedergabe der Beschlüsse gewährleisten (zB Mitunterzeichnung der Niederschrift durch zwei Wohnungseigentümer, die an der Versammlung teilgenommen haben und von dieser hierzu bestimmt wurden). Aus dieser Rechtslage sind für die Gestaltung der Teilungserklärung und Gemeinschaftsordnung folgende Konsequenzen zu ziehen: **184**

> **Formulierungsbeispiel: Niederschrift über die Beschlüsse der Eigentümerversammlung**   **185**
>
> Der Verwalter ist verpflichtet, über die Beschlüsse der Versammlung der Wohnungseigentümer eine Niederschrift gemäß § 24 Abs. 4 WEG anzufertigen. Er hat diese Niederschrift jedem Wohnungseigentümer an die ihm zuletzt bekannt gegebene Adresse bis spätestens zwei Wochen nach dem Versammlungstermin zuzusenden und über die Absendung in seinen Akten einen Vermerk anzufertigen.

Die Beachtung von Protokollierungsvorschriften (§ 24 Abs. 6 WEG oder hiervon abweichende Festlegung gemäß der Gemeinschaftsordnung) kann zur Voraussetzung für die Gültigkeit eines Beschlusses gemacht werden. Ein Verstoß macht alsdann den Beschluss anfechtbar.[742]

Bei einer solchen Regelung ist die größtmögliche Sicherheit dafür gegeben, dass jeder Wohnungseigentümer Kenntnis von den Beschlüssen erlangt. Der Notar hat gemäß § 17 BeurkG die Beteiligten darüber zu belehren, dass der Erwerber kraft Gesetzes in getroffene und unanfechtbare Beschlüsse eintritt. Die Niederschrift ist eine Privaturkunde iSv § 416 ZPO, der keine gesetzliche Beweiskraft zukommt. Auch andere Beweismittel zum Nachweis des Vorhandenseins oder des Inhalts von Beschlüssen der Eigentümerversamm-

---

[738] BGH NJW 2013, 299 Rn. 12 ff.; ZWE 2013, 402 Rn. 9; KG DNotZ 2012, 773; Bärmann/*Suilmann* WEG § 12 Rn. 33; Bamberger/Roth/*Hügel* WEG § 12 Rn. 8; *Hügel* MittBayNot 2016, 114; Timme/ *Hogenschurz* WEG § 12 Rn. 41; Jennißen/*Grziwotz* WEG § 12 Rn. 38.
[739] OLG Frankfurt a.M. Rpfleger 1980, 231; *Tasche* DNotZ 1973, 433.
[740] Palandt/*Wicke* WEG § 24 Rn. 12.
[741] OLG Hamm DNotZ 1967, 38; BayObLGZ 1973, 68; *Röll* FS Bärmann und Weitnauer 1990, 532.
[742] BGH DNotZ 1997, 955.

lung sind zulässig.[743] Der oft zu findende Hinweis, dass der Erwerber rechtsgeschäftlich in Beschlüsse und in Entscheidungen gemäß § 43 WEG eintritt, ist entbehrlich; es handelt sich hier um eine gesetzliche Folge.

186 Der Eintritt in die Beschlüsse bezieht sich nicht nur auf Verwaltungsregelungen und laufende Zahlungen, sondern auch auf **einmalige Umlagen.** Hier können sich mit zunehmendem Älterwerden der Wohnanlagen erhebliche Probleme dann ergeben, wenn keine ausreichende Instandhaltungsrücklage gebildet worden ist. Fehlt eine solche, so können Beschlüsse über die Erhebung einer einmaligen Sonderumlage notwendig werden. Die **Haftung des Erwerbers** für solche **Sonderumlagen** besteht jedenfalls dann, wenn in der Gemeinschaftsordnung eine dementsprechende Haftung festgelegt ist[744] oder wenn zwar der Beitrags- oder Umlagebeschluss während der Eigentumszeit des Veräußerers gefasst, aber die Zahlungspflicht erst nach Eigentumserwerb des Erwerbers fällig wird (§ 10 Abs. 4 WEG).[745] Wird ein Sondernachfolger ohne seine Kenntnis bei Abschluss des Kaufvertrages mit einer solchen Sonderumlage rechtmäßig belastet, so müsste eine Sachmängelhaftung des Verkäufers nach § 434 Abs. 1 BGB verneint werden, da der tatsächliche Zustand der Sache nicht betroffen ist.

187 Es empfiehlt sich deshalb, den Verkäufer **versichern zu lassen,** dass die Versammlung der Wohnungseigentümer keine Maßnahmen beschlossen hat, die durch eine einmalige Sonderumlage der Wohnungseigentümer bezahlt werden müssen. Dadurch wird die Freiheit des Vertragsobjektes von einer solchen Sonderumlage zu einer **„vereinbarten Beschaffenheit" iSd § 434 Abs. 1 BGB.** Eine solche Eigenschaft ist auch zB bereits für steuerliche Abschreibungsmöglichkeiten anerkannt.[746]

188 2. Abrechnung der Bewirtschaftungskosten. Es empfiehlt sich, den Verkäufer versichern zu lassen, dass Rückstände an laufenden Hausgeldzahlungen bzgl. des Vertragsobjektes nicht vorliegen.

189 Der im Grundbuch eingetragene Wohnungseigentümer hat die Lasten und Kosten nach § 16 Abs. 2 WEG auch dann zu tragen, wenn er das Wohnungseigentum veräußert hat, Besitzübergang erfolgt ist und für den Erwerber eine Auflassungsvormerkung im Grundbuch eingetragen ist.[747]

190 Der BGH lässt offen, ob der Erwerber haftet.[748] Selbst wenn der Erwerber haftet, schließt dies die Haftung des Veräußerers nicht aus. Dieser gehört rechtlich noch zur Wohnungseigentümergemeinschaft. Die Grundbuchklarheit würde beeinträchtigt, entließe man ihn aus der gesetzlichen Lastentragungsverpflichtung. Auch die Rechtssicherheit wäre gefährdet, da nicht eindeutig ersichtlich ist, ab wann ein werdender, faktischer oder wirtschaftlicher Wohnungseigentümer vorliegt. Dem eingetragenen Wohnungseigentümer stehen auch noch die Nutzungen gemäß § 16 Abs. 1 WEG zu. Bis zur Eintragung eines neuen Eigentümers kommt es deshalb für die Lastentragungsverpflichtung ausschließlich auf die **dingliche Grundbuchlage** bei Fälligkeit an.[749] Der bloße Bucheigentümer (der fälschlicherweise als Eigentümer eingetragen ist) haftet jedoch nicht.[750] Der „werdende" Wohnungseigentümer (damit ist der Fall des Zweiterwerbs gemeint) haftet nicht für Ver-

---

[743] BayObLG NJW-RR 1990, 210.
[744] Was zulässig ist, BGH NJW 1994, 2950; *Wenzel* DNotZ 1993, 310; aA KG MittBayNot 1994, 43.
[745] So auch BGH DNotI-Report 2018, 69; BGHZ 142, 299; BGHZ 104, 201; Weitnauer/*Gottschalg* WEG § 16 Rn. 50; Palandt/*Wicke* WEG § 16 Rn. 23; Bärmann/*Suilmann* WEG § 10 Rn. 192.
[746] BGHZ 79, 183; vgl. auch die Zusicherung der Zahlung von Erschließungsbeiträgen OLG München NJW 1970, 664; aA OLG Hamm MDR 1980, 228.
[747] BGHZ 98, 138; BGH ZWE 2012, 90; LG München I ZMR 2018, 797.
[748] So OLG München NJW 1986, 139 unter Bezugnahme auf die Lehre vom werdenden oder faktischen Wohnungseigentum.
[749] BGH DNotI-Report 2018, 69, hierzu Praxishinweis in ZWE 2018, 217; NJW 1994, 2940; NJW 1989, 2697; KG NJW-RR 1986, 444; LG München I ZMR 2018, 797.
[750] BGH NJW 1994, 3352.

bindlichkeiten, die vor seinem Eigentumserwerb begründet und fällig wurden.[751] Auch der Rechtsweg nach §§ 43 ff. WEG ist nicht gegeben für einen beteiligten Käufer, der noch nicht als Eigentümer eingetragen ist.[752] Bei einer mit einem Nießbrauch belasteten Einheit ist im Verhältnis zur Eigentümergemeinschaft alleiniger Kostenschuldner der Eigentümer.[753]

Für die **Vertragspraxis** bedeutet dies, dass die Regelungen über den Übergang von 191 Besitz, Nutzen und Lasten nur im Verhältnis zwischen den Vertragsteilen, aber nicht zwischen diesen und der Wohnungseigentümer-Gemeinschaft wirken. Eine **vertragliche Regelungsbedürftigkeit,** auf die der BGH auch verweist,[754] liegt deshalb vor. Dies gilt insbesondere dann, wenn zwischen Besitzübergang und Eigentumsumschreibung eine längere Zeit liegt, zB weil dem Erwerber ein letzter Kaufpreisteil auf längere Zeit gestundet ist und die Eigentumsumschreibung erst nach vollständiger Kaufpreiszahlung vorgenommen werden soll.

Zur **Sicherung des Verkäufers** sollte vereinbart werden: Wird die Auflassung gleich 192 erklärt, so ist für den Verkäufer ein vertragliches Rücktrittsrecht für den Fall zu vereinbaren, dass er nach § 16 Abs. 2 WEG für Lasten in Anspruch genommen wird, die im Innenverhältnis der Vertragsteile den Käufer treffen. Wird die Auflassung nicht sofort erklärt, so ist zu vereinbaren, dass die Auflassung erst zu erklären ist, wenn der Käufer sämtlichen, ihn im Innenverhältnis treffenden Verpflichtungen gegenüber der Wohnungseigentümer-Gemeinschaft nachgekommen ist.

3. Haftung für Hausgeldrückstände (Fälligkeitstheorie). Für die Lastentragung gilt 193 der Grundsatz, dass zahlungspflichtig jener Wohnungseigentümer ist, der diesen Status zum Zeitpunkt der Fälligkeit des Hausgeldanspruchs hat (Fälligkeitstheorie). Eine Haftung für rückständige laufende Hausgeldzahlungen besteht nach der Rechtsprechung für den Erwerber nur dann, wenn dies in der Gemeinschaftsordnung vorgesehen ist.[755] Die Erwerberhaftung besteht hier in voller Höhe auch dann, wenn gegen den Veräußerer nur eine Insolvenzforderung geltend gemacht werden könnte (vgl. § 43 InsO). Allein durch einen Eigentümerbeschluss kann eine solche Haftung nicht begründet werden.[756] Hierfür gibt es keine Beschlusskompetenz. Das Ergebnis ist interessengerecht, da sich ein Erwerbsinteressent über den Eigentümer beim Verwalter nach etwaigen Rückständen erkundigen kann.

Bei Erwerb in der Zwangsversteigerung besteht für den Ersteher auch bei einer entsprechenden 194 Festlegung in der Gemeinschaftsordnung eine Haftung nicht.[757] Ist in der Person eines Eigentümers eine Handlungspflicht entstanden – zB Reparatur am Gemeinschaftseigentum – und wird dieses Wohnungseigentum in der Zwangsversteigerung zugeschlagen, so trifft den Ersteher diese Pflicht (gemäß § 56 S. 2 ZVG) nicht.[758] Ein dementsprechender Beschluss der Eigentümerversammlung ist nichtig, da er sich zulasten Dritter (nämlich der Grundpfandrechtsgläubiger) auswirkt.[759] Erst recht besteht natürlich keine Haftung des Erstehers, wenn in der Gemeinschaftsordnung eine solche nicht festgelegt ist.[760] Die Zahlungsverpflichtung des Eigentümers im Verhältnis zur Eigentümergemein-

---

[751] S. hierzu auch Weitnauer/*Gottschalg* WEG § 16 Rn. 45 ff.; *Röll* NJW 1989, 1070 und OLG Stuttgart NJW-RR 1989, 654: Haftung des Erwerbers für Sonderumlagen anlässlich Reparaturen.
[752] KG NJW-RR 1987, 841.
[753] *Schmidt* WE 1998, 46.
[754] BGHZ 87, 144.
[755] BGH DNotZ 2014, 115; BGHZ 99, 358; BayObLG Rpfleger 1979, 352; OLG Frankfurt a.M. OLGZ 1980, 420; Weitnauer/*Gottschalg* WEG § 16 Rn. 53; Bärmann/*Suilmann* WEG § 10 Rn. 78, 192; aA *Bärmann* NJW 1989, 1058; zur Erbenhaftung für Hausgeldschulden s. BGH NJW 2013, 3446.
[756] BGHZ 87, 145; BayObLGZ 1984, 198; Weitnauer/*Gottschalg* WEG § 16 Rn. 53.
[757] BGHZ 99, 358; BGHZ 88, 302; aA OLG Köln DNotZ 1981, 584.
[758] KG ZWE 2002, 531.
[759] BayObLG DNotZ 1985, 416.
[760] BGHZ 95, 118.

schaft setzt eine **entsprechende Beschlussfassung** gemäß § 28 Abs. 5 WEG voraus. Erst durch eine solche wird die Zahlungsverpflichtung konkretisiert. Erfolgt eine solche Beschlussfassung vor dem grundbuchmäßigen Eigentumswechsel, so haftet der Erwerber gemäß § 10 Abs. 4 WEG für Hausgeldzahlungen, auch wenn es sich um eine Sonderumlage handelt.[761]

195 Umstritten war dagegen lange die Situation, dass die **Beschlussfassung erst nach Eintragung des Erwerbers** als neuer Eigentümer stattfand, die konkretisierte Zahlungsverpflichtung einen Zeitraum betraf, in dem der Erwerber noch nicht Eigentümer war. Der BGH hat zunächst eine Haftung dieses Erwerbers verneint,[762] später aber, auf erneuten Vorlagebeschluss des OLG Karlsruhe[763] seine Auffassung geändert und die Haftung des Erwerbers auch für diesen Fall bejaht.[764] Gegenteilig hat erneut das KG entschieden.[765] Der BGH verbleibt jedoch nunmehr bei seiner Auffassung:[766] Er entschied, dass die Zahlungsverpflichtung erst und nur mit der Beschlussfassung entsteht.[767] Ist zu diesem Zeitpunkt das Insolvenzverfahren eröffnet, so ist die Forderung Masseverbindlichkeit iSv § 55 Abs. 1 Nr. 2 InsO.[768] Verbindlich beschlossene, vor der Insolvenzeröffnung fälliggewordene Vorschussleistungen bleiben aber Insolvenzforderungen, auch wenn über sie nach Insolvenzeröffnung im Rahmen der Jahresabrechnung beschlossen wird. Nur ein dabei festgestellter Saldo zugunsten der Gemeinschaft begründet erstmalig eine Verbindlichkeit des Wohnungseigentümers und ist deshalb eine Masseverbindlichkeit.[769] Darum haftet auch ein ausgeschiedener Wohnungseigentümer weiter für die beschlossenen und während seiner Eigentümerzeit fällig gewordenen Vorschussleistungen.[770] Der Erwerber haftet sonach für die nach seinem Eigentumserwerb durch Beschlussfassung festgestellte „Abrechnungsspitze", auch wenn sie die Eigentumszeit des Voreigentümers betrifft.[771] Ein Wohnungseigentümer haftet sonach für Verbindlichkeiten gegenüber der Gemeinschaft, die einen Zeitraum betreffen, zu dem er noch nicht Wohnungseigentümer war, nur unter folgenden Voraussetzungen:
– der die Zahlungsverpflichtung begründende **Beschluss gemäß § 28 Abs. 5 WEG** ist nach dem Zeitpunkt seiner Eintragung als Eigentümer gefasst worden oder
– der Beschluss wurde vor dem Zeitpunkt der Eintragung als Eigentümer gefasst, die **Fälligkeit** der beschlossenen Verpflichtung tritt jedoch gemäß dem Beschluss erst zu einem Zeitpunkt ein, zu dem der **Erwerber** bereits als **Eigentümer** eingetragen ist[772] oder
– die **Gemeinschaftsordnung** legt fest, dass der rechtsgeschäftliche Erwerber für Zahlungsverpflichtungen des früheren Eigentümers gegenüber der Gemeinschaft **haftet.**

196 Für die **Vertragsgestaltung** hat diese Rechtslage zur Folge, dass der rechtsgeschäftliche Erwerber gegen Forderungen der Eigentümergemeinschaft, die den Zeitraum vor dem Besitzübergang betreffen, gesichert werden muss. Es empfiehlt sich deshalb zunächst, den **Verkäufer versichern zu lassen,** dass alle abgelaufenen Wirtschaftsjahre der Eigentümergemeinschaft **unanfechtbar abgerechnet** sind und dass Rückstände für Vorschüsse, die vom Verwalter gemäß dem beschlossenen Wirtschaftsplan abgerufen werden, nicht bestehen (§ 28 Abs. 2 WEG). Kann oder wird eine solche Versicherung nicht abgegeben, so sind Sicherheitsleistungen zu diskutieren. Ein Kaufpreisrückbehalt des Käufers, mit dem

761 BGH MittBayNot 2018, 552 Rn. 11 ff.
762 BGHZ 95, 118.
763 NJW-RR 1987, 1354.
764 BGH DNotZ 1989, 148.
765 DNotZ 1989, 152.
766 DNotZ 1989, 148.
767 BGH DNotZ 1990, 44; so auch *Wenzel* DNotZ 1993, 301; *Krauß* notar 2018, 320.
768 BGHZ 108, 49. Zu Wohngeldschulden als Nachlassverbindlichkeiten s. BGH NJW 2019, 988 Rn. 7 f.
769 BGH NJW 1994, 1867; Weitnauer/*Gottschalg* WEG § 16 Rn. 51.
770 BGH NJW 1996, 725.
771 OLG Zweibrücken WE 1996, 277; *Jennißen* NJW 1998, 2257.
772 BGH MittBayNot 2018, 552 Rn. 11 ff.; Weitnauer/*Gottschalg* WEG § 16 Rn. 50; KG WE 1988, 169.

eventuell aufgerechnet werden könnte, ist hierfür aber wenig geeignet, da er dazu führt, dass die Eigentumsumschreibung und damit die Entlastung des Verkäufers im Verhältnis zur Eigentümergemeinschaft nicht stattfindet. Geeignet wäre die Einzahlung eines eventuellen Nachforderungsbetrages auf ein Sperrkonto zu Gunsten des Verwalters mit der Ermächtigung an diesen, nach unanfechtbarer Feststellung der Zahlungsverpflichtung darüber zu verfügen.

Durch das WEG-Änderungsgesetz wurde mit Wirkung vom 1.7.2007 die Bestimmung **196a** des § 10 Abs. 1 Nr. 2 ZVG geschaffen, die den Hausgeldansprüchen quantitativ und zeitlich beschränkt einen Vorrang vor den Grundpfandrechten einräumt (zum Gesetzestext → Rn. 69a). Aus dem Eingangssatz der Vorschrift ("ein Recht auf Befriedigung aus dem Grundstück gewähren …") entnahm die lange Zeit hM[773] das Ergebnis, dass für die in § 10 Abs. 1 S. 2 ZVG bezeichneten Hausgeldansprüche eine dingliche Haftung des Wohnungseigentums bestehe mit der Folge, dass auch ein Sonderrechtsnachfolger hierfür hafte. Der BGH[774] hat für Hausgeldansprüche, die zur Zeit der Eröffnung des Insolvenzverfahrens über das Vermögen des Hausgeldschuldners fällig sind, ein dingliches Recht auf abgesonderte Befriedigung gemäß § 49 InsO aus dem Wohnungseigentum im Vorrangbereich des § 10 Abs. 1 Nr. 2 ZVG gewährt. Dieser Auffassung sollte nicht beigetreten werden.[775] Zum einen ist darauf hinzuweisen, dass der Eingangssatz des § 10 Abs. 1 ZVG in der heutigen Fassung schon immer bestanden hat. Gleichwohl ist anerkannt, dass zB die Ansprüche gemäß § 10 Abs. 1 Nr. 5 ZVG persönliche Ansprüche sind, für die eine dingliche Haftung des Grundbesitzes nicht besteht. Das gleiche gilt für die Ansprüche gemäß § 10 Abs. 2 S. 2 ZVG. § 10 Abs. 1 ZVG konstituiert demnach keine neuen dinglichen Rechte, sondern regelt die Verteilung des Versteigerungserlöses. Dabei ist von dem Grundsatz auszugehen, dass eine dingliche Haftung vom Grundbesitz gemäß dem Publizitätsprinzip des Sachenrechtes nur in Betracht kommt, wenn das entsprechende Recht aus dem Grundbuch ersichtlich ist. Eine Ausnahme besteht im Prinzip nur als fiskalische Privilegierung für Steuern und öffentliche Abgaben, wobei in den einschlägigen Gesetzen das Bestehen einer öffentlichen Last außerhalb des Grundbuchs ausdrücklich angeordnet ist (§ 12 GrStG; § 134 Abs. 2 BauGB für Erschließungsbeiträge; Art. 9 BayKAG für einmalige Abgaben nach dem Kommunalabgabenrecht). Für die Hausgeldbeträge nach dem WEG besteht jedoch eine solche Privilegierung nicht. Sie ist weder gesetzlich angeordnet noch besteht ein Bedürfnis für eine solche. Es ist Aufgabe des Verwalters, solche Ansprüche rechtzeitig zu titulieren und gegen den Eigentümer und Hausgeldschuldner durchzusetzen. Die Veräußerung des Wohnungseigentums bei bestehenden Hausgeldrückständen führt danach dazu, dass der bisherige Eigentümer zwar weiterhin persönlicher Schuldner des rückständigen Hausgeldes bleibt, die Haftung des Wohnungseigentums mit dem Eigentumsübergang auf einen Dritten jedoch entfällt.[776] § 10 Abs. 1 S. 2 ZVG ist demnach nur auf solche Eigentümer anzuwenden, die auch in ihrer Person das Hausgeld schulden.[777] Dass ein Sonderrechtsnachfolger keine dingliche Haftung für Hausgeldrückstände seines Voreigentümers hat, folgt auch aus § 38 WEG.[778]

Eine Vormerkung ist in Rangklasse 4 des § 10 Abs. 1 ZVG einzuordnen. Hausgeldansprüche (§ 10 Abs. 1 Nr. 2 ZVG) sind in der Zwangsversteigerung vorrangig.[779] Für

---

[773] Nachweise bei Palandt/*Bassenge,* 73. Aufl. 2014, WEG § 16 Rn. 29.

[774] NJW 2011, 3098 Rn. 17.

[775] So auch BGHZ 198, 216 = DNotZ 2014, 115; BGH DNotZ 2014, 769 Rn. 15; zust. *Moosheimer* ZMR 2015, 353; *Herrler* NJW 2013, 3518; *Jacoby* ZWE 2015, 298; *Langhein* notar 2015, 119; kritisch hierzu *Schneider* ZWE 2014, 61; *ders.* ZMR 2014, 185.

[776] BGH NJW 2013, 3515 Rn. 20 f.; *Herrler* NJW 2013, 3518. Zur Verpflichtung des Verwalters, Hausgeldrückstände eines Wohnungseigentümers in der Zwangsversteigerung anzumelden, s. BGH NJW 2018, 1613 Rn. 9 ff.; *Schmidt-Räntsch* ZWE 2019, 3 (13).

[777] *Krauß* notar 2013, 334.

[778] Jennißen/*Jennißen* WEG § 16 Rn. 183c.

[779] BGH DNotZ 2014, 769; s. hierzu *Weber* DNotZ 2014, 738; *Reymann* ZWE 2013, 446; *Krauß* notar 2013, 334; *ders.* notar 2015, 284; *Langhein* notar 2015, 119; *Jacoby* ZWE 2015, 299.

Hausgeldforderungen, die vor der Erteilung des Zuschlags fällig geworden sind, verbleibt es bei der persönlichen (Weiter-)Haftung des bisherigen Eigentümers.[780]

Für die sichere Vertragsgestaltung in der notariellen Praxis genügt es jedoch im Regelfall, den Verkäufer die in → Rn. 196 angegebene Versicherung abgeben zu lassen und ggf. die dort beschriebenen Sicherheitsleistungen zu empfehlen. Eine Hausschuldenfreiheitsbescheinigung als Fälligkeitsvoraussetzung ist nicht erforderlich.[781]

197 **4. Stimmrecht des Erwerbers.** Der „werdende", „faktische", „wirtschaftliche" Wohnungseigentümer hat nach einer weit verbreiteten Meinung bereits ein Stimmrecht in der Versammlung der Wohnungseigentümer; er kann zumindest vom bisherigen Eigentümer hierzu ermächtigt werden.[782] Daneben hat auch der bisherige Eigentümer noch ein Stimmrecht,[783] das jedoch entsprechend § 25 Abs. 2 S. 2 WEG nur gemeinschaftlich ausgeübt werden kann. Die Entscheidungen betrafen Fälle des Zweiterwerbes von Wohnungseigentum von einem bereits eingetragenen Eigentümer, der jedoch nicht der Bauträger war.

198 Diese in der Rechtsprechung vertretenen Auffassungen müssen nach der Entscheidung BGHZ 87, 138 als überholt betrachtet werden.[784] Was für die Lastentragung gilt (→ Rn. 188), muss auch für das Stimmrecht gelten. Das Stimmrecht steht sonach dem eingetragenen Eigentümer für die Dauer seines grundbuchmäßigen Eigentums allein zu.[785]

Für den Kaufvertrag ist daraus die Folgerung zu ziehen, dass im Innenverhältnis zwischen Verkäufer und Käufer ab dem Zeitpunkt des Besitzüberganges der Verkäufer das Stimmrecht nur im **Einvernehmen mit dem Käufer** ausüben darf.[786] Fallen durch eine Beschlussfassung der Wohnungseigentümer Kosten an, die im Verhältnis der Vertragteile den Käufer treffen, so sollte für den Verkäufer das Recht der Sicherheitsleistung vorbehalten werden.

199 **5. Verwaltungsvermögen und Rechtsnachfolge.** Nach § 10 Abs. 6 S. 1 WEG kann die Gemeinschaft der Wohnungseigentümer im Rahmen der gesamten Verwaltung des gemeinschaftlichen Eigentums gegenüber Dritten und Wohnungseigentümern selbst Rechte erwerben und Pflichten eingehen. Der Gesetzgeber hat damit die Rechtsprechung des BGH[787] kodifiziert. Ergänzend bestimmt § 10 Abs. 7 S. 1 WEG, dass das Verwaltungsvermögen der (teilrechtsfähigen) Gemeinschaft der Wohnungseigentümer gehört. Es besteht aus den im Rahmen der gesamten Verwaltung des gemeinschaftlichen Eigentums gesetzlich begründeten und rechtsgeschäftlich erworbenen Sachen und Rechten sowie den entstandenen Verbindlichkeiten (§ 10 Abs. 7 S. 2, S. 3 WEG). Das Verwaltungsvermögen gehört danach der teilrechtsfähigen Gemeinschaft der Wohnungseigentümer. Die bisherige Diskussion über die sachenrechtliche Zuordnung desselben[788] hat sich damit erledigt. Bei der Veräußerung eines Wohnungseigentums bedarf es deshalb keiner Übertragung von Gegenständen an den Erwerber.[789] Es bedarf auch keines Eintritts in Vertragsverhältnisse mehr, insbesondere in Dauerschuldverhältnisse. Dem Veräußerer steht **kein**

---

[780] LG Köln ZMR 2014, 84.

[781] *Schmidt-Räntsch* ZWE 2013, 432; aA *Böttcher* NJW 2014, 3404; generell zur Sicherung gegen Vorleistungsrisiken s. *Mues* ZfPW 2017, 201.

[782] BayObLGZ 1981, 50; diese Lehre wird auch auf den Verfahrensweg nach §§ 43 ff. WEG angewendet: BayObLG NJW-RR 1986, 178.

[783] KG OLGZ 1978, 142.

[784] BGH NJW 1988, 1087; KG DNotZ 1989, 155; OLG Celle ZWE 2002, 475.

[785] AA OLG Hamm ZMR 2007, 712 mit ablehnender Anm. *Elzer.*

[786] *Röll* NJW 1989, 1071 schlägt Vollmacht des Verkäufers an den Käufer vor; dies ist jedoch problematisch, da durch die Gemeinschaftsordnung Vollmachtserteilungen oft nur an einen bestimmten Personenkreis möglich ist.

[787] BGHZ 163, 154.

[788] Staudinger/*Rapp* WEG Einl. Rn. 36 ff.; *Wicke* ZfIR 2005, 301.

[789] OLG Köln MittBayNot 2014, 531; zust. *Elzer* MittBayNot 2014, 533; LG Darmstadt ZWE 2015, 261.

Anteil am Verwaltungsvermögen zu, den er übertragen könnte. Berechtigter des Verwaltungsvermögens ist ausschließlich die teilrechtsfähige Gemeinschaft der Wohnungseigentümer.[790] Am Vermögen der rechtsfähigen Gemeinschaft ist der einzelne Wohnungseigentümer nur über seine Mitgliedschaft an derselben beteiligt, die kraft Gesetzes mit Eigentumserwerb erlangt und mit dessen Verlust wieder verloren wird. Es ist insbesondere nicht mehr erforderlich, eine Beteiligung an der Instandsetzungsrücklage auf einen Erwerber zu übertragen.

6. Außenhaftung des Wohnungseigentümers und Nachhaftung des Veräußerers. 199a
Nach § 10 Abs. 8 S. 1 WEG haftet jeder Wohnungseigentümer einem Gläubiger nach dem Verhältnis seines Miteigentumsanteils für Verbindlichkeiten der Gemeinschaft der Wohnungseigentümer, die während seiner Zugehörigkeit zur Gemeinschaft entstanden oder während dieses Zeitraums fällig geworden sind. Für die Haftung nach Veräußerung des Wohnungseigentums ist § 160 HGB entsprechend anzuwenden. Die Außenhaftung ist zwingend; sie kann nicht durch die Gemeinschaftsordnung modifiziert oder abbedungen werden.[791] Die Außenhaftung betrifft nicht das Verhältnis der Wohnungseigentümer untereinander, sondern ihr Verhältnis gegenüber Dritten und ist deshalb einer Regelung gemäß § 10 Abs. 2 S. 2, Abs. 3 WEG nicht zugänglich. Die teilschuldnerische Haftung gegenüber Dritten setzt voraus, dass die Verbindlichkeit entweder während der Zugehörigkeit des Veräußerers zur Gemeinschaft entstanden ist oder während dieses Zeitraumes fällig geworden ist.

Beispiel:
Wohnungseigentümer W hat sein Wohnungseigentum an B verkauft und aufgelassen, ist jedoch (weil der Kaufpreis noch nicht bezahlt ist) noch als Wohnungseigentümer im Grundbuch eingetragen. In dieser Phase beschließt die Gemeinschaft die Ausführung eines Reparaturauftrages im Werte von 10.000 EUR. Der Verwalter vergibt den Auftrag entsprechend dem gefassten Beschluss an den Handwerker H. Ein Werkvertrag wird geschlossen. Nachdem H die Arbeiten ausgeführt hat wird seine Leistung von der Wohnungseigentümergemeinschaft, vertreten durch den Verwalter, abgenommen. Damit tritt die Fälligkeit der Werklohnforderung ein. Zu diesem Zeitpunkt ist jedoch bereits B als Wohnungseigentümer im Grundbuch eingetragen. Für die anteilige Werklohnforderung haften im Außenverhältnis W und B als Gesamtschuldner.[792] Mangels einer anderweitigen Vereinbarung ist W dem in Anspruch genommenen B gemäß § 426 BGB zur Hälfte ausgleichungspflichtig.

Wegen der möglichen gesamtschuldnerischen Haftung von Veräußerer und Erwerber sollte im Veräußerungsvertrag eine Regelung über die Ausgleichungspflicht zwischen beiden vorgenommen werden. Dabei sollte darauf abgestellt werden, ob zum Zeitpunkt des Vertragsabschlusses die Verbindlichkeit der Gemeinschaft gegenüber dem Dritten und damit die teilschuldnerische Haftung des Veräußerers bereits entstanden ist oder nicht. Ist sie entstanden, so hatte der Veräußerer die Möglichkeit der Einflussnahme und sollte deshalb im Innenverhältnis zum Erwerber für die Verbindlichkeit alleine aufkommen. Ist sie noch nicht entstanden, so sollte es bei einer alleinigen Haftung des Erwerbers bleiben. Die entsprechende Anwendung des § 160 HGB bedeutet, dass die Haftung des Veräußerers auf die Dauer von fünf Jahren nach seinem Ausscheiden aus der Gemeinschaft besteht, wenn sie vor Ablauf dieser fünf Jahre fällig ist und die Ansprüche gegen ihn nach Maßgabe des § 197 Abs. 1 Nr. 3, Nr. 5 BGB, § 160 Abs. 2 HGB festgestellt sind oder eine Vollstreckungshandlung gegen ihn vorgenommen oder beantragt ist.

---

[790] *Hügel/Elzer* WEG § 10 Rn. 294; Palandt/*Wicke* WEG § 10 Rn. 38.
[791] BGHZ 207, 99 Rn. 31; BGH ZMR 2015, 563 Rn. 38; Palandt/*Wicke* WEG § 10 Rn. 42.
[792] Palandt/*Wicke* WEG § 10 Rn. 42; Jennißen/*Jennißen* WEG § 10 Rn. 186.

199b **7. Die Wohnungseigentümergemeinschaft als Verbraucher im Rechtsverkehr.** Für das Auftreten der Wohnungseigentümergemeinschaft im Rechtsverkehr ist von Bedeutung, ob sie dabei als Verbraucher (§ 13 BGB) oder als Unternehmer (§ 14 BGB) in Erscheinung tritt. Verbraucher ist nach § 13 BGB jede natürliche Person, die ein Rechtsgeschäft zu einem Zweck abschließt, der weder ihrer gewerblichen noch ihrer selbständigen beruflichen Tätigkeit zugerechnet werden kann. Dass bei einer Gemeinschaft von Wohnungseigentümern mehrere Personen als Eigentümer auftreten, liegt in der Natur der Sache, steht jedoch dem vom Gesetz in der Einzahl verwendeten Begriff der "natürlichen Person" nicht entgegen. Die Rechtsgeschäfte, die von der Wohnungseigentümergemeinschaft abgeschlossen werden, dienen auch nicht ihrer gewerblichen oder ihrer selbständigen beruflichen Tätigkeit. Die abgeschlossenen Rechtsgeschäfte dienen ausschließlich der Verwaltung des eigenen Vermögens der Wohnungseigentümer und damit privaten Zwecken.[793] Die Wohnungseigentümergemeinschaft ist auch nicht Träger eines Unternehmens iSd § 14 Abs. 1 BGB und auch nicht eine rechtsfähige Personengesellschaft gemäß § 14 Abs. 2 BGB. Der Wohnungseigentümergemeinschaft kommt damit ausschließlich der Status des Verbrauchers im Sinne des BGB zu.[794] Die Rechtsgeschäfte, die die Gemeinschaft der Wohnungseigentümer abschließt, unterfallen damit den Allgemeinen Verbraucherschutzbestimmungen des Zivilrechts.

Auch die Rechtsfähigkeit der Wohnungseigentümergemeinschaft[795] ändert an diesem Ergebnis nichts. Sie unterfällt dem Wortlaut nach dem § 14 Abs. 2 BGB, die von ihr abgeschlossenen Rechtsgeschäfte dienen jedoch privaten Zwecken, nämlich der Verwaltung von Eigentum.[796]

Von der ratio legis des Verbraucherschutzes her ist der Ansicht, dass die Wohnungseigentümergemeinschaft Verbraucher ist, der Vorzug zu geben. Ebenso wie eine GbR[797] nimmt eine Wohnungseigentümergemeinschaft am allgemeinen Rechtsverkehr teil, sie ist dabei aber nicht gewerblich tätig und übt auch keinen selbständigen Beruf aus. Wie bei einer GbR haftet der Wohnungseigentümer (wenn auch nur teilschuldnerisch) gemäß § 10 Abs. 8 WEG gegenüber den Gläubigern persönlich. Dies begründet eine besondere Schutzbedürftigkeit. Die Wohnungseigentümergemeinschaft ist vor allem kein Formkaufmann.[798]

An der Verbrauchereigenschaft der Wohnungseigentümergemeinschaft ändert sich auch dadurch nichts, dass diese bei Abschluss eines Einzelvertrages durch einen gewerblich handelnden Verwalter vertreten wird. Für die Abgrenzung von unternehmerischem und privatem Handeln iSd §§ 13, 14 BGB kommt es im Falle einer Stellvertretung grundsätzlich auf die Person des Vertretenen an.[799] Danach sind alle Verbraucherschutzbestimmungen auf Rechtsgeschäfte mit der Wohnungseigentümergemeinschaft anzuwenden, vor allem die Bestimmungen über den Verbrauchervertrag (§ 310 Abs. 3 BGB), das Widerrufsrecht bei außerhalb von Geschäftsräumen geschlossenen Verträgen und bei Fernabsatzverträgen (§ 312 g BGB) sowie die Vorschriften über Verbraucherdarlehensverträge gemäß §§ 491 ff. BGB.[800]

---

[793] Palandt/*Ellenberger* BGB § 13 Rn. 2.
[794] BGHZ 204, 325 Rn. 30 ff.; Jennißen/*Abramenko* WEG § 10 Rn. 107 unter der Einschränkung, dass ihr mindestens ein Verbraucher angehören muss; Staudinger/*Kreuzer* WEG § 10 Rn. 85 mit Einschränkung bei eigener unternehmerischer Betätigung, zB Betrieb einer Fotovoltaikanlage.
[795] BGH NJW 2005, 2061.
[796] BGH NJW 2002, 368; *Derleder* ZWE 2010, 10 (11).
[797] BGH NJW 2002, 368; zur GbR mit natürlichen und juristischen Personen als Gesellschafter s. BGH DNotZ 2017, 623.
[798] BGHZ 204, 325 Rn. 35 ff.; kritisch hierzu *Drasdo* NJW-Spezial 2015, 385; zu den Verwalterpflichten in diesem Zusammenhang *Hogenschurz* ZfIR 2017, 96.
[799] BGHZ 204, 325 Rn. 53.
[800] *Roguhn* ZWE 2015, 317.

V. Umwandlungen von Mietwohnungen in Eigentumswohnungen

Die Umwandlung von Mietwohnungen in Eigentumswohnungen ist bürgerlich-rechtlich **200** ohne Schwierigkeiten möglich. Es gelten die allgemeinen Grundsätze für die Begründung von Wohnungseigentum. Für die Fortsetzung des Mietverhältnisses gilt § 566 BGB. Der Erwerber einer vermieteten Eigentumswohnung bleibt dabei aufgrund enger Auslegung der Ausnahmevorschrift des § 566 BGB alleiniger Vermieter auch wenn Gemeinschaftseigentum durch den Mieter mitbenutzt werden darf, selbst wenn dies sondereigentumsfähig wäre.[801]

1. Besondere Kündigungsschutzvorschriften für den Mieter. Die Vorschrift des **201** § 577a Abs. 1 BGB (früher § 564b BGB) setzt voraus, dass nach der Überlassung von Wohnraum an den Mieter vom bisherigen Eigentümer oder auch von seinem Rechtsvorgänger Wohnungseigentum gemäß §§ 3, 8 WEG begründet worden ist und dieses alsdann veräußert wurde. Mit § 577a Abs. 1a BGB wurde diese Kündigungsbeschränkung dahingehend erweitert, dass sie auch bei vermietetem Wohnraum anzuwenden ist, wenn die Veräußerung an eine Personengesellschaft oder an mehrere Erwerber erfolgt. Der Bestandsschutz der Mieter wird auf Fälle ausgedehnt, in denen nach der Rechtsprechung keine Umwandlung in Wohnungseigentum vor der Kündigung vorlag.[802] Der Mieterschutz besteht darin, dass eine Eigenbedarfskündigung und die Verwertungskündigung eines Erwerbers gemäß § 573 Abs. 2 Nr. 2, Nr. 3 BGB auf mindestens drei Jahre ausgeschlossen ist. Eine Kündigung ist erst nach Ablauf der Sperrfrist zulässig und zwar mit der Frist des § 573c BGB.[803]

Der zur Kündigung berechtigende **Eigenbedarf** bzw. das wirtschaftliche Verwertungsinteresse kann dann erst nach Ablauf von drei Jahren ab der Veräußerung an den Erwerber von diesem geltend gemacht werden. Die Drei-Jahres-Frist wird mit Beginn der Vollendung des Erwerbes gemäß §§ 925, 873 BGB berechnet, also erst ab Grundbucheintragung des Erwerbers als neuem Eigentümer.[804]

Die Drei-Jahres-Frist kann nach Maßgabe landesrechtlicher Bestimmungen in einzelnen Gemeinden bis zu zehn Jahren verlängert werden, § 577a Abs. 2 BGB.

Wird von einem ersten Erwerber das Wohnungseigentum weiterveräußert, beginnt die Frist nicht erneut.[805] Dies ist sachgerecht, da sich der Mieter bereits bei der ersten Veräußerung auf den Eigenbedarf des Erwerbers einstellen muss.

Der Erwerber und Vermieter des Wohnungseigentums darf erst **nach** Ablauf der dreijährigen Wartezeit wegen Eigenbedarfs kündigen und dann mit der gesetzlichen Frist.[806] Im Gegensatz zu § 577a Abs. 1 BGB setzt § 577a Abs. 1a BGB nicht voraus, dass zusätzlich zur Veräußerung des vermieteten Wohnraums an eine Personengesellschaft an dem vermieteten Wohnraum Wohnungseigentum begründet worden ist oder der Erwerber zumindest die Absicht hat, eine solche Wohnungsumwandlung vorzunehmen.[807] Der BGH lässt es zwar zu, dass bei einer GbR als Vermieterin in entsprechender Anwendung des § 573 Abs. 2 Nr. 2 BGB eine Eigenbedarfskündigung bei Eigenbedarf eines oder mehrerer ihrer Gesellschafter oder deren Angehöriger möglich ist.[808] Der Gesetzgeber ging jedoch davon aus, dass bei Erwerb von Wohnraum durch eine Personenmehrheit (gleich in welcher Rechtsform diese erwirbt) das Verdrängungsrisiko für den Mieter erhöht wird und dieser deshalb insoweit eines Schutzes bedarf. Vor diesem Hintergrund ergibt die

---

[801] BGH NJW 1999, 2177.
[802] BGH NJW-RR 2012, 237.
[803] BGH NJW 1994, 2543; NJW 2003, 3265.
[804] Palandt/*Weidenkaff* BGB § 577a Rn. 4; Staudinger/*Rolfs* BGB § 577a Rn. 18 und § 564b Rn. 79; die Frist gilt auch bei Erwerb in der Zwangsversteigerung, BayObLG NJW-RR 1992, 1166.
[805] BayObLG NJW 1982, 451.
[806] OLG Hamm NJW 1981, 584.
[807] BGH DNotZ 2018, 774; hierzu v. *Türckheim* notar 2019, 124.
[808] BGHZ 213, 136 Rn. 15 ff.

Auslegung des § 577a Abs. 1a S. 1 BGB, dass eine Umwandlung in Wohnungseigentum nicht stattgefunden haben muss und eine solche auch nicht beabsichtigt sein muss.[809]

201a **2. Das gesetzliche Mietervorkaufsrecht.** Seit 1.9.1993 besteht an vermieteten Wohnräumen, an denen nach der Überlassung an den Mieter Wohnungseigentum begründet worden ist oder begründet werden soll, ein gesetzliches Vorkaufsrecht des Mieters (§ 577 BGB). Ist Vertragsgegenstand ein ungeteiltes Grundstück, bebaut mit einem Mehrfamilienhaus, so besteht das Vorkaufsrecht des Mieters nur dann, wenn sich der Veräußerer gegenüber dem Dritten vertraglich zur Durchführung der Aufteilung gemäß § 8 WEG verpflichtet und ferner die von dem Vorkaufsrecht erfasste zukünftige Wohnungseigentumseinheit in dem Vertrag bereits hinreichend bestimmt oder zumindest bestimmbar ist.[810] Es besteht für den ersten Verkaufsfall.[811] Auf nachfolgende Verkäufe erstreckt es sich auch dann nicht, wenn die Möglichkeit zur Ausübung des Vorkaufsrechtes bei dem ersten Verkauf nicht bestand, weil die Wohnung an einen Familien- oder Haushaltsangehörigen verkauft wurde (§ 577 Abs. 1 S. 2 BGB),[812] oder wenn die Ermittlung des anteiligen Preises, der für die dem Vorkaufsrecht unterfallende Eigentumswohnung zu zahlen ist, für den Mieter schwierig gewesen wäre.[813]

Das Vorkaufsrecht des § 577 BGB ist schuldrechtlicher Art. Dies bedeutet, dass anders als beim dinglichen Vorkaufsrecht, zugunsten des vorkaufsberechtigten Mieters keine Vormerkungswirkung gemäß § 1098 Abs. 2 BGB besteht.[814] Schließt deshalb der Verkäufer mit dem Erstkäufer ohne Bedingungen und ohne Rücktrittsklausel einen Kaufvertrag ab, so kann der Erstkäufer die Erfüllung des Vertrages auch dann durchsetzen, wenn infolge Ausübung des Vorkaufsrechtes durch den Mieter ein zweiter, inhaltsgleicher Kaufvertrag über das identische Objekt, zustande kommt. Dem Verkäufer ist damit die Erfüllung des mit dem Mieter nach Ausübung des Vorkaufsrechtes zustande gekommenen Kaufvertrages unmöglich geworden mit der Konsequenz, dass der Verkäufer gemäß § 280 Abs. 1 BGB schadensersatzpflichtig ist.[815] Auf diese Rechtsfolge hat der Notar gemäß § 17 BeurkG hinzuweisen und auf entsprechende Vertragsgestaltung (Rücktrittsrecht des Verkäufers gegenüber dem Erstkäufer bei Ausübung des Mietervorkaufsrechtes) hinzuwirken. Auf das gesetzliche Vorkaufsrecht des § 577 BGB ist ferner nach § 20 BeurkG hinzuweisen.[816] Für die Ausübung des Vorkaufsrechts ist Schriftform vorgeschrieben (§ 577 Abs. 3 BGB).

Bei einem **rechtsgeschäftlichen** Vorkaufsrecht kann der Vorkaufsberechtigte bereits vor Abschluss des Drittvertrages durch Erlass mit dem Vorkaufsverpflichteten nach § 397 BGB auf sein Vorkaufsrecht verzichten.[817] Dies ist dagegen beim gesetzlichen Mietervorkaufsrecht nach § 577 BGB vor Abschluss des Drittkaufvertrages unwirksam.[818] Dies folgt aus § 577 Abs. 5 BGB, wonach eine zum Nachteil des Mieters abweichende Vereinbarung zu dessen gesetzlichen Vorkaufsrecht unwirksam ist. Nach § 577 Abs. 2 BGB besteht jedoch eine Verpflichtung des Verkäufers, dem Mieter nicht nur den Inhalt des Kaufvertrages mitzuteilen, sondern diesen auch über das Bestehen des gesetzlichen

[809] BGH DNotZ 2018, 774 Rn. 42.
[810] BGHZ 199, 136 Rn. 20 ff.; BGH NJW 2014, 3024 Rn. 17; NJW 2017, 156; *Naumann* notar 2017, 129. Ein Mietervorkaufsrecht kann auch bei Unterteilung einer Wohnungseigentumseinheit und anschließendem Verkauf einer der unterteilten Einheiten bestehen, BeckOGK/*Müller* WEG § 2 Rn. 422.
[811] BGH NJW 2007, 2699.
[812] BGH MittBayNot 2008, 115.
[813] BGH NJW 2007, 2699.
[814] *Falkner* MittBayNot 2012, 519.
[815] BGH NJW 2015, 1516.
[816] Zum gesetzlichen Vorkaufsrecht gemäß § 577 BGB s. *Brambring* DNotI-Report 1993, 5; *Wirth* MittBayNot 1998, 9; *Falkner* MittBayNot 2012, 519; *Drasdo* NJW-Spezial 2015, 673; *Naumann* notar 2017, 129.
[817] BGHZ 60, 201.
[818] *Langhein* DNotZ 1993, 663; Palandt/*Weidenkaff* BGB § 577 Rn. 2; Staudinger/*Rolfs* BGB § 577 Rn. 82; *Falkner* MittBayNot 2012, 520.

Vorkaufsrechtes zu unterrichten. Der Gesetzgeber erwartet deshalb, dass eine sachgerechte Entscheidung des vorkaufsberechtigten Mieters über die Ausübung des Vorkaufsrechtes erst nach der Unterrichtung über das Bestehen und den endgültigen Inhalt des Drittkaufvertrages möglich ist. Dem würde ein vorzeitiger Verzicht zuwiderlaufen.

Übt der Mieter das gesetzliche Vorkaufsrecht nicht aus, so geht der Mietvertrag nach §§ 566 f. BGB vollumfänglich auf den Erwerber der Wohnung über. Erstreckt sich der Mietvertrag auch auf andere Einheiten oder auf das Gemeinschaftseigentum, so erhält der Mieter mehrere Sondereigentümer als Vermieter, ggf., wegen der Einbeziehung von gemeinschaftlichem Eigentum, sogar sämtliche Wohnungseigentümer als Vermieter.[819]

3. Sondervorschriften für Sozialbauwohnungen. Sind die umgewandelten Mietwohnungen **Sozialwohnungen,** so gelten zusätzlich zu den Mieterschutzvorschriften wie vorstehend beschrieben, die Vorschriften des WoBindG idF vom 13. 9. 2001 (BGBl. I 2166).[820] **202**

Dem betroffenen Mieter steht ein **gesetzliches Vorkaufsrecht** zu (→ Rn. 201a). Öffentlich geförderte Wohnungen dürfen nur an Wohnungssuchende zum Gebrauch überlassen werden, deren Berechtigung hierzu sich durch eine Bescheinigung der zuständigen Behörde ergibt. Dies bedeutet, dass beim Erwerb einer Sozialbauwohnung ein **Eigenbedarf** des Erwerbers nicht geltend gemacht werden kann und auch die Vermietung Beschränkungen unterworfen ist (§§ 4 ff. WoBindG, § 27 Abs. 7 WoFG). **203**

Die Eigenschaft einer Wohnung als „öffentlich gefördert" mit den sich hieraus ergebenden besonderen Verpflichtungen, kann nach Maßgabe des § 16 WoBindG vorzeitig beendet werden. Hierfür ist die Rückzahlung der Darlehen erforderlich. Allerdings besteht auch bei Rückzahlung der Darlehen noch eine Nachwirkungsfrist auf die Dauer von zehn Jahren. **204**

Die Einzelheiten ergeben sich aus § 16 WoBindG. **205**

F. Wohnungserbbaurecht

I. Rechtsgrundlagen

1. Wohnungserbbaurecht, Teilerbbaurecht. Nach § 30 Abs. 1, Abs. 2 WEG kann an Erbbaurechten durch Teilungsvereinbarung oder durch Teilungserklärung Wohnungserbbaurecht begründet werden, wenn es sich um Wohnungen handelt, oder Teilerbbaurecht, wenn es sich um Räume handelt, die nicht zu Wohnzwecken zu dienen bestimmt sind. Diese Möglichkeit lässt das Verbot, das Erbbaurecht auf ein Stockwerk zu beschränken (Stockwerkserbbaurecht) gemäß § 1 Abs. 3 ErbbauRG unberührt. **206**

Da ein Erbbaurecht auch an mehreren Grundstücken begründet werden kann und es sich dabei um ein einheitliches Recht handelt,[821] kann ein solches Gesamterbbaurecht ohne Verstoß gegen § 1 Abs. 4 WEG in Wohnungs- und Teilerbbaurechte aufgeteilt werden.[822] Das Wohnungserbbaurecht entspricht dabei dem Wohnungseigentum, das Teilerbbaurecht dem Teileigentum. Ist Gegenstand des Erbbaurechtes ein Bauwerk, das nicht ein Gebäude ist,[823] so kann hieran ein Wohnungserbbaurecht/Teilerbbaurecht nicht begründet werden. Der Erbbauberechtigte muss ferner Eigentümer des Gebäudes sein; ein auf- **207**

---

[819] *Drasdo* NJW-Spezial 2015, 674.

[820] BGH DNotZ 2019, 48; BGHZ 67, 134 (135 f.); hierzu v. *Türckheim* notar 2019, 127.

[821] BGHZ 65, 345; BayObLGZ 1989, 354; BayObLGZ 1995, 381; BayObLGZ 1984, 107; Staudinger/ *Rapp* ErbbauRG § 1 Rn. 22.

[822] BayObLGZ 1989, 356; LG Wiesbaden MittBayNot 1986, 28; RGRK/*Augustin* WEG § 30 Rn. 21; MüKoBGB/*Engelhardt* WEG § 30 Rn. 3; *Demharter* DNotZ 1986, 460; aA Weitnauer/*Mansel* WEG § 30 Rn. 21.

[823] ZB ein Golfplatz, BGHZ 117, 19.

zuteilendes Erbbaurecht besteht danach zB nicht, wenn das Gebäude lediglich Scheinbestandteil gemäß § 95 BGB des Erbbaurechtes ist.[824]

208 **a) Gemeinschaftliche Berechtigung.** Wie beim Wohnungseigentum das Gemeinschaftseigentum besteht, besteht beim Wohnungserbbaurecht die gemeinschaftliche Berechtigung am Erbbaurecht. Diese ist eine Bruchteilsgemeinschaft nach §§ 741 ff., 1008 BGB. Die entsprechende Anwendung der Vorschriften über das Wohnungseigentum (§ 30 Abs. 3 S. 2 WEG) bedeutet dabei iVm § 12 ErbbauRG, dass sowohl Gemeinschaftseigentum iSv § 1 Abs. 5 WEG als auch, soweit rechtlich möglich und dazu bestimmt, Sondereigentum nach § 5 Abs. 1, Abs. 3 WEG besteht. Der Bruchteil am Erbbaurecht ist also verbunden mit dem Sondereigentum einerseits und der Beteiligung am gemeinschaftlichen Eigentum andererseits.

209 **b) Sondereigentum.** Da die Erbbauberechtigten Eigentümer des Gebäudes sind,[825] besteht auch bei Wohnungserbbaurecht an den Wohnungen bzw. den nicht zu Wohnzwecken dienenden Räumen Sondereigentum. Wohnungserbbaurecht ist danach die Mitberechtigung an einem Erbbaurecht in Verbindung mit dem Sondereigentum an einer in sich abgeschlossenen Wohnung.

210 **2. Geltung des Erbbaurechtsvertrages.** Der dingliche Inhalt des Erbbaurechtsvertrages wird durch die Begründung von Wohnungserbbaurecht nicht verändert.[826] Er kann von den Wohnungserbbauberechtigten weder aufgehoben noch geändert werden. Hierzu ist ein Vertrag zwischen dem Grundstückseigentümer und den Wohnungserbbauberechtigten notwendig.

Enthält der Erbbaurechtsvertrag gemäß § 2 Nr. 1 ErbbauRG eine Verwendungsbestimmung bezüglich des Bauwerkes dahin gehend, dass eine Vermietung nur mit Zustimmung des Grundstückseigentümers möglich ist, so gilt diese Beschränkung auch für den Wohnungserbbauberechtigten.[827] Bei Zuwiderhandlung durch den Wohnungserbbauberechtigten ist der Grundstückseigentümer befugt, gegenüber dem Mieter die Herausgabe des Mietobjektes an den Erbbauberechtigten zu verlangen.[828] Zwar ist der Erbbauberechtigte Eigentümer des Gebäudes, der Inhalt dieses Eigentums ist jedoch durch den Erbbaurechtsvertrag dahingehend modifiziert, dass eine Zuwiderhandlung gegen die Verwendungsbeschränkung vom Eigentümer nicht hingenommen werden muss und dieser deshalb in entsprechender Anwendung des § 986 BGB Herausgabe verlangen kann. Mit Regelungen zur Verwendung des Bauwerkes können auch Vereinbarungen zum „Einheimischenmodell" getroffen werden.[829] Ein generelles Vermietungsverbot ist jedoch unzulässig.[830]

211 Ist als Inhalt des Erbbaurechts gemäß § 5 Abs. 1, Abs. 2 ErbbauRG vereinbart, dass zur Veräußerung und zur Belastung des Erbbaurechts mit Hypotheken, Grund- oder Rentenschulden oder Reallasten die Zustimmung des Eigentümers erforderlich ist, so gilt diese Verfügungsbeschränkung auch für jedes einzelne Wohnungserbbaurecht.[831] Wird die Zustimmung ohne ausreichenden Grund verweigert, so kann sie auf Antrag des Wohnungserbbauberechtigten gemäß § 7 Abs. 3 ErbbauRG vom Amtsgericht ersetzt werden.[832] Allerdings ist jeder einzelne Wohnungserbbauberechtigte in der Lage, mit dem Grund-

---

[824] Jennißen/*Grziwotz* WEG § 30 Rn. 6.
[825] Weitnauer/*Mansel* WEG § 30 Rn. 5; RGRK/*Augustin* WEG § 30 Rn. 5.
[826] BayObLGZ 1989, 359; RGRK/*Augustin* WEG § 30 Rn. 11.
[827] Vgl. Ingenstau/Hustedt/*Hustedt* ErbbauRG § 2 Rn. 14 zum Streit, ob diese Regelung dingliche oder nur schuldrechtliche Wirkung hat.
[828] BGH DNotZ 1968, 302; RGRK/*Augustin* WEG § 30 Rn. 11; aA Weitnauer/*Mansel* WEG § 30 Rn. 10.
[829] BGH NJW 2015, 3436.
[830] BayObLG DNotZ 2002, 294.
[831] OLG Hamm Rpfleger 1979, 24.
[832] OLG Frankfurt a.M. ZMR 1980, 154.

stückseigentümer für sein Recht eine abweichende Vereinbarung zu treffen. Dabei handelt es sich nicht um eine Verfügung, die sich ihrem Inhalt nach nur auf den ganzen Gegenstand und nicht auf einen Anteil beziehen kann und die deshalb trotz § 747 S. 1 BGB ein einzelner Teilhaber vornehmen kann.[833] Die Zustimmung der dinglich Berechtigten an dem Wohnungserbbaurecht und der anderen Wohnungserbbauberechtigten ist zu einer solchen Vereinbarung nicht erforderlich, denn der Zweck der aufgehobenen Vereinbarung liegt nicht im Schutz der dinglich Berechtigten oder der anderen Wohnungserbbauberechtigten, sondern im Schutz des Grundstückseigentümers.[834] Die dinglich Berechtigten werden deshalb durch die Aufhebung der Veräußerungs-/Belastungszustimmung nicht berührt.[835] Neben dem erbbaurechtlichen Zustimmungsvorbehalt kann auch das Zustimmungserfordernis gemäß § 12 WEG vereinbart werden.

Ist gemäß § 2 Nr. 4 ErbbauRG ein Heimfallanspruch vereinbart, kann dieser auch gegenüber dem Wohnungserbbauberechtigten geltend gemacht werden. Liegt ein Heimfalltatbestand vor, so kann die Übertragung des Erbbaurechtes auf den Grundstückseigentümer sowohl bezüglich einzelner Einheiten als auch bezüglich aller Einheiten verlangt werden.[836] Dieses Ergebnis ist für solche Wohnungserbbauberechtigte hart, die am Vorliegen eines Heimfallanspruches kein Verschulden trifft oder in deren Person ein Heimfallanspruch gar nicht entstanden ist. Durch die Begründung von Wohnungserbbaurecht darf sich aber die Position des Grundstückseigentümers nicht verschlechtern. Da er der Begründung von Wohnungserbbaurecht nicht zustimmen muss[837] und er nicht einmal im Erbbaurechtsvertrag als Inhalt des Erbbaurechts – sondern nur schuldrechtlich – vereinbaren kann, dass die Aufteilung in Wohnungserbbaurechte seiner Zustimmung bedarf,[838] lässt sich an der aufgezeigten Konsequenz nichts ändern. 212

Erlischt das Erbbaurecht durch Zeitablauf (§§ 27 ff. ErbbauRG), so erlöschen auch die Sondereigentumsrechte. Dem Wohnungserbbauberechtigten steht stattdessen ein Anteil an der Entschädigungsforderung zu.[839] Dabei handelt es sich um eine Bruchteilsgemeinschaft gemäß §§ 741 ff. BGB, die sich im bezahlten Entschädigungsbetrag fortsetzt. Für das Gesamtgebäude wird danach eine einheitliche Entschädigung geleistet, ohne Rücksicht darauf, dass die einzelnen Sondereigentumsrechte wegen ihrer Ausstattung oder ihrem Erhaltungszustand einen verschiedenen Basispreis (Quadratmeterpreis) haben können. Der Ausgleich zwischen den (ehemaligen) Wohnungserbbauberechtigten hat nach §§ 30 Abs. 3 S. 2, 17 S. 1 WEG nach dem Verhältnis des Wertes der Wohnungserbbaurechte zum Zeitpunkt des Erlöschens des Erbbaurechtes zu erfolgen. Die Größe des Mitberechtigungsanteils am Erbbaurecht ist nicht maßgeblich. Eine Verlängerung des Erbbaurechtes gemäß § 27 Abs. 3 S. 1 ErbbauRG zur Vermeidung der Entschädigungszahlung kommt nur für das Erbbaurecht insgesamt, nicht jedoch für einzelne Einheiten in Betracht. Dem stünde auch § 1 Abs. 3 ErbbauRG entgegen.[840]

Steht das mit dem Erbbaurecht belastete Grundstück im Miteigentum der Wohnungserbbauberechtigten, so führt die Aufhebung des Erbbaurechts nicht dazu, dass Wohnungseigentum entsteht; hierfür ist eine Vereinbarung gemäß §§ 3, 4 WEG erforderlich.[841]

---

[833] BayObLGZ 1989, 357.
[834] Jennißen/*Grziwotz* WEG § 30 Rn. 18.
[835] BayObLGZ 1989, 359.
[836] Weitnauer/*Mansel* WEG § 30 Rn. 13; RGRK/*Augustin* WEG § 30 Rn. 31; Jennißen/*Grziwotz* WEG § 30 Rn. 25; NK-BGB/*Heinemann* WEG § 30 Rn. 8; aA OLG München ZWE 2016, 18; v. *Oefele*/*Winkler*/*Schlögel*, Handbuch des Erbbaurechts, 6. Aufl. 2016, Rn. 3.126; Palandt/*Wicke* WEG § 30 Rn. 2.
[837] RGRK/*Augustin* WEG § 30 Rn. 16; Weitnauer/*Mansel* WEG § 30 Rn. 7; BayObLGZ 1978, 157; LG Augsburg MittBayNot 1979, 68; LG München I MittBayNot 1977, 68.
[838] OLG Celle Rpfleger 1981, 22.
[839] RGRK/*Augustin* WEG § 30 Rn. 30.
[840] V. *Oefele*/*Winkler*/*Schlögel*, Handbuch des Erbbaurechts, 6. Aufl. 2016, Rn. 3.128.
[841] BayObLGZ 1999, 63 (65); *Rapp* MittBayNot 1999, 377.

213   **3. Wohnungserbbaurecht und Erbbauzins.** Ist als Gegenleistung für die Einräumung des Erbbaurechtes eine Erbbauzinszahlung vereinbart, dann kann diese dinglich am Erbbaurecht durch eine Erbbauzinsreallast abgesichert werden, § 9 Abs. 1 S. 1 ErbbauRG, § 1105 ff. BGB. Für die einzelnen Erbbauzinsbeträge haftet der Erbbauberechtigte nicht nur dinglich, sondern gemäß § 9 Abs. 1 S. 1 ErbbauRG, § 1108 Abs. 1 BGB auch persönlich. Die Erbbauzinsreallast ist untrennbar mit dem herrschenden Grundstück verbunden; sie kann – auch soweit sie auf einem Wohnungserbbaurecht lastet – nicht so getrennt werden, dass sie nur dem jeweiligen Inhaber eines bestimmten Miteigentumsanteils zusteht.[842]

Bei Begründung von Wohnungserbbaurechten hat dies zur Folge, dass nach § 9 Abs. 1 S. 1 ErbbauRG, § 1108 Abs. 2 BGB für jeden Wohnungserbbauberechtigten eine dingliche Gesamthaft und eine persönliche Gesamtschuld entsteht.[843] Der Ausgleich unter den Gesamtschuldnern richtet sich nach § 426 Abs. 1 BGB. Auf diese gesamtschuldnerische Haftung ist § 10 Abs. 8 WEG nicht anzuwenden. Bei der Erbbauzinsreallast handelt es sich nicht um eine von der Gemeinschaft der Wohnungseigentümer begründete Verbindlichkeit, sondern um eine privatrechtliche Last der einzelnen Wohnungs- und Teilerbbaurechte.[844]

Diese dingliche und persönliche Gesamtschuld aller Wohnungserbbauberechtigten stellt ein großes Risiko für diese dar. Es ist deshalb Aufgabe der Gemeinschaftsordnung, die auch für die Wohnungserbbaurechte vereinbart werden kann (§§ 30 Abs. 3 S. 2, 5 Abs. 4, 8 Abs. 2, 10 Abs. 1 S. 2, Abs. 2 WEG), Sicherheit zu verschaffen. Die beste Sicherheit wäre eine Aufteilung des Erbbauzinses auf die einzelnen Wohnungserbbaurechte und damit die Beseitigung der gesamtschuldnerischen Haftung. Dies erfordert jedoch einen Vertrag zwischen den Wohnungserbbauberechtigten und dem Grundstückseigentümer. Eine einseitige Aufteilung ist nicht möglich,[845] da sie den Haftungsgegenstand zulasten des Grundstückseigentümers schmälern würde. Erfolgt eine Aufteilung des Erbbauzinses, so ist auch die Zustimmung der am Grundstück-Realberechtigten gemäß § 876 S. 2 BGB erforderlich.[846] Die Zustimmung der am Erbbaurecht gleich- oder nachrangig dinglichen Berechtigten ist dagegen gemäß § 876 S. 1 BGB nur erforderlich, wenn an einer Einheit eine Erhöhung eintritt.[847] Das Vorkaufsrecht der Erbbauberechtigten am Erbbaugrundstück wird ein gemeinschaftliches Vorkaufsrecht gemäß § 472 BGB.[848]

214   Durch die Gemeinschaftsordnung kann jedoch vereinbart werden, dass der Erbbauzins wie eine Last der gemeinschaftlichen Berechtigung gemäß § 16 Abs. 2 WEG zu behandeln ist.[849] Dabei kann bestimmt werden, dass der Verwalter die Zahlung in monatlichen Teilbeträgen einzieht;[850] eine unmittelbare Zahlung an den Grundstückseigentümer befreit dann nicht von der Zahlungspflicht gegenüber den Miterbbauberechtigten.[851] Dies kann wegen § 27 Abs. 1 Nr. 4, Abs. 4 WEG nicht abbedungen werden. Dies ermöglicht eine fortlaufende Kontrolle der Zahlungen. Der Verwalter leitet alsdann bei Fälligkeit der Erbbauzinsen den Betrag an den Grundstückseigentümer weiter. Ist vereinbart, dass die Verpflichtung zur Zahlung der Erbbauzinsen als Last des gemeinschaftlichen Eigentums gemäß § 16 Abs. 2 WEG besteht, dann ist auch die Entziehung des Wohnungserbbaurechtes gemäß § 18 Abs. 1, Abs. 2 Nr. 2 WEG möglich. Durch die Entziehung des Wohnungs-

---

[842] BayObLGZ 1990, 212.
[843] BayObLGZ 1978, 157; Weitnauer/*Mansel* WEG § 30 Rn. 7; *v. Oefele/Winkler/Schlögel,* Handbuch des Erbbaurechts, 6. Aufl. 2016, Rn. 3.119; *Rethmeier* MittRhNotK 1993, 151.
[844] Timme/*Munzig* WEG § 30 Rn. 57.
[845] OLG Düsseldorf DNotZ 1977, 305.
[846] *V. Oefele/Winkler/Schlögel,* Handbuch des Erbbaurechts, 6. Aufl. 2016, Rn. 3.121.
[847] *V. Oefele/Winkler/Schlögel,* Handbuch des Erbbaurechts, 6. Aufl. 2016, Rn. 3.121.
[848] *V. Oefele/Winkler/Schlögel,* Handbuch des Erbbaurechts, 6. Aufl. 2016, Rn. 3.123.
[849] Nach OLG Karlsruhe Justiz 1962, 89 soll dies auch ohne Vereinbarung bei einem auf sämtlichen Erbbaurechten lastenden Erbbauzins der Fall sein; es handelt sich um eine privatrechtliche Last.
[850] OLG München ZWE 2016, 18; hierzu NJW-Spezial 2015, 706.
[851] BayObLG NJW 1958, 1824.

erbbaurechtes kann einem möglichen Heimfallanspruch des Grundstückseigentümers rechtzeitig vorgebeugt werden (§ 9 Abs. 4 ErbbauRG), da dieser voraussetzt, dass der Erbbauberechtigte mit dem Erbbauzins mindestens in Höhe zweier Jahresbeträge im Rückstand sein muss.[852] Ist der Erbbauzins nicht auf die einzelnen Einheiten verteilt, so ist für die Frage, ob zwei Jahresbeträge erreicht sind, der gesamte Erbbauzins maßgebend. Ist dagegen der Erbbauzins auf die einzelnen Einheiten verteilt, so hat der Grundstückseigentümer auf die gesamtschuldnerische Haftung der Wohnungserbbauberechtigten verzichtet, mit der Konsequenz, dass ein Heimfall auch dann geltend gemacht werden kann, wenn der Erbbauzins, der auf eine einzelne Einheit entfällt, in Höhe zweier Jahresbeträge dieser Einheit im Rückstand ist. Der Heimfall kann hier jedoch nur bezüglich der einzelnen Einheit, nicht der übrigen Einheiten, geltend gemacht werden.

Zusätzlich empfiehlt es sich, bei nicht verteiltem Erbbauzins eine gesonderte Rücklage **215** für nicht bezahlte Erbbauzinsen zu bilden, die beim Verwalter neben der Instandhaltungsrücklage anzusammeln ist. Auch dies ist durch Vereinbarung der Wohnungserbbauberechtigten möglich. Der Verwalter sollte zu Verfügungen über diese Rücklage ermächtigt werden. Sie dient dazu, ausfallende Erbbauzinsbeträge zu begleichen und dadurch die gesamtschuldnerische Inanspruchnahme eines einzelnen Wohnungserbbauberechtigten zu verhindern.

Wird die Erbbauzinsreallast nicht auf die einzelnen Wohnungserbbaurechte verteilt, **216** entstehen Probleme bei der Belastung der einzelnen Wohnungserbbaurechte. Dies gilt unabhängig davon, ob es sich um eine „alte" Erbbauzinsreallast (Rechtslage vor dem 1. 10. 1994) oder um eine neue, vollstreckungssichere Erbbauzinsreallast gemäß § 9 Abs. 3 ErbbauRG handelt. Da der Erbbauzinsgläubiger mit seinem Recht in den wenigsten Fällen hinter Grundpfandrechte zurücktritt (um zu verhindern, dass die Erbbauzinsreallast in der Zwangsversteigerung erlischt und das Erbbaurecht ohne Erbbauzins fortbesteht),[853] ist der Beleihungswert des einzelnen Objektes (möglicherweise) erschöpft. Bei einer nachrangigen Beleihung ist alsdann der Ausgleichsanspruch des Erbbauberechtigten gemäß § 1109 Abs. 1 S. 2 BGB an das Finanzierungsinstitut mit zu verpfänden. Die Rücklage für den Erbbauzins gehört dagegen zum Verwaltungsvermögen (§§ 30 Abs. 3 S. 2, 10 Abs. 7 S. 3 WEG), so dass ein Wohnungserbbauberechtigter hierüber nicht verfügen kann.

Ist die Erbbauzinsreallast auf die einzelnen Wohnungserbbaurechte nicht verteilt, so **217** kann eine Umstellung des Erbbauzinses auf die neue Rechtslage, wie sie seit 1. 10. 1994 vereinbart werden kann (§ 9 Abs. 3 ErbbauRG) nur vom Grundstückseigentümer und allen Wohnungserbbauberechtigten vereinbart werden. Ist dagegen die Erbbauzinsreallast auf die einzelnen Wohnungserbbaurechte verteilt, kann zwischen jedem einzelnen Wohnungserbbauberechtigten und dem Grundstückseigentümer eine dem § 9 Abs. 3 ErbbauRG entsprechende Vereinbarung getroffen werden.[854]

II. Begründungsvorgang

1. Teilbares Erbbaurecht. Für die Teilung nach § 30 Abs. 3 S. 2 WEG iVm §§ 3, 8 **218** WEG kommt ein Erbbaurecht alter Art nach §§ 1012 ff. BGB oder neuer Art nach der ErbbauRG in Betracht. Ausgenommen hiervon sind Erbbaurechte alter Art, die an einem schon bebauten Grundstück bestellt wurden, da bei diesen der Grundstückseigentümer Eigentümer des Gebäudes blieb.[855] Wegen § 1 Abs. 4 WEG kann nur *ein* Erbbaurecht geteilt werden. Besteht ein Gesamterbbaurecht über mehrere Grundstücke hinweg, so handelt es sich um eine einheitliche Berechtigung, die ebenfalls aufgeteilt werden kann. Teilbar ist auch ein Untererbbaurecht (vgl. § 6a GBO) und ein vom Eigentümer für sich

[852] Vgl. hierzu Staudinger/*Rapp* ErbbauRG § 9 Rn. 30.
[853] Vgl. Palandt/*Wicke* ErbbauRG § 9 Rn. 18.
[854] Vgl. BayObLGZ 1990, 215, wo eine selbständige Verfügung über den Erbbauzinsanspruch – Aufhebung – zugelassen wird.
[855] Ingenstau/Hustedt/*Hustedt* ErbbauRG § 1 Rn. 86.

selbst bestelltes Erbbaurecht, ein so genanntes Eigentümererbbaurecht.[856] Die Teilung gemäß Abs. 1 setzt in entsprechender Anwendung von § 3 WEG das Bestehen einer Bruchteilsgemeinschaft in Ansehung des Erbbaurechts voraus, so dass eine Gesamthandsgemeinschaft vor der Teilung in eine Bruchteilsgemeinschaft überführt werden muss.[857] Für die Teilung nach § 30 Abs. 2 WEG findet die Vorschrift des § 8 WEG entsprechende Anwendung.

219 **2. Form, Zustimmung.** § 30 Abs. 3 S. 2 WEG verweist für das Wohnungserbbaurecht auf die Vorschriften über das Wohnungseigentum. Umstritten ist jedoch, ob damit für die dingliche Einigung über die Entstehung des Sondereigentums die Formpflicht des § 4 Abs. 2 WEG besteht.[858] Da für das Erbbaurecht selbst – und zwar sowohl anlässlich der Begründung als auch bei einer späteren Übertragung – die Formpflicht des § 925 BGB nicht besteht, weil diese Bestimmung in § 11 Abs. 2 S. 1 ErbbauRG ausdrücklich für nicht anwendbar erklärt wird, muss angenommen werden, dass die Formpflicht auch nicht für den Sonderfall des Wohnungserbbaurechtes besteht. Davon unberührt bleibt die Formpflicht des § 311b BGB für das schuldrechtliche Grundgeschäft.

Ist im Erbbaurechtsvertrag gemäß § 5 ErbbauRG vorgesehen, dass zur Veräußerung des Erbbaurechtes die Zustimmung des Grundstückseigentümers erforderlich ist, so gilt dies zwar für die Einräumung einer Mitberechtigung am Erbbaurecht, nicht aber die Einräumung von Sondereigentum gemäß §§ 3, 8 WEG.[859] Ein Zustimmungserfordernis kann im Erbbaurechtsvertrag auch nicht mit dinglicher Wirkung vereinbart werden.[860] Eine Zustimmungspflicht ergibt sich auch nicht aus § 876 BGB, da sich die Reallast als Gesamtreallast an den Wohnungs- und Teilerbbaurechten fortsetzt[861] und die formelle Rechtsposition des Grundstückseigentümers nicht verschlechtert wird. Sie folgt auch nicht aus den §§ 877, 873 BGB, da die Umwandlung des Erbbaurechts in Wohnungs- und Teilerbbaurechte gemäß Abs. 1 und Abs. 2 eine Mitwirkung des Grundstückseigentümers nicht vorsieht.[862]

220 **3. Inhalt des Wohnungserbbaurechtes.** Hier sind Vereinbarungen in gleicher Weise und im selben Umfange möglich wie beim Wohnungseigentum. Ist eine Veräußerungsbeschränkung nach § 12 WEG vereinbart und außerdem bezüglich des Erbbaurechtes eine Veräußerungsbeschränkung nach § 5 Abs. 1 ErbbauRG, so ist zur Veräußerung eine zweifache Zustimmung notwendig. Ist im Falle einer Veräußerungsbeschränkung nach § 12 WEG der Grundstückseigentümer zustimmungspflichtig, so darf dieser seine Zustimmung nicht von einer Erhöhung des Erbbauzinses oder von der Vereinbarung einer Gleitklausel abhängig machen.[863] Die Zahlung des Erbbauzinses ist kein bei § 12 WEG schützenswerter Gesichtspunkt.

Bei der Bestellung des Erbbaurechtes kann nach § 1 Abs. 2 ErbbauRG vereinbart werden, dass sich dieses auch auf einen für das Bauwerk nicht erforderlichen Teil des Grundstücks erstreckt, sofern das Bauwerk wirtschaftlich die Hauptsache bleibt. Für diesen nicht

---

[856] BGH Rpfleger 1982, 143.
[857] Ingenstau/Hustedt/*Hustedt* ErbbauRG § 1 Rn. 89.
[858] Bejahend MüKoBGB/*Engelhardt* WEG § 30 Rn. 2; Palandt/*Wicke* WEG § 30 Rn. 1; verneinend Weitnauer/*Mansel* WEG § 30 Rn. 14; RGRK/*Augustin* WEG § 30 Rn. 14.
[859] BayObLGZ 1978, 161 für Teilung nach Abs. 2 iVm § 8 WEG; LG München I MittBayNot 1977, 68; LG Augsburg MittBayNot 1979, 68 für Teilungsvereinbarung nach Abs. 2 iVm § 3 WEG; v. Oefele/*Winkler,* Handbuch des Erbbaurechts, 5. Aufl. 2012, Rn. 3.110 ff.; aA Ingenstau/Hustedt/*Hustedt* ErbbauRG § 1 Rn. 116 zur Teilung gemäß Abs. 1 iVm § 3 WEG mit der Begründung, diese komme einer Rechtsübertragung nahe und beeinträchtige die Rechte des Grundstückseigentümers beim Heimfall.
[860] BayObLGZ 1978, 161; OLG Celle Rpfleger 1981, 22; LG München I MittBayNot 1977, 68.
[861] BayObLGZ 1978, 61; *Lutter* DNotZ 1960, 80 (83); *Weitnauer* DNotZ 1960, 115 (123).
[862] Ingenstau/Hustedt/*Hustedt* ErbbauRG § 1 Rn. 94.
[863] BayObLGZ 1978, 157.

überbauten Teil können Gebrauchsregelungen, auch Sondernutzungsrechte nach § 15 Abs. 1 WEG vereinbart werden.[864]

4. Besonderes Grundbuchblatt. § 30 Abs. 3 S. 1 WEG bestimmt, dass für jeden Anteil 221 von Amts wegen ein besonderes Erbbaugrundbuchblatt anzulegen ist (Wohnungserbbaugrundbuch, Teilerbbaugrundbuch). Die Vorschrift entspricht § 7 Abs. 1 S. 1 WEG. Ein gemeinschaftliches Wohnungserbbaugrundbuch ist danach ausgeschlossen, da die Verweisung auf das Wohnungseigentum in § 30 Abs. 3 S. 2 WEG § 7 Abs. 2 WEG nicht umfassen kann.[865] Wäre von der Verweisung auch § 7 Abs. 2 WEG umfasst, wäre die Vorschrift von § 30 Abs. 3 S. 1 WEG überflüssig.

Mit der Anlegung des Wohnungs- oder Teilerbbaugrundbuches entsteht das Wohnungs- oder Teilerbbaurecht.[866]

III. Veräußerung des Wohnungserbbaurechtes

1. Schuldrechtliches Grundgeschäft. Für die Veräußerung eines Wohnungserbbaurechtes 222 tes gelten gegenüber dem Wohnungseigentum keine Besonderheiten. Auf das schuldrechtliche Grundgeschäft findet § 311b BGB Anwendung (§ 11 Abs. 2 ErbbauRG). Während der Erwerber in den vertragsmäßigen, im Grundbuch eingetragenen Inhalt des Erbbaurechtes kraft Gesetzes eintritt, ist für die lediglich schuldrechtlich wirkenden Vereinbarungen im Erbbaurechtsvertrag ein vertraglicher Eintritt des Erwerbers vorzusehen. Dies ist erforderlich, um Schadenersatzverpflichtungen des Veräußerers gegenüber dem Erbbaurechtsausgeber vermeiden.

2. Dingliches Geschäft. Zur Entstehung des Erbbaurechtes und auch zur Übertragung 223 desselben ist die dingliche Einigung gemäß § 873 BGB erforderlich (§ 11 Abs. 1 S. 1 ErbbauRG). Eine formpflichtige Auflassung gemäß § 925 BGB ist nicht notwendig. Zur Grundbucheintragung besteht die Formpflicht des § 29 GBO.

3. Eigentümerzustimmung, Verwalterzustimmung. Ist zur Veräußerung des Erbbaurechtes die Eigentümerzustimmung vereinbart (§ 5 Abs. 1 ErbbauRG), so gilt dies auch 224 bei Veräußerung eines einzelnen Wohnungserbbaurechtes.[867] Daneben kann auch eine Verwalterzustimmung nach § 12 WEG notwendig sein, wenn diese als Inhalt des Sondereigentums vereinbart wurde.

---

[864] Timme/*Munzig* WEG § 30 Rn. 16; RGRK/*Augustin* WEG § 30 Rn. 27.
[865] AA Weitnauer/*Mansel* WEG § 30 Rn. 8, der eine entsprechende Anwendung von § 7 Abs. 2 WEG bejaht.
[866] Ingenstau/Hustedt/*Hustedt* ErbbauRG § 1 Rn. 89, 90.
[867] OLG Hamm Rpfleger 1979, 24; vgl. zur Ersetzung der Zustimmung gemäß § 7 Abs. 3 ErbbauRG OLG Frankfurt a.M. ZMR 1980, 154; Staudinger/*Rapp* ErbbauRG §§ 5–7 Rn. 23.

G. Gesamtmuster: Teilungserklärung mit Gemeinschaftsordnung und Baubeschreibung

225   UR-Nr. ***

Teilungserklärung
mit Gemeinschaftsordnung und Baubeschreibung[868]

Heute, den ***

ist vor mir,

***

Notar in ***, an der Geschäftsstelle in ***, anwesend:

Herr ***
geboren am ***
geschäftsansässig ***

hier handelnd als alleinvertretungsberechtigter Geschäftsführer für die Firma

*** Bau GmbH
mit dem Sitz in ***

Vertretungsbescheinigung erfolgt gesondert.

Über den Grundbuchinhalt habe ich mich unterrichtet. Auf Antrag des Anwesenden beurkunde ich folgende Erklärungen:

I. Grundbuchstand, Vorbemerkung

1. Im Grundbuch des Amtsgerichts *** für ***
   Blatt ***
   ist unter anderem vorgetragen:
   Gemarkung ***
   Fl.-Nr. ***, ***-Str., Verkehrsfläche zu 0,8656 ha.

Die Firma *** Bau GmbH mit dem Sitz in *** hat mit Kaufvertragsurkunde des amtierenden Notars vom ***, UR-Nr. *** eine Teilfläche von ca. 5.852 qm aus vorgenanntem Grundbesitz zum Alleineigentum erworben. Der Kaufpreis ist nach Erklärung der Firma *** Bau GmbH noch nicht bezahlt; zur Eigentumsumschreibung ist erforderlich das amtliche Messungsergebnis sowie die Beurkundung der Messungsanerkennung und Auflassung sowie Vorlage der steuerlichen Unbedenklichkeitsbescheinigung.[869]

---

[868] Durch die Überschrift wird dargestellt, dass es sich zum einen um die dingliche Teilungserklärung gemäß § 8 WEG handelt und zum anderen um die Vereinbarungen der Wohnungseigentümer untereinander und über die Verwaltung (§§ 10 ff. WEG), üblicherweise Gemeinschaftsordnung genannt. Die Baubeschreibung ist beigefügt, damit bei der späteren Beurkundung von Kaufverträgen über die gebildeten Wohnungs-/Teileigentumseinheiten hierauf gemäß § 13a BeurkG Bezug genommen werden kann. Die Beurkundungsform ist für die Teilungserklärung mit Gemeinschaftsordnung nicht vorgeschrieben. Gemäß § 29 GBO würde auch eine lediglich der Unterschrift nach beglaubigte Erklärung genügen. Unter der Voraussetzung, dass der Notar den Text der Teilungserklärung mit Gemeinschaftsordnung selbst entworfen hat besteht kostenmäßig kein Unterschied zwischen der Beurkundung und der Unterschriftsbeglaubigung. Bei beabsichtigtem Verkauf der zu bildenden Einheiten empfiehlt es sich deshalb, die Erklärung zu beurkunden, da nur bei einer beurkundeten Erklärung in den anschließenden Kaufverträgen auf die frühere Urkunde verwiesen werden kann (§ 13a BeurkG). Bei anschließend an die Teilungserklärung mit Gemeinschaftsordnung beurkundeten Kaufverträgen ist eine Verweisung gemäß § 13a BeurkG solange notwendig, wie die Urkunde diesbezüglich noch nicht im Grundbuch vollzogen ist. Mit Vollzug der Teilungserklärung mit Gemeinschaftsordnung im Grundbuch entsteht ein sachenrechtlich verbindliches Rechtsverhältnis bezüglich des Gegenstands und des Inhalts des Sondereigentums. Ab diesem Zeitpunkt ist eine Verweisung nicht mehr erforderlich. Allerdings – und dies entspricht dem vorliegenden Fall – bleibt eine Verweisung erforderlich bezüglich der Baubeschreibung.

[869] Das Wohnungseigentumsgrundstück ist grundbuchmäßig noch nicht gebildet. Ein Grundbuchvollzug der Urkunde ist deshalb gegenwärtig noch nicht möglich. Abzuwarten ist der Vorvollzug der Erwerbsurkun-

Nach Eigentumsumschreibung wird der Grundbesitz wie folgt belastet sein:

Abteilung II:

Stromleitungs- und Betretungsrecht sowie Transformatorenstationserrichtungsrecht für das Elektrizitätswerk ***;

Abteilung III:

Finanzierungsgrundpfandrecht.

2. Die Firma *** Bau GmbH mit dem Sitz in *** – nachfolgend als „Eigentümer" bezeichnet – beabsichtigt den in Ziffer 1. näher bezeichneten Grundbesitz, Teilfläche von ca. 5.852 qm aus Fl.-Nr. *** Gemarkung ***, in der Form des Wohnungseigentums[870] wie folgt zu bebauen:
   - 2 Doppelhaushälften
   - 11 Reihenhäuser
   - 12 Wohnungseigentumseinheiten im Gebäude „Riegel"
   - 5 Gewerbeeinheiten im Gebäude „Riegel"
   - 3 Wohnungseigentumseinheiten im Gebäude „Solitär"
   - 2 Gewerbeeinheiten im Gebäude „Solitär"
   - 52 Tiefgaragenstellplätze
   - 10 oberirdische PKW-Abstellplätze

   samt den hierzu gemäß dem Bebauungsplan vorgesehenen weiteren gemeinschaftlichen Einrichtungen, zB innere Erschließungsstraße und Erschließungswege, Fahrradabstellplätze, Mülltonnenabstellplätze, Kinderspielplatz.

3. Die Firma *** Bau GmbH mit dem Sitz in *** wird bei der Stadt *** den Bauantrag für die Gebäude „Riegel" und „Solitär" einreichen; die Doppelhaushälften und die Reihenhäuser werden im Rahmen des Freistellungsverfahrens errichtet werden.

   Die Baugenehmigung ist derzeit noch nicht erteilt.

4. Die Bauausführung erfolgt – vorbehaltlich anderweitiger Auflagen der Baubehörde – nach den dieser Urkunde als Anlage II beigefügten vorläufigen Aufteilungsplänen.[871]

---

de; daran anschließend ist das Wohnungseigentumsgrundstück in grundbuchmäßiger Weise zu bezeichnen (§ 28 GBO).

[870] Die Bearbeitung eines Falles zur Begründung von Wohnungseigentum beginnt mit dem Studium der Pläne, am besten mit dem Studium der behördlich bestätigten Aufteilungspläne. Diese liegen jedoch häufig in dieser frühen Phase noch nicht vor, da hierfür die Erteilung der Baugenehmigung Voraussetzung ist (vgl. Allgemeine Verwaltungsvorschrift über die Ausstellung von Abgeschlossenheitsbescheinigungen gemäß §§ 3, 31 WEG). Dabei ist zunächst festzustellen, was insgesamt gebaut werden soll. Als nächstes ist zu überlegen, ob eine oder mehrere Wohnungseigentümergemeinschaften gebildet werden sollen. So sollte im vorliegenden Falle geprüft werden, ob nicht die Doppelhaushälften/Reihenhäuser einerseits und die Gebäude „Riegel", „Solitär" sowie die Tiefgaragenanlage andererseits jeweils eine eigene Gemeinschaft bilden. Dazu müsste das vorgesehene Grundstück geteilt werden. Allerdings gibt es zahlreiche Anlagen und Einrichtungen, die dann von beiden Bauteilen genutzt werden müssten, zB die vorgesehene zentrale Heizungsanlage in der Tiefgarage, die oberirdische Zufahrtsstraße zu den links und rechts von ihr zu erstellenden Gebäuden, der Gemeinschaftsbereich der Tiefgaragenanlage (Tiefgaragenzufahrt/Tiefgaragenabfahrt), ferner Versorgungs- und Entsorgungsanlagen. Zur Sicherung dieser inneren Erschließung im weitesten Sinne müsste eine Vielzahl von Grunddienstbarkeiten bzw. Reallasten in das Grundbuch eingetragen werden. Dadurch entstünden gegenseitige Benutzungsrechte, Unterhaltungspflichten, Erstattungsansprüche bzw. Erstattungspflichten. Abteilung II des Grundbuchs wäre mit einer Vielzahl von Belastungen zu sehen. Die Begründung von Wohnungseigentum hat demgegenüber den Vorteil, dass alle diese Einrichtungen und Anlagen sich im Gemeinschaftseigentum befinden und deshalb die Eintragung von Rechten in Abteilung II entbehrlich ist. Damit bleiben die einzelnen Wohnungsgrundbücher übersichtlich und es gibt auch keine Probleme bei Finanzierungsgrundpfandrechten. Die Dienstbarkeiten müssten nämlich, damit sie vollstreckungssicher sind, im Range vor allen Finanzierungsgrundpfandrechen eingetragen werden. Diese Überlegungen sprachen dafür, das in den Plänen dargestellte Projekt auf der Basis des WEG zu realisieren.

[871] Die Aufteilung erfolgt auf der Grundlage vorläufiger Aufteilungspläne. Sie müssen der Urkunde als Anlage gemäß § 9 BeurkG beigefügt werden, dem Beteiligten zur Durchsicht vorgelegt und von ihm genehmigt werden. Nur bei einem solchen Vorgehen werden die Pläne zu einer öffentlichen Urkunde, auf die gemäß § 13a BeurkG verwiesen werden kann. Nach Vorliegen der behördlich bestätigten Aufteilungsplä-

Diese Pläne bilden einen Bestandteil dieser Urkunde. Sie wurden den Beteiligten zur Durchsicht vorgelegt und von Ihnen genehmigt.

Das Bauvorhaben wird rechtlich nach dem Wohnungseigentumsgesetz (WEG) gebildet.

II. Teilungserklärung[872]

Der Eigentümer teilt hiermit das Eigentum an dem in Abschnitt I. 1. beschriebenen Grundbesitz der Gemarkung Landsberg, im beigefügten Lageplan rot umrandet gekennzeichnet, in Miteigentumsanteile gemäß § 8 WEG in der Weise auf, dass mit jedem Miteigentumsanteil das Sondereigentum an einer jeweils in sich abgeschlossenen Einheit (Wohnung, Gewerbeeinheit, Doppelhaushälfte, Reihenhaus, Kellerraum, Tiefgaragenstellplatz) in der Weise verbunden wird, dass dadurch die Rechte der anderen Miteigentümer beschränkt werden.

1. Die einzelne Aufteilung ergibt sich aus der dieser Urkunde beigefügten Anlage I.

2. Für die Abgrenzung des Sondereigentums vom gemeinschaftlichen Eigentum gilt § 5 WEG, soweit nachfolgend nichts anderes vereinbart ist:[873]

a) Gemeinschaftliches Eigentum sind – unbeschadet der noch folgenden Festlegungen über die unentziehbaren Sondernutzungsrechte – das Grundstück einschließlich dessen Einfriedung, die Teile der Gebäude, die für deren Bestand oder Sicherheit erforderlich sind, sowie Anlagen und Einrichtungen, die dem gemeinschaftlichen Gebrauch der Eigentümer dienen.

b) Sondereigentum sind die hierzu erklärten Räume einschließlich aller Anlagen und Einrichtungen, die nur dem Gebrauch eines Wohnungseigentums dienen, bei teilweisem gemeinschaftlichen Gebrauch ab der Stelle, von der an sie nur noch dem Gebrauch eines Wohnungseigentums dienen, sowie die Rollläden im Bereich eines Wohnungseigentums.

c) Bei den Mehrfamilienhäusern samt Gewerbeeinheiten (Häuser „Riegel" und „Solitär" gemäß dem beigefügten Lageplan) sind darüber hinaus entsprechend § 5 Abs. 1 WEG folgende Gegenstände im Sondereigentum:
- Die Wasserleitungen von den Hauptsträngen an;
- Versorgungsleitungen für Strom von der Abzweigung ab dem Zähler;
- Entwässerungsleitungen bis zur Anschlussstelle an die gemeinsame Fallleitung;
- die in den einzelnen Einheiten gelegenen Heizkörper sowie die Zu- und Ableitungen vom gemeinsamen Strang;
- nichttragende Mauern innerhalb des Sondereigentums und nichttragende Trennwände zwischen Sondereigentumseinheiten;

---

ne samt Abgeschlossenheitsbescheinigung sind diese Pläne zur Grundlage für die Aufteilung zu erklären. Weichen die endgültigen Pläne von den vorläufigen Plänen ab und wurde auf Grundlage der vorläufigen Pläne eine Veräußerung von Wohnungseigentum vorgenommen, so bedarf es auch bezüglich des Veräußerungsvertrages einer Nachtragserklärung des Inhalts, dass die endgültigen Pläne Vertragsgegenstand sind. Bei einer entsprechenden Änderungsvollmacht kann diese Erklärung auch vom Bauträger namens der Käufer abgegeben werden.

[872] Dies ist die Teilungserklärung gemäß § 8 WEG. Mit ihr wird das Grundstück in Miteigentumsanteile aufgeteilt, wobei mit jedem Miteigentumsanteil das Sondereigentum an einer in sich abgeschlossenen Wohnung verbunden wird (§§ 8, 3 Abs. 1, 5 Abs. 1 WEG).

[873] Die Abgrenzung zwischen Sondereigentum und gemeinschaftlichen Eigentum ergibt sich bei Räumen daraus, ob diese gemäß §§ 5 Abs. 1, 3 Abs. 1 WEG zum Sondereigentum bestimmt worden sind. So kann zB ein sondereigentumsfähiger Raum auch im Gemeinschaftseigentum verbleiben, falls er nicht zum Sondereigentum erklärt worden ist (zB Hobbyraum, Hausmeisterwohnung). Anders verhält es sich bei den Sondereigentumsbestandteilen des § 5 Abs. 1 WEG. Hier legen §§ 5 Abs. 1, 2 WEG fest, ob sie zum Sondereigentum oder zum Gemeinschaftseigentum gehören; Festlegungen dieser Art in der Teilungserklärung haben lediglich deklaratorische Bedeutung (→ Rn. 29d). Mit der Aufzählung in Abschnitt II. 2. wird lediglich einem Informationsbedürfnis der Wohnungseigentümer genüge getan.

– bei Balkonen und Dachterrassen der Bodenbelag und der Innenanstrich, (die konstruktiven Teile der Balkone und Dachterrassen, der Außenanstrich und, sofern vorhanden, das Geländer, stehen im Gemeinschaftseigentum);
– Rollläden und Jalousien, soweit nicht zwingend Gemeinschaftseigentum besteht.

III. Gemeinschaftsordnung[874]

§ 1. Allgemeine Gebrauchsregelung[875]

1. Unbeschadet des rechtlich zwingenden Umstandes, dass sämtliche auf dem in Abschnitt I. 1. näher beschriebenen Grundbesitz zu errichtenden Einheiten eine Eigentümergemeinschaft bilden, ist die Gemeinschaftsordnung (GO) für die Gesamtheit aller Bauteile so anzuwenden und auszulegen, dass eine vollkommene Trennung zwischen den einzelnen Bauteilen (Mehrfamilienhäuser einschließlich Gewerbeeinheiten, Doppelhaushälften, Reihenhäuser, Tiefgaragenanlage) in rechtlicher, tatsächlicher und wirtschaftlicher Beziehung durchgeführt wird. Dies gilt sowohl für die Benutzung des gemeinschaftlichen Eigentums, für die Verwaltung desselben, die Lastentragung und das Stimmrecht. Gemeinschaftliche Rechte und Verpflichtungen bestehen danach nur insoweit, als diese gesetzlich zwingend sind (zB gemeinschaftliche Unterhaltung der inneren Erschließungswege; desgleichen für den gemeinschaftlichen Heizungsraum im Falle des Wärmecontractings bzw. bei eigener Heizungsanlage dieselbe) oder die in dieser Urkunde vereinbart sind.

2. Die Vorschriften des WEG über das Verhältnis der Wohnungseigentümer untereinander und über die Verwaltung gelten, soweit in dieser Gemeinschaftsordnung nichts anderes vereinbart ist, uneingeschränkt für die Mehrfamilienhäuser einschließlich Gewerbeeinheiten „Riegel" und „Solitär" sowie für die Tiefgaragenanlage. Für die übrigen Wohneinheiten gelten diese Vorschriften, soweit sie nicht zwingend sind, nur insoweit, als dies in dieser Gemeinschaftsordnung festgelegt wird.

§ 2. Besondere Regelungen für die Doppelhaushälften/Reihenhäuser[876] (im Aufteilungsplan bezeichnet mit DH 01, DH 02, RH 03 bis RH 06, RH 07 bis RH 09, RH 10 bis RH 13)

1. Jeder Hauseigentümer darf seine Doppelhaushälfte/Reihenhaus zu Wohnzwecken nutzen und sie zu diesem Zweck auch anderen Personen zur Nutzung überlassen. In

---

[874] Die Gemeinschaftsordnung enthält die Vereinbarungen der Wohnungseigentümer untereinander und über die Verwaltung gemäß § 10 Abs. 2 WEG. Sie ist nicht zwingend erforderlich; fehlt sie, so besteht Wohnungseigentum mit gesetzlichem Inhalt (→ Rn. 44). Im vorliegenden Falle ist nur eine Gemeinschaftsordnung sachgerecht. Es besteht ein großer Regelungsbedarf in Ansehung der Vielzahl der zu errichtenden Gebäude, den verschiedenen Nutzungsarten, teilweise auch innerhalb eines Gebäudes, die Kosten- und Lastenverteilung, den Mitbestimmungsrechten der einzelnen Wohnungseigentümer sowie der Intensität der jeweiligen nachbarschaftlichen Beziehungen.

[875] In der Gemeinschaftsordnung § 1 Abs. 1 wird der Grundsatz der Teilung zwischen den einzelnen Bauteilen herausgearbeitet. Es besteht zwar rechtlich gesehen nur eine Wohnungseigentümergemeinschaft, für technisch abgetrennte Gebäulichkeiten gelten jedoch eigene rechtliche Regelungen. Dabei ergibt sich, dass auf der einen Seite die Gebäude „Riegel" und „Solitär" sowie die Tiefgaragenanlage eine „typische" Wohnungseigentümergemeinschaft darstellen, andererseits für die Reihenhäuser/Doppelhaushälften eine individualistische Gemeinschaftsordnung vorzusehen ist (→ Rn. 47, → Rn. 48 ff., → Rn. 52 ff.).

[876] Für die Doppelhaushälften/Reihenhäuser sind besondere Formen bei der Gestaltung einer Gemeinschaftsordnung zweckmäßig. Diese Eigentümer wollen ein wirtschaftliches Ergebnis so gestellt werden, als ob sie reales Grundstückseigentum, vermessen und ohne die Beschränkungen des WEG, erworben hätten. Es ist deshalb eine individualistische Gemeinschaftsordnung erforderlich (→ Rn. 52 ff.). Besonders wichtig bei Doppelhaushälften/Reihenhäusern ist die gegenständliche und die inhaltliche Gestaltung der Sondernutzungsreche (→ Rn. 52a). Durch amtliche Vermessung kann hierzu für jeden Sondernutzungsbereich ein eigenes Flurstück gebildet werden. Gleichwohl werden die einzelnen Flurstücke unter einer laufenden Nummer im Bestandsverzeichnis des Grundbuchs vorgetragen und bilden damit ein Grundstück im Rechtssinne (s. anhängendes Bestandsverzeichnis des Grundbuchs). Die Annäherung an Einzeleigentum ist evident. Die weiteren Ausführungen basieren ebenfalls auf dem Gedanken der Annäherung des Wohnungseigentums an das Einzeleigentum.

den Doppelhaushälften/Reihenhäusern sind ferner nicht störende gewerbliche oder berufliche Tätigkeiten zulässig, soweit diese nicht mit einem erheblichen Publikumsverkehr einhergehen. Zum Zwecke der Ausübung einer solchen Nutzung ist jeder Eigentümer einer Doppelhaushälfte/eines Reihenhauses berechtigt, sein Wohnungseigentum ohne Zustimmung der anderen Eigentümer in Teileigentum umzuwandeln. Teileigentum kann auch jederzeit ohne Zustimmung der anderen Eigentümer in Wohnungseigentum rückumgewandelt werden.

Zu gewerblichen oder beruflichen Nutzungen, die mit dem Charakter der Wohnanlage als einer Anlage, die zu Wohnzwecken zu dienen bestimmt ist, nicht vereinbar ist, ist die Zustimmung der angrenzenden Doppelhaushälfteneigentümer/Reihenhauseigentümer, eine baubehördlich genehmigte Nutzungsänderung einschließlich etwa erforderlicher Stellplatznachweise, erforderlich.

2. Jede Doppelhaushälfte/jedes Reihenhaus ist frei veräußerlich. Die Zustimmung anderer Eigentümer oder des Verwalters ist nicht erforderlich. Der veräußernde Eigentümer ist jedoch verpflichtet, die Veräußerung dem Verwalter unter Mitteilung der Personalien des Erwerbers anzuzeigen.

3. Bezüglich der Gebäude steht jedem Hauseigentümer das ausschließliche Sondernutzungsrecht an denjenigen Teilen des zwingenden Gemeinschaftseigentums zu, die sich im Bereich seines Sondereigentums befinden, bezüglich der gemeinsamen Trennmauer bis zur Mitte derselben.

4. Bezüglich der unbebauten Teile des gemeinschaftlichen Grundstücks werden mit Ausnahme gemeinschaftlich genutzter Zugänge und Zufahrten Sondernutzungsrechte in der Weise begründet, dass die Nutzung dieser Flächen ausschließlich dem Eigentümer einer Doppelhaushälfte/eines Reihenhauses zusteht.

Den Eigentümern der Doppelhaushälften DH 01 und DH 02 steht das gemeinschaftliche Sondernutzungsrecht an der Zugangsfläche P 08 als Zugang zu ihren Doppelhaushälften zu. Die Zufahrtsfläche darf auch zum Be- und Entladen, jedoch nicht zum Abstellen von Kraftfahrzeugen, verwendet werden. Die Instandhaltung/Instandsetzung einschließlich Verkehrssicherungspflicht steht diesen gemeinschaftlich Sondernutzungsberechtigten gemeinschaftlich zu.

Den Eigentümern der Reihenhäuser RH 03 bis RH 06 steht das gemeinschaftliche Sondernutzungsrecht an der Zugangsfläche P 06 als Zugang zu ihren Reihenhäusern zu. Die Zufahrtsfläche darf auch zum Be- und Entladen, jedoch nicht zum Abstellen von Kraftfahrzeugen, verwendet werden. Die Instandhaltung/Instandsetzung einschließlich Verkehrssicherungspflicht steht diesen gemeinschaftlich Sondernutzungsberechtigten gemeinschaftlich zu. Die Eigentümer der Doppelhaushälften DH 01 und DH 02 sind berechtigt, diese Sondernutzungsfläche P 06 zum Zwecke der Gartenbewirtschaftung ihrer diesbezüglichen Sondernutzungsbereiche mitzubenutzen.

Den Eigentümern der Reihenhäuser RH 07 bis RH 09 sowie RH 10 bis RH 13 steht das gemeinschaftliche Sondernutzungsrecht an der Zugangsfläche P 11 als Zugang zu ihren Reihenhäusern zu. Die Zufahrtsfläche darf auch zum Be- und Entladen, jedoch nicht zum Abstellen von Kraftfahrzeugen, verwendet werden. Die Instandhaltung/Instandsetzung einschließlich Verkehrssicherungspflicht steht diesen gemeinschaftlich Sondernutzungsberechtigten gemeinschaftlich zu. Die Eigentümer der Reihenhäuser RH 03 bis RH 06 sind berechtigt, diese Sondernutzungsfläche P 11 zum Zwecke der Gartenbewirtschaftung ihrer diesbezüglichen Sondernutzungsbereiche mitzubenutzen.

5. Jeder Eigentümer einer Doppelhaushälfte/eines Reihenhauses hat das Sondernutzungsrecht an dem entsprechenden Vorgarten und Garten, wie im beigefügten Lageplan eingezeichnet.

Für dieses Sondernutzungsrecht gelten folgende Bestimmungen:[877]

a) Der Sondernutzungsbereich darf zur Anlegung und Unterhaltung einer Terrasse sowie eines Nutz- und Ziergartens genutzt werden. Der Sondernutzungsberechtigte darf ferner im Sondernutzungsbereich bauliche Veränderungen, auch Anbauten oder Umbauten, ohne Zustimmung der anderen Doppelhaushälfteneigentümer/ Reihenhauseigentümer vornehmen, insbesondere darf er einen Wintergarten errichten oder ein Gartenhaus erstellen. Soweit baurechtlich zulässig, können auch PKW-Stellplätze und Garagen errichtet werden. Ein auf die gesamte, den Doppelhaushälften/Reihenhäusern zugeordnete Sondernutzungsfläche im Verhältnis zum Gesamtgrundstück vorhandenes weiteres Baurecht darf dabei von jedem Eigentümer einer Doppelhaushälfte/eines Reihenhauses nur entsprechend der Größe seines Sondernutzungsbereiches ausgenutzt werden. Soweit die neuen Baulichkeiten sondereigentumsfähig sind, sind alle Wohnungs- und Hauseigentümer verpflichtet, die im behördlich bestätigten Aufteilungsplan samt Abgeschlossenheitsbescheinigung als sondereigentumsfähig ausgewiesenen Räume zum Sondereigentum zu erklären, falls dies der Hauseigentümer, der dadurch neues Sondereigentum erwerben würde, verlangt.

b) Bezüglich der sich zwischen den vorstehend eingeräumten Sondernutzungsbereichen ergebenden Grenze gelten die allgemeinen Nachbarvorschriften entsprechend. Die Sondernutzungsbereiche sind wie folgt amtlich zu vermessen (siehe Lageplan):

DH 01	SNR DHH 01:	ca. 199,46 qm
DH 02	SNR DHH 02:	ca. 315,81 qm
RH 03	SNR RH 03:	ca. 159,40 qm
RH 04	SNR RH 04:	ca. 138,40 qm
RH 05	SNR RH 05:	ca. 138,40 qm
RH 06	SNR RH 06:	ca. 388,43 qm
RH 07	SNR RH 07:	ca. 242,40 qm
RH 08	SNR RH 08:	ca. 163,45 qm
RH 09	SNR RH 09:	ca. 233,59 qm
RH 10	SNR RH 10:	ca. 225,06 qm
RH 11	SNR RH 11:	ca. 147,60 qm
RH 12	SNR RH 12:	ca. 143,77 qm
RH 13	SNR RH 13:	ca. 279,13 qm

Im Rahmen dieser Sondernutzungsrechte ist der jeweilige Sondernutzungsberechtigte berechtigt und verpflichtet, auf seine Kosten eine Einfriedung auf der Grundstücksgrenze, soweit zugelassen, zu errichten.

Die Grenze, die sich zwischen den zur Sondernutzung als Nutz- und Ziergarten zugewiesenen Grundstücksflächen ergibt, kann, soweit die baurechtlichen Vorschriften es zulassen, mit einem Zaun versehen werden. Die Eigentümer der Häuser sind sich gegenseitig zur Mitwirkung bei der Erstellung auf gemeinsame Kosten verpflichtet.

c) Soweit Sondernutzungsrechte bestehen, hat der berechtigte Eigentümer insoweit gegenüber Dritten alle Rechte und Verpflichtungen, wie sie einem Alleineigentümer zustehen. Er ist ermächtigt, diese Rechte und Verpflichtungen im eigenen Namen geltend zu machen, auch im Prozesswege.

---

[877] Wie bereits erwähnt, sind die Sondernutzungsrechte bei Reihenhäusern/Doppelhaushälften von elementarer Bedeutung. Zur Vermeidung üblicher Streitpunkte im Nachbarschaftsverhältnis empfiehlt es sich, darzustellen, welche Nutzungen im Sondernutzungsbereich zulässig sind. Dem Eigentumsgedanken entsprechend empfiehlt es sich ferner, zwischen den Sondernutzungsbereichen die allgemeinen Nachbarvorschriften für Grundstücke entsprechend anzuwenden.

d) Die Vereinbarungen über die Sondernutzungsrechte werden insoweit eingeschränkt, als sich gemeinschaftlich benutzte Anlagen zur Versorgung und Entsorgung der Gebäude in den zur Sondernutzung zugewiesenen Flächen befinden. Der jeweils sondernutzungsberechtigte Eigentümer hat alle Maßnahmen für deren Gebrauch, Instandhaltung, Instandsetzung und Erneuerung zu dulden.

6. Jeder Eigentümer darf Teile des Gebäudes, in dem sich sein Sondereigentum befindet, beliebig verändern, soweit dadurch nicht die Sicherheit und der Bestand des Gebäudes gefährdet wird.

7. Jeder Eigentümer ist verpflichtet, die Räume und Anlagen seines Sondereigentums einschließlich aller Teile des Gebäudes, in dem sich die Räume seines Sondereigentums befinden, auch soweit sie gemeinschaftliches Eigentum sind, und die seiner Sondernutzung unterliegenden Teile des Grundstücks einschließlich der Einfriedung auf der Grundstücksgrenze auf seine Kosten in ordnungsgemäßem Zustand zu unterhalten, instand zu setzen und zu erneuern.

8. Für die Doppelhaushälften/Reihenhäuser wird eine Verwaltervergütung nicht geschuldet.

§ 3. Regelungen für die gemischt genutzten Gebäude „Riegel" und „Solitär"[878]

1. Die Flächen für die Gebäude „Riegel" und „Solitär" sind im Bebauungsplan als Mischgebiet (MI) nach § 6 BauNVO festgesetzt. In den Erdgeschossen der beiden Gebäude sowie im ersten Obergeschoss des Gebäudes „Solitär" sind ausschließlich gewerbliche Nutzungen nach Maßgabe des Bebauungsplanes zugelassen. Diese Einheiten sind danach Teileigentum. Vergnügungsstätten, Spielhallen mit Spielgeräten (mit oder ohne Gewinnmöglichkeit) sowie Verkaufs-, Vorführ- oder Gesellschaftsräume mit ausschließlichem oder überwiegendem Geschäftszweck (Verkauf, Darstellung, Handlung) sexuellen Charakters werden ausgeschlossen. Für gastronomische Betriebe wird die Öffnungszeit beschränkt auf die Zeit von 8.00 bis 24.00 Uhr. Ausgeschlossen sind ferner Gewerbebetriebe mit Geräuschemissionen, die für eine Wohnanlage unverträglich sind, zB Diskotheken. Zugelassen sind danach insbesondere Einzelhandelsgeschäfte, gastronomische Betriebe, Büros und Praxen für freie Berufe und Gewerbe. Bei allen zugelassenen Nutzungen sind die öffentlich-rechtlichen Anforderungen, zB bezüglich Stellplätze von dem nutzenden Eigentümer zu beachten und ggf. auf eigene Kosten herzustellen.

2. Die Einheiten ab dem zweiten Obergeschoss in „Solitär" bzw. ab dem ersten Obergeschoss in „Riegel" dürfen nur zu Wohnzwecken genutzt werden. Zulässig sind, vorbehaltlich den baurechtlichen Bestimmungen, berufliche/gewerbliche Nutzungen, von denen keine größere Beeinträchtigung der anderen Wohnungseigentümer zu erwarten ist als von einer wohnungsmässigen Nutzung. Die gewerbliche Vermietung an Feriengäste oder ähnliche Gebrauchsüberlassungen mit kurzfristig sich änderndem Personenkreis, sind unzulässig. Eine andere Nutzung ist nur mit Zustimmung des Verwalters gestattet. Die Zustimmung darf nur aus wichtigem Grund versagt werden. Ein wichtiger Grund liegt insbesondere vor, wenn eine Nutzung angestrebt wird, die mit dem Charakter der Wohnanlage, die zu Wohnzwecken zu

[878] Die Gebäude „Riegel" und „Solitär" entsprechen angesichts der Vielzahl von Einheiten, die sich in ihnen befinden, dem klassischen Wohnungseigentum. Es liegt eine gemischte Nutzung vor, teilweise besteht Teileigentum, teilweise besteht Wohnungseigentum. Bei Teileigentumseinheiten dient es der Streitvermeidung, die zulässigen Nutzungen und die nicht zulässigen Nutzungen zu beschreiben. Dabei sollte man sich an die in der BauNVO vorgegebenen Begriffe orientieren. Bei Teileigentum können die öffentlich-rechtlichen Anforderungen bezüglich der unterschiedlichen Nutzungen sehr unterschiedlich sein. So gelten zB für einen gastronomischen Betrieb bezüglich der Stellplätze und den Sicherheitsanforderungen im Vergleich zu einem Architekturbüro verschiedene Kriterien. Bei wohnungseigentumsrechtlich und auch öffentlich-rechtlich zulässigen Nutzungsänderungen entspricht es der Billigkeit, dadurch entstehende Kosten dem Eigentümer anzulasten (→ Rn. 45).

nutzen bestimmt ist, nicht vereinbar ist.[879]

Die Teileigentumseinheiten können jederzeit durch Erklärung des entsprechenden Eigentümers gegenüber dem Grundbuchamt in Wohnungseigentum umgewandelt werden. Die Zustimmung der übrigen Eigentümer ist hierzu nicht erforderlich. In gleicher Weise sind Rückumwandlungen von Wohnungseigentum in Teileigentum zulässig.[880]

3. Links und rechts neben den Gebäudezugängen zum Gebäude „Riegel" befinden sich Fahrradabstellplätze und Mülltonnenstellplätze. Nutzungsberechtigt sind jeweils die Wohnungen, die links bzw. rechts vom Hauszugang gelegen sind.

4. Jeder Wohnungseigentümer ist berechtigt, seine Einheit zu unterteilen, soweit hierdurch nicht Veränderungen oder Beeinträchtigungen des Gemeinschaftseigentums oder anderer Sondereigentumseinheiten eintreten. Die Zustimmung der anderen Eigentümer oder des Verwalters ist hierzu nicht notwendig.
Entsprechendes gilt für die Vereinigung mehrerer Einheiten zu einer Einheit.

5. Durchbrüche durch Mauern und Decken, die im gemeinschaftlichen Eigentum stehen, bedürfen der schriftlichen Zustimmung des Verwalters, die erst nach Erholung eines Gutachtens darüber erteilt wird, ob die Stabilität des Gebäudes gefährdet ist oder sonstige Nachteile zu befürchten sind. Ist dies nicht der Fall, so hat der Verwalter die Zustimmung zu erteilen.

6. Balkonverglasungen und/oder Windschutzvorrichtungen an Balkonen und Terrassen dürfen mit Zustimmung des Verwalters errichtet werden. Markisen dürfen an Balkonen, Loggien und Dachterrassen ohne Zustimmung der anderen Eigentümer angebracht werden; sie sind jedoch auf die bauseits gelieferten Jalousiensysteme abzustimmen. Trennwände an Terrassen benachbarter Eigentümer sind zulässig. In allen Fällen ist jedoch vorher die Zustimmung des Verwalters einzuholen, der dabei auf die Einhaltung eines einheitlichen Erscheinungsbildes zu achten hat.

7. Das Wohnungs-/Teileigentum ist frei veräußerlich. Dem Verwalter ist die Veräußerung unter Angabe der Personalien des Käufers unverzüglich mitzuteilen. Kommt der betreffende Wohnungs-/Teileigentümer dieser Verpflichtung nicht nach, so werden weiterhin von ihm geleistete Zahlungen zugunsten seines Rechtsnachfolgers verrechnet. Ein Erstattungsanspruch gegenüber der Eigentümergemeinschaft besteht in diesem Falle nicht.

8. Die Lasten und Kosten werden, soweit es sich nicht um verbrauchsabhängige Kostenarten handelt, grundsätzlich nach dem Verhältnis der Miteigentumsanteile abgerechnet. Für verbrauchsabhängige Kostenarten, insbesondere Heizungs- und Warmwasserkosten, sind Verbrauchsmessgeräte zu installieren. Besteht ein Wärmelieferungscontracting, so kann die verbrauchsabhängige Abrechnung direkt zwischen dem Lieferanten und dem Wohnungs-/Teileigentümer erfolgen. Werden Heizung/Warmwasser durch die Eigentümergemeinschaft selbst erzeugt, so werden die Heizkosten zu 30 % nach dem Verhältnis der beheizten Flächen und zu 70 % nach dem tatsächlichen Verbrauch umgelegt. Alle übrigen mit der Instandhaltung, Instandsetzung und der Bewirtschaftung der Anlage verbundenen Kosten im weites-

---

[879] Nach der Rechtsprechung des BGH (DNotZ 2010, 837) unterfällt eine gewerbliche Vermietung von Wohnungen an Feriengäste oder ähnliche Gebrauchsüberlassungen mit kurzfristig sich änderndem Personenkreis der zulässigen Nutzung in Wohnungseigentum.

[880] Nicht selten besteht der Wunsch, Teileigentum in Wohnungseigentum umzuwandeln. Da dies eine Veränderung einer Vereinbarung darstellt, bedarf dies der Zustimmung aller Wohnungseigentümer. In der Praxis dürfte daran dieser Wunsch scheitern. Es ist deshalb durch die Rechtsprechung für zulässig anerkannt worden, dass in der Gemeinschaftsordnung (Sonderfall einer Öffnungsklausel) den einzelnen Teileigentümer das Recht eingeräumt wird, durch einseitige Erklärung gegenüber dem Grundbuchamt die Umwandlung in Wohnungseigentum zu erklären (→ Rn. 110). Bei der Umwandlung von Wohnungseigentum in Teileigentum ist dagegen Vorsicht geboten: Teileigentum hat potentiell ein erhöhtes Störpotential gegenüber Wohnungseigentum. Es ist deshalb sorgfältig zu prüfen, welche Nutzung den von der Umwandlung betroffenen Nachbareinheiten zugemutet werden kann.

ten Sinne, insbesondere alle Betriebskosten, sowie die laufenden Instandhaltungs- und Instandsetzungskosten sind, soweit sie nicht einem Eigentümer alleine zuzurechnen sind, von sämtlichen Eigentümern nach dem Verhältnis der Miteigentumsanteile zu tragen.

9. Das Gemeinschaftseigentum an Fenstern, Glasfassaden, Wohnungseingangstüren und Jalousien ist vom jeweiligen Wohnungs-/Teileigentümer, in dessen Bereich sich diese Gegenstände befinden, alleine instand zu halten und instand zu setzen ohne Rücksicht auf die Schadensursache.[881]

10. Die Vergütung des Verwalters ist nach Pauschalsätzen, die für jede Wohnungseigentumseinheit gleich groß sind, festzusetzen. Hierbei dürfen die Höchstsätze nach der Betriebskostenverordnung nicht überschritten werden. Teileigentumseinheiten werden pro 100 qm angefangene Nutzfläche wie eine selbständige Wohnungseigentumseinheit behandelt.

11. Die Wohnungs-/Teileigentümer sind verpflichtet, nach Maßgabe des Wirtschaftsplanes und im Verhältnis ihrer Miteigentumsanteile einen monatlichen Hausgeldbetrag in gleichen monatlichen Raten im voraus, spätestens bis zum dritten Werktag eines jeden Monats, auf ein hierzu vom Verwalter geführtes Konto einzuzahlen. Mit dem Hausgeld ist auch die Verwaltervergütung einzuzahlen. Es werden separate Konten geführt für alle Wohnungs-/Teileigentumseinheiten gemeinsam (Außenanlagen; Heizung/Heizungsraum oder Ähnliches) sowie für jedes der Häuser „Riegel" und „Solitär", ferner für die Tiefgaragenanlage.

12. Das gemeinschaftliche Eigentum und das Sondereigentum werden als Ganzes versichert, wobei die Auswahl des Versicherungsunternehmens dem Verwalter obliegt.
    Folgende Versicherungen sind abzuschließen:
    a) Haus- und Grundbesitzhaftpflichtversicherung,
    b) Gebäudebrand- und Elementarschädenversicherung,
    c) Leitungswasserschädenversicherung,
    d) Versicherung gegen Glasschäden,
    e) Sturmschadenversicherung.
    Die Gebäudebrand- und Elementarversicherung ist zum vollen Wiederherstellungswert der Anlage abzuschließen. Die Anlage ist fortlaufend zum Neuwert versichert zu halten. Die übrigen Versicherungen sind in angemessener Höhe abzuschließen.

13. Bei Rechtsübergängen haftet der Rechtsnachfolger für Hausgeldverbindlichkeiten seines Rechtsvorgängers, ausgenommen bei einem Erwerb im Wege der Zwangsversteigerung.[882]

14. Es ist eine Instandhaltungsrücklage zu bilden. Die Wohnungs-/Teileigentümer sind hierzu beitragspflichtig im Verhältnis ihrer Miteigentumsanteile. Über die Höhe der Instandhaltungsrücklage beschließt die Eigentümerversammlung. Es wird je eine Rücklage gebildet für alle Wohnungs-/Teileigentumseinheiten gemeinsam (Außenanlagen; Heizung/Heizungsraum oder Ähnliches), sowie für jedes der Gebäude „Riegel" und „Solitär" sowie die Tiefgaragenanlage.

15. In der Versammlung der Wohnungseigentümer bestimmt sich das Stimmrecht nach dem Verhältnis der Miteigentumsanteile.

16. Es muss ständig ein Verwalter vorhanden sein, dessen Aufgaben und Befugnisse bestimmen sich nach dieser GO, ergänzend nach § 27 WEG.

---

[881] Es gibt Teile des Gemeinschaftseigentums, die sich ausschließlich im „Zugriff" eines Wohnungseigentümers finden, zB Fenster, Wohnungseingangstüren. Hier ist es zulässig, die Instandhaltung/Instandsetzung ohne Rücksicht auf die Schadensursache dem Sondereigentümer, in dessen Bereich sich diese Gegenstände befinden, alleine anzulasten.

[882] Die hier vorgeschlagene Regelung ist gemeinschaftsfreundlich. Sie ist jedoch nur bei einem rechtsgeschäftlichen Erwerb zulässig und hier auch sachgerecht, da sich der Erwerber über den Veräußerer bei dem Verwalter über eventuelle Hausgeldrückstände informieren kann. Bei Erwerb in der Zwangsversteigerung ist eine entsprechende Regelung jedoch unzulässig (→ Rn. 196 f.).

Der Verwalter ist insbesondere berechtigt und verpflichtet, die Beschlüsse der Eigentümerversammlung zu vollziehen und Rechte und Ansprüche der rechtsfähigen Gemeinschaft der Wohnungs- und Teileigentümer und auch der Bruchteilseigentümergemeinschaft, in deren Namen geltend zu machen, auch im Prozesswege. Beim Abschluss von Rechtsgeschäften, die nur ein Gebäude der Häuser „Riegel" oder „Solitär" bzw. die Tiefgaragenanlage betreffen, ist darauf zu achten, dass eine Haftung der übrigen Miteigentümer nicht begründet wird.[883] Solche Rechtsgeschäfte sind sonach vom Verwalter namens der betroffenen Wohnungs-/Teileigentümer persönlich vorzunehmen. Jeder Wohnungs-/Teileigentümer ist verpflichtet, bei Erwerb seines Wohnungs-/Teileigentums dem Verwalter eine diesbezügliche Einzelvollmacht zu erteilen und diese erforderlichenfalls bei einem Verwalterwechsel zu erneuern.

Sofern die erforderlichen Mittel im Verwaltungsvermögen der jeweils betroffenen Wohnungs-/Teileigentümer vorhanden sind, kann der Verwalter die erforderlichen Rechtsgeschäfte auch namens der rechtsfähigen Gemeinschaft der Wohnungseigentümer abschließen.

17. Zum ersten Verwalter wird die Firma *** Hausverwaltungen GmbH, bestellt.

18. Der Gemeinschaft der Häuser „Riegel" und „Solitär" steht die Nutzung ihres Gebäudes jeweils gemeinschaftlich unter Ausschluss der Nutzung durch die anderen Miteigentümer der anderen Häuser zu. Diesem Sondernutzungsrecht unterliegt das gesamte gemeinschaftliche Eigentum des jeweiligen Hauses, insbesondere die konstruktiven Teile des Gebäudes sowie die technischen Einrichtungen sowie gemeinschaftlichen Anlagen, soweit diese nicht im Sondereigentum eines Wohnungseigentümers stehen oder aufgrund anderweitiger Regelung einem Wohnungseigentümer zur Sondernutzung zugewiesen sind. Die Miteigentümer eines Hauses haben sämtliche Rechte und Pflichten an ihrem Gebäude so, wie wenn es sich um eine eigene Eigentümergemeinschaft handeln würde, insbesondere entscheiden sie alleine über bauliche Maßnahmen an ihrem Gebäude. Das äußere Erscheinungsbild der gesamten Wohnanlage darf jedoch durch bauliche Veränderungen nicht beeinträchtigt werden. Im Zweifel entscheidet der Verwalter für und anstelle der gesamten Wohnungseigentümer über die Zulässigkeit einer beabsichtigten Veränderung.[884]

Die Gemeinschaften in den Häusern „Riegel" und „Solitär" tragen Kosten und Lasten ihres Gebäudes so, wie wenn sie eine eigene und getrennte Eigentümergemeinschaft wären. Die restlichen, nicht auf eine Hausgemeinschaft verteilbaren Kosten und Lasten tragen alle Wohnungs-/Teileigentümer der gesamten Wohnungsanlage entsprechend ihren Miteigentumsanteilen.

Dem Eigentümer der im Haus „Solitär" im Erdgeschoss gelegenen Gewerbeeinheit GEW 06 (Café/Gastro) steht ein Sondernutzungsrecht an der unbebauten Fläche „Am Quartiersplatz" zu. Diese Sondernutzungsfläche ist im Lageplan mit „SNR Cafeterrasse" (rosa) gekennzeichnet. Dieser Sondernutzungsbereich darf zur Anlegung und Unterhaltung einer bewirtschafteten Gartenterrasse genutzt werden. Bauliche Anlagen dürfen in diesem Sondernutzungsbereich nicht errichtet werden, auch wenn sie genehmigungsfrei wären. Bepflanzungen dürfen eine Höhe von 4 m nicht überschreiten.

19. Die Wohnungs-/Teileigentümer wählen aus ihrer Mitte mit einfacher Mehrheit einen Verwaltungsbeirat mit drei Mitgliedern (je ein Mitglied aus den Häusern „Rie-

---

[883] Bei einer Mehrhausanlage ist darauf zu achten, dass eine getrennte Kostenermittlung pro Gebäude stattfindet. Dabei sollte auch ausgeschlossen werden, dass Wohnungseigentümer, die von einem Projekt nicht betroffen sind, da es in einem anderen Gebäude realisiert werden soll, nicht über die zwingende Vorschrift des § 10 Abs. 8 WEG in eine Kostenhaftung hineingeraten (→ Rn. 67 f.).

[884] Die Regelung über ein gemeinschaftliches Sondernutzungsrecht sichert die Nutzung eines Gebäudes bei einer Mehrhausanlage durch die jeweiligen Eigentümer, die in diesem Gebäude Sondereigentum haben.

gel" und „Solitär") und ein Mitglied aus den Doppelhaushälften/Reihenhäusern. Die Verwaltungsbeiräte werden auf die Dauer von vier Jahren gewählt. Sie bleiben bis zur Wahl neuer Verwaltungsbeiräte im Amt. Ein Verwaltungsbeirat, der sein Wohnungseigentum veräußert, bleibt bis zu einer Neuwahl im Amt.

Der Verwaltungsbeirat wählt aus seiner Mitte einen Vorsitzenden und einen stellvertretenden Vorsitzenden.

§ 4. Regelungen für die 52 Tiefgaragenstellplätze[885]

1. Die Kosten der Tiefgaragenanlage einschließlich der Zufahrt und Abfahrt werden von den Teileigentümern zu gleichen Teilen, also zu je 1/52 getragen. Zur Tiefgaragenanlage gehört auch die Decke über derselben. Die darüber befindliche humusierte Erdschicht darf nur in einer Weise genutzt werden, dass die Tiefgaragendecke nicht beschädigt wird.
2. Für die Tiefgaragenanlage ist eine besondere Instandhaltungsrückstellung zu bilden.
3. Im übrigen gelten für die Tiefgaragenanlage, soweit sich nicht aus der Natur der Sache etwas anderes ergibt, die Bestimmungen über die Gebäude „Riegel" und „Solitär" entsprechend.
4. Mit dem Tiefgaragenabstellplatz Nr. 52 werden die Sondernutzungsrechte an den oberirdischen PKW-Abstellplätzen, im Aufteilungsplan mit den Nummern ST 01 bis ST 10 bezeichnet, verbunden. Diese Sondernutzungsrechte können ohne Zustimmung der anderen Eigentümer von dem Tiefgaragenabstellplatz Nr. 52 abgetrennt und mit anderem Wohnungs-/Teileigentum verbunden werden.

Sondernutzungsrechte an PKW-Stellplätzen können von dem derzeitigen Grundstückseigentümer jederzeit ohne Zustimmung der anderen Eigentümer aufgehoben werden. Diese Stellplätze stehen dann der Gemeinschaft als Besucherparkplätze zur Verfügung.

Der sondernutzungsberechtigte Eigentümer ist verpflichtet, die seinem Sondernutzungsrecht unterliegenden Teile des Grundstücks auf seine Kosten in ordnungsgemäßem Zustand zu unterhalten, instand zu setzen und zu erneuern.

§ 5. Regelungen für Gemeinschaftseigentum, das von allen genutzt wird[886]

1. In einem Kellerraum des Gebäudes „Riegel" wird ein Heizraum für eine Heizungsanlage errichtet. Die Heizungsanlage versorgt alle Einheiten der gesamten Wohnanlage mit Heizung und Warmwasser. Der Eigentümer beabsichtigt, hierüber einen Vertrag über Wärmelieferung auf Basis eines Wärmecontractings abzuschließen. Die rechtsfähige Gemeinschaft der Wohnungseigentümer wird in diesen Vertrag eintreten bzw. diesen übernehmen. Sie ist verpflichtet, über die gesamte Vertragslaufzeit die erzeugte Energie vertragsgemäß abzunehmen und keine weiteren eigenen Energieerzeuger zu betreiben oder durch Wohnungseigentümer betreiben zu lassen und/oder anderweitig Energie zu beschaffen. Ausgenommen hiervon ist jedoch die Nutzung der Dachflächen für eine Photovoltaikanlage sowie handbefeuerte Holzöfen. Der Eigentümer bzw. die Wohnungseigentümergemeinschaft ist auch verpflichtet, alle für die Übernahme und dauerhafte Gewährleistung aller für die Leitungsverlegung erforderlichen Dienstbarkeiten zugunsten des Wärmelieferanten zu bestellen und in das Grundbuch eintragen zu lassen.

---

[885] Für die Tiefgaragenanlage empfiehlt es sich, eine gesonderte Untereinheit zu bilden. Die Sondernutzungsrechte an den oberirdischen PKW-Abstellplätzen werden dabei mit dem Tiefgaragenabstellplatz Nr. 52 verbunden. Bei einer Veräußerung werden sie von dieser Einheit abgetrennt und mit einer neuen Einheit verbunden (→ Rn. 62).

[886] Die Regelung betrifft eine Heizungsanlage, die alle Einheiten der gesamten Wohnanlage mit Heizung und Warmwasser versorgt. Vertragspartner wird die rechtsfähige Gemeinschaft der Wohnungseigentümer. Da der Vertrag jedoch bereits vor diesem Zeitpunkt abgeschlossen werden muss (mit Bezugsfertigkeit muss auch Heizung/Warmwasser vorhanden sein) ist im Bauträgervertrag vorzusehen, dass der Käufer in der ersten Eigentümerversammlung für die Übernahme des Vertrages durch die Gemeinschaft stimmen wird. Der Vertrag ist deshalb informatorisch dem Bauträgervertrag beizufügen.

Sollte die Wohnungseigentümergemeinschaft selbst eine Anlage für die Erzeugung von Wärme und Warmwasser erstellen und betreiben, so gilt hierfür folgendes: Die Kosten werden auf der Grundlage der Heizkostenverordnung abgerechnet, wobei für die Verteilung 30 % nach dem Verhältnis der Wohn- und Nutzfläche und 70 % nach dem gemessenen Verbrauch zugrunde gelegt wird. Die Unterhaltung der Anlage wird nach dem Verhältnis der Miteigentumsanteile verteilt. Dies gilt auch für eine etwa erforderliche Erneuerung. Für die Heizungsanlage ist eine eigene Instandhaltungsrücklage zu bilden.

2. Die innere Erschließungsstraße, beginnend am Hindenburgring erstreckt sich in Nord-Süd-Richtung durch das gesamte Wohnungseigentumsgrundstück. Der Unterhalt, die Instandsetzung und Instandhaltung sowie die Verkehrssicherungspflicht obliegt diesbezüglich der Gemeinschaft der Wohnungs-/Teileigentümer.

§ 6. Gemeinsame Regelungen für alle Bauteile[887]

1. Die Kosten der Müllabfuhr und der Mülltonnenanlage werden von den Wohnungseigentümern in den Gebäuden „Riegel" und „Solitär" getragen und zwar pro Wohnung ein gleichgroßer Anteil. Die Eigentümer der Teileigentumseinheiten tragen die für ihre Einheiten diesbezüglich anfallenden Kosten alleine. Dasselbe gilt für die Eigentümer der Doppelhaushälften und der Reihenhäuser.

2. Die Versammlung der Wohnungs-/Teileigentümer kann mit 2/3 Mehrheit der anwesenden bzw. vertretenen Wohnungs-/Teileigentümer Änderungen dieser Gemeinschaftsordnung beschließen,

a) sofern die Änderungen alle Wohnungs-/Teileigentümer gleichmäßig betreffen;

b) die Benutzung des gemeinschaftlichen Eigentums geändert werden soll, wenn dies in Folge technischer Neuerungen oder Änderungen der Lebensgewohnheiten zwingend geboten ist;

c) bezüglich der Kosten- und Lastenverteilung gemäß § 16 WEG, soweit dadurch nicht einzelne Wohnungs-/Teileigentümer gegenüber dem bis dahin bestehenden Rechtszustand unbillig benachteiligt werden; für die Betriebskosten und für die Kosten der Verwaltung gelten jedoch die Bestimmungen des § 16 Abs. 3, Abs. 4 WEG unabhängig von den vorstehenden Regelungen;

d) bauliche Veränderungen, die voraussichtlich zu einer zukünftigen Einsparung von Bewirtschaftungskosten führen.

Die gesetzlichen Öffnungsklauseln des WEG bleiben hiervon unberührt.

Bei Änderungen können auch von den jeweils betroffenen Eigentümern der einzelnen Bauteile Änderungsbeschlüsse gefasst werden, die nur ihren Bauteil betreffen.

Sonderrechte oder Vorzugsrechte eines Wohnungs-/Teileigentümers oder mehrerer Wohnungs-/Teileigentümer gemeinschaftlich dürfen durch einen dementsprechenden Beschluss nur mit deren Zustimmung entzogen oder beeinträchtigt werden.[888]

Die Wohnungs-/Teileigentümer, auch diejenigen, die an der Beschlussfassung nicht teilgenommen oder dem Beschluss widersprochen haben, sind verpflichtet, Änderungsvereinbarungen, auch soweit sie auf dem WEG unmittelbar beruhen, die beschlussmäßig getroffen worden sind, zur Eintragung in das Grundbuch zu bewilligen. Die Kosten trägt die Eigentümergemeinschaft. Zum Nachweis der getroffenen Änderungen genügt das Protokoll über die in der Versammlung gefassten Beschlüsse in der Form des § 24 Abs. 6 WEG.[889]

---

[887] Hier sind zunächst Regelungen für Kosten vorgesehen, die den verschiedenen Gruppen von Eigentümern gesondert angelastet werden. Es ist weiter eine Öffnungsklausel enthalten, wobei die Voraussetzungen für ihre Anwendung definiert sind. Es ist weiter erwähnt, dass die gesetzlichen Öffnungsklauseln, insbesondere die zwingenden gemäß § 16 Abs. 3, Abs. 4 WEG, unberührt bleiben.

[888] Hier hat der Rechtsgedanke des § 35 BGB Niederschlag gefunden.

[889] Die Verpflichtung zur Eintragung in das Grundbuch folgt der Auffassung, dass beschlussmäßige Änderungen der Gemeinschaftsordnung eine „Mehrheitsvereinbarung" darstellen mit der Folge der Eintragung in

Beschlüsse, die die vorgenannten Beschlüsse abändern oder aufheben, bedürfen, soweit nicht gesetzlich zwingend etwas anderes vorgeschrieben ist, erneut einer 2/3 Mehrheit der anwesenden oder vertretenen Wohnungs-/Teileigentümer.

Die Zustimmung von Drittberechtigten bleibt vorbehalten, soweit nicht § 5 Abs. 4 S. 2, S. 3 WEG anzuwenden ist.

3. Die Versammlung der Wohnungs-/Teileigentümer ist ohne Rücksicht auf die Zahl der erschienenen Eigentümer stets beschlussfähig. Stimmberechtigt sind – nach dem Trennungsprinzip bezüglich der einzelnen Häuser – nur diejenigen Eigentümer, die von der Beschlussfassung wirtschaftlich betroffen sind.

In der Eigentümerversammlung haben demnach die Eigentümer der Doppelhaushälften/Reihenhäuser ein Stimmrecht nur bei den Fragen der gemeinsamen Zugänge, Zufahrten sowie Ver- und Entsorgungsanlagen, an denen sie angeschlossen sind. Die Eigentümer der Doppelhaushälften/Reihenhäuser müssen zur Eigentümerversammlung dann nicht eingeladen werden, wenn kein Beschlussgegenstand zur Entscheidung ansteht, bei dem sie stimmberechtigt sind.[890]

4. Soweit nach zwingenden Vorschriften Lasten nach dem Verhältnis der Miteigentumsanteile zu tragen sind (zB nach dem BauGB und nach dem KAG) sind die Eigentümer im Verhältnis untereinander verpflichtet, sich in der Weise auszugleichen, dass jeder Eigentümer einer Doppelhaushälfte/eines Reihenhauses bzw. der Gebäude „Riegel"/"Solitär" die Kosten in der Weise trägt, wie sie auf ihn entfallen würden, wenn sein Sondernutzungsbereich und das darauf befindliche Gebäude in seinem Alleineigentum stehen würde.

§ 7. Schlussbestimmungen

1. Sollten einzelne Bestimmungen dieser Gemeinschaftsordnung rechtsunwirksam sein oder werden, so soll hierdurch die Wirksamkeit aller übrigen Bestimmungen unberührt bleiben. Anstelle der etwa unwirksamen Bestimmungen tritt eine solche, die dem wirtschaftlichen Sinn und Zweck der etwa unwirksamen Bestimmung unter Berücksichtigung der Interessen aller Wohnungseigentümer an einer vertragsgetreuen Erfüllung aller mit dieser Anlage verbundenen und auf ihr ruhenden Verpflichtungen insbesondere gegenüber Dritten, sowie einer gerechten und billigen Verteilung von Kosten und Lasten auf alle Wohnungseigentümer, möglichst nahe kommt.

2. Entsprechendes gilt für etwaige Lücken dieser Gemeinschaftsordnung.

3. Ergänzend gelten die gesetzlichen Bestimmungen.

VI. Grundbucherklärungen

Der Eigentümer bewilligt und **beantragt** die Aufteilung des in Ziffer I. näher bezeichneten Grundstücks der Gemarkung Landsberg in Wohnungs-/Teileigentum sowie die Bestimmungen in Abschnitt III. als Inhalt des Sondereigentums in das Grundbuch einzutragen.

V. Baubeschreibung

1. Der Eigentümer bietet jedem Erwerber einer Wohnungs-/Teileigentumseinheit die Ausführung des genannten Bauvorhabens gemäß der dieser Urkunde als Anlage 3 beigefügten Baubeschreibung an.

Das Angebot gilt vom Erwerber bei Verweisung im Kaufvertrag auf diese Erklärung als angenommen, soweit vertraglich keine Abweichungen getroffen werden.

---

das Grundbuch entsprechend § 10 Abs. 3 WEG (→ Rn. 120 ff.). Es ist allerdings darauf hinzuweisen, dass diese Rechtsauffassung sehr umstritten ist und bisher höchstrichterlich noch nicht gebilligt wurde (→ Rn. 120; vgl. OLG München NJW 2010, 450).

[890] Die Bestimmungen gemäß § 6 Abs. 3, Abs. 4 tragen dem Trennungsgedanken bezüglich des Stimmrechts aber auch bezüglich der Kostentragung Rechnung. § 6 Abs. 4 stellt ferner eine Annäherung an den Gedanken des Einzeleigentums dar.

2. Auf die dieser Urkunde als Anlage beigefügte Anlage 3 wird verwiesen; sie bildet einen wesentlichen Bestandteil dieser Urkunde.

VI. Kosten, Abschriften

1. Die Kosten dieser Urkunde und ihres grundbuchamtlichen Vollzugs trägt der Eigentümer.

2. Von dieser Urkunde erhalten:
   – der Eigentümer 40 beglaubigte Abschriften – ohne Pläne –;
   – das Grundbuchamt Landsberg beglaubigte Abschrift.

VII. Bevollmächtigung

Der Eigentümer bevollmächtigt unter Befreiung von den Beschränkungen des § 181 BGB den amtierenden Notar, für ihn alle Handlungen vorzunehmen, die zur Durchführung des Rechtsgeschäftes erforderlich oder zweckdienlich sind.

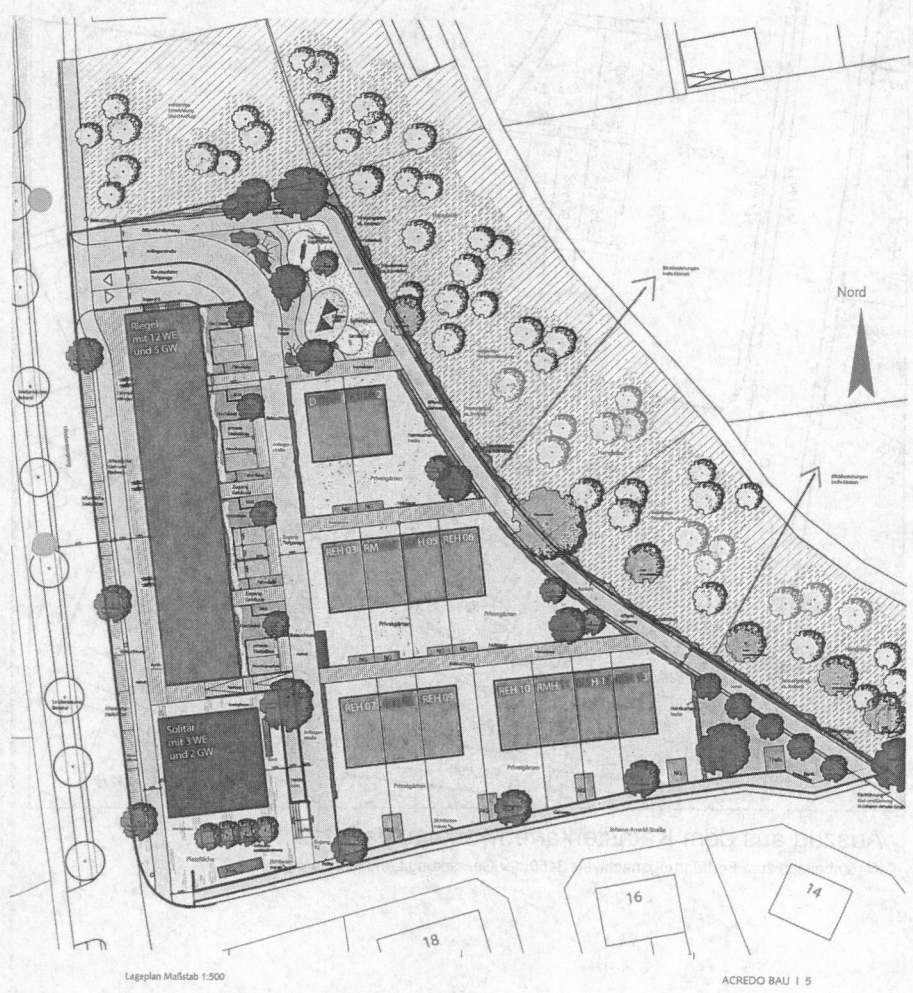

Lageplan Maßstab 1:500

ACREDO BAU I 5

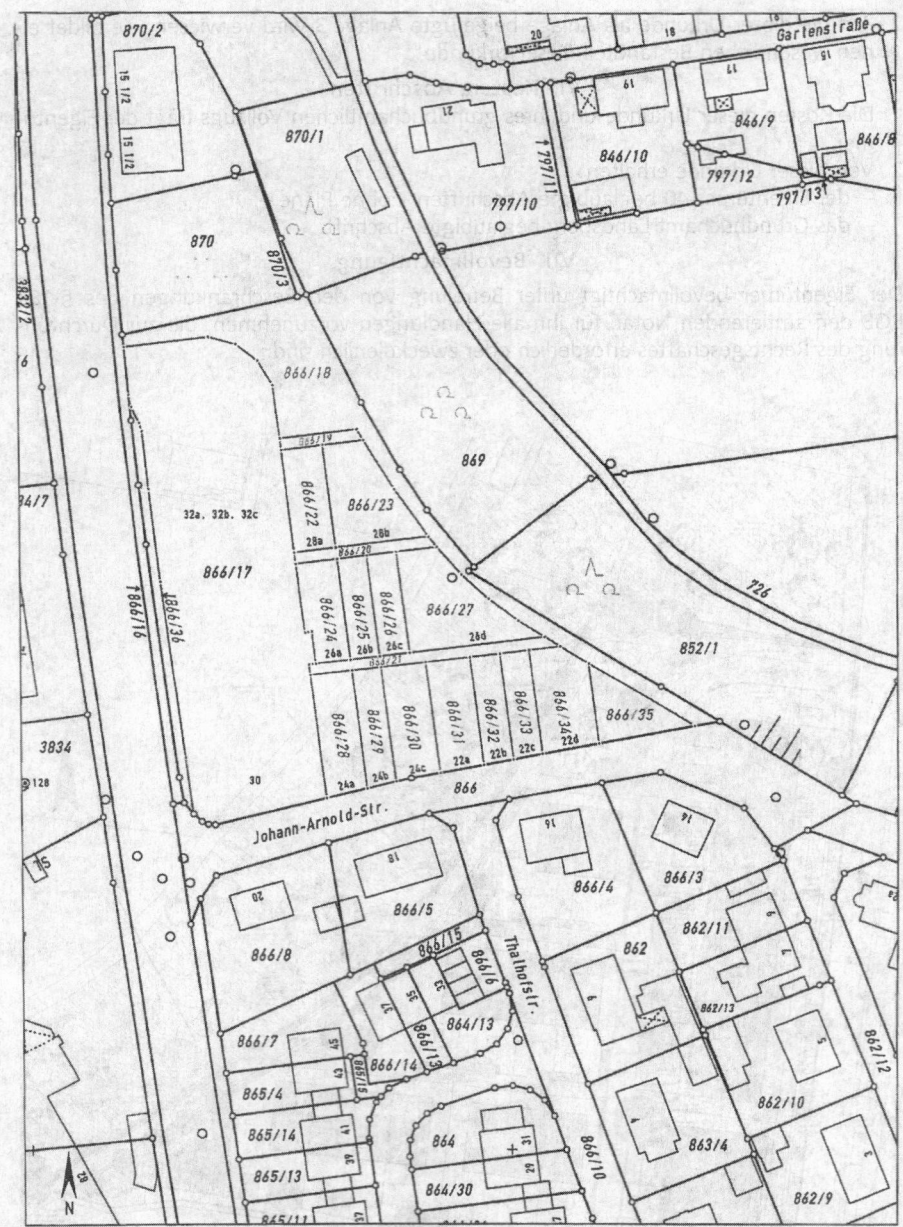

Auszug aus dem Katasterkartenwerk im Maßstab 1:1000

Kartenbeilage zum Fortführungsnachweis 3450 der Gemarkung Landsberg am Lech

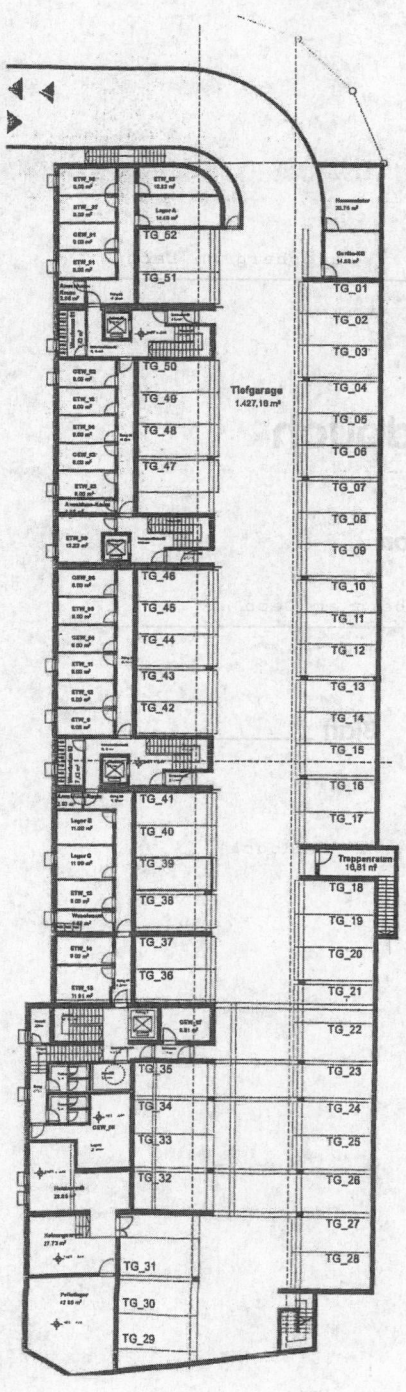

Amtsgericht   Landsberg am Lech

Grundbuch

von

Landsberg am Lech

Blatt _____

(Wohnungsgrundbuch)

Amtsgericht	Landsberg am Lech			Einlegebogen
Grundbuch von	Landsberg am Lech	Blatt 21014 **Bestandsverzeichnis**		1

Lfd. Nr. der Grund- stücke	Bisherige lfd. Nr. d. Grund- stücke	Bezeichnung der Grundstücke und der mit dem Eigentum verbundenen Rechte		Größe		
		Gemarkung Flurstück	Wirtschaftsart und Lage	ha	a	m²
		a/b	c			
1	2	3		4		
1	–	30,28/1000 Miteigentumsanteil an dem vereinigten Grundstück				
		866/17	Johann-Arnold-Straße 30, 32a, 32b, 32c, Gebäude- und Freifläche		~~28~~ 28	~~84~~ 85
		866/19	Nähe Johann-Arnold-Straße, Ver- kehrsfläche			41
		866/20	Nähe Johann-Arnold-Straße, Ver- kehrsfläche			71
		866/21	Nähe Johann-Arnold-Straße, Ver- kehrsfläche		1	26
		866/22	Johann-Arnold-Straße 28a, Gebäude- und Freifläche		1	91
		866/23	Johann-Arnold-Straße 28b, Gebäude- und Freifläche		3	06
		866/24	Johann-Arnold-Straße 26a, Gebäude- und Freifläche		~~1~~ 1	~~80~~ 79
		866/25	Johann-Arnold-Straße 26b, Gebäude- und Freifläche		1	38
		866/26	Johann-Arnold-Straße 26c, Gebäude- und Freifläche		1	38
		866/27	Johann-Arnold-Straße 26d, Gebäude- und Freifläche		3	78
		866/28	Johann-Arnold-Straße 24a, Gebäude- und Freifläche		2	32
		866/29	Johann-Arnold-Straße 24b, Gebäude- und Freifläche		1	62
		866/30	Johann-Arnold-Straße 24c, Gebäude- und Freifläche		2	32
		866/31	Johann-Arnold-Straße 22a, Gebäude- und Freifläche		2	25
		866/32	Johann-Arnold-Straße 22b, Gebäude- und Freifläche		1	49
		866/33	Johann-Arnold-Straße 22c, Gebäude- und Freifläche		1	46
		866/34	Johann-Arnold-Straße 22d, Gebäude- und Freifläche		2	59

Landsberg am Lech Landsberg am Lech 21014 · Geändert am 27.11.2014 · Abdruck vom 29.07.2015 · Seite 2 von 11 Seiten

Amtsgericht	Landsberg am Lech				Einlegebogen		
Grundbuch von	Landsberg am Lech		**Blatt** 21014	**Bestandsverzeichnis**	2		
Lfd. Nr. der Grund-stücke	Bisherige lfd. Nr. d. Grund-stücke	Bezeichnung der Grundstücke und der mit dem Eigentum verbundenen Rechte			Größe		
		Gemarkung Flurstück	Wirtschaftsart und Lage		ha	a	m²
		a/b	c				
1	2	3			4		

verbunden mit dem Sondereigentum an

dem Reihenhaus

im Aufteilungsplan bezeichnet mit RH 12 ;

für jeden Miteigentumsanteil ist ein Grundbuchblatt angelegt (Blatt 21003 bis Blatt 21092);

der hier eingetragene Miteigentumsanteil ist durch
die zu den anderen Miteigentumsanteilen gehörenden
Sondereigentumsrechte beschränkt;

Sondernutzungsrechte sind vereinbart.

wegen Gegenstand und Inhalt des Sondereigentums
wird auf die Bewilligung vom 11.10.2011 URNr. A
2517/11 mit Nachtrag vom 15.02.2012 URNr. A 321/12
und vom 03.04.2012 URNr. A 747/12 je des Notars
Dr. Rapp, Landsberg am Lech Bezug genommen;
übertragen aus Blatt 20919; eingetragen am
25.04.2012.

     Heim

Landsberg am Lech Landsberg am Lech 21014 · Geändert am 27.11.2014 · Abdruck vom 29.07.2015 · Seite 4 von 11 Seiten

§ 4. Erbbaurecht

Übersicht

Schrifttum:

Kommentare, Handbücher und Monographien: *Böttcher*, Praktische Fragen des Erbbaurechts, 8. Aufl. 2018; *Ingenstau/Hustedt*, ErbbauRG Kommentar, 11. Aufl. 2018; *Linde/Richter*, Erbbaurecht und Erbbauzins in Recht und Praxis, 1987; *v. Oefele/Winkler/Schlögel*, Handbuch des Erbbaurechts, 6. Aufl. 2016; *Räfle*, Erbbaurechtsverordnung, 1986.

Aufsätze: *Amann,* Erbbauzinslose kommunale Erbbaurechte infolge Ersitzung?, DNotZ 2017, 328; *Böttcher,* Zulässigkeit und Probleme von Gesamtrechten an Grundstücken, MittBayNot 1993, 129; *ders.,* Entwicklungen beim Erbbaurecht und Wohnungseigentum seit 2005, Rpfleger 2007, 526; *Dedekind,* Der Konflikt zwischen Erbbauzinsreallast und Finanzierungsgrundpfandrecht, MittRhNotK 1993, 109; *Demharter,* Zur Begründung von Wohnungserbbaurechten an einem Gesamterbbaurecht, DNotZ 1986, 457; *Dürkes,* Die Wertsicherung von Erbbauzinsen, BB 1980, 1609; *Eichel,* Neuregelung des Erbbauzinses nach dem SachenRÄndG, MittRhNotK 1995, 193; *ders.,* Praktische Fragen des Erbbaurechts, RNotZ 2003, 85; *Falk,* Zur Auslegung von § 9a ErbbauRG, NJW 1992, 540; *Groth,* Erbbaurecht ohne Erbbauzins?, DNotZ 1983, 652 und DNotZ 1984, 372; *Habel,* Rechtliche und wirtschaftliche Fragen zum Untererbbaurecht, MittBayNot 1998, 315; *Heckscher,* Grenzüberschreitende Bebauung bei Erbbaurechten – Gestaltungsmöglichkeiten für Nachbar- und Gesamterbbaurechte, RNotZ 2016, 1; *v. Heynitz,* Zur Euroeinführung – Ein neues deutsches Sonderrecht für Erbbauzinsvereinbarungen, MittBayNot 1998, 398; *Kappelhoff,* Zustimmung des Grundstückseigentümers zur Zwangsversteigerung des Erbbaurechts, Rpfleger 1985, 281; *Kesseler,* Der Heimfallspruch im Insolvenzfall, ZNotP 2007, 303; *ders.,* Absicherung von Grunddienstbarkeiten bei Bestellung eines Erbbaurechts, ZfIR 2014, 414; *König,* Verlängerungsmöglichkeiten beim Erbbaurecht, MittRhNotK 1989, 261; *Limmer,* Wertsicherungsklauseln und die Neuregelung durch das Euro-Einführungsgesetz, ZNotP 1999, 148; *v. Oefele,* Zur Hauptsacheneigenschaft des Bauwerks gem. § 1 II ErbbauRG, MittBayNot 1992, 29; *Ott,* Das Sicherungsbedürfnis von Dienstbarkeitsberechtigten bei der Bestellung eines Erbbaurechts, DNotZ 2015, 341; *Rapp,* Das Erbbaurecht im Rangkonflikt mit Dienstbarkeiten, MittBayNot 2014, 412; *Rethmeier,* Rechtsfragen des Wohnungserbbaurechts, MittRhNotK 1993, 145; *Reul,* Insolvenzbedingte Lösungsklauseln auf dem Prüfstand, DNotZ 2008, 824; *Schmenger,* Aktuelle Rechtsfragen beim Erbbaurecht, BWNotZ 2006, 73; *Schneider,* Das Untererbbaurecht, DNotZ 1976, 411; *Stöber,* Die nach Inhaltsvereinbarung bestehen bleibende Erbbauzinsreallast, Rpfleger 1996, 136; *Uibel,* Grundstückswertminderung und Erbbauzins, NJW 1983, 211; *Usinger,* Zur Zulässigkeit des Nachbarerbbaurechts, ZfIR 2014, 520; *Weber,* Strategien der Risikominimierung beim Rangrücktritt von Dienstbarkeiten hinter Erbbaurechte, NotBZ 2015, 405; *ders.,* Widerruf der Veräußerungszustimmung im Wohnungseigentums- und Erbbaurechtsgesetz, ZWE 2017, 341; *Weber/Wagner,* Die Beendigung des Erbbaurechts in der Grundbuchpraxis, Rpfleger 2016, 685.

A. Grundlegendes

I. Charakteristikum/Abgrenzung

1 Das Erbbaurecht ist legaldefiniert in § 1 Abs. 1 ErbbauRG als veräußerliches und vererbliches Recht, „auf oder unter der Oberfläche des Grundstücks ein Bauwerk zu haben". Hierbei ist das Erbbaurecht einerseits eine dingliche Belastung des Grundstücks, andererseits jedoch selbst ein grundstückgleiches Recht, vgl. § 11 Abs. 1 S. 1 ErbbauRG.

2 Die Bestellung eines Erbbaurechts durchbricht die eigentumsmäßige Zuordnung der §§ 93 ff. BGB, wonach Gebäude grundsätzlich wesentliche Bestandteile des betreffenden Grundstücks sind und damit nicht Gegenstand besonderer Rechte sein können. Denn das aufgrund eines Erbbaurechts errichtete bzw. das bei Erbbaurechtsbestellung bereits vorhandene **Bauwerk** gilt als **wesentlicher Bestandteil des Erbbaurechts,** § 12 ErbbauRG. Dies umfasst die Rechte und Pflichten aus dem Eigentum, insbesondere die Befugnis des Erbbauberechtigten, das Erbbaurecht – und damit wirtschaftlich gesehen sein Bauwerk – während der Dauer des Erbbaurechts veräußern, vererben und belasten zu können. Der Erbbaurechtsberechtigte ist mithin Eigentümer des Bauwerks, das Grundstückseigentum bleibt jedoch unangetastet.

3 Das Erbbaurecht kann von anderen Rechtsakten bzw. Rechtsinstituten deutlich abgegrenzt werden.[1] Von einer Veräußerung des Grundstücks unterscheidet sich die Erbbaurechtsbestellung bereits dadurch, dass das Eigentum am Grundstück nicht übergeht. Zudem ist – wenngleich nicht zwingend – die Bestellung eines Erbbaurechts häufig auf eine gewisse Dauer beschränkt, nach deren Ablauf der Grundstückseigentümer (wieder) Eigentümer des Bauwerks wird. Von schuldrechtlichen Gestaltungen wie Miete oder Pacht unterscheidet sich das Erbbaurecht schon durch seinen dinglichen bzw. grundstücksgleichen Charakter. Bei der Errichtung eines Bauwerks in Ausübung einer Dienstbarkeit oder eines Nießbrauchs wird das Bauwerk zwar auch nicht wesentlicher Bestandteil des Grundstücks, § 95 Abs. 1 S. 2 BGB, aber anders als das Erbbaurecht sind diese Rechte nicht

---

[1] Hierzu *v. Oefele/Winkler/Schlögel* ErbbauR-HdB § 1 Rn. 31 ff.

selbstständig belastbar bzw. vererblich. Nicht zu verwechseln ist die Bestellung eines Erbbaurechts schließlich mit der Begründung von Wohnungs- bzw. Teileigentum nach dem WEG, bei dem das Bauwerk mit Miteigentumsanteilen am Grundstück verbunden ist (zur Aufteilung eines Erbbaurechts nach WEG → Rn. 52 und → Rn. 176 sowie → § 3 Rn. 206 ff.).

II. Motivlage

Zweck der Bestellung eines jeden Erbbaurechtes ist es, selbständiges, vom Eigentum an 4 dem betreffenden Grundstück weitgehend losgelöstes **Eigentum an Bauwerken** zu begründen.

Solchermaßen verselbständigtes Eigentum an Bauwerken kann für beide Beteiligte 5 wirtschaftlich von hohem Interesse sein. Es ermöglicht etwa einerseits Investoren, Bauwerke (zB Geschäftshäuser, Einkaufsgalerien, Wohngebäude, Supermärkte, Industrieanlagen usw) als Eigentum zu errichten und zu nutzen, ohne das Grundstück erwerben zu müssen. Die wirtschaftliche Nutzung umfasst dabei nicht nur die laufenden Erträgnisse, sondern im Falle der Beleihung oder Veräußerung des Erbbaurechtes auch die Realisierung des Substanzwertes.

Andererseits verliert der Grundstückseigentümer sein Eigentum nicht, sondern stellt es 6 nur für eine bestimmte Zeit zur Verfügung, erzielt ohne weitere eigene Investitionen regelmäßige Einkünfte und behält Einfluss auf Art und Umfang der baulichen Nutzung seines Grundstücks. Letzteres ist etwa für öffentliche Planungsträger von Bedeutung und kann insbesondere durch sachgerechten Einsatz des äußerst flexiblen Instruments der Heimfallregelung umgesetzt werden. Ein Beispiel hierfür sind sog. Einheimischen-Modelle in Form von Erbbaurechten, bei denen fast jede gewollte Bau- und Nutzungsbeschränkung durch Heimfallregelung erfasst werden und damit als Inhalt des Erbbaurechts verdinglicht werden kann. Auch für Grundstückseigentümer, denen viel am Erhalt ihrer konkreten Vermögenswerte liegt (zB Stiftungen, Kirchen, (adelige) Familien), bietet das Erbbaurecht die Möglichkeit, Erträge zu erzielen, ohne das Grundstückseigentum zu verlieren.

Aus wirtschaftlicher Sicht sollten die Beteiligten wegen der üblicherweise langen 7 Laufzeiten von Erbbaurechten folgende Wertfaktoren im Auge behalten: Künftige Wertsteigerungen des Grund und Bodens kommen nicht dem Erbbauberechtigten, sondern ausschließlich dem Grundstückseigentümer zugute. Demgegenüber trifft bei einem wertgesicherten Erbbauzins das Inflationsrisiko alleine den Erbbauberechtigten. Generell ist zu bedenken, dass Erbbaurechte meist auf lange Dauer bestellt werden und den (jeweiligen) Grundstückseigentümer und den (jeweiligen) Erbbauberechtigten aneinander binden.

III. Beratungs-Checkliste

Jeder Erbbaurechtsvertrag wirkt nicht nur rechtsbegründend, sondern auch rechtsgestal- 8 tend. Da es sich um ein auf lange Zeit angelegtes Dauer-Rechtsverhältnis handelt, ist ein hohes Maß an rechtschöpferischer Einzelfallregelung notwendig und es verbietet sich die schematische Verwendung von Standardformulierungen hier ganz besonders. Anders als zB der Grundstückskaufvertrag ist ein Erbbaurechtsvertrag mit grundbuchlichem Vollzug keineswegs erledigt, sondern es zeigt sich oft erst nach Jahren, wie sorgfältig der Verfasser gearbeitet hat.

Bei **Begründung** eines Erbbaurechtes sind zunächst folgende grundsätzliche Vorfragen 9 zu klären:

> **Beratungs-Checkliste:**
>
> (1) Selbständiges Eigentum oder bloßes Nutzungsrecht wie zB Nießbrauch, Dienstbarkeit usw gewünscht?
> (2) Voraussetzungen bezüglich Belastungsgegenstand erfüllt?
> (3) Voraussetzungen eines Bauwerkes erfüllt?

10   Sodann empfiehlt es sich, die Einzelheiten des Erbbaurechtsvertrages nach folgenden **Sachkomplexen** zu durchdenken:

> **Beratungs-Checkliste:**
>
> (1) Einzelheiten betreffend Bauwerk, insbesondere Errichtung, Nutzung, Erhaltung, Lastentragung
> (2) Erstreckung auf nicht bebaute Grundstückteile
> (3) Dauer des Erbbaurechts, Verlängerungsmöglichkeiten
> (4) Entschädigung bei Zeitablauf
> (5) vorzeitige Beendigung (Heimfall), Entschädigung hierbei
> (6) Verfügungsbeschränkungen
> (7) gegenseitige Erwerbs- oder Vorkaufsrechte
> (8) Gegenleistung, zB Erbbauzins einschließlich Wertsicherung
> (9) weitere Vereinbarungen zum Grundstück, insbesondere wirtschaftlicher Übergang, Mängelhaftung
> (10) Grundbucherklärungen zum Grundstücksgrundbuch
> (11) Grundbucherklärungen zum Erbbaugrundbuch
> (12) Finanzierungsfragen/Rangverhältnisse

11   Beim Umgang mit bereits **bestehenden Erbbaurechten** (Verkauf, Belastung usw) gelten weitgehend die Vorschriften des BGB und der GBO über Grundstücke. Einzelprobleme hierzu werden zusammengefasst in → Rn. 166 ff. behandelt.

B. Begründung eines Erbbaurechts

I. Notwendigkeit eines Bauwerks

12   **1. Haben eines Bauwerks.** Wie sich aus § 1 Abs. 1 ErbauRG ergibt, ist definitionsgemäßer Inhalt eines Erbbaurechts das **Haben eines Bauwerks.** Die Bestellung des Erbbaurechts muss sich mithin auf ein Bauwerk beziehen; das Bauwerk ist zwingende Voraussetzung für ein Erbbaurecht. Hierbei kann sich das Bauwerk auf oder unter der Oberfläche des Grundstücks befinden, wobei auch beide Varianten zugleich gegeben sein können. Bestehen auf dem Grundstück mehrere Bauwerke, kann sich das Erbbaurechts auf einzelne oder auf alle Bauwerke beziehen.[2]

13   Steht aufgrund eines dauernden öffentlich-rechtlichen Bauverbots fest, dass das betreffende Grundstück auf Dauer nicht bebaut werden kann, ist die Bestellung eines Erbbaurechts ausgeschlossen.[3] Entfällt die Befugnis zur Bebauung aus öffentlich-rechtlichen Gründen erst später, bleiben sowohl das Erbbaurecht als auch die Verpflichtung zur Zahlung des dinglichen Erbbauzinses bestehen.[4]

---

[2] *V. Oefele/Winkler/Schlögel* ErbbauR-HdB § 2 Rn. 18, 31 mwN; WürzNotar-HdB/*Maaß* Teil 2 Kap. 5 Rn. 41.
[3] BGH NJW 1987, 2674.
[4] OLG Düsseldorf DNotZ 2001, 705.

Das Haben eines Bauwerks muss jedoch nicht alleiniger Gegenstand des Erbbaurechts 14
sein. Denn nach § 1 Abs. 2 ErbbauRG kann das Erbbaurecht auf einen Teil des Grundstücks (sog. **Nebenflächen**) erstreckt werden, der für das Bauwerk nicht erforderlich ist,
wenn das Bauwerk wirtschaftlich die Hauptsache bleibt (→ Rn. 68).

2. Bestandsbauwerk/zu errichtendes Bauwerk. Keine Rolle spielt, ob das Bauwerk 15
bei der Bestellung des Erbbaurechts bereits vorhanden ist oder erst in Zukunft errichtet
werden soll. Denkbar ist auch, dass bereits ein Bauwerk vorhanden ist, das jedoch umgestaltet werden soll. Das Erbbaurecht entsteht jeweils bereits mit der Eintragung im
Grundbuch unabhängig vom Stand des Bauwerks.

Der sachenrechtliche **Bestimmtheitsgrundsatz** fordert eine Konkretisierung des Bau- 16
werks.[5] Welche Anforderungen an die Bestimmtheit zu stellen sind, ist jedoch umstritten.[6]
Ist das Bauwerk bereits vorhanden, genügt die eindeutige Bezugnahme auf dieses.[7] Die
Rechtsprechung hat die Vorgaben an die Bestimmtheit in der Vergangenheit gesenkt[8] und
weist auf die Möglichkeit der Auslegung hin.[9] So genügt es nach der Rechtsprechung
etwa, wenn der Erbbauberechtigte „jede baurechtlich zulässige Art von Bauwerken" errichten darf.[10]

3. Begriff des Bauwerks. Bauwerk ist eine in Verbindung mit dem Boden aus boden- 17
fremdem Material hergestellte unbewegliche Sache.[11] Der Begriff ist einerseits weiter als
der des Gebäudes, setzt andererseits aber eine feste Verbindung mit dem Grundstück voraus.

Bauwerke sind demnach **nicht nur Häuser,** sondern Einrichtungen und Anlagen jeder 18
Art, sofern sie erbaut und mit dem Grundstück fest verbunden sind, zB Brücken, Hoch-
spannungsleitungen, Gleisanlagen, Hafenanlagen. Sie müssen nicht von außen erkennbar
sein, sondern können auch vollständig unter der Oberfläche liegen, zB Stollen, gemauerte
oder betonierte Fernleitungen, Tiefgaragen. Wenn eine bauliche Herstellung vollständig
fehlt, kann kein Erbbaurecht bestellt werden, zB Nutzung ausschließlich zum Anbau
landwirtschaftlicher Güter; Fernleitungen, wenn ohne Fundament lediglich im Boden
verlegt; bloße Ausschachtung; Sportplätze ohne Gebäude, wenn zur Anlage ausschließlich Erdarbeiten erfolgen. Bejaht wurde die Bauwerkseigenschaft in der Rechtsprechung
etwa[12] auch für Golfplätze,[13] ein Camping-Naherholungszentrum[14] und Windenergieanlagen.[15]

4. Keine Beschränkung auf einen Teil eines Gebäudes. Bei **mehreren Gebäuden** 19
kann das Erbbaurecht auf einzelne oder eines derselben beschränkt werden, mit der Folge,
dass nur diese Eigentum des Erbbauberechtigten werden und die übrigen im Eigentum
des Grundstückseigentümers verbleiben (→ Rn. 26). Hierbei wird zwar das gesamte
Grundstück mit dem Erbbaurecht belastet, aber der Ausübungsbereich betrifft nur die
Gebäude, die Eigentum des Erbbaurechtsinhabers sein sollen.

---

[5] *V. Oefele/Winkler/Schlögel* ErbbauR-HdB § 2 Rn. 18 ff.; MüKoBGB/*Heinemann* ErbbauRG § 1 Rn. 8,
  12; WürzNotar-HdB/*Maaß* Teil 2 Kap. 5 Rn. 38.
[6] Vgl. *v. Oefele/Winkler/Schlögel* ErbbauR-HdB § 2 Rn. 20 ff.
[7] *V. Oefele/Winkler/Schlögel* ErbbauR-HdB § 2 Rn. 25.
[8] Vgl. etwa BGH NJW 1987, 2674; NJW 1994, 2024.
[9] OLG München RNotZ 2013, 226.
[10] BGH NJW 1994, 2024; vgl. auch BGH NJW 2014, 3439 (3441): „nach Maßgabe des öffentlichen Baurechts".
[11] Vgl. BGH NJW 1992, 1681; *v. Oefele/Winkler/Schlögel* ErbbauR-HdB § 2 Rn. 25; MüKoBGB/*Heinemann* ErbbauRG § 1 Rn. 9.
[12] Vgl. die Darstellung bei *v. Oefele/Winkler/Schlögel* ErbbauR-HdB § 2 Rn. 11 ff.
[13] BGH NJW 1992, 1681; OLG Hamm MittBayNot 2014, 431.
[14] LG Paderborn MDR 1976, 579.
[15] OLG Hamm Rpfleger 2006, 9.

20 Gemäß **§ 1 Abs. 3 ErbbauRG** nicht möglich ist jedoch die Beschränkung des Erbbaurechts „auf einen Teil eines Gebäudes, insbesondere ein Stockwerk". Einigkeit besteht
darin, dass hierdurch eine **horizontale Teilung** eines Gebäudes ausgeschlossen ist.[16] Hinsichtlich einer **vertikalen Teilung** verlangt die wohl noch hM, dass sich das Erbbaurecht
auf ein selbstständiges und damit sonderrechtsfähiges Gebäude bezieht.[17] Hierbei kommt
es auf die Verkehrsauffassung an. Nicht schädlich ist nach dem BayObLG, wenn nur ein
Dach vorhanden ist.[18] Verlangt werden aber vertikale Trennmauern und eine eigene Sta-
tik.[19] Unschädlich ist, wenn die erforderliche Selbstständigkeit bei Bestellung des Erbbaurechts über ein Bestandsgebäude noch nicht vorhanden ist, diese aber vereinbart wird.[20]
Nicht anwendbar ist § 1 Abs. 3 ErbbauRG nach hM auf andere Bauwerke als Gebäude.[21]

II. Sachenrechtliche Grundlagen

21 **1. Einigung und Eintragung.** Die Bestellung eines Erbbaurechts stellt eine Belastung
des Grundstücks dar und bedarf daher gemäß § 873 Abs. 1 BGB der **Einigung und** der
Eintragung in das Grundbuch.

22   Die **Einigung** über die Bestellung des Erbbaurechts bedarf materiell-rechtlich keiner
besonderen Form, insbesondere ist § 925 Abs. 1 BGB nicht anwendbar, § 11 Abs. 1 S. 1
ErbbauRG; jedoch muss die Einigung in formell-rechtlicher Hinsicht dem Grundbuchamt gemäß § 20 GBO in der Form des § 29 GBO nachgewiesen werden.

23   Ein Erbbaurecht kann nicht durch eine auflösende Bedingung beschränkt werden, § 1
Abs. 4 S. 1 ErbbauRG. Vor diesem Hintergrund wird die Bestellung eines Erbbaurechts
durch einen nicht befreiten **Vorerben** ohne Zustimmung der Nacherben für unwirksam
gehalten.[22] Zwar wäre die Bestellung trotz § 2113 Abs. 1 BGB zunächst wirksam, sie
würde aber bei Eintritt des Nacherbfalls unwirksam werden, soweit sie das Recht des
Nacherben beeinträchtigt. Gleiches gilt für die unentgeltliche Bestellung durch einen befreiten Vorerben, § 2113 Abs. 2 BGB (zum Nacherbenvermerk → Rn. 30).

24   Zur erforderlichen **Eintragung** im Grundbuch bedarf die **Bewilligung** der Eintragung (§ 19 GBO) der Form des § 29 GBO. Die Eintragung im Grundbuch erfolgt als
Belastung in Abt. II des Grundstücksgrundbuches. Mit dieser Eintragung entsteht das Erbbaurecht, wobei das Grundstücksgrundbuch (anders als bei Wohnungseigentum) nicht geschlossen, sondern im Übrigen unverändert fortgeführt wird. Die Anlegung des Erbbaugrundbuches, in dessen Bestandsverzeichnis das Erbbaurecht und in dessen Abt. I der
Erbbauberechtigte eingetragen werden, erfolgt von Amts wegen. Im Erbbaugrundbuch
werden sodann die weiteren, das Erbbaurecht selbst betreffenden Eintragungen vorgenommen (Belastungen, Veräußerung usw). Beide Grundbücher müssen insbesondere bei
den grundbuchlichen Erklärungen eines Vertrages oder einer sonstigen Urkunde über ein
Erbbaurecht stets auseinander gehalten werden.

25 **2. Belastungsgegenstand/Ausübungsbereich.** Ein Erbbaurecht kann nur an einem
oder mehreren Grundstücken im Ganzen (Grundstück iSd GBO) begründet werden. Die

---

[16] *V. Oefele/Winkler/Schlögel* ErbbauR-HdB § 2 Rn. 32; Ingenstau/Hustedt/*Hustedt* ErbbauRG § 1 Rn. 92;
     MüKoBGB/*Heinemann* ErbbauRG § 1 Rn. 16.
[17] *V. Oefele/Winkler/Schlögel* ErbbauR-HdB § 2 Rn. 33, 28 f.; referierend MüKoBGB/*Heinemann* ErbbauRG
     § 1 Rn. 17 mwN.
[18] BayObLG DNotZ 1958, 409.
[19] *V. Oefele/Winkler/Schlögel* ErbbauR-HdB § 2 Rn. 33; MüKoBGB/*Heinemann* ErbbauRG § 1 Rn. 17.
[20] *V. Oefele/Winkler/Schlögel* ErbbauR-HdB § 2 Rn. 35.
[21] Palandt/*Wicke* ErbbauRG § 1 Rn. 4; Staudinger/*Rapp* (2016) ErbbauRG § 1 Rn. 34; Ingenstau/Hustedt/
     Hustedt ErbbauRG § 1 Rn. 105; aA MüKoBGB/*Heinemann* ErbbauRG § 1 Rn. 18.
[22] BGH NJW 1969, 2043; Ingenstau/Hustedt/*Hustedt* ErbbauRG § 1 Rn. 122; Staudinger/*Rapp* (2016)
     ErbbauRG § 1 Rn. 38a; *Schöner/Stöber* GrundbuchR Rn. 1683; Palandt/*Wicke* ErbbauRG § 10 Rn. 1;
     differenzierend *v. Oefele/Winkler/Schlögel* ErbbauR-HdB § 2 Rn. 150 ff.; MüKoBGB/*Heinemann* Erbbau-
     RG § 1 Rn. 78 ff.

Bestellung zulasten von Miteigentumsanteilen oder realer Teile eines Grundstücks ist nicht möglich. Hieraus folgt zugleich, dass auch die Bestellung eines Erbbaurechts zulasten eines einzelnen Wohnungs- oder Teileigentumsrechtes ausgeschlossen ist.

Demgegenüber kann die tatsächliche räumliche Ausübung für die Errichtung des Bau- 26 werkes und die Nutzung zugehöriger Grundstücksflächen ohne weiteres auf reale Teile beschränkt werden,[23] wobei ggf. auf einen beigefügten Lageplan Bezug genommen werden sollte. Folge einer derartigen Gestaltung ist, dass das auf der Ausübungsfläche befindliche oder zu errichtende Bauwerk Eigentum des Erbbauberechtigten wird, während ein auf der Restfläche vorhandenes Bauwerk im Eigentum des Grundstückseigentümers verbleibt.[24] Dinglicher Belastungsgegenstand ist aber auch in diesem Fall das Gesamtgrundstück iSd GBO.

Durch die Beschränkung der tatsächlichen räumlichen Ausübung auf einen bestimmten 27 Teil des Grundstücks kann auch ein bereits in Wohnungs- und Teileigentumsrechte aufgeteiltes Grundstück nachträglich noch mit einem Erbbaurecht belastet werden. Voraussetzung hierbei ist jedoch, dass sich die Ausübung ausschließlich auf solche Teile des Grundstücks beschränkt, an denen kein Sondereigentum und kein Sondernutzungsrecht besteht. Anstelle der Eintragung in dem bereits geschlossenen Grundstücksgrundbuch erfolgt die Eintragung des Erbbaurechtes sodann in Abt. II sämtlicher Wohnungs- und Teileigentumsgrundbücher, wobei die ausschließlich erste Rangstelle erforderlich ist (→ Rn. 29 ff.).[25]

Von einer derartigen Beschränkung der tatsächlichen räumlichen Ausübung des Erb- 28 baurechts zu unterscheiden ist dessen Erstreckung auf nicht bebaute Grundstücksflächen (→ Rn. 68).

3. Rangstelle des Erbbaurechts. Ein Erbbaurecht kann im Grundstücksgrundbuch nur 29 zur **ausschließlich ersten Rangstelle** eingetragen werden (§ 10 ErbbauRG). Vor- und gleichrangige Rechte in Abt. II und III des Grundstücksgrundbuches sind während der gesamten Dauer des Erbbaurechts grundsätzlich ausgeschlossen, und zwar auch dann, wenn sie wirtschaftlich unbedeutend sind oder tatsächlich einen anderen Teil des Grundstücks betreffen. Ausgeschlossen ist damit auch die Bestellung mehrerer Erbbaurechte zulasten eines Grundstücks.[26] Die Bestellung mehrerer Erbbaurechte setzt deshalb grundbuchliche Verselbständigung und ggf. katasteramtliche Vermessung voraus. Bei Erbbaurechten, die aufgrund des Kontrahierungszwanges gemäß **SachenRBerG** in den neuen Bundesländern bestellt wurden, war ausnahmsweise die Bestellung mehrerer gleichrangiger Erbbaurechte auf einem Grundstück verbunden mit einer Verpflichtung zur Vermessung und Abschreibung möglich (§ 39 Abs. 1 SachenRBerG).

Nicht störend sind **nicht rangfähige Rechte** iSv § 879 BGB.[27] Insbesondere steht 30 der Nacherbenvermerk der ersten Rangstelle des Erbbaurechts nicht entgegen[28] (zur möglichen Unwirksamkeit nach § 1 Abs. 4 ErbbauRG jedoch → Rn. 23).

Ein **Zwangsversteigerungsvermerk** hindert die Eintragung des Erbbaurechts grund- 31 sätzlich, da es sich wegen § 23 ZVG ebenfalls um ein auflösend bedingtes Erbbaurecht handeln würde.[29] Anderes soll ausnahmsweise dann gelten, wenn alle betreibenden Gläubiger der Erbbaurechtsbestellung zugestimmt haben,[30] wobei sich für die Praxis dann aber die Frage stellt, welcher Zeitpunkt maßgeblich ist und wie festgestellt werden kann, ob

---

[23] *V. Oefele/Winkler/Schlögel* ErbbauR-HdB § 3 Rn. 3, 5.
[24] OLG Zweibrücken MittBayNot 1996, 299.
[25] DNotI-Report 1998, 13.
[26] Palandt/*Wicke* ErbbauRG § 10 Rn. 1; *v. Oefele/Winkler/Schlögel* ErbbauR-HdB § 2 Rn. 104.
[27] *V. Oefele/Winkler/Schlögel* ErbbauR-HdB § 2 Rn. 106.
[28] *V. Oefele/Winkler/Schlögel* ErbbauR-HdB § 2 Rn. 109; Palandt/*Wicke* ErbbauRG § 10 Rn. 1; Ingenstau/
Hustedt/*Bardenhewer* ErbbauRG § 10 Rn. 8.
[29] *Schöner/Stöber* GrundbuchR Rn. 1737.
[30] *Schöner/Stöber* GrundbuchR Rn. 1737.

sich weitere Gläubiger dem Verfahren angeschlossen haben. Nach Ansicht des BGH unschädlich ist ein subjektiv-dingliches **Vorkaufsrecht** für den jeweiligen Erbbauberechtigten.[31]

32   Da das Erbbaurecht und damit auch sämtliche im Erbbaugrundbuch vorgesehenen Belastungen einschließlich der Erbbauzinsreallast nur entstehen können, wenn im Grundstücksgrundbuch die erste Rangstelle im vorstehenden Sinne zur Verfügung steht, empfiehlt es sich, eine entsprechende Verpflichtung des Grundstückseigentümers in den Erbbaurechtsbestellungsvertrag aufzunehmen.

33   **Formulierungsbeispiel: Erste Rangstelle**

🖋   Der Notar hat darauf hingewiesen, dass die Bestellung des Erbbaurechtes nur zur ausschließlich ersten Rangstelle im Grundbuch erfolgen kann. Der Grundstückseigentümer ist verpflichtet, die hierzu erforderliche Lastenfreistellung des Grundbesitzes bzw. entsprechende Rangrücktrittserklärungen auf eigene Kosten innerhalb von längstens *** zu bewirken.

[*Ggf.* ergänzen durch Garantie des Grundstückseigentümers/Rücktrittsrecht des Erbbauberechtigten.]

34   Die Notwendigkeit der ersten Rangstelle für das Erbbaurecht besteht uneingeschränkt auch bei sog. **existenznotwendigen Dienstbarkeiten** (zB öffentlicher Kanal, U-Bahn, Versorgungsleitungen). Um ein Erbbaurecht bestellen zu können, müssen auch derartige Dienstbarkeiten im Rang zurücktreten, was im konkreten Einzelfall zu erheblichen Schwierigkeiten führen kann. In Rechtsprechung und Literatur wird ein Anspruch des Grundstückseigentümers gegen den Dienstbarkeitsberechtigten aus § 242 BGB auf Rangrücktritt für möglich gehalten,[32] wenn Bestand und Ausübung des Rechts während der Dauer des Erbbaurechts und nach dessen Beendigung sichergestellt sind.[33]

35   Wegen der Bedeutung seiner Dienstbarkeit wird der Dienstbarkeitsberechtigte verlangen, dass gleichzeitig zulasten des Erbbaurechtes zumindest eine inhaltsgleiche Dienstbarkeit ausschließlich und dauernd erstrangig bestellt wird. Auch damit ist das Problem jedoch nur unvollständig gelöst, da beide Dienstbarkeiten alles andere als sicher sind: Die im Range zurückgetretene Dienstbarkeit im Grundstücksgrundbuch würde bei Erlöschen des Erbbaurechts durch Zeitablauf gemäß § 28 ErbbauRG im Range nach der Entschädigungsforderung des früheren Erbbauberechtigten stehen und bei einer Vollstreckung hieraus untergehen. Und die Dienstbarkeit im Erbbaugrundbuch würde trotz ihrer Erstrangigkeit bei einem Heimfall des Erbbaurechts gemäß § 33 Abs. 1 ErbbauRG erlöschen. In der Literatur werden Vorschläge zur Lösung dieses Problems unterbreitet.[34] Hinsichtlich des Erlöschens beim Heimfall wird insbesondere diskutiert, dass sich der Eigentümer vormerkungsgesichert verpflichtet, das Erbbaurecht beim Heimfall erneut zu belasten, die Wirkung des § 33 Abs. 1 S. 3 ErbbauRG abzubedingen oder die Ausübung des Heimfallanspruchs dahingehend einzuschränken, dass sie nur erfolgen kann, wenn gleichzeitig die Dienstbarkeit neu bestellt wird.[35] Betreffs des Vollstreckungsrisikos bei Erlöschen des Erbbaurechts wird teilweise vorgeschlagen, den Entschädigungsanspruch insoweit einzuschränken, dass er erst verlangt werden kann, wenn der Dienstbarkeit der Rang vor dem Erbbaurecht verschafft wird; teilweise wird versucht, der Entschädigungsforderung von vornherein den Nachrrang einzuräumen.[36]

---

[31] BGH NJW 1954, 1443.
[32] Vgl. etwa OLG Hamm MittBayNot 2014, 431; *Rapp* MittBayNot 2014, 412; WürzNotar-HdB/*Maaß* Teil 2 Kap. 5 Rn. 118; Palandt/*Wicke* ErbbauRG § 10 Rn. 3.
[33] *Rapp* MittBayNot 2014, 412; Palandt/*Wicke* ErbbauRG § 10 Rn. 3.
[34] Siehe etwa *v. Oefele/Winkler/Schlögel* ErbbauR-HdB § 2 Rn. 100 ff.; Staudinger/*Rapp* (2016) ErbbauRG § 10 Rn. 15; *Weber* NotBZ 2015, 405; *Ott* DNotZ 2015, 341; *Rapp* MittBayNot 2014, 412.
[35] Überblick bei *Weber* NotBZ 2015, 405 (406 ff.) mit Nachweisen.
[36] Überblick bei *Weber* NotBZ 2015, 405 (412 ff.) mit Nachweisen.

III. Besondere Arten des Erbbaurechts

1. Gesamterbbaurecht. Ein Gesamterbbaurecht ist ein einheitliches Erbbaurecht zulas- **36** ten mehrerer Grundstücke, wobei es irrelevant ist, ob die Grundstücke dem gleichen Eigentümer gehören. Es entsteht durch anfängliche Bestellung zulasten mehrerer Grundstücke, durch spätere Teilung des Grundstücks oder durch spätere Erstreckung auf ein weiteres Grundstück.

Gesetzlich erwähnt wird das Gesamterbbaurecht in § 39 Abs. 2 SachenRBerG und seit **37** 1993 in § 6a GBO. Danach müssen die betroffenen Grundstücke nicht unbedingt aneinander grenzen, sondern genügt es vielmehr, dass sie in einem gewissen räumlichen Zusammenhang nahe beieinander liegen und sich zB auf dem einen Grundstück das Bauwerk und auf dem anderen Grundstück zugehörige Nebenanlagen befinden.[37]

Grundsätzlich zulässig ist ferner die Vereinigung mehrerer Einzel-Erbbaurechte gemäß **38** § 890 BGB zu einem Gesamterbbaurecht, und zwar ohne dass es hierzu der Zustimmung des Grundstückseigentümers bedarf. Voraussetzung ist jedoch, dass die beiden Einzel-Erbbaurechte dieselbe Restlaufzeit und im Wesentlichen gleichen Inhalt haben.[38] Insbesondere wegen der Frage des „im Wesentlichen gleichen Inhalts" dürfte hierbei in der Praxis Vorsicht geboten sein und muss jedenfalls der gesamte dingliche Inhalt der beiden Einzel-Erbbaurechte sorgfältig verglichen werden.

Gehören die Grundstücke verschiedenen Eigentümern, muss dem durch besondere **39** Regelungen zB für Heimfall, Abfindung, Verlängerungsmöglichkeiten sowie Erbbauzins (Gesamt- oder Teilgläubigerschaft?) Rechnung getragen werden.

Nicht möglich ist demgegenüber die Bestellung eines Gesamterbbaurechts zulasten ei- **40** nes Grundstücks und eines anderen Erbbaurechts (§ 6a Abs. 2 GBO).

2. Nachbarerbbaurecht. Bei einem sog. Nachbarerbbaurecht erstreckt sich ein Gebäude **41** über mehrere Grundstücke, wobei nicht ein einheitlicher (Gesamt-)Erbbaurechtsvertrag abgeschlossen wird, sondern einzelne Erbbaurechtsverträge mit dem jeweiligen Grundstückseigentümer geschlossen werden.

Gesetzlich erwähnt ist das Nachbarerbbaurecht in § 39 Abs. 3 SachenRBerG, wobei es **42** sich jedoch um eine spezielle Regelung ausschließlich für die dem Kontrahierungszwang unterliegenden Erbbaurechte in den neuen Bundesländern handelt (4. Aufl. Rn. 19 ff.). Im Übrigen ist im Hinblick auf § 1 Abs. 3 ErbbauRG die **Zulässigkeit** eines Nachbarerbbaurechts **umstritten.**[39] Der BGH hat sich in zwei Entscheidungen lediglich am Rande mit der Frage auseinandergesetzt,[40] sodass die Problematik noch nicht höchstrichterlich klar entschieden ist.

Praxishinweis:

Für die Praxis ist anzumerken, dass der mit einem Nachbarerbbaurecht gewollte Endzustand eines einheitlichen Erbbaurechts über mehrere, verschiedenen Eigentümern gehörende Grundstücke im Regelfall ohne weiteres auch durch die Bestellung eines entsprechenden und sicher zulässigen Gesamterbbaurechts erreicht werden kann.[41]

---

[37] *Schöner/Stöber* GrundbuchR Rn. 1699.
[38] BayObLG MittBayNot 1996, 34.
[39] Dagegen etwa: OLG Köln MittBayNot 2014, 157; *v. Oefele/Winkler/Schlögel* ErbbauR-HdB § 3 Rn. 79; MüKoBGB/*Heinemann* ErbbauRG § 1 Rn. 52 ff.; Palandt/*Wicke* ErbbauRG § 1 Rn. 11, jeweils mwN; dafür etwa: OLG Düsseldorf DNotZ 1974, 698; OLG Stuttgart NJW 1975, 786; Ingenstau/Hustedt/ *Hustedt* ErbbauRG § 1 Rn. 102; Staudinger/*Rapp* (2016) ErbbauRG § 1 Rn. 34; *Heckscher* RNotZ 2016, 1 (13), jeweils mwN.
[40] BGH NJW 1973, 1656; NJW 1985, 789.
[41] Vgl. *v. Oefele/Winkler/Schlögel* ErbbauR-HdB § 3 Rn. 84.

43   **3. Eigentümererbbaurecht.** Ein Eigentümererbbaurecht kann entstehen bei späterem Hinzuerwerb des Erbbaurechtes durch den Grundstückseigentümer (zB Heimfall) oder durch anfängliche Bestellung aufgrund einseitiger Erklärung des Grundstückseigentümers. Letzteres kann sinnvoll sein, wenn zB bei geplanten Serienverkäufen im Wohnungsbau einheitliche Erbbaurechte oder eine Vorratsteilung gemäß § 8 WEG gewollt sind.

44   Dass das Eigentümererbbaurecht **dinglich** wirksam bestellt werden kann, entspricht allgemeiner Ansicht.[42] Das anfängliche Eigentümererbbaurecht wird durch einseitige Erklärung des Eigentümers bestellt (§§ 19, 13 GBO).[43]

45   Problematisch ist, inwieweit bei einem anfänglich bestellten Eigentümererbbaurecht auch die schuldrechtlichen Teile des Erbbaurechtsvertrages, insbesondere also die Erbbauzinsregelung, bereits verbindlich geregelt werden können. Nach Ansicht des BGH setzen **schuldrechtliche Vereinbarungen** begriffsnotwendig Personenverschiedenheit von Gläubiger und Schuldner voraus; jedoch sollen die in der Erbbaurechtsbestellungsurkunde getroffenen Vereinbarungen dem späteren Erwerber gegenüber wirksam werden, wenn dieser „in alle Rechte und Pflichten des Erbbaurechtsvertrags" eintritt.[44] Bei jeder Erstveräußerung eines anfänglich bestellten Eigentümererbbaurechtes ist deshalb darauf zu achten, dass der Erwerber in die betreffenden Bestimmungen eintritt.

46   Wichtigster Teil der zunächst lediglich schuldrechtlich wirkenden Bestimmungen des Erbbaurechtsvertrages ist die Erbbauzinsregelung. Hier ist zu differenzieren: Der eigentliche Erbbauzins ist eine Reallast und kann also – da eine Eigentümerreallast zulässig ist – bereits bei der Bestellung des Eigentümererbbaurechtes festgelegt werden. Die Aufnahme einer Wertsicherungsvereinbarung aF (→ Rn. 125 ff.) mit Anpassungsvereinbarung ist demgegenüber in diesem Stadium nicht möglich, sondern kann frühestens bei Veräußerung/Erwerb erfolgen.[45] Bei einer Wertsicherungsklausel nF (→ Rn. 128 ff.) kann diese Einschränkung nicht mehr gelten, da gemäß § 1105 Abs. 1 S. 2 BGB die klassische Indexkoppelung an den Verbraucherpreisindex zum dinglichen Inhalt der Erbbauzinsreallast selbst gemacht werden kann.[46] Bei der Bestellung eines Eigentümererbbaurechts kann deshalb nunmehr die gesamte Erbbauzinsregelung einschließlich Wertsicherung nF aufgenommen werden.

47   **4. Untererbbaurecht.** Beim Untererbbaurecht ist **Belastungsgegenstand** nicht ein Grundstück, sondern ein anderes, bereits bestehendes (Ober-)**Erbbaurecht.** Rechtsprechung und überwiegende Literaturmeinung hielten dies schon seit längerem für zulässig, ausdrücklich geregelt ist es seit 1993 in § 6a Abs. 1 GBO. Die praktische Bedeutung erscheint zunächst relativ gering, da auch das Untererbbaurecht im Grundbuch die ausschließlich erste Rangstelle beansprucht und damit zulasten eines Obererbbaurechts immer nur ein einziges Untererbbaurecht bestehen kann.

48   Sinn ergibt die Bestellung eines Untererbbaurechtes allerdings dann, wenn es in Wohnungserbbaurechte aufgeteilt werden soll, der Grundstückseigentümer rechtliche Beziehungen aber nur mit einem einzigen Partner wünscht. So kann zB eine Gemeinde einem Wohnungsunternehmen ein (Ober-)Erbbaurecht bestellen, an dem letzteres ein Untererbbaurecht bestellt und dieses zum Zwecke der Veräußerung der einzelnen Einheiten gemäß WEG aufteilt. Auch nach Veräußerung der Wohnungserbbaurechte an Dritte hat die Gemeinde als Grundstückseigentümer dann nach wie vor ausschließlich Rechtsbeziehungen zu dem Wohnungsunternehmen, nicht aber zu der Vielzahl der Wohnungserbbauberechtigten am Untererbbaurecht.

---

[42] BGH NJW 1982, 2381; Staudinger/*Rapp* (2016) ErbbauRG § 1 Rn. 4; *v. Oefele/Winkler/Schlögel* ErbbauR-HdB § 3 Rn. 9 mwN.
[43] *V. Oefele/Winkler/Schlögel* ErbbauR-HdB § 3 Rn. 10.
[44] BGH NJW 1982, 2381.
[45] BGH Rpfleger 1992, 143.
[46] So ausdrücklich jetzt auch *v. Oefele/Winkler/Schlögel* ErbbauR-HdB § 6 Rn. 6, 91.

Die Bestellung eines Untererbbaurechtes bedarf – abseits des Rangrücktitts mit seinen 49
Rechten am Erbbaurecht – nicht der Zustimmung des Grundstückseigentümers und kann
nach hM auch nicht im Rahmen des dinglichen Inhaltes des Erbbaurechts von dessen
Zustimmung abhängig gemacht werden.[47] Im Rahmen der Verfügungsbeschränkung
(→ Rn. 90 ff.) tritt an die Stelle der Zustimmung des Grundstückseigentümers diejenige
des jeweiligen Inhabers des Obererbbaurechtes.

Ein Untererbbaurecht kann als Belastung des betroffenen Obererbbaurechts nicht mehr 50
und keine anderen Befugnisse umfassen, als die bereits Gegenstand des Letzteren sind.[48]

Ein **Problem** bei jedem Untererbbaurecht liegt in § 33 Abs. 1 ErbbauRG, wonach 51
beim **Heimfall des Obererbbaurechts** ein daran bestelltes Untererbbaurecht kraft Gesetzes (und nach hM entschädigungslos)[49] erlischt. Insoweit werden verschiedene Lösungsvorschläge diskutiert:[50] So wird angesprochen, den Heimfall des Obererbbaurechts
dinglich auf den Fall einzuschränken, dass der Obererbbauberechtigte seine (inhaltsgleichen) Heimfallrechte gegen den Untererbbauberechtigten nicht geltend macht und danach den Verstoß nicht beseitigt.[51] Vorgeschlagen wird etwa eine Vereinbarung zwischen
Grundstückseigentümer und Untererbbauberechtigten, wonach sich der Grundstückseigentümer vormerkungsgesichert verpflichtet, bei Heimfall des Obererbbaurechts dem
Untererbbauberechtigten ein Erbbaurecht am Grundstück zu bestellen.[52] Ein weiterer Ansatz besteht darin, einen Anspruch des Untererbbauberechtigten gegen den Obererbbau-
berechtigten auf Neubestellung des Erbbaurechts vorzusehen.[53] Weiterhin wird vertreten,
einen vereinbarten Entschädigungsanspruch des Untererbbauberechtigten bei Heimfall des
Obererbbaurechts in voller Höhe des jeweils dann vorhandenen Wertes des Bauwerks zu
bemessen und diesen Zahlungsanspruch dinglich zu sichern.[54] Die Höhe des Anspruchs
und damit der Betrag des Grundpfandrechts sind im Voraus jedoch kaum festzulegen.

5. Wohnungserbbaurecht. Wohnungserbbaurechte bzw. Teilerbbaurechte entstehen, 52
wenn ein bestehendes Erbbaurecht gemäß WEG aufgeteilt worden ist. Dies kann sowohl
als Vorratsteilung gemäß § 8 WEG – oder bei mehreren Erbbauberechtigten – in Form
einer Teilungsvereinbarung gemäß § 3 WEG geschehen. § 1 Abs. 3 ErbbauRG steht dem
nicht entgegen, da dort nur die Beschränkung des Erbbaurechtes selbst auf einzelne Gebäudeteile untersagt ist. Auch an einem Gesamterbbaurecht kann Wohnungs- bzw. Teilerbbaurecht gebildet werden.[55]

Anstelle des Miteigentumsanteils am Grundstück tritt ein entsprechender „Miteigen- 53
tumsanteil" am Erbbaurecht. Das Grundstück selbst wird eigentumsmäßig nicht betroffen,
so dass insbesondere kein Miteigentum der Wohnungserbbauberechtigten am Grundstück
entsteht. War das Erbbaurecht, wie durchweg üblich, gemäß § 1 Abs. 2 ErbbauRG auf
nicht bebaute Grundstücksflächen erstreckt, steht diese Nutzung nunmehr den Wohnungserbbauberechtigten gemeinschaftlich zu.

Weitere Einzelheiten → Rn. 176 und → § 3 Rn. 206 ff. 54

6. Mehrere Erbbauberechtigte. Steht ein Erbbaurecht mehreren Berechtigten zu, so ist 55
deren Beteiligungsverhältnis entsprechend den für das Eigentum geltenden Bestimmungen
festzulegen und im Eintragungsantrag anzugeben. Strittig ist nach wie vor, ob dabei Ge-

---

[47] LG Augsburg MittBayNot 1995, 211; *v. Oefele/Winkler/Schlögel* ErbbauR-HdB § 3 Rn. 28, 21; aA Würz-Notar-HdB/*Maaß* Teil 2 Kap. 5 Rn. 24.
[48] *Schöner/Stöber* GrundbuchR Rn. 1702.
[49] *V. Oefele/Winkler/Schlögel* ErbbauR-HdB § 3 Rn. 32; aA BeckOK BGB/*Maaß* ErbbauRG § 1 Rn. 37 f.
[50] Vgl. *v. Oefele/Winkler/Schlögel* ErbbauR-HdB § 3 Rn. 33.
[51] *V. Oefele/Winkler/Schlögel* ErbbauR-HdB § 3 Rn. 33.
[52] OLG Celle DNotZ 1972, 538 (540).
[53] Vgl. *v. Oefele/Winkler/Schlögel* ErbbauR-HdB § 3 Rn. 33.
[54] *Habel* MittBayNot 1998, 315 (321).
[55] *V. Oefele/Winkler/Schlögel* ErbbauR-HdB § 3 Rn. 103 mwN.

samtberechtigung iSv § 428 BGB möglich ist.[56] Besonderer Beachtung bedürfen in solchen Fällen wiederum die Regelungen über Heimfall (nur einheitlich möglich), Erbbauzins (Gesamt- oder Teilschuldnerschaft) und Abfindung bei Zeitablauf oder vorzeitiger Beendigung wie zB Heimfall.

IV. Erbbaurechtsvertrag

56   **1. Grundlagen.** Neben die dingliche Seite der Begründung tritt das zugrunde liegende schuldrechtliche Geschäft des Erbbaurechtsvertrages, in dem die weiteren Einzelheiten des Rechtsverhältnisses zwischen Grundstückeigentümer und Erbbauberechtigtem festgelegt werden. Bei der Vertragsgestaltung sind außer den Formvorschriften wegen ihrer verschiedenen rechtlichen Wirkungen **drei Inhaltsarten** zu unterscheiden:
- der gesetzliche Mindestinhalt, der gewahrt sein muss, damit ein Erbbaurecht überhaupt entstehen kann;
- der vertragsmäßige (dinglich wirkende) Inhalt;
- der sonstige (nur schuldrechtlich wirkende) Inhalt.

> **Praxishinweis:**
> Die beiden letztgenannten Inhaltsarten sollten im Vertrag klar getrennt werden, da sonst die Gefahr droht, dass einzelne, zum dinglichen Vollzug erforderliche Erklärungen vergessen werden.

57   **2. Form.** Der Vertrag, mit dem sich ein Teil verpflichtet, ein Erbbaurecht zu bestellen oder zu erwerben, bedarf gemäß § 311b Abs. 1 BGB der notariellen Beurkundung (§ 11 Abs. 2 ErbbauRG). Die Beurkundungspflicht ist entsprechend den für Grundstücksübertragungen geltenden Grundsätzen umfassend. Sie gilt auch bezüglich der über das eigentliche Erbbaurecht hinausgehenden Vereinbarungen, insbesondere also für den Erbbauzins und die sonstigen schuldrechtlichen Vereinbarungen beider Seiten. Die Heilung von Formmängeln gemäß § 311b Abs. 1 S. 2 BGB ist möglich, wobei anstelle der Auflassung hier die dingliche Einigung tritt.

58   **3. Gesetzlicher Mindestinhalt.** Ein Erbbaurecht kann nur entstehen, wenn der gesetzliche Mindestinhalt gemäß § 1 ErbbauRG gegeben ist. Hierzu gehört, dass ein Erbbaurecht nur an einem **Bauwerk** (zum Begriff des Bauwerks → Rn. 17f.) bestellt werden kann und dass es **veräußerlich und vererblich** sein muss. Fehlt eine dieser Voraussetzungen oder wird sie unzulässigerweise eingeschränkt, so entsteht kein Erbbaurecht. Eine dennoch erfolgte Eintragung wäre gemäß § 53 Abs. 1 S. 2 GBO von Amts wegen zu löschen. Eine Heilung entsprechend § 311b Abs. 1 S. 2 BGB ist ausgeschlossen.

59   Veräußerlichkeit und Vererblichkeit sind **zwingende gesetzliche Voraussetzungen** für die Entstehung eines Erbbaurechts, so dass auch hier besondere Vorsicht geboten ist. Einschränkungen durch auflösende Bedingungen (§ 1 Abs. 4 ErbbauRG) oder Vereinbarung eines zwar sicher eintretenden, aber zeitlich ungewissen Endtermins[57] sind ausgeschlossen, und zwar mit der Folge, dass bei Verstoß die Erbbaurechtsbestellung insgesamt nichtig ist und eine dennoch erfolgte Eintragung von Amts wegen zu löschen wäre.[58] Es kann deshalb nicht vereinbart werden, dass das Erbbaurecht zB beim Tode des Erbbauberechtigten, bei Vererbung außerhalb eines bestimmten Personenkreises, bei einer Veräußerung an Dritte oder bei Zerstörung des Bauwerks automatisch erlöschen soll.

---

[56] MüKoBGB/*Heinemann* ErbbauRG § 1 Rn. 63ff. mwN.
[57] BGH DNotZ 1970, 32.
[58] *Schmenger* BWNotZ 2006, 80.

Da beim Heimfall das Erbbaurecht nicht erlischt, sondern als solches fortbesteht 60 (→ Rn. 76), können derartige Regelungen aber ohne weiteres als Heimfallgrund vereinbart werden.

Einzige Ausnahme von dem Grundsatz der freien Veräußerlichkeit bilden die gesetzlich 61 vorgesehenen **Verfügungsbeschränkungen** zugunsten des Grundstückseigentümers (→ Rn. 90 ff.). Ist lediglich vereinbart, dass der Erbbauberechtigte verpflichtet ist, beim Eintreten bestimmter Voraussetzungen dessen Löschung zu bewilligen, so kann sich der Grundstückseigentümer hierauf nicht berufen (§ 1 Abs. 4 S. 2 ErbbauRG). Eine solche Regelung führt deshalb nicht zur Nichtigkeit der gesamten Erbbaurechtsbestellung, sondern lediglich zur Nichtigkeit der betreffenden Vereinbarung.[59]

4. Vertragsmäßiger (dinglicher) Inhalt. Die weiteren Rechtsbeziehungen zwischen 62 Grundstückseigentümer und Erbbauberechtigtem können grundsätzlich frei gestaltet werden. Dabei bietet das Gesetz unter dem Begriff „vertragsmäßiger Inhalt des Erbbaurechts" einige besonders wichtige Regelungsbereiche an, die zum Inhalt des Erbbaurechts selbst gemacht werden können und damit (ähnlich dem Inhalt des Sondereigentums nach dem WEG) **dingliche Wirkung** erhalten. Bei der Vertragsgestaltung ist deshalb die Unterscheidung zwischen vertragsmäßigem Inhalt des Erbbaurechts einerseits und den weiteren, nur schuldrechtlich wirkenden Teilen des Erbbaurechtsvertrages andererseits wichtig. In letzterem Bereich kann eine Verdinglichung nur durch zusätzliche Maßnahmen (Vormerkungen usw) erreicht werden.

Die **Regelungsbereiche,** die zum dinglichen Inhalt des Erbbaurechts gemacht werden 63 können, sind abschließend in §§ 2, 5, 27 Abs. 1, 32 Abs. 1 ErbbauRG enthalten und betreffen sachlich geordnet folgende Gegenstände:
– Bauwerk: Errichtung, Nutzung, Erhaltung, Kostentragung;
– Erstreckung auf nicht bebaute Grundstücksteile;
– Dauer des Erbbaurechts: Zeitablauf, Entschädigung, vorzeitige Beendigung, Verlängerung;
– Verfügungsbeschränkungen;
– Vorkaufsrechte;
– Vertragsstrafen.
Voraussetzung für die dingliche Wirkung ist, dass derartige, in der Praxis regelmäßig not- 64 wendige Regelungen als vertragsmäßiger Inhalt vereinbart, von der dinglichen Einigung (Grundbucherklärungen) umfasst und als solche (durch Bezugnahme) im Grundbuch eingetragen werden.

a) Regelungen bezüglich des Bauwerks. Zum Inhalt eines Erbbaurechtsvertrages ge- 65 hören außer der Bezeichnung des Bauwerkes (Art und Nutzung) Regelungen über dessen **Errichtung, Instandhaltung, Versicherung, Wiederaufbau** im Falle der Zerstörung und Tragung der öffentlichen und privatrechtlichen **Lasten und Abgaben** (§ 2 Nr. 1–4 ErbbauRG).

Diese Punkte haben besondere wirtschaftliche Bedeutung für den Grundstückseigentü- 66 mer, da ihm nach Bestellung des Erbbaurechts anstelle der eigenen Nutzungsmöglichkeit lediglich der Anspruch auf den Erbbauzins verbleibt, der seinerseits häufig auf Dauer aus dem bzw. den Bauwerken erwirtschaftet werden soll. Ist das betreffende Bauwerk noch nicht vorhanden, empfiehlt es sich deshalb, eine zeitlich fixierte Bebauungsverpflichtung zum Inhalt des Erbbaurechts zu machen und diese bei Verstoß durch einen Heimfallanspruch des Grundstückseigentümers abzusichern. Gleichermaßen kann darüber hinaus zB auch eine Verpflichtung zum Unterlassen eines Abbruches oder einer wesentlichen Veränderung des Bauwerkes zum dinglichen Inhalt des Erbbaurechts gemacht werden.[60] Bei all

---

[59] *V. Oefele/Winkler/Schlögel* ErbbauR-HdB § 2 Rn. 155.
[60] BayObLG DNotZ 2002, 294.

diesen Regelungen muss jedoch die üblicherweise lange Laufzeit des Erbbaurechts beachtet und dem Erbbauberechtigten ein angemessener Spielraum bezüglich der konkreten Gestaltung eingeräumt werden.

67   Die Verkehrssicherungspflicht kann demgegenüber nicht zum dinglichen Inhalt des Erbbaurechts gemacht werden,[61] so dass hierzu eine gesonderte schuldrechtliche Vereinbarung erforderlich ist.

68 **b) Erstreckung auf sonstige Grundstücksflächen.** Eine Erstreckung des Erbbaurechts auf nicht bebaute Grundstücksflächen kann ebenfalls zum Inhalt des Erbbaurechts gemacht werden (§ 1 Abs. 2 ErbbauRG). Sie ist regelmäßig erforderlich (Zufahrt, Parkplatz, sonstige Nebenflächen). Voraussetzung ist jedoch, dass das Bauwerk wirtschaftlich die Hauptsache bleibt, die betreffenden Grundstücksflächen also dem Bauwerk und seiner Nutzung dienen.[62] Hierbei ist es auch denkbar, dass der Erbbauberechtigte ein Bauwerk unter der Bodenoberfläche hat und das Erbbaurecht auf die nicht bebaute Bodenoberfläche erstreckt wird.[63]

69 **Formulierungsbeispiel: Erstreckung auf nicht bebaute Grundstücksteile**

Das Erbbaurecht erstreckt sich auf die nicht bebauten Teile des Grundstücks, wie diese auf dem beigefügten Lageplan mit den Buchstaben *** gekennzeichnet sind, zur Nutzung als ***. Voraussetzung hierbei ist, dass das vorstehend näher bezeichnete Bauwerk des Erbbauberechtigten wirtschaftlich die Hauptsache bleibt. Die Festlegung der weiteren Einzelheiten bezüglich der Nutzung der nicht bebauten Flächen obliegt dem Erbbauberechtigten.

70   Von einer Erstreckung des Erbbaurechts nur auf bestimmte Teilflächen des Grundstücks zu unterscheiden ist die Festlegung einer Teilfläche als Ausübungsbereich (→ Rn. 26). Bei letzterem geht es darum, auf welcher Teilfläche der Erbbauberechtigte Eigentum am Bauwerk erwirbt, während des bei der Erstreckung gemäß § 1 Abs. 2 ErbbauRG um die diesem Bauwerk dienenden Nebenflächen geht.

71 **c) Dauer und Entschädigung.** Die **Dauer** eines Erbbaurechts ist gesetzlich nicht geregelt, auch nicht in Form einer Höchst- oder Mindestdauer, so dass auch ein zeitlich nicht begrenztes „ewiges" Erbbaurecht möglich ist.[64] Nicht vorgeschrieben ist insbesondere die häufig anzutreffende Laufzeit von 99 Jahren, die aus dem 1. WoBauG stammt.

72   Die damit in der Praxis regelmäßig notwendige Festlegung der Dauer des Erbbaurechts wird sich ausrichten an der zu erwartenden Nutzungsdauer des Bauwerkes sowie den beiderseitigen wirtschaftlichen Interessen, insbesondere Umfang und Art der Investitionen des Erbbauberechtigten. Bei Gebäuden üblich sind Laufzeiten von mindestens 30 bis 50 Jahren.[65] Möglich ist auch eine Regelung, wonach sich das Erbbaurecht automatisch verlängert, wenn nicht vor Fristablauf widersprochen wird.[66]

73   Da bei Erlöschen des Erbbaurechts der Erbbauberechtigte kraft Gesetzes sein Eigentum am Bauwerk verliert, ist in diesem Zusammenhang auch die sodann an ihn zu zahlende **Entschädigung** zu regeln. Im sozialen Wohnungsbau muss die Entschädigung mindestens 2/3 des dann vorhandenen gemeinen Wertes betragen (§ 27 Abs. 2 ErbbauRG). Für alle übrigen Fälle fehlt eine zwingende gesetzliche Bestimmung, so dass Höhe und Fälligkeit der Entschädigung bzw. deren völlige Ausschließung als vertragsmäßiger Inhalt des

---

[61] BayObLG Rpfleger 2000, 61.
[62] Ausführlich *v. Oefele* MittBayNot 1992, 29.
[63] MüKoBGB/*Heinemann* ErbbauRG § 1 Rn. 10.
[64] *Schöner/Stöber* GrundbuchR Rn. 1680.
[65] *V. Oefele/Winkler/Schlögel* ErbbauR-HdB § 2 Rn. 143.
[66] BGH NJW 1969, 2043 (2046); *v. Oefele/Winkler/Schlögel* ErbbauR-HdB § 2 Rn. 143; BeckOK BGB/ *Maaß* ErbbauRG § 1 Rn. 43.

Erbbaurechts vereinbart werden können. Ob ein Ausschluss auch durch Allgemeine Geschäftsbedingungen möglich ist, ist umstritten.[67]

Der Grundstückseigentümer kann die Zahlung der Entschädigung **abwenden,** indem 74
er dem Erbbauberechtigten eine Verlängerung des Erbbaurechts für die voraussichtliche Standdauer des Bauwerkes anbietet; lehnt dieser die Verlängerung ab, erlischt sein Anspruch auf Entschädigung (§ 27 Abs. 3 ErbbauRG). Diese gesetzliche Regelung ist nicht zwingend[68] und kann grundsätzlich abbedungen oder geändert werden. Nach aktueller Rechtsprechung des BGH ist jedoch der formularmäßige Ausschluss der Abwendungsbefugnis mit wesentlichen Grundgedanken der gesetzlichen Regelung in § 27 Abs. 3 ErbbauRG unvereinbar und deshalb grundsätzlich unwirksam (§ 307 Abs. 2 Nr. 1 BGB).[69]

> **Formulierungsbeispiel: Abwendung der Entschädigungszahlung** 75
>
> Als Inhalt des Erbbaurechts wird ferner vereinbart, dass das Recht des Grundstückseigentümers, die Zahlung der Entschädigung gemäß § 27 Abs. 3 ErbbauRG abzuwenden, ausgeschlossen ist.

d) Heimfall. Zum Standardinhalt eines Erbbaurechtsvertrages gehört die Regelung der 76
vorzeitigen Beendigung durch Heimfall (§§ 2 Nr. 4, 32 ff. ErbbauRG). Entgegen der griffigen Bezeichnung handelt es sich nicht um ein automatisches Erlöschen des Erbbaurechts, sondern lediglich um den **Anspruch** des Grundstückseigentümers, unter bestimmten Voraussetzungen die Übertragung des Erbbaurechts auf sich oder einen Dritten verlangen zu können. Dies dient dem Schutz des Grundstückseigentümers bei vertragswidrigem Verhalten des Erbbauberechtigten. Der Anspruch ist mit dem Eigentum am Grundstück verbunden und kann deshalb nicht selbständig abgetreten werden.[70]

(1) Heimfallgründe. Die **Voraussetzungen** des Heimfallanspruches sind als vertragsmä- 77
ßiger Inhalt des Erbbaurechts zu regeln. Hier ist zunächst auf den üblichen Katalog von Gründen für die vorzeitige Beendigung von Dauerschuldverhältnissen (Insolvenz, Zwangsversteigerung usw) zu verweisen. Wegen der wirtschaftlichen Bedeutung sollten auch Verstöße des Erbbauberechtigten gegen seine Erhaltungspflichten bezüglich des Bauwerkes und gegen seine Verpflichtung zur Zahlung des Erbbauzinses einbezogen werden. **Zahlungsverzug** des Erbbauberechtigten kann den Heimfall jedoch zwingend nur dann begründen, wenn der Rückstand mindestens die Summe zweier Jahresbeträge ausmacht (§ 9 Abs. 4 ErbbauRG). Der Verstoß gegen eine als Inhalt des Erbbaurechtes vereinbarte Verfügungsbeschränkung (→ Rn. 90 ff.) kann grundsätzlich nicht als Heimfallgrund vereinbart werden.[71]

Obwohl es sachlich durchaus sinnvoll erscheint, auch die **Insolvenz** des Erbbaube- 78
rechtigten als Heimfallgrund zu vereinbaren, bestehen inzwischen erhebliche Zweifel an der praktischen Durchsetzbarkeit einer derartigen Regelung. Ausgehend von der ersten Entscheidung in 2007 für den Fall eines entschädigungslosen Heimfalles bei Insolvenz[72] hat der BGH seine Rechtsprechung zwar mehrfach modifiziert, damit gleichzeitig aber auch verfestigt.[73] Danach ist jetzt wohl davon auszugehen, dass derartige Lösungsklauseln für den Insolvenzfall zwar auch als Inhalt eines Erbbaurechts zulässig bleiben, dem Insolvenzverwalter aber ein Anfechtungsrecht wegen Gläubigerbenachteiligung gemäß § 131

---

[67] Offen gelassen von BGH BeckRS 2018, 40760 mit Nachweisen zum Streitstand.
[68] *V. Oefele/Winkler/Schlögel* ErbbauR-HdB § 5 Rn. 222; BGH BeckRS 2018, 40760.
[69] BGH BeckRS 2018, 40760.
[70] OLG Düsseldorf DNotZ 1974, 177.
[71] BayObLG MittBayNot 1992, 45.
[72] BGH DNotZ 2007, 682.
[73] Zuletzt BGH DNotZ 2008, 838.

Abs. 1 InsO zusteht, und zwar im Grunde unabhängig von der Frage der Entschädigung.[74]

79   Im Übrigen sind die Beteiligten bei Festlegung der Heimfallgründe in den Grenzen der §§ 138, 242 BGB grundsätzlich unbeschränkt. Praktisch jedes Ereignis unabhängig von Verschulden kann als den Heimfall auslösend vereinbart werden und führt damit zu einer hohen Flexibilität der vertraglichen Einzelfallgestaltung. Obwohl § 2 Nr. 4 ErbbauRG von „bestimmten Voraussetzungen" spricht, ist auch die Verwendung **unbestimmter Rechtsbegriffe** wie unbillige Härte, wichtiger Grund etc zulässig.[75] Eine Unwirksamkeit kann sich aus den §§ 305 ff. BGB ergeben.[76]

80   **(2) Folgen der Ausübung.** Zur Regelung des Heimfallanspruches gehört die Festlegung der bei seiner Ausübung durch den Grundstückseigentümer zu zahlenden **Entschädigung.** Da regelmäßig vertragswidriges Verhalten des Erbbauberechtigten vorliegt und/oder dessen Belange nicht in gleichem Maße schützenswert sind wie bei normalem Zeitablauf, wird die Entschädigung hier regelmäßig niedriger anzusetzen sein.

81   Die weiteren **Folgen der Ausübung des Heimfallrechtes** ergeben sich aus § 33 ErbbauRG. Diese gesetzlichen Folgen sind für alle Beteiligten von erheblicher, vor allem wirtschaftlicher Bedeutung und dürfen nicht übersehen werden.

82   Gemäß § 33 ErbbauRG bleiben beim Heimfall des Erbbaurechts nur im Erbbaugrundbuch eingetragene Hypotheken, Grundschulden und Reallasten (also auch die Erbbauzinsreallast) sowie Vormerkungen für bestimmte Sicherungshypotheken bestehen, während alle übrigen im Erbbaugrundbuch eingetragenen Belastungen einschließlich Auflassungsvormerkungen, Dienstbarkeiten usw und damit auch ein ggf. bestehendes Untererbbaurecht grundsätzlich ersatzlos erlöschen. Lediglich ein zu Lasten des Erbbaurechts eingetragenes Dauerwohnrecht bleibt gemäß § 42 WEG ebenfalls bestehen. Das im Übrigen gesetzlich angeordnete Erlöschen der betreffenden Rechte erfolgt zwangsläufig und unabhängig davon, ob die Berechtigten etwas mit dem Eintreten des Heimfallgrundes zu tun oder auch nur davon Kenntnis hatten.

83   Besonders wichtig für die Praxis ist dabei, dass bei allen im Erbbaugrundbuch eingetragenen Grundpfandrechten eine etwaige **persönliche Haftung** des Erbbauberechtigten gemäß § 33 Abs. 2 ErbbauRG kraft Gesetzes ebenfalls auf den Grundstückseigentümer übergeht. Diese zwingende gesetzliche Bestimmung und ihre Folgen können im konkreten Fall dazu führen, dass dem Grundstückseigentümer die Ausübung des Heimfallrechtes trotz Vorliegen eines Heimfallgrundes faktisch unmöglich wird. Das ist zB dann der Fall, wenn die übergehende persönliche Haftung bzw. die betreffenden Verbindlichkeiten erheblich höher sind als der bei einer Veräußerung des Bauwerkes tatsächlich erzielbare Zeitwert.

84   Zwar sieht das Gesetz vor, dass die übergehenden Verbindlichkeiten auf die dem Erbbauberechtigten beim Heimfall zustehende Entschädigung anzurechnen sind und diese damit entsprechend mindern. Für den Heimfall wird jedoch regelmäßig eine geringere Entschädigung vereinbart als beim Erlöschen durch Zeitablauf, so dass immer die **Gefahr** besteht, dass die auf dem Grundstückseigentümer übergehende persönliche Haftung höher ist als die Entschädigung. Zumindest sollte also an dieser Stelle geregelt sein, dass der Erbbauberechtigte schuldrechtlich verpflichtet ist, den Grundstückseigentümer insoweit freizustellen bzw. für eine Rückführung der Verbindlichkeiten zu sorgen.

85   Unabhängig davon zeigt sich hier, welch erhebliche Bedeutung es für den Grundstückseigentümer hat, Belastungen des Erbbaurechtes mit Grundschulden nur in einem bestimmten Rahmen und nur unter Einschränkung der Zweckvereinbarung zuzulassen. Ist eine Grundschuld mit umfassendem Sicherungszweck und voller persönlicher Haftung

---

[74] Vgl. zum Ganzen *Reul* DNotZ 2008, 824.
[75] Vgl. BGH ZNotP 2003, 391; *Schmenger* BWNotZ 2006, 88.
[76] *V. Oefele/Winkler/Schlögel* ErbbauR-HdB § 4 Rn. 85.

erst einmal im Erbbaugrundbuch eingetragen, lässt sich an den aufgezeigten Folgen aus § 33 Abs. 2 ErbbauRG nichts mehr ändern.

e) Verlängerung. Das vom Gesetz als vertragsmäßiger Inhalt angebotene **Vorrecht auf** **86** **Erneuerung** (§§ 2 Nr. 6, 31 ErbbauRG) ist praktisch weitgehend bedeutungslos. Es greift ähnlich wie das Vorkaufsrecht des BGB nur, wenn der Grundstückseigentümer mit einem Dritten einen Folge-Erbbaurechtsvertrag mit gleicher wirtschaftlicher Nutzung vereinbart. Ist demgegenüber ein wirklich durchgreifendes Recht des Erbbauberechtigten auf Verlängerung bzw. Neubestellung gewollt, so muss dieses außerhalb des vertragsmäßigen Inhaltes des Erbbaurechts zusätzlich vereinbart und zB wie bei einem schuldrechtlichen Ankaufsrecht durch Vormerkung dinglich gesichert werden.[77] Hierzu auch → Rn. 110 f.

Formulierungsbeispiel: Anspruch auf Verlängerung   **87**

Der Erbbauberechtigte kann von dem Grundstückseigentümer durch Einschreiben gegen Rückschein unter Wahrung einer Frist von 6 Monaten vor Ablauf der Dauer des Erbbaurechtes dessen Verlängerung um bis zu *** Jahre verlangen. Voraussetzung hierfür ist, dass *** *[zB bis dahin vertragstreues Verhalten/Einigung über zukünftige Höhe des Erbbauzinses ggf. mit Schiedsgutachterklausel usw].* Der hiernach ggf. bestehende Anspruch des Erbbauberechtigten auf Verlängerung des Erbbaurechts ist durch Eintragung der nachstehenden bewilligten Vormerkung im Grundstücksgrundbuch zu sichern.

---

f) Vorkaufsrechte. Als vertragsmäßiger Inhalt des Erbbaurechts kann eine Verpflichtung **88** des Grundstückseigentümers zum Verkauf des Grundstücks an den Erbbauberechtigten vereinbart werden (§ 2 Nr. 7 ErbbauRG). Die Voraussetzungen der Verpflichtung und die Konditionen des Verkaufs können frei vereinbart werden, wobei der Kaufpreis jedoch zumindest nach objektiven Merkmalen bestimmbar sein muss.[78] Bei entsprechender Gestaltung kann damit das häufig gewollte **Vorkaufsrecht des Erbbauberechtigten** am Grundstück zum dinglichen Inhalt des Erbbaurechts selbst gemacht werden und bedarf dann keiner gesonderten Eintragung im Grundbuch. Andernfalls muss es gesondert dinglich im Grundstücksgrundbuch gesichert werden.

Das **Vorkaufsrecht des Grundstückseigentümers** am Erbbaurecht kann demgegen- **89** über nicht zum Inhalt des Erbbaurechts selbst gemacht werden. Hier ist stets gesonderte Vereinbarung und dingliche Sicherung im Erbbaugrundbuch notwendig.

Praxishinweis:

Aus Gründen der Übersichtlichkeit empfiehlt es sich jedoch, beide Vorkaufsrechte zusammen im schuldrechtlichen Teil des Erbbaurechtsvertrages zu regeln und je gesondert in beiden Grundbüchern eintragen zu lassen (→ Rn. 107 f.).

---

g) Verfügungsbeschränkungen. aa) Grundlagen. Als vertragsmäßiger Inhalt des Erb- **90** baurechts kann vereinbart werden, dass der Erbbauberechtigte zur **Veräußerung** sowie zur **Belastung** des Erbbaurechts mit Hypotheken, Grundschulden, Rentenschulden oder Reallasten der Zustimmung des Grundstückseigentümers bedarf (§ 5 ErbbauRG). Derartige Regelungen finden sich in fast jedem Erbbaurechtsvertrag und dienen dem im Zusammenspiel mit § 7 ErbbauRG wohlverstandenen Schutz der wirtschaftlichen Belange des Grundstückseigentümers.

---

[77] Zum Ganzen: *König* MittRhNotK 1989, 261.
[78] *V. Oefele/Winkler/Schlögel* ErbbauR-HdB § 4 Rn. 157.

91 Gemäß § 56 Abs. 2 GBV sind solche Verfügungsbeschränkungen im Grundbuch ausdrücklich einzutragen. Erfolgt die Eintragung nicht, bleibt die Verfügungsbeschränkung jedoch dennoch uneingeschränkt wirksam.[79]

92 Der Katalog der möglichen zustimmungspflichtigen Verfügungen in § 5 ErbbauRG ist abschließend. Einzige Ausnahme bildet das Dauerwohnrecht iSd §§ 31 ff. WEG, dessen Bestellung über den Gesetzeswortlaut hinaus nach hM ebenfalls von der Zustimmung des Grundstückseigentümers abhängig gemacht werden kann.[80] **Aufteilung nach WEG** und **Vermietung/Verpachtung** sind demgegenüber im Gesetz nicht erwähnt und können deshalb nicht von der Zustimmung des Grundstückseigentümers abhängig gemacht werden.[81] Will man auch für diesen Bereich eine dinglich wirkende Regelung treffen, bleibt nur der „Umweg" über den Heimfall, indem man die entsprechenden Tatbestände als Heimfallgrund vereinbart.

93 Eine im Erbbaurechtsvertrag vereinbarte Veräußerungsbeschränkung sollte nach früherer Rechtsprechung auch dann eingreifen, wenn Inhaber des Erbbaurechts eine GbR ist und dort ein Gesellschafterwechsel stattfindet.[82] Nach inzwischen anerkannter Rechtsfähigkeit der GbR ist dies obsolet geworden, so dass ein Gesellschafterwechsel selbst dann keine Veräußerung iSv § 5 ErbbauRG darstellt, wenn das Erbbaurecht das einzige Vermögen der Gesellschaft ist.[83] Eine vereinbarte Belastungsbeschränkung gilt auch für die Eintragung zB einer Zwangssicherungshypothek, so dass selbst bei einem Eigentümererbbaurecht deren Eintragung dann nur mit Zustimmung des Grundstückseigentümers möglich ist.[84] Dabei kann der Gläubiger jedoch aus eigenem Recht die gerichtliche Ersetzung der fehlenden Zustimmung des Grundstückseigentümers beantragen.[85]

94 **bb) Wirtschaftliche Bedeutung.** Die wirtschaftliche Bedeutung der Belastungszustimmung des Grundstückseigentümers darf vor allem wegen der drohenden persönlichen Haftung beim Heimfall aus § 33 ErbbauRG (→ Rn. 83) nicht unterschätzt werden. Unabhängig davon, ob insoweit im Einzelfall eine Belehrungspflicht besteht, sollte der Notar deshalb zB bei einer Grundschuldbestellung nicht etwa einfach die Zustimmung des Grundstückseigentümers „einholen", sondern Letzterem zumindest Gelegenheit zur Prüfung der Einzelheiten der vorgesehenen Belastung geben.

95 Veräußerungs- und Belastungszustimmung dürfen nicht miteinander verwechselt werden und können im konkreten Fall nebeneinander erforderlich und zu beurteilen sein. So ersetzt zB bei einem Kaufvertrag über ein Erbbaurecht mit Verpflichtung zur Finanzierungs-Mitwirkung des Verkäufers die Zustimmung des Grundstückseigentümers zur Veräußerung keineswegs etwa auch die Zustimmung zur Belastung des Erbbaurechtes mit einer Finanzierungsgrundschuld. Letztere muss gesondert eingeholt und kann ggf. auch bei bereits erteilter Zustimmung zur Veräußerung versagt werden. Es liegt auf der Hand, dass dies zu einer empfindlichen Verzögerung der Abwicklung führen kann und bei der Regelung der Kaufpreisfälligkeit berücksichtigt werden sollte. Nach der Haftungsrechtsprechung obliegt dem Notar diesbezüglich regelmäßig eine doppelte Belehrungspflicht.[86]

96 **cc) Anspruch auf Zustimmung.** In allen Fällen einer als Inhalt des Erbbaurechts vereinbarten Verfügungsbeschränkung hat der Erbbauberechtigte unter bestimmten Voraussetzungen einen gesetzlichen **Anspruch auf Zustimmung** und kann eine ohne aus-

---

[79] MüKoBGB/*Heinemann* ErbbauRG § 5 Rn. 2; *v. Oefele/Winkler/Schlögel* ErbbauR-HdB § 4 Rn. 175 mwN.
[80] *V. Oefele/Winkler/Schlögel* ErbbauR-HdB § 4 Rn. 224; MüKoBGB/*Heinemann* ErbbauRG § 5 Rn. 11.
[81] BayObLG DNotZ 2002, 294.
[82] OLG Köln MittRhNot 1991, 114 mit kritischer Anm. *Tönnies*.
[83] *V. Oefele/Winkler/Schlögel* ErbbauR-HdB § 4 Rn. 186.
[84] BayObLG MittBayNot 1996, 299.
[85] BayObLG MittBayNot 1997, 172.
[86] BGH MittBayNot 2005, 514.

reichenden Grund verweigerte Zustimmung durch das Gericht ersetzt werden (§ 7 ErbbauRG). Diese gesetzliche Regelung ist ebenfalls zwingend, so dass der Anspruch auf Erteilung der Zustimmung vertraglich weder ausgeschlossen noch eingeschränkt werden kann. Als Inhalt des Erbbaurechts kann deshalb auch nicht etwa vereinbart werden, dass die Zustimmung davon abhängig sein soll, dass der Erbbauberechtigte die mit ihr verbundenen Kosten trägt.[87]

Die **Voraussetzungen,** unter denen der Grundstückseigentümer zur Erteilung der Zustimmung zu einer Veräußerung oder Belastung des Erbbaurechts verpflichtet ist und diese ggf. gerichtlich ersetzt werden kann, ergeben sich aus § 7 Abs. 1 bzw. Abs. 2 ErbbauRG. Bezüglich der Belastung mit banküblichen Grundschulden folgt daraus, dass der Grundstückseigentümer regelmäßig zur Versagung der Zustimmung berechtigt ist, wenn der Grundschuld eine uneingeschränkte Sicherungsabrede zu Grunde liegt und sie jederzeit neu valutiert werden kann.[88] Im Übrigen dürfte sich eine Beleihung des Erbbaurechts bis zu ca. 60% seines Verkehrswertes noch im Rahmen einer **„ordnungsgemäßen Wirtschaft"** halten,[89] wobei es jedoch immer auf den Einzelfall ankommt und der Notar deshalb oft kaum in der Lage sein dürfte, verbindliche Angaben zu machen. **97**

Fest steht inzwischen, dass die Zustimmung zur Veräußerung des Erbbaurechts nicht abhängig gemacht werden kann von Änderungen, insbesondere Erhöhungen des Erbbauzinses und Anpassung der Erbbauzinsreallast an geänderte wirtschaftliche Verhältnisse. Dies wurde eine Zeit lang regelmäßig zB von öffentlichen Rechtsträgern als Grundstückseigentümer beim Verkauf von Alterbbaurechten versucht, von der Rechtsprechung aber zwischenzeitlich unterbunden.[90] Das gilt auch dann, wenn der betreffende Erbbaurechtsvertrag überhaupt keine Wertsicherung oder einen nach heutigen Verhältnissen sehr niedrigen Erbbauzins vorsieht und die betreffende Gemeinde versucht, das Manko auf dem Umweg über die Versagung der Veräußerungszustimmung zu beseitigen. **98**

Einzelfallentscheidungen sind ergangen zB zur Frage der Veräußerungen innerhalb gesellschaftsrechtlicher Strukturen[91] und zur Veräußerung an einen ausländischen Finanzinvestor.[92] Zur Frage, ob ein bestimmter Kaufpreis dermaßen spekulativ ist, dass der Grundstückseigentümer zur Versagung seiner Zustimmung berechtigt ist, besteht eine relativ breite Rechtsprechung.[93] **99**

Im Übrigen entspricht die Regelung der des WEG: Ohne die erforderliche Zustimmung getroffene Verfügungen sind unwirksam (§ 6 ErbbauRG). Die Zustimmung ist dem Grundbuchamt nachzuweisen,[94] so dass **öffentliche Beglaubigung** notwendig ist (§ 29 GBO). Der BGH hat jüngst entschieden, dass die erteilte **Zustimmung unwiderruflich** wird, sobald die schuldrechtliche Vereinbarung über die Veräußerung wirksam geworden ist.[95] **100**

Bei Abfassung des Kataloges der zustimmungspflichtigen Geschäfte ist die spätere **Beleihbarkeit des Erbbaurechts** zu wahren (keine Zustimmung bei Verfügung durch Insolvenzverwalter, bei Zwangsversteigerung usw), da andernfalls ein Zuschlag in der Zwangsversteigerung nur mit Zustimmung des Grundstückseigentümers möglich wäre.[96] **101**

---

[87] OLG Hamm DNotZ 1992, 368; MüKoBGB/*Heinemann* ErbbauRG § 7 Rn. 9.
[88] OLG Hamm MittRhNotK 1995, 201.
[89] BayObLG Rpfleger 1974, 357.
[90] OLG Hamm Rpfleger 2006, 259.
[91] OLG Hamm RNotZ 2006, 118.
[92] DNotI-Report 2008, 99.
[93] BGH NJW-RR 1998, 1387; vgl. auch *Keller* BWNotZ 1966, 98.
[94] Zum Widerruf vgl. OLG Köln Rpfleger 1996, 106.
[95] BGH NJW 2017, 3514.
[96] BGH NJW 1987, 1942.

102 Formulierungsbeispiel: Verfügungsbeschränkungen

Ü Eine ganze oder teilweise Veräußerung des Erbbaurechtes sowie seine Belastung mit Grundpfandrechten, Reallasten, Dauerwohn- oder Dauernutzungsrechten ist nur mit Zustimmung des jeweiligen Grundstückseigentümers zulässig. Dies gilt nicht bei einer Veräußerung im Wege der Zwangsvollstreckung oder durch einen Insolvenzverwalter.

Bei der Bestellung von Grundschulden ist der Grundstückseigentümer im Rahmen von § 7 ErbbauRG nur dann zur Zustimmung verpflichtet, wenn durch entsprechende Zweckvereinbarung sichergestellt ist, dass die entsprechenden Mittel ausschließlich für werterhaltende oder wertsteigernde Maßnahmen bezüglich der dem Erbbaurecht unterliegenden Gegenstände verwendet werden. Unabhängig davon liegt in der Einräumung eines Rangvorbehaltes oder einem entsprechenden Rangrücktritt des Grundstückseigentümers mit der Erbbauzinsreallast keine konkludente Zustimmung zu der betreffenden Belastung.

103 **h) Vertragsstrafen.** Schließlich können auch vom Erbbauberechtigten ggf. zu zahlende Vertragsstrafen als Inhalt des Erbbaurechts vereinbart werden (§ 2 Nr. 5 ErbbauRG), sofern sie Sanktion für einen Verstoß des Erbbauberechtigten gegen den vertragsmäßigen (dinglichen) Inhalt des Erbbaurechts sind.[97]

104   Umstritten ist, ob für den gleichen Verstoß sowohl Vertragsstrafe als auch Heimfallanspruch durchsetzbar sind. Während teilweise vertreten wird, dass dies möglich ist,[98] folgern andere aus § 340 BGB, dass der Eigentümer eine Wahl treffen muss.[99]

105 **5. Sonstiger (schuldrechtlicher) Inhalt.** Alle sonstigen zur Regelung des Rechtsverhältnisses zwischen Grundstückseigentümer und Erbbauberechtigtem erforderlichen Einzelheiten können nicht dinglich wirkender Inhalt des Erbbaurechts sein, sondern lediglich schuldrechtlich vereinbart werden. Eine in diesem Bereich gewollte dingliche Wirkung gegenüber beiderseitigen Sonderrechtsnachfolgern kann nur durch zusätzliche Sicherung (Vormerkung usw) und damit zusätzliche Eintragungen im Grundstücks- bzw. Erbbaugrundbuch erreicht werden.

106 **a) Erbbauzins.** Der Erbbauzins kann nicht zum Inhalt des Erbbaurechts selbst gemacht werden, sondern bedarf einer Regelung im schuldrechtlichen Teil des Erbbaurechtsvertrages und dementsprechend gesonderter Eintragung im Erbbaugrundbuch (Einzelheiten → Rn. 114 ff.).

107 **b) Vorkaufsrechte/Ankaufsrechte.** Das **Vorkaufsrecht** des Grundstückseigentümers **am Erbbaurecht** kann nicht zum vertragsmäßigen Inhalt gemacht werden (→ Rn. 89). Es muss deshalb im Rahmen der schuldrechtlichen Vereinbarungen ggf. begründet und durch zusätzliche Eintragung im Erbbaugrundbuch dinglich gesichert werden.

108   Das **Vorkaufsrecht** des Erbbauberechtigten **am Grundstück** kann bei entsprechender Gestaltung als dinglicher Inhalt des Erbbaurechts vereinbart werden (→ Rn. 88). Häufiger und wegen der Übersichtlichkeit der Grundbücher auch zweckmäßiger ist es jedoch, auch dieses Vorkaufsrecht innerhalb der sonstigen schuldrechtlichen Vereinbarungen zu begründen und durch gesonderte Eintragung im Grundstücksgrundbuch dinglich zu sichern.

109   Vorkaufsrechte greifen nur im Falle des Verkaufs an einen Dritten. Sind demgegenüber im Einzelfall ein echtes **Ankaufsrecht** und/oder eine echte Ankaufsverpflichtung eines

---

[97] BGH DNotZ 1991, 391.
[98] *V. Oefele/Winkler/Schlögel* ErbbauR-HdB § 4 Rn. 134 ff.; WürzNotar-HdB/*Maaß* Teil 2 Kap. 5 Rn. 96.
[99] Ingenstau/Hustedt/*Hustedt* ErbbauRG § 2 Rn. 88; *Schöner/Stöber* GrundbuchR Rn. 1764; differenzierend MüKoBGB/*Heinemann* ErbbauRG § 2 Rn. 31.

oder beider Beteiligter gewollt, muss dies ausdrücklich vereinbart werden, und zwar unter Festlegung der Voraussetzungen für die Ausübung des jeweiligen Anspruches, der dann zu erbringenden Gegenleistung sowie deren Fälligkeit. Darüber hinaus sollten die jeweiligen Ansprüche ggf. durch entsprechende Vormerkungen im betroffenen Grundbuch gesichert werden.

c) Anspruch auf Verlängerung. Als möglicher dinglicher Inhalt des Erbbaurechts vom 110 Gesetz angeboten wird lediglich ein sog. Vorrecht auf Erneuerung (§§ 2 Nr. 6, 31 ErbbauRG). Ähnlich einem Vorkaufsrecht greift dieses Vorrecht nur, wenn der Grundstückseigentümer bei Zeitablauf einem Dritten ein inhaltlich gleiches Anschuss-Erbbaurecht bestellen will, und ist damit für die Praxis eher bedeutungslos (hierzu auch → Rn. 86).

Ist demgegenüber ein wirklicher Anspruch des Erbbauberechtigten gewollt, vor Ablauf 111 der zunächst festgelegten Laufzeit eine Fortsetzung des Erbbaurechts für eine bestimmte weitere Zeitdauer zu verlangen, gilt Folgendes: Da ein derartiger Anspruch nicht vertragsmäßiger Inhalt des Erbbaurechts sein kann, muss er im schuldrechtlichen Teil des Vertrages vereinbart und durch gesonderte Vormerkung im Grundstücksgrundbuch mit Rang unmittelbar nach dem Erbbaurecht dinglich gesichert werden. Festzulegen sind dabei die Voraussetzungen des Anspruches (zB bisherige Vertragstreue), die Art seiner Geltendmachung (Form, Frist) sowie ggf. Einzelheiten bezüglich des dann geltenden Erbbauzinses.

d) Sonstige Regelungen. Zum schuldrechtlichen Teil eines Erbbaurechtsvertrages gehö- 112 ren schließlich die Bestimmungen über die Sach- und Rechtsmängelhaftung des Grundstückseigentümers in Ansehung des Grundstücks, über den Zeitpunkt des wirtschaftlichen Überganges auf den Erbbauberechtigten, über die bisher etwa angefallenen oder noch ausstehenden Erschließungskosten sowie über die mit der Beurkundung und ihrem Vollzug verbundenen Kosten und Steuern. Hierzu kann auf die entsprechenden Regelungen im Rahmen eines Grundstückskaufvertrages verwiesen werden.

Für den Zeitpunkt des Besitzüberganges und die Verpflichtung zur **Kostentragung** 113 bestehen beim Erbbaurecht gesetzliche Sonderregelungen, die allerdings dispositiv sind und deshalb ggf. abweichend geregelt werden müssen (→ Rn. 164).

6. Erbbauzins. a) Grundlagen. Die Regelung des für die Bestellung des Erbbaurechts 114 ggf. zu zahlenden Entgeltes gehört nicht zum vertragsmäßigen (dinglichen) Inhalt des Erbbaurechts, sondern zum sonstigen, nur schuldrechtlichen Inhalt des Erbbaurechtsvertrages. Entgeltlichkeit und/oder Art der Gegenleistung sind gesetzlich nicht vorgeschrieben. Möglich sind deshalb auch **Unentgeltlichkeit** oder einmalige Gegenleistung entsprechend einem Kaufpreis.

Gesetzlich geregelt ist lediglich der Erbbauzins (§§ 9 ff. ErbbauRG). Diese in der Praxis 115 häufigste Art der Gegenleistung liegt vor, wenn der Erbbauberechtigte wiederkehrende Leistungen zu erbringen hat, wobei nicht erforderlich ist, dass die Leistungen im gleichen zeitlichen Abstand oder in gleicher Höhe zu erbringen sind.

Für den Erbbauzins gelten die Bestimmungen des BGB über die Reallast entsprechend 116 (§ 9 Abs. 1 ErbbauRG). Er ist demnach als **Reallast** zulasten des Erbbaurechts zu bestellen und in das Erbbaugrundbuch einzutragen. Es handelt sich zwingend um eine subjektiv-dingliche Reallast.[100] Der Anspruch steht dem jeweiligen Grundstückseigentümer zu, so dass er nicht selbständig übertragen werden kann und auch eine teilgläubigerartige Zuordnung zB zu einzelnen Miteigentumsanteilen am Grundstück ausgeschlossen ist.[101] Aus demselben Grunde ist es auch nicht möglich, dass der Grundstückseigentümer seinen Anspruch auf künftigen Erbbauzins zB zu Finanzierungszwecken an eine Bank oÄ abtritt. Für die während der Zeit der Inhaberschaft fällig werdenden Leistungen haftet der Erb-

---

[100] *V. Oefele/Winkler/Schlögel* EbbauR-HdB § 6 Rn. 19.
[101] BayObLG DNotZ 1991, 398.

bauberechtigte auch persönlich (§ 1108 BGB). Die Verjährung des Erbbauzinses richtet sich – obwohl wirtschaftlich „Gegenleistung" – nicht nach § 196 BGB, sondern nach § 195 BGB.[102] Verzugszinsen auf den Erbbauzins sind gemäß §§ 1107, 289 S. 1 BGB ausgeschlossen.[103]

117   Höhe und Fälligkeit des Erbbauzinses sind im schuldrechtlichen Teil des Erbbaurechtsvertrages zu regeln und – ggf. einschließlich einer diesbezüglichen Wertsicherungsvereinbarung – zur Eintragung als Reallast im Erbbaugrundbuch zu bewilligen und zu beantragen. Nach ganz hM muss die Erbbauzinshöhe jedoch nicht ausdrücklich im Grundbuch eingetragen werden, sondern es genügt auch insoweit die Bezugnahme auf die Eintragungsbewilligung.[104] Ermittlung und Festlegung der Höhe des Erbbauzinses im Einzelfall gehören genauso wenig zu den Aufgaben des Notars wie zB die Festlegung der Höhe eines Grundstücks-Kaufpreises.[105]

118   Der Erbbauzins und damit die diesbezügliche Zahlungsverpflichtung des Erbbauberechtigten entstehen als solche erst mit der Eintragung der Reallast im Erbbaugrundbuch, was seinerseits die vorherige Eintragung des Erbbaurechtes im Grundstücksgrundbuch einschließlich der Lösung aller dort ggf. bestehenden Rangprobleme voraussetzt.

119   Wird wie üblich ein früherer Zeitpunkt des wirtschaftlichen Überganges vereinbart, so kann es zweckmäßig sein, für die Zeit bis zur Eintragung der Reallast eine entsprechende schuldrechtliche Zahlungsverpflichtung des Erbbauberechtigten in Höhe des vereinbarten Erbbauzinses für die Zeit bis zu dessen Eintragung im Erbbaugrundbuch festzulegen.

120   **Formulierungsbeispiel: Erbbauzins ab wirtschaftlichem Übergang**

Ab dem Zeitpunkt des wirtschaftlichen Überganges bis zur erstmaligen Fälligkeit des Erbbauzinses aufgrund der im Erbbaugrundbuch einzutragenden Reallast zahlt der Erbbauberechtigte an den Grundstückseigentümer – ggf. zeitanteilig – eine jährliche Nutzungsentschädigung in Höhe des vorstehend vereinbarten Erbbauzinses. Für die Fälligkeit gelten die hierzu vorstehend getroffenen Vereinbarungen sinngemäß.

121   **b) Wertsicherung. aa) Gesetzliche Grundlagen.** Im Hinblick auf die lange Laufzeit von Erbbaurechten ist regelmäßig eine Wertsicherung des Erbbauzinses erforderlich, die jedoch auf der Grundlage des bis zum 30. 9. 1994 geltenden § 9 ErbbauVO aF mit gewissen Schwierigkeiten verbunden war. Hier hatte zunächst das am 1. 10. 1994 in Kraft getretene SachenRÄndG durch gänzliche Neufassung des § 9 ErbbauVO erhebliche Erleichterungen gebracht. Die dabei aufgetretenen Auslegungsprobleme wurden mit der abermaligen Neufassung von § 9 ErbbauVO und gleichzeitigen Ergänzung von § 1105 BGB durch das EuroEG vom 9. 6. 1998 endgültig ausgeräumt.

122   Für Wohnungserbbaurechte erfolgte eine weitere bedeutsame Neuregelung durch das Gesetz zur Änderung des WEG vom 26. 3. 2007 wegen der dortigen Einführung einer neuen Rangklasse in § 10 Abs. 1 Nr. 2 ZVG. Und schließlich wurden die allgemeinen Bestimmungen zur Wertsicherungsklausel dahingehend geändert, dass vom 1. 1. 1999 bis 13. 9. 2007 an Stelle des bisherigen § 3 WährG die Bestimmungen des Preisgesetzes (PrG) und der Preisklauselverordnung (PrKV) galten und ab dem letztgenannten Zeitpunkt gemäß dem seitdem geltenden Preisklauselgesetz (PreisklG) die Notwendigkeit der Erteilung einer behördlichen Genehmigung insgesamt weggefallen ist, während die zwischenzeitlichen Bestimmungen über die Wirksamkeit/Zulässigkeit unverändert blieben.

---

[102] BGH MittBayNot 2011, 54.
[103] BGH NJW 1978, 1261; OLG Düsseldorf DNotZ 2001, 705; *v. Oefele/Winkler/Schlögel* ErbbauR-HdB § 6 Rn. 15 mwN.
[104] *V. Oefele/Winkler/Schlögel* ErbbauR-HdB § 6 Rn. 29; Staudinger/*Rapp* (2016) ErbbauRG § 9 Rn. 9; Ingenstau/Hustedt/*Hustedt* ErbbauRG § 9 Rn. 14; aA *Schallhorn* JurBüro 1971, 115 (120).
[105] Einzelheiten *v. Oefele/Winkler/Schlögel* ErbbauR-HdB § 6 Rn. 65 ff.

Sämtliche vorgenannten Gesetzesänderungen lassen jedoch Erbbauzinsregelungen in **Alt- 123 Erbbaurechtsverträgen** auf der Grundlage der früheren Bestimmungen unverändert fortbestehen. Darüber hinaus ist auch bei neu bestellten Erbbaurechten nach wie vor eine Wertsicherung gemäß den früheren Bestimmungen grundsätzlich möglich. Deshalb ist die Kenntnis sowohl der alten als auch der neuen Rechtslage erforderlich.[106]

> **Praxishinweis:**
>
> Es empfiehlt sich, bei der **Neubestellung** von Erbbaurechten ausschließlich nach der neuen Rechtslage zu verfahren und Alt-Erbbaurechte bei sich bietendem Anlass auf die neue Rechtslage gemäß § 9 ErbbauRG nF umzustellen.

Wegen der Vielzahl der noch bestehenden Alt-Erbbaurechte mit Wertsicherungsverein- 124 barungen aF werden im Folgenden zunächst die bisherige Rechtslage und die neue Rechtslage zur eigentlichen Wertsicherungsvereinbarung und später gesondert die Veränderungen bezüglich des Genehmigungsverfahrens dargestellt.

bb) Alte Rechtslage/Altverträge. Höhe des Erbbauzinses und Zeitpunkt der Fälligkeit 125 der einzelnen Raten mussten gemäß § 9 ErbbauRG aF für die gesamte Dauer des Erbbaurechts im Voraus **bestimmt** sein. Objektive Bestimmbarkeit oder die Festlegung eines Mindest- und Höchstbetrages genügten nicht.[107] Die Vereinbarung einer unmittelbaren Wertsicherung zB durch automatische Index-Koppelung und die Eintragung des Erbbauzinses als wertgesicherte Reallast waren deshalb nicht möglich.

Diese Einschränkung galt jedoch nur für die Erbbauzinsreallast selbst. Eine **mittelbare** 126 **Wertsicherung** durch zusätzliche schuldrechtliche Vereinbarung verstieß nicht gegen § 9 Abs. 2 ErbbauRG aF,[108] war also ohne weiteres möglich und wurde in Alt-Erbbaurechtsverträgen wie folgt vereinbart: Zusätzlich zu der für die gesamte Dauer des Erbbaurechts fest bestimmten Erbbauzinsreallast verpflichteten sich beide Seiten schuldrechtlich, den Erbbauzins bei Eintritt bestimmter Voraussetzungen jeweils anzupassen. Abgestellt werden konnte hierbei (mit Ausnahme von Wohngebäuden, → Rn. 134 ff.) auf Wertmaßstäbe jeder Art wie zB Lebenshaltungskosten, Baukosten, Grundstückspreise usw, wobei die Bestimmungen des WährG zu beachten waren.

Der sich hieraus ergebende Anspruch auf Anpassung des Erbbauzinses und damit der 127 Erbbauzinsreallast musste gesondert dinglich gesichert werden, und zwar entweder durch eine **Vormerkung auf Inhaltsänderung** der Reallast oder eine Vormerkung zur Bestellung jeweils zusätzlicher Reallasten im Falle der Erhöhung. In letzterem Falle genügte eine einheitliche Vormerkung für alle etwaigen zukünftigen Reallasten.[109]

cc) Rechtslage nach SachenRÄndG/EuroEG. Die entscheidende Änderung der durch 128 das SachenRÄndG neu gefassten (inzwischen insoweit allerdings bereits wieder aufgehobenen) Bestimmung des § 9 Abs. 2 ErbbauRG in der zwischenzeitlichen Fassung bestand darin, dass es nunmehr genügte, wenn die Höhe des Erbbauzinses für die Laufzeit des Erbbaurechtes „bestimmbar" war. Damit war erstmals der Weg eröffnet, die gewollte Wertsicherung als Inhalt der Erbbauzinsreallast selbst zu vereinbaren und sie damit quasi zu verdinglichen, so dass jedenfalls vom Ansatz her die bisher übliche schuldrechtliche Anpassungsverpflichtung mit zusätzlicher Anpassungsvormerkung überflüssig wurden.[110]

---

[106] Ausführlich *Eichel* MittRhNotK 1995, 193.
[107] MüKoBGB/*Heinemann* ErbbauRG § 9 Rn. 34.
[108] BGH DNotZ 1957, 300.
[109] *Schöner/Stöber* GrundbuchR Rn. 1830.
[110] BayObLG MittBayNot 1996, 372.

129 Durch das **EuroEG** wurden die Bestimmungen in Abs. 2 nF ersatzlos gestrichen, es also bei der von Anfang an bereits in Abs. 1 festgelegten pauschalen Verweisung auf die BGB-Bestimmungen über Reallasten belassen. Gleichzeitig wurde stattdessen in § 1105 Abs. 1 BGB als S. 2 klargestellt, dass als Inhalt einer jeden Reallast (also auch einer Erbbauzinsreallast) eine Wertsicherung vereinbart werden kann, „wenn anhand der in der Vereinbarung festgelegten Voraussetzungen Art und Umfang der Belastung des Grundstücks bestimmt werden können". Gemeint ist damit nichts anderes als **„bestimmbar"** in der Neufassung von § 9 Abs. 2 ErbbauRG idF des SachenRÄndG.

130 Für die Bestimmbarkeit gelten die allgemeinen Regeln über wertgesicherte Reallasten.[111] Zulässig ist damit insbesondere die Koppelung der Höhe der zukünftigen Erbbauzinsraten an den allgemein zugänglichen Verbraucherpreisindizes (VPI). Bei der Anknüpfung an andere Wertmaßstäbe ist im Einzelfall zu prüfen, ob diese hinreichend bestimmbar sind.[112]

131 Festzuhalten ist nach allem, dass spätestens nach dem EuroEG gemäß § 1105 Abs. 1 BGB auch Erbbauzinsreallasten **unmittelbar zB durch Indexkoppelung** wertgesichert werden können. Der mühsame Weg über Anpassungsvormerkung und bei jeder Erhöhung Eintragung entsprechender Inhaltsänderungen bei der ursprünglichen Reallast ist damit für neu zu bestellende Erbbaurechte endgültig überflüssig geworden. Bei einer wertgesicherten Erbbauzinsreallast neuer Form hat die jeweilige Erhöhung des Erbbauzinses vielmehr auch ohne zusätzliche Eintragung im Grundbuch unmittelbar dingliche Wirkung,[113] und zwar auch dann, wenn es sich nicht um eine echte (automatische) Gleitklausel handelt, sondern die Verpflichtung zur Zahlung von dem vorherigen Verlangen des anderen Teiles abhängt.[114] Unabhängig davon ist es allerdings möglich, den jeweiligen Erhöhungsbetrag in der Veränderungsspalte des Erbbaugrundbuches eintragen zu lassen,[115] was insbesondere bei bevorstehenden Zwangsversteigerungsverfahren im Hinblick auf die Festsetzung des geringsten Gebotes sinnvoll sein kann.

132 Voraussetzung für diese neue Form der Wertsicherung ist es aber in jedem Fall, dass die Wertsicherungsvereinbarung ausdrücklich als **Inhalt der Erbbauzinsreallast** vereinbart, von der Eintragungsbewilligung umfasst und als solche im Erbbaugrundbuch eingetragen wird.

133 Bei einer Umstellung alter Erbbauzinsregelungen handelt es sich um eine Inhaltsänderung der bestehenden Erbbauzinsreallast. Da § 9 Abs. 2 ErbbauRG idF des SachenRÄndG ersatzlos aufgehoben ist, gelten bei einer derartigen Umstellung ausschließlich die allgemeinen Vorschriften des BGB über die Inhaltsänderung dinglicher Rechte.

134 **c) Wertsicherung bei Wohngebäuden.** Betrifft das Erbbaurecht ein Wohngebäude, gilt darüber hinaus in beiden Fällen nach wie vor die **zeitliche und betragsmäßige Begrenzung** der jeweiligen Anpassung gemäß § 9a ErbbauRG: Eine Erhöhung ist nur in Abständen von jeweils drei Jahren möglich und darf unter Berücksichtigung aller Umstände des Einzelfalles nicht unbillig sein. Unbilligkeit liegt vor, wenn die Erhöhung über die tatsächlich eingetretenen Veränderungen der allgemeinen wirtschaftlichen Verhältnisse hinausgeht, die regelmäßig nicht mit einem der üblichen Lebenshaltungskosten-Indizes identisch sind; vielmehr ist auch die Entwicklung der Einkommensverhältnisse sowohl der Arbeiter als auch der Angestellten angemessen zu berücksichtigen.[116]

135 Bei der **Vertragsgestaltung** genügt wohl eine angemessene Wiedergabe der gesetzlichen Regelung des § 9a ErbbauRG. Die Aufnahme der vom BGH ursprünglich entwickelten, äußerst komplizierten Berechnungsklausel ist demgegenüber nicht ratsam, da es

---

[111] *V. Oefele/Winkler/Schlögel* ErbbauR-HdB § 6 Rn. 79; *Eichel* MittRhNotK 1995, 193 (194).
[112] Zur früheren Rechtsprechung vgl. *v. Oefele/Winkler/Schlögel* ErbbauR-HdB § 6 Rn. 211.
[113] BayObLG DNotI-Report 1996, 137.
[114] *Wilke* MittRhNotK 1996, 277.
[115] BayObLG MittRhNotK 1996, 278.
[116] Grundlegend BGH DNotZ 1981, 258; *Dürkes* BB 1980, 1609.

sich hierbei um reines Richterrecht handelt, das sich ändern kann, während die Erbbauzinsregelung für die Dauer des gesamten Erbbaurechtes Bestand haben muss. So sind Modifikationen der Rechtsprechung bereits erfolgt zB für die Berücksichtigung der konkret erzielbaren Mieten bei sozialem Wohnungsbau[117] und bei der Frage, inwieweit der Wert des Grundstücks eine Rolle spielen kann.[118]

> **Praxishinweis:**
>
> Wichtig für die Praxis ist, dass ein Verstoß gegen § 9a ErbbauRG nicht zur Unwirksamkeit der betreffenden Wertsicherungsklausel führt und damit nicht deren Eintragung im Grundbuch hindert, sondern lediglich das jeweilige Anpassungsverlangen kraft Gesetzes der Höhe nach begrenzt.[119]

d) Rangverhältnisse, Stillhaltevereinbarungen. Von großer wirtschaftlicher Bedeutung ist die Frage des Rangverhältnisses zwischen der Erbbauzinsreallast einerseits und zulasten des Erbbaurechts einzutragenden Grundpfandrechte andererseits. Auch hier hat das SachenRÄndG mit Wirkung ab dem 1.10.1994 wesentliche Erleichterungen gebracht, wobei jedoch für Erbbauzinsreallasten aF nach wie vor die frühere Rechtslage gilt. **136**

aa) Alte Rechtslage. Räumen eine Erbbauzinsreallast aF und zugehörige Anpassungsvormerkung den Vorrang ein, würden sie bei einer Zwangsversteigerung aus dem vorrangigen Recht erlöschen. Der Ersteher erhielte ein erbbauzinsfreies Objekt, was bei noch längerer Restlaufzeit des Erbbaurechts zu einem unvertretbaren wirtschaftlichen Verlust auf Seiten des Grundstückseigentümers führt. Andererseits muss insbesondere bei noch zu erstellendem Bauwerk dem Erbbauberechtigten die Finanzierung der Baukosten möglich sein. Dabei werden dessen Finanzierungsgläubiger nicht mit einem uneingeschränkten Vorrang der Erbbauzinsreallast einverstanden sein, da ihnen ansonsten bei einer Zwangsversteigerung die vorrangige Kapitalisierung aller noch ausstehenden Erbbauzinsraten droht. **137**

Der Interessenkonflikt ließ sich am ehesten durch sog. **Stillhaltevereinbarungen**[120] zwischen Grundstückseigentümer und Grundpfandrechtsgläubiger gemäß § 59 ZVG lösen, wobei vom Ansatz her zwei Möglichkeiten bestehen: Räumen Reallast und Anpassungsvormerkung den Vorrang ein, verpflichtet sich der Finanzierungsgläubiger, diese im Falle der Zwangsversteigerung ohne Kapitalisierung in das geringste Gebot aufnehmen zu lassen. Behalten Reallast und Anpassungsvormerkung den Vorrang, so verpflichtet sich der Grundstückseigentümer im Falle der Zwangsversteigerung aus dem nachrangigen Grundpfandrecht, auf die Kapitalisierung der künftigen Erbbauzinsraten zu verzichten. Welcher Weg gewählt wird, hängt von dem Verhandlungsgeschick der Beteiligten ab.[121] **138**

Bei Erbbauzinsreallasten aF in vor dem 1.10.1994 oder in danach unter Verwendung der früheren Rechtslage abgeschlossenen Erbbaurechtsverträgen stellen sich diese Probleme nicht nur bei der erstmaligen, sondern auch bei jeder späteren Bestellung von Grundpfandrechten und der Einräumung von Rangvorbehalten. Da die genannten Stillhaltevereinbarungen nur schuldrechtlich wirken, müssen sie darüber hinaus bei jeder Sonderrechtsnachfolge auf Seiten eines der Beteiligten ausdrücklich auf den betreffenden Rechtsnachfolger übergeleitet werden. **139**

bb) Rechtslage nach SachenRÄndG. Gemäß § 9 Abs. 3 S. 1 Nr. 1 ErbbauRG nF kann als Inhalt der Erbbauzinsreallast vereinbart werden, dass im Falle der Zwangsverstei- **140**

---

[117] BGH DNotZ 2001, 699.
[118] BGH NZM 2010, 253.
[119] V. Oefele/Winkler/Schlögel ErbbauR-HdB § 6 Rn. 176.
[120] Ausführlich Dedekind MittRhNotK 1993, 109.
[121] Formulierungsbeispiele MVHdB VI BürgerlR II/Winkler VI. 23 und VI. 24.

gerung des Erbbaurechts die Reallast mit ihrem Hauptanspruch (also ohne Kapitalisierung) grundsätzlich **unabhängig von ihrem Rang bestehen bleibt.**[122] Zusätzlich kann dem jeweiligen Erbbauberechtigten das Recht eingeräumt werden, das betreffende Erbbaurecht jederzeit vorrangig vor der Erbbauzinsreallast mit Grundpfandrechten oder Rentenschulden in festzulegender Höhe zu belasten (§ 9 Abs. 3 S. 1 Nr. 2 ErbbauRG nF). Dabei kann diese gesetzliche Regelung über das Bestehenbleiben der Erbbauzinsreallast für alle Fälle vereinbart werden, in denen der Grundstückseigentümer aus dieser Reallast oder der Inhaber eines (im Erbbaugrundbuch) im Range vorgehenden oder gleichstehenden dinglichen Rechts oder der Inhaber der in § 10 Abs. 1 Nr. 2 ZVG genannten Ansprüche die Zwangsversteigerung betreibt.

141   Die letztgenannte Regelung wurde erst im Zusammenhang mit der zum 1.7.2007 in Kraft getretenen Änderung des WEG eingefügt und betrifft sachlich nur Wohnungserbbaurechte, muss aber auch ausdrücklich als dinglicher Inhalt der Reallast vereinbart werden; andernfalls würde bei jeder Zwangsversteigerung aus derartigen Ansprüchen der Wohnungseigentümergemeinschaft gegen einzelne Wohnungseigentümer die Erbbauzinsreallast ersatzlos untergehen.[123] Auch wenn konkret noch keine Aufteilung nach WEG geplant ist, kann empfohlen werden, bei jedem Erbbaurecht über Wohngebäude von Anfang an auch die letztgenannte Regelung in die Erbbauzinsreallast aufzunehmen, da bei der üblicherweise langen Laufzeit nicht ausgeschlossen werden kann, dass zu irgendeinem späteren Zeitpunkt doch eine WEG-Aufteilung erfolgen soll.

142   Trotz einer Vereinbarung gemäß § 9a Abs. 3 Nr. 1 ErbbauRG kann § 174a ZVG bei einer Insolvenz zum Verlust der Erbbauzinsreallast führen.[124]

143   Unter Berücksichtigung der vorstehenden Einschränkungen kann damit die Erbbauzinsreallast einschließlich einer als deren Inhalt vereinbarten Wertsicherung weitgehend **versteigerungsfest** gemacht werden,[125] so dass dem Grundstückseigentümer zumindest bezüglich seines Hauptanspruches einschließlich Wertsicherung kein Verlust mehr droht, wenn er fremden Grundpfandrechten den Vorrang im Erbbaugrundbuch einräumt. Folgerichtig kann deshalb eine solche Erbbauzinsreallast von Anfang an auch mit einem bestimmten, mehrfach ausübbaren Rangvorbehalt versehen werden. Da dieser Rangvorbehalt dem jeweiligen Erbbauberechtigten zusteht, geht er bei einer Zwangsversteigerung des Erbbaurechtes nicht verloren und ist damit seinerseits ebenfalls vollstreckungsfest. Allerdings sollte der Grundstückseigentümer bei der Bemessung des Rangvorbehaltes unbedingt die für den Fall des Heimfalles drohenden Gefahren der persönlichen Haftung aus § 33 Abs. 2 ErbbauRG beachten (→ Rn. 83).

144   Bei einer derartigen Regelung des Erbbauzinses auf der Grundlage von § 9 Abs. 3 ErbbauRG nF erübrigen sich damit die früher notwendigen Stillhaltevereinbarungen. Auch diese Regelungen müssen jedoch ausdrücklich als Inhalt der Erbbauzinsreallast vereinbart, von der betreffenden Eintragungsbewilligung umfasst und als solche im Grundbuch eingetragen werden.

145   Wegen der erheblichen Vorteile sollten Erbbauzinsregelungen in Alt-Verträgen bei sich bietendem Anlass auch in diesem Punkt der neuen Rechtslage angepasst werden. Zu der hiermit verbundenen Inhaltsänderung ist die Zustimmung der dann dinglich Berechtigten an dem betreffenden Erbbaurecht in grundbuchmäßiger Form erforderlich (§ 9 Abs. 3 S. 2 ErbbauRG nF). Erforderlich ist nach dem Gesetzeswortlaut und der ganz hM lediglich die Zustimmung der Inhaber der der Erbbauzinsreallast vor- und gleichstehenden dinglicher Rechte.[126]

---

[122] Zum ZVG-Verfahren: *Stöber* Rpfleger 1996, 136.
[123] *Böttcher* Rpfleger 2007, 526.
[124] Vgl. WürzNotar-HdB/*Maaß* Teil 2 Kap. 5 Rn. 108; *Stöber* NJW 2000, 3600.
[125] *V. Oefele/Winkler/Schlögel* ErbbauR-HdB § 6 Rn. 271.
[126] *V. Oefele/Winkler/Schlögel* ErbbauR-HdB § 6 Rn. 56; *Schöner/Stöber* GrundbuchR Rn. 1806b; Staudinger/*Rapp* (2016) ErbbauRG § 9 Rn. 31; MüKoBGB/*Heinemann* ErbbauRG § 9 Rn. 24; aA *Eichel* MittRhNotK 1995, 193 (199).

Formulierungsbeispiel: Wertsicherung Erbbauzins nF 146

Zur Wertsicherung des Erbbauzinses wird Folgendes vereinbart: Ändert sich in Zukunft ◑ der vom statistischen Bundesamt ermittelte Verbraucherpreisindex Deutschland auf der Basis *** = 100 gegenüber dem für den Monat des vorliegenden Vertragsabschlusses bzw. dem für die letzte Veränderung maßgeblichen Monat geltenden Index, so erhöht oder vermindert sich die Höhe des zu zahlenden Erbbauzinses nach Maßgabe der nachstehenden Einzelheiten von dem auf die Bekanntgabe folgenden Monat in demselben Verhältnis.

Dabei erfolgt eine Änderung des Erbbauzinses jedoch nur, wenn sich der Index gegenüber dem vorgenannten Ausgangsmonat bzw. gegenüber dem für die letzte Veränderung maßgeblichen Monat um mehr als 10 Punkte verändert hat.

Soweit das Erbbaurecht Wohnzwecken dient, kann eine Änderung des Erbbauzinses darüber hinaus frühestens nach Ablauf von 3 Jahren gerechnet ab dem heutigen Tage und sodann frühestens jeweils nach Ablauf weiterer 3 Jahre nach der jeweils letzten Änderung verlangt werden und besteht ein Anspruch auf Erhöhung des Erbbauzinses nur, soweit die Erhöhung unter Berücksichtigung aller Umstände des vorliegenden Falles nicht unbillig im Sinne von § 9a ErbbauRG ist. Der Notar hat über die Bestimmung des § 9a ErbbauRG und die derzeitige Rechtsprechung des BGH hierzu belehrt. Die Beteiligten sehen insoweit übereinstimmend von der Festlegung weiterer Einzelheiten im Rahmen dieser Urkunde ab.

Der Erbbauzins einschließlich der vorstehenden Anpassungsvereinbarung ist im Erbbaugrundbuch als wertgesicherte Reallast einzutragen.

Hierzu wird als dinglicher Inhalt des Erbbauzinses gemäß § 9 Abs. 3 ErbbauRG weiter vereinbart

– dass die Reallast mit ihrem Hauptanspruch bestehen bleibt, wenn der jeweilige Grundstückseigentümer aus der Reallast oder der Inhaber eines dieser im Range vorgehenden oder gleichstehenden dinglichen Rechtes oder der Inhaber der in § 10 Abs. 1 Nr. 2 ZVG genannten Ansprüche die Zwangsversteigerung des Erbbaurechtes betreibt; und
– dass der jeweilige Erbbauberechtigte berechtigt ist, das Erbbaurecht mit Rang vor der Reallast mit Grundschulden oder Hypotheken in Höhe von bis zu insgesamt *** EUR nebst bis zu *** % Zinsen jährlich ab Eintragungsbewilligung des betreffenden Grundpfandrechtes und sonstigen Nebenleistungen bis zu *** % des jeweiligen Grundpfandrechtsbetrages im Erbbaugrundbuch zu belasten.

Das Zustimmungserfordernis des Grundstückseigentümers zu Belastungen des Erbbaurechts bleibt von diesem Rangvorbehalt unberührt.

e) Genehmigung der Wertsicherungsvereinbarung. Vom 1.1.1999 bis zum 19.9. 147 2007 galten die Bestimmungen des Preisgesetzes (PrG) und der Preisklauselverordnung (PrKV). Für den Bereich der Erbbaurechte enthielt § 1 Nr. 4 PrKV dabei eine Sonderregelung dahingehend, dass (auch echte) Preisklauseln von dem Indexierungsverbot befreit waren, wenn die Laufzeit der Zahlungsverpflichtung 30 Jahre oder mehr betrug. Eine Genehmigung war also grundsätzlich nur dann erforderlich, wenn die Dauer der Erbbauzinsverpflichtung – bei Umstellung von Alterbaurechten: die restliche Dauer – weniger als 30 Jahre betrug.

Mit Wirkung ab dem 20.9.2007 ist zwar jegliche Genehmigungsbedürftigkeit von 148 Wertsicherungsklauseln generell entfallen, also auch für Wertsicherungen jeder Art im Rahmen von Erbbaurechtsverträgen. Gleichzeitig ist aber zu beachten, dass die materielle Rechtslage im Wesentlichen unverändert geblieben ist und lediglich redaktionell die

PrKV aufgehoben und deren Bestimmungen in das nunmehr geltende Preisklauselgesetz (PreisklG) übernommen wurden.[127]

149   Hierzu hat das Bundesamt für Wirtschaft und Ausfuhrkontrolle alsbald mitgeteilt, dass dementsprechend auch keine Negativzeugnisse mehr erteilt werden. Somit ist es nunmehr den Beteiligten und damit auch dem Notar überlassen, anhand der gesetzlichen Bestimmungen und des Systems sog. „Legalausnahmen" im Einzelfall selbstverantwortlich dafür Sorge zu tragen, dass eine gewollte Wertsicherungsvereinbarung auch tatsächlich wirksam ist.

150   Die bisherige Bereichsausnahme für Erbbaurechte mit einer Laufzeit von mindestens **30 Jahren** blieb unberührt und gilt unverändert fort. Ist diese Laufzeit-Voraussetzung erfüllt, ist also auch zukünftig praktisch jede Wertsicherungsklausel unabhängig von ihrem konkreten Inhalt im Rahmen von Erbbaurechtsverträgen zulässig und wirksam.[128] Beträgt die Restlaufzeit weniger als 30 Jahre, ist die Wertsicherungsklausel dennoch wirksam und eintragungsfähig, wenn sie den allgemeinen Bestimmungen des PreisklG entspricht (unmittelbar wirkende Anknüpfung an VPI/Laufzeit mindestens zehn Jahre/Anpassungen nach oben und unten).[129]

151   Erst bei einer Restlaufzeit von weniger als zehn Jahren besteht also zB bei der Umstellung von alten Erbbauzinsreallasten ein wirkliches Risiko, dem nur durch entsprechende salvatorische Klausel in Richtung schuldrechtliche Anpassungsverpflichtung einschließlich Weitergabeverpflichtung begegnet werden kann.

152   **f) Vollstreckungsunterwerfung.** Eine Vollstreckungsunterwerfung (§ 794 Abs. 1 Nr. 4 ZPO) des Erbbauberechtigten wegen des Erbbauzinses in seiner zunächst vereinbarten Höhe ist ohne weiteres möglich und regelmäßig sachgerecht.

153   In welchem Umfang eine Unterwerfung auch **bezüglich zukünftiger Erhöhungen** möglich ist, ist im Hinblick auf die erforderliche Bestimmtheit noch nicht in allen Einzelheiten geklärt.[130] Nach Ansicht des BGH ist entscheidend, dass die in Bezug genommenen Daten leicht und zuverlässig feststellbar sind.[131] Dementsprechend wird die Möglichkeit der Vollstreckungsunterwerfung bei einer Anknüpfung an den VPI angenommen.[132] Teilweise wird zur Sicherheit empfohlen, dass sich der Erbbauberechigte verpflichtet, sich bei einer Erhöhung erneut der Zwangsvollstreckung zu unterwerfen.[133] Eine Unterwerfung nach § 800 ZPO wird als unzulässig angesehen.[134]

154   **Formulierungsbeispiel: Pflicht zur erneuten Unterwerfung**

Im Falle der Erhöhung des Erbbauzinses gemäß der vorstehenden Wertsicherungsvereinbarung ist der Erbbauberechtigte verpflichtet, sich auf eigene Kosten und jederzeitiges schriftliches Verlangen des jeweiligen Grundstückseigentümers diesem gegenüber wegen des Erhöhungsbetrages der sofortigen Zwangsvollstreckung aus notarieller Urkunde zu unterwerfen und die Erteilung einer vollstreckbaren Ausfertigung ohne besonderen Nachweis zu gestatten.

---

[127] DNotI-Report 2007, 177.
[128] Ausf. *Reul* MittBayNot 2007, 445.
[129] Vgl. OLG Celle DNotZ 2008, 779.
[130] Vgl. *v. Oefele/Winkler/Schlögel* ErbbauR-HdB § 6 Rn. 246 ff.
[131] BGH NJW 2004, 649.
[132] BGH NJW 2004, 649; OLG Düsseldorf NJW 1971, 437; WürzNotar-HdB/*Maaß* Teil 2 Kap. 5 Rn. 103; *v. Oefele/Winkler/Schlögel* ErbbauR-HdB § 6 Rn. 249; Ingenstau/Hustedt/*Hustedt* ErbbauRG § 9 Rn. 129.
[133] *V. Oefele/Winkler/Schlögel* ErbbauR-HdB § 6 Rn. 249; Ingenstau/Hustedt/*Hustedt* ErbbauRG § 9 Rn. 129.
[134] *V. Oefele/Winkler/Schlögel* ErbbauR-HdB § 6 Rn. 243 mwN; BayObLG NJW 1959, 1876; KG DNotZ 1958, 203; offenlassend Staudinger/*Rapp* (2016) ErbbauRG § 9 Rn. 11.

g) Fehlende Wertsicherung/alte Indizes. Fehlt bei einem bestehenden Erbbaurechts-vertrag eine Wertsicherung des Erbbauzinses gänzlich, bleibt zur wertmäßigen Anpassung nur der Rückgriff auf § 242 BGB bzw. die Grundsätze über den **Wegfall der Geschäfts-grundlage.** Ein Anspruch des Grundstückseigentümers auf Anpassung des Erbbauzinses wurde unter diesem Gesichtspunkt von der Rechtsprechung zB zugelassen bei einer Er-höhung der Lebenshaltungskosten seit Abschluss des Vertrages um mehr als 150%.[135] Da-bei handelt es sich jedoch lediglich um einen Anspruch auf einmalige Anpassung, so dass auf diesem Wege keinesfalls für die Zukunft die Einführung einer Wertsicherungsklausel erreicht werden kann. **155**

Mit Wirkung ab dem 1.1.2003 wird durch das Statistische Bundesamt nur noch der „Preisindex für die Lebenshaltung aller privater Haushalte in Deutschland" veröffentlicht, nunmehr kurz bezeichnet als **„Verbraucherpreisindex Deutschland (VPI)".** Sind bei einem bereits bestehenden Erbbaurecht ältere Indizes vereinbart und bleiben die Beteilig-ten untätig, so erfolgt eine Umstellung jedenfalls im Wege der **ergänzenden Vertrags-auslegung** automatisch.[136] **156**

Unabhängig davon empfiehlt es sich jedoch bei gegebenem Anlass wie zB einer Um-stellung der gesamten Wertsicherungsvereinbarung auf § 9 ErbbauRG nF gleichzeitig zu einem klar definierten Zeitpunkt auf den VPI überzugehen. Die entsprechende Vereinba-rung zwischen Grundstückseigentümer und Erbbauberechtigten dürfte als solche abwei-chend von § 311b BGB formlos möglich sein.[137] Da die Änderung jedoch bei der Erb-bauzinsreallast im Grundbuch eingetragen werden muss, ist unabhängig davon jedenfalls die Form aus § 29 GBO zu beachten. Wird darüber hinaus eine erneute Zwangsvollstre-ckungsunterwerfung des Erbbauberechtigten wegen des derzeit geltenden Erbbauzinses gewünscht, ist schließlich ohnehin notarielle Beurkundung zwingend erforderlich. **157**

7. Grundbucherklärungen. Bei Abgabe der Grundbucherklärungen sind Grundstücks-grundbuch und Erbbaugrundbuch auseinander zu halten. Regelmäßig sind folgende An-träge und Bewilligungen erforderlich: **158**

- **Grundstücksgrundbuch:**
  - ggf. Freimachung der 1. Rangstelle;
  - Eintragung des Erbbaurechts;
  - Eintragung des vertragsmäßigen Inhaltes des Erbbaurechts (vollständige Bezugnahme auf die betreffenden Bestimmungen der Urkunde);
  - ggf. Vormerkung bei echtem Anspruch auf Verlängerung/Neubestellung;
  - ggf. Vorkaufsrecht bzw. Vormerkung für Ankaufsrecht des Erbbauberechtigten.
- **Erbbaugrundbuch:**
  - Erbbauzinsreallast, ggf. mit Inhalt gemäß § 9 Abs. 3 ErbbauRG;
  - ggf. Vormerkung auf Inhaltsänderung/Neubestellung bei Wertsicherungsvereinba-rung gemäß § 9 ErbbauRG aF;
  - ggf. Vorkaufsrecht bzw. Vormerkung für Ankaufsrecht des Grundstückseigentümers;
  - ggf. Rangvorbehalt bei allen vorstehenden Rechten für Finanzierungsgrundpfand-rechte.

Muster: Bestellung eines Erbbaurechts
Siehe hierzu das Gesamtmuster → Rn. 208.

8. Qualifizierung als Rechtskauf. Während die entgeltliche Bestellung eines Erbbau-rechts nach der bis zum 31.12.2001 geltenden Rechtslage als kaufähnliches Rechtsge- **159**

---

[135] BGHZ 90, 227; BGHZ 119, 222.
[136] DNotI-Report 2003, 9.
[137] BGH NJW 1985, 266.

schäft gewertet wurde,[138] unterliegt ein derartiger Vertrag seit 1.1.2002 unmittelbar der Bestimmung des § 453 BGB über den **Rechtskauf**. Dies gilt unabhängig davon, ob das betreffende Bauwerk bereits vorhanden oder durch den Erbbauberechtigten erst noch zu errichten ist.[139]

160   Deshalb bleibt der Erbbaurechtsvertrag auch in Fällen anfänglicher **Unmöglichkeit** gemäß § 311a BGB in jedem Falle wirksam, und zwar unabhängig davon, ob es sich um objektive oder subjektive Unmöglichkeit handelt. Kann also zB mangels erster Rangstelle oder wegen eines dauernden öffentlich-rechtlichen Bauverbots ein Erbbaurecht überhaupt nicht entstehen, so bleibt demnach nunmehr der Erbbaurechtsvertrag wirksam und wandelt sich lediglich die Primärpflicht des Grundstückseigentümers um in eine Schadensersatzpflicht, wenn er das Leistungshindernis kannte oder kennen musste.

161   Grundlage der **Mängelhaftung** des Grundstückseigentümers ist § 453 Abs. 3 BGB. Danach ist der Verkäufer eines Rechtes, das zum Besitz einer Sache berechtigt, verpflichtet, die Sache selbst frei von Sach- und Rechtsmängeln zu übergeben. Maßstab für die Schadensersatzpflicht auch bei etwaigen Rechtsmängeln ist die primäre Leistungspflicht des Grundstückseigentümers, woraus sich ergibt, dass gerade auch in Erbbaurechtsverträgen diese Leistungspflicht hinreichend konkret beschrieben sein sollte. Dies gilt insbesondere im Hinblick auf eine ggf. erforderliche Freimachung der ersten Rangstelle, so dass es sich auch aus diesem Grund unbedingt empfiehlt, hier eine konkrete Verpflichtung des Grundstückseigentümers uU verbunden mit einer bestimmten Frist zu begründen (→ Rn. 33).

162   Abgesehen von Fällen des Verbrauchervertrages kann im Übrigen die Ersatzpflicht vertraglich modifiziert werden. Dabei ist sowohl eine Verschärfung der Haftung des Grundstückseigentümers durch Übernahme einer Garantie als auch eine Entschärfung zB durch betragsmäßige Begrenzung möglich. Ein gänzlicher Haftungsausschluss des Grundstückseigentümers ist allerdings nur für solche Punkte sinnvoll, die das Entstehen des Erbbaurechts als solches nicht unmittelbar berühren, wie zB Zustand des Grundstücks usw.

163   Der **Zeitpunkt des Gefahrenüberganges** ist gemäß §§ 453 Abs. 3, 446 BGB der Zeitpunkt der Übergabe, wobei diese Regelung allerdings ebenfalls dispositiv ist.

164   Schließlich sind gemäß § 453 Abs. 2 BGB die **Kosten der Begründung und Übertragung** eines Erbbaurechts von dem Grundstückseigentümer bzw. Verkäufer zu tragen. Dies entspricht nicht der gängigen Praxis und muss deshalb im Einzelfall ausdrücklich anders geregelt werden.

165   Unabhängig davon sind bei der vertraglichen Bestellung eines Erbbaurechts auch die Bestimmungen der §§ 305 ff. BGB über den **Verbrauchervertrag** zu beachten. Bestellt zB eine Gemeinde oder ein Wohnungsunternehmen eine Vielzahl von gleichartigen Erbbaurechten in einem Gesamtobjekt, sind regelmäßig Voraussetzungen aus § 310 Abs. 3 BGB erfüllt, es sei denn, die Vertragsbedingungen sind im jeweiligen Einzelfall ausnahmsweise ausgehandelt. Hieraus ergeben sich die bekannten, erheblichen Beschränkungen der Möglichkeit eines Haftungsausschlusses auf Seiten des Grundstückseigentümers, insbesondere aus § 309 Nr. 7 und Nr. 8 BGB, die demnach dann auch im Erbbaurechtsvertrag im Rahmen der schuldrechtlichen Gewährleistungsregelungen zu beachten sind. Handelt es sich auf Seiten des Grundstückseigentümers darüber hinaus um einen **Unternehmer** iSv § 14 BGB, ist schließlich auch § 17 Abs. 2a BeurkG einschlägig und damit grundsätzlich die dort vorgeschriebene Zweiwochenfrist einzuhalten.[140]

---

[138] BGH NJW 1965, 532.
[139] *V. Oefele/Winkler/Schlögel* ErbbauR-HdB § 5 Rn. 6.
[140] Vgl. hierzu BGH NJW 2013, 1451.

C. Bestehende Erbbaurechte

Beim Umgang mit bereits bestehenden Erbbaurechten kommt deren Doppelnatur zum **166** Tragen. Während bei Veräußerung, Belastung und Aufteilung nach WEG das Wesen als grundstücksgleiches Recht im Vordergrund steht, richten sich Inhaltsänderung, Aufhebung und Erlöschen weitgehend nach den Bestimmungen über dingliche Belastungen.

I. Veräußerung

Ein Erbbaurecht kann grundsätzlich wie ein Grundstück veräußert werden, insbesondere also **167** auch verkauft werden. Wirtschaftlich handelt es sich um die Übertragung des auf die Dauer des Erbbaurechts befristeten Eigentums an dem betreffenden Bauwerk.

Der **Kauf-/Übertragungsvertrag** bedarf der Form des § 311b BGB. Da die Übertra- **168** gung des Erbbaurechts selbst nur dessen dinglichen Inhalt erfasst, regelmäßig aber auch die nur schuldrechtlich wirkenden Regelungen des Erbbaurechtsvertrages auf den Erwerber übergehen bzw. von ihm übernommen werden sollen, **muss** dies im Übertragungsvertrag **ausdrücklich geregelt** werden. Das gilt insbesondere für die Erbbauzinsregelung einschließlich Wertsicherungsvereinbarung alter Form (→ Rn. 125 ff.)[141] und Vollstreckungsunterwerfung und auch für die im Zusammenhang mit der Beleihung des Erbbaurechts oft getroffenen Stillhaltevereinbarungen mit Darlehensgebern, wobei deren Mitwirkung erforderlich ist.

Beachtet werden müssen ferner die fast stets zum Inhalt des Erbbaurechts gehörende **169** Verfügungsbeschränkung gegenüber dem Grundstückseigentümer sowie – bei einer entgeltlichen Veräußerung – dessen ggf. bestehendes Vorkaufsrecht. Bei einem **Kaufvertrag** mit Finanzierungsregelung kann doppeltes Zustimmungserfordernis bestehen, so dass der Notar – abgesehen von einer angemessenen Vertragsgestaltung – ggf. doppelt belehrungspflichtig sein kann. Alle diesbezüglichen Erklärungen des Grundstückseigentümers bedürfen der Form des § 29 GBO. Die auch bei einem Kaufvertrag über ein Erbbaurecht übliche Vormerkung kann nach hM bereits vor Erteilung der Zustimmung des Grundstückseigentümers im Grundbuch eingetragen werden.[142]

Die **dingliche Übertragung** des Erbbaurechts erfolgt sodann durch Einigung und **170** Eintragung des Inhaberwechsels in das Erbbaugrundbuch, § 873 BGB. Ausweislich § 11 Abs. 1 S. 1 ErbbauRG nicht anwendbar ist die Formvorschrift des § 925 Abs. 1 BGB. Jedoch muss nicht nur die Bewilligung, sondern auch die dingliche Einigung dem Grundbuchamt in grundbuchtauglicher Form vorliegen, § 20 GBO. Die dingliche Übertragung unter einer Bedingung oder Zeitbestimmung ist unwirksam (§ 11 Abs. 1 S. 2 ErbbauRG). Schuldrechtliche Vereinbarungen oder Anweisungen an den Notar, den dinglichen Vollzug erst beim Vorliegen bestimmter Voraussetzungen vorzunehmen, sind hingegen ohne weiteres möglich.

II. Belastung mit Rechten in Abt. II des Grundbuches

Ein Erbbaurecht kann grundsätzlich wie jedes Grundstück iSd GBO mit Belastungen und **171** Beschränkungen in Abt. II des Erbbaugrundbuches versehen werden. Möglich ist damit vor allem die Eintragung einer **Vormerkung** zur Sicherung des Übertragungsanspruches bei Veräußerung des Erbbaurechts, so dass diese Sicherung des Erwerbers in der bei Grundstückskaufverträgen üblichen Art auch hier verwendet werden kann. Zur Eintragung der Vormerkung bereits vor Erteilung der Zustimmung des Grundstückseigentümers zum Verkauf → Rn. 169.

Dienstbarkeiten können nur in dem Rahmen bestellt werden, in dem der Erbbaube- **172** rechtigte selbst zur Nutzung berechtigt ist. Dies gilt auch für die im Erbbaurechtsvertrag festgelegte Nutzungsart und auch für die nicht bebauten Grundstücksflächen, auf die das

---

[141] BGH DNotZ 1987, 360.
[142] *V. Oefele/Winkler/Schlögel* ErbbauR-HdB § 4 Rn. 302 mwN.

Erbbaurecht ggf. erstreckt ist.[143] Eine von dem Bauwerk völlig losgelöste Nutzung kann deshalb nicht zum Inhalt einer Dienstbarkeit gemacht werden.

173   Zur Bestellung eines **Untererbbaurechts** → Rn. 47 ff.

III. Belastung mit Rechten in Abt. III des Grundbuches

174   Die Bestellung von Grundpfandrechten jeder Art zulasten des Erbbaurechts ist, soweit eine nach dem Erbbaurechtsvertrag etwa erforderliche Zustimmung des Grundstückseigentümers vorliegt, ebenfalls ohne weiteres möglich. Die in §§ 18 ff. ErbbauRG enthaltenen Einschränkungen betreffen lediglich die Frage der Mündelsicherheit und die Beleihung durch Hypothekenbanken und private Versicherungsgesellschaften.

175   Zur ggf. erforderlichen **Zustimmung des Grundstückseigentümers** und den mit der Erteilung bzw. Versagung verbundenen Problemen → Rn. 90 ff.

IV. Aufteilung nach dem WEG

176   Wenn bei einem einheitlichen Grundstück die Ausübung des Erbbaurechts auf bestimmte Teilflächen beschränkt ist, steht dies einer Aufteilung nach den Bestimmungen des WEG grundsätzlich nicht entgegen.[144]

177   Ist bei einem gemäß WEG aufgeteilten Erbbaurecht auch die Erbbauzinsreallast entsprechend auf die einzelnen Wohnungs- und Teilerbbaurechte aufgeteilt, so steht eine diesbezügliche unterschiedliche Belastung der Zusammenlegung bzw. Vereinigung von einzelnen Wohnungs- und Teileigentumsrechten nicht entgegen.[145]

178   Wird ein nach WEG aufgeteiltes Erbbaurecht später einverständlich aufgehoben oder erlischt es zB durch Zeitablauf, setzt sich die Aufteilung nicht an dem betreffenden Grundstück fort.[146] Sollen in einem derartigen Falle die Wohnungs- bzw. Teileigentumsrechte fortbestehen, ist eine neue Teilungsvereinbarung unter Einbeziehung des Grundstückseigentümers erforderlich.

179   Wegen der weiteren Einzelheiten zu Wohnungs- und Teilerbbaurechten → Rn. 25 f. und → § 3 Rn. 206 ff.

V. Realteilung

180   Die Unterteilung eines Erbbaurechts in mehrere Einzelerbbaurechte ist unter Mitwirkung des Grundstückseigentümers möglich, wenn die einzelnen Grundstücksteile selbständige Grundstücke iSd GBO sind bzw. werden und nicht gegen § 1 Abs. 3 ErbbauRG verstoßen wird.[147] Mangels abweichender Regelung gilt der Inhalt des ursprünglichen Erbbaurechts auch für die entstehenden Einzelerbbaurechte und setzen sich im Erbbaugrundbuch eingetragene Belastungen als Gesamtbelastungen fort.

181   Da regelmäßig eine Aufteilung des Erbbauzinses gewollt ist, muss diese ausdrücklich vereinbart werden. Notwendig ist dabei zugleich eine grundbuchliche Teilung der Erbbauzinsreallast.[148]

VI. Vereinigung

182   Die Vereinigung zweier Erbbaurechte zu einem Gesamterbbaurecht ist nur möglich, wenn beide dieselbe Laufzeit und im Wesentlichen gleichen Inhalt haben. Eine Zustimmung der Grundstückseigentümer ist hierzu grundsätzlich nicht erforderlich.[149]

---

[143] *Schöner/Stöber* GrundbuchR Rn. 1840.
[144] OLG Hamm DNotI-Report 1998, 110.
[145] OLG Hamm MittBayNot 2007, 490.
[146] BayObLG MittBayNot 1999, 375.
[147] Vgl. *v. Oefele/Winkler/Schlögel* ErbbauR-HdB § 5 Rn. 161 ff.
[148] Muster s. *v. Oefele/Winkler/Schlögel* ErbbauR-HdB § 11 Rn. 7 ff.
[149] BayObLG MittBayNot 1996, 34; *Schöner/Stöber* GrundbuchR Rn. 1695, 1848.

VII. Inhaltsänderungen

Jede spätere Änderung des Erbbaurechts selbst und/oder seines vertragsmäßigen Inhaltes 183
ist Inhaltsänderung eines dinglichen Rechtes und bedarf daher gemäß §§ 876, 877 BGB
der dinglichen Einigung, der Zustimmung der dinglich Berechtigten und der Eintragung
in das Grundstücksgrundbuch. Dies gilt insbesondere für Änderungen jeder Art bezüglich
des Bauwerkes, seiner Nutzung und Erhaltung, der Dauer des Erbbaurechts sowie der
Heimfall- und Entschädigungsregelungen.[150] Änderungen bezüglich der sonstigen, nur
schuldrechtlichen Vereinbarungen des Erbbaurechtsvertrages wie zB der Erbbauzinsregelung fallen nicht hierunter, es sei denn, sie sind gesondert dinglich gesichert.

Bei der erforderlichen **Zustimmung dinglich Berechtigter** ist zu unterscheiden, ob 184
der Inhalt des Erbbaurechts verkürzt oder erweitert wird.[151] Bei einer Verkürzung sind die
dinglich Berechtigten am Erbbaurecht selbst, insbesondere also etwaige Grundpfandrechtsgläubiger zulasten des Erbbaurechts betroffen. Bei einer Erweiterung sind die etwa
nachrangig dinglich Berechtigten am Grundstück betroffen.

Da außerdem jede Inhaltsänderung des Erbbaurechts selbst und/oder seines vertragsmä- 185
ßigen Inhaltes gleichzeitig eine Verkürzung entweder der Rechte des Grundstückseigentümers oder derjenigen des Erbbauberechtigten bedeutet, bedarf der Vertrag über eine
derartige Inhaltsänderung nach wohl hM der **Form** der notariellen Beurkundung gemäß
§ 311b BGB.[152]

VIII. Aufhebung und Erlöschen

Die rechtsgeschäftliche **Aufhebung** des Erbbaurechts erfordert zunächst nach § 11 Abs. 1 186
ErbbauRG iVm § 875 BGB die (materiell-rechtlich formfrei mögliche)[153] **Aufgabeerklärung** des Erbbauberechtigten und die **Löschung** im Grundbuch. Für die Löschung bedarf es der Löschungsbewilligung in grundbuchtauglicher Form (§§ 19, 29 GBO) und eines Antrags (§ 13 GBO). Darüber hinaus ist gemäß § 26 ErbbauRG die **Zustimmung
des Grundstückseigentümers** erforderlich, die formell-rechtlich die Form des § 29
GBO erfüllen muss.[154] Ferner ist nach § 11 Abs. 1 ErbbauRG iVm § 876 BGB grundsätzlich die Zustimmung der am Erbbaurecht **dinglich Berechtigten** notwendig, die ebenfalls nach § 29 GBO formbedürftig ist.[155]

Eine Zustimmung der an dem Erbbaurecht dinglich Berechtigten ist nach hM dann 187
nicht erforderlich, wenn deren Rechte durch entsprechende Eintragungen nach dem
Wegfall des Erbbaurechts mit gleichem Inhalt und gleicher Rangstelle im Grundstücksgrundbuch weiter bestehen.[156]

Das schuldrechtliche Grundgeschäft über die Aufhebung bedarf nach allgemeiner An- 188
sicht in der Literatur der notariellen Beurkundung gemäß § 311b BGB.[157] Liegen die notwendigen Zustimmungserklärungen der dinglich Berechtigten vor, sind zum grundbuchmäßigen Vollzug keine zusätzlichen Löschungsbewilligungen mehr erforderlich.[158]

Kommt es demgegenüber zum **Zeitablauf,** so erlischt das Erbbaurecht automatisch 189
ohne besondere Erklärung der Beteiligten. Das Grundbuch wird unrichtig, so dass zur
Löschung grundsätzlich ein einfacher Löschungsantrag genügt und Zustimmungserklärungen der dinglich am Erbbaurecht Berechtigten nicht erforderlich sind.

---

[150] *V. Oefele/Winkler/Schlögel* ErbbauR-HdB § 4 Rn. 4.33; DNotI-Report 2012, 197.
[151] *Schöner/Stöber* GrundbuchR Rn. 1858.
[152] *V. Oefele/Winkler/Schlögel* ErbbauR-HdB § 4 Rn. 34 mwN zum Meinungsstand.
[153] *V. Oefele/Winkler/Schlögel* ErbbauR-HdB § 5 Rn. 198 mwN.
[154] MüKoBGB/*Heinemann* ErbbauRG § 26 Rn. 2.
[155] MüKoBGB/*Heinemann* ErbbauRG § 26 Rn. 1a.
[156] LG Bayreuth MittBayNot 1997, 39; LG Krefeld Rpfleger 1998, 284; LG Köln RNotZ 2001, 391; OLG
Hamm BeckRS 2013, 14672; OLG Brandenburg MittBayNot 2013, 482 *v. Oefele/Winkler/Schlögel* ErbbauR-HdB § 5 Rn. 200; aA Staudinger/*Gursky* (2012) BGB § 876 Rn. 15; *Ott* notar 2015, 75 (77 f.).
[157] *V. Oefele/Winkler/Schlögel* ErbbauR-HdB § 5 Rn. 197 mwN.
[158] DNotI-Report 2000, 157.

190 Die höchstrichterliche Rechtsprechung hat diesen Grundsatz inzwischen erheblich eingeschränkt: Voraussetzung der Löschung im Wege der Grundbuchberichtigung ist nunmehr
in jedem Fall, dass – auch nach Ablauf der Jahresfrist aus §§ 23, 24 GBO – gleichzeitig
mit dem Erlöschen des Erbbaurechts im Grundstücksgrundbuch die Entschädigungsforderung des früheren Erbbauberechtigten (→ Rn. 192) eingetragen wird. Daraus folgt für die
Praxis, dass künftig ein Antrag auf Grundbuchberichtigung wegen Erlöschens des Erbbaurechts infolge Zeitablaufs nur dann sinnvoll ist, wenn dabei gleichzeitig die Eintragung
der Entschädigungsforderung in Abt. II des Grundstücksgrundbuches – ggf. auch ohne
Bezifferung – beantragt wird.[159]

191 Die **Folgen** des Erlöschens sind in beiden Fällen gleich: Das Bauwerk wird wieder
wesentlicher Bestandteil des Grundstücks und damit Eigentum des Grundstückseigentümers. Der Erbbauberechtigte hat bei Erlöschen durch Zeitablauf einen Entschädigungsanspruch gemäß dem Inhalt des Erbbaurechts oder mangels entsprechender Regelung im
Erbbaurechtsvertrag gemäß §§ 27 ff. ErbbauRG, bei der einverständlichen Aufhebung gemäß den im Aufhebungsvertrag getroffenen Vereinbarungen.

192 Die **Entschädigungsforderung** lastet bei Erlöschen des Erbbaurechts durch Zeitablauf
als gesetzliche Forderung auch ohne Eintragung auf dem Grundstück, und zwar mit Rang
und anstelle des früheren Erbbaurechts, demnach erstrangig. Der Erbbauberechtigte kann
jederzeit die Eintragung im Wege der Grundbuchberichtigung bewirken. Die inzwischen
hM geht von einem reallastähnlichen Recht eigener Art aus, das dementsprechend in Abt.
II des Grundstücksgrundbuches einzutragen ist.[160] Die Höhe der Entschädigungsforderung
muss dabei nicht beziffert und somit auch nicht im Grundbuch eingetragen werden und
braucht auch nicht festzustehen.[161]

193 Beim Erlöschen des Erbbaurechts im Erbbaugrundbuch eingetragene **Belastungen** und
Beschränkungen erlöschen als solche kraft Gesetzes. Dies gilt uneingeschränkt auch für
Grundpfandrechte jeder Art. Wenn eine Fortsetzung am Grundstück gewünscht ist, müssen derartige Rechte inhaltsgleich neu bestellt und nunmehr im Grundstücksgrundbuch
eingetragen werden, wobei auf die ursprünglich gewollte Rangfolge zu achten ist.

194 Waren beim Erlöschen durch Zeitablauf Grundschulden, Hypotheken oder Reallasten
zulasten des Erbbaurechts vorhanden, haben deren Gläubiger jedoch ein gesetzliches
Pfandrecht an der Entschädigungsforderung des Erbbauberechtigten (§ 29 ErbbauRG), das
ebenfalls im Wege der Grundbuchberichtigung bei seiner Reallast eingetragen werden
kann.

195 Rechte in Abt. II des Grundbuchs zu Lasten des Erbbaurechts gehen mit dessen Erlöschen grundsätzlich ersatzlos unter, so dass insbesondere bei Dienstbarkeiten ggf. eine
Neubestellung zu Lasten des Grundstücks erforderlich ist. Grunddienstbarkeiten zu Gunsten des jeweiligen Erbbauberechtigten gehen demgegenüber nicht unter, sondern werden
mit Erlöschen des Erbbaurechts Bestandteile des betreffenden Grundstücks, wenn es sich
dabei um Wege- oder Leitungsrechte handelt.[162]

196 Für Miet- und Pachtverhältnisse am Erbbaurecht gelten bei Erlöschen des Erbbaurechts
gemäß der zwingenden Verweisung in § 30 Abs. 1 ErbbauRG die Regelungen der
§§ 566 ff. BGB, so dass der Grundstückseigentümer in diese Rechtsverhältnisse kraft Gesetzes eintritt. Ihm steht sodann jedoch ein Sonderkündigungsrecht gemäß § 30 Abs. 2
ErbbauRG zu.

---

[159] Zum Ganzen BGH DNotZ 2013, 850.
[160] *Schöner/Stöber* GrundbuchR Rn. 1874; jetzt auch BGH DNotZ 2013, 850.
[161] OLG Hamm DNotZ 2007, 750.
[162] BGH DNotZ 2012, 760.

D. Steuern, Kosten

I. Steuern

1. Grunderwerbsteuer. Im Rahmen der **Grunderwerbsteuer** steht das Erbbaurecht 197
weitgehend einem Grundstück gleich (§ 2 Abs. 2 Nr. 1 GrEStG). Der Grunderwerbsteuer
unterliegen somit
– die vertragliche Bestellung eines Erbbaurechts bzw. die Begründung eines entsprechenden Anspruches;
– die Übertragung eines Erbbaurechts bzw. die Begründung eines entsprechenden Anspruches;
– die Vereinbarung der Verlängerung eines Erbbaurechts bzw. die Ausübung eines Vor-
rechtes auf Erneuerung;
– die Aufhebung oder der Verzicht auf ein Erbbaurecht;
– die Ausübung des Heimfallrechts.
Bei einer entgeltlichen rechtsgeschäftlichen Übertragung, insbesondere also in einem 198
Kaufvertrag über ein Erbbaurecht, ist zu beachten, dass Bemessungsgrundlage für die
Grunderwerbsteuer nicht nur die einmalige Gegenleistung (zB Kaufpreis) ist, sondern
auch der gemäß den gesetzlichen Bestimmungen kapitalisierte restliche Erbbauzins. Ein
Erlöschen des Erbbaurechts durch Zeitablauf löst demgegenüber keine Grunderwerbsteu-
er aus.[163]

> **Praxishinweis Steuern:**
> Die Bestellung eines Erbbaurechtes und der Vertrag zur Errichtung eines Gebäudes kön-
> nen derart zueinander in Beziehung stehen, dass auch die Bauleistungen der Grund-
> werbsteuer unterworfen werden. Hierfür gilt die bei Grundstücksverkäufen entwickelte
> Lehre vom einheitlichen Erwerbsgegenstand entsprechend.[164]

Die Befreiungen des § 3 GrEStG (zB Schenkung, Ehegatten, Abkömmlinge) gelten 199
uneingeschränkt. Die Befreiung gemäß § 16 Abs. 2 Nr. 3 GrEStG kann bei vorbehaltenem Heimfall ggf. sowohl für Bestellung/Erwerb als auch für Rückübertragung/Heimfall
eingreifen.
Erwirbt der Erbbauberechtigte das Grundstück hinzu, greift § 2 Abs. 1 Nr. 3 GrEStG. 200
Danach gilt der Anspruch auf den zukünftigen Erbbauzins grunderwerbsteuerlich nicht als
Teil des Grundstücks. Der hierauf entfallende Kaufpreisteil gehört deshalb nicht zur steuerpflichtigen Gegenleistung, so dass bei Berechnung der Grunderwerbsteuer der Kaufpreis
um den kapitalisierten Wert des restlichen Erbbauzinses gekürzt werden kann.[165]

> **Praxishinweis Steuern:**
> Die Bewertung von Erbbaurechten und Erbbaugrundstücken für Zwecke der Erbschaft-
> und Schenkungsteuer ist in den §§ 192 ff. BewG gesondert geregelt.

2. Grundsteuer. Grundstück und Erbbaurecht unterliegen der Grundsteuer, § 2 GrStG 201
iVm § 68 Abs. 1 Nr. 2, Nr. 3 BewG bzw. § 50 Abs. 2 BewG-DDR. Gemäß § 10 Abs. 2
GrStG ist der Erbbaurechtsinhaber jedoch Schuldner der Grundsteuer sowohl für das
Grundstück als auch das Erbbaurecht.

---

[163] BFH MittRhNotK 1995, 215.
[164] BFH/NV 2011, 303; DStRE 2013, 1064 zu einem Gesamterbbaurecht.
[165] *V. Oefele/Winkler/Schlögel* ErbbauR-HdB § 10 Rn. 10, 62.

202 3. Ertragsteuer. Einkommensteuerliche Fragen im Zusammenhang mit der Bestellung und Veräußerung eines Erbbaurechts (AfA, Einkünfte aus Vermietung und Verpachtung, Werbungskosten) liegen außerhalb des notariellen Aufgabenfeldes, so dass die Beteiligten hier auf fachkundigen Rat verwiesen werden sollten. Anzumerken ist lediglich, dass die Bestellung eines Erbbaurechts im Rahmen der **Einkommensteuer** grundsätzlich nicht als Veräußerungsvorgang im Rahmen der sog. Drei-Objekte-Regelung gilt.[166] Erwirbt der Erbbauberechtigte das belastete Grundstück hinzu und veräußert anschließend – nach Aufhebung des Erbbaurechts – das unbelastete Grundstück weiter, dann ist der Veräußerungsgegenstand zumindest teilidentisch mit dem Erwerbsobjekt, so dass ein privates Veräußerungsgeschäft iSv §§ 22, 23 EStG vorliegen kann.[167]

Praxishinweis Steuern:

Erbbaurechte werden häufig eingesetzt, um die Entnahme von Baugrundstücken aus einem (landwirtschaftlichen) Betriebsvermögen zu vermeiden.[168] Nach der Rechtsprechung des BFH führt die Bestellung entgeltlicher Erbbaurechte grds. nicht zu einer Entnahme, soweit der Charakter des landwirtschaftlichen Betriebes nicht verdrängt wird. Unschädlich ist dabei die Bestellung von Erbbaurechten an bis zu 10 % der landwirtschaftlichen Flächen, ohne dass es auf einen Vergleich der daraus resultierenden Erträge mit den landwirtschaftlichen Erträgen ankommt.[169] Die verbilligte Überlassung eines solchen Erbbaurechtes führt dabei nur dann zu einer Grundstücksentnahme, wenn der Erbbauzins eine Geringfügigkeitsgrenze von 10 % des ortsüblichen Erbbauzinses unterschreitet; anderenfalls ist eine solche verbilligte Überlassung als Nutzungsentnahme zu behandeln.[170] Stellt das Erbbaugrundstück nach diesen Grundsätzen notwendiges oder gewillkürtes Betriebsvermögen dar, so gehört auch der Erbbauzins zu den betrieblichen Einkünften. Ansonsten (Erbbaugrundstück im Privatvermögen) zählt der Erbbauzins zu den Einkünften aus Vermietung und Verpachtung (§ 21 EStG). Wird der Erbbauzins in einem Einmalbetrag für einen längeren Zeitraum entrichtet, ist eine Verteilung gemäß § 11 Abs. 1 S. 3 iVm Abs. 2 S. 3 EStG auf die Zeiträume möglich, für die die Zahlung geleistet wird. Wird ein Erbbaurecht an einem bereits bebauten Grundstück eingeräumt, so enthält die Gegenleistung regelmäßig neben dem Erbbauzins auch einen Veräußerungserlös für das Bestandsgebäude, welcher nicht § 21 EStG unterliegt (sondern im Privatvermögen allenfalls § 23 EStG).[171]

II. Kosten

203 Für den **Vertrag über die Begründung des Erbbaurechts** wird eine 2,0-Gebühr Nr. 21100 KV GNotKG erhoben. Zur Ermittlung des Geschäftswerts sind 80% des Grundstückswerts (bei Beschränkung der Ausübung auf einen realen Teil des Werts dieser Fläche, § 49 Abs. 2 Hs. 2 GNotKG; bei bereits erfolgter Bebauung zuzüglich des Werts der errichteten Bauwerke) und der kapitalisierte Erbbauzins miteinander zu vergleichen; der höhere Wert ist maßgeblich (§§ 43, 49 Abs. 2 GNotKG). Für die Kapitalisierung gilt § 52 GNotKG. Gleichen Gegenstand haben Bauverpflichtung des Erbbauberechtigten, Heimfallrecht, Belastungs- und Veräußerungszustimmungserfordernis und Vorkaufsrecht des Erbbauberechtigten am Grundstück. Das Vorkaufsrecht am Erbbaurecht ist besonders zu bewerten, und zwar auch bei Notwendigkeit einer Veräußerungszustimmung mit 50%

---

[166] BFH ZNotP 2007, 434. Zum Handel mit Erbbaurechten vgl. aber BFH DStR 1996, 914; DStR 2005, 1223.
[167] BFH DStR 2013, 1937.
[168] Blümich/*Wied* EStG § 4 Rn. 495 („Erbbaurecht").
[169] BStBl. II 1993, 342; DStR 2002, 2212.
[170] BFH DStRE 2011, 923; OFD Münster DB 2011, 2061.
[171] Blümich/*Schallmoser* EStG § 21 Rn. 240 („Erbbaurecht/Erbbauzinsen").

des Werts des Erbbaurechts (80% der Summe von Grundstücks- und Gebäudewert, §§ 49 Abs. 2, 51 Abs. 1 S. 2 GNotKG); nur „besondere Umstände des Einzelfalls" können eine niedrigere Bewertung rechtfertigen.[172] 0,5-Vollzugsgebühr Nr. 22100 KV GNotKG, soweit eine Vollzugstätigkeit erforderlich ist. Eine Wertsicherung des Erbbauzinses darf nicht bewertet werden (§ 52 Abs. 7 GNotKG).

Für den **Kaufvertrag betreffend ein bestehendes Erbbaurecht** wird eine 2,0-Gebühr Nr. 21100 KV GNotKG erhoben. Zu vergleichen sind der Kaufpreis und 80% der Summe von Grundstückswert und Gebäudewert; der höhere Wert ist maßgebend (§§ 47, 49 Abs. 2, 97 Abs. 3 GNotKG); der Wert des Erbbauzinses spielt keine Rolle.   204

Für die **Zustimmung zur Veräußerung und Belastung des Erbbaurechts** in besonderer Erklärung wird eine 1,0-Gebühr Nr. 21200 KV GNotKG aus dem halben Wert des Kaufvertrags bzw. dem Betrag des Grundpfandrechts, höchstens 1.000.000 EUR, erhoben (§ 98 Abs. 1 GNotKG). Rangrücktritte mit Erbbauzins, Erhöhungsvormerkung und Vorkaufsrecht sind nicht gesondert zu bewerten (§ 108 Abs. 1 S. 4 Nr. 3 GNotKG entsprechend). Erklärung des Grundstückseigentümers zum Vorkaufsrecht: 1,0-Gebühr Nr. 21200 KV GNotKG aus einem Bruchteilswert (§ 36 Abs. 1 GNotKG; angemessen: 10% des Kaufpreises). Bei Abgabe dieser Erklärung im Kaufvertrag bzw. der Grundpfandrechtbestellungsurkunde erfolgt keine gesonderte Bewertung.   205

Bei Verlängerung des Erbbaurechts vor Ablauf ist als Geschäftswert der kapitalisierte Erbbauzins (§ 52 GNotKG) anzunehmen. Nach Ablauf des Erbbaurechts ist keine „Verlängerung" möglich, sondern nur Neubestellung, die auch als solche zu bewerten ist.[173]   206

Für die **Aufhebung des Erbbaurechts** wird eine 0,5-Gebühr Nr. 21201 KV GNotKG erhoben; Geschäftswert ist der Wert des Erbbaurechts;[174] keine besondere Bewertung für die Löschung der am Erbbaurecht eingetragenen Belastungen. Dagegen ist die Löschung des Vorkaufsrechts am Grundstück besonders zu bewerten (hälftiger Grundstückswert, § 51 Abs. 1 GNotKG).   207

E. Gesamtmuster: Bestellung eines Erbbaurechts (einfach)

UR-Nr. ***   208

Ⓤ

Erbbaurechtsvertrag

Heute, den ***,

sind vor mir, Notar *** mit dem Amtssitz in *** in ***

gleichzeitig anwesend:

***.

Nach Unterrichtung über den Grundbuchstand beurkunde ich ihren Erklärungen gemäß folgenden Vertrag:

A. Grundbuchstand

Im Grundbuch des Amtsgerichts *** für *** Band *** Blatt *** ist *** als Eigentümer folgenden Grundbesitzes der Gemarkung *** eingetragen:

Flur-Nr. *** *[Beschrieb]* zu *** qm.

Der Grundbesitz ist laut Grundbuch belastet wie folgt:

Abt. II: ***

Abt. III: ***

---

[172] BGH NJW-RR 2012, 219.
[173] BayObLG ZNotP 2002, 283.
[174] OLG Celle Rpfleger 2004, 652 ist überholt.

B. Erbbaurechtsbestellung

I. Bestellung

***

– nachfolgend **Eigentümer** genannt –

bestellt zugunsten

***

– nachfolgend **Erbbauberechtigter** genannt –

als Alleinberechtigten

an dem in Ziffer A. genannten Grundbesitz ein Erbbaurecht.

II. Dauer

Das Erbbaurecht wird auf die Dauer von *** Jahren, gerechnet ab dem Tag der Eintragung des Erbbaurechts im Grundbuch, bestellt.

III. Bestimmungen für das Erbbaurecht

Für das Erbbaurecht gelten folgende Bestimmungen:

1. Bauwerk, Nebenflächen

a) Der Erbbauberechtigte ist berechtigt und verpflichtet, auf dem Erbbaugrundstück ein
*** zu errichten. Das Erbbaurecht erstreckt sich auf den für das Bauwerk nicht erforderlichen Teil des Grundstücks zur Nutzung als ***.

b) Eine Änderung des eben genannten Verwendungszweckes bedarf der vorherigen schriftlichen Genehmigung des Grundstückeigentümers.

2. Bau- und Unterhaltungsverpflichtung

Der Erbbauberechtigte ist verpflichtet, die in III. 1. a) genannten Bauwerke innerhalb von ***, gerechnet ab heute, zu errichten. Hierbei hat er die allgemein anerkannten Regeln der Technik und die Auflagen und Vorschriften der Baubehörden zu beachten.

Der Erbbauberechtigte ist verpflichtet, die Bauwerke nebst Zubehör und Außenanlagen stets in gutem Zustand zu erhalten. Hierzu erforderliche Instandsetzungen und Erneuerungen hat er unverzüglich vorzunehmen.

3. Besichtigungsrecht

Der Eigentümer ist berechtigt, das Erbbaurrechtsgrundstück und die Bauwerke nach vorheriger Absprache mit dem Erbbaurechtsberechtigten zu besichtigen oder besichtigen zu lassen.

4. Versicherungen/Wiederaufbau

Der Erbbauberechtigte ist verpflichtet, die vom Erbbaurecht erfassten Bauwerke nebst Zubehör und Nebenanlagen während der gesamten Vertragsdauer gegen Brand- Sturm– und Leitungswasserschäden zu einem angemessenen Wert zu versichern.

Erfüllt der Erbbauberechtigte diese Verpflichtung binnen angemessener Frist nicht oder nur ungenügend, kann der Eigentümer selbst für die Versicherung sorgen.

Bei ganz oder teilweiser Zerstörung der Bauwerke ist der Erbbauberechtigte verpflichtet, sie auf eigene Kosten binnen angemessener Frist wiederherzustellen.

5. Lastentragung

Der Erbbauberechtigte hat alle auf das Erbbaugrundstück und das Erbbaurecht entfallenden einmaligen und wiederkehrenden öffentlichen und privatrechtlichen Lasten, Abgaben und Pflichten, die den Grundstücks- oder Gebäudeeigentümer als solchen betreffen, einschließlich der Grundsteuer und gemeindlicher Lasten nach dem Kommunalabgabengesetz für die Dauer des Erbbaurechts zu tragen sowie für die Erfüllung aller behördlicher Auflagen zu sorgen. Ausgenommen sind gegenwärtige und künftige grundbuchmäßige Belastungen des Grundstücks, soweit keine abweichende Regelung getroffen wird.

Erschließungskosten und Anliegerbeiträge trägt der Erbbauberechtigte, soweit sie der entsprechende Beitragsbescheid ab morgen zugestellt wird. Beiträge aufgrund vorher zugegangener bzw. zugehender Bescheide trägt der Eigentümer.

6. Zustimmungserfordernis

Der Erbbauberechtigte bedarf der schriftlichen Zustimmung des Eigentümers zur
a) Veräußerung des Erbbaurechts im Ganzen oder von ideellen oder realen Teilen,
b) Belastung des Erbbaurechts mit Grundpfandrechten, Dauerwohn- und Dauernutzungsrechten und Reallasten sowie zur Inhaltsänderung einer dieser Rechte, wenn diese eine weitere Belastung des Erbbaurechts enthält.

7. Heimfall

Der Eigentümer kann die Übertragung des Erbbaurechts an sich oder an einen von ihm bezeichneten Dritten auf Kosten des Erbbauberechtigten verlangen, wenn
a) der Erbbauberechtigte trotz Abmahnung gegen seine Verpflichtungen aus B. III. 1, 2, 3, 4, 5, verstößt,
b) der Erbbauberechtigte trotz Abmahnung keine ausreichende Haftpflichtversicherung (B. IX.) abschließt,
c) die Zwangsversteigerung oder Zwangsverwaltung des Erbbaurechts ganz oder teilweise angeordnet wird,
d) das Insolvenzverfahren über das Vermögen des Erbbauberechtigten eröffnet oder mangels Masse abgelehnt wird,
e) der Erbbauberechtigte mit der Zahlung des Erbbauzinses in Höhe von mindestens zwei Jahresraten in Verzug ist.

8. Entschädigung bei Zeitablauf bzw. Vergütung bei Heimfall

Erlischt das Erbbaurecht durch Zeitablauf oder macht der Eigentümer von seinem Heimfallanspruch Gebrauch, hat der Eigentümer dem Erbbauberechtigten eine Entschädigung bzw. eine Vergütung zu zahlen.

Diese beträgt 2/3 des Verkehrswerters der Gebäude und der baulichen Anlagen zum Zeitpunkt des Zeitablaufs bzw. der Geltendmachung des Heimfallanspruchs. Vom Erbbauberechtigten aufgewendete Erschließungskosten sind bei der Bewertung mit zu berücksichtigen.

Übernimmt der Eigentümer gemäß § 33 ErbbauRG Lasten, sind diese anzurechnen. Übersteigen die Lasten die Vergütung, hat der Erbbauberechtigte die überschießenden Beträge dem Eigentümer zu erstatten.

Erzielen Eigentümer und Erbbauberechtigter über die Höhe des zu zahlenden Betrags keine Einigung, ist diese von einem Schiedsgutachter nach billigem Ermessen zu bestimmen. Können sich Eigentümer und Erbbauberechtigter nicht über die Person des Sachverständigen einigen, ist diese vom Präsidenten der Industie und Handelskammer *** zu ernennen. Für die Tragung der Kosten des Schiedsgutachtens gilt § 91 ZPO entsprechend.

Für die Fälligkeit gilt Folgendes:

Im Falle des Erlöschens durch Zeitablauf ist die Entschädigung am Tage nach dem Erlöschen zu bezahlen.

Beim Heimfall hat die Übertragung des Erbbaurechts zu erfolgen, sobald die Höhe der Vergütung feststeht. Die Vergütung ist bei Beurkundung der Übertragung ohne Zinsen zu bezahlen.

9. Vorrecht auf Erneuerung

Der Erbbauberechtigte hat nach Ablauf der Erbbaurechts unter den Vorrausetzungen des § 31 ErbbauRG das Vorrecht auf Erneuerung.

IV. Erbbauzins

Der Erbbauberechtigte hat ab dem Tage der Eintragung des Erbbaurechts für die Dauer des Erbbaurechts einen jährlichen Erbbauzins zu zahlen. Der Erbbauzins ist in zwölf gleichen Teilbeträgen, jeweils im Voraus bis spätestens zum Dritten eines jeden Monats zu entrichten.

Der jährliche Erbbauzins beträgt *** EUR.

Es gilt folgende Wertsicherung: Der Erbbauzins ändert sich jeweils nach Ablauf von drei Jahren, wobei der erste Anpassungszeitpunkt der *** ist. Der dingliche Erbbauzins ändert sich bei Eintritt des Änderungszeitpunkts automatisch in dem Verhältnis, wie sich der vom Statistischen Bundesamt ermittelte Verbraucherpreisindex (Basis von 2015 = 100) gegenüber dem Beurkundungsmonat bzw. dem Zeitpunkt der letzten Anpassung in Prozenten verändert hat. Klargestellt wird, dass § 9a ErbbauRG unberührt bleibt.

Als dinglicher Inhalt des Erbbauzinses wird vereinbart, dass die Reallast abweichend von § 52 Abs. 1 ZVG mit ihrem Hauptanspruch bestehen bleibt, wenn der Eigentümer aus der Reallast oder der Inhaber eines im Range vorgehenden oder gleichstehenden dinglichen Rechts oder der Inhaber der in § 10 Abs. 1 Nr. 2 ZVG genannten Ansprüche aus dem WEG die Zwangsversteigerung des Erbbaurechts betreibt.

Für die Zeit zwischen Besitzübergang und Eintragung des Erbbaurechts im Grundbuch hat der Erbbauberechtigte an den Eigentümer ein jährliches Nutzungsentgelt in Höhe des vereinbarten Erbbauzinses entsprechend der dort geregelten Fälligkeit zu bezahlen.

V. Gesamtschuldner/Zwangsvollstreckungsunterwerfung

1. Gesamtschuldner

Mehrere Erbbauberechtigte haften für alle Verpflichtungen aus diesem Vertrag als Gesamtschuldner.

2. Zwangsvollstreckungsunterwerfung

Der Erbbauberechtigte unterwirft sich der sofortigen Zwangsvollstreckung aus dieser Urkunde in sein gesamtes Vermögen wegen
– der Erbbauzinsreallast und den einzelnen Erbbauzinsraten jeweils in ihrer wertgesicherten Form,
– des in B. IV. vereinbarten Nutzungsentgelts,
– der Verpflichtung zur Errichtung, Unterhaltung und Versicherung des Erbbaurechtsgebäudes.

Vollstreckbare Ausfertigung ist auf Antrag ohne Fälligkeitsnachweis dem Eigentümer zu erteilen. Eine Beweislastumkehr ist damit nicht verbunden.

Soweit es aufgrund der vereinbarten Wertsicherung zu einer Erhöhung des Erbbauzinses kommt, ist der Erbbauberechtigte verpflichtet, sich auf Verlangen des jeweiligen Grundstückeigentümers auch wegen des Erhöhungsbetrags in notarieller Urkunde der sofortigen Zwangsvollstreckung zu unterwerfen.

VI. Gegenseitiges Vorkaufsrecht

Der Eigentümer räumt dem jeweiligen Erbbauberechtigten am Erbbaugrundstück, der Erbbauberechtigte dem jeweiligen Eigentümer am Erbbaurecht das dingliche Vorkaufsrecht für alle Verkaufsfälle ein.

VII. Besitzübergang

Besitz, Nutzen und Lasten sowie die Gefahr einer zufälligen Verschlechterung oder eines zufälligen Untergangs gehen ab *** auf den Erbbauberechtigten über.

VIII. Haftung

1. Der Eigentümer haftet dafür, dass das Erbbaurecht erste Rangstelle erhält.
2. Der Eigentümer garantiert, dass es bei dem Vertragsobjekt um ein Baugrundstück handelt, wobei Umfang der Bebaubarkeit jedoch von den baurechtlichen Bestimmungen, insbesondere von den Festsetzungen der gemeindlichen Bauleitplanung abhängt; der Eigentümer übernimmt keine Haftung dafür, dass das Grundstück für die Errichtung der beabsichtigten Bauwerke und der sonstigen Anlage geeignet ist und dass die notwendigen behördlichen Genehmigungen erteilt werden. Der Eigentümer haftet nicht für Sachmängel gleich welcher Art, insbesondere nicht für die Bodenbeschaffenheit und die Richtigkeit des angegebenen Flächenmaßes; dies gilt auch für Ansprüche auf Schadensersatz, es sei denn, der Eigentümer handelt vorsätzlich.

IX. Verkehrssicherung, Haftpflichtversicherung

Der Erbbauberechtigte trägt die Verkehrssicherung ab Besitzübergang für seine Bauwerke und das Erbbaugrundstück allein.

Der Erbbauberechtigte hat eine Haftpflichtversicherung mit ausreichender Deckungssumme abzuschließen, die sich zugunsten des Eigentümers auf dessen allgemeine Haftpflicht bezüglich des Grundbesitzes, insbesondere auf des Verkehrssicherheit erstreckt. Kommt der Erbbauberechtigte dieser Versicherungspflicht nicht nach, kann der Eigentümer auf Kosten des Erbbauberechtigten für die notwendige Versicherung sorgen.

X. Rechtsnachfolge

Soweit die Verpflichtungen dieses Vertrags nicht kraft Gesetzes auf die Rechtsnachfolger übergehen, ist jeder Vertragsteil verpflichtet, seine sämtlichen Verpflichtungen aus diesem Vertrag seinen sämtlichen Sonderrechtsnachfolgern mit Weiterübertragungsverpflichtung aufzuerlegen. Übernimmt ein Sonderrechtsnachfolger des Erbbauberechtigten nicht alle Verpflichtungen aus diesem Vertrag, kann der Eigentümer die Zustimmung zur Veräußerung des Erbbaurechts verweigern.

XI. Salvatorische Klausel

Sollte eine Bestimmung dieses Vertrags unwirksam sein oder werden, ist der übrigen Vertrag dennoch gültig. Die Vertragsteile sind dann verpflichtet, eine neue Vereinbarung abzuschließen, die der unwirksamen Bestimmung wirtschaftlich am nächsten kommt.

XII. Grundbuchanträge

1. Die Vertragsteile sind sich darüber einig, dass das Erbbaurecht und die nachfolgenden Rechte entstehen. Sie bewilligen und der Erbbauberechtigte beantragt, in das Grundbuch einzutragen:
   a) in das Grundstücksgrundbuch:
      – das Erbbaurecht mit dem gesetzlichen und vertraglichen Inhalt
      – im Rang nach dem Erbbaurecht das Vorkaufsrecht für den jeweiligen Erbbauberechtigten
   b) in das anzulegende Erbbaugrundbuch:
      – den wertgesicherten, vollstreckungsfesten Erbbauzins
      – im Rang nach dem Erbbauzins das Vorkaufsrecht für den jeweiligen Eigentümer
2. Auf die Eintragung einer Vormerkung zur Sicherung des Anspruchs auf Eintragung des Erbbaurechts wird verzichtet.

C. Auftrag/Vollmacht/Genehmigungen

Die Beteiligten beauftragen den Notar, alle Genehmigung und sämtliche zum Vollzug dieses Vertrags erforderliche Erklärungen zu erholen. Sie bevollmächtigen ihn, im

Grundbuchverfahren uneingeschränkt zu vertreten und Genehmigungen, die ohne Bedingungen und Auflagen erteilt werden, für sie entgegenzunehmen.

Der vorliegende Vertrag bedarf der Genehmigung durch ***.

D. Kosten/Abschriften

I. Kosten

Die Kosten dieses Vertrages, seines Vollzuges, die Grunderwerbsteuer, die Kosten der
Grunderwerbsteuer, der Katasterfortführung, des Heimfalls, der Löschuzng des Erbbaurechts und der Schließung des Erbbaugrundbuchs trägt der Erbbauberechtigte.

II. Abschriften

Eine Ausfertigung erhalten:
– das Amtsgericht – Grundbuchamt
– die Vertragsteile nach grundbuchamtlichen Vollzug

Einfache Abschriften erhalten
– das Finanzamt – Grunderwerbsteuerstelle
– der Gutachterausschuss
– die Vertragsteile sofort

E. Hinweise

Die Vertragsteile wurden vom Notar insbesondere darauf hingewiesen, dass
– das Erbbaurecht nur an erster Rangstelle bestellt werden kann,
– das Erbbaurecht erst mit der Eintragung in das Grundbuch entsteht und hierzu das
  Vorliegen der grunderwerbsteuerlichen Unbedenklichkeitsbescheinigung erforderlich
  ist,
– alle Vereinbarungen richtig und vollständig beurkundet sein müssen, nicht beurkundete Abreden nichtig sind und die Wirksamkeit des ganzen Vertrags in Frage stellen,
– die Beteiligten für die Kosten bei Gericht und Notar und die Grunderwerbsteuer gesamtschuldnerisch haften.

Vorgelesen vom Notar,

von den Beteiligten genehmigt

und eigenhändig unterschrieben.

§ 5. Grundstückszuwendung

Übersicht

Schrifttum:

Dauner-Lieb/Grziwotz, Pflichtteilsrecht, Handkommentar, 2. Aufl. 2017 (zit.: HK-PflichtteilsR); *Joachim/Lange,* Pflichtteilsrecht, 3. Aufl. 2017; *Krauß,* Vermögensnachfolge in der Praxis, 5. Aufl. 2018; *Langenfeld/Günther,* Grundstückszuwendungen zur lebzeitigen Vermögensnachfolge, 6. Aufl. 2010; *Mayer/Geck,* Der Übergabevertrag, 3. Aufl. 2013; *Mayer/Süß/Tanck/Bittler,* Handbuch Pflichtteilsrecht, 4. Aufl. 2017; *Münch,* Ehebezogene Rechtsgeschäfte, 4. Aufl. 2015; *Schlitt/Müller,* Handbuch Pflichtteilsrecht, 2. Aufl. 2017; *Spiegelberger,* Unternehmensnachfolge, Gestaltung nach Zivil- und Steuerrecht, 2. Aufl. 2009; *Spiegelberger,* Vermögensnachfolge, Gestaltung nach Zivil- und Steuerrecht, 2. Aufl. 2010; *Spiegelberger/Schallmoser,* Immobilien im Zivil- und Steuerrecht, 3. Aufl. 2018; *Waldner,* Vorweggenommene Erbfolge für die notarielle und anwaltliche Praxis, 2. Aufl. 2011.

A. Grundlagen

Die Grundstückszuwendung tangiert in aller Regel persönliche, zivil-, sozial- und steuer- **1** rechtliche Elemente, die sich in unterschiedlicher Gewichtung überlagern. Es ist deshalb von besonderer Bedeutung, zunächst die individuelle Interessenlage der Beteiligten zu erfassen. Ferner sind unterschiedliche Zeitschranken zu berücksichtigen. Die nachstehenden Hinweise können angesichts der Lebensvielfalt nur typische Sachverhalte ansprechen.

Beratungs-Checkliste: **2**

(1) Beteiligte
- (a) Eltern/Kinder: Schenkung mit Modifikationen/Ausstattung/Gesellschaft
- (b) Ehegatten: Ehebedingte Zuwendung
- (c) Zuwendung an Fremde: Versorgungsvertrag

(2) Gegenstand
- (a) Privat:
  - (aa) Objekt zur freien Verfügung (zB Bauplatz)
  - (bb) Weitere Nutzung durch den Veräußerer (Wohnungsrechtsvorbehalt)
  - (cc) Gemeinsam genutztes Familienobjekt
  - (dd) Fremdgenutztes Renditeobjekt mit Nießbrauchs- oder Rentenvorbehalt
- (b) Betrieb/Hof

(3) Zuwendungsmotive
- (a) Bereicherung des Erwerbers
  - (aa) Freigebige Zuwendung
  - (bb) Pflichtschenkung
  - (cc) Belohnende Schenkung
  - (dd) Private Starthilfe
  - (ee) Berufliche Existenzgründungshilfe
- (b) Gestaltungsziel des Veräußerers
  - (aa) Herstellung der Vermögensparität
  - (bb) Vorweggenommener Zugewinnausgleich
  - (cc) Entlastung von Verantwortung
  - (dd) Überwachung des Erwerbers
- (c) Starke Eigeninteressen des Veräußerers
  - (aa) Verlagerung aus Haftungsgründen
  - (bb) Private Altersvorsorge (zB Abfindung, Altenteil)
  - (cc) Vorweggenommene Erbfolge

- Veränderung der Erbrechtspositionen
- Erhaltung des Vermögens in einer Hand
- Sicherstellung von weichenden Erben
(dd) Unternehmensnachfolge
- Erhaltung des Betriebes durch planvolle Überleitung
- „Betriebliche" Altersversorgung
(4) Berücksichtigung Dritter
(a) Rechte für Dritte (zB Gleichstellungsgelder)
(b) Mitwirkung Dritter (zB Pflichtteilsverzicht gegen Abfindung)
(c) Schutz vor Ansprüchen Dritter (zB Anfechtungsrecht)
(d) Beachtung staatlicher Leistungspflichten
(e) Verhinderung ungewollter Rechtsnachfolge
(5) Ingangsetzen von Fristen
(a) Ein Jahr: Verzeihung, § 532 BGB
(b) Zwei Jahre: Anfechtung entgeltlicher Leistungen unter Angehörigen, § 133 Abs. 2 InsO, § 3 Abs. 2 AnfG (→ Rn. 21)
(c) Vier Jahre: Anfechtung unentgeltlicher Leistungen, § 134 InsO, § 4 AnfG (→ Rn. 20)
(d) Fünf Jahre: Behaltensfrist im Modell teilweiser Schenkungsteuerfreistellung bei Betriebsvermögen (→ Rn. 68)
(e) Sieben Jahre: Behaltensfrist im Modell vollständiger Schenkungsteuerfreistellung (→ Rn. 68)
(f) Zehn Jahre:
(aa) Ausschluss der Rückforderung wegen Verarmung des Schenkers (§ 529 Abs. 1 BGB, → Rn. 159)
(bb) Ausschluss der Pflichtteilsergänzung (§ 2325 Abs. 3 BGB, → Rn. 319 ff.)
(cc) Vorerwerbe bei der Erbschaft- und Schenkungsteuer (§ 14 ErbStG, → Rn. 35)
(dd) Steuerpflicht bei privaten Veräußerungsgeschäften (§ 23 EStG, → Rn. 77)
(ee) Absichtsanfechtung (§ 3 Abs. 1 AnfG, § 133 Abs. 1 InsO, → Rn. 19)
(6) Steuerliche Aspekte
(a) Schenkungsteuer:
(aa) Mehrfachnutzung von Freibeträgen
(bb) Kettenschenkung (→ Rn. 186)
(cc) Abzugsfähigkeit vorbehaltener Nutzungsrechte (→ Rn. 56)
(dd) Vorherige Adoption
(b) Einkommensteuer:
(aa) Nutzung von Progressionsunterschieden
(bb) „Betriebsaufspaltung" zwischen Eheleuten
(cc) Verschaffung eigener Steuerbefugnisse (gewollte Anschaffungskosten)
(dd) Privatvermögen: Anschaffungskosten entstehen in bestimmten Fällen (→ Rn. 79 ff.)
(ee) Betriebsvermögen: Veräußerungsgewinne (→ Rn. 80 ff.) oder Buchwertfortführung, Abziehbarkeit von Versorgungsleistungen gemäß § 10 Abs. 1 Nr. 1a EStG (→ Rn. 429 ff.)
(c) Umsatzsteuer: Vorsteuerberichtigung nach § 15a UStG vermeiden (→ § 29 Rn. 136)

I. Motive

Zwischen 2015 und 2024 sind Vermögenswerte in Höhe von ca. 3,1 Billionen EUR zu 3 übertragen, das sind 27% des Vermögensbestands aller privaten Haushalte in Deutschland. Mehr als die Hälfte davon entfällt auf Immobilien.

Hauptmotive für die lebzeitige Übertragung sind[1] – interessanterweise in dieser Rei- 4 henfolge –

(1) die Ausnutzung der Zehn-Jahres-Fristen für die Wiedergewährung der schenkung-/ erbschaftsteuerrechtlichen Freibeträge, insbesondere angesichts der 1996 und erneut 2009 eingetretenen höheren Bewertung von Immobilien;
(2) die Verteilung des Vermögens unter Mitwirkung der Kinder in einer streitvermeidenden einvernehmlichen Weise;
(3) die Sicherstellung der Versorgung des Veräußerers im Alter;
(4) die Vermeidung künftigen Sozialhilferegresses;
(5) die Existenzsicherung des Erwerbers.

Für die lebzeitige Übertragung („aus warmer Hand") im Unterschied zur letztwilligen 5 Zuwendung sprechen

(1) der sofortige Entlastungseffekt beim Veräußerer;
(2) die Möglichkeit, Konsens und Ausgleich unter mehreren Nachkommen herbeizuführen;
(3) schenkungsteuerliche Überlegungen (Ausnutzung der Zehn-Jahres-Fristen für die Freibeträge, Abzugsfähigkeit vorbehaltener Nutzungsrechte seit der Streichung des § 25 ErbStG im Jahr 2009);
(4) die Chance, nach Ablauf von zehn Jahren seit der Schenkung dem Rückforderungsregress späterer Sozialleistungsträger zu entgehen (§ 529 BGB); ebenso die „rechtzeitige" Entfernung von Schonvermögen aus dem späteren sozialhilferechtlichen Erbenregress (§ 102 SGB XII) durch bewusste „Flucht in § 528 BGB";
(5) die Chance, unliebsame dritte Pflichtteilsberechtigte vom „ordentlichen Pflichtteil" auf den (unter Umständen abschmelzenden) Pflichtteilsergänzungsanspruch zu verweisen, der zudem um in der Vergangenheit erhaltene Schenkungen per se gekürzt wird (§ 2327 BGB im Unterschied zu § 2315 BGB: „Flucht in die Pflichtteilsergänzung").

Die Zuwendung durch letztwillige Verfügung ist dagegen überlegen hinsichtlich der ding- 6 lichen Wirkungen von kontroll- und verfügungsentziehenden Elementen (Testamentsvollstreckung, Vor- und Nacherbfolge, auch hinsichtlich ihrer gläubigerabwehrenden Wirkung: §§ 2115, 2214 BGB), ebenso im Hinblick auf die Möglichkeit, Planänderungen bis zum letzten Moment zu berücksichtigen, und die fortbestehende eigene Verfügungsmacht über Substanz und Ertrag des Vermögens bis zum letzten Atemzug.

II. Schwächen der Schenkung

1. Übersicht. Unter den Erwerbsformen des BGB ist die Schenkung die schwächste. 7 Dies wird sowohl deutlich im Verhältnis zwischen den Vertragsbeteiligten selbst (Widerruf bei grobem Undank, § 530 BGB, → Rn. 161; Rückforderung bei Verarmung des Schenkers, § 528 BGB, → Rn. 159) als auch im Verhältnis zu Dritten.

Sie hat insbesondere folgende Schwächen: 8

(1) Der redliche, aber unentgeltliche Erwerb vom Nichtberechtigten wird gemäß § 816 Abs. 1 S. 2 BGB schuldrechtlich rückabgewickelt.
(2) Unentgeltliche Verfügungen eines Bereicherungsschuldners führen gemäß § 822 BGB dazu, dass der Zweitbeschenkte wie ein rechtsgrundloser Erwerber zur Herausgabe verpflichtet ist.

---

[1] Vgl. *Bengel* MittBayNot 2003, 270 (275).

(3) Der unentgeltliche Erwerber ist stets unmittelbar, auch ohne Kenntnis, einer bestehenden Anfechtungslage ausgesetzt: § 145 Abs. 2 InsO, § 15 Abs. 2 AnfG.

(4) Schenkungen des Erblassers zulasten des Vertragserben oder Vertragsvermächtnisnehmers, denen kein lebzeitiges Eigeninteresse zugrunde liegt, unterliegen der Rückforderung nach Bereicherungsrecht gemäß §§ 2287, 2288 BGB.

(5) Der Ehegatte, dessen Zugewinnausgleichsforderung durch Schenkungen verkürzt worden ist, kann gemäß § 1390 BGB den Drittempfänger kondiktionsrechtlich in Anspruch nehmen, und zwar nicht nur allein auf Herausgabe, sondern unmittelbar auf Zahlung in Geld.

(6) Bereits auf der Berechnungsebene sind unentgeltliche Zuwendungen, die ein Ehegatte an Dritte getätigt hat, seinem Endvermögen zuzurechnen (§ 1375 Abs. 2 Nr. 1 BGB), es sei denn, sie lägen länger als zehn Jahre zurück oder wären mit (nicht formgebundener) Einwilligung des anderen Ehegatten erfolgt.

(7) Schenkungen zulasten eines Pflichtteilsberechtigten können gemäß § 2329 BGB unter Umständen vom Beschenkten nach Bereicherungsrecht herausgefordert werden, soweit der zur Pflichtteilsergänzung unmittelbar verpflichtete Erbe ihn nicht zu erfüllen braucht.

(8) Unentgeltliche Verfügungen eines Vorerben, auch eines befreiten, werden gemäß § 2113 Abs. 2 S. 1 Alt. 1 BGB mit Eintritt des Nacherbfalls eo ipso unwirksam.

(9) Gesetzliche Vertreter, zB Eltern, Vormünder, Betreuer, Pfleger sowie Testamentsvollstrecker, unterliegen dinglichen Schenkungsverboten (vgl. §§ 1425 Abs. 1, 1641, 1804, 2205 S. 3 BGB), von denen auch gerichtlich nicht Dispens erteilt werden kann.

9 2. Bindende Erbfolge (§§ 2287, 2288 BGB). Das BGB hat sich bewusst im Rahmen des § 2286 BGB dazu bekannt, die **Freiheit des Erblassers** zur Vornahme von Rechtsgeschäften unter Lebenden in weitem Umfang anzuerkennen, auch wenn er erbvertraglich oder durch gemeinschaftliches Testament mit Wechselbezüglichkeit[2] gebunden ist. Schadensersatzansprüche gemäß § 826 BGB gegen den Beschenkten werden demnach nur selten in Betracht kommen; ebenso zurückhaltend ist die Rechtsprechung in der Annahme der Nichtigkeit beeinträchtigender Schenkungen als sog. „Aushöhlungsgeschäfte". Bei Übergabeverträgen nach der Höfeordnung durch einen erbvertraglich gebundenen Hofeigentümer gelten noch strengere Grundsätze (analoge Anwendung des § 2289 Abs. 1 S. 2 BGB), so dass allenfalls eine negative Hoferklärung gemäß § 1 Abs. 4 S. 1 HöfeO helfen kann.[3] Mitunter wird allerdings bei Hinzutreten weiterer Umstände ein begleitender konkludenter lebzeitiger **„Verfügungsunterlassungsvertrag"** konstruiert, dessen Verletzung zur Schadensersatzpflicht im Wege der Naturalrestitution führe.[4]

10 Als Ausnahme hiervon führt § 2287 BGB bei **„böslichen Schenkungen"** zu einem Bereicherungsanspruch des „geschädigten Vertragserben" gegen den Beschenkten; es gelten demnach auch die Vorschriften über Wertersatz (§ 818 Abs. 2 BGB), den Wegfall der Bereicherung im Stadium der Gutgläubigkeit (§ 818 Abs. 3 BGB), sowie die Haftung des Zweitbeschenkten (§ 822 BGB). Aus § 242 BGB bestehen parallele Auskunftsansprüche.[5] Der Anspruch verjährt gemäß § 2287 Abs. 2 BGB binnen drei Jahren nach dem Anfall der Erbschaft an den Vertragserben ohne Rücksicht darauf, ob der Vertragserbe Kenntnis von der Schenkung, von seiner Berufung zum Erben und von der Beeinträchtigungsabsicht des Erblassers hatte. Er ist ausgeschlossen, wenn der Vertragserbe der Schenkung des Erblassers (vor oder nach ihrer Vornahme) zustimmt, und zwar – analog § 2352 BGB – in notariell beurkundeter Form.[6] Formfrei ist jedoch der Erlassvertrag zwischen Beschenktem und Vertragserben nach Eintritt des Erbfalls (§ 397 BGB).

[2] Analoge Anwendung; BGHZ 82, 274 (276).
[3] Vgl. *Gehse* RNotZ 2008, 218.
[4] ZB OLG München ErbR 2009, 385 mAnm *Rudy*.
[5] OLG Düsseldorf ZEV 2012, 156.
[6] BGH DNotZ 1990, 803.

Gläubiger des Anspruchs wird der Vertragserbe erst, nachdem ihm die Erbschaft angefal- 11
len ist. Der Anspruch entsteht originär in der Person des Vertragserben, fällt also nicht in
den Nachlass, ist nicht in Erbauseinandersetzungen einzubeziehen, schmälert sich nicht
um „anrechnungspflichtige" Vorerwerbe iSd § 2050 BGB und unterliegt auch keiner Testamentsvollstreckung. Bis zum Eintritt des Nacherbfalls steht der Anspruch dem Vertrags-
Vorerben, sodann dem Nacherben zu. Vor dem Erbfall stehen demgegenüber auch Verfahren des einstweiligen Rechtsschutzes (Arrest oder einstweilige Verfügung) nicht zur
Verfügung, da kein sicherungsfähiger Anspruch besteht,[7] es sei denn, im Erbvertrag läge
zugleich eine (gemäß § 137 S. 2 BGB naturgemäß nur schuldrechtlich wirkende) Verfü-
gungsunterlassungsverpflichtung, die durch ein einstweiliges Veräußerungs- und Belastungsverbot durchgesetzt werden kann.[8]

Ein Anspruch aus § 2287 Abs. 2 BGB besteht nur in dem Maße, in dem in erbvertrag- 12
liche Bindungen eingegriffen wird. So tritt zB durch Schenkungen des Erblassers an einen
konkret Pflichtteilsberechtigten keine Beeinträchtigung der Vertragserben ein, sofern die
Schenkungen den Pflichtteil nicht übersteigen (der pflichtteilsberechtigte Beschenkte
kann sozusagen gegen den Bereicherungsanspruch des Vertragserben „aufrechnen", sogar
ohne eine entsprechende Einrede zu erheben[9]).

Neben dem Vorliegen einer Schenkung – jedwede Minderung der Unentgeltlichkeit 13
reduziert also bereits auf der Tatbestandsebene den möglichen Anspruchsumfang – ist
weiter erforderlich die Absicht, den Vertragserben zu beeinträchtigen. Entscheidend ist
dabei nicht die – mit jeder Schenkung notwendig einhergehende – wirtschaftliche
Schmälerung des Erblasservermögens, sondern die subjektive Einstellung des Erblassers.
Da dieser gesetzliche Ausforschungsauftrag auf unüberwindliche Beweisschwierigkeiten
trifft, stellt der BGH seit 1972[10] anstelle einer Abwägung und Gewichtung verschiedener
Motive entscheidend darauf ab, ob ein **lebzeitiges Eigeninteresse** des Erblassers an der
Vermögensdisposition anzuerkennen ist. Dies liegt regelmäßig bei Pflicht- und Anstands-
schenkungen vor (vgl. § 534 BGB), zB auch Geschenken zu Geburtstagen, Hochzeiten
etc, möglicherweise auch bei Schenkungen zu ideellen Zwecken oder aus persönlichen
Rücksichten, auf jeden Fall aber bei Schenkungen zu materiellen Zwecken, etwa zur Sicherung der eigenen Altersversorgung[11] oder um die jüngere Ehefrau für zu erwartende
Phasen der Betreuungsbedürftigkeit „an sich zu binden",[12] oder den Wegzug des erwachsenen Kindes, von dem man sich Unterstützung im Alter verspricht, zu verhindern,[13] sowie bei Betriebsübertragungen in der Absicht, den Bestand des Unternehmens zu erhalten.[14]

Eine Schenkung als Ausgleich für **Pflegeleistungen** ist demnach regelmäßig privile- 13a
giert, es sei denn, der Vertragserbe war seinerseits zur Pflege vertraglich verpflichtet und
bereit und der Schenker wünschte dessen Leistungen lediglich nicht mehr.[15] Die Pflege-
und Unterstützungsleistung muss im Übertragungsvertrag nicht als „Gegenleistung" ausbedungen werden, vielmehr genügt es, dass der Beschenkte sie tatsächlich erbringt und
auch weiter erbringen will.[16] Handelt es sich um „echte Gegenleistungen", wirken sie
sich allerdings doppelt günstig aus: sie reduzieren den Schenkungsanteil und belegen –
hinsichtlich der verbleibenden Schenkung – das lebzeitige Eigeninteresse.[17] Nach der

---

[7] BayObLGZ 1952, 289.
[8] OLG Stuttgart BWNotZ 1959, 70.
[9] BGH ZEV 1996, 25 (26).
[10] BGHZ 59, 350.
[11] OLG Köln ZEV 2000, 317.
[12] BGH NJW 1992, 2630 (2631).
[13] LG Düsseldorf, 25. 6. 2016 – 1 O 410/15, ZErb 2017, 143 mAnm *Horn*.
[14] OLG Oldenburg BeckRS 2011, 23182.
[15] OLG Koblenz, NJW-RR 2005, 883.
[16] BGH notar 2012, 22 mAnm *Odersky*.
[17] BGH ZNotP 2016, 319; ebenso OLG Köln ZErb 2014, 196, allerdings bei einer in bar zu entrichtenden
Gegenleistung, dagegen krit. *Ruby/Schindler* ZEV 2015, 13 (14).

Rechtsprechung[18] braucht es sich bei den bereits geleisteten und erwarteten Leistungen nicht um Pflegeleistungen im eigentlichen Sinne zu handeln, es genügt „persönliche Zuwendung und die Erfüllung der persönlichen Lebensbedürfnisse". Obiter dictum weist der BGH zwischenzeitlich (entgegen der früheren Einschätzung der Praxis) darauf hin,[19] die im Einzelfall vorzunehmende Interessenabwägung könne durchaus auch zu dem Ergebnis führen, dass lediglich **ein Teil der Schenkung** durch das lebzeitige Eigeninteresse gerechtfertigt sei.

14   Die **Anforderungen** an das „Eigen"-interesse sind **streng:** der Wunsch, durch lebzeitige Verfügung für eine Gleichbehandlung der Abkömmlinge zu sorgen, soll nicht ausreichen,[20] ebenso wenig der Wunsch, die Zuneigung zum zweiten Ehegatten zu dokumentieren und diesen zu versorgen.[21] Auch das bloße Bestehen einer nichtehelichen Lebensgemeinschaft genügt nicht als Rechtfertigung;[22] ebenso wenig, dass die Schenkung nur der nachträglichen Korrektur einer erbvertraglichen Verteilung zugunsten einer nunmehr genehmeren Person dienen soll,[23] oder aufgrund der Erkenntnis vorgenommen wird, den (nun beschenkten) Ehegatten zu gering bedacht zu haben, bzw. erfolgt, weil nachträglich unerwartet ein erheblicher Vermögenszuwachs stattfand, den man bei der Abfassung des Erbvertrages gar nicht habe berücksichtigen können,[24] oder als Ausgleich dafür, dass die dem weichenden Geschwister früher gewährte Abfindung sich im Nachhinein als zu hoch herausstellt, da das zu schützende Unternehmen in Insolvenz fiel.[25]

15   Wer durch Erbvertrag oder gemeinschaftliches Testament bindend als **Sachvermächtnisnehmer** eingesetzt ist, bedarf eines weiter gehenden Schutzes als der Vertragserbe. Sein Anspruch könnte nämlich auch durch bloßes Wegschaffen des vermachten Gegenstands (Verkauf, Verschenken, Zerstörung) vereitelt werden, §§ 2279, 2169, 2171 BGB. Der Vertragsvermächtnisnehmer wird daher in § 2288 BGB auch gegen Beeinträchtigung durch **tatsächliche Maßnahmen** (Zerstörung, Beschädigung etc – § 2288 Abs. 1 BGB) geschützt, ebenso gegen Veräußerung oder Belastung, gleichgültig, ob **gegen Entgelt** oder unentgeltlich, § 2288 Abs. 2 BGB. Auch auf Rechtsfolgenseite gewährt § 2288 BGB nicht nur – wie § 2287 BGB – einen (schwachen) Bereicherungsanspruch, sondern darüber hinaus einen Wertersatz- oder Verschaffungsanspruch vermächtnisrechtlicher Art gegen den Erben.

16   **3. Gläubigeranfechtung.** Deutlich wird die Bestandsschwäche der Schenkung ferner im Recht der **Gläubiger- und Insolvenzanfechtung,** das (neben dem Strafrecht, §§ 283 ff. StGB) dem Bemühen des pfändungsgefährdeten Vermögensinhabers, sich zur Erreichung der „asset protection" auch kurzfristig von seinen Gütern zu trennen (möglichst ohne den wirtschaftlichen Zugriff hierauf aufgeben zu müssen), Grenzen setzt:

17   Zur Gläubigeranfechtung **berechtigt** ist jeder (auch nach der Vornahme der anfechtbaren Rechtshandlung hinzu gekommene) Gläubiger, der einen vollstreckbaren Schuldtitel erlangt hat, sofern die Vollstreckung in das sonstige Vermögen des Schuldners nicht zu einer vollständigen Befriedigung geführt hat; berechtigt zur Insolvenzanfechtung ist lediglich der Insolvenzverwalter (§ 129 InsO). Rechtsfolge der Insolvenzanfechtung ist gemäß § 143 InsO ein schuldrechtlicher Anspruch auf Rückgewähr der gegebenen Leistung bzw. auf Wertersatz; Rechtsfolge der Gläubigeranfechtung gemäß § 11 AnfG ist die Duldung der Zwangsvollstreckung aus dem Gläubigertitel in den anfechtbar weggegebenen Gegenstand.

---

[18] OLG Köln ZErb 2014, 196.
[19] BGH notar 2012, 22 mAnm *Odersky;* ZNotP 2016, 319 Rn. 15.
[20] BGH ZEV 2005, 479.
[21] OLG Celle RNotZ 2006, 477.
[22] OLG Köln NJW-RR 1992, 200.
[23] BGH WM 1977, 201.
[24] BGH NJW 1982, 1100.
[25] OLG Karlsruhe ErbR 2016, 643 mAnm *Görtz.*

In objektiver Hinsicht ist zudem das Vorliegen einer **Gläubigerbenachteiligung** erfor- 17a
derlich, dh die Verschlechterung der Zugriffsmöglichkeiten der Gläubiger auf das Vermögen des Schuldners. Eine **unmittelbare Benachteiligung** setzt voraus, dass sein dem
Zugriff der Gläubiger ausgesetztes Vermögen unter Einbeziehung des veräußerten Gegenstandes größer ist als ohne diesen, also der in der Versteigerung erzielbare Wert des
Grundstücks die vorrangigen Belastungen[26] und die Kosten des Versteigerungsverfahrens
übersteigt.[27] Unproblematisch ist demnach jedenfalls die Weggabe
(1) von Gegenständen, die der Aussonderung oder Absonderung unterliegen, sowie
(2) von wertlosen oder wertausschöpfend belasteten[28] Objekten. Weiter ist unantastbar
(3) die Ausübung von Persönlichkeitsrechten (Heirat, Scheidung, Adoption, Güterstands-
    wechsel, Ausschlagung einer Erbschaft, Mitwirkung an der Aufhebung einer binden-
    den (eigenen) Erbeinsetzung,[29] Nichtgeltendmachung des Pflichtteils, Nichtantritt ei-
    ner gut bezahlten Arbeit).

Zwischen den Anfechtungstatbeständen herrscht ein **Stufenverhältnis** mit strenger wer- 18
denden Anforderungen bei zunehmender zeitlicher Entfernung zur Insolvenzeröffnung/
Anfechtungserklärung, abnehmender Nähebeziehung zwischen Schuldner und Vertragspartner sowie Kenntnis des Vertragspartners von den Umständen und zunehmender Entgeltlichkeit:

(1) Erfolgte die Rechtshandlung oder das ihr gleichstehende Unterlassen in Benachteili- 19
    gungsabsicht (wobei dolus eventualis genügt), kann die Anfechtung bis zu zehn Jahre
    zurückliegende Rechtshandlungen erfassen. Die notwendige Kenntnis des Vertrags-
    partners von der Benachteiligungsabsicht wird widerleglich vermutet, wenn er zumin-
    dest von der objektiven Benachteiligungswirkung der drohenden Zahlungsunfähigkeit
    des Schuldners wusste. In den Fällen der **Absichtsanfechtung** (§ 3 Abs. 1 AnfG,
    § 133 Abs. 1 InsO) genügt auch eine lediglich mittelbare Gläubigerbenachteiligung,
    die zB in der gegenständlichen Umschichtung des Gläubigervermögens von sicheren
    zu flüchtigeren Werten liegen kann oder als Folge der Erhöhung des Verkehrswerts
    des anfechtbar veräußerten Objekts zwischen der Vornahme der Handlung und der
    Anfechtung selbst eintreten kann. Mit Wirkung ab **5. 4. 2017** wurde § 133 Abs. 1
    InsO (Vorsatzanfechtung) faktisch auf zielgerichtete Vermögensverschiebungen an
    Dritte beschränkt. Nunmehr gilt: Sofern die Rechtshandlung dem anderen Teil eine
    Sicherung oder Befriedigung gewährt oder ermöglicht hat, also **Deckungshandlun-
    gen** vorliegen, beträgt die Anfechtungsfrist nur mehr **vier Jahre.** Sofern es sich um
    eine **kongruente Deckung** handelt (also eine Sicherung oder Befriedigung, die der
    andere Teil in der Art und zu der Zeit tatsächlich beanspruchen konnte), ist gemäß
    § 133 Abs. 3 S. 1 InsO, § 3 Abs. 3 S. 1 AnfG zur Vermutung der Kenntnis über Vor-
    satz und Benachteiligungsabsicht (abweichend von § 133 Abs. 1 S. 2 InsO, § 3 Abs. 1
    S. 2 AnfG) erforderlich, dass der andere Teil wusste, dass die Zahlungsunfähigkeit tat-
    sächlich eingetreten ist (also nicht lediglich, dass sie drohte). Damit tritt faktisch eine
    Umkehrung der Beweislast zulasten des Insolvenzverwalters ein.

(2) Die Vornahme einer objektiv **unentgeltlichen Leistung,** gleich mit welchem Ver- 20
    tragspartner, berechtigt zur Anfechtung binnen vier Jahren (§ 4 AnfG, § 134 InsO).
    Bei gemischten Schenkungen geht die hM von der Anfechtung des gesamten Rechts-
    geschäfts aus, gerichtet auf Rückgewähr der Leistung Zug um Zug gegen Erstattung
    der aus dem Vermögen des Beschenkten erbrachten Gegenleistung, es sei denn,
    der Anfechtungsgegner wendet die Rückgewähr durch anteiligen Wertersatz in Geld ab.

(3) **Entgeltliche Verträge** mit nahestehenden Personen (§ 3 Abs. 2 AnfG, § 133 Abs. 2 21
    InsO) während der zurückliegenden zwei Jahre, die zu einer unmittelbaren Gläubi-

---

[26] In ihrer vollen valutierenden Höhe, auch wenn dieser Gläubiger auf andere Sicherheiten (verpfändete
    Lebensversicherungen) zurückgreifen könnte, dies jedoch nicht muss: BGH ZNotP 2007, 113.
[27] BGH RNotZ 2006, 200 mAnm *Kesseler.*
[28] OLG Dresden BeckRS 2016, 16112.
[29] BGH NotBZ 2013, 132 mAnm *Suppliet.*

gerbenachteiligung führen, sind erleichtert anfechtbar; die Benachteiligungsabsicht des Schuldners und die Kenntnis des Vertragspartners hiervon werden kraft Gesetzes widerleglich vermutet. Hauptanwendungsfall ist die Erfüllung zuvor durch Güterstandswechsel geschaffener Zugewinnausgleichsansprüche durch Geld- oder Sachübertragungen unter Ehegatten.[30]

22 (4) Lediglich im Vorfeld einer Insolvenz (also nicht im Rahmen der allgemeinen Gläubigeranfechtung) sollen schließlich §§ 130–132 InsO dem Prinzip der gleichmäßigen Gläubigerbefriedigung bereits ab dem Zeitpunkt des Offenbarwerdens der Krise Geltung verschaffen. Findet eine Sicherung oder Befriedigung statt, die dem späteren Insolvenzgläubiger nicht, nicht auf diese Weise oder nicht zu diesem Zeitpunkt zugestanden hätte, oder erfolgt die Befriedigung im letzten Monat vor dem Antrag auf Insolvenzeröffnung bzw. nach diesem Antrag, bedarf die Anfechtung keiner weiteren objektiven oder subjektiven Voraussetzungen (§ 131 Abs. 1 Nr. 1 InsO). Gleiches gilt bei solchen („inkongruenten") Rechtshandlungen innerhalb des zweiten oder dritten Monats vor dem Eröffnungsantrag, wenn der Schuldner objektiv zahlungsunfähig war oder der Anfechtungsgegner von der objektiven Benachteiligung der Insolvenzgläubiger Kenntnis hatte. Bei einer kongruenten, also auf diese Weise beanspruchbaren Deckung, gestattet § 130 InsO die Anfechtung bei Rechtshandlungen binnen drei Monaten vor Eröffnungsantrag allerdings nur, wenn zusätzlich der Schuldner zu diesem Zeitpunkt bereits zahlungsunfähig war und der Gläubiger davon Kenntnis hatte. Die Anfechtung solcher kongruenter Rechtsgeschäfte ist gemäß § 142 InsO ausgeschlossen, wenn es sich um **Bargeschäfte** handelt, also ein enger zeitlicher Zusammenhang zwischen Leistung und Gegenleistung vorliegt, was auch bei Grundstücksgeschäften, die ohne Vorleistung binnen ein bis zwei Monaten abgewickelt werden, gegeben sein kann,[31] sofern keine Stundung gewährt[32] oder sonstige Vorleistung vereinbart wurde.

23 Für die Vertragsgestaltung besonders gefährlich ist die Anfechtung gemäß §§ 130, 131 InsO in den **letzten drei Monaten vor Insolvenzeröffnung** wegen kongruenter oder inkongruenter Deckung, da insoweit mittelbare Gläubigerbenachteiligung genügt und geringe Anforderungen an den subjektiven Tatbestand gestellt werden. Kommt es zur Anfechtung, sind zwar alle Zahlungen, die zur Ablösung bevorrechtigter (dinglicher) Gläubiger geleistet werden, „gesichert", Zahlungen an den (späteren) Gemeinschuldner allerdings nicht (§ 144 Abs. 2 S. 2 InsO). Es kann sich daher empfehlen, Leistungen des potentiellen Anfechtungsgegners (Erwerbers) erst nach Ablauf von drei Monaten fällig werden zu lassen oder erst dann aus dem Anderkonto auszuzahlen, wenn kein Insolvenzverfahren beantragt wurde.[33] Die Eröffnung selbst kann, ebenso wie die Einsetzung eines vorläufigen „starken" Verwalters, gemäß §§ 23, 30, 9 Abs. 1 Nr. 1 InsO der Plattform www.insolvenzbekanntmachungen.de entnommen werden (allerdings leider nicht die – für den Drei-Monats-Zeitraum eigentlich maßgebliche – Antragstellung!).

III. Schenkungsteuer

24 **1. Grundsätzliches.** Der Beschluss des BVerfG vom 7.11.2006[34] führte mit Wirkung ab 1.1.2009 (wie bereits zuvor das Urteil des BVerfG vom 22.6.1995[35]) zu neuen bewertungs- und schenkung-/erbschaftsteuerrechtlichen Bestimmungen, die jedoch wiederum der verfassungsrechtlichen Überprüfung nicht standhielten (BVerfG vom 17.12.2014[36])

---

[30] Vgl. BGH MittBayNot 2010, 493; *Hosser* ZEV 2011, 174.
[31] BGH NJW 1977, 718.
[32] Davon ist in Anlehnung an § 286 Abs. 3 BGB ab einem Zeitraum von 30 Tagen auszugehen, BGH ZInsO 2014, 1602 Rn. 31 ff.
[33] Vgl. *Reul* MittBayNot 2011, 363 (368).
[34] ZEV 2007, 76 (101).
[35] DNotZ 1995, 763.
[36] BVerfG ZEV 2015, 19 (im Originalausdruck 70 Seiten lang).

aufgrund der gleichheitssatzwidrigen Begünstigung von Betriebsvermögen (insbesondere Übermaßbegünstigung durch gestufte Beteiligungsverhältnisse mit Verwaltungsvermögen von nicht mehr als 50% durch den positiven Kaskadeneffekt, „Cash-GmbHs", Aufspaltungen in vermögenslose Besitzgesellschaft mit Arbeitnehmern und vermögende Besitzgesellschaft ohne Lohnsummenkontrolle, internes Verkaufsmodell etc) und mit Wirkung ab 1.7.2016 in Bezug auf Betriebsvermögen geändert wurden.

Die am 19.12.2011 verabschiedeten **ErbStR 2011** samt begleitender Hinweise[37] inte- 25 grieren die gleichlautenden Anwendungserlasse vom Sommer 2009, ebenso den „Pool-Erlass" vom Oktober 2010 und die Anwendungserlasse vom Mai 2011 zu gemischten Schenkungen sowie vom August 2011 zu Nachschenkungen. Begrüßenswerterweise integrieren die ErbStR 2011 und die ErbStH 2011 erstmals das erläuterte Paragraphenzitat in die Gliederungsbezeichnung, so dass als ein weiterer Unterscheidungsbuchstabe („E" bzw. „B") zur Bezeichnung des „Erbschaftsteuergesetzes" bzw. des „Bewertungsgesetzes" einzufügen war. R E 9.1 ErbStR 2011 erläutert also zB die Anwendung des § 9 ErbStG, H E 9.1 ErbStH 2011 enthält Hinweise und Beispiele hierzu. Gegliedert wird sodann numerisch (9.1, 9.2) – wobei diese Abschnitte nicht den Absätzen des Gesetzestextes entsprechen, sondern thematische Überschriften tragen. Die zum 1.7.2016 in Kraft getretenen Änderungen des ErbStG, insbesondere im Rahmen der Unternehmensnachfolge, sind Gegenstand eines koordinierten (nicht: gleichlautenden) Ländererlasses vom 22.6.2017, der zwar gemäß Erklärung des Bayerischen Landesamtes für Steuern[38] von Bayern nicht mitgetragen wird, auf den sich jedoch jeder Steuerpflichtige in Bayern berufen kann, mit geringen (für den Steuerpflichtigen günstigen) Abweichungen.[39] Seit 20.12.2018 hat das BMF den Entwurf der ErbStR 2019 online gestellt.

Grundtatbestand für die Besteuerung freigebiger Zuwendungen unter Lebenden ist 26 § 7 Abs. 1 ErbStG, der in Nr. 1 eine dauerhafte Bereicherung des Empfängers auf Kosten des Zuwendenden verlangt. Aufschiebend bedingte Leistungen oder Gegenleistungspflichten sind erst mit **Bedingungseintritt** zu beachten (§ 12 Abs. 1 ErbStG iVm § 6 BewG); Gleiches gilt für Gegenleistungen mit unbestimmter Fälligkeit (§ 9 Abs. 1 Nr. 1 lit. a ErbStG iVm § 1 Abs. 2 ErbStG). Auch unentgeltliche **Nutzungsüberlassungen** oder die Zinslosigkeit gewährter Darlehen (§ 15 Abs. 1 BewG: 5,5%!) können der Besteuerung unterliegen. Gleiches gilt gemäß § 7 Abs. 1 Nr. 4 ErbStG für die bei Vereinbarung des Güterstands der **Gütergemeinschaft** erfahrene Bereicherung, für lebzeitige **Abfindungen** für Erb- oder Pflichtteilsverzichte (§ 7 Abs. 1 Nr. 5,[40] Nr. 7, Nr. 10 ErbStG), den **Stiftungserwerb** (§ 7 Abs. 1 Nr. 8, Nr. 9 ErbStG) und bestimmte **gesellschaftsrechtliche Vorgänge** (§ 7 Abs. 5–8 ErbStG), zB den Zuerwerb beim Ausscheiden eines Gesellschafters, übermäßige Gewinnbeteiligungen oder die mittelbare Bereicherung begünstigter Mitgesellschafter bei Leistungen eines Gesellschafters an „seine" Gesellschaft oder umgekehrt im Rahmen von Übermaßzuwendungen der Gesellschaft an ihre Gesellschafter (vgl. den teilweise missglückten § 7 Abs. 8 ErbStG).[41]

Unbeachtlich bleibt jedoch die beim Erben mittelbar eintretende Bereicherung, die im 27 schlichten Unterlassen der Geltendmachung eines **Pflichtteilsanspruchs** liegt (vgl. § 13

---

[37] ErbStH 2011, Sondernr. 1/11 des BStBl. I.

[38] V. 14.11.2017 – S 3715.1.1-30/8 St 34, vgl. EStB 2018, 25.

[39] Im wesentlichen (1) wird für die Bestimmung des Zwei-Jahres-Zeitraums iSd § 13b Abs. 7 S. 2 ErbStG auch die Zeit angerechnet, in der das Verwaltungsvermögen zuvor ununterbrochen Betrieben verbundener Unternehmen iSd § 13a Abs. 9 ErbStG zuzurechnen war, sowie (2) ist bei der Ermittlung des verfügbaren Vermögens iSd § 28a Abs. 2 ErbStG abweichend von Abschnitt 28a.2 Abs. 2 S. 6 des Erlasses der Wert des verfügbaren Vemögens um die auf den steuerpflichtigen Erwerb entfallende Erbschaft- bzw. Schenkungsteuer zu mindern.

[40] Maßgeblich ist seit der Rechtsprechungsänderung BFH ZEV 2017, 532 mAnm *Böing* das Steuerklassenverhältnis zum tatsächlich Leistenden, nicht mehr analog § 3 Abs. 2 Nr. 4 ErbStG zum Erblasser. Damit verliert die Praxis ein vielfach eingesetztes Instrument zur steuergünstigen Ausgleichung unter Geschwistern, zB zur Korrektur vorangegangener Vermögenszuordnungen.

[41] Vgl. auch BMF BStBl. I 2012, 331 sowie *Hutmacher* ZNotP 2012, 170 und *Korezkij* ZEV 2012, 303.

Abs. 1 Nr. 11 ErbStG), auch wenn der Pflichtteilsanspruch zivilrechtlich mit dem Erbfall entsteht (§ 2317 Abs. 1 BGB). Ist der Pflichtteil allerdings geltend gemacht, führt dies zu einem Erwerb von Todes wegen gemäß § 3 Abs. 1 Nr. 1 Alt. 4 ErbStG; ein Verzicht auf diesen geltend gemachten Anspruch löst dann wiederum eine Besteuerung nach § 7 Abs. 1 Nr. 1 ErbStG zugunsten des Erben aus! Ist der Pflichtteilsanspruch zwar zivilrechtlich entstanden, wird er jedoch nicht geltend gemacht, weil für dieses Unterlassen der Geltendmachung eine Abfindung geleistet wird, unterliegt wiederum die Abfindung der Besteuerung als Erwerb von Todes wegen gemäß § 3 Abs. 2 Nr. 4 ErbStG, und zwar als stets fiktiv vom Erblasser stammend.

28   Um die **Abmilderung der erbschaftsteuerlichen Nachteile des Berliner Testaments** durch „einvernehmliche" Geltendmachung des Pflichtteilsanspruchs nicht zu gefährden, sollten etwaige **Pflichtteilsstrafklauseln** entweder nur fakultativ wirken oder aber lediglich an die Geltendmachung „gegen den Willen des Erben" anknüpfen. Auch die **Ausschlagung gegen Abfindung** bzw. bei unsicherer Rechtslage der Abschluss eines **Erbvergleichs gegen Abfindung** (die Abfindung unterliegt gemäß § 3 Abs. 2 Nr. 4 Alt. 2 ErbStG der Besteuerung, und zwar wiederum als Erwerb vom Erblasser, nicht von demjenigen, der die Abfindung erbringt) bieten sich zur Optimierung des Berliner Testaments an; zumal die Besteuerung an den Gegenstand der Abfindung anknüpft, so dass zB die Übertragung des Familienheims an den Ehegatten bzw. das Kind die Freistellungen der § 13 Abs. 1 Nr. 4b oder Nr. 4c ErbStG vermitteln kann. **Ertragsteuerlich** wird allerdings die Ausschlagung gegen Abfindung so behandelt, als hätte der Nachlass zunächst dem „vorläufigen" Erben gehört, der ihn sodann gegen Entgelt auf den Ersatzerben „übertragen" hat, so dass in Bezug auf Betriebsvermögen und steuerverhaftetes Privatvermögen (§§ 17, 23 EStG!) Veräußerungsgewinne entstehen können.

28a   Steuergünstig wirken schließlich **Zweckvermächtnisse**[42] (§ 2156 BGB), bei denen der Beschwerte (im ersten Sterbefall der überlebende Ehegatte, im zweiten die Kinder) nach billigem Ermessen Gegenstand und Umfang,[43] Bedingungen und Zeitpunkt der Leistung festlegen können, sowie unter mehreren bedachten Abkömmlingen gemäß § 2151 BGB bestimmen, wer und zu welchen Anteilen (§ 2153 BGB) das Vermächtnis erhalten soll. Optimierend wirkt in beiden Varianten die Bestimmung eines Sachleistungsanspruchs mit Ersetzungsbefugnis, das Verbot des Verlangens einstweiliger Sicherung und die Bestimmung eines (wegen § 2181 BGB nicht mit dem Tod des Längerlebenden in Zusammenhang stehenden) ausreichend späten Endtermins;[44] auch sollte der Erfüllungszeitpunkt nicht in das freie Belieben des Beschwerten gestellt werden, sondern nur in sein billiges Ermessen nach § 315 BGB.[45] In ähnlicher Weise hilfreich kann mitunter sein, **(form-)unwirksam** (zB nur mündlich) **geäußerte Vermächtnisse** zu vollziehen, also § 41 AO auszunutzen.[46] Ein solcher unwirksam zustande gekommener letzter Wille kann beispielsweise auch vorliegen, wenn ein Testament errichtet wird, das erbrechtlichen Bindungen widerspricht.[47]

29   Werden **Vermächtnisse** (idR konkludent) angenommen, entsteht Erbschaftsteuer gemäß §§ 1 Abs. 1 Nr. 1, 3 Abs. 1 Nr. 1 ErbStG im Zeitpunkt des Ablebens des Erblassers (§ 9 Abs. 1 Nr. 1 ErbStG – anders nur bei aufschiebend bedingten Vermächtnissen: Entstehung erst mit Bedingungseintritt, § 9 Abs. 1 Nr. 1a ErbStG); bei Ausschlagung unter-

---

[42] Als Zweck genügt „zur Ausnutzung der steuerlichen Freibeträge", vgl. NK-BGB/*J. Mayer* BGB § 2156 Rn. 4, jedoch zB nicht „um ihm eine Freude zu machen".
[43] Der Beschwerte kann iRd „billigen Ermessens" neben den steuerlichen Aspekten auch den (Ausbildungs-)Bedarf des Kindes, Gleichstellungsaspekte, seine eigene Versorgung etc berücksichtigen, vgl. *Steiner* ZErb 2015, 165 (166).
[44] Vgl. *J. Mayer* DStR 2004, 1412.
[45] So zu Recht die Empfehlung von *Keim* ZEV 2016, 6 (12).
[46] BFH ErbStB 2007, 196 mAnm *Halaczinsky; ZEV* 2000, 335; *Wachter* MittBayNot 2006, 10.
[47] Zur steuerlichen Anerkennung unwirksamer Testamente vgl. auch *Theyson-Wadle* ZEV 2002, 221.

bleibt eine Besteuerung, es sei denn, es würde hierfür wiederum eine Abfindung gewährt, § 3 Abs. 2 Nr. 4 Alt. 4 ErbStG.

Schenkungsteuer entsteht im Zeitpunkt der **„Ausführung der Schenkung"**, § 9 Abs. 1 Nr. 2 ErbStG, also der zivilrechtlichen Wirksamkeit, wobei Vorbehaltsnutzungsrechte und sogar freie Widerrufsvorbehalte, auch in Kumulation, nicht schädlich sind.[48] Grundstücksschenkungen gelten bereits als ausgeführt, wenn die Auflassung erklärt ist und Antrag auf Eigentumsumschreibung durch den Beschenkten gestellt werden kann (R E 9.1 ErbStR 2011). Bei Teilflächenschenkungen gilt gemäß H E 9.1 letzter Spiegelstrich ErbStH 2011 dasselbe, so dass vorsichtshalber (auch wenn grundbuchrechtlich nicht verwendbar) die Auflassung der noch nicht vermessenen Teilfläche miterklärt werden sollte. Anders als im bürgerlichen Recht (§ 184 Abs. 1 BGB) wirken behördliche oder privatrechtliche Genehmigungen nicht auf den Tag des Vertragsschlusses zurück, so dass die Schenkung erst mit deren Erteilung als schenkungsteuerrechtlich ausgeführt gelten kann. Gemäß R E 9.1 Abs. 3 S. 4 ErbStR 2011 genügt es jedoch, den Antrag auf behördliche Genehmigung in gehöriger Form gestellt zu haben, lediglich bei gerichtlichen Genehmigungen ist die Rechtskraft (und Mitteilung gemäß § 1829 BGB: Doppelvollmacht) maßgebend. Anstelle vollmachtloser Vertretung empfiehlt sich ggf. das Auftreten mündlich/privatschriftlich Bevollmächtigter mit späterer Vollmachtsbestätigung in grundbuchtauglicher Form gemäß § 29 GBO. **30**

Der Stichtag des Wirksamwerdens der Schenkung (Entstehung der Steuer) ist auch **Bewertungsstichtag** (§ 10 ErbStG). Übernimmt der Schenker als Teil der Zuwendung auch die Schenkungsteuer, erhöht dies gemäß § 10 Abs. 2 ErbStG den steuerpflichtigen Erwerb (allerdings kann der Schenker die durch die Übernahme der Schenkungsteuer zusätzlich angefallene Schenkungsteuer dem Erwerber erstatten, ohne dass die Steuer sich dadurch weiter erhöhen würde, da § 10 Abs. 2 ErbStG insoweit abschließend ist). **31**

Nach Maßgabe der formalen familiären Nähebeziehung zum Erblasser/Schenker sieht § 15 ErbStG eine Einteilung in **drei Steuerklassen** vor, die maßgeblich ist für die Höhe der Freibeträge (§ 16 ErbStG), den Steuersatz (§ 19 ErbStG), die Vergünstigungen beim Mehrfacherwerb (§ 27 ErbStG) und bestimmte sachliche Befreiungen hinsichtlich des Hausrats (§ 13 Abs. 1 Nr. 1 ErbStG). Adoptionen – auch die Volljährigen-Adoptionen mit schwachen Wirkungen – führen zu Steuerklasse I, zu der auch Stiefkinder zählen. **32**

Nachstehende Tabelle verdeutlicht (im Vergleich zum bis 2008 geltenden Rechtszustand) die für Erwerbe ab 1.1.2009 geltenden Freibeträge: **33**

34

Verhältnis zum Erblasser/Schenker	Steuerklasse	Neu	Bisher	Differenz in EUR
Ehegatte (falls nicht geschieden)	I Nr. 1	500.000	307.000	+ 193.000
Kinder, Stiefkinder	I Nr. 2	400.000	205.000	+ 195.000
Kinder, Kinder verstorbener Kinder und Stiefkinder	I Nr. 2	400.000	205.000	+ 195.000
Kinder, nicht verstorbener Kinder und Stiefkinder	I Nr. 3	200.000	51.200	+ 148.800
Eltern, Großeltern usw bei Erwerben von Todes wegen	I Nr. 4	100.000	51.200	+ 148.800
Eltern, Großeltern usw bei Schenkung unter Lebenden	II Nr. 1	20.000	10.300	+ 9.700
Geschwister	II Nr. 2	20.000	10.300	+ 9.700

---

[48] BFH BStBl. II 1989, 1034.

Verhältnis zum Erblasser/Schenker	Steuerklasse	Neu	Bisher	Differenz in EUR
Nichte/Neffe	II Nr. 3	20.000	10.300	+ 9.700
Stiefeltern	II Nr. 4	20.000	10.300	+ 9.700
Schwiegerkinder (= Schwiegersohn, -tochter)	II Nr. 5	20.000	10.300	+ 9.700
Schwiegereltern (= Schwiegervater, -mutter)	II Nr. 6	20.000	10.300	+ 9.700
Geschiedener Ehegatte, Ehegatte bei einer für nichtig erklärten Ehe	II Nr. 7	20.000	10.300	+ 9.700
Eingetragener Lebenspartner	I Nr. 1	500.000	5.200 (vor JStG 2010!)	+ 494.800
Alle übrigen Erwerber	III	20.000	5.200	+ 14.800
Zweckzuwendungen	III	20.000	5.200	+ 14.800

35   § 14 ErbStG dient einerseits der Vermeidung mehrfacher Ausnutzung der Freibeträge innerhalb der Zehn-Jahres-Grenze, also der Abwehr des Unterlaufens der Steuersatzprogression bei höheren Erwerben durch Zerlegung in mehrfache Teilzuwendungen, andererseits der Milderung der Steuer für den Letzterwerb durch Verrechnung der hohen Steuerlast aus dem früheren Erwerb (§ 14 Abs. 1 S. 3 ErbStG – im Anschluss an hochbesteuerte Zuwendungen zu DDR-Zeit konnten nach der Wende Folgeschenkungen sogar gänzlich steuerfrei bleiben!)

36   **Unbeschränkte Steuerpflicht** tritt gemäß § 2 ErbStG ein, wenn entweder der Schenker/Erblasser oder der Beschenkte/Erbe Inländer ist (also im Fall natürlicher Personen hier seinen Wohnsitz oder gewöhnlichen Aufenthalt hat bzw. im Fall juristischer Personen sich hier sein Sitz oder die Geschäftsleitung befindet). Erfasst ist sodann aller Erwerb („Weltvermögen"), was die erhöhte Gefahr von Doppelbesteuerungen heraufbeschwört. Wer zwar keinen inländischen Wohnsitz mehr hat, aber als deutscher Staatsbürger sich noch nicht fünf Jahre lang im Ausland dauernd aufhält („Wegzügler"), unterliegt gemäß § 2 Abs. 1 Nr. 1 S. 2 lit. a ErbStG der sogenannten **erweiterten unbeschränkten Steuerpflicht** (und regelmäßig zugleich der Steuerpflicht im Auslandsstaat). § 2 Abs. 1 Nr. 3 ErbStG schafft schließlich eine **beschränkte Steuerpflicht** für Inlandsvermögen iSd § 121 BewG, also hier gelegenen Grundbesitz, inländisches Betriebsvermögen, eine mindestens 10%-ige Beteiligung an inländischen Kapitalgesellschaften, nicht jedoch für inländische Bankkonten oder Forderungen gegen inländische Schuldner. § 4 AStG iVm § 2 AStG kennt schließlich noch eine **erweitert beschränkte Erbschaftsteuerpflicht,** die bis zu elf Jahren nach Wegzug greifen kann. Erst dann sind der Steuerpflichtige und sein Erwerb der deutschen Schenkung/Erbschaftsteuerpflicht endgültig „entflohen".[49]

37   Der Abmilderung doppelter Belastung dienen die (noch wenigen) **Doppelbesteuerungsabkommen** (für Erbschaften: Schweiz, Österreich bis 31.7.2008, Israel, Griechenland, bzw. für Erbschaften und Schenkungen: Dänemark, Frankreich, Schweden, USA), die entweder der Freistellungs- oder der Anrechnungsmethode folgen. Hilfsweise führt § 21 ErbStG zur zumindest teilweisen Anrechnung der im Ausland auf dort belegenes Vermögen entrichteten, der Art nach gleichartigen Steuer.

38   Der Erwerber eines an sich nur beschränkt steuerpflichtigen Vermögensanfalls in Deutschland (§ 16 Abs. 2 ErbStG aF: Freibetrag lediglich 2.000 EUR!) konnte gemäß § 2

---

[49] Vgl. *Watrin/Kappenberg* ZEV 2011, 105.

Abs. 3 ErbStG seit 13.12.2011 auf Antrag diesen Erwerb mit allen Konsequenzen der unbeschränkten Steuerpflicht unterwerfen, sofern der Erblasser/Schenker oder der Erwerber zur Zeit der Entstehung der Steuer seinen Wohnsitz in einem Mitgliedsstaat der EU oder des EWR hatte. Europäisches Recht forderte jedoch die Gewährung des „inländischen" Freibetrages auch ohne Wahl der unbeschränkten Steuerpflicht.[50] Der Gesetzgeber hat daher mit Wirkung ab 25.6.2017 § 2 Abs. 3 ErbStG aufgehoben und § 16 Abs. 2 ErbStG geändert[51] (Gewährung des grds. vollen Freibetrages wie bei reinen Inlandssachverhalten, allerdings in Fällen der beschränkten Steuerpflicht gemäß § 2 Abs. 1 Nr. 3 ErbStG Kürzung um denjenigen Teilbetrag, der auf das nicht von der beschränkten Steuerpflicht erfasste, zB Auslandsvermögen, bezogen auf alle Erwerbe von derselben Person innerhalb eines Zehn-Jahres-Zeitraums entfällt). Zu den Anzeigepflichten gemäß § 30 ErbStG → § 29 Rn. 22.

Steuerschuldner sind bei Schenkungen unter Lebenden sowohl der Erwerber als auch 39 der Schenker selbst als Gesamtschuldner (§ 20 Abs. 1 Hs. 1 ErbStG). Erfolgt eine Nachversteuerung begünstigten Betriebsvermögens wegen eines Verstoßes gegen die Behaltensregelung oder die Lohnsummenanforderungen (→ Rn. 70), will die Finanzverwaltung im Erlasswege[52] den Schenker von einer Inanspruchnahme freistellen, es sei denn, er hätte den Betrag der Steuer gemäß § 10 Abs. 2 ErbStG ebenfalls mitgeschenkt (→ Rn. 31). Daher sollte die Verpflichtung zur Übernahme der Schenkungsteuer solche Nachversteuerungsbeträge niemals miterfassen!

2. Bewertung. Unbebaute Grundstücke (§ 178 BewG) werden nach dem Bodenricht- 40 wert, der vom Gutachterausschuss zuletzt zu ermitteln war, bewertet, wobei Abweichungen (insbesondere abweichende Geschossflächenzahl, Übergröße/Grundstückstiefe, abweichender Erschließungszustand) vom „Standard-Bodenrichtwert-Grundstück" durch Zu- oder Abschläge zu erfassen sind.

Für **bebaute Grundstücke** (§ 182 BewG) gilt: Bei **Wohnungs- oder Teileigentum** 41 sowie **Ein- oder Zweifamilien-Häusern** ist – soweit verfügbar – das **Vergleichswertverfahren** anzuwenden (anhand von Vergleichspreisen oder Vergleichsfaktoren). Andernfalls gilt für diese Objekte das **Sachwertverfahren,** das eine Addition des Bodenwerts (Bodenrichtwert – der gemäß § 196 Abs. 1 S. 5 BauGB alle zwei Jahre neu festgelegt wird – mal Grundstücksfläche), einerseits, und des Gebäudeertragswerts (Regelherstellungskosten, Teil 2 der Anlage 24 zum BewG, multipliziert mit der Brutto-Grundfläche, abzüglich Alterswertminderung – abhängig von der wirtschaftlichen Gesamtnutzungsdauer, Anlage 22 zum BewG –) andererseits, vorsieht; dieser vorläufige Sachwert wird mit einer Wertzahl (Anlage 25 zum BewG) multipliziert. Das Sachwertverfahren wurde ab 2016 modifiziert[53] und ist in neuen gleich lautenden Ländererlassen vom 8.1.2016 erläutert.[54]

---

[50] EuGH DStR 2013, 2269 – Welte auf Vorlagebeschluss FG Düsseldorf ZEV 2012, 627 mAnm *Wachter* für Personen mit Wohnsitz in einem Drittstaat (Schweiz).
[51] Hierzu umfassend *Halaczinsky* ErbStB 2017, 142 und *Bockhoff/Flecke* ZEV 2017, 552, die jeweils die Neuregelung ebenfalls für nicht unionsrechtskonform halten; Überblick auch bei *Sarburg/Mengwasser* DStR 2016, 2777.
[52] Anwendungserlass zum ErbStG v. 25.6.2009, BStBl. I 2009, 713 (719 Abschnitt 5 Abs. 4). Die ErbStR 2011 enthalten diese Formulierungen jedoch nicht mehr!
[53] *Drosdzol* ZEV 2016, 687.
[54] BStBl. I 2016, 173; hierzu *Grootens* ErbStB 2016, 111.

42

```
                    Bewertungsschema Sachwertverfahren ab 2016
                    (im Regelfall ohne Außenanlagen und sonstige Anlagen)

                                                    Gebäuderegelherstellungskosten
                                                        (Anl. 24 II, III BewG)
                                                                  ×
                                                    Aktualisierung nach Baupreisindex
                                                    (§ 190 Abs. 1 und Abs. 2 BewG)
                                                                  ×
                                                    Bruttogrundfläche des Gebäudes
                                                           (Anl. 24 I BewG)
            Bodenrichtwert                                        =
           (ggf. angepasster                        Gebäuderegelherstellungswert
            Bodenrichtwert)
                  ×                                               ./.
            Grundstücksfläche                       Alterswertminderung
                                                       (Anl. 22 BewG)
                  =                                 Mindestwertansatz beachten!
            Bodenwert                                             =
                                                        Gebäudesachwert
                              vorläufiger Sachwert
                                       ×
                                    Wertzahl
                              (Anl. 25 BewG, sachverständig
                               modellkonform fortentwickelt)
                                       =
                                 Grundstückswert
            (ggf. aber Nachweis des niedrigeren gemeinen Werts, § 198 BewG durch Gutachten, oder
                                 stichtagsnaher Kaufpreis)
```

43 **Beispiel:**[55]

Reihenendhaus; Grundstücksfläche 270 qm; Bodenrichtwert 195 EUR/qm; Gebäude Baujahr 1938 ohne tiefgreifende Sanierungsmaßnahmen in den letzten zehn Jahren; Dachgeschoss nicht ausgebaut; Keller; Brutto-Grundfläche 120 qm; Einzelgarage (Brutto-Grundfläche = 18 qm, Baujahr 2009); Verkehrswert geschätzt auf 100.000 EUR. Der Grundstückswert 2016 wird wie folgt ermittelt:

Bodenwert = Bodenrichtwert × Grundstücksfläche
195 EUR/qm × 270 qm =   51.300 EUR
+ Gebäudesachwert
Wohngebäude
Regelherstellungskosten
zu ermitteln nach Anl. 24 BewG, Gebäudeklasse 2.12,
neun Kriterien in fünf Stufen, mit unterschiedlichem Wägungsanteil:
hier unterstellt 61 Wägungspunkte in Stufe II „einfach" = 61 × 595 =
36.295; 39 Wägungspunkte in Stufe III „Basis" = 39 × 685 = 26.715,
gesamt also 100 = 63.010, dh 630,10 EUR
× 120 qm Brutto-Grundfläche × 1,111 Baupreisindex lt. BMF v. 11.1.
2016[56]
= Gebäudeherstellungswert = 84.005 EUR
Garage
Regelherstellungskosten
lt. Anl. 24 BewG, Gebäudeklasse 14.1 =

---

[55] Nach *Gohlisch* Zerb 2016, 98.
[56] BStBl. I 2016, 6.

245 EUR/qm × Brutto-Grundfläche 18 qm × 1,114 Baupreisindex lt. BMF v. 11.1.2016[57]

= Gebäudeherstellungswert = 4.913 EUR

./. Alterswertminderung:
Für das Wohngebäude: Gebäudealter 78 Jahre überschreitet bereits die nach Anl. 22 BewG seit 2016 anzusetzende Gesamtnutzungsdauer von 70 Jahren, dh Alterswertminderung 100 %; allerdings ist nach § 190 Abs. 4 BewG mindestens 40 % (vor 2016: 30 %) des Gebäudeherstellungswertes, also 25.201,50 EUR anzusetzen.
Für die Garage: Alter 7 Jahre im Verhältnis zur Gesamtnutzungsdauer lt. Anl. 22 BewG seit 2016 von 60 Jahren, dh Minderung um 7/60 = 12 % auf 4.323 EUR.

= Gebäudesachwert (25.202 EUR + 4.323 EUR)		29.252 EUR
= vorläufiger Sachwert		80.825 EUR
× Wertzahl (Anl. 25 BewG) = 1,1		
= Grundstückswert		88.907, 50 EUR
= Prozent vom Verkehrswert		88,9 %

Für **Mietwohngrundstücke, Geschäftsgrundstücke** und **gemischt genutzte 44 Grundstücke** ist dagegen, sofern das Vergleichswertverfahren nicht zum Zuge kommt, grundsätzlich das **Ertragswertverfahren** anzuwenden, §§ 184 ff. BewG. Auch hier wird der Bodenwert (als Multiplikation von Bodenrichtwert und Grundstücksfläche) mit dem Gebäudeertragswert addiert; letzterer ergibt sich aus dem Rohertrag (Jahresmiete bzw. übliche Miete), abzüglich der Bewirtschaftungskosten (hilfsweise zu ermitteln gemäß Anlage 23 zum BewG), weiter abzüglich der Bodenwertverzinsung (hilfsweise nach § 188 Abs. 2 BewG) – Ergebnis ist der sogenannte „Gebäudereinertrag", der mit einem Vervielfältiger (Anlage 21 zum BewG) multipliziert wird. Die Summe ergibt dann den Grundbesitzwert. Mindestwert ist jedoch der reine Bodenwert. Fehlt es an einer am örtlichen Grundstücksmarkt ermittelbaren üblichen Miete, gilt auch hier das Sachwertverfahren.

Bewertungsschema Ertragswertverfahren 45

Rohertrag
(Jahresmiete bzw. übliche Miete)
./.
Bewirtschaftungskosten
(Anl. 23 BewG)
=
Reinertrag des Grundstücks
./.
Bodenwertverzinsung
(Bodenwert × Liegenschaftszinssatz)

Bodenrichtwert
(ggf. angepasster Bodenrichtwert)
×
Grundstücksfläche
=
Bodenwert

= Gebäudereinertrag
×
Vervielfältiger (Anl. 21 BewG)
=
Gebäudeertragswert

Grundstückswert
(ggf. Nachweis des niedrigeren gemeinen Werts, § 198 BewG)

---

[57] BStBl. I 2016, 6.

46 Beispiel:[58]

Mietwohngrundstück; Grundstücksfläche 800 qm; Bodenrichtwert 205 EUR/qm; Gebäude Baujahr 1955; Jahresmiete 24.600 EUR; Kaufpreis 335.000 EUR; durchschnittlicher Erhaltungszustand. Der Grundstückswert wird wie folgt ermittelt:

Bodenwert = Bodenrichtwert × Grundstücksfläche: 205 EUR/qm × 800 qm =	164.000 EUR
+ Gebäudeertragswert:	
Jahresmiete = 24.600 EUR	
./. Bewirtschaftungskosten (Anl. 23 BewG) (27 %) = 6.642 EUR	
= Grundstücksreinertrag = 17.958 EUR	
./. Bodenwertverzinsung (5 % von 164.000 EUR) = 8.200 EUR	
= Gebäudereinertrag = 9.758 EUR	
× Vervielfältiger (Anl. 21 BewG) (Restnutzungsdauer = 27 Jahre; Liegenschaftszinssatz 5 %) = 14,64	
= Gebäudeertragswert =	142.857 EUR
= Grundstückswert	306.857 EUR
= Prozent vom Kaufpreis	92 %

47   Für Erbbaurechte (§ 193 BewG), erbbaubelastete Grundstücke (§ 194 BewG) und Gebäude auf fremdem Grund und Boden (§ 195 BewG) gelten Sonderregelungen.

48   Die „Escape-Klausel" (§ 198 BewG) erlaubt dem Steuerpflichtigen (auf seine Kosten) den niedrigeren gemeinen Wert nachzuweisen, beispielsweise anhand eines zeitnahen Verkaufs des Objekts, oder aber durch ein Sachverständigengutachten am Bewertungsstichtag nach Maßgabe der seit 1.7.2010 geltenden Immobilienwertermittlungsverordnung. Die ImmoWertV wurde durch die Bodenrichtwertrichtlinie (2011), die Sachwertrichtlinie (2012) und die Vergleichswertrichtlinie (2014)[59] weiter konkretisiert.

49   **Land- und forstwirtschaftliche Betriebe** werden gemäß §§ 158 ff. BewG samt der hierzu ergangenen Anlagen 14–20 zum BewG bewertet.[60] In der Praxis ist häufig der zusammengesetzte Mindestwert aus Einzelertragswert des Grund und Bodens und Einzelertragswert des Besatzkapitals maßgeblich. Da mit der pauschalierten Hektarbewertung des Besatzkapitals auch wertvolle Wirtschaftsgebäude, Maschinen und ähnliches miterfasst sind, ergibt sich insgesamt eine deutliche Besserstellung gegenüber dem Verkehrswert.

50   **Einzelunternehmen, Anteile an Personengesellschaften sowie Kapitalgesellschaftsanteile** werden einheitlich, § 109 BewG, nach dem vereinfachten Ertragswertverfahren (§§ 199 ff. BewG) bewertet, sofern keine Verkaufserlöse unter fremden Dritten, die weniger als ein Jahr zurückliegen, zur Verfügung stehen. Der gemeine Wert des Unternehmens ergibt sich danach als Summe aus
(1) dem Ertragswert (Jahresertrag mal Kapitalisierungsfaktor), zuzüglich
(2) des gemeinen Werts des nicht betriebsnotwendigen Vermögens der Beteiligungsgesellschaften und
(3) des gemeinen Werts „junger Wirtschaftsgüter" (§ 200 Abs. 2–4 BewG),
wobei nur die im Zusammenhang mit den drei letztgenannten Positionen stehenden Schulden subtrahiert werden.

51   Der nachhaltig erzielbare Jahresertrag, der in den ersten Faktor einfließt, ist der tatsächlich erzielte Durchschnittsertrag der letzten drei abgelaufenen Wirtschaftsjahre, gekürzt um 30 % zur pauschalen Abgeltung der latenten Ertragsteuerlast; der Kapitalisierungsfaktor wurde bis 31.12.2015 jährlich neu anhand der Zinsstrukturdaten für öffentliche Anleihen

---

[58] Nach *Drosdzol* ZEV 2008, 179.
[59] V. 20.3.2014, BAnz AT v. 11.4.2014, B3, vgl. *Eisele* NWB 2014, 1434.
[60] Hierzu *Hutmacher* ZEV 2008, 182; ZEV 2009, 22, ZNotP 2010, 282; ZNotP 2011, 211.

der Bundesbank ermittelt (der Faktor betrug für 2015 18,21, für 2014 14,10, für 2013 15,29, für 2012 14,41, für 2011 12,61, für 2010 11,79, für 2009 12,33), seit 1.1.2016 beträgt er einheitlich 13,75. Schulden im eigentlichen Betriebsvermögen werden jedoch nicht abgezogen, da der Zinsdienst bereits zu einer Reduzierung des zu multiplizierenden Durchschnittsertrags geführt hat.

Sofern (Familien-)Gesellschaften 22 Jahre lang – zwei Jahre vor, 20 Jahre nach dem **52** Stichtag – Entnahme-, Verfügungs- und Abfindungsbeschränkungen gesellschaftsvertraglich vorsehen und auch einhalten (→ Rn. 72b), können sie seit 1.7.2016 auf der Bewertungsebene in den Genuss eines – teuer erkauften! – max. 30%-igen Wert-Vorweg-Abzugs gelangen, § 13a Abs. 9 ErbStG:

(1) Der Gesellschaftsvertrag/die Satzung muss die Entnahme/Ausschüttung auf höchstens 37,5% des (um die auf den Gewinnanteil entfallenden Steuern gekürzten) Betrags des steuerrechtlichen (nicht handelsrechtlichen!) Gewinns beschränken, zzgl. derjenigen Beträge, die zur Begleichung der auf den Gewinnanteil/die Ausschüttung entfallenden Einkommensteuer (nicht auch Erbschaftsteuer!) notwendig sind.

(2) Verfügungen (einschließlich der Begründung von Nutzungsrechten, Unterbeteiligungen oder Treuhandverhältnissen[61]) müssen beschränkt sein auf Mitgesellschafter, eigene Angehörige iSd § 15 AO sowie Familienstiftungen/Familienvereine (ein Verbot mit Zustimmungsvorbehalt ist wohl nicht ausreichend, str.)

(3) Es müssen vertragliche/satzungsrechtliche Abfindungsbeschränkungen „unterhalb des Verkehrswerts" bestehen, für den (auf max. 30% begrenzten) Wert-Vorweg-Abzug ist der geringste im Vertrag vorgesehe Wertabschlag maßgebend.

Untergrenze der Bewertung ist jedoch der Substanzwert (Summe der gemeinen Werte **53** unter Annahme der Fortführung des Unternehmens, abzüglich der Schulden).

Führt das vereinfachte Ertragswertverfahren (wie angesichts der hohen Kapitalisierungs- **54** faktoren naheliegend) zu **„offensichtlich unzutreffenden Ergebnissen"**, kann der Steuerpflichtige ein anderes anerkanntes Ertragswertverfahren anwenden, beispielsweise das „Discounted Cash Flow Verfahren", Multiplikatorenverfahren nach Empfehlungen berufsständischer Kammern, oder die AWH-Empfehlungen des Zentralverbands des Deutschen Handwerks bzw. das vom Institut der Wirtschaftsprüfer empfohlene Verfahren „IDW S 1" (2008).

Zugewendete (bzw. vorbehaltene und damit abzuziehende) **Nutzungs- oder Dul- 55 dungsrechte** (Wohnungsrecht oder Nießbrauch) sowie **wiederkehrende Leistungen** (Rentenansprüche) werden mit ihrem Jahreswert (jedoch gedeckelt gemäß § 16 BewG auf den 18,6-ten Teil des Steuerwerts des belasteten Objekts selbst), multipliziert mit einem Multiplikationsfaktor, ermittelt. Der Faktor bemisst sich bei Rechten von bestimmter Dauer nach Tabelle 6 des Ländererlasses vom 10.10.2010,[62] bei immerwährenden Rechten beträgt der Faktor 18,6, bei Rechten von unbestimmter Dauer 9,3 und – praktischer Regelfall – bei auf Lebenszeit befristeten Rechten ergibt sich der Faktor aus den gemäß § 14 Abs. 1 S. 4 BewG jährlich neu bekanntgegebenen Multiplikatoren, die auf der jeweils letzten aktuellen Sterbetafel basieren.[63]

Gegenleistungen und Auflagen werden – beide identisch bewertet, die bis 2008 **56** geltende sogenannte „Verhältnisrechnung" bei gemischten Schenkungen entfällt – abgezogen, bedingte Rechte allerdings erst dann, wenn die Bedingung eingetreten ist. Entfallen ist – infolge Streichung des § 25 ErbStG – auch das frühere Abzugsverbot für Nutzungs- und Duldungsauflagen (also insbesondere Wohnungsrechte und Nießbrauch) zugunsten des Veräußerers und/oder dessen Ehegatten, so dass Vorbehalt des Wohnungsrechts oder Nießbrauchs nicht mehr wie früher zu einer Stundung, sondern zur dauerhaften und er-

---

[61] Vgl. *Riedel* ZErb 2016, 371; aA *Wachter* NZG 2016, 1168.
[62] BStBl. I 2010, 805.
[63] Ab 1.1.2019: BMF-Schreiben v. 22.11.2018 – IV C 7 – S 3104/09/10001, BStBl. 2018 I 1306.

heblichen Reduzierung der Steuer führt. Darin liegt ein **entscheidender Vorteil** der vorweggenommenen Erbfolge.

57   Gestaltungsziel ist, diesen Vorteil des Abzugs auf die Bewertungsebene möglichst lange zu erhalten, also erst so spät wie möglich eine zusätzliche Besteuerung des Nutzungsrechts als Zuwendungsgegenstand zu erreichen (daher so lange wie möglich Vorbehaltsnießbrauch, so spät wie möglich Zuwendungsnießbrauch zugunsten einer anderen Person als des jetzigen Veräußerers). Da der unentgeltliche Verzicht auf ein eingeräumtes oder zugewendetes Wohnungs-/Nießbrauchsrecht nun – also für ab 2009 realisierte Sachverhalte – seinerseits als Schenkung gilt, ist zusätzlich zu erwägen, den Zuwendungsnießbrauch nicht automatisch, mit dem Erlöschen des Vorbehaltsnießbrauch, eintreten zu lassen, sondern lediglich als Anspruch (mit Grundbuchsicherung durch Vormerkung), so dass die Nichtausübung des Optionsrechts innerhalb der eingeräumten Frist lediglich zum Erlöschen der Option, also Nichteintritt der weiteren aufschiebenden Bedingung führt und damit insgesamt kein Zuwendungsteuertatbestand verwirklicht wird (und auch zivilrechtlich keine Schenkung vorliegt, § 517 BGB).

58   Werden Objekte, zB Mietwohnimmobilien gemäß § 13d ErbStG, begünstigt bewertet (zB dort mit einem Abschlag von 10%), sind auch die damit im Zusammenhang stehenden Schulden und Lasten entsprechend zu **kürzen** (vgl. § 10 Abs. 6 S. 5 ErbStG).

59   **Rückforderungsvorbehalte** werden – als lediglich bedingte Rechte – nicht abgezogen, führen jedoch für den Fall ihrer Ausübung zum rückwirkenden Erlöschen der Schenkungsteuer (§ 29 ErbStG), so dass weder die vergangene Zuwendung noch die Rückabwicklung besteuert werden. Gleiches gilt für gesetzliche Rückabwicklungstatbestände, etwa gemäß § 527 BGB wegen Nichtvollziehen einer Auflage, gemäß § 528 BGB wegen Verarmung des Schenkers, gemäß § 530 BGB wegen groben Undanks, Konditions- oder Herausgabefälle gemäß §§ 2287, 2329 BGB und die Herausgabe infolge Gläubigeranfechtung. Besteuert werden in diesen Fällen lediglich die gezogenen Nutzungen (§ 29 Abs. 2 ErbStG).

60   **3. Steuerbefreiungen und –begünstigungen.** Der konkret ermittelte **Zugewinnausgleich** ist gemäß § 5 ErbStG (als Erfüllung eines gesetzlichen Anspruchs) nicht schenkungsteuerbar, sowohl der erbrechtliche (§ 5 Abs. 1 ErbStG) als auch der güterrechtliche (§ 5 Abs. 2 ErbStG) und der Ausgleich bei Beendigung der Wahlzugewinngemeinschaft gemäß § 1519 BGB (§ 5 Abs. 3 ErbStG). Dies ist Grundlage der Schenkungsvermeidung durch Güterstandswechsel (→ Rn. 149 f.), so dass die Beratungspraxis empfiehlt, den gesetzlichen Güterstand lediglich durch teilweisen oder ganzen Ausschluss im Scheidungsfall, nicht jedoch für den Fall der Beendigung der Ehe durch Tod oder den Fall des Wechsels des Güterstands zu modifizieren und nicht von vornherein Gütertrennung zu wählen. Besteht Gütertrennung, kann jedoch rückwirkend der gesetzliche Güterstand neu begründet werden und sodann – durch erneute Vereinbarung der Gütertrennung – der gesamte entstandene güterrechtliche Ausgleich steuerfrei gestellt werden (§ 5 Abs. 2 ErbStG enthält kein steuerrechtliches Rückwirkungsverbot wie in § 5 Abs. 1 S. 4 ErbStG, R E 5.2 Abs. 2 S. 4 ErbStR 2011).[64] Eine „Mindestverweildauer" im gewechselten Güterstand besteht nicht;[65] allerdings dürfte eine zivilrechtliche Schenkung nur dann rechtssicher vermieden sein, wenn der „Zwischengüterstand" auch tatsächlich gelebt wird (§ 117 BGB).[66]

61   Zu bedenken ist weiterhin, dass das zum Ausgleich des Zugewinns Geleistete auch ertragsteuerrechtlich als veräußert gilt, also eine ungewollte Besteuerung stiller Reserven etwa bei Betriebsvermögen oder steuerverhafteten Gegenständen des Privatvermögens (§§ 17, 23 EStG) eintreten kann.

---

[64] *Geck* ZEV 2012, 130 (132).
[65] BFH ZEV 2005, 490.
[66] Vgl. RGZ 87, 301 zur kurzzeitigen Begründung der Gütergemeinschaft mit sofortiger Aufhebung unter neuer Vermögenszuordnung.

Sachliche Steuerbefreiungen enthalten §§ 13 Abs. 1 Nr. 1–18 ErbStG, insbesondere in   62
bezug auf Hausrat, Kunstgegenstände, Leistungen für Pflege, den Erwerb durch erwerbs-
gehinderte Personen, die Rückvererbung geschenkten Vermögens etc.

Von besonderer Praxisbedeutung ist insoweit die Befreiung der („ehebedingten") **Zu-**   63
wendung des selbstgenutzten Familienheims (§ 13 Abs. 1 Nr. 4a ErbStG) an den
Ehegatten (→ Rn. 185 ff.), die ohne Objekt- oder Wertbeschränkung zu einer (sofortigen
und endgültigen) Freistellung führt, ohne anschließende Behaltensfristen. Der Güterstand
der Eheleute spielt hierbei keine Rolle, auch eine Mindestbesitzzeit zuvor muss nicht verwirklicht sein. Begünstigt ist auch die mittelbare Familienheimschenkung durch zweckgebundene Zuwendung von Mitteln oder Übernahme des Schuldendienstes; ebenso die
Zuwendung von Immobilien im EU- oder EWR-Ausland, solange sie den Hauptwohnsitz bilden. Eine teilweise Fremdvermietung ist nach heutigem Recht nicht mehr insgesamt begünstigungsschädlich, sondern nimmt lediglich den betroffenen Wertanteil aus.

Seit 2009 ist ferner die **Vererbung des Familienheims** an den Ehegatten gemäß § 13   64
Abs. 1 Nr. 4b ErbStG steuerfrei gestellt, allerdings nur, wenn sodann eine zehnjährige
Selbstnutzungsphase als Eigentümer eingehalten wird oder aus wichtigen Gründen (zB
Pflegebedürftigkeit) nicht eingehalten werden muss. Ist der überlebende Ehegatte zu-
nächst nur Miterbe, erlaubt das Gesetz nun den Begünstigungstransfer auf ihn, wenn ihm
das verbleibende Eigentum übertragen wird, gleichgültig ob dies aufgrund letztwillig angeordneten Vermächtnisses oder in Teilungsanordnung geschieht oder aus freien Stücken.
Die bloße Zuwendung eines Nießbrauchs- oder Wohnungsrechts genügt jedoch nicht.
Wichtige Gründe, die die Nachversteuerung etwa im Fall eines Verkaufs oder einer Vermietung ausschließen, sind insbesondere gesundheitliche Umstände (Pflegebedürftigkeit),
möglicherweise auch wirtschaftliche Gründe (Arbeitsplatzwechsel), wohl jedoch nicht
persönliche Motive (Umzug zu einem neuen Partner).

Die **Vererbung** (nicht die lebzeitige Übertragung) des **Familienheims an Abkömm-**   65
linge zur unverzüglichen und zehn Jahre als Eigentümer fortzuführenden Selbstnutzung
ist schließlich gemäß § 13 Abs. 1 Nr. 4c ErbStG ebenfalls seit 2009 steuerfrei gestellt, allerdings nur, soweit die Wohnfläche 200 qm nicht übersteigt (bei größerer Wohnfläche
erfolgt eine anteilige Kürzung). Auch hier ermöglicht das Gesetz einen Begünstigungstransfer an das letztendlich selbstnutzende Kind. Die Rechtsprechung[67] sieht die Unver-
züglichkeit als gewahrt, wenn der Abkömmling als Erbe innerhalb eines Zeitraums von
sechs Monaten nach der Eintragung im Grundbuch die Selbstnutzung realisiert, es sie
denn, er ist hieran durch Umstände gehindert, die nicht in seinem Einflussbereich liegen.

Vermietete oder zur Vermietung bestimmte **Wohnimmobilien** innerhalb der EU/des   66
EWR, die nicht zu einem Betriebsvermögen gehören, genießen schließlich gemäß § 13d
ErbStG einen Abschlag von 10% auf die Bemessungsgrundlage; Nachversteuerungen bei
vorzeitiger Beendigung der Vermietung während eines Beobachtungszeitraums finden insoweit nicht statt. Auch damit zusammenhängende Schulden – seit 2009 zählt hierzu auch
der Nießbrauchsvorbehalt – sind allerdings dann nur zu 90% abziehbar (§ 10 Abs. 6 S. 5
ErbStG).

Betriebsvermögen genießt (seit 2009, verändert ab 1.7.2016) besondere Vergünsti-   67
gungschancen sowohl beim Erwerb von Todes wegen wie auch beim lebzeitigen Erwerb.
Auch beim Betriebsvermögen besteht die Möglichkeit unmittelbarer Allokation bei demjenigen, der das Unternehmen fortführt, §§ 13b Abs. 3 S. 1, 13a Abs. 3 ErbStG. Die Ermittlung des begünstigungsfähigen Betriebsvermögens erfolgt in drei Schritten: Es muss
(1) dem Grunde nach begünstigungsfähiges Vermögen vorliegen, § 13b Abs. 1 ErbStG –
    erfasst sind Betriebe, Teilbetriebe, Mitunternehmeranteile sowie Anteile an Kapitalge-

---

[67] BFH BStBl. II 2016, 225; FG Münster ErbStB 2017, 2 (erforderliche Sanierungsarbeiten; die Umschreibung im Grundbuch auf den Erben erfolgte wegen der erforderlichen Notwendigkeit einer Genehmigung
des Betreuungsgerichts zur Erfüllung des Vermächtnisses erst verspätet; gleichwohl zählt dieser Zeitpunkt
für den Beginn der Sechs-Monats-Frist).

sellschaften, an denen der Erblasser/Schenker allein oder im Pool zu mehr als 25 % unmittelbar beteiligt ist, das

(2) den Verwaltungsvermögenstest (→ Rn. 68) am Stichtag besteht, § 13b Abs. 2 ErbStG – Verwaltungsvermögen liegt vor bei Dritten zur Nutzung überlassenen Grundstücken, es sei denn, es handelt sich um Sonderbetriebsvermögen, Betriebsaufspaltungs-, Betriebsverpachtungs-, oder Konzernfälle, Grundstücke zur Absatzförderung (Brauereigaststätten/Tankstellen) oder um gewerbliche Wohnungsunternehmen mit über 300 Wohneinheiten[68], ferner bei Gegenständen der privaten Freizeitgestaltung, Wertpapieren und vergleichbare Forderungen, Kunstgegenständen und, seit 6. 6. 2013, Geldguthaben und Geldforderungen über 15 % (vor dem 1. 7. 2016: 20 %) des Betriebsvermögens bei gewerblichen Gesellschaften etc – allerdings wird seit 1. 7. 2016 ein sog. „Kulanzpuffer" in Höhe von 10 % des um den Nettowert des Verwaltungsvermögens gekürzten gemeinen Werts des Betriebsvermögens gewährt, und auch Deckungsvermögen für betriebliche Altersversorgungszusagen ist unschädliches Verwaltungsvermögen und das

(3) schließlich um sog. junges, noch nicht mindestens zwei Jahre zum Betriebsvermögen zählendes Verwaltungsvermögen und „junge Finanzmittel" zu bereinigen ist.

68 Der **Verwaltungsvermögenstest** dient – anders als nach der bis 30. 6. 2016 geltenden Rechtslage – aufgrund der Verfassungswidrigkeit der „Alles-oder-nichts"-Grenze (von vormals 50 % bei der Regelverschonung bzw. 10 % bei der Optionsverschonung) nicht mehr lediglich der grundsätzlichen Ermittlung, ob die kritischen Grenzen (von bis zum 30. 6. 2016 10 % bzw. 50 %, seit 1. 7. 2016 20 % bzw. 90 %) überschritten wurden, sondern der trennscharfen Separation begünstigungsfähigen Vermögens vom nicht begünstigungsfähigen Vermögen. Der Verwaltungsvermögenstest erfolgt überwiegend auf der Grundlage eines Netto-Vergleichs, also unter teilweiser Minderung des Verwaltungsvermögens um Schulden (in im Einzelnen komplexer Weise, vgl. § 13b Abs. 6 ErbStG: soweit Schulden nicht bereits mit Finanzmitteln und/oder mit Altersversorgungsvermögen unmittelbar verrechnet werden konnten, sind sie auf die übrigen Wirtschaftsgüter im Verhältnis des gemeinen Werts des Verwaltungsvermögens zum gemeinen Wert des Betriebsvermögens aufzuteilen. Auf die wirtschaftliche Zuordnung der Verbindlichkeiten kommt es also nicht an). Anstelle der bisherigen Stufenbetrachtung mit positiven und negativen Kaskadeneffekten in Konzernstrukturen wird nun konsolidiert „durchgerechnet", § 13b Abs. 9 ErbStG.

68a Wie bisher bleibt es bei den Varianten der Regelverschonung gemäß § 13a Abs. 1 S. 1 ErbStG in Höhe von 85 % bzw. der Vollverschonung von 100 % des begünstigten Vermögens gemäß § 13a Abs. 10 ErbStG; für Letztere kann jedoch nur optiert werden, wenn das begünstigungsfähige Vermögen nicht zu mehr als **20 %** (bisher: 10 %) aus Verwaltungsvermögen iSd § 13b Abs. 3 und Abs. 4 ErbStG besteht, bemessen nach dem Verhältnis der Summe der gemeinen Werte der Einzelwirtschaftsgüter des Verwaltungsvermögens iSd § 13b Abs. 3 und Abs. 4 ErbStG zum gemeinen Wert des Betriebs.[69] Es bleibt also insoweit leider – wie bisher – bei der Gegenüberstellung der Brutto-Größe des Verwaltungsvermögens zur Netto-Größe des gemeinen Werts des Gesamtbetriebs. Abweichend vom bisherigen Recht bestimmt schließlich § 13b Abs. 2 S. 2 ErbStG, dass ab einer Verwaltungsvermögensquote von **90 % oder mehr** jegliche Begünstigung (auch für den verbleibenden Wert des an sich begünstigungsfähigen Vermögens) entfällt.

68b Zusätzlich werden – gleichgültig ob die Teil- oder die vollständige Steuerbefreiung angestrebt wird – gemäß § 19a ErbStG auch beim Erwerb von Betriebsvermögen durch Personen der Steuerklasse II und III die Steuersätze (nicht aber die Freibeträge) der Steuerklasse I zugrunde gelegt **(Tarifbegrenzung).**

---

[68] AA BFH EStB 2018, 96; hiergegen Nichanwendungserlass v. 23. 4. 2018, DStR 2018, 1024.
[69] Bei der Prüfung dieser Quote wird das Verwaltungsvermögen nur unter Beachtung des § 13b Abs. 3 und Abs. 4 ErbStG ermittelt, also mit nur begrenztem Schuldenabzug und ohne Berücksichtigung des 10%-igen Kulanzpuffers gem. § 13b Abs. 7 S. 1 ErbStG, vgl. *Geck* ZEV 2016, 546 (552).

Bei sog. „Großerwerben" (über 26 Mio. EUR im Einzelfall) steht stattdessen je nach 69 Wahl des Erwerbers die **Abschmelzungslösung des § 13d ErbStG** (Verringerung des Abschlagprozentsatzes des Regel- oder Vollabschlags gemäß § 13a Abs. 1 oder Abs. 10 ErbStG um jeweils 1% für jede volle 750.000 EUR höheren Werts des begünstigten Vermögens) oder die **Verschonungsbedarfsprüfung des § 28a ErbStG** zur Verfügung mit der Verpflichtung, das

(1) konkret mitverschenkte/mitvererbte Verwaltungsvermögen sowie

(2) 50% des bei Entstehung der Steuer bereits vorhandenen sonstigen Vermögens (das kein privilegiertes Betriebsvermögen ist) zuzüglich

(3) 50% des sonstigen (nicht privilegiertes Betriebsvermögen bildenden) in den folgenden zehn Jahren durch Schenkung oder Erbschaft erworbenen „verfügbaren" Vermögens einzusetzen.

Abzustellen – auch für die Einhaltung der Freigrenze von 26 Mio. EUR – ist auf den Einzelerwerb, so dass die (unternehmenspsychologisch nicht zu begrüßende) Tendenz zunehmen wird, Unternehmensnachfolgen in Zehn-Jahres-Kaskaden zu gestalten und nicht dem „einen Unternehmensnachfolger", sondern einer Mehrheit von Personen zu übertragen. Die Testamentsgestaltung wird bei Destinatären, die bereits Unternehmensnachfolger sind, daher künftig, zeitlich abgeschichtet (je nach dem Datum des Sterbefalls), unterschiedliche Verteilungslösungen vorsehen müssen. Unklar ist aus Gestaltersicht, wie sich die „Verfügbarkeit" von Vermögen beurteilt, ob beispielsweise eine Dauertestamentsvollstreckung letztere beseitigt. Zum Einsatz von Familienstiftungen → Rn. 72a.

Die angestrebte Steuerbefreiung steht allerdings unter der zusätzlichen Voraussetzung, 70 dass während eines Beobachtungszeitraums von fünf Jahren (bei vollständig angestrebter Befreiung: von sieben Jahren) bestimmte **Lohnsummen** nicht unterschritten werden (vgl. im einzelnen § 13a Abs. 1 S. 2, Abs. 4 ErbStG – dieses Kriterium entfällt allerdings gänzlich bei Kleinbetrieben von weniger als sechs (vor dem 1.7.2016: 20) Beschäftigten im Besteuerungszeitpunkt), ebenso wenn während der genannten Beobachtungsfristen wesentliche Betriebsgrundlagen gemäß § 13a Abs. 5 ErbStG **veräußert oder aufgegeben** werden, übertragene Kapitalgesellschaftsanteile veräußert werden, **Überentnahmen** stattfinden, eine Pool-Vereinbarung, die zum Überschreiten der notwendigen Schwelle von 25% zur Begünstigungsfähigkeit geführt hatte, aufgehoben wird etc. Für die Zeiträume, in denen die erforderlichen Kriterien nicht eingehalten wurden, findet eine anteilige Nachbesteuerung pro rata statt.

4. Gestaltungshinweise. Beim **Betriebsvermögen** steht im Vordergrund, die Voraus- 71 setzungen für die Inanspruchnahme der Vergünstigungen nach § 13a ErbStG herbeizuführen, etwa durch

(1) rechtzeitigen Abschluss von Pool-Verträgen;

(2) die Entfernung überschüssigen Verwaltungsvermögens vor dem relevanten Stichtag, zB durch schlichte Entnahme, vor allem von Verwaltungsvermögen mit geringen stillen Reserven, die Veräußerung (möglichst mit Wiederanlagemöglichkeit gemäß § 6b EStG), die Übertragung in ein anderes Betriebsvermögen oder in das Sonderbetriebsvermögen einer anderen Mitunternehmerschaft (§ 6 Abs. 5 EStG) oder die Realteilung von Personengesellschaften bzw. Spaltung von Kapitalgesellschaften zur Schaffung neuer, günstigerer Mischverhältnisse. Für die Entfernung (anders als für die Einbringung) schädlichen Verwaltungsvermögens gilt die Zwei-Jahres-Frist des § 13b Abs. 7 S. 2 ErbStG nicht, so dass diese Maßnahmen auch kurz vor dem Stichtag erfolgen können; bzw.

(3) die Beimischung aktiven Betriebsvermögens durch Einlage als Einzelgegenstand oder durch die Einbringung von Mitunternehmeranteilen, Betrieben oder Teilbetrieben bzw. die Hineinverschmelzung, sofern die eingebrachten betrieblichen Einheiten eine geringere Verwaltungsvermögensquote als die Zielgesellschaft aufweisen. Die Zwei-

Jahres-Frist des § 13b Abs. 7 S. 2 ErbStG gilt nur für junges Verwaltungsvermögen, nicht für junges Betriebsvermögen; ggf. auch

(4) die Umwandlung schädlichen Verwaltungsvermögens in begünstigtes Vermögen, etwa ein vorhandener Wertpapierbestand in unschädliches Bankguthaben (sofern der 15%-ige Freibetrag für Finanzmittel dadurch nicht überschritten wird).

72 Hinzu kommen Vorbereitungs- und Monitoring-Maßnahmen zur Einhaltung der Lohnsummenkontrolle und der Behaltensregelungen. Am Stichtag selbst soll die Verwaltungs- und Finanzvermögensquote möglichst gering sein, ebenso die einzuhaltende Lohnsumme; in relevanten Fällen sollte ferner die Schwellengröße für das Nicht-Eingreifen der Sonderregime (Verschonungsabschlag gemäß § 13c ErbStG, Verschonungsbedarfsprüfung gemäß § 28a ErbStG) von 26 Mio. EUR pro Erwerb unterschritten sein.

72a Wird der „Großvermögenscharakter" als unvermeidbar hingenommen, bietet sich zur Nutzung des Erlassmodells des § 28a ErbStG, das (anders als das Abschmelzungsmodell des § 13c ErbStG) zu einem vollständigen Steuererlass auch bei Erwerben von mehr als 90 Mio. EUR führen kann, die Übertragung auf eine eigens zu diesem Zweck errichtete, steuerlich bedürftige – also über kein sonstiges Vermögen verfügende – und auch bedürftig bleibende **Familienstiftung** an.[70] Sie schirmt zugleich gegen das sonstige Privatvermögen der Erben ab; ferner lässt sich leicht vermeiden, dass in den folgenden zehn Jahren unbeabsichtigt weiterer Erwerb stattfindet, da eine Familienstiftung niemals zu den gesetzlichen Erben zählen kann. Unterstellt wird dabei, dass die Destinatärsstellung bei einer Familienstiftung nicht als verfügbares Vermögen iSd § 28a ErbStG zählt, was jedenfalls dann als gesichert gelten darf, wenn kein „klagbarer" Anspruch auf Ausschüttungen aus der Familienstiftung besteht. Wird das Unternehmen danach „entnommen", im Zuge einer Auflösung der Familienstiftung, löst dies jedoch gemäß § 7 Abs. 1 Nr. 9 ErbStG Schenkungsteuer aus, wenn kein neuerlicher Privilegierungstatbestand verwirklicht wird; empfehlenswerter kann insoweit daher sein, ein auf die Auflösung abstellendes Rückforderungsrecht des Stifters (§ 29 ErbStG) auszubedingen.[71]

72b Um im Hinblick auf den bis zu 30%-igen Vorab-Wertabschlag bei Familienunternehmen (→ Rn. 52) den Minderheitsgesellschafter vor einer drohenden Nachversteuerung zu schützen, sollten diejenigen Regelungen des Gesellschaftsvertrags, die für die Erfüllung der Anforderungen des § 13a Abs. 9 ErbStG von Bedeutung sind, nur einstimmig bzw. zumindest nicht gegen den Willen des zu schützenden Gesellschafters geändert werden können, solange der (20 Jahre während e!) Nachbeobachtungszeitraum noch läuft. Scheidet der zu schützende Gesellschafter, der den Verschonungsabschlag für Familienunternehmen in Anspruch genommen hat, bereits nach Ablauf der fünf- bzw. siebenjährigen Behaltensfrist des § 13a Abs. 6 iVm Abs. 10 ErbStG aus, hilft nur eine schuldrechtliche Verpflichtung des Anteilserwerbers mit Weitergabepflicht an dessen Rechtsnachfolger, die durch entsprechende Schadensersatzfolgen sanktioniert ist.

73 Bei **Privatvermögen** ist insbesondere zu nennen:

(1) die Reduzierung des anzusetzenden Wertes durch den Nachweis geringerer Verkehrswerte (→ Rn. 48);

(2) die Nutzung des Abzugspotentials in Gestalt vorbehaltener Nießbrauchs- oder Wohnungsrechte, deren allmähliche Wertreduzierung nicht der Steuer unterworfen ist;

(3) die Verbesserung der Steuerklasse durch (Erwachsenen-)Adoption;

(4) die möglichst gleichmäßige Verteilung des Vermögens in der Elterngeneration, etwa durch vorangehende Schenkungen oder entgeltliche Übertragungen anstelle des Zugewinnausgleichs, um die Freibeträge nach beiden Eltern zu nutzen;

(5) die sinnvolle Aneinanderreihung nicht verknüpfter Schenkungen zum Erreichen eines näheren Verwandtschaftsgrads;

---

[70] Vgl. *Werder/Wystrcil* BB 2016, 1558; *Ihle* notar 2017, 53 (56); *von Oertzen/Reich* Ubg 2015, 629.

[71] Vgl. *Theuffel-Werhahn* ZEV 2017, 17 (21); Formulierungsbeispiel bei *Theuffel-Werhahn* ZStV 2015, 201 (208).

(6) Schenkungen im Zehn-Jahres-Takt zur neuerlichen Ausnutzung der Freibeträge;
(7) die Einbeziehung der Enkel, etwa auch in Gestalt eines mehrere Generationen umfassenden Familien-Pools;
(8) die Nutzung der durch die Reform erweiterten Freistellungsmöglichkeiten bei Übertragungen des Familienheims an Ehegatten bzw. Vererbung an Ehegatten oder Kinder;
(9) die (mittelbare oder unmittelbare) Schenkung vermieteten Grundbesitzes zur Nutzung des 10%-igen Verschonungsabschlags gemäß § 13c ErbStG;
(10) die Nutzung der Güterstandsschaukel, also des Entgeltlichkeitspotentials in Gestalt des Zugewinns gemäß § 5 Abs. 1 oder Abs. 2 ErbStG, auch im Sinn einer nachträglichen Verrechnung früherer Ehegattenzuwendungen mit entstehendem Zugewinn gemäß § 1380 BGB (§ 29 Abs. 1 Nr. 3 ErbStG);
(11) erbschaftsteuerlich ferner die Geltendmachung von Pflichtteilsansprüchen (auch nach Eintritt der Verjährung);
(12) die gezielte, einvernehmliche Ausschlagung gegen Abfindung (§ 3 Abs. 2 Nr. 4 Alt. 2 ErbStG, Besteuerung der Abfindung als Erwerb vom Erblasser);
(13) Steuerklauseln wiederum dienen als Reparatur- und Rettungsmöglichkeit unter Ausnutzung des § 29 Abs. 1 Nr. 1 ErbStG.

IV. Grunderwerbsteuer

Wegen § 3 Nr. 2 S. 1 GrEStG verdrängt die Anwendbarkeit des Schenkungsteuergesetzes 74 die Erhebung der Grunderwerbsteuer (selbst dann, wenn wegen Unterschreitens der Freibeträge keine Schenkungsteuer anfällt). Grunderwerbsteuer erhoben wird demzufolge gemäß § 3 Nr. 2 S. 2 GrEStG auf diejenigen Gegenleistungen und Vorbehalte, die (bei gemischten Schenkungen oder Schenkungen unter Auflagen) zu einer Minderung der Schenkungsteuer führen, gleichgültig ob es sich um Leistungsverhalte oder (seit 2009: Abschaffung des § 25 ErbStG, → Rn. 56 f.) Duldungs- bzw. Nutzungsvorbehalte handelt. Erhoben wird also – je nach Bundesland – 3,5 % bis 6,5 % des kapitalisierten Werts des Nießbrauchs, der wie oben in → Rn. 55 bezeichnet ermittelt wird.

Sehr häufig liegen jedoch die Befreiungstatbestände des § 3 Nr. 3 GrEStG (Erbauseinandersetzung) oder § 3 Nr. 4 GrEStG (Erwerb unter Ehegatten bzw. – seit 14.12.2010 – unter eingetragenen Lebenspartnern) oder § 3 Nr. 5 GrEStG (Erwerb durch den ehemaligen Ehegatten bzw. – seit 14.12.2010 – den ehemaligen eingetragenen Lebenspartner aus Anlass einer Scheidung/Trennung) oder § 3 Nr. 6 GrEStG (Erwerb unter Verwandten in gerader Linie bzw. Stiefkindern bzw. deren jeweiligen Ehegatten) vor. Die Tatbestände können auch interpolierend (in abkürzender Zusammenführung) Anwendung finden,[72] etwa beim Erwerb im Rahmen der Vermögensauseinandersetzung nach einer Scheidung verbunden mit der Einbringung in das Gesamthandsvermögen einer Personengesellschaft,[73] bzw. der Erwerb von Verwandten in gerader Linie mit der (direkt vollzogenen) Einbringung in das Gesamthandsvermögen einer Mitunternehmerschaft,[74] ebenso der Erwerb von Ehegatten bzw. von Verwandten in gerader Linie und die (direkt sich vollziehende) Einbringung in das Gesamthandsvermögen einer Mitunternehmerschaft sowie die Erbauseinandersetzung unter Miterben auf den Abkömmling nur eines Miterben.[75]

Auch eine Grundstücksübertragung zwischen Geschwistern, die **auf Geheiß** des Vaters 75a **zur „Gleichstellung"** stattfindet, da er zuvor dem Übertragenden weiteres Vermögen zugewendet hat, kann sich interpolierend als steuerfreie Abkürzung wie eine Grundstücksrückübertragung des zuvor begünstigten Geschwisters an den Vater und sodann als

---

[72] Vgl. *Hutmacher* ZNotP 2005, 55.
[73] BFH/NV 2012, 1177.
[74] BFH BStBl. II 2003, 528.
[75] Erlass FinMin Saarland v. 10.7.2017, ZEV 2017, 544.

Übertragung des Vaters an das andere Geschwister darstellen.[76] Gleiches gilt, wenn sich ein Kind, das Grundbesitz von den Eltern erhält, verpflichtet, Miteigentumsanteile hieraus an etwa nachgeborene Geschwister zu übertragen.[77] **Schenkungsteuerlich** gilt gemäß § 7 Abs. 1 Nr. 2 ErbStG nicht der mit der Auflage Beschwerte, sondern der die Auflage Anordnende als „Schenker",[78] so dass auf den „Ausgleichstransfer" die Freibeträge und Steuersätze der Steuerklasse I (Verhältnis Eltern – Kind) anzuwenden sind. Zu bedenken ist allerdings, dass **ertragsteuerlich** das auf Geheiß zur Gleichstellung aus dem eigenen Vermögen Geleistete, ähnlich einem Gutabstandsgeld oder Gleichstellungsgeld, als Gegenleistung mit ertragsteuerlichem Entgeltcharakter gelten wird, → Rn. 79 (§ 23 EStG!)

V. Einkommensteuer

76   **1. Privatvermögen.** Für die **einkommensteuerrechtliche Bewertung** des Übertragungsvorgangs insgesamt ist entscheidend, welche „Gegenleistungen" insoweit Entgeltcharakter haben, also die Unentgeltlichkeit nicht nur iSd § 516 BGB oder als Abzugsposten bei der Schenkungsteuer, sondern auch im einkommensteuerrechtlichen Sinn mindern und somit beim Erwerber Anschaffungskosten, aber zugleich beim Veräußerer potentiell steuerpflichtige Veräußerungsgewinne generieren können.

77   Bei Wirtschaftsgütern des Privatvermögens, ebenso einzelnen Wirtschaftsgütern des Betriebsvermögens, die nicht ihrerseits einen Teilbetrieb darstellen, sowie Anteilsübertragungen an lediglich vermögensverwaltende Personengesellschaften und bei der Übertragung von Kapitalgesellschaftsanteilen[79] findet dabei nach der sog. **Trennungsmethode** eine Aufteilung in einen (im einkommensteuerrechtlichen Sinn) vollentgeltlichen und einen vollunentgeltlichen Teil statt. Das Wertverhältnis der beiden Anteile bestimmt sich nach dem Prozentverhältnis der tatsächlich im Sinn des EStG als Entgelt zu berücksichtigenden Gegenleistungen zum Verkehrswert, wobei allerdings die Anschaffungsnebenkosten (Notar- und Gerichtskosten in voller Höhe) dem entgeltlichen Teil zugerechnet werden.[80] Hinsichtlich des unentgeltlichen Anteils setzt der Erwerber gemäß § 11d EStDV die Abschreibungsreihe des Veräußerers fort, während der entgeltliche Teil neue Abschreibungsreihen in Gang setzt. Aus Veräußerersicht besteht die Gefahr der Besteuerung privater Veräußerungsgewinne (§§ 23, 17 EStG, einbringungsgeborene Anteile sowie einbringungsverstrickte Anteile nach SEStEG gemäß §§ 20, 21 UmwStG).

Beispiel:

Eine im Jahr 2007 für 400.000 EUR angeschaffte Immobilie (Restbuchwert nach zwischenzeitlichen Abschreibungen im Jahr 2013: 370.000 EUR) hat nun einen Verkehrswert (insbesondere aufgrund der Steigerung des Werts des Grund und Bodens) von 500.000 EUR. Sie wird unter Ausbedingung von Gegenleistungen, die im einkommensteuerrechtlichen Sinn 250.000 EUR erreichen, an die Tochter übertragen. In Höhe des Anteils von 50 % (Verhältnis 250.000 : 500.000 EUR) liegt ein entgeltlicher Vorgang vor, so dass für diesen entgeltlichen Anteil eine Besteuerung privater Veräußerungserlöse in Höhe von 250.000 EUR minus (1/2 von 370.000 EUR =) 185.000 EUR = 65.000 EUR stattfindet! Bezüglich des entgeltlichen Anteils setzt der Erwerber einen neuen 10-Jahres-Zeitraum gemäß § 23 EStG sowie neue Abschreibungsreihen in Gang, im Übrigen führt er die bisherige Abschreibungsreihe fort.

---

[76] BFH DNotI-Report 2015, 38; vgl. auch BFH BeckRS 2017, 94354 und *Wrenger* DStR 2017, 18.
[77] BFH DNotZ 2016, 383.
[78] Vgl. BFH DNotI-Report 2015, 38 Rn. 13; BStBl. II 1993, 523.
[79] AA mglw. BFH EStB 2012, 396. Die Finanzverwaltung folgt dem freilich bisher nicht, vgl. BMF v. 12. 9. 2013 – IV C 6 – S 2241/10/10002, FR 2013, 917. Der X. Senat des BFH (EStB 2016, 1) legte dem Großen Senat des BFH zwischenzeitlich die Frage vor, ob der strikten oder der modifizierten Trennungstheorie zu folgen sei (Az. GrS 1/16).
[80] BFH BStBl. II 1991, 793.

Werden im übertragenen Anwesen verschiedene Nutzungen verwirklicht (mit der Folge, **78** dass im ertragsteuerlichen Sinn **unterschiedliche Wirtschaftsgüter** vorliegen – Beispiel: fremdvermietete Wohnung im Obergeschoss, eigengenutzte Wohnung im Erdgeschoss), werden die Entgeltbeträge an sich einheitlich auf alle Wirtschaftsgüter nach Maßgabe der Wertverhältnisse verteilt (mit der Folge, dass die Anschaffungskosten, die auf den eigengenutzten Anteil entfallen, nicht berücksichtigt werden können). Allerdings folgen Rechtsprechung und Finanzverwaltung einer von den Vertragsparteien vorgenommenen, nachvollziehbaren Aufteilung des Kaufpreises auf einzelne Wirtschaftsgüter.[81]

Seit dem Beschluss des Großen Senats des BFH vom 5.7.1990[82] und dem BMF- **79** Schreiben zur ertragsteuerlichen Behandlung der vorweggenommenen Erbfolge vom 13.1.1993[83] gelten folgende Leistungen als **Anschaffungskosten:**

(1) Gelder an den Veräußerer (gleichgültig ob aus eigenem Vermögen des Erwerbers oder aus dem übernommenen Vermögen selbst geleistet) oder sonstige geldwerte Leistungen, die dem Veräußerer geschuldet sind und erbracht werden (etwa die Errichtung einer Wohnung für ihn durch den Erwerber), ebenso nachträgliche Zahlungen zur Ablösung vorbehaltener Nutzungsrechte. Wird eine Geldleistung unverzinslich später als ein Jahr nach dem steuerrechtlich relevanten Zeitpunkt (Besitzübergang) fällig, liegen Anschaffungskosten nicht in Höhe des Nennbetrags der Forderung, sondern in abgezinster Höhe vor (der Abzinsungszins beträgt gemäß § 12 Abs. 3 BewG zwingend 5,5%); die verbleibende Differenz, der Zinsanteil, bildet beim Zuwendungsempfänger steuerpflichtige Einkünfte gemäß § 2 Abs. 1 Nr. 5 EStG iVm § 20 Abs. 1 Nr. 7, Abs. 8 EStG im Jahr des Zuflusses. Die Abzinsung findet auch statt bei betagten Zahlungspflichten (incertus quando, certus an), nicht jedoch bei lediglich bedingten Leistungspflichten (incertus an).

(2) Anschaffungskosten liegen ferner vor bei Verrechnung mit Geldansprüchen gegenüber dem Veräußerer, beispielsweise wirksam entstandene Zugewinnausgleichsforderung, oder bei (tatsächlich bestehenden) Bereicherungsansprüchen gemäß §§ 951, 812 BGB wegen Investitionen, die der Erwerber ohne Schenkungswillen in das Objekt getätigt hat.

(3) Ebenfalls Anschaffungskosten iSd EStG bilden naturgemäß Gleichstellungsgelder an Geschwister (zivilrechtlich handelt es sich in der Regel um ein Leistungsversprechen des Erwerbers an den Veräußerer, letzterer tritt den Anspruch auf die Leistung an das weichende Geschwister ab, ohne für die Bonität der Forderung selbst einzustehen). Auch insoweit tritt die oben unter Punkt (1) geschilderte Abzinsung bei über mehr als ein Jahr zinsfrei gestundeten oder betagten Forderungen ein.

(4) Auch die Übernahme von Verbindlichkeiten (als Alternative zur Direktzahlung) schafft Anschaffungskosten (zur insoweit anderen Differenzierung bei Betriebsvermögen → Rn. 81).

(5) Ebenso wiederkehrende Leistungen mit Gegenleistungscharakter (sogenannte „Kaufpreisrenten" im Unterschied zu einkommensteuerrechtlich irrelevanten Unterhaltsrenten sowie schließlich zu Versorgungsrenten, die lediglich den Sonderausgabenabzug eröffnen), → Rn. 429 ff.

2. Betriebsvermögen. Liegt jedoch Betriebsvermögen vor – auch für den Laien nicht **80** unmittelbar erkennbares „verdecktes Betriebsvermögen", etwa

(1) hinsichtlich des Besitzunternehmens bei einer Betriebsaufspaltung;

(2) hinsichtlich sog. „Sonderbetriebsvermögens" bei Gesellschaftern einer Personenhandelsgesellschaft;

---

[81] BMF BStBl. I 2004, 464, BFH BStBl. II 2009, 663.
[82] BStBl. II 1990, 847.
[83] BStBl. I 1993, 80.

(3) in Gestalt von Vermögen, bezüglich dessen das Verpächterwahlrecht zugunsten einer Betriebsaufgabe gemäß § 16 Abs. 3b S. 1 Nr. 1 EStG noch nicht ausgeübt wurde; sowie

(4) bei Immobilien, die zum Umlaufvermögen eines gewerblichen Grundstückshandels zählen –,

in gleicher Weise jedoch beim Vorliegen „geborenen" Betriebsvermögens" in der Hand von Kapitalgesellschaften sowie gewerblichen Personengesellschaften nicht lediglich vermögensverwaltender Natur (gleichgültig ob es sich um gewerblich tätige, gewerblich infizierte oder gewerblich geprägte Personengesellschaften handelt), gilt jedoch abweichend folgendes:

81   Sofern Betriebe, Teilbetriebe, Mitunternehmer(teil)anteile in bezug auf gewerblich tätige oder geprägte Personengesellschaften übertragen werden – also nicht Einzelwirtschaftsgüter eines Betriebsvermögens oder Anteile an einer Kapitalgesellschaft –, bemisst sich die Beurteilung der einkommensteuerlichen Entgeltlichkeit oder Unentgeltlichkeit nach der sog. **„Einheitstheorie"**, dh die Übertragung ist insgesamt entweder in vollem Umfang einkommensteuerrechtlich entgeltlich (sofern die Gegenleistungen das Kapitalkonto des Veräußerers nach der Übergabe übersteigen) oder sonst im vollem Umfang unentgeltlich. Entgelttaugliche Leistungskomponenten sind die oben in → Rn. 79 genannten, allerdings mit der Besonderheit, dass die Übernahme betrieblicher Verbindlichkeiten nicht als Gegenleistung zählt, sondern die übergehende Sachgesamtheit (Aktiva minus Passiva) definiert. Dies hat die fatale Folge, dass bei einem negativen Kapitalkonto ein (auch nur geringes) Entgelt im Sinn des Einkommensteuerrechts zur Steuerpflicht der gesamten Differenz zwischen dem Buchwert und der Gegenleistung führt (Übernahme einer privaten Schuld in Höhe von 1.000 EUR bei einem negativen Buchwert von 1 Mio. EUR führt zu einer Steuerpflicht in Höhe von 1.001.000 EUR als Veräußerungsgewinn!) In solchen Fällen kann es sich beispielsweise empfehlen, anstelle von Gleichstellungsgeldern für Geschwister (im Zusammenhang mit der Übertragung des Betriebs/Teilbetriebs/Mitunternehmerteilanteils etc) die Vergütung ausdrücklich als Abfindung für einen getrennten Pflichtteilsverzicht zu deklarieren, bei dem es sich nicht um ein einkommensteuerrechtliches Entgelt handelt.

82   Solange die Summe der ertragsteuerlichen Entgelte (wie erläutert, ohne die Übernahme betrieblicher Verbindlichkeiten, ebenso ohne sonstige Zahlungen, die nicht als einkommensteuerrechtliches Entgelt zu werten sind wie etwa Versorgungsrenten, → Rn. 429 ff.) das Kapitalkonto nicht übersteigt, findet Buchwertfortführung gemäß § 6 Abs. 3 EStG statt. Der X. Senat des BFH[84] verlangt hierfür – wie zuvor zu § 7 Abs. 1 EStDV – weiter, dass der Übertragende seine bisherige gewerbliche Tätigkeit **einstellt,** also das (jedenfalls wirtschaftliche) Eigentum an den wesentlichen Betriebsgrundlagen in einem einheitlichen Vorgang und unter Aufrechterhaltung des geschäftlichen Organismus auf den Erwerber übertragen wird. Wie auch bei § 16 Abs. 1 Nr. 1 EStG ist es demnach erforderlich, dass die Veräußerung bzw. Übertragung des Unternehmens oder Unternehmensteils in einem Rechtsakt stattfindet, also nicht lediglich einzelne Wirtschaftsgüter übertragen werden.

83   Liegt (unter Beachtung der Einheitstheorie) eine einkommensteuerrechtliche entgeltliche Veräußerung vor, führt dies beim Veräußerer zu einem Veräußerungsgewinn gemäß § 16 Abs. 1 EStG (mit Besonderheiten, wenn das Entgelt in wiederkehrenden Kaufpreisraten besteht – Aufteilung in Tilgungs- und Zinsanteile, möglicherweise mit Wahlrechten zwischen der Sofortversteuerung und der Zuflussversteuerung), beim Erwerber zu weiteren Anschaffungskosten (allenfalls, einmalig bei Erwerbsunfähigkeit oder Vollendung des 55. Lebensjahres tarifbegünstigt gemäß § 34 Abs. 2 EStG).

84   Ein Mitunternehmeranteil geht im ertragsteuerlichen Sinn allerdings nur dann tatsächlich über, wenn auch das (zivilrechtlich dem Gesellschafter persönlich gehörende, ertrag-

---

[84] BFH ZEV 2017, 471 Rn. 40 ff. mAnm *Gräfe/Kraft;* in Fortführung von FG Münster ZEV 2015, 302.

steuerrechtlich jedoch zum Mitunternehmeranteil zählende) **Sonderbetriebsvermögen** übertragen wird. Bleibt letzteres zurück, tritt insoweit (zumindest) eine Entnahme ein – mit der Folge der Versteuerung der stillen Reserven im Sonderbetriebsvermögen – möglicherweise gar eine Aufgabe des gesamten Mitunternehmeranteils, wenn es sich beim zurückgebliebenen Sonderbetriebsvermögen um wesentliche Betriebsgrundlagen handelt mit der katastrophalen Konsequenz der Versteuerung aller stillen Reserven sowohl im Gesamthandsanteil als auch im Sonderbetriebsvermögen (§ 16 Abs. 3 EStG).

Werden lediglich Teile eines Mitunternehmeranteils übertragen, kann allerdings un- 85 schädlich Sonderbetriebsvermögen zurückbehalten werden (§ 6 Abs. 3 S. 2 EStG), sofern nicht der Anteilserwerber binnen fünf Jahren den erworbenen Mitunternehmeranteil entgeltlich weiterveräußert oder aufgibt (die Folgen treffen also den ursprünglichen Schenker, so dass regelmäßig entsprechende Sanktionen bei Verstoß gegen die ertragsteuerliche Sperrklausel zulasten des Erwerbers vereinbart werden!). Wird Sonderbetriebsvermögen überquotal übertragen, kann auch insoweit eine Buchwertfortführung gemäß § 6 Abs. 5 S. 3 EStG in Betracht kommen, allerdings unter einer Haltefrist von drei Jahren.

Für die Übertragung einzelner Wirtschaftsgüter des Betriebsvermögens gelten zur Er- 86 mittlung der Entgeltlichkeit die obigen Grundsätze für das Privatvermögen (→ Rn. 76 ff.); findet ein Wechsel zwischen verschiedenen Betriebsvermögen (mit oder ohne Rechtsträgerwechsel) statt, sind zusätzlich die Bestimmungen des § 6 Abs. 5 EStG (früherer Mitunternehmererlass) zu beachten. Besonderheiten (Buchwertfortführung) gelten gemäß § 16 Abs. 3 S. 2–4 EStG auch, wenn bei der Realteilung einer gewerblich tätigen oder geprägten Personenhandelsgesellschaft Einzelwirtschaftsgüter an die Gesamthänder übertragen werden, die diese in eigenes Betriebsvermögen überführen.

VI. Erbrechtliche Ausgleichung

Wird die Ausgleichung gemäß §§ 2050 ff. BGB ausdrücklich angeordnet oder hilfsweise 87 kraft Gesetzes vermutet (**„Anrechnung auf den Erbteil"**), führt dies zu einem Verrechnungsanspruch im Rahmen der Erbauseinandersetzung unter Abkömmlingen, im Pflichtteilsrecht zu einer Verschiebung zugunsten des ausgleichsbegünstigten Geschwisters bei insgesamt gleicher Zahllast (§ 2316 BGB). Das Gesetz differenziert zwischen „geborenen" Ausgleichungstatbeständen in § 2050 Abs. 1 BGB (Ausstattung sowie Übermaßzuschüsse zu Einkünften und Übermaßaufwendungen zum Beruf) und in § 2057a BGB (Dienstleistungen), einerseits, und „gekorenen" Ausgleichungstatbeständen durch entsprechende rechtzeitige (spätestens mit der Zuwendung erfolgende) Bestimmung des Veräußerers gemäß § 2050 Abs. 3 BGB andererseits.

Der Erb- und gegebenenfalls Pflichtteil des Ehegatten wird vorab ohne Berücksichti- 88 gung der Ausgleichungsvorgänge ermittelt, weil letztere lediglich zwischen Abkömmlingen Auswirkungen zeitigen. Alle Abkömmlinge – mit Ausnahme derer, die auf ihr gesetzliches Erbrecht verzichtet haben (§ 2316 Abs. 1 S. 2 BGB) – nehmen an der Ausgleichung teil, jedoch nur, wenn sie untereinander im Verhältnis der gesetzlichen Quoten (gleichanteilig) gesetzlich oder testamentarisch berufen sind. „Geborene" Ausgleichungstatbestände können ausdrücklich (wiederum durch Anordnung spätestens bei der Zuwendung) von der Ausgleichung ausgenommen werden; die im Rahmen der Erbrechtsreform 2010 erwogene Möglichkeit nachträglicher Anordnung oder Aufhebung der „Anrechnung auf den Erbteil" wurde nicht Gesetz, ebenso wenig wie die iRd Erbrechtsreform 2010 ins Auge gefasste Ausgleichung von ambulanten Pflegeleistungen zugunsten des Erblassers im Kreis aller gesetzlichen Erben (§ 2057b BGB-E).

89 Formulierungsbeispiel: Ausschluss der Ausgleichung von Pflegeleistungen unter
Kindern gemäß § 2057a BGB

Entgegen §§ 2052, 2057a BGB sind erbrachte Pflegeleistungen im Rahmen einer Erbauseinandersetzung unter Kindern nicht zu berücksichtigen, da sie bereits lebzeitig ausgeglichen wurden.

90   Die Auswirkungen (und Grenzen) einer ausdrücklich angeordneten (gekorenen) Ausgleichsanordnung erläutert nachfolgender Textbaustein:

91 Formulierungsbeispiel: Ausdrückliche („gekorene") Ausgleichungsanordnung
(Standardfall)

Der Schenker ordnet an, dass der unentgeltliche Teil der Zuwendung gemäß § 2050
Abs. 3 BGB im Verhältnis zu den Geschwistern des Erwerbers zur Ausgleichung zu bringen ist. Der Notar hat hierzu erläutert, dass
– die Ausgleichung nur unter Geschwistern stattfindet – sofern diese keinen Erbverzicht
  erklärt haben –, wenn gesetzliche Erbfolge oder eine der gesetzlichen Erbfolge identische testamentarische Erbfolge eintritt; ferner
– der heutige Betrag der unentgeltlichen Zuwendung sich gemäß der Entwicklung des
  Verbraucherpreisindex anpasst;
– die Ausgleichung unabhängig davon stattfindet, wie viel Zeit bis zum Erbfall noch
  verstreicht;
– die Ausgleichung sich auch auf die Pflichtteilsansprüche von Geschwistern erhöhend
  auswirkt und schließlich
– ein Ausgleich aus dem Eigenvermögen des Erwerbers nicht stattfindet, auch nicht
  wenn der Nachlass so gering ist, dass eine Ausgleichung nicht mehr durchgeführt
  werden kann (§ 2056 BGB).

92   Eine Ausgleichungsanordnung ist daher fehl am Platze, wenn die übrigen Abkömmlinge bereits Zuwendungen ohne Ausgleichsanordnung erhalten haben und eine Gleichstellung beabsichtigt ist.

93   Die Ausgleichungsanordnung kann auch auflösend bedingt für den Fall erfolgen, dass es
zu einer von der gesetzlichen Erbfolge abweichenden, gewillkürten Erbfolge kommt, also
Pflichtteilsansprüche entstehen können – dies vermeidet den Eintritt der Pflichtteilsverschiebungswirkung des § 2316 Abs. 1 BGB – nicht § 2316 Abs. 3 BGB.

94 Formulierungsbeispiel: Gekorene Ausgleichungspflicht ohne Pflichtteilsfernwirkung, „Abbedingung des § 2316 Abs. 1 BGB"

Im Hinblick auf § 2316 Abs. 1 BGB ist die Pflicht zur Ausgleichung für den Fall nicht
angeordnet, dass letztwillige Anordnungen nach dem Tod des Zuwendenden zu Pflichtteilsansprüchen eines Abkömmlings führen; sie soll also in diesem Fall, da auflösend bedingt, keinen Einfluss auf die Höhe des Pflichtteils haben.

95   Eine einmal getroffene Ausgleichsbestimmung kann **nicht nachträglich einseitig zurückgenommen werden,** ihre Wirkung kann allenfalls (außer natürlich mittels einer
Änderung der Erbquoten) durch Anordnung eines Vorausvermächtnisses zugunsten des
Ausgleichspflichtigen im Testament wirtschaftlich beseitigt werden, wobei jedoch die
pflichtteilsrechtliche Fernwirkung des § 2316 BGB dadurch nicht außer Kraft gesetzt
wird, da Vermächtnisansprüche gegenüber Pflichtteilsansprüchen nachrangig sind (vgl.
§ 326 InsO). Die Konsequenzen für den Pflichtteil lassen sich nur durch einen gegenständlich auf den Ausgleichungspflichtteil (den „Erhöhungsanteil") beschränkten Pflicht-

teilsverzicht zwischen dem Erblasser und dem nicht vorempfangenden Abkömmling beseitigen.

Hat der Ausgleichspflichtige vorab „zu viel" erhalten, ist er gemäß § 2056 BGB nicht **96** zur Herausgabe des Mehrbetrags verpflichtet, sofern vertraglich nicht anders vereinbart:

> **Formulierungsbeispiel: Ausgleichungspflicht selbst bei Nachlasserschöpfung,** **97**
> **„Abbedingung des § 2056 BGB"** ☞
>
> Im Hinblick auf § 2056 BGB vereinbaren Veräußerer und Erwerber jedoch für den Fall, dass eine Ausgleichung mit den Geschwistern des Erwerbers dem Grunde nach stattfindet:
>
> Soweit wegen Erschöpfung des Nachlasses die rechnerische Ausgleichung nicht zur vollständigen Gleichstellung zwischen dem Erwerber und seinen ausgleichungsberechtigten Geschwistern führt, ist der Erwerber zur Einzahlung des an der Gleichstellung fehlenden Betrags in den Nachlass in voller Höhe [*Alt.:* zur Hälfte/zu einem Drittel etc] verpflichtet.

Stammt die ausgleichungspflichtige Zuwendung (zumindest teilweise) aus dem Vermögen des erstversterbenden Ehegatten und gelangen die Kinder (**„Berliner Testament"**) erst nach dem Tod des längerlebenden Elternteils zur Erbfolge, geht die Anrechnungsbestimmung ins Leere. Eine „allseitige postmortale Ausgleichungsvereinbarung" zur Gleichstellung im Schlusserbfall unabhängig von der Versterbensreihenfolge kommt als schuldrechtliche Vereinbarung unter künftigen Miterben nach § 311b Abs. 5 BGB (Erbschaftsvertrag) in Betracht.[85]

VII. Pflichtteilsfragen

1. Pflichtteilsanrechnung. Nur der Pflichtteilsergänzungsberechtigte muss sich stets und **99** ohne zeitliche Beschränkung zuvor erhaltene Zuwendungen anrechnen lassen (§ 2327 Abs. 2 BGB), während der ordentliche Pflichtteil durch Vorauszuwendungen nur gemindert wird, wenn dies bei der Zuwendung ausdrücklich, zumindest eindeutig konkludent angeordnet wird (§ 2315 BGB) – ist diese Anordnung unterblieben, kann dies zur **Flucht in den Pflichtteilsergänzungsanspruch** führen, also zur bewussten Auslösung des § 2325 BGB durch lebzeitige Zuwendungen hinsichtlich des Restvermögens an andere Personen:

> **Formulierungsbeispiel: Pflichtteilsanrechnung** **100**
> Die Zuwendung ist, soweit unentgeltlich, auf den Pflichtteil des Erwerbers nach dem ☞ Veräußerer anzurechnen.

Diese Bestimmung muss dem Erwerber spätestens mit der Zuwendung so bekannt ge- **101** geben werden, dass er den Erwerb im Hinblick auf seine pflichtteilsmindernde Folge noch zurückweisen kann.

Nach der wohl hM führt die Anrechnungsbestimmung gegenüber einem **Minderjäh-** **102** **rigen** zum Wegfall des lediglich rechtlich vorteilhaften Charakters des Rechtsgeschäfts. Ferner ist analog § 2347 Abs. 2 BGB nach hM die familiengerichtliche Genehmigung für die Mitwirkung des gesetzlichen Vertreters erforderlich. Die Erfahrung lehrt, dass folgende Formulierung die Erteilung der Genehmigung erleichtert:

---

[85] Formulierungsvorschlag bei *Krauß* Vermögensnachfolge Rn. 1975.

102a   **Formulierungsbeispiel: Pflichtteilsanrechnung bei Minderjährigen**

⟳   Sofern der Erwerber im Erbfall des Veräußerers noch minderjährig ist, hat er sich höchstens den Wert auf seinen Pflichtteil anrechnen zu lassen, den die Zuwendung im Zeitpunkt des Versterbens des Veräußerers hat. Ist der heute minderjährige Erwerber im Zeitpunkt des Erbfalls bereits volljährig, ist die Anrechnung in entsprechender Weise auf den Wert begrenzt, den die Zuwendung beim Eintritt seiner Volljährigkeit hatte.

103   Zur **Berechnung** wird der Nachlass durch Addition des Vorempfangs zum Realnachlass ergänzt, hieraus der fiktive Pflichtteil errechnet und der zu entrichtende Pflichtteilsbetrag sodann durch Abzug des Vorempfangs (wertbereinigt) hiervon ermittelt.

Beispiel:

Ein verwitweter Elternteil hat dem Sohn 500.000 EUR (wertbereinigt) unter Pflichtteilsanrechnung zugewendet; die Tochter (das einzige weitere Kind) erbt beim Tod dessen Nachlass im Wert von 2 Mio. EUR. Der Sohn hat noch einen Pflichtteilsanspruch in Höhe von (2.000.000 + 500.000) : 4 = 625.000 abzüglich 500.000 = 125.000 EUR. Bei mehreren Anrechnungspflichtigen ist für jeden der fiktive ergänzte Nachlass anhand seines Vorempfangs getrennt zu bestimmen.

104   Eine Kombination von Pflichtteilsanrechnung und Ausgleichungsbestimmung kann sich nachteilig auswirken: Der Anteil des Ehepartners ist beim Ausgleich vorab auszuscheiden, andererseits wird der auf den Ausgleichserbteil angerechnete Vorempfang insgesamt nur hälftig berücksichtigt, so dass eine geringere Reduzierung des Pflichtteils eintritt als bei unmittelbarer Anrechnung nur auf den Pflichtteil nach § 2315 BGB. Soll gleichwohl die maximale pflichtteilsentlastende Wirkung erreicht werden, auch wenn im Zeitpunkt des Erbfalls der Ehegatte noch lebt, empfiehlt sich folgende Vorsorge:

105   **Formulierungsbeispiel: Auflösend bedingte Ausgleichungsanordnung**
⟳   **(Kombination von Ausgleichung und Anrechnung mit Optimierung der Pflichtteilsreduzierung)**

Der Erwerber hat sich den Wert des unentgeltlichen Anteils der heutigen Zuwendung sowohl auf seinen Pflichtteil nach § 2315 BGB anrechnen zu lassen als auch nach §§ 2050 ff. BGB im Verhältnis zu Geschwistern zur Ausgleichung zu bringen.

Sofern jedoch nach dem Tod des Veräußerers dessen Ehegatte oder Lebenspartner erbrechtlich zu berücksichtigen ist, findet bei einer etwa notwendigen Ermittlung des Pflichtteils des Erwerbers lediglich eine Anrechnung nach § 2315 BGB statt, nicht aber eine Ausgleichung nach §§ 2050, 2316 ff. BGB, falls wegen § 2316 Abs. 4 BGB sonst ein höherer Pflichtteilsanspruch bestünde. Die Ausgleichungsanordnung ist also für diesen Fall auflösend bedingt.

106   **2. Pflichtteilsergänzung.** Das Ziel des Pflichtteilsrechts, nahen Angehörigen (Kindern, Ehegatten, ggf. Eltern) einen Mindestanteil zu sichern, könnte durch unentgeltliche Zuwendungen unter Lebenden vereitelt werden. Hiergegen soll der Pflichtteilsergänzungsanspruch (§§ 2325, 2329 BGB) als eigener, neben den ordentlichen Pflichtteil (§§ 2303, 2315, 2316 BGB samt Zusatzpflichtteil, § 2305 BGB, und Pflichtteilsrest, § 2307 Abs. 1 S. 2 BGB) tretender Anspruch Abhilfe schaffen. Da er nicht voraussetzt, dass ein Anspruch auf den ordentlichen Pflichtteil gemäß § 2303 BGB besteht, kann er auch dem gesetzlichen oder gewillkürten Mit- oder Alleinerben zustehen (vgl. § 2326 BGB) und geht auch durch eine Ausschlagung der Erbschaft (die bekanntlich außerhalb der §§ 2306 Abs. 1, Abs. 2, 1371 Abs. 3 BGB zum Verlust des ordentlichen Pflichtteilsanspruchs führt) nicht verloren. Verzicht (§ 2346 Abs. 2 BGB), Erlass (§ 397 BGB), Abtretung (§§ 398,

2317 BGB) oder Pfändung bzw. Verpfändung (§ 852 Abs. 2 ZPO) sollten daher immer beide Ansprüche aufführen.

Erfasst ist der **unentgeltliche Anteil** von Schenkungen (§§ 516 ff. BGB), ebenso aber **107** ehebedingten ("unbenannten") Zuwendungen (diese verwirklichen sich insbesondere in Gestalt von Zuwendungen eines Ehegatten an den anderen zum Erwerb oder zur Errichtung einer gemeinsamen Immobilie[86] bzw. Beiträgen zur Tilgung (uU auch der Verzinsung) gemeinsam dafür aufgenommener Darlehen abweichend von der Eigentumsquote,[87] in erster Linie bei Einverdiener-Ehen, aber auch bei Doppelverdiener-Ehen mit disparitätischem Einkommen) in analoger Anwendung auch freigiebige Transferleistungen, denen ein Element des Schenkungsbegriffes fehlt, zB bei der Einbringung von Vermögen in eine "eigene" noch nicht rechtsfähige Stiftung (kein Vertrag, sondern einseitige nicht empfangsbedürftige Willenserklärung in Gestalt des Stiftungsaktes; anders bei der späteren Zustiftung: unmittelbare Anwendung des § 2325 BGB, Vertrag).

Außer bei Schenkungen unter Ehegatten und eingetragenen Lebenspartnern (§ 2325 **108** Abs. 3 S. 3 BGB, § 10 Abs. 6 S. 2 LPartG) sind Schenkungen nur dann ergänzungspflichtig, wenn zur Zeit des Erbfalls zehn Jahre seit der "Leistung" des verschenkten Gegenstands noch nicht verstrichen sind. "Leistung" erfordert dabei sowohl den **rechtlichen Leistungserfolg** als auch die **wirtschaftliche Ausgliederung**.

Checkliste: Zeitpunkt des rechtlichen Leistungserfolgs iSd § 2325 Abs. 3 BGB **109**

(1) Aufschiebend bedingte oder befristete Übertragungen sind erst mit Eintritt der Bedingung/der Frist geleistet.

(2) Genügt zur Aufhebung eines Rechts der Verzicht durch Erlassvertrag (§ 397 Abs. 1 BGB), ist die Leistung bereits damit bewirkt; bedarf es zur Aufhebung eines Rechts zusätzlich der Löschung im Grundbuch (§ 875 Abs. 1 S. 1 BGB), beginnt die Frist erst mit Vollzug dieser Löschung.

(3) Bei der schenkweisen Aufnahme eines Gesellschafters ist der Zeitpunkt des Eintritts maßgebend, sofern der neue Gesellschafter seine Rechte als Mitunternehmer tatsächlich wahrnehmen kann. Ist (wie bei Kommanditbeteiligungen im Hinblick auf § 176 HGB üblich) die Wirksamkeit der Abtretung an die (deklaratorische) Registereintragung geknüpft, zählt Letztere.

(4) Bei der Schenkung von Grundstücken beginnt die Frist erst mit der Umschreibung im Grundbuch, nicht bereits mit Erwerb eines Anwartschaftsrechts.

(5) Die Zuwendung eines widerruflichen Bezugsrechts bei einer Lebensversicherung bedeutet die Schenkung der Versicherungssumme, die erst im Todeszeitpunkt als Leistung stattfindet. Wird ein unwiderrufliches Bezugsrecht zugewendet, beginnt die Zehnjahresfrist bereits dann zu laufen.

(6) Bei der Zuwendung an eine "Vor-Stiftung" tritt der Leistungserfolg mit behördlicher Anerkennung der Stiftung (da das Stiftungsgeschäft zuvor gemäß § 81 Abs. 2 BGB widerruflich ist) und deren Eigentumserwerb ein.

(7) Sofern in Gesellschaftsverträgen das abfindungslose Ausscheiden beim Ableben eines Gesellschafters (Fortsetzungsklausel mit Abfindungsausschluss) eine ergänzungspflichtige Zuwendung darstellt, tritt der Leistungserfolg erst mit dem Tod des Gesellschafters ein; Gleiches gilt bei der rechtsgeschäftlichen Nachfolgeklausel sowie der rechtsgeschäftlichen Eintrittsklausel (sowohl in Gestalt der Abtretungslösung als auch der Treuhandlösung).

---

[86] Beispiel: OLG Schleswig ZEV 2014, 260. Hiergegen krit. *Weidlich* ZEV 2014, 345.
[87] BGH ZEV 2018, 274 mAnm *Horn;* hierzu auch Anm. von *Keim* ZNotP 2018, 221; *Weber* FamRZ 2018, 775; *Löhnig* NJW 2018, 1475.

> (8) Wird einem Dritten eine sog. „Oder-Konto-Berechtigung" eingeräumt, beginnt die Frist erst mit dem Tod des Erblassers zu laufen, da er bis zu diesem Zeitpunkt noch mitverfügen konnte.

110   Über den Eintritt des rechtlichen Leistungserfolgs hinaus fordert der BGH,[88] dass der Erblasser einen Zustand geschaffen hat, dessen Folgen er selbst noch zehn Jahre lang zu tragen hat und der ihn schon im Hinblick darauf von einer böslichen Schenkung zum Nachteil des Pflichtteilsberechtigten abhalten könne. Der Schenker muss also nicht nur seine Rechtsstellung als Eigentümer endgültig aufgeben, sondern auch darauf verzichten, den verschenkten Gegenstand aufgrund vorbehaltener dinglicher oder vereinbarter schuldrechtlicher Ansprüche im Wesentlichen weiterhin zu nutzen. Erforderlich ist demnach zusätzlich eine **„wirtschaftliche Ausgliederung"**.

111   **Checkliste: Wirtschaftliche Ausgliederung iSd § 2325 Abs. 3 BGB**

(1) Sie fehlt beim vollständigen Rückbehalt des **Nießbrauchs** zugunsten des Veräußerers (wohl auch zugunsten dessen Ehegatten, sofern letzterer für den Fall einer Scheidung durch einen darauf aufschiebend bedingten eigenen Nießbrauchsvorbehalt ersetzt wird).

(2) Bei einem Bruchteilsnießbrauch beginnt die Frist hinsichtlich des betroffenen Bruchteils nicht zu laufen; bei einem Quotennießbrauch wird nach der Höhe der Quote und der Bedeutung der tatsächlich erwirtschafteten Erträge zu differenzieren sein (über 50 % Quote liegt stets ein schädlicher Rückbehalt vor, unter 10 % niemals, bei dazwischen liegenden Quoten nur, wenn sie für den Nießbraucher wesentliche Erträge erwirtschaften).

(3) Das vorbehaltene **Wohnungsrecht** am Gesamtobjekt ist stets schädlich, dasjenige an einer von mehreren abgeschlossenen Wohnungen nur für den betroffenen Wertanteil (vergleichbar dem Bruchteilsnießbrauch), das Wohnungsrecht in Bezug auf lediglich einzelne Räume dagegen nicht,[89] auch wenn die Mitnutzung der gemeinschaftlichen Einrichtungen eingeschlossen ist[90] und die „einzelnen Räume" mehr als ein Geschoss umfassen.[91] Der BGH will dabei sogar die faktische Duldung einer Mehrnutzung anderer Räume, die jedoch nicht auf dinglich gesichertem Recht beruht, unberücksichtigt lassen. Dies lädt geradezu (in fragwürdiger Weise) dazu ein, nur einige Zimmer in den rechtlich gesicherten Bestandsumfang des Wohnungsrechts aufzunehmen und Übrigen darauf zu vertrauen, die nicht vor Ort lebenden Erwerber würden die restlichen, ihnen formal zur Nutzung zugewiesenen Räume ohnehin nicht in Anspruch nehmen.

(4) Bei bloßen Benutzungsdienstbarkeiten für Nebennutzungen dürfte die Frist anlaufen.

(5) Die Übertragung eines Gegenstands gegen (abänderbare) dauernde Last oder (statische) Leibrente lässt nach hM die wirtschaftliche Ausgliederung ebenfalls eintreten.

(6) Die Übertragung einer Immobilie unter gleichzeitiger Vereinbarung eines Mietvertrags mit dem Veräußerer wird ebenso wenig als „Vorbehalt" der wesentlichen Nutzung angesehen.

(7) Fraglich ist, ob ein Rückforderungs-, Rücktritts- oder Widerrufsvorbehalt der wirtschaftlichen Ausgliederung entgegensteht. Dafür spricht, dass der Wegfall der je-

[88] BGH NJW 1987, 122; NJW 1994, 1791.
[89] LG Münster MittBayNot 1997, 113.
[90] OLG Bremen NJW 2005, 1726; ähnlich OLG Düsseldorf NJWE-FER 1999, 279.
[91] BGH MittBayNot 2017, 408 mAnm *Bernauer* = ErbR 2016, 570 mAnm *Gockel:* alle Räume im Erdgeschoss und schuldrechtliche Mitbenutzung einzelner Räume im Obergeschoss; zusätzlich bestand ein schuldrechtliches Veräußerungs- und Veränderungsverbot und die Befugnis, Grundpfandrechte bis zu 200.000 DM zu bestellen, war vorbehalten.

denfalls faktischen Verfügungsbefugnis das Eigentum noch stärker kennzeichnet als das Fehlen der Nutzungsmöglichkeit; dagegen spricht, dass während der Nichtaus- übung des Rückforderungsvorbehalts ein Genussverzicht gerade stattfindet, wenn es aber zur Rückforderung kommt, der Pflichtteilsberechtigte nicht mehr schutzbe- dürftig ist, da der zurückgeleistete Gegenstand nun dem unmittelbaren Pflichtteils- recht unterliegt. Für das enumerative Rückerwerbsrecht geht die ganz herrschende Meinung in der Literatur sowie die untergerichtliche Rechtsprechung[92] ohnehin da- von aus, dass es – jedenfalls sofern der Rückerwerbsfall nicht willkürlich herbeige- führt werden kann – kein Fristhindernis darstelle.[93] Möglicherweise bewirkt dem- nach allerdings auch das bloß enumerative Rückforderungsrecht im Verein mit weiteren Vorbehalten (Wohnungsrecht an den bisher bewohnten Räumen), dass der Veräußerer sich auf keinen Genussverzicht einzurichten brauchte, „Summationsef- fekt", str.[94]

(8) Die Vermögensausstattung einer **Stiftung** lässt die Frist wohl selbst dann anlaufen, wenn der Zuwendende zugleich zum Kreis der Begünstigten dieser Stiftung zählt. Möglicherweise liegt jedoch dann noch kein Genussverzicht vor, wenn der Zuwen- dende alleiniger Vorstand der Stiftung ist oder jedenfalls maßgeblichen Einfluss auf ihre Entscheidungen hat.

(9) Die bloß tatsächliche Weiternutzung durch den Veräußerer auch ohne ausdrückliche vertragliche Absprache kann – jedenfalls bei verfestigten Sachverhalten – der wirt- schaftlichen Ausgliederung entgegenstehen.

Wird das fristschädliche vorbehaltene Recht jedoch endgültig aufgegeben (durch Erlass- 112 vertrag bei schuldrechtlichen Ansprüchen; materiell-rechtliche Aufgabeerklärung gemäß § 875 BGB und Löschung bei dinglichen Rechten), beginnt die (für Sterbefälle seit 2010 abschmelzende) Zehn-Jahres-Frist des § 2325 Abs. 3 BGB ab diesem Zeitpunkt zu laufen. Dabei ist allerdings zu berücksichtigen, dass die kompensationslose Aufgabe vorbehalter Rechte wiederum eine Schenkung darstellt, die insoweit eine neue Zehn-Jahres-Frist aus- löst, und mit den zusätzlichen zivilrechtlichen Schwächen einer Schenkung – § 528 BGB, Anfechtungsgefahren etc – behaftet ist. Schenkungsteuerlich wurde bei Nießbrauchsvor- behalten bis Ende 2008 die Stundungsphase des § 25 ErbStG aF beendet, für danach vorbehaltene Nießbräuche wird eine neuerliche Schenkung verwirklicht. Unschädlich ist dagegen der Austausch vorbehaltener Nutzungsrechte gegen „unschädliche" Gegenleis- tungen, etwa eine dauernde Last, oder die Surrogation eines aufgegebenen Nutzungsrech- tes an einem neu angeschafften Folgeobjekt.

Berechtigte des Pflichtteilsergänzungsanspruchs sind die abstrakt in § 2303 BGB 113 genannten Berechtigten, sofern deren Recht nicht durch § 2309 BGB oder in anderer Weise (zB Pflichtteilsentziehung) ausgeschlossen ist. Ergänzungsberechtigt kann daher auch sein, wer zugleich gesetzlicher oder gewillkürter (Mit)Erbe oder Vermächtnisnehmer ist, § 2326 BGB – hierin zeigt sich die Selbstständigkeit der Pflichtteilsergänzung ggü. dem ordentlichen Pflichtteil (§§ 2303 ff. BGB).

Nach überwiegender Meinung in der Literatur und nunmehr auch Ansicht des BGH[95] 114 lösen auch solche Schenkungen Pflichtteilsergänzungsansprüche aus, bei deren Vollzie- hung das abstrakt zum Pflichtteil berechtigende Verwandtschaftsverhältnis noch nicht be- stand (**Ablehnung des Kriteriums der sog. Doppelberechtigung**). Schenkungen, die (wohl) vor der neuerlichen Heirat an die Kinder aus erster Ehe durchgeführt wurden

---

[92] LG München I BeckRS 2008, 24625.

[93] AA aber OLG Düsseldorf ZEV 2008, 525 mit ablehnender Anm. *Herrler* bzgl. eines Rückforderungsrechts für den Fall der Veräußerung oder Belastung.

[94] OLG München ZEV 2008, 480 mit ablehnender Anm. *Herrler*. BGH MittBayNot 2017, 408 mAnm *Bernauer* geht hierauf nicht ein, obwohl der Sachverhalt hierfür Anlass geboten hätte (Rückforderungs- und Nachbeleihungsvorbehalt!).

[95] DNotZ 2012, 860.

oder vor einer Adoption bzw. der Zeugung oder Vaterschaftsanerkennung oder Erlangung der Pflichtteilsberechtigung eines weiteren Kindes geschahen, lösen also ebenfalls Pflichtteilsergänzungsansprüche zugunsten der später hinzutretenden Berechtigten aus. Früher insoweit empfohlene Ausweichgestaltungen („erst schenken, dann heiraten") sind also nicht mehr tragfähig, selbst vergangene Sterbefälle rechtfertigen nun (bis zur Verjährungsgrenze) für vor der Eheschließung/eigenen Geburt erfolgte Schenkungen Pflichtteilsnachforderungen (sofern nicht zB eine Abfindung mit Generalquittung vereinbart wurde). Der Anwendungsbereich des § 2325 BGB wurde durch diese Änderung der Rechtsprechung des BGH also deutlich ausgeweitet.

115   Bei Schenkungen an Dritte (die selbst pflichtteilsberechtigt sein können) berechnet sich der Ergänzungspflichtteil gemäß § 2325 Abs. 1 BGB in fünf Schritten:
(1) Bildung eines fiktiven, ergänzten Nachlasses durch Zurechnung der Schenkung;
(2) anschließend Bildung des fiktiven Ergänzungserbteils aufgrund der gesetzlichen Erbquote des Berechtigten;
(3) Bildung des Ergänzungspflichtteils im Wege der Halbierung des fiktiven Ergänzungserbteils;
(4) Feststellung des Ergänzungsbetrags durch Subtraktion des ordentlichen Pflichtteils vom Ergänzungspflichtteil.
(5) Für Sterbefälle ab dem 1.1.2010 gilt weiter: Jedes volle Zeitjahr, das vom Erbfall zurückgerechnet seit der Leistung des verschenkten Gegenstands verstrichen ist, reduziert die Anrechnungshöhe (inflationsbereinigt) um jeweils ein Zehntel – allerdings nur, sofern die Frist überhaupt angelaufen ist (→ Rn. 111 zur erforderlichen wirtschaftlichen Ausgliederung; § 2325 Abs. 3 S. 3 BGB zum auf die Scheidung hinausgeschobenen Fristanlauf unter Ehegatten[96]).

116 **Vergangene Schenkungen an den Ergänzungsberechtigten selbst** sind gemäß § 2327 Abs. 1 S. 1 BGB stets, auch ohne Anrechnungsbestimmung, von der Ergänzungsforderung abzuziehen, und zwar **ohne Rücksicht auf die Zehn-Jahres-Grenze** des § 2325 Abs. 3 BGB, die nur bei Dritt-, nicht bei Eigenschenkungen gilt. Wurde demnach eine rechtzeitige Anrechnungsbestimmung bei einer Direktzuwendung (§ 2315 BGB) versäumt, bleibt die **„Flucht in die Pflichtteilsergänzung"**, indem weitere lebzeitige Zuwendungen an Dritte einen (mit den Jahren gemäß § 2325 Abs. 3 BGB abnehmenden) Pflichtteilsergänzungsanspruch des Erstbeschenkten auslösen, der sodann durch seinen früheren Erwerb kompensiert wird; zugleich sinkt durch die weiteren Wegschenkungen der verbleibende ordentliche Pflichtteil.

117 **3. Pflichtteilsverzicht.** Der Verzicht auf den möglichen künftigen Pflichtteil durch Vertrag gemäß § 2346 Abs. 2 BGB mit dem Erblasser stellt, da aleatorisches Geschäft, seinerseits kein taugliches Gegenleistungselement dar, das eine zivilrechtliche Minderung der Unentgeltlichkeit herbeiführen könnte, so dass auch umgekehrt eine für einen solchen Verzicht entrichtete Abfindung ihrerseits Schenkung bleibt (und auch schenkungsteuerlich so behandelt wird, → Rn. 28).

118   Im Pflichtteilsverzicht selbst liegt (vgl. § 517 BGB: Verzicht auf ein nicht endgültig erworbenes Recht) seinerseits **keine Schenkung** (an den entlasteten Erben); der Verzicht ist sogar durch den Gemeinschuldner während der Insolvenz möglich (trotz § 80 Abs. 1 InsO, der sich nicht auf künftiges Vermögen erstreckt) und stellt keinen Obliegenheitsverstoß im Rahmen der Wohlverhaltensphase auf dem Weg zur Restschuldbefreiung dar, insbesondere keinen Verstoß gegen § 295 Abs. 1 Nr. 2 InsO. Sogar während des Bezugs steuerfinanzierter Sozialhilfeleistungen kann auf den künftigen Pflichtteil (der sonst gemäß § 93 Abs. 1 SGB XII auf den Sozialhilfeträger nach seiner Entstehung übergeleitet werden

---

[96] Kein Verstoß gegen Art. 3 oder Art. 6 GG: BVerfG ErbR 2019, 224.

könnte) wirksam verzichtet werden, insbesondere ist ein solcher Verzicht nicht sittenwidrig.[97]

Bei einem durch den Betroffenen selbst wirksam abgegebenen (oder durch das Betreu- **119** ungsgericht gemäß § 2347 Abs. 1 BGB genehmigten) Verzicht des Behinderten auf den ersten Sterbefall lässt sich demnach der Einsatz der klassischen Instrumente des Behindertentestaments (Vor- und Nacherbfolge, Testamentsvollstreckung) auf den zweiten Sterbefall hinausschieben. Die für die Gestaltungspraxis segensreiche Einschätzung des BGH dürfte auch für den Bezieher von Grundsicherungsleistungen (zur Vermeidung der kraft Gesetzes erfolgenden Überleitung auf den Grundsicherungsträger, § 33 Abs. 1 SGB II) gelten.[98]

Der **Erbverzicht** gemäß § 2346 Abs. 1 BGB, dessen wichtigste Unterform der Pflicht- **120** teilsverzicht ja bildet, ist demgegenüber in der notariellen Praxis eher selten und häufig ein Kunstfehler, führt er doch wegen § 2310 S. 2 BGB zur Erhöhung der Pflichtteilsquote derjenigen Abkömmlinge, die nicht verzichtet haben oder gar zum Entstehen des Pflichtteilsrechts entfernterer Verwandter (dh der Eltern).

Beispiel:

Gelingen dem Erblasser – Vater von vier Kindern – immerhin mit drei seiner Kinder Erbverzichte, ist bei seinem Tod weiterhin der volle „Gesamtpflichtteil" auszuzahlen, allerdings an das vierte Kind allein.

Der umfassende Verzicht auf das Pflichtteilsrecht als solches erfasst auch **121**
– den **Pflichtteilsrestanspruch** gemäß §§ 2305, 2307 BGB sowie
– den **Pflichtteilsergänzungsanspruch** nach §§ 2325 ff. BGB einschließlich
– des **Verfolgungsanspruchs gegen den Beschenkten** selbst, § 2329 BGB und
– die **Pflichtteilserhöhungswirkung ausgleichungspflichtiger Zuwendungen** an Geschwister, § 2316 BGB (Ausgleichungspflichtteil).
– Daneben nimmt der universelle Pflichtteilsverzicht die Möglichkeit, sich auf § 2306 BGB zu berufen, so dass Beschränkungen und Beschwerungen der in § 2306 Abs. 1 S. 1 BGB aF (bei Sterbefällen vor dem 1. 1. 2010) genannten Art auch bei Erbeinsetzung lediglich zur Pflichtteilsquote oder darunter aufrechterhalten blieben und seit 2010 trotz Ausschlagung des beschwerten Erbteils kein Pflichtteilsanspruch entsteht.
– Auch auf die **Verteidigungsrechte** der §§ 2318 Abs. 2 BGB und § 2319 BGB (Kürzungsgrenze bei der Verteilung der Pflichtteilslast) und § 2328 BGB (Verweigerung der Pflichtteilsergänzung zur Wahrung des eigenen Pflichtteils) kann sich der Verzichtende nicht mehr berufen.

Der Verzicht bedarf gemäß § 2348 BGB **der notariellen Beurkundung;** dies gilt auch **122** für das zu seiner Abgabe verpflichtende, zugrundeliegende schuldrechtliche Geschäft;[99] anzuzeigen beim Zentralen Testamentsregister (ZTR) der Bundesnotarkammer ist jedoch nur der Erb-, nicht der schlichte Pflichtteilsverzicht. Eine Aufspaltung in Antrag und Annahme ist möglich (§ 128 BGB). Hinsichtlich des Erblassers ist persönliche Anwesenheit erforderlich (mit Ausnahme der gesetzlichen Vertretung bei Geschäftsunfähigkeit gemäß § 2347 Abs. 2 S. 1, S. 2 BGB); der Verzichtende selbst kann (formfrei) nachgenehmigen oder Vollmacht erteilen.

Erscheint der Veräußerer (künftige Erblasser) überraschenderweise nicht zur Beurkun- **123** dung, ist der Pflichtteilsverzicht daher umzugestalten in ein Angebot des Verzichtenden an den Erblasser oder aber eine zumindest für ausreichende Zeit unwiderrufliche Vollmacht an den Erblasser zu erteilen, den Verzicht mit Wirkung auch für den Verzichtenden zu erklären. Wird dennoch versehentlich „vorbehaltlich Nachgenehmigung des Veräußerers"

---

[97] BGH ZEV 2011, 258; ebenso die Sozialgerichte: SG Stuttgart NotBZ 2012, 398, erst recht nicht unter dem Gesichtspunkt fehlender „Abfindung" für den Verzicht.
[98] *Ivo* DNotZ 2011, 387 (389); hierzu tendierend auch *Wendt* ZNotP 2011, 362.
[99] OLG Köln DNotZ 2011, 344.

beurkundet und diese (unwirksam) erteilt, soll die Formnichtigkeit nach fragwürdiger Ansicht des OLG Düsseldorf[100] auch die Überlassung selbst erfassen, in deren Zug der Pflichtteilsverzicht erklärt werden sollte (richtigerweise ist sowohl das den Pflichtteilsverzicht zugrundeliegende Kausalgeschäft, bei dem Stellvertretung möglich ist, wirksam – so dass hieraus auf die Abgabe der wirksamen dinglichen Erklärung geklagt werden kann – als auch die wertneutrale dingliche Auflassung selbst). Der dingliche Verzicht muss ferner noch zu Lebzeiten zustande gekommen sein.[101]

124   Erfolgt der Pflichtteilsverzicht gegen Abfindung, ist der abstrakte Verfügungsvertrag selbst typischerweise auf deren Erhalt aufschiebend bedingt (§ 158 BGB); denkbar ist aber auch eine Verknüpfung iSd § 320 BGB (Zurückbehaltungsrecht hinsichtlich der Abgabe des Verzichts bis zur Leistung der Abfindung) oder aber ein Rücktrittsrecht bei Nichtleistung der Abfindung (mit der Folge der Verpflichtung zur Aufhebung des Erbverzichts als Rückgewähr des Erlangten, §§ 346, 2351 BGB).

125   Es empfiehlt sich, die schwankende Tatsachengrundlage für die „Berechnung" einer Verzichtsabfindung offenzulegen, um spätere Ansprüche aus § 313 BGB auszuschließen:

126   **Formulierungsbeispiel: Endgültiger Charakter einer Abfindungsvereinbarung bei Erb- oder Pflichtteilsverzicht**

Die vorstehend getroffene Vereinbarung über eine Abfindung für die Abgabe und Aufrechterhaltung des Erbverzichts [*Alt.:* Pflichtteilsverzichts] ist ihrer Art, Höhe und Fälligkeit nach unabhängig vom derzeitigen Bestand und Wert des Vermögens wie auch von Bestand und Wert des künftigen Nachlasses des beteiligten Erblassers; eine Anfechtung oder auch Anpassung, etwa in Fällen des Irrtums oder wegen einer Änderung oder des Wegfalls der Geschäftsgrundlage, ist daher ausgeschlossen.

127   Da sich die Zulässigkeit des Pflichtteilsverzichts nach dem **Erbstatut des Erblassers** richtet, ist vorsorglich darauf hinzuweisen, dass ein Verzicht zu Lebzeiten des Erblassers nach zahlreichen ausländischen Rechtsordnungen (insbesondere Belgien, England, Frankreich, Griechenland, Irland, Israel, Italien, Luxemburg, Portugal, Rumänien, Spanien, Serbien, Slowakei, Tschechien) unzulässig ist (möglich ist er jedoch insbesondere in Dänemark, Finnland, Japan, Norwegen, Österreich, Polen, Schottland, Schweden, der Schweiz, Türkei, Ungarn und in den meisten Bundesstaaten der USA). Für alle Sterbefälle ab dem 17. 8. 2015 führt die **Europäische Erbrechtsverordnung** (EuErbVO) zu einem Paradigmenwechsel: Die gesamte Rechtsnachfolge von Todes wegen (vgl. Art. 21 Abs. 1, 22, 23 Abs. 1 EuErbVO) unterliegt dann einheitlich dem Recht des gewöhnlichen Aufenthalts des Erblassers, nicht mehr den nationalrechtlichen Anknüpfungen (also aus Sicht des deutschen Rechts gemäß Art. 25 EGBGB der Staatsangehörigkeit des Erblassers). Hat also ein Erblasser, der zuvor an einem Erb- oder Pflichtteilsverzicht beteiligt war, vor seinem Tod den gewöhnlichen Aufenthalt in ein Land verlegt, das einen Erb- oder Pflichtteilsverzicht nicht akzeptiert, würde der früher wirksam geschlossene Vertrag seine Wirksamkeit verlieren.

127a   Dieses Risiko[102] wird nicht dadurch gebannt, dass Art. 25 EuErbVO auch für den Pflichtteils- oder Erbverzicht (bei dem es sich um einen „Erbvertrag" im Sprachsinn des Art. 25 EuErbVO handelt)[103] die „Zulässigkeit, materielle Wirksamkeit und Bindungswirkung" des Verzichtsvertrags dem sogenannten hypothetischen Erbstatut (bzw. **„Vertragsstatut"**) des (jeweiligen) Erblassers, also dem Recht seines gewöhnlichen Aufenthaltsorts zum Zeitpunkt des Abschlusses des Vertrags, unterstellt. Damit wird nämlich nur sichergestellt, dass die formalen Zulässigkeitsvoraussetzungen sowie die in Art. 26 EuErbVO auf-

---

[100] RNotZ 2011, 499.
[101] BGH DNotZ 1997, 422.
[102] Vgl. *Odersky* notar 2014, 139.
[103] *Nordmeier* ZEV 2013, 117 (120).

geführten Details zum Vertragsabschluss dauerhaft rechtskonform bleiben. Auch bei anderen vertraglichen Regelungen, etwa Ausgleichs- oder Anrechnungsbestimmungen, gilt gemäß Art. 23 Abs. 2 lit. i EuErbVO das allgemeine Erbstatut (letzter gewöhnlicher Aufenthalt), nicht das Vertragsstatut (Aufenthalt zum Zeitpunkt des Vertragsschlusses).[104] Demnach bliebe ein Erb- oder Pflichtteilsverzichtsvertrag, der in Deutschland wirksam geschlossen wurde, auch beim Wegzug des (späteren) Erblassers zwar **„formal wirksam, aber materiell wirkungslos"**, str.[105] Ist der Erblasser zum Zeitpunkt des Pflichtteilsverzichts Staatsangehöriger eines Staates, der den Erb- oder Pflichtteilsverzicht anerkennt, ist daher zu raten, dass er (vorsorglich, dann aber mit universeller Wirkung, kostenrechtlich zu berücksichtigen und beim Zentralen Testamentsregister zu melden) sein **Staatsangehörigkeitsrecht gemäß Art. 22 EuErbVO wählt,** so dass auch das materielle Erbstatut (und nicht nur das Vertragsstatut) dauerhaft maßgeblich bleibt, dem Pflichtteilsverzicht also nicht der Boden entzogen wird.[106] Möglicherweise kann eine solche Rechtswahl – jedenfalls nach Maßgabe des deutschen Erbrechts – auch erbvertraglich bindend erfolgen (um sicherzustellen, dass der durch den Pflichtteilsverzicht Begünstigte nicht durch ein späteres, eine abweichende Rechtswahl enthaltendes Testament des Erblassers Schaden nimmt), da durch die Rechtswahl mittelbar auch die Erbfolge iSd § 2278 Abs. 3 BGB geregelt wird.[107]

Im Zweifel erstreckt sich der Pflichtteilsverzicht auch auf nachrückende Abkömmlinge (§ 2349 BGB). **128**

Formulierungsbeispiel: Allgemeiner Pflichtteilsverzicht **129**

*** *[Verzichtender]* verzichtet hiermit mit Wirkung für sich und seine (auch künftigen) Abkömmlinge auf das Pflichtteilsrecht am künftigen Nachlass des *** *[Erblasser]*, der diesen Verzicht entgegen- und annimmt.

Den Beteiligten ist dabei Folgendes bewusst: Der Verzicht umfasst neben dem „ordentlichen Pflichtteilsanspruch", der etwa als Folge einer Enterbung entsteht, auch Pflichtteilsergänzungsansprüche und Ausgleichspflichtteilsansprüche als Folge unentgeltlicher lebzeitiger Zuwendungen an Dritte, und zwar gleichgültig, ob diese Ansprüche sich gegen die Erben oder gegen den Beschenkten richten würden. Umfasst ist weiter der Verzicht auf den Pflichtteilsrestanspruch bei Erb- oder Vermächtniszuwendung unterhalb der „Pflichtteilsquote" sowie die Möglichkeit, eine unter Beschränkungen oder Beschwerungen (zB Vor- und Nacherbfolge, Testamentsvollstreckung, Teilungsanordnung, Vermächtnisbelastung etc) erfolgte Erbeinsetzung auszuschlagen und anstelle dessen den unbelasteten Pflichtteil in Geld zu verlangen (§ 2306 BGB). Der Pflichtteilsverzicht gilt unabhängig von den Vermögensverhältnissen der Beteiligten und ihrer künftigen Entwicklung.

Die gesetzliche Erbfolge bleibt jedoch durch diesen Pflichtteilsverzicht unberührt. Will also der Erblasser diese verändern, bedarf es eines Testaments oder Erbvertrags. Auch soweit der Verzichtende und/oder dessen Abkömmlinge jetzt oder künftig durch Testament oder Erbvertrag bedacht sind oder werden, hat der Pflichtteilsverzicht keine über § 2306 BGB hinausgehende Auswirkungen. Der Verzichtende hat also hinzunehmen, ob und in welchem Umfang er durch den Erblasser bedacht wird, sofern nicht zwischen beiden eine Bindung aufgrund eines Erbvertrags besteht.

---

[104] Vgl. *Everts* ZEV 2013, 124 (126).
[105] Vgl. *Kroll-Ludwigs* notar 2016, 75 (79); *Odersky* notar 2014, 139 (140); *Leitzen* ZEV 2013, 128 (130); aA etwa *Everts* NotBZ 2015, 3 (4) (mit Beispielen); *Weber* ZEV 2015, 503 (507) (teleologische Erweiterung des Art. 26 EuErbVO: formale Zulässigkeit des „Erbvertrages" als Ausfluss des Errichtungsstatuts muss auch die fortbestehende materielle Wirksamkeit zur Folge haben. Übersicht zum Streitstand bei *Meise* RNotZ 2016, 553 (563).
[106] Formulierungsvorschlag bei *Krauß* Vermögensnachfolge Rn. 3544.
[107] Vgl. *Döbereiner* MittBayNot 2013, 437 (443 f.) mwN.

Der Notar hat darauf hingewiesen, dass die Wirksamkeit dieses Pflichtteilsverzichts nur gewährleistet ist, wenn das deutsche Erbrecht auf die künftige Beerbung des Erblassers anwendbar bleibt. Sollte also der Erblasser seinen Wohnsitz dauerhaft ins Ausland verlegen und das dann anwendbare ausländische Recht (wie in vielen Ländern Europas) die Wirksamkeit eines Pflichtteilsverzichts nicht anerkennen, wäre die Vereinbarung unwirksam.

Der Notar hat vorgeschlagen, vorsorglich eine (universelle) Rechtswahl zugunsten des jetzigen Staatsangehörigkeitsrechtes, also des deutschen Rechts, zu treffen; dies wünschen die Beteiligten jedoch derzeit nicht.

130   Beim **Pflichtteilsverzicht des Ehegatten** empfiehlt sich zusätzlich ein Hinweis auf § 1586b BGB (dessen Wirkungen durch Vereinbarung zwischen den Beteiligten ausgeschlossen werden können); oft ist ein solcher gegenständlicher Pflichtteilsverzicht des Ehegatten mit einer umfassenden Zustimmung verbunden:

131   **Formulierungsbeispiel: Umfassende Zustimmung des Ehegatten des Veräußerers**
Ꮔ   **mit gegenständlichem Pflichtteilsverzicht auch mit Wirkung gemäß § 1586b BGB**

Der mit erschienene Ehegatte stimmt dieser Übertragung hiermit umfassend zu. Dies geschieht, ggf. vorsorglich,
– im Hinblick auf § 1365 BGB (Verfügung über das wesentliche Vermögen);
– als Einverständnis damit, dass diese Schenkung bei einem etwa künftig notwendig werdenden Zugewinnausgleich weder dem Endvermögen des Veräußerers hinzuzurechnen ist (§ 1375 BGB) noch beim Beschenkten wirtschaftlich herausverlangt werden kann (§ 1390 BGB);
– zur Mitwirkung bei der schuld- und sachenrechtlichen Übertragung, falls außerhalb des Grundbuches der Ehegatte am Eigentum mitbeteiligt sein sollte;
– auch wenn als Folge der Schenkung seine etwa bindend angeordnete Stellung als späterer Erbe oder Vermächtnisnehmer beeinträchtigt werden sollte (§§ 2287, 2288 BGB);
– mit der Wirkung eines hiermit vereinbarten Verzichtes auf Pflichtteilsergänzungsansprüche des Ehegatten bezüglich des übertragenen Objektes;
– im Bewusstsein, dass aufgrund des vorgenannten Verzichtes sich die Haftung der Erben des Veräußerers für dessen etwaige künftige nacheheliche Unterhaltspflichten reduzieren kann (§ 1586b BGB).

132   Aus Sicht des Erwerbers ist es wünschenswert, den Verzicht so zu formulieren, dass er nicht ohne dessen Mitwirkung wieder aufgehoben (§ 2351 BGB) werden kann. Dies gelingt zB dadurch, dass auch gegenüber dem Erwerber (§ 2329 BGB!) auf Pflichtteilsergänzungsansprüche verzichtet wird:

133   **Formulierungsbeispiel: Verzicht auf Pflichtteilsergänzungsansprüche auch gemäß**
Ꮔ   **§ 2329 BGB gegenüber dem Beschenkten**

Darüber hinaus verzichtet *** *[Verzichtender, zB weichende Geschwister oder Ehegatte]* auch gegenüber dem Beschenkten, dem Vertragsbeteiligten zu ***, auf etwaige unmittelbar gegen den Beschenkten gerichteten Pflichtteilsergänzungsansprüche gemäß § 2329 BGB, also dessen bereicherungsrechtliche „Ausfallhaftung". Dieser Verzicht kann demnach nur unter Mitwirkung des Beschenkten wieder aufgehoben werden.

Da es sich beim Pflichtteilsanspruch um einen Geldanspruch handelt, kann der Verzicht – **134** wie bei jedem Geldanspruch – in vielfältiger Weise begrenzt werden.[108] Häufige Erscheinungsformen sind beispielsweise
– der Verzicht auf lediglich einen Bruchteil des ideellen Pflichtteils;
– der Verzicht auf lediglich den Pflichtteilsrestanspruch gemäß §§ 2305, 2307 BGB;
– der Verzicht auf lediglich den Pflichtteilsergänzungsanspruch gemäß §§ 2325, 2329 BGB;
– die Abbedingung des § 2306 BGB;
– der Verzicht auf die pflichtteilserhöhende Wirkung anderweitiger Ausstattungen oder ausgleichspflichtiger Zuwendungen (also Abbedingung des Ausgleichspflichtteils gemäß § 2316 BGB);
– der umfassende, also alle Anspruchsgrundlagen umfassende, jedoch gegenständlich beschränkte Pflichtteilsverzicht;
– die Vereinbarung abweichender Bewertungsverfahren und eines abweichenden Wertes der Zuwendung;
– die Vereinbarung eines Pflichtteilshöchstbetrags;
– die Vereinbarung einer Ertragswertklausel unabhängig vom Vorliegen des § 2312 BGB;
– die Stundung (allerdings mit dem Hinweis, dass die Nutzung der Freibeträge nach beiden Eltern dann wohl nicht erreicht werden kann, § 6 Abs. 4 ErbStG analog);[109]
– eine vertragliche Pflichtteilsanrechnungsvereinbarung ohne Vorliegen der Voraussetzung des § 2315 BGB, zB bei der Zuwendung durch einen Dritten;
– der Verzicht nur auf den ersten Sterbefall der Eltern;
– der Verzicht nur zugunsten bestimmter Personen (sogenannter „persönlich beschränkter Verzicht");
– die Herabstufung des Pflichtteilsverzichts zur Naturalobligation, so dass der Pflichtteilsanspruch zwar noch *causa* (Rechtsgrund zum Behaltendürfen) bei tatsächlich geleisteten Pflichtteilszahlungen bleibt, dem Anspruch jedoch die Möglichkeit der (gegebenenfalls klageweisen) Geltendmachung fehlt.[110]

Verwandt sind Verzichte auf höferechtliche Abfindungsansprüche gemäß § 12 HöfeO so- **135** wie Nachabfindungsansprüche gemäß § 13 HöfeO.[111]

B. Vertragstypen der Grundstückszuwendung

I. Schenkung

1. Voraussetzungen. Die Schenkung ist ein **Vertrag,** bedarf also der Annahme seitens **136** des Beschenkten, die freilich nicht der Formpflicht des § 518 Abs. 1 BGB unterliegt (ebenso wie schenkweise zugewendete dingliche Rechte nicht gemäß § 328 BGB bestellt werden können, sondern eine dingliche Einigung gemäß § 873 BGB erfordern). Dies wird mitunter im Rahmen einer vorweggenommenen Erbfolge („vertikale Schenkung") parallel sich vollziehenden Schenkungen auf horizontaler Ebene (Zuwendungsnießbrauch an den Ehegatten des Schenkers, Zuwendung eines Anspruchs auf Gleichstellungszahlung an das weichende Geschwister des Erwerbers) übersehen.

Objektiv ist gemäß § 516 Abs. 1 BGB erforderlich eine **Bereicherung des Empfän-** **137** **gers.** Sie kann in einer Vermehrung der Aktiva, aber auch in einer Verminderung der Passiva (Schuldenerlass, *pactum de non petendo,* Aufgabe einer Sicherheit) bestehen. Die Bereicherung muss dauerhaft sein, also nicht zB unter dem Vorbehalt des Rückgriffs (Stellung einer Bürgschaft für fremde Schuld: Regress gemäß § 774 BGB) stehen. Auch

---

[108] Vgl. im einzelnen *Krauß* Vermögensnachfolge Rn. 3865 ff. mit Formulierungsbeispielen.
[109] BFH ErbStB 2007, 291.
[110] *Hartmann* DNotZ 2007, 817.
[111] Vgl. *Ivo* ZEV 2004, 317.

Zuwendungen an Stiftungen oder gemeinnützige Organisationen – und zwar nicht nur in den Deckungsstock, sondern auch als zum zeitnahen Einsatz bestimmte Spenden – sind Schenkungen.[112] Die Bereicherung muss **Folge der Zuwendung** aus dem Vermögen des Schenkers sein, wobei jedoch die Bereicherung des Beschenkten und die Entreicherung des Schenkers nicht durch denselben Gegenstand einzutreten brauchen (zB bei der sog. „mittelbaren Grundstücksschenkung": Abfluss von Geld, Zufluss einer Immobilie). Anders als im allgemeinen Sprachgebrauch setzt also eine Schenkung im rechtlichen Sinn eine Verminderung des gegenwärtigen Vermögens voraus, so dass der bloß zugunsten einer anderen Person unterlassene Vermögenserwerb, der Verzicht auf ein angefallenes, noch nicht endgültig erworbenes Recht oder die Ausschlagung einer Erbschaft oder eines Vermächtnisses bzw. das Unterlassen einer Ausschlagung in den Fällen des § 2306 BGB nicht genügen (§ 517 BGB).

138   Die Zuwendung muss weiter **unentgeltlich** erfolgen, wofür nicht allein die Bezeichnung des Rechtsgeschäfts, zB als „vorweggenommene Erbfolge",[113] genügt. Bei auf Austausch gerichteten Verträgen sind Verknüpfungen mit Gegenleistungen auf den drei möglichen, nachfolgend genannten Ebenen zu untersuchen:

(1) **synallagmatisch** im Sinne eines gegenseitigen Vertrags gemäß §§ 320 ff. BGB, zB häufig bei der gemischten Schenkung;

(2) **konditional** in dem Sinne, dass das Eingehen einer Verpflichtung oder das Bewirken einer Leistung die Bedingung (§ 158 BGB) der Zuwendung sei, so dass bei Zweckverfehlung eine Rückabwicklung gemäß § 812 Abs. 1 S. 1 Alt. 1 BGB oder § 812 Abs. 1 S. 2 Alt. 1 BGB stattfindet; oder

(3) **kausal,** indem die Zuwendung rechtlich (und nicht nur tatsächlich oder wirtschaftlich) auf der Geschäftsgrundlage beruht, dass dafür (ggf. von einem Dritten) eine Verpflichtung eingegangen oder eine Leistung bewirkt werde.

139   Auch **bereits erbrachte Zuwendungen** des Erwerbers können die Unentgeltlichkeit mindern (zB Investitionen, auf dem nunmehr überlassenen oder einem anderen Grundstück des Veräußerers, die zu Verwendungsersatzansprüchen geführt hätten, erbrachte Pflegeleistungen).[114] Es ist sogar möglich, im Wege einer **nachträglichen Vereinbarung der Entgeltlichkeit** eine bereits als unentgeltlich erbrachte Leistung zur vorweggenommenen Erfüllungshandlung für einen nunmehr abzuschließenden Übertragungsvertrag „umzuwidmen"[115] oder für eine bereits vollzogene Übertragung Gegenleistungen erst durch „Nachtrag" zu vereinbaren oder zu erhöhen, und zwar auch mit Wirkung gegenüber pflichtteilsergänzungsberechtigten Dritten.[116]

140   Insbesondere in der Krise übernehmen Gesellschafter ggü. „ihrer" Gesellschaft „freiwillige" Verpflichtungen, ohne durch Satzung oder Beschluss hierzu verpflichtet zu sein, zur Erhaltung bzw. Stärkung des Wertes ihrer Beteiligung an dieser Gesellschaft (*causa societatis*). Diese kausale Verknüpfung schließt das Vorliegen einer Schenkung im Verhältnis zur Gesellschaft aus, auch schenkungsteuerlich; allerdings können zivil- und steuerrechtliche (§ 7 Abs. 8 ErbStG) Zuwendungen an die Mitgesellschafter vorliegen. Zuwendungen an eine Familienstiftung sind jedoch zivilrechtlich und schenkungsteuerlich (mangels zu stärkender „Beteiligung" an der Stiftung) Schenkung, selbst wenn der Zuwendende als Destinatär mittelbar wiederum von der Zuwendung profitiert.

141   Keine ausreichende Gegenleistung, mit der eine Zuwendung verknüpft sein mag, liegt dagegen in der mit einer Schenkung verbundenen **Abstattung von Dank** (sog. „belohnende oder remuneratorische Schenkung" im Unterschied zur „entlohnenden Zuwendung") sowie in der mit einer Zuwendung verbundenen **Erfüllung einer sittlichen**

---

[112] „Dresdener Frauenkirche", BGH ZEV 2004, 115 mAnm *Kollhosser.*
[113] BGH MittBayNot 2001, 570.
[114] OLG Düsseldorf DNotZ 1996, 652 und NotBZ 2002, 151; OLG Oldenburg NJW-RR 1997, 263.
[115] BGH ZEV 2006, 265 mAnm *Ruby/Schindler* ZEV 2006, 471.
[116] BGH MittBayNot 2008, 225 mAnm *Dietz;* OLG Schleswig MittBayNot 2013, 59 mAnm *Everts.*

oder gesellschaftlichen „Pflicht" (sog. „Pflicht- oder Anstandsschenkung", § 534 BGB).

Subjektiv ist die (auch stillschweigende) Einigung der Vertragsparteien über die Un- 142 entgeltlichkeit der Zuwendung erforderlich. Ein auffallendes, grobes **Missverhältnis** zwischen den wirklichen Werten von Leistung und Gegenleistung[117] führt allerdings zu einer Beweiserleichterung in Form einer der Lebenserfahrung entsprechenden tatsächlichen Vermutung zugunsten einer Einigung der Beteiligten über die zumindest teilweise Unentgeltlichkeit der Zuwendung. Auf diese Beweiserleichterung können sich jedenfalls Dritte berufen, die aus einer behaupteten Schenkung Rechte herleiten (zB §§ 2287, 2325 BGB etc); sie gilt jedoch nicht für denjenigen, der sich zur Abwehr eines Anspruchs auf eine Schenkung beruft (etwa iRd § 1374 Abs. 2 BGB mit dem Ziel der Reduzierung einer Zugewinnausgleichsschuld). Umgekehrt können gerade Angehörige, deren Vertragsbeziehungen nicht von kaufmännischer Abgewogenheit geprägt sind, auch Leistungen, die bei strenger Bewertung um ca. 20%[118] differieren, als ihrer Überzeugung nach gleichwertig betrachten und damit dem Schenkungsrecht entziehen (sog. Prinzip der **„subjektiven Äquivalenz"** als Ausfluss der Privatautonomie).[119]

2. Entgeltwirkung der Duldungs-, Leistungs-, Rückforderungsvorbehalte. Ihrem 143 zivilrechtlichen Typus nach lassen sich die bei der Vermögensübertragung typischerweise vorbehaltenen bzw. ausbedungenen „Gegenrechte" einteilen in

(1) Duldungsauflagen: zB, in aufsteigender Intensität, Mitbenutzungsrecht, Wohnungsrecht, Nießbrauch;

(2) Leistungsvorbehalte: zB die Verpflichtung zur Entrichtung eines Abstandsgeldes an den Veräußerer bzw. zur Übernahme bestehender Verbindlichkeiten im Wege der Schuld- oder zumindest der Erfüllungsübernahme, zur Entrichtung wiederkehrender Geldrentenleistungen oder von Dienstleistungen wie hauswirtschaftlicher Verrichtungen oder Pflegetätigkeiten, zur Leistung eines Gleichstellungsgeldes an weichende Geschwister etc und

(3) Rückforderungsvorbehalte (Recht zur freien Rückforderung oder aber zumindest bei Eintritt bestimmter, ungewollter Umstände, wie etwa eigenmächtiger Veräußerung oder Belastung, Pfändung/Insolvenz, Vorversterben, Scheidung, charakterliche Entgleisungen, Entstehen von Schenkungsteuer etc, gesichert bei Grundbesitz durch eine Vormerkung, bei beweglichen Sachen und Rechten durch aufschiebend bedingte Rückübereignung bzw. -abtretung, § 161 BGB).

Solche Vorbehalte reduzieren die zivilrechtliche Unentgeltlichkeit und erhöhen damit die 144 Rechtsbeständigkeit der Vermögensübertragung. Bei auf Lebenszeit des Berechtigten vereinbarten wiederkehrenden Leistungen oder Nutzungsvorbehalten (Wohnungsrecht, Nießbrauch, Leibrente) ist der Jahreswert der Nutzung/Leistung zu kapitalisieren, und zwar durch abstrakte *„ex ante"* Bewertung[120] nach den jeweils aktuellen Werten der allgemeinen Sterbetafel, abzuzinsen mit einem Zinssatz von derzeit ca. 2,5–3%;[121] handelsrechtlich bestimmt § 253 Abs. 2 HGB den durchschnittlichen Marktzinssatz der letzten sieben Geschäftsjahre(nicht nach dem überhöhten, lediglich für die Finanzverwaltung verbindlichen, gesetzlichen Abzinsungszinssatz von 5,5% gemäß § 12 Abs. 3 BewG). Die Übernahme von Verbindlichkeiten des Veräußerers (nicht lediglich der dinglichen Sicherung) wird mit dem Kapitalbetrag am Stichtag, Abstandszahlungen oder (zur Weitergabe an weichende Geschwister bestimmte) Gleichstellungsgelder sind mit dem Nominalbetrag (bei zinsfreier Stundung über mehr als ein Jahr in allerdings abgezinster Höhe) anzusetzen.

---

[117] BGH NJW 1993, 559.
[118] OLG Koblenz ZErb 2006, 282.
[119] Vgl. OLG Oldenburg NJW-RR 1992, 779; FamRZ 1998, 516; OLG Hamm AgrarR 1997, 441.
[120] Vgl. OLG Celle NotBZ 2008, 469.
[121] *Gehse* RNotZ 2009, 361 (375).

Für die Übernahme der Bestattungskosten können pauschal 5.000 EUR, für die Grabpflege je nach Liegedauer weitere 1.000–2.000 EUR veranschlagt werden.[122]

145   **Bedingte Leistungsverpflichtungen** (zB Pflegeverpflichtungen) sind (anders als im Schenkungsteuerrecht – dort Berücksichtigung erst ab dem Zeitpunkt der Erbringung –) mit einem Wahrscheinlichkeitswert *ex ante* auch dann anzusetzen, wenn sich das Risiko (noch) nicht verwirklicht haben sollte.[123] Die Bemessung des Wertes solcher „Leistungen an einer Person" ist schwierig, so dass in der Urkunde enthaltene gemeinsame Wertansätze zu akzeptieren sind, auch wenn sich dadurch der Veräußerer die Pflege „etwas kosten lässt".[124] Fehlen ausdrückliche Wertansätze, ist die iSd § 612 Abs. 2 BGB übliche Vergütung zu ermitteln. Letztere war idR bisher orientiert an dem Pflegegeldbetrag des jeweiligen Pflegegrades (seit 2017: Pflegegrad 2: 316 EUR, Pflegegrad 3: 545 EUR, Pflegegrad 4: 728 EUR, Pflegegrad 5: 901 EUR, zuvor bis Ende 2016 Stufe I ab 90 Minuten durchschnittlichen täglichen Aufwandes: 244 EUR, Stufe II ab 180 Minuten täglich: 458 EUR, Stufe III ab 300 Minuten: 728 EUR monatlich). Im Lichte des (aus anderen Gründen nicht umgesetzten) § 2057b BGB-E (Erbrechtsreform 2010) werden nunmehr, diesem Entwurf folgend, die Pflegesachleistungsbeträge des betreffenden Pflegegrades angesetzt (§ 36 SGB XI, seit 2017: Pflegegrad 2: 689 EUR, Pflegegrad 3: 1.289 EUR, Pflegegrad 4: 1.612 EUR, Pflegegrad 5: 1.995 EUR, zuvor 468 EUR, 1.144 EUR bzw. 1.612 EUR/Monat für Pflegestufe 1, 2 bzw. 3 bis 2016).[125] Ein alternatives Berechnungsmodell[126] orientiert sich stattdessen zur Bewertung der (bedingten) Wart- und Pflegeverpflichtungen an den ersparten Aufwendungen, also fußend auf den durchschnittlichen Vergütungen je Bundesland für die vollstationäre Dauerpflege, die Zahl der Pflegebedürftigen, und die „Pflegequote" in jeder Altersgruppe, wie sie in der alle zwei Jahre aktualisierten Pflegestatistik des Statistischen Bundesamtes enthalten sind. Die **schuldrechtliche „Verfügungssperre"** führt zu einem Abschlag zwischen 10 %[127] und 33 %,[128] je nach Wahrscheinlichkeit des Eintritts aus ex ante Sicht.

146   **3. „Verrechnung" mit erb- und familienrechtlichen Positionen.** Der Erb- oder Pflichtteilsverzicht (§ 2346 BGB) ist wegen seines abstrakten, aleatorischen Charakters als Verzicht auf einen ungewissen künftigen Anspruch kein taugliches Gegenleistungselement, so dass die Abfindung für einen Pflichtteilsverzicht ihrerseits Schenkung bleibt.[129] Demgegenüber ist der bereits entstandene Pflichtteilsanspruch ohne Zweifel als Verrechnungselement entgelttauglich.

147   Die **Ausschlagung** stellt (als bloßes Unterlassen eines Erwerbs) ebenso wenig eine Schenkung (an den Ersatzerben) dar, § 517 Alt. 3 BGB. Sie steht auch in der Regelinsolvenz (§ 83 Abs. 1 S. 1 InsO) sowie während der Wohlverhaltensphase[130] zur Verfügung und kann ohne Verstoß gegen § 138 BGB auch während des Bezugs steuerfinanzierter Fürsorgeleistungen erfolgen.[131] Das „vergessene" Behindertentestament kann also in kurzer Frist noch postmortal durch Ausschlagung gegen Abfindungsleistungen, die dem Betroffenen ergänzend zu den staatlichen Hilfen zugute kommen, „nachgeholt" werden.

---

[122] *Müller* Erbrecht effektiv 2008, 31.
[123] BGH DNotZ 1996, 104; OLG Oldenburg FamRZ 1998, 516; OLG Koblenz RNotZ 2002, 338.
[124] OLG Oldenburg NJW-RR 1997, 263: 3.000 DM/Monat; in diese Richtung auch BGH notar 2012, 22 mAnm *Odersky* im Rahmen des § 2287 BGB.
[125] Ebenso bereits OVG Mannheim NJW 2000, 376; *Müller* Erbrecht effektiv 2008, 32.
[126] Monographisch *Kreienberg,* Wart- und Pflegeverpflichtungen in Übergabeverträgen, 1. Aufl. 2014; Übersicht bei *Kreienberg* ErbR 2015, 118 und (mit Beispielsrechnungen) *Kreienberg* ZErb 2015, 101.
[127] OLG Koblenz RNotZ 2002, 338.
[128] OLG München MittBayNot 2001, 85.
[129] Lediglich im Rahmen des § 2325 BGB hat BGH ZEV 2009, 77 die Abfindung für einen *Erb*verzicht als Gegenleistung gewertet, weil sonst der Pflichtteilsergänzungsberechtigte doppelt begünstigt würde, auch durch die Erhöhung der Pflichtteilsquote gem. § 2310 S. 2 BGB.
[130] BGH NotBZ 2011, 212 mAnm *Krauß.*
[131] BGH ZEV 2011, 258 mAnm *Zimmer* gegen OLG Stuttgart ZEV 2002, 367 und OLG Hamm ZEV 2009, 471 mit zustimmender Anm. *Leipold.*

Die sozialgerichtliche Rechtsprechung ist insoweit allerdings zurückhaltender und verweist darauf, dass bei der Ausschlagung (anders als bei einem vorherigen Pflichtteils- oder Erbverzicht) Wert und Zusammensetzung des Nachlasses bekannt seien.[132] Dennoch gibt es auch dann (selbst bei einem deutlich werthaltigen Nachlass) keine sittliche Pflicht zur Annahme einer Erbschaft ("negative Erbfreiheit").

Der **entstandene Pflichtteilsanspruch** entzieht sich dem Zugriff des „normalen" **148** Gläubigers wegen § 852 Abs. 1 ZPO, ebenso des Insolvenzverwalters (§ 36 Abs. 1 S. 1 InsO), auch des Treuhänders während der Wohlverhaltensphase.[133] Wird der Anspruch allerdings nach Beendigung der Insolvenz erfüllt, findet eine Nachtragsverteilung analog § 203 Abs. 1 Nr. 3 InsO statt.[134] Der **Sozialhilfeträger** als Gläubiger ist hingegen gemäß § 93 Abs. 1 S. 4 SGB XII uneingeschränkt berechtigt, den Pflichtteilsanspruch (auch vor dessen Geltendmachung) auf sich überzuleiten und einzufordern, da die Pfändbarkeits- und Abtretbarkeitsbeschränkung ihm gegenüber nicht gilt.[135] Auf den Träger der Grundsicherung für Arbeitsuchende („Hartz IV") geht der Pflichtteilsanspruch sogar gemäß § 33 SGB II kraft Gesetzes über, in Höhe der bereits gewährten Leistungen. Daher ist der präventive, auch gegenüber dem Sozialleistungsträger wirksame (→ Rn. 118) Pflichtteils- bzw. Pflichtteilsergänzungsverzicht von entscheidender Bedeutung, etwa als flankierende Maßnahme bei Schenkungen „am Verzichtenden vorbei" (Zuwendung der Großeltern an die Enkel: Verzicht des „übersprungenen" Sozialleistungsempfängers zur Vermeidung eines übergeleiteten/überleitbaren Anspruchs aus § 2325 BGB beim Ableben des Zuwendenden in den folgenden zehn Jahren, da nur Eigengeschenke an ihn selbst, nicht an seinen Stamm, gemäß § 2327 BGB angerechnet werden). Ist der Pflichtteilsanspruch (durch Enterbung oder Ausschlagung) entstanden, **bevor** steuerfinanzierte Fürsorgeleistungen nach SGB II oder SGB XII beantragt wurden, zählt der Pflichtteilsanspruch als solcher zum berücksichtigungsfähigen Vermögen iSd § 12 Abs. 1 SGB II bzw. § 90 Abs. 1 SGB XII, das die Hilfebedürftigkeit des Pflichtteilsberechtigten ausschließt. Im Einzelfall kann allerdings gemäß § 12 Abs. 3 Nr. 6 Alt. 1 SGB II die Verwertung wegen „Unwirtschaftlichkeit" nicht geschuldet sein, wenn etwa eine Pflichtteilsstrafklausel als Folge der Geltendmachung zum quantifizierbaren, viel höheren Verlust der Schlusserbschaft führen würde, oder gemäß § 12 Abs. 3 Nr. 6 Alt. 2 SGB II (ebenso § 90 Abs. 3 SGB XII) wegen Vorliegens einer „besonderen Härte" entfallen.[136]

Der zivilrechtlich wirksam (aufgrund Beendigung der Zugewinngemeinschaft oder **149** Wahlzugewinngemeinschaft, § 1519 BGB – Ehe unter Lebenden bzw. von Todes wegen oder aber durch ehevertraglichen Wechsel des genannten Güterstands bei Fortbestand der Ehe) entstandene **Zugewinnausgleichsanspruch** ist in seiner tatsächlichen Höhe ebenfalls als Gegenleistung zur Vermeidung von Schenkungen unter Ehegatten (die wegen § 2325 Abs. 3 S. 3 BGB in besonderem Maße nachteilig sind) geeignet. Der „statusverändernde" Wechsel des Güterstandes als solcher ist nicht anfechtbar, allerdings der „Ausführungsvertrag" zur Erfüllung des entstandenen Anspruchs in Geld- oder Sachwerten: entgeltliche Vereinbarung zwischen nahestehenden Personen iSd § 3 Abs. 2 AnfG, § 133 Abs. 2 InsO, so dass im Regelfall eine Risikoverkürzung auf zwei Jahre eintritt.[137] Der güterrechtlich ermittelte Betrag unterliegt gemäß § 5 Abs. 2 und Abs. 3 ErbStG ebenso wenig der Schenkungsteuer, stellt allerdings auch im Ertragsteuerrecht „Kaufpreis" dar,[138] was mitunter zur ungewollten Besteuerung von Veräußerungs„buch"gewinnen führen kann (§ 23 EStG, Betriebsvermögen etc.).

---

[132] Für mögliche Sittenwidrigkeit zB LSG Bayern MittBayNot 2016, 442 mit ablehnender Anm. *Krauß* = ZEV 2016, 43 mit kritischer Anm. *Litzenburger*.

[133] BGH MittBayNot 2010, 52 mAnm *Menzel*.

[134] BGH ZEV 2011, 87 mAnm *Reul*.

[135] BGH RNotZ 2005, 176; *Litzenburger* RNotZ 2005, 162.

[136] BSG ZEV 2010, 585; vgl. näher *Krauß* Vermögensnachfolge Rn. 120 ff.

[137] BGH MittBayNot 2010, 493 mAnm *Lotter;* ausführlich *Hosser* ZEV 2011, 174.

[138] *Sagmeister* DStR 2011, 1589.

150 Die sofortige Neubegründung des gesetzlichen Güterstands nach seiner vertraglichen Beendigung („Schaukelmodell") ist zwar für die schenkungsteuerliche Privilegierung unbedenklich;[139] zivilrechtlich liegt es allerdings nahe, dass der BGH in der Gesamttransaktion wegen Verfolgens „ehewidriger Zwecke" (ähnlich wie bei Missbrauchsfällen der Gütergemeinschaft)[140] eine Schenkung iSd § 2325 BGB sieht.[141] Daher empfiehlt sich zur zivilrechtlichen Schenkungsvermeidung die Einhaltung einer „Schamperiode" von ca. sechs Monaten.

151 **4. BGB-Regelungen zum Schenkungsrecht.** Das BGB behandelt in § 516 BGB die **„Handschenkung"** als den Normalfall, bei der die für den Vertragsschluss erforderliche Willenserklärung zumindest einer Partei typischerweise durch die Handlung (Bewirkung des Leistungserfolgs) schlüssig erklärt wird.

152 Das bei wirtschaftlich gewichtigeren Sachverhalten idR gegebene **Schenkungsversprechen** ist – anders als Ausstattungsversprechen, § 1624 BGB, → Rn. 177 ff. – zum Schutz des Schenkers vor übereilten Entschlüssen formgebunden, § 518 BGB.

153 Das **„Bewirkung der versprochenen Leistung"** heilt den Formmangel (§ 518 Abs. 2 BGB); darin liegt zugleich, weitgehend deckungsgleich, die für die Entstehung der Schenkungsteuer maßgebliche „Ausführung der Zuwendung" iSd § 9 Abs. 1 Nr. 2 ErbStG. Es genügt hierfür, dass der Schenker (Schuldner) alles getan hat, was seinerseits für den Vollzug erforderlich ist, so dass auch bedingter oder befristeter Vollzug (§§ 158, 163 BGB) oder der Vorbehalt eines Rückforderungsrechtes ausreicht. Das Vollzugsgeschäft selbst muss jedoch wirksam sein.

154 §§ 516–534 BGB enthalten **Privilegierungen des Schenkers:**
– Gerät der Schenker in finanzielle Kalamitäten, bevor das Schenkungsversprechen erfüllt wurde, steht ihm eine **(aufschiebende) Notbedarfseinrede** gemäß § 519 BGB (*lex specialis* zu § 313 BGB) zu.
– Eine **schenkweise zugewendete Rente** erlischt im Zweifel mit dem Tod des Schenkers, § 520 BGB.
– **Schadensersatzpflichten des Schenkers** bei leichter Fahrlässigkeit sind gemäß § 521 BGB ausgeschlossen.

155 Die **Haftung für Rechtsmängel** (bei Schenkung von Sachen und Rechten) ist gemäß § 523 Abs. 1 BGB auf arglistig verschwiegene Mängel beschränkt. Geschuldet ist nur das negative Interesse (Vertrauensschaden, zB sonst unterlassene Aufwendungen für den Gegenstand). Der Beschenkte ist also so zu stellen, wie er stünde, wenn er sich mit dem Schenker niemals eingelassen hätte (Umkehrschluss zu § 523 Abs. 2 BGB, wo bei erst noch zu beschaffenden Gegenständen das Erfüllungsinteresse zu ersetzen ist).

156 Auch die **Haftung für Sachmängel** bei Schenkungsversprechen in Bezug auf Sachen aus eigenem Vermögen (nicht Rechte) ist auf arglistig verschwiegene Tatbestände beschränkt. Die Privilegierung gilt nicht für garantierte Eigenschaften (Rechtsgedanke des § 444 BGB)! Im Rahmen des § 524 BGB ist ebenfalls nur der Vertrauensschaden geschuldet, einschließlich des Folgeschadens (str.); es besteht also kein Anspruch auf Erstattung der Aufwendungen zur Beseitigung des Fehlers.

157 **Schenkung unter Auflage (§§ 525–527 BGB):** Der gesetzlich nicht definierte Begriff der Auflage wird in ständiger Rechtsprechung verstanden im Sinne einer der Schenkung hinzugefügten Bestimmung, dass der Empfänger zu einer Leistung (Tun, Dulden oder Unterlassen, auch ohne vermögensrechtlichen Wert) verpflichtet sein soll, die aus dem Zuwendungsobjekt zumindest wirtschaftlich zu entnehmen ist (zB Zuwendung einer Immobilie unter Vorbehalt des zu bestellenden Nießbrauchs, Übereignung eines Geldbetrags unter der Auflage, die zugewendete Summe als Darlehen dem Schenker zurückzugewähren).

---

[139] BFH ZEV 2005, 490 mAnm *Münch.*
[140] Vgl. RGZ 87, 301 und RG Recht 1908 Nr. 1550.
[141] Monographisch *Apelt,* Güterstandswechsel: Schenkung im Sinne des Pflichtteilsergänzungsrechts?, 2011.

Die **Vollziehung der Auflage** kann erst verlangt werden, wenn die Schenkung geleistet 158 ist; eine Befreiung von der Auflage ist möglich bei nachträglicher Unmöglichkeit gemäß § 275 Abs. 1 BGB sowie bei Entwertung des geschenkten Gegenstands.[142] Sofern wegen eines Rechts- oder Sachmangels der Wert der Zuwendung hinter den Aufwendungen zur Erfüllung der Auflage zurückbleibt, gewährt § 526 BGB ein Leistungsverweigerungsrecht (Gleiches gilt nach hM auch, wenn dieses Missverhältnis schon von Anfang an bestand). Wird die Auflage nicht vollzogen, hat der Schenker weiterhin den Anspruch aus § 525 BGB sowie ggf. auf Schadensersatz.

Die Regelung über die **Rückforderung wegen Notbedarfs** gemäß §§ 528, 529 159 BGB setzt die Notbedarfseinrede § 519 BGB für die Zeit nach Vollziehung der Schenkung (diese wird – anders als bei § 2325 BGB – nicht durch den Vorbehalt des Nießbrauchs gefährdet)[143] fort, als Ausprägung der Geschäftsgrundlagenlehre *(clausula rebus sic stantibus)*. Von Bedeutung ist das Rückforderungsrecht insbesondere aufgrund seiner Überleitungsfähigkeit durch Verwaltungsakt auf den Sozialhilfeträger gemäß § 93 Abs. 1 SGB XII (die eingeschränkte Abtretbarkeit und Pfändbarkeit – § 852 Abs. 2 ZPO, § 400 BGB – wird durch § 93 Abs. 1 S. 4 SGB XII überwunden). Maßgeblich für den Tatbestand, welcher bis zum Ablauf der an die Vollziehung anschließende Zehn-Jahres-Frist für die Verwirklichung des Anspruchs einzutreten bzw. zu bestehen hat, ist die Verarmung im Sinne des (wegen Fehlens einzusetzenden Einkommens und Vermögens) rechtmäßigen Inanspruchnahme nachrangiger Sozialleistungen oder von Zuwendungen Dritter, auf die kein oder noch kein gesetzlicher Anspruch besteht. Auch ist nicht etwa eine „Kausalität" in dem Sinne zu verlangen, dass die Verarmung ihrerseits sich als Folge der früheren Schenkung darstellen müsse (vgl. Wortlaut „nach" statt „infolge", so dass § 528 BGB auch verwirklicht wird, wenn während des fortlaufenden Sozialleistungsbezugs (Schon-)Vermögen übertragen wird. § 528 BGB geht gesetzlichen Unterhaltsansprüchen vor (die Existenz des Anspruchs lässt demnach die Bedürftigkeit entfallen). Demnach ist durch den Sozialhilfeträger zunächst § 93 SGB XII geltend zu machen, erst dann § 94 SGB XII.

Hinsichtlich des Inhalts des Rückforderungsanspruchs ist aufgrund der Verweisung auf 160 das Bereicherungsrecht zu differenzieren zwischen vier Sachverhalten:
(1) Der Aktivwert des Geschenks ist niedriger als die bereits akkumulierte Bedarfslücke, deren Deckung im Weg des § 528 BGB geltend gemacht wird: Hier richtet sich der Anspruch originär auf die **Rückgabe des geschenkten Gegenstands in Natur** (ggf. Zug um Zug gegen Erstattung der Gegenleistung), nicht lediglich auf Wertersatz, § 812 Abs. 1 BGB.
(2) Macht bei vorstehendem Sachverhalt der Beschenkte von seiner Ersetzungsbefugnis gemäß § 528 Abs. 1 S. 2 BGB Gebrauch, wird im Wege der Novation eine Unterhaltspflicht begründet, die auch dann nicht erlischt, wenn der zu zahlende Unterhaltsbetrag den Wert des Geschenks übersteigt. Gemäß §§ 528 Abs. 1 S. 3, 760, 1613 Abs. 2 BGB haftet der Erwerber in diesem Fall für den laufenden Unterhaltsbedarf, welcher gemäß § 760 BGB jeweils auf drei Monate im Voraus zu befriedigen ist, sowie für den Sonderbedarf (zB außergewöhnlich hohe Aufwendungen wegen Übersiedlung in ein Alters- oder Pflegeheim) des vorangegangenen Jahres, und zwar auch ohne Vorliegen von Verzug oder Rechtshängigkeit.
(3) Davon zu unterscheiden ist der – bei Grundbesitzübertragungen in aller Regel vorliegende – Sachverhalt, dass der (Aktiv-)Wert des zugewendeten Gegenstands den Betrag der geltend gemachten und auszugleichenden Unterhaltslücke übersteigt, der Gegenstand jedoch nicht teilbar ist. Der Anspruch richtet sich dann (vgl. § 528 Abs. 1 S. 1 BGB „soweit") gemäß § 818 Abs. 2 BGB auf monatlichen **Wertersatz in Geld** zur Schließung der Bedarfslücke, solange bis der Nettobetrag der Schenkung (Zuwendung

---

[142] Analog § 526 BGB: RGZ 112, 210.
[143] BGH MittBayNot 2012, 34; *Everts* MittBayNot 2012, 23; vgl. auch *Herrler* ZEV 2011, 669.

abzüglich des Wertes vereinbarter Gegenleistungen oder vorbehaltener Auflagen) aufgezehrt ist (unter Geltung des Grundsatzes „Geld hat man zu haben", es handelt sich also um keine Unterhaltsschuld!). Bis zur verschärften Haftung steht allerdings die Einrede der Entreicherung (§ 818 Abs. 3 BGB) zu Gebote. Ein Weiterverschenken befreit nicht, § 822 BGB, auch nicht bei ehebedingter Zuwendung.[144]

(4) Aufgrund Analogie zu § 528 Abs. 1 S. 2 BGB steht dem Beschenkten in der regelmäßig verwirklichten Fallgruppe (3) auch eine „umgekehrte Ersetzungsbefugnis" zur Verfügung, sich von der wiederkehrenden Pflicht zur Leistung von Wertersatz durch Rückgabe der geschenkten Sache selbst, also Leistung eines *aliud*, zu beseitigen.[145] Der Beschenkte kann also zwischen Einkommens- oder Vermögenseinsatz wählen.

161 §§ 530–533 BGB gewähren ein Recht zum **Widerruf wegen groben Undanks** des Beschenkten in Gestalt einer schweren Verfehlung gegen den Schenker oder dessen nahen Angehörigen (auch Lebensgefährten!). Es handelt sich um ein höchstpersönliches Recht, das nicht abtretbar (und daher nicht pfändbar) sowie nur eingeschränkt vererblich ist. Der Widerruf ist **ausgeschlossen** bei endgültiger Verzeihung (analog § 2337 BGB), nach Ablauf eines Jahres ab Kenntniserlangung von den Widerrufsgründen sowie nach dem Tod des Beschenkten (§ 532 BGB). Ein **Verzicht** auf das Widerrufsrecht kann nicht im Vorhinein erklärt werden, sondern allenfalls durch einseitige Willenserklärung nach Kenntnis der Umstände, die den Undank begründen (§ 533 BGB). Der Widerruf erfolgt durch Erklärung gegenüber dem Beschenkten und lässt den Rechtsgrund der Schenkung entfallen, so dass ein Anspruch auf Herausgabe nach den Grundsätzen der ungerechtfertigten Bereicherung besteht. Im Fall einer **gemischten Schenkung** bei Überwiegen des Schenkungselements (andernfalls findet § 530 BGB bereits dem Grunde nach keine Anwendung)[146] ist der Anspruch so eingeschränkt, dass er nur Zug um Zug gegen Wertausgleich des entgeltlichen Teils geltend gemacht werden kann. Die als Widerrufsgrund erforderliche **schwere Verfehlung** kann sich zB auch aus konsequenter Weigerung zur Vertragserfüllung, Gefährdung der Veräußererrechte durch Geschehenlassen der Versteigerung aus vorrangigen Rechten,[147] Weiterveräußerung des geschenkten Gegenstands ohne vereinbarte Rücksprache mit dem Schenker[148] ergeben, ebenfalls aus grundlosen Strafanzeigen, Beleidigungen,[149] körperlicher Misshandlung etc; bei ehebedingten Zuwendungen sind die Umstände des Einzelfalls besonders bedeutsam (zB beschenkte Ehefrau wird entgegen ihres Versprechens wieder als Prostituierte tätig[150]).

162 Eine Sonderrolle spielen die **Pflicht- und Anstandsschenkungen** des § 534 BGB, zB Zuwendungen an bedürftige Geschwister, Stiefkinder oder den nichtehelichen Lebensgefährten, Patenkinder oder als Abfindung an den verlassenen Lebensgefährten (also ohne Bestehen einer gesetzlichen Unterhalts- oder Ausgleichspflicht). Hier ist das Recht auf Rückforderung wegen Verarmung oder Widerruf wegen groben Undanks ausgeschlossen; auch eine Pflichtteilsergänzung findet gemäß § 2330 BGB nicht statt. Weitere Privilegierungen enthalten §§ 1425 Abs. 2, 1641, 1804, 2113 Abs. 2, 2205, 2207 BGB (Ausnahmen vom Schenkungsverbot bei gesetzlichen Vertretern und Nacherbenbeschränkungen).

II. Zuwendung an Minderjährige

163 Das beschränkt geschäftsfähige Kind kann selbst handeln – bzw. die Eltern können das erwerbende geschäftsunfähige Kind trotz §§ 1795 Abs. 2, 181 Alt. 1 bzw. Alt. 2 BGB, der in diesen Fällen teleologisch reduziert wird, bei eigener Zuwendung oder Zuwendung durch andere Verwandte in gerader Linie selbst vertreten – bei allen Vorgängen, die dem

---

[144] BGH ZNotP 2000, 27.
[145] BGH NotBZ 2010, 141 mAnm *Krauß*.
[146] Vgl. OLG Celle RdL 2013, 95.
[147] OLG Köln RNotZ 2002, 280.
[148] BGH ZEV 2005, 213.
[149] BGH FamRZ 2006, 196: „verlogene Saubrut".
[150] BGH DNotZ 2013, 292.

Kind einen lediglich rechtlichen Vorteil iSd § 107 BGB vermitteln.[151] Gleiches gilt für Rechtsgeschäfte, die lediglich der Erfüllung einer entstandenen und fälligen Verbindlichkeit dienen, etwa bei der Entgegennahme von Gegenständen zur Erfüllung eines zu Gunsten des Kindes zu Lasten der Eltern als Erben angeordneten Vermächtnisses.[152]

Checkliste: Lediglich rechtlich vorteilhafte Natur einer Zuwendung 164

(1) der Vorbehalt eines Nießbrauchs oder Wohnungsrechts, jedenfalls sofern der Eigentümer nicht zum Aufwendungs- und Kostenersatz gemäß §§ 1049, 667 ff. BGB verpflichtet ist

(2) der Vorbehalt der Beleihungsmöglichkeit durch den Veräußerer

(3) die Übernahme dinglicher Belastungen ohne Verbindlichkeiten – anders also im Fall einer Reallast wegen der persönlichen Haftung während der eigenen Eigentumszeit aus § 1108 BGB

(4) die Übernahme von Dienstbarkeiten, sofern nicht dem Grundstückseigentümer die Unterhaltung einer Anlage unterliegt mit der reallastähnlichen Haftung des §§ 1021 Abs. 3, 1108 Abs. 1 BGB

(5) die Übernahme dinglicher Vorkaufsrechte oder vorgemerkter Wiederkaufsrechte

(6) die Anordnung der Ausgleichspflicht nach § 2050 Abs. 3 BGB[153]

(7) die Vereinbarung eines Rückforderungsvorbehalts bei Beschränkung der Haftung des Minderjährigen auf das Objekt analog § 818 Abs. 3 BGB („Bereicherung")[154]

(8) die allgemeine, durch das Innehaben des Eigentums begründete Verpflichtung zur Tragung jedenfalls der wiederkehrenden öffentlich-rechtlichen Grundstückslasten[155]

(9) die durch das Rechtsgeschäft als solche ausgelöste Pflicht zur Tragung der Notar- und Gerichtskosten sowie der Grunderwerb- bzw. Schenkungsteuer[156] stehen der lediglich rechtlich vorteilhaften Natur einer Zuwendung nicht entgegen

---

Checkliste: Stets rechtlich nachteilige Natur einer Zuwendung 165

(1) die Überlassung eines vermieteten Objekts, auch wenn Vermieter zunächst der Veräußerer bleibt, aufgrund vorbehaltenen Nießbrauches[157]

(2) die Übertragung einer Eigentumswohnung, jedenfalls seit 1.7.2007 (als Folge der in § 10 Abs. 8 WEG geschaffenen, im Außenverhältnis unbeschränkbaren, primären, akzessorischen, anteiligen Haftung für die Verbindlichkeiten eines Dritten, des Verbandes der Wohnungseigentümer sowie möglicherweise auch als Folge der Wirkung nicht im Grundbuch eingetragener Beschlüsse gegen den Rechtsnachfolger gemäß § 10 Abs. 4 WEG, vor allem wenn eine Öffnungsklausel vereinbarungs- und gesetzesändernde Beschlüsse ermöglicht) – zuvor jedenfalls wenn die Gemeinschaftsordnung vom dispositiven Recht des WEG nachteilig abweicht[158] bzw. beim Eintritt in einen Verwaltervertrag[159]

---

[151] Ausführlich *Kölmel* RNotZ 2010, 618; zum Erfordernis familiengerichtlicher Genehmigung *Rupp* notar 2011, 300.

[152] OLG München ZEV 2011, 658 mAnm *Keim;* zustimmend *Röhl* MittBayNot 2012, 111; ablehnend *Rupp/Spieker* notar 2013, 55; anders noch OLG München NotBZ 2011, 186.

[153] BGHZ 15, 168.

[154] BayObLG ZEV 2004, 340.

[155] BGH NJW 2005, 415 und NJW 2005, 1430.

[156] OLG Köln MittBayNot 1998, 106.

[157] BGH ZNotP 2005, 227 mit insoweit zustimmender Anm. *Feller.*

[158] BGHZ 78, 32.

[159] OLG Hamm Rpfleger 2000, 449.

(3) auch die vom Veräußerer rechtzeitig angeordnete Anrechnung auf den künftigen Pflichtteil (§ 2315 BGB) – wegen ihrer Vergleichbarkeit zum beschränkten Pflichtteilsverzicht – jedenfalls nach hM[160]

166   Als rechtlich nachteilhaft wertet die Rechtsprechung auch die nachträgliche Gewährung solcher Rechte zugunsten des Veräußerers, die bei Vorbehalt iRd Übertragung selbst lediglich den Umfang der Schenkung mindern würden (etwa des für den Eigentümer leistungsfreien Nießbrauchs). Daher sollten Umschreibungsantrag und Antrag auf Eintragung beschränkt dinglicher Rechte zugunsten des Veräußerers gemäß § 16 Abs. 2 S. 2 GBO verbunden sein (Gerichte nehmen eine solche Verbindung, allerdings zum Schutz des Veräußerers vor der Eintragung störender „Zwischenrechte", ohnehin an).[161]

167   Besteht nach den vorstehenden Grundsätzen ein Vertretungsausschluss, bedarf es einer **Ergänzungspflegschaft, § 1909 BGB,** die – idR auf Anregung der Beteiligten – durch das FamG angeordnet wird. Zuständig ist dabei das AG, in dessen Bezirk das betreffende Kind seinen gewöhnlichen Aufenthalt hat, § 152 Abs. 2 FamFG, durch den Rechtspfleger, § 3 Nr. 2a RPflG, sowohl für die Anordnung der Pflegschaft als auch hinsichtlich der Auswahl und Bestellung des Pflegers, §§ 151 Nr. 5, 111 Nr. 2 FamFG). Soll der Pfleger erst durch das Gericht bestellt werden (so dass seine in der Urkunde abgegebenen Erklärungen an sich nach Bestellung zum Pfleger in dieser Eigenschaft zu wiederholen wären), erleichtert folgendes Verfahren, das schlüssiges Handeln mit Erklärungswert belegt, den Vollzug:

168   **Formulierungsbeispiel: Noch vorzunehmende Bestellung eines Pflegers**

Die Vertragsteile bevollmächtigen den Notar ferner, für sie die Bestellung des Pflegers anzuregen, sodann den Bestallungsausweis von ihm entgegenzunehmen, und hierüber befreit von § 181 BGB eine Eigenurkunde zu errichten. In der Aushändigung des Bestallungsausweises an den Notar liegt die Nachgenehmigung des als Pfleger vorgesehenen Beteiligten zu den heute von ihm abgegebenen Erklärungen in seiner künftigen Eigenschaft als Ergänzungspfleger.

169   Von der Prüfung bestehender elterlicher Vertretungshindernisse (vorstehend → Rn. 163 ff.) zu unterscheiden ist die Frage des Erfordernisses **familiengerichtlichen Genehmigung** für den in § 1643 Abs. 1 BGB genannten Ausschnitt an Rechtsgeschäften. Ist der Veräußerer minderjährig, erstreckt sich die Genehmigung auch auf das dingliche Geschäft, ist – wie regelmäßig – der Erwerber minderjährig, nur auf das schuldrechtliche (mit der Folge, dass sie vom Grundbuchamt gemäß § 20 GBO nicht verlangt werden kann, vom Notar jedoch gleichwohl einzuholen ist). Praxisrelevant ist vor allem der „entgeltliche Erwerb eines Grundstücks" iSd **§§ 1643 Abs. 1, 1821 Abs. 1 Nr. 5 BGB.** Allein der (kraft Gesetzes sich vollziehende) Eintritt in einen Mietvertrag gilt dabei nicht als „Entgelt",[162] ebenso wenig der Vorbehalt des Nießbrauchs oder von Rückforderungsrechten.[163]

170   Zur Beteiligung Minderjähriger im Rahmen gesellschaftsrechtlicher Vorgänge, etwa bei Einrichtung eines „Familienpools", → Rn. 235 ff.

---

[160] AA jedoch zu Recht OLG Dresden MittBayNot 1996, 291.
[161] OLG München Rpfleger 2006, 68; krit. hierzu *Bestelmeyer* Rpfleger 2006, 318.
[162] LG München II MittBayNot 2005, 234.
[163] BGH NotBZ 2011, 94 mAnm *Krauß*.

III. Mittelbare Schenkungen

Zivilrechtlich besteht keine zwingende Identität zwischen dem Vermögensopfer des 171
Schenkenden und dem Zuwendungsgegenstand beim Beschenkten.[164] Auch das Steuerrecht erfordert keine Identität des Entreicherungs- und Bereicherungsgegenstands, da gemäß § 7 Abs. 1 Nr. 1 ErbStG nur eine Bereicherung des Bedachten „auf Kosten des Zuwendenden" notwendig ist. Im Fall der sog. „mittelbaren Grundstücksschenkung" erfolgt
die zivil- und schenkungsteuerliche Beurteilung so, wie wenn der Veräußerer dem Erwerber unmittelbar das Grundstück zugewendet hätte. Von Todes wegen (Wunsch des
Erblassers, mit Geldmitteln des Nachlasses ein bestimmtes Grundstück zu erwerben) gelten diese Grundsätze nicht.[165]

Unter Geltung des am 1. 1. 2009 in Kraft getretenen Bewertungsrechtes bleibt die **mit-** 172
telbare Grundstücksschenkung attraktiv in Bezug auf das selbst genutzte Eigenheim
(bei Schenkung durch die Ehegatten: § 13 Abs. 1 Nr. 4a ErbStG), aber auch in Bezug auf
den Erwerb vermieteter Wohnimmobilien zur Erzielung des 10%-igen Bewertungsab-
schlags gemäß § 13d ErbStG. Eine mittelbare Grundstücksschenkung im steuerrechtlichen
Sinn liegt vor, wenn der Schenker einen nicht ganz unerheblichen Teil (mehr als 10%)
des Kaufpreises eines **genau bestimmten** Grundstücks oder eines zu erwerbenden Anspruchs auf Übereignung eines genau bestimmten Grundstücks[166] schenkweise zur Verfügung stellt oder zu mehr als 10% die Kosten für die Errichtung eines konkreten Bauvorhabens trägt.[167] Auch die Übernahme der Kosten für konkrete Um-, Aus- oder Anbauten
genügt, nicht aber die Zuwendung von Mitteln für Reparaturmaßnahmen oder bloße Er-
haltensaufwendungen. Die Geldzuwendung durch einen steuerlich nicht anzuerkennenden „Scheindarlehensvertrag" steht gemäß § 42 AO der Schenkung gleich.[168] Zwischen
dem Zeitpunkt der Zuwendungszusage einerseits und dem Erwerb des Grundstücks andererseits sollte kein größerer zeitlicher Abstand liegen (Finanzverwaltung: max. etwa ein
Jahr); auf jeden Fall aber muss die Schenkungszusage (sei sie auch entgegen § 518 Abs. 1
BGB lediglich privatschriftlich) vor dem Abschluss des Kaufvertrages[169] bzw. vor der Eingehung der Kaufpreisschuld[170] in Herstellungsfällen vor Fertigstellung des Gebäudes/Ab-
schluss der Sanierungsmaßnahmen[171] erfolgen.

Da (mittelbar) der Grundbesitz Schenkungsgegenstand ist, beziehen sich gesetzliche 173
(§§ 527, 528, 530 BGB) wie auch vertragliche Rückforderungsrechte auf Grundbesitz,
nicht auf den geschenkten Geldbetrag.

Formulierungsbeispiel: Mittelbare Grundstücksschenkung durch die Eltern mit 174
Nießbrauchs- und Rückforderungsvorbehalt (als Bestandteil eines ☼
Grundstückskaufvertrages)

Herr *** und Frau ***, die Eltern des Käufers, versprechen ihrem Sohn *** den Kaufpreis des Vertragsobjektes zuzüglich der für den Erwerb anfallenden Erwerbsnebenkos-
ten (Notar, Grundbuch, Grunderwerbsteuer) zum Erwerb des in § *** genannten Kauf-
objektes zu

schenken,

mit der Auflage, dass der geschenkte Betrag zum Erwerb des Vertragsgegenstandes zu
verwenden ist. Eltern und Tochter sind einig, dass Gegenstand der Schenkung nicht das

---

[164] BGHZ 112, 40.
[165] BFH ErbStB 2003, 377.
[166] BFH ZEV 2005, 126.
[167] „Mittelbare Baukostenschenkung", R E 7.3. Abs. 3 ErbStR 2011.
[168] BFH DStRE 2007, 301.
[169] BFH DStRE 2005, 833.
[170] BFH ZEV 2005, 29.
[171] *Hartmann* ErbStB 2005, 225.

Geld sondern der vertragsgegenständliche Grundbesitz ist (mittelbare Grundstücks-schenkung).

Der beurkundende Notar wies darauf hin, dass geschenkte Beträge ausschließlich auf das in der Kaufurkunde angegebene Konto des Verkäufers bzw. des Grundpfandrechts-gläubigers zur Lastenfreistellung einzuzahlen sind. Eigene Verfügungsgewalt erhält der Beschenkte über den Geldbetrag daher nicht.

Wirtschaftlich und steuerrechtlich handelt es sich also bei der heutigen Zuwendung um einen Erwerb der Immobilie durch die Eltern mit anschließender Übertragung auf ihre Tochter, auch wenn der Grundbuchvollzug unmittelbar auf ihren Sohn erfolgt. Die El-tern des Käufers – nachstehend „die Berechtigten" genannt – behalten sich jedoch am gesamten übertragenen Vertragsbesitz ein

Nießbrauchsrecht

(also ein Recht zur Eigennutzung oder Vermietung) vor, das jedoch nicht an Dritte über-lassen werden kann. Abweichend vom Gesetz trägt der Nießbraucher auch die Tilgung bestehender Verbindlichkeiten sowie außerordentliche Lasten, Ausbesserungen und Er-neuerungen, auch wenn sie über die gewöhnliche Unterhaltung der Sache hinausgehen.

Dem Nießbraucher stehen keine Verwendungsersatzansprüche und Wegnahmerechte zu, während umgekehrt der Eigentümer keine Sicherheitsleistung (§ 1051 BGB) verlan-gen kann.

Die gesamten Lasten und Kosten des Vertragsbesitzes sowie die Verkehrssicherungs-pflicht verbleiben demnach beim Nießbraucher. Dieser ist zur vorzeitigen Aufgabe des Nießbrauchs berechtigt.

Die Eintragung des Nießbrauchsrechts – für beide als Berechtigte gemäß § 428 BGB – am Vertragsbesitz wird

bewilligt und beantragt,

wobei zur Löschung der Nachweis des Todes des Berechtigten genügen soll. Das Recht erhält nächstoffene Rangstelle.

Weiter ist vereinbart:

Der Erwerber und seine Gesamtrechtsnachfolger sind gegenüber den schenkenden El-tern als Berechtigten verpflichtet, den betreffenden Vertragsbesitz zurückzuübertragen, wenn und soweit ein Rückforderungsgrund eintritt und die Rückforderung vertrags-gemäß dh binnen zwölf Monaten nach Kenntnis vom Rückforderungstatbestand und in notariell beglaubigter Form, aufgrund höchstpersönlicher Entscheidung erklärt wird. Das Rückforderungsrecht ist nicht vererblich oder übertragbar und kann nicht durch gesetzli-che Vertreter oder Insolvenzverwalter ausgeübt werden. Es kann sich auch lediglich auf Teile des Vertragsbesitzes erstrecken.

Macht zu Lebzeiten beider Berechtigter nur einer das Rückforderungsrecht geltend, oder ist der andere Berechtigte verstorben, ist nur an den verbleibenden Berechtigten aufzu-lassen, der auch die Verpflichtungen alleine übernimmt. Andernfalls ist an beide zu je hälftigem Miteigentum unter gesamtschuldnerischer Übernahme der Verpflichtungen aufzulassen.

Ein Rückforderungsgrund tritt jeweils ein, sobald der jeweilige Eigentümer

a) den Vertragsbesitz ganz oder teilweise ohne schriftliche Einwilligung des Berechtigten (bzw. seines gesetzlichen Vertreters oder Bevollmächtigten) veräußert oder sonst das Eigentum daran verliert, belastet oder eingetragene Belastungen revalutiert, oder während des Nießbrauchs vermietet;

b) von Zwangsvollstreckung in den Grundbesitz betroffen ist, sofern die Maßnahme nicht binnen zwei Monaten aufgehoben wird;

c) in Insolvenz fällt, die Eröffnung des Verfahrens mangels Masse abgelehnt wird, oder er die eidesstattliche Versicherung abgibt;

d) vor dem Berechtigten verstirbt;

e) von seinem (künftigen) Ehegatten/Lebenspartner getrennt lebt iSd § 1567 BGB, es sei denn, durch vertragliche Vereinbarung ist sichergestellt, dass der Vertragsbesitz im Rahmen des Zugewinnausgleichs nicht berücksichtigt wird, sondern allenfalls tatsächlich durch den Ehegatten getätigte Investitionen oder Tilgungsleistungen zu erstatten sind;

f) der Drogen- oder Alkoholsucht verfällt;

g) Mitglied einer im Sektenbericht des Bundestages aufgeführten Sekte oder einer unter Beobachtung des Verfassungsschutzes stehenden Vereinigung ist;

h) geschäftsunfähig wird.

i) Ein Recht zur Rückforderung besteht auch, wenn für die heutige Zuwendung Schenkungsteuer erhoben werden sollte oder wenn sich das Schenkungsteuerrecht oder seine Anwendung nach dieser Zuwendung in einer Weise ändert, dass sich nach dieser Änderung für die heutige Übertragung im Vergleich zum geltenden Recht eine geringere Steuerbelastung, eine spätere Fälligkeit der Steuer, ihr gänzlicher Wegfall oder die Möglichkeit ihrer Vermeidung bei Eintritt zusätzlicher Bedingungen ergibt bzw. zusätzliche Anforderungen zur Erreichung der Steuerfreiheit entfallen.

Der Berechtigte hat die im Grundbuch eingetragenen Rechte und Grundpfandrechte dinglich zu übernehmen, soweit sie im Rang vor der nachstehend bestellten Auflassungsvormerkung eingetragen sind.

Aufwendungen aus dem Vermögen des Rückübertragungsverpflichteten werden – maximal jedoch bis zur Höhe der noch vorhandenen Zeitwerterhöhung – gegen Rechnungsnachweis erstattet bzw. durch Schuldübernahme abgegolten, soweit sie nicht nur der Erhaltung des Anwesens im derzeitigen Zustand, sondern der Verbesserung oder Erweiterung des Anwesens gedient haben und mit schriftlicher Zustimmung des Berechtigten oder seines Vertreters durchgeführt wurden. Im Übrigen erfolgt die Rückübertragung unentgeltlich, also insbesondere ohne Ausgleich für geleistete Dienste, wiederkehrende Leistungen, Tilgungen, geleistete Zinsen, Arbeitsleistungen, oder die gezogenen Nutzungen. Hilfsweise gelten die gesetzlichen Bestimmungen zum Rücktrittsrecht.

Die Kosten der Rückübertragung hat der Anspruchsberechtigte zu tragen. Mit Durchführung der Rückübertragung entfällt die ggf. angeordnete Anrechnung der Zuwendung auf den Pflichtteilsanspruch des heutigen Erwerbers sowie ein etwa mit ihm in dieser Urkunde vereinbarter Pflichtteilsverzicht (auflösende Bedingung).

Zur Sicherung des bedingten Rückübertragungsanspruchs nach wirksamer Ausübung eines vorstehend eingeräumten Rückforderungsrechtes oder des gesetzlichen Widerrufs gemäß § 530 BGB („grober Undank") bestellt hiermit der Käufer zugunsten beider Eltern als Gesamtberechtigter gemäß § 428 BGB eine

Vormerkung

am Vertragsbesitz und

bewilligt und beantragt

deren Eintragung im Grundbuch. Die Vormerkung ist als Sicherungsmittel auflösend befristet. Sie erlischt mit dem Tod des jeweiligen Elternteils.

Die Eintragung des vorgenannten Nießbrauchsrechtes und des Rückforderungsvorbehaltes zugunsten der Eltern erfolgen zusammen mit der Umschreibung des Eigentums auf den Sohn als Erwerber, § 16 Abs. 2 GBO.

Der Nießbrauchsvorbehalt mindert den derzeitigen Schenkungswert sowohl zivilrechtlich als auch steuerrechtlich, der Rückforderungsvorbehalt jedenfalls zivilrechtlich. Der verbleibende Schenkungsbetrag ist auf den Pflichtteil des Erwerbers nach jedem Elternteil je zur Hälfte anzurechnen; eine Anrechnung auf den Erbteil ist jedoch derzeit nicht angeordnet.

175   Begrifflich sind solche mittelbaren Schenkungen auch in Bezug auf andere Objekte als Grundstücke denkbar, etwa in Bezug auf **Betriebsvermögen.** Sie haben insoweit freilich wenig Verbreitung gefunden, weil die schenkung-/erbschaftsteuerlichen Betriebsvermögensprivilegien jedenfalls nach Ansicht der Finanzverwaltung (R E 13b.2 Abs. 2 S. 1 ErbStR 2011), möglicherweise auch des BFH[172] nur gewährt werden, wenn das Betriebsvermögen bereits beim Veräußerer/Erblasser vorhanden war. Die „mittelbare Betriebsschenkung" wird bisher nur in den Fällen anerkannt, in denen Geld zweckgebunden zur Beteiligung am Betriebsvermögen des Schenkers (nicht eines Dritten) zugewendet wird (R E 13b.2 Abs. 2 S. 2 ErbStR 2011).

176   Wird Vermögen (zB Gesellschaftsanteile) eines Betriebs übertragen, dessen Verkauf bereits eingeleitet wurde, kann darin die mittelbare Schenkung des Verkaufserlöses liegen. Dies ist insbesondere anzunehmen, wenn die Verkaufsabsicht bereits in einem Letter of Intent festgehalten ist, und der Beschenkte sich den Verfügungen des Schenkers in Bezug auf die Verkaufsverhandlungen unterzuordnen hat, von ihm vertreten wird und selbst geschäftsunerfahren ist.[173] Schenkungsteuer entsteht dann erst in dem Zeitpunkt, in dem der Beschenkte über den Verkaufserlös verfügen kann.

IV. Ausstattung

177   Wenn Eltern als Veräußerer und ein Kind als Erwerber an einer Grundstückszuwendung beteiligt sind, kann es sich um eine Ausstattung[174] handeln, bei der Schenkungsrecht nur nach Maßgabe des § 1624 BGB anwendbar ist. Drei Merkmale müssen hierfür gegeben sein:

178   **Beteiligte:** Eltern auf Veräußererseite, deren Kind(er)[175] auf Erwerberseite; Zuwendungen an sonstige Empfänger, wie etwa Verlobte oder Schwiegerpartner, können also nicht Gegenstand einer Ausstattung sein.

179   **Anlass und Zuwendungszweck:** Verheiratung („Aussteuer, Mitgift"), Erlangung einer angemessenen Lebensstellung (Haushaltsgründung; Start in die eigene berufliche Existenz), die Erhaltung der Lebensstellung oder der Wirtschaft (zB bei der Tilgung von Verbindlichkeiten des Kindes auf dem Familieneigenheim oder in seiner betrieblichen Sphäre).

180   **Angemessenheitskriterium:** Ein den Vermögensverhältnissen der Eltern (also ihrem eigenen Unterhaltsbedarf und den Bedürfnissen der vorhandenen weiteren Geschwister) entsprechendes Maß.

181   Der Vertragszweck der Haushalts- oder Existenzgründung bzw. -sicherung sollte wegen der eigenständigen Rechtsform der Ausstattung in der Urkunde zum Ausdruck kommen (§ 17 Abs. 1 BeurkG: Erforschung des Willens), zumal die Beteiligten die Ausstattungsabsicht bei der Zuwendung ausschließen können. Fehlen nähere Angaben, ist bei größeren Zuwendungen das Vorliegen einer Ausstattung zu vermuten, sofern die weiteren Kriterien erfüllt sind.[176]

182   Für den Vertragstypus der Ausstattung sind wegen ihres endgültigen Charakters **Nutzungsvorbehalte** untypisch; **Rückforderungsvorbehalte** sind mit ihm allenfalls inso-

---

[172] BStBl. II 2005, 411.
[173] BFH ErbStR 2012, 264.
[174] Dazu *Everts* MittBayNot 2011, 107.
[175] Wohl auch Enkel: OLG Karlsruhe ZEV 2011, 531.
[176] AG Stuttgart NJW-RR 1999, 1449.

weit vereinbar, als es um die Abwehr externer Zugriffe (Insolvenz, Zwangsversteigerung) oder zweckwidriger Verwendung geht.[177]

Rechtsfolgen sind: **183**

– **Schenkungsrecht** (also auch die Formpflicht des Schenkungsversprechens aus § 518 BGB, das Rückforderungsrecht wegen Verarmung gemäß § 528 BGB) gilt nur für das sog. Übermaß, das nicht mehr den Angemessenheitskriterien genügt. In schenkungsteuerlicher Hinsicht allerdings wird die Ausstattung der Schenkung gleichgestellt.

– Die Ausstattung unterliegt wohl **nicht** der **Gläubigeranfechtung** nach § 4 AnfG = § 134 InsO (Anfechtung von unentgeltlichen Leistungen innerhalb von vier Jahren), allerdings der Anfechtung nach § 3 Abs. 2 AnfG = § 133 Abs. 2 InsO (Anfechtung innerhalb von zwei Jahren bei entgeltlichen Verträgen mit nahestehenden Personen).

– Die Ausstattung **unterliegt nicht der Pflichtteilsergänzung** nach § 2325 BGB (hingegen den möglicherweise noch nachteiligeren Folgen des § 2316 BGB, der weder eine zeitliche Grenze noch ein Abschmelzen kennt, allerdings auch keine Fortsetzung des Anspruchs gegen den Beschenkten selbst wie in § 2329 BGB).

– Die **Ausgleichung bei gesetzlicher Erbfolge** wird gesetzlich im Zweifel angeordnet (§ 2050 Abs. 1 BGB), kann aber ausdrücklich ausgeschlossen werden.[178]

Praxishinweis:

Eine ausdrückliche Regelung zur Frage der „Anrechnung auf den Erbteil" ist zu empfehlen, auch eine Stellungnahme zur Frage der Anrechnung der Ausstattung und des Übermaßes auf den Pflichtteil nach § 2315 BGB, welche allerdings nicht gesetzlich vermutet werden. Pflichtteilsrechtlich ist jedoch stets § 2316 Abs. 3 BGB zu beachten, wonach kein Ausschluss zum Nachteil eines Pflichtteilsberechtigten erfolgen kann.

Auch eine vertragliche Regelung, dass keine Ausgleichungspflicht bestehe, hindert also nicht, dass die frühere Ausstattung zu einer Erhöhung des Pflichtteils des nicht ausgestatteten Geschwisters führt, und zwar ohne zeitliche Befristung, da die Zehn-Jahres-Grenze des § 2325 BGB bei der Ausstattung nicht gilt, so dass demzufolge auch keine Abschmelzung eintreten kann. In diesem Kontext ist also die Ausstattung uU der Schenkung gegenüber nachteilig. Gegensteuern kann ein gegenständlich auf den Ausgleichspflichtteil (Erhöhungswirkung) beschränkter Verzicht der nicht ausgestatteten Geschwister gegenüber dem Veräußerer.

Formulierungsbeispiel: Umfang und Folgen der Ausstattung **184**

Die Zuwendung erfolgt als Ausstattung gemäß § 1624 BGB anlässlich der Heirat des Erwerbers am ***. Der Wert der Ausstattung beträgt *** EUR, der Wert des Übermaßes beträgt *** EUR. Beide sind auf den Pflichtteil des Erwerbers iSd § 2315 BGB anzurechnen. Eine Ausgleichung bei gesetzlicher Erbfolge unter Geschwistern ist entgegen § 2050 Abs. 1 BGB nicht angeordnet. Uns ist bekannt, dass gemäß § 2316 Abs. 3 BGB gleichwohl deren Ausgleichspflichtteile sich erhöhen; gegenständlich beschränkte Pflichtteilsverzichte sollen jedoch entgegen der Empfehlung des Notars nicht eingeholt werden.

V. Zuwendungen in oder aufgrund der Ehe

1. Ehebedingte Zuwendungen. a) Anwendungsfälle. Zuwendungen eines Ehegatten **185** an einen anderen, die nicht unterhaltsrechtlich „geschuldet" sind und denen die Vorstellung oder Erwartung zugrunde liegt, die Ehe werde Bestand haben, lassen sich in Bezug

---

[177] *Schindler* ZEV 2006, 391.
[178] Ausführlich *Kerscher* ZEV 1997, 354.

auf Übertragung von Grundbesitz insbesondere folgenden typischen Sachverhaltsgestaltungen zuordnen:

– schlüsselfertige Errichtung eines Eigenheims auf gemeinsam erworbenem Bauplatz oder schlüsselfertiger Erwerb eines Eigenheims je zur Hälfte vom Bauträger aus Mitteln, die allein ein Ehegatte zur Verfügung stellt;
– „Weitergabe" eines Miteigentumsanteils an bereits vorhandenem Grundbesitz an den anderen Ehegatten;
– Verwendung von Geld oder Arbeitskraft auf das im Alleineigentum des anderen Ehegatten stehende Familienheim oder dessen Betrieb ohne Abschluss eines angemessenen Darlehens- oder Arbeitsvertrages;
– Übertragung einer Immobilie an den Ehegatten zur Vermeidung etwaiger Gläubigerzugriffe;
– Erwerb einer Immobilie durch den jüngeren Ehegatten mit Mitteln des älteren Ehegatten zur Altersversorgung des jüngeren Ehegatten;
– Erwerb einer Immobilie allein durch einen Ehegatten mit Mitteln des anderen Ehegatten zur Ermöglichung steuergünstiger Verpachtung an den Betrieb des finanzierenden Ehegatten.

186   Schenkungsteuerlich werden ehebedingte Immobilienzuwendungen zur Eigennutzung gefördert durch die Freistellung in § 13 Abs. 1 Nr. 4a ErbStG, → Rn. 63. Verschenkt ein Erwerber das Erhaltene oder Teile davon weiter an seinen Ehegatten (**„Kettenschenkung"**), handelt es sich schenkungsteuerlich um einen getrennten Vorgang, wenn der Erwerber insoweit einen eigenen Entscheidungsspielraum hatte. Letzteres kann sogar bei Beurkundung in zwei unmittelbar aufeinanderfolgenden Urkunden bei Verzicht auf die Zwischeneintragung der Fall sein.[179]

187   Verwandt sind die Einräumung eines unwiderruflichen oder auch widerruflichen Bezugsrechtes bei einer Lebensversicherung,[180] ebenso die Errichtung von Oder-Konten in Höhe der hälftigen Einzahlung,[181] sofern der andere Ehegatte tatsächlich und rechtlich über das Geld verfügen kann, wobei Unterhaltsbeiträge herauszurechnen und vorrangige abweichende Abreden denkbar sind.[182]

188   **b) Rückabwicklung bei Scheitern der Ehe.** Der BGH lehnt im Regelfall eine Rückabwicklung ehebedingter Zuwendungen bei Scheitern der Ehe nach **Bereicherungsvorschriften** ab: § 812 Abs. 1 S. 2 Alt. 1 BGB *(condictio ob causam finitam)* scheidet aus, da die Ehe als solche kein Rechtsgrund der Zuwendung sein kann, weil das Eherecht zu solchen Zuwendungen nicht verpflichtet. § 812 Abs. 1 S. 2 Alt. 2 BGB *(condictio ob rem)* scheidet aus, da Zweck der Ehegattenzuwendung nicht der Fortbestand der Ehe als solcher ist, sondern ein einzelner Erfolg im Rahmen dieser Ehe, etwa die Verwirklichung der ehelichen Lebensgemeinschaft, die Schaffung eines Familienheims, die Erhaltung des Betriebs als Grundlage des Unterhalts beider Ehegatten etc.

189   Kondiktionsrecht gelangt freilich zum Einsatz, wenn die Schenkung erfolgreich angefochten wird, etwa weil die beschenkte Ehefrau dem schenkenden Ehemann verschwiegen hat (§ 123 Abs. 1 BGB), dass er mutmaßlich nicht der Vater des „gemeinsamen" Kindes sei.[183]

190   Insbesondere in den Fällen, in denen etwa aus haftungsrechtlichen oder steuertechnischen Gründen gemeinsame Beiträge beider Ehegatten sich im Allein-Außeneigentum eines Ehegatten niederschlagen, ist eine teilweise Rückabwicklung der Zuwendung über die **Auseinandersetzungsvorschriften einer Innengesellschaft** (§§ 738 ff. BGB) zu diskutieren. An die bloß stillschweigende oder angebliche mündliche Vereinbarung einer

---

[179] BFH DNotZ 2014, 103.
[180] BGH FamRZ 1995, 232.
[181] Zum Steuerrecht FG Nürnberg ErbStB 2010, 330.
[182] Vgl. *Götz* ZEV 2011, 408.
[183] ZB BGH FamRZ 2012, 779; FamRZ 2012, 1363 und FamRZ 2012, 1623.

Ehegatten-Innengesellschaft sind jedoch besondere Anforderungen zu stellen,[184] insbesondere hinsichtlich des erforderlichen gemeinsamen Zwecks.[185] Der BGH hat wiederholt erhebliche Sach- oder Arbeitsleistungen für den Handwerks- oder Gewerbebetrieb des anderen als gesellschaftsrechtliche Leistungen qualifiziert, was ihm den Vorwurf einer nachträglichen richterlichen Fiktion eingehandelt hat. Erforderlich ist ferner Erbringung eines „wesentlichen Beitrages" in der „Absicht gemeinschaftlicher Wertschöpfung".[186] Die Instanzrechtsprechung bleibt insoweit restriktiver.[187]

Wird eine bestehende Ehegatten-Innengesellschaft durch den Tod des nach außen allein auftretenden Vermögensträgers beendet, kann der Auseinandersetzungsanspruch (§ 738 BGB) des anderen Ehegatten den Wert des Nachlasses gemäß § 2311 BGB auch ggü. einem Pflichtteilsberechtigten mindern.[188]   **191**

In ähnlicher Weise hat der BGH[189] einen konkludenten **„besonderen familienrechtlichen Vertrag"** als Vertragstyp *sui generis* dann angenommen, wenn etwa ein Gegenstand als Belohnung für gegenwärtige oder künftig zu leistende Geld- und Arbeitsleistungen übereignet wurde, es jedoch wegen Scheidung der Ehe nicht zur Erbringung dieser Arbeitsleistungen kommen kann, oder bei Zuwendungen unmittelbar vor der Eheschließung.   **192**

Wird die Rückforderung wegen **groben Undanks** (§ 530 BGB) aufgrund (behaupteter) Verantwortung für das Scheitern der Ehe geltend gemacht, ist der Vorrang des für diesen Risikofall speziellen Normenwerks, insbesondere des Zugewinnausgleichs, zu beachten, wenn die Beteiligten im gesetzlichen Güterstand leben.[190]   **193**

§ 313 BGB kann im Fall einer Trennung eine gegenständliche Rückabwicklung ehebedingter Zuwendungen rechtfertigen in besonders krassen Einzelfällen, in denen der gesetzliche Zugewinnausgleich zu einem „geradezu untragbaren Ergebnis" führen würde.[191] Andernfalls würde der Vorrang des Güterrechts als Spezialregelung zu den Folgen einer Scheidung der Ehe verletzt.   **194**

Dies gilt sowohl bei vertraglicher Vereinbarung einer **Gütertrennung** (mit der Folge eines gemeinsamen Bekenntnisses zur grundsätzlichen Bestandskraft sämtlicher Vermögensverschiebungen) als auch bei Scheidung im gesetzlichen Güterstand. Das Funktionieren des schematisch-rechnerischen gesetzlichen Zugewinnausgleichs setzt geradezu voraus, dass die vielfältigen Zufälle und Motivationen von Vermögensübertragungen während der Ehezeit keine Rolle spielen.[192] Uneingeschränkt auf § 313 BGB stützen lassen sich dagegen Rückforderungsansprüche aus **vorehelichen Zuwendungen** nach Scheitern der Ehe.[193]   **195**

Praxishinweis:

Im Ergebnis ist also festzuhalten: Sofern bei Zuwendungen unter Ehegatten – mögen sie ehebedingte Zuwendungen oder reine Schenkungen sein – keine vertraglichen Rückforderungsrechte vereinbart werden, bleibt in aller Regel bei Scheitern der damit verfolgten Zwecke nur die Berücksichtigung der Zuwendung im Zugewinnausgleichsverfahren, also ohne tatsächliche Rückerwerbsmöglichkeit bzgl. des Gegenstands selbst.

---

[184] BGH ZNotP 2009, 27.
[185] BGH MittBayNot 2008, 233.
[186] BGH ZNotP 2004, 67.
[187] OLG München ErbR 2010, 59 mAnm *Rudy*.
[188] Vgl. *Wall* ZEV 2007, 249.
[189] NJW 1982, 2236.
[190] BGH FamRZ 2003, 234.
[191] OLG Karlsruhe RNotZ 2001, 453.
[192] Rechtsprechungsübersichten bei *Wever*, zuletzt FamRZ 2013, 741.
[193] OLG Köln ZEV 2002, 578.

196 **c) Berücksichtigung im Zugewinnausgleich.** Der BGH[194] hat **§ 1374 Abs. 2 BGB** zu Recht **teleologisch** dahin gehend **reduziert,** dass die Hinzurechnung zum Anfangsvermögen des Erwerbers bei reinen Schenkungen unter Ehegatten gerade nicht stattfindet, auch dann nicht, wenn es sich um unentgeltliche Zuwendungen unter Ehegatten „mit Rücksicht auf ein künftiges Erbrecht" handelt.[195] § 1374 Abs. 2 BGB gilt im Ergebnis also nur bei Schenkungen von dritter Seite.

197 Schwiegereltern galten bis Anfang 2010 bei gleichzeitigen Zuwendungen an ihr Kind und das Schwiegerkind insoweit jedenfalls beim Vorliegen vorweggenommener Erbfolge an das eigene Kind nicht als echte „Dritte": Der BGH[196] behandelte zunächst Zuwendungen der Schwiegereltern im Zugewinnausgleich der beschenkten Ehegatten so, als hätten sie zunächst ihr eigenes Kind beschenkt (mit der Folge der Erhöhung des Anfangsvermögens dieses Kindes nach § 1374 Abs. 2 BGB) und als ob dieses Kind sodann an seinen Ehegatten weitergeschenkt hätte (mit der Folge, dass nur das Endvermögen des beschenkten Ehegatten, nicht aber dessen Anfangsvermögen erhöht würde). Mit dieser Anerkennung von „ehebedingten Zuwendungen seitens der Schwiegereltern" wurde dem eigenen Kind bei Scheidung die Chance eröffnet, immerhin maximal die Hälfte des Wertes der Zuwendung aus Zugewinnausgleichsgrundsätzen zurückzuerhalten.

198 Im Jahre 2010 hat der XII. Senat des BGH diese **Sonderbehandlung schwiegerelterlicher Zuwendungen** als „Rechtsverhältnisse eigener Art" aufgegeben.[197] Er qualifiziert sie vielmehr, auch wenn sie um der Ehe des eigenen Kindes willen erfolgt sind, als Schenkungen iSd §§ 516 ff. BGB, zumal sie – anders als ehebedingte Zuwendungen unter Ehegatten – im Bewusstsein dessen erfolgten, am Gegenstand künftig nicht mehr partizipieren zu können. Soweit es sich bei den ehebedingten Zuwendungen nicht um bloße „Gelegenheitsgeschenke" iSd § 1380 Abs. 1 S. 2 BGB handelt und die Anrechnung nicht ausdrücklich ausgeschlossen ist, wirkt sich die Zuwendung im Zugewinnausgleichsmechanismus uU aber als „anzurechnende Vorausleistung" gemäß § 1380 BGB aus, falls die Zugewinnausgleichsforderung des Empfängers höher ist als der Wert der damaligen Zuwendung.

199 Die Anrechnung findet in der Weise statt, dass der Wert der Zuwendung (im damaligen Zeitpunkt) dem Vermögen und damit dem Zugewinn des Ehegatten hinzugerechnet wird, der die Zuwendung gemacht hat (§ 1380 Abs. 2 S. 1 BGB), und (was das Gesetz als selbstverständlich voraussetzt) zugleich vom Vermögen des Zuwendungsempfängers abgezogen wird.[198] Auf den dann sich ergebenden Zugewinnausgleichsanspruch wird der Wert der Zuwendung inflationsbereinigt angerechnet. § 1380 BGB führt demnach zu einer Abweichung vom unmittelbaren Rechenergebnis, das sich (die Nichtanwendbarkeit des § 1374 Abs. 2 BGB mit der ganz überwiegenden Auffassung vorausgesetzt) nach allgemeinen Zugewinnausgleichsgrundsätzen ergäbe, nur wenn die Zuwendung im Endvermögen des Empfängers nicht mehr vorhanden, zB weggefallen oder durch neue Verbindlichkeiten zumindest „wirtschaftlich" untergegangen ist („Werterhaltungsfunktion" des § 1380 BGB, gemäß § 1373 BGB kann der Zugewinn definitionsgemäß nicht negativ werden).

200 **d) Geltung schenkungsrechtlicher Normen.** Der BGH lässt keinen Zweifel daran, dass auch im Hinblick auf andere Schenkungsnormen allein die subjektive Verfolgung besonderer Zwecke durch die Ehegatten sich nicht zum Nachteil von Drittbeteiligten auswirken kann und somit die Rechtsfolgen der ehebedingten Zuwendung denen einer unmittelbarer Schenkung gleichen. Unbenannte Zuwendungen sind demnach unentgeltlichen Zuwendungen im Rahmen von § 2287 BGB (bösliche Schenkungen bei vertragli-

[194] FamRZ 1987, 791.
[195] BGH ZEV 2011, 37; fundamentalkritisch hierzu *Jeep* DNotZ 2011, 590.
[196] NJW 1995, 1989.
[197] FamRZ 2010, 958 mAnm *Wever*; *Koch* DNotZ 2010, 861; *Bruch* MittBayNot 2011, 144.
[198] BGH FamRZ 1982, 246.

chen Testamentsbindungen) gleichgestellt,[199] sind anfechtbar als unentgeltliche Zuwendung iSd § 3 Abs. 1 Nr. 4 AnfG aF.[200] Gleiches gilt bei § 822 BGB[201] und – besonders praxiswichtig – im Rahmen des § 2327 BGB[202] und des § 2325 BGB,[203] etwa in Gestalt von Zuwendungen eines Ehegatten an den anderen zum Erwerb oder zur Errichtung einer gemeinsamen Immobilie,[204] bzw. Beiträgen zur Tilgung (uU auch Verzinsung, wenn der „entlastete" Ehegatte unterhaltsrechtlich auch dafür hätte aufkommen müssen) gemeinsam dafür aufgenommener Darlehen abweichend von der Eigentumsquote,[205] in erster Linie bei Einverdiener-Ehen, aber auch bei Doppelverdiener-Ehen mit disparitätischem Einkommen.

2. Zuwendungen durch Schwiegereltern. Bei lebzeitigen Zuwendungen,[206] die während intakter Ehe zugleich an das eigene Kind und das Schwiegerkind unentgeltlich erbracht werden – was allerdings wegen der schenkungsteuerlichen Diskriminierung selten vorkommt –, differenzierte die Rechtsprechung bis Anfang 2010 wie folgt: Die Zuwendung an das eigene Kind sei Schenkung, die an das Schwiegerkind dagegen wie eine ehebedingte Zuwendung zu behandeln, so als ob sie vom eigenen Kind erfolgt wäre. **201**

Seitdem diese Sonderbehandlung schwiegerelterlicher Zuwendungen als „Rechtsverhältnisse eigener Art", ähnlich ehebedingter Zuwendungen, aufgegeben wurde (→ Rn. 198), handelt es sich um schlichte Schenkungen iSd §§ 516 ff. BGB, zumal sie – anders als ehebedingte Zuwendungen unter Ehegatten – im Bewusstsein dessen erfolgten, am Gegenstand künftig nicht mehr partizipieren zu können. Regelmäßig sei **Geschäftsgrundlage,** dass die eheliche Lebensgemeinschaft fortbestehe und das eigene Kind demnach in den dauernden Genuss der Schenkung (etwa in Gestalt einer schuldenfreien Wohnung) komme. Dies gelte auch, wenn Kind und Schwiegerkind in Zugewinngemeinschaft leben, zumal die schwiegerelterliche Zuwendung nunmehr gemäß § 1374 Abs. 2 BGB ohnehin weitgehend neutralisiert werde, so dass die Gefahr einer doppelten Inanspruchnahme nicht drohe, und die Schwiegereltern nicht auf den zugewinnausgleichsrechtlichen Halbteilungsgrundsatz verwiesen werden können. Die Höhe des aus § 313 BGB resultierenden Rückforderungsanspruchs orientiert sich an der beim Schwiegerkind noch vorhandenen Vermögensmehrung.[207] **202**

Daneben kommen Rückforderungsansprüche aus § 530 BGB (grober Undank) und aus Bereicherungsrecht (Zweckverfehlung) in Betracht, die sich allerdings wieder ihrerseits auf den Zugewinn auswirken.[208] **203**

VI. Zuwendungen unter Lebensgefährten

1. Richterliche Rückabwicklung. Die Rechtsprechung betont die rein tatsächliche und damit endgültige Natur von Zuwendungen – laufender oder einmaliger Art – während intakter Beziehung (sog. **Abwicklungs-, Abrechnungs- und Verrechnungsverbot).** Nur im Einzelfall kann eine „Rückabwicklung" von Zuwendungen nach Beendigung des nichtehelichen Zusammenlebens verlangt werden, etwa auf der Grundlage **204**

---

[199] BGH MittBayNot 1992, 150.
[200] BGH NJW 1991, 1610.
[201] BGH ZNotP 2000, 27 gegen OLG Koblenz NJW-RR 1991, 1218.
[202] LG Ellwangen BeckRS 2008, 08132.
[203] BGH NJW 1992, 564.
[204] Beispiel: OLG Schleswig ZEV 2014, 260. Hiergegen krit. *Weidlich* ZEV 2014, 345.
[205] BGH ZEV 2018, 274 mAnm *Horn;* hierzu auch Anm. von *Keim* ZNotP 2018, 221; *Weber* FamRZ 2018, 775; *Löhnig* NJW 2018, 1475.
[206] Zu letztwilligen Verfügungen vgl. *Reimann* ZEV 2011, 636.
[207] BGH FamRZ 2012, 273 mAnm *Wever.*
[208] Vgl. *Schlecht* FamRZ 2010, 1021; *Hoppenz* FamRZ 2010, 1027 und FamRZ 2010, 1718.

(1) eines Ausgleichsanspruchs in entsprechender Anwendung der **§§ 730 ff. BGB**.[209] Erforderlich ist jedoch stets die Absicht, einen „gemeinschaftlichen Wert" zu schaffen, der nicht nur für die Dauer der Lebensgemeinschaft gemeinsam genutzt werden, sondern beiden auch wirtschaftlich dauerhaft zugutekommen sollte.[210] Dies ist in erster Linie denkbar bei Vermögenswerten, die zur Einkünfteerzielung dienen (Mietobjekte, Unternehmen, Freiberuflerpraxen), während das Familienwohnhaus eher als Teil der Verwirklichung der nichtehelichen Lebensgemeinschaft als solcher gesehen werden wird.[211] Endet die Lebensgemeinschaft durch den Tod des Zuwendenden, sind allerdings Rückforderungsansprüche der Erben (ähnlich der Auflösung eines Verlöbnisses durch Tod: § 1301 Abs. 2 BGB) regelmäßig ausgeschlossen;[212] die Erben sind lediglich durch §§ 2325, 2329 BGB geschützt.

(2) In Abkehr von der bisherigen Rechtsprechung zieht der BGH heute – sofern keine vorrangigen vertraglichen bzw. quasi vertraglichen Regelungen zur Innengesellschaft feststellbar sind (etwa wegen Fehlens eines über die Lebensgemeinschaft hinausgehenden Zwecks) – eine zumindest teilweise Rückabwicklung auch nach bereicherungsrechtlichen Vorschriften, gestützt auf eine Zweckverfehlung iSd § 812 Abs. 1 S. 2 Alt. 2 BGB, in Betracht.[213] Erforderlich ist dann jedoch eine konkrete Zweckabrede, wie sie etwa vorliegen kann, wenn die Partner zwar keinen gemeinsamen Vermögenswert schaffen wollten (wie es für die Innengesellschaft erforderlich wäre), der eine aber das Vermögen des anderen in der Erwartung vermehrt habe, an dem geschaffenen Gegenstand langfristig partizipieren zu können.

(3) Im Einzelfall können schließlich auch unter Lebensgefährten „unbenannte", sog. **„gemeinschaftsbezogene Zuwendungen"** vorliegen, für die bei lebzeitigem Scheitern der Lebensgemeinschaft § 313 BGB eine Anpassung verlangt[214] – allerdings auch im Fall der direkten Zuwendung eines Grundstücks selten durch dingliche Rückgewähr, sondern durch finanziellen Ausgleich. Der BGH[215] bejaht (wiederum in Abkehr von der früheren Rechtsprechung) solche Ansprüche, soweit der gemeinschaftsbezogenen Zuwendung, die über alltägliche Beiträge hinaus gehen muss, die Vorstellung und Erwartung zugrunde lag, die Lebensgemeinschaft, deren Ausgestaltung sie diente, werde Bestand haben (diese Vorstellung muss sich nicht zu einer Zweckabrede iSd Bereicherungsrechts verdichtet haben). Ein korrigierender Eingriff sei allerdings nur gerechtfertigt, wenn dem Leistenden die Beibehaltung der geschaffenen Vermögensverhältnisse nach Treu und Glauben nicht zumutbar sei, insbesondere wenn die Vermögensmehrung beim Anderen noch dauerhaft vorhanden ist.[216] Die „faktische Lebensgemeinschaft" hat sich damit im Fall gemeinsamer Investitionen zwischenzeitlich zu einer **„Zusammenlebens-Rechtsgemeinschaft"** fortentwickelt.[217]

205 Anders verhält es sich nach hM, wenn die nichteheliche Lebensgemeinschaft durch den Tod eines Partners beendet wird, und zwar sowohl beim Tod des „spendablen Partners"[218] als auch beim Tod des „Zuwendungsempfängers":[219] In der Regel wollen die Beteiligten dann gerade nicht, dass in der Person ihrer Erben Ausgleichsansprüche gegen den anderen entstehen; den Erben stehen allenfalls gesetzliche Ansprüche aus §§ 2325, 2329, 2287

[209] BGH FamRZ 2006, 607.
[210] BGH FamRZ 2008, 1828 mAnm *Grziwotz*.
[211] *Löhnig* DNotZ 2009, 59 (60).
[212] BGH FamRZ 2008, 247 mAnm *Grziwotz*.
[213] BGH FamRZ 2008, 1828 und ZNotP 2009, 199.
[214] OLG Naumburg NJW 2006, 2418.
[215] MittBayNot 2009, 137 mAnm *Bruch*.
[216] BGH NotBZ 2011, 390 mAnm *Krause*.
[217] So plakativ *Grziwotz* FamRZ 2008, 1829.
[218] BGH FamRZ 2010, 277 mAnm *Grziwotz; Muscheler* ZEV 2010, 147.
[219] OLG Brandenburg EE 2010, 167 mit zustimmender Anm. *Möller*.

BGB zu, wobei die „wirtschaftliche Ausgliederung" iSd § 2325 Abs. 3 BGB wohl erst mit Beendigung der Mitnutzung iRd nichtehelichen Lebensgemeinschaft eintrat.[220]

2. Gestaltungsalternativen. Die Palette möglicher Gestaltungen ist breit. Selten gewählt **206** wird die – wohl formfreie – Vereinbarung, sich schuldrechtlich so zu stellen, als bestünde seit Beginn der gemeinsamen Investition eine Ehe mit gesetzlichem Güterstand (**„Ehe-fiktion"**). Häufiger ist die Vereinbarung eines **Darlehens.** Die Darlehensgewährung um-fasst nur solche Zuwendungen, die unmittelbar der Errichtung bzw. dem Ausbau oder der Ausstattung einer Immobilie dienen oder zum Zweck der Tilgung bestehender haus-errichtungsbedingter Verbindlichkeiten erbracht werden. Zuwendungen zur laufenden Unterhaltung und Verwaltung des Anwesens, die Beteiligung an den Kosten des Ver-brauchs, der Grundsteuer, Versicherung etc werden regelmäßig nicht davon erfasst, eben-so wenig idR die Beteiligung an Schuldzinsen, da diese ein Ausgleich für die durch das gemeinsame Bewohnen vermittelten Nutzungsvorteile darstellen. Das Darlehen wird re-gelmäßig bis zur Rückzahlungsfälligkeit **unverzinslich** sein (die zinsfreie Gewährung bil-det weiteren Ausgleich für das Bewohnen und die gemeinschaftliche Nutzung iRd Le-bensgemeinschaft). Rückzahlungsfälligkeit wird eintreten bei der Veräußerung des finanzierten Anwesens an einen Dritten, bei der Zwangsvollstreckung von dritter Seite oder Insolvenzeröffnung bzw. Ablehnung der Eröffnung mangels Masse, beim Versterben des Darlehensnehmers, beim Versterben des Darlehensgebers (sofern das Darlehen dann nicht als erlassen gelten soll) sowie im Fall einer Kündigung nach mindestens sechsmona-tigem Getrenntleben analog § 1567 BGB. Zur Sicherung der Darlehensansprüche und der ab Rückzahlungsfälligkeit geschuldeten Zinsen wird typischerweise eine Grundschuld im Rang nach Fremdfinanzierungsgrundpfandrechten bestellt werden; teilweise wird auch der bedingt rückzahlungspflichtige Partner zum Abschluss einer Risikolebensversicherung angehalten sein.

Klärungsbedürftig ist auch das Schicksal solcher Aufwendungen im Fall einer künftigen **207** **Eheschließung.** Folgende Lösungen sind denkbar:
- Das Darlehen soll in diesem Fall nur für Aufwendungen bis zur Heirat gelten, im Üb-rigen findet jedoch der Zugewinnausgleich statt; die Darlehensverpflichtung bzw. -berechtigung ist dann im Anfangsvermögen zu berücksichtigen.
- Denkbar ist natürlich der Fortbestand der Darlehensvereinbarung (dann regelmäßig ge-paart mit einer Vereinbarung, dass im Übrigen das Hausanwesen beim Zugewinnaus-gleich nicht berücksichtigt werden soll, so dass allein das Darlehen zu einer teilweisen Rückvergütung führt).
- Wird das Darlehen insgesamt aufgehoben, dürfte es sachgerecht sein, den Stichtag für die Bemessung des Anfangsvermögens rückzubeziehen auf den tatsächlichen Baube-ginn, um die bereits in der Vergangenheit (bisher durch das Darlehen iHd Aufwands abgegoltene) tatsächliche Wertsteigerung des Anwesens hälftig (also nicht notwendig iHd Darlehenssumme!) zu erfassen.
- Häufig werden jedoch solche tatsächlich gemeinschaftlich finanzierten Investitionen nach Heirat zur ehebedingten Zuwendung im Höhe eines Halbanteils am Grundbesitz führen, im Rahmen dessen die bisherige Darlehensvereinbarung, möglicherweise auch die Rückbeziehung des Zugewinnausgleichsstichtags aufgehoben werden können.[221]

Denkbar ist des weiteren, bereits im Zeitpunkt der gemeinsamen Investition ein- oder **208** gegenseitige Erwerbsrechte, gerichtet auf den Hinzuerwerb des Miteigentums- bzw. Ge-samthandsanteils des anderen Partners, für den Fall des Scheiterns der Lebensgemeinschaft zu vereinbaren. Solche „Ankaufsrechte" dürften – vergleichbar Rückforderungsrechten bei Ehegattenzuwendungen für den Fall des Scheiterns der Ehe, gestützt auf den Rechts-

---

[220] Vgl. *Schlögel* MittBayNot 2010, 400.
[221] Details und Formulierungsvorschläge bei *N. Meyer* ZNotP 1999, 384; *Everts* MittBayNot 2012, 258 und MitBayNot 2012, 337.

gedanken des § 852 Abs. 2 ZPO (Zugewinnausgleich) – nicht pfändbar sein. Regelungsbedürftig ist:

(1) Zum einen, wer bei gegenseitigen Ankaufsrechten zunächst zur Ausübung befugt ist.
Denkbar ist beispielsweise, insoweit auf die Höhe der bisher erbrachten Tilgungsleistungen abzustellen (wobei zur Vermeidung von Missbräuchen Sondertilgungen nach
Eintritt der Trennung oder auch in einem knappen Rückwirkungszeitraum zuvor
nicht mehr berücksichtigt werden sollten) oder aber demjenigen Partner, der gemeinsame Kinder bis zu einem bestimmten Lebensalter betreut, das Vorrecht zu gewähren
oder aber das Los entscheiden zu lassen.

(2) Festzulegen ist weiterhin der Übernahmepreis (anteiliger Verkehrswert, der ggf. durch
einen Sachverständigen als Schiedsgutachter festzusetzen ist, oder aber anteiliger Verkehrswert abzüglich eines „Lebensgefährtenabschlags" von zB 15 % oder aber die tatsächliche Höhe des eingebrachten Eigenkapitals zuzüglich einer geringen Verzinsung,
wobei jedoch insoweit – vergleichbar der Darlehenslösung – Beiträge zu laufenden
Aufwendungen und wohl auch die Tragung der Zinslasten, als Äquivalent zur ersparten Miete, nicht berücksichtigt werden können).

(3) Zu bestimmen ist weiter die Ausübungsfrist; nach deren fruchtlosem Ablauf wird dasselbe Erwerbsrecht dem anderen Partner zustehen; macht keiner der Partner hiervon
Gebrauch, wird teilweise vereinbart, dass sodann jeder der Beteiligten die Mitwirkung
beim Verkauf an Dritte verlangen kann, sofern mindestens 90 % des von einem Sachverständigen ermittelten Verkehrswerts erzielt werden. Besteht die Befürchtung, dass
die Erfüllung der wechselseitigen Erwerbsrechte bei Miteigentumsanteilen durch
(auch fraudulente) Belastung oder rasche Veräußerung vereitelt werden kann, sollten
die bedingten Ansprüche durch wechselseitige Vormerkungen gesichert werden.[222]

209 Interessant ist schließlich die Verwendung einer **Außengesellschaft bürgerlichen
Rechts** als Erwerbsform unter Lebensgefährten bei ungewissen künftigen Finanzierungsbeiträgen, da sie „bewegliche Beteiligungsquoten" ermöglicht. Würde die starre Bruchteilsgemeinschaft gewählt, könnten überobligationsmäßige Finanzierungsbeiträge eines
Beteiligten nämlich Schenkungsteuer gemäß § 7 Abs. 1 Nr. 1 ErbStG auslösen, sobald sie
über den geringen Freibetrag hinausgehen; ferner unterliegt die Quotenverschiebung unter bestehenden Gesellschaftern gemäß § 1 Abs. 3 GrEStG erst der Grunderwerbsteuer,
wenn mindestens 95 % in einer Hand vereinigt sind (dann bezogen auf die Zuerwerbe in
den vorangehenden fünf Jahren.

210 Formulierungsbeispiel: GbR auf Erwerberseite mit Quotenanpassungsabrede nach
Finanzierungsbeiträgen

Die Erwerber erklären, dass die jeweilige Beteiligung am Vermögen der erwerbenden
Gesellschaft bürgerlichen Rechts sowie am Liquidationserlös und etwaigen laufenden
Gewinnen, ebenso die für die Abfindung eines Gesellschafters beim Ausscheiden maßgebliche Höhe der Beteiligung, dem Anteil des Gesellschafters an den jeweils zum Ende
eines Kalenderjahres insgesamt ab heute geleisteten Finanzierungs- und Investitionsbei-
trägen zueinander entspricht.

Als zu berücksichtigende Beiträge gelten dabei Eigenkapitalleistungen auf die vereinbarten Gegenleistungen und künftige Aufwendungen zur Instandhaltung des Objekts sowie Bestandserweiterungen (nicht jedoch bloße Unterhaltungsmaßnahmen) sowie Tilgungsleistungen auf objektbezogene Darlehen (nicht jedoch Zinszahlungen, ebenso
wenig laufende Kosten wie Grundsteuer, Versicherung, Verbrauchskosten, Reparaturen
etc). Arbeitsleistungen werden zusätzlich berücksichtigt, wenn hierdurch Fremdhand-
werkerleistungen erspart wurden, allerdings nur in Höhe eines Stundenwerts von
15 EUR. Dienstleistungen zugunsten des Veräußerers, die im Rahmen des Erwerbsver-

---

[222] Formulierungsvorschlag bei *Krauß* Vermögensnachfolge Rn. 3366.

trages eingegangen wurden (zB hauswirtschaftliche Verrichtungen oder Pflegeleistungen) werden mit 5 EUR Stundenwert angesetzt.

Leistungen von Eltern oder Geschwistern eines Gesellschafters sind dem betreffenden Gesellschafter zuzurechnen. Die Beteiligten verpflichten sich, über die wechselseitigen Beiträge, auch der zuzurechnenden Angehörigen, Buch zu führen und den Jahresendstand jeweils als Prozentverhältnis auszudrücken sowie diesen zu unterzeichnen; dies gilt schuldrechtlich und dinglich als Übertragung der entsprechenden Anteile mit Wirkung auf das betreffende Jahresende. Sie geben die entsprechenden Übertragungserklärungen bereits heute dem Grunde nach ab und nehmen sie entgegen.

Nutzungsentschädigungen wegen unterschiedlicher Beteiligungshöhe können erst ab einer Kündigung in Höhe der anteiligen ortsüblichen Kaltmiete verlangt werden, ebenso sind dann die hälftigen (bei Alleinnutzung ausschließlichen) Verbrauchs- und Nebenkosten zu tragen.

Die Gesellschaft kann vor dem *** [zB 15 Jahre ab heute] nur aus wichtigem Grund gekündigt werden; als solcher gilt
– die Beendigung der nichtehelichen Lebensgemeinschaft über länger als sechs Monate durch schriftliche Mitteilung an den anderen Gesellschafter oder behördliche Ummeldung;
– ebenso die Pfändung des Gesellschaftsanteils des anderen Gesellschafters oder die Insolvenzeröffnung bzw. dessen Ablehnung mangels Masse sowie das Ableben des anderen Gesellschafters.

Mit Wirksamwerden einer Kündigung hat der Kündigende binnen drei Monaten, im Fall der Kündigung wegen Beendigung der Lebensgemeinschaft zunächst binnen sechs Wochen der Gesellschafter mit der aktuell höheren Beteiligung, sodann binnen sechs weiterer Wochen der andere Gesellschafter, das Recht, vom Mitgesellschafter anstelle einer Abfindung die Übernahme der im Gesellschaftsvermögen befindlichen Immobilie zu verlangen. Übernahmepreis ist die (auch im Außenverhältnis schuldbefreiende) Übernahme der für Erwerb, Umbau und Erhaltung des Objektes eingegangenen Verbindlichkeiten, gleich ob solche der Gesellschaft oder des ausscheidenden Gesellschafters, und der gegenüber dem Veräußerer ggf. noch zu erbringenden Pflichten (gleich ob auf Zahlen, Tun, oder Dulden gerichtet) mindestens jedoch – sofern der anteilige, hierauf anzurechnende Schuldübernahme- und Pflichtenerbringungsbetrag geringer ist – achtzig vom Hundert des anteiligen Verkehrswertes der im Gesellschaftsvermögen befindlichen Immobilie im Zeitpunkt des Übernahmeverlangens.

Kommt über den Verkehrswert binnen eines Monats ab Übernahmeverlangen keine Einigung zwischen den Beteiligten zustande, bestimmt ihn der örtlich zuständige Gutachterausschuss gemäß § 315 BGB; hinsichtlich der Gutachtenskosten gilt § 92 ZPO. Wird ein Übernahmeverlangen nicht fristgerecht gestellt oder bereits zuvor darauf verzichtet, ist das Gesellschaftsvermögen zu räumen und bestmöglich zu verkaufen; nach Ablauf von sechs Monaten kann jeder Beteiligte den Verkauf zum dann bestehenden Meistgebot ohne weiteres Zuwarten verlangen. Nach Begleichung der Veräußerungsnebenkosten und Tilgung aller für Erwerb, Umbau und Erhaltung eingegangenen Verbindlichkeiten ist der verbleibende Erlös im Verhältnis der dann bestehenden Beteiligungsquoten auszukehren.

Verfügungen über Gesellschaftsanteile bedürfen der Zustimmung beider; die Geschäftsführung und Vertretung wird ebenfalls durch beide gemeinschaftlich wahrgenommen.

Beim Tod eines Gesellschafters wird die Gesellschaft mit seinen Erben fortgesetzt. [Alt.: Beim Tod eines Gesellschafters wächst dessen Beteiligung, sofern nicht zuvor gekündigt, mit allen Aktiva und Passiva dem anderen Gesellschafter, der somit Alleineigentümer wird, an; die Beteiligung ist also nicht vererblich.]

Eine Abfindung erhalten die Erben bzw. Vermächtnisnehmer des Verstorbenen nicht; sie können jedoch vom verbleibenden Gesellschafter uneingeschränkte Freistellung aus der (Mit-)Schuld oder (Mit-)Haftung von Verbindlichkeiten verlangen, die zur Finanzierung des Erwerbs, Umbaus und der Erhaltung des Gesellschaftsvermögens eingegangen wurden, gleich ob es sich um eine Gesellschafts- oder eine Gesellschafterschuld handelt, sowie Freistellung hinsichtlich aller etwa weiterhin noch an den Veräußerer zu erbringenden Leistungen verlangen. gleich ob auf Zahlung, Tun oder Dulden gerichtet. Der wechselseitige Abfindungsausschluss beruht auf dem beiderseits etwa gleich hohen Risiko des Vorversterbens und ist im Interesse des jeweils Überlebenden vereinbart, stellt also nach Einschätzung der Beteiligten keine Schenkung dar.

VII. „Familienpool"

211 1. Anwendungsfälle. Gerade bei **hohen Grundstückswerten,** welche die schenkungsteuerlichen Freibeträge überschreiten, ferner in **psychologisch schwierigen Fällen,** in denen sich der Veräußerer nicht sofort vom gesamten Vermögen trennen möchte, kommt die Übertragung von Grundbesitz an eine **„Familien"-Gesellschaft** in Betracht, an der die Veräußerer mitbeteiligt bleiben. Der Erwerb in Gesamthand birgt gegenüber dem Erwerb zu Miteigentumsanteilen eine Reihe von Vorteilen:
– Aufgrund der gesamthänderischen Bindung kann der Erwerber über den ihm bereits übertragenen Anteil ohne Zustimmung des Veräußerers nicht verfügen, und zwar auch über das 18. Lebensjahr bzw. die erbrechtlich maximale Befristungsperiode von 30 Jahren hinaus, und über die Laufzeit idR auf die Lebensdauer des Veräußerers befristeter Rückforderungsrechte hinaus.
– Weiterhin lassen sich im Gesellschaftsvertrag etwa hinsichtlich der Geschäftsführung und Vertretung abweichende Regelungen treffen, (zB abweichend von der Vermögensbeteiligung gewichtete Stimmrechte, sog. „reziproker Pool"); ferner sind individuelle Zuteilungen der Erträge (quotenabweichende Gewinnbeteiligungen) möglich.
– Ist lediglich eine wertvolle Immobilie vorhanden, wird das Problem der „Aufteilung" vermieden.
– Übertragungen der Gesellschaftsanteile sind bis zur Anwachsung bzw. zur Vereinigung von 95 % der Anteile in einer Hand (§ 1 Abs. 1 Nr. 3, Abs. 2a GrEStG) grunderwerbsteuerfrei (was vor allem beim Erwerb zwischen Geschwistern von Bedeutung ist).
– Fortsetzungsklauseln und qualifizierte Nachfolgeklauseln erlauben den transmortalen Erhalt der Gesellschaft und eine gezielte punktuelle Erbfolge (Gesellschaftsrecht geht vor Erbrecht).
– Gesellschaftsrechtliche Regelungen ermöglichen es dem „geschäftsführenden Gesellschafter", im „Fondsvermögen" befindliche Gegenstände zu veräußern oder gegen andere „auszutauschen".
– Nach Ablauf des Zehn-Jahres-Zeitraumes können (formfrei) weitere Gesellschaftsanteile unter erneuter Ausnutzung des persönlichen Freibetrages übertragen werden. Soweit Vermögenserträge den Kindern zustehen, werden dort bestehende Freibeträge ausgeschöpft bzw. die Ausschüttungen decken den Unterhaltsbedarf der Kinder, der andernfalls aus versteuertem Elterneinkommen bestritten werden müsste („Familiensplitting").
– Die Verlagerung der Substanz bestehender Einkunftsquellen lässt zu erwartende Wertsteigerungen unmittelbar in der Person der Kinder entstehen.

212 2. GbR, KG oder gewerblich geprägte KG? a) GbR. Seit dem Grundsatzurteil des BFH[223] wird bei Einbringung in eine **GbR** nicht die Gesellschaft als solche als Erwerber angesehen (Steuerklasse III!), sondern der jeweilige Gesellschafter (schenkungsteuerliche

---

[223] BFH DStR 1995, 94 in Abkehr von BFH BStBl. II 1989, 237.

Transparenz der Personengesellschaft). Hieran hat die Teilrechtsfähigkeit der GbR – jedenfalls bisher – nichts geändert. Schenkungsteuerlich ist seitdem der Erwerb etwa durch mehrere Geschwister in GbR möglich und durchaus üblich geworden.

Die GbR bietet gesellschaftsrechtlich den Vorteil der höchsten Gestaltungsflexibilität 213 und des geringsten Kostenaufwandes. Nachteilig ist insbesondere das jederzeitige **Kündigungsrecht der Gesellschafter** mit nur geringen Möglichkeiten der Abweichung von der Verkehrswertabfindung gemäß §§ 723, 738 BGB. Bei **Beteiligung Minderjähriger** sorgt weiter das **Sonderkündigungsrecht** bei Erreichen der Volljährigkeit (§ 723 Abs. 1 S. 3 Nr. 2 BGB) für Risiken. Ferner ist die **gesamtschuldnerische Haftung für Gesellschaftsschulden** riskant; sie kann Anlass sein, es entgegen der bisherigen Praxis bei der gesetzlichen Regelung der Vertretung durch alle Gesellschafter (§ 709 BGB) zu belassen (zur allseitigen Kenntnis des Verpflichtungsumfangs). Von Nachteil ist ferner, dass die Zulässigkeit der **Anordnung einer Testamentsvollstreckung** über GbR-Anteile nicht vollständig geklärt ist. Schließlich ist der Gestaltungsaufwand zur **Erreichung ungleicher Machtverteilung** unter den Gesellschaftern höher als bei der KG, wo die „Minderposition" der Kommanditisten bereits gesetzlich angelegt ist.

Muster: „Familienpool" in Form einer GbR (Gründung und Einbringung des Grund- 214 besitzes mit Nießbrauchsvorbehalt und Verfügungssperre) bei *Krauß* Vermögensnachfolge Rn. 6769.

b) Vermögensverwaltende Kommanditgesellschaft. Die **Kommanditgesellschaft** 215 löst dieses Haftungsproblem jedenfalls für Kommanditisten, deren Einlage geleistet (und später nicht zurückgewährt) wurde (§ 171 HGB). Beim **Erwerb von Kommanditanteilen** ist jedoch § 176 Abs. 2 HGB zu beachten: demnach haftet der (eintretende) Kommanditist für die zwischen seinem Beitritt und seiner Eintragung in das Handelsregister begründeten Verbindlichkeiten grds. wie ein Komplementär, so dass die dingliche Übertragung des Gesellschaftsanteils aufschiebend bedingt auf den Registereintrag erfolgen sollte. Die KG besitzt neben der jetzt auch der GbR zuerkannten Rechtsfähigkeit diejenigen Attribute, die der GbR versagt bleiben werden – vor allem die Registerfähigkeit sowie die Handelsregisterpublizität. Die rein vermögensverwaltende (also weder gewerblich tätige, noch iSd § 15 Abs. 3 Nr. 2 EStG gewerblich geprägte, noch gemäß § 15 Abs. 3 Nr. 1 EStG durch über 1% hinausgehende gewerbliche Tätigkeit oder Beteiligung an gewerblichen Unternehmen gewerblich infizierte) KG bietet weiter den Vorteil, dass die Einbringung von Grundbesitz gegen Gewährung von Gesellschaftsrechten zur Buchwertfortführung berechtigt, also keinen Veräußerungsfall darstellt (anders lediglich bei disproportionaler Gegenleistung, zB aufgrund Übernahme privater Verbindlichkeiten oder bei Erhöhung der Beteiligung des Gesellschafters ggü. der bisherigen Quote am Grundstück). Andererseits erlaubt sie nicht, die Aufdeckung stiller Reserven etwa im Fall einer Betriebsaufgabe zu verhindern, indem dieses in die Gesellschaft eingebracht wird – hierzu bedürfte es einer gewerblich geprägten und damit unabhängig von ihrer tatsächlichen Aktivität stets als gewerblich tätig zu qualifizierenden KG (hierzu → Rn. 223 ff.)

Vorteile der vermögensverwaltenden KG gegenüber der GbR liegen **gesellschafts-** 216 **rechtlich** in der **Konzentration der Geschäftsführung** beim persönlich haftenden Gesellschafter (sofern im Vertrag nicht abweichend geregelt: § 114 HGB) und in der gesetzlich vermuteten **Einzelvertretungsbefugnis** des Komplementärs im Außenverhältnis (§ 125 HGB); auch die gesetzliche (dispositive) Rechtsfolge beim **Tod eines Gesellschafters** ist praxisnäher (GbR: Auflösung der Gesellschaft, § 727 BGB; KG: Tod des Kommanditisten, Vermutung der „einfachen Nachfolgeklausel", also Fortsetzung mit den Erben, § 170 HGB; beim Tod eines Komplementärs Vermutung der Fortsetzung mit den verbleibenden Gesellschaftern, sofern noch ein Komplementär vorhanden (§ 131 Abs. 3 Nr. 1 HGB).

Weiterhin ist jedenfalls am Kommanditanteil eine **Dauertestamentsvollstreckung** 217 umfassend möglich, wenn der Gesellschaftsvertrag dies zulässt oder die Gesellschafter durch Beschluss dem zustimmen, und im Handelsregister eintragungsfähig.[224] Bei der GbR-Beteiligung sowie am Komplementäranteil widerspricht die durch die Testamentsvollstreckung begründete beschränkte erbrechtliche Haftung (§ 2214 BGB) der gesellschaftsrechtlichen (akzessorischen) Vollhaftung, so dass die Testamentsvollstreckung allenfalls an der „Außenseite" der Beteiligung möglich ist oder Ersatzlösungen (Vollmacht, Treuhandschaft) erforderlich sind; das Sonderkündigungsrecht des § 723 Abs. 1 S. 3 Nr. 2 BGB bei Erreichen der Volljährigkeit besteht bei Kommanditisten, deren Einlage vollständig geleistet wurde, nicht.

218   **Handelsrechtlich** ist jedoch die KG (genauer: ihr Komplementär) – anders als die GbR – zur Buchführung verpflichtet (§ 238 Abs. 1 S. 1 HGB), da sie kraft Eintragung im Handelsregister die Kaufmannseigenschaft besitzt, wobei freilich handelsrechtliche Sanktionen – trotz § 140 AO – nur bei der GmbH & Co. KG drohen (§ 264a HGB). Die handelsrechtliche Buchführungspflicht allein führt allerdings bei der rein vermögensverwaltenden KG nicht notwendig auch zu einer steuerrechtlichen Buchführungs- und Bilanzierungspflicht. Weiter sind die Handelskaufvorschriften anwendbar (zB § 377 Abs. 2 HGB), da die KG Formkaufmann ist.

219   Die ausschließlich vermögensverwaltende Personengesellschaft hält **steuerlich** idR (sofern nicht die Grenzen zum gewerblichen Grundstückshandel oder zur großgewerblichen Verwaltung außerordentlich umfangreichen Vermögens überschritten sind) **„Privatvermögen"** und weist daher den Gesellschaftern im Weg der gesonderten und einheitlichen Feststellung der Besteuerungsgrundlagen gemäß § 180 Abs. 1 Nr. 2 lit. a AO Einkünfte zB aus Kapitalvermögen oder aus Vermietung und Verpachtung zu.[225] Die **Verlustverrechnung** ist zu Lasten des Kommanditisten allerdings (über die allgemeinen Grenzen der §§ 2 Abs. 3, 10d, 23 Abs. 3 EStG hinaus) zusätzlich durch § 15a EStG bei negativem Kommanditkapital eingeschränkt.

220   Auch hinsichtlich des Fehlens einer **Gewerbesteuerpflicht** ist die vermögensverwaltende Personengesellschaft (GbR, KG ohne gewerbliche Prägung) privilegiert; es handelt sich einkommensteuerlich nicht um Einkünfte aus Gewerbebetrieb, sondern aus Vermietung und Verpachtung, Kapitalvermögen, oder sonstige Einkünfte. Für rein vermögensverwaltende Gesellschaften besteht auch keine IHK-Zwangsmitgliedschaft.[226]

221   Die schenkungs-/erbschaftsteuerlichen Vergünstigungen für die Übertragung von Betriebsvermögen (§§ 13a, 19a ErbStG) wurden weder vor 2008 noch seit 2009 bei der GbR oder der vermögensverwaltenden KG gewährt.

222   [Einstweilen frei.]

223   **c) Gewerblich geprägte GmbH & Co. KG.** Eine Personengesellschaft gilt gemäß § 15 Abs. 3 Nr. 2 S. 2 EStG als „gewerblich geprägt", wenn
– bei ihr ausschließlich eine oder mehrere (auch ausländische) Kapitalgesellschaften persönlich haftende Gesellschafter sind;
– lediglich diese Kapitalgesellschaften oder dritte Personen, die ihrerseits nicht Gesellschafter sind, zur Geschäftsführung befugt sind.
Eine solche gewerbliche Prägung entfällt also, wenn auch eine natürliche Person, die zugleich Kommanditist ist, zum Geschäftsführer der KG, § 170 HGB, bestellt ist oder wird – sog. **Entprägung** – (zur organschaftlichen Vertretung kann ein Kommanditist ohnehin nicht berufen sein).

224   Die gewerbliche Prägung fingiert im steuerlichen Sinne die Gewerblichkeit der Personengesellschaft, so dass diese ebenfalls notwendig **gewerbliches Betriebsvermögen** hält.

---

[224] BGH DNotZ 2012, 788.
[225] Zur Rechtslage bei sog. „Zebragesellschaften" BFH DStR 2005, 1274; EStB 2012, 277; hierzu *Levedag* GmbHR 2013, 243 (244).
[226] *Spiegelberger* ZEV 2003, 399.

Aus diesem Grund ist die gewerblich geprägte GmbH & Co. KG das Mittel der Wahl in allen Fällen, in denen es um die Erhaltung der Betriebsvermögenseigenschaft geht.

Beispiele:

– Die Auflösung stiller Reserven, die bei einer sonst sich vollziehenden Entnahme oder Betriebsaufgabe droht, soll durch steuerliche Einbringung (als Gesamthands- oder zumindest Sonderbetriebsvermögen) in eine gewerblich geprägte Personengesellschaft vermieden werden.

– Die Gewährung von Investitionszulagen setzt Betriebsvermögen voraus.

– Gemäß § 6 Abs. 1 AStG führt der Wohnsitzwechsel ins Ausland zu einem fiktiven Veräußerungsvorgang bei im Privatvermögen gehaltenen Kapitalgesellschaftsbeteiligungen iSd § 17 EStG – ratsam ist daher die Einbringung in eine gewerblich geprägte Personengesellschaft zur Bildung von Betriebsvermögen (und zwar – zur Vermeidung eines Veräußerungsvorgangs mit Besteuerungsfolge – als verdeckte Sacheinlage, nicht gegen Gewährung von Gesellschaftsrechten).

– Die bei Betriebsvermögen erhöhte Immobilienabschreibung (3 % p.a.) soll genutzt werden.

Alle Personenhandelsgesellschaften, bei denen keine natürliche Person unbeschränkt 225 haftet, unterliegen gemäß Art. 48 EGHGB, § 264a HGB iVm §§ 325 ff. HGB den Regeln für Kapitalgesellschaften im Hinblick auf Rechnungslegung, Prüfung und **Offenlegung** des Jahresabschlusses. Weitere Nachteile sind die Zwangszugehörigkeit zur IHK-Mitgliedschaft (§ 2 Abs. 1 IHK-Gesetz), die zeitlich unbegrenzte Einkommensbesteuerung realisierter Wertzuwächse im Betriebsvermögen, sowie die Gewerbesteuerpflicht, soweit keine Freistellungen (Ertragskürzungen) möglich sind (§ 9 Nr. 1 S. 1–5 GewStG).[227]

Schenkung-/erbschaftsteuerlich wird auch nach der **Erbschaftsteuerreform 2009** 226 in § 13b Abs. 1 Nr. 2 ErbStG dem Grunde nach auch die gewerblich geprägte Personengesellschaft als taugliches Betriebsvermögensobjekt qualifiziert; allerdings handelt es sich bei nicht betrieblich genutzten Immobilien um „Verwaltungsvermögen" iSd § 13b Abs. 2 ErbStG, so dass die Betriebsvermögensprivilegierung insgesamt entfällt, wenn dessen Anteil mehr als 50 % ausmacht, → Rn. 68.

Weiteres Motiv für die Attraktivität dieser Rechtsform ist die **Flexibilität hinsichtlich** 227 **der steuerrechtlichen Gestaltung ihrer Vermögensausstattung:** Die „Einbringung" in eine gewerblich geprägte, eine gewerblich tätige oder gewerblich infizierte Personengesellschaft kann als „entgeltlicher" = „tauschähnlicher" Vorgang realisiert werden oder aber „unentgeltlich", als „verdeckte Sacheinlage", sich vollziehen:

aa) Privatvermögen, entgeltliche Einbringung. Die Einbringung von Gegenständen 228 des **Privatvermögens** (zB im Privatvermögen gehaltene Kapitalgesellschaftsanteile) in eine gewerblich tätige, infizierte oder geprägte (§ 15 Abs. 3 Nr. 2 EStG), also Betriebsvermögen haltende, Personengesellschaft gegen **Gewährung oder Erweiterung von Gesellschaftsrechten** also im Wege der **„offenen Sacheinlage",** ist als **tauschähnlicher entgeltlicher Vorgang** zu werten. Dies führt auf der Ebene des Übertragenden zu einem Veräußerungs- und auf der Ebene der aufnehmenden Gesellschaft zu einem Anschaffungsvorgang. Erforderlich ist die Gutschrift auf einem Festkapitalkonto des Einbringenden (Erhöhung des Kapitalkontos I[228] oder – nach Ansicht der Finanzverwaltung – auch des Kapitalkontos II,[229] sofern dort auch Verluste gebucht werden – nicht jedoch, jeden-

---

[227] Vgl. *Krauß* Vermögensnachfolge Rn. 5757 ff.
[228] BFH BStBl. II 2000, 230.
[229] Vgl. BMF-Schreiben v. 11.7.2011, BStBl. I 2011, 713 Rn. I.1 und I.2.

falls nach Ansicht des BFH, bei alleiniger Erhöhung des Kapitalkontos II[230]), wobei es nicht schadet, wenn die Gutschrift nur zT auf einem solchen Festkapitalkonto, iÜ auf einem gesamthänderisch gebundenen Rücklagenkonto[231] erfolgt. Auch in diesen sog. Mischfällen liegt demnach insgesamt ein Veräußerungsgeschäft (tauschähnlicher Vorgang) vor.[232] Ebenso liegt Entgeltlichkeit vor, soweit (Trennungstheorie) die Überführung von Privatvermögen

– gegen Barentgelt (Teilentgeltlichkeit liegt vor, wenn bei der Übertragung ausdrücklich ein den gemeinen Wert unterschreitender Wertansatz vereinbart wird) bzw.
– gegen die Übernahme von Verbindlichkeiten (gleich ob diese mit dem übertragenen Objekt im Zusammenhang stehen oder nicht) erfolgt oder
– wenn der Einlagewert dem Inferenten auf einem Privat- oder Verrechnungskonto gutgeschrieben wird, er also dafür eine schuldrechtliche (Darlehens-)Forderung gegen die Gesellschaft erhält.

229　bb) Privatvermögen, unentgeltliche Einlage. Privatvermögen wird dagegen jedenfalls nach Ansicht der Finanzverwaltung[233] **unentgeltlich** eingebracht in eine Personengesellschaft im Fall der **verdeckten Sacheinlage,** also nicht gegen Gewährung von Gesellschaftsrechten und sonstige Gegenleistungen etwa die Einräumung eines Darlehens bzw. Übernahme von Verbindlichkeiten, sondern zB im Wege der Buchung auf ein gesamthänderisch gebundenes Rücklagenkonto (§ 264c Abs. 2 S. 1 II und S. 8 HGB). Dies gilt sogar bei einer Ein-Mann-GmbH & Co KG.[234]

230　cc) Betriebsvermögen, Buchwerteinbringung. Für bereits vorhandenes **Betriebsvermögen** gilt: Wirtschaftsgüter des Betriebsvermögens sind gemäß § 6 Abs. 5 S. 3 Nr. 1, Nr. 2 EStG zwingend zu Buchwerten in das Betriebsvermögen einer gewerblich geprägten (oder gewerblich tätigen) Personengesellschaft einzubringen, soweit die Einbringung unentgeltlich (dh unter Buchung der Einlage auf ein gesamthänderisch gebundenes Rücklagenkonto) erfolgt.

231　Rechtsdogmatisch läge allerdings eine Veräußerung im Sinne eines tauschähnlichen Vorgangs vor, wenn als Gegenleistung für die Einbringung betrieblicher Einzelwirtschaftsgüter Gesellschaftsrechte gewährt werden (also das Festkapitalkonto, „Kapitalkonto I", zumindest teilweise angesprochen wird); dies gälte also in gleicher Weise wie bei eingebrachtem Privatvermögen und auch hinsichtlich des die Festkapitalerhöhung übersteigenden Anteils. Allerdings wird die gewinnrealisierende „Tauschähnlichkeit" durch den Gesetzgeber nicht mehr umgesetzt, da § 6 Abs. 5 S. 3 EStG bei der Einbringung aus einem Betriebsvermögen in ein anderes Betriebsvermögen den **Buchwertansatz vorschreibt,** also auch bei der offenen Sacheinlage.

232　Eine Auflösung stiller Reserven bei der Betriebseinbringung wird ferner vermieden bei
– Verpachtung des gesamten Betriebes;
– Überführung eines einzelnen Wirtschaftsgutes von einem in ein weiteres Betriebsvermögen nach § 6 Abs. 5 S. 2 EStG;
– Einbringung eines Betriebes oder Teilbetriebes gegen Gewährung von Gesellschaftsrechten (Buchung auf Kapitalkonto I oder II des Einbringenden) mit achtmonatiger Rückwirkung und Buchwertmöglichkeit gemäß § 24 UmwStG (§ 24 UmwStG um-

[230] Nach BFH DStR 2016, 217 – hierzu *Ihle* notar 2017, 53 (66) und *Sieker* NotBZ 2017, 293 – und BFH 4. 2. 2016 – IV R 42/12 liegt dann ein ertragsteuerlich unentgeltlicher Vorgang vor: stets muss zumindest auch das Kapitalkonto I, nach dem sich das Gewinnbezugsrecht richtet, angesprochen werden.
[231] Also keine Aufspaltung des Vorgangs im Verhältnis zwischen Kapitalkonto I und variablem Konto BFH DStR 2016, 217 – hierzu *Sieker* NotBZ 2017, 293 – lässt allerdings ausdrücklich offen, ob dieser Rechtsprechung weiter zu folgen ist.
[232] BFH DStR 2008, 2001; die Verwaltung übernimmt diesen Grundsatz: BMF-Schreiben v. 20. 5. 2009, NWB 2009, 2040 f. sowie BMF-Schreiben v. 11. 7. 2011, BStBl. I 2011, 713 Rn. II.2.a.
[233] BMF-Schreiben BStBl. I 2011, 713.
[234] *Paus* EStB 2012, 70 (71).

fasst alle Fälle der Einbringung in das Gesellschaftsvermögen gegen Gewährung von Mitunternehmeranteilen, also zB die Aufnahme eines Gesellschafters gegen Geld- oder Sacheinlage in ein Einzelunternehmen/eine bereits bestehende Personengesellschaft, ferner die Einbringung eines Betriebs/Teilbetriebs/Mitunternehmeranteils in ein Einzelunternehmen/eine bestehende Personengesellschaft, sowie der Zusammenschluss mehrerer Einzelunternehmer in einer neu gegründeten Personengesellschaft).

dd) Betriebsvermögen, entgeltliche Einbringung. Eine **entgeltliche,** zu Veräuße- 233 rungserlös/Anschaffungskosten führende **Einbringung von Betriebsvermögen** liegt dagegen tatsächlich und im Rechtssinne vor, wenn dem Inferenten als Gegenleistung eine Forderung gegen die Gesellschaft oder die Befreiung von einer Verbindlichkeit eingeräumt wird, sowie bei einem echtem Verkauf zum Fremdverkaufspreis. Bei der entgeltlichen Einbringung betrieblicher Einzelwirtschaftsgüter können § 6b-Rücklagen zur Neutralisierung gebildet werden.

[Einstweilen frei.]   234

3. Beteiligung Minderjähriger. aa) Vertretungsfragen. Sofern Minderjährige an der 235 **Gründung** einer GbR zusammen mit zumindest einem Elternteil beteiligt sind, muss (für jedes Kind je) ein Ergänzungspfleger bestellt werden (→ Rn. 163 ff.), da das Rechtsgeschäft aufgrund der persönlichen Haftung – § 128 HGB analog – nicht lediglich rechtlich vorteilhaft ist. Auch die Beteiligung an der Gründung einer **AG oder GmbH, einer stillen Beteiligung oder Unterbeteiligung** mit einem Elternteil erfordert wegen der Verpflichtung zur Einlageleistung die Bestellung von Ergänzungspflegern. Gleiches gilt für die Gründungsbeteiligung an einer KG, aufgrund der Beitragspflichten im Gesellschaftsvertrag, sowie der persönlichen Haftung im Gründungsstadium gemäß § 176 Abs. 1 BGB.[235]

Beim rechtsgeschäftlichen **Erwerb** von Gesellschaftsanteilen durch **Minderjährige** 236 von Verwandten in gerader Linie ist hinsichtlich der Einschaltung eines Ergänzungspflegers zu differenzieren: Auch die Schenkung einer Beteiligung an einer **GbR** oder einer **OHG** bzw. der Komplementärstellung an einer KG führt wegen der Haftung für Alt- und Neuverbindlichkeiten (§§ 128, 130 HGB; bei der GbR in analoger Anwendung) zu rechtlichen Nachteilen; allerdings würde – entgegen der vielerorts noch herrschenden Praxis – bei einer Mehrheit von Minderjährigen ein gemeinsamer Ergänzungspfleger für alle erwerbenden Kinder genügen.[236] Wird eine Beteiligung an einer bestehenden stillen Gesellschaft geschenkt, bedarf es eines Ergänzungspflegers, wenn der minderjährige Erwerber auch am Verlust beteiligt würde oder sich einer Nachzahlungspflicht ausgesetzt sehen kann.

Hingegen kann die Übertragung voll eingezahlter (auch gemäß § 55 AktG vinkulierter) 237 **Aktien** vom mindestens sieben Jahre alten Kind selbst (sonst durch die Eltern ohne Ergänzungspfleger) vorgenommen werden. Der Schenkungserwerb von **GmbH-Anteilen,** auch wenn sie voll eingezahlt sind, ist jedoch nicht lediglich rechtlich vorteilhaft wegen des damit verbundenen Risikos einer Ausfallhaftung für andere Gesellschafter (zB bei einer künftigen Kapitalerhöhung sowie für verbotene Rückzahlungen an andere Gesellschafter, §§ 24, 31 Abs. 3 GmbHG). In der schenkweisen Übertragung voll eingezahlter **Kommanditanteile** sieht ein Teil der Rechtsprechung[237] sowie der Literatur[238] ebenfalls kein lediglich rechtlich vorteilhaftes Geschäft, zB wegen der Gefahr des Wiederauflebens der Haftung bei Einlagenrückgewähr (§ 172 Abs. 4 HGB) und der Haftung für Verbindlichkeiten in der Zeit zwischen dem „Eintritt" in die Gesellschaft und der Eintragung in

---

[235] Vgl. *Menzel/Wolf* MittBayNot 2010, 186.
[236] OLG München ZEV 2010, 647; eingehend *Ivo* ZEV 2005, 195.
[237] OLG Frankfurt a.M. ErbStB 2009, 41.
[238] *Rust* DStR 2005, 1946.

das Handelsregister, § 176 Abs. 2 HGB. Die OLG-Rechtsprechung ist bei der unentgeltlichen Übertragung eingezahlter Kommanditanteile an rein vermögensverwaltenden Gesellschaften großzügiger.[239] Die Praxis sollte gleichwohl vorsichtigerweise vom Erfordernis der Ergänzungspflegschaft ausgehen;; anders natürlich zB beim Erwerb des Anteils im Wege der Vermächtniserfüllung, vgl. § 181 Hs. 2 BGB: Erfüllung einer Verbindlichkeit und anders auch bei Übertragung lediglich des Kapitalanteils (ohne Teilübertragung des Anteils selbst), also bei schlichter Änderung des Gesellschaftsvertrages hinsichtlich des Kapitalkonto I, jedenfalls wenn damit keine Erhöhung der im Handelsregister eingetragenen Haftsumme einhergeht und die Einlage im Zeitpunkt der „Einbuchung" wertmäßig voll im Gesellschaftsvermögen vorhanden ist.[240]

238   Bei **Beschlüssen der Gesellschaft** können Minderjährige durch ihre Eltern auch dann vertreten werden, wenn diese selbst Mitgesellschafter sind, § 181 BGB ist auf Maßnahmen der Geschäftsführung (**„Sozialakte"**) nicht analog anwendbar. Anders verhält es sich wegen ihres auch rechtsgeschäftlichen Charakters bei Beschlüssen über **Änderungen des Gesellschaftsvertrages** einer Personengesellschaft oder einer GmbH[241] und wohl auch für die Geschäftsführerbestellung einer GmbH, nicht jedoch (wegen der Gestattung der Mehrfachvertretung in § 135 AktG) bei Satzungsänderungen einer AG, sowie für unmittelbare rechtsgeschäftliche Erklärungen im Rahmen solcher Beschlussvorgänge (etwa Zustimmungen bei Umwandlungen).

239   **bb) Familiengerichtliche Genehmigung.** Der **Abschluss eines Gesellschaftsvertrages** durch Minderjährige bedarf unter den Voraussetzungen des § 1822 Nr. 10 BGB (bei Übernahme einer fremden Verbindlichkeit) sowie des § 1822 Nr. 3 BGB (erwerbswirtschaftliche Tätigkeit, auch bei auf längere Dauer eingegangenen Gesellschaften, die Immobilien von erheblichem Wert verwalten und vermieten) der **familiengerichtlichen Genehmigung.** Dies gilt sowohl für die Gründung einer GbR als auch einer KG, einer AG (§ 1822 Nr. 3 Alt. 2 BGB: Handelndenhaftung nach § 41 Abs. 1 AktG), einer GmbH (§ 1822 Nr. 3 Alt. 2 BGB: Handelndenhaftung nach § 11 Abs. 2 GmbHG; § 1822 Nr. 10 BGB: Haftungsrisiken für andere Gesellschafter gemäß §§ 16 Abs. 3, 24, 31 Abs. 3 GmbHG), wohl auch einer stillen Gesellschaft nach §§ 230 ff. HGB.[242]

240   Für den **rechtsgeschäftlichen Erwerb** von Anteilen an einer **GbR** oder **Personengesellschaft** (auch Kommanditanteilen) gilt dasselbe, gestützt auf § 1822 Nr. 10 BGB (§§ 128, 130 HGB in ggf. analoger Anwendung!) bzw. auf § 1822 Nr. 3 Alt. 2 BGB (da in der Zustimmung zum Eintritt eines weiteren Gesellschafters nach überwiegender Auffassung der Abschluss eines neuen Gesellschaftsvertrages liegt, auch bei der schenkweisen Übertragung des Anteils, sofern die Voraussetzungen eines „Erwerbsgeschäftes" nach obigen Kriterien bejaht werden). Bei rein vermögensverwaltenden Personengesellschaften ist die Rechtsprechung jedoch großzügig.[243] Die Beteiligung eines Minderjährigen an einer stillen Gesellschaft wiederum wird, obwohl das Handelsgewerbe gemäß § 230 Abs. 1 HGB „ein anderer betreibt", jedenfalls dann für genehmigungsbedürftig gehalten, wenn er auch Verluste übernehmen müsste oder an der Betriebsführung beteiligt ist.[244] Der letztwillige Erwerb von KG-Anteilen ist niemals genehmigungspflichtig (vgl. die Grundwertung des § 1643 Abs. 2 S. 1 BGB: nicht die Annahme, sondern nur die Ausschlagung einer Erbschaft bedarf der gerichtlichen Genehmigung).

241   Der **Erwerb von Anteilen an einer GmbH** oder von **Aktien** ist dann genehmigungsbedürftig, wenn im konkreten Sachverhalt alle oder zumindest die unternehmeri-

[239] OLG Bremen GmbHR 2008, 1263; OLG München GmbHR 2008, 1264 mAnm *Werner.*
[240] Vgl. Gutachten DNotI-Report 2018, 26 (27); insbesondere droht keine Haftung nach § 172 Abs. 4 HGB.
[241] BGHZ 65, 93; ausführlich *Bürger* RNotZ 2006, 156 (180).
[242] *Rust* DStR 2005, 1944; BFH BStBl. II 1968, 67.
[243] OLG Bremen GmbHR 2008, 1263; OLG München GmbHR 2008, 1264 mAnm *Werner.*
[244] LG München II NJW-RR 1999, 1018.

sche Mehrheit[245] der Anteile entgeltlich übertragen werden (Übernahme eines Erwerbsgeschäftes, § 1822 Nr. 3 Alt. 1 BGB) oder aber wenn noch nicht alle Anteile an einer GmbH vollständig einbezahlt sind (§ 1822 Nr. 10 BGB: §§ 16 Abs. 3, 24 GmbHG). Hierbei sind – orientiert ausschließlich am Interesse des Mündels – die Vor- und Nachteile des Rechtsgeschäfts insgesamt zu würdigen.

In gleicher Weise erfordert die **Veräußerung von Gesellschaftsanteilen Minderjäh-** 242 **riger** an einer Personengesellschaft unabhängig von der Beteiligungshöhe stets, bei Kapitalgesellschaften nur dann eine gerichtliche Genehmigung, wenn mehr als die Hälfte des Kapitals betroffen ist (§ 1822 Nr. 3 Alt. 1 BGB) oder wenn nur Minderjährige an der Gesellschaft beteiligt sind.[246] Die Kündigung einer Gesellschaft durch den Minderjährigen bedarf keiner familiengerichtlichen Genehmigung (da § 1643 Abs. 1 BGB nicht auf § 1823 BGB verweist), ebenso wenig der Beschluss über die Auflösung einer Gesellschaft.

Auch wenn der Beitritt des Minderjährigen zu einer **Gesellschaft des bürgerlichen** 243 **Rechts** oder seine Mitwirkung bei der Gründung bereits gerichtlich genehmigt wurde, muss die Veräußerung von Grundstücken durch vermögensverwaltende Gesellschaften unter Beteiligung Minderjähriger nach überwiegender Rechtsprechung wiederum familiengerichtlich genehmigt werden, § 1821 Abs. 1 Nr. 1 und Nr. 4 BGB.[247] Anders mag es liegen bei erwerbswirtschaftlich tätigen Gesellschaften, bei denen bereits im Rahmen des § 1822 Nr. 3 BGB der Handel mit Grundstücken in die Genehmigung des Beitritts (oder einer diesbezüglichen Änderung des Gesellschaftsvertrags) einbezogen wurde.[248]

Eine gerichtliche Genehmigung ist zu satzungsändernden **Beschlüssen** einer Kapital- 244 gesellschaft nicht erforderlich,[249] sofern nicht eine Neugründung (etwa bei errichtenden Umwandlungen) damit verbunden ist. Erst recht bedarf es keiner Genehmigung zu schlichten Beschlüssen, auch nicht zur Bestellung eines Geschäftsführers.[250] Bei Personengesellschaften reicht die Palette der vertretenen Ansichten von der generellen Entbehrlichkeit einer Genehmigung[251] über deren Erforderlichkeit nur bei „wesentlichen Änderungen" bis zur jedesmaligen Notwendigkeit.[252]

VIII. Schenkung auf den Todesfall

Zum Schutz vor Umgehungen werden unentgeltliche Schenkungsversprechen (§ 518 245 BGB), die unter einer **echten Überlebensbedingung** stehen (also nur unter der Bedingung gelten, dass der Beschenkte den Schenker überlebt – die Schenkung darf also nicht etwa dem Erben des ursprünglich zu Beschenkenden zugute kommen), durch § 2301 Abs. 1 BGB hinsichtlich der (auch Form-)Voraussetzungen und Rechtsfolgen den Bestimmungen des Erbrechts unterstellt. Solche Versprechen gelten also, wenn letztere Voraussetzungen erfüllt sind (notarielle Beurkundung, gleichzeitige Anwesenheit), schlicht als erbvertragliches Vermächtnis. Gestalterisch interessant sind jedoch

– Handschenkungen (§ 516 BGB) bei Forderungen und beweglichen Sachen, die hinsichtlich des Vollzuges auf den Tod des Schenkers aufschiebend befristet sind;
– auf den Tod befristete Schenkungsversprechen ohne echte Überlebensbedingung, § 518 BGB (→ Rn. 246); und
– bereits zu Lebzeiten vollzogene Schenkungsversprechen auf den Tod unter echter Überlebensbedingung, § 2301 Abs. 2 BGB (→ Rn. 249).

---

[245] Jedenfalls ab 50%: BGH DNotZ 2004, 152.
[246] BGH ZEV 2003, 375 mit kritischer Anm. *Damrau;* vgl. DNotI-Report 2007, 13.
[247] OLG Koblenz NJW 2003, 1401, was fragwürdig erscheint angesichts der Rechtsfähigkeit der GbR, aber dennoch von der Rechtsprechung so aufrechterhalten wird, OLG Nürnberg DNotZ 2013, 33.
[248] DNotI-Report 2004, 31.
[249] *Reimann* DNotZ 1999, 199.
[250] OLG Düsseldorf MittBayNot 2007, 327.
[251] BGH DNotZ 1976, 107.
[252] *Brüggemann* FamRZ 1990, 127.

246 Steht eine Grundstücksschenkung nicht unter einer **Überlebensbedingung,** soll aber erst auf den **Tod des Schenkers vollzogen** werden, kann entweder die Auflassung bereits in der Schenkungsversprechensurkunde miterklärt werden, verbunden mit der Anweisung an den Notar, diese bei Vorliegen einer Sterbeurkunde des Schenkers dem Grundbuchamt vorzulegen. Stattdessen kann auch dem Beschenkten bzw. seinen gemäß § 35 GBO legitimierten Erben unwiderrufliche Auflassungsvollmacht erteilt werden, die erst nach Vorliegen einer Sterbeurkunde des Schenkers verwendet werden kann.

247   Der aufschiebend befristete Erwerbsanspruch des Beschenkten kann (anders als bei einem Vermächtnis) durch eine Eigentumsvormerkung im Grundbuch gesichert werden. Die Vertragsabwicklung erfolgt am Nachlass vorbei, somit auch außerhalb etwaiger dort angeordneter Testamentsvollstreckungen oder sonstiger (Nacherben-)Bindungen.

248 **Formulierungsbeispiel: Auf den Tod des Schenkers vollzugsbefristete Grundstücks-Versprechensschenkung ohne echte Überlebensbedingung mit sofortiger Erklärung der Auflassung**

Der Veräußerer verspricht hiermit dem Erwerber bzw. dessen Erbe(n) gemäß § 518 Abs. 1 BGB die Schenkung des vorstehend genannten Grundstücks samt Gebäude und wesentlicher Bestandteile in dem Zustand, in dem es sich zum Zeitpunkt des Schenkungsvollzugs tatsächlich befinden wird, jedoch rechtlich lediglich belastet mit den im Rang vor der nachstehend bewilligten Vormerkung eingetragenen Rechten. Der Anspruch aus der Versprechensschenkung ist zwar vererblich, jedoch nicht übertragbar (Verbot der Einzelrechtsnachfolge).

Veräußerer und Versprechensempfänger sind über den vereinbarten Eigentumsübergang einig und erklären, ohne Befristung oder Bedingung, die Auflassung. Sie beauftragen und bevollmächtigen jedoch den amtierenden Notar, seinen Vertreter oder Nachfolger im Amt, die Bewilligung zum Vollzug dieser Auflassung, die in jener nicht enthalten ist, durch Eigenurkunde erst dann zu erklären, wenn entweder der Versprechensempfänger eine Sterbeurkunde des Schenkers vorlegt oder Erben des Versprechensempfängers, die sich in der Form des § 35 GBO zu legitimieren haben, eine solche Sterbeurkunde vorlegen. In letzterem Fall ist die Auflassung zugunsten dieser Erben zum Vollzug zu bringen.

Besitz, Nutzungen und Lasten, Haftung, Verkehrssicherung und Gefahr gehen auf den Versprechensempfänger bzw. dessen Erben mit dem Tod des Schenkers über.

249   Steht das Grundstücksschenkungsversprechen jedoch unter der Bedingung des Überlebens des Erwerbers (soll es also nicht dessen Erben zugute kommen), muss dem Versprechensempfänger (zu Lebzeiten des Schenkers), um in den Anwendungsbereich des § 2301 Abs. 2 BGB zu gelangen, zumindest ein dingliches Anwartschaftsrecht zugewendet worden sein, wie es durch Erklärung der Auflassung und Umschreibungsantrag des Erwerbers oder zumindest Erklärung der Auflassung und Eintragung der Vormerkung zu seinen Gunsten entstehen kann. Alternativ könnte auch der Versprechensempfänger bereits durch Vollzug der Auflassung zu Lebzeiten Eigentümer geworden sein, jedoch der bedingte Rückübertragungsanspruch des Schenkers (für den Fall, dass der Versprechensempfänger zuvor verstirbt: „echte Überlebensbedingung!") durch eine Vormerkung gesichert werden.

250   Zu Verträgen zugunsten Dritter auf den Todesfall (§ 331 BGB) → § 17 Rn. 386 ff.

IX. Gegenseitige Zuwendungsversprechen auf den Todesfall

251 Bedingen sich zwei Leistungspflichten „spiegelbildlich" in dem Sinn, dass die des jeweils erstverstorbenen Beteiligten auf dessen Ableben hin zu erfüllen ist, liegt das „Entgelt" in der jeweils bedingten Pflicht des Anderen. Haben also zwei Ehepartner oder Lebensgefährten (bei denen die Frage transfersteuerlich von größerer Bedeutung ist!) etwa gleiche

Lebenserwartung, liegt Entgeltlichkeit vor, wenn sie sich gegenseitig zur Übertragung ihrer je hälftigen Immobilienmiteigentumsanteile auf den Todesfall verpflichten (ähnlich wie das abfindungslose Ausscheiden eines verstorbenen Gesellschafters aus einer Personengesellschaft ohne Abfindung der Erben bei etwa gleich hoher Sterbewahrscheinlichkeit); differiert die Sterbewahrscheinlichkeit deutlich, müssten die Miteigentumsanteile jeweils unterschiedliche Höhe haben, so dass das beiderseitige Produkt aus Mortalität und Erwerbsobjekt wieder gleich hoch ist.

Die objektiv gegebene und vom subjektiven Willen getragene Entgeltlichkeit dürfte 252 auch im Hinblick auf § 2325 BGB anzuerkennen sein.[253] Auch im **Schenkungsteuerrecht** hat der BFH die Frage der objektiven Entgeltlichkeit von gesellschaftsvertraglichen Öffnungsklauseln mit Abfindungsausschluss ausdrücklich offengelassen (sie war wegen der für diesen Fall in §§ 7 Abs. 7, 3 Abs. 1 Nr. 2 S. 2 ErbStG ausdrücklich angeordneten Besteuerung auch nicht entscheidungserheblich).[254] Die Konstruktion weicht zwar vom einfachsten rechtlichen Weg (erbvertragliches Vermächtnis) ab und ist damit „unangemessen" iSd § 42 AO, führt auch zu einer Steuerreduzierung, ist allerdings – so lässt sich mit guten Gründen darlegen – durch außersteuerliche Motive gerechtfertigt; so geht zB der Vormerkungsschutz im Grundbuch weiter als § 2287 BGB. Es entsteht also lediglich (unter Lebensgefährten, natürlich nicht unter Ehegatten) Grunderwerbsteuer, da der Befreiungstatbestand des § 3 Abs. 1 Nr. 2 GrEStG (vorrangige Schenkungsteuerpflicht) nicht greift, und zwar mit Bedingungseintritt (erster Sterbefall; § 14 Abs. 1 GrEStG).

Denkbar ist auch, als Inhalt der wechselseitigen Zuwendungsversprechen nicht das 253 (Mit-)Eigentum, sondern – eine Stufe „tiefer" – Nutzungs- (also Nießbrauchs-) Rechte am jeweiligen Miteigentumsanteil zu vereinbaren. Auch insoweit liegt (bei vergleichbarer Versterbenswahrscheinlichkeit) Entgeltlichkeit vor, die jedoch zu keinen einkommensteuerlichen oder grunderwerbsteuerlichen Konsequenzen führt (da auf beschränkt dingliche Rechte als Übertragungsgegenstand keine Grunderwerbsteuer erhoben wird). Da aufschiebend bedingte dingliche Rechte (§§ 873, 158 BGB), anders als aufschiebend bedingte Auflassungen (§ 925 S. 2 BGB), möglich sind, bedarf es nicht der „Zwischenstufe" einer Vormerkungseintragung, vielmehr kann der (bedingte) Bruchteilsnießbrauch jeweils sofort eingetragen werden

Würde der betreffende Grundbesitz demgegenüber in einer **„Familien-GbR"** gehal- 254 ten, aus welcher der jetzt versterbende Gesellschafter abfindungslos ausscheidet, wird zwar auch hierdurch pflichtteilsergänzungsrechtlich eine Schenkung vermieden,[255] allerdings führt § 3 Abs. 1 Nr. 2 S. 2 ErbStG zur Erhebung von Erbschaftsteuer bei Fortsetzungs- oder Übernahmeklauseln, soweit der Steuerwert des Anteils den Abfindungsanspruch des Erben (hier: null) übersteigt. Bei der Bruchteilsgemeinschaft fehlt es an einer solchen Besteuerungsnorm.

Formulierungsbeispiel: Gegenseitige entgeltliche Zuwendungsversprechen auf den Todesfall 255

Die Beteiligten verpflichten sich gegenseitig, ihren hälftigen Miteigentumsanteil an dem in § *** beschriebenen Grundbesitz mit allen wesentlichen Bestandteilen und dem Zubehör auf den jeweils anderen Beteiligten zu übertragen. Die Verpflichtung zur Übertragung steht jeweils unter der aufschiebenden Bedingung, dass der Übertragende verstirbt und der Erwerber den Übertragenden überlebt (echte Überlebensbedingung); sie ist auflösend bedingt durch Erwerb des anderen Miteigentumsanteils und durch die Erklärung des nachstehend vorbehaltenen Rücktritts durch den anderen Beteiligten. Die Übertragung erfolgt im Weg des entgeltlichen Rechtsgeschäfts unter Lebenden auf den Todesfall zur Vermögensnachfolge außerhalb der Formen des Erbrecht.

---

[253] Vgl. *Egerland* NotBZ 2002, 234.
[254] BFH BStBl. II 1992, 927 f.; vgl. hierzu *Neumayer/Imschweiler* DStR 2010, 20.
[255] BGH NJW 1981, 1957; vgl. *Krauß* Vermögensnachfolge Rn. 163.

Die volle Entgeltlichkeit ergibt sich aus der Gleichwertigkeit der Leistungsgegenstände und der Tatsache, dass unsere Lebenserwartungen angesichts unseres etwa gleichen Lebensalters und des Fehlens atypischer Umstände, etwa bekannter schwerer Krankheiten, gefährlichen Berufs etc, nicht deutlich unterschiedlich hoch sind (aleatorisches Geschäft).

Der Besitz am Vertragsgegenstand ist unverzüglich nach dem Tod des Übertragenden zu übergeben.

Zur Sicherung des vorstehend begründeten Anspruchs des jeweils anderen Beteiligten auf Übertragung des Miteigentumsanteils bewilligen und beantragen beide Beteiligte die Eintragung einer Eigentumsvormerkung zulasten ihres jeweiligen Anteils in das Grundbuch. Jeder Beteiligte bevollmächtigt den jeweils anderen, befreit von § 181 BGB, über den Tod hinaus und mit dem Recht zur Erteilung von Untervollmacht, die Auflassung des Halbanteils des Erstverstorbenen an den Längerlebenden an der Amtsstelle des amtierenden Notars zu erklären und entgegenzunehmen.

Ein jeder der Beteiligten behält sich für den Fall, dass die zwischen den Beteiligten bestehende Lebensgemeinschaft beendet ist, den Rücktritt von diesem Übertragungsversprechen und der vorstehend erteilten Vollmacht vor mit der Maßgabe, dass
- der Rücktritt nur mit Zugang auch an der Amtsstelle des amtierenden Notars wirksam wird und nur dann, wenn dem Rücktritt ein Schriftstück beiliegt, dem zufolge einer der Beteiligten dem anderen das Getrenntleben angezeigt hat, und seit dem im Schriftstück angezeigten Datum bis zur Rücktrittserklärung mindestens sechs Monate verstrichen sind, und
- mit Zugang des Rücktritts beim anderen Beteiligten zugleich die auflösende Bedingung für das Übertragungsversprechen beider Beteiligten eintritt, so dass der Notar hierüber Eigenurkunde zu errichten hat und beide Vormerkungen, da sie auch als dingliches Recht durch die Existenz dieser Eigenurkunde auflösend bedingt sind, zu löschen sind.

X. Betriebsnachfolge

256 **1. Grundlagen.** Die grundlegenden Regelungsziele der Vermögensnachfolgeplanung bei Betrieben, insbesondere mittelständischen Familienunternehmen, ähneln denen der Übertragung von Privatvermögen, nämlich
- ein optimaler Vermögenserhalt
- bei bestmöglicher Versorgung der Familie des Übergebers (einschließlich der Freistellung aus übernommenen Bürgschaften und sonstigen Haftungsrisiken)
- unter gleichzeitiger Absicherung des Erwerbers durch möglichst geringe finanziellen Belastungen (Reduzierung von Schenkung- bzw. Erbschaftsteuer und/oder Abfindungs- bzw. Pflichtteilszahlungen).

257 Für den Veräußerer spielt gerade bei eigentümerdominierten Unternehmen weiterhin die **Wahrung des Familiencharakters** eine Rolle. Dieser kann gefährdet sein durch die Veräußerung des Betriebs oder von Mitunternehmeranteilen an Außenstehende – beispielsweise auch im Rahmen einer private-equity-Beteiligung –, die Gefahr einer „Verschleppung" an Schwiegerkinder bzw. an eine „neue Familie" nach Ehescheidung bzw. als Folge des Ehegattenerbrechts oder durch mangelnde testamentarische Vorsorge mit der Folge einer Zersplitterung der Anteile.

258 In psychologischer Hinsicht ist schließlich unabdingbare Voraussetzung, die **Management- und Betriebsführungsqualitäten** der vorgesehenen **Nachfolger** rechtzeitig und realistisch einzuschätzen („Der Vater erstellt's, der Sohn erhält's, beim Enkel verfällt's"). Ist derzeit kein „geeigneter" und „fortführungswilliger" Angehöriger vorhanden, besteht aber noch Aussicht, dass ein solcher sich finden wird, kann der Ehegatte ggf. die Lücke überbrücken (bei der letztwilligen Alternative des Unternehmertestaments wird dann dem

Ehegatten oder einem Dritten gemäß § 2151 Abs. 2 BGB die Auswahl des Vermächtnisnehmers bzw. gemäß § 2048 S. 2 BGB die Durchführung der Teilungsanordnung überantwortet). Besteht keine Chance auf eine familieninterne Nachfolge, empfiehlt sich (ggf. nach Umwandlung in eine dafür geeignete Gesellschaftsform, also die GmbH & Co. KG oder eine Kapitalgesellschaft) die Einsetzung einer **Fremdgeschäftsführung.**

Vorbereitend ist die Bildung ausreichenden Privatvermögens durch genügende Ent- 259 nahmen anzuraten, um die Abfindung weichender Geschwister zu ermöglichen und den eigenen Lebensabend aus den Einnahmen des Privatvermögens zu finanzieren. Entscheidend ist dabei die **Freistellung des Privatvermögens von Kreditsicherungsbelastungen** (Grundschulden, Bürgschaften) für betriebliche Verbindlichkeiten (benachteiligt ist der „gutmütige" Unternehmer, der nicht bzw. nicht rechtzeitig „zugriffsfreies" Vermögen – etwa beim Ehegatten, mit Nutzungs- und/oder Eigentumsabsicherung im Scheidungsfall – gebildet hat). Für den Notfall sollten ferner „Betriebsfortführungsvollmachten" bereitliegen. Zu diskutieren ist weiter der rechtzeitige **Abschluss von Eheverträgen** auf Erwerberseite, regelmäßig im Sinne einer Modifizierung der Zugewinngemeinschaft durch Herausnahme der betrieblichen Aktiva und Passiva, Verzicht auf Vollstreckung wegen sonstiger Forderungen in das betriebliche Vermögen und hierauf bezogenen Pflichtteilsverzicht. Wichtig ist weiter die Schaffung der richtigen **gesellschaftsrechtlichen Struktur,** auch zu Haftungsabschirmung und Minimierung der Steuerlast, möglicherweise gar als „Auffangregelung" in Bereitschaft für den Zeitpunkt der lebzeitigen oder erbrechtlichen Übertragung. Die Übertragung ist dann auf den auf die Eintragung der Strukturveränderung im Handelsregister folgenden Tag zu befristen (§ 9 Abs. 1 S. 2 ErbStG).

Stehen schließlich mehrere „Prätendenten" bereit, ist oft die **Realteilung des Betriebs** eine sinnvolle Lösung, andernfalls sind **Maßnahmen zur Konfliktbereinigung** 260 und -lösung unabdingbar (zB **Beirat**).[256]

2. Übertragung von Einzelunternehmen/Personengesellschaften. Auch wenn die 261 einzelnen Gegenstände (Rechte und Sachen), die zu einem **einzelkaufmännischen Unternehmen** gehören, bilanziell zusammengefasst sind, sind zivilrechtlicher Übergabegegenstand die einzelne Bestandteile, die (als „asset deal") nach den jeweils hierfür geltenden Vorschriften übertragen, abgetreten bzw. aufgelassen werden müssen. Sind **Grundstücke** enthalten, erfasst § 311b Abs. 1 BGB (Beurkundungspflicht) wegen der wirtschaftlichen und rechtlichen Geschäftseinheit den gesamten Übertragungsvorgang. Dem zivilrechtlichen Bestimmtheitsgrundsatz wird jedoch regelmäßig durch Bezugnahme auf die Stichtagsbilanz und Inventarlisten, Sachanlageverzeichnisse etc Genüge getan. Es hat sich darüber hinaus eingebürgert, **Dauerschuldverhältnisse,** in die ein Eintritt zu erfolgen hat, sowie besonders bedeutsame Verpflichtungen (Bankverbindlichkeiten) und **gewerbliche Schutzrechte** (zB Lizenzen) einzeln zu benennen.

Arbeitsrechtlich gilt (auch für unentgeltliche Betriebsübertragungen) § 613a BGB 262 samt der Hinweispflicht des § 613a Abs. 5 BGB.[257] Damit tritt der Betriebsübernehmer zugleich in die Versorgungsanwartschaften der aktiven Arbeitnehmer ein, hinsichtlich der bestehenden Ruhestandsverhältnisse ist eine Rechtsnachfolge gemäß § 4 BetrAVG möglich, soweit sie insolvenzgesichert sind (Pensionssicherungsverein).[258] Änderungen bestehender Zusagen sind nach Betriebsübergang nur beschränkt möglich.

Für das einzelkaufmännische Unternehmen einer Firma ist das **Handelsregister zu** 263 **berichtigen,** im Fall der Firmenfortführung bzw. der Fortführung des Kernbestands des

---

[256] Hierzu *Groß* ErbStB 2010, 216 und ErbStB 2010, 252 mit Formulierungsvorschlägen – mit mehr als nur beratender, vielmehr streitschlichtender oder gar schiedsrichterlicher Funktion bei Patt-Situationen, Schiedsgerichtsklauseln – hierzu *Hauschild/Böttcher* DNotZ 2012, 577, begrenztes fortdauerndes Mitsprache- oder Vetorecht des Veräußerers etc.

[257] Zu letzterer BAG NZA 2006, 1268: „präzise, aber dem Laien verständliche Beschreibung der rechtlichen Folgen im Detail".

[258] BAG DB 1988, 122.

Unternehmens²⁵⁹ ist an die Vereinbarung und zeitnahe (sofern die Anmeldung sofort erfolgt, genügt die Eintragung binnen ca. fünf Monaten)²⁶⁰ Veröffentlichung (Handelsregistereintragung beim Erwerber) eines **Haftungsausschlussvermerks** zu denken (§ 25
Abs. 2 HGB), dessen Eintragung durch das Registergericht nur abgelehnt werden kann,
wenn eine Haftung des neuen Unternehmensträgers gemäß § 25 Abs. 1 HGB schlechterdings nicht in Betracht kommen kann.²⁶¹ Einer Vorlage der Ausschlussvereinbarung bedarf
es nicht.²⁶² Als „Unternehmensfortführung" genügt dabei auch die Übernahme des – aus
Sicht des Rechtsverkehrs – wesentlichen Teilbereiches;²⁶³ daneben kommt auch eine Haftung aus Rechtsscheingesichtspunkten in Betracht.²⁶⁴ Bei Veräußerung durch den Insolvenzverwalter gilt § 25 HGB nach hM nicht, da andernfalls eine unzulässige Besserstellung der Alt-Geschäftsgläubiger gegenüber den Alt-Privatgläubigern in der Insolvenz
einträte.²⁶⁵

264 **Formulierungsbeispiel: Anmeldung des Haftungsausschlusses gemäß § 25 Abs. 2**
↻   **HGB beim die Firma fortführenden Rechtsträger**

Die A-GmbH [*Alt.:* A-OHG *etc*] hat ihren Geschäftsbetrieb mit dem Recht der Firmenfortführung an die B-GmbH [*Alt.:* B-OHG *etc*] veräußert. Der Übergang der im erworbenen Geschäftsbetrieb begründeten Forderungen sowie die Haftung für die im erworbenen Geschäftsbetrieb begründeten Verbindlichkeiten sind ausgeschlossen. Die Firma
der B-GmbH wurde geändert in ***-GmbH.

265 Gemäß § 75 AO besteht eine nicht ausschließbare Haftung des Erwerbers für betriebliche Steuern (außer beim Verkauf durch den Insolvenzverwalter, § 75 Abs. 2 AO). Regelmäßig übernimmt der Erwerber die Erfüllung bestehender, auch latenter, Verpflichtungen
aus Sachmängeln veräußerter Produkte auch für die Vergangenheit, und die Pflicht zur
Nachzahlung etwaiger betrieblicher Steuern und Einkommensteuer als Ergebnis einer Betriebsprüfung, die ohnehin häufig aus Anlass einer Betriebsübertragung durchgeführt wird
(die Übernahme von Einkommensteuernachzahlungen, auch soweit aufgrund betrieblicher Einnahmen beruhend, ist allerdings „Gegenleistung" im ertragsteuerlichen Sinn,
führt also bei negativem Kapitalkonto zu einer Gewinnrealisierung).

266 Im Fall einer **stufenweisen Nachfolge,** also der lediglich teilweisen Beteiligung des
Nachfolgers am Einzelunternehmen, kommt der Rückbehalt des Nießbrauches am Einzelunternehmen in Betracht, ebenso die Verpachtung des Unternehmens an den prospektiven Nachfolger: Der Pächter wird gemäß § 22 Abs. 2 HGB in das Handelsregister eingetragen, der Verpächter kann aufgrund seines Wahlrechts den „ruhenden" Betrieb zur
Vermeidung der Auflösung stiller Reserven fortführen und erzielt demnach Einkünfte aus
Gewerbebetrieb, die aber wegen § 9 Nr. 1 S. 2 GewStG nicht der Gewerbesteuer unterliegen. Daneben kommen gesellschaftsrechtliche Lösungen in Betracht: Will der Veräußerer zunächst möglichst wenig Leitungsmacht „aus der Hand geben", bietet sich die Eingehung einer **stillen Gesellschaft** an. Ist Letztere „atypisch" ausgestaltet, kann sie durchaus
in die Nähe echter Mitunternehmerschaft rücken.

267 Volle Personengesellschaftsbeteiligung kann bspw. erreicht werden durch die „Vorab-
Gründung" einer solchen Gesellschaft mit dem Nachfolger, in die der Veräußerer sodann
sein Unternehmen gegen Gewährung von Gesellschaftsrechten zu Buchwerten (§ 21

²⁵⁹ BGH DStR 2010, 177.
²⁶⁰ OLG Düsseldorf NJW-RR 2003, 1120.
²⁶¹ BGH MittBayNot 2010, 216 mAnm *Wachter* samt Formulierungsvorschlag, zur „faktischen Unterneh-
     mensfortführung": identische Geschäftstätigkeit, Übernahme von Teilen des Personals, identische Tele-
     fon- und Faxnummer; zur Abgrenzung DNotI-Report 2011, 165.
²⁶² OLG München GmbHR 2011, 1039.
²⁶³ BGH NotBZ 2010, 218 mAnm *Vossius*.
²⁶⁴ BGH NotBZ 2012, 374 mAnm *Vossius*.
²⁶⁵ BGH DNotZ 2006, 629 (641).

UmwStG) einbringt. Anschließend werden Gesellschaftsanteile schenkweise auf den Nachfolger übertragen.[266] Denkbar ist jedoch auch die „abkürzende" Einbringung des Einzelunternehmens sowohl für eigene als auch für Rechnung des Erwerbers in eine neue Personengesellschaft; Schenkungsgegenstand ist dann der durch Einbuchung entstehende Anteil:[267] da Entreicherungs- und Bereicherungsgegenstand nicht identisch sein müssen, kann auch eine vorher mangels Gesellschaft nicht im Vermögen des Schenkers vorhandene Beteiligung verschenkt werden.

Ist Gegenstand der Übertragung die Beteiligung an einer bestehenden **Personen- oder** 268 **Kapitalgesellschaft,** sind zunächst die gesellschaftsrechtlichen Regelungen zur Übertragbarkeit des Anteils zu prüfen. Ggf. sind vorab Satzungsänderungen erforderlich, auch im Hinblick auf die Beibehaltung oder gar Stärkung des Einflusses des möglicherweise noch beteiligten Veräußerers.

Die Aufnahme in eine **Personengesellschaft** erfolgt in der Weise, dass der Gesell- 269 schaftsvertrag geändert wird und die jeweiligen Kapitalkonten umgebucht werden. Allerdings geht die ständige Rechtsprechung des BGH[268] dahin, eine schenkweise Übertragung von OHG-Anteilen nur unter sehr engen Voraussetzungen anzunehmen. Grundsätzlich sei nämlich die Übernahme der Haftung und die Verpflichtung zur Arbeitsleistung als Gegenleistung zu werten, die eine – auch gemischte – Schenkung ausschließe. Schenkungsobjekt kann jedoch die geleistete Einlage sein.

Bei der Übertragung der Gesellschaftsanteile kann sich der Veräußerer Vorsorgeleistun- 270 gen durch Nießbrauchsvorbehalt oder disquotale Gewinnbezugsrechte zurückbehalten bzw. Versorgungsrenten vereinbaren, die den Erwerber zum Sonderausgabenabzug berechtigen.

3. Besonderheiten bei landwirtschaftlichen Übergaben. Im Vordergrund steht bei 271 der „Hofübergabe"[269] die Erhaltung des landwirtschaftlichen Betriebs als **wirtschaftliche Einheit** und als wesentliche Lebensgrundlage der nächsten Generation, weshalb sie auch **kostenrechtlich privilegiert** ist (§ 48 GNotKG). Sie wird oft frühzeitig eingeleitet (zB durch gemeinsame Bewirtschaftung in GbR, Anpachtung des Betriebs).

Die Versorgung des Veräußerers spielt seit der Einführung der Altershilfe für Landwirte, 272 die mit Abgabe[270] des landwirtschaftlichen Betriebs ab Vollendung des 65. Lebensjahrs den Bezug von **Altersgeld** ermöglicht, nicht mehr die allein entscheidende Rolle. Austrags- und Leibgedingsleistungen ergänzen vielmehr die Geldversorgung aus diesem Sicherungssystem, die auch für Bäuerinnen eine selbstständige Berechtigung schafft, und dienen vor allem der Deckung des Bedarfs an Dienstleistungen, die durch den Erwerber erbracht werden können (hauswirtschaftliche Versorgung, Pflegeleistung), um den teuren (und unpersönlichen) Einkauf solcher Leistungen bei gewerblichen Anbietern zu vermeiden.

Weichende Geschwister schließlich erwarten eine angemessene Abfindung weniger für 273 die Hofübernahme als solche (insoweit werden die Sonderbewertung des § 2312 BGB – Ertragswertprivileg – und ggf. der Höfeordnung im Regelfall akzeptiert), sondern vielmehr für den Fall der Veräußerung nicht betriebsnotwendiger Baulandflächen (Nachab-

---

[266] Beispiel: BGH ZEV 2005, 71 mAnm *Reimann.*
[267] Beispiel: BGH NJW 1990, 2616 – Benteler.
[268] Beispiele: BGH NJW 1981, 1956; NJW 1990, 2616.
[269] Gesamtdarstellung zum Hofübergabevertrag im Geltungsbereich der HöfeO in der notariellen Praxis bei *Raude* RNotZ 2016, 69. Muster bei Hannes/*Roemer,* FormB Vermögensnachfolge, 2. Aufl. 2017, Form. C.4.00 (mit Altenteil) bzw. Form. C.4.10 (unter Nießbrauchsvorbehalt) bzw. Form. C.4.20 (unter Rückbehalt von Einzelwirtschaftsgütern) sowie Muster zur Einführung und Aufhebung der Hofeigenschaft, jeweils für einen Alleineigentümerhof und einen Ehegattenhof (C.4.30–C.4.34); ferner Dorsel/*Krause,* KölnFormB ErbR, 2. Aufl. 2015, Kap. 12 Rn. 30 ff. und BeckFormB ImmobilienR/*Roemer/ Führ,* 2. Aufl. 2014, S. 450 ff. Instruktive Übersicht zum landwirtschaftlichen Sondererbrecht bei Groll/ *Ruby,* Praxis-Handbuch Erbrechtsberatung, 4. Aufl. 2015, S. 843 ff.
[270] LSG Bayern MittBayNot 1993, 168.

findung). Sie wünschen weiterhin, von den Soziallasten der Eltern, einschließlich etwaiger Unterhaltsansprüche, möglichst weitgehend freigestellt zu sein.

274　Beratungsbedarf besteht hinsichtlich der Problematik des **Rückbehalts** von Grundstücken, hierzu → Rn. 534.

275　Zum land- und forstwirtschaftlichen Betriebsvermögen gehören die Grundstücke einschließlich des Bauerwartungslands und der Betriebsgebäude, nicht jedoch die spätestens seit Ende des Veranlagungszeitraums 1998 steuerfrei in das Privatvermögen entnommene Wohnung des Landwirts und die Altenteilerwohnung samt des zugehörigen Grund und Bodens. Unliebsame Folgen können daher im **Einkommensteuerrecht** erwachsen, wenn wesentliche Teile[271] des Betriebsvermögens nicht übergeben werden: Es liegt keine buchwertneutrale (§ 6 Abs. 3 S. 1 EStG) Betriebsübertragung mehr vor, sondern eine gewinnrealisierende Betriebsaufgabe; werden einzelne, nicht zu den wesentlichen Betriebsgrundlagen zählende Grundstücke zurückbehalten, entsteht insoweit ein Entnahmegewinn, welcher zudem nicht nach §§ 14, 34 EStG begünstigungsfähig ist.

275a　Erfolgt die Hofübergabe unter Nießbrauchsvorbehalt, entstehen ertragsteuerlich – ähnlich einer Betriebsverpachtung im Ganzen[272] – **zwei Betriebe:** der ruhende Betrieb des Eigentümers und der aktive Betrieb des Nießbrauchers. Aufgrund der zwischenzeitlich einschränkenden Rechtsprechung des BFH[273] gilt diese „nießbrauchsbedingte Verdoppelung der Anzahl an Betrieben" jedoch nur mehr uneingeschränkt bei land- und forstwirtschaftlichen Betrieben, da auch bei der entgeltlichen Betriebsveräußerung iSd § 14 EStG die Einstellung oder Beendigung der land- oder forstwirtschaftlichen Betätigung durch den Veräußerer keine notwendige Voraussetzung für eine Betriebsveräußerung ist; Gleiches soll demnach auch für den unentgeltlichen Übertragungsweg gelten.

276　Weitgehend unproblematisch sind lediglich der Rückbehalt von Bauernwaldgrundstücken, da diese fast immer einen eigenen forstwirtschaftlichen „Kleinst-"Betrieb darstellen, sowie der Rückbehalt eines weiter bewirtschafteten verkleinerten Betriebes.

277　Näherer Definition bedarf der Übertragungsgegenstand: Inventar, Zubehör (§§ 97, 98 S. 2 BGB), alle landwirtschaftlichen Maschinen, Büroeinrichtungen, das Vieh (lebendes Inventar) und die landwirtschaftlichen Erzeugnisse. Für **zugepachtete Grundstücke** gewährleistet § 593a BGB den Eintritt des Übernehmers in den Pachtvertrag, für verpachtete Grundstücke gilt gemäß § 593b BGB der Grundsatz „Grundstücksübertragung bricht nicht Pacht" (§§ 566 ff. BGB) mit im Zweifel zeitanteiliger Aufteilung des Pachtzinses (§ 101 BGB).

278　Zu beachten ist auch die Übertragung von Ansprüchen (und Pflichten) aus langfristigen **Lieferverträgen,** etwa von Zuckerrübenlieferrechten, die seit Inkrafttreten der EU-Marktordnung durch regionale Zuckerhersteller im Rahmen eigener, unterschiedlicher Vergabe- und Übergaberegelungen bestehen, ferner die Übernahme von **Mitgliedschaften** in Erzeugerringen, Maschinenringen, Produktions-, Verwertungs- und Kreditgenossenschaften (vgl. hierzu § 76 GenG).

279　Mit dem **1. 4. 2015** ist die **Milchquotenregelung** ersatzlos ausgelaufen, nachdem in den Vorjahren bereits periodische Erhöhungen der Quoten stattgefunden hatten. Nunmehr unterliegt ein Milcherzeuger also keinen Beschränkungen hinsichtlich der Produktion und Anlieferung mehr. Bisher entgeltlich erworbene und damit bilanziell aktivierte Kontingente sind demzufolge bis zum 1. 4. 2015 planmäßig abzuschreiben.

280　Am **30. 9. 2017** lief auch die frühere ZuckermarktVO und damit die Regelungen zu Zuckerrübenlieferungsrechten aus, wobei bestimmte Importzölle den europäischen Markt weiterhin gegen Rohrzuckerimporte aus Übersee abschirmen.

---

[271] BFH MittBayNot 1990, 210: 18% der Fläche.
[272] BFH/NV 1999, 454.
[273] BFH ZEV 2017, 471 mAnm *Gräfe/Kraft.*

Die **EU-Agrarreform 2003**[274] führte ab 2005 zur Entkoppelung der bisher nach der Art **281** des Produkts differenzierenden Agrarbeihilfen: Mit Ausnahme von Hopfen und Tabak (und teilweise Stärkekartoffeln sowie Trockenfutter) entfallen Direktzahlungen. Jeder Betriebsinhaber erhält entsprechend der bisher von ihm bewirtschafteten Fläche Zahlungsansprüche als Rechengröße, bestehend aus einem zwischen Dauergrünland und Ackerland differenzierten Basisbetrag und dem betriebsindividuellen Prämienanteil (BIP), Letzterer gemessen an den Direktbeihilfen der Referenzjahre 2000 bis 2002. Steuerrechtlich handelt es sich bei den zugeteilten Zahlungsansprüchen um immaterielle Wirtschaftsgüter des Anlagevermögens.[275] Die Zahlungsansprüche stehen demjenigen zu, der die Fläche am jeweiligen Stichtag (idR der 15. 5.) in gutem landwirtschaftlichem Zustand hält, im Fall der Verpachtung also dem Pächter.[276] Bei Vererbung oder **vorweggenommener Erbfolge** erhält der Erwerber die Zahlungsansprüche gegen Vorlage des Erbscheins bzw. Hofübergabevertrags zugewiesen,[277] sofern er Betriebsinhaber ist/wird (woran es typischerweise fehlt, wenn sich der Veräußerer den umfassenden Nießbrauch zurückbehalten hat). Bei umfassendem Nießbrauchsvorbehalt empfiehlt sich daher, die Agrarförderansprüche von der Übertragung ausdrücklich auszunehmen, sie also nur aufschiebend bedingt auf den Zeitpunkt zu übertragen, in dem der Nießbrauch (sei es durch Tod oder vorzeitige Aufgabe) erlischt.

Die Ende 2013 durch den Rat und das Europäische Parlament beschlossene **Reform** **282** **der gemeinsamen Agrarpolitik** (GAP)[278] orientiert die landwirtschaftliche Förderung weiter auf die Entlohnung gesellschaftlicher Leistungen (Klimaschutz, ausgewogene räumliche Entwicklung etc). Die Direktzahlungen an die Landwirte setzen (als Folge des sogenannten „greening") grundsätzlich[279] voraus, dass auch Greening-Prämien durch konkrete Umweltleistungen verdient werden (insbesondere durch Erhalt von Dauer-Grünflächen, verstärkte Anbaudiversifizierung oder Bereitstellung ökologischer Vorrangflächen auf Ackerland[280]). Bisherige Zahlungsansprüche haben demzufolge am 31. 12. 2014 ihre Gültigkeit verloren, für 2015 erfolgte eine neue Zuordnung.[281] Die Direktzahlungen („erster Förderweg") umfassen seit 2015 die Basisprämie, die Greening-Prämie[282] und die Junglandwirteprämie.[283] Die Basisprämien weisen große Ähnlichkeit mit den bisherigen Betriebsprämien auf und werden zwischen 2017 und 2019 regional angeglichen, so dass ab 2019 alle Zahlungsansprüche in Deutschland einen einheitlichen Wert haben.

---

[274] *Schmitte* MittBayNot 2004, 95 und *Fischer* MittBayNot 2005, 273; *Gehse* RNotZ 2007, 61.
[275] BMF EStB 2008, 393.
[276] *Krämer* NotBZ 2008, 133 und NotBZ 2008, 216; zur Situation bei Pachtbeendigung: BGH MittBayNot 2008, 37 mAnm *Gehse*.
[277] Formulargebundene Anzeige: OVG Lüneburg BeckRS 2012, 46408.
[278] Niedergelegt in vier europäischen Grundverordnungen: VO 1305–1308/13, die VO 1307 betrifft Direktzahlungen für Landwirte; besonders hilfreich ist die (124 Seiten umfassende) Broschüre des Bundesministeriums für Ernährung und Landwirtschaft „Umsetzung der EU-Agrarreform in Deutschland, Ausgabe 2015".
[279] Zertifizierte Öko-Betriebe, Flächen in Natura-2000 oder der Wasserrahmenrichtlinie unterliegende Gebieten, Kleinerzeuger und Ackerlandbetriebe mit weniger als 10 Hektar Fläche sind befreit.
[280] Grds. 5% des Ackerlands bei Betriebsinhaber mit mehr als 15 Hektar Ackerland, es kann sich bspw. um brachliegende Flächen, Terrassen, Feldränder, Niederwald, Flächen mit stickstoffbindenden Pflanzen etc handeln.
[281] Nach 2015 kann eine Neuzuweisung von Basiszahlungsansprüchen (aus der sog. „nationalen Reserve") bspw. an Betriebsinhaber erfolgen, die eine landwirtschaftliche Tätigkeit neu aufnehmen.
[282] Ca. 86 EUR pro Jahr und Hektar, im gesamten Bundesgebiet einheitlich.
[283] Im Jahr 2018 ca. 44 EUR je Hektar/Jahr für maximal 90 Hektar, auf die Dauer von maximal fünf Jahren bis zur Altersgrenze von 40 Jahren.

283 **Formulierungsbeispiel: Mitübertragene Gegenstände bei landwirtschaftlicher**
 ⏻ **Übergabe**

An den Erwerber mit übergeben wird das gesamte beim landwirtschaftlichen Anwesen vorhandene lebende und tote landwirtschaftliche Inventar, Ein- und Vorrichtungen, Maschinen und die gesamten Wirtschaftsvorräte, der Hausrat und alle Rechte, insbesondere alle etwa dazugehörenden Gemeinde- und Nutzungsrechte und Genossenschaftsanteile sowie sonstige hier nicht aufgeführte Grundstücke, Miteigentumsanteile oder Rechte, die zum Vertragsanwesen gehören.

Ausgenommen von der Übergabe sind die in der Austragswohnung des Veräußerers befindlichen Wohnungseinrichtungsgegenstände und der Hausrat sowie der im Eigentum des Veräußerers stehende Pkw der Marke „VW-Golf" mit dem amtlichen Kennzeichen ***.

Insbesondere werden folgende Rechte/Anteile an den Erwerber zum Zeitpunkt des Besitzübergangs mitübergeben und abgetreten:
– Gesamt *** *[zB Anzahl nach Hektargröße]* Zahlungsansprüche gemäß Betriebsprämiendurchführungsgesetz, davon *** Acker-, *** Dauergrünland und *** Stilllegungszahlungsansprüche (Identifikationsnummern *** bis ***). Keiner der betreffenden Zahlungsansprüche ist mit Sondergenehmigung für Obst-, Gemüse- oder Speisekartoffelanbau versehen. Es handelt sich um eine vorweggenommene Erbfolge iSd Art. 33 Abs. 1 lit. b der VO (EG) 1782/2003. Der Notar wies darauf hin, dass die Übertragung bei der zuständigen Landesstelle innerhalb eines Monats nach Vertragsschluss unter Verwendung eines Formulars anzuzeigen ist, ferner dass die Übertragung nur möglich ist, wenn auch der Erwerber landwirtschaftliche Tätigkeit als Betriebsinhaber im selben Bundesland ausüben wird.
– Ferner die Genossenschaftsanteile an der Trocknungsgenossenschaft ***, an der Milchversorgung *** e.G. und an der Besamungsgenossenschaft ***.

C. Vorbehaltene Rechte und Gegenleistungen bei Grundstückszuwendungen

284 Lebzeitige Vermögensübertragungen erfolgen selten vorbehaltlos bzw. ohne jede Gegenleistung. In aller Regel wünscht der Übergeber eine Absicherung in der einen oder anderen Form, sei es, dass er sich (Nutzungs-)Rechte am überlassenen Grundbesitz vorbehält (unter anderem Nießbrauch, beschränkte persönliche Dienstbarkeit, Wohnungsrecht) und/oder ihm ein (vormerkungsgesichertes) Rückforderungsrecht eingeräumt wird, sei es, dass sich der Erwerber zur Erbringung einer echten Gegenleistung (einmalige oder regelmäßige Zahlung, Erbringung von Pflegeleistungen etc) verpflichtet. Ein Zugriff Dritter (insbesondere des Trägers der Sozialhilfe, vgl. § 93 SGB XII) auf diese vorbehaltenen Rechte bzw. Leistungen soll in der Regel möglichst weitgehend vermieden werden. Neben der Absicherung des Übergebers (und ggf. seines Ehegatten, Lebenspartners bzw. nichtehelichen Lebensgefährten), der Verhinderung eines Zugriffs Dritter auf den Zuwendungsgegenstand sowie der Bekräftigung gewisser Wohlverhaltenserwartungen spielen vielfach auch steuerliche Erwägungen eine Rolle, wobei lediglich vorbehaltene Nutzungsrechte (infolge der Streichung von § 25 ErbStG aF „passgenauer Zuschnitt" der Zuwendung möglich, → Rn. 55) und echte Gegenleistungen den steuerpflichtigen Erwerb mindern, nicht hingegen vorbehaltene Rückforderungsrechte, die nach § 29 ErbStG nur im Falle der Ausübung zum nachträglichen Entfallen der Schenkung führen.

285 Während vorbehaltene Nutzungsrechte und (auch freie) Rückforderungsrechte der Ausführung der Schenkung iSv § 9 Abs. 1 Nr. 2 ErbStG und damit dem Anlauf der Zehnjahresfrist nicht entgegenstehen (hierzu näher → Rn. 30), hindern sie unter Umständen den Fristlauf nach § 2325 Abs. 3 BGB (fehlender „Genussverzicht", hierzu → Rn. 319, 378 ff., 505 ff.). Für den Anlauf der Zehnjahresfrist gemäß § 529 Abs. 1 Var. 2

BGB sollen vorbehaltene Rechten hingegen wiederum unschädlich sein.[284] Gleiches dürfte wohl ebenfalls für die vierjährige Anfechtungsfrist nach § 4 AnfG, § 134 InsO gelten, auch wenn es insoweit noch an einschlägigen Stellungnahmen in Rechtsprechung und Literatur fehlt. Nicht selten wird der Vertragsgestalter daher die widerstreitenden Interessen (Absicherung des Übergebers, ggf. Reduktion des steuerpflichtigen Erwerbs einerseits, Anlauf der Frist des § 2325 Abs. 3 BGB andererseits) in Ausgleich zu bringen haben.

I. Nießbrauch

Checkliste: Nießbrauch	286
(1) **Berechtigter:** Einzelne oder mehrere Personen als Gesamthandsgemeinschaft, Bruchteils- oder Gesamtberechtigte, nach hM nicht als Mitberechtigte; aufschiebende Bedingung	
(2) **Beginn:** unmittelbar; definierter späterer Zeitpunkt	
(3) **Beendigung:** Ableben des Berechtigten; Zeitablauf; bestimmtes Ereignis, zB Verheiratung oder dauerhafter Auszug („Wegzugsklausel"); Vorsorge für spätere einseitige Aufhebung (§ 875 BGB)	
(4) **Belastungsgegenstand**	
(5) **Typus**	
(6) **Inhalt**	
– gesetzliches Modell	
– „Nettonießbrauch" (alle Lasten beim Nießbraucher)	
– „Bruttonießbrauch" (alle Lasten beim Eigentümer)	
(7) **Umfang**	
– Quotennießbrauch	
– Bruchteilsnießbrauch	
– Anlauf der Zehnjahresfrist des § 2325 Abs. 3 S. 1, S. 2 BGB?	
(8) **Überlassung der Ausübung** (§ 1059 S. 2 BGB)	
(9) **Grundbucheintragung**	
– auflösende/aufschiebende Bedingung/Befristung	
– Löschungserleichterung (§ 23 Abs. 2 GBO)	
– Rangwahrung	
(10) **Steuer**	
– Einkommensteuer (AfA-Fortführung, Werbungskostenabzug)	
– Schenkungsteuer	

Die Grundstückszuwendung unter Nießbrauchsvorbehalt führt zu einer Aufspaltung   287
des betreffenden Vermögensgegenstandes. Während dem Erwerber die Verfügungsmacht über die Substanz zusteht, behält der Veräußerer das umfassende Nutzungsrecht, so dass zunächst **nur** der **mittelbare Besitz** übergeht, der unmittelbare hingegen erst bei Erlöschen des Nießbrauchs. Wegen des sachenrechtlichen Typenzwangs ist der so genannte **„Dispositionsnießbrauch",** dh die Einräumung auch der Verfügungsbefugnis, **unzulässig,** weil der Nießbrauch nur Sachnutzung, nicht aber Substanzverzehr ermöglicht.[285] Eine ähnliche (allerdings wegen der Widerrufsmöglichkeit nicht gleichermaßen bestandsfeste) Wirkung ist dadurch erzielbar, dass der Nießbraucher – unabhängig vom Nießbrauch – rechtsgeschäftlich zu Verfügungen ermächtigt (§ 185 BGB)[286] oder ihm Veräußerungsvollmacht erteilt wird. Da es sich beim Nießbrauch an einer Sache um eine Unterform der Dienstbarkeit handelt, können keine Leistungspflichten zulasten des

---

[284] BGH DNotZ 2012, 507 = ZEV 2011, 666 mAnm *Herrler.*
[285] BGH NJW 1982, 31.
[286] Vgl. OLG Celle DNotZ 1974, 731 mAnm *Winkler.*

Grundstückseigentümers, sondern **nur Duldungs- und Unterlassungspflichten** begründet werden.[287]

288 **1. Entstehung, Beendigung, Löschungserleichterung.** Wie jedes dingliche Recht entsteht der Nießbrauch an Grundstücken gemäß § 873 BGB durch (formfreie) dingliche **Einigung und Eintragung** im Grundbuch (§ 29 GBO). Der Nießbrauch kann auch vor der Überlassung der Immobilie als Eigentümerrecht bestellt werden, ohne dass es der Darlegung eines berechtigten Interesses bedarf,[288] was jedoch nur ausnahmsweise angezeigt ist. Der Nießbrauch kann aufschiebend bedingt bestellt oder aufschiebend bedingt erweitert werden (näher → Rn. 344).

289   Nach § 1061 BGB **erlischt** der Nießbrauch zwingend mit dem **Tod des Berechtigten** (bzw. mit Erlöschen der berechtigten juristischen Person, sofern keiner der in § 1059a BGB geregelten Sonderfälle vorliegt). Wurde der Nießbrauch **auflösend befristet bzw. bedingt** bestellt (Verlautbarung der Bedingung im Grundbuch erforderlich, Bezugnahme nach § 874 BGB unzureichend[289]), endet er mit Eintritt der Bedingung (zB Rechtskraft der Scheidung) bzw. mit Fristablauf. Die Bedingung ist zweckmäßigerweise so zu definieren, dass ihr Eintritt ohne größere Schwierigkeiten in der Form des § 29 GBO nachgewiesen werden kann, also nicht etwa „endgültige Trennung" der nichtehelichen Lebenspartner oder Umzug ins Pflegeheim, sondern zB notariell beglaubigte Erklärung der Grundstückseigentümerin oÄ.[290] Für die Wirksamkeit der Bedingung erforderlich ist dies allerdings nicht. Insoweit genügt es, dass das maßgebliche Ereignis, mit dessen Eintritt sich das bedingte Recht aktualisiert, aufgrund objektiver, auch außerhalb des Grundbuchs liegender, nachprüfbarer und wenigstens in der Eintragungsbewilligung angedeuteter Umstände mit der gebotenen Eindeutigkeit bestimmbar ist, selbst wenn es zur Feststellung des Bedingungseintritts ggf. gar einer richterlichen Entscheidung bedarf.[291] Sofern ein grundbuchverfahrensrechtlicher Nachweis nicht ohne weiteres geführt werden kann, sollte (klarstellend) eine Verpflichtung des Berechtigten begründet werden, bei Eintritt der Bedingung eine formgerechte Löschungsbewilligung zu erteilen. Damit der Nießbrauch bei Tod des Berechtigten bzw. Eintritt der auflösenden Bedingung bzw. Befristung durch bloßen Unrichtigkeitsnachweis gemäß § 22 GBO gelöscht werden kann, sollte zudem in aller Regel eine **Löschungserleichterung** iSv § 23 Abs. 2 GBO (ggf. iVm § 24 GBO) vereinbart und eingetragen werden.

290   Der Berechtigte kann den Nießbrauch **einseitig gemäß § 875 Abs. 1 BGB aufheben** (materiell-rechtliche dingliche Aufgabeerklärung und Löschung des Nießbrauchs im Grundbuch), doch bleiben etwaige schuldrechtliche Verpflichtungen aus dem der Bestellung des Nießbrauchs zugrunde liegenden Kausalgeschäft hiervon unberührt. Insoweit ist ein Erlassvertrag nach § 397 BGB nötig, sofern keine einseitige Aufgabebefugnis vereinbart wurde. In der Regel handelt es sich bei der Aufhebung um eine Schenkung, was ggf. unerwünschte Konsequenzen hat (→ Rn. 374 ff.).[292]

291 **2. Belastungsgegenstand und Reichweite.** Neben der Bestellung eines Nießbrauchs am gesamten **Grundstück** kann der Alleineigentümer das gesamte Grundstück mit einem teilweisen Nießbrauch belasten (**„Quotennießbrauch"**).[293] Ebenso kann der Anteil eines

---

[287] LG Bonn RNotZ 2004, 232.

[288] Vgl. BGH DNotZ 2012, 137.

[289] Vgl. Palandt/*Herrler* BGB § 874 Rn. 5. Bei fehlender Verlautbarung der Bedingung im Grundbuch ist das Recht aber in der Regel gleichwohl bedingt entstanden, da sich Einigung und Eintragung nur insoweit decken.

[290] Vgl. OLG München DNotZ 2013, 444.

[291] BGH DNotZ 2002, 775 (778) mwN; OLG München MittBayNot 2016, 231; OLG Nürnberg MittBayNot 2019, 45 Rn. 8 f.

[292] Zum Sonderfall der einseitigen Aufgabe eines Nießbrauchsrechts bei Gesamtberechtigung DNotI-Report 2012, 25 ff.

[293] Hierzu BGH DNotZ 2004, 140, Muster: *Krauß* Vermögensnachfolge Rn. 1318, 1320.

Miteigentümers Belastungsgegenstand sein (**"Bruchteilsnießbrauch"** nach § 1066 BGB). Der Alleineigentümer kann schließlich einen ideellen Bruchteil, der Miteigentümer einen ideellen Anteil seines Anteils belasten.[294]

Der Nießbrauch kann an einem realen Grundstücksteil ohne vorherige Vermessung **292** und Abschreibung im Wege der **echten Teilbelastung** gemäß § 7 Abs. 2 iVm § 2 Abs. 3 GBO bestellt werden, sofern Verwirrung nicht zu besorgen ist. Da hierfür ein amtlicher Lageplan benötigt wird, ist vielfach eine sog. **unechte Teilbelastung** vorzugswürdig, dh die Nießbrauchsbestellung am ganzen Grundstück mit **Beschränkung des Ausübungsbereichs** auf eine reale, hinreichend bestimmte Teilfläche.[295]

Der Nießbrauch erstreckt sich auf **wesentliche,** auch erst nachträglich eingefügte Be- **293** standteile (§§ 93, 94 BGB) und mangels anderweitiger Vereinbarung ebenso auf **unwesentliche Bestandteile** des Grundstücks (einschließlich grundstücksbezogener Rechte iSv § 96 BGB), nicht hingegen auf Scheinbestandteile. Aus diesem Grund kann ein Nießbrauch als grds. umfassendes Nutzungsrecht nicht lediglich an einer einzelnen Wohnung eines unaufgeteilten Grundstücks bestellt werden (unzulässige horizontale Beschränkung). Möglich ist der **Ausschluss einzelner Nutzungsarten** (§ 1030 Abs. 2 BGB), zB die Beschränkung der Vermietung,[296] nicht hingegen die Bestellung nur für einzelne Nutzungsarten. Zubehör ist nach Maßgabe von § 1031 iVm § 926 BGB erfasst.

Der Nießbrauch kann an einem **Wohnungs- bzw. Teileigentum** bestellt werden. **294** Dem Nießbraucher steht **kein Stimmrecht** in der Eigentümerversammlung zu, auch nicht hinsichtlich einzelner Beschlussgegenstände. Eine Pflicht zur gemeinsamen Stimmrechtsausübung besteht seitens des Eigentümers nicht. Allerdings kann sich aus dem begleitenden Schuldverhältnis im Einzelfall die Verpflichtung ergeben, nach Weisung des Nießbrauchers zu handeln bzw. diesem Stimmrechtsvollmacht zu erteilen.[297] Zur Beschlussanfechtung ist der Nießbraucher ebenfalls nicht berechtigt.[298] Allerdings kann der Eigentümer dem Nießbraucher im Rahmen der Nießbrauchsbestellung **Vollmacht** erteilen bzw. sich – im Falle von Vollmachtsbeschränkungen in der Gemeinschaftsordnung – verpflichten, sein Stimmrecht nur nach Weisung des Nießbrauchers auszuüben. Ob derartige Vollmachtsbeschränkungen in Bezug auf den Nießbraucher als dinglich Berechtigten und wirtschaftlichen Eigentümer überhaupt zulässig sind, ist noch nicht abschließend geklärt, richtigerweise aber zu verneinen (Nießbraucher als Eigentümer kein gemeinschaftsfremder Dritter).[299]

3. Berechtigter. Der Nießbrauch kann für eine oder mehrere natürliche oder juristische **295** Personen bestellt werden. Behält sich der Übergeber den Nießbrauch vor, spricht man von "Vorbehaltsnießbrauch", anderenfalls, dh bei Nießbrauchsbestellung zugunsten eines Dritten von "Zuwendungsnießbrauch" (zu den steuerlichen Folgen dieser Unterscheidung → Rn. 333 ff.). Auch ein Nießbrauch zugunsten des Eigentümers **(Eigentümernießbrauch)** ist zulässig und eintragungsfähig, ohne dass es des Nachweises eines berechtigten Interesses bedarf.[300]

a) Sukzessivberechtigung. Steht die Immobilie nur im Eigentum eines Ehegatten, wird **296** sich vielfach unter anderem aus steuerlichen Gründen die Bestellung eines auf den Tod des zunächst Berechtigten aufschiebend bedingten und zugleich für den Fall der rechtskräftigen Scheidung der Ehe auflösend bedingten Nießbrauchs empfehlen (sog. **Sukzes-**

---

[294] Näher *Krauß* Vermögensnachfolge Rn. 1306 ff. mit Mustern, auch zur dann entstehenden Nutzungs- und Verwaltungsgemeinschaft analog §§ 741 ff. BGB.
[295] Muster: *Krauß* Vermögensnachfolge Rn. 1335.
[296] LG Aachen Rpfleger 1986, 468.
[297] BGH NJW 2002, 1647.
[298] OLG Düsseldorf NZM 2005, 380, str.
[299] Vgl. Gutachten DNotI-Report 2015, 140 ff. mwN.
[300] BGH DNotZ 2012, 137.

sivberechtigung). Soll ein Automatismus vermieden werden, kann alternativ lediglich ein vormerkungsgesicherter Anspruch des anderen Ehegatten auf Nießbrauchsbestellung begründet werden. Zur Sukzessivberechtigung bei Übertragung einer im Miteigentum der Ehegatten stehenden Immobilie → Rn. 301a.

297 **b) Mehrere Berechtigte.** Wird der Nießbrauch **für mehrere gemeinschaftlich** bestellt, sind entweder die Anteile der einzelnen Berechtigten oder das **Berechtigungsverhältnis** anzugeben (§ 47 Abs. 1 GBO). Im Falle von Gütergemeinschaft ist die Eintragung eines Nießbrauchs zugunsten des Gesamtguts zulässig.

298 **aa) Gesamtgläubiger nach § 428 BGB.** Mehrere Personen können anerkanntermaßen – auch wenn die dogmatische Rechtfertigung nicht leicht fällt[301] – als **Gesamtgläubiger nach § 428 BGB** eingetragen werden. Dasselbe muss richtigerweise entgegen der hM[302] ebenso für die **Mitberechtigung nach § 432 BGB** gelten.[303] Möglich und erwägenswert ist zudem eine Modifizierung der vorgenannten „Berechtigungsverhältnisse", etwa um Schwierigkeiten mit dem Grundbuchamt zu vermeiden, das nur die Gesamtgläubigerschaft nach § 428 BGB, nicht hingegen die Mitberechtigung nach § 432 BGB für eintragungsfähig hält.[304]

299 **Formulierungsbeispiel: Modifizierte Gesamtgläubigerschaft nach § 428 BGB[305]**

Die Beteiligten bewilligen und beantragen die Eintragung eines Nießbrauchs vorstehenden Inhalts am vertragsgegenständlichen Grundbesitz für Frau *** und Herrn *** als Gesamtgläubiger gemäß § 428 BGB, wobei das Berechtigungsverhältnis dahingehend modifiziert wird, dass kein Berechtigter allein zulasten des anderen über die Rechte verfügen kann, dass – sofern nicht ausdrücklich etwas anderes vereinbart wird – nach dem Tod eines Berechtigten die Rechte dem anderen ungeschmälert zustehen und dass die Leistung an einen Berechtigten allein keine Erfüllungswirkung gegenüber dem anderen hat, mit dem Vermerk, dass zur Löschung des jeweiligen Rechtes der Todesnachweis des Berechtigten genügt.

299a   In der Sache wird die Gesamtgläubigerschaft dadurch freilich weitgehend ausgehöhlt bzw. der Mitberechtigung nach § 432 BGB angenähert. Beliebige Modifizierungen von § 428 BGB sind allerdings nicht möglich, unter anderem keine Regelung, wonach „zu Lebzeiten des übertragenden Ehemannes nur dieser den Rückübertragungsanspruch ausüben darf und dass nach dem Tod des Erstversterbenden dem überlebenden Ehegatten der Rückforderungsanspruch allein zusteht", da Ehemann und Ehefrau bei dieser Gestaltung entgegen der Konzeption von § 428 BGB zu keinem Zeitpunkt gemeinsam berechtigt sind.[306]

300 **bb) Mehrere selbständige Rechte.** Alternativ können mehrere selbständige Rechte eingetragen werden. Werden **im Gleichrang** selbständige **Nießbrauchsrechte** zugunsten jedes Übergebers **an der gesamten Immobilie** bestellt, beschränken sich diese – solange sie nebeneinander bestehen – gegenseitig in der Ausübung (§§ 1024, 1060 BGB). Nach dem Tod des Erstversterbenden steht der Nießbrauch dem Längerlebenden – im Unterschied zu einer (kostenrechtlich günstigeren) Bruchteilsberechtigung (dazu sogleich

---

[301] Vgl. Begründungsansatz bei *Frank* MittBayNot 2012, 387.
[302] Vgl. OLG München DNotZ 2010, 120 (122) mwN, da Nießbrauch keine unteilbare Leistung.
[303] Vgl. *Amann* DNotZ 2008, 324; *Kesseler* DNotZ 2010, 123 (124 f.); aA aber BGH NJW 1981, 176 (177); OLG München DNotZ 2010, 120; OLG Hamm Rpfleger 1980, 21 (22).
[304] Vgl. die Gestaltung, die der Entscheidung des OLG Frankfurt a.M. MittBayNot 2012, 386 mAnm *Frank*.
[305] In Anlehnung an OLG Frankfurt a.M. MittBayNot 2012, 386.
[306] OLG Hamm BeckRS 2017, 125600 mAnm *Wilsch* NZFam 2017, 1163.

→ Rn. 301a) – weiterhin ungeschmälert zu.[307] Einziger Nachteil: doppelte Eintragungskosten.

Formulierungsbeispiel: Mehrere gleichrangige, selbständige Nießbrauchsrechte 301

Die Beteiligten bewilligen und beantragen die Eintragung je eines Nießbrauchs vorstehenden Inhalts am vertragsgegenständlichen Grundbesitz für Frau *** und Herrn *** mit dem Vermerk, dass zur Löschung des jeweiligen Rechtes der Todesnachweis des Berechtigten genügen sein soll. Die Rechte sind im Gleichrang untereinander einzutragen.

Mehrere selbständige Rechte können auch in der Weise bestellt werden, dass sich jeder 301a Übergeber den Nießbrauch an seinem Miteigentumsanteil vorbehält und aufschiebend bedingt auf das Vorversterben des jeweiligen Bestellers und auflösend bedingt darauf, dass die Ehegatten in diesem Zeitpunkt nicht getrennt iSv § 1567 BGB leben, der Nießbrauch dem jeweils anderen eingeräumt wird.

Formulierungsbeispiel: Nießbrauch am Miteigentumsbruchteil, zudem 301b
aufschiebend bedingt für den jeweils anderen

Jeder Veräußerer behält sich den Nießbrauch an dem von ihm überlassenen Grundbesitz vor. Jedem Veräußerer wird zusätzlich ein inhaltlich entsprechender Nießbrauch an dem vom jeweils anderen Veräußerer überlassenen Grundbesitz eingeräumt, aufschiebend bedingt auf das Vorversterben des jeweils anderen und auflösend bedingt für den Fall des Getrenntlebens iSv § 1567 BGB im Zeitpunkt des Vorversterbens. Die Beteiligten bewilligen und beantragen die Eintragung der vorstehenden Nießbrauchsrechte am jeweils überlassenen Grundbesitz mit dem Vermerk, dass zur Löschung des jeweiligen Rechtes der Todesnachweis des Berechtigten genügen sein soll.

---

cc) GbR als Berechtigte. Denkbar ist schließlich die Bestellung des Nießbrauchs **zu-** 302
gunsten einer Gesellschaft, beispielsweise zugunsten einer GbR (vgl. Anforderungen nach § 47 Abs. 2 GBO). Auf diese Weise werden bei (freilich nur mittelbarer) Berechtigung mehrerer Personen doppelte Eintragungskosten vermieden. Über das Vehikel GbR lässt sich der Nießbrauch – wiederum mittelbar – durch Abtretung der Gesellschaftsanteile entgegen § 1059 BGB übertragen. Zudem erlischt der Nießbrauch nicht automatisch durch Tod (vgl. § 1061 BGB). Da Letzteres vielfach nicht gewünscht sein wird, sollte der Nießbrauch in aller Regel auflösend befristet auf das Versterben aller (ursprünglichen) Gesellschafter bestellt werden. Eine (mittelbare) Übertragung lässt sich durch eine entsprechende auflösende Bedingung (aber: Nachweisproblematik) oder dadurch ausschließen, dass der Eigentümer Mitgesellschafter wird. Aufgrund der Nachweisproblematik der fortbestehenden Gesellschafterstellung mag man die Erteilung einer Gründungsvollmacht für alle GbR-Gesellschafter gemeinschaftlich, bei Vorversterben einzelner für die verbleibenden erwägen, um grundbuchverfahrensrechtlichen Hindernissen einer Aufhebung nach § 875 BGB entgegenzuwirken.

Formulierungsbeispiel: GbR als Berechtigter eines Nießbrauchs 303

Die Beteiligten bewilligen und beantragen die Eintragung eines auf den Tod des Längstlebenden der Beteiligten Frau *** und Herrn *** auflösend befristeten Nießbrauchs vorstehenden Inhalts am vertragsgegenständlichen Grundbesitz für die durch Frau *** und Herrn *** hiermit gegründete Gesellschaft bürgerlichen Rechts unter der Bezeichnung *** mit dem Vermerk, dass zur Löschung des Nießbrauchs der Todesnachweis beider Beteiligten genügen sein soll.

---

[307] Vgl. *Schöner/Stöber* GrundbuchR Rn. 1370.

304 **4. Lastentragung.** Der Nießbraucher ist kraft Gesetzes unter anderem zur Unterhaltung der Sache (§ 1041 S. 2 BGB; bloße Abnutzung nicht umfasst, vgl. § 1050 BGB) und Tragung der in § 1047 BGB aufgeführten Kosten verpflichtet.[308] Allerdings können Eigentümer und Nießbraucher die Lastentragung auch mit dinglicher Wirkung (für Eintragung genügt Bezugnahme nach § 874 BGB) abweichend regeln. Die dingliche Veränderung des Nießbrauchs hat aber ihre Grenzen: Wegen des Typenzwangs des Sachenrechts muss der Grundsatz der **Substanzerhaltung** beachtet und es darf **keine Leistungspflicht** des Eigentümers zum Inhalt des dinglichen Rechts gemacht werden.[309]

305   **Unabdingbar** sind daher:[310]
– das **Besitzrecht** des Nießbrauchers (§ 1036 Abs. 1 BGB),
– das **Umgestaltungsverbot** (§ 1037 Abs. 1 BGB),
– die Pflicht zum **Wertersatz** bei übermäßiger Fruchtziehung (§ 1039 Abs. 1 S. 2 BGB),
– die **Erhaltungspflicht** hinsichtlich der körperlichen Beschaffenheit der Sache (zB Pflicht zur Wiederaufforstung) nach § 1041 S. 1 BGB.

306 Soweit eine Abänderung mit dinglicher Wirkung nicht möglich ist, sind **schuldrechtliche Abreden** im Rahmen des der Nießbrauchsbestellung zugrunde liegenden Kausalverhältnisses denkbar,[311] die stets ausdrücklich als solche gekennzeichnet werden sollten. Den Eigentümer belastende Regelungen sollten diesem mit der Pflicht zur Weiterübertragung auf den jeweiligen Rechtsnachfolger auferlegt werden. Schuldrechtliche Verpflichtungen des Nießbrauchers sollten auch zugunsten künftiger Eigentümer (§ 328 BGB) bestellt werden.[312]

307   Die folgenden Punkte können demgegenüber auch **mit dinglicher Wirkung** geregelt werden:
– Erlass der dem Nießbraucher nach § 1041 S. 2 BGB grundsätzlich obliegenden **laufenden Unterhaltungskosten,** insbesondere normale Verschleißreparaturen,[313]
– **Übernahme der Kosten** der außergewöhnlichen Ausbesserungen oder Erneuerungen der belasteten Sache durch den Nießbraucher über § 1041 S. 2 BGB hinaus,
– Erlass der **Versicherungspflicht** für den Nießbraucher (§ 1045 BGB),
– Abweichungen von der **Lastentragung** (§ 1047 BGB),
– Erlass des Rechts auf **Sicherheitsleistung** (§ 1051 BGB),
– Ausschluss der **Überlassung der Ausübung** (§ 1059 S. 2 BGB, vgl. insoweit auch die umgekehrte Regelung beim Wohnungsrecht in § 1092 Abs. 1 S. 2 BGB). Eine derartige Vereinbarung ändert aber nichts an der Pfändbarkeit des Nießbrauchs (→ Rn. 327).[314]
– Ob eine Herabsetzung des Haftungsmaßstabs des Nießbrauchers auf **eigenübliche Sorgfalt** für die Substanzerhaltung nach § 1036 Abs. 2 BGB mit dinglicher Wirkung möglich ist, wird vor allem von der Rechtsprechung bezweifelt.[315]

308 **a) Weitgehende Entlastung des Nießbrauchers (sog. Bruttonießbrauch).** Soll der Nießbraucher weitestmöglich entlastet werden, spricht man von einem sog. **Bruttonießbrauch.** Durch die Modifikation des Nießbrauchs erwirbt der Berechtigte jedoch grds. keinen Anspruch gegen den Eigentümer auf laufende Unterhaltung etc. Ein solcher sollte daher begründet werden. Eine Verdinglichung ist im Rahmen des Nießbrauchs allenfalls

---

[308] Vgl. näher *Krauß* Vermögensnachfolge Rn. 1371 ff.
[309] BayObLG DNotZ 1978, 99.
[310] Liste mit Anwendungsbeispielen bei *J. Mayer/Geck* § 11 Rn. 47.
[311] Überblick bei *Schippers* MittRhNotK 1996, 197 (205).
[312] *J. Mayer/Geck* § 11 Rn. 46.
[313] BGH DNotZ 2004, 140.
[314] BGH DNotZ 1986, 23.
[315] KG DNotZ 2006, 470; jüngst OLG Frankfurt a.M. DNotI-Report 2014, 37 – Arg.: subjektiver Haftungsmaßstab mit Typenzwang unvereinbar; aA *Frank* DNotZ 2006, 472 (473 f.); Palandt/*Herrler* BGB § 1036 Rn. 2; *Trömer* RNotZ 2016, 421 (429 f.).

eingeschränkt möglich (keine Leistungspflichten!). In Betracht kommt die Begründung schuldrechtlicher Ansprüche mit Weitergabeverpflichtung für den Fall der Veräußerung.[316]

Formulierungsbeispiel: Bruttonießbrauch 309

Als dinglicher Inhalt des Nießbrauchs wird vereinbart, dass der Nießbraucher abweichend von §§ 1041, 1045, 1047, 1051 BGB die dort beschriebenen Lasten und Kosten des Objekts nicht zu tragen, nicht für die Erhaltung des Objekts in seinem wirtschaftlichen Bestand zu sorgen hat und auch nicht zur Sicherheitsleistung verpflichtet ist.

Der Eigentümer verpflichtet sich gegenüber dem Nießbraucher zur Tragung der vorstehend beschriebenen Lasten und Kosten und zur Erhaltung des Objekts in seinem wirtschaftlichen Bestand. Im Falle einer Weiterveräußerung hat er diese Pflichten seinem Rechtsnachfolger mit Weitergabeverpflichtung aufzuerlegen.

Ist das Objekt mit Grundpfandrechten belastet, ist beim Bruttonießbrauch sofortige 310 **Schuldübernahme** vorzusehen.

b) Weitgehende Belastung des Nießbrauchers (sog. Nettonießbrauch). Soll umge- 311 kehrt der Nießbraucher als „wirtschaftlicher Eigentümer" weitmöglichst belastet bleiben, spricht man von einem sog. **Nettonießbrauch.**

Formulierungsbeispiel: Nettonießbrauch 312

Als dinglicher Inhalt des Nießbrauchs wird vereinbart, dass der Nießbraucher über den gesetzlichen Inhalt des Nießbrauchs hinaus im Verhältnis zum Eigentümer auch den außerordentlichen Erhaltungsaufwand, also diejenigen Kosten für Ausbesserungen und Erneuerungen, die nicht zu den gewöhnlichen Unterhaltungskosten gehören, sowie diejenigen öffentlichen Lasten, die auf den Stammwert der Sache angelegt sind, wie zB Erschließungskosten, zu tragen hat. Zerstörte Bauwerke hat er jedoch nicht wiederherzustellen. Verwendungsansprüche und Wegnahmerechte nach § 1049 BGB stehen ihm nicht zu.

Sind Grundpfandrechte vorhanden, ist die **Schuldübernahme** auf den Tod des Veräu- 313 ßerers vorbehaltlich der dann einzuholenden Genehmigung des Gläubigers vorzusehen, damit die gesicherten Schulden nicht etwaige sonstige Erben als Nachlassverbindlichkeiten treffen.[317]

Praxishinweis Steuern:

Die Vereinbarung eines Nettonießbrauches hat häufig einen einkommensteuerlichen Hintergrund. Wird eine Immobilie vermietet, so erzielt ausschließlich der Nießbraucher die Einkünfte aus Vermietung und Verpachtung; folglich kann nur er die Werbungskosten einschl. AfA steuerlich geltend machen. Dies gilt allerdings auch nur für solche Werbungskosten, die der Nießbraucher aufgrund der vereinbarten Lastenverteilung selbst zu tragen und auch tatsächlich übernommen hat.[318] Kosten, die nach der gesetzlichen oder vereinbarten Lastenverteilung dem Eigentümer obliegen, verfallen – jedenfalls bei einem unentgeltlichen Nießbrauch – steuerlich ungenutzt.

5. Erbrechtliche Auswirkungen. a) Anrechnung und Ausgleichung. Bei angeordne- 314 ter **Pflichtteilsanrechnung** gemäß § 2315 BGB bzw. bei kraft Gesetzes oder aufgrund

---

[316] Näher *Krauß* Vermögensnachfolge Rn. 1378 ff. mit weiteren Formulierungsbeispielen.
[317] *Schippers* MittRhNotK 1996, 197.
[318] BMF-Schreiben v. 30.9.2013, BStBl. I 1184 Rn. 21, 27.

Anordnung stattfindender **Erbausgleichung** gemäß §§ 2050 ff. BGB (hierzu bereits → Rn. 99 ff. und → Rn. 87 ff.) muss der Nießbrauch als Gegenleistung abgezogen werden. Maßgeblich ist der kapitalisierte Wert des Rechts entsprechend der Lebenserwartung des Berechtigten aus *ex-ante*-Sicht (jährlicher Reinwert der Nutzung × Lebenserwartung nach amtlicher Sterbetabelle).[319]

315 **b) Pflichtteilsergänzung. aa) Schenkung iSv § 2325 Abs. 1 BGB.** Der Vorbehalt eines Nießbrauchs kann in Verbindung mit einer Gegenleistung im Einzelfall bereits zur Verneinung einer ergänzungspflichtigen Schenkung iSv § 2325 Abs. 1 BGB führen. Denn diese setzt objektiv eine Bereicherung des Erwerbers aus dem Vermögen des Erblassers und subjektiv Einigkeit über die Unentgeltlichkeit der Zuwendung voraus. In subjektiver Hinsicht besteht freilich keine völlige Bewertungsfreiheit der Beteiligten. Jedenfalls bei einem auffallenden Missverhältnis zwischen dem wirklichen Wert von Leistung und Gegenleistung wird das Vorliegen des subjektiven Elements vermutet. In objektiver Hinsicht ist daher der kapitalisierte Reinertrag des Nießbrauchs unter Berücksichtigung der (idR abstrakten)[320] Lebenserwartung des Schenkers zu ermitteln. Nur im Einzelfall, zB bei schwerer Krankheit im Zuwendungszeitpunkt, die bei einer hypothetischen Drittveräußerung preiserhöhend berücksichtigt worden wäre, ist die konkrete Lebensdauer maßgeblich.[321]

316 **bb) Niederstwertprinzip nach § 2325 Abs. 2 S. 2 BGB.** Für die Berechnung der ergänzungspflichtigen Schenkung bei Vorbehalt eines Nutzungsrechts ist nach Ansicht des BGH folgendes Zwei-Stufen-Modell anzuwenden:[322]

316a | **Checkliste: Zwei-Stufen-Modell**
1. In einem ersten Schritt hat ein Vergleich der (inflationsbereinigten) Werte des Zuwendungsgegenstandes (Schenkungszeitpunkt und Todeszeitpunkt) unter Außerachtlassung des Nutzungsrechts zu erfolgen.
2. Nur dann, wenn der Wert im Zuwendungszeitpunkt geringer war, erfolgt in einem zweiten Schritt ein Abzug des Wertes des vorbehaltenen Nutzungsrechts.

Beispiel:

Ist der Wert des Gegenstandes zwischen Vollzug der Zuwendung und Erbfall inflationsbereinigt entweder *gleich geblieben oder gefallen* (zB von 100.000 EUR auf 90.000 EUR), ist der Nießbrauch nicht abzuziehen. Ergänzungspflichtig sind also nach dem Niederstwertprinzip 90.000 EUR. Ist von der Schenkung bis zum Erbfall eine indexierte *Werterhöhung* erfolgt (zB von 100.000 EUR auf 120.000 EUR), ist der nach der Lebenserwartung des Schenkers kapitalisierte Nießbrauch (zB 50.000 EUR) von dem Zuwendungswert von 100.000 EUR abzuziehen. Der Restwert von 50.000 EUR ist dem Nachlass für die Pflichtteilsergänzung inflationsbereinigt hinzuzurechnen.

317 Der (idR im Wege einer abstrakten Berechnung aus *ex-ante* Sicht zu ermittelnde)[323] kapitalisierte Nießbrauchswert wird als Abzugsposten also nur berücksichtigt, wenn für die Bewertung entsprechend dem Niederstwertprinzip der Zuwendungszeitpunkt maßgeblich ist. Sinkt der Wert des Schenkungsobjekts bis zum Erbfall inflationsbereinigt, bleibt der Kapitalwert des Nießbrauchs unberücksichtigt; der – wenn auch niedrigere – Bruttowert des Schenkungsobjekts unterliegt in voller Höhe der Pflichtteilsergänzung. Ob

---

[319] Vgl. zur parallelen Frage bei § 2325 MüKoBGB/*Lange* BGB § 2325 Rn. 53 f. mwN.
[320] BGH NJW 1992, 2887; OLG Hamburg BeckRS 2015, 14453 Rn. 32.
[321] Vgl. OLG Hamburg BeckRS 2015, 14453 Rn. 33; *Reiff* ZEV 1998, 241; DNotI-Report 2002, 178.
[322] BGH NJW 1992, 2887; ZEV 2006, 265; str., vgl. OLG Celle ZErb 2003, 383.
[323] Vgl. BGH NJW 1992, 2887.

man die Wertentwicklung durch Instandhaltungs-, Modernisierungsmaßnahmen oder gar Luxussanierung im gewünschten Sinne beeinflussen kann, erscheint zweifelhaft.[324]

Die vom BGH in ständiger Rechtsprechung angewandte Berechnungsmethode wird   318 von der Literatur zurecht ganz überwiegend abgelehnt, da sie zu Zufallsergebnissen und Wertungswidersprüchen (Wert des Nießbrauchs notwendig bei der Frage des Ob einer Schenkung iSv § 2325 Abs. 1 BGB zu berücksichtigen) führt.[325] Richtigerweise ist der Nießbrauch unmittelbar vom (inflationsbereinigten) Wert des Zuwendungsgegenstands im Schenkungszeitpunkt abzuziehen und anschließend ein Wertvergleich nach dem Niederstwertprinzip vorzunehmen.

cc) Anlauf der Zehnjahresfrist des § 2325 Abs. 3 BGB. Wegen des Nießbrauchsvor-   319 behalts fehlt es nach Ansicht des BGH an der für den **Anlauf der Zehnjahresfrist** nach § 2325 Abs. 3 BGB erforderlichen „wirtschaftliche Ausgliederung des Geschenks aus dem Vermögen des Erblassers".[326] An dieser „Genuss-Rechtsprechung" hat sich aus Sicht des BGH auch nach der Neufassung des § 2325 Abs. 3 BGB zum 1.1.2010 nichts geändert.[327] Eine unwesentliche Weiternutzung soll den Fristbeginn hingegen nicht berühren. Es ist allerdings noch nicht abschließend geklärt, wo die Grenze zur schädlichen „wesentlichen Weiternutzung" beim **Quoten-** bzw. **Bruchteilsnießbrauch** verläuft, insbesondere, ob insoweit ein objekt- (zB 50% Quote) oder personenbezogener Ansatz (Anteil der Erträge aus dem Nießbrauch an den Gesamteinkünften) eingreift. Mit Blick auf die vom BGH angestrebte Vereitelung „böslicher Schenkungen" wird man beide Ansätze zu kombinieren haben, so dass auch eine geringe Quote schädlich sein kann, wenn die dadurch erzielten Einkünfte entweder absolut oder im Verhältnis zu den sonstigen Einkünften des Übergebers erheblich sind.[328] Ein **teilweiser Anlauf der Frist** kommt jedenfalls **nicht** in Betracht. Zu den Auswirkungen vorbehaltener Rechte und Gegenleistungen vor allem auf Entstehung und Höhe des Pflichtteilsergänzungsanspruchs → Rn. 315 ff.

Die **spätere Aufgabe des Nießbrauchs** (zB nach § 875 BGB) führt zur wirtschaftli-   320 chen Ausgliederung und damit zum Anlauf der Zehn-Jahres-Frist *ex nunc*. Sie stellt zwar eine neue, grundsätzlich ergänzungspflichtige Schenkung dar,[329] doch beträgt der Wert des Nutzungsrechts nach dem Niederstwertprinzip im Todeszeitpunkt des Berechtigten stets null (§ 1061 BGB), sodass keine zusätzlichen Ergänzungsansprüche drohen. Sofern die spätere Aufgabe nicht im Rahmen eines Gesamtplans erfolgte, ändert diese mE auch nichts an der Bemessung des ursprünglichen Schenkungswerts nach vorstehenden Kriterien. Zu den etwaigen unerwünschten Folgen der Aufgabe bei späterer Verarmung des Nießbrauchers → Rn. 377. Als Alternative kommt die „Umwandlung" des Nießbrauchs in ein nicht fristschädliches Recht (zB eine Leibrente, → Rn. 389ff., 410f.) in Betracht.

Ob die **nachträgliche Begründung** des Nießbrauchs ohne Bedeutung für den weite-   321 ren Fristlauf ist oder diesen *ex nunc* hemmt, ist ungeklärt. Meines Erachtens ist die Frage der wirtschaftlichen Ausgliederung allein bezogen auf den Zeitpunkt des Eigentumswechsels (idR Umschreibung im Grundbuch) zu beurteilen. Die weitere Entwicklung ist für den Fristlauf irrelevant. Sofern die Beteiligten die spätere Nießbrauchsbestellung bereits bei Abschluss des Überlassungsvertrags verabredet haben („enger sachlicher und zeitlicher Zusammenhang" schädlich), fehlt es bereits von vornherein an einer wirtschaftlichen Ausgliederung und die Zehnjahresfrist hat nie zu laufen begonnen.[330] Häufig wird die nachträgliche Begründung eines Nießbrauchs schon aus steuerlichen Gründen (keine hinrei-

---

[324] Näher HK-PflichtteilsR/*Herrler* Anh. 2 Rn. 93–95 mwN.
[325] HK-PflichtteilsR/*Herrler* Anh. 2 Rn. 82 ff. (mit Gestaltungsempfehlungen); *Link* ZEV 2005, 283; Staudinger/*Olshausen* BGB § 2325 Rn. 100 ff.
[326] BGH NJW 1994, 1791 und ZEV 2003, 416.
[327] BGH DNotZ 2016, 805 Rn. 10.
[328] Zutreffend *Mayer/Geck* § 9 Rn. 91–93 mwN.
[329] Ggf. auch steuerlich nachteilig, vgl. *N. Mayer* ZEV 1994, 325 (330).
[330] Näher HK-PflichtteilsR/*Herrler* Anh. 2 Rn. 158–161.

chend hohen Freibeträge)[331] nicht in Betracht kommen. Möglich ist aber die Einräumung eines entgeltlichen Nutzungsrechts auf schuldrechtlicher Basis.

322 **6. Güterrechtliche Folgen.** Bei der Beurteilung, ob ein Gesamtvermögensgeschäft iSv § 1365 BGB vorliegt, sollen **vorbehaltene dingliche Nutzungsrechte** – anders als echte Gegenleistungen –[332] **zu berücksichtigen** sein, da es sich hierbei um weiterhin dem Übergeber zustehendes, bewertungsfähiges Vermögen handelt.[333] In problematischen Konstellationen (zB Zeitraum zwischen der Trennung und der rechtskräftigen Scheidung) lässt sich gegebenenfalls auf diese Weise ein Zustimmungserfordernis vermeiden. Lediglich schuldrechtliche Nutzungsrechte sind allerdings wohl nicht abzugsfähig.[334]

323   Nach der höchstrichterlichen Rechtsprechung kann durch die altersbedingte Reduzierung des Wertes von Nutzungsvorbehalten, zB für Eltern, im Vermögen eines beschenkten Ehegatten Zugewinn entstehen, obwohl es sich bei der „gleitenden" Wertsteigerung des Grundstücks infolge Absinkens des Wertes des Nutzungsrechts ebenfalls um privilegierten Erwerb handelt.[335] Zur Vermeidung eines dadurch entstehenden Ausgleichspostens sollte man den betreffenden Vermögensgegenstand ehevertraglich aus dem ausgleichspflichtigen Vermögen ausnehmen. Flankierend empfiehlt sich ein Rückforderungsrecht für die Veräußerer (zB Eltern) bei Scheidung des erwerbenden Ehegatten, da diese ansonsten keine Möglichkeit zur Erzwingung bzw. Beibehaltung einer ehevertraglichen Regelung im vorstehenden Sinne haben.[336]

324 **7. Vollstreckungszugriff. a) Zwangsversteigerung.** Hat der Nießbrauch bei der Zwangsversteigerung den Rang vor dem betreibenden Gläubiger, wird er in das geringste Gebot aufgenommen und bleibt auch nach dem Zuschlag bestehen (§§ 44 ff., 52 ZVG). Andernfalls erlischt er mit dem Zuschlag (§§ 52, 91 ZVG). Der Berechtigte erhält Wertersatz aus dem Erlös durch Zahlung einer Geldrente (§ 92 ZVG). Es wird je nach Lebenserwartung höchstens die 25-fache Jahresleistung gutgeschrieben (§ 121 ZVG). Das Gesamtkapital kann nicht vorzeitig ausgezahlt werden. Dies gilt auch, wenn der Nießbraucher selbst den Zuschlag erhält (unbeabsichtigtes **„Zwangssparen"**).[337] Nach § 10 Abs. 1 Nr. 2 ZVG privilegierte Wohngeldschulden sind abweichend vom Prioritätsprinzip unabhängig vom Zeitpunkt der Eintragung des Nießbrauchs vorrangig.[338]

325   Falls **vorrangige Grundpfandrechte** bestehen, sollte deren Valuta ausschließlich zur Wertsteigerung für das Grundstück verwendet werden (Einschränkung der Zweckbestimmungserklärung, → § 6 Rn. 47). Weiterhin sollte der Nießbrauchsberechtigte die Löschung der Grundpfandrechte nach Tilgung des Darlehens verlangen können (Bestellung einer Löschungsvormerkung nach § 1179 BGB und Abtretung der Rückgewährsansprüche). In jedem Fall ist eine **aussagekräftige Belehrung** über die mit vorrangigen Grundpfandrechten verbundenen Risiken angebracht.[339] Der nachrangige Nießbraucher hat zudem die Zinslasten der durch vorgehende Grundpfandrechte gesicherten Verbindlichkeiten zu tragen, die zur Zeit der Bestellung des Nießbrauchs eingetragen sind (§ 1047 BGB).

326 **b) Zwangsverwaltung.** Im Rahmen der **Zwangsverwaltung** über das nießbrauchsbelastete Grundstück muss es der Nießbraucher ferner hinnehmen, dass der **Vollstre-**

---

331 Bei Ehegatten, die über einen ausreichend hohen Freibetrag verfügen könnten, stellt sich die Frage wegen § 2325 Abs. 3 S. 3 BGB von vornherein nicht.
332 BGH NJW 1961, 1301.
333 So BGH DNotZ 2013, 546; anders noch OLG Hamm MittBayNot 1997, 107.
334 BGH DNotZ 2013, 546 Rn. 17.
335 BGH DNotZ 2007, 849.
336 Vgl. *Münch* DNotZ 2007, 795; *Schlögel* MittBayNot 2008, 98.
337 Vgl. *Stöber* ZVG § 121 Rn. 3.13.
338 Vgl. BGH NJW 2014, 2445.
339 Hierzu BGH DNotZ 2004, 841 mAnm *Ganter* ZNotP 2004, 458.

ckungstitel eines vorrangigen Grundpfandrechtsgläubigers im Wege der Klauselerweiterung (§ 727 ZPO) auch auf ihn **erweitert** wird.[340] Ohne einen auch auf den Nießbraucher lautenden Duldungstitel ist keine unbeschränkte Anordnung der Zwangsverwaltung möglich.[341]

c) Zugriff auf den Nießbrauch. Nicht nur die aus dem Nießbrauch resultierenden   327
Rechte (zB Mietzinsen), sondern auch der Nießbrauch selbst ist – im Gegensatz zum Wohnungsrecht – **pfändbar,** selbst wenn die Ausübung Dritten entgegen § 1059 BGB nicht überlassen werden darf (§ 857 Abs. 1, Abs. 3 iVm § 851 Abs. 2 ZPO).[342] Daher ist der Nießbrauch auch Bestandteil der **Insolvenzmasse** (§§ 35, 36 InsO). Die Pfändung kann und sollte klarstellend im Grundbuch vermerkt werden; sie führt nicht zur Räumung und Herausgabe, sondern nur zur Zwangsverwaltung,[343] bei einem Bruchteilsnießbrauch allerdings nur zu einer pflichtgemäßen Verwaltungsvereinbarung.[344]

Zu den Zugriffsmöglichkeiten eines öffentlichen Leistungsträgers → Rn. 517 f.   328

8. Steuerrecht. a) Schenkungsteuer. Der Nießbrauchsvorbehalt ist als Nutzungsauflage   329
mit seinem Kapitalwert als bereicherungsmindernd von der Zuwendung abzuziehen (→ Rn. 55 ff.). Verstirbt der Nießbraucher vor Ablauf der in § 14 Abs. 2 BewG genannten Fristen, kommt es zu einer Neubewertung des Nießbrauches. Es wird dann nicht mehr die nach der Sterbetafel ermittelte hypothetische Dauer des Nießbrauches, sondern dessen tatsächliche Ausübungszeit angesetzt, was zu erheblichen Schenkungsteuernachforderungen führen kann.

Die unentgeltliche Zuwendung eines Nießbrauches stellt ihrerseits einen potentiell   330
schenkungsteuerpflichtigen Vorgang dar, wobei für die Bewertung dieselben Grundsätze gelten (zur Entstehung der Steuer und Gestaltungsmöglichkeiten → Rn. 57).

Die unentgeltliche **Aufgabe des Nießbrauchs** (§ 875 BGB) stellt eine eigenständige   331
Zuwendung dar, die ihrerseits Schenkungsteuer auslösen kann. Dies gilt für Nießbrauchsrechte, die bei Schenkungen vor dem Jahr 2009 vorbehalten wurden und seinerzeit wegen § 25 ErbStG aF nicht bereicherungsmindernd angesetzt werden konnten, nur ausnahmsweise,[345] für Neufälle (Schenkung unter Nießbrauchsvorbehalt ab 2009) jedoch regelmäßig.[346]

b) Einkommensteuer. Die ertragsteuerliche Praxis bei der Behandlung von Nieß-   332
brauchsfällen wird durch die einschlägigen BMF-Schreiben und die dort niedergelegte Verwaltungsauffassung geprägt. Ist das Objekt im Privatvermögen **vermietet,** gilt der Nießbraucherlass vom 30. 9. 2013.[347] Soweit Nießbrauchsrechte im Zusammenhang mit Einkünften aus Kapitalvermögen bestellt werden, gilt zT noch der Nießbrauchserlass vom 23. 11. 1983;[348] diese Frage stellt sich auch, wenn ein ursprünglich an einer Immobilie bestehender Nießbrauch sich nach Veräußerung der Immobilie am Verkaufserlös (als Surrogat) fortsetzen soll.[349]

Zu beachten ist, dass sich die nachfolgenden Ausführungen ausschließlich auf den   332a
Nießbrauch an Immobilien im Privatvermögen beziehen. Im Bereich des Betriebsvermögens sind Nießbrauchsgestaltungen nur sehr eingeschränkt empfehlenswert. So soll – zu-

---

[340] Vgl. zu einer derartigen Titelaufspaltung Gutachten DNotI-Report 2004, 3 sowie DNotI-Gutachten Nr. 93754.
[341] BGH NJW 2003, 2164.
[342] Vgl. BGH DNotZ 1986, 23 (25).
[343] BGH NJW 2006, 1124.
[344] BGH NJW 2007, 149, vgl. *Eickmann* NotBZ 2008, 257.
[345] Vgl. *Moench* ZEV 2008, 227; *Götz* ZEV 2009, 609.
[346] BFH DStR 2014, 1919.
[347] BStBl. I 1184.
[348] BStBl. I 508.
[349] Vgl. dazu die restriktive Entscheidung des FG Münster EFG 2014, 270.

mindest nach Auffassung von Teilen des BFH – bei der Übertragung eines gewerblichen Einzelunternehmens der Vorbehaltsnießbrauch einer steuerneutralen Buchwertfortführung nach § 6 Abs. 3 EStG entgegenstehen.[350] Die Finanzverwaltung hat die Entscheidung bislang nicht veröffentlicht. Inwiefern diese Grundsätze auch auf die Übertragung von Mitunternehmeranteilen anzuwenden sind, ist noch nicht abschließend geklärt; die Gestaltungspraxis sollte aber davon ausgehen, dass für diese nichts anderes gilt.[351] Die zum mitunternehmerischen Nießbrauch ergangene erbschaftssteuerliche Rechtsprechung des II. BFH-Senats[352] wird daher uU den Steuerpflichtigen nicht mehr weiterhelfen, wenn das Ertragsteuerrecht die Nießbrauchsgestaltung faktisch ausschließt. Als Ausweichgestaltung empfiehlt sich hier die Vereinbarung wiederkehrender Bezüge oder die Übertragung von Mitunternehmer-Teilanteilen.

333   Entscheidend ist bei Vermietungsfällen die Unterscheidung zwischen Vorbehaltsnießbrauch und Zuwendungsnießbrauch. Ein **Vorbehaltsnießbrauch** in diesem Sinne liegt in drei Fällen vor:[353]
1. der Eigentümer behält sich selbst (!) im Rahmen der Grundstücksübertragung den Nießbrauch vor;
2. dem Schenker im Rahmen einer mittelbaren Grundstücksschenkung wird ein Nießbrauch eingeräumt. Die Zahlung zum Erwerb der Immobilie wird also nicht als „Mietvorauszahlung" des Nießbrauchers/Wohnungsberechtigten an den Grundstückserwerber besteuert;[354]
3. im Rahmen der Abfindung für die Ausschlagung einer Erbschaft wird ein Nießbrauch an Nachlassgegenständen bestellt.

334   Räumt dagegen in anderen Fällen der Eigentümer einem Dritten einen Nießbrauch ein, handelt es sich um einen Zuwendungsnießbrauch, der entgeltlich oder unentgeltlich bestellt werden kann.

335   Der bei einer Grundstücksübertragung vorbehaltene Nießbrauch ist ertragsteuerlich – unabhängig von der schenkungsteuerlichen und grunderwerbsteuerlichen Einordnung – kein Entgelt. Der Grundstückserwerber kann daher den Nießbrauch nicht den Anschaffungskosten zurechnen, sondern er führt – soweit die Übertragung auch ansonsten unentgeltlich ist – die Anschaffungskosten des Übergebers fort, § 11d EStDV. Für die Dauer des Nießbrauches erzielt der Erwerber keine Einkünfte aus dem Objekt, er kann daher auch keine Aufwendungen steuerlich geltend machen. Solche Aufwendungen können auch nicht als vorab entstandene Werbungskosten künftiger Einkünfte angesehen werden, sofern das Ende des Nießbrauches nicht absehbar ist; für die Absehbarkeit genügt ein hohes Alter der Berechtigten nicht.[355]

336   Die Gebäude-AfA steht für die Dauer des Nießbrauches dem Vorbehaltsnießbraucher zu, und zwar auch dann in vollem Umfang, wenn er neben dem Nießbrauch noch andere Leistungen vom Erwerber erhalten hat.[356] Der Nießbraucher kann die Aufwendungen, die er nach der gesetzlichen Lastenverteilung oder nach der vertraglichen Vereinbarung zu tragen hat, als Werbungskosten bei den Einkünften aus Vermietung und Verpachtung abziehen.

337   Wurde der Vorbehaltsnießbrauch im Rahmen der vorweggenommenen Erbfolge bestellt und nunmehr durch eine **Einmalzahlung abgelöst**, führt dies zu Anschaffungskosten beim Eigentümer, bleibt beim Nießbraucher dagegen steuerfrei.[357]

---

[350] BFH ZEV 2017, 471; krit. dazu *Wendt* FR 2017, 1055; *Gräfe/Kraft* ZEV 2017, 471 (476 f.).
[351] Vgl. *Kepper* NZG 2019, 211 unter Bezugnahme auf BFH DStR 2018, 2372. Die ursprünglich erhoffte Klärung in dem Revisionsverfahren IV R 38/14 bleibt aus, da die Revision gegen das Urteil des FG Münster ZEV 2014, 687 durch den Rechtsmittelführer zurückgenommen worden ist.
[352] Vgl. etwa BFH DStR 2013, 1380; DStR 2015, 1799.
[353] BMF-Schreiben v. 30.9.2013, Rn. 39.
[354] S. auch BMF-Schreiben v. 30.9.2013, Rn. 32.
[355] BFH DStR 2019, 919.
[356] BMF-Schreiben v. 30.9.2013, Rn. 44.
[357] Tz. 57 f.; vgl. *Korn* DStR 1999, 1514.

Sofern nach den vorstehenden Grundsätzen ein unentgeltlicher Zuwendungsnießbrauch **338** vorliegt, kann während des Nießbrauches weder vom Eigentümer noch vom Nießbraucher eine AfA geltend gemacht werden.[358] Für die Bestellung eines Zuwendungsnießbrauches entrichtete Entgelte sind beim Nießbraucher eines vermieteten Objektes abzugsfähig, beim Eigentümer steuerpflichtig, wobei beide Seiten die Zahlungen bei Rechten, die für längere Zeit als fünf Jahre bestellt werden, auf den Zeitraum verteilen können.[359]

Durch die mit dem Jahressteuergesetz 2008 vorgenommene Einschränkung der Ab- **339** zugsfähigkeit von Versorgungsleistungen auf betriebliche Übertragungen (→ Rn. 432), ist die frühere Wahlfreiheit zwischen den Versorgungsinstituten Vorbehaltsnießbrauch und Leibrente/dauernde Last steuerlich aufgehoben worden. Sollen die Erträge des übertragenen Privatvermögens, insbesondere vermieteter Immobilien dem Übergeber zugute kommen, ist der Vorbehaltsnießbrauch nunmehr steuerlich nahezu konkurrenzlos. Allerdings muss beachtet werden, dass der Nießbrauch in mehrerlei Hinsicht nicht dieselbe Flexibilität bietet wie die Rentenvereinbarung, was ggf. durch begleitende Vereinbarungen ausgeglichen werden muss. Anders als der Rentenberechtigte hat der Nießbraucher die Einkünfteerzielung selbst zu verantworten. Daraus folgt nicht, dass er sämtliche Tätigkeiten persönlich erbringen muss, er kann selbstverständlich Verwaltungstätigkeiten wie jeder Vermieter auf Dritte delegieren. Allerdings verbleibt das Leerstands- und Mietausfallrisiko in vollem Umfang bei ihm. Sofern eine Verteilung der Erträge zwischen dem Erwerber und dem Übergeber beabsichtigt ist, kann die Einräumung eines Quotennießbrauchs geraten werden.

Die früher gängige Gestaltung, einen Vorbehaltsnießbrauch nachträglich gegen Zusage **340** einer Leibrente/dauernden Last abzulösen, ist für Neufälle mit dem Jahressteuergesetz 2008 entfallen. Für Nießbrauchsrechte, die noch vor dem 1.1.2008 bestellt worden sind, ist jedoch eine Nießbrauchsablösung in der Weise möglich, dass der Nießbrauch in eine wiederkehrende Versorgungszahlung des Eigentümers an den vormaligen Nießbrauchsberechtigten umgewandelt wird. Diese Versorgungszahlung ist beim Eigentümer als Sonderausgabe nach § 10 EStG unter Anwendung des vor dem 1.1.2008 geltenden Rechts abzugsfähig, auch wenn die Ablösung seinerzeit nicht schon verbindlich vereinbart war.[360] Der BFH stellt sich damit gegen die vormalige deutlich restriktivere Ansicht der Finanzverwaltung;[361] letztere hat das Urteil des BFH veröffentlicht[362] und wendet es an.

Auch Gestaltungen wie das sog. Stuttgarter Modell[363] sind seit dem Jahr 2008 nicht **341** mehr möglich. An deren Stelle könnte eine *Gegenleistungsrente* in Frage kommen, so dass ein (teil-)entgeltlicher Erwerb vorliegt und aufgrund der Vermietung der Wohnräume an den Veräußerer AfA und Schuldzinsen abzugszulässig sind (im Einzelnen → Rn. 434 ff.).

c) Grunderwerbsteuer. Grunderwerbsteuerlich stellt der Vorbehaltsnießbrauch ein Ent- **342** gelt dar. Sofern nicht bereits aufgrund des Verwandtschaftsverhältnisses eine Steuerbefreiung nach § 3 Nr. 4–6 GrEStG besteht, sondern die Steuerbefreiung nur nach § 3 Nr. 2 GrEStG in Betracht kommt (zB bei Übertragungen an Neffen/Nichten), muss also beachtet werden, dass der Nießbrauch zwar die Schenkungsteuerbelastung mindert, aber dafür Grunderwerbsteuer auslösen kann.

---

[358] Rn. 20 und 24 des BMF-Schreibens v. 30.9.2013.
[359] Vgl. Rn. 26, 28 des BMF-Schreibens v. 30.9.2013.
[360] BFH ZEV 2015, 545.
[361] BMF-Schreiben v. 11.3.2010, Rn. 85.
[362] BStBl. II 2016, 331; BMF-Schreiben v. 6.5.2016, DStR 2016, 1112.
[363] Vgl. BFH NJW 2004, 2119; *Hipler* ZEV 2004, 194.

II. Wohnungsrecht

343 | **Checkliste: Wohnungsrecht**

(1) **Berechtigter:** Einzelne oder mehrere Personen als Gesamthandsgemeinschaft, Gesamt- oder Mitberechtigte, nicht hingegen als Bruchteilsberechtigte; aufschiebende Bedingung

(2) **Beginn:** unmittelbar; definierter späterer Zeitpunkt

(3) **Beendigung:** Ableben des Berechtigten; Zeitablauf oder bestimmtes Ereignis, zB Verheiratung oder dauerhafter Umzug ins Pflegeheim (sog. Wegzugsklausel); Vorsorge für spätere einseitige Aufhebung (§ 875 BGB)

(4) **Vertragsgegenstand**
– bestimmte Wohnräume (textlich oder durch Lageplan genau bezeichnen) – Abgrenzung zur Wohnungsreallast
– nachträgliche Erweiterung, insbesondere bei Auszug des Eigentümers samt Familie („umgekehrte Wegzugsklausel")
– Mitbenutzung
– im Gebäude (Keller, Dachgeschoss, Garage)
– im Außenbereich (Garten, Hof, Zufahrt)
– Anlauf der Zehnjahresfrist des § 2325 Abs. 3 S. 1, S. 2 BGB?

(5) **Kostentragung**
– Betriebskosten (uU in Anlehnung an die seit 1.1.2004 gültige Betriebskostenverordnung v. 25.11.2003, BGBl. I 2346), unter anderem Wasser, Entwässerung, Heizung, Warmwasser, Aufzug, Straßenreinigung, Müllbeseitigung, Gebäudereinigung, Gartenpflege, Beleuchtung, Schornsteinreinigung, Sach- und Haftpflichtversicherung, Hauswart, Antenne/Kabel, lfd. öffentliche Lasten (Grundsteuer)
– lfd. Kosten (Strom, Telefon)
– Verwaltungskosten
– Instandhaltungsreparaturen (vgl. § 1 Abs. 2 Nr. 1 BetrKV)
– Schönheitsreparaturen[364]
– öffentliche Lasten (zB Anlieger- und Erschließungsbeiträge)
– private Lasten (zB Grundpfanddarlehen)

(6) **Benutzung durch Dritte**
– Familienangehörige/Hauspersonal (§ 1093 Abs. 2 BGB)
– nichteheliche Lebensgefährten[365]
– sonstige Dritte (Gestattung nach § 1092 Abs. 1 S. 2 BGB)

(7) **Grundbucheintragung**
– Löschungserleichterung (§ 23 Abs. 2 GBO)
– Rangwahrung
– Charakterisierung als Altenteil
– Zusammenfassung als Leibgeding

(8) **Steuer**
– Einkommensteuer
– Schenkungsteuer

344   Das dingliche Wohnungsrecht iSv § 1093 BGB, also das Recht, ein Gebäude bzw. einen Gebäudeteil unter Ausschluss des Eigentümers als Wohnung zu benutzen, führt ebenso wie der Nießbrauch zu einer Aufspaltung des betreffenden Vermögensgegenstandes hinsichtlich der Verfügungsmacht über die Substanz und der Nutzungsmöglichkeit. Als **Belastungsgegenstand** eines Wohnungsrechts kommen Grundstücke, reale Grund-

---

[364] Vgl. Palandt/*Weidenkaff* BGB § 535 Rn. 41, 43.
[365] BGH NJW 1982, 1868.

stücksteile, Wohnungseigentum sowie grundstücksgleiche Rechte, nicht hingegen ein bloßer Miteigentumsanteil in Betracht; diese müssen textlich oder durch Beifügung eines Lageplans bestimmt bezeichnet sein (→ Rn. 348 zur Abgrenzung zur Wohnungsreallast). Darüber hinaus empfiehlt es sich, die dem Wohnungsrecht unterliegenden Räume und die daneben zur Mitbenutzung bestimmten Gemeinschaftsanlagen und -einrichtungen (die sich auch außerhalb des Gebäudes befinden können) für die Bewertung in der Zwangsversteigerung genau zu beschreiben (§ 92 Abs. 2 ZVG). Bei der Belastung von Wohnungseigentum steht dem Wohnungsberechtigten ebenso wie dem Nießbraucher kein Stimmrecht in der Eigentümerversammlung zu (→ Rn. 294).[366] Vielfach wird der **Ausübungsbereich** des Wohnungsrechts auf bestimmte Räume des Gebäudes beschränkt, die bestimmt zu bezeichnen sind. Fehlt es hieran, erstreckt sich das Wohnungsrecht im Zweifel auf das gesamte Gebäude.[367] Zur Abgrenzung von Belastungsgegenstand und Ausübungsbereich → Rn. 292 f.

Der Ausübungsbereich des Wohnungsrechts kann auch **nachträglich** (zB aufschiebend 344a bedingt) **erweitert** werden. Relevant wird dies insbesondere bei der ursprünglichen Bestellung des Wohnungsrechts nur an einzelnen Stockwerken bzw. nur an einzelnen Räumen, die noch dazu nicht von den nicht dem Nutzungsrecht unterliegenden Räumen abgetrennt sind. Die damit verbundene mehr oder weniger große Überschneidung der Lebensbereiche der Bewohner der Immobilie wird aufgrund der familiären Beziehungen in Kauf genommen bzw. sogar gewünscht. Bei Auszug des Erwerbers mit seiner Familie aus dem übergebenen Anwesen – genauer: aus denjenigen Räumen, die nicht dem Wohnungsrecht unterlagen –, verwirklicht sich der Wunsch der Übergeber nach einem Zusammenleben der Großfamilie nicht mehr. Ist eine Drittvermietung der im Eigentum des Erwerbers stehenden Räume seitens der Übergeber nicht (ohne ihre Zustimmung) gewünscht, kann das Wohnungsrecht – über eine lediglich negativ wirkende Unterlassungsverpflichtung des Erwerbers hinaus[368] – aufschiebend bedingt auf den Auszug des Erwerbers auf die gesamte Immobilie erweitert werden (sog. **„umgekehrte Wegzugsklausel"**). Eine derartige Erweiterung des Wohnungsrechts für den Fall, dass „der Übernehmer oder dessen Abkömmlinge die Wohnung *** *[genaue Bezeichnung]* nicht mehr selbst oder zusammen mit Dritten bewohnen", ist mit den materiell-rechtlichen und grundbuchverfahrensrechtlichen Bestimmtheitsanforderungen vereinbar.[369]

Soweit im Folgenden nichts Abweichendes aufgeführt ist, sind die Ausführungen zum 345 Nießbrauch ebenfalls für das Wohnungsrecht einschlägig, insbesondere im Hinblick auf Entstehung und **Beendigung.** Bei der Bestellung eines bedingten Wohnungsrechts ist darauf zu achten, dass der Bedingungseintritt in der Form des § 29 GBO nachweisbar ist (→ Rn. 289). Im Unterschied zum Nießbrauch sind beim Wohnungsrecht grundsätzlich keine Rückstände iSv § 23 Abs. 2 GBO möglich, so dass eine Löschungserleichterung an sich entbehrlich ist. Etwas anderes gilt indes unter anderem bei verdinglichten Nebenleistungspflichten des Eigentümers (→ Rn. 308 f.), im Falle der Pflicht zur Erhaltung mitbenutzter Gemeinschaftsanlagen bzw. zur Tragung laufender Betriebskosten. In derartigen Konstellationen kann eine **Löschungserleichterung** nach § 23 Abs. 2 GBO vereinbart und eingetragen werden, was sich dann auch regelmäßig empfiehlt.

1. Abgrenzung. a) Wohnungsrecht unter Ausschluss oder neben dem Eigentü- 346 mer. Das **Wohnungsrecht** iSv § 1093 BGB als Spezialform der beschränkten persönlichen Dienstbarkeit ist dadurch gekennzeichnet, dass sich der Veräußerer eines Hausgrundstücks die Nutzung seiner bisherigen Wohnung (bzw. zumindest eines der Wohnnutzung

---

[366] OLG Hamburg ZMR 2003, 701; aA BGH DNotZ 1978, 157, überholt durch BGH NJW 2002, 1647 zum Nießbrauch.
[367] Vgl. BayObLG MittBayNot 1999, 561.
[368] Diese kann durch ein vormerkungsgesichertes Rückforderungsrecht quasi dinglich abgesichert werden.
[369] OLG Nürnberg MittBayNot 2019, 45; näher Herrler/Hertel/Kesseler/*Herrler,* Aktuelles Immobilienrecht 2019, S. 63 ff.

dienenden Zimmers) **unter Ausschluss des Eigentümers** vorbehält. Ein Mitbenutzungsrecht des Eigentümers an Nebenräumen und dem gemeinschaftlichen Gebrauch der
Bewohner dienenden Anlagen und Einrichtungen ist allerdings unschädlich (§ 1093
Abs. 3 BGB). Wird das zu bestellende Recht als „Wohnungsrecht" bezeichnet, handelt es
sich auch dann um ein Recht iSd § 1093 BGB, wenn der Ausschluss des Eigentümers
nicht besonders erwähnt ist.[370] Lediglich schuldrechtliche Abreden, wonach der Eigentümer entgegen dem dinglichen Inhalt des Wohnungsrechts zur Mitbenutzung der betreffenden Räume berechtigt ist, sind allerdings möglich.[371] Bei beabsichtigter Mitbenutzung
sollte aber grundsätzlich eine beschränkte persönliche Dienstbarkeit nach §§ 1090–1092
BGB bestellt werden (→ Rn. 347).

347   Soll der Berechtigte hingegen lediglich zur **Mitbenutzung** von Wohnraum neben
dem Eigentümer berechtigt sein – was zB bei einer Übertragung zwischen Ehegatten
oder nicht ehelichen Lebenspartners gewünscht sein kann[372] –, handelt es sich um eine
beschränkte persönliche Dienstbarkeit gemäß §§ 1090–1092 BGB.[373]

348 **b) Wohnungsreallast.** Eine andere Zielrichtung hat die Wohnungsreallast. Durch diese
kann sich der Eigentümer zu einem aktiven Tun, dh zur **Gewährung von Wohnraum**
und Erhaltung im gebrauchsfähigen Zustand verpflichten (§ 1105 BGB). Die Pflicht des
Eigentümers darf sich nicht auf die Zurverfügungstellung bestimmter Räume oder Gebäude beziehen; eine nähere Konkretisierung des zu gewährenden Wohnraums (insbesondere nach Lage, Größe) ist aber zulässig, solange dem Verpflichteten nach dem dinglichen
Inhalt des Rechts[374] eine Auswahlmöglichkeit verbleibt.[375] Demgemäß ist eine Verpflichtung des Eigentümers, dem Berechtigten Wohnraum mit einer bestimmten Größe und
Qualität zur Verfügung zu stellen, nur in Gestalt einer Wohnungsreallast möglich; eine
gleichwohl eingetragene beschränkte persönliche Dienstbarkeit ist inhaltlich unzulässig
und von Amts wegen zu löschen.[376] Entscheidender Nachteil der Wohnungsreallasts ist
indes, dass sie keine Vollstreckung in Natur ermöglicht, also der Berechtigte kein durchsetzbares Recht auf Wohnen innehat, sondern lediglich Ersatzbefriedigung in Geld gewährt (hM).[377] Während das Wohnungsrecht bei Zerstörung des Gebäudes erlischt, sichert
die Reallast das Recht unabhängig vom jeweiligen Gebäudebestand (→ Rn. 413 ff.).
Denkbar ist auch eine Vormerkung zur Sicherung des Anspruchs auf Neubestellung eines
Wohnungsrechts für den Fall der Zerstörung in einem wieder aufgebauten Gebäude (sog.
Brandvormerkung).[378]

349 **c) Vorbehalt eines Dauerwohnrechts nach WEG.** Im Gegensatz zum Nießbrauch
nach §§ 1030 ff. BGB und zum Wohnungsrecht nach § 1093 BGB ist ein Dauerwohnrecht gemäß §§ 31 ff. WEG an einer abgeschlossenen Wohnung (zum Abgeschlossenheitserfordernis vgl. § 32 WEG) **veräußerlich und vererblich,** allerdings **nicht beleihbar,**
da das Dauerwohnrecht im Unterschied zum Wohnungseigentum kein Sondereigentum

---

[370] OLG Zweibrücken DNotZ 1997, 325.
[371] Deren bloße Wirkung *inter partes* ist aufgrund der fehlenden Verkehrsfähigkeit des Wohnungsrechts grds.
     unschädlich.
[372] Vgl. Formulierungsvorschlag bei *Krauß* Vermögensnachfolge Rn. 1533, 1535.
[373] Zur Abgrenzung zwischen Wohnungsrecht bzw. Wohnrecht als beschränkte persönliche Dienstbarkeit
     Milzer BWNotZ 2005, 136.
[374] Schuldrechtlich kann der zu gewährende Wohnraum aber konkretisiert werden (Palandt/*Herrler* BGB
     Überbl v § 1105 Rn. 1).
[375] OLG Hamm DNotZ 1976, 229 (230 f.); vgl. *Lange-Parpart* RNotZ 2008, 377 (389 f.).
[376] OLG München RNotZ 2018, 471.
[377] Palandt/*Herrler* BGB § 1107 Rn. 5; BeckOGK/*Sikora*, 1.2.2019, BGB § 1107 Rn. 30 mwN auch zur
     Gegenansicht; so wohl auch OLG München RNotZ 2018, 471 Rn. 26. Vgl. *Rachlitz/Vedder* notar 2018,
     356 (360) für Gestaltungsalternative bei gewünschtem Auswahlrecht des Eigentümers.
[378] Vgl. *Langenfeld/Günther* Kap. 4 Rn. 26 Formulierungsvorschlag 4.4.

vermittelt. Es wird lediglich als **Belastung in Abteilung II** eingetragen.[379] Der Aufteilungsplan kann sich mit der Darstellung der vom Dauerwohnrecht erfassten Räume begnügen.[380] Besonderes Augenmerk hat der Frage zu gelten, ob ein Anspruch auf „Heimfall" bei Tod des Berechtigten oder bei Veräußerung des Rechts vereinbart werden soll.[381]

Steuerlich wird das eigentumsähnlich ausgestaltete Dauerwohnrecht wie wirtschaftliches Eigentum behandelt.[382] 350

> **Praxishinweis Steuern:**
>
> In der Rechtsprechung werden für die Zuordnung des wirtschaftlichen Eigentums zum Dauerwohnberechtigten drei Kriterien aufgestellt:[383]
> 1. der Dauerwohnberechtigte hat selbst die Kosten für die Anschaffung/Herstellung getragen;[384]
> 2. die vertragsmäßige Laufzeit des Rechtes entspricht der voraussichtlichen Nutzungsdauer des Gebäudeteils;
> 3. bei Beendigung des Rechtes hat der Berechtigte Anspruch auf Ersatz des vollen Wertes der Räume; die Verweisung auf den „Wert des Rechts" soll dem nicht genügen, da das Recht mit Zeitablauf seinen Wert kontinuierlich verliert.
>
> Gemäß FG Nürnberg[385] entsteht kein wirtschaftliches Eigentum, wenn ein privatschriftlich vereinbartes Dauerwohnrecht nicht in das Grundbuch eingetragen worden ist. Nach Auffassung der Finanzverwaltung ist die Anerkennung eines Dauerwohnberechtigten als wirtschaftlicher Eigentümer Frage des Einzelfalles.[386] Maßgeblich sind dabei einerseits die Einräumung eigentümerähnlicher Rechte und Pflichten, insbes. Verfügungsbefugnisse, und die Einräumung einer Entschädigung bei Heimfall und Zeitablauf. Wird für die Vereinbarung des Dauerwohnrechtes der Mustervertrag Bundesbaublatt 1956, 615, verwendet, so wird das wirtschaftliche Eigentum ohne weitere Prüfung dem Dauerwohnberechtigten zugeordnet. Nach Auffassung des FG Köln[387] soll bereits die Vereinbarung einer Veräußerungsbeschränkung nach § 35 WEG der Anerkennung des wirtschaftlichen Eigentums entgegenstehen. Dies ist allerdings nicht überzeugend, da auch gemäß § 12 WEG, §§ 5 ff. ErbbauRG entsprechende Regelungen getroffen werden können, die der Anerkennung des wirtschaftlichen Eigentums beim Wohnungseigentum bzw. Erbbaurecht nicht entgegenstehen.

Muster: Kersten/Bühling/*Langhein*/*Hupka* § 58 Rn. 76M; MVHdB VI BürgerlR II/ 351 *Spiegelberger* Form. IX 29; *Schöner*/*Stöber* GrundbuchR Rn. 3000.

2. Inhalt des Wohnungsrechts nach § 1093 BGB. Hauptzweck des Rechts muss das 352 **Wohnen** sein. Demgemäß kann ein selbständiges Teileigentum nicht, auch nicht durch ein Gesamtrecht, mit einem Wohnungsrecht belastet werden (Alternative: eigenständige beschränkte persönliche Dienstbarkeit gemäß § 1090 BGB bestellen oder Wohnungs- und Teileigentum vereinigen).[388] Vergleichbare Fragen ergeben sich bei Hausgrundstücken und eigenständig im Grundbuch gebuchten Hof-, Garten- und Wegeflächen.[389] Weitere

---

[379] Ausführlich zum Dauerwohnrecht *Lehmann* RNotZ 2011, 1, auch zur Relevanz im Rahmen des „Wohn-Riester".
[380] BayObLG DNotZ 1998, 374.
[381] *J. Mayer* DNotZ 2003, 908.
[382] R 49 VII BewRGr; vgl. BFH BStBl. III 1965, 8; BStBl. III 1960, 289; BStBl. II 1986, 258.
[383] BFH/NV 2007, 1471.
[384] Zum teilentgeltlichen Geschäft vgl. BFH/NV 2006, 489.
[385] 14.7.1998 – I 234/96.
[386] Vgl. BMF-Schreiben BStBl. I 2005, 305 Rn. 7.
[387] FG Köln DStRE 2001, 143.
[388] BayObLG DNotZ 1987, 223.
[389] Hierzu *Heil* RNotZ 2003, 445.

Wohnräume können der Mitbenutzung unterworfen werden.[390] Beschränkt sich das Wohnungsrecht auf einen Teil des Gebäudes, kann der Berechtigte die zum gemeinschaftlichen Gebrauch bestimmten Anlagen und Einrichtungen mitbenutzen (§ 1093 Abs. 3 BGB).

353   Das dingliche **Wohnungsrecht am Wohnungseigentum** umfasst grundsätzlich alle damit verbundenen Sondernutzungsrechte.[391] Wird ein mit einem Wohnungsrecht belastetes Grundstück in Wohnungseigentum aufgeteilt, kann die Beschränkung des Belastungsgegenstandes des Wohnungsrechts auf ein (oder mehrere) Wohnungseigentumsrechte nur dann eintreten, wenn der Ausübungsbereich der Dienstbarkeit mit der Nutzungsbefugnis eines oder mehrerer Sondereigentümer deckungsgleich ist.[392]

354   **a) Wohnnutzung durch den Berechtigten (§ 1093 Abs. 2 BGB).** Die Wohnnutzung durch den Berechtigten umfasst gemäß § 1093 Abs. 2 BGB die Aufnahme von Familienangehörigen, des nichtehelichen Lebensgefährten[393] und von Hauspersonal, ohne dass es hierfür eine besonderen Gestattung durch den Eigentümer bedarf. Erlaubt ist grundsätzlich nur die *Mit*benutzung durch Familienangehörige und Personal, die nach Umzug des Berechtigten in ein Alten- bzw. Pflegeheim aber (faktisch) zur Alleinnutzung erstarken kann.[394] § 1093 Abs. 2 BGB ist disponibel, so dass der Kreis der ohne besondere Gestattung nutzungsberechtigten Personen sowohl erweitert als auch eingeschränkt werden kann.[395]

355   **b) Wohnnutzung durch Dritte (§ 1092 Abs. 1 S. 2 BGB).** Sonstigen Dritten darf die Ausübung des Wohnungsrechts nur bei (dinglicher oder schuldrechtlicher) Gestattung nach § 1092 Abs. 1 S. 2 BGB überlassen werden. In diesem Fall können die Berechtigten die Räume auf eigene Rechnung vermieten. Die Gestattung der Ausübungsüberlassung kann auch bedingt erteilt werden, etwa für den Fall der Pflegebedürftigkeit oder nur bei Tragung aller Lasten durch den Berechtigten.[396] Die Gestattung der Drittüberlassung abweichend von § 1092 Abs. 1 S. 2 BGB bzw. ein hierauf gerichteter (ggf. an weitere Voraussetzungen geknüpfter) Anspruch dürfte im Regelfall wegen des dann nach § 93 SGB XII drohenden Zugriffs des Sozialhilfeträgers nicht erwünscht sein. Die vorübergehende Aufnahme von Besuch ist hingegen als Ausübung der eigenen Wohnnutzung ohne Gestattung zulässig.

356   **c) Berechtigter.** Das Wohnungsrecht kann für eine oder mehrere **natürliche** oder **juristische Personen** (§§ 1092 Abs. 2, 1059a BGB)[397] bestellt werden. Die Einräumung eines Wohnungsrechts für den Miteigentümer ist ohne besondere Rechtfertigung zulässig.[398] Ungeachtet dessen, dass Inhalt des Wohnungsrechts die Nutzung „unter Ausschluss des Eigentümers" ist, gilt Gleiches für ein Wohnungsrecht **zugunsten des Eigentümers** selbst, welches bei nachfolgendem Auseinanderfallen von Berechtigtem und Eigentümer relevant wird.[399] Die Bestellung zugunsten eines Dritten (zB „für die Erben" einer noch lebenden Person) kommt nicht in Betracht, da § 328 BGB keine Anwendung auf dingliche Verträge findet.[400]

---

[390] OLG Saarbrücken MittRhNotK 1996, 220.
[391] OLG Nürnberg NotBZ 2002, 69; BayObLG DNotZ 1998, 384 (385 f.): analog § 1093 Abs. 3 BGB.
[392] OLG Hamm DNotZ 2001, 216 mAnm v. *Oefele*.
[393] BGH NJW 1982, 1868.
[394] Vgl. OLG Schleswig ZMR 2007, 369 (370).
[395] BGH NJW 1982, 1868 (1869).
[396] Formulierungsvorschläge bei *Krauß* Vermögensnachfolge Rn. 1564 ff.
[397] Vgl. BGH NJW 1967, 627 (628): Wohnnutzung aber notwendig durch natürliche Personen.
[398] BayObLG DNotZ 1992, 366.
[399] HM, vgl. zum Meinungsstand Staudinger/*J. Mayer* (2009) BGB § 1093 Rn. 19; vgl. auch → Rn. 295.
[400] Vgl. OLG München RNotZ 2011, 245; DNotI-Report 2011, 75.

Bei **mehreren Berechtigten** ist die Vereinbarung der Gesamtberechtigung nach § 428   357
BGB,[401] die Bestellung von parallelen Wohnungsrechten im Gleichrang untereinander
oder zum Gesamtgut der Gütergemeinschaft möglich. Aufgrund der Unteilbarkeit der
Leistung ist hier auch die Vereinbarung der Mitberechtigung nach § 432 BGB zulässig
(hM),[402] nicht hingegen eine Bruchteilsgemeinschaft mehrerer Berechtigter, zumal eine
Verfügung über den Anteil ausscheidet.[403] Formulierungsbeispiele zum Nießbrauch
→ Rn. 299, 301, 303.

d) Unentgeltlichkeit. Die durch das Wohnungsrecht vermittelte Wohnnutzung ist   358
grundsätzlich unentgeltlich.[404] Allerdings kann eine Pflicht zur (auch wiederkehrenden)
Zahlung eines Entgelts **schuldrechtlich** vereinbart werden. Eine derartige Zahlungspflicht kann zwar nicht (unmittelbar) Inhalt des dinglichen Rechts sein, aber als **Bedingung** für die Ausübung oder den Bestand des Wohnungsrechts zu dessen dinglichem
Rechtsinhalt gemacht werden. Zur Lastentragung → Rn. 361 ff. Ein **Wohnungsrecht**
könnte wie folgt lauten:

Formulierungsbeispiel: Wohnungsrecht   359

Zugunsten des Veräußerers wird hiermit ein Wohnungsrecht als beschränkte persönliche
Dienstbarkeit nach § 1093 BGB in der Weise bestellt, dass der Berechtigte auf Lebensdauer unter Ausschluss des Eigentümers zur Nutzung der abgeschlossenen Wohnung im
ersten Stock in dem Gebäude auf dem Grundstück Flst.-Nr. *** der Gemarkung ***
berechtigt ist. Das Recht zur Mitbenutzung der zum gemeinschaftlichen Gebrauch der
Bewohner bestimmten Anlagen und Einrichtungen, insbesondere von ***, ist eingeschlossen. Der Erwerber als künftiger Eigentümer hat die Räume stets bewohn- und be-
heizbar zu erhalten.

Die Ausübung des Wohnungsrechts darf Dritten (nicht) überlassen werden.

Die Eintragung des Wohnungsrechts mit diesem Inhalt im Rang nach *** wird bewilligt
und beantragt, mit dem Vermerk, dass zur Löschung der Nachweis des Todes des Berechtigten genügt.

Der Jahreswert des Wohnungsrechts wird für Gebührenzwecke angegeben mit
*** EUR.

Muster: → Rn. 557 sowie MVHdB VI BürgerlR II/*Langenfeld* Form. IX 24; *J. Mayer*/   360
Geck § 5 Rn. 72; Kersten/Bühling/*Franck* § 65 Rn. 3M; *Schöner/Stöber* GrundbuchR
Rn. 1234.

3. Lastentragung. a) Unterhaltungskosten. Für das Wohnungsrecht gelten einige Vor-   361
schriften des Nießbrauchs (§ 1093 Abs. 1 S. 2 BGB). Demgemäß muss der Berechtigte die
gewöhnlichen Unterhaltungskosten (Ausbesserungen, Erneuerungen) für das genutzte
Objekt tragen (§ 1041 S. 2 BGB), also die laufenden Reparaturen. Zur Tragung der **außergewöhnlichen Unterhaltungskosten** ist hingegen weder der Berechtigte noch der
Eigentümer verpflichtet,[405] sofern keine landesrechtlichen Sonderregelungen iSv Art. 96
EGBGB existieren. Die gewöhnlichen Unterhaltungskosten können allerdings dem Ei-
gentümer **mit dinglicher Wirkung** ganz oder teilweise aufgebürdet werden (§§ 1093
Abs. 1 S. 1, 1090 Abs. 2 iVm § 1021 BGB: Belastungsgegenstand als Anlage).[406] Der

---

[401] BGH DNotZ 1997, 401.
[402] BayObLG Rpfleger 1968, 220 (221); Palandt/*Herrler* BGB § 1093 Rn. 7; MüKoBGB/*Mohr* BGB § 1093
   Rn. 16; offen BGH NJW 1967, 627.
[403] OLG Köln DNotZ 1965, 686 (687).
[404] BayObLG DNotZ 1989, 569 (570).
[405] Vgl. *Schöner/Stöber* GrundbuchR Rn. 1250 „Pattsituation".
[406] Vgl. *J. Mayer/Geck* § 5 Rn. 49f.

Pflichtenumfang des Eigentümers sollte möglichst präzise beschrieben werden.[407] Anstelle der unselbständigen Reallast iSv § 1021 Abs. 2 BGB kommt auch die Bestellung einer eigenständigen Reallast in Betracht.

362 Nach der gesetzlichen Konzeption hat der Eigentümer die **allgemeinen Hauskosten** (Grundsteuer, Brandversicherung etc) sowie die **sonstigen Grundstückslasten** (Erschließungskosten, Zinsen von Grundpfandrechten) zu tragen, da in § 1093 Abs. 1 S. 2 BGB nicht auf § 1047 BGB verwiesen wird.[408] Ob eine abweichende Lastenverteilung nur schuldrechtlich vereinbart oder zum Inhalt des dinglichen Rechts gemacht werden kann, ist noch nicht abschließend geklärt.[409] Daher empfiehlt sich ein Vertrag zugunsten des künftigen Eigentümers.

363 **b) Verbrauchsabhängige Kosten.** Ob der Eigentümer die verbrauchsabhängigen Kosten (Strom, Telefon, Wasser, Heizung und Müll) auch ohne eine entsprechende vertragliche Regelung auf den Wohnungsberechtigten umlegen darf, ist unklar.[410] Es sollte daher stets geregelt werden, wer welche verbrauchsabhängigen Kosten zu tragen hat. Auch insoweit kann der Wohnungsberechtigte mit dinglicher Wirkung entlastet werden, so dass der Eigentümer noch weitergehend derartige Kosten übernimmt.[411]

364 **Formulierungsbeispiel: Bruttowohnrecht**

Als Inhalt des Wohnungsrechts wird vereinbart, dass der Eigentümer die Kosten von Strom, sämtliche Betriebskosten im Sinne der Betriebskostenverordnung und alle Schönheitsreparaturen für die Räume, die dem Wohnungsrecht unterliegen, trägt. Auch sämtliche übrigen Aufwendungen trägt der Erwerber als künftiger Eigentümer.

Es wird bewilligt und beantragt, dieses Wohnungsrecht als beschränkte persönliche Dienstbarkeit nach § 1093 BGB im Grundbuch einzutragen, mit dem Vermerk, dass zur Löschung der Nachweis des Todes des Berechtigten genügt.

365 Soweit Leistungspflichten des Eigentümers mit dinglicher Wirkung als unzulässig angesehen werden (zB Kosten für Telefon), bleibt deren Sicherung durch Reallast oder mit schuldrechtlicher Wirkung möglich.[412]

366 Vielfach besteht jedoch der Wunsch, dem Wohnungsberechtigten die **verbrauchsabhängigen Wohnkosten** aufzubürden. Eine derartige Abrede kann zwar (wohl) nicht zum dinglichen Inhalt des Wohnungsrechts gemacht werden, doch bietet der Vertrag zugunsten Dritter künftigen Eigentümern ausreichende Sicherheit. Im Interesse der Streitvermeidung sollte – sofern relevant (Mehrparteiennutzung) – der anzuwendende **Verteilungsschlüssel** (tatsächlicher Verbrauch, Pauschalierung) festgelegt werden.[413]

367 **4. „Umzug ins Pflegeheim".** Das Wohnungsrecht als Unterfall der beschränkten persönlichen Dienstbarkeit erlischt, wenn es niemandem mehr einen Vorteil bietet, also bei dauerhaften tatsächlichen oder rechtlichen Ausübungshindernissen.[414] Ein derartiges Hindernis liegt bei einer nur in der Person des Berechtigten begründeten Hinderung (zB stationäre Pflegebedürftigkeit, sog. **subjektives Ausübungshindernis)** wegen der (jedenfalls abstrakten) Möglichkeit, die mit dem Wohnungsrecht belasteten Räume mit

---

[407] Vgl. DNotI-Report 2003, 82 zur Auslegung der Klausel „Der Eigentümer hat die Wohnungsrecht unterliegenden Räume auf seine Kosten in stets gut bewohnbarem und beheizbarem Zustand zu erhalten."
[408] BayObLG DNotZ 1989, 569.
[409] Vgl. Staudinger/*Reymann* (2017) BGB § 1093 Rn. 47.
[410] In diesem Sinne wohl BGH DNotZ 2010, 193.
[411] *Amann* DNotZ 1989, 531.
[412] *Schöner/Stöber* GrundbuchR Rn. 1253f.
[413] *J. Mayer/Geck* § 5 Rn. 56. Formulierungsvorschlag für sog. Nettowohnrecht bei *Krauß* Vermögensnachfolge Rn. 1593.
[414] BGH NJW 2012, 3572 Rn. 5; DNotZ 1964, 493.

Zustimmung des Eigentümers Dritten zur Nutzung zu überlassen (vgl. § 1092 Abs. 1 S. 2 BGB aE), indes nicht vor.[415] Unter Umständen ist dann weder der Wohnungsberechtigte noch der Eigentümer zur Nutzung der dem Wohnungsrecht unterliegenden Räume berechtigt.[416] Zur Aufgabe des Wohnungsrechts → Rn. 374 ff.

a) Keine Pflicht des Eigentümers zur Vermietung. Mangels abweichender Regelung 368 ist der Eigentümer in aller Regel weder zur Vermietung der Räume und Auskehrung des Erlöses noch zur Gestattung der Vermietung durch den Wohnungsberechtigten verpflichtet. Eine derartige Verpflichtung könnte sich lediglich aus einer **ergänzenden Auslegung** des Überlassungsvertrages ergeben, was aus Sicht des BGH aber allenfalls in besonders gelagerten Ausnahmefällen in Betracht kommt.[417] Für eine Verpflichtung zur Vergütung einer etwaigen Eigennutzung ist ebenfalls nichts ersichtlich.[418] Die ergänzende Vertragsauslegung kann indes zu einer Beteiligung des Erwerbers an den Pflegeheimkosten in Höhe der durch den Auszug ersparten Aufwendungen führen.[419] Wegen der Vorhersehbarkeit der tatsächlichen Entwicklung scheidet eine **Vertragsanpassung nach § 313 Abs. 1 BGB** aus.[420] Ein Anspruch auf Gestattung der Vermietung gegenüber dem Eigentümer aus **§ 242 BGB** besteht auch nicht im Falle der Bedürftigkeit des Wohnungsberechtigten.[421] Denkbar ist ein Ersatzanspruch auf eine **Auszugsrente gemäß Art. 96 EGBGB** iVm dem jeweiligen Landesrecht, welcher allerdings einen einschlägigen Leibgedingsvertrag voraussetzt (→ Rn. 456). Nur soweit solche Ansprüche bestehen, sind sie nach § 93 SGB XII überleitungsfähig (→ Rn. 513).

b) Vermietung trotz fortbestehenden Wohnungsrechts. Sofern die dem Wohnungs- 369 recht unterliegenden Räume vermietet werden, stellt sich in Ermangelung einer Wegzugsklausel (→ Rn. 370; zur Möglichkeit der Aufgabe des Wohnungsrecht → Rn. 374 ff.) die Frage nach der Verteilung des Erlöses. Existiert eine vertragliche Vereinbarung, ist diese auch im Hinblick auf §§ 528 f. BGB, § 93 SGB XII maßgeblich (Arg. § 517 BGB).[422] Anderenfalls fehlt es an einer Anspruchsgrundlage für eine Teilhabe des nicht vermieteten Teils, da der Mietzins weder dem Wohnungsberechtigten noch dem Eigentümer zugewiesen ist und es daher an einer Bereicherung „auf dessen Kosten" iSv § 812 Abs. 1 S. 1 BGB fehlt.[423] Gänzlich schutzlos ist der Betroffene gleichwohl nicht, da ihm aufgrund des rechtswidrigen (und schuldhaften) Eingriffs in sein Eigentum bzw. Wohnungsrecht Beseitigungs- und Unterlassungsansprüche gegen den anderen gemäß § 823 Abs. 1 iVm § 249 Abs. 1 BGB sowie gemäß bzw. analog § 1004 BGB zustehen. Im Zweifel erscheint eine hälftige Teilung des Nettomieterlöses angemessen, auch dann, wenn sich Eigentümer und Wohnungsberechtigter nur über das „Ob" der Fremdvermietung geeinigt und keine weiteren Abreden getroffen haben.[424]

c) Sog. Wegzugsklausel. Um die vorbeschriebene gegenseitige Blockade sowie Diskus- 370 sionen über die Verteilung etwaiger Mieteinnahmen vorausschauend zu vermeiden, besteht die Möglichkeit, das Wohnungsrecht im Sinne einer sog. Wegzugsklausel bereits bei

---

[415] BGH NJW 2007, 1884.
[416] BGH NJW 2012, 3572 Rn. 17 mAnm *Herrler*.
[417] Arg.: bewusste Entscheidung für Wohnungsrecht als höchstpersönliches Recht, näher BGH DNotZ 2009, 431 Rn. 18 ff.
[418] Vgl. *Herrler* DNotZ 2009, 408 (411 ff.).
[419] Vgl. BGH NJW 2007, 1884 Rn. 24.
[420] BGH DNotZ 2009, 431 Rn. 11.
[421] BGH NJW 2012, 3572 Rn. 15: ansonsten unzulässige Erweiterung um Elemente des Nießbrauchs.
[422] Vgl. *Herrler* DNotZ 2009, 408 (422); zustimmend *Weber* ZNotP 2019, 20 (22).
[423] BGH NJW 2012, 3572 Rn. 9 f.; OLG Köln MittBayNot 2015, 432 mAnm *Krauß*.
[424] *Herrler* DNotZ 2009, 408 (416 ff.); aA wohl BGH DNotZ 2008, 703 Rn. 22 f.: im Zweifel Anspruch des Nutzungsrechtsinhabers auf vollen Mieterlös bei Vermietungsabrede ohne Regelung über die Verteilung der Einnahmen.

Bestellung[425] dahingehend zu beschränken, dass es im Falle des dauerhaften Auszugs des Wohnungsberechtigten[426] unter Ausschluss jeglicher Geldersatzansprüche erlischt (**auflösend bedingtes Wohnungsrecht**).[427] Die Bedingung muss materiell-rechtlich hinreichend bestimmt sein; grundbuchverfahrensrechtlich sollte ihr Eintritt in der Form des § 29 GBO nachweisbar sein (zB amtsärztliches Attest, Bescheinigung der Meldebehörde).[428] Alternativ kann man erwägen, eine Vertrauensperson zur Abgabe der Löschungsbewilligung zu bevollmächtigen (Formulierungsbeispiel → Rn. 522), allerdings mit der jeder Vollmacht anhaftenden Schwäche (Widerruflichkeit jedenfalls aus wichtigem Grund, § 117 InsO). Vorsorglich sollte daher immer eine Verpflichtung zur Abgabe einer Löschungsbewilligung aufgenommen werden.

370a Formulierungsbeispiel: Auflösend bedingtes Wohnungsrecht

Das Wohnungsrecht ist auflösend bedingt auf den voraussichtlich dauerhaften Auszug des Berechtigten. Die Bedingung gilt als eingetreten, wenn der Berechtigte seit mindestens sechs Monaten weder mit Haupt- noch mit Zweitwohnsitz bei der zuständigen Meldebehörde gemeldet ist oder der beurkundende Notar eine notarielle Eigenurkunde über den Eintritt der auflösenden Bedingung errichtet hat. Der Notar wird hiermit allseits in einseitig nicht widerruflicher Weise angewiesen, diese Eigenurkunde zu errichten, wenn ihm inhaltlich übereinstimmende, schriftliche Atteste von mindestens zwei nicht in gemeinsamer Praxis tätigen Ärzten vorgelegt werden, denen zufolge der Berechtigte mit hoher Wahrscheinlichkeit voraussichtlich dauerhaft an der persönlichen Ausübung seines Wohnungsrechts gehindert ist. Mit Bedingungseintritt erlöschen die wechselseitigen Reche und Pflichten aus den dem Wohnungsrecht zugrunde liegenden Abreden. Bei Eintritt der Bedingung ist der Wohnungsberechtigte verpflichtet, unverzüglich die Löschung seines Rechts in grundbuchtauglicher Form [*ggf.:* auf Kosten des Eigentümers] zu bewilligen.

371 Sofern man einen Automatismus vermeiden will, kann man sich auf eine **Verpflichtung zur Aufgabe des Wohnungsrechts** beschränken. Durch die dann erforderliche Bewilligung entstehen zusätzliche (geringe) Kosten. Im Gegenzug entfällt das grundbuchverfahrensrechtliche Nachweisproblem bzw. die ansonsten gebotene Prüfung durch den Notar.

372 Formulierungsbeispiel: Verpflichtung zur Aufgabe des Wohnungsrechts

Der Veräußerer verpflichtet sich zur unverzüglichen Aufgabe seines Wohnungsrechts, wenn er die daraus resultierenden Rechte für einen zusammenhängenden Zeitraum von mindestens neun Monaten nicht mehr ausgeübt hat oder beabsichtigte, diese künftig nicht mehr auszuüben, und weder der Erwerber noch eine diesem nahe stehende Person die Nichtausübung zu vertreten hat.

373 Durch die Absichtsalternative im vorstehenden Formulierungsbeispiel soll eine frühzeitige Löschung, auch durch den Betreuer (→ Rn. 375 f.), ermöglicht werden. Für den Fall eines vorübergehenden Ausübungshindernisses kann ein „Ruhen" der Rechte und Pflichten vereinbart werden. Der BGH hat klargestellt, dass eine derartige Wegzugsklausel grundsätzlich **nicht sittenwidrig** ist.[429] Im Einzelfall mag die willkürliche Auslösung der

---

[425] Eine Wegzugsklausel kann grds. auch nachträglich vereinbart werden, was in der Praxis aber die große Ausnahme darstellen dürfte. Hierin liegt – ebenso wie in der späteren Aufgabe des Rechts – aufgrund der Reduzierung des Rechts des Übergebers idR eine weitere Schenkung iSv § 516 BGB.
[426] Vgl. BayObLG DNotZ 1998, 299: „Berechtigte [verlässt] das Anwesen nicht nur vorübergehend".
[427] *Auktor* MittBayNot 2008, 14; *J. Mayer* DNotZ 2008, 672.
[428] Formulierungsvarianten bei *Krauß* Vermögensnachfolge Rn. 1195 ff.
[429] Arg.: Überlassung könnte auch ohne jede Gegenleistung/jedes vorbehaltene Recht erfolgen, BGH DNotZ 2009, 441 Rn. 11 f.

Wegzugsklausel – im Gegensatz zu einem objektiv nötigen Auszug, etwa aus gesundheitlichen Gründen – vergleichbar einer einseitigen Aufhebung (→ Rn. 374) als freigiebige Zuwendung und damit als Schenkung iSv § 516 Abs. 1 BGB anzusehen sein, was insbesondere im Hinblick auf die auf zehn Jahre befristete Rückforderung nach §§ 528 f. BGB von Bedeutung ist.[430] Da es sich bei dem Übernehmer aber vielfach um einen nahen Familienangehörigen handelt, kommt im Falle der Hilfebedürftigkeit des (ehemals) Wohnungsberechtigten – über Ansprüche aus §§ 528 f. BGB hinaus – vor allem eine unterhaltsrechtliche Inanspruchnahme in Betracht.

5. Spätere Aufhebung des Wohnungsrechts. Das Wohnungsrecht kann seitens des Berechtigten später einseitig aufgehoben werden (vgl. **§ 875 BGB**). Die Beweggründe für den Wunsch nach einer späteren Aufgabe des vorbehalten Nutzungsrechts sind vielfältig. Neben dem „drohenden Umzug ins Pflegeheim" kommen der beabsichtigte Verkauf der Immobilie,[431] die Vollziehung des „zweiten Schrittes" der steuerschonenden Überlassung (vgl. Zehnjahresfrist des § 14 ErbStG), der selbstbestimmte dauerhafte Umzug, – bei einem vermieteten Objekt[432] – die Verlagerung der laufenden Einkünfte auf den Übergeber oder emotionale Motive („Vertrauensbeweis") in Betracht. Bei der Aufgabe des Nutzungsrechts wird es sich jedenfalls regelmäßig um eine **Schenkung iSv § 516 Abs. 1 BGB** handeln. Ob unter besonderen Umständen eine Schenkung zu verneinen sein kann, ist noch nicht abschließend geklärt. Eine Schenkung scheidet unter anderem aus, wenn die Aufgabe des Rechts nicht mit einer Entreicherung des vormals Wohnungsberechtigten einhergeht.[433] Ebenso wie der Nießbrauch erlischt das Wohnungsrecht grundsätzlich mit dem Tod des Berechtigten bzw. mit dem Eintritt einer etwa vereinbarten auflösenden Bedingung bzw. Befristung (→ Rn. 289). 374

a) Aufhebung durch den Betreuer und Schenkungsverbot des § 1804 BGB. Nach Auffassung des XII. Zivilsenats des BGH stellt ein derartiger „Verzicht" aber ausnahmsweise **keine Schenkung** dar, wenn die Aufgabe des Wohnungsrechts bei Abwägung aller damit verbundenen Vor- und Nachteile (auch) im Interesse des Berechtigten liegt, was voraussetzen dürfte, dass die persönliche und jede andere Nutzung oder Verwertung[434] des Wohnungsrechts durch den Berechtigten, insbesondere im Wege der Vermietung, ausgeschlossen erscheint (realer Vermögenswert des Rechts null oder wegen der Lasten gar negativ; wohl nur denkbar, wenn keine fortbestehende Lastentragungspflicht aus Begleitschuldverhältnis).[435] Unter diesen Voraussetzungen kann auch der **Betreuer** das Recht ohne jede Gegenleistung aufheben, ohne dass darin ein Verstoß gegen § 1804 BGB zu sehen wäre.[436] Allein der Umstand, dass die Aufgabe für einen Dritten (den Eigentümer) vorteilhaft ist, führt nicht notwendig zu einem korrespondierenden Nachteil beim Berechtigten. In diesem Fall ist die nach §§ 1908i Abs. 1 S. 1, 1821 Abs. 1 Nr. 1 BGB genehmigungsbedürftige Aufhebungserklärung genehmigungsfähig. 375

Um eine reibungslose betreuungsgerichtliche Genehmigung im Falle der Aufhebung eines Wohnungsrechts zu gewährleisten, empfiehlt es sich, in der Löschungsbewilligung das Motiv für dieselbe (Befreiung von der monatlichen Kostenlast) hinreichend deutlich zum Ausdruck zu bringen. Sofern das Fortbestehen des Wohnungsrechts mit keinerlei Belastungen für den Berechtigten verbunden ist, etwa weil der Eigentümer nach der Vereinbarung sämtliche Kosten zu tragen hat, dürfte ein entschädigungsloser Verzicht durch den 376

---

[430] Vgl. *Everts* MittBayNot 2015, 14 (18).
[431] Für eine Belastung mit einem Grundpfandrecht ist grds. ein Rangrücktritt ausreichend. Auch in diesem kann eine Schenkung iSv § 516 Abs. 1 BGB zu sehen sein.
[432] § 1092 Abs. 1 S. 2 BGB abbedungen.
[433] Näher *Herrler* DNotZ 2019, 493 (499) mwN.
[434] ZB Ablösung im Zuge eines beabsichtigten Verkaufs der Immobilie.
[435] Vgl. DNotI-Report 2012, 25 (26).
[436] BGH NJW 2012, 1956.

Betreuer ausscheiden. Gleiches gilt bei erkennbarer wirtschaftlicher Werthaltigkeit des Wohnungsrechts, wenn etwa der Eigentümer für den beabsichtigten Verkauf der Immobilie auf die Löschungsbewilligung angewiesen ist.[437]

377　**b) Aufhebung durch den Berechtigten selbst. aa) Stets Schenkung iSv § 516 Abs. 1 BGB?** Die vorgenannten Maßstäbe (**umfassende Abwägung aller Vor- und Nachteile**) greifen richtigerweise auch bei einer Aufhebung durch den Berechtigten selbst ein. Insoweit geht es freilich nicht um ein Schenkungsverbot, sondern allein um ein etwaiges Rückforderungsrecht nach §§ 528 f. BGB. Zwar hat das OLG Nürnberg für die Zwecke der §§ 516 ff. BGB einen abweichenden Schenkungsbegriff zugrunde gelegt und daher unabhängig von einer Entreicherung seitens des Berechtigten einen Rückforderungsanspruch bejaht.[438] Unbeschadet dessen, dass dem Zivilrecht kein einheitlicher Schenkungsbegriff zugrunde liegt, sondern dieser schutzzweckbezogen zu bestimmen ist, verkennt das OLG Nürnberg allerdings, dass die Aufgabe einer werthaltigen Vermögensposition unverzichtbarer Bestandteil einer Schenkung iSv § 516 BGB ist und hier nicht abstrakt auf den Wert der kapitalisierten Nutzungen abgestellt werden kann. Gerade mit Blick auf die fehlende Verkehrsfähigkeit des Rechts kann das Wohnungsrecht in einer besonders ungünstigen Gesamtkonstellation[439] (**ausnahmsweise) keinen realen Vermögenswert** für den Berechtigten mehr haben, sodass eine Schenkung als Anknüpfungspunkt des Rückforderungsrechts nach §§ 528 f. BGB ausscheidet.[440] Dies dürfte von vornherein nur in Betracht kommen, wenn in der Person des Wohnungsberechtigten ein dauerhaftes objektives Ausübungshindernis besteht, eine Drittvermietung nach dem Inhalt des Rechts ausgeschlossen ist und die Aufgabe nicht im Zusammenhang mit einem Verkauf der Immobilie erfolgt.[441] Sodann ist danach zu differenzieren, ob eine wie auch immer geartete Mitwirkung des Eigentümers an einer Drittvermietung zu einem (ggf. sehr hohen) Preis realistisch oder aufgrund der Gesamtumstände (nahezu) ausgeschlossen ist. Lediglich im letztgenannten Fall mag dem Wohnungsrecht im Einzelfall kein bzw. aufgrund der vom Wohnungsberechtigten zu tragenden Lasten sogar ein negativer Wert zukommen und daher in der Aufgabe keine Entreicherung liegen.[442] Demgegenüber stellt sich die **Aufgabe eines Nießbrauchs** schon mit Blick auf die Möglichkeit der Nutzungsziehung, etwa durch Vermietung, (nahezu ausnahmslos) als Schenkung iSv § 516 Abs. 1 BGB dar.[443]

377a　**bb) Konsequenzen einer Schenkung.** Liegt in der Aufgabe des Wohnungsrechts eine Schenkung, ist die **Aufgabeerklärung nach § 518 Abs. 1 S. 1 BGB zu beurkunden.** Man mag es aus Kostengründen insoweit bei der Beglaubigung allein der verfahrensrechtlichen Löschungsbewilligung iSv § 29 GBO belassen, doch ist ein Vertrauen auf die Heilung nach § 518 Abs. 2 BGB mit Restrisiken verbunden.[444] Zudem steht dem vormals Berechtigten für den Fall, dass er innerhalb der nächsten zehn Jahre außer Stande ist, seinen angemessenen Unterhalt zu bestreiten, ein **Rückforderungsanspruch nach Maßgabe von §§ 528 f. BGB** zu (→ Rn. 516), jedoch begrenzt durch den konkreten Unter-

---

[437] *Zimmer* NJW 2012, 1919 (1921) mwN.

[438] OLG Nürnberg MittBayNot 2015, 30; ähnlich *Weber* ZNotP 2019, 20 (22): teleologische Reduktion des Schenkungsverbots des § 1804 BGB.

[439] Hohe laufende Kosten, keinerlei Bereitschaft des Eigentümers, der Drittvermietung zuzustimmen oder ein Entgelt für die Aufgabe des Nutzungsrechts zu bezahlen, und nahezu ausgeschlossener späterer erneuter Selbstnutzung durch den Berechtigten.

[440] Näher zur insoweit gebotenen Abwägung und den maßgeblichen Kriterien *Herrler* DNotZ 2019, 493 (503 ff.). So im Ergebnis auch *G. Müller* NotBZ 2013, 425.

[441] Ähnlich *Everts* MittBayNot 2015, 14 (16).

[442] Eine Entreicherung des vormals Wohnungsberechtigten unter diesen Umständen generell ablehnend *Everts* MittBayNot 2015, 14 (17).

[443] OLG Köln MittBayNot 2017, 573.

[444] Vgl. *Herrler* DNotZ 2019, 493 (510).

haltsbedarf des Schenkers („soweit"). Ist der Schenkungsgegenstand unteilbar (zB Grundstück, aufgegebenes Nutzungsrecht), ist der Anspruch gemäß § 818 Abs. 2 BGB auf Teilwertersatzleistungen in Geld gerichtet, also jeweils auf Zahlung in Höhe des dem Bedürfnis des Schenkers entsprechenden Wertteils des Geschenks.[445] Die Teilwertersatzleistungen sind der Höhe nach auf den Wert des Geschenks begrenzt. Nach Ansicht des BGH ist für die Ermittlung des Werts des Geschenks der Zeitpunkt maßgeblich, in dem der Rückforderungsanspruch des Schenkers entstanden ist.[446] Der **Wert des Geschenks** soll sich aus dem Wertzuwach des Grundstücks infolge des gelöschten Nutzungsrechts im Verarmungszeitpunkt (= Anspruchsentstehung) und den aus dem Geschenk seit der Schenkung gezogenen Nutzungen zusammensetzen.[447] Richtigerweise haben die gezogenen Nutzungen indes außer Ansatz zu bleiben, da andernfalls der maßgebliche Zeitpunkt entgegen der gesetzlichen Konzeption auf den Zuwendungszeitpunkt zurückverlegt würde, nach § 818 Abs. 1 BGB (Rechtsfolgenverweis) gezogene Nutzungen nur für den Zeitraum des Bestehens des Hauptanspruchs herauszugeben sind und die Nutzungsersatzpflicht in einem nicht unerheblichen Spannungsverhältnis zur Option des Beschenkten steht, seiner Leistungpflicht durch Rückübereignung des Geschenks zu entgehen.[448]

Praxishinweis:

Weitere zivilrechtliche Konsequenzen einer Schenkung sind deren etwaige Widerruflichkeit nach §§ 530 ff. BGB und deren mögliche Anfechtbarkeit nach § 134 InsO, § 4 AnfG. Grundsätzlich begründet die in der Aufgabe liegende Schenkung einen Pflichtteilsergänzungsanspruch nach § 2325 BGB, doch ist deren Wert nach dem Niederstwertprinzip des § 2325 Abs. 2 S. 2 Hs. 1 BGB stets null. Näher hierzu und zu dem dadurch veranlassten Anlauf der Zehnjahresfrist des § 2325 Abs. 3 S. 2 BGB → Rn. 320. Sofern eine Schenkung im Raum steht, sollten die Beteiligten auf die möglichen zivilrechtlichen Konsequenzen der Aufgabe des Wohnungsrechts und auf die mögliche Schenkungsteuerpflicht hingewiesen werden.[449]

---

cc) Gestaltungsmöglichkeiten. Sofern nicht bereits bei Bestellung des Wohnungsrechts   377b
Vorsorge für dessen späteres Erlöschen getroffen wurde („Wegzugsklausel"), verfügen Eigentümer und Berechtigter über einen weiten Spielraum hinsichtlich der einvernehmlichen Zuordnung etwaiger Mieteinnahmen (vgl. § 517 BGB), sodass eine Aufgabe vielfach nicht erforderlich ist. Sofern die Aufgabe gleichwohl geboten bzw. erwünscht ist, lassen sich etwaige missliebige Folgen unter anderem durch eine der nachfolgenden Maßnahmen ausschließen bzw. abmildern:[450]

– **Vermeidung einer Schenkung:**
  Eine freigiebige Zuwendung liegt nicht vor, wenn der Aufgebende eine im Wesentlichen angemessene Abfindungszahlung für sein Wohnungsrecht oder eine andere im Wesentlichen gleichwertige Gegenleistung erhält. Bei deren Bemessung ist neben dem Beurteilungsspielraum der Vertragsparteien zu berücksichtigen, dass der Verkehrswert eines nicht mehr ausübbaren, höchstpersönlichen Wohnungsrechts mangels Verkehrsfähigkeit typischerweise erheblich hinter der Verkehrswertsteigerung des Grundstücks infolge des Erlöschens des Wohnungsrechts in der Hand des Eigentümers zurückbleibt.

---

[445] Vgl. BGH NJW 1985, 2419.
[446] BGH DNotZ 2018, 825 Rn. 9 = NJW 2018, 3775 mAnm *Zeranski* = RNotZ 2018, 694 mAnm *Heinig*.
[447] BGH DNotZ 2018, 825 Rn. 12, 15 f.
[448] Vgl. *Zeranski* NJW 2018, 3777 f.; *Herrler* DNotZ 2019, 493 (514 ff.).
[449] Bei der bloßen Bewilligung der Unterschrift unter eine Löschungsbewilligung, die der Notar nicht selbst entworfen hat (ohne diese Differenzierung *Everts* MittBayNot 2015, 14 (17)), besteht insoweit keine Pflicht zu einem entsprechenden Hinweis.
[450] Näher *Herrler* DNotZ 2019, 493 (521 ff.).

– **Vermeidung der Verarmung bis zum Ablauf der Zehnjahresfrist des § 529 Abs. 1 BGB:**
Ein drohender Rückforderungsanspruch nach § 528 Abs. 1 S. 1 BGB lässt sich dadurch vermeiden, dass dem Nutzungsberechtigten dergestalt finanzielle Mittel zur Verfügung gestellt werden, dass dessen Verarmung iSv § 528 Abs. 1 S. 1 BGB nicht innerhalb der Zehnjahresfrist des § 529 Abs. 1 BGB eintritt. Insoweit ist aber rechtzeitiges Handeln erforderlich. Eine nachträgliche Beseitigung der Verarmung genügt nicht.
– **„Rückschenkung":**
Sofern der Anspruch nach § 528 Abs. 1 S. 1 BGB (in Gestalt von Teilwertersatzleistungen bis zum Wert des Geschenks) entstanden ist, kann sich der Beschenkte der Zahlungspflicht durch Rückgabe des Geschenks entziehen, vorliegend also durch Wiedereinräumung des aufgegebenen Wohnungsrechts.[451] Ob der Aufgebende noch Interesse am Wohnungsrecht hat, ist unerheblich. Die Rückschenkung bzw. ein entsprechendes formgerechtes Angebot muss allerdings angesichts der Höchstpersönlichkeit des Rechts zu Lebzeiten des Schenkenden erfolgen. Ob hierdurch der Zahlungsanspruch auch insoweit erlischt, als er sich auf die seit Aufgabe gezogenen Nutzungen bezieht, ist aber unklar.[452] Jedenfalls erlischt er hinsichtlich der Wertsteigerung der Immobilie. Im Einzelfall kann in der Wiedereinräumung des Nutzungsrechts ihrerseits eine Schenkung liegen; in diesem Fall sollte vor Wiedereinräumung des Nutzungsrechts geprüft werden, ob die Freibeträge[453] ausreichen.

Praxishinweis:

Ungeachtet dessen, dass der Anspruch aus § 528 Abs. 1 S. 1 BGB bei Aufgabe von Nutzungsrechten vielfach durch rechtzeitiges Eingreifen vermieden bzw. durch Rückübertragung erheblich reduziert werden kann, sollte man vorbehaltene, insbesondere höchstpersönliche **Nutzungsrechte nicht voreilig aufgeben**, selbst wenn diese im Aufgabezeitpunkt (vermeintlich) wert- und nutzlos sind. In aller Regel lassen sich die mit der Aufgabe verfolgten Ziele auf andere Weise erreichen.

---

378 **6. Anlauf der Zehnjahresfrist nach § 2325 Abs. 3 BGB. a) Dingliches Wohnungsrecht. aa) Umfassendes Wohnungsrecht.** Trotz der hinter den Rechten aus dem Nießbrauch zurückbleibenden Rechte des Wohnungsberechtigten herrscht in der Literatur weitgehend Einigkeit, dass in der Konsequenz der Nießbrauchsentscheidung des BGH ein **umfassendes Wohnungsrecht** dem Anlauf der Zehnjahresfrist des § 2325 Abs. 3 BGB ebenfalls entgegensteht. Die vom BGH geforderte wirtschaftliche Ausgliederung liege mangels Verzichts auf die Nutzungen der Immobilie bei einem derartigen Wohnungsrecht nicht vor.[454] Der IV. Zivilsenat des BGH hat dies jüngst im Grundsatz bestätigt, aber im Leitsatz seines Urteil vom 29.6.2016 herausgestellt, dass eine Hemmung des Fristanlaufs nur in Ausnahmefällen in Betracht kommt.[455] Ungeachtet dessen ist angesichts der Entscheidungsgründe davon auszugehen, dass ein umfassendes Wohnungsrecht dem Anlauf der Frist in aller Regel entgegensteht.[456]

---

[451] Vgl. BGH NJW 2010, 2655.
[452] Ablehnend *Hauß* FamRB 2018, 450 (451) unter Hinweis auf BGH DNotZ 2018, 825; für eine gänzliche Enthaftung *Weber* ZNotP 2019, 20 (24) unter Hinweis auf BGH NJW 2010, 2655 Rn. 16.
[453] IdR nur 20.000 EUR bei Schenkung an einen Elternteil.
[454] Vgl. *Gehse* RNotZ 2009, 361 (368); *Heinrich* MittRhNotK 1995, 157 (163); *Herrler* ZEV 2008, 461 (462). Ebenso jüngst BGH NJW 2016, 2957.
[455] BGH DNotZ 2016, 805.
[456] Ebenso *Gockel* ErbR 2016, 572 (575); *Grziwotz* FamRZ 2016, 1455 (1456). In diesem Sinne auch OLG München MittBayNot 2017, 411.

bb) Teilweises Wohnungsrecht. Höchstrichterlich ebenfalls noch nicht geklärt und in 379 der instanzgerichtlichen Rechtsprechung und in der Literatur nach wie vor heftig umstritten ist die Frage, ob bzw. unter welchen Voraussetzungen Gleiches für den Vorbehalt eines „teilweisen" Wohnungsrechts gilt.[457] Im Urteil vom 29.6.2016 hat der IV. Zivilsenat des BGH betont, dass stets die **Umstände des Einzelfalls** für die Bejahung bzw. Verneinung einer fristauslösenden Leistung iSv § 2325 Abs. 3 S. 2 BGB maßgeblich sind.[458] Der Leitsatz der Entscheidung („in Ausnahmefällen Beginn des Fristlaufs gehindert") und die Erwägungsgründe deuten jedoch darauf hin, dass bei einem teilweisen Wohungsrecht tendenziell von einem Anlauf der Frist auszugehen ist.[459] Ein **gespaltener Fristbeginn** wird überwiegend unter Verweis auf die Nießbrauchsentscheidung **abgelehnt,** da der BGH den Anlauf der Frist bei wesentlicher Weiternutzung insgesamt ablehnt, bei unwesentlicher Weiternutzung insgesamt bejaht, wohl mit Blick darauf, dass es sich um einen einheitlichen Schenkungsgegenstand handelt.[460] Einvernehmen besteht insoweit, als der **Reichweite des Nutzungsrechts zentrale Bedeutung** beigemessen wird (**gegenständlich** hinsichtlich der umfassten Räume sowie **personell** im Hinblick auf eine etwaige Gestattung der Ausübungsüberlassung an Dritte). Je geringer der Ausübungsbereich bzw. je schwächer die dem Übergeber verbleibenden Befugnisse ausgestaltet sind, desto wahrscheinlicher ist der Fristanlauf. Im Übrigen setzen die Instanzgerichte – ausgehend vom Kriterium des „spürbaren Vermögensopfers" bzw. des „Genussverzichts" des Erblassers – im Detail unterschiedliche Akzente.

(a) Meinungsstand in der Rechtsprechung. Teilweise wird in der Instanzrechtsprechung allein auf die **tatsächlichen Verhältnisse im Zeitpunkt der Übergabe** abgestellt. Soll bei schon bislang gemeinsamem Wohnen von Übergeber und Erwerber im selben Haus nach dem Willen der Beteiligten der *status quo* ohne wesentliche tatsächliche Veränderungen aufrechterhalten werden und umfasst demnach das Wohnungsrecht all diejenigen Räume, die der Übergeber vor der Überlassung genutzt hat, soll eine wirtschaftliche Ausgliederung grundsätzlich ausscheiden. Ein Verbot der Ausübungsüberlassung an Dritte ändere daran nichts.[461] Ohne dies ausdrücklich auszusprechen, scheint der BGH dieser restriktiven Linie nicht zu folgen, da er andernfalls in seiner Entscheidung vom 29.6.2016 den Fristanlauf jedenfalls nicht problemlos hätte bejahen können.[462] Entscheidende Bedeutung kommt vielmehr dem Umstand zu, dass der spätere Erblasser durch die Vermögensübertragung unter Vorbehalt eines lediglich teilweisen Wohnungsrechts seine **Stellung als „Herr im Haus" verliere,** da der Erwerber künftig über ein **eigenes (Mit-)Nutzungsrecht** verfüge und der spätere Erblasser den Erwerber insbesondere kaum mehr von der Nutzung der gemeinschaftlichen Räume ausschließen könne, was insbesondere im Streitfall eine erhebliche Verschlechterung der Rechtsstellung bedeute. Sofern die rechtliche Nutzungsbefugnis des Erwerbers daher nicht aufgrund der Reichweite des Wohnungsrechts völlig zu vernachlässigen sei, liege eine fristauslösende Leistung vor.[463] Hierauf hat auch der BGH jüngst den Fristanlauf maßgeblich gestützt, wobei zusätzlich **keine Drittvermietungsmöglichkeit** bestand und der Erwerber die nicht vom Wohnungsrecht erfassten Räume auch tatsächlich nutzte (kein Umgehungsfall).[464] Weitere

---

[457] Überblick bei NK-PflichtteilsR/*Herrler* Anh. 2 Rn. 103 ff.; BeckOGK/*Schindler,* 1.2.2019, BGB § 2325 Rn. 275 ff.
[458] BGH DNotZ 2016, 805 Rn. 15.
[459] Ebenso BeckOGK/*Schindler,* 1.2.2019, BGB § 2325 Rn. 278.
[460] Vgl. BGH NJW 1994, 1791 f.; *Schindler* ZEV 2005, 290 (293 f.); *Odersky* notar 2009, 296 (301), jew. mwN; aA *N. Mayer* ZEV 1994, 325 (329): Wertrelation maßgebend; differenzierend *Weber* ZEV 2017, 252 (254).
[461] So insbesondere OLG München MittBayNot 2009, 158; OLG Düsseldorf FamRZ 1999, 1546.
[462] Soweit ersichtlich, trat keine grundlegende Änderung in den Wohnverhältnissen der Übergeber infolge der Überlassung unter Vorbehalt eines teilweisen Wohnrechts ein (vgl. BGH NJW 2016, 2957).
[463] So OLG Karlsruhe ZEV 2008, 244; OLG Oldenburg ZEV 2006, 80; OLG Bremen NJW 2005, 1726.
[464] BGH DNotZ 2016, 805 Rn. 16–18.

Indizien für eine wirtschaftliche Ausgliederung und damit für den Fristanlauf nach § 2325 Abs. 3 S. 2 BGB können – wegen des dadurch drohenden Rechtsverlusts – das Bestehen von Grundpfandrechten des Eigentümers im Rang vor dem Wohnungsrecht bzw. ein entsprechender Rangvorbehalt sein.[465]

381 **(b) Meinungsstand in der Literatur.** In der Literatur wird teilweise ein **mathematischer Ansatz** verfolgt, wenngleich in unterschiedlichen Ausprägungen. Nach einer Auffassung soll es maßgeblich auf das Verhältnis der dem Wohnungsrecht unterliegenden Räume zur gesamten Nutzfläche des Gebäudes ankommen (**Flächenrelation;** Nutzungsquote des Übergebers von mehr als 50% bzw. bereits von 10% bis 20% schädlich).[466] Teilweise wird auf die **Wertrelation** zwischen dem unbelastet übertragenen Zuwendungsobjekt und dem vom Nutzungsvorbehalt erfassten Teil abgestellt.[467] Nach aA soll die Zehnjahresfrist dann zu laufen beginnen, wenn sich die **Rechtsstellung des Übergebers** infolge der Überlassung **wesentlich verschlechtert** hat.[468]

382 **(c) Stellungnahme.** Die Annahme, der spätere Erblasser habe sich „von der Absicht […] leiten lassen, die Pflichtteilsberechtigten zu benachteiligen", liegt richtigerweise eher fern, wenn lediglich ein teilweises Wohnungsrecht vereinbart und die Überlassung der Ausübung an Dritte nicht gestattet wird, jedenfalls dann, wenn sich das Wohnungsrecht nicht praktisch auf das gesamte Gebäude erstreckt. Denn der spätere Erblasser hat weite Teile seiner Eigentümerbefugnisse aufgegeben (kein Zugriff auf Substanzwert, eingeschränkte Nutzungsbefugnis). Die beschränkte Eigennutzungsbefugnis wird ferner dadurch beeinträchtigt, dass der Übergeber nicht mehr in der Lage ist, den Erwerber im Streitfall von der Nutzung der Gemeinschaftsräume und der nicht mit dem Wohnungsrecht belasteten Räume auszuschließen. Ein **spürbares Vermögensopfer** als Voraussetzung des Fristanlaufs ist **bei einem teilweisen Wohnungsrecht** daher – vorbehaltlich sonstiger vorbehaltener Rechte (Gesamtbetrachtung!) – in aller Regel ohne weiteres **zu bejahen.**[469] Der BGH scheint dies ebenso zu sehen. Von Umgehungsfällen abgesehen, in denen der neue Eigentümer trotz eines nur teilweisen Wohnungsrechts seine Eigentümerbefugnisse hinsichtlich der nicht vom Wohnungsrecht erfassten Gebäudeteile faktisch nicht ausübt, steht ein teilweises Wohnungsrecht ohne Gestattung der Ausübungsüberlassung an Dritte dem Fristanlauf grundsätzlich nicht entgegen.[470]

> **Praxishinweis:**
> Angesichts der nach wie vor nicht abschließend geklärten Rechtslage und der vom BGH jüngst erneut geforderten Prüfung der Einzelfallumstände sollte der Ausübungsbereich des Wohnungsrechts weiterhin tendenziell eher defensiv ausgestaltet werden, sofern es dem Übergeber maßgeblich auf den Anlauf der Zehnjahresfrist ankommt. Ist die Aus-übungsüberlassung an Dritte nicht gestattet,[471] dürfte nach dem Urteil des IV. Zivilsenats vom 29.6.2016 auch ein 50% der Fläche (deutlich) übersteigender Aus-übungsbereich dem Fristanlauf nicht entgegen stehen. Der besonders vorsichtige Gestalter mag zudem den Ausübungsbereich so wählen, dass sich dieser nicht vollstän-

---

[465] BGH DNotZ 2016, 805 Rn. 19.
[466] Vgl. *Wegmann* MittBayNot 1994, 307 (308) bzw. *Heinrich* MittRhNotK 1995, 157 (162).
[467] *Cornelius,* Der Pflichtteilsergänzungsanspruch, 2004, Rn. 736: Nutzungsvorbehalt von 1/4 oder mehr schädlich.
[468] *Herrler* ZEV 2008, 461 (463); *N. Mayer* ZEV 1994, 325 (328).
[469] S. auch Umkehrschluss aus § 2325 Abs. 2 S. 3 BGB; Rechtsprechung zu § 529 Abs. 1 Var. 2 BGB, BGH ZEV 2011, 666 mAnm *Herrler.*
[470] BGH DNotZ 2016, 805 Rn. 16–18.
[471] Ob eine andere wirtschaftliche Verwertung als die Selbstnutzung nach dem Willen der Übergeber im Schenkungszeitpunkt überhaupt in Betracht kommt, spielt insoweit keine Rolle (BGH DNotZ 2016, 805 Rn. 17).

> dig mit den bis zur Überlassung vom Übergeber bewohnten Räumen deckt, sondern dahinter zurück bleibt.

b) Schuldrechtliches Nutzungsrecht. Unter Verweis auf die Nießbrauchsentscheidung 383 des BGH wird der Anlauf der Zehnjahresfrist von zahlreichen Stimmen verneint, wenn im Zuge der Überlassung lediglich ein **schuldrechtliches Nutzungsrecht** (zB Mietvertrag) begründet wird.[472] Für den Fall, dass ein entgeltlicher Nutzungsvertrag zu unter Dritten üblichen Bedingungen (Miethöhe, grds. ordentliches Kündigungsrecht) geschlossen wird, überzeugt diese Betrachtung indes auch unter Berücksichtigung des Schutzzwecks von § 2325 Abs. 3 BGB nicht. Freilich werden die Beteiligten einen etwaigen Mietvertrag in aller Regel nicht wie unter fremden Dritten üblich ausgestalten wollen. Eine rein tatsächliche Weiternutzung soll nach Ansicht des BGH hingegen den Fristanlauf nicht hindern.[473] Vielfach dürfte diese indes als konkludenter Vertragsschluss zu qualifizieren sein (→ Rn. 111 aE).

c) Gestaltungsalternative: Aufteilung in Wohnungseigentum. Als Alternative zur 384 Überlassung der gesamten Immobilie unter Vorbehalt eines teilweisen Wohnungsrechts mit der damit nach wie vor einhergehenden gewissen Rechtsunsicherheit hinsichtlich des Fristlaufs mag man bei geeigneten Objekten über eine Aufteilung in Wohnungseigentum und die unbelastete Übertragung derjenigen Einheiten nachdenken, die der künftige Erblasser nicht selbst nutzt. Da es sich jeweils um eigenständige Zuwendungsgegenstände handelt, sind die Wohnungseigentumseinheiten für die Zwecke des § 2325 Abs. 3 BGB getrennt zu betrachten, so dass einer wirtschaftlichen Ausgliederung und damit einem Fristanlauf nichts entgegensteht (**Vermeidung einer „Alles-oder-Nichts"-Entscheidung**).

7. Vollstreckungszugriff. a) Zwangsversteigerung und Zwangsverwaltung. Bei ei- 385 ner Zwangsversteigerung bzw. Zwangsverwaltung des mit dem Wohnungsrecht belasteten Grundstücks gelten die Ausführungen zum Nießbrauch entsprechend (→ Rn. 324 ff.). Die **Rangstelle im Grundbuch** ist somit von entscheidender Bedeutung. Sofern das Wohnungsrecht Bestandteil eines Altenteils ist, kommt ihm darüber hinaus ein **Zwangsversteigerungsprivileg** nach § 9 Abs. 1 EGZVG zugute. Ein derartiges Altenteil setzt eine landesrechtliche Ausführungsbestimmung iSv Art. 96 EGBGB voraus (näher → Rn. 455). Dabei entscheidet allerdings nicht die wörtliche Bezeichnung als Altenteil, sondern der sachliche Inhalt von Eintragung und Bewilligung.[474] Ein Wohnungsrecht mit Pflege- und Versorgungsverpflichtung macht die Grundstücksübertragung aber nicht stets zum Altenteilvertrag.[475] Das Altenteil bleibt von der Zwangsversteigerung unberührt, auch wenn es bei der Feststellung des geringsten Gebots nicht berücksichtigt ist. Der hierdurch Beeinträchtigte kann seinerseits gemäß § 9 Abs. 2 EGZVG beantragen, das Erlöschen des Altenteils als Versteigerungsbedingung festzulegen. Ein solcher Antrag führt dann zu einem **Doppelausgebot** gemäß § 59 Abs. 2, Abs. 3 ZVG.[476]

b) Kein Zugriff auf das Wohnungsrecht. Das Wohnungsrecht ist aufgrund der höchst- 386 persönlichen Ausübung (§ 1092 Abs. 1 S. 2 BGB) grundsätzlich **unpfändbar** (§§ 857 Abs. 3, 851 Abs. 2 ZPO) und damit auch nicht Bestandteil der Insolvenzmasse, es sei denn, die Überlassung der Ausübung an Dritte ist ausdrücklich gestattet.[477] Bei erlaubter

---

[472] *Schindler* ZEV 2005, 290 (293) mwN, vgl. BGH NJW 1994, 1791 (1792): „oder durch Vereinbarung schuldrechtlicher Ansprüche – im wesentlichen weiterhin [...] nutzen"; BGH DNotZ 2016, 805 Rn. 16.
[473] BGH DNotZ 2016, 805 Rn. 16 aE; krit. *Grziwotz* FamRZ 2016, 1455 (1456).
[474] OLG Hamm Rpfleger 1986, 270 mAnm *Fuchs* Rpfleger 1987, 76.
[475] BGH DNotZ 1996, 636 mAnm *J. Mayer;* BGH MittBayNot 2000, 223; *Everts* ZEV 2004, 495.
[476] Vgl. BGH NJW 1991, 2759; *Hagena* Rpfleger 1975, 75.
[477] Vgl. BGH MittBayNot 2007, 47.

Überlassung der Ausübung kann der Sozialhilfeträger das Wohnungsrecht gemäß § 93 SGB XII überleiten (→ Rn. 517).[478]

387 **8. Wohnungsrecht neben dem Nießbrauch.** Entgegen der obergerichtlichen Rechtsprechung[479] ist die Bestellung eines Wohnungsrechts im Rang vor einem Nießbrauch mit identischem Ausübungsbereich grundsätzlich zulässig. Abgesehen davon, dass es selbst für die Bestellung eines Eigentümernießbrauchs grundbuchverfahrensrechtlich nicht des Nachweises eines berechtigten Interesses bedarf (→ Rn. 295), vermittelt das Wohnungsrecht im gesetzlichen Regelfall ein Mehr an Pfändungsschutz.[480]

388 **9. Steuer.** Steuerlich gelten die für den Nießbrauch dargestellten Grundsätze bei Wohnungsrechten entsprechend.[481]

III. Leibrente und dauernde Last

389 | **Checkliste: Renten**
|
| (1) **Rentenart:** Zeitrente, Leibrente, Leibrente mit Mindest- und/oder Höchstlaufzeit
| (2) **Berechtigter:** Einzelne oder mehrere Personen (Gesamt-, Sukzessiv- oder Bruchteilsberechtigung)
| (3) **Rechnungsgrundlagen:** Berücksichtigung der Lebenserwartung nach Richttafeln
| (4) **Zinssatz:** unter Umständen Anlagezins für Kapitalanlagen
| (5) **Zahlungsweise**
| – wöchentlich, monatlich, jährlich (vgl. § 760 Abs. 2 BGB: quartalsweise)
| – vorschüssige oder nachschüssige Zahlungsweise
| (6) **Dynamik**
| – Wertsicherungsklauseln
| – Bezugsgröße (Index)
| – Anpassung (automatisch oder auf Verlangen)
| – Maßstab (Zeitablauf oder Schwellenwert)
| – Abhängigkeit der Zahlung vom Bedarf des Berechtigten und/oder von der Leistungsfähigkeit des Verpflichteten
| – spätere Anpassung der Zahlungspflicht an veränderte Umstände
| (7) **Steuerliche Einordnung** (Schenkungsteuer und Einkommensteuer), unterschieden nach Veräußerungen im Privat- und im Betriebsvermögen
| (8) **Grundbuchsicherung durch Reallast:** Reallastfähigkeit
| (9) **Zwangsvollstreckungsunterwerfung:** Bestimmtheit

390 **1. Leibrente – Allgemeines.** Verpflichtet sich der Erwerber zur Zahlung einer **regelmäßig wiederkehrenden und gleichmäßigen lebenslangen Geldleistung** an den Veräußerer, so handelt es sich regelmäßig um eine **Leibrente** (§ 759 BGB). Zu klären sind die Höhe der Geldleistung pro Zahlungsabschnitt, der Beginn der Leistungspflicht, ihr Zeitabstand und die Fälligkeit der jeweiligen Leistungen. In aller Regel wird eine von § 760 Abs. 2 BGB (quartalsweise) abweichende Fälligkeitsregelung gewünscht sein. Eine **abgekürzte Leibrente** erlischt nach der bestimmten Höchstzeit, selbst wenn die Bezugsperson noch weiterlebt. Eine **verlängerte Leibrente** erstreckt sich auf die Lebensdauer eines Menschen, in jedem Fall aber auf eine bestimmte Mindestzeit, so dass der Tod vor

---

[478] Vgl. auch *Everts* ZEV 2004, 495; *Rosendorfer* MittBayNot 2005, 1 mwN.
[479] OLG Frankfurt a.M. MittBayNot 2009, 46 mAnm *Frank;* OLG Hamm MittRhNotK 1997, 390.
[480] *J. Mayer/Geck* § 5 Rn. 14; vgl. auch LG Frankfurt (Oder) NotBZ 2010, 153. Zum aufschiebend bedingten Wohnungsrecht neben dem Nießbrauch *Frank* MittBayNot 2009, 47.
[481] Vgl. BMF-Schreiben v. 30.9.2013, Rn. 33, 49, 66.

deren Ablauf die Leibrente nicht zum Erlöschen bringt. Darüber hinaus empfiehlt sich eine Regelung zur (Nicht-)Vererblichkeit rückständiger Rentenzahlungen.

2. Verjährung. Ohne dass hier näher auf die Diskussion über die sog. „Stammrechtslehre", 391 dh die Differenzierung zwischen dem Rentenstammrecht einerseits und den Einzelansprüchen andererseits, eingegangen werden soll,[482] stellt sich bei Zugrundelegung dieser (abzulehnenden) Lehre seit der Schuldrechtsreform 2002 die Problematik der drohenden Verjährung des Rentenstammrechts in der kurzen dreijährigen Regelverjährungsfrist des § 195 BGB. Eine Titulierung löst das Problem wegen § 197 Abs. 2 BGB nicht. Bis zur abschließenden Klärung dürfte sich daher eine Verlängerung der gesetzlichen **Verjährungsfrist** betreffend das Stammrecht gemäß § 202 Abs. 2 BGB **auf 30 Jahre** nach dem gesetzlichen Beginn bzw. Neubeginn empfehlen. Für die **Einzelleistungen** kann es bei der gesetzlichen Verjährungsfrist von drei Jahren bleiben. Insoweit könnten zudem die unterhaltsrechtlichen Grundsätze zur Verwirkung rückständiger Leistungen Anwendung finden.[483]

Formulierungsbeispiel: Verlängerung der Verjährungsfrist[484] 392

Die Beteiligten vereinbaren vorsorglich, dass das sog. Stammrecht der Leibrente erst ☉ dreißig Jahre nach dem gesetzlichen Beginn bzw. Neubeginn der Verjährung verjährt. Für die Einzelleistungen bleibt es bei der gesetzlichen Verjährungsfrist von drei Jahren.

---

3. Berechtigungsverhältnis. Sollen mehrere Personen rentenberechtigt sein, ist das Be- 393 rechtigungsverhältnis festzulegen. Sofern die überlassene Immobilie im hälftigen Miteigentum der Übergeber steht, ist in aller Regel **Gesamtgläubigerschaft iSv § 428 BGB** vorzugswürdig, unter anderem weil die Rente nach dem Ableben eines Berechtigten dem Längerlebenden in voller Höhe verbleibt (§ 425 iVm § 429 Abs. 3 S. 1 BGB). Bei Alleineigentum kommt die aufschiebend bedingte Bestellung einer weiteren Leibrente zugunsten des Ehegatten (Überlebensbedingung) in Betracht (**Sukzessivberechtigung**). Denkbar ist schließlich auch eine **Bruchteilsberechtigung,** welche zur anteiligen Reduzierung des Rentenbetrags bei Versterben eines Berechtigten führt.[485]

4. Wertsicherung. a) Allgemeines. Da Leibrenten typischerweise über einen längeren 394 Zeitraum zu entrichten sind, ist der Rentenbetrag in aller Regel an die **Geldentwertung** anzupassen, insbesondere wenn der Veräußerer die Leibrente zu seinem Lebensunterhalt benötigt. Allerdings enthält auch das am 14.9.2007 in Kraft getretene **Preisklauselgesetz**[486] in § 1 Abs. 1 PreisklG ein **grundsätzliches Verbot von Wertsicherungsklauseln** (zu den Bereichsausnahmen sogleich → Rn. 397 ff.). § 2 PreisklG stellt klar, dass das Verbot des § 1 nicht für die in §§ 3–7 genannten Preisklauseln gilt, und enthält Schranken für die Zulässigkeit der in § 3 (langfristige Verträge) genannten Klauseln.

Das behördliche Genehmigungssystem und demgemäß auch die Einholung von Nega- 395 tivzeugnissen ist seit dem 14.9.2007 abgeschafft, was mit einem nicht unerheblichen Verlust an Rechtssicherheit verbunden ist. Allerdings bleibt eine vereinbarte Wertsicherungsklausel nach § 8 PreisklG bis zum Zeitpunkt des rechtskräftig festgestellten Verstoßes wirksam, soweit nicht eine frühere Unwirksamkeit vereinbart ist. Die in § 8 PreisklG angeordnete **auflösend bedingte Wirksamkeit** von Preisklauseln gilt ebenfalls für Wertsicherungsklauseln, die noch vor Inkrafttreten des neuen PreisklG vereinbart wurden, bis dahin weder genehmigungsfrei noch genehmigt waren und für die bislang keine Geneh-

---

[482] Vgl. ausführlich Staudinger/*J. Mayer* (2015) BGB Einl. zu §§ 759–761 Rn. 25 ff.
[483] Verwirkung nach Ablauf eines Jahres nach Fälligkeit, vgl. OLG Zweibrücken ZEV 2008, 400.
[484] Nach *Amann* DNotZ 2002, 93 (117).
[485] Zu den sozial- und steuerlichen Auswirkungen des Berechtigungsverhältnisses vgl. *J. Mayer/Geck* § 7 Rn. 20 ff.
[486] PreisklG, BGBl. 2007 I 2246.

migung beantragt war.[487] Die schwebende Wirksamkeit" erspart Probleme beim Grundbuchvollzug (kein Prüfungsrecht des Grundbuchamtes).[488] Die übrigen vertraglichen Regelungen bleiben von der gerichtlichen Feststellung der Unwirksamkeit der Preisklausel
unberührt. Im Übrigen besteht eine Verpflichtung der Parteien zur Vertragsanpassung.[489]
Gleichwohl erscheint eine (ggf. nur klarstellende) salvatorische Klausel zweckmäßig.

396   Überblick über das PreisklG bei *Reul* NotBZ 2008, 453; *Kirchhoff* DNotZ 2007, 913;
Wilsch NotBZ 2007, 431; *Aufderhaar/Jaeger* ZfIR 2008, 121; *Stuppi* notar 2008, 62; Kommentierung des PreisklG bei Palandt/*Grüneberg* BGB Anh. zu § 245.

397   **b) Typische verbotsfreie Klauseln (§ 1 Abs. 2 PreisklG). Leistungsvorbehaltsklau-
seln** (§ 1 Abs. 2 Nr. 1 PreisklG): Hier muss für das Ausmaß der Änderung des geschuldeten Betrages ein **Ermessensspielraum** bleiben, der es ermöglicht, die neue Höhe der
Geldschuld nach Billigkeitsgrundsätzen zu bestimmen. Eine automatische, betragsmäßig
bestimmte Anpassung der Zahlungsverpflichtung ist hiermit nicht vereinbar. Wegen der
damit einhergehenden Rechtsunsicherheit und des nicht unerheblichen Streitpotentials ist
eine Leistungsvorbehaltsklausel in der Praxis nur in Verbindung mit einem Streitbeile-
gungsmechanismus empfehlenswert.[490]

398   **Spannungsklauseln** (§ 1 Abs. 2 Nr. 2 PreisklG): Hier ist zwar ein Anpassungsautoma-
tismus zulässig. Allerdings müssen die in ein Verhältnis zueinander gesetzten Güter oder
Leistungen im Wesentlichen gleichartig oder **zumindest vergleichbar** sein, zB Kauf-
preisrente abhängig vom Grundstücksertrag.[491]

399   **c) Lohn- oder Gehaltsklauseln (§ 3 Abs. 2 PreisklG).** Die Zulässigkeit von sog.
Lohn- oder Gehaltsklauseln, dh die Koppelung der Rente an die Lohn- bzw. Gehaltsent-
wicklung, richtet sich nach § 3 Abs. 2 PreisklG. Derartige Klauseln sind danach von vornherein nicht bei verlängerten Leibrenten oder reinen Zeitrenten einsetzbar. Im Übrigen
ist ihre **Eignung zweifelhaft,** zum einen, weil sie nicht nur vom Geldwert, sondern
unter anderem auch von verteilungspolitischen Gesichtspunkten abhängig sind, zum anderen, weil ein differenziertes Besoldungssystem (Zuschläge, Sonderregelungen) und dessen strukturelle Veränderungen berücksichtigt und ggf. gar antizipiert werden müssen.

400   **d) Verbraucherpreisindexklauseln (§ 3 Abs. 1 PreisklG). aa) Ausnahme vom Indexierungsverbot.** Die Regelung für zulässige Preisindexklauseln ist in § 3 Abs. 1 PreisklG
enthalten. Ein Verbraucherpreisindex stellt auf die Änderung der Verbraucherpreise und
-gewohnheiten ab. Hierfür ermittelt das Statistische Bundesamt ab Januar 2003 auf der
Basis 2000 nur noch einen umfassenden Verbraucherpreisindex für Deutschland **(VPI)** für
die Lebenshaltung aller privater Haushalte für ganz Deutschland monatlich bzw. jährlich.
Alle gebiets- und haushaltsbezogenen Teilindizes sind ab dem Basisjahr 2000 weggefallen.

Die Indexreihe wird regelmäßig in der NJW und der DNotZ veröffentlicht (**Nachfragen** beim
Statistischen Bundesamt, 65180 Wiesbaden, Service-Nr. 0611/75−4777, www.destatis.de,
E-Mail: verbraucherpreisindex@destatis.de). Die Ausgangsbasis wird alle fünf Jahre neu festgesetzt (zuletzt 2015). Für die Umstellung von Wertsicherungsklauseln auf den Verbraucherpreisindex für Deutschland auf der Basis 2000 = 100 stehen **Umbasierungsfaktoren** bis Dezember
2002 zur Verfügung; sie werden seit 2003 nicht mehr berechnet und veröffentlicht.[492]

---

[487] BGH NJW 2014, 52.
[488] HL, vgl. Palandt/*Grüneberg* PreisklG § 8 Rn. 1; *Usinger* DNotZ 2009, 83 ff.; *Reul* MittBayNot 2007, 445
(452); aA OLG Celle DNotZ 2008, 779.
[489] BGH NJW 1973, 1498.
[490] Muster: *Krauß* Vermögensnachfolge Rn. 1765; *J. Mayer/Geck* § 7 Rn. 34.
[491] OLG München NJW-RR 1994, 469. Muster: *Krauß* Vermögensnachfolge Rn. 1767; *J. Mayer/Geck* § 7
Rn. 36.
[492] *Rasch* DNotZ 2003, 730. Die in diesem Zusammenhang entstehenden Rechtsfragen erörtert *Reul* DNotZ
2003, 92.

Allgemeine Voraussetzungen (§ 2 PreisklG): Jede Preisklausel muss hinreichend be- 401 stimmt sein (§ 2 Abs. 2 PreisklG), so dass zB die Bezugnahme auf die künftige Preisentwicklung im Allgemeinen nicht ausreicht. Im Übrigen sind Einseitigkeitsklauseln (zB nur Erhöhung) oder überproportionale Anpassungen gegenüber der Bezugsgröße (zB Gleichsetzung von Indexpunkten mit dem Prozentsatz der Änderung der Geldschuld) nicht zulässig (§ 2 Abs. 3 PreisklG).

bb) Gestaltung. Bei langfristigen Zahlungen richtet sich die Zulässigkeit nach § 3 Abs. 1 402 PreisklG. In Betracht kommt die Anknüpfung an den VPI oder an den „harmonisierten Verbraucherpreisindex" **(HVPI)** für die EU-Mitgliedstaaten. Letztere Bezugsgröße dürfte nach wie vor in aller Regel nicht empfehlenswert sein.[493] Die Anpassung kann **in regelmäßigen Intervallen**[494] und/oder nach Erreichung eines bestimmten Schwellenwerts stattfinden.

Formulierungsbeispiel: Jährliche Anpassungsklausel 403

Die Zahlung ist jährlich im Februar an die Preisentwicklung anzupassen. Gemessen wird diese anhand der jahresdurchschnittlichen Veränderung des Verbraucherpreisindex für Deutschland für das abgelaufene Kalenderjahr.

Bei stufenweiser Anpassung ist die **prozentuale Angabe des Schwellenwertes** der 404 Änderung in Punkten vorzuziehen, weil nur so das Verhältnis zwischen Index- und Rentenveränderung stets gleich bleibt. So bedeutet die Steigerung des Index von 120 auf 132 eine Zunahme von 12 Punkten, aber nur eine Steigerung um 10 %. Außerdem wird dadurch kürzer werdenden Zeitintervallen zwischen den Änderungen vorgebeugt. Die prozentuale Angabe ist zudem unabhängig vom Basisjahr (und die Angabe des Basisjahrs sogar missverständlich), weil man sofort den jeweiligen Monatswert durch die aktuelle Indexreihe ersetzen kann und auf dieser Grundlage die Erreichung des gewählten Schwellenwerts errechnet.[495] Demgegenüber ist das Basisjahr des Index bei einem an die Veränderung in Punkten geknüpften Schwellenwert maßgeblich und sollte angegeben werden. Hier ist auch die Frage der Indexumstellung regelungsbedürftig.

Formulierungsbeispiel: Anpassungsklausel mit Schwellenwert 405

Ändert sich der vom Statistischen Bundesamt berechnete Verbraucherpreisindex für Deutschland (VPI) um mindestens 5 %, so verändert sich der geschuldete Geldbetrag im gleichen prozentualen Verhältnis.

Internet-Programm zur eigenständigen Berechnung von Schwellenwerten: www.desta 106 tis.de.[496]

Anstelle eines Automatismus kann die Anpassung von einem entsprechenden (idR 407 schriftlichen) **Verlangen** abhängig gemacht werden. In diesem Fall ist die Anpassung in aller Regel nur *ex nunc* geschuldet, was klargestellt werden sollte.[497]

e) Anpassungsklausel nach § 323a ZPO (bzw. § 239 FamFG); Kombinationsklau- 408 **seln.** Heutzutage ist in aller Regel eine **materiell-rechtliche Abänderbarkeit** der wiederkehrenden Leistung, die bis zum 31.12.2007 vielfach erforderlich war, um den

---

[493] *Reul* DNotZ 2003, 92 (95).
[494] Hierfür aus praktischer Erfahrung *Rasch* DNotZ 2003, 730.
[495] *Reul* DNotZ 2003, 92 (94).
[496] Weitere Hinweise bei *Schöner/Stöber* GrundbuchR Rn. 3254 ff.
[497] Formulierungsbeispiel bei *Krauß* Vermögensnachfolge Rn. 1777.

vollen Sonderausgabenabzug zu erhalten, über die Wertsicherung hinaus nicht mehr geboten.[498]

409   Wird eine beiderseitig wirkende Verbraucherpreisindexklausel (bzw. Gehaltsklausel) im Einzelfall mit einer Anpassungsklausel nach § 323a ZPO (bzw. § 239 FamFG) kombiniert, ist von ihrer Unzulässigkeit auszugehen, wenn nur der Gläubiger die Änderung verlangen kann (**Einseitigkeitsabrede**) oder für beide Teile eine Unterschreitung des festgelegten Ausgangsbetrages ausgeschlossen ist (**Mindestklausel** oder **Plafondierung,** vgl. § 2 Abs. 3 PreisklG). Allerdings wird in Übergabeverträgen die Vereinbarung einer Rente, die sich nur an den Unterhaltsbedürfnissen des Veräußerers orientiert, nicht mehr als unangemessene Benachteiligung angesehen.[499]

410   **5. Leibrente und Pflichtteilsergänzung.** Gegenleistungen in Form von Rentenleistungen sind kapitalisiert nach der statistischen Lebenserwartung und abgezinst auf den Tag des Eigentumswechsels **vom Grundstückswert abzuziehen;** ein Pflichtteilsergänzungsanspruch nach § 2325 BGB kommt allenfalls im Hinblick auf die Differenz in Betracht,[500] sofern in derartigen Konstellationen überhaupt eine Teilschenkung anzunehmen ist.[501] Da es sich bei der Leibrente um eine echte Gegenleistung handelt, hat der Abzug unabhängig davon zu erfolgen, ob nach dem Niederstwertprinzip der Zuwendungs- oder der Todeszeitpunkt für die Wertbemessung maßgeblich ist (→ Rn. 316).

411   Der **Beginn der Zehnjahresfrist** wird durch die Vereinbarung einer Leibrente nicht gehemmt, selbst wenn sich die Rente an den (derzeitigen) Nettomieterträgen der überlassenen Immobilie orientiert. Denn es handelt sich bei der Rente nicht um ein vorbehaltenes Recht, sondern um eine echte Gegenleistung, die der Erwerber unabhängig davon zu erbringen hat, ob die Immobilie Erträge abwirft. Die vom BGH geforderte wirtschaftliche Ausgliederung ist daher richtigerweise zu bejahen.[502] Gleichwohl empfiehlt es sich, im Zweifel auf eine zu starke Ausrichtung der Rente an den Nettomieterträgen zu verzichten.

412   **6. Güterrechtliche Auswirkungen.** Die wertmäßige Entwicklung des Leibrentenversprechens ist bei der Berechnung des Zugewinns des erwerbenden Ehegatten zu berücksichtigen (→ Rn. 323).[503]

413   **7. Sicherung durch Reallast.** Neben der schuldrechtlichen Leibrentenverpflichtung (§ 759 BGB) kann eine **Rentenreallast** (§§ 1105 ff. BGB) bestellt werden, was sich regelmäßig empfehlen wird. Leibrente und Reallast sind in Entstehung, Übertragung und Fortbestand voneinander unabhängig, allerdings verknüpft durch eine Sicherungsabrede. Aus der Rentenreallast stehen dem Berechtigten folgende **Ansprüche** zu:
– Der **dingliche Anspruch** aus der Reallast nach §§ 1105 Abs. 1, 1107 BGB, gerichtet auf Duldung der Zwangsvollstreckung (§ 1147 BGB).
– Der **persönliche Anspruch** gegen den Eigentümer des belasteten Grundstücks auf Zahlung der während der Dauer seines Eigentums fällig werdenden Einzelleistungen (§ 1108 Abs. 1 BGB), gerichtet auf Zahlung als schuldrechtlicher Begleitanspruch. Dieser Anspruch ist mit dinglicher Wirkung abdingbar.
– Regelmäßig der **persönliche Anspruch auf Zahlung der Leibrente** (§ 759 BGB).

---

[498] Vgl. zur verbliebenen Bedeutung eines Vorbehalts nach § 323a ZPO bzw. nach § 239 FamFG (bei Unterhaltsverpflichtungen) *J. Mayer/Geck* § 7 Rn. 51 ff. mit Formulierungsbeispielen.
[499] Nachweis bei *Schöner/Stöber* GrundbuchR Rn. 3257 Fn. 7.
[500] *Reiff* ZEV 1998, 245.
[501] Vgl. HK-PflichtteilsR/*Herrler* Anh. 2 Rn. 148.
[502] HK-PflichtteilsR/*Herrler* Anh. 2 Rn. 149–151; BRHP/*G. Müller* BGB § 2325 Rn. 53 mwN auch zur Gegenansicht.
[503] BGH DNotZ 2006, 127.

Zweckmäßig ist eine **Sicherungsabrede** dergestalt, dass die jeweiligen Zahlungen gegen- 414
seitig anzurechnen sind, so dass an den Berechtigten nur einmal zu leisten ist. Das aus
dieser Vereinbarung resultierende **Leistungsverweigerungsrecht** kann durch Grundbucheintragung bei der Reallast **verdinglicht** werden.[504] Bei einer subjektiv-persönlichen
Reallast wird in aller Regel zudem die Eintragung einer Löschungserleichterungsklausel
nach § 23 Abs. 2 GBO sinnvoll sein.

Der gleitende Leistungsumfang ist in § 1105 Abs. 1 S. 2 BGB ausdrücklich erwähnt. 415
Die vereinbarte **Wertsicherung der Reallast,** auch wenn sie nur auf Verlangen des
Gläubigers eintritt, ist auf dieser Grundlage als Inhalt des dinglichen Rechts **eintragungsfähig,** wenn Art und Umfang der Veränderungen anhand der Vereinbarung zuverlässig
feststellbar sind.[505] Das Bestimmtheitserfordernis ist bei Koppelung an den VPI oder an
die Entwicklung der Beamtengehälter gewahrt; problematisch hingegen „Gewährung
standesgemäßen Unterhalts.[506] Alternativ kann der Grundbetrag durch Reallast und die
Anpassungsverpflichtung ggf. durch Vormerkung bzw. die Rente insgesamt durch eine
Grundschuld gesichert werden.[507]

Die Indexanpassung kann nach Überleitung (→ Rn. 513) auch vom Sozialhilfeträger 416
verlangt werden.[508] Das Landesrecht beschränkt die Reallast vielfach auf bestimmte Leistungsgegenstände.[509]

8. Zwangsvollstreckungsunterwerfung. Um den Berechtigten die notwendigen Titel 417
zu verschaffen, ist eine **dreispurige Zwangsvollstreckungsunterwerfung** geboten. Seit
der 2. Zwangsvollstreckungsnovelle müssen die von der Vollstreckungsunterwerfung erfassten **Ansprüche konkret bezeichnet** werden.[510]

Formulierungsbeispiel: Zwangsvollstreckungsunterwerfung 418

Der Erwerber unterwirft sich der sofortigen Zwangsvollstreckung aus dieser Urkunde
wegen der Verpflichtungen
- die vereinbarte Leibrente zu zahlen,
- die Leibrente aus dem Grundstück zu entrichten (Reallast) und
- wegen der Verpflichtung des Grundstückseigentümers, die während der Dauer seines
  Eigentums fällig werdenden Leistungen aus der Reallast auch persönlich zu entrichten.

Eine etwaige Wertsicherung kann ebenfalls Bestandteil des Vollstreckungstitels iSv 419
§ 794 Abs. 1 Nr. 5 ZPO sein, wenn eine hinreichend bestimmte (andernfalls ggf. Sicherung des Erhöhungsanspruchs durch Vormerkung), automatische Anpassung vereinbart ist
(§§ 3 ff. PreisklG). Für die Vollstreckbarkeit einer Unterhaltsrente mit Wertsicherungsklausel nach Maßgabe eines vom Statistischen Bundesamt erstellten Verbraucherpreisindex für
die Lebenshaltungskosten als allgemein zugängliche Quelle ist dies ausdrücklich vom
BGH anerkannt worden.[511] In jedem Fall sollte stets ausdrücklich geregelt werden, ob
sich die Vollstreckungsunterwerfung auch auf die Wertsicherung beziehen soll oder nicht.
Echte dauernde Lasten sind hingegen nicht ausreichend bestimmt iSv § 794 Abs. 1 Nr. 5
ZPO.[512]

---

[504] *Grziwotz* MittBayNot 2010, 341 mwN; Formulierungsbeispiel bei *Krauß* Vermögensnachfolge Rn. 1800.
[505] BGH DNotZ 1991, 803.
[506] Näher *Lange-Parpart* RNotZ 2008, 377 (388 ff.).
[507] Näher *Krauß* Vermögensnachfolge Rn. 1819.
[508] BGH DNotZ 1996, 93.
[509] Palandt/*Herrler* BGB Überbl v § 1105 Rn. 4. Näher zu landesrechtlichen Beschränkungen der Reallast
   Staudinger/*Hönle* (2018) EGBGB Art. 115.
[510] Vgl. BGH DNotZ 2013, 120 zu einer zu unbestimmten Zwangsvollstreckungsunterwerfung.
[511] DNotZ 2005, 285.
[512] Muster: Kersten/Bühling/*Franck* § 66 Rn. 15M.

420 Bezieht sich die Unterwerfung auf den wertgesicherten Anspruch, ist umstritten, ob die Wertsicherung im Klauselerteilungsverfahren vom Notar[513] oder vom Vollstreckungsorgan zu berücksichtigen ist.[514]

421 **9. Durchsetzung von Leibrente und Reallast. a) Vollstreckungsvarianten.** Werden die Leistungen nicht erbracht, stehen dem Berechtigten **folgende Ansprüche** zu:
  - Vollstreckung in das **gesamte Vermögen** des Verpflichteten aus den persönlichen Ansprüchen nach §§ 759 und 1108 BGB (Eintragung einer Zwangssicherungshypothek – Versteigerung bei weiteren vorrangigen Rechten aber vielfach undurchführbar, vgl. Definition des geringsten Gebots in § 44 Abs. 1 ZVG).
  - Zugriff gemäß §§ 1107, 1123 BGB auf die **Mieterträge** des Grundstücks durch Zwangsverwaltung oder durch Pfändung und Überweisung.
  - Vollstreckung wegen der Reallastleistungen in das **Grundstück** (§ 1107 BGB).

422 Denkbar ist darüber hinaus eine **Verfallvereinbarung,** wonach der Berechtigte bei einem bestimmten Zahlungsrückstand oder bei Eröffnung des Insolvenzverfahrens über das Vermögen des Grundstückseigentümers bzw. Ablehnung mangels Masse **Gesamtablösung der Reallast** verlangen kann (Sicherung durch Sicherungshypothek oder Grundschuld).[515]

423 **b) Problematik „Erlöschen der Reallast".** Betreibt der Reallastgläubiger die Zwangsversteigerung, fällt das **Stammrecht** nicht in das geringste Gebot, da es sich nicht um ein vorgehendes Recht handelt (§ 44 Abs. 1 ZVG). Damit **erlischt die Reallast gemäß §§ 52 Abs. 1, 91 Abs. 1 ZVG** durch den Zuschlag auch hinsichtlich der erst künftig fällig werdenden Leistungen. Aus dem Erlös werden zunächst die in den letzten zwei Jahren fälligen Einzelleistungen bedient (§ 10 Abs. 1 Nr. 4 ZVG). Im Übrigen tritt an die Stelle der Reallast nach §§ 92, 121 ZVG aus dem verfügbaren Erlös ein kapitalisierter Deckungsstock. Der Berechtigte erhält Wertersatz aus dem Erlös durch Zahlung einer Geldrente (§ 92 ZVG; → Rn. 324).

424 **aa) Abweichende Feststellung der Versteigerungsbedingungen gemäß § 59 Abs. 1 ZVG.** Um dieses missliche Ergebnis zu vermeiden, kann eine **abweichende Feststellung des geringsten Gebots nach § 59 Abs. 1 ZVG** beantragt werden (Aufnahme des Stammrechts in das geringste Gebot iSv § 44 Abs. 1 ZVG), welche aber zwecks Vermeidung eines Doppelausgebots wohl der Zustimmung des Eigentümers bedarf.[516]

425 **bb) (Nachträgliche) Aufspaltung der Reallast.** Alternativ wurde in der Vergangenheit erwogen, die Reallast von vornherein in der Weise zu bestellen, dass die rückständigen Raten mit dinglicher Wirkung Rang nach dem Recht im Übrigen haben sollten. Dem hat der BGH eine Absage erteilt.[517] Ob nach dieser Entscheidung noch Raum für eine nachträgliche **Aufspaltung der Reallast** in eine nachrangige Teilreallast betreffend die Rückstände und eine vorrangige Teilreallast betreffend die später fälligen Leistungen verbleibt, so dass die vorrangige Teilreallast in das geringste Gebot fällt,[518] erscheint zumindest zweifelhaft.[519]

---

[513] So *Wolfsteiner,* Die vollstreckbare Urkunde, 3. Aufl. 2011, Rn. 16.32.
[514] Muster: Kersten/Bühling/*Wolfsteiner* § 19 Rn. 161M.
[515] Formulierungsvorschlag bei *Krauß* Vermögensnachfolge Rn. 1822f.
[516] *Krauß* Vermögensnachfolge Rn. 1820 mwN.
[517] DNotZ 2004, 615.
[518] So *Amann* DNotZ 2004, 599 unter Hinweis auf § 1151 BGB; Überblick *Böttcher* ZfIR 2007, 791; *Schöner/Stöber* GrundbuchR Rn. 1317ff.
[519] Krit. *Krauß* Vermögensnachfolge Rn. 1817; *Lange-Parpart* RNotZ 2008, 377 (407); s. auch BGH DNotZ 2004, 615 (616).

cc) Vormerkungsgesicherte Anspruch auf Bestellung einer weiteren Reallast. Der 426
BGH selbst hat auf die Möglichkeit hingewiesen, für die im Vollstreckungsfall noch nicht
fällig gewordenen Raten einen Anspruch auf Bestellung einer weiteren Reallast einzuräumen und dieses Recht durch eine vorrangige Vormerkung zu sichern.[520] Ein derartiges
Vorgehen mindert allerdings den Beleihungswert des Grundstücks und verursacht nicht
unerhebliche Eintragungs- und Löschungskosten. Zudem ist unklar, ob die Vormerkung
mehrmals verwendet werden kann.[521]

dd) Bestellung einer nachrangigen Grundschuld. Die vorgenannten Nachteile wer- 427
den vermieden bzw. minimiert, wenn unmittelbar hinter der Reallast eine Grundschuld
in geringer Höhe eingetragen wird, welche die schuldrechtlich vereinbarten wiederkehrenden Leistungen sichert.[522] Die Höhe sollte sich an der persönlichen „Vollstreckungs-
schwelle" des Gläubigers orientieren. Durch nachträgliche Teilung der Grundschuld ist
eine mehrfach Verwendung möglich.[523]

10. Schenkungsteuer; Grunderwerbsteuer. Rentenzahlungen sind als Leistungsaufla- 428
gen wie bei einer gemischten Schenkung als bereicherungsmindernd abzuziehen
(→ Rn. 329). Grunderwerbsteuerlich stellen die Zahlungen – unabhängig von der nachstehenden einkommensteuerlichen Unterscheidung – ein Entgelt dar, so dass eine Übertragung gegen wiederkehrende Zahlungen außerhalb des nach § 3 GrEStG befreiten Personenkreises Grunderwerbsteuer auslösen kann.

11. Einkommensteuer. Zur historischen Entwicklung des Rechtsinstituts „Vermögens- 429
übergabe gegen Versorgungsleistungen" vgl. die Ausführungen in der 5. Aufl. Rn. 191f.

Steuerlich gesehen kann die Zusage einer wiederkehrenden Zahlung (Rente/dauernde 430
Last) einen entgeltlichen oder unentgeltlichen Charakter haben. Unentgeltlich in diesem
Sinne sind insbesondere Unterhaltsrenten, die nach § 12 Nr. 1 und Nr. 2 EStG steuerlich
irrelevant sind. Dagegen sind sog. Veräußerungsrenten ein Entgelt für eine Vermögensübertragung und werden letztlich als ein verrenteter Kaufpreis behandelt.

Zwischen diesen beiden Kategorien hat sich steuerlich das Sonderrecht der **„privaten** 431
Versorgungsrente" entwickelt, die ebenfalls kein Entgelt darstellen soll, weil sich bei ihr
der Übergeber einer Vermögenseinheit – ähnlich wie bei einem Vorbehaltsnießbrauch –
die Erträge des übertragenen Vermögens vorbehält. Diese Erträge werden zwar aufgrund
der allgemeinen steuerlichen Grundsätze dem Erwerber zugerechnet, jedoch können sie
(ähnlich wie beim Realsplitting unter geschiedenen Ehegatten) auf den Übergeber verschoben werden, indem die wiederkehrende Zahlung beim Erwerber als Sonderausgabe
abgezogen und beim Übergeber als sonstige Einkünfte versteuert wird.

Nach der seit dem 1.1.2008 geltenden Fassung des § 10 Abs. 1 Nr. 1a EStG[524] können 432
Versorgungszahlungen nur als Sonderausgabe abgezogen werden, wenn sie im Rahmen
einer betrieblichen Übergabe zugesagt worden sind, nämlich bei Übertragung von
– Betrieben/Teilbetrieben einschl. des Wohnteils eines land- und forstwirtschaftlichen
  Betriebes,
– Mitunternehmeranteilen an einer gewerblich oder freiberuflich tätigen Personengesell-
  schaft (gewerbliche Prägung reicht nicht!),
– Anteilen von mindestens 50% an einer GmbH, in welcher der Übergeber als Ge-
  schäftsführer tätig war, wobei der Erwerber diese Tätigkeit übernimmt.

---

[520] DNotZ 2004, 615 (616); so auch OLG München DNotZ 2007, 296 mAnm *Amann.*
[521] Vgl. *Lange-Parpart* RNotZ 2008, 377 (405); *Oppermann* RNotZ 2004, 84 (87f.).
[522] *Oppermann* RNotZ 2004, 84.
[523] *Krauß* Vermögensnachfolge Rn. 1818f. mit Formulierungsvorschlag.
[524] Zu Altfällen vgl. § 52 Abs. 23g EStG sowie die Darstellung in der 5. Aufl. Rn. 193ff.

433 Bei der Übertragung von Privatvermögen, insbesondere von vermieteten oder selbstgenutzten Immobilien, kommt eine Anwendung des § 10 Abs. 1 Nr. 1a EStG folglich nicht mehr in Betracht.

434   Dem Gesetz ist nicht unmittelbar zu entnehmen, wie etwaige dennoch vereinbarte Versorgungszahlungen im Rahmen der Übertragung von Privatvermögen steuerlich behandelt werden sollen. Die Finanzverwaltung hat ihre Einschätzung der Rechtslage im sog. IV. Rentenerlass vom 11.3.2010[525] dargestellt. Dort wird unter Tz. 57 ausgeführt, dass wiederkehrende Zahlungen, die – insbesondere wegen Übertragung von Privatvermögen oder nicht qualifizierten GmbH-Anteilen – nicht mehr von § 10 Abs. 1 Nr. 1a EStG erfasst werden, stets nach den Grundsätzen über entgeltliche Renten (Veräußerungsrenten) zu besteuern sind. Dies hat folgende Konsequenzen:

– Die wiederkehrende Zahlung wird in einen Tilgungsanteil (Barwert) und einen Zinsanteil aufgeteilt. Die Aufteilung der Zahlung in Zins- und Tilgungsanteil geschieht entweder nach der Tabelle in § 22 Nr. 1 S. 3 lit. a sublit. bb EStG oder nach versicherungsmathematischen Grundsätzen. Für die Kapitalisierung des Tilgungsanteils kann auf § 14 Abs. 1 BewG oder auf versicherungsmathematische Grundsätze zurückgegriffen werden.

– Übersteigt der Barwert den Verkehrswert des übertragenen Vermögens, so ist der übersteigende Teil der Rente als Unterhaltszahlung nach § 12 Nr. 2 EStG zu behandeln.

– Entspricht der Rentenbarwert dem Verkehrswert, liegt eine vollentgeltliche Veräußerung vor.

– Unterschreitet der Barwert den Verkehrswert, liegt eine teilentgeltliche Veräußerung vor.

435 Die bisher[526] angenommene Vermutung der Unentgeltlichkeit von Vermögensübertragungen im Familienkreis ist daher nach Meinung der Finanzverwaltung im Fall wiederkehrender Zahlungen nicht mehr anwendbar.

436   Soweit danach ein entgeltlicher Vorgang vorliegt, wird der Rentenbarwert beim Erwerber als Anschaffungskosten angesetzt und unterliegt – wenn die Immobilie vermietet wird – mit dem Gebäudeteil der AfA (Tz. 69, 70). Beim Übergeber liegt ein Veräußerungserlös vor, der im Falle der Steuerverstrickung des übertragenen Vermögens (vor allem §§ 17, 20 Abs. 2, 23 EStG) steuerpflichtig wird, sobald die Summe der tatsächlich zugeflossenen Leistungen den Betrag der fortgeschriebenen Anschaffungskosten übersteigt.

437   Der Ertragsanteil der Rente kann vom Erwerber bei Vermietungseinkünften als Werbungskosten abgezogen werden; werden Wertpapiere (§ 20 Abs. 9 EStG) oder vom Erwerber selbstgenutzte Immobilien übertragen, scheidet ein Werbungskostenabzug aus. Ungeachtet dessen ist der Ertragsanteil beim Empfänger steuerpflichtig, und zwar entweder nach § 20 EStG (dauernde Last) oder nach § 22 EStG (Veräußerungsleibrente).

438   Die Übertragung gegen Veräußerungsrente kann für Immobilien außerhalb der Spekulationsfrist durchaus eine steuerlich günstige Gestaltung sein, da beim Erwerber durch den Zinsanteil und das neue AfA-Volumen Werbungskosten generiert werden. Sofern jedoch erreicht werden soll, dass die Vermögenszuflüsse tatsächlich nur bei dem versteuert werden, der sie erhält (also der Übergeber), wird man auf eine Nießbrauchsgestaltung zurückgreifen müssen.[527]

IV. Pflegeklauseln

439 Infolge des Aufbrechens der traditionellen Familienstrukturen und der vielfach geforderten beruflichen Mobilität auch in örtlicher Hinsicht sind häusliche Pflegeklauseln heutzutage gerade im großstädtischen Milieu kaum noch verbreitet. Gleichwohl entspricht die

---

[525] BStBl. I 227.
[526] Vgl. BFH BStBl. II 2004, 211.
[527] Vgl. hierzu und zu weiteren Gestaltungsoptionen *Spiegelberger* DStR 2010, 1880.

häusliche Pflege nicht selten dem Wunsch des Übergebers, ist unter Gerechtigkeitsgesichtspunkten erwägenswert, wenn einer von mehreren Abkömmlingen den Großteil des elterlichen Vermögens erhält (unter anderem gewisser Schutz der übrigen vor Unterhaltsforderungen) und eignet sich zur Reduzierung des unentgeltlichen Anteils der Zuwendung bei drohenden Pflichtteilsergänzungsansprüchen und in steuerlicher Hinsicht.

1. Inhalt. Die häusliche Versorgung **(Versorgung und Pflege)** sollte aus sozialhilfe- und 440 grundbuchrechtlichen Gründen und im Interesse der Transparenz der vom Erwerber übernommenen Verpflichtungen in einer möglichst eindeutigen Pflegeklausel zusammengefasst werden, insbesondere mit folgenden Regelungspunkten:

Checkliste: Pflegeklauseln   441

(1) **Pflegeanlass:** Krankheit und/oder Gebrechlichkeit; Pflegebedürftigkeit gemäß § 14 SGB XI

(2) **Durchführung:** persönlich und/oder durch Dritte (vgl. § 613 S. 1 BGB)[528]; Vererblichkeit[529]

(3) **Ort:** im übergebenen Anwesen, uU in der jeweiligen Wohnung des Erwerbers; Wegzugsklausel (→ Rn. 370 ff.)?; grundsätzlich kein Erlöschen der Verpflichtungen durch Eigentumsverlust an übergebenem Anwesen[530]

(4) **Art:** Körperpflege, Ernährung, Mobilität, hauswirtschaftliche Versorgung etc

(5) **Umfang:** Zeitaufwand oder Begrenzung nach bestimmtem Pflegegrad (vor 2016 Pflegestufen), zB erhebliche Beeinträchtigung der Selbständigkeit oder der Fähigkeiten nach Pflegegrad 2, § 15 Abs. 1, Abs. 3 S. 4 Nr. 2 SGB XI; uU Übernahme des durch die Leistungen nach dem SGB XI nicht gedeckten Restbedarfs (aber: ggf. sehr weitreichende Leistungspflichten!)

(6) **Zumutbarkeit** für die Pflegeperson: Vereinbarkeit mit beruflicher und familiärer Belastung; subsidiär § 275 Abs. 3 BGB

(7) **Störfallvorsorge?** Konsequenzen der Nicht- (oder nicht ordnungsgemäßen – Überprüfbarkeit problematisch!) Erbringung der geschuldeten Pflegeleistungen (unter anderem Kostentragung für Ersatzbeschaffung, uU Vertragsstrafe oder gar vertragliches Rückerwerbsrecht[531])

(8) **Pflegeversicherung:** Pflicht zur Antragstellung; uU Pflicht zur Weiterleitung des Pflegegeldes

(9) **Ersatz von Aufwendungen?** idR Auslagen für Besorgungen, kein darüber hinausgehender Aufwendungsersatz (Fahrtkosten), keine Vergütung für Einsatz der Arbeitskraft – Klarstellung zweckmäßig

(10) **Verhältnis zu Geschwistern** des Pflegeverpflichteten: Eigenes Forderungsrecht (§ 328 Abs. 1 BGB)? Freistellungsverpflichtung (Unterhaltsansprüche), ggf. samt Absicherung → Rn. 524 ff.

---

2. Art der geschuldeten Tätigkeiten. Im Interesse des Berechtigten, vor allem aber im 442 Interesse des Verpflichteten, sollten insbesondere die Art und der Umfang der geschuldeten Tätigkeiten möglichst exakt beschrieben werden, um späteren Konflikten vorzubeugen. Zu differenzieren ist insoweit zwischen

---

[528] Vgl. Gutachten DNotI-Report 2012, 17 f.
[529] Vgl. OLG Hamm DNotZ 1999, 719.
[530] OLG Hamm RNotZ 2013, 496.
[531] Ein gesetzlicher Rückgabeanspruch kann sich bei schwerer Verfehlung aus § 530 BGB ergeben; stets erforderlich ist eine tadelnswerte, auf Undankbarkeit hindeutende Gesinnung, die auch bei einer vollständigen Nichtleistung nicht durchwegs vorliegen muss. Zur bei § 530 BGB erforderlichen Gesamtwürdigung vgl. BGH NJW 2014, 3021.

- **hauswirtschaftlichen Tätigkeiten** (Einkaufen, Kochen, Reinigen etc);
- pflegebedingtem hauswirtschaftlichem Bedarf (unter anderem Bettenmachen, Leeren des Nachstuhls);
- **personenbezogenen Tätigkeiten** der Grundpflege (An- und Ausziehen, Körperpflege, Nahrungsaufnahme) sowie
- **medizinisch indizierten Tätigkeiten** (unter anderem Verabreichung von Medikamenten/Spritzen, Umschläge).[532]

442a Es ist zu erwägen, zur **Konkretisierung** auf die Begriffe des Pflegeversicherungsgesetzes vom 26.5.1994,[533] zuletzt geändert durch Gesetz vom 17.12.2018,[534] Bezug zu nehmen. In aller Regel dürfte eine persönliche Pflegeverpflichtung nur bis **Pflegegrad 2 (§ 15 Abs. 1 S. 1, Abs. 3 S. 4 Nr. 2 SGB XI)** in Betracht kommen (Ruhen für die Zeitdauer der Höhergruppierung; anders idR auch nicht bei Auskehrung des Pflegegeldes). Alternativ ist denkbar, den geschuldeten Pflegeumfang auf den maximalen Pflegeaufwand in Pflegegrad 2 zu begrenzen.[535] Der Pflegegrad 2 (erhebliche Beeinträchtigung der Selbständigkeit oder der Fähigkeiten) entspricht der früheren Pflegestufe 1, die einen durchschnittlichen täglichen Zeitaufwand von mindestens 90 Minuten, davon mehr als 45 Minuten für die Grundpflege, jedoch weniger als drei Stunden bzw. weniger als zwei Stunden für die Grundpflege voraussetzte (§ 15 Abs. 3 S. 1 Nr. 1 und Nr. 2 SGB XI aF). Allerdings erfolgt die Eingruppierung in die verschiedenen Pflegegrade seit 1.1.2017 nicht mehr nach dem durch die Beeinträchtigung hervorgerufenen durchschnittlichen Zeitaufwand, der gerade für den Verpflichteten mit einem größeren Maß an Planungssicherheit einherging, sondern nach einem Begutachtungsinstrument nach näherer Maßgabe von § 15 SGB XI.[536]

443 Die Leistungen der Pflegeversicherung sind in §§ 28 ff. SGB XI niedergelegt; eine Anpassung in einem dreijährigen Turnus ist beabsichtigt (§ 30 SGB XI). Im Hinblick auf den Wert der Leistungen wird zwischen Pflegesachleistungen (§ 36 SGB XI), ambulantem Pflegegeld (§ 37 SGB XI), teilstationärer Pflege und Kurzzeitpflege (§§ 41 f. SGB XI) und vollstationärer Pflege (§ 43 SGB XI) differenziert. Der Anspruch auf Pflegegeld steht nicht der pflegenden Person, sondern dem Pflegebedürftigen selbst zu (§ 37 Abs. 1 SGB XI). Je nach Ausgestaltung der Pflegeverpflichtung ist daher eine Pflicht des Übergebers zur **Auskehrung** des Pflegegeldes an den Erwerber zu erwägen.[537] Erfolgt eine zusätzliche Unterstützung durch ambulante Pflegedienste, wird das Pflegegeld anteilig um die beanspruchte Sachleistung gemindert (vgl. 38 S. 2 SGB XI), was bei einer etwaigen Weiterleitungspflicht berücksichtigt werden sollte (stets Auskehrung des Tabellenbetrags oder lediglich Auskehrung des Zahlbetrags).[538]

444 **3. Umfang der geschuldeten Tätigkeiten; Zumutbarkeit.** Neben der Art der geschuldeten Tätigkeit ist eine Begrenzung dem Umfang nach unerlässlich, da die erforderlichen Pflegeleistungen im Einzelfall schnell die (insbesondere zeitliche) Leistungsfähigkeit des Erwerbers erreichen bzw. überschreiten können. Jedenfalls aus Sicht des Übergebers liegt es nahe, die Pflegeverpflichtung auf denjenigen Teil des Pflegebedarfs zu beschränken, der nicht von den Leistungen der gesetzlichen Pflegeversicherung gedeckt wird. Wird lediglich Pflegegeld bezogen, hat der Erwerber den Pflegebedarf vollständig zu decken, sollte dann aber auch das Pflegegeld erhalten. Ein Formulierungsbeispiel einer Pflegeverpflichtung betreffend den **„nicht gedeckten Restbedarf"** findet sich in der

---

[532] Vgl. *Krauß* Vermögensnachfolge Rn. 1618.
[533] BGBl. I 1014 = SGB XI.
[534] BGBl. I 2587.
[535] Näher *J. Mayer/Geck* § 6 Rn. 32 ff.
[536] Näher *Krauß* Vermögensnachfolge Rn. 1239 ff.
[537] Krit. *J. Mayer* ZEV 1997, 176 (179).
[538] Näher *J. Mayer/Geck* § 6 Rn. 37 ff. Ausführlicherer Überblick über die Grundzüge des SGB XI bei *Krauß* Vermögensnachfolge Rn. 1226 ff.

6. Aufl. A V. Rn. 446.[539] Problematisch an einer derartigen Begrenzung der Pflegeverpflichtung auf den nicht gedeckten Restbedarf ist indes, dass hierdurch keine für den Verpflichteten (wohl) unerlässliche und hinreichend rechtssichere Obergrenze seiner eigenen Verpflichtungen geschaffen wird. Gerade in den höheren Pflegegraden decken auch die Pflegesachleistungen die erforderlichen Pflegeleistungen vielfach nur teilweise ab.[540] Zwar mag die allgemeine Zumutbarkeitsschranke des § 275 Abs. 3 BGB bei persönlich zu erbringenden Leistungen im Einzelfall weiterhelfen; bei lediglich finanziellen Verpflichtungen findet diese Einrede aber schon tatbestandlich keine Anwendung. Aufgrund der Vorhersehbarkeit des Risikos einer möglicherweise ungewöhnlich langen Restlebensdauer und einer erheblichen Beeinträchtigung der Selbständigkeit bzw. der Fähigkeiten, kommt eine auf § 242 BGB und § 313 BGB gestützte Anpassung der vertraglich vereinbarten Pflichten in der Regel nicht in Betracht.[541]

Aufgrund der vorstehenden Erwägungen ist es **regelmäßig vorzugswürdig,** die Pfle   444a
geverpflichtungen auf denjenigen Bedarf zu beschränken, der bis zum Erreichen eines mit staatlichen Leistungen nach dem SGB XI einhergehenden Pflegegrades entstehen kann (**Sockelbedarf**). Durch die Beschränkung auf den „Sockelbedarf" werden uferlose bzw. sehr weitreichende Verpflichtungen aufgrund des ggf. unzureichenden Umfangs der Pflegesachleistungen vermieden. Die Anknüpfung an das Kriterium der Pflegebedürftigkeit nach dem SGB XI schafft Rechtssicherheit. In Anlehnung an die bisherigen Pflegestufen mag man zusätzlich auf das vormals zentrale Zeitkriterium abstellen.[542] Das hiermit verbundene Mehr an Planbarkeit wird allerdings um den Preis erkauft, dass die Pflegeverpflichtung unter Umständen den Sockelbedarf aufgrund des weiteren Kriteriums nicht vollständig abdeckt.

4. Absicherung. Wart- und Pflegeleistungen können Gegenstand einer *Reallast* sein   445
(§ 1105 BGB). Der Leistungsumfang muss zumindest *bestimmbar* sein. Dies ist bei voller Pflegebedürftigkeit der Aufwand für eine bezahlte Pflegekraft. Es ist ausreichend, wenn die Frage letztlich in einem gerichtlichen Verfahren abschließend geklärt werden kann. Der BGH hat deshalb eine bestimmbare Leistung bei Übernahme einer persönlichen Pflegepflicht bejaht, „soweit sie den Übernehmern unter Berücksichtigung ihrer beruflichen und familiären Verhältnisse, insbesondere unter Berücksichtigung der Betreuung von Kindern der Übernehmer und nach deren körperlichen Fähigkeiten und ihrem Vermögen zur Pflege nach ihrer Ausbildung und ihren Kenntnissen zumutbar ist".[543] Mit dieser Entscheidung ist die Grundbuchsicherung der Pflegeklausel erleichtert. Zum Zwangsversteigerungsprivileg nach § 9 Abs. 1 ZVG bei Eintragung als Leibgeding iSv § 49 GBO → Rn. 458. Eine Pflegeklausel könnte wie folgt lauten:

Formulierungsbeispiel: Pflegeklausel   446

Der Erwerber hat dem Veräußerer auf dessen Lebensdauer bei Krankheit oder Gebrechlichkeit sorgsame Versorgung und Pflege im übergebenen Anwesen, auch durch Dritte (ggf. durch Familienangehörige), zu gewähren. Dies umfasst nicht die Leistungen geschulten Personals, im Übrigen aber alle Verrichtungen im Ablauf des täglichen Lebens, zu denen der Veräußerer selbst nicht mehr in der Lage ist, insbesondere bei der Körperpflege, Ernährung, Mobilität und hauswirtschaftlichen Versorgung.

Die Pflicht zu Versorgung und Pflege durch den Erwerber ruht entschädigungslos, wenn und soweit sich der Veräußerer in einem Krankenhaus, einem Sanatorium, einem Pfle-

[539] Vgl. auch *Amann* DNotI-Report 1995, 64.
[540] Zutreffend *Krauß* Vermögensnachfolge Rn. 1627.
[541] Exemplarisch OLG Koblenz RNotZ 2017, 172.
[542] So Formulierungsvorschlag bei Herrler/Hertel/Kesseler/*Hertel*, Aktuelle Probleme der notariellen Vertragsgestaltung im Immobilienrecht 2016/2017, DAI-Tagungsskript, April 2017, S. 170 f.
[543] BGH DNotZ 1996, 93; vgl. hierzu *Lange-Parpart* RNotZ 2008, 377 (388 f.).

geheim oder einer vergleichbaren Institution aufhält. Sie ruht ebenfalls insoweit, als der Veräußerer aufgrund seiner Pflegebedürftigkeit häusliche Pflegehilfe oder Pflegegeld nach den gesetzlichen Vorschriften (unter anderem SGB XI) beanspruchen kann. Soweit dem Erwerber das Pflegegeld überlassen wird, sind jedoch die Pflegeleistungen von ihm zu erbringen, für die Zahlungen aus der Pflegeversicherung geleistet werden.

Die Verpflichtungen erlöschen ersatzlos, wenn der Erwerber verstirbt oder die Betreuung im Haus aus medizinischen Gründen nicht mehr vertretbar oder dem Erwerber aus sonstigen Gründen nicht mehr zumutbar ist. Dabei sind insbesondere persönliche, berufliche und familiäre Verhältnisse sowie Bedarf und Leistungsfähigkeit zu berücksichtigen. Über die Frage der Vertretbarkeit und der Zumutbarkeit soll im Streitfall *** für die Beteiligten als Schiedsgutachter verbindlich entscheiden. Die Verpflichtungen bestehen auch bei Verlust des Eigentums am Vertragsgegenstand fort.

Auf grundbuchliche Absicherung (zB Reallast) wird verzichtet. [*Alt.:* Der Erwerber bestellt dem Veräußerer zur Sicherung der vereinbarten wiederkehrenden Leistungen eine entsprechende Reallast am gesamten übergebenen Grundbesitz. Es wird bewilligt und beantragt ***.]

447   Weitere Formulierungsvorschläge bei *Krauß* Vermögensnachfolge Rn. 1625, 1634, 1642; *J. Mayer/Geck* § 6 Rn. 50. Ausführlicher zur Gestaltung von Pflegeklauseln *Krauß* Vermögensnachfolge Rn. 1603 ff.; *J. Mayer/Geck* § 6.

447a   **Altklauseln,** dh Pflegeverpflichtungen, die vor Inkrafttreten bzw. Bekanntmachung der Neuregelungen zum 1.1.2017 begründet wurden, sind weiterhin unverändert anzuwenden, wenn sie nicht ausdrücklich auf die vormaligen Pflegestufen rekurrieren, sondern lediglich an die dort normierten Zeitbudgets anknüpfen. Wurde hingegen auf die früheren Pflegestufen zur Konkretisierung der Leistungspflichten verwiesen, ist diese Verweisung als statische oder dynamische Verweisung denkbar. Vieles spricht dafür, die Verweisung auch bei Fehlen einer ausdrücklichen Bezugnahme auf den Normtext zu einem bestimmten Zeitpunkt als statische zu verstehen,[544] sodass – jedenfalls *prima facie* – kein Anpassungsbedarf besteht. Mit Blick darauf, dass die früheren Pflegestufen vom Medizinischen Dienst nicht mehr festgestellt werden und die nunmehr maßgeblichen Kritieren von den früheren (trotz der in § 140 Abs. 2 SGB XI angeordneten „Umrechnung" der Pflegestufen in Pflegegrade nach § 140 SGB XI) nicht unerheblich abweichen, mag sich eine **Anpassung zur Konfliktvermeidung im Interesse der Rechtssicherheit** gleichwohl empfehlen.[545]

448   Zur Überleitung von Ansprüchen auf den Sozialhilfeträger → Rn. 513 ff.; zum gesetzlichen Unterhaltsanspruch → Rn. 527 f.

449   **5. Schenkungsteuer.** Versorgungsleistungen sind bereicherungsmindernde Leistungsauflagen; zur Bewertung vgl. Abschn. H E 7.4 Abs. 1 ErbStH 2011 (Stichwort „Übernommene Pflegeleistungen als Gegenleistung"). Abgeltungen für Pflegeleistungen sind bis zu 20.000 EUR steuerfrei (§ 13 Abs. 1 Nr. 9 ErbStG 2009), wobei der BFH von einem umfassenden (nicht auf Leistungen iSd SGB XI beschränkten) Pflegebegriff ausgeht.[546]

450   **6. Einkommensteuer.** Außerhalb der Übertragung von Betriebsvermögen und qualifizierten GmbH-Anteilen scheidet nach heutigem Recht ein Sonderausgabenabzug der Pflegeaufwendungen des Erwerbers aus; rein persönliche Dienstleistungen sind jedoch –

---

[544] Gutachten DNotI-Report 2016, 194 (195 f.). Ob auch bei einer ausdrücklich dynamischen Verweisung von einem „Einfrieren" der Rechtslage zum 31.12.2016 auszugehen ist (so Herrler/Hertel/Kesseler/*Hertel*, Aktuelle Probleme der notariellen Vertragsgestaltung im Immobilienrecht 2016/2017, DAI-Tagungsskript, April 2017, S. 169), erscheint freilich nicht ganz zweifelsfrei.
[545] Tendenziell ähnlich *Krauß* Vermögensnachfolge Rn. 1645 f.
[546] Vgl. BFH ZEV 2013, 690.

anders als Sachleistungen oder die Bezahlung einer Ersatzkraft – auch im Anwendungsbereich des § 10 Abs. 1 S. 1 Nr. 1a EStG nicht abziehbar.[547]

Einnahmen des Pflegebedürftigen für Leistungen zur Grundpflege oder hauswirtschaftlichen Versorgung bis zur Höhe des Pflegegeldes unterliegen nicht der Einkommensteuer, wenn diese Leistungen von Angehörigen des Pflegebedürftigen oder von anderen Personen erbracht werden, die damit eine sittliche Pflicht erfüllen (§ 3 Abs. 1 Nr. 36 EStG).[548] 451

V. Absicherung durch Altenteil (Leibgeding)

Wünschen die Veräußerer eine umfassende Versorgung durch den Erwerber am gewohnten Ort, bezeichnet man die vorbehaltenen Nutzungsrechte und die vom Erwerber übernommenen Leistungspflichten zusammenfassend als Altenteil oder Leibgeding.[549] 452

1. Begriff. Eine gesetzliche Definition des Altenteils (Leibgedings), welches aufgrund des Versorgungscharakters an vier Stellen im Gesetz **Privilegierungen** erfährt (Art. 96 EGBGB, § 49 GBO, § 9 Abs. 1 EGZVG, § 850b Abs. 1 Nr. 3, Abs. 2 ZPO, → Rn. 455 ff.), existiert nicht. Den genannten Vorschriften liegt kein einheitliches Begriffsverständnis zugrunde. Der **Versorgungscharakter** impliziert, dass Leistung und Gegenleistung nicht gegeneinander abgewogen sind. Außerdem dürfen nicht ausschließlich Geldleistungen vereinbart, sondern es müssen (zumindest auch) Sach- und Dienstleistungen geschuldet sein. Ob es notwendig einer örtlichen Beziehung des Berechtigten zu dem überlassenen Grundstück bedarf, auf oder aus dem die Leistungen gewährt werden, ist nicht abschließend geklärt.[550] 453

Ob es darüber hinaus der **Übergabe einer die Existenz sichernden Wirtschaftseinheit** bedarf, wird im Hinblick auf die einzelnen gesetzlichen Privilegierungen unterschiedlich beurteilt. Für die Zwecke von Art. 96 EGBGB und § 850b Abs. 1 Nr. 3, Abs. 2 ZPO wird eine Grundstücksübertragung nicht allein dadurch zum Altenteil, dass ein Wohnrecht mit Versorgungsverpflichtung vereinbart wird. Hinzutreten muss, dass dem Übernehmer ein Gut oder Grundstück überlassen wird, aus dessen Nutzungen er sich eine Lebensgrundlage schaffen und gleichzeitig den dem Altenteiler geschuldeten Unterhalt zumindest teilweise gewinnen kann.[551] Für § 49 GBO bedarf es nicht der Übergabe einer die Existenz sichernden Wirtschaftseinheit.[552] Zu § 9 Abs. 1 EGZVG existiert bislang keine aktuelle Rechtsprechung.[553] 454

2. Funktionen. a) Schuldrecht. Art. 96 EGBGB erlaubt landesgesetzliche Vorschriften über das sich aus dem Altenteilsvertrag ergebende Schuldverhältnis. Davon haben alle alten Bundesländer außer Hamburg und Bremen Gebrauch gemacht, ebenso Thüringen. Beim Leibgedingsvertrag werden durch das Landesrecht in unterschiedlichem Umfang unter anderem Leistungsstörungsregelungen modifiziert, insbesondere Wertersatz für ein nicht wahrgenommenes Wohnungsrecht angeordnet.[554] 455

Vorausgesetzt ist, dass die Existenzgrundlage vom Übergeber bereits geschaffen wurde oder dass das Grundstück für den Übernehmer eine die Existenz zumindest teilweise begründende Wirtschaftseinheit darstellt.[555] Der **vertragliche Ausschluss dieses Landes-** 456

---

[547] Vgl. BMF-Schreiben v. 11.3.2010, Rn. 45.
[548] Hierzu BFH DStR 1999, 1807.
[549] Teilweise auch als Austrag, Leibzucht uÄ bezeichnet (vgl. BeckOGK/*Sikora*, 1.2.2019, BGB § 1105 Rn. 59 ff. mit Formulierungsvorschlag).
[550] Vgl. BGH DNotZ 1994, 881; *Krauß* Vermögensnachfolge Rn. 1717 ff.
[551] BGH DNotZ 1996, 639 (Art. 96 EGBGB); DNotZ 2008, 124 (§ 850b Abs. 1 Nr. 3, Abs. 2 ZPO); hierzu kritisch *J. Mayer* DNotZ 1996, 620 und *Rosendorfer* MittBayNot 2005, 1.
[552] BGH NJW 1994, 1158; DNotZ 1996, 636.
[553] Vgl. *Weyland* MittRhNotK 1997, 55 (71).
[554] Überblick *Wirich* ZEV 2008, 372.
[555] BGH NJW 2003, 1325 (1326).

rechts ist zulässig, vor allem, wenn es um die Vermeidung der Überleitbarkeit des Wertersatzes für ein Wohnungsrecht an den Sozialhilfeträger im Pflegeheimfall geht (→ Rn. 513). Umgekehrt mag es im Einzelfall zweckmäßig sein, die entsprechenden landesrechtlichen Bestimmung vertraglich zu vereinbaren, wenn es zB an der Übergabe einer existenzsichernden Wirtschaftseinheit fehlt.[556]

457 **b) Grundbuch.** Nach § 49 GBO kann bei einem Altenteil über § 874 BGB hinaus auf die Eintragungsbewilligung Bezug genommen werden, ohne die gewährten Rechte im Einzelnen zu bezeichnen, ohne das Gemeinschaftsverhältnis anzugeben und ohne Angabe der im Einzelnen belasteten Grundstücke.[557] Die einzelnen, unter dem Altenteil zusammengefassten Rechte können unterschiedlichen Rang haben.[558] Die Voraussetzung für ein Leibgeding nach Landesrecht iSv Art. 96 EGBGB muss für § 49 GBO – wie bereits erwähnt (→ Rn. 454) – nicht erfüllt sein.

458 **c) Vollstreckung.** Alle alten Bundesländer außer Bremen und Hamburg, ebenso Thüringen haben von dem **Zwangsversteigerungsprivileg des § 9 Abs. 1 EGZVG** für Altenteilsrechte Gebrauch gemacht (→ Rn. 455). Das Vorrecht ist nicht von der entsprechenden Bezeichnung als Altenteil im Grundbuch abhängig.[559] Eine (jedenfalls teilweise) existenzsichernde Wirtschaftseinheit muss nicht übergeben sein.[560]

459 **d) Pfändung.** Fortlaufende Einkünfte aufgrund eines Altenteils sind nur bedingt pfändbar (§ 850b Abs. 1 Nr. 3, Abs. 2 ZPO).[561]

460 **3. Ausschluss vom Altenteil. Nicht leibgedingsfähig** sind
– ein isolierter Nießbrauch am gesamten überlassenen Grundbesitz wegen des fehlenden Versorgungsaspekts;[562]
– Grunddienstbarkeiten, subjektiv-dingliche Reallasten, Grundpfandrechte und das Dauerwohnrecht nach §§ 31 ff. WEG;
– reine Geldzahlungspflichten bzw. Zahlungsreallasten, sofern im Übrigen keine örtliche Bindung an den belasteten Grundbesitz (zB durch Wohnungsrecht) besteht; und
– an sich leibgedingsfähige, aber wertmäßig mit der Gegenleistung abgewogene Leistungen.[563]

461 **Einzelheiten:** *Böhringer* BWNotZ 1987, 29 = MittBayNot 1988, 103; *Wolf* MittBayNot 1994, 117; *Schöner/Stöber* GrundbuchR Rn. 1320 ff.

462 **Muster:** MVHdB VI BürgerlR II/*Spiegelberger* Form. V 4. (Übergabe eines landwirtschaftlichen Betriebs).

463 **4. Schenkungsteuer.** Leistungsauflagen sind wie Gegenleistungen bei gemischten Schenkungen abzugsfähig, ebenso Nutzungs- oder Duldungsauflagen (→ Rn. 329).

464 **5. Einkommensteuer.** Auf einen Leibgedingsvertrag können bei Erfüllung der Voraussetzungen die Regeln der Rechtsprechung und Finanzverwaltung zur Vermögensübergabe gegen Versorgungsleistungen bei Vertragsabschluss bis Ende 2007 auch künftig zur Anwendung kommen und damit zu ertragsteuerlichen Konsequenzen führen. Hinsichtlich

---

[556] Formulierungsbeispiel bei *Krauß* Vermögensnachfolge Rn. 1738.
[557] Die einzelnen Rechte behalten aber ihren Charakter als eigenständige Sachenrechte.
[558] Vgl. BeckOGK/*Sikora*, 1.2.2019, BGB § 1105 Rn. 64 f. mit Formulierungsvorschlag.
[559] *Demharter* GBO § 49 Rn. 7.
[560] *Weyland* MittRhNotK 1997, 55 (71) unter Verweis auf RGZ 162, 52.
[561] Hierzu BGH DNotZ 2008, 124.
[562] BayObLG DNotZ 1975, 622; differenzierend Staudinger/*C. Heinze* (2017) BGB Vorb. §§ 1030 ff. Rn. 58.
[563] BGH NJW 1981, 2568.

der Wohnungsnutzung gelten unter der gleichen Voraussetzung die Regeln des III. Rentenerlasses 2004 Tz. 45. Wenn der Nutzungswert dem Übergeber zuzurechnen ist (zB bei Überlassung einer ganzen Wohnung), sind nur die tatsächlichen Aufwendungen, wie etwa für Strom, Heizung und Wasser anzusetzen, zu denen sich der Erwerber verpflichtet hat. Die vom Erwerber vertraglich übernommene Instandhaltungspflicht ist deshalb als dauernde Last abziehbar.[564] Ein Abzug anteiliger Absetzung für Abnutzung, Schuldzinsen oder öffentlicher Lasten, die vom Erwerber geschuldet werden, scheidet aus.

Für Neufälle scheidet ein Sonderausgabenabzug aus, so dass ggf. Ausweichgestaltungen (entgeltliche oder teilentgeltliche Geschäfte; Nießbrauch oder Nutzungsvorbehalt) in Betracht gezogen werden sollten. **464a**

VI. Rückforderungsrecht

Checkliste: Rückforderungsrecht **465**
 	
(1) **Eigenständiges vertragliches Rückerwerbsrecht**: Gesetzliches Rücktrittsregime (§§ 346 ff. BGB) idR nicht sachgerecht
(2) **Rückforderungsgründe**
  – Freies Rückforderungsrecht (wohl nur aus schenkungsteuerlichen Gründen)
  – Enumerative Rückforderungsgründe (insbesondere unberechtigte Verfügung; Vorversterben; Insolvenz oder Zwangsvollstreckungsmaßnahmen; drohender Zugewinnausgleichsanspruch; Fehlverhalten; unerwünschte steuerliche Folgen)
  – Anlauf der Zehnjahresfrist des § 2325 Abs. 3 S. 1, 2 BGB?
(3) **Berechtigungsverhältnis** bei **mehreren** Berechtigten
(4) **Begründung des Rückübertragungsanspruchs**: idR **zweistufiger** Mechanismus
  – Entstehung des Rückübertragungsanspruchs nur bei form- und fristgerechter Ausübung des Rückforderungsrechts
  – Ausübung idR höchstpersönlich, idR auch durch Ehegatten
  – Übertragbarkeit bzw. Vererblichkeit des Rückübertragungsanspruchs
(5) **Rückübertragung**: ggf. Erleichterung durch Erteilung einer Vollmacht (insbesondere für den Fall des Vorversterbens)
(6) **Absicherung** des (bedingten) Rückübertragungsanspruchs
  – Vormerkung
  – Löschbarkeit nach Versterben des Berechtigten (auflösende Befristung; ggf. auch Vollmacht, aber insbesondere § 117 InsO)
(7) **Erstattung** einer etwaigen Gegenleistung bzw. sonstiger (werterhöhender) Aufwendungen

1. Relevanz. Gesetzliche Rückforderungsrechte kommen bei Schenkungen nur unter **466** engen, äußerst streitanfälligen Tatbestandsvoraussetzungen („grober Undank", § 530 BGB) in Betracht. Daher sollten vertragliche Rückforderungsrechte **stets erörtert** und ein gänzlicher **Verzicht** auch in der Urkunde **dokumentiert** werden. Eine entsprechende Belehrungspflicht besteht jedoch nicht.[565] Die Vereinbarung eines Rückforderungsrechts kann ganz unterschiedlich motiviert sein. Neben der Absicherung von **Wohlverhaltenserwartungen** des Übergebers bzw. dem **Schutz vor Gläubigerzugriff** können dadurch **steuerliche Ziele** verfolgt werden (Anlauf der Zehnjahresfrist des 14 ErbStG ohne relevanten Kontrollverlust). Mitunter kann sich der Übergeber durch die Abmilderung des Vermögensverlustes überhaupt erst zu einer lebzeitigen Übertragung durchringen. Rückforderungsrechte sollten aber, da sie mit einer nicht unerheblichen **Einschränkung der** persönlichen, rechtlichen und wirtschaftlichen **Entscheidungsfreiheit und**

---

[564] BFH DStR 1999, 2111.
[565] OLG Bamberg DNotZ 2004, 718.

Handlungsfähigkeit des Erwerbers verbunden sein können (erschwerte Beleihbarkeit; Investitionshemmnis; ggf. Nichtanlauf der Zehnjahresfrist des § 2325 Abs. 3 S. 1, S. 2 BGB), **gleichwohl nur bewusst eingesetzt** werden. Eine undifferenzierte Aufnahme langer Rückforderungskataloge mit mitunter interpretationsbedürftigen Tatbestandsmerkmalen ist nicht zu empfehlen, weil sie das Verhältnis von Veräußerer und Erwerber tendenziell belasten und den Erwerber unnötig disziplinieren. Das Rückforderungsrecht (als selbständige Gegenleistung des Erwerbers) kann wert- und kostenmäßig mit 10% des Grundstückswerts angesetzt werden.[566]

467 **2. Rückerwerbsrechtsregime. a) Form- und fristgebundene, höchstpersönliche Geltendmachung des Rückforderungsrechts.** Ist dem Übergeber daran gelegen, den Zuwendungsgegenstand unter bestimmten Voraussetzungen zurückzuerwerben, bietet sich auf den ersten Blick eine auflösend bedingte Schenkung (§ 158 Abs. 2 BGB) an. Der damit verbundene **Automatismus** entspricht jedoch vielfach nicht den Interessen der Beteiligten (keine Möglichkeit der einzelfallbezogenen Beurteilung des „Fehlverhaltens" des Erwerbers; Entstehung des Rückübertragungsanspruchs zur Unzeit (Insolvenz, drohende Zwangsvollstreckung etc)). Zur Vermeidung eines derartigen Automatismus sollte vereinbart werden, dass der Rückübertragungsanspruch nur bei form- und fristgerechter Ausübung des Rückforderungsrechts entsteht, welches wiederum (in aller Regel) an den Eintritt bestimmter, klar umrissener Ereignisse geknüpft ist. Durch eine derartige **Rückforderung auf Verlangen** (Optionsmodell) wird dem Veräußerer ein (zeitlich begrenztes) Entscheidungsrecht eingeräumt.[567]

468 **Formulierungsbeispiel: Form- und fristgerechte Geltendmachung**

Das Verlangen auf Rückübertragung kann nur schriftlich und nur innerhalb von *** Monaten von dem Zeitpunkt an ausgeübt werden, in dem der Veräußerer von den Tatsachen Kenntnis erhält, die ihn zur Geltendmachung des Anspruchs berechtigen. Ohne dieses Verlangen entsteht der Anspruch nicht.

469 Damit ist für eine etwaige Pfändung (→ Rn. 486 f.) klargestellt, dass dem Veräußerer zwei Rechte, nämlich ein eigenständiges Gestaltungsrecht und der dadurch entstehende Rückübertragungsanspruch zustehen. Wird das Gestaltungsrecht als **„höchstpersönlich"** qualifiziert, hindert dies die Ausübung durch den Betreuer oder den rechtsgeschäftlichen Vertreter. Weiterhin sollte geregelt werden, ob ein etwa entstandener Rückübereignungsanspruch veräußerlich und/oder vererblich ist oder beim Tod des Berechtigten vor Grundbuchvollzug des Rückerwerbs erlischt. Im Falle der Veräußerlichkeit bzw. Vererblichkeit sollte für die Löschung der Vormerkung (→ Rn. 500 ff.) Sorge getragen werden.

470 **Formulierungsbeispiel: Höchstpersönliches Rückübertragungsverlangen**

Das Verlangen auf Rückübertragung kann ausschließlich durch den Veräußerer geltend gemacht werden. Es ist weder übertragbar noch vererblich. Hat der Veräußerer das Rückübertragungsverlangen wirksam geltend gemacht, ist der entstandene Übertragungsanspruch veräußerbar und vererblich.

471 Bei Höchstpersönlichkeit des Gestaltungsrechts mag zwecks Vermeidung einer dauerhaften Verfügungs- und damit ggf. Investitionssperre bestimmt werden, dass ein gesetzlicher oder rechtsgeschäftlicher Vertreter berechtigt ist, einer an sich verbotenen Verfügung zuzustimmen und ihr damit zur Wirksamkeit gegenüber der Vormerkung zu verhelfen.

---

[566] BayObLG MittBayNot 1999, 492; OLG Koblenz RNotZ 2002, 338.
[567] *Weser* ZEV 1995, 353; *Spiegelberger* MittBayNot 2000, 1.

b) Eigenständige vertragliche Rückerwerbsregeln. Rechtsfolgenseits könnte man 472 sich grundsätzlich die §§ 346 ff. BGB nutzbar machen. In aller Regel wird jedoch die umfassende Pflicht zur Rückgewähr bzw. zum Wertersatz, auch im Hinblick auf gewährte Dienstleistungen des Erwerbers, nicht gewünscht sein.[568] Zudem sollte sichergestellt sein, dass Eigentümerrechte und Rückgewähransprüche an gegenüber der Vormerkung vor- oder gleichrangigen Grundpfandrechten abzutreten sind.[569] Im Ergebnis empfiehlt sich daher eine eigenständige vertragliche Regelung der Rechtsfolgen.

3. Rückforderungsgründe. a) Freies Rückforderungsrecht. In aller Regel wird ein 473 **freies Rückforderungsrecht** jedenfalls vom Erwerber nicht gewünscht, weil es ihn der Willkür des Veräußerers aussetzt. Das freie Rückforderungsrecht ist zudem pfändbar (→ Rn. 486). Im Grundsatz bestehen aber keine generellen zivilrechtlichen Bedenken gegen ein freies Rückforderungsrecht. Auch der BFH bejaht in ständiger Rechtsprechung trotz freier Widerruflichkeit die Ausführung einer Schenkung iSv § 9 Abs. 1 Nr. 2 ErbStG (Arg.: Schenkung erlösche erst mit Ausübung des Widerrufsrechts und Herausgabe des Zuwendungsgegenstands nach § 29 Abs. 1 Nr. 1 ErbStG).[570] Es empfiehlt sich aber wohl gleichwohl, durch zeitnahe Abgabe einer Steuererklärung auf einen bestandkräftigen Steuerbescheid hinzuwirken.

> **Praxishinweis Steuern:**
> Allerdings erwirbt der Beschenkte in einem solchen Fall regelmäßig keine Mitunternehmerstellung, wodurch die Anwendung der §§ 13a, 13b ErbStG ausscheidet, vgl. Abschn. H E 13b.5 ErbStH 2011. Im Hinblick auf die Einkommensteuer kann – auch im Privatvermögen – allenfalls an der Ernsthaftigkeit der Übertragung der Einkunftsquelle gezweifelt werden.[571]

b) Verfügungsbeschränkung. Die Rückforderung kann verlangt werden, wenn der Er- 474 werber über den Vertragsgegenstand zu Lebzeiten des Veräußerers ohne dessen (schriftliche) Zustimmung verfügt, zB veräußert oder belastet. Unter den untechnischen Begriff der Verfügung lässt sich auch die Vermietung und die Neuvalutierung eines Grundpfandrechts fassen, weshalb sich eine Präzisierung empfiehlt. Eine unzulässige Verfügung liegt ferner bei Belastung mit einer Zwangshypothek vor.[572]

c) Eheliches Gesamtgut. Einen Spezialfall eines Wechsels in den Eigentumsverhältnissen 475 stellt die Eheschließung unter Vereinbarung von Gütergemeinschaft (anders, wenn der Zuwendungsgegenstand zum Vorbehaltsgut iSv § 1418 Abs. 2 Nr. 2 BGB erklärt wird bzw. bei Anwendbarkeit eines ausländischen Güterstands) dar, mit der Folge, dass der Zuwendungsgegenstand in ein eheliches Gesamtgut fällt.

d) Vermögensverfall. Ein Rückforderungsrecht ist zudem idR für den Fall zweckmäßig, 476 dass über das Vermögen des Erwerbers das Insolvenzverfahren beantragt oder die Zwangsvollstreckung in das übergebene Grundstück betrieben wird und wenn die Zwangsmaßnahme nicht innerhalb kurzer Frist (vier bis acht Wochen) zurückgenommen oder zurückgewiesen wird.

---

[568] *Weser* ZEV 1995, 353 (356).
[569] Vgl. *Madaus* NotBZ 2016, 416.
[570] BFH NJW 1990, 1750.
[571] Vgl. BFH BStBl. II 1983, 631, wonach das wirtschaftliche Eigentum – entschieden allerdings aufgrund der Rechtslage vor Inkrafttreten der AO – bei Rückbehalt umfassender Nutzungs- und Widerrufsrechte nicht übergeht.
[572] BGH MittBayNot 2009, 60.

477 An der Anerkennung von Lösungsklauseln in Übergabeverträgen[573] dürfte sich auch durch die Entscheidung des BGH zur Unzulässigkeit insolvenzbedingter Lösungsklauseln in Energielieferungsverträgen[574] nichts geändert haben, da bei Übergabeverträgen keine Beeinträchtigung des Insolvenzverwalterwahlrechts nach § 103 InsO in Rede steht (Überlassungsverträge idR keine gegenseitigen Verträge, zudem mit Eigentumsumschreibung auf Erwerber vollständig erfüllt) und der spätere Insolvenzschuldner von vornherein nur „belastetes" Eigentum erworben hat.[575] Entgegen *Huber*[576] ist mE kein Belehrungshinweis erforderlich.

478 Es ist denkbar, das Rückforderungsrecht von einer „wesentlichen Verschlechterung der Vermögensverhältnisse des Beschenkten" abhängig zu machen.[577] Nicht ausreichend bestimmt sein soll die Bedingung, dass „ein Berechtigter außerstande ist, den bisherigen Lebensstandard aufrecht zu erhalten".[578] Im Übrigen ist eine Grundstücksschenkung, in der ein durch Vormerkung gesicherter Rückübertragungsanspruch bei Vermögensverfall oder Insolvenz des Begünstigten vereinbart wird, im Insolvenzverfahren des Begünstigten mangels objektiver Gläubigerbenachteiligung nicht anfechtbar, da niemals unbelastetes Eigentum seitens des Insolvenzschuldners existierte.[579] Jedenfalls werterhöhende Aufwendungen sollten dem Rückübertragungsverpflichteten aber erstattet werden.[580]

479 **e) Tod des jeweiligen Eigentümers.** Das Rückforderungsrecht besteht, wenn der Erwerber bzw. besser der jeweilige Eigentümer[581] vor dem Veräußerer verstirbt, da der überlassene Vermögensgegenstand anderenfalls von Todes wegen an dessen gesetzliche oder gewillkürte Erben fiele, auf deren Auswahl der Übergeber in Ermangelung einer erbrechtlichen Bindung keinen Einfluss hat. Im Übrigen würde der Zuwendungsgegenstand im Nachlass die Bemessungsgrundlage etwaiger Pflichtteilsansprüche erhöhen. Sofern es dem Übergeber allein um die Familienbindung geht, kann dieses Rückforderungsrecht mit der Einschränkung versehen werden, dass es nur entsteht, wenn nach dem Erwerber nicht bestimmte Personen (zB Abkömmlinge des Veräußerers) von Todes wegen zum Zuge kommen.

480 **f) Scheidung.** Verbreitet ist zudem die Vereinbarung eines Rückforderungsgrunds für den Fall, dass der Erwerber nicht dafür Sorge trägt, dass der Zuwendungsgegenstand dem Zugewinnausgleich bzw. einem Vermögensausgleich im Fall der Scheidung nach ausländischem Recht entzogen ist. Der Rückforderungsgrund kann hier **bereits bei Eheschließung** eingreifen und daran anknüpfen, dass zu diesem Zeitpunkt keine Vorsorge getroffen wurde („Heirat ohne Ehevertrag mit Gütertrennung/modifizierter Zugewinngemeinschaft"). Aus Sicht des Veräußerers regelmäßig ausreichend ist indes eine den Erwerber ggf. weniger belastende Klausel, wonach der Rückforderungsgrund voraussetzt, dass der **Ausgleichsanspruch konkret droht,** dh dessen tatbestandliche Voraussetzungen (bzw. einzelne) liegen bereits vor (zB Getrenntleben iSv § 1567 BGB). Der Anspruch ist vor-

---

[573] Vgl. *Reul* DNotZ 2007, 649 im Anschluss an BGH DNotZ 2007, 682; *Zimmer* ZfIR 2008, 91; DNotI-Gutachten Nr. 11548 und Nr. 126920.

[574] NJW 2013, 1159.

[575] Ebenso BGH DNotZ 2013, 518; Reul/Heckschen/Wienberg/*Reul,* Insolvenzrecht in der Gestaltungspraxis, 2012, B Rn. 144 f.

[576] ZIP 2013, 493 (499).

[577] OLG München MittBayNot 2008, 50 mAnm *Wartenburger.*

[578] OLG Düsseldorf DNotZ 2008, 618 mit kritischer Anm. *Volmer.*

[579] BGH DNotZ 2008, 518 mAnm *Amann;* anders bei nachträglich vereinbartem Rückforderungsrecht.

[580] Vgl. *Reul* DNotZ 2008, 824.

[581] Durch eine unpersönliche, nicht auf den konkreten Erwerber bezogene Formulierung der Rückforderungsgründe ist gewährleistet, dass die Verpflichtungen automatisch den jeweiligen Eigentümer treffen. Zu der ansonsten ggf. erforderlichen, sehr fehleranfälligen befreienden Schuldübernahme vgl. BGH DNotZ 2014, 606 mAnm *Amann;* hierzu *Kesseler* ZfIR 2015, 870 ff.

merkungsfähig.[582] Zur Rückabwicklung ehebedingter Zuwendungen → Rn. 185 ff. Für eingetragene Lebenspartner gilt Entsprechendes.

g) Fehlverhalten des jeweiligen Eigentümers. Neben der Betreuungsbedürftigkeit **481** (bzw. Geschäftsunfähigkeit) kann ein Rückforderungsrecht ferner an ein wie auch immer geartetes Fehlverhalten des Erwerbers bzw. besser des jeweilige Eigentümers anknüpfen. Insbesondere bei einer gemischten Schenkung ist es zweckmäßig, den Tatbestand des § 530 BGB für die gesamte Zuwendung vertraglich zu vereinbaren. Der Anspruch ist vormerkungsfähig.[583] Eine vergleichbare Sanktion kann durch die Bezugnahme auf das Recht der Pflichtteilsentziehung (§§ 2333 ff. BGB) erreicht werden, das seit der Reform keine schwer greifbare Generalklausel mehr enthält. Denkbar, wenn auch streitanfällig, ist die Rückforderung bei Verletzung der im Vertrag vereinbarten Pflegeverpflichtung.[584] Besser handhabbar sind klar umrissene Tatbestände (Geschäftsunfähigkeit, Betreuungsbedürftigkeit, Abbruch des Studiums, Beitritt zu einer Sekte, Alkohol-, Drogen- und/oder Spielsucht). Generell sollten im Interesse der Streitvermeidung nur solche Verhaltensweisen mit einem Rückforderungsrecht belegt werden, die **hinreichend bestimmt** gefasst werden können, zumal auch die Vormerkungsfähigkeit des Rückforderungsanspruchs hiervon abhängt.

h) Steuerklausel. Die Rückforderung kann bei nicht erwarteten oder unerwartet hohen **482** Schenkungsteuerbelastungen (insbesondere bei Nichtgewährung der Begünstigung von Betriebsvermögen nach §§ 13a, 19a ErbStG oder bei Nichtanerkennung des Vorliegens eines Familienheims iSv § 13 Abs. 1 Nr. 4a ErbStG oder bei unerwartet hoher Bewertung des Zuwendungsgegenstands verlangt werden. Dadurch fällt gemäß § 29 ErbStG weder für die ursprüngliche Zuwendung noch für die Rückübertragung Schenkungsteuer an.[585]

Darüber hinaus kann eine Rückforderung auch für den Fall vorbehalten werden, dass **483** sich **nachträglich** die **Möglichkeit einer geringeren Steuerlast** ergibt (Reduzierung des Steuersatzes, gänzliches Entfallen der Schenkungsteuer oÄ). Nach Rückabwicklung und Erstattung der Steuer (§ 29 ErbStG) wird die Schenkung dann erneut unter den günstigeren Bedingungen ausgeführt. Ob hierin ein Missbrauch steuerlicher Gestaltungsmöglichkeiten nach § 42 AO zu sehen sein kann, ist noch nicht abschließend geklärt.[586]

Formulierungsbeispiel: Rückforderungsgrund Steuer	**484**
Für die heutige Zuwendung wird Schenkungsteuer erhoben oder das Schenkungsteuerrecht oder seine Anwendung ändert sich in der Zukunft in einer Weise, dass sich anschließend für die heutige Zuwendung im Vergleich zum geltenden Recht eine geringere Steuerbelastung, eine spätere Fälligkeit der Steuer, ihr gänzlicher Wegfall oder die Möglichkeit ihrer Vermeidung bei Eintritt zusätzlicher Bedingungen ergibt bzw. zusätzliche Anforderungen zur Erreichung der Steuerfreiheit entfallen.	↻

Praxishinweis Steuern:
Eine durch Übergang des wirtschaftlichen Eigentums eingetretene Entnahme aus einem Betriebsvermögen kann nicht durch Ausübung eines Rückforderungsrechtes wieder rückgängig gemacht werden.

---

[582] BayObLG DNotZ 2002, 784.
[583] BGH DNotZ 2002, 775 mAnm *Schippers*.
[584] OLG Köln MittRhNotK 1999, 49.
[585] Vgl. *Krauß* Vermögensnachfolge Rn. 2285 ff. mit weiteren Formulierungsvarianten.
[586] Vgl. *Krauß* Vermögensnachfolge Rn. 2287 ff.; *Wachter* ErbStB 2006, 312; Anwendungserlass v. 17. 7. 2008 zu § 42 AO, BMF BStBl. I 694.

485 Zusammenfassendes Formulierungsbeispiel → Rn. 174.

> **Muster: Überlassungsvertrag**
> Siehe hierzu das Gesamtmuster → Rn. 557.

486 **4. Pfändung. a) Allgemeines.** Die Pfändbarkeit eines freien Rückforderungsrechts im Wege der **Doppelpfändung** von Gestaltungsrecht und Rückübertragungsanspruch wurde vom BGH bejaht.[587] Hieran ändert im Grundsatz weder die Höchstpersönlichkeit noch die vertraglich vereinbarte fehlende Übertragbarkeit und Vererblichkeit etwas (Umkehrschluss aus § 852 Abs. 2 ZPO). Noch nicht geklärt, aber vielfach befürwortet werden **Pfändungsbeschränkungen in Anlehnung an § 852 Abs. 1 und Abs. 2 ZPO** bei ehebezogenen und familiären Rückforderungsgründen.[588] Allerdings hindert dies nicht die Pfändung des in seiner Verwertbarkeit aufschiebend bedingten Anspruchs.[589] Ob die beschränkte Pfändbarkeit auch auf den Fall der unberechtigten Verfügung Anwendung findet (Schutz des Familienvermögens), ist ebenfalls noch ungeklärt.[590]

487 **b) Rückforderbarkeit bei Vermögensverfall/Vollstreckungszugriff.** Problematisch ist insbesondere die Rückforderbarkeit bei **Vermögensverfall** oder **Vollstreckungszugriff Dritter,** weil sie auch aus der Sicht der Gläubiger des Erwerbers im Ergebnis vollstreckungsfreies Vermögen schaffen würde. Die Pfändung kann bereits vor Ausübung des Gestaltungsrechts im Grundbuch vermerkt werden. Zu diesem Zweck kann die Eintragung einer bisher unterlassenen Vormerkung erzwungen werden. Die dadurch entstehende nicht unerhebliche Sperrwirkung (kein Rangrücktritt, keine Löschung der Vormerkung ohne Mitwirkung des Pfandgläubigers, ggf. auch kein Erlassvertrag) lässt sich nicht erfolgreich durch eine auflösende Bedingung des künftigen Rückforderungsanspruchs für den Fall der Pfändung oder Insolvenz des Rückforderungsgläubigers beseitigen (§ 138 Abs. 1 BGB, jedenfalls Anfechtbarkeit nach § 133 Abs. 1 InsO, § 3 Abs. 1 AnfG). Ob die Anfechtbarkeit ausgeschlossen ist, wenn die Beteiligten bei Begründung des Rückforderungsrechts vereinbaren, dass das Rückforderungsrecht erlischt, wenn der berechtigte Veräußerer nach entsprechender Aufforderung durch den Erwerber sein Recht nicht fristgerecht bestätigt,[591] erscheint mit Blick auf § 129 Abs. 2 InsO (auch Unterlassungen grundsätzlich anfechtbar) zumindest ungewiss. Unabhängig davon wird ein Rückforderungsrecht weiterhin für den Vermögensverfall empfohlen, wenn dieser mit größerer Wahrscheinlichkeit beim Erwerber zu erwarten ist.[592]

488 **5. Mehrere Beteiligte. a) Auf Erwerberseite.** Bei mehreren Erwerbern ist grundsätzlich nur derjenige zur Rückgabe verpflichtet, der die Voraussetzung erfüllt. Jedenfalls bei gesamthänderischer Berechtigung mehrerer Erwerber ist es zweckmäßig, die Rückforderung insgesamt zuzulassen, wenn der Tatbestand in der Person eines Erwerbers erfüllt ist. Um Vorsorge für eine etwaige Rechtsnachfolge auf Erwerberseite zu treffen, kann beim Tatbestand der Rückforderungsgründe ggf. auf die Verwirklichung durch den „jeweiligen Eigentümer" abgestellt werden.[593]

---

[587] DNotZ 2004, 298 = ZEV 2003, 293 mAnm *Langenfeld; Berringer* DNotZ 2004, 245; *Meyer/Burrer* NotBZ 2004, 383.
[588] Scheidung, Vorversterben, vgl. *Langenfeld* ZEV 2003, 295.
[589] Vgl. BGH DNotZ 2009, 860 mAnm *Goltzsche.*
[590] Vgl. *Meyer/Burrer* NotBZ 2004, 385.
[591] Sog. **„Verschweigungslösung"** nach *Koch/Mayer* ZEV 2007, 55 (60 f.).
[592] Zusammenfassend *C. Münch* FamRZ 2004, 1329.
[593] Zu den damit verbundenen Problemen vgl. *Krauß* Vermögensnachfolge Rn. 2203 ff.

b) Auf Berechtigtenseite. Bei mehreren **Berechtigten** ist der einheitliche Übereig- 489
nungsanspruch zu gleichen (oder verschiedenen) Teilen nach §§ 741 ff. BGB zuzuordnen
und die weitere Frage zu klären, wer den Anspruch geltend macht und an wen zu leisten
ist (als Mitberechtigten nach § 432 BGB oder als Gesamtgläubiger nach § 428 BGB).[594]
Gegebenenfalls steht die Berechtigung der Gesamthand der Gütergemeinschaft zu.[595]
Stirbt einer der Berechtigten, so ist zu regeln, ob in diesem Fall dem Überlebenden das
Rückforderungsrecht allein zusteht (was in aller Regel dem Willen der Beteiligten entspricht). Bei Gesamtgläubigerschaft ist dies gesetzliche Folge des Versterbens eines Berechtigten, Im Übrigen bedarf es einer vertraglichen Regelung (subsidiäre Gesamtberechtigung nach § 428 BGB: „… sodann dem Längerlebenden allein", weiteres, aufschiebend
bedingtes Recht für den Längerlebenden oder auf den Todesfall aufschiebend bedingte
Abtretung der Rechte des Erstversterbenden). Zur Vormerkung → Rn. 497.

6. Rückabwicklung. a) Rückauflassung. In allen Fällen der Rückforderung ist die 490
Rückauflassung des Grundstücks unter Mitwirkung des Erwerbers oder seiner Erben erforderlich. Für den Fall des Vorversterbens des Erwerbers mag man erwägen, dem Veräußerer zur Erleichterung der Rückabwicklung eine unwiderrufliche **Vollmacht**[596] zur
Rückauflassung zu erteilen. Diese Vollmacht kann in der Weise gebunden werden, dass
von ihr nur beim amtierenden Notar (samt seinem Vertreter und Amtsnachfolger) Gebrauch gemacht werden kann, der wiederum übereinstimmend von den Beteiligten angewiesen wird, die Rückübereignung nur gegen Vorlage der Sterbeurkunde des Erwerbers
zu veranlassen.[597] Sofern das Rückforderungsrecht nachrangig auch dem Ehegatten des
Veräußerers zusteht und weiter qualifiziert ist (zB kein Getrenntleben im Zeitpunkt des
Erbfalls), erweist sich eine derartige Vollmacht aber nicht ohne weiteres als unproblematisch.

b) Gegenleistung. Hat die Rückforderung Strafcharakter, besteht grundsätzlich keine 491
Veranlassung, etwaige Verwendungen des Erwerbers zu erstatten. Beim Vorversterben des
Erwerbers sollten den Erben aber jedenfalls die nachweisbar aus eigenen Mitteln vorgenommenen Investitionen im Rahmen der **noch vorhandenen Wertsteigerung** erstattet
werden (ggf. beschränkt auf solche Maßnahmen, die mit Zustimmung der Veräußerers
vorgenommen wurden). Gleiches gilt für die Rückforderungsgründe Vermögensverfall
und Zwangsvollstreckungsmaßnahmen in den Zuwendungsgegenstand, um eine Gläubigerbenachteiligung iSv § 129 InsO auszuschließen. Anstelle einer differenzierten Lösung
wird es sich vielfach empfehlen, pauschalierend eine Pflicht zur Erstattung von Aufwendungen oder (enger) notwendigen Verwendungen vorzusehen, soweit der Wert des Vertragsgegenstands (im Zeitpunkt der Geltendmachung des Rückforderungsrechts/im Zeitpunkt der Vornahme der Rückübertragung) hierdurch noch objektiv erhöht ist.

Formulierungsbeispiel: Bedingungen der Rückübertragung 492

1. Das Vertragsobjekt ist dem Veräußerer auf seine **Kosten** zu übertragen.
2. Im Grundbuch eingetragene **Belastungen** hat der Erwerber grundsätzlich auf eigene
   Kosten löschen zu lassen. Davon ausgenommen sind Rechte, die heute bereits im
   Grundbuch eingetragen sind, sowie Rechte, die Rang vor der Vormerkung haben,
   welche zur Sicherung des Übertragungsanspruchs noch eingetragen wird. Solche Belastungen hat der Berechtigte zur weiteren dinglichen Haftung zu übernehmen. Aufschiebend bedingt auf die wirksame Ausübung des Rückforderungsrechts werden

---

[594] Hierzu hilfreiche Abwägung bei *Amann* DNotZ 2008, 324.
[595] Formulierungsvorschlag bei *Krauß* Vermögensnachfolge Rn. 2156.
[596] Hierzu LG Itzehoe ZErb 2004, 273.
[597] Zu den Rechtsfolgen für die Pflichtteilsberechnung bei Beerbung des Erwerbers durch den Veräußerer
vgl. DNotI-Report 2004, 11.

> dem Berechtigten bereits jetzt alle Eigentümerrechte und Rückgewähransprüche an
> gegenüber der Vormerkung vor- oder gleichrangigen Rechten abgetreten.
>
> 3. Hat der Erwerber **Investitionen** in das Vertragsobjekt vorgenommen, kann er verlan-
> gen, dass ihm solche Aufwendungen ersetzt werden, soweit durch sie der Wert des
> Vertragsobjektes bei der Rückübertragung noch erhöht ist. Im selben Umfang ist er
> von etwaigen Verbindlichkeiten freizustellen, die er zur Finanzierung dieser Investitio-
> nen eingegangen ist.

493   In allen einschlägigen Fällen sollte außerdem die Auswirkung auf etwaige Gleichstellungsgelder bzw. Pflichtteilserklärungen geregelt werden.

494 **c) Steuerliche Folgen.** Die **Schenkungsteuer** erlischt rückwirkend, wenn ein Geschenk wegen eines Rückforderungsrechts herausgegeben werden muss. Allerdings muss
der Nutzungsvorteil versteuert werden (§ 29 Abs. 1 Nr. 1, Abs. 2 ErbStG).[598] Auch etwa
bereits entstandene Hinterziehungszinsen werden vom rückwirkenden Wegfall der Steuerschuld wohl nicht berührt.[599]

495   Die Erfüllung des mit Ausübung des Rückforderungsrechts bestehenden Übertragungsanspruches stellt ihrerseits keine Schenkung dar, da es schon an der nach § 7 Abs. 1 Nr. 1
ErbStG erforderlichen Freigiebigkeit fehlt.

496 **7. Sicherung durch Vormerkung.** Ein durch den Rückforderungsgrund und durch die
form- und fristgerechte Geltendmachung doppelt bedingter Rückübertragungsanspruch
kann durch Vormerkung gesichert werden (§ 883 Abs. 1 S. 2 Alt. 2 BGB).[600] Die nachträgliche Erstreckung einer eingetragenen Vormerkung auf weitere Rückforderungsgründe soll nach Ansicht des BGH möglich sein (zur Wiederverwendung bzw. -aufladung der
Vormerkung → Rn. 416, 422).[601] Im Zweifel dürfte sich mit Blick auf die aktuelle, wohl
restriktivere Linie des BGH[602] die Eintragung einer weiteren Vormerkung empfehlen,
auch um das Rangverhältnis deutlich zu machen. Sofern für den Veräußerer weitere
Rechte (zB ein Nießbrauchs- oder Wohnungsrecht) im Grundbuch eingetragen werden,
bedarf es nicht unbedingt der Eintragung der Vormerkung, soweit die Vormerkung (bzw.
die Rückforderungsgründe) primär nur der (weiteren) Absicherung dieser anderen Rechte
dient.[603] Unter diesen Umständen mag man sich aus Kostengründen auf die Bewilligung
mit vorbehaltener Antragstellung beschränken. Allerdings bewirkt nur die eingetragene
Vormerkung eine wirksame Verfügungssperre.[604] Sie stellt auch die Grundlage für die Eintragung eines Pfändungsvermerks dar (→ Rn. 487). Ggf. ist **Vorsorge für die Bestellung künftiger Grundpfandrechte** (zwecks Finanzierung notwendiger Instandhaltungs-
und Instandsetzungsarbeiten) durch Rangvorbehalt zu treffen.[605]

497 **a) Mehrere Berechtigte.** Steht der Rückübertragungsanspruch zunächst zwei Berechtigten, insbesondere Ehepartnern, gemeinsam zu und nach dem Tod des einen von ihnen
dem Überlebenden allein, so wird darin ein Anspruch gesehen, der durch eine *einzige*
Vormerkung gesichert werden kann,[606] was bei Gesamtberechtigung nach § 428 BGB un-

---

[598] Hierzu *Jülicher* ZEV 2003, 350.
[599] So für den Parallelfall des § 29 Abs. 1 Nr. 3 ErbStG – wo sich dieses Problem häufiger stellen dürfte –
FG Hessen EFG 2018, 1253; krit. *Kamps/Stenert* DStR 2018, 2671.
[600] BGH DNotZ 1997, 155.
[601] DNotZ 2008, 514 mit kritischer Anm. *Amann.*
[602] DNotZ 2012, 609.
[603] Vgl. *Reithmann/Albrecht* Rn. 665.
[604] Vgl. *Michael* notar 2008, 325.
[605] Vgl. *Krauß* Vermögensnachfolge Rn. 2343 ff. mit Formulierungsbeispielen.
[606] BayObLG DNotZ 1996, 366 mAnm *Liedel* = ZEV 1995, 294 mAnm *Lichtenberger* im Anschluss an
Amann MittBayNot 1990, 225.

problematisch ist. § 428 BGB trägt den berechtigten Interessen der Ehegatten aber idR nicht in jeder Hinsicht Rechnung (unter anderem wegen der Möglichkeit des einseitigen Erlasses, § 429 Abs. 3 S. 1 iVm § 423 BGB), sodass eine Modifizierung des gesetzlichen Konzepts erwogen werden sollte. Völlig Gestaltungsfreiheit besteht insoweit indes nicht.[607]

Formulierungsbeispiel: Gesamtberechtigung nach § 428 BGB   **498**

Zur Sicherung der Ansprüche der Veräußerer als Gesamtberechtigte nach § 428 BGB auf Rückerwerb des Eigentums an dem Grundbesitz zu je 1/2-Miteigentum, bedingt für jeden allein, nach Ausübung des Rückforderungsrechts wird die Eintragung einer Vormerkung bewilligt und beantragt.

Zwei Vormerkungen zur Sicherung des Anspruchs auf Rückübertragung des gesam- **499** ten Zuwendungsgegenstands scheiden regelmäßig aufgrund der damit verbundenen doppelten Gerichtskosten aus. Keine vergleichbaren Kostennachteile beim Grundbuchamt ergeben sich aber im Falle der **Sukzessivberechtigung,** dh bei Abtretung des dem Veräußerer zustehenden bedingten Übertragungsanspruchs aufschiebend bedingt auf dessen Vorversterben – und in der Regel darauf, dass die Ehegatten nicht getrennt iSv § 1567 BGB leben – an dessen Ehegatten (**aufschiebend bedingte Abtretung des Rückübertragungsanspruchs**). Diese Gestaltungsvariante besteht nicht nur bei Überlassung durch den Alleineigentümer, sondern ebenso bei Überlassung einer im Miteigentum stehenden Immobilie. In diesem Fall müssen wechselseitige aufschiebend bedingte Abtretungen erfolgen, von denen sich nur eine aktualisieren wird. Wird eine derartige Sukzessivberechtigung gewählt, sollte bei der Eintragung der Vormerkung in das Grundbuch die vom Tod des erstversterbenden Ehegatten abhängige Erweiterung der Berechtigung auf den Überlebenden zum Ausdruck kommen.[608]

Zusätzliche Kosten beim Grundbuchamt sind hiermit nicht verbunden;[609] auch beim **499a** Notar fallen keine zusätzlichen Kosten an: Die Abtretung des Rückübertragungsanspruchs an den anderen Ehegatten gehört als Sicherungsgeschäft zur Gegenleistung für die Überlassung. Hierfür spricht zudem der Vergleich mit der Vereinbarung eines Berechtigungsverhältnisses nach § 428 BGB, das wirtschaftlich ebenfalls eine Zuwendung an den anderen Ehegatten impliziert und gleichwohl nicht gesondert bewertet wird.

Formulierungsbeispiel: Aufschiebend bedingte Abtretung des   **499b**
Rückübertragungsanspruchs

Aufschiebend bedingt/befristet auf das Versterben des Veräußerers vor dessen Ehegatten/den Tod des Erstversterbenden [*ggf.:* und auflösend bedingt für den Fall des Getrenntlebens iSv § 1567 BGB im Zeitpunkt des Vorversterbens] wird Letzterem/dem Längerlebenden der Rückübertragungsanspruch des Veräußerers/Erstversterbenden abgetreten.

---

b) Sicherstellung der Löschung. Die Vormerkung zur Sicherung des bedingten An- **500** spruchs auf Rückübertragung kann grundsätzlich nur aufgrund Bewilligung des Berech-

---

[607] Vgl. OLG Hamm NZFam 2017, 1163 mAnm *Wilsch:* Eine Ausgestaltung in der Weise, dass zu Lebzeiten des Veräußerers nur dieser den Rückübertragungsanspruch ausüben darf und dass nach seinem Tod der Rückforderungsanspruch dem überlebenden Ehegatten allein zusteht, ist nicht mit § 428 BGB vereinbar.
[608] OLG München FGPrax 2017, 248; OLG Frankfurt a.M. ZErb 2004, 350.
[609] Da die Vormerkung in der Vorbemerkung 1.4.1.2 KV GNotKG nicht ausdrücklich genannt wird, wird durch eine Veränderung bei einer Vormerkung keine Gebühr nach Nr. 14130 KV GNotKG ausgelöst. Alle Veränderungen von Vormerkungen erfolgen im Grundbuch gebührenfrei (vgl. BT-Drs. 17/11471, 208). Somit erfolgt auch die spätere Berichtigung der Vormerkung bei Eintritt der aufschiebenden Bedingung, dh die Umschreibung auf den überlebenden Erwerber, ohne zusätzliche Gebühren.

tigten bzw. dessen Rechtsnachfolger gemäß § 19 GBO gelöscht werden, was zeit- und kostenaufwendig ist (insbesondere § 35 GBO). Unproblematisch möglich ist die Löschung der Vormerkung hingegen **unter Vorlage der Sterbeurkunde nach § 22 GBO,** wenn entweder bereits der (auch der bereits durch Ausübung entstandene) Rückübertragungsanspruch mit dem Tod des Berechtigten erlischt oder die Vormerkung auflösend befristet auf den Tod bestellt wird.

501   Ist der **Rückforderungsanspruch** – wie üblicherweise – für den Fall der lebzeitigen Geltendmachung **vererblich,** behält die Vormerkung ihre Sicherungsfunktion über den Tod des Berechtigten hinaus und sollte daher mE tendenziell nicht auf den Tod des Berechtigten auflösend befristet werden.[610] Auf diese Weise hängt die Löschung der Vormerkung von der im Falle der Nichtentstehung des Anspruchs erzwingbaren, gleichwohl aber zeit-, kosten- und ggf. streitintensiven Zustimmung der Erben bzw. des Testamentsvollstreckers ab.[611] Bei Berücksichtigung der wechselseitigen berechtigten Interessen erscheint daher eine nicht auf den Tod, sondern **auf einen angemessenen Zeitraum nach dem Tod des Berechtigten auflösend befristete Vormerkung** vorzugswürdig,[612] da dadurch dem berechtigten Sicherungsinteresse des Rechtsnachfolgers Rechnung getragen wird und gleichzeitig eine Löschung aufgrund Unrichtigkeitsnachweis möglich bleibt. Weniger geeignet ist hingegen die Löschungsvollmacht, zum einen wegen der mit deren Ausübung verbundenen höheren Kosten, zum anderen wegen der fehlenden Insolvenzfestigkeit (§ 117 InsO).

502   Eine **Löschungserleichterung** (§ 23 Abs. 2 GBO) bei Tod des Berechtigten kann nicht eingetragen werden, da es sich um ein eigenständiges Recht und nicht um einen Rückstand handelt.[613] Ggf. lässt sich eine unwirksame Löschungserleichterung aber in eine Vollmacht zur Abgabe einer Löschungsbewilligung an den Erwerber umdeuten.[614]

503 **8. Weiterleitungsklausel.** Eine solche Vereinbarung hat zum Ziel, den Vertragsgegenstand nach Ablauf des eigentlichen Rückforderungsrechts unter vergleichbaren Bedingungen an Dritte, meist Geschwister oder Kinder des Erwerbers zu übereignen. Solche Klauseln sind zwar grundsätzlich zulässig, müssen in Voraussetzung und Wirkung aber sehr genau konstruiert werden.[615]

504   In aller Regel sind keine unabsehbaren Bindungen gewünscht. Zudem muss das Valutaverhältnis zwischen Veräußerer und begünstigtem Dritten formgerecht geregelt werden.[616]

505 **9. Anlauf der Zehnjahresfrist nach § 2325 Abs. 3 BGB.** Höchstrichterlich noch ungeklärt ist die Frage, ob bzw. unter welchen Voraussetzungen eine lebzeitige Vermögensübertragung unter Vorbehalt von Rückforderungsrechten den Anlauf der Zehnjahresfrist nach § 2325 Abs. 3 S. 2 BGB hindert.

506 **a) Freies Rückforderungsrecht.** In der Konsequenz der BGH-Entscheidung zum Nießbrauchsvorbehalt steht eine umfassende Zugriffsmöglichkeit des Veräußerers auf den Substanzwert des Zuwendungsgegenstandes dem Anlauf der Zehnjahresfrist wohl entgegen, da **kein spürbares Vermögensopfer** vorliegt. Zwar wird dem entgegen gehalten, dem Erwerber stünden die Nutzungen uneingeschränkt zu. Der Pflichtteilsberechtigte sei

[610] Vgl. zu den verschiedenen Möglichkeiten der „Löschungserleichterung" *Krauß* Vermögensnachfolge Rn. 2357 ff.
[611] Vgl. hierzu BayObLG DNotZ 1996, 20; DNotZ 1999, 508.
[612] Lambert-Lang/Tropf/Frenz/*Hertel,* Handbuch der Grundstückspraxis, Teil 2 Rn. 611.
[613] BGH NJW 1992, 1683; DNotZ 1996, 453.
[614] *Amann* DNotZ 1998, 8; MittBayNot 1999, 76.
[615] Vgl. *Jülicher* ZEV 1998, 201 (285). Vgl. hierzu auch BGH DNotZ 2014, 606 mAnm *Amann;* hierzu *Kesseler* ZfIR 2015, 870 ff.
[616] *Schöner/Stöber* GrundbuchR Rn. 928.

auch nicht schutzwürdig, da sich der Zuwendungsgegenstand bei Geltendmachung des Rückforderungsrechts wieder im Vermögen des späteren Erblassers befinde und somit als Nachlassbestandteil in die Bemessungsgrundlage des ordentlichen Pflichtteilsanspruchs nach § 2311 BGB falle.[617] Dennoch dürfte der Fristanlauf zu verneinen sein, da der Erwerber seine Eigentümerrechte nur „unter dem Damoklesschwert der Rückforderungsmöglichkeit" ausübt, deren Aktualisierung jederzeit droht. Der Übergeber kann den Substanzwert beliebig aktivieren. Durch diese Machtposition hat er ferner – zumindest faktisch – die Möglichkeit, Einfluss auf die Nutzung des Zuwendungsgegenstandes zu nehmen. Gleiches gilt für konkrete Rückforderungsgründe, deren Eintritt allein im Einflussbereich des Übergebers liegt.[618]

b) Rückforderungsgründe außerhalb des Einflussbereichs des Übergebers. Rückforderungsgründe, die außerhalb des Einflussbereichs des Übergebers im Verhalten oder den Verhältnissen des Erwerbers begründet liegen (→ Rn. 474 ff.), stehen der wirtschaftlichen Ausgliederung und damit dem **Anlauf der Zehnjahresfrist** nach **ganz hL** nicht entgegen, da der Übergeber weder selbstbestimmt auf den Substanzwert zugreifen noch die Nutzung des Zuwendungsgegenstandes in seinem Sinne beeinflussen kann. Das OLG Düsseldorf hat allerdings den Anlauf der Zehnjahresfrist für den Rückforderungsgrund der Veräußerung oder Belastung ohne Zustimmung des Veräußerers verneint, da die Eigentümerposition des Erwerbers dadurch erheblich beeinträchtigt werde und darin die Absicht der Übergeberin zum Ausdruck komme, den wirtschaftlichen Wert der Grundstücke zu ihrer Verfügbarkeit zu halten.[619] Überzeugend ist dies nicht, da es für den Genussverzicht allein auf die Position des Übergebers und nicht auf eine etwaige Beeinträchtigung des Erwerbers ankommt.[620] 507

VII. Berücksichtigung staatlicher Leistungspflichten

Bei der Gestaltung des Übertragungsvertrages sollte besonderes Augenmerk darauf gerichtet werden, wie sich die einzelnen Bestimmungen auf staatliche Leistungspflichten auswirken. Zum einen können sich Kürzungen von Rentenrechten ergeben. Zum anderen kann die Überleitung von Rechtspositionen auf den Sozialhilfeträger die Interessenlage unvermutet verändern.[621] Vertragliche Versorgungsrechte bleiben von Leistungen nach dem Pflegeversicherungsgesetz (SGB XI) unberührt.[622] 508

1. Leistungskürzung durch Anrechnung. In folgenden Fällen können vertragliche Gegenleistungen zu anrechnungspflichtigen Einkünften führen:[623] 509

Erhält der Ehegatte des Veräußerers eigene Leistungen, kann seine unentgeltliche Familienkrankenversicherung gefährdet sein (§ 10 Abs. 1 Nr. 5 SGB V). Vertragliche Einnahmen in Geldern oder als Sachbezüge mindern die Hilfebedürftigkeit iSv § 9 SGB II (Grundsicherung für Arbeitssuchende). Entsprechendes gilt für die Grundsicherung im Alter und bei Erwerbsminderung nach dem 4. Kapitel des SGB XII und für die Kriegsopferfürsorge nach § 27a BVG (Kriegsopferfürsorge). 510

Wenn der Veräußerer Kriegsbeschädigter ist, können seine Rentenansprüche nach dem Bundesversorgungsgesetz durch Gegenleistungen im Übertragungsvertrag verringert werden. Das gilt zwar nicht für die sog. Grundrente nach § 31 BVG, dafür jedoch um so 511

---

[617] *Ellenbeck* MittRhNotK 1997, 41 (53); *Heinrich* MittRhNotK 1995, 157 (165).
[618] HM, vgl. *Cornelius,* Der Pflichtteilsergänzungsanspruch, 2004, Rn. 744 ff.; *Herrler* ZEV 2008, 461 (463 f.); *Kollhosser* AcP 194 (1994), 231 (264).
[619] ZEV 2008, 525 mit ablehnender Anm. *Herrler* = DNotZ 2009, 67 mit ablehnender Anm. *Diehn.*
[620] DNotI-Report 2011, 65 (66 f.); HK-PflichtteilsR/*Herrler* Anh. 2 Rn. 136 ff. mwN.
[621] Vgl. im Einzelnen *J. Mayer/Geck* § 3 Rn. 21 ff.; speziell zur Landwirtschaft *Plagemann* AgrarR 1989, 85.
[622] *J. Mayer* DNotZ 1995, 571. Zum Sozialfürsorgerecht vgl. *Krauß* MittBayNot 2004, 330 und → Rn. 545 ff.
[623] Vgl. *Krauß* MittBayNot 1992, 77.

mehr für die sog. **Ausgleichsrente** gemäß § 32 BVG.[624] Auf den sog. **Berufsschadens-ausgleich** nach § 30 BVG werden Altenteilsleistungen – allerdings unter strengen Voraussetzungen – ebenfalls angerechnet.[625] Vergleichbare Auswirkungen gelten für Witwen, Waisen und Eltern von Kriegsbeschädigten (§§ 38 ff. BVG).

512 **2. Auswirkungen auf das sozialhilferechtliche Pflegegeld nach § 64 SGB XII.**
Nachrangig zur Pflegeversicherung sind innerhalb der Einkommens- und Vermögensgrenzen Leistungen der Sozialhilfe zu erbringen, zB vor Erreichen eines Pflegegrades oder bei nicht durch einen Pflegegrad gedecktem Pflegebedarf (§§ 61 ff. SGB XII).[626] Es ist jedenfalls nicht auszuschließen, dass das Pflegegeld (§ 64a SGB XII) bei einer Pflegevereinbarung um bis zu zwei Drittel gekürzt wird (Details str. und Handhabung in der Praxis uneinheitlich)[627] und der Aufwendungsersatz für Pflegepersonen nach § 64f SGB XII ganz oder teilweise entfällt.[628]

513 **3. Überleitung von Ansprüchen an den Sozialhilfeträger nach §§ 93, 94 SGB XII bzw. cessio legis nach § 33 SGB II.** Der Träger der Sozialhilfe kann nach §§ 93, 94 SGB XII Ansprüche des Hilfeempfängers gegen Dritte auf sich überleiten (ebenso gemäß § 27g BVG für nachrangige Kriegsopferfürsorgeleistungen). Die Überleitungsanzeige geschieht durch Verwaltungsakt, der vor dem Sozialgericht angefochten werden kann (§ 51 Abs. 1 Nr. 6a SGG). Bezieht der Übergeber Hilfe für Arbeitssuchende nach SGB II (Erwerbsfähige vor Erreichen der Altersgrenze gemäß § 7a SGB II, vgl. § 7 Abs. 1 S. 1 SGB II), gehen die Ansprüche nach § 33 SGB II kraft Gesetzes auf den Leistungsträger über. Da die Kosten für stationäre Heimpflege zT erheblich über der Erstattungsgrenze für die Pflegesachleistung aus der Pflegeversicherung liegen (bei Pflegegrad 5 derzeit maximal monatlich 1.995 EUR), bleibt die Überleitung unverändert aktuell. Auf diesen Umstand sollte in der Urkunde allgemein hingewiesen werden.

514 **Formulierungsbeispiel: Belehrungshinweis „Zugriff des Trägers der Sozialhilfe"**
Vertragliche und unterhaltsrechtliche Ansprüche des Veräußerers gegen den Erwerber und gegen die anderen Kinder können nach einer Überleitung nach dem Sozialgesetzbuch XII – Sozialhilfe – auch vom Träger der Sozialhilfe, insbesondere bei Heimunterbringung, geltend gemacht werden.

515 **a) Zugriffsmöglichkeiten des Sozialhilfeträgers.** Erfolgt die Übertragung zur Vereitelung des Rückgriffsanspruchs, können schuldrechtlicher Vertrag und Auflassung im Ausnahmefall nach § 138 BGB nichtig sein. Unter dieser Voraussetzung besteht der überleitungsfähige **Herausgabeanspruch** nach § 985 BGB.[629]

516 **aa) Schenkungswiderruf nach § 528 BGB.** Regelmäßiger Gegenstand der Überleitung ist insbesondere der **Rückforderungsanspruch** des Veräußerers wegen Notbedarfs nach § 528 BGB innerhalb der Zehnjahresfrist des § 529 BGB.[630] Vorbehaltene Nutzungsrechte hindern den Fristlauf nach § 529 BGB – im Gegensatz zum Fristanlauf nach § 2325 Abs. 3 BGB – allerdings generell nicht.[631] Auf den Anspruch kann vertraglich nicht im voraus verzichtet werden. Ein Erlassvertrag nach Entstehung des Anspruchs ist grundsätz-

[624] Vgl. *J. Mayer/Geck* § 3 Rn. 16 ff.
[625] Vgl. *Gitter* DNotZ 1984, 600.
[626] Vgl. *Krauß* Vermögensnachfolge Rn. 1182 ff.
[627] Vgl. *Krauß* Vermögensnachfolge Rn. 1182–1187.
[628] *Rastätter* ZEV 1996, 281.
[629] OVG Münster NJW 1989, 2834.
[630] BGH NJW 1986, 1607; NJW 2007, 60; vgl. *Ruby* ZEV 2005, 102.
[631] BGH ZEV 2011, 666 mAnm *Herrler*.

lich sittenwidrig; ist die Überleitung bereits erfolgt, fehlt dem Veräußerer bereits die Verfügungsbefugnis. Der Rückforderungsanspruch geht dem Unterhaltsanspruch des Schenkers vor.[632] Er gilt nicht nur für reine Schenkungen, sondern auch für gemischte Schenkungen und Schenkungen unter Auflage, nicht hingegen für Ausstattungen iSv § 1624 BGB.[633] § 528 BGB kommt auch bei einem späteren Verzicht auf ein zunächst vorbehaltenes Nutzungsrecht in Betracht (→ Rn. 377 ff. zur Aufgabe eines Wohnungsrechts), mangels Schenkung (§ 517 BGB!) nicht hingegen beim Verzicht auf ein vorbehaltenes Rückforderungsrecht vor Aktualisierung des Anspruchs (Bedingungseintritt).[634] Der Anspruch nach § 528 BGB beschränkt sich bei unteilbarem Schenkungsgegenstand auf anteiligen Wertersatz in Geld.[635] Der regelmäßig wiederkehrende Unterhaltsbedarf ist zu erfüllen, bis der Wert des Schenkungsgegenstandes (näher hierzu → Rn. 377a) erschöpft ist.[636] Der Beschenkte kann sich von der Zahlungspflicht durch Rückgabe des Geschenks an den Schenker befreien.[637] Allerdings kann sich der Beschenkte nicht auf den Schutz des „angemessenen Hausgrundstücks" für den Schenker in § 90 Abs. 2 Nr. 8 SGB XII berufen.[638]

Demgegenüber besteht mangels Erhöhung der unterhaltsrechtlichen Leistungsfähigkeit **516a** infolge der Rückforderung schon kein Anspruch nach § 528 BGB, wenn der zum Elternunterhalt Verpflichtete eine selbst genutzte, unterhaltsrechtlich als Vermögen nicht einsetzbare Eigentumswohnung verschenkt und sich daran einen lebenslangen Nießbrauch vorbehält.[639] Die Notbedarfseinrede gemäß § 529 Abs. 2 BGB, die grundsätzlich auch nach Überleitung auf den Sozialhilfeträger geltend gemacht werden kann, ist dem Beschenkten jedoch nach Treu und Glauben verwehrt, wenn der Schenker dem Beschenkten einen Vermögensgegenstand zuwendet, den er zur Deckung seines Unterhaltsbedarfs benötigt, dieser Unterhaltsbedarf deshalb vom Sozialhilfeträger befriedigt werden muss und der Beschenkte annehmen muss, den zugewendeten Gegenstand mit der Schenkung einer Verwertung zur Deckung des Unterhaltsbedarfs des Schenkers zu entziehen.[640]

bb) Wohnungsrecht; Nießbrauch. Während das gesetzlich ausgestaltete (keine Gestat- **517** tung der Ausübungsüberlassung iSv § 1092 Abs. 1 S. 2 BGB) **Wohnungsrecht** als nicht pfändbares, höchstpersönliches Recht **nicht überleitungsfähig** ist, unterliegt der Nießbrauch als umfassendes Nutzungsrecht dem Zugriff des Sozialleistungsträgers. Noch nicht abschließend geklärt ist indes, ob der **Nießbrauch** als Ganzes oder lediglich die sich aus dessen Ausübung ergebenden Ansprüche **überleitungsfähig** sind. Relevant wird diese Frage allenfalls dann, wenn eine Nutzung des Nießbrauchs unterbleibt (Leerstehenlassen des Objekts), da in diesem Fall keine überleitungsfähigen Zahlungsansprüche existieren und nur eine Kürzung der Hilfe in Betracht kommt (§ 26 Abs. 1 S. 1 SGB XII, § 31a Abs. 1 SGB II). Eine Vermietungspflicht des Nießbrauchers soll hingegen nicht bestehen.[641]

Wird umgekehrt der Erwerber hilfebedürftig, schließt die Belastung eines (Haus-) **518** Grundstücks mit einem Nießbrauch oder Wohnrecht dessen Verwertung als Vermögen iSv § 90 SGB XII bzw. § 12 Abs. 1 S. 1 SGB II nicht generell aus. Vielmehr ist im Einzelfall zu prüfen, ob eine Verwertungsmöglichkeit besteht.[642]

---

[632] BGH NJW 1991, 1824.
[633] OLG München MittBayNot 2018, 26.
[634] Zur Behandlung ehebezogener Zuwendungen vgl. *J. Mayer/Geck* § 3 Rn. 56 ff.
[635] BGH NJW 2010, 2655; zu einem Sonderfall BGH NJW 1985, 2419 (Weiterübertragung des Schenkungsgegenstands).
[636] BGH DNotZ 2018, 825 Rn. 9; NJW 1996, 987.
[637] BGH NJW 1994, 1655.
[638] Hierzu BGH DNotZ 2005, 281 mAnm *Meisterernst*.
[639] BGH NJW 2019, 1074.
[640] BGH NJW 2019, 1229.
[641] OLG Köln ZEV 2011, 670.
[642] BSG MittBayNot 2013, 174 mAnm *Grziwotz* in Abgrenzung zu BSG MittBayNot 2008, 239.

519 **cc) Rückforderungsrechte.** Ob vertraglich vereinbarte Rückforderungsrechte (hierzu
→ Rn. 473 ff.) unabhängig von ihrer konkreten Ausgestaltung als (doppelt) bedingtes,
höchstpersönliches und ggf. nur eingeschränkt vererbliches Recht ebenfalls dem Zugriff
des Leistungsträgers unterliegen, ist höchstrichterlich noch nicht geklärt. Angesichts dessen, dass auch Gestaltungsrechte pfändbar sind[643] und eine Überleitung und Geltendmachung des beschränkt pfändbaren Pflichtteilsanspruchs unabhängig vom Vorliegen der
Voraussetzungen des § 852 Abs. 1 ZPO möglich ist,[644] dürfte auch das vertraglich vereinbarte Rückforderungsrecht überleitungsfähig sein (vgl. § 93 Abs. 1 S. 4 SGB XII).[645] Eine
Verwertung setzt freilich den Eintritt des Rückerwerbsfalls voraus. Verneint man eine
Überleitungsfähigkeit, steht es dem Leistungsträger gleichwohl frei, den Rückforderungs-
berechtigten zur Ausübung des Rechts aufzufordern und bei Weigerung die Hilfe nach
Maßgabe von § 26 Abs. 1 S. 1 SGB XII bzw. § 31a Abs. 1 SGB II zu kürzen.

520 **b) Vertragsgestaltung.** Im Rahmen der Überleitung können auch **Altenteilsrechte** auf
den Sozialhilfeträger übergehen, wenn der Veräußerer die Wohnung verlassen hat und in
ein Alten- oder Pflegeheim aufgenommen wird. Insbesondere sehen die meisten Landes-
rechte vor, dass die durch den Wegzug ersparten Aufwendungen durch eine Geldrente
ersetzt werden, sofern es sich um ein Altenteil (Leibgeding) iSv Art. 96 EGBGB handelt
(→ Rn. 456).

521 **aa) Wegzugsklausel.** Wie bereits erwähnt, sollte daher erwogen werden, die Altenteils-
leistung auf die **häusliche Pflege** zu beschränken. Hierbei sollte auch berücksichtigt
werden, dass leistungseinschränkende Pflegeklauseln von der Rechtsprechung in der Weise ausgelegt werden, dass sich der Altenteilsverpflichtete in Höhe der ersparten Aufwendungen an den Heimkosten zu beteiligen hat.[646]

---

522 **Formulierungsbeispiel: Wegzugsklausel mit Löschungsvollmacht**

🔓   Wird eine auswärtige Pflege notwendig, ruhen die Verpflichtungen des Erwerbers ersatzlos. Bei ununterbrochener Abwesenheit von mehr als *** Monaten erlöschen die
Rechte des Berechtigten ersatzlos, sofern weder der Erwerber noch eine diesem nahe
stehende Person die Nichtausübung zu vertreten hat. Ersparte Aufwendungen werden
nicht geschuldet. Für diesen Fall wird *** *[Vertrauensperson!]* – beschränkt im Innenverhältnis nur bei entsprechendem Nachweis – bevollmächtigt, die Löschung der Rechte
auf Kosten des Erwerbers zu bewilligen.

---

523   Alternative Gestaltungsvorschläge zur sog. **Wegzugsklausel** → Rn. 370a, 372. Bei den
Überlegungen zur Verhinderung des Zugriffs des Leistungsträgers sollte man das **Versor-
gungsinteresse des Veräußerers** freilich nicht aus dem Blick verlieren. Im Übrigen haben reduzierte „Gegenleistungen" um so eher die Überleitung des Anspruchs aus § 528
BGB bzw. des gesetzlichen Unterhaltungsanspruchs zur Folge.

524 **bb) Regelungen zum Schutz weichender Geschwister vor Unterhaltsansprüchen.**
Reicht die Überleitung der vertraglich vereinbarten Ansprüche sowie des Anspruch aus
§ 528 BGB zur Befriedigung der Vorleistungen des Sozialhilfeträgers nicht aus, sind die
gesetzlichen Unterhaltsansprüche gemäß §§ 1601 ff. BGB[647] gegen den Erwerber und
die übrigen Abkömmlinge zu beachten. Nach § 94 SGB XII gehen solche Unterhaltsan-

---

[643] BGH NJW 2003, 1858.
[644] BGH DNotZ 2005, 296 mAnm *Spall.*
[645] *Vaupel* RNotZ 2009, 497 (521); *Auktor* notar 2012, 184 (190); *J. Mayer/Geck* § 3 Rn. 150 ff. mwN; aA
   Krauß Vermögensnachfolge Rn. 2139.
[646] BGH DNotZ 2002, 702 mAnm *Krauß* = ZEV 2002, 117 mAnm *Kornexl* sowie BGH ZEV 2003, 211
   mAnm *J. Mayer.*
[647] Zur Definition *Hußmann* ZEV 2005, 54; ZEV 2005, 248.

sprüche, von den im Gesetz genannten Ausnahmen abgesehen, bis zur Höhe der geleisteten Aufwendungen von Gesetzes wegen auf den Träger der Sozialhilfe über.

Rechtsstreitigkeiten sind von dem Zivilgericht zu entscheiden.[648] Der *Deutsche Verein für* 525 *öffentliche und private Fürsorge e.V.* hat ausführliche Empfehlungen für die Heranziehung Unterhaltpflichtiger in der Sozialhilfe veröffentlicht (www.deutscher-verein.de). Ein entsprechender Belehrungshinweis ist angebracht (→ Rn. 514).

Soweit die Grundsicherung für Arbeitssuchende nach dem SGB II ohne Rücksicht auf 526 bestehende Unterhaltsansprüche erbracht wird, findet ein Übergang von Unterhaltsansprüchen kraft Gesetzes nach Maßgabe von § 33 Abs. 2 SGB II statt. Die Rechtmäßigkeit der Überleitungsanzeige ist vor den Sozialgerichten zu klären (§ 51 Abs. 1 Nr. 4 SGG). Das Unterhaltsverfahren ist vor dem Familiengericht zu führen.

Haben Geschwister zugleich mit der Grundstückszuwendung ebenfalls Schenkungen 527 erhalten, zB Gleichstellungsgelder, haften sie unabhängig davon neben dem Erwerber im Rahmen des § 528 BGB gleichrangig als Gesamtschuldner bis zur Obergrenze des angemessenen Unterhaltsbedarfs.[649] Eine unterhaltsrechtliche Inanspruchnahme derjenigen (leistungsfähigen, § 1603 BGB) **Geschwister, die lebzeitig nichts oder nur wenig erhalten** und anlässlich der Übergabe zusätzlich **auf ihr Pflichtteilsrecht** (jedenfalls gegenständlich beschränkt) **verzichtet** haben, wird jedoch nicht selten als unangemessene Belastung empfunden. Diese Gefahr droht freilich nur, wenn kein vorrangiger Anspruch nach § 528 BGB gegen den Übernehmer besteht (Ablauf von zehn Jahren oder Entreicherung).

Ein Ausschluss der unterhaltsrechtlichen Inanspruchnahme im Außenverhältnis scheidet 528 wegen § 1614 Abs. 1 BGB aus. Möglich ist nur eine **Freistellungsverpflichtung im Innenverhältnis.** Eine unbeschränkte Freistellungspflicht ist in aller Regel nicht angemessen. Bei der Bemessung des Umfangs der Freistellungspflicht sind der Wert des übergebenen Anwesens und die vom Erwerber gegenüber dem Übergeber zu erbringenden Leistungen (Rente, Wart und Pflege etc), Abfindungszahlungen an die weichenden Geschwister und zudem bereits geleistete Zahlungen des Erwerbers an den Sozialhilfeträger zu berücksichtigen. Aus Sicht des Erwerbers dürfte weiterhin der Umstand eine Rolle spielen, dass der (gegenständlich beschränkte) Pflichtteilsverzicht der weichenden Geschwister (in aller Regel) im Laufe der Zeit an Bedeutung verliert (Zehnjahresfrist, Abschmelzungsmodell, § 2325 Abs. 3 S. 1, S. 2 BGB) und er daher die Zustimmung seiner Geschwister nicht um jeden Preis erkaufen möchte. Aus Sicht des Übergebers mag dies wiederum anders zu beurteilen sein.

Es lässt sich jedenfalls festhalten, dass eine die vorstehenden Aspekte berücksichtigende 529 und zugleich leicht handhabbare, wenig streitanfällige Freistellungsverpflichtung den Vertragsgestalter vor eine schwierige Aufgabe stellt.[650] Die exakte Berechnung der wechselseitigen Leistungen dürfte in aller Regel nicht sinnvoll sein. Empfehlenswert ist vielmehr eine **pauschalierende Lösung,** die bei der Bemessung des Maximalbetrags der Freistellungspflicht insbesondere die mögliche künftige Inanspruchnahme des Erwerbers aufgrund vertraglicher Leistungspflichten berücksichtigt. Nicht vergessen werden sollte schließlich, dass die Freistellungsverpflichtung nur soviel wert ist wie die Bonität des Erwerbers reicht. Eine Absicherung (Sicherungshypothek, Bankbürgschaft) ist daher im elementaren Interesse der weichenden Geschwister, belastet den Erwerber aber nicht unerheblich.

---

[648] Zu § 91 BSHG bzw. § 94 SGB XII *Schellhorn* FuR 1999, 4; *Fröhlich* FamRZ 1999, 758.
[649] BGH DNotZ 1998, 875; zur Vertragsvorsorge für den Innenausgleich *Rundel* MittBayNot 2003, 177.
[650] Ausführlich *J. Mayer/Geck* § 3 Rn. 248 ff. mwN.

530   Formulierungsbeispiel: Freistellungsverpflichtung weichender Geschwister

◐   Sollten Geschwister, die gegenüber dem Veräußerer auf ihr Pflichtteilsrecht mindestens aus dieser Übergabe verzichtet haben, aus übergeleiteten Ansprüchen vom Sozialhilfeträger herangezogen werden, hat der Erwerber diese Geschwister hiervon freizustellen. Die Freistellungspflicht endet, wenn und soweit der Freistellungsbetrag *** [*zB:* ein Viertel *oder andere Quote*] des Werts des übergebenen Vertragsobjekts, welchen die Beteiligten mit *** EUR beziffern, unter Berücksichtigung eigener Leistungen des Erwerbers an den Sozialhilfeträger übersteigt. Auf die Sicherungsmöglichkeiten dieser Freistellungsverpflichtung, zB durch Eintragung einer Sicherungshypothek oder die Stellung einer Bankbürgschaft, wurde vom Notar hingewiesen.

531   Weitere Formulierungsvorschläge bei *J. Mayer/Geck* § 3 Rn. 253 ff., insbesondere Rn. 273. Für denjenigen, dem die Freistellungsverpflichtung zu problematisch erscheint, kommt **alternativ** ein **auflösend bedingter Pflichtteilsverzicht** für den Fall der Inanspruchnahme durch den Leistungsträger (in bestimmter Höhe) in Betracht.[651] Auf diese Weise werden die weichenden Geschwister so gestellt, als hätten sie sich nicht an der Überlassung beteiligt.

D. Sozialrechtliche Aspekte

532   Die Wechselbeziehungen zwischen sozialrechtlichen Ansprüchen einerseits und Vertragsgestaltung andererseits sind als lediglich mittelbare Folgen der beurkundeten Willenserklärung zwar nicht Bestandteil des Pflichtumfangs notarieller Belehrung und Haftung, zählen aber zu den gerade in Zeiten knapper werdender öffentlicher Mittel intensiver nachgefragten Begleitthemen, deren zumindest rudimentäre Kenntnis der notariellen Praxis gut ansteht. Der Schwerpunkt liegt hierbei neben familienrechtlichen („Unterhaltsverzicht zu Lasten des Steuerzahlers") und erbrechtlichen Fragen („Bedürftigen-" bzw. „Behindertentestament") auf dem Gebiet der vorweggenommenen Erbfolge, da unentgeltlicher Erwerb in besonderem Maße dem Sozialleistungsregress unterliegt.

533   Neben den Kürzungen von Sozialleistungen aufgrund vertraglicher Ansprüche (→ Rn. 443) und den pflegefallspezifischen Fragen (→ Rn. 439 ff.) sowie dem Risiko einer Rückabwicklung nach § 528 BGB (→ Rn. 159 ff.) sind im Rahmen der Vermögensübertragung folgende Wechselbezüge von besonderer Bedeutung:

I. Die Übertragung als „Tatbestandsmerkmal" des Sozialrechts

534   Sie kann anspruchsbegründender oder anspruchsvernichtender Natur sein: Der Bezug des Altersgeldes für Landwirte nach dem ALG erfordert die Abgabe des Hofes, so dass der Rückbehalt des Eigentums an Grundstücken[652] bzw. des Nießbrauchs daran[653] beim Veräußerer schädlich sein kann. Sofern dieser Rückbehalt nämlich 1/4 der Existenzgrundlagengröße des § 1 Abs. 5 ALG überschreitet (oder das abgegebene Restunternehmen die genannte Basisgröße unterschreitet), liegt (noch) keine wirksame Abgabe vor;[654] ALG-Altersgeld wird nicht gewährt (§ 21 Abs. 7 ALG). Die Bezugsgröße wird durch die jeweilige Landwirtschaftliche Alterskasse festgelegt und variiert nach der Qualität der Böden und der vorgesehenen Kulturen (der Bundesdurchschnittswert liegt bei etwa 4 ha). Ferner kann bei erheblichem Rückbehalt die Erteilung der Genehmigung nach dem Grundstücksverkehrsgesetz gefährdet sein (§ 9 Abs. 1 Nr. 2, Abs. 3 GrdstVG), können die Er-

---

[651] Formulierungsvorschlag bei *J. Mayer/Geck* § 3 Rn. 279.
[652] Vgl. LSG Bayern MittBayNot 1993, 168.
[653] BSG SozR 5850 § 41 Nr. 14.
[654] *Gitter* DNotZ 1984, 596.

tragswertprivilegien (§§ 2312, 2049, 1376 Abs. 4 BGB) hinsichtlich des zurückbehaltenen Teils mangels Landguteigenschaft entfallen und iÜ ebenfalls gefährdet sein.

Auch wird das Vorliegen eines Leibgedingsvertrags mitsamt der daran anknüpfenden **535** Privilegien gefährdet.[655] Sozialhilferechtlich zählen zurückbehaltene landwirtschaftliche Grundstücke nicht zum Schonvermögen des Veräußerers, da sie nicht für dessen „Erwerbstätigkeit" unentbehrlich sind (§ 90 Abs. 2 Nr. 5 SGB XII). Anspruchsbeendend wirkt die Übertragung eines landwirtschaftlichen Betriebs hinsichtlich des Verlustes des gesetzlichen Unfallversicherungsschutzes gemäß § 2 Abs. 1 Nr. 5 SGB VII.

II. Die sozialrechtlich bedingte Sittenwidrigkeit der Vermögensübertragung

Die stärkste „gegenläufige" Einwirkung des Sozialrechts auf das Zivilrecht liegt in der **536** möglichen Sittenwidrigkeit der Übertragung selbst (wobei § 138 BGB dann auch die an sich wertneutrale Auflassung erfasst und § 817 S. 2 BGB der Rückabwicklung nicht entgegensteht).[656] Der Wertung des § 26 Abs. 1 Nr. 1 SGB XII, wonach die in der Absicht des Sozialhilfebezugs vorgenommene Vermögensminderung nur zu einer Leistungskürzung führen solle (und nicht etwa zur weiteren Zurechnung des übertragenen Vermögens an den Leistungsberechtigten), ist allerdings zu entnehmen, dass diese Fälle (die zur Ablehnung der Beurkundung bzw. in Zweifelsfällen zur Anbringung eines entsprechenden Vermerks führen müssten) auf wenige Ausnahmen beschränkt sein werden, in denen zusätzliche Verschleierungs- oder Betrugsmomente hinzukommen.[657]

III. Sittenwidrigkeit einzelner Rechtsakte

Nicht selten rekurriert(e) die Rechtsprechung allerdings auf das Verdikt der Sittenwidrig- **537** keit einzelner Rechtsakte im Zusammenhang von Vermögensübertragungen:

Entgegen früherer verwaltungsgerichtlicher Rechtsprechung[658] verstößt die **Geltend-** **538** **machung eines vormerkungsgesicherten schuldrechtlichen Rückforderungs- rechts** beim Zugriff des Sozialleistungsträgers auf das Vermögen beim Erwerber nicht gegen § 138 BGB.: Das LSG Nordrhein-Westfalen[659] sowie das BSG[660] werten Vermögen, das mit vormerkungsgesichertem Rückforderungsvorbehalt gesichert ist, als unverwertbar; darüber hinaus das BSG[661] sogar lediglich nießbrauchsbelastetes Vermögen, sofern im Laufe des folgenden Jahres ein Verkauf mangels Nachfrage nicht zu erwarten sei. Die „Verwertbarkeit" iSd § 12 Abs. 1 SGB II, § 90 Abs. 1 SGB XII habe neben der juristischen und wirtschaftlichen auch eine zeitliche Komponente; maßgeblich sind dabei die Umstände des Einzelfalls, so dass das BSG[662] auch die grundsätzliche Verwertbarkeit eines mit einem (eine Teilfläche betreffenden) Wohnungsrecht belasteten Eigenheims dem Grunde nach anerkennt.

Nach früherer Instanzenrechtsprechung soll die **Ausschlagung durch einen Betreuer** **539** für einen sozialhilfebedürftigen Erben gegen § 138 BGB verstoßen, auch wenn im Gegenzug privatrechtliche Absicherung zugesagt wird;[663] die versäumte Vorsorge in Gestalt eines „Behindertentestaments" ließe sich dann nicht mehr durch Ausschlagung „reparieren". Dem ist der BGH[664] zu Recht (wenn auch *obiter*) entgegengetreten.

---

[655] OLG Zweibrücken MittBayNot 1994, 136.
[656] OVG Münster NJW 1989, 2834.
[657] Vgl. etwa OVG Münster NJW 1997, 2901 und VG Freiburg ZfF 1980, 17; erweiternd OLG Frankfurt a.M. FamRZ 2005, 60 – wohl aber bereits ein Fall des dinglichen Schenkungsverbotes aus § 1804 BGB.
[658] VG Gießen DNotZ 2001, 784 mit zu Recht ablehnender Anm. *J. Mayer.*
[659] BeckRS 2008, 50560.
[660] MittBayNot 2013, 174 mAnm *Grziwotz.*
[661] NotBZ 2008, 195 mAnm *Krauß.*
[662] MittBayNot 2013, 174 mAnm *Grziwotz.*
[663] OLG Stuttgart ZEV 2002, 367; OLG Hamm NotBZ 2009, 457 mAnm *Krauß.*
[664] ZEV 2011, 258 mAnm *Zimmer* = MittBayNot 2012, 138 mAnm *Spall.*

540 Das SG Mannheim[665] hat auch die spiegelbildliche Situation (**Annahme einer aufgrund Testamentsvollstreckung und Nacherbenbeschränkung unverwertbaren Erbschaft**) als sittenwidrig erachtet; ähnlich das SG Dortmund:[666] die Anordnung der Testamentsvollstreckung selbst verstoße gegen die guten Sitten, wenn sie nicht (wie beim „Behindertentestament") in der gesundheitlichen Situation des Kindes begründet sei,[667] sondern der Vermeidung des Zugriffs des Grundsicherungsträgers auf die Erbschaft eines Arbeitslosen diene („Bedürftigentestament").

541 Eine Vereinbarung, wonach vorbehaltene Versorgungsleistungen nur so lange geschuldet sind, wie sie vom Verpflichteten im übernommenen Haus erbracht werden können („Leistungsbegrenzungsklausel") führt jedoch gemäß der nunmehr bemerkenswert deutlichen Aussage des BGH[668] nicht zur Sittenwidrigkeit der **Nachrangvereinbarung** (mit der Folge, dass die andernfalls entstandene Lücke durch eine ergänzende Vertragsauslegung im Sinn einer Pflicht zur Erstattung ersparter Aufwendungen geschlossen werden müsste). Der BGH führt aus, der ausdrückliche Ausschluss von Zahlungsansprüchen anstelle der nicht mehr zu erbringenden Naturalleistungen sei wirksam: § 528 BGB ist der allgemeine Grundsatz zu entnehmen, dass die Übertragung als solche selbst bei späterer Verarmung aufrechterhalten bleibe und lediglich durch wertmäßige Rückforderung „geahndet" werde; diese Wertung gelte erst recht, wenn anstelle einer uneingeschränkt freigebigen Schenkung Versorgungsgegenleistungen gewährt würden.

542 In den letzten Jahren hat der BGH schrittweise seine umstrittene Rechtsprechung vom „unzulässigen Vertrag zulasten Dritter (nämlich des Sozialhilfeträgers)" zurückgenommen.
(1) Die Entwicklung nahm ihren Ausgangspunkt in der BGH-Entscheidung vom 21.9. 2001:[669] Die von der Vorinstanz (OLG Hamm) zugrunde gelegte Auslegung einer Vertragsklausel, wonach der Erwerber zwar (wie ausdrücklich geregelt) die Kosten der ambulanten Pflege, nicht aber (da nicht erwähnt) die Kosten einer stationären Pflege (sondern lediglich die ausdrücklich erwähnten nicht gedeckten Krankenhauskosten) zu übernehmen habe, wurde verworfen, und zwar mit dem überraschenden Vorwurf, sie sei sinnlos, da damit die Leistungsvereinbarung auf einen unwirksamen **Vertrag zulasten Dritter** (des Sozialhilfeträgers) gerichtet sei. Wäre dem zu folgen, würde auch eine ausdrücklich enthaltene Vertragsbestimmung, wonach der Übernehmer zwar im ambulanten Bereich bestimmte Verpflichtungen trage, nicht jedoch für die nicht gedeckten Kosten stationärer Unterbringung aufzukommen habe, als „Vertrag zulasten Dritter" unwirksam gewesen.
(2) Ähnlich das Judikat des BGH vom 23.1.2003:[670] Durch notariellen Altenteilsvertrag des Jahres 1972 hatten sich übernehmender Sohn und dessen (nunmehr beklagte) Ehefrau „zur Erbringung sämtlicher häuslicher Arbeiten und zur Betreuung und Pflege in gesunden und kranken Tagen, solange kein Krankenhausaufenthalt notwendig wird", verpflichtet. Da der medizinisch indizierte Aufenthalt in einem Pflegeheim nicht erwähnt sei, handele es sich um eine Vertragslücke, die entgegen der (mE richtigen) Auffassung des Berufungsgerichts nicht durch eine Gleichstellung mit dem Krankenhausaufenthalt (mit der Folge des Erlöschens der Verpflichtung) zu schließen sei, sondern durch die Annahme einer finanziellen Beteiligung an den stationären Heimkosten in Höhe der **ersparten Aufwendungen** (immerhin 982,00 EUR pro Monat). Hierfür spreche der im Vertrag zum Ausdruck kommende umfassende Versorgungswille des Übergebers, dem – als Landwirt (?) – die Vorstellung, „der Allgemeinheit zur Last zu fallen", unerträglich sei.

[665] BeckRS 2011, 72243.
[666] ZEV 2010, 54 mit teilweise kritischer Anm. *Keim.*
[667] So im Falle LSG Baden-Württemberg NotBZ 2008, 82 Rn. 10.
[668] NotBZ 2009, 221 mAnm *Krauß.*
[669] BGH MittBayNot 2002, 179 mAnm *Mayer* MittBayNot 2002, 153; DNotZ 2002, 702 mAnm *Krauß.*
[670] BGH ZEV 2003, 211 mAnm *J. Mayer* MittBayNot 2004, 181.

(3) In seiner dritten Leitentscheidung verschob der BGH die Akzente:[671] Ein „klassisches Wohnungsrecht", das auf Lebenszeit des Veräußerers ohne weitere Regelung bestellt wird, ist angesichts seiner höchstpersönlichen Natur und der familiären Verbundenheit zwischen Veräußerer und Erwerber, ungeachtet des Umstands, dass das Wohnungsrecht der Alterssicherung des Berechtigten dient, nicht durch ergänzende Vertragsauslegung dahin gehend zu ergänzen, dass bei Heimunterbringung eine Verpflichtung des Berechtigten zur Vermietung der Wohnung und **Herausgabe des erzielten Erlöses** bestehe (letzteres auch deshalb nicht, weil der Mietzins nicht auf Kosten des Berechtigten erlangt wurde – der Wohnungsberechtigte wäre selbst nicht zur Vermietung berechtigt gewesen).[672]

(4) Diesen Ansatz hat der BGH schließlich auch auf das Schicksal ortsgebundener Leistungs- (nicht Duldungs-) Pflichten übertragen, wenn im Vertrag keine Regelung für den Fall getroffen war, dass der Veräußerer diese Leistungen aufgrund (idR gesundheitsbedingten) Wegzugs nicht mehr in Anspruch nehmen kann:[673] Ein Ausgleich für ersparten tatsächlichen Dienstleistungszeitaufwand (in Bezug auf Pflege und hauswirtschaftliche Verrichtungen), also eine Abgeltung gewonnener Freizeit, sei als Ergebnis ergänzender Vertragsauslegung nur dann geschuldet, wenn die Beteiligten beim Abschluss des Übergabevertrags übereinstimmend davon ausgegangen waren, der Erwerber werde diese Leistungen nicht selbst erbringen, sondern hierfür eine Hilfskraft engagieren und bezahlen. Andernfalls bleibe es lediglich bei der Erstattung ersparter **Sachaufwendungen.**

(5) Der BGH[674] stellt weiter in Übereinstimmung mit der Literatur[675] zutreffend fest, „bei der Vereinbarung eines lebenslangen Wohnungsrechtes musste jeder Vertragsteil grds. damit rechnen, dass der Berechtigte sein Recht wegen Krankheit und Pflegebedürftigkeit nicht bis zum Tod ausüben kann. Der Umzug in ein Pflegeheim ist daher idR kein Grund, den der Bestellung zugrunde liegenden Vertrag nach § 313 BGB anzupassen". Tatsächlich geht es nicht um eine Änderung der Geschäftsgrundlagen, sondern allenfalls um eine „interessengerechte" **Auslegung lückenhafter Vereinbarungen,** die bei klarer Umgrenzung des Leistungsumfangs vermieden werden kann:

Formulierungsbeispiel: Begrenzung der Versorgungspflicht 543

Soweit der Erwerber [*ggf.:* oder sein Ehegatte] hierzu – insbesondere ohne Inanspruchnahme fremder Pflegekräfte – zumutbarerweise in der Lage ist, hat er bei Krankheit und Gebrechlichkeit des Veräußerers ferner dessen häusliche Pflege zu übernehmen. Dauerpflege ist nur in dem Umfang zu erbringen, der mit den notwendigen hauswirtschaftlichen Verrichtungen nach dem Urteil des Hausarztes des Veräußerers einem durchschnittlichen täglichen Zeitaufwand von insgesamt nicht mehr als eineinhalb Stunden entspricht. Vorstehende Verpflichtungen ruhen, soweit Pflegesachleistungen im Rahmen gesetzlicher Ansprüche, etwa auf Haushaltshilfe, häusliche Krankenpflege oder häusliche Pflegehilfe erbracht werden. Die Verpflichtungen sind nicht vererblich, bestehen jedoch auch bei Verlust des Eigentums fort.

---

[671] BGH DNotZ 2009, 431 mAnm *Herrler.*
[672] BGH NJW 2012, 3572 mAnm *Herrler.*
[673] BGH NotBZ 2010, 182 mAnm *Krauß.*
[674] BGH NotBZ 2009, 222 mAnm *Krauß.*
[675] *Mayer* DNotZ 2008, 678; *Auktor* MittBayNot 2008, 15; *Krauß* NotBZ 2007, 130.

IV. Übersicht: Zulässigkeit erbrechtlicher Gestaltung mit nachteiligen Wirkungen für Dritte

544 Aus heutiger Sicht ergibt sich folgender „Frontverlauf":[676]

(1) **Letztwillige Gestaltungen allein des Erblassers** verstoßen jedenfalls idR nicht gegen die guten Sitten bei behinderten Destinatären, ebenso wenig bei schlicht überschuldeten Destinatären; gewisse Unsicherheit besteht allerdings beim Bezug steuerfinanzierter SGB II-Leistungen.

(2) Gleiches gilt für Gestaltungen, an denen **sowohl der Erblasser als auch der Destinatär mitwirkt,** etwa beim lebzeitigen Pflichtteilsverzicht, der beim schlicht pfändungsgefährdeten oder überschuldeten/insolventen sowie Sozialhilfe beziehenden Destinatär sicher zulässig ist; offen – aber nach den Umständen des Einzelfalls im Regelfall deckungsgleich – ist die Rechtslage im SGB II-Fall.

(3) In Bezug auf Gestaltungen **nach dem Erbfall** begegnet das **passive Hinnehmen** nachteiliger erbrechtlicher Situationen (zB die Nichtausschlagung einer im Übermaß beschwerten Erbschaft, die Nichtgeltendmachung eines originär entstandenen Pflichtteilsanspruchs) außerhalb des Sozialleistungsbezugs keinen Bedenken. Der Sozialleistungsträger (SGB XII oder SGB II) allerdings kann den Pflichtteilsanspruch ohne weiteres auf sich überleiten bzw. wird bereits kraft Gesetzes dessen Inhaber; die Ausschlagungsentscheidung kann er hingegen nicht an sich ziehen.

(4) Auch die **aktive Ausschlagung** sonst anfallender Positionen muss der Gläubiger oder Insolvenzverwalter, nach richtiger Ansicht des BGH aber wohl auch der Sozialleistungsträger (jedenfalls der Sozialhilfeträger) hinnehmen.[677]

(5) Anders verhält es sich jedoch in Fällen, in denen bereits angefallenes Vermögen **nachträglich weggegeben** wird: § 138 BGB ist selten, § 528 BGB jedoch regelmäßig erfüllt.

V. Die Grundsicherung für Arbeitsuchende („Hartz IV", SGB II)

545 Personen zwischen dem 15. und 65. Lebensjahr, die (bei ausschließlich gesundheitlicher Betrachtung) mindestens drei Stunden täglich auf dem allgemeinen Arbeitsmarkt tätig sein können (§ 8 SGB II), erhalten bei Hilfebedürftigkeit seit 2005 anstelle der bisherigen Sozialhilfe Eingliederungs- und finanzielle Leistungen nach dem SGB II. Trotz der irreführenden Bezeichnung „Grundsicherung für Arbeitsuchende" können auch Arbeitnehmer und Selbständige mit ungenügendem Einkommen[678] „Arbeitslosengeld II" erhalten (auch letztere Bezeichnung ist irreführend; es handelt sich um steuerfinanzierte Fürsorge-, nicht um beitragsfinanzierte Versicherungsleistungen). Wer über 65 Jahre oder dauerhaft voll erwerbsgemindert ist, erhält die Grundsicherung nach dem 4. Kapitel des SGB XII; im Bereich der „klassischen" Hilfe zum Lebensunterhalt nach dem SGB XII verbleiben demnach Personen, die im sechsmonatigen Prognosezeitraum weniger als drei Stunden täglich arbeitsfähig, jedoch nicht dauerhaft voll erwerbsgemindert sind.

546 Bei der Ermittlung der **Hilfsbedürftigkeit** werden Einkommen und Vermögen des nicht getrennt lebenden Ehegatten, des Verpartnerten und des in ehe- oder lebenspartnerschaftsähnlicher Gemeinschaft Lebenden gemäß § 9 Abs. 2 SGB II einbezogen, ferner hinsichtlich des an minderjährige unverheiratete Kinder zu gewährenden Sozialgelds auch Einkommen und Vermögen der Eltern, soweit letztere über Mittelüberschüsse verfügen. Verfügen also Kinder über Vermögen, das sie von Außenstehenden oder vor mehr als zehn Jahren (§ 529 BGB!) von anderen Mitgliedern der Bedarfsgemeinschaft (§ 7 Abs. 3 SGB II) erhalten haben, wird dieses nicht den Eltern angerechnet; das Kind scheidet viel-

---

[676] Vgl. *Ihrig* NotBZ 2011, 345; ähnlich *Wendt* ZNotP 2011, 362; *Krauß* Vermögensnachfolge Rn. 1030 ff.
[677] BGH ZEV 2011, 258 gegen OLG Hamm ZEV 2009, 471.
[678] Zur Anrechnung § 30 SGB II; zur Einkommensermittlung: VO v. 17. 12. 2007, BGBl. I 2942.

mehr aus der Bedarfsgemeinschaft aus (§ 7 Abs. 3 Nr. 4 SGB II) und erhält kein eigenes Sozialgeld.

Darüber hinaus wird gemäß § 9 Abs. 5 SGB II (widerlegbar) vermutet, dass andere Verwandte/Verschwägerte, die mit dem Hilfeempfänger zusammenleben, ihn im Rahmen einer sog. „Haushaltsgemeinschaft" unterstützen (mithin also unter engeren Voraussetzungen als gemäß § 36 SGB XII bei der Hilfe zum Lebensunterhalt, wo auf das Verwandtschaftserfordernis verzichtet wird). **547**

Bei der zur Ermittlung der Hilfebedürftigkeit (§ 9 Abs. 1 SGB II) erforderlichen Prüfung des **Vermögens** bleiben (wie in § 90 Abs. 1 SGB XII) „nicht verwertbare" Positionen außer Betracht. **548**

Beispiel:
Vermögen unter Nacherbschaftsbeschränkungen oder Testamentsvollstreckung; zur Tilgung eines Kredits verpfändete Lebensversicherung.

Gleiches gilt bei offensichtlicher Unwirtschaftlichkeit der Verwertung, § 12 Abs. 3 Nr. 6 SGB II (Netto-Erlös liegt mehr als 10% unter dem Substanzwert, wie etwa bei der Verwertung junger Lebensversicherungen oder von Kapitallebensversicherungen kurz vor Endfälligkeit). **549**

Das in § 12 Abs. 3 SGB II objektbezogen freigestellte Schonvermögen geht über den Katalog des § 90 Abs. 2 SGB XII hinaus. **550**

Beispiel:
Angemessener Pkw – Nettowert nicht über 7.500 EUR – für jeden erwerbsfähigen Hilfebedürftigen, nicht kapitalisierbares Altersvorsorgevermögen bis 750 EUR/Lebensjahr, Riester- und Rürup-Rentenanwartschaften etc.

Für die notarielle Praxis maßgeblich ist die Schonung des dauerhaft selbstgenutzten Hausgrundstücks/Wohnungseigentums vor Verwertung (also auch vor fiktiver Anrechnung eines Vermietungswerts und vor dem Verlangen einer Beleihung). Voraussetzung ist, dass eine angemessene Größe hinsichtlich Wohnfläche[679] und Grundstücksfläche (ca. 500 qm im städtischen, 800 qm im ländlichen Bereich) nicht überschritten wird. **551**

Anders als in § 90 Abs. 2 Nr. 8 SGB XII (Kombinationstheorie von sieben Faktoren, einschließlich des Werts und der Ausstattung) soll nicht die bauliche Investition, sondern die private Heimstätte als Lebensmittelpunkt geschützt werden, so dass bei „Übergröße" lediglich der Wert abtrennbarer Grundstücksflächen oder separat veräußerbarer Einliegerwohnungen angerechnet wird, bei fehlender Abtrennbarkeit jedoch eine fiktive Mieteinnahme für die übersteigende Fläche berücksichtigt wird, während im Rahmen des SGB XII die Vermögensschonung insgesamt entfällt. Der Mietwert der „übergroßen" Wohnfläche ermittelt sich nach der ortsüblichen Miete, hilfsweise nach Maßgabe der SozialversicherungsentgeltVO (4,05 EUR bzw. 3,31 EUR je qm und Monat für Wohnungen mit/ohne Zentralheizung). **552**

Daneben tritt gemäß § 12 Abs. 2 Nr. 1 SGB II ein altersabhängiger Grundfreibetrag von 150 EUR je vollendetem Lebensjahr des volljährigen Hilfebedürftigen und seines Partners, mindestens jedoch 3.100 EUR, maximal 9.750 EUR (gemäß § 65 Abs. 5 SGB II erhöht auf 520 EUR pro Jahr, maximal also 33.800 EUR, für vor dem 1.1.1948 geborene Personen). Dieser Grundfreibetrag ist – anders als der kleinere Barbetrag gemäß § 90 Abs. 2 Nr. 9 SGB XII – nicht auf bare Mittel beschränkt, sondern erfasst alle Vermögenswerte, die nach Berücksichtigung der vorgängigen gegenständlichen Vermögensfreilassungen (Eigenheim, Pkw, Altersvorsorgevermögen etc) noch verbleiben. Nicht ausgenutzte **553**

---

[679] BSG NZS 2007, 428: ca. 90 qm für Ein- oder Zweipersonenhaushalt, für jede weitere Person 20 qm mehr, für Eigentumswohnungen 10 qm weniger.

Freibeträge können unter Mitgliedern der Bedarfsgemeinschaft wechselseitig gutgebracht werden (nicht jedoch im Verhältnis zwischen Kindern und Kindern und Eltern).

554   Die finanzielle Hauptleistung („Arbeitslosengeld II") orientiert sich nicht mehr wie die frühere Arbeitslosenhilfe am zuletzt bezogenen Netto-Einkommen, sondern pauschaliert den notwendigen Bedarf auf Sozialhilfeniveau (monatliche Regelleistung von (2019) 424 EUR, bei zwei erwerbsfähigen Bedarfsgemeinschaftsmitgliedern je 90% hiervon, für weitere je achtzig vom Hundert hiervon, sowie angemessene Kosten für Unterkunft und Heizung – bei Wohnen im eigenen Heim in Höhe der Schuldzinsen ohne Tilgungsanteile, jedoch einschließlich Grundsteuer, Wohngebäudeversicherung, Erbbauzins, Instandhaltungs- und Heizkosten; bei Miethaushalten lediglich angemessene Flächen von ca. 15 qm je Person), ergänzt um einen befristeten Zuschlag nach Bezug von Arbeitslosengeld in den ersten zwei Jahren gemäß § 24 SGB II. Hinzu kommen (Mindest-)Beiträge in der gesetzlichen Rentenversicherung sowie zur Kranken- und Pflegeversicherung.

555   Die **Regressmöglichkeiten** ähneln der Sozialhilfe, jedoch unter stärkerer Schonung der Heranziehung Unterhaltspflichtiger, allerdings ist ein Zugriff auf den Nachlass des Leistungsempfängers nicht möglich (Abschaffung des früheren § 35 SGB II ab 1. 8. 2016, anders in der Sozialhilfe: § 102 SGB XII):

– Kostenersatz bei schuldhaftem Verhalten (§ 34 SGB II, vergleichbar § 103 SGB XII): gerichtet vor allem gegen sozialwidrige Unvernunft, etwa arbeitnehmerseitige Kündigung eines Arbeitsverhältnisses;

– „automatische" Überleitung sonstiger Ansprüche gegen Dritte (insbesondere des Rückforderungsanspruchs gemäß § 528 BGB) durch *cessio legis* gemäß § 33 SGB II (entspricht § 93 und 94 SGB XII). Gemäß § 33 Abs. 2 SGB II dürfen jedoch Unterhaltsansprüche gegen Verwandte nur übergeleitet werden, wenn der Inhaber sie selbst geltend gemacht hat (also Eltern beispielsweise den Aszendentenunterhalt eingefordert haben);[680] ausgenommen sind Unterhaltsansprüche minderjähriger oder bis 25 Jahre alter Kinder ohne abgeschlossene Berufsausbildung gegen ihre Eltern. Schoneinkommen und Schonvermögen stehen dem Unterhaltsverpflichteten in gleicher Höhe wie dem Bezieher des Arbeitslosengeldes II zu (§ 33 Abs. 2 S. 3 SGB II, während in § 94 SGB XII die sog. sozialhilferechtliche Vergleichsbewertung seit 1. 1. 2005 abgeschafft ist).

556 Einen abgeschwächten Regress im Sinn eines Kürzungstatbestands schafft schließlich § 31 Abs. 4 Nr. 1 SGB II (ähnlich § 26 Abs. 1 S. 1 Nr. SGB XII) bei Verminderung des Vermögens in der Absicht, die Voraussetzungen für die Gewährung des Arbeitslosengelds II herbeizuführen. Die Messlatte der Rechtsprechung („leichtfertiges und unlauteres Verhalten") ist hoch (zB keine Beanstandung erhöhten Konsums eines unfallbedingt Pflegebedürftigen aus der erhaltenen Versicherungsleistung).[681]

---

[680] Vgl. zu dessen familienrechtlicher Bemessung *Krauß* Vermögensnachfolge Rn. 870 ff. sowie *Hauß,* Elternunterhalt, 5. Aufl. 2015.
[681] OVG Hamburg FEVS 41, 288.

E. Gesamtmuster: Überlassungsvertrag

Heute, am ***

erschienen vor mir

***

Notar in ***

mit der Geschäftsstelle in ***

1. ***

    geboren am ***,

    wohnhaft ***

    *** [Güterstand]

    – im Folgenden auch: „Veräußerer" oder „Übergeber" –

2. ***

    geboren am ***,

    wohnhaft ***

    *** [Güterstand]

    – im Folgenden auch: „Erwerber" oder „Übernehmer" –

3. *ggf.:* *** *[Ehegatte des Veräußerers bei § 1365 BGB-Konstellation; Pflichtteilsberechtigter bei gegenständlich beschränktem Pflichtteilsverzicht; Berechtigter eines zu löschenden Abt. II/III-Rechts etc]*

    geboren am ***,

    wohnhaft ***

    *** [Güterstand]]

Die Erschienenen wiesen sich aus durch Vorlage ihrer amtlichen mit Lichtbild versehenen Ausweise [*Alt.:* sind persönlich bekannt].

Ich, der Notar, habe mich am *** über den Grundbuchinhalt unterrichtet.

Die Beteiligten erklären bei gleichzeitiger Anwesenheit, was folgt:

Wir schließen hiermit den folgenden

ÜBERLASSUNGSVERTRAG.

I.

Grundbuchstand

Im Grundbuch des Amtsgerichts *** für *** ist der nachbezeichnete Grundbesitz der Gemarkung *** vorgetragen:

Flurstück ***   **Gebäude- und Freifläche**   **zu *** qm,**

– im Folgenden auch: „**Vertragsgegenstand**" –.

Als Eigentümer ist/sind *** *[ggf.: Beteiligungsverhältnis angeben]* im Grundbuch eingetragen.

[*ggf.:* Hierbei handelt es sich um das selbstgenutzte Familienwohnheim der Eheleute im Sinne von § 13 Abs. 4a ErbStG.]

Zum Zeitpunkt der Grundbucheinsicht war der Vertragsgegenstand in Abteilung II und III des Grundbuchs lastenfrei vorgetragen.

[*Alt.:* Zum Zeitpunkt der Grundbucheinsicht waren auf dem Vertragsgegenstand folgende Belastungen vermerkt:

In Abteilung II:

***

[*Var. 1 – Übernahme:* Die vorgenannten Rechte werden vom Erwerber mit den zugrunde liegenden schuldrechtlichen Verpflichtungen entschädigungslos übernommen.]

[*Var. 2 – Regelungen zur **Löschung** nicht übernommener Rechte, zB:*
– Der Berechtigte ist verstorben. Die Sterbeurkunde wurde dem Notar vom Veräußerer übergeben.
– Frau/Herr *** als Berechtigter des Rechts lfd. Nr. *** bewilligt dessen Löschung.]

In Abteilung III:

***

[*Var. 1 – Löschung:* Nach Erklärung des Veräußerers liegen den vorgenannten Belastungen in Abt. III keine Forderungen mehr zugrunde. Sie sollen daher im Grundbuch zur Löschung gelangen, einer Eigentumsumschreibung jedoch nicht entgegenstehen.

Die Löschungsunterlagen wurden dem Notar von dem Veräußerer auflagenfrei übergeben.

[*Alt.:* Der Notar wird beauftragt, die Löschungsunterlagen unter Übersendung eines Entwurfs zu erholen.]]

[*Var. 2 – Fortbestehen Nießbrauch/Wohnungsrecht:* Die Grundpfandrechte sollen bestehen bleiben und werden vom Erwerber mit ausschließlich dinglicher Wirkung übernommen. An den zugrunde liegenden Schuld- und Haftungsverhältnissen soll keine Änderung eintreten. Wenn und soweit beim Tode des Erschienenen zu 1./des Längstlebenden der Erschienenen zu 1. diesen Belastung noch Forderungen zugrunde liegen, sind diese vom Erwerber zu übernehmen bzw. zu tilgen.

Alle Eigentümerrechte und Rückgewähransprüche hinsichtlich dieser Grundpfandrechte werden hiermit abgetreten, und zwar:
a) mit sofortiger Wirkung in der Weise, dass sie während der Dauer des in dieser Urkunde bestellten Nießbrauchs/Wohnungsrechts dem Übernehmer und dem Übergeber als Gesellschaftern des bürgerlichen Rechts zustehen;[682]
b) mit Wirkung ab Beendigung des Nießbrauchs an den Übernehmer im nachgenannten Berechtigungsverhältnis.

Der Notar hat darauf hingewiesen, dass die Abtretung der Rückgewähransprüche der Grundschuldgläubigerin gegenüber erst wirkt, wenn sie dieser angezeigt ist. Die Beteiligten werden diese Änderung der Zweckerklärung der Grundschuldgläubigerin selbst anzeigen.

[*Alt.: Übernahme von Grundpfandrechten für eigene Finanzierungszwecke des Erwerbers.]]*

II.
Überlassung; Rechtsgrund

*** *[Veräußerer]*

überlässt/überlassen

hiermit den Vertragsgegenstand einschließlich aller Aufbauten mit allen Rechten, Bestandteilen und dem Zubehör

an

*** *[Erwerber]*

zum *** *[Berechtigungsverhältnis]*.

---

[682] Auf diese Weise ist sichergestellt, dass Übernehmer und Übergeber hierüber nur gemeinschaftlich verfügen können (vgl. Herrler/Hertel/Kesseler/*Kesseler*, Aktuelle Probleme der notariellen Vertragsgestaltung im Immobilienrecht 2014/2015, S. 161 f.).

Die Überlassung erfolgt schenkweise, soweit der Wert des Vertragsgegenstands den Wert der vorbehaltenen Rechte und etwaigen Gegenleistungen übersteigt.

[*Alt. 1 (ausnahmsweise):* Die Überlassung erfolgt im Wege der Ausstattung im Sinne von § 1624 BGB.]

[*Alt. 2:* Die Überlassung erfolgt im Wege der ehebedingten Zuwendung zur Herstellung einer zweckmäßigen ehelichen Vermögensordnung. Der Wert der Zuwendung ist auf eine etwaige Zugewinnausgleichsforderung nach Maßgabe von § 1380 BGB [*ggf.:* nicht] anzurechnen.]

III.
Vorbehaltene Rechte; Pflichtteil

1. Wohnungsrecht

Der Veräußerer behält sich mit Wirkung zum Besitzübergang ein Wohnungsrecht gemäß § 1093 BGB an dem gesamten Vertragsgegenstand [*Alt.:* an folgenden Räumen] vor: *** [*ggf.: genaue Beschreibung der dem Wohnungsrecht unterfallenden Räume].*

Mit dem Recht verbunden ist das Recht auf Mitbenutzung der dem gemeinschaftlichen Gebrauch der Bewohner bestimmten Räume, Einrichtungen und Anlagen von Gebäude und Grundstück. [*ggf.:* Zum Hof und Garten besteht freier Zugang.]

Die Überlassung des Wohnungsrechtes zur Ausübung durch Dritte ist nicht gestattet, ausgenommen die Aufnahme seiner Familie und die zu seiner standesgemäßen Bedienung und Pflege erforderlichen Personen. Die Feststellung der Erforderlichkeit obliegt allein der Entscheidung des Wohnungsberechtigten.

[*Alt.:* Die Überlassung des Wohnungsrechtes zur Ausübung durch Dritte ist gestattet, insbesondere die Vermietung.]

Die Verteilung von Kosten und Lasten wird wie folgt geregelt:

Die verbrauchsabhängigen Kosten [*ggf.:* das Wohngeld] sowie die Aufwendungen für Schönheitsreparaturen [*ggf.:* für die zur ausschließlichen Nutzung überlassenen Räume] hat der Berechtigte zu tragen.

Im Übrigen hat der jeweilige Eigentümer die dem Wohnungsrecht unterliegenden Räume und die von ihm mitbenutzten Anlagen und Einrichtungen des Anwesens stets auf seine Kosten allzeit derart instandzuhalten und nach Beschädigung und Zerstörung derart instandzusetzen, dass dem Wohnungsberechtigten ein ungehindertes und ungestörtes Wohnen möglich ist.

[*Alt.:* Der Wohnungsberechtigte hat über den gesetzlichen Inhalt des Wohnungsrechts hinaus im Verhältnis zum Eigentümer auch den außerordentlichen Erhaltungsaufwand, also diejenigen Kosten für Ausbesserungen und Erneuerungen, die nicht zu den gewöhnlichen Unterhaltungskosten gehören, sowie diejenigen öffentlichen Lasten, die auf den Stammwert der Sache angelegt sind, wie zB Erschließungskosten, zu tragen.

Zerstörte Bauwerke hat er jedoch nicht wiederherzustellen. [*Alt.:* Kommt es zu einer Beschädigung oder Zerstörung durch Feuer oder durch andere von außen einwirkende außergewöhnliche Ereignisse, ist anstelle des Wohnungsberechtigen der Eigentümer in dem Umfang zur Behebung des Schadens oder zum Wiederaufbau verpflichtet, in dem der Schaden zu dessen Gunsten versichert ist.]]

Die Vertragsteile sind über die Entstehung vorstehenden Wohnungsrechts einig und **bewilligen** dessen Eintragung in das Grundbuch, mit dem Vermerk, dass zur Löschung des Wohnungsrechts der Todesnachweis des Berechtigten genügen soll.

Den Jahreswert des Wohnungsrechts geben die Vertragsteile zum Zwecke der Berechnung der Kosten mit *** EUR an.

[*ggf. Wegzugsklausel:* Das Wohnungsrecht ist auflösend bedingt auf den voraussichtlich dauerhaften Auszug des Berechtigten. Hiervon ist auszugehen, wenn der Wohnungsberechtigte nicht nur vorübergehend zu einer Pflegeperson oder in ein Alten- bzw. Pflegeheim (um)zieht. Unter dieser Voraussetzung ist die Wohnungsberechtigte verpflichtet, unverzüglich die Löschung seines Rechts in grundbuchtauglicher Form [*ggf.:* auf Kosten des Eigentümers] zu bewilligen.]

2. Nießbrauch

a) Der Veräußerer behält sich mit Wirkung zum Besitzübergang den Nießbrauch an dem gesamten Vertragsgegenstand vor. [*ausnahmsweise:* Die Überlassung des Nießbrauchs zur Ausübung durch Dritte ist nicht gestattet.]

b) Die Verteilung von Kosten und Lasten wird wie folgt geregelt:
Für diesen Nießbrauch gelten die gesetzlichen Bestimmungen. [*ggf. erläutern:* Danach hat der Nießbrauchsberechtigte die regelmäßig wiederkehrenden Lasten wie Grundsteuer, Gebühren für Wasser, Abwasser, Müllabfuhr und Kaminkehrer und aufgrund seiner Pflicht zur Erhaltung der Sache in ihrem wirtschaftlichen Bestand die Kosten für die gewöhnliche Unterhaltung des Vertragsobjektes zu tragen. Der Eigentümer hat demgegenüber für die Anlieger- und Erschließungsbeiträge aufzukommen und alle anderen Lasten zu tragen.]
[*Alt.:* Der Nießbraucher hat über die gesetzlichen Bestimmungen hinaus alle öffentlichen und privatrechtlichen Lasten und Kosten zu tragen, also auch solche, die nach der gesetzlichen Regelung den Eigentümer treffen. Zerstörte Bauwerke hat er jedoch nicht wiederherzustellen. Verwendungsansprüche und Wegnahmerechte nach § 1049 BGB stehen ihm nicht zu.]
[*ggf.:* Der Berechtigte schuldet bei Ausübung seines Nießbrauchs nur die Sorgfalt, die er in eigenen Angelegenheiten anzuwenden pflegt.][683]

c) Die Vertragsteile sind über die Entstehung vorstehenden Nießbrauchs einig und **bewilligen** dessen Eintragung in das Grundbuch, mit dem Vermerk, dass zur Löschung des Nießbrauchs der Todesnachweis des Berechtigten genügen soll.

d) [*ggf. beim Nettonießbrauch:* **Schuldrechtlich** vereinbaren die Beteiligten was folgt: Der Erwerber hat bei der Bestellung von Grundpfandrechten zu Lasten des Vertragsgegenstands einschließlich der Unterwerfung des jeweiligen Eigentümers unter die sofortige Zwangsvollstreckung mitzuwirken, soweit diese der Sicherung von Darlehen dienen, welche vom Nießbrauchsberechtigten zur Vornahme notwendiger Verwendungen auf den Vertragsgegenstand aufgenommen werden. Zur Übernahme der persönlichen Schuldhaft ist der Erwerber nicht verpflichtet. Mit Erlöschen des Nießbrauchs hat er diese Grundpfandrechte samt den ihnen zugrunde liegenden Verbindlichkeiten selbstschuldnerisch zur vollständigen Entlastung Dritter zu übernehmen.]

e) [*ggf.:* Jeder Nießbraucher ist berechtigt, den ihm vorbehaltenen Nießbrauch jederzeit einseitig aufzugeben, wodurch zugleich die Verpflichtung zur Tragung der – auch außergewöhnlichen – Lasten und Kosten entfällt.][684]

f) Den Jahreswert des Nießbrauchs geben die Vertragsteile zum Zwecke der Berechnung der Kosten mit *** EUR an.

g) [*bei überlassener Eigentumswohnung:* Der Erwerber erteilt hiermit dem Nießbrauchsberechtigten unwiderruflich Vollmacht, das Stimmrecht in der Eigentümerversammlung, soweit zulässig, auch nach Eigentumsumschreibung auszuüben.
[*ggf.:* Bei mehreren Nießbrauchsberechtigten ist jeder einzelvertretungsberechtigt.]
Die Vollmacht endet gleichzeitig mit dem Nießbrauch des Berechtigten. Jeder Erwer-

---

[683] Streitig, ob zulässig (vgl. Palandt/*Herrler* BGB § 1036 Rn. 2). Ggf. daher zusätzlich: Soweit vorstehende Regelungen nicht dinglicher Inhalt des Nießbrauchs sein können, gelten sie als mit schuldrechtlicher Wirkung vereinbart.

[684] Zur Klarstellung, dass bei Aufgabe des Nießbrauchs keine schuldrechtlichen Kostentragungspflichten fortbestehen.

ber verpflichtet sich, sein eigenes Stimmrecht nicht ohne Zustimmung des Nießbrauchers auszuüben, solange dessen Recht besteht. Bei Beschlüssen der Eigentümerversammlung über Kosten und Lasten, die zu einer wirtschaftlichen Mehrbelastung des Eigentümers (sofort oder nach Ende des Nießbrauchs) führen können, darf der Nießbrauchsberechtigte sein Stimmrecht nur im Einvernehmen mit dem dann aktuellen Eigentümer ausüben.

3. **Pflichtteil**
a) Eine Ausgleichung der heutigen Überlassung bei einer etwaigen Erbauseinandersetzung soll nicht stattfinden.
b) Der Erwerber hat sich den Wert der heutigen Zuwendung auf sein Pflichtteilsrecht nach dem Veräußerer anrechnen zu lassen. [*ggf.*: Die Vertragsteile beziffern den Wert der Zuwendung mit *** EUR. Vorsorglich verzichtet der Erwerber insoweit, auch für seine Abkömmlinge, auf das ihm gegenüber dem Veräußerer zustehende Pflichtteilsrecht. Der Veräußerer nimmt diesen Verzicht an.]
[*Alt.*: Der Erwerber verzichtet, auch für seine Abkömmlinge, auf das ihm gegenüber dem Veräußerer zustehende Pflichtteilsrecht. Der Veräußerer nimmt diesen Verzicht an.
Die Vertragsteile wurden über die Bedeutung und Tragweite des Pflichtteilsverzichts belehrt, insbesondere darüber, dass für eine Änderung der Erbfolge eine gesonderte Verfügung von Todes wegen erforderlich ist.]
[*Alt. – Ehegatten als Veräußerer:* Der Erwerber verzichtet, auch für seine Abkömmlinge, dem Erstversterbenden seiner Eltern gegenüber auf sein Pflichtteilsrecht, die diesen Verzicht annehmen.
Die Vertragsteile wurden über die Bedeutung und Tragweite des Pflichtteilsverzichts belehrt, insbesondere darüber, dass für eine Änderung der Erbfolge eine gesonderte Verfügung von Todes wegen erforderlich ist.
Der Erwerber hat sich den Wert der gesamten heutigen Zuwendung auf sein Pflichtteilsrecht nach dem Längerlebenden der Veräußerer anrechnen zu lassen.
Der Erwerber verzichtet, auch für seine Abkömmlinge, dem diesen Verzicht annehmenden Längerlebenden seiner Eltern gegenüber insoweit auf sein Pflichtteilsrecht.]
[*Alt.*: Eine Pflichtteilsanrechnung soll ausdrücklich nicht erfolgen.]
c) Alle Verzichts- und Anrechnungsvereinbarungen in diesem Abschnitt sind auflösend bedingt auf die Rückübereignung des Vertragsgegenstands gemäß Abschnitt IV. dieser Urkunde.

4. **Keine [*ggf.*: weiteren] Gegenleistungen**
[*ggf.*: Weitere] Gegenleistungen für die Übertragung hat der Erwerber nicht zu erbringen.

IV.
Rückübertragung

Der Veräußerer ist berechtigt, die Rückübertragung des Vertragsgegenstands ganz oder teilweise zu verlangen, wenn einer der nachstehend genannten Fälle eintritt:

1. **Rückforderungsgründe**
a) Der Vertragsgegenstand wird – jeweils ohne schriftliche Zustimmung des Berechtigten – veräußert oder belastet oder der jeweilige Eigentümer verliert auf andere Weise das Eigentum.
b) Der Vertragsgegenstand gelangt in ein eheliches Gesamtgut.
c) In den Vertragsgegenstand werden Zwangsvollstreckungsmaßnahmen eingeleitet und nicht innerhalb von sechs Wochen wieder aufgehoben.
d) Der jeweilige Eigentümer fällt in Insolvenz oder die Eröffnung des Insolvenzverfahrens wird mangels Masse abgelehnt.

e) Der Eigentümer des Vertragsgegenstands verstirbt vor dem Berechtigten. [*ggf.:* und der Vertragsgegenstand geht nicht kraft Erbfolge oder aufgrund von Vermächtnissen in das Eigentum der Abkömmlinge des Veräußerers über.]

f) Der jeweilige Eigentümer lebt von seinem Ehegatten/Lebenspartner getrennt im Sinne von § 1567 BGB oder es wurde Klage auf vorzeitigen Zugewinnausgleich erhoben, sofern nicht vertraglich sichergestellt ist, dass der Vertragsgegenstand im Rahmen der Vermögensauseinandersetzung nicht berücksichtigt wird.

g) [*ggf.:* Beim jeweiligen Eigentümer sind die Voraussetzungen für die Anordnung einer Betreuung gemäß § 1896 Abs. 1 BGB eingetreten und liegen länger als ein Jahr vor. [*Alt.:* Für den jeweiligen Eigentümer wurde ein Betreuer bestellt und die Dauer der Betreuung dauert mindestens ein Jahr an, unabhängig vom Aufgabenkreis des Betreuers.]]

h) [*ggf.:* Der jeweilige Eigentümer verfällt der Alkohol- oder Drogensucht.]

i) [*ggf.:* Der jeweilige Eigentümer schließt sich einer im jeweils aktuellen Sektenbericht des Bundestags oder einer unter Beobachtung des Verfassungsschutzes stehenden Vereinigung an.]

[*ggf.:* Im Falle von Miteigentum genügt der Eintritt der vorgenannten Voraussetzungen bei einem der Miteigentümer.]

Aufschiebend befristet auf den Tod des Veräußerers wird vorstehender bedingter Rückübertragungsanspruch seinem Ehegatten, ***, abgetreten, vorausgesetzt, dass die Ehegatten im Todeszeitpunkt nicht getrennt im Sinne von § 1567 BGB leben (der Veräußerer und sein Ehegatte auch „**Berechtigter**").

2. Modalitäten

Das Rückforderungsrecht ist innerhalb von sechs Monaten nach Kenntnis des Berechtigten vom jeweiligen Rückforderungsgrund schriftlich gegenüber dem jeweiligen Eigentümer auszuüben (Zugang maßgeblich). Es kann nur vom Berechtigten höchstpersönlich ausgeübt werden. Wurde das Rückforderungsrecht zu Lebzeiten des Berechtigten geltend gemacht, ist der Rückübertragungsanspruch vererblich. Der Anspruch ist nicht veräußerbar.

Im Falle der Rückübertragung sind Nutzungen nicht herauszugeben. Es ist kein Wertersatz für nicht gezogene Nutzungen oder für eine Verschlechterung des Vertragsgegenstands zu leisten. Aufwendungen des jeweils Rückübertragungsverpflichteten sind nur insoweit zu erstatten, als es sich um von ihm in den Vertragsgegenstand getätigte notwendige Verwendungen handelt, maximal bis zu der im Zeitpunkt der Geltendmachung des Rückforderungsrechts noch vorhandenen objektiven Werterhöhung des Vertragsgegenstands.[685]

Ohne Zustimmung der Berechtigten eingetragene Belastungen sind auf Kosten des Verpflichteten zu löschen. Der Vertragsgegenstand darf bei Übereignung nur mit Rechten belastet sein, die Rang vor der nachstehend bewilligten Vormerkung haben. Aufschiebend bedingt auf die wirksame Ausübung des Rückforderungsrechts werden dem Berechtigten bereits jetzt alle Eigentümerrechte und Rückgewähransprüche an gegenüber der Vormerkung vor- oder gleichrangigen Rechten abgetreten.

Ergänzend gelten die gesetzlichen Rücktrittsbestimmungen.

3. Eintragungsbewilligung

Zur Sicherung des durch die Ausübung des Rückforderungsrechts bedingten Übertragungsanspruch bewilligt der Erwerber die Eintragung einer Vormerkung zugunsten des

---

[685] Anders bei geplanter Bebauung des Vertragsgegenstands durch den Erwerber: Ersatz aller Aufwendungen bis zur objektiven Werterhöhung des Vertragsgegenstands oder Verzicht auf Rückforderungsrecht und stattdessen bezifferter, grundpfandrechtlich gesicherter Zahlungsanspruch.

Veräußerers. Die Vormerkung ist auflösend befristet auf den Ablauf von sechs Monaten nach dem Versterben des Berechtigten.

[*Alt.:* Der Veräußerer möchte sich ausdrücklich kein Recht vorbehalten, die Rückübertragung des Vertragsgegenstands unter bestimmten Umständen verlangen zu können.]

V.
Weitere Bestimmungen

Für diesen Vertrag gelten weiterhin folgende Bestimmungen:

1. Wirtschaftlicher Übergang

[*Var. 1 – Kein Nutzungsrecht vorbehalten:* Besitz, Nutzen, Lasten und die Gefahr des zufälligen Untergangs und der zufälligen Verschlechterung gehen sofort auf den Erwerber über.]

[*Var. 2 – Nießbrauch:* Der mittelbare Besitz und die Gefahr des zufälligen Untergangs und der zufälligen Verschlechterung gehen sofort, der unmittelbare Besitz, die Nutzungen und die Lasten mit Beendigung des vorbehaltenen Nießbrauchs auf den Erwerber über.]

[*Var. 3 – Wohnungsrecht:* Besitz, Nutzen und Lasten gehen insoweit sofort auf den Erwerber über, als das vorbehaltene Wohnungsrecht dem nicht entgegensteht, im Übrigen mit dessen Erlöschen. Die Gefahr des zufälligen Untergangs und der zufälligen Verschlechterung geht sofort über.]

2. Haftungsausschluss

Der Vertragsgegenstand ist in dem Zustand zu übergeben, in dem er sich am Übergabestichtag befindet. Jedwede Ansprüche und Rechte des Erwerbers wegen Sach- und Rechtsmängeln sind ausgeschlossen. Die Haftung für Vorsatz und Arglist bleibt unberührt.

3. Anlieger- und Erschließungsbeiträge

Der Erwerber hat die Erschließungs- und Anliegerbeiträge sowie die sonstigen öffentlichen Abgaben unabhängig davon zu tragen, wann sie durch Bescheid in Rechnung gestellt wurden. Eventuelle Ansprüche auf Rückzahlung von Vorausleistungen des Veräußerers werden an den Erwerber abgetreten. Der Veräußerer hat keine Kenntnis von unbezahlten Beitragsbescheiden.

[*Alt. bei Nettonießbrauch:* Der Erwerber hat die Erschließungs- und Anliegerbeiträge sowie die sonstigen öffentlichen Abgaben ab Beendigung des Nießbrauches zu tragen, auch soweit sie für Maßnahmen erhoben werden, die bis zu diesem Zeitpunkt ganz oder teilweise fertiggestellt, aber noch nicht abgerechnet sind.]

4. [*ggf.:* Kein] Bestehendes Mietverhältnis

Der Vertragsbesitz ist nicht vermietet oder verpachtet.

[*Alt. bei Vermietung und vorbehaltenem Nutzungsrecht:* Die heutige Veräußerung lässt das bestehende Mietverhältnis unberührt; der Nießbrauchsberechtigte bleibt weiterhin Vermieter. Er ist während des Bestehens des Nießbrauchs auch zum Abschluss neuer Mietverhältnisse befugt. Diese gehen bei Beendigung des Nießbrauches kraft Gesetzes auf den Erwerber über.]

VI.
Auflassung und Grundbuchanträge

(1) Die Vertragsteile sind über den Eigentumsübergang an dem Vertragsgegenstand gemäß Abschnitt II. dieser Urkunde einig. Sie bewilligen die Eintragung des Eigentumsüberganges in das Grundbuch.

(2) Die Eintragung einer Eigentumsvormerkung wird trotz Belehrung des Notars über den Sicherungszweck nicht gewünscht.

(3) [*ggf.:* Die Vertragsteile beantragen die Löschung sämtlicher im Grundbuch zurzeit eingetragenen Belastungen, soweit diese dem Veräußerer zustehen, zum Grundbuchvollzug ein Unrichtigkeitsnachweis im Sinne von § 22 Abs. 1 GBO vorgelegt oder deren Löschung von anderen Berechtigten bewilligt wird. Sie stimmen diesen Löschungen zu. Dies gilt auch für etwaige Mithaftstellen.]

(4) [*ggf.: Rangvorbehalt für Grundpfandrechte*]

(5) Die beschränkten dinglichen Rechte sollen mit folgendem Rang untereinander in das Grundbuch eingetragen werden (§ 45 Abs. 3 GBO):

1. Rang: *** *[Nutzungsrecht]* für den Veräußerer,

2. Rang: Eigentumsvormerkung für den Veräußerer,

[*ggf.:* 3. Rang: bedingtes Nutzungsrecht für den Ehegatten des Veräußerers.]

Die Eintragung des Eigentumswechsels soll nur Zug um Zug mit Eintragung vorstehender beschränkter dinglicher Rechte an der dort bestimmten Rangstelle erfolgen (§ 16 Abs. 2 GBO).

(6) Alle Eintragungen sollen nach Maßgabe der Anträge des Notars erfolgen.

VII.
Bestimmungen für den Vollzug

(1) Der Notar wird unter Befreiung von den Beschränkungen des § 181 BGB ermächtigt, den Vollzug dieser Urkunde im Grundbuch herbeizuführen, Anträge zu stellen, zu ändern und zurückzunehmen, etwa erforderliche Genehmigungen einzuholen und entgegenzunehmen, etwa gewünschte Lastenfreistellungserklärungen unter Übersendung eines Entwurfs zu erholen und ggf. Treuhandaufträge zu übernehmen, ferner alle sonstigen zum (auch teilweisen) Vollzug dieser Urkunde im Grundbuch zweckdienlichen Erklärungen und Bewilligungen abzugeben und entgegenzunehmen.

Alle Vollzugsmitteilungen des Grundbuchamtes sind an den beurkundenden Notar zu senden.

(2) Eine gerichtliche oder behördliche Genehmigung ist zu diesem Vertrag nicht erforderlich.

VIII.
Hinweise und Belehrungen

Die Vertragsteile wurden insbesondere auf Folgendes hingewiesen:

(1) Alle Vereinbarungen und Nebenabreden zu diesem Vertrag müssen richtig und vollständig beurkundet sein; nicht beurkundete Abreden sind unwirksam, dies kann zur Unwirksamkeit des ganzen Vertrages führen.

(2) Das Eigentum geht erst mit Eintragung des Eigentumsüberganges in das Grundbuch auf den Erwerber über. [*ggf.:* Hierzu muss die Unbedenklichkeitsbescheinigung des Finanzamtes wegen der Grunderwerbsteuer erteilt sein. Zudem müssen alle erforderlichen Genehmigungen vorliegen.]

(3) Der Grundbesitz haftet für Rückstände an öffentlichen Lasten und Abgaben, insbesondere für einen etwaigen Erschließungsbeitrag.

(4) Für die heutige Überlassung kann Schenkungsteuer anfallen. Über diesen Hinweis hinaus hat der Notar keine steuerliche Beratung übernommen.

(5) Soweit in dieser Urkunde eine Schenkung vereinbart ist,

    a) ist der Erwerber im Falle der Verarmung des Veräußerers innerhalb der nächsten zehn Jahre zur Rückgabe bzw. entsprechender Zahlungen verpflichtet, ggf. auch gegenüber dem Träger der Sozialhilfe;

    b) können Pflichtteilsberechtigten ggf. Pflichtteilsergänzungsansprüche gemäß § 2325 BGB gegen den Erben, ersatzweise Ansprüche nach § 2329 BGB gegen den Erwerber auf Herausgabe der Schenkung zustehen, die dieser durch Geldzahlung abwenden kann. [*ggf. **bei vorbehaltenem Nutzungsrecht:*** Aufgrund des vorbehaltenen Nutzungsrechts erlöschen diese Ansprüche ggf. nicht nach Ablauf von zehn Jahren und vermindern sich bis dahin ggf. auch nicht jährlich um 10 %.]

IX.
Kosten; Abschriften; Sonstiges

(1) Die durch diese Urkunde und ihren Vollzug im Grundbuch veranlassten Kosten und Steuern [*ggf.:* einschließlich der Kosten der Lastenfreistellung] trägt der Erwerber. [*ggf.:* Die Beteiligten geben den Verkehrswert des Grundbesitzes zum Zwecke der Berechnung der Gerichts- und Notarkosten mit *** EUR an.]
Auf die kraft Gesetzes bestehende gesamtschuldnerische Kostenhaftung wurde hingewiesen.

(2) Notar im Sinne dieser Urkunde ist der beurkundende Notar, sein Sozius, deren amtlich bestellte Vertreter und Amtsnachfolger.

(3) [*ggf.: Salvatorische Klausel*]

(4) Von dieser Urkunde erhalten
Ausfertigungen:
– jeder Beteiligte,
– das Amtsgericht – Grundbuchamt –,
beglaubigte Abschrift:
– das Finanzamt – Schenkungsteuerstelle –,
einfache Abschrift:
– das Finanzamt (Grunderwerbsteuerstelle).

Diese Niederschrift wurde den Erschienenen vom Notar vorgelesen,
von ihnen genehmigt und
von ihnen und dem Notar eigenhändig wie folgt unterschrieben:

§ 6. Grundschulden

Übersicht

Schrifttum:

Kommentare, Handbücher und Monographien: *Gaberdiel/Gladenbeck,* Kreditsicherung durch Grundschulden, 9. Aufl. 2011; *v. Oefele/Winkler/Schlögel,* Handbuch Erbbaurecht, 6. Aufl. 2016; *Stöber,* Zwangsversteigerungsgesetz, 22. Aufl. 2019.

A. Die Verdrängung der Hypothek durch die Grundschuld

1　Die Grundschuld wird so gut wie immer bestellt, um die Erfüllung einer oder mehrerer Verbindlichkeiten zu sichern (**Sicherungsgrundschuld** gemäß § 1192 Abs. 1a BGB – dazu iE → Rn. 47 ff.). In der Kreditsicherungspraxis hat die Grundschuld die Hypothek fast völlig verdrängt. Selbst unter Privatleuten tritt die (dann sicherheitshalber als nicht abtretbar gestaltete; → Rn. 20) Grundschuld zunehmend an die Stelle der Hypothek. Die Rentenschuld spielt praktisch überhaupt keine Rolle. Für diese Entwicklung gibt es zahlreiche Gründe.[1] Der wichtigste ist die **mehrfache** und **flexiblere Verwendbarkeit** der Grundschuld zur Sicherung verschiedener – auch künftiger – Verbindlichkeiten. Hypotheken spielen – außer im Zwangsvollstreckungsrecht – noch eine gewisse Rolle als Sicherungsmittel der Wahl bei privaten Darlehensverträgen (in Gestalt der Unterart „Sicherungshypothek").[2] Angesichts dieser Rechtswirklichkeit beschränkt sich die nachfolgende Darstellung auf die Grundschuld. Die für die Grundschuld geltenden Vorschriften des Hypothekenrechts werden dabei ohne die Verweisungsnorm des § 1192 Abs. 1 BGB zitiert.

---

[1] *Reithmann* DNotZ 1982, 67.
[2] *Everts* MittBayNot 2012, 258 und MittBayNot 2012, 337.

B. Die Fremdgrundschuld

I. Währung, fehlende Akzessorietät, Risikobegrenzungsgesetz

Grundpfandrechte können nur noch in EUR, Schweizer Franken, US-Dollar und in den 2 Währungen der nicht an der Währungsunion teilnehmenden EU-Staaten eingetragen werden. Die Umstellung bisheriger DM-Grundschulden ist in § 26a GBMaßnG geregelt. Sie kann von Amts wegen erfolgen; hierzu verpflichtet ist das Grundbuchamt aber nur, wenn bei dem Grundpfandrecht eine andere Eintragung vorzunehmen ist (§ 26a Abs. 1 S. 2–4 GBMaßnG). Für die Umstellung im Grundbuch wird keine Gebühr erhoben. Auf dem Grundschuldbrief wird die Umstellung nur auf Antrag vermerkt; hierfür fällt die Gebühr Nr. 14125 KV GNotKG in Höhe von 25 EUR an.

Die Grundschuld entsteht und besteht losgelöst von einer gesicherten Forderung. Sie 3 ist **abstrakt** und **nicht akzessorisch.** Deshalb braucht die Währung, in der die Grundschuld eingetragen ist, nicht mit der Währung der gesicherten Forderung übereinzustimmen.

Durch das **Risikobegrenzungsgesetz** vom 12.8.2008[3] ist das Recht der Grundschulden zuletzt signifikant geändert worden. 4

II. Grundschuldkapital und Grundschuldzins

Das Gesetz bezeichnet den Hauptsachebetrag der Grundschuld als **Grundschuldkapital** 5 (§§ 1193 Abs. 1, 1194 BGB). Nach § 1193 Abs. 1 BGB hängt die **Fälligkeit** des Grundschuldkapitals von einer **Kündigung** ab, für die eine Kündigungsfrist von sechs Monaten gilt.[4] Nach § 1193 Abs. 2 BGB nF ist dieses Kündigungserfordernis zwingend, wenn die Grundschuld der **Sicherung** einer **Geldforderung** dient (dazu → Rn. 47 ff.) und nach dem **19.8.2008** bestellt wurde oder wird (Art. 229 § 18 Abs. 3 EGBGB). Unter Bestellung ist nicht die Eintragung im Grundbuch zu verstehen, sondern der Tag der Errichtung der grundbuchtauglichen Eintragungsbewilligung. Bei Grundschulden, die danach unter § 1193 Abs. 2 BGB fallen, ist also die formularmäßige Bestimmung, wonach die Grundschuld (sofort) fällig ist, unwirksam. An die Stelle einer solchen unwirksamen Fälligkeitsregelung tritt die gesetzliche Fälligkeit gemäß § 1193 Abs. 1 BGB (§ 306 Abs. 2 BGB).[5] Die Wirksamkeit der Grundschuld im Übrigen bleibt unberührt (§ 306 Abs. 1 BGB). Der Notar darf sich damit aber nicht begnügen. Nach § 17 Abs. 1, Abs. 2 BeurkG hat er die unwirksame Fälligkeitsbestimmung des Grundschuldformulars zu streichen. Unterschiedliche Fälligkeitsbestimmungen auf verschiedenen Grundstücken, also insbesondere bei einer Gesamtgrundschuld, sind unschädlich, namentlich bei der Pfanderstreckung einer Altgrundschuld auf ein weiteres Grundstück nach dem 19.8.2008.[6]

Es ist üblich, die Grundschuld neben dem Hauptsachebetrag mit einem festen **Grund-** 6 **schuldzins** auszustatten (§ 1192 Abs. 2 BGB). Dieser ist **vom Darlehenszins unabhängig,** also ebenso wenig akzessorisch wie der Grundschuldhauptsachebetrag. Rechtlich ist zwar ein variabler Grundschuldzins möglich.[7] In der Regel werden aber Festzinssätze vereinbart. Damit kann auch die Problematik eines negativen Basiszinssatzes bei Koppelung an diesen vermieden werden.[8] Die Festzinssätze haben sich zwischen 12% und 20% jährlich eingependelt, obwohl der Darlehenszins in der Vergangenheit selten solche Höhen erreicht hat. Nach den üblichen Sicherungsabreden dient der Grundschuldzins nicht nur der Sicherung von Zinsforderungen. Er erweitert vielmehr das Volumen der Sicherheit

---

[3] BGBl. 2008 I 1666.
[4] Zum Zeitpunkt, ab dem die Kündigung zulässig ist, *Bachner* DNotZ 2008, 644 (647).
[5] Vgl. BGH DNotZ 2014, 513; DNotZ 1993, 322.
[6] Vgl. BGH DNotZ 2014, 513; DNotZ 2010, 683. Kritisch zum Kündigungserfordernis nach dem Risikobegrenzungsgesetz *Volmer* MittBayNot 2009, 1.
[7] Vgl. BGH DNotZ 2006, 526; *Kesseler* MittBayNot 2006, 468.
[8] Vgl. DNotI-Report 2013, 21 ff.

insgesamt. Grundsätzlich ist dies zulässig[9] und dient auch den Interessen des Eigentümers. Im Umfang des Grundschuldvolumens ist nämlich eine etwaige spätere Erhöhung des Darlehenszinses und/oder der Darlehenshöhe vorweg gesichert. Allerdings mehren sich Stimmen, die angesichts des Volumens, das Grundschuldzinsen zwischen 14% und 20% in der Zwangsversteigerung annehmen (→ Rn. 9), eine planmäßige Übersicherung und einen Verstoß gegen §§ 305 Abs. 1, 307 BGB kritisieren.[10] Die **Fälligkeit** der Grundschuldzinsen soll auch bei Grundschulden, die nach dem 19. 8. 2008 bestellt wurden und eine Geldforderung sichern,

„[…] in Rechtsanalogie zu § 1234, § 1193 Abs. 1 S. 3 BGB die Kündigung des Kapitals der Grundschuld oder die Androhung der Zwangsversteigerung und das Verstreichen einer Wartefrist von sechs Monaten voraus[setzen]".[11]

7   Die **Rechtsmacht,** welche die Grundschuld dem Gläubiger verleiht, reicht wegen der Grundschuldzinsen und oft auch wegen der Höhe des Grundschuldkapitals über die gesicherten Verbindlichkeiten hinaus. Sie ist nicht nach außen hin, sondern **nur intern** im Verhältnis zwischen Grundschuldgläubiger und Eigentümer durch die Sicherungsabrede (→ Rn. 46 ff.) **beschränkt.** Dies ist nur bei einem Gläubiger, dessen Fortbestand, Vertragstreue und Leistungsfähigkeit als gesichert gelten können, ungefährlich. Zur Begrenzung des Risikos gemäß § 1192 Abs. 1a BGB sowie durch Abtretungsausschluss oder Abtretungsbeschränkung → Rn. 20.

8   Die Höhe des Grundschuldzinses, seine Unabhängigkeit vom Darlehenszins und die dadurch bedingte Erweiterung der Sicherheit sollte der **Notar** den Beteiligten in der Regel **erläutern.** Einfache Beispiele eignen sich dafür am besten, wie etwa die Sicherungsübereignung einer Uhr im Wert von 100 EUR zur Sicherung einer Schuld von 70 EUR.

III. Volumen des Zinsanspruchs in der Zwangsversteigerung

9 Der übliche Grundschuldzins (→ Rn. 6) und die meist lange Dauer des Versteigerungsverfahrens können dazu führen, dass sich der **Hauptsachebetrag,** welcher dem Grundschuldgläubiger zuzuteilen ist, durch den Zinsanspruch **verdoppelt** (§§ 10 Abs. 1 Nr. 4, 13 Abs. 1 ZVG, im Übrigen § 10 Abs. 1 Nr. 8 ZVG). Die Verjährung der Grundschuldzinsen[12] wirkt sich praktisch nicht aus, weil sie nur auf Rechtsmittel hin berücksichtigt wird und nach jeder Vollstreckungshandlung des Gläubigers neu beginnt (§ 212 Abs. 1 Nr. 2 BGB).

10   Auch wenn die Bank die dinglichen Zinsen nicht benötigt, um eine schuldrechtliche Zinsforderung oder überhaupt eine Forderung abzudecken, ist sie berechtigt – nach verbreiteter Meinung sogar verpflichtet – alle realisierbaren **Grundschuldzinsen im Versteigerungsverfahren** geltend zu machen.[13] Diejenigen Grundschuldgläubiger, die die Zwangsversteigerung nicht betreiben, sind demgegenüber grundsätzlich nicht verpflichtet, nicht angefallene Grundschuldzinsen im Zwangsversteigerungsverfahren geltend zu machen, auch nicht aufgrund des durch die Sicherungsabrede begründeten Treuhandverhältnisses.[14] Der über die gesicherten Forderungen hinausgehende Teil des Erlöses ist an den Inhaber des Rückgewähranspruchs (→ Rn. 65) weiterzuleiten. Dies ist der Eigentümer (Sicherungsgeber), häufig aber auch ein nachrangiger Berechtigter, der den Rückgewähranspruch übertragen erhalten oder gepfändet hat.[15]

---

[9] BGH NJW 1982, 2769.
[10] *Clemente/Lenk* ZfIR 2002, 337; *Peters* JZ 2001, 1017; vgl. auch OLG Schleswig ZfIR 2012, 74: Sittenwidrigkeit von 48% Grundschuldzinsen.
[11] BGH NJW 2017, 2469; *Clemente* ZfIR 2008, 589 (595 f.).
[12] BGH DNotZ 2000, 59.
[13] In diese Richtung auch BGH DNotZ 2012, 445, für den betreibenden Grundschuldgläubiger, sofern die Mehranmeldung für den Grundschuldgläubiger nicht mit Risiken behaftet ist.
[14] BGH DNotZ 2012, 440 mAnm *Kesseler* DNotZ 2012, 405.
[15] BGH NJW 1981, 1505; *Gaberdiel/Gladenbeck* Rn. 766, 851.

IV. Sonstige Nebenleistungen

Unter dem Oberbegriff „Nebenleistungen" fassen die §§ 1115, 1191 Abs. 2 BGB **Zinsen** 11 und **andere Nebenleistungen**[16] zusammen. Die Grundschuldformulare mancher Banken sehen vor, dass die Grundschuld neben dem Hauptsachebetrag und den Grundschuldzinsen zB „eine einmalige, sofort fällige Nebenleistung von 5% des Grundschuldbetrages" umfasst. Eine derartige Nebenleistung erweitert das Volumen der dinglichen Sicherheit, ohne dass dies zu höheren Notar- und Grundbuchkosten führt (§ 37 Abs. 1 GNotKG). Die **Fälligkeit** einer einmaligen Nebenleistung kann der Einfachheit halber an die Fälligkeit des Grundschuldkapitals angepasst werden, von einer Kündigung gemäß § 1193 BGB muss sie ebenso wenig abhängig gemacht werden wie die Fälligkeit des Grundschuldzinses (dazu → Rn. 6 aE).

Nach bisher herrschender Rechtsprechung[17] ist eine solche ihrer Art nach **nicht näher** 12 **bezeichnete Grundschuldnebenleistung** auch in Höhe von 10% zulässig. Es gibt aber beachtliche Gegenstimmen, die eine nähere Spezifizierung verlangen[18] und außerdem die in → Rn. 6 erwähnte Kritik wegen planmäßiger Übersicherung.

In der Praxis potenziert die Grundschuldnebenleistung die mit dem Grundschuldzins 13 verbundenen Verständnis- und **Belehrungsschwierigkeiten**. Bevor diese im Einzelfall unüberwindbar werden, erscheint es besser, die Nebenleistung (möglichst nach Rücksprache mit der Bank) aus dem Grundschuldformular zu streichen.

V. Buchgrundschuld oder Briefgrundschuld

Die **Briefgrundschuld** (§ 1116 BGB) ist gesetzlich die Regel, in der Praxis inzwischen 14 die seltene Ausnahme. Sie kann außerhalb des Grundbuchs abgetreten werden durch schriftliche Abtretungserklärung und Briefübergabe (§ 1154 Abs. 1 S. 1 BGB), also – verglichen mit der Buchgrundschuld – schneller, für Dritte nicht erkennbar und ohne Grundbuchkosten. Diesem Vorteil stehen aber erhebliche **Nachteile** gegenüber.

1. Mehrkosten bei Briefgrundschuld. 1,3-Gebühr Nr. 14120 KV GNotKG statt 1,0- 15 Gebühr Nr. 14121 KV GNotKG beim Grundbuchamt.

2. Pflicht zur Briefvorlage. Zur Geltendmachung der Grundschuld muss gemäß § 1160 16 BGB der **Brief vorgelegt** werden, wenn der Eigentümer dies verlangt, und unabhängig davon zu jeder Grundbucheintragung, wie zB Freigabe, Rangänderung, Löschung (§ 42 GBO).

3. Probleme bei Briefverlust. Ein **Briefverlust** nötigt 17
– zu einem Aufgebotsverfahren, um den Brief für kraftlos zu erklären (§ 1162 BGB, §§ 433 ff. FamFG),
– zum Nachweis der Übergabe des alten Briefs, damit nach dessen Kraftloserklärung ein neuer erteilt oder eine Abtretung der Grundschuld eingetragen werden kann.[19]
Der Notar ist zudem verpflichtet dafür zu sorgen, dass bei der Übersendung von Grund- 18 schuldbriefen durch die Post alsbald festgestellt werden kann, ob der Empfänger den Brief erhalten hat oder ob er verloren gegangen ist[20] (Übersenden durch Einschreiben/Rückschein mit zusätzlicher Empfangsbestätigung).

4. Erschwerte Wiederverwendbarkeit. Wenn die als Fremdgrundschuld bestellte 19 Briefgrundschuld auch nur einmal durch Abtretung, Verzicht (§ 1168 Abs. 1 BGB) oder

---

[16] Beispiele dafür bei *Schöner/Stöber* GrundbuchR Rn. 1966.
[17] ZB OLG Stuttgart Rpfleger 1986, 466.
[18] Vgl. *Schöner/Stöber* GrundbuchR Rn. 2295 ff.
[19] BayObLG DNotZ 1988, 120; DNotZ 1989, 681.
[20] OLG Oldenburg DNotZ 1998, 651 mAnm *Waldner*.

Zahlung auf die Grundschuld selbst (§§ 1142, 1143 BGB) auf den Eigentümer übergegangen ist, **unterliegt** sie dem gesetzlichen **Löschungsanspruch** der nachrangigen
Gläubiger (§ 1179a BGB). Wenn der gesetzliche Löschungsanspruch nicht ausgeschlossen wurde (§ 1179a Abs. 5 BGB), erschwert dies die von den Beteiligten eigentlich erstrebte problemlose Wiederverwendung der Grundschuld als Sicherungsmittel; dazu
→ Rn. 101 f.

VI. Abtretungsausschluss und Abtretungsbeschränkung

20 Wenn die Grundschuld **nicht für ein inländisches Kreditinstitut** bestellt wird oder
wenn sie an einen Gläubiger abgetreten wird, der keine Genehmigung zum Kredit-
geschäft im Inland nach § 32 KWG hat, drohen dem Eigentümer daraus, dass die Grundschuld forderungsunabhängig ist, erhebliche Gefahren.[21] Zwar können nach § 1192
Abs. 1a BGB bei einer Sicherungsgrundschuld Einreden aus dem Sicherungsvertrag jedem
späteren Erwerber der Grundschuld entgegengehalten werden (→ Rn. 49). Sobald jedoch
die Grundschuld gemäß → Rn. 25 ff. vollstreckbar ist, muss der Eigentümer dazu Voll-
streckungsgegenklage erheben. Um ihm dies zu ersparen, kann die Abtretbarkeit der
Grundschuld von vornherein ausgeschlossen[22] oder beschränkt werden, letzteres gemäß
folgendem Formulierungsbeispiel.

21 **Formulierungsbeispiel: Abtretungsbeschränkung**

ʊ Die Grundschuld und die Rechte aus dem vorstehend abgegebenen abstrakten Schuldversprechen *[dazu → Rn. 26 ff.]* können nur abgetreten werden an Kreditinstitute, welche in dem Zeitpunkt, in welchem die Abtretung wirksam wird, ihre Hauptniederlassung
in der Bundesrepublik Deutschland und für deren Gebiet eine Erlaubnis der Bundesanstalt für Finanzdienstleistungsaufsicht (BaFin) zum Betreiben des Kreditgeschäfts gemäß
dem Gesetz über das Kreditwesen (KWG) in seiner jeweiligen Fassung haben.

Es wird bewilligt und beantragt, diese Abtretungsbeschränkung bei der Grundschuld im
Grundbuch einzutragen, und zwar im Grundbuch selbst, nicht durch bloße Bezugnahme
auf die Eintragungsbewilligung.

22   Ein Abtretungsausschluss oder eine Abtretungsbeschränkung kann jedoch Rechtsnach-
folgen nicht verhindern, die ohne Einzelübertragung von Vermögensgegenständen, zB
nach dem **Umwandlungsgesetz** oder durch **Anwachsung,** erfolgen. Die Bindungen
aus dem Sicherungsvertrag treffen dabei aber den neuen Grundschuldgläubiger entweder
kraft Gesamtrechtsnachfolge oder bei einer Sonderrechtsnachfolge nach dem 19. 8. 2008
gemäß § 1192 Abs. 1a BGB (dazu → Rn. 49).

23   Trotz eines Ausschlusses oder einer Beschränkung der Abtretbarkeit kann eine **Abtretung gleichwohl vereinbart** werden, wenn der **Schuldner zustimmt.** Zur Eintragung
einer kraft Zustimmung wirksamen Abtretung muss die Zustimmung dem Grundbuchamt in notariell beglaubigter Form nachgewiesen werden (§§ 19, 29 GBO). Die Zustimmung wirkt nur *ex nunc.*[23]

C. Die dingliche und die persönliche Zwangsvollstreckungsunterwerfung

24 Die eingetragene Grundschuld allein ermöglicht noch nicht unmittelbar die Zwangsversteigerung oder Zwangsverwaltung des belasteten Grundstücks. Hierzu benötigt der Gläubiger vielmehr zusätzlich einen **Vollstreckungstitel** (§ 16 Abs. 1 ZVG), nach dem der

---

[21] IE *Domke/Sperlich* BB 2008, 342.
[22] Palandt/*Herrler* BGB § 1191 Rn. 8.
[23] BGH NJW 1990, 109.

Eigentümer die Zwangsvollstreckung dulden muss.[24] § 1147 BGB gibt dem Gläubiger den materiellen Duldungsanspruch hierauf.

I. Dingliche Unterwerfung

Die zum Vollstreckungstitel führende Klage erübrigt sich, wenn gemäß § 794 Abs. 1 25 Nr. 5 ZPO eine notarielle Urkunde errichtet wird, in der sich der Eigentümer wegen der Grundschuld der Zwangsvollstreckung unterwirft. Gegen einen späteren Eigentümer des belasteten Grundstücks wirkt der so geschaffene Vollstreckungstitel nur, wenn sich der Eigentümer der Zwangsvollstreckung in der Weise unterworfen hat, dass diese gegen den **jeweiligen** Eigentümer des Grundstücks zulässig sein soll **und** wenn diese sog. **dingliche Zwangsvollstreckungsunterwerfung** im Grundbuch eingetragen ist (§ 800 ZPO). Um die Kosten und Verzögerungen zu vermeiden, die mit einer Klage verbunden sind, verlangen die Banken in der Regel eine solche dingliche Zwangsvollstreckungsunterwerfung. Auch wenn diese formularmäßig erklärt wird, braucht sie nicht im Hinblick auf § 307 BGB auf den ursprünglichen Gläubiger beschränkt zu werden;[25] dies ergibt sich aus § 799a ZPO, der auf dem Risikobegrenzungsgesetz (→ Rn. 4) beruht und andernfalls gegenstandslos wäre. Nach § 799a ZPO haftet nämlich der ursprüngliche Gläubiger dem Vollstreckungsschuldner verschuldensunabhängig für alle Schäden, die diesem aus einer ab dem 19. 8. 2008 (§ 37 EGZPO) für unzulässig erklärten Vollstreckung durch einen anderen Gläubiger oder wegen Leistungen zur Abwendung einer solchen Vollstreckung entstehen.

II. Persönliche Unterwerfung

Viele Grundschuldformulare sehen daneben auch ein **abstraktes Schuldversprechen** 26 oder Schuldanerkenntnis in Höhe der Grundschuld einschließlich aller Grundschuldnebenleistungen vor. Nach dem eindeutigen Wortlaut des § 1193 BGB braucht dessen **Fälligkeit** nicht von einer Kündigung abhängig gemacht zu werden. Sofortige Fälligkeit entsprechend § 271 Abs. 1 BGB ist also auch formularmäßig zulässig.[26] Wegen dieses neben die Grundschuld tretenden Zahlungsanspruchs wird dann ebenfalls die Zwangsvollstreckungsunterwerfung nach § 794 Abs. 1 Nr. 5 S. 1 ZPO erklärt. Durch diese sog. **persönliche Zwangsvollstreckungsunterwerfung** erhält die Bank einen Vollstreckungstitel, der ihr die (meist einfachere und weniger einschneidende) Zwangsvollstreckung in das sonstige Vermögen ermöglicht. Auch diese persönliche Unterwerfung braucht nicht auf den ursprünglichen Gläubiger beschränkt zu werden (→ Rn. 25 aE).

Die Banken **kombinieren** diese beiden **Sicherheiten** derart, dass ihnen die Zwangs- 27 vollstreckung aus dem abstrakten Schuldversprechen/Schuldanerkenntnis unabhängig von Eintragung und Bestand der Grundschuld erlaubt ist. Auch wenn beide Sicherheiten für dieselbe Darlehensschuld hingegeben werden, hat der BGH hiergegen keine grundsätzlichen Bedenken,[27] auch nicht gegen die Unterwerfung durch einen Bevollmächtigten.[28] Nicht empfehlenswert ist eine persönliche Unterwerfung gegenüber dem **„jeweiligen"** Grundschuldgläubiger, da dies zum Auseinanderfallen der Vollstreckbarkeit in dinglicher und persönlicher Vollstreckbarkeit führen kann – zumal zur Vollstreckung aus dem persönlichen Titel gleichwohl die Abtretung des Anspruchs gemäß § 727 ZPO nachgewiesen werden muss.[29] Die **Verjährung** der Darlehensansprüche kann weder der Grundschuld

---

[24] Stöber/*Keller* ZVG § 15 Rn. 54, 56, 62.
[25] BGH MittBayNot 2008, 405; *Bachner* DNotZ 2008, 644 (649ff.); *Volmer* ZfIR 2008, 27; aA *Schimansky* WM 2008, 1049; LG Hamburg NJW 2008, 2784 mAnm *Dümig* = ZfIR 2008, 543 mAnm *Clemente*.
[26] BGH DNotZ 2010, 542 Rn. 25; MittBayNot 2008, 204; *Bachner* DNotZ 2008, 644 (647).
[27] BGH MittBayNot 2008, 204 mAnm *Volmer;* BGH DNotZ 2006, 196; *Clemente* ZfIR 2004, 497.
[28] BGH DNotZ 2004, 360; dazu auch → Rn. 45.
[29] BGH DNotZ 2012, 288 mAnm *Everts* DNotZ 2012, 245; BGH MittBayNot 2008, 405 mAnm *Everts* MittBayNot 2008, 356.

(§ 216 Abs. 2 S. 1 BGB) noch dem abstrakten Schuldversprechen entgegengehalten werden.[30]

28   Die Bank darf aus beiden Sicherheiten vorgehen, aber nur, soweit der Sicherungsvertrag (→ Rn. 46 ff.) beide Sicherheiten deckt[31] und nur, bis sie einmal Befriedigung wegen eines Betrags in Höhe aller Ansprüche aus der Grundschuld erlangt hat.[32] Dem **Betrage nach** wird der **Sicherungsumfang** durch diese Kombination also **nicht erweitert.** Eine abweichende Vereinbarung wäre möglich, aber erst noch an den Maßstäben der §§ 305c Abs. 1, 307 BGB zu messen; überdies würde sie den Geschäftswert der Grundschuldurkunde verdoppeln.[33]

29   In der Regel ist Schuldner des persönlichen Zahlungsanspruchs ebenfalls der Grundstückseigentümer. Wenn dieser allerdings die Grundschuld zur **Sicherung** einer **fremden Verbindlichkeit** bestellt, sollte nur deren Schuldner das abstrakte Schuldversprechen/ Schuldanerkenntnis abgeben (→ Rn. 47 f., 51 ff.); ein formularmäßig abgegebenes abstraktes Schuldversprechen/Schuldanerkenntnis des Eigentümers verstößt in diesem Fall gegen § 307 BGB[34] oder gegen § 305 Abs. 1 BGB.[35]

III. Vollstreckbare Ausfertigung

30 **Rechtsgrundlagen:** § 52 BeurkG, §§ 795, 725 ff. ZPO. **Rechtsmittel:** § 54 BeurkG. Die Person des Schuldners und der Umfang seiner Haftung brauchen in der Vollstreckungsklausel nicht angegeben zu werden, wenn sie sich (wie regelmäßig) aus der Urkunde selbst ergeben. Wenn die Grundschuld der **Sicherung** einer **Geldforderung** dient und nach dem **19. 8. 2008** bestellt wurde oder wird (→ Rn. 5), ist zur Erteilung einer vollstreckbaren Ausfertigung nach § 726 ZPO grundsätzlich der Nachweis des Zugangs der Kündigung durch öffentliche Urkunde (Zustellungsurkunde des Gerichtsvollziehers) sowie der Ablauf der sechsmonatigen Kündigungsfrist gemäß § 1193 BGB erforderlich, wobei aber das Kündigungsschreiben selbst nicht der Form des § 726 ZPO bedarf. Die Beteiligten können auf den **Nachweis** der Kündigung als Vollstreckungsbedingung iSd § 726 ZPO **verzichten,** indem sie bestimmen, dass eine vollstreckbare Ausfertigung „sofort ohne Nachweis der die Fälligkeit begründenden Tatsachen erteilt werden soll". Ein solcher vollständiger Nachweisverzicht ist zulässig und verstößt nicht gegen §§ 307, 309 Nr. 12 BGB.[36] Er verstößt entgegen anderslautender Tendenzen[37] auch nicht gegen § 134 BGB;[38] gleichwohl sind Ausweichstrategien in der Praxis zu beobachten – Vereinbarung der sofortigen Fälligkeit einer „abstrakten Verkehrshypothek" zur Sicherung der Forderung aus dem abstrakten Schuldversprechen.[39] Zulässig ist dementsprechend jedenfalls auch eine Nachweiserleichterung, etwa dahingehend, dass der Gläubiger Kopie des Kündigungsschreibens vorlegen muss, aus dessen Datum sich der Ablauf der Sechsmonatsfrist ergibt.[40]

31   Auf Wunsch des Gläubigers kann ihm die vollstreckbare Ausfertigung auch wegen der Grundschuld schon erteilt werden, bevor diese im Grundbuch eingetragen ist.[41] Wenn der **Schuldner** die in der Grundschuldurkunde erteilte Ermächtigung, dem Gläubiger eine vollstreckbare Ausfertigung zu erteilen, vor Erteilung **widerruft,** darf dem Gläubiger eine

---

[30] BGH MittBayNot 2010, 123.
[31] BGH DNotZ 2005, 683; OLG Saarbrücken DNotZ 2004, 712 mAnm *Wochner.*
[32] BGH DNotZ 1988, 487 und DNotZ 1990, 559.
[33] Was *Schmitz-Valckenberg* DNotZ 1988, 489 übersieht.
[34] BGH DNotZ 1992, 91 mAnm *Stürner.*
[35] *Gaberdiel/Gladenbeck* Rn. 301. Zum Versuch, dies durch getrennte Urkunden zu vermeiden, DNotI-Report 1996, 221.
[36] DNotI-Report 2008, 161; *Schneid/Voss* DNotZ 2008, 740 (756).
[37] S. vor allem Stöber/*Keller* ZVG § 15 Rn. 115.
[38] OLG München DNotZ 2017, 371 – iErg obiter; ausf. *Everts* DNotZ 2013, 730.
[39] Vgl. OLG Köln DNotZ 2013, 768; *Everts* DNotZ 2017, 343 (347).
[40] Vgl. BGH ZfIR 2006, 75; OLG Stuttgart NJW-RR 1986, 549.
[41] HM, Nachweise bei *Schöner/Stöber* GrundbuchR Rn. 2056.

solche nur erteilt werden, wenn er eine einfache Ausfertigung in Händen hat[42] oder (ausnahmsweise) nach § 51 Abs. 1 Nr. 1 BeurkG beanspruchen kann.[43] Zur **Umschreibung der Vollstreckungsklausel** → Rn. 88 ff.

D. Form, Kosten und Verfahren der Grundschuldbestellung

Die zur Entstehung der Grundschuld erforderliche Einigung (§ 873 Abs. 1 BGB) ist form- 32 frei. Sie wird fast nie beurkundet und wird dies praktisch auch nie gewünscht (sonst 2,0 Gebühr Nr. 21100 KV GNotKG). Klassische **Bausteine der Grundschuldbestellungsurkunde** sind dagegen:

Baustein	Form	Notargebühr	
a) Eintragungsbewilligung (§ 19 GBO) und -antrag (§ 13 GBO)	Notarielle Beglaubigung für erstere (§ 29 GBO), Schriftform für letzteren (§ 13 Abs. 1 S. 2 GBO)	0,5-Gebühr Nr. 21201 Ziff. 4 KV GNotKG für Beurkundung oder Entwurf, sonst Nr. 25100 KV GNotKG	33
b) Dingliche Zwangsvollstreckungsunterwerfung	Notarielle Beurkundung (§ 794 Abs. 1 Nr. 5 ZPO)	1,0-Gebühr Nr. 21200 KV GNotKG	
c) Abstraktes Schuldversprechen/ Schuldanerkenntnis (§§ 780, 781 BGB)	Schriftform gemäß §§ 780, 781 BGB	1,0-Gebühr Nr. 21200 KV GNotKG	
d) Persönliche Zwangsvollstreckungsunterwerfung wegen c)	Notarielle Beurkundung (§ 794 Abs. 1 Nr. 5 ZPO)	1,0-Gebühr Nr. 21200 KV GNotKG	
e) Erklärung des Eigentümers zum Sicherungsvertrag (Zweckerklärung, Zweckbestimmungserklärung)	formfrei	1,0-Gebühr Nr. 21200 KV GNotKG	
f) Abtretung der Rückgewähransprüche, die gegen Gläubiger vorrangiger oder gleichrangiger Grundschulden bestehen	formfrei	1,0-Gebühr Nr. 21200 KV GNotKG	

Muster: Grundgerüst Grundschuld (vollstreckbar), insbesondere für einen privaten Gläubiger
Siehe hierzu das Gesamtmuster → Rn. 167.

Vgl. weiter → § 30 Rn. 9, 61G. Nicht jede Grundschuldurkunde enthält alle diese 34 Bausteine. In der Praxis bestimmt
– der Baustein mit den höchsten Formansprüchen die **Form der gesamten Urkunde,**
– der Baustein mit dem höchsten Wert und Gebührensatz die **Gebühr für die ganze Urkunde** (Ausnahme: § 94 Abs. 2 S. 2 GNotKG), mit der dann alle übrigen vorgenannten Urkundsbausteine abgegolten sind.

Die **Eintragung** der Grundschuld **im Grundbuch** löst bei der Briefgrundschuld eine 35 1,3-Gebühr Nr. 14120 KV GNotKG, bei der Buchgrundschuld eine 1,0-Gebühr Nr. 14121 KV GNotKG aus, und zwar unabhängig davon, ob eine dingliche Zwangsvollstreckungsunterwerfung miteingetragen wird oder nicht.

Bestellt ein Verbraucher (§ 13 BGB) zugunsten eines Kreditinstituts oder eines sonstigen 36 Unternehmers (§ 14 BGB) eine notariell beurkundete oder vom Notar entworfene Grund-

---

[42] Dazu BayObLG DNotZ 2003, 847.
[43] OLG Düsseldorf DNotI-Report 2001, 94; OLG Rostock NotBZ 2002, 33.

schuld, so ist § 17 Abs. 2a BeurkG zu beachten. Nach hM[44] und den Anwendungsempfehlungen der BNotK in ihrem Rundschreiben vom 28. 4. 2003 an alle Notarkammern sind Grundschuldbestellungen Angebote zum Abschluss eines **Verbrauchervertrags,** also keine reinen Vollzugs- oder Erfüllungsgeschäfte. Der Notar ist daher verpflichtet, auf persönliche Beurkundung oder Beurkundung durch eine Vertrauensperson hinzuwirken (§ 17 Abs. 2a S. 2 Nr. 1 BeurkG). Bei Grundschulden zur Finanzierung des Kaufpreises widerspricht die vom Verkäufer dem Käufer erteilte Vollmacht (→ § 1 Rn. 284) nicht dem Zweck des § 17 Abs. 2a S. 2 Nr. 1 BeurkG, wohl aber die vom Käufer dem Verkäufer oder Notarangestellten erteilte Vollmacht.[45] Nach § 17 Abs. 2a S. 2 Nr. 2 BeurkG hat der Notar dem Verbraucher ferner ausreichend Gelegenheit einzuräumen, sich vorab mit dem Gegenstand der Grundschuldurkunde auseinander zu setzen. Der nackte Text eines Grundschuldbestellungsformulars ist hierfür denkbar ungeeignet, weil er den nicht vorgebildeten Verbraucher mehr verwirrt als informiert. Die Erläuterung durch den Notar ist unentbehrlich. ME genügt es in der Regel, wenn der Notar diese der Beurkundung voranschickt und dem Verbraucher dann die Entscheidung überlässt, ob er zur Beurkundung einen erneuten Termin wünscht.[46]

Praxishinweis Steuern:

Notarkosten für die Bestellung einer Finanzierungsgrundschuld sind bei zur Vermietung bestimmten Objekten regelmäßig sofort als Werbungskosten abzugsfähig (Finanzierungskosten);[47] insofern ist es wichtig, dass als Kostenschuldner derjenige eintritt und aufgeführt wird, der auch die Vermietungseinkünfte erzielt (nicht zB ein mithaftender weiterer Darlehensnehmer).

E. Kostensparstrategien

37 Beim **Grundbuchamt** lassen sich nur die Mehrkosten einer Briefgrundschuld vermeiden, indem eine Buchgrundschuld bestellt wird. Beim **Notar** können Kosten dadurch gespart werden, dass jede Zwangsvollstreckungsunterwerfung unterbleibt **und**
   – die vom Notar entworfene Urkunde sich auf Eintragungsbewilligung und -antrag beschränkt, also keinen der Bausteine b) mit f) aus → Rn. 33 enthält (dann 0,5-Gebühr Nr. 21201 Ziff. 4 KV GNotKG) bzw. – wenn ein solcher Baustein enthalten ist – der Notar nur die Bewilligung und/oder den Antrag ergänzt (dann 0,5-Gebühr Nr. 24102 KV GNotKG iVm Vorb. 2.4.1 Abs. 3 und § 92 Abs. 2 GNotKG) **oder**
   – der Notar keinen Entwurf fertigt, sondern nur die Unterschrift(en) beglaubigt (dann 0,2-Gebühr Nr. 25100 KV GNotKG, höchstens 70 EUR, und gegebenenfalls eine 0,3-Gebühr Nr. 22111 KV GNotKG).

38 Das Anliegen des Eigentümers, Notarkosten zu sparen, und das Anliegen der Bank, ohne gerichtliche Klage die Zwangsvollstreckung einleiten zu können, stehen in Widerspruch. Dass dennoch **Möglichkeiten** bleiben, **Notarkosten zu sparen,** beruht auf einer Besonderheit des Zwangsversteigerungsrechts: Wenn aus einer Grundschuld oder aus einem Grundschuldteil die Zwangsversteigerung betrieben wird, erlöschen mit dem Zuschlag der restliche Grundschuldteil und alle gleichrangigen oder nachrangigen Grundpfandrechte (§§ 91 Abs. 1, 52, 44, 45, 49 ZVG). Diese werden aus dem Versteigerungserlös – soweit er reicht – befriedigt (arg. § 92 Abs. 1 ZVG),[48] auch wenn ihre Gläubiger das Zwangsversteigerungsverfahren nicht betreiben. Betreibt die Bank die Versteigerung aus

---

[44] *Winkler* BeurkG § 17 Rn. 49 ff., 123, 138; *Schmucker* ZNotP 2003, 243; aM *Keller* ZNotP 2003, 180; *Maaß* ZNotP 2004, 216.
[45] Vgl. BGH DNotZ 2016, 72; OLG Schleswig DNotI-Report 2007, 182.
[46] Vgl. *Winkler* BeurkG § 17 Rn. 155.
[47] BFH DStRE 2003, 583; Blümich/*Schallmoser* EStG § 21 Rn. 286.
[48] Vgl. *Gaberdiel/Gladenbeck* Rn. 1078 ff.

einer Grundschuld oder einem Grundschuldteil, so kann sie also auch ihre restlichen Grundschulden und Grundschuldteile mitverwerten, soweit diese Nachrang oder Gleichrang haben, ohne für Letztere einen Vollstreckungstitel zu benötigen. Die Praxis geht vor allem drei Wege:

I. Aufspaltung in vollstreckbare und nicht vollstreckbare Grundschuld

Beispiel:　39

Statt einer vollstreckbaren Grundschuld zu 3 Mio. EUR werden bestellt:
– eine vollstreckbare Grundschuld zu 600.000 EUR,
– eine Grundschuld ohne Zwangsvollstreckungsunterwerfung zu 2.400.000 EUR, für welche die Bank selbst die Eintragungsbewilligung und die Grundbuchanträge entwirft, unter welche der Notar lediglich die Unterschrift des Eigentümers beglaubigt.

An Notar- und Grundbuchkosten werden hierbei (ohne Berücksichtigung der Mehr- 40 wertsteuer) ca. 3.600 EUR gespart. Bei kleineren Grundschulden ist die Kostenersparnis allerdings bescheiden. Wird etwa eine Grundschuld zu 100.000 EUR aufgespalten in eine vollstreckbare Grundschuld zu 10.000 EUR und eine nicht vollstreckbare zu 90.000 EUR, so spart dies bei Notar und Grundbuchamt zusammen ca. 100 EUR. Spätere Löschungen und Freigaben verringern den Kostenvorteil oder verkehren ihn zu einem Kostennachteil, weil hierbei die Existenz zweier Grundschulden zu höheren Kosten führt (→ § 30 Rn. 19ff., 61P).[49]

Bei der Gestaltung des **Rangverhältnisses** wird die Bank mE auf den Vorrang der 41 kleinen vollstreckbaren Grundschuld Wert legen müssen. Andernfalls muss sie befürchten, dass wegen des Fortbestands der vorrangigen (nicht vollstreckbaren) großen Grundschuld keine Gebote abgegeben werden.

Die **Nachteile** der Aufspaltung bekommt die Bank dann zu spüren, wenn sie aus der 42 kleinen vollstreckbaren Grundschuld die Zwangsversteigerung betreibt, und der Eigentümer oder ein nachrangiger Gläubiger (§§ 1150, 268 BGB) die Vollstreckung zum Erliegen bringt, indem er auf die kleine Grundschuld, aus der vollstreckt wird, zahlt. Eine solche Zahlung kann die vollstreckende Bank nicht zurückweisen, selbst wenn sie abredewidrig ist.[50] Je kleiner die vollstreckbare Grundschuld, je größer also die Kostenersparnis, desto größer wird für die Bank das Risiko, auf diese Weise ihren Vollstreckungstitel gegen Zahlung eines relativ kleinen Betrags zu verbrauchen.

II. Unterwerfung wegen eines Teilbetrages

Möglich ist es auch, eine nicht vollstreckbare Grundschuld ohne Entwurf des Notars zu 43 bestellen, und zwar in unserem Beispielsfall über 3 Mio. EUR und wegen eines **Teilbetrags** von zB 600.000 EUR dieser Grundschuld eine dingliche **Zwangsvollstreckungsunterwerfung** zu beurkunden. Eine gleiche Kostenersparnis wie unter → Rn. 39ff. lässt sich so nur erzielen, wenn beides in zwei verschiedenen Urkunden geschieht. Dabei darf kein Rangverhältnis zwischen vollstreckbarem und nicht vollstreckbarem Grundschuldteil hergestellt werden;[51] sonst müsste die Grundschuld geteilt werden (wieder Kosten).

Die Zwangsvollstreckungsunterwerfung wegen eines Grundschuldteilbetrags ist zuläs- 44 sig.[52] Auch wenn der titulierte Teilbetrag als „zuletzt zu zahlender" bezeichnet ist, schützt dies in der Zwangsversteigerung die Bank aber nicht vor dem Titelverbrauch (→ Rn. 42). In der Versteigerung wird nämlich der Betrag getilgt, dessentwegen vollstreckt wird, auch wenn er als zuletzt zu zahlender bezeichnet ist.[53] Löst ein nachrangiger Gläubiger den

---

[49] *Basty* ZNotP 2000, 95; *Pfeifer* ZNotP 2000, 255.
[50] BGH DNotZ 1988, 487 (488).
[51] OLG Hamm DNotZ 1988, 233.
[52] BGH DNotZ 1990, 586 mAnm *Wolfsteiner;* DNotI-Report 1998, 53.
[53] BGH DNotZ 2007, 675 mAnm *Wolfsteiner.*

Grundschuldteil ab, aus dem die Bank vollstreckt, so behält die Bank mit der restlichen Grundschuld Vorrang vor dem abgelösten Teil.[54] Darin und in der Vermeidung höherer Folgekosten für spätere Freigaben und Löschungen liegt ein **Vorteil** gegenüber → Rn. 39 ff.

III. Bloße Vollmacht zur Zwangsvollstreckungsunterwerfung

45 In der nur unterschriftsbeglaubigten Grundschuldbestellungsurkunde erteilt der Besteller der Bank unwiderrufliche Vollmacht, ihn der Zwangsvollstreckung zu unterwerfen. Dieser Weg scheitert nicht daran, dass eine solche Vollmacht notariell beurkundet werden müsste.[55] Er ist aber für die Bank riskant, weil die Vollmacht einen späteren Eigentümer sowie einen Insolvenzverwalter nicht bindet und weil der Widerruf der Vollmacht nicht verlässlich ausgeschlossen werden kann.[56]

F. Der Sicherungsvertrag (Sicherungsabrede, Zweckbestimmung, Zweckerklärung, Zweckbestimmungserklärung)

I. Bedeutung

46 Die Grundschuld als abstraktes Recht trägt ihren Rechtsgrund nicht in sich selbst. Der Grundschuldgläubiger darf die in der Grundschuld verkörperte forderungs**un**abhängige Rechtsmacht, die Zwangsvollstreckung zu betreiben, nur für sich in Anspruch nehmen, ausüben und behalten, soweit er hierfür einen rechtlichen Grund iSd § 812 BGB hat.

47   Die Grundschuld wird so gut wie immer bestellt, um die Erfüllung einer oder mehrerer Verbindlichkeiten zu sichern (**Sicherungsgrundschuld** gemäß § 1192 Abs. 1a S. 1 BGB). Der schuldrechtliche Sicherungsvertrag liefert den Rechtsgrund für die Grundschuldbestellung. Er regelt vor allem
- **dass** die Grundschuld als Sicherheit gestellt wird; str.,[57]
- **wer** die Grundschuld als Sicherheit stellt (typischerweise der Eigentümer – manchmal auch der bisherige Grundschuldgläubiger),
- **wessen** Verbindlichkeiten die Grundschuld sichert,
- **welche** Verbindlichkeiten die Grundschuld sichert,
- **worauf** Leistungen zu erbringen sind – ob auf die Grundschuld oder (wie regelmäßig) auf die gesicherten Verbindlichkeiten,
- **unter welchen Voraussetzungen** und in welcher Weise der Gläubiger die Grundschuld verwerfen darf,[58]
- **unter welchen Voraussetzungen** und in welcher Weise die Grundschuld zurückzugewähren ist (dazu → Rn. 65 ff.),

also die Zwecke, die mit der Grundschuldbestellung verfolgt werden (daher **Zweckerklärung**). Der Sicherungszweck der Grundschuld ändert sich durch die isolierte Abtretung der gesicherten Forderung (ohne gleichzeitige Abtretung der Grundschuld) nicht.[59] Haben Bruchteilseigentümer für eine auf ihrem Grundstück lastende Grundschuld gemeinsam eine Sicherungsvereinbarung mit dem Grundschuldgläubiger getroffen, können sie diese nur gemeinsam ändern.[60]

48   Wenn dem Gläubiger in der Grundschuldurkunde weitere Sicherheiten eingeräumt werden – wie zB abstraktes Schuldversprechen, Abtretung oder Verpfändung von Forde-

---

[54] *Gaberdiel/Gladenbeck* Rn. 323.
[55] BGH DNotZ 2004, 360 aE.
[56] Vgl. *Gaberdiel/Gladenbeck* Rn. 318.
[57] Vgl. *Gaberdiel/Gladenbeck* Rn. 566.
[58] Dazu *Schmid/Voss* DNotZ 2008, 740 (747).
[59] BGH DNotZ 2010, 117.
[60] BGH DNotZ 2010, 375.

rungen – dann hat der dafür nötige Sicherungsvertrag[61] in der Regel denselben Inhalt. Der Sicherungsvertrag ist formfrei (daher **Sicherungsabrede**).[62]

Ein formularmäßiger Sicherungsvertrag, der eine Grundschuld betrifft, ist **ohne Freigabeklausel** wirksam.[63] Der Sicherungsvertrag wirkt grundsätzlich nur *inter partes,* nicht für und gegen den jeweiligen Eigentümer.[64] Bei Sicherungsgrundschulden, die nach dem 19. 8. 2008 erworben wurden, können jedoch **Einreden aus dem Sicherungsvertrag** gemäß § 1192 Abs. 1a BGB auch jedem Erwerber der Grundschuld entgegengesetzt werden (Art. 229 § 18 Abs. 2 EGBGB), und zwar unabhängig davon, wann sie entstanden sind.[65] Im Grundbuch konnte schon bisher und kann weiterhin nicht eingetragen werden, ob die Grundschuld Sicherungsgrundschuld ist, zumal dies keine konstante Eigenschaft der Grundschuld ist, wie sich zB bei einer Rückabtretung an den Eigentümer zeigt. § 1192 Abs. 1a BGB hindert infolgedessen einen gutgläubig einredefreien Erwerb einer Sicherungsgrundschuld. **49**

II. Falltypen, Verstöße gegen §§ 305c Abs. 1, 307 BGB

Fall 1: **50**

Eigentümer E (als Sicherungsgeber) bestellt die Grundschuld zur Sicherung **seiner** Verbindlichkeiten aus dem unter Nr. … vom Gläubiger zu gewährenden Darlehen.

Einfachster Fall, bei dem Sicherungsgeber und Schuldner identisch und die gesicherten Verbindlichkeiten eng abgegrenzt sind. In der Praxis kommt dieser Fall bei einer Grundschuld zugunsten eines privaten Gläubigers vor, aber auch bei Bankgrundschulden.

Fall 2: **51**

E bestellt die Grundschuld formularmäßig zur Sicherung **seiner** Verbindlichkeiten gegenüber der Grundschuldgläubigerin, und zwar zur Sicherung **aller** gegenwärtigen und künftigen Verbindlichkeiten.

Häufiger Fall, bei dem wiederum Sicherungsgeber und Schuldner identisch sind, der Kreis der gesicherten Verbindlichkeiten aber umfassend weit ist. Rechtliche Bedenken dagegen bestehen grundsätzlich nicht.[66] Nicht mehr gesichert sind hierbei bank**un**übliche entstandene Verbindlichkeiten des E[67] sowie uU solche Verbindlichkeiten des E, die aus einer Einstandspflicht des E für fremde Verbindlichkeiten entstanden sind, zB aus einer Bürgschaft.[68]

Fall 3: **52**

E bestellt die Grundschuld zur Sicherung der Verbindlichkeiten **des/der S** (Freund, Ehefrau, Kind) aus dem Darlehen Nr. …, das diese/r vom Gläubiger erhält.

Fall, bei dem Sicherungsgeber und Schuldner **nicht** identisch, die gesicherten Verbindlichkeiten aber eng abgegrenzt sind. Dieser Fall gleicht wirtschaftlich einer Bürgschaft und ist rechtlich unbedenklich.[69] Die zur Sittenwidrigkeit einer Bürgschaft entwickelten Grundsätze sind auf die Sicherungsgrundschuld nicht übertragbar.[70]

---

[61] Dazu *Zimmer* NJW 2008, 3185.
[62] Zur Beweislast für seine Existenz und seinen Inhalt BGH DNotZ 1992, 90 mAnm *Stürner;* BGH DNotZ 1993, 112. Zum Verhältnis mehrerer abweichender Sicherungsverträge BGH DNotZ 2002, 614 (623) mAnm *Tiedtke.* Zur Anwendung des § 312 BGB auf den Sicherungsvertrag BGH DNotZ 1996, 531; NJW 2003, 885; OLG Düsseldorf MittBayNot 2005, 134.
[63] BGH DNotZ 1995, 290; NJW 1996, 2092.
[64] BGH DNotZ 2003, 707.
[65] Vgl. *Bachner* DNotZ 2008, 644 (647).
[66] BGH DNotZ 2001, 109 mAnm *Tiedtke.*
[67] *Rastätter* DNotZ 1987, 463.
[68] Vgl. BGH NJW 1987, 319; WM 1987, 571.
[69] Vgl. BGH NJW 1988, 558; *Rastätter* DNotZ 1987, 469.

53 Fall 4:

E bestellt die Grundschuld formularmäßig zur Sicherung **aller** gegenwärtigen und künftigen Verbindlichkeiten **des/der S** gegenüber dem Grundschuldgläubiger.

Hier sind Sicherungsgeber und Schuldner **nicht** identisch; der Kreis der gesicherten Verbindlichkeiten ist denkbar weit. Dieser Fall hat den BGH seit 1982[71] in zahlreichen Varianten beschäftigt.

54   Der BGH betrachtet diese weite Sicherungsabrede als wirksam nur für solche Verbindlichkeiten, die **Anlass** der Grundschuldbestellung waren. Anlass der Grundschuldbestellung kann ein ganz **bestimmtes Darlehen** sein, aber auch ein Geschäftskredit des/der S in **laufender Rechnung.** Wird später eine Verbindlichkeit begründet, die mit dem Anlass der Grundschuldbestellung nichts zu tun hat, so verstößt deren Einbeziehung in den Sicherungszweck der Grundschuld nach gefestigter Rechtsprechung des BGH[72] gegen § 305c Abs. 1 BGB (überraschende Klausel), jedoch nicht gegen § 307 BGB.[73] Dies gilt wegen § 310 Abs. 1 BGB auch, wenn E Unternehmer ist[74] sowie dann, wenn E und S Ehegatten sind,[75] dagegen nicht, wenn S eine Gesellschaft ist, die von E beherrscht wird.[76] Auch die Möglichkeit des Sicherungsgebers, die weite Sicherungsabrede mit Wirkung für die Zukunft zu kündigen,[77] bewahrt die Bank nicht vor dem Einwand der Unwirksamkeit.[78]

55 Fall 5:

Die Ehegatten E sind Miteigentümer je zur Hälfte. Sie bestellen die Grundschuld formularmäßig zur Sicherung **aller** gegenwärtigen und künftigen Verbindlichkeiten der Ehegatten E oder **eines** Ehegatten gegenüber der Bank. Anlass der Grundschuldbestellung war ein gemeinsam aufgenommenes Baudarlehen. Später nimmt der Ehemann allein ein Darlehen zur Beteiligung an einer Abschreibungsgesellschaft auf.

Sicherungsgeber (beide) und Schuldner des späteren Darlehens (Ehemann) sind hier nur teilweise identisch (beim halben Miteigentumsanteil des Ehemannes). Weil **Anlass** der Grundschuldbestellung ein **gemeinsames Darlehen** war, berechtigt die Einbeziehung des Darlehens des Ehemannes in den Sicherungszweck der Grundschuld die Bank jedenfalls nicht zu einer Zwangsversteigerung des Miteigentumsanteils der Ehefrau,[79] selbst dann nicht, wenn der Ehemann diesen Miteigentumsanteil später hinzuerwirbt.[80]

56   Die Grundschuldgläubigerin kann die auf fehlender Identität zwischen Sicherungsgeber und Schuldner beruhenden Unwirksamkeitsrisiken nicht dadurch vermeiden, dass sie den Sicherungsgeber zum Kreditnehmer macht, obwohl dieser kein eigenes Interesse an der Kreditaufnahme hat.[81] Dies gilt auch im vorstehenden Fall 4 (→ Rn. 53).

III. Belehrungspflichten des Notars

57 Die Erklärung des Eigentümers (= Angebot) zum Sicherungsvertrag (sog. **Zweckerklärung** oder **Zweckbestimmungserklärung**) ist in manchen Grundschuldformularen ent-

---

[70] BGH DNotZ 2002, 874.
[71] DNotZ 1982, 314.
[72] DNotZ 1992, 562; teilw. anders BGH DNotZ 2017, 125 für eine formularmäßige anlasslose *Erweiterung* des Sicherungszwecks.
[73] Unangemessene Benachteiligung, vgl. BGH DNotZ 1998, 578 mAnm *Schmitz-Valckenberg*.
[74] BGH NJW 1988, 558 (560).
[75] Vgl. BGH NJW 1997, 2677.
[76] BGH DNotZ 1987, 493; vgl. *Tiedtke* NJW 1991, 3242.
[77] Vgl. *Gaberdiel/Gladenbeck* Rn. 608 ff.
[78] Weitere Nachweise bei *Gaberdiel/Gladenbeck* Rn. 685 ff.
[79] BGH DNotZ 1989, 609 mAnm *Schmitz-Valckenberg;* BGH DNotZ 1992, 562.
[80] BGH DNotZ 2002, 853; weiterhin kritisch *Gaberdiel/Gladenbeck* Rn. 697.
[81] Vgl. BGH NJW 2002, 2705.

halten, in anderen nicht. Daraus ergeben sich für die Belehrungspflicht des Notars unterschiedliche Fallgruppen:

1. Grundschuldformulare ohne Zweckerklärung. Die Zweckerklärung ist in der 58
Grundschuldbestellungsurkunde **nicht enthalten.** Dann besteht keine Belehrungspflicht
nach § 17 Abs. 1 S. 1 BeurkG.[82] Auf die Bedeutung der Zweckerklärung hat der Notar
allenfalls im Rahmen seiner allgemeinen Betreuungspflicht[83] hinzuweisen, also nur dann,
wenn er auf Grund besonderer Umstände Anlass zu der Sorge hat, einem Beteiligten drohe ein Schaden, weil dieser sich der Gefährdung seiner Interessen nicht bewusst ist. Wer
deswegen vorsorglich belehrt, kann dies in der Urkunde durch folgenden Vermerk belegen:

> **Formulierungsbeispiel: Belehrung zur Zweckerklärung** 59
>
> Die Bank kann jederzeit aus der Grundschuldurkunde vorgehen. Ihre Sicherheit reicht ⟨⟩
> erheblich über den Nennbetrag der Grundschuld hinaus, vor allem wegen der Grundschuldzinsen. Ob die Bank aus der Grundschuldurkunde vorgehen darf, ergibt sich aus
> der sog. Zweckerklärung. Diese regelt, welche Verbindlichkeiten durch die Grundschuld
> und durch die sonst eingeräumten Sicherheiten gesichert werden und wessen Verbindlichkeiten. Es ist mit Gefahren verbunden, wenn ein Beteiligter zulässt, dass Verbindlichkeiten gesichert werden, die ohne seine Mitwirkung begründet werden können. Es
> empfiehlt sich daher, Inhalt und Wirksamkeit der Zweckerklärung stets zu überprüfen.

Um Missverständnisse auszuschließen: Es kommt auf die Belehrung, nicht auf den Be- 60
lehrungsvermerk an.

2. Grundschuldformulare mit wirksamer Zweckerklärung. Die Zweckerklärung ist 61
in der Grundschuldbestellungsurkunde formularmäßig **enthalten.** Es handelt sich um eine
solche, welche die Rechtsprechung bisher **nicht** oder nur in besonderen Ausnahmefällen
beanstandet hat (→ Rn. 50 ff.). Hier ist nach § 17 Abs. 1 S. 1 BeurkG über den Sicherungsvertrag zu belehren, wenn dessen Bedeutung den Beteiligten nicht ohne weiteres
klar ist. Dies gilt unabhängig davon, ob die Zweckerklärung im vorlesungspflichtigen
oder im nicht vorlesungspflichtigen Teil (§ 14 BeurkG) der Urkunde steht.[84]

Der Belehrungsvermerk kann gleich lauten wie in → Rn. 59. Der letzte Satz behält 62
seine Bedeutung im Hinblick auf besondere Fallkonstellationen, in denen der normalerweise wirksame Sicherungsvertrag unwirksam sein kann.[85]

3. Grundschuldformulare mit unwirksamer Zweckerklärung. Die Zweckerklärung 63
ist in der Grundschuldbestellungsurkunde formularmäßig **enthalten.** Es handelt sich um
eine Fallgestaltung, wie in → Rn. 53 ff., bei welcher die Zweckerklärung unwirksam ist
für Verbindlichkeiten, die außerhalb des Anlasses der Grundschuldbestellung liegen. Eine
abstrakte Belehrung des Notars, wonach aus irgendwelchen denkbaren, konkret noch
nicht absehbaren Anlässen Verbindlichkeiten entstehen können, zu deren Sicherung die
Grundschuld verwendet werden könnte,[86] beseitigt den Überraschungseffekt nicht.[87] Dieser entfällt vielmehr nur, wenn der Sicherungsgeber **individuell** über einen konkreten,
bereits absehbaren Anlass belehrt wurde, aus dem eine Forderung entstehen kann, für

---

[82] *Reithmann/Albrecht,* Handbuch der notariellen Vertragsgestaltung, 8. Aufl. 2001, Rn. 786.
[83] *Winkler* BeurkG § 17 Rn. 242 ff.
[84] *Reithmann/Albrecht* aaO Rn. 796.
[85] Vgl. *Rastätter* BWNotZ 1990, 62.
[86] Vgl. *Sostmann* DNotZ 1995, 266 (267).
[87] Vgl. BGH NJW 1996, 191 (192).

welche der Eigentümer kraft der Grundschuld haftet.[88] In der Regel kennt der Notar die Verhältnisse der Beteiligten zu wenig, um eine solche individuelle Belehrung zu erteilen.[89]

64   Die möglicherweise unwirksame weite Zweckerklärung kann der Notar in solchen Fällen auf ihren wirksamen Kern zurückführen, indem er **dem Vordruck** der Zweckerklärung gemäß der Rechtsprechung des BGH hinzufügt: „Soweit es sich nicht um eigene Verbindlichkeiten des Sicherungsgebers handelt, haftet dieser nur, wenn solche Verbindlichkeiten den Anlass der Grundschuldbestellung bilden oder er besonders zugestimmt hat".[90] Dies dient auch der Bank, weil diese einen wirksamen Sicherungsvertrag benötigt und weil der Zusatz die legitimen Gestaltungen abdeckt, andere dagegen ausgrenzt. Der Belehrungsvermerk kann hierbei gleich lauten wie in → Rn. 59.

IV. Der Rückgewähranspruch

65   Wenn keine durch die Grundschuld gesicherten Verbindlichkeiten (mehr) bestehen, kann der Sicherungsgeber (→ Rn. 50–52) vom Grundschuldgläubiger Rückgewähr der Grundschuld verlangen.[91] Der Gläubiger hat gegenüber diesem Anspruch kein Zurückbehaltungsrecht gemäß § 273 Abs. 1 BGB wegen einer Forderung, die gemäß Sicherungsvertrag durch die Grundschuld nicht gesichert ist.[92] Tritt der Gläubiger die Grundschuld ab, so wird nicht automatisch der gesamte Sicherungsvertrag auf den Zessionar übergeleitet. Die **Pflichten aus dem Sicherungsvertrag bleiben** vielmehr beim Zedenten, solange der Eigentümer einer Vertragsübernahme durch den Zessionar nicht zugestimmt hat. Damit richtet sich der Anspruch des Sicherungsgebers auf Rückgewähr der nicht mehr (voll) valutierten Grundschuld weiterhin gegen den ursprünglichen Grundschuldgläubiger. Kann dieser den Rückgewähranspruch nicht erfüllen, weil er die Grundschuld abgetreten hat und der Zessionar zur Rückgewähr nicht bereit ist, so ist er dem Sicherungsgeber schadenersatzpflichtig.[93] Bei Sicherungsgrundschulden, die nach dem 19.8.2008 erworben wurden, kann der Rückgewähranspruch gemäß § 1192 Abs. 1a BGB auch **jedem späteren Erwerber der Grundschuld** entgegengesetzt werden (→ Rn. 49). Der Rückgewähranspruch richtet sich nach Wahl des Sicherungsgebers auf
– **Übertragung** der Grundschuld (§ 1154 BGB) oder
– **Verzicht** auf die Grundschuld (§ 1168 BGB) oder
– **Aufhebung** der Grundschuld (§§ 875, 1183 BGB).

65a Die formularmäßige Beschränkung dieser Wahlmöglichkeiten ist nicht zulässig.[94] Den gleichsam „umgekehrten" Fall – **Erwerb des grundpfandrechtsbelasteten Grundstücks** durch einen neuen Eigentümer – regelt § 1192 Abs. 1a BGB nicht. Wird der neue Eigentümer aus der Grundschuld in Anspruch genommen, ist er nicht befugt, Einreden aus dem Sicherungsvertrag zu erheben, wenn der Rückgewähranspruch nicht auf ihn übertragen worden ist.[95]

66   Der Sicherungsvertrag kann die Voraussetzungen des Rückgewähranspruchs **besonders regeln**, zB durch Einmalvalutierungsabrede,[96] oder das Wahlrecht des Sicherungsgebers unter den verschiedenen Arten der Rückgewähr einschränken (Letzteres allerdings nicht im Recht der AGB, → Rn. 65a).[97]

---

[88] Vgl. BGH NJW 1997, 2677; *Gaberdiel/Gladenbeck* Rn. 691.
[89] *Amann* MittBayNot 1997, 342.
[90] *Reithmann/Albrecht* aaO Rn. 800.
[91] Ausf. hierzu *Ph. Müller* RNotZ 2012, 199 ff.
[92] BGH DNotZ 2000, 700.
[93] Vgl. in diese Richtung wohl Staudinger/*Wolfsteiner* (2015) BGB vor §§ 1191 ff. Rn. 128; Staudinger/*Busche* (2017) BGB § 401 Rn. 39.
[94] Vgl. BGH DNotZ 2014, 929 für Drittsicherungsfälle, mE aber verallgemeinerungsfähig.
[95] BGH DNotZ 2018, 375.
[96] BGH NJW 2002, 1578.
[97] IE str. – vgl. *Gaberdiel/Gladenbeck* Rn. 754 ff. Weitere Einzelheiten bei Palandt/*Herrler* BGB § 1191 Rn. 17 ff., 26 f.; *Gaberdiel/Gladenbeck* Rn. 723 ff., 742 ff.

Nachrangige Grundschuldgläubiger lassen sich den **Rückgewähranspruch,** der dem Ei- 67
gentümer bezüglich vorrangiger oder gleichrangiger Grundschulden zusteht, in der Regel
als weitere Sicherheit abtreten.[98] Der Notar muss den nachrangigen Gläubiger über diese
Möglichkeit aber nicht belehren.[99] Der Anspruch ist insolvenzfest, aber praktisch nur
dann, wenn dem eine enge Zweckerklärung zugrunde liegt.[100] Der Rückgewähranspruch
verjährt seit der Schuldrechtsreform nach § 196 BGB in zehn Jahren. In der Praxis werden nicht valutierte Bankgrundschulden massenhaft stehen gelassen, um sie später zur Sicherung neuer Verbindlichkeiten wiederzuverwenden. Hierbei beschwört die Zehnjahresfrist Verjährungsgefahren herauf, wenn man nicht ihren Beginn (§ 200 BGB) durch
interessengerechte Auslegung des Sicherungsvertrags oder durch vorsorgliche Vereinbarung auf den Zeitpunkt verlagert, zu welchem der Sicherungsgeber den Rückgewähranspruch geltend macht.[101]

Formulierungsbeispiel: Abweichende Grundschuldverjährung 68

Die Bank erhält die Grundschuld und die weiter eingeräumten Sicherheiten mit der ☉
Maßgabe, dass der Rückgewähranspruch erst mit Kündigung fällig wird und erst dreißig
Jahre nach seiner Fälligkeit verjährt.

Der Rückgewähranspruch ist zu unterscheiden vom **gesetzlichen Löschungsan-** 69
spruch nach § 1179a BGB, der nur entsteht, wenn der Eigentümer selbst die Grundschuld durch Abtretung (§ 1154 BGB), Verzicht (§ 1168 BGB) oder Zahlung auf die
Grundschuld selbst (nicht also auf die gesicherte Forderung)[102] erwirbt. Dies kommt selten
vor und entzieht sich weitgehend dem Einfluss sowie dem Vormerkungsschutz (§ 1179a
Abs. 1 S. 3 BGB) des Gläubigers des gesetzlichen Löschungsanspruchs.[103] Der Rückgewähranspruch hat daher erheblich größere praktische Bedeutung als der gesetzliche Löschungsanspruch.[104]

G. Die Abtretung der Fremdgrundschuld

I. Formulierungsbeispiel für die Abtretungserklärung

Formulierungsbeispiel: Abtretungserklärung 70

Im Grundbuch von *** Band *** Blatt *** ist an dem Grundbesitz Fl. Nr. *** (1) – ☉
Eigentümer *** – in Abt. III Nr. *** eine Buch-/Brief-Grundschuld zu *** EUR eingetragen für ***

nachfolgend „Altgläubiger" genannt.

Der Altgläubiger tritt diese Grundschuld mit den Zinsen seit Zinsbeginn (2) und mit allen
Nebenleistungen (3) ab an *** (4)

nachfolgend „Neugläubiger" genannt.

Der Altgläubiger bewilligt, diese Abtretung im Grundbuch einzutragen. (5)

[*Nur bei Briefgrundschuld:*
Der Altgläubiger übergibt dem Neugläubiger gleichzeitig den Grundschuldbrief. (6)

---

[98] Dazu Palandt/*Herrler* BGB § 1191 Rn. 29.
[99] BGH DNotZ 1989, 45.
[100] Vgl. BGH DNotZ 2012, 931 mAnm *Reul* DNotZ 2012, 883.
[101] Vgl. *Wolfsteiner* DNotZ 2003, 321.
[102] Vgl. *Gaberdiel/Gladenbeck* Rn. 727 f., 820.
[103] BGH MittBayNot 2007, 45 mAnm *Amann.*
[104] *Ph. Müller* RNotZ 2012, 199 (220 f.).

Mitabgetreten werden alle sonstigen Ansprüche des Altgläubigers aus der Grundschuldbestellungsurkunde, insbesondere die Ansprüche aus der Übernahme der persönlichen
Haftung mit Vollstreckungsunterwerfung. (7) Dies gilt auch für Rückgewähransprüche
des Altgläubigers bezüglich vor- oder gleichrangiger Grundschulden. (8)

Falls der Altgläubiger wegen etwaiger unberechtigter Vollstreckungsmaßnahmen des
Neugläubigers oder eines späteren Gläubigers gemäß § 799a ZPO Schadenersatz leisten
muss, hat der Neugläubiger den Altgläubiger hiervon vollständig freizustellen. (9)]

II. Erläuterungen zum Formulierungsbeispiel

71 Die **Buchgrundschuld** wird durch Einigung und Eintragung im Grundbuch (§§ 1154
Abs. 3, 873 BGB) abgetreten, die **Briefgrundschuld** durch
– Einigung, Eintragung und Briefübergabe (§§ 1154 Abs. 2, 873 BGB) **oder**
– Einigung, Abtretungserklärung und Briefübergabe (§§ 1154 Abs. 1, 873 BGB).

72 Die Einigung ist formfrei. Für die Eintragung ist eine beurkundete oder beglaubigte Bewilligung des Altgläubigers erforderlich (§§ 19, 29 GBO). Für die Abtretung einer Briefgrundschuld außerhalb des Grundbuchs genügt eine schriftliche Abtretungserklärung; regelmäßig verlangt der Neugläubiger aber Beglaubigung oder Beurkundung (§ 1154 Abs. 1
S. 2 BGB). Nur wegen dieser bzw. wegen der Bewilligung des Altgläubigers wird der
Notar eingeschaltet. Die Erklärungen des Neugläubigers werden in der Praxis kaum einmal beurkundet oder beglaubigt (sonst Nr. 21100 KV GNotKG). Eine Mitwirkung des
Eigentümers ist auch materiell-rechtlich nicht erforderlich.

73   Die Abtretbarkeit einer Grundschuld kann ausgeschlossen oder eingeschränkt werden
(→ Rn. 20). Zum Anspruch auf Rückgewähr der nicht mehr (voll) valutierten Grundschuld nach ihrer Abtretung → Rn. 65. Beim Erwerb einer Sicherungsgrundschuld nach
dem 19.8.2008 kraft Abtretung muss der Erwerber gemäß § 1192 Abs. 1a BGB alle Einreden aus dem Sicherungsvertrag gegen sich gelten lassen (→ Rn. 49). Zur Haftung des
Zedenten bei unberechtigten Vollstreckungsmaßnahmen des Zessionars s. § 799a ZPO
und → Rn. 25, 82 aE.

74 **Zu (1):** Die Rechtsprechung[105] verlangt unter anderem **genaue Bezeichnung**
– des belasteten Grundbesitzes nach Flurstücks-Nr. (entsprechend bei Wohnungseigentum
  und Erbbaurecht) oder durch Angabe der Grundbuchstelle,
– der abzutretenden Grundschuld (möglichst nach lfd. Nr. in Abt. III oder Rang),
– des alten und neuen Gläubigers.

> **Praxishinweis:**
> Es empfiehlt sich, insoweit eher zu viel als zu wenig anzugeben.[106]

75 **Zu (2):** Der Zeitpunkt, von dem an die **Zinsen** abgetreten werden, ist ebenfalls anzugeben. Die Abtretung der Zinsen ab Zinsbeginn ist zulässig,[107] macht die Datumsangabe
überflüssig und vermeidet, dass ein Zinsrest beim Altgläubiger verbleibt, der sich damit an
einer Zwangsversteigerung beteiligen könnte.[108] Wenn allerdings schon der Altgläubiger
die Grundschuld durch Abtretung erworben hat, kann er Zinsen nur in dem Umfang
weiter abtreten, der sich aus der früheren Abtretung ergibt.

76 **Zu (3):** Falls neben den Zinsen keine sonstigen **Nebenleistungen** zur Grundschuld
gehören, kann dieser Passus entfallen. Abtretung „mit allen Nebenleistungen" ist wie unter (2) zulässig und zweckmäßig.

---

[105] Vgl. BGH DNotZ 1992, 784 Nr. 2.
[106] Einzelheiten bei *Schöner/Stöber* GrundbuchR Rn. 2381f.
[107] BayObLG DNotZ 1984, 562; unklar OLG Frankfurt a.M. DNotZ 1994, 186.
[108] *Stöber/Achenbach* ZVG § 12 Rn. 3.

Zu (4): Neugläubiger genau bezeichnen – bei juristischer Person mit Sitzangabe. 77

Zu (5): Dieser Satz ist bei einer Briefgrundschuld unnötig (§ 26 GBO), schadet aber 78 nicht.

Zu (6): Eine Briefgrundschuld erwirbt der Neugläubiger, wenn zusätzlich der **Brief** 79 **übergeben** wird (§ 1154 Abs. 1 S. 1 BGB). Zuvor hat der Neugläubiger keine Sicherheit.

Zu (7): Die Mitabtretung dieser Ansprüche ist in der Regel zweckmäßig, damit keine 80 Sicherheiten beim Altgläubiger verbleiben und damit auch die **persönliche Vollstre-ckungsklausel** umgeschrieben werden kann (dazu → Rn. 89). Wenn es sich um eine Buchgrundschuld handelt, und der Notar die Bewilligung des Altgläubigers entwirft, entsteht dadurch freilich statt einer halben Gebühr eine volle Gebühr (dazu → Rn. 83 ff.).

Zu (8): Diese Ansprüche (→ Rn. 65 ff.) haben mit der Vollstreckungsklausel nichts zu 81 tun. Ansonsten gilt dasselbe wie zu (7).

Zu (9): Dieser Zusatz beruht auf dem Risikobegrenzungsgesetz und ist empfehlens- 82 wert, wenn die Grundschuldbestellungsurkunde eine dingliche und/oder persönliche Zwangsvollstreckungsunterwerfung enthält (dazu → Rn. 25 ff.). Dadurch, dass der Neugläubiger die Abtretung annimmt, übernimmt er auch die mit ihr verbundene Freistellungspflicht, die er bei einer etwaigen Weiterabtretung zu seinem eigenen Schutz dem Zessionar auferlegen wird.

III. Notarkosten der Abtretung

Ganz **vermeiden** lassen sich Notarkosten nur bei der Briefgrundschuld, wenn diese 83 schriftlich ohne Unterschriftsbeglaubigung abgetreten wird. Banken nehmen die damit für sie verbundenen Nachteile aber kaum einmal in Kauf (vgl. §§ 1160, 1155 BGB, → Rn. 72).[109]

1. Bloße Unterschriftsbeglaubigung ohne Entwurf. 0,2-Gebühr Nr. 25100 84 KV GNotKG, höchstens 70 EUR. Soll der Notar die Abtretung nicht nur als Bote an das Grundbuchamt weiterleiten, sondern den **Vollzug** der Abtretung betreiben, so löst dies eine 0,3-Gebühr Nr. 22111 KV GNotKG aus, die nicht begrenzt ist.

2. Unterschriftsbeglaubigung mit Entwurf. Unterschriftsbeglaubigung mit Entwurf 85 oder Beurkundung der Erklärungen des Altgläubigers 0,5-Gebühr Nr. 21201 Ziff. 4 KV GNotKG für Abtretung einer Buchgrundschuld, wenn nur der Grundbuchantrag enthalten ist (dagegen 1,0-Gebühr Nr. 21200 KV GNotKG, wenn Ansprüche aus der persönlichen Haftung für den Grundschuldbetrag mit abgetreten sind). Stets 1,0-Gebühr Nr. 21200 KV GNotKG für Abtretung einer Briefgrundschuld. Die im letzten Satz des Formulierungsvorschlags enthaltene Freistellungspflicht ist kostenrechtlich gegenstandsverschieden: 1,0-Gebühr Nr. 21200 KV GNotKG aus einem Teilwert von 10 % bis 20 % des Nennbetrags der Grundschuld, wobei § 94 Abs. 1 GNotKG zu beachten ist.

3. Entwurf oder Beurkundung eines Abtretungsvertrags. Kommt praktisch kaum 86 vor: 2,0-Gebühr Nr. 21100 KV GNotKG.

4. Umschreibung der Vollstreckungsklausel auf den Neugläubiger. 0,5-Gebühr 87 Nr. 23803 KV GNotKG.

IV. Umschreibung der Vollstreckungsklausel

Zuständig ist der Notar, der die Grundschuldbestellungsurkunde verwahrt (§ 797 Abs. 2 88 S. 1 ZPO), also der Notar, bei dem oder bei dessen Amtsvorgänger die Grundschuldbe-

---

[109] Und *Gaberdiel/Gladenbeck* Rn. 447.

stellungsurkunde errichtet wurde (§ 48 BeurkG, §§ 45, 51 Abs. 1 BNotO), auch wenn ein anderer Notar die Abtretung beglaubigt oder beurkundet hat. Nach §§ 795, 727 Abs. 1 ZPO muss die Abtretung an den Neugläubiger durch öffentliche oder öffentlich beglaubigte Urkunden **nachgewiesen** sein.[110] Bei Gesamtrechtsnachfolgen gilt dasselbe, wobei neben Registerauszügen und Einsichten auch Notarbescheinigungen nach § 21 BNotO in Betracht kommen. Die Sicht des BGH[111] ist insofern zu eng und teilweise missverständlich.[112]

89   Enthält die Grundschuldbestellungsurkunde eine dingliche Zwangsvollstreckungsunterwerfung wegen der Grundschuld **und** eine persönliche Zwangsvollstreckungsunterwerfung wegen des abstrakten Schuldversprechens (zu beiden → Rn. 25 ff.), so muss bei der Umschreibung geprüft werden, ob nur die Abtretung der Grundschuld gemäß § 727 Abs. 1 ZPO nachgewiesen ist oder auch die Abtretung des Anspruchs aus dem Schuldversprechen (wie in dem Formulierungsvorschlag → Rn. 70). Nur soweit der Nachweis geführt ist, kann die Vollstreckungsklausel umgeschrieben werden. Dies kann bei einer persönlichen Zwangsvollstreckungsunterwerfung gegenüber dem „jeweiligen Grundschuldgläubiger" zu Problemen führen (→ Rn. 27).

90   **1. Umschreibung der dinglichen Vollstreckungsklausel bei der Buchgrundschuld.** Als Nachweis des Übergangs des dinglichen Grundschuldanspruchs genügt die Eintragung der Abtretung im Grundbuch. Dies gilt mE trotz § 1159 BGB auch für die abgetretenen rückständigen Grundschuldzinsen. Im Klauselerteilungsverfahren bedarf es regelmäßig des Nachweises des Eintritts in den Sicherungsvertrag durch den Neugläubiger nach wie vor nicht.[113] Dieser Aspekt müsste vom Schuldner im Rahmen einer Klauselgegenklage nach § 768 ZPO geltend gemacht werden.[114] Hier kann die behauptete Vollstreckungsbedingung (Eintritt des Zessionars in den Sicherungsvertrag) auch mit anderen Mitteln nachgewiesen werden und muss nicht in der Urkunde selbst zum Ausdruck kommen. Von einer Novellierung der Rechtsbehelfe kann daher keine Rede sein.[115]

91   **2. Umschreibung der dinglichen Vollstreckungsklausel bei der Briefgrundschuld. Entweder** aufgrund Eintragung der Abtretung im Grundbuch (wie in → Rn. 90) **oder** aufgrund der Vorlage der Urschrift einer notariell beglaubigten oder der Ausfertigung einer notariell beurkundeten Abtretungserklärung des Altgläubigers (beglaubigte Abschrift genügt nicht); Nachweis des Zugangs und der Annahme ist dagegen entbehrlich.[116] Umstritten ist, ob der Brief vorgelegt werden muss.[117]

92   **3. Umschreibung der persönlichen Vollstreckungsklausel.** Aufgrund der Vorlage der Urschrift einer notariell beglaubigten oder der Ausfertigung einer notariell beurkundeten Abtretungserklärung des Altgläubigers (→ Rn. 80), in welcher der Anspruch aus dem abstrakten Schuldversprechen mit abgetreten ist (→ Rn. 70). Ein Schuldner, der sich in einer notariellen Urkunde der sofortigen Zwangsvollstreckung in sein gesamtes Vermögen unterworfen hat, kann sich im Klauselerinnerungsverfahren nicht darauf berufen, die Unterwerfungserklärung sei wegen Verstoßen gegen § 307 Abs. 1 BGB unwirksam (zur materiell-rechtlichen Wirksamkeit → Rn. 50 ff.).[118]

---

[110] Praktische Anleitung bei *Soutier* MittBayNot 2011, 181; MittBayNot 2011, 275; MittBayNot 2011, 366.
[111] DNotZ 2013, 190.
[112] Zutr. *Wolfsteiner* DNotZ 2013, 193 (197).
[113] BGH DNotZ 2011, 751 mAnm *Everts* DNotZ 2011, 724.
[114] Vgl. den Fall BGH NJW 2012, 2354.
[115] AA offenbar *Schmidt-Räntsch* ZNotP 2012, 362 (364).
[116] BGH NJW 1976, 567.
[117] Vgl. *Wolfsteiner* Rn. 46.83.
[118] BGH DNotZ 2009, 935, stRspr.

Abtretung der Grundschuld „mit allen Nebenrechten" genügt nicht.[119] Die Praxis be-   93
gnügt sich damit, dass eine solche Abtretungserklärung in den Grundakten liegt und eine
Rück- oder Weiterabtretung nicht ersichtlich ist.

Formulierungsbeispiel: Klauselumschreibung   94

Die Grundschuld mit den Grundschuldzinsen seit *** ist abgetreten an ***. Die Abtre-   ☋
tung ist im Grundbuch eingetragen. [*ggf.:* Mit abgetreten sind alle Ansprüche aus dem
abstrakten Schuldversprechen, was aus der Urschrift der vorliegenden [*Alt.:* in den
Grundakten befindlichen] Abtretungserklärung hervorgeht.] Die vorstehende Vollstreckungsklausel vom *** wird aufgehoben und diese mit der Urschrift übereinstimmende
Ausfertigung nunmehr der *** zum Zwecke der Zwangsvollstreckung [*ggf.:* im vorstehend aufgeführten Umfang] erteilt.

Ist der Übergang der persönlichen Ansprüche nicht nachgewiesen, so entfallen die Pas-   95
sagen in der ersten Klammer. Statt des Textes in der zweiten Klammer ist dann einzufügen: „wegen der Grundschuld und der Grundschuldzinsen seit ***".

Wenn dem Notar die **Abtretungserklärung** in der in → Rn. 92 aufgeführten Form   96
vorliegt, empfiehlt es sich, eine beglaubigte Abschrift davon der umgeschriebenen vollstreckbaren Ausfertigung **beizuheften,** um deren in § 750 Abs. 2 ZPO vorgeschriebene
Zustellung zu erleichtern. Dies dient dem Gläubiger und sollte ihn motivieren, die Abtretungserklärung dem Notar in der nach → Rn. 92 erforderlichen Form vorzulegen. Entsprechendes gilt für die Nachweise der Gesamtrechtsnachfolge.[120]

H. Die Eigentümerbriefgrundschuld (§ 1196 BGB) und ihre Abtretung

I. Allgemeines

Die Eigentümerbriefgrundschuld hat neben den Vor- und Nachteilen jeder Briefgrund-   97
schuld (dazu → Rn. 14 ff.)
– **den Vorteil,** dass sich zu keiner Zeit aus dem Grundbuch ein Hinweis darauf zu ergeben braucht, welche Bankverbindung besteht,
– den **Nachteil,** dass die Grundschuld ohne Abtretung nicht als Sicherheit verwendbar
  ist.
Formulierungsvorschläge für eine Eigentümerbriefgrundschuld finden sich in nahezu allen   98
Formularbüchern. Der **Notar** sollte vor allem **auf Folgendes achten:**

Bei mehreren Eigentümern muss nach § 47 GBO das Anteils- oder **Gemeinschafts-**   99
verhältnis angegeben werden. Bestellen Bruchteilseigentümer die Grundschuld für sich,
so ist diese teils Eigentümergrundschuld, teils Fremdgrundschuld. Eine Gläubigerschaft
nach Bruchteilen ist hierbei zwar zulässig, aber nicht empfehlenswert, weil dies die mit
der Doppelnatur einer solchen Grundschuld verbundenen Komplikationen verstärkt, insbesondere im Zusammenhang mit dem gesetzlichen Löschungsanspruch. Möglicherweise
lassen diese sich durch Mitgläubigerschaft nach § 432 BGB oder Gesamtgläubigerschaft
nach § 428 BGB vermeiden.[121]

Da die Grundschuld künftig den Zweck hat, einen Anspruch zu sichern, sollte die Fäl-   100
ligkeit des Grundschuldkapitals von einer Kündigung gemäß § 1193 BGB abhängig gemacht werden (dazu → Rn. 5, 11). Wenn die Grundschuld an Kreditinstitute abgetreten
werden soll, empfiehlt es sich, den **Zins** gemäß deren Gepflogenheiten auszugestalten
(→ Rn. 6, 9). Der Zinsbeginn kann schon vor der Eintragung der Grundschuld liegen.[122]

---

[119] LG München II MittBayNot 1979, 126.
[120] Vgl. BGH DNotZ 2013, 190 und → Rn. 88.
[121] Vgl. *Schöner/Stöber* GrundbuchR Rn. 2355.
[122] BGH DNotZ 1975, 617; BayObLG DNotZ 1976, 494; DNotZ 1978, 550.

Trotz § 1197 Abs. 2 BGB können auch Zinsen für die Zeit vor der Abtretung abgetreten werden.[123]

101   Werden mehrere Grundschulden bestellt, so kann der **gesetzliche Löschungsanspruch** der nachrangigen und gleichrangigen Grundschuldgläubiger (§§ 1179a, §§ 1179b BGB) die Grundschuld als Sicherheit entwerten. Die Eigentümergrundschuld ist nach § 1196 Abs. 3 BGB davon bedroht, sobald ein Abtretungsempfänger sie an den Eigentümer zurückübertragen hat.[124] Ob dies geschehen ist, kann die Bank, der eine solche Grundschuld als Sicherheit angeboten wird, meist nicht zuverlässig feststellen (→ Rn. 19).

102   Der gesetzliche Löschungsanspruch kann gemäß § 1179a Abs. 5 BGB **ausgeschlossen** werden. Dies sollte nicht nur bei Bestellung einer Eigentümergrundschuld erwogen werden, sondern
    – bei Bestellung jeder Briefgrundschuld wegen § 1179b BGB,
    – bei Bestellung jeder Buchgrundschuld, wenn dieser eine Eigentümerbriefgrundschuld oder eine andere Briefgrundschuld im Range vorgeht.

103   **Formulierungsbeispiel: Ausschluss Löschungsanspruch**

⚓ Als Inhalt der bestellten Grundschuld wird vereinbart, dass der gesetzliche Löschungsanspruch bezüglich der bestellten Grundschuld selbst [*ggf.:* und bezüglich der vorrangigen und gleichrangigen Grundpfandrechte] ausgeschlossen ist.

104   Trotz § 1197 Abs. 1 BGB ist die **dingliche Zwangsvollstreckungsunterwerfung** (→ Rn. 25) auch bei einer Eigentümergrundschuld schon vor ihrer Abtretung zulässig. Wirkungen entfaltet sie allerdings erst, wenn die Grundschuld abgetreten ist (dazu → Rn. 107) oder das Eigentum am belasteten Grundstück gewechselt hat.

105   Ein in die Bestellungsurkunde aufgenommenes abstraktes Schuldversprechen mit **persönlicher Zwangsvollstreckungsunterwerfung** ist auszulegen als Angebot an den künftigen Abtretungsempfänger der Grundschuld zu einem Vertrag nach § 780 BGB, das dieser stillschweigend annehmen kann.[125] Eine solche persönliche Zwangsvollstreckungsunterwerfung ist aber allenfalls gegenüber dem **ersten** Abtretungsempfänger wirksam und kostenrechtlich gegenstandsgleich.[126] Ob der jeweilige Abtretungsempfänger der erste ist, lässt sich indessen kaum nachweisen.[127] Deshalb ist es besser, die persönliche Zwangsvollstreckungsunterwerfung (wenn gewünscht) in die jeweilige (dann zu beurkundende) Abtretungsurkunde aufzunehmen.[128] Wenn der Notar die Abtretungsurkunde ohnehin entwerfen muss, entstehen dadurch keine Mehrkosten (→ Rn. 83 ff.).

106   Wenn die Grundschuld schon bei ihrer Bestellung abgetreten wird, der **Abtretungsempfänger** aber **nicht** aus den Grundakten **erkennbar** werden soll, kann dieser gesichert werden, indem der Notar den Grundschuldbrief für ihn nach § 60 Abs. 2 GBO, § 1117 Abs. 2 BGB entgegennimmt.[129] Fehlt es an einem entsprechenden Sicherungs- oder Geheimhaltungsinteresse, so kann es bei der Regel des § 60 Abs. 1 GBO oder einer unmittelbaren Übersendung an den Abtretungsempfänger nach § 60 Abs. 2 GBO, § 1117 Abs. 2 BGB bleiben.

---

[123] BayObLG DNotZ 1988, 116; OLG Celle DNotZ 1989, 678; OLG Düsseldorf DNotZ 1990, 747; offen gelassen von BGH NJW 1986, 314.
[124] BGH DNotZ 1987, 510; OLG Braunschweig DNotZ 1987, 515 jeweils mAnm *Schelter.*
[125] BGH DNotZ 1976, 364.
[126] DNotI-Report 1998, 189.
[127] *Reithmann* DNotZ 1982, 86.
[128] *Reithmann* DNotZ 1982, 86.
[129] Dazu *Schöner/Stöber* GrundbuchR Rn. 2022 ff.

II. Die Abtretung der Eigentümerbriefgrundschuld

Das in → Rn. 70 enthaltene **Formulierungsbeispiel** ist auch hierfür geeignet. 107
Enthält die Grundschuldbestellungsurkunde ein abstraktes Schuldversprechen mit persönlicher Zwangsvollstreckungsunterwerfung, so entsteht der Anspruch daraus unmittelbar in der Person des
Abtretungsempfängers, braucht also nicht mit abgetreten zu werden.[130] Wenn in der Grundschuldbestellungsurkunde kein **abstraktes Schuldversprechen** mit Zwangsvollstreckungsunterwerfung enthalten ist, der Abtretungsempfänger ein solches aber wünscht, so kann
dieses in die dann zu beurkundende (§ 794 Abs. 1 Nr. 5 ZPO) Abtretungserklärung aufgenommen werden; eine vollstreckbare Ausfertigung hierüber erteilt dann der Notar, der die
Abtretungsurkunde errichtet hat (§ 797 Abs. 2 S. 1 ZPO, § 25 Abs. 1 BNotO, § 48
BeurkG).

> **Praxishinweis:**
> Zu warnen ist vor einer Abtretung der Grundschuld „mit Zinsen ab dem Tag der Eintra-
> gung", weil dabei unklar bleibt, ob die Eintragung der Grundschuld oder die Eintragung
> der Abtretung gemeint ist.

III. Die Eigentümerbriefgrundschuld bei Eigentumswechsel durch Sonderrechtsnachfolge

Das BGB kennt keine „Eigentümergrundschuld" in dem Sinne, dass diese dem **jeweili-** 108
gen Grundstückseigentümer zustünde, also mit dem Eigentum untrennbar verbunden
wäre.

1. Grundschuld steht noch dem Eigentümer zu. Wenn das belastete Grundstück ver- 109
äußert wird und der **Veräußerer Gläubiger** der Grundschuld ist (also nicht bloßer
Buchberechtigter, der die Grundschuld außerhalb des Grundbuchs abgetreten hat), bleibt
die Eigentümergrundschuld auch nach Übergang des Eigentums beim Veräußerer. Mit
Eigentumswechsel wird sie Fremdgrundschuld. Der Erwerber kann diese nicht zur Kreditsicherung verwenden und ist dem Risiko ausgesetzt, dass der Veräußerer aus der
Grundschuld vollstreckt oder diese an einen Dritten abtritt, vererbt oder durch Zwangsmaßnahmen verliert. Daher sollte im Veräußerungsvertrag die dem Veräußerer zustehende
(also nicht valutierte) **Grundschuld** mit Wirkung ab Eigentumswechsel an den Erwerber
abgetreten und diese Abtretung im Grundbuch eingetragen werden, um den Charakter
als Eigentümergrundschuld im Grundbuch zu dokumentieren.

Dies gilt grundsätzlich bei Übergabeverträgen und **Kaufverträgen.** Für einen Verkäu- 110
fer ist es gefährlich, wenn er die Grundschuld schon dem Käufer abtritt, bevor dieser seine Pflichten aus dem Kaufvertrag erfüllt hat. Er sollte daher nur mit Wirkung ab Kaufpreiszahlung oder Eigentumsübergang abtreten. Diese Abtretung sollte aber bereits in den
Kaufvertrag aufgenommen werden und der Brief beim Notar verwahrt werden, um den
Käufer vor vertragswidriger Verwendung der Grundschuld zu schützen.

Das in → § 1 Rn. 737 ff. dargestellte Verfahren, mittels einer vorhandenen Grundschuld 111
den **Kaufpreis zu finanzieren,** kann bei einer Eigentümergrundschuld nur als sicher
gelten, wenn die Eigentümergrundschuld (ohne Zwischenerwerb des Käufers) unmittelbar
vom Verkäufer an die Finanzierungsbank abgetreten wird und der Sicherungsvertrag mit
dieser gemäß → § 1 Rn. 738 gestaltet wird.

2. Grundschuld bereits abgetreten. Ist die Grundschuld valutiert und **vom Veräuße-** 112
rer außerhalb des Grundbuchs **abgetreten,** so ist sie **Fremdgrundschuld** und bei jeder

---

[130] BGH NJW 1991, 228.

Veräußerung wie eine solche zu behandeln, also entweder vom Veräußerer zu löschen oder vom Erwerber mit der gesicherten Verbindlichkeit wie bei einer Schuldübernahme oder ohne die gesicherte Verbindlichkeit nach → § 1 Rn. 725 ff. bzw. → § 1 Rn. 737 ff. zu übernehmen.

I. Das belastete Objekt

I. Gesamtgrundschuld

113 Nach älterer Rechtsprechung entsteht eine Gesamtgrundschuld an mehreren Grundstücken oder Miteigentumsanteilen (§ 1132 BGB) erst mit ihrer Eintragung an **allen** Pfandobjekten.[131] Die Belastung eines in Miteigentum stehenden Grundstücks durch alle Miteigentümer mit einer Grundschuld führt nicht zum Entstehen einer Einzelgrundschuld am Gesamtgrundstück. Es entsteht vielmehr eine Gesamtgrundschuld an allen Miteigentumsanteilen, mit der Folge, dass auch eine „Freigabe" von Miteigentumsanteilen möglich ist.[132]

114 Manchmal kann die Grundschuld nicht an allen Pfandobjekten gleichzeitig eingetragen werden, zB weil noch nicht alle im Eigentum des Bestellers stehen oder noch nicht alle vermessen sind (vgl. §§ 7 Abs. 1, 2 Abs. 3 GBO). Um die Grundschuld unabhängig davon möglichst früh als Sicherheit entstehen zu lassen, hat sich folgende Formulierung eingebürgert:

115   **Formulierungsbeispiel: Teilvollzug bei Gesamtgrundschuld**

Wenn die Grundschuld zunächst nicht an allen Pfandobjekten eingetragen werden kann, soll sie bereits mit der Eintragung an einem Pfandobjekt als Einzelgrundschuld entstehen. Wird sie an mehreren, aber nicht an allen Pfandobjekten gleichzeitig eingetragen, so soll sie als Gesamtgrundschuld jeweils insoweit entstehen, als sie eingetragen wurde.

II. Nachträgliche Mitbelastung

116 Soll ein weiteres Pfandobjekt mitbelastet werden, nachdem die Grundschuld schon bestellt ist, so bieten sich folgende Möglichkeiten:
– Der nachträglich mitzubelastende Grundbesitz wird dem schon belasteten Grundstück als **Bestandteil** zugeschrieben (§§ 890 Abs. 2, 1131 BGB); zu den grundbuchrechtlichen Voraussetzungen s. §§ 6, 5 Abs. 2 GBO. Die Bestandteilszuschreibung bewirkt, dass sich die Grundschuld einschließlich der dinglichen Zwangsvollstreckungsunterwerfung auf den zugeschriebenen Grundbesitz erstreckt.[133] War die Grundschuld am bisherigen Pfandbesitz vor dem 20. 8. 2008 bestellt und eine frühere Fälligkeit des Grundschuldkapitals festgelegt als § 1193 BGB erlaubt (→ Rn. 5), zB sofortige Fälligkeit, so gilt die bisherige Fälligkeit auch für den zugeschriebenen Grundbesitz, denn seine Einbeziehung in die Mithaft erfolgt bei der Bestandteilszuschreibung kraft Gesetzes (§ 1131 BGB). Dies wird besonders daran deutlich, dass sich auch die dingliche Zwangsvollstreckungsunterwerfung ohne weitere Erklärung kraft Gesetzes auf den zugeschriebenen Grundbesitz erstreckt. Die kündigungsabhängige Fälligkeit gemäß § 1193 BGB ist dagegen nach dem 19. 8. 2008 nur dann zwingend vorgeschrieben, wenn eine Grundschuld rechtsgeschäftlich bestellt wird (Art. 229 § 18 Abs. 3 EGBGB).
– Die Grundschuld wird **rechtsgeschäftlich** auf den weiteren Grundbesitz **erstreckt** (§ 873 Abs. 1 BGB) und insoweit erneut die dingliche Zwangsvollstreckungsunterwer-

---

[131] OLG München DNotZ 1966, 371; OLG Düsseldorf DNotZ 1973, 613; vgl. aber BGH DNotZ 1975, 152.
[132] BGH DNotZ 2010, 841.
[133] IE *Schöner/Stöber* GrundbuchR Rn. 652.

fung beurkundet.[134] Auf diese Weise kann der weitere Grundbesitz nach dem 19.8. 2008 in die Mithaft nur einbezogen werden, indem jedenfalls bezüglich dieses Grundbesitzes die Fälligkeit des Grundschuldkapitals gemäß § 1193 BGB festgelegt wird (dazu → Rn. 5).[135] Wurde die ursprüngliche Grundschuld vor dem 20.8.2008 mit kündigungsunabhängiger Fälligkeit des Grundschuldkapitals bestellt, so ist auch nach der Mitbelastung eine unterschiedliche Fälligkeit des Grundschuldkapitals am ursprünglichen Pfandbesitz und am nachträglich mitbelasteten Pfandbesitz zulässig.[136]

Die Bestandteilszuschreibung ist unkomplizierter und meist billiger, hat aber den Nachteil, dass **ein** Grundstück im Rechtssinne entsteht, welches grundsätzlich nur einheitlich und in gleicher Rangfolge belastet werden kann (vgl. §§ 7, 6 GBO). 117

Die Ausdehnung der Grundschuld gemäß der zweiten Alternative ist meist teurer und bei einer Briefgrundschuld nur problemfrei, wenn der wahre Gläubiger im Grundbuch eingetragen ist/wird.[137] Zur dinglichen Zwangsvollstreckungsunterwerfung sollten sicherheitshalber die Zins- und Nebenleistungsbestimmungen in die Mitbelastungsurkunde (nach § 13a BeurkG unter Beifügung der ursprünglichen Bestellungsurkunde) aufgenommen werden.[138] 118

Eine **neue** selbständige **Grundschuld** an dem weiteren Pfandobjekt ist häufig die einfachere Lösung, jedoch ungeeignet, falls die Bank ein einheitliches Aufgebot aller Pfandgrundstücke in der Zwangsversteigerung sicherstellen will.[139] 119

III. Löschung, Freigabe und Freigabeversprechen

1. Löschung. Bei der **Löschung** wird die Grundschuld an allen Pfandobjekten aufgehoben,[140] und zwar materiell-rechtlich durch Aufgabeerklärung des Gläubigers (§ 875 Abs. 1 BGB), Zustimmung des Eigentümers (§ 1183 BGB) und Löschung im Grundbuch (§ 875 Abs. 1 BGB, § 46 GBO); verfahrensrechtlich erfordert letztere schriftlichen Antrag (§ 13 GBO), Bewilligung des Gläubigers (§ 19 GBO), Zustimmung des Eigentümers (§ 27 GBO), und zwar Bewilligung und Zustimmung in der Form des § 29 GBO, wobei eine Nacherbenzustimmung nicht nötig ist.[141] 120

2. Freigabe. Von **Freigabe** oder **Pfandfreigabe** spricht die Praxis, wenn der Gläubiger nach § 1175 Abs. 1 S. 2 BGB auf die Grundschuld an einem Teil des/der Pfandobjekts/e verzichtet, zB an einer verkauften Fläche. Hierzu ist keine Zustimmung des Eigentümers erforderlich. Zur Eintragung des Verzichts nach § 22 Abs. 1 GBO muss die Freigabe der Formvorschrift des § 29 GBO genügen und ein schriftlicher Antrag (§ 13 GBO) gestellt werden.[142] 121

3. Freigabe-/Löschungsversprechen. Durch **Freigabeversprechen** oder **Löschungsversprechen** verpflichtet sich der Gläubiger **schuldrechtlich,** (meist gegen Zahlung eines Geldbetrags) einen Teil des Pfandgrundbesitzes freizugeben oder die Grundschuld löschen zu lassen. Hierbei kann der Versprechensempfänger durch Vormerkung (§ 883 Abs. 1 BGB) dagegen gesichert werden, dass die Erfüllung des Freigabeversprechens an einem Verlust der Rechtszuständigkeit oder Verfügungsmacht des Grundschuldgläubigers 122

---

[134] IE *Schöner/Stöber* GrundbuchR Rn. 2646 ff.

[135] Vgl. BGH DNotZ 1981, 385; *Schöner/Stöber* GrundbuchR Rn. 2648.

[136] BGH MittBayNot 2011, 60 mAnm *Waldner.*

[137] Vgl. *Schöner/Stöber* GrundbuchR Rn. 2649.

[138] Vgl. *Schöner/Stöber* GrundbuchR Rn. 2652.

[139] Vgl. *Gaberdiel/Gladenbeck* Rn. 387.

[140] Zur ausreichenden Bezeichnung bei Gesamthaft vgl. OLG Nürnberg DNotZ 2012, 780.

[141] OLG Hamm DNotZ 2012, 850; zum Löschungsverfahren allgemein *Schöner/Stöber* GrundbuchR Rn. 2747 ff.; bei Verzicht des Gläubigers *Schöner/Stöber* GrundbuchR Rn. 2704 ff.; bei Quittung *Schöner/Stöber* GrundbuchR Rn. 2725 ff.

[142] *Schöner/Stöber* GrundbuchR Rn. 2716 f.

scheitert.[143] Bei Bankgrundschulden hält die Praxis eine solche Sicherung für entbehrlich. Bei Grundschulden zugunsten Privater ist sie dagegen empfehlenswert (dazu → § 1 Rn. 210). Besondere Bedeutung hat das Freigabeversprechen beim Kauf vom Bauträger (→ § 2).

IV. Erbbaurecht

123 Bei einer Grundschuld am Erbbaurecht sind folgende Besonderheiten zu beachten:

124 **1. Eigentümerzustimmung.** In der Regel ist als Inhalt des Erbbaurechts nach § 5 Erb- bauRG vereinbart, dass eine Veräußerung des Erbbaurechts oder eine Belastung mit Grundpfandrechten der **Zustimmung des Eigentümers** bedarf. Solange diese nicht in notariell beglaubigter Form vorliegt, trägt das Grundbuchamt die Grundschuld nicht ein. Die Zustimmung zur Veräußerung des Erbbaurechts umfasst nicht die Zustimmung zur Belastung, auch dann nicht, wenn der Veräußerungsvertrag die Belastung des Erbbau- rechts mit Finanzierungsgrundschulden vorsieht. Die Zustimmungspflicht zur Belastung hängt nach § 7 Abs. 2 ErbbauRG von anderen Voraussetzungen ab als die Zustimmungs- pflicht zur Veräußerung.[144] Eine Veräußerung, welcher der Eigentümer zugestimmt hat, kann undurchführbar werden, falls dazu eine Finanzierungsgrundschuld erforderlich ist und der Eigentümer die Zustimmung zur Belastung verweigern kann oder die für die Finanzierungsgrundschuld geforderte Rangstelle unerreichbar ist. Der Notar muss bei Ab- schluss des Veräußerungsvertrags darauf hinweisen und Möglichkeiten aufzeigen, wie die- ses Problem vermieden werden kann.[145]

125 **2. Zwangsversteigerung.** Der Zuschlag in der Zwangsversteigerung ist ebenfalls eine zustimmungspflichtige Veräußerung.[146] In der Zustimmung zur Bestellung der Grund- schuld liegt noch nicht die **Zustimmung zum Zuschlag** in der Zwangsversteigerung, auch dann nicht, wenn aus derselben Grundschuld vollstreckt wird.[147]

126 **3. Rangfragen.** Zum **Rangverhältnis** zwischen Erbbauzins und Grundschuld → § 4 Rn. 136 ff.

J. Zustimmung Dritter zur Grundschuldbestellung

I. Betreuungsgericht, Familiengericht

127 Wenn der Eigentümer bei der Grundschuldbestellung durch seine Eltern, einen Vormund, Pfleger oder Betreuer vertreten wird, hängt die Entstehung der Grundschuld von der Ge- nehmigung des Familien- oder Betreuungsgerichts ab (§§ 1643 Abs. 1, 1821 Abs. 1 Nr. 1, 1915 Abs. 1, 1908i BGB). In der Praxis wird diese nachträglich erteilt und daher **erst wirksam,** wenn sie der Bank durch die Eltern (Vormund, Pfleger, Betreuer) mitgeteilt ist (§ 1829 Abs. 1 BGB). Auf die **Mitteilung** kann nicht verzichtet werden. Alle Vereinba- rungen über eine andere Art des Wirksamwerdens sind unwirksam.[148] Vereinfacht wird das Verfahren, wenn der beurkundende **Notar** zur Mitteilung und (von der Bank) zur Entgegennahme bevollmächtigt wird; der Notar kann die Ausübung der Vollmacht in ei- ner sog. Eigenurkunde dokumentieren.[149]

---

[143] *Schöner* DNotZ 1974, 342.
[144] Vgl. *v. Oefele/Winkler/Schlögel* ErbbauR-HdB Rn. 4.233 ff.
[145] BGH DNotZ 2005, 847.
[146] BGH DNotZ 1961, 31.
[147] KG DNotZ 1984, 384; OLG Hamm DNotZ 1987, 41; zur Lösung des Problems BGH NJW 1987, 1942; *Kappelhoff* Rpfleger 1985, 281; *v. Oefele/Winkler/Schlögel* ErbbauR-HdB Rn. 4.282.
[148] *Schöner/Stöber* GrundbuchR Rn. 3738.
[149] BayObLG DNotZ 1983, 369; *Schöner/Stöber* GrundbuchR Rn. 3740.

Dem **Grundbuchamt** muss nur die Erteilung, nicht die Mitteilung der Genehmigung 128
nachgewiesen werden. Zur Eintragung benötigt es nämlich nur eine Bewilligung des Eigentümers (§ 19 GBO), für die § 1829 BGB nicht gilt.[150]

Damit die Grundschuld **materiell-rechtlich** gemäß § 873 Abs. 1 BGB **entsteht,** muss 129
die Genehmigung des Familien- oder Betreuungsgerichts der Bank aber tatsächlich mitgeteilt werden. Eine bloße Vollmacht des Notars genügt nicht, wenn die Mitteilung nicht
tatsächlich der Bank zugeht.[151] Hierzu reicht es aus, die Genehmigung der für die Bank
bestimmten Ausfertigung der Grundschuldurkunde beizuheften.

II. Nacherbe

Wenn der Vorerbe die Grundschuld bestellt, muss das **Grundbuchamt** diese eintragen, 130
auch wenn ein Nacherbenvermerk im Grundbuch eingetragen ist.[152]

Mit Eintritt des Nacherbfalls ist die vom Vorerben bestellte Grundschuld aber dem 131
Nacherben gegenüber grundsätzlich **unwirksam** (§ 2113 Abs. 1 BGB). Deshalb darf
schon vor dem Nacherbfall auf einen Versteigerungsantrag des Grundschuldgläubigers hin
kein Zuschlag erteilt werden, wenn nicht die Zustimmung des Nacherben oder ein Duldungstitel gegen ihn vorliegt.[153] Ist der Vorerbe **befreit** (§ 2136 BGB), so ist die Grundschuld dem Nacherben gegenüber nur unwirksam, wenn sie unentgeltlich bestellt wurde
(§ 2113 Abs. 2 BGB), dh wenn dafür keine gleichwertige Leistung in den Nachlass oder
an den Vorerben selbst geflossen ist[154] und der Vorerbe dies erkennen musste.[155]

Kaum eine Bank wird die damit verbundenen Unsicherheiten in Kauf nehmen.[156] 132
Praktisch wird daher meist die **Zustimmung** aller **Nacherben** in der Form des § 29
GBO verlangt, um im Grundbuch eintragen zu können, dass die Grundschuld diesen gegenüber wirksam ist.[157] Die Zustimmung etwaiger Ersatznacherben ist nicht erforderlich.[158]

III. Testamentsvollstrecker

Hat der Erblasser Testamentsvollstreckung angeordnet, so kann – sofern die Rechte des 133
Testamentsvollstreckers nicht entsprechend eingeschränkt sind – nur der Testamentsvoll-
strecker eine Grundschuld am Nachlassgrundbesitz bestellen (§§ 2205, 2211 BGB). Der
Testamentsvollstrecker ist allerdings zu **unentgeltlichen** Verfügungen grundsätzlich nicht
befugt (§ 2205 S. 3 BGB). Es gelten die in → Rn. 131 dargelegten Grundsätze mit der
Erschwernis, dass die Entgeltlichkeit dem Grundbuchamt dargetan werden muss.[159]

IV. Ehegatte

Wenn der Eigentümer im **gesetzlichen Güterstand** lebt, braucht er zur Bestellung einer 134
Grundschuld, aber nicht zur Zwangsvollstreckungsunterwerfung,[160] nach § 1365 BGB die
Zustimmung seines Ehegatten, wenn

---

[150] *Schöner/Stöber* GrundbuchR Rn. 3749.
[151] Vgl. *Rastätter* BWNotZ 1990, 65.
[152] OLG Frankfurt a.M. DNotZ 2012, 150; BayObLG Rpfleger 1980, 64; *Gaberdiel/Gladenbeck* Rn. 195,
199.
[153] Stöber/*Keller* ZVG § 15 Rn. 263 ff.
[154] Vgl. *Schöner/Stöber* GrundbuchR Rn. 3480.
[155] BGH NJW 1984, 366.
[156] Vgl. *Gaberdiel/Gladenbeck* Rn. 196 ff.
[157] Vgl. *Schöner/Stöber* GrundbuchR Rn. 3490.
[158] *Schöner/Stöber* GrundbuchR Rn. 3478. Zur Vertretung der Nacherben bei der Zustimmung durch den
Vorerben OLG Hamm DNotZ 2003, 635 einerseits und *Schöner/Stöber* GrundbuchR Rn. 3484 andererseits.
[159] Palandt/*Weidlich* BGB § 2205 Rn. 31.
[160] BGH DNotZ 2008, 937.

– der belastete Grundbesitz das nahezu ganze Vermögen darstellt (dazu → § 12 Rn. 74),
– die Grundschuld unter Berücksichtigung der schon eingetragenen Vorlasten den Verkehrswert des belasteten Grundbesitzes (nahezu) erschöpft[161] und
– die Bank die Verhältnisse kennt, aus denen sich dies ergibt.[162]

Da sich eine kreditgebende Bank die Kenntnis der Verhältnisse in der Regel verschafft, wird sie auf die Zustimmung des Ehegatten nach § 1365 BGB vielfach nicht verzichten können.[163] Dies gilt neuerdings umso mehr, als der BGH die Grundschuldzinsen bei der Berechnung der Gesamtvermögensbelastung mit einbezieht,[164] zumal angesichts des hohen Grundschuldzinsniveaus der Bankenpraxis.[165]

V. Umlegung/Sanierung

135 Ab Bekanntmachung des **Umlegungsbeschlusses** (§ 50 BauGB) kann eine Grundschuld wirksam nur noch mit schriftlicher Genehmigung der Umlegungsstelle (= in der Regel Gemeinde nach § 48 BauGB) entstehen (§ 51 Abs. 1 S. 1 BauGB). Die Verfügungsbeschränkung tritt also unabhängig von ihrer Eintragung im Grundbuch (§ 54 Abs. 1 BauGB) und unabhängig von der Benachrichtigung des Grundbuchamts ein. Sie kann nicht durch guten Glauben überwunden werden.[166] Das Grundbuchamt hat sie zu beachten, wenn sie ihm bekannt ist (§§ 54 Abs. 2 S. 2, 22 Abs. 6 BauGB). Nach § 51 Abs. 3 BauGB darf die Genehmigung nur versagt werden, wenn Grund zu der Annahme besteht, dass die Grundschuld die Durchführung der Umlegung wesentlich erschweren würde.

136 Ab Bekanntmachung einer **Sanierungssatzung** (§ 143 BauGB) gelten die vorstehenden Ausführungen für die Bestellung einer Grundschuld sinngemäß (§§ 144 Abs. 2 Nr. 2, 145 Abs. 2 BauGB). Das Grundbuchamt benötigt zur Eintragung der Grundschuld einen Genehmigungsbescheid oder ein Negativzeugnis, wonach eine Genehmigung gemäß § 144 Abs. 2 Nr. 2 Hs. 2 BauGB nicht erforderlich ist, da das Grundbuchamt Letzteres nicht selbst feststellen kann (§§ 145 Abs. 6, 22 Abs. 6 BauGB).

VI. Sonstiges

137 Das Grundbuchamt darf die Eintragung einer Grundschuld nicht von einem grundbuchmäßigen Nachweis der Zustimmung der Depotbank gemäß § 26 Abs. 1 Nr. 3, Abs. 2 S. 1 InvG abhängig machen.[167] Zur Zustimmung des Eigentümers bei der Belastung eines Erbbaurechts mit einer Grundschuld → Rn. 124 ff.

K. Rangvorbehalt

I. Begründung (§ 881 BGB)

138 **Formulierungsbeispiel: Rangvorbehalt**

Der Eigentümer (1) behält sich das Recht vor, im Range vor der vorstehend bestellten Grundschuld (2) Grundpfandrechte (3) bis zu insgesamt 100.000 EUR mit Zinsen und sonstigen Nebenleistungen (4) bis zu 18 % jährlich ab heute (5) am belasteten Grundbesitz eintragen zu lassen. Der Rangvorbehalt kann mehrfach ausgenützt werden. (6) Der Eigentümer bewilligt und beantragt, ihn im Grundbuch einzutragen.

---

[161] Dazu BGH NJW 1991, 1793.
[162] Vgl. *Schöner/Stöber* GrundbuchR Rn. 3360.
[163] Vgl. *Gaberdiel/Gladenbeck* Rn. 179.
[164] NJW 2011, 3783.
[165] Insofern zu Recht krit. *Schmidt-Räntsch* ZNotP 2012, 362 (367).
[166] *Schöner/Stöber* GrundbuchR Rn. 3862.
[167] OLG Karlsruhe DNotZ 2010, 842.

Zu (1): Wird der Rangvorbehalt bereits mit der Bestellung des Rechts verbunden, dem 139
das vorbehaltene Recht vorgehen darf, so genügt die Bewilligung des Eigentümers (§ 19
GBO). Wird er diesem Recht erst nachträglich beigefügt, so ist die Bewilligung des Inhabers dieses Rechts und bei Grundpfandrechten die Zustimmung des Eigentümers erforderlich.

Zu (2): Der Rangvorbehalt kann jeder Belastung in Abt. II und III beigefügt werden, 140
wegen § 10 Abs. 1 ErbbauRG aber nicht einem Erbbaurecht.

Zu (3): Diese Formulierung erlaubt den Vorrang für Grundschulden, Hypotheken und 141
Rentenschulden.[168]

Zu (4): → Rn. 11 ff. Es kann zweckmäßig sein, auch einmalige Nebenleistungen bis 142
zu 10 % vorzubehalten, da manche Grundschuldformulare solche vorsehen.

Zu (5): Der Anfangszeitpunkt für Zinsen und laufende Nebenleistungen und der Berechnungszeitraum (nicht dagegen der Fälligkeitstermin) müssen nach hM angegeben 143
werden.[169]

Zu (6): Mehrmalige Ausnützbarkeit ist der gesetzliche Regelfall, einmalige Ausnützbarkeit kann zum Schutz des nachrangigen Gläubigers vereinbart werden.[170] 144

II. Ausnützung

Formulierungsbeispiel: Ausnützung Rangvorbehalt 145

Der Eigentümer weist die in dieser Urkunde bestellte Grundschuld ein in den bei der ☝
Grundschuld Abt. III Nr. *** vorbehaltenen Rang.

Der Rangvorbehalt kann auch teilweise oder stufenweise ausgenützt werden. Wenn 146
vor Ausübung des Rangvorbehalts andere Rechte in Abt. II oder III (sog. **Zwischenrechte**) eingetragen werden, zeigen die dann gemäß § 881 Abs. 4 BGB durchzuführenden Rechenoperationen,[171] dass ein höherer Versteigerungserlös den Erlösanteil des vom
Rangvorbehalt begünstigten Gläubigers **mindert.** Deshalb verlangen Banken, deren
Grundschuld in einen Rangvorbehalt eingewiesen werden soll, den Rangrücktritt aller
Zwischenrechte.

L. Sicherheiten vor Eintragung der Grundschuld

I. Unwiderrufliche Bestellung

Viele Grundschuldvordrucke enthalten einen „unwiderruflichen" Antrag, die Grund- 147
schuld einzutragen. Dem **Grundbuchamt** gegenüber hindert dies den Antragsteller
nicht, den von **ihm** oder **für ihn** (§ 15 GBO) gestellten Antrag gemäß § 31 GBO zurückzunehmen, selbst wenn er an die Einigung nach § 873 Abs. 2 BGB schon gebunden
ist.[172] Der **Bank** gegenüber hat sich der Grundschuldbesteller durch diese Formulierung
verpflichtet, von seinem Rücknahmerecht keinen Gebrauch zu machen. Verstößt er
hiergegen, so ist er der Bank schadenersatzpflichtig, was dieser meist wenig hilft.

Wenn sich die Bank gegen eine Antragsrücknahme wirksam schützen will, muss **sie** 148
selbst oder der Notar in ihrem Namen (§ 15 GBO) die Eintragung der Grundschuld **beantragen** (§ 13 Abs. 2 GBO) und dem Grundbuchamt die Ausfertigung oder Urschrift
der Grundschuldbestellung (Bewilligung) **vorlegen** können.[173] Dann berührt die Antragsrücknahme des Eigentümers das von der Bank betriebene Eintragungsverfahren nicht.

---

[168] Vgl. *Schöner/Stöber* GrundbuchR Rn. 2150.
[169] Vgl. BGH DNotZ 1996, 84 mAnm *Kutter; Schöner/Stöber* GrundbuchR Rn. 2136.
[170] *Schöner/Stöber* GrundbuchR Rn. 2134.
[171] Vgl. Palandt/*Herrler* BGB § 881 Rn. 11.
[172] BayObLGZ 1972, 215; *Nieder* NJW 1984, 330.
[173] BGH DNotZ 1983, 309; *Schöner/Stöber* GrundbuchR Rn. 107.

Folge des eigenen Antrags der Bank ist ihre Haftung für die Grundbuchkosten nach § 29 Nr. 1 GNotKG und – soweit sie den Notar beauftragt – für die Notarkosten.

II. Notarbestätigung

149 Wenn sich die Eintragung der Grundschuld verzögert, machen die Banken die Auszahlung des Darlehens häufig von einer sog. Notarbestätigung abhängig (s. auch → § 1 Rn. 591 f.). Diese ist vom Gesetz nicht ausdrücklich geregelt und hat keinen standardisierbaren Inhalt.[174]

150 Die Notarbestätigung kann nur **feststellen,** inwieweit Sicherheiten bestehen, sie kann diese **nicht schaffen;** es ist deshalb gerade nicht[175] Aufgabe des Notars, die Einigung zwischen Eigentümer und Gläubiger zu prüfen, auch nicht vor dem Hintergrund des § 873 Abs. 2 BGB (auch → Rn. 32). Nicht nur deshalb muss auch davor gewarnt werden, Bestätigungsvordrucke von Banken ohne Rücksicht auf den Einzelfall zu verwenden. Der Notar haftet nach § 19 Abs. 1 BNotO dafür, dass die festgestellten Tatsachen wahr sind und seine gutachtliche Stellungnahme zutreffend ist. Er kann die Bank nicht auf eine anderweitige Ersatzmöglichkeit verweisen (§ 19 Abs. 2 letzter Hs. BNotO). Für die Verletzung von Verfahrensvorschriften durch das Grundbuchamt haftet der Notar nicht. Hat er aber eine unzutreffende Bestätigung abgegeben, so entlastet ihn ein hinzukommender Verstoß des Grundbuchamts gegen Verfahrensvorschriften im Verhältnis zum Geschädigten nicht.[176] Insbesondere kommt es darauf an, ob der Grundschuldbesteller bereits als Eigentümer eingetragen ist, was auch bei einer Grundschuldbestellung durch den Käufer aufgrund Vollmacht des Verkäufers (→ § 1 Rn. 266 ff.) zutrifft.

151 **1. Grundschuldbesteller ist Eigentümer.** Wenn der Grundschuldbesteller bereits als **Eigentümer** des/der Pfandobjekte/s **eingetragen** ist, setzt eine Notarbestätigung mE auch stets voraus, dass
– die Eintragung der Grundschuld auch **von der Bank** oder namens der Bank **beantragt** ist und Ausfertigung oder Urschrift der Eintragungsbewilligung dem Grundbuchamt (auch) namens der Bank vorgelegt ist oder jedenfalls der Bank vorliegt (→ Rn. 148),[177] wodurch Schutz vor Verlust der Verfügungsbefugnis gemäß § 878 BGB geschaffen wird, nach hM aber nicht Schutz gemäß § 892 BGB;[178]
– die **Rangstelle,** welche die Grundschuld erhalten soll, frei ist oder hierfür Rangänderungserklärungen vorliegen, deren Vollzug auch die Bank beantragt hat (Löschungen oder Freigaben schaffen keine gleichwertige Sicherheit, weil die Bank nach § 13 Abs. 2 GBO deren Vollzug **nicht** selbst **beantragen** kann[179] – hierauf ggf. hinweisen!);
– **Zustimmungen Dritter** zur Grundschuldbestellung nicht erforderlich sind oder so erteilt sind, dass sie nicht widerrufen werden können;[180]
– bei einer Briefgrundschuld nach § 1117 Abs. 2 BGB gesichert ist, dass die Bank den **Brief erhält.**[181]

152 Diese Voraussetzungen lassen sich in der Regel aus den Akten des Notars und aus dem Grundbuch feststellen, wobei andere Erkenntnismittel dem Notar auch nicht angesonnen werden können. Auch deshalb kann die Prüfung der dinglichen Einigung

---

[174] Grundlegend *Ertl* DNotZ 1969, 650; Anlage zum insoweit nach wie vor aktuellen Rundschreiben der Bundesnotarkammer v. 17.2.1999, DNotZ 1999, 369 mit Formulierungsvorschlag; aktuell etwa *Keilich/Schönig* NJW 2012, 1841.
[175] Entgegen *Keilich/Schönig* NJW 2012, 1841 (1843).
[176] BGH NJW 2001, 2714.
[177] *Keilich/Schönig* NJW 2012, 1841 (1842).
[178] Vgl. *Kesseler* ZNotP 2004, 338.
[179] Vgl. *Gaberdiel/Gladenbeck* Rn. 171.
[180] Teilweise einschränkend, aber mit nicht praktikabler Abgrenzung *Keilich/Schönig* NJW 2012, 1841 (1844); Beispiele dazu in → Rn. 127 ff.
[181] Vgl. *Gaberdiel/Gladenbeck* Rn. 162; *Keilich/Schönig* NJW 2012, 1841 (1844).

(→ Rn. 32) nicht Teil des notariellen Ermittlungsprogramms sein. Um die Eintragung der Grundschuld zu beschleunigen, kann der Notar außerdem nach § 16 Nr. 3 GNotKG die Haftung für die Grundbuchkosten übernehmen, ohne gegen § 14 Abs. 4 BNotO zu verstoßen. Falls die Grundschuld für ein in Deutschland zugelassenes Kreditinstitut bestellt wurde, ist dies unnötig, weil bereits das Kreditinstitut als Antragsteller haftet (→ Rn. 148).

Risikoreicher ist die meist von den Banken gewünschte Feststellung, dass dem Grundbuchamt **keine unerledigten Anträge** vorliegen, welche der Eintragung der Grundschuld an bedungener Rangstelle entgegenstehen. Ob und inwieweit eine solche Feststellung getroffen werden kann, hängt von den Verhältnissen beim konkreten Grundbuchamt ab.[182] Wenn sie getroffen wird, sollte sie 153
– auf eine Einsicht in Grundbuch, Grundakten und Geschäftseingang gestützt werden, die **frühestens sieben Tage** nach Eingang des Eintragungsantrags beim Grundbuchamt durchgeführt wird,[183]
– klarstellen, **welche Grundakten** dieses Eigentümers oder anderer Eigentümer (wegen früher beantragter Gesamtbelastungen oder Tauschvorgänge) und welche Unterlagen sonst eingesehen wurden.

2. Grundschuldbesteller ist noch nicht Eigentümer. Wenn der Grundschuldbesteller 154 noch **nicht als Eigentümer** eingetragen ist, bestehen folgende zusätzliche Risiken, welche weder die Bank noch der Notar beherrschen:[184]
– Die Auflassung, die zum Eigentumserwerb führt, kann unwirksam sein oder werden oder unvollziehbar werden, zB weil der Grundschuldbesteller seinen Eintragungsantrag zurücknimmt und die Bank kein Antragsrecht zum Vollzug der Auflassung hat.
– Der Besteller kann die Verfügungsbefugnis verlieren, bevor er als Eigentümer eingetragen ist, zB durch ein Insolvenzverfahren. Dann erwirbt die Bank die Grundschuld auch nicht gemäß § 878 BGB.[185]
– Der Übereignungsanspruch des Bestellers oder seine Eigentumsanwartschaft kann gepfändet oder verpfändet werden. Dann erwirbt der Pfandgläubiger mit Eigentumsumschreibung eine Sicherungshypothek (§ 1287 S. 2 BGB), die grundsätzlich der bestellten Grundschuld vorgeht, selbst wenn letztere früher beantragt wurde.

Bei dieser Fallgruppe ist eine Notarbestätigung ohne Hinweis auf solche Risiken für den 155 Notar gefährlich, mit Hinweis auf diese Risiken für die Bank wenig hilfreich.

III. Verpfändung

Wenn der Grundschuldbesteller noch nicht Eigentümer ist, aber einen Übereignungsan- 156 spruch hat (zB aus § 433 Abs. 1 BGB), kann er seiner Bank eine Sicherheit bieten, wenn er ihr diesen **Übereignungsanspruch** zur Sicherung bestimmter Forderungen, zB eines abstrakten Schuldversprechens, **verpfändet** (Ausnahme: §§ 1274 Abs. 2, 399 BGB). Typischerweise erfolgt diese Verpfändung in der formularmäßigen Grundschuldbestellungsurkunde zur Sicherung des dort ohnehin enthaltenen abstrakten Schuldversprechens, wenn die Grundschuld auch unter Mitwirkung des bisherigen Eigentümers (→ § 1 Rn. 266 ff.) nicht (rechtzeitig) eingetragen werden kann, zB weil
– der bisherige Eigentümer dazu nicht bereit oder nicht in der Lage ist,
– die Grundschuld an einer Teilfläche bestellt werden soll, zu deren Verselbständigung (§ 7 Abs. 2 GBO) noch die Vermessung oder das Messungsergebnis fehlt,
– jede Grundbucheintragung zu lange dauert, weil das Grundbuchamt überlastet ist.

---

[182] *Ertl* DNotZ 1969, 658.
[183] *Gaberdiel/Gladenbeck* Rn. 167, 170.
[184] Vgl. *Gaberdiel/Gladenbeck* Rn. 126 ff.
[185] *Keilich/Schönig* NJW 2012, 1841 (1844).

157 Der Ausgangsfall sieht wie folgt aus: V verkauft eine noch zu vermessende Teilfläche an K. K will der X Sicherheit leisten, indem er ihr seinen Übereignungsanspruch gegen V verpfändet. Die Verpfändung erfolgt ohne Grundbucheintragung durch formlosen **Verpfändungsvertrag** zwischen K und X (§§ 1274 Abs. 1 S. 1, 398 BGB) und **Anzeige** der Verpfändung **durch K** an V (§ 1280 BGB). Erst mit dieser Anzeige durch K entsteht das Pfandrecht. Anderweitige Kenntnis oder Anzeige durch eine andere Person genügen nicht. Eine Zustimmung des V ist nicht nötig. § 1193 BGB gilt nicht für die durch die Verpfändung gesicherte Forderung, zB aus einem abstrakten Schuldversprechen (→ Rn. 30), zumal aus der Verpfändung keine Grundschuld, sondern eine Sicherungshypothek entsteht (→ Rn. 160). § 1193 BGB ist lediglich für die im Zusammenhang mit der Verpfändung bestellte Grundschuld zu beachten (dazu → Rn. 5).

158 Die Verpfändung kann (muss aber nicht) bei der Eigentumsvormerkung des K **eingetragen** werden, um einen gutgläubigen pfandrechtsfreien Erwerb Dritter (§ 892 Abs. 1 S. 2 BGB) und eine Eigentumsumschreibung auf K ohne Zustimmung der X (dazu → Rn. 160) zu verhindern.

159 Das **Pfandrecht,** das die X erwirbt, ist **so stark** und so schwach wie der verpfändete Übereignungsanspruch, also abhängig von seinem Bestand, seiner Übertragbarkeit sowie von allen Einwendungen und Einreden, die gegen ihn bestehen. Ein guter Glaube der X an Bestand, Übertragbarkeit und Durchsetzbarkeit des verpfändeten Übereignungsanspruchs wird nicht geschützt.[186]

160 Wenn das Eigentum auf K umgeschrieben wird, erwirbt X daran aufgrund der Verpfändung **kraft Gesetzes** (§ 1287 BGB) eine **Sicherungshypothek,** die ohne Eintragung im Grundbuch entsteht. Die hM lässt einen Eigentumserwerb des K ohne Eintragung der Sicherungshypothek nur zu, wenn X zustimmt. Im einzelnen ist vieles streitig.[187]

161 Die Sicherungshypothek hat **Rang**
– **nach** allen Rechten, die im Erwerbsvertrag für V oder Dritte bestellt wurden,
– **nach** Sicherungshypotheken aufgrund anderer Verpfändungen oder Pfändungen, deren Entstehungsvoraussetzungen früher erfüllt waren (deshalb schnelle Anzeige nach § 1280 BGB wichtig),
– **vor** allen anderen allein durch K bestellten Rechten Dritter.[188]

162 Formulierungsvorschläge für eine **Verpfändung** des Übereignungsanspruchs finden sich in nahezu allen gängigen Formularbüchern. Häufig ist darin die Verpfändung auflösend bedingt durch die rangrichtige Entstehung bzw. Eintragung der Grundschuld. Mit dieser auflösenden Bedingung soll erreicht werden, dass ohne Mitwirkung der X das Eigentum auf K umgeschrieben und der Verpfändungsvermerk gelöscht werden kann. Nach ständiger Rechtsprechung des BayObLG[189] wird dadurch die Mitwirkung der X aber nicht entbehrlich. Daher ist eine Verpfändung, welche nicht auflösend bedingt ist und somit die mit der auflösenden Bedingung verbundenen Risiken[190] vermeidet, vorzuziehen.[191]

---

[186] *Schöner/Stöber* GrundbuchR Rn. 1558.
[187] Vgl. BayObLG DNotZ 1987, 625; *Stöber* DNotZ 1985, 587; *Weirich* DNotZ 1987, 628; *Gaberdiel/Gladenbeck* Rn. 137 ff.; *Schöner/Stöber* GrundbuchR Rn. 1564 ff.
[188] Vgl. *Schöner/Stöber* GrundbuchR Rn. 1562.
[189] Zuletzt DNotZ 1987, 625.
[190] *Schöner* DNotZ 1985, 598.
[191] Formulierungsbeispiel hierfür bei *Schöner/Stöber* GrundbuchR Rn. 1555.

Formulierungsbeispiel: Verpfändungsanzeige   163

Betreff: Kaufvertrag vom *** – UR-Nr. *** – mit *** – nachfolgend auch bei mehre-   ☿
ren Personen „Käufer" genannt

Sehr geehrte ***,

Der Käufer hat in meiner Urkunde vom *** – UR-Nr. *** – seine Ansprüche aus dem
oben genannten Kaufvertrag, insbesondere den Anspruch auf Verschaffung des Eigentums, verpfändet an ***

nachfolgend auch „Gläubigerin" genannt.

Für den Fall einer Unwirksamkeit, Aufhebung oder Rückabwicklung des Kaufvertrags
hat der Käufer seine daraus entstehenden Ansprüche sicherungshalber an die Gläubigerin abgetreten.

Die Verpfändung und die Sicherungsabtretung zeige ich ihnen hiermit namens des Käufers an.

Entweder um schriftliche Empfangsbestätigung bitten oder Einschreiben mit Rück-   164
schein, notfalls **Zustellung** durch den Gerichtsvollzieher.

Formulierungsbeispiel: Löschung Verpfändungsvermerk   165

Die Gläubigerin   ☿
– stimmt der Auflassung von V an K und der Eintragung des K als Eigentümer ohne
  gleichzeitige Eintragung der Sicherungshypothek zu,
– stellt selbst keinen Antrag auf Eintragung dieser Sicherungshypothek, ohne auf dieses
  Antragsrecht zu verzichten,
– bewilligt die Löschung des Verpfändungsvermerks bei der Vormerkung des K unter
  dem Vorbehalt (§ 16 Abs. 2 GBO), dass die mit Urkunde vom *** für die Gläubigerin
  bestellte Grundschuld unmittelbar im Rang nach der außerhalb des Grundbuchs entstehenden Sicherungshypothek im Grundbuch eingetragen wird,
– stimmt der Aufhebung der Sicherungshypothek zu unter der aufschiebenden Bedingung, dass ihre Grundschuld an bedungener Rangstelle entsteht.

Die ebenfalls mögliche **Verpfändung des Anwartschaftsrechts** des K auf Eigen-   166
tumserwerb spielt in der Praxis kaum eine Rolle, vor allem aus folgenden Gründen: Sie
setzt jedenfalls eine schon erklärte Auflassung voraus. Ihre sonstigen Voraussetzungen sind
umstritten.[192] Sie bedarf der Form des § 925 BGB, also einer Mitwirkung der X vor dem
Notar, und löst eine 2,0-Gebühr gemäß Nr. 21100 KV GNotKG aus. Ob und wie die
Verpfändung der Anwartschaft im Grundbuch eingetragen und dadurch vor gutgläubigem
Erwerb von Rechten Dritter geschützt werden kann, ist fraglich und streitig.[193]

---

[192] *Medicus* DNotZ 1990, 275.
[193] *Schöner/Stöber* GrundbuchR Rn. 1594.

M. Gesamtmuster: Grundgerüst Grundschuld (vollstreckbar), insbesondere für einen privaten Gläubiger

167 Heute, den ***
 zweitausendneunzehn

– 2019 –

erschien vor mir,

***, Notar/in in ***,

in meinen Amtsräumen: ***

Über den Grundbuchinhalt habe ich mich unterrichtet. Der/die Erschienene erklärte mit dem Ersuchen um Beurkundung was folgt:

I. Grundschuld

Der/die Erschienene – nachstehend als „**Eigentümer**" bezeichnet – bestellt hiermit für *** – nachstehend als „**Gläubiger**" bezeichnet – an dem unter Abschnitt VI. beschriebenen Grundbesitz eine Grundschuld **ohne** Brief in Höhe von

***,– EUR
(*** Euro).

Die Grundschuld ist ab dem Tage der Beurkundung mit *** vom Hundert (*** %) für das Jahr zu verzinsen.

Das Grundschuldkapital ist fällig nach Kündigung; die Kündigungsfrist beträgt sechs Monate. Die Zinsen sind jeweils nachträglich am ersten Tag des folgendes Kalenderjahres fällig.

Die Grundschuld ist nicht an Dritte abtretbar.

II. Dingliche Zwangsvollstreckungsunterwerfung

Wegen des Grundschuldkapitals samt Zinsen und etwaiger weiterer Nebenleistungen unterwirft der Eigentümer den mit der Grundschuld belasteten Pfandbesitz der sofortigen Zwangsvollstreckung aus dieser Urkunde in der Weise, dass die Zwangsvollstreckung gegen den jeweiligen Eigentümer des belasteten Pfandbesitzes zulässig ist.

Ein abstraktes Schuldanerkenntnis mit persönlicher Zwangsvollstreckungsunterwerfung soll nicht beurkundet werden.

III. Grundbuchanträge, Bewilligungen

Der Eigentümer bewilligt und **beantragt**, in das Grundbuch einzutragen:
1. die Grundschuld nach Abschnitt I. an nächstoffener Rangstelle,
2. die dingliche Zwangsvollstreckungsunterwerfung nach Abschnitt II.,
3. den Abtretungsausschluss gemäß Abschnitt I. aE.

IV. Zahlungsbestimmung

An den Gläubiger geleistete Zahlungen erfolgen nicht auf die Grundschuld selbst, sondern zur Begleichung der gesicherten Forderungen.

V. Kosten, Ausfertigungen und Abschriften

Von dieser Urkunde erhalten
1. der Gläubiger sofort eine Ausfertigung zur Herbeiführung der Bindung,
2. das Grundbuchamt eine Ausfertigung,
3. der Gläubiger nach Grundbuchvollzug eine vollstreckbare Ausfertigung gegen Empfangsbekenntnis und der Eigentümer eine einfache Abschrift. Auf den Nachweis der die Fälligkeit begründenden Tatsachen wird verzichtet.

Die Kosten dieser Urkunde übernimmt der Eigentümer.

VI. Pfandbesitz und Rangstelle

– Gemarkung *** –
Fl.-Nr. ***
vorgetragen im Grundbuch des Amtsgerichts ***, Blatt ***

Der vorbestellten Grundschuld dürfen folgende Rechte im Range vorgehen:

Abt. II: ***

Abt. III: ***

VII. Vollmacht

Der Eigentümer erteilt dem beurkundenden Notar Vollmacht, ihn/sie im Grundbuchverfahren uneingeschränkt zu vertreten.

VIII. Belehrung

Der/die Erschienene wurde insbesondere über folgendes belehrt:

1. Der Gläubiger kann jederzeit aus der Grundschuldurkunde vorgehen. Seine Sicherheit reicht erheblich über den Nennbetrag der Grundschuld hinaus, und zwar wegen der Grundschuldzinsen. Ob der Gläubiger aus der Grundschuldurkunde vorgehen darf, ergibt sich aus gesonderten schuldrechtlichen Vereinbarungen zwischen Gläubiger und Schuldner, die der Notar/die Notarin nicht kennt und zu denen er/sie auch keine Belehrung oder Beratung übernommen hat.

2. [*ggf. für den Fall, dass vorrangige Grundschulden eingetragen sind:* Der Nachrang der heute bestellten Grundschuld hinter der/den eingetragenen Grundschuld/en kann im Falle einer Zwangsversteigerung zum Erlöschen der heute bestellten Grundschuld führen. Diese erhält aus dem Versteigerungserlös einen Wertersatz nur, soweit vom Versteigerungserlös nach Befriedigung der vorrangigen Grundschuld/en und der sonst vorgehenden Rechte etwas übrig bleibt. Der Betrag der vorrangigen Grundschuld/en kann sich infolge der Grundschuldnebenleistungen erheblich erhöhen, zB auf das Doppelte. Eine Abtretung von Rückgewähransprüchen wird nicht vereinbart, vielmehr soll der mit der/den vorrangigen Grundschuld/en verbundene Kreditspielraum dem Eigentümer uneingeschränkt erhalten bleiben.]

3. Wenn sich die der heutigen Grundschuld zugrunde liegende Angelegenheit erledigt hat (zB ein Darlehen zurückbezahlt ist), erlischt die Grundschuld nicht von selbst. Vielmehr ist eine notarielle Löschungsbewilligung des Gläubigers und ein notarieller Löschungsantrag des Eigentümers erforderlich. Private Quittungen reichen nicht aus. Die Kosten der Löschung hat im Zweifel der Eigentümer zu tragen.

dung der Einigung (§ 873 Abs. 1 BGB) und/oder weiterer Vereinbarungen gemäß → Rn. 32 ff.: 2,0-Gebühr Nr. 21100 KV GNotKG. Die früheren Streitfragen zum „richtigen" Geschäftswert sind durch § 52 Abs. 1 GNotKG überholt: Maßgebend ist in jedem Fall (also auch bei Photovoltaikanlagenrechten und dergleichen) der Wert, den das Recht für den Berechtigten oder für das herrschende Grundstück hat. Dieser kann in der für die Einräumung der Dienstbarkeit vom Berechtigten gezahlten (einmaligen oder laufenden) Gegenleistung zum Ausdruck kommen.[4] Die Wertminderung des belasteten Grundstücks ist in keinem Fall maßgeblich; → § 30 Rn. 61D.

V. Rangstelle

Die Dienstbarkeit gibt dem Berechtigten kein Recht zur Zwangsversteigerung oder 5 Zwangsverwaltung. Sie kann aber durch Zwangsvollstreckungsmaßnahmen vorrangiger Grundpfandrechts- oder Reallastgläubiger erlöschen (§§ 52 Abs. 1, 44, 91 ZVG). Dem Berechtigten bleibt dann nur ein Anspruch auf Geldersatz aus dem restlichen (meist unzureichenden) Versteigerungserlös (§ 92 ZVG) und ein schuldrechtlicher Ersatzanspruch gegen den zahlungsunfähigen Eigentümer. Je wichtiger die Dienstbarkeit für den Berechtigten ist, desto weniger sollten ihr also **Verwertungsrechte** im Rang vorgehen. Daher möglichst Rangrücktritt besorgen oder die Beteiligten über die Risiken (nachweisbar) belehren. Sonst drohen dem Notar Schadenersatzansprüche.[5]

VI. Verzögerungen bei der Eintragung

Ist das dienende und/oder das herrschende Grundstück noch nicht gebildet, so verzögert 6 sich die Eintragung der Dienstbarkeit (§ 7 GBO).[6] Der Gefahr, dass die Eintragung der Dienstbarkeit später scheitert, zB wegen des Verlusts des Eigentums oder der Verfügungsmacht, kann mit folgenden **Vorsorgemaßnahmen** begegnet werden:
- Bestellung der Dienstbarkeit am Stammgrundstück, aus dem das dienende Grundstück gebildet wird, mit Feststellung, an welchen Flächen die Dienstbarkeit ausgeübt wird, damit später die nicht betroffenen Flächen nach § 1026 BGB oder durch Freigabe des Berechtigten freigestellt werden können.
- Bestellung der Dienstbarkeit für das Stammgrundstück, aus dem das herrschende Grundstück gebildet wird, mit Feststellung, welcher Fläche die Dienstbarkeit zum Vorteil gereicht, damit später die Dienstbarkeit für die übrigen Flächen nach § 1025 BGB oder durch Freigabe des Berechtigten erlischt.
- Vormerkung zur Sicherung des Anspruchs einer bestimmten Person auf Einräumung der Dienstbarkeit; die Vormerkung kann nach Bildung des herrschenden Grundstücks in die Dienstbarkeit umgeschrieben werden[7] und wahrt dieser den Rang (§ 883 Abs. 3 BGB); oder
- Rangvorbehalt für die Dienstbarkeit.[8]

B. Belastungsgegenstand und Ausübungsbereich

I. Belastungsgegenstand

Belastungsgegenstand ist die Fläche, an der die Dienstbarkeit eingetragen wird (dazu auch 7 → Rn. 1). Belastungsgegenstand kann das ganze Grundstück sein oder unter den Voraussetzungen des § 7 Abs. 2 GBO eine Teilfläche (sog. **echte Teilbelastung**). Wenn die Dienstbarkeit nur an einer Teilfläche ausgeübt werden darf, empfiehlt es sich, sie gleich-

---

[4] OLG Brandenburg ZNotP 2005, 76.
[5] BGH DNotZ 1993, 752; DNotZ 1996, 569.
[6] Palandt/*Herrler* BGB § 1018 Rn. 2, 3.
[7] Vgl. *Schöner/Stöber* GrundbuchR Rn. 1495 aE.
[8] Weniger empfehlenswert – vgl. DNotI-Report 1997, 176.

wohl am ganzen Grundstück eintragen zu lassen, also eine echte Teilbelastung zu vermeiden, weil diese zu einem Streit mit dem Grundbuchamt über die Voraussetzungen des § 7 Abs. 2 GBO führen kann;[9] → Rn. 9. Ein Sondernutzungsrecht nach WEG (zB Pkw-Stellplatz) ist kein tauglicher Belastungsgegenstand,[10] ebenso nicht ein ideeller Miteigentumsanteil (s. aber auch → Rn. 13).[11]

II. Ausübungsbereich

8 Ausübungsbereich sind diejenigen Flächen, an denen die durch die Dienstbarkeit gestatteten Handlungen (zB Gehen, Fahren, Leitungen legen) erlaubt bzw. die durch sie untersagten Handlungen (zB Immissionen, Gewerbebetrieb) verboten sind (§ 1018 BGB). Ausübungsbereich kann das ganze belastete Grundstück sein oder auch nur eine Teilfläche (vgl. §§ 1023, 1026 BGB). Was **Ausübungsbereich** ist, muss sich aus der Dienstbarkeitsurkunde ergeben (dazu auch → Rn. 1). Der Ausübungsbereich kann dabei
   – als Inhalt der Dienstbarkeit **rechtsgeschäftlich** festgelegt werden, insbesondere durch ausdrückliche Verweisung[12] auf einen Lageplan gemäß § 13 Abs. 1 S. 1 Hs. 2 BeurkG oder durch ausreichend klare verbale Beschreibung, wozu auch die Bezugnahme auf schon vorhandene Anlagen (zB Leitungen) ausreicht,[13] oder
   – der **tatsächlichen** Handhabung des Berechtigten überlassen werden.[14]
8a Unter den Voraussetzungen des § 1023 BGB kann der Eigentümer des dienenden Grundstücks eine **Verlegung** des Ausübungsbereichs verlangen. Ist der Ausübungsbereich rechtsgeschäftlich festgelegt, so wirkt die Verlegung dinglich gegenüber Rechtsnachfolgern nur, wenn sie mit Zustimmung etwaiger Zwischenberechtigter im Grundbuch eingetragen wird,[15] worauf grundsätzlich ein Anspruch besteht[16] – andernfalls genügt wohl formlose Einigung. Abweichungen von § 1023 BGB können zugunsten des Eigentümers des dienenden Grundstücks in den Inhalt der Dienstbarkeit aufgenommen werden, dagegen nicht zu seinen Lasten (§ 1023 Abs. 2 BGB).[17]

III. Unechte Teilbelastung

9 Praktisch häufig und empfehlenswert ist die sog. unechte Teilbelastung, bei der Belastungsgegenstand das ganze Grundstück ist, während der Ausübungsbereich rechtsgeschäftlich beschränkt wird.[18] **Vorteile:**
   – Kein Streit mit dem Grundbuchamt über § 7 Abs. 2 S. 1 GBO.
   – Die Auswirkungen der Dienstbarkeit für den Eigentümer des belasteten Grundstücks sind örtlich begrenzt.
   – Zur Kennzeichnung des Ausübungsbereichs genügt abweichend von § 7 Abs. 2 S. 2 GBO auch eine nichtamtliche Karte.
   – Teilflächen, die später aus dem belasteten Grundstück veräußert werden, können uU ohne Freigabe lastenfrei abgeschrieben werden gemäß § 1026 BGB.[19]

---

[9] Dazu BGH DNotZ 2006, 288; *Stöber* MittBayNot 2001, 281; *Morvilius* MittBayNot 2006, 229.
[10] OLG Schleswig DNotZ 2012, 359.
[11] Grundlegend BGH NJW 1962, 633 (634).
[12] BGH DNotZ 1982, 228.
[13] BayObLG DNotZ 2004, 388.
[14] BayObLG DNotZ 1984, 565; BGH DNotZ 2002, 721 mAnm *Dümig*.
[15] BGH MittBayNot 2006, 226.
[16] BGH DNotZ 2016, 289.
[17] Vgl. Palandt/*Herrler* BGB § 1023 Rn. 1.
[18] Vgl. BGH NJW 1992, 1101.
[19] Vgl. BayObLG DNotZ 2004, 388; OLG München DNotZ 2012, 377.

IV. Dienstbarkeit an mehreren Grundstücken

Wenn die Dienstbarkeit sinnvoll nur an mehreren Grundstücken ausgeübt werden kann 10
(zB Zugang, der nur über alle davor liegenden Grundstücke führt), und/oder die Befugnisse an allen Grundstücken gleichartig sind – also nicht Gehen auf einem Grundstück, Leitungen legen im anderen[20] – können mehrere Grundstücke mit einer einzigen Dienstbarkeit belastet werden.[21] Von dieser Möglichkeit sollte der Notar Gebrauch machen, wenn die belasteten Grundstücke auf einem Grundbuchblatt vorgetragen sind, um einer optischen Überfüllung der Abt. II entgegenzuwirken.

V. Dienstbarkeit an Wohnungseigentum

Greift die Dienstbarkeit nur in **Befugnisse des einzelnen Wohnungseigentümers** ein 11
(zB Wohnungsrecht an einer Eigentumswohnung, Beschränkung der beruflichen Nutzung einer Eigentumswohnung), so genügt es, sie an der betreffenden Eigentumswohnung einzutragen.[22] Auch eine entsprechende Dienstbarkeit zugunsten des jeweiligen Eigentümers eines anderen Wohnungseigentums ist zulässig.[23]

Erstrecken sich die Wirkungen der Dienstbarkeit dagegen in den Bereich hinein, wel- 12
cher der **gemeinschaftlichen** Nutzung und/oder Verwaltung aller Wohnungseigentümer unterliegt (zB Wegerecht am gemeinsamen Grundstück), so kann die Dienstbarkeit nur entstehen und bestehen bleiben, wenn und solange sie an *allen* Wohnungs- und Teileigentumseinheiten eingetragen ist,[24] und zwar mit einem Vermerk gemäß § 4 Abs. 1 WEG-BVfg.[25] Ranggleichheit ist nicht erforderlich. Vorrangige Grundpfandrechte auch nur an einer Einheit sind aber gefährlich, weil bei einer von den Gläubigern betriebenen Zwangsversteigerung die nachrangige Dienstbarkeit an der betreffenden Einheit erlischt und damit insgesamt zusammenbricht.[26]

Ob Dienstbarkeiten, die **Sondernutzungsrechte** betreffen (insbesondere Pkw-Stell- 13
plätze) das Gemeinschaftseigentum tangieren und daher an allen Einheiten eingetragen werden müssen,[27] ist umstritten.[28]

C. Grunddienstbarkeit

Die Grunddienstbarkeit steht dem **jeweiligen** Eigentümer des herrschenden Grundstücks 14
zu. Wenn sie nicht befristet wird, ist sie von **ewiger** Dauer. Insbesondere unterliegt sie als solche nicht der Verjährung.[29] Sie ist mangels anderer Bestimmung nicht durch Geldzahlung **ablösbar**.

> **Muster: Bestellung einer Grunddienstbarkeit zu Erschließungszwecken**
> Siehe hierzu das Gesamtmuster → Rn. 61.

---

[20] BayObLG DNotZ 1976, 228.
[21] *Böhringer* BWNotZ 1988, 97; BayObLG DNotZ 1991, 254; OLG Hamm Rpfleger 1980, 486.
[22] Vgl. BGH DNotZ 1990, 493 mAnm *Amann*.
[23] OLG Zweibrücken MittBayNot 1993, 86.
[24] BGH DNotZ 1990, 493 mAnm *Amann*.
[25] BayObLG MittBayNot 1995, 288 mit ablehnender Anm. *Amann* MittBayNot 1995, 267.
[26] OLG Frankfurt a.M. Rpfleger 1979, 149.
[27] So BayObLG DNotZ 1998, 125; OLG Zweibrücken MittBayNot 1999, 378.
[28] Vgl. *Amann* DNotZ 1990, 498; *Ott* DNotZ 1998, 128; dagegen zB OLG Schleswig DNotZ 2012, 359.
[29] BGH BeckRS 2014, 15949; DNotZ 2011, 281.

I. Änderung der Verhältnisse

15 Besondere Probleme ergeben sich daraus, dass sich die Verhältnisse gegenüber der Zeit der Bestellung ändern, zB:[30]

- Die technische oder wirtschaftliche Entwicklung führt zu neuen oder unerwünschten Nutzungsarten.[31]
- Das herrschende Grundstück kann aus baurechtlichen oder bauplanerischen Gründen nicht mehr in der bisherigen Form genutzt werden – gleichwohl erlischt ein dafür eingetragenes Wegerecht nicht.[32]
- Auch allgemein kann bei einer Dienstbarkeit praktisch nicht mit dem Wegfall der Geschäftsgrundlage argumentiert werden.[33]
- Es kann eine Verlegung des Ausübungsbereichs der Dienstbarkeit erforderlich sein (§ 1023 BGB – dazu → Rn. 8a).[34]
- Die Dienstbarkeit kann die Verwertung des belasteten Grundstücks durch Vergabe eines Erbbaurechts behindern, weil Letzteres erste Rangstelle benötigt (§ 10 Abs. 1 S. 1 ErbbauRG), der Dienstbarkeitsberechtigte aber nicht zu einem Rangrücktritt verpflichtet ist.[35]

II. Vorteil des herrschenden Grundstücks

16 Schließlich entsteht eine Grunddienstbarkeit wirksam nur, wenn sie dem herrschenden Grundstück einen Vorteil bringt (§ 1019 BGB). Dies ist insbesondere bei Dienstbarkeiten zur Sicherung des Warenbezugs oder Wärmebezugs zu beachten (→ Rn. 36 ff.). Bei einer Teilung des herrschenden Grundstücks besteht daher die Dienstbarkeit nur für diejenigen Teile fort, denen sie zum Vorteil gereicht (§ 1025 S. 2 BGB).[36]

III. Dienstbarkeit für mehrere Grundstücke

17 Sollen mehrere Grundstücke (desselben oder verschiedener Eigentümer) berechtigt sein, so kann für jedes herrschende Grundstück eine eigene Dienstbarkeit eingetragen werden. Wenn der Dienstbarkeitsinhalt für alle herrschenden Grundstücke gleich ist, genügt aber auch die Eintragung **einer** Dienstbarkeit für alle herrschenden Grundstücke.[37] Eine solche führt nicht nur zu geringeren Grundbuchkosten und weniger Eintragungen in Abt. II. Sie ermöglicht vor allem, die Verteilung von Nebenpflichten (→ Rn. 27) unter den Berechtigten einheitlich zu regeln, erfordert aber Angabe eines Gemeinschaftsverhältnisses der herrschenden Grundstücke,[38] zB „analog §§ 1025 S. 1, 1024 BGB".[39] § 428 BGB passt jedenfalls nicht, da der Eigentümer sich dann quasi aussuchen könnte, welchem Berechtigten er die Nutzung im konkreten Fall gestattet.[40]

---

[30] Vgl. BGH DNotZ 1976, 20; DNotZ 2003, 704; OLG München MittBayNot 2003, 219 mAnm *Mayer*; *Adamczyk* MittRhNotK 1998, 114.

[31] Vgl. BGH MittBayNot 2004, 124; Formulierungsbeispiel im Hinblick darauf → Rn. 33.

[32] BGH DNotZ 2009, 114; OLG Nürnberg MDR 2013, 513.

[33] Vgl. BGH MittBayNot 2009, 374 mit zustimmender Anm. *Böhringer* für eine beschränkte persönliche Dienstbarkeit zugunsten eines Verwaltungsträgers; BGH MittBayNot 2009, 228 mAnm *Bormann* für Löschungsansprüche bei Getränkebezugsdienstbarkeiten.

[34] Vgl. BGH DNotZ 2016, 289.

[35] BGH DNotZ 1974, 692 – Lösungsvorschlag bei MVHdB VI BürgerlR II/*Winkler* Form. 7 Anm. 2, 5 aE.

[36] Vgl. BGH MittBayNot 2004, 124; BayObLG DNotZ 2003, 352.

[37] BGH DNotZ 2019, 41; BayObLG DNotZ 2002, 950.

[38] BayObLG MittBayNot 2002, 288 mAnm *Mayer*.

[39] LG Kassel MittBayNot 2009, 377; *Amann* DNotZ 2008, 324 (339) – aber nach wie vor str. oder besser unklar; vgl. *Schöner/Stöber* GrundbuchR Rn. 1124 einerseits und Rn. 1125 andererseits oder als Mitberechtigte gemäß § 432 BGB (vgl. *Schöner/Stöber* GrundbuchR Rn. 1125.

[40] AA *Oppermann/Scholz* DNotZ 2017, 4 (8).

IV. Eigentümerdienstbarkeit

Auch wenn dienendes und herrschendes Grundstück dem gleichen Eigentümer gehören, **18** kann grundsätzlich eine Grunddienstbarkeit bestellt werden – sog. Eigentümerdienstbarkeit.[41] So kann ein Verkäufer zB eines Baugebiets Leitungs- und Wegerechte jenseits der öffentlich-rechtlichen Erschließung schon vor einer Veräußerung der erschlossenen und gestalteten Einzelgrundstücke sichern. Häufig kommt dies auch bei Bauträgerverträgen vor. In diesem Zusammenhang kann auch ganz allgemein die Bestellung einer solchen Eigentümerdienstbarkeit als Erhöhung der Kreditunterlage beim herrschenden Grundstück interessant sein, wenn und weil es bspw. mit einem Kiesabbaurecht zulasten eines anderen Grundstücks desselben Eigentümers verbunden ist. Ein besonderes „berechtigtes Interesse" war und ist bei Eigentümerdienstbarkeiten nicht nötig.[42] Eigentümerdienstbarkeiten sind jedoch kein Mittel, sich gegen Gläubiger abzuschirmen. Solche Maßnahmen wären nach dem AnfG[43] und auch nach der InsO anfechtbar.

V. Uneingeschränktes Nutzungsrecht

Eine Grunddienstbarkeit, die ein uneingeschränktes Nutzungsrecht verleiht, also nicht nur **19** das Recht zur Nutzung in einzelnen Beziehungen (§ 1018 BGB), ist unzulässig[44] und auch nicht umdeutbar in einen Nießbrauch, da ein solcher nicht für den jeweiligen Eigentümer eines anderen Grundstücks bestellt werden kann (§ 1030 Abs. 1 BGB). Das gilt auch, wenn die Rechtsausübung nur auf eine Teilfläche des Grundstücks beschränkt ist.[45] Das Abgrenzungskriterium ist dabei ein rein formelles: Sofern der Inhalt des Nutzungsrechts spezifiziert ist, sind die Anforderungen des § 1018 Var. 1 BGB richtigerweise erfüllt, auch wenn für den Eigentümer bei Belastung des gesamten Grundstücks (derzeit) kein wirtschaftlich sinnvoller Nutzungsrest verbleibt,[46] zB ein Geh- und Fahrtrecht unter Ausschluss des Eigentümers auf dem gesamten Zufahrtsgrundstück.

Anders verhält es sich, wenn die Art der Nutzung nicht näher eingegrenzt ist, das Nut- **20** zungsrecht aber nur auf bestimmte Anlagen/Gebäudeteile/Zimmer am dienenden Grundbesitz beschränkt ist, also eine Art „gegenständlich beschränkter Nießbrauch" gebildet werden soll. Dies ist möglich.[47] Insbesondere steht dem die scheinbare „Spezialregelung" des dinglichen Wohnungsrechts gemäß § 1093 BGB nicht entgegen. Zur Abgrenzung vom Nießbrauch → Rn. 30.

VI. Aktivvermerk

Die Grunddienstbarkeit kann im Bestandsverzeichnis des herrschenden Grundstücks ge- **21** mäß § 9 GBO vermerkt werden. Dieser Aktivvermerk ist **für die Entstehung** der Dienstbarkeit **bedeutungslos.** Er ist nur eine grundbuchrechtliche Vorkehrung (§ 21 GBO) dagegen, dass bei Verfügungen über das herrschende Grundstück das unabhängig davon bestehende (und meist übersehene) Erfordernis der Zustimmung der daran eingetragenen Drittberechtigten beachtet wird (§§ 876 S. 2, 877 BGB).

---

[41] Vgl. *Schöner/Stöber* GrundbuchR Rn. 1123.
[42] Vgl. *Böhringer* NotBZ 2012, 121.
[43] BFH DNotZ 2011, 116.
[44] BGH DNotZ 2015, 113; BayObLG DNotI-Report 2003, 77.
[45] BGH DNotZ 2015, 113.
[46] *Herrler* RNotZ 2016, 368 (371); *Amann* ZfIR 2015, 208 (209); iErg offen gelassen von BGH DNotZ 2015, 113.
[47] BGH DNotZ 2019, 41 (entgegen zB OLG München DNotZ 2010, 845).

D. Beschränkte persönliche Dienstbarkeit

I. Unübertragbarkeit und Unvererblichkeit

22 Die beschränkte persönliche Dienstbarkeit ist an die Person des Berechtigten gebunden, also nicht übertragbar und nicht vererblich (§ 1092 Abs. 1 S. 1 BGB). Sie „stirbt" mit dem Berechtigten. Insbesondere ist die Bestellung einer beschränkten persönlichen Dienstbarkeit für die Erben einer bestimmten (noch lebenden) Person nicht zulässig.[48] Nur die Ausübungsüberlassung ist nach § 1092 Abs. 1 S. 2 BGB möglich, aber auch nur auf die Dauer des Rechts (ihre Aufhebung ist nach den Gläubigerschutzvorschriften anfechtbar[49]). Wer ihr daher längeren Bestand verschaffen will, hat folgende Möglichkeiten:
– Er kann sie für **eine juristische Person, OHG, KG** und angesichts der Rechtsprechung des BGH auch für eine **GbR** bestellen (§ 1092 Abs. 2, Abs. 3 BGB). Nach Maßgabe der dann geltenden §§ 1059a–1059d BGB wird sie übertragbar.[50]
– Für den Fall des Erlöschens der beschränkten persönlichen Dienstbarkeit kann ein schuldrechtlicher **Anspruch** einer bestimmten Person oder des jeweiligen Eigentümers eines Grundstücks **auf Neubestellung** einer inhaltsgleichen Dienstbarkeit begründet und dieser im Grundbuch durch Vormerkung gesichert werden.[51]
– Es besteht auch die Möglichkeit einer Überwindung der fehlenden Übertragbarkeit mittels **Vertrags zugunsten Dritter.** Dies hat besonders für Nutzungsrechte wie Windkraft-, Solar- und Photovoltaikdienstbarkeiten Bedeutung (→ Rn. 49).[52] So kann sich der Eigentümer gegenüber dem Anlagenbetreiber und/oder dem Finanzierer als Versprechensempfänger verpflichten, zugunsten eines von diesem zu benennenden Rechtsnachfolgers im Wege eines Vertrags zugunsten Dritter inhaltsgleiche beschränkte persönliche Dienstbarkeiten zu bestellen. Zwar kann dann der Anspruch des (noch nicht benannten) Dritten mangels Bestimmbarkeit noch nicht durch Dienstbarkeitsvormerkung gesichert werden,[53] wohl aber der des Versprechensempfängers, und zwar nach mittlerweile gefestigter Rechtslage durch nur eine Vormerkung,[54] es sei denn, der Versprechensempfänger kann sich selbst benennen – dann ist auch für ihn eine Vormerkung nötig.[55]

> **Muster: Bestellung einer beschränkten persönlichen Dienstbarkeit (Photovoltaikanlage)**
> Siehe hierzu das Gesamtmuster → Rn. 62.

23 Berechtigter der beschränkten persönlichen Dienstbarkeit kann **auch der Eigentümer** des belasteten Grundstücks sein, wenn ein schutzwürdiges Interesse diese Gestaltung rechtfertigt.[56]

II. Mehrere Berechtigte

24 Sollen mehrere Personen berechtigt sein, so entstehen die geringsten Probleme, wenn im Gleichrang für jeden Berechtigten eine eigene inhaltsgleiche Dienstbarkeit eingetragen wird.[57] Praktisch häufig ist die Eintragung *einer* Dienstbarkeit für die mehreren Berechtigten (→ Rn. 17). Dann muss allerdings ihr Gemeinschaftsverhältnis festgelegt und im

[48] Vgl. DNotI-Report 2011, 75 f.
[49] BGH MittBayNot 2009, 136.
[50] S. auch *Böttcher* notar 2012, 383 (387).
[51] *Schöner/Stöber* GrundbuchR Rn. 261 f.; *Adamczyk* MittRhNotK 1998, 110.
[52] S. auch *Böttcher* notar 2012, 383 (387); *Kappler* ZfIR 2012, 265 (269); *Keller* DNotZ 2011, 99.
[53] BGH DNotZ 2009, 218 (219).
[54] OLG München MittBayNot 2017, 586 mAnm *Spernath;* MittBayNot 2011, 231 mAnm *Preuß.*
[55] OLG München MittBayNot 2012, 466; *Keller* MittBayNot 2012, 446.
[56] *Schöner/Stöber* GrundbuchR Rn. 1200.
[57] *Bader* DNotZ 1965, 673.

Grundbuch eingetragen werden (dazu → Rn. 17). Wenn Eheleute berechtigt sind, die Gütergemeinschaft haben, kann die Gütergemeinschaft ein anderes Gemeinschaftsverhältnis überlagern.[58] Zu klären ist das Schicksal der Dienstbarkeit, wenn **einer der Berechtigten stirbt.** Meist soll sie dann dem überlebenden Berechtigten unverändert allein zustehen. Eine solche Sukzessivberechtigung kann und muss als Modifikation eines Gemeinschaftsverhältnisses nach § 432 BGB oder § 428 BGB in die Urkunde aufgenommen und in das Grundbuch eingetragen werden.[59]

E. Inhalt und inhaltliche Schranken

Die §§ 1018, 1090 Abs. 1, 1093 BGB regeln, welche Rechte und Pflichten den Inhalt   25
einer Dienstbarkeit bilden können. Sie lassen Raum für eine Vielzahl von Gestaltungen. Die in der Praxis wichtigsten Typen sind in → Rn. 32 ff. behandelt. Der inhaltlichen Gestaltung setzt das Gesetz insbes. folgende Schranken.

I. Keine Leistungspflichten

Durch Dienstbarkeit können grundsätzlich keine Leistungspflichten – keine Pflichten zu   26
aktivem Tun – begründet werden, weder für den Eigentümer des belasteten Grundstücks noch für den Dienstbarkeitsberechtigten,[60] also zB keine Pflicht, einen Weg anzulegen, eine Zahlung zu leisten, Wärme entgeltlich abzunehmen,[61] ein Grundstück in bestimmter Weise zu nutzen.[62] Es schadet aber nicht, wenn sich die von der Dienstbarkeit gebotene Unterlassung (zB des Wärmebezugs) im praktischen Ergebnis ähnlich wie eine Leistungspflicht (entgeltliche Wärmeabnahme) auswirkt (→ Rn. 39).

Eine Pflicht des (jeweiligen) Berechtigten, sich an der Unterhaltung einer (von ihm   27
allein oder gemeinsam genutzten) Anlage auf dem dienenden Grundstück zu beteiligen, kann sich bereits aus § 1020 S. 2 BGB ergeben.[63] Darüber hinaus können Leistungspflichten als so genannte *Nebenpflichten* rechtsgeschäftlich in den Dienstbarkeitsinhalt aufgenommen werden, wenn sie wirtschaftlich untergeordnete Bedeutung haben und Probleme lösen, die sich unmittelbar aus der Ausübung der eigentlichen Dienstbarkeitsbefugnisse ergeben können,[64] zB wenn es um mehrere Berechtigte geht.[65] Hier, aber auch sonst, bleibt dem Notar Raum für Gestaltungen, die über die Vorgaben der §§ 1020–1022 BGB hinausgehen oder von ihnen abweichen,[66] zB auch, was Verkehrssicherungspflichten angeht[67] (Formulierungsbeispiel → Rn. 33):
– Wer Unterhaltungsmaßnahmen in welchem Umfang durchzuführen hat,
– wer in welchem Umfang Schäden zu beseitigen hat, welche ein Beteiligter oder ein Dritter anrichtet,
– wie im Innenverhältnis zwischen Eigentümer und Berechtigtem die Verkehrssicherungspflicht aufzuteilen ist,
– wer in welchem Umfang die Kosten für die vorstehenden Maßnahmen zu tragen hat.

II. Kein Eingriff in die rechtliche Handlungsfreiheit

Unzulässig sind Dienstbarkeiten, welche nicht die tatsächliche Nutzung des belasteten   28
Grundstücks beeinflussen, sondern die rechtliche Handlungsfreiheit des Eigentümers.

---

[58] BayObLG DNotZ 1996, 366 (369).
[59] Vgl. *Amann* DNotZ 2008, 324 (333 ff.).
[60] BGH DNotZ 1989, 565.
[61] BayObLG DNotZ 1982, 252; BGH WM 1984, 126; WM 1985, 808.
[62] BayObLG MittBayNot 2005, 307.
[63] BGH DNotZ 2005, 617 mAnm *Amann.*
[64] Vgl. BGH NJW-RR 2006, 888; *Oppermann/Scholz* DNotZ 2017, 4 (5); *Amann* DNotZ 1989, 531 (560).
[65] OLG München NJOZ 2018, 138; *Oppermann/Scholz* DNotZ 2017, 4 (6 ff.).
[66] ZB *Amann* DNotZ 1989, 531 (543 ff.); teilw. unklar OLG München NJOZ 2018, 138 (139).
[67] BayObLG DNotZ 1991, 257.

Nicht dienstbarkeitsfähig ist daher die Pflicht, bestimmte Rechtsgeschäfte (mit bestimmten Personen) abzuschließen oder dies zu unterlassen oder auf Ansprüche zu verzichten. Die Abgrenzung ist schwierig und von der Formulierung abhängig.

Unzulässig	Zulässig
Vertrieb nur einer bestimmten Getränke- oder Mineralölmarke[68]	Verbot jedes Getränke- oder Mineralölvertriebs[69] oder des Vertriebs von Weißbier[70]
Nutzung einer Wohnung nur als Hausmeisterwohnung[71]	Nutzung eines Gebäudes nur als Behindertenwerkstatt[72]
Nutzung eines Hauses nur als Altenteilerhaus[73]	dasselbe in anderer Formulierung[74]
Nutzung einer Wohnung nur für Zwecke des Fremdenverkehrs[75]	dasselbe in anderer Formulierung[76]
	sog. Wohnungsbesetzungsrecht, da es Gewohnheitsrecht praeter § 1018 BGB ist;[77] → Rn. 46 f.
Verzicht auf Schadenersatzansprüche wegen Wildschäden[78]	gemäß → Rn. 41 ff.

29   Vorsicht ist daher bei der Gestaltung von typischen Sicherungsrechten für **naturschutzrechtliche** Eingriffs- und Ausgleichsmaßnahmen geboten. Ist auf Verlangen der Naturschutzbehörde ein Grundstück nur noch „extensiv zu nutzen", dh beispielsweise ungedüngt zu lassen, aber mit bestimmter Vegetation durchsetzt zu halten und zweimal jährlich zu mähen, so liegt in Wahrheit eine Unterlassungsverpflichtung, zu sichern durch Dienstbarkeit, und eine Handlungspflicht, zu sichern durch Reallast, vor. Die Verpflichtung zu „extensiver Nutzung" ist ohne die beschriebene Konkretisierung mangels Bestimmtheit weder in die eine noch die andere Richtung sicherbar.

III. Abgrenzung vom Nießbrauch

30   Die umfassende Nutzungsbefugnis, die ein Nießbrauch (→ Rn. 19) verleiht, kann nicht dem jeweiligen Eigentümer eines anderen Grundstücks eingeräumt werden. Wer solches annähernd erreichen will, muss bei der Grunddienstbarkeit bleiben und dazu die eingeräumten Nutzungsrechte am besten enumerativ jeweils als **Nutzung in einzelnen Beziehungen** formulieren, so dass dem Eigentümer des belasteten Grundstücks zumindest verbal oder an einer Teilfläche[79] noch Nutzungsmöglichkeiten verbleiben (vgl. die Nachweise → Rn. 19 f.).[80]

IV. Zahlungspflichten, Bedingungen

31   **Zahlungspflichten** des Eigentümers des belasteten Grundstücks oder des Dienstbarkeitsberechtigten können nicht den Inhalt einer Dienstbarkeit bilden. Ausnahmen hiervon be-

---

[68] BGH DNotZ 1972, 350.
[69] BGH DNotZ 1972, 350.
[70] BayObLG DNotZ 1998, 122.
[71] BayObLGZ 1979, 444.
[72] BayObLG DNotZ 1986, 231.
[73] BayObLGZ 1980, 232; BayObLG DNotZ 1990, 506 mAnm *Ring*.
[74] BayObLGZ 1989, 89; LG München II MittBayNot 2002, 400.
[75] BayObLG NJW 1982, 1054.
[76] BayObLG DNotZ 1986, 228 mAnm *Ring; Kristic* MittBayNot 2003, 263.
[77] BayObLGZ 1982, 184.
[78] BayObLGZ 1959, 306; 1959, 241; vgl. MüKoBGB/*Mohr* BGB § 1018 Rn. 40.
[79] BGH NJW 1992, 1101.
[80] BayObLG MittBayNot 1990, 41 mAnm *Ertl; Adamczyk* MittRhNotK 1998, 112.

stehen nur für so genannte Nebenpflichten (→ Rn. 27). Zahlungen des jeweiligen Dienstbarkeitsberechtigten für die Ausübung der Dienstbarkeit werden aber faktisch erzwingbar, wenn der Fortbestand oder jedenfalls die Ausübung der Dienstbarkeit an die **Bedingung** geknüpft ist, dass der Berechtigte bestimmte Zahlungen leistet. Eine solche Bedingung kann in die Dienstbarkeit selbst aufgenommen werden. Hängt der Fortbestand (und nicht nur die Ausübung) der Dienstbarkeit von ihr ab, so muss sie im Grundbuch selbst verlautbart werden; eine bloße Bezugnahme auf die Eintragungsbewilligung (§ 874 BGB) genügt dafür nicht.[81] Ein Beispiel hierfür kann das Erlöschen einer Nutzungs-Dienstbarkeit sein, die einen Mietvertrag flankiert (zB um den Mieter wirtschaftlich vor den Folgen von Vollstreckungsmaßnahmen in das Mietobjekt oder der Insolvenz des Vermieters zu schützen, s. § 57a ZVG, § 111 InsO, auch → Rn. 49f.), wenn der Mieter insolvent wird.[82]

F. Typische Dienstbarkeiten

Die folgenden Formulierungsbeispiele typischer Dienstbarkeiten sind exemplarisch. Im jeweiligen Einzelfall kann eine andersartige, kürzere oder umfassendere Gestaltung notwendig sein. **32**

I. Geh- und Fahrtrecht, Leitungsrechte

Formulierungsbeispiel: Geh-, Fahrt- und Leitungsrecht **33**

E bestellt an dem Grundstück Fl.-Nr. *** für den jeweiligen Eigentümer des Grundstücks Fl.-Nr. *** folgende in ihrer Ausübung auf einen *** m breiten Streifen entlang der Nordgrenze des dienenden Grundstücks beschränkte Rechte:
- ein Geh- und Fahrtrecht,
- das Recht, alle Versorgungs- und Entsorgungsleitungen, zB für Wasser, Abwasser, Gas und Strom, in den vorgenannten Grundstückstreifen einzulegen, diese Leitungen zu benützen, instandzuhalten und zu erneuern.

Der betroffene Grundstückstreifen ist im beigefügten Lageplan, auf den die Beteiligten verweisen, gelb gekennzeichnet. Der Lageplan wurde den Beteiligten zur Durchsicht vorgelegt.

Die Grunddienstbarkeit darf nur ausgeübt werden im Rahmen der Nutzung des herrschenden Grundstücks als Wohnhaus- und/oder Gartengrundstück. Das Recht des Eigentümers des dienenden Grundstücks, den betroffenen Grundstückstreifen für gleiche Zwecke mitzubenutzen, bleibt unberührt.

Die ordnungsgemäße Instandhaltung der Wegefläche und die Verkehrssicherungspflicht übernehmen der Eigentümer des dienenden Grundstücks und der Eigentümer des herrschenden Grundstücks je zur Hälfte. Der Eigentümer des herrschenden Grundstücks ist verpflichtet, dem Eigentümer des dienenden Grundstücks vollen Schadenersatz für alle Schäden am dienenden Grundstück zu leisten, die durch die Ausübung der Leitungsrechte, zB durch Grabungsarbeiten, auch unverschuldet entstehen. Es wird bewilligt und beantragt, die vorstehend bestellte Grunddienstbarkeit im Grundbuch einzutragen.

Wer statt eines Geh- und Fahrtrechts ein **Wegerecht** bestellt, erlaubt damit wohl auch **34** Parken, Reiten und Viehtreiben,[83] aber nicht ohne weiteres eine Befestigung des Wegs.[84] Zur Verdinglichung von Instandhaltungs- und Verkehrssicherungspflichten → Rn. 27.

---

[81] Vgl. *Schöner/Stöber* GrundbuchR Rn. 1149, 1160.
[82] Vgl. BGH MittBayNot 2012, 63, die Kündigungssperre des § 112 InsO hindert das Erlöschen nicht.
[83] BGH NJW 1985, 385.
[84] DNotI-Report 2004, 167.

Dienstbarkeiten für öffentliche Versorgungsleitungen können unter bestimmten Voraussetzungen entbehrlich sein, wenn und weil spezielle öffentlich-rechtliche Duldungspflichten des Eigentümers bestehen.[85] Es kann, gleichsam als „Gegenstück" zu einem Geh- und Fahrtrecht, auf ein **Notwegerecht verzichtet** werden. Um diesen Verzicht zu verdinglichen, muss er im Grundbuch des „verzichtenden" Grundstücks eingetragen werden, nicht des (Not)Wegegrundstücks.[86]

35　Bei beschränkten persönlichen Dienstbarkeiten gemäß § 1092 Abs. 2, Abs. 3 BGB gehen schuldrechtliche Nebenpflichten bereits nach § 1059c BGB auf spätere Eigentümer und Berechtigte über.

II. Warenbezug

36　**Formulierungsbeispiel: Warenbezugsverbot**

〇 E bestellt am Grundstück Fl.-Nr. *** eine beschränkte persönliche Dienstbarkeit für die X-AG, wonach auf dem dienenden Grundstück kein Bier hergestellt, gelagert, verkauft oder sonst wie vertrieben werden darf.

37　Eine beschränkte persönliche Dienstbarkeit für eine juristische Person (→ Rn. 22) ist hier wegen der Unsicherheit, die von § 1019 BGB ausgeht, einer Grunddienstbarkeit vorzuziehen.[87]

38　Soll die Dienstbarkeit den Biervertrieb in Wirklichkeit nicht unterbinden, sondern zugunsten eines bestimmten Herstellers steuern (→ Rn. 28), so handelt es sich um eine sog. **Sicherungsdienstbarkeit.** Diese muss keine Zeitschranken enthalten, wie sie die Rechtsprechung für entsprechende Warenbezugspflichten aufgestellt hat. Die Verbotsdienstbarkeit ist vielmehr abstrakt und mit der schuldrechtlichen Bezugspflicht nur durch eine Sicherungsabrede verbunden, ähnlich wie Grundschuld und gesicherte Verbindlichkeit.[88] Es besteht daher auch nicht ohne Weiteres ein Löschungsanspruch.[89]

III. Wärmebezug

39　Es gelten dieselben Grundsätze und Gestaltungsempfehlungen wie bei einem Warenbezug (→ Rn. 36 ff. und → Rn. 26). Nach BGH[90] sind Wärmebezugsverbote, wie sie in den entschiedenen Fällen formuliert wurden, auch dann dienstbarkeitsfähig, wenn sie faktisch zu einem **Wärmeabnahmezwang** führen.[91]

IV. Immissionsschutz

40　**Formulierungsbeispiel: Immissionsverbot**

〇 Auf dem dienenden Grundstück dürfen keine Geräusche erzeugt werden, die an der Grenze zum herrschenden Grundstück zu irgendeinem Zeitpunkt *** dB übersteigen.

---

[85] BGH und OLG Hamm jeweils DNotZ 1992, 794; OLG Düsseldorf NJW 1999, 956; OLG Oldenburg NJW 1999, 957; zur entsprechenden Regelung in § 57 TKG BVerfG NJW 2003, 196; BGH NJW 2002, 678; *Kirchner* MittBayNot 2000, 202.
[86] BGH DNotZ 2014, 622.
[87] Vgl. OLG München MittBayNot 1980, 15 mAnm *Ring;* BGH NJW 1984, 2157.
[88] BGH DNotZ 1988, 572 (576) mAnm *Amann;* BGH NJW 1998, 2286; DNotI-Report 2004, 143.
[89] Vgl. BGH MittBayNot 2009, 228 mAnm *Bormann.*
[90] BGH WM 1984, 820; WM 1985, 808.
[91] Ebenso OLG München MittBayNot 2006, 43.

V. Immissionsduldung

Formulierungsbeispiel: Immissionsduldungspflicht   41

Der Eigentümer des dienenden Grundstücks duldet entschädigungslos alle Auswirkungen eines Stein- und/oder Schotterwerks, der sonstigen Gewinnung und/oder Verarbeitung von Bodenbestandteilen und/oder eines Handels mit solchen Gegenständen, auch wenn diese Auswirkungen, wie zB Lärm, Staub, Erschütterungen, sich künftig ihrem Umfang nach oder durch eine Änderung der hierbei angewandten Verfahren ändern. Er verzichtet insoweit auf Schadenersatzansprüche, die sich aus dem Eigentum ergeben.

Immissionsduldungs-Dienstbarkeiten sind in weitem Umfang möglich („alle Einwir- 42
kungen").[92] Falls der Inhalt einer Duldungsdienstbarkeit AGB (§ 305 BGB) ist oder in einem Verbrauchervertrag (§ 310 Abs. 3 BGB) vereinbart wird, kann er mit § 309 Nr. 7 BGB kollidieren und nach § 307 Abs. 1 S. 2 BGB (Verstoß gegen das Transparenzgebot) unwirksam sein, wenn die Grenzen des § 309 Nr. 7 BGB nicht in den Dienstbarkeitsinhalt aufgenommen werden.[93]

Der Verzicht auf **Schadenersatzansprüche jeder Art** ist nicht dienstbarkeitsfähig, 43
wohl aber, wenn es um einen spezifierten Verzicht als Annex zu einer sonstigen Duldungspflicht geht.[94] Ein **Rechtsmittelverzicht** kann nicht Inhalt einer Dienstbarkeit sein, wohl aber die zugrunde liegenden klagbaren Rechte (zB Verzicht auf Einwendungen gegen die Verletzung nachbarschützender Normen in einem Baugenehmigungsverfahren).[95]

VI. Nutzungsbeschränkung

Formulierungsbeispiel: Gewerbebetriebsbeschränkung   44

Auf dem dienenden Grundstück darf kein Gewerbe ausgeübt werden und kein Beruf, der mit Publikumsverkehr, mit Geräuschen, mit Erschütterungen, mit Gerüchen oder anderen Immissionen für das herrschende Grundstück verbunden ist.

Nicht dienstbarkeitsfähig ist dagegen die Pflicht, das Grundstück in bestimmter Weise 45
zu nutzen (→ Rn. 26), wohl aber die Beschränkung auf eineinhalbgeschossige Bauweise durch Dienstbarkeit, woraus aber ohne explizite weitere Regelung nicht der Schluss gezogen werden kann, dies sei dann auch ein umfassendes Sichtfreihaltungsrecht.[96]

VII. Wohnungsbesetzung

Formulierungsbeispiel: Wohnungsbesetzungsrecht   46

Die auf dem dienenden Grundstück befindlichen Wohnungen dürfen bis zum Ablauf des Kalenderjahres *** nur Personen zur Nutzung überlassen werden, die von dem Dienstbarkeitsberechtigten benannt werden.

Typische Fälle von solchen Rechten[97] sind die sog. **„Austragshausdienstbarkei-** 47
ten".[98] Der mit einer solchen Dienstbarkeit regelmäßig einhergehende „Druck" auf den

---

[92] BayObLG DNotZ 2004, 928.
[93] Vgl. *Amann/Brambring/Hertel* Kap. G VII. 2. b.
[94] BayObLG DNotZ 1991, 253 – Duldung von Baumwurf und insoweit Verzicht auf Schadensersatzansprüche.
[95] Gutachten DNotI-Report 1997, 58.
[96] BGH NJW 2002, 1797.
[97] Vgl. zB BayObLG DNotZ 2001, 73; MittBayNot 2001, 317.

Eigentümer des belasteten Grundbesitzes, zB zum Abschluss von Betreuungsverträgen, ist zulässig, sofern der berechtigte Eigentümer seine dingliche Rechtsstellung nicht zur Durchsetzung inhaltlich unzulässiger Vereinbarungen nutzt.[99]

VIII. Öffentliche Belange

48 Dienstbarkeiten zur Sicherung öffentlicher Belange sind grundsätzlich zulässig,[100] und zwar auch dort, wo **Baulasten** zulässig sind. Mehr noch: Baulasten bedürfen stets eines zivilrechtlichen Rechtsgrundes (sonst §§ 812, 818 Abs. 2 BGB), der in einer Dienstbarkeit oder in einem schuldrechtlichen Vertrag bestehen kann.[101] Umgekehrt kann sich nach ständiger Rechtsprechung aus einer Dienstbarkeit die Pflicht ergeben, eine inhaltsgleiche Baulast zu bestellen.[102] Auch die „Austragshausdienstbarkeiten" lassen sich hierunter fassen, wenn die Nutzung einer baulichen Anlagen von der Zustimmung einer öffentlichen Stelle abhängt (→ Rn. 28, 46). Ferner gehören hierzu Dienstbarkeiten zur **Fremdenverkehrsnutzung**[103], **Abstandsflächendienstbarkeit**en[104] und zu naturschutzrechtlichen Eingriffs- und Ausgleichsmaßnahmen (→ Rn. 29).

IX. Nutzungsrechte

49 Nutzungsdienstbarkeiten kommen in der Praxis vor allem als beschränkte persönliche Dienstbarkeiten vor, und hier namentlich als „Sicherungsdienstbarkeiten" (→ Rn. 38), so zB zur Flankierung von Miet- und Pachtverträgen (→ Rn. 31) oder im Zusammenhang mit der Nutzung erneuerbarer Energien wie **Windkraft-, Solar- und Photovoltaikanlagen** (zur Rechtsnachfolgeproblematik bei diesen → Rn. 22).[105]

---

50   Formulierungsbeispiel: Mietdienstbarkeit

Verkäufer und Käufer haben nach Angaben bereits vor der heutigen Beurkundung einen Mietvertrag miteinander abgeschlossen, wonach der Verkäufer mit Wirkung ab dem Zeitpunkt des Besitzübergangs den Vertragsgegenstand vom Käufer (zurück)mietet. Ein unmittelbarer Besitzerwechsel findet also nicht statt. Die Bestimmungen dieses Mietverhältnisses sind allen Beteiligten bekannt, auf nachrichtliche Beifügung der entsprechenden Mietvertragsbestimmungen zur heutigen Urkunde wird verzichtet. Dieser Vertrag wird nachfolgend auch kurz „Mietvertrag" genannt, der Verkäufer auch „Mieter", der Käufer auch „Eigentümer".

Der Mietvertrag soll mit einer rechtlich eigenständigen beschränkten persönlichen Dienstbarkeit zugunsten des Mieters am Vertragsobjekt dinglich gesichert werden. Diese Abrede stellt zugleich den Rechtsgrund für die nachstehend eingeräumte Dienstbarkeit dar.

1. Der Eigentümer bestellt zugunsten des Mieters eine beschränkte persönliche Dienstbarkeit am verkauften Grundbesitz mit dem Inhalt, dass der jeweilige Dienstbarkeitsberechtigte den mit der Dienstbarkeit belasteten Grundbesitz zu Zwecken des Mietvertrages nutzen kann, und zwar zum Betrieb von (zB: Heimen, Tagesstätten,

---

[98] Nutzung eines Hauses nur als Altenteilerhaus, BayObLGZ 1980, 232; BayObLG DNotZ 1990, 506 mAnm *Ring.*

[99] BGH NJW 2013, 1963.

[100] BGH DNotZ 1985, 34 mAnm *Quack;* LG München II MittBayNot 2004, 366.

[101] BGH DNotZ 1986, 140; NJW 1995, 53.

[102] Vgl. BGH DNotZ 1994, 885; *Klam* ZNotP 2003, 89.

[103] Hierzu *Kristic* MittBayNot 2003, 263.

[104] Kersten/*Bühling/ Wolfsteiner* § 71 Rn. 16.

[105] Zur diesbezüglichen Ausgestaltung von Sicherungsvertrag und Dienstbarkeit vgl. *Böttcher* notar 2012, 383 (392); *Reymann* DNotZ 2010, 84 (88); Gesamtmuster einer Photovoltaikdienstbarkeit → Rn. 62 sowie zB auch der Formulierungsvorschlag bei *Kappler* ZfIR 2012, 265 (272); ausf. auch *Böttcher/Faßbender/ Waldhoff,* Erneuerbare Energien in der Notar- und Gestaltungspraxis, 2014.

Bildungs- und Betreuungseinrichtungen) sowie damit zusammenhängende Dienstleistungen. Die Überlassung der Ausübung der Rechte aus dem Mietvertrag an Dritte ist ohne vorherige schriftliche Zustimmung des Eigentümers nicht gestattet.

2. Die jeweilige beschränkte persönliche Dienstbarkeit erlischt, wenn eine der folgenden auflösenden Bedingungen eingetreten ist:

a) Das zwischen Eigentümer und Mieter bestehende Mietverhältnis oder ein etwa an dessen Stelle getretenes Mietverhältnis zwischen Eigentümer und Mieter ist vom jeweiligen Dienstbarkeitsberechtigten gekündigt worden.

b) Das zwischen Eigentümer und Dienstbarkeitsberechtigtem bestehende Mietverhältnis oder ein etwa an dessen Stelle getretenes Mietverhältnis zwischen Eigentümer und Mieter ist vom Eigentümer aus Gründen gekündigt worden, die der Dienstbarkeitsberechtigte zu vertreten hat.

c) Das Mietverhältnis ist aufgrund einvernehmlicher Aufhebung beendet worden. Reiner Zeitablauf führt dagegen noch nicht zum Erlöschen der Dienstbarkeit.

d) Über das Vermögen des Mieters ist von diesem selbst ein Insolvenzantrag gestellt worden oder ein solcher Antrag wurde von einem Dritten gestellt und das zuständige Gericht hat vorläufige Insolvenzsicherungsmaßnahmen beschlossen oder über das Vermögen des Mieters wurde das Insolvenzverfahren eröffnet oder die Eröffnung mangels Masse abgelehnt.

3. Die Löschung der Dienstbarkeit kann nicht verlangt werden, wenn im Zusammenhang mit Zwangsvollstreckungsmaßnahmen in den belasteten Grundbesitz, mit einem Insolvenzverfahren über das Vermögen des Vermieters oder mit Eintritt einer Nacherbfolge der Mietvertrag vorzeitig enden sollte. In diesem Fall ist der (bisherige) Mieter jedoch verpflichtet, für die weitere Dauer der Ausübung der Dienstbarkeit anstelle der Miete eine Ausübungsvergütung an den Grundstückseigentümer zu zahlen, die der Höhe der Miete nebst etwaiger Umsatzsteuer entspricht, die er ohne Beendigung oder Beeinträchtigung des Mietverhältnisses zu entrichten hätte.

4. Eigentümer und Mieter sind verpflichtet, Art und Umfang der Ausübung an den einschlägigen Bestimmungen des Mietvertrages auszurichten, auch wenn die Dienstbarkeit einen weitergehenden dinglichen Inhalt hat (zB auch, wenn nach vorstehendem Abs. 3 der Mietvertrag erloschen ist).

Die Beteiligten bewilligen und beantragen die Eintragung der vorstehend näher bezeichneten beschränkten persönlichen Dienstbarkeit in das Grundbuch. Die Dienstbarkeit hat Rang vor Grundpfandrechten zu erhalten.

X. Steuern

Die Einräumung einer beschränkten persönlichen Dienstbarkeit zugunsten der Gemeinde 51 (im Fall: Nutzung einer Ausgleichsfläche) stellt keine Vermietung/Verpachtung dar und ist daher auch nicht nach § 4 Nr. 12 lit. c UStG von der Umsatzsteuer befreit.[106]

Führt die Bestellung einer Dienstbarkeit an einer im Privatvermögen stehenden Immo- 52 bilie ausnahmsweise dazu, dass das wirtschaftliche Eigentum an einem Grundstücksteil dauerhaft verloren geht (im entschiedenen Fall: Errichtung einer U-Bahn-Station), so wird ein dafür gezahltes Entgelt als Veräußerungserlös behandelt und daher weder nach § 21 EStG noch nach § 22 Nr. 3 EStG besteuert, sondern höchstens nach § 22 Nr. 2 iVm § 23 EStG in der sog. „Spekulationsfrist".[107] Im Regelfall allerdings handelt es sich bei für die Bestellung einer Dienstbarkeit gezahlten wiederkehrenden Entgelten um Nutzungs-

---

[106] Anders bei bloßer Sicherungsdienstbarkeit neben dem Abschluss eines Mietvertrages, vgl. BFH BStBl. II 1971, 473; zum Zuschuss einer Gemeinde für die öffentliche Nutzung einer Tiefgarage vgl. BFH DStR 1998, 118.
[107] BFH NJW 1978, 344.

entgelte, die der Einkommensteuer unterliegen.[108] Wird ein Entgelt für die Unterlassung einer bestimmten Nutzungsmöglichkeit (Gewerbebetriebsbeschränkung) oder für einen Rechtsverzicht (Duldung einer Nutzung benachbarter Einheiten) gezahlt, so gehört dies bei Privatvermögen zu den Einkünften nach § 22 Nr. 3 EStG.[109] Umgekehrt unterliegt der entgeltliche Verzicht auf eine Grunddienstbarkeit durch den Berechtigten nicht der Steuer nach § 22 Nr. 3 EStG, weil es sich hierbei um die Aufgabe einer Rechtsposition und damit um eine nicht steuerbare Vermögensumschichtung handelt.[110] Auch die Zahlung einer **einmaligen** Entschädigung für die Einräumung einer Dienstbarkeit erfüllt keinen ertragsteuerlichen Tatbestand.[111]

53   Behält sich der Verkäufer eines Grundstückes weitere Nutzungsrechte vor, die ggf. durch Dienstbarkeiten gesichert werden, so liegt darin eine „sonstige Leistung", welche die Bemessungsgrundlage der Grunderwerbsteuer nach § 9 Abs. 1 Nr. 1 GrEStG erhöht.

54   Die Übernahme bestehender Dienstbarkeiten führt dagegen nach § 9 Abs. 2 Nr. 2 S. 2 GrEStG nicht zu einer Erhöhung der Grunderwerbsteuer; dies gilt allerdings nur, wenn die Dienstbarkeiten zum Zeitpunkt der Veräußerung bereits eingetragen sind und daher kraft Gesetzes auf den Erwerber übergehen.[112]

G. Zwangsvollstreckungsunterwerfung wegen Dienstbarkeiten

55   § 794 Abs. 1 Nr. 5 ZPO erlaubt die Zwangsvollstreckungsunterwerfung wegen Ansprüchen aus Dienstbarkeiten, zB wegen der → Rn. 44 erwähnten Dienstbarkeit gemäß folgendem Formulierungsbeispiel.

56   **Formulierungsbeispiel: Zwangsvollstreckungsunterwerfung wegen einer**
↻   **Dienstbarkeit**
Als Grundstückseigentümer unterwerfe ich, ***, mich gegenüber der X-AG wegen dieser Unterlassungspflichten der sofortigen Zwangsvollstreckung aus dieser Urkunde.[113]

57   Eine solche Unterwerfung ist bei einer Grunddienstbarkeit auch gegenüber dem jeweiligen Eigentümer des herrschenden Grundstücks zulässig.[114]

H. Löschungsproblem bei Grunddienstbarkeiten – Veränderung des herrschenden Grundstücks

58   Ein die Praxis immer mehr belastendes Problem besteht in einer still verlaufenden **Berechtigtenvermehrung** gemäß § 1025 S. 1 BGB **infolge Parzellierung des herrschenden Grundbesitzes** nach Eintragung der Dienstbarkeit. Dies wird noch dadurch verkompliziert, das Trennflächen aus dem herrschenden Stammgrundstück im weiteren Verlauf mit anderem Grundbesitz verschmolzen worden sein können, so dass letztlich gar nicht mehr erkennbar ist, welches tatsächlich der materiell herrschende Grundbesitz ist. Eine Klärung mittels Planvergleich ist selten möglich, weil in der Praxis – zu Recht – in der Regel das gesamte ursprüngliche Stammgrundstück berechtigt wurde und keine Einschränkung auf bestimmte Teile dieses Grundbesitzes vorgenommen wird (anders bei der Beschreibung des Ausübungsbereichs am dienenden Grundbesitz). § 1025 BGB hilft dann nicht. Ist nun die Löschung einer Grunddienstbarkeit unter Vorlage einer Löschungsbewilligung lediglich des Eigentümers des aus dem Grundbuch nach wie vor ausschließlich

---

[108] Zur Verteilung von Einmalzahlungen BFHE 94, 369.
[109] BFHE 82, 319; BFH DStRE 1998, 220.
[110] Vgl. BFH DStRE 2001, 579.
[111] BFH NJW 2018, 3335.
[112] BFHE 122, 565; BFH DStRE 2005, 1031.
[113] *Limmer* DNotI-Report 1998, 9.
[114] Vgl. *Wolfsteiner*, Die vollstreckbare Urkunde, 3. Aufl. 2011, Rn. 27.13ff.

ersichtlichen ursprünglichen herrschenden Stammgrundstücks wegen nachfolgender Vermessungen dieses Grundstücks nicht möglich, so kann das Grundbuchamt die namentliche Ermittlung der Eigentümer dieser Teilflächen nicht dem Antragsteller aufbürden, sondern hat sie als materiell Beteiligte des Eintragungsverfahrens selbst festzustellen. Dem Antragsteller obliegt es dann, ihre Löschungsbewilligung oder den – in der Praxis kaum möglichen – Nachweis für das teilweise Erlöschen der Grunddienstbarkeit durch Wegfall des Vorteils beizubringen.[115]

Die erwähnte Problematik besteht sinngemäß, wenn vom **dienenden Grundbesitz** 59 **Teilflächen lastenfrei abgeschrieben** werden sollen, bei denen ein Planvergleich nach § 1026 BGB nicht möglich ist, so dass Freigaben oder zumindest grundbuchfähige Bestätigungen über die Nichtausübung des Rechts an der betreffenden Teilfläche eingeholt werden müssen. Ist hingegen eine lastenfreie Abschreibung mittels Planvergleich möglich, darf das Grundbuchamt nicht noch zusätzlich eine Berichtigungsbewilligung fordern.[116]

Den Notar trifft jedoch in keinem der obigen „Vervielfältigungsfälle" eine Amtspflicht, 60 von vornherein die Beteiligten zu belehren oder von Amts wegen zu ermitteln. Auch er darf, selbst bei lang zurückliegenden Belastungen, auf die Richtigkeit des Grundbuchs vertrauen. Eine Pflicht zur Einsicht in die Grundakten, aus denen sich die entsprechenden Entwicklungen erkennen ließen, besteht nicht. Auch bei einem Teilflächenverkauf besteht kein Anlass, den Stammgrundbesitz auf etwaige Berechtigungen hin zu analysieren, selbst bei bestehendem Aktivvermerk. Abgesehen davon, dass diese praktisch nicht recherchiert werden können und Aktivvermerke zudem selten und selten aktuell sind, hat dieser Punkt mit der allein bestehenden Vollzugspflicht betreffend den Trenngrundbesitz (und **seiner** Lastenfreistellung) nichts zu tun. Es wäre diesbezüglich also ein gesonderter Auftrag mit näheren Angaben des Verkäufers nötig.

I. Gesamtmuster

I. Bestellung einer Grunddienstbarkeit zu Erschließungszwecken

I. Grundbuchstand
61

Im Grundbuch des Amtsgerichts *** von *** ist/sind *** als Eigentümer des in der Gemarkung *** gelegenen und nachstehend beschriebenen Grundbesitzes eingetragen:

Fl.-Nr. ***

– nachfolgend kurz „dienendes Grundstück" genannt –.

In Abteilung II des Grundbuchs sind eingetragen: ***.

In Abteilung III des Grundbuchs sind eingetragen: ***.

II. Dienstbarkeitsbestellung

*** – nachfolgend auch „Eigentümer" genannt – bestellt am dienenden Grundstück für den jeweiligen Eigentümer des Grundstücks Fl.-Nr. *** der Gemarkung *** – nachfolgend auch „herrschendes Grundstück" genannt – folgende in ihrer Ausübung auf einen durchgängig mindestens *** m breiten Streifen entlang der Nordgrenze des dienenden Grundstücks beschränkte Rechte:
– ein Geh- und Fahrtrecht,
– das Recht, alle Versorgungs- und Entsorgungsleitungen, zB für Wasser, Abwasser, Gas und Strom, in den vorgenannten Grundstückstreifen einzulegen, diese Leitungen zu benützen, instandzuhalten und zu erneuern.

---

[115] BayObLG MittBayNot 1996, 376.
[116] OLG München MittBayNot 2017, 138 (Ls.).

Der betroffene Grundstückstreifen ist im beigefügten Lageplan, auf den die Beteiligten verweisen, **gelb** gekennzeichnet. Der Lageplan wurde den Beteiligten zur Durchsicht vorgelegt, auf ihn wird verwiesen.

[*ggf.:* Die Grunddienstbarkeit darf nur ausgeübt werden im Rahmen der Nutzung des herrschenden Grundstücks als Einfamilienhausgrundstück.]

Das Recht des Eigentümers des dienenden Grundstücks, den betroffenen Grundstückstreifen für gleiche Zwecke mitzubenutzen, bleibt unberührt. [*Alt.:* Das Recht des Eigentümers des dienenden Grundstücks, den betroffenen Grundstückstreifen für gleiche Zwecke mitzubenutzen, ist ausgeschlossen.]

Die ordnungsgemäße Instandhaltung der Wegefläche und die Verkehrssicherungspflicht übernimmt der jeweilige Eigentümer des herrschenden Grundstücks, wenn und solange der Eigentümer des dienenden Gundstücks von seinem Mitbenutzungsrecht keinen Gebrauch macht. Macht er hiervon Gebrauch, so treffen die vorstehenden Verpflichtungen den Eigentümer des dienenden Grundstücks und den Eigentümer des herrschenden Grundstücks im Verhältnis des tatsächlichen Mitgebrauchs, im Zweifel je zur Hälfte, was das Leitungsrecht angeht aber nur, wenn und soweit die jeweiligen Ver- und Entsorgungsleistungen von dienendem und herrschendem Grundbesitz im Ausübungsbereich nicht getrennt geführt werden.

Der Eigentümer des herrschenden Grundstücks ist verpflichtet, dem Eigentümer des dienenden Grundstücks vollen Schadenersatz für alle Schäden am dienenden Grundstück zu leisten, die durch die Ausübung der Leitungsrechte, zB durch Grabungsarbeiten, auch unverschuldet entstehen. Die Beteiligten bewilligen und

beantragen

die vorstehend bestellte beschränkte persönliche Dienstbarkeit im Grundbuch einzutragen, und zwar im Range **vor Grundpfandrechten**. Die Beteiligten beantragen den Grundbuchvollzug aller Erklärungen, die zur Rangbeschaffung geeignet sind.

Sollte ein Vorrang vor Grundpfandrechten nicht zu erlangen sein, ist den Beteiligten Folgendes bekannt:

Der Nachrang der Dienstbarkeit hinter Grundpfandrechten kann im Falle einer Zwangsversteigerung zum Erlöschen der Dienstbarkeit führen. Diese erhält aus dem Versteigerungserlös einen Wertersatz nur, soweit vom Versteigerungserlös nach Befriedigung der vorrangigen Grundschulden und der sonst vorgehenden Rechte etwas übrig bleibt. Der Betrag der vorrangigen Grundschulden kann sich infolge der Grundschuldnebenleistungen erheblich erhöhen, zB auf das Doppelte.

III. Gegenleistung

Für die heutige Dienstbarkeitsbestellung ist keine Gegenleistung zu entrichten. [*Alt.:* ... erhält der Eigentümer des dienenden Grundstücks *** *[nähere Bestimmungen zu Art und Fälligkeit der Gegenleistung, eventuell Dienstbarkeitsvormerkung und/oder Vorlagesperre; Achtung: Bei Vollstreckungsunterwerfung besteht Beurkundungspflicht!].*]

IV. Vollmacht des Notars

Die Beteiligten erteilen dem Notar Vollmacht, sie im Grundbuchverfahren uneingeschränkt zu vertreten und die zur Wirksamkeit oder zum Vollzug dieser Urkunde erforderlichen Erklärungen und Genehmigungen einzuholen und entgegenzunehmen.

V. Kosten, Abschriften

1. Unabhängig von der nach dem Gesetz bestehenden Gesamthaftung aller Beteiligten übernimmt der Eigentümer des herrschenden Grundbesitzes die Kosten dieser Urkunde und ihrer Durchführung.
2. Das Original dieser Urkunde ist beim Grundbuchamt einzureichen. Von dieser Urkunde erhalten die Beteiligten sofort einfache Abschriften sowie Grundpfandrechtsgläu-

biger zur Rangrücktrittserklärung. Beglaubigte Abschriften erhalten die Beteiligten nach Grundbuchvollzug. Außerdem ist eine beglaubigte Abschrift für die Urkundensammlung des Notars zu fertigen.

***, den ***

Unterschriften

Beglaubigungsvermerk

II. Bestellung einer beschränkten persönlichen Dienstbarkeit (Photovoltaikanlage)

I. Grundbuchstand

62

Im Grundbuch des Amtsgerichts *** von *** ist/sind *** als Eigentümer des in der Gemarkung *** gelegenen und nachstehend beschriebenen Grundbesitzes eingetragen:

Fl.-Nr. ***

– nachfolgend kurz „dienendes Grundstück" genannt –.

In Abteilung II des Grundbuchs sind eingetragen: ***.

In Abteilung III des Grundbuchs sind eingetragen: ***.

II. Dienstbarkeitsbestellung

1. *** – nachfolgend auch kurz „**Eigentümer**" genannt – bestellt am dienenden Grundstück zugunsten von *** – nachfolgend auch kurz „**Berechtigter**" genannt – eine beschränkte persönliche Dienstbarkeit mit folgendem Inhalt:

   a) Der Berechtigte hat das Recht, auf der gesamten Dachfläche [*Alt. 1:* auf folgender Fläche – Plan – des Daches des Gebäudes] [*Alt. 2:* auf folgender Stelle auf dem dienenden Grundstück – Plan –] eine Photovoltaikanlage samt Betriebszubehör mit einer maximalen Leistung von ca. *** kWp zu errichten, zu betreiben und zu unterhalten, Niederspannungs-, Mess- und Steuerkabel von und zu der Übergabestation zu verlegen und elektrische Energie durch die Kabel und die Übergabestation in das öffentliche Elektrizitätswerk zu leiten bzw. aus dem öffentlichen Elektrizitätsnetz zu beziehen. [*ggf.* Lage sowie Plan dieser Leitungen im dienenden Grundstück bezeichnen!]
   Die Photovoltaikdienstbarkeit als beschränkte persönliche Dienstbarkeit dient dazu, dass die Sonderrechtsfähigkeit der Anlage trotz Verbindung mit dem fremden Grundstück aufrechterhalten wird. Eigentümer sämtlicher Anlagen ist, soweit gesetzlich möglich, der Berechtigte.

   b) Der Berechtigte ist in diesem Zusammenhang verpflichtet, jederzeit den Zugang zu diesem Gebäude auf dem dienenden Grundstück zu unterhalten.

   c) [*ggf.:* Der Berechtigte kann die Ausübung der Dienstbarkeit an Dritte überlassen.]

   d) Die ordnungsgemäße Instandhaltung und die Verkehrssicherungspflicht übernimmt der Berechtigte. Der Berechtigte ist verpflichtet, dem jeweiligen Eigentümer des dienenden Grundstücks einschließlich aufstehender Gebäude vollen Schadenersatz für alle Schäden am dienenden Grundstück zu leisten, die durch Ausübung der vorstehend eingeräumten Befugnisse, zB durch Installation, Betriebsstörungen, Grabungsarbeiten, auch unverschuldet, entstehen.

   e) Baulichkeiten, Bäume und Sträucher dürfen die Anlage nicht gefährden oder ihren Betrieb beeinträchtigen. Ihre Beseitigung ist nach vorheriger Rücksprache mit dem Eigentümer des dienenden Grundstücks durch den Berechtigten auf Kosten des Berechtigten zulässig.

2. Die Beteiligten bewilligen und
   beantragen

die vorstehend bestellte beschränkte persönliche Dienstbarkeit im Grundbuch einzutragen, und zwar im Range **vor Grundpfandrechten**. Die Beteiligten beantragen den Grundbuchvollzug aller Erklärungen, die zur Rangbeschaffung geeignet sind.

Sollte ein Vorrang vor Grundpfandrechten nicht zu erlangen sein, ist den Beteiligten Folgendes bekannt:

Der Nachrang der Dienstbarkeit hinter Grundpfandrechten kann im Falle einer Zwangsversteigerung zum Erlöschen der Dienstbarkeit führen. Diese erhält aus dem Versteigerungserlös einen Wertersatz nur, soweit vom Versteigerungserlös nach Befriedigung der vorrangigen Grundschulden und der sonst vorgehenden Rechte etwas übrig bleibt. Der Betrag der vorrangigen Grundschulden kann sich infolge der Grundschuldnebenleistungen erheblich erhöhen, zB auf das Doppelte.

3. Die beschränkte persönliche Dienstbarkeit ist grundsätzlich nicht übertragbar bzw. vererblich. Die „Überleitung" auf nachfolgende Anlagenbetreiber bildet dann keine Probleme, wenn der Dienstbarkeitsberechtigte eine Gesellschaft ist und der Wechsel im Fall der Nachfolge auf der Anteilsebene stattfindet. Um in allen anderen Fällen einzelne Nachfolger dinglich abzusichern, kann einem Versprechensempfänger (Anlagenbetreiber, Treuhänder, Bank) ein Anspruch auf Benennung und Dienstbarkeitsbestellung zugunsten des zu benennenden Nachfolgers eingeräumt und dieser Anspruch durch Eintragung einer Vormerkung gesichert werden. Solche Regelungen sind derzeit nicht gewünscht.

III. Gegenleistung

Für die heutige Dienstbarkeitsbestellung ist keine Gegenleistung zu entrichten. [*Alt.:* → *Rn. 61*].

IV. Vollmacht des Notars

Die Beteiligten erteilen dem Notar Vollmacht, sie im Grundbuchverfahren uneingeschränkt zu vertreten und die zur Wirksamkeit oder zum Vollzug dieser Urkunde erforderlichen Erklärungen und Genehmigungen einzuholen und entgegenzunehmen.

V. Belehrungen des Notars

Der beglaubigende Notar hat die Beteiligten insbesondere über folgendes belehrt:

1. Der Notar hat den Beteiligten empfohlen, sich vor der Beurkundung über die steuerlichen Auswirkungen dieser Urkunde anhand eines Entwurfs von einem Steuerberater beraten zu lassen.

2. Die heutige Urkunde stellt die grundbuchliche Sicherung der Errichtung und des Betriebs einer Photovoltaikanlage dar, und **nicht** den eigentlichen Nutzungsvertrag (Pachtvertrag oder Ähnliches). Es ist empfehlenswert, einen solchen **vor** Bestellung der Dienstbarkeit, ggf. unter Zuhilfenahme anwaltlicher Beratung, mindestens privatschriftlich abzuschließen. Der Notar hat hierzu keine Belehrung oder Beratung übernommen.

VI. Kosten, Abschriften

1. Unabhängig von der nach dem Gesetz bestehenden Gesamthaftung aller Beteiligten übernimmt der Berechtigte die Kosten dieser Urkunde und ihrer Durchführung.

2. Das Original dieser Urkunde ist beim Grundbuchamt einzureichen. Von dieser Urkunde erhalten die Beteiligten sofort einfache Abschriften sowie Grundpfandrechtsgläubiger zur Rangrücktrittserklärung. Beglaubigte Abschriften erhalten die Beteiligten nach Grundbuchvollzug. Außerdem ist eine beglaubigte Abschrift für die Urkundensammlung des Notars zu fertigen.

***, den ***

Unterschriften

Beglaubigungsvermerk

§ 8. Vorkaufsrechte

Übersicht

A. Form der Bestellung und Ausübung

I. Bestellung

Jeder **schuldrechtliche** Vertrag, der die Pflicht begründet, ein Vorkaufsrecht zu bestellen, **1** bedarf nach § 311b Abs. 1 S. 1 BGB der **notariellen Beurkundung.**[1] Ohne solche ist das bestellte Vorkaufsrecht kondizierbar (§ 812 Abs. 1 S. 1 BGB). Die **dingliche** Begründung soll indes **formfrei** sein, es gilt allein § 873 BGB.[2] Meist werden beide Rechtsgeschäfte in der Bestellungsurkunde uno actu vorgenommen. Der Formmangel des Verpflichtunggeschäfts wird nach zutreffender Auffassung dabei durch die Eintragung des Vorkaufsrechts im Grundbuch entsprechend § 311b Abs. 1 S. 2 BGB geheilt,[3] allerdings nur *ex nunc* und nur, wenn die Willensübereinstimmung zwischen den Parteien dann noch besteht. Zur Eintragung des Vorkaufsrechts im Grundbuch und damit zur Heilung ist neben dem Eintragungsantrag somit lediglich eine notariell beglaubigte Eintragungsbewilligung (§§ 19, 29 GBO) erforderlich.[4] Der Notar, dem eine fertig formulierte Eintragungsbewilligung vorgelegt wird, darf diese auch beglaubigen, weil § 925a BGB nach hM nicht analog gilt.[5] Er sollte zumindest aber auf den Formmangel des Verpflichtungsgeschäfts hinweisen. § 311b Abs. 1 S. 1 BGB hindert aber den Notar nicht mehr, eine nur

---

[1] BGH DNotZ 1968, 93.
[2] BGH NJW 2016, 2035.
[3] BGH WM 1967, 935; RGZ 125, 261 (264).
[4] *Schöner/Stöber* GrundbuchR Rn. 1399.
[5] Vgl. *Schöner/Stöber* GrundbuchR Rn. 1399.

zu beglaubigende Eintragungsbewilligung zu entwerfen, ohne das Verpflichtungsgeschäft zu beurkunden.

II. Ausübung

2 Die **Ausübung** des Vorkaufsrechts ist nach hM **formfrei** (vgl. § 464 Abs. 1 S. 2 BGB).[6] Der Berechtigte kann die Ausübung nach Abschluss des Kaufvertrags bereits vor Erteilung behördlicher Genehmigungen, die zu dessen Wirksamkeit erforderlich sind, mit Wirkung auf den Genehmigungszeitpunkt erklären.[7]

B. Gestaltungsmöglichkeiten bei der Person des Vorkaufsberechtigten

I. Subjektiv persönliches Vorkaufsrecht

3 Dieses Recht steht einer **bestimmten natürlichen oder juristischen Person** zu (§§ 1094 Abs. 1, 1098 Abs. 1 S. 1, Abs. 3, 463 ff. BGB). § 473 BGB erlaubt es, das Vorkaufsrecht in beliebiger Kombination unvererblich/vererblich, übertragbar/unübertragbar, zeitlich beschränkt/zeitlich unbeschränkt zu gestalten. Gesetzlich und praktisch die Regel ist das unvererbliche, unübertragbare und zeitlich nicht beschränkte Vorkaufsrecht (§§ 1098 Abs. 1 S. 1, 473 S. 1 BGB), Ausnahmen bedürfen bei einem Vorkaufsrecht nach §§ 1094 ff. BGB zu ihrer Wirksamkeit der Grundbucheintragung.[8] Der Notar sollte die gewählte Gestaltung zum Ausdruck bringen, auch wenn er der gesetzlichen Regel folgt.

3a   Die Bestellung eines Vorkaufsrechts zugunsten eines an der dinglichen Einigung unbeteiligten **Dritten** ist unzulässig.[9] Daraus folgt auch, dass bei §§ 1094 ff. BGB ein Vorkaufsrecht nicht derart gestaltet werden kann, dass ein an der dinglichen Einigung unbeteiligter Dritter das Vorkaufsrecht in der Weise ausüben kann, dass der Kaufvertrag zwischen dem Vorkaufsverpflichteten und dem Dritten zustande kommt. Möglich dürfte es aber sein, ein dingliches Vorkaufsrecht so zu gestalten, dass der Vorkaufsberechtigte die Ausübung zugunsten eines Dritten erklären kann. In dieser Variante wechselt die Person des Vorkaufsberechtigten nicht und es ist allein dem Vorkaufsberechtigten möglich, über die Vorkaufsrechtsausübung zu entscheiden. Entschieden oder in der Literatur behandelt ist dies jedoch, soweit ersichtlich, nicht.

II. Subjektiv dingliches Vorkaufsrecht

4 Das Recht steht dem jeweiligen **Eigentümer eines anderen Grundstücks** zu (§§ 1094 Abs. 2, 1098 Abs. 1 S. 1, 463 ff. BGB)
   – zeitlich unbeschränkt (vgl. § 1103 Abs. 1 BGB) und damit unsterblich und ohne Übereinkunft nicht ablösbar, oder
   – zeitlich beschränkt durch Aufnahme einer Befristung oder auflösenden Bedingung in den Inhalt des Vorkaufsrechts, die im Grundbuch selbst zu verlautbaren ist (keine Bezugnahme gemäß § 874 BGB, s. auch → Rn. 14a).

5 Auch hier gilt die am Ende von → Rn. 3 ausgesprochene Gestaltungsempfehlung.

> Muster: Subjektiv-dingliches Vorkaufsrecht
> Siehe hierzu das Gesamtmuster → Rn. 40.

---

[6] BGH DNotZ 2000, 764 mAnm *Rieger*.
[7] BGH DNotZ 1998, 895.
[8] Vgl. zB OLG München MittBayNot 2013, 231 (232).
[9] LG Düsseldorf MittRhNotK 1977, 129; *Schöner/Stöber* GrundbuchR Rn. 1405.

III. Rein schuldrechtliches Vorkaufsrecht (§§ 463 ff. BGB)

Beim rein schuldrechtlichen Vorkaufsrecht gilt: 6

– zeitliche Dauer wie bei → Rn. 3, kein Typenzwang;
– Wirkung nur *inter partes,* nicht zu Lasten Dritter oder zu Lasten des jeweiligen Eigentümers;[10]
– Sicherung des rein schuldrechtlichen Vorkaufsrechts nicht durch dingliches Vorkaufsrecht gemäß §§ 1094 ff. BGB, sondern durch Vormerkung nach § 883 BGB (Formmängel werden dabei nicht entsprechend § 311b Abs. 1 S. 2 BGB geheilt);[11]
– ein Vorkaufsrecht nach §§ 1094 ff. BGB kann nicht zu einem „limitierten Kaufpreis" vereinbart werden (sondern nur schuldrechtlich, zu sichern durch Vormerkung wie vor). Die gleichwohl getroffene Vereinbarung eines „limitierten Kaufpreises" führt aber nur zur Unwirksamkeit ebendieser Regelung, nicht aber zur inhaltlichen Unzulässigkeit einer etwaigen Grundbucheintragung iSv § 53 Abs. 1 S. 2 GBO;[12]
– ein schuldrechtliches Vorkaufsrecht kann zusätzlich neben einem Vorkaufsrecht nach §§ 1094 ff. BGB vereinbart werden; umgekehrt ist ein Vorkaufrecht nach §§ 1094 ff. BGB seiner Rechtsnatur nach nicht ein mit dinglicher Wirkung ausgestattetes Vorkaufsrecht, sondern ein eigenständiges Sachenrecht, das ein schuldrechtliches Vorkaufsrecht nicht voraussetzt; vielmehr sind „dingliches" und schuldrechtliches Vorkaufsrecht grundsätzlich rechtlich unabhängig voneinander.[13]

> **Muster: Preislich und zeitlich limitiertes Vorkaufsrecht**
> Siehe hierzu das Gesamtmuster → Rn. 41.

IV. Mehrheit von Berechtigten

Bei mehreren Berechtigten eines persönlichen oder dinglichen Vorkaufsrechts ist im 7 Grundbuch gemäß § 47 GBO ihr **Gemeinschaftsverhältnis** anzugeben. Der BGH[14] lässt unter Ablehnung des § 428 BGB die Verlautbarung des § 472 BGB genügen.[15] § 472 BGB ist auch materiell-rechtlich das Mittel der Wahl, da es im Gesetz vorgegeben und dort dem Recht gemäß handhabbar ausgestaltet ist – insbesondere für den Fall, dass Mitberechtigte sich der Ausübung nicht anschließen.[16] Eine Übertragung einer bloßen Mitberechtigung auf einen anderen bereits Mitberechtigten ist sinnlos und daher abzulehnen.[17]

Hiervon zu unterscheiden ist der Fall, dass entweder von Anfang an oder sukzessive 7a **zwei oder mehr Vorkaufsrechte** an einem Grundstück bestellt werden. Dies ist grundsätzlich zulässig, wenn der Rang zwischen ihnen in den Bestellungsurkunden geklärt ist.[18] Kollisionen aus einer möglichen mehrfachen Ausübung der Vorkaufsrechte sind zu vermeiden, so dass die Bestellung von zwei oder mehr ranggleichen Vorkaufsrechten unzulässig ist.[19] Die Vorrangigkeit des rangbesseren Vorkaufsrechts bezieht sich dabei nicht nur auf die Vormerkungswidrigkeit gemäß §§ 1098 Abs. 2, 879 BGB, sondern auch auf die Befugnis zur Ausübung des Vorkaufsrechts.[20] Auch ist insofern die Haftung des Eigentümers zu klären, da dieser sich noch weiteren Eigentumsverschaffungspflichten und dem damit verbundenen Schadensersatzrisiko aussetzt (→ Rn. 34 ff.).

---

[10] Vgl. OLG Düsseldorf MittBayNot 2003, 50 mAnm *Berringer* MittBayNot 2003, 34.
[11] Vgl. OLG Zweibrücken MittBayNot 2013, 43 mAnm *Niemeyer.*
[12] Vgl. OLG Frankfurt a.M. MittBayNot 2018, 149; OLG Zweibrücken DNotZ 2012, 452.
[13] OLG Zweibrücken MittBayNot 2013, 43 mAnm *Niemeyer.*
[14] NJW 2017, 1811; DNotZ 1998, 292.
[15] AM *Schöner/Stöber* GrundbuchR Rn. 1406 ff.; dazu *Amann* DNotZ 2008, 324 (343).
[16] Vgl. hierzu BGH DNotZ 2009, 625.
[17] In diese Richtung auch schon OLG München MittBayNot 2013, 231 (232).
[18] BGH NJW 2014, 3023; DNotZ 1961, 544.
[19] OLG Hamm FGPrax 2017, 9.
[20] BeckOGK/*Omlor,* Stand: 1.2.2019, BGB § 1094 Rn. 56.

C. Vorkaufsrecht für einen, mehrere oder alle Verkaufsfälle

8 § 1097 BGB bestätigt für das dingliche Vorkaufsrecht (→ Rn. 4 f.), was sich beim rein schuldrechtlichen Vorkaufsrecht aus der Vertragsfreiheit ergibt:[21] Das Vorkaufsrecht kann für einen, mehrere oder alle Verkaufsfälle bestellt werden. In der Praxis dominieren
– das Vorkaufsrecht für den ersten Verkaufsfall (dazu → Rn. 18 ff.),
– das Vorkaufsrecht für alle Verkaufsfälle; dieses ist besonders einschneidend, vor allem, wenn es ohne zeitliche Beschränkung dem jeweiligen Eigentümer eines anderen Grundstücks eingeräumt wird (→ Rn. 4, 10 ff.).

D. Gefahren bis zur Eintragung

9 Wenn sich die Eintragung des Vorkaufsrechts verzögert und bereits vor der Eintragung ein Verkaufsfall eintritt, dann besteht in diesem Zeitpunkt noch kein dingliches Vorkaufsrecht iSd §§ 1094 ff. BGB (§ 873 Abs. 1 BGB). Ob dann der Berechtigte wenigstens schuldrechtlich zum Vorkauf berechtigt ist, steht nicht zweifelsfrei fest.[22] Zweifel lassen sich durch die am Ende von → Rn. 19 vorgeschlagene Formulierung vermeiden.

E. Faktische Auswirkungen

10 Die faktischen Auswirkungen, die ein Vorkaufsrecht für den Eigentümer des damit belasteten Grundstücks hat, werden weithin **unterschätzt.** Es bedeutet nicht nur Verkauf an den Vorkaufsberechtigten zu gleichen Bedingungen, sondern auch:

I. Erschwerte Beleihbarkeit des Grundstücks

11 Das dingliche Vorkaufsrecht hat gegenüber nachrangigen Grundpfandrechten die Wirkung einer Eigentumsvormerkung (§ 1098 Abs. 2 BGB). Der Vorkaufsberechtigte kann zwar keine Löschung eines nachrangigen Grundpfandrechts im Vorkaufsfall verlangen, wenn dieses bereits **vor** dem Verkaufsfall entstanden ist.[23] Die Bank kann aber bei der Kreditausreichung nicht zuverlässig feststellen, ob vor Entstehung ihres Grundpfandrechts noch ein Verkauf stattgefunden hat. Sie verlangt daher häufig einen Rangrücktritt des Vorkaufsberechtigten. Dieser muss dann über die Grundpfandrechtsbestellung unterrichtet werden und ist gleichwohl nicht verpflichtet zurückzutreten.

II. Hindernis für Erbbaurechtsbestellung

12 Der Vorkaufsberechtigte kann verhindern, dass der Eigentümer des belasteten Grundstücks daran ein Erbbaurecht bestellt, indem er den dafür erforderlichen Rangrücktritt (§ 10 Abs. 1 S. 1 ErbbauRG) verweigert.[24]

III. Abschreckung von Kaufinteressenten

13 Kaufinteressenten erlangen die Gewissheit, dass ihr Kauf „klappt", erst nach Beginn (→ Rn. 31) und Ablauf der dem Vorkaufsberechtigten zustehenden Ausübungsfrist. Dies hält Interessenten, die schnelle Gewissheit brauchen, ab und veranlasst andere, günstigere Konditionen für sich auszuhandeln.

---

[21] *Berringer* MittBayNot 2003, 34.
[22] BGH WM 1970, 1024; OLG Düsseldorf DNotZ 1999, 1015.
[23] BGH DNotZ 1973, 606.
[24] Vgl. BGH DNotZ 1974, 692; auch → § 7 Rn. 15.

IV. Erschwerte Löschbarkeit

Wird bei einem subjektiv-dinglichen Vorkaufsrecht der berechtigte Grundbesitz geteilt, so **14** kommt es zu einer **Vervielfältigung der Berechtigten**,[25] deren Gemeinschaftsverhältnis sich nach § 472 BGB richtet. Sowohl bei einer Vorkaufsrechtsanfrage als auch bei der Lastenfreistellung vom eingetragenen Vorkaufsrecht muss nun im Zuge der Kaufvertragsabwicklung jeder dieser Eigentümer einbezogen werden; eine Löschungs- oder Freigabeerklärung ist von jedem Berechtigten in grundbuchfähiger Form abzugeben.[26] Zwar kann richtigerweise der Verzicht einzelner subjektiv-dinglich Berechtigter (= Grundstückseigentümer) auf das Recht im Grundbuch berichtigend vermerkt werden.[27] Allerdings besteht das Recht für die anderen berechtigten Grundstücke unverändert fort und ist zudem die Teilung des herrschenden Grundstücks nach Begründung des subjektiv-dinglichen Vorkaufsrechts im Grundbuch nicht zu vermerken.[28]

Zur Eindämmung bietet sich eine analoge Anwendung des für Reallasten geltenden **14a** § 1109 Abs. 2 BGB an.[29] Für den Rechtsgestalter lassen sich folgende Empfehlungen aussprechen:

- subjektiv-dingliche Vorkaufsrechte möglichst vermeiden und statt dessen subjektiv-persönliche Vorkaufsrechte vereinbaren, zumal diese kostengünstiger sind (§ 110 Nr. 2 lit. b GNotKG; s. auch → Rn. 26 ff.); Gegenausnahme: Vorkaufsrechte an Miteigentumsanteilen für andere Miteigentümer oder an Wohnungs-/Teileigentum für die anderen Wohnungs-/Teileigentümer sollten auch in dieser Weise formuliert und somit subjektiv-dinglich sein, mag es in diesen Fällen auch teurer werden;
- bei subjektiv-persönlichen Vorkaufsrechten Vererblichkeit und Veräußerbarkeit gezielt regeln, möglichst ausschließen (das heißt, es beim ohnehin gesetzlichen Grundfall belassen);
- sollen es im Übrigen unbedingt subjektiv-dingliche Vorkaufsrechte sein: Versuchen, deren zeitliches oder gegenständliches Schicksal über – hinreichend bestimmte – Befristungen oder aufschiebende oder auflösende Bedingungen[30] zu beeinflussen.

Formulierungsbeispiel: Dämpfung von Vorkaufsrechts-Fernwirkungen **15**

Das Vorkaufrecht besteht nur auf die Dauer des Mietvertrages vom *** einschließlich ◖ etwaiger Verlängerungszeiträume und umfasst alle Vorkaufsfälle, die während dieser Dauer eintreten.[31]

[*Alt. 1:* Das Vorkaufsrecht entsteht erst dann und nur insoweit, als das belastete Grundstück rechtskräftig in den derzeit geltenden Bebauungsplan Nr. 2 der Gemeinde X einbezogen wird oder für dieses Grundstück ein Baurecht geschaffen wird, das nach Art und Umfang die Bebaubarkeit entsprechend dem vorgenannten Bebauungsplan ermöglicht, im Zweifel nachgewiesen durch Bestätigung der Gemeinde X; zuvor aus dem belasteten Grundstück veräußerte Flächen werden mit Eigentumsumschreibung auf den Erwerber von dem Vorkaufsrecht frei.]

[*Alt. 2:* Das Vorkaufsrecht erlischt im Falle späterer Vermessung des belasteten und/oder berechtigten Grundbesitzes an/für diejenigen Trenngrundstücke(n), die nicht mit

---

[25] Vgl. Gutachten DNotI-Report 2017, 20.
[26] Exemplarisch etwa OLG München MittBayNot 2010, 42; OLG Celle NotBZ 2010, 227.
[27] OLG München MittBayNot 2013, 231; *Jeep* MittBayNot 2010, 44 (45); offenbar aA noch OLG München MittBayNot 2010, 42.
[28] OLG München MittBayNot 2010, 42.
[29] *Amann* NotBZ 2010, 201 (205 f.).
[30] Was möglich ist, arg. e. contr. § 925 Abs. 2 BGB, OLG München DNotZ 2012, 201 (202); *Omlor* JuS 2017, 1160 (1162) mwN.
[31] Nachteil hierbei ist, dass der entsprechende Zeitpunkt nicht in der Form des § 29 GBO nachgewiesen werden kann.

Gebäuden im Sinne des dann geltenden Baurechts, im Zweifel nachgewiesen durch amtlichen Flurkartenauszug, bebaut sind.]

16   Auch subjektiv-persönliche Vorkaufsrechte sind mit unerwarteten Fallen ausgestattet: Der mit den Mitteln des § 29 GBO zu erbringende Nachweis, dass bei einer als Berechtigte eines subjektiv-persönlichen Vorkaufsrechts eingetragenen Gesellschaft nach Eintragung der Beendigung der Liquidation und des Erlöschens der Firma keinerlei Vermögen mehr vorhanden sei, diese daher nicht mehr existent sei und das Vorkaufsrecht deshalb untergegangen sei, setzt zusätzlich den Nachweis voraus, dass die Gesellschaft das Vorkaufsrecht nicht vor ihrem Erlöschen im Rahmen einer Teilübertragung des Unternehmens nach § 1059a Nr. 2 BGB (mit-)übertragen hat,[32] was de facto nicht möglich ist und jedenfalls Nachtragsliquidation und gegebenenfalls Klage erfordert.

V. Zeitlich unbeschränktes Vorkaufsrecht

17   Besonderes Gewicht erlangen diese Nachteile, wenn das Vorkaufsrecht auch für alle künftigen Verkaufsfälle besteht und zeitlich nicht beschränkt ist. Ein solches Vorkaufsrecht **mindert den Wert** des damit belasteten Grundstücks erheblich.

F. Umgehungsfestes Vorkaufsrecht für den ersten Verkaufsfall

18   Für den Eigentümer des belasteten Grundstücks empfiehlt es sich, das Vorkaufsrecht gemäß der gesetzgeberischen Grundwertung[33] auf den **ersten** Verkaufsfall zu beschränken. Ein solches Vorkaufsrecht kann allerdings unversehens dadurch entfallen oder umgangen werden, dass das Eigentum am belasteten Grundstück durch nicht kaufweise Sonderrechtsnachfolge wechselt, zB durch Schenkung oder Versteigerung.[34] § 1097 S. 1 BGB beschränkt ein solches Vorkaufsrecht nämlich auf einen Verkauf durch **denjenigen** Eigentümer, welchem das belastete Grundstück zur Zeit der Bestellung des Vorkaufsrechts gehört, oder durch seine Erben.[35]

Beispiel:

A bestellt ein Vorkaufsrecht für den ersten Verkaufsfall für X. A schenkt das Grundstück dann dem B. B verkauft es an C. Obwohl dies der erste Verkaufsfall ist, nützt das Vorkaufsrecht dem X nichts, weil es bereits mit dem Eigentumserwerb des B erloschen ist.[36] Daher empfiehlt sich folgende Formulierung:

19   **Formulierungsbeispiel: Umgehungsfestes Vorkaufsrecht für den ersten „echten"**
⚭   **Verkaufsfall**

E bestellt am Grundstück Fl.-Nr. *** ein unvererbliches und nicht übertragbares Vorkaufsrecht zugunsten des B für denjenigen ersten Verkaufsfall, bei welchem dem B erstmals eine Ausübung des Vorkaufsrechts rechtlich möglich ist. Das Vorkaufsrecht besteht also auch dann, wenn ein solcher Verkaufsfall erst bei einem späteren Eigentümer des belasteten Grundstücks eintritt. Es wird bewilligt und beantragt, dieses Vorkaufsrecht im Grundbuch einzutragen. Bis zu seiner Eintragung gilt das Vorkaufsrecht mit schuldrechtlicher Wirkung zwischen den Beteiligten.

---

[32] OLG Hamm NZG 2017, 584 (für KG); OLG Düsseldorf MittBayNot 2011, 303 (für GmbH).
[33] Ausf. *Amann* NotBZ 2016, 161 (164 ff.).
[34] Vgl. BGH NJW 2016, 3242; OLG München MittBayNot 2017, 376; KG MittBayNot 2017, 378.
[35] Unverständlich daher OLG München DNotZ 2016, 385.
[36] OLG Stuttgart DNotZ 1998, 305 mAnm *Zeiß;* zur Löschung *Schöner/Stöber* GrundbuchR Rn. 1432a.

Aufgrund der Rechtsprechung des BGH[37] ist dem Vorkaufsrecht keine Löschungserleich- 20
terung beigefügt.[38]

G. Ankaufsrecht, Option, Erwerbsrecht

Häufig stellen sich die Beteiligten unter einem Vorkaufsrecht Befugnisse vor, die ein Vor- 21
kaufsrecht iSd §§ 463, 1094 ff. BGB **nicht** verleiht, nämlich
- einen Erwerb zu Vorzugsbedingungen,
- ein Erwerbsrecht, das nicht nur bei einem Verkauf des Grundstücks entsteht, sondern auch in anderen Fällen, zB Tod, Insolvenz, Ehescheidung des Eigentümers uÄ.

Derartige Erwerbsrechte können **nicht als dingliche Vorkaufsrechte** in das Grundbuch 22
eingetragen,[39] wohl aber im Rahmen der Vertragsfreiheit (§ 311 BGB) vereinbart werden.
Sie werden als Ankaufsrecht, Erwerbsrecht, Option oÄ bezeichnet. Eine gesetzliche Terminologie fehlt ebenso wie eine zusammenhängende gesetzliche Regelung.

Juristisch kann es sich hierbei handeln[40] um 23
- ein einseitiges **Veräußerungsangebot** des Grundstückseigentümers oder
- einen **Vorvertrag** auf Abschluss eines Veräußerungsvertrags oder
- einen Kaufvertrag oder sonstigen **Veräußerungsvertrag,** der aufschiebend bedingt ist durch eine Ausübungserklärung des Erwerbers und eventuell durch sonstige Voraussetzungen.

Sobald es um Grundbesitz geht, fallen alle diese Gestaltungen unter § 311b Abs. 1 BGB. 24
Daher müssen vor allem **beurkundet** werden die Voraussetzungen, unter denen das Erwerbsrecht bzw. die Veräußerungspflicht entstehen, und der Inhalt des zustande kommenden Vertrags, insbesondere die Gegenleistung, hilfsweise das Verfahren, wie der Vertragsinhalt gefunden wird.[41]

Als **Sicherungsmittel** dient die **Vormerkung** zur Sicherung des bedingten oder 25
künftigen Übereignungsanspruchs (§ 883 Abs. 1 S. 2 BGB, → Rn. 6). Es genügt **eine**
Vormerkung, auch wenn verschiedene Tatbestände das Recht auslösen können.[42] Die
Eintragung der Vormerkung heilt aber einen etwaigen Formmangel des Verpflichtungsgeschäfts nicht (→ Rn. 1, 6).

Praxishinweis Steuern:

Während die Einräumung eines Vorkaufsrechtes keine Grunderwerbsteuer auslöst und
auch nicht der Grunderwerbsteuerstelle anzuzeigen ist, sind Vorgänge, mit denen sonstige Erwerbs- und Optionsrechte eingeräumt werden, zumindest anzeigepflichtig.[43]

Dabei ist zu beachten, dass bereits die Einräumung eines Ankaufsrechtes oder vergleichbaren Rechtes Grunderwerbsteuer nach § 1 Abs. 2 GrEStG auslösen kann, wenn
die gewählte Gestaltung dazu führt, dass der Berechtigte faktisch nach seinem Belieben
über die Immobilie verfügen kann.[44] Sofern das Recht nur unter bestimmten Bedingungen ausgeübt werden kann und der Berechtigte zuvor keinen eigentümerähnlichen Zugriff auf das Grundstück hat, fällt die Grunderwerbsteuer erst bei Ausübung des Erwerbsrechtes an. Da die Grenzen jedoch durchaus fließend sind, empfiehlt sich im

---

[37] DNotZ 1996, 453 mAnm *Lülsdorf.*
[38] Von *Schöner/Stöber* GrundbuchR Rn. 1436 indes für zulässig gehalten.
[39] BGH WM 1966, 891.
[40] Wegen der Einzelheiten s. *Schöner/Stöber* GrundbuchR Rn. 1444 ff.
[41] Vgl. LG Düsseldorf DNotZ 1981, 743 mAnm *Ludwig* DNotZ 1982, 356.
[42] BayObLG DNotZ 2003, 435.
[43] Vgl. etwa LfSt Bayern, Merkblatt über die steuerlichen Beistandspflichten der Notare auf den Gebieten der
Grunderwerbsteuer, Erbschaftsteuer (Schenkungsteuer) und Ertragsteuern (Stand: 1. 1. 2018), Tz. 2.1.11.
[44] Vgl. für Leasing-Verträge BFH DStR 2006, 1279; *Gottwald* MittBayNot 2007, 193; *Stoschek/Sommerfeld/
Mies* DStR 2008, 2046.

> Zweifel die Einholung einer verbindlichen Auskunft des zuständigen Finanzamtes (§ 89 Abs. 2 AO).
>
> Die Ausübung des Rechtes, einen Dritten als Angebotsempfänger oder Ankaufsberechtigten zu benennen, löst gesondert Grunderwerbsteuer nach § 1 Abs. 1 Nr. 6, Nr. 7 GrEStG aus.

H. Kosten

I. Wert

26   § 51 Abs. 1 S. 2 GNotKG: der halbe Wert des belasteten Grundbesitzes. Hiervon darf nur nach den besonderen Umständen des **Einzelfalls** abgewichen werden; die frühere Rechtsprechung zur Abweichung vom Regelwert (die auch allgemeine Erfahrungswerte hinsichtlich der Wahrscheinlichkeit der Ausübung berücksichtigte) ist damit überholt; deshalb zB keine Abweichung mehr
– nach unten bei kurzer Zeitdauer des Vorkaufsrechts,
– nach oben bei zeitlich unbegrenztem Vorkaufsrecht für alle Verkaufsfälle.

II. Gebühren

27   Wird das **Vorkaufsrecht in eigener Urkunde** bestellt, so führt dies über § 311b Abs. 1 S. 1 BGB (→ Rn. 1) zu Nr. 21100 KV GNotKG.

28   Ist das **Vorkaufsrecht in einen anderen Vertrag** (Kauf, Überlassung oÄ) **eingebettet,** zB Vorkaufsrecht für Veräußerer, Erwerber oder Dritten, so handelt es sich bei einem subjektiv-persönlichen Recht grundsätzlich um keine zusätzlich zu bewertende Leistung; ein subjektiv-dingliches Recht ist dagegen immer ein besonderer Beurkundungsgegenstand (§ 110 Nr. 2 lit. b GNotKG).

29   Räumen sich zwei Miteigentümer eines Grundstücks **gegenseitig Vorkaufsrechte an den Miteigentumsanteilen** ein, so ist wegen § 97 Abs. 3 GNotKG nur die höherwertige Rechtseinräumung zu bewerten.

30   Nach hM soll die zur **Durchführung des Zweitkaufvertrags nach Vorkaufsrechtsausübung** errichtete Urkunde lediglich den Ansatz einer 0,5-Gebühr gemäß Nr. 21101 Nr. 2 KV GNotKG (bzw. Nr. 21102 Nr. 1 KV GNotKG für den Fall der Beurkundung des Erstkaufvertrags durch einen anderen Notar) rechtfertigen.[45] Das überzeugt nicht. Richtig ist für derartige Urkunden der einheitliche Ansatz einer 2,0-„Vertragsgebühr" gemäß Nr. 21100 KV GNotKG. Die Mitbeurkundung der Auflassung an den Vorkaufsberechtigten und Aufhebung nebst Rückabwicklung des Erstkaufvertrags sind hierzu gegenstandsgleich (§ 109 Abs. 1 S. 2 GNotKG). Die hM übersieht, dass das zugrundeliegende Geschäft (der Zweitkaufvertrag) weder beurkundet noch überhaupt in irgendeiner Art und Weise verkörpert ist. Dementsprechend wirkt sich nach Art und Umfang (und Aufwand) auch die Gestaltungshöhe aus, die jedenfalls kostenrechtlich einer Vertragsneubeurkundung gleichzusetzen ist.[46] Folgt man der hM, wäre aber jedenfalls die Mitbeurkundung der Aufhebung des Erstkaufvertrags zusätzlich nach Nr. 21102 Nr. 2 KV GNotKG zu bewerten, da dies dann gegenüber den bloßen Verfügungsgeschäften zum Vorkaufsrechtsausübung ein anderer Beurkundungsgegenstand wäre.[47]

---

[45] Korintenberg/*Tiedtke* GNotKG KV Nr. 21101 Rn. 17 mwN.
[46] Ebenso *Lappe* NJW 2003, 489 (494), noch zur KostO.
[47] Ebenso *Schmidt* NotBZ 2012, 441 (442), der insofern noch zum alten Kostenrecht hierfür sogar eine 20/10-Gebühr nach § 36 Abs. 2 KostO ansetzen möchte.

I. Auslösung der Ausübungsfrist

Häufig übernimmt es der Notar, die Frist zur Ausübung des Vorkaufsrechts auszulösen. 31
Dann muss der Notar auch erkennen, ob eine **Umgehungsgestaltung** inmitten steht,
die trotz ihres Wortlauts Vorkaufsrechte gleichwohl auslöst. So ist die unentgeltliche Einbringung der vorkaufsbelasteten Sache in eine Gesellschaft und eine anschließende entgeltliche Übertragung der Anteile eine typische Maßnahme, die gleichwohl ein Vorkaufsrecht auslöst.[48] Weitere **Fallstricke sind hierbei** ferner:

– Das Recht zur Ausübung des Vorkaufsrechts setzt das Zustandekommen eines rechtswirksamen Kaufvertrags voraus.[49] Die Mitteilung setzt daher die Frist nur in Gang,
  wenn alle zur Wirksamkeit des Kaufvertrags erforderlichen **Genehmigungen erteilt**
  sind und auch dies **mitgeteilt** wird,[50] zB Genehmigung nach § 2 GrdstVG.
– Nur eine Mitteilung **namens** des V oder des K löst die Frist aus (§ 469 Abs. 1 S. 1, S. 2
  BGB). Der Notar muss also sein Handeln in dessen Namen **und** die ihm erteilte Vollmacht[51] kundtun. Die übliche Vollzugsvollmacht (vgl. auch → § 1 Rn. 482 ff.) reicht
  nicht aus.[52] Zur Mitteilung würde eine einfache Abschrift des Kaufvertrags genügen; als
  Vollmachtsnachweis empfiehlt sich eine dem Notar selbst erteilte Ausfertigung.
– Der **Zugang** muss **nachweisbar** sein, am sichersten bei Zustellung durch den Gerichtsvollzieher.
– Die **Aufhebung** des (wirksamen!) Kaufvertrags beseitigt nicht den Vorkaufsfall[53] – das
  heißt umgekehrt, dass vor Eintritt der Vertragswirksamkeit die „Aufhebung" unschädlich ist. Hier eröffnen sich taktische Möglichkeiten: So können die Beteiligten den Notar anweisen, eine (wenn auch mangels Vertragswirksamkeit noch „unverbindliche")
  Vorkaufsrechtsanfrage beim Berechtigten zu stellen („Testballon") und erst von ihrem
  Ausgang den Weitervollzug abhängig machen (Einholung der Genehmigung zB nach
  dem GrdStVG erst auf ausdrückliches Anfordern des (Erst)Käufers oder Verkäufers).
  Wegen § 53 BeurkG (Vollzugspflicht) müssen derartige Weisungen sicherheitshalber in
  der Urkunde enthalten sein. Dies liest sich auf den ersten Blick natürlich merkwürdig;
  berufsrechtliche Probleme sind hiermit gleichwohl nicht verbunden: Verhält sich der
  Notar ohne Zustellung seiner Urkunde nicht zum Anlauf der Vorkaufsrechtsfrist, sondern teilt nur den „Verkauf" iSd Urkundsinhalts mit – mehr dürfte er schon im eigenen
  Haftungsinteresse nicht tun! –, entsteht dem Vorkaufsberechtigten in diesen Fällen kein
  Schaden.[54]
– Der Vorkaufsberechtigte gibt entweder Nichtausübungserklärung/Löschungsbewilli-
  gung gleichwohl ab, auch wenn die Ausübungsvoraussetzungen formal noch nicht vorliegen mögen – dann ist dies sein eigener Entschluss und er nicht schutzwürdig. Oder
  er „übt aus" – dann mag man ihm mitteilen, dass dies derzeit ins Leere geht und sodann Kontakt mit den Vertragsbeteiligten wegen des weiteren Vorgehens aufnehmen,
  denn ein Vorkaufsrecht ist kein Erwerbsrecht. Sein eigenes Recht bleibt dem Berechtigten in diesem Fall aber unangetastet erhalten. Den Erstkaufbeteiligten bleibt nunmehr eine taktische Rückzugsmöglichkeit; sie haben dann nur die Beurkundungsgebühren vergebens aufgewendet. Oder der Berechtigte bleibt untätig – dann werden die
  Urkundsbeteiligten nach einer im Erstkauf bestimmten Frist und bei Vorliegen aller
  Wirksamkeitsvoraussetzungen über den Notar die Vorkaufsanfrage ohnehin „offiziell"
  über den Gerichtsvollzieher stellen, schon wegen der Vorkaufsfrist – jedoch kann dies
  in der Urkunde von einer vorherigen Kontaktaufnahme mit dem Notar und dessen
  Bestehen auf entsprechender schriftlicher Weisung abhängig gemacht werden.

---

[48] BGH DNotI-Report 2012, 61 (65).
[49] BGH MittBayNot 2011, 216.
[50] *Schöner/Stöber* GrundbuchR Rn. 1418.
[51] Vgl. OVG Lüneburg NJW 1996, 212.
[52] LG Frankfurt (Oder) MittBayNot 2004, 358.
[53] BGH MittBayNot 2011, 216.
[54] Umkehrschluss aus BGH MittBayNot 2003, 306.

32 Formulierungsbeispiel: Mitteilung an Vorkaufsberechtigten

⚓ Durch Übersendung der beigefügten Ausfertigung des von mir unter UR-Nr. *** beurkundeten Kaufvertrags teile ich Ihnen namens des Verkäufers und namens des Käufers aufgrund der mir in Ziffer *** des Kaufvertrags erteilten Vollmacht diesen Kaufvertrag mit. Die in Kopie beigefügten Genehmigung nach § 2 GrdstVG ist bereits rechtskräftig erteilt; weitere Genehmigungen sind zum Kaufvertrag nicht erforderlich. Durch diese Mitteilung wird die Frist zur Ausübung des Vorkaufsrechts in Lauf gesetzt.

33   Gibt der Notar die Dauer der Frist unzutreffend an, so kann dies Schadenersatzansprüche gegen ihn auslösen.[55] Dasselbe gilt, wenn der Inhalt des Kaufvertrags dem Vorkaufsberechtigten unrichtig oder unvollständig mitgeteilt wird,[56] sowie möglicherweise auch dann, wenn die Mitteilung zu spät erfolgt.[57] Die Auslösung der Ausübungsfrist durch den Notar ändert nichts daran, dass der Berechtigte die Ausübung gegenüber dem Verkäufer erklären kann (§ 464 Abs. 1 S. 1 BGB), so dass Notar und Käufer im Ungewissen bleiben, ob der Berechtigte das Vorkaufsrecht ausgeübt hat. Die von der Nichtausübung abhängige Kaufpreisfälligkeit ist mit dieser Unsicherheit behaftet. § 1099 Abs. 2 BGB hilft dem Käufer nicht, solange er noch nicht Eigentümer ist. Die Vereinbarung einer Benachrichtigungspflicht des Verkäufers an den Käufer mildert das Problem, beseitigt es aber nicht.

J. Vorsorge im Kaufvertrag

34 Den V trifft gegenüber K nach hM eine Haftung dafür, dass das Vorkaufsrecht nicht ausgeübt wird,[58] was gegensteuernde Regelungen im Kaufvertrag erforderlich macht. Wird das Vorkaufsrecht ausgeübt, so tritt nach dem BGB nicht ein „Parteiwechsel" auf der Käuferseite ein. Neben dem **ersten Kaufvertrag** zwischen V und K entsteht vielmehr ein **zweiter Kaufvertrag** gleichen Inhalts zwischen V und B (Vorkaufsberechtigten).[59] Vollzugsvollmachten in dem Kaufvertrag mit dem Dritten werden nicht Inhalt des Kaufvertrags mit dem Vorkaufsberechtigten.[60] Dasselbe gilt für die im Erstkaufvertrag erklärte Auflassung.[61] Der Vorkaufsberechtigte hat im Falle der Ausübung seines Vorkaufsrechts dem Drittkäufer die von diesem bereits bezahlten Notarkosten zu erstatten.[62]

35   Übt K nach Rechtswirksamkeit des Kaufvertrags ein ihm vorbehaltenes **Rücktrittsrecht** aus, so beseitigt dies weder die mit Rechtswirksamkeit des ersten Kaufvertrags entstandene Möglichkeit des B, das Vorkaufsrecht auszuüben, noch den dadurch zustande kommenden zweiten Kaufvertrag zwischen V und B.[63] Ein Rücktrittsrecht des V, das nicht unter § 465 BGB fällt und andere Sachgründe als die Umgehung des Vorkaufsrechts hat (zB Beschaffung von Ersatzland), müsste dagegen auch innerhalb des Kaufvertrags mit B wirken.

---

[55] BGH MittBayNot 2003, 306 mAnm *Reithmann*.
[56] Vgl. BGH DNotZ 2003, 431.
[57] AM OLG Celle MittBayNot 2008, 376 mit ablehnender Anm. *Häublein*.
[58] Vgl. Palandt/*Weidenkaff* BGB Vor § 463 Rn. 8.
[59] S. auch H. *Schmidt* NotBZ 2012, 441. Zur Fälligkeit und Verzinsung des Kaufpreises OLG München MittBayNot 1994, 30 mAnm *Grziwotz;* zur Ausübung des Vorkaufsrechts nur an einem Teil der verkauften und mit dem Vorkaufsrecht belasteten Grundstücke OLG Düsseldorf DNotZ 2003, 436.
[60] BGH DNotZ 2012, 826.
[61] BGH DNotZ 2017, 949.
[62] OLG Frankfurt a.M. MittBayNot 2013, 125.
[63] BGH DNotZ 1977, 349; vgl. auch → Rn. 31.

Formulierungsbeispiel: Vorsorge im Kaufvertrag bei bestehendem Vorkaufsrecht 36

ᕀ

Abschnitt ***

Fälligkeit des Kaufpreises

1. Der Kaufpreis muss innerhalb von vierzehn Tagen gutgeschrieben sein, nachdem der Vollzug dieses Vertrags gesichert ist wie folgt:
   – *** *[übliche Voraussetzungen]*
   – Dem Notar liegen gemäß nachfolgendem Abschnitt *** Aufgabeerklärung und Löschungsbewilligung bezüglich des eingetragenen Vorkaufsrechts grundbuchtauglich vor, von der spätestens mit Eigentumsumschreibung auf den Käufer, im Übrigen ohne Auflagen Gebrauch gemacht werden darf oder – soweit dies nicht der Fall ist –, die Nichtausübung des Vorkaufsrechts steht fest.
2. Der Notar wird ersucht, den Beteiligten den Eintritt der vorstehenden Voraussetzungen mitzuteilen, bezüglich der Ausübung von Vorkaufsrechten aber nur seine Kenntnisse ohne notarielle Feststellung, ob ein Vorkaufsrecht ausgeübt wurde. Die vorstehend vereinbarte Zahlungsfrist beginnt bezüglich der vom Notar mitzuteilenden Voraussetzungen mit der Mitteilung des Notars, wenn der Käufer nicht zuvor anderweitig Kenntnis erlangt hat. Spätere Gutschrift soll in jedem Fall ohne Mahnung und ohne zusätzliche Fristen die gesetzlichen Verzugsfolgen auslösen.
3. Falls die in vorstehender Ziff. 1 vereinbarten Fälligkeitsvoraussetzungen nach Ablauf von *** Monaten ab Rechtswirksamkeit dieses Kaufvertrags noch nicht erfüllt sind, ist der Käufer berechtigt, von diesem Kaufvertrag zurückzutreten. Das Rücktrittsrecht hängt nicht von einer vorherigen Fristsetzung ab. Ein noch nicht ausgeübtes Rücktrittsrecht erlischt mit Eintritt sämtlicher vorgenannter Fälligkeitsvoraussetzungen. Das Rücktrittsrecht erstreckt sich nicht auf die Erklärungen zum Eigentumsübergang. Die Ausübung des Rücktrittsrechts ist nur wirksam, wenn sie schriftlich erfolgt. Im Falle der Ausübung dieses Rücktrittsrechts hat der Verkäufer sämtliche in dieser Urkunde aufgeführten Kosten und Steuern sowie sämtliche Kosten der Rückabwicklung zu übernehmen. Weitergehende gesetzliche Rechte des Käufers werden ausgeschlossen.

Abschnitt ***

Vorkaufsrecht

1. Die Beteiligten bevollmächtigen den Notar, Erklärungen des Vorkaufsberechtigten über Nichtausübung, Aufgabe und/oder Löschung seines Vorkaufsrechts entgegenzunehmen. Die Vollmacht des Notars erstreckt sich dagegen nicht auf die Entgegennahme der Vorkaufsrechtsausübung. Solange der Verkäufer dem Notar keine andere Adresse des Vorkaufsberechtigten schriftlich mitteilt, gilt als verbindliche Adresse für den Schriftverkehr des Notars mit dem Vorkaufsberechtigten folgende Adresse: ***. Der Notar übernimmt keine Pflicht, die Adresse des Vorkaufsberechtigten zu ermitteln. Er übernimmt auch keine Pflicht, über die im Grundbuch als Vorkaufsberechtigte eingetragenen Personen bzw. Grundstücke hinaus etwaige weitere Vorkaufsberechtigte zu ermitteln.
2. Wenn bis zum Ablauf des *** dem Notar weder eine Aufgabeerklärung und Löschungsbewilligung bezüglich des Vorkaufsrechts, noch die schriftliche Erklärung des Vorkaufsberechtigten, dass das Vorkaufsrecht nicht ausgeübt wird, hat der Notar nach Vorliegen aller zur Wirksamkeit erforderlichen Genehmigungen dem Vorkaufsberechtigten diesen Kaufvertrag – in auszugsweiser Ausfertigung für den Vorkaufsberechtigten, ohne Auflassung – über den Gerichtsvollzieher zuzustellen, um auf diese Weise die Frist zur Ausübung des Vorkaufsrechts auszulösen. Der Notar wird von den Vertragsteilen hierzu bevollmächtigt. Er soll dem Vorkaufsberechtigten bereits zuvor eine Abschrift des Kaufvertrags zusenden mit der Bitte, ihm zur Weiterleitung an Verkäufer und Käufer mitzuteilen, ob er sein Vorkaufsrecht ausübe.

3. Der Notar hat die Beteiligten darüber belehrt, dass er auch nach Ablauf der Frist für die Ausübung des Vorkaufsrechts nicht von sich aus abschließend feststellen kann, ob ein Vorkaufsrecht ausgeübt worden ist. Falls der Vorkaufsberechtigten das Vorkaufsrecht weder aufgibt und löschen lässt noch ausübt, bleibt das Vorkaufsrecht, wenn es nicht nur für einen Verkaufsfall bestellt ist, auch nach Eigentumsumschreibung bestehen. Der Käufer tritt in alle Rechte und Pflichten aus diesem Vorkaufsrecht ein. Handelt es sich um ein Vorkaufsrecht, das einmalig und erstmals nur für den heutigen Verkauf ausgeübt werden kann, so führt auch dessen Erledigung durch Fristablauf nicht zur automatischen Löschbarkeit im Grundbuch.

4. Wenn das Vorkaufsrecht ausgeübt wird, führt dies zu keinem Schadenersatzanspruch des Käufers. Alle Forderungen aus der Ausübung des Vorkaufsrechts werden hiermit sicherungshalber an den Käufer abgetreten. Der Käufer tritt seine vorgenannten Ansprüche an etwaige zur Eintragung gelangende Finanzierungsgrundpfandrechtsgläubiger weiter ab. Er verzichtet auf den Zugang der Annahmeerklärung dieser Gläubiger.

5. Nach Ausübung des Vorkaufsrechts kann sich jeder heutige Vertragsteil durch Rücktritt vom Kaufvertrag aus seiner schuldrechtlichen Bindung lösen. Ein solcher Rücktritt beseitigt nicht die Bindung des Verkäufers gegenüber dem Vorkaufsberechtigten und nicht die Rechte des Käufers, die sich aus diesem Abschnitt ergeben.

6. Der heutige Käufer verpflichtet sich, bei rechtswirksamer Ausübung eines Vorkaufsrechts die für ihn zur Eintragung gelangte Eigentumsvormerkung und Grundschulden, die aufgrund einer Finanzierungsmitwirkung und -vollmacht in dieser Urkunde bestellt worden sind, zur Löschung zu bewilligen, wenn ihm die dafür anfallenden Kosten und die bisher entstandenen Kosten bei Notar und Grundbuchamt ersetzt werden.[64] Soweit der Käufer diese nicht gemäß Ziff. 4. vom Vorkaufsberechtigten ersetzt erhält, hat der Verkäufer ihm zu ersetzen gegen Abtretung etwaiger hierauf gerichteter Ansprüche des Käufers gegen den Vorkaufsberechtigten.

7. Kosten von Erklärungen zur Nichtausübung des Vorkaufsrechts sowie Kosten für die Tätigkeit des Notars gemäß Ziff. 1. und Ziff. 2. trägt der Verkäufer, Kosten einer Löschung des Vorkaufsrechts übernimmt beim Vorkaufsrecht für mehrere Verkaufsfälle der Käufer, sonst der Verkäufer.

K. Abwicklung nach Vorkaufsrechtsausübung

37 Das Nebeneinander zweier Kaufverträge nach Vorkaufsrechtsausübung führt im Übrigen zu folgenden Problemen:[65] Ansprüche des K auf **Erstattung** schon gezahlter Kaufpreisteile und sonstiger von ihm verauslagter Kosten richten sich grundsätzlich nur gegen V.[66] Die §§ 1100, 1102 BGB gewähren dem K einen weitergehenden Schutz nur für den (unwahrscheinlichen) Fall, dass K schon als Eigentümer eingetragen war.[67] Auch werden **Vollzugsvollmachten und die Auflassung** in dem Kaufvertrag mit dem Dritten nicht Inhalt des Kaufvertrags mit dem Vorkaufsberechtigten (→ Rn. 34). Das führt regelmäßig dazu, dass bei Vorkaufsrechtsausübung ohne Nachbeurkundung der Auflassung mit dem Vorkaufsberechtigten, trotz anderslautender Formulierungen im Erstkaufvertrag, der Kaufpreis nicht fällig wird.[68]

38 Ferner müssen bei der Errichtung der Abwicklungsurkunde nach Ausübung eines Vorkaufsrechts noch **weitere Punkte koordiniert** werden, als da wären

---

[64] Die vom Erstkäufer uU ebenfalls bereits bezahlte Grunderwerbsteuer gehört nicht dazu; diese wird über § 16 GrEStG im direkten Verkehr mit dem Finanzamt erstattet.

[65] Ausf., auch zur Vertragsgestaltung beim vorkaufsrechtsbelasteten Grundstück, *Falkner* MittBayNot 2016, 378; MittBayNot 2016, 465; *Maaß* notar 2013, 395.

[66] Vgl. Palandt/*Weidenkaff* BGB Vor § 463 Rn. 9; *Schöner/Stöber* GrundbuchR Rn. 1421.

[67] Vgl. Palandt/*Herrler* BGB § 1100 Rn. 1.

[68] BGH DNotZ 2017, 949.

- die Einholung neuer Vorkaufsrechtsbescheinigungen und Genehmigungen;
- die Eigentumsvormerkung für den Vorkaufsberechtigten (sofern das Vorkaufsrecht nicht schon im Grundbuch eingetragen war);
- die Lastenfreistellung von der Eigentumsvormerkung und uU einer bereits eingetragenen Finanzierungsgrundschuld des Erstkäufers;
- die Rückgängigmachung des Erstkaufvertrags einschließlich Erstattung der Erstkäuferaufwendungen einschließlich Aufhebung Grunderwerbsteuerfestsetzung beim Erstkäufer;
- das GrEStG-Verfahren für den Zweitkäufer sowie
- die entsprechenden neuen Finanzierungs-[69] und Notarvollmachten und Anweisungen.

Formulierungsbeispiel: Abwicklungsvereinbarungen bei ausgeübtem Vorkaufsrecht 39 (unter Beteiligung von Verkäufer, Erstkäufer und Vorkaufsberechtigtem)

I. Grundbuch- und Sachstand

1. Im Grundbuch des Amtsgerichts *** von *** Blatt *** ist Herr/Frau *** als Eigentümer des folgenden Grundbesitzes der Gemarkung *** eingetragen:
   Fl.-Nr. *** Gebäude und Freifläche zu *** qm.
   In Abteilung II des Grundbuchs sind eingetragen:
   1. Vorkaufsrecht für den ersten Verkaufsfall für Herrn/Frau *** – nachfolgend auch „Vorkaufsberechtigter" genannt –,
   2. Eigentumsvormerkung für Herrn/Frau ***.
   In Abteilung III des Grundbuchs ist eine Buchgrundschuld für die X-Bank AG in *** eingetragen.

2. Mit Urkunde der Notarin/des Notars *** in *** vom ***, UR-Nr. ***, die nachfolgend „Vorurkunde" genannt wird, hat Herr/Frau ***
   – nachfolgend „Verkäufer" genannt –
   das vorgenannte Grundstück verkauft an Herrn/Frau ***
   – nachfolgend „Erstkäufer" genannt –.
   Die Vorurkunde liegt in Urschrift vor, auf sie wird verwiesen. Auf nochmalige Verlesung und Beiheftung zur heutigen Urkunde wird von den Beteiligten verzichtet. Für den Erstkäufer wurde aufgrund der Vorurkunde die in Abs. 1 genannte Eigentumsvormerkung in das Grundbuch eingetragen.
   Der amtierende Notar hat auf Ersuchen der an der Vorurkunde Beteiligten eine Ausfertigung derselben dem Vorkaufsberechtigten per Gerichtsvollzieher zustellen lassen. Die Zustellung ist erfolgt am ***. Der Vorkaufsberechtigte hat sein Vorkaufsrecht mit Schreiben vom *** gegenüber dem Verkäufer ausgeübt. Dieses Schreiben hat der Verkäufer am *** erhalten. Aufgrund der Ausübung des Vorkaufsrechts ist der Kaufvertrag mit grundsätzlich gleichem Inhalt, wie er in der Vorurkunde festgelegt ist, zwischen dem Verkäufer und dem Vorkaufsberechtigten zustande gekommen.

3. Um möglichst alle Rechtsfragen einvernehmlich und abschließend zu regeln, die mit dem durch die Ausübung des Vorkaufsrechts zustande gekommenen Kaufvertrag und dessen Abwicklung sowie der Rückabwicklung der Vorurkunde zusammenhängen, treffen die Beteiligten die in dieser Urkunde enthaltenen Vereinbarungen.

II. Fälligkeit des Kaufpreises

1. Von den in Abschnitt *** der Vorurkunde vereinbarten Voraussetzungen für die **Fälligkeit des Kaufpreises** in Höhe von *** EUR entfallen im Verhältnis zum Vorkaufsberechtigten
   a) die Eigentumsvormerkung, weil das für den Vorkaufsberechtigten eingetragene Vorkaufsrecht die Wirkung einer Eigentumsvormerkung hat,

---

[69] Nicht aber, wenn im Erstkaufvertrag eine solche Vollmacht/Mitwirkungsverpflichtung des Verkäufers nicht enthalten ist; diese Erschwerung hat der Vorkaufsberechtigte hinzunehmen, so zu Recht Gutachten DNotI-Report 2015, 77.

b) die Aufgabeerklärung und Löschungsbewilligung bezüglich des eingetragenen Vorkaufsrechts und auch dessen Nichtausübung,

so dass die Fälligkeit des Kaufpreises nur noch von den übrigen in Abschnitt *** vereinbarten Voraussetzungen abhängt, die jedoch erfüllt sind (s. Abs. 3 und Abs. 4).

2. Die für den **Erstkäufer eingetragene Eigentumsvormerkung** hat zwar Rang nach dem Vorkaufsrecht des Vorkaufsberechtigten. Demgemäß kann der Vorkaufsberechtigte bei wirksamer Ausübung seines Vorkaufsrechts und Erfüllung seiner daraus entstehenden Pflichten vom Erstkäufer verlangen, dass dieser die Löschung seiner Eigentumsvormerkung bewilligt, aber nur gegen Ersatz der von diesem zu bezahlenden bzw. bezahlten Kosten für Notar, Grundbuchamt und Makler im Zusammenhang mit der Vorurkunde.

Der Erstkäufer bewilligt und der Verkäufer **beantragt** die für ihn aufgrund der Vorurkunde eingetragene Eigentumsvormerkung im Grundbuch zu löschen.

Der Erstkäufer weist den Notar an, diese Erklärung dem Grundbuchamt **erst vorzulegen,** wenn der Erstkäufer dem Notar schriftlich bestätigt hat oder gleichwertig nachgewiesen ist, dass dem Erstkäufer folgende im Zusammenhang mit der Vorurkunde entstandene Auslagen ersetzt sind, und zwar auf dessen Konto bei der ***, IBAN: ***, BIC: ***:

a) Bereits bezahlte Notarkosten für die Vorurkunde in Höhe von *** EUR,

b) bereits bezahlte Grundbuchkosten für die Eintragung der Eigentumsvormerkung in Höhe von *** EUR,

c) bereits an den Makler gemäß Abschnitt *** der Vorurkunde bezahlte Maklerprovision in Höhe von *** EUR,

insgesamt also *** EUR.

Nachweise, dass der Erstkäufer vorstehende Beträge bezahlt hat, liegen vor. Wegen der Grunderwerbsteuer wird auf Abschnitt X. verwiesen.

Da nach der Vorurkunde die Bezahlung dieser Beträge nicht vom Vorliegen der Voraussetzungen für die Fälligkeit des Kaufpreises abhängt, hat der Vorkaufsberechtigte [*Alt.:* der Verkäufer] den vorstehenden Gesamtbetrag innerhalb von zehn Tagen ab heute auf dem vorgenannten Konto des Erstkäufers zur Gutschrift zu bringen. Mit Gutschrift dieses Betrages heben Verkäufer und Erstkäufer die zwischen ihnen bestehenden Bestimmungen aus der Vorurkunde auf. Weitergehende etwaige gegenseitige Ersatz- und/oder Erstattungsansprüche bestehen dann nich mehr.

3. Es bestehen keine im Grundbuch eingetragenen Rechte im Vorrang vor dem Vorkaufsrecht des Vorkaufsberechtigten oder Gleichrang mit dessen Vorkaufsrecht. Rang nach dem Vorkaufsrecht des Vorkaufsberechtigten hat auch die Buchgrundschuld für die X-Bank. Bezüglich dieser Grundschuld liegt dem Notar grundbuchtaugliche Löschungserklärung auflagenfrei vor.

4. Zur Vorurkunde liegt zwar bereits ein Vorkaufsrechtszeugnis der Gemeinde vor, wonach ein gesetzliches Vorkaufsrecht der Gemeinde zur Vorurkunde nicht besteht. Dieses gilt allerdings nicht zugleich für den mit der Ausübung des Vorkaufsrechts zustande gekommenen Kaufvertrag. Der Verkäufer hat jedoch bei der Beurkundung eine Bestätigung der Gemeinde vorgelegt, wonach auch zu dem mit der Vorkaufsberechtigten zustande gekommenen Kaufvertrag kein Vorkaufsrecht der Gemeinde besteht.

5. Der Vorkaufsberechtigte muss demgemäß, nachdem auch alle sonstigen Voraussetzungen für die Fälligkeit des Kaufpreises gemäß Abschnitt *** der Vorurkunde somit bereits erfüllt sind, den Kaufpreis in Höhe von *** EUR – in Worten: *** Euro – innerhalb von zehn Tagen ab heute auf das Konto des Verkäufers bei der ***, IBAN: ***, BLZ ***, zur Gutschrift bringen. Spätere Gutschrift soll in jedem Fall ohne Mahnung und ohne zusätzliche Fristen die gesetzlichen Verzugsfolgen auslösen.

6. Der Vorkaufsberechtigte unterwirft sich wegen der in Abs. 5 erwähnten Zahlungspflicht der sofortigen Zwangsvollstreckung aus dieser Urkunde. Vollstreckbare Ausfertigung darf erteilt werden, sobald die Zehntagesfrist abgelaufen ist.

III. Erklärungen zum Eigentumsübergang

1. Der Verkäufer und der Vorkaufsberechtigte sind über den Übergang des Eigentums an dem in Abschnitt I. aufgeführten Grundbesitz auf den Vorkaufsberechtigten einig. Der Verkäufer bewilligt und der Vorkaufsberechtigte **beantragt**, diesen Eigentumsübergang in das Grundbuch einzutragen.
2. Um den Verkäufer zu **sichern**, wird folgendes vereinbart:
   Der Notar soll die Erklärungen zum Eigentumsübergang in Abs. 1 dem Grundbuchamt **erst vorlegen**, wenn der Verkäufer ihm schriftlich mitgeteilt hat oder gleichwertig nachgewiesen ist, dass der Kaufpreis bezahlt ist. Eine frühere Vorlage ist nur gemäß schriftlicher Mitteilung des Verkäufers gestattet.

IV. Eingetragenes Vorkaufsrecht

Der Vorkaufsberechtigte bewilligt und **beantragt** hiermit die Löschung seines Vorkaufsrechts, wenn er als Eigentümer eingetragen wird und keine Zwischeneintragungen bestehen, denen er nicht zugestimmt hat.

V. Übergang von Besitz, Nutzungen und Lasten

Es bleibt bei den entsprechenden Bestimmungen der Vorurkunde mit der Maßgabe, dass bei der Verteilung von Erschließungsbeiträgen, Anliegerbeiträgen und Kostenerstattungen als „Tag der heutigen Beurkundung" der Tag der Errichtung der Vorurkunde gilt.

VI. Umfang der Verkäuferpflichten

Hierfür gelten die Bestimmungen in der Vorurkunde. Der Verkäufer ist auch schuldrechtlich verpflichtet, die Eigentumsvormerkung des Erstkäufers Zug um Zug mit der Eigentumsumschreibung auf den Vorkaufsberechtigten zu beseitigen.

VII. Vollmacht des Notars

Die Beteiligten erteilen dem Notar Vollmacht, sie im Grundbuchverfahren uneingeschränkt zu vertreten und die zur Wirksamkeit oder zum Vollzug dieser Urkunde erforderlichen Erklärungen einzuholen und entgegenzunehmen. Anfechtbare Bescheide sind aber den Beteiligten selbst zuzustellen.

VIII. Belehrungen

Der Notar hat die Beteiligten insbesondere über folgendes belehrt:
1. Soweit Vereinbarungen von der durch die Ausübung des Vorkaufsrechts entstandenen gesetzlichen Rechtslage abweichen oder diese klarstellen oder ergänzen, müssen sie richtig und vollständig beurkundet sein.
2. Am Vertragsgegenstand können Lasten und Beschränkungen bestehen, die aus dem Grundbuch nicht ersichtlich sind. Der jeweilige Eigentümer haftet unabhängig von vertraglichen Vereinbarungen für Erschließungsbeiträge und öffentliche Abgaben.
3. Der Vorkaufsberechtigte wird erst Eigentümer, wenn der Eigentumsübergang im Grundbuch eingetragen ist. Hierzu müssen die Unbedenklichkeitsbescheinigung des Finanzamts und das Vorkaufsrechtszeugnis der Gemeinde vorliegen.
4. Der Notar hat im Zusammenhang mit der Errichtung dieser Urkunde keine einseitige Interessenvertretung eines Beteiligten übernommen, sondern lediglich einen seinen Rechtsauffassungen entsprechenden Vorschlag zur einvernehmlichen Regelung der mit der Ausübung des Vorkaufsrechts zusammenhängenden Fragen und der weiteren Abwicklung des Kaufvertrags gemacht. Er hat zuvor jedem Beteiligten anheimgestellt, mit der einseitigen Wahrnehmung seiner Interessen einen Rechtsanwalt oder eine Rechtsanwältin seines Vertrauens zu beauftragen.

IX. Kosten und Steuern

Unabhängig von der nach dem Gesetz bestehenden Gesamthaftung aller Beteiligten übernimmt
1. eine anfallende Grunderwerbsteuer der Vorkaufsberechtigte,
2. die Kosten der Lastenfreistellung von Grundschuld und Eigentumsvormerkung des Erstkäufers der Verkäufer,
3. die sonstigen Kosten für Notar, Grundbuchamt und Vorkaufsrechtszeugnisse der Vorkaufsberechtigte.

X. Ausfertigungen und Abschriften

Von dieser Urkunde erhalten:
1. <u>Ausfertigungen:</u>
   jeder Beteiligte nach Eigentumsumschreibung,
2. <u>beglaubigte Abschrift:</u>
   das Grundbuchamt, aber nur nach Maßgabe der Abschnitte II. 2. und III. 2.
3. <u>einfache Abschriften:</u>
   – jeder Vertragsteil,
   – die Grunderwerbsteuerstelle des Finanzamts, zugleich mit dem Antrag, gegenüber dem Erstkäufer keine Grunderwrbsteuer mehr festzusetzen bzw. für den Fall erfolgter Festsetzung den erlassenen Steuerbescheid aufzuheben und etwa bereits bezahlte Grunderwerbsteuer unmittelbar dem Erstkäufer zu erstatten,
   – der Gutachterausschuss.

XI. Übergabe

Der Vertragsgegenstand ist nach Angaben des Verkäufers nicht vermietet. Der Verkäufer unterwirft sich wegen seiner Pflicht, den Vertragsgrundbesitz vor Überweisung des Kaufpreises von nicht mitverkauften Sachen vollständig zu räumen und wegen seiner Pflicht, den Vertragsgegenstand nach Gutschrift des Kaufpreises dem Vorkaufsberechtigten zu übergeben, der sofortigen Zwangsvollstreckung aus dieser Urkunde. Vollstreckbare Ausfertigung darf ohne weitere Nachweise erteilt werden.

XII. Maklerprovision

Die Bestimmungen in Abschnitt *** der Vorurkunde gelten nunmehr für den Vorkaufsberechtigten mit der Maßgabe, dass die Frist zur Zahlung der Provision mit Errichtung der heutigen Urkunde beginnt.

L. Gesamtmuster

I. Subjektiv-dingliches Vorkaufsrecht

40

Heute, den ***
zweitausendneunzehn

– 2019 –

erschienen vor mir,

***,
Notar-/in in ***,

in meinen Amtsräumen in ***:
1. ***,
2. ***.

Die Erschienenen wiesen sich aus durch ***. Über den Grundbuchinhalt habe ich mich unterrichtet. Die Erschienenen erklärten mit dem Ersuchen um Beurkundung was folgt:

I. Grundbuchstand

Im Grundbuch des Amtsgerichts *** von *** ist/sind *** als Eigentümer des in der Gemarkung *** gelegenen und nachstehend beschriebenen Grundbesitzes eingetragen:

Fl.-Nr. ***

In Abteilung II des Grundbuchs sind eingetragen: ***.

In Abteilung III des Grundbuchs sind eingetragen: ***.

II. Vorkaufsrechtsbestellung

*** bestellt an seinem in Abschnitt I. aufgeführten Grundstück ein unvererbliches und nicht übertragbares Vorkaufsrecht gemäß §§ 1094 ff. BGB zugunsten des jeweiligen Eigentümers des Grundstücks Fl.-Nr. *** der Gemarkung *** – nachfolgend auch kurz „**Berechtigter**" genannt – [*ggf.:* für denjenigen ersten Verkaufsfall, bei welchem dem Berechtigten erstmals eine Ausübung des Vorkaufsrechts rechtlich möglich ist. Das Vorkaufsrecht besteht also auch dann, wenn ein solcher Verkaufsfall erst bei einem späteren Eigentümer des belasteten Grundstücks eintritt].

Es wird bewilligt und

beantragt,

dieses Vorkaufsrecht im Grundbuch einzutragen. Bis zu seiner Eintragung gilt das Vorkaufsrecht mit schuldrechtlicher Wirkung zwischen den Beteiligten. [*ggf.:* Das Vorkaufsrecht besteht für aus dem Grundbesitz amtlich herausgemessene Teilflächen nicht fort. [*Alt.:* Werden aus dem berechtigten Grundbesitz Teilflächen amtlich herausgemessen, die nicht mit Gebäuden bebaut sind, so erlischt für diese Teilflächen die Vorkaufsberechtigung.]]

Über die wirtschaftlich möglichweise **unheilvollen Folgen** einer Vorkaufsrechtseinräumung (erschwerte Veräußerbarkeit und faktisch auch erschwerte Beleihbarkeit) wurde der Eigentümer des belasteten Grundstücks vom Notar belehrt.

III. Gegenleistung

Für die heutige Vorkaufsrechtsbestellung ist keine Gegenleistung zu entrichten. [*Alt.:* ... erhält der Eigentümer des belasteten Grundstücks *** *[nähere Bestimmungen zu Art und Fälligkeit der Gegenleistung, evtl. Vorkaufsrechts-Vormerkung und/oder Vorlagesperre bis zur Bewirkung der Gegenleistung].*]

IV. Vollmacht des Notars

Die Beteiligten erteilen dem Notar Vollmacht, sie im Grundbuchverfahren uneingeschränkt zu vertreten und die zur Wirksamkeit oder zum Vollzug dieser Urkunde erforderlichen Erklärungen und Genehmigungen einzuholen und entgegenzunehmen.

V. Kosten, Ausfertigungen, Abschriften

Unabhängig von der nach dem Gesetz bestehenden Gesamthaftung aller Beteiligten übernimmt der Berechtigte die Kosten dieser Urkunde und ihrer Durchführung.

Von dieser Urkunde erhalten die Beteiligten sofort einfache Abschriften sowie nach Grundbuchvollzug je eine Ausfertigung. Eine beglaubigte Abschrift dieser Urkunde ist beim Grundbuchamt einzureichen.

notarielle Schlussformel

II. Preislich und zeitlich limitiertes Vorkaufsrecht

41 Heute, den ***
Ϙ zweitausendneunzehn

– 2019 –

erschienen vor mir,

***,
Notar-/in in ***,

in meinen Amtsräumen in ***:
1. ***,
2. ***.

Die Erschienenen wiesen sich aus durch ***. Über den Grundbuchinhalt habe ich mich unterrichtet. Die Erschienenen erklärten mit dem Ersuchen um Beurkundung was folgt:

I. Grundbuch- und Sachstand

Im Grundbuch des Amtsgerichts *** von *** ist/sind *** als Eigentümer des in der Gemarkung *** gelegenen und nachstehend beschriebenen Grundbesitzes eingetragen:

Fl.-Nr. ***

Mit vorausgeganger diesamtlicher Urkunde vom heutigen Tag – nachfolgend auch „Teilungserkläung" genannt – haben die Beteiligte den ihnen gehörenden Grundbesitz in Wohnungs- und Teileigentum nach dem Wohnungseigentumsgesetz aufgeteilt. Dabei wurden gebildet:
– 1/2-Miteigentumsanteil am vorgenannten Grundbesitz, verbunden mit dem Sondereigentum an den Räumen Nr. 1 lt. Aufteilungsplan, im künftigen Eigentum von *** und
– 1/2-Miteigentumsanteil am vorgenannten Grundbesitz, verbunden mit dem Sondereigentum an den Räumen Nr. 2 lt. Aufteilungsplan, im künftigen Eigentum von ***.

In Abteilung II und III der noch anzulegenden Wohnungsgrundbücher werden nach Vollzug der vorgenannten Teilungserklärung jeweils keine Belastungen eingetragen sein.

II. Vorkaufsrechtsbestellung

1. *** und *** bestellen jeweils an ihrem wie vorstehend gebildeten Wohnungseigentum ein schuldrechtliches Vorkaufsrecht nach den §§ 466 ff. BGB zugunsten des jeweils anderen Beteiligten und zwar jeweils für denjenigen ersten Verkaufsfall, der innerhalb von 25 – fünfundzwanzig – Jahren, von heute an gerechnet, eintritt und bei welchem dem betreffenden Berechtigten erstmals eine Ausübung des Vorkaufsrechts rechtlich möglich ist, auch wenn ein solcher Verkaufsfall erst bei einem Gesamt- oder Sonderrechtsnachfolger des heutigen Übernehmers eintritt. Das Vorkaufsrecht ist vererblich und übertragbar, aber jeweils nur zusammen mit der Inhaberschaft am betreffenden berechtigten Objekt.
2. Bei Ausübung des Vorkaufsrechts ist nicht der im Kaufvertrag mit dem Erstkäufer vereinbarte Kaufpreis maßgebend. Der maßgebliche Kaufpreis ist vielmehr – wenn sich die Beteiligten nicht auf andere Weise einigen – wie folgt zu ermitteln *[zB:*
    a) Auszugehen ist von dem im Kaufvertrag vereinbarten Kaufpreis. Jeder Vorkaufsberechtigte, welcher der Meinung ist, dieser sei überhöht, kann die Ermittlung des Verkehrswerts des verkauften Miteigentumsanteils durch einen öffentlich vereidigten Sachverständigen, der vom Präsidenten des für den Vertragsgrundbesitz zuständigen Amtsgerichts bestellt wird, auf seine Kosten verlangen. Wenn der so ermittelte Verkehrswert unter dem vereinbarten Kaufpreis liegt, ist vom so ermittelten Verkehrswert auszugehen.

b) Von dem gemäß a) maßgeblichen Ausgangsbetrag haben die Vorkaufsberechtigten nur einen Anteil von

zwei Drittel

als Kaufpreis zu entrichten.]
Im übrigen gelten für das Vorkaufsrecht die gesetzlichen Bestimmungen.
3. Es wird bewilligt und

beantragt,

zur Sicherung der durch die Ausübung der vorstehend bestellten schuldrechtlichen
Vorkaufsrechte entstehenden Übereignungsansprüche Vormerkungen nach § 883
BGB im Grundbuch der betreffenden Eigentumswohnung an jeweils nächstoffener
Rangstelle einzutragen.
Die Beteiligten wurden darüber belehrt, dass die vorstehend vereinbarten Vorkaufs-
rechte zu einem herabgesetzten Kaufpreis keine übliche Gestaltung sind und zur Fol-
ge haben, dass die damit belasteten Objekte kaum verkäuflich und demgemäß nur
mit großen Einschränkungen zur Sicherung von Darlehen verwendbar sind.

III. Gegenleistung

Für die heutige wechselseitige Rechtseinräumung ist keine Gegenleistung zu entrichten.

IV. Vollmacht des Notars

Die Beteiligten erteilen dem Notar Vollmacht, sie im Grundbuchverfahren uneingeschränkt zu vertreten und die zur Wirksamkeit oder zum Vollzug dieser Urkunde erforderlichen Erklärungen und Genehmigungen einzuholen und entgegenzunehmen.

V. Ausfertigungen, Abschriften, Kosten

Von dieser Urkunde erhalten die Beteiligten sofort einfache Abschriften sowie nach
Grundbuchvollzug je eine Ausfertigung. Eine beglaubigte Abschrift dieser Urkunde ist
beim Grundbuchamt einzureichen.

Unabhängig von der nach dem Gesetz bestehenden Gesamthaftung aller Beteiligten
übernimmt diese die Kosten dieser Urkunde und ihrer Durchführung je zur Hälfte.

Schlussformel

§ 9. Sonderformen des Immobilienerwerbs

Übersicht

1. Teil. Geschlossene Immobilienfonds

Schrifttum:

Handbücher und Monographien: *Heckschen,* Die Formbedürftigkeit mittelbarer Grundstücksgeschäfte, 1987; *Koeble/Grziwotz,* Rechtshandbuch Immobilien, Band I, Loseblatt, 25. EL (Stand 11/2017), Kap. 35; *Korte,* Handbuch der Beurkundung von Grundstücksgeschäften, 1990; *Loritz/Pfnür,* Der geschlossene Immobilienfond in Deutschland, 2006; *K. Schmidt,* Gesellschaftsrecht, 4. Aufl. 2002.

Aufsätze: *Altmeppen,* Rechtsentwicklung der GbR trotz § 899a BGB nicht aufzuhalten, NJW 2011, 1905; *Behrens,* Zur Grundbuchfähigkeit der GbR, ZfIR 2008, 1; *Gottschalk,* Einwendungs- und Rückforderungsdurchgriff bei kreditfinanziertem Erwerb von Fondsbeteiligungen, GWR 2010, 518; *Grunewald,* Das Beurkundungserfordernis nach § 313 BGB bei Gründung und Beitritt zu einer Personengesellschaft, FS Hagen 1999, 277; *Heckschen/Bachmann,* Mehrheitsklauseln bei Personengesellschaften, NZG 2015, 531; *Hartmann,* GbR und Grundbesitzerwerb – welche Fragen bleiben?, RNotZ 2011, 401; *Kesseler,* Die GbR und das Grundbuch, NJW 2011, 1909; *Otter,* Rechtsformen beim geschlossenen Immobilienfonds, BauR 1991, 557; *Potsch,* Grundstücks-GbR und Grunderwerbsteuer, NZG 2012, 176; *Rust,* Die Beteiligung von Minderjährigen im Gesellschaftsrecht – Vertretung, familien-/vormundschaftsgerichtliche Genehmigung und Haftung des Minderjährigen, DStR 2005, 1992; *K. Schmidt,* Personengesellschaft und Grundstücksrecht, ZIP 1998, 2; *Risse/Höfling,* Leitplankentheorie statt Bestimmtheitsgrundsatz und Kernbereichslehre, NZG 2017, 1131; *Ulmer/Löbbe,* Zur Anwendbarkeit des § 313 BGB im Personengesellschaftsrecht, DNotZ 1998, 711; *Wagner,* Umgang mit Not leidenden geschlossenen Immobilienfonds, WM 2003, 2257; *Westermann,* Der EuGH zur (fehlerhaften) Beteiligung an einem geschlossenen Immobilienfonds, DZWIR 2010, 265; *Wilde,* Nachschusspflichten in KG und GbR, NZG 2012, 215; *Wilhelm,* Die Grundbuchfähigkeit der Gesamthandsgesellschaft bürgerlichen Rechts, NZG 2011, 801; *Zacher,* Anlegerberatung bei Not leidenden Immobilienfonds, ZfIR 1997, 51.

A. Vorbemerkung

1 Die Finanzierung von Grundstückserwerb und Bebauung oder Sanierung über einen begrenzten (geschlossenen) Anlegerkreis, der sich zu einer Gesellschaft zusammenschließt, hatte vor allem im Zeitraum von 1990 bis 1998 große Bedeutung gewonnen.[1] Die sog. geschlossenen Immobilienfonds verfolgten seinerzeit vor allem das Ziel, Immobilienprojekte
unter Beteiligung einer unterschiedlich großen Anlegerzahl zu realisieren und diesen Anlegern steuerliche Vorteile, die mit dem Eigenerwerb und der Bebauung sowie Verwertung
einer Immobilie verbunden sind, zu vermitteln. Heute trifft man vor allem sog. renditeori-
entierte Fonds und solche, die sich Abschreibungen auf Denkmalschutzobjekte sichern wollen, an. Die Größe und Struktur der Fonds differiert stark. Kleinere Projekte in einer Grö-
ßenordnung von 5–10 Mio. EUR werden häufig von einem überschaubaren, zum Teil
persönlich oder geschäftsmäßig miteinander bekannten Anlegerkreis realisiert. Bei Großpro-
jekten werben die Initiatoren heute zum Teil über 1.000 Anleger an. Die Beteiligungsgrö-
ßen für den einzelnen Anleger waren zum Teil weiter heruntergesetzt worden und Beteili-
gungssummen unter 5.000 EUR sind seinerzeit nicht selten gewesen. Damit war die
Beteiligung an einem Immobilienfonds für weite Teile der Bevölkerung und insbesondere
auch für wirtschaftlich unerfahrene und kapitalschwache Anleger eröffnet.

2   Gesetzliche Regelungen, die den geschlossenen Immobilienfonds erfassen, fehlen gänzlich. Die Beteiligung wird dem Anleger in der Regel über Vertriebsorganisationen angeboten mit dem Hinweis auf Steuersparmöglichkeiten. Es handelt sich um einen Rechtskauf, der **grundsätzlich keinen Formschranken** unterworfen ist (aber → Rn. 38 ff.).
Die Abgabe eines Angebots zur Beteiligung wird und wurde häufig lediglich privatschriftlich oder in beglaubigter Form und über einen Treuhänder/Geschäftsbesorger erklärt. Gerade auf diesem Weg entstand durch eine für die Beteiligten recht unerwartete
Entscheidung der Rechtsprechung Rechtsunsicherheit und für die Anleger die Gelegenheit, sich (zumindest teilweise) von der Beteiligung zu trennen. Der BGH entschied, dass
der einem Geschäftsbesorger erteilte Auftrag und die (in der Regel) erteilte Vollmacht
wegen eines Verstoßes gegen das (frühere) Rechtsberatungsgesetz nichtig war, wenn der
Geschäftsbesorger ausschließlich oder hauptsächlich die rechtliche Abwicklung eines
Grundstückserwerbs im Rahmen eines Bauträgermodells für den Erwerber besorgte.[2] Die
seinerzeit handelnden Notare schützte der BGH durch die Annahme, dass die Amtspflichtverletzung nicht schuldhaft geschehen sei. Vor einer unveröffentlichten Entscheidung des LG Karlsruhe vom 21.8.1997 habe der beurkundende Notar keinen Anlass gehabt, an eine Erlaubnispflicht für den Geschäftsbesorger zu denken.[3] Später stellte der
BGH fest, dass sofern eine dem Treuhänder erteilte umfassende Vollmacht wegen Verstoßes gegen das Rechtsberatungsgesetz unwirksam war, der Treuhänder zum Abschluss des
Darlehensvertrages für den Anleger gleichwohl befugt sein konnte, wenn ihm in einem
Zeichnungsschein gesondert Vollmacht erteilt und dieser Zeichnungsschein der Bank vorgelegt worden ist. Die Anwendung der §§ 171, 172 BGB zugunsten der kreditgebenden
Bank wird bei einer kreditfinanzierten Immobilienfondsbeteiligung ebenso wie bei einem
finanzierten Grundstücksgeschäft auch in den Fällen nichtiger Vollmacht des seinerzeit
gegen das Rechtsberatungsgesetz verstoßenden Treuhänders durch die Regeln über das
verbundene Geschäft iSd (heutigen) §§ 358, 359 BGB (dazu auch → Rn. 43b) nicht ausgeschlossen oder eingeschränkt.[4] Auch wenn die Nichtigkeit einer Vollmacht auf einem
Verstoß gegen das Rechtsberatungsgesetz beruht, verhält sich der Darlehensnehmer nach
Ansicht des BGH treuwidrig, der sich schuldrechtlich verpflichtet, ein selbstständiges
Schuldversprechen mit einer Vollstreckungsunterwerfungserklärung als die Grundschuld
verstärkende Sicherheit abzugeben, wenn er versucht, aus der bisherigen Nichterfüllung

[1] Zur Entwicklung und Bedeutung der Immobilienfonds vgl. *Koeble* Kap. 35; *Loritz/Pfnür* S. 17 ff.
[2] BGH NJW 2001, 70; NJW 2002, 66; ZIP 2003, 165; ZIP 2004, 1394.
[3] BGH NJW 2001, 70 (72).
[4] BGH NJW 2006, 1957 gegen BGHZ 159, 300.

seiner Verpflichtung Vorteile zu ziehen und zwar unabhängig davon, ob sich diese Verpflichtung in Allgemeinen Geschäftsbedingungen befindet.[5]

Die Fondsgesellschaften waren in der Regel als Gesellschaften bürgerlichen Rechts 3 oder Kommanditgesellschaften ausgestaltet. Das GbR-Modell basierte häufig auf der über Jahrzehnte gefestigten Rechtsprechung des BGH, nach der man über die sog. „GbR mbH" die Haftung der Gesellschafter auf das Gesellschaftsvermögen beschränken konnte.[6] Nach der Aufgabe dieser Rechtsprechung[7] entstand zunächst große Rechtsunsicherheit für die in der Rechtsform der GbR aufgelegten Fonds. Mit einem Urteil aus dem Jahr 2002 hat der BGH vorerst in einer dogmatisch nur schwer nachzuvollziehenden Entscheidung die Anleger aus „Altfonds" (Fonds aus der Zeit vor dem 28.9.1999) geschützt. Die Ansicht, nach der die Haftungsbeschränkung auf das Gesellschaftsvermögen bestehen bleiben soll, soweit die Beschränkung dem Vertragspartner zumindest erkennbar war,[8] ist nach Ansicht des BFH mit Verweis auf BGHZ 142, 315 überholt.[9] Möglich sei eine Haftungsbeschränkung nur durch individualvertragliche Vereinbarungen mit den Gesellschaftsgläubigern. Heute werden größere Fonds praktisch nur noch in der Rechtsform der KG aufgelegt. Ziel der Gesellschaft ist es in der Regel, nicht den Gesellschaftern selbst zu einem späteren Zeitpunkt real geteiltes (Wohnungs-)Eigentum zu vermitteln, sondern nach Tilgung der zur Finanzierung des Objektes aufgenommenen Verbindlichkeiten das Objekt zu verkaufen.

In der Praxis sind auch noch **Konstruktionen** – im Wege des Immobilienleasings[10] – 3a anzutreffen, bei denen die Übernahme des oder der im Gesellschaftsvermögen befindlichen Objekte zu diesem Zeitpunkt bereits vertraglich sichergestellt ist. Im sog. Hamburger-Modell[11] ist vorgesehen, dass der Anleger zu einem bestimmten Zeitpunkt selber nach Aufteilung in Wohnungseigentum eine Wohnungseigentumseinheit erwerben kann oder muss.

Trotz der in der Praxis immer wieder betonten Möglichkeit der Anteilsveräußerung 4 über einen sog. Zweitmarkt, ist darauf hinzuweisen, dass es einen allgemein zugänglichen, organisierten Handel von Beteiligungen an Immobilienfonds nicht gibt und es sich für den Anleger um eine Investition handelt, bei der das Kapital lange (15–25 Jahre) gebunden bleibt.[12]

B. Beratungs-Checkliste

Beratungs-Checkliste:[13] 5
(1) Schlüssigkeit des Gesamtkonzepts
    (a) Erwerbs- und Beteiligungskonzept (Ankauf der Immobilie/Verträge über Bebauung/Vermietung/Verwaltung)
    (b) Planungssicherheit
    (c) Finanzierungskonzept
(2) Wahl der Gesellschaftsform (GbR/KG)
(3) Fondsgesellschaft/Vorüberlegungen
    (a) GbR oder KG (Grundsatz: KG)
    (b) Haftungsverfassung

---

[5] BGH MittBayNot 2008, 204.
[6] BGH NJW 1971, 1698; NJW 1973, 1691; NJW 1985, 619; NJW-RR 1990, 867.
[7] BGH NJW 1999, 3483.
[8] BGH NJW 2002, 1642 (1643).
[9] BFH Beschl. v. 13.9.2007 – IV B 32/07, Rn. 20 ff. (gekürzte Wiedergabe bei BeckRS 2007, 25012636).
[10] Vgl. *Mörtenkötter* MittRhNotK 1995, 330.
[11] Vgl. BGH NJW 1978, 2505; Assmann/Schütze/*Wagner,* Handbuch des Kapitalanlagerechts, 4. Aufl. 2015, § 16 Rn. 155 ff.
[12] Vgl. weiter zur Beratung der Anleger *Zacher* ZfIR 1997, 51.
[13] Vgl. auch die Checkliste der Rheinischen Notarkammer im Rundschreiben vom 10.3.1994.

      – GbR: Vollhaftung
      – KG: differierende Haft- und Pflichteinlage
   (c) Direkteintragung des Fonds oder Grundbuch- und Vormerkungstreuhand
   (d) Beteiligung der Anleger über Treuhänder und/oder Direktbeteiligung
(4) Inhalt des Gesellschaftsvertrages (→ Rn. 17 ff.)
   (a) Gesellschaftszweck und Investitionsplan
   (b) Gesellschaftskapital, ggf. Nachschusspflicht oder Ausschluss
   (c) Beitrittsverfahren, Kapitalerhöhungsverfahren
   (d) Dauer und Kündigung
   (e) Geschäftsführung/Vertretung
   (f) Katalog zustimmungspflichtiger Maßnahmen
   (g) Haftung der Gesellschafter
   (h) Kontrollrechte der Gesellschafter
   (i) Einberufung und Abhaltung der Gesellschafterversammlung
   (j) ggf. Regelung zu Beiräten
   (k) Übertragung und Vererbung der Beteiligung
   (l) Ausschluss und Abfindung
   (m) Aussetzung und Liquidation
(5) Beitrittsverfahren

C. Gründung des Immobilienfonds

I. Allgemeines

6 Die §§ 705 ff. BGB sehen für die Gründung der Gesellschaft bürgerlichen Rechts ebenso wenig besondere Formvorschriften vor, wie diese für die Gründung einer Kommanditgesellschaft entsprechend §§ 161, 105 ff. HGB, §§ 705 ff. BGB gelten. Bei der Wahl der Gesellschaftsform ist zu berücksichtigen, dass eine Kommanditgesellschaft, die nicht gewerblich tätig ist iSd § 1 Abs. 2 HGB, zwar rechtlich möglich ist, aber gemäß §§ 161 Abs. 2, 105 Abs. 2 HGB erst mit Eintragung im Handelsregister die Rechtsform einer KG erwirbt.[14]

II. Formfragen

7 **1. Allgemeines.** Für die Form des Gesellschaftsvertrages ist vor allem § 311b Abs. 1 BGB zu beachten.

Checkliste: Beurkundungserfordernis bei Immobilienfonds
(1) Beurkundungspflicht wegen Erwerbs- oder Veräußerungsverpflichtung eines Gesellschafters
   – Gesellschafter sollen ein Grundstück eines Dritten oder Anwartschaftsrecht in Gesellschaft einbringen.
   – Gesellschafter ist verpflichtet, ein Grundstück zu beschaffen.
   – Gesellschafter sind verpflichtet, bei Liquidation oder zu anderem Zeitpunkt von der Gesellschaft Grundstück/Wohnungseigentum zu erwerben.
(2) Gesamthänderische Verpflichtung zum Grundstückserwerb
   – Gesellschaftszweck ist auf Erwerb eines konkreten Grundstücks gerichtet.
   – Gesellschaftszweck ist auf Aufteilung eines Objektes in Wohnungseigentum und Abveräußerung an Gesellschafter oder Dritte gerichtet.

---

[14] Vgl. dazu MüKoBGB/*Schäfer* BGB § 705 Rn. 3; *K. Schmidt,* Gesellschaftsrecht, 4. Aufl. 2016, S. 1535; zur Frage der Formbedürftigkeit von Gesellschaftsverträgen, die auf den Erwerb und die Veräußerung von Grundstücken gerichtet sind vgl. *Ulmer/Löbbe* DNotZ 1998, 711 (733 ff.).

Will die Gesellschaft nicht Grundeigentum, sondern ein Erbbaurecht erwerben, so sind **8** entsprechend § 11 Abs. 2 ErbbauRG die vorgenannten Grundsätze zu beachten.

2. Gesellschaftsvertrag. Es ist möglich, den Gründungsgesellschaftsvertrag auch erst mit **9** Beurkundung des Grundstücksankaufs zu beurkunden. Erklären die ankaufenden Initiatoren, dass sie in Gesellschaft bürgerlichen Rechts erwerben, so entsteht eine Gesellschaft, für die das gesetzliche Regelmodell der §§ 705 ff. BGB gilt. Dieses Verfahren kann gewählt werden, wenn die Gründungsgesellschafter – in der Regel Kapitalgesellschaften –, hinter denen die Initiatoren des Objektes stehen, zunächst nach dem Grundstückskaufvertrag das Objekt aufbereiten wollen und sich die Ausarbeitung eines auf die Bedürfnisse einer Publikumsgesellschaft ausgerichteten Gesellschaftsvertrages vorbehalten. Dieses Verfahren birgt jedoch Gefahren – gerade bei kleineren Fonds –, da das gesetzliche Regelmodell der §§ 705 ff. BGB durch die unter → Rn. 17 ff. dargestellten Punkte abgeändert werden sollte. So ist beispielsweise die Abbedingung der Auflösung der Gesellschaft durch den Tod eines Gesellschafters (§ 137 HGB) bei Beteiligung natürlicher Personen im Gründerkreis eine wesentliche Voraussetzung für das Funktionieren des Fonds.

Der Gesellschaftsvertrag eines Immobilienfonds ist stets zu beurkunden. Eines der in **10** vorstehender Übersicht genannten Kriterien wird immer erfüllt sein. Daran ändert auch eine Bestimmung des Gesellschaftsvertrages, dass die Gesellschaft ganz allgemein Grundstücke erwerben, veräußern und verwalten will, nichts. Maßgeblich ist, dass der Wille der Gesellschafter sich immer schon auf ein Objekt konkretisiert haben wird.[15]

Mehrheitsklauseln. Das Prinzip der Einstimmigkeit und Zustimmung für Gesellschaf-**10a** terbeschlüsse aller zur Beschlussfassung berufenen Gesellschafter im Personengesellschaftsrecht wird praktischen Erfordernissen oftmals nicht gerecht. Es ist daher häufig sinnvoll, das Einstimmigkeitsprinzip (§ 709 Abs. 1 BGB, § 119 Abs. 1 HGB) durch Mehrheitsklauseln zumindest teilweise zu ersetzen, um insbesondere in Streitfällen die Handlungsfähigkeit der Gesellschaft sicherzustellen.

In der neuesten Entscheidung des BGH[16] zur Wirksamkeit von Mehrheitsklauseln gab **10b** dieser nun endgültig den entwickelten Bestimmtheitsgrundsatz[17] auf. Es bleibt jedoch bei einer zweistufigen Prüfung.[18] Zunächst muss sich aus dem Gesellschaftsvertrag ergeben, dass dieser Beschlussgegenstand einer Mehrheitsentscheidung unterworfen sein solle (sog. formelle Legitimation). Dies ist mithilfe der allgemeinen Auslegungsregeln, also §§ 133, 157 BGB, zu ermitteln. Danach wird in der zweiten Stufe die materielle Legitimation geprüft, also ob die Mehrheit gegenüber der Minderheit eine gesellschaftsrechtliche Treuepflicht verletzt habe.

Im Rahmen der Prüfung auf der ersten Stufe geht es zunächst allein darum, ob die **10c** Mehrheitsklausel eine **formale Legitimation** für die auf ihrer Grundlage gefassten Beschlüsse darstellt. Sieht der Gesellschaftsvertrag dabei nur allgemein Mehrheitsentscheidungen vor, wurde der Anwendungsbereich solcher Vertragsbestimmungen früher auf „gewöhnliche" Gesellschafterbeschlüsse beschränkt.[19] Dies wird nicht mehr grundsätzlich so gesehen, da eine solche Auslegung im Gesetz keine Stütze finde.[20] Vielmehr müsse der Gesellschaftsvertrag nach den allgemeinen Auslegungsgrundsätzen geprüft werden. Eine Mehrheitsbefugnis könne sich dabei aus jeder Vereinbarung ergeben. Weil auch Vetragsänderungen und andere Maßnahmen, welche ähnlich die Grundlagen der Gesellschaft berühren oder in die Rechtspostion der Gesellschafter eingreifen, dispostiv sind, gelte dies

---

[15] Vgl. dazu auch *Korte* S. 181; missverständlich insoweit BGH NJW 1996, 1279.
[16] BGHZ 203, 77.
[17] Vgl. unter anderem RGZ 91, 166; BGHZ 8, 35; Relativierung schon in BGHZ 170, 283 – „Otto" und BGHZ 179, 13 – „Schutzgemeinschaft II".
[18] Alternativer Vorschlag von *Risse/Höfling* NZG 2017, 1131 (1133 ff.).
[19] BGH NJW 2007, 1685 mAnm *Wertenbruch* ZIP 2007, 798.
[20] BGH NJW 2015, 859 (861).

auch für diese Beschlussgegenstände.[21] Letztendlich sei es für die formelle Wirksamkeit des Beschlusses auch irrelevant, ob der Beschlussgegenstand gegenüber einzelnen Gesellschaftern nur mit deren Zustimmung wirksam werde.

10d   Auf einer zweiten Kontrollstufe erfolgt dann eine **materielle Wirksamkeitsprüfung,** wobei es entscheidend sei, ob der Eingriff in die rechtliche und vermögensmäßige Position im Interesse der Gesellschaft geboten sei und dem betroffenen Gesellschafter unter Berücksichtigung seiner schutzwerten Interessen zumutbar sei.[22] Dies sei insbesondere am Maßstab der Treupflicht, sowohl der Mehrheit gegenüber der Minderheit als auch des einzelnen Gesellschafters gegenüber der Gesellschaft, zu prüfen.[23] Demnach sind alle Gesellschafter zu fairem Verhalten untereinander und gegenüber der Gesellschaft verpflichtet sowie zur Förderung des Gesellschaftszwecks und zur Bewahrung der Gesellschaft vor Schaden.[24]

10e   Ein Mehrheitsbeschluss ohne hinreichende Grundlage im Gesellschaftsvertrag ist zumindest dem Gesellschafter gegenüber unwirksam, der dem Beschluss nicht zugestimmt hat. Diese Unwirksamkeit kann der betroffene Gesellschafter als Einwendung gegen die Zahlungsklage auch dann geltend machen, wenn nach dem Gesellschaftsvertrag Beschlussmängelstreitigkeiten innerhalb einer bestimmten Frist geltend gemacht werden müssen und diese Frist abgelaufen ist.[25]

10f   Bei der Aufhebung von Mehrheitsklauseln ist zu beachten, dass wenn der Gesellschaftsvertrag einer Personengesellschaft grundsätzlich eine 3/4-Mehrheit für Vertragsänderungen vorsieht, jedoch unter bestimmten Voraussetzungen einstimmige Entscheidungen verlangt, dieses Einstimmigkeitserfordernis solange mit einer 3/4-Mehrheit aufgehoben werden kann, wie die Voraussetzungen für das Eingreifen des Einstimmigkeitserfordernisses – zB Vereinigung von 90 % der Stimmen in der Hand von fünf oder weniger Gesellschaftern – (noch) nicht vorliegen.[26]

Praxishinweis:

In der Praxis bleibt es auch nach Aufgabe der Rechtsprechung zum Bestimmtheitsgrundsatz ratsam, neben einer allgemeinen Mehrheitsklausel Regelbeispiele für alle in Betracht kommenden Beschlussvarianten, die erfasst sein sollen, aufzunehmen, da die Auslegung der gesellschaftsvertraglichen Regelungen ansonsten der (ungewissen) richterlichen Würdigung unterliegt.

---

11   **Änderungen des Gesellschaftsvertrages** im Stadium zwischen Beurkundung des Kaufvertrages und Umschreibung sind entsprechend den Grundsätzen, die für die Änderung formbedürftiger Grundstückskaufverträge gelten, zu behandeln: Nach Wirksamkeit des Vertrages und erklärter Auflassung sind die Abänderungen formfrei möglich.[27] Dies gilt jedoch nur, wenn nicht noch weitere Erwerbs- oder Veräußerungsverpflichtungen die Gesellschaft (zB bedingte Rückübertragungsverpflichtung aus Grundstücksankauf – häufig in den neuen Bundesländern) oder die Gesellschafter[28] treffen.

12   Neben **§ 311b Abs. 1 BGB** sind im Gründungsstadium und bis zur Eintragung der Gesellschaft als Eigentümer im Grundbuch folgende Formvorschriften zu beachten:
– **§ 4 WEG.** Dieser spielt insbesondere dann eine Rolle, wenn Fondsvermögen nicht ein real geteiltes Grundstück, sondern beispielsweise eine Teileigentumseinheit (Supermarkt

---

[21] BGH NJW 2015, 859 (862).
[22] BGH NJW 2015, 859 (862).
[23] BGH NJW 2015, 859 (864).
[24] *Hecksen/Bachmann* NZG 2015, 531 (535).
[25] BGH ZIP 2007, 1368.
[26] BGH NZG 2013, 57.
[27] Vgl. auch *Korte* S. 186–189.
[28] ZB Hamburger-Modell, vgl. BGH NJW 1978, 2505; BFH NZG 2012, 196; dazu → Rn. 43.

etc) in einem größeren Objekt sein soll. Die Gesellschafter verpflichten sich dann mit dem Gesellschaftsvertrag zur Mitwirkung an der späteren Aufteilung.

– **§ 925 BGB.** Dieser ist zu beachten, soweit die Auflassung aus dem Grundstücksankauf der Fondsgesellschaft noch nicht erklärt ist. Bei einem Gesellschafterwechsel zwischen Ankauf und Grundbucheintragung des Fonds bedarf es jedoch keiner erneuten Auflassung, sondern einer bloßen Grundbuchberichtigung.[29]

– **§§ 800, 795, 794 Abs. 1 Nr. 5 ZPO.** Unterwerfung unter die sofortige Zwangsvollstreckung in dinglicher und persönlicher Hinsicht. Soweit die Gesellschafter selbst für die Verbindlichkeiten der Gesellschaft im Zusammenhang mit der Fondsfinanzierung Vollstreckungsunterwerfungsklauseln abzugeben haben, sind diese in notarieller Form vorzunehmen.

– **§ 12 HGB.** Soweit der Fonds als Kommanditgesellschaft konstruiert wird, bedarf jede Änderung der Anmeldung durch alle Komplementäre und Kommanditisten der öffentlich beglaubigten Form. Zweckmäßig ist die Erteilung einer öffentlich beglaubigten Registervollmacht, auch bereits durch die Gründer auf eine Person aus dem Gründerkreis.

– **§ 29 GBO.** Wird nicht mit einem Grundbuch- und Vormerkungstreuhänder (dazu → Rn. 13) gearbeitet, sondern müssen die Gesellschafter sämtlich im Grundbuch eingetragen werden, so bedürfen Änderungen während der Gründungsphase und auch nach Eintragung des Fonds als Eigentümer der öffentlichen Beglaubigung, da diese Änderung im Grundbuch vermerkt werden muss. Für den Fall, dass ein Gesellschafter aus der Gesellschaft ausscheidet, bedarf es für die Grundbuchberichtigung der öffentlich beglaubigten Berichtigungsbewilligung des ausscheidenden Gesellschafters. Ob es darüber hinaus auch der Bewilligung der übrigen Mitgesellschafter gemäß § 19 GBO bedarf, wird in der Rechtsprechung nicht einheitlich beantwortet.[30] Zu folgen ist der Ansicht, dass es sowohl des Berichtigungsantrages des neuen Gesellschafters als auch der Bewilligung der bisherigen Gesellschafter bedarf. Sieht der Gesellschaftsvertrag eine Abtretung ohne weiteres vor bzw. ergibt sich die Zustimmung der übrigen Gesellschafter bereits aus dem Gesellschaftsvertrag, so kann das Grundbuchamt nur die Vorlage des in öffentlicher Urkunde errichteten Gesellschaftsvertrages verlangen.[31] Der Nachweis, dass der Vertrag nicht abgeändert ist, kann vom Grundbuchamt nur verlangt werden, wenn es aufgrund konkreter Anhaltspunkte Zweifel daran haben kann, ob die Fassung des Gesellschaftsvertrages noch aktuell ist.[32]

3. Grundbuch- und Vormerkungstreuhänder. Wird der Immobilienfonds nicht selber 13 im Grundbuch eingetragen, sondern hält ein sog. Grundbuchtreuhänder den Grundbesitz für den Immobilienfonds, so ist der Vertrag mit dem Grundbuchtreuhänder unabhängig davon zu beurkunden, ob der Treuhänder bereits bei Abschluss des Vertrages eingetragener Eigentümer ist oder es erst noch werden muss. Die Grundbuchtreuhand wird gewählt, um die Eintragung der oft mehrere hundert Personen ausmachenden Gesellschafter und vor allem die Eintragung späterer Veränderungen zu vermeiden.[33]

Lange Zeit ungeklärt war, ob die GbR als solche grundbuch- und damit eintragungsfähig ist. Hiervon zu unterscheiden ist die Frage, ob die GbR grundeigentumsfähig ist. 13a

[29] BayObLG DNotZ 1992, 155 mit zustimmender Anm. *Jaschke*.
[30] Dafür, dass allein die Berichtigungsbewilligung des ausscheidenden Gesellschafters ausreichen soll, um eine Berichtigung des Grundbuchs zu vollziehen OLG Jena NJW-RR 2011, 1236; KG NZG 2015, 866; FGPrax 2011, 217; anders OLG München NZG 2015, 1307; NZG 2011, 548; *Schöner/Stöber* GrundbuchR Rn. 4270.
[31] Anders zumindest hinsichtlich eines privatschriftlichen Gesellschaftsvertrages OLG München NZG 2015, 1307.
[32] Vgl. dazu LG Tübingen BWNotZ 1986, 69; OLG Frankfurt a.M. Rpfleger 1982, 469; *Schöner/Stöber* GrundbuchR Rn. 4272.
[33] Vgl. dazu *Görlich* NWB Fach 18, 3275.

Nach dem BGH umfasst die Rechtsfähigkeit der GbR[34] auch die Fähigkeit, Eigentümer von Grundstücken zu sein.[35] Die Gegenansicht[36] überging, dass allein die Verneinung der Möglichkeit, eine Gesellschaft bürgerlichen Rechts als solche unter der für diese von ihren Gesellschaftern vereinbarten Bezeichnung in das Grundbuch einzutragen, nicht dazu führt, dass die Gesellschaft bürgerlichen Rechts das Eigentum an einem Grundstück nicht erwerben könnte.[37] Sind also im Grundbuch die Gesellschafter einer Gesellschaft bürgerlichen Rechts mit dem Zusatz „als Gesellschafter bürgerlichen Rechts" als Eigentümer eingetragen, so ist die Gesellschaft Eigentümerin des Grundstücks.

13b   Im Jahr 2008 hat der BGH die formelle Grundbuchfähigkeit ausdrücklich anerkannt.[38] Die Grundbuchfähigkeit hat in § 47 Abs. 2 GBO ihre gesetzliche Regelung gefunden. § 47 Abs. 2 S. 1 GBO sieht vor, dass neben der GbR, die das Recht erwerben soll, auch deren Gesellschafter im Grundbuch einzutragen sind. An § 47 Abs. 2 GBO knüpft § 899a BGB an.[39] Für das Sachenrecht gelten danach diejenigen Personen als Gesellschafter der GbR, die ins Grundbuch eingetragen sind. Durch die Regelung sollte das Problem entschärft werden, dass mit der Eintragung der GbR als eigenständiger Rechtspersönlichkeit der sichere Grundbuchverkehr dadurch gefährdet wurde, dass mangels Registers keine sichere Grundlage für die Ermittlung der Gesellschafter bestand und somit ein gutgläubiger Erwerb ausgeschlossen war.[40]

13c   Der grundbuchrechtliche Bestimmtheitsgrundsatz verlangt für die Eintragung, dass die Identität der Gesellschaft zweifelsfrei feststeht. Dieser Anforderung ist jedoch Genüge getan, wenn die GbR und ihre Gesellschafter in der notariellen Auflassungsverhandlung benannt sind und die für die GbR Handelnden erklären, dass sie deren alleinige Gesellschafter sind; weitere Nachweise der Existenz, der Identität und der Vertretungsverhältnisse dieser GbR bedarf es gegenüber dem Grundbuchamt nicht.[41] So darf das Grundbuchamt einen auf die rechtlichen Verhältnisse der GbR bezogenen und in der Form des § 29 GBO zu führenden Nachweis daneben grundsätzlich nicht verlangen.[42]

13d   Wird durch Rechtsübergang außerhalb des Grundbuchs die Eintragung eines Gesellschafters der GbR unrichtig (materiell rechtlich wird das Grundbuch durch den Wechsel der Gesellschafter nicht unrichtig, da Eigentümerin weiterhin die GbR ist), verpflichtet § 82 S. 3 GBO die Gesellschafter und deren Nachfolger das Grundbuch gemäß § 22 GBO zu berichtigen.[43]

13e   Der Übertragungsanspruch gegen den Treuhänder muss durch eine Auflassungsvormerkung gesichert werden, damit nicht in der Insolvenz des Treuhänders der Verlust des Grundbesitzes droht. Um nun auch die Eintragung der Gesellschafter als Vormerkungsberechtigte zu vermeiden, wird in der Regel eine Bank, ein sog. Vormerkungstreuhänder, für den Immobilienfonds zwischengeschaltet. Dieser Vormerkungstreuhänder erhält den Rückübertragungsanspruch aus der Treuhandvereinbarung übertragen und wird als Berechtigter der Vormerkung im Grundbuch vermerkt. Die Verträge mit dem Grundbuchtreuhänder und dem Vormerkungstreuhänder sind beurkundungsbedürftig.

14 **4. Parallelverträge.** Bei den weiteren im wirtschaftlichen Zusammenhang mit dem Gesellschaftsvertrag abgeschlossenen Verträgen ist jeweils zu prüfen, inwieweit diese entweder ihrerseits Grundstückserwerbs- oder -veräußerungsverpflichtungen enthalten oder in recht-

---

[34] Dazu grundlegend BGHZ 146, 341.
[35] BGH BB 2006, 2490.
[36] OLG Celle NJW 2006, 2194.
[37] BGH NJW 2008, 1378; DNotZ 2009, 115 mAnm *Hertel*; *Heil* DNotZ 2004, 380; *Altmeppen* NJW 2011, 1905.
[38] BGH NZG 2009, 137.
[39] Kritisch hierzu *Altmeppen* NJW 2011, 1905; *Wilhelm* NZG 2011, 801.
[40] *Kesseler* NJW 2011, 1909 (1910).
[41] BGH NJW 2011, 1958; OLG München NJW-RR 2011, 1311; *Hartmann* RNotZ 2011, 401.
[42] OLG München NJW-RR 2011, 1311.
[43] OLG Zweibrücken NJW 2010, 384.

lichem Zusammenhang mit dem Gesellschafts- und dem Grundstückskaufvertrag stehen. In der Regel wird neben dem bereits genannten Gesellschaftsvertrag und dem Grundstückskaufvertrag ein Vertragsbündel geschlossen, das dazu dient, umfassend die Realisierung des Objektes sicherzustellen (Vertriebsvertrag, Platzierungsgarantievertrag, Eigenkapitalgarantievertrag, Höchstkostengarantievertrag, Steuerberatungsvertrag, Vertrag über die Beschaffung einer Zwischenfinanzierung, Garantievertrag, Mietvermittlungsvertrag, Mietgarantievertrag, Bürgschaftsvertrag, Generalübernehmervertrag mit Bauunternehmen).[44] Der Platzierungsgarantievertrag beispielsweise ist aus sich heraus beurkundungsbedürftig, da er den Platzierungsgaranten verpflichtet, zu einem bestimmten Zeitpunkt die nicht platzierten Gesellschaftsanteile zu übernehmen. In der Regel ist zu diesem Zeitpunkt der Grundstückserwerb noch nicht abgeschlossen, der Platzierungsgarant tritt damit in eine offene Erwerbsverpflichtung ein. Inwieweit die weiteren genannten Verträge im untrennbaren rechtlichen Zusammenhang stehen, bedarf der Einzelfallprüfung.[45]

III. Inhalt des Gesellschaftsvertrages

1. Allgemeines. Bei der Wahl des Vertragsmusters ist zunächst danach zu differenzieren, 15 ob es sich um einen Fonds mit kleiner überschaubarer Gesellschafterstruktur oder um eine Publikumsgesellschaft mit mehreren hundert Gesellschaftern handelt oder handeln soll. Institutionen wie ein Beirat machen bei überschaubarem Gesellschafterkreis wenig Sinn. Unabhängig von der Wahl der Gesellschaftsform muss der Gesellschaftsvertrag einerseits die Gesellschafter vor unlauteren Initiatoren und einer nicht kompetenten oder unredlichen Geschäftsführung sichern. Andererseits muss der Gesellschaftsvertrag berücksichtigen, dass dem Mitgesellschafter auch Gefahren durch zahlungsunwillige oder zahlungsunfähige sowie querulatorische Gesellschafter drohen.

Der Gesellschaftsvertrag insgesamt unterliegt – soweit es sich um eine Publikumsperso- 16 nengesellschaft handelt – einer richterlichen Inhaltskontrolle gemäß § 242 BGB.[46]

2. Einzelne Vertragsregelungen. Bei der Konzeption des Gesellschaftsvertrages ist auf 17 folgende Punkte besonders zu achten:

a) Gesellschaftszweck und Investitionsplan. Detaillierte und konkrete Angaben zum 18 Gesellschaftszweck und die Aufstellung eines Investitionsplanes konkretisieren die Mitwirkungsverpflichtung der Gesellschafter und legen die Gesellschaft auf das projektierte Ziel fest.

b) Gesellschaftskapital, ggf. Nachschusspflicht oder Ausschluss. Der Gesellschafts- 19 vertrag soll die zu finanzierende Endsumme und die Art der Finanzierung (Eigen-/Fremdfinanzierung) darlegen. Es soll sichergestellt sein, dass Kapitalgeber als Gesellschafter nur dann aufgenommen werden können, wenn die Gesamtfinanzierung sichergestellt ist (werthaltige Platzierungsgarantie/rechtsverbindliche Darlehenszusage/Beitrittserklärungen finanzierungsfähiger Gesellschafter Finanzierungszusagen) im Wert des geplanten Eigenkapitals. Unzumutbare Risiken für die Gesellschafter bestehen dann, wenn Gesellschafter aufgenommen werden, ohne dass für sie sichergestellt ist, dass das Gesamtvorhaben durch Drittmittel oder durch andere Gesellschafter realisiert werden kann.

Eine begrenzte Nachschusspflicht kann sinnvoll sein, um unvorhersehbare Deckungslü- 19a cken ausgleichen zu können (Ausfall von Bauunternehmen durch Insolvenz etc) Nach dem BGH trägt eine Vertragsgestaltung nur dann den Anforderungen an die Bestimmtheit

---

[44] Vgl. dazu im Einzelnen Staudinger/*Schumacher* (2011) BGB § 311b I Rn. 164f.
[45] Vgl. dazu ausführlich *Korte* S. 207; zur ähnlich gelagerten Problematik beim früheren Bauherren-Modell BGHZ 101, 396; BGH DNotZ 1985, 279; NJW 1986, 1983 (1984); NJW-RR 1990, 340.
[46] MAH PersGesR/*Mutter* § 1 Rn. 163; BeckOK BGB/*Schöne* BGB § 709 Rn. 39 mwN.

bzw. Bestimmbarkeit weiterer neben die Einlagepflicht tretender Beitragslasten Rechnung, wenn sich aus dem Gesellschaftsvertrag iVm der zugehörigen Beitrittserklärung die maximale Höhe der den Gesellschafter treffenden Beitragspflicht ergibt.[47] Nachschussverpflichtungen müssen somit aus dem Gesellschaftsvertrag eindeutig hervorgehen und der Höhe nach bestimmt oder zumindest objektiv bestimmbar sein.[48] Daher ist der Gesellschafterbeschluss einer Personengesellschaft, durch den eine Nachschusspflicht begründet wird, die im Gesellschaftsvertrag keine Grundlage hat, jedenfalls gegenüber dem Gesellschafter grundsätzlich unwirksam, der dem Beschluss nicht zugestimmt hat.[49]

19b   Unabhängig von einer gesellschaftsvertraglichen Regelung zu Nachschüssen müssen aber diejenigen Gesellschafter, die sich für den Nachschuss aussprechen, diesen bei einem wirksamen mehrheitlichen Beschluss auch leisten. Nur die Gesellschafter, die dem Beschluss nicht zugestimmt haben, unterliegen keiner Nachschusspflicht. Für den Krisenfall kann der Gesellschaftsvertrag zudem wirksam bestimmen, dass Nachschüsse durch einen mehrheitlich gefassten Gesellschafterbeschluss eingefordert werden können und dass die nicht zustimmenden Gesellschafter in der Gesellschaft verbleiben, aber in ihren Beteiligungsquoten verwässert werden dürfen.[50] In diesem Fall darf der Gesellschafter nicht gegen seinen Willen ausgeschlossen werden, wenn er der Sanierung nicht zustimmt.[51] Die Geltendmachung der Unwirksamkeit von Nachschusspflichten kann nicht durch gesellschaftsvertraglich geregelte Fristen zur Anfechtung der zugrunde liegenden Gesellschafterbeschlüsse beschränkt werden.[52]

20   **c) Beitrittsverfahren, Kapitalerhöhungsverfahren.** Es ist sicherzustellen, dass ein Gesellschafter die Vollmacht hat, weitere Gesellschafter aufzunehmen, wobei diese Vollmacht im Innenverhältnis dahingehend beschränkt sein soll, dass das Angebot auf Aufnahme nur angenommen wird, wenn die Finanzierung des zu leistenden Eigenkapitals sichergestellt ist. Sollen die Gesellschafter ins Grundbuch eingetragen werden (GbR), so ist dafür zu sorgen, dass die Geschäftsführung zu Erklärungen gegenüber dem Grundbuchamt berechtigt ist. Bei der KG ist sicherzustellen, dass Aufnahmen nur vereinbart werden, wenn ein ins Handelsregister einzutragender Kommanditist gleichzeitig eine Handelsregistervollmacht erteilt hat.

21   **d) Dauer und Kündigung.** Kündigungen sind für den Zeitraum, bis die zur Finanzierung aufgenommenen Darlehen abgelöst sind, auszuschließen.

22   **e) Geschäftsführung/Vertretung.** Bei der Kommanditgesellschaft sind nur die Komplementäre zur Vertretung berechtigt. Bei der GbR kann die Geschäftsführung/Vertretung nur einem Gesellschafter (Prinzip der Selbstorganschaft) übertragen werden. Um eine jederzeitige Weisungsgebundenheit sicherzustellen, bietet es sich an, die gesamte Geschäftsführung per Geschäftsbesorgungsvertrag einem Dritten zu übertragen. Die Vertretungsbefugnis für die Gesellschaft kann dann sämtlichen Komplementären/geschäftsführenden Gesellschaftern überlassen bleiben. Abberufung/Ernennung des Geschäftsbesorgers sind jeweils der Gesellschafterversammlung vorzubehalten.

23   **f) Katalog zustimmungspflichtiger Maßnahmen.** Ist die Geschäftsbesorgung nicht einem Dritten übertragen, so ist es sinnvoll, die Vertretungsbefugnis der Vertretungsorgane durch einen Katalog zustimmungspflichtiger Maßnahmen im Innenverhältnis zu beschränken.

---

[47] BGH BB 2008, 235.
[48] BGH BB 2007, 1016; NZG 2008, 65 (66).
[49] BGH NJW-RR 2007, 1477.
[50] BGH NZG 2011, 510; *Wilde* NZG 2012, 215.
[51] „Sanieren oder Ausscheiden" BGH NJW 2010, 65; NZG 2011, 510.
[52] BGH NZG 2009, 501.

g) Haftung der Gesellschafter. BGB-Gesellschaft: Für die Haftung der Gesellschafter 24
galt früher die Theorie der sog. Doppelverpflichtung, dh, die Geschäftsführer der Gesellschaft verpflichten kraft der ihnen erteilten Vertretungsbefugnis das Gesellschaftsvermögen
und – soweit nichts anderes bestimmt ist – jeden Gesellschafter persönlich. Der BGH hat
diese bis 1999 vertretene Rechtsauffassung aufgegeben.[53] Der in eine GbR eintretende
Gesellschafter hat für alle, also auch für vor seinem Beitritt begründete Verbindlichkeiten
der Gesellschaft grundsätzlich persönlich und als Gesamtschuldner mit den Altgesellschaftern einzustehen, §§ 128, 130 HGB analog.[54] Diese Haftung gilt auch für Beitritte **vor**
Bekanntwerden des Urteils BGHZ 154, 370.[55] Auf Vertrauensschutz kann sich der Neugesellschafter trotz eines Beitritts **vor** Bekanntwerden der genannten Entscheidung aber
weder mit Blick auf typischerweise vorhandene Altverbindlichkeiten berufen noch dann,
wenn er die bestehenden Altverbindlichkeiten der Gesellschaft im Beitrittszeitpunkt kennt
oder wenn er sie bei auch nur geringer Aufmerksamkeit hätte erkennen können.[56]

Haftungsbeschränkungen sind nur noch durch individualvertragliche Regelungen im 24a
Einzelfall möglich. In Betracht kommt beispielsweise eine Vereinbarung zwischen der den
Fonds finanzierenden Bank und den BGB-Gesellschaftern, mit der die Haftung der Gesellschafter quotal beschränkt wird.[57] In diesem Zusammenhang bezieht sich der Begriff
„quotal" immer auf die ursprüngliche Darlehensschuld.[58] Der Erlös aus der Verwertung
von Sicherheiten (zB Grundstücksverwertungen) ist grundsätzlich nicht anteilig haftungs-
mindernd zugunsten der Gesellschafter zu berücksichtigen.[59] Eine **(anteilige) Anrechnung der Verwertungserlöse** muss vielmehr ausdrücklich vertraglich geregelt werden.
Wer einer GbR als Gesellschafter beitritt, haftet im Außenverhältnis für die Gesellschaftsschulden auch dann, wenn er seine gesellschaftsrechtlichen Rechte gegenüber dem
Grundbuchamt durch einen **Treuhänder** halten lässt. Denn der Grundsatz, dass die gesellschaftsrechtliche Außenhaftung nur den Treuhänder, nicht aber den Treugeber trifft,
greift nur, wenn auch tatsächlich eine Treuhand vorliegt, also nur der Treuhänder Gesellschafter ist.[60] Anderenfalls kommt es zu einer Außenhaftung des „Treugebers", §§ 128,
130 HGB analog.

Kommanditgesellschaft: Bei der Kommanditgesellschaft haften die Komplementäre 25
unbeschränkt, während ab Leistung der sog. Hafteinlage der Kommanditist nur noch beschränkt auf diese Einlage haftet. Im Innenverhältnis bestimmt die sog. Pflichteinlage,
welchen Beitrag der Gesellschafter zu leisten hat. Wiederum aus steuerlichen Gründen
kann es sinnvoll sein, die Hafteinlage höher als die Pflichteinlage festzusetzen, um
Abschreibungen bis zur Höhe der Hafteinlage zu ermöglichen (§ 15a EStG). Zu berücksichtigen ist jedoch, dass durch laufende Ausschüttungen die Haftung des Gesellschafters
wieder aufleben kann. Eine Begrenzung ist durch die Vereinbarung einer unter der
Pflichteinlage liegenden Hafteinlage möglich.[61]

Haftung Minderjähriger: Grundsätzlich haftet ein minderjähriger Gesellschafter in 25a
gleichem Maße wie seine volljährigen Mitgesellschafter.[62] Einschränkungen der Haftung
haben sich jedoch aus den durch das Minderjährigenhaftungsbegrenzungsgesetz vom
25. 8. 1998[63] eingefügten Vorschriften ergeben. So sind im Innenverhältnis gemäß § 1629a

---

[53] NJW 1999, 3483.
[54] BGHZ 154, 370; BGH NZG 2011, 1023 (1026).
[55] BGH NZG 2011, 1023 (1026); BVerfG ZIP 2012, 2437.
[56] BGH NJW 2006, 765 (766); NZG 2011, 1023.
[57] BGH NJW 2002, 1642; ZIP 2011, 914; NZG 2013, 214.
[58] BGH ZIP 2011, 1657 mAnm *Wertenbruch* EWiR 2011, 749 f.; BGH BeckRS 2012, 11290; BeckRS 2012, 11289 und BeckRS 2012, 11288; zu allen drei Entscheidungen Anm. *Imhof* GWR 2012, 269.
[59] BGH ZIP 2011, 914 mAnm *Schodder* EWiR 2011, 425; BGH ZIP 2011, 909 mAnm *Bendermacher* EWiR 2011, 423 und Anm. *Masuch* GWR 2011, 208.
[60] BGH NZG 2011, 1023 (1025); *K. Schmidt* JuS 2011, 1124.
[61] Vgl. zum Wiederaufleben der Haftung BGH BB 2007, 2249; *Lambrich* Jura 2007, 93.
[62] *Reimann* DNotZ 1999, 203.
[63] BGBl. 1998 I 2487.

BGB die durch vertretungsberechtigte Dritte für den Minderjährigen begründeten Verbindlichkeiten mit Eintritt der Volljährigkeit auf die Höhe des zu diesem Zeitpunkt vorhandenen Vermögens begrenzt. Für die Haftung im Außenverhältnis ist eine analoge Anwendung des § 1629a BGB geboten.[64]

26 **h) Kontrollrechte der Gesellschafter.** Kontrollrechte sollten den Gesellschaftern zumindest nach Maßgabe des § 176 HGB unabhängig von der gewählten Rechtsform eingeräumt werden.

27 **i) Einberufung und Abhaltung der Gesellschafterversammlung.** Bei Immobilienfonds handelt es sich häufig um große Publikumsgesellschaften. Bei den Versammlungen erscheint in der Regel nur ein Bruchteil der Gesellschafter. Umfassende Informations- und Berichtspflichten vor der Beschlussfassung stellen eine Mindestinformationsdichte bei dem einzelnen Gesellschafter sicher und ermöglichen es diesem, beispielsweise über Bevollmächtigungen, die der Gesellschaftsvertrag unbedingt vorsehen sollte, Einfluss auf die Abstimmung zu nehmen. Sicherzustellen ist, dass auch schriftliche Beschlussfassungen möglich sind und die Beschlussfassung bei geringer Präsenz trotz frühzeitiger Ankündigungen und ausführlicher Vorabinformationen gesichert ist.

28 **j) Ggf. Regelung zu Beiräten.** Die Einrichtung von Kontroll- und Beratungsorganen im Sinne eines Beirates oder eines Aufsichtsrates kann die Kontrollmöglichkeiten der Gesellschafter erhöhen. Sicherzustellen ist der Einfluss der Gesellschafter auf die Wahl der Beiräte.

29 **k) Übertragung und Vererbung der Beteiligung.** Es ist unbedingt sicherzustellen, dass Gesellschaftsanteile durch rechtsgeschäftliche Nachfolge und durch Gesamtrechtsnachfolge im Erbwege fungibel sind. Um die Übersicht über den Gesellschafterkreis zu halten, ist es empfehlenswert, ein sog. Gesellschaftsbuch oder Gesellschafterverzeichnis zu führen. Der Gesellschaftsvertrag kann vorsehen, dass eine Übertragung von Anteilen erst wirksam wird, wenn sie auch der Gesellschaft angezeigt und im Gesellschaftsbuch verzeichnet ist. Beurkundungsbedürftig ist eine solche Anteilsübertragung nach § 311b BGB nicht.[65] War der Veräußerer des Gesellschaftsanteils fälschlich im Grundbuch eingetragen, so war nach alter Rechtslage ein Erwerb des Grundeigentums nicht aufgrund des öffentlichen Glaubens des Grundbuchs möglich, weil Gegenstand der Anteilsveräußerung nicht die Beteiligung am Gesamthandsvermögen ist, sondern die Mitgliedschaft an sich war.[66] Der neu eingefügte § 899a BGB verweist jedoch auf §§ 892–899 BGB, wodurch die Möglichkeit des gutgläubigen Erwerbs eröffnet ist. Um einen gutgläubigen Erwerb auszuschließen, etwa im Falle eines zwischenzeitlich erfolgten, jedoch im Grundbuch nicht vollzogenen Gesellschafterwechsels, kann insoweit ein Widerspruch eingetragen werden, §§ 899a, 894 BGB.[67]

29a Anteile am Grundstückseigentum können indirekt durch Übertragung des Anteils an der Gesellschaft formfrei und außerhalb des Grundbuchs veräußert werden, denn Gegenstand des der Anteilsübertragung zugrundeliegenden schuldrechtlichen Vertrages ist nicht das Grundstück als solches.[68] Das Grundbuch ist lediglich zu berichtigen.[69] Zur Notwendigkeit der Berichtigung des Grundbuchs → Rn. 13.[70]

---

[64] MüKoBGB/*Huber* BGB § 1629a Rn. 17; vgl. zu den Haftungsbeschränkungen des Minderjährigen in Einzelkonstellationen *Rust* DStR 2005, 1992 (1994) sowie *Reimann* DNotZ 1999, 179.
[65] *K. Schmidt* ZIP 1998, 2.
[66] BGH NJW 1997, 860; vgl. auch *K. Schmidt* ZIP 1998, 2; zum Erwerb einer Grundstücksgesellschaft als solcher vgl. *Bredow* WiB 1996, 102.
[67] *Schöner/Stöber* GrundbuchR Rn. 4262.
[68] Staudinger/*Schumacher* (2011) BGB § 311b Rn. 119.

Verstirbt ein Gesellschafter, ist derzeit strittig, welche Nachweise für die Grundbuchbe- **29b** richtigung/-bewilligung notwendig sind. Nach einer Ansicht muss dem Grundbuchamt zwingend auch der Gesellschaftsvertrag vorgelegt werden.[71] Nach anderer Ansicht sei ein Nachweis der Erbfolge in Form des § 29 GBO und die Bewilligung der Erben und übrigen Gesellschafter ausreichend, denn Auskunft über den Inhalt des Gesellschaftsvertrages können nur diese geben, während der Gesellschaftsvertrag meist nicht in der Form des § 29 GBO vorliege bzw. sich zwischenzeitlich geändert haben könnte.[72]

l) Ausschluss und Abfindung. Insbesondere für den Fall der Nichtleistung der Einlage **30** ist ein unkompliziertes und rasches Ausschlussverfahren im Interesse der Gesamtfinanzierung erforderlich. Ausschlussklauseln für den Fall der Insolvenz oder der Pfändung der Geschäftsanteile sind ebenfalls nicht unüblich. Es ist sicherzustellen, dass Abfindungszahlungen nur bei Ausschluss aus wichtigem Grund und ansonsten erst dann anfallen können, wenn nach Tilgung der aufgenommenen Verbindlichkeiten eine Kündigung ermöglicht ist.

m) Auflösung und Liquidation. Hier ist sicherzustellen, dass nicht durch die Initiato- **31** ren eine Übervorteilung des Gesellschafters bei Liquidation der Gesellschaft stattfindet.

D. Beitrittsverfahren

I. Checkliste

Checkliste: Beitrittsverfahren	

(1) Beitritt vor oder nach Vollzug des Grundstückserwerbs
(2) Beitritt über Treuhänder
(3) ggf. Konzeption des Treuhandvertrages
(4) Beitritt vor Umschreibung auf Fonds
    (a) Sukzessivbeurkundung des Beitritts
    (b) Sukzessivbeurkundung des Treuhandvertrages
    (c) Einschaltung von Geschäftsbesorgern mit Vollmacht
	32

II. Allgemeines; zivilrechtliche Grundlagen

Bei der Konzeption des Fonds ist vorab zu klären, ob die Anleger unmittelbar an der **33** Gesellschaft beteiligt werden sollen oder ob ihnen die Beteiligung über einen **Treuhänder** vermittelt werden soll. Bei der Gestaltung als Gesellschaft bürgerlichen Rechts wie auch der als KG sprechen praktische Argumente für Treuhandkonstruktionen (zum Grundbuchtreuhänder vgl. → Rn. 13). Bei der KG, die selbst grundbuchfähig ist, stellt sich zudem die Problematik, dass bei Direkteintragung der Kommanditisten jede spätere Veränderung von diesen Kommanditisten mitbewirkt werden muss. Entscheidet man sich gegen eine Treuhandkonstruktion, so ist durch entsprechende unwiderrufliche Registervollmachten sicherzustellen, dass die Gesellschaft handlungs- und registerfähig bleibt.

Die Einschaltung des Treuhandgesellschafters wird insbesondere bei der Kommanditge- **34** sellschaft gewählt, um neben den vorgenannten Abwicklungsschwierigkeiten die oftmals ungewünschte Registerpublizität für den einzelnen Anleger zu vermeiden. Darüber hinaus

---

[69] Dazu, dass bei drohender Insolvenz durch Rückdatierung auch die Anfechtungsfristen der InsO und des AnfG umgangen werden können *K. Schmidt* ZIP 1998, 2 (6).
[70] OLG Zweibrücken NJW 2010, 384 (385).
[71] OLG München NZG 2017, 941; zust. *Schodder* EWiR 2018, 169.
[72] KG NZG 2016, 555; aA OLG München MittBayNot 2018, 138 mit zustimmender Anm. *Goslich;* FGPrax 2017, 250 mit zustimmender Anm. *Reymann;* ZEV 2017, 653 mit zustimmender Anm. *Weber.*

bietet sich die Einschaltung des Treuhandkommanditisten auch als Zwischenlösung an, um bis zur Eintragung des Anlegers die Haftung aus § 176 HGB zu vermeiden. Will der Anleger vor allem zum Jahresende hin noch in die Gesellschaft eintreten, ist der sonst gewählte Weg eines unter der aufschiebenden Bedingung der Eintragung erklärten Beitritts nicht gangbar. Als Alternative steht die Beteiligung über den Treuhänder oder eine stille Beteiligung zur Verfügung.

35   Für den **Beitritt der Anleger** stehen grundsätzlich zwei Wege zur Verfügung:
a) Beitritt durch Aufnahme,
b) Übertragung von Anteilen an der Gesellschaft.

36   Die in der Praxis gängige Variante besteht darin, dass die Gesellschaft vertreten durch einen bereits im Gesellschaftsvertrag bestimmten Gesellschafter laufend neue Gesellschafter aufnimmt, bis sie das benötigte Gesamtkapital aufgebracht hat, dh der Fonds geschlossen ist. Nach diesem Zeitpunkt werden Veränderungen im Gesellschafterbestand dadurch ermöglicht, dass der Gesellschaftsvertrag die Übertragung von Anteilen an Dritte vorsieht.

37   Der **Abschluss des Beitrittsvertrages** kann durch Angebot und Annahme zustande kommen oder durch einen zur Abgabe der Beitrittserklärung bevollmächtigten Geschäftsbesorger. Gleiches gilt für den Abschluss eines Treuhandvertrages. In der Praxis werden den Anlegern häufig sog. „Zeichnungsscheine" oder „Beitrittserklärungen" vorgelegt. Der Inhalt der Erklärung ist damit in der Regel unzutreffend beschrieben. Es bedarf in jedem Falle einer genauen Ermittlung des rechtlichen Charakters dieser Erklärung.[73]

III. Form der Beitrittserklärung

38   Die vorgenannten Beitritts-/Zeichnungserklärungen der Anleger werden in der Praxis häufig lediglich privatschriftlich oder in notariell beglaubigter Form abgegeben. Der auf diese Weise erklärte Beitritt zur Gesellschaft bzw. vereinbarte Abschluss des Treuhandvertrages kann formunwirksam sein.

39   Die **Beurkundungsbedürftigkeit** der Vereinbarungen folgt nach einer früher in der Lehre vertretenen Ansicht unabhängig von der gewählten Gesellschaftsform daraus, dass sich der Einzelne an einer Gesellschaft beteiligt, die noch nicht im Grundbuch als Eigentümer eingetragen ist oder aber die für die Zukunft noch Veräußerungs- oder Erwerbsverpflichtungen treffen (Stichwort: Bedingte Rückübertragungsverpflichtungen bei Kaufverträgen mit der öffentlichen Hand/BVS oder aus Ankaufs-/Andienungsverpflichtungen beim Immobilienleasing). Solange die Gesamthand diese Verpflichtung zu erfüllen hat, trifft sie auch den Einzelnen, der an ihrer Erfüllung als Gesamthänder mitzuwirken hat.[74] Darüber hinaus kann die Formpflicht sich auch aus einer Individualverpflichtung des einzelnen Anlegers ergeben, der etwa zu einem späteren Zeitpunkt real geteiltes Eigentum oder in Wohnungseigentum aufgeteiltes Eigentum zu übernehmen verpflichtet ist. Der BGH hingegen ist der Auffassung, dass der Beitritt bereits dann formfrei erklärt werden kann, wenn die Fondsgesellschaft den Grundstückskaufvertrag abgeschlossen hat oder die Gesellschaft ein Ankaufsangebot abgegeben hat.[75]

40   Auch wenn der Anleger nicht selber Gesellschafter werden soll, sondern sich lediglich treuhänderisch an der Gesellschaft beteiligt, ist der **Abschluss des Treuhandvertrages** beurkundungsbedürftig, wenn der Beitritt selbst ebenfalls beurkundungsbedürftig wäre.[76] Die Beurkundungspflicht folgt daraus, dass der Treuhänder seinerseits aus dem Treuhandvertrag verpflichtet wird, an dem Erwerb des Grundbesitzes mitzuwirken und der Anleger selber aufschiebend bedingt mit der ihm jederzeit möglichen Kündigung des Treuhand-

---

[73] Vgl. zum Beitrittsverfahren auch *Koeble* Kap. 35 Rn. 30 f. für die vertragliche Gestaltung bei der BGB-Gesellschaft und Rn. 122 f. für die vertragliche Gestaltung und Abwicklung bei der KG.
[74] Vgl. *Koeble* Kap. 35 Rn. 69d; *Reithmann* NJW 1992, 649; *Schmeinck* MittRhNotK 1982, 97; *Heckschen* S. 135 ff.; so auch Rundschreiben der Rheinischen Notarkammer vom 10.3.1994.
[75] BGH NJW 1996, 1279.
[76] So auch Rundschreiben der Rheinischen Notarkammer vom 10.3.1994; *Korte* S. 243; *Heckschen* S. 135 ff.

vertrages diese Erwerbsverpflichtung zu übernehmen hat. Wird die Beteiligung dem Anleger durch einen Dritten dergestalt vermittelt, dass der Geschäftsbesorger in Vollmacht für den Anleger die entsprechenden Erklärungen abgibt, so ist der **Geschäftsbesorgungsvertrag** zu beurkunden. Der Vertrag, der dem Anleger eine Erwerbs- oder Veräußerungsverpflichtung vermittelt, bedarf nach den vom BGH entwickelten Grundsätzen[77] der Beurkundung. Es kann hier im Übrigen auf die Rechtsprechung des BGH zu den Geschäftsbesorgungsverträgen im Rahmen des sog. Bauherren-Modells Bezug genommen werden.[78] Die **Heilung** formunwirksamer Erklärungen ist nach den vom BGH aufgestellten Grundsätzen über die formlos wirksame Genehmigung möglich.[79]

Der Notar muss auch bei der bloßen **Beglaubigung einer Unterschrift** entsprechend §40 Abs. 2 BeurkG prüfen, ob Gründe bestehen, seine **Amtstätigkeit zu versagen.** 41
Gerade bei der Beglaubigung von Beitrittserklärungen, Vollmachten, Zeichnungsscheinen etc zu Immobilienfonds besteht angesichts des vorgeschilderten Sachverhaltes und der Rundschreiben der Landesnotarkammer Bayern vom 11.3.1992 und der Rheinischen Notarkammer vom 10.3.1994 Anlass zu einer Prüfung, ob die Amtstätigkeit zu versagen ist. An unwirksamen Geschäften darf der Notar nicht mitwirken. Steht nicht eindeutig fest, dass der Beitritt bzw. der Abschluss des Treuhandvertrages formfrei ist, so sollte die Beglaubigung versagt werden und auf einer Beurkundung nach ausführlicher Klärung und Beratung gemäß §17 BeurkG bestanden werden. Bei der Beglaubigung von Handelsregistervollmachten ist zumindest darauf hinzuweisen, dass möglicherweise die Vollmacht im Rahmen eines unwirksam begründeten Gesellschaftsverhältnisses erteilt wird. Aus diesen Gründen ist im Zweifel die Beglaubigung erst nach umfassender Erörterung des Sachverhalts vorzunehmen. Auch durch das Beurkundungsverfahren ist sicherzustellen, dass gerade bei der Beteiligung eines Immobilienfonds geschäftlich Unerfahrene nicht überrumpelt werden.[80]

Wird der Beitrittsvertrag durch Angebot und Annahme erklärt, so gelten die Grundsätze, die die Bundesnotarkammer mit Rundschreiben vom 29.6.1984[81] aufgestellt hat: Das Angebot soll vom Anleger ausgehen. Der sog. „Zentralnotar" muss die „Mutterurkunde", in der das Vertragsbündel enthalten ist, nicht nur zur Verfügung stellen, sondern auch erläutern.[82] 42

Nach hM bedürfen Anteilsübertragungen nach Eintragung des Fonds als Eigentümer im Grundbuch keiner Beurkundung, soweit nicht die Gesellschaft noch für die Zukunft zu erfüllende Erwerbs- oder Veräußerungsverpflichtungen treffen. Der BGH fordert nur dann eine Beurkundung, wenn es sich um einen offensichtlichen Umgehungstatbestand handelt.[83] Ist die Beteiligung an einer Personengesellschaft mit einer besonderen Berechtigung an einem der Gesellschaft gehörenden Grundstück verbunden und kann der Gesellschafter gegebenenfalls durch einseitige Erklärung (Kündigung oder Auflösung der Gesellschaft) seine Gesellschafterstellung ohne Weiteres in einen Anspruch auf Übertragung des Eigentums an diesem Grundstück „umwandeln", steht der Erwerb eines solchen Gesellschaftsanteils im rechtlichen und wirtschaftlichen Ergebnis dem Erwerb des Eigentums an einem Grundstück gleich.[84] Die auf Begründung eines Anspruchs auf Übereignung einer jeweils bestimmten Eigentumswohnung gerichteten Vereinbarungen (Gesellschaftsvertrag, Sondernutzungsvereinbarung und Anteilsübernahmeverträge) bedürfen deshalb der notariellen Beurkundung.[85] Die Grunderwerbsteuer gemäß §1 Abs. 2 GrEStG fällt bei einem 43

---

[77] BGH LM §313 BGB Nr. 90.
[78] BGH NJW 1992, 3237.
[79] BGHZ 125, 219; so auch OLG Köln NJW-RR 1993, 1364.
[80] Vgl. OLG München MittBayNot 1994, 373.
[81] Vgl. auch Rundschreiben der Rheinischen Notarkammer vom 30.9.1982.
[82] Vgl. Rundschreiben der Rheinischen Notarkammer vom 10.3.1994.
[83] BGH NJW 1996, 1279 und NJW 1983, 1110; dagegen zu Recht *Schöner/Stöber* GrundbuchR Rn. 3103; *Schwanecke* NJW 1984, 1585; MüKoBGB/*Schäfer* BGB §719 Rn. 35f.; *Heckschen* S. 143ff.
[84] BFH NZG 2012, 196 (197).
[85] BFH NZG 2012, 196; hierzu *Potsch* NZG 2012, 176.

formnichtigen Vertrag nicht an, bei wirksamer Vereinbarung im Zeitpunkt des Beitritts zu der Grundstücks-GbR.[86]

43a   Fraglich ist, ob eine Bewilligung nach § 19 GBO wirksam bleibt, wenn der Bewilligende vor Antragstellung beim Grundbuchamt bzw. vor Eintragung stirbt. Da die Bewilligung heute als rein verfahrensrechtliche Erklärung angesehen wird, ist § 130 Abs. 2 BGB nicht, auch nicht analog anwendbar.[87] Vielmehr muss der Erbe bzw. die Miterben die Bewilligung genehmigen, da die Bewilligung nur von demjenigen erteilt werden kann, dessen Recht von der Eintragung betroffen ist. Abzustellen ist auf den Zeitpunkt der Eintragung. Ist der Bewilligende zu diesem Zeitpunkt bereits verstorben, ist seine Bewilligung unwirksam. Eine Zurückweisung oder Zwischenverfügung durch das Grundbuchamt wird aber nur in Betracht kommen, wenn das Grundbuchamt Kenntnis von der fehlenden Bewilligungsbefugnis hat.[88]

E. Rückabwicklung kreditfinanzierter Fondsbeteiligungen

43b   Mit vier Grundsatzentscheidungen[89] vom 25.4.2006 hat der XI. Zivilsenat des BGH über Ansprüche von Anlegern entschieden, die einem geschlossenen Immobilienfonds beigetreten waren und ihre Beteiligung mit einem Darlehen finanziert hatten. Der Senat hat festgestellt, dass der Beitritt zu einem geschlossenen Immobilienfonds und der in diesem Zusammenhang abgeschlossene Kreditvertrag ein verbundenes Geschäft iSd heutigen § 358 Abs. 3 BGB darstellen. Die Rückabwicklung hat deshalb zwischen dem Kreditgeber und dem Partner des finanzierten Geschäfts zu erfolgen. Ansprüche gegen Gründungsgesellschafter, Fondsinitiatoren, maßgebliche Betreiber, Manager und Prospektherausgeber kann der Kreditnehmer aber nicht gemäß § 359 BGB dem Rückzahlungsverlangen der Bank entgegensetzen.[90] Zudem kann er nur die von ihm selbst auf das Darlehen gezahlten Beiträge vom Kreditgeber zurückverlangen, nicht aber die ihm zugeflossenen Fondsausschüttungen. Wenn Beteiligung und Darlehensvertrag vom Anleger aufgrund einer „Haustürsituation" abgeschlossen wurden und nach den oben genannten Grundsätzen ein verbundenes Geschäft zwischen Fondsbeitritt und Finanzierung der Beteiligung besteht, führt ein Widerruf gemäß § 312 Abs. 1 BGB dazu, dass der Bank kein Zahlungsanspruch mehr gegen den Anleger zusteht. Die bereits erbrachten Darlehenszahlungen muss die Bank – abzüglich der erhaltenen Ausschüttungen – dem Anleger zurückgewähren.

43c   Ist der Darlehensnehmer zudem durch falsche Angaben zum Erwerb der Fondsbeteiligung bewogen worden, kann er auch der die Fondsbeteiligung finanzierenden Bank seine Ansprüche gegenüber die Fondsgesellschaft entgegenhalten und gemäß § 359 BGB die Rückzahlung des Kredits verweigern, soweit ihm gegen die Fondsgesellschaft ein Abfindungsanspruch zusteht.[91] Darüber hinaus kann er den mit dem Anlagevertrag gemäß § 358 Abs. 3 BGB verbundenen Darlehensvertrag nach § 123 BGB anfechten, wenn die Täuschung auch für dessen Abschluss kausal war. Den daneben bestehenden Anspruch aus Verschulden bei Vertragsschluss gegen den Vermittler kann der Darlehensnehmer ebenfalls gegen die kreditgebende Bank geltend machen, da der Vermittler bei einem verbundenen Geschäft nicht Dritter iSv § 123 Abs. 2 BGB ist. Der BGH stellte zudem klar, dass selbst bei notarieller Beurkundung des finanzierten Geschäfts aufgrund der Verbundenheit der beiden Verträge eine Befreiung des Kreditnehmers von der Pflicht zur Darlehensrückzahlung gemäß § 3 HWiG aF geboten sein kann.

43d   Nach jetziger Ansicht des BGH wird auch ein wegen fehlender Gesamtbetragsangabe nichtiger Darlehensvertrag gemäß § 6 Abs. 2 S. 1 VerbrKrG aF gültig, wenn dem Kredit-

---

[86] BFH NZG 2012, 196.
[87] Anders BeckOK GBO/*Holzer* GBO § 19 Rn. 33.
[88] DNotI-Report 1997, 65 mit Hinweis auf die teilweise abweichende Auffassung *Danharles*.
[89] BGH NJW 2006, 1788; NJW 1952; 1955 und NJW 1952, 1957.
[90] BGH NJW 2006, 1955 gegen BGHZ 159, 291f.
[91] Bestätigung von BGHZ 156, 46.

nehmer die Darlehensvaluta nicht direkt zugeflossen, sondern vertragsgemäß unmittelbar an einen Treuhänder zwecks Erwerbs eines Fondsanteils ausgezahlt worden ist. Das soll auch dann gelten, wenn Darlehensvertrag und Fondsbeitritt ein verbundenes Geschäft gemäß § 9 Abs. 1 VerbrKrG aF darstellen.[92]

Bei der Rückabwicklung müssen die Beteiligten berücksichtigen, dass Steuervorteile **43e** mit zur Anrechnung kommen und dass es unklar ist, inwieweit die Finanzverwaltung die Vorgänge wieder aufgreift.[93]

Auf die Fälle eines widerruflichen und wirksam widerrufenen Gesellschafterbeitritts **43f** wendet die höchstrichterliche Rechtsprechung die Lehre von der fehlerhaften Gesellschaft an.[94] Der Gesellschafter scheidet hiernach zwar aufgrund seines Widerrufs mit Wirkung *ex nunc* aus der Gesellschaft aus; bis zu diesem Zeitpunkt ist er aber Gesellschafter und an den Rechten und Pflichten beteiligt, so dass er seine Einlage nicht ungekürzt zurückerhält und insbesondere auch ein negatives Auseinandersetzungsguthaben auszugleichen hat. Nach der Rechtsprechung des EuGH ist die Anwendung der Rechtsfigur in diesem Zusammenhang auch vereinbar mit der Richtlinie 85/577 EWG des Rates vom 20. 12. 1985 betreffend den Verbraucherschutz im Falle von außerhalb von Geschäftsräumen geschlossenen Verträgen.[95]

Neben dem Abfindungsanspruch aus § 738 Abs. 1 S. 2 BGB können dem Anleger ins- **43g** besondere auch Schadensersatzansprüche aus § 280 Abs. 1 BGB iVm einem Anlageberatungsvertrag (bzw. aus Haftung wegen positiver Vertragsverletzung) wegen Verletzung der Pflichten aus dem Anlageberatungsvertrag zustehen; grob fahrlässige Unkenntnis des Anlegers hinsichtlich der Risiken liegt nicht schon dann vor, wenn dieser es bei der Anlageentscheidung unterlassen hat, den ihm vom Berater oder Vermittler übergebenen Prospekt zu lesen, und er deshalb eine Falschberatung oder unrichtige Auskunft nicht bemerkte.[96]

2. Teil. Immobilienleasing

Schrifttum:
Handbücher und Monographien: *Büschgen*, Praxishandbuch Leasing, 1998; *Fittler/Mudersbach*, Leasing-Handbuch für die betriebliche Praxis, 8. Aufl. 2012; *Graf v. Westphalen*, Der Leasingvertrag, 7. Aufl. 2015. **Aufsätze:** *Apel*, Leasing – eine sinnvolle Alternative zum Kredit?, BeraterBrief Betriebswirtschaft 2007, 373; *Esche*, Immobilienleasing, BB 1992, Beilage 9; *Feinen*, Immobilien-Leasing-Fonds, BB 1994, Beilage 6; *Graf v. Westphalen*, Immobilien-Leasing-Verträge – einige Aspekte zur notariellen Praxis, MittBayNot 2004, 13; *Lehr/Schäfer-Elmayer*, Steuerliche und bilanzielle Auswirkungen von Sale-and-lease-back-Transaktionen mit Immobilien, SteuK 2012, 153; *Mörtenkötter*, Immobilienleasing in der notariellen Praxis, MittRhNotK 1995, 329; *Weber*, Die Entwicklung des Leasingrechts, NJW 2005, 2195 und NJW 2007, 2525.

A. Allgemeines

Das Immobilienleasing hatte aus steuerlichen Gesichtspunkten gegenüber einer herkömm- **44** lichen Finanzierung[97] an Bedeutung gewonnen und wird zur Überwindung von Liquiditätsengpässen sowie als alternative Finanzierungsform im Bereich kommunaler Anschaffungen eingesetzt.[98] Der BFH hat klargestellt, dass keine die Grunderwerbsteuerpflicht

---

[92] AA noch BGHZ 159, 294.
[93] Vgl. zur Berücksichtigung von Steuervorteilen *Allmendinger* EWiR 2008, 23; *Geisler* jurisPR-BGHZivilR 28/2007 Anm. 1 und zur anspruchsmindernden Anrechnung unverfallbarer Steuervorteile auf den Rückforderungsanspruch des Darlehensnehmers BGH BB 2007, 1464.
[94] BGH NZG 2008, 460 (461); NZG 2010, 990.
[95] EuGH DZWiR 2010, 279; Vorlagebeschluss BGH NZG 2008, 460; zum Ganzen *Westermann* DZWiR 2010, 265.
[96] BGH NZG 2010, 947; *Gottschalk* GWR 2010, 518.
[97] Vgl. dazu *Apel* BeraterBrief Betriebswirtschaft 2007, 373; *Feinen* BB-Beilage 6/1994, 1; *Mörtenkötter* MittRhNotK 1995, 329.
[98] *Graf v. Westphalen/Hansen* S. 772.

auslösende Verwertungsbefugnis im Sinne des § 1 Abs. 2 GrEStG durch einen Leasingvertrag begründet wird, wenn dem Leasingnehmer lediglich das Recht eingeräumt wird, zum Vertragsablauf den Abschluss eines Kaufvertrages über das Leasingobjekt herbeizuführen.[99] In diesem Fall ist der Leasingnehmer nämlich nicht in der Lage, das Grundstück nach eigenem Belieben zu verwerten. Nach § 1 Abs. 2 GrEStG ist es erforderlich, dass der Leasingnehmer jederzeit die Übereignung herbeiführen und sich somit den Wertzuwachs verschaffen kann. Bei einer Übereignungsverpflichtung erst zum Ablauf des Leasingvertrages besteht diese Verwertungsmöglichkeit nicht. Ebenfalls nicht frei nach seinem Belieben wie ein Eigentümer über das Grundstück verfügen kann der Leasingnehmer, wenn ihm während der Vertragslaufzeit ein außerordentliches Ankaufsrecht zusteht, das er aber nur unter bestimmten Voraussetzungen ausüben kann. Eine spätere Ausübung des Ankaufsrechts löst einen grunderwerbsteuerrechtlichen Vorgang nach § 1 Abs. 1 Nr. 1 GrEStG aus. Bei der Ermittlung der Gegenleistung besteht dann die Möglichkeit, neben dem vereinbarten Kaufpreis auch die Leasingraten als „sonstige Leistungen" nach § 9 Abs. 1 Nr. 1 GrEStG zu berücksichtigen, soweit diese den Rahmen der Angemessenheit und Verkehrsüblichkeit übersteigen und daher als Vorauszahlung auf den Kaufpreis anzusehen sind.

44a　Immobilienleasing-Verträge sind durch eine langfristige Gebrauchsüberlassung von gewerblich oder kommunal genutzten Immobilien gekennzeichnet, in denen in weitem Umfang Verpflichtungen des Eigentümers dem Leasingnehmer übertragen werden. In der Regel wird dem Leasingnehmer der spätere (Rück-)Erwerb der Immobilie durch ein Ankaufsrecht eingeräumt, zum Teil ist er zum Erwerb verpflichtet (Andienungsrecht).

45　Von der **wirtschaftlichen Zielsetzung** her kann differenziert werden nach den Eigentumsverhältnissen am Leasinggut vor Abschluss des Vertrages:
– selten ist der Leasinggeber bereits vor Abschluss des Leasingvertrages Eigentümer des Grundstücks, da er die Leasingobjekte nicht auf Vorrat hält;
– der Leasinggeber erwirbt das Grundstück von einem Dritten (sog. buy and lease);
– der Leasinggeber erwirbt das Grundstück vom Leasingnehmer (sog. sale and lease back).

46　Hinsichtlich der **privatrechtlichen Zuordnung** des Leasingobjektes ist zu unterscheiden:
– zum Teil bleibt das Eigentum an dem Grundstück beim Leasingnehmer und der Leasinggeber erhält nur ein Erbbaurecht;
– zum Teil ist der Leasinggeber Eigentümer von Grund und Boden und (zu schaffenden) Aufbauten.

47　Eine weitere Unterdifferenzierung ist hinsichtlich des **Bebauungszustandes** des Objektes zu machen:
– Leasing kann im Rahmen des sog. sale and lease back bei bereits bebauten Objekten des Leasingnehmers ausschließlich dazu dienen, Liquiditäts- und bilanzielle Entlastung zu schaffen;
– häufig wird Leasing eingesetzt, um ein noch zu erwerbendes Grundstück mit einem Betriebsgebäude zu bebauen oder eine dort befindliche Immobilie zu sanieren im Wege des buy and lease oder
– um ein im Eigentum des Leasingnehmers stehendes Objekt über ein sale and lease back zu bebauen oder zu sanieren.

48　In der Regel gründet das Leasingunternehmen für jedes Leasingobjekt eine sog. Objektgesellschaft, die dem Leasingnehmer gegenüber als Leasinggeber auftritt. Es handelt sich dabei in der Regel um eine GmbH & Co. KG (oder aber auch OHG oder GmbH). Mit der Gründung der Objektgesellschaft soll vermieden werden, dass Finanzierungs- und andere Risiken aus anderen Leasingverträgen Einfluss auf das jeweilige mit dem einzelnen Leasingnehmer abgeschlossene Geschäft haben.

---

[99] BFH MittBayNot 2007, 163.

Immobilienleasing wird heute auch häufig kombiniert mit dem Gedanken des Immobili- 49
enfonds. Beim **Fondsleasing** werden Anleger an der als Leasinggeber auftretenden Objektgesellschaft in der unter → Rn. 36 geschilderten Weise beteiligt. Dadurch wird es
möglich gemacht, die Fremdfinanzierung in nennenswertem Umfang durch Eigenfinanzierung zu ersetzen. Die über die Anleger sichergestellte Eigenfinanzierung ist in der
Regel günstiger als die Fremdfinanzierung, für die Anleger ist aufgrund steuerlicher Rahmenbedingungen dennoch die Rendite größer als bei anderen herkömmlichen Anlagear-
ten.

Im rechtlichen und/oder wirtschaftlichen Zusammenhang mit Abschluss eines Leasing- 50
vertrages werden häufig folgende **Verträge** abgeschlossen:
– neben dem Immobilienleasingvertrag wird häufig ein Mobilienleasingvertrag über zu
  verleasendes Anlagevermögen abgeschlossen, die Trennung ist aus steuerlichen Grün-
  den notwendig;[100]
– Ankaufsrechte für den Leasingnehmer;
– Andienungsrechte für den Leasinggeber;
– Grundstückskauf- oder Erbbaurechtsvertrag über die Immobilie;
– Gesellschaftsvertrag über die Gründung der Fondsgesellschaft;
– Ankaufsrechte für den Leasingnehmer hinsichtlich der Anteile an der Fondsgesellschaft;
– Andienungsrechte für den Leasingnehmer hinsichtlich der Anteile an der Fondsgesell-
  schaft;
– Andienungsrechte für den Leasinggeber an den Anteilen der Fondsgesellschaft gegen-
  über dem Leasingnehmer;
– Bauerrichtungs-/Generalunternehmervertrag für die Errichtung/Sanierung der Immo-
  bilie zum Teil mit dem Leasinggeber, zum Teil mit dem Leasingnehmer selber.

B. Zivilrechtliche Einordnung

Der Immobilienleasingvertrag wird von der Rechtsprechung dem Grundsatz nach als 51
Mietvertrag entsprechend den §§ 535 ff. BGB behandelt.[101] Es handelt sich um einen
sog. Finanzierungsleasingvertrag,[102] der aufgrund steuerlicher Vorgaben auf eine sog. Teil-
amortisation ausgerichtet ist. Dies bedeutet, dass während der langjährigen Leasingdauer
durch die Zahlungen des Leasingnehmers die Aufwendungen des Leasinggebers nur teilweise abgegolten werden. Entweder sieht der Leasingvertrag am Ende eine Zahlung für
den Restwert durch den Leasingnehmer vor (sog. Restbuchwertmodell) oder der Leasingnehmer hat bereits vorher diese Aufwendungen durch ein sog. Mieterdarlehen aufgebracht, das dann nach Ablauf der Leasingdauer umgewandelt werden kann (Mietvoraus-
zahlungsmodell).

Die Vorschriften zu Verbraucherdarlehensverträgen (§ 491 Abs. 1 BGB iVm § 13 BGB) 52
sind beim Abschluss von Immobilienleasingverträgen in der Regel nicht zu berücksichtigen. Sie finden keine Anwendung bei Existenzgründungen über 75.000 EUR oder wenn
der Kredit nach dem Inhalt des Vertrages für eine bereits ausgeübte gewerbliche oder
selbstständige berufliche Tätigkeit bestimmt ist oder der Verbraucher keine natürliche Person ist (§ 513 BGB; dies ist der Regelfall).

Auch auf Immobilienleasingverträge können die §§ 305 ff. BGB anwendbar sein. Die 53
Anwendbarkeit wird durch Klauseln, die eine angebliche individuelle Vereinbarung behaupten, nicht ausgeschlossen.[103] Auch aus dem Gesichtspunkt heraus, dass die Objektgesellschaft in der Regel zum ersten Mal und auch zum einzigen Mal einen solchen Vertrag
abschließt, folgt nichts anderes. Der auf wiederholte Anwendung ausgerichtete Vertrag

---

[100] BGH NZM 2015, 251; vgl. dazu auch *Mörtenkötter* MittRhNotK 1995, 329 (330 ff.).
[101] BGH DNotZ 1989, 766; *Graf v. Westphalen* S. 114 f.
[102] Vgl. zur Einordnung und Unterscheidung zum sog. operating leasing *Mörtenkötter* MittRhNotK 1995,
329 (330 ff.).
[103] Vgl. BGH NJW 1977, 432 und NJW 1977, 624.

stammt vom Mutterunternehmen, das hinter der Objektgesellschaft steht. Dies führt zur Anwendbarkeit. Da es sich bei dem Leasingnehmer in der Regel um einen Kaufmann handelt, hat eine Wirksamkeitsprüfung nach § 307 Abs. 1, Abs. 2 BGB zu erfolgen. Stichwortartig zusammengefasst gelten folgende Grundsätze:

– Vereinbarungen einmaliger Sonderzahlungen zur Abdeckung des Konzeptionsaufwands des Leasinggebers sind zulässig; soweit die Sonderzahlung bei Nichtabnahme verfällt, gelten die Grundsätze für die Behandlung pauschalierter Schadensersatzansprüche gemäß § 309 Nr. 5b BGB, das heißt Beweis eines niedrigeren Schadens muss zulässig sein.
– Ausschluss der Gewährleistung ist zulässig, wenn dem Leasingnehmer Gewährleistungsansprüche abgetreten werden.[104]
– Abwälzung der Gefahr des Untergangs und der Verschlechterung (Sach- und Preisgefahr) ist zulässig,[105] aber steuerschädlich.[106]
– Überwälzung von Versicherungs- und Erhaltungspflichten ist zulässig.[107]

C. Umfang der Beurkundung

54 Aus dem oben genannten Vertragsbündel ist in jedem Falle der Grundstückskaufvertrag gemäß § 311b Abs. 1 BGB formbedürftig. Entsprechend den unter → Rn. 39 ff. dargelegten Grundsätzen ist weiter zu untersuchen, ob die übrigen Vereinbarungen aus sich heraus formbedürftig sind, weil sie für Leasinggeber oder Leasingnehmer eine Erwerbs- oder Veräußerungsverpflichtung begründen oder im rechtlichen Zusammenhang mit dem Grundstückskaufvertrag stehen.[108] Danach ergibt sich Folgendes:

I. Sale and lease back

55 In den Fällen des sog. „sale and lease back" verpflichtet sich der Leasingnehmer nur dann zum Verkauf seines Grundstücks an den Leasinggeber, wenn er sicher sein kann, dass er das Grundstück im Leasingwege zurückerhält. Der Leasinggeber will das Grundstück auch nicht „auf Vorrat" erwerben, sondern nur im rechtlichen Zusammenhang mit dem Abschluss des Leasingvertrages. Schon aus diesem Gesichtspunkt heraus ist auch der Leasingvertrag selbst formbedürftig. Des Weiteren behält sich in aller Regel der Leasinggeber beim „sale and lease back" ein Ankaufsrecht für das Grundstück vor. Auch insoweit gilt, dass Grundstückskauf und Leasingvertrag sowie Ankaufsrecht miteinander stehen und fallen sollen und daher insgesamt zu beurkunden sind.[109] Werden die Abreden in mehrere Urkunden gegliedert, bedarf es einer Verbindung durch Verweis und der bedingungsmäßigen Verknüpfung oder einer Verknüpfung durch Rücktrittsrechte. Ist weiterhin vorgesehen, dass der Leasinggeber das Objekt bebauen soll, so ist in aller Regel auch insoweit ein rechtlicher Zusammenhang zum Bauvertrag zu bejahen. Die Leasingraten berücksichtigen die Bebauung, und der Leasinggeber benötigt den Abschluss des Vertrages, um seine Verpflichtungen aus dem Leasingvertrag erfüllen zu können. Ist hingegen die Bebauung durch den Leasingnehmer als Generalunternehmer vorgesehen, so wird der Leasingnehmer stets darauf bestehen, dass der mit dem Grundstückskaufvertrag untrennbar verbundene Immobilienleasingvertrag seinerseits auch untrennbar mit dem Generalübernehmervertrag für das Objekt verbunden wird. Der Leasingnehmer will sicherstellen, dass er und nicht ein anderer die Bebauung vornimmt, um seine Gestaltungsfreiheit bei der Ausführung der Bebauung zu behalten.

---

[104] BGH DNotZ 1989, 766; vgl. im Einzelnen *Mörtenkötter* MittRhNotK 1995, 329 (330 ff.).
[105] BGH NJW 1988, 198.
[106] Vgl. sog. Teilamortisationserlass BStBl. I 1992, 13.
[107] BGH NZM 2015, 251; *Mörtenkötter* MittRhNotK 1995, 329 (339).
[108] Vgl. dazu insbesondere *Graf v. Westphalen* MittBayNot 2004, 13.
[109] So im Ergebnis auch *Graf v. Westphalen* MittBayNot 2004, 13.

Zu prüfen ist weiterhin, ob bei Einschaltung von Objektgesellschaften dem Leasingneh- 56
mer **Optionsrechte** an den Gesellschaftsanteilen gewährt werden. Dies ist häufig zur
Vermeidung von späterer Grunderwerbsteuer und trotz gewerbesteuerrechtlicher Bedenken vereinbart. Es stehen dann auch diese Optionsansprüche auf Verschaffung der Anteile
an der Objektgesellschaft in der Regel im rechtlichen untrennbaren Zusammenhang und
sind mit zu beurkunden. Aus dem Bereich der weiteren in der Praxis häufig im Rahmen
eines Leasingvertrages abgeschlossenen Verträge ist jeweils zu prüfen, ob auch hier eine
rechtliche Einheit mit den vorgenannten Verträgen vorliegt. Häufig wird dies – wie das
Beispiel des Mietgarantievertrages belegt – der Fall sein. Werden die Leasingimmobilien
nicht vollständig vom Leasingnehmer selber genutzt, so wird es ihm gerade angesichts
schwieriger Verhältnisse auf dem gewerblichen Vermietungsmarkt darauf ankommen, dass
der Leasinggeber selber oder ein Drittunternehmen aus dem Bereich der Leasinggesellschaft eine solche Mietgarantie übernimmt. Der Leasingnehmer wird nicht bereit sein,
ohne den Abschluss eines derartigen Garantievertrages das Gesamtgeschäft zu unterzeichnen. Bei anderen Verträgen, wie Dienstleistungsverträgen betreffend Vermarktung und
Verwaltung etc, ist allerdings negativ abgrenzend auch zu prüfen, ob diese Verträge lediglich anlässlich der Leasingabrede betroffen werden und ohne weiteres – insbesondere
ohne wirtschaftlichen Nachteil für den Leasingnehmer – substituierbar sind.[110]

II. Buy and lease

Muss die Leasingimmobilie zunächst vom Leasinggeber angeschafft werden (sog. „buy 57
and lease"), so ist der Leasingvertrag ohne weiteres beurkundungsbedürftig, wenn zu diesem Zeitpunkt ein Ankaufs- oder ein Andienungsrecht für den Leasinggeber vorgesehen
ist. Ist dies ausnahmsweise nicht der Fall, so hat auch gemäß Leasingvertrag der Leasinggeber die Leasingsache anzuschaffen und dann an den Leasingnehmer zu verleasen. Nach
der zutreffenden Ansicht von *Mörtenkötter*[111] ist entsprechend den Grundsätzen, die die
Rechtsprechung zu Bauträgerverträgen aufgestellt hat, die Beurkundungspflicht zu bejahen.[112] Auch dort gilt, dass der Bauträgervertrag, der zu einem Zeitpunkt abgeschlossen
wird, in dem der Bauträger noch nicht Grundstückseigentümer ist, beurkundungsbedürftig ist.[113]

D. Kosten

Die gesamten Vereinbarungen sollten aus Kostengründen in einer Urkunde zusammenge- 58
fasst werden. Die Vereinbarungen sind gegenstandsgleich iSd § 109 Abs. 1 GNotKG.[114]
Dies gilt unabhängig davon, ob es sich um „sale and lease back" handelt oder um „buy
and lease". Der Geschäftswert bestimmt sich dann nach dem höchsten Einzelgeschäfts-
wert. Dies wird häufig der Immobilienleasingvertrag sein, da nach der Auffassung des
BayObLG[115] hier nicht entsprechend § 99 Abs. 1 S. 2 Hs. 1 GNotKG vom fünfjährigen
Wert auszugehen ist, sondern die grundsätzliche unkündbare Grundmietzeit (maximal 20-
fache Jahresmiete) sein soll, § 99 Abs. 1 S. 2 Hs. 2 GNotKG. Dies erscheint zumindest
überdenkenswert.

Es fällt eine 2,0-Gebühr nach Nr. 21100 KV GNotKG an. 59

---

[110] Eingehend zu den steuerlichen und bilanziellen Auswirkungen von Sale-and-lease-back-Transaktionen
vgl. *Lehr/Schäfer-Elmayer* SteuK 2012, 153.
[111] MittRhNotK 1995, 329 (343).
[112] So auch *v. Westphalen* MittBayNot 2004, 13.
[113] Vgl. BGH NJW 1976, 1931; 1989, 898; OLG Hamm DNotZ 1982, 367; str.
[114] Vgl. zur KostO BayObLG MittBayNot 1984, 145.
[115] Vgl. zur KostO BayObLGZ 1984, 114 (120).

§ 10. Verträge im Erschließungs- und Städtebaurecht

Übersicht

Schriftum:

Kommentare, Handbücher und Monographien: *Battis/Krautzberger/Löhr,* BauGB, 13. Aufl. 2016; *Bergmann/Schumacher,* Handbuch der kommunalen Vertragsgestaltung, Band 1 bis 4, 1998ff.; *Birk,* Städtebauliche Verträge, 5. Aufl. 2013; *Bloeck/Graf,* Kommunales Vertragsrecht (Loseblatt), 113. EL (Stand: 1/2019); *Bunzel/Coulmas/Schmidt-Eichstaedt,* Städtebauliche Verträge – ein Handbuch, 3. Aufl. 2007; *Burmeister,* Praxishandbuch – Städtebauliche Verträge, 3. Aufl. 2014; *Busse/Dirnberger,* Gemeinde und Investor, 2011; *Busse/Dirnberger/Pröbstl-Haider/Schmid,* Die neue Umweltprüfung in der Bauleitplanung, 2. Aufl. 2013; *Busse/Grziwotz,* VEP – Der Vorhaben- und Erschließungsplan, 3. Aufl. 2016; *Dieterich,* Baulandumlegung, 5. Aufl. 2006; *Driehaus/Raden,* Erschließungs- und Ausbaubeiträge, 10. Aufl. 2018; *Ernst/Zinkahn/Bielenberg/Krautzberger,* BauGB (Loseblatt), 131. EL (Stand: 10/2018); *Grziwotz,* Einführung in die Vertragsgestaltung im öffentlichen Recht, 2002; *ders.,* Baulanderschließung, 1993; *ders.,* Städtebauliche Verträge, in: Koeble/Grziwotz, Rechtshandbuch Immobilien (Loseblatt), Band I Teil 9, 26. EL (Stand: 7/2018); *Jäde/Dirnberger,* Baugesetzbuch, Baunutzungsverordnung, 9. Aufl. 2018; *Kämper,* Planungsleistungen als „Gegenleistung" in städtebaulichen Verträgen, 2007; *Lenz/Mittermayr*, Die Kommune als Vertragspartner, 2005; *Lenz/Würtenberger*, BauGB-Verträge, 2011; *Schlichter/Stich/Driehaus/Paetow*, Berliner Kommentar zum Baugesetzbuch (Loseblatt), 44. EL (Stand: 2/2019; *Schliepkorte*, Der Vorhaben- und Erschließungsplan, 3. Aufl. 2001; *Schrödter*, BauGB, 9. Aufl. 2019; *K. Schwab*, Städtebauliche Verträge, 2017; *Spannowsky/Krämer*, Realisierung städtebaulicher Planungen und Projekte durch Verträge, 2003; *vhw (Bundesverband für Wohnen und Stadtentwicklung e.V.)*, Der Vertrag im Städtebau, 2001; *Walker*, Handbuch Städtebauliche Verträge, Band 1 und 2, 1999; *Walter*, Der Erschließungsvertrag im System des Erschließungsrechts, 2010.

Aufsätze: *Bick*, Städtebauliche Verträge, DVBl. 2001, 154; *Birk*, Städtebauliche Verträge im Bebauungsplanverfahren, VBlBW 2016, 89; *Bunzel*, Finanzierung städtebaulicher Folgeinvestitionen als Gegenstand städtebaulicher Verträge, DVBl. 2011, 796; *ders.*, Geänderter Rechtsrahmen für städtebauliche Verträge und Erschließungsverträge, KommPSpezial 2013, 133; *Busse*, Die Grenzen städtebaulicher Verträge mit Beispielen aus der kommunalen Praxis, BayVBl. 2003, 129; *ders.*, Kommunaler Baulanderwerb und Planungsgewinn, BayGT 2006, 235; *ders.*, Städtebauliche Verträge im Lichte der Rechtsprechung, BayGT 2009, 356 = KommJur 2009, 241; *ders.*, Folgekosten – vom Aufwendungsersatz zur sozialgerechten Bodennutzung, ZfIR 2018, 164; *Chatziathanasiou/Toufigh*, Die Angemessenheit der Vertragserfüllungsbürgschaft bei städtebaulichen Verträgen, DVBl. 2013, 84; *Dirnberger*, Angemessenheitsprinzip und Koppelungsverbot – Die Grundregeln städtebaulicher Verträge, BayGT 2008, 110; *ders.*, Novelle des Baugesetzbuchs 2012, BayGT 2012, 338; *ders.*, Bemerkenswertes zu städtebaulichen Verträgen, BayGT 2014, 72; *Drechsler*, Städtebauliche Verträge (§ 11 BauGB), Jura 2017, 413; *Grziwotz*, Städtebauliche Verträge und AGB-Recht, NVwZ 2002, 391; *ders.*, Angemessenheitsprüfung und Heilung von Koppelungsgeschäften, ZfIR 2004, 847; *ders.*, Probleme des Erschließungsvertrags, DVBl. 2005, 471; *ders.*, Verkauf von Baurecht?, BauR 2005, 812; *ders.*, Kommunaler Bauplatzverkauf, Baupflicht und Sicherung, KommJur 2007, 295; *ders.*, Risiken für Einheimischenmodelle und Gestaltungsvorschläge, KommJur 2007, 450; *ders.*, Koppelungsverbot, Angemessenheitsgebot und Schellenass, DVBl. 2007, 1125; *ders.*, Die BGB-Ablösung – Erschließungskostenregelung beim Bauplatzverkauf durch Gemeinden, BauR 2008, 471; *ders.*, Risiken bei der zivilrechtlichen Lösung von Immissionskonflikten, KommJur 2008, 172; *ders.*, Baulandausweisung und Abschöpfung von Planungsgewinnen, BayVBl. 2008, 709; *ders.*, Folgekosten, KommJur 2009, 293; *ders.*, Unvernünftiges Einheimischenmodell contra Menschenwürde, KommJur 2009, 376; *ders.*, Einheimischenmodelle ohne Einheimische, in: Hager, Aktuelle Probleme zum Grundstücksrecht, Tagungsband 2010, S. 9; *ders.*, Vergaberecht und EuGH, notar 2010, 308; *ders.*, Verbilligte Grundstücksveräußerungen durch Kommunen, KommJur 2010, 250; *ders.*, Verträge im Zusammenhang mit Baulandausweisungen und Bauplatzveräußerungen, MittBayNot 2010, 356; *ders.*, Verträge im Zusammenhang mit einer Baulandausweisung, NotBZ 2010, 18; *ders.*, Angebotsmodelle im Vorfeld einer Baulandausweisung, KommJur 2011, 172; *ders.*, Grundstücksverträge mit städtebaulicher Zielsetzung, FS Birk 2013, 241; *ders.*, BauGB-Novelle 2013 und notarielle Vertragsgestaltung, NotBZ 2013, 369; *ders.*, Vom Erschließungsvertrag zum städtebaulichen Abgabenvertrag, PiG 94, 25; *ders.*, Vereinbarungen über Abgaben und eine Kaufpreisermäßigung bei kommunalen Grundstücksgeschäften, DNotZ 2015, 246; *ders.*, Vom Einheimischenmodell zum „Einkommensschwächere-weniger-begüterte-Personen der örtlichen Bevölkerung-Modell", ZfIR 2017, 221; *ders.*, Einheimischenmodelle ohne Einheimische, ZfIR 2017, 761; *ders.*, (Neue) Familienförderung und Baupflichten bei gemeindlichen Immobilienverkäufen, NotBZ 2018, 401; *Hellriegel/Teichmann*, Sozialgerechte Bodennutzung (SoBoN) – Voraussetzung und Grenzen für städtebauliche Verträge zwischen Plangebern und Bauherren, BauR 2014, 189; *Jachmann*, Rechtliche Qualifikation und Zulässigkeit von Einheimischen-Modellen als Beispiel für Verwaltungshandeln durch Vertrag, MittBayNot 1994, 93; *Klepper*, Zur Ablösung von Erschließungsbeiträgen in Grundstückskaufverträgen, notar 2014, 344 ff.; *Krautzberger*, Zum Stellenwert von städtebaulichen Verträgen im heutigen Städtebau, UPR 2006, 1; *ders.*, Der Durchführungsvertrag beim Vorhaben- und Erschließungsplan nach § 12 BauGB, NotBZ 2010, 241; *ders.*, Auswirkungen der BauGB-Novelle 2013 auf den Grundstücksverkehr, ZfIR 2013, 533; *Krüger*, Grundstückskaufverträge im Einheimischenmodell, ZNotP 2010, 450; *Kühling*, Künftige vergaberechtliche Anforderungen an kommunale Immobiliengeschäfte, NVwZ 2010, 1257; *Leidner*, Nachzahlungsklauseln bei Verkauf kommunaler Grundstücke, DNotZ 2019, 83; *Mehde*, Vertragliche Absprachen im Baurecht, BauR 2002, 876; *Meißner/Horstkotte*, Der vorhabenbezogene Bebauungsplan, ZfIR 2000, 342; *Mitschang*, Die Kompensation von Eingriffen in Natur und Landschaft durch städtebauliche Verträge, BauR 2003, 183 und BauR 2003, 337; *Oerder*, Praktische Probleme der Städtebaulichen Verträge nach § 11 BauGB, BauR 1998, 22; *ders.*, Praktische Probleme beim vorhabenbezogenen Bebauungsplan gemäß § 12 BauGB, BauR 2009, 744; *Pauly*, Der Erschließungsvertrag im Spiegel der neueren Rechtsprechung, ZfIR 2012, 413; *Quaas*, Erschließungskosten in der Bauland- und Projektentwicklung, BauR 1999, 1113; *Rastätter*, Probleme beim Grundstückskauf von Kommunen, DNotZ 2000, 17; *Reidt*, Rechtsfolgen bei nichtigen städtebaulichen Verträgen, NVwZ 1999, 149; *ders.*, Städtebauliche Verträge – Rechtsfolgen nichtiger Vereinbarungen, BauR 2001, 46; *ders.*, Städtebaulicher Vertrag und Durchführungsvertrag im Lichte der aktuellen Rechtsprechung, BauR 2008, 1541; *Reithmann*, Sicherung von Bank und Gemeinde beim Einheimischen-Modell, ZNotP 2004, 2; *Roithmaier*, Der gemeindliche Zwischenerwerb als Aufgabenerfüllungsvertrag, NVwZ 2005, 56; *Ruff*, Die wesentlichen Grundsätze beim Verkauf kommunaler Grundstücke, ZKF 2003, 167 und ZKF 2003, 233; *Schmidt-Eichstaedt*, Baulanderschließung durch kommunale Eigengesellschaften – Möglichkeiten und Grenzen, ZfBR 2007, 316; *Spannowsky*, Fortentwicklung des Rechts städtebaulicher Verträge, ZfBR 2012, 742; *Spieß*, Sozialgerechte Bodennutzung (SoBoN), KommJur 2015, 198; *ders.*, Sozialgerechte Bodennutzung – Rechtliche Anforderungen an Baulandmodelle für bezahlbaren Wohnraum, KommJur 2017, 441; *Stuber/Dirnberger*, Kommunale Grundstücksverkäufe und das Vergaberecht, BayGT

2010, 264; *Stüer*, Städtebaurechtsnovelle 2012, DVBl. 2012, 1017; *Stüer/Ehebrecht-Stüer*, Reformbedarf im BauGB?, DVBl. 2010, 1540; *Stüer/König*, Städtebauliche Verträge, ZfBR 2000, 528; *Swierczyna*, Praxisprobleme bei Abschluss des öffentlich-rechtlichen Durchführungsvertrags nach § 12 BauGB anhand der Rechtsprechung seit 2005, LKV 2009, 452; *Thebille*, Erschließungsverträge in der notariellen Praxis, RNotZ 2014, 333; *Vierling*, Die Kostenbeteiligung von Bauwilligen im Rahmen von Baulandausweisungen, DNotZ 2006, 891; *Weber*, Gemeinden als „Dritte" im Sinne von § 124 Abs. 1 BauGB?, VBlBW 2001, 95; *Zintl/Singbartl*, Das gemeindliche Grundstücksgeschäft in der jüngeren Rechtsprechung des BGH, NVwZ 2017, 1676.

A. Beratungs-Checklisten

Checkliste: Allgemeine Anforderungen 1

Wenn keine spezialgesetzlichen Anforderungen bestehen, ist allgemein bei städtebaulichen Verträgen zu prüfen (→ Rn. 5 ff.):
(1) Öffentliche Aufgabenerfüllung und Zuständigkeit
(2) Angemessenheit der vereinbarten Leistungen
(3) Kein Anspruch des Bürgers auf die Leistung der Gemeinde
(4) Kein Verkauf von Hoheitsrechten (Aufwendungsersatz, Bereicherungsverbot, Koppelungsverbot)
(5) Eventuell weitere Anforderungen aufgrund der Qualifikation als privatrechtlicher oder öffentlich-rechtlicher Vertrag, wobei im letzten Fall weitere Anforderungen je nach der Einordnung als koordinationsrechtlicher oder subordinationsrechtlicher Vertrag hinzukommen
(6) Verbot vertraglicher Planungsbindung (§ 1 Abs. 3 S. 2 Hs. 2 BauGB)
(7) Gleichbehandlungsgrundsatz
(8) Beachtung der Formerfordernisse
(9) Besonderheiten, wie zB Ausschreibung des Vertrages, Beachtung der europarechtlichen Voraussetzungen bei Subventionen (Notifizierung, Grenzen)
(10) Spezielle Regelungen des Vertragstyps (zB Kausalität, Begriff des Einheimischen, Bindungsdauer etc)

Checkliste: Gliederungspunkte bei einem Erschließungsvertrag 2

Folgende Regelungsinhalte können bei einem Erschließungsvertrag von Bedeutung sein (→ Rn. 26 ff.):
(1) Ausschreibungspflicht (Schwellenwerte, Verfahren, jedenfalls bei Verrechnungsabrede)
(2) Festlegung des Erschließungsgebietes (nicht gesamtes Gemeindegebiet)
(3) Erschließungsunternehmer (nicht unbedingt Grundstückseigentümer, auch juristische Person mit Gemeinde als Alleingesellschafterin oder Gesellschafterin mit maßgeblichem Einfluss)
(4) Durchführung der Erschließungsmaßnahmen evtl. einschließlich Grundstücksanschlüsse und Übertragung der Erschließungsflächen, ggf. Ausschreibung der Leistungen, wenn der Vertrag nicht ausgeschrieben wurde; Beschränkung auf Erschließungsmaßnahmen in Zuständigkeit der Gemeinde
(5) Planerfordernis und planungsrechtliche Bindung
(6) Kostenübernahme (strittig, ob stets Eigenanteil)
(7) Weitere Maßnahmen (zB naturschutzrechtlicher Ausgleich, Folgemaßnahmen)
(8) Sicherung der Vertragserfüllung einschließlich Ersatz- bzw. Selbstvornahme sowie der Mängelbeseitigung
(9) Fremdanliegerproblematik, aber Kostenübernahme möglich
(10) Leitungsgebundene Einrichtungen
(11) Angemessenheitserfordernis (keine Luxuserschließung)
(12) Beachtung der Formerfordernisse

3 | **Checkliste: Ablösungsvoraussetzungen**

Folgende Voraussetzungen für die Zulässigkeit einer Ablösungsvereinbarung und Regelungspunkte im Hinblick auf ihre Wirkung sind zu beachten (→ Rn. 35 ff.):
(1) Zulässigkeit der Ablösung, insbesondere hinsichtlich der Beiträge nach dem KAG
(2) Beitragspflichtiges Grundstück, für das noch keine sachliche Beitragspflicht entstanden ist (Problem bei gemeindeeigenen Grundstücken)
(3) Vorliegen ausreichender Ablösungsbestimmungen und Übereinstimmung mit diesen bei einer Ablösung der Erschließungsbeiträge nach dem BauGB nach Bundesrecht bzw. Beachtung der gesetzlichen oder von der Rechtsprechung entwickelten Ablösungsvoraussetzungen bei KAG-Beiträgen und landesrechtlichen Erschließungsbeiträgen
(4) Berücksichtigung des gemeindlichen Eigenanteils, falls zwingend oder wegen Gleichbehandlung erforderlich
(5) Festlegung des Ablösungsbetrages (Transparenz) und Fälligkeit
(6) Umfang der Ablösungswirkung
(7) Eintritt der Ablösungswirkung

4 | **Checkliste: Regelungsinhalte des Durchführungsvertrages zum Vorhaben- und Erschließungsplan**

Folgende Vereinbarungen sollten im Durchführungsvertrag zu einem Vorhaben- und Erschließungsplan enthalten sein (→ Rn. 45 ff.):
(1) Ausschreibung, falls erforderlich
(2) Geeigneter Vorhabenträger („bereit und in der Lage")
(3) Verpflichtung zur Durchführung eines bestimmten Vorhabens in einem bestimmten Zeitraum und gegebenenfalls Sicherstellung, Konkretisierung gegenüber der Satzung
(4) Verpflichtung zur Durchführung der Erschließungsmaßnahmen und grundsätzlich Sicherstellung
(5) Kostentragungsregelung
(6) Zeitpunkt des Vertragsabschlusses vor Satzungsbeschluss
(7) Allgemeine Anforderungen an städtebauliche Verträge, insbesondere Angemessenheit (str. bei bestehendem Baurecht)
(8) Weitere Regelungen (Wirksamkeit, Anpassungsverpflichtungen, zusätzliche städtebauliche Vereinbarungen, Ausschreibung der Leistungen)
(9) Beachtung der Formerfordernisse

4a | **Checkliste: Regelungspunkte bei Kostenübernahmeverträgen**

Folgende Punkte müssen bei Kostenübernahmeverträgen geprüft bzw. geregelt werden:
(1) Keine abschließende gesetzliche Regelung, die Vereinbarungen nicht zulässt bzw. Beachtung spezieller Ermächtigungsnormen
(2) Erstattungsfähige Aufwendungen (auch eigene Verwaltungskosten, strittig für Rechtsanwalt der Gemeinde)
(3) Ursächlichkeit eines Vorhabens für die zu erstattenden Aufwendungen
(4) Verteilungsmaßstab und Offenlegung der Abrechnung (Transparenz)
(5) Gleichbehandlungsgrundsatz, kein unzulässiger Abgabenverzicht
(6) Teilweise: Kein bestehender Rechtsanspruch auf Genehmigung der die Aufwendungen auslösenden Maßnahmen
(7) Angemessenheit
(8) Fälligkeit und Sicherung der Zahlung.

> **Checkliste: Stadtumbauverträge** 4b
>
> Bei der Gestaltung von Stadtumbauverträgen (→ Rn. 61 ff.) sind folgende Punkte zu beachten:
> (1) Durchzuführende Maßnahmen, Voraussetzungen, Zeitplan und Anschlussnutzung (ggf. Ausschreibung)
> (2) Betroffene Personen (Eigentümer, Drittberechtigte) und Beteiligung weiterer Behörden neben der Gemeinde
> (3) Entschädigung und Verzicht auf eine Entschädigung
> (4) Ausgleich privatrechtlicher Ansprüche
> (5) Kostentragung
> (6) Sicherungsmittel und -maßnahmen
> (7) Durchführungsüberwachung, Anpassungspflichten und Konfliktmanagement
> (8) Allgemeine Anforderungen an städtebauliche Verträge, insbesondere Angemessenheit
> (9) Beachtung der Formerfordernisse

B. Städtebauliche Verträge

I. Allgemeine Anforderungen

1. Gesetzliche Typen und Bodenvorratspolitik. § 11 BauGB enthält die allgemeine 5
gesetzliche Regelung der städtebaulichen Verträge. Daneben gibt es eine Reihe von
Spezialvorschriften. Für die notarielle Praxis sind insbesondere § 12 BauGB (Durchführungsvertrag zum Vorhaben- und Erschließungsplan), §§ 27, 27a ff. BauGB (Abwendungsvereinbarung und Baupflicht beim Vorkaufsrecht) und § 133 Abs. 3 S. 5 BauGB
(Ablösungsvereinbarung) von Bedeutung. Die praktische Relevanz des Stadtumbauvertrags (§ 171c BauGB) nimmt vor allem in den neuen Bundesländern und in Schrumpfungsgemeinden abseits der Metropolregionen zu. Daneben kommen eine Reihe von anderen Verträgen, insbesondere Ablösungsvereinbarungen im Bereich des Landes-KAG, die
Übernahme von Stellplatzpflichten und ihre Ablösung[1] sowie Baudispensverträge vor. Bedeutung haben auch Vereinbarungen zum naturschutzrechtlichen Ausgleich (§ 1a Abs. 3
S. 4 BauGB).[2] Schließlich sind noch die Verträge des freihändigen Grunderwerbs zur Abwendung eines zwangsweisen Vorgehens im Vorfeld einer Enteignung zu erwähnen.[3] Viele Streitfragen zur Vertragsgestaltung wurden zwischenzeitlich höchstrichterlich entschieden.[4] In der städtebaulichen Vertragspraxis werden diese Vorgaben von Kommunen,
Projektentwicklern, Mediatoren und Investoren, aber auch von Juristen teilweise nicht
beachtet. Dies kann zu haftungsrechtlichen Konsequenzen führen,[5] und zwar für die Vertreter der Kommunen auch unmittelbar (§ 311 Abs. 2 BGB).[6] Bei Zuwendungen an die
Gemeinde im Zusammenhang mit einer Baulandausweisung können sich zudem strafrechtliche Folgen für Bürgermeister, Geschäftsstellenleiter und Gemeinderäte ergeben.[7]

---

[1] Vgl. OVG Koblenz NVwZ-RR 2004, 243; vgl. zur Erstattung BGH ZfIR 2004, 531 und zur steuerlichen Behandlung BFH NZM 2004, 629.
[2] Vgl. dazu VGH München BayVBl. 2011, 47; *Proelß/Blanke-Kießling* NVwZ 2010, 985 und *Schmidt-Eichstaedt* BauR 2010, 1865.
[3] Vgl. BGH ZfIR 2003, 783; VGH München NVwZ-RR 2013, 296; s. auch FM BW DStR 2004, 1609.
[4] Vgl. *Busse* KommJur 2009, 241; *Grziwotz* MittBayNot 2010, 356; *Bick* VBlBW 2016, 89 ff.; *Dirnberger* BayGT 2014, 72 ff.; *Drechsler* Jura 2017, 413.
[5] Vgl. BGH MDR 2001, 116 (117).
[6] OLG Düsseldorf BauR 2013, 1682; vgl. *Geis* NVwZ 2002, 385 (388).
[7] Vgl. *Grziwotz* BauR 2000, 1437 und BauR 2001, 1530; *ders.* BayVBl. 2008, 709; *Busse* BayVBl. 2003, 129; *Burmeister* BauR 2003, 1129; *Verjans* FS Volks 2009, 829; *Köpfler* CB 2017, 476 (480); *Kuhlen* JuS 2011, 673; *Wahle/Hohmann* FS Birk 2013, 259 ff.; s. auch BGH NJW 2006, 2050; NJW 2007, 2932; NJW 2008, 3580; NJW 2011, 1374.

Bei Beurkundung eines entsprechenden Vertrages kann auch der Notar wegen Beihilfe belangt werden. Durch die zunehmende Baulandverknappung, die Hortung von Grund und Boden und die Bodenspekulation sind für die Gemeinden neue Probleme aufgetreten; die Rechtsprechung scheint derzeit hierfür nur enge Gestaltungsspielräume zuzugestehen.[8]

6   Neben die städtebaulichen Verträge tritt die **gemeindliche Bodenvorratspolitik** im Sinne eines langfristigen Grunderwerbs, aber auch eines Durchgangs- oder Zwischenerwerbs im Vorfeld einer Baulandausweisung. Es handelt sich um privatrechtliche Grunderwerbs- oder Grundveräußerungsverträge.[9] Die Gemeinde erwirbt meist die Gemeinbedarfsflächen sowie weitere Flächen, die sie im Rahmen ihrer Wohnungsbauförderung benötigt. Da die Grundeigentümer mitunter befürchten, dass die von der Gemeinde erworbenen Flächen aufgrund der Bauleitplanung ein höheres Baurecht erhalten, haben sich in der Praxis so genannte Miteigentums- und Rücktrittsmodelle eingebürgert. Bei den Erstgenannten erwirbt die Gemeinde nur einen ideellen Miteigentumsanteil am gesamten jeweiligen Grundstück; nach der Bauleitplanung wird die Auseinandersetzung zwischen den Miteigentümern gegebenenfalls auch im Rahmen einer freiwilligen Umlegung durchgeführt. In der zweiten Fallgruppe ist der Grundeigentümer zum Rücktritt vom Kauf berechtigt, wenn seine Restfläche nicht ein bestimmtes Baurecht erhält.[10] Die Ausübung eines „Planungsdrucks" auf die privaten Eigentümer dergestalt, dass die Gemeinde ohne den vorherigen Erwerb von Flächen oder Miteigentumsanteilen eine Planung nicht in Angriff nimmt, macht diese Praxis nicht rechtswidrig. Der Grunderwerb der Gemeinde muss allerdings durch eine öffentliche Aufgabenerfüllung und nicht allein durch die Absicht der Planungsgewinnabschöpfung gerechtfertigt sein.[11] Ferner darf sich die Gemeinde im Zusammenhang mit einer Baulandausweisung ihre Planungshoheit nicht abkaufen lassen, dh der gemeindliche Grunderwerb muss zu einem marktgerechten Preis erfolgen.[12] Entscheidend ist bei einem Kaufvertrag, der keine Regelung der Zweckbestimmung der späteren Verwendung enthält, der Zeitpunkt des Zustandekommens des Vertrages.[13] Dies ist von besonderer Bedeutung bei den sog. **Angebotsmodellen;** die Gemeinde muss – unabhängig von der nicht unproblematischen Frage der Wirksamkeit überlanger Bindungsfristen – die Annahme spätestens dann erklären, wenn der vereinbarte Preis aufgrund der Planung erreicht ist.[14] Andernfalls droht bei einem groben Missverhältnis zwischen Kaufpreis und Grundstückswert die Nichtigkeit des Vertrags.[15] Dabei darf die durch die Baulandausweisung bewirkte Wertsteigerung der Restgrundstücke nicht als Gegenleistung der Gemeinde einbezogen werden (anders bei der Prüfung der Angemessenheit, → Rn. 8).[16] Ein Vertrag, der dies nicht beachtet, ist nichtig. Dem Bürger ist die Berufung

---

[8] BGH IMR 2018, 3240; krit. auch *Schwarz* FWS 2014, 271 und *Hoppenberg* PiG 94 (2013), 9 (15) aus Investorensicht.

[9] Ausführlich *Grziwotz* NotBZ 1999, 148; *ders.* KommJur 2011, 172; *Zintl/Singbartl* NVwZ 2017, 1676; s. auch BGH NVwZ 2013, 96; MittBayNot 2019, 86; MittBayNot 2019, 81 und dazu *Leidner* DNotZ 2019, 83 (86).

[10] Vgl. OVG Münster ZfIR 2001, 229.

[11] Vgl. BGH MDR 2018, 1055; OVG Berlin-Brandenburg BauR 2013, 129 und VGH Mannheim ZfIR 2013, 35.

[12] BGH ZfIR 1998, 727 mAnm *Grziwotz* = DNotZ 1999, 398 mAnm *Busse;* OLG Frankfurt a.M. DVBl. 2008, 136.

[13] OLG München NotBZ 1999, 177. Vgl. zu einer späteren Unterwertveräußerung BGH NJW 2013, 3779.

[14] Zur Gestaltung *Grziwotz* KommJur 2011, 172 (176).

[15] S. nur BGH NJW 2007, 2841; OLG München notar 2010, 343.

[16] Verkannt von LG München I ZfIR 2004, 869; *Bleutge* MittBayNot 1996, 49; *ders.* MittBayNot 2005, 100 und *Reicherzer* ZfIR 2004, 981; teilw. abw. *ders.* BayVBl. 2007, 709; wie hier BVerwGE 111, 162 = ZfIR 2000, 720; BGH ZfIR 1998, 726; OLG München ZfIR 2000, 389; VGH Mannheim VBlBW 2004, 52; VGH München BayVBl. 2004, 692; BFH NVwZ 2005, 1343; *Busse* BayVBl. 1993, 231; *ders.* BayVBl. 2003, 129; *ders.* MittBayNot 2005, 103; *ders.* BayGT 2005, 42; *Dirnberger* BayGT 2001, 293 (295); *ders.* BayGT 2008, 110; *Labbé/Bühring* BayVBl. 2007, 289; *Grziwotz* BauR 2005, 812; *ders.* Bay-VBl. 2008, 709; *ders.* KommJur 2011, 172; *Jäde* BayVBl. 1992, 549 (555); *Seeger* FS 10 Jahre DNotI 2003, 129 (135).

hierauf auch nicht verwehrt, wenn er „sein" Baurecht bekommen hat.[17] Die Gemeinde haftet zudem auf Schadensersatz bei Abschluss eines nichtigen Vertrages.[18] Dies gilt auch für (Umgehungs-)Grundstücksgeschäfte zwischen Eigentümern und Kommunen, bei denen zwar ein marktgerechter Preis vereinbart, der Vertrag aber nach der Baulandausweisung gegen Zahlung einer Abfindungssumme an die Gemeinde wieder aufgehoben wird.[19] Ebenso ist dies bei den teilweise praktizierten Angebotsmodellen, bei denen der private Eigentümer trotz seiner diesbezüglichen Verpflichtung die Lastenfreistellungserklärungen nicht beibringt, bis das Baurecht entstanden ist. Bei der dritten Variante der „städtebaulichen Verträge in der Praxis" entrichtet der Private an die Gemeinde für den Verstoß gegen die Verpflichtung zur Lastenfreistellung, die sich überraschenderweise beim späteren Verkauf an einen Dritten herbeiführen lässt, ebenfalls einen hohen Betrag als Schadensersatz.[20] Die Gemeinde darf an derartigen Gestaltungen wegen ihrer Bindung an Recht und Gesetz nicht mitwirken. Sie befindet sich bei Grundstücksgeschäften im Zusammenhang mit einer Bauleitplanung aufgrund ihrer Planungshoheit zudem in einer typisierten Überlegenheitssituation. Deshalb hat die Rechtsprechung besondere **Aufklärungspflichten** vor allem hinsichtlich etwaiger Planungen statuiert.[21] Bedeutung kann diese Situation aber auch bei der Gestaltung des Beurkundungsverfahrens haben (→ Rn. 11).

Für Grundstücksgeschäfte der Kommunen, mit denen ein öffentlicher Zweck verfolgt wird, gilt das Verwaltungsprivatrecht, und zwar auch, wenn eine Eigengesellschaft handelt.[22] Es besteht über die Grundrechtsbindung (Art. 1 Abs. 3 GG) hinaus eine weitergehende Beschränkung der handelnden Träger der mittelbaren Staatsverwaltung. Deshalb sind bei Grundstücksgeschäften der Gemeinden auch das Gemeinwohl und die grundlegenden Prinzipien des öffentlichen Finanzgebarens und kommunalrechtliche Beschränkungen, wie zB das Verbot des Unterwertverkaufs, zu beachten.[23] Auch ein Verstoß gegen den bei Abschluss eines dem Verwaltungsprivatrecht unterfallenden Vertrags zu beachtenden Grundsatzes der Verhältnismäßigkeit kann zur Vertragsnichtigkeit (§ 134 BGB) führen. Es gilt das zu beachtende Gebot einer angemessenen Vertragsgestaltung.[24] Aber auch bei reinen Fiskalgeschäften gilt die Grundrechtsbindung der öffentlichen Hand.[25] Im kommunalen Grundstücksverkehr kommt es deshalb zu einer doppelten richterlichen Kontrolle, nämlich einer Inhaltskontrolle hinsichtlich des Vereinbarten und einer Ausübungskontrolle zum Zeitpunkt der Geltendmachung der vereinbarten Rechte bei einem Verstoß gegen die vom Käufer eingegangenen Bindungen.[26]

2. Verbot der Planungsbindung und Drittbelastung. Ein Anspruch auf die Aufstellung oder Änderung von Bauleitplänen kann vertraglich nicht begründet werden (§ 1 Abs. 3 S. 2 Hs. 2 BauGB). **Vertragliche Zusagen** einer Gemeinde, einen inhaltlich näher bestimmten Bebauungsplan innerhalb einer bestimmten Zeit aufzustellen oder zumin-

---

[17] BVerwGE 111, 162; NVwZ 2003, 993; *Ziekow/Siegel* VerwArch 2004, 281 (289); zur Verwirkung OLG München IBR 2006, 231.
[18] BGH BGHR 2004, 298 und *Ziekow/Siegel* VerwArch 2004, 573 (582).
[19] BGH ZfIR 2010, 75; vgl. auch OLG München BeckRS 2009, 87553.
[20] Vgl. zu diesen „Gestaltungen" *Grziwotz* KommJur 2011, 172 (175).
[21] OLG Köln EWiR 2002, 1075; vgl. auch BGH MDR 2001, 79; ZfIR 2003, 783; NVwZ-RR 2006, 634; OLG Frankfurt aM. NJW-RR 2002, 523; OLG Brandenburg NVwZ-RR 2001, 704; OLG Naumburg LKV 2007, 382; OLG Jena KommJur 2009, 31; *Haentjens* LKV 2007, 349 und *Grziwotz* ZfIR 2015, 121 (122). Zu Auskunftsansprüchen s. *Schnabel* ZfIR 2016, 658 ff.
[22] BGH DNotZ 2010, 112; NVwZ 2013, 96; ausführlich *Grziwotz* FS Birk 2013, 241 (247 ff.). Zur privatrechtlichen Qualifizierung eines derartigen Vertrages auch zwischen Trägern der öffentlichen Hand BGH NVwZ 2013, 96.
[23] BGH MittBayNot 2006, 494; NZM 2006, 32; BayVerfGH MittBayNot 2008, 412; OLG Karlsruhe MittBayNot 2012, 513; s. dazu *Wolff* NJW 2012, 812 und *Wachsmuth* ThürVBl. 2008, 153 (154).
[24] BGH ZfIR 2010, 467.
[25] BVerfG NVwZ 2016, 1553; *Grziwotz* NotBZ 2018, 401 (406).
[26] BGH ZfIR 2010, 462; ZfIR 2013, 292.

dest die Aufstellung in Übereinstimmung mit dem Vertragspartner zu fördern, entbehren der Wirksamkeit.[27] Dies gilt in gleicher Weise für die Verpflichtung einer Gemeinde, eine bestimmte Bauleitplanung nicht zu ändern oder ein bestimmtes Gebiet nicht zu überplanen. Derartige Zusagen werden mitunter anlässlich einer Straßengrundabtretung gemacht (zB Verpflichtung, die Festsetzung der Straße im Bebauungsplan nicht zu ändern). Hiervon abzugrenzen sind so genannte **„Bauplanungsgarantien"**, bei denen es sich um die Haftung für eine Beschaffenheitsgarantie, die Übernahme eines Beschaffungsrisikos oder eine Beschaffenheitsvereinbarung[28] hinsichtlich des von der Gemeinde veräußerten Grundstücks handelt und nicht um eine Garantie für eine bestimmte Planung.[29] Die Unwirksamkeit eines städtebaulichen Vertrages führt – ausgenommen beim vorhabenbezogenen Bebauungsplan und ferner bei einer Fehleridentität –[30] nicht zur Unwirksamkeit des (Einzelfall-) Bebauungsplans. Prüfungsmaßstab ist für ihn das Abwägungsgebot.[31]

7a   Städtebauliche Verträge können eine Bauleitplanung nicht ersetzen **(Verbot planersetzender städtebaulicher Verträge).** Mit dem Abschluss eines derartigen Vertrages würden die formellen und materiellen Anforderungen an die Rechtmäßigkeit von Festsetzungen in einem Bebauungsplan, insbesondere die Öffentlichkeitsbeteiligung und das Erfordernis der Abwägung, sowie die diesbezüglichen Rechtsschutzmöglichkeiten umgangen werden.[32] Auch die vertragliche Zusage einer Widmung oder Nichtwidmung einer Straße, der öffentlich-rechtliche Vertrag über eine diesbezügliche Allgemeinverfügung oder das Unterlassen greift in die Rechte Dritter, nämlich insbesondere der (anderen) Anlieger ein (§ 58 Abs. 1 LandesVwVfG).[33] Deshalb ist eine diesbezügliche Vereinbarung schwebend unwirksam.[34]

8   **3. Korrektiv der Angemessenheit, Bereicherungsverbot und AGB-Recht.** Zum Schutz des Bürgers muss die von ihm versprochene Leistung den gesamten Umständen nach angemessen sein (§ 11 Abs. 2 S. 1 BauGB, § 56 Abs. 1 S. 2 VwVfG; vgl. auch § 15 Abs. 2 S. 1 WoFG und § 55 Abs. 1 S. 2 SGB X).[35] Die Angemessenheit ist unter Beachtung der gesamten Umstände des Vertrages und bei wirtschaftlicher Betrachtung des Gesamtvorganges objektiv zu beurteilen.[36] Es darf sowohl beim Vertragspartner der Gemeinde als auch bei demjenigen, an den später die Kosten weitergegeben werden (zB Mieter oder Käufer von Wohnungen), keine unzumutbare Belastung entstehen.[37] Maßgebend ist nicht die subjektive Einschätzung der Vertragspartner, sondern eine aufgrund der Verhältnisse des Einzelfalls festzustellende objektive Ausgewogenheit. Die Frage der Angemessenheit ist für die Beteiligten nicht disponibel, weil sonst die Schutzwirkung der Vorschrift verloren ginge. **Kriterien** für die Beurteilung der Angemessenheit sind die durch das geschaffene Baurecht bewirkte Werterhöhung der dem Bauwilligen gehörenden Grundstücke,[38] der Gesamtumfang der von diesem getätigten Investitionen und der Gewinn der Privaten. Strittig ist, ob die Werterhöhung eine oberste Grenze darstellt, ob dem Eigentü-

---

[27] BVerwG NJW 1980, 2538; NVwZ 2006, 458; BGHZ 76, 16 (22); BGH ZfIR 2016, 69; NJW 2016, 3162; OLG München MittBayNot 1987, 189; VGH Mannheim VBlBW 1995, 205; OVG Lüneburg BauR 2015, 1304; OLG Düsseldorf NotBZ 2017, 305; teilw. abw. *Bick* DVBl. 2001, 154 (156). S. dazu *Hellriegel* BauR 2016, 1853 (1855).

[28] Vgl. *Grziwotz* ZfIR 2002, 246.

[29] BGHZ 76, 16 (25).

[30] VGH München ZfIR 2005, 205.

[31] OVG Münster ZfIR 2001, 229 und OVG Greifswald BauR 2008, 1562.

[32] S. nur VGH Mannheim NVwZ-RR 2017, 957 (958); vgl. *Spannowsky* FS Birk 2013, 217 (227).

[33] Vgl. OVG Berlin-Brandenburg NVwZ-RR 2016, 325 (326).

[34] So OVG Lüneburg NJW 1985, 1043; VGH München BeckRS 2010, 31462; teilw. abw. BVerwGE 97, 323. S. dazu *Grziwotz* MittBayNot 2013, 429.

[35] Zur umstrittenen Schutzwirkung zu Gunsten der Gemeinde s. VG Halle BeckRS 2012, 53730 und *Wilke/Düwel* NVwZ 2012, 1449 (1451).

[36] OVG Lüneburg BauR 2006, 1703.

[37] Vgl. *Hellriegel* DVBl. 2007, 1211.

[38] Vgl. OVG Lüneburg BauR 2012, 70.

mer ein bestimmter Anteil des planungsbedingten Wertzuwachses belassen werden muss[39] oder ob in Einzelfällen, wie zB einer Umplanung, der Aufwendungsersatz auch die Werterhöhung übersteigen kann.[40] Eine Kompensation von Vertragsklauseln, die für sich genommen unangemessen sind, durch vorteilhafte Bestimmungen im übrigen Vertrag ist hinsichtlich des städtebaulichen Angemessenheitserfordernisses möglich.[41] Die gerichtliche Überprüfung städtebaulicher Verträge hinsichtlich der Angemessenheit soll den Gestaltungsspielraum der Beteiligten, der Vereinbarungen eigentümlich ist, respektieren. Dies gilt insbesondere dann, wenn der Investor nicht bereit ist, der Gemeinde gegenüber seine Kalkulation offen zu legen.[42] Die Prüfung der Angemessenheit geht weiter als die Frage der Gleichwertigkeit von Leistung und Gegenleistung. So kann ein Grundstückskauf unangemessen sein, obwohl der vereinbarte Kaufpreis marktgerecht ist, wenn ein unangemessen hoher „Flächentribut" gefordert wird.[43]

Die Gemeinde darf im Rahmen städtebaulicher Verträge nicht das alleinige Ziel verfolgen, den **Planungsgewinn** abzuschöpfen. Hierfür enthält § 11 BauGB keine rechtliche Grundlage.[44] Damit im Zusammenhang steht das **Verbot der Bereicherung** der Gemeinde. Diese darf ihre Planungshoheit nicht an zusätzliche Abgaben des Bürgers knüpfen, sich insbesondere nicht für eine bestimmte Planung entsprechende Leistungen seitens des Bürgers versprechen lassen.[45] Auch ein grundsätzlich durch eine öffentliche Zweckverfolgung gerechtfertigtes Abtretungsverlangen muss angemessen sein.[46] Keine Angemessenheitsprüfung erfolgt bei Verträgen, die gegen das sog. Koppelungsverbot verstoßen; sie sind nichtig.[47] Dies gilt auch für angebliche „Schenkungen" an die Gemeinde im Hinblick auf eine erhoffte Baulandausweisung.[48] Vertragliche **Heilungsklauseln** helfen bei einem Verstoß gegen materielles Recht regelmäßig nicht. Sie enthalten zudem meist nur eine Beweislastumkehr. Ersetzungsklauseln sind zwar auch in städtebaulichen Verträgen trotz der Gesetzesbindung der Verwaltung zulässig.[49] Allerdings ist bei Nichtigkeit wesentlicher Vertragsbestimmungen der gesamte Vertrag einschließlich der salvatorischen Klausel nichtig.[50] Dies ist häufig bei einem Verstoß gegen das Koppelungsverbot der Fall. Pauschale Formulierungen, der Vertrag gelte im Zweifel als Vergleichsvertrag, und ein Einwendungsverzicht des Privaten bei Erhalt des Baurechts sind ebenfalls unwirksam bzw. ohne Heilungswirkung.[51] Eine gesetzliche Heilungsnorm existiert nicht. Der Grundsatz von Treu und Glauben steht einer Berufung auf die Nichtigkeit des Vertrages nicht entgegen, da sonst die öffentliche Hand folgenlos rechtswidrig handeln könnte, wenn sie ihrerseits ihre (unzulässigerweise zugesagte) Leistung erbringt.[52]

9

---

[39] Vgl. vhw/*Gassner* S. 31, 36; *Huber* DÖV 1999, 173; *Diehr* BauR 2000, 1; *Oerder* NVwZ 1997, 1190 (1192) und *Oehmen/Busch* BauR 1999, 1402 (1410); s. aber BFH NJW 1999, 3798 und BVerfG NJW 2006, 1191.

[40] So wohl *Pietzcker* FS Hoppe 2000, 439 (452).

[41] BGH DNotZ 2003, 341.

[42] So *Hien* FS Schlichter 1995, 129 (137).

[43] OVG Lüneburg NVwZ-RR 2000, 201.

[44] *Grziwotz* DVBl. 1994, 1048 und *Huber* DÖV 1999, 173. Vgl. auch BGH MDR 2008, 1055.

[45] *Busse* BayVBl. 1993, 231 (232); *ders.* BayGT 2001, 59; BayGT 2006, 235; *Dirnberger* BayGT 2008, 110; *Grziwotz* DVBl. 2007, 1125; vgl. auch OLG München MittBayNot.2008, 321 zur Nichtigkeit nach § 138 BGB.

[46] OVG Lüneburg NVwZ-RR 2000, 201.

[47] BVerwG ZfIR 2000, 720; NVwZ 2003, 993; VGH München MittBayNot 2009, 165. S. dazu *Breuer* NVwZ 2017, 112 (115) und *Voßkuhle/Kaiser* JuS 2013, 687 (689). Zum Koppelungsverbot gem. Art. 10 § 3 MRVG bei einem Grundstücksverkauf nach einem öffentlichen Planungswettbewerb s. OLG Düsseldorf BauR 2017, 2017 und *Diederichs* BauR 2017, 23 (25).

[48] Zu Umgehungsgeschäften s. *Grziwotz* KommJur 2011, 172 (174).

[49] BVerwG NVwZ 2011, 125.

[50] OVG Weimar NVwZ-RR 2001, 623 (626); vgl. zur Teilbarkeit BGH NJW 2009, 1135.

[51] Ebenso *Reidt* BauR 2001, 46 (47 f.).

[52] BVerwG ZfIR 2000, 720 (724); ZfIR 2009, 464; Spannowsky/Krämer/*Spannowsky* S. 11, 12; zu älteren Reformbestrebungen s. NVwZ 2002, 834; krit. *Grziwotz* ZfIR 2002, 863 und *Stelkens* NWVBl. 2006, 1; zur Verjährung des Erstattungsanspruchs nach alter Rechtslage VGH München BayVBl. 2001, 54 und

Das **AGB-Recht** war auf bis zum 31.12.1994 abgeschlossene städtebauliche Verträge nicht anwendbar.[53] Bei danach abgeschlossenen Verträgen dürfte das AGB-Recht, zumindest im Umfang der Richtlinie 93/13/EWG, zu beachten sein.[54] In der Praxis dürfte die Streitfrage allerdings keine große Relevanz haben, da es sich meist um Formularverträge handeln wird und über § 62 S. 2 (Landes-)VwVfG auf öffentlich-rechtliche städtebauliche Verträge auch die §§ 305 ff. BGB entsprechend anwendbar sind. Die Anforderungen an privatrechtliche städtebauliche Verträge dürften hiervon nicht abweichen. Auch dem Transparenzgebot kommt bei städtebaulichen Verträgen Bedeutung zu.[55] Schließlich sind die strikten gesetzlichen Klauselverbote des § 309 BGB über den Verbraucher- bzw. AGB-Vertrag hinaus bei der Vertragsgestaltung zu beachten.[56]

10   **4. Kein Anspruch auf die Leistung der Behörde.** Hat der Vertragspartner der Gemeinde einen Anspruch auf die Leistung der Behörde (zB Erteilung der Baugenehmigung), so ist die Vereinbarung einer von ihm zu erbringenden Leistung grundsätzlich unzulässig (§ 11 Abs. 2 S. 2 BauGB, § 56 Abs. 2 VwVfG). Eine Ausnahme gilt lediglich, wenn vom Bürger eine Leistung verlangt wird, die im entsprechenden Fall bei Erlass eines Verwaltungsaktes auch als Nebenbestimmung gemäß § 36 VwVfG zulässig wäre oder die als solche gesetzlich ohnehin zugelassen ist.[57] Grundsätzlich ist der Abschluss eines städtebaulichen Vertrages deshalb nur möglich, wenn der Gemeinde ein **Ermessen** zusteht. Bei **gebundenen Entscheidungen** kommt der Abschluss eines städtebaulichen Vertrages nur in zwei Konstellationen in Betracht: Die fehlende Sicherung der Erschließung kann durch Abschluss eines Erschließungsvertrages ausgeräumt werden.[58] Anstelle einer Nebenbestimmung in der Baugenehmigung können Auflagen und Bedingungen auch im Rahmen eines städtebaulichen Vertrages geregelt werden (zB Bereitstellung zusätzlicher Stellplätze). Der Regelungsumfang ist in diesem Falle jedoch begrenzt auf dasjenige, was auch im Rahmen einer Abweichungs-, Befreiungs- oder Ausnahmeentscheidung verlangt werden könnte (zB Ablösung der Verpflichtung zur Errichtung von Stellplätzen als Voraussetzung für die Erteilung einer Baugenehmigung).

10a   **5. Verfahren und Formerfordernis.** Verträge zwischen der öffentlichen Hand und dem Privaten unterliegen im öffentlich-rechtlichen Bereich besonderen Schutzvorschriften. Hierzu gehören verfahrensmäßige, aber auch inhaltliche Sicherungen (vgl. §§ 56, 57 VwVfG). Die Rechtsprechung[59] und die hL[60] haben sie auf sämtliche öffentlich-rechtlichen **Stadt-Bürger-Verträge** angewandt. Die Einhaltung bestimmter Verfahren und ihre indizielle Bedeutung für die materielle Rechtmäßigkeit des Ergebnisses wirkt sich nicht nur in der Bauleitplanung aus. So ist beispielsweise das Enteignungsrecht durch zahlreiche verfahrensmäßige Sicherungen (§§ 104 ff. BauGB) geprägt. Wieso bei Einigungen außerhalb des Enteignungsverfahrens die Sicherungsstandards zugunsten der Bürger besonders niedrig sein sollen, bleibt aus diesem Grund unerfindlich. Die in § 17 Abs. 2a BeurkG

---

nunmehr BGH ZfIR 2010, 75; BVerwG NVwZ 2017, 969; OVG Koblenz DNotZ 2015, 376; OVG Weimar LKV 2011, 520.
[53] BGH DNotZ 2003, 341.
[54] Vgl. *Wolf/Lindacher/Pfeiffer,* AGB-Recht, 6. Aufl. 2013, RL Art. 2 Rn. 12; NK-BGB/*Ring* § 14 Rn. 36; *Krautzberger* ZfIR 2003, 210 (212); *Pützhoven* NotBZ 2003, 237; ausführlich *Grziwotz* NVwZ 2002, 391; *Reidt* BauR 2004, 241 und *Ewer* FS v. Westphalen 2010, 135; *Ruttloff* DVBl. 2013, 1415 (1418) und *Niemeyer* MittBayNot 2016, 120 (123).
[55] Vgl. allg. BGH NJW 2006, 996 (997); NJW-RR 2008, 251; offenbar nicht mehr BGH MittBayNot 2016, 179; MittBayNot 2016, 185; NVwZ 2018, 1414; NJW 2018, 3012.
[56] Vgl. BGH NJW 2007, 3774.
[57] Vgl. Battis/Krautzberger/Löhr/*Reidt* BauGB § 11 Rn. 73.
[58] Dazu → Rn. 29.
[59] S. nur BGH DNotZ 1999, 398 und BVerwG ZfIR 2000, 720.
[60] S. nur *Ehlers* NJW 1990, 800 (802); *Gaßner* BayVBl. 1998, 577; *Scherzberg* JuS 1992, 205 (208); *Ehlers/Krebs,* Grundfragen des Verwaltungsrechts und des Kommunalrechts, 2000, S. 41, 53; *Pietzcker* FS Hoppe 2000, 439 (451); aA nur *Birk* Rn. 21 und *Höflings/Krings* JuS 2000, 625 (628).

geregelte Sicherung der Belehrung des Verbrauchers und die Wartefrist dürften deshalb unabhängig von der Frage, ob die Gemeinde beim Abschluss städtebaulicher Verträge als Unternehmer einzustufen ist,[61] ein Leitbild der Gestaltung des Vertragsabschlussverfahrens darstellen. Dies gilt auch bei städtebaulichen Verträgen, die keiner Beurkundung bedürfen. Bisherige Vertragsabschlusspraktiken der öffentlichen Hand bedürfen deshalb der Überprüfung.[62] Vollmachten für kommunale Bedienstete müssen die innergemeindliche Zuständigkeitsabgrenzung beachten.[63]

Für städtebauliche Verträge und Erschließungsverträge ist die **Schriftform** vorgeschrieben (§ 11 Abs. 3 BauGB).[64] Dies gilt allgemein für öffentlich-rechtliche Verträge (§ 57 VwVfG; vgl. auch § 56 SGB X). Schriftform bedeutet, dass der Vertragstext in eine einheitliche Urkunde aufzunehmen und von allen Vertragspartnern zu unterschreiben ist.[65] Strittig ist, ob eine Aufspaltung in Angebot und Annahme ausreicht.[66] Zusätzlich sind die kommunalrechtlichen Anforderungen zu beachten.[67] 11

Die Anordnung der Schriftform ist mit dem Zusatz versehen, dass sie nur dann ausreicht, soweit nicht durch Rechtsgeschäft eine andere Form vorgeschrieben ist. Dies sollte auf das **Erfordernis der notariellen Beurkundung** bei einer Grundstückserwerbs- oder Grundstücksveräußerungsverpflichtung hinweisen. Eine Aufspaltung des Vertrages in einen nicht zu beurkundenden städtebaulichen Teil und die notarielle Grundabtretung erfüllt das Formerfordernis nicht.[68] Ob sich die Nichtigkeit bei einer nicht beurkundeten Grundabtretung auf den gesamten Vertrag auswirkt oder nicht, ist eine Frage des Einzelfalls.[69] Bedenklich ist eine Aufspaltung auch dann, wenn im Erschließungsvertrag die – meist nicht ernst gemeinte – Erklärung abgegeben wird, dass eine Übertragung der Erschließungsflächen an die Gemeinde zwar beabsichtigt sei, aber noch nicht rechtlich verbindlich eingegangen werde.[70] Es handelt sich auch nicht um einen „echten" Fall einer einseitigen Abhängigkeit, wenn die Erschließungsbauleistungen und die Kostenregelung unter der Bedingung der Grundabtretung stehen. Die Grundabtretung ist nämlich der Kostenregelung zugeordnet.[71] Ob bei einer derartigen ausdrücklichen Aufspaltung die Gemeinde die öffentlich gewidmeten Erschließungsflächen kostenfrei erwerben kann, wie dies § 11 Abs. 2 S. 3 BauGB für den Erschließungs- und Folgekostenvertrag vorsieht, wenn ein Rechtsnachfolger des Erschließungsträgers dies fordert, ist bei einer bewussten Ausklammerung der Grundabtretung aus dem Erschließungsvertrag zudem fraglich. Seitens der Gemeinde gibt es deshalb keinen Grund, auf einen formnichtigen Vertragsabschluss einzugehen. Angeblich „kostenbewussten Trennungsvorschlägen"[72] von Rechtsberatern der Investoren kann häufig mit einem Hinweis auf die Gebührenermäßigung nach § 91 GNotKG und die Haftungsrechtsprechung begegnet werden. 12

---

[61] Vgl. BGH DNotZ 2003, 333; NJW 2003, 2742; DB 2006, 1490; DNotZ 2009, 429, wonach eine Gewinnerzielungsabsicht nicht erforderlich ist.
[62] So *Hagen* RNotZ 2001, 40; zur Vertragsgestaltung *Ruff* Gemeindehaushalt 2010, 58.
[63] BGH NJW 2009, 289.
[64] Vgl. auch § 15 Abs. 3 WoFG; *Siems* BauR 2003, 1310 und *Schlemminger* NVwZ 2009, 223.
[65] OVG Lüneburg NJW 1992, 1404; vgl. auch BGH NZM 2004, 738 und OVG Lüneburg NJW 2008, 2520; zur Auslegung OVG Münster JuS 2009, 955.
[66] BVerwG NVwZ 2005, 1083.
[67] Vgl. OVG Schleswig NVwZ-RR 2000, 377 und OLG Saarbrücken NZM 2011, 720. Zur Genehmigungspflicht kreditähnlicher Verträge s. BGH NotBZ 2016, 182.
[68] *Gronemeyer,* BauGB, 1999, § 11 Rn. 79; VGH München BeckRS 2014, 45851; VG Göttingen NZBau 2009, 45; vgl. aber BVerwG DNotZ 2010, 549; zur Heilung VGH München BeckRS 2014, 45851; zum einheitlichen Rechtsweg OVG Schleswig NVwZ-RR 2008, 743.
[69] BVerwG MittBayNot 1996, 387 (389); OVG Schleswig NJW 2008, 601; OVG Magdeburg NVwZ-RR 2011, 418.
[70] So jetzt auch MVHdB II WirtschafsR I/ *Oerder* Form. VIII. 1 § 12.
[71] Vgl. auch OLG Köln BauR 2001, 136.
[72] So *Kemper* BuW 2000, 1050 (1060).

13 **6. Zwangsvollstreckungsunterwerfung.** In öffentlich-rechtlichen subordinationsrecht-lichen Verträgen zwischen einem Bürger und einer Gemeinde kann sich jeder der Vertragsschließenden gemäß **§ 61 VwVfG** der sofortigen Zwangsvollstreckung unterwerfen. Dies gilt auch für öffentlich-rechtliche städtebauliche Verträge.[73] Die Behörde muss hierbei von einer in dieser Vorschrift genannten Person vertreten werden.[74] Eine Genehmigung der Zwangsvollstreckungsunterwerfung der Gemeinde und des Bürgers durch die fachlich zuständige Aufsichtsbehörde ist nicht mehr erforderlich. Die Beteiligung eines qualifizierten Behördenvertreters macht nochmals die Bedeutung des Verfahrens für den Vertragsinhalt deutlich. Ist ohnehin eine notarielle Beurkundung vorgeschrieben, so bietet sich an, eine Zwangsvollstreckungsunterwerfung in die Urkunde aufzunehmen (§ 794 Abs. 1 Nr. 5 ZPO). Eine Unterwerfung des Bürgers unter die sofortige **Zwangsvollstreckung zu notarieller Urkunde** ist auch beim öffentlich-rechtlichen Vertrag möglich.[75]

13a **7. Ausschreibungspflicht.** Auch städtebauliche Verträge unterliegen trotz ihres öffentlich-rechtlichen Charakters einer **Ausschreibungspflicht.**[76] Eine Ausnahme gilt nur für In-house-Geschäfte; bereits eine Minderheitsbeteiligung eines Privaten ist jedoch schädlich.[77] Auch wenn mehrere Gebietskörperschaften einen Vertrag über eine grundsätzlich ausschreibungspflichtige Leistung schließen, bedarf es gemeinschaftsrechtlich keiner Ausschreibung.[78] In die Ausschreibungspflicht wurden im Anschluss an die „Stadt-Roanne"-Entscheidung des EuGH[79] städtebauliche Verträge mit einer Bauverpflichtung einbezogen, auch wenn die Kommune die errichteten Baulichkeiten nicht selbst erwerben oder nutzen wollte.[80] Unerheblich ist die Bezeichnung des Vertrages.[81] Bei einem Leistungsbündel kommt es auf den Hauptgegenstand des Vertrags an.[82] Eine Bauleistung muss nicht in einem gegenständlichen körperlich zu verstehenden Sinn für den öffentlichen Auftraggeber beschafft werden; es genügt, wenn sie diesem unmittelbar wirtschaftlich zugute kommt.[83] Dies ist allerdings nicht bereits bei der Ausübung städtebaulicher Regelungszuständigkeiten der Fall.[84] Ein unmittelbares wirtschaftliches Interesse der Gemeinde ist anzunehmen, wenn diese Eigentümer wird oder zumindest eine rechtliche Verfügungsbefugnis (zB Wohnungsbesetzungsrecht)[85] erhält und bei einer finanziellen Beteiligung. Zudem muss ein einklagbarer Anspruch hinsichtlich einer Baupflicht vorliegen; ein Rücktrittsrecht genügt somit nicht. Schließlich muss es sich um einen entgeltlichen Vertrag handeln, wobei die Gegenleistung entweder in Geld oder in Übertragung eines befristeten Nutzungsrechts (Baukonzession) bestehen kann. Die Geldleistung kann auch im Wege der Verrechnung

---

[73] OVG Weimar NVwZ-RR 2001, 623; vhw/*Oerder* S. 55, 65.

[74] BVerwG NJW 1996, 608.

[75] BVerwG NJW 1995, 1104; BGH DNotZ 2006, 189; zu Bedenken bei einem Formularvertrag s. *Quack* RpflStud. 2002, 145; zum Problem bereits *Grziwotz* NotBZ 2002, 51 (54) und *Knapp* MittBayNot 2003, 421.

[76] EuGH ZfIR 2001, 666 und NZBau 2007, 185; vgl. *Wittig* KommJur 2011, 246; *Harms/Schmidt-Wottrich* LKV 2011, 537; *Stuber/Dirnberger* BayGT 2010, 264; *Seidler* NZBau 2010, 552; *Hertwig* NZBau 2011, 9; *van Kann/Hettich* ZfIR 2010, 783.

[77] § 108 Abs. 1 Nr. 3 GWB; vgl. EuGH EuZW 2005, 86 und EuZW 2005, 727; DVBl. 2006, 101; OLG Düsseldorf NZBau 2013, 327; zur Ausnahme bei beteiligten Eigengesellschaften EuGH BeckRS 2009, 71122; eine Unterausnahme besteht, wenn eine Tochtergesellschaft nicht unerheblich am Markt tätig ist, OLG Düsseldorf NZBau 2012, 50, wobei nach § 108 Abs. 1 Nr. 2 und Abs. 4 Nr. 2 GWB bereits eine Tätigkeit von 20% schädlich ist. Vgl. *Frenz* DVBl. 2017, 740.

[78] § 108 Abs. 4 und Abs. 5 GWB; vgl. EuGH NVwZ 2009, 898.

[79] NZBau 2007, 185.

[80] OLG Düsseldorf ZfIR 2007, 859; NZBau 2008, 139; NZBau 2008, 271; NZBau 2008, 727; OLG Bremen NZBau 2008, 336.

[81] EuGH EuZW 2010, 58.

[82] § 110 Abs. 1 GWB; vgl. EuGH NZBau 2011, 431.

[83] EuGH DNotZ 2013, 831.

[84] EuGH EuZW 2010, 336; OLG Düsseldorf ZfBR 2010, 602; OLG München BeckRS 2011, 23466; vgl. auch die Schlussanträge des Generalanwalts *Mengozzi* KommJur 2010, 28.

[85] ZB Besetzungsrecht; vgl. *Dienon-Wies/Kappelhoff* KommJur 2008, 361.

oder durch Bereitstellung eines verbilligten Grundstücks erfolgen. Ist der Anwendungsbereich des Vergaberechts eröffnet, entscheiden bei Bau-, Liefer- und Dienstleistungsaufträgen die Schwellenwerte (geschätzter Auftragswert ohne Mehrwertsteuer), ob das Kartellvergaberecht einschlägig ist (§ 106 GWB). Für sie sind nicht nur die vom öffentlichen Auftraggeber gezahlten Beträge zu berücksichtigen, sondern auch Zahlungen von Dritten.[86] Handelt es sich um einen ausschreibungspflichtigen Vorgang, darf der Vertragsschluss erst 15 Kalendertage nach Absendung der Information bzw. bei Übersendung per Fax oder auf elektronischem Weg zehn Kalendertage an die Mitbewerber erfolgen (§ 134 Abs. 2 GWB). Verträge oberhalb der Schwellenwerte, die unterlegene Bieter in ihren Informationsrechten verletzen, einschließlich sog. de-facto-Vergaben, sind nicht[87] von vornherein nichtig (§ 135 Abs. 1 GWB). Die Unwirksamkeit muss vielmehr sechs Monate nach Vertragsschluss bzw. bei Bekanntmachung der Auftragsvergabe im Amtsblatt der Europäischen Union 30 Kalendertage danach in einem Nachprüfungsverfahren geltend gemacht werden (§ 135 Abs. 2 GWB).[88] Allerdings kann bei bewusster Missachtung des Vergaberechts eine Nichtigkeit nach § 138 BGB in Betracht kommen.[89] Auch unterhalb der Schwellenwerte ist das primäre Gemeinschaftsrecht anwendbar.[90] Besondere Bedeutung hat das bei einem grenzüberschreitenden Interesse an einem öffentlichen Auftrag.[91] Die Vorgaben des Primärrechts verlangen stets ein Verfahren, das transparent und diskriminierungsfrei ist und den Grundsatz der Gleichbehandlung beachtet.[92] Inwieweit ein Rechtsschutz unterhalb dieser Schwellenwerte bei einem Verstoß gegen eine Ausschreibungspflicht besteht, ist umstritten.[93]

II. Fallgruppen städtebaulicher Verträge

§ 11 Abs. 1 BauGB nennt beispielhaft fünf Fallgruppen städtebaulicher Verträge.[94] 14

1. Maßnahmen- oder Planvorbereitungsverträge (§ 11 Abs. 1 S. 2 Nr. 1 BauGB). 15
In städtebaulichen Verträgen kann die **Vorbereitung oder Durchführung städtebaulicher Maßnahmen** durch den Vertragspartner der Gemeinde unter ganzer oder teilweiser Kostenübernahme vereinbart werden. Beispielhaft werden die Neuordnung der Grundstücksverhältnisse, die Bodensanierung (insbesondere Altlastenbeseitigung) und sonstige vorbereitende Maßnahmen sowie die Ausarbeitung der städtebaulichen Planungen einschließlich eines erforderlichen Umweltberichts genannt. Es handelt sich im Wesentlichen um die Freilegung von Grundstücken und (Boden-)Untersuchungen. Bei der Heranziehung von Architekten und Ingenieuren wird häufig wegen des umsatzsteuerrechtlichen Vorsteuerabzugs der Private Auftraggeber des Stadtplanungsbüros sein. In diesem Fall sollte die Einflussnahme der Gemeinde gesichert werden. Auch die Frage der Kostentragungspflicht bei einem Scheitern der Planung sollte in diesem Zusammenhang geregelt werden.[95] Auch der klassische Erschließungsvertrag sowie eventuell auch andere Vereinba-

---

[86] ZB Miete, Kaufpreis; EuGH EuZW 2007, 117.
[87] Anders als früher, vgl. BGH NZBau 2005, 530.
[88] Zur Kenntnis s. OLG München NZBau 2013, 458. Zur Leistungserweiterung als selbstständigen Auftrag NZBau 2015, 186.
[89] OLG Düsseldorf VergabeR 2004, 216; LG München I NZBau 2006, 269.
[90] Vgl. *Schaller* LKV 2011, 301.
[91] BGH NZBau 2012, 46; OLG Düsseldorf NZBau 2012, 382; *Deling* NZBau 2012, 17.
[92] S. nur EuGH NVwZ 2009, 833; EuZW 2012, 275; NZBau 2012, 376; NZBau 2017, 748; *Koenig/Kühling* NVwZ 2003, 779.
[93] Vgl. OVG Münster NVwZ 2006, 848; OVG Koblenz DÖV 2007, 39; *Huerkamp/Kühling* NVwZ 2011, 1409 und *Probst/Winters* JuS 2015, 121 (122).
[94] Zu **Vertragsmustern** vgl. allgemein *Bunzel/Coulmas/Metscher/Schmidt-Eichstaedt* S. 56 ff. und *Grziwotz,* Baulanderschließung, S. 180 ff. sowie MVHdB II WirtschaftsR I/*Oerder* S. 1237 ff.; BeckFormB ImmobilienR/*Wiggers,* 3. Aufl. 2018, S. 883 ff. Weitere Hinweise zu einzelnen Vertragsmustern finden sich bei den jeweiligen Erläuterungen.
[95] Vgl. OVG Koblenz DNotZ 2015, 376.

rungen zu Erschließungsanlagen werden vom Gesetz als Unterfall des städtebaulichen Maßnahmenvertrages behandelt.[96]

16   Die **freiwillige Umlegung** dient zur Vermeidung eines amtlichen Verfahrens und wird in Form einer Gesellschaft des Bürgerlichen Rechts, einer treuhänderischen Übertragung oder einem Ringtausch[97] durchgeführt. Unabhängig von der Gestaltung[98] sollen sich die Notarkosten wie bei einem Ringtausch nach dem Wert des teuersten Einlagegrundstücks bemessen.[99] Die freiwillige Umlegung ist – anders als die amtliche (§ 1 Abs. 1 Nr. 3 S. 2 lit. b GrEStG)[100] – nicht von der Grunderwerbsteuerpflicht befreit. Der Übergang von Grundstücken und die Rückübertragung können jedoch unter die Begünstigung der §§ 5, 6 und 7 GrEStG fallen.[101] Hinsichtlich der Gebühren beim Grundbuchamt besteht Gebührenfreiheit (§ 79 BauGB). Mit einer freiwilligen Umlegungsvereinbarung können auch weitere Elemente eines städtebaulichen Vertrages verbunden werden.[102] Strittig ist, ob in der freiwilligen Umlegung eine höhere als die gesetzliche Landabgabe zugunsten der Gemeinde vereinbart werden kann. Das BVerwG[103] hat dies zum Ausgleich der zusätzlichen durch die private Umlegung entstehenden Kosten gebilligt. Vertragsfreiheit herrscht auch in der freiwilligen Umlegung nicht.[104] Das BVerwG weicht in seiner Judikatur zur freiwilligen Umlegung nicht von seinen Grundsätzen zu städtebaulichen Verträgen ab.[105] Unzulässig ist ferner der in Mustern häufig vorgesehene Rechtsmittelverzicht gegenüber dem Bebauungsplan oder amtlichen Verfahrensschritten.[106] Ein den Flächenbeitrag übersteigender Umlegungsvorteil kann entsprechend der amtlichen Umlegung in Geld ausgeglichen werden (vgl. § 58 Abs. 1 S. 4 BauGB).

17   **2. Planverwirklichungs- oder Zielbindungsverträge (§ 11 Abs. 1 S. 2 Nr. 2 BauGB).** Städtebauliche Verträge in diesem Bereich dienen der **Verwirklichung der mit der Bauleitplanung** verfolgten Ziele. Das Gesetz nennt die Grundstücksnutzung, auch hinsichtlich einer Befristung oder einer Bedingung, die Durchführung des Ausgleichs iSd § 1a Abs. 3 BauGB, die Deckung des Wohnbedarfs von Bevölkerungsgruppen mit besonderen Wohnraumversorgungsproblemen sowie den Erwerb angemessenem Wohnraums durch einkommensschwächere und weniger begüterte Personen der örtlichen Bevölkerung und baukulturelle Belange (§ 1 Abs. 6 Nr. 5 BauGB). In dem Bereich der Wohnraumversorgung liegt der Schwerpunkt der notariellen Tätigkeit. Im Bebauungsplan kann auch ein „Baurecht auf Zeit" festgesetzt werden (§ 9 Abs. 2 BauGB). Entsprechend kann in städtebaulichen Verträgen die Grundstücksnutzung auch hinsichtlich einer Befristung oder einer Bedingung geregelt werden.[107] Damit kann im Fall einer Nichterfüllung einer Baupflicht das Nutzungsrecht durch Planänderung entschädigungslos entzogen und zugleich eine Rückbaupflicht begründet werden. Dieses Recht könnte sich zu Lasten Dritter (Erwerber, Grundpfandrechtsgläubiger) auswirken. Zugunsten mehrerer Erwerber von Baugrundstücken können in den einzelnen Kaufverträgen auch Erstellungs- und Nutzungsverpflichtungen hinsichtlich einer gemeinschaftlichen Anlage auf einem weiteren Grundstück (zB Stellplatzanlage, Garagenhaus) vorgesehen werden.[108]

---

[96] Jäde/Dirnberger/*Dirnberger* BauGB § 11 Rn. 36; → Rn. 26 ff.
[97] Vgl. *Grziwotz* JuS 1998, 1113 (1116 f.).
[98] S. dazu *Dieterich* Rn. 474 ff. und *Kuchler* BayGT 2003, 260.
[99] Vgl. BayObLG BayVBl. 1988, 763 und OLG Zweibrücken FGPrax 1996, 36.
[100] Vgl. BFH NVwZ 2000, 839 und ZfIR 2012, 99; vgl. BVerfGE 139, 1 = NVwZ 2015, 964.
[101] Vgl. FM BW NVwZ 1998, 595.
[102] VGH Mannheim BauR 2001, 612; vgl. auch *von und zu Franckenstein/Gräfenstein* BauR 2008, 463.
[103] NJW 1985, 989 und MittBayNot 2001, 584.
[104] So aber *Dieterich* Rn. 496.
[105] Auch nicht BVerwG MittBayNot 2001, 584; ebenso Spannowsky/Krämer/*Paetow* S. 139, 143; nicht berücksichtigt von *Kirchberg* FS Wenzel 2005, 322 (341).
[106] Vgl. aber OVG Münster NJW 2012, 872.
[107] Vgl. *Schieferdecker* BauR 2005, 320; *Kukk/von Heyl* VBlBW 2006, 302.
[108] BGH ZfIR 2008, 192.

Die **Vergabe gemeindeeigener Grundstücke** erfolgt nach wohl noch hM in einem 18 zweistufigen Verfahren. Zugrunde liegt ein Verwaltungsakt,[109] zu dessen Ausführung ein privatrechtlicher Grunderwerbsvertrag geschlossen wird. In diesem sind zur Sicherung der Zweckbindung regelmäßig eine Veräußerungsbeschränkung, eine Bauverpflichtung und teilweise auch Nutzungsbindungen enthalten.[110] Nach neuerer Ansicht erfolgt die öffentlich-rechtliche Zweckverfolgung, insbesondere im Subventionsrecht, einstufig, dh allein mittels des Veräußerungsvertrages.[111] Die Gemeinden sind auch gegenüber abgelehnten Bewerbern zur Sicherstellung der Nutzungsbindungen verpflichtet, wobei untergeordnete berufliche oder gewerbliche Tätigkeiten einer Wohnnutzung nicht entgegenstehen.[112] Entsprechend der Festsetzungsmöglichkeit eines Baurechts auf Zeit (§ 9 Abs. 2 BauGB) können auch im städtebaulichen Vertrag durch eine Bedingung oder Befristung eine bestimmte Zwischennutzung samt Anschlussnutzung sowie die zeitlich abgestimmten flankierenden Maßnahmen, zB der Altlastenbeseitigung und des Immissionsschutzes, geregelt werden. Anders als bei der hoheitlichen Festsetzung ist diese Möglichkeit nicht auf besondere Fälle beschränkt;[113] allerdings sind bei entsprechenden Vereinbarungen die städtebauliche Zielsetzung und das Angemessenheitsgebot zu beachten.[114]

Die Fristen zur Realisierung des Bauvorhabens sollten bei Baugeboten beginnend ab dem Zeitpunkt, in dem eine Bebauung möglich ist, mindestens drei Jahre betragen.[115] Das Weiterveräußerungsverbot und die Nutzungsbindung betragen meist zehn bis fünfzehn Jahre.[116] Entscheidend sind die städtebauliche Zweckverfolgung und die Höhe einer gewährten Verbilligung. Eine Bindung über 30 Jahre ist, abgesehen von Erbbaurechten und erbbaurechtsähnlichen Gestaltungen, stets unzulässig. Bei einer Ermäßigung von 70 % ist eine Bindung bis 30 Jahre[117] und bei 50 % Ermäßigung bis 20 Jahre möglich.[118] Der Frist von zehn bis 15 Jahren (vgl. § 5 Abs. 1 S. 3 BauGB aF) dürfte eine gewisse Leitbildfunktion zukommen. Auch die spätere Geltendmachung der Fristeinhaltung darf nicht treuwidrig sein; der Verwirklichung des allgemeinen Lebensrisikos muss die Gemeinde dabei allerdings nicht Rechnung tragen.[119]

Zur Sicherung der Gemeinde wird regelmäßig ein **Wiederkaufsrecht** vereinbart, für 19 das im Grundbuch eine Auflassungsvormerkung eingetragen wird.[120] Die damit einhergehende faktische „Sperrwirkung" für weitere Eintragungen ist grundsätzlich nicht unangemessen.[121] Auch wenn der Vertrag diesbezüglich keine Regelung enthält, ist die Gemeinde grundsätzlich verpflichtet, mit ihrer Rückauflassungsvormerkung hinter Finanzierungsgrundpfandrechte des Erwerbers zurückzutreten.[122] Allerdings kann sie darauf bestehen, dass Grundpfandrechte nur bis zur Höhe des Wiederkaufspreises eingetragen werden, um sicherzustellen, dass bei einer zwangsweisen Verwertung eine Ablösung (§ 268 BGB) möglich ist. Bei der Vereinbarung eines Wiederkaufsrechts sollte ferner eine Aus-

---

109 VG München MittBayNot 1996, 392; OVG Münster NJW 2001, 698; VGH München BayVBl. 2008, 86; vgl. auch OLG Naumburg NVwZ 2001, 354; OLG Rostock ZfIR 2009, 875 und VGH München BayVBl. 2018, 281; s. aber *Siegel* DVBl. 2007, 942.
110 Zum Geschäftswert BGH DNotZ 2006, 309; DNotZ 2018, 547.
111 OVG Jena BauR 2010, 893.
112 OLG Köln IMR 2011, 293.
113 Vgl. *Grziwotz* DNotZ 2004, 674 (678); *Krautzberger* UPR 2006, 1 (4).
114 Vgl. *Kühling/Grziwotz,* Die Einzelhandelsimmobilie, 2013, S. 67.
115 Vgl. OLG Karlsruhe NJW-RR 1992, 18; zur Bewertung s. OLG Hamm RNotZ 2004, 416.
116 Vgl. BGH DNotZ 2003, 341; NJW 2010, 3505; *Rastätter* DNotZ 2000, 17 (39); für zehn Jahre *Stavorinus* NotBZ 2001, 349 (375); ausführlich *Krüger* ZNotP 2010, 450.
117 OLG Düsseldorf BauR 2012, 1410; MittBayNot 2013, 336.
118 OLG München ZNotP 1998, 150 und LG Traunstein EWiR 1998, 1009; anders OLG Frankfurt a.M. MittBayNot 2010, 236; vgl. BGH MDR 2019, 344 und *Grziwotz* KommJur 2009, 376.
119 OLG Düsseldorf BauR 2012, 1410.
120 Vgl. *Ruff* ZKF 2003, 233 (237); zu erbbaurechtsersetzenden Wiederkaufsrechten BGH MittBayNot 2006, 324; ZfIR 2007, 32; MittBayNot 2012, 123 und *Kämmerer/Martini* BauR 2007, 1337.
121 VGH München DNotZ 1999, 639; aA OLG Hamm NJW 1996, 2104; zur Wertminderung OLG Brandenburg NJW-RR 2004, 812.
122 *Grziwotz* JuS 1998, 1013 (1018); ähnlich *Reithmann* ZNotP 2004, 2; vgl. BGH ZfIR 2012, 713.

übungsfrist festgelegt werden, da sonst fraglich ist, ob die dreißigjährige Ausschlussfrist gilt.[123] Der Wiederkaufspreis sollte den ursprünglichen Kaufpreis ohne Zinsen und Auslagen, jedoch einschließlich bezahlter Erschließungskosten nach dem BauGB, naturschutzrechtlicher Kostenerstattung (§§ 135a ff. BauGB) und Anliegerbeiträge nach dem KAG sowie Anschlusskosten und ferner werterhöhender Aufwendungen einschließlich derjenigen für bauliche Anlagen, aber ohne Berücksichtigung von Geldwertveränderungen, umfassen. Abschläge von diesem Wiederkaufspreis sind wohl unzulässig.[124] Die Beleihung kann auf ein bundesdeutsches oder ähnlich sicheres Kreditinstitut beschränkt werden.

20   Ist das Grundstück bereits ganz oder teilweise bebaut, ist die Rückübertragung praktisch ohne Bedeutung.[125] Für diesen Fall wird meist eine **Aufzahlungsverpflichtung** vereinbart, um die Differenz zwischen dem im Hinblick auf die Wohnungsbauförderung ermäßigten Kaufpreis und dem tatsächlichen Verkehrswert im Falle eines Verstoßes des Erwerbers gegen die eingegangenen Bindungen nachzufordern.[126] Unabhängig von der Formulierung handelt es sich im Normalfall um keine Vertragsstrafe. Wird die Aufzahlung anstelle des Wiederkaufsrechts geltend gemacht, so soll nach einem Teil der Rechtsprechung der Zahlungsanspruch der Höhe nach auf den wirtschaftlichen Wert begrenzt sein, welcher der Gemeinde bei Ausübung des Wiederkaufsrechts zugeflossen wäre.[127] Bei einer länger dauernden Nutzungsbindung empfiehlt es sich, die Aufzahlungsverpflichtung zu staffeln,[128] auch wenn dies nicht erforderlich ist.[129] Dem Verpflichteten müssen die zwischenzeitlich eingetretenen marktbedingten Steigerungen des Grundstückswertes nicht verbleiben.[130] Umstritten ist, ob zur Vermeidung von Bodenspekulationen und Verstößen gegen eine Selbstnutzungsverpflichtung auch eine Vertragsstrafe formularmäßig zulässig ist.[131] Dies betrifft auch die Frage, ob ein Verstoß gegen § 309 Nr. 6 BGB vorliegt, wenn der Vertragspartner die übernommenen Nutzungspflichten nicht einhält.[132] Ein Ausschluss der Herabsetzung nach § 343 BGB ist nicht zulässig. In Allgemeinen Geschäftsbedingungen ist eine überhöhte Vertragsstrafe allerdings unwirksam und wird nicht herabgesetzt.[133]

21   Hinsichtlich der **vertraglich vereinbarten Wohnraumförderung** sind zwei Alternativen zu unterscheiden: Bei der Verpflichtung, Wohnungen mit öffentlichen Mitteln zu errichten, muss nur die Verpflichtung zur Beantragung und Verwendung der Förderungsmittel geregelt werden.[134] Im Übrigen gelten sodann die Vorschriften des WoFG bzw. des Landeswohnungsbindungsrechts, und die Bestimmungen des Bewilligungsbescheids oder einer diesbezüglichen Vereinbarung (vgl. §§ 14, 15 WoFG). Beim Bau von „Sozialwohnungen" im Rahmen frei finanzierter Vorhaben dagegen verpflichtet sich der Vertragspartner der Gemeinde gegenüber, Wohnungen in den festgesetzten Förderungsgruppen (vgl. § 10 WoFG) zu errichten und nur an Personen zu veräußern oder zu vermieten, die die Voraussetzungen der **Wohnraumförderung** bzw. Wohnungsbindung erfüllen.[135] Die

---

[123] § 462 S. 1 BGB sowie BGH DNotZ 1992, 539.
[124] Vgl. OLG Celle NJW-RR 2005, 1332; OLG Schleswig NVwZ-RR 2010, 737; LG Karlsruhe DNotZ 1998, 483; OLG Koblenz DNotI-Report 1998, 25; LG Traunstein NVwZ 1999, 1026; NVwZ-RR 1999, 891; zur Aufklärungspflicht der Gemeinde über den Wiederkaufspreis s. BGH MDR 2001, 79.
[125] BGH ZfIR 2010, 467.
[126] OLG Frankfurt a.M. IMR 2014, 262.
[127] OLG München MittBayNot 2000, 32; aA wohl BGH MittBayNot 2007, 306.
[128] Vgl. *Grziwotz* ZfIR 1999, 254 (257f.); OLG München NVwZ 1999, 1025; OLG Celle DNotI-Report 1999, 70; teilweise ablehnend OLG München BayVBl. 1995, 282 mit kritischer Anm. *Jäde.*
[129] BGH MittBayNot 2007, 306; NJW 2010, 3505; aA noch OLG Stuttgart IBR 2006, 300.
[130] BGH MittBayNot 2007, 306; MDR 2018, 1055; OLG Karlsruhe DNotZ 2006, 511; OLG Celle KommJur 2009, 112.
[131] OLG Köln BauR 2011, 1673.
[132] Vgl. einerseits für eine Zulässigkeit OLG Celle DNotI-Report 1999, 70; *Freuen* MittRhNotK 1996, 301 (308) sowie andererseits *Rastätter* DNotZ 2000, 17 (36); unklar OLG Koblenz DNotI-Report 1998, 25. S. dazu auch *Grziwotz* MittBayNot 2019, 81.
[133] OLG Hamburg MDR 2000, 513. Zu einer ausführlichen Musterformulierung siehe *Grziwotz* KommJur 2007, 295.
[134] Zur europäischen Beihilfenkontrolle s. *Bartosch* EuZW 2007, 559.
[135] Vgl. Fischer-Dieskau/Pergande/Schwender/*v. Wehrs*, WoBauR, Stand: 5/2018, WoFG § 15 Anm. 2.4.

Bindungen dürfen dabei wohl nicht strenger sein, als im öffentlich geförderten Wohnungsbau. Ob vertraglich auch zusätzliche Pflichten übernommen werden können, ist streitig.[136] Eine Sicherung ist durch ein Wohnungsbesetzungsrecht möglich.[137] Jedenfalls die bereits bei Vertragsunterzeichnung geplante Ablösung einer freiwillig eingegangenen Bindung im Rahmen der Wohnraumförderung durch Zahlung eines Geldbetrages ist nach überwiegender Ansicht, da es sich um eine Wohnungsbauabgabe ohne gesetzliche Grundlage handeln würde, unzulässig.[138]

Verträge zur Deckung des Wohnbedarfs der ortsansässigen Bevölkerung hatten insbesondere im Bereich von Fremdenverkehrsgemeinden und Ballungszentren große praktische Bedeutung.[139] Sie wurden durch die Wohnraumerwerbsmodelle der örtlichen Bevölkerung abgelöst (§ 11 Abs. 1 S. 2 Nr. 2 BauGB).[140] Es handelt sich nach überwiegender Ansicht um zivilrechtliche Verträge.[141] Sie lassen sich nach der Gestaltung in sog. Sicherungs- und Zwischenerwerbsmodelle unterteilen. Bei Ersteren gibt der Private vor Einleitung eines Bauleitplanverfahrens entweder gegenüber der Gemeinde ein Angebot ab oder räumt ihr ein Ankaufsrecht ein, von dem jeweils nur beim Verkauf an eine Person Gebrauch gemacht werden darf, die nicht zum Kreis der begünstigten Bewerber gehört.[142] Die Bindung bei derartigen sog. **Einheimischenmodellen** richtet sich nach der Höhe der gewährten Ermäßigung und darf dreißig Jahre im Eigentumsmodell nicht überschreiten.[143] Anders ist dies bei Erbbaurechtsmodellen.[144] Bei den sog. Erwerbsmodellen schließt die Gemeinde Ankaufsverträge mit Privaten vor Ausweisung einer bestimmten Fläche als Bauland ab. Allein der Umstand, dass die Gemeinde die Überplanung der beim Eigentümer verbleibenden Restflächen von der Veräußerung abhängig macht, stellt kein unzulässiges Koppelungsgeschäft dar.[145] Allerdings muss der vereinbarte Preis bei beiden Gestaltungen angemessen sein. Die Gemeinde darf auch bei den sog. Einheimischenmodellen keinen Planungsgewinn dadurch abschöpfen, dass sie im Hinblick auf das Baurecht für eine beim Eigentümer verbleibende Restfläche einen geringeren Kaufpreis als den Verkehrswert entrichtet. Dies schließt jedoch nicht aus, dass der Preis für Grundstücke, die einer Bindung unterliegen, unter dem liegt, der im sonstigen Immobilienverkehr bezahlt wird, da insoweit ein Sondermarkt für den entsprechenden Bewerberkreis existiert.[146] Zu beachten ist insbesondere, dass zum Zeitpunkt des Vertragsabschlusses noch kein Baurecht für den Privaten besteht, andernfalls ist eine vertragliche Bindung für den betreffenden Bewerberkreis nicht mehr zulässig (§ 11 Abs. 2 S. 2 BauGB). Die Gemeinde darf auch bei zurückgehender Nachfrage an der Bindung festhalten, wenn es dafür städtebauliche Gründe (zB fehlende Ausweisungsmöglichkeiten) gibt.[147] Durch Wohnraumversorgungsmodelle zugunsten der örtlichen Bevölkerung darf kein Ausschluss Ortsfremder vom Grunderwerb und keine Benachteiligung von Gemeindebürgern aus anderen Ortsteilen[148] erfolgen. Derartige Modelle müssen den Grundstückserwerb als Voraussetzung der Realisierung der Grundfreiheiten (Freizügigkeit, Arbeitnehmerfreizügigkeit, Niederlassungsfrei-

---

[136] Verneinend BGH BeckRS 2019, 2700; vgl. *Bunzel/Coulmas/Schmidt-Eichstadt* S. 141 f. und Koeble/Grziwotz/*Grziwotz* Immobilien-HdB I Teil 9 Rn. 227.
[137] Vgl. BGH NJW 1975, 381 (382); NJW-RR 2003, 733 (734); ZfIR 2013, 292; BayObLGZ 1982, 184; BayObLGZ 1989, 89; BayObLGZ 2000, 140.
[138] Vgl. *Grziwotz* NVwZ 1996, 637 (638 f.); aA *Gronemeyer* BauGB § 11 Rn. 36. Zum Geschäftswert s. BayObLG NJW-RR 1999, 1519.
[139] Vgl. das Muster bei *Grziwotz* JuS 1999, 36 (37 ff.); vgl. auch *Eckert* GS Sonnenschein 2003, 563 ff.
[140] Ausführlich *Grziwotz* ZfIR 2017, 221 ff.
[141] BVerwG DNotZ 1994, 63; BGH DNotZ 2003, 341; MittBayNot 2007, 306 und NJW 2010, 3505.
[142] Zur Gewinnrealisierung s. FG München DStR 2012, 1299.
[143] BGH MittBayNot 2016, 185.
[144] BGH MittBayNot 2016, 179; Bergmann/Schumacher/*Bergmann,* Handbuch der kommunalen Vertragsgestaltung I, 1998, S. 173 ff.
[145] BGH ZfIR 1998, 727.
[146] VGH München MittBayNot 1990, 259.
[147] OVG Koblenz IMR 2010, 400.
[148] VGH Mannheim NVwZ-RR 2000, 814.

heit und freier Kapitalverkehr, Art. 21, 45, 49 und 63 AEUV) berücksichtigen. Eine unmittelbare Diskriminierung durch Anknüpfen an die Staatsangehörigkeit ist stets unzulässig (Art. 18 AEUV).[149] Gleiches gilt aber auch für eine mittelbare Diskriminierung, wenn
durch die Regelung EU-Bürger offenkundig stärker betroffen sind als inländische Bürger,
die die Anforderungen leichter erfüllen können. Bereits das Abstellen auf den Wohnsitz
kann insoweit zu einer mittelbaren Diskriminierung führen.[150] Eine Ausnahme ist nur aus
Gründen der öffentlichen Ordnung, Sicherheit und Gesundheit,[151] zu denen auch der Immobilienerwerb der weniger finanzstarken Bevölkerung und ihr Schutz vor Verdrängung
gehören kann, zulässig. Die Vergabevoraussetzungen dürfen keinen Spielraum für eine
Ungleichbehandlung lassen. Die Kriterien müssen im Hinblick auf das städtebauliche und
wohnungspolitische Ziel so konkret sein, dass über den geförderten Personenkreis hinaus
keine „Einheimischen" vor auswärtigen Interessenten Grundstücke erwerben können.
Auch eine diskriminierungsfreie Beihilfe (zB Kinderförderung) ist möglich. Überlange
Bindungsfristen können auch europarechtlich bedenklich sein.[152] Die „neuen" mit der
EU-Kommission abgesprochenen Einheimischenmodelle[153] stellen auf der Zulassungsstufe
allein auf das Einkommen und das Vermögen ab. Erst im Bereich der Auswahl können
auch weitere Kriterien, zu denen unter anderem auch die örtliche Bindung einschließlich
eines ehrenamtlichen Engagements gehören, berücksichtigt werden. Sie darf aber nicht
den Ausschlag für die Zuteilung geben.[154] Ferner sind allgemein die Regeln des Anti-
Diskriminierungsrechts zu beachten.

22a   Formulierungsbeispiel: Neues Einheimischenangebotsmodell

Die Gemeinde verpflichtet sich, das Angebot nicht anzunehmen, wenn
- die Veräußerung an den Ehegatten, den eingetragenen Lebenspartner, die Eltern, Geschwister oder Abkömmlinge des Anbietenden erfolgt und diese gegenüber der Gemeinde die Verpflichtung eingehen, das Grundstück innerhalb von *** Jahren mit einem Wohnhaus zu bebauen und nicht im unbebauten Zustand zu veräußern, wobei
  dies maximal zwei im Bebauungsplan festgesetzte Bauplätze betrifft, die den weiteren
  Bindungen an das Einheimischenmodell nicht unterliegen[155] oder
- die Veräußerung an eine Person erfolgt, die zum nachgenannten Personenkreis gehört und im Auswahlverfahren die höchste Punktzahl vor weiteren Bewerbern für den
  konkreten Bauplatz erhalten hat und die ihrerseits ebenfalls ein Kaufangebot mit den
  in dieser Urkunde niedergelegten Vereinbarungen macht, wobei sie sich jedoch zu ihren Gunsten die bei ihrem Veräußerer oder dessen Rechtsvorgänger abgelaufene Zeit
  des Bindungszeitraums zu ihren Gunsten anrechnen lassen kann; sie ist also nur noch
  hinsichtlich der restlichen Laufzeit an das Angebot gebunden.

---

[149] Vgl. EuGH JuS 2011, 851; JuS 2013, 89.

[150] EuGH EuZW 2003, 186 (187); EuZW 2007, 215; BVerwG NVwZ-RR 2018, 434; *Wernsmann* JZ 2005,
224; *Grziwotz* KommJur 2007, 450; *Bröll* BayGT 2010, 101; BayGT 2011, 146; *Portz* KommJur 2010,
366; *Beyerbach* JA 2018, 121 (127); zu Regressmöglichkeiten gegen Kommunen *Schwarz* KommJur 2010,
45; *Wollenschläger* EuZW 2012, 885.

[151] EuGH NJW 1979, 1766; EuZW 2011, 219; vgl. auch *Beyerbach* JA 2018, 121 (126).

[152] EuGH DNotZ 2013, 831; *Dimberger* BayGT 2014, 7 (75).

[153] Vgl. dazu Muster-Einführungserlass zum Gesetz zur Umsetzung der Richtlinie 2014/52/EU im Städte-
baurecht und zur Stärkung des neuen Zusammenlebens in der Stadt und zu weiteren Änderungen des
Baugesetzbuchs (BauGBÄndG 2017-Mustererlass), Ziff. 5 (S. 27). Auch abgedruckt *Bayer. Gemeindetag/
Bayer. Städtetag* ZfIR 2017, 259 ff.

[154] Ausführlich *Simon/Gleich* BayGT 2017, 258; *Grziwotz* ZfIR 2017, 761 ff. und NotBZ 2018, 401 ff.

[155] Es handelt sich um keine Bevorzugung von Familienangehörigen im Förderungsmodell, sondern um eine
eingeschränkte Herausnahme von Bauplätzen aus dem Modell lediglich zur Verhinderung einer Spekula-
tion, um dem Eigentümer einen Anreiz zu geben, seine weiteren Bauplätze unter Beachtung der Bindungen zu veräußern. Da auch eine unbeschränkte Veräußerung gestattet werden könnte, dürften gegen
die eingeschränkte Freigabe keine Bedenken bestehen.

> Zum bezugsberechtigten Personenkreis gehören Personen, die sich bei der Gemeinde *** um einen Bauplatz im Baugebiet „***" beworben haben sowie
> - erstens die hierfür maßgeblichen Einkommens- und Vermögensvoraussetzungen erfüllen, nämlich ***, und
> - zweitens aufgrund *** *[soziale und örtliche Kriterien für Rang in der Bewerberliste ergänzen]* in der von der Gemeinde *** geführten Bewerberliste geführt werden, wobei eine Veräußerung nur im Rang der Bewerberliste erfolgen darf, also ein besser platzierter Interessent Vorrang vor einem schlechter platzierten hat.[156]

Praktiziert werden auch **Nutzungsbindungen** im Rahmen des gemeindlichen Wirt-   23
schaftsverkehrs.[157] Bei einer Förderung von Unternehmen ist das europarechtliche Beihilfeverbot (Art. 107 Abs. 1 AEUV) zu beachten. Beihilfen über 200.000 EUR in einem Zeitraum von drei Steuerjahren[158] bedürfen der Notifizierung.[159] Bereits der Abschluss eines Vertrages mit einer Beihilfe[160] über diesem Schwellenwert verstößt gegen das formelle Verbot des Art. 108 Abs. 3 S. 3 AEUV, Beihilfemaßnahmen vor einer abschließenden (positiven) Kommissionsentscheidung durchzuführen (sog. Stand-Still-Pflicht); diese Bestimmung wurde als Verbotsgesetz angesehen. Der Verstoß führte folglich zur Vertragsnichtigkeit.[161] Nach nunmehriger Rechtsprechung des BGH[162] ist nur der beihilferechtliche Teil des Kaufvertrages (zB niedriger Kaufpreis) zwingend beihilferechtlich unwirksam.[163] Allerdings wird der beihilferechtswidrige Vertrag meist – auch bei Aufnahme einer salvatorischen Klausel – insgesamt unwirksam sein, da keine Anhaltspunkte dafür bestehen, worauf sich die Vertragsparteien bei Nichtigkeit des beihilfewidrigen Teils verständigt hätten.[164] Eine Beihilfe kann auch die verbilligte Grundstücksveräußerung einer Gemeinde an ein Unternehmen darstellen.[165] Das Durchführungsverbot ist zudem Schutzgesetz zu Gunsten der Wettbewerber der Beihilfeempfänger.[166] Auch ein Konkurrent kann die Nichtigkeit des Vertrages mittels einer Klage geltend machen.[167] Das Gericht muss die Maßnahme aussetzen und die Rückforderung bereits bezahlter Beträge anordnen; es kann hierzu auch einstweilige Maßnahmen erlassen.[168] Aufgrund der Nichtigkeit des europarechtswidrigen Kaufvertrages kann auch noch nach Jahren dessen Rückabwicklung gefordert werden.[169] Unabhängig davon muss auch das nationale Recht

---

[156] Möglich ist es auch, auf die Bewerberliste abzustellen, ohne die Auswahl- und Rangkriterien anzugeben.

[157] Vgl. *Busse* BayGT 1999, 228 und *Kahl/Röder* JuS 2001, 24; krit. *Bleutge* MittBayNot 1999, 453.

[158] Art. 3 Abs. 2 Verordnung (EU) Nr. 1407/2013 v. 18.12.2013 über die Anwendung der Art. 107 und 108 des Vertrages über die Arbeitsweise der Europäischen Union auf De-minimis-Beihilfen, ABl. 2013 L 352, 1; dort auch zur Ausnahme für Unternehmen im gewerblichen Straßenverkehr. S. ferner *Würfel/Linde* BayGT 2015, 308 ff.

[159] ABl. 2006 L 379, 5; vgl. *Nordmann* EuZW 2007, 752 und *Carnap-Bornheim* JuS 2013, 215 ff.

[160] Vgl. dazu die Bekanntmachung der Kommission zum Begriff der staatlichen Beihilfe iSd Art. 107 Abs. 1 des Vertrages über die Arbeitsweise der Europäischen Union, ABl. 2016 C 262, 1. S. dazu *Stöbener de Mora* EuZW 2016, 685; *Petzold* KommJur 2017, 401 und *Soltesz* NJW 2014, 3128 (3129). Großzügiger OLG Nürnberg NZBau 2018, 178.

[161] BGH EuZW 2003, 444 f.; EuZW 2004, 252; EuZW 2004, 254; WM 2006, 2274; NJW-RR 2007, 1693; NJW-RR 2008, 429; NVwZ-RR 2012, 960.

[162] EuZW 2013, 753. Vgl. EuGH NVwZ 2007, 64.

[163] Vgl. auch EuGH EuZW 2008, 145.

[164] BGH EuZW 2013, 753.

[165] Vgl. *Eckert* NotBZ 2005, 345; *Grziwotz* ZfIR 2004, 53; *ders.* DNotZ 2015, 246 (261); *Höfinghoff* RNotZ 2005, 387; *Kilb* JuS 2003, 1071; *Quardt/Nielandt* EuZW 2004, 201; *Strievi/Werner* JuS 2006, 156; *Thiel* ZfBR 2017, 561 (564); zur Gestaltung *Grziwotz* KommJur 2010, 250.

[166] BGH EuZW 2011, 440; zur Schadensersatzpflicht bei unterbliebenem Hinweis auf Notifizierungs- und Rückzahlungspflichten BGH EuZW 2009, 28.

[167] VG Neustadt BauR 2013, 1156.

[168] EuGH EuZW 2014, 65; BGH BayVBl. 2013, 671; vgl. auch EuGH DNotZ 2013, 831.

[169] OLG München 20.4.2006 – 24 U 523/05, nicht veröffentlicht.

die Rückforderung der verbotenen Beihilfe gewährleisten.[170] Keine Probleme bestehen für die Vertragsgestaltung, wenn keine Beihilfe vorliegt. Dies kann durch einen Verkauf an den Meistbietenden, der in einem Bietverfahren festgestellt wird, und bei einem Verkauf zum Marktwert, der durch einen Sachverständigen (zB Gutachterausschuss) festgestellt wurde (gestattet sind Abweichungen bis zu 5 %), erreicht werden.[171]

23a   Nutzungsbindungen im Zusammenhang mit einer **gewerblichen Betätigung** sind insbesondere die Fremdenverkehrsbindung und die Verhinderung von Zweitwohnungen durch sog. Fremdenverkehrsdienstbarkeiten.[172] Ähnliches gilt für die Errichtung von Senioren- und sonstigen Wohnheimen,[173] das Verbot der Aufteilung in Wohnungs- und Teileigentum, das nicht Inhalt einer Dienstbarkeit,[174] möglicherweise aber einer Baulast[175] sein kann, und das Verbot der Vermietung an großflächige Einzelhandelsbetriebe, das nicht Inhalt einer Dienstbarkeit und einer Baulast sein kann.[176] Bei einer Betriebsansiedlung kann trotz der Beitragserhebungspflicht nach § 127 Abs. 1 BauGB ein öffentliches Interesse der Gemeinde daran bestehen, zur Schaffung von Arbeitsplätzen und Gewerbesteuereinnahmen von der Erhebung des Erschließungsbeitrages ganz oder teilweise abzusehen.[177] Dies gilt jedoch nicht für KAG-Beiträge, wenn das LandesKAG einen Billigkeitserlass im öffentlichen Interesse – wie das regelmäßig der Fall ist – nicht vorsieht. Arbeitsplatzgarantien sind ebenfalls häufig Gegenstand derartiger Verträge.[178] Für eine Industrieansiedlung, die die Gemeinde fördert, können ferner über den staatlichen Immissionsschutz hinausgehende Anforderungen seitens der Gemeinde gestellt werden.[179] Soll im Rahmen einer Industrieansiedlung umgekehrt auf Immissionsschutzansprüche von Nachbarn verzichtet werden, so können entsprechende Dienstbarkeiten eine bauleitplanerische Konfliktbewältigung nicht ersetzen.[180] Der vertragliche **naturschutzrechtliche Ausgleich** wird durch §§ 1a Abs. 3 S. 4, 135a Abs. 2 S. 1 BauGB zugelassen.[181] Vor Abschluss einer derartigen Vereinbarung muss sich die Gemeinde für ein ökologisches Ausgleichskonzept entscheiden. Sie kann die Ausgleichsmaßnahmen selbst vornehmen und mit dem Vorhabenträger eine Erstattung vereinbaren,[182] und zwar einschließlich Vorauszahlungs- und Ablösevereinbarungen.[183] Sie kann aber auch mit dem Vorhabenträger vereinbaren, dass dieser die Ausgleichsmaßnahmen auf einem eigenen oder einem gemeindeeigenen Grundstück durch eine „ökologische Aufwertung" durchführt.[184] Die Ausgleichsflächen können auch außerhalb des Baugebiets liegen; die Gemeinde muss aber eine Abwägung über Ort und Umfang der erforderlichen Maßnahmen und eine Zuordnung vornehmen. Inhaltlich enthalten diesbezügliche Vereinbarungen die Übernahme der Kosten für die Planung, den Erwerb und die Freilegung der

---

[170] Vgl. EuGH EuZW 2003, 110; EuZW 2005, 635; EuZW 2007, 56 (58); NVwZ 2016, 600; BGH NZG 2007, 791; BVerwG NVwZ-RR 2016, 621. Zur Bindungswirkung eines Eröffnungsbeschlusses der Kommission s. BGH EuZW 2017, 312.

[171] *König/Kühling* NZBau 2001, 409 (410); *Quardt/Nielandt* EuZW 2004, 201; *Eckert* NotBZ 2005, 345; *Regler* MittBayNot 2008, 253.

[172] Vgl. *Ertl* MittBayNot 1985, 177 und *Dirnberger* BayGT 2001, 31.

[173] BGH ZfIR 2013, 292. Zur diesbezüglichen Beihilfe s. OLG Nürnberg NZBau 2018, 178.

[174] BGHZ 29, 244; BGH NJW 1962, 486.

[175] OVG Lüneburg BRS 46 Nr. 164.

[176] VGH Mannheim BauR 2008, 84.

[177] BVerwG ZMR 1969, 268.

[178] *Goetzmann* KommJur 2009, 168.

[179] BVerwGE 84, 236.

[180] BVerwG NVwZ-RR 2002, 329 und VGH München BayVBl. 1995, 150; VGH Mannheim BauR 2002, 1209.

[181] Vgl. auch BVerwG NVwZ 1997, 1216; NVwZ-RR 1999, 426; BauR 2000, 424; VGH München BayVBl. 2011, 47.

[182] Kostenübernahmevertrag; vgl. *Schmidt-Eichstaedt* DÖV 1995, 95; *Busse* BayGT 2001, 59 (60).

[183] Zur steuerlichen Behandlung OFD Frankfurt DB 2006, 753.

[184] Durchführungsvertrag; vgl. OVG Koblenz BauR 2014, 673; *Wagner/Mitschang* DVBl. 1997, 1137 (1143); *Mitschang* BauR 2003, 183 und BauR 2003, 337; *Stich* BauR 2003, 1308 (1317); *Proelß/Blanke-Kießling* NVwZ 2010, 985.

betroffenen Flächen sowie die Herstellung der ökologischen Maßnahmen. Dies umfasst auch die Anwuchspflege für zirka fünf Jahre. Umstritten ist, ob darüber hinausgehend Pflegemaßnahmen auch ohne zeitliche Beschränkung vereinbart werden können.[185] Als Sicherungen gegen eine zweckwidrige Nutzung kommt eine Dienstbarkeit oder Baulast in Betracht, die allerdings jeweils bestimmt sein muss. Wiederkehrende Pflegemaßnahmen können durch eine Reallast gesichert werden, für deren Erfüllung der Eigentümer auch persönlich haftet (§ 1108 BGB). Während die Dienstbarkeit oder Baulast am Ausgleichsgrundstück einzutragen ist, sollte die Reallast das Eingriffsgrundstück belasten. Anders lautende Empfehlungen sind wegen der Möglichkeit der Dereliktion (§ 928 BGB) nicht sinnvoll. Hinsichtlich der inhaltlichen Bestimmtheit der Dienstbarkeit kann auf die entsprechende Festsetzung des Bebauungsplans Bezug genommen werden.[186] Bei mehreren Ausgleichspflichtigen sollte als Verteilungsmaßstab hinsichtlich der Kosten an § 135b BauGB angeknüpft werden.

Formulierungsbeispiel: Ausgleichsflächensicherung 23b

Für die Durchführung eines Bauvorhabens auf dem Grundstück Fl.-St. 111 der Gemarkung *** ist ein naturschutzrechtlicher Ausgleich erforderlich, der auf dem Grundstück Fl.-St. 222 der Gemarkung *** durchgeführt werden soll. Zur Sicherung wird Folgendes vereinbart:

1. An dem Grundstück Fl.-St. 222 der Gemarkung *** wird eine beschränkte persönliche Dienstbarkeit zugunsten der Gemeinde *** mit dem Inhalt bewilligt, dass der Eigentümer es zu unterlassen hat, andere als die im beigefügten Pflanzplan, auf den verwiesen wird, im Einzelnen aufgeführten Anpflanzungen durchzuführen. Ferner hat der Eigentümer zu dulden, dass die Gemeinde *** das dienende Grundstück zu Kontrollgängen sowie zu Unterhaltungs- und Pflegemaßnahmen durch von ihr beauftragte Personen betreten und befahren lässt. Die Eintragung der beschränkten persönlichen Dienstbarkeit zugunsten der Gemeinde *** mit dem vorstehenden Inhalt an erster Rangstelle im Grundbuch wird bewilligt und beantragt.
2. Auf dem Grundstück Fl.-St. 222 der Gemarkung *** sind folgende Pflegemaßnahmen durchzuführen: ***, und zwar in folgenden zeitlichen Abständen ***. Zur Durchführung dieser Pflegemaßnahmen verpflichtet sich hiermit *** als Eigentümer des Grundstücks Fl.-St. 111 der Gemarkung ***. Zur Sicherung dieser Pflegemaßnahmen *** wird am Grundstück Fl.-St. 111 der Gemarkung *** eine Reallast zugunsten der Gemeinde *** mit dem vorstehenden Inhalt an erster Rangstelle in Abteilung III des Grundbuchs und in Abteilung II im Rang nach der Grunddienstbarkeit (Abstandsflächenübernahme) zugunsten von Fl.-St. 112 der Gemarkung *** bewilligt und beantragt.
3. *** verpflichtet sich ferner gegenüber der Gemeinde bis zum Ablauf des *** folgende naturschutzrechtliche Ausgleichsmaßnahmen (Anpflanzungen) durchzuführen: ***. Zur Sicherung dieser Verpflichtung wird bei Vertragsschluss eine selbstschuldnerische Bürgschaft der *** Bank in Höhe von *** EUR übergeben. Die Bürgschaft ist nach Durchführung dieser Ausgleichsmaßnahmen und mangelfreier Abnahme durch den Eigentümer und die Gemeinde unverzüglich zurückzugeben. Die Kosten der Bürgschaft trägt der Eigentümer des Grundstücks Fl.-St. 111 der Gemarkung ***.

3. Kostenübernahmeverträge, insbesondere Folgekostenverträge (§ 11 Abs. 1 S. 2 24 **Nr. 3 BauGB).** Die Gemeinde muss die **Kosten einer gemeindlichen Planung** grundsätzlich selbst tragen, soweit ihr nicht gesetzlich die Möglichkeit einer Kostenerstattung eingeräumt ist. Diese Regelung enthält § 11 Abs. 1 S. 2 Nr. 3 BauGB, wonach die Über-

---

[185] Vgl. *Schmidt-Eichstaedt* BauR 2010, 1865.
[186] Vgl. auch OLG München BeckRS 2019, 1498; LG München II MittBayNot 2004, 366.

nahme von Kosten oder sonstigen Aufwendungen, die der Gemeinde für städtebauliche Maßnahmen entstehen oder entstanden sind und die Voraussetzung oder Folge des geplanten Vorhabens sind, durch einen Investor bzw. Bauwerber zugelassen wird. Zwischen dem Vorhaben und der zu finanzierenden Maßnahmen muss ein unmittelbarer Ursachenzusammenhang bestehen. Die Gemeinde darf durch derartige Vereinbarungen im Sinne eines Aufwendungsersatzes nur von Kosten entlastet werden. Dies gilt auch, wenn die Gemeinde eine Entwicklungsgesellschaft beauftragt.[187] Einen Eigenanteil muss die Gemeinde bis zur Grenze der Unangemessenheit nicht übernehmen (§ 11 Abs. 2 S. 3 BauGB).[188]

25   In der Praxis betrifft dies vorwiegend die Übernahme der so genannten **Nachfolgelasten**.[189] Es handelt sich um Kosten für Anlagen und Einrichtungen des Gemeinbedarfs, wie zB Schulen, Kindergärten, Altenheime, Jugend- und Freizeitheime, Senioreneinrichtungen, Bürgerzentren sowie Sport- und Spielplätze. Diese können auch außerhalb des betreffenden Baugebietes liegen (zB Kindergarten für zwei Baugebiete). Das Gesetz stellt klar, dass auch die Bereitstellung von Grundstücken durch den Privaten erfolgen kann. Es muss stets eine Zuordnung zwischen Kosten und Maßnahmen in der Weise erfolgen, dass die zu finanzierenden Maßnahmen für den Vertragspartner der Gemeinde nachprüfbar sind. Die Kausalität (Voraussetzung oder Folge) ist streng einzuhalten.[190] Maßgeblich ist die planerische Konzeption der Gemeinde in einem überschaubaren zeitlichen Zusammenhang.[191] Diese muss transparent, nachvollziehbar und kontrollierbar sowie von der planerischen Willenserklärung der Gemeinde gedeckt sein.[192] Bei einer unteilbaren städtebaulichen Maßnahme ist jedes von mehreren Vorhaben ursächlich.[193] Die Vereinbarung einer allgemeinen Zuzugsabgabe und einer Pauschale ohne Zuordnung ist dagegen unzulässig.[194] Dies gilt auch dann, wenn die Gemeinde damit „droht", dass bei einem vom Bürger geforderten Einzelnachweis weitaus höhere Kosten anfallen.[195] Folgekostenverträge sind nicht nur bei großen Vorhaben und einer sprunghaften Entwicklung zulässig, sondern können auch mit den einzelnen Grundstückseigentümern eines Baugebiets geschlossen werden.[196] Im Rahmen der Angemessenheit kann es im Einzelfall geboten sein, die Kosten für Nachfolgelasten nur teilweise dem Privaten zu überbürden. Dies gilt insbesondere auch dann, wenn eine Einrichtung in nicht unerheblichem Maße der Allgemeinheit zur Verfügung steht und eine alleinige Kostenübernahme durch den Vorhabenträger unangemessen wäre. Ein vertraglicher Verzicht auf einen Erstattungsanspruch bei Abschluss eines unwirksamen Folgelastenvertrages ist nicht möglich. Auch § 814 BGB, der eine Rückforderung bei der Kenntnis der Unwirksamkeit ausschließt, ist auf den öffentlich-rechtlichen Erstattungsanspruch nicht anwendbar. Lediglich aus Treu und Glauben kann sich eine Einschränkung der Rückforderung in besonders gelagerten Ausnahmefällen, nicht jedoch bereits allein wegen der Schaffung des Baurechts seitens der Gemeinde ergeben.[197] Teilweise wird aufgrund salvatorischer Klauseln im Streitfall von dem Gericht der (noch) zulässige Folgekostenbetrag bestimmt.[198] Wird die Übernahme von Folgekosten

---

[187] Vgl. KG NVwZ-RR 2000, 765.
[188] Vgl. BVerwG ZfIR 2011, 495.
[189] Vgl. das Muster bei *Grziwotz* JuS 1998, 1113 (1118); vgl. *Bunzel* DVBl. 2011, 796 und *Grziwotz* KommJur 2009, 293.
[190] VGH München BayVBl. 2009, 722.
[191] BVerwG ZfIR 2009, 464; ZfIR 2011, 495; ZfBR 2012, 672; OVG Koblenz NVwZ 2011, 125; VGH München BayVBl. 2016, 680 (682). Ausführlich *Busse* ZfIR 2018, 164; *Dirnberger* BayGT 2014, 72 (73) und kurz *Grziwotz* ZfIR 2015, 121 (123).
[192] BVerwG ZfBR 2012, 672.
[193] BVerwG ZfIR 2009, 464; ZfIR 2011, 495.
[194] VGH München ZfIR 2005, 205 und OVG Lüneburg BauR 2008, 57.
[195] So aber noch *Wallraven-Lindl* BayBgm. 2000, 423.
[196] BVerwG BauR 2005, 1600; VG Mannheim BauR 2005, 1595.
[197] Vgl. BVerwG ZfIR 2009, 464; OVG Münster NJW 1978, 1542; BVerwG DNotZ 2000, 760; OVG Lüneburg BauR 2008, 57.
[198] OVG Lüneburg BauR 2016, 1270 (1273).

mit dem Kauf eines Grundstücks verbunden, handelt es sich um keine grunderwerbsteu-errechtlich relevante Gegenleistung.[199] Der Abschluss eines Folgekostenvertrages deutet jedoch nicht auf einen gewerblichen Grundstückshandel hin.[200]

Bereits § 11 Abs. 1 S. 2 Nr. 1 BauGB enthält hinsichtlich der Vorbereitung und Durch-   **25a** führung städtebaulicher Maßnahmen durch den Vorhabenträger auch die Übernahme der damit zusammenhängenden Kosten. § 11 Abs. 1 S. 2 Nr. 3 BauGB ist insoweit die allge-meine **Erstattungsvorschrift von Aufwendungen** für städtebauliche Maßnahmen. Zu ihnen gehören neben den „klassischen" Folgekosten, zB auch Aufwendungen für natur-schutzrechtliche Ausgleichsmaßnahmen, die Baureifmachung, die Bodensanierung und nach wohl überwiegender Ansicht (→ Rn. 26) auch die Kosten für Erschließungsmaß-nahmen. Auch die **Übernahme verwaltungsinterner Kosten** ist zulässig.[201] Maßstab ist, ob die den geforderten Kosten zugrunde liegenden Maßnahmen auch auf außenste-hende Private hätten übertragen werden können. Demnach sind auch verwaltungsinterne Kosten für die Erstellung von Planentwürfen und für die technische Vorbereitung von Verfahrensschritten übernahmefähig.[202] Von der Abwälzbarkeit ausgenommen sind die Kosten für Aufgaben, die die Gemeinde zwingend durch eigenes Personal wahrnehmen muss. Im Vertrag müssen die abwälzbaren Kosten hinreichend konkret beschrieben und der tatsächliche Aufwand (zB zeitlicher Umfang der Planzeichnung) dargelegt werden; eine Pauschale, insbesondere in Höhe eines Angebots eines Architekten, ist nicht zulässig.

4. Nutzungspflichten von Anlagen der Kraft-Wärme-Kopplung und von Solaran-   25b lagen sowie Anforderungen an die energetische Qualität von Gebäuden (§ 11 Abs. 1 S. 2 Nr. 4 und Nr. 5 BauGB).

Bauplatzverkäufe werden von Gemeinden mitun-ter mit der Verpflichtung zur **Verwendung einer bestimmten Energieart** oder sogar zum Bezug einer bestimmten Energieart sowie die Nutzung bestimmter Energieversor-gungssysteme (zB Windenergie) verbunden. Dies ist auch bei Beschränkung auf eine kommunale Einrichtung der Fernwärmeversorgung wettbewerbsrechtlich zulässig.[203] Eine Sicherung ist durch eine Unterlassungsdienstbarkeit möglich.[204] § 11 Abs. 1 S. 2 Nr. 4 BauGB nennt die Nutzung von Netzen und Anlagen der Kraft-Wärme-Kopplung für die Wärme- und Elektrizitätsversorgung ausdrücklich als Gegenstand städtebaulicher Verträge. Dies ist aber nicht abschließend.[205] Eingeschlossen sein sollen auch Vereinbarungen über die so genannte Kälteversorgung von Gebäuden. Eine Nutzungsbindung ist ferner für So-laranlagen vorgesehen. In einem städtebaulichen Vertrag kann somit die Errichtung und Nutzung von Anlagen und Einrichtungen zur dezentralen und zentralen Erzeugung, Ver-teilung, Nutzung und Speicherung von Strom, Wärme und Kälte aus erneuerbaren Ener-gien oder Kraft-Wärme-Kopplung geregelt werden.[206] Auch die Einhaltung von Min-deststandards zur Energieeffizienz und somit auch die Einhaltung von Energiekennzahlen kann geregelt werden. Allerdings ist für sämtliche Alternativen ein städtebaulicher Zusam-menhang erforderlich. Ein vertraglicher Anschluss- und Benutzungszwang wird zudem die entsprechenden gesetzlichen Grenzen beachten müssen.[207]

---

[199] BFH DStRE 2014, 1395; anders noch OFD Karlsruhe NVwZ 2000, 1025.
[200] FM Bayern DStR 2000, 554.
[201] BVerwG DNotZ 2006, 905; *Vierling* DNotZ 2006, 891.
[202] *Dirnberger* BayGT 2006, 90 (92).
[203] § 16 EEWärmeG; s. dazu BVerwGE 156, 102 = NVwZ 2017, 61; OVG Magdeburg BeckRS 2018, 13014; OVG Münster KommJur 2018, 303; so bereits BVerwG NVwZ 2005, 1072; NVwZ 2006, 690; BGH DNotZ 2003, 333, anders noch OLG Schleswig DNotI-Report 2000, 194. Vgl. auch *Vollmer* IR 2016, 247.
[204] BGH MittBayNot 1994, 126 und OLG München MittBayNot 2006, 43; vgl. auch OLG Zweibrücken MittBayNot 2001, 481 und zur AGB-rechtlichen Zulässigkeit OLG Düsseldorf RNotZ 2008, 24.
[205] *Portz* BayGT 2009, 137 (140).
[206] *Stüer/Stüer* DVBl. 2011, 1117 (1121).
[207] Vgl. BVerwG NVwZ 2005, 1072 und NVwZ 2006, 690; VGH Mannheim VBlBW 2004, 337. S. aber auch die Nachweise Fn. 203.

25c   In städtebaulichen Verträgen können auch Vereinbarungen über die **energetische Quali-**
      tät von Gebäuden getroffen werden. Auch insoweit ist ein städtebaulicher Zusammen-
      hang erforderlich. Die diesbezüglichen Vereinbarungen müssen den Zielen und zudem
      städtebaulichen Planungen oder Maßnahmen entsprechen.[208] In städtebaulichen Verträgen
      sind sämtliche Maßnahmen zulässig, die die Energiebilanz von Gebäuden verbessern.

25d   **5. Verträge der Sozialgerechten Bodennutzung (SoBoN).** Das Modell der Sozialge-
      rechten Bodennutzung (SoBoN) hat die Landeshauptstadt München bereits 1994 initi-
      iert.[209] Dieses Modell hat sich über München hinaus verbreitet und wird überall dort an-
      gewandt, wo eine Überplanung von Grundstücken Kosten und Lasten bei der Gemeinde
      auslöst und gleichzeitig zu einer deutlichen Bodenwertsteigerung der begünstigten Eigen-
      tümer führt.[210] Die Bodenwertsteigerung soll teilweise zur Finanzierung der Folge- und
      Infrastrukturkosten verwendet werden. Gleichzeitig wird festgelegt, dass ein gewisser An-
      teil der entstehenden Wohnungen sozialen Bindungen unterliegt, dh eine Vermietung
      oder ein Verkauf nur an berechtigte, einkommensschwächere Personen erfolgt. Die Ge-
      meinde muss mit diesem Modell städtebauliche Zwecke verfolgen, was in der Regel der
      Fall sein wird. Bei einem Eigentumsmodell wird sie regelmäßig den Erwerb angemesse-
      nen Wohnraums durch einkomensschwächere und weniger begüterte Personen der Be-
      völkerung anstreben. Wichtig im Rahmen dieses Modells ist die **Abstimmung** des Bau-
      leitplanverfahrens mit dem Verfahren der SoBoN. Vor dem Aufstellungsbeschluss wird
      regelmäßig mit dem planungsbegünstigten Eigentümer eine Vereinbarung über die gene-
      relle Anerkennung der Grundsätze der Sozialgerechten Bodennutzung geschlossen (sog.
      Grundzustimmung). Vor dem Billigungsbeschluss folgt sodann die städtebauliche Grund-
      vereinbarung, dh der Abschluss sämtlicher städtebaulicher Verträge, in denen die vom Ei-
      gentümer zu erbringenden Leistungen verpflichtend eingegangen werden. Es handelt sich
      dabei um eine Kombination unterschiedlicher städtebaulicher Verträge, zu denen regelmä-
      ßig ein Folgekostenvertrag über die Finanzierung der sozialen Infrastruktur, Verträge über
      die Erstattung der Kosten der Bauleitplanung samt erforderlicher Gutachten, ein Erschlie-
      ßungsvertrag hinsichtlich der für das Baugebiet erforderlichen Erschließungsmaßnahmen
      und Vereinbarungen über die Durchführung des naturschutzrechtlichen Ausgleichs sowie
      ein Vertrag über die Bindung hinsichtlich eines bestimmten Prozentsatzes des geschaffenen
      Baurechts für den begünstigten Personenkreis gehören.[211] Da regelmäßig Flächenabtretun-
      gen für Erschließungsanlagen und Infrastruktureinrichten (zB Kindergarten) vorgesehen
      sind, bedarf der gesamte Vertrag der Beurkundung. Bei Abschluss dieses Vertrages darf
      noch kein Baurecht bestehen. Deshalb erfolgt der Billigungsbeschluss, ab dem Planreife
      eintreten kann, erst nach Unterzeichnung dieses städtebaulichen Vertragspakets. Auch der
      Satzungsbeschluss und das Inkrafttreten folgen der Grundvereinbarung nach. Soweit
      erforderlich können dann noch Detailvereinbarungen (sog. Ausführungsverträge) hinsicht-
      lich der Einzelheiten der zu erbringenden Leistungen geschlossen werden. In diesem Zu-
      sammenhang werden häufig auch erforderliche Dienstbarkeiten sowie Reallasten hinsicht-
      lich der Sicherung und Pflege bestimmter Einrichtungen bestellt. Auch Sicherheiten (zB
      Bürgschaften), deren Stellung bereits in der Grundvereinbarung geregelt wird, werden im
      Zusammenhang mit den Ausführungsverträgen konkretisiert (zB hinsichtlich der Höhe)
      und übergeben. Gemeinden, die derartige Modelle praktizieren, müssen dabei auch den
      Gleichbehandlungsgrundsatz beachten. Eine Differenzierung ist nach städtebaulichen
      Gründen, nicht jedoch im Hinblick auf den Eigentümer (zB städtische Wohnungsbauge-

---

[208] *Dirnberger* BayGT 2011, 360 (362).
[209] S. nur *Busse* ZfIR 2018, 164 (165).
[210] *Spieß* KommJur 2017, 441 (442); *Hellriegel/Teichmann* BauR 2014, 189 (194).
[211] Vgl. dazu Landeshauptstadt München, Die Sozialgerechte Bodennutzung, Stand: Oktober 2017, abrufbar
      im Internet unter https://www.muenchen.de/rathaus/Stadtverwaltung/Referat-fuer-Stadtplanung-und-Bau
      ordnung/Stadt-und-Bebauungsplanung/SoBoN.html (Stand: 14.4.2019) und *Spieß* BayGT 2015, 198
      (201).

sellschaft) zulässig.[212] Das Münchener Modell der SoBoN ist nur dort anwendbar, wo durch eine Überplanung Bodenwertsteigerungen eintreten. Es scheidet somit aus, wo bereits Baurecht besteht. Gleiches gilt in strukturschwachen Gebieten, in denen keine oder nur geringe Bodenwertsteigerungen infolge einer Bauleitplanung eintreten. Zudem darf nicht übersehen werden, dass die diesbezüglichen Kosten von Bauträgern häufig an die Enderwerber weitergegeben werden und damit eine Verteuerung am Immobilienmarkt eintritt.[213]

C. Erschließungsvertrag, Ablösungs- und Vorauszahlungsvereinbarungen

I. Der Erschließungsvertrag (§ 11 Abs. 1 S. 2 Nr. 1 BauGB)

1. Inhalt und Abgrenzung. Die Gemeinde kann die Erschließung durch öffentlich- 26 rechtlichen Vertrag[214] auf einen Dritten übertragen (§ 11 Abs. 1 S. 2 Nr. 1 BauGB). Der Erschließungsunternehmer führt beim **echten Erschließungsvertrag** die Erschließung auf eigene Kosten und eigene Rechnung durch, ohne dass später eine Abrechnung durch die Gemeinde stattfindet. Demgegenüber übernimmt der Unternehmer beim so genannten unechten Erschließungsvertrag **(Vorfinanzierungsvertrag)** die Herstellung der Erschließungsanlagen, die anfallenden Kosten trägt er jedoch lediglich vorübergehend; er erhält sie zu einem mit der Gemeinde festgelegten Termin von dieser erstattet.[215] Nach Ansicht des BVerwG[216] handelte es sich bei der früheren Regelung des Erschließungsvertrags in § 124 BauGB aF um eine Spezialvorschrift, die einen Rückgriff auf die allgemeine Norm der Kostenübernahmeverträge nach § 11 Abs. 1 S. 2 Nr. 3 BauGB verbot. Gesetzesinkongruente Abgabenverträge bedürfen einer besonderen Ermächtigung;[217] andernfalls sind sie nichtig.[218] Eine von der Gemeinde (ganz oder mehrheitlich) beherrschte Eigengesellschaft konnte nach der Rechtsprechung des BVerwG[219] nicht Dritter und damit Erschließungsunternehmer sein. Ein Ausweichen auf den städtebaulichen Kostenübernahmevertrag war für Erschließungsmaßnahmen nicht möglich.[220] Teilweise ließ das Landeskommunalabgabenrecht (vgl. Art. 5a Abs. 4 BayKAG) ausdrücklich Vereinbarungen zu, wobei deren Umfang bisher umstritten ist.[221] Durch das Gesetz zur Stärkung der Innenentwicklung in den Städten und Gemeinden und zur weiteren Fortentwicklung des Städtebaurechts ist der Erschließungsvertrag mit Wirkung zum 21.6.2013 in § 11 Abs. 1 S. 2 Nr. 1 BauGB geregelt worden, wobei ein Vertragsschluss auch mit einer gemeindlichen Eigengesellschaft zugelassen wurde (§ 11 Abs. 1 S. 3 BauGB).[222] Dieser darf allerdings nicht den alleinigen Zweck haben, sich von Beschränkungen der beitragsrechtlichen Abrechnung gleichsam selbst zu befreien, insbesondere den gemeindlichen Eigenanteil zu sparen. Der Erschließungsvertrag ist ferner von einem Vertrag über die Errichtung einer

---

[212] *Spieß* KommJur 2017, 441 (445).
[213] Franke/Miosga/Schöbel-Rutschmann/*Grziwotz,* Impulse zur Zukunft des ländlichen Raums in Bayern, 2016/2017, S. 41 (46).
[214] BVerwG NVwZ 2008, 212; NVwZ 2011, 690; BayObLG MittBayNot 2005, 81; OVG Schleswig NJW 2008, 601.
[215] Vgl. OVG Saarlouis NVwZ-RR 1999, 796.
[216] ZfIR 2011, 326 und ZfIR 2013, 205; vgl. dazu *Anders* BauR 2011, 1455; *Birk* VBlBW 2011, 329; *Heinemann* BauR 2012, 1330; *Köster* BauR 2011, 932.
[217] BVerwG NVwZ 2012, 218.
[218] Vgl. zu den Folgen OLG Hamm NVwZ-RR 2012, 776.
[219] ZfIR 2011, 326 und ZfIR 2013, 796; *Bier* DVBl. 2013, 541.
[220] AA noch VGH Mannheim DVBl. 2010, 185; ausführlich *Oertel,* Der Erschließungsvertrag mit der kommunalen Eigengesellschaft, 2009, S. 165 ff. und *Walter* S. 1142 ff.; zu den zivilrechtlichen Folgen entsprechender Vereinbarungen OLG Hamm BeckRS 2013, 19580.
[221] *Grziwotz* MittBayNot 2003, 200.
[222] Vgl. *Bunzel* KommPSpezial 2013, 133; *Grziwotz* PiG 94, 25 (34); *ders.* NotBZ 2013, 369 (371).

Privatstraße[223] und über Grundstückszufahrten[224] zu unterscheiden. Kein Erschließungsvertrag ist schließlich die Vereinbarung zweier Gemeinden über den Bau einer Gemeindeverbindungsstraße.[225]

27   Die Gemeinde selbst kann nicht **Erschließungsunternehmer** sein. Für zulässig wird es allerdings angesehen, dass der Erschließungsunternehmer die Gemeinde (Bauhof) werkvertraglich mit der technischen Durchführung der Arbeiten beauftragt. Er muss die übernommenen Arbeiten nämlich nicht selbst durchführen. Der Erschließungsunternehmer braucht auch nicht Eigentümer der im Erschließungsgebiet belegenen Grundstücke sein.

28   **2. Regelungspunkte.** Gegenstand eines Erschließungsvertrages können nach Bundes- oder Landesrecht beitragsfähige sowie nicht beitragsfähige **Erschließungsanlagen** in einem bestimmten Erschließungsgebiet sein (§ 11 Abs. 1 S. 2 Nr. 1 BauGB).[226] Das Erschließungsgebiet entspricht regelmäßig dem Gebiet eines Bebauungsplans oder eines Teils davon; es können aber auch Maßnahmen außerhalb des Baugebiets betroffen sein (zB Regenrückhaltebecken), wenn der Kausalzusammenhang gegeben ist.[227] Neben der Herstellung der Erschließungsanlagen iSv § 127 Abs. 2 BauGB kann auch die Herstellung von Teilen des Wasserleitungs- bzw. Kanalnetzes (ggf. Zuständigkeit eines Zweckverbandes beachten) sowie von nicht beitragsfähigen sonstigen Erschließungsanlagen (zB selbständige Kinderspielplätze und unselbständige Sackgassen), der Anlagen zur Versorgung mit Elektrizität, Gas und Fernwärme vereinbart werden. Es muss sich jedoch um eine Erschließungslast der Gemeinde handeln, so dass die Herstellung von Straßen, deren Straßenbaulastträger nicht die Gemeinde ist, nicht in Betracht kommt. Strittig ist, ob der Erschließungsvertrag auf die erstmalige Herstellung von Erschließungsanlagen beschränkt ist,[228] sowie ferner, ob die Sicherung der Erschließung im Außenbereich und die Herstellung von Anlagen zur Reinigung der Abwässer von Straßen Vertragsgegenstand sein können. § 11 Abs. 1 S. 2 Nr. 1 BauGB dürfte keine Sperrwirkung dergestalt entfalten, dass die Kostenübernahme hinsichtlich der vorbezeichneten Anlagen unzulässig wäre.[229]

29   Im Erschließungsvertrag muss zunächst das **Erschließungsgebiet** genau beschrieben werden. Es darf sich nicht auf das gesamte Gemeindegebiet erstrecken. Es muss jedoch nicht mit dem Gebiet eines Bebauungsplans übereinstimmen. Soweit Gegenstand des Erschließungsvertrages eine beitragsfähige Erschließungsanlage ist, ist zu beachten, dass die Herstellungsverpflichtung dem Bebauungsplan grundsätzlich nicht widersprechen darf. Ist die Herstellung abweichend von den Festsetzungen des Bebauungsplans vereinbart, ist dies nur zulässig, wenn die Abweichung von § 125 Abs. 3 BauGB gedeckt ist. Der Erschließungsvertrag sollte vor In-Kraft-Treten des Bebauungsplanes abgeschlossen werden. Allerdings sollte ausdrücklich die Herstellungsverpflichtung an das In-Kraft-Treten des Bebauungsplanes geknüpft werden.[230] Auch nach Inkrafttreten des Bebauungsplans ist der Abschluss noch möglich, da mangels Erschließung noch kein Baurecht besteht und das Baurecht auch nicht Gegenleistung der Erschließung ist.[231] Allein der Umstand, dass es sich um einen öffentlich-rechtlichen Vertrag handelt, entbindet nicht von der Ausschrei-

---

[223] OLG Koblenz NJW-RR 2006, 554; zum Ausschluss der Aufhebung der Gemeinschaft bei einer Miteigentümerprivatstraße BGH DNotI-Report 2008, 37.

[224] *Halter* KommJur 2007, 167.

[225] VGH München NVwZ-RR 2006, 632.

[226] Zur Beschränkung auf einen Teil der Erschließung BVerwG KommJur 2012, 39; VGH Kassel DÖV 2008, 291 (292); VGH München BayVBl. 2011, 507 und OVG Saarlouis BeckRS 2012, 59057; zur umsatzsteuerlichen Behandlung s. BFH DB 2010, 2780; DStR 2011, 465; BMF DStR 2012, 1185.

[227] BVerwG ZfIR 2013, 205 und Jäde/Dirnberger/*Dirnberger* BauGB § 11 Rn. 51.

[228] Bejahend *Driehaus/Raden* Erschließungsbeiträge § 6 Rn. 39; verneinend *Birk* VBlBW 1993, 457 (460); EZBK/*Grziwotz* BauGB § 11 Rn. 347.

[229] Vgl. *Döring* NVwZ 1994, 853; Battis/Krautzberger/Löhr/*Reidt* BauGB § 11 Rn. 20; s. auch *Driehaus/Raden* Erschließungsbeiträge § 6 Rn. 39, der insoweit einen Erschließungssicherungsvertrag zulässt; s. zu ihm *Bears* BauR 2013, 546.

[230] Vgl. BVerwG MittBayNot 1996, 387.

[231] Str., ebenso Jäde/Dirnberger/*Dirnberger* BauGB § 11 Rn. 44.

bungspflicht.[232] Bei Überschreitung des Schwellenwertes von 5.548.000 EUR ist jedenfalls bei einer teilweisen bescheidsmäßigen Abrechnung bzw. einer Verrechnung, die entgegen einer in der Literatur geäußerten Ansicht wegen der Herstellung der leitungsgebundenen Einrichtungen im Erschließungsgebiet der Regelfall ist, eine Ausschreibung des Erschließungsvertrages, ersatzweise zumindest der Bauleistungen erforderlich.[233] Unter diesem Schwellenwert ist eine Ausschreibung bei Fremdanliegern und leitungsgebundenen Einrichtungen wegen der Überprüfbarkeit der Höhe der Aufwendungen ratsam.[234] Vergabevorschriften können eine Ausschreibung auch unterhalb der Schwellenwerte anordnen. Bei einem Verstoß gegen die europarechtliche Ausschreibungspflicht ist der Vertrag von Anfang an nichtig, wenn der Verstoß in einem Nachprüfungsverfahren festgestellt wird (§ 135 Abs. 1 GWB). Ein derartiges Verfahren kann längstens innerhalb von sechs Monaten nach Vertragsschluss eingeleitet werden, bei einer Bekanntmachung im Amtsblatt der EU 30 Tage nach der Veröffentlichung (§ 135 Abs. 2 GWB).[235]

Die **Herstellungsverpflichtung** des Erschließungsunternehmers sollte bezüglich der 30 zu errichtenden Erschließungsanlagen und deren Durchführung möglichst genau konkretisiert werden. Die Übertragungsverpflichtung hinsichtlich der Erschließungsflächen kann durch Eintragung einer Auflassungsvormerkung sichergestellt werden. Eine Sicherstellung ist auch hinsichtlich der weiteren vom Erschließungsunternehmer übernommenen Verpflichtungen regelmäßig geboten, da sich sonst die Gemeinde schadensersatzpflichtig machen kann.[236] Regelmäßige Sicherungsmittel sind die Vertragserfüllungs- und Mängelbürgschaft.[237] Im Hinblick auf die Grundstücksübertragungsverpflichtung ist der Erschließungsvertrag insgesamt beurkundungsbedürftig (§ 11 Abs. 3 BauGB).[238] Eine Aufspaltung in grundstücksbezogene und sonstige Rechtsgeschäfte ist unzulässig.[239] Bezüglich der abzutretenden Erschließungsflächen enthält der Vertrag meist bereits die (auch einen Rechtsnachfolger bindende) Widmungszustimmung;[240] sie allein dürfte zur Umgehung der Beurkundungspflicht nicht ausreichen.

Die im Erschließungsvertrag vereinbarten Leistungspflichten des Erschließungsunter- 31 nehmers müssen den gesamten Umständen nach **angemessen** sein und in **sachlichem Zusammenhang** (§ 11 Abs. 2 S. 1 BauGB) mit der Erschließung stehen. Unwirksam sind danach „Luxuserschließungen", dh Erschließungen, die über das hinausgehen, was die Bebauung und der Verkehr im Erschließungsgebiet erfordern, die Herstellung von Anlagen, die in nicht unwesentlichem Umfang auch den Grundstücken außerhalb des Erschließungsgebiets zugute kommen, sowie Herstellungs- und Beitragspflichten des Erschließungsunternehmers, die für diesen zu einer Doppelbelastung führen.[241] Zu beachten ist, dass die gesetzliche Einschränkung auch Personen, die vom Erschließungsunternehmer

[232] EuGH ZfIR 2001, 666; VK BW ZfBR 2003, 81.
[233] EuGH ZfIR 2001, 666; vgl. aber EuGH NZBau 2011, 431 für einen Vertrag, der auch einen Dienstleistungsaspekt hatte. Zur Entgeltlichkeit der Leistungen s. auch OLG Nürnberg BeckRS 2018, 19790 (zum Insolvenzrecht).
[234] Zum Erfordernis einer Ausschreibung unterhalb der Schwellenwerte vgl. *Ax/Keseberg* KommJur 2007, 6; *Seufert/Tilmann* NVwZ 2007, 1273.
[235] Zu den beitragsrechtlichen Folgen OVG Münster NVwZ-RR 2008, 442.
[236] Vgl. *Driehaus/Raden* Erschließungsbeiträge § 6 Rn. 61.
[237] Vgl. zum Austausch OLG Hamm NJW 2010, 2737; zum Rückgabezeitpunkt einer Vertragserfüllungsbürgschaft KG BeckRS 2018, 19203; zur Angemessenheit s. BGH NJW 2014, 3642; NJW 2015, 856; *Chatziathanasiou/Towfigh* DVBl. 2013, 84 (89).
[238] Vgl. nur BGH NJW 1972, 1364; BVerwG MittBayNot 1996, 387; OVG Schleswig NJW 2008, 601; VGH München BeckRS 2014, 45851; VG Göttingen NZBau 2009, 45; *Büssemaker* BTR 2004, 17. Zur Unentgeltlichkeit der Abtretung OVG Koblenz ZfIR 2019, 155 und OLG Nürnberg MittBayNot 2019, 201.
[239] Vgl. Battis/Krautzberger/Löhr/*Reidt* BauGB § 11 Rn. 84; zur grunderwerbsteuerlichen Behandlung OFD Düsseldorf und *Münster* DB 2006, 18.
[240] OVG Saarlouis NVwZ-RR 2008, 76.
[241] Vgl. *Quaas* BauR 1999, 1113 (1121 f.). Zur Verjährung des Erstattungsanspruchs s. OVG Bautzen SächsVBl. 2018, 232; zum Umfang BVerwG NVwZ 2008, 212.

erwerben, schützen soll.[242] Das Gesetz lässt es ausdrücklich zu, dass sich der Erschließungsunternehmer auch zur Tragung des gemeindlichen Eigenanteils verpflichtet (§ 11 Abs. 2 S. 3 BauGB). Dies begegnet nach herrschender Meinung keinen Bedenken.[243] Der Erschließungsvertrag muss zudem die Grundsätze der Gleichbehandlung, der Äquivalenz und der Kostendeckung beachten; deshalb ist eine gesetzlich nicht gedeckte Abgabenfreistellung unwirksam.[244]

32   Probleme bereiten häufig im Erschließungsgebiet vorhandene **Fremdanlieger,** dh Eigentümer von Grundstücken, die durch die im Erschließungsvertrag vereinbarten Maßnahmen einen Vorteil erlangen. Mit diesen kann der Erschließungsunternehmer privatrechtliche Erstattungsvereinbarungen treffen. Tut er dies nicht, hat er grundsätzlich keinen zivilrechtlichen Kostenerstattungsanspruch.[245] Auch gegen die Gemeinde stehen ihm keine Erstattungsansprüche zu. Die Gemeinde kann die Fremdanlieger auch nicht zu Beträgen heranziehen, da sie mangels abweichender Vereinbarungen im Erschließungsvertrag keinen eigenen Aufwand hat.[246] Ein in einem Erschließungsvertrag vereinbarter „Druck" zur Kostenerstattung durch die Versagung von Einleitungsgenehmigungen ist unwirksam.[247] Gegebenenfalls muss der Erschließungsvertrag von Anfang an dahin gehend modifiziert werden, dass die Gemeinde dem Erschließungsunternehmer die beitragsfähigen Aufwendungen in voller Höhe (nicht nur für die Grundstücke der Fremdanlieger!) erstattet, wobei die für die Grundstücke des Erschließungsunternehmers entstehenden Erschließungsbeitragsforderungen mit dem Erstattungsanspruch verrechnet werden können. Die Gemeinde kann in diesem Fall die Fremdanlieger zu Beiträgen heranziehen und diese sodann an den Erschließungsunternehmer abführen.[248] Der Erschließungsunternehmer kann sich umgekehrt auch gegenüber der Gemeinde verpflichten, die gesamten Kosten, also auch diejenigen Anteile zu übernehmen, die bei einer Erhebung von Beiträgen auf die Fremdanlieger entfallen würden; der Erschließungsvertrag wird dadurch nicht unangemessen.[249]

33   Stellt der Erschließungsunternehmer auch im Erschließungsgebiet befindliche **Leitungen** der Wasserversorgung und der Entwässerung her, darf durch die Beitragspflicht nach Maßgabe der Beitragssatzungen keine Doppelbelastung für den Erschließungsunternehmer entstehen. § 25 Abs. 2 S. 1 SächsKAG enthält insoweit einen allgemeinen Rechtsgrundsatz, wenn er anordnet, dass die für die erschlossenen Grundstücke nachgewiesenen beitragsfähigen Aufwendungen von der Beitragslast dieser Grundstücke abzusetzen sind.[250] Zulässig ist eine Kostenregelung, nach der sich die Gemeinde verpflichtet, dem Erschließungsunternehmer die tatsächlichen Kosten für die leitungsgebundenen Einrichtungen zu erstatten. Möglich ist auch eine Ablösung dergestalt, dass Herstellungsaufwand und Ablösungsbetrag gegeneinander verrechnet werden. Übersteigen die Aufwendungen des Er-

---

[242] Vgl. *Grziwotz* NJW 1995, 1927.

[243] Vgl. Cholewa/Dyong/v. d. Heide/*Sailer*, BauGB, 1994, § 124 Anm. 6 und *Driehaus/Raden* Erschließungsbeiträge § 6 Rn. 51; aA Battis/Krautzberger/Löhr/*Löhr*, 11. Aufl. 2009, BauGB § 124 Rn. 8, der die Übernahme der Erschließungskosten in voller Höhe durch den Unternehmer nur dann für möglich hält, wenn die Gemeinde nachweisen kann, dass es sich um eine zusätzliche Erschließungsmaßnahme handelt, die die Gemeinde bei eigener Kostenbeteiligung zum gegenwärtigen Zeitpunkt und in absehbarer Zukunft nicht durchführen könnte, was gegebenenfalls im Erschließungsvertrag festgestellt werden sollte.

[244] BGHR 2003, 984; zum öffentlich-rechtlichen Erstattungsanspruch BVerwG NVwZ 2008, 212.

[245] BGH NJW 1974, 96; OLG Schleswig NVwZ 2004, 1528; VG Potsdam LKV 2012, 188; anders BGH NVwZ 2002, 511 bei Einflussnahme der Fremdanlieger auf Erschließungsmaßnahmen.

[246] BVerwG MDR 1982, 1047.

[247] OVG Greifswald DÖV 2004, 40.

[248] Vgl. BVerwG MittBayNot 1996, 387; ZfIR 2013, 515; OVG Lüneburg NVwZ-RR 2007, 341 und NVwZ-RR 2011, 381; aA *Driehaus/Raden* Erschließungsbeiträge § 6 Rn. 67.

[249] BVerwG MittBayNot 2012, 411; vgl. *Wiggers* NJW-Spezial 2011, 172.

[250] Vgl. OVG Lüneburg KommJur 2007, 218 zur Durchführung der Abwasserbeseitigung durch Dritte. S. auch § 6a Abs. 7 S. 1 KAG LSA.

schließungsunternehmers die Beiträge, ist eine Mehrkostenübernahme zulässig.[251] Denkbar ist schließlich auch eine Ablösung in der Weise, dass der Ablösungsbetrag nach Maßgabe des satzungsmäßigen Beitrags unter Berücksichtigung des auf die zentralen Einrichtungen und die Leitungen entfallenden Kostenanteils berechnet wird.

Im Vertrag können ferner noch die Auswirkungen von **Änderungen** des Planentwurfs 34 auf die Herstellungspflicht des Erschließungsunternehmers, die Erstellung der Grundstücksanschlüsse sowie das Recht der Gemeinde zur Ersatzvornahme geregelt werden. Von Bedeutung ist ferner die Sicherung der Vertragserfüllung.[252] Eine abgetretene Bürgschaft gegen den bauausführenden Unternehmer ist wegen des Einwendungsrechts des Nachunternehmers meist keine ausreichende Sicherheit.[253]

> **Muster: Erschließungsvertrag und weitere Vereinbarungen**
> Siehe hierzu das Gesamtmuster → Rn. 65.[254]

II. Ablösungsvereinbarungen

Gemeinden sind grundsätzlich verpflichtet, Erschließungskosten durch die Erhebung von 35 Beiträgen oder, soweit zulässig, durch Gebühren nach Maßgabe der gesetzlichen Vorschriften und der gemeindlichen Satzungen auf die Eigentümer der erschlossenen Grundstücke umzulegen. Gesetzesinkongruente Abgabenverträge sind unwirksam;[255] dies gilt auch für Verträge, mit denen Einfluss auf die Satzungsgestaltung genommen werden soll.[256] Unwirksamkeit tritt auch ein, wenn in einem Vertrag eine von kommunalen Körperschaften beherrschte juristische Person des Privatrechts einen „Infrastrukturbeitrag" vereinbart.[257] Nur teilweise lassen Gesetze ausdrücklich Vereinbarungen zu (Art. 5 Abs. 9 S. 3, 5a Abs. 4 BayKAG; § 8 Abs. 9 BraKAG). Vereinbarungen über Beiträge sind im Übrigen nur als Ablösungsvertrag oder nach Maßgabe der gesetzlichen Billigkeitsregelungen zulässig (vgl. § 2 Abs. 2 KAG RP).[258] Ein vertraglicher Beitragsverzicht ist ohne gesetzliche Grundlage nicht zulässig.[259] § 133 Abs. 3 S. 5 BauGB lässt die **Ablösung** des Erschließungsbeitrages im Ganzen vor Entstehen der Beitragspflicht bei Bestehen entsprechender Ablösungsbestimmungen zu. Hinsichtlich der landesrechtlichen Kommunalabgaben sehen einzelne Gesetze die Ablösung ausdrücklich vor (§ 26 KAG BW; Art. 5 Abs. 9 S. 1 BayKAG; § 50 HWG; § 7 Abs. 5 KAG MV; § 6 Abs. 7 S. 5 NdsKAG; § 2 Abs. 2 KAG RP; § 8 Abs. 9 S. 4 SaarlKAG; §§ 25, 31 SächsKAG; § 6 Abs. 7 S. 5 KAG LSA; § 8 Abs. 6 S. 1 KAG SH; § 7 Abs. 13 S. 1 ThürKAG). Die Einzelheiten der Ablösung bestimmen sich meist nach der gemeindlichen Satzung (§ 26 Abs. 1 S. 2 KAG BW; Art. 5 Abs. 9 S. 2 BayKAG; § 6 Abs. 7 S. 5 NdsKAG; § 8 Abs. 9 S. 4 SaarlKAG; §§ 25 Abs. 1 S. 2, 31 SächsKAG; § 6 Abs. 7 S. 5 KAG LSA; § 8 Abs. 6 S. 2 KAG SH; § 7 Abs. 13 S. 2 ThürKAG). Soweit das Landesrecht keine entsprechenden Bestimmungen enthält, ist strittig, ob die Ablösung ein allgemeines Institut darstellt; dies dürfte jedoch zu bejahen

---

[251] *Birk* VBlBW 1993, 457 (460).
[252] BGH BauRB 2004, 222; keine Bürgschaft auf erstes Anfordern in AGB und der Rechte wegen Sachmängeln: BGH NJW-RR 2007, 319; keine Bürgschaft auf erstes Anfordern nach Muster der Gemeinde: OLG Hamm BauRB 2003, 226; zum Austausch OLG Hamm NJW 2010, 2736.
[253] Vgl. BGH BauR 2005, 1926.
[254] Weitere Muster für Erschließungsverträge enthalten EZBK/*Grziwotz* BauGB § 11 Rn. 426; *ders.*, Vertragsgestaltung im öffentlichen Recht, Rn. 243 und MVHdB II WirtschaftsR I/*Oerder* S. 1237.
[255] BVerwG NVwZ 2013, 218.
[256] OVG Magdeburg NVwZ 2010, 396.
[257] BGH NotBZ 2009, 487.
[258] Zum Absehen von Erschließungsbeiträgen nach § 135 Abs. 5 BauGB bei einer Industrieansiedlung s. BVerwG ZMR 1969, 248; NVwZ 1999, 543.
[259] BVerwG NVwZ 2013, 218; OVG Münster NVwZ-RR 2003, 167.

sein.[260] Eine öffentlich-rechtliche Ablösungsvereinbarung (vgl. § 50 S. 3 HWG) kann auch in einem (sonst) privatrechtlichen Kaufvertrag enthalten sein.[261]

36   Die Ablösung hinsichtlich der Erschließungsbeiträge nach dem BauGB ist – unter Beachtung abweichenden Landesrechts – nur für eine bestimmte, beitragspflichtige **Erschließungsanlage** möglich, die im Vertrag genau konkretisiert werden muss. Ferner darf für diese Erschließungsanlage die **sachliche Beitragspflicht** noch nicht entstanden sein. Schließlich muss es sich um ein **erschließungsbeitragspflichtiges** Grundstück handeln. Dagegen ist nicht erforderlich, dass für das betreffende Grundstück eine Baugenehmigung erteilt oder mit der Herstellung der Erschließungsanlage begonnen wurde oder mit der endgültigen Herstellung in absehbarer Zeit zu rechnen ist.

37   Gegenstand des Ablösungsvertrages kann nach dem Gesetzeswortlaut nur die Ablösung des Erschließungsbeitrages **im Ganzen** sein. Eine Teilablösung, zB der Kosten für die Herstellung der Befestigung, Entwässerung und Beleuchtung unter Ausschluss der Grunderwerbskosten, ist somit nicht zulässig. Dies gilt auch dann, wenn die Gemeinde satzungsmäßig im Wege der Kostenspaltung abrechnen könnte.[262] Sieht ein Bebauungsplan „flexible" Grundstücksgrenzen vor, schließt dies eine Ablösung wohl nicht aus. Allerdings muss dann vereinbart werden, welche Geschossfläche jeweils abgelöst ist. Unerheblich für eine Ablösung ist, ob bereits eine Vorausleistung gefordert und entrichtet wurde.[263]

38   Die Ablösung muss in der Erschließungsbeitragssatzung weder allgemein zugelassen noch in ihren Einzelheiten geregelt werden. Das Gesetz setzt für die Zulässigkeit der Ablösung nicht einmal die Existenz einer diesbezüglichen Satzung in der Gemeinde voraus.[264] Erforderlich sind lediglich **Ablösungsbestimmungen,** die das nach der Kommunalverfassung zuständige Organ der Gemeinde in Form an die Verwaltung gerichteter allgemeiner Anforderungen erlässt. Sie sollen eine gleichmäßige Handhabung gewährleisten. Sie müssen deshalb die Ermittlung des mutmaßlichen Erschließungsaufwandes und dessen Verteilung regeln. Die Verteilungsmaßstäbe in der Satzung und in den Ablösungsbestimmungen müssen nicht identisch sein. Die Ablösungsvereinbarung muss mit den Ablösungsbestimmungen übereinstimmen, sonst ist sie nichtig.[265] Ein diesbezüglicher Mangel erfasst, wenn die Ablösung in einem Kaufvertrag vereinbart wurde, den gesamten Vertrag.[266] Liegen Ablösungsbestimmungen bei Abschluss des Ablösungsvertrages noch nicht vor, ist er nur dann wirksam, wenn die Beteiligten bei Vertragsabschluss übereinstimmend den Wegfall des Verbots ins Auge gefasst haben und die vereinbarte Ablösezahlung erst nach Erlass der Ablösebestimmungen erfolgen soll.[267]

39   Die Gegenleistung in einer Ablösungsvereinbarung kann auch durch Landabtretung und andere Sachleistungen erfolgen. Der gemeindliche Eigenanteil ist jedoch von der Gemeinde zu tragen. Eine Ablösung ist nur durch Vereinbarung, nicht durch einseitigen Ablösungsbescheid möglich.[268] Folge der Ablösung ist, dass eine Beitragspflicht nicht mehr entsteht. Umstritten ist, ob diese **Wirkung** schon mit Abschluss des Ablösungsvertrages

---

[260] Vgl. VGH Kassel KStZ 1980, 111; OVG Münster NVwZ 1991, 1106; OVG Saarlouis KStZ 1983, 76 und VGH Mannheim NVwZ-RR 1999, 194.
[261] OVG Magdeburg LKV 2000, 185; OLG Naumburg KommJur 2007, 197; zur Frage der Urkundeneinheit BVerwG DNotZ 2010, 549. Vgl. *Klepper* notar 2014, 344 ff.
[262] Vgl. *Klausing* FS Weyreuther 1993, 455 (464).
[263] BVerwG NVwZ 1991, 1096.
[264] Vgl. nur *Gaentzsch,* BauGB, 1991, § 133 Rn. 8.
[265] BVerwG NJW 1990, 1679; BeckRS 2002, 24115; VGH Mannheim NVwZ-RR 2007, 809; VBlBW 2011, 434. Ebenso für nichtige Ablösungsbestimmungen VG Greifswald BeckRS 2017, 135943.
[266] BGH NVwZ-RR 2009, 412; zur Rückabwicklung BVerwG DVBl. 2010, 575. Ebenso zu teilweise nichtigen Ablösungsvereinbarungen nach dem KAG bei gleichzeitiger Regelung VG Meiningen BeckRS 2017, 144603.
[267] HM; EZBK/*Grziwotz* BauGB § 133 Rn. 75; vgl. BVerwG DVBl. 1982, 550, übersehen von OVG Magdeburg LKV 2004, 425.
[268] VGH Mannheim VBlBW 2011, 434. Ein Muster einer Vereinbarung enthält *Grziwotz,* Baulanderschließung, S. 343 f. und *ders.* JuS 1998, 1013 (1015).

oder erst mit Entrichtung der Gegenleistung durch den Eigentümer eintritt.[269] Dies sollte im Ablösungsvertrag ausdrücklich im Sinne der letztgenannten Alternative geregelt werden. Stellt sich nach Wirksamkeit des Ablösungsvertrages heraus, dass der Beitrag vom Ablösebetrag abweicht, so handelt es sich um ein ablösungstypisches Risiko. Zu den ablösungstypischen Risiken zählen die nachfolgende Änderung des Bebauungsplans, eine Neufassung der satzungsmäßigen Verteilungsregelung, eine Abweichung in der Höhe des Erschließungs- oder Investitionsaufwands und eine Veränderung des Abrechnungsgebiets.[270] Nach früherer Rechtsprechung fiel dann, wenn sich herausstellte, dass der Betrag, der dem abgelösten Grundstück zugeordnet wurde, das Doppelte oder mehr als das Doppelte oder die Hälfte oder weniger als die Hälfte des vereinbarten Ablösungsbetrages ausmachte, die Geschäftsgrundlage weg.[271] Nunmehr kommt es hinsichtlich des Wegfalls der Geschäftsgrundlage nicht mehr auf diese starren Grenzen, sondern eine Abwägung aller sich im Zusammenhang mit Ablösungsverträgen ergebenen Umstände und gegenläufigen Interessen an.[272] Hat die Gemeinde bei Abschluss des Ablösungsvertrags bereits Kenntnis von einer beabsichtigten Änderung des Bebauungsplans, muss sie dies offenbaren und darf es nicht verschweigen.

Besonderheiten ergeben sich hinsichtlich der **Ablösung beim Verkauf gemeindeei-** 40 **gener Grundstücke.** Die Vereinbarung einer verdeckten Ablösung, dh eines Gesamtkaufpreises inklusive der Erschließung, ist nichtig.[273] Die Grundsätze der Abgabengerechtigkeit und -gleichheit verlangen die Offenlegung des Ablösebetrages, damit der Erwerber überprüfen kann, ob der Ablösebetrag in inhaltlicher Übereinstimmung mit den Ablösebestimmungen ermittelt worden ist.[274] Das Verbot der Vereinbarung von verdeckten Ablöseträgen kann wohl auch nicht dadurch umgangen werden, dass sich die Gemeinde verpflichtet, den Käufer von einer später entstehenden Erschließungsbeitragspflicht freizustellen.[275] Die zivilrechtliche Beginnlösung (§ 436 BGB) sollte nach dem Willen des Gesetzgebers nicht die öffentlich-rechtlichen Beitragsgrundsätze ändern.[276] Warum es für Gemeinden so schwierig ist, diese einzuhalten, bleibt unerfindlich.[277] Im Hinblick auf das Risiko der Nichtigkeit des gesamten Vertrags[278] sollten in der Vertragsgestaltung auch die öffentlich-rechtlichen Vorgaben beachtet werden. Der „Komplettpreis" ermöglicht dem Privaten wegen fehlender Transparenz nicht die Überprüfung, ob er abgabenrechtlich benachteiligt wird. Das Erfordernis der Offenlegung verlangt die getrennte Ausweisung der Ablöseanteile, die auf den Erschließungsbeitrag nach dem BauGB, auf die Beiträge nach dem KAG und die Hausanschlüsse sowie der naturschutzrechtlichen Ausgleichsmaßnahmen entfallen.[279] Allerdings ist nach der Rechtsprechung der Verwaltungsgerichte dem Gebot der Offenlegung dann genügt, wenn der Ablösebetrag zwar nicht im Vertrag genannt wird, jedoch die Gemeinde dem Grundstückskäufer den Ablösebetrag vor Abschluss des Vertrages mitgeteilt hat. Umstritten, aber wohl zu verneinen ist, ob § 311b Abs. 1 S. 1 BGB die Angabe des Ablösungsbetrages erforderlich macht.

Da für gemeindeeigene Grundstücke die sachliche Beitragspflicht hinsichtlich der Er- 41 schließungsbeiträge erst mit Eigentumsumschreibung oder Bestellung eines Erbbaurechts

---

[269] VGH Kassel NVwZ-RR 2013, 733. Zur grunderwerbsteuerlichen Behandlung der Übernahme eines noch nicht bezahlten Ablösungsbetrags bzw. dessen Erstattung s. Finanzbehörden der Länder v. 16.9. 2015, BStBl. I 2015, 823 Ziff. 4.2.1.3 (keine grunderwerbsteuerliche Gegenleistung).

[270] Berliner Kommentar zum BauGB/*Driehaus* BauGB § 133 Rn. 83.

[271] BVerwGE 87, 77 = NVwZ 1991, 1096.

[272] BVerwGE 151, 171 = NVwZ 2015, 1463.

[273] BVerwG NJW 1990, 1679.

[274] VGH Mannheim VBlBW 2008, 101; krit. *Schmittat* DNotZ 1991, 288.

[275] HM, vgl. *Jachmann* BayVBl. 1993, 326 (334) und DNotI-Report 2007, 129; zu einem Ausnahmefall bei nicht berechenbaren Erschließungskosten s. *Grziwotz* ZfIR 2000, 161 mit Musterformulierung.

[276] Verkannt von *Miller* VBlBW 2007, 46; vgl. dazu auch *Panz* BWNotZ 2006, 25; *Bartlik* ZfBR 2009, 650 (653) und DNotI-Report 2006, 39.

[277] *Grziwotz* BauR 2008, 471.

[278] BGH NVwZ-RR 2009, 412.

[279] VGH Mannheim VBlBW 2004, 224.

zugunsten des Privaten entsteht, wäre eine Ablösung stets möglich. Die Grundsätze der **Abgabengerechtigkeit und -gleichheit** gebieten jedoch auch insoweit eine Einschränkung. Ist die sachliche Beitragspflicht nur wegen des gemeindlichen Eigentums noch nicht entstanden, ist der Abschluss eines Ablösungsvertrages lediglich möglich, wenn der Ablösebetrag dem Beitrag entspricht. Dies ist nur dann möglich, wenn die Ablösebestimmungen mit der satzungsmäßigen Abrechnung übereinstimmen. Andernfalls scheidet eine Ablösung aus. Ist sie möglich, sollte im Hinblick auf das Fehlen einer höchstrichterlichen Rechtsprechung vorsorglich eine Verrechnung mit der Beitragsschuld vereinbart werden. Dies gilt ebenso, wenn sich aufgrund der Ablösungsbestimmungen ein vom satzungsmäßigen Erschließungsbeitrag abweichender Ablösungsbetrag ergibt. In diesem Fall kann nämlich bei einer länger dauernden Abwicklung die Ablösungswirkung zu einem Zeitpunkt eintreten, zu dem die sachliche Beitragspflicht beim Eigentum eines Dritten vorliegen würde.[280]

41a Formulierungsbeispiel: Ablösungsvereinbarung

Hinsichtlich des Erschließungsbeitrages für die ***-straße soll die Beitragspflicht nach § 133 Abs. 3 S. 5 BauGB *[ggf.: landesrechtliche Vorschrift ergänzen]* abgelöst werden. Nach den Ablösungsbestimmungen der Gemeinde vom *** ergibt sich für das Vertragsgrundstück zu *** qm ein Ablösebetrag von *** EUR. Dieser Betrag ist zusammen mit dem Kaufpreis für das Grundstück an die Gemeinde zu entrichten. Die Ablösungswirkung tritt mit Zahlung des Betrages und Vorliegen der gesetzlichen Voraussetzungen ein. Das Recht der Gemeinde zur Beitragserhebung bei Veränderung der Grundstücksgröße oder aufgrund anderer abgaberechtlicher Vorschriften bleibt unberührt. Sollte die Ablösung nicht zulässig sein, ist der vom Käufer bezahlte Ablösebetrag als Vorausleistung auf die per Bescheid zu erhebenden Erschließungsbeiträge anzurechnen; hierüber sind die Vertragsteile einig. Diese Vorauszahlung ist auch bei einem Eigentumswechsel mit der endgültigen Beitragsschuld zu verrechnen.

42 Eine Ablösungsvereinbarung hinsichtlich der **KAG-Beiträge** muss den diesbezüglichen gesetzlichen und satzungsmäßigen Anforderungen entsprechen. Bestehen solche nicht, ist eine Ablösung jedenfalls nur gegen eine angemessene Gegenleistung zulässig (Nachweise bei → Rn. 35).

III. Vorauszahlungsvereinbarungen

43 Vorauszahlungsvereinbarungen werden allgemein sowohl im Bereich des Erschließungsbeitragsrechts nach dem BauGB als auch für die KAG-Beiträge für zulässig erachtet.[281] Eine ausdrückliche Regelung enthält § 2 Abs. 2 KAG RP (vgl. auch Art. 5 Abs. 9 S. 3 BayKAG und Art. 5a Abs. 4 BayKAG). Das VwVfG ist nicht anwendbar.[282] Vorauszahlungen können unabhängig von dem Vorliegen der **Voraussetzungen** für den Erlass von Vorausleistungsbescheiden vereinbart werden. Auch Sachleistungen, zB die Übereignung von Grundstücksteilen insbesondere im Rahmen einer Straßengrundabtretung,[283] sind zulässig. Die vereinbarte Vorauszahlung ruht nicht als öffentliche Last auf dem Grundstück.[284] Für die vertraglich vereinbarte Vorauszahlung bedarf es keiner Erschließungsbeitragssatzung.

44 Die Vorauszahlungsvereinbarung muss jedoch den ausdrücklichen oder sinngemäßen **Vorbehalt** enthalten, dass die endgültige Abrechnung auf der Grundlage der gesetzlichen

---

[280] Ausführlich *Grziwotz* ZfIR 1998, 513.
[281] HM, vgl. Battis/Krautzberger/Löhr/*Reidt* BauGB § 133 Rn. 42.
[282] OVG Münster NVwZ-RR 2000, 341; vgl. zur Zuständigkeit der Verwaltungsgerichte BGH ZfIR 2000, 733.
[283] Vgl. BVerwG NVwZ 1994, 485; OVG Münster NVwZ-RR 2000, 537.
[284] BVerwG NVwZ 1982, 377.

Vorschriften durch Erlass von Beitragsbescheiden erfolgen wird. Auch die Verrechnung der vertraglichen Vorausleistung mit der endgültigen Beitragsschuld sollte vereinbart werden.[285]

Formulierungsbeispiel: Vorauszahlungsvereinbarung 44a

Zusätzlich zum Kaufpreis und zusammen mit diesem hat der Käufer an die Gemeinde *** folgende Vorausleistungen auf die Erschließungsbeiträge nach dem BauGB für *** und auf die Anliegerbeiträge für Wasser und Kanal zu bringen:

– Vorauszahlung auf die Erschließungsbeiträge in Höhe von *** EUR pro Quadratmeter Grundstücksfläche, somit bei *** qm Grundstücksfläche *** EUR.
– Vorauszahlung auf die Herstellungsbeiträge für die Wasserversorgung in Höhe von *** EUR pro Quadratmeter Grundstücksfläche und von *** EUR pro Quadratmeter Geschossfläche, somit bei *** qm Grundstücksfläche *** EUR und für eine fiktive Geschossfläche von *** qm *** EUR, jeweils zuzüglich der gesetzlichen Mehrwertsteuer.
– Vorauszahlung auf die Herstellungsbeiträge für die Entwässerung in Höhe von *** EUR pro Quadratmeter Grundstücksfläche und von *** EUR pro Quadratmeter Geschossfläche, somit bei *** qm Grundstücksfläche *** EUR und für eine fiktive Geschossfläche von *** qm *** EUR.

Mit Ausnahme der vorstehend vereinbarten Vorauszahlungen sind Erschließungsbeiträge nach dem BauGB *[ggf.: landesrechtliche Vorschrift ergänzen]* und Anliegerbeiträge nach § *** KAG im Kaufpreis nicht enthalten. Diese sind vom Käufer zu zahlen; dies gilt auch für bescheidsmäßig erhobene Vorausleistungen. Für die Zahlungspflicht gelten die gesetzlichen Bestimmungen und die gemeindlichen Satzungen *[ggf. bei Ländern, in denen die Gemeinde selbst Beitragsschuldner sein kann:* Da die Gemeinde aufgrund der gesetzlichen Vorschriften selbst Beitragsschuldner sein kann, hat diese Beiträge unabhängig davon, wer Beitragsschuldner ist, einschließlich etwaiger Vorauszahlungen, der jeweilige Käufer zu tragen].

Die vereinbarten Vorauszahlungen sind mit der endgültigen Beitragsschuld zu verrechnen, und zwar auch dann, wenn das Eigentum zwischenzeitlich gewechselt hat. Überschüssige Vorauszahlungen sind demjenigen zu erstatten, demgegenüber der Beitragsbescheid ergeht *[Alt.:* der sie an die Gemeinde entrichtet hat].

IV. Vereinbarungen über Haus-/Grundstücksanschlüsse

Eine Vereinbarung über Hausanschlüsse, die nach dem Landeskommunalabgabengesetz 44b abgerechnet werden, ist, auch wenn sie in einem Grundstückskauf getroffen wird, öffentlich-rechtlich.[286] Lasten diesbezügliche Kosten als öffentliche Last auf einem Grundstück soll der vereinbarte lastenfreie Eigentumsübergang keinen unzulässigen Verzicht auf diese Abgaben darstellen, wenn der Kaufpreis angemessen ist und/oder weitere Verpflichtungen zu Gunsten der Gemeinde vereinbart sind.[287] In der Notarurkunde sollte allerdings, um derartige Auslegungsprobleme zu vermeiden, die auf die Hausanschlusskosten entfallende Gegenleistung gesondert ausgewiesen werden.

---

[285] Vgl. hierzu die Musterformulierung bei *Grziwotz*, Baulanderschließung, S. 351. Zur grunderwerbsteuerlichen Behandlung bei Übernahme bzw. Erstattung durch einen Grundstückserwerb s. Finanzbehörden der Länder v. 16. 9. 2015, BStBl. I 2015, 823 Ziff. 4.2.1.2 (keine Bemessungsgrundlage).
[286] VG Gießen IMR 2011, 378.
[287] So VG Gießen IMR 2011, 378.

D. Der Durchführungsvertrag zum Vorhaben- und Erschließungsplan

I. Regelungssystematik

45   Der Vorhaben- und Erschließungsplan (sog. **vorhabenbezogener Bebauungsplan,** § 12 BauGB) ist anders als „normale" Bebauungspläne auf Verwirklichung angelegt.[288] Es handelt sich um eine „Paketlösung" aus drei Teilen: dem Vorhaben- und Erschließungsplan des Investors, der gemeindlichen Satzung und dem zwischen Vorhabenträger und Gemeinde zu schließenden Durchführungsvertrag.[289]

In der Vorbereitungsphase legt der Investor für ein bestimmtes Projekt einschließlich der Erschließung der Gemeinde einen **Plan,** gegebenenfalls samt Umweltbericht vor. Dieser muss nicht der Planzeichenverordnung entsprechen und kann auch Regelungen enthalten, die nach § 9 BauGB als Festsetzung in einem Bebauungsplan nicht möglich sind. Die Gemeinde kann bei der Bestimmung der baulichen Nutzung vom Typenzwang des § 1 Abs. 2 BauNVO abweichen und eigene Vorgaben aufstellen, sofern diese einer geordneten städtebaulichen Entwicklung entsprechen.[290] Auch eine Bindung an die Bau-NVO besteht nicht (§ 12 Abs. 3 S. 2 BauGB);[291] die BauNVO ist jedoch bei der Konkretisierung der Anforderungen an eine geordnete städtebauliche Entwicklung als Leitlinie und Orientierung zu beachten.[292] Der Plan muss sich ferner auf städtebauliche Angelegenheiten beschränken. Er kann sich auf ein oder mehrere Vorhaben beziehen.[293] Die allgemeine Festsetzung eines Baugebietes genügt in der Satzung (§ 12 Abs. 3a BauGB);[294] im Vorhaben- und Erschließungsplan wird dagegen die Errichtung eines oder mehrerer konkreter Vorhaben iSv § 29 Abs. 1 BauGB geregelt.[295] Die Zulässigkeit ist auf solche Vorhaben beschränkt, zu deren Realisierung sich der Vorhabenträger im Durchführungsvertrag verpflichtet.[296] Das Verfahren endet regelmäßig mit dem Antrag des Vorhabenträgers an die Gemeinde, für den von ihm vorgelegten, mit der Gemeinde abgestimmten Vorhaben- und Erschließungsplan das Satzungsverfahren einzuleiten. Ein Anspruch auf eine Bauleitplanung besteht auch in diesem Verfahren nicht. Es handelt sich um keinen Verwaltungsakt.[297] Gleiches gilt für die Mitteilung der Gemeinde, das Aufstellungsverfahren nicht fortsetzen zu wollen.[298]

46   Der abgestimmte Plan wird – anders als der Durchführungsvertrag – Inhalt der Plansatzung. Ohne ihn kann ein vorhabenbezogener Bebauungsplan nicht zustande kommen.[299] Die Satzung muss nicht mehr als den abgestimmten Vorhaben- und Erschließungsplan enthalten, kann dies aber. Sind beide identisch, können sie in einer Planurkunde vereinigt werden. Die **Satzung** ist zu begründen. In die Begründung sind auch die wesentlichen Punkte des Durchführungsvertrages aufzunehmen. Die Satzung muss einer geordneten städtebaulichen Entwicklung entsprechen und grundsätzlich aus dem Flächennutzungsplan

---

[288] Vgl. VGH München DVBl. 2004, 1123; *Reicherzer* NVwZ 2017, 1233; *Uechtritz* in: Immobilienrecht 2000, S. 29 (31).

[289] S. nur *Reidt* BauR 2008, 1541 (1545).

[290] BVerwG NVwZ 2003, 96; *Kuschnerus* BauR 2011, 602 (604).

[291] Vgl. VGH Mannheim NVwZ 1997, 699.

[292] BVerwG DVBl. 2002, 1494.

[293] *Seidler* NZBau 2007, 499.

[294] Anders teilw. BVerwG BauR 2004, 286 und BauR 2004, 1908; zur Unzulässigkeit einer Festsetzung, dass nur Vorhaben zulässig sind, die innerhalb der im Durchführungsvertrag vereinbarten Frist fertiggestellt werden, s. BVerwGE 157, 315 = NVwZ 2017, 1291.

[295] Zur erforderlichen Konkretisierung s. BVerwG BauR 2018, 1243; vgl. auch OVG Lüneburg ZfBR 2015, 274; OVG Münster BauR 2016, 964; OVG Bremen KommJur 2018, 228; *Weitz* NVwZ 2016, 114 (115).

[296] *Busse* KommJur 2008, 1 (4) und *Reidt* BauR 2008, 1541 (1545).

[297] VGH Mannheim DÖV 2000, 966. Vgl. VG Augsburg BeckRS 2017, 134873.

[298] OVG Lüneburg BauR 2009, 777.

[299] VGH München BayVBl. 2012, 110; VGH Mannheim DÖV 2012, 246; OVG Lüneburg BauR 2019, 613 (616).

entwickelt sein. Nutzungskonflikte sind zu lösen.[300] Die Satzung kann auch Flächen außerhalb des Plangebiets einbeziehen (§ 12 Abs. 4 BauGB).[301]

Anders als im „normalen" Bebauungsplanverfahren ist eine Reihe von **Instrumentarien des BauGB** nicht anwendbar. Hierzu gehören insbesondere die Veränderungssperre, die Zurückstellung von Baugesuchen, das Vorkaufsrecht, die amtliche Umlegung sowie das Erschließungsbeitragsrecht und die Kostenerstattung für naturschutzrechtliche Ausgleichsmaßnahmen. In seinen Rechtswirkungen steht der vorhabenbezogene Bebauungsplan jedoch einem „normalen" Bebauungsplan gleich. Auch bei ihm sind Ausnahmen und Befreiungen möglich.[302]   47

II. Abschluss des Durchführungsvertrages

1. Rechtsnatur und Form, Ausschreibungspflicht. Der öffentlich-rechtliche Durchführungsvertrag verbindet den Vorhaben- und Erschließungsplan des Investors und die Satzung der Gemeinde. Er enthält die Einzelheiten der durchzuführenden Bau- und Erschließungsmaßnahmen sowie die Kostentragungsregelung. Es handelt sich um einen **Spezialfall des städtebaulichen Vertrages.** Sofern die Veräußerung von Erschließungsflächen an die Gemeinde vorgesehen ist, bedarf er der notariellen Beurkundung.[303] Da er zwingend Baupflichten enthält, findet auf ihn das Vergaberecht Anwendung, wenn Bauwerke der Gemeinde unmittelbar wirtschaftlich zugute kommen (zB Straßen, ein Kinderspielplatz, ein Kindergarten).[304] Problematisch ist die vergaberechtliche Gegenleistung, die in Geld oder in der Übertragung eines befristeten Nutzungsrechts bestehen muss. Eine geldwerte Leistung kann auch die vergünstigte Bereitstellung eines Grundstücks darstellen. Vorhaben- und Erschließungsplan, Durchführungsvertrag und vorhabenbezogener Bebauungsplan müssen aufeinander abgestimmt sein und dürfen sich nicht widersprechen.[305] Zulässig ist es aber, in den Durchführungsvertrag weitere Elemente, zB Detailfestlegungen, aufzunehmen.   48

2. Zeitpunkt des Vertragsabschlusses. Der öffentlich-rechtliche Durchführungsvertrag muss vor dem Beschluss der Gemeinde nach § 10 Abs. 1 BauGB über den vorhabenbezogenen Bebauungsplan (Satzungsbeschluss) geschlossen werden (§ 12 Abs. 1 S. 1 BauGB).[306] Es soll allerdings ein bindendes Angebot des Vorhabenträgers genügen, das die Gemeinde vor dem Satzungsbeschluss noch nicht annehmen muss.[307] Zulässig ist es, die Wirksamkeit des Durchführungsvertrages an das **In-Kraft-Treten der Satzung** zu knüpfen.[308]   49

3. Vorhabenträger und Wechsel. Der **Vorhabenträger** muss zur Durchführung des Vorhabens im Zeitpunkt des Satzungsbeschlusses bereit und in der Lage sein.[309] Er muss ein hinreichend gesichertes Zugriffsrecht auf die Grundstücke im Geltungsbereich des vorhabenbezogenen Bebauungsplans haben. Er sollte im Regelfall Eigentümer der vom Vorhaben- und Erschließungsplan betroffenen Flächen sein. Ausreichend ist es jedoch auch, wenn der schuldrechtliche Erwerbsvertrag bereits geschlossen, die Vormerkung zu-   50

---

[300] BVerwG BauR 2004, 975; OVG Bremen BauR 2018, 1828; zur Normenkontrolle OVG Saarlouis NVwZ-RR 2008, 769. Vgl. auch OVG Lüneburg BauR 2019, 63.
[301] Vgl. OVG Münster BauR 2012, 1357.
[302] VGH Mannheim BauR 2007, 1687; BauR 2018, 1098.
[303] *Busse* KommJur 2008, 1 (6).
[304] Str., OLG Schleswig NZBau 2013, 453; *Reidt* BauR 2007, 1664.
[305] OVG Münster BauR 2006, 1275.
[306] Früher str., vgl. OVG Bautzen 9.4.2008 – 1 BS 448/07; OVG Münster BeckRS 2008, 39423; *Swierczyna* LKV 2009, 452.
[307] BVerwG BauR 2012, 222; OVG Münster BauR 2012, 210; VGH Mannheim DVBl. 2009, 1110.
[308] EZBK/*Krautzberger* BauGB § 12 Rn. 99.
[309] VGH München KommJur 2018, 268.

gunsten des Vorhabenträgers im Grundbuch eingetragen oder zumindest beantragt ist und der Abwicklung keine Hindernisse mehr entgegenstehen.[310] Ob auch schuldrechtliche oder dingliche Nutzungsrechte genügen (zB ein Pachtvertrag), ist eine Frage des Einzelfalls.[311] Unverzichtbar für die Erfüllung der Durchführungsverpflichtung ist jedoch die privatrechtliche Befugnis zur baulichen oder sonstigen Nutzung. Der Vorhabenträger muss ferner über die finanziellen Mittel verfügen, die erforderlich sind, um die übernommenen Verpflichtungen zu erfüllen.[312]

51   Vorhabenträger kann grundsätzlich jede natürliche und juristische **Person** sein. Auch eine Gesellschaft des bürgerlichen Rechts (Projektgesellschaft)[313] und eine Körperschaft des öffentlichen Rechts kommen als Vorhabenträger in Betracht. Dagegen kann die Gemeinde selbst nicht Vorhabenträger sein.

52   Vorhabenträger kann auch eine juristische Person des Privatrechts sein, die ganz oder teilweise im Eigentum der Gemeinde steht, insbesondere eine städtische Wohnungsbaugesellschaft.[314] § 11 Abs. 1 S. 3 BauGB lässt dies nunmehr ausdrücklich zu.[315] Allerdings hat der Umstand Auswirkungen auf die gerichtliche Überprüfung des Bebauungsplans.

53   Vorhabenträger kann nach dem eindeutigen Gesetzeswortlaut nur sein, wer eine Durchführungsverpflichtung übernimmt, also nicht der sog. „Aufschließer" oder „Projektentwickler", der Grundstücke nur „baureif" macht.[316] Die Durchführungsverpflichtung des Vorhabenträgers (→ Rn. 55) bedeutet jedoch nicht, dass er das Vorhaben selbst nach seiner Realisierung auch betreiben muss. Sie enthält nur eine Realisierungs-, aber keine Nutzungspflicht. So kann von vornherein eine Veräußerung, zB durch einen Bauträger, beabsichtigt sein. Die Durchführungsverpflichtung bleibt hiervon unberührt. Die Durchführungspflicht muss sich auf das gesamte Vorhaben beziehen; es können nicht einzelne Teile in das Belieben des Vorhabenträgers gestellt werden. Der Vorhabenträger, der eine Durchführungsverpflichtung (zB bezüglich eines Lärmschutzwalls) eingegangen ist, kann nicht diesbezüglich einen Normenkontrollantrag nach Realisierung der überwiegenden Zahl der Bauwerke gegen die Satzung stellen.[317] Soll der Vorhabenträger aus seiner Verpflichtung zur Durchführung des Vorhabens und der Erschließungsmaßnahmen entlassen werden, handelt es sich um einen Fall des **Wechsels des Vorhabenträgers.** Dieser bedarf der Zustimmung der Gemeinde. Sie darf nur dann verweigert werden, wenn Tatsachen die Annahme rechtfertigen, dass die fristgemäße Durchführung des Vorhaben- und Erschließungsplans gefährdet ist (§ 12 Abs. 5 S. 2 BauGB). Die Gemeinde hat dagegen nicht das Recht, die Satzung aus Anlass des Wechsels des Vorhabenträgers aufzuheben. Eine diesbezügliche vertragliche Vereinbarung dürfte unwirksam sein.[318]

54 **4. Vertragsinhalt.** Der Durchführungsvertrag, der nicht im Verfahren mitauszulegen ist, muss im Wesentlichen folgende **Punkte** regeln:[319]

55   (1) **Verpflichtung zur Durchführung des Vorhabens:** Das zu realisierende Vorhaben sollte nach Art und Maß der baulichen Nutzung, der überbaubaren Grundstücksflächen und der Außengestaltung einschließlich naturschutzrechtlicher Ausgleichsmaßnah-

---

[310] Vgl. BVerwG BauR 2018, 1086; VGH München BayVBl. 2002, 113 (114); VGH Kassel BauR 2018, 1088; zum Bestehen eines Rücktrittsrechts OVG Lüneburg BauR 2014, 811. Zum Sonderfall des Eigentums der Gemeinde VGH Kassel BauR 2018, 1088.

[311] Offen für schuldrechtliches Nutzungsrecht OVG Bautzen BeckRS 2008, 35655; vgl. *Oerder* BauR 2009, 744 (748).

[312] BVerwG BauR 2018, 1086.

[313] Vgl. OVG Saarlouis BeckRS 2013, 56360; ausführlich *Oerder* BauR 2019, 597 (598).

[314] Vgl. BVerwG BauR 2013, 71.

[315] EZBK/*Krautzberger* BauGB § 12 Rn. 59 und BeckOK BauGB/*Busse* BauGB § 12 Rn. 20.

[316] Ganz hM, s. nur *Busse/Grziwotz* VEP Rn. 72.

[317] OVG Saarlouis BauR 2009, 629; VGH Mannheim ZfBR 2018, 174. Vgl. VGH München BayVBl. 2015, 864.

[318] Wie hier *Krautzberger* NotBZ 2010, 241 (242); weitergehend Krautzberger/*Söfker,* BauGB, 8. Aufl. 2007, Rn. 235.

[319] Vgl. die Muster bei *Busse/Grziwotz* VEP S. 249 ff.

men möglichst genau beschrieben werden. Es muss textlich und zeichnerisch so konkret beschrieben werden, dass eine Umsetzung der Durchführungsverpflichtung des Vorhabenträgers eindeutig feststellbar ist.[320] Wurde im Bebauungsplan die bauliche und sonstige Nutzung nur allgemein festgelegt, ist im Durchführungsvertrag zu regeln, welche Vorhaben (zB Wohngebäude, Anlagen für soziale Zwecke) auf welchen Grundstücken realisiert werden sollen. Auf diese Weise wird die Verpflichtung des Vorhabenträgers, ein bestimmtes Vorhaben zu realisieren, festgelegt. Der Investor muss sich zur Durchführung dieses Vorhabens, und zwar insgesamt, wenn auch möglicherweise zeitlich gestaffelt, innerhalb eines bestimmten Zeitraums verpflichten. Die Fristen für die Abgabe des Bauantrags, des Baubeginns und der Fertigstellung sollten geregelt werden, wobei jedoch auch die Vereinbarung eines endgültigen Fertigstellungstermins ausreichend sein kann. Nicht ausreichend ist es, wenn sich der Vorhabenträger lediglich verpflichtet, innerhalb einer bestimmten Frist einen Bauantrag zu stellen. Es kann vereinbart werden, dass eine Verlängerung der Durchführungsfrist mit Zustimmung der Gemeinde möglich ist.[321] Der Zeitraum bis zur endgültigen Fertigstellung darf nicht solange sein, dass eine Durchführungspflicht faktisch nicht mehr besteht. Bei einem bereits realisierten Vorhaben, das planungsrechtlich durch einen vorhabenbezogenen Bebauungsplan abgesichert werden soll, ist eine Durchführungsfrist überflüssig.[322] Falls erforderlich, ist eine Koordinierung mit bodenordnenden Maßnahmen (zB Abriss bestehender baulicher Anlagen und Beseitigung von Bodenverunreinigungen) und mit naturschutzrechtlichen Ausgleichsmaßnahmen vorzusehen. Die Gemeinde ist grundsätzlich verpflichtet zu prüfen, ob der Vorhabenträger zur Durchführung des Vorhabens in der Lage ist. Nicht ausreichend ist, dass der Vorhabenträger finanziell in der Lage ist, die Erschließungskosten zu tragen.[323] Die Gemeinde soll nämlich nicht nur von dem Risiko entbunden werden, die Erschließungsmaßnahmen auf eigene Kosten durchführen zu müssen, sondern auch die Gewissheit haben, dass das konkrete Vorhaben, für das sie den vorhabenbezogenen Bebauungsplan aufstellt und beschließt, auch durchgeführt wird. Wie im Einzelnen die tatsächlich vorliegende Finanzkraft bezogen auf die Realisierbarkeit des geplanten Vorhabens durch den Investor nachgewiesen werden kann, ist eine Frage des konkreten Falls. Meist wird auch die vertragliche Sicherstellung der Durchführung des Vorhabens zB durch verbindliche Kreditzusagen, Bankbürgschaften oder Patronatserklärungen umfasst sein. Im Einzelfall kann jedoch wegen der Möglichkeit, das Baurecht zu entziehen (§ 12 Abs. 6 BauGB), auf Sicherheiten verzichtet werden. Sowohl im vorhabenbezogenen Bebauungsplan als auch im Durchführungsvertrag können ein Baurecht auf Zeit samt Rückbaupflicht, eine Folgenutzung und ein dies absichernder Entschädigungsverzicht vereinbart werden.[324]

(2) **Verpflichtung zur Erschließung:** Vertragsinhalt ist ferner die Verpflichtung zur 56 Durchführung der Erschließungsmaßnahmen. Dieser Begriff ist in einem weiten Sinne zu verstehen und umfasst alle Anlagen, die erforderlich sind, um das Grundstück, wie dies nach der Durchführungsverpflichtung beabsichtigt ist, nutzen zu können. Über die in § 127 Abs. 2 BauGB genannten Einrichtungen hinaus fallen hierunter vor allem auch der Anschluss an Wasser, Elektrizität und Fernwärme sowie die Entwässerung.[325] Grundlage ist der Erschließungsplan, der durch von der Gemeinde genehmigte Ausbaupläne regelmäßig konkretisiert wird. Hinsichtlich der Erschließungsmaßnahmen sollte ein Realisierungszeitraum festgelegt werden.[326] Wichtiger als im Rahmen der Sicherung der Durch-

---

[320] OVG Münster BauR 2012, 210.
[321] VGH Mannheim NVwZ 1997, 699. Vgl. auch *Bunzel,* Anforderungen an den Abschluss von Durchführungsverträgen, in: Mitschang, Vorhabenbezogene Bebauungspläne, 2019, S. 25 (32).
[322] OVG Koblenz ZfBR 2001, 560.
[323] BVerwG BauR 2018, 1086; OVG Münster NVwZ-RR 2006, 673.
[324] VGH Mannheim NJOZ 2015, 1344; *Upmeier* BauR 2004, 1382 (1391).
[325] Zur Beachtung der Abgabengleichheit OVG Greifswald DVBl. 1999, 410; zur Abrechnung s. *Friege* ZfIR 2001, 694.
[326] Zur Sicherung der Erschließung OVG Berlin-Brandenburg KommJur 2017, 197.

führung des Vorhabens ist bei der Verpflichtung zur Erschließung die Sicherung der Gemeinde. Diese wird regelmäßig durch eine Vertragserfüllungs- und eine Mängelbürgschaft
erfolgen. Sind die betroffenen Grundstücke bereits voll erschlossen, kann das Instrument
des vorhabenbezogenen Bebauungsplans nach herrschender Meinung dennoch zur Anwendung kommen.[327] Unzulässig ist demgegenüber eine isolierte Straßenplanung.[328]

57   (3) **Vereinbarungen hinsichtlich der Kostentragung:** Die Gemeinde und der Investor haben ferner eine Vereinbarung über die Tragung der Planungs- und Erschließungskosten zu treffen. Die Kosten der Planung beinhalten nicht nur diejenigen des Vor-
haben- und Erschließungsplans, sondern darüber hinaus auch zusätzliche Planungskosten
(zB Kosten für Altlastenuntersuchungen, den Umweltbericht und weitere Gutachten).[329]
Das Gesetz lässt es zu, dass der Investor die gesamten oder nur einen Teil der Kosten
trägt. Dies gilt nach überwiegender Ansicht auch für die mit der Durchführung der Erschließungsmaßnahmen verbundene Kostentragungspflicht.[330] Erfolgt die Übernahme der
Erschließungskosten durch die Gemeinde gezielt zur Förderung einer Industrieansiedlung
und betrifft diese Anlagen, die nur oder überwiegend dem Projekt zugute kommen, können sich allerdings Probleme aus Art. 107 AEUV ergeben. Danach bedürfen dem Unternehmen gewährte staatliche Beihilfen, die einen bestimmten Betrag übersteigen, der Genehmigung der EU-Kommission (dazu → Rn. 23).

58   (4) **Weitere Regelungsbereiche:** Der Durchführungsvertrag kann weitere Elemente
eines städtebaulichen Vertrages enthalten, so zB eine Bindung hinsichtlich einer Wohn-
bauförderung.[331] Allerdings können diese städtebaulichen Zielsetzungen alternativ dazu im
vorhabenbezogenen Bebauungsplan enthalten sein. Auch eine doppelte Regelung ist
möglich. Empfehlenswert sind Anpassungsklauseln, wenn sich im Rahmen des Satzungs-
oder Baugenehmigungsverfahrens noch Änderungen hinsichtlich des Vorhabens ergeben.
Der Durchführungsvertrag wird ferner grundsätzlich unter dem Vorbehalt des In-Kraft-
Tretens der Satzung stehen; allerdings sollten hiervon diejenigen Teile ausgeklammert
werden, die bereits vor dem In-Kraft-Treten der Satzung gelten sollen, wie zB Kosten-
übernahmeverpflichtungen und die Stellung von Sicherheiten. Hinsichtlich dieser Punkte
sollte ferner geregelt werden, ob vom Vorhabenträger übernommene Kosten im Falle des
Scheiterns der Bauleitplanung von der Gemeinde erstattet werden. Ohne eine entsprechende Vereinbarung besteht ein diesbezüglicher Anspruch nur in Ausnahmefällen. Ein
solcher ist nicht bereits gegeben, wenn der (neu gewählte) Gemeinderat eine andere Pla-
nungskonzeption entwickelt.[332]

59   Strittig ist, ob ein Vorhaben- und Erschließungsplan auch zulässig ist, wenn bereits ein
Baurecht besteht. Dies dürfte im Hinblick auf das alleinige Initiativrecht des Vorhabenträgers zu bejahen sein.[333]

III. Leistungsstörungen und Aufhebung der Satzung

60   Leistungsstörungen bei Durchführung der vertraglich vereinbarten Verpflichtungen berühren zunächst nur den Durchführungsvertrag, nicht die Satzung. Der Gemeinde stehen
insofern das **vertragliche Instrumentarium** und die dort vorgesehenen Sicherungsmaßnahmen zu. Zusätzlich fällt bei einer nicht fristgerechten Durchführung des Vorhaben-
und Erschließungsplanes gleichsam die Geschäftsgrundlage des „Gesamtpaketes" weg. Die
Gemeinde soll in diesem Fall den vorhabenbezogenen Bebauungsplan aufheben (§ 12

---

[327] VGH Mannheim NVwZ 1997, 699; *Lüers* ZfBR 1997, 231 (236); aA *Bielenberg* ZfBR 1996, 6 (7).
[328] VGH München BayVBl. 2006, 665.
[329] Vgl. OVG Koblenz NVwZ-RR 2011, 638. Zu Kostensteigerungen VGH München BeckRS 2018,
11391.
[330] *Lüers* ZfBR 1997, 231 (236); *Menke* NVwZ 1998, 577 (579).
[331] VGH Mannheim DÖV 2001, 343.
[332] BGH ZfIR 2006, 770; vgl. auch OLG Celle BauR 2012, 1793; OVG Koblenz DNotZ 2015, 376 und
OLG München BauR 2011, 1538.
[333] Ebenso *Schliepkorte* S. 18.

Abs. 6 S. 1 BauGB).[334] Unerheblich ist, ob den Vorhabenträger an der nicht fristgerechten Realisierung des Projektes ein Verschulden trifft.[335] Zum Schutz der Entscheidungsfreiheit der Gemeinde bestimmt das Gesetz, dass aus der **Aufhebung des vorhabenbezogenen Bebauungsplans** keine Ansprüche gegen die Gemeinde geltend gemacht werden können (§ 12 Abs. 6 S. 2 BauGB). Dies gilt insbesondere für eventuelle Ansprüche aus dem Planungsschadensrecht und für vertragliche Ansprüche. Betroffen sind auch Ansprüche der Erwerber, die vom Vorhabenträger gekauft haben, da es sich hinsichtlich des Planungsschadensrechts lediglich um abgeleitete Positionen handelt.[336] Der gesetzliche Entschädigungsausschluss gilt zwar nur für die Aufhebung der Satzung wegen Zweckverfehlung. Ein weitergehender vertraglicher Verzicht des Vorhabenträgers dürfte aber zulässig sein.[337] Die Gemeinde hat die Wahl, ob sie zunächst ihre Ansprüche aus dem Durchführungsvertrag geltend macht oder das Satzungsaufhebungsverfahren betreibt. Für die Entscheidung gilt das Verhältnismäßigkeitsprinzip. Unstrittig entfällt bei einer Aufhebung des Bebauungsplans die Geschäftsgrundlage für den Durchführungsvertrag. Ist der Durchführungsvertrag nicht wirksam oder fehlt er, so ist die Satzung nichtig.[338] Ist der Durchführungsvertrag wegen eines Verstoßes gegen die Beurkundungspflicht nichtig, so tritt zwar mit Grundbuchvollzug des Grundstücksgeschäfts eine Heilung ein (§ 311b Abs. 1 S. 2 BGB). Diese erfolgt jedoch nur mit Wirkung ex nunc; der unwirksame vorhabenbezogene Bebauungsplan wird hiervon nicht erfasst. Eine Verpflichtung der Gemeinde zum nochmaligen Satzungsbeschluss besteht nicht.

E. Stadtumbauvertrag und Vertrag zu Maßnahmen der „Sozialen Stadt"

I. Der Stadtumbauvertrag (§ 171c BauGB)

Stadtumbaumaßnahmen (§§ 171a–171d BauGB) sind solche, durch die in von erheblichen städtebaulichen Funktionsverlusten betroffenen Gebieten Anpassungen zur Herstellung nachhaltiger städtebaulicher Strukturen vorgenommen werden. Funktionsverluste liegen insbesondere vor, wenn ein dauerhaftes Überangebot an baulichen Anlagen für bestimmte Nutzungen, namentlich für Wohnzwecke, besteht oder zu erwarten ist, und das sich vor allem durch einen Leerstand dokumentiert. Stadtumbaumaßnahmen sollen vor allem dazu beitragen, die Siedlungsstruktur den Erfordernissen von Bevölkerung und Wirtschaft anzupassen, die Wohn- und Arbeitsverhältnisse sowie die Umwelt zu verbessern, innerstädtische Bereiche zu stärken, nicht mehr bedarfsgerechte bauliche Anlagen einer Nutzung zuzuführen oder sie notfalls zurückzubauen, frei gelegte Flächen nachhaltig städtebaulich zu entwickeln oder zwischenzunutzen sowie innerstädtische Altbaubestände zu erhalten (§ 171a Abs. 2 und Abs. 3 BauGB). In einem ersten Schritt stellt zunächst die Gemeinde die Problemsituation und die erforderlichen Maßnahmen fest, bezeichnet das Stadtumbaugebiet und konkretisiert dann die erforderlichen Maßnahmen unter Beteiligung der betroffenen Bürger und Behörden und stellt in Abwägung der öffentlichen und privaten Belange ein **städtebauliches Entwicklungskonzepts** auf. In ihm werden die beabsichtigten Ziele und Maßnahmen sowie der Mitteleinsatz[339] dargestellt.   **61**

Zur Umsetzung dieses städtebaulichen Entwicklungskonzepts sollen die Gemeinden städtebauliche Verträge, insbesondere mit den beteiligten Eigentümern schließen. Der Einsatz hoheitlicher Maßnahmen, insbesondere der städtebaulichen Gebote und der flankierend vorgesehenen Stadtumbausatzung zur Unterbindung von Fehlentwicklungen (§ 171d BauGB) sind teilweise ungenügend. Der Stadtumbauvertrag (§ 171c BauGB) ist   **62**

---

[334] Vgl. OVG Berlin-Brandenburg LKV 2009, 175. Zur Anpassung des Vertrags vgl. BVerwG DVBl. 2013, 40.
[335] Jäde/Dirnberger/*Spieß* BauGB § 12 Rn. 62.
[336] Jäde/Dirnberger/*Spieß* BauGB § 12 Rn. 65.
[337] Früher str., vgl. *Pietzcker* NVwZ 2001, 968 und *Grziwotz* MittBayNot 1999, 44 (46).
[338] VGH Mannheim ZfIR 2003, 469; VGH München BayVBl. 2006, 665 (667).
[339] Vgl. *Goldschmidt/Taubenek* LKV 2003, 446.

ein Sonderfall des städtebaulichen Vertrages.[340] **Gegenstand dieser Verträge** sind insbesondere

- die Durchführung des Rückbaus baulicher Anlagen innerhalb einer bestimmten Frist,
- die Regelung der Kostentragung für den Rückbau,
- der Verzicht auf Ansprüche des Planungsschadensrechts (§§ 39–44 BauGB) und
- der Ausgleich von Lasten zwischen den beteiligten Eigentümern.

Die Aufzählung im Gesetz (§ 171c S. 2 Nr. 1–3 BauGB) ist jedoch nicht abschließend. Hoheitliche Maßnahmen sind gegenüber derartigen Vereinbarungen subsidiär. Es besteht kein Kontrahierungszwang. Die Gemeinde soll die Möglichkeit einer vertraglichen Einigung lediglich ausloten. Dabei ist jedoch der Gleichbehandlungsgrundsatz zu beachten. Da es sich um eine Spezialregelung des städtebaulichen Vertrages handelt, haben daneben die allgemeinen Anforderungen des § 11 BauGB Bedeutung. Bei dem Stadtumbau liegt eine Gesamtmaßnahme vor, deshalb besteht regelmäßig bei den Vereinbarungen ein „Vertragsbündel". Einzelne Bestandteile dieses Vertragsbündels können ihren Schwerpunkt im öffentlichen oder privaten Recht haben. Auch gemischte Vereinbarungen sind möglich. Diesbezügliche Vereinbarungen setzen eine Prognose der Wertentwicklung voraus. Dementsprechend werden Ausgleichsleistungen in Geld oder durch Übertragung von Immobilien von den begünstigten Eigentümern an die benachteiligten vereinbart. Einzubeziehen sind bei Zahlungen auch die Grundpfandrechtsgläubiger. Neben finanziellen Transferleistungen[341] sind vor allem auch Baupflichten von Bedeutung; sie betreffen insbesondere den Rückbau.[342] Bei einer Umplanung, insbesondere einer Herabstufung eines bestehenden Baurechts, kann ferner ein (auch bis zu einer bestimmten baulichen Qualität eingeschränkter) Entschädigungsverzicht vereinbart werden. Auch Miteigentümer- und Gesellschaftsmodelle sind denkbar. Der Umbauvertrag kann auch mit einer Fördervereinbarung verbunden werden. Neben den genannten Gegenständen können auch Zwischennutzungen, ein erforderlicher Mieterumzug oder eine Gewerbeauslagerung Bestandteil von Stadtumbauverträgen sein. Insofern spielt auch das Baurecht auf Zeit eine Bedeutung.[343] Obwohl das Gesetz nur die beteiligten Eigentümer nennt, sind auch weitere Personen, nämlich Finanzierungsinstitute, Dienstbarkeitsberechtigte und Grundstückserwerber mit einzubeziehen. Anders als bei Baulandausweisungen geht es um die interessengerechte Verteilung eines „Mangels". In vielen Fällen wird eine bauliche Nutzungsperspektive für das betroffene Grundstück nicht mehr gegeben sein.[344]

63   Die vertraglichen Vereinbarungen müssen nach den gesamten Umständen **angemessen** sein. Insofern erweitert § 171c BauGB die Regelung des § 11 BauGB.[345] Der Investor kann im Rahmen der Angemessenheit auch Kosten für den Rückbau übernehmen, auf Entschädigungsansprüche nach den §§ 39 ff. BauGB verzichten und sich an einem internen Lastenausgleich zwischen den Eigentümern beteiligen. Eine Grenze bildet das Kriterium des angemessenen Lastenausgleichs zwischen der Gemeinde und den Eigentümern einerseits und den verschiedenen Eigentümern untereinander andererseits.[346] Allerdings bleibt insoweit ein ausreichender Spielraum. Im Rahmen der Angemessenheit muss insbesondere darauf geachtet werden, dass der „Trittbrettfahrereffekt", der durch den Rückbau einzelner Eigentümer eintritt, gleichmäßig auf die davon profitierenden anderen Eigentümer, die nach Beseitigung des Leerstands ihre Objekte wieder vermieten können,

---

[340] *Goldschmidt* DVBl. 2005, 81 (85).
[341] Vgl. *Goldschmidt/Terboven* ZfIR 2005, 597.
[342] Vgl. *Lege* NVwZ 2005, 880; *Goldschmidt* BauR 2006, 318; *v. u. z. Franckenstein* BauR 2006, 1080; *Krautzberger/Stüer* BauR 2012, 874; *dies.* Stadt und Gemeinde 2012, 487; *Schröer/Kulick* NZBau 2013, 27 (28). Krit. zur „Niederlegung von Gebäuden" durch vertragliche Vereinbarungen *Thiel* LKV 2018, 241 (245).
[343] Vgl. OVG Münster BauR 2011, 1943; zum Muster für eine Rückbaupflicht *Grziwotz* KommJur 2009, 175 (178).
[344] *Reuter* Grund und Bodenforum 2004, 259 (264).
[345] Ebenso *Stüer*, Handbuch des Bau- und Fachplanungsrechts, 5. Aufl. 2015, Rn. 2421.
[346] So *Stüer*, Handbuch des Bau- und Fachplanungsrechts, 5. Aufl. 2015, Rn. 2422.

verteilt wird. Eine Unangemessenheit liegt jedenfalls vor, wenn die Belastung für den einzelnen Eigentümer mehr als das Doppelte ausmacht, als es bei einer wirtschaftlich gleichmäßigen Beteiligung der Fall wäre. Nachdem die Regelung des Stadtumbauvertrags keine Spezialvorschrift gegenüber den sonstigen Gesetzen darstellt, müssen zudem die verbraucherschützenden Normen des Zivilrechts, das Gewerberecht, insbesondere die MaBV, und sonstige öffentlich-rechtliche Bestimmungen beachtet werden. Gleiches gilt für verfahrensschützende Normen wie zB § 17 Abs. 2a BeurkG.[347]

II. Der Vertrag zu Maßnahmen der „Sozialen Stadt" (§ 171e Abs. 5 S. 4 BauGB)

Maßnahmen der „Sozialen Stadt" liegen in der Behebung sozialer Missstände. Es handelt 64 sich um investive und sonstige Maßnahmen, um erhebliche Nachteile zu beheben, die aufgrund der Zusammensetzung und wirtschaftlichen Situation in bestimmten Gemeindegebieten den dort lebenden und arbeitenden Menschen entstehen. Es geht um Orts- und Stadtteile, die durch hohe Arbeitslosigkeit, wirtschaftliche Probleme des mittelständischen Gewerbes, Defizite bei der Integration ausländischer Mitbürger, Vernachlässigung von Gebäuden und der öffentlichen Räume, Vandalismus und ähnlichen Erscheinungen belastet sind. Die diesbezüglichen Maßnahmen treten neben die herkömmlichen Instrumentarien des Städtebaurechts. Insoweit soll eine Bindung von investiven und sonstigen Maßnahmen vorgenommen werden (§ 171e Abs. 2 BauGB). Hierzu werden die gebietsbezogenen sozialen Missstände zunächst festgestellt. Sodann werden die Ziele und Maßnahmen der Sozialen Stadt unter Beteiligung der Betroffenen und der öffentlichen Aufgabenträger festgelegt, und zwar einschließlich des betroffenen Gemeindegebiets.

Auch insoweit sollen Vereinbarungen mit den Betroffenen und den Maßnahmenträgern zur Verwirklichung und zur Förderung der Ziele des Entwicklungskonzepts, das von den Beteiligten erarbeitet wurde, abgeschlossen werden (§ 171e Abs. 5 S. 4 BauGB). Mit ihnen kann vor allem die Übernahme von Kosten vereinbart werden. Es handelt sich im Wesentlichen um Baupflichten im Rahmen einer Modernisierung und eines Rückbaus und um die Tragung der damit verbundenen Kosten.[348]

F. Gesamtmuster: Erschließungsvertrag und weitere Vereinbarungen

notarieller Urkundseingang   65

I. Gegenstand der Erschließung

1. Übertragung der Erschließung

Die Gemeinde überträgt hiermit nach § 11 Abs. 1 S. 2 Nr. 1 BauGB die Erschließung im nachbezeichneten Erschließungsgebiet auf den Erschließungsträger. Dieser übernimmt die Erschließung im eigenen Namen und unter eigener Kostentragung, soweit in dieser Urkunde nichts anderes vereinbart ist.

2. Festlegung des Erschließungsgebiets

Das betroffene Erschließungsgebiet ergibt sich aus dem beigefügten Plan (Anlage 1). Das Erschließungsgebiet entspricht dem derzeit in Aufstellung befindlichen Bebauungsplan „***". Sollten sich noch Änderungen hinsichtlich des überplanten Gebietes ergeben, ist maßgeblich für das Erschließungsgebiet der künftige rechtsverbindliche Bebauungsplan „***" in dem bei Rechtsverbindlichkeit bestehenden Umfang. Rücktrittsrechte des Erschließungsträgers, wenn sich das Plangebiet noch ändern sollte, werden ausdrücklich nicht gewünscht.

---

[347] Vgl. *Grziwotz* ZfIR 2003, 920 (935).
[348] Vgl. Kühling/*Grziwotz*, Die Einzelhandelsimmobilie, 2013, S. 67.

3. Erschließungsanlagen

Gegenstand des Erschließungsvertrages sind folgende Erschließungsanlagen:

a) Die öffentlichen zum Anbau bestimmten Straßen, Wege und Plätze einschließlich Fahrbahnen, Geh- und Radwege, Parkstreifen, Straßenentwässerung und Straßenbeleuchtung sowie Straßengleitgrün;

b) die öffentlichen aus rechtlichen oder tatsächlichen Gründen mit Kraftfahrzeugen nicht befahrbaren Verkehrsanlagen innerhalb des Baugebiets (zB Fußwege, Wohnwege);

c) Sammelstraßen innerhalb des Baugebiets;

d) selbständige und unselbständige öffentliche Parkflächen und öffentliche Grünanlagen einschließlich der Wege, Sitzbänke und übrigen Möblierung;

e) Immissionsschutzanlagen;

f) Anlagen zur Ableitung von Abwasser einschließlich der jeweiligen Grundstücksanschlüsse und eines Regenrückhaltebeckens;

g) Anlagen zur Versorgung mit Wasser einschließlich der jeweiligen Grundstücksanschlüsse;

h) Anlagen zur Versorgung mit Elektrizität und Fernwärme einschließlich der jeweiligen Grundstücksanschlüsse;

i) ein Kinderspielplatz.

II. Durchführung der Erschließung

1. Umfang der Erschließungsanlagen

Der Erschließungsträger übernimmt die erstmalige Herstellung der in Ziffer I. 3. a)–i) bezeichneten Erschließungsanlagen einschließlich der Freilegung der betroffenen Flächen sowie den Grunderwerb für die Erschließungsanlagen.

2. Vertragsbestandteile

Für die Durchführung und die endgültige Herstellung sind in der nachgenannten Rangfolge maßgebend:

a) Der künftige rechtsverbindliche Bebauungsplan „***" in seinem bei Rechtsverbindlichkeit bestehenden Bestand der Bekanntmachung. Der Entwurf mit Stand vom *** ist dieser Urkunde beigefügt (Anlage 2).

b) Die Erschließungsprojekte mit den Leistungsverzeichnissen (Anlage 3) und den Ausführungsplänen (Anlagen 4).

c) Die DIN-Vorschriften, Regelwerke und Richtlinien für die Anlage von Erschließungsstraßen (zB RASt 06).

Soweit dieser Vertrag keine ausdrücklichen Regelungen enthält, gelten ergänzend die Vorschriften des Werkvertragsrechts des Bürgerlichen Gesetzbuches (§§ 631 ff. BGB).[349]

3. Ausführung der übernommenen Erschließungsmaßnahmen

a) Der Erschließungsträger hat die Erschließungsanlagen nach den in diesem Vertrag und seinen Bestandteilen getroffenen Vereinbarungen herzustellen und auszustatten, nur normgerechte Baustoffe zu verwenden und seine Leistungen nach den anerkannten Regeln der Technik und mangelfrei auszuführen. Vor Beginn der Hochbaumaßnahmen sind die Entwässerungsanlagen und die vorgesehenen Straßen als Baustraßen herzustellen. Leitungen im Erdreich hat der Erschließungsnehmer festzustellen und vor Beschädigungen zu schützen.

Der Erschließungsunternehmer trägt die Gefahr bis zur Abnahme der geschuldeten Leistungen. Er übernimmt ab Beginn der Ausführung die Verkehrssicherungspflicht auch hinsichtlich gemeindeeigener Grundstücke, auf denen Erschließungsmaßnah-

---

[349] Es ist umstritten, ob und inwieweit die Vertragsparteien die Anwendung der §§ 631 ff. BGB oder der VOB/B vereinbaren können, vgl. *Thebille* RNotZ 2014, 333 (346).

men durchzuführen sind. Er hat unter alleiniger Verantwortung alle Sicherungsvorkehrungen, wie zB Absperrungen, Beleuchtungen, Warntafeln etc, zu treffen, um Sach- und Personenschäden zu verhindern.

Der Erschließungsträger stellt die Gemeinde hinsichtlich seiner vorstehend übernommenen Verpflichtungen von allen Ansprüchen Dritter, insbesondere Schadensersatzansprüchen, frei. Vor Beginn der Ausführung ist das Bestehen einer ausreichenden Haftpflichtversicherung mit einer Deckungssumme von *** EUR für Personenschäden und einer Deckungssumme von *** EUR für Sachschäden nachzuweisen. Auf Verlagen der Gemeinde ist während der Ausführung das Weiterbestehen der Versicherung nachzuweisen.

b) Soweit Leistungen nach den Vereinbarungen dieses Vertrages samt seinen Bestandteilen nicht genau bestimmt sind, sind sie, wie sie bei Erschließungsanlagen der gleichen Art üblich sind, und wie sie die Gemeinde nach der Art der herzustellenden Erschließungsanlagen samt Bestandteilen erwarten kann, zu erbringen. § 202 BauGB ist zu beachten.

c) Mit der Bauleitplanung einschließlich der Abrechnung der Erschließungsanlagen mit den beauftragten Bauunternehmen hat der Erschließungsträger ein Ingenieurbüro zu beauftragen, wobei die Notwendigkeit einer eventuellen Ausschreibung unberührt bleibt.

d) Der Erschließungsträger hat notwendige bau- und wasserrechtliche sowie sonstige öffentlich-rechtliche Genehmigungen und Zustimmungen vor Beginn der Ausführung einzuholen und der Gemeinde zur Kenntnisnahme vorzulegen.

e) Die Entwässerung des Baugebietes hat im Trennsystem [*Alt.:* Mischsystem] zu erfolgen. Der Erschließungsträger hat die wasserrechtliche Erlaubnis für die Einleitung von Niederschlagswasser in den Vorfluter unter Vorlage der dazu notwendigen Pläne, Beschreibungen und Berechnungen bei der zuständigen Behörde so rechtzeitig zu beantragen, dass spätestens mit der Abnahme die entsprechende Genehmigung, Bewilligung oder Erlaubnis vorliegt. Die Risiken einer Ablehnung des Antrags bzw. der Erteilung der Genehmigung unter Bedingungen und Auflagen, insbesondere hierfür anfallende Mehrkosten, trägt der Erschließungsträger.

4. Ausschreibung und Vergabe

a) Nach Hinweis auf die Erforderlichkeit einer Ausschreibung und die diesbezüglichen Schwellenwerte erklären die Beteiligten, dass diese nicht erreicht werden.[350] Die Ausführung der Bauleistungen erfolgt deshalb vom Erschließungsträger durch seinen eigenen Betrieb.

b) Die Herstellung der Straßenbeleuchtung hat der Erschließungsträger im Einvernehmen mit der Gemeinde durch den zuständigen Versorgungsträger zu veranlassen und die hierfür anfallenden Kosten zu tragen.

5. Durchführungsfristen

a) Die Erschließungsanlagen sollen zeitlich entsprechend den Erfordernissen der Bebauung und des Verkehrs hergestellt werden und spätestens bis zur Fertigstellung der anzuschließenden baulichen Anlagen benutzbar sein.

b) Für die Durchführung der Erschließungsanlagen werden folgende Vertragstermine vereinbart:
  – Beginn der Ausführung der Erschließungsarbeiten: *** Monate nach Inkrafttreten (§ 10 Abs. 3 S. 4 BauGB) des oben bezeichneten Bebauungsplans;
  – Fertigstellung der Erschließungsanlagen, ausgenommen die Feinschicht der Straßen *** Monate nach Inkrafttreten des oben bezeichneten Bebauungsplans;

---

[350] Neben den europarechtlichen Ausschreibungspflichten, wenn man von deren Anwendbarkeit ausgeht (→ Rn. 29), sind ggf. auch landesrechtliche zu beachten.

– endgültige Fertigstellung, einschließlich der Feinschicht der Straßen *** Monate nach Inkrafttreten des oben bezeichneten Bebauungsplans.

c) Der Baubeginn ist der Gemeinde *** Wochen vor Beginn der Ausführung schriftlich anzuzeigen. Die Gemeinde oder ein von ihr beauftragter Dritter ist berechtigt, die ordnungsgemäße Ausführung der Arbeiten zu überwachen und die unverzügliche Beseitigung festgestellter Mängel zu verlangen. Der Erschließungsträger hat durch Abstimmung mit Versorgungsträgern und sonstigen Leistungsträgern sicherzustellen, dass die Ver- und Entsorgungseinrichtungen für das Erschließungsgebiet (zB Kabel für Telefon- und Antennenanschluss, Strom-, Fernwärme- und Wasser- sowie Kanalleitungen) einschließlich der jeweiligen Grundstücks- bzw. Hausanschlüsse so rechtzeitig in die Verkehrsflächen verlegt werden, dass die zügige Fertigstellung der Erschließungsanlagen nicht behindert und ein Aufbruch fertiggestellter Anlagen möglichst ausgeschlossen wird. Die Verlegung von Kabeln muss unterirdisch erfolgen.

6. Abnahme

a) Die Gemeinde ist verpflichtet, die Erschließungsanlagen nach deren vertragsgemäßer Herstellung, ausgenommen die Feinschicht der Straßen, abzunehmen. Die Abnahme der Feinschicht der Straßen hat sodann nach deren vertragsgemäßer Herstellung zu erfolgen. Über die Durchführung der förmlichen Abnahme wird ein Abnahmeprotokoll erstellt, das vom Erschließungsträger und der Gemeinde zu unterzeichnen ist. In ihm sind alle festgestellten Mängel und fehlenden Leistungen aufzunehmen.

b) Der Erschließungsträger hat der Gemeinde die jeweilige Fertigstellung schriftlich anzuzeigen und die Abnahme binnen zwölf Werktagen nach Zugang der Anzeige zu verlangen. Die Gemeinde setzt einen Abnahmetermin auf einen Tag innerhalb von zwölf Werktagen nach Zugang der jeweilige Anzeige fest.

Die Abnahme der nicht begehbaren Rohrleitungen (bis DN 1200) ist mittels einer Kanalfernsehkamerafahrung (Farbvideokamera mit Videoaufzeichnung) und Aufnahmeprotokollierung nach den maßgeblichen ATV-Vorgaben vorzunehmen. Soweit die Abnahme durch Kamerafahrung hinsichtlich der Leitungen nicht möglich ist, werden Leitungen vor dem Verfüllen der Gräben durch einen Vertreter der Gemeinde gemeinsam mit dem Erschließungsträger abgenommen *[ggf.: Prüfungen, zB Wasserdruck- bzw. Luftdruckprüfung, Muffenprüfung, regeln]*, wobei die Abnahme entsprechend den vorstehenden Vereinbarungen innerhalb von zwölf Werktagen nach Zugang einer entsprechenden Mitteilung des Erschließungsträgers zu erfolgen hat.

c) Bei Abnahme hat der Erschließungsträger der Gemeinde in zweifacher Ausfertigung die vom Ingenieurbüro sachlich, fachtechnisch und rechnerisch richtig festgestellten Schlussabrechnungen mit den dazugehörigen Aufmaßen, Abrechnungszeichnungen und Massenberechnungen einschließlich der Bestandspläne, sowie einen Bestandsplan über die Wasserversorgungs- und Entwässerungseinrichtungen (Unterlagen für das Kanalkataster) zu übergeben. Ferner ist die Schadensfreiheit der erstellten Kanalhalterungen durch die Bestätigung eines diesbezüglichen Sachverständigen nachzuweisen. Die übergebenen Unterlagen werden Eigentum der Gemeinde.

Mit der Abnahme nach *** geht die Erschließungslast auf die Gemeinde über. Der Erschließungsträger stimmt, sofern betroffene Flächen in seinem Eigentum stehen, einer Widmung der öffentlichen Verkehrsflächen durch die Gemeinde bereits heute zu. Die Wasserversorgungsanlagen und die Abwasseranlagen werden mit ihrer Abnahme Bestandteil des öffentlichen Wasserversorgungs- und Entsorgungsnetzes. Sie sollen in das Eigentum der Gemeinde übergehen; die Vertragsteile verpflichten sich, sämtliche hierzu erforderlichen Erklärungen abzugeben und Handlungen vorzunehmen.

7. Rechte bei Mängeln

Für die Rechte der Gemeinde bei Sach- und Rechtsmängeln hinsichtlich der Herstellung der Erschließungsanlagen gelten die gesetzlichen Regeln der §§ 633 ff. BGB [*Alt.:* des § 13 VOB/B].

Das Recht zur Selbstvornahme der Gemeinde bestimmt sich nach § 637 BGB. Dies gilt auch dann, wenn sich während der Ausführung ein Mangel zeigt und eine angemessene Frist zur Nacherfüllung erfolglos abgelaufen ist. [*Alt.:* Das Recht der Gemeinde zur Mängelbeseitigung auf Kosten des Erschließungsunternehmers bestimmt sich nach § 13 Abs. 5 Nr. 2 VOB/B.]

III. Grunderwerb und Dienstbarkeitsbestellung

1. Grunderwerb

Die für die Erschließungsanlagen erforderlichen Flächen im Erschließungsgebiet sind im künftigen Bebauungsplan „***" festgesetzt. Die für das Regenrückhaltebecken erforderliche Fläche befindet sich auf Fl.-St. *** der Gemarkung *** und liegt außerhalb des Erschließungsgebiets. Sämtliche Flächen sind in dem dieser Urkunde beigefügten Plan (Anlage 5) hinsichtlich ihrer derzeit geplanten Lage rot eingezeichnet. Es handelt sich nach der derzeitigen Planung dabei um folgende Flächen: ***.

Das geschätzte Flächenmaß ist jeweils nicht Vertragsgrundlage. Maßgebend für die vorbezeichneten Flächen im Erschließungsgebiet sind die Festsetzungen des künftigen rechtsverbindlichen Bebauungsplans „***", so dass der Gemeinde insoweit ein Bestimmungsrecht gemäß § 315 BGB hinsichtlich der endgültigen Lage zukommt.

Der Erschließungsträger verpflichtet sich bereits heute, die vorbezeichneten Flächen an die Gemeinde zum Alleineigentum zu übertragen.

Den Antrag auf Vermessung stellt die Gemeinde im nicht vordringlichen Verfahren nach Inkrafttreten des Bebauungsplans „***" beim staatlichen Vermessungsamt.

Der Erschließungsträger und die Gemeinde verpflichten sich zur Messungsanerkennung und Auflassung, wenn das geprüfte Messungsergebnis vorliegt.

Der Erschließungsträger bewilligt für die Gemeinde zur Sicherung ihres Anspruchs auf Übertragung des Eigentums gemäß den vorstehenden Vereinbarungen die Eintragung einer Vormerkung im Rang vor Rechten in Abteilung III und in Abteilung II im Rang nach den derzeit im Grundbuch eingetragenen Belastungen sowie solchen, an deren Bestellung die Gemeinde mitgewirkt hat oder die gemäß dieser Urkunde zu übernehmen sind. Auf gesonderten Antrag des Notars kann die Eintragung an nächstoffener Rangstelle erfolgen. Die Gemeinde beantragt die Eintragung dieser Vormerkung im Grundbuch und bewilligt und beantragt gleichzeitig mit der Eigentumsumschreibung die Löschung dieser Vormerkung, falls dann im Grundbuch zwischen der Vormerkung und der Auflassung keine Eintragungen bestehen, denen sie nicht zugestimmt hat.

Die Übertragung hat kostenfrei zu erfolgen.

Besitz, Nutzungen und Lasten, die Gefahr des zufälligen Untergangs oder einer zufälligen Verschlechterung sowie die Haftung für die vorbezeichneten Grundstücksflächen, insbesondere die Verkehrssicherungspflicht, gehen auf die Gemeinde über ab Übergang der Erschließungslast.

Die Rechte der Gemeinde wegen Sachmängeln jeder Art hinsichtlich der vorbezeichneten Grundstücksflächen werden hiermit ausgeschlossen, ausgenommen Schadensersatzansprüche bei Vorsatz des Erschließungsträgers. [*ggf.: Regelung über Bodenverunreinigungen*] Die Rechte wegen Sachmängeln hinsichtlich der zu erbringenden Bauleistungen bleiben unberührt.

Der Erschließungsträger hat die Grundstücksflächen frei von Rechtsmängeln, insbesondere miet- und pachtfrei zu verschaffen, soweit in dieser Urkunde nichts Abweichendes vereinbart ist. Freiheit von altrechtlichen Dienstbarkeiten schuldet der Erschließungsunternehmer nicht. Eintragungen im Baulastenverzeichnis liegen nicht vor. Die Gemeinde übernimmt im Grundbuch in Abteilung II eingetragene Geh- und Fahrtrechte zur weiteren Duldung, soweit eine lastenfreie Abschreibung nicht möglich ist und Berechtigte entsprechende Freistellungserklärungen nicht unterzeichnen. Die Beteiligten stimmen allen der Lastenfreistellung oder Rangbeschaffung dienenden Gläubigererklärungen – insbesondere Löschungen – zu und beantragen ihren Vollzug im Grundbuch.

2. Dienstbarkeitsbestellung, Baulasten

[Regelung über die Bestellung von beschränkten persönlichen Dienstbarkeiten für die Gemeinde (zB Leitungsrechten) an den Baugrundstücken sowie über eventuell erforderliche Baulasten (ausgenommen in Bayern)]

3. Verlängerung der Verjährung

Der Anspruch der Gemeinde auf Verschaffung des Eigentums und etwaiger in dieser Urkunde bestellter dinglicher Rechte verjährt in dreißig Jahren ab dem gesetzlichen Verjährungsbeginn.

IV. Kostentragung

1. Kostenübernahme durch den Erschließungsträger

Der Erschließungsträger verpflichtet sich, die Kosten der Durchführung der von ihm in dieser Urkunde übernommenen Erschließungsmaßnahmen in voller Höhe zu tragen. Der Erschließungsträger erklärt, dass er mit den Fremdanliegern bereits privatrechtliche Erstattungsvereinbarungen getroffen hat. Die Aufnahme einer Fremdanliegerklausel in diese Urkunde wird von ihm deshalb nicht gewünscht. Der Erschließungsträger trägt auch den gemeindlichen Eigenanteil. Hierzu erklärt die Gemeinde, dass es sich bei der Erschließung des künftigen Baugebietes „***" um eine zusätzliche Erschließungsmaßnahme handelt, die die Gemeinde bei eigener Kostenbeteiligung zum gegenwärtigen Zeitpunkt und in absehbarer Zukunft nach ihrer eigenen Planung nicht durchführen könnte. Dies ist dem Erschließungsträger bekannt. Der Notar hat darauf hingewiesen, dass die Zulässigkeit der Übernahme des gemeindlichen Eigenanteils höchstrichterlich noch nicht geklärt ist. Dennoch wünschen die Beteiligten die Beurkundung in dieser Form.

Von den vorstehenden Vereinbarungen bleiben künftige Straßenausbaubeiträge nach dem Landes-KAG und der Beitragssatzung unberührt.[351] Unberührt bleiben ferner Forderungen der Gemeinde nach anderen abgabenrechtlichen Vorschriften.

2. Sonderregelung hinsichtlich der leitungsgebundenen Anlagen

Dem Erschließungsträger entsteht durch die in dieser Urkunde von ihm übernommene Herstellung der Anlagen zur Wasserver- und -entsorgung bis einschließlich zur jeweiligen Anschlussstelle ein Herstellungsaufwand. Die Vertragsteile haben nach ihren Angaben den Herstellungsaufwand, der nachstehend näher bezeichnet wird, und die geschätzten Beiträge berechnet.

Hinsichtlich der Herstellungskosten der oben näher bezeichneten Wasserversorgungseinrichtungen gehen die Beteiligten von einem Betrag von *** EUR aus, hinsichtlich der Entwässerungskanalisation[352] von einem Betrag von *** EUR.

Die für den Bau von Teilen der öffentlichen Abwasseranlage entstandenen und anerkannten Kosten[353] werden auf die nach der im Zeitpunkt des Vertragsabschlusses gülti-

---

351 Falls derartige Beiträge landesrechtlich zulässig sind.
352 Bei Mischkanalisation Anteil für die Straßenentwässerung berücksichtigen.
353 Bei Mischkanalisation Anteil für die Straßenentwässerung berücksichtigen.

gen Satzung für die im Erschließungsgebiet befindlichen Baugrundstücke des Erschließungsunternehmers zu erhebenden Entwässerungsbeiträge angerechnet. In gleicher Weise werden die für den Bau von Teilen der öffentlichen Wasserversorgungsanlage entstandenen und anerkannten Kosten auf die nach der im Zeitpunkt des Vertragsabschlusses gültigen Satzung für die vorbezeichneten Grundstücke des Erschließungsunternehmers zu erhebenden Wasserversorgungsbeiträge angerechnet.

Übersteigt der Herstellungsaufwand[354] die Höhe des satzungsgemäßen Entwässerungsbeitrages bzw. Wasserversorgungsbeitrages, so hat der Erschließungsträger keinen Anspruch auf Erstattung der über die Höhe des jeweiligen Beitrages hinausgehenden Kosten. Die Gemeinde erklärt, dass es sich bei der Erschließung des Baugebiets „***" um eine zusätzliche Erschließungsmaßnahme handelt, die die Gemeinde bei eigener Kostenbeteiligung zum gegenwärtigen Zeitpunkt und in absehbarer Zukunft nach ihrer eigenen Planung nicht durchführen könnte. Dies ist dem Erschließungsträger bekannt.

3. Ersatz gemeindlicher Aufwendungen

[ggf.: Regelung über die Erstattung der Gemeinde entstandener bzw. noch entstehender Kosten (zB für die Bauleitplanung)]

Das für den Kinderspielplatz erforderliche Grundstück Fl.-St. *** der Gemarkung *** steht im Eigentum der Gemeinde. Der Erschließungsunternehmer erstattet der Gemeinde den Wert dieses Grundstücks[355] in Höhe von *** EUR innerhalb eines Monats nach dem Inkrafttreten des Bebauungsplans „***". Der Betrag ist nur bei Verzug zu verzinsen.

Der Erschließungsunternehmer unterwirft sich wegen der Verpflichtung der Entrichtung dieses Betrags der sofortigen Zwangsvollstreckung aus dieser Urkunde. Die Vollstreckungsklausel ist ohne Nachweis der vorstehenden Voraussetzungen zu erteilen.

V. Schlussbestimmungen

1. Sicherheitsleistungen

a) Vertragserfüllungsbürgschaft

Zur Sicherung aller sich aus diesem Vertrag für den Erschließungsträger ergebenden Verpflichtungen zur Herstellung der Erschließungsanlagen[356] hat er Sicherheit in Höhe von *** EUR – in Worten *** Euro – durch heute erfolgte Übergabe einer unbefristeten, unwiderruflichen und selbstschuldnerischen Bankbürgschaft der *** geleistet.

Die Bürgschaft zur Sicherung der Herstellung der Erschließungsanlagen wird durch die Gemeinde entsprechend dem Baufortschritt in Teilbeträgen von je *** EUR freigegeben. Bis zur Vorlage der Bürgschaft zur Sicherung der Rechte wegen Sachmängeln hinsichtlich der Erschließungsanlagen erfolgen die Freigaben höchstens bis zu *** Prozent der Bürgschaftssumme hinsichtlich der Herstellung der Erschließungsanlagen.

Im Falle der Zahlungsunfähigkeit des Erschließungsträgers ist die Gemeinde berechtigt, noch offenstehende Forderungen Dritter gegen den Erschließungsträger für Leistungen aus diesem Vertrag aus der Bürgschaft zu befriedigen.

b) Bürgschaft zur Sicherung der Rechte wegen Sachmängeln

Unverzüglich nach Abnahme gemäß Ziffer II. 6a) einschließlich der Feinschicht der Straßen ist für die Dauer der Verjährungsfrist der Sachmängelansprüche eine unwiderrufliche, unbefristete und selbstschuldnerische Bankbürgschaft zur Sicherung der Rechte bei Sachmängeln in Höhe von fünf Prozent der durch die Schlussrechnungen

---

[354] Bei Mischkanalisation Anteil für die Straßenentwässerung berücksichtigen.
[355] Vgl. § 128 Abs. 1 S. 2 BauGB.
[356] Ggf. auch für eine Zahlungspflicht des Erschließungsträgers (zB Zahlung für Wert des Kinderspielplatzes).

nachgewiesen Baukosten vorzulegen.[357] Die Hinterlegung des verbürgten Betrages ist in der Bürgschaftsurkunde auszuschließen. Nach Eingang wird die verbliebene Vertragserfüllungsbürgschaft freigegeben.

2. Kosten, Abschriften

a) Kosten

Die Kosten dieser Beurkundung, ihres Vollzuges, aller Genehmigungen und Bescheide sowie die Grunderwerbsteuer und die Kosten der Vermessung und Vermarkung und der Nachtragsbeurkundung trägt der Erschließungsträger, ebenso die Kosten einer etwa erforderlichen Lastenfreistellung.

b) Abschriften

Von dieser Urkunde erhalten:
– einfache Abschrift: die Beteiligten, das Finanzamt – Grunderwerbsteuerstelle –, der Gutachterausschuss;
– beglaubigte Abschrift: das Grundbuchamt;
– beglaubigte Abschrift nach Grundbuchvollzug die Beteiligten.

3. Bestandteile des Vertrages

Bestandteile dieses Vertrages sind
– der Lageplan mit den Grenzen des Erschließungsgebietes (Anlage 1);
– der künftige rechtsverbindliche Bebauungsplan (Anlage 2);
– die Erschließungsprojekte mit den Leistungsverzeichnissen (Anlage 3);
– die Ausführungspläne (Anlagen 4);
– Plan hinsichtlich der Grundabtretung (Anlage 5).

4. Vollzugsvollmacht

Die Beteiligten bevollmächtigen den amtierenden Notar und seinen Amtsnachfolger, für sie alle Handlungen vorzunehmen, sowie Erklärungen abzugeben und einzuholen, die zur Durchführung und etwaiger Vervollständigung des Rechtsgeschäftes erforderlich oder zweckdienlich sind, insbesondere Genehmigungen und Negativzeugnisse. Genehmigungen sollen mit dem Eingang beim Notar allen Beteiligten als zugegangen gelten und damit rechtswirksam sein. Teilvollzug ist zulässig. Der Notar wird mit der Erholung der Rangrücktritts- und Freigabeerklärungen beauftragt.

5. Hinweise

Eine steuerliche Beratung ist durch den Notar nicht erfolgt; über die steuerlichen Auswirkungen dieser Urkunde haben sich die Beteiligten vor Beurkundung selbst informiert.

Die Beteiligten wurden jedoch hingewiesen auf den Zeitpunkt und die Voraussetzungen des Eigentumsübergangs, die Haftung für Kosten, Abgaben und öffentliche Lasten, die Unbedenklichkeitsbescheinigung sowie auf die Notwendigkeit, alle Vereinbarungen beurkunden zu lassen. Die Beteiligten wurden ferner darauf hingewiesen, dass die Zulässigkeit städtebaulicher Verträge und des Umfangs von Erschließungsverträgen, insbesondere hinsichtlich der Kostenübernahme durch den Erschließungsträger, trotz der Regelung in § 11 BauGB umstritten und höchstrichterlich noch nicht geklärt ist, und dies insbesondere für die heute gewählte Vertragsgestaltung gilt; die Beteiligten wünschen dennoch die Beurkundung in der vorgesehenen Form.

6. Schriftform, Unwirksamkeit, Anlagen

a) Vertragsänderungen oder Ergänzungen bedürfen zu ihrer Rechtswirksamkeit der Schriftform, sofern nicht eine notarielle Beurkundung erforderlich ist. Nebenabreden bestehen nicht.

b) Die Unwirksamkeit einzelner Bestimmungen berührt die Wirksamkeit der übrigen Regelungen dieses Vertrages nicht. Die Vertragsparteien verpflichten sich, soweit zuläs-

---

[357] Ggf. Muster beifügen.

sig, unwirksame Bestimmungen durch solche zu ersetzen, die dem Sinn und Zweck dieses Vertrages rechtlich und wirtschaftlich entsprechen. Dies gilt auch bei Vertragslücken.

c) Die dieser Urkunde beigefügten Anlagen – mit Ausnahme der Pläne[358] – wurden vom Notar vorgelesen. Die als Anlagen beigefügten Pläne wurden zur Durchsicht vorgelegt und genehmigt. Auf die Anlagen wird verwiesen.

7. Bedingung

Die Gemeinde führt zwar derzeit unter anderem für den oben näher bezeichneten Grundbesitz ein Verfahren zur Aufstellung eines Bebauungsplanes nach dem BauGB durch. Die Gemeinde übernimmt jedoch gegenüber dem Erschließungsträger keinerlei Verpflichtung, das Bauleitplanungsverfahren fortzuführen oder mit bestimmten Inhalten bzw. den derzeit beabsichtigten Festsetzungen zu Ende zu bringen. Die Bauleitplanung der Gemeinde wird somit nicht zum Gegenstand vertraglicher Verpflichtungen gemacht.

Die vertraglichen Vereinbarungen dieser Urkunde – ausgenommen ***[359] – stehen jedoch unter der aufschiebenden Bedingung, dass für das Erschließungsgebiet ein Bebauungsplan bis zum Ablauf des *** in Kraft tritt (§ 11 Abs. 3 S. 4 BauGB). Der Notar wird dennoch beauftragt, den Vertragsvollzug vor Bedingungseintritt in jeder Hinsicht zu betreiben. Dies gilt auch für die Eintragung der Auflassungsvormerkung, der Vormerkungen und der Dienstbarkeiten zugunsten der Gemeinde.[360] Die Rangrücktritts- und Lastenfreistellungserklärungen soll er jedoch erst nach schriftlicher Mitteilung der Gemeinde vom Bedingungseintritt einholen, wobei er nicht nachprüfen muss, ob die Aufforderung infolge des Inkrafttretens des Bebauungsplans zu Recht ergeht.

Der Schwebezustand endet mit Bedingungseintritt und mit Bedingungsausfall, spätestens aber mit Ablauf des ***, sofern bis dahin ein Bebauungsplan, der das Erschließungsgebiet umfasst, nicht in Kraft getreten ist (§ 10 Abs. 3 S. 4 BauGB). Mit Fristablauf ist dieser Vertrag endgültig unwirksam. In diesem Fall sind die Auflassungsvormerkung zugunsten der Gemeinde und die zugunsten der Gemeinde eingetragenen Rechte unverzüglich zur Löschung zu bewilligen, wobei die Kosten des Vollzugs der Erschließungsträger zu tragen hat.

notarielle Schlussformel

---

[358] Sofern in den Plänen textliche Angaben hinsichtlich der Bauausführung enthalten sind, sind diese jedoch vorzulesen.

[359] Eine eventuelle Auflassung und grundbuchrechtliche Bewilligungen dürfen nicht unter einer Bedingung stehen. Unbedingt sind auch die sofort geltenden Erklärungen, zB Kostenübernahme und solche Vertragsteile, die unabhängig vom Inkrafttreten des Bebauungsplans sind (zB Kostenerstattungen, die auch bei einem Scheitern der Planung den Erschließungsträger belasten sollen).

[360] Ggf. auch der Baulasten.

§ 11. Grundbuchverfahrensrecht

Übersicht

Schrifttum:

Bauer/Schaub, GBO, 4. Aufl. 2018; *Bös/Neie/Strangmüller/Jurkat*, Praxishandbuch für Notarfachangestellte, 3. Aufl. 2017; *Demharter*, Grundbuchordnung, 31. Aufl. 2018; *Eichler*, Institutionen des Sachenrechts, 1960; *Erman*, BGB, 15. Aufl. 2017; *Gaier*, Münchener Kommentar BGB, Band 8: Sachenrecht, 7. Aufl. 2017 (zit.: MüKoBGB); *Hahn/Mugdan*, Denkschrift zur Grundbuchordnung; *Herrler/Hertel/Kesseler*, Aktuelle Probleme der notariellen Vertragsgestaltung im Immobilienrecht 2017/2018; *Hügel*, BeckOK GBO, 33. Ed. (Stand: 1.9.2018); *ders.*, GBO, 3. Aufl. 2016 (= Ausdruck des BeckOK GBO); *Hügel/Elzer*, Wohnungseigentumsgesetz, 2. Aufl. 2018; *Lemke*, Immobilienrecht, 2. Aufl. 2016; *Limmer/Hertel/Frenz/Mayer*, Würzburger Notarhandbuch, 5. Aufl. 2018 (zit.: WürzNotar-HdB); *Martinek*, jurisPraxiskommentar BGB, Band 3: Sachenrecht, 8. Aufl. 2017 (zit.: jurisPK-BGB); *Musielak/Voit*, ZPO, 15. Aufl. 2018; *Palandt*, Bürgerliches Gesetzbuch, 79. Aufl. 2019; *Riedel*, Immobilien in der Erbrechtspraxis, 2018; *Schöner/Stöber*, Grundbuchrecht, 15. Aufl. 2012; *Volmer*, Vollzug und Betreuung, 2018; *Wilsch*, Grundbuchordnung für Anfänger, 2. Aufl. 2017; *ders.*, NotarFormulare Erbbaurecht, 2016.

A. Aufbau des Grundbuchs

I. Die Aufschrift

1   Zur Feststellung des wesentlichen Grundbuchinhalts (→ § 1 Rn. 1) leistet die **Aufschrift** keinen Beitrag, weshalb sie in der Einsichtspraxis kaum wahrgenommen und funktionell einem Deckblatt gleichgestellt wird. In der Aufschrift finden sich das Amtsgericht, der Grundbuchbezirk und die Blattstelle, § 5 S. 1 GBV. Mit dem Hinweis auf das Grundbuchblatt kann die Immobilie bereits verfahrenskonform bezeichnet werden, § 28 S. 1

GBO (→ § 1 Rn. 33). Der Kennzeichnung als „Wohnungs- und Teileigentumsgrundbuch" ist dagegen nur selten Glauben zu schenken, weil diese Kennzeichnung einem irrigen Verständnis der Praxis geschuldet ist. Häufig liegt dieser Kennzeichnung Wohnungseigentum zugrunde, nicht eine Kombination von Wohnräumen und anderen, nicht zu Wohnzwecken dienenden Räumen, wobei keiner der Komponenten überwiegt, § 2 S. 2 WGV.[1] Regelmäßig überwiegt die Wohnkomponente, beispielsweise bei einer Wohnung mit Kellerraum.

II. Das Bestandsverzeichnis, § 6 GBV

Um den Kaufgegenstand erfassen und beschreiben zu können (→ § 1 Rn. 9 und → § 1 **2** Rn. 30), ist das **Bestandsverzeichnis (BV)** des Grundbuchblattes heranzuziehen. An dieser Stelle entscheidet sich die Frage nach dem einschlägigen Vertragsmuster (→ § 1 Rn. 32: bebautes oder unbebautes Grundstück; Ein- oder Mehrfamilienhaus; Grundstück oder Wohnungs- bzw. Teileigentum; Erbbaurecht; zum Teilflächenkauf → § 1 Rn. 593 ff.). Die Grundstücke werden im Grundbuch nach dem Liegenschaftskataster benannt, § 2 Abs. 2 GBO.

Tabellarisch finden sich im BV die Immobilien in **Übereinstimmung mit dem Lie-** **3** **genschaftskataster** aufgelistet, jedes Flurstück mit Flurstücksnummer, Beschrieb und Grundstücksgröße,[2] womit die besondere Struktur des **Realfoliums** deutlich wird, statuiert in § 3 Abs. 1 S. 1 GBO. Die Richtigkeitsvermutung des § 891 BGB erstreckt sich zwar auf die Gemarkung, die Flurstücksnummer und den Grenzverlauf,[3] wie er im Liegenschaftskataster und Grundbuch dokumentiert ist, nicht jedoch auch auf die Grundstücksgröße, die Nutzung und den Beschrieb,[4] weil insoweit nur Tatsachen vorliegen, keine Rechte.[5] Nicht am öffentlichen Glauben nehmen auch etwaige Angaben zur Größe der Eigentumswohnung[6] teil, ausnahmsweise enthalten im BV des Wohnungsgrundbuchs. Zu den Diskrepanzen zwischen Beschrieb[7] und Realität → Rn. 7.

Jedes Grundstück erhält ein **eigenes Grundbuchblatt**, § 3 Abs. 1 GBO (Realfolium). **4** Über **mehrere Grundstücke** desselben Eigentümers kann jedoch ein **gemeinschaftliches Grundbuchblatt** geführt werden, § 4 Abs. 1 GBO (Personalfolium), wobei die gebuchten Grundstücke allerdings ihre rechtliche Selbständigkeit bewahren.[8] Zum Kaufgegenstand Grundstück → § 1 Rn. 30 ff.

Grundsätzlich besteht **Buchungspflicht**, ausgenommen hiervon sind lediglich die **5** Grundstücke des Bundes, der Länder, der Gemeinden, anderer Kommunalverbände, der Kirchen, Klöster, Schulen, Wasserläufe, öffentlichen Wege sowie die Grundstücke, die einem dem öffentlichen Verkehr dienenden Bahnunternehmen gewidmet sind. Diese Grundstücke erhalten nur auf Antrag des Eigentümers oder eines Berechtigten ein Grundbuchblatt, § 3 Abs. 2 GBO. In einer solchen Konstellation richtet sich das Anlegungsverfahren nach den §§ 118–125 GBO, wobei die Formvorschrift des § 29 GBO nicht zur Anwendung gelangt.[9]

Im Grundbuchblatt wird **jedes Grundstück** unter einer eigenen **Nummer** vorgetra- **6** gen, mag es aus **einem Flurstück** (sog. Idealgrundstück) **oder aus mehreren Flurstü-**

---

[1] Wohnungsgrundbuchverfügung – WGV.
[2] Vgl. auch § 6 Abs. 2, Abs. 3 und Abs. 5 GBV (Grundbuchverfügung).
[3] BGH DNotZ 2006, 364; OLG München NJOZ 2015, 953 (954).
[4] BGH NZM 1999, 669 (671); vgl. auch BeckOGK/*Hertel*, 1.12.2017, BGB § 891 Rn. 7, 8; ebenso Würz-Notar-HdB/*Maaß* Teil 2 Kap. 1 Rn. 5.
[5] MüKoBGB/*Kohler* BGB § 891 Rn. 6.
[6] Vgl. OLG München NZM 2008, 810.
[7] Beschriebsberichtigung übernimmt das Grundbuchamt von Amts wegen, ohne weiteres Prüfrecht, vgl. auch *Schöner/Stöber* GrundbuchR Rn. 638.
[8] Siehe auch *Schöner/Stöber* GrundbuchR Rn. 567.
[9] *Schöner/Stöber* GrundbuchR Rn. 609.

cken (sog. zusammengesetzes Grundstück) bestehen. Zur Vereinigung und Bestandteilszuschreibung → Rn. 174–214.

7   Eine etwaige **Diskrepanz** zwischen Beschrieb (*„An der Kreitmayrstraße"*) und wirtschaftlicher Realität (*„Kreittmayrstraße 5"*) schadet nicht, sondern ist auf unvollzogene
Fortführungsnachweise zurückzuführen, auf nicht geleistete grundbuchamtliche Beschriebsberichtigungen.[10] Weitere Diskrepanzen können aus Übertragungen auf andere
Grundbuchblätter resultieren (Abschreibungen), die in den Spalten 1–4 des BV ohne Rötungen (§ 17a GBV) geblieben sind. Dies ist der Grund dafür, warum die Einsichtnahme
sich nicht auf die Spalten 1–4 des BV beschränken darf, sondern das gesamte BV erfassen
muss, demnach auch die Spaltenblöcke 5–6 (Bestand und Zuschreibungen) und 7–8
(Abschreibungen) des BV. Erst die Gesamtschau macht deutlich, welche Immobilienobjekte im Grundbuchblatt noch vorgetragen sind.

8   **Checkliste: Immobilienobjekte**

(1) Grundstücke

(2) Grundstücksgleiche Rechte (Erbbaurecht,[11] → § 4; Bergwerkseigentum; Fischerei-
recht; Realgewerbe)

(3) Nach § 3 Abs. 4, Abs. 5 GBO[12] gebuchte Miteigentumsanteile an Grundstücken[13]

(4) Wohnungs- und Teileigentum[14]

(5) Wohnungs- und Teilerbbaurechte

(6) Vermerk über subjektiv- dingliche Rechte,[15] die dem jeweiligen Eigentümer zustehen, § 9 GBO[16]

9   Zu einer etwaigen **Falschbezeichnung** in der notariellen Urkunde → § 1 Rn. 34.

10   Dem BV lässt sich schließlich entnehmen, ob eine **Veräußerungs- und Belastungsbeschränkung** nach § 5 Abs. 1, Abs. 2 ErbbauRG (→ § 4 Rn. 61 ff.) oder ein **Verwal-
terzustimmungserfordernis** für die Veräußerung von Wohnungs- und Teileigentum
besteht, § 12 Abs. 1 WEG.[17] Solche Zustimmungserfordernisse gilt es zu eruieren, um die
Vertragsparteien entsprechend zu beraten (vgl. auch die Beratungs- Checkliste → § 1
Rn. 9), die Genehmigungspflicht in der Urkunde zu vermerken und die formgerechte
Einholung der Zustimmung zu veranlassen (zur Zustimmung → § 3 Rn. 172 und → § 4

---

[10] Beschriebsberichtigungen muss das Grundbuchamt von Amts wegen in das Grundbuch übernehmen, vgl.
auch *Schöner/Stöber* GrundbuchR Rn. 603, 614 ff. Das Grundbuchamt ist an den Verwaltungsakt gebunden und muss die Bestandsangaben ohne weitere Prüfung im Grundbuch vollziehen.

[11] Für das Erbbaurecht wird ein eigenes Grundbuchblatt angelegt, § 14 Abs. 1 S. 1 ErbbauRG.

[12] Das Grundbuchamt kann von der Führung eines Grundbuchblattes absehen, wenn das Grundstück den
wirtschaftlichen Zwecken mehrerer anderer Grundstücke zu dienen bestimmt ist, zu diesen in einem dieser Bestimmung entsprechenden räumlichen Verhältnis und im Miteigentum der Eigentümer dieser
Grundstücke steht (dienendes Grundstück), vgl. § 3 Abs. 4 GBO. Dies trifft beispielsweise auf Anlieger-
wege oder Garagengrundstücke zu.

[13] Die Eintragungsweise eines solchen Miteigentumsanteils richtet sich nach § 8 GBV, kennzeichnend ist der
Bruchstrich in der Spalte 1 („4/zu 3"), mit dem die Anbindung an das herrschende Grundstück vollzogen
wird. In der Grundbuchpraxis fehlen zuweilen Aktualisierungen des Bestandes mit der Folge, dass der
Bruchstrich in der Spalte 1 auf ein Grundstück verweist, das bereits unter einer neuen Nummer vorgetragen ist. Hier ist
die notarielle Einsichts- und Beurkundungspraxis besonders gefordert. Vgl. auch *Schöner/Stöber* GrundbuchR Rn. 587.

[14] Kein grundstücksgleiches Recht, sondern echtes Eigentum, vgl. auch OLG Köln Rpfleger 1984, 268.

[15] Grunddienstbarkeit, subjektiv-dingliches Vorkaufsrecht und subjektiv-dingliche Reallast.

[16] Sog. Herrschvermerke, die ebenfalls unter einem Aktualitätsdefizit leiden können, ausgelöst durch einen
zwischenzeitlichen Neuvortrag des herrschenden Grundstücks unter einer neuen BV-Nummer. Zur Ein-
tragungweise eines Herrschvermerks vgl. § 7 GBV, in der Spalte 1 ist die Zuordnung durch einen Bruchstrich kenntlich zu machen („7/zu 3").

[17] Nach § 3 Abs. 2 WGV sind nach § 12 WEG vereinbarte Veräußerungsbeschränkungen unmittelbar in das
Grundbuch einzutragen, demnach nicht durch Bezugnahme nach § 874 BGB; vgl. insoweit auch → § 3
Rn. 172.

Rn. 61 ff.). Im Falle der Erholung der Verwalterzustimmung reicht die Übersendung einer auszugsweisen Abschrift aus, im Falle der Eigentümerzustimmung empfiehlt sich die Übersendung des gesamten Vertrages.[18]

III. Die Erste Abteilung

Aktuelle und historische **Eigentümer** lassen sich der **Ersten Abteilung** des Grundbuchs 11 entnehmen, einer tabellarischen Chronologie der eigentumsrechtlichen Vorgänge,[19] § 9 GBV, die in Übereinstimmung mit der einschlägigen Eigentumsform stehen, sei es Allein-, Mit- oder Gesamthandseigentum. Der allgemeine Zweck des Grundbuchs als Register gebietet es, die Eintragungen mit der gebotenen **Eindeutig- und Übersichtlichkeit** zu gestalten.[20]

Mehrere Eigentümer werden nunmehr[21] in numerischer Reihenfolge[22] („1.1", 12 „1.2") und mit dem Berechtigungsverhältnis iSv § 47 GBO angegeben,[23] bei Bruchteilsgemeinschaft mit den Bruchteilen, bei Gesamthandsgemeinschaften unter Hinweis auf das konkrete Gemeinschaftsverhältnis (*„in Erbengemeinschaft", „in Gütergemeinschaft"*) und bei einem ausländischen Güterstand mit exakter Nennung dieses Güterstandes.

Auf welcher **Grundlage** und an **welchem Tag der Eigentumserwerb** erfolgt ist, 13 beispielsweise Auflassung, Erbschein, Europäisches Nachlasszeugnis oder Zuschlagsbeschluss, findet in der Spalte 4 der Ersten Abteilung Berücksichtigung,[24] der „Grundlage der Eintragung",[25] die vom **Rechtspfleger** unterzeichnet wird.[26] Die Regelung in § 9 Abs. 1 lit. d GBV gebietet aber nicht, auch die Urkundsrollennummer in der Spalte 4 einzutragen.[27] Eingetragen wird die Eintragungsgrundlage lediglich mit einer Charakterisierung (*„Auflassung"*) und dem Errichtungsdatum (*„Auflassung vom 3. 7. 2018"*).

Nicht mehr aktuelle Eigentumseintragungen werden **gerötet,** § 16 GBV,[28] was in der 14 grundbuchamtlichen Praxis zuweilen unzureichend realisiert wird und für Verwirrung sorgt. Nichts anderes gilt für die Rötungspraxis in den anderen Abteilungen des Grundbuchs. Da hierin vor allem ein optisches Gestaltungsmittel, nicht aber ein konstitutives Eintragungsmittel zu sehen ist, steht es der notariellen Gestaltungspraxis frei, **fehlende Rötungen** in der Urkunde zu thematisieren. Die Empfehlung geht dahin, fehlende, unzureichende oder falsche Rötungen in der Urkunde anzusprechen, um die Sicherheit und Lesbarkeit des Grundbuchs zu erhöhen. Dass Rötungen in maschinell geführten Grundbüchern farblich nicht erkennbar seien,[29] trifft nicht zu, wie die Eintragungs- und die Einsichtspraxis belegen. In den Ausdrucken erscheinen Rötungen lediglich schwarz, worauf auch die Ausdrucke hinweisen.[30]

Große Bedeutung kommt der Verpflichtung zu, die **grundbuchamtlichen Eintra** 15 **gungsmitteilungen** genau auf die Richtigkeit des eingetragenen Eigentumswechsels zu **überprüfen,**[31] etwa im Hinblick auf die einzelnen Miteigentümer, die ausgewiesenen Miteigentumsquoten, die Personalien der eigentragenen Eigentümer sowie das Datum der

[18] Vgl. auch *Volmer* Vollzug und Betreuung Rn. 98.
[19] Vgl. *Wilsch* GBO Rn. 66.
[20] Bauer/Schaub/*Kössinger* GBO AT B Rn. 14.
[21] Vgl. § 9 Abs. 1 lit. a GBV; vor der Gesetzesänderung erfolgte die Eintragung unter Kleinbuchstaben (*„a", „b"*), vgl. insoweit die alte Anlage 2b zur GBV sowie noch *Schöner/Stöber* GrundbuchR Rn. 701.
[22] Nach Beispiel 1 der DIN 1421, Ausgabe 1/1983, vgl. § 9 Abs. 1 lit. a GBV, vgl. auch *Wilsch* GBO Rn. 66.
[23] Vgl. auch *Schöner/Stöber* GrundbuchR Rn. 702.
[24] Vgl. auch Eintragungsmuster bei *Wilsch* GBO Rn. 68, 69.
[25] Vgl. auch *Schöner/Stöber* GrundbuchR Rn. 704.
[26] *Schöner/Stöber* GrundbuchR Rn. 706.
[27] So aber Riedel/*Elsing* Immobilien in der Erbrechtspraxis § 2 Rn. 34.
[28] Vgl. auch *Schöner/Stöber* GrundbuchR Rn. 707.
[29] So Riedel/*Elsing* Immobilien in der Erbrechtspraxis § 2 Rn. 37.
[30] Vgl. § 71 GBV: „In dem Blatt enthaltene Rötungen sind schwarz sichtbar."
[31] BGH ZfIR 2015, 12 mAnm *Volmer;* BGH NJW 1984, 1748; OLG Brandenburg RNotZ 2008, 224; OLG Frankfurt a.M. DNotZ 2013, 21; DNotI-Report 2014, 172.

Eintragung und die Unterschrift des Rechtspflegers. Die Praxis kennt Fälle, in denen die Eigentümer keine vollständige Verlautbarung oder das Datum der Eintragung bzw. die Unterschrift des Rechtspflegers keine oder keine vollständige Entsprechung fanden, erkennbar an nicht umgesetzten Variablen *(„==Rpfl.==")* oder anderen Darstellungsfehlern. Das Notariat muss beim Grundbuchamt vorstellig werden und auf die Fehler hinweisen.[32] Deren Behebung ist unmittelbar und ohne weitere Verzögerung ins Werk zu setzen.

16   Die einzelnen Eigentümer werden unter Nennung des **Vor- und Familiennamens** sowie des **Geburtsdatums** eingetragen, § 15 Abs. 1 lit. a GBV. Falls sich das Geburtsdatum nicht aus den Eintragungsunterlagen[33] ergibt und dem Grundbuchamt auch nicht anderweitig bekannt ist, soll der Wohnort[34] des Berechtigten angegeben werden, § 15 Abs. 1 lit. a GBV.

17   Bei **juristischen Personen** sollen der **Name** oder die **Firma** und der **Sitz** angegeben werden, daneben das **Registergericht** und das **Registerblatt**[35] der Eintragung des Berechtigten in das Handels-, Genossenschafts-, Partnerschafts- oder Vereinsregister, sofern sich diese Angaben aus den Eintragungsunterlagen ergeben oder dem Grundbuchamt anderweitig bekannt sind, § 15 Abs. 1 lit. b GBV. Die gegenseitige Kompatibilität der Registersysteme gebietet es, den Namen bzw. die Firma und den Sitz möglichst in Übereinstimmung mit der aktuellen Eintragung im Handels-, Genossenschafts-, Partnerschafts- oder Vereinsregister aufzuführen.[36]

18   Bei Eintragungen für den **Fiskus**, eine **Gemeinde** oder eine **sonstige juristische Person des öffentlichen Rechts** kann auf Antrag des Berechtigten der Teil seines Vermögens oder die Zweckbestimmung des Grundstücks durch einen Klammerzusatz bezeichnet werden, § 15 Abs. 2 S. 1 GBV.[37] Angegeben werden kann auch, durch welche Behörde der Fiskus vertreten wird, § 15 Abs. 2 S. 2 GBV, um dem Rechtsverkehr eine organisatorische Recherche zu ersparen.[38]

19   Eine Besonderheit gilt für die Eintragung von **BGB- Gesellschaften,** die in § 47 Abs. 2 GBO besonders geregelt ist.[39] Soll ein Recht für eine BGB-Gesellschaft eingetragen werden, sind zwingend auch deren Gesellschafter einzutragen, § 47 Abs. 2 S. 1 GBO, und zwar alle Gesellschafter, nicht nur die vertretungsberechtigten Gesellschafter,[40] beispielsweise *„Kreittmayerstraße 5 GbR, München, bestehend aus …".*[41] Die Gesellschafter tragen zur Identifizierung der BGB-Gesellschaft bei und schaffen die Grundlage für die Vermutungswirkung des § 899a BGB.[42] Allein unter ihrem Namen kann die BGB-Gesellschaft nicht mehr eingetragen werden,[43] in der Urkunde sind stets alle Gesellschafter aufzulisten, mit Vor- und Familiennamen, Wohnort sowie Geburtsdatum, § 15 Abs. 1 lit. c GBV. Als wesentliches Identifizierungsmerkmal leisten der **Name** und der **Sitz** der BGB-Gesellschaft einen bedeutenden Beitrag, weshalb die Empfehlung dahin geht, auch

---

[32] Hügel/*Wilsch* GBO § 55 Rn. 3.
[33] Für das Notariat vgl. § 26 Abs. 2 DONot.
[34] Politische Gemeinde, in der sich der Wohnsitz des Eigentümers befindet.
[35] Vgl. Bauer/Schaub/*Kössinger* GBO AT B Rn. 27.
[36] OLG München FGPrax 2008, 98.
[37] Beispiel aus der Praxis: zum Klammerzusatz „(Forstverwaltung)".
[38] Vgl. auch Bauer/Schaub/*Kössinger* GBO AT B Rn. 34.
[39] Die Regelung geht auf die GBO-Novelle 2009 zurück, vgl. BGBl. 2009 I 2713 ff.
[40] Zur Eintragung vgl. auch *Schöner/Stöber* GrundbuchR Rn. 4252.
[41] In der Praxis ist gelegentlich eine Variante anzutreffen: *„Kreittmayerstraße 5 GbR, München, bestehend aus den alleinigen Gesellschaftern…".* Der Hinweis auf die „alleinigen Gesellschafter" ist überflüssig, da stets alle Gesellschafter einzutragen sind und einzelne Gesellschafter nicht ausgespart werden können. Nach § 899a S. 1 BGB wird vermutet, dass diejenigen Personen Gesellschafter sind, die im Grundbuch eingetragen sind, und dass darüber hinaus keine weiteren Gesellschafter vorhanden sind.
[42] *Schöner/Stöber* GrundbuchR Rn. 4252.
[43] Eine solche Eintragung wäre als inhaltlich unzulässige Eintragung von Amts wegen zu löschen, § 53 Abs. 1 S. 2 GBO, vgl. *Schöner/Stöber* GrundbuchR Rn. 4252.

diese Merkmale in die Urkunde mitaufzunehmen.[44] Das Grundbuchamt ist verpflichtet, den Namen zu übernehmen.[45]

Dass der **Widerspruch gegen das Eigentum** in der Ersten Abteilung vermerkt 20 wird,[46] trifft nicht zu. Die das Eigentum betreffenden Widersprüche sind nicht in der Ersten Abteilung, sondern in der Zweiten Abteilung des Grundbuchs einzutragen, vgl. § 10 Abs. 1 lit. b GBV.

IV. Die Zweite Abteilung

Die Regelung in § 10 Abs. 1 GBV erklärt die **Zweite Abteilung** zum Eintragungsort für: 21

Checkliste: Eintragungen in der Zweiten Abteilung des Grundbuchs 22

(1) Alle **Belastungen** des Grundstücks oder eines Anteils am Grundstück, die nicht zu den Grundpfandrechten zählen, einschließlich der sich auf diese Belastungen beziehenden Vormerkungen und Widersprüche, § 10 Abs. 1 lit. a GBV. Gemeint sind Dienstbarkeiten (→ § 7, schlagwortartige Verlautbarung ist erforderlich[47]), Nießbrauchsrechte (→ § 5 Rn. 286 ff.), Vorkaufsrechte (→ § 8), Reallasten (schlagwortartige Verlautbarung ist erforderlich[48]), das Erbbaurecht[49] (→ § 4) sowie das Dauerwohn- und Dauernutzungsrecht.[50] Die Empfehlung geht dahin, in der Urkunde alle Belastungen stichwortartig wiederzugeben (→ § 1 Rn. 16).

(2) **Verfügungsbeschränkungen des Eigentümers,** § 10 Abs. 1 lit. b GBV, etwa Testamentsvollstrecker-, Nacherben-, Insolvenz-, Zwangsversteigerungs- und Zwangsverwaltungs-, Sanierungs- und Enteignungsvermerke, Veräußerungsverbote sowie Erbanteilspfändungs- und -verpfändungsvermerke. Vgl. auch die Beratungs-Checkliste → § 1 Rn. 9.

(3) Die **das Eigentum betreffenden Vormerkungen und Widersprüche,** § 10 Abs. 1 lit. b GBV, etwa Auflassungs- oder Rückauflassungsvormerkungen (→ § 1 Rn. 404 ff.), die einen Eigentumsverschaffungsanspruch sichern, vgl. auch § 12 Abs. 1 lit. a GBV, sowie Widersprüche jeglicher Art, etwa Amtswidersprüche nach § 53 GBO oder Widersprüche[51] nach § 18 Abs. 2 GBO bzw. Widersprüche aufgrund einer Einstweiligen Verfügung,[52] die sich gegen das Eigentum richten. Dass ein Widerspruch gegen das Eigentum in der Ersten Abteilung vermerkt wird,[53] trifft nicht zu. Zur näheren Bezeichnung des Anspruchs, der einer Vormerkung zugrunde liegt, kann nach § 885 Abs. 2 BGB auf die Eintragungsunterlage Bezug genommen werden.

(4) **Besondere Vermerke** des Enteignungs- oder Rangklarstellungsverfahrens, § 10 Abs. 1 lit. c GBV, schließlich auch der Bodenschutzlastvermerk nach § 93b GBV.[54]

---

[44] *Schöner/Stöber* GrundbuchR Rn. 4252.
[45] *Schöner/Stöber* GrundbuchR Rn. 4252.
[46] So Riedel/*Elsing* Immobilien in der Erbrechtspraxis § 2 Rn. 34.
[47] Ohne schlagwortartige Eintragung ist die Dienstbarkeit inhaltlich unzulässig verlautbart, vgl. auch *Schöner/Stöber* GrundbuchR Rn. 1148; die Amtslöschung ist veranlasst. Vgl. etwa OLG Düsseldorf MittRhNotK 1995, 319, unzulässige Verlautbarung als „Nutzungsbeschränkung".
[48] Ohne schlagwortartige Eintragung ist auch die Reallast inhaltlich unzulässig verlautbart, vgl. *Schöner/Stöber* GrundbuchR Rn. 1305. Das Recht ist dann von Amts wegen zu löschen.
[49] Daneben erhält das Erbbaurecht noch ein eigenes Erbbaugrundbuch, vgl. § 14 Abs. 1 S. 1 ErbbauRG.
[50] Vgl. auch *Schöner/Stöber* GrundbuchR Rn. 1100.
[51] Vgl. auch *Schöner/Stöber* GrundbuchR Rn. 1612.
[52] *Schöner/Stöber* GrundbuchR Rn. 1615, 1616.
[53] So Riedel/*Elsing* Immobilien in der Erbrechtspraxis § 2 Rn. 34.
[54] Siehe hierzu *Schöner/Stöber* GrundbuchR Rn. 1103.

23   Welche Rechte zur Eintragung gelangen können, regelt der **numerus clausus** des deutschen Sachenrechts.[55] Eingetragen werden kann nur eine begrenzte Anzahl von Rechten, überdies nur mit einem bestimmten Inhalt.[56]

24   Anders als in der Ersten Abteilung ist der Zweiten Abteilung eine **Veränderungsspalte** (Spalten 4 und 5) beigegeben, die alle Veränderungen der gebuchten Rechte ausweist, etwa Abtretungen, Pfändungen und Verpfändungen, Rang- oder Inhaltsänderungen sowie nachträglich gebuchte Herrschvermerke[57] und Wirksamkeitsvermerke.[58] In der Veränderungsspalte finden sich überdies nachträglich gebuchte Verfügungsbeschränkungen, die den Rechtsinhaber treffen,[59] womit die Notwendigkeit zu Tage tritt, das Grundbuch in seiner Gesamtheit zu erfassen, nicht nur die Haupt-, sondern auch die Veränderungsspalte (zum Vermerk über die Grundbucheinsicht → § 1 Rn. 1 und → § 1 Rn. 16). Den Notar[60] trifft die Pflicht, den Grundbuchinhalt festzustellen, um das Rechtsgeschäft erfolgreich zur Realisierung zu bringen (→ § 1 Rn. 13).

25   In der **Löschungsspalte** (Spalten 6 und 7) werden Löschungen und Teillöschungen vermerkt. Derzeit kann die Löschung eines Rechts oder einer Verfügungsbeschränkung durch Eintragung eines **Löschungsvermerks** (§ 46 Abs. 1 GBO) oder durch **Nichtmitübertragung** (§ 46 Abs. 2 GBO) erfolgen. Sobald das Grundbuch als **Datenbankgrundbuch** geführt wird, kann die Löschung nicht mehr durch Nichtmitübertragung, sondern nur noch durch Anbringung eines Löschungsvermerks vollzogen werden.[61] Diese Besonderheit geht auf die Regelung in § 76a Abs. 1 Nr. 3 GBV zurück, die auch die notarielle Überprüfungspraxis erleichtern wird, weil dann nicht mehr mit Fiktionen gearbeitet werden muss. Die gelöschte Eintragung is rot zu unterstreichen, § 17 Abs. 2 S. 1 GBV, ebenso alle Vermerke, die ausschließlich die gelöschte Eintragung betreffen, § 17 Abs. 2 S. 2 GBV, etwa Rang- oder Änderungsvermerke, was in der Grundbuchpraxis zuweilen unzureichend umgesetzt wird und zu Torso-Eintragungen führt. Die Empfehlung geht dahin, fehlende bzw. unzureichende Rötungen in der notariellen Urkunde zu thematisieren, um die Lesbarkeit des Grundbuchs zu erhöhen. In der Einsichtspraxis bilden solche vergessenen Rötungen stets den Referenzpunkt für Fragen nach dem Bestand oder Nichtbestand dinglicher Rechte. Ein konstitutives Eintragungsmerkmal ist in der Rötung allerdings nicht zu erblicken, sondern ein optisches Gestaltungsmittel. Ob das Recht gelöscht ist oder noch besteht, richtet sich einzig danach, ob ein Löschungsvermerk angebracht oder die Löschung durch Nichtmitübertragung erfolgt ist. Eine fehlende Rötung ändert an der Löschung des Rechts nichts. Umgekehrt kann eine bloße Rötung das Recht nicht zum Erlöschen bringen.

V. Die Dritte Abteilung

26   In der Dritten Abteilung werden **Grundpfandrechte** eingetragen (Grundschulden, → § 6; Hypotheken; Rentenschulden – also Verwertungsrechte), einschließlich der sich auf diese Grundpfandrechte beziehenden Vormerkungen und Widersprüche, §§ 11 Abs. 1, 12 Abs. 1 lit. b GBV.

27   Die **Eintragungen** in der Dritten Abteilung werden
– fortlaufend nummeriert (Spalte 1);
– enthalten die laufende Nummer des belasteten Grundstücks (Spalte 2);

---

[55] *Schöner/Stöber* GrundbuchR Rn. 1104.
[56] Zur inhaltlichen Typenfixierung vgl. auch *Wilsch* GBO Rn. 20.
[57] *Schöner/Stöber* GrundbuchR Rn. 1109.
[58] Zu den Wirksamkeitsvermerken vgl. BGH MDR 1999, 796 mAnm *Stickelbrock*. Der Wirksamkeitsvermerk wird analog § 18 GBV bei allen beteiligten Rechten eingetragen, vgl. auch Bauer/Schaub/*Lieder* GBO AT C Rn. 74.
[59] Vgl. auch *Schöner/Stöber* GrundbuchR Rn. 1109.
[60] Bzw. die Notarin, fortan sind die Notarin oder der Notar gemeint.
[61] Vgl. auch *Wilsch* GBO Rn. 56e.

– den Euro-Betrag bzw. zulässigen Alternativwährungsbetrag[62] des Rechts (Spalte 3);
– den Inhalt des Grundpfandrechts (Spalte 4);
– sowie den Geldbetrag nochmals mit Buchstaben, § 17 Abs. 1 S. 1 GBV.

Unmittelbar eingetragen werden, so die Maßgaben des § 1115 Abs. 1 BGB: **28**
– der Gläubiger;
– der Geldbetrag;
– der Zinssatz;
– andere Nebenleistungen sowie
– die Unterwerfung unter die Zwangsvollstreckung mit Wirkung gegen den jeweiligen Grundstückseigentümer[63] (zur Unterwerfung → § 6 Rn. 24 ff.).

Im Übrigen kann zur Bezeichnung auf die Eintragungsbewilligung **Bezug genommen** **29** werden, § 1115 Abs. 1 BGB. Grundsätzlich zählen hierzu auch ein Abtretungsausschluss oder eine Abtretungsbeschränkung (→ § 6 Rn. 20–23).[64] Wegen der weitreichenden Bedeutung für den Rechtsverkehr sollte die Eintragung unmittelbar erfolgen, zumal entsprechende Inhaltsbestimmungen einen gutgläubigen Erwerb ausschließen, §§ 892, 1157 BGB.[65]

Folgeeintragungen zum Grundpfandrecht, beispielsweise Abtretungen, Rangände- **30** rungen, Inhaltsänderungen oder Nachverpfändungen des betroffenen Grundpfandrechts, finden sich in der **Veränderungsspalte** der Dritten Abteilung wieder, das sind die Spalten 5–7, vgl. § 11 Abs. 6 GBV. Verlautbart werden dort ferner nachträglich eingetretene Verfügungsbeschränkungen des Grundpfandrechtsgläubigers, vgl. § 11 Abs. 6 GBV, was die Notwendigkeit unterstreicht, nicht nur die Haupt-, sondern auch die Veränderungsspalten in die Feststellung des aktuellen Grundbuchstandes einzubeziehen.

Zur Pflicht des **Notars**, den Grundbuchinhalt **festzustellen,** → § 1 Rn. 13. **31**

Bei **Rangvermerken** rückt zuweilen die Eintragungsvorschrift des § 18 GBV aus dem **32** grundbuchamtlichen Blickwinkel, das ist die Maßgabe, Angaben über den Rang bei *allen* beteiligten Rechten zu vermerken, dem vor- und dem zurücktretenden Recht. Eintragungsdefizite zeigen sich in der Spalte 5, der laufenden Nummer der Eintragung, sofern dort nicht alle beteiligten Rechte genannt werden, sondern nur das vortretende Recht. Dann klafft eine Lücke zwischen der Spalte 5 (nicht alle an der Rangänderung beteiligten Rechte genannt) und der Spalte 7 (dort sind alle an der Rangänderung beteiligten Rechte genannt), die die Lesbarkeit des Grundbuchs nicht unerheblich beeinträchtigt und unliebsame Auswirkungen auf das Datenbankgrundbuch zeigt.

Die **Löschungsspalte** (Spalte 8–10) dient der Löschung der Grundpfandrechte, § 11 **33** Abs. 7, Abs. 8 GBV. Ob ein Grundpfandrecht gelöscht ist oder noch besteht, entscheidet sich einzig und allein daran, ob das Grundbuch einen Löschungsvermerk enthält. In der Rötung ist lediglich ein optisches Gestaltungsmittel zu sehen, § 17 Abs. 2 S. 1 GBV, nicht dagegen das konstitutive Mittel zur Löschung eines Rechts.

B. Eintragungen im Grundbuch

I. Konstitutive Wirkung der Eintragung, § 873 Abs. 1 BGB

Die **generelle Bedeutung der Grundbucheintragung** ergibt sich aus § 873 Abs. 1 **34** BGB. Danach sind
– zur Übertragung des Eigentums an einer Immobilie;
– zur Belastung einer Immobilie mit einem Recht sowie
– zur Übertragung oder Belastung eines solchen Rechts

---

[62] Vgl. auch § 28 S. 2 GBO, die Währungseinheiten im Grundbuch, demnach Euro, Schweizer Franken, US-Dollar, dänische Kronen, britische Pfund Sterling, schwedische Kronen sowie die Währungen der am 1. 5. 2004 der EU beigetretenen Länder.
[63] Vgl. auch *Schöner/Stöber* GrundbuchR Rn. 2049: Bezugnahme ist insoweit nicht ausreichend.
[64] Vgl. *Schöner/Stöber* GrundbuchR Rn. 2379.
[65] *Schöner/Stöber* GrundbuchR Rn. 2379.

Einigung und **Eintragung** erforderlich, soweit nicht das Gesetz etwas anderes vorschreibt (materielles Eintragungsprinzip,[66] Doppeltatbestand).

35   Der **Eintragung** kommt **konstitutive Bedeutung** zu, ohne Eintragung kann sich der rechtsgeschäftliche Rechtserwerb nicht vollenden. Das deutsche Recht votierte gegen den römischen Rechtsgrundsatz „titulus- modus", der sachenrechtlich das Eigentum bereits mit Übergabe übergehen lässt.[67] In welcher **Reihenfolge** sich der Rechtserwerb vollzieht, Einigung und spätere Eintragung oder Eintragung und spätere Einigung, spielt für den Rechtserwerb keine Rolle.[68] Gewöhnlich komplettiert die spätere Eintragung den Doppeltatbestand nach § 873 Abs. 1 BGB, notwendig ist dies jedoch nicht.[69] Einigung und Eintragung müssen **inhaltlich übereinstimmen,** bei Abweichungen entsteht das Recht im geringeren Umfang.[70] Für den Rechtsverkehr bedeutet das materielle Eintragungsprinzip eine wesentliche Erleichterung. Ein Blick in das **Grundbuch** reicht, um die dingliche Rechtslage zu eruieren. Andere Publizitätsmittel müssen nicht bemüht werden.

36   Auf **Ausnahmen vom materiellen Eintragungsprinzip** weist bereits § 873 Abs. 1 BGB hin, ohne diese zu benennen. Gemeint sind die folgenden Regelungen:
- Erwerb eines Briefgrundpfandrechts erst mit Briefübergabe, § 1117 Abs. 1 BGB, sofern keine Aushändigungsvereinbarung nach § 1117 Abs. 2 BGB getroffen ist;
- Übertragung eines Briefgrundpfandrechts durch Abtretungserklärung und Briefübergabe, § 1154 Abs. 1 S. 1 BGB;
- einseitige Aufgabeerklärung[71] des Berechtigten nach § 875 Abs. 1 S. 1 BGB sowie Löschung im Grundbuch;
- Rechtsänderungen außerhalb des Grundbuchs,[72] die deklaratorisch im Grundbuch eingetragen werden, beispielsweise infolge Erbfalls, § 1922 Abs. 1 BGB, Erbanteilsübertragung (vgl. auch → § 17 Rn. 438ff.), Pfändung oder Verpfändung eines Miterbenanteils,[73] Vereinbarung von Gütergemeinschaft, Zuschlag in der Zwangsversteigerung oder Verschmelzung oder Spaltung nach dem Umwandlungsgesetz.[74]

II. Vermutungswirkungen nach § 891 BGB

37   Welche Vermutungswirkungen sich aus dem Grundbuch ergeben, ist in **§ 891 BGB** geregelt. Das Gesetz sieht **zwei Vermutungswirkungen** vor, eine positive Vermutungswirkung bei einem eingetragenen Recht, § 891 Abs. 1 BGB, und eine negative Vermutungswirkung bei einem gelöschten Recht, § 891 Abs. 2 BGB. Die Vermutungswirkungen gelten gegenüber jedermann.

38   Die Vermutungswirkung bringt es mit sich, dass die unterlegten Effekte nicht unumstößlich sind, sondern durch den **vollen Beweis der Unrichtigkeit** widerlegt werden können,[75] § 292 ZPO.[76] Bloße Zweifel oder Glaubhaftmachung reichen nicht aus, um die Vermutungswirkung zu entkräften.[77] Die Vermutung gilt gleichermaßen für den

---

[66] *Schöner/Stöber* GrundbuchR Rn. 14, 225: materielles Eintragungserfordernis.

[67] Zur Fortgeltung im spanischen Recht vgl. *Wilsch* GBO Rn. 361.

[68] BGH NJW 2000, 805; Palandt/*Herrler* BGB § 873 Rn. 1.

[69] Vgl. auch *Schöner/Stöber* GrundbuchR Rn. 9.

[70] Palandt/*Herrler* BGB § 873 Rn. 12: mehr eingetragen als gewollt: das Recht entsteht im geringeren Umfang der Einigung; weniger eingetragen als gewollt: das Recht entsteht im geringeren Umfang der Eintragung.

[71] Also keine Einigung erforderlich, es genügt die einseitige Erklärung des Berechtigten, vgl. auch Palandt/*Herrler* BGB § 875 Rn. 1–4.

[72] *Schöner/Stöber* GrundbuchR Rn. 14.

[73] Vgl. *Schöner/Stöber* GrundbuchR Rn. 356.

[74] Vgl. *Schöner/Stöber* GrundbuchR Rn. 995ff.

[75] Erman/*Artz* BGB § 891 Rn. 19; MüKoBGB/*Kohler* BGB § 891 Rn. 12, 14; jurisPK-BGB/*Toussaint* BGB § 891 Rn. 1, 33; Palandt/*Herrler* BGB § 891 Rn. 1.

[76] Vgl. auch BGH NJW-RR 2006, 662; Palandt/*Herrler* BGB § 891 Rn. 8.

[77] MüKoBGB/*Kohler* BGB § 891 Rn. 14.

Rechtsverkehr und das **Grundbuchamt**[78] selbst. Ist dem Grundbuchamt die Unrichtigkeit des Grundbuchs nicht positiv bekannt, hat es seinen Entscheidungen den Grundbuchinhalt zugrunde zu legen und die Vermutungswirkungen nach § 891 BGB einzubeziehen.[79] Die gelegentlich anzutreffende Grundbuchpraxis, der Prüfung eines neuen Antrags eine Prüfung der bislang vorgenommenen Eintragungen vorzuschalten, lässt die gesetzliche Vermutungswirkung nach § 891 Abs. 1 BGB außer Acht und ist daher unzulässig. Der Beibringungsgrundsatz bedeutet in diesem Zusammenhang, dass das Grundbuchamt nicht gehalten ist, den vollen Beweis der Unrichtigkeit von Amts wegen zu ermitteln.[80] Dies käme im Übrigen einer Umkehrung des Regelungsgehaltes des § 891 BGB gleich. Nach § 891 BGB kann von der Richtigkeit ausgegangen werden,[81] es sei denn, es handelt sich um rechtlich unzulässige[82] bzw. nicht eintragungsfähige[83] Rechte oder widersprüchliche Eintragungen.[84]

Ist im Grundbuch ein Recht wirksam[85] eingetragen, wird vermutet, dass ihm das Recht **39** zusteht, § 891 Abs. 1 BGB, und zwar im beschriebenen Umfang.[86] Die **positive Vermutungswirkung** bezieht sich ausschließlich auf **eingetragene Rechte**,[87] nicht auch auf *Tatsachen*, beispielsweise die Größe oder die Nutzung des Grundstücks,[88] die Geschäfts-[89] und Rechtsfähigkeit des eingetragenen Berechtigten[90] sowie Widersprüche[91] oder Verfügungsbeschränkungen,[92] beispielsweise einen Nacherben-, einen Testamentsvollstrecker- oder einen Insolvenzvermerk.[93] Ebenso wenig wird die Verfügungsbefugnis des eingetragenen Berechtigten vermutet.[94]

Ist im Grundbuch ein Recht gelöscht, wird vermutet, dass das Recht nicht besteht, **40** § 891 Abs. 2 BGB. Die **negative Vermutungswirkung** für gelöschte Rechte knüpft an den Zeitpunkt der Löschung im Grundbuch an, so dass ab diesem Zeitpunkt vermutet wird, dass das Recht nicht mehr besteht.[95] Im Umkehrschluss und im Hinblick auf die positive Vermutungswirkung nach § 891 Abs. 1 BGB wird vermutet, dass das Recht bis zur Löschung Bestand hatte.[96]

Gelöscht wird durch Eintragung eines **Löschungsvermerks**, § 46 Abs. 1 GBO, oder **41** durch sog. **Nichtmitübertragung**, § 46 Abs. 2 GBO. Ab Einführung des Datenbankgrundbuchs wird die Löschung durch Nichtmitübertragung obsolet.[97] Die Löschung muss dann durch einen Löschungsvermerk vollzogen werden, vgl. § 76a Abs. 1 Nr. 3 GBV. Dies wird die Transparenz des Grundbuchs nicht unwesentlich erhöhen, da die Löschung dann im Grundbuch kommuniziert und nicht mehr durch eine Leerstelle dargestellt wird.

---

[78] OLG Köln FGPrax 2013, 201; Palandt/*Herrler* BGB § 891 Rn. 1; MüKoBGB/*Kohler* BGB § 891 Rn. 13; jurisPK-BGB/*Toussaint* BGB § 891 Rn. 3.
[79] Vgl. auch MüKoBGB/*Kohler* BGB § 891 Rn. 13.
[80] MüKoBGB/*Kohler* BGB § 891 Rn. 16.
[81] Vgl. auch MüKoBGB/*Kohler* BGB § 891 Rn. 1.
[82] jurisPK-BGB/*Toussaint* BGB § 891 Rn. 4.
[83] Ebenso MüKoBGB/*Kohler* BGB § 891 Rn. 7; jurisPK-BGB/*Toussaint* BGB § 891 Rn. 5.
[84] MüKoBGB/*Kohler* BGB § 891 Rn. 8; jurisPK-BGB/*Toussaint* BGB § 891 Rn. 20: solchen Eintragungen kommt auch keinerlei öffentlicher Glaube zu.
[85] Also mit Unterschrift, anderenfalls ist das Recht nicht entstanden, vgl. auch jurisPK-BGB/*Toussaint* BGB § 891 Rn. 17, 18.
[86] Vgl. auch *Eichler* Institutionen des Sachenrechts Bd. 2 S. 372.
[87] Vgl. auch Erman/*Artz* BGB § 891 Rn. 10.
[88] Vgl. auch MüKoBGB/*Kohler* BGB § 891 Rn. 6; jurisPK-BGB/*Toussaint* BGB § 891 Rn. 8.
[89] MüKoBGB/*Kohler* BGB § 891 Rn. 10.
[90] Erman/*Artz* BGB § 891 Rn. 5, 13.
[91] Palandt/*Herrler* BGB § 891 Rn. 4; *Eichler* Institutionen des Sachenrechts Bd. 2 S. 372.
[92] Palandt/*Herrler* BGB § 891 Rn. 4.
[93] MüKoBGB/*Kohler* BGB § 891 Rn. 8; jurisPK-BGB/*Toussaint* BGB § 891 Rn. 12, 13.
[94] MüKoBGB/*Kohler* BGB § 891 Rn. 10; Palandt/*Herrler* BGB § 891 Rn. 5.
[95] MüKoBGB/*Kohler* BGB § 891 Rn. 17; jurisPK-BGB/*Toussaint* BGB § 891 Rn. 28.
[96] MüKoBGB/*Kohler* BGB § 891 Rn. 18.
[97] Vgl. *Wilsch* GBO Rn. 56e.

42   Keine Löschung stellt dagegen die **Rötung** dar,[98] die als buchungstechnisches Hilfsmittel nur dazu dient, die Übersichtlichkeit des Grundbuchs zu erhöhen.[99] Rechtlich kommt der Rötung keine Bedeutung zu, insbesondere keinerlei Löschungswirkung.[100] Zur Rötung auch → Rn. 14, 25, dort auch zur Rötungspraxis. Der notariellen Gestaltungspraxis steht es frei, **fehlende Rötungen** in der Urkunde zu thematisieren. Die Empfehlung geht dahin, fehlende, unzureichende oder falsche Rötungen in der Urkunde anzusprechen, um die Sicherheit und Lesbarkeit des Grundbuchs zu erhöhen.

III. Gutglaubens- und Schutzwirkung, § 892 BGB

43   Was im Grundbuch eingetragen oder gelöscht ist, gilt als richtig. Festgehalten ist diese **Richtigkeitsfiktion**[101] des Grundbuchs in § 892 Abs. 1 S. 1 BGB. Für den rechtsgeschäftlichen Erwerber eines Rechts an einem Grundstück oder eines Rechts an einem solchen Recht gilt der Inhalt des Grundbuchs als richtig, es sei denn, im Grundbuch ist ein Widerspruch gegen die Richtigkeit des Grundbuchs eingetragen oder die Unrichtigkeit ist dem Erwerber bekannt, § 892 Abs. 1 S. 1 BGB. Das Vertrauen des Rechsverkehrs auf die Richtigkeit des Grundbuchs wird besonders geschützt, und zwar wesentlich weiter als im Vergleich mit den Sachenrechtsordnungen anderer Länder. Der Rechtsschein ersetzt das Recht.[102] Fingiert wird die Existenz eines eingetragenen Rechts, fingiert wird aber auch die Nichtexistenz eines gelöschten Rechts.[103] Nicht geschützt wird hingegen das Vertrauen in die persönlichen Verhältnisse des Veräußerers, etwa dessen Rechts- oder Geschäftsfähigkeit.[104] Ebenso wenig werden nicht eintragungsfähige oder inhaltlich unzulässige Eintragungen geschützt.[105] Solche Eintragung fallen nicht in den Schutzbereich des § 892 BGB. Im Einzelnen beruht der öffentliche Glaube des Grundbuchs auf folgenden Voraussetzungen:

44 | **Checkliste: Gutgläubiger Erwerb nach § 892 BGB** |

(1) Grundbuchunrichtigkeit iSv § 894 BGB ist gegeben, eine Divergenz zwischen Grundbuch und materieller Rechtslage, gleichgültig, ob die Unrichtigkeit von Anfang an bestand oder erst nachträglich eingetreten ist.[106]

(2) Im Raum steht ein rechtsgeschäftlicher Erwerb,[107] keine Rechtsänderung kraft Gesetzes, etwa infolge Erbfalls oder einer sonstigen Gesamtrechtsnachfolge;[108] geschützt wird ein entgeltlicher oder unentgeltlicher Erwerb.[109]

(3) Im Grundbuch ist kein Widerspruch (§ 899 BGB, § 53 GBO, vgl. auch → Rn. 272 ff.) gegen die Richtigkeit des Grundbuchs eingetragen, § 892 Abs. 1 S. 1 BGB.[110]

(4) Ein Verkehrsgeschäft liegt vor, demnach keine persönliche oder wirtschaftliche Identität[111] zwischen Veräußerer und Erwerber; auf Erwerberseite muss mindestens eine

---

[98] Vgl. auch Palandt/*Herrler* BGB § 891 Rn. 7.

[99] Vgl. auch *Demharter* GBO § 46 Rn. 21.

[100] Ebenso jurisPK-BGB/*Toussaint* BGB § 891 Rn. 21.

[101] Vgl. bereits *Eichler* Institutionen des Sachenrechts Bd. 2 S. 375.

[102] *Schöner/Stöber* GrundbuchR Rn. 343.

[103] Positive und negative Fiktion, vgl. auch *Eichler* Institutionen des Sachenrechts Bd. 2 S. 375.

[104] *Schöner/Stöber* GrundbuchR Rn. 346.

[105] *Schöner/Stöber* GrundbuchR Rn. 346.

[106] Vgl. bereits *Eichler* Institutionen des Sachenrechts Bd. 2 S. 376.

[107] Vgl. auch Palandt/*Herrler* BGB § 892 Rn. 2, 3.

[108] *Schöner/Stöber* GrundbuchR Rn. 349.

[109] *Schöner/Stöber* GrundbuchR Rn. 349.

[110] Palandt/*Herrler* BGB § 892 Rn. 23; *Schöner/Stöber* GrundbuchR Rn. 351.

[111] Vgl. Palandt/*Herrler* BGB § 892 Rn. 6, 7: kein Gutglaubensschutz bei persönlicher oder wirtschaftlicher Identität; vgl. auch *Schöner/Stöber* GrundbuchR Rn. 350.

Person stehen, die nicht auch Veräußerer ist,[112] bei Personengleichheit besteht kein schutzwürdiges Interesse.

(5) Der Erwerber ist gutgläubig, hat demnach keine positive Kenntnis von der Unrichtigkeit des Grundbuchs.[113]

(6) Die Gutgläubigkeit des Erwerbers bestand noch bis zur Antragstellung des Erwerbers, § 892 Abs. 2 BGB.[114]

Unverändert **ungeklärt**[115] ist jedoch, ob das **Grundbuchamt** zu einem **gutgläubigen** 45 **Erwerb verhelfen darf,** sofern es Kenntnis von der Grundbuchunrichtigkeit hat. In Rechtsprechung und Grundbuchpraxis stehen sich zwei Meinungen gegenüber. Während eine an der Grundbuchamtspraxis und am Legalitätsprinzip orientierte Meinung dies verneint und von einer Antragszurückweisung ausgeht,[116] vertritt das Schrifttum weitgehend die Gegenmeinung und bejaht die Eintragungspflicht des Grundbuchamtes.[117]

> **Praxishinweis:**
> Für die notarielle Praxis, die sich mit den Fragen des gutgläubigen Erwerbs und der ablehnenden Haltung des Grundbuchamtes konfrontiert sieht, bedeutet dies die Notwendigkeit, Rechtsmittel gegen die Entscheidung des Grundbuchamtes einzulegen, um eine obergerichtliche Klärung herbeizuführen (zu den Rechtsmitteln → Rn. 252 ff.).

C. Das Grundbuchverfahren

I. Antragsgrundsatz, § 13 GBO

1. Antragsgrundsatz. Im Grundbuchverfahren erfolgt eine Eintragung nur auf **Antrag,** 46 soweit nicht das Gesetz etwas anderes vorschreibt, § 13 Abs. 1 S. 1 GBO. Grundsätzlich herrscht der **Antragsgrundsatz,**[118] das Antragsverfahren, die Ausnahme bildet das grundbuchamtliche Amtsverfahren. Dieses Verständnis ist der Rechtsnatur des Grundbuchverfahrens als Verfahren der Freiwilligen Gerichtsbarkeit geschuldet, der *jurisdictio voluntaria,* die es den Beteiligten überlässt, eine Eintragung zu initiieren und die Eintragungsunterlagen beizubringen.

Sobald der Entschluss zur Eintragung gefasst ist, obliegt es dem Notariat, den vollzugs- 47 fähigen Antrag **ohne zeitliche Verzögerung** beim zuständigen Grundbuchamt **einzureichen.** Die Einreichung soll ohne schuldhaftes Zögern erfolgen.[119] Vgl. auch → § 31 Rn. 337.

Zur Einreichungspflicht nach § 53 BeurkG → § 31 Rn. 335, danach soll der Notar die 48 Einreichung beim Grundbuchamt unverzüglich veranlassen, sofern Vollzugsreife gegeben

---

[112] Palandt/*Herrler* BGB § 892 Rn. 5.

[113] Palandt/*Herrler* BGB § 892 Rn. 24: grobfahrlässige Unkenntnis oder Zweifel reichen nicht aus; vgl. auch *Schöner/Stöber* GrundbuchR Rn. 351.

[114] Zum maßgeblichen Zeitpunkt vgl. auch Palandt/*Herrler* BGB § 892 Rn. 25.

[115] Zum Sachstand vgl. auch *Schöner/Stöber* GrundbuchR Rn. 352; Palandt/*Herrler* BGB § 892 Rn. 1.

[116] Vgl. BayObLG Rpfleger 1994, 453; OLG Düsseldorf MittBayNot 1975, 224; OLG München DNotZ 2012, 298; OLG Karlsruhe NJW-RR 1998, 445; zum Meinungsstand vgl. Palandt/*Herrler* BGB § 892 Rn. 1.

[117] Vgl. *Eickmann* Rpfleger 1972, 77; *Ertl* MittBayNot 1975, 204; *Kesseler* DNotZ 2015, 773; *ders.* ZNotP 2004, 338; Bauer/Schaub/*Bauer* GBO § 13 Rn. 103; Palandt/*Herrler* BGB § 892 Rn. 1 unter Hinweis auf den Schutz, den § 892 Abs. 2 BGB bezweckt. Ebenso *Schöner/Stöber* GrundbuchR Rn. 352.

[118] Vgl. auch *Wilsch* GBO Rn. 30, 95 ff.; zum Antragsprinzip vgl. auch Bauer/Schaub/*Bauer* GBO § 13 Rn. 1.

[119] BGH DNotZ 1958, 101.

ist, es sei denn, die Beteiligten bestehen darauf, von der Vorlage beim Grundbuchamt abzusehen, → § 1 Rn. 484, dort auch zu Vollzugs- und Vorlagesperre.[120]

49   Durch den Antragseingang wird nicht nur der Rang determiniert, §§ 17, 45 GBO **(Prioritätsgrundsatz),** sondern auch über einen etwaigen Rechtserwerb nach §§ 878, 892 BGB entschieden.[121]

50   **2. Ausnahme: Amtsverfahren. Von Amts wegen** erfolgt hingegen:[122]
   – die **Umschreibung eines unübersichtlichen Grundbuchblatts,** § 28 S. 1 GBV;
   – die **Umschreibung eines Grundbuchblatts,** sofern es durch die Umschreibung wesentlich vereinfacht wird, § 28 S. 2 GBV;[123]
   – die **notwendige Grundstücksteilung** nach § 7 Abs. 1 GBO im Zuge der Veräußerung oder Belastung einer Teilfläche, die von Amts wegen erfolgen muss;[124] ein Antrag ist hierzu nicht erforderlich;
   – die Eintragung einer **Vormerkung oder eines Widerspruchs nach § 18 Abs. 2 GBO,** sofern vor der Erledigung des Antrags eine andere Eintragung beantragt wird, durch die dasselbe Recht betroffen wird; dann ist zugunsten des früher gestellten Antrags von Amts wegen eine Vormerkung oder ein Widerspruch einzutragen, § 18 Abs. 2 S. 1 GBO;[125]
   – die Eintragung eines **Widerspruchs nach § 23 Abs. 1 S. 1 GBO** beim zu löschenden, rückstandsfähigen Recht, bei dem eine Vorlöschungsklausel nach § 23 Abs. 2 GBO nicht eingetragen, die Jahresfrist jedoch abgelaufen ist;[126]
   – die Eintragung des **Nacherbenvermerks** zugleich mit dem Recht des Vorerben, § 51 GBO; zur Eintragung genügt demnach der Antrag des Vorerben, das Nacherbenrecht wird von Amts wegen miteingetragen[127] (zum Verkauf durch einen Vorerben → § 1 Rn. 648 ff.);
   – die Eintragung des **Testamentsvollstreckervermerks** zugleich mit der Eintragung der Erben, § 52 GBO; zur Eintragung genügt demnach der Antrag der Erben, der Testamentsvollstreckervermerk wird von Amts wegen miteingetragen[128] (zum Verkauf durch einen Testamentsvollstrecker → § 1 Rn. 644 ff.);
   – die Eintragung eines **Amtswiderspruchs,** sofern das Grundbuchamt eine Eintragung unter Verletzung gesetzlicher Vorschriften vorgenommen hat, § 53 Abs. 1 S. 1 GBO. Für die notarielle Praxis bedeutet dies, dass lediglich Anregungen an das Grundbuchamt zu richten, nicht Anträge zu stellen oder Bewilligungen zu erklären sind, vgl. auch → Rn. 272 ff.;
   – die **Amtslöschung** einer inhaltlich unzulässigen Eintragung, § 53 Abs. 1 S. 2 GBO; vgl. auch → Rn. 277 ff. Auch insoweit sind lediglich Anregungen an das Grundbuchamt zu richten, nicht Anträge zu stellen oder Bewilligungen zu erklären. Das Grundbuchamt ist gehalten, von Amts wegen alle Nachforschungen anzustellen, vgl. auch → Rn. 277;
   – die **Löschung gegenstandsloser**[129] **Eintragungen,** § 84 Abs. 1 S. 1, Abs. 2 GBO[130] sowie

---

[120] Vollzugs- oder Vorlagesperre, → § 1 Rn. 484; dies muss jedoch ausdrücklich aus der Niederschrift hervorgehen.
[121] Vgl. auch *Wilsch* GBO Rn. 100.
[122] Zu den besonderen Amtsverfahren vgl. *Wilsch* GBO Rn. 336 ff.
[123] Vgl. *Schöner/Stöber* GrundbuchR Rn. 205.
[124] BayObLGZ 1956, 470; vgl. auch Hügel/*Kral* GBO § 7 Rn. 35.
[125] Vgl. auch *Wilsch* GBO Rn. 336–338, dort mit Eintragungsbeispiel.
[126] Vgl. auch Hügel/*Wilsch* GBO § 23 Rn. 53.
[127] Vgl. auch Bauer/Schaub/*Schaub* GBO § 51 Rn. 68.
[128] Vgl. Bauer/Schaub/*Schaub* GBO § 52 Rn. 30.
[129] In welchen Fällen das dingliche Recht gegenstandslos ist, regelt § 84 Abs. 2 GBO: Das Recht besteht nicht mehr, die Entstehung des Rechts ist ausgeschlossen, das Recht kann dauerhaft nicht mehr ausgeübt

– das sog. **Rangklarstellungsverfahren** nach §§ 90 ff. GBO.

3. Beibringungsgrundsatz im Antragsverfahren. Der das Grundbuchverfahren be- 51
herrschende **Beibringungsgrundsatz** hat zur Folge, dass die notarielle Praxis im Rahmen des Antragsverfahrens gehalten ist, dem Grundbuchamt alle notwendigen Urkunden
und urkundlichen Nachweise zu präsentieren. Das Grundbuchamt ist weder berechtigt,
noch verpflichtet, in die Beweiserhebung einzutreten.[131] Die Regelung in § 29 GBO entbindet das Grundbuchamt davon, Beweise zu erheben.

4. Form des Antrags, § 30 GBO. Welche **Form** der Antrag wahren muss, richtet sich 52
danach, welche Funktionen der Antrag im jeweiligen Grundbuchverfahren erfüllen muss.
Regelfall ist der sog. **„reine" Antrag,** mit dem einzig und allein das Grundbuchverfahren initiiert werden soll. Das ist der Antrag, mit dem das Notariat eine Urkunde überreicht, um eine Eintragung zu bewirken. Die Verfahrenserklärungen selbst sind in der Urkunde enthalten. Ein solcher Antrag bedarf **keiner besonderen Form,** einfache
Schriftform reicht aus, um den Eingangsvermerk anzubringen, § 13 Abs. 2 S. 1 GBO.[132]
Festgehalten ist dies in § 30 GBO, wonach für den Eintragungsantrag die Formvorschriften des § 29 GBO nur dann gelten, wenn durch den Antrag eine zu der Eintragung erforderliche Erklärung ersetzt werden soll.[133] Da der sog. „reine" Antrag sich auf die Ver-
fahrensinitiierung beschränkt, also lediglich die Tätigkeit des Grundbuchamtes auslösen
soll, ist eine Siegelung des Antrags nicht erforderlich, aber unschädlich.

Sollte durch den Antrag zugleich eine zu der Eintragung erforderliche Erklärung er- 53
setzt, also der Antrag mit einer weiteren Verfahrenserklärung kombiniert werden, etwa
mit einer Bewilligung, § 19 GBO, muss der Antrag die Formvorschriften des § 29 GBO
wahren, § 30 GBO. Dann liegt ein sog. **„gemischter" Antrag** vor, ein Antrag, der
nicht nur die Tätigkeit auslösen, sondern auch eine Verfahrenserklärung enthalten soll.
Ein solcher Antrag muss dem Grundbuchamt in **öffentlicher oder öffentlich beglaubigter Form** präsentiert werden, §§ 30, 29 Abs. 1 S. 1 GBO.[134] In der Praxis wird die
Formbedürftigkeit solcher „gemischten" Anträge nicht selten übersehen, was zur Beanstandung durch das Grundbuchamt und zu unnötigen Verfahrensverzögerungen führt.

5. Antragsberechtigung, § 13 Abs. 1 S. 2 GBO. Nach § 13 Abs. 1 S. 2 GBO gilt: **An-** 54
tragsberechtigt ist jeder, dessen Recht von der Eintragung betroffen wird oder zu dessen Gunsten die Eintragung erfolgen soll, also
– entweder der **Betroffene,** der durch die Eintragung eine Rechtsposition[135] ganz oder
teilweise verliert,
– oder der **Begünstigte,** der durch die Eintragung eine Rechtsposition ganz oder teilweise gewinnt.[136]
Bei **mehreren Antragsberechtigten** ist jeder Antragsberechtigte befugt, einen Antrag 55
zu stellen, gemeinsame Antragstellung ist nicht geboten. Dass die Probleme der Antragsberechtigung in der notariellen Praxis nur eingeschränkt in Erscheinung treten, ist auf die
Antragstellung des Notars nach § 15 Abs. 2 GBO zurückzuführen[137] (→ Rn. 57 ff.).

---

werden. Zu den Rechten zählen auch Vormerkungen, Widersprüche, Verfügungsbeschränkungen sowie
Enteignungsvermerke, vgl. § 84 Abs. 3 GBO.
[130] *Schöner/Stöber* GrundbuchR Rn. 205.
[131] *Schöner/Stöber* GrundbuchR Rn. 152.
[132] Vgl. *Schöner/Stöber* GrundbuchR Rn. 88b.
[133] Vgl. *Wilsch* GBO Rn. 116; *Schöner/Stöber* GrundbuchR Rn. 88b.
[134] Zu den sog. „gemischten" Anträgen vgl. *Wilsch* GBO Rn. 117, 118.
[135] Eine bloß wirtschaftliche Beeinträchtigung reicht dagegen nicht aus, s. *Schöner/Stöber* GrundbuchR
Rn. 88.
[136] Siehe *Wilsch* GBO Rn. 102; *Schöner/Stöber* GrundbuchR Rn. 88: Begünstigung nur im wirtschaftlichen
Sinn reicht nicht aus.
[137] Vgl. hierzu *Wilsch* GBO Rn. 104.

Dann stellt der Notar für jeden Antragsberechtigten einen Antrag, beruhend auf der Vollmachtsvermutung nach § 15 Abs. 2 GBO. Diese Verfahrensweise dominiert die Grundbuchpraxis. Vgl. im Übrigen → § 31 Rn. 332. In der Form des § 29 GBO muss die Antragsberechtigung nicht nachgewiesen werden, schlüssiger Sachvortrag reicht aus.[138]

56   Nicht außer Acht gelassen werden dürfen dabei die **kostenrechtlichen Konsequenzen,** die mit einer „universalen" Antragstellung nach § 15 Abs. 2 GBO verbunden sind. Gemeint ist die kostenschuldnerische Haftung in Antragsverfahren, § 22 Abs. 1 GNotKG, die auch erst wesentlich später Relevanz entwickeln kann, etwa im Rahmen der zweitschuldnerischen Haftung. Der Erstschuldner ist dann ausgefallen, herangezogen werden müssen mithaftende Zweitschuldner. Stellt der Notar **Vollzugsantrag gemäß § 15 Abs. 2 GBO,** haften für die Eintragungskosten **alle Antragsberechtigten,** demnach sowohl derjenige, dessen Recht von der Eintragung betroffen wird, als auch derjenige, zu dessen Gunsten die Eintragung erfolgt.[139] Mehrere Kostenschuldner haften als Gesamtschuldner, § 32 Abs. 1 GNotKG. Es kommt nicht darauf an, ob jeweils ein Antrag gestellt wurde, das bloße Antragsrecht reicht aus. Die Vertretungsbefugnis des Notars nach § 15 Abs. 2 GBO für alle Antragsberechtigten wird widerleglich vermutet und ist nicht von einem Auftrag oder dem Einverständnis der Antragsberechtigten abhängig.[140] Der Gegenbeweis kann sich aus der Urkunde selbst oder aus anderen Eintragungsunterlagen ergeben,[141] etwa aus expliziten Erklärungen der Beteiligten. Anhaltspunkte, die die Antragsermächtigung des Notars widerlegen, müssen nach außen hin erkennbar sein. Nach Eintragung ist ein Widerruf der vermuteten Vollmacht nicht mehr möglich.[142]

57   **6. Vollmachtsvermutung zugunsten des Urkundsnotars, § 15 Abs. 2 GBO.** Während § 13 Abs. 1 S. 2 GBO die Antragsberechtigung festlegt, regelt § 15 Abs. 2 GBO die **gesetzliche Vollmachtsvermutung zur Antragstellung,** die die Grundbuchpraxis dominiert.[143] Nach § 15 Abs. 2 GBO gilt: Ist die **zu einer Eintragung erforderliche Erklärung** von einem **deutschen Notar**[144] beurkundet oder beglaubigt, **gilt** dieser als **ermächtigt,** im Namen eines Antragsberechtigten die Eintragung zu beantragen (vgl. auch → § 1 Rn. 482). Der Rekurs auf § 15 GBO reicht aus, die Anträge der Beteiligten gelten als nicht gestellt.[145] Ein eigenständiges Antragsrecht des beurkundenden oder beglaubigenden Notars ist damit allerdings nicht verbunden,[146] sondern eine weitreichende, auf Praxiserwägungen beruhende **Vermutung** zur Antragstellung. Der dermaßen legitimierte Notar sieht sich daher in die Lage versetzt, den Antrag stellen zu können, ohne sich weiter legitimieren oder autorisieren zu müssen. Eine **Verfahrensvollmacht** muss dem Antrag nicht beigefügt werden, ebenso wenig ein Nachweis über die **Amtsinhaberschaft** oder das **Einverständnis** der Beteiligten.[147] Der dermaßen legitimierte Notar kann auch den gestellten Antrag mit Unterschrift und Amtssiegel wieder zurücknehmen, § 24 Abs. 3 BNotO,[148] wiederum ohne weitere Ermächtigung durch die Beteiligten (vgl. auch→ § 1 Rn. 482).

---

[138] *Schöner/Stöber* GrundbuchR Rn. 88.
[139] Vgl. BayObLG Rpfleger 1985, 356; OLG München BeckRS 2012, 14111; LG Passau JurBüro 1986, 1396.
[140] BayObLG Rpfleger 1985, 356 mAnm *Lappe.*
[141] BayObLG Rpfleger 1985, 356 mAnm *Lappe.*
[142] BayObLG Rpfleger 1985, 356 (357); Rpfleger 1984, 96; OLG Zweibrücken Rpfleger 1984, 265.
[143] Zur Antragsermächtigung vgl. auch *Schöner/Stöber* GrundbuchR Rn. 174 ff.
[144] Oder Notariatsverwalter, Notarvertreter und Aktenverwahrer, vgl. Bauer/Schaub/*Wilke* GBO § 15 Rn. 7. Ebenso ein Amtsnachfolger, vgl. *Schöner/Stöber* GrundbuchR Rn. 174.
[145] Bauer/Schaub/*Wilke* GBO § 15 Rn. 8.
[146] BayObLG NJW-RR 1989, 1495; *Schöner/Stöber* GrundbuchR Rn. 176.
[147] Vgl. auch *Wilsch* GBO Rn. 104.
[148] Vgl. auch *Schöner/Stöber* GrundbuchR Rn. 174.

Die Vermutung kann **widerlegt** werden, beispielsweise durch entgegenstehende Willens- 58
erklärungen der Beteiligten.[149] Dies muss sich jedoch eindeutig aus den Erklärungen oder
den sonstigen Eintragungsunterlagen ergeben.[150] Anderenfalls greift wiederum die gesetzliche Vermutung zugunsten des Notars,[151] dem der Notarvertreter gleich steht, nicht aber
der in Bürogemeinschaft verbundene Sozius.[152] Etwas anderes gilt nur dann, sollte die
Vollzugsvollmacht auch zugunsten des Sozius ausgestaltet sein. Überdies wird zu prüfen
sein, ob nicht bloße Botenschaft vorliegt, sollte der Sozius ausnahmsweise die Urkunde
vorlegen.[153]

Der Notar kann aber auch lediglich als **Bote** auftreten, was im Anschreiben an das 59
Grundbuchamt besonders hervorgehoben werden sollte. Zurücknehmen kann der „No-
tarbote" einen solchen Antrag dann nicht, ihm steht dann auch keine Beschwerdeberechtigung gegen grundbuchamtliche Entscheidungen zu.[154]

Beispiele:
Für eine bloße Notarbotentätigkeit sprechen die folgenden Formulierungen:[155]
- „Zur weiteren Veranlassung"
- „Mit der Bitte um Erledigung"
- „Vorlage zum Vollzug"
- „dem Grundbuchamt zum Vollzug"
- „übermittle ich als Bote zur weiteren Veranlassung"

Zum **Widerruf der Vollmachtsvermutung** durch einen Beteiligten → § 1 Rn. 485. 60
Dass in der Praxis standardmäßig der Vollmachtsvermutung nach § 15 Abs. 2 GBO zu- 61
sätzlich eine **rechtsgeschäftliche Durchführungs- und Vollzugsvollmacht** zur Seite
gestellt wird, erteilt für den Urkundsnotar, soll diesen ermächtigen, im Grundbuchverfahren weiter zu agieren, um die Eintragung herbeizuführen bzw. zu sichern. Der Geltungsbereich der Vollmachtsvermutung nach § 15 Abs. 2 GBO soll also bewusst überschritten[156] werden, um das Grundbuchverfahren zum Erfolg zu führen. Zum Einsatz kommen
kann eine solche zusätzliche Durchführungs- und Vollzugsvollmacht etwa dann, sollten
weitere Erklärungen erforderlich werden, die nicht bereits in der Urkunde enthalten
sind.[157] Den Anlass hierfür geben grundbuchamtliche Beanstandungen (zur Zwischenverfügung und Zurückweisung → Rn. 226ff.).

Beispiele für zusätzliche Erklärungen:
- weitere Zustimmungserklärungen (→ § 1 Rn. 492)
- weitere Bewilligungen (→ § 1 Rn. 492), etwa Eintragungs-, Inhaltsänderungs- oder Löschungsbewilligungen, gleichgültig, ob sie einen unmittelbar oder mittelbar Betroffenen
  berühren
- Rangbestimmungen nach § 45 Abs. 3 GBO (→ § 1 Rn. 492)
- Erklärungen zur inhaltlichen Abänderung der Urkunde, etwa im Hinblick auf eine bean-
  standete Teilungserklärung (→ § 1 Rn. 492) oder einen beanstandeten Erbbaurechtsvertrag
- Erklärungen zur Vervollständigung der Urkunde, etwa im Hinblick auf ein fehlerhaftes
  oder fehlendes Gemeinschaftsverhältnis nach § 47 GBO

[149] *Schöner/Stöber* GrundbuchR Rn. 174.
[150] *Schöner/Stöber* GrundbuchR Rn. 174.
[151] *Schöner/Stöber* GrundbuchR Rn. 174.
[152] DNotI-Report 2018, 169 (170).
[153] DNotI-Report 2018, 169 (170).
[154] *Schöner/Stöber* GrundbuchR Rn. 181.
[155] *Schöner/Stöber* GrundbuchR Rn. 181; Bauer/Schaub/*Wilke* GBO § 15 Rn. 8.
[156] Vgl. auch Bauer/Schaub/*Wilke* GBO § 15 Rn. 35.
[157] *Wilsch* GBO Rn. 104.

62   Die auf einer rechtsgeschäftlichen Durchführungs- bzw. Vollzugsvollmacht basierenden Erklärungen des Notars werden in Form einer **gesiegelten und unterschriebenen Eigenurkunde** abgegeben (hierzu auch → § 1 Rn. 492). Gelegentlich ist in der Grundbuchpraxis zu konstatieren, dass diese Formerfordernisse nicht gewahrt sind, was zur Rückgabe der Eigenurkunde und zu Verfahrensverzögerungen führt.

63   Zur Nichteintragung der materiellen Eigenurkunden in der **Urkundenrolle** → § 1 Rn. 493. Zum **Muster** einer entsprechenden Bevollmächtigung des Notars → § 1 Rn. 491.

64   **7. Inhalt des Antrags; Antrag unter Vorbehalt, § 16 GBO.** Die **inhaltlichen Mindestanforderungen**[158] an einen Antrag, beispielsweise der Bestimmtheits- und der Legalitätsgrundsatz, bereiten der notariellen Praxis selten Schwierigkeiten. Was eingetragen werden soll, ergibt sich regelmäßig aus dem Antrag des Notars, und dass der Antrag nicht im Widerspruch zum Gesetz stehen darf, deckt sich mit den allgemeinen Amtspflichten des Notars. Abstand nehmen sollte die notarielle Praxis von Zusätzen wie „soweit eintragungsfähig" oder „soweit rechtlich zulässig", da dies dem Antrag die notwendige Bestimmtheit nimmt.[159]

65   Der Antrag darf auch nicht über den **Inhalt der Bewilligung** hinausgehen oder hinter dem Bewilligungsinhalt zurückbleiben, es sei denn, der Notar ist aufgrund einer speziellen Durchführungs- und Vollzugsvollmacht ermächtigt, einen extensiven bzw. teilweisen Vollzug zu betreiben (zur Vollmacht → Rn. 61).

66   Nach § 16 Abs. 1 GBO darf die Erledigung des Antrags grundsätzlich auch nicht an einen **Vorbehalt** geknüpft werden,[160] der Antrag darf demnach **nicht bedingt** oder **befristet**[161] gestellt werden.[162] Ein bedingter oder befristeter Antrag muss beanstandet werden. Davon zu trennen ist die zulässige Vereinbarung von Bedingungen und Befristungen als **Inhalt des dinglichen Rechts.**[163]

67   Die **Ausnahme** für eine bedingte Antragstellung ergibt sich aus § 16 Abs. 2 GBO, dem **Vollzugsvorbehalt,** wonach bei mehreren Eintragungen vom Antragsteller bestimmt werden kann, dass die eine Eintragung nicht ohne die andere erfolgen soll, was bei Zug um Zug zu erbringenden Leistungen und bei Überlassungsverträgen eine große Rolle spielt. Hintergrund ist ein **rechtlicher oder wirtschaftlicher Bedeutungszusammenhang,** die Schaffung einer verfahrensrechtlichen Einheit, die eine gemeinsame Erledigung rechtfertigt. Der Vollzugsvorbehalt kann ausdrücklich oder konkludent[164] vereinbart sein, etwa aus der Rechtsnatur des Vertrages folgen, beispielsweise aus dem Überlassungsvertrag,[165] dessen Abwicklung Zug um Zug erfolgen soll, die Eintragung des Erwerbers unter Vorbehalt der ausbedungenen Rechte für den Übergeber. Zur Grundstückszuwendung allgemein → § 5; zum Vollzugsvorbehalt insbesondere → § 5 Rn. 163.

68   Eine weitere Ausnahme gilt für **Rechtsbedingungen** oder **Umstände,** die das Grundbuchamt selbst feststellen kann.[166] Den Hauptanwendungsfall innerhalb der notariellen Praxis bildet der **bedingte Antrag auf Löschung der Auflassungsvormerkung,**

---

[158] Zum Bestimmtheitsgrundsatz, Legalitätsgrundsatz und zum Kongruenzprinzip im Grundbuchverfahren vgl. *Wilsch* GBO Rn. 107.

[159] BayObLG DNotZ 1969, 492; Hügel/*Reetz* GBO § 16 Rn. 10; Bauer/Schaub/*Wilke* GBO § 16 Rn. 7.

[160] Zum geschichtlichen Hintergrund, insbesondere zum alten preußischen Grundbuchrecht und dem GBO-Entwurf auf dem Jahr 1889, vgl. *Wilsch* GBO Rn. 107, dort Fn. 530–532.

[161] Befristete Anträge sind unzulässig, keine Fristenkontrolle durch das Grundbuchamt, vgl. Hügel/*Reetz* GBO § 16 Rn. 1, 11.

[162] Vgl. auch Bauer/Schaub/*Wilke* GBO § 16 Rn. 1.

[163] Hügel/*Reetz* GBO § 16 Rn. 7.

[164] Hügel/*Reetz* GBO § 16 Rn. 23: stillschweigende Vereinbarung eines Vollzugsvorbehaltes. Eine solche stillschweigende Vereinbarung ist anzunehmen, sofern ein rechtlicher oder wirtschaftlicher Zusammenhang besteht.

[165] Ebenso Bauer/Schaub/*Wilke* GBO § 16 Rn. 15.

[166] Vgl. auch *Wilsch* GBO Rn. 109; Bauer/Schaub/*Wilke* GBO § 16 Rn. 23.

sofern im Rang nach der Vormerkung ohne Zustimmung des Käufers keine Eintragungen erfolgt oder beantragt sind.[167] Ob dies zutrifft, kann und muss das Grundbuchamt selbst feststellen,[168] ggf. mit Zwischenverfügung beanstanden. Ein entsprechender Vorbehalt ist zulässig. Nicht anders zu behandeln ist der Antrag auf Eigentumsumschreibung, gekoppelt mit der Löschung eines Nacherben- oder Testamentsvollstreckervermerks.[169]

Einen weiteren Anwendungsfall stellt der zulässige Vorbehalt dar, dass das **Recht nur** 69 **mit einem bestimmten Rang eingetragen** werden darf.[170] Auch dies kann das Grundbuchamt anhand des Grundbuchs und der Grundakte (noch unerledigte Anträge) feststellen.

8. Prüfung der Eintragungsfähigkeit, § 15 Abs. 3 S. 1 GBO. Die zu einer Eintragung 70 erforderlichen Erklärungen sind seit dem 9.6.2017 vor ihrer Eintragung für das Grundbuchamt von einem Notar **auf Eintragungsfähigkeit zu prüfen,** § 15 Abs. 3 S. 1 GBO.[171] Hintergrund ist die „Filterfunktion für das Gericht",[172] die der Notar im Rahmen des Eintragungsverfahrens wahrnimmt und die nun Ausdruck in einem **Prüfvermerk** findet,[173] die qualitäts- und effizienzsichernde Tätigkeit des Notars, die eigentlich dem justiziellen Bereich zuzuordnen ist,[174] zugleich jedoch eine **Amtspflicht** darstellt, der der Notar gegenüber dem Grundbuchamt nachkommen muss.[175] Im Verhältnis zu den Beteiligten besteht keine Amtspflicht, so dass hieraus auch keine Amtshaftung des Notars resultieren kann.[176] Konstatiert wird insoweit „eine erhebliche Aufwertung und Horizonterweiterung im System der freiwilligen Gerichtsbarkeit",[177] eine „Stärkung des Notarwesens"[178] bzw. die Rolle des Notars als „externer Funktionsträger der Justiz".[179] Das Grundbuchamt wird durch den Prüfvermerk nicht gebunden.[180] Zum **Berufsrecht** der Notare und den **Amtspflichten** → § 32 und → § 34.

Der **Prüfvermerk** muss als Vermerkurkunde nach § 39 BeurkG errichtet werden,[181] 71 das Prüfungsergebnis dokumentieren[182] und Folgendes enthalten:[183]

---

[167] OLG Düsseldorf DNotZ 1965, 751; Hügel/*Reetz* GBO § 16 Rn. 13; Bauer/Schaub/*Wilke* GBO § 16 Rn. 24.
[168] Hügel/*Reetz* GBO Überblick vor § 16.
[169] Bauer/Schaub/*Wilke* GBO § 16 Rn. 15.
[170] Hügel/*Reetz* GBO § 16 Rn. 15.
[171] Vgl. auch das BNotK-Rundschreiben Nr. 5/2017 v. 23.5.2017, ZNotP 2017, 181.
[172] Herrler/Hertel/Kesseler/*Hertel* Notarielle Vertragsgestaltung im Immobilienrecht 2017/2018 S. 285; vgl. auch *Ott* BWNotZ 2017, 146 (149); ebenso für das Registerverfahren *Krafka* NZG 2017, 889 (890).
[173] Zur „Filter- und Entlastungsfunktion" vgl. auch BeckOK GBO/*Reetz* GBO § 15 Rn. 75.
[174] BNotK-Rundschreiben Nr. 5/2017 v. 23.5.2017, ZNotP 2017, 181: „justizielle Amtspflichten und Zuständigkeiten des Notars"; dies ist „Ausdruck und Folge der integralen Stellung und Funktion des Notars im deutschen Grundbuch- und Registerverkehr".
[175] Allerdings keine Amtspflicht des Notars nach § 19 Abs. 1 BNotO, vgl. BNotK-Rundschreiben Nr. 5/2017 v. 23.5.2017, ZNotP 2017, 181 (184) sowie *Weber* RNotZ 2017, 427 (428). Vgl. auch *Eickelberg/Böttcher* FGPrax 2017, 145 (148): Verpflichtung gegenüber dem Grundbuchamt, nicht jedoch gegenüber den Beteiligten. Einem Notar, der seiner Prüfungspflicht nicht nachkommt, drohen dienstrechtliche Konsequenzen, vgl. *Weber* RNotZ 2017, 427 (428). Dann liegt ein Dienstvergehen vor, zu überprüfen im Rahmen der Amtsprüfung, § 93 Abs. 1 BNotO, vgl. *Damm* notar 2017, 323 (326).
[176] *Diehn/Rachlitz* DNotZ 2017, 487 (496).
[177] *Weber* RNotZ 2017, 427 (428).
[178] *Ott* BWNotZ 2017, 146.
[179] *Diehn/Rachlitz* DNotZ 2017, 487 (492); kritisch hierzu *Krafka/Heinemann* Rpfleger 2017, 661 (663, 664), die allenfalls darin „eine kleine Amtshilfe der Notare gegenüber den Registergerichten und Grundbuchämtern" erkennen können.
[180] BeckOK GBO/*Reetz* GBO § 15 Rn. 88.
[181] Vgl. *Weber* RNotZ 2017, 427 (434).
[182] *Weber* RNotZ 2017, 427 (433); ebenso *Diehn/Rachlitz* DNotZ 2017, 487 (497); *Ott* BWNotZ 2017, 146 (150); *Herrler* in seiner Anmerkung zu OLG Schleswig NJW 2017, 3603 (3606); ebenso DNotI-Report 2017, 92: Prüfvermerk ist zwingend.
[183] BNotK-Rundschreiben Nr. 5/2017 v. 23.5.2017, ZNotP 2017, 181 (183).

72

> **Checkliste: Prüfvermerk nach § 15 Abs. 3 S. 1 GBO**
>
> (1) Tatsache der Prüfung:[184]
>   (a) „Die vorstehend unterschriebene Erklärung habe ich nach § 15 Abs. 3 S. 1 GBO auf Eintragungsfähigkeit geprüft."[185]
>   (b) *Alt.:* „Soweit gesetzlich erforderlich, hat der unterzeichnende Notar die vorstehenden Erklärungen nach § 15 Abs. 3 GBO für das Grundbuchamt mit positivem Ergebnis auf Eintragungsfähigkeit geprüft."[186]
>   (c) *Alt.:* „Der beglaubigende Notar hat die vorstehende Erklärung auf ihre Eintragungsfähigkeit überprüft".[187]
>   (d) *Alt.:* „Die Eintragungsfähigkeit wurde gemäß § 15 Abs. 3 GBO für das Gericht geprüft."[188]
>   (e) *Alt.:* „Die Eintragungsfähigkeit wurde gemäß § 15 Abs. 3 GBO geprüft."
>   Bei **Unterschriftsbeglaubigungen** geht die Empfehlung dahin, den Prüfvermerk in den Beglaubigungsvermerk zu integrieren.[189] Er kann aber auch im Antrag nach § 15 GBO enthalten sein.[190]
> (2) ggf. auch das negative Ergebnis, hierbei unter Angabe der Gründe,[191] die die Zweifel belegen bzw. dafür sprechen, dass die Erklärung nicht eintragungsfähig ist (negativer Vermerk bzw. Zweifelsvermerk):
>   (a) „Die vorstehend unterschriebene Erklärung habe ich nach § 15 Abs. 3 S. 1 GBO auf Eintragungsfähigkeit geprüft. Ich habe Zweifel hinsichtlich der Eintragungsfähigkeit."
>   (b) *Alt.:* „Die vorstehend unterschriebene Erklärung habe ich nach § 15 Abs. 3 S. 1 GBO auf Eintragungsfähigkeit geprüft. Ich halte die Erklärung nicht für eintragungsfähig."[192]
> (3) Unterschrift des Notars, § 39 BeurkG[193]
> (4) Amtsbezeichnung des Notars, § 1 Abs. 1 S. 3 DONot
> (5) Siegel des Notars, § 39 BeurkG[194]
> (6) Ort und Tag der Ausstellung, § 1 Abs. 1 S. 3 DONot

73   Betroffen sind die **zu einer Eintragung erforderlichen Erklärungen,** die verfahrensrechtlichen Eintragungsvoraussetzungen, beispielsweise die Eintragungsbewilligungen,[195] die Eigentümerzustimmungen zum Rangrücktritt oder zur Löschung eines Grundpfandrechts,[196] die Eigentümerzustimmung nach § 22 Abs. 2 GBO,[197] eine Abtretung oder

---

[184] Die Kurzfassung – „Die Eintragungsfähigkeit wurde geprüft" – ist nicht zu empfehlen, um den Eindruck einer Betreuungstätigkeit zu vermeiden, so *Ott* BWNotZ 2017, 146 (151).
[185] Vgl. Muster BNotK-Rundschreiben Nr. 5/2017 v. 23.5.2017, ZNotP 2017, 181 (184); ebenso *Eickelberg/Böttcher* FGPrax 2017, 145 (149).
[186] So das Muster von *Weber* RNotZ 2017, 427 (434).
[187] In Anlehnung an das Muster bei *Damm* notar 2017, 323 (326).
[188] So das Muster bei *Ott* BWNotZ 2017, 146 (151).
[189] *Ott* BWNotZ 2017, 146 (151).
[190] BeckOK GBO/*Reetz* GBO § 15 Rn. 89; strittig ist, ob das Anschreiben dann gesiegelt werden muss (dafür BeckOK GBO/*Reetz* GBO § 15 Rn. 89; aA OLG Schleswig BeckRS 2017, 132825).
[191] So auch das Muster bei *Weber* RNotZ 2017, 427 (434), dort wird begründet, warum Zweifel bestehen: „Gegen die Eintragungsfähigkeit der vorstehenden zur Eintragung erforderlichen Erklärungen bestehen nach Prüfung durch den unterzeichnenden Notar für das Grundbuchamt gem. § 15 Abs. 3 GBO aus folgenden Gründen Bedenken: …". Ebenso für die Zweckmäßigkeit einer Begründung *Ott* BWNotZ 2017, 146 (152).
[192] Vgl. Muster BNotK-Rundschreiben Nr. 5/2017 v. 23.5.2017, ZNotP 2017, 181 (184).
[193] Vgl. auch *Ott* BWNotZ 2017, 146 (151).
[194] Vgl. auch *Ott* BWNotZ 2017, 146 (151); BeckOK GBO/*Reetz* GBO § 15 Rn. 88.1.
[195] Vgl. auch *Weber* RNotZ 2017, 427 (429); DNotI-Report 2017, 90.
[196] Vgl. auch *Weber* RNotZ 2017, 427 (430); ebenso *Eickelberg/Böttcher* FGPrax 2017, 145 (147).
[197] *Weber* RNotZ 2017, 427 (430).

eine Verwalterzustimmung,[198] ein „gemischter Antrag"[199] (→ Rn. 53) sowie die Zustimmung nach § 5 ErbbauRG, **nicht** dagegen die „ergänzenden" Erklärungen, beispielsweise Vollmachten,[200] Zustimmungen, Genehmigungen,[201] eine Verwalterzustimmung,[202] Vertretungsnachweise,[203] ebenso wenig der „reine" Eintragungsantrag.[204] Rekurriert wird auf die eintragungserforderlichen Erklärungen iSv § 29 Abs. 1 S. 1 GBO.[205]

Kraft Gesetzes **ausgenommen** sind die von einer **öffentlichen Behörde abgegebe-** 74 **nen Erklärungen,** § 15 Abs. 3 S. 2 GBO, so dass diese keines weiteren Prüfvermerks bedürfen.[206] Die bestehenden Pflichten nach dem BeurkG werden durch § 15 Abs. 3 GBO nicht verschärft.[207]

Überdies ausgenommen sind die Erklärungen, die von einer gemäß **§ 68 BeurkG** 75 nach Landesrecht zuständigen Person oder Stelle öffentlich beglaubigt worden sind, vgl. § 143 Abs. 4 GBO.[208] Gemeint sind die Ratschreiber in Baden- Württemberg, hessische Ortsgerichtsvorsteher,[209] rheinland- pfälzische Ortsbürgermeister sowie Gemeinde- und Stadtverwaltungen in der jeweiligen Bundesländern.[210]

Keines weiteren Prüfvermerks bedarf auch eine **beurkundete Erklärung.** Mit der Be- 76 urkundung wird die notwendige Prüfung ohne Weiteres dokumentiert.[211]

Eine **weitere Ausnahme** ergibt sich aus dem **Übergangsrecht,** enthalten in § 151 77 GBO. Für bis einschließlich 8. 6. 2017 beurkundete oder beglaubigte Erklärungen findet § 15 Abs. 3 GBO keine Anwendung.[212]

Zuständiger Prüfnotar kann[213] der Entwurfs-, Beglaubigungs- oder Vollzugsnotar 78 sein, das Gesetz sieht keine spezielle Zuständigkeit vor.[214] Zweckmäßigerweise wird der Vollzugsnotar den Prüfvermerk nach § 15 Abs. 3 GBO anfertigen,[215] dies deckt sich auch mit dem Rundschreiben der BNotK 5/2017.[216] An diesen Notar wird auch eine etwaige Zwischenverfügung übermittelt (zur Zwischenverfügung auch → Rn. 226 ff.). Ein auslän-

---

[198] BeckOK GBO/*Reetz* GBO § 15 Rn. 82; *Ott* BWNotZ 2017, 146 (149).

[199] *Weber* RNotZ 2017, 427 (429).

[200] BeckOK GBO/*Reetz* GBO § 15 Rn. 86; *Weber* RNotZ 2017, 427 (430); *Ott* BWNotZ 2017, 146 (148).

[201] Bauer/Schaub/*Wilke* GBO § 15 Rn. 38; BeckOK GBO/*Reetz* GBO § 15 Rn. 86; BNotK-Rundschreiben Nr. 5/2017 vom 23. 5. 2017, ZNotP 2017, 181 (182); *Ott* BWNotZ 2017, 146 (148).

[202] *Ott* BWNotZ 2017, 146 (149).

[203] *Ott* BWNotZ 2017, 146 (149).

[204] BeckOK GBO/*Reetz* GBO § 15 Rn. 83; ebenso BNotK-Rundschreiben Nr. 5/2017 v. 23. 5. 2017, ZNotP 2017, 181 (182); *Weber* RNotZ 2017, 427 (428, 429); *Eickelberg/Böttcher* FGPrax 2017, 145 (147); *Ott* BWNotZ 2017, 146 (148); *Herrler* in seiner Anmerkung zu OLG Schleswig NJW 2017, 3603 (3606); DNotI-Report 2017, 90.

[205] Vgl. auch BNotK-Rundschreiben Nr. 5/2017 v. 23. 5. 2017, ZNotP 2017, 181 (182); *Eickelberg/Böttcher* FGPrax 2017, 145 (148).

[206] Bauer/Schaub/*Wilke* GBO § 15 Rn. 38, beispielsweise die von einer öffentlichen Sparkasse abgegebenen Erklärungen, ebenso die Erklärungen der Gemeinden bzw. der staatlichen Stellen. Vgl. auch *Eickelberg/Böttcher* FGPrax 2017, 145 (148) sowie *Damm* notar 2017, 323 (325). Ebenso *Ott* BWNotZ 2017, 146 (147).

[207] BeckOK GBO/*Reetz* GBO § 15 Rn. 75.

[208] Vgl. auch *Weber* RNotZ 2017, 427 (430); *Eickelberg/Böttcher* FGPrax 2017, 145 (148).

[209] § 13 Abs. 1, Abs. 2 HessOrtsGG, vgl. DNotI-Report 2017, 91.

[210] BNotK-Rundschreiben Nr. 5/2017 v. 23. 5. 2017, ZNotP 2017, 181 (185); *Weber* RNotZ 2017, 427 (429): weiterer Nachweis durch den Notar nicht erforderlich.

[211] Vgl. BNotK-Rundschreiben Nr. 5/2017 v. 23. 5. 2017, ZNotP 2017, 181 (183); ebenso *Eickelberg/Böttcher* FGPrax 2017, 145 (148); *Ott* BWNotZ 2017, 146 (150): dann besteht Offenkundigkeit. Vgl. auch DNotI-Report 2017, 133 sowie DNotI-Report 2017, 93.

[212] Vgl. auch BeckOK GBO/*Reetz* GBO § 15 Rn. 78; BNotK-Rundschreiben Nr. 5/2017 v. 23. 5. 2017, ZNotP 2017, 181 (185); *Damm* notar 2017, 323 (325); *Herrler* in seiner Anmerkung zu OLG Schleswig NJW 2017, 3603 (3605).

[213] Zuständig sein kann jeder inländische Notar, dies muss nicht zwangsläufig der Vollzugsnotar sein, vgl. *Weber* RNotZ 2017, 427 (431).

[214] BeckOK GBO/*Reetz* GBO § 15 Rn. 79; *Weber* RNotZ 2017, 427 (431).

[215] BeckOK GBO/*Reetz* GBO § 15 Rn. 80; *Weber* RNotZ 2017, 427 (432); ebenso DNotI-Report 2017, 91.

[216] V. 23. 5. 2017, ZNotP 2017, 181 (183); ebenso BeckOK GBO/*Reetz* GBO § 15 Rn. 80.1.

discher Notar ist dagegen nicht zuständig,[217] ein solcher Notar kann nicht Außenstelle eines deutschen Grundbuchamtes sein.[218]

79   Unmittelbar nach Inkrafttreten des § 15 Abs. 3 GBO beschäftigten sich die Grundbuchämter mit der Frage, ob im Prüfvermerk nach § 15 Abs. 3 GBO eine **formelle Eintragungsvoraussetzung** zu erblicken, ein etwaiges Fehlen demnach mit Zwischenverfügung zu beanstanden sei.[219] Mittlerweile hat der Prüfvermerk standardmäßigen Eingang in die Formularpraxis gefunden, so dass sich die Frage nicht mehr oder kaum noch stellt. Die **hM** sieht im Prüfvermerk eine formelle Eintragungsvoraussetzung, die zum grundbuchamtlichen Prüfprogramm zählt.[220] Die obergerichtliche Grundbuchrechtsprechung teilt dieses Ergebnis.[221] Die abweichende Meinung[222] hält eine Beanstandung des fehlenden Prüfvermerks nur dann für zulässig und sinnvoll, sofern dem Antrag nicht entsprochen werden kann und das Grundbuchamt aus diesem Grund eine Zwischenverfügung erlässt. Eine ohne Prüfvermerk erfolgte Eintragung ist zweifelsfrei wirksam.[223]

80   Zum **Kostenrecht** → § 30.[224]

81   **9. Rücknahme des Eintragungsantrags, § 31 GBO.** Nach § 31 S. 1 GBO bedarf eine Erklärung, durch die ein Eintragungsantrag zurückgenommen wird, der Form des § 29 GBO, muss demnach öffentlich beurkundet oder öffentlich beglaubigt sein.[225]

82   Der Eintragungsantrag kann **ganz oder teilweise** zurückgenommen werden, **ausdrücklich oder schlüssig,**[226] wobei eine schlüssige Antragsrücknahme nicht zu empfehlen ist, da ausdrückliche Erklärungen den Antragsteller schneller ans Verfahrensziel tragen.

83   Nicht selten wird in der Grundbuchpraxis eine Rücknahme verlangt, da die **Eintragung bereits erfolgt** oder der Antrag aus sonstigen Gründen **überflüssig** geworden ist. Diese Praxis kann nicht geteilt werden, eine Antragsrücknahme ist in solchen Fällen überflüssig und kann vom Grundbuchamt nicht verlangt werden.[227] Ohne Rücknahme wird die Kostenfolge nach Nr. 14401 KV GNotKG nicht ausgelöst.

84   Ein **Berichtigungsantrag** kann stets formlos zurückgenommen werden, § 31 S. 2 GBO.

85   Die Grundbuchpraxis dominiert der Antrag des Notars, gestellt aufgrund der Vollmachtsvermutung nach § 15 Abs. 2 GBO. Einen solchen Antrag kann der dermaßen legitimierte Notar mit **Unterschrift** und **Amtssiegel** wieder zurücknehmen, § 24 Abs. 3 BNotO,[228] und zwar ohne weitere Ermächtigung durch die Beteiligten (vgl. auch → § 1 Rn. 482). Die Rücknahmepraxis leidet zuweilen darunter, dass der Rücknahme kein Siegel beigefügt ist, was zu Verzögerungen führt.

---

[217] BeckOK GBO/*Reetz* GBO § 15 Rn. 81; *Weber* RNotZ 2017, 427 (431); ebenso *Eickelberg/Böttcher* FGPrax 2017, 145 (148); *Ott* BWNotZ 2017, 146 (150).
[218] *Weber* RNotZ 2017, 427 (432): keine Gewähr zur Erreichung der gesetzlichen Ziele, ein ausländischer Notar unterliegt nicht der deutschen Rechtsaufsicht, keine Filter- und Entlastungsfunktion.
[219] BeckOK GBO/*Reetz* GBO § 15 Rn. 87, 88; *Weber* RNotZ 2017, 427 (432): keine Eintragung ohne notarielle Vorprüfung. Ebenso *Eickelberg/Böttcher* FGPrax 2017, 145 (149); *Damm* notar 2017 323 (327); *Diehn/Rachlitz* DNotZ 2017, 487 (492); *Ott* BWNotZ 2017, 146 (147); DNotI-Report 2017, 133; DNotI-Report 2017, 92. Anders *Krafka/Heinemann* Rpfleger 2017, 661 (663), die hierin keine Eintragungsvoraussetzung erkennen.
[220] Vgl. auch Bauer/Schaub/*Wilke* GBO § 15 Rn. 37, 43; *Weber* RNotZ 2017, 427 (433); *Damm* notar 2017, 323 (327); *Ott* BWNotZ 2017, 146 (147).
[221] OLG Schleswig DNotI-Report 2017, 134.
[222] *Krafka/Heinemann* Rpfleger 2017, 661 (669).
[223] *Weber* RNotZ 2017, 427 (433).
[224] Zum Kostenrecht vgl. auch *Diehn/Rachlitz* DNotZ 2017, 487 (498 ff.); *Ott* BWNotZ 2017, 146 (152).
[225] Vgl. auch Bauer/Schaub/*Schaub* GBO § 31 Rn. 15.
[226] Vgl. auch Bauer/Schaub/*Schaub* GBO § 31 Rn. 8.
[227] Bauer/Schaub/*Schaub* GBO § 31 Rn. 10.
[228] Vgl. auch *Schöner/Stöber* GrundbuchR Rn. 174; Bauer/Schaub/*Schaub* GBO § 31 Rn. 17.

Einen aufgrund einer **besonderen Vollzugsvollmacht** gestellten Antrag kann der Notar 86
regelmäßig aufgrund der Vollmacht wieder zurücknehmen, hier jedoch unter Vorlage der
Vollmacht in der Form des § 29 Abs. 1 S. 1 GBO.[229]

Der Antrag kann **bis zur Vollendung der Eintragung** zurückgenommen werden, 87
also bis zur Wirksamkeit der Eintragung durch Aufnahme in den Datenspeicher, § 129
Abs. 1 GBO.[230] Ob das Grundbuchamt die Eintragungsverfügung bereits erstellt hat, spielt
keine Rolle, maßgeblich ist einzig und allein die Vollendung der Eintragung.

Praxishinweis:

Um die Rechtzeitigkeit der Rücknahme zu sichern, empfiehlt es sich, **vorab** den zuständigen Rechtspfleger telefonisch von der Rücknahme zu informieren bzw. in Kenntnis zu
setzen, damit dieser die entsprechenden Maßnahmen ergreifen kann.

II. Bewilligungsgrundsatz, § 19 GBO (formelles Konsensprinzip)

1. Anwendungsbereich des Bewilligungsgrundsatzes nach § 19 GBO. Eine Eintra- 88
gung erfolgt, wenn derjenige sie **bewilligt,** dessen Recht von ihr betroffen wird, § 19
GBO. Verbunden damit ist eine wesentliche Beschleunigung des Eintragungsverfahrens.[231]
Das Verfahren wird auf die Vermutung gestellt, dass die Eintragung gestattet sei. Dies folgt
auch klar und deutlich aus der Regelung, einer formalisierten Beweisregelung,[232] die die
Prüfungs- und Aufklärungstätigkeit im Anwendungsbereich des **Bewilligungsgrundsatzes** nicht unbeträchtlich einschränkt.[233] In Betracht kommen konstitutive und berichti-
gende Eintragungen, demnach die große Vielzahl der Eintragungsfälle.

Anwendungsbeispiele des Bewilligungsgrundsatzes:
- die Eintragung eines Grundpfandrechts (vgl. auch → § 6)
- die Eintragung eines sonstigen dinglichen Rechts, etwa einer Dienstbarkeit, eines Nießbrauchs, einer Reallast, eines Vorkaufsrechts, einer Miteigentümervereinbarung nach
  § 1010 BGB (vgl. auch → § 5 und → § 7)
- die Eintragung einer Auflassungsvormerkung (Eigentumsvormerkung, vgl. → § 1
  Rn. 404; zur Frage, ob die Bewilligung ausreicht oder daneben noch die Vorlage des
  Kaufvertrages erforderlich ist, → § 1 Rn. 415; zur Vormerkungsfähigkeit → § 1 Rn. 419)
- die Veränderung eines dinglichen Rechts bzw. einer Auflassungsvormerkung (Eigentumsvormerkung)
- der Rangrücktritt eines dinglichen Rechts bzw. einer Auflassungsvormerkung (Eigentumsvormerkung)
- der Rangrücktritt eines Grundpfandrechts, wobei neben der Bewilligung des Berechtigten (§ 19 GBO) auch die Mitbewilligung des Eigentümers (§ 19 GBO) als potentiell Betroffener erforderlich ist
- die Abtretung eines dinglichen Rechts bzw. einer Auflassungsvormerkung (Eigentumsvormerkung)
- die Löschung eines dinglichen Rechts bzw. einer Auflassungsvormerkung (Eigentumsvormerkung)

---

[229] Bauer/Schaub/*Schaub* GBO § 31 Rn. 18.
[230] Vgl. auch *Wilsch* GBO Rn. 119; Bauer/Schaub/*Schaub* GBO § 31 Rn. 12.
[231] Vgl. *Wilsch* GBO Rn. 122; Bauer/Schaub/*Kössinger* GBO § 19 Rn. 6.
[232] Zur Regelung des § 19 GBO als „Kernnorm des Grundbuchverfahrensrechts" vgl. Bauer/Schaub/*Kössinger* GBO § 19 Rn. 2.
[233] Ebenso Bauer/Schaub/*Kössinger* GBO § 19 Rn. 8.

– die Löschung eines Grundpfandrechts, wobei zur Bewilligung des Berechtigten (§ 19 GBO) die Mitbewilligung des Eigentümers der belasteten Immobilie hinzutreten muss, §§ 27 S. 1, 19 GBO

89   In diesen Fällen reicht die **einseitige Bewilligung des bzw. der Betroffenen** aus, um die Eintragung ins Werk zu setzen. Weitere Zustimmungen, etwa des Vertragspartners, des Begünstigten, für den die Eintragung erfolgt, müssen dem Grundbuchamt nicht präsentiert werden.[234] Offenbar wird an dieser Stelle die **Abweichung zum materiellen Recht,** das zur Belastung einer Immobilie mit einem Recht, zur Übertragung oder Belastung eines solchen Rechts die Einigung des Berechtigten und des anderen Teils vorsieht, § 873 Abs. 1 GBO. Das formelle Recht folgt dem nicht, sondern lässt im beschriebenen Anwendungsbereich die Bewilligung des Betroffenen genügen.

90   **2. Ausnahme: § 20 GBO.** Die wichtigste **Ausnahme** ergibt sich aus **§ 20 GBO** (vgl. auch → Rn. 117 ff., **Einigungsgrundsatz**). Im Falle der Auflassung einer Immobilie sowie im Falle der Bestellung, Änderung des Inhalts oder Übertragung eines Erbbaurechts darf das Grundbuchamt die Eintragung nur vornehmen, sofern die erforderliche Einigung des Berechtigten und des anderen Teils erklärt ist, § 20 GBO. In den entsprechenden Konstellationen reicht die einseitige Bewilligung des Betroffenen nicht aus, um eine Eintragung herbeizuführen. Erforderlich ist vielmehr der Nachweis der Einigung beider Vertragsteile.[235]

91   **3. Bewilligung als reine, abstrakte und nicht anfechtbare Verfahrenshandlung, gerichtet an das Grundbuchamt.** In der Eintragungsbewilligung ist keine rechtsgeschäftliche Erklärung, sondern **eine reine und abstrakte Verfahrenshandlung**[236] zu erblicken, deren Zweck sich im formellen Bereich erschöpft,[237] darauf gerichtet, das Grundbuchverfahren zu gestatten.[238] Adressat ist das Grundbuchamt. In der Verfahrens- und Formularpraxis wird die dogmatische Natur der Bewilligung als reine Verfahrenserklärung kaum mehr in Abrede gestellt, sondern auch auf die **Entkoppelung** von Rechtsgeschäft und Verfahrenshandlung gestützt.[239] Folge dieser Entkoppelung ist zugleich, dass ein fehlendes oder unwirksames Grundgeschäft sich nicht auf die Bewilligung auswirkt.[240] Eine **Anfechtung** der Bewilligung scheidet aus.[241]

92   Als verfahrensrechtliche Erklärung ist die Bewilligung grundsätzlich **auslegungsfähig,** sofern die Auslegung zu einem zweifelsfreien und eindeutigen Ergebnis führt.[242] Dabei trifft das Grundbuchamt die Pflicht, die Auslegung vorzunehmen.[243]

93   **4. Unmittelbar und mittelbar Betroffener iSv § 19 GBO.** Wer als Betroffener eine Eintragung zu bewilligen hat, § 19 GBO, muss im Einzelfall „mit Rücksicht auf den Gegenstand der beantragten Eintragung an der Hand der Vorschriften des BGB bestimmt werden",[244] so die programmatische Aussage der Denkschrift zur Grundbuchordnung.

---

[234] Die Regelung in § 19 GBO knüpft demnach an einen empirisch belegten Erfahrungssatz an, vgl. auch *Wilsch* GBO Rn. 122.

[235] Vgl. auch Bauer/Schaub/*Kössinger* GBO § 20 Rn. 1.

[236] Vgl. BGH FGPrax 2013, 53; BayObLG Rpfleger 1993, 189; OLG München NJOZ 2018, 764; *Ertl* Rpfleger DNotZ 1964, 285; *Wilsch* GBO Rn. 125; *Schöner/Stöber* GrundbuchR Rn. 98; Bauer/Schaub/*Kössinger* GBO § 19 Rn. 33; Lemke/*Zimmer* Immobilienrecht GBO § 19 Rn. 4, 5.

[237] Verfahrenshandlung ohne rechtsgeschäftlichen Charakter, vgl. *Schöner/Stöber* GrundbuchR Rn. 98.

[238] Vgl. *Wilsch* GBO Rn. 125; Bauer/Schaub/*Kössinger* GBO § 19 Rn. 33.

[239] Bauer/Schaub/*Kössinger* GBO § 19 Rn. 33.

[240] Lemke/*Zimmer* Immobilienrecht GBO § 19 Rn. 5.

[241] BayObLG Rpfleger 1999, 100; *Demharter* GBO § 19 Rn. 115; Lemke/*Zimmer* Immobilienrecht GBO § 19 Rn. 51.

[242] Vgl. BGH NJW 1995, 1081; OLG München NJOZ 2018, 764.

[243] OLG München NJOZ 2018, 764 (766).

[244] *Hahn/Mugdan* Denkschrift zur Grundbuchordnung S. 156.

Wer als Betroffener iSv § 19 GBO anzusehen ist, lässt sich häufig dem Gesetz nicht entnehmen, sondern nur mit Hilfe der folgenden Definition klären.[245]

Betroffener iSv § 19 GBO ist derjenige, dessen Rechtsstellung durch die vorzunehmende Eintragung nicht nur wirtschaftlich, sondern rechtlich, unmittelbar oder mittelbar, beeinträchtigt wird oder zumindest rechtlich nachteilhaft berührt werden kann.[246] Abgestellt wird darauf, ob ein faktischer („beeinträchtigt") oder potentieller („zumindest rechtlich nachteilig berührt werden kann"[247]) Verlust bzw. eine faktische oder potentielle Verschlechterung der Buchposition zu konstatieren ist. Im Umkehrschluss kann eine Betroffenheit iSv § 19 GBO verneint werden, sofern der Rechtsinhaber durch die Eintragung lediglich dazu **gewinnt,** nichts verliert.[248] Ein solcher Berechtigter muss keine Bewilligung abgeben. **94**

Kann mit endgültiger Gewissheit eine **Betroffenheit nicht ausgeschlossen** werden, da sich die beantragte Eintragung in einem Graubereich von Vor- und Nachteilen bewegt, votiert die Grundbuchpraxis regelmäßig dazu, eine Bewilligung anzufordern, um die Eintragung auf eine verlässliche Grundlage zu stellen. Allein die bloße Möglichkeit einer potentiellen Beeinträchtigung[249] reicht aus, um eine Bewilligung anzufordern. **95**

Unterschieden wird zwischen unmittelbar und mittelbar Betroffenen. Mit dem **unmittelbar Betroffenen** ist der Berechtigte des dinglichen Rechts gemeint, der durch die vorzunehmende Eintragung beeinträchtigt wird.[250] **96**

Beispiele für unmittelbare Betroffenheit iSv § 19 GBO:

- Eintragung eines Grundpfandrechts: unmittelbar betroffen ist der Eigentümer der Immobilie
- Eintragung eines anderen dinglichen Rechts: unmittelbar betroffen ist der Eigentümer der Immobilie
- Übertragung eines Grundpfandrechts: unmittelbar betroffen ist der Zedent
- Löschung eines Rechts: unmittelbar betroffen ist der Berechtigte des Rechts
- Pfandfreigabe eines Rechts: unmittelbar betroffen ist der Gläubiger des Rechts
- Rangrücktritt eines Rechtes: unmittelbar betroffen ist der Berechtigte des Rechts

Der **mittelbar Betroffene** ist derjenige, dessen Recht durch die vorzunehmende Eintragung potentiell beeinträchtigt werden kann bzw. dessen Zustimmung kraft Gesetzes gefordert wird.[251] **97**

Beispiele für mittelbare Betroffenheit iSv § 19 GBO:

- Inhaltsänderung eines Rechts: uU müssen die Berechtigten gleich- oder nachrangiger Rechte zustimmen (Mitbewilligung), sofern sich ihre Rechtsposition durch die Inhaltsänderung verschlechtert,[252] die Inhaltsänderung sich demnach nachteilhaft auswirkt bzw. auswirken kann;[253] im Falle der Erweiterung der Befugnisse des Erbbauberechtigten bzw. der Laufzeitverlängerung[254] eines Erbbaurechts müssen die Berechtigten zustimmen, die im Rang nach dem Erbbaurecht eingetragen sind[255] (→ § 4 Rn. 184)

---

[245] Vgl. auch BGH DNotZ 2001, 381.
[246] BGH DNotZ 2001, 381; vgl. auch *Demharter* GBO § 19 Rn. 49; ebenso Lemke/*Zimmer* Immobilienrecht GBO § 19 Rn. 30.
[247] Vgl. BGH DNotZ 2001, 381.
[248] Vgl. *Wilsch* GBO Rn. 127.
[249] Siehe BGH DNotZ 2001, 381.
[250] Vgl. auch Lemke/*Zimmer* Immobilienrecht GBO § 19 Rn. 30.
[251] Vgl. auch Lemke/*Zimmer* Immobilienrecht GBO § 19 Rn. 33.
[252] Lemke/*Zimmer* Immobilienrecht GBO § 19 Rn. 36; *Demharter* GBO § 19 Rn. 55.
[253] Zur Belastungserweiterung vgl. auch Bauer/Schaub/*Kössinger* GBO § 19 Rn. 255.
[254] *Wilsch* NotarFormulare ErbbauR § 7 Rn. 11.
[255] Vgl. *Wilsch* NotarFormulare ErbbauR § 6 Rn. 9.

- Rechtsgeschäftliche Aufhebung eines Erbbaurechts vor Zeitablauf: Mitbewilligung des Grundstückseigentümers erforderlich, § 26 ErbbauRG[256]
- Rangrücktritt eines Grundpfandrechts: Zustimmung (Mitbewilligung) des Immobilieneigentümers ist erforderlich, § 19 GBO (vgl. § 880 Abs. 2 S. 2 BGB)
- Aufhebung eines Grundpfandrechts: Zustimmung (Mitbewilligung) des Immobilieneigentümers ist erforderlich, §§ 27 S. 1, 19 GBO (vgl. § 1183 S. 1 BGB)
- Inhaltsänderung oder Aufhebung eines Rechts, das mit anderen Rechten (sog. Zweigrechten) belastet ist: Zustimmung (Mitbewilligung) der Inhaber der Zweigrechte erforderlich, § 19 GBO (§§ 876 S. 1, 877 BGB[257])
- Inhaltsänderung, Rangrücktritt oder Aufhebung eines subjektiv- dinglichen Rechts, das auf dem herrrschenden Grundstück vermerkt ist: Mitbewilligung der dinglich Berechtigten am herrschenden Grundstück, die durch die Eintragung betroffen werden, § 21 GBO (§ 876 S. 2 BGB[258])

98 **5. Bewilligungsberechtigung.** Die Eintragung erfolgt, wenn derjenige sie bewilligt, dessen Recht von der Eintragung betroffen wird, § 19 GBO. Weil sich die Bewilligungsbefugnis aus der Bewilligungsmacht ableitet,[259] muss das Grundbuchamt von Amts wegen prüfen, ob der Bewilligende Verfügungsbeeinträchtigungen unterliegt.[260] Wichtige **Verfügungsbeeinträchtigungen** der Grundbuchpraxis sind:
- die **Insolvenzeröffnung:** die Bewilligungsbefugnis liegt hier beim Insolvenzverwalter § 80 Abs. 1 InsO, der Insolvenzschuldner kann über die Immobilie nicht mehr verfügen[261] (zum Insolvenzvermerk → § 1 Rn. 674 ff., dort auch zum Nachweis der Bestellung zum Insolvenzverwalter);
- die **Testamentsvollstreckung:** die Bewilligungsbefugnis liegt beim Testamentsvollstrecker, § 2211 Abs. 1 BGB; zur Testamentsvollstreckung → § 17 Rn. 181 ff.;
- die **Vor- und Nacherbfolge:** ein nicht befreiter Vorerbe kann nicht ohne Zustimmung des Nacherben über Grundbesitz bzw. Grundpfandrechte verfügen, → § 17 Rn. 131;
- **Betreuung, Vormundschaft, Pflegschaft oder elterliche Sorge:** zur Einschränkung durch ein gerichtliches Genehmigungserfordernis → Rn. 215 ff., Familien- und betreuungsgerichtliche Genehmigungen im Grundbuchverfahren;
- Verfügungsverbote aufgrund **Beschlagnahme in der Zwangsversteigerung bzw. -verwaltung,** §§ 19, 23, 146 ZVG; die Eintragung bewirkt zwar keine „Sperre" des Grundbuchs, hat aber ein relatives Veräußerungsverbot iSv §§ 135, 136 BGB zur Folge;[262]
- **Verfügungsverbote aufgrund Einstweiliger Verfügung,** §§ 935, 938 ZPO, die ebenfalls ein Verbot iSv §§ 135, 136 BGB bewirken,[263] nicht aber eine „Grundbuchsperre" nach sich ziehen;[264]
- Anordnung der **Nachlassverwaltung,** § 1984 Abs. 1 BGB: die Bewilligungsbefugnis liegt beim Nachlassverwalter, vgl. § 1985 BGB.

99 Zu den **öffentlich-rechtlichen Genehmigungserfordernissen** → § 1 Rn. 108 ff.

---

[256] *Wilsch* NotarFormulare ErbbauR § 12 Rn. 37, dort Checkliste.
[257] Bauer/Schaub/*Kössinger* GBO § 19 Rn. 259.
[258] Vgl. auch Hügel/*Wilsch* GBO § 9 Rn. 14 ff., dort Übersicht über die Zustimmungserfordernisse nach § 876 S. 2 BGB.
[259] Vgl. BGH FGPrax 2013, 142; vgl. auch Lemke/*Zimmer* Immobilienrecht GBO § 19 Rn. 24.
[260] BGH FGPrax 2013, 142.
[261] *Schöner*/*Stöber* GrundbuchR Rn. 1637, 101.
[262] Vgl. *Schöner*/*Stöber* GrundbuchR Rn. 127.
[263] Siehe *Schöner*/*Stöber* GrundbuchR Rn. 1642 ff.
[264] Weitere Anträge können vollzogen werden, ausgenommen sind nur Löschungen, denen der Verbotsgeschützte zustimmen muss, vgl. *Schöner*/*Stöber* GrundbuchR Rn. 1646.

6. Inhalt der Bewilligung

Checkliste: Inhalt der Eintragungsbewilligung

(1) Bezeichnung des Bewilligenden,[265] dessen Bewilligungsberechtigung zu überprüfen ist[266]

(2) Betroffene Immobilie: Bezeichnung nach § 28 S. 1 GBO in Übereinstimmung mit dem Grundbuch oder durch Hinweis auf das Grundbuchblatt[267]

(3) Eintragungsfähiges Recht (numerus clausus)

(4) Eintragungsfähiger Inhalt (Typenzwang)

(5) Bestimmtheitsgrundsatz

(6) Inhalt des Rechts kann bedingt und/oder befristet sein[268]

(7) Bezeichnung des Berechtigten nach § 15 GBV[269]

(8) Gemeinschaftliches Recht für mehrere Berechtigte: Gemeinschaftsverhältnis, § 47 GBO[270]

(9) Bewilligung: die Verfahrenserklärung muss eindeutig und klar sein,[271] üblich ist als Wortlaut „Bewilligt wird…", möglich ist aber auch der Gebrauch der gleichbedeutenden Worte („Zugestimmt wird…", „Gebeten wird…", auch „Beantragt wird…");[272] ggf. muss das Grundbuchamt eine Auslegung vornehmen

(10) Die Bewilligung selbst muss unbedingt und unbefristet sein;[273] eine Ausnahme gilt nur dann, sofern der Bedingungseintritt und der Anfangstermin in der Form des § 29 GBO nachgewiesen sind[274]

(11) ggf. Währungsbezeichnung nach § 28 S. 2 GBO

(12) ggf. Rangbestimmung[275] oder Rangvorbehalt

(13) ggf. Verweisung und Beifügung weiterer Urkundsbestandteile, §§ 9, 13 BeurkG[276]

(14) Mitbewilligung weiterer Betroffener

(15) Form, § 29 Abs. 1 S. 1 GBO (öffentliche oder öffentlich beglaubigte Urkunden)

(16) Übereinstimmung von Bewilligung und Antrag[277]

(17) Keine Klauselkontrolle nach §§ 305 ff. BGB (AGB[278])

100

7. Wirksamkeit der Bewilligung.

Wirksam wird die Bewilligung:[279]
- sofern sie durch den Bewilligenden oder mit seinem Einverständnis dem Grundbuchamt in Urschrift oder Ausfertigung vorgelegt wird **(Vorlagestatus);**[280] die Vorlage einer beglaubigten Abschrift reicht nicht aus[281] (zur Ausfertigung → § 31 Rn. 304 ff.); oder

101

---

[265] *Schöner/Stöber* GrundbuchR Rn. 103.

[266] Vgl. auch *Schöner/Stöber* GrundbuchR Rn. 103.

[267] Bauer/Schaub/*Kössinger* GBO § 19 Rn. 77.

[268] Bauer/Schaub/*Kössinger* GBO § 19 Rn. 58.

[269] Siehe Bauer/Schaub/*Kössinger* GBO § 19 Rn. 66.

[270] Bauer/Schaub/*Kössinger* GBO § 19 Rn. 75.

[271] Vgl. auch Bauer/Schaub/*Kössinger* GBO § 19 Rn. 55; *Schöner/Stöber* GrundbuchR Rn. 103.

[272] Lemke/*Zimmer* Immobilienrecht GBO § 19 Rn. 47.

[273] Lemke/*Zimmer* Immobilienrecht GBO § 19 Rn. 46; Bauer/Schaub/*Kössinger* GBO § 19 Rn. 56.

[274] *Schöner/Stöber* GrundbuchR Rn. 103.

[275] Vgl. auch Bauer/Schaub/*Kössinger* GBO § 19 Rn. 78.

[276] Bauer/Schaub/*Kössinger* GBO § 19 Rn. 82.

[277] Bauer/Schaub/*Kössinger* GBO § 19 Rn. 59.

[278] Lemke/*Zimmer* Immobilienrecht GBO § 19 Rn. 50; Bauer/Schaub/*Kössinger* GBO § 19 Rn. 91.

[279] *Wilsch* GBO Rn. 146–148.

[280] Vgl. auch OLG Naumburg FGPrax 1998, 1; *Schöner/Stöber* GrundbuchR Rn. 107.

[281] AA OLG München FGPrax 2018, 67 (68): auch beglaubigte Abschrift soll ausreichen. Anders *Schöner/Stöber* GrundbuchR Rn. 107: abgestellt wird auf die Urschrift oder Ausfertigung, weil nur diese das Einverständnis mit der Verwendung im Grundbuchverfahren verkörpern.

– sofern sie in Urschrift oder Ausfertigung dem Begünstigten oder seinem Vertreter ausgehändigt wird (**Aushändigungsstatus**);[282] oder

– sofern dem Begünstigten oder dem Dritten ein unwiderruflicher, gesetzlicher Anspruch auf Aushändigung der Urschrift oder der Ausfertigung zusteht, § 51 Abs. 1 BeurkG (**Ausfertigungsanspruchsstatus**, → § 1 Rn. 556 sowie → § 31 Rn. 306).[283]

102 Ein Widerruf der Bewilligung scheidet dann aus. Zur Rücknahme der Bewilligung → Rn. 105.

103 **8. Form der Bewilligung, § 29 GBO.** In der **Formvorschrift** des § 29 GBO wird die Bewilligung explizit erwähnt, so dass eine formlose Bewilligung nicht in Betracht kommt. Eine Eintragung soll nur vorgenommen werden, wenn die Eintragungsbewilligung durch **öffentliche** oder **öffentlich beglaubigte Urkunden** (vgl. § 415 ZPO) nachgewiesen wird, § 29 Abs. 1 S. 1 GBO.

104 Zur **Form** → Rn. 128 und → Rn. 138 ff. Zur **Beglaubigung** → § 31 Rn. 369.

105 **9. Rücknahme der Bewilligung.** Die Eintragungsbewilligung stellt keine rechtsgeschäftliche Erklärung, sondern eine reine **Verfahrenshandlung**[284] dar, abstrakt, nicht anfechtbar oder gekoppelt an ein Grundgeschäft, gerichtet an das Grundbuchamt (→ Rn. 91). Abhängig von der Wirksamkeit der Bewilligung[285] kann uU die Bewilligung durch den Bewilligenden nicht mehr einseitig zurückgenommen werden.

106 Eine Rücknahme scheidet aus, falls die Bewilligung in Urschrift oder Ausfertigung dem Begünstigen bzw. einem Dritten bereits ausgehändigt wurde (**Aushändigungsstatus**[286]). Insoweit greift die Vermutung, dass der Bewilligende mit dem Vollzug einverstanden ist, so dass sich der Bewilligende nicht mehr imstande sieht, die Bewilligung einseitig zurückzunehmen.

107 Nichts anderes gilt für den Fall, dass dem Begünstigten oder Dritten ein unwiderruflicher Anspruch auf Aushändigung der Urschrift oder der Ausfertigung der Bewilligung zusteht, § 51 Abs. 1 BeurkG (**Status: Ausfertigungsanspruch**[287]). Auch dann sieht sich der Bewilligende außerstande, die Bewilligung einseitig zurückzunehmen.

108 Ebenso wenig kann eine Bewilligung, eingereicht in Urschrift oder Ausfertigung durch den Bewilligenden selbst oder mit dessen Einverständnis, einseitig durch den Bewilligenden zurückgenommen werden, sofern zugleich Anträge anderer Beteiligter vorliegen (**Vorlagestatus**[288]).

10. Prüfungsschemata § 19 GBO, formelles Konsensprinzip

109

> **Grundbuchamtliche Checkliste: Formelles Konsensprinzip, § 19 GBO**[289]
>
> (1) Zuständigkeit, § 1 GBO
>   (a) Sachlich, § 1 Abs. 1 GBO (Grundbuchamt)
>   (b) Örtlich, § 1 Abs. 1 S. 2 GBO (Bezirk des Grundbuchamtes)
>   (c) Funktionell, § 3 Nr. 1 lit. h RpflG (Rechtspfleger)
> (2) Antrag, § 13 GBO
>   (a) Erklärung, § 13 Abs. 1 S. 1 GBO

---

[282] *Schöner/Stöber* GrundbuchR Rn. 107.
[283] *Schöner/Stöber* GrundbuchR Rn. 107.
[284] BGH FGPrax 2013, 53; BayObLG Rpfleger 1993, 189; OLG München NJOZ 2018, 764; *Wilsch* GBO Rn. 125; *Schöner/Stöber* GrundbuchR Rn. 98; Bauer/Schaub/*Kössinger* GBO § 19 Rn. 33.
[285] Vgl. auch *Wilsch* GBO Rn. 157 ff.
[286] *Wilsch* GBO Rn. 158.
[287] *Wilsch* GBO Rn. 159.
[288] *Wilsch* GBO Rn. 157.
[289] Vgl. *Wilsch* GBO Rn. 270.

    (b) Antragsberechtigung, § 13 Abs. 1 S. 2 GBO
    (c) Vertretung, § 15 Abs. 1, Abs. 2 GBO
  (3) Bewilligung, § 19 GBO
    (a) Rein verfahrensrechtliche Erklärung
    (b) Bewilligungsberechtigung
    (c) Vertretung
    (d) Inhalt der Bewilligung
    (e) Eintragungsfähiges Recht (numerus clausus)
    (f) Eintragungsfähiger Inhalt (Typenzwang)
    (g) Bestimmtheitsgrundsatz
    (h) Bewilligungsberechtigung
    (i) Unbedingte und unbefristete Bewilligung
    (j) Bezeichnung nach § 28 GBO
    (k) Mitbewilligung weiterer Betroffener
    (l) Dagegen keine Klauselkontrolle nach §§ 305 ff. BGB (AGB[290])
  (4) Form, § 29 GBO
  (5) Voreintragung, §§ 39, 40 GBO
  (6) Grundpfandrechtsbriefvorlage, §§ 41, 42 GBO
  (7) Behördliche Genehmigungen
  (8) Prüfvermerk nach § 15 Abs. 3 GBO (→ Rn. 72)

III. Die Grundbuchberichtigung, § 22 GBO

1. Unrichtigkeit. Unrichtig ist das Grundbuch, sobald formelle und materielle Rechtsla- **110**
ge, Buchstand und Rechtsstand divergieren.[291] Keinen Unterschied macht es, ob die Un-
richtigkeit von Anfang der Eintragung an bestand oder erst nachträglich eingetreten ist.
Auf nachträgliche Dokumentation eines zwischenzeitlich überholten Rechtszustandes
kann die Berichtigung nicht gerichtet werden.[292] Die Praxis dominieren die Fälle **nach-
träglicher Unrichtigkeit:**[293]
– Erbfall, § 1922 BGB;[294]
– Erbanteilsübertragung, § 2033 Abs. 1 BGB;
– Abschichtung;
– Abtretung eines Briefgrundpfandrechts außerhalb des Grundbuchs;
– Ausscheiden eines BGB-Gesellschafters und Anwachsung;[295]
– Eintritt eines neuen BGB-Gesellschafters;[296]
– Erlöschen höchstpersönlicher Rechte[297] (vgl. auch → § 5 Rn. 289, dort auch zur Ver-
  einbarung einer Löschungserleichterung nach § 23 Abs. 2 GBO);
– Eintritt auflösender Bedingungen (zum auflösend bedingten Wohnungsrecht → § 5
  Rn. 370, sog. Wegzugsklausel);
– Ablauf einer Befristung (vgl. auch → § 5 Rn. 501 zur Befristung eines Anspruchs und
  einer Rückauflassungsvormerkung);
– Vereinbarung von Gütergemeinschaft, § 1416 Abs. 2 BGB;[298]
– Spaltung und Verschmelzung nach dem Umwandlungsgesetz;

---

[290] Lemke/*Zimmer* Immobilienrecht GBO § 19 Rn. 50; Bauer/Schaub/*Kössinger* GBO § 19 Rn. 91.
[291] OLG München BeckRS 2018, 29496; BayObLG Rpfleger 1988, 254 (255).
[292] OLG München BeckRS 2018, 29496.
[293] Vgl. auch *Wilsch* GBO Rn. 167.
[294] Vgl. auch Lemke/*Zimmer* Immobilienrecht GBO § 22 Rn. 23.
[295] Vgl. *Schöner/Stöber* GrundbuchR Rn. 4270.
[296] *Schöner/Stöber* GrundbuchR Rn. 4271.
[297] Lemke/*Zimmer* Immobilienrecht GBO § 22 Rn. 26.
[298] Vgl. *Wilsch* GBO Rn. 191 ff.

- Entstehung einer eintragungsfähigen Verfügungsbeschränkung, § 22 Abs. 1 S. 2 GBO;[299]
- Erlöschen einer eingetragenen Verfügungsbeschränkung, § 22 Abs. 1 S. 2 GBO;
- Eintragung einer altrechtlichen Dienstbarkeit.

111 **2. Zwei Berichtigungswege: Berichtigungsbewilligung oder Unrichtigkeitsnachweis.** Um die Unrichtigkeit im Grundbuch zu beseitigen, offeriert § 22 GBO zwei verschiedene Wege, zwei Alternativen:[300]
- entweder die Vorlage von **Berichtigungsbewilligungen** der Betroffenen unter schlüssiger Darlegung der Unrichtigkeit,[301] und zwar in der Form des § 29 Abs. 1 S. 1 GBO. Die Berichtigung kann nur mit Zustimmung des Eigentümers erfolgen, § 22 Abs. 2 GBO;
- oder den lückenlosen **Nachweis der Unrichtigkeit,**[302] und zwar in der Form des § 29 Abs. 1 S. 2 GBO. Weitere Berichtigungsbewilligungen sind nicht erforderlich, vgl. § 22 Abs. 1 S. 1 GBO, ebenso wenig die Zustimmung des Eigentümers, § 22 Abs. 2 GBO.

112 **3. Berichtigung aufgrund eines Unrichtigkeitsnachweises.** Progammatisch ist die Aussage in § 22 Abs. 1 S. 1 GBO: Zur Berichtigung des Grundbuchs bedarf es der Bewilligung nach § 19 GBO nicht, wenn die Unrichtigkeit nachgewiesen wird. Dabei werden an den **Nachweis** der Unrichtigkeit **strenge Anforderungen**[303] gestellt, um die Integrität des Grundbuchs zu wahren, gestützt auf den stärksten Nachweis, den Urkundsnachweis. Es obliegt dem Antragsteller, etwaige Zweifel auszuräumen,[304] um dem Grundbuchamt die **notwendige Gewissheit** zu verschaffen. Ein bloßer Wahrscheinlichkeitsgrad reicht nicht aus.[305] Es obliegt auch dem **Antragsteller,** nicht dem Grundbuchamt, den Beweis zu erbringen.[306]

113 Der Unrichtigkeitsnachweis ist in der **Form** des § 29 Abs. 1 S. 2 GBO zu führen,[307] erforderlich ist der Nachweis durch öffentliche Urkunden:[308]
- Vorlage einer Sterbeurkunde zur Löschung eines höchstpersönlichen, löschungsreifen Rechts;
- Vorlage eines Erbscheins in Urschrift oder Ausfertigung;
- Vorlage einer beglaubigten Abschrift einer Verfügung von Todes wegen, enthalten in einer öffentlichen Urkunde, versehen mit nachlassgerichtlicher Eröffnungsniederschrift;
- Vorlage eines notariellen Ehevertrages, mit dem Gütergemeinschaft vereinbart wurde;[309]
- Vorlage eines notariell beurkundeten Erbanteilsübertragungsvertrags.

114 Eine Besonderheit der Berichtigung aufgrund Unrichtigkeitsnachweises ist in **§ 22 Abs. 2 GBO** zu erkennen, einer Vorschrift, die auf **die Berichtigung eines Eigentümers oder eines Erbbauberechtigten** abzielt. Zur Berichtigung des Grundbuchs durch Eintragung eines Eigentümers oder eines Erbbauberechtigten ist eine Zustimmung des Eigentümers oder des Erbbauberechtigten *nicht* mehr erforderlich, da die Berichtigung aufgrund eines Unrichtigkeitsnachweises erfolgt, § 22 Abs. 2 GBO.[310] Die notarielle Praxis sieht sich folglich nicht gehalten, dem Unrichtigkeitsnachweis noch die Zustim-

---

[299] Lemke/*Zimmer* Immobilienrecht GBO § 22 Rn. 28.
[300] Zum Alternativverhältnis vgl. auch Lemke/*Zimmer* Immobilienrecht GBO § 22 Rn. 41; ebenso OLG Frankfurt a.M. NJW-RR 1996, 14. Die Wahl haben die Beteiligten zu treffen.
[301] Siehe auch OLG München ZEV 2018, 651 (655).
[302] OLG München ZEV 2018, 651 (655).
[303] BayObLG NJW-RR 1986, 1458 (1459); *Schöner/Stöber* GrundbuchR Rn. 369.
[304] BayObLG NJW-RR 1986, 1458 (1459).
[305] *Schöner/Stöber* GrundbuchR Rn. 369.
[306] Ebenso Lemke/*Zimmer* Immobilienrecht GBO § 22 Rn. 46.
[307] Ebenso Lemke/*Zimmer* Immobilienrecht GBO § 22 Rn. 46.
[308] OLG München BeckRS 2016, 11674.
[309] Vgl. auch *Wilsch* GBO Rn. 192.
[310] Vgl. auch Lemke/*Zimmer* Immobilienrecht GBO § 22 Rn. 49.

mung des einzutragenden Eigentümers oder Erbbauberechtigten beizufügen. Der starke Unrichtigkeitsnachweis zeichnet verantwortlich dafür, dass ein weiteres Zustimmungserfordernis nicht besteht. Beachtet werden müssen jedoch **Behördliche Genehmigungserfordernisse.**[311]

4. Berichtigung aufgrund Berichtigungsbewilligung. Sofern der Unrichtigkeitsnach- 115 weis nicht geführt werden kann oder geführt werden soll, verbleibt als Option die Berichtigung aufgrund **Berichtigungsbewilligung aller Betroffener.** Zusätzlich kann vom Grundbuchamt nicht noch der Nachweis der Unrichtigkeit verlangt werden.[312] In der Berichtigungsbewilligung muss die bestehende **Unrichtigkeit schlüssig**[313] **vorgetragen** und zugleich dargelegt werden,[314] inwiefern die **Richtigkeit wiederhergestellt** werden soll. Es genügt die **Glaubhaftmachung** gegenüber dem Grundbuchamt, § 31 FamFG. Die Berichtigungsbewilligung bedarf der öffentlich beglaubigten **Form,** § 29 Abs. 1 S. 1 GBO.[315]

Zur Berichtigung des Grundbuchs durch Eintragung eines Eigentümers oder eines Erb- 116 bauberechtigten ist eine Zustimmung des Eigentümers oder des Erbbauberechtigten erforderlich, da die Berichtigung nicht aufgrund eines Unrichtigkeitsnachweises erfolgt, § 22 Abs. 2 GBO.[316] Die notarielle Praxis sieht sich daher gehalten, der Berichtigungsbewilligung noch die Zustimmung des einzutragenden Eigentümers oder Erbbauberechtigten beizufügen, wiederum in der Form des § 29 GBO.[317] Zustimmen müssen **alle** Eigentümer,[318] nicht nur einzelne Eigentümer. Behördliche Genehmigungserfordernisse[319] sind zu beachten.

IV. Einigungsgrundsatz, § 20 GBO (materielles Konsensprinzip)

1. Anwendungsbereich des materiellen Konsensprinzips nach § 20 GBO. Gemäß 117 § 20 GBO darf im Falle der **Auflassung** sowie der **Bestellung, Inhaltsänderung oder Übertragung eines Erbbaurechts** die Eintragung nur erfolgen, wenn die erforderliche **Einigung** des Berechtigten und des anderen Teils erklärt ist.[320] Auflassungsähnliche Vorgänge stellen die **Einräumung** und die **Aufhebung von Sondereigentum** dar, → § 3, auch insoweit sind die Form der Auflassung zu wahren und das Bedingungs- und Befristungsverbot zu beachten. Gleiches gilt für die Veränderung von Sondereigentum sowie für die Umwandlung von Gemeinschaftseigentum in Sondereigentum und Sondereigentum in Gemeinschaftseigentum. In den betroffenen Konstellationen reicht die einseitige Bewilligung nicht aus,[321] dem Grundbuchamt ist vielmehr neben der nach § 19 GBO erforderlichen Bewilligung auch die materiell-rechtlich notwendige **Einigung** in der Form des § 29 Abs. 1 GBO nachzuweisen.[322]

Die Begründung dafür ist im **besonderen Interesse**[323] an der Übereinstimmung von 118 formeller Buchlage und materieller Rechtslage zu sehen,[324] denn das Eigentum bzw. das

---

[311] Lemke/*Zimmer* Immobilienrecht GBO § 22 Rn. 60.
[312] OLG München ZEV 2014, 6.
[313] Lemke/*Zimmer* Immobilienrecht GBO § 22 Rn. 44.
[314] Vgl. auch OLG Naumburg FGPrax 2014, 200.
[315] Lemke/*Zimmer* Immobilienrecht GBO § 22 Rn. 44.
[316] Vgl. Lemke/*Zimmer* Immobilienrecht GBO § 22 Rn. 49.
[317] Lemke/*Zimmer* Immobilienrecht GBO § 22 Rn. 52.
[318] *Schöner/Stöber* GrundbuchR Rn. 370.
[319] Lemke/*Zimmer* Immobilienrecht GBO § 22 Rn. 60.
[320] Vgl. auch OLG München FGPrax 2018, 67 (68).
[321] Vgl. auch Bauer/Schaub/*Kössinger* GBO § 20 Rn. 1.
[322] OLG Frankfurt a.M. NJOZ 2018, 1646; OLG München FGPrax 2018, 67 (68); *Schöner/Stöber* GrundbuchR Rn. 108.
[323] Zur gleichen Interessenlage von § 20 GBO und § 925 BGB vgl. auch MüKoBGB/*Kanzleiter* BGB § 925 Rn. 1.
[324] OLG Hamburg MittBayNot 2018, 163.

Erbbaurecht[325] ist mit einer Vielzahl privat- und öffentlich-rechtlicher Verpflichtungen verbunden.[326] Der Abschluss eines Vergleichs nach § 278 Abs. 6 ZPO wird diesen Anforderungen nicht gerecht.[327]

119 **2. Auflassung; Inhalt und Zuständigkeit für die Entgegennahme der Auflassung.** Die **Legaldefinition** der Auflassung in § 925 Abs. 1 S. 1 BGB versteht darunter „die zur Übertragung des Eigentums an einem Grundstück nach § 873 BGB erforderliche Einigung des Veräußerers und des Erwerbers", erklärt bei **gleichzeitiger Anwesenheit beider Vertragsteile** vor einer **zuständigen Stelle.**[328] Die Vorschrift bezieht sich auf den **rechtsgeschäftlichen Übergang** des Eigentums an Immobilien,[329] sei es Allein-, Bruchteilseigentum oder eine reale Teilfläche,[330] die Schaffung von Bruchteils- oder Gemeinschaftseigentum oder die Einbringung in eine Kapitalgesellschaft.[331] Zum Kaufvertrag über eine Teilfläche → § 1 Rn. 593 ff.

120 Keine Auflassungsnotwendigkeit besteht dagegen
– beim Übergang kraft Gesetzes, etwa der Gesamtrechtsnachfolge;
– der Erbanteilsübertragung (vgl. auch → § 17 Rn. 438 ff.);
– der Zuschlagserteilung in der Zwangsversteigerung oder
– der Begründung von Gütergemeinschaft.[332]

121 In der Praxis erfolgt die Erklärung der Auflassung explizit, möglich ist allerdings „jedes Erklärungsmittel",[333] etwa eine Genehmigung oder die Übergabe einer schriftlichen Erklärung.[334] Bloßes Stillschweigen genügt nicht,[335] weil die Auslegung[336] dann kein klares Ergebnis zeitigt. Der Erklärungsinhalt muss eine sichere Grundlage für die angestrebte Eintragung bilden[337] bzw. der beiderseitige Übertragungswille muss sich unzweifelhaft aus der Urkunde ergeben.[338] Die wechselseitig erklärte Zustimmung zur Löschung der Eigentumseintragungen reicht nicht aus,[339] ist aber in der notariellen Praxis ohnehin nicht anzutreffen, vielmehr ein Problem gerichtlicher Vergleiche.[340] Genügen kann die bloße Bewilligung durch den Veräußerer, komplettiert durch einen Antrag des Erwerbers.[341] Als Gestaltungsmittel zu empfehlen ist diese Erklärungsform jedoch nicht. Zur Auflassung vgl. auch → § 1 Rn. 434 ff.

122 Die **Zuständigkeit** liegt exklusiv[342] bei **jedem deutschen Notar,** § 925 Abs. 1 S. 2 BGB (vgl. auch → § 1 Rn. 436), die Auflassung kann aber auch von einem **Konsularbeamten,**[343] einem **deutschen Gericht** im Rahmen der Vergleichsbeurkundung oder von einem **Insolvenzgericht** im Rahmen eines rechtskräftig bestätigten Insolvenzplans entge-

---

[325] Vgl. beispielsweise § 2 Nr. 3 ErbbauRG.
[326] *Schöner/Stöber* GrundbuchR Rn. 108.
[327] OLG Frankfurt a.M. NJOZ 2018, 1646 (1647); MüKoBGB/*Kanzleiter* BGB § 925 Rn. 15.
[328] Vgl. auch *Schöner/Stöber* GrundbuchR Rn. 3320 ff.
[329] MüKoBGB/*Kanzleiter* BGB § 925 Rn. 3.
[330] MüKoBGB/*Kanzleiter* BGB § 925 Rn. 4.
[331] Zur Notwendigkeit der Auflassung vgl. auch Bauer/Schaub/*Kössinger* GBO § 20 Rn. 85 ff.
[332] Vgl. auch MüKoBGB/*Kanzleiter* BGB § 925 Rn. 8–13.
[333] MüKoBGB/*Kanzleiter* BGB § 925 Rn. 20.
[334] MüKoBGB/*Kanzleiter* BGB § 925 Rn. 20.
[335] *Schöner/Stöber* GrundbuchR Rn. 3326.
[336] Die Auflassung ist einer Auslegung zugänglich, vgl. auch OLG Rostock BeckRS 2018, 23802.
[337] OLG Hamm NJOZ 2016, 412 (413).
[338] Palandt/*Herrler* BGB § 925 Rn. 11; OLG Hamm NJOZ 2016, 412 (413).
[339] OLG Hamm NJOZ 2016, 412.
[340] Vgl. die Konstellation des Beschlusses des OLG Hamm NJOZ 2016, 412, Grundlage war ein gerichtlicher Vergleich.
[341] Palandt/*Herrler* BGB § 925 Rn. 11; vgl. auch OLG Rostock BeckRS 2018, 23802.
[342] OLG Köln Rpfleger 1972, 134; *Schöner/Stöber* GrundbuchR Rn. 3337; MüKoBGB/*Kanzleiter* BGB § 925 Rn. 14; Palandt/*Herrler* BGB § 925 Rn. 2. Eine Zuständigkeit der Grundbuchämter besteht nicht mehr.
[343] Vgl. auch §§ 12, 19, 24 KonsG, zuständig sind alle Konsularbeamten, vgl. auch MüKoBGB/*Kanzleiter* BGB § 925 Rn. 14.

gengenommen werden, § 925 Abs. 1 S. 3 BGB.[344] Erforderlich sind zwei korrespondierende Willenserklärungen, gerichtet auf Übertragung der Immobilie bzw. auf Bestellung, Inhaltsänderung oder Übertragung eines Erbbaurechts. Die Praxis dominiert die im Beispiel → § 1 Rn. 433 niedergelegte **Formulierung**.[345] Zur Unwirksamkeit einer Auflassung, beurkundet von einem **ausländischen Notar** → § 1 Rn. 437.

Die Auflassung darf nicht unter einer **rechtsgeschäftlichen Bedingung**[346] oder **Zeit-** 123 **bestimmung** erklärt werden, § 925 Abs. 2 BGB, anderenfalls ist sie unheilbar nichtig;[347] vgl. auch → § 1 Rn. 440.

Gleiches kann für die Vereinbarung eines **Rücktritts-** oder **Widerrufsrechts**[348] gelten. 124 In notariellen Urkunden zeigt sich dieses Problem nicht, anzutreffen ist es gelegentlich in gerichtlich protokollierten Auflassungen, etwa in einem Scheidungsfolgenvergleich, erklärt „für den Fall der rechtskräftigen Scheidung".[349] Wegen des Bedingungsverbots kann die Auflassung auch nicht einseitig durch den Erblasser in seinem Testament erklärt werden, aufschiebend bedingt für den Erbfall.[350]

> **Praxishinweis:**
> Soll sich die **Bedingung** bzw. der **Rücktrittsvorbehalt** lediglich auf den **schuldrechtlichen Vertrag** beziehen, geht die Empfehlung dahin, dies ausdrücklich klarzustellen und darauf hinzuweisen, dass die Bedingung bzw. der Rücktrittsvorbehalt nicht für die Auflassung gilt.[351]

Rechtsbedingungen schaden in diesem Zusammenhang nicht,[352] sondern statuieren 125 lediglich Wirksamkeitsvoraussetzungen, beispielsweise die Auflassung unter Genehmigungs- oder Entstehungsvorbehalt.[353] Um etwaigen grundbuchamtlichen Missverständnissen aus dem Weg zu gehen, geht die Empfehlung[354] dahin, eine etwaige Bedingung oder Befristung des schuldrechtlichen Vertrags deutlich als solche darzustellen. Dann ist klargestellt, dass die Bedingung oder Befristung nicht die Auflassung erfasst.[355] Die Klarstellung erfolgt durch Erklärung der Einigung in einem eigenen Abschnitt der Urkunde, → § 1 Rn. 440.

Das **Erfordernis gleichzeitiger Anwesenheit** beider Vertragsteile schließt eine Ver- 126 tretung oder Genehmigung nicht aus,[356] ebenso wenig die **Konstellation nach § 894 ZPO,** in welcher die Abgabe der Willenserklärung eines Vertragsteils durch eine gerichtliche Entscheidung rechtskräftig ersetzt bzw. mit Rechtskraft fingiert wird,[357] so dass der

---

[344] Siehe auch Palandt/*Herrler* BGB § 925 Rn. 8, 9.
[345] Ein bestimmter Wortlaut ist aber nicht vorgesehen, eine Auslegung ist möglich, vgl. auch Palandt/*Herrler* BGB § 925 Rn. 11.
[346] Dies gilt gleichermaßen für auflösende und aufschiebende Bedingungen, vgl. MüKoBGB/*Kanzleiter* BGB § 925 Rn. 27.
[347] MüKoBGB/*Kanzleiter* BGB § 925 Rn. 26; Palandt/*Herrler* BGB § 925 Rn. 19; *Schöner/Stöber* GrundbuchR Rn. 3330; OLG Düsseldorf NJW 2015, 1029; OLG Rostock BeckRS 2018, 23802.
[348] MüKoBGB/*Kanzleiter* BGB § 925 Rn. 27.
[349] OLG Düsseldorf NJW 2015, 1029: Auflassung dann unter einer Bedingung erklärt und unwirksam. Vgl. auch *Schöner/Stöber* GrundbuchR Rn. 3333.
[350] OLG Rostock ZEV 2018, 679; der Erblasser hatte die Erklärung vorab in seinem Testament abgegeben, und zwar für ein Vermächtnis; erforderlich ist jedoch die Auflassung zwischen dem Erben und dem Vermächtnisnehmer, überdies unbedingt.
[351] OLG Düsseldorf NJW 2015, 1029 (1030); *Schöner/Stöber* GrundbuchR Rn. 3330: Klarstellung in Urkunde zweckmäßig.
[352] *Schöner/Stöber* GrundbuchR Rn. 3334.
[353] MüKoBGB/*Kanzleiter* BGB § 925 Rn. 28.
[354] Vgl. auch MüKoBGB/*Kanzleiter* BGB § 925 Rn. 26, 27.
[355] Ebenso OLG Düsseldorf NJW 2015, 1029 (1030).
[356] Siehe auch MüKoBGB/*Kanzleiter* BGB § 925 Rn. 18; *Schöner/Stöber* GrundbuchR Rn. 3321.
[357] Vgl. auch OLG Düsseldorf BeckRS 2018, 6184.

andere Vertragsteil[358] nur noch vor der zuständigen Stelle erscheinen muss, um unter Vorlage der gerichtlichen Entscheidung seine Erklärung abzugeben.[359] Die rechtskräftige gerichtliche Entscheidung ersetzt die Willenserklärung des Schuldners in der notwendigen Form;[360] vgl. auch → § 1 Rn. 435.

127   Zur **Form** der Auflassung → § 1 Rn. 444 sowie → Rn. 128 ff. und → Rn. 138 ff. zu § 29 GBO. Zum **Berechtigungsverhältnis** vgl. auch → § 1 Rn. 439.[361] Zur **Aussetzung der Auflassung** oder der beurkundungsrechtlichen bzw. verfahrensrechtlichen Lösung → § 1 Rn. 447 ff. Zur **Vorlage** einer auszugsweisen beglaubigten Abschrift[362] oder Ausfertigung der Urkunde → § 1 Rn. 444. Zur **Prüfungsbefugnis** des Grundbuchamtes vgl. auch → § 1 Rn. 445. Zum **Muster eines Antrags** auf Eigentumsumschreibung und Löschung der Vormerkung → § 1 Rn. 580.

128   **3. Form, § 29 GBO.** Während das materielle Recht für die Auflassung keine besondere Form vorsieht,[363] statuiert das formelle Recht, vgl. § 29 Abs. 1 S. 1 GBO, dass die Eintragung nur vorgenommen werden darf, sofern die zur Eintragung erforderliche Erklärung, die Auflassung, durch eine **öffentliche Urkunde** nachgewiesen ist.[364] Der Regelungszweck des § 29 GBO zielt darauf ab, die **Integrität des Grundbuchs als Register** zu erhöhen und die **Gefahr** unrichtiger Eintragungen abzuwenden.[365]

129   Durch *öffentliche Beglaubigungen* kann nicht nachgewiesen werden, dass die Erklärungen bei **gleichzeitiger Anwesenheit der Beteiligten** vor einer zuständigen Stelle abgegeben wurden.[366] Denn die Beglaubigung bestätigt nur, dass die Unterschrift von einer bestimmten Person stammt, nicht aber, dass die Einigung in Gegenwart des deutschen Notars bei gleichzeitiger Anwesenheit beider Vertragteile erklärt wurde.[367] Die **fehlende Unterschrift eines Beteiligten** führt nicht zur Unwirksamkeit der Auflassung, sondern zur Unwirksamkeit der Beurkundung und kann nicht durch eine notarielle Eigenurkunde geheilt werden.[368] Eine erneute Beurkundung wird erforderlich.[369]

130   **4. Notwendigkeit einer Bewilligung, § 19 GBO.** Die Verzweigung in § 19 GBO (formelles Konsensprinzip) und § 20 GBO (materielles Konsensprinzip) impliziert keine Entscheidung dahingehend, dass im Rahmen des § 20 GBO nicht noch zusätzlich eine Bewilligung nach § 19 GBO erforderlich ist. Eine Verdrängung des Bewilligungserfordernisses findet durch § 20 GBO nicht statt, vielmehr ist § 20 GBO der Grundnorm des § 19 GBO aufgeschaltet.[370] Das Bewilligungserfordernis tritt neben § 20 GBO,[371] so dass unverändert die **Notwendigkeit einer gesonderten Bewilligung** zu bejahen ist.[372] Vgl. auch das **Muster** → § 1 Rn. 443.

---

[358] Seine Willenserklärung wird durch die rechtskräftige gerichtliche Entscheidung nicht ersetzt, vgl. generell hierzu OLG München BeckRS 2017, 132432.
[359] Vgl. auch MüKoBGB/*Kanzleiter* BGB § 925 Rn. 19.
[360] Vgl. Musielak/Voit/*Lackmann* ZPO § 894 Rn. 11.
[361] Ebenso Palandt/*Herrler* BGB § 925 Rn. 16: mehrere Erwerber.
[362] Ebenso *Schöner/Stöber* GrundbuchR Rn. 3342.
[363] Vgl. BayObLGZ 2001, 14 (17); *Schöner/Stöber* GrundbuchR Rn. 3324; OLG Rostock BeckRS 2018, 23802.
[364] Vgl. auch OLG Hamm NJOZ 2016, 412.
[365] BayObLGZ 2001, 14 (18).
[366] Vgl. auch BayObLG NJW-RR 2001, 734; OLG München FGPrax 2009, 62; KG DNotZ 1934, 283; OLG Celle DNotZ 1979, 308.
[367] OLG München FGPrax 2009, 62 (63): Beglaubigung bezieht sich nur auf die Echtheit der Unterschriften, nicht auf den Erklärungsinhalt.
[368] BayObLGZ 2001, 14 (15).
[369] BayObLGZ 2001, 14 (17).
[370] Vgl. auch *Wilsch* GBO Rn. 211.
[371] Bauer/Schaub/*Kössinger* GBO § 20 Rn. 14.
[372] Vgl. auch OLG München ZEV 2018, 30 (31): materielles Konsensprinzip erfordert materiell-rechtliche Einigung und Bewilligung, §§ 19, 20 GBO. Der Inhalt des schuldrechtlichen Vertrags ist regelmäßig nicht zu prüfen, BayObLG Rpfleger 1981, 233.

5. Prüfungsschemata § 20 GBO, materielles Konsensprinzip

Grundbuchamtliche Checkliste: Materielles Konsensprinzip, § 20 GBO[373]   131

(1) Zuständigkeit, § 1 GBO
   (a) Sachlich, § 1 Abs. 1 GBO (Grundbuchamt)
   (b) Örtlich, § 1 Abs. 1 S. 2 GBO (Bezirk des Grundbuchamtes)
   (c) Funktionell, § 3 Nr. 1 lit. h RpflG (Rechtspfleger)
(2) Antrag, § 13 GBO
   (a) Erklärung, § 13 Abs. 1 S. 1 GBO
   (b) Antragsberechtigung, § 13 Abs. 1 S. 2 GBO
   (c) Vertretung, § 15 Abs. 1, Abs. 2 GBO
(3) Einigung, § 20 GBO
   (a) Rechtsfähigkeit
   (b) Geschäftsfähigkeit
   (c) Verfügungsberechtigung
   (d) Zwei korrespondierende Willenserklärungen
   (e) Gleichzeitige Anwesenheit
   (f) Vertretung
   (g) Kein Ausschluss der Vertretungsmacht
   (h) Einigung unbedingt und unbefristet
   (i) Bezeichnung nach § 28 GBO
   (j) Bestimmtheitsgrundsatz
   (k) Keine Verfügungsbeeinträchtigungen
   (l) Zusätzliche Bewilligung des Veräußerers, § 19 GBO
(4) Form, § 29 GBO
(5) Voreintragung, §§ 39, 40 GBO
(6) Genehmigungen

V. Bezeichnung der Immobilien, § 28 GBO

Die Regelung in § 28 S. 1 GBO bestimmt **universal,** wie Erklärungen im Grundbuch- 132
verfahren zu bezeichnen sind:[374]
– durch **Bezeichnung der Immobilie übereinstimmend mit dem Grundbuch** (Gemarkung Max- Vorstadt, Flurstück 1969) oder
– durch **Hinweis auf das Grundbuchblatt** (Amtsgericht München, Grundbuch von Max-Vorstadt, Blatt 2019).
Optimalerweise greift die notarielle Praxis auf **beide Bezeichnungsformen** zurück und 133
nimmt beide Bezeichnungsmöglichkeiten in der Urkunde auf, um völlige Klarheit und Gewissheit zu schaffen; vgl. auch → § 1 Rn. 33 sowie → § 1 Rn. 613 (Schwierigkeiten und eine etwaige Haftung des Notars können auf diese Weise vermieden werden).

   Das **Bezeichnungsgebot** nach § 28 S. 1 GBO soll unrichtige Grundbucheintragungen 134
vermeiden und die Eintragung bei der richtigen Immobilie gewährleisten.[375] Dem Bestimmtheitsgrundsatz wird dadurch Rechnung getragen.[376] Die Beteiligten sind verpflichtet, die betroffene Immobilie eindeutig und klar zu benennen.[377] **Andere Bezeichnungsformen** scheiden damit aus,[378] etwa eine bloße Lagebezeichnung (Theresienstraße

---

[373] Vgl. auch *Wilsch* GBO Rn. 270.
[374] Hügel/*Wilsch* GBO § 28 Rn. 3; OLG München NJOZ 2012, 608.
[375] BGH NJW 1984, 1959; OLG Naumburg FGPrax 2014, 56 (57); Bauer/Schaub/*Kössinger* GBO § 28 Rn. 1, 13.
[376] OLG Naumburg FGPrax 2014, 56 (57).
[377] Vgl. auch *Schöner/Stöber* GrundbuchR Rn. 18.
[378] Hügel/*Wilsch* GBO § 28 Rn. 17.

1) oder eine geografische Bezeichnung (zwischen der X-Straße 5 und der Y-Straße 1). Falls **mehrere Immobilien** betroffen sind, sind diese entsprechend zu bezeichnen.[379] Falls nur **einzelne Immobilien** eines Grundbuchs betroffen sind, ist dies in gleicher Weise darzustellen.[380] Für die notarielle Beurkundungs- und Vorlagepraxis bedeutet dies, dem Bezeichnungsgebot

- nicht nur in der Urkunde, der Bewilligung oder der Auflassung, Geltung zu verschaffen, sondern
- auch im Rahmen des Antrags, der an das Grundbuchamt gerichtet wird, sowie
- im Hinblick auf die sonstigen Grundbucherklärungen und immobilienbezogene Eintragungsunterlagen, die dem Grundbuchamt präsentiert werden.

135   Anderenfalls drohen Verwicklungen im Bereich der Eingangs- bzw. Bearbeitungsreihenfolge, § 17 GBO, die sogar in einem Rangverlust münden können.

136   Eine **unzureichende Bezeichnung** wird mit grundbuchamtlicher Zwischenverfügung nach § 18 Abs. 1 S. 1 GBO beanstandet, auf die das beurkundende Notariat mit einer Eigenurkunde antworten kann, sofern es hierzu ermächtigt ist.[381] Zur **falschen Bezeichnung** der Immobilie und der *falsa demonstratio non nocet* → § 1 Rn. 34.

137   Zur genauen Beschreibung einer verkauften **Teilfläche** → § 1 Rn. 593 ff. Zum **Belastungsgegenstand eines Grundpfandrechts** und einem etwaigen **Teilvollzug** nur an einzelnen Immobilien → § 6 Rn. 113 ff. Zum **Belastungsgegenstand bei Dienstbarkeiten** → § 7 Rn. 7 ff.

VI. Form im Grundbuchverfahren, § 29 GBO

138   In welcher **Form** die Eintragungsunterlagen dem Grundbuchamt zu erbringen sind, regelt § 29 GBO (Nachweis der Eintragungsunterlagen). Eine Eintragung soll nur erfolgen, sofern die Eintragungsbewilligung oder die sonstigen zu der Eintragung erforderlichen Erklärungen durch **öffentliche** oder **öffentlich beglaubigte Urkunden** nachgewiesen werden, § 29 Abs. 1 S. 1 GBO.[382] Zu den Merkmalen einer öffentlichen Urkunde vgl. § 415 ZPO sowie → § 1 Rn. 495 ff. und → § 1 Rn. 514 ff. Zur öffentlich beglaubigten Urkunde[383] vgl. § 129 Abs. 1 S. 1 BGB sowie → § 31 Rn. 369, **Beglaubigungsvermerk. Andere Voraussetzungen** der Eintragung bedürfen des Nachweises durch **öffentliche Urkunden,** sofern sie nicht offenkundig sind, § 29 Abs. 1 S. 2 GBO.[384]

139   Erklärungen einer Behörde, aufgrund derer eine Eintragung vorgenommen werden soll, müssen die sog. **„Behördenform"** des § 29 Abs. 3 GBO wahren, demnach mit Unterschrift und Siegel/Stempel versehen sein, § 29 Abs. 3 S. 1 GBO. Anstelle der Siegelung kann maschinell ein Abdruck des Dienstsiegels eingedruckt oder aufgedruckt werden, § 29 Abs. 3 S. 2 GBO.[385] Eine unter Wahrung der sog. „Behördenform" errichtete Erklärung genießt eine Richtigkeitsvermutung, so dass das Grundbuchamt der Prüfung enthoben ist,[386] ob der unterschreibende Bedienstete zur Unterschriftsleistung innerbehördlich befugt war.

140   Der **Regelungszweck** des § 29 GBO zielt darauf ab, die Integrität des Grundbuchs als Register zu erhöhen und die Gefahr unrichtiger Eintragungen abzuwenden.[387] Statuiert wird eine **Beweismittelbeschränkung,**[388] eine Beschränkung auf die strengste Form des

---

[379] OLG München NJOZ 2018, 764 (765); Bauer/Schaub/*Kössinger* GBO § 28 Rn. 23.
[380] BayObLG Rpfleger 1980, 433.
[381] Vgl. *Schöner/Stöber* GrundbuchR Rn. 3328.
[382] Vgl. zuletzt OLG München ZEV 2018, 651.
[383] Siehe auch Bauer/Schaub/*Bayer/Meier-Wehrsdorfer* GBO § 29 Rn. 134 ff.
[384] Vgl. zuletzt OLG München ZEV 2018, 651.
[385] Zur alten Rechtsauffassung, wonach ein gedrucktes Siegel nicht die Voraussetzungen des § 29 Abs. 3 GBO erfüllt, vgl. BGH DNotZ 2017, 463; durch die Anfügung des § 29 Abs. 3 S. 2 GBO ist diese Streitfrage zwischenzeitlich geklärt.
[386] Bauer/Schaub/*Bayer/Meier-Wehrsdorfer* GBO § 29 Rn. 151.
[387] BayObLGZ 2001, 14 (18).
[388] Vgl. auch Bauer/Schaub/*Bayer/Meier-Wehrsdorfer* GBO § 29 Rn. 2.

Nachweises, den Urkundsbeweis. Andere Beweismittel, die sich aus der Freibeweisvorschrift des § 29 Abs. 1 FamFG herleiten könnten, kommen im Grundbuchverfahren nicht in Betracht.[389] Ein Verstoß gegen die Beweismittelbeschränkung des § 29 GBO, etwa die Nichtwahrung der gehörigen Form, wird mit grundbuchamtlicher **Zwischenverfügung** nach § 18 Abs. 1 S. 1 GBO beanstandet. Sollte dennoch auf der Basis nicht formgerechter Nachweise eine Eintragung erfolgen, ist dies unschädlich, lediglich ein Verstoß gegen eine **Ordnungsvorschrift,** womit nicht bereits eine Unrichtigkeit des Grundbuchs verbunden ist.[390] Ein Formverstoß rechtfertigt keinen Amtswiderspruch nach § 53 Abs. 1 S. 1 GBO. Eine entsprechende Eintragung ist wirksam.[391]

Da in § 29 Abs. 1 GBO vom Nachweis die Rede ist, der gegenüber dem Grundbuch- 141 amt zu erbringen ist, statuiert die Regelung überdies den **grundbuchrechtlichen Beibringungsgrundsatz.**[392] Nicht das Grundbuchamt erhebt Beweis oder beschafft sich die Urkunden selbst, vielmehr steht der Antragsteller[393] in der Pflicht, dem Grundbuchamt alle notwendigen Nachweise zu präsentieren.

Vgl. zur **Form** auch → Rn. 138 ff. Zum **Umfang der Beurkundungsbedürftigkeit** 142 → § 1 Rn. 495 ff. Zu den Hinweisen zum **Beurkundungsverfahren** → § 1 Rn. 514 ff. Zur **Beurkundung von Willenserklärungen** → § 31 Rn. 190 ff.

VII. Voreintragung im Grundbuchverfahren, §§ 39, 40 GBO

Im Grundbuchverfahren soll eine Eintragung nur erfolgen, wenn die Person, deren Recht 143 durch sie betroffen wird, als Berechtigter eingetragen ist, § 39 Abs. 1 GBO.[394] Zweck des in § 39 GBO niedergelegten **Voreintragungsgrundsatzes** ist es zum einen, dem Grundbuchamt die **Legitimationsprüfung** bei nachfolgenden Eintragungen zu erleichtern,[395] zum anderen, die **Entwicklungsschritte** im Grundbuch abzubilden[396] und für den Eingetragenen **Registrierungsschutz** zu generieren, § 891 Abs. 1 BGB.[397] Im Vordergrund stehen die Kontinuität der Rechtsinhaberschaft,[398] die im Grundbuch eine nachvollziehbare Darstellung finden soll, sowie die Minimierung von **Transaktionsrisiken** (etwa Verfügung durch einen Scheinerben[399]). Im Falle der Erbauseinandersetzung greifen diese Überlegungen nur teilweise, weil ein Verkehrsgeschäft iSv § 892 BGB ohnehin nicht vorliegt.[400]

Auf Verlautbarung eines **mittlerweile überholten Rechtszustandes** darf die Vorein- 144 tragung aber nicht abzielen.[401] Relevanz entfaltet diese Einschränkung des Voreintragungsgrundsatzes bei zwischenzeitlich erfolgten **Erbanteilsübertragungen** oder **Abschichtungsvereinbarungen** (zur Abschichtung → § 17 Rn. 463 f.; zur Erbteilsübertragung → § 17 Rn. 438 ff.), die dazu führen, dass Erbengemeinschaften in ihrer ursprünglichen Zusammensetzung nicht mehr Eingang in das Grundbuch finden können.[402] Der Grundbuchpraxis sind Fälle nicht fremd, in denen trotz amtsbekannter Abschichtungen oder Erbanteilsübertragung der Voreintragungsgrundsatz moniert wird. Mit entsprechenden

---

[389] Vgl. auch *Wilsch* GBO Rn. 225.
[390] Zum abweichenden alten preußischen Grundbuchrecht vgl. *Wilsch* GBO Rn. 230.
[391] Bauer/Schaub/*Bayer/Meier-Wehrsdorfer* GBO § 29 Rn. 5.
[392] Vgl. Bauer/Schaub/*Bayer/Meier-Wehrsdorfer* GBO § 29 Rn. 4.
[393] Ebenso Bauer/Schaub/*Bayer/Meier-Wehrsdorfer* GBO § 29 Rn. 4.
[394] Zum Voreintragungsgrundsatz vgl. auch nunmehr *Weber* DNotZ 2018, 884.
[395] OLG Köln FGPrax 2018, 59 (60); OLG München FGPrax 2018, 196 (197); vgl. auch *Weber* DNotZ 2018, 884.
[396] BGH RNotZ 2010, 534; OLG Köln FGPrax 2018, 59 (60); OLG München FGPrax 2018, 196 (197); *Weber* DNotZ 2018, 884 (885).
[397] Zum wesentlichen Aspekt der Transaktionssicherheit vgl. auch *Weber* DNotZ 2018, 884 (886).
[398] OLG Hamm NZFam 2017, 459 mAnm *Krüger.*
[399] Vgl. auch *Weber* DNotZ 2018, 884 (887).
[400] *Weber* DNotZ 2018, 884 (890).
[401] OLG München BeckRS 2018, 29496; ebenso nun *Weber* DNotZ 2018, 884 (904).
[402] Ebenso *Weber* DNotZ 2018, 884 (904): eine entsprechende Eintragung wäre unzulässig.

Zwischenverfügungen wird aufgegeben, die originäre Erbengemeinschaft im Grundbuch verlautbaren zu verlassen, Voreintragungsgrundsatz nach § 39 Abs. 1 GBO, also auch mit den bereits ausgeschiedenen Erben. Eine entsprechende Zwischenverfügung ist spätestens im Beschwerdewege aufzuheben, da eine dahinlautende Voreintragung nicht verlangt werden kann. Eine entsprechende Voreintragung kann nicht erfolgen, weil sie eine Unrichtigkeit des Grundbuchs zur Folge hätte. Im Übrigen ist sie nicht geboten, weil § 40 Abs. 1 GBO einschlägig ist.[403]

145   Die Ausgestaltung als **Ordnungsvorschrift** („soll") führt zwar nicht zur Unwirksamkeit der Eintragung[404] oder zur Unrichtigkeit des Grundbuchs. Eine fehlende Voreintragung kann allerdings gravierende rechtliche und wirtschaftliche Folgen zeigen.[405] Gemeint ist der Gutglaubensschutz, der an eine Eintragung geknüpft ist, § 892 BGB. Unterbleibt die Voreintragung, weil sie nicht geboten ist, § 40 GBO, kann ein Erwerb vom Buchberechtigten nicht stattfinden. Die notarielle Praxis sieht sich daher gehalten, auch **Aspekte des Gutglaubensschutzes,** die durch eine Grundbucheintragung vermittelt werden können, § 892 BGB, in die Überlegungen zur Voreintragung einzubeziehen. Zur Funktion und Bedeutung des Erbscheins → § 17 Rn. 420 ff.

> **Praxishinweis:**
>
> Vor diesem Hintergrund wird die Empfehlung überwiegend dahin gehen, zur Voreintragung zu optieren, trotz eventueller Eintragungskosten, die mit der Voreintragung einhergehen können (volle Gebühr nach Nr. 14110 KV GNotKG, eventuell Katasterfortführungsgebühr[406]). Die Literatur[407] spricht insoweit von „gut angelegtem Geld". Dies gilt insbesondere für das Europäische Nachlasszeugnis, das regelmäßig nur sechs Monate gültig ist, § 70 Abs. 3 EuErbVO, sofern nicht ausnahmsweise eine längere Gültigkeitsfrist vorgesehen ist.[408] Die Kostenfrage stellt sich nicht, sollte die Eintragung binnen zwei Jahren seit dem Erbfall bei dem Grundbuchamt beantragt werden. Die Eintragung erfolgt dann kostenfrei. Zum **Muster eines Grundbuchberichtigungsantrags** → § 17 Rn. 500–502.

146   In welchen Konstellationen auf die **Voreintragung verzichtet** werden kann, geht aus **§ 40 GBO** hervor. Den Hauptanwendungsfall bildet der **Erbe** des eingetragenen Berechtigten, von dem die **Übertragung der Immobilie** oder die **Aufhebung eines Rechts** ausgeht, die im Grundbuch eingetragen werden soll. Entsprechende Anwendung findet die Regelung auf **erbgangsgleiche Gesamtrechtsnachfolgen,**[409] etwa den Anfall des Vereins- und Stiftungsvermögens an den Fiskus, Vermögensübergänge infolge Umwandlung, Verschmelzung oder Spaltung,[410] Vermögensübergänge infolge Vereinbarung einer Gütergemeinschaft, Eigentumsübergänge nach § 2 Abs. 2 BImAG[411] oder die Anwachsung eines Gesellschafters nach Vollbeendigung der Gesellschaft.[412]

---

[403] OLG München ZEV 2018, 268.
[404] Bauer/Schaub/*Bauer* GBO § 39 Rn. 8.
[405] Zum Registrierungsschutz für den Eingetragenen vgl. auch *Wilsch* GBO Rn. 237.
[406] Ausnahme siehe erste Anmerkung zur Nr. 14110 KV GNotKG: Die Gebühr wird nicht für die Eintragung von Erben des eingetragenen Eigentümers oder von Erben des BGB-Gesellschafters erhoben, wenn der Eintragungsantrag binnen zwei Jahren seit dem Erbfall bei dem Grundbuchamt eingereicht wird. Dies gilt auch, wenn die Erben erst infolge einer Erbauseinandersetzung eingetragen werden. Zur Erbauseinandersetzung vgl. auch → § 17 Rn. 430 ff.
[407] Vgl. *Weber* DNotZ 2018, 884 (893).
[408] Vgl. auch Hügel/*Wilsch* GBO § 35 Rn. 39.
[409] BGH DNotZ 2018, 914; vgl. auch *Weber* DNotZ 2018, 884 (892).
[410] Vgl. auch *Weber* DNotZ 2018, 884 (892).
[411] BGH DNotZ 2018, 914 (916).
[412] Vgl. BGH DNotZ 2018, 914 (916): Ausscheiden eines Gesellschafters aus zweigliedriger Personenhandelsgesellschaft sowie liquidationslose Vollbeendigung der Gesellschaft, anwachsungsbedingte Gesamt-

Eine entsprechende Anwendung ist auch geboten, sollte zunächst nur eine **Auflassungs-** 147
vormerkung im Grundbuch eingetragen werden.[413] Denn die Auflassungsvormerkung
soll die endgültige Übertragung vorbereiten und sichern. Die Voreintragung des Erben
bzw. sonstigen Gesamtrechtsnachfolgers ist dann nicht erforderlich, § 40 Abs. 1 S. 1
GBO, kann aber aus übergeordneten Aspekten des Registrierungs- und Gutglaubensschutzes empfehlenswert sein.

Mit dem Verzicht auf die Voreintragung wollte der Gesetzgeber dem Erben unnötige 148
Kosten ersparen[414] und der Tatsache Rechnung tragen, dass eine nur vorübergehende
Voreintragung weder die Grundbuchführung vereinfacht, noch Interessen Dritter tan-
giert.[415]

Unter die Ausnahmevorschrift des § 40 GBO können die folgenden Konstellationen 149
fallen, eine **Voreintragung ist dann nicht erforderlich:**
– Übertragung einer erblasserischen Immobilie durch die Erben im Wege des **Verkaufs
an einen Dritten,** wobei auch die Eintragung einer Auflassungsvormerkung[416] bereits
vom Voreintragungsverzicht nach § 40 Abs. 1 GBO profitiert, so dass die Voreintragung der Erben, die eine Auflassungsvormerkung zur Eintragung bewilligen, nicht erforderlich, aus Gründen des Gutglaubens- und Registrierungsschutzes aber geboten sein
kann. Gleiches gilt für ein Finanzierungsgrundpfandrecht[417] des Käufers, auch insoweit
ist eine Voreintragung der Erben nicht erforderlich.[418]
– Übertragung im Wege der sog. **Kettenauflassung,** weil insoweit eine Ermächtigung
zur Weiterveräußerung vorliegt, § 185 Abs. 1 BGB; nichts anderes gilt für die **Ketten-
abtretung,** also für den Zwischenerwerber eines Buchgrundpfandrechts.[419] Die Übertragung erfolgt mit Zustimmung des Berechtigten, der noch im Grundbuch eingetragen ist, so dass der Voreintragungsgrundsatz gewahrt ist.
– Übertragung einer erblasserischen Immobilie durch die Erben im Wege der **Erbauseinandersetzung,**[420] § 40 Abs. 1 GBO. Zur Erbauseinandersetzung → § 17 Rn. 430 ff.
– Übertragung einer erblasserischen Immobilie durch die Erben im Wege der **Erbanteilsübertragung,** § 40 Abs. 1 GBO. Zur Erbanteilsübertragung → § 17 Rn. 438 ff.
– Übertragung einer erblasserischen Immobilie durch die Erben im Wege der **Abschich-
tung** auf einen Miterben, der sodann seine Eintragung als Alleineigentümer bean-
tragt,[421] § 40 Abs. 1 GBO. Zur Erbauseinandersetzung durch Abschichtung → 17
Rn. 463 ff.
– Eintragung aufgrund **Eintragungsbewilligung des Erblassers,** § 40 Abs. 1 GBO.
– Eintragung aufgrund **Eintragungsbewilligung des Nachlasspflegers,** § 40 Abs. 1
GBO.
– Eintragung aufgrund **Eintragungsbewilligung des Nachlassverwalters,** § 40 Abs. 1
GBO analog.

---

rechtsnachfolge des anderen Gesellschafters. Insoweit durch die Rechgsprechung des BGH überholt:
OLG Köln FGPrax 2018, 60, das noch die entsprechende Anwendung des § 40 Abs. 1 GBO verneinte.
[413] BGH DNotZ 2018, 914; KG JFG 7, 328; ZfIR 2011, 764; ebenso *Weber* DNotZ 2018, 884 (895).
[414] Vgl. BGH DNotZ 2018, 914; ebenso *Milzer* in seiner Anmerkung zu OLG München FGPrax 2018,
196; zur Kostenersparnis vgl. OLG Frankfurt a.M. BeckRS 2017, 127778.
[415] BGH DNotZ 2018, 914.
[416] BGH DNotZ 2018, 914 (916); OLG Frankfurt a.M. BeckRS 2017, 127778: Übertragung eines Rechts
ist dessen Sicherung durch die Eintragung einer Auflassungsvormerkung gleichgestellt.
[417] Zum Sachstand vgl. auch *Weber* DNotZ 2018, 884 (896).
[418] OLG Frankfurt a.M. BeckRS 2017, 127778; ebenso nun OLG Köln FGPrax 2018, 106: keine Voreintragung für die Eintragung des Finanzierungsgrundpfandrechts; aA jedoch *Demharter* GBO § 40 Rn. 17;
ebenso *Weber* DNotZ 2018, 884 (898), der dogmatische Bedenken vorbringt und deshalb an der traditionellen Ansicht festhalten möchte. AA OLG Stuttgart FGPrax 2019, 13 bei Belastung aufgrund transmortaler Vollmacht.
[419] BGH RNotZ 2010, 534.
[420] OLG Bamberg BeckRS 2017, 104613; OLG Hamm NZFam 2017, 459 mAnm *Krüger.*
[421] OLG München FGPrax 2018, 196 mAnm *Milzer;* ebenso OLG Köln FGPrax 2018, 59.

- Eintragung aufgrund eines **gegen den Nachlasspfleger vollstreckbaren Titels,** § 40 Abs. 1 GBO.
- Eintragung aufgrund **Bewilligung des Testamentsvollstreckers,** § 40 Abs. 2 GBO. Zur Nachlassregulierung unter Mitwirkung eines Testamentsvollstreckers → § 17 Rn. 480 ff.
- Eintragung aufgrund eines **gegen den Testamentsvollstrecker vollstreckbaren Titels,** der auch gegen die Erben wirksam ist, § 40 Abs. 2 GBO.
- Eintragung aufgrund eines **gegen den Nachlassverwalter vollstreckbaren Titels,** § 40 Abs. 2 GBO analog.
- **Aufhebung eines Rechts,** § 40 Abs. 1 GBO.

150 Eine **weitere Ausnahme** vom Voreintragungsgrundsatz offeriert die Regelung in § 39 Abs. 2 GBO. Bei einem Briefgrundpfandrecht steht der Voreintragung des Gläubigers gleich, sofern sich dieser im **Besitz des Briefes** befindet und sein Gläubigerrecht durch eine zusammenhängende, auf den eingetragenen Gläubiger zurückreichende **Kette öffentlich-beglaubigter Abtretungserklärungen**[422] nachweisen kann, § 39 Abs. 2 GBO. Die Voreintragung des Gläubigers ist dann nicht erforderlich.[423]

151 Eine **Ausnahme** gilt überdies für **Eigentümergrundpfandrechte,** die aus Fremdgrundpfandrechten entstanden sind. Da der Gläubiger bereits in der Ersten Abteilung als Eigentümer eingetragen ist, gilt die Voreintragung als gegeben.[424]

152 Nicht zu verwechseln ist die Voreintragung des Berechtigten mit einer lediglich **unzutreffenden Darstellung** im Grundbuch, etwa infolge **Namens- oder Firmenänderung,** was eine Richtigstellung auslösen kann, nicht jedoch eine Berichtigung. Der Voreintragungsgrundsatz ist gewahrt, da der Berechtigte bereits eingetragen ist.[425] Weil Eintragungskosten insoweit nicht anfallen (kein Kostentatbestand im KV GNotKG), geht die Empfehlung nicht selten dahin, die Richtigstellung des Berechtigten im Grundbuch zu veranlassen. Der Gutglaubens- bzw. Registrierungsschutz erfordert eine solche Richtigstellung allerdings nicht.[426]

VIII. Berechtigungsverhältnisse im Grundbuchverfahren, § 47 GBO

153 Nach § 47 Abs. 1 GBO soll die Eintragung eines gemeinschaftlichen Rechts in der Weise erfolgen, dass das maßgebliche **Gemeinschaftsverhältnis** bezeichnet wird[427] (vgl. generell auch → § 7 Rn. 24 und → § 8 Rn. 7). Ein **gemeinschaftliches Recht** ist nach Ansicht des BGH[428] gegeben, sofern das Recht den Berechtigten in

- Bruchteilsgemeinschaft (*„zu je 1/2", „zu gleichen Anteilen"*[429]);
- Gesamthandsgemeinschaft (Erbengemeinschaft, Gütergemeinschaft, ausländische Ehegüterstände mit Gesamthandscharakter, vgl. auch → § 28 Rn. 115, die konkrete Gesamthandsgemeinschaft ist anzugeben, die bloße Bezeichnung als „Gesamthänder" oder als „Gemeinschaft zur gesamten Hand" bzw. „Gesamthandsgemeinschaft" reicht nicht aus[430]) oder
- in Gesamtberechtigung nach § 428 BGB bzw. § 432 BGB

zusteht.

---

[422] Privatschriftliche Abtretungserklärungen unterbrechen die Kette, so dass die Voreintragung erforderlich wird.
[423] Vgl. auch Bauer/Schaub/*Bauer* GBO § 39 Rn. 9.
[424] BGH Rpfleger 1968, 277; Bauer/Schaub/*Bauer* GBO § 39 Rn. 25.
[425] Hügel/*Zeiser* GBO § 39 Rn. 3; *Wilsch* GBO Rn. 239.
[426] Schließlich ist der Berechtigte bereits voreingetragen.
[427] Zu den Berechtigungsverhältnissen vgl. auch *Schöner/Stöber* GrundbuchR Rn. 253 ff.
[428] BGH ZIP 1997, 1924 (1925); ebenso OLG Naumburg NJOZ 2018, 1784.
[429] Unzureichend dagegen, da Verwechslungsgefahr besteht: *„zu gleichen Rechten",* vgl. auch Hügel/*Reetz* GBO § 47 Rn. 53. Insoweit könnte auch eine Gesamthandsberechtigung gemeint sein.
[430] Hügel/*Reetz* GBO § 47 Rn. 58.

Die Begründung für die Angabe des Berechtigungsverhältnisses ist im **Bestimmtheits-** 154
grundsatz[431] zu sehen, der eine exakte Nachzeichnung der Verfügungsbefugnis der
Beteiligten im Grundbuch gebietet.[432] Die Bestimmung gilt für alle Rechte, auch für Vormerkungen,[433] Verfügungsbeschränkungen oder Widersprüche, die mehreren gemeinschaftlich zustehen.[434]

Ohne gemeinsame Berechtigung entfällt die Notwendigkeit, ein Berechtigungsver- 155
hältnis in der Urkunde festzulegen.[435] Falls nur Einzelne die Leistung verlangen können,
besteht keine gemeinschaftliche Mitberechtigung, sondern Einzelgläubigerschaft, beispielsweise Sukzessivberechtigung. Dann steht das Recht nacheinander mehreren Alleinberechtigten zu,[436] weshalb ein Berechtigungsverhältnis überhaupt nicht angegeben werden kann.

Eine **OHG** oder **KG** erwirbt unter der Firma, §§ 124 Abs. 1, 161 Abs. 2 HGB, nicht 156
unter dem Namen der Gesellschafter, so dass sich die Frage nach einem Berechtigungsverhältnis nicht stellt.[437]

Für die **notarielle Praxis** bedeutet dies, dass sich das Gemeinschaftsverhältnis mehrerer 157
Berechtigter aus den **Eintragungsunterlagen** ergeben muss.[438] Mittelbar bestimmt § 47
GBO auch den Inhalt der Urkunde.[439] Die notarielle Praxis ist gehalten, dieses Eintragungserfordernis zu beachten und bei **gemeinschaftlichen Rechten** ein **Berecht-**
gungsverhältnis in die Urkunde mitaufzunehmen. Dies gilt in gleicher Weise für das
Leibgeding bzw. das Altenteil, zumal die Privilegierung nach § 49 GBO nur für die Eintragung gilt, nicht auch für die Bewilligung. In der Folge muss die Bewilligung eines Al-
tenteils/Leibgedings das Berechtigungsverhältnis abbilden, die Eintragung dagegen nicht,
§ 49 GBO.[440]

Zur **Sukzessivberechtigung** → § 5 Rn. 296 (Nießbrauch), → § 5 Rn. 393 (Reallast) 158
und → § 7 Rn. 24 (Dienstbarkeiten). Zur **modifizierten Gesamtgläubigerschaft** nach
§ 428 BGB → § 5 Rn. 299.

Zum Berechtigungsverhältnis bei **Anspruch und Vormerkung** → § 1 Rn. 417 und
→ § 5 Rn. 489 (Rückauflassungsvormerkung). Zur Angabe eines Gemeinschaftsverhältnisses bei **Auflassung** → § 28 Rn. 115. Zum Formulierungsbeispiel bei **ausländischen**
Erwerbern → § 28 Rn. 117. Zur **hilfsweise Angabe** eines Gemeinschaftsverhältnisses
→ § 28 Rn. 118.

Bestimmte Berechtigungsformen scheiden für das **Eigentum** aus, beispielsweise die 159
Berechtigung nach § 428 BGB oder § 432 BGB. Dies liefe auf Alleineigentum hinaus.

Für das **Wohnungsrecht** scheidet eine Bruchteilsgemeinschaft aus, da die geschuldete 160
Leistung nicht teilbar ist. In der Praxis wird das Wohnungsrecht regelmäßig für mehrere
Berechtigte in Gesamtgläubigerschaft nach § 428 BGB oder in modifizierter Gesamtbe-
rechtigung analog §§ 428, 432 BGB bestellt (vgl. auch → § 5 Rn. 357, Zulässigkeit einer
Mitberechtigung nach § 432 BGB).

---

[431] BGH ZIP 1997, 1924 (1925); Hügel/*Reetz* GBO § 47 Rn. 1.
[432] Vgl. auch Bauer/Schaub/*Wegmann* GBO § 47 Rn. 8.
[433] BGH ZIP 1997, 1924 (1925); Rpfleger 1980, 464 (465); OLG Naumburg NJOZ 2018, 1784.
[434] *Schöner/Stöber* GrundbuchR Rn. 253; Hügel/*Reetz* GBO § 47 Rn. 3, 14.
[435] Vgl. OLG Hamm NZFam 2017, 1163 mAnm *Wilsch*: ein Rückforderungsanspruch sollte zu Lebzeiten
    des übertragenden Ehemannes nur diesem zustehen, erst nach dessen Tod dem überlebenden Ehegatten
    allein. Die Vereinbarung einer Gesamtberechtigung nach § 428 BGB scheidet dann aus. Vgl. auch OLG
    Brandenburg BeckRS 2011, 07069.
[436] OLG Hamm NZFam 2017, 1163 mAnm *Wilsch*.
[437] *Schöner/Stöber* GrundbuchR Rn. 253; zur Erwerbsfähigkeit der OHG und KG vgl. Hügel/*Reetz* GBO
    § 47 Rn. 31.
[438] Vgl. auch OLG Düsseldorf BeckRS 2018, 22673.
[439] OLG Düsseldorf BeckRS 2018, 22673; ebenso KG FGPrax 2018, 97 (98).
[440] Zur Ausnahme vgl. auch Hügel/*Reetz* GBO § 47 Rn. 5.

161   Ob für den **Nießbrauch** auch eine Mitgläubigerschaft nach § 432 BGB ausscheidet, da der Nießbrauch keine unteilbare Leistung ist,[441] ist umstritten (zum Sachstand → § 5 Rn. 298).

162   Selten sieht sich die notarielle Praxis mit der Frage konfrontiert, ob ein dingliches Recht auch einer **Erbengemeinschaft** eingeräumt werden kann. Dies ist im Rahmen des § 2041 BGB zu bejahen, vor allem im Wege des Surrogationserwerbs.

163   Im Falle der **Gesamtberechtigung nach § 428 BGB** ist auf die vollständige Wiedergabe in der Urkunde zu achten, da anderenfalls *(„als Gesamtberechtigte")* das Berechtigungsverhältnis als zu unbestimmt beanstandet wird.[442] Bei der Gesamtgläubigerschaft kann jeder das ganze Recht fordern, der Schuldner muss aber nur einmal leisten.[443] Die Gesamtberechtigung nach § 428 BGB dominiert die Beurkundungs- und Eintragungspraxis (zur vorzugswürdigen Vereinbarung einer Gesamtgläubigerschaft bei **Reallasten** → § 5 Rn. 393).

164   Für die **grundbuchamtliche Praxis** bedeutet dies wiederum die Notwendigkeit, das konkrete Gemeinschaftsverhältnis **unmittelbar im Grundbuch einzutragen.** Eine Bezugnahme nach § 874 S. 1 BGB scheidet aus, weil das Berechtigungsverhältnis zum wesentlichen Inhalt des Rechts zählt.[444] Zur näheren Bezeichnung kann daher im Grundbuch nicht auf die Eintragungsbewilligung Bezug genommen werden. Ob die gemeinschaftliche Berechtigung richtig und vollständig im Grundbuch wiedergegeben ist, muss die notarielle Praxis wiederum anhand der grundbuchamtlichen **Bekanntmachung überprüfen.** Fehlt das Berechtigungsverhältnis im Grundbuch, impliziert dies keine Unwirksamkeit, sondern eine **Unvollständigkeit** der Eintragung.[445] Ein fehlendes Berechtigungsverhältnis kann als Amtspflichtverletzung Schadenersatzansprüche auslösen.[446]

165   Ein **fehlendes oder nicht eindeutiges Berechtigungsverhältnis** wird mit grundbuchamtlicher **Zwischenverfügung** beanstandet, § 18 Abs. 1 S. 1 GBO;[447] vgl. auch → Rn. 226 ff., Zwischenverfügung und Zurückweisung. Ob ein **fehlendes Berechtigungsverhältnis** nur durch den Bewilligenden[448] in der Form des § 29 Abs. 1 GBO nachgeholt werden kann, nicht einseitig durch den gewinnenden Teil, ist **strittig.** Eine Meinung verneint die Möglichkeit einer einseitigen Ergänzung durch den gewinnenden Teil,[449] eine andere Meinung bejaht dies, da das Berechtigungsverhältnis des erwerbenden Teils dem anderen Vertragspartner gleichgültig sei.[450] Abhilfe schaffen kann eine Vollzugs- und Durchführungsvollmacht, erteilt an den beurkundenden Notar, ausgeübt im Namen aller Beteiligten. Ohne anderweitige positive Kenntnis ist das Grundbuchamt nicht in der Lage und nicht befugt, ein in der Urkunde enthaltenes Berechtigungsverhältnis anzuzweifeln.[451]

166   Eine eigenständige Regelung enthält § 47 Abs. 2 GBO für die **Eintragung von Rechten einer BGB-Gesellschaft.** Bei Eintragung eines Rechts für die BGB- Gesellschaft sind auch deren **Gesellschafter** im Grundbuch einzutragen, § 47 Abs. 2 S. 1 GBO, obgleich das Recht der GbR zusteht (vgl. auch → § 5 Rn. 302 f., Nießbrauch für eine GbR). Dabei hat die Eintragungsgrundlage den Gesellschafterbestand **vollständig** auszu-

---

[441] OLG München FGPrax 2009, 207.

[442] Vgl. BGH DNotZ 1981, 121: *„als Gesamtberechtigte"* genügt dem Bestimmtheitsgrundsatz nicht, richtigerweise ist *„als Gesamtgläubiger"* oder *„als Gesamtberechtigte nach § 428 BGB"* anzugeben. Ebenso BayObLG MittBayNot 1995, 296; *Schöner/Stöber* GrundbuchR Rn. 260; *Hügel/Reetz* GBO § 47 Rn. 62.

[443] Vgl. auch *Schöner/Stöber* GrundbuchR Rn. 260; *Hügel/Reetz* GBO § 47 Rn. 40.

[444] *Palandt/Herrler* BGB § 874 Rn. 5; *Schöner/Stöber* GrundbuchR Rn. 264.

[445] *Schöner/Stöber* GrundbuchR Rn. 257, 1335; *Wilsch* GBO Rn. 245.

[446] *Hügel/Reetz* GBO § 47 Rn. 76.

[447] Vgl. auch *Wilsch* GBO Rn. 245.

[448] *Schöner/Stöber* GrundbuchR Rn. 255; ebenso *Hügel/Reetz* GBO § 47 Rn. 65.

[449] *Demharter* GBO § 47 Rn. 14.

[450] *Schöner/Stöber* GrundbuchR Rn. 3312.

[451] Vgl. auch *Schöner/Stöber* GrundbuchR Rn. 254.

weisen,[452] nicht nur teilweise, anderenfalls scheidet eine Grundbucheintragung aus. Im Grundbuch müssen sämtliche Gesellschafter nach Maßgabe des § 15 Abs. 1 lit. c GBV bezeichnet werden,[453] also bei natürlichen Personen mit Vor- und Familiennamen sowie Geburtsdatum, bei juristischen Personen oder Handels- und Partnergesellschaften mit Namen oder der Firma und dem Sitz, überdies mit Registergericht und Registerblatt, § 15 Abs. 1 lit. c, lit. a und lit. b GBV. Fakultativ können der Name und der Sitz der BGB-Gesellschaft angegeben werden,[454] wovon in der Praxis regelmäßig Gebrauch gemacht wird. Eine Eintragung der GbR allein unter ihrem Namen ist unzulässig.[455]

Der BGH[456] überträgt die Bestimmungen zu § 47 Abs. 2 GBO auf den **nichtrechtsfä-** 167 **higen Verein,** der allein unter seinem Namen nicht im Grundbuch eingetragen werden kann. Der Grund hierfür ist am Publizitätsmangel[457] zu sehen, der den nichtrechtsfähigen Verein prägt, in den Worten des BGH ein „variables Gebilde",[458] das den Rechtsverkehr vor große Existenz- und Identitätszweifel stellt. Rechnung getragen werden kann diesen Problemen nur durch eine Gleichbehandlung von BGB-Gesellschaft und nichtrechtsfähigen Verein, wozu auch die Anwendung des § 47 Abs. 2 GBO zählt, die Eintragung der Vereinsmitglieder.[459]

In Zweifel[460] gezogen ist die Ansicht des BayObLG[461] zu **subjektiv-dinglichen** 168 **Rechten,** die für **mehrere Grundstücke** eingetragen werden sollen, die **derzeit im Eigentum einer Person** stehen. Während das **BayObLG** die Angabe eines Berechtigungsverhältnisses für nicht erforderlich erachtete,[462] weil im Eintragungszeitpunkt eine Personalunion besteht, konnte sich das **Kammergericht**[463] dieser Ansicht nicht anschließen. Auf den Eigentümer der herrschenden Grundstücke komme es im Eintragungszeitpunkt nicht an, formal liegen mehrere Berechtigte vor, so dass ein Berechtigungsverhältnis anzugeben sei. Vor diesem Hintergrund geht die **Empfehlung** dahin, auch in dieser Konstellation in der Bewilligung ein Berechtigungsverhältnis zu bestimmen (herrschende Grundstücke derzeit im Eigentum einer Person oder Firma).

Klarheit besteht hingegen für die Bestellung eines **Vorkaufsrechts** (vgl. auch → § 8 169 Rn. 7). Nach Ansicht des BGH[464] kann ein dingliches Vorkaufsrecht nicht für mehrere Berechtigte als **Gesamtgläubiger nach § 428 BGB** bestellt werden.[465] Ein dennoch eingetragenes Vorkaufsrecht ist nicht zur Gänze, sondern lediglich teilweise inhaltlich unzulässig und wird in eine Berechtigung nach § 472 BGB umgedeutet.[466]

IX. Vorlage von Grundpfandrechtsbriefen, §§ 41, 42 GBO

Bei einem Grundpfandrecht mit Brief soll eine **Eintragung** nur erfolgen, sofern dem 170 Grundbuchamt auch der **Grundpfandrechtsbrief vorgelegt** wird, §§ 41 Abs. 1 S. 1, 42 S. 1 GBO. Der Grundpfandrechtsbrief dient als Nachweis der Verfügungsbefugnis über das Grundpfandrecht,[467] als Nachweis der Rechtsinhaberschaft über das Grundpfand-

---

[452] Vgl. auch OLG Frankfurt a.M. NZG 2018, 780.
[453] OLG Frankfurt a.M. NZG 2018, 780 (781).
[454] OLG Frankfurt a.M. NZG 2018, 780 (781).
[455] *Schöner/Stöber* GrundbuchR Rn. 259, 4252.
[456] BGH MittBayNot 2016, 405.
[457] BGH MittBayNot 2016, 405.
[458] BGH MittBayNot 2016, 405.
[459] Die Eintragung lautet dann auf die „Mitglieder des nichtrechtsfähigen Vereins", vgl. auch Hügel/*Reetz* GBO § 47 Rn. 58.
[460] Vgl. KG FGPrax 2018, 97.
[461] BayObLG MittBayNot 2002, 288.
[462] BayObLG MittBayNot 2002, 288; ebenso noch Hügel/*Reetz* GBO § 47 Rn. 65.
[463] KG FGPrax 2018, 97.
[464] BGH NJW 2017, 1811 (1813) mAnm *Kesseler*.
[465] AA noch Lemke/*Böttcher* Immobilienrecht GBO § 47 Rn. 19.
[466] BGH NJW 2017, 1811 (1813) mAnm *Kesseler*.
[467] OLG München BeckRS 2016, 14693.

recht.[468] Darüber hinaus sollen Grundpfandrechsbrief und Grundbuchinhalt im Einklang gehalten werden.[469] In der Notariatspraxis liegt der Grundpfandrechtsbrief regelmäßig vor, allerdings wird der Grundpfandrechtsbrief gelegentlich dem Grundbuchamt nicht miteingereicht, was zu unnötigen Zwischenverfügungen und Verfahrensverzögerungen führt.

Anwendungsbeispiele für die Grundpfandrechtsbriefvorlage:

– die Löschung und Pfandentlassung von Briefgrundpfandrechten
– die Nachverpfändung[470] von Briefgrundpfandrechten, etwa im Rahmen des endgültigen Vollzugs des Kaufvertrags über Wohnungs- und Teileigentum, eines Anteils am Mehrfachparker, der erst mit Umschreibung des Miteigentumsanteils auf den Erwerber nachverpfändet werden kann
– die Zustimmung von Briefgrundpfandrechtsgläubigern zu Änderungen, die auch die Briefgrundpfandrechte betreffen, etwa im Rahmen der Änderung der Teilungserklärung und der Gemeinschaftsordnung
– die nachträgliche Ausschließung der Brieferteilung[471]

171   Es gilt der **grundbuchrechtliche Beibringungsgrundsatz,** der das Notariat bzw. die ersuchende Behörde dazu verpflichtet, den Grundpfandrechtsbrief dem Grundbuchamt vorzulegen. In der Folge kann das Grundbuchamt nicht darauf hingewiesen werden, es möge sich den Grundpfandrechtsbrief doch selbst beschaffen. Ein fehlender Grundpfandrechtsbrief wird mit grundbuchamtlicher Zwischenverfügung beanstandet (→ Rn. 226 ff.).

X. Verfügungsbeeinträchtigungen im Grundbuchverfahren

172   Zu den **Verfügungsbeeinträchtigungen** → Rn. 98, Bewilligungsberechtigung.

XI. Genehmigungserfordernisse im Grundbuchverfahren

173   Zu den **öffentlich- rechtlichen** Genehmigungserfordernissen → § 1 Rn. 108 ff. Zu den **steuerlichen Anzeigepflichten** → § 1 Rn. 560 ff. Zum **Vollzug** und zum Schriftverkehr im Rahmen der Beschaffung behördlicher Genehmigungen → § 1 Rn. 569 ff.

D. Vereinigung und Bestandteilszuschreibung im Grundbuchverfahren

I. Die Vereinigung im Grundbuchverfahren

174   **1. Allgemeines.** Mehrere Grundstücke[472] können dadurch zu einem Grundstück **vereinigt** werden, dass der Eigentümer sie als ein Grundstück unter einer neuen laufenden Nummer[473] in das Grundbuch eintragen lässt, § 890 Abs. 1 BGB. Die bisher selbständigen Grundstücke werden zu **unwesentlichen Bestandteilen des neuen Grundstücks.**[474] **Bisherige Belastungen** der Einzelgrundstücke bleiben unverändert bestehen, erstrecken sich insbesondere nicht auf den anderen Grundstücksteil des neuen Grundstücks.[475] Sollte Verwirrung zu besorgen sein, § 5 Abs. 1 S. 1 GBO, wird die beantragte Vereinigung beanstandet.

175   Zur Vereinigung meherer Wohnungs- und Teileigentumseinheiten → § 3 Rn. 91.

---

[468] *Schöner/Stöber* GrundbuchR Rn. 146.
[469] Vgl. auch *Wilsch* GBO Rn. 252.
[470] *Schöner/Stöber* GrundbuchR Rn. 2672 ff.
[471] *Schöner/Stöber* GrundbuchR Rn. 2518 ff.
[472] Ebenso mehrere Wohnungs- und Teileigentumseinheiten, → § 3 Rn. 91 ff.
[473] So § 13 Abs. 1 S. 2 GBV, das durch die Vereinigung entstehende Grundstück ist unter einer neuen laufenden Nummer einzutragen; zugleich ist auf die bisherige Nummer zu verweisen.
[474] BGH DNotZ 1978, 156; DNotZ 2006, 288; *Schöner/Stöber* GrundbuchR Rn. 624; MüKoBGB/*Kohler* BGB § 890 Rn. 12.
[475] Vgl. auch *Schöner/Stöber* GrundbuchR Rn. 624; MüKoBGB/*Kohler* BGB § 890 Rn. 12.

2. Neubelastungen nur noch zugunsten des vereinigten Grundstücks. Weil die bis- 176
lang selbständigen Grundstücke im Zuge der Vereinigung zu unwesentlichen Bestandteilen des neuen Grundstücks werden, kommt grundsätzlich nur noch eine Belastung
zugunsten des vereinigten Grundstücks in Betracht.[476] In der Praxis wird dies gelegentlich außer Acht gelassen, etwa bei gleichzeitiger Vereinigung und anschließender
Bestellung von Infrastrukturdienstbarkeiten zugunsten des alten Bestandes. Folge sind
grundbuchamtliche Zwischenverfügungen, in denen darauf hingewiesen wird, dass das
herrschende Grundstück nun ein vereinigtes Grundstück ist, bestehend aus mehreren
Flurstücken. Es ist jedoch zulässig, die Ausübung der Dienstbarkeit zum Vorteil eines realen Teils des herrschenden Grundstücks zu beschränken, und zwar ohne Verselbständigung dieses Teils.[477]

3. Eintragungserfordernisse der Vereinigung. a) Antrag. Eine Eintragung soll nur auf 177
Antrag erfolgen, § 13 Abs. 1 S. 1 GBO.[478] Das Antragsrecht liegt ausschließlich beim **Eigentümer,**[479] gleichgültig, ob Allein- oder Miteigentum besteht. Bereits der Antrag eines
Miteigentümers reicht aus, um die Vereinigung verfahrensrechtlich zu initiieren.[480] Zu einem erfolgreichen Ende geführt werden kann die Einzelerklärung eines Miteigentümers
jedoch nicht, weil das Bewilligungserfordernis aller Miteigentümer entgegensteht.

b) Bewilligungen und Mitbewilligungen. (1) Bewilligung aller Eigentümer; Er- 178
klärungsinhalt. Erforderlich, aber auch genügend ist die **Bewilligung** desjenigen, dessen
Recht von der Eintragung betroffen wird, § 19 GBO. Gemeint ist der **Eigentümer** der
zu vereinigenden Grundstücke, bei einer Gemeinschaft von Eigentümern demnach die
Gesamtheit **aller Eigentümer,**[481] weil alle Miteigentümer in gleicher Weise betroffen
sind.

Als Verfahrenserklärung kann die Bewilligung ausdrücklich erklärt oder in die Gestalt 179
eines sog. „gemischten" Antrags gekleidet werden, als Antrag, der zugleich die Vereini-
gungsbewilligung enthält.[482]

Völlig **zweifelsfrei**[483] erklärt werden muss, zu welcher Grundstücksverbindung der Ei- 180
gentümer **optiert,** zur Vereinigung (§ 890 Abs. 1 BGB) oder zur Bestandteilszuschreibung (§ 890 Abs. 2 BGB). Nicht empfehlenswert erscheint es, diesen sicheren Weg zu
verlassen und stattdessen auf eine genehme Auslegung durch das Grundbuchamt und den
Rekurs auf die Vereinigung als Regelfall[484] der Grundstücksverbindung zu hoffen. Dem
Bestimmtheitsgrundsatz ist umfassend Rechnung zu tragen, so dass sich klare, nicht ausle-
gungsbedürftige Verfahrenserklärungen geradezu aufdrängen, um Zwischenverfügungen
und weitere Verfahrensverzögerungen zu vermeiden.[485]

(2) Mitbewilligungen dinglich Berechtigter; familien- oder betreuungsgerichtli- 181
che Genehmigung. Das Bewilligungserfordernis nach § 19 GBO ist daran geknüpft,

---

[476] *Schöner/Stöber* GrundbuchR Rn. 624.
[477] *Schöner/Stöber* GrundbuchR Rn. 1123; vgl. auch BayObLGZ 1965, 267.
[478] Schriftform reicht, sofern nicht ein gemischter Antrag vorliegt, §§ 30, 29 Abs. 1 S. 1 GBO; unklar insoweit MüKoBGB/*Kohler* BGB § 890 Rn. 10, der von einem Formerfordernis ausgeht.
[479] Kein Antragsrecht steht dagegen den dinglich Berechtigten an den zu vereinigenden Grundstücken zu,
etwa den Gläubigern eines Grundpfandrechts, weil es insoweit an einer unmittelbaren Beteiligung fehlt,
vgl. auch *Schöner/Stöber* GrundbuchR Rn. 629; Hügel/*Kral* GBO § 5 Rn. 23; MüKoBGB/*Kohler* BGB
§ 890 Rn. 9.
[480] *Schöner/Stöber* GrundbuchR Rn. 88; Hügel/*Kral* GBO § 5 Rn. 23.
[481] *Schöner/Stöber* GrundbuchR Rn. 628.
[482] Vgl. auch *Wilsch* GBO Rn. 117; *Schöner/Stöber* GrundbuchR Rn. 621: Antragsformular.
[483] *Schöner/Stöber* GrundbuchR Rn. 630.
[484] Antrag auf Vollzug des Fortführungsnachweises als Antrag auf Vereinigung, vgl. BayObLG MittBayNot
1994, 128 (129); vgl. auch die Darstellung des Sachstandes bei *Schöner/Stöber* GrundbuchR Rn. 630. Im
Zweifel soll Vereinigung gewollt sein, so MüKoBGB/*Kohler* BGB § 890 Rn. 9.
[485] Ebenso die Empfehlung bei Hügel/*Kral* GBO § 5 Rn. 25.

dass das Recht von der Eintragung betroffen wird. **Dinglich Berechtigte** werden durch die Vereinigung nicht betroffen, da sich die Belastungen fortsetzen.[486] Bestehende Belastungen bleiben im bisherigen Umfang erhalten und erstrecken sich im Vereinigungsfall nicht auf den anderen Grundstücksteil des neuen Grundstücks.[487] Eine Betroffenheit kann erst daraus resultieren, sollte Verwirrung zu besorgen sein. Um die Verwirrung der Belastungsverhältnisse zu beheben, müssen Pfandfreigaben bzw. Rangänderungen ins Werk gesetzt werden.

182   Eine **familien- oder betreuungsgerichtliche Genehmigung** ist für die Eintragung der Vereinigung nicht erforderlich, da eine Verfügung über die Immobilie des Kindes bzw. des Betreuten nicht vorliegt;[488] vgl. auch → Rn. 223.

183   **c) Derselbe Eigentümer.** Unterschiedliche Eigentumsverhältnisse an den zu vereinigenden Grundstücken schließen die Vereinigung aus, weil eigentumsbezogene Verwirrung zu vermeiden ist und an unwesentlichen Bestandteilen keine unterschiedlichen Eigentumverhältnisse bestehen können. Miteigentümer müssen daher im **gleichen Anteils- oder Berechtigungsverhältnis** stehen,[489] um die Vereinigung eintragen zu können. Die Eigentumsverhältnisse an den zu vereinigenden Grundstücken müssen völlig deckungsgleich, die Anteile gleich groß[490] und die Eigentumsformen (Miteigentum, Gesamthandseigentum) identisch sein.[491] Eine Anpassung der Eigentumsverhältnisse kann das Grundbuchamt allerdings nicht mit Zwischenverfügung verlangen, da der Abschluss eines Rechtsgeschäfts nicht mit Zwischenverfügung aufgegeben werden kann.[492] Die sofortige Zurückweisung des Antrags steht im Raum. In der Grundbuchpraxis wird davon allerdings, soweit ersichtlich, selten Gebrauch gemacht und mit (unzulässiger[493]) Zwischenverfügung beanstandet, was der notariellen Praxis entgegenkommt.

184   **d) Derselbe Grundbuchamts- und Katasteramtsbezirk.** Die an der Vereinigung beteiligten Grundstücke sollen im **Bezirk desselben Grundbuchamts- und Katasteramtsbezirks** liegen, § 5 Abs. 2 S. 1 GBO. Auf diese Art und Weise soll die Entstehung von Grundstücken vermieden werden, die über die Grenzen eines Grundbuchamts- oder Katasteramtsbezirks hinausgehen.[494]

185   Nach dem **pflichtgemäßen Ermessen des Grundbuchamtes** soll hiervon nur **abgewichen** werden, sofern wegen der Zusammengehörigkeit baulicher Anlagen und Nebenanlagen ein erhebliches Bedürfnis besteht, § 5 Abs. 2 S. 2 GBO. Ein solches Bedürfnis kann im Rahmen der Begründung von Wohnungs- und Teileigentum (§ 1 Abs. 4 WEG) oder im Zuge der Umsetzung baubehördlicher Auflagen bestehen.[495] Es kann aber auch auf eine wirtschaftlich einheitliche Nutzung der beteiligten Grundstücke zurückzuführen sein. Das erhebliche Bedürfnis ist glaubhaft zu machen, § 294 Abs. 1 ZPO, etwa durch substantiierten Sachvortrag oder formlose eidesstattliche Versicherung nach § 31 Abs. 1 FamFG.[496]

[486] *Schöner/Stöber* GrundbuchR Rn. 623, 624, 631; *Hügel/Kral* GBO § 5 Rn. 27.
[487] *Schöner/Stöber* GrundbuchR Rn. 624; vgl. auch grundsätzlich BGH DNotZ 1978, 156.
[488] Vgl. *Böttcher/Spanl* RpflJB 1990, 193 (202); MüKoBGB/*Kohler* BGB § 890 Rn. 9.
[489] *Schöner/Stöber* GrundbuchR Rn. 625; MüKoBGB/*Kohler* BGB § 890 Rn. 9.
[490] BayObLG NJW-RR 1991, 465; *Hügel/Kral* GBO § 5 Rn. 19.
[491] Vgl. auch MüKoBGB/*Kohler* BGB § 890 Rn. 9.
[492] BGH ZfIR 2014, 60 mAnm *Schneider.*
[493] Vgl. BGH NJW 2014, 1002.
[494] BT-Drs. 12/5553, 58.
[495] *Schöner/Stöber* GrundbuchR Rn. 625a.
[496] *Schöner/Stöber* GrundbuchR Rn. 625a; *Hügel/Kral* GBO § 5 Rn. 46.

Gegebenfalls ist das zuständige Grundbuchamt nach § 5 FamFG zu bestimmen, sollten die   186
Grundbücher von verschiedenen Grundbuchämtern geführt werden, § 5 Abs. 1 S. 3
GBO.[497]

e) Lagenachweis der Grundstücke. Die an der Vereinigung beteiligten Grundstücke   187
sollen **unmittelbar aneinandergrenzen,** § 5 Abs. 2 S. 1 GBO. Dies bedeutet allerdings
nicht, dass der Lagenachweis durch eine beglaubigte Karte der zuständigen Behörde geführt werden muss.[498] Seit der Neufassung des § 5 Abs. 2 S. 3 GBO kann die Lage der
Grundstücke zueinander durch Bezugnahme auf das amtliche Verzeichnis nachgewiesen
werden. Die Begründung hierfür ist darin zu sehen, dass die Grundbuchämter zwischenzeitlich auf das amtliche Verzeichnis online zugreifen können.[499]

f) Keine Besorgnis der Verwirrung. Ein Grundstück soll nur dann mit einem anderen   188
Grundstück vereinigt werden, wenn hiervon **Verwirrung nicht zu besorgen** ist, § 5
Abs. 1 S. 1 GBO.[500] Die **höchstrichterliche Definition der Verwirrung,** eines unbe-
stimmten Rechtsbegriffs,[501] lautet wie folgt:

„Verwirrung ist zu besorgen, wenn die Eintragung derart unübersichtlich und schwer verständlich
wird, dass der gesamt grundbuchliche Rechtszustand des Grundstücks nicht mehr mit der für den
Grundbuchverkehr erforderlichen Klarheit und Bestimmtheit erkennbar ist und die Gefahr von
Streitigkeiten zwischen den Realberechtigten untereinander oder mit Dritten oder von Verwicklungen, namentlich im Falle der Zwangsversteigerung, besteht."[502]

Die Vereinigung soll insbesondere dann unterbleiben, sofern   189
– Die Grundstücke im Zeitpunkt der Vereinigung mit **unterschiedlichen Grundpfandrechten oder Reallasten belastet sind,** § 5 Abs. 1 S. 2 GBO;[503] Einzelbelastungen
  der zu vereinigenden Grundstücke stehen demnach einer Vereinigung entgegen,[504] sofern es sich um Grundpfandrechte oder Reallasten[505] handelt. Umgekehrt schadet die
  Einzelbelastung mit einer Dienstbarkeit nicht, wovon offensichtlich auch die Regelung
  in § 7 Abs. 2 GBO ausgeht.[506]
– Die Grundstücke im Zeitpunkt der Vereinigung mit **denselben Grundpfandrechten
  oder Reallasten in unterschiedlicher Rangfolge** belastet sind, § 5 Abs. 1 S. 2
  GBO.[507] Die hiervon bislang abweichende Meinung[508] ist durch die Neuregelung des
  § 5 Abs. 1 GBO obsolet. Keine Verwirrung ist hingegen zu besorgen, sollten Auflassungsvormerkungen mit unterschiedlicher Rangfolge eingetragen sein.[509] Das Gleichbe-

---

[497] Vgl. auch OLG Düsseldorf FGPrax 2016, 105 mAnm *Wilsch*. Das zuständige Grundbuchamt wird dann
  durch das nächsthöhere gemeinsame Gericht bestimmt. Zur weiteren grundbuchamtlichen Verfahrensweise vgl. *Schöner/Stöber* GrundbuchR Rn. 643.
[498] So nach § 5 Abs. 2 S. 1 GBO aF.
[499] Vgl. auch eines Gesetzes zur Einführung des Datenbankgrundbuchs (DaBaGG), S. 25, Änderung
  des § 5 GBO; *Schöner/Stöber* GrundbuchR Rn. 625a.
[500] Zum Verwirrungsbegriff vgl. auch MüKoBGB/*Kohler* BGB § 890 Rn. 8.
[501] BayObLGZ 1977, 119 (120).
[502] BGH NZM 2014, 279 (280); vgl. auch BayObLG DNotZ 1994, 242 (243); OLC Celle NJOZ 2014,
  380 (381); ebenso MüKoBGB/*Kohler* BGB § 890 Rn. 8.
[503] Vgl. hierzu auch *Weber* MittBayNot 2014, 497 (499).
[504] Vgl. auch *Weber* MittBayNot 2014, 497 (501); auch die Belastung nur eines Grundstücks ist demnach
  unzulässig, es ist Verwirrung zu besorgen.
[505] Vgl. auch *Schöner/Stöber* GrundbuchR Rn. 639b; dies gilt auch dann, sollte die Leistung nicht in Geld,
  sondern in Naturalien oder Handlungen bestehen, weil die Reallast auch insoweit Verwertungsrecht
  bleibt.
[506] *Schöner/Stöber* GrundbuchR Rn. 639.
[507] *Schöner/Stöber* GrundbuchR Rn. 638a.
[508] KG NJW-RR 1989, 1360 (1361); OLG Hamm Rpfleger 1998, 154 (155).
[509] KG NJW-RR 1989, 1360; *Weber* MittBayNot 2014, 497 (504); *Schöner/Stöber* GrundbuchR Rn. 639;
  Hügel/Kral GBO § 5 Rn. 40.

lastungskriterium des § 5 Abs. 2 GBO greift insoweit nicht, sondern spricht nur von Verwertungsrechten (Grundpfandrechte oder Reallasten).

– Allgemein die Vereinigung dazu führt, dass der **Rechtszustand nicht mehr klar erkennbar** ist und die **Gefahr von Streitigkeiten** zwischen den Realberechtigten untereinander oder mit Dritten[510] besteht oder **Verwicklungen im Versteigerungsfalle** drohen.[511] Dies korrespondiert mit dem Grundsatz der Grundbuchklarheit, vom dem das Grundbuchrecht beherrscht wird.[512]

190   Programmatisch lassen sich die Erfordernisse im **Kriterium der ranggleichen Gleichbelastung von Verwertungsrechten (Grundpfandrechte und Reallasten)** zusammenfassen. Ob die Vereinigung mit einer Verschmelzung einhergeht, spielt dagen keine Rolle mehr.[513] Ebenso wenig schadet eine vorrangige[514] bzw. eine nur auf einer realen Teilfläche lastende Dienstbarkeit,[515] weil insofern das Gleichbelastungskriterium nicht gilt.[516] Verwirrung ist dann nicht zu besorgen. Es steht jedoch einer Vereinigung entgegen, sollte sich die Vollstreckungsunterwerfung nur auf einen Grundstücksteil beziehen, nicht auf alle beteiligten Grundstücke[517] (uneinheitliche Vollstreckungsunterwerfung). Darin ist mitunter der Grund dafür zu sehen, warum eine Vereinigung abzulehnen ist, bei der nur eines der beteiligten Grundstücke mit einem **Vorkaufsrecht**,[518] einem **Erbbaurecht**[519] oder einem **Nacherbfolge**- oder **Testamentsvollstreckervermerk**[520] belastet ist.[521]

191   Stellt das Grundbuchamt fest, dass Verwirrung zu besorgen ist, kann es den Abschluss eines Rechtsgeschäfts (Pfanderstreckung, Rangregulierung, Löschung) nicht mit **Zwischenverfügung** aufgeben.[522] Dadurch erhielte der Antrag einen nicht gebührenden Rang. Die Grundbuchpraxis greift dennoch häufig zur Zwischenverfügung, was die Zwischenverfügung formell angreifbar macht.

192   **g) Vorlage eines Fortführungsnachweises bei Verschmelzung.** Die **bloße Vereinigung mehrerer Grundstücke** setzt nicht voraus, dass den Verfahrenserklärungen ein **Fortführungsnachweis** beigegeben wird. Eine Fortführung des Liegenschaftskatasters ist nicht erforderlich, da die Flurstücke als unwesentliche Bestandteile des neuen Grundstücks fortbestehen können, und zwar mit ihrer bisherigen Nummer und ihrem bisherigen Beschrieb.[523]

193   Anders verhält es sich hingegen, soll **gleichzeitig** mit der Vereinigung auch eine **Verschmelzung** eingetragen werden. Dann ist den Verfahrenserklärungen auch ein Auszug aus dem Fortführungsnachweis beizufügen.[524] Das Interesse des Vermessungsamtes geht regelmäßig dahin, eine Verschmelzung ins Werk zu setzen, um die Anzahl der Flurstücke möglichst gering zu halten.

---

[510] Vgl. BayObLG DNotZ 1994, 242; MittBayNot 1995, 125; OLG Düsseldorf DNotZ 1971, 479 (480); OLG Naumburg FGPrax 2016, 71; *Schöner/Stöber* GrundbuchR Rn. 636.

[511] BayObLG DNotZ 1997, 398; *Schöner/Stöber* GrundbuchR Rn. 635.

[512] BGH MDR 2013, 328; OLG Naumburg FGPrax 2016, 71 (72).

[513] Vgl. auch *Weber* MittBayNot 2014, 497.

[514] *Schöner/Stöber* GrundbuchR Rn. 639; eine Belastungsausdehnung von Dienstbarkeiten sollte die Ausnahme bleiben.

[515] DNotI-Report 2014, 49 (51). Vgl. auch § 7 Abs. 2 GBO.

[516] Vgl. auch *Weber* MittBayNot 2014, 497 (503).

[517] *Hügel/Kral* GBO § 5 Rn. 31; *Weber* MittBayNot 2014, 497 (501).

[518] Ebenso *Hügel/Kral* GBO § 5 Rn. 34.

[519] Belastungsgegenstand ist nach § 1 Abs. 1 ErbbauRG nur ein Grundstück, nicht ein Grundstücksteil; vgl. auch *Schöner/Stöber* GrundbuchR Rn. 1692; *Hügel/Kral* GBO § 5 Rn. 34.

[520] *Weber* MittBayNot 2014, 497 (504). Seit der Neufassung des § 5 GBO ist damit die abweichende Meinung – vgl. LG Aachen MittRhNotK 1983, 162 – obsolet. Eine solche Vereinigung ist abzulehnen, um die Zwangsvollstreckung in einen Grundstücksteil zu vermeiden.

[521] *Weber* MittBayNot 2014, 497 (504); *Schöner/Stöber* GrundbuchR Rn. 639.

[522] BGH ZfIR 2014, 60 mAnm *Schneider.*

[523] *Schöner/Stöber* GrundbuchR Rn. 632.

[524] Vgl. auch *Hügel/Kral* GBO § 5 Rn. 48.

h) Voreintragung Eigentümer. Es gelten die allgemeinen Bestimmungen zur Vorein- 194
tragung, §§ 39 Abs. 1, 40 GBO. Die Eintragung soll nur erfolgen, sofern der Eigentümer
der zu vereinigenden Grundstücke spätestens im Eintragungszeitpunkt[525] **voreingetragen**
ist,[526] es sei denn, die Abschreibung eines Grundstücks steht im Raum, veräußert durch
einen noch nicht voreingetragenen Erben.[527] Dann greift die Ausnahme von der Vorein-
tragungspflicht, § 40 Abs. 1 GBO.

i) Checkliste für die Eintragung der Vereinigung

Checkliste: Eintragung der Vereinigung 195

(1) Antrag des Eigentümers bzw. eines Miteigentümers
(2) Bewilligung des Eigentümers bzw. aller Miteigentümer
(3) Die Vereinigung wird ausdrücklich erklärt.
(4) Grundsätzlich keine Mitbewilligung dinglich Berechtigter, es sei denn, Verwirrung ist
    zu besorgen, so dass Pfandfreigaben oder Rangänderungen erforderlich werden;
    eine familien- oder betreuungsgerichtliche Genehmigung ist nicht erforderlich, da
    keine Verfügung über die Immobilie des Kindes bzw. des Betreuten vorliegt.
(5) Derselbe Eigentümer liegt vor, Miteigentümer müssen im gleichen Anteils- oder
    Berechtigungsverhältnis stehen, um die Vereinigung eintragen zu können. Die Ei-
    gentumsverhältnisse an den zu vereinigenden Grundstücken müssen völlig de-
    ckungsgleich, die Anteile gleich groß und die Eigentumsformen (Miteigentum, Ge-
    samthandseigentum) identisch sein.
(6) Derselbe Grundbuchamts- und Katasteramtsbezirk liegen vor, die an der Vereini-
    gung beteiligten Grundstücke sollen im Bezirk desselben Grundbuchamts- und Ka-
    tasteramtsbezirks liegen, § 5 Abs. 2 S. 1 GBO. Nach dem pflichtgemäßen Ermessen
    des Grundbuchamtes soll hiervon nur abgewichen werden, sofern wegen der Zu-
    sammengehörigkeit baulicher Anlagen und Nebenanlagen ein erhebliches Bedürfnis
    besteht, § 5 Abs. 2 S. 2 GBO.
(7) Ein Grundstück soll nur dann mit einem anderen Grundstück vereinigt werden,
    wenn hiervon Verwirrung nicht zu besorgen ist, § 5 Abs. 1 S. 1 GBO. Eine Vereini-
    gung hat insbesondere dann zu unterbleiben, wenn die Grundstücke im Zeitpunkt
    der Vereinigung mit unterschiedlichen Grundpfandrechten oder Reallasten oder mit
    denselben Grundpfandrechten oder Reallasten mit unterschiedlicher Rangfolge be-
    lastet sind, § 5 Abs. 1 S. 2 GBO.
(8) Vorlage eines Fortführungsnachweises bei Verschmelzung. Soll gleichzeitig mit der
    Vereinigung auch eine Verschmelzung eingetragen werden, ist den Verfahrenserklä-
    rungen auch ein Auszug aus dem Fortführungsnachweis vorzulegen.
(9) Eine Eintragung soll nur erfolgen, sofern der Eigentümer der zu vereinigenden
    Grundstücke spätestens im Eintragungszeitpunkt voreingetragen ist, es sei denn, die
    Abschreibung eines Grundstücks steht im Raum, veräußert durch einen noch nicht
    voreingetragenen Erben, § 40 Abs. 1 GBO.

II. Die Bestandteilszuschreibung im Grundbuchverfahren

1. Allgemeines. Ein Grundstück[528] kann dadurch zum **Bestandteil** eines[529] anderen 196
Grundstücks gemacht werden, dass der Eigentümer es diesem im Grundbuch zuschreiben

---

[525] BayObLG NJW-RR 1991, 465.
[526] *Schöner/Stöber* GrundbuchR Rn. 640.
[527] *Schöner/Stöber* GrundbuchR Rn. 640.
[528] Ein Grundstück kann auch einem Wohnungs- oder Teileigentum als Bestandteil zugeschrieben werden,
vgl. OLG Hamm NJW-RR 1996, 1100; BayObLG NJW-RR 1994, 304; überdies kann Wohnungs-

lässt, § 890 Abs. 2 BGB. Durch die Bestandteilszuschreibung wird das zugeschriebene Grundstück ein **unwesentlicher Bestandteil** des Haupt- bzw Stammgrundstücks.[530] Das durch die Bestandteilszuschreibung entstehende, einheitliche Grundstück ist unter einer neuen laufenden Nummer einzutragen, § 13 Abs. 1 S. 2 GBV.

197   Der wesentliche Unterschied zur Vereinigung liegt in der **einseitigen gesetzlichen Haftungserstreckung,** die § 1131 BGB anordnet.[531] Grundpfandrechte, die auf dem Hauptgrundstück lasten, erstrecken sich kraft Gesetzes auf das als Bestandteil zugeschriebene Grundstück.[532] Umgekehrt tritt diese Haftungserstreckung nicht ein,[533] vielmehr bleibt die **Einbahnstraßenwirkung** des § 1131 BGB beschränkt auf die Grundpfandrechte[534] des Haupt- bzw. Stammgrundstücks, die sich gesetzlich auf das Bestandteilsgrundstück ausdehnen. Am Bestandteilsgrundstück eingetragene Belastungen gehen allerdings den erstreckten Grundpfandrechten im Rang vor, § 1131 S. 2 BGB.[535]

198   **2. Neubelastungen nur noch zugunsten des einheitlichen Grundstücks.** Die Ausführungen zur Vereinigung (→ Rn. 176) gelten entsprechend, da im Zuge der Bestandteilszuschreibung das zugeschriebene Grundstück zu einem unwesentlichen **Bestandteil** des Haupt- bzw. Stammgrundstücks[536] wird. Neue Belastungen sind zugunsten des einheitlichen Grundstücks zu bestellen, sofern nicht die Ausübung der Dienstbarkeit zum Vorteil eines realen Teils des herrschenden Grundstücks beschränkt wird (→ Rn. 176).

199   **3. Eintragungserfordernisse; Bestandteilszuschreibung. a) Antrag.** Nach § 13 Abs. 1 S. 1 GBO soll eine Eintragung nur auf **Antrag** erfolgen, § 13 Abs. 1 S. 1 GBO. Die **Schriftform** reicht aus, sofern nicht ein gemischter Antrag vorliegt, §§ 30, 29 Abs. 1 S. 1 GBO. Das Antragsrecht liegt ausschließlich beim **Eigentümer.**[537] Den Grundpfandrechtsgläubigern oder sonstigen dinglich Berechtigten steht kein Antragsrecht zu, weil insoweit keine unmittelbare Beteiligung konstatiert werden kann.[538] Nicht anders als im Falle der Vereinigung würde der Antrag eines einzelnen Miteigentümers ausreichen. Erfolg verspricht ein solcher Einzelantrag aber nicht, da alle Miteigentümer als Betroffene bewilligen müssen, § 19 GBO.

200   **b) Bewilligungen und Mitbewilligungen. (1) Bewilligung aller Eigentümer; Erklärungsinhalt.** Bewilligen muss derjenige, dessen Recht von der Eintragung betroffen wird, § 19 GBO, das ist der **Eigentümer** der an der Bestandteilszuschreibung beteiligten

---

    bzw. Teileigentum einem anderen Wohnungs- und Teileigentum als Bestandteil zugeschrieben werden, vgl. BGH NZM 2014, 279 sowie BayObLG DNotZ 1999, 674 (676). Vgl. auch → § 3 Rn. 91 ff. Ob das mit dem Erbbaurecht belastete Grundstück dem Erbbaurecht als Bestandteil zugeschrieben werden kann, ist strittig (dafür: OLG Jena FGPrax 2018, 58; dagegen: KG DNotZ 2011, 283).

[529] Ein Grundstück kann nur einem, nicht mehreren Grundstücken als Bestandteil zugeschrieben werden, vgl. auch *Schöner/Stöber* GrundbuchR Rn. 653.

[530] Vgl. MüKoBGB/*Kohler* BGB § 890 Rn. 3; *Weber* MittBayNot 2014, 497; OLG Hamm FGPrax 2015, 245 (246): die Bestandteilszuschreibung lässt die hinzukommende Fläche als selbständiges Grundstück untergehen und zum nichtwesentlichen Bestandteil des Hauptgrundstücks werden.

[531] Vgl. auch Palandt/*Herrler* BGB § 890 Rn. 1; MüKoBGB/*Kohler* BGB § 890 Rn. 13.

[532] Vgl. auch Palandt/*Herrler* BGB § 1131 Rn. 1.

[533] Palandt/*Herrler* BGB § 1131 Rn. 1. Vgl. hierzu auch BGH NJW 2014, 1002 (1004): die gesetzliche Pfanderstreckung erfasst nicht die auf dem zugeschriebenen Grundstück lastenden Grundpfandrechte.

[534] Die gesetzliche Erstreckung gilt auch nicht für Reallasten oder andere dingliche Rechte, vgl. Palandt/*Herrler* BGB § 1131 Rn. 1; *Weber* MittBayNot 2014, 497; *Schöner/Stöber* GrundbuchR Rn. 652; MüKoBGB/*Kohler* BGB § 890 Rn. 13.

[535] Vgl. auch *Schöner/Stöber* GrundbuchR Rn. 652.

[536] Vgl. MüKoBGB/*Kohler* BGB § 890 Rn. 3; *Weber* MittBayNot 2014, 497.

[537] Kein Antragsrecht steht dagegen den dinglich Berechtigten an den zu vereinigenden Grundstücken zu, etwa den Gläubigern eines Grundpfandrechts, weil es insoweit an einer unmittelbaren Beteiligung fehlt, vgl. auch *Schöner/Stöber* GrundbuchR Rn. 629; *Hügel/Kral* GBO § 5 Rn. 23.

[538] Vgl. auch *Schöner/Stöber* GrundbuchR Rn. 655.

Grundstücke. **Miteigentümer** müssen in ihrer Gesamtheit bewilligen, da durch die Bestandteilszuschreibung alle Miteigentümer betroffen werden, vgl. auch → Rn. 178.

Zum empfehlenswerten **Erklärungsinhalt** → Rn. 180.   201

(2) Mitbewilligungen dinglich Berechtigter; familien- oder betreuungsgerichtli- 202
che Genehmigung. Dinglich Berechtigte müssen der Bestandteilszuschreibung nicht
zustimmen.[539] Ein Zustimmungserfordernis kann sich allenfalls daraus ergeben, dass Verwirrung zu besorgen ist, § 6 Abs. 1 S. 1 GBO. Die Verwirrung kann durch Pfandfreigaben bzw. Rangänderungen behoben werden.

Am Vermögensbestand des Mündels bzw. Kindes bzw. Betreuten ändert die Bestand- 203
teilszuschreibung nichts, sofern das **Hauptgrundstück nicht belastet** ist.[540] Eine gesetzliche Pfanderstreckung tritt nicht ein, so dass ein Genehmigungserfordernis nach
§ 1821 Abs. 1 Nr. 1 BGB nicht besteht.[541] Anders zu behandeln ist hingegen eine Bestandteilszuschreibung, die mit einer gesetzlichen Pfanderstreckung nach § 1131 S. 1
BGB einhergeht, weil das **Hauptgrundstück mit Grundpfandrechten belastet** ist.[542]
In dieser Konstellation besteht ein Genehmigungserfordernis nach § 1821 Abs. 1 Nr. 1
BGB.[543]

c) Derselbe Eigentümer. Unterschiedliche Eigentumsverhältnisse an den beteiligten 204
Grundstücken schließen die Bestandteilszuschreibung aus, weil eigentumsbezogene Verwirrung zu vermeiden ist und an unwesentlichen Bestandteilen keine unterschiedlichen
Eigentumsverhältnisse bestehen können. Miteigentümer müssen daher im **gleichen An-**
teils- oder Berechtigungsverhältnis stehen,[544] um die Bestandteilszuschreibung eintragen zu können. Die Eigentumsverhältnisse an den zu beteiligten Grundstücken müssen
völlig **deckungsgleich,** die Anteile gleich groß[545] und die Eigentumsformen (Miteigentum, Gesamthandseigentum) identisch sein. Eine Anpassung der Eigentumsverhältnisse
kann das Grundbuchamt mit Zwischenverfügung nicht verlangen, da der Abschluss eines
Rechtsgeschäfts nicht mit Zwischenverfügung aufgegeben werden kann.[546] Die sofortige
Zurückweisung des Antrags steht im Raum, wird aber in der Grundbuchpraxis, soweit
ersichtlich, häufig nicht bzw. noch nicht praktiziert. Die Folge sind Zwischenverfügungen, die der BGH- Rechtsprechung[547] nicht gerecht werden, der notariellen Praxis aber
entgegenkommen.

d) Derselbe Grundbuchamts- und Katasteramtsbezirk. Die an der Bestandteilszu- 205
schreibung beteiligten Grundstücke sollen im **Bezirk desselben Grundbuchamts- und**
Katasteramtsbezirks liegen, § 6 Abs. 2 GBO iVm § 5 Abs. 2 S. 1 GBO. Zum Regelungszweck → Rn. 184. Zu den **Abweichungen,** die das Grundbuchamt nach pflichtgemäßem Ermessen akzeptieren kann (Zusammengehörigkeit baulicher Anlagen und
Nebenanlagen; Begründung von Wohnungs- und Teileigentum, § 1 Abs. 4 WEG; wirtschaftlich einheitliche Nutzung) → Rn. 185, dort auch zur Glaubhaftmachung, § 294
Abs. 1 ZPO. Zur **Zuständigkeitsbestimmung** des Grundbuchamtes nach § 5 FamFG
→ Rn. 186.

---

[539] *Schöner/Stöber* GrundbuchR Rn. 655a.
[540] *Schöner/Stöber* GrundbuchR Rn. 656.
[541] *Schöner/Stöber* GrundbuchR Rn. 656.
[542] Siehe *Schöner/Stöber* GrundbuchR Rn. 657.
[543] *Schöner/Stöber* GrundbuchR Rn. 657.
[544] *Schöner/Stöber* GrundbuchR Rn. 653a.
[545] BayObLG NJW-RR 1991, 465; *Hügel/Kral* GBO § 5 Rn. 19.
[546] BGH ZfIR 2014, 60 mit Anmerkung *Schneider.*
[547] BGH NJW 2014, 1002.

206 **e) Lagenachweis der Grundstücke.** Die an der Bestandteilszuschreibung beteiligten Grundstücke sollen **unmittelbar aneinandergrenzen,** § 6 Abs. 2 S. 1 GBO iVm § 5 Abs. 2 GBO. Eine beglaubigte Karte der zuständigen Behörde muss aber nicht mehr vorgelegt werden. Seit der Neufassung des § 5 Abs. 2 S. 3 GBO, der über § 6 Abs. 2 GBO entsprechend anwendbar ist, kann die Lage der Grundstücke zueinander durch Bezugnahme auf das amtliche Verzeichnis nachgewiesen werden. Grund ist der Online- Zugriff der Grundbuchämter auf das amtliche Verzeichnis.[548]

207 **f) Keine Besorgnis der Verwirrung.** Ein Grundstück soll nur dann einem anderen Grundstück als Bestandteil zugeschrieben werden, wenn hiervon **Verwirrung nicht zu besorgen ist,** § 6 Abs. 1 S. 1 GBO. Eine nähere Umschreibung des Verwirrungsbegriffs enthält die GBO nicht, sondern überlässt es der Praxis, den unbestimmten Rechtsbegriff[549] objektiv[550] näher auszugestalten. Zur **höchstrichterlichen Umschreibung** hierzu → Rn. 188. Im Interesse der Klarheit und Übersichtlichkeit des Grundbuchs schränkt das Verwirrungskriterium das Recht des Immobilieneigentümers ein, mit der Immobilie nach Belieben zu verfahren, § 903 BGB.[551] Für ein grundbuchamtliches Ermessen ist kein Raum, vielmehr ist die Einschränkung nur bei objektiver Verwirrungsgefahr induziert.[552]

208 Die **Bestandteilszuschreibung** soll insbesondere dann **unterbleiben,** sofern
– Die Grundstücke im Zeitpunkt der Bestandteilszuschreibung mit **unterschiedlichen Grundpfandrechten oder Reallasten belastet sind,** § 6 Abs. 2 GBO iVm § 5 Abs. 1 S. 2 GBO;[553] Einzelbelastungen der zu beteiligten Grundstücke stehen der Bestandteilszuschreibung entgegen,[554] sofern es sich um Grundpfandrechte oder Reallasten[555] handelt. Umgekehrt schadet die Einzelbelastung mit einer Dienstbarkeit nicht, § 7 Abs. 2 GBO.[556]
– Die Grundstücke im Zeitpunkt der Bestandteilszuschreibung mit **denselben Grundpfandrechten oder Reallasten in unterschiedlicher Rangfolge** belastet sind, § 6 Abs. 2 GBO iVm § 5 Abs. 1 S. 2 GBO.[557] Die hiervon bislang abweichende Meinung[558] ist durch die Neuregelung der §§ 6 Abs. 2, 5 Abs. 1 GBO obsolet. Keine Verwirrung ist dagegen zu besorgen, sollten Auflassungsvormerkungen mit unterschiedlicher Rangfolge eingetragen sein.[559] Das Gleichbelastungskriterium der §§ 6 Abs. 2, 5 Abs. 1 S. 2 GBO greift insoweit nicht, da dort nur von Verwertungsrechten die Rede ist (Grundpfandrechte oder Reallasten).
– Allgemein die Bestandteilszuschreibung dazu führt, dass der **Rechtszustand nicht mehr klar erkennbar** ist und die **Gefahr von Streitigkeiten** zwischen den Realberechtigten untereinander oder mit Dritten[560] besteht oder **Verwicklungen im Versteigerungsfalle** drohen.[561]

---

[548] Vgl. den Entwurf eines Gesetzes zur Einführung des Datenbankgrundbuchs (DaBaGG), S. 25, Änderung des § 5 GBO.
[549] BayObLGZ 1993, 365 (367); vgl. bereits BayObLGZ 1977, 119; ebenso nun MüKoBGB/*Kohler* BGB § 890 Rn. 8.
[550] Vgl. BayObLGZ 1977, 119 (120).
[551] BayObLGZ 1977, 119 (120).
[552] BayObLGZ 1977, 119 (120).
[553] Vgl. hierzu auch *Weber* MittBayNot 2014, 497 (499).
[554] Vgl. auch *Weber* MittBayNot 2014, 497 (501); auch die Belastung nur eines Grundstücks ist demnach unzulässig, es ist Verwirrung zu besorgen.
[555] Vgl. auch *Schöner/Stöber* GrundbuchR Rn. 639b; dies gilt auch dann, sollte die Leistung nicht in Geld, sondern in Naturalien oder Handlungen bestehen, weil die Reallast auch insoweit Verwertungsrecht bleibt.
[556] *Schöner/Stöber* GrundbuchR Rn. 639.
[557] *Schöner/Stöber* GrundbuchR Rn. 638a.
[558] KG NJW-RR 1989, 1360 (1361); OLG Hamm Rpfleger 1998, 154 (155).
[559] KG NJW-RR 1989, 1360; *Weber* MittBayNot 2014, 497 (504); *Schöner/Stöber* GrundbuchR Rn. 639; Hügel/*Kral* GBO § 5 Rn. 40.
[560] Vgl. BayObLG DNotZ 1994, 242; MittBayNot 1995, 125; OLG Düsseldorf DNotZ 1971, 479, (480); OLG Naumburg FGPrax 2016, 71; *Schöner/Stöber* GrundbuchR Rn. 636.
[561] BayObLG DNotZ 1997, 398; *Schöner/Stöber* GrundbuchR Rn. 635.

Zur Programmatik der ranggleichen Gleichbelastung von Verwertungsrechten vgl. auch   209
→ Rn. 190.

Ob die Bestandteilszuschreibung mit einer **Verschmelzung** einhergeht, spielt keine   210
Rolle mehr.[562] Unschädlich ist eine vorrangige[563] bzw. eine nur auf einer realen Teilfläche
lastende Dienstbarkeit,[564] da das Gleichbelastungskriterium in dieser Hinsicht nicht gilt[565]
und Verwirrung nicht zu besorgen ist. Einer Bestandteilszuschreibung steht andererseits
entgegen, sollte sich die Vollstreckungsunterwerfung nur auf einen Grundstücksteil beziehen, nicht auf alle beteiligten Grundstücke[566] (uneinheitliche Vollstreckungsunterwerfung)
Aus demselben Grund ist eine Bestandteilszuschreibung abzulehnen, die eine Einzelbelastung mit einem Vorkaufsrecht, einem Erbbaurecht oder einem Nacherbfolge- oder Testamentsvollstreckervermerk vorsieht; → Rn. 190.

Zur **Zwischenverfügungsproblematik** und der neueren BGH-Rechtsprechung[567]   211
hierzu → Rn. 191. Dennoch ist in der Grundbuchpraxis häufig eine Zwischenverfügung
anzutreffen, obgleich der Antrag dadurch einen nicht gebührenden Rang erhält. Der notariellen Praxis kommt dies regelmäßig entgegen.

g) Vorlage eines Fortführungsnachweises bei Verschmelzung. Hierzu → Rn. 192;   212
die bloße Bestandteilszuschreibung führt noch nicht dazu, dass ein Fortführungsnachweis
mitvorzulegen ist. Die Notwendigkeit besteht erst dann, sollte gleichzeitig mit der Bestandteilszuschreibung eine **Verschmelzung** eingetragen werden.

h) Voreintragung Eigentümer. Die allgemeinen Bestimmungen zur Voreintragung   213
kommen zur Anwendung, §§ 39 Abs. 1, 40 GBO. Die Eintragung soll nur erfolgen, sofern der Eigentümer der beteiligten Grundstücke spätestens im Eintragungszeitpunkt[568]
voreingetragen ist,[569] es sei denn, die Abschreibung eines Grundstücks steht im Raum,
veräußert durch einen noch nicht voreingetragenen Erben, § 40 Abs. 1 GBO.

i) Checkliste für die Eintragung der Bestandteilszuschreibung

Checkliste: Eintragung der Bestandteilszuschreibung	214
(1) Antrag des Eigentümers bzw. eines Miteigentümers (2) Bewilligung des Eigentümers bzw. aller Miteigentümer (3) Die Bestandteilszuschreibung wird ausdrücklich erklärt. (4) Grundsätzlich keine Mitbewilligung dinglich Berechtigter, es sei denn, Verwirrung ist zu besorgen, so dass Pfandfreigaben oder Rangänderungen erforderlich werden. Eine familien- oder betreuungsgerichtliche Genehmigung ist erforderlich, sollte das Hauptgrundstück mit einem Grundpfandrecht belastet sein (§ 1131 S. 1 BGB, Pfanderstreckung kraft Gesetzes tritt ein), im Übrigen (Hauptgrundstück nicht mit Grundpfandrechten belastet) jedoch nicht. (5) Derselbe Eigentümer liegt vor, Miteigentümer müssen im gleichen Anteils- oder Berechtigungsverhältnis stehen, um die Bestandteilszuschreibung eintragen zu können. Die Eigentumsverhältnisse an den beteiligten Grundstücken müssen völlig de-	

---

[562] Vgl. auch *Weber* MittBayNot 2014, 497.
[563] *Schöner/Stöber* GrundbuchR Rn. 639; eine Belastungsausdehung von Dienstbarkeiten sollte die Ausnahme bleiben.
[564] DNotI-Report 2014, 49 (51). Vgl. auch § 7 Abs. 2 GBO.
[565] Vgl. auch *Weber* MittBayNot 2014, 497 (503).
[566] *Hügel/Kral* GBO § 5 Rn. 31; *Weber* MittBayNot 2014, 497 (501).
[567] BGH ZfIR 2014, 60 mAnm *Schneider*.
[568] BayObLG NJW-RR 1991, 465.
[569] *Schöner/Stöber* GrundbuchR Rn. 640.

ckungsgleich, die Anteile gleich groß und die Eigentumsformen (Miteigentum, Gesamthandseigentum) identisch sein.

(6) Derselbe Grundbuchamts- und Katasteramtsbezirk ist gegeben, die an der Bestandteilszuschreibung beteiligten Grundstücke sollen im Bezirk desselben Grundbuchamts-und Katasteramtsbezirks liegen, §§ 6 Abs. 2, 5 Abs. 2 S. 1 GBO. Nach dem
pflichtgemäßen Ermessen des Grundbuchamtes soll hiervon nur abgewichen werden, sofern wegen der Zusammengehörigkeit baulicher Anlagen und Nebenanlagen
ein erhebliches Bedürfnis besteht, §§ 6 Abs. 2, 5 Abs. 2 S. 2 GBO.

(7) Ein Grundstück soll nur dann mit einem anderen Grundstück als Bestandteil zugeschrieben werden, wenn hiervon Verwirrung nicht zu besorgen ist, § 6 Abs. 1 S. 1
GBO. Eine Bestandteilszuschreibung hat insbesondere dann zu unterbleiben, wenn
die Grundstücke im Zeitpunkt der Bestandteilszuschreibung mit unterschiedlichen
Grundpfandrechten oder Reallasten oder mit denselben Grundpfandrechten oder
Reallasten mit unterschiedlicher Rangfolge belastet sind, §§ 6 Abs. 2, 5 Abs. 1 S. 2
GBO.

(8) Vorlage eines Fortführungsnachweises bei Verschmelzung. Soll gleichzeitig mit der
Bestandteilszuschreibung auch eine Verschmelzung eingetragen werden, ist ein Auszug aus dem Fortführungsnachweis mitvorzulegen.

(9) Eine Eintragung soll nur erfolgen, sofern der Eigentümer der an der Bestandteilszuschreibung beteiligten Grundstücke spätestens im Eintragungszeitpunkt voreingetragen ist, es sei denn, die Abschreibung eines Grundstücks steht im Raum, veräußert
durch einen noch nicht voreingetragenen Erben, § 40 Abs. 1 GBO.

E. Familien- und betreuungsgerichtliche Genehmigungen im Grundbuchverfahren, lediglich rechtlich vorteilhafte Vorgänge und Ergänzungspflegschaft

I. Allgemeines: Gerichtliche Genehmigungspflichten

215   Um das Vermögen des Kindes, des Betreuten, Mündels oder des Pfleglings zu schützen,
schränkt[570] das Gesetz die Vertretungsmacht des gesetzlichen Vertreters für besonders
wichtige Rechtsgeschäfte ein und sieht **gerichtliche Genehmigungspflichten** vor[571]
(vgl. auch → § 1 Rn. 149–151). Die Regelung in § 1821 BGB spricht zwar nur von
„Geschäften über Grundstücke", betroffen sind aber auch, wie der nachstehende **Katalog**
genehmigungspflichtiger Rechtsgeschäfte zeigt, Verfügungen über Rechte des Kindes, des
Betreuten bzw. des Pfleglings. Die Einschränkung kann sogar so weit gehen, dass der gesetzliche Vertreter gänzlich von der **Vertretung ausgeschlossen** ist, §§ 1795, 181 BGB,
was die Notwendigkeit nach sich zieht, einen **Ergänzungspfleger** zu bestellen, § 1909
Abs. 1 S. 1 BGB.

II. Ergänzungspfleger

216   Die Zuständigkeit für die Bestellung eines Ergänzungspflegers liegt beim **Familiengericht**, § 1915 Abs. 1 S. 3 BGB, sofern ein **Minderjähriger** betroffen ist, im Übrigen ist
das **Betreuungsgericht** zuständig. So können Vormünder, Eltern oder Betreuer das
Mündel, das Kind bzw. den Betreuten nicht vertreten, sofern sie auf der einen Seite und
zugleich als gesetzliche Vertreter auf der anderen Seite handeln.[572] Der Vertretungsaus

---

[570] BayObLG FamRZ 1990, 1132.
[571] Vgl. auch *Schöner/Stöber* GrundbuchR Rn. 3680 ff.
[572] OLG Hamm FamRZ 2018, 114; vgl. aber auch KG BeckRS 2018 19008, Problematik der Vertretung
und Genehmigungsbedürftigkeit von Abschichtungsvereinbarungen, wobei das KG die Rechtsbeschwerde zugelassen hat. Zur Abschichtung vgl. auch → § 17 Rn. 463 f.

schluss greift jedoch nicht, sofern das Rechtsgeschäft in der **Erfüllung einer Verbindlichkeit** besteht oder **lediglich rechtlich vorteilhaft** (§ 107 BGB) ist.[573]

III. Lediglich rechtlich vorteilhafte Vorgänge, § 107 BGB

Übersicht: Lediglich rechtlich vorteilhafte Vorgänge, § 107 BGB   217

– lediglich rechtlich vorteilhaft: unentgeltlicher Erwerb eines unbelasteten Grundstücks;[574] auch die damit verbundene Tragung der öffentlichen Grundstückslasten schmälert die lediglich rechtliche Vorteilhaftigkeit nicht;[575] → § 5 Rn. 164
– nicht lediglich rechtlich vorteilhaft ist dagegen der unentgeltliche Erwerb eines Erbbaurechts, weil damit eine persönliche Haftung verbunden ist, § 2 Nr. 1, Nr. 2 und Nr. 5 ErbbauRG, darüber hinaus auch wegen des Erbbauzinses[576]
– ebenso wenig ist der unentgeltliche Erwerb eines Wohnungseigentums lediglich rechtlich vorteilhaft, zumal mit dem Erwerb der Eintritt in die Gemeinschaft der Wohnungseigentümer und die damit verbundenen persönlichen Verpflichtungen nach §§ 10 Abs. 8, 16 Abs. 2 WEG einhergeht;[577] ebenso → § 5 Rn. 165
– nicht lediglich rechtlich vorteilhaft ist der unentgeltliche Erwerb eines vermieteten oder verpachteten Grundstücks;[578] ebenso → § 5 Rn. 165
– lediglich rechtlich vorteilhaft: unentgeltlicher Erwerb eines mit Grundpfandrechten belasteten Grundstücks,[579] es sei denn, es werden gleichzeitig die persönlichen Verpflichtungen des Veräußerers übernommen;[580] → § 5 Rn. 164
– lediglich rechtlich vorteilhaft: Erwerb eines Grundpfandrechts[581]
– lediglich rechtlich vorteilhaft: unentgeltlicher Erwerb eines mit einem Nießbrauch belasteten Grundstücks;[582] → § 5 Rn. 164
– nicht lediglich rechtlich vorteilhaft ist hingegen der unentgeltliche Erwerb eines Nießbrauchs, weil Erhaltungspflichten bestehen, §§ 1036 Abs. 2, 1041 BGB[583]
– lediglich rechtlich vorteilhaft: unentgeltlicher Erwerb eines mit einer Reallast belasteten Grundstücks, sofern die persönliche Haftung (§ 1108 BGB) des erwerbenden Kindes/Betreuten/Pfleglings/Mündels ausgeschlossen wird;[584] → § 5 Rn. 164
– lediglich rechtlich vorteilhaft: Erwerb einer Reallast[585]
– lediglich rechtlich vorteilhaft: unentgeltlicher Erwerb eines mit einer Dienstbarkeit bzw. Grunddienstbarkeit belasteten Grundstücks, weil das erwerbende Kind bzw. der erwerbende Betreute bzw. Pflegling nur zur Nutzungsüberlassung bzw. zur Nutzungsunterlassung verpflichtet worin, worin kein rechtlicher Nachteil zu erkennen ist;[586] → § 5 Rn. 164
– nicht lediglich rechtlich vorteilhaft ist hingegen der Erwerb einer Grunddienstbarkeit bzw. einer Dienstbarkeit selbst, da Unterhaltungspflichten begründet werden, §§ 1022 S. 2, 1020 S. 2 BGB[587]

---

[573] Vgl. auch *Kölmel* RNotZ 2010, 618; *ders.* RNotZ 2011, 332.
[574] *Kölmel* RNotZ 2010, 618 (624 ff.); BayObLG NJW 1968, 941.
[575] *Kölmel* RNotZ 2010, 618 (629).
[576] Vgl. *Schöner/Stöber* GrundbuchR Rn. 3610i; vgl. auch *Kölmel* RNotZ 2011, 332 (335 ff.).
[577] BGH DNotZ 2011, 346; *Schöner/Stöber* GrundbuchR Rn. 3610m; *Kölmel* RNotZ 2011, 332 (334).
[578] *Schöner/Stöber* GrundbuchR Rn. 3610k; aA dagegen *Kölmel* RNotZ 2010, 618 (635).
[579] BGH NJW 2005, 1430; *Schöner/Stöber* GrundbuchR Rn. 3610; Meinungsstand vgl. auch *Kölmel* RNotZ 2010, 618 (636 ff.); kritisch hierzu *Kölmel* RNotZ 2010, 618 (637 ff.).
[580] Dann nicht mehr rechtlich vorteilhaft, sondern Schuldübernahme, vgl. auch *Schöner/Stöber* GrundbuchR Rn. 3613.
[581] *Kölmel* RNotZ 2011, 332 (339 f.).
[582] BGH FamRZ 1998, 24; BayObLG NJW 1998, 3574; kritisch hierzu *Kölmel* RNotZ 2010, 618 (638 ff.).
[583] Zur rechtlichen Nachteilhaftigkeit eines Nießbrauchserwerbs vgl. *Kölmel* RNotZ 2011, 332 (337 f.). Die Regelung nach § 1041 BGB ist unabdingbar. Vgl. auch *Schöner/Stöber* GrundbuchR Rn. 3610 h.
[584] *Kölmel* RNotZ 2010, 618 (641); *Schöner/Stöber* GrundbuchR Rn. 3610a; anderenfalls ist die Übertragung nicht lediglich rechtlich vorteilhaft.
[585] *Kölmel* RNotZ 2011, 332 (339): keine relevanten Rechtspflichten, lediglich rechtlich vorteilhaft.
[586] *Kölmel* RNotZ 2010, 618 (641); *Schöner/Stöber* GrundbuchR Rn. 3610c.
[587] *Kölmel* RNotZ 2011, 332 (338 f.), dort zur Bestellung einer Dienstbarkeit für einen Minderjährigen.

- ebenso wenig rechtlich vorteilhaft ist der Erwerb eines Wohnungsrechts, Grund ist die Erhaltungspflicht nach § 1041 BGB;[588] → § 5 Rn. 164
- lediglich rechtlich vorteilhaft: unentgeltlicher Erwerb eines bereits mit einer Auflassungsvormerkung[589] oder einem Vorkaufsrecht[590] belasteten Grundstücks, weil damit keine persönlichen Verpflichtungen verbunden sind;[591] → § 5 Rn. 164
- lediglich rechtlich vorteilhaft ist auch der Erwerb eines Vorkaufsrechts[592] oder einer Auflassungsvormerkung[593]
- lediglich rechtlich vorteilhaft: der Immobilienerwerb, verbunden mit der Pflicht zur Tragung der Notariats- bzw. Grundbuchkosten bzw. der Grunderwerbs- bzw. Schenkungssteuer, → § 5 Rn. 164
- lediglich rechtlich vorteilhaft: die Übertragung unter Beleihungsvorbehalt für den Veräußerer, → § 5 Rn. 164
- lediglich rechtlich vorteilhaft: Überlassung unter Anordnung einer Ausgleichspflicht, → § 5 Rn. 164
- nicht lediglich rechtlich vorteilhaft: die vom Veräußerer angeordnete Anrechnung auf den künftigen Pflichtteil, → § 5 Rn. 165

218   Formulierungsbeispiel für einen noch zu bestellenden **Pfleger** → § 5 Rn. 168.

IV. Gesetzlicher Vertretungsausschluss nach §§ 1795, 181 BGB

219 Übersicht: Gesetzlicher Vertretungsausschluss nach §§ 1795, 181 BGB

Der **Vormund** kann das **Mündel nicht vertreten** (vgl. auch → § 5 Rn. 163):[594]
- bei Rechtsgeschäften zwischen seinem Ehegatten und dem Mündel, es sei denn, dass das Rechtsgeschäft ausschließlich in der Erfüllung einer Verbindlichkeit besteht, § 1795 Abs. 1 Nr. 1 BGB, oder lediglich rechtlich vorteilhaft ist (Übersicht → Rn. 217)
- bei Rechtsgeschäften zwischen seinem Lebenspartner und dem Mündel, es sei denn, dass das Rechtsgeschäft ausschließlich in der Erfüllung einer Verbindlichkeit besteht, § 1795 Abs. 1 Nr. 1 BGB, oder lediglich rechtlich vorteilhaft ist (Übersicht → Rn. 217)
- bei Rechtsgeschäften zwischen einem seiner Verwandten in gerader Linie und dem Mündel, es sei denn, dass das Rechtsgeschäft ausschließlich in der Erfüllung einer Verbindlichkeit besteht, § 1795 Abs. 1 Nr. 1 BGB, oder lediglich rechtlich vorteilhaft ist (Übersicht → Rn. 217)
- bei einem Rechtsgeschäft, das die Übertragung gesicherter Forderungen des Mündels gegen den Vormund zum Gegenstand hat, § 1795 Abs. 1 Nr. 2 BGB, es sei denn, hierin liegt die Erfüllung einer Verbindlichkeit
- bei einem Rechtsgeschäft, das die Belastung gesicherter Forderungen des Mündels gegen den Vormund zum Gegenstand hat, § 1795 Abs. 1 Nr. 2 BGB, es sei denn, hierin liegt die Erfüllung einer Verbindlichkeit
- bei einem Rechtsgeschäft, das die Aufhebung einer solchen Sicherheit zum Gegenstand hat, § 1795 Abs. 1 Nr. 2 BGB, es sei denn, hierin liegt die Erfüllung einer Verbindlichkeit
- bei einem Rechtsgeschäft, das die Minderung einer solchen Sicherheit zum Gegenstand hat, § 1795 Abs. 1 Nr. 2 BGB, es sei denn, hierin liegt die Erfüllung einer Verbindlichkeit
- bei einem Rechtsgeschäft, das die Verpflichtung des Mündels zu einer solchen Übertragung, Belastung, Aufhebung oder Minderung begründet, § 1795 Abs. 1 Nr. 2 BGB
- bei Insichgeschäften, §§ 1795 Abs. 2, 181 BGB, also bei Rechtsgeschäften, bei denen der Vormund auf beiden Seiten des Rechtsgeschäfts steht, es sei denn, das Rechtsge-

---

[588] Vgl. auch *Kölmel* RNotZ 2011, 332 (339).
[589] *Schöner/Stöber* GrundbuchR Rn. 3610e: der Anspruch besteht bereits, wird nicht neu begründet.
[590] *Schöner/Stöber* GrundbuchR Rn. 3610f.
[591] *Kölmel* RNotZ 2010, 618 (642).
[592] *Kölmel* RNotZ 2011, 332 (339).
[593] *Kölmel* RNotZ 2011, 332 (340).
[594] Vgl. auch *Schöner/Stöber* GrundbuchR Rn. 3601.

schäft besteht in der Erfüllung einer Verbindlichkeit oder ist lediglich rechtlich vorteilhaft (Übersicht → Rn. 217)[595]

Die beschriebenen Vertretungsausschlüsse gelten in gleicher Weise für die **Eltern,** vgl. 220 § 1629 Abs. 2 S. 1 BGB, den **Betreuer,** vgl. § 1908i Abs. 1 S. 1 BGB, und den **Pfleger,** vgl. § 1915 Abs. 1 S. 1 BGB. Formulierungsbeispiel für einen noch zu bestellenden Pfleger → § 5 Rn. 168.

Bereits vor Beurkundung ist das Notariat gehalten, mit dem Familien- bzw. Betreu- 221 ungsgericht in Kontakt zu treten, um die **Genehmigungsfähigkeit** zu eruieren. In der Praxis geschieht dies durch Übersendung derjenigen Entwürfe, die zur Beurkundung anstehen.

V. Gerichtliche Genehmigungserfordernisse für Eltern

Katalog: Gerichtliche Genehmigungserfordernisse für Eltern   222

Für folgende Rechtsgeschäfte benötigen die Eltern die **familiengerichtliche Genehmigung:**
- eine Immobilie[596] des Kindes wird veräußert, §§ 1643 Abs. 1, 1821 Abs. 1 Nr. 1 BGB[597]
- Eingehung einer Verpflichtung über eine solche Verfügung, §§ 1643 Abs. 1, 1821 Abs. 1 Nr. 4 BGB
- entgeltlicher[598] Erwerb einer Immobilie für das Kind, § 1821 Abs. 1 Nr. 5 BGB. Gleiches gilt für einen gemischten Vertrag.[599] Genehmigungspflichtig ist nur der schuldrechtliche Erwerbsvertrag, das Kausalgeschäft, nicht die dingliche Einigung, so dass das Notariat die Genehmigung einzuholen, das Grundbuchamt die Genehmigung jedoch nicht zu beachten hat[600]
- Verzicht auf das Eigentum eines Kindes an einer Immobilie, § 1822 Abs. 1 Nr. 1 BGB[601]
- Verfügung des geschäftsführenden Gesellschafters einer BGB-Gesellschaft über ein Gesellschaftsgrundstück, sofern an der Gesellschaft auch ein minderjähriges Kind beteiligt ist,[602] weil sich der Minderjährigenschutz anders nicht realisieren lässt. Etwas anderes gilt nur für die gewerblich agierende GbR, weil der familiengerichtlich genehmigte Beitritt dann auch die Genehmigung weiterer Verfügungen impliziert[603]
- eine Immobilie des Kindes wird mit dinglichen Rechten[604] oder einer Auflassungsvormerkung[605] belastet, §§ 1643 Abs. 1, 1821 Abs. 1 Nr. 1 BGB (zur Belastung mit Grundpfandrechten vgl. auch → § 6 Rn. 127 ff.). Das Genehmigungserfordernis gilt auch für die Belastung einer vom Kind verkauften Immobilie durch den Käufer, dem in der bereits genehmigten Kaufvertragsurkunde Belastungsvollmacht erteilt wurde.[606] Die Begrün-

[595] Vgl. *Kölmel* RNotZ 2010, 618.
[596] Grundstück, Wohnungs- und Teileigentum, Erbbaurecht, Wohnungs- und Teilerbbaurecht und grundstücksgleiche Rechte, ganz oder nur anteilsweise vgl. auch *Schöner/Stöber* GrundbuchR Rn. 3684.
[597] Vgl. auch *Schöner/Stöber* GrundbuchR Rn. 3684.
[598] Der unentgeltliche Erwerb ist hingegen genehmigungsfrei, vgl. auch *Kölmel* RNotZ 2010, 618; *Schöner/Stöber* GrundbuchR Rn. 3700.
[599] *Schöner/Stöber* GrundbuchR Rn. 3700.
[600] *Schöner/Stöber* GrundbuchR Rn. 3700; *Böttcher/Spanl* RpflJB 1990, 193 (207).
[601] *Böhringer* BWNotZ 2015, 34 (46); *Schöner/Stöber* GrundbuchR Rn. 3687.
[602] OLG Nürnberg MittBayNot 2014, 165 mit zustimmender Anm. *Gerono;* OLG Hamm NZG 2016, 907 (908); *Michael* notar 2013, 367 (369); aA *Hannes/Reich* ZEV 2015, 525; *Zeiser* Rpfleger 2017, 429 (433 f.).
[603] OLG Schleswig NJW-RR 2002, 737; DNotI-Report 2004, 29.
[604] Vgl. auch *Böttcher/Spanl* RpflJB 1990, 193 (212). Genehmigungspflichtig ist auch die Eintragung von Eigentümergrundschulden, vgl. *Klüsener* Rpfleger 1981, 461 (465); *Schöner/Stöber* GrundbuchR Rn. 3688. Eine Ausnahme gilt für die Eintragung einer Zwangssicherungshypothek, die genehmigungsfrei eingetragen werden kann.
[605] KG Rpfleger 2017, 266; OLG Hamm NZFam 2017, 41 mAnm *Weber;* OLG Jena NotBZ 2016, 115; *Böttcher/Spanl* RpflJB 1990, 193 (209).
[606] *Kesseler* ZfIR 2017, 269 (272); *Weber* DNotZ 2015, 498 (522 f.); *ders.* MittBayNot 2018, 10 (13); OLG Hamm FGPrax 2014, 11; *Braun* DNotZ 2005, 730; *Schöner/Stöber* GrundbuchR Rn. 3688.

dung hierfür ist darin zu sehen, dass die Belastung unter Genehmigungsvorbehalt steht, § 1821 Abs. 1 Nr. 1 BGB, nicht die Vollmachtserteilung. Nicht selten wird dies in der Praxis übersehen, womit schwerwiegende Finanzierungsverzögerungen verbunden sein können

– der Inhalt eines Grundpfandrechts, das auf der Immobilie des Kindes lastet, wird geändert und mit einer größeren Haftung verbunden[607]
– eine Immobilie, an der das Kind als Miteigentümer beteiligt ist, wird nach § 3 WEG in Wohnungs- und Teileigentum aufgeteilt, §§ 1643, 1821 Abs. 1 Nr. 1 BGB[608]
– strittig: eine Immobilie, an der das Kind als Miteigentümer beteiligt ist, wird nach § 8 WEG in Wohnungs- und Teileigentum aufgeteilt; die hM[609] bejaht ein Genehmigungserfordernis nach §§ 1643, 1821 Abs. 1 Nr. 1 BGB, das Kammergericht[610] verneint dies und geht von Genehmigungsfreiheit aus. Solange eine höchstrichterliche Klärung aussteht, geht die Empfehlung dahin, die Genehmigung bzw. ein entsprechendes Negativattest dem Grundbuchamt vorzulegen. Gründe des effektiven Minderjährigenschutzes sprechen im Übrigen für eine Genehmigungspflicht, da anderenfalls das Kind in die reale Haftungssituation eines Wohnungseigentümers ohne gerichtliche Prüfung hineingezogen werden kann
– die Gemeinschaftsordnung einer Wohnungseigentumsanlage, an der das Kind als Wohnungseigentümer beteiligt ist, wird geändert, soweit der Regelungsgegenstand einer Vereinbarung nach § 10 Abs. 2 WEG und nicht auch einem Mehrheitsbeschluss der Miteigentümer zugänglich ist, § 1821 Abs. 1 Nr. 1 BGB[611]
– über eine Immobilie, an der das Kind als Miterbe beteiligt ist, §§ 2032, 2033 BGB, wird verfügt,[612] etwa im Wege der Umwandlung von Gesamthandseigentum in Alleineigentum[613]
– Verfügung über einen Erbanteil des Kindes, § 1822 Nr. 1 BGB[614] (zur Erbanteilsübertragung vgl. auch → § 17 Rn. 438 ff.)
– über ein dingliches Recht des Kindes an einer Immobilie wird verfügt, § 1821 Abs. 1 Nr. 1 BGB, es sei denn, es handelt sich um ein Grundpfandrecht, §§ 1643 Abs. 1, 1821 Abs. 2 BGB;[615] genehmigungspflichtig ist dagegen die Verpfändung eines Grundpfandrechts des Kindes für Kreditzwecke oder eine fremde Verbindlichkeit nach §§ 1822 Nr. 8 und Nr. 10, 1643 Abs. 1 BGB[616]
– Übertragung oder Verpfändung einer subjektiv- persönlichen Reallast des Kindes, § 1821 Abs. 1 Nr. 1 BGB
– Rangrücktritt eines dinglichen Rechts des Kindes, § 1821 Abs. 1 Nr. 1 BGB[617] (Ausnahme: Rangrücktritt mit einem Grundpfandrecht des Kindes als Gläubiger, §§ 1821, 1643 Abs. 1 BGB[618])
– Aufhebung eines dinglichen Rechts des Kindes, § 1821 Abs. 1 Nr. 1 BGB

---

[607] *Schöner/Stöber* GrundbuchR Rn. 3689; *Böttcher/Spanl* RpflJB 1990, 193 (214).
[608] Vgl. auch *Schöner/Stöber* GrundbuchR Rn. 3686.
[609] *Hügel/Elzer* WEG § 7 Rn. 43; *Schöner/Stöber* GrundbuchR Rn. 2850.
[610] KG ZWE 2015, 118.
[611] OLG Hamm BeckRS 2016, 01671; DNotI- Report 2011, 144 ff.
[612] Vgl. auch *Böttcher/Spanl* RpflJB 1990, 193 (205).
[613] Eventuell ist ein Vertretungsausschluss der Eltern zu beachten, beispielsweise im Falle einer Abschichtungsvereinbarung, sofern die Eltern auf beiden Seiten stehen; in einer solchen Konstellation ist ein Ergänzungspfleger zu bestellen, vgl. OLG Hamm NZG 2018, 439.
[614] *Schöner/Stöber* GrundbuchR Rn. 3701.
[615] § 1821 Abs. 2 BGB schließt dies ausdrücklich aus; vgl. auch *Schöner/Stöber* GrundbuchR Rn. 3694.
[616] *Böttcher/Spanl* RpflJB 1990, 193 (216).
[617] *Schöner/Stöber* GrundbuchR Rn. 3697.
[618] *Schöner/Stöber* GrundbuchR Rn. 3705; *Böttcher/Spanl* RpflJB 1990, 193 (217).

Katalog: Genehmigungsfreiheit 223

Genehmigungsfreiheit besteht dagegen für
- den unentgeltlichen Erwerb eines Grundstücks für das Kind,[619] die Regelung in § 1821 Abs. 1 Nr. 5 BGB gelangt nicht zur Anwendung[620]
- den unentgeltlichen Erwerb einer Eigentumswohnung für das Kind.[621] Etwas anders gilt für den Erwerb eines bloßen Miteigentumsanteils an der Wohnung, was eine Genehmigungspflicht nach § 1822 Nr. 10 BGB auslöst.[622] Etwas anderes gilt auch für den Erwerb eines Erbbaurechts durch einen Minderjährigen, da ein solcher Erwerb nicht lediglich rechtlich vorteilhaft ausfällt, sondern mit einem dinglichen Erbbauzins, der persönlichen Haftung nach § 9 Abs. 1 ErbbauRG, § 1108 BGB, und mit nachteiligen Regelungen iSv § 2 Nr. 1, Nr. 2 ErbbauRG verbunden ist[623]
- die Eintragung einer Auflassungsvormerkung für das Kind, da keine Verfügung über Kindesvermögen gegeben ist[624]
- die Eintragung eines Grundpfandrechts für das Kind, weil darin keine Verfügung über Kindesvermögen gesehen werden kann[625]
- Eintragung eines Grundpfandrechts an der Immobilie, die das Kind erwirbt, weil hierin eine genehmigungsfreie Erwerbsmodalität gesehen wird[626]
- die Vereinigung von Grundstücken des Kindes, weil hierin keine Verfügung über die Immobilie liegt[627]
- den entgeltlichen Erwerb eines Grundpfandrechts für das Kind, § 1821 Abs. 2 BGB[628]
- den Rangrücktritt mit einem Grundpfandrecht des Kindes als Gläubiger, §§ 1821, 1643 Abs. 1 BGB[629]
- die Löschung eines Grundpfandrechts des Kindes, § 1643 Abs. 1 BGB[630]
- die Löschung eines Grundpfandrechts an der Immobilie des Kindes, § 1643 Abs. 1 BGB[631]
- die Löschung von Belastungen (Abteilung II) an der Immobilie des Kindes, weil hierin keine Verfügung über die Immobilie des Kindes liegt[632]

VI. Gerichtliche Genehmigungserfordernisse für Betreuer und Pfleger

Katalog: Gerichtliche Genehmigungserfordernisse für Betreuer und Pfleger 224

Für folgende Rechtsgeschäfte benötigen Pfleger und Betreuer[633] die **Genehmigung des Familien- bzw. des Betreuungsgerichts:**

---

[619] *Schöner/Stöber* GrundbuchR Rn. 3702.
[620] *Böttcher/Spanl* RpflJB 1990, 193 (207).
[621] *Schöner/Stöber* GrundbuchR Rn. 3702.
[622] KG NZM 2011, 78; OLG München DNotZ 2013, 205 mAnm *Müller;* OLG Köln FamRZ 2015, 1410; *Krauß* NotBZ 2011, 95.
[623] Ebenso *Kölmel* RNotZ 2011, 332 (335 f.).
[624] *Böttcher/Spanl* RpflJB 1990, 193 (210).
[625] *Böttcher/Spanl* RpflJB 1990, 193 (215).
[626] *Schöner/Stöber* GrundbuchR Rn. 3688.
[627] Vgl. auch *Böttcher/Spanl* RpflJB 1990, 193 (202).
[628] *Schöner/Stöber* GrundbuchR Rn. 3703.
[629] *Schöner/Stöber* GrundbuchR Rn. 3705; *Böttcher/Spanl* RpflJB 1990, 193 (217).
[630] *Böttcher/Spanl* RpflJB 1990, 193 (218).
[631] *Schöner/Stöber* GrundbuchR Rn. 3707; *Böttcher/Spanl* RpflJB 1990, 193 (215).
[632] *Böttcher/Spanl* RpflJB 1990, 193 (210).
[633] Zum Betreuerwechsel im laufenden Genehmigungsverfahren vgl. *Weber* DNotZ 2015, 498 (518 ff.) sowie DNotI-Report 2017, 121 ff.; danach wird das bereits vom Betreuer vorgenommene Rechtsgeschäft nicht unwirksam, ebenso wenig wird eine bereits erteilte gerichtliche Genehmigung unwirksam. Das Rechtsgeschäft wird jedoch erst mit Mitteilung der Genehmigung an den anderen Vertragsteil wirksam, § 1829 Abs. 1 S. 2 BGB. Die vom vorherigen Betreuer erteilte Doppelvollmacht für den Notar erlischt und muss vom neuen Betreuer neu erteilt werden, DNotI-Report 2017, 121 (123).

- eine Immobilie[634] des Betreuten bzw. Pfleglings wird veräußert, § 1821 Abs. 1 Nr. 1 BGB[635]
- Eingehung einer Verpflichtung über eine solche Verfügung, § 1821 Abs. 1 Nr. 4 BGB
- entgeltlicher[636] Erwerb einer Immobilie für den Betreuten bzw. den Pflegling, § 1821 Abs. 1 Nr. 5 BGB. Gleiches gilt für einen gemischten Vertrag.[637] Genehmigungspflichtig ist nur der schuldrechtliche Erwerbsvertrag, nicht die dingliche Einigung, so dass das Notariat die Genehmigung einzuholen, das Grundbuchamt die Genehmigung jedoch nicht zu beachten hat[638]
- Verzicht auf das Eigentum eines Betreuten bzw. Pfleglings an einer Immobilie
- Verfügung des geschäftsführenden Gesellschafters einer BGB-Gesellschaft über ein Gesellschaftsgrundstück, sofern an der Gesellschaft auch ein Betreuter bzw. ein Pflegling beteiligt ist.[639] Etwas anderes gilt nur für die gewerblich agierende GbR, weil der gerichtlich genehmigte Beitritt dann auch die Genehmigung weiterer Verfügungen impliziert[640]
- eine Immobilie des Betreuten bzw. des Pfleglings wird mit dinglichen Rechten oder einer Auflassungsvormerkung[641] belastet, § 1821 Abs. 1 Nr. 1 BGB. Das Genehmigungserfordernis gilt auch für die Belastung einer vom Betreuten bzw. Pflegling verkauften Immobilie durch den Käufer, dem in der bereits genehmigten Kaufvertragsurkunde Belastungsvollmacht erteilt wurde.[642] Die Begründung hierfür ist darin zu sehen, dass die Belastung unter Genehmigungsvorbehalt steht, § 1821 Abs. 1 Nr. 1 BGB, nicht die Vollmachtserteilung. Schwerwiegende Finanzierungsverzögerungen können auftreten, falls dieses Genehmigungserfordernis keine Beachtung findet
- der Inhalt eines Grundpfandrechts, das auf der Immobilie des Betreuten bzw. des Pfleglings lastet, wird geändert und mit einer größeren Haftung verbunden[643]
- eine Immobilie, an der der Betreute bzw. der Pflegling als Miteigentümer beteiligt ist, wird nach § 3 WEG in Wohnungs- und Teileigentum aufgeteilt, § 1821 Abs. 1 Nr. 1 BGB[644]
- strittig: eine Immobilie, an der der Betreute bzw. der Pflegling als Miteigentümer beteiligt ist, wird nach § 8 WEG in Wohnungs- und Teileigentum aufgeteilt; die hM[645] bejaht ein Genehmigungserfordernis nach § 1821 Abs. 1 Nr. 1 BGB, das Kammergericht[646] verneint dies und geht von Genehmigungsfreiheit aus. Solange eine höchstrichterliche Klärung aussteht, geht die Empfehlung dahin, die Genehmigung bzw. ein entsprechendes Negativattest dem Grundbuchamt vorzulegen
- die Gemeinschaftsordnung einer Wohnungseigentumsanlage, an der der Betreute bzw. der Pfleglings als Wohnungseigentümer beteiligt ist, wird geändert, soweit der Regelungsgegenstand einer Vereinbarung nach § 10 Abs. 2 WEG und nicht auch einem Mehrheitsbeschluss der Miteigentümer zugänglich ist, § 1821 Abs. 1 Nr. 1 BGB[647]

---

[634] Grundstück, Wohnungs- und Teileigentum, Erbbaurecht, Wohnungs- und Teilerbbaurecht und grundstücksgleiche Rechte, vgl. auch *Schöner/Stöber* GrundbuchR Rn. 3684.

[635] Vgl. auch *Schöner/Stöber* GrundbuchR Rn. 3684.

[636] Der unentgeltliche Erwerb ist hingegen genehmigungsfrei, vgl. auch *Kölmel* RNotZ 2010, 618; *Schöner/Stöber* GrundbuchR Rn. 3700.

[637] *Schöner/Stöber* GrundbuchR Rn. 3700.

[638] *Schöner/Stöber* GrundbuchR Rn. 3700.

[639] OLG Nürnberg MittBayNot 2014, 165 mit zustimmender Anm. *Gerono;* OLG Hamm NZG 2016, 907 (908); *Michael* notar 2013, 367 (369); aA *Hannes/Reich* ZEV 2015, 525; *Zeiser* Rpfleger 2017, 429 (433 f.).

[640] OLG Schleswig NJW-RR 2002, 737; DNotI-Report 2004, 29.

[641] KG Rpfleger 2017, 266; OLG Hamm NZFam 2017, 41 mAnm *Weber;* OLG Jena NotBZ 2016, 115.

[642] *Kesseler* ZfIR 2017, 269 (272); *Weber* DNotZ 2015, 498 (522 f.); *ders.* MittBayNot 2018, 10 (13); OLG Hamm FGPrax 2014, 11; *Braun* DNotZ 2005, 730; *Schöner/Stöber* GrundbuchR Rn. 3688.

[643] *Schöner/Stöber* GrundbuchR Rn. 3689.

[644] Vgl. auch *Schöner/Stöber* GrundbuchR Rn. 3686.

[645] *Hügel/Elzer* WEG § 7 Rn. 43; *Schöner/Stöber* GrundbuchR Rn. 2850.

[646] KG ZWE 2015, 118.

[647] OLG Hamm BeckRS 2016, 01671; DNotI- Report 2011, 144 ff.

- über eine Immobilie, an der der Betreute bzw. der Pflegling als Miterbe beteiligt ist, §§ 2032, 2033 BGB, wird verfügt, etwa im Wege der Umwandlung von Gesamthandseigentum in Alleineigentum
- Verfügung über den Erbanteil des Betreuten bzw. des Pfleglings (zur Erbanteilsübertragung vgl. auch → § 17 Rn. 438 ff.)
- über ein Grundpfandrecht des Betreuten bzw. des Pfleglings an einer Immobilie wird verfügt, § 1812 BGB[648]
- Übertragung oder Verpfändung einer subjektiv- persönlichen Reallast des Betreuten bzw. des Pfleglings, § 1821 Abs. 1 Nr. 1 BGB
- Rangrücktritt eines dinglichen Rechts des Betreuten bzw. des Pfleglings, § 1821 Abs. 1 Nr. 1 BGB[649]
- Zustimmung des Betreuten bzw. Pfleglings zur Löschung eines an der Immobilie des Betreuten bzw. des Pfleglings eingetragenen Grundpfandrechts, § 1812 BGB[650]
- Zustimmung des Betreuten bzw. Pfleglings zum Rangrücktritt eines an der Immobilie des Betreuten bzw. des Pfleglings eingetragenen Grundpfandrechts[651]
- Aufhebung eines dinglichen Rechts des Betreuten bzw. des Pfleglings, § 1821 Abs. 1 Nr. 1 BGB

Katalog: Genehmigungsfreiheit 225

Genehmigungsfreiheit besteht dagegen für:
- den unentgeltlichen Erwerb eines Grundstücks für den Betreuten bzw. Pflegling,[652] die Regelung in § 1821 Abs. 1 Nr. 5 BGB gelangt nicht zur Anwendung[653]
- den unentgeltlichen Erwerb einer Eigentumswohnung für den Betreuten bzw. Pflegling.[654] Etwas anders gilt für den Erwerb eines bloßen Miteigentumsanteils an der Wohnung, was eine Genehmigungspflicht nach § 1822 Nr. 10 BGB auslöst.[655] Etwas anderes gilt auch für den Erwerb eines Erbbaurechts durch den Betreuten bzw. Pflegling, da ein solcher Erwerb nicht lediglich rechtlich vorteilhaft ausfällt, sondern mit einem dinglichen Erbbauzins, der persönlichen Haftung nach § 9 Abs. 1 ErbbauRG, § 1108 BGB, und mit nachteiligen Regelungen iSv § 2 Nr. 1, Nr. 2 ErbbauRG verbunden ist[656]
- die Löschung von Belastungen (Abteilung II) an der Immobilie des Betreuten bzw. Pfleglings, weil hierin keine Verfügung über die Immobilie des Betreuten bzw. Pfleglings liegt[657]

F. Zwischenverfügung und Zurückweisung im Grundbuchverfahren

I. Die Zwischenverfügung, § 18 Abs. 1 GBO

Mit der **Zwischenverfügung** nach § 18 Abs. 1 GBO steht dem Grundbuchamt[658] das 226 Verfahrensinstrumentarium eines **rangwahrenden Verbesserungsverfahrens**[659] zur Verfügung, darauf abzielend, alle bestehenden Eintragungshindernisse und alle möglichen Behebungsformen zu benennen, um unter Fristsetzung zur Vollzugsreife des Antrages zu gelangen. Eine sofortige Zurückweisung aller nicht vollzugsreifen Anträgen brächte eine

---

[648] *Schöner/Stöber* GrundbuchR Rn. 3721.
[649] *Schöner/Stöber* GrundbuchR Rn. 3697.
[650] *Schöner/Stöber* GrundbuchR Rn. 3723.
[651] *Schöner/Stöber* GrundbuchR Rn. 3724.
[652] *Schöner/Stöber* GrundbuchR Rn. 3702.
[653] *Böttcher/Spanl* RpflJB 1990, 193 (207).
[654] *Schöner/Stöber* GrundbuchR Rn. 3702.
[655] KG NZM 2011, 78; OLG München DNotZ 2013, 205 mAnm *Müller;* OLG Köln FamRZ 2015, 1410; *Krauß* NotBZ 2011, 95.
[656] Ebenso *Kölmel* RNotZ 2011, 332 (335 f.).
[657] *Böttcher/Spanl* RpflJB 1990, 193 (210).
[658] Muster-Zwischenverfügung vgl. *Wilsch* GBO Rn. 294.
[659] Vgl. auch *Wilsch* GBO Rn. 274.

„empfindliche Härte"[660] mit sich und wäre vor dem Hintergrund der leichten Behebbarkeit der Mängel nicht verhältnismäßig. Regelfall[661] ist daher die Zwischenverfügung. Falls die Grundakte volllständig oder teilweise elektronisch geführt wird, kann die Zwischenverfügung in elektronischer Form ergehen, § 140 Abs. 1 S. 1 GBO. Die Zwischenverfügung muss dann zusätzlich mit einer qualifizierten elektronischen Signatur versehen werden, § 140 Abs. 1 S. 2 GBO.

227 Das Grundbuchamt erlässt eine Zwischenverfügung, sofern der beantragten Eintragung ein Hindernis entgegensteht, das mit rückwirkender Kraft[662] binnen einer bestimmten und angemessenen Frist behoben werden kann, § 18 Abs. 1 S. 1 GBO.

228 Alle **materiell- und formellrechtlichen Wirkungen des Antrags** bleiben erhalten,[663] §§ 878, 892 Abs. 2 BGB, § 17 GBO, so dass sich das antragstellende Notariat auf die Mängelbehebung konzentrieren kann. Weitere Sicherungsmaßnahmen muss das Notariat nicht initiieren. Der Antrag ist durch die Zwischenverfügung nicht erledigt, sondern im verfahrensrechtlichen stand-by-Modus.[664]

229 Im Falle des **Eingangs weiterer Anträge,** die dasselbe Recht betreffen, ist das Grundbuchamt gehalten, von Amts wegen einen **Schutzvermerk** iSv § 18 Abs. 2 S. 1 GBO einzutragen,[665] wovon in der Grundbuchpraxis allerdings selten Gebrauch gemacht wird.

230 | **Checkliste: Inhaltliche Vorgaben einer Zwischenverfügung nach § 18 Abs. 1 GBO**
(1) Beschlussform,[666] § 38 FamFG
(2) Umfassende, abschließende und klare[667] Darstellung aller bestehenden Eintragungshindernisse[668]
(3) Es muss sich um grundbuchrechtliche Mängel handeln[669]
(4) Umfassende und klare Darstellung aller bestehenden Behebungsmöglichkeiten,[670] damit sich der Antragsteller in der Lage sieht, eine sachgerechte Entscheidung über die Wahrung seiner Rechte zu treffen[671]
(5) Keine bloße Meinungsäußerung des Grundbuchamtes[672]

---

[660] OLG München DNotZ 2008, 934.
[661] Vgl. auch *Schöner/Stöber* GrundbuchR Rn. 429.
[662] Vgl. BGH NJW 2014, 1002; OLG Celle BeckRS 2018, 3928; BayObLG NJW-RR 2004, 1533; OLG Düsseldorf RNotZ 2009, 238. Vgl. auch → Rn. 233, Zurückweisung. Unverändert aA Bauer/Schaub/*Wilke* GBO § 18 Rn. 9, 16.
[663] Rang bleibt erhalten, vgl. auch OLG Celle BeckRS 2018, 3928; ebenso Bauer/Schaub/*Wilke* GBO § 18 Rn. 21.
[664] Zwischenentscheidung, so Bauer/Schaub/*Wilke* GBO § 18 Rn. 4.
[665] Zu den Schutzvermerken vgl. beispielsweise Bauer/Schaub/*Wilke* GBO § 18 Rn. 22.
[666] OLG Köln RNotZ 2014, 357; OLG Düsseldorf NotBZ 2014, 52.
[667] Ebenso Bauer/Schaub/*Wilke* GBO § 18 Rn. 17.
[668] Demnach keine sukzessive Darstellung der Vollzugshindernisse in mehreren Zwischenverfügungen; vgl. auch BayObLG Rpfleger 1970, 345. Eine Ausnahme gilt nur dann, sollte das Grundbuchamt das Vollzugshindernis erst nach Erlass der Zwischenverfügung realisieren oder sollte das Vollzugshindernis erst nach der Zwischenverfügung entstehen, ebenso Bauer/Schaub/*Wilke* GBO § 18 Rn. 18. Wegen des Legalitätsprinzips muss das Hindernis dargestellt und behoben werden, anderenfalls keine Eintragung erfolgen darf. Der Erlass einer weiteren Zwischenverfügung ist dann zulässig, vgl. BayObLG FGPrax 1995, 95. Die sukzessive Beanstandung kann allerdings ggf. als Amtspflichtverletzung thematisiert und mit Schadensersatz verbunden sein, vgl. BayObLG FGPrax 1995, 95.
[669] Also keine zwangsvollstreckungsrechtlichen Mängel, wofür das Verfahrensrecht eine Aufklärungsverfügung iSv § 139 ZPO vorsieht, der keine rangwahrende Wirkung zukommt.
[670] Demnach keine Fokussierung auf eine Behebungsmöglichkeit, sofern mehrere Alternativen bestehen; vgl. auch BayObLG FGPrax 2001, 13; Bauer/Schaub/*Wilke* GBO § 18 Rn. 18.
[671] OLG Köln FGPrax 2016, 60 (61).
[672] Eine bloße Meinungsäußerung des Grundbuchamtes kann nicht mit der Beschwerde angefochten werden, vgl. zuletzt OLG Celle BeckRS 2018, 3928.

(6) Setzung einer angemessenen Frist[673]
(7) Hinweis darauf, dass der Antrag bei nicht fristgerechter Behebung zurückgewiesen wird[674]
(8) Rechtsmittelbelehrung, § 39 FamFG[675]
(9) Unterschrift des Rechtspflegers,[676] sofern nicht eine maschinell erstellte Zwischenverfügung vorliegt, die auch ohne Unterschrift wirksam ist, § 42 S. 2 GBV[677]
(10) Bekanntmachung an den Antragsteller, §§ 40, 41 FamFG[678]

Die Zwischenverfügung kann mit der **unbeschränkten** und **unbefristeten Beschwerde** angegriffen werden, § 71 Abs. 1 GBO; → Rn. 252 ff. **231**

II. Die Zurückweisung

In der Praxis bildet die **Zwischenverfügung** den **Regelfall**, die **Zurückweisung** die **232**
Ausnahme.[679] Die Zurückweisung wird immer dann ins Werk gesetzt, sobald schwerwiegende Vollzugshindernisse bestehen, die überhaupt nicht oder nicht mir rückwirkender Kraft behoben werden können.[680] Die **Zurückweisung** ist beispielsweise indiziert:
– sofern der Antragsteller nicht zum Kreis der **Antragsberechtigten** zählt[681] oder
– **die Eintragungsfähigkeit** nicht bejaht werden kann.[682]
In der notariellen Praxis treten diese Varianten eher selten in Erscheinung. Gleiches gilt **233**
für den Fall, dass das Vollzugshindernis **nicht mit rückwirkender Kraft behoben werden kann.**[683]

Das Bestreben des Notariats geht dahin, die aufgezeigten Vollzugshindernisse binnen **234**
der Zwischenverfügungsfrist zu beheben. Erforderlichenfalls richtet das Notariat **Fristverlängerungsanträge** an das Grundbuchamt, die stillschweigend oder explizit zu beantworten, jedenfalls aber in Richtung des antragstellenden Notariats zu kommunizieren sind. Gegebenenfalls muss das Notariat den Antrag zurücknehmen, sollte sich das Grundbuchamt zu einer weiteren Fristverlängerung außerstande sehen. Auf diese Weise vermeidet das Notariat die Zurückweisung wegen **fehlender Mängelbehebung** binnen Zwischenverfügungsfrist. Für die Rücknahme können Kostenvorteile ins Feld geführt werden.[684]

Mit der Zurückweisung verliert der Antrag die Anwartschaft auf den **Rang**. Verfah- **235**
rensrechtlich ist der Antrag erledigt (§ 17 GBO), die Zurückweisung beseitigt allerdings

---

[673] Ohne Fristsetzung ist die Zwischenverfügung unzulässig und kann erfolgreich mit Beschwerde angegriffen werden, vgl. BayObLG DNotZ 1997, 319. Die Frist muss sich danach bemessen, wie lange die Behebung nach Grundaktenlage in Anspruch nehmen wird. Fristverlängerungen sind möglich.
[674] Insoweit ist jedoch strittig, ob die Zurückweisungsandrohung einen zwingenden Teil des Beschlusses bildet. Die hM hält dies Androhung für nicht zwingend, aber empfehlenswert, ebenso Bauer/Schaub/*Wilke* GBO § 18 Rn. 20.
[675] Die Zwischenverfügung stellt eine Entscheidung iSv § 38 FamFG dar und ist als Beschluss mit einer Rechtsmittelbelehrung zu versehen, vgl. auch *Wilsch* GBO Rn. 278; Bauer/Schaub/*Wilke* GBO § 18 Rn. 20.
[676] Die Unterschrift schließt die Zwischenverfügung ab, folgt demnach auf die Rechtsmittelbelehrung.
[677] Im Falle einer maschinell erstellten Zwischenverfügung soll auf dem Schreiben ein entsprechender Vermerk angebracht werden, dass das Schreiben maschinell erstellt und auch ohne Unterschrift wirksam ist, § 42 S. 2 GBV.
[678] Vgl. auch *Schöner/Stöber* GrundbuchR Rn. 454; Bauer/Schaub/*Wilke* GBO § 18 Rn. 21.
[679] OLG München DNotZ 2008, 934. Zur Muster-Zurückweisung vgl. *Wilsch* GBO Rn. 295.
[680] Vgl. *Wilsch* GBO Rn. 280.
[681] Antragsteller gehört bzw. gehört nicht mehr zum Kreis der Antragsberechtigten, vgl. auch Hügel/*Zeiser* GBO § 18 Rn. 12.
[682] Vgl. auch *Wilsch* GBO Rn. 280–282. Es liegen Verstöße gegen den numerus clauses des Sachenrechts bzw. gegen den inhaltlichen Typenzwang vor.
[683] Zur hM vgl. BayObLG NJW-RR 2004, 1533; OLG Düsseldorf RNotZ 2009, 238; OLG Celle BeckRS 2018, 3928.
[684] Zurückweisung des Antrags: 50 % der für die Vornahme des Geschäfts bestimmten Gebühr, mindestens 15 EUR, höchstens 400 EUR; dagegen Rücknahme 25 % der für die Vornahme des Geschäfts bestimmten Gebühr, mindestens 15 EUR, höchstens 250 EUR.

nicht die materiellen Wirkungen, die sich aus einer Bindung an die Einigung bzw. aus einer Bindung an die Aufgabeerklärung ergeben, §§ 873 Abs. 2, 875 BGB. Diese Bindungen bleiben bleiben bestehen.[685]

---

236   **Checkliste: Inhaltliche Vorgaben einer Zurückweisung nach § 18 Abs. 1 GBO**

     (1) Beschlussform[686]
     (2) Antragszurückweisung
     (3) Sachverhaltsdarstellung (kurzer Rückblick auf das Verfahren, in der Praxis zumeist nicht besonders ausführlich gehalten)
     (4) Rechtsausführungen
     (5) Begründung, § 38 Abs. 3 FamFG, warum der Antrag zurückzuweisen war
     (6) Rechtsmittelbelehrung, § 39 FamFG[687]
     (7) Unterschrift des Rechtspflegers
     (8) Bekanntmachung an den Antragsteller, § 40 FamFG

---

237   Die Zurückweisung kann mit der **unbeschränkten** und **unbefristeten Beschwerde** angegriffen werden, § 71 Abs. 1 GBO; → Rn. 252 ff.

III. Unzulässige Erledigungsformen

238   Unvereinbar mit dem Grundbuchverfahren, das einen Stillstand des Verfahrens nicht kennt, ist die Erledigung durch **Aussetzung des Verfahrens.**[688]

239   In gleicher Weise lässt sich die **sukzessive Beanstandung** von Vollzugshindernissen nicht mit dem Ziel eines abschließenden Verbesserungsverfahrens in Einklang bringen.[689] Sollte dennoch das Grundbuchamt das Vollzugshindernis erst nach dem Erlass der Zwischenverfügung realisieren oder das Vollzugshindernis erst nach der Zwischenverfügung entstehen, muss eine weitere Zwischenverfügung ergehen.[690] Eine verspätete Realisierung von Vollzugshindernissen kann als Amtspflichtverletzung mit Schadensersatzansprüchen verbunden sein.[691]

240   Eine verfahrenskonforme Zwischenverfügung liegt ferner nicht vor im Falle einer Zwischenverfügung, mit der auf den **Abschluss eines Rechtsgeschäfts** hingewirkt oder ein **einzutragendes Recht inhaltlich abgeändert**[692] werden soll. Der Erlass einer Zwischenverfügung würde hier bedeuten, dem Antrag einen Rang zu verschaffen, der ihm nicht gebührt.[693] Die Praxis kennt Fälle, in denen das Grundbuchamt unzulässigerweise zur Zwischenverfügung greift, vor allem im Bereich der Eintragung dinglicher Rechte. Gemeint sind die Fälle, in denen eine inhaltliche Veränderung des einzutragenden Rechts aufgegeben wird.[694]

241   Als unzulässig zu werten sind auch Zwischenverfügungen, in denen die **Vorlage noch nicht erklärter Bewilligungen unmittelbar Betroffener** verlangt wird. Das Verfahrensarsenal sieht hierfür nur die Zurückweisung vor.

---

[685] *Schöner/Stöber* GrundbuchR Rn. 468.
[686] Ebenso Bauer/Schaub/*Wilke* GBO § 18 Rn. 39.
[687] Vgl. auch *Wilsch* GBO Rn. 290.
[688] Vgl. auch BayObLGZ 1978, 15; *Schöner/Stöber* GrundbuchR Rn. 446.
[689] BayObLG Rpfleger 1970, 345.
[690] Vgl. auch BayObLG FGPrax 1995, 95; Bauer/Schaub/*Wilke* GBO § 18 Rn. 18.
[691] Vgl. BayObLG FGPrax 1995, 95.
[692] Vgl. auch *Demharter* GBO § 18 Rn. 32.
[693] BGH FGPrax 2014, 192.
[694] Unzulässiger Inhalt einer Zwischenverfügung, vgl. BayObLG DNotZ 1998, 125; DNotZ 2005, 285; *Wilsch* GBO Rn. 277; *Schöner/Stöber* GrundbuchR Rn. 440.

Eine weitere unzulässige Erledigungsform ist in der **Beanstandung ohne Fristsetzung** 242
zu sehen, weil dann ein elementarer Verfahrensbestandteil fehlt.[695]

Bloße **Meinungsäußerungen des Grundbuchamtes** helfen den Beteiligten auch 243
nicht weiter, zumal die GBO eine solches Verfahrensstatement nicht vorsieht, das wesentliche Verbindlichkeitsmerkmal[696] nicht erfüllt ist und ein Verfahrensabschluss offensichtlich
nicht intendiert wird.[697] Entsprechende Äußerungen sind als unzulässige Verfahrensform
anzusehen,[698] sie können überdies nicht mit der Beschwerde angefochten werden.[699]

G. Bekanntmachung im Grundbuchverfahren, § 55 GBO, und Prüfung durch das Notariat

I. Benachrichtungspflicht des Grundbuchamtes, § 55 GBO

Nach § 55 Abs. 1 GBO soll jede Eintragung dem **Notar** bekanntgemacht werden, der 244
einen Antrag einreicht. Der Formulierung lässt sich bereits entnehmen, dass der Notar
stets von der Eintragung benachrichtigt wird, unabhängig davon, ob er den Antrag als
Vertreter nach § 15 GBO stellt oder lediglich als Bote überbringt.[700] Bei Antragstellung
nach § 15 GBO erhält nur der Notar eine Mitteilung, nicht der von ihm vertretene Antragsteller.[701] Ein anderes Ergebnis lässt sich auch nicht durch eine partielle Einschränkung
der Vollmacht dahingehend erreichen, dass der Notar zur Entgegennahme der Eintragungsbekanntmachung nicht befugt sein soll. Dagegen spricht, dass die Vollmacht nach
§ 15 GBO nur umfassend vermutet werden kann.

Eine **Rechtsbehelfsbelehrung** (§ 39 FamFG) muss die Bekanntmachung nicht auf- 245
weisen, da insoweit kein grundbuchamtlicher Beschluss vorliegt und die Beschwerde gegen eine Eintragung ohnehin unzulässig ist, § 71 Abs. 2 S. 1 GBO. Die Bekanntmachung
hat die Eintragung **wörtlich wiederzugeben**, § 55 Abs. 6 S. 1 GBO, und muss ein Aktenzeichen des einreichenden Notars enthalten, damit dieser eine Zuordnung vornehmen
und den Vollzug überwachen kann.

Checkliste: Soll-Inhalt der Bekanntmachung nach § 55 Abs. 6 S. 2 GBO   246

(1) Stelle der Eintragung im Grundbuch
(2) Namen des Grundstückseigentümers, bei einem Eigentumswechsel auch den Namen des bisherigen Eigentümers
(3) die Bezeichnung der betroffenen Immobilie
(4) bei einem Eigentumswechsel auch fakultativ die Anschrift des neuen Eigentümers

---

Die Bekanntmachung in **einfacher Schriftform** zu übersenden, genügt den gesetzli- 247
chen Maßgaben, § 15 Abs. 3 FamFG, und bereitet in der Praxis kaum Probleme. Unterschrieben werden muss die maschinell erstellte, kostenfreie[702] Bekanntmachung nicht,
§ 42 GBV,[703] weshalb sich auf der Bekanntmachung folgender Text wiederfindet: „Dieses
Schreiben ist maschinell erstellt und auch ohne Unterschrift wirksam."[704]

---

[695] Zur Unzulässigkeit einer Zwischenverfügung ohne Fristsetzung vgl. auch BayObLG DNotZ 1997, 310.
[696] OLG Celle BeckRS 2018, 3928.
[697] OLG Celle BeckRS 2018, 3928.
[698] BGH Rpfleger 1980, 273.
[699] Siehe BGH NJW 2014, 1002; OLG Celle BeckRS 2018, 3928.
[700] Vg. auch *Wilsch* GBO Rn. 316; ebenso Bauer/Schaub/*Bauer* GBO § 55 Rn. 3.
[701] Vgl. auch Hügel/*Wilsch* GBO § 55 Rn. 4; OLG Naumburg FGPrax 2003, 109, dem Notar fehlt dann
die Beschwerdebefugnis, sollte er sich dagegen wenden, dass die Eintragungsbekanntmachung nur an ihn
und nicht an die Beteiligten ging.
[702] Kein Gebührentatbestand im KV GNotKG, vgl. auch Hügel/*Wilsch* GBO § 55 Rn. 52.
[703] Ebenso Nr. 3.3.1.3 der BayGBGA.
[704] Zum Text vgl. § 42 S. 2 GBV.

248 Ohne Einfluss auf die Eintragung bleibt eine versehentlich unterlassene bzw. fehlgeschlagene Eintragungsmitteilung, zumal § 55 GBO als Soll- Vorschrift konzipiert ist.[705] Die Eintragung bleibt wirksam, gilt aber als unzureichend kommuniziert. Der Entwurf der Eintragungsmitteilung wird nicht zur Grundakte genommen.[706] Auf der Verfügung wird lediglich vermerkt, dass die Eintragungsmitteilung erfolgt ist.

II. Prüfungspflicht des Notariats

249 Den beurkundenden Notar trifft die Pflicht, die grundbuchamtlichen Eintragungsmitteilungen auf **Richtigkeit zu überprüfen**.[707] Dies hat mit großer Sorgfalt zu geschehen, ggf. muss sich der Notar unverzüglich beim Grundbuchamt erkundigen und **Gegenvorstellungen** erheben.[708] Seine Sachkunde prädestiniert der Notar dazu, die Prüfung der Eintragungsmitteilung vorzunehmen.[709] Der Notar ist sodann zur Weiterleitung der Eintragungsmitteilung an die Beteiligten verpflichtet.[710] Im Umkehrschluss muss ein Anspruch der Beteiligten auf unmittelbare Übersendung der Eintragungsmitteilung verneint werden.[711] Der Notar fungiert als umfassender Repräsentant der Beteiligten,[712] gleichermaßen belehrend, prüfend, überwachend und mitteilend.

250 Das **Prüfinteresse** richtet sich
   – auf die Gesamtheit der eingetragenen Eigentümer;
   – deren Berechtigungsverhältnis;
   – die laufenden Nummern der bezeichneten Grundstücke;
   – die Vollständig- und Richtigkeit der eingetragenen Rechte;
   – uU mit Prüfung der Verschlagwortung (Dienstbarkeit, Reallast);
   – des eingetragenen Grundpfandrechtsbetrags sowie
   – der zwingenden Unmittelbarkeit von Eintragungsmerkmalen. Hierzu zählen der Gläubiger, der Geldbetrag, der Zinssatz, andere Nebenleistungen sowie die Unterwerfung unter die Zwangsvollstreckung mit Wirkung gegen den jeweiligen Grundstückseigentümer;[713]
   – nicht fehlen darf überdies die Bezugnahme auf die Eintragungsbewilligung, um den näheren Inhalt des Rechts zu bezeichnen, § 874 S. 1 BGB;
   – wenngleich in der Grundbuchpraxis durchgehend mit Eintragungskonserven gearbeitet wird, richtet sich das notarielle Prüfinteresse auch auf die richtige und vollständige Verlautbarung des Gläubigers;
   – miteinbezogen in das Prüfinteresse ist die Verlautbarung akademischer Grade, die in ständiger Ausübung des Persönlichkeitsrechts vor dem Familiennamen eingetragen werden.[714]

---

[705] Vgl. OLG München BeckRS 2016, 4402; *Demharter* GBO § 55 Rn. 29.
[706] So aber Bauer/Schaub/*Bauer* GBO § 55 Rn. 9.
[707] BGH ZfIR 2015, 12; NJW 1984, 1748; OLG Brandenburg RNotZ 2008, 224; OLG Frankfurt a.M. DNotZ 2013, 21; DNotI-Report 2014, 172.
[708] BGH NJW 1984, 1748; BayObLG Rpfleger 1989, 147 (148); OLG Köln FGPrax 2011, 277; OLG Frankfurt a.M. NJOZ 2012, 1433 (1434); unklar Bauer/Schaub/*Bauer* GBO § 55 Rn. 3.
[709] Vgl. auch BayObLG Rpfleger 1989, 147 (148); OLG Köln FGPrax 2011, 277 („eher geeignet als ein Antragsteller", also ein Beteiligter). Vgl. auch OLG Frankfurt a.M. NJOZ 2012, 1433 (1434): besondere Sachkunde des Notars.
[710] OLG Köln FGPrax 2011, 277.
[711] OLG Köln FGPrax 2011, 277 (278); OLG Frankfurt a.M. NJOZ 2012, 1433; NJOZ 2014, 340.
[712] OLG Köln FGPrax 2011, 277 (278); OLG Frankfurt a.M. NJOZ 2012, 1433 (1434).
[713] Vgl. auch *Schöner/Stöber* GrundbuchR Rn. 2049: Bezugnahme ist insoweit nicht ausreichend.
[714] *Schöner/Stöber* GrundbuchR Rn. 234.

Checkliste: Grundbuchamtliche Eintragungsmitteilungen   251

(1) Eigentumsumschreibungen
   (a) Alle Erwerber als Eigentümer eingetragen?
   (b) Personalien der Eigentümer richtig und vollständig eingetragen?
   (c) Berechtigungsverhältnis der Eigentümer richtig eingetragen? Alle Berechtigten eingetragen? Mit den richtigen Personalien? Bei BGB-Gesellschaftern: alle Gesellschafter?
   (d) Bezeichnung der übertragenen Immobilien in der Spalte 3 der Ersten Abteilung richtig?
   (e) Vormerkung antragsgemäß gelöscht? *Alt.:* Vormerkung vorerst nicht gelöscht?
   (f) Lastenfreistellung in der Zweiten Abteilung erfolgt? Lfd. Nummer der gelöschten Rechte richtig?
   (g) Lastenfreistellung in der Dritten Abteilung erfolgt? Lfd. Nummer der gelöschten Rechte samt Betrag richtig?
   (h) Eintragung vorbehaltener Rechte für Veräußerer erfolgt?
      aa) Personalien der Berechtigten?
      bb) *Ggf.:* Berechtigungsverhältnis richtig eingetragen?
      cc) Rangfolge der vorbehaltenen Rechte beachtet?
      dd) Bezugnahme auf Eintragungsbewilligung enthalten?
      ee) Datum und Urkundsrollennummer richtig wiedergegeben?
      ff) Name der Notarin bzw. des Notars richtig in der Eintragung wiedergegeben?
      gg) Alle relevanten Urkunden in der Eintragung aufgeführt?
      hh) Verschlagwortung von Dienstbarkeiten und Reallasten in Eintragung erfolgt?
      ii) Eintragungsdatum und Unterschrift des Rechtspflegers in Eintragung enthalten?

(2) Eintragung von Grundpfandrechten
   (a) Grundpfandrechtsbetrag richtig eingetragen?
   (b) Lfd. Nummer der belasteten Grundstücke im BV in Spalte 2 richtig?
   (c) Briefausschluss („ohne Brief") oder Brieferteilung richtig eingetragen?
   (d) Gläubiger richtig und vollständig eingetragen? Sitz? *Ggf.:* HR-Nummer richtig?
   (e) Zinssatz und andere Nebenleistungen in Ordnung?
   (f) Unterwerfung unter die sofortige Zwangsvollstreckung unmittelbar eingetragen? *Alt.:* Vollstreckungsunterwerfung nicht bewilligt, deshalb auch keine Eintragung erfolgt?
   (g) Grundpfandrecht mit richtigem Rang eingetragen (*ggf.:* Rang vor Vormerkung)?
   (h) Bezugnahme auf Eintragungsbewilligung enthalten?
   (i) Datum und Urkundsrollennummer richtig wiedergegeben?
   (j) Name der Notarin bzw. des Notars richtig in der Eintragung wiedergegeben?
   (k) Alle Grundpfandrechtsurkunden in der Eintragung aufgeführt?
   (l) Eintragungsdatum und Unterschrift des Rechtspflegers in Eintragung enthalten?

(3) Löschung von Belastungen
   (a) Lfd. Nummer im Löschungsvermerk richtig angegeben? Das richtige Recht gelöscht?
   (b) Zu löschender Betrag in Ordnung?
   (c) Eintragungsdatum und Unterschrift des Rechtspflegers erfolgt?

(4) Eintragung von Erbbaurechten
   (a) Anlegung eines besonderen Erbbaugrundbuchs von Amts wegen erfolgt?

(b) Im BV[715] des Erbbaugrundbuchs ist das belastete Grundstück richtig wiedergegeben?

(c) Im BV des Erbbaugrundbuchs ist der Eigentümer des belasteten Grundstücks richtig wiedergegeben?

(d) Beschränkungen des Erbbaurechts durch aufschiebende Bedingungen, Befristungen oder Verfügungsbeschränkungen sind ausdrücklich im BV des Erbbaugrundbuchs eingetragen, § 56 Abs. 2 GBV,[716] also nicht durch Bezugnahme nach § 874 BGB? Dies gilt für Veräußerungszustimmungen, Belastungszustimmungen und spezielle Rechtsänderungen als weitere Belastung.

(e) Im Übrigen Bezugnahme auf Eintragungsbewilligung erfolgt?

(f) Datum und Urkundsrollennummer richtig wiedergegeben?

(g) Name der Notarin bzw. des Notars richtig in der Eintragung wiedergegeben?

(h) Eintragungsdatum und Unterschrift des Rechtspflegers erfolgt?

(i) Erbbauberechtigter in der Ersten Abteilung des Erbbaugrundbuchs[717] richtig eingetragen?

(j) Erste Abteilung Erbbaugrundbuch: Eintragungsdatum und Unterschrift des Rechtspflegers erfolgt?

(k) Zweite Abteilung Erbbaugrundbuch: alle Rechte (Erbbauzinsreallast, Vorkaufsrecht) richtig und mit der vereinbarten Rangfolge eingetragen? Erbbauzinsreallast als subjektiv-dingliches[718] Recht eingetragen? Betrag in Ordnung? Wechselseitige Vorkaufsrechte[719] für Grundstückseigentümer und für den Erbbauberechtigten eingetragen?

(l) Dritte Abteilung Erbbaugrundbuch: alle Rechte richtig eingetragen?

aa) Grundpfandrechtsbetrag richtig eingetragen?

bb) Lfd. Nummer des belasteten Erbbaurechts im BV in Spalte 2 richtig?

cc) Briefausschluss („ohne Brief") oder Brieferteilung richtig eingetragen?

dd) Gläubiger richtig und vollständig eingetragen? Sitz? *Ggf.:* HR-Nummer richtig?

ee) Zinssatz und andere Nebenleistungen in Ordnung?

ff) Unterwerfung unter die sofortige Zwangsvollstreckung unmittelbar eingetragen?
Alt.: Vollstreckungsunterwerfung nicht bewilligt, deshalb auch keine Eintragung erfolgt?

gg) Grundpfandrecht mit richtigem Rang eingetragen?

hh) Bezugnahme auf Eintragungsbewilligung erfolgt?

ii) Datum und Urkundsrollennummer richtig wiedergegeben?

jj) Name der Notarin bzw. des Notars richtig in der Eintragung wiedergegeben?

kk) Alle Grundpfandrechtsurkunden in der Eintragung aufgeführt?

ll) Eintragungsdatum und Unterschrift des Rechtspflegers erfolgt?

mm) *Ggf.:* Rückgewährs- und Löschungsvormerkung bestellt und eingetragen?

---

[715] Zu den Eintragungen im BV des Erbbaugrundbuchs vgl. auch § 56 GBV.

[716] Nach § 56 Abs. 2 GBV gilt: Beschränkungen des Erbbaurechts durch Bedingungen, Befristungen oder Verfügungsbeschränkungen nach § 5 ErbbauRG sind ausdrücklich einzutragen.

[717] Vgl. auch § 57 Abs. 1 GBV: die Erste Abteilung des Erbbaugrundbuchs dient zur Eintragung des Erbbauberechtigten.

[718] Das Recht kann nur als subjektiv-dingliches Recht eingetragen werden, vgl. auch *Wilsch* NotarFormulare ErbbauR § 4 Rn. 118, 120. Wegen der Höhe und der Fälligkeit des Erbbauzinses kann Bezug genommen werden, § 874 BGB. In der Praxis wird der wertgesicherte Betrag jedoch häufig unmittelbar eingetragen, um die Aussagekraft des Grundbuchs zu erhöhen.

[719] Vorkaufsrecht am Erbbaugrundstück für den Erbbauberechtigten und Vorkaufsrecht am Erbbaurecht für den Grundstückseigentümer, regelmäßig für alle Verkaufsfälle und subjektiv-dinglich ausgestaltet.

(m) Zweite Abteilung des Grundstücksgrundbuchs: Erbbaurecht[720] und *ggf.*: Vorkaufsrecht richtig und ranggerecht (Erbbaurecht nur an erster Rangstelle[721]) eingetragen? Datum und Urkundsrollennummer richtig? Name Notarin und Notar? Eintragungsdatum und Unterschrift des Rechtspflegers in Eintragung enthalten?

(5) **Eintragung von Wohnungs- und Teileigentum**

  (a) Anlegung besonderer Wohnungs- und Teileigentumsgrundbücher von Amts wegen erfolgt? Für jeden Miteigentumsanteil ein besonderes Blatt, § 7 Abs. 1 S. 1, Abs. 5 WEG?

  (b) WEG- Grundstück im BV richtig beschrieben (Flurstücksnummer, Beschrieb, Grundstücksgröße)?

  (c) Räumlichkeiten des jeweiligen Sondereigentums richtig und vollständig wiedergegeben?

  (d) Vermerk über die Beschränkung des Miteigentums durch die zu den anderen Miteigentumsanteilen gehörenden Sondereigentumsrechte enthalten, § 7 Abs. 1 S. 2 WEG?

  (e) Veräußerungsbeschränkung nach § 12 WEG unmittelbar eingetragen, also nicht nur durch Bezugnahme nach § 874 BGB, vgl. § 3 Abs. 2 WGV?[722] Die Zuordnung und der nähere Inhalt der Sondernutzungsrechte kann zwar auch durch Bezugnahme nach § 874 BGB abgedeckt werden,[723] es empfiehlt sich jedoch ein ausdrücklicher Vermerk, um die Aussagekraft des Grundbuchs zu erhöhen und die eigene grundbuchamtliche Einsichtspraxis zu entlasten. Im Antragsschreiben sollte daher die Anregung enthalten sein, das Grundbuchamt möge bitte einen ausdrücklichen Eintragungsvermerk anbringen.

  (f) Bezugnahme auf Eintragungsbewilligung erfolgt, § 7 Abs. 3 WEG, § 3 Abs. 2 WGV?

  (g) Datum und Urkundsrollennummer richtig wiedergegeben?

  (h) Name der Notarin bzw. des Notars richtig in der Eintragung wiedergegeben?

  (i) Eintragungsdatum und Unterschrift des Rechtspflegers erfolgt?

H. Rechtsmittel im Grundbuchverfahren

I. Beschwerde

Die Zwischenverfügung bzw. Zurückweisung kann mit der **unbeschränkten** und **unbe-** 252
fristeten Beschwerde angegriffen werden, § 71 Abs. 1 GBO.[724] Einen bestimmten Mindestbetrag muss die Beschwerde nicht erreichen,[725] ebenso wenig eine Unterschrift[726] aufweisen, wenngleich sich in der Praxis die Beifügung einer Unterschrift empfiehlt,[727] worauf im Notariat zu achten sein wird. Die Beschwerde muss auch nicht zwingend be-

---

[720] Das Erbbaurecht kann nur als subjektiv-persönliches Recht bestellt werden, § 1 Abs. 1 ErbbauRG, nicht als subjektiv-dingliches Recht, vgl. auch *Wilsch* NotarFormulare ErbbauR § 4 Rn. 11.

[721] Nach § 10 Abs. 1 S. 1 ErbbauRG kann das Erbbaurecht nur zur ausschließlich ersten Rangstelle bestellt werden, vgl. auch *Wilsch* NotarFormulare ErbbauR § 4 Rn. 26.

[722] Vgl. auch Hügel/*Elzer* WEG § 12 Rn. 7.

[723] Siehe OLG München ZWE 2013, 404; DNotZ 2007, 47; vgl. auch OLG Nürnberg NZM 2018, 571: Bezugnahme auf die Zuweisung in der Teilungserklärung; ebenso Hügel/*Elzer* WEG § 12 Rn. 9: eine fehlerhafte, nur mittelbare Eintragung durch Bezugnahme ist ebenfalls wirksam, da § 3 Abs. 2 WGV eine reine Ordnungsvorschrift ist.

[724] Vgl. auch *Wilsch* GBO Rn. 322 ff.

[725] Vgl. Bauer/Schaub/*Budde* GBO § 73 Rn. 14.

[726] § 64 Abs. 2 S. 4 FamFG ist nicht anwendbar, Bauer/Schaub/*Budde* GBO § 73 Rn. 4.

[727] Für Zweckmäßigkeit auch *Demharter* GBO § 73 Rn. 7.

gründet werden,[728] sie muss jedoch die Bezeichnung des angefochtenen Beschlusses sowie die Erklärung enthalten, dass Beschwerde eingelegt wird, § 64 Abs. 2 S. 3 FamFG.

253   Gegen eine **Eintragung** kann die Beschwerde nicht gerichtet werden, da § 71 Abs. 2 S. 1 GBO eine solche Beschwerde für unzulässig erklärt. Insoweit kann im Beschwerdeweg nur verlangt werden, dass das Grundbuchamt zur Eintragung eines Amtswiderspruchs oder einer Amtslöschung angewiesen wird, § 71 Abs. 2 S. 2 GBO (sog. **beschränkte Beschwerde**).

254   Dem **Notar** gibt die Vollmachtsvermutung nach § 15 Abs. 2 GBO das Recht zur Beschwerdeeinlegung.[729]

255   Über die Beschwerde, die sich auf Aufhebung der Zwischenverfügung richtet, entscheidet das **Oberlandesgericht**, in dessen Bezirk das Grundbuchamt seinen Sitz hat, § 72 GBO, und zwar ein Zivilsenat (vgl. § 81 Abs. 1 GBO).

256   Die Beschwerde kann bei dem **Grundbuchamt** oder bei dem **Oberlandesgericht** als Beschwerdegericht eingelegt werden, § 73 Abs. 1 GBO. Damit liegt im Grundbuchverfahren eine Spezialregelung vor, die vom Regelungsgehalt des § 64 Abs. 1 S. 1 FamFG[730] abweicht.

257   Die Grundbuchpraxis dominiert die **Einreichung einer Beschwerdeschrift,** § 73 Abs. 2 S. 1 GBO. Die alternative Erklärung zur Niederschrift des Grundbuchamtes, dessen Entscheidung angefochten werden soll, oder zur Niederschrift der Geschäftsstelle des Beschwerdegerichts, tritt nicht in Erscheinung. Die Beschwerdeschrift kann auch als elektronisches Dokument übermittelt werden, muss dann jedoch mit einer qualifizierten elektronischen Signatur versehen sein.

258   Die Regelung in § 75 GBO sieht ein **Abhilfeverfahren** vor,[731] dem die Grundbuchpraxis – zuständig ist der Grundbuchrechtspfleger,[732] nicht der Grundbuchrichter – häufig nicht gerecht wird, sei es dadurch, dass ein **begründeter**[733] **Nichtabhilfebeschluss**[734] nicht getroffen[735] und die Grundakte mit Verfügung an das Oberlandesgericht geleitet wird,[736] oder dadurch, dass die **Bekanntgabe der Nichtabhilfeentscheidung** fehlt, Art. 103 Abs. 1 GG.[737] Die Praxis kennt überdies Fälle, in denen die Nichtabhilfeentscheidung lediglich auf die angefochtene Entscheidung Bezug nimmt und eine **Auseinandersetzung mit dem Beschwerdevortrag** vermissen lässt,[738] was zur Zurückverweisung an das Grundbuchamt führt.[739] Im Abhilfeverfahren hat das Grundbuchamt zu

---

[728] Vgl. auch Bauer/Schaub/*Budde* GBO § 77 Rn. 1.

[729] Bauer/Schaub/*Budde* GBO § 73 Rn. 10.

[730] Die FamFG-Regelung sieht dagegen vor, dass die Beschwerde nur bei dem Gericht einzulegen ist, dessen Beschluss angefochten wird. Anders die Beschwerdevorschrift im Grundbuchverfahren, § 73 Abs. 1 GBO, die Beschwerde kann entweder bei dem Grundbuchamt oder bei dem Beschwerdegericht eingelegt werden.

[731] Vgl. § 75 GBO: „Erachtet das Grundbuchamt die Beschwerde für begründet, so hat es ihr abzuhelfen." Ein Antrag zur Durchführung des Abhilfeverfahrens ist nicht erforderlich, vgl. auch Hügel/*Kramer* GBO § 75 Rn. 1. Mit dem Abhilfeverfahren gibt das Gesetz der Praxis die Möglichkeit zur Selbstkorrektur, vgl. OLG Hamm BeckRS 2011, 2688.

[732] Vgl. § 11 Abs. 2 S. 5 RpflG, vgl. auch *Demharter* GBO § 75 Rn. 4.

[733] Die Entscheidung des Abhilfeverfahrens ist zu begründen, § 38 Abs. 3 S. 1 FamFG; vgl. OLG München NJOZ 2015, 83 (84); OLG Düsseldorf BeckRS 2014, 19179; OLG München BeckRS 2017, 100150.

[734] Das Abhilfeverfahren ist durch Beschluss abzuschließen, vgl. auch OLG München BeckRS 2017, 100150.

[735] Also keine Sachprüfung des Beschwerdevortrags, OLG Rostock BeckRS 2013, 6917; siehe auch OLG München BeckRS 2017, 100150.

[736] Ein solcher Aktenvermerk mit Zuleitungsverfügung erfüllt nicht die Voraussetzungen einer Nichtabhilfeentscheidung, vgl. OLG München NotBZ 2010, 351.

[737] Vgl. auch OLG München NotBZ 2010, 351; die Nichtabhilfeentscheidung muss den Beteiligten bekanntgegeben werden, weil auch insoweit der Grundsatz der Gewährung rechtlichen Gehörs gilt, Art. 103 Abs. 1 GG, vgl. auch OLG Düsseldorf BeckRS 2014, 19179; OLG Hamm BeckRS 2011, 2688; Bauer/Schaub/*Budde* GBO § 75 Rn. 7.

[738] Vgl. OLG Rostock BeckRS 2013, 6917; OLG München NJOZ 2015, 83; BeckRS 2017, 100150.

[739] OLG Rostock BeckRS 2013, 6917.

prüfen, ob die getroffene Entscheidung aufrecht zu erhalten ist.[740] Einen fehlenden oder nicht bekanntgemachten Nichtabhilfebeschluss kann das beschwerdeführende Notariat thematisieren, sofern es hiervon Kenntnis erlangt, oder auf die Entscheidung des OLG vertrauen. Denn eine fehlende Nichtabhilfeentscheidung hindert das **Oberlandesgericht** nicht daran, selbst eine Entscheidung zu treffen.[741] Dies setzt aber voraus, dass die Beschwerde unmittelbar beim Beschwerdegericht eingelegt wird und das OLG eine sofortige Entscheidung für opportun hält.[742] Dennoch kann die Empfehlung nicht dahin gehen, in jedem Fall die Beschwerde unmittelbar bei dem Beschwerdegericht einzulegen. Abzustellen ist vielmehr auf das jeweilige Verfahren, die vorgetragene Begründung der Zwischenverfügung und darauf, ob die Vollzugshindernisse tatsächlich bestehen. Offensichtlich unrichtige Zwischenverfügungen können schneller durch eine Beschwerdeeinlegung beim Grundbuchamt korrigiert werden. Andererseits macht es wenig Sinn, bei genauer Kenntnis der grundbuchamtlichen Rechtsansicht nochmals eine Korrektur durch Beschwerdeeinlegung beim Grundbuchamt erreichen zu wollen. Nicht geteilt werden kann die Ansicht, wonach die Abhilfebefugnis mit „Zeitverlusten"[743] verbunden sein soll. Im Abhilfeverfahren ist vielmehr die Möglichkeit zur Selbstkorrektur und zur Vermeidung eines langwierigen Beschwerdeverfahrens zu sehen.

Die Beschwerde kann bis zum Zeitpunkt des Erlasses einer Beschwerdeentscheidung wieder **zurückgenommen** werden, und zwar ohne Wahrung einer besonderen Form,[744] insbesondere muss der Rücknahme kein Siegel beigefügt werden. **259**

Die **Entscheidung des Beschwerdegerichts** ist zwingend zu begründen und dem Beschwerdeführer mitzuteilen, § 77 GBO. **260**

Checkliste: Einlegung einer Beschwerde **261**

(1) Eine Frist muss nicht eingehalten werden, die Beschwerde ist unbefristet, § 71 Abs. 1 GBO, und muss auch keinen bestimmten Mindestbetrag erreichen (= unbeschränkte und unbefristete Beschwerde)
(2) Einreichung einer Beschwerdeschrift bei dem Grundbuchamt oder bei dem Oberlandesgericht als Beschwerdegericht, § 73 Abs. 1 und Abs. 2 GBO; ggf. Einreichung als elektronisches Dokument, versehen mit einer qualifizierten elektronischen Signatur, § 73 Abs. 2 S. 2 GBO
(3) Bezeichnung des Beschlusses, gegen den die Beschwerde gerichtet wird, § 64 Abs. 2 S. 3 FamFG
(4) Erklärung, dass gegen diesen Beschluss Beschwerde eingelegt wird, § 64 Abs. 2 S. 3 FamFG
(5) Die Beschwerdeschrift muss nicht zwingend begründet werden, in der Praxis erfolgt jedoch regelmäßig umfassender Beschwerdevortrag
(6) Die Beschwerdeschrift ist nicht zwingend zu unterschreiben, allerdings empfiehlt sich allgemein die Beifügung einer Unterschrift

---

II. Rechtsbeschwerde

Gegen den Beschluss des Beschwerdegerichts findet die **Rechtsbeschwerde** nicht uneingeschränkt statt, sondern nur im Falle der Zulassung durch das OLG (Beschwerdegericht) im Beschlusswege, § 78 Abs. 1 GBO. **262**

---

[740] OLG München NJOZ 2015, 83 (84); OLG Düsseldorf BeckRS 2014, 19179.
[741] OLG München MittBayNot 2014, 47; OLG Karlsruhe FGPrax 2014, 49; OLG München BeckRS 2017, 100150; Hügel/*Kramer* GBO § 75 Rn. 1; Bauer/Schaub/*Budde* GBO § 75 Rn. 1.
[742] Das OLG kann auch zu der Entscheidung gelangen, dass es untunlich ist, sogleich über das Rechtsmittel zu entscheiden, vgl. OLG München BeckRS 2017, 100150.
[743] So Bauer/Schaub/*Budde* GBO § 73 Rn. 2.
[744] Siehe auch Bauer/Schaub/*Budde* GBO § 73 Rn. 17.

263 Die **Beschwerdezulassung** muss nicht beantragt werden, da das Oberlandesgericht hierüber **von Amts wegen** entscheidet.[745] Die Empfehlung geht jedoch dahin, in der Beschwerdeschrift bereits auf die grundsätzliche Bedeutung der zu klärenden Frage oder auf
die Notwendigkeit einer Rechtsfortbildung bzw. einheitlichen Rechtsprechung hinzuweisen.

264 Das Notariat ist allenfalls beratend involviert, da der **Notar** die **Rechtsbeschwerde
nicht einlegen kann,**[746] trotz vermuteter Vertretungsbefugnis nach § 15 Abs. 2 GBO.
Nach § 10 Abs. 4 S. 1 FamFG müssen sich die Beteiligten durch einen **beim BGH zugelassenen Rechtsanwalt** vertreten lassen. Die Rechtsbeschwerde ist daher durch einen
beim BGH zugelassenen Rechtsanwalt einzulegen.[747] Diesem Vertretungszwang ist Rechnung zu tragen, wenngleich er im Grundbuchverfahren, bei dem die Beteiligten durch
einen Notar vertreten werden, kaum überzeugen kann.

265 Rechtsbeschwerdegericht ist der **BGH,** § 133 GVG, der an die Zulassung der Rechtsbeschwerde gebunden ist, § 78 Abs. 2 S. 2 GBO. Eine Abhilfebefugnis des Grundbuchamtes oder des Oberlandesgerichts besteht nicht.[748] Über die Rechtsbeschwerde entscheidet ein Zivilsenat, vgl. § 81 Abs. 1 GBO.

266 **Zuzulassen** ist die Rechtsbeschwerde nur dann, sofern die Rechtssache grundsätzliche
Bedeutung hat, § 78 Abs. 2 S. 1 Nr. 1 GBO, oder die Fortbildung des Rechts oder die
Sicherung einer einheitlichen Rechtsprechung eine Entscheidung des Rechtsbeschwerde-
gerichts erfordert, § 78 Abs. 2 S. 1 Nr. 2 GBO. Die Zulassung kann im **Tenor** oder in
den **Entscheidungsgründen** erfolgen.[749]

267 Ein wesentlicher Unterschied zur Beschwerdeeinlegung besteht darin, dass die **Rechtsbeschwerde frist- und adressatsgebunden** ist. Die Rechtsbeschwerde ist binnen einer
Frist von **einem Monat** nach der schriftlichen Bekanntgabe durch Einreichen einer Beschwerdeschrift **ausschließlich bei dem Rechtsbeschwerdegericht (BGH)** einzulegen,[750] § 78 Abs. 3 GBO iVm § 71 Abs. 1 S. 1 FamFG, was der Verfahrensbeschleunigung
dienen soll.[751] Darüber hinaus gilt es, bestimmte Formalien einzuhalten.

---

268 **Checkliste: Rechtsbeschwerde (für den beim BGH zugelassenen Rechtsanwalt)**

(1) Einlegung binnen einer Frist von einem Monat nach der schriftlichen Bekanntgabe
des Beschlusses, § 78 Abs. 3 GBO iVm § 71 Abs. 1 S. 1 FamFG

(2) Einreichung einer Rechtsbeschwerdeschrift bei dem BGH als Rechtsbeschwerdegericht, nicht beim Grundbuchamt, auch nicht beim Beschwerdegericht (OLG bzw.
KG), § 78 Abs. 3 GBO iVm § 71 Abs. 1 S. 1 FamFG; zulässig sind auch Fax, Compu-
terfax oder die Übersendung eines elektronischen Dokuments, das mit einer qualifizierten elektronischen Signatur des Rechtsanwalts versehen ist

(3) Bezeichnung des Beschlusses, gegen den die Rechtsbeschwerde gerichtet wird, § 78
Abs. 3 GBO iVm § 71 Abs. 1 S. 2 Nr. 1 FamFG

(4) Erklärung, dass gegen diesen Beschluss Rechtsbeschwerde eingelegt wird, § 78
Abs. 3 GBO iVm § 71 Abs. 1 S. 2 Nr. 2 FamFG

(5) Die Rechtsbeschwerdeschrift ist durch einen beim BGH zugelassenen Rechtsanwalt
einzulegen, § 10 Abs. 4 S. 1 FamFG, und von diesem zu unterschreiben, § 78 Abs. 3
GBO iVm § 71 Abs. 1 S. 3 FamFG

---

[745] Vgl. auch *Demharter* GBO § 78 Rn. 6. Das Notariat muss deshalb die Zulassung nicht initiieren oder in
der Beschwerdeschrift thematisieren.
[746] Vgl. auch *Demharter* GBO § 78 Rn. 17.
[747] Vgl. auch zum Vertretungszwang allgemein Bauer/Schaub/*Budde* GBO § 78 Rn. 13a.
[748] *Demharter* GBO § 78 Rn. 24.
[749] Bauer/Schaub/*Budde* GBO § 78 Rn. 3.
[750] Ebenso Bauer/Schaub/*Budde* GBO § 78 Rn. 11.
[751] *Demharter* GBO § 78 Rn. 13.

> (6) Fakultativ soll der Rechtsbeschwerdeschrift eine Ausfertigung oder beglaubigte Abschrift des angefochtenen Beschlusses beigefügt werden, § 78 Abs. 3 GBO iVm § 71 Abs. 1 S. 4 FamFG
>
> (7) Die Rechtsbeschwerde muss begründet werden, § 78 Abs. 3 GBO iVm § 71 Abs. 2 S. 1 FamFG
>
> (8) Sofern die Beschwerdeschrift keine Begründung enthält, ist die Rechtsbeschwerde binnen einer Frist von einem Monat zu begründen, § 78 Abs. 3 GBO iVm § 71 Abs. 2 S. 1 FamFG. Dabei muss die Begründung der Rechtsbeschwerde Folgendes enthalten:
>
> > (a) Erklärung, inwieweit der Beschluss angefochten und dessen Aufhebung beantragt wird (= Rechtsbeschwerdeanträge), § 78 Abs. 3 GBO iVm § 71 Abs. 3 Nr. 1 FamFG
> >
> > (b) Die Angabe der Rechtsbeschwerdegründe, und zwar
> >
> > > aa) Die bestimmte Bezeichnung der Umstände, aus denen sich die Rechtsverletzung ergibt, § 78 Abs. 3 GBO iVm § 71 Abs. 3 Nr. 2a FamFG
> > >
> > > bb) Soweit die Rechtsbeschwerde darauf gestützt wird, dass das Gesetz in Bezug auf das Verfahren verletzt sei, die Bezeichnung der Tatsachen, die den Mangel ergeben, § 78 Abs. 3 GBO iVm § 71 Abs. 3 Nr. 2 lit. b FamFG.

Die Rechtsbeschwerde- und die Begründungsschrift sind den Beteiligten bekannt zu **269** geben, § 78 Abs. 3 GBO iVm § 71 Abs. 4 FamFG.

III. Keine Sprungsrechtsbeschwerde nach § 75 GBO

Die **Sprungrechtsbeschwerde,** also die unmittelbare Rechtsbeschwerde gegen grund- **270** buchamtliche Beschlüsse, allgemein geregelt in § 75 FamFG, findet im Grundbuchverfahren **nicht statt,** wie bereits ein Blick auf § 78 Abs. 3 GBO zeigt. Auf die Sprungrechtsvorschrift des § 75 FamFG wird in § 78 Abs. 3 GBO nicht Bezug genommen.[752] Dass lediglich die Beschwerde und die Rechtsbeschwerde zulässig sind, ergibt sich im Übrigen aus den §§ 71–81 GBO.

IV. Keine Untätigkeitsbeschwerde

Eine eventuelle Untätigkeit des Grundbuchamtes kann nicht mehr mit der Untätigkeits- **271** beschwerde, sondern einzig und allein mit Erhebung einer **Verzögerungsrüge** bzw. der **Dienstaufsichtsbeschwerde** thematisiert werden.[753] Darin ein Manko erkennen zu wollen,[754] gelingt kaum, würdigt nicht die massiven Auswirkungen, die mit einer Verzögerungsrüge und der Dienstaufsichtsbeschwerde für den Grundbuchbeamten einhergehen können, und zeichnet ein einseitiges Bild der Verfahrensrealität. Vorzug zu geben ist dem Modell einer stetigen Kommunikation und Kooperation zwischen Notariat und Grundbuchamt, ein permanenter Austausch und Sachvortrag mit dem Ziel, jedwede Verfahrensverzögerung auf beiden Seiten zu vermeiden.

I. Amtswiderspruch und Amtslöschung im Grundbuchverfahren

I. Amtswiderspruch, § 53 Abs. 1 S. 1 GBO

Mit der Eintragung eines **Amtswiderspruchs** sieht sich die notarielle Praxis nicht häufig **272** konfrontiert, allenfalls im **Vorfeld oder im Nachgang zu einer Beurkundung.** Die

---

[752] Ebenso Bauer/Schaub/*Budde* GBO § 78 Rn. 2.
[753] Vgl. auch *Demharter* GBO § 71 Rn. 21.
[754] Vgl. Bös/Neie/Strangmüller/Jurkat/*Jurkat* Praxis-HdB Notarfachangestellte § 33 Rn. 372.

Eintragung eines Amtswiderspruchs soll Schadensersatzansprüche gegen den Staat abwenden[755] und den Berichtigungsanspruch nach § 894 BGB sichern.[756]

273   Ergibt sich, dass das Grundbuchamt unter Verletzung gesetzlicher Vorschriften eine Eintragung vorgenommen hat, durch die das Grundbuch unrichtig geworden ist, ist **von Amts wegen** ein **Widerspruch** einzutragen, § 53 Abs. 1 S. 1 GBO. Die funktionelle Zuständigkeit liegt beim **Rechtspfleger,** § 3 Nr. 1 lit. h RpflG. Auf die notarielle Praxis wirkt sich die gesetzliche Konzeption des Amtswiderspruchs dahingehend aus, dass **lediglich Anregungen** an das Grundbuchamt zu richten, nicht Anträge zu stellen oder Bewilligungen zu erklären sind. Das Grundbuchamt ist gehalten, von Amts wegen alle Nachforschungen anzustellen, um die entscheidungserheblichen Tatsachen und Beweise zu ermitteln, § 26 FamFG.[757] Im Rahmen des Verfahrens ist **rechtliches Gehör** zu gewähren, Art. 103 Abs. 1 GG.[758]

274   Die **Eintragung eines Amtswiderspruchs** zerstört den Rechtsschein, der von der Grundbucheintragung ausgeht, § 892 Abs. 1 S. 1 BGB, wirkt demnach wie ein Widerspruch nach § 899 BGB,[759] bewirkt allerdings noch keine endgültige Berichtigung, auch keine Grundbuchsperre,[760] sondern markiert einen wichtigen, auf Sicherung gerichteten Zwischenschritt.[761] Gegen die Eintragung des Amtswiderspruchs kann **unbeschränkte Beschwerde** mit dem Ziel der Löschung des Amtswiderspruchs eingelegt werden, § 71 Abs. 1 GBO.[762]

275   Ob die notarielle Praxis den Impuls zur Eintragung eines Amtswiderspruchs geben soll, hängt von verschiedenen Voraussetzungen ab, die Gegenstand der folgenden Checkliste sind.

276   **Checkliste: Eintragung eines Amtswiderspruchs**

(1) Ausgangspunkt ist ein Handeln des Grundbuchamtes (also keine Anweisung des Grundbuchamtes durch das Beschwerdegericht[763])
(2) Der Eintragungsakt ist abgeschlossen, es liegt eine vollendete Eintragung vor[764]
(3) Die betroffene Eintragung unterliegt dem öffentlichen Glauben des § 892 BGB[765]
(4) Es liegt auch keine nichtige Eintragung vor[766]
(5) Eine Verletzung gesetzlicher Vorschriften des materiellen oder formellen Rechts durch das Grundbuchamt ist zu konstatieren (Amtspflichtverletzung[767]), wobei es auf ein etwaiges Verschulden des Grundbuchamtes nicht ankommt, eine rein objektive Gesetzesverletzung zum Eintragungszeitpunkt[768] reicht aus[769]

[755] Vgl. BGH NJW 1959, 1635 (1636); MüKoBGB/*Kohler* BGB § 899 Rn. 14; zu einseitig hingegen Bauer/Schaub/*Bauer* GBO § 53 Rn. 2: einziges Ziel des Amtswiderspruchs sei die Verhinderung der Staatshaftung. Richtigerweise dient der Amtswiderspruch auch dazu, den Berechtigten vor Rechtsverlust zu schützen. Der Amtswiderspruch sichert den Berichtigungsanspruch nach § 894 BGB.
[756] Vgl. *Wilsch* GBO Rn. 348.
[757] *Wilsch* GBO Rn. 348.
[758] Vgl. auch Bauer/Schaub/*Bauer* GBO § 53 Rn. 60.
[759] MüKoBGB/*Kohler* BGB § 899 Rn. 14, durch den Amtswiderspruch wird gutgläubiger Erwerb verhindert.
[760] Bauer/Schaub/*Bauer* GBO § 53 Rn. 2, 57.
[761] Die Eintragung dient gleichermaßen der Abwehr und dem Schutz, vgl. *Wilsch* GBO Rn. 348. Der Amtswiderspruch stellt nur ein vorläufiges Sicherungsmittel dar.
[762] Siehe *Wilsch* GBO Rn. 348; Hügel/*Holzer* GBO § 53 Rn. 53.
[763] *Wilsch* GBO Rn. 349; Hügel/*Holzer* GBO § 53 Rn. 14.
[764] Bauer/Schaub/*Bauer* GBO § 53 Rn. 6; Hügel/*Holzer* GBO § 53 Rn. 8.
[765] Hügel/*Holzer* GBO § 53 Rn. 12.
[766] Für den Rechtsverkehr jedoch regelmäßig nicht erkennbar, etwa Tätigkeit einer funktionell unzuständigen Person oder Ausübung von Zwang oder Drohung gegenüber dem Rechtspfleger, vgl. Hügel/*Holzer* GBO § 53 Rn. 10.
[767] Vgl. auch Bauer/Schaub/*Bauer* GBO § 53 Rn. 45.
[768] Maßgeblich ist der Zeitpunkt der Buchung, vgl. auch Bauer/Schaub/*Bauer* GBO § 53 Rn. 42.
[769] Hügel/*Holzer* GBO § 53 Rn. 21; *Wilsch* GBO Rn. 350.

(6) Eine materielle Grundbuchunrichtigkeit iSv § 894 BGB liegt vor[770] (also nicht nur bloße Verletzung von Ordnungsvorschriften, wodurch das Grundbuch nicht unrichtig wird[771])

(7) Die Grundbuchunrichtigkeit wurde durch die Gesetzesverletzung verursacht (Adäquanz der Gesetzesverletzung[772])

(8) Es besteht die abstrakte Möglichkeit gutgläubigen Erwerbs,[773] die Möglichkeit eines Rechtsverlustes, da die betroffene Eintragung dem öffentlichen Glauben des § 892 BGB unterliegt[774] (diese Möglichkeit besteht dagegen nicht bei der Eintragung persönlicher, nicht übertragbarer Rechte, beispielsweise im Falle eines Leibgedings oder eines Wohnungsrechtes;[775] die Möglichkeit besteht ebenso wenig bei inhaltlich unzulässigen Eintragungen, die von Amts wegen zu löschen sind;[776] vgl. auch (3) oben, oder bei Eintragungen tatsächlicher Art)

(9) Die Gesetzesverletzung steht unzweifelhaft fest,[777] und die Unrichtigkeit ist auch glaubhaft[778] gemacht

(10) Rechtliches Gehör wurde gewährt, Art. 103 Abs. 1 GG.

II. Amtslöschung, § 53 Abs. 1 S. 2 GBO

Die Frage, ob das Grundbuchamt eine **Amtslöschung** vornehmen muss, tritt in der notariellen Praxis nicht häufig zutage, allenfalls im Vorfeld oder im Nachgang einer Beurkundung. Die Intention[779] geht hier dahin, das Grundbuch von unwirksamen, bedeutungslosen Eintragungen zu befreien, denen keinerlei öffentlicher Glaube zuteil wird.[780] Erweist sich eine Eintragung ihrem **Inhalt** nach als **unzulässig,** ist sie von Amts wegen zu löschen, § 53 Abs. 1 S. 2 GBO. Anträgen kommt nur die Bedeutung einer Anregung zu, da das Grundbuchamt von Amts wegen ermitteln muss, §§ 26, 24 Abs. 1 FamFG.[781] Diese gesetzliche Bestimmung ist dahingehend zu ergänzen, dass vor der Amtslöschung dem Berechtigten des zu löschenden Rechts **rechtliches Gehör** zu gewähren ist, Art. 103 Abs. 1 GG.[782]

Die funktionelle Zuständigkeit liegt beim **Rechtspfleger,** § 3 Nr. 1 lit. h RpflG.

Betroffen sind folgende Eintragungen:[783]

– Eintragungen, die ein nicht eintragungsfähiges Recht verlautbaren (in der Grundbuchpraxis kaum anzutreffen[784]);

– Eintragungen, die nicht mit dem gesetzlich gebotenen Inhalt erfolgt sind (beispielsweise eine Dienstbarkeits- oder Reallasteintragung ohne Schlagwort);

– Eintragungen, die einen gesetzlich nicht gebotenen Inhalt ausweisen (etwa Zwangshypothek unter der Wertgrenze von 750,01 EUR);

277

278
279

---

[770] Vgl. auch BGH ZfIR 2018, 277 (279).
[771] *Wilsch* GBO Rn. 351; Beispiel: Verstoß gegen § 17 GBO, Erledigung eines späteren Antrags vor einem früheren Antrag.
[772] Bauer/Schaub/*Bauer* GBO § 53 Rn. 50.
[773] Vgl. auch BGH ZfIR 2018, 277 (279); Hügel/*Holzer* GBO § 53 Rn. 25.
[774] Hügel/*Holzer* GBO § 53 Rn. 12.
[775] *Wilsch* GBO Rn. 352.
[776] MüKoBGB/*Kohler* BGB § 899 Rn. 14.
[777] Hügel/*Holzer* GBO § 53 Rn. 32.
[778] Vgl. auch Bauer/Schaub/*Bauer* GBO § 53 Rn. 44; die Unrichtigkeit des Grundbuchs muss lediglich glaubhaft sein, vgl. BayObLGZ 1952, 24, ein voller Nachweis ist nicht erforderlich, vgl. auch Hügel/*Holzer* GBO § 53 Rn. 32. Ebenso OLG München FGPrax 2018, 67.
[779] Vgl. auch *Wilsch* GBO Rn. 357.
[780] Ebenso Bauer/Schaub/*Bauer* GBO § 53 Rn. 3: entsprechende Eintragungen unterliegen nicht der Grundbuchpublizität; vgl. auch Hügel/*Holzer* GBO § 53 Rn. 57.
[781] Vgl. auch Hügel/*Holzer* GBO § 53 Rn. 61.
[782] Vgl. auch Bauer/Schaub/*Bauer* GBO § 53 Rn. 75; Hügel/*Holzer* GBO § 53 Rn. 86.
[783] *Wilsch* GBO Rn. 356.
[784] Verstoß gegen den numerus clausus des Sachenrechts.

– Eintragungen, die einen nicht feststellbaren Inhalt aufweisen, vielmehr widersprüchlich oder unklar gefasst sind.[785]

280 Der **Eintragungstext** enthält einen Hinweis auf die amtswegige Löschung.[786] Mit der Amtslöschung findet das Grundbuchverfahren keinen Abschluss, weil dann der **ursprüngliche Eintragungsantrag** noch bearbeitet werden muss.[787]

281 Gegen die Amtslöschung ist die **Beschwerde unzulässig,** § 71 Abs. 2 S. 1 GBO. Im Beschwerdeweg kann jedoch verlangt werden, dass das Grundbuchamt angewiesen wird, einen Amtswiderspruch gegen die Amtslöschung einzutragen, § 71 Abs. 2 S. 2 GBO.[788] Lehnt das Grundbuchamt mit Beschluss die Amtslöschung ab, kann hiergegen mit der unbeschränkten Beschwerde vorgegangen werden, § 71 Abs. 1 GBO.[789]

282 | **Checkliste: Amtslöschung**

(1) Ausgangspunkt ist ein Handeln des Grundbuchamtes (also keine Anweisung des Grundbuchamtes durch das Beschwerdegericht[790])
(2) Gegenstand der Amtslöschung ist eine abgeschlossene Grundbucheintragung
(3) Diese Grundbucheintragung ist inhaltlich unzulässig (kein eintragungsfähiges Recht; Eintragung ohne gesetzlich gebotenen Inhalt; Eintragung mit gesetzlich nicht gebotenem Inhalt; Eintragung ohne feststellbaren Inhalt)
(4) Die inhaltliche Unzulässigkeit muss zum Zeitpunkt der Eintragung bereits bestanden haben (Recht zum Zeitpunkt der Eintragung maßgeblich[791])
(5) Die inhaltliche Unzulässigkeit steht unverrückbar fest, bloße Zweifel an der inhaltlichen Zulässigkeit der Eintragung reichen nicht aus[792]
(6) Rechtliches Gehör wurde gewährt, Art. 103 Abs. 1 GG

---

[785] Bauer/Schaub/*Bauer* GBO § 53 Rn. 73.
[786] Vgl. Eintragungsbeispiel *Wilsch* GBO Rn. 357; ebenso Hügel/*Holzer* GBO § 53 Rn. 87.
[787] Vgl. zuletzt OLG München FGPrax 2018, 110.
[788] Vgl. auch Bauer/Schaub/*Bauer* GBO § 53 Rn. 77; *Wilsch* GBO Rn. 357.
[789] Vgl. auch Hügel/*Holzer* GBO § 53 Rn. 88.
[790] Hügel/*Holzer* GBO § 53 Rn. 76.
[791] Vgl. auch Hügel/*Holzer* GBO § 53 Rn. 84.
[792] Hügel/*Holzer* GBO § 53 Rn. 80.

Kapitel 2. Familienrecht

§ 12. Eheverträge

Übersicht

Schrifttum zu Eheverträgen allgemein:
Kommentare, Handbücher und Monographien: *Bayer/Koch,* Aktuelle Fragen des Familienrechts, 2009; *Bergschneider,* Verträge in Familiensachen, 6. Aufl. 2018; *ders.,* Richterliche Inhaltskontrolle von Eheverträgen und Scheidungsvereinbarungen, 2008; *Brambring,* Ehevertrag und Vermögenszuordnung unter Ehegatten, 7. Aufl. 2012; *Dethloff,* Familienrecht, 32. Aufl. 2018; *Frank,* Eheverträge als effektives Gestaltungsinstrument, 2015; *Gerhardt/von Heintschel-Heinegg/Klein,* Handbuch des Fachanwalts Familienrecht, 11. Aufl. 2018; *Gernhuber/Coester-Waltjen,* Familienrecht, 6. Aufl. 2010; *Giesen,* Familienrecht, 2. Aufl. 1997; *Göppinger/Rakete-Dombek,* Vereinbarungen anlässlich der Ehescheidung, 11. Aufl. 2018; *Grziwotz,* Eheverträge in der Landwirtschaft, 2. Aufl. 2014; *Henrich,* Familienrecht, 5. Aufl. 1995; *Hepting,* Ehevereinbarungen, 1984; *Höland/Sethe/Notarkammer Sachsen-Anhalt,* Eheverträge und Scheidungsfolgenvereinbarungen, 2007; *Johannsen/Henrich,* Familienrecht, 6. Aufl. 2015; *Kanzleiter/Wegmann,* Vereinbarungen unter Ehegatten, 7. Aufl. 2007; *Langenfeld/Milzer,* Handbuch der Eheverträge und Scheidungsvereinbarungen, 8. Aufl. 2019; *Müller,* Beratung und Vertragsgestaltung im Familienrecht, 3. Aufl. 2010; *Münch,* Ehebezogene Rechtsgeschäfte, 4. Aufl. 2015; *ders.,* Vereinbarungen zum neuen Versorgungsausgleich, 2010; *ders.,* Vereinbarungen zum reformierten Versorgungsausgleich, 2. Aufl. 2016; *ders.,* Die Unternehmerehe, 2007; *ders.,* Unterhaltsvereinbarungen nach der Reform, 2009; *Muscheler,* Familienrecht, 4. Aufl. 2017; *Rauscher,* Familienrecht, 2. Aufl. 2008; *Schlüter,* BGB-Familienrecht, 14. Aufl. 2013; *Schnitzler,* Münchener Anwaltshandbuch Familienrecht, 4. Aufl. 2014 (zit.: MAH FamR); *Scholz/Kleffmann/Döring-Striening,* Praxishandbuch Familienrecht, 34. Aufl. 2018; *Bergschneider,* Familienvermögensrecht, 3. Aufl. 2016; *Schulz/Hauß,* Vermögensauseinandersetzung bei Trennung und Scheidung, 6. Aufl. 2015; *Schwab,* Familienrecht, 26. Aufl. 2018; *ders.,* Handbuch des Scheidungsrechts, 7. Aufl. 2013; *Waldner,* Eheverträge, Scheidungs- und Partnerschaftsvereinbarungen für die notarielle und anwaltliche Praxis, 2. Aufl. 2004; *Wegmann,* Eheverträge, 2. Aufl. 2002; *Weinreich/Klein,* Fachanwaltskommentar Familienrecht, 5. Aufl. 2013; *Wever,* Vermögensauseinandersetzung der Ehegatten außerhalb des Güterrechts, 7. Aufl. 2018; *Zimmermann/Dorsel,* Eheverträge, Scheidungs- und Unterhaltsvereinbarungen, 5. Aufl. 2009.
Aufsätze: *Becker,* Der Güterstand der deutsch-französischen Wahl-Zugewinngemeinschaft, ErbR 2018, 686; *Bergmann,* Voraussetzungen richterlicher Inhaltskontrolle von Vereinbarungen zum Versorgungsausgleich, FF 2016, 391; *Bergschneider,* Versorgungsausgleich und richterliche Inhaltskontrolle, FF 2015, 470; *Bergschneider/Wolf,* Richterliche Inhaltskontrolle von Eheverträgen, Teil 1: Einschränkungen der Vertragsfreiheit in Familiensachen durch die grundlegenden Entscheidungen des BVerfG und des BGH, NZFam 2018, 61; Teil 2: Objektive Seite, subjektive Seite, Gesamtwürdigung, NZFam 2018, 162; Teil 3: Nichtigkeit, Unzulässige Rechtsausübung, NZFam 2018, 254; Teil 4: Unterhalt Versorgungsausgleich, NZFam 2018, 344; Teil 5: Güterrecht, Schutz des Versorgungsausgleich, Scheidungsvereinbarung, Verfahren, NZFam 2018, 392; *Bernauer,* Das Zustimmungserfordernis nach § 1365 BGB bei der Bestellung von Grundpfandrechten, DNotZ 2019, 12; *Bisle,* Der Güterstandswechsel als Gestaltungsmittel, DStR 2011, 2359; *Bosch,* Bewertungszeitpunkt bei der Inhaltskontrolle eines Ehevertrags, FamRZ 2016, 1026; *Brambring,* Teil- oder Gesamtnichtigkeit beim Ehevertrag, NJW 2007, 865; *Braun,* Die Wahl-Zugewinngemeinschaft: Ein neuer Güterstand im deutschen (und französischen) Recht, MittBayNot 2012, 89; *Brudermüller,* Des „Pudels Kern" – Probleme der Kernbereichslehre bei Eheverträgen zum Güterrecht, FS Hahne 2012, 121; *Grziwotz,* Eheverträge von Unternehmern, ZIP 2006, 9; Wahl-Zugewinngemeinschaft – der optimale Güterstand für Landwirte?, AgrB 2016, 40; *Hahne,* Grenzen ehevertraglicher Gestaltungsfreiheit, DNotZ 2004, 84; *Hausmann,* Die Inhaltskontrolle von Eheverträgen in Fällen mit Auslandsberührung, FS Geimer 2017, 199; *Heiderhoff,* Der unterhaltserweiternde Vertrag als Antwort auf die aktuelle Rechtsprechung des BGH zum Betreuungsunterhalt, DNotZ 2012, 494; *Hölscher,* Güterstandsklauseln und Unternehmereheverträge auf dem Prüfstand, NJW 2016, 3057; *Jaeger,* Der neue deutsch-französische Güterstand der Wahl-Zugewinngemeinschaft – Inhalt und seine ersten Folgen für die Gesetzgebung und Beratungspraxis, DNotZ 2010, 804 f; *Kappler,* Die Auseinandersetzung des Gesamtguts der Gütergemeinschaft, FamRZ 2010, 1294; *Keidel,* Berücksichtigung der Geldentwertung beim Zugewinnausgleich durch Indexierung des Anfangsvermögens, FuR 2016, 260; *Kesseler,* Zivilrechtliche Fragen des Wiesbadener Modells – Zugleich Anmerkung zu BGH, Urteile v. 21.2.2014 – V ZR 176/12 und v. 30.1.2015 – V ZR 171/13, DStR 2015, 1189; *Kleffmann,* Pflichtteilsfestigkeit der Güterstandsschaukel, FuR 2017, 532; *Klühs,* Anfechtbarkeit ehevertraglicher Vereinbarungen wegen Unentgeltlichkeit, NotBZ 2010, 286; *Knoop,* Der deutsch-französische Wahlgüterstand, NotBZ 2017, 202; *Koch,* Haftungsrisiken bei Eheverträgen und Scheidungsfolgenvereinbarungen, FS Werner 2009, 472; *Langenfeld,* Wandlungen des Ehevertrags, NJW 2011, 966; *J. Mayer,* Abhängigkeiten von Ehegüter- und Ehegattenerbrecht und Gestaltungsüberlegungen, FPR 2006, 129; *Milzer,* Typische und atypische Vereinbarun-

gen zum Versorgungsausgleich, notar 2013, 319; *ders.*, Die fortgesetzte Gütergemeinschaft: Königsweg zur pflichtteilsergänzungssicheren Betriebsübergabe?, ZEV 2015, 260; *Münch*, Schenkungsteueroptimierung durch Eheverträge – 9 praktische Vorschläge –, NotBZ 2009, 348; *ders.*, Vereinbarungen zum Versorgungsausgleich, FPR 2013, 312; *ders.*, Vertragsfreiheit im Eherecht, FamRZ 2014, 805; *ders.*, Inhaltskontrolle von Eheverträgen – eine Standortbestimmung, FS 25 Jahre Deutsches Notarinstitut 2018, 697; *Raff*, Miteigentum oder Gesellschaft bürgerlichen Rechts: Auf welchem Weg sollen Paare Eigentum an Immobilien erwerben? – Konsequenzen für die Auseinandersetzung: Abgrenzung und Unterschiede, NZFam 2018, 768; *Reetz*, BGH: Inhaltskontrolle (§ 138 Abs. 1 BGB) und Gesamtbetrachtung – Gesamtnichtigkeit – Unternehmerehe – Zugleich Anmerkungen zum Beschl. des BGH v. 15.3.2017 – XII ZB 109/16, DNotZ 2017, 809; *ders.*, Notarrelevante Rechtsprechung zu Ehevertrag, Scheidungsvereinbarung und sonstigem Familienrecht, Teil 1, NotBZ 2018, 131; Teil 2, NotBZ 2018, 161; *Ruby*, Die fortgesetzte Gütergemeinschaft bei Tod der Betreuung des überlebenden Ehegatten, ZEV 2017, 496; *Sanders*, Inhaltskontrolle eines Ehevertrages bei geänderten Verhältnissen, FF 2013, 239; *Schiffer/Reinke*, Schiedsvereinbarungen in Eheverträgen – Betrachtung am Beispiel der Unternehmerehe, ZFE 2005, 420; *Schmitz*, Unterhaltsverstärkende Vereinbarungen, RNotZ 2011, 265; *Schulz*, Ausgleichsansprüche für die Mitarbeit eines Ehegatten, FamRB 2005, 111 und FamRB 2005, 142; *Schwab*, Ehe- und Scheidungsvereinbarungen in Zeiten wandelbaren Familienrechts, FamRZ 2015, 1661; *Stein*, Vermeidung von Veräußerungsgewinnen bei Beendigung der Zugewinngemeinschaft, DStR 2012, 1063; *Werner*, Eheverträge zur Absicherung der Unternehmensnachfolge, ZErb 2017, 182; *Winkler*, Eheverträge von Unternehmern – Gestaltungsmöglichkeiten zum Schutz des Unternehmens, FPR 2006, 217.

Schrifttum zu Lebenspartnerschaftsverträgen (ältere Literatur in der 6. Aufl.):
Kommentare, Handbücher und Monographien: *Bernauer*, Lebenspartnerschaftsvertrag, in: Beck'sches Formularbuch Bürgerliches, Handels- und Wirtschaftsrecht, 13. Aufl. 2019 (zit.: BeckFormB BHW); *Bruns/ Kemper*, LPartR, Handkommentar, 2. Aufl. 2005; *Grziwotz*, Beratungshandbuch Lebenspartnerschaft, 2003; *ders.*, Rechtsfragen zur Ehe- und Lebenspartnerschaft, 4. Aufl. 2010; *ders.*, Verträge für eingetragene Lebenspartnerschaften, in: Münchener Anwaltshandbuch Familienrecht, 4. Aufl. 2014 (zit.: MAH FamR); *Meyer/ Mittelstädt*, Das Lebenspartnerschaftsgesetz, 2001; *Muscheler*, Das Recht der Eingetragenen Lebenspartnerschaft, 2. Aufl. 2004; *Schwab*, Die eingetragene Lebenspartnerschaft, 2002; *Wellenhofer-Klein*, Die eingetragene Lebenspartnerschaft, 2003.
Aufsätze: *Grziwotz*, Gleichstellung der Lebenspartnerschaft nach dem Gesetz zur Überarbeitung des Lebenspartnerschaftsrechts, DNotZ 2005, 13; *ders.*, Das Unterhaltsrecht nach dem LebenspartnerschaftsG, FPR 2010, 191; *Kemper*, Der zweite Schritt – Die Lebenspartnerschaft auf dem Weg vom eheähnlichen zum ehegleichen Rechtsinstitut, FF 2005, 88; *Löhnig*, Die gleichgeschlechtliche Ehe im Internationalen Privatrecht, NZFam 2017, 1085; *Walter*, Das Lebenspartnerschaftsrecht nach der Novellierung des Lebenspartnerschaftsgesetzes, ZFE 2005, 187 und ZFE 2005, 351; *Wellenhofer*, Das neue Recht für eingetragene Lebenspartnerschaften, NJW 2005, 705.

A. Beratungs-Checkliste

Bei der Ermittlung des für eine Vereinbarung relevanten **Sachverhalts** sind güterrechtlich 1 zunächst die Verhältnisse bei der (künftigen) Eheschließung von Bedeutung (für nach dem 31.3.1953 und vor dem 9.4.1983 geschlossene Ehen s. Art. 220 Abs. 3 S. 3 EGBGB[1]). Für Vertriebene, Flüchtlinge und Übersiedler ist das Gesetz über den ehelichen Güterstand von Vertriebenen und Flüchtlingen[2] bei einer Eheschließung bis einschließlich 28.1. 2019 zu beachten (Art. 229 § 47 Abs. 2 Nr. 1 EGBGB); umstritten ist die Anwendbarkeit auf Spätaussiedler iSv § 4 BVFG, die ihre Heimat erst nach dem 31.12.1992 verlassen haben. Die ab dem 29.1.2019 geltende EuGüVO knüpft an eine Rechtswahl und hilfsweise an den ersten gemeinsamen gewöhnlichen Aufenthalt bzw. wiederum hilfsweise an die gemeinsame Staatsangehörigkeit sowie auf dritter Stufe auf die engste Verbindung der Ehegatten an.[3] Sie hat Bedeutung für Paare, die nach diesem Stichtag heiraten oder für ihren Güterstand eine Rechtswahl treffen. Bei verheirateten Paaren sind vorab das gelebte Ehemodell und der bisherige Eheverlauf zu klären. Bei ihnen und bei noch nicht verheirateten Partnern ist die künftige Eheplanung im Hinblick auf die verschiedenen Sachbereiche in die Überlegung mit einzubeziehen.

---

[1] S. dazu *Schotten/Schellenkamp* DNotZ 2009, 518.
[2] Abgedruckt im *Palandt* Anh. zu Art. 15 EGBGB.
[3] S. *Pfeiffer* FamRBint 2012, 45; *Kemper* FamRB 2019, 68 (71).

2 Gleichgeschlechtlichen Paaren ist erst seit 1. 8. 2001[4] eine familienrechtliche Form für
ihr Zusammenleben, nämlich die eingetragene Lebenspartnerschaft, eröffnet worden (§ 1
LPartG). Seit 1. 10. 2017 können sie eine Ehe schließen (§ 1353 Abs. 1 S. 1 BGB); eine
eingetragene Lebenspartnerschaft können sie nicht mehr begründen. Die nachstehenden
Erläuterungen gehen deshalb von Ehegatten aus. Die für eingetragene Lebenspartner geltenden Besonderheiten und die für sie anwendbaren Vorschriften werden jedoch zusätzlich
angegeben. Eingetragene Lebenspartner können ihre eingetragene Lebenspartnerschaft mit
Rückwirkung durch Erklärung vor dem Standesbeamten in eine Ehe umwandeln (§ 20a
LPartG, § 17a PStG).[5] Behalten sie die eingetragene Lebenspartnerschaft bei, ist zwischen
„Altlebenspartnerschaften", die bis zum 31. 12. 2004 begründet wurden, und den „neuen",
dh ab dem 1. 1. 2005 begründeten Lebenspartnerschaften zu unterscheiden, da für sie unterschiedliches Recht gilt.

3   Das bis 31. 12. 2004 geltende Vermögensrecht und Aufhebungsfolgenrecht der eingetragenen Lebenspartnerschaft gingen vom **Modell einer Doppelverdienerlebenspartner-
schaft** aus. Das **Modell der Haushaltsführungslebenspartnerschaft,** das dem reformierten Lebenspartnerschaftsrecht durch die Übernahme der eherechtlichen Vorschriften
und nunmehr der gleichgeschlechtlichen Ehe zugrunde liegt, passt nicht auf Paare, die
überwiegend Doppelverdiener bleiben und keine Kinder haben. Auch für die unter Geltung des LPartG mitunter geschlossenen Alters- bzw. Betreuungslebenspartnerschaften
von Personen im Rentenalter ist es ungeeignet. Das gesetzliche Modell muss deshalb dahingehend geprüft werden, ob es dem Verständnis und den Gerechtigkeitserwartungen
des gleichgeschlechtlichen Paares entspricht.

4   Offen bleibt, ob die deutsche gleichgeschlechtliche Ehe unter den Begriff der eingetragenen Partnerschaft (Art. 3 Abs. 1 lit. a. EuPartVO) fällt oder eine Ehe ist, die in der Eu-
GüVO nicht definiert wird. Maßgebend hierfür ist (Erwägungsgrund 17 EuGüVO) das
nationale Recht der Mitgliedsstaaten, in dem die Paarbeziehung begründet bzw. erstmals
registriert wurde.[6] Art. 17b Abs. 4 S. 2 EGBGB unterstellt die deutsche gleichgeschlechtliche Ehe der EuGüVO.

---

5 | **Beratungs-Checkliste:**[7]

  (1) Persönliche Verhältnisse bei Eheschließung:
    (a) Name, Geburtsdatum, Geburtsort (gegebenenfalls mit Standesamt), Geburtenre-
      gisternummer
    (b) Tag der Eheschließung[8]
    (c) Gewöhnlicher Aufenthalt und Staatsangehörigkeit bei Eheschließung[9]
    (d) Vor-, erst- und außereheliche Kinder, gegebenenfalls Einbenennung, Adoption
      und Sorgeerklärung
    (e) Schwangerschaft oder sonstige Umstände (zB Zuzug aus Ausland, Anstellung
      beim Ehegatten), die zu einer strukturellen Ungleichgewichtslage führen können
  (2) Bisheriger Eheverlauf bei verheirateten Paaren, Vermögens- und Einkommensver-
    hältnisse sowie weitere Umstände:

---

[4] Art. 5 Gesetz zur Beendigung oder Diskriminierung gleichgeschlechtlicher Gemeinschaften: Lebenspartnerschaften v. 16. 2. 2001, BGBl. I 266.
[5] S. dazu nur *Dutta* FamRZ 2019, 163 f.; *Grziwotz* FF 2019, 139.
[6] Str., wie hier *Dutta* FamRZ 2016, 1973 (1976).
[7] Für eingetragene Lebenspartnerschaften gilt die Checkliste entsprechend; Besonderheiten sind in den Fußnoten und unter (5) vermerkt.
[8] Bei Begründung einer Lebenspartnerschaft vor dem 1. 1. 2005: Option für Gütertrennung und altes Unterhaltsrecht sowie Erklärung zum Versorgungsausgleich erfolgt (Art. 21 LPartG aF)?
[9] Registrierung der Lebenspartnerschaft im Ausland.

(a) Ehevertragliche Vereinbarungen einschließlich Überprüfung der Rechtswirksamkeit im Hinblick auf die richterliche Kontrolle, Rechtswahlverträge, Unterstellungserklärung, Verfügungen von Todes wegen
(b) Rollenverteilung einschließlich Mitarbeit im Betrieb des Ehegatten
(c) Kinderwunsch bzw. Kinder (einschließlich erst-, nicht-, außerehelicher und adoptierter, gegebenenfalls Schwangerschaft) und deren Betreuung bzw. Ausbildungsstand
(d) Einkommens- und Vermögensverhältnisse (auch Zusammenleben vor der Ehe und Vermögensbildung), Verbindlichkeiten, bisherige ehebedingte Zuwendungen einschließlich Zuwendungen von den Schwiegereltern, Schenkungen und zu erwartende Erbschaften von Dritten sowie Mitunternehmerschaft, Ehegattenarbeitsverträge und Familiengesellschaften (Gesellschaftsverträge wegen Abfindungsregelung überprüfen), Auslandsvermögen
(e) Versorgung im Alter und bei Invalidität
(f) Besondere persönliche Umstände (zB Krankheit, selbständige Tätigkeit, Betreuung des Partners oder von Angehörigen), kurzfristig hohes Einkommen, Unterhaltspflichten gegenüber früherem Ehegatten oder Lebenspartner
(3) Künftige Eheplanung:
(a) Motiv für Ehevertrag (zB Unternehmen, gesellschaftsrechtliche Verpflichtung, Vermögenstrennung in Fortsetzungsfamilie, Steuer, Schuldenhaftung), Trennungs- und Scheidungsvereinbarung
(b) Rollenverteilung, Kinderwunsch (Auswirkungen auf das Ehemodell), Betreuungs-/Alterspartnerschaft, Mitarbeitssituation
(c) Beabsichtigte Veränderungen in den Einkommens- und Vermögensverhältnissen, drohende Haftungen und bestehende Verbindlichkeiten (insbesondere voreheliche Überschuldung)
(d) Verlegung des gewöhnlichen Aufenthalts und/oder Wechsel der Staatsangehörigkeit
(e) Verhältnisse nach einer etwaigen Scheidung
(4) „Problemzuwendungen":
(a) Zuwendungen vor Eheschließung (nichteheliche Lebensgemeinschaft/Verlobung)
(b) Zuwendungen aus privilegiertem Vermögen iSd § 1374 Abs. 2 BGB
(c) Verwendungen auf privilegiertes Vermögen des anderen Ehegatten, bevor dieser es erhält (insbesondere Zuwendungen an Schwiegereltern, zB Wohnungsausbau)
(d) Zuwendungen von Angehörigen mit umfangreichen vorbehaltenen Rechten, insbesondere auch Rückfallklauseln
(5) Besonderheiten bei gleichgeschlechtlichen Paaren:
(a) Feststellung des anzuwendenden Rechts, ggf. Umwandlung in Ehe
(b) Korrektur von Wertungswidersprüchen des für die klassische Eltern-Kind-Familie konzipierten Rechts
(c) Situation sozial gemeinschaftlicher Kinder einschließlich der Mehrelternschaft
(d) Erbrechtliche Probleme (störende Miterben, fehlende Schlusserben)

B. Allgemeines

I. Vorbemerkung

Der Gesetzgeber hat bereits mit dem 1. Eherechtsreformgesetz (EheRG) das Leitbild der **6** Hausfrauenehe beseitigt. Gleichzeitig hat er den Ehegatten die Gestaltung ihrer Lebensbeziehungen durch privatautonome Regelung überlassen. Der Privatisierung der Ehe[10] ent-

---

[10] *Hattenhauer* ZRP 1985, 200.

spricht ein **erweiterter Ehevertragsbegriff,** der über die güterrechtlichen Verhältnisse (vgl. § 1408 Abs. 1 BGB, § 7 S. 1 LPartG) hinaus die Regelung des Gesamtbereichs der ehelichen Lebensgemeinschaft, des Ehevermögensrechts und der Scheidungsfolgen zum Gegenstand hat.[11] Die Ehe ist eine Lebensgemeinschaft gleichberechtigter Partner.[12] Dies bedeutet zum einen, dass die aufgrund der Rollenverteilung jeweils erbrachten Leistungen unabhängig von ihrer ökonomischen Bewertung gleichwertig sind und die Ehegatten deshalb grundsätzlich auch Anspruch auf gleiche Teilhabe am gemeinsam Erwirtschafteten haben.[13] Konsequenz ist zum anderen, dass beide Partner auch die gleiche Chance zur vertraglichen Gestaltung ihrer Gemeinschaft haben müssen.[14] Das notarielle Beurkundungsverfahren muss deshalb vor allem auf Ungleichgewichtslagen reagieren. Allein deshalb, weil eine (gewünschte) vertragliche Regelung einseitig einen Ehegatten begünstigt, ergibt sich nach der Rechtsprechung jedoch keine Sittenwidrigkeit.[15] Allerdings muss man entsprechend der allgemeinen Dogmatik zur Sittenwidrigkeit zwischen einer Inhalts- und einer Umstandssittenwidrigkeit auch bei Eheverträgen unterscheiden. Deshalb ist beispielsweise der Verzicht auf das Sorgerecht gegen Entgelt unabhängig von den Umständen des Vertragsschlusses nichtig; dagegen muss bei einem unausgewogenen Vertrag eine Gesamtwürdigung unter Berücksichtigung aller den Vertrag kennzeichnenden Umstände, also dem Zusammenspiel sämtlicher Regelungen sowie des Beurkundungsverfahrens, erfolgen.[16] Bei gleichgeschlechtlichen Paaren können ähnliche Situationen eintreten (zB Schwangerschaft aufgrund einer sozialen Elternschaft, Einreise eines ausländischen Partners). Insofern kann nicht pauschal davon ausgegangen werden, dass die Grenzen der Vertragsfreiheit bei ihnen generell weiter gehen als bei heterosexuellen Paaren.[17]

II. Ehemodelle

7   Bei der **Ermittlung des** persönlichen **Ehemodells** kommt der Erforschung des wirklichen Willens der Parteien besondere Bedeutung zu. Häufig bestehen bei den Beteiligten nämlich, wie der Wunsch nach Vereinbarung zum Gütertrennung zum Ausschluss der Haftung für Schulden des Ehegatten und sogar diesbezügliche Empfehlungen von Gerichtsvollziehern, Bankern und Steuerberatern (!) zeigen, eklatante Fehlvorstellungen über das gesetzliche Ehevermögensrecht und die Folgen von Eheverträgen. Das gelebte oder geplante Ehemodell hat Bedeutung vor allem für die später richterliche Kontrolle des Vertrages. Entspricht ihm der Vertrag nicht, werden ehebedingte Nachteile einseitig einem Partner aufgebürdet. Folgen sind die Nichtigkeit oder zumindest die richterliche Anpassung des Vereinbarten.

8   Trotz der Abschaffung eines gleichsam gesetzlich „verordneten" Eherollenmodells liegt dem Ehevermögensrecht, insbesondere dem Scheidungsfolgerecht, noch weitgehend die Haushaltsführungsehe als Regelungsmodell des Gesetzgebers zugrunde.[18] Nur bei ihr und ungefähr gleichen Einkommens- und normalen Vermögensverhältnissen lässt sich das Halbteilungsprinzip rechtfertigen. Die Vertragsgestaltung wird – ebenso wie der Gesetzgeber – von **Fallgruppen gelebter Ehetypen** und daran anknüpfende, im Einzelfall zu überprüfende „Gerechtigkeitserwartungen" ausgehen.[19] § 1356 BGB sind die beiden Typen der Erwerbstätigen- und der Haushaltsführungsehe zu entnehmen. Die soziologische

[11] *Langenfeld* FamRZ 1987, 9 (10). Vgl. zum weiten güterrechtlichen Verständnis nach Art. 3 Abs. 1 lit. a, 27 EuGüVO *Döbereiner* MittBayNot 2018, 405 (406 ff.).
[12] BVerfG DNotZ 2001, 222; vgl. auch *Papier* NJW 2002, 2129.
[13] BVerfG NJW 2002, 1185 (1186); vgl. auch BFH NJW 1995, 2807 und *Schwab* AnwBl. 2009, 557 (560).
[14] BVerfG DNotZ 2001, 222 und DNotZ 2001, 708. S. auch BGH NJW 2017, 1883 und NJW 2018, 1015.
[15] BGH FamRZ 2013, 195; NJW 2014, 1101; OLG Hamm RNotZ 2011, 494.
[16] Vgl. BGH FamRZ 2012, 539 (541); NJW 2014, 1101; NJW 2017, 1883 (1885).
[17] So aber zu Lebenspartnerschaftsverträgen noch *Langenfeld* ZEV 2002, 8 (10); *Rieger* FamRZ 2001, 1497 (1501); vgl. auch DNotI-Report 2006, 157 (158).
[18] Vgl. *Langenfeld* NJW 2011, 966.
[19] *Langenfeld/Milzer* Eheverträge-HdB Rn. 989 ff. und *Reineke* ZFE 2009, 168 (170).

Typenbildung ist vielfältiger: Zu nennen sind die Einverdiener-, Doppelverdiener-, Zuverdiener- und Mithelfendenehe. Diesen Fallgruppen lassen sich objektivierbare Kriterien für eine angemessene Ehevertragsgestaltung zuordnen. Dabei darf allerdings nicht übersehen werden, dass gerade bei jungen Paaren häufig eine spätere Kinderbetreuung einen zeitweiligen Wechsel des Modells zur Folge haben wird. Verfehlt wäre deshalb eine ehevertragliche „Versteinerung" des Status quo. Anpassungsklauseln haben auch im Hinblick auf eine spätere richterliche Inhaltskontrolle zunehmende Bedeutung. Die Vertragsgestaltung nach Ehetypen kann eine Unwirksamkeit des Ehevertrages wegen einer einseitigen Pflichtenverteilung vermeiden. Phasenverschobene Ehen,[20] Fortsetzungs-Familien (umgangssprachlich: Patchwork-Familien) und neue Formen des Zusammenlebens haben allerdings zu einem Verschwinden der „klassischen" Rollenmodelle und zu erhöhten Anforderungen an die Vertragsgestaltung geführt.[21] Neben dem Ausschluss-Ehevertrag, in dem die gesetzlichen Scheidungsfolgen ganz oder teilweise als „Scheidungsvorsorge" abbedungen werden, treten auch Eheverträge, die denjenigen Ehegatten, der ehebedingte Nachteile im gemeinsamen Interesse hinsichtlich seiner sozialen Biographie auf sich nimmt, sichern sollen, also verstärkend wirken.[22] Wollen Ehepaare für eine angemessene Vermögensteilhabe des nicht erwerbstätigen Partners bereits während der Ehe und nicht erst nach einer Scheidung sorgen, sind sie gezwungen, durch ehevertragliche Regelungen eine Vermögensauseinandersetzung herbeizuführen oder Gütergemeinschaft zu vereinbaren, um auf diese Weise die Qualifikation der Vermögensbeteiligung als Schenkung bei der Schenkungsteuer und im Verhältnis zu Dritten (Gläubigeranfechtung, Insolvenz, Pflichtteilsrecht) zu vermeiden. Auch insoweit geht es letztlich um eine Stärkung der Position des haushaltsführenden bzw. kinderbetreuenden Partners,[23] der jedoch nur den Gesichtspunkt der Steuerersparnis betont. Nachdem die Rechtsprechung[24] ehebedingte Nachteile auf die Ehedauer beschränkt und ein voreheliches Zusammenleben selbst bei der Betreuung gemeinsamer Kinder ausklammert, ergibt sich auch insoweit ein Bedürfnis für diese Nachteile ausgleichende Vereinbarungen.

Bei **gleichgeschlechtlichen Paaren** sind **drei rechtlich unterschiedliche** Konstella-   8a
tionen zu unterscheiden:
– Altlebenspartnerschaften, die ab 1.8.2001 geschlossen werden konnten und bei denen ein Lebenspartner einseitig bis zum 31.12.2005 gegenüber dem Amtsgericht, in dessen Bezirk die Lebenspartner wohnten, hinsichtlich des bis 31.12.2004 geltenden Güter- und Unterhaltsrechts eine notariell beurkundete Erklärung abgeben konnte (§ 21 Abs. 2 und Abs. 3 LPartG aF). In diesem Fall gilt für die Betroffenen hinsichtlich des Güterrechts Gütertrennung und hinsichtlich der Unterhaltspflicht das alte Lebenspartnerschaftsrecht.
– Für „neuere" Lebenspartnerschaften, die ab 1.1.2005 geschlossen wurden, und für vor diesem Zeitpunkt begründete Lebenspartnerschaften ohne die oben genannte Erklärung gilt das dem Eherecht angepasste Lebenspartnerschaftsrecht.[25]
– Ab 1.10.2017 können gleichgeschlechtliche Paare in Deutschland keine Lebenspartnerschaft mehr begründen, sondern nur eine Ehe schließen.[26] Vor diesem Zeitpunkt begründete Lebenspartnerschaften können mit Rückwirkung in eine Ehe umgewandelt werden (§ 20a LPartG, § 17a PStG, Art. 3 Abs. 2 Gesetz vom 20.7.2017). Hierzu ist eine diesbezügliche Erklärung beim Standesamt erforderlich.

---

[20] Zum Ausschluss des Versorgungsausgleichs bei der Ehe mit erheblichem Altersunterschied KG FamRB 2017, 13.
[21] Vgl. *Hohmann-Dennhardt* ZKJ 2007, 382.
[22] Vgl. *Langenfeld* NJW 2011, 966 (967).
[23] Vgl. *Langenfeld* NJW 2011, 966 (969).
[24] S. nur BGH FamRZ 2012, 776.
[25] Vgl. auch das Gesetz zur Bereinigung des Rechts der Lebenspartner v. 20.11.2015, BGBl. I 2010 und dazu *Kemper* FamRB 2016, 116 und *D. Schwab* FamRZ 2016, 1.
[26] Art. 3 Abs. 3 Gesetz zur Einführung des Rechts auf Eheschließung für Personen gleichen Geschlechts v. 20.7.2017, BGBl. I 2787.

8b Bei Lebenspartnerschaften sind die unterschiedlichen Stufen, auch im Hinblick auf die Rechtsfolgen, zu beachten. Bei älteren Paaren ist zu berücksichtigen, dass diesen erst seit 1.8.2001 eine rechtliche Form für ihre Lebensgemeinschaft möglich war und auch dann zunächst noch zahlreiche Nachteile (zB bei der Schenkungsteuer) für sie bestanden. Insofern haben Zeiten des „rechtsfreien" Zusammenlebens vor dem 1.8.2001, in denen eine gemeinsame Vermögensbildung erfolgte, größere Bedeutung als bei verschiedengeschlechtlichen Paaren.

III. Regelungsbereiche und -grenzen

9 Das eheliche Zusammenleben, das Güterrecht, der Versorgungsausgleich und der nacheheliche Unterhalt bilden die „klassischen" vier Themen ehevertraglicher Vereinbarungen. Zu beachten ist, dass zwischen ihnen und ferner zu anderen Rechtsbereichen, insbesondere zum Erbrecht, eine enge Verbindung besteht.[27] Die Vernachlässigung der **Zusammenhänge** kann vor allem im Scheidungsfolgenrecht zu Problemen führen.[28]

10 **Grenzen der Privatautonomie** bilden für Eheverträge und -vereinbarungen zunächst die wenigen, vor allem im Interesse Dritter bestehenden zwingenden Rechtsnormen des Familienrechts und die Verbotsnormen der allgemeinen Gesetze (insbesondere § 138 BGB). Zwingend sind Vorschriften, die dem **Schutz des Rechtsverkehrs** dienen. Deshalb können die sog. Schlüsselgewalt (§ 1357 BGB, § 8 Abs. 2 LPartG) und die Eigentumsvermutung des § 1362 BGB, § 8 Abs. 1 LPartG vertraglich nicht abgeändert werden. Außerordentlich umstritten ist, ob sich weitere Schranken aus dem sittlichen Wesen der Ehe und der privaten Autonomie des Einzelnen, verstanden als Freiheit von vertraglicher Bindung,[29] ergeben.

11 Kontrovers diskutiert wird die Frage, ob und inwieweit **Verzichtsverträge,** in denen vom gesetzlichen „Modell" abgewichen wird, zulässig sind. Betroffen sind sowohl vorsorgende, dh vor Eheschließung oder kurz danach geschlossene Eheverträge, aber auch im Rahmen einer Ehekrise als Versuch eines „Neuanfangs" getroffene Vereinbarungen („Konfliktverträge"). Teile der Literatur gehen davon aus, dass Verträge zwischen verschiedengeschlechtlichen Ehegatten aufgrund der sozioökonomischen Situation der Frau und ihrer psychologischen Unterlegenheit in Verhandlungen stets von einer strukturellen Unterlegenheit geprägt sind, die dazu führt, dass eine „Frau in der Regel nicht in der Lage ist, ihre Interessen denen des Mannes adäquat entgegenzusetzen".[30] Dem hat sich das BVerfG[31] im Fall einer schwangeren Verlobten und einer take-it-or-leave-it-Situation angeschlossen. Der Umstand der Eheschließung soll ehevertragliche Nachteile nicht kompensieren. Die frühere Rechtsprechung des BGH,[32] die ehevertragliche Gesamtverzichte trotz einer bereits vorliegenden oder zu erwartenden Einschränkung der Berufstätigkeit eines Ehegatten wegen gemeinsamer Kinder im Hinblick auf die Eheschließungs- und Ehescheidungsfreiheit für grundsätzlich wirksam hielt, ist damit überholt. Das BVerfG[33] will die Unangemessenheit einer ehevertraglichen Regelung insbesondere danach beurteilen, inwieweit gesetzliche Rechte abbedungen oder zusätzliche Pflichten übernommen werden. Ferner soll die familiäre Konstellation maßgeblich sein, die die Vertragspartner anstreben und ihrem Vertrag zu Grunde legen. Von Bedeutung ist schließlich die Drittbelastungswirkung von Ver-

---

[27] Vgl. BGH NJW 2018, 2871 (2873); LG Ravensburg ZEV 2008, 598 und *Münch* ZEV 2008, 571.

[28] *Langenfeld* FamRZ 1987, 9 (10). Vgl. BGH FamRZ 2013, 770; FamRZ 2014, 1978; NJW 2018, 2871 (2873).

[29] Soergel/*Lange* BGB § 1353 Rn. 20.

[30] So *Schwenzer* AcP 196 (1996), 88 (104 ff.); krit. zu diesen Argumenten *Grziwotz* DNotZ-Sonderheft 1988, 228 (262) und teilw. auch *Büttner* FamRZ 1998, 1 (5); vgl. *Habermas,* Strukturwandel der Öffentlichkeit, 1990, S. 87.

[31] DNotZ 2001, 222. S. dazu *Frank* Eheverträge S. 145 ff. u. *Bergschneider/Wolf* NZFam 2018, 61 (62).

[32] FamRZ 1996, 1536; FamRZ 1997, 156 und FamRZ 1997, 800. S. dazu nur *Münch* FS 25 Jahre DNotI 2018, 698 (701) und *Bosch* FamRZ 2016, 1026 (1028).

[33] DNotZ 2001, 222 und DNotZ 2001, 708.

einbarungen, insbesondere inwieweit sich diese zulasten gemeinsamer Kinder und deren Betreuung auswirken. Die Rechtsprechung hatte die Korrektur unbilliger Ergebnisse früher regelmäßig im Rahmen einer Ausübungskontrolle vorgenommen, die die Wirksamkeit des Vertrages unberührt ließ, es aber dem begünstigten Vertragteil verwehrte, sich auf seine Rechtsfolgen zu beziehen.[34] Betroffen waren nicht nur die Fälle einer nachträglichen unvorhergesehenen Entwicklung, sondern auch die einer anfänglich fehlenden Rücksichtnahme auf die Interessen des anderen Teils. Eine Sittenwidrigkeit wurde lediglich angenommen, wenn ein Ehegatte einseitig nach einer langen Ehedauer auf sämtliche während der Ehe geschaffenen Vermögenswerte sowie zu seinen Gunsten bestehende Ansprüche des Scheidungsfolgenrechts verzichtete und zusätzlich eine „Zwangssituation" vorlag.[35]

Die Rechtsprechung der Instanzgerichte nach den verfassungsgerichtlichen Vorgaben **11a** war weitgehend einzelfallgeprägt und ließ keine Systematik erkennen.[36] Der BGH[37] hat in seinem Grundsatzurteil die Vertragsfreiheit im Scheidungsfolgenrecht anerkannt. Er hat das Scheidungsfolgenrecht entsprechend den gesetzlichen Regeln als nicht zwingend angesehen; es gibt somit keinen unverzichtbaren Mindestgehalt an Scheidungsfolgen.[38] Die Eheschließungsfreiheit könne allerdings keinen einseitigen Ehevertrag rechtfertigen. Auch die notarielle Beurkundung allein biete keine Richtigkeitsgewähr für den Inhalt des Ehevertrags.[39] Die Familiengerichte prüfen, ob Umstände vorliegen, die auf eine subjektive Imparität, insbesondere infolge der Ausnutzung einer Zwangslage (Überrumpelung, Inaussichtstellen von Nachteilen, Einwanderung, Ausweisung), sozialer oder wirtschaftlicher Abhängigkeit oder intellektueller Unterlegenheit (Lebenserfahrung, Bildungsniveau, Sprachschwierigkeiten) hindeuten.[40] Es geht um die Feststellung einer „Disparität der Willensmacht".[41] Insofern hat ein Verfahren, das zu einer „Drucksituation" bei einem Beteiligten führt oder eine vorhandene Ungleichgewichtslage nicht auszugleichen versucht, erhebliche Bedeutung für die spätere richterliche Kontrolle und damit die Wirksamkeit des Vereinbarten.[42] Eine besonders sorgfältige Verfahrensgestaltung[43] kann demgegenüber materiellrechtlich unausgewogene Verträge nicht mithilfe des Arguments „heilen", der benachteiligte Teil hätte dies in einem fair gestalteten Vertragsabschlussverfahren so gewollt.[44] Die Einhaltung eines Verfahrens, das vor allem einen Übereilungsschutz gewährleistet, ist für die spätere richterliche Kontrolle jedoch von grundlegender Bedeutung.[45] Dadurch kann eine Sittenwidrigkeit des Vereinbarten vermieden und demgemäß die Vertragskontrolle zumindest auf eine Anpassung der unausgewogenen Vereinbarungen beschränkt sein. Im Rahmen der richterlichen Angemessenheitskontrolle erfolgt eine Einzelfallprüfung anhand objektiver (Einkommens- und Vermögensverhältnisse, geplanter oder verwirklichter Zuschnitt der Ehe, Auswirkungen auf Ehegatten und Kinder) und subjektiver Kriterien (Zweck der Abrede, sonstige Beweggründe für beide Ehegatten). Eine Vermutung für eine Benachteiligungsabsicht besteht nicht. Der BGH geht bei der Ehe-

---

[34] Ausführlich *Langenfeld* FS Schippel 1996, 251.
[35] Vgl. nur OLG Karlsruhe FamRZ 1991, 332; offen BGH NJW 2014, 1101.
[36] Vgl. auch *Wachter* ZNotP 2003, 408.
[37] NJW 2004, 930. S. dazu *Münch* FS 25 Jahre DNotI 2018, 698f. Zu Besonderheiten bei Eheverträgen mit Auslandsberührung *Hausmann* FS Geimer 2017, 199ff.
[38] AA *Goebel* FamRZ 2003, 1513. Wie hier KG MittBayNot 2018, 42.
[39] Übersehen von *Wegmann* DNotZ 2012, 731 (738).
[40] BGH FamRZ 2013, 195; FamRZ 2013, 269; NJW 2014, 1101; NJW 2017, 1882; NJW 2018, 1015; OLG Celle NJW-RR 2009, 1302; OLG Hamm FamRZ 2009, 1678; OLG Köln RNotZ 2010, 55; OLG Brandenburg FamFR 2013, 191; OLG Karlsruhe NotBZ 2015, 392; OLG Brandenburg FamRZ 2016, 2104 (2107); KG MittBayNot 2018, 42; OLG Oldenburg NZFam 2017, 1112; OLG Celle NJW 2018, 3462.
[41] So *Schwab* in: Limmer, Scheidung, Trennung – Scheidungs- und Trennungsvereinbarungen, 2008, S. 68 (70). Vgl. auch *Bergschneider/Wolf* NZFam 2018, 162 (164).
[42] BGH FamRZ 2013, 195.
[43] Vgl. zu ihr *Bergschneider* FS Spiegelberger 2009, 971.
[44] AA wohl *Krafka* DNotZ 2002, 677 (682); *Mayer* ZEV 2004, 40 (43); *Wachter* ZNotP 2003, 408.
[45] BGH NJW 2014, 1101.

vertragskontrolle von einer **relativen Kernbereichslehre** aus, die auf die individuellen ehelichen Lebensverhältnisse abstellt.[46] Vereinbarungsfeste Bereiche des Scheidungsfolgenrechts bestehen nicht. Im Rahmen der stets anzustellenden Gesamtkontrolle des Vertrages ist jedoch der Kinderbetreuungsunterhalt, jedenfalls die ersten drei Jahre nach der Geburt (§ 1570 Abs. 1 S. 1 BGB), nahezu vereinbarungsfest.[47] Auf der nächsten Stufe folgen der Alters- und Krankheitsunterhalt sowie der Versorgungsausgleich, hinsichtlich derer ein Verzicht ohne angemessenen Ausgleich unwirksam ist.[48] Danach kommen der Unterhalt wegen Erwerbslosigkeit, der Krankenvorsorge- und Altersvorsorgeunterhalt sowie der Aufstockungs- und Ausbildungsunterhalt. Am schwächsten ist das Güterrecht.[49] Auf sämtlichen Stufen sind Vereinbarungen zulässig. Entscheidend ist, ob ein schutzwürdiges Interesse seitens des begünstigten Ehegatten an einer Abbedingung der gesetzlichen Regelung vorliegt; auch insoweit darf allerdings die Vereinbarung nicht zu einer einseitigen Aufbürdung von Lasten führen. Dies betrifft aber in gleicher Weise verstärkende Unterhaltsvereinbarungen, die zu Lasten des unterhaltspflichtigen Ehegatten gehen.[50] Beim Versorgungsausgleich hat der BGH[51] nur den Ausgleich ehebedingter Nachteile, nicht aber der über das gesetzliche Ausgleichsmodell hinausgehenden Nachteile durch die Ehe, gefordert.[52] Deshalb kann bei einer Doppelverdienerehe mit bereits gegebener Alters- und Invaliditätssicherung auch ein Globalverzicht wirksam sein.[53] Das gesetzliche Leitbild der gleichen Teilhabe ist in allen Bereichen des Scheidungsfolgenrechts nicht zwingend.[54] Die Ehegatten können die Leistungen des jeweiligen Partners abweichend von der Wertung des § 1360 S. 2 BGB, § 5 S. 2 LPartG, wonach Erwerbs- und Familienarbeit gleichgestellt sind, festlegen. Dies hat Bedeutung beim Unterhalt in Diskrepanzehen.[55] Andererseits können sich aber nicht nur aus dem Grundsatz, dass ehebedingte Nachteile auszugleichen sind, sondern auch aus dem Prinzip der nachehelichen Solidarität, insbesondere im Unterhaltsrecht[56] Einschränkungen für vertragliche Gestaltungen ergeben.

11b   Der BGH geht zudem von einer **zweistufigen richterlichen Kontrolle** der bei Ehevertragsabschluss und später bei Scheidung gegebenen Lebens-, Versorgungs- und Vermögenssituation der Ehegatten aus.[57] Verträge, die von vornherein das gelebte oder angestrebte Ehemodell verfehlen, indem sie einem Partner Pflichten einseitig aufbürden und andererseits die sich daraus ergebenden ehebedingten Nachteile nicht ausgleichen, und die unter Ausnutzung einer unterlegenen Verhandlungsposition des benachteiligten Ehegatten zustande gekommen sind, unterliegen einer Inhaltskontrolle nach § 138 BGB, die an den Tag des Vertragsabschlusses anknüpft **(Wirksamkeitskontrolle)**. Maßstab bildet der Grad der Abweichung des Vereinbarten vom geplanten oder gelebten Ehetypus. An die Stelle der unangemessenen und deshalb unwirksamen Vereinbarung tritt hier die gesetzliche Regelung. Ob eine Teil- oder Gesamtnichtigkeit des Ehevertrags eintritt, ist eine Frage des

---

[46] Ausführlich *Brudermüller* FS Hahne 2012, 122; *Bergschneider* Inhaltskontrolle S. 40 ff. und *Herr* FF 2011, 16; vgl. BGH NJW 2014, 1101; OLG Hamm FamFR 2013, 310.

[47] Vgl. OLG Jena NJW-RR 2010, 649.

[48] Zur Angemessenheit des Ausgleichs s. OLG Brandenburg FamRZ 2018, 1658 (1660).

[49] S. nur BGH FamRZ 2013, 269; OLG Karlsruhe NotBZ 2015, 392; *Bergschneider/Wolf* NZFam 2018, 392 f.

[50] BGH FamRZ 2009, 198; vgl. *Reetz* NotBZ 2009, 37.

[51] BGH FamRB 2005, 38; vgl. AG Hamburg-Altona NJW-RR 2005, 1380.

[52] BGH NJW 2018, 2336; NJW 2018, 2871 (2873); FamRZ 2018, 1421 (1422); OLG Düsseldorf FamRZ 2015, 1968. Vgl. OLG Hamm FamRZ 2016, 818; NZFam 2016, 139; OLG Brandenburg NotBZ 2016, 43; OLG Celle NJW 2016, 2194; OLG Nürnberg NZFam 2016, 128; OLG Brandenburg FamRB 2016, 420; KG MittBayNot 2018, 42; OLG Bremen FamRZ 2017, 1571; *Bergmann* FF 2007, 16; *Bißmaier* FamRB 2012, 18; *Bergschneider* FF 2015, 470; *Bergmann* FF 2016, 391; *Bergschneider/Wolf* NZFam 2018, 344 (346).

[53] BGH FamRB 2005, 126; NotBZ 2015, 296; OLG Hamm FamRZ 2017, 1568.

[54] BGH NJW 2005, 2386.

[55] BGH NJW 2005, 2391.

[56] Vgl. *Borth* FamRZ 2011, 153 und *Dose* FamRZ 2011, 1341.

[57] S. nur BGH FamRZ 2007, 1310; FamRZ 2008, 386 und FamRZ 2008, 582; vgl. auch § 8 Abs. 1 VersAusglG; *Gageik* FPR 2009, 497; *Langenfeld* FPR 2009, 497 und *Schwab* FS Holzhauer 2005, 410.

Einzelfalls.[58] Die Familiengerichte tendieren dazu, bei einer ungleichen Verhandlungsposition eine Gesamtnichtigkeit anzunehmen.[59] Führt demgegenüber ein Ehevertrag bei seinem Abschluss im Hinblick auf das gelebte oder angestrebte Ehemodell zu einem (einigermaßen) gerechten Ausgleich, ändert sich aber später das Ehemodell, ohne dass eine Anpassung durch die Parteien erfolgt, hat der Richter eine angemessene Lösung zu finden (**Ausübungskontrolle** bzw. Wegfall der Geschäftsgrundlage, §§ 242, 313 BGB).[60] Es erfolgt keine Ergänzung des Vertrages auf dem „niedrigsten Niveau", sondern nach Billigkeitskriterien. Der Richter hat diejenige Rechtsfolge anzuordnen, die den berechtigten Belangen beider Partner in der nunmehr eingetretenen Situation in angemessener Weise Rechnung trägt. Der Richter muss die vertragliche Regelung, ausgehend vom Vereinbarten, zu Ende denken.[61] Meist wird er sich hierbei an der vom Gesetz vorgesehenen Rechtsfolge orientieren. Die obergerichtlichen Entscheidungen[62] lassen erkennen, dass die richterliche Inhaltskontrolle zunimmt und insbesondere bei Schwangerschaft und späterer Kinderbetreuung Abweichungen vom nachehelichen Unterhaltsrecht zur Sittenwidrigkeit des gesamten Ehevertrags führen können. Die Inhaltskontrolle gilt dabei nicht nur für vor der Ehe geschlossene Verträge, sondern auch für Trennungs- und Scheidungsvereinbarungen sowie für Prozessvergleiche und Verträge nach der Scheidung. Zudem besteht eine gewisse Tendenz der Gerichte, aus dem späteren Verlauf der Ehe auf das beabsichtigte Ehemodell zu schließen.

Für die Vertragsgestaltung dürften folgende **„Eckpunkte"** von Bedeutung sein: Ein Vertrag ist dann unausgewogen, wenn kein Ausgleich ehebedingter Nachteile erfolgt.[63] Auch eine sich im Ergebnis zulasten einer Vertragspartei auswirkende Regelung dürfte nicht unwirksam sein, wenn sie für beide Teile zunächst Risiken beinhaltet; anders ist dies, wenn bei Vertragsschluss der Verlierer schon feststeht. Berechtigte Interessen eines Vertragsteils können seine Besserstellung rechtfertigen. Dies bedeutet allerdings nicht, dass die Gütertrennung der automatische Unternehmergüterstand ist.[64] Der Schutz vor Gläubigern kann jedenfalls einen Gesamtverzicht nicht rechtfertigen.[65] Schließlich kann keine Partei bei einer einseitigen Regelung, die keine Rücksicht auf bei Vertragsabschluss bereits erkennbare Belange des anderen nimmt, auf eine geltungserhaltende Reduktion hoffen.[66] Dies betrifft nicht nur Eheverträge, sondern auch andere vermögensrechtliche Vereinbarungen zwischen Ehegatten.[67] Insofern dürften sich die Standpunkte in der Debatte zwischen richterlicher Inhalts- und Ausübungskontrolle[68] annähern.[69] Eine richterliche Vertragsanpassung wird in den Fällen erfolgen, in denen gleichsam die Geschäftsgrundlage des Vertrages infolge einer geänderten Lebensplanung wegfällt. Dagegen werden es die Gerichte demjenigen Vertragsteil verwehren, sich auf eine ihm günstige Regelung zu be- **11c**

---

[58] Vgl. OLG Oldenburg NZFam 2017, 1112; *Brambring* NJW 2007, 865 und *Sanders* FPR 2007, 205.

[59] Vgl. BGH FamRB 2008, 358; OLG Frankfurt a.M. FamRB 2005, 318; FamRB 2006, 339; OLG Koblenz FamRZ 2007, 479; OLG Hamm FamRZ 2009, 1678; zur Beweislast OLG Brandenburg FamRZ 2018, 1658.

[60] Zum Unterschied zwischen beiden Ansatzpunkten s. BGH DNotZ 2015, 437; DNotZ 2015, 444; OLG Hamm FamRZ 2016, 818; NZFam 2016, 139; KG MittBayNot 2018, 42 (45) (§ 242 BGB bei einvernehmlichem abweichendem Eheverlauf, § 313 BGB bei Änderungen von „außen", zB Gesetzesänderung). S. dazu auch *Bergschneider/Wolf* NZFam 2018, 254 (255).

[61] BGH DNotZ 2013, 773; DNotZ 2015, 131; DNotZ 2018, 835.

[62] Vgl. *Münch* ZNotP 2007, 205.

[63] Zu diesem Kriterium *Diederichsen* FuR 2002, 289 (293); *Born* NJW 2014, 1484 (1485) und *Grziwotz/Hagenguber* DNotZ 2006, 32.

[64] Differenzierend *Winkler* FPR 2006, 217 und *Grziwotz* ZIP 2006, 9. Vgl. auch BGH NJW 2017, 1883 und dazu *Reetz* DNotZ 2017, 809 (820); NotBZ 2018, 161 (164).

[65] AA NK-BGB/*Friederici* BGB § 1408 Rn. 4.

[66] Vgl. *Waldner* FamRB 2002, 217 (218); OLG Brandenburg NotBZ 2014, 41.

[67] Zum sog. Wiesbadener Modell BGH NJW 2014, 2177 und NJW 2015, 1668; s. dazu *Kesseler* DStR 2015, 1189 ff.

[68] Vgl. einerseits *Dauner-Lieb* AcP 201 (2001), 296 und andererseits *Grziwotz* FF 2001, 41.

[69] Ebenso *Hahne* DNotZ 2004, 84 (94); vgl. *Sanders*, Statischer Vertrag und dynamische Vertragsbeziehung, 2008, S. 307 ff.

rufen, der von vornherein eine einseitige, dh ehebedingte Nachteile verstärkende Lösung unter Ausnutzung einer besonderen Ungleichgewichtslage durchgesetzt hat. Für die Inhaltskontrolle verbleiben die wenigen krassen Benachteiligungsfälle, in denen keine Ungewissheit über die Lebensplanung mehr besteht[70] und von vornherein eine ehevertragliche „Typenverfehlung" vorliegt. Ungelöst bleibt allerdings weiterhin das bereits aus der Rechtsprechung zu den „Geliebtentestamenten" bekannte Problem der Starrheit des § 138 BGB.[71] Bei der späteren „Wohlverhaltensehe" tritt danach keine „Heilung" ein. So kann ein Ehevertrag eines jungen Paares mit Kinderwunsch und einer dann geplanten Aufgabe der Berufstätigkeit der Frau zunächst unangemessen erscheinen, aber, sofern sich der Kinderwunsch nicht erfüllt, durchaus gerecht sein. Gleiches gilt, wenn zum Zeitpunkt der Scheidung die Familienphase bereits vorbei ist und beide Ehegatten wieder berufstätig sind. Nur über die Anwendung von § 242 BGB, der in dieser Konstellation die Berufung auf die Sittenwidrigkeit versagen soll, lassen sich ungerechte Ergebnisse der Wirksamkeitskontrolle vermeiden, wenn zB bei dem (scheinbar) anfänglich benachteiligten Ehegatten nunmehr eine Ausgleichspflicht (zB durch Wertsteigerungen von geerbtem Grundbesitz) eintritt. Die Vertragsgestaltung wird – auch im Hinblick auf die spätere richterliche Kontrolle – auf das geplante „Ehemodell" und damit auf die „Geschäftsgrundlage" des Vertrages hinweisen, falls nicht ohnehin die Vereinbarung durch ein Rücktrittsrecht oder eine auflösende Bedingung unmittelbar vom Ehetypus abhängig gemacht wird. Ob **salvatorische Klauseln** und die Vereinbarung alternativer Rechtsfolgen helfen, ist in der Literatur umstritten.[72] Nach der Rechtsprechung[73] sind sie nicht von vornherein unbeachtlich. Liegt keine ungleiche Verhandlungsposition vor, kann eine salvatorische Klausel bei teilweiser Nichtigkeit eines Ehevertrages Indiz für die Aufrechterhaltung des restlichen Teils sein. Anders ist dies, wenn ein einseitig belastender Ehevertrag vorliegt. In diesem Fall vermag auch die Erhaltensklausel an der Gesamtnichtigkeit nichts zu ändern. Denn dann hat sie lediglich die Funktion, im Interesse des begünstigten Ehegatten den Restbestand eines dem benachteiligten Ehegatten aufgedrängten Vertragswerks so weit wie möglich gegenüber der etwaigen Ungültigkeit einzelner Vertragsbestimmungen rechtlich abzusichern. In diesem Fall spiegelt sich auch in der Vereinbarung der salvatorischen Klausel selbst die auf ungleichen Verhandlungspositionen beruhende Störung der Vertragsparität zwischen den Ehegatten wider. Bei der Beurkundung sollte auf eine dem geplanten oder gelebten Ehemodell entsprechende Gestaltung hingewirkt werden.[74] Bei durch faktische Zwänge verursachten Ungleichgewichtslagen (zB Schwangerschaft, feststehender Hochzeitstermin, Arbeitslosigkeit, Einreise von Ausländern, Finanzbedarf für Haushaltsgründung nach Trennung, Schuldgefühle wegen „Scheidungsverschuldens") besteht kein Anlass, eine Beurkundung abzulehnen.[75] Allerdings ist, sofern eine Terminverlegung möglich ist, diese empfehlenswert.[76] Der Übereilungsschutz des Beurkundungsverfahrens unter Einschluss einer Entwurfsversendung mit der Möglichkeit familiärer und anwaltlicher Beratung hat auch insoweit besondere Bedeutung.[77]

---

[70] Ähnlich im Ergebnis OLG Köln FPR 2002, 306 (307).

[71] S. zum Zeitpunkt auch *Bosch* FamRZ 2016, 1026 (1029). Zum Problem des sich wandelnden Familienrechts *D. Schwab* FamRZ 2015, 1661 (1664).

[72] Verneinend *Sanders* FF 2004, 251; *Grziwotz* FF 2004, 275; offen *Bergschneider* FamRZ 2004, 1757 (1764), der sie verwenden, aber gleichzeitig darauf hinweisen will, dass sie möglicherweise nicht halten.

[73] BGH FamRZ 2006, 1097 (1098); FamRZ 2008, 2011; FamRZ 2013, 269; FamRZ 2018, 577; OLG Celle NZFam 2018, 945 (949).

[74] Krit. gegenüber der Effizienz der notariellen Belehrung *Schubert* FamRZ 2001, 733 (736); aA *Hahne* DNotZ 2004, 84 (95).

[75] BGH NJW 2005, 2386; NJW 2006, 3142; NJW 2008, 3426; NJW 2009, 2124.

[76] Ähnlich *Münch* DNotZ 2004, 901 (908); *Bergschneider* FS Spiegelberger 2009, 971 (973); vgl. auch *Wachter* ZfE 2004, 132 (136) und *Sanders* FuR 2005, 104 (108).

[77] Zum Verzicht auf Beratung und Aufklärung wegen „blinden Vertrauens" OLG Karlsruhe NotBZ 2015, 392 (396).

Während die Frage der Einführung der Nichtigkeit eines (älteren) Ehevertrages in das **11d** Scheidungsverfahren vielfach erörtert wurde,[78] ist die Frage, ob ein **Anpassungsanspruch** eines Ehegatten bei einem nach früherer Rechtsprechung wirksamen, aber nach der Kernbereichslehre ganz oder teilweise unwirksamen Ehevertrag besteht, bisher kaum diskutiert worden.[79] Lässt sich diesbezüglich eine einvernehmliche Lösung – gegebenenfalls nach einer Mediation – finden, kann der bisherige Vertrag „nachgebessert" werden. Gleiches gilt, wenn sich ein Vertrag aufgrund einer späteren Entwicklung als nicht mehr passend erweist. Die Heilung eines sittenwidrigen Ehevertrags setzt den formgerechten Abschluss eines neuen Ehevertrags voraus. Auch wenn dann beispielsweise die Schwangerschaft der Frau nicht mehr vorliegt, muss zudem bei kompensationslosen Eingriffen in den Kernbereich des Scheidungsfolgenrechts auch diese einseitige Regelung durch eine angemessene ersetzt werden.[80] Allerdings kann ein nichtiger Ehevertrag steuerlich für die Ehegatten auch vorteilhaft sein. Beispiel ist die im Zusammenhang mit einem Unterhaltsverzicht und einem Ausschluss des Versorgungsausgleichs bei Kinderbetreuung vereinbarte Gütertrennung, die nunmehr im Hinblick auf die Steuerfreiheit des Zugewinnausgleichs (§ 5 Abs. 1 ErbStG) mit steuerlicher Rückwirkung „korrigiert" werden soll.[81]

Weitgehend ungeklärt ist ferner die Frage nach der rechtlichen **Bindungswirkung** **12** und der **Durchsetzbarkeit** von Abreden über persönliche Ehewirkungen.[82] Nach hM stehen sie unter dem ausdrücklichen oder stillschweigenden Vorbehalt des Wandels der Verhältnisse.[83] Unabhängig von der rechtlichen Qualifikation als Vertrag, Ordnung, Beschluss, Rechtsakt oder parallel laufende Erklärungen soll das willkürliche Abweichen einer Seite einen Pflichtenverstoß begründen. Eine einseitige Lösung von einem erzielten Einvernehmen soll nur bei einem wichtigen Grund zulässig sein. Wenn sich die Verhältnisse ändern oder sich herausstellt, dass von unzutreffenden Voraussetzungen ausgegangen wurde, kann, wenn beide Ehepartner keine einvernehmliche Anpassung vornehmen, eine Zustimmungspflicht zu einer einseitigen Anpassung bestehen.[84]

Schließlich ist noch umstritten, ob und inwieweit an die Verletzung persönlicher Verhaltenspflichten Sanktionen geknüpft werden können. Nach hM[85] widerspricht das Versprechen einer **Vertragsstrafe** zur Sicherung eines bestimmten Verhaltens in der Ehe dem sittlichen Empfinden und ist grundsätzlich nach § 138 BGB nichtig.[86] Anders kann dies bei einer Vereinbarung zwischen ausländischen Ehegatten sein, wenn deren Rechtsordnung eine Regelung der ehelichen Beziehungen unter Einsatz eines Vertragsstrafenversprechens zulässt.[87]

C. Das eheliche Zusammenleben

I. Eheliche und persönliche Angelegenheiten

Das Erfordernis des Einvernehmens beschränkt sich auf **gemeinschaftliche eheliche** **13** **Angelegenheiten.** Inwieweit Vereinbarungen hierüber zulässig sind und binden, ist umstritten.[88] Gleiches gilt für ihre Klagbarkeit.[89] Der Umstand, dass sie nicht vollstreckbar sind (§ 120 Abs. 3 FamFG), macht sie allerdings nicht bedeutungslos. Sie stellen – im

---

[78] Vgl. *Kogel* FamRB 2006, 117 und *Gomille* NJW 2008, 274.
[79] Vgl. *Grziwotz* FamRB 2009, 19; ansatzweise *Siegler* MittBayNot 2012, 95 (102). Zu zwei aufeinander folgenden Eheverträgen OLG Brandenburg FamRZ 2016, 2104 (2108).
[80] KG FamFR 2009, 77.
[81] Vgl. *Kesseler* ZEV 2008, 27; *Münch* DStR 2008, 26.
[82] Vgl. *Erman/Kroll-Ludwigs* BGB § 1356 Rn. 4 ff.
[83] Vgl. *Schwab* DNotZ-Sonderheft 2001, 9 (20).
[84] Vgl. *Gernhuber/Coester-Waltjen* FamR § 18 Rn. 19 ff.
[85] MüKoBGB/*Roth* BGB § 1353 Rn. 5.
[86] Teilw. abw. *Hepting* S. 111 ff.; vgl. *Grziwotz* FPR 2005, 156.
[87] OLG Hamm NJW-RR 1998, 1542.
[88] Ausführlich *Hepting* S. 62 ff.
[89] *Dethloff* FamR § 4 Rn. 25.

Rahmen der rechtlichen Grenzen – einen Beurteilungsmaßstab für die Ehewidrigkeit eines Verhaltens dar.[90] Sie können zudem über die Rollenverteilung und damit mittelbar über die etwaige Einseitigkeit vermögensrechtlicher Vereinbarungen Aufschluss geben. Sie sind ferner Ausfluss der Verpflichtung der Ehegatten, sich in wesentlichen Angelegenheiten zu einigen. Sagt sich ein Ehegatte von diesem Konsens los, was ihm freisteht, so ist die Ehe – zumindest in diesem Punkt – gescheitert.

14   Die alleinige Entscheidung über **rein persönliche Angelegenheiten** verbleibt dagegen jedem Ehegatten. So darf jeder über sein religiöses Bekenntnis, die politische Betätigung, Bekleidung und sonstige Körperaccessoires (zB Frisur, Färben der Haare, Bart, Schmuck, Piercing, Intimrasur etc), Lektüre, Hobbys, Rauchen und andere Genussmittel für sich allein entscheiden, muss aber dabei auf den anderen Partner Rücksicht nehmen.[91] Zur vom Partner zu achtenden persönlichen Freiheitssphäre gehören auch der Umgang mit anderen Personen und eine nicht vollständig eingeschränkte Bewegungsfreiheit.[92] Eine Grenze für den Umgang mit Dritten bildet allerdings der räumlich-gegenständliche Bereich der Ehe zum Schutz vor Störungen durch Dritte;[93] auch zur Aufnahme von erwachsenen Familienangehörigen des Ehegatten (zB wegen Pflegebedürftigkeit) in die gemeinschaftliche Wohnung ist eine Einigung der Ehegatten erforderlich. Zum Bereich der persönlichen Angelegenheiten gehört auch die Totenfürsorge. Sie steht, sofern der Verstorbene nicht selbst eine diesbezügliche Regelung getroffen hat, den Angehörigen, und zwar abgestuft nach der Nähe der Beziehung zu.[94] Danach ist der Ehegatte regelmäßig totenfürsorgeberechtigt. Jeder Ehegatte ist aber frei, eine bestimmte Person mit der Wahrnehmung seiner Totenfürsorge zu beauftragen.[95]

II. Lebenszeit- und Verschuldensprinzip

15   Das in § 1353 Abs. 1 S. 1 BGB verankerte Prinzip der Lebenszeitehe schließt **Abreden über** eine **Scheidung** und die Schaffung zusätzlicher Scheidungsgründe aus.[96] Gleiches gilt für die Aufhebungsgründe (§ 1314 BGB). Umgekehrt verstößt es aber auch gegen das Gesetz, wenn Ehegatten die Scheidung ihrer Ehe ausschließen oder sich verpflichten, (in bestimmten Fällen) künftig keinen Scheidungsantrag zu stellen.[97] Ob die hM im Hinblick auf die Kinderschutzklausel des § 1568 Abs. 1 Alt. 1 BGB zutrifft, ist fraglich.[98] Unwirksam ist nach überwiegender Ansicht auch die Vereinbarung einer Zahlungsverpflichtung, die eine Scheidung zumindest erschweren soll. Zulässig sind dagegen ein **Verzicht auf das Scheidungsrecht,** soweit es bereits entstanden ist,[99] und die Vereinbarung einer Abfindungssumme für den Fall eines Scheidungsantrags, wenn der Versprechende dadurch nicht nach Art einer Konventionalstrafe von der Erhebung eines Scheidungsantrages abgehalten werden soll.[100]

16   Mitunter wünschen Beteiligte immer noch, das bereits durch das 1. EheRG abgeschaffte **Verschuldensprinzip im Scheidungsfolgenrecht** vertraglich wiedereinzuführen. Dies ist im Bereich des Güterrechts und des Versorgungsausgleichs nicht unproblematisch, da beide Institute die Aufteilung von Vermögenswerten betreffen, die während des Bestehens der Gemeinschaft, also in guten Tagen, erwirtschaftet worden sind.[101] Darin liegt ein

[90] Vgl. *Sanders* FF 2005, 12.
[91] *Grziwotz* MDR 1998, 1075 (1077).
[92] Soergel/*Lipp* BGB § 1353 Rn. 47.
[93] MüKoBGB/*Roth* BGB § 1353 Rn. 51.
[94] Vgl. dazu die Regelungen in den landesrechtlichen Bestattungsgesetzen und dazu *Grziwotz* FamRB 2012, 226.
[95] Vgl. LG Ansbach FamRZ 2013, 149 (150).
[96] MüKoBGB/*Roth* BGB § 1353 Rn. 16. Ähnlich § 1 Abs. 1 S. 1 LPartG.
[97] BGH NJW 1990, 703; FamRB 2007, 3; aA *Hattenhauer* ZRP 1985, 200.
[98] Vgl. *Grziwotz* FamRZ 2008, 2237.
[99] BGH NJW 1986, 2046 und AG Holzminden FamRZ 1997, 1214.
[100] BGH NJW 1990, 703 und OLG Oldenburg FamRZ 1994, 1454.
[101] BGH NJW 1983, 165 (166).

substantieller Unterschied zum nachehelichen Unterhaltsanspruch, der in die Zukunft gerichtet ist. Auch das frühere Recht sah nur die Abhängigkeit des nachehelichen Unterhalts vom Verschulden vor. Diesbezüglich war die Zulässigkeit derartiger Klauseln kaum umstritten.[102] Ob dies auch bei Vereinbarungen zum Kinderbetreuungsunterhalt gilt, ist wegen des Eingriffs in die Rechte des Kindes fraglich. Bereits die Zweckmäßigkeit spricht gegen derartige Vereinbarungen, da eine einwandfreie Feststellung, welcher Ehegatte die Zerrüttung verursacht hat, selten gelingt. Ist sie möglich, helfen meist die §§ 1381, 1579 Nr. 7 BGB und § 27 S. 1 VersAusglG. Wollen Ehegatten umgekehrt die „Reste" des Verschuldensprinzips ausschließen, ist ein ehevertraglicher Verzicht auf die Geltendmachung der Härteklauseln zulässig.[103]

III. Lebensgemeinschaft, Wohnsitz, Geschlechtsgemeinschaft, Kinder, Verhaltenspflichten

Zur Ehe gehört regelmäßig eine **Lebens- und Verantwortungsgemeinschaft** der Ehegatten (§ 1353 Abs. 1 BGB, vgl. § 2 S. 2 LPartG).[104] Fraglich ist, ob Ehegatten – eventuell neben den vermögensrechtlichen Folgen der Ehe – auch ihre persönlichen Konsequenzen einvernehmlich abbedingen können. Nach dem Wortlaut des § 1314 Abs. 2 Nr. 5 BGB wäre eine derartige Ehe aufhebbar. Zudem soll bereits der Standesbeamte die Möglichkeit haben, an einer solchen Eheschließung nicht mitzuwirken (§ 1310 Abs. 1 S. 2 BGB). Allerdings ist die Aufhebung der Ehe ausgeschlossen, wenn die Ehegatten nach der Eheschließung als Ehegatten miteinander gelebt haben (§ 1315 Abs. 1 Nr. 5 BGB). Nach hM[105] dient § 1314 Abs. 2 Nr. 5 BGB lediglich der Bekämpfung von Aufenthaltsehen. Namensehen, reine Versorgungsehen, eine Eheschließung allein aus steuerrechtlichen Gründen und eine Eheschließung auf dem Sterbebett sollen davon nicht betroffen sein.[106] Der Notar kann deshalb bei entsprechenden Ehevereinbarungen seine Mitwirkung nicht verweigern,[107] sollte aber auf die höchstrichterlich noch nicht geklärte Rechtslage hinweisen. **17**

Der ehelichen Lebensgemeinschaft entspricht grundsätzlich ein gemeinschaftlicher **Wohnsitz** beider Ehegatten. Jedoch setzt die eheliche Gemeinschaft einen räumlichen Ehemittelpunkt nicht voraus.[108] Eine Eheschließung ist beispielsweise auch mit einem Partner möglich, der dauerhaft in einem Pflegeheim leben muss.[109] Die Partner können vereinbaren, dass ihre Ehe ohne einen gemeinsamen Haushalt geführt wird,[110] und sich auf gegenseitige Besuche, Telefonate und gemeinsame Urlaubsreisen beschränken.[111] Jeder Ehegatte kann selbstständig einen Zweitwohnsitz begründen; eine Zustimmung des Partners ist hierzu nicht erforderlich. **17a**

Die eheliche Lebensgemeinschaft gab nach früherer allgM jedem Ehegatten das Recht auf **Geschlechtsgemeinschaft** mit dem anderen.[112] Gewaltanwendung war dabei nicht statthaft. Wechselseitige Rücksichtnahme auf Gesundheit und psychische Disposition war zudem geboten.[113] Die Pflicht sollte „nicht zu jeder Zeit und unter allen Umständen"[114] bestehen. Nach neuerer Ansicht soll sich aus § 1353 Abs. 1 S. 2 BGB keine Rechtspflicht **18**

---

[102] BGH NJW 1995, 1891 (1892).
[103] Vgl. BGH NJW 2001, 3335.
[104] Umstritten ist, ob § 2 LPartG eine umfassende Lebensgemeinschaft wie bei der Ehe meint; vgl. *Diederichsen* NJW 2000, 1841; *D. Schwab* FamRZ 2001, 385 (390); HK-LPartG/*Kemper* LPartG § 2 Rn. 2.
[105] Vgl. Palandt/*Brudermüller* BGB § 1314 Rn. 14.
[106] Zur Versorgungsehe im Bereich der Hinterbliebenenversorgung BVerwG NVwZ 2016, 1483 (1484).
[107] Vgl. *Reul* MittBayNot 1999, 248.
[108] BGH NJW 1981, 449 (450). Ebenso zur Lebenspartnerschaft AG Holzminden FamRZ 2005, 983.
[109] BGH FamRZ 2002, 316.
[110] RGRK/*Roth-Stielow* BGB § 1353 Rn. 28.
[111] BGH MDR 1987, 652; OLG Brandenburg FamRZ 2008, 1535.
[112] BGH NJW 1967, 1078; OLG Schleswig NJW 1993, 2945; aA *Haller* MDR 1994, 426.
[113] *Henrich* § 6 I 4.
[114] AG Brühl NJWE-FER 2000, 51.

zum Geschlechtsverkehr mehr ergeben;[115] ein Herstellungsverfahren ist danach nicht mehr möglich. Allerdings soll jeder Heiratende davon ausgehen dürfen, dass sich der Partner dem Wunsch nach geschlechtlicher Erfüllung nicht verschließen werde.[116] Unabhängig davon, ob man eine Rechtspflicht zu sexuellen Kontakten oder nur eine diesbezügliche Erwartungshaltung annimmt, sind die Partner gezwungen, über ihre geschlechtlichen Beziehungen ein Einvernehmen zu erzielen. Es bleibt ihnen unbenommen, die Art ihres Sexuallebens und die Häufigkeit ihrer geschlechtlichen Kontakte zu bestimmen.[117] Auch gegen „Gegenleistungen" dürften keine Einwände mehr bestehen.[118] Es ist auch allein Sache der Ehegatten, ob sie eine exklusive Geschlechtsgemeinschaft (Treue) praktizieren oder nicht;[119] ein durchsetzbares vertragliches Recht auf einen „Seitensprung" ist jedoch nicht anzuerkennen.[120] Eine intakte Ehe, die für das Scheidungsfolgenrecht von Bedeutung ist, kann auch bei außerehelichen Beziehungen vorliegen.[121] Aufklärungspflichten hierüber können vereinbart werden;[122] bei Verdacht einer Geschlechtskrankheit bestehen sie auch ohne diesbezügliche Abrede. Im Hinblick auf zahlreiche Streitfragen empfiehlt es sich klarzustellen, welche Auswirkungen die Nichtigkeit einer Vereinbarung im Intimbereich auf die sonstigen vermögensrechtlichen Regelungen hat. Unstreitig können Ehegatten zeitweilige oder dauernde Enthaltsamkeit in sexueller Hinsicht vereinbaren. Eine (intakte) Ehe ist trotz fehlender Sexualität möglich.[123]

19   Beiderseitiges Einvernehmen ist zur **Familienplanung** erforderlich. Eine Pflicht zur Zeugung bzw. zum Empfang eines Kindes besteht nicht.[124] Abreden über Kinderlosigkeit sowie über Methoden der Empfängnisverhütung verstoßen nicht gegen die guten Sitten.[125] Nach hM sind diesbezügliche Abreden jedoch rechtlich unverbindlich; Informationspflichten über einen Widerruf sollen zwar bestehen, jedoch soll ein Verstoß keine Rechtsfolgen haben. Dies dürfte auch bei einer schriftlichen Niederlegung gelten. Dagegen sind Abreden über eine Familienplanung mithilfe der modernen Fortpflanzungsmedizin nicht ohne rechtliche Relevanz.[126] Ein Schwangerschaftsabbruch soll, obwohl das Leben des Kindes betroffen ist und beide Eltern das Leben zu verantworten haben, höchstpersönliche Entscheidung der Frau sein; eine Vereinbarung über einen zulässigen Abbruch der Schwangerschaft und umgekehrt auch dessen Unterlassen bindet nach hM die Frau nicht. Gleiches gilt für eine Abrede über einen rechtswidrigen Schwangerschaftsabbruch.[127]

20   Die Pflicht zur Lebensgemeinschaft beeinflusst auch die **vermögensrechtlichen Beziehungen** der Ehegatten.[128] § 1359 BGB (vgl. § 5 LPartG) enthält hierfür eine besondere Haftungsmilderung (§ 277 BGB), die aber bis zur Grenze des § 276 Abs. 2 BGB dispositiv ist.[129] In diesem Umfang kann die Haftung ausgeschlossen, sie kann aber auch verschärft werden. Aus der Pflicht zur Rücksichtnahme folgt das Verbot, den Ehegatten

---

[115] MüKoBGB/*Roth* BGB § 1353 Rn. 41. Verneinend bei der Lebenspartnerschaft *Diederichsen* NJW 2000, 1841; *Kaiser* JZ 2001, 617 (619); aA *Walter* MittBayNot 2005, 193 (195).

[116] MüKoBGB/*Roth* BGB § 1353 Rn. 41.

[117] RGRK/*Roth-Stielow* BGB § 1353 Rn. 33.

[118] Vgl. § 1 ProstG; str., ausf. *Grziwotz* FamRZ 2002, 1154.

[119] Str., vgl. *Grziwotz* MDR 1998, 1075 (1078); *ders.* FamRZ 2002, 1154 und MüKoBGB/*Roth* BGB § 1353 Rn. 40; aA wohl hM, s. nur BRHP/*Hahn* BGB § 1353 Rn. 10: „Ein Ehegatte [kann] vom anderen [...] Vollzug der Geschlechtsgemeinschaft erwarten." Strittig bei der Lebenspartnerschaft, s. nur NK-BGB/*Ring/Olsen-Ring* LPartG § 2 Rn. 6.

[120] OLG Kiel SchlHA 1946, 341.

[121] OLG Hamm NJW-RR 2006, 1514.

[122] Vgl. BGH FamRZ 2005, 1738; s. auch OLG Brandenburg NJW 2006, 2861.

[123] BGH FamRZ 2001, 542.

[124] Vgl. OLG Zweibrücken FPR 2009, 61.

[125] MüKoBGB/*Roth* BGB § 1353 Rn. 42 und *Grziwotz* FamRZ 2002, 1154 (1156); vgl. auch BGHZ 67, 48 (51); aA BGH NJW 1986, 2043 (2045): keine rechtsverbindliche Verpflichtung zur Anwendung eines Empfängnisverhütungsmittels.

[126] OLG Stuttgart FamRZ 1999, 1130; vgl. BGH FamRZ 2001, 541 zum Widerruf des Einverständnisses.

[127] MüKoBGB/*Roth* BGB § 1353 Rn. 42.

[128] ZB BGH FamRZ 2002, 1024, Mitwirkung bei Steuererklärung.

[129] Erman/*Kroll-Ludwigs* BGB § 1359 Rn. 8.

zur Übernahme einer ihn überfordernden Bürgschaft oder Schuldenmitübernahme zu veranlassen. Der Verpflichtung zur Kooperation im Vermögensbereich kommen aber auch über eine Scheidung hinaus Nachwirkungen zu; so folgt aus ihr der Anspruch des Unterhaltsleistenden gegenüber dem Unterhaltsempfänger auf Erteilung der Zustimmungserklärung zum Sonderausgabenabzug nach § 10 Abs. 1 Nr. 1 EStG.[130]

IV. Rollenverteilung und Familienunterhalt

Freiheit herrscht im Eherecht bezüglich der **Rollenverteilung** (§§ 1356, 1357 BGB, § 8 21
Abs. 2 LPartG); die frühere Mitarbeitspflicht ist entfallen. Jedem der Ehegatten steht grundsätzlich ein gleiches Recht zur freien Berufswahl zu.

Das nach § 1356 BGB herzustellende Einvernehmen der Ehegatten bezieht sich vor 22
allem auf die Wahl des Ehetypus. Die **Aufteilung von Haushalts- und Erwerbstätigkeit** zwischen den Ehegatten weist diesen verschiedene Aufgabenkreise zu. Die Selbständigkeit eines Ehegatten in seinem Tätigkeitsbereich (vgl. § 1356 Abs. 1 S. 2 BGB) gehört nicht zum zwingenden Recht,[131] sondern steht zur Disposition der Ehegatten. Wieso der in manchen Haushaltsführungsehen gepflogenen monatlichen Abrechnung bei einvernehmlicher Durchführung ein unaufgebbares Gerechtigkeitspostulat entgegenstehen soll,[132] bleibt trotz allen Pathos unerfindlich. Die vertragliche Regelung sollte sich dennoch grundsätzlich auf die Festlegung der Grundzüge der Aufgabenverteilung beschränken und auf Einzelheiten verzichten. Die Verpflichtung zur Anpassung an veränderte Umstände ergibt sich bereits aus dem Gesetz (§ 1356 BGB). Ohne entsprechende Vereinbarung kann kein Ehegatte vom anderen, der während des Zusammenlebens die Wirtschaftsführung übernommen hat, später Rechenschaft verlangen.[133]

Jeder Ehegatte ist berechtigt, **Geschäfte zur angemessenen Deckung des Lebens-** 23
bedarfs der Familie mit Wirkung auch für den anderen Ehegatten zu besorgen. Durch solche Geschäfte werden beide Ehegatten mitberechtigt und als Gesamtschuldner verpflichtet, es sei denn, dass sich aus den Umständen etwas anderes ergibt (§ 1357 BGB, § 8 Abs. 2 LPartG). Der Gläubiger gewinnt somit unabhängig von dem das Recht der Stellvertretung beherrschenden Prinzip der Offenkundigkeit (§ 164 Abs. 1 BGB) allein aus der Tatsache der Verheiratung des Vertragspartners einen zusätzlichen Schuldner, ohne dass ihm zuvor die Ehe erkennbar gewesen sein muss.

§ 1357 BGB, § 8 S. 2 LPartG ist nicht abdingbar (hM).[134] Ein Ehegatte kann jedoch 24
durch einseitige formlose Erklärung gegenüber dem anderen Ehegatten die Verpflichtungsbefugnis der Höhe oder Art nach beschränken oder ganz ausschließen. Das gilt auch, wenn wegen Getrenntlebens die Schlüsselgewalt ohnehin ruht. Zulässig sind auch wechselseitig abgegebene **Ausschlusserklärungen.**[135] Besteht für die Beschränkung oder den Ausschluss kein ausreichender Grund, hebt sie das Familiengericht (§ 266 Abs. 2 FamFG) auf Antrag des betroffenen Ehegatten auf. Dritten gegenüber wird die Erklärung gemäß § 1357 Abs. 2 S. 2 BGB, § 8 S. 2 LPartG nur wirksam, wenn sie in das Güterrechtsregister eingetragen oder ihnen bekannt ist (§ 1412 BGB). Der Antrag ist in beurkundeter oder beglaubigter Form zu stellen.[136]

---

[130] BGH NJW 1991, 125 und FamRZ 1998, 953.
[131] AA *Gernhuber/Coester-Waltjen* FamR § 20 Rn. 4.
[132] So *Gernhuber/Coester-Waltjen* FamR § 20 Rn. 4.
[133] BGH FamRZ 2001, 23.
[134] OLG Schleswig FamRZ 1994, 444; offen gelassen von *Langenfeld/Milzer* Eheverträge-HdB Rn. 494.
[135] S. nur *Koch* FS Pintens 2012, 767 (780).
[136] Vgl. auch *Sarres* FamRB 2012, 288 (290). Ob Lebenspartnern vor dem 1.1.2005 das Güterrechtsregister offen stand und Eintragungen Rechtswirkungen zukamen, ist umstritten (vgl. KG FamRZ 2003, 1278). Die nunmehr zulässige Eintragung (§ 7 S. 2 LPartG iVm §§ 1558ff. BGB) kann nachgeholt werden.

24a   Formulierungsbeispiel: Ausschluss der Schlüsselgewalt

🖐 Wir schließen hiermit wechselseitig die Berechtigung des anderen Ehegatten, Geschäfte mit Wirkung für den Ehegatten zu besorgen (§ 1357 BGB), aus. Wir beantragen unter Vorlage einer Heiratsurkunde, dies in das Güterrechtsregister einzutragen.

24b   Formulierungsbeispiel: Nachträgliche Eintragung des Ausschlusses der Schlüsselgewalt bei Lebenspartnern

🖐 Wir haben am 1.8.2004 wechselseitig die Berechtigung des jeweils anderen Lebenspartners gemäß § 8 Abs. 2 LPartG aF iVm § 1357 BGB, die dort genannten Rechtsgeschäfte für den anderen Lebenspartner zu besorgen, ausgeschlossen. Wir beantragen nunmehr die Eintragung im Güterrechtsregister.

25 § 1360 BGB (vgl. § 5 S. 1 LPartG)[137] verpflichtet die Ehegatten, durch ihre Arbeit und mit ihrem Vermögen die Familie angemessen zu unterhalten.[138] Die Haushaltsführung stellt einen vollwertigen Beitrag zum **Familienunterhalt** dar. Familienunterhalt im Sinne dieser Vorschrift ist der Unterhalt des anderen Ehegatten und der gemeinschaftlichen Kinder. Verschwägerten, insbesondere Stiefkindern gegenüber besteht grundsätzlich auch dann keine gesetzliche Unterhaltspflicht, wenn diese im ehelichen Haushalt leben.[139] Um auch die Annahme eines stillschweigenden Alimentierungsvertrages[140] auszuschließen, empfiehlt sich ein ausdrücklicher Vorbehalt.[141] Übernimmt ein Ehegatte die Kinderbetreuung oder von Angehörigen (zB Eltern) des Partners und gibt er hierzu seinen Beruf auf, kann ein Bedürfnis für eine Unterhaltsverpflichtung gegenüber diesen Personen sowie für eine Absicherung des betreuenden und den Haushalt führenden Ehegatten bestehen. Eine Regelung sollte grundsätzlich nur mit dem Partner erfolgen. Soll der betreute Dritte selbst begünstigt werden, kann dies durch einen unechten Vertrag zugunsten der verschwägerten Person erfolgen, wobei die Verpflichtung zur Unterhaltsgewährung im Regelfall bereits mit dem Getrenntleben der Ehegatten, nicht erst mit deren Scheidung, jedenfalls aber mit dem Auszug des Begünstigten aus dem gemeinsamen Haushalt enden sollte. Demgegenüber kann es die Absicherung des Ehegatten insbesondere bei einer sozialen Elternschaft erfordern, diesen einem gemeinsame Kinder betreuenden Ehegatten vertraglich gleichzustellen.[142] Allerdings kann diese Vereinbarung die Rangfolge des § 1609 BGB nicht zu Lasten vorrangig unterhaltspflichtiger Personen ändern. Dies ist in „Mangelfällen" zu beachten.

25a   Formulierungsbeispiel: Rollenverteilung

🖐 **Alt. 1:** Hinsichtlich der ehelichen Rollenverteilung vereinbaren wir, dass der Ehemann vollerwerbstätig bleibt und die Ehefrau bis zur Vollendung des 10. Lebensjahres des jüngsten gemeinschaftlichen Kindes die Haushaltsführung und die Betreuung der gemeinschaftlichen Kinder sowie des aus erster Ehe des Mannes stammenden Kindes Martin bis zur Vollendung seines 15. Lebensjahres übernimmt. Die Betreuung erfolgt gegen-

---

[137] Bis 1.1.2005 war die Form der Unterhaltsgewährung bei Lebenspartnern nicht gesetzlich vorgegeben, vgl. *Welling* RNotZ 2002, 249 (258). § 5 S. 1 LPartG umfasst nach seinem Wortlaut nicht den Familienunterhalt; allerdings legt die hM (Erman/*Kaiser* LPartG § 5 Rn. 5; NK-BGB/*Ring/Olsen-Ring* LPartG § 5 Rn. 6) diese Vorschrift dahingehend aus.
[138] S. BGH NZFam 2016, 648.
[139] BGH NJW 1969, 2007. Ebenso zur Lebenspartnerschaft HK-LPartG/*Kemper* LPartG § 5 Rn. 17; teilw. abw. *Dötsch* NJW-Spezial 2006, 199.
[140] Vgl. MüKoBGB/*Weber-Monecke* BGB § 1360a Rn. 12 sowie → § 15 Rn. 84.
[141] Staudinger/*Voppel* BGB § 1360a Rn. 44.
[142] Zum eigenen Unterhaltsanspruch des mittels heterologer Samenspende im Einverständnis des Partners der Mutter gezeugten Kindes s. BGHZ 129, 297 = NJW 1995, 2028 und BGHZ 207, 135 = NJW 2015, 3434. Dies dürfte auch bei gleichgeschlechtlichen Paaren gelten.

über Martin ohne Übernahme einer Rechtspflicht; Martin erwirbt aus dieser Vereinbarung keinen eigenen Anspruch. Die Verpflichtung zur Betreuung von Martin endet in jedem Fall bei einem etwaigen Getrenntleben von uns sowie ferner, wenn Martin den gemeinsamen Haushalt verlässt.

Alt. 2: Zur ehelichen Rollenverteilung vereinbaren wir, dass Frau *** ihr voreheliches Kind ***, geboren am ***, dessen Erzeuger unbekannt ist, betreut und die Haushaltsführung übernimmt. Hinsichtlich des Anspruchs von Frau *** auf Familien-, Getrenntlebens- und nachehelichen Unterhalt soll dieses Kind wie ein rechtlich gemeinschaftliches Kind beider Ehepartnerinnen behandelt werden, sofern dem nicht zwingende vorrangige Unterhaltsansprüche Dritter entgegenstehen. Eine Unterhaltspflicht gegenüber diesem Kind wird hierdurch jedoch nicht begründet.

Zulässig ist ferner auch die Übernahme eingeschränkter Unterhaltsbeiträge, die den Bedarf der verschwägerten Person nicht voll befriedigen.[143] **26**

§ 1360a BGB umschreibt die in § 1360 BGB statuierte Unterhaltspflicht bezüglich des **27** Umfangs und der Art der Unterhaltsgewährung näher. Der angemessene Beitrag zum Familienunterhalt umfasst das sog. **Haushaltsgeld,** das den Beköstigungsaufwand und die übrigen laufenden Ausgaben für das tägliche Leben deckt, und das **Taschengeld,** über das jeder Partner ohne Rechenschaftspflicht frei verfügen kann.[144] In Ausnahmefällen kann eine Pflicht zur Mitarbeit im Beruf oder Geschäft des Ehepartners bestehen, sog. **Unterhaltsarbeit.**[145]

Die Unterhaltspflicht gegenüber dem Ehegatten bestimmt sich grundsätzlich nach ob- **28** jektivem Recht und ist deshalb weitgehend zwingend. Eine **vertragliche Festlegung oder Änderung** ist nur begrenzt möglich.[146] Ein vollständiger oder teilweiser Unterhaltsverzicht für die Zukunft ist nichtig (§§ 1360a Abs. 3, 1614 BGB).[147] Unwirksam ist nach überwiegender Ansicht eine Vertragsstrafe zur Sicherung der Unterhaltspflicht.[148] Möglich ist dagegen ein Unterhaltsverzicht für die Vergangenheit. Keine Bedenken bestehen ferner, wenn in Vereinbarungen der Lebenszuschnitt der Ehe bestimmt (zB sparsame Lebensführung zwecks Immobilienerwerb), die Art und Weise der Unterhaltsgewährung festgelegt[149] und die angemessene Unterhaltshöhe geregelt werden, wenn dabei nicht bewusst eine zu niedrige Festsetzung erfolgt.[150] Allerdings stellt ein durch gegenseitiges Nachgeben abgeschlossener Unterhaltsvergleich noch keinen Verzicht dar.[151] Zu beachten ist, dass sich hieraus Nachteile für Schadensersatzansprüche (§§ 842 ff. BGB) und Witwer- bzw. Witwenrenten ergeben können.[152] Gegen eine Erweiterung der Unterhaltspflicht bestehen keine Bedenken,[153] soweit sie sich nicht zu Lasten vorrangiger Unterhaltspflichtiger auswirkt oder die Leistungsfähigkeit des Verpflichteten von vornherein übersteigt. Wegen der Unterschiede der Unterhaltspflichten während (noch) bestehender Ehe und nach einer Scheidung lässt die Unwirksamkeit des Verzichts auf ehelichen Unterhalt eine Vereinbarung über den nachehelichen Unterhalt im Regelfall unberührt.[154]

---

[143] Soergel/*Leiß* BGB § 1360a Rn. 21.
[144] Soergel/*Leiß* BGB § 1360a Rn. 49; vgl. BGH NJW 1998, 1553; OLG Köln FamRZ 2001, 437. Zur Pfändung s. OLG Stuttgart FamRZ 2002, 185.
[145] Staudinger/*Voppel* BGB § 1360 Rn. 42 ff.
[146] Soergel/*Leiß* BGB § 1360 Rn. 21 und § 1360a Rn. 31.
[147] Vgl. OLG Hamm NJW-RR 2001, 219.
[148] Vgl. RGZ 158, 294 (299).
[149] Auch in Form einer Geldrente, vgl. MüKoBGB/*Weber-Monecke* BGB § 1360 Rn. 21 und § 1360a Rn. 14, aA noch RGZ 61, 50 (53).
[150] Vgl. OLG Hamm NJW 2006, 3012: Unterschreitung um ein Drittel.
[151] MüKoBGB/*Weber-Monecke* BGB § 1360 Rn. 21; vgl. auch OLG Hamm NJWE-FER 2000, 227 und OLG Düsseldorf NJWE-FER 2000, 307.
[152] BSG NJW 1975, 712.
[153] Staudinger/*Voppel* BGB § 1360 Rn. 58. Vgl. DNotI-Report 2016, 3 (4).
[154] OLG Koblenz NJW 2007, 2052.

29   Inwieweit aus Unterhaltsvereinbarungen geklagt werden kann, ist umstritten.[155] Diesbezügliche Vereinbarungen stehen stets unter dem **Vorbehalt** des Wandels der Verhältnisse (arg. § 1360a Abs. 1 BGB). Sofern nicht ausdrücklich etwas anderes vereinbart wurde, hat eine Anpassung bei einer Trennung zu erfolgen.[156] Zum Getrenntlebensunterhalt → § 13 Rn. 44 ff.

30   Den Unterhalt für die gemeinsamen Kinder kann bei intakter Ehe ein Elternteil vom anderen kraft eigenen Rechts verlangen. Ein eigener Anspruch der Kinder ergibt sich aus § 1360 BGB nicht.[157] Eigene **Unterhaltsansprüche der Kinder** gegen ihre Eltern sind in den §§ 1601 ff. BGB geregelt. Wegen der Sperre des § 1614 BGB sind ein Verzicht zulasten des Kindes und die Vereinbarung eines rein vertraglichen Unterhalts nicht zulässig.[158] Unbenommen bleibt es den Eltern, selbständige vertragliche Unterhaltsansprüche neben dem gesetzlichen Anspruch oder über ihn hinaus zu schaffen. Ebenso sind Freistellungsvereinbarungen zwischen Eltern im Rahmen von Kindesunterhaltsregelungen, die den gesetzlichen Unterhaltsanspruch des Kindes unberührt lassen, grundsätzlich zulässig[159] und bereits vor Eheschließung möglich.[160] Allerdings darf eine derartige Vereinbarung nicht zu einer einseitigen Lastenverteilung führen und sich auch nicht zulasten des Kindes auswirken.[161] Die Abhängigkeit diesbezüglicher Vereinbarungen von einem späteren Aufenthalt des Kindes und gegebenenfalls einer gerichtlichen Sorgerechtsentscheidung oder Verbleibensanordnung sollte durch eine Bedingung gesichert werden.

V. Ehe- und Familienname

31   Die Verpflichtung zur Führung eines gemeinsamen **Familiennamens** galt lange Zeit als sichtbarer Ausdruck der durch die Ehe begründeten Lebensgemeinschaft.[162] Die Namenseinheit der Familie ist weiterhin das Ziel des Gesetzgebers (§ 1355 Abs. 1 S. 1, Abs. 3 BGB).[163] Der Grundsatz der Gleichberechtigung gebietet es jedoch, dass beide Eheleute frei entscheiden können, welchen Familiennamen (Ehenamen) sie tragen wollen.[164] Das Namensrecht ist Bestandteil des Persönlichkeitsrechts.[165]

32   Wählen die Ehegatten einen gemeinsamen Ehenamen, so erklären sie dies bei der Eheschließung formlos dem Standesbeamten (§ 1355 Abs. 2 BGB, § 3 Abs. 1 LPartG).[166] Ehename kann der Geburtsname des Mannes oder der Frau werden; auch eine Weitergabe früher erheirateter oder durch eine Lebenspartnerschaft erworbener und noch geführter Namen an den neuen Ehegatten ist möglich. Ein Doppelname aus den Geburtsnamen beider Ehegatten kann dagegen nicht gemeinsamer **Ehename** werden.[167] Dagegen kann ein bereits als Geburts- oder Ehe-/Lebenspartnerschaftsname vorhandener Doppel- oder mehrgliedriger Name eines Ehegatten zum (neuen) Ehenamen werden.

33   Geben die Ehegatten keine Erklärung zur Wahl eines Ehenamens ab oder wünschen sie die Beibehaltung ihrer bisherigen Namen, so führen sie ihre jeweiligen zur Zeit der Eheschließung geführten Namen auch nach der Eheschließung fort (§ 1355 Abs. 1 S. 3 BGB).

---

[155] Verneinend, wenn über die Ausgestaltung der persönlichen Beziehungen inzident mitentschieden werden müsste, *Hepting* S. 98 f.

[156] Staudinger/*Voppel* BGB § 1360a Rn. 46.

[157] HM, Palandt/*Brudermüller* BGB § 1360 Rn. 2.

[158] *Thiele* MittBayNot 1990, 137 (140).

[159] BGH NJW 1986, 1167.

[160] OLG Stuttgart NJW-RR 1993, 133.

[161] BVerfG DNotZ 2001, 222.

[162] BVerfG NJW 1988, 1577; vgl. *Gaaz* StAZ 2006, 157 und *Coester-Waltjen* Jura 2007, 586.

[163] Zu Reformvorschlägen *Battes* FamRZ 2008, 1037.

[164] BVerfG NJW 1991, 1306.

[165] BVerfG NJWE-FER 2001, 193.

[166] Zum Lebenspartnerschaftsnamen s. *Seeger* MittBayNot 2002, 329 (337); *Muscheler* FamRZ 2004, 762. Vgl. zur Ehenamensbestimmung bei einer im Ausland geschlossenen gleichgeschlechtlichen Ehe nach früherem Recht BGH NJW 2016, 2953. Zum Namensrecht bei Umwandlung der Lebenspartnerschaft in eine Ehe kurz *Kienemund* NZFam 2017, 1073.

[167] BVerfG NJW 2009, 1657. Zur diesbezüglichen Namensänderung BVerwG NZFam 2017, 322.

Allerdings ermöglicht § 1355 Abs. 3 S. 2 BGB ohne zeitliche Beschränkung den **Weg zum Ehenamen** durch öffentlich beglaubigte Erklärung beider Ehegatten gegenüber dem Standesamt.[168]

Formulierungsbeispiel: Namensbestimmung (§ 1355 Abs. 3 S. 2 BGB) 33a

Wir, Hans Müller und Frieda Meier, verwitwete Huber, geborene von Berg, haben am ꙮ *** die Ehe geschlossen und dabei keine Erklärung über die Führung eines Ehenamens abgegeben. Nunmehr bestimmen wir den Geburtsnamen der Ehefrau „von Berg" zum Ehenamen.

Ein Ehegatte, dessen Name nicht Ehename wird, kann durch öffentlich beglaubigte 34 Erklärung gegenüber dem Standesbeamten seinen Geburtsnamen oder den zur Zeit der Erklärung über die Bestimmung des Ehenamens geführten Namen voranstellen oder anfügen (sog. **Begleitname**; § 1355 Abs. 4 BGB). Für unzulässig wird eine Namensverdoppelung („Meier-Meier", anders wohl „Maier-Meier") bei Identität von Ehenamen und übergangenem eigenen Namen gehalten.[169] Besteht der zum Ehenamen gewählte Name des einen Ehegatten aus mehreren Namen, so kann der andere Ehegatte diesem keinen Begleitnamen hinzufügen (§ 1355 Abs. 4 S. 3 BGB).[170] Die Erklärung über den Begleitnamen kann in öffentlich beglaubigter Form widerrufen, aber nach der Aufgabe des Begleitnamens nicht wiederholt werden und – abgesehen vom Fall der Verwitwung und Scheidung – auch nicht korrigiert werden. Ein Widerruf mit dem Ziel, die Reihenfolge von Ehe- und Begleitname umzukehren, ist nicht zulässig.[171] Eine Frist für die Erklärung über den Begleitnamen besteht nicht.

Der Ehename überdauert die Ehe (§ 1355 Abs. 5 S. 1 BGB).[172] Doch hat bei **Auflö-** 35 **sung der Ehe** durch Tod oder Scheidung jeder Ehegatte das Recht, durch öffentlich beglaubigte Erklärung gegenüber dem Standesbeamten zu seinem Geburtsnamen oder dem bei Bestimmung des Ehenamens geführten Namen zurückzukehren; er kann auch dem Ehenamen seinen Geburtsnamen bzw. den bei Bestimmung des Ehenamens geführten Namen voranstellen oder anfügen (§ 1355 Abs. 5 S. 2 BGB). Fristen für diese fünf Alternativen sind nicht vorgesehen.

Entscheiden sich Eltern für einen Ehenamen, so erhält diesen auch das Kind (§ 1616 36 BGB). Führen die Eltern keinen Ehenamen, so bestimmen sie durch öffentlich beglaubigte Erklärung gegenüber dem Standesbeamten, welcher ihrer beider Namen, den sie zur Zeit der Erklärung führen, zum Geburtsnamen des Kindes (§ 1617 Abs. 1 BGB) wird. Die Eintragung in das Geburtenbuch hat nur deklaratorischen Charakter.[173] Haben die Eltern binnen eines Monats nach der Geburt des Kindes noch keine Bestimmung über den **Kindesnamen** getroffen, so überträgt das Familiengericht das Bestimmungsrecht einem Elternteil. Es kann für die Ausübung eine Frist setzen. Ist nach Ablauf der Frist das Bestimmungsrecht noch nicht ausgeübt worden, so erhält das Kind den Namen des Elternteils, dem das Bestimmungsrecht übertragen wurde (§ 1617 Abs. 2 S. 4 BGB). Die Namensbestimmung für das erste Kind gilt für sämtliche Geschwister einschließlich adoptierter Kinder (§ 1617 Abs. 1 S. 3 BGB).[174] Eine erneute Namenswahl wird jedoch für zulässig gehalten, wenn alle früheren Geschwister gestorben sind.[175]

---

[168] Vgl. OLG Naumburg NZFam 2014, 1048.
[169] Palandt/*Brudermüller* BGB § 1355 Rn. 8.
[170] Vgl. BVerfG NJW 2009, 1657.
[171] BayObLG NJW-RR 1998, 1015.
[172] Zum Ehenamen bei Eheaufhebung s. OLG Celle FamRB 2013, 149.
[173] OLG Hamm NJW-RR 1995, 199.
[174] Vgl. BayObLG NJW-RR 1997, 321.
[175] Str., so *Gernhuber/Coester-Waltjen* FamR § 54 Rn. 14.

37 Ob **Vereinbarungen** über die künftige Wahl des Ehenamens zulässig sind, ist umstritten. Die hM[176] lässt sie zu. Nach aA[177] handelt es sich bei der Namensbestimmung zwar um ein Rechtsgeschäft, aber um ein im Zeitpunkt der Namensbestimmung höchstpersönliches Recht.[178] Strittig ist weiterhin, ob und wie die Vereinbarung zu vollstrecken ist. Eine entgegen der Vereinbarung gegenüber dem Standesbeamten abgegebene Erklärung ist nicht unwirksam.[179] Allerdings ist fraglich, ob der Standesbeamte bei Offenkundigkeit eines Verstoßes gegen eine entsprechende Vereinbarung hieran mitwirken darf. Das wird man verneinen müssen. Hält man die Vereinbarung über den Ehenamen für klag-, aber nicht vollstreckbar,[180] so kommt als Sanktion für die Nichteinhaltung der Verpflichtung nur die Abstandnahme von der Eheschließung in Betracht. Die Vollstreckung erfolgt nach wohl hM[181] nach § 894 ZPO.

38 Da den Ehegatten, die keinen Ehenamen führen, auch bezüglich des **Kindesnamens** eine echte Wahlbefugnis im Sinne eines von beiden auszuübenden Gestaltungsrechts eingeräumt wird, sind auch diesbezüglich wechselseitige **Abreden** möglich, allerdings ohne Wirkungen gegenüber dem Kind, wenn dessen Zustimmung erforderlich ist. Ferner ist die Verpflichtung eines Ehegatten zulässig, **nach Ehescheidung** den Ehenamen abzulegen.[182] Diesbezügliche Vereinbarungen dürften wegen der Zulässigkeit, einen „erheirateten" Namen zum Namen einer neuen Ehe oder Lebenspartnerschaft zu bestimmen, zunehmen. Das gesetzliche Ehenamensrecht sieht ein Untersagungsrecht nur in krassen Einzelfällen unter dem Gesichtspunkt des Rechtsmissbrauchs vor.[183] Eine Vereinbarung kann nach § 894 ZPO vollstreckt werden. Wird – etwa im Interesse der Erziehung gemeinschaftlicher Kinder – auf eine Beibehaltung des Ehenamens nach einer Scheidung Wert gelegt, so ist auch eine diesbezügliche Verpflichtung möglich. Die Bindung an sie wird jedoch meist unter der (stillschweigenden) auflösenden Bedingung der Wiederverehelichung stehen. Allerdings ist auch eine zeitlich weiterreichende Verpflichtung denkbar; in diesem Fall muss der geschiedene Ehegatte bei einer Heirat seinen Namen beibehalten. Praktische Bedeutung hat vor allem auch die Verpflichtung, den Ehenamen nicht zur Bildung einer Firma bzw. Bezeichnung eines Konkurrenzunternehmens zu verwenden.

38a **Formulierungsbeispiel: Namensbestimmung und -ablegung**

Wir, *** und ***, werden bei Eheschließung zum Ehenamen den Geburtsnamen der Frau bestimmen. Hierzu sind wir wechselseitig verpflichtet. Der Ehemann ist berechtigt, seinen Namen dem Ehenamen voran- oder hintanzustellen.

Nach einer etwaigen Scheidung ist der Ehemann verpflichtet, den Ehenamen wieder abzulegen. Dies hat spätestens innerhalb eines Monats nach Rechtskraft der Scheidung zu erfolgen. Der Ehemann ist bis dahin nicht berechtigt, den Ehenamen in einer neuen Ehe zum Ehenamen zu bestimmen; er darf ihn auch nicht zur Firmenbildung verwenden.

38b **Formulierungsbeispiel: Spätere Namensbestimmung und -beibehaltung**

Wir, *** und ***, werden bei Eheschließung keinen gemeinsamen Ehenamen festlegen. Wir verpflichten uns jedoch, spätestens eine Woche nach der Geburt eines ge-

---

[176] RGZ 86, 114; RG Seuff A 76 Nr. 55; OLG Frankfurt a.M. StAZ 1971, 137; *Seeger* MittBayNot 2002, 229 (238); offen BGH FamRZ 2008, 859 (860).
[177] So *Schwab* DNotZ-Sonderheft 2001, 9 (31).
[178] Unklar *Schwab* DNotZ-Sonderheft 2001, 9 (32), der die sonstigen Verabredungen – zB Unterhalt – vom Vollzug der gewünschten namensrechtlichen Entscheidungen abhängig machen will.
[179] *Dethloff* FamR § 4 Rn. 92.
[180] So *Diederichsen* NJW 1976, 1170.
[181] LG München I FamRZ 2000, 1168; *Seeger* MittBayNot 2002, 229 (238).
[182] RGZ 86, 114 (116f.); BGH NJW 2008, 1528; LG Bonn MittBayNot 2008, 134; vgl. auch den Formulierungsvorschlag von *Oertzen/Engelmeier* FamRZ 2008, 1133 (1138).
[183] BGH FamRB 2005, 1658.

meinsamen Kindes einen zur Zeit der Eheschließung geführten Namen des Mannes zum Ehenamen zu bestimmen. Die Frau ist berechtigt, ihren Geburtsnamen oder den zur Zeit der Eheschließung geführten Namen dem Ehenamen voran- oder hintanzustellen.

Beide Ehegatten verpflichten sich, nach einer etwaigen Scheidung bis zur Vollendung des *** Lebensjahres des jüngsten gemeinsamen Kindes den Ehenamen nicht wieder abzulegen und bei einer etwaigen erneuten Eheschließung entweder zum Ehenamen zu bestimmen oder ihn zumindest als Begleitnamen beizubehalten.

VI. Besteuerung der Ehegatten und Gestaltung

Bei der **Einkommensteuer** haben Ehegatten zahlreiche Wahlmöglichkeiten: So können 39
sie durch die Kombination der Steuerklassen IV/IV (bei gleichem Verdienst) bzw. III/V (bei unterschiedlichem Einkommen, Faustregel: ein Ehegatte verdient mehr als 60% des Gesamteinkommens) – allerdings kaum noch gravierende – Vorteile bei der Lohnsteuer erzielen. Bei der Wahl muss jedoch auf eine zu erwartende Kündigung Rücksicht genommen werden. Die Wahl der Steuerklasse hat nämlich auch Auswirkungen auf das Arbeitslosengeld, das Mutterschaftsgeld, das Elterngeld, das Krankengeld etc, die sich nach dem zuletzt gezahlten Nettogehalt richten, sowie auf den Umfang einer Lohnpfändung. Anstelle der Steuerklassenkombination III/V oder ergänzend zur Steuerklassenkombination IV/IV können Ehegatten das Faktorverfahren (IV-Faktor) wählen, dadurch wird erreicht, dass sich bei jedem Ehegatten die einzubehaltende Lohnsteuer entsprechend der Wirkung des Splittingverfahrens reduziert. Bei der Veranlagung zur Einkommensteuer können Ehegatten – unabhängig vom Güterstand – zwischen der Zusammenveranlagung und der Einzelveranlagung (§§ 25 ff. EStG) wählen.[184] Die Zusammenveranlagung ist möglich, wenn die Ehegatten nicht im ganzen Kalenderjahr getrennt gelebt haben.[185] Ehegatten können auch hierüber Vereinbarungen treffen, insbesondere auch über einen Ausgleich der durch die gemeinsame Einkommensteuerveranlagung ausgelösten steuerlichen Nachteile; ohne eine derartige Vereinbarung erfolgt jedenfalls während des Zusammenlebens kein Ausgleich.[186] Lebenspartner werden im Einkommensteuerrecht Ehegatten gleichgestellt (§ 2 Abs. 8 EStG).

Besondere Bedeutung hat die Eheschließung für die **Erbschaft- und Schenkung-** 40
steuer. Nur Ehegatten und Lebenspartner erhalten die hohen Freibeträge der Steuerklasse I (§ 15 Abs. 1 Steuerklasse I Nr. 1 ErbStG), nicht jedoch Verlobte und eheähnliche Gemeinschaften.[187] Durch eine geschickte Gestaltung[188] und den Einsatz des Familienheims[189] zur Kompensation von Nachteilen im Rahmen ehevertraglicher Vereinbarungen (§ 13 ErbStG)[190] können sich zusätzliche Steuerspareffekte bei der Schenkungsteuer ergeben.[191]

Nach § 3 Nr. 4 GrEStG ist der Grundstückserwerb unter Ehegatten und Lebenspart- 41
nern von der **Grunderwerbsteuer** befreit.

---

[184] Vgl. Finanzbehörde Hamburg DStR 2018, 304. Zur Frage der rückwirkenden Anwendung des Splittingtarifs bei Umwandlung einer Lebenspartnerschaft in eine Ehe FG Hamburg NZFam 2018, 910 (Rev. BFH Az. III R 57/18).

[185] Zum Anspruch auf Zustimmung zur Zusammenveranlagung s. BGH FamRZ 2007, 1229; FamRZ 2010, 269; OLG Nürnberg FamFR 2013, 19. Allg. zum Ehegattensplitting *Becker/Englisch* DStR 2016, 1005.

[186] OLG Bremen NJW-RR 2011, 940; FPR 2012, 348.

[187] Meincke/*Hannes/Holtz,* ErbStG, 17. Aufl. 2018, § 15 Rn. 5.

[188] Vgl. *Kühn* ZErb 2012, 177 zu Lebensversicherungen.

[189] BFH DB 2013, 2547 nicht Zweit- und Ferienwohnungen.

[190] Vgl. *Ihle* FPR 2012, 315 (316).

[191] Zur Hausratsschenkung s. *Stein/Tack* ZEV 2013, 180.

> **Praxishinweis Steuern:**
> Gleiches gilt nach § 3 Nr. 5 GrEStG auch nach Beendigung der Ehe, sofern die Übertragung der Vermögensauseinandersetzung nach der Scheidung dient.

41a Nicht erst bei Vermögensübertragungen im Zusammenhang mit der Trennung und der Scheidung,[192] sondern bereits beim Abschluss vorsorgender Eheverträge spielt die **steuerliche Gestaltung** eine Rolle.[193] Hauptzweck von vorsorgenden Eheverträgen ist jedoch die Vorsorge für den Scheidungsfall. Darauf muss auch bei steuerlich motivierten Eheverträgen geachtet werden. Bei Unternehmereheverträgen kommt die Sicherung des Privatvermögens vor betrieblichen Verbindlichkeiten hinzu. Insofern sind die unterschiedlichen Regelungsziele zum Ausgleich zu bringen. Ist dies nicht möglich, müssen Nachteile einer Regelung in Kauf genommen werden. Kennt beispielsweise das ausländische Recht keine modifizierte Zugewinngemeinschaft, bleibt nur die Vereinbarung der Gütertrennung unter Verlust der Steuerfreiheit des Zugewinns nach § 5 ErbStG.

D. Das Güterrecht und das Nebengüterrecht

I. Verträge zwischen Ehegatten

42 **1. Ehevertragsschluss.** Die besonderen vermögensrechtlichen Beziehungen, die sich aus der Ehe ergeben, hat der Gesetzgeber in den §§ 1363ff. BGB, § 6 LPartG nur teilweise kodifiziert. Der gesetzliche Güterstand der Zugewinngemeinschaft tritt automatisch mit Eheschließung, also unabhängig von einer Vereinbarung ein. Ehegatten können aber ihre güterrechtlichen Verhältnisse durch **Eheverträge** regeln, insbesondere den für sie geltenden Güterstand aufheben oder ändern (§ 1408 BGB, § 7 S. 1 LPartG). Diese Befugnis steht auch unverheirateten Partnern, nicht nur im Rechtssinne Verlobten, für den Fall ihrer Eheschließung zu.[194] Der von nicht verheirateten Personen geschlossene Ehevertrag wird erst mit Eheschließung wirksam.

43 **2. Weitere Verträge und Nebengüterrecht.** Neben dem eigentlichen Ehegüterrecht dienen im nicht unerheblichem Umfang auch schuldrechtliche Verträge dem Vollzug der ehelichen Lebens- und Vermögensgemeinschaft. Ihre Bedeutung in der Rechtsprechung und Gestaltungspraxis nimmt zu.[195] Auch im Rahmen der anwaltlichen Scheidungsberatung gehört das Nebengüterrecht längst zu den „Standard-Checkpunkten".[196] Es handelt sich bei diesem Nebengüterrecht um Ansprüche aufgrund einer (konkludenten) Ehegatteninnengesellschaft, einer Bruchteilsgemeinschaft (Konten, Familienheim), eines familienrechtlichen Zuwendungs- und Kooperationsvertrages, des Gesamtschuldenausgleichs, eines Auftragsverhältnisses (Befreiung von Verbindlichkeit, Vorsorgevollmacht) und unerlaubter Handlung (Abräumen von Konten).[197] Verfahrensrechtlich liegen sonstige Familiensachen vor, für die die Zuständigkeit der Familiengerichte gegeben ist (§§ 266 Abs. 1 Nr. 3, 269 Abs. 2 Nr. 3 FamFG).[198] Bei der Gütergemeinschaft spielen derartige Ansprüche praktisch keine Rolle; die Auseinandersetzung erfolgt nach den §§ 1471ff. BGB. Bei der Gütertrennung dienen sie in weitem Umfang zum Ausgleich von „Vermögensverflechtungen", die

---

[192] Vgl. *Münch* FamRB 2006, 92.
[193] S. nur *Jülicher* ZEV 2006, 338 und *Münch* FamRB 2007, 281.
[194] Staudinger/*Thiele* BGB § 1408 Rn. 4.
[195] Zur Entwicklung *Herr* FamRB 2012, 257.
[196] Vgl. *Herr* FamRB 2013, 84 (85); *ders.* FamFR 2011, 149.
[197] Vgl. *Herr* NJW 2012, 1847ff.; *Roßmann* ZFE 2011, 87ff.; *Bergschneider* FPR 2011, 244; krit. *Hoppenz* FamRZ 2011, 1697 (1702) und *Wever* FS Hahne 2012, 191 (201).
[198] BGH MDR 2013, 109; OLG Nürnberg FamFR 2012, 69. S. dazu auch *Giers* NJW 2018, 357f.

trotz der güterrechtlichen Vermögenstrennung eingegangen werden.[199] Bei der Zugewinngemeinschaft existiert über den Zugewinnausgleich ein Instrument der Vermögensbeteiligung; deshalb ist insoweit die Rechtsprechung mit der Bejahung nebengüterrechtlicher Ansprüche zurückhaltend; zudem muss auch ihr Verhältnis zum Zugewinn berücksichtigt werden.[200]

Zu den Ansprüchen, die sich zwischen Ehegatten neben dem Güterrecht ergeben **44** können, gehören zunächst diejenigen aufgrund von **Zuwendungen unter den Ehegatten** selbst, aber auch von den Eltern eines Ehegatten an das „Paar" (sog. Schwiegerelternzuwendungen).[201] (Unbenannten oder ehebedingten) Zuwendungen zwischen Ehegatten liegt – anders als bei reinen Schenkungen[202] – die Erwartung zugrunde, dass die eheliche Lebensgemeinschaft Bestand haben werde.[203] Die Abgrenzung zur Schenkung hat Bedeutung auch im Rahmen des § 528 BGB, wenn die Sozialhilfebehörde den Anspruch auf sich überleitet.[204] Umgekehrt setzt bei einem Geldbetrag die Behauptung einer darlehensweisen Hingabe einen diesbezüglichen Rechtsbindungswillen voraus.[205] Der Zuwendende geht bei einer Zuwendung im Rahmen der Lebensgemeinschaft regelmäßig davon aus, dass der zugewendete Gegenstand ihm letztlich nicht verloren geht, sondern der ehelichen Lebensgemeinschaft und damit auch ihm selbst weiterhin zugute kommt.[206] Allerdings können auch andere Umstände, wie zB die leibliche Abstammung eines gemeinsamen Kindes, Geschäftsgrundlage der Zuwendung sein; dies muss allerdings dem Zuwendungsempfänger erkennbar sein.[207] Derartige Zuwendungen an den Partner sind beim Zugewinnausgleich nicht in das Anfangsvermögen gemäß § 1374 Abs. 2 BGB einzustellen, und zwar auch bei einer Zuwendung mit Rücksicht auf ein künftiges Erbrecht.[208] Bei einer endgültigen Trennung fällt die Geschäftsgrundlage der Zuwendung weg.[209] Sowohl bei Gütertrennung als auch beim gesetzlichen Güterstand ist die Folge kein automatischer Rückforderungsanspruch. Vielmehr besteht grundsätzlich nur ein Ausgleichsanspruch in Geld, der durch den Wert der Zuwendung und den im Zeitpunkt des Scheiterns der Ehe noch vorhandenen Wert der Zuwendung begrenzt ist. Außerdem sind Nutzungsvorteile seit der Zuwendung zu berücksichtigen.[210] Ein Ausgleich erfolgt bei Gütertrennung nur, wenn die Beibehaltung der herbeigeführten Vermögensverhältnisse nach Treu und Glauben unzumutbar ist.[211] Bei der Zugewinngemeinschaft ist die Grenze der Unangemessenheit und Untragbarkeit in der Regel wegen des Zugewinnausgleichs nicht überschritten, auch wenn dieser dazu führt, dass nur der hälftige Wert der Zuwendung zurückfließt.[212] In sämtlichen Fällen ist zu berücksichtigen, dass der zuwendende Partner es einmal für richtig erachtet hat, dem anderen die Leistungen zu gewähren.[213]

Zuwendungen, insbesondere des Familienheims, erfolgen nicht nur zwischen den Ehe- **44a** gatten, sondern auch durch Familienangehörige, meist die Schwiegereltern. Während die

---

[199] *Roßmann* ZFE 2011, 87 (88).
[200] Vgl. *Herr* FF 2011, 16.
[201] Zur schenkungsteuerrechtlichen Frage einer Kettenschenkung bei Weiterschenkung durch das eigene Kind BFH NotBZ 2013, 18.
[202] Vgl. OLG München RNotZ 2009, 339; BGH FamRZ 2013, 296.
[203] Vgl. *Bergschneider* FPR 2011, 244; *Herr* NJW 2012, 3486; *Hoppenz* FPR 2012, 84; *Poelzig* JZ 2012, 425.
[204] KG FamRB 2010, 1.
[205] OLG Saarbrücken NJW-RR 2010, 506.
[206] BGH FamRZ 1999, 1580; FamRZ 2010, 1626. Zur Sittenwidrigkeit einer steuerlich motivierten Übertragung (Wiesbadener Modell) s. BGH NJW 2014, 2177 und NJW 2015, 1668 sowie dazu *Kesseler* DStR 2015, 1189.
[207] BGH FamRZ 2012, 1623; weitergehend OLG München FamRZ 2009, 1831; NJW 2013, 946.
[208] BGH MittBayNot 2011, 64.
[209] BGH FamRZ 2007, 877.
[210] Vgl. *Wever* FamRZ 2013, 1.
[211] BGH NJW 2012, 3374; NZFam 2014, 327.
[212] BGH FamRZ 1995, 1060.
[213] BGH NJW 2012, 3374; *Henke/Keßler* NZFam 2014, 307; *Wellenhofer* NZFam 2014, 314 (315).

Rechtsprechung sie früher ehebedingten Zuwendungen gleichstellte und eine Abwicklung allein im Verhältnis der Ehegatten vornahm,[214] werden sie nunmehr als Schenkungen angesehen, die unter § 1374 Abs. 2 BGB fallen und sich damit bei einem Schenkungswiderruf zugewinnneutral verhalten.[215] Umstritten ist, ob die Ansprüche des Zuwendenden gegen den Zuwendungsempfänger vererblich sind.[216] Sie entstehen mit der endgültigen Trennung des jungen Paares[217] und unterliegen der Regelverjährung.[218] Allerdings dürften unmittelbare Schwiegerelternschenkungen aus schenkungsteuerlichen Gründen die Ausnahme sein.[219] Wird ausnahmsweise eine Schwiegerelternzuwendung (zB bei geringen Grundstückswerten) gewünscht, kann vereinbart werden, dass die Zuwendung lediglich zur Vermeidung von Kosten „unmittelbar" erfolgt, sie aber im Verhältnis der Schwiegereltern und des jungen Paares so behandelt werden soll, als wäre sie zunächst an das eigene Kind erfolgt, das dann dem Ehepartner eine Mitberechtigung im Wege der ehebedingten Zuwendung eingeräumt hat. Es kann aber auch vereinbart werden, dass keinerlei Ausgleich bei einer Scheidung des jungen Paares erfolgen soll.

44b **Formulierungsbeispiel: Schwiegerelternzuwendung mit Abwicklung im Verhältnis der Ehegatten**

Die Übertragung von Herrn *** und Frau *** an ihre Schwiegertochter *** erfolgt nur zur Kostenersparnis unmittelbar zwischen den Beteiligten. Im Verhältnis von Herrn *** und Frau *** sowie ihres Sohnes *** und dessen Ehefrau *** soll sie so behandelt werden, als wäre die Übertragung von Herrn *** und Frau *** auf ihren Sohn *** zum Alleineigentum erfolgt und hätte dieser dann einen hälftigen Miteigentumsanteil an seine Ehefrau *** im Wege der ehebedingten Zuwendung weiter übertragen. Zwischen den beiden Letztgenannten werden keine Rückforderungsrechte für den Fall der Scheidung ihrer Ehe gewünscht. Frau *** hat sich jedoch die Zuwendung auf einen etwaigen Zugewinnausgleichsanspruch gemäß § 1380 BGB anrechnen zu lassen, nicht jedoch auf etwaige Pflichtteilsansprüche. Sie nimmt von dieser Anrechnungsbestimmung hiermit Kenntnis und erklärt sich mit ihr einverstanden.

44c **Formulierungsbeispiel: Schwiegerelternzuwendung ohne Ausgleich in sämtlichen Rechtsbeziehungen**

Die Übertragung von Herrn *** und Frau *** an ihren Schwiegersohn soll auch im Fall der Scheidung der Ehe ihres Sohnes und ihres Schwiegersohnes ihre Wirksamkeit behalten. Die Ehegatten Herr *** und Frau *** behalten sich den Widerruf der Schenkung und die Rückforderung des Grundbesitzes, gleich aus welchem Rechtsgrund, ausdrücklich nicht vor, insbesondere nicht im Fall der Scheidung oder Aufhebung der Ehe ihres Sohnes und ihres Schwiegersohnes. Gesetzlich zwingende Widerrufsrechte bleiben unberührt. Erwerbsrechte von Herrn *** gegenüber seinem Ehemann für den Fall der Scheidung ihrer Ehe werden ebenfalls nicht gewünscht.

45   Besondere Bedeutung hinsichtlich des späteren Vermögensausgleichs haben ferner **Arbeits- und Gesellschaftsverträge.** Ehegatten können ausdrücklich eine Gesellschaft miteinander schließen. Die stillschweigend vereinbarte Ehegatteninnengesellschaft dient

[214] BGHZ 129, 259; BGH FamRZ 2006, 394.
[215] BGHZ 184, 190; BGH FPR 2011, 100; FamRZ 2012, 273; vgl. dazu *Kogel* FamRB 2010, 309; *Krause* ZFE 2010, 284; *Schlecht* FamRZ 2010, 1021; *Schulz* FPR 2012, 79.
[216] *Stein* FamFR 2011, 243.
[217] *Stein* FPR 2012, 88 (90).
[218] OLG Köln FamFR 2012, 525; *Herr* NZFam 2014, 318 (321).
[219] Vgl. BFH FamRZ 2012, 548 zur Weiterschenkung.

zum Einen der Korrektur unbilliger Ergebnisse bei einer Ehegattenmitarbeit.[220] Sie kommt aber nicht nur bei Unangemessenheit des Zugewinnausgleichs in Betracht; ein gesellschaftsrechtlicher Ausgleichsanspruch kann vielmehr auch neben dem Anspruch auf Zugewinnausgleich gegeben sein.[221] Ein Verzicht auf den Zugewinnausgleich enthält deshalb nicht automatisch auch einen Verzicht auf den gesellschaftsrechtlichen Ausgleich. Die Annahme einer Ehegatteninnengesellschaft setzt die Verfolgung eines über den typischen Rahmen der Lebensgemeinschaft hinausgehenden Zwecks voraus.[222] Beispiele sind der Aufbau eines Unternehmens durch den Einsatz von Vermögenswerten und Arbeitsleistungen sowie die gemeinsame Ausübung einer beruflichen oder gewerblichen Tätigkeit.[223] Der Annahme einer Ehegatteninnengesellschaft steht nicht entgegen, dass das Betreiben des Geschäfts nur der Sicherung des Familienunterhalts dient. Es muss jedoch eine gleichberechtigte Mitarbeit vorliegen. Leben Ehegatten in Gütergemeinschaft, ist zur Gründung einer OHG allerdings die Begründung von Vorbehaltsgut erforderlich.[224] Steuerlich liegt eine Mitunternehmerschaft vor.[225] Die Ehegatteninnengesellschaft endet regelmäßig mit der endgültigen Trennung der Partner, spätestens mit Rechtskraft der Scheidung.[226] Bei Beendigung der Innengesellschaft besteht, da ein Gesamthandsvermögen fehlt, ein Ausgleichsanspruch in Form eines schuldrechtlichen Anspruchs auf Zahlung eines Auseinandersetzungsguthabens (§§ 736 ff. BGB). Eine Verwertung der im Eigentum des anderen Ehegatten stehenden Vermögensgegenstände kann der ausgleichsberechtigte Ehegatte nicht verlangen; ihm steht nur ein auf Geld gerichteter Auseinandersetzungsanspruch zu. Die Höhe des Anspruchs richtet sich nach den getroffenen Vereinbarungen. Mangels solcher gilt § 722 Abs. 1 BGB, wonach jeder Beteiligte einen gleich hohen Anteil hat; die Beweislast für einen höheren Anteil trägt der Anspruchsteller.[227] Problematisch sind die steuerrechtlichen Konsequenzen bei Annahme einer Mitunternehmerschaft und ihrer späteren Auflösung.[228] Zur Ermittlung des Ausgleichsanspruchs muss zunächst der gesellschaftsrechtliche Ausgleich vorgenommen werden. Danach wird unter Berücksichtigung dieses schuldrechtlichen Ausgleichsanspruchs der Zugewinnausgleich berechnet. Hierbei sind die unterschiedlichen Einsatzzeitpunkte des gesellschaftsrechtlichen Anspruchs (Arbeitsaufnahme und Ende der Zusammenarbeit) und des Zugewinnausgleichs (§§ 1374, 1375 BGB) zu beachten. In Ausnahmefällen kann die Innengesellschaft auch nach einer Scheidung fortgeführt werden. Denkbar ist zur Vermeidung eines Liquidationsabflusses der Wechsel in eine stille Gesellschaft. Mitunter wird die Beteiligung eines Ehegatten im Zusammenhang mit der Trennung im Wege der vorweggenommenen Erbfolge auf ein Kind übertragen und die Gesellschaft als Außengesellschaft fortgeführt. Die Annahme einer Innengesellschaft kann auch Bedeutung für Pflichtteilsansprüche beim Tod eines Ehegatten haben. Trotz der alleinigen Eigentümerposition eines Ehegatten kann der andere

---

[220] BGH DNotZ 2000, 514 und DB 2003, 2279; s. dazu *Grziwotz* DNotZ 2000, 486; *Haußleiter* NJW 2006, 2741; *Kogel* FamRZ 2006, 1799; *Schulz* FamRB 2005, 111 und FamRB 2005, 142 sowie *Jaeger* FS Henrich 2000, 323; vgl. auch den Formulierungsvorschlag *Münch* FamRZ 2004, 233.

[221] BGH NJW 2006, 1268; KG FamRB 2014, 83; zum Verhältnis zum Zugewinnausgleich s. *Wall* FamRB 2010, 348.

[222] BGH NJW 1995, 3383; NJW 1999, 2962 (2966); DNotZ 2000, 514; NJW 2006, 1268; NZG 2008, 68; MDR 2009, 155; OLG Köln FamRZ 2010, 1738; OLG Hamm FamRZ 2010, 1737; OLG München BeckRS 2008, 04991.

[223] Zur Gesellschaft mit einem besonders beruflich qualifizierten Freiberufler OLG Hamm FamRB 2012, 301; *Herr* FamRB 2011, 221. Zur Gewinnverteilung in der Ehegatteninnengesellschaft BGH NZG 2016, 547.

[224] BGH NJW 1975, 1774; offen gelassen von BGH NJW 1994, 652 (654); aA OLG Nürnberg MittBayNot 2017, 499 (zu Kommanditanteil: automatisch Sondergut); vgl. *Röthel* FamFR 2012, 1916.

[225] BFH DStRE 2009, 974; DStR 2018, 2012; *von Twickel* DStR 2009, 411.

[226] AG Kehl FamRZ 2016, 2014 (Ls.).

[227] BGHZ 142, 137; BGH NZG 2016, 547; vgl. *Dauner-Lieb* FuR 2009, 361 (367).

[228] Vgl. Schwab/Hahne/*Engels*, Familienrecht im Brennpunkt, 2004, S. 203, 222 ff.; *ders.*, Steuerrecht für die familiengerichtliche Praxis, 3. Aufl. 2017, Rn. 36 und Rn. 1178 ff.; *Raff* NZFam 2018, 768 (772).

gegen den Nachlass einen Anspruch in Höhe des halben Werts des Gesellschaftsvermögens (zB eine Immobilie als Kapitalanlage) haben.[229]

45a **Formulierungsbeispiel: Mitarbeit Hinweis**

Der Notar/Die Notarin hat darauf hingewiesen, dass neben dem Güterrecht insbesondere bei Mitarbeit eines Ehegatten im Betrieb des anderen ein Ausgleich bei einer Scheidung außerhalb des Güterrechts geschuldet sein kann, wenn die Mitarbeit nicht angemessen entlohnt wird oder beide Ehegatten gleichberechtigt ein Unternehmen aufbauen oder eine gewerbliche bzw. sonstige berufliche Tätigkeit gemeinsam ausüben.

45b **Arbeitsverträge** unter Ehegatten sind möglich, selbst wenn die Abgrenzung zwischen nur familienhafter Mitarbeit und abhängiger Beschäftigung nicht immer einfach ist.[230] Die durch schlüssiges Verhalten zu Stande gekommene Ehegatteninnengesellschaft darf nicht mit den von den Ehegatten getroffenen Vereinbarungen in Widerspruch treten. Deshalb kann ein Arbeitsvertrag mit einer angemessenen Bezahlung die Annahme einer Ehegatteninnengesellschaft ausschließen. Es kommt jedoch nicht auf die Bezeichnung des Vertrages und die teilweise sozial- und krankenversicherungsrechtlich motivierte Gestaltung im Außenverhältnis an. Auch beim formalen Vorliegen eines Arbeitsverhältnisses kann sich aus den Umständen (Fehlen einer Weisungsbefugnis gegenüber dem Partner, Direktionsbefugnis gegenüber den Mitarbeitern, Mitwirkung bei der Einstellung etc) ein Gesellschaftsverhältnis ergeben.

45c **Steuerlich anerkannt** werden Verträge zwischen Ehegatten, wenn sie klar und eindeutig vereinbart und tatsächlich vollzogen werden, insbesondere die Vertragsgestaltung eine solche ist, wie sie auch unter Fremden üblich ist.[231] Der Formwirksamkeit eines Vertrages kommt eine Indizwirkung gegen dessen Anerkennung zu.[232]

45d Auch gemeinsame Verbindlichkeiten können hinsichtlich der Vermögensverhältnisse von Bedeutung sein. Während des Bestehens der Lebensgemeinschaft wird der Gesamtschuldenausgleich (§ 426 Abs. 1 S. 1 BGB), wonach beide Partner im Innenverhältnis zu gleichen Anteilen haften, nämlich regelmäßig durch die Lebensgemeinschaft überlagert.[233] Nach einer Trennung liegt eine anderweitige Bestimmung nahe; die Schuldenhaftung wird dann meist im Unterhalt mitberücksichtigt;[234] ab der Trennung gilt wieder die Grundregel der hälftigen Tragung der Verbindlichkeiten, wenn sich aus der Zweckbestimmung des Kredits nichts anderes ergibt. Zudem kann derjenige Partner, der lediglich Sicherheiten für den Kredit des anderen bestellt hat, nach Auftragsrecht Befreiung von den eingegangenen Verbindlichkeiten verlangen.[235]

46 Zwischen Ehegatten besteht häufig eine **Bruchteilsgemeinschaft;** auch diese wird regelmäßig durch die eheliche Lebensgemeinschaft überlagert.[236] Betroffen ist vor allem das Familienwohnheim, dessen Sonderstellung auch schenkung- und erbschaftsteuerrechtlich (§ 13 Abs. 1 Nr. 4a und Nr. 4b ErbStG)[237] vom Gesetzgeber anerkannt wird (vgl. auch § 180 Abs. 3 ZVG). Gesellschaftsrechtliche Grundsätze finden nach bisheriger Rechtspre-

---

[229] OLG München BeckRS 2008, 04991.
[230] *Fenn* DB 1974, 1062 und DB 1974, 1112. Zum Immobilienerwerb als Gesellschafter einer GbR *Raff* NZFam 2018, 768 (769).
[231] Vgl. BFH NJW 1990, 3039; BMF DStR 2014, 953; BFH DStR 2017, 2475 (2476); *Schulze zur Wiesche,* Vereinbarungen unter Familienangehörigen und ihre steuerlichen Folgen, 9. Aufl. 2006, S. 53; *Kulosa* DB 2014, 972; *Spieker* NZFam 2018, 293 (296).
[232] BFH NJW 2006, 3743; NJW 2007, 2656.
[233] BGH FamRZ 2010, 1542; DNotZ 2015, 539 (540); OLG Koblenz FamFR 2010, 477; OLG Hamm NJOZ 2011, 1558; OLG Koblenz FamRZ 2011, 1053; OLG Jena FamFR 2012, 161; vgl. *Braeuer* FPR 2012, 100.
[234] Vgl. BGH FamRZ 2015, 1272 (1273).
[235] BGH NJW-RR 2015, 641.
[236] OLG Brandenburg NJW-RR 2001, 1297 und OLG Hamm NZM 2003, 125.
[237] Vgl. *Schlünder/Geißler* DStR 2006, 260; *Reimann* ZEV 2010, 174; *Ihle* RNotZ 2011, 471.

chung auf das Familienwohnheim – anders als nach früherer Rechtsprechung des BGH beim Hausbau faktischer Lebensgemeinschaften – keine Anwendung.[238] Etwas anderes gilt für Immobilien als Renditeobjekte.[239] Auch beim Miteigentum können nach einer Trennung Nutzungsentschädigungsansprüche bestehen; dies gilt auch bei Bestehen eines dinglichen Nutzungsrechts, selbst wenn dies zunächst nur als „Verwertungshindernis" bestellt wurde.[240] Einer Teilungsversteigerung steht, wenn es sich um das wesentliche Vermögen handelt, § 1365 Abs. 1 BGB (vgl. § 6 S. 2 LPartG) entgegen.[241] Erfolgt nach der Scheidung die Auseinandersetzung des Miteigentums im Wege der Teilungsversteigerung, muss das Zwangsversteigerungsrecht mit dem Zugewinnausgleich abgestimmt werden.[242]

II. Generelle und spezielle Eheverträge, Rechte Dritter

Im Ehegüterrecht wird überwiegend zwischen **generellen** und **speziellen Eheverträgen** unterschieden.[243] Unter einem generellen Ehevertrag versteht man die Wahl zwischen den gesetzlich geregelten Typen der Güterstände. Spezielle Eheverträge nehmen dagegen eine Abänderung des gesetzlichen oder kraft Ehevertrages geltenden Güterstandes in einzelnen Punkten vor. Die Grenzen sind freilich fließend. Generelle Eheverträge können folgenden Inhalt haben: **47**

– Den **Ausschluss** des gesetzlichen Güterstandes **oder** die **Aufhebung** des geltenden (gesetzlichen oder vertraglichen) Güterstandes. In beiden Fällen tritt grundsätzlich Gütertrennung ein (§ 1414 S. 1 BGB, § 7 S. 2 LPartG).

– Die **Vereinbarung** eines vertraglichen Güterstandes (Wahlgüterstand). Handelt es sich um die Zugewinn-, Wahl-Zugewinn- oder Gütergemeinschaft, so genügt die Verweisung auf die gesetzlichen Vorschriften. Unzulässig ist dagegen die Verweisung auf nicht mehr geltendes oder – soweit nicht die Voraussetzungen der Rechtswahl nach Art. 22 EuGüVO und Art. 22 EuPartVO vorliegen – ausländisches Recht (§ 1409 BGB; sog. **Stichwortvertrag**). Dies gilt nach hM[244] nicht für sog. **Kodifikationsverträge,** die ausländisches oder früher geltendes Recht in den Vertrag durch ausführliche Wiedergabe übernehmen. Reine **Phantasiegüterstände,** in denen in freier Rechtsschöpfung ohne Anlehnung an frühere oder geltende Typen eine individuelle Regelung versucht wird, sind dagegen unzulässig. Umstritten ist die Möglichkeit einer Kombination verschiedener Güterstände. Die in der Literatur diskutierte Grenze der Unzulässigkeit einer Denaturierung der Güterstände und die Unterscheidung eines Kernbereichs von Randzonen sind für die Gestaltungspraxis wenig hilfreich. Auch das Verbot von **Mischgüterständen**[245] bleibt ohne brauchbare Abgrenzungskriterien. Sämtliche Streitfragen sind für die Gestaltungspraxis ohne praktische Relevanz.[246]

– Die Bestätigung des bereits bestehenden Güterstandes oder eines früheren nichtigen Ehevertrages (sog. **Bestätigungsvertrag**). Im ersten Fall kommt einem derartigen Vertrag regelmäßig nur deklaratorische Bedeutung zu; nur wenn ein Güterstand gegenüber künftigen gesetzlichen Änderungen bestandsfest gemacht werden soll, wirkt er konstitutiv.

Modifizierungen gesetzlich geregelter Güterstände (spezielle Eheverträge) sind zulässig,   **48**
sofern das spezifische Ordnungsziel des Güterstandes gewahrt bleibt und nicht in zwin-

---

[238] BGH FamRZ 1999, 1580.
[239] OLG München BeckRS 2008, 04991; KG NJW 2017, 3246.
[240] BGH DNotZ 2011, 58. Vgl. auch OLG Koblenz NJW-RR 2015, 194.
[241] OLG Köln MDR 2012, 1169.
[242] BGH FamRZ 2011, 93 zu einer ins geringste Gebot fallenden Grundschuld; BGH NJW 2017, 2544 zur Hinterlegung des Erlöses; OLG Koblenz NJOZ 2012, 2204; *Kogel* FPR 2012, 75; *ders.* FamRB 2012, 290.
[243] Vgl. *Dethloff* FamR § 5 Rn. 15.
[244] Vgl. Staudinger/*Thiele* BGB § 1409 Rn. 2.
[245] Vgl. Staudinger/*Thiele* BGB Vorbem. zu §§ 1408 ff. Rn. 40 und BRHP/*Siede* BGB § 1408 Rn. 12.
[246] Ähnlich MüKoBGB/*Kanzleiter* BGB § 1408 Rn. 13 und Soergel/*Gaul/Althammer* BGB vor § 1408 Rn. 21.

gendes Recht innerhalb des Güterstandes eingegriffen wird. Die Tatsache, dass Güterstände in ihrer Totalität zur Disposition der Ehegatten stehen, bedeutet nämlich nicht, dass auch über jede Regelung gesondert disponiert werden kann (zu Eheverträgen über den Versorgungsausgleich → Rn. 134 ff.).[247]

49   **Beschränkungen** der güterrechtlichen Vertragsfreiheit bestehen überall dort, wo Rechte Dritter berührt werden. Aus diesem Grund können Verfügungsbeschränkungen zwar reduziert oder abbedungen, aber nicht mit Außenwirkung erweitert werden. Auch Haftungsvorschriften können nicht zulasten Dritter eingeschränkt, wohl aber ausgedehnt werden. Ein Vertrag kann sich wegen einer Vermögensverlagerung auch auf Dritte nachteilig auswirken. Für eine Sittenwidrigkeit ist jedoch neben der Schädigungsabsicht zudem erforderlich, dass der Vertrag die Rechtsstellung des Dritten tatsächlich verschlechtert, dh ein objektiv für ihn nachteiliger Vertrag vorliegt.[248] Schließlich kann sich bei ehevertraglichen Vermögensregelungen auch die Frage der Gläubiger- bzw. Insolvenzanfechtung stellen (§ 3 Abs. 1, Abs. 2 AnfG bzw. § 133 Abs. 1, Abs. 2 InsO). Entscheidend ist insoweit, ob von einer Unentgeltlichkeit bei Vermögenszuwendungen auszugehen ist (§ 4 AnfG, § 134 InsO). Betroffen sind vor allem Eheverträge, mit denen ein vorweggenommener Zugewinnausgleich vor dem Hintergrund drohender Vermögensverluste durchgeführt wird.[249] Nur bei Vereinbarung der Gütertrennung entsteht ein Zugewinnausgleichsanspruch und liegt somit ein entgeltlicher Vertrag vor; bei vertraglicher Modifizierung der Zugewinngemeinschaft oder ehebedingten Zuwendungen soll es sich dagegen um einen unentgeltlichen Vertrag handeln. Der Verlust der Verwaltungs- und Verfügungsbefugnis hinsichtlich der Insolvenzmasse (§ 80 Abs. 1 InsO) ist ohne Auswirkung auf die Befugnis, durch einen Ehevertrag einen Güterstandswechsel herbeizuführen.[250] Entsteht durch ehevertragliche Vereinbarung eine Zugewinnausgleichsforderung, fällt sie in die Insolvenzmasse (§ 852 Abs. 2 Alt. 2 ZPO, § 35 Abs. 1 InsO).[251] Ob diesbezüglich ein Verzicht möglich ist, ist umstritten.[252]

49a   Selbst in Bereichen, in denen Gestaltungsfreiheit herrscht, wird empfohlen, nicht allzu phantasievoll vom gesetzlichen „Muster" abweichende Eheverträge zu konzipieren.[253] Eine gewisse Zurückhaltung der Vertragsgestaltung in diesem Bereich ist ratsam. Im Rahmen ausführlicher Besprechungen mit den Beteiligten stellt sich nicht selten heraus, dass das gesetzliche Modell passt und nur bestehende Fehlvorstellungen, wie zB die Haftung für Schulden des Ehegatten, ausgeräumt werden müssen. Teilweise ist dann nur eine erbrechtliche Regelung gewünscht.

III. Dauer und Abschluss des Ehevertrages

50   Der Ehevertrag gilt für die **Dauer** der Ehe. Kommt sie nicht zustande, so ist er gegenstandslos. Wird sie aufgelöst, so entfallen seine Wirkungen für die Zukunft, wenn die vereinbarten Rechtsfolgen nicht, was jedoch häufig der Fall sein wird, die Zeit nach der Ehe betreffen. Ein Ehevertrag kann vor oder nach Eingehung der Ehe geschlossen oder geändert werden. Für die **Form** gilt § 1410 BGB, § 7 S. 2 LPartG (→ Rn. 156). Zur Gültigkeit des Vertrages ist die Eintragung im Güterrechtsregister nicht erforderlich (§ 1412 BGB, § 7 S. 2 LPartG). Durch die intern mögliche Vereinbarung der Rückwirkung werden Dritte nicht berührt; daher kann eine solche Vereinbarung nicht in das Güterrechtsregister eingetragen werden. Umstritten ist, ob für die Erbschaftsteuer die rückwirkende Vereinbarung der Zugewinngemeinschaft anerkannt wird; nach § 5 Abs. 1 S. 4 ErbStG gilt bei der ehevertraglichen Begründung der Zugewinngemeinschaft der Tag des Ver-

---

[247] Soergel/Gaul/Althammer BGB vor § 1408 Rn. 21.
[248] Vgl. BGH FamRZ 2012, 115.
[249] BGH FamRZ 2010, 1548; vgl. Klühs NotBZ 2010, 286.
[250] Ivo ZErb 2003, 250 (257).
[251] Zur Pfändung s. Keim ZEV 1998, 127 (128).
[252] Verneinend OLG München MittBayNot 414, 415 mit ablehnender Anm. Kesseler.
[253] So zB Giesen Rn. 254.

tragsschlusses als Zeitpunkt des Eintritts dieses Güterstandes. Abweichende zivilrechtliche Vereinbarungen sind nach dem Wortlaut dieser Reglung erbschaftsteuerlich nicht relevant. Nach einer im Vordringen befindlichen Ansicht[254] gilt die Einschränkung des Gesetzgebers nicht, wenn beim Tod eines Ehegatten in der Person des Überlebenden ein Anspruch auf Zugewinn tatsächlich entsteht (sog. güterrechtliche Lösung). Insofern ist ein rückwirkender Güterstandswechsel aus steuerlichen Gründen weiterhin zu empfehlen.[255] Im Übrigen gelten für den Ehevertrag die allgemeinen Bestimmungen über Bedingungen und Befristungen. Eine einseitige Aufhebung ist nur bei einem vorbehaltenen Rücktritt und bei Tatbeständen möglich, die einen gesetzlichen Aufhebungsantrag oder die Aufhebung als Folge eines güterrechtlichen Antrags vorsehen (§§ 1385 ff., 1477 ff., 1409 f. BGB, §§ 6 S. 2, 7 S. 2 LPartG).[256]

IV. Die Zugewinngemeinschaft

1. Gesetzliche Regelung und Hinweise auf die Eigentums- und Vermögensge- 51
meinschaft des FGB-DDR. Der **gesetzliche Güterstand** der **Zugewinngemeinschaft** ist gekennzeichnet durch getrenntes Vermögen beider Ehegatten, beiderseitig selbständige Verwaltung mit Verfügungsbeschränkungen[257] und die gleichmäßige Aufteilung eines während der Ehe erzielten Zugewinns bei einer Scheidung bzw. beim Tod eines Partners durch eine erbrechtliche Besserstellung des überlebenden Ehegatten. Zugewinn ist der Betrag, um den das Endvermögen eines Ehegatten sein Anfangsvermögen übersteigt.[258] Im Recht des Zugewinnausgleichs galt bis 1.9.2009, dass weder das Anfangsvermögen noch das Endvermögen noch der Zugewinn negativ sein kann.[259] Ein wirtschaftlicher Erfolg durch Schuldentilgung oder durch einen die Verbindlichkeiten ausgleichenden Vermögenswert blieb beim Zugewinnausgleich unberücksichtigt. Hintergrund war der Grundsatz, dass kein Ehegatte durch den Zugewinnausgleich mehr als die Hälfte seines Vermögens verlieren sollte, was bei einer Schuldentilgung eintritt, die höher ist als der Zugewinn des Ehegatten. Die geltende Regelung berücksichtigt ein negatives Anfangsvermögen, einen negativen privilegierten Erwerb (negatives Hinzurechnungsvermögen) und ein negatives Endvermögen. Der ausgleichspflichtige Ehegatte muss sein gesamtes bei Beendigung des Güterstandes tatsächlich vorhandenes Endvermögen gegebenenfalls zuzüglich des Betrages einer illoyalen Vermögensminderung (§ 1375 Abs. 2 S. 1 BGB, § 6 S. 2 LPartG)[260] an den anderen Ehegatten abgeben (§ 1378 Abs. 2 S. 1 und S. 2 BGB, § 6

---

[254] So FG Düsseldorf DStRE 2006, 1470; BayFinMin MittBayNot 2007, 269; FM BW DB 2006, 2784; s. auch *Götz* FamRB 2005, 246; *Schlünder/Geißler* FamRZ 2005, 149 (156); *Mayer* FS Spiegelberger 2009, 1064 (1066); *Thonet* RNotZ 2007, 56 (57); *Plewka/Klümpen-Neusel* NJW 2007, 1788 (1791); *Reich* ZEV 2011, 59 (62); *Tiedtke/Szczesny* FPR 2012, 107 (112). Zur Anrechnung von früheren Zuwendungen FG Köln ZEV 2018, 610; *Kamps* DStR 2018, 2465 (2467) und *Lindenau* ZEV 2018, 636 (638).

[255] Ebenso *Berresheim* RNotZ 2007, 501 (507).

[256] Vgl. OLG Koblenz NJW-RR 1991, 3.

[257] Bis zum 31.12.2004 mussten sich Lebenspartner vor der Begründung ihrer Lebenspartnerschaft über den Vermögensstand (jetzt Güterstand) erklären. Sie konnten entweder erklären, dass sie formfrei den Vermögensstand der Ausgleichsgemeinschaft vereinbart hatten oder durch notariellen Lebenspartnerschaftsvertrag Gütertrennung (§ 6 S. 1 LPartG aF). Die Ausgleichsgemeinschaft wurde zum 1.1.2005 in die Zugewinngemeinschaft „übergeleitet" (§ 21 Abs. 1 LPartG aF). Allerdings konnte jeder Lebenspartner bis zum 31.12.2005 durch einseitige Erklärung, die notariell zu beurkunden war, gegenüber dem Amtsgericht beim Wohnsitz der Lebenspartner zur Gütertrennung als Güterstand optieren. Diese Erklärung war, wenn sie nicht von beiden Lebenspartnern abgegeben wurde, dem anderen vom Amtsgericht zuzustellen (§ 21 Abs. 2 LPartG aF). Die einseitige Wahl der Gütertrennung war auch noch bei Anhängigkeit eines Aufhebungsverfahrens möglich (§ 21 Abs. 5 LPartG aF). Zu verfassungsrechtlichen Bedenken s. *Grziwotz* DNotZ 2005, 13 (17).

[258] Vgl. *Rauscher* Jura 2003, 465.

[259] Vgl. zusätzlich BGH FamRZ 1995, 990 zum Negativverbot bei privilegiertem Vermögen.

[260] Zur Auskunftspflicht s. BGH MDR 2012, 1291; *Büte* FPR 2009, 283; *Finger* FamFR 2010, 289; *Krause* ZFE 2009, 284.

S. 2 LPartG).[261] Nicht negativ werden kann jedoch der Zugewinnausgleich (§ 1378 Abs. 2 BGB, § 6 S. 2 LPartG),[262] was unter dem Aspekt der wirtschaftlichen Schicksalsgemeinschaft, die der Zugewinnausgleich in einigen Bereichen weiterhin darstellt (zB Wertsteigerungen, Schmerzensgeld, Lotteriegewinne, Unfallabfindung),[263] konsequent gewesen wäre.[264] Die Höhe der Ausgleichsforderung wird durch den Wert des Vermögens des Ausgleichspflichtigen begrenzt, das nach Abzug der Verbindlichkeiten bei Beendigung des Güterstandes vorhanden ist und erhöht sich bei illoyalen Vermögensminderungen um den dem Endvermögen hinzuzurechnenden Betrag. Ausgleichsansprüche setzen somit weiterhin – abgesehen vom Fall einer illoyalen Vermögensminderung – einen positiven Endbestand voraus. Dies kann dazu führen, dass ein ausgleichspflichtiger Partner sein gesamtes nach Schuldentilgung erworbenes oder noch vorhandenes Vermögen einsetzen muss. Verluste werden jedoch nicht verteilt.[265] Maßgeblicher Zeitpunkt für die Berechnung des Zugewinns und die Höhe der Ausgleichsforderung ist die Rechtshängigkeit des Scheidungsantrags (§ 1384 BGB, § 6 S. 2 LPartG).[266] Eine Vermögensminderung zwischen der Trennung und diesem Zeitpunkt wird als illegale Vermögensminderung vermutet und stellt deshalb einen ausgleichspflichtigen Zugewinn dar (§ 1375 Abs. 2 BGB, § 6 S. 2 LPartG). Der Ausgleich findet nur ausnahmsweise durch Übertragung von Gegenständen statt, grundsätzlich besteht lediglich ein schuldrechtlicher Anspruch in Geld. Nicht dem Zugewinnausgleich unterliegen voreheliches Vermögen und Vermögen, das ein Ehegatte nach Eintritt des Güterstandes von Todes wegen oder mit Rücksicht auf ein künftiges Erbrecht, durch Schenkung oder als Ausstattung erwirbt (§ 1374 BGB). Durch die Vorschriften über den Zugewinnausgleich wird ein Gesamtschuldnerausgleich nicht verdrängt.[267] Vereinbarungen, in denen ein Ehegatte während des Bestehens der ehelichen Lebensgemeinschaft dem Partner die Verfügungsbefugnis über sein Bankkonto einräumt, verlieren grundsätzlich bei Trennung ihre Wirkung.[268]

52   Im Gebiet der neuen Bundesländer gilt seit dem 3. 10. 1990 das eheliche Güterrecht des BGB. Diese automatische Überleitung greift dann nicht ein, wenn und soweit die Ehegatten etwas anderes vereinbart haben (Art. 243 § 4 Abs. 1 EGBGB) oder wenn ein Ehegatte bis zum 2. 10. 1992 eine notariell beurkundete Fortsetzungserklärung gegenüber einem Kreis- oder Amtsgericht abgegeben hat (Art. 234 § 4 Abs. 2 EGBGB). In diesen Fällen gilt die **Eigentums- und Vermögensgemeinschaft des DDR-FGB** (§§ 13–16 und §§ 39–41) fort. Eine Eintragung des fortgeltenden Güterstandes in das Güterrechtsregister ist möglich.[269]

53   Im Falle der **Überleitung des FGB-Güterstandes** in die Zugewinngemeinschaft erfolgt der Vermögensausgleich, sobald es zum Zugewinnausgleich kommt, in zwei Schritten: In DDR-Zeiten begründetes Allein- und Gemeinschaftseigentum (zu dessen Umwandlung in Bruchteilseigentum s. Art. 234 § 4a EGBGB[270]) sowie aus dieser Zeit stammende Verbindlichkeiten werden mit dem Wert zum Beitrittsstichtag beim jeweiligen Anfangsvermögen berücksichtigt; die Modalitäten der Abwicklung des früheren Güter-

---

[261] Vgl. zur früheren Hälftebegrenzung *Koch* FamRZ 2008, 1124 (1126).
[262] *Münch* MittBayNot 2009, 261 (262).
[263] Vgl. BGH MDR 2014, 33.
[264] Vgl. *Hoppenz* FamRZ 2008, 1889 (1890); *Finger* FamFR 2011, 145.
[265] HM, *Brudermüller* FamRZ 2009, 1185 (1187); *Büte* NJW 2009, 2776 (2778); *Finger* FamFR 2011, 145 (147); *Kogel* FamRB 2009, 280 (282); *Reetz* DNotZ 2009, 826 (834); DNotI-Report 2009, 189 f.; aA *Braeuer* FamRZ 2010, 2036.
[266] Zur Verjährung des Zugewinnausgleichsanspruchs OLG Zweibrücken NZFam 2015, 727.
[267] BGH NJW-RR 1989, 66.
[268] BGH NJW-RR 1989, 834 und NJW-RR 1990, 705.
[269] Vgl. zur Eigentums- und Vermögensgemeinschaft *Brudermüller/Wagenitz* FamRZ 1990, 1294; *Böhringer* DNotZ 1991, 223; *Münch*, Die Eigentums- und Vermögensgemeinschaft, 1993, S. 25 ff. und *Götsche* FamRB 2003, 189; FamRB 2003, 221; FamRB 2003, 256 und FamRB 2003, 339 sowie zu den ertragsteuerrechtlichen Folgen der Überleitung BMF BStBl. I 1992, 542.
[270] S. dazu OLG Brandenburg NJW 1998, 246.

standes richten sich nach den §§ 39, 40 FGB.[271] Sodann wird der Zugewinn ab 3.10.
1990 festgestellt.[272]

Wurde der **DDR-Güterstand** beibehalten, bleibt es beim gemeinschaftlichen Eigen- 54
tum der Ehegatten, auf das aber die Vorschriften über die Verwaltung des Gesamtguts
einer Gütergemeinschaft mit Verwaltungsrecht beider Ehegatten Anwendung finden
(Art. 234 § 4a Abs. 2 S. 1 EGBGB iVm §§ 1450ff. BGB). Die Vermögensauseinandersetzung erfolgt nach §§ 39, 39a FGB-DDR (Art. 234 § 4a Abs. 2 S. 2 EGBGB).[273] Der Anteil an einer nicht auseinandergesetzten ehelichen Vermögensgemeinschaft ist nicht übertragbar; der Anspruch auf das künftige Auseinandersetzungsguthaben kann jedoch
abgetreten werden.[274] Vereinbarungen zwischen Ehegatten über ihre Eigentums- und Vermögensverhältnisse bezüglich der während der Ehe erworbenen Werte waren auch in der
ehemaligen DDR möglich.[275]

Hinsichtlich des Güterstandes von **Vertriebenen und Flüchtlingen** (zur Definition s. 55
§§ 1, 3, 4 BVFG aF) ist das diesbezügliche Gesetz vom 4.8.1969 bei einer Eheschließung
bis einschließlich 28.1.2019 zu beachten.[276] Bei Spätaussiedlern (§ 4 BVFG), die ihre
Heimat erst nach dem 31.12.1992 verlassen haben, kommt es auf die deutsche Volkszu-
gehörigkeit an.[277] Nach Art. 1 Abs. 1 S. 1 VFGüterstandG aF gilt grds. für Ehegatten, die
Vertriebene oder Sowjetzonenflüchtlinge sind, wenn beide ihren gewöhnlichen Aufenthalt im Geltungsbereich des Gesetzes haben und im gesetzlichen Güterstand eines außerhalb des Geltungsbereichs des Gesetzes maßgebenden Rechts leben, das eheliche Güterrecht des BGB. Dies gilt nicht für Spätaussiedler, die nach dem 31.12.1990 in die BRD
gelangt sind.

2. Möglichkeiten der Abänderung. Der Zugewinnausgleich und seine Durchführung 56
können ehevertraglich modifiziert und ausgestaltet werden. Als **Vereinbarungen** kommen in Betracht:

**a) Allgemeiner oder auf bestimmte Fälle beschränkter Ausschluss des Zugewinn- 57
ausgleichs (also nicht des gesetzlichen Güterstandes).** Gütertrennung tritt nach
§ 1414 S. 2 BGB, § 7 S. 2 LPartG mangels anderweitiger Vereinbarung nur bei einem
vollständigen Ausschluss für beide Ehegatten ein.[278] Wird der gesetzliche Güterstand in
diesem Fall aufrechterhalten, bleiben die Verfügungsbeschränkungen der §§ 1365, 1369
BGB (§ 6 S. 2 LPartG) bestehen.[279] Der Gesetzgeber hatte zum Schutz der wirtschaftlichen Grundlage der Lebensgemeinschaft auch bei der früheren Vermögenstrennung von
Lebenspartnern diese Beschränkungen vorgesehen.

Der isolierte Ausschluss des Zugewinnausgleichs beim **Tod** eines Ehegatten ist prak- 58
tisch kaum relevant[280] und nimmt dem überlebenden Ehegatten die Möglichkeit des erb-
schaftsteuerfreien Erwerbs gemäß § 5 ErbStG. Bedeutung hat er nur im Rahmen eines
Ehegattenerbverzichts oder -pflichtteilsverzichts als ergänzende Absicherung; praktisch
wird er deshalb bei Paaren, die bereits erwachsene Kinder aus einer früheren Beziehung

---

[271] BGH MDR 1999, 938; vgl. auch OLG Rostock FamRZ 1999, 1074; OLG Brandenburg FamRB 2003, 381; FamRZ 2006, 624; zur Verjährung s. OLG Rostock FamRB 2005, 2.
[272] Zu einem restituierten Grundstück im Zugewinnausgleich s. DNotI-Report 1998, 85; zum Wertzuwachs eines DDR-Grundbesitzes im Rahmen des § 1374 Abs. 2 BGB s. AG Stuttgart FamRZ 1999, 1065.
[273] Vgl. BGH NJW 1992, 821; FamRZ 2008, 2015; OLG Brandenburg DtZ 1996, 186; OLG Rostock DtZ 1997, 389 und FF 2001, 174.
[274] BGH DNotZ 2003, 135; zur Verjährung des Ausgleichsanspruchs BGH MDR 2002, 1068.
[275] Vgl. BGH DtZ 1992, 149 und BezG Cottbus DtZ 1992, 290.
[276] Abgedruckt mit kurzer Erläuterung bei Palandt/*Thorn* EGBGB Anh. zu Art. 15 Rn. 1f. Vgl. Art. 229 § 47 Abs. 2 Nr. 1 EGBGB.
[277] Ausführlich dazu *Scheugenpflug* MittRhNotK 1999, 372 (375).
[278] Staudinger/*Thiele* BGB § 1414 Rn. 5. Zum vollständigen Ausschluss des güterrechtlichen Ausgleichs un-ter Beibehaltung der Erbteilserhöhung s. DNotI-Report 2018, 157f.
[279] Str., vgl. Staudinger/*Thiele* BGB § 1363 Rn. 38.
[280] Vgl. *Cypionka* MittRhNotK 1986, 157 (165).

haben und im Todesfall die Vermögen (möglicherweise abgesehen von einem – befristeten – Wohnungsrecht) trennen wollen.[281] Ein diesbezüglicher Ausschluss führt, wenn er nicht auf den rechnerischen Zugewinnausgleich im Rahmen der güterrechtlichen Lösung beschränkt ist, zur Erhöhung der Erb- und Pflichtteile der Abkömmlinge oder Eltern.[282] Im Vergleich zur Gütertrennung ist vielfach der Ausschluss des Zugewinnausgleichs nur für den Fall der **Scheidung** bei Beibehaltung im Todesfall empfehlenswert, da er nicht zu einer Veränderung der Erb- und Pflichtteilsquoten führt und § 5 ErbStG anwendbar bleibt.[283] Zudem vermeidet diese Gestaltung – anders als eine Güterstandsbeendigung mit einem Ausgleich des Zugewinns durch Immobilienübertragung – auch (spätere) Veräußerungsgewinne.[284] Mitunter werden in Vertragsmustern beide Möglichkeiten kombiniert; wird in diesem Fall nicht ausdrücklich der gesetzliche Güterstand aufrechterhalten, tritt Gütertrennung ein.[285] Bei der Formulierung, wann der Zugewinnausgleich ausgeschlossen sein soll, ist darauf zu achten, ob auf die Beendigung der Ehe oder des Güterstandes abgestellt wird. Im ersten Fall kann die Steuerfreiheit des Zugewinnausgleichs bei einem Güterstandswechsel erhalten bleiben.

59   Formulierungsbeispiel: Ausschluss Zugewinnausgleich bei Tod

Die Vertragsteile verzichten gegenseitig auf Pflichtteilsansprüche einschließlich Pflichtteilsergänzungsansprüche und nehmen diesen Verzicht wechselseitig an.[286] Ferner schließen sie für den Fall der Beendigung ihres Güterstandes durch den Tod eines Ehegatten den Zugewinn durch Erbteilserhöhung oder güterrechtliche Lösung aus. Bei einer Beendigung des Güterstands unter Lebenden soll es dagegen beim Zugewinnausgleich verbleiben.

60   Formulierungsbeispiel: Ausschluss Zugewinnausgleich ausgenommen Tod

Für den Fall der Beendigung des Güterstandes durch den Tod eines Ehegatten soll es beim Zugewinnausgleich durch Erbteilserhöhung oder güterrechtliche Lösung verbleiben. Wird jedoch der Güterstand auf andere Weise als durch den Tod eines Ehegatten beendet, insbesondere bei Scheidung unserer Ehe, so findet kein Zugewinnausgleich statt.

60a   Formulierungsbeispiel: Ausschluss Zugewinnausgleich ausgenommen Tod und Güterstandswechsel

Für den Fall der Beendigung unserer Ehe durch den Tod eines Ehegatten soll es beim Zugewinnausgleich durch Erbteilserhöhung oder güterrechtlichen Lösung verbleiben. Wird jedoch unsere Ehe auf andere Weise als durch den Tod eines Ehegatten beendet, insbesondere bei Scheidung unserer Ehe, so findet kein Zugewinnausgleich statt; dies gilt, soweit zulässig, auch für einen vorzeitigen Zugewinnausgleich. Dagegen verbleibt es in den anderen Fällen der Beendigung des Güterstandes unter Lebenden, insbesondere bei einem Güterstandswechsel, beim gesetzlichen Zugewinnausgleich.

61   §§ 1385 f. BGB (§ 6 S. 2 LPartG), die einen Antrag auf Zahlung des **vorzeitigen Zugewinnausgleichs** gemeinsam mit einem Antrag auf Aufhebung der Zugewinngemeinschaft zulassen, können nach hM[287] nicht abbedungen, wohl aber erweitert werden. Die

[281] Vgl. *Grziwotz* FamRB 2003, 100 (101); zur Unternehmensnachfolge s. *Winkler* ZErb 2005, 360.
[282] BRHP/*Siede* BGB § 1371 Rn. 13. Vgl. *Horn* NZFam 2016, 539 (540).
[283] *Meincke* DStR 1986, 135 (139). Vgl. DNotI-Report 2017, 113 (114).
[284] *Stein* ZEV 2012, 1063.
[285] Zu Risiken im Hinblick auf § 5 ErbStG s. *Grund* MittBayNot 2008, 19.
[286] Die Problematik des § 1586b BGB ist zu beachten; → Rn. 151.
[287] Vgl. Erman/*Budzikiewicz* BGB § 1385 Rn. 22 und NK-BGB/*Fischinger* BGB § 1386 Rn. 42.

Parteien können weitere Tatbestände vereinbaren und die Dreijahresfrist des § 1385 Nr. 1 BGB (§ 6 S. 2 LPartG) verkürzen (hM).[288] Das Verbot des Ausschlusses kann jedoch nicht gelten, wenn ein Zugewinn bei einer Scheidung aufgrund Ehevertrages nicht auszugleichen ist.[289]

Formulierungsbeispiel: Ausschluss vorzeitiger Zugewinnausgleich   61a

Der Ausschluss gilt auch für den vorzeitigen Zugewinnausgleich bei vorzeitiger Aufhe-   ☯
bung der Zugewinngemeinschaft.

---

b) Modifizierung der Zugewinnbeteiligung. Möglich sind Abreden über die Feststel- 62
lung und Bewertung des Anfangs- und Endvermögens, die Vereinbarung eines Ausgleichs
in Sachwerten, die Einbeziehung vorehelichen Vermögens in den Zugewinnausgleich
(str.),[290] die Herausnahme einzelner Vermögensgegenstände oder bestimmter Teile des
Vermögens aus dem Zugewinnausgleich,[291] die Anrechnung von Vorausempfängen, die
Festlegung des Berechnungszeitpunkts für den Ausgleich, die Durchführung eines peri-
odischen Zugewinnausgleichs oder zur Verhinderung von Vermögensmanipulationen bis
zur Trennung, soweit die §§ 1365, 1369 BGB (§ 6 S. 2 LPartG) keinen ausreichenden
Schutz gewähren, und danach durch Herabsetzung der Schwelle der illegalen Vermögensminderung sowie die Erhöhung oder Herabsetzung der Ausgleichsquote. Eine Erhöhung
des Zugewinnausgleichs über den tatsächlichen Zugewinn oder über § 1371 Abs. 1 BGB
(§ 6 S. 2 LPartG) hinaus führt im Todesfall jedoch nicht zu einer Verringerung von
Pflichtteilsansprüchen;[292] sie ist auch schenkungsteuerlich nicht privilegiert.

§ 1377 Abs. 3 BGB (§ 6 S. 2 LPartG) stellt die – im Rahmen des § 5 ErbStG nicht 63
geltende (§ 5 Abs. 1 S. 3 ErbStG) – Vermutung auf, dass bei Nichterrichtung eines Vermögensverzeichnisses das Endvermögen eines Ehegatten seinen Zugewinn darstellt. Sie
gilt auch, wenn ehevertraglich auf die Aufstellung des Verzeichnisses verzichtet wird. Diese Vermutung ist wohl nicht dispositiv; ist es unstrittig, dass ein Ehegatte Anfangsvermögen hatte, so greift die Vermutung des § 1377 Abs. 3 BGB (§ 6 S. 2 LPartG) nicht ein.
Ehegatten können ohne Rücksicht auf den tatsächlichen Bestand Wert und Höhe des beiderseitigen **Anfangsvermögens** festlegen. Ebenso können bestimmte Vermögenswerte
zum Anfangsvermögen erklärt bzw. umgekehrt von diesem ausgenommen und dadurch
ganz oder zum Teil für ausgleichspflichtig erklärt werden. Durch derartige Vereinbarungen kann ein gemeinsamer Vermögenserwerb vor der Ehe dem Regime des Zugewinnausgleichs unterstellt werden. Da in der Rechtswirklichkeit in vielen Fällen bereits vor
Eheschließung eine gemeinsame Vermögensbildung erfolgt, sollte hierauf in der Beratungspraxis besonderes Gewicht gelegt werden. Bedeutung hat dies beim gemeinsamen
Hausbau oder Immobilienerwerb vor Eheschließung, wenn nur ein Ehegatte Eigentümer
des Grundbesitzes ist oder ausgleichspflichtige Zuwendungen erfolgt sind, die nunmehr
insgesamt dem Regime des Zugewinnausgleichs unterstellt werden sollen.

Formulierungsbeispiel: Herausnahme aus Anfangsvermögen   63a

Für unsere Ehe soll es beim gesetzlichen Güterstand verbleiben. Beim Anfangsvermögen   ☯
des Ehemannes bleibt jedoch das Hausanwesen Bergstraße 12 in Kirchdorf einschließlich
des Grundstücks Fl.-St. 318 der Gemarkung Kirchdorf unberücksichtigt. Der Ausgleich
hinsichtlich dieses Grundbesitzes soll bei Beendigung unserer Ehe ausschließlich über

---

[288] MüKoBGB/*Koch* BGB §§ 1385, 1386 Rn. 42.
[289] Vgl. MüKoBGB/*Koch* BGB §§ 1385, 1386 Rn. 3.
[290] Vgl. *Grziwotz*, Nichteheliche Lebensgemeinschaft, 5. Aufl. 2014, § 23 Rn. 64; *Jüdt* FuR 2017, 118
(119).
[291] Zur Herausnahme des Betriebsvermögens s. BGH NJW 1997, 2239; zurückhaltend *N. Mayer* MittBay-
Not 1997, 231 und *Plate* MittRhNotK 1999, 257 (266ff.); zur Form OLG Karlsruhe FamRB 209, 169.
[292] Vgl. MüKoBGB/*Kanzleiter* BGB § 1408 Rn. 14.

den Zugewinnausgleich und auch für die Zeit bis zu unserer Eheschließung nicht über etwaige Ausgleichsansprüche erfolgen, die bei Beendigung einer nichtehelichen Lebensgemeinschaft gelten. Der Notar/Die Notarin hat die Beteiligten darauf hingewiesen, dass dieser Grundbesitz somit zugewinnausgleichspflichtiges Vermögen darstellt und die Vereinbarung nur im Verhältnis der Beteiligten Wirkungen hat, nicht aber hinsichtlich der Rechte Dritter (zB Pflichtteilsansprüche) und des § 5 ErbStG.

63b   Bei der Berechnung des Zugewinns wird das Anfangsvermögen nicht mit seinem Zeitwert angesetzt. Es ist mit Hilfe des Verbraucherpreisindex auf den Zeitpunkt umzurechnen, für den das Endvermögen festgestellt wird. Das Anfangsvermögen wird durch die zum Zeitpunkt des Güterstandes geltende Indexzahl dividiert und mit der Indexzahl der Zustellung des Scheidungsantrags multipliziert. Gegen diese Umrechnung können vor allem bei Grundbesitz in Schrumpfungsregionen mangels entsprechender Wertsteigerungen Bedenken bestehen.[293] Außerdem muss wegen Nichtfortschreibung der alten Indexreihen eine Berechnung in mehreren Schritten erfolgen,[294] wenn nicht ein verketteter Index verwendet wird. Für einzelne Vermögensgegenstände kann sich die Anwendung eines speziellen Index, insbesondere des neuen Häuserpreisindex für neu erstellte Wohnimmobilien, empfehlen.

63c   **Formulierungsbeispiel: Bewertung Grundbesitz**

❶   Sofern sich Grundbesitz einschließlich grundstücksgleicher Rechte unverändert im Anfangs- und Endvermögen eines Ehegatten befinden, soll für die Umrechnung des Wertes dieser Vermögensgegenstände nicht auf den sonst von der Rechtsprechung verwendeten Index abgestellt werden, sondern auf den Baukostenindex *** *[genaue Angabe]* bzw. einen Folgeindex.

64   In alten Eheverträgen wurde bei Heirat mit einem verschuldeten Partner dessen Anfangsvermögen häufig mit dem **negativen** Wert angesetzt, da nach § 1374 Abs. 1 Hs. 2 BGB aF die Tilgung von Schulden keinen Zugewinn darstellte. Auch eine Verrechnung der Schulden mit einem späteren privilegierten Erwerb iSv § 1374 Abs. 2 BGB (§ 6 S. 2 LPartG) kam grundsätzlich nicht in Betracht.[295] Dies ist aufgrund der Novellierung des Zugewinnausgleichs seit dem 1.9.2009 nicht mehr erforderlich.

64a   Nach der geltenden gesetzlichen Regelung des Zugewinnausgleichs ist auch ein negatives Anfangsvermögen beim Zugewinn möglich,[296] so dass eine Schuldentilgung berücksichtigt wird. Auch ein negativer privilegierter Erwerb ist einzubeziehen. Ein privilegierter Erwerb wird zudem mit einem negativen Anfangsvermögen verrechnet. Allerdings soll kein Ehegatte mehr als sein bei Beendigung des Güterstands tatsächlich vorhandenes Endvermögen, gegebenenfalls unter Berücksichtigung illoyaler Vermögensminderungen (§ 1378 Abs. 2 S. 2 BGB, § 6 S. 2 LPartG), an seinen Partner abgeben müssen (§ 1378 Abs. 2 S. 1 BGB, § 6 S. 2 LPartG). Eheverträglich kann darüber hinausgehend eine Ausgleichspflicht begründet werden.[297] Die gesetzliche Regelung, die zwar einerseits einen negativen privilegierten Erwerb zulässt (zB überschuldete Erbschaft, Schenkung der Schrottimmobilie), aber andererseits den Ausgleich durch das vorhandene Vermögen beschränkt, kann in Fällen einer „Familien-Manipulationslösung" bei einer Ausgleichspflicht des Kindes missbraucht werden, in denen die Zugewinnausgleichspflicht des ausgleichs-

---

[293] Vgl. *Kogel* FamRZ 2003, 278; *Kornexl* FamRZ 2003, 901. S. dazu auch *Keidel* FuR 2016, 260 (261). Zur Berücksichtigung im Rahmen des § 5 Abs. 1 ErbStG LfSt Nds DStR 2018, 355.
[294] *Gutdeutsch* FamRZ 2003, 1061; *Kogel* FamRZ 2003, 1901.
[295] BGH NJW 1995, 2165.
[296] S. *Gutdeutsch* FPR 2009, 277.
[297] MüKoBGB/*Koch* BGB § 1378 Rn. 50; vgl. auch *Brambring* FPR 2009, 297 (298), der ein Darlehen vorschlägt.

pflichtigen Kindes durch die Kappungsgrenze beschränkt wird.[298] Eine Korrektur ist insoweit ehevertraglich durch eine Ausgleichspflicht über das vorhandene Vermögen hinaus möglich.

Formulierungsbeispiel: Ausgleichspflicht unabhängig vom vorhandenen Vermögen   64b

Für unsere Ehe soll es beim gesetzlichen Güterstand verbleiben. Das Anfangsvermögen des Mannes beträgt minus 100.000 EUR. Eine Schuldentilgung stellt einen ausgleichspflichtigen Zugewinn dar, und zwar auch dann, wenn der Ehemann bei Beendigung des Güterstandes kein positives Vermögen hat. Ein etwaiger privilegierter Erwerb iSv § 1374 Abs. 2 BGB ist nach der gesetzlichen Regelung mit dem Negativwert zu verrechnen. § 1378 Abs. 2 S. 2 BGB bleibt zudem unberührt, so dass illoyale Vermögensminderungen den nach der vorstehenden Vereinbarung errechneten Zugewinn erhöhen. Der Ehemann weiß, dass entgegen der gesetzlichen Regelung nach der vorstehenden Vereinbarung nicht nur bei illoyalen Vermögensminderungen keine Begrenzung des Zugewinnausgleichs auf das vorhandene Vermögen erfolgt, sondern generell, so dass eine Überschuldung infolge der Durchführung des Zugewinnausgleichs eintreten kann.

Ehegatten können es auch bei dem **früheren gesetzlichen Grundgedanken** belassen,   65 dass kein Ehegatte durch den Zugewinnausgleich mehr verlieren soll als die Hälfte seines Vermögens. Dies ist allerdings nicht durch Verweisung auf die bis 1.9.2009 geltenden §§ 1374ff. BGB möglich. Vielmehr müssen die zum 1.9.2009 in Kraft getretenen gesetzgeberischen Korrekturen im Einzelnen rückgängig gemacht werden.

Formulierungsbeispiel: Ausgleichspflicht beschränkt bei Verbindlichkeiten   65a

Für unsere Ehe soll es beim gesetzlichen Güterstand verbleiben. Jedoch sollen Verbindlichkeiten beim Anfangsvermögen nur bis zur Höhe des Vermögens Berücksichtigung finden. Auch bei einem künftigen privilegierten Erwerb iSv § 1374 Abs. 2 BGB sollen Verbindlichkeiten nur bis zur Höhe des Vermögens abgezogen werden; eine Verrechnung mit einem negativen Anfangsvermögen hat nicht zu erfolgen. Das Endvermögen jedes Ehegatten darf ebenfalls für die Berechnung des Zugewinns nicht negativ sein; unberührt bleibt der Abzug von Verbindlichkeiten, die die Höhe des Endvermögens übersteigen, zur Berechnung von Ansprüchen gegen Dritte gemäß § 1390 BGB.

Sollen einem Ehegatten privilegierte Zuwendungen ungeschmälert verbleiben, also   65b keine Verrechnung mit einem negativen Anfangsvermögen nach § 1374 Abs. 1 BGB erfolgen, kann dies vereinbart werden. Die Regelung soll vermeiden, dass Zuwendungen von Eltern im Wege der vorweggenommenen Erbfolge unterbleiben, was beide Ehegatten nicht wünschen. Wegen der Abänderungsmöglichkeit des Ehevertrags können die Zuwendenden, falls sie dies wünschen, im Übertragungsvertrag flankierende Regelungen für diesen Fall vorsehen.

Formulierungsbeispiel: Keine Verrechnung von Zuwendungen   65c

Privilegierte Zuwendungen iSv § 1374 Abs. 2 BGB sollen [*konkrete Alt.:* Das Hausgrundstück ***, das der Ehemann von seinen Eltern im Wege der vorweggenommenen Erbfolge erhält, soll] entgegen der gesetzlichen Regelung nicht mit einem negativen Anfangsvermögen (des Ehemanns) verrechnet werden. Der nach der gesetzlichen Regelung im Anfangsvermögen des Ehemannes zu berücksichtigende Wert soll deshalb weder im Anfangs- noch im Endvermögen des Mannes berücksichtigt werden. Durch diese Vereinbarung darf sich der Zugewinnausgleich jedoch nicht umkehren. Im Übrigen ver-

---

[298] Vgl. *Grziwotz* NotBZ 2009, 343 (346); s. dazu auch *Kornexl* FamRZ 2011, 692 und *Höhler-Henn* FamFR 2011, 507 (508).

bleibt es bei der gesetzlichen Regelung des Zugewinnausgleichs. Insbesondere verbleibt es hinsichtlich der nach der Rechtsprechung bereinigten Wertsteigerungen dieses Vermögens bei der Einbeziehung in den Zugewinnausgleich.

65d   Zulässig sind auch Vereinbarungen zum **Endvermögen,** insbesondere dessen Limitierung, wobei diese nicht nur durch einen Höchstbetrag, sondern auch einen Bruchteil des Anfangsvermögens ausgedrückt werden kann. Dagegen war bisher strittig, ob die Zurechnung nicht mehr vorhandener Aktiva zum Endvermögen gemäß § 1375 Abs. 2 BGB (§ 6 S. 2 LPartG) dispositiv ist.[299] Die vom Gesetzgeber in § 1375 Abs. 2 S. 2 BGB (§ 6 S. 2 LPartG) zugelassene Hinzurechnung spricht für die Abdingbarkeit der Vorschrift. Sie ist aber nach hM auf gesellschaftsrechtliche Abfindungsklauseln ohnehin nicht anwendbar, da es sich bei ihnen regelmäßig um keine Schenkungen handelt. Da die Abrechnung beim Zugewinnausgleich die gesamte Ehezeit betrifft, wird die Zehn-Jahres-Frist des § 1375 Abs. 3 Alt. 1 BGB (§ 6 S. 2 LPartG) teilweise als verfehlt angesehen. Im Verhältnis der Ehegatten kann sie abbedungen werden, so dass Schenkungen, die ohne Zustimmung des Partners erfolgt sind, dem Endvermögen stets hinzuzurechnen sind.

65e   **Formulierungsbeispiel: Berücksichtigung von Schenkungen**

Ű   Die Frist von zehn Jahren vor Beendigung des Güterstandes in § 1375 Abs. 3 Alt. 1 BGB wird abbedungen, so dass Vermögensminderungen während der gesamten Zeit des Bestehens der Zugewinngemeinschaft im Endvermögen zu berücksichtigen sind, wenn nicht der andere Ehegatte damit einverstanden gewesen ist.

66   Bei vorehelichem Vermögen und privilegiertem Erwerb iSv § 1374 Abs. 2 BGB (§ 6 S. 2 LPartG) ist zwar der Anfangswert einschließlich inflationsbedingter Wertsteigerungen nicht ausgleichspflichtig. Jedoch gehören außerordentliche **Wertsteigerungen und Erträge** zum ausgleichspflichtigen Zugewinn.[300] Da diese, wie zB Bodenwertsteigerungen aufgrund einer Baulandausweisung durch die Gemeinde, in vielen Fällen nicht ehebedingt sind, wird mitunter gewünscht, sie aus dem Zugewinnausgleich herauszunehmen.

66a   **Formulierungsbeispiel: Ausschluss Wertsteigerungen**

Ű   Für unsere Ehe soll es grundsätzlich beim gesetzlichen Güterstand verbleiben. Für den Fall, dass dieser Güterstand durch andere Weise als durch den Tod eines von uns beiden beendet wird, insbesondere wenn unsere Ehe geschieden wird, sollen Grundstücke einschließlich grundstücksgleicher Rechte, die unverändert im Anfangs- und Endvermögen eines Ehegatten enthalten sind, vom Zugewinnausgleich ausgeschlossen sein. Werden während der Zeit der Zugewinngemeinschaft von diesem Ausschluss betroffene Grundstücke mit Mitteln aus zugewinnausgleichspflichtigem Vermögen[301] bebaut, so ist allein der Wert der Baulichkeiten, nicht jedoch der Grundstückswert, als Zugewinn im Endvermögen zu berücksichtigen.

66b   **Gegenleistungen in Überlassungsverträgen,** die mit Rücksicht auf ein künftiges Erbrecht erfolgen (§ 1374 Abs. 2 BGB, § 6 S. 2 LPartG), werden im Zugewinnausgleich nicht berücksichtigt.[302] Nach früherer Rechtsprechung minderten sie mit ihrem gegebenenfalls zu kapitalisierenden Wert das Anfangsvermögen; der sich durch Erbringung dieser Leistungen ergebende Wertzuwachs wurde nicht als unentgeltlich angesehen.[303] Ehegat-

---

[299] Verneinend *Gernhuber/Coester-Waltjen* FamR § 36 Rn. 36.
[300] Vgl. *Battes* FamRZ 2007, 313. Zu Rückfallklauseln im Zugewinnausgleich *Schulz* FamRZ 2018, 82 (84).
[301] Andernfalls ergänzende Vereinbarung, vgl. *Grziwotz* MDR 1998, 129 (132).
[302] BGHZ 205, 241 = NJW 2015, 2334. S. dazu *Fischer/Fleischmann/Philipp* AgrB 2016, 52 (54).
[303] BGHZ 170, 324 = NJW 2007, 2245; FamRZ 2005, 1974. S. dazu *Schlögel* MittBayNot 2008, 98; *Münch* DNotZ 2007, 795; *Hauß* FPR 2008, 286 und *Langheim* FF 2011, 481.

ten, die eine erneute Rechtsprechungsänderung befürchten, können eine vorsorgliche Herausnahme des Nutzungsrechts aus dem Zugewinn vereinbaren.

Formulierungsbeispiel: Ausschluss Wertsteigerungen durch vorbehaltene Rechte 66c

Erhält ein Ehegatte von Todes wegen oder mit Rücksicht auf ein künftiges Erbrecht, durch Schenkung oder als Ausstattung Grundstücke oder grundstücksgleiche Rechte zugewandt, sind dabei vorbehaltene oder eingeräumte Nutzungsrechte, insbesondere Wohnungs- und Nießbrauchsrechte, im Rahmen des Zugewinnausgleichs weder beim Anfangs- noch beim Endvermögen des betreffenden Ehegatten zu berücksichtigen.

Mitunter wollen die Ehegatten **bestimmte Vermögenswerte** (insbesondere Betriebs- 67 vermögen und -beteiligungen) vom Zugewinn ausschließen.[304] In diesen Fällen kann angeordnet werden, dass ein bestimmter Vermögensgegenstand oder -komplex weder beim Anfangs- noch beim Endvermögen in Ansatz gebracht wird. Gleichzeitig sind dann auch die diese Gegenstände betreffenden Verbindlichkeiten und, falls gewünscht, Surrogate vom Zugewinnausgleich auszunehmen. Verwendungen auf diese Gegenstände sind nur vom Ausgleich auszunehmen, wenn sie aus Erträgen, nicht aber aus ausgleichspflichtigem Vermögen stammen, um dem begünstigten Partner keine Manipulation zu ermöglichen. Schließlich ist ein Zugewinn auszuschließen, wenn der ausgleichspflichtige Ehegatte unter Berücksichtigung des vom Zugewinnausgleich ausgenommenen Vermögens nicht zur Ausgleichung verpflichtet wäre, dh der Zugewinnausgleich soll sich durch die Vereinbarung nicht umkehren.[305] Nicht von vornherein von der Hand zu weisende Bedenken gegen derartige Vereinbarungen aus Gründen der Praktikabilität hat N. Mayer[306] geltend gemacht; die Modifizierung der Zugewinngemeinschaft durch einen Ausschluss des Zugewinnausgleichs für den Fall der Scheidung oder Eheaufhebung ist mitunter ehrlicher und den Beteiligten besser verständlich.[307] Waldner[308] empfiehlt – abweichend von der nachstehenden Formulierung – pauschal, auch den Todesfall einzubeziehen, um zu vermeiden, dass eine Nachfolgeregelung durch ein Zugewinnausgleichsverlangen im Todesfall unterlaufen werden kann.[309] Die Modifizierung soll deshalb allgemein beim „Ende des Güterstands" gelten. Zutreffend ist, dass der Zusammenhang der güterrechtlichen Regelung mit dem Erb- und Gesellschaftsrecht nicht übersehen werden darf. Im Übrigen ist die Formulierung in zweifacher Hinsicht gefährlich: Soll der Ehegatte im Todesfall das Unternehmen erhalten, verliert er den Freibetrag nach § 5 ErbStG; in diesem Fall darf die Formulierung nicht gewählt werden.[310] Ist eine andere Person als Unternehmensnachfolger vorgesehen, wird sie wegen der nicht ausgeschlossenen Erbteilserhöhung gemäß § 1371 Abs. 1 BGB (§ 6 S. 2 LPartG) und des Ehegattenpflichtteils nicht ausreichend geschützt. Der Begriff des Betriebsvermögens sollte zudem bei allen Gestaltungen im Einzelfall möglichst genau definiert werden, insbesondere ist meist erforderlich, auch Sonderbetriebsvermögen einzubeziehen.[311]

Formulierungsbeispiel: Herausnahme Unternehmen 67a

Hinsichtlich des ehelichen Güterrechtes soll es grundsätzlich beim gesetzlichen Güterstand verbleiben. Jedoch soll jegliches Betriebsvermögen eines jeden Ehegatten [Alt.:

---

[304] S. BGH NJW 1997, 2239 und OLG Karlsruhe NJW 2009, 2750; vgl. auch *Arens* FamRB 2006, 88 und DNotI-Report 2000, 191.
[305] BGH FamRB 2013, 309; vgl. *Münch* FamRB 2014, 71 (73) und *Reetz* DNotZ 2014, 85.
[306] DStR 1993, 991.
[307] Vgl. *Grziwotz* DSWR 2002, 182 (185); zu Formulierungsvorschlägen vgl. *Langenfeld/Milzer* Eheverträge-HdB Rn. 282, 304.
[308] *Waldner* Eheverträge Rn. 50.
[309] Vgl. auch *Winkler* ZErb 2005, 360.
[310] So auch *Waldner* Eheverträge Rn. 50.
[311] Vgl. *Münch* Unternehmerehe Rn. 790 ff.

Beschreibung des konkreten Unternehmens bzw. der Beteiligung sowie Folgeunternehmen bzw. -beteiligungen einbeziehen; zB: die Beteiligungen der Ehefrau an der X-Verwaltungs GmbH und der X-Betriebs KG sowie an etwaigen Nachfolge- und Tochterunternehmen einschließlich eines Sonderbetriebsvermögens, und zwar gleichgültig, ob die Beteiligungen im Privat- oder Betriebsvermögen gehalten werden] beim Zugewinnausgleich bei Beendigung der Ehe aus anderen Gründen als dem Tod eines Ehegatten, insbesondere im Falle der Scheidung der Ehe der Vertragteile, in keiner Weise berücksichtigt werden. Vom lebzeitigen Zugewinnausgleich ausgenommen sind somit sämtliche Aktiva und Passiva, die in der Handels- und in der Steuerbilanz eines Unternehmens, das einem Ehegatten zur alleinigen Berechtigung oder zur Mitberechtigung zusteht, erfasst werden, und zwar unabhängig davon, ob das Unternehmen in der Rechtsform eines Einzelunternehmens, einer Personengesellschaft oder einer Kapitalgesellschaft geführt wird, einschließlich eines Sonderbetriebsvermögens. *[Besonderheiten bei einer Betriebsaufspaltung beachten!]* Derartige Vermögensbestandteile einschließlich Verbindlichkeiten sollen weder zur Berechnung des Anfangs- noch des Endvermögens des betreffenden Ehegatten hinzugezogen werden. Ein Ehegatte ist nicht verpflichtet, seinen Zugewinn auszugleichen, wenn er unter Berücksichtigung des nach den vorstehenden Vereinbarungen vom Zugewinnausgleich ausgenommenen Betriebsvermögens nicht zur Ausgleichung verpflichtet wäre. Die Eintragung in das Güterrechtsregister wird – unabhängig von der Frage ihrer Zulässigkeit – zurzeit nicht gewünscht.

Der Notar/Die Notarin hat uns darüber belehrt, dass durch die vorstehende Vereinbarung der Ausgleich des beiderseitigen Zugewinns bei Beendigung unserer Ehe, ausgenommen im Todesfall hinsichtlich der vorstehend näher bezeichneten Vermögensgegenstände des betrieblichen Vermögens [*Alt.:* der Beteiligungen an den vorbezeichneten Gesellschaften sowie Nachfolge- und Tochterunternehmen sowie dem Sonderbetriebsvermögen] ausgeschlossen ist, wobei sich der Umfang des Betriebsvermögens ändern kann.

Der Notar/Die Notarin hat insbesondere eindringlich darüber belehrt, dass auch gewillkürtes Betriebsvermögen gebildet werden kann und somit Gegenstände dem Zugewinnausgleich durch einseitigen Akt eines Ehegatten entzogen werden können; diesbezügliche Einschränkungen, insbesondere auf bestimmte Unternehmen oder höhenmäßige Beschränkungen, werden nicht gewünscht. Der Notar/Die Notarin hat ferner darauf hingewiesen, dass die Berufung auf die Modifizierung des Zugewinnausgleichs dem begünstigten Ehegatten bei einer späteren Entwicklung, die vom derzeitigen Lebensplan abweicht, aufgrund des Gebots von Treu und Glauben verwehrt sein kann. Ferner kann bei einer Ehegattenmitarbeit ohne ausreichendes Entgelt auch außerhalb des Ehegüterrechts ein Ausgleich durchzuführen sein.

68   Falls Betriebsvermögen nicht insgesamt aus dem Zugewinnausgleich herausgenommen werden soll (→ Rn. 62 und → Rn. 67), da es zB das einzige Vermögen des alleinverdienenden Ehegatten bildet, sind ausdrückliche **Bewertungsvorschriften** denkbar.[312] Bei einer Verweisung auf die jeweilige gesellschaftsvertragliche Abfindungsklausel ist ein Mindestwert (zB Buchwertabfindung) empfehlenswert.[313] Dies bedeutet allerdings nicht, dass in der Unternehmerehe der Ehevertrag einseitig auf den Unternehmensschutz ausgerichtet sein soll.[314] Mindestens gleiche Beachtung der Gestaltungspraxis verdient der Ehegatte,

---

[312] Vgl. auch BGH MDR 2003, 334; NJW 2011, 2572; DNotZ 2011, 856; NJW 2018, 61; OLG Düsseldorf FamRZ 2016, 977; vgl. *Münch* DStR 2014, 806.

[313] Zur Bewertung *Olbrich/Olbrich* DB 2008, 1483.

[314] Vgl. aber *Stenger* ZEV 2000, 51 und *Schiffer/Böhne* FamFR 2009, 158. Einschränkend *Hölscher* NJW 2016, 3057 (3059) und *Werner* ZErb 2017, 182 (185).

der den Haushalt führt, die Kinder betreut sowie gleichzeitig die Buchhaltung, die Kundenbetreuung und das Sekretariat des Betriebes bildet.[315]

Land- und forstwirtschaftliche Betriebe[316] sind grundsätzlich mit dem Ertragswert zu bewerten (§ 1376 Abs. 4 BGB, § 6 S. 2 LPartG).[317] Anders ist dies, wenn kein leistungsfähiger Betrieb vorhanden ist oder die Fortführungsabsicht fehlt,[318] sowie grundsätzlich bei während der Ehe hinzuerworbenen Nutzflächen.[319] Auch hier sind Regelungen möglich, insbesondere der Ausschluss des § 1376 Abs. 4 BGB (§ 6 S. 2 LPartG), um bei land- und forstwirtschaftlichen Betrieben auch ohne Vereinbarung einer Gütergemeinschaft deren Ergebnis bei einer Auseinandersetzung im Falle einer Scheidung gleichzukommen. In vielen Fällen führt auch diese Vereinbarung noch nicht zu einem gerechten Ausgleich für den in der Landwirtschaft mitarbeitenden Ehegatten.[320] 69

Formulierungsbeispiel: Ausschluss § 1376 Abs. 4 BGB 69a

Unter Beibehaltung des gesetzlichen Güterstandes der Zugewinngemeinschaft schließen wir die Bewertungsvorschrift des § 1376 Abs. 4 BGB aus, so dass auch bei einem land- oder forstwirtschaftlichen Betrieb für die Wertberechnung beim Zugewinnausgleich die Vorschriften des § 1376 Abs. 1–3 BGB Anwendung finden.

Mitunter soll der Zugewinnausgleich auch hinsichtlich anderer Positionen **korrigiert** werden. Beispiele sind neben den Bodenwertsteigerungen Spekulationsobjekte, Glücksspielgewinne und dem Zugewinn unterfallende Vermögensgegenstände, bei denen auch in der juristischen Literatur diskutiert wird, ob ein diesbezüglicher Ausgleich gerecht ist. Hauptanwendungsbereich ist das Schmerzensgeld.[321] 69b

Formulierungsbeispiel: Ausschluss von Schmerzensgeld 69c

Unter Beibehaltung des gesetzlichen Güterstandes im Übrigen vereinbaren wir, dass Schmerzensgeldansprüche jedes Ehegatten im Zugewinn nicht zu berücksichtigen sind. Dies gilt auch dann, wenn sich durch diese Vereinbarung ein Zugewinnausgleichsanspruch des begünstigten Ehegatten ergibt, dem ohne diese Vereinbarung kein Ausgleichsanspruch zustünde.

c) Vereinbarung über Haushaltsgegenstände. Für die **Verteilung von Haushaltsgegenständen** gilt das Sonderverfahren des § 1568b BGB, § 17 LPartG, das die frühere HausratsVO ersetzt.[322] Haushaltsgegenstände unterlagen bis 1.9.2009 nicht dem Zugewinnausgleich;[323] für sie galt ferner das Surrogationsprinzip (§ 1370 BGB aF). Die geltende gesetzliche Regelung der Verteilung der Haushaltsgegenstände stellt eine Sonderregelung gegenüber dem Zugewinnausgleich nur insoweit dar, als tatsächlich von ihr Gebrauch gemacht wird; dies ist nur bezüglich im gemeinsamen Eigentum stehender Gegenstände möglich.[324] Im Übrigen bleiben die güterrechtlichen Vorschriften anwendbar. 69d

[315] Zutreffend *Münch* FamRB 2018, 247 (250). Vgl. OLG Frankfurt a.M. FF 2002, 173.
[316] Zur Abgrenzung von sonstigem Betriebsvermögen BMF DStR 2012, 132 und Erlass der Obersten FinBeh DStR 2012, 1275.
[317] S. zur Berechnung bei Fremdverbindlichkeiten BGH NJW-RR 2016, 1217. Vgl. auch *Kempfler* ZEV 2011, 337.
[318] BGH NJW-RR 1990, 68.
[319] BGH NJW 1991, 1741.
[320] Vgl. *Grziwotz* FamRB 2006, 316 und FamRB 2008, 88; zu weiteren Gestaltungen s. *Grziwotz,* Eheverträge in der Landwirtschaft, S. 197ff.
[321] *Herr* NJW 2008, 262. Vgl. zur Bewertung eines behindertengerechten KfZ BGH NJW 2017, 734.
[322] Zum Begriff *Neumann* NZFam 2014, 481.
[323] BGHZ 89, 137 (145); BGHZ 113, 325; BGH FamRZ 2011, 1039.
[324] BGH FamRZ 2011, 1039.

Dies betrifft vor allem einen nicht geltend gemachten Wertausgleich[325] und Schulden aus der Anschaffung von Haushaltsgegenständen, die den Zugewinn mindern. Zu beachten ist ferner, dass im Alleineigentum eines Ehegatten stehende oder von ihm unter Eigentumsvorbehalt erworbene Haushaltsgegenstände nicht nach § 1586b BGB, § 17 LPartG verteilt werden,[326] sondern in den Zugewinnausgleich einzubeziehen sind.[327] Beibehalten wird die Vermutung, dass Haushaltsgegenstände, die während der Ehe für den gemeinsamen Haushalt angeschafft wurden, im gemeinsamen Eigentum der Ehegatten stehen.[328] Dies kann aufgrund des Wegfalls des Surrogationsprinzips für denjenigen Partner, der den gesamten „Hausrat" in die Ehe einbrachte, der nach und nach ersetzt wurde, zu Überraschungen führen. Über den Zugewinnausgleich erhält er nämlich – wie bei unbenannten Zuwendungen – höchstens die Hälfte des Wertes zurück; das frühere Surrogationsprinzip hatte ihm zumindest die Ersatzgegenstände erhalten. Unabhängig vom Zugewinnausgleich ist wohl weiterhin ein etwa geschuldetes Nutzungsentgelt für die Benutzung der gemeinsamen Wohnung nach der Trennung.[329] Voreheliche Leistungen von Verlobten unterliegen ebenfalls nicht den Regeln der Zugewinngemeinschaft;[330] Gleiches gilt für die Zeit eines eheähnlichen Zusammenlebens vor dem Gang zum Standesamt. Insoweit muss für die unterschiedlichen Phasen des Zusammenlebens gegebenenfalls ein Ausgleich nach den jeweils für sie geltenden Grundsätzen erfolgen. Eine doppelte Berücksichtigung von Tantiemen, Abfindungen, Schulden und Steuererstattungen sowohl beim Zugewinnausgleich als auch beim nachehelichen Unterhalt erfolgt nicht (sog. **Doppelverwertungsverbot**).[331]

69e   Die gesetzliche Regelung über die Haushaltsgegenstände kann durch Vereinbarungen korrigiert werden. Insbesondere können die Ehegatten den gesamten „Hausrat" einem Ehegatten gegen eine pauschale Abfindung zuweisen, ein Auseinandersetzungssystem „ohne Richter" (Punktesystem, Auswahlrecht, Losentscheid) vorsehen und eine Verpflichtung zur Surrogation vereinbaren. Dadurch kann derjenige Ehegatte geschützt werden, der allein oder überwiegend die Haushaltsgegenstände in die Ehe einbringt und der wegen des Wegfalls des Grundsatzes der Surrogation nicht mehr ausreichend geschützt wird.

70 d) Schranken für Vereinbarungen. Schranken für Vereinbarungen können sich aus gesetzlichen Vorschriften ergeben: Dispositiv sind die §§ 1376, 1377 Abs. 1 und Abs. 2, 1378 Abs. 1 und Abs. 4, 1380 und 1384 BGB (§ 6 S. 2 LPartG). Dagegen sind nach wohl überwiegender Ansicht die §§ 1377 Abs. 3, 1378 Abs. 2 (teilweise) und Abs. 3 (vgl. aber → Rn. 73), 1379, 1381, 1382 (zulässig dagegen Teilzahlungsabrede), 1383, 1385, 1386, 1388 (aber Vereinbarung der Zugewinngemeinschaft zulässig) und 1390 BGB (§ 6 S. 2 LPartG) zwingend.

71   Die bei jedem Ehevertrag möglichen **Bedingungen, Zeitbestimmungen** und **Rücktrittsvorbehalte** können auch beim Zugewinnausgleich vereinbart werden. So kann ein Zugewinnausgleich auf Zeiten der kinderbedingten Berufsaufgabe beschränkt werden.[332] Eine Zahlungsverpflichtung der Ehefrau (!) für den Fall, dass bis zu einem be-

---

[325] Krit. *Götz/Brudermüller* FamRZ 2008, 3025 (3031); FamRZ 2009, 1261 (1266); *Kogel* FF 2011, 445 (450).
[326] Vgl. *Wönne* FPR 2009, 293 (294).
[327] BGH FamRZ 2011, 1039.
[328] Vgl. OLG Schleswig FamRZ 2013, 1984 zu einem Hund.
[329] Vgl. OLG Celle NJW-RR 1990, 265.
[330] BGH NJW 1992, 427.
[331] Vgl. BGH FamRZ 2003, 432; FPR 2004, 576; NJW 2008, 1221; OLG München FPR 2004, 505 und dazu *Grziwotz* MittBayNot 2005, 284; *Gerhardt/Schulz* FamRZ 2005, 145; *Wohlgemuth* FamRZ 2007, 187; *Kuckenburg/Perleberg-Kölbel* FPR 2012, 306.
[332] Vgl. OLG Braunschweig FamRZ 2005, 903.

stimmten Zeitpunkt ein gemeinschaftliches gesundes Kind aus der Ehe hervorgegangen ist, dürfte allerdings sittenwidrig sein.[333]

Umstritten ist, ob der Zugewinnausgleich **einseitig** zugunsten eines Ehegatten ausge- 72 schlossen oder eingeschränkt werden kann. Die wohl noch hM bejaht dies.[334] Wenn die Vereinbarung der Gütertrennung zulässig ist, dürfte auch gegen den einseitigen Ausschluss des Zugewinnausgleichs keine Bedenken bestehen. Jedoch darf dadurch keine einseitige Lastenverteilung in der Ehe eintreten. Praktische Bedeutung haben diesbezügliche Verein- barungen, wenn der „benachteiligte" Ehegatte über ein großes Vermögen verfügt oder wenn zu seinen Gunsten bestimmte Vermögensgegenstände vom Zugewinn ausgenom- men wurden.

Außerhalb eheverträglicher Vereinbarungen besteht für die Ehegatten das Verbot, sich 73 vor Beendigung des Güterstandes zu verpflichten, über die **Ausgleichsforderung** zu verfügen. Dies gilt auch für die Vereinbarung einer pauschalen Abfindung mit den Schwiegereltern.[335] Gestattet sind jedoch diesbezügliche notariell beurkundete Vereinba- rungen zwischen den Ehegatten für den Fall der Auflösung der Ehe (§ 1378 Abs. 3 S. 2 und S. 3 BGB, § 6 S. 2 LPartG); entgegen dem Wortlaut des Gesetzes gilt dies schon vor Anhängigkeit eines Eheauflösungsverfahrens.[336] Mit Beendigung des Güterstandes ist die Ausgleichsforderung unbeschränkt übertragbar.

3. Verfügungsbeschränkungen und Auskunftspflichten. Jeder Ehegatte bedarf trotz 74 des Grundsatzes der selbständigen Vermögensverwaltung (§ 1364 BGB, § 6 S. 2 LPartG) zur Verfügung über sein Vermögen im Ganzen[337] und über ihm gehörende Gegenstände des ehelichen Haushalts im gesetzlichen Güterstand der Einwilligung des anderen (**§§ 1365, 1369 BGB, § 6 S. 2 LPartG**). § 1365 BGB ist auch erfüllt, wenn nahezu das ganze Aktivvermögen und Einzelgegenstände betroffen sind, wobei im letztgenannten Fall der Dritte die diesbezüglichen Verhältnisse kennen muss (hM).[338] Die Verfügungsbe- schränkung gilt auch noch nach Eintritt der Rechtskraft der Scheidung, wenn die Schei- dungsfolgesache Zugewinnausgleich abgetrennt wird. Dagegen fällt ein Rechtsgeschäft, wonach eine Zahlungsverbindlichkeit begründet wird, die den Wert des gesamten Vermö- gens des Schuldners umfasst, nicht unter diese Vorschrift.[339] Eine Scheidung „heilt" das zustimmungsbedürftige Geschäft nicht,[340] ebensowenig der Tod des vertragsschließenden Ehegatten;[341] anders ist dies beim Tod des genehmigungsberechtigten Ehegatten.[342]

Diese absoluten Veräußerungsverbote können ganz oder teilweise (zB für Gesellschafts- 75 beteiligungen) **abbedungen** werden. Umstritten, aber wohl zu bejahen[343] ist die Mög- lichkeit des Ausschlusses nur zugunsten eines Ehegatten allein.

---

[333] AG Lörrach FamRZ 1994, 1456.
[334] MüKoBGB/*Kanzleiter* BGB § 1408 Rn. 14.
[335] BGH FamRZ 2004, 1353.
[336] BGH NJW 1987, 753.
[337] Vgl. BGH FamRZ 2012, 116 zur Grundschuldbestellung und BGH FamRZ 2013, 607 bei einem vorbe- haltenen Wohnungsrecht.
[338] Vgl. OLG Düsseldorf NZFam 2015, 979. Ausführlich *Brambring* FamFR 2012, 460 und FamFR 2012, 483; zur Teilungsversteigerung s. BGH FamRZ 2007, 1634. Zur Grundschuldbestellung s. BGH NJW 2011, 3783; bei einer Finanzierungsgrundschuld kommt es auf den Verkäufer, nicht den Käufer an (Palandt/*Brudermüller* BGB § 1365 Rn. 3). Zum Grundstücksverkauf s. BGH NZM 2013, 438; OLG Naumburg NotBZ 2016, 69; OLG Koblenz NJW-RR 2016, 135 und OLG Frankfurt a.M. NJOZ 2018, 50. Zur Grundstücksübertragung bei vorbehaltenem dinglichen Wohnungsrecht s. BGH NJW 2013, 1156.
[339] BGH FamRZ 1983, 455 und OLG Rostock NJW 1995, 3127.
[340] BGH FamRZ 1983, 1101.
[341] BGHZ 70, 293 (300).
[342] BGH NJW 1982, 1099 (1100).
[343] Soergel/*Gaul*/*Althammer* BGB § 1408 Rn. 69.

76   **Formulierungsbeispiel: Ausschluss der Verfügungsbeschränkungen**

🖉   Für unsere Ehe soll es grundsätzlich beim gesetzlichen Güterstand verbleiben. Wir schließen jedoch die Verfügungsbeschränkungen der §§ 1365, 1369 BGB aus. Jeder Ehegatte ist somit berechtigt, ohne Zustimmung des anderen über sein Vermögen im Ganzen und die ihm gehörenden Gegenstände des ehelichen Haushalts zu verfügen. Wir beantragen die Eintragung in das Güterrechtsregister.

77   Wird der Zugewinnausgleich ausgeschlossen, tritt Gütertrennung ein (§ 1414 S. 2 BGB, § 7 S. 2 LPartG). Da die §§ 1365, 1369 BGB (§ 6 S. 2 LPartG) in erster Linie der Erhaltung der materiellen Basis der Familie und ihres Haushalts dienen,[344] bleibt es den Ehegatten unbenommen, die **Verfügungsbeschränkungen** auch bei einem vollständigen Ausschluss des Zugewinnausgleichs **beizubehalten**.[345]

77a Nach Beendigung des Güterstandes kann jeder Ehegatte vom anderen **Auskunft** über sein Vermögen zum Zeitpunkt der Trennung und zum Zeitpunkt der Rechtshängigkeit des Scheidungsantrags sowie über das Anfangsvermögen verlangen.[346] Belege sind vorzulegen. Allerdings schützen diese Regelungen nicht effektiv vor Vermögensminderungen. Dies wäre nur durch strenge Verfügungsbeschränkungen möglich. Zudem haben Ehegatten häufig keine Nachweise über ihr Anfangsvermögen und spätere Zuwendungen mehr. Insofern kann sich die Erstellung eines Vermögensverzeichnisses mit periodischer Fortschreibung empfehlen.[347]

78   **4. Vertragliche Vereinbarung.** Ehegatten können bei einem Güterstandswechsel auch die Zugewinngemeinschaft **vertraglich vereinbaren.** Ausreichend ist die Bezugnahme auf die §§ 1363 ff. BGB; diese müssen nicht im Wortlaut in den Vertrag aufgenommen werden. Klargestellt werden sollte jedoch, ob die gesetzlichen Vorschriften in ihrer jeweiligen Fassung vereinbart werden oder ein bestimmter Rechtszustand festgeschrieben werden soll. Grundsätzlich hat der Vertrag zur Folge, dass alle Änderungen des Güterstandes maßgebend sind. Auch die Vereinbarung eines rückwirkenden Zugewinnausgleichs beim Übergang zur Zugewinngemeinschaft ist möglich und zivilrechtlich anzuerkennen.[348] Die Vereinbarung der Zugewinngemeinschaft mit Rückwirkung ist insbesondere zur Korrektur einseitiger Eheverträge sinnvoll. § 5 Abs. 1 S. 4 ErbStG schließt jedoch eine erbschaftsteuerliche Rückwirkung aus (→ Rn. 50). Bei erheblichen Vermögenswerten, die nur durch eine auf die gesamte Ehezeit bezogene Ausgleichsregelung der Besteuerung entzogen werden können, kann das gewünschte Ergebnis auf dem Umweg des güterrechtlichen Ausgleichs (§§ 1371 Abs. 2, 1373 ff. BGB, § 6 S. 2 LPartG, § 5 Abs. 2 ErbStG) im Wesentlichen erreicht werden.[349] Außerdem kann die rückwirkende Vereinbarung der Zugewinngemeinschaft bei einem güterrechtlichen (nicht erbrechtlichen) Ausgleich des Zugewinns im Rahmen des § 5 Abs. 2 ErbStG, insbesondere also bei einer Ausschlagung durch den überlebenden Ehegatten, noch sinnvoll sein.[350]

---

[344] S. nur OLG Celle NJW-RR 2001, 866.
[345] Str., vgl. *Giesen* Rn. 255.
[346] Zur Verjährung s. BGH NJW 2018, 950.
[347] Vgl. *Brambring* FPR 2009, 297.
[348] OLG Frankfurt a.M. NJWE-FER 1997, 221; allerdings nach OLG Oldenburg MittBayNot 1997, 108 keine Ausdehnung auf eine vor der Zeit des Inkrafttretens des Gleichberechtigungsgesetzes vereinbarte Gütertrennung.
[349] Meincke/*Hannes/Holtz,* ErbStG, 17. Aufl. 2018, § 5 Rn. 31; vgl. auch *Kanzleiter/Wegmann* Rn. 270.
[350] Vgl. *Piltz* ZEV 1995, 330. Zur Berechnung der fiktiven Zugewinnausgleichsforderung s. BFH NJW 1994, 150. Zu den erbschaftsteuerrechtlichen Auswirkungen eines vorzeitigen Zugewinnausgleichs bei fortbestehender Zugewinngemeinschaft s. FM BW DB 1997, 1645.

> **Formulierungsbeispiel: Aufhebung Gütertrennung und Vereinbarung** **79**
> **Zugewinnausgleich** ↻
>
> Wir heben die am *** vereinbarte Gütertrennung (UR-Nr. *** des Notars *** in ***)
> hiermit rückwirkend auf und vereinbaren den gesetzlichen Güterstand der Zugewinnge-
> meinschaft entsprechend den jeweils geltenden gesetzlichen Bestimmungen. Anfangs-
> vermögen eines jeden von uns ist das Vermögen, das uns jeweils bei Eheschließung ge-
> hört hat, also nicht das Vermögen, das einem jeden von uns heute gehört. Wir wurden
> vom Notar/von der Notarin darauf hingewiesen, dass die Rückwirkung im Rahmen des
> § 5 ErbStG nicht anerkannt wird, sondern insoweit als Zeitpunkt des Eintritts des Güter-
> standes der heutige Tag gilt.

V. Die Gütertrennung

Die gegenseitigen **Rechte und Pflichten** der Eheleute bei Gütertrennung sind im Gesetz **80**
nicht geregelt. Unbeschadet der Wirkungen der Ehe im Allgemeinen (§ 1353 BGB iVm
§ 1362 BGB, § 6 S. 2 LPartG) hat die Tatsache der Ehe keinen Einfluss auf die Vermögensverhältnisse der Partner. Jeder Ehegatte verwaltet sein Vermögen selbst und ohne Beschränkungen.[351] Ein Zugewinnausgleich wird weder bei einer Scheidung noch beim
Tode eines Ehegatten durchgeführt. Wie bei der Zugewinngemeinschaft haftet jeder Ehegatte nur für die eigenen Schulden und gelten die Eigentumsvermutungen der § 1362
BGB (§ 6 S. 2 LPartG), § 739 ZPO.

Gütertrennung **entsteht** durch vertragliche Vereinbarung und als subsidiärer gesetzli- **81**
cher Güterstand bei Aufhebung der Zugewinngemeinschaft und dem vollständigen Ausschluss des Zugewinns mangels anderweitiger Vereinbarung (§ 1414 BGB, § 7 S. 2
LPartG) sowie durch rechtskräftiges Urteil auf vorzeitigen Ausgleich des Zugewinns
(§ 1388 BGB, § 6 S. 2 LPartG) und auf Aufhebung der Gütergemeinschaft (§§ 1449
Abs. 1, 1470 Abs. 1 BGB, § 7 S. 2 LPartG). Der früher geltende Eintritt der Gütertrennung bei Ausschluss des Versorgungsausgleichs führte zu einer Maximierung der Verschlechterung,[352] wenn der besserverdienende Ehegatte sowohl Schuldner des Zugewinn-
als auch des Versorgungsausgleichs war; diese Folge tritt nach geltender Rechtslage beim
Ausschluss des Versorgungsausgleichs nicht mehr ein. Hierauf muss der Notar, da die alte
Rechtslage wenig plausibel war, nicht hinweisen. Der Umstand, dass aufgrund selbständiger Tätigkeit kein im Versorgungsausgleich auszugleichendes Versorgungsvermögen erworben wird, macht die Vereinbarung der Gütertrennung nicht unwirksam.[353] Allerdings
kann in Fällen der sog. Funktionsäquivalenz von Versorgungs- und Zugewinnausgleich in
besonderen Sachverhaltskonstellationen ein „Hinübergreifen" auf das andere vermögensrechtliche Ausgleichssystem im Rahmen der gerichtlichen Ausübungskontrolle in Betracht
kommen. Betroffen sind Konstellationen, in denen ein haushaltsführender Ehegatte, der
zugunsten der Familienarbeit auf die Ausübung einer versorgungsbegründenden Erwerbstätigkeit verzichtet hat, über den Versorgungsausgleichen keine ausreichende Absicherung
bei einer Scheidung erhält, weil der Ehegatte für sein Alter durch Privatvermögen, das

---

[351] Bei der bis 31. 12. 2004 für Lebenspartner möglichen Vereinbarung der Vermögenstrennung (= Gütertrennung) galten die Verfügungsbeschränkungen der §§ 1365, 1369 BGB, da sie unabhängig vom Vermögensstand (= Güterstand) anwendbar waren (§ 8 Abs. 2 LPartG aF; vgl. *Wellenhofer-Klein* Rn. 163). Deshalb entfielen sie auch bei einer Vermögenstrennung nicht automatisch, sondern mussten gegebenenfalls
ausdrücklich abbedungen werden (*Mayer* ZEV 2001, 169 (172)). Nachdem Überleitungsvorschriften für
die Vermögenstrennung fehlen, könnten theoretisch bei „alten" Lebenspartnerschaften mit Vermögenstrennung die Verfügungsbeschränkungen, wenn sie nicht abbedungen wurden, weiter gelten. Ob das
Schweigen des Gesetzgebers als automatische Überführung in die Gütertrennung und als Suspendierung
der vertraglichen Vereinbarungen zu deuten ist, ist umstritten (vgl. *Everts* FamRZ 2005, 1888 (1889);
Griwotz DNotZ 2005, 13 (16); *Walter* MittBayNot 2005, 193 (196)).
[352] *Staudinger/Rehme* (2007) BGB § 1414 Rn. 10.
[353] Str., so aber BGH FamRZ 2008, 386; NJW 2013, 457; NJW 2015, 52; NJW 2018, 2871.

dem vertraglich ausgeschlossenen Zugewinnausgleich unterfällt, vorsorgt.[354] Nach der Rechtsprechung ist das Güterrecht weitgehend dispositiv. In der Literatur ist dagegen umstritten, ob die Vereinbarung der Gütertrennung bei der Haushaltsführungs- und Mitarbeitsehe angemessen ist, dh ob es auch im Güterrecht zwingend eine Vermögensteilhabe gibt.[355]

82   Wegen des Fehlens jeglicher güterrechtlicher Vermögensbindung sind güterrechtliche **Vereinbarungen** bei der Gütertrennung ausgeschlossen.[356] Ihre Vereinbarung schließt die Annahme eines Ausgleichsanspruchs bei einer späteren Scheidung in besonderen Ausnahmefällen jedoch nicht aus. Er kann auf dem Wegfall der Geschäftsgrundlage eines stillschweigend geschlossenen familienrechtlichen Kooperationsvertrages oder einer ehebedingten Zuwendung beruhen.[357] Ein Ausgleich hat danach regelmäßig nur zu erfolgen, wenn beim Scheitern der Ehe die Früchte der Kooperation in Gestalt einer messbaren Vermögensmehrung noch vorhanden sind. Bei Mitarbeit eines Ehegatten im Unternehmen des anderen kann ein Ausgleich trotz Gütertrennung über eine Ehegatteninnengesellschaft erfolgen (→ Rn. 43).[358] Dieser Anspruch, der eine Mitarbeit und Mitverantwortung angemessen ausgleichen soll, kann nicht einseitig „ausgeschlossen" werden; möglich ist es nur, mit dem mitarbeitenden Ehegatten einen angemessenen Ausgleich zu vereinbaren.

83   Die Vereinbarung der **Gütertrennung** empfiehlt sich – außer bei gemischt-nationalen Ehen und allgemein hinsichtlich der Anerkennung im Ausland – nur zur Vermeidung der Ansprüche der Stiefabkömmlinge des verstorbenen Ehegatten auf Gewährung der Ausbildungskosten, wenn die gesetzliche Erbfolge beibehalten wird. Auch bei meist älteren Paaren, die kein gemeinsames Vermögen mehr aufbauen und auch im Todesfall nicht voneinander erben wollen, wird die Gütertrennung wegen ihrer Klarheit meist gewünscht. Bei bereits längerer Ehe kann ein Wechsel vom gesetzlichen Güterstand zur Gütertrennung zudem wegen § 5 Abs. 2 ErbStG sinnvoll sein, da bei Durchführung des Zugewinnausgleichs zu Lebzeiten der tatsächliche Wert angesetzt wird, während beim Tode der (niedrigere) steuerliche Wert (vgl. § 5 Abs. 1 S. 2 ErbStG) maßgeblich ist.[359] Während § 5 Abs. 1 ErbStG beim Zugewinnausgleich im Todesfall einen Zugewinnausgleichsfreibetrag enthält, stellt § 5 Abs. 2 ErbStG für den güterrechtlichen Zugewinnausgleich klar, dass gar kein Besteuerungstatbestand vorliegt.[360] Zivilrechtlich ist zu beachten, dass mit Beendigung des gesetzlichen Güterstandes ein Zugewinnausgleichsanspruch entsteht, der regelungsbedürftig ist. Denkbar ist ein ausdrücklicher Verzicht, der als Schenkung unbefristet einen Pflichtteilsergänzungsanspruch auslöst (§ 2325 Abs. 3 BGB) und möglicherweise eine freigiebige Zuwendung im Sinne des ErbStG darstellt.[361] Erfolgt kein Verzicht, ist der Anspruch während des Laufs der Verjährungsfrist (§ 195 BGB) vererblich. Solange die Ehe besteht, tritt Hemmung der Verjährung ein (§ 207 Abs. 1 S. 1, S. 2 Nr. 1 BGB). Unter Hinnahme des Risikos der Vererblichkeit kann der Zugewinnausgleichsanspruch ausdrücklich bestehen bleiben;[362] um die Verjährung eintreten zu lassen, muss zudem auf die Hemmung verzichtet werden. Da die Durchführung des Zugewinnausgleichs bei Beendigung der Zugewinngemeinschaft – anders als bei ihrem Fortbestehen[363] – schenkungsteuerfrei ist, können Vermögenswerte von einem auf den anderen Ehegatten ohne Anrech-

---

[354] BGH NJW 2015, 52; NJW 2018, 2871 (2873).
[355] Vgl. *Bergschneider* FamRZ 2010, 1857; *Dauner-Lieb/Sanders* FPR 2005, 141; *Kanzleiter* FS Bengel/Reimann 2012, 191; *Meder* FPR 2012, 113 und *Braeuer* FamRZ 2014, 77.
[356] MüKoBGB/*Kanzleiter* BGB § 1408 Rn. 15.
[357] BGH NJW 1994, 2545 (2546).
[358] BGH DNotZ 2000, 514.
[359] Zur Berechnung BFH NJW 2005, 3662 und dazu BayFinMin MittBayNot 2007, 168 = FM BW DB 2006, 2783; BFH FamRZ 2007, 1882; *Christ* FamRB 2007, 218.
[360] Vgl. Meincke/*Hannes/Holtz*, ErbStG, 17. Aufl. 2018, § 5 Rn. 4.
[361] FG Hessen BeckRS 2017, 94609; s. dazu *Holler* ErbR 2018, 82.
[362] Vgl. *Flik* BWNotZ 1978, 117.
[363] BFH FamRZ 2006, 1670; FamRZ 2007, 1812.

nung auf den Ehegattenfreibetrag übertragen werden;[364] zu den einkommensteuerlichen Folgen → Rn. 121. Dies gilt auch dann, wenn in zeitlichem Zusammenhang durch ehevertragliche Regelung die Zugewinngemeinschaft neu vereinbart wird (sog. **Güterstandsschaukel**).[365] Denkbar ist es auch, statt der Gütertrennung den Güterstand der Wahl-Zugewinngemeinschaft zu vereinbaren. Auch dann endet die Zugewinngemeinschaft und ist ein Zugewinnausgleich durchzuführen. Das Risiko, dass ein Ehegatte es auch später bei der Gütertrennung belassen möchte, tritt jedoch nicht ein.

Praxishinweis Steuern:

Durch die Vereinbarung eines neuen Güterstandes kann auch die bereits entstandene Schenkungsteuer aus einer Ehegattenschenkung rückwirkend beseitigt werden, wenn die Vorschenkung auf die nach § 5 Abs. 2 ErbStG steuerfreie Ausgleichsforderung anzurechnen ist (§ 29 Abs. 1 Nr. 3 ErbStG).[366] Eine Beseitigung etwaiger in der Zwischenzeit aufgelaufener Hinterziehungszinsen ist damit jedoch nicht gesichert.[367] Für diese steuerliche Rechtsfolge reicht es nicht aus, dass sich eine Schenkung – was regelmäßig auch ohne Anrechnungsbestimmung der Fall ist – auf die Höhe des Zugewinnausgleiches ausgewirkt hat, sondern es bedarf einer ausdrücklichen oder konkludenten Anrechnungsbestimmung gemäß § 1380 BGB.[368]

Inwieweit „Schaukelmodelle", bei denen zwischen verschiedenen Güterständen gewechselt wird, bis sich große Teile des Vermögens eines Ehegatten beim anderen befinden, um zu einem „pflichtteilsquotengünstigen" Güterstand zurückzukehren, tatsächlich zur Pflichtteilsreduzierung eingesetzt werden können, ist fraglich.[369] Gleiches gilt für die Frage, ob Anfechtungsrechte Dritter (AnfG, InsO) bestehen.[370] Sämtliche Gestaltungen wirken hinsichtlich der Pflichtteilsansprüche bei gemeinschaftlichen Abkömmlingen zudem nur beim Tod des erstversterbenden Ehegatten und sind deshalb mit dem Risiko verbunden, dass der „Falsche" zuerst verstirbt. Allerdings ist hinsichtlich der Ansprüche Dritter zunächst von einem entgeltlichen Geschäft in Höhe der gesetzlichen Ansprüche auszugehen. **84**

Muster: Güterstandsschaukel

Siehe hierzu das Gesamtmuster → Rn. 167.

VI. Die Gütergemeinschaft

1. „Allgemeine" Gütergemeinschaft (§§ 1415 ff. BGB, § 7 S. 2 LPartG). Durch Vereinbarung des Güterstandes der Gütergemeinschaft entstehen insgesamt fünf **Vermögensmassen** (Gesamtgut und je zwei Sonder- und Vorbehaltsgüter): **85**

Was den Ehegatten bei Eingehung der Gütergemeinschaft gehört und was sie später erwerben, wird grundsätzlich **Gesamtgut** (§§ 1415, 1416 BGB, § 7 S. 2 LPartG). Das Gesamtgut ist Gesamthandsvermögen beider Ehegatten (§ 1419 BGB, § 7 S. 2 LPartG). Es wird, sofern die Ehepartner nichts Abweichendes vereinbaren, von beiden gemeinschaft- **86**

---

[364] *Christ* FamRB 2007, 218 (220); *Finger* FuR 2007, 511 (515).
[365] Vgl. BFH NJW 2005, 3663; vgl. DNotI-Report 2007, 149 (150); *Kieser* ZErb 2013, 49 (50).
[366] Zur Berechnung *Mack/Stenert* DStR 2017, 2645; *Blusz* ZEV 2016, 626.
[367] Vgl. *Kamps/Stenert* DStR 2018, 2671.
[368] Weitere gestalterische Hinweise bei *Kamps/Stenert* DStR 2018, 2465; *Lindenau* ZEV 2018, 636.
[369] Vgl. *Wegmann* ZEV 1996, 201; *Bisle* DStR 2011, 2359 (2361) und *Kleffmann* FuR 2017, 532 (534); zutreffend Schlitt/Müller/*Pawlytta* Pflichtteils-HdB, 4. Aufl. 2018, § 7 Rn. 66, der von diesen Gestaltungen abrät; zu steuerlichen Konsequenzen → Rn. 119.
[370] BGH FamRZ 2010, 1548; *Ponath* ZEV 2006, 49.

lich verwaltet (§ 1421 BGB, § 7 S. 2 LPartG). Dies gilt auch für Unternehmensrechte; ein Stimmrecht kann diesbezüglich nur gemeinsam ausgeübt werden. Eine abweichende Vereinbarung ist nur ehevertraglich möglich.[371] Die Eröffnung des Insolvenzverfahrens beendet die Gütergemeinschaft nicht. § 37 InsO regelt die Folgen für das Gesamtgut und knüpft dabei an die Verwaltungs- und Verfügungsbefugnis der Ehegatten bzw. Lebenspartner an. Die Verfügungsbeschränkungen der §§ 1423 ff. BGB (§ 7 S. 2 LPartG) gelten für den Insolvenzverwalter nicht.[372]

87   **Sondergut** ist das rechtsgeschäftlich nicht übertragbare Vermögen beider Ehegatten (zB Nießbrauch, beschränkte persönliche Rechte, nicht übertragbare Beteiligungen an Personengesellschaften).[373] Sein Inhalt ist gesetzlich festgelegt; eine vertragliche Begründung von Sondergut ist ausgeschlossen. Jeder Ehegatte verwaltet sein Sondergut selbständig, aber für Rechnung des Gesamtguts.

88   **Vorbehaltsgut** jedes Ehegatten ist das, was durch Ehevertrag oder durch Bestimmung eines Dritten in einer Verfügung von Todes wegen oder bei einer Zuwendung zum Vorbehaltsgut erklärt worden ist, sowie die Surrogate und Einkünfte des Vorbehaltsguts (§ 1418 BGB, § 7 S. 2 LPartG). Jeder Ehegatte verwaltet sein Vorbehaltsgut selbständig und für eigene Rechnung. Eine Eintragung der Vorbehaltsguteigenschaft in das Grundbuch ist unzulässig.

89   Die **Schuldenhaftung** ist unterschiedlich gestaltet, je nachdem, ob beide Ehegatten oder einer das Gesamtgut verwaltet: Für die Verbindlichkeiten jedes Ehegatten haftet das Gesamtgut. Ferner haftet jeder Ehegatte für die ihn treffenden Verbindlichkeiten mit seinem persönlichen Vermögen. Bei gemeinschaftlicher Verwaltung haftet jeder Ehegatte darüber hinaus mit seinem persönlichen Vermögen auch für die Schulden des anderen, bei Alleinverwaltung nur dieser (§§ 1459 Abs. 2, 1437 Abs. 2 BGB, § 7 S. 2 LPartG). Die Verwaltung des Gesamtguts erfolgt ohne ausdrückliche vertragliche Regelung gemeinschaftlich (§ 1421 BGB, § 7 S. 2 LPartG); § 1455 BGB (§ 7 S. 2 LPartG) erlaubt jedoch bestimmte Verwaltungshandlungen, die ein Ehegatte ohne Mitwirkung des anderen vornehmen kann.[374]

90   Bei Beendigung der Gütergemeinschaft wird die **Auseinandersetzung** nach den Bestimmungen der §§ 1474 ff. BGB (§ 7 S. 2 LPartG) durchgeführt.[375] Dabei ist der nach Berichtigung der Gesamtgutsverbindlichkeiten[376] verbleibende Überschuss grundsätzlich hälftig zu teilen. Jeder Ehegatte ist jedoch berechtigt, gegen Wertersatz die Sachen zu übernehmen, die er in das Gesamtgut eingebracht oder später durch Erbfolge, Vermächtnis, Schenkung oder als Ausstattung erworben hat (§ 1477 Abs. 2 BGB, § 7 S. 2 LPartG).[377] Unabhängig davon gibt § 1478 BGB (§ 7 S. 2 LPartG) jedem Ehegatten für den Fall der Ehescheidung vor Beendigung der Auseinandersetzung das Recht, den Wert dessen zurückzuverlangen, was er in die Gütergemeinschaft eingebracht hat. Beide Ansprüche werden miteinander verrechnet, so dass dem Gesamtgut lediglich der inflationsbereinigte Mehrwert zur hälftigen Teilung verbleibt. Infolge der Aufhebung tritt Gütertrennung ein, sofern nicht etwas anderes vereinbart wird (§ 1414 S. 2 BGB, § 7 S. 2 LPartG).

91   Da die Gütergemeinschaft bei Scheidung zu einem ähnlichen Ergebnis führt wie der Zugewinnausgleich, aber gleichzeitig haftungs- und steuerrechtliche (→ Rn. 118 ff.) Nachteile mit sich bringt und zu einer Erhöhung der Pflichtteile enterbter Kinder führt,

---

[371] OLG Saarbrücken FamRZ 2002, 1034.
[372] Vgl. *Grziwotz* Rpfleger 2008, 289.
[373] Weitergehend auch für Kommanditanteile OLG Nürnberg MittBayNot 2017, 499.
[374] Vgl. OLG München MDR 2011, 320; FamRZ 2011, 1058.
[375] Vgl. BGH NJW-RR 2017, 397; *Wittich,* Die Gütergemeinschaft, 2000, S. 40 ff. und *Kappler* FamRZ 2010, 1294.
[376] OLG Oldenburg FamRZ 2011, 1059.
[377] BGH NJW 2007, 1879.

wird ihre Vereinbarung nur noch selten empfohlen.[378] In Süddeutschland drängen Funktionäre der Bauernverbände in Verkennung des Umstandes, dass auch eine Landwirtschaft unternehmerisch betrieben wird und die Beteiligten insbesondere bei Pflegekosten der Schwiegereltern und hohen Krankenkassenbeiträgen aufgrund weiterer Einkünfte aus Vermietung und Verpachtung später trotz anfallender Kosten den Güterstand wieder wechseln wollen oder in unsinnige und für den kindererziehenden Ehegatten riskante Vorbehaltsgutsvereinbarungen „flüchten", teilweise weiterhin auf Vereinbarung der Gütergemeinschaft. Soll mit ihrer Hilfe bei bestehender Ehe eine ehebedingte **Zuwendung** zur Ausgleichung ungerechter Vermögensverhältnisse herbeigeführt werden, so sind die §§ 1477 Abs. 2, 1478 BGB (§ 7 S. 2 LPartG) auszuschließen.[379] Ferner ist bei einer Vereinbarung nach vorangegangener Zugewinngemeinschaft eine Regelung über den Anspruch auf Zugewinn zu treffen.[380]

> **Formulierungsbeispiel: Zugewinnausgleichsanspruch bei Gütergemeinschaft** 92
>
> Ist aufgrund der heutigen Beendigung des gesetzlichen Güterstandes in der Person eines Ehegatten ein Zugewinnausgleichsanspruch entstanden, wird dieser als dessen Vermögen in die Gütergemeinschaft eingebracht.

Ist bei Bestehen einer Gütergemeinschaft einem Ehegatten der selbständige Betrieb eines **Erwerbsgeschäftes** gestattet (§§ 1431, 1456 BGB, § 7 S. 2 LPartG), haften für die Verbindlichkeiten aus Rechtsgeschäften, die der Betrieb mit sich bringt, beide Ehegatten und das Gesamtgut.[381] Es handelt sich dabei nicht nur um gewöhnliche Geschäfte des laufenden Betriebs, sondern auch um außerordentliche Rechtshandlungen.[382] Für Unternehmerehen ist die Gütergemeinschaft ungeeignet.[383] Gehört das Erwerbsgeschäft zum Gesamtgut, kann daneben zivilrechtlich nicht von einer Gesellschaft des bürgerlichen Rechts ausgegangen werden,[384] einkommensteuerrechtlich handelt es sich um eine Mitunternehmerschaft.[385] 93

Ein **Wechsel** vom gesetzlichen Güterstand zur Gütergemeinschaft kann ausnahmsweise sinnvoll sein, um auf diese Weise Vermögen zur Pflichtteilsreduzierung oder zur teilweisen „Umgehung" bindender Verfügungen von Todes wegen auf den Ehegatten zu verlagern.[386] In der Begründung der Gütergemeinschaft liegt nämlich nach der Ansicht des BGH[387] – anders als bei einer sog. ehebedingten Zuwendung[388] – im Normalfall keine Schenkung des begüterten an den bereicherten Ehegatten.[389] 94

Auch bei der Gütergemeinschaft sind **Modifizierungen** hinsichtlich des Innenverhältnisses der Ehegatten möglich. Dagegen können die Vorschriften für das Außenverhältnis nicht zulasten Dritter abgeändert werden:[390] 95
– So können die Haftung erweitert und die Verfügungsbeschränkungen eingeschränkt werden. Insbesondere ist eine Befreiung des Gesamtgutsverwalters von den Beschränkungen in der Verfügung über Grundbesitz möglich.

---

[378] Vgl. *Behmer* MittBayNot 1994, 377; krit. insbes. *Langenfeld* AgrarR 1999, 107 (109).
[379] BGH NJW-RR 1987, 69.
[380] BGH NJW 1990, 445; OLG Bamberg FamRZ 2001, 1215.
[381] Palandt/*Brudermüller* BGB § 1431 Rn. 3.
[382] BGHZ 83, 76 (80).
[383] *Stenger* ZEV 2000, 141 (142 f.).
[384] BGH NJW 1994, 652.
[385] BFH DB 2005, 2449.
[386] Vgl. *Kanzleiter/Wegmann* Rn. 277 ff.
[387] NJW 1992, 558.
[388] BGH NJW 1992, 564.
[389] Vgl. zu Vertragsmustern Kersten/Bühling/*Zimmermann* § 86 Rn. 16 und Wurm/Wagner/Zartmann/ *Schröders/Kesseler* Kap. 63.2 ff.
[390] Vgl. MüKoBGB/*Kanzleiter* BGB § 1408 Rn. 16.

– Durch Erklärung des gesamten bei der Eheschließung beiderseits vorhandenen Vermögens zu Vorbehaltsgut lassen sich in wesentlichen Rechtswirkungen der früheren **Errungenschaftsgemeinschaft,** durch Erklärung des unbeweglichen Vermögens zu Vorbehaltsgut die wesentlichen Rechtswirkungen der früheren **Fahrnisgemeinschaft** erreichen.

– Unzulässig ist dagegen die Vereinbarung, dass alles gegenwärtige und künftige Vermögen **Vorbehaltsgut** eines Ehegatten werden soll. Dagegen sind abweichende Zuordnungen konkreter Gegenstände zum Vorbehalts- und Gesamtgut möglich. Nach hM[391] ist auch ein Vertrag darüber, dass alle künftigen Schenkungen Vorbehaltsgut sein sollen, wirksam. Die Vereinbarung von Vorbehaltsgut führt zu einer „partiellen Gütertrennung";[392] erbrechtlich kann der überlebende Ehegatte sogar schlechter stehen, da es zu keiner Erhöhung seines Erbteils (vgl. § 1931 Abs. 4 BGB) kommt. Im Hinblick darauf, dass die Ehegatten auch Gütertrennung vereinbaren können, ist fraglich, wieso eine zu weitgehende Begründung von Vorbehaltsgut wegen Gläubigergefährdung sittenwidrig sein soll.[393] Ehevertraglich kann umgekehrt auch die Entstehung von Vorbehaltsgut grundsätzlich ausgeschlossen werden, nicht dagegen von Sondergut.

96 Auch die gesetzlichen Vorschriften über die **Auseinandersetzung** sind weitgehend dispositiv: Denkbar sind vor allem Regelungen über Ausgleichszahlungen an den in einem Betrieb mitarbeitenden Ehegatten bei Übernahme durch den anderen Ehegatten und die Gewährung von Zahlungsfristen. Gleiches gilt für eine Nutzungsvergütung in der Liquidationsgemeinschaft.[394] Mitunter wird eine hälftige Teilung bei Scheidung gewünscht.

97   **Formulierungsbeispiel: Modifizierung Gütergemeinschaft**

☝ Keinem der Ehegatten steht das Recht zur Übernahme von Gegenständen zu, die er in die Gütergemeinschaft eingebracht oder später von Todes wegen, mit Rücksicht auf ein künftiges Erbrecht, durch Schenkung oder als Ausstattung erworben hat. Der Wert der eingebrachten Gegenstände wird im Falle der Auseinandersetzung nicht erstattet.

98 **2. Fortgesetzte Gütergemeinschaft (§§ 1483 ff. BGB, § 7 S. 2 LPartG).** Die Gütergemeinschaft endet grundsätzlich mit dem Tod eines Ehegatten. Doch kann für diesen Fall im **Ehevertrag** vorgesehen werden, dass die Gütergemeinschaft zwischen dem überlebenden Teil und den gemeinsamen Abkömmlingen fortgesetzt wird. Bei Gütergemeinschaften aus der **Zeit vor dem 1.7.1958** hat der überlebende Ehegatte, falls vertraglich nichts anderes geregelt wurde, das Recht, die Fortsetzung zu verlangen (Art. 8 Abs. 1 Nr. 6 GleichberG).

99   Die Gütergemeinschaft wird nur hinsichtlich des Gesamtgutes fortgesetzt; der Anteil des Verstorbenen gehört nicht zu seinem Nachlass. Dagegen werden sein Vorbehalts- und Sondergut nach den allgemeinen Regeln vererbt (§ 1483 Abs. 1 S. 3 BGB, § 7 S. 2 LPartG). Gemeinsame Abkömmlinge, die nicht von der Fortsetzung ausgeschlossen sind, werden in ihrem **Erb- und Pflichtteilsrecht** beschränkt.[395] Die fortgesetzte Gütergemeinschaft kann deshalb Abfindungsansprüche beim Tode des erstversterbenden Elternteils vermeiden. Dies gilt jedoch nicht für einseitige Abkömmlinge, die ihr Erbrecht behalten (§§ 1471, 1483 Abs. 2 BGB, § 7 S. 2 LPartG).

100 Zum **Gesamtgut** gehört das bisherige eheliche Vermögen und alles, was der überlebende Ehegatte hinzu erwirbt, einschließlich der Nutzungen und Surrogate (§ 1485 BGB, § 7 S. 2 LPartG). **Vorbehalts-** und **Sondergut** hat nur der überlebende Ehegatte (§ 1486

---

[391] Erman/*Heinemann* BGB § 1418 Rn. 2.
[392] PWW/*Roßmann* BGB § 1418 Rn. 2.
[393] So aber Erman/*Heinemann* BGB § 1419 Rn. 2, auch zu Anfechtungsrechten nach § 4 Abs. 1 AnfG.
[394] Vgl. OLG Frankfurt a.M. FamFR 2013, 475.
[395] Zur fortgesetzten Gütergemeinschaft zur pflichtteilssicheren Betriebsübergabe *Milzer* ZEV 2015, 260 (262); vgl. auch *Ruby* ZEV 2017, 496 (498).

BGB, § 7 S. 2 LPartG). Die Abkömmlinge haben neben ihrem Anteil am Gesamtgut freies Vermögen.

Der überlebende Ehegatte hat die Stellung eines Alleinverwalters. Die Abkömmlinge **101** haben die Stellung eines von der **Verwaltung** ausgeschlossenen Ehegatten (§ 1487 BGB, § 7 S. 2 LPartG).

Der überlebende Ehegatte kann die **Fortsetzung** der Gütergemeinschaft nach den **102** Vorschriften über die Erbschaftsausschlagung innerhalb einer Frist von sechs Wochen in beglaubigter Form gegenüber dem Nachlassgericht **ablehnen** (§ 1484 BGB, § 7 S. 2 LPartG) und später in derselben Form **aufheben** (§ 1492 BGB, § 7 S. 2 LPartG).

Abkömmlinge können durch letztwillige Verfügung eines Ehegatten mit notariell beur- **103** kundeter Zustimmung des anderen von der fortgesetzten Gütergemeinschaft ausgeschlossen werden (§§ 1511, 1516 BGB, § 7 S. 2 LPartG). Abkömmlinge können ferner selbst im Voraus auf ihre Anwartschaft in einem beurkundeten Vertrag verzichten (§ 1517 BGB, § 7 S. 2 LPartG). Auch später ist ein **Verzicht** gegenüber dem Nachlassgericht in öffentlich beglaubigter Form oder gegenüber den anderen Beteiligten in einem notariell beurkundeten Vertrag möglich (§ 1491 BGB, § 7 S. 2 LPartG). Der Anteil des Verzichtenden wächst den Geschwistern oder, wenn solche nicht vorhanden sind, dem überlebenden Elternteil an. Dagegen treten beim Tode eines Abkömmlings zunächst seine Abkömmlinge an seiner Stelle in die Gütergemeinschaft ein, erst in zweiter Linie tritt Anwachsung ein (§ 1490 BGB, § 7 S. 2 LPartG).

Raum für ehevertragliche Abreden besteht nicht, da die Rechtsverhältnisse der fortge- **104** setzten Gütergemeinschaft durch **zwingendes** Recht geregelt sind (§ 1518 BGB, § 7 S. 2 LPartG).

VII. Die Wahl-Zugewinngemeinschaft (§ 1519 BGB, § 7 S. 2 LPartG)

Seit 1.5.2013 steht der Güterstand der Wahl-Zugewinngemeinschaft als dritter Wahlgü- **105** terstand zur Verfügung. Er setzt, auch bei deutsch-französischen Ehepaaren, die Vereinbarung durch Ehevertrag voraus. Bisher war er auf Ehegatten beschränkt, deren Güterstand entweder deutschem oder französischem Recht unterlag; eine grenzüberschreitende Konstellation war nicht erforderlich.[396] Nach der EuGüVO bzw. EuPartVO steht er sämtlichen Ehegatten bzw. eingetragenen Partnern offen, deren Güterrecht dem deutschen oder französischen Sachrecht unterliegt. Aufgrund des Aufenthaltsprinzips (Art. 22 Abs. 1 lit. a EuGüVO, Art. 22 Abs. 1 lit. a EuPartVO) können ihn somit sämtliche sich in Deutschland oder Frankreich aufhaltende Ehepaare vereinbaren.[397]

Inhaltlich entspricht die Wahl-Zugewinngemeinschaft im Wesentlichen der deutschen **106** Zugewinngemeinschaft. Bei ihrer Beendigung durch den Tod eines Ehegatten erfolgt jedoch keine pauschale Erhöhung des Zugewinns um ein Viertel; der Zugewinn ist vielmehr güterrechtlich auszugleichen. Im Anfangsvermögen werden abweichend von der Zugewinngemeinschaft Schmerzensgelder, die ein Ehegatte später erwirbt, berücksichtigt (Art. 8 WGZA).[398] Schenkungen an Verwandte in gerader Linie werden beim Zugewinn ebenfalls nicht berücksichtigt (Art. 8 Abs. 3 Nr. 2 WGZA). Wertsteigerungen von Grundstücken und grundstücksgleichen Rechten, die ohne Zutun des Eigentümers eintreten, stellen keinen Zugewinn dar (Art. 9 Abs. 2 WGZA);[399] anders ist dies bei baulichen Maßnahmen. Entscheidender Unterschied zur Zugewinngemeinschaft sind die Verfügungsbeschränkungen des Art. 5 Abs. 1 S. 1 WGZA. Verfügungen über Haushaltsgegenstände oder über Rechte, durch die die Familienwohnung sichergestellt wird, sind ohne Zustim-

[396] MüKoBGB/*Koch* BGB § 1519 Rn. 1; *Knoop* NotBZ 2017, 202; *Holschen* RNotZ 2015, 317 (319).
[397] *Schael* ZNotP 2010, 162; *Becker* ErbR 2018, 686 (689).
[398] Zur str. Behandlung der Ausstattung als Anfangsvermögen s. *Knopp* NJW-Spezial 2016, 708.
[399] Vgl. *Derichs* ErbR 2013, 306 (310); *Holschen* RNotZ 2015, 317 (326); *Grziwotz* AgrB 2016, 40 (42); *Becker* ErbR 2018, 686 (689).

mung des anderen Ehegatten unwirksam. Auf die Kenntnis des anderen Vertragsteils kommt es nicht an.[400]

107   Der Wahlgüterstand kann ehevertraglich vor oder nach Eheschließung vereinbart werden.[401] Das **Zustimmungserfordernis** kann vertraglich oder durch Erklärung gegenüber dem anderen Ehegatten nicht abbedungen werden. Das Zustimmungserfordernis kann auch nicht in das Grundbuch eingetragen werden; gleiches gilt für die Eigenschaft einer Immobilie als Familien-/Ehewohnung.[402] Obwohl nach Art. 8 Abs. 4 WGZA ein von den Ehegatten unterschriebenes Verzeichnis über das Anfangsvermögen, das nicht der notariellen Form bedarf, eine widerlegbare Vermutungswirkung hat, können die Ehegatten das Anfangsvermögen ehevertraglich abändern (Art. 3 Abs. 3 WGZA).[403] Ferner kann es zweckmäßig sein, hinsichtlich der Wertveränderungen nicht auf die durchschnittlichen Preisänderungen sämtlicher Vertragsstaaten, sondern einen deutschen Index bei Immobilienvermögen im Inland abzustellen.[404]

107a   **Formulierungsbeispiel: Änderung des Preisänderungsmaßstabs**

Anstelle des in Art. 9 Abs. 3 WGZA vorgesehenen Preisänderungsmaßstabs soll der Verbraucherpreisindex für Deutschland maßgeblich sein.

108   Demgegenüber werden die Abweichungen der Wahl-Zugewinngemeinschaft hinsichtlich des Schmerzensgeldes und der zufälligen Wertsteigerungen von Grundbesitz und grundstücksgleichen Rechten regelmäßig dem Willen der Beteiligten entsprechen, so dass eine diesbezüglich zulässige ehevertragliche Abweichung nicht gewünscht ist.[405]

108a   Die pauschale **Erhöhung des Ehegattenerbteils** kann entsprechend der Zugewinngemeinschaft vereinbart werden. Diese Quotenerhöhung stellt aber eine unentgeltliche Zuwendung dar, die Pflichtteilsergänzungsansprüche auslösen kann. Wird eine entsprechende Vereinbarung gewünscht, sollte überlegt werden, ob nicht, falls dies möglich ist, die Zugewinngemeinschaft der bessere Güterstand ist. In vielen Fällen wird diese ohnehin, gegebenenfalls modifiziert, der Wahl-Zugewinngemeinschaft vorzuziehen sein.[406] Als Gestaltungsalternative kommt die Wahl-Zugewinngemeinschaft nur zur Reduzierung des Pflichtteils einseitiger Abkömmlinge eines Partners in Betracht, die enterbt werden sollen. Der Ausgleichsanspruch des überlebenden Ehegatten ist nämlich als Nachlassverbindlichkeit vor der Berechnung des Pflichtteils vom Nachlass abzuziehen. Dies ist allerdings nur bei hohen Zugewinnausgleichsansprüchen der Fall; bei älteren Paaren, die keine großen Vermögenswerte mehr erwirtschaften, spielt sie deshalb ebenfalls keine Rolle.

VIII. Verwaltungsverträge (§ 1413 BGB, § 7 S. 2 LPartG)

109   Ein Verwaltungsvertrag kann in jedem Güterstand geschlossen werden. Vermögen, das aufgrund des Güterrechts ein Ehegatte allein verwaltet (Zugewinngemeinschaft, Wahl-Zugewinngemeinschaft, Gütertrennung sowie Vorbehalts- und Sondergut bei Gütergemeinschaft), kann dem anderen zur Verwaltung überlassen werden. Die Überlassung setzt einen Vertrag voraus. Dieser bedarf keiner Form. Mangels abweichender Vereinbarung liegt ein Auftrag vor.[407]

110   Das freie **Widerrufsrecht** der Überlassung der Verwaltung kann nur durch einen Ehevertrag aufgehoben oder eingeschränkt werden (§ 1413 BGB, § 7 S. 2 LPartG). Der nota-

---

[400] Vgl. *Knoop* NotBZ 2017, 202 (207).
[401] *Stürner* JZ 2011, 545 (549).
[402] *Jäger* DNotZ 2010, 804 (821); *Sengl* Rpfleger 2011, 125; *Böhringer* ZfIR 2012, 11 (17); *Amann* DNotZ 2013, 252; *Holschen* RNotZ 2015, 317 (335); teilw. abw. *Schaal* ZNotP 2000, 162 (167).
[403] *Schaal* ZNotP 2010, 162 (172); *Heinemann* FamRB 2012, 129 (133).
[404] Ebenso *Heinemann* FamRB 2012, 129 (133).
[405] Teilw. abw. *Heinemann* FamRB 2012, 129 (133).
[406] Ebenso *Braun* MittBayNot 2012, 89 (94).
[407] OLG Köln NJW-RR 1998, 1460.

riellen Beurkundung bedarf allein die Widerrufsklausel, nicht der übrige Vertragsinhalt. Stets bleibt ein Widerruf aus wichtigem Grunde zulässig; eine entgegenstehende Bestimmung im Ehevertrag ist unwirksam.[408]

Der Verwaltungsvertrag berechtigt den Verwalter noch nicht zum Abschluss von **111** Rechtsgeschäften mit Wirkung für und gegen den anderen Ehegatten. Hierzu ist zusätzlich eine **Vollmacht** erforderlich. Eine Eintragung in das Güterrechtsregister ist nicht möglich.[409]

IX. Das Güterrechtsregister (§§ 1412, 1558 ff. BGB, § 7 S. 2 LPartG)

Der Güterstand von Ehegatten kann auch Auswirkungen auf die Verfügungsbefugnis und **112** die Schuldenhaftung haben und damit die Rechtsstellung Dritter berühren. Das bei den Amtsgerichten geführte **Güterrechtsregister** soll Dritte davor schützen, dass ihnen von der gesetzlichen Regelung abweichende Abmachungen entgegengehalten werden; es schützt aber auch die Ehegatten, indem es ihnen die Möglichkeit gibt, Dritten solche Vereinbarungen wirksam entgegenzusetzen.[410] Öffentlicher Glaube kommt dem Güterrechtsregister nicht zu; man kann sich vielmehr nur auf sein Schweigen verlassen. Soweit nichts oder keine Änderung im Register eingetragen ist, kann sich ein Dritter auf den Fortbestand der bisherigen Rechtslage berufen, es sei denn, er kannte die Veränderung der Rechtslage. Eine Eintragungspflicht besteht nicht.

§ 1412 BGB (§ 7 S. 2 LPartG) erfasst nach seinem Wortlaut nur ehevertragliche Verän- **113** derungen des Güterrechts. Aufgrund von Verweisungen ist er auch bei der Beschränkung der Verpflichtungsbefugnis der Ehegatten (§ 1357 Abs. 2 S. 2 BGB, § 8 Abs. 2 LPartG), der Zugehörigkeit von Vermögensgegenständen zum Vorbehaltsgut bei der Gütergemeinschaft (§ 1418 Abs. 4 BGB, § 7 S. 2 LPartG), dem selbständigen Betrieb eines Erwerbsgeschäftes (§§ 1431 Abs. 3, 1456 Abs. 3 BGB, § 7 S. 2 LPartG) und der Aufhebung der Gütergemeinschaft durch Urteil (§§ 1449 Abs. 2, 1470 Abs. 2 BGB, § 7 S. 2 LPartG) anwendbar. Die **Eintragungsfähigkeit** geht über die Schutzfunktion des Registers hinaus, das auch der Offenlegung der güterrechtlichen Verhältnisse dient. Deshalb kann auch der Ausschluss des gesetzlichen Güterstandes eingetragen werden.[411] Nicht eintragungsfähig sind nach noch hM jedoch Vereinbarungen, die nur das Innenverhältnis der Ehegatten betreffen.[412]

Eintragungen ins Güterrechtsregister erfolgen nur auf öffentlich beglaubigten **Antrag** **114** der Ehegatten (§§ 1560, 1561 BGB, § 7 S. 2 LPartG); jeder Ehegatte ist dem anderen gegenüber zur Mitwirkung verpflichtet. Der Notar ist zur Antragstellung nur bei Vorliegen eines Antrags der Ehegatten ermächtigt.[413] Der Notar, der die Erklärung der Parteien beurkundet oder ihre Unterschriften beglaubigt hat, gilt als zum Antrag auf Eintragung im Güterrechtsregister bevollmächtigt (§ 378 FamFG). Bei einer Verlegung des gewöhnlichen Aufenthalts ist die Eintragung bei dem für den neuen gewöhnlichen Aufenthalt zuständigen Amtsgericht zu wiederholen (§ 1559 BGB, § 7 S. 2 LPartG; vgl. auch Art. 4 EGHGB beim Betrieb eines Handelsgewerbes an einem abweichenden Ort). Den Umfang der Eintragung bestimmen die Parteien; sie können ihren Antrag auf bestimmte Teile eines Ehevertrages beschränken.

---

[408] Vgl. das Muster bei *Zimmermann/Dorsel* § 6 Rn. 4.
[409] MüKoBGB/*Kanzleiter* BGB § 1413 Rn. 11; anders wohl *Zimmermann/Dorsel* § 6 Rn. 4.
[410] *Dethloff* FamR § 5 Rn. 41. Ein Güterrechtsregister war vom Gesetzgeber für eingetragene Lebenspartner bis 1.1.2005 nicht vorgesehen. Teilweise führten einzelne Amtsgerichte ein Vermögensregister oder nahmen Eintragungen bezüglich des Vermögensstandes in das Güterrechtsregister vor. Ob hiermit rechtliche Wirkungen verbunden waren, war umstritten (vgl. KG FamRZ 2003, 1278). Seit 1.1.2005 ist eingetragenen Lebenspartnern auch das Güterrechtsregister eröffnet (§ 7 S. 2 LPartG iVm §§ 1558 ff. BGB).
[411] BGH NJW 1976, 1258.
[412] AA OLG Köln MittRhNotK 1994, 176 für die modifizierte Zugewinngemeinschaft und LG Bonn RNotZ 2001, 588 für eine Modifizierung der Zugewinngemeinschaft und einen Ausschluss des § 1365 BGB; vgl. *Heinemann* FamRB 2011, 194 (195).
[413] OLG Celle NJWE-FER 2000, 109.

115 Den Schutz Dritter bei **ausländischem Güterrechtsstatut** regeln Art. 28 EuGüVO und Art. 28 EuPartVO.

X. Steuern

116 Die Wahl des Güterstandes hat auf dem Gebiet des Einkommensteuerrechts keine praktisch relevanten Wirkungen. Dagegen können sich in der Besteuerung nach dem ErbStG bedeutsame **Unterschiede** ergeben.[414]

117 **1. Erbschaftsteuer.** Während sich die Freibeträge nach §§ 16, 17 ErbStG ohne Rücksicht auf den Güterstand auswirken, steht das Privileg des **§ 5 ErbStG** nur Ehegatten zu, die in Zugewinngemeinschaft leben.[415] Steuerfrei bleibt nach dieser Vorschrift die tatsächliche Ausgleichsforderung gemäß § 1371 Abs. 2 BGB (§ 6 S. 2 LPartG); dabei ist die Freistellung der Ausgleichsforderung, die nicht als Erwerb von Todes wegen gilt, auf den Betrag begrenzt, der dem Steuerwert des Nachlasses entspricht (§ 5 Abs. 1 S. 5 ErbStG).[416] Für eine ehevertraglich vereinbarte höhere Zugewinnausgleichsregelung gilt die Steuerfreiheit nicht (§ 5 Abs. 1 S. 2 ErbStG).[417] Ansprüche, die dem Versorgungsausgleich unterliegen, sind dabei nicht zu berücksichtigen.[418] Bei der Wahl-Zugewinngemeinschaft ergeben sich keine Abweichungen.

118 Erbschaftsteuerlich wirkt sich die **Gütergemeinschaft** zusätzlich nachteilig aus, wenn der weniger vermögende Ehegatte zuerst verstirbt. Denn dann muss der überlebende Ehegatte Vermögen versteuern, das ihm bereits einmal gehört hat. Bei der fortgesetzten Gütergemeinschaft wird der nicht zum Nachlass gehörende Gesamtgutsanteil des erstversterbenden Ehegatten so behandelt, als ob er ausschließlich den anteilsberechtigten Abkömmlingen vererbt worden wäre (§ 4 Abs. 1 ErbStG).

119 **2. Schenkungsteuer.** Der **Ausschluss des Zugewinnausgleichs** stellt keine steuerpflichtige Schenkung dar. Umstritten ist, ob die bei Beendigung des gesetzlichen Güterstandes und Vereinbarung der Gütertrennung getroffene Regelung, dass für die Zeit des bisher geltenden Güterstandes ein Zugewinnausgleich nicht durchgeführt werden solle, einen schenkungsteuerpflichtigen Verzicht beinhaltet.[419] Ein Bereicherungswille wird nur ausnahmsweise vorliegen. Wird bei fortbestehender Zugewinngemeinschaft ein sich bis zum Zeitpunkt der Vereinbarung ergebender Zugewinn durch Übertragung von Wirtschaftsgütern (ausgenommen das Familienheim)[420] ausgeglichen, unterliegt dies der Schenkungsteuer, da ein Anspruch auf Zugewinnausgleich nicht besteht.[421] Anders ist dies, wenn die Zugewinngemeinschaft durch Vereinbarung eines anderen Güterstandes (zB Gütertrennung) wirksam beendet wird. In diesem Fall liegt hinsichtlich des zusätzlich entstandenen Zugewinnausgleichsanspruchs keine freigiebige Zuwendung vor. Eine erneute Vereinbarung der Zugewinngemeinschaft kurze Zeit danach (sog. **Güterstandsschaukel**), soll steuerunschädlich sein.[422]

120 Die ehevertragliche Begründung der **Gütergemeinschaft** führt zur Schenkungsteuerpflicht der Bereicherung, die der weniger vermögende Ehegatte erfährt (§ 7 Abs. 1 Nr. 4 ErbStG). Aufgrund des Ehegattenfreibetrags fällt nur bei einer Vermögensdifferenz von mehr als 500.000 EUR eine Steuer an. In derartigen Fällen kann ein Teil des Vermögens

---

414 Vgl. *Wälzholz* FamRB 2003, 166; *Münch* NotBZ 2009, 348.
415 Zu § 29 Abs. 1 Nr. 3 ErbStG bei Gütertrennung *Reich* ZEV 2011, 59.
416 Zur Berechnung s. BFH NJW 2008, 109.
417 S. dazu nur *Wetzel* BWNotZ 2001, 10 (11).
418 BFH FamRZ 2010, 1662.
419 So FG Hessen BeckRS 2017, 94603; s. dazu *Holler* ErbR 2018, 82.
420 Vgl. BFH NJW-RR 2011, 441; *Kesseler* DStR 2010, 2173; *Reimann* FamRZ 2009, 1785; *Tiedtke/Schmitt* NJW 2009, 2632.
421 BFH FamRZ 2007, 1812; *v. Oertzen* FamRZ 2010, 1785.
422 BFH DStR 2005, 1772; *Münch* NotBZ 2009, 348 (351); *v. Oertzen* FPR 2012, 103 (105).

zum Vorbehaltsgut erklärt und nach Ablauf von zehn Jahren unter Inanspruchnahme des neuen Freibetrags in das Gesamtgut eingebracht werden.

3. Einkommensteuer. Bei der **Zugewinngemeinschaft** ergeben sich steuerliche Fol- 121
gen erst bei Eheauflösung, wenn ein Unternehmen oder eine Beteiligung Bestandteil des Zugewinns ist. Die frühere Umwandlung der Auszahlung an den Ehegatten in ein betriebliches Darlehen mithilfe des sog. Drei-Konten-Modells ist nicht mehr möglich (§ 4 Abs. 4a EStG). Kaum noch steuerliche Vorteile ergeben sich durch die Einräumung eines Mitunternehmeranteils; die (anteilige) Betriebsveräußerung führt nämlich zur Auflösung stiller Reserven, wobei die diesbezügliche Steuer gegenüber der früheren Regelung nur noch unwesentlich ermäßigt wird (§ 34 EStG). Die Hingabe von Wirtschaftsgütern des Privatvermögens an Erfüllungs statt für Zugewinnausgleichsansprüche wird als entgeltliches Veräußerungsgeschäft angesehen.[423] Dies ist sowohl beim Veräußerer als auch beim Erwerber bei einer späteren Weiterveräußerung in der Frist der §§ 22, 23 EStG zu beachten.[424] Die zinslose Stundung einer Zugewinnausgleichsforderung ist nicht einkommensteuerrelevant; der Vorgang ist jedoch schenkungsteuerpflichtig.[425]

Die Vereinbarung der **Gütergemeinschaft** kann zur Zurechnung der von den Ehegat- 122
ten erzielten Einkünfte unter dem Gesichtspunkt der Mitunternehmerschaft (§ 15 Abs. 1 Nr. 2 EStG) führen.[426] Ein Ehegattenarbeitsverhältnis kann sodann nur bei einer Vorbehaltsgutsvereinbarung begründet werden; Gleiches gilt für eine Betriebsaufspaltung. Selbst wenn eine Beteiligung an einer Personengesellschaft nicht in das Gesamtgut übergeht, kann hinsichtlich des Sonderbetriebsvermögens durch die gesamthänderische Beteiligung eine Entnahme vorliegen, die sich durch Übertragung in das Betriebsvermögen vor Eheschließung vermeiden lässt. Eine Auflösung stiller Reserven erfolgt schließlich auch bei Auflösung der Gütergemeinschaft, falls nicht die gesamthänderische Beteiligung durch eine Personengesellschaft fortgeführt wird. Die Aufhebung und Auseinandersetzung einer Gütergemeinschaft stellt einkommensteuerrechtlich keine außergewöhnliche Belastung dar.[427]

XI. Mitteilungs- und Anzeigepflichten

Da die Vereinbarung der Gütertrennung, der Gütergemeinschaft und der Wahl-Zuge- 123
winngemeinschaft die gesetzlichen Erbquoten ändert, hat eine Meldung an das Testamentsregister zu erfolgen.[428] Die Vereinbarung der Gütergemeinschaft ist ferner dem Finanzamt wegen der Schenkungsteuerpflicht anzuzeigen.

E. Der Versorgungsausgleich

I. Grundgedanke und Durchführung

Durch den Versorgungsausgleich werden die während der Ehezeit erworbenen Anwart- 124
schaften auf eine Alters- und Invaliditätsversorgung im Falle der Scheidung gleichmäßig auf beide Ehegatten verteilt (§ 1 Abs. 1 VersAusglG, Grundsatz der Halbteilung). Der Versorgungsausgleich ist unabhängig vom Güterstand (vgl. § 2 Abs. 4 VersAusglG). Seine **Durchführung** erfolgt nach den Regeln des Zugewinnausgleichs auf Stichtagsbasis. Teilungsgegenstand ist das in Anrechten verkörperte Vorsorgevermögen zum Stichtag. Die Teilung erfolgt entgegen der bis 1.9.2009 geltenden Regelung nicht mehr in Form eines

---

[423] Vgl. FG München DStRE 2005, 15; *Herrmann/Grobshäuser* FPR 2005, 146 (147).
[424] Vgl. OFD München DStR 2001, 1299; *Engels* FF 2004, 285; *Münch* FamRB 2006, 92.
[425] BFH ZEV 2012, 58.
[426] Zu Ausnahmen bei schwerpunktmäßig persönlichem Engagement ohne wesentliches Kapital BFH BStBl.
    II 1999, 384.
[427] BFH DB 2006, 255.
[428] Vgl. zur Wahl-Zugewinngemeinschaft *Holschen* RNotZ 2015, 317 (322).

Einmalausgleichs über die gesetzliche Rentenversicherung, sondern grundsätzlich durch interne Realteilung.[429] Die Möglichkeit des Ausgleichs einzelner Anrechte und die Einführung einer Geringfügigkeitsgrenze ermöglichen im weiteren Umfang als früher Vereinbarungen über den Ausgleich.[430] Die Regelungen zum Versorgungsausgleich finden sich im VersAusglG. §§ 1408 Abs. 2, 1587 BGB und § 20 Abs. 1 LPartG enthalten nur noch Verweisungen auf die Vorschriften des VersAusglG.[431]

125   Dem Versorgungsausgleich unterliegen **Anrechte,** dh Anwartschaften auf eine Versorgung und Ansprüche auf eine laufende Versorgung, auf eine Rente in der gesetzlichen Rentenversicherung, eine Beamtenpension und eine gleichgestellte Versorgung, eine betriebliche Altersversorgung (zB Pensionskassen, Pensionszulagen und -rückstellungen, Unterstützungskassen, Zusatzversorgungen des öffentlichen Dienstes etc) und eine berufsständische Versorgung sowie Rentenanwartschaften aus Privatversicherungsverträgen. Dies gilt auch für Pflichtversicherungsbeiträge für Pflegepersonen (§ 44 SGB XI)[432] und Altersvorsorgeverträge nach dem Altersvorsorge-Zertifizierungsgesetz.[433] Einzubeziehen sind auch Versorgungsanwartschaften, die in der Ehezeit durch Nachentrichtung freiwilliger Beiträge für voreheliche Zeiten begründet worden sind.[434] Außer Betracht bleiben Anwartschaften, die weder durch Arbeit noch durch Vermögen erworben wurden, insbesondere Unfallrenten, Kriegsopferrenten und Leistungen nach sonstigen Entschädigungsgesetzen[435] sowie die in einem Leibgedinge ausbedungenen Sachleistungen und Wohnrechte.[436] Anwartschaften, die dem Versorgungsausgleich unterliegen, sind beim Zugewinnausgleich nicht anzusetzen (§ 2 Abs. 4 VersAusglG). Anrechte im Sinne des Betriebsrentengesetzes (zB Direktversicherungen, betriebliche Vorsorgekonten) und des Altersvorsorgeverträge-Zertifizierungsgesetzes (AltZertG; zB Riester-Renten) sind unabhängig von der Leistungsform, dh auch dann im Versorgungsausgleich ausgleichspflichtig, wenn sie nicht auf eine laufende Rente, sondern auf eine Kapitalleistung gerichtet sind (§ 2 Abs. 2 Nr. 3 VersAusglG).[437] Ausreichend ist, wenn die Anforderungen an eine Zertifizierung erfüllt werden; nicht erforderlich ist die Zertifizierung selbst.

126   Private Lebensversicherungen werden in den Versorgungsausgleich einbezogen, wenn sie auf eine Rentenleistung gerichtet sind; unerheblich ist, ob die Rentenzahlung bei Er-

---

[429] Vgl. Bayer/Koch/*Eichenhofer,* Aktuelle Fragen des Familienrechts, 2009, S. 153.
[430] *Brambring* NotBZ 2009, 429; *Eichenhofer* NotBZ 2009, 337 (341).
[431] Für bis zum 31.12.2004 begründete Lebenspartnerschaften war ein Versorgungsausgleich nicht vorgesehen. Allerdings fehlte bei ihnen ein ausdrücklicher Ausschluss dieser Rechte bei der Durchführung des Zugewinnausgleichs. Umstritten ist deshalb, ob sich bei „Alt-Lebenspartnerschaften" der Zugewinnausgleich im Hinblick auf die fehlende Regelung eines Versorgungsausgleichs teilweise auch auf Anrechte erstreckt, hinsichtlich derer bei Ehegatten der Versorgungsausgleich stattfindet (vgl. *Rieger* FamRZ 2001, 1497 1(503)). Lebenspartner, die ihre Partnerschaft vor dem 1.1.2005 begründet hatten, konnten bis zum 31.12.2005 gegenüber dem Amtsgericht gemeinsam erklären, dass bei einer Aufhebung ihrer Lebenspartnerschaft ein Versorgungsausgleich durchgeführt werden soll (§ 21 Abs. 4 LPartG aF). Das Erfordernis der gemeinsamen Erklärung sollte dem Vertrauensschutz dadurch Rechnung tragen, dass nur im beiderseitigen Einverständnis ein Versorgungsausgleich durchgeführt wird. Die Erklärung bedurfte der notariellen Beurkundung. § 21 Abs. 4 LPartG aF ist zum 31.12.2010 außer Kraft getreten (Art. 7 LebenspartnerschaftsüberarbeitungsG); dies bedeutet aber nicht, dass der Versorgungsausgleich bei „Altfällen" durchzuführen wäre. Für „Altpaare" ist es nach hM nicht möglich, nachträglich die Durchführung des Versorgungsausgleichs zu vereinbaren (vgl. Erman/*Kaiser* LPartG § 20 Rn. 4; NK-BGB/*Ring/Olsen-Ring* LPartG § 20 Rn. 9). Altlebenspartnern bleibt nur die Vereinbarung eines schuldrechtlichen Ausgleichs oder die Umwandlung ihrer Lebenspartnerschaft in eine Ehe. Zur Vertragsanpassung von Versicherungsverträgen, die keine Hinterbliebenenversorgung in Form der Witwen/Witwerrente für den eingetragenen Lebenspartner vorsehen, s. BGH NJW 2017, 2191.
[432] OLG Stuttgart FamRZ 2006, 1452.
[433] OLG Brandenburg NJW-RR 2007, 800.
[434] Sog. In-Prinzip, § 3 Abs. 2 VersAusglG; vgl. BGH NJWE-FER 1997, 73.
[435] Vgl. auch BGH NJW 1991, 1825 zu Leistungen nach dem KindererziehungsleistungsG; s. aber BGH NJW-RR 2008, 84 zu Kindererziehungszeiten und BGH FamRB 2018, 257 zu Direktleistung von Beiträgen durch Dritte gem. § 119 Abs. 1 SGB X als Schadensersatzleistung.
[436] BGH NJW-RR 1993, 901.
[437] Vgl. *Riewe* FamFR 2011, 269; *Kemper* ZFE 2009, 204 (205).

reichen der Regelaltersgrenze erfolgt oder zu einem anderen Zeitpunkt. Wird die Versicherung allerdings bereits während des Arbeitslebens zu einem nicht unerheblichen Teil ausbezahlt, hat sie Renditecharakter und unterliegt dem Zugewinnausgleich.[438] Unerheblich ist auch, ob eine private Rentenversicherung aus Mitteln des nicht dem Zugewinnausgleich unterliegenden privilegierten Vermögen begründet wurde.[439] Eine private Rentenlebensversicherung mit Kapitalwahlrecht unterliegt dem Zugewinnausgleich, wenn das Wahlrecht bis zum Eintritt der Rechtshängigkeit des Scheidungsantrags ausgeübt worden ist.[440] Dasselbe gilt, wenn das Wahlrecht erst nach dem Eintritt der Rechtshängigkeit des Scheidungsantrags, auch noch im Beschwerdeverfahren bis zur letzten mündlichen Verhandlung in der Tatsacheninstanz, ausgeübt wird.[441] Umgekehrt ist eine Kapitallebensversicherung mit Rentenwahlrecht in den Versorgungsausgleich einzubeziehen, wenn das Wahlrecht bis zum Eintritt der Rechtshängigkeit des Scheidungsantrags ausgeübt und das Anrecht aus dem Versicherungsvertrag damit vor dem Stichtag zu einem Rentenanrecht wurde. Auch Ansprüche auf Kapitalleistungen gegenüber berufsständischen Versorgungsträgern sind im Rahmen des Zugewinnausgleichs auseinanderzusetzen. Private Anrechte auf eine laufende Versorgung wegen Invalidität sind nur versorgungsausgleichspflichtig, wenn die Rente wegen Eintritt des Versicherungsfalls bereits vor Ehezeitende gewährt wird (§ 28 VersAusglG). Rentenansprüche aus Hofübergabeverträgen fallen ebenfalls in den Versorgungsausgleich.[442] Das frühere sog. Rentner- bzw. Pensionistenprivileg, wonach eine bereits gewährte Rente bzw. Pension nicht gekürzt wurde, bis der Berechtigte seinerseits eine Rente erhält, existiert nicht mehr. Es war nur noch anzuwenden, wenn das Versorgungsausgleichsverfahren vor dem 1. 9. 2009 eingeleitet wurde und die zu kürzende Rente bzw. Pension vor diesem Zeitpunkt begonnen hatte (§ 268a Abs. 2 SGB VI iVm § 101 Abs. 3 SGB VI aF, § 57 Abs. 1 S. 2 BeamtVG aF). Der Wegfall des Rentner- bzw. Pensionistenprivilegs rechtfertigt keine Korrektur des Versorgungsausgleichs aufgrund der Härteregelung.[443]

Vor Vollzug des Ausgleichs mussten nach früherer Rechtslage die ausgleichspflichtigen **127** Anwartschaften bewertet und mithilfe der BarwertV in volldynamische umgerechnet werden. Nach geltendem Recht erfolgt ein **Hin- und Her-Ausgleich** jedes einzelnen Anrechts. Die zu berücksichtigende **Ehezeit** dauert vom Beginn des Monats der Eheschließung bis zum Ende des Vormonats der Rechtshängigkeit des Scheidungsantrags (§ 3 Abs. 1 VersAusglG). Die Berechnung von Ehezeitanteil und Ausgleich erfolgt durch den Versorgungsträger als Vorschlag gegenüber dem Gericht (§ 5 VersAusglG, § 220 Abs. 4 FamFG). Das Versorgungsausgleichsverfahren ist grundsätzlich ein Amtsverfahren (§ 137 Abs. 2 S. 2 FamFG). Bei einer Ehezeit bis zu drei Jahren findet ein Versorgungsausgleich nur auf Antrag statt (§ 3 Abs. 2 VersAusglG).

Der Versorgungsausgleich wird als Wertausgleich durch die Übertragung oder Begrün- **128** dung eigener, von den Anwartschaften des Verpflichteten unabhängiger Rentenanwartschaften und als schuldrechtliche Ausgleichsrente vollzogen. Der **Wertausgleich** findet **intern** durch Übertragung des hälftigen Ehezeitanteils des jeweiligen Anrechts statt. Bei Rechten gleicher Art beim selben Versorgungsträger findet zunächst eine Verrechnung statt, so dass lediglich die Hälfte des Wertunterschiedes übertragen wird (§ 10 VersAusglG). Die Form der Übertragung (Rentenbeträge, Entgeltpunkte, Kapitalwerte, Leistungszahlen, Rentenbausteine) richtet sich nach den Regeln des jeweiligen Versorgungsträgers. Eine gleichwertige Teilhabe setzt einen gleichwertigen Risikoschutz (Sicherungen, Wertent-

---

[438] BGH FamRZ 2005, 889.
[439] BGH FamRZ 2011, 877; FamRZ 2012, 434; FamRB 2018, 257.
[440] *Bergmann* FF 2009, 305.
[441] BGH DNotZ 2003, 542 (544); FamRZ 2005, 1463; FamRZ 2011, 1931; zur illoyalen Ausübung des Kapitalwahlrechts und zur Beschränkung des Ausgleichs des anderen Ehegatten BGH NJW 2015, 1599; OLG Hamm FamRB 2014, 90 und *v. Proff* RNotZ 2015, 490 (492).
[442] BGH FamRB 2014, 89.
[443] BGH FamRZ 2015, 1004.

wicklung, Risiken) voraus. Bedeutung hat dies insbesondere beim Invaliditätsschutz (§ 11 Abs. 1 Nr. 3 VersAusglG).[444] Bei der **externen Teilung** begründet das Familiengericht für die ausgleichsberechtigte Person einen Anspruch bei einem anderen Versorgungsträger (§ 14 VersAusglG; zur Versorgungsausgleichskasse s. das VersAusglKassG). Sie ist nur ausnahmsweise in den in § 14 Abs. 2 VersAusglG genannten beiden Fällen (Einigung der ausgleichsberechtigten Person mit dem Versorgungsträger der ausgleichspflichtigen Person, Verlangen des Versorgungsrägers der ausgleichspflichtigen Person und Übersteigen des Ausgleichswerts am Ende der Ehezeit als Rentenbetrag höchstens 2% oder als Kapitalwert höchstens 240% der monatlichen Bezugsgröße nach § 18 SGB IV) und unter der Voraussetzung des § 16 VersAusglG bei Vorliegen von Anrechten aus einem öffentlich-rechtlichen Dienst- oder Amtsverhältnis zulässig. Der Ausgleichsberechtigte hat ein Wahlrecht hinsichtlich der Zielversorgung (§ 15 Abs. 1 VersAusglG).

129   Die **schuldrechtliche Ausgleichsrente** (§ 20 ff. VersAusglG, früher: schuldrechtlicher Versorgungsausgleich) ist gegenüber dem Wertausgleich subsidiär;[445] eine Rente erhält der Berechtigte erst beim doppelten Rentenfall, dh wenn beide Ehegatten eine Versorgung erlangt haben. Der Berechtigte erhält keine eigenen Anrechte bei einem Versorgungsträger, sondern nur einen Anspruch auf Zahlung einer Rente gegen den anderen Ehegatten. Der Berechtigte kann in Höhe der laufenden Ausgleichsrente die Abtretung der Ansprüche des Verpflichteten gegen den Versorgungsträger (§ 21 Abs. 1 VersAusglG) und bei Zumutbarkeit eine Abfindung fordern (§§ 23 ff. VersAusglG). Beim Tod des Verpflichteten kann die ausgleichspflichtige Person vom Versorgungsträger die Hinterbliebenenversorgung verlangen, die sie erhielte, wenn die Ehe bis zum Tod der ausgleichspflichtigen Person fortbestanden hätte (§ 25 Abs. 1 VersAusglG) (sog. verlängerter schuldrechtlicher Versorgungsausgleich). § 22 Abs. 2 BeamtVG gilt nur noch für alte Versorgungsausgleichsfälle.

130   Ein Versorgungsausgleich findet bei einer kurzen Ehedauer von bis zu drei Jahren nur auf Antrag statt (§ 3 Abs. 3 VersAusglG). Bei **Geringfügigkeit** (Differenz der beiderseitigen Ausgleichswerte, Ausgleichswert des einzelnen Anrechts, § 18 VersAusglG) soll kein Ausgleich durchgeführt werden. Ein Wertausgleich ist ferner ausgeschlossen, wenn Anrechte beim Ehezeitende nicht ausgleichsreif sind (§ 19 VersAusglG). Dies ist bei noch nicht unverfallenen Betriebsrenten der Fall. Anrechte bei einem **ausländischen Versorgungsträger** kann das deutsche Familiengericht ebenfalls nicht übertragen.[446] Ein Wertausgleich findet dann auch in Bezug auf die sonstigen Anrechte nicht statt, soweit dies für die andere Person unbillig wäre (§ 19 Abs. 3 VersAusglG).

131   Den **Ausschluss** des Versorgungsausgleichs bei grober Unbilligkeit regelt § 27 VersAusglG. Sie richtet sich nach den Härteklauseln des früher geltenden Rechts. Es ist eine Gesamtabwägung erforderlich, bei der auch Alter, Gesundheit und Erwerbsfähigkeit der Beteiligten sowie die Möglichkeit, die eigene Versorgung mittels Erwerbstätigkeit zu verbessern, zu berücksichtigen sind. Insbesondere bei ehelichem Fehlverhalten nimmt die Rechtsprechung nur zurückhaltend einen Ausschlustatbestand an.[447] Anders ist dies bei einer langen Trennungszeit, einer phasenverschobenen Ehe und wenn ein Ehegatte durch Vermögensbildung für sein Alter gesorgt hat, insbesondere wenn gleichzeitig Gütertrennung vereinbart wurde.[448] Auf die Geltendmachung der Unbilligkeit kann vertraglich verzichtet werden.[449]

132   **In den neuen Bundesländern** wurde der Versorgungsausgleich früher, soweit er durchzuführen war (Art. 234 § 6 EGBGB), bis zur Herstellung einheitlicher Einkom-

---

[444] Vgl. *Borth* FamRZ 2009, 1361 (1362).
[445] Vgl. BGH DNotZ 2019, 200.
[446] Zum Versorgungsausgleich mit Auslandsbezug s. *Finger* FamRBint 2009, 60.
[447] S. nur OLG Brandenburg NJW-RR 2019, 330 zur Tätigkeit als Prostituierte.
[448] BGH FamRZ 2010, 2067; vgl. OLG Zweibrücken FamFR 2010, 253 zu Unterhaltspflichtverletzungen und OLG Karlsruhe FamRZ 2015, 1968 zu hohem Alter und alleinigem Aufkommen für den Kindesunterhalt.
[449] BGH FamRZ 2001, 1447.

mensverhältnisse aufgeschoben (§ 1 Abs. 4 VAÜG aF).[450] Nach der Neuregelung ist eine abschließende Regelung bereits bei der Scheidung möglich, da die jeweilige Rente gesondert ausgeglichen bzw. verrechnet wird.[451]

Eine **Abänderung von Versorgungsausgleichsentscheidungen** (§ 32 VersAusglG) 133 ist nur für Anrechte der Regelsicherungssysteme (gesetzliche Rentenversicherung, Beamtenversorgung, berufsständische Versorgung, Alterssicherung der Landwirte, Versorgung der Abgeordneten und Regierungsmitglieder) möglich, nicht für betriebliche und private Anrechte.[452] Bedeutung haben die Fälle der Anpassung wegen Unterhalts (§ 33 VersAusglG)[453] und wegen Invalidität der ausgleichspflichtigen Person oder einer für sie geltenden besonderen Altersgrenze, wenn sie aus übertragenen Rechten keine Leistung beziehen kann (§ 35 VersAusglG). Beim Tod der ausgleichsberechtigten Person kommt es zum Rückausgleich, wenn die Leistung nicht länger als 36 Monate bezogen wurde (§ 37 Abs. 2 VersAusglG).

II. Vereinbarungen über den Versorgungsausgleich

Vereinbarungen über den Versorgungsausgleich sind grundsätzlich zulässig (§ 6 Abs. 1 S. 1 134 VersAusglG).[454] Dies kann bereits vor Eheschließung[455] erfolgen, aber auch im Zusammenhang mit der Scheidung. Eine Vereinbarung kann in einem Ehevertrag (§ 7 Abs. 3 VersAusglG), aber auch in einer sonstigen Vereinbarung getroffen werden. Nur beim Ehevertrag gilt wie beim Lebenspartnerschaftsvertrag das Erfordernis der gleichzeitigen Anwesenheit. Inhaltlich besteht zwischen Vereinbarungen nach § 6 VersAusglG und ehe- bzw. lebenspartnerschaftsvertraglichen kein Unterschied. § 1408 Abs. 2 BGB und § 20 Abs. 3 LPartG verweisen hinsichtlich der Voraussetzungen auf die §§ 6–8 VersAusglG. Insbesondere die richterliche Kontrolle ist damit für sämtliche Vereinbarungen gleich.[456] Der Versorgungsausgleich gehört wie der Altersunterhalt zum Kernbereich des Scheidungsfolgenrechts.[457] Der Versorgungsausgleich soll bei einer Scheidung die von den Ehegatten während der Ehe erworbenen Anrechte auf Alters- und Invaliditätsversorgung gleichmäßig aufteilen und dem ausgleichsberechtigten Ehegatten eine möglichst eigenständige Versorgung verschaffen.[458] Es ist umstritten, ob der Versorgungsausgleich auf dem Teilhabegedanken oder dem Nachteilsausgleichsgedanken beruht. Auf dem Teilhabegedanken beruht die gesetzliche Regelung, wonach der Versorgungsausgleich auch ohne den infolge der Familienarbeit eintretenden klassischen ehebedingten Karriere- oder Vermögensnachteil durchzuführen ist. Vereinbarungen können hiervon abweichen, wenn das Prinzip des ehebezogenen Nachteilsausgleichs gewahrt wird.[459] Ein Verzicht ohne Ausgleich ist bei ehebedingten Nachteilen bedenklich.[460] Umstritten ist, ob die vereinbarte Gegenleistung vorsorge- und ausgleichstauglich sein muss;[461] dies hat Bedeutung, wenn auf den Ausgleich von Rentenanrechten in der gesetzlichen Rentenversicherung zugunsten einer Immobilienübertragung verzichtet wird. Vorsichtshalber sollte in dieser Konstel-

---

[450] Vgl. *Bergner* NJW 2009, 1233.

[451] Vgl. *Weil* FPR 2009, 209.

[452] Für verfassungswidrig hält dies *Ruland* NZS 2008, 225 (237); s. aber BVerfGE 136, 152 = NJW 2014, 2093.

[453] S. dazu BGH FamRZ 2017, 1662.

[454] Zu einzelnen Vereinbarungen *Münch,* Vereinbarungen zum reformierten Versorgungsausgleich, 2. Aufl. 2015, Rn. 140 ff. Zur Haftung eines Mediators für Lösungsvorschläge zum Versorgungsausgleichs BGH NZFam 2018, 18.

[455] BGHZ 74, 38 (81); *Ruland* NJW 2009, 1697.

[456] *Hahne* FamRZ 2009, 2041.

[457] Vgl. BGH NJW 2008, 3426; FamRB 2009, 202; NJW 2014, 1101; auch → Rn. 11a.

[458] *Wick* FuR 2009, 482.

[459] BGH FamRZ 2010, 1633; FamRZ 2011, 713; FamRZ 2011, 1381; FamRZ 2012, 951; NJW 2014, 1101; NJW 2014, 2192; NJW 2018, 2036; *Franz* FF 2012, 49 (53); *Hahne* FamRZ 2009, 2041 (2045); *Münch* FPR 2011, 504 (508).

[460] Vgl. *Ruland* NJW 2009, 1697 (1701).

[461] So *Eichenhofer* FPR 2003, 185 (187); aA BGH NJW 2014, 1101.

lation geprüft werden, ob die Alters- und Invaliditätssicherung des Verzichtenden anderweitig gesichert ist. Allerdings lässt die Rechtsprechung auch eine Kompensation mit anderen mit der Ehe verbundenen Vorteilen, zB aus dem Unterhaltsrecht, zu.[462] Der vereinbarte Ausschluss des Versorgungsausgleichs hat – anders als früher – nicht zur Folge, dass Gütertrennung eintritt.[463]

135   Eine Vereinbarung kann noch wirksam geschlossen werden, wenn ein Scheidungsverfahren konkret in Aussicht steht oder die Ehegatten bereits getrennt leben.[464] Eine Sperrfrist, wie sie § 1408 Abs. 2 S. 2 BGB aF für Verträge im Jahr vor Rechtshängigkeit des Scheidungsantrags vorsah, sowie eine Genehmigungspflicht für Verträge im Zusammenhang mit der Scheidung (§ 1587o BGB aF) bestehen nicht mehr.[465]

136   An Vereinbarungen der Ehegatten ist das Familiengericht gebunden, sofern keine Wirksamkeits- und Durchsetzungshindernisse bestehen (§ 6 Abs. 2 VersAusglG). Es prüft, ob die formellen Wirksamkeitsvoraussetzungen erfüllt sind. Materiellrechtlich findet eine Inhalts- und Ausübungskontrolle statt (§ 8 Abs. 1 VersAusglG). Entscheidend sind die Umstände des Einzelfalls, insbesondere die Ehedauer, das Alter der Beteiligten, ihr Gesundheitszustand, ihre Einkommens- und Vermögensverhältnisse, die Zahl und das Alter der gemeinsamen Kinder, der Umfang des Vorsorgevermögens und die Möglichkeit, eine Altersvorsorge aufzubauen. Kann ein Ehegatte wegen Kinderbetreuung keine eigene Versorgung aufbauen, ist die Vereinbarung eines Totalausschlusses nichtig oder anzupassen.[466] Dies ist auch der Fall, wenn eine Vereinbarung zu Lasten der Grundsicherung oder Sozialhilfe geht.[467] Unklar ist, ob ein insolventer Ehegatte Vereinbarungen über den Versorgungsausgleich ohne Zustimmung des Insolvenzverwalters treffen kann. Soweit Anrechte bzw. Leistungen nicht gepfändet werden können, was für das Stammrecht zutrifft (§ 54 Abs. 4 SGB I, § 850 Abs. 3 lit. b ZPO)[468] und deshalb nicht zur Insolvenzmasse gehören (§§ 35, 36 InsO), ist eine Gläubiger- und Insolvenzanfechtung nicht möglich. Eine Vereinbarung ist – anders als bei privaten Versicherungsrenten – ohne Zustimmung des Insolvenzverwalters möglich.[469] Allerdings ist die Vereinbarung im Hinblick auf den Verzicht des insolventen Ehegatten familiengerichtlich zu überprüfen. Das Gericht führt die Kontrolle stets von Amts wegen durch; sie kann nicht vertraglich ausgeschlossen werden. Es wird sich die entsprechenden Auskünfte bei den Versorgungsträgern einholen. Die richterliche Kontrolle des Vereinbarten soll dagegen die Rüge eines Beteiligten oder konkrete Umstände für eine naheliegende Unwirksamkeit voraussetzen.[470]

137   Das Gesetz nennt (nicht abschließend) drei **Vereinbarungsmöglichkeiten** (§ 6 Abs. 1 S. 2 VersAusglG): Die Einbeziehung des Versorgungsausgleichs in eine vermögensrechtliche Regelung, den Total- oder Teilausschluss des Versorgungsausgleichs und die Vereinbarung des schuldrechtlichen Versorgungsausgleichs.[471] Im Hinblick auf die gerichtliche Kontrolle sollten sich die Beteiligten über die Art, Qualität und Höhe der (künftigen) beiderseitigen Anrechte informieren. Als Anhaltspunkt kann auf den korrespondierenden Kapitalwert (§ 47 VersAusglG)[472] abgestellt werden. Zudem ist auch die etwaige Steuerbelastung in die Feststellung der Ausgleichswerte einzubeziehen.

---

[462] BGH FamRZ 2012, 951; unklar OLG Koblenz FamFR 2010, 71.

[463] *Friederici* FF 2009, 230 (231).

[464] Vgl. BGH NJW-RR 1987, 322 (323).

[465] *Münch* FamRB 2010, 51 (55).

[466] BGH NJW 2008, 3426; FamRB 2009, 202; NJW 2013, 1359; OLG Brandenburg FamRZ 2013, 1893. Zur Ausübungskontrolle bei Widerspruch gegen eine einseitige Einkommensreduktion OLG Brandenburg NZFam 2019, 224.

[467] OLG Hamm FamRB 2013, 345.

[468] BGH NJW 2003, 1457; ZInsO 2008, 204; FamRZ 2008, 404.

[469] Ausführlich zur strittigen Frage Reul/Heckschen/Wienberg/*Herrler,* Insolvenzrecht in der Gestaltungspraxis, 2. Aufl. 2018, § 6 Rn. 172f.

[470] OLG Brandenburg FamRZ 2012, 1719.

[471] Ausführlich *Wick* FPR 2009, 219; *Brambring* FGPrax 2010, 7 (8); Soergel/*Grziwotz* VersAusglG § 6 Rn. 11.

[472] Vgl. dazu *Bergschneider* RNotZ 2009, 457 (461); *Ruland* NJW 2009, 2781 (2783).

Die **Einbindung** der Vereinbarung über den Versorgungsausgleich **in eine vermögens-** 138
rechtliche Regelung hat Bedeutung insbesondere für Vereinbarungen im Zusammenhang mit der Scheidung. So kann zum Erhalt der eigenen Versorgungsrechte ein entsprechender Vermögenswert (zB Hausgrundstück) übertragen werden. Die Vereinbarung einer
Unterhaltsrente kann nur dann den Wertausgleich ersetzen, wenn sie nicht mit dem Tod
des Ausgleichspflichtigen erlischt und zB durch eine Reallast abgesichert ist. Bei der Gestaltung sind auch die steuerlichen Folgen zu berücksichtigen. Die Übertragung von Vermögensrechten ist grundsätzlich nicht steuerpflichtig, dagegen unterliegen Versorgungs-
ausgleichsrenten später der Steuerpflicht.[473]

Für Vereinbarungen zur **Übertragung** von Anrechten sowie ihren **Teil- oder Total-** 139
ausschluss bestehen weitgehende Gestaltungsmöglichkeiten. Während früher Anwartschaftsrechte in der gesetzlichen Rentenversicherung nicht begründet oder übertragen
werden konnten, ist dies nach geltender Rechtslage zulässig, wenn die maßgeblichen Regelungen dies zulassen und die betroffenen Versorgungsträger zustimmen (§ 8 Abs. 2 Vers-
AusglG). Die Regelsicherungssysteme und die betriebliche Altersversorgung lassen eine
Übertragung überwiegend nicht zu; anders ist dies bei privaten Lebensversicherungen. Da
es sich nicht um einen Einzelausgleich handelt, können auch Vereinbarungen über einzelne Anrechte getroffen werden; zudem können Anrechte der Person, die nach früherem
Recht ausgleichsberechtigt gewesen wäre, in die Vereinbarung einbezogen werden. Dies
ist bisher als sog. Super-Splitting unzulässig gewesen. Allerdings darf in der gesetzlichen
Rentenversicherung der Saldo bestehender Rechte nicht verändert werden; bei sonstigen
Anrechten ist ein Ausgleich nur bis zur Hälfte möglich, falls die Versorgungsregelung
nicht etwas anderes zulässt und der Versorgungsträger zustimmt.[474] Verfahrensrechtlich
wird dies durch Beteiligung des Versorgungsträgers gesichert (§ 219 FamFG). Bei öffentlich-rechtlich organisierten Versorgungssystemen ist nur dem Gericht eine Teilung der
Anrechte gestattet (§§ 32, 46 SGB I, § 3 BeamtenVG). Die beteiligten Versorgungsträger
haben kein Recht auf Durchführung des gesetzlichen Ausgleichs. § 8 Abs. 2 VersAusglG
macht eine Übertragung und Begründung von Anrechten jedoch von den entsprechenden Vorschriften und der Zustimmung des Versorgungsträgers abhängig. Auch im Rahmen der Beamtenversorgung kann ein Anrecht in einem geringeren Umfang gekürzt
werden, als dies der Höhe des Ausgleichswerts entspricht.[475] Unzulässig ist weiterhin eine
Veränderung der Ehezeit (§ 3 Abs. 1 VersAusglG).[476] Unzulässig ist deshalb die Vorverlegung des Endstichtages.[477] Auch eine Erstreckung des Versorgungsausgleichs auf Zeiten
des vorehelichen Zusammenlebens ist nicht gestattet.[478] Bei der Vereinbarung der schuldrechtlichen Ausgleichsrente ist § 25 Abs. 2 VersAusglG zu beachten; Grund ist, dass sich
die Regelung zulasten des Versorgungsträgers wegen des Wegfalls der Kürzung des Anrechts auswirkt.[479]

Ein **gänzlicher Ausschluss** des Versorgungsausgleichs ist nicht von vornherein nich- 140
tig.[480] In vorsorgenden Verträgen kann er bei Partnern im „vorgerückten" Alter mit eigenständigen Versorgungen vereinbart werden. Gleiches gilt bei jungen Paaren, die keine
Kinder wünschen und vollzeitig berufstätig bleiben wollen.[481] Treten keine ehebedingten
Nachteile ein, weil beide Partner in einer kinderlosen Beziehung erwerbstätig bleiben
wollen, ist der Ausschluss auch ohne gleichzeitige Einräumung einer anderen adäquaten
Sicherheit nicht sittenwidrig, insbesondere auch nicht deshalb, weil der Verzichtende

---

[473] Vgl. *Schramm* NJW-Spezial 2009, 292.
[474] *Bergner* NJW 2009, 1169 (1173); *Bredthauer* FPR 2009, 500.
[475] OLG Celle FamRZ 2012, 1722; OLG Schleswig BeckRS 2012, 23385; aA OLG Schleswig FamRZ
2012, 1144; s. dazu Soergel/*Grziwotz* VersAusglG § 8 Rn. 30 und kurz *Hauß* DNotZ 2009, 600 (602).
[476] BGH FamRB 2004, 80.
[477] BGH FamRZ 2001, 1444 (1446); FamRB 2004, 80.
[478] Vgl. *Eichenhofer* DNotZ 1994, 213 (219 f.).
[479] AG Bayreuth FamRZ 2012, 1726.
[480] OLG Brandenburg DNotZ 2007, 535 (536).
[481] OLG Koblenz RNotZ 2009, 487.

möglicherweise im Falle des Alters der Sozialhilfe anheim fallen könnte.[482] Anders dürfte dies hinsichtlich der Drittbelastungswirkung sein, wenn bereits bei Vertragsabschluss eine hohe Wahrscheinlichkeit besteht, dass der Verzichtende auf eine öffentliche Unterstützung angewiesen ist. Dagegen ist ein Ausschluss zulässig, wenn der Berechtigte auf die Anrechte nicht angewiesen ist oder der Verzicht eine Gegenleistung für die Vereinbarung der Gütertrennung bzw. die Modifizierung des Zugewinnausgleichs ist. Auch bereits vor dem 1.7.1977 konnte ein Ausschluss des Versorgungsausgleichs ohne eine angemessene Abfindung oder Gegenleistung wirksam vereinbart werden.[483] Bei der Sittenwidrigkeitskontrolle ist zu berücksichtigen, dass der Versorgungsausgleich einerseits einen vorweggenommenen Altersunterhalt und andererseits eine Teilhabe an dem in der Ehe erworbenen Versorgungsvermögen darstellt. Wegen der ersten Qualifikation zählt er zum Kernbereich der Scheidungsfolgen,[484] wegen der zweiten bestünde weitgehende Dispositivität. Nach der Rechtsprechung unterliegt der Ausschluss des Versorgungsausgleichs strengeren Anforderungen als der Ausschluss des Zugewinnausgleichs.[485] Bezogen auf den Vertragsabschluss ist eine Nichtigkeit anzunehmen, wenn die Vereinbarung zu einer evident einseitigen Lastenverteilung führt.[486] Anders als bei älteren Partnern mit einer bereits abgeschlossenen sozialen Biographie ist der Ausschluss unwirksam, wenn er dazu führt, dass ein kinderbetreuender Ehegatte keine eigene Altersversorgung und Sicherung für den Fall der Erwerbsunfähigkeit aufbauen kann, und der kompensationslose Ausschluss Folge eines Verhandlungsungleichgewichts ist.[487] Ausreichend ist es, wenn dasjenige ausgeglichen wird, was bei eigener voller Berufstätigkeit an Versorgungsanrechten hätte aufgebaut werden können.[488] Zulässig kann ein Ausschluss des Versorgungsausgleichs auch sein, wenn dem Ausgleichsberechtigten der gleichzeitig vereinbarte Ausschluss des Zugewinnausgleichs zugute kommt.[489] Die Absicherung kann sich auch aus einer Zusatzvereinbarung (zB Ausbildung im Betrieb der Schwiegereltern)[490] ergeben. Zu berücksichtigen sind auch berechtigte Interessen auf Seiten des Begünstigten (zB Versorgungsausgleich durch Frühpensionierung).[491] Nach dieser Rechtsprechung ist selbst ein Verzicht auf Durchführung des Versorgungsausgleichs nicht von vornherein nichtig.[492] Anders ist dies, wenn ihn der Vater eines gezeugten oder geborenen nichtehelichen Kindes zur Bedingung für die Eheschließung mit der Mutter macht[493] und keine ausreichende Sicherung der Frau für das Alter gegeben ist. Fraglich ist, ob der Verzicht auf den Versorgungsausgleich unter der Bedingung des Scheidungsverschuldens des Berechtigten zulässig ist.[494] Auf einen Versorgungsausgleichsverzicht sind zudem die Grundsätze über den Wegfall der Geschäftsgrundlage bzw. der Ausübungskontrolle anwendbar; dies kann dazu führen, dass trotz eines vertraglichen Ausschlusses eine gerichtliche Entscheidung über den Versorgungsausgleich ergeht.[495] Fallgruppen sind die geänderte Lebensplanung[496] und die situationsbezogene Vereinbarung, bei der ebenfalls eine Änderung der Verhältnisse eintritt.[497] Im Rahmen der

---

[482] HM, OLG Hamm NJW-RR 1999, 1306; OLG Brandenburg FamRZ 2003, 1289 (1290) und *Schuhmann* MDR 1999, 844; aA OLG Köln FamRB 2002, 260.

[483] BGH NJW 1995, 3251.

[484] BGH FamRZ 2004, 601; FamRZ 2005, 86 und FamRZ 2005, 1444 (1446); FamRB 2009, 202.

[485] OLG Koblenz NJW-RR 2009, 939.

[486] Vgl. BGH FamRB 2009, 202.

[487] BGH FamRZ 2005, 26; FamRZ 2008, 2011; FamRZ 2009, 1041; so auch OLG München FamRZ 2007, 1244; OLG Hamm FamRZ 2010, 1904; *Sanders* FF 2009, 111 (113).

[488] BGH FamRZ 2005, 185; NJW 2018, 2036.

[489] OLG Brandenburg DNotZ 2007, 535.

[490] OLG Zweibrücken FamRB 2006, 363.

[491] Vgl. OLG Schleswig NJW-RR 2007, 1012.

[492] BGH NJW 2014, 1101; OLG Hamburg FamRZ 2005, 1998; *Deisenhofer* FPR 2007, 124 (125).

[493] So *Eichenhofer* DNotZ 1994, 213 (223).

[494] So noch Soergel/*Lange* BGB § 1408 Rn. 29.

[495] Vgl. BGH NJW 1994, 579.

[496] KG FamRZ 2001, 1002.

[497] OLG Köln FamRZ 2002, 1492.

Ausübungskontrolle kann es allerdings missbräuchlich sein, dass sich der begünstigte Ehegatte auf den Ausschluss des Versorgungsausgleichs beruft. Typischer Fall ist, dass aufgrund der zunächst nicht geplanten Geburt von Kindern ein Ehegatte zeitweise nicht voll berufstätig ist.[498] Maßgeblich ist diesbezüglich die tatsächliche – nicht notwendig einverständliche – Gestaltung der Ehe.[499] Die Risiken einer Verzichtsvereinbarung für die soziale Sicherung der Ehegatten sollten diesen deutlich vor Augen geführt werden.[500] Der benachteiligte Ehegatte hat nämlich das Risiko der gerichtlichen Durchsetzung seiner Rechte. Umgekehrt muss der allzu auf seine Interessen bedachte Partner die Nichtigkeit des Vereinbarten bzw. zumindest den Wegfall der Durchsetzbarkeit einkalkulieren. Ob eine salvatorische Klausel diesbezüglich hilft, ist wegen der Bedeutung des Versorgungsausgleichs fraglich.[501] Ein sittenwidriger Ausschluss des Versorgungsausgleichs wird auch durch einen neuen Ehevertrag nur „geheilt", wenn dieser eine ausdrückliche Bestätigung enthält.[502] Insofern ist es bei diesbezüglichen Zweifeln sinnvoll, diese in der Urkunde darzulegen und den früheren Vertrag ausdrücklich zu bestätigen. Zusätzlich ist erforderlich, dass die Umstände, die für die frühere Sittenwidrigkeit gesprochen haben, weggefallen sind. Es genügt allerdings nicht, wenn der Ehegatte, der wegen einer Kindererziehung seine Berufstätigkeit eingeschränkt hat, nunmehr wieder voll erwerbstätig ist, wenn der Ausschluss des Versorgungsausgleichs ohne besonderen Grund auch die Zeiten der Kindererziehung umfasst. Soll der Versorgungsausgleich vor Eheschließung trotz Kinderwunsch oder sogar Schwangerschaft ausgeschlossen werden, führt der Hinweis auf die Unzulässigkeit einer diesbezüglichen Vereinbarung möglicherweise zum Absehen von einer Eheschließung und zur Beibehaltung einer nichtehelichen Lebensgemeinschaft, bei der – auch bei Kindererziehung – ein Versorgungsausgleich nicht durchgeführt wird.[503] Insofern kann die Rechtsprechung zur Wirksamkeitskontrolle von Eheverträgen und die diesbezügliche Belehrung durch den Notar genau das Gegenteil dessen erreichen, was ihr Ziel ist, nämlich der Schutz des schwächeren Teils. Für die Vereinbarung eines Ausschlusses des Versorgungsausgleichs im Zusammenhang mit der Scheidung nach einer Ehe mit lebensgemeinschaftsbedingten Nachteilen für einen Partner bestehen wenige Gründe, die einer richterlichen Kontrolle standhalten.[504] Beispiele sind Härtefälle, eine ausreichende Sicherung des Verzichtenden, die Kompensation im Rahmen einer Gesamtauseinandersetzung und ein geringfügiger Ausgleich, wobei allerdings dadurch keine Wartezeiterfüllung verloren gehen darf.

Formulierungsbeispiel: Ausschluss Versorgungsausgleich 140a

Der Notar/Die Notarin hat uns über die Folgen des Ausschlusses des Versorgungsausgleichs belehrt, insbesondere darüber, dass dann der Ausgleich der in der Ehezeit erworbenen Anrechte auf Alters- und Invaliditätsvorsorge, gleich aus welchem Grunde, nach Scheidung unserer Ehe nicht stattfindet, und uns auf die Folgen für die soziale Sicherung im Scheidungsfall hingewiesen. Dies vorausgeschickt erklären wir, dass jeder von uns in der Lage ist, für seine eigene Versorgung im Falle des Alters und Invalidität, insbesondere wegen verminderter Erwerbsfähigkeit, Berufsunfähigkeit oder Dienstunfähigkeit zu sorgen. Wir schließen den Versorgungsausgleich aus.

[498] OLG Koblenz RNotZ 2009, 487.
[499] KG FamRB 2011, 297.
[500] Vgl. Staudinger/*Rehme* (2007) BGB § 1408 Rn. 69 ff.
[501] BGH FamRZ 2006, 1097; OLG Brandenburg NZFam 2016, 897; *Bergschneider* FamRZ 2009, 1151; weitergehend AG Offenbach FamRZ 2009, 1150. Zur Auslegung einer Vereinbarung bei durch Rentenversicherung abgesichertem Darlehen OLG Hamm FamRB 2018, 383.
[502] KG NJW-RR 2010, 790.
[503] Vgl. BGH NJW 1992, 3164 (3165).
[504] *Ruland* NJW 2009, 1697 (1701).

140b Der Ausschluss des Versorgungsausgleichs führt nicht zum Eintritt der Gütertrennung (so noch § 1414 S. 2 BGB aF). Entsprechende Klarstellungen sind nicht mehr erforderlich. Ein Hinweis auf die neue Rechtsfolge ist möglich, aber nicht geboten, da die frühere gesetzliche Regelung verfehlt war.

141 Vereinbarungen werden meist eine **Modifizierung oder** einen **Teilausschluss** enthalten.[505] In Betracht kommen insbesondere eine Beschränkung auf bestimmte Versorgungsarten, der Ausschluss bestimmter Anrechte (zB ausländischer und betrieblicher Anrechte),[506] eine Herabsetzung der Ausgleichsquote,[507] der Ausschluss bestimmter Zeiträume, zB solcher des Getrenntlebens[508] oder beiderseitiger Berufstätigkeit,[509] die Beschränkung auf Zeiten der Kinderbetreuung,[510] der Ausschluss nur für einen Partner (insbesondere bei einem selbstständig tätigen Partner), die Begrenzung auf ehebedingte Nachteile, die Regelung der Kostenbelastung nach § 13 VersAusglG, ein Rückausgleich bei der betrieblichen Altersversorgung mit Zustimmung des Versorgungsträgers, die Verrechnung unterschiedlicher Anrechte, der Ausgleich steuerlicher Nachteile, Bedingungen, Befristungen, Rücktrittsrechte und ähnliche Modifizierungen.[511] Bei der Formulierung ist darauf zu achten, dass der Eintritt einer Bedingung oder die Erklärung eines Rücktritts stets nur bis zur Rechtskraft einer Entscheidung über den Versorgungsausgleich möglich ist.[512] Unerheblich ist bei einem Teilausschluss, welcher Ehegatte höhere Anrechte erworben hat, ob also ein Supersplitting eintritt. Die Berechnung hat beim Ausschluss bestimmter Zeiträume nicht zeitanteilig zu erfolgen, wenn in der ausgeschlossenen und in der übrigen Ehezeit unterschiedlich hohe Anwartschaften erworben worden sind.[513] Von der (zulässigen) Herausnahme bestimmter Zeitabschnitte aus der Bewertung ist die unzulässige Abänderung der Ehezeit zu unterscheiden (→ Rn. 139).

142 Anstelle des Wertausgleichs kann eine **schuldrechtliche Ausgleichsrente** vereinbart werden (zu den Risiken → Rn. 128). Von Bedeutung ist dies insbesondere, wenn ein Ausgleich bei Scheidung noch nicht möglich ist. Ein schuldrechtlicher Versorgungsausgleich führt zu keinen Ansprüchen auf Teilhabe an der Hinterbliebenenversorgung (§ 25 Abs. 2 VersAusglG).

143 Eine **Aufhebung** des ganzen oder teilweisen Ausschlusses des Versorgungsausgleichs ist bis zur Rechtskraft der Entscheidung über den Versorgungsausgleich möglich. Diese Vereinbarung bedarf nach dem Wortlaut des § 7 Abs. 1 VersAusglG der notariellen Beurkundung.[514] Auch eine Aufhebung mit Rückwirkung ist zulässig.[515] Eine Aufhebung des Ausschlusses des Versorgungsausgleichs nach Rechtskraft der Entscheidung über den Versorgungsausgleich mit der Folge, dass dieser nachträglich durchzuführen wäre, ist jedoch nicht möglich.[516] Rein schuldrechtliche Regelungen bleiben hingegen zulässig.[517]

144 Bei Abschluss einer Gesamtvereinbarung sollte ferner geregelt werden, welche Auswirkungen die **Unwirksamkeit** von Vereinbarungen über den Versorgungsausgleich auf den übrigen güter- und unterhaltsrechtlichen Inhalt des Vertrages hat. Wegen der wechselseiti-

---

[505] BGH FamRZ 2001, 1444 (1445) und FamRZ 2001, 1701 (1702).
[506] Vgl. *Finger* FamRB 2009, 60.
[507] Vgl. *Milzer* notar 2013, 319 (330).
[508] OLG Nürnberg NJW-RR 1995, 516. Vgl. OLG Hamburg NJW-RR 2016, 776.
[509] Vgl. BGH FamRB 2004, 80.
[510] OLG Zweibrücken NZFam 2014, 88.
[511] Vgl. Soergel/*Grziwotz* VersAusglG § 6 Rn. 28 ff.; *Münch,* Vereinbarungen zum reformierten Versorgungsausgleich, 2. Aufl. 2015, Rn. 182 ff.
[512] *Bergschneider* MittBayNot 1999, 144 (145).
[513] BGH FamRZ 2001, 1444 (1446) und OLG Bamberg MittBayNot 2000, 324 (325).
[514] Früher str., vgl. OLG Karlsruhe NJW-RR 1994, 1414; OLG Frankfurt a.M. NJWE-FER 2001, 228 und OLG Zweibrücken OLGR 2002, 193.
[515] *Kniebes/Kniebes* DNotZ 1977, 269 (284).
[516] OLG Köln NJW-RR 1999, 1161.
[517] DNotI-Report 2005, 163.

gen Verbindungen derartiger Vereinbarungen ist die Angemessenheit einer (pauschalen) salvatorischen Klausel im Einzelfall zu prüfen.[518]

Legt das Familiengericht seiner Entscheidung eine Vereinbarung über den Versorgungs- **145** ausgleich zugrunde, stellt es dies in seinem Beschluss fest (§ 224 Abs. 3 FamFG).[519] Damit unterliegt die Vereinbarung keiner späteren gerichtlichen Kontrolle mehr.[520] Vereinbarungen über den Versorgungsausgleich unterliegen wie gerichtliche Entscheidungen in bestimmten Fällen der **Abänderung** durch das Familiengericht (§§ 225, 226, 227 FamFG).[521] Die Vertragsteile haben jedoch die Möglichkeit, die Abänderung ausdrücklich auszuschließen (§ 227 Abs. 2 Hs. 2 FamFG); hierauf sollte der Notar hinweisen.

Formulierungsbeispiel: Versorgungsausgleich Ausschluss Abänderbarkeit **145a**

Der Notar/Die Notarin hat uns über die Bestimmung des § 227 Abs. 2 FamFG belehrt. ⟲ Wir schließen die Abänderbarkeit der vorstehenden Vereinbarung über den Versorgungsausgleich ausdrücklich aus.

Alt.: Der Notar/Die Notarin hat uns über die Bestimmung des § 227 Abs. 2 FamFG belehrt. Wir wollen es bei der gesetzlichen Regelung bewenden lassen; eine Abänderung wünschen wir nicht.

III. Steuern

Der Verzicht auf die Durchführung des Versorgungsausgleichs ist sowohl auf Seiten des **146** Berechtigten als auch auf Seiten des Verpflichteten einkommensteuerrechtlich ohne Bedeutung.[522] Gleiches gilt für den kompensationslosen Ausschluss von Anrechten. Die Übertragung und Begründung von Anrechten bei der internen und externen Teilung führen zu steuerpflichtigen Einkünften beim Ausgleichspflichtigen und beim Ausgleichsberechtigten. Für die interne Teilung sieht das Gesetz (§ 3 Nr. 55a EStG) vor, dass es bei der Einkunftsbesteuerung verbleibt, die ohne Übertragung durchgeführt worden wäre. Damit ist die interne Teilung steuerneutral; ebenso gilt dies für diesbezügliche Vereinbarungen.[523] Bei der externen Teilung besteht Steuerneutralität nur, wenn bei der ausgleichsberechtigten Person Einkünfte gemäß §§ 19, 20, 22 EStG vorliegen (zB bei Anrechten aus der gesetzlichen Rentenversicherung), dh die Besteuerung in die Auszahlungsphase verschoben wird; sonst, dh bei Einkünften nach § 20 Abs. 1 Nr. 6 EStG oder § 22 Nr. 1 S. 3 lit. a sublit. bb EStG ergeben sich steuerpflichtige Einnahmen der ausgleichspflichtigen Person (zB bei privaten Rentenversicherungen). Vermieden werden soll, dass durch den Wechsel der Art der Besteuerung eine Steuerlücke entsteht (§ 3 Nr. 55b EStG). Dies gilt auch für Vereinbarungen, die einen externen Ausgleich vorsehen.[524] Gegebenenfalls kann zur Steuervermeidung auf die Begründung eines Anrechts in der gesetzlichen Rentenversicherung ausgewichen werden. Die beim schuldrechtlichen Versorgungsausgleich bezahlte Ausgleichsrente stellte bis zum 31.12.2014 beim Ausgleichsverpflichteten grundsätzlich eine Sonderausgabe (§ 10 Abs. 1 Nr. 1 lit. b EStG aF) dar;[525] beim Ausgleichsberechtigten erfolgte eine Versteuerung als sonstige Einkünfte (§ 22 Nr. 1 lit. c EStG aF).[526] Wurde bis zu diesem Stichtag in einer Vereinbarung mit einem verbe-

---

[518] Vgl. *Grziwotz* FF 2004, 275 und AG Offenbach FamRZ 2009, 1150.
[519] BGH FamRZ 2017, 1655; OLG Koblenz FamRZ 2017, 2013. Zum Anspruch des Familiengerichts auf kostenfreie Auskunft über die Anrechte der Ehegatten OLG Hamm FamRZ 2015, 1220.
[520] Vgl. BGH NJW 2009, 677 und OLG Celle NJW-RR 2009, 74.
[521] S. nur BGH NZFam 2018, 24.
[522] *Münch* FamRB 2010, 284 und *Wälzholz* DStR 2010, 465.
[523] *Engels,* Steuerrecht für die familiengerichtliche Praxis, 3. Aufl. 2017, Rn. 1088b. Zur Rechtslage vor dem VersAusglG s. nur BFH NZFam 2017, 364; DStRE 2017, 835; FG Köln NZFam 2018, 622.
[524] Vgl. *Brambring* NotBZ 2009, 429 (441).
[525] BFH DStR 2003, 2213.
[526] BFH DStR 2013, 185.

amteten Ehegatten diesem gegenüber ein Verzicht auf die Durchführung des Versorgungsausgleichs erklärt, konnten die dafür gewährten Ausgleichszahlungen – ebenso wie Beiträge zur Wiederauffüllung einer gekürzten Versorgungsanwartschaft – als Werbungskosten geltend gemacht werden; in allen übrigen Fällen waren Ausgleichszahlungen zur Vermeidung des Versorgungsausgleichs einkommensteuerrechtlich ohne Bedeutung.[527] Seit 1.1. 2015 können sämtliche Zahlungen im Rahmen des Versorgungsausgleichs als Sonderausgaben geltend gemacht werden (§ 10 Abs. 1a Nr. 3 EStG). Der Empfänger muss diese jedoch versteuern (§ 22 Nr. 1a EStG).[528] Eine Geltendmachung von Werbungskosten bei einer Wiederauffüllung beamtenrechtlicher Versorgungsanrechte ist nicht mehr möglich. Der Sonderausgabenabzug hängt zudem – wie beim begrenzten Realsplitting – davon ab, dass der Zahlungspflichtige einen entsprechenden Antrag stellt und der Zahlungsempfänger dem zustimmt.[529]

146a   **Schenkungsteuerrechtlich** sind Vereinbarungen über den Versorgungsausgleich regelmäßig ohne Bedeutung;[530] dies soll auch für eine Abfindung gelten, die als Gegenleistung für einen Ausschluss des Versorgungsausgleichs gewährt wird, wenn diese nicht deutlich über dem Wert dessen liegt, was als Aussicht auf den Versorgungsausgleich durch die Regelung ausgeschlossen worden ist.[531] Dies ist freilich nicht unproblematisch, da der Zeitpunkt der Scheidung bei einer vorsorgenden Vereinbarung noch ungewiss ist. Bedenkenfrei dürften dagegen die Kompensation entgangener eigener Anrechte durch den Wegfall der Berufstätigkeit und der Ausschluss einer höheren Beteiligung an den Versorgungsanwartschaften des Ehegatten, als sie dem eigenen Einkommen entspricht, sein.

F. Vorsorgende Vereinbarungen über den nachehelichen Unterhalt

I. Gesetzliche Unterhaltspflichten und Eigenverantwortung

147   Zu den wichtigsten vermögensrechtlichen Folgen, die sich aus der ehelichen Lebensgemeinschaft ergeben, gehört die wechselseitige Unterhaltspflicht. Sie betrifft die Zeit des Bestehens der Ehe, aber auch die Zeit nach einer Scheidung. Bis zu diesem Zeitpunkt unterscheidet das Gesetz zwischen dem Unterhalt bei Bestehen einer Lebensgemeinschaft (§§ 1360–1360b BGB, § 5 LPartG) und nach einer Trennung (§ 1361 BGB, § 12 LPartG). Das Maß des Familienunterhalts beim Zusammenleben bestimmt sich nach den ehelichen Lebensverhältnissen.[532] Mit der Trennung endet zwar die Verpflichtung, zum **Familienunterhalt** beizutragen. Der Anspruch auf Trennungsunterhalt betrifft nur noch die Deckung des eigenen Lebensbedarfs des bedürftigen Ehegatten durch Zahlung einer Geldrente; er beinhaltet keine Naturalleistungen mehr. Durch die Trennung soll sich unterhaltsrechtlich, jedenfalls für eine gewisse Zeit, nichts ändern. Der Trennungsunterhalt steht nur hinsichtlich der Vergangenheit zur Disposition der Ehegatten. Ein Verzicht für die Zukunft ist, ebenso wie hinsichtlich des Familienunterhalts, nicht zulässig (§§ 1360a Abs. 3, 1361 Abs. 4 S. 4, 1614 Abs. 1 BGB, § 12 S. 2 LPartG).[533] Zum Unterhalt der während des Bestehens der Ehe geschuldet ist, gehört auch das Taschengeld, das jedem Partner zur freien Verfügung zur Befriedigung seiner persönlichen Bedürfnisse zur Verfügung stehen soll.[534] Es beträgt ca. 5 bis 7 % des zur Verfügung stehenden Nettoeinkommens.[535] Während der erwerbstätige Ehegatte den entsprechenden Betrag von seinem

[527] BFH FamRZ 2011, 1055.
[528] Vgl. *Engels,* Steuerrecht für die familiengerichtliche Praxis, 3. Aufl. 2017, Rn. 1088k.
[529] Zum diesbezüglichen Nachteilsausgleich s. *Elden* NJW-Spezial 2015, 324f.
[530] *Kapp/Ebeling/Geck,* ErbStG, Stand: 9/2018, § 5 Rn. 107.
[531] *Kapp/Ebeling/Geck,* ErbStG, Stand: 9/2018, § 5 Rn. 107.
[532] BGH FamRZ 1995, 537.
[533] BGH NJW 2015, 3715 (3716); zu Vereinbarungen über den Trennungsunterhalt s. nur *Büte* FuR 2018, 394 (396) und → § 13 Rn. 86.
[534] BGH FamRZ 2004, 364.
[535] BGH FamRZ 2004, 1784.

Einkommen einbehalten kann, muss der haushaltsführende Ehegatte den Basisanspruch notfalls beim Familiengericht durchsetzen. Diesbezügliche Vereinbarungen sind zulässig, sofern sie keinen Verzicht für die Zukunft enthalten.

Formulierungsbeispiel: Taschengeld

147a

Frau *** verpflichtet sich, an ihren Ehemann, der die Haushaltsführung und Kinderbetreuung übernommen hat und selbst nicht berufstätig ist, als gesetzlich geschuldetes Taschengeld monatlich einen Betrag von 6 Prozent ihres Nettoeinkommens jeweils zum Monatsersten zu bezahlen. Hat Herr *** einen Hinzuverdienst, ist er berechtigt, den entsprechenden Betrag des Gesamtnettoeinkommens von seinen Einkünften zu entnehmen. Ist das Taschengeld höher als der Hinzuverdienst, hat er Anspruch auf die Differenz zwischen dem Taschengeldanspruch und seinen Einkünften. Der Notar/Die Notarin hat darauf hingewiesen, dass ein Verzicht auf den Taschengeldanspruch für die Zukunft nicht zulässig ist. Hierzu erklären die Beteiligten, dass sie sich auf den obigen Prozentsatz zur Vermeidung einer familiengerichtlichen Auseinandersetzung geeinigt haben. Auf rückständige Unterhaltsansprüche wird vorsorglich unter gegenseitiger Annahme verzichtet.

Frau *** unterwirft sich wegen der Verpflichtung zur Zahlung des monatlichen Taschengeldes in der derzeitigen Höhe von monatlich *** EUR der sofortigen Zwangsvollstreckung in ihr gesamtes Vermögen. Sie verpflichtet sich, sich wegen etwaiger Erhöhungsbeträge auf Verlangen von *** der Zwangsvollstreckung zu notarieller Urkunde auf ihre Kosten zu unterwerfen.

Gemäß § 1585c S. 1 BGB besteht für Vereinbarungen über die nachehelichen Unter- 147b haltsansprüche nach der gesetzlichen Regelung Vertragsfreiheit. **Vorsorgende Vereinbarungen** können grundsätzlich schon im Zusammenhang mit der Eheschließung und auch vorher geschlossen werden.[536] Grundsätzlich ist das nacheheliche Unterhaltsrecht vom Grundsatz der Eigenverantwortung geprägt. Nur wer außer Stande ist, für seinen Unterhalt zu sorgen, hat einen Unterhaltsanspruch bei Leistungsfähigkeit des geschiedenen Ehegatten; weitere Voraussetzung ist, dass ein Unterhaltstatbestand gegeben ist (§ 1569 BGB, § 16 S. 2 LPartG).[537] Eine lebenslange Unterhaltspflicht sollte es nach der am 1.1.2008 in

---

[536] BGH NJW 1985, 1883.

[537] Für bis zum 31.12.2004 begründete Lebenspartnerschaften galt für den nachpartnerschaftlichen Unterhalt eine Generalklausel (§ 10 Abs. 1 LPartG aF). Umstritten waren das Bestehen eines Anspruchs auf Aufstockungsunterhalt, der Kinderbetreuungsunterhalt und der Altersvorsorgeunterhalt (vgl. *Battis* FuR 2002, 113 (120); *Büttner* FamRZ 2001, 1105 (1107); *Kemper* FPR 2001, 449 (456); *Weinreich* FuR 2001, 481 (484)). Einsatzzeitpunkte waren nicht vorgesehen (*Kemper* FF 2001, 156 (165)). Ferner war umstritten, inwieweit vorhandenes Vermögen eines Lebenspartners, dessen Bedürftigkeit ausschloss (vgl. *Roller* FamRZ 2003, 1424 (1426)). Bis zum 31.12.2005 konnte jeder Lebenspartner gegenüber dem Amtsgericht, in dessen Bezirk die Lebenspartner wohnten, erklären, dass sich die gegenseitige Unterhaltspflicht sowohl während des Bestehens der Lebenspartnerschaft als auch bei einer Trennung und Aufhebung nach den alten gesetzlichen Regeln richten soll (§ 21 Abs. 3 LPartG). Die Erklärung musste notariell beurkundet werden. Die einseitige Optionsmöglichkeit für das alte Unterhaltsrecht konnte für den später unterhaltspflichtigen Lebenspartner insbesondere dann interessant sein, wenn eine der oben genannten, höchstrichterlich noch nicht entschiedenen Streitfragen gegeben war. Die Option für das alte nachpartnerschaftliche Unterhaltsrecht bedeutet jedoch keine Beibehaltung des früheren Rangverhältnisses. Eine „Rückkehr" zu der möglicherweise nach den Unterhaltsreformen weniger strengen gesetzlichen Unterhaltspflicht nach einer Option ist nur durch eine diesbezügliche Vereinbarung möglich. Eine vertragliche Unterhaltsvereinbarung kann sich bei vor dem 1.1.2005 begründeten Lebenspartnerschaften, bei denen zur Fortgeltung des „alten" Rechts optiert wurde, auch darauf beschränken, gesetzliche Lücken und Unklarheiten (vgl. *Roller* FamRZ 2003, 1424 (1425)) zu korrigieren. So kann das Fehlen des Einsatzzeitpunktes hinsichtlich des nachpartnerschaftlichen Unterhalts (*Weinreich* FuR 2004, 481 (484)) durch eine analoge Anwendung der nach der Neufassung geltenden Unterhaltstatbestände der §§ 1570 ff. BGB oder einzelner von ihnen der späteren Streitvermeidung dienen. Auch der möglicherweise bestehende Widerspruch, dass der nachpartnerschaftliche Unterhalt weiter geht als der Trennungsunterhalt, kann durch eine diesbezügliche Vereinbarung korrigiert werden (vgl. OLG Düsseldorf FamRZ 2006, 335). Schließ-

Kraft getretenen Unterhaltsreform nicht mehr geben. § 1578b BGB (§ 16 S. 2 LPartG) sieht deshalb eine Herabsetzung des Unterhalts auf den angemessenen Unterhalt und eine zeitliche Begrenzung des nachehelichen Unterhalts vor. Allerdings ist dies wegen des Vertrauensschutzes früherer klassischer Haushaltsführungsehen bei Ehen von längerer Dauer eingeschränkt. Angesichts dessen, dass insbesondere im Bereich des Kinderbetreuungsunterhalts das gesetzliche Modell hinter dem weit zurückbleibt,[538] was Familiengerichte in ehevertraglichen Regelungen früher für sittenwidrig gehalten haben, ist fraglich, ob und inwieweit die gesetzliche Regelung Maßstab für eine richterliche Inhaltskontrolle sein kann.[539] Altverträge, die nach der Rechtsprechung zum früheren Unterhaltsrecht als sittenwidrig angesehen wurden, bedürfen wohl keiner Anpassung, wenn sie der derzeit geltenden Rechtslage entsprechen.[540] Die richterliche Kontrolle im Unterhaltsrecht ist deshalb grundsätzlich keine Leitbild-, sondern lediglich eine Missbrauchskontrolle.[541]

II. Grenzen von vorsorgenden Vereinbarungen

148   **1. Verzichts- und Einschränkungsvereinbarungen.** Ein unbeschränkter **Verzicht** auf nachehelichen Unterhalt war nach früherer Rechtsprechung der Familiengerichte auch dann wirksam, wenn ein geschiedener Ehegatte wegen der Betreuung eines gemeinschaftlichen Kindes nicht für den eigenen Unterhalt sorgen konnte.[542] Dem begünstigten Vertragsteil wurde es jedoch verwehrt, sich auf den Verzicht zu berufen, wenn die Rechtsausübung aufgrund einer späteren Entwicklung, insbesondere der Notwendigkeit der Betreuung gemeinsamer Kinder, gegen Treu und Glauben verstieß.[543] Allerdings war auch dann der Anspruch der Höhe nach auf den notwendigen Unterhalt beschränkt, der es dem Ehegatten ermöglichte, sich der Pflege und Erziehung des Kindes zu widmen.[544] Die vertragliche Pauschalregelung führte letztlich dazu, dass der Familienrichter den unbeschränkten Verzicht durch eine (gerade noch) zulässige Verzichtsvereinbarung ersetzte. Aufgrund der Kernbereichslehre der neueren Rechtsprechung wird der nacheheliche Unterhalt, mit unterschiedlicher Gewichtung bei den einzelnen Unterhaltstatbeständen, zu den wichtigsten Scheidungsfolgen gezählt (→ Rn. 11a). Aber auch das nacheheliche Unterhaltsrecht steht grundsätzlich zur Disposition der Partner. Ein vereinbarungsfester Kern, unabhängig von der konkreten Ehe, insbesondere der darin praktizierten Rollenverteilung, existiert nicht. Entscheidend sind die Auswirkungen des (teilweisen) Unterhaltsverzichts im Hinblick auf die dem nachehelichen Unterhaltsrecht zugrundeliegenden Gerechtigkeitsprinzipien. Auch im Unterhaltsrecht gelten die Grundsätze zur Inhalts- und Ausübungskontrolle diesbezüglicher Vereinbarungen.[545] So kann ein Verzicht auf nachehelichen Unterhalt unwirksam sein, wenn er die gemeinsamen Lasten einseitig einem Ehegatten auferlegt, der als Verlierer bei einem Scheitern der Beziehung schon feststeht. sich zulasten Dritter auswirkt. Dies ist vor allem der Fall, wenn gemeinsame Kinder nicht mehr ausreichend betreut werden können.[546] Im Hinblick auf die Bewertung der Haushaltsführung und Kinderbetreu-

---

lich ist es zulässig, den nachpartnerschaftlichen Unterhalt dergestalt zu begrenzen, dass jedenfalls nicht mehr geschuldet wird, als dies bei Anwendung der entsprechenden Tatbestände des nachehelichen Unterhalts der Fall wäre (so wohl *Büttner* FamRZ 2001, 1105 (1109)).

[538] Vgl. *Dose* JAmt 2009, 1; *Born* FF 2009, 92.

[539] Ähnlich Bayer/Koch/*Wellenhofer*, Aktuelle Fragen des Familienrechts, 2009, S. 65 ff. und Bayer/Koch/*Reetz*, Aktuelle Fragen des Familienrechts, 2009, S. 8 ff.; *Münch* FamRZ 2009, 171; *Bergschneider* FS Hahne 2012, 114.

[540] BGH NJW 2011, 2969; vgl. dagegen noch OLG Hamm FamRZ 2009, 2093; *Langenfeld* FPR 2005, 134; OLG Düsseldorf FamFR 2011, 456.

[541] BVerfGE 128, 193; *Münch* FamRB 2011, 90 (93).

[542] BGH NJW 1991, 913; NJW 1992, 3164; NJW 1995, 1148 und NJW-RR 1995, 833; OLG Brandenburg FamRZ 2013, 1893; zum Verhältnis zur Sozialhilfe → § 13 Rn. 92.

[543] BGH NJW 1987, 2738.

[544] BGH MittBayNot 1995, 229.

[545] *Münch* FamRZ 2009, 171; *Schmitz* RNotZ 2011, 265 (271).

[546] So BGH NJW 2004, 930.

ung[547] können Verzichtsvereinbarungen, die den nicht erwerbstätigen Ehegatten benachteiligen, unwirksam sein. Weitere Einschränkungen für vorsorgende Vereinbarungen über den nachehelichen Unterhalt ergeben sich aus dem Gebot ehelicher Solidarität,[548] die auch die Ehe überdauert. Es betrifft vor allem die rechtspolitisch umstrittenen Unterhaltstatbestände des Krankheits- und Altersunterhalts.[549] Beide sollen ohne Ausgleich lediglich bei Eheschließung mit einem bereits kranken oder im Rentenalter stehenden Partner abdingbar sein.[550] Umstritten war bis zur Unterhaltsrechtsreform 2008 ferner, ob bei Differenzehen der nacheheliche Unterhalt für alle Tatbestände einschließlich des Kinderbetreuungsunterhalts[551] auf ehebedingte Nachteile beschränkt, also der Höhe nach „gedeckelt" werden konnte.[552] Entscheidend dürften nicht diffuse familiäre Gerechtigkeitserwartungen sein, sondern das Eheverständnis der Beteiligten.[553] Zu fragen ist, ob die (künftigen) Ehegatten, wenn dies nicht einseitig unter Ausnutzung einer Zwangssituation diktiert wird, ihre Partnerschaft als umfassende Einstehensgemeinschaft unter Einschluss allgemeiner Lebensrisiken oder „lediglich" als Partnerschaftsehe mit Ausgleich ehebedingter Nachteile verstehen. Das prinzipielle Gebot der nachehelichen Eigenverantwortung (§§ 1569, 1574 Abs. 1 BGB, § 16 S. 2 LPartG) wird eingeschränkt durch das Prinzip der nachwirkenden Mitverantwortung des wirtschaftlich stärkeren Ehegatten.[554] Den Begriff der ehebedingten Nachteile erwähnt das Gesetz nur an zwei Stellen (§§ 1575, 1578b Abs. 1 S. 2 und S. 3 BGB, § 16 S. 2 LPartG).[555] Ehebedingte Nachteile ergeben sich regelmäßig aus dem Verzicht auf eine eigene Berufstätigkeit und dem damit verbundenen Verzicht auf eine berufliche Karriere.[556] Ein ehebedingter Nachteil kann trotz erreichter beruflicher Endposition vorliegen, wenn eine laufbahnübergreifende Beförderung ohne Kinderbetreuung denkbar gewesen wäre.[557] Liegen ehebedingte Nachteile vor, sind diese insbesondere bei einer längeren Ehedauer dauerhaft auszugleichen.[558] Insofern kann ein Vertrag, der den die Familienarbeit belastenden Partner auf das Existenzminimum beim Unterhalt begrenzt, sittenwidrig sein.[559] Die Darlegungs- und Beweislast dafür, dass dem Unterhaltsberechtigten keine Nachteile entstanden sind, trägt grundsätzlich der Unterhaltspflichtige. Der Unterhaltsberechtigte muss seinerseits darlegen, welche konkreten ehebedingten Nachteile ihm entstanden sind.[560] Um den ehebedingten Nachteil der Höhe nach bemessen zu können, muss (bei vorsorgenden Vereinbarungen gleichsam vorausschauend) der Unterschied zwischen dem Einkommen, das der Unterhaltsberechtigte aufgrund der ehebedingten Nachteile erzielen kann, und dem angemessenen Lebensbedarf (§ 1578b Abs. 1 S. 1 BGB, § 16 S. 2 LPartG) errechnet werden. Diese Differenz stellt den (geschätzten) ehebedingten Nachteil dar.[561] Der angemessene Lebensbedarf ist das Einkommen, das der berechtigte Ehegatte ohne Ehe und Kindererziehung zur Verfügung hätte, wobei die untere Grenze das Existenzminimum bildet.[562] Allerdings darf nicht allein auf die beiden Einkommen abgestellt werden, wenn andere ehebedingte Vorteile, wie zB eine hohe Altersvorsorge ab Eintritt ins Rentenalter,

---

[547] BGH FamRZ 2001, 986; MDR 2006, 395.
[548] BGH FamRB 2005, 8.
[549] Vgl. BGH FamRZ 2010, 1414; Johannsen/Henrich/*Büttner* BGB § 1572 Rn. 1 und *Henrich* FamR § 15 I., II. 2.
[550] Vgl. *Hahne* DNotZ 2004, 84 (91).
[551] Ablehnend insoweit wohl Schwab/Hahne/*Hahne,* Familienrecht im Brennpunkt, S. 180, 195.
[552] Bejahend noch *Langenfeld* FPR 2003, 155 (157).
[553] Vgl. *Grziwotz* MDR 2005, 73 (76).
[554] *Gerhardt* FuR 2008, 9 (10).
[555] Vgl. *Bergschneider* FS Brambring 2011, 33.
[556] BGH FamRZ 2005, 185; NJW 2012, 2028; FamRZ 2013, 770; FamRZ 2014, 1978; NJW 2018, 2871.
[557] OLG Köln FPR 2009, 545.
[558] OLG Köln FamFR 2009, 116; OLG Karlsruhe RNotZ 2011, 182; OLG Brandenburg FamFR 2012, 179; OLG Hamm FamFR 2012, 274.
[559] OLG Celle NJW 2018, 3462.
[560] BGHZ 185, 1; BGH NJW 2010, 3653; NJW 2012, 74 (75); OLG Celle NJW-RR 2011, 364.
[561] BGH NJW 2010, 3653; vgl. *Graba* FamFR 2010, 553.
[562] BGH NJW 2009, 3783; NJW 2010, 3097.

Nachteile kompensieren.[563] In Abgrenzung zum Aspekt des ehebedingten Nachteils umfasst die nacheheliche Solidarität andere Umstände, die unabhängig von ehebedingten Nachteilen Auswirkungen auf die Unterhaltspflicht haben (zB Dauer der Ehe, wirtschaftliche Verflechtung etc). Zu prüfen ist deshalb beim Krankheitsunterhalt, ob der später erkrankte Ehegatte auf eine eigene Erwerbstätigkeit verzichtet hat und welche Nachteile hieraus bei seiner Erwerbsunfähigkeitsrente eingetreten sind.[564] Auch wenn der Ausschluss einzelner Unterhaltstatbestände isoliert keinen Bedenken begegnet, kann sich aufgrund einer Gesamtschau der zu den Scheidungsfolgen insgesamt getroffenen Regelungen eine Sittenwidrigkeit des Ehevertrags ergeben. Dabei spielt neben der Sicherung für den Fall des Alters und der Invalidität vor allem auch der nacheheliche Unterhalt hinsichtlich der besonders wichtigen Tatbestände eine wichtige Rolle.[565]

149   Bei einem gegenseitigen Unterhaltsverzicht handelt es sich der Sache nach um ein wechselseitiges Nachgeben, wenn noch unklar ist, wer Berechtigter eines Unterhaltsanspruchs sein wird.[566] Ein **Unterhaltsverzicht** bedarf klarer und eindeutiger Vereinbarungen.[567] Deshalb beinhaltet eine in einem Ehevertrag enthaltene Formulierung, zu eigener Arbeit verpflichtet zu sein und sich selbst zu unterhalten, noch keinen Verzicht auf nachehelichen Unterhalt.[568] Beschönigende, mitunter von Mediatoren gewünschte Formulierungen („erlischt endgültig" statt „Verzicht" oder „über das Vereinbarte hinaus soll der frühere Ehegatte möglichst nicht in Anspruch genommen werden") können Anlass späterer Rechtsstreitigkeiten sein.[569]

149a   **Formulierungsbeispiel: Verzicht auf nachehelichen Unterhalt**

Der Notar/Die Notarin hat die Vertragsteile über die Folgen eines Verzichtes auf nachehelichen Unterhalt und über das Risiko belehrt, dass dann im Fall der Scheidung jeder von ihnen für den eigenen Unterhalt Sorge zu tragen hat. Hierzu erklären die Vertragsteile, dass sie beide berufstätig sind [*Alt.:* über ausreichendes Vermögen und Einkünfte verfügen] und für den eigenen Unterhalt aufkommen können, sowie, dass gemeinsame Kinder nicht mehr geplant [*Alt.:* zu erwarten] sind.

Die Vertragsteile wurden weiter darauf hingewiesen, dass ein Unterhaltsverzicht nichtig ist, wenn er in Anbetracht der wirtschaftlichen Situation der Eheleute zwingend dazu führen würde, dass der verzichtende Ehegatte auf staatliche Leistungen angewiesen ist oder sich dieser zulasten nachrangiger Unterhaltsschuldner auswirkt oder wenn überwiegende schutzwürdige Interessen entgegen unserer bisherigen Familienplanung vorhandener gemeinsamer Kinder einer eigenen Erwerbstätigkeit des unterhaltsbedürftigen Elternteils entgegenstehen. Ferner kann nach der Rechtsprechung ein Verzicht des nicht erwerbstätigen, insbesondere des haushaltsführenden oder kinderbetreuenden Ehegatten nichtig sein, wenn er ohne angemessene Gegenleistung erfolgt. Schließlich kann es dem begünstigten Vertragsteil verwehrt sein, sich bei einer Scheidung auf den Verzicht zu berufen, wenn die Rechtsausübung aufgrund einer späteren Entwicklung, insbesondere im Falle einer notwendigen Versorgung gemeinsamer Kinder, des Partners oder seiner Angehörigen und einer damit verbundenen Einschränkung der Berufstätigkeit, gegen Treu und Glauben verstieße.

---

[563] BGH NJW 2011, 2512; NJW 2012, 2028 (2031).
[564] BGH FamRZ 2008, 582 und FamRZ 2008, 1325.
[565] Vgl. BGH NJW 2013, 380; NJW 2014, 1101; NJW 2017, 1883.
[566] Vgl. OLG Koblenz NJW 2006, 850; Ehinger/Griesche/Rasch/*Ehinger,* Unterhaltsrecht-HdB, 7. Aufl. 2014, F Rn. 514. Zu Vertragsmustern s. nur BeckFormB FamR/*Hamm* Form. F. IV. 1–16; *Münch,* Unterhaltsvereinbarungen nach der Reform, insbes. Rn. 173 ff.; BeckFormB BHW/*Reetz* Form. V. 12–14.
[567] Vgl. OLG Hamm FamRZ 1998, 1295 und OLG Koblenz NJWE-FER 1996, 27.
[568] OLG Schleswig NJW-RR 1993, 836; vgl. auch OLG Bamberg NJW-RR 1999, 1095.
[569] Vgl. OLG Koblenz FamRZ 2007, 479.

Die Vertragsteile vereinbaren für den Fall der Scheidung ihrer Ehe den gegenseitigen Verzicht auf die Gewährung nachehelichen Unterhalts, auch für den Fall der Not und der Gesetzesänderung, und nehmen diesen Verzicht gegenseitig an. Ausgenommen von diesem Verzicht sind die Unterhaltstatbestände des Unterhalts wegen Alters (§ 1571 BGB) und des Unterhalts wegen Krankheit oder Gebrechen (§ 1572 BGB).

Gegen einen Ausschluss der zwar nicht ehebedingten, von der Rechtsprechung aber zum **149b** Kernbereich der **Unterhaltstatbestände** gezählten Ansprüche **wegen Alters und Krankheit**[570] bestehen keine Bedenken, wenn im Zeitpunkt der Vereinbarung noch nicht absehbar ist, ob, wann und unter welchen wirtschaftlichen Gegebenheiten ein Ehegatte wegen Alters oder Krankheit unterhaltsbedürftig werden könnte, und die Eheleute bereits in einem Alter sind, in dem ein nicht unwesentlicher Teil der Altersversorgung üblicherweise bereits erworben ist.[571] Der Umstand, dass sich im „Ernstfall" der Vertrag zulasten des Sozialhilfeträgers auswirken kann, führt nicht zur Sittenwidrigkeit des Vertrags, wenn das Risiko nur abstrakt droht. Gleiches gilt, wenn zum Zeitpunkt des Vertragsschlusses bereits Sozialhilfebedürftigkeit vorliegt.[572] Eine Kompensation im Hinblick auf eine bei Vertragsschluss bereits vorhersehbare Sozialhilfebedürftigkeit,[573] die zur Unwirksamkeit des Vereinbarten führen kann, ist nicht mittels Schonvermögens möglich, da dieses den Sozialhilfeträger nicht entlastet. Der Wohnvorteil, der zur Entlastung von Kosten führt, ist jedoch auch hier zu berücksichtigen.[574] Mitunter wird empfohlen, den Fall des Notbedarfs vom Unterhaltsverzicht auszunehmen. Da das Gesetz diesen Begriff nicht definiert, muss das Gemeinte in der Regelung tatbestandsmäßig erfasst werden. Der Fall der Grundsicherung, bei der gemäß § 43 Abs. 3 SGB XII Kinder nicht herangezogen werden, soll jedoch meist nicht als Fall der Not definiert werden, da dadurch nur die Staatskasse entlastet würde.[575]

Formulierungsbeispiel: Ausnahme Notbedarf **149c**

Vom vorstehenden Unterhaltsverzicht ausgenommen ist der Fall der Not des Unterhaltsberechtigten. Ist dieser auf Sozialhilfe angewiesen und ist die Sozialhilfebehörde berechtigt aus übergegangenen bzw. über übergeleiteten Unterhaltsansprüchen gegen Kinder des Unterhaltsberechtigten diese in Anspruch zu nehmen, bleibt der gesetzliche Anspruch auf nachehelichen Unterhalt, und zwar in voller Höhe, also nicht nur in Höhe etwaiger übergehender oder übergeleiteter Ansprüche der Sozialhilfebehörde, bestehen.

Maßgebend für den Übergang bzw. die Überleitung von Unterhaltsansprüchen sind die Bestimmungen des SGB XII [*ggf.:* und des SGB II]. Nach Entfallen des so definierten Notbedarfs gilt wieder der vereinbarte Unterhaltsverzicht.

Bei einer späteren Erkrankung eines Ehegatten kann zudem die Berufung auf den Ausschluss des nachehelichen Unterhalts rechtsmissbräuchlich (§ 242 BGB) sein.[576] Wollen Ehegatten dennoch, zB wegen einer besonderen Lebensführung, die der Partner nicht billigt (zB Rauchen, gefährliche Sportart, Workaholic), den Krankheitsunterhalt ausschließen, sollten die diesbezüglichen Umstände dargelegt und eine vorsorgliche Regelung für den Fall der Unwirksamkeit der Vereinbarung getroffen werden.

Zum nahezu vereinbarungsfesten Kernbereich haben die Familiengerichte den **Kinder-** **149d** **betreuungsunterhalt** (§ 1570 BGB) gezählt. Bereits eine Abweichung vom früheren Altersphasenmodell der jeweiligen Unterhaltsrichtlinien wurde teilweise als sittenwidrig an-

---

[570] BGH FamRZ 2005, 1449.
[571] BGH FamRZ 2005, 691.
[572] BGH DNotZ 2007, 128; vgl. aber BGH NJW-RR 2007, 1370.
[573] Vgl. BGH DNotZ 2007, 302.
[574] Allg. *Münch* FamRB 2009, 149.
[575] Anders *Krause* notar 2012, 347 (351).
[576] BGH FamRZ 2008, 582; FamRZ 2013, 195.

gesehen.[577] Der BGH[578] hat demgegenüber auf die Umstände des Einzelfalls abgestellt. Bei der Vertragsanpassung hat er den nicht erwerbstätigen Ehegatten so gestellt, wie er ohne die Ehe und dem mit ihr einhergehenden Erwerbsverzicht stehen würde.[579] Umstritten ist, ob der nacheheliche Unterhalt ein einheitlicher Anspruch ist; nach dieser Ansicht könnte die komplizierte Berechnung und deshalb auch bei Vereinbarungen zu berücksichtigende Lehre von den Teilansprüchen, aufgrund derer bei Kinderbetreuung und Teilerwerbstätigkeit ein Teilunterhaltsanspruch nach § 1573 Abs. 2 BGB (§ 16 S. 2 LPartG) zu prüfen ist, entfallen. Der BGH[580] geht jedoch davon aus, dass neben dem Kinderbetreuungsunterhalt ein Anspruch nach § 1573 Abs. 2 BGB (§ 16 S. 2 LPartG) besteht, falls das bei einer Erwerbstätigkeit erzielbare Einkommen einschließlich des tatsächlich erzielten Einkommens nicht zum vollen Unterhalt ausreicht. Der Anspruch ist (wie § 1615l BGB) Ausdruck der Elternverantwortung.[581] Er besteht deshalb unabhängig von der Ehedauer und dem Zusammenleben.[582] § 1570 BGB unterscheidet drei aufeinander aufbauende Ansprüche auf Betreuungsunterhalt: Den Basisunterhalt für die ersten drei Lebensjahre (§ 1570 Abs. 1 BGB, § 16 S. 2 LPartG), den verlängerten Basisunterhalt wegen kindbezogener Belange (§ 1570 Abs. 1 S. 2 und S. 3 BGB, § 16 S. 2 LPartG; das Altersphasenmodell stellt dagegen allein auf das Alter des Kindes ab)[583] sowie den ausgeweiteten Kinderbetreuungsunterhalt aus Gründen der ehelichen Solidarität (§ 1570 Abs. 2 BGB, § 16 S. 2 LPartG).[584] In den ersten drei Lebensjahren ist der betreuende Ehegatte nicht verpflichtet, einer Berufstätigkeit nachzugehen, auch wenn Betreuungsmöglichkeiten zur Verfügung stünden. Danach wird eine Fremdbetreuung als zumutbar angesehen.[585] Betreuungsmöglichkeiten sind der Kindergarten, Ganztagsschulen, der Hort und die Tagespflege, dagegen wohl nicht die Großeltern.[586] Den Eltern bleibt es jedoch unbenommen, vertraglich ein davon abweichendes Betreuungskonzept festzulegen.[587] So kann bereits für die ersten drei Lebensjahre eine Fremdbetreuung (zB Krippe, Kindermädchen, aber auch Großeltern) vereinbart werden.[588] Umgekehrt können Eltern auch eine längere Eigenbetreuung vorsehen. Während die Fremdbetreuung wohl auch bei einer Scheidung weiterhin gilt, wenn nicht kindbezogene Gründe dem entgegen stehen, dürfte ein Erziehungskonzept, das eine Fremdbetreuung der Kinder ausschließt, mit der Scheidung seine Grundlage verlieren,[589] wenn die Ehegatten nicht ausdrücklich etwas anderes vereinbaren. Allerdings dürfen sich derartige Vereinbarungen nicht zulasten vorrangig Unterhaltsberechtigter (zB Kindern aus einer neuen Verbindung) auswirken (→ Rn. 25). Auch der Kinderbetreuungsunterhalt kann somit, wenn dadurch der Anspruch des Kindes auf Betreuung, die freilich nicht unbedingt eine solche durch einen Elternteil sein muss, nicht beeinträchtigt wird, vertraglich modifiziert werden. Die Ehegatten können auch das frühere Altersphasenmodell beibehalten und die Altersgrenzen selbst definieren.[590] Nichtig ist ein kompensationsloser Ausschluss des Kinderbetreuungsunterhalts jedoch dann, wenn die Ehefrau bereits ein gemeinsames Kleinkind betreut und sie deswegen auf unbestimmte Zeit aus dem Berufsleben ausscheidet und der Vertrag noch nicht einmal den damit bezweckten Erfolg er-

---

[577] So zB OLG Hamm FamRZ 2006, 1034.
[578] FamRZ 2007, 1310.
[579] BGH FamRZ 2007, 974.
[580] FamRZ 2001, 1687 (1691); FamRZ 2009, 406 (407).
[581] Palandt/*Brudermüller* § 1570 Rn. 2.
[582] BGH NJW 2005, 3639; vgl. auch *Eickelberg* RNotZ 2009, 1 (11).
[583] BGH NJW 2009, 1876.
[584] Vgl. *Berringer/Menzel* MittBayNot 2008, 165 (166); *Elden* FamFR 2012, 290 (291) und *Löhnig/Preisner* NJW 2012, 1479.
[585] *Viefhues* ZNotP 2007, 11 (12).
[586] *Gerhardt* FuR 2008, 9 (11).
[587] OLG Jena RNotZ 2010, 469.
[588] Zum daneben verbleibenden Anteil an Betreuung und Erziehung des Kindes BGHZ 177, 272; BGH NJW 2009, 1876.
[589] So *Viefhues* ZNotP 2007, 11 (12).
[590] Vgl. *Berringer/Menzel* MittBayNot 2008, 165 (166).

reicht.[591] Anders ist dies, wenn auch ohne Abschluss des Ehevertrags kein Anspruch auf Betreuungsunterhalt besteht.[592]

Formulierungsbeispiel: Nachehelicher Unterhalt und Kinderbetreuung   149e

Wir beabsichtigen, zunächst beide vollerwerbstätig zu bleiben. Wenn aus unserer Ehe Kinder hervorgehen, ist es unser gemeinsamer Wille, dass diese zunächst bis zur Vollendung des 3. Lebensjahres des jüngsten Kindes zu Hause von der Mutter betreut werden. Ab Vollendung des 3. Lebensjahres möchte Frau *** , sofern eine Kinderbetreuung durch *** [Einrichtungen definieren] möglich ist, wieder vollerwerbstätig sein. Allerdings ist es unser gemeinsamer Wille, dass das Kindeswohl insoweit Vorrang hat.

Im Übrigen erklären wir nach Hinweis auf das Recht des nachehelichen Unterhalts, dass insbesondere Frau *** wegen des Umstandes, dass Herr *** starker Raucher ist und dies auch nicht einzuschränken beabsichtigt, obwohl dies auch ärztlicherseits geboten wäre, einen nachehelichen Unterhalt wegen Krankheit nicht wünscht. Uns ist bekannt, dass der BGH diesen Unterhaltstatbestand zum Kernbereich der ehelichen Solidarität rechnet; gleichwohl erklären wir, dass wir die eheliche Solidarität im Hinblick auf ehebedingte Nachteile und auch gemeinsames Altwerden akzeptieren, nicht jedoch im Hinblick auf Krankheitsrisiken, die auch unabhängig von der Lebensgemeinschaft eintreten. Insbesondere Frau *** erklärt, dass sie bei einer etwaigen Scheidung, bei der es nicht mehr auf ein Verschulden ankommt, nicht für eine Krankheit ihres Ehemannes einstehen möchte, obwohl sie diesen stets auf die Risiken des Rauchens hingewiesen hat, sie bereits während der gemeinsamen Lebensgemeinschaft die Risiken des Passivrauchens auf sich nehmen musste und sie nicht auch eventuell noch einen Krankheitsunterhalt entrichten will. Dies wird von Herrn *** auch so akzeptiert.

Dies vorausgeschickt vereinbaren wir für den Fall der Scheidung unserer Ehe den gegenseitigen vollständigen Verzicht auf die Gewährung nachehelichen Unterhalts, auch für den Fall der Gesetzesänderung, und nehmen diesen Verzicht gegenseitig an. Von dem vorstehenden Verzicht ausgenommen sind jedoch der Unterhalt wegen Betreuung eines Kindes (§ 1570 BGB) und der Unterhalt wegen Alters (§ 1571 BGB). Sollte entgegen den von uns dargelegten Gründen ein Gericht den Ausschluss des Krankheitsunterhalts nicht akzeptieren, so soll der Unterhalt wegen Krankheit jedenfalls dann ausgeschlossen sein, wenn die Krankheit wegen des Rauchens eines Partners oder sonstiger suchtbedingter Abhängigkeit (zB Alkohol, Tabletten, Rauschgift etc) eintritt. Sollte das Familiengericht den weitergehenden Ausschluss des Krankheitsunterhalts nicht akzeptieren, soll zumindest dieser teilweise Ausschluss des Krankheitsunterhalts für die vorbezeichneten Risiken gelten. Sollte auch dies für unwirksam gehalten werden, so sollen jedoch die vorstehenden Vereinbarungen zum nachehelichen Unterhalt im Übrigen Bestand haben; hinsichtlich des Krankheitsunterhalts gilt dann die gesetzliche Regelung.

Ein **Verzicht auf jeglichen nachehelichen Unterhalt,** auch für den Fall der Not 149f und einer Gesetzesänderung, ist nicht von vornherein ausgeschlossen. Voraussetzung ist, dass die gesamten Umstände der geplanten Ehe (zB Doppelverdiener, vorgerücktes Alter, keine gemeinsamen Kinder, gesicherte Altersvorsorge, erhebliches Vermögen) eine Unangemessenheit nicht erkennen lassen. Dies gilt auch dann, wenn ein Partner nicht voll erwerbstätig ist, aber bei einer Scheidung die Chance einer Ausweitung seiner Berufstätigkeit hat.[593] Problematisch ist ein Unterhaltsverzicht, wenn ehebedingte Nachteile (zB Einschränkung der Berufstätigkeit zur Betreuung von Dritten im Interesse des Partners, Einreise ins Inland bei Sprachunkundigkeit) nicht ausgeglichen werden.[594] Allerdings muss

---

[591] OLG Hamm FamFR 2009, 104.
[592] OLG Jena RNotZ 2010, 469.
[593] AG Kandel FamRZ 2006, 345.
[594] BGH DNotZ 2007, 302; FamRZ 2007, 1157.

hierzu der ehebedingte Nachteil ermittelt werden. In Fällen, in denen der Unterhaltsberechtigte in seine Heimat zurückkehrt, empfiehlt es sich, Kaufkraftunterschiede zu berücksichtigen.[595]

149g   Gesetzliche Unterhaltsansprüche sind zwar nur bedingt pfändbar (§ 850b ZPO). Gleichwohl sind sie Bestandteil der Insolvenzmasse. Während des **Insolvenzverfahrens** kann deshalb der betreffende Ehegatte nicht ohne Zustimmung des Insolvenzverwalters auf Unterhaltsansprüche ganz oder teilweise verzichten.[596]

149h   Häufig lehnen junge Paare, vor allem wenn beide erwerbstätig sind und weitgehend auch bleiben wollen, sowie ältere Paare, die keine ehebedingten Einschränkungen ihrer Erwerbsbiographie mehr erfahren, zwar nicht eine nacheheliche Unterhaltspflicht als solche ab, wollen aber den Unterhalt der Höhe nach auf den angemessenen Lebensbedarf beschränken. Damit bestimmt sich der Unterhaltsanspruch nach der Lebensstellung die der Unterhaltsberechtigte ohne die Ehe und der damit eventuell verbundenen Erwerbsnachteile erlangt hätte. Die besseren Verhältnisse des Verpflichteten bleiben, auch wenn sie die ehelichen Lebensverhältnisse bestimmt haben, außer Betracht.[597] Dies kann auch vereinbart werden, wenn die Ehe von langer Dauer war und nach der gesetzlichen Regelung keine Herabsetzung mehr erfolgen würde.[598] Um eine Unwirksamkeit zu vermeiden, kann eine Übergangspflicht, eventuell gestaffelt nach der Ehedauer, vorgesehen werden.

149i **Formulierungsbeispiel: Vereinbarung zum Maß des Unterhalts**

↻ Hinsichtlich des nachehelichen Unterhalts soll es grundsätzlich bei der gesetzlichen Regelung verbleiben. Das Maß des Unterhaltsanspruchs des geschiedenen Ehegatten soll sich jedoch [*ggf.:* *** Jahre nach Rechtskraft des Scheidungsverfahrens bzw. wenn die Ehe mindestens *** Jahre bis zu diesem Zeitpunkt gedauert hat, *** Jahre danach] nicht nach den ehelichen Lebensverhältnissen richten, sondern auf den angemessenen Lebensbedarf iSv § 1578b Abs. 1 S. 1 BGB herabgesetzt werden, und zwar unabhängig vom Vorliegen der in § 1578b BGB dafür geregelten Voraussetzungen. Auf einen weitergehenden nachehelichen Unterhaltsanspruch wird unter gegenseitiger Annahme von beiden Vertragsteilen verzichtet. [*ggf.: Regelung nach § 1586b BGB, → Rn. 151a*]

149j   Verträge, die einen Wegfall auch des Kinderbetreuungsunterhalts bei Vorliegen einer groben Unbilligkeit (§ 1579 BGB, § 16 S. 2 LPartG) oder einem Scheidungsverschulden unabhängig von den Belangen gemeinschaftlicher Kinder regeln, können nichtig sein.[599] Erfolgt eine Anpassung im Wege der Ausübungskontrolle, erfolgt keine zeitliche Begrenzung auf den Zeitraum des voraussichtlichen Vorliegens der Gründe für die richterliche Ergänzung; der Wegfall dieser Voraussetzungen ist in einem Abänderungsantrag nachzuweisen.[600]

149k **2. Unterhaltsverstärkende Vereinbarungen.** Seit der Unterhaltsreform spielt die vertragliche **Besserstellung** durch Unterhaltsvereinbarungen verstärkt eine Rolle. Betroffen ist vor allem der Ehegatte, der zur Haushaltsführung, Kinderbetreuung oder Versorgung alter Angehöriger des Partners auf eine eigene Erwerbstätigkeit verzichtet oder diese zunächst einschränkt. Meist stehen sie im Zusammenhang mit einer ausdrücklichen oder zumindest konkludenten Rollenverteilungsabrede.[601] Beispiel ist die Vereinbarung eines

---

[595] *Volmer* MittBayNot 2008, 420.
[596] BGH NJW-RR 2010, 474 (475).
[597] BGH NJW 2010, 3097; NJW 2010, 3653; NJW 2011, 303.
[598] OLG Celle FPR 2009, 63; OLG Hamm NJW-RR 2012, 2; *Strohal* FPR 2011, 141.
[599] Vgl. OLG München FamRZ 2006, 1449.
[600] KG FamRZ 2012, 1947; zur Beweislast des Nichtvorliegens ehebedingter Nachteile BGH NJW 2010, 1813; OLG Saarbrücken NJW-RR 2010, 1303.
[601] Vgl. *Eickelberg* RNotZ 2009, 1 (17).

Altersphasenkinderbetreuungsunterhalts nach § 1570 BGB aF. Häufiger als die Rückkehr zur früheren Regelung sind individuelle Modelle, bei denen der Basisunterhalt über das dritte Lebensjahr hinaus (zB bis zur Einschulung) verlängert oder auf die Zahl der zu betreuenden Kinder abgestellt wird. Bedeutung haben auch Kinder mit besonderen Bedürfnissen (sog. Problemkinder).[602] Derartige Vereinbarungen können das gesetzliche Rangverhältnis (§ 1609 BGB) nicht ändern. Sie sind deshalb nur unproblematisch, wenn kein Mangelfall eintritt.[603] Besteht ausreichendes Einkommen, kann auch der Rang verändert werden, da dadurch Dritte nicht benachteiligt werden.[604] Insofern ist stets zu prüfen, ob nicht bereits weitere Unterhaltsberechtigte (zB voreheliche Kinder und deren Elternteile) vorhanden sind. Ist dies nicht der Fall, werden sie meist unter dem stillschweigenden Vorbehalt stehen, dass später kein Mangelfall eintritt. Zwar dürfte mangels unmittelbaren Eingriffs in die Rechtsposition noch unbekannter Personen kein unzulässiger Vertrag zu Lasten Dritter vorliegen.[605] Ob allerdings die Rechtsprechung die vertraglich begründete Angewiesenheit auf Sozialhilfe späterer Kleinkinder akzeptieren wird, ist derzeit offen. Als Ausweg bietet sich an, die Vereinbarung für diesen Fall als abänderbar (§ 239 FamFG) auszugestalten. Das spätere Hinzutreten gesetzlich vorrangiger unterhaltspflichtiger Personen wirkt sich auf die Unterhaltshöhe aus.[606] Allerdings ist dadurch der Wunsch des betreffenden Ehegatten, dass sich die zu seinen Gunsten getroffene Regelung gegenüber Ansprüchen aus einer neuen Beziehung durchsetzt[607] nicht mehr gewährleistet.[608]

Verstärkende Unterhaltsvereinbarungen können **novierend** sein. In diesem Fall tritt an **149l** die Stelle der gesetzlichen Unterhaltspflicht ein darüber hinausgehender vertraglicher Anspruch. Die Zusage einer Leibrente durch den nach den gesetzlichen Bestimmungen eigentlich unterhaltsberechtigten Ehegatten für den Fall einer Scheidung kann jedoch sittenwidrig sein.[609] Gleiches gilt für eine **einkommensunabhängige Unterhaltsverpflichtung** ohne Berücksichtigung der Leistungsfähigkeit des Betroffenen.[610] Eine das Leistungsvermögen übersteigende Verpflichtung ohne Gefährdung des notwendigen Selbstbehalts wurde bisher lediglich in begründeten Ausnahmefällen von den Gerichten herabgesetzt,[611] dürfte aber nunmehr bei Sozialhilfebedürftigkeit des Verpflichteten nichtig sein. Zudem gilt auch bei unterhaltsverstärkenden Vereinbarungen (zB einer lebenslangen Unterhaltsverpflichtung), dass eine Berufung auf eine Störung der Geschäftsgrundlage möglich bleibt.[612] Lauten Unterhaltspflichten auf bestimmte Beträge, kann eine notarielle Zwangsvollstreckungsunterwerfung die Durchsetzbarkeit erleichtern. Eine Vollstreckbarerklärung ist jedoch nicht hinreichend bestimmt und deshalb zur Zwangsvollstreckung ungeeignet, wenn der Titel „unter Anrechnung von …" erteilt wird.[613]

III. Steuern

Ein **Ausgleich** für einen (Teil-)Verzicht auf nachehelichen Unterhalt soll schenkungsteu- **149m** errechtlich eine freigiebige Zuwendung sein.[614] Grund ist, dass bei Vertragsabschluss noch ungewiss ist, ob und wann die Ehe später geschieden wird und wie sich dann die Höhe

---

[602] Vgl. *Heidenhoff* DNotZ 2012, 494 (504).
[603] *Münch* notar 2009, 286 (287).
[604] *Herrler* FPR 2009, 506 (509).
[605] Ebenso *Schmitz* RNotZ 2011, 265 (277).
[606] *Herrler* FPR 2009, 506 (510); *Schmitz* RNotZ 2011, 265 (276).
[607] Vgl. *Münch* FamRB 2011, 90 (93).
[608] Zu einem Vertragsmuster s. *Münch* MittBayNot 2012, 10 (13): Verlängerung des Basisunterhalts und Vereinbarung eines individuellen Altersphasenmodells.
[609] OLG Karlsruhe FamRZ 2007, 447.
[610] BGH NJW 2009, 842; OLG Celle MittBayNot 2006, 243; *Reetz* NotBZ 2009, 37.
[611] OLG Bamberg FamRZ 1998, 83; OLG Düsseldorf FamRZ 2002, 1118 und OLG Saarbrücken OLGR 2004, 13.
[612] BGH NJW 2012, 1209 zur Änderung der Rechtslage.
[613] Vgl. BGH NJW 2006, 695.
[614] BFH DStR 2008, 348.

des Unterhalts bemisst. Einkommensteuerrechtlich ist der unterhaltsberechtigte Ehegatte bei einer späteren Unterhaltszahlung – auch ohne entsprechende Vereinbarung – zur Zustimmung zum Realsplitting verpflichtet, wenn ihm die eintretenden Nachteile ersetzt werden.[615] Ausgleichszahlungen für einen Unterhaltsverzicht können, sofern sie nicht als Sonderausgaben im Rahmen des Realsplittings bis zum Höchstbetrag abgezogen werden, nur nach § 33a EStG Berücksichtigung finden.[616]

G. Weitere Regelungsbereiche und Fehlerquellen

150   Ein Ehevertrag enthält häufig auch **Verfügungen von Todes wegen**.[617] Schließen Verlobte einen Ehe- und Erbvertrag (§ 2276 Abs. 2 BGB), so wird der Ehevertrag erst mit Eheschließung wirksam. Da beide Verträge selbständig bleiben, sollte im Erbvertrag ausdrücklich geregelt werden, ob seine Rechtsfolgen bereits ab Vertragsschluss oder erst wie beim Ehevertrag ab Eheschließung eintreten. Die Selbständigkeit beider Verträge wirkt sich auch bei einem Rücktritt vom Erbvertrag aus, der den Ehevertrag unberührt lässt.[618] Wird ein Ehevertrag in einer Trennungssituation geschlossen, so ist an die Aufhebung bestehender Verfügungen zu denken, gegebenenfalls auch an einen Erbverzicht.[619] Zudem werden die (Noch-) Ehegatten in dieser Situation häufig bereits „Geschiedenentestamente" errichten wollen.[620]

150a   Bei gleichgeschlechtlichen Paaren müssen im Hinblick auf das gesetzliche Erbrecht bei größeren Vermögen, die bei Doppelverdienern ohne Kinder nicht selten sind, wegen der **Erbschaftsteuerbelastung** des überlebenden Partners, wenn dieser Alleinerbe wird, und wegen in die Steuerklasse II oder III fallender Schlusserben beim häufigen Fehlen gemeinsamer Kinder als „automatische" Schlusserben der **Sicherungsbedarf des Überlebenden** und die **Schlusserbfolge** in die Gestaltung einbezogen werden. Umgekehrt ist zur Sicherung des überlebenden Lebenspartners zu beachten, dass dieser ohne Verfügung von Todes wegen beim Vorhandensein von Eltern oder Geschwistern des Verstorbenen und beim Fehlen von Kindern nicht Alleinerbe wird. Auf diese Weise kommen bei der gesetzlichen Erbfolge häufig Erbengemeinschaften zustande, die im Hinblick auf das gesellschaftlich mitunter noch nicht voll akzeptierte gleichgeschlechtliche Zusammenleben in der eigenen Familie teilweise streitträchtig sind. Mitunter besteht zu dem homosexuellen Geschwisterteil kein oder nur ein eingeschränkter Kontakt. Insofern ist die **Errichtung einer Verfügung von Todes wegen** zur Sicherung des überlebenden Partners ratsam.[621] Wegen des überwiegenden Fehlens gemeinschaftlicher Kinder des gleichgeschlechtlichen Paares wird der Schlusserbfall meist zum „Glücksspiel" für die Erben. Im Hinblick auf das gesetzliche Erbrecht des Lebenspartners und die hohe Steuerprogression von Schlusserben, wenn keine Kinder vorhanden sind, ist es ratsam, eine Übersicherung des Überlebenden zu vermeiden. Tritt durch die Beschränkung des überlebenden Partners auf Vermächtnisse eine teilweise Enterbung ein, sollte zur flankierenden Sicherung ein Verzicht auf diesbezügliche Pflichtteilsergänzungsansprüche mitbeurkundet werden,[622] da diese Ansprüche vererblich sind.

---

[615] Vgl. BGH MittBayNot 2006, 149; OLG Schleswig NJW-RR 2007, 660 und *Weidlich* FamRZ 2007, 1602.
[616] BFH FamRZ 2008, 2024; vgl. OFD Münster DStR 2011, 313 und *Geserich* DStR 2011, 294.
[617] Vgl. *Mayer* FPR 2006, 129 und *Sarres* FuR 2005, 500; zur Inhaltskontrolle *Kuchinke* FPR 2006, 125.
[618] BGHZ 29, 129; OLG Frankfurt a.M. DNotZ 2003, 861; OLG Düsseldorf FamRZ 2014, 68.
[619] Zur Bewertung LG Krefeld RNotZ 2004, 418.
[620] S. nur *Kanzleiter* ZNotP 2003, 127; vgl. BGH FamRB 2009, 81; OLG Düsseldorf NJW-RR 2011, 1642; OLG Köln FamRZ 2012, 1755.
[621] Zur Erbeinsetzung des späteren Lebenspartners vor Inkrafttreten des LPartG s. KG ErbR 2016, 449.
[622] Vgl. *Kaiser* FPR 2005, 286 (289).

Folgt man einer in der Literatur vertretenen Ansicht,[623] so führen ein Erbverzicht ohne   151
Pflichtteilsvorbehalt und ein **Pflichtteilsverzicht** zum Verlust des Anspruches auf nachehelichen Unterhalt beim Tod des Verpflichteten.[624] Dass diese Meinung nicht richtig ist,
zeigt bereits das Beispiel eines gegenständlich beschränkten Pflichtteilsverzichts. Ein ausdrücklicher Vorbehalt ist dennoch bis zu einer höchstrichterlichen Klärung empfehlenswert.[625]

Formulierungsbeispiel: Ausnahme § 1586b BGB   151a

Der vorstehende Pflichtteilsverzicht beinhaltet ausdrücklich keinen Verzicht auf nachehe-   ☝
lichen Unterhalt nach § 1586b BGB für den Fall des Vorversterbens des unterhaltspflichtigen Ehegatten.

Vereinbaren Ehegatten unter Beibehaltung des Versorgungsausgleichs einen Verzicht auf   152
nachehelichen Unterhalt, so kann dies zu einem **Verlust von Rentenansprüchen**
führen, wenn der ausgleichspflichtige geschiedene Ehegatte eine gekürzte Rente bezieht
und der ausgleichsberechtigte Teil mangels Erreichen der Altersgrenze noch keine Rente
erhält. Grund ist das Entfallen des Rentner- oder Pensionsprivilegs. In Fällen gesetzlicher Unterhaltspflicht kann die Rentenkürzung auf Antrag vermieden werden (§ 33
VersAusglG). Voraussetzung ist unter anderem, dass sich der Unterhaltsanspruch des Berechtigten durch die Kürzungen des Versorgungsausgleichs verringert hat. Bei einer
Unterhaltsvereinbarung ist § 33 VersAusglG anwendbar, sofern der gesetzliche Unterhaltsanspruch nur modifiziert wird;[626] denkbar ist auch die Vereinbarung einer Kapitalabfin-
dung für den nachehelichen Unterhalt.[627] Anders als nach früherer Rechtslage ist die
Höhe des Unterhaltsanspruchs nicht mehr belanglos. Die Höhe des Unterhaltsprivilegs ist
nach § 33 VersAusglG doppelt begrenzt, nämlich zum einen auf die Höhe des gesetzlichen Unterhaltsanspruchs und zum anderen auf die Höhe der Differenz der beiden Ausgleichswerte.

Weiter als bisher angenommen bestehen auch zwischen dem nachehelichen **Unter-**   152a
haltsrecht und dem **Zugewinn** Überschneidungen, die zu erheblichen Benachteiligungen eines Ehegatten führen können.[628] Wird eine gesellschaftsrechtliche Mitarbeiterbeteiligung oder eine Abfindung im Unterhalt als Einkommen herangezogen, kann diese im
Zugewinn nicht mehr als Vermögensposition angesetzt werden.[629] Allerdings lässt sich
eine Doppelverwertung wegen des Stichtagsprinzips beim Zugewinn nicht vollständig
vermeiden.

Bei der **Verbindung** von vermögensrechtlichen und nicht vermögensrechtlichen Ver-   153
einbarungen im Ehevertrag sind zunächst die Regelungsschranken der jeweiligen Materie
zu beachten. So kann beispielsweise die Personensorge – anders als die Vermögenssorge –
für ein gemeinschaftliches Kind nicht unter den Ehegatten aufgeteilt werden.[630] Schließlich ist in jedem Fall zu prüfen, ob zwischen vermögensrechtlichen und nicht vermögensrechtlichen Regelungen eine Verbindung dergestalt hergestellt werden soll, dass Letztere

---

[623] *Dieckmann* FamRZ 1999, 1029; *Haußleiter* NJW-Spezial 2005, 535; offen Palandt/*Brudermüller* BGB
§ 1586b Rn. 8.
[624] AA *Grziwotz* FamRZ 1991, 1258; *Keim* FPR 2006, 145 (146); *Pentz* FamRZ 1998, 1344; *Schmitz*
FamRZ 1999, 1569.
[625] *Stein* FamFR 2010, 24; zu Abfindungszahlungen *Weber* FPR 2005, 294.
[626] BVerwG NJW-RR 1994, 1219 und BSG NJW-RR 1996, 899; vgl. *Müller* FamRZ 2005, 1721.
[627] BVerwG DÖV 1999, 1050; *Götsche* ZFE 2010, 407 (410); vgl. aber BSG NJW-RR 1996, 897 zu den
Anforderungen.
[628] Vgl. *Gerhardt/Schulz* FamRZ 2005, 145; *Münch* NJW 2008, 1201.
[629] BGH FamRZ 2003, 432; FamRZ 2004, 1352; FamRZ 2007, 865; FamRZ 2010, 1311; OLG München
FamRB 2004, 388; *Clauss-Hasper* FamFR 2010, 387.
[630] BGH FamRZ 1980, 1107 (1108); vgl. auch → § 15 Rn. 43.

zum (möglicherweise sittenwidrigen) Gegenstand eines Handels werden.[631] Gegen die guten Sitten verstößt jedenfalls eine Vereinbarung, in der die Ehefrau nach langjähriger Ehe auf nachehelichen Unterhalt und alle in der Ehe erworbenen Vermögenswerte verzichtet, um damit ihr Versprechen künftiger ehelicher Treue zu manifestieren.[632]

154   Bei Regelungen, die „für den Fall der Scheidung" getroffen werden, ist schließlich darauf zu achten, dass diese Formel nicht auch eine bedingungsfeindliche Auflassung (§ 925 Abs. 2 BGB) hinsichtlich eines Grundstücks einleitet, das als Abfindung übereignet werden soll.

154a   Ein spezielles **Anfechtungsrecht wegen eines Begründungsmangels einer Lebenspartnerschaft** bestand für vor dem 1.1.2005 begründete Lebenspartnerschaften nicht. Umstritten war, ob die allgemeinen Anfechtungsvorschriften mit der Folge einer Rückabwicklung ex tunc anwendbar waren. Fraglich ist, ob ab dem 1.1.2005 das Aufhebungsrecht bei Willensmängeln (§ 15 Abs. 2 und Abs. 4 LPartG) auch für „Alt-Lebenspartnerschaften" gilt und somit zumindest teilweise eine stillschweigende Unbeachtlichkeit dieser Willensmängel jedenfalls hinsichtlich einer ex-tunc-Unwirksamkeit eingetreten ist. Denkbar ist es bei diesbezüglichen Anhaltspunkten, vorsorglich die entsprechende Anwendung des Aufhebungsfolgenrechts zu vereinbaren.

154b   § 6 Abs. 3 LPartG aF sah als **„Auffangvermögensstand"** bei einer Unwirksamkeit einer Vereinbarung über den Vermögensstand **die Vermögenstrennung** vor. Sie trat ein, wenn ein vorlebenspartnerschaftlicher Lebenspartnerschaftsvertrag unwirksam war. Die Nichtigkeitsfolge sollte nach Ansicht eines Teils der Literatur nicht auf spätere Lebenspartnerschaftsverträge angewandt werden.[633] Damit wäre in den Fällen einer vertraglichen Disparität der benachteiligte Vertragsteil durch die Vermögenstrennung zusätzlich „bestraft" worden. In der Literatur wurde deshalb eine teleologische Reduktion der Vorschrift empfohlen.[634] Ist nach der bisher geltenden Vorschrift Vermögenstrennung eingetreten, so hat hieran die Neufassung des LPartG im Jahr 2005 nichts geändert. Für diese Lebenspartner gilt nunmehr die Gütertrennung. Besteht dieses Risiko, so sollten die Lebenspartner, falls sie die Gütertrennung nicht wünschen, eine entsprechende Korrektur vereinbaren.

154c   Ob die Nichtigkeit einer Vereinbarung in einem Ehevertrag zur Gesamtnichtigkeit des Vereinbarten führt, ist eine Frage des Einzelfalls. Bei einem „Dreisprung" (Gütertrennung, Unterhaltsverzicht und Versorgungsausgleichsausschluss) wird dies häufig bejaht, wenn der Unterhaltsverzicht nichtig ist. Ergibt die Gesamtbetrachtung eines Ehevertrages, dass dessen Inhalt für eine Partei ausnahmslos nachteilig ist und seine Einzelregelungen durch keine berechtigten Interessen der anderen Partei gerechtfertigt werden, führt dies zur Sittenwidrigkeit, die notwendigerweise den gesamten Vertrag erfasst. Die sog. personale Teilunwirksamkeit zu Lasten des begünstigten Ehegatten schließt eine Aufrechterhaltung der unangemessenen Regelung in Höhe des gerade noch Zulässigen aus.[635] Pauschale **salvatorische Klauseln** im einseitigen Ehevertrag helfen deshalb im Regelfall nicht. Gleichsam als Strafe treten an die Stelle der unwirksamen Regelung zwingend die gesetzlichen Bestimmungen.[636] Allerdings bleibt die Möglichkeit, eine konkrete Hilfslösung vorzusehen, die an die Stelle einer unwirksamen Bestimmung tritt. Insofern können sich **„Stufenlösungen"** des Inhalts empfehlen, dass bei Unwirksamkeit eines umfassenden Verzichts auf nachehelichen Unterhalt ein Ausschluss verschiedener Unterhaltstatbestände

---

[631] BGH NJW 1984, 1951: Verknüpfung der Regelung der elterlichen Sorge mit einer Freistellung von Unterhaltszahlungen und OLG Karlsruhe MDR 2000, 1016: Unterhaltskürzung, wenn Elternteil die Kinder zu sich nimmt.

[632] OLG Zweibrücken FamRZ 1996, 869.

[633] So *Rieger* FamRZ 2001, 1497 (1498); aA die wohl hM, vgl. *Dethloff* NJW 2001, 2594 (2601).

[634] *Grziwotz* DNotZ 2001, 280 (287).

[635] BGH FamRZ 2006, 1097; *Brambring* NJW 2007, 865; *ders.* FPR 2005, 130; *Sanders* FPR 2007, 205 und *Grziwotz* FF 2004, 275.

[636] Ähnlich *Brandt* MittBayNot 2004, 278 (280); *Langenfeld* ZEV 2004, 311 (314); *Münch* ZNotP 2004, 122 (127); aA *Rauscher* DNotZ 2004, 524 (542).

verbunden mit einer zeitlichen und höhenmäßigen Begrenzung treten soll. Allerdings sollte dies nicht dergestalt erfolgen, dass zugunsten des stärkeren Teils jeweils eine gerade noch zulässige Regelung durchgesetzt wird; in diesem Fall dürfte bereits wegen der Art der Gestaltung auch die Hilfslösung unwirksam sein, da sie wiederum einseitig die Ehevertragsfreiheit ausnutzt. Hilfslösungen statt salvatorischer Klauseln sind deshalb vor allem in Bereichen möglich, in denen die Rechtsprechung bisher keine sichere Linie entwickelt hat. Dies ist insbesondere im nachehelichen Unterhaltsrecht der Fall. Bei späteren Änderungen, bei denen der Richter eine Anpassung nach dem Maßstab des § 242 BGB vornimmt, sind pauschale salvatorische Klauseln ebenfalls wenig hilfreich. Insbesondere können sie den Richter nicht auf das gerade noch Zulässige verpflichten, da er eine angemessene Regelung zu finden hat.[637]

Die Vereinbarung eines **privaten Schiedsgerichts** anstelle des Familiengerichts ist **154d** nicht für den Ausspruch der Scheidung und die Ehe- und Kindschaftssachen möglich.[638] Schiedsfähig sind dagegen die Ansprüche aus dem Güterrecht und dem Unterhaltsrecht sowie schuldrechtliche Ausgleichszahlungen beim Versorgungsausgleich, nach wohl hM nicht hinsichtlich des Wertausgleichs.[639] Schiedsfähig sind auch Ansprüche hinsichtlich der Haushaltsgegenstände; allerdings können Entscheidungen des Schiedsgerichts Rechtsverhältnisse zu Dritten nicht ändern. Ansprüche aus dem Kindesunterhalt sind nicht schiedsfähig.[640] Schiedsgutachten und Schiedsverträge können vor allem für komplizierte Wertermittlungen bei Unternehmen von Bedeutung sein.

H. Auslandsberührung

In Fällen mit **Auslandsberührung** regeln – sofern nicht ein vorrangig zu beachtender **155** Staatsvertrag besteht – Art. 14 EGBGB die allgemeinen Ehewirkungen,[641] die EuGüVO bzw. EuPartVO den Güterstand,[642] Art. 17 EGBGB iVm der Rom III-VO die Scheidungsfolgen,[643] Art. 17a EGBGB die Nutzungsbefugnis für die im Inland belegene Ehewohnung und die im Inland befindlichen Haushaltsgegenstände sowie das HUntProt die Unterhaltsberechtigung.[644] Bei Eheverträgen mit ausländischen Partnern können sich bei einer Wohnsitzverlegung Besonderheiten ergeben, jedoch nicht mehr hinsichtlich des Güterrechts bei nach dem 29.1.2019 geschlossenen Ehen bzw. Lebenspartnerschaften.[645]

I. Form und Kosten

I. Formvorschriften

Ein **Ehevertrag** muss bei gleichzeitiger Anwesenheit beider Teile zur Niederschrift eines **156** Notars geschlossen werden (§ 1410 BGB, § 7 S. 2 LPartG).[646] Dies gilt auch für Änderun-

[637] Vgl. *Hahne* DNotZ 2004, 84 (95).
[638] BGH DNotZ 1996, 694; BayObLGZ 1999, 255 (268); *Huber* SchiedsVZ 2004, 280 (281).
[639] *Huber* SchiedsVZ 2004, 280 (281); *Schiffer/Reinke* ZFE 2005, 420.
[640] *Schumacher* FamRZ 2004, 1677 (1680).
[641] *Meise* RNotZ 2016, 485 (487).
[642] S. dazu *Döbereiner* MittBayNot 2011, 463; *ders.* notar 2018, 245 (255); *Kohler/Pintens* FamRZ 2011, 1433 (1435); *Süß* ZNotP 2011, 282 (288); *Ziereis* JuS 2018, 1040; *Heiderhoff* IPRax 2018, 1 (7); *Coester-Waltjen* in: Dutta/Weber, Die Europäischen Güterrechtsverordnungen, 2017, S. 47; *Ring/Ring* NotBZ 2017, 321 (324); *Weber* DNotZ 2016, 659 (670); *ders.* RNotZ 2017, 365 (368); *Meise* RNotZ 2016, 485 (488). Das Verfahren in Deutschland regelt das IntGüRVG (vgl. *Mankowski* NJW 2019, 465 (470)).
[643] *Meise* RNotZ 2016, 485 (487).
[644] S. dazu *Meise* RNotZ 2016, 553 (555); zur Zuständigkeit s. die EuUntVO und dazu *Dutta* ZEuP 2016, 427 (455); Motzer FamRBint 2011, 57; *Süß* ZNotP 2011, 282; DNotI-Report 2011, 57 und dazu → § 28 Rn. 169 ff.
[645] Zum alten Recht s. weiterhin *Kanzleiter* notar 2008, 354. Zur gleichgeschlechtlichen Ehe s. *Löhnig* NZFam 2017, 1085 ff.
[646] Eine Ausnahme von der Beurkundungsbedürftigkeit galt für bis zum 1.1.2005 begründete Lebenspartnerschaften bei der Vereinbarung der Ausgleichsgemeinschaft vor Begründung der Lebenspartnerschaft

gen eines formbedürftigen Ehevertrags.[647] Auch ein Vorvertrag ist formbedürftig; dies gilt auch für eine unwiderrufliche Vollmacht zum Abschluss eines Ehevertrages und die einem Dritten gegenüber übernommene Verpflichtung zum Abschluss eines Ehevertrages. Die widerruflich erteilte Vollmacht zum Abschluss eines Ehevertrages bedarf dagegen grundsätzlich keiner notariellen Beurkundung,[648] ebenso die Genehmigung bei einer Vertretung ohne Vertretungsmacht.[649] Für die Eintragung in das Güterrechtsregister ist die Vollmacht bzw. Zustimmung in öffentlich beglaubigter Form nachzuweisen.[650] Stellvertretung – auch bei einem Insichgeschäft (str.) – ist möglich;[651] allerdings dürfte der Fall des Selbstkontrahierens grundsätzlich zu verstärkter richterlicher Inhaltskontrolle Anlass geben. Die notarielle Form gilt ferner für die **Rechtswahl** (Art. 14 Abs. 1 S. 2 EGBGB, Art. 23 Abs. 2 EuGüVO, Art. 23 Abs. 2 EuPartVO) sowie für **Vereinbarungen über den Zugewinnausgleich** während eines Scheidungsverfahrens (§ 1378 Abs. 3 S. 2 BGB, § 6 S. 2 LPartG)[652] und für Vereinbarungen über den **Versorgungsausgleich** bei einem Vertragsschluss vor Rechtskraft der Entscheidung über den Wertausgleich (§ 1408 Abs. 2 BGB, § 20 Abs. 3 LPartG, § 7 Abs. 1 VersAuslgG). Auch die Aufhebung der Änderung des Güterstandes bedarf nach neuerer Ansicht der Form des Ehevertrags.[653] Ein Vergleichsabschluss im schriftlichen Verfahren nach § 278 Abs. 6 ZPO genügt nach § 1585c S. 3 BGB den Formerfordernissen, auch wenn die entsprechende Folgesache nicht anhängig ist. Dies gilt ferner für die Protokollierung bei einer vor Rechtskraft der Ehescheidung geschlossenen Vereinbarung in einem anderen Verfahren als einer Ehesache (§ 278 Abs. 6 ZPO, § 127a BGB).[654] Ein bloßer außergerichtlicher Anwaltsvergleich genügt dagegen dem Formerfordernis nicht.

157   **Formlos** möglich sind die Regelung der Rollenverteilung und der Einzelheiten der ehelichen Lebensgemeinschaft. Keiner Form bedarf grundsätzlich auch eine Vereinbarung über den ehelichen Unterhalt und den Getrenntlebensunterhalt, sofern nicht wegen des Inhalts oder der Verbindung mit anderen Vereinbarungen ein Formzwang gegeben ist (vgl. §§ 311b Abs. 1, 518, 761 BGB).[655] Vereinbarungen über den nachehelichen Unterhalt, die vor Rechtskraft der Scheidung getroffen werden, bedürfen seit 1.1.2008 der notariellen Beurkundung (§ 1585c S. 2 BGB);[656] formfrei sind nur Vereinbarungen nach der Rechtskraft der Scheidung. Dies gilt auch für die Abänderung einer vor der Rechtskraft der Scheidung notariell beurkundeten Unterhaltsvereinbarung, sofern diese nicht eine Einschränkung der Abänderung nur durch notarielle Erklärung enthält.[657] Der Beurkundungszwang gilt auch bei einer Vereinbarung über den Versorgungsausgleich, die vor Rechtskraft der Entscheidung über den Wertausgleich geschlossen wird. Maßgeblicher Zeitpunkt ist im Verbundverfahren die Rechtskraft der Ehescheidung, im isolierten Ver-

---

(§ 7 Abs. 2 LPartG aF). Die Vereinbarung der Ausgleichsgemeinschaft vor Begründung der Lebenspartnerschaft war deshalb auch mündlich und im Wege des Sukzessivabschlusses möglich. Die notarielle Beurkundung war demgegenüber vor dem 1.1.2005 für Lebenspartnerschaftsverträge vor Begründung der Lebenspartnerschaft, die die Ausgleichsgemeinschaft änderten oder einen anderen Vermögensstand regelten, und für sämtliche Lebenspartnerschaftsverträge nach Begründung der Lebenspartnerschaft erforderlich.

[647] BGH NJW 2014, 1231.
[648] BGH DNotZ 1999, 46 und *Kanzleiter* NJW 1999, 1612; aA *Vollkommer/Vollkommer* JZ 1999, 522.
[649] AA Staudinger/*Thiele* BGB § 1410 Rn. 6.
[650] KG FPR 2002, 186.
[651] LG Braunschweig NJWE-FER 2000, 50; *Werl* FPR 2010, 450 (452); *Gernhuber/Coester-Waltjen* FamR § 32 Rn. 17; unzutreffend *Holschen* RNotZ 2015, 317 (321) zur Wahl-Zugewinngemeinschaft.
[652] Vgl. KG NotBZ 2013, 384; OLG Hamm FamFR 2013, 511.
[653] OLG Frankfurt a.M. NJWE-FER 2001, 228; *Leitzen* BWNotZ 2012, 86 (91).
[654] BGH NZFam 2017, 279; OLG Oldenburg FamRZ 2013, 385; *Steininger* FamFR 2011, 529 (531); *Cordes* MDR 2016, 64 (66); aA noch *Bergschneider* FamRZ 2008, 17 (18); *Büte* FuR 2008, 177 (178); *Kleffmann* FuR 2009, 145 (150); *Weil* FPR 2010, 450 (453); *Zimmer* NJW 2013, 3280. Zum Anspruch auf Protokollierung eines Vergleichs im Scheidungsverfahren s. OLG Koblenz NZFam 2015, 470.
[655] Vgl. *Steininger* FamFR 2011, 529 (530) und *Steininger/Viefhues* FPR 2011, 114 (115).
[656] Vgl. *Bergschneider* FamRZ 2008, 17; *Reinecke* ZFE 2009, 252; *Steer* notar 2008, 361 (365).
[657] *Steininger* FamFR 2011, 529.

fahren die Rechtskraft des dortigen Beschlusses (§ 7 Abs. 1 VersAusglG). Bei Vereinbarung im Ehevertrag ist dessen Form einzuhalten (§ 7 Abs. 3 VersAusglG). Eine persönliche Anwesenheit ist bei Vereinbarungen nach § 7 VersAusglG nicht erforderlich.[658] Auch bei einer Verbindung von formbedürftigen mit anderen Vereinbarungen erstreckt sich das Formerfordernis auf die damit im Zusammenhang stehenden Vereinbarungen.[659] Formbedürftig ist auch die Abänderung einer innerhalb eines umfassenden Ehevertrags notariell beurkundeten Vereinbarung;[660] dies gilt auch dann, wenn der Regelungsgegenstand als solcher isoliert keiner Beurkundungspflicht unterliegt.[661] Nur ausnahmsweise kann die Berufung auf eine Formnichtigkeit treuwidrig sein;[662] auch eine (formfrei zulässige) Innengesellschaft ist bei einer Regelung hinsichtlich eines Vermögensgegenstandes im Zusammenhang mit dem Zugewinnausgleich nicht anzunehmen.[663]

Bei **Verbindung eines Erbvertrags** mit einem Ehevertrag genügt die für den Ehevertrag vorgeschriebene Form (§ 2276 Abs. 2 BGB). Eine Stellvertretung ist jedoch wegen § 2274 BGB ausgeschlossen. Umstritten ist, ob ein Rücktritt von einem kombinierten Vertrag der notariellen Beurkundung bedarf.[664] **158**

II. Kosten

Der Geschäftswert bei **Eheverträgen** bestimmt sich nach der Summe der Werte der gegenwärtigen Vermögen beider Ehegatten, außer es ist nur das Vermögen eines Ehegatten betroffen. Verbindlichkeiten werden bis zur Hälfte des Aktivvermögens abgezogen; diese Berechnung ist für jeden Ehegatten getrennt durchzuführen. Bezieht sich der Ehevertrag nur auf bestimmte Vermögensgegenstände oder Ansprüche (zB Erklärung zu Vorbehaltsgut), ist deren Wert (ohne Schuldenabzug) maßgeblich; bei künftigen Vermögenswerten mit 30 % ihres Wertes, § 100 GNotKG).[665] Auch in diesem Fall gilt die genannte Höchstgrenze (vgl. auch § 100 Abs. 2 GNotKG). Bei Vereinbarung eines neuen Güterstands ist das gesamte Vermögen maßgebend; bei Modifizierung des gesetzlichen Güterstands ist die Annahme eines Teilwerts angemessen.[666] Der (seltene) Antrag auf Eintragung in das Güterrechtsregister ist gegenstandsverschieden (§ 111 Nr. 3 GNotKG). Kein Ehevertrag ist die Aufnahme eines Vermögensverzeichnisses der Ehegatten (1,0–Gebühr Nr. 23502 KV GNotKG). Wechseln Ehegatten aus dem Güterstand der Gütergemeinschaft oder Zugewinngemeinschaft in den der Gütertrennung und setzen sie das Gesamtgut auseinander oder nehmen den Zugewinnausgleich vor, so sind die beiden Geschäfte gegenstandsgleich.[667] **159**

Der Geschäftswert bei Vereinbarungen über den **Versorgungsausgleich** ist nach § 36 Abs. 1 GNotKG zu bestimmen; wenn gleichzeitig ein anderer als der bisherige Güterstand vereinbart wird, liegt Gegenstandsverschiedenheit vor (§ 111 Nr. 2 GNotKG). Der Geschäftswert des Ausschlusses des Versorgungsausgleichs vor der Ehe kann mangels möglicher Aussage über die Entwicklung der Anwartschaften nur mit dem Auffangwert von 5.000 EUR angesetzt werden. Bei bestehender Ehe muss eine Schätzung aufgrund des Kapitalwerts der andernfalls auszugleichenden Anwartschaften erfolgen.[668] Erfolgt der Ver- **160**

---

[658] *Ruland* NJW 2009, 1697.
[659] So ganz hM, zB Weinreich/Klein/*Henjes* BGB § 1410 Rn. 8; *Grziwotz* FamRB 2006, 23; *Herr* FuR 2005, 542; teilw. abw. nur *Kanzleiter* NJW 1997, 217.
[660] BGH NJW 2014, 1231; OLG Düsseldorf OLGR 1993, 9; OLG Frankfurt a.M. DNotZ 2004, 939.
[661] OLG Bremen FamRZ 2011, 304.
[662] OLG Celle FamRBint 2008, 2.
[663] OLG Karlsruhe FamRZ 2009, 1670.
[664] So OLG Hamm NJWE-FER 1998, 275; aA *Kanzleiter* DNotZ 1999, 122.
[665] Zur Durchführung s. *Waldner* Eheverträge Rn. 173.
[666] AA Korintenberg/*Tiedtke* GNotKG § 100 Rn. 37: volles modifiziertes Reinvermögen.
[667] Zum alten Recht OLG Köln Büro 1997, 206; zum neuen Recht str.
[668] LG Schwerin NotBZ 2014, 399 nimmt einen Austauschvertrag an, der nach § 97 Abs. 3 GNotKG zu bewerten sei.

zicht entgeltlich, so gibt die Gegenleistung des anderen Teils einen Anhaltspunkt und stellt den Mindestwert dar (§ 97 Abs. 3 GNotKG).

160a   Unterhaltsvereinbarungen vor der Ehe können nur mit dem Auffangwert von 5.000 EUR (§ 36 Abs. 3 GNotKG) bewertet werden. Der Wert für Regelungen über den **Getrenntlebens- und Scheidungsunterhalt** ist nach § 52 GNotKG zu bestimmen; beide Ansprüche sind gesondert zu bewerten (str.).

160b   Bei Vereinbarungen über das **eheliche Zusammenleben,** über Ehewohnung und Hausrat bestimmt sich der Geschäftswert nach § 36 Abs. 2 GNotKG. Vorschläge an das Familiengericht zur Sorgerechtsregelung sind regelmäßig mit dem Auffangwert von 5.000 EUR (§ 36 Abs. 3 GNotKG) zu bewerten.

161   Die Gebühr ist eine 2,0-Gebühr (Nr. 21100 KV GNotKG). Bei Beurkundung eines Ehe- und Erbvertrages sind die Werte der beiden Verträge zusammenzurechnen (§ 35 GNotKG); die frühere Vergünstigung des § 46 Abs. 3 KostO wurde ersatzlos gestrichen. § 48 Abs. 1 GNotKG iVm § 97 Abs. 3 GNotKG ist auf Eheverträge auch dann nicht anwendbar, wenn das Geschäft die Betriebsfortführung betrifft.[669]

J. Präambeln und Belehrungen

162   Der Notar hat bei Vorbereitung eines Ehevertrages die persönlichen und wirtschaftlichen Verhältnisse der Beteiligten sowie das gelebte oder beabsichtigte Ehemodell zu erfragen. Das Ergebnis sollte im Hinblick auf die Unterscheidung und die Folgen der richterlichen Inhaltskontrolle bei der Wirksamkeits- und der Ausübungskontrolle in einer Präambel des Vertrags dokumentiert werden.[670] Das Eheverständnis der Parteien spielt für die Auslegung und Anpassung des Vertrages eine Rolle. Auch das Beurkundungsverfahren (Besprechungen, Entwürfe, Prüfung durch Anwälte, Steuerberater etc) kann in dieser Einleitung sogar unter Angabe der Daten dokumentiert werden.[671] Allerdings dürften **Phantasie- oder Märchenpräambeln,** die nur dazu dienen, eine Wirksamkeitskontrolle zu verhindern, wenig hilfreich sein.

163   Die Vertragteile sind bei Beurkundung eines **Ehevertrages** über die güter- und erbrechtlichen Folgen ihrer Vereinbarungen zu belehren.[672] Bei offensichtlicher Sittenwidrigkeit muss der Notar die Beurkundung ablehnen,[673] allerdings wird dieser Fall aufgrund der unterschiedlichen Rechtsprechung nur in Ausnahmefällen gegeben sein.

163a   Bei Vereinbarungen über den nachehelichen **Unterhalt** und den **Versorgungsausgleich** sollten den Beteiligten die Auswirkungen für die soziale Sicherung im Scheidungsfall klar vor Augen geführt werden. Hinsichtlich des Versorgungsausgleichs sieht das Gesetz im Rahmen der Entscheidung über den Versorgungsausgleich eine richterliche Kontrolle vor (§ 8 VersAusglG). Bei einem Gesamtverzicht kann es sich empfehlen, den Partnern deutlich zu machen, dass sie bei einer Scheidung so stehen, als wenn sie nie verheiratet gewesen wären. Außerdem sollte bei einseitigen Verträgen auf die Rechtsprechung und die richterliche Inhaltskontrolle hingewiesen werden. Vereinbarungen über das **eheliche Zusammenleben** können mit dem Hinweis verbunden werden, dass diese Verpflichtungen letztlich nicht erzwingbar sind. Keine Belehrungspflicht besteht bezüglich der **steuerrechtlichen Folgen** von Vereinbarungen.

164   Den Notar trifft schließlich auch keine Pflicht zur Belehrung darüber, dass einem Beteiligten eine spätere Berufung auf ehevertragliche Vereinbarungen – wie bei allen Verträgen – wegen des Grundsatzes von Treu und Glauben verwehrt sein oder die Geschäftsgrundlage von Vereinbarungen wegfallen kann, wenn (geänderte) Umstände im Zeitpunkt

---

[669] Str., wie hier *Notarkasse* Streifzug GNotKG Rn. 2967; Korintenberg/*Tiedtke* GNotKG § 48 Rn. 45; aA *Reimann* MittBayNot 1989, 117 (121). Eine Ausnahme gilt für die Vereinbarung von Vorbehaltsgut.
[670] S. nur *Gageik* RNotZ 2004, 295 (311).
[671] Vgl. BGH NJW 2014, 1101.
[672] Vgl. *Koch* FS Werner 2009, 472 (479); *Mayer* FPR 2012, 563.
[673] *Koch* FS Werner 2009, 472 (477).

der Beurkundung nicht bereits erkennbar sind.[674] Insbesondere ist es **nicht** seine **Aufgabe,** von einer üblichen Vertragsgestaltung abzuraten und den eventuell später ausgleichs- oder unterhaltspflichtigen Vertragsteil vor einer Ehe zu warnen.[675] Er kann allerdings die Beteiligten im Rahmen seiner Belehrung ergänzend zu den obigen Belehrungen (→ Rn. 149a) auf Folgendes hinweisen:

Formulierungsbeispiel: Belehrung   165

Der Notar/Die Notarin hat auf die Folgen des Ausschlusses des Versorgungsausgleichs hingewiesen, insbesondere darauf, dass dann der Ausgleich der in der Ehezeit erworbenen Anrechte auf Altersversorgung und Sicherung bei Invalidität, gleich aus welchem Grunde, nach Scheidung der Ehe der Beteiligten nicht stattfindet, und auf die sich hieraus ergebenden Folgen für die soziale Sicherung im Scheidungsfall. Ferner wurden die Beteiligten darüber belehrt, dass der Zugewinnausgleich den Ehegatten, der aufgrund der praktizierten Rollenverteilung durch eine Kinderbetreuung und Haushaltsführung oder sonstige Familienarbeit keine oder nur eine geringe Chance hat, Vermögen zu erwerben, am Vermögenszuwachs während der Ehe beteiligen soll. Nicht hierzu gehört voreheliches Vermögen und solches, das während der Ehe von Todes wegen oder mit Rücksicht auf ein künftiges Erbrecht, durch Schenkung oder als Ausstattung erworben wird. Demgegenüber muss beim Ausschluss des Zugewinnausgleichs jeder Ehegatte, auch ein nicht erwerbstätiger, während der Ehe für seine eigene Vermögensbildung sorgen. Ein Ausgleich von Vermögenszuwächsen findet beim Ende der Ehe nicht statt. Der Notar/Die Notarin hat die Beteiligten insbesondere auch über die Entscheidungen des Bundesverfassungsgerichts und der Familiengerichte belehrt, wonach Eheverträge unwirksam sein können, wenn sie unausgewogen sind und einseitig zulasten einer Partei gehen. Dies ist vor allem dann der Fall, wenn die Vereinbarungen dem von den Ehegatten gewählten Ehemodell nicht entsprechen und ehebedingte Nachteile, insbesondere durch die Aufgabe oder Einschränkung einer Berufstätigkeit, nur einen Ehegatten treffen. Die Beteiligten wurden ferner darauf hingewiesen, dass Eheverträge in angemessenen Abständen überprüft und gegebenenfalls angepasst werden müssen, wenn sich das Ehemodell ändert und dadurch die in dieser Urkunde getroffenen Vereinbarungen nicht mehr angemessen sind. Andernfalls kann dem begünstigten Vertragsteil die Berufung auf die unangemessene Regelung aufgrund des Gebots von Treu und Glauben verwehrt sein oder die Geschäftsgrundlage der Regelung wegfallen und das Familiengericht die nicht mehr passende Regelung bei einem späteren Rechtsstreit im Zusammenhang mit der Scheidung durch eine angemessene ersetzen.

K. Gesamtmuster

I. Umfassender Ehevertrag vor Eheschließung

                                                    UR-Nr. ***   166

notarieller Urkundseingang

I. Vorbemerkung, Grundbuchstand

1. Herr *** ist am *** in *** (= gleichzeitig Geburtsstandesamt) geboren. Geburtenregisternummer: ***.
   Frau *** ist am *** in *** (= gleichzeitig Geburtsstandesamt) geboren. Geburtenregisternummer: ***.

---

[674] BGH BeckRS 2014, 12291.
[675] Vgl. *Grziwotz* MDR 1998, 1327 (1331) und nunmehr auch OLG Düsseldorf RNotZ 2001, 394; ähnlich bereits *Peters-Lange* DNotZ 1997, 595; aA noch OLG Düsseldorf DNotZ 1997, 656 und ihm folgend OLG Köln RNotZ 2001, 454.

Die Vertragsteile beabsichtigen am *** in *** die Ehe zu schließen.

Kinder der Vertragsteile, auch nichteheliche oder adoptierte, sind derzeit noch nicht vorhanden. Die Vertragsteile wünschen allerdings gemeinschaftliche Kinder. Sie sind beide ausschließlich deutsche Staatsangehörige. Sie beabsichtigen, ihren derzeitigen gewöhnlichen Aufenthalt in Deutschland auch bei Eheschließung beizubehalten. Eine vorsorgliche Rechtswahl ist daher nicht gewünscht.

2. Herr *** erklärt, dass er bereits zu einem Drittel am Betrieb seiner Mutter beteiligt ist, nämlich an der *** GmbH sowie an dem Sonderbetriebsvermögen, bestehend aus ***. Er ist als Geschäftsführer in diesem Betrieb angestellt, wird aber nach Übertragung der restlichen Unternehmensbeteiligung geschäftsführender Alleingesellschafter sein.

Frau *** ist als Lehrerin am Gymnasium in *** berufstätig. Sie wird möglicherweise von ihren Eltern eine Eigentumswohnung in *** erhalten oder eine Geldabfindung. Sie hat ferner von der Gemeinde *** einen Bauplatz erworben, auf dem das gemeinsame Familienheim errichtet werden soll.

Die Vertragsteile erklären, dass sie sich jeweils vollständig über das jeweilige Vermögen Auskunft erteilt haben. Die Vereinbarungen in dieser Urkunde sind jedoch unabhängig davon, wie groß das Vermögen des jeweiligen anderen Vertragsteils ist. Die Vertragsteile erklären weiter, dass sie ihre Ehe nicht als Vermögensgemeinschaft verstehen; insbesondere soll das Unternehmen des Ehemanns, und zwar sowohl hinsichtlich der derzeitigen Beteiligung als auch der künftigen Beteiligungen sowie das Sonderbetriebsvermögen, nicht dem Zugewinnausgleich unterliegen. Der Alters- und Invaliditätsvorsorge von Herrn *** dienen seine vorbezeichneten unternehmerischen Beteiligungen sowie derzeit noch die Rentenversicherung bei der gesetzlichen Rentenversicherung. Die Alters- und Invaliditätsvorsorge von Frau *** erfolgt derzeit bei der gesetzlichen Rentenversicherung und nach einer Verbeamtung über die diesbezügliche Pensionszusage ihres Dienstherrn.

3. Den Vertragsteilen wurde am *** nach einer Vorbesprechung mit dem Urkundsnotar/der Urkundsnotarin ein erster Vertragsentwurf mit dem Hinweis auf die Möglichkeit einer rechtlichen Prüfung durch eine/n einseitig ihre Interessen vertretenden Rechtsanwalt/Rechtsanwältin und der Empfehlung der steuerlichen Prüfung übersandt. Sie haben daraufhin die Vereinbarung des Vertrages, auch mit ihrem Steuerberater, ausführlich diskutiert und nochmals am *** einen geänderten Vertragsentwurf erhalten. Die Vertragsteile erklären, dass sie den geänderten Entwurf ausführlich erörtert haben. Herr *** hat den Entwurf zusätzlich mit dem für das Unternehmen tätigen Rechtsanwalt *** besprochen. Frau *** hat den Entwurf mit den Eltern und ihrer Schwester, die Volljuristin ist, besprochen. Die Vertragsteile erklären ferner, dass sie die Vereinbarungen in dieser Urkunde im Hinblick auf ihre künftige Planung, insbesondere auch die beiderseitige Berufstätigkeit, als angemessen ansehen. Dies gilt auch im Hinblick auf den beiderseitigen Kinderwunsch, wobei Frau *** beabsichtigt, diesbezüglich ihre Berufstätigkeit in den ersten drei Lebensjahren des jeweiligen Kindes vorübergehend einzuschränken. Auf Dauer möchte sie jedoch wieder mit voller Stundenzahl als Lehrerin tätig sein. Herr *** wird im Rahmen seines Unternehmens vorübergehend eine etwaige Kinderbetreuung ohne Einschränkung seiner Tätigkeit organisieren. Beide Vertragsteile erklären, dass sie die Möglichkeiten der Kinderbetreuung (Kinderkrippe, Kindergarten und Vollzeitschule) nutzen wollen, um berufstätig bleiben zu können.

Das vorstehende Unternehmen, und zwar unabhängig von der künftigen Rechtsform dieses Unternehmens und der Höhe der Beteiligung des Ehemanns an ihm, soll einschließlich eines Sonderbetriebsvermögens vom Zugewinnausgleich ausgenommen werden. Hiermit erklärt sich die künftige Ehefrau ausdrücklich einverstanden. Die Beteiligten betrachten den folgenden Ehevertrag als eine faire und ausgewogenen Gestaltung, die durch die Herausnahme des Betriebsvermögens einschließlich des Sonderbetriebsvermögens aus dem Zugewinnausgleich dem Schutz des Unternehmens dient, dieses aber gleichzeitig als Grundlage des Unterhalts des Ehegatten, sofern ein solcher geschuldet wird, und des Kindesunterhalts dient. Gleichzeitig sollen im Interesse der Ehefrau die erbschaftsteuerlichen Nachteile, eine mögliche Erhöhung der Pflichtteile sowie der vollständige Ausschluss des Zugewinns bei Vereinbarung einer Gütertrennung vermieden werden. Das gesetzliche Scheidungsfolgenrecht soll im Übrigen, dh abgesehen von dem zusätzlich zugunsten der Ehefrau erfolgten Ausschluss des Versorgungsausgleichs, beibehalten werden.

II. Ehevertrag

1. Güterrecht (modifzierte Zugewinngemeinschaft und Zuwendungen)

Der Notar/Die Notarin hat die Beteiligten über die Bedeutung des Zugewinnausgleichs bei Beendigung ihrer Ehe, insbesondere im Falle der Scheidung, ausführlich belehrt. Er/Sie hat die Funktion des Zugewinnausgleichs erklärt, nämlich demjenigen Ehegatten, der während der Ehe aufgrund der gewählten Rollenverteilung und der Aufteilung der Erwerbs- und Familienarbeit (Haushaltsführung und Kinderbetreuung) und dem deshalb eine eigene Vermögensbildung nicht oder nur mit Einschränkungen möglich ist, am gemeinsam geschaffenen Vermögenszuwachse, nämlich dem Zugewinn, wirtschaftlich zu beteiligen. Dies gilt jedoch nicht für das Vermögen, das einem Ehegatten nach Abzug der Verbindlichkeiten bereits bei Eheschließung gehört, sowie für Vermögen, das ein Ehegatte später von Todes wegen oder mit Rücksicht auf ein künftiges Erbrecht durch Schenkung oder als Ausstattung erhält. Der Notar/Die Notarin hat ferner auf § 5 ErbStG und die erbschaftsteuerliche Privilegierung des Zugewinnausgleichs sowie die Auswirkung der Gütertrennung auf Pflichtteilsrechte der Eltern der Vertragsteile hingewiesen. Hierauf erklären die Vertragseile:

Für den Fall der Beendigung der künftigen Ehe der Vertragsteile soll es hinsichtlich des ehelichen Güterrechtes zwar grundsätzlich beim gesetzlichen Güterstand verbleiben. Wenn dieser Güterstand jedoch auf andere Weise als durch den Tod eines Ehegatten beendet wird, insbesondere wenn ihre künftige Ehe geschieden wird, sollen die Beteiligungen des Ehemanns an der *** GmbH sowie das Sonderbetriebsvermögen des Ehemanns hinsichtlich dieser GmbH beim Zugewinnausgleich in keiner Weise berücksichtigt werden. Dieser Ausschluss gilt auch, soweit gesetzlich zulässig, für einen vorzeitigen Zugewinnausgleich. Vorstehender Ausschluss soll jedoch ausdrücklich nicht bei Beendigung des Güterstandes durch den Tod von Herrn *** gelten. Insofern verbleibt es beim Zugewinnausgleich durch Erbteilserhöhung oder güterrechtliche Lösung. In den anderen Fällen der Beendigung des Güterstandes unter Lebenden, insbesondere bei einem Güterstandswechsel, verbleibt es ebenfalls beim gesetzlichen Zugewinnausgleich.

Die Unternehmensbeteiligung des Ehemanns an der *** GmbH sowie das dazugehörige Sonderbetriebsvermögen betrifft das gesamte betriebliche Vermögen dieses Unternehmens einschließlich eines gewillkürten Betriebsvermögens sowie ferner Vermögensgegenstände, die dem Betrieb langfristig zur Nutzung überlassen oder ihm zu dienen bestimmt sind einschließlich etwaiger kapitalersetzender Darlehen und Nutzungsüberlassungen. Diese Vermögensgegenstände sollen weder bei der Berechnung des Anfangsnoch des Endvermögens des Ehemanns berücksichtigt werden, und zwar auch dann nicht, wenn sich ein negativer Betrag ergibt. Gleiches gilt für Wertsteigerungen oder Verluste dieses Vermögens. Dies gilt in gleicher Weise für Nachfolgebeteiligungen und jedes Tochterunternehmen, auch bei einer gesellschaftsrechtlichen Umwandlung, unabhängig von der jeweiligen Rechtsform. Gleichgültig ist ferner, ob eine Nachfolgebeteiligung an dem Unternehmen im Privatvermögen oder im Betriebsvermögen gehalten wird.

Erträge dieses vom Zugewinnausgleich ausgeschlossenen Vermögens des Ehemannes sind ebenfalls vom Zugewinn ausgeschlossen, solange sie Betriebsvermögen sind (zB Guthaben auf betrieblichen Konten sowie stehen gelassene Gewinne etc) oder zwar ins Privatvermögen überführt werden (zB Gewinnentnahmen), aber wieder auf das vom Zugewinn ausgenommene Vermögen investiert wurden, ausgenommen in den letzten *** Jahren vor Rechtshängigkeit eines Scheidungsantrags. Hierunter fallen auch Investitionen, die Tilgung von Verbindlichkeiten sowie Einlagen in das Betriebsvermögen.

Macht jedoch der Ehemann aus seinem sonstigen, nicht vom Zugewinnausgleich ausgenommenen Vermögen Verwendungen auf die vom Zugewinnausgleich ausgenommenen Vermögenswerte, werden diese Verwendungen mit ihrem Wert zum Zeitpunkt der Verwendung dem Endvermögen des Ehemannes hinzugerechnet. Derartige Verwendungen unterliegen also – gegebenenfalls um den Geldwertverfall berichtigt – dem Zugewinnausgleich. Entsprechendes gilt für Verwendungen der Ehefrau auf die vom Zugewinnausgleich ausgenommenen Vermögenswerte. Auch die die vorgenannten Vermögenswerte betreffenden und ihnen dienenden Verbindlichkeiten sollen beim Zugewinnausgleich keine Berücksichtigung finden. Surrogate (Ersatzgegenstände) der aus dem Zugewinnausgleich herausgenommenen Vermögenswerte des Ehemannes sollen ebenfalls nicht ausgleichspflichtiges Vermögen des Ehemannes sein. Sie werden also bei der Berechnung des Endvermögens des Ehemannes nicht berücksichtigt. Jeder Ehegatte kann verlangen, dass über solche Ersatzvermögenswerte sowie über sämtliche vom Zugewinn ausgenommenen Gegenstände einschließlich eines Sonderbetriebsvermögens und sonstiger dem Unternehmen zur Nutzung überlassener oder langfristig ihm dienender Gegenstände ein Verzeichnis angelegt und fortgeführt wird. Auf Verlangen hat dies in notarieller Form zu erfolgen, wobei die Kosten beide Ehegatten zu gleichen Teilen zu tragen haben.

Zur Befriedigung der sich etwa ergebenden Zugewinnausgleichsforderung gilt das vom Zugewinn ausgenommene Vermögen als vorhandenes Vermögen im Sinne des § 1378 Abs. 2 BGB. [*ggf.:* Eine Vollstreckung in das vom Zugewinnausgleich ausgeschlossene Vermögen ist erst zulässig, wenn die Vollstreckung in das ausgleichspflichtige Vermögen nicht zum Erfolg geführt hat.]

Die Ehefrau ist nicht verpflichtet, ihren Zugewinn auszugleichen, wenn sie unter Berücksichtigung des vom Zugewinn ausgenommenen Vermögens nicht zur Ausgleichung verpflichtet wäre. Insofern hat in den vorstehend vereinbarten Fällen der Beendigung der Ehe auf andere Weise als den Tod eines Ehegatten, insbesondere bei einer Scheidung, eine Kontrollrechnung hinsichtlich des Zugewinnausgleichs zu erfolgen, in der das vom Zugewinnausgleich ausgenommene Vermögen so berücksichtigt wird, als wäre keine diesbezügliche ehevertragliche Vereinbarung geschlossen worden.

Der Notar/Die Notarin hat eingehend darüber belehrt, dass
- durch die vorstehenden Vereinbarungen ein Ausgleich des beiderseitigen Zugewinns bei Beendigung der Ehe der Vertragsteile, ausgenommen im Todesfall, hinsichtlich der vorstehend näher bezeichneten Vermögensgegenstände des betrieblichen Vermögens ausgeschlossen ist;
- die Berufung auf den teilweisen Ausschluss des Zugewinnausgleichs im Falle einer Scheidung der Ehe dem begünstigten Ehemann bei einer späteren Entwicklung, die vom derzeitigen Lebensplan abweicht, aufgrund des Gebots von Treu und Glauben verwehrt sein kann;
- neben dem Güterrecht, insbesondere bei Mitarbeit im Betrieb des Ehegatten, ein Ausgleich bei einer Scheidung außerhalb des Güterrechts geschuldet sein kann, wenn die Mitarbeit nicht angemessen entlohnt wird;
- sich der Umfang des Betriebsvermögens des Unternehmens ändern kann und dass auch gewillkürtes Betriebsvermögen gebildet werden kann und somit Gegenstände

dem Zugewinnausgleich durch einseitigen Akt des Ehemanns entzogen werden können; weitergehende Einschränkungen als in dieser Urkunde vorgesehen, insbesondere
eine höhenmäßige oder gegenständliche Beschränkung, werden nicht gewünscht.

Ein Ausschluss der güterrechtlichen Verfügungsbeschränkungen für das vom Zugewinnausgleich ausgenommene Vermögen wird im Hinblick auf die Funktion dieser Verfügungsbeschränkung, die auch dem Erhalt der ehelichen Vermögensbasis dienen sollen,
nicht gewünscht. Eine Eintragung in das Güterrechtsregister, sofern zulässig, wünschen
die Vertragsteile nicht.

Zwischen den Vertragsteilen wird vereinbart, dass im Falle der Scheidung der künftigen
Ehe der Vertragsteile Zuwendungen zwischen den Ehegatten nur zurückgefordert werden können, wenn dies bei der Zuwendung ausdrücklich vereinbart worden ist oder ein
zwingender gesetzlicher Widerrufsgrund vorliegt. Insbesondere soll die Scheidung der
Ehe der Vertragsteile nicht zum Wegfall der Geschäftsgrundlage der Zuwendung führen.

2. Ausgleichszahlung

Der künftige Ehemann hat für die Herausnahme des Unternehmens samt Sonderbetriebsvermögen und sonstiger dem Unternehmen dienender Vermögensgegenstände
gemäß den vorstehend in Ziffer 1. getroffenen Vereinbarungen an seine künftige Ehefrau einen Betrag in Höhe von *** EUR (in Worten: *** Euro) als pauschale Gegenleistung auf deren Konto bei der *** IBAN *** zu bezahlen. Der Betrag ist nur bei Verzug
zu verzinsen. Herr *** unterwirft sich wegen der Verpflichtung zur Zahlung dieses Betrages der sofortigen Zwangsvollstreckung. Frau *** ist auf Antrag eine vollstreckbare
Ausfertigung ohne Nachweis der die Vollstreckbarkeit begründenden Tatsachen zu erteilen.

Der vorstehend genannte Betrag ist innerhalb eines Monats nach Rechtshängigkeit des
Scheidungsantrags, zur Zahlung fällig, und zwar gleichgültig, von welchem Ehegatten
der Scheidungsantrag gestellt wird. Eine Verzinsung oder Sicherung des Betrages, insbesondere durch Übergabe einer Bankbürgschaft oder ein Grundpfandrecht, wird nicht
gewünscht.

Dieser Ausgleichsbetrag soll ebenso wie die Beteiligungen des Ehemannes an der ***
GmbH sowie dessen Sonderbetriebsvermögen hinsichtlich dieser GmbH beim Zugewinnausgleich, falls dieser auf andere Weise als durch den Tod eines Ehegatten beendet
wird, entsprechend den Vereinbarungen in Ziffer 1. vom Zugewinnausgleich ausgenommen werden. Die diesbezüglichen obigen Regelungen gelten hinsichtlich dieses Ausgleichsbetrages, und zwar sowohl beim Anfangs- und Endvermögen des Ehemannes als
auch der Ehefrau entsprechend. Eine zusätzliche Herausnahme des in Abschnitt I. 2. näher bezeichneten Familienheims aus dem Zugewinnausgleich für die vorgenannten Fälle
wird dagegen nicht gewünscht.

III. Nachehelicher Unterhalt

Hinsichtlich des nachehelichen Unterhalts soll es bei den jeweils maßgeblichen gesetzlichen Bestimmungen verbleiben. Eine Abänderung wird hierzu nicht gewünscht.

Alt.: Hinsichtlich des nachehelichen Unterhalts soll es grundsätzlich bei der gesetzlichen
Regelung verbleiben. Das Maß des Unterhaltsanspruchs des geschiedenen Ehegatten
soll sich jedoch nicht nach den ehelichen Lebensverhältnissen richten, sondern auf den
angemessenen Lebensbedarf iSv § 1578b Abs. 1 S. 1 BGB herabgesetzt werden, und
zwar unabhängig vom Vorliegen der in § 1578b BGB dafür geregelten Voraussetzungen. Dies gilt jedoch ausdrücklich nicht für den kindbezogenen Betreuungsunterhalt
nach § 1570 Abs. 1 BGB sowie für den verlängerten elternbezogenen Betreuungsunterhalt nach § 1570 Abs. 2 BGB; für Zeiträume dieser nachehelichen Unterhaltsverpflichtung bestimmt sich das Maß des Unterhalts nach den gesetzlichen Vorschriften. Auf

einen weitergehenden nachehelichen Unterhaltsanspruch wird unter gegenseitiger Annahme von beiden Vertragsteilen verzichtet.

IV. Versorgungsausgleich

Die Vertragsteile vereinbaren, dass die Durchführung des Versorgungsausgleichs ausgeschlossen wird, sofern sich unter Zugrundelegung der jeweiligen korrespondierenden Kapitalwerte sämtlicher dem Versorgungsausgleich unterliegender Anrechte einerseits beim Ehemann und andererseits bei der Ehefrau ein Ausgleichsanspruch des Ehemannes ergeben würde, also die Summe der Kapitalwerte der von der Ehefrau während der Ehezeit begründeten Anrechte höher ist als die des Ehemannes. Dies wird vertraglich angenommen. Eine Abänderung dieser Vereinbarung, insbesondere nach § 227 FamFG, wird ausgeschlossen. In dieser Vereinbarung liegt jedoch ausdrücklich kein Verzicht auf Altersvorsorgeunterhalt. Der Notar hat die Beteiligten über die rechtliche und wirtschaftliche Tragweite dieses Ausschlusses eingehend belehrt. Er hat insbesondere darauf hingewiesen, dass durch den Verzicht der Ausgleich der in der Ehezeit erworbenen Anrechte auf Alters- und Invaliditätsvorsorge für den vorstehend geregelten Fall nicht stattfindet und auf die Folgen für die soziale Sicherung im Scheidungsfall, dass es empfehlenswert ist, die aus dem künftig zu erwartenden Versicherungsverlauf resultierenden Anrechte der Ehegatten im Rahmen einer Renten- bzw. Versorgungsberatung zu bestimmen; die Ehegatten wünschen die Beurkundung jedoch ausdrücklich ohne eine solche vorherige Berechnung.

Den Vertragsteilen ist bekannt, dass es sich beim korrespondierenden Kapitalwert lediglich um einen vorsorgungsausgleichsrechtlichen Hilfswert handelt, der möglicherweise dem wirklichen Wert der jeweiligen Versorgung nicht ganz entspricht. Zur Ermittlung des wirklichen Werts müssten weitere wertbildende Faktoren berücksichtigt werden (zB unterschiedliches Leistungsspektrum, Dynamisierung, Altersgrenzen), was die Einholung eines versicherungsmathematischen Gutachtens erfordern würde. Nach ausführlicher Belehrung des beurkundenden Notars/der beurkundenden Notarin erklären die Vertragsteile, dass es bei der Bewertung ihrer Anrechte für den Fall der Scheidung ihrer Ehe beim korrespondierenden Kapitalwert verbleiben soll.

Der Notar/Die Notarin hat ferner darauf hingewiesen, dass die Vereinbarung eines Ausschlusses des Versorgungsausgleichs einer Wirksamkeits- und Ausübungskontrolle nach § 8 Abs. 1 VersAusglG und den Rechtsprechungsgrundsätzen unterliegt und dass ehevertragliche Regelungen bei besonders einseitiger Aufbürdung von vertraglichen Lasten und einer erheblichen ungleichen Verhandlungsposition unwirksam oder unanwendbar sein können. Der Notar/Die Notarin hat ferner darauf hingewiesen, dass der Vertrag bei einer gewichtigen Änderungen der Ehekonstellation, insbesondere bei einer Änderung der Erwerbsbiographie oder der Geburt gemeinsamer Kinder auch nachträglich einer Ausübungskontrolle unterliegen kann.

Der Grund des Ausschlusses des Versorgungsausgleichs zugunsten der Ehefrau bei Vorliegen der obigen Voraussetzungen ist, dass die Versorgungsrechte der Ehefrau, falls diese nach der obigen Berechnung ausgleichspflichtig würde, dieser im Hinblick auf die Modifizierung des Zugewinnausgleichs verbleiben sollen.

V. Hinweise, Unwirksamkeit

1. Der Notar/Die Notarin hat die Beteiligten insbesondere auch auf die Entscheidungen des Bundesverfassungsgerichts sowie der Familiengerichte hingewiesen, wonach Eheverträge, unwirksam sein können, wenn sie unausgewogen sind und einseitig zu Lasten einer Partei gehen und eine bei Beurkundung bestehende Ungleichgewichtslage von dem begünstigten Vertragsteil ausgenutzt wurde. Eine einseitig belastende Vereinbarung liegt vor allem dann vor, wenn die Regelung des Vertrags dem von den Ehegatten gewählten Ehemodell nicht entsprechende ehebedingte Nachteile, insbe-

sondere durch die Aufgabe oder Einschränkung einer Berufstätigkeit, deshalb nur einen Ehegatten treffen.

Die Vertragsteile wurden ferner darauf hingewiesen, dass ihr Ehevertrag in angemessenen Abständen überprüft und gegebenenfalls angepasst werden muss, wenn sich das Ehemodell ändert und dadurch die in dieser Urkunde getroffenen ehevertraglichen Vereinbarungen nicht mehr angemessen sind. Sollte keine Anpassung durch die Vertragsteile erfolgen, so kann das Familiengericht die nicht mehr passende Regelung bei einem späteren Rechtsstreit im Zusammenhang mit der Scheidung durch eine angemessene ersetzen.

2. Für den Fall, dass Bestimmungen dieser Urkunde unwirksam sein sollten oder werden, wird dadurch die Wirksamkeit der übrigen Bestimmungen nicht berührt. Dies gilt insbesondere, wenn das Familiengericht im Rahmen der Scheidung entgegen unseren Vereinbarungen den Versorgungsausgleich durchführen sollte; auch in diesem Fall bleiben die übrigen Bestimmungen dieser Urkunde bestehen. Die Vertragsteile verpflichten sich, bei unwirksamen Vereinbarungen eine dem wirtschaftlichen Zweck wirtschaftlich möglichst nahe kommende wirksame Vereinbarung zu treffen. Das gleiche gilt bei Vertragslücken oder einer späteren Änderung unseres Ehemodells.

3. Erbrechtliche Verfügungen im Zusammenhang mit diesem Ehevertrag wünschen die Vertragsteile ausdrücklich nicht.

VI. Kosten, Abschriften

Die Vertragsteile tragen die Kosten dieses Vertrages und ersuchen, ihnen je eine beglaubigte Abschrift zu erteilen.

notarielle Schlussformel

II. Güterstandsschaukel

UR-Nr. *** 167

notarieller Urkundseingang

I. Vorbemerkung, Grundbuchstand

1. Herr *** ist am *** in *** (= gleichzeitig Geburtsstandesamt) geboren. Geburtenregisternummer: ***.
Frau *** ist am *** in *** (= gleichzeitig Geburtsstandesamt) geboren. Geburtenregisternummer: ***.
Die Vertragsteile haben am *** in *** die Ehe geschlossen. Sie haben bisher keinen Ehevertrag geschlossen und leben im gesetzlichen Güterstand der Zugewinngemeinschaft.

2. Im Grundbuch des Amtsgerichts *** für *** Blatt *** ist folgender Grundbesitz der Gemarkung *** eingetragen:
Fl.-St. ***
Eigentümer: Herr ***
Abteilung II: Beschränkte persönliche Dienstbarkeit (Wasserleitungsrecht) für die Gemeinde ***
Abteilung III: *** Grundschuld für die Vereinigten Sparkassen ***

3. Die Vertragsteile haben am *** mit Urkunde des Notars *** in *** die geplante Vereinbarung der Gütertrennung sowie über den Ausgleich des Zugewinnausgleichs besprochen. Sie haben daraufhin einen Vertragsentwurf erhalten. Sie erklären, dass sie ausreichend Gelegenheit hatten, diesen Entwurf miteinander sowie mit ihrem Steuerberater zu besprechen. Sie erklären ferner, dass sie die Vereinbarungen in dieser Urkunde im Hinblick auf die bisherige eheliche Gestaltung, insbesondere der vollen Berufstätigkeit des Ehemannes und der zeitweisen durch die Kinderbetreuung

eingeschränkten Berufstätigkeit der Ehefrau, als angemessen ansehen. Durch die Vereinbarungen in dieser Urkunde soll ihr über ihren gesetzlichen Zugewinnausgleichsanspruch hinaus das Alleineigentum am gemeinsamen Familienheim verschafft werden.

II. Ehevertrag (Gütertrennung)

Die Vertragsteile heben den gesetzlichen Güterstand der Zugewinngemeinschaft auf und vereinbaren mit sofortiger Wirkung den Güterstand der Gütertrennung. Der Notar/Die Notarin hat sie darauf hingewiesen, dass durch die Vereinbarung der Gütertrennung ein Ausgleich des Zugewinns bei Beendigung ihrer Ehe, insbesondere bei einer Scheidung, nicht stattfindet und jeder Ehegatte ohne Zustimmung des anderen über sein Vermögen im Ganzen und die ihm gehörenden Gegenstände des ehelichen Haushalts verfügen kann. Die Gütertrennung kann ferner Auswirkungen auf das gesetzliche Erb- und Pflichtteilsrecht haben.

III. Ausgleich des Zugewinns

1. Die Vertragsteile haben den Zugewinn, der infolge der Gütertrennung auszugleichen ist, nach den gesetzlichen Bestimmungen berechnet. Hiernach ergibt sich ein Ausgleichsbetrag der Ehefrau in Höhe von *** EUR (in Worten: *** Euro).[676] Der Zugewinnausgleich soll dadurch durchgeführt werden, dass der Ehemann das in Abschnitt I. 2. näher bezeichnete, in seinem Alleineigentum stehende Familienheim, auf die Ehefrau zur Alleineigentümerin in Anrechnung auf deren Zugewinnausgleichsforderung mit dem vom Sachverständigen ermittelten Wert in Höhe von *** EUR (in Worten: *** Euro) beträgt. Der Restbetrag wird von ihm auf das Konto der Ehefrau IBAN *** bei der *** innerhalb von zwei Wochen, gerechnet ab heute, überwiesen; der Betrag ist nur bei Verzug zu verzinsen.

2. Herr *** überträgt zum Ausgleich des Zugewinns nach den vorstehend in Ziffer I. getroffenen Vereinbarungen den in Abschnitt I. 2. näher bezeichneten Grundbesitz mit allen mit ihm verbundenen Rechten, Bestandteilen und dem Zubehör an Erfüllungs statt auf Frau *** zum Alleineigentum. Frau *** nimmt die Übertragung an.

3. Die Vertragsteile sind über den Eigentumsübergang einig. Herr *** bewilligt und Frau *** beantragt die Eintragung der Auflassung im Grundbuch entsprechend den Vereinbarungen in Ziffer 2. Auf Eintragung einer Auflassungsvormerkung wird nach Belehrung verzichtet.

4. Die Besitzübergabe erfolgt unbeschadet des aufgrund der ehelichen Lebensgemeinschaft bestehenden Rechts von Herrn *** zum Mitbesitz heute. Nutzungen und Lasten, die Gefahr des zufälligen Untergangs oder einer zufälligen Verschlechterung sowie die Haftung für den Vertragsbesitz, insbesondere die Verkehrssicherungspflicht, gehen auf Frau *** ab heute über. Familienrechtliche Verpflichtungen von Herrn *** zur Mitbeteiligung an diesen Kosten bleiben unberührt.

5. Die am Vertragsgrundbesitz in Abteilung III eingetragene Belastung wird von Frau *** in dinglicher Haftung übernommen. Herr *** überträgt auf Frau *** sämtliche Rückgewährsansprüche, die ihm bis zur Eigentumsumschreibung gegenüber dem Grundschuldgläubiger zustehen. Die Eintragung der Abtretung im Grundbuch wird bewilligt. Dieser Grundschuld liegt das Darlehen mit der Nr. *** bei den Vereinigten Sparkassen *** zugrunde, das beide Ehegatten bei den Vereinigten Sparkassen *** zur Finanzierung des Hausbaus aufgenommen haben. Es ist derzeit noch mit *** EUR (in Worten: *** Euro) valutiert. Herr *** verpflichtet sich gegenüber Frau ***, die Zins- und Tilgungsleistungen auf dieses Darlehen entsprechend den Verein-

---

[676] Alternativ kann der Zugewinnausgleich auch später durchgeführt werden: „Eine Regelung zur Durchführung des Zugewinnausgleichs wollen die Vertragsteile heute nicht treffen. Nach Hinweis auf die gesetzliche Verjährungsfrist und deren Hemmung, solange die Ehe der Vertragsteile besteht (§ 207 Abs. 1 S. 1 BGB), erklären diese, dass Abänderungen hierzu nicht gewünscht werden."

barungen mit der Gläubigerin pünktlich und ordnungsgemäß zu entrichten und Frau *** von ihrer Inananspruchnahme durch die Gläubigerin freizustellen. Die Verpflichtung von Herrn *** besteht bis zur Rechtshängigkeit eines Scheidungsantrags, gleichgültig von welchem Ehegatten dieser gestellt wird. Ab dem der Rechtshängigkeit des Scheidungsantrags folgenden Kalendermonat hat Frau *** die Zins- und Tilgungsleistungen selbst zu erbringen und Herrn *** von jeder Inanspruchnahme durch die Gläubigerin freizustellen. Sie verpflichtet sich ferner gegenüber Herrn ***, dafür zu sorgen, dass dieser innerhalb von *** Monaten ab Rechtshängigkeit des Scheidungsantrags aus der Schuldhaft für die dann noch bestehenden Verbindlichkeiten von der Gläubigerin entlassen wird. Sollte dies innerhalb der vorgenannten Frist nicht erfolgen, kann Herr *** verlangen, dass Frau *** ihn von einer Inanspruchnahme durch die Vereinigten Sparkassen *** hinsichtlich dieser Verbindlichkeiten freistellt und dafür Sicherheit leistet oder die Schulden sofort in voller Höhe tilgt. Vorfälligkeitszinsen und anfallende Kosten trägt in diesem Fall Frau ***.

6. Frau *** übernimmt den Vertragsgegenstand im derzeitigen Zustand. Ihre Rechte wegen Sachmängeln jeder Art werden hiermit ausgeschlossen, ausgenommen Schadensersatzansprüche bei Vorsatz von Herrn ***. Herr *** hat den Vertragsgegenstand frei von Rechtsmängeln, insbesondere miet- und pachtfrei zu verschaffen, soweit in dieser Urkunde nichts Abweichendes vereinbart ist. Frau *** übernimmt etwaige altrechtliche Dienstbarkeiten, Beschränkungen nach dem Wohnungsbindungs- und Wohnraumförderungsgesetz, Baulasten *[ggf.: Abstandsflächenübernahmen nach der BayBO]* sowie die in Ziffer I. 2. näher bezeichnete Belastung in Abteilung II des Grundbuchs.

7. Erschließungsbeiträge nach dem BauGB bzw. dem ***, Anliegerbeiträge nach dem Landes-KAG sowie Beiträge und Kostenerstattungsforderungen für Haus- und Grundstücksanschlüsse nach dem Kommunalabgabengesetz und den §§ 135a ff. BauGB, für die ein Bescheid ab heute zugestellt wird, hat Frau *** zu tragen. Alle bis zum vorgenannten Zeitpunkt zugestellten Bescheide hat Herr *** zu bezahlen. Vorausleistungen und etwaige Erstattungen sind mit der endgültigen Beitragsschuld von Frau *** zu verrechnen.

8. Behördliche Genehmigungen sind zu diesem Vertrag nicht erforderlich. Die Vertragsteile erklären, dass der Vertragsbesitz nicht in eine Umlegung, Sanierungs- und Entwicklungsmaßnahme oder Flurbereinigung einbezogen ist.

IV. Sonstiges

1. Der Notar/Die Notarin oder sein/ihr Amtsnachfolger werden mit dem Vollzug der Urkunde beauftragt. Sie haben die Beteiligten im Grundbuchverfahren umfassend zu vertreten.

2. Eine steuerliche Beratung ist durch den Notar/die Notarin nicht erfolgt; über die steuerlichen Auswirkungen dieser Urkunde haben sich die Beteiligten vor Beurkundung selbst informiert.

Die Beteiligten wurden jedoch hingewiesen auf die Bedeutung der Gütertrennung, den Zeitpunkt und die Voraussetzungen des Eigentumsübergangs, die Unbedenklichkeitsbescheinigung, das Erbschaftsteuergesetz, die Haftung für Kosten, Abgaben und öffentliche Lasten, die Gläubigeranfechtung (AnfG und InsO), auf die Notwendigkeit, alle Vereinbarungen beurkunden zu lassen, sowie darauf, dass die Zehnjahres-Frist des § 2325 Abs. 3 BGB bei einer unentgeltlichen Übertragung erst mit Auflösung der Ehe der Vertragsteile zu laufen beginnt. Die Vertragsteile erklären, dass eine sofortige Aufhebung der Gütertrennung in dieser Urkunde oder eine Verpflichtung zur Aufhebung zu einem bestimmten Zeitpunkt von ihnen ausdrücklich nicht gewünscht werden.

3. Die Kosten dieser Beurkundung, ihres Vollzuges, aller Genehmigungen und Bescheide sowie eventuell anfallende Verkehrsteuern und die Kosten einer etwa erforderlichen Lastenfreistellung trägt ***.

Von dieser Urkunde erhalten die Beteiligten und das Finanzamt – Grunderwerbsteuerstelle – *** je einfache Abschrift. Beglaubigte Abschriften erhalten das Grundbuchamt *** und das Finanzamt *** – Schenkungsteuerstelle – sowie nach Vollzug die Beteiligten.

notarielle Schlussformel

III. Ehevertrag gleichgeschlechtlicher Ehepartner vor Eheschließung

168

UR-Nr. ***

notarieller Urkundseingang

I. Vorbemerkung, Grundbuchstand

1. Herr *** ist am *** in *** (= gleichzeitig Geburtsstandesamt) geboren. Geburtenregisternummer: ***.
   Herr *** ist am *** in *** (= gleichzeitig Geburtsstandesamt) geboren. Geburtenregisternummer: ***.
   Die Vertragsteile beabsichtigen, die Ehe zu schließen. Die Vertragsteile haben keine gemeinschaftlichen Kinder; auch eine Adoption eines Kindes durch beide Ehegatten oder eine sonstige Form der gemeinschaftlichen Elternschaft ist nicht geplant. Weitere Kinder, auch nichteheliche oder bereits adoptierte, sind und waren von keinem Vertragsteil vorhanden. Die Vertragsteile sind beide ausschließlich deutsche Staatsangehörige. Sie beabsichtigen, ihren derzeitigen gewöhnlichen Aufenthalt in Deutschland auch bei Eheschließung beizubehalten. Eine vorsorgliche Rechtswahl ist daher nicht gewünscht.
2. Jeder der Vertragsteile ist voll erwerbstätig, nämlich Herr *** als *** und Herr *** als ***. Beide wollen ihre Erwerbstätigkeit auch beibehalten und sich die Haushaltsführung teilen. Jeder der Vertragsteile verfügt bereits über eine Sicherung für den Fall des Alters und der Invalidität. Die Vertragsteile betrachten ihre künftige Ehe ausdrücklich nicht als Vermögensgemeinschaft.
3. Die Vertragsteile erklären, dass sie nach einer Vorbesprechung mit dem Urkundsnotar/der Urkundsnotarin am *** und dem Erhalt eines Vertragsentwurfes am *** mit Hinweis auf die Möglichkeit rentenrechtlicher Prüfung sowie einseitiger Beratung durch einen Rechtsanwalt/eine Rechtsanwältin die rechtlichen Regelungen dieses Vertrages umfassend erörtert haben und dieser Vertrag ihrem gemeinsamen Wunsch nach Gestaltung ihrer ehelichen Verhältnisse entspricht. Sie sehen die Regelungen dieses Vertrages trotz der vereinbarten Gütertrennung und des erklärten Verzichts auf Durchführung des Versorgungsausgleichs im Hinblick auf die beiderseitige Berufstätigkeit und das Fehlen ehebedingter Nachteile als angemessene und faire Vereinbarung an, die dem Wunsch nach einer beiderseitigen weitgehenden vermögensrechtlichen Unabhängigkeit Rechnung trägt. Rücktrittsrechte für besondere Fälle, zB die Einschränkung der Berufstätigkeit im Interesse des anderen Vertragsteils, werden derzeit nicht gewünscht, da derartige Situationen heute nicht absehbar sind.

II. Gütertrennung und Zuwendungen

Der Notar/Die Notarin hat die Beteiligten über die Bedeutung des Zugewinnausgleichs bei Beendigung ihrer Ehe, insbesondere im Falle der Scheidung, ausführlich belehrt. Er/Sie hat die Funktion des Zugewinnausgleichs erklärt, nämlich demjenigen Ehegatten, der während der Ehe aufgrund der gewählten Rollenverteilung und der Aufteilung der Erwerbs- und Familienarbeit (Haushaltsführung und Betreuung von Angehörigen) und

dem deshalb eine eigene Vermögensbildung nicht oder nur mit Einschränkungen möglich ist, am gemeinsam geschaffenen Vermögenszuwachse, nämlich dem Zugewinn,
wirtschaftlich zu beteiligen. Dies gilt jedoch nicht für das Vermögen, das einem Ehegatten nach Abzug der Verbindlichkeiten bereits bei Eheschließung gehört, sowie für Vermögen, das ein Ehegatte später von Todes wegen oder mit Rücksicht auf ein künftiges
Erbrecht durch Schenkung oder als Ausstattung erhält. Der Notar/Die Notarin hat ferner
auf § 5 ErbStG und die erbschaftsteuerliche Privilegierung des Zugewinnausgleichs sowie die Auswirkung der Gütertrennung auf Pflichtteilsrechte der Eltern der Vertragsteile
hingewiesen. Hierauf erklären die Vertragsteile:

Für den Fall der Beendigung der künftigen Ehe der Vertragsteile durch den Tod eines
Ehegatten soll es beim Zugewinnausgleich durch Erbteilserhöhung oder güterrechtliche
Lösung verbleiben. Wird die künftige Ehe der Vertragsteile jedoch auf andere Weise als
durch den Tod eines Ehegatten beendet, insbesondere bei Scheidung der Ehe der
Vertragsteile, so findet kein Zugewinnausgleich statt; dies gilt, soweit zulässig, auch für
einen vorzeitigen Zugewinnausgleich. Dagegen verbleibt es in den anderen Fällen der
Beendigung des Güterstandes unter Lebenden, insbesondere bei einem Güterstandswechsel, beim gesetzlichen Zugewinnausgleich.

[*Alt., falls die jeweiligen Eltern bereits verstorben sind oder einen Pflichtteilsverzicht gegenüber ihrem Sohn erklärt haben:* Für ihre künftige Ehe vereinbaren die Vertragsteile als Güterstand die Gütertrennung nach den Bestimmungen des Bürgerlichen
Gesetzbuchs.]

Der Notar/Die Notarin hat die Vertragsteile darüber belehrt, dass durch die Vereinbarung der vorstehenden Modifizierung der Zugewinngemeinschaft [*Alt.:* aufgrund der
Vereinbarung der Gütertrennung] ein Ausgleich des Zugewinns bei Beendigung der Ehe
der Vertragsteile, insbesondere nach einer Scheidung, nicht stattfindet, [*ggf. bei Gütertrennung:* ferner darüber, dass sich die Gütertrennung auch auf das gesetzliche Erb-
und Pflichtteilsrecht auswirken kann und aufgrund des Fortfalls der Beschränkungen aus
den §§ 1365, 1369 BGB jeder der Vertragsteile berechtigt ist, ohne Zustimmung des anderen Ehegatten über sein Vermögen im Ganzen und über die ihm gehörenden Gegenstände des ehelichen Haushalts zu verfügen.]

Der Notar/Die Notarin hat ferner darauf hingewiesen, dass die Berufung auf die vorstehend vereinbarte Modifizierung der Zugewinngemeinschaft [*Alt.:* Vereinbarung der Gü-
tertrennung] dem begünstigten Ehegatten bei einer späteren Entwicklung, die vom derzeitigen Lebensplan abweicht, aufgrund des Gebots von Treu und Glauben verwehrt
sein kann, sowie darauf, dass Ausgleichsansprüche außerhalb des Güterrechts durch die
vorstehende ehevertragliche Vereinbarung unberührt bleiben.

Die Vertragsteile wünschen ausdrücklich die Vereinbarung der Modifizierung der Zuge-
winnschaft, insbesondere keine Vereinbarung einer Gütertrennung. [*Alt.:* die Vereinbarung der Gütertrennung, insbesondere keine modifizierte Zugewinngemeinschaft für
den Fall der Scheidung oder Aufhebung ihrer Ehe, bei der der Zugewinnausgleich ausgeschlossen wird.]

Der Notar/Die Notarin hat auch darauf hingewiesen, dass neben dem Güterrecht insbesondere bei Mitarbeit im Betrieb des Ehegatten ein Ausgleich bei einer Scheidung außerhalb des Güterrechts geschuldet sein kann, wenn die Mitarbeit nicht angemessen
entlohnt wird.

Die Eintragung des vereinbarten Güterstandes in das Güterrechtsregister, [*nur bei modifizierter Zugewinngemeinschaft:* soweit zulässig,] wird nicht gewünscht, [*nur bei
modifizierter Zugewinngemeinschaft:* ebenso kein Ausschluss der Verfügungsbeschränkungen nach §§ 1365, 1369 BGB.]

Hinsichtlich während der Ehezeit erfolgter Zuwendungen zwischen den Vertragsteilen wird vereinbart, dass diese im Falle der Scheidung der künftigen Ehe der Vertragsteile nur zurückgefordert werden können, wenn dies bei der Zuwendung ausdrücklich vereinbart worden ist oder ein zwingender gesetzlicher Widerrufsgrund vorliegt. Insbesondere soll die Scheidung der künftigen Ehe der Vertragsteile nicht zum Wegfall der Geschäftsgrundlage der Zuwendung führen.

III. Nachehelicher Unterhalt

Eine Vereinbarung zum nachehelichen Unterhalt wünschen die Vertragsteile nicht. Diesbezüglich soll es bei der jeweils geltenden gesetzlichen Regelung verbleiben.

[*Alt.:* Der Notar/Die Notarin hat die Vertragsteile über die Folgen eines Verzichts auf nachehelichen Unterhalt und über das Risiko belehrt, dass dann im Fall der Scheidung der künftigen Ehe der Vertragsteile jeder von ihnen für den eigenen Unterhalt Sorge zu tragen hat. Die Vertragsteile wurden ferner darauf hingewiesen, dass ein Unterhaltsverzicht nichtig ist, wenn in Anbetracht der wirtschaftlichen Situation der Ehegatten zwingend dazu führen würde, dass der verzichtende Ehegatte auf staatliche Leistung angewiesen ist oder sich der Verzicht zu Lasten nachrangiger Unterhaltsschuldner auswirkt. Schließlich kann es auch im Rahmen des nachehelichen Unterhalts dem begünstigten Vertragsteil verwehrt sein, sich bei einer Scheidung auf den Verzicht zu berufen, wenn die Rechtsausübung aufgrund einer späteren Entwicklung, insbesondere im Falle der Betreuung des Ehegatten oder dessen Familienangehörigen und einer damit verbundenen Einschränkung der Berufstätigkeit, gegen Treu und Glauben verstieße.

Die Vertragsteile vereinbaren für den Fall der Scheidung ihrer künftigen Ehe den gegenseitigen Verzicht auf die Gewährung nachehelichen Unterhalts, auch für den Fall der Not und der Gesetzesänderung, und nehmen den Verzicht gegenseitig an. Ausgenommen von diesem Verzicht sind die Unterhaltstatbestände wegen Alters (§ 1571 BGB) und wegen Krankheit oder Gebrechen (§ 1572 BGB).]

IV. Versorgungsausgleich

Der Notar/die Notarin hat die Beteiligten über die rechtliche und wirtschaftliche Tragweite des Versorgungsausgleichs, nämlich die Sicherung des Ehegatten für den Fall des Alters, eingehend belehrt. Er/Sie hat die Vertragsteile darauf hingewiesen, dass bei einem Verzicht auf Ausgleich der in der Ehezeit erworbenen Anrechte auf Alters- und Invaliditätsvorsorge, gleich aus welchem Grunde, jeder der künftigen Ehegatten für die soziale Sicherung im Scheidungsfall selbst sorgen muss. Hierauf vereinbaren die Vertragsteile:

Die Vertragsteile schließen hiermit nach § 6 VersAusglG gegenseitig den Versorgungsausgleich nach dem VersAusglG vollständig und für die gesamte Ehezeit aus und nehmen diesen Verzicht gegenseitig an. Eine Abänderung dieser Vereinbarung, insbesondere nach § 227 FamFG, wird unter wechselseitiger Annahme vertraglich bindend ausgeschlossen.

Mit dieser Vereinbarung ist ausdrücklich kein Verzicht auf Altersvorsorgeunterhalt verbunden; [*ggf:* unberührt bleibt die Vereinbarung in Abschnitt III.]

Der Notar/Die Notarin hat die Vertragsteile ferner darauf hingewiesen, dass

a) es empfehlenswert ist, die aus dem künftig zu erwartenden Versicherungsverlauf resultierenden Anrechte der künftigen Ehegatten im Rahmen einer Renten- bzw. Versorgungsberatung zu bestimmen; die künftigen Ehegatten wünschen die Beurkundung jedoch ausdrücklich ohne eine solche vorherige Berechnung.

b) mit dem Ausschluss des Versorgungsausgleichs keine Änderung des Güterstandes verbunden ist; unberührt bleibt die Vereinbarung in Abschnitt II.

c) der Verzicht auf den Versorgungsausgleich gesetzlich zwingend einer Wirksamkeits- und Ausübungskontrolle nach § 8 Abs. 1 VersAusglG und den Rechtsprechungsgrundsätzen unterliegt. Einschränkungen und Rücktrittsrechte wünschen die Vertragsteile ausdrücklich nicht.

V. Hinweise, Unwirksamkeit

1. Der Notar/Die Notarin hat die Beteiligten insbesondere auch auf die Entscheidungen des Bundesverfassungsgerichts sowie der Familiengerichte hingewiesen, wonach Eheverträge, unwirksam sein können, wenn sie unausgewogen sind und einseitig zu Lasten einer Partei gehen und eine bei Beurkundung bestehende Ungleichgewichtslage von dem begünstigten Vertragsteil ausgenutzt wurde. Eine einseitig belastende Vereinbarung liegt vor allem dann vor, wenn die Regelung des Vertrags dem von den Ehegatten gewählten Ehemodell nicht entsprechende ehebedingte Nachteile, insbesondere durch die Aufgabe oder Einschränkung einer Berufstätigkeit, deshalb nur einen Ehegatten treffen.

Die Vertragsteile wurden ferner darauf hingewiesen, dass ihr Ehevertrag in angemessenen Abständen überprüft und gegebenenfalls angepasst werden muss, wenn sich das Ehemodell ändert und dadurch die in dieser Urkunde getroffenen ehevertraglichen Vereinbarungen nicht mehr angemessen sind. Sollte keine Anpassung durch die Vertragsteile erfolgen, so kann das Familiengericht die nicht mehr passende Regelung bei einem späteren Rechtsstreit im Zusammenhang mit der Scheidung durch eine angemessene ersetzen.

2. Für den Fall, dass Bestimmungen dieser Urkunde unwirksam sein sollten oder werden, wird dadurch die Wirksamkeit der übrigen Bestimmungen nicht berührt. Dies gilt insbesondere, wenn das Familiengericht im Rahmen der Scheidung entgegen unseren Vereinbarungen den Versorgungsausgleich durchführen sollte; auch in diesem Fall bleiben die übrigen Bestimmungen dieser Urkunde bestehen. Die Vertragsteile verpflichten sich, bei unwirksamen Vereinbarungen eine dem wirtschaftlichen Zweck wirtschaftlich möglichst nahe kommende wirksame Vereinbarung zu treffen. Das gleiche gilt bei Vertragslücken oder einer späteren Änderung unseres Ehemodells.

3. Erbrechtliche Verfügungen im Zusammenhang mit diesem Ehevertrag wünschen die Vertragsteile ausdrücklich nicht.

VI. Kosten, Abschriften

Die Vertragsteile tragen die Kosten dieses Vertrages und ersuchen, ihnen je eine beglaubigte Abschrift zu erteilen. [*bei Gütertrennung:* Die Urkunde ist im Zentralen Testamentsregister zu registrieren.]

notarielle Schlussformel

§ 13. Scheidungs- und Trennungsvereinbarungen

Übersicht

Schrifttum:

Kommentare, Handbücher und Monographien: *Braeuer,* Der Zugewinnausgleich, 2. Aufl. 2015; *Brambring,* Ehevertrag und Vermögenszuordnung unter Ehegatten, 7. Aufl. 2012; *Göppinger/Rakete-Dombek,* Vereinbarungen anlässlich der Ehescheidung, 11. Aufl. 2018; *Götz/Brudermüller,* Die gemeinsame Wohnung, 2008; *Johannsen/Henrich,* Familienrecht, 6. Aufl. 2015; *Langenfeld/Milzer,* Handbuch der Eheverträge und Scheidungsvereinbarungen, 7. Aufl. 2015; *Münch,* Familienrecht in der Notar- und Gestaltungspraxis, 2. Aufl. 2016; *ders.,* Ehebezogene Rechtsgeschäfte, 4. Aufl. 2015; *ders.,* Die Scheidungsimmobilie, 2. Aufl. 2012; *Nieder/Kössinger,* Handbuch der Testamentsgestaltung, 5. Aufl. 2015; *Schnitzler,* Münchner Anwaltshandbuch Familienrecht, 4. Aufl. 2014; *Wendl/Dose,* Das Unterhaltsrecht in der familienrichterlichen Praxis, 9. Aufl. 2015; *Wever,* Vermögensauseinandersetzung der Ehegatten außerhalb des Güterrechts, 7. Aufl. 2018.
Aufsätze: *Abramenko,* Störungen bei der Durchführung von Vereinbarungen gemäß § 1568a Abs. 3 Nr. 1 BGB, FamRB 2012, 125; *Bergschneider,* Der Beschlussvergleich gemäß § 278 Abs. 6 ZPO und das Problem der Form, FamRZ 2013, 260; *ders.,* Zum Formerfordernis nach der Neuregelung des § 1585c BGB im Unterhaltsrechtsänderungsgesetz, FamRZ 2008, 17; *ders.,* Der Tod des Unterhaltsverpflichteten, FamRZ 2003, 1049; *ders.,* Richterliche Kontrolle von Eheverträgen, NZFam Sonderausgabe vom 18.5.2018; *Borth,* Ausweitung des Schutzes des nachehelichen Unterhalts bei langer Ehedauer, FamRZ 2013, 165; *Braeuer,* Gütertrennung und Ausübungskontrolle, FamRZ 2014, 77; *Brambring,* Vereinbarungen zum Familienheim bei Scheidung, FPR 2013, 289; *Bredthauer,* Vereinbarungen über den Versorgungsausgleich, FPR 2009, 500; *Brix,* Eheverträge und Scheidungsfolgenvereinbarungen: Zur Abgrenzung von §§ 1378 III und 1408 I BGB, FamRZ 1993, 12; *Büte,* Vereinbarungen über den Trennungsunterhalt: Was geht – was geht nicht?, FuR 2018, 394; *Caspary,* Verwirkung von Ehegattenunterhalt – Ein Überblick zur Kasuistik des § 1579 BGB, FamRB 2007, 110; *Frank,* Ausgleich gemeinsamer Schulden bei Trennung und Scheidung; Außen- und Innenverhältnis, Mithaftung, Innenausgleich, Befreiungsanspruch, etc., NZFam 2017, 783; *Elden,* Streit über Steuern, NZFam 2018, 778; *Hauß,* Die Qual der Wahl einer Zielversorgung, FamRB 2013, 223; *Kogel,* Familienrechtliche Ausgleichsansprüche und Teilungsversteigerung, NZFam 2018, 788; *Kohlenberg,* Die Auseinandersetzung von Bankkonten und Wertpapierdepots bei Trennung und Scheidung, NZFam 2018, 773; *Lipp,* Die Eigentums- und Vermögensgemeinschaft des FGB und der Einigungsvertrag – eine vergebene Chance für eine Reform des Güterstandsrechts?, FamRZ 1996, 1117; *Mayer,* Unliebsame Folgen des Pflichtteilsverzichts, ZEV 2007, 556; *Münch,* Vereinbarungen zum Versorgungsausgleich, FPR 2013, 312; *Rakete-Dombek,* Die Form der Beurkundung in § 1585c S. 3 BGB, FS Hahne 2012, 307; *dies.,* Gerechtigkeit im Güterrecht?, FS Brudermüller 2014, 543; *dies.,* Aktuelle Entwicklungen im Familienrecht – Von A wie Abkommen bis Z wie Zuwendung, NJW 2010, 1313; *Schnitzler,* Die verfestigte Lebensgemeinschaft als selbstständiger Härtegrund im neuen § 1579 Nr. 2 BGB, FPR 2008, 41; *Schramm,* Realsplitting – Vorteil und Nachteil, NJW-Spezial 2007, 391; *Schulz,* Die endgültige Überlassung der Ehewohnung, FPR 2010, 541; *Schürmann,* Kinder – Rang, FamRZ 2008, 313; *Schwab,* Kindschaftsrechtsreform und notarielle Vertragsgestaltung, DNotZ 1998, 437; *Siede/Brudermüller,* Die Entwicklung des Familienrechts seit September 2017 – Güterrecht und Versorgungsausgleich, NJW 2018, 1297; *Szalai,* Die familienrechtliche Überlagerung zivilrechtlicher Ansprüche unter Eheleuten, NZFam 2018, 781; *Wever,* Rückgewähr ehebezogener Zuwendungen: der Abschlag für teilweise Zweckerreichung, FamRZ 2013, 1; *Wick,* Vereinbarungen über den Versorgungsausgleich – Regelungsbefugnisse der Ehegatten, FPR 2009, 219; *Zimmermann,* Das neue Kindschaftsrecht, DNotZ 1998, 404.

A. Vorbemerkung

I. Allgemeines

1   Trennungs- und Scheidungsvereinbarungen regeln in der Ehekrise konkret die Folgen von Trennung und Scheidung. Grundsätzlich ist für die Scheidung einer Ehe eine Scheidungsfolgenregelung nicht mehr zwingend erforderlich. Bei der häufig großen Zahl strit-

tiger Fragen, der Komplexität der familienrechtlichen Bestimmungen und der hieraus bei streitiger Auseinandersetzung folgenden **langen Verfahrensdauer** ist zu einvernehmlichen Regelungen jedoch dringend zu raten. Diese empfehlen sich zur Vermeidung lang andauernder, das Scheidungsverfahren verzögernder, verteuernder und die persönlichen Beziehungen belastender gerichtlicher Auseinandersetzungen. Die Erarbeitung einer Vereinbarung lenkt den Blick in die Zukunft und fördert die Einsicht der Eheleute in die nun veränderte Lage.

Eine Trennungsvereinbarung kann auch angezeigt sein, wenn die Beteiligten nach einer Krise zunächst getrennt leben wollen, aber eine Ehescheidung von beiden noch nicht beabsichtigt ist.[1]   **2**

Der sachliche Zusammenhang der Regelung der Trennungs- und Scheidungsfolgen mit **3** dem gerichtlichen, dem Anwaltszwang unterworfenen Scheidungsverfahren (§ 114 Abs. 1 FamFG) führt in der Praxis häufig dazu, **unter anwaltlicher Beratung und Vertretung** eine Vereinbarung auszuhandeln und diese privatschriftlich niederzulegen bzw. bei bestehendem Formzwang (§§ 311b, 1378 Abs. 3 S. 2, 1410, 1585c S. 2, 2348 BGB, Art. 14 Abs. 4 EGBGB) **gerichtlich protokollieren** zu lassen (§ 127a BGB). Für die Ehegatten ist das Einschlagen dieses Weges möglich, wenn Meinungsverschiedenheiten über die beiderseitigen Rechte und Pflichten bestehen, die von einem Notar als unparteiischem Berater der Beteiligten nicht überbrückt werden können. Möglich ist aber auch – und kommt in der Praxis bei komplexeren Sachverhalten sehr häufig vor –, eine zwischen den Eheleuten ausgehandelte Ehescheidungsvereinbarung notariell beurkunden zu lassen.[2]

Auf einen gerichtlich festgestellten Vergleich gemäß § 278 Abs. 6 ZPO findet § 127a **3a** BGB entsprechende Anwendung.[3] Vereinbarungen, die eine notariellen Beurkundung erfordern, können auch durch einen Beschlussvergleich (sog. Anwaltsvergleich) wirksam abgeschlossen werden. Auf diesem Wege kann jedoch nicht die notarielle Beurkundung einer Auflassungserklärung ersetzt werden, da es an der gleichzeitigen Anwesenheit der Beteiligten gemäß § 925 Abs. 1 BGB fehlt.[4]

Sind sich die Ehegatten jedoch über die Regelung der Scheidungsfolgen in den we- **4** sentlichen Punkten im Grundsatz einig, empfiehlt sich für sie, sich über die konkrete Ausgestaltung ihrer Vereinbarungen **durch** einen **Notar beraten** und diese **notariell beurkunden** zu lassen (hierzu → § 12 Rn. 156). Da bei notarieller Beurkundung der Scheidungsfolgen kein Anwalt und für das Betreiben des Scheidungsverfahrens nur ein Anwalt erforderlich ist, ergeben sich auf diesem Wege erhebliche **Kostenvorteile**.[5]

Der **Anwaltsnotar** ist verschiedenen Mitwirkungsverboten unterworfen. Er hat, wird **5** er als Notar tätig, bei der Beurkundung von Trennungs- und Scheidungsfolgenvereinbarungen die **Mitwirkungsverbote** des § 3 BeurkG zu beachten. War er oder einer seiner Sozien oder auch Bürogemeinschaftspartner in einer Familienrechtsangelegenheit bereits als Anwalt tätig, darf er eine Vereinbarung über Trennungs- und Scheidungsfolgen der Eheleute nicht beurkunden. Hat er oder ein mit ihm zu gemeinschaftlicher Berufsausübung verbundener Anwaltsnotar eine Vereinbarung beurkundet, darf er nicht als Anwalt in einer Auseinandersetzung über Scheidung, Trennungs- und Scheidungsfolgen tätig werden (§ 45 Abs. 1 Nr. 1 BRAO).[6]

II. Inhaltskontrolle

Nach den Grundsatzentscheidungen des BVerfG vom 6. 2. 2001[7] und vom 29. 3. 2001[8] hat **6** der Staat der Freiheit von Ehegatten, mit Hilfe von Verträgen die ehelichen Beziehungen

---

[1] *Münch* Ehebezogene Rechtsgeschäfte Teil 8 Rn. 3735.
[2] Zur Abgrenzung zwischen Ehevertrag und Scheidungsfolgenvereinbarung: *Brambring* Ehevertrag Rn. 8.
[3] BGH NJW 2017, 1947.
[4] Göppinger/Rakete-Dombek/*Wamser* Ehescheidung 1. Teil Rn. 133.
[5] Zur diesbezüglichen Beratungspflicht des Anwalts BGH NJW 1998, 136.
[6] AGH Schleswig ZEV 2014, 205.
[7] BVerfG NJW 2001, 957.

und wechselseitigen Rechte und Pflichten zu gestalten, dort Grenzen zu setzen, wo der Vertrag nicht Ausdruck und Ergebnis gleichberechtigter Lebenspartnerschaft ist, sondern eine auf ungleichen Verhandlungspositionen basierende einseitige Dominanz eines Ehegatten widerspiegelt. Nach Ansicht des BVerfG ist es Aufgabe der Gerichte, in solchen Fällen **gestörter Vertragsparität** über die zivilrechtlichen Generalklauseln zur Wahrung beeinträchtigter Grundrechtspositionen eines Ehepartners den Inhalt des Vertrages einer Kontrolle zu unterziehen und ggf. zu korrigieren. In Vollzug dieser Aufgabenzuweisung stellt der BGH[9] fest, dass es den Ehegatten grundsätzlich frei stehe, über die gesetzlichen Regelungen über den Zugewinn, den Versorgungsausgleich und den nachehelichen Unterhalt ehevertraglich zu disponieren. Es gibt nach Ansicht des BGH keinen unverzichtbaren Mindestgehalt an Scheidungsfolgen zugunsten des berechtigten Ehegatten. Allerdings dürfe die grundsätzliche Disponibilität der Scheidungsfolgen nicht dazu führen, dass der Schutzzweck dieser Regelungen beliebig unterlaufen werden kann.[10] Das ist dann zu bejahen, wenn dadurch eine evident einseitige und durch die individuelle Gestaltung der ehelichen Lebensverhältnisse nicht gerechtfertigte Lastenverteilung entstünde, die hinzunehmen für den belasteten Ehegatten – bei angemessener Berücksichtigung der Belange des anderen Ehegatten und seines Vertrauens in die Geltung der getroffenen Abrede – bei verständiger Würdigung des Wesens der Ehe unzumutbar erscheint.[11] Die Belastungen des einen Ehegatten werden nach Ansicht des BGH dabei umso schwerer wiegen und die Belange des anderen Ehegatten sind umso genauer zu prüfen, je unmittelbarer die Vereinbarung über die Abbedingung gesetzlicher Regelungen in den Kernbereich des Scheidungsfolgenrechts eingreift.[12] Diese sog. Kernbereichslehre hat der BGH in seinem Urteil vom 11.2.2004[13] entwickelt. Danach gehört zum Kernbereich in erster Linie der Kindesbetreuungsunterhalt (§ 1570 BGB). Auf der zweiten Stufe rangieren der Alters- und Krankheitsunterhalt (§§ 1571, 1572 BGB). Der Versorgungsausgleich steht als vorweggenommener Altersunterhalt auf gleicher Stufe wie dieser selbst. Der Zugewinnausgleich erweist sich nach Ansicht des BGH der ehevertraglichen Disposition am weitesten zugänglich.[14]

7   Das Gericht prüft im Rahmen der **Inhaltskontrolle** in einem ersten Schritt (sog. **Wirksamkeitskontrolle**), ob die Vereinbarung schon im Zeitpunkt des Vertragsschlusses offenkundig zu einer derart einseitigen Lastenverteilung für den Scheidungsfall führt, dass ihr – und zwar losgelöst von der künftigen Entwicklung der Ehegatten und ihrer Lebensverhältnisse – wegen Verstoßes gegen die guten Sitten die Anerkennung der Rechtsordnung ganz oder teilweise mit der Folge zu versagen ist, dass an ihre Stelle die gesetzlichen Regelungen treten, § 138 Abs. 1 BGB.[15] Es ist nach Ansicht des BGH eine Gesamtwürdigung der individuellen Verhältnisse der Eheleute bei Vertragsschluss vorzunehmen. Maßgeblich seien hierbei insbesondere die Einkommens- und Vermögensverhältnisse, der geplante oder bereits verwirklichte Zuschnitt der Ehe sowie die Auswirkungen auf die Ehegatten und die Kinder. Subjektiv seien die von den Ehegatten mit der Vereinbarung verfolgten Zwecke sowie die übrigen Beweggründe, die den begünstigten Ehegatten veranlasst haben, die für ihn günstige Regelung zu fordern und den benachteiligten Ehegatten bewogen haben, diesem Verlangen nachzukommen.[16] Sittenwidrig wird eine Vereinbarung danach regelmäßig nur dann sein, wenn durch den Vertrag Regelungen aus dem Kernbereich des gesetzlichen Scheidungsfolgenrechts ganz oder jedenfalls zu erheblichen

---

[8] BVerfG NJW 2001, 2248.
[9] BGH NJW 2004, 930; NJW 2013, 457 und NJW 2013, 380; zuletzt BGH DNotZ 2017, 870.
[10] BGH NJW 2004, 930.
[11] BGH NJW 2006, 2331.
[12] BGH NJW 2006, 2331.
[13] BGH NJW 2004, 930.
[14] BGH NJW 2004, 930.
[15] BGH NJW 2004, 930.
[16] BGH NJW 2004, 930.

Teilen abbedungen werden, ohne dass dieser Nachteil für den anderen Ehegatten durch anderweitige Vorteile gemildert oder durch die besonderen Verhältnisse der Ehegatten, den von ihnen angestrebten oder gelebten Ehetyp oder durch sonstige gewichtige Belange des begünstigten Ehegatten gerechtfertigt wird.[17] Gleichwohl wird das Verdikt der Sittenwidrigkeit in der Regel nicht gerechtfertigt sein, wenn sonst **außerhalb der Vertragsurkunde** keine verstärkenden Umstände zu erkennen sind, die auf eine **subjektive Imparität,** insbesondere infolge der Ausnutzung einer Zwangslage, sozialer oder wirtschaftlicher Abhängigkeit oder intellektueller Unterlegenheit, hindeuten könnten.[18]

Hält die getroffene Vereinbarung der Wirksamkeitskontrolle stand, so prüft das Gericht **8** in einem zweiten Schritt (sog. **Ausübungskontrolle**), ob und inwieweit ein Ehegatte die ihm durch die Vereinbarung eingeräumte Rechtsmacht missbraucht, wenn er sich im Scheidungsfall gegenüber einer vom anderen Ehegatten begehrten gesetzlichen Scheidungsfolge darauf beruft, dass diese durch die Vereinbarung wirksam ausgeschlossen worden sei, § 242 BGB.[19] Nach Ansicht des BGH sind dafür nicht nur die Verhältnisse im Zeitpunkt des Vertragsschlusses maßgeblich. Entscheidend sei vielmehr, ob sich nun – im Zeitpunkt des Scheiterns der Lebensgemeinschaft – aus dem vereinbarten Ausschluss der Scheidungsfolge eine evident einseitige Lastenverteilung ergibt, die hinzunehmen für den belasteten Ehegatten auch bei angemessener Berücksichtigung der Belange des anderen Ehegatten und seines Vertrauens in die Geltung der getroffenen Abrede sowie bei verständiger Würdigung des Wesens der Ehe unzumutbar ist. Eine Unzumutbarkeit kann insbesondere dann angenommen werden, wenn die tatsächliche einvernehmliche Gestaltung der ehelichen Lebensverhältnisse von der ursprünglichen, der Vereinbarung zugrundeliegenden Lebensplanung grundlegend abweicht.[20]

Es ist nicht unstrittig, ob diese Rechtsprechung auf Scheidungsfolgenvereinbarungen **9** direkt übertragbar ist, da Scheidungsfolgenvereinbarungen erst nach einem Scheitern der Ehe geschlossen werden und somit keine abstrakten, sondern konkret bestimmbare Scheidungsfolgen geregelt werden.[21] Nach der hier vertretenen Ansicht gelten die vom BGH aufgestellten Grundsätze für die Inhaltskontrolle auch für Vereinbarungen, die anlässlich der Trennung und/oder Scheidung geschlossen werden (→ § 12 Rn. 9 ff.).[22] Das dürfte der Gesetzgeber genauso sehen, da § 8 VersAusglG fordert, dass eine Vereinbarung über den Versorgungsausgleich einer Inhalts- und Ausübungskontrolle standhalten muss. Die Gesetzesbegründung zu § 8 VersAusglG stellt ausdrücklich fest, dass die vom BGH entwickelten Grundsätze auch auf eine Scheidungsfolgenvereinbarung entsprechend anzuwenden seien.[23] Für die anderen Trennungs- und Scheidungsfolgen kann daher nichts anderes gelten.

Dennoch wird eine Scheidungsfolgenvereinbarung seltener angreifbar sein, da die Ehe- **10** leute am Ende der Ehe wissen, wie die Ehe verlaufen ist, wer Nachteile durch die Ehe hingenommen hat, wie viele gemeinsame Kinder sie haben, welches Einkommen jeder von ihnen erzielt und welches Vermögen existiert. Das ist bei einem vorsorgenden Ehevertrag vor oder kurz nach Eingehung der Ehe anders.

Hinsichtlich der voranzustellenden Präambel sowie der notwendigen Belehrungen gel- **11** ten allerdings die gleichen Regeln (→ § 12 Rn. 162 ff.). Zu der Heilung bzw. Bestätigung von nach den vorstehenden Grundsätzen angreifbaren Altverträgen → § 12 Rn. 11d.

---

[17] BGH NJW 2004, 930.
[18] BGH NJW 2013, 457; NJW 2013, 380; DNotZ 2017, 870.
[19] BGH NJW 2004, 930.
[20] BGH NJW 2004, 930.
[21] So Palandt/*Brudermüller* BGB § 1585c Rn. 17.
[22] So auch *Langenfeld/Milzer* Eheverträge-HdB Rn. 90; Göppinger/Rakete-Dombek/*Wamser* Ehescheidung 1. Teil Rn. 48; MAH FamR/*Borth* Kap. 15 Rn. 86.
[23] BT-Drs. 16/10144, 53.

III. Beratungs-Checkliste

12 Notariell zu beurkundende Trennungs- und Scheidungsvereinbarungen setzen zunächst die **Ermittlung des Sachverhalts** voraus, dh der allgemeinen Verhältnisse der Ehegatten sowie die die einzelnen **Beurkundungsfelder** betreffenden speziellen Verhältnisse. Hierzu folgende Checkliste:

---

13 **Beratungs-Checkliste:**

(1) Allgemeines
   (a) Namen, Vornamen, Beruf, Einkommen, Anschriften der Eheleute
   (b) Geburtsdaten nebst Geburtenbuchnummer, Geburtsstandesamt, ggf. Steuer-ID (bei Grundstücksübertragungen)
   (c) Staatsangehörigkeit der Eheleute (Art. 15, 17 ff. EGBGB, § 17 BeurkG, Ehestatut, Güterrechtsstatut)
   (d) Leben Eheleute bereits getrennt, ggf. seit wann?
   (e) Ist Trennungsjahr einzuhalten – Fall des § 1565 Abs. 2 BGB?
   (f) Ist bereits ein Gerichtsverfahren anhängig, ggf. vor welchem Gericht, Geschäftszeichen?
   (g) Falls nein: Wann soll der Scheidungsantrag eingereicht werden?
   (h) Liegen bereits ein Ehevertrag/vorsorgende Vereinbarungen für den Fall einer Trennung und Scheidung vor?

(2) Elterliche Sorge – Umgangsrecht (§§ 1671, 1684 f. BGB; → Rn. 17 ff.):
   (a) Name, Vorname, Geburtsdatum, Ausbildungsphase der gemeinsamen minderjährigen Kinder
   (b) Anträge der Ehegatten zur elterlichen Sorge und zum Umgangsrecht (§ 1671 Abs. 2 Nr. 1, Nr. 2 BGB, § 133 Nr. 2 FamFG)
   (c) Abweichender Vorschlag des Kindes (§ 1671 Abs. 2 Nr. 1 BGB)
   (d) Sorgerechtsplan
   (e) Vorstellungen der Ehegatten über Gestaltung des Umgangsrechts/Ferienbesuche

(3) Unterhalt (→ Rn. 44 ff.):
   (a) Einkommensverhältnisse der Ehegatten:
      (aa) Jahresbrutto- und -nettoeinkünfte des letzten Kalenderjahres – durchschnittlicher Monatsverdienst beider Ehegatten; bei Selbständigen Durchschnittseinkommen der letzten drei Wirtschaftsjahre; steuerliche Belastung im aktuellen Veranlagungszeitraum; Steuervorauszahlungen und -nachzahlungen
      (bb) Lohnsteuerklasse – Änderung der Lohnsteuerklasse zu erwarten?
      (cc) Letzte Einkommensteuer-/Lohnsteuererstattung
      (dd) Zusammenveranlagung/getrennte Veranlagung (§ 26 EStG)
      (ee) Bis zu welchem Kalenderjahr ist gemeinsame Veranlagung möglich?
      (ff) Realsplitting (§ 10 Abs. 1 Nr. 1 EStG)
      (gg) Kinderfreibeträge, Ausbildungsfreibeträge (§§ 32 Abs. 6 und 33a EStG), Entlastungsbetrag für Alleinerziehende, wo sind die Kinder gemeldet (§ 32 Abs. 7 EStG)?
      (hh) Vorteile durch mietfreies Wohnen, Pkw-Vorteil
      (ii) (ii) Beidseitiges sonstiges Vermögen: Einkünfte aus Kapitalvermögen, Vermietung oder Verpachtung, sonstige Einkünfte (§ 22 EStG)
      (jj) Fahrtkosten, Entfernung zum Arbeitsplatz
      (kk) Sonstige Werbungskosten
      (ll) Art der Krankenversicherung – gesetzliche, private Krankenversicherung, Pflegeversicherung, Familienversicherung (§ 10 SGB V); Beihilfeberechtigung

---

(mm) Schulden, voreheliche, eheliche, trennungsbedingte; Ende von Ratenzahlungsverpflichtungen, Gesamtschuld oder nicht, anderweitige Bestimmung iSd § 426 BGB?

(nn) Belastungen durch Grundvermögen

(oo) bestehende Möglichkeiten der Kindesbetreuung (§ 1570 Abs. 1 BGB)

(pp) Dauer der Ehe, Gestaltung der Haushaltsführung und Erwerbstätigkeit, Kindesbetreuung, ehebedingte Nachteile (§ 1578b BGB)

(qq) In Erwartung der Ehe oder während der Ehe nicht aufgenommene oder abgebrochene Schul- oder Berufsausbildung (§§ 1574 Abs. 2, 1575 BGB)

(rr) Alter/Krankheit/berufliche Ausbildung und Praxis

(ss) Erwerbschancen

(tt) Kann Versorgung aus alter Ehe wieder aufleben, zB nach § 46 Abs. 1 SGB VI iVm §§ 3, 90 Abs. 1 SGB VI, § 61 Abs. 3 BeamtVG?

(uu) Unterhaltsfall gemäß §§ 33, 34 VersAusglG

(b) Verhältnisse der gemeinsamen, auch volljährigen, unterhaltsberechtigten Kinder (→ Rn. 99 ff.):

(aa) (aa) Name, Vorname, Geburtsdatum, Ausbildungsphase

(bb) Eigene Wohnung

(cc) Eigenes Einkommen – Werbungskosten, BAföG, Wohngeld

(dd) Bezugsberechtigter des Kindergeldes und Höhe des Kindergeldes

(ee) Krankenversicherung der Kinder

(4) Versorgungsausgleich; beidseitige Versorgungsanwartschaften (→ Rn. 120 ff.):

(a) Aus öffentlich-rechtlichem Dienstverhältnis – Ehezeit/Gesamtzeit

(b) Aus den gesetzlichen Rentenversicherungen – liegt Versicherungsverlauf vor?

(c) Aus berufsständischer Versorgung

(d) Aus betrieblicher Altersversorgung, verfallbar/unverfallbar, ist Hinterbliebenenversorgung vorgesehen?

(e) Sonstige Anwartschaften – beispielsweise Lebensversicherungen auf Rentenbasis; Lebensversicherungen mit Wahlrecht (Kapital oder Rente?), Wahlrecht ausgeübt?

(f) Ist Versorgungsfall bereits eingetreten oder steht Versorgungsfall unmittelbar bevor (§ 57 Abs. 1 S. 2 BeamtVG, § 101 Abs. 3 SGB VI)?

(5) Vermögensrechtliche Auseinandersetzung (vgl. → Rn. 150 ff.):

(a) Gesetzlicher Güterstand:

(aa) (aa) Beidseitiges Endvermögen

(bb) Trennungstag, beiderseitiges Trennungsvermögen

(cc) Beeinträchtigende Verfügungen (§ 1375 Abs. 2 BGB)

(dd) Beidseitiges Anfangsvermögen – Vermögen, das ein Ehegatte nach Eintritt des Güterstandes von Todes wegen oder mit Rücksicht auf ein künftiges Erbrecht, durch Schenkung oder als Ausstattung erworben hat (§ 1374 Abs. 2 BGB)

(ee) Datum des Zuflusses

(ff) Vorausempfänge gemäß § 1380 BGB

(gg) Bei gemeinsamer Immobilie: Wer hat Verzinsung und Tilgung aufgebracht?

(hh) Miteigentum, insbesondere an Immobilien[24]

(ii) (ii) Gemeinsame Schulden, Bürgschaften

(b) Gütertrennung: Vermögenserwerb in der Ehe, gegenseitige Zuwendungen der Ehegatten in der Ehe, beidseitiger Vermögensstatus

(c) Gütergemeinschaft

(d) BGB-Innengesellschaft

---

[24] Vgl. hierzu *Brambring* FPR 2013, 289.

(6) Eheliche Wohnung (§§ 1361b, 1568a BGB; → Rn. 179 ff.):
    (a) Vorschlag der Ehegatten
    (b) Dingliche Rechtslage: Eigentum oder Miteigentum eines oder beider Ehegatten; Nießbrauch oder Wohnrecht eines Ehegatten
    (c) Lasten der ehelichen Wohnung
    (d) Verschränkung mit Unterhaltsregelung oder vermögensrechtlicher Auseinandersetzung
    (e) Mietrechtliche Verhältnisse
    (f) Mitteilung an den Vermieter gemäß § 1568a Abs. 3 S. 1 Nr. 1 BGB erforderlich?
    (g) Aufgestaute Schönheitsreparaturen
    (h) Gezahlte Kautionen
(7) Haushaltsgegenstände (§§ 1361a, 1568 BGB; → Rn. 184 ff.):
    (a) Vorschlag der Ehegatten
    (b) Umfang der in die Ehe mitgebrachten Haushaltsgegenstände;
    (c) In der Ehe für den gemeinsamen Haushalt angeschaffte Haushaltsgegenstände (§ 1568b Abs. 2 BGB)
    (d) In der Ehe von einem Ehegatten zu Alleineigentum erworbener Hausrat; in die Ehe eingebrachte Haushaltsgegenstände
    (e) nach Trennung erworbene Haushaltsgegenstände
(8) Erbrechtliche Verhältnisse (→ Rn. 188 f.):
    (a) §§ 1933, 2077, 2268, 2279 BGB prüfen
    (b) Liegen letztwillige Verfügungen oder ein Erbvertrag vor?
    (c) Sollen wechselseitige Erbrechte und Pflichtteilsansprüche entfallen?

IV. Regelungsvorstellungen der Ehegatten und Fallgruppen

14   Die Vorstellungen der Ehegatten gehen meist dahin, eine Regelung der Trennungs- und Scheidungsfolgen gemäß den gesetzlichen Bestimmungen und der Rechtsprechung als Gesamtvereinbarung zu treffen. Die Neuregelungen des Geschiedenenunterhaltsrechts können Veranlassung zu einer konkreten Regelung der Billigkeitsvorschriften der § 1570 BGB (Betreuungsunterhalt) und/oder § 1578b BGB (Herabsetzung und zeitliche Begrenzung des Geschiedenenunterhalts) geben. Abweichungen von der Gesetzeslage können auch gerechtfertigt sein, wenn die Voraussetzungen der §§ 1579, 1381 BGB oder § 27 VersAusglG vorliegen.

15   Abweichende Regelungsvorstellungen können jedoch auch durch Schuldgefühle verursacht sein, die aufgrund der besonderen psychischen Gegebenheiten der Krise der Ehe entstanden sind, diese ausnutzende Nötigungen, Ängste oder eine Überschätzung der eigenen Möglichkeiten, und damit unausgewogen sein; in diesen Fällen können besondere Belehrungspflichten aus der notariellen Betreuungsverpflichtung entstehen. Werden diese nicht wahrgenommen, besteht möglicherweise die Gefahr, dass die Vereinbarung im Rahmen einer späteren gerichtlichen Inhaltskontrolle keinen Bestand hat.[25]

16   Insbesondere *Langenfeld*[26] hat Fallgruppen von Ehetypen und daran anknüpfend von Scheidungsvereinbarungen gebildet (dazu auch → § 12 Rn. 7 f.).[27] Hierzu im Einzelnen:[28]
(1) **Kurze Doppelverdienerehe ohne Kinder:** Eine Scheidung würde sämtliche Scheidungsfolgen auslösen. Gemäß § 3 Abs. 3 VersAusglG findet bei einer Ehe bis zu drei Jahren ein Versorgungsausgleich nur auf Antrag eines Ehegatten statt. Ebenso wird bei einer kurzen Ehedauer gemäß § 1379 Nr. 1 BGB kein nachehelicher Unterhaltsan-

---

[25] BVerfG NJW 2001, 2248 und BGH NJW 2004, 930.
[26] *Langenfeld/Milzer* Eheverträge-HdB Rn. 959 ff.
[27] Ebenso *Brambring* Ehevertrag Rn. 24 ff.
[28] Die Aufzählung der Ehevertragstypen ist nicht abschließend.

spruch bestehen. Hinsichtlich des Zugewinnausgleichs existiert keine entsprechende Regelung, § 1381 BGB dürfte nach der Rechtsprechung kaum helfen.

(2) **Hausfrauenehe mit minderjährigen Kindern:** Hierauf sind die gesetzlichen Scheidungsfolgeregelungen zugeschnitten. Verzichte kommen daher ohne ausreichende Kompensation nicht in Betracht.

(3) **Vereinbarung bezüglich des im gemeinsamen Eigentum stehenden Familienheims:** Häufig kann eine Miteigentumsübertragung gegen befreiende Schuldübernahme vereinbart werden. Ansprüche aus dem Zugewinn sowie aus dem Versorgungsausgleich (korrespondierende Kapitalwerte gemäß § 47 VersAusglG) können auf einen eventuell geschuldeten Ausgleichswert verrechnet werden.

(4) **Vereinbarung bei Erfüllung eines Verwirkungsgrundes** (§ 1579 BGB; hier: einseitige Abkehr eines Ehegatten von der Ehe): Soweit ein vollständiger Unterhaltsausschluss gemäß § 1579 BGB in Betracht käme, kann ein Unterhaltsverzicht vereinbart werden. Dies dürfte bei einem Anspruch auf Betreuungsunterhalt nicht gelten.

(5) **Kinderlose Unternehmerehe bei gehobenen Einkommens- und Vermögensverhältnissen:** Sofern die Ehefrau über kein ausreichendes Einkommen nach langer Ehedauer verfügen sollte, können ihr vorzugsweise Immobilien übertragen werden, wobei eine Immobilie dazu dienen kann, Einkünfte aus Vermietung zu erlangen, die andere zum eigenen, mietfreien Wohnen dient. Ein großzügiger Abfindungsbetrag kann daneben gezahlt werden, um Anschaffungen etc finanzieren zu können. In der Regel stellt sich bei Unternehmern ein Verzicht auf den Versorgungsausgleich als kein Nachteil dar, wenn dieser keine eigenen Rentenanwartschaften erworben hat.

B. Elterliche Sorge, Umgangsrecht

Nach § 1626 Abs. 1 BGB haben die Eltern die **Pflicht** und das **Recht,** für das minder- 17
jährige Kind zu sorgen. Nach § 1684 Abs. 1 BGB hat das Kind das Recht auf Umgang mit jedem Elternteil; jeder Elternteil ist zum Umgang mit dem Kind verpflichtet und berechtigt. In den §§ 1626 Abs. 3 S. 2, 1685 BGB wird das Umgangsrecht unter anderem auf Großeltern, Geschwister, Stiefeltern und andere Personen, mit denen das Kind längere Zeit in häuslicher Gemeinschaft gelebt hat, ausgedehnt.

I. Elterliche Sorge

Über die elterliche Sorge entscheidet das Familiengericht auf Antrag eines Elternteils oder 18
beider Eltern (§ 1671 BGB), im Scheidungsverfahren im gewillkürten Ehescheidungsverbund (§ 137 Abs. 3 FamFG). Es bleibt danach im Regelfall auch nach Scheidung der Ehe beim gemeinsamen Sorgerecht. Auf einen Elternteil allein kann die elterliche Sorge oder ein Teil der elterlichen Sorge auf Antrag unter den Voraussetzungen des § 1671 Abs. 2 BGB übertragen werden. Sind die Eltern insoweit einig, ist das Familiengericht an die Einigung gebunden und überträgt die elterliche Sorge auf den vorgeschlagenen Elternteil.[29]

Nach § 133 Abs. 1 Nr. 2 FamFG muss die Antragsschrift auf Ehescheidung unter ande- 19
rem die Erklärung enthalten, ob die Ehegatten eine Regelung über die elterliche Sorge und den Umgang getroffen haben.

Formulierungsbeispiel: Vereinbarungen zum Sorgerecht   20

Wir wollen im Scheidungsverfahren Anträge zur Übertragung der elterlichen Sorge oder eines Teils der elterlichen Sorge für unsere Tochter *** auf einen Elternteil und zur Regelung des Umgangs der Eltern mit unserer Tochter nicht stellen, weil wir uns über das Fortbestehen der gemeinsamen elterlichen Sorge und über den Umgang einig sind.

---

[29] NK-BGB/*Rakete-Dombek* BGB § 1671 Rn. 2; Göppinger/Rakete-Dombek/*Sander* Ehescheidung 2. Teil Rn. 7 ff.

Alt.: Die Ehefrau wird bei dem Familiengericht beantragen, ihr die alleinige elterliche Sorge/das Aufenthaltsbestimmungsrecht für unser Kind zu übertragen. Der Ehemann erklärt hierzu bereits jetzt seine Zustimmung.

21 Bei der Entscheidung der Eltern für den Fortbestand der gemeinsamen elterlichen Sorge an sich bleiben die wesentlichen Punkte zunächst ungeregelt, beispielsweise
– für welches Betreuungsmodell sich die Eltern entscheiden,[30] insbesondere wo sich das Kind gewöhnlich aufhält;
– wie die Vertretung des Kindes nach außen und im Verhältnis der Elternteile zueinander geregelt ist;
– wie die Unterhaltspflichten künftig geregelt sein sollen, insbesondere welcher der beiden Elternteile barunterhaltspflichtig ist und welcher seiner Verpflichtung zur Erbringung von Unterhaltsleistungen durch die Pflege und Erziehung des Kindes nach § 1606 Abs. 3 S. 2 BGB nachkommt; hiermit im Zusammenhang steht auch die Frage, ob ein und welcher Elternteil für das Kind Unterhaltsansprüche geltend machen kann.

22 In jeder Trennungs- und Scheidungsfolgenvereinbarung sollten diese Punkte geregelt werden.

23 Formulierungsbeispiel: Vereinbarung zum Aufenthalt der Kinder

Die Eltern sind sich darüber einig, dass die gemeinsamen Kinder von der Mutter versorgt und betreut werden und sich bei dieser gewöhnlich aufhalten. *[sog. Residenzmodell]*

Alt.: Die Eltern sind sich darüber einig, dass sich die gemeinsamen Kinder im wöchentlichen Wechsel jeweils beginnend sonntags um 18.00 Uhr beim Vater bzw. der Mutter aufhalten. *[sog. Wechselmodell]*

24 Für die rechtsgeschäftliche Vertretung des Kindes ist zunächst § 1629 Abs. 1 BGB einschlägig. Danach vertreten die Eltern das Kind gemeinschaftlich, soweit ein Elternteil das Sorgerecht nicht allein ausübt oder ihm nicht gemäß § 1628 BGB vom Familiengericht das Alleinentscheidungsrecht in einzelnen Fragen übertragen worden ist.

25 Das Entscheidungsrecht getrennt lebender Eltern bei gemeinsamer elterlicher Sorge ist in § 1687 Abs. 1 BGB geregelt. Danach ist bei Entscheidungen in Angelegenheiten, deren Regelung für das Kind von erheblicher Bedeutung ist, ihr gegenseitiges Einvernehmen erforderlich. Im Übrigen hat der Elternteil, bei dem sich das Kind mit Einwilligung des anderen Elternteils oder aufgrund einer gerichtlichen Entscheidung gewöhnlich aufhält, die Befugnis zur Entscheidung in Angelegenheiten des täglichen Lebens.

26 Es ist strittig, ob im Rahmen eines Wechselmodells die Alltagssorge gemäß § 1687 Abs. 1 S. 2 BGB mit dem Kind zum jeweiligen Elternteil mitwechselt.[31] Gestritten werden kann im Übrigen über die Fragen, bei welchem Elternteil sich das Kind gewöhnlich aufhält, was Angelegenheiten des täglichen Lebens sind, ob § 1687 BGB lediglich das Innenverhältnis der Eltern oder auch das Vertretungsrecht nach außen regelt[32] und wie der vertretungsberechtigte Elternteil sein Vertretungsrecht nach außen nachweist (→ § 15 Rn. 29 ff.).

27 Formulierungsbeispiel: Vertretungsvollmacht gemäß § 1687 BGB

Der Ehefrau steht das Alleinentscheidungsrecht in Angelegenheiten des täglichen Lebens der Kinder im Sinne des § 1687 BGB zu. Der Ehemann erteilt der Ehefrau Vollmacht, die Kinder insoweit rechtsgeschäftlich auch nach außen zu vertreten.

---

[30] Vgl. Palandt/*Götz* BGB § 1687 Rn. 3.
[31] So Palandt/*Götz* BGB § 1687 Rn. 2.
[32] So von *Zimmermann* DNotZ 1998, 404 und *Schwab* DNotZ 1998, 437 angenommen.

Die Vertretungsvollmacht kann auch auf **Angelegenheiten von erheblicher Bedeu-** 28
tung erweitert werden (→ § 15 Rn. 43 ff.).

> **Formulierungsbeispiel: Vertretungsvollmacht in Angelegenheiten von erheblicher** 29
> **Bedeutung**
> Die Vollmacht erstreckt sich auch auf das Recht zur alleinigen Entscheidung bei medizi-
> nischen Eingriffen sowie die Vertretung der Kinder gegenüber Kreditinstituten bei der
> Anlage von deren Vermögen und gegenüber Behörden, insbesondere in schulischen und
> Angelegenheiten und der Beantragung von Ausweisen.

Eine in einem notariellen Ehevertrag getroffene Sorgerechtsvereinbarung der Eltern für 30
den Fall der Trennung und der Scheidung ist jederzeit durch einen Elternteil frei widerruflich und entfaltet keine Bindungswirkung.[33]

Die sich hieraus ergebende Unsicherheit lässt sich vermeiden, wenn von der Möglich- 31
keit Gebrauch gemacht wird, dem kindesbetreuenden Elternteil gemäß § 1671 Abs. 1 S. 2
BGB durch das Familiengericht einen Teil der elterlichen Sorge übertragen zu lassen, was
in der Trennungs- und Scheidungsfolgenvereinbarung wie folgt vorbereitet werden kann:

> **Formulierungsbeispiel: Übertragung von Teilbereichen der elterlichen Sorge** 32
> Die Eheleute sind sich darüber einig, dass ihnen die elterliche Sorge über die gemeinsa-
> men Kinder *** grundsätzlich auch weiterhin gemeinsam zustehen soll. Die Ehefrau
> wird jedoch bei dem Familiengericht beantragen, ihr gemäß § 1671 Abs. 2 Nr. 1 BGB
> das Recht über die Bestimmung des Aufenthalts der Kinder, das Recht zur alleinigen
> Entscheidung bei medizinischen Eingriffen sowie das Recht zur Vertretung der Kinder
> gegenüber Kreditinstituten bei Anlage des Vermögens der Kinder zu übertragen. Der
> Ehemann stimmt einem solchen Antrag bereits jetzt zu.

Eine solche Regelung des Sorgerechts kommt einer Alleinsorge allerdings sehr nahe. 33
Zudem ist zu beachten, dass die Übertragung des Aufenthaltsbestimmungsrechtes auf einen Elternteil diesen grundsätzlich auch dazu berechtigt, mit den Kindern umzuziehen.

Liegen auf Seiten eines Elternteils Beschränkungen der Vermögenssorge vor, sind El- 34
tern und das Familiengericht hieran gebunden.[34] Solche Fälle können sich aus der Regelung des § 1638 BGB ergeben.[35]

II. Umgangsrecht

Häufig funktioniert der Umgang des nicht betreuenden Elternteils mit seinen Kindern 35
problemlos und ohne förmliche Absprachen. In der Regel sind Vereinbarungen jedoch für
alle Beteiligten nützlich, da sie Sicherheit und Klarheit bringen.[36]

Bei der Regelung des Umgangsrechts im Wege der Vereinbarung ist zu beachten, dass 36
die notariell protokollierte Vereinbarung keinen **Vollstreckungstitel** darstellt, der Vollstreckungsmaßnahmen ermöglicht. Hierfür ist vielmehr ein gerichtlich gebilligter Vergleich iSd § 156 Abs. 2 S. 1 FamFG erforderlich.[37]

Dabei ist weiter zu beachten, dass Grundlage für Vollstreckungsmaßnahmen nur eine 37
gerichtliche Entscheidung oder eine gerichtlich gebilligte Vereinbarung sein kann, die
eine hinreichend bestimmte und konkrete Regelung des Umgangsrechts beinhaltet. Erforderlich ist eine genaue und erschöpfende Bestimmung über Art, Ort und Zeit des Um-

---

[33] Palandt/*Götz* BGB § 1671 Rn. 2; *Schwab* DNotZ 1998, 437.
[34] Vgl. Göppinger/Rakete-Dombek/*Sander* Ehescheidung 2. Teil Rn. 7.
[35] Vgl. *Frenz* DNotZ 1995, 908.
[36] Göppinger/Rakete-Dombek/*Sander* Ehescheidung 2. Teil Rn. 14 ff.
[37] Palandt/*Götz* BGB § 1684 Rn. 42; MAH FamR/*Rakete-Dombek* § 14 Rn. 135.

gangs.[38] Nicht erforderlich ist es, detaillierte Verpflichtungen des betreuenden Elternteils wie zB zum Bereithalten oder Abholen des Kindes aufzunehmen. Werden in der Besprechung Spannungen bezüglich der Umgangsregelung deutlich, ist es besonders sinnvoll, die Umgangsregelung so präzise wie möglich zu formulieren, um die Voraussetzungen für eine entsprechende gerichtliche Regelung gemäß § 137 Abs. 3 FamFG zu schaffen.

38 Formulierungsbeispiel: Umgangsregelung

Ο Der Ehemann ist berechtigt (und verpflichtet), das Kind am 1. und 3. Wochenende eines jeden Monats von Freitag 16.00 Uhr bis Sonntag 19.00 Uhr, an dem Geburtstag des Kindes von 14.00 bis 19.00 Uhr sowie am 2. Weihnachtsfeiertag und Ostersonntag von 10.00 Uhr bis 19.00 Uhr zu sich zu nehmen. Er holt das Kind bei der Mutter ab und bringt es zur Mutter zurück. Der Ehemann ist weiter berechtigt, die Hälfte der Schulferien mit dem Kind zu verbringen. Der Ferienumgang beginnt am ersten Ferientag um 10.00 Uhr. Der Ehemann holt das Kind bei der Mutter ab und bringt es zur Mutter zurück. Die Höhe seiner Unterhaltsverpflichtungen gegenüber dem Kind wird hierdurch nicht berührt. Die Ehefrau verpflichtet sich, das Kind zu Beginn der jeweiligen Besuchszeiten zur Abholung durch den Ehemann bereitzuhalten.

Der Ehemann wird im Scheidungsverfahren eine entsprechende gerichtliche Regelung beantragen. Die Ehefrau erteilt hierzu bereits jetzt ihre Zustimmung.

39   Ohne Regelungsgehalt ist eine Vereinbarung des Inhalts, dass das Umgangsrecht großzügig gehandhabt werden solle. Da das Umgangsrecht unverzichtbar ist,[39] sind Vereinbarungen unzulässig und unwirksam, in welchen der umgangsberechtigte Elternteil auf das Umgangsrecht verzichtet; ebenso unwirksam ist eine Vereinbarung des Inhalts, dass der nicht sorgeberechtigte Elternteil auf die Ausübung des Umgangsrechts verzichtet und er hierfür von Unterhaltsansprüchen des Kindes freigestellt wird.[40]

40   Denkbar sind schließlich Vereinbarungen zu Umfang und Inhalt des wechselseitigen Anspruchs der Eltern, in der Regel des lediglich umgangsberechtigten Elternteils, auf Auskunft über die persönlichen Verhältnisse des Kindes (§ 1686 BGB).

41 Formulierungsbeispiel: Auskunft über die persönlichen Verhältnisse des Kindes

Ο Die Ehefrau verpflichtet sich, dem Ehemann Kopien der jeweiligen Halbjahres- und Jahresabschlusszeugnisse des gemeinsamen Sohnes zu überlassen.

42   Umgangsvereinbarungen der Eltern sind bindend, bis von ihnen oder dem Familiengericht eine abweichende Regelung getroffen wird (→ § 15 Rn. 41 ff.).[41] Ein gerichtlich gebilligter Vergleich kann nur unter den erschwerten Voraussetzungen des § 1696 BGB abgeändert werden. Eine Abänderung (durch das Gericht) ist nur dann möglich, wenn dies aus triftigen, das Wohl des Kindes nachhaltig berührenden Gründen angezeigt ist.

43   Der umgangsberechtigte Elternteil kann von dem anderen Elternteil Schadensersatz verlangen, wenn ihm dieser den Umgang nicht in der vom Familiengericht vorgesehenen Art und Weise gewährt[42] und dem Umgangselternteil deshalb Kosten entstanden sind. Entsprechendes dürfte für die Nichteinhaltung von Vereinbarungen gelten.

---

[38] BGH NJW-RR 2012, 324.
[39] BGH NJW 1984, 1951.
[40] BGH NJW 1984, 1951.
[41] Palandt/*Götz* BGB § 1684 Rn. 40; aA Johannsen/Henrich/*Jaeger* FamR BGB § 1684 Rn. 12.
[42] BGH NJW 2002, 2566.

C. Unterhaltsvereinbarungen

I. Unterhalt des getrennt lebenden bzw. geschiedenen Ehegatten

1. Gesetzliche Grundlagen. An Unterhaltsformen sind zu unterscheiden **44**
– während des Getrenntlebens bis zur Scheidung der Ehe die Ansprüche auf **Trennungsunterhalt** gemäß § 1361 BGB;
– ab Rechtskraft der Scheidung die Ansprüche auf **Geschiedenenunterhalt** gemäß den §§ 1569, 1570–1573, 1575, 1576 BGB.

Bei **Getrenntleben** der Ehegatten kann ein Ehegatte von dem anderen den nach den **45** Lebensverhältnissen und den Erwerbs- und Vermögensverhältnissen der Ehegatten **angemessenen Unterhalt** verlangen (§ 1361 Abs. 1 S. 1 BGB). Maßgeblich sind regelmäßig die bis zur Scheidung der Ehe gegebenen **nachhaltigen Einkommens- und Vermögensverhältnisse.** Ausnahmsweise sind beim Unterhaltsverpflichteten während der Trennungszeit eintretende Einkommensveränderungen nicht zu berücksichtigen, die auf eine unerwartete, vom Normalverlauf erheblich abweichenden Entwicklung zurückzuführen sind oder allein aufgrund der Trennung eingetreten sind.[43]

Schon während der Trennungszeit kann sich in Abhängigkeit von den ehelichen Verhältnissen eine **Erwerbsobliegenheit** des unterhaltsbedürftigen Ehegatten ergeben, die in **46** der Regel nach Ablauf des Trennungsjahres einsetzt.[44]

Der **Bedarf** des Unterhaltsberechtigten bemisst sich nach dem Halbteilungsgrundsatz **47** grundsätzlich auf 3/7 des sog. bereinigten Nettoeinkommens des Verpflichteten oder, wenn der Berechtigte selbst Einkommen hat, die Hälfte des Unterschiedsbetrags beider bereinigter Einkommen. Erzielt der Verpflichtete und/oder der Berechtigte Einkünfte aus Erwerbstätigkeit, so ist ein sog. Erwerbstätigkeitsbonus vorab abzuziehen, der in der Regel 1/7 (in Süddeutschland verbreitet 1/10) des bereinigten Nettoerwerbseinkommens beträgt. Näheres ist den unterhaltsrechtlichen Leitlinien der Oberlandesgerichte zu entnehmen. Ein trennungsbedingter Mehrbedarf ist seit der Verwerfung der sog. Anrechnungsmethode durch den BGH nicht (mehr) zusätzlich zum sog. Quotenunterhalt geschuldet.[45] Bei überdurchschnittlich guten Einkommensverhältnissen ist der Unterhaltsbedarf konkret zu bemessen, da hier die Vermutung nahe liegt, dass ein Teil des Einkommens nicht für den Lebensunterhalt verbraucht wird, sondern hiermit auch Vermögen gebildet wird,[46] so dass nicht das gesamte Einkommen für den Verbrauch zur Verfügung stand.

Nach Scheidung obliegt es nach dem Grundsatz der Eigenverantwortung grundsätz- **48** lich jedem Ehegatten, selbst für seinen Unterhalt zu sorgen (§ 1569 BGB). Auch wenn der Wortlaut des Gesetzes einen anderen Eindruck vermittelt, gibt es in der Praxis selten den Fall, dass einem Ehegatten sofort mit der Rechtskraft der Scheidung ein Unterhaltsanspruch versagt wird. Vielmehr spricht das Gericht einen nachehelicher Unterhaltsanspruch zu und befristet ihn zeitlich und/oder begrenzt ihn in der Höhe nach § 1578b BGB, soweit das aus Billigkeitsgründen in Betracht kommt. Allerdings gewährt der Unterhaltsanspruch keine Lebensstandardgarantie.[47]

Ein Unterhaltsanspruch besteht dann, wenn zu bestimmten Einsatzzeitpunkten[48] die **49** Voraussetzungen einer der Unterhaltstatbestände der §§ 1570 ff. BGB vorliegen. Danach kann der geschiedene Ehegatte verlangen
– Unterhalt wegen der **Betreuung eines Kindes** (§ 1570 BGB);
– Unterhalt wegen **Alters** (§ 1571 BGB);
– Unterhalt wegen **Krankheit** oder **Gebrechen** (§ 1572 BGB);

---

[43] Palandt/*Brudermüller* BGB § 1578 Rn. 14 ff.
[44] Palandt/*Brudermüller* BGB § 1361 Rn. 13.
[45] BGH FPR 2004, 579.
[46] BGH NJW 2010, 3372.
[47] BGH NJW 2006, 1654; Palandt/*Brudermüller* BGB Einf. v. § 1569 Rn. 3.
[48] Palandt/*Brudermüller* BGB § 1569 Rn. 4.

– Unterhalt **bis** zur **Erlangung** einer **angemessenen Erwerbstätigkeit** (§ 1573 Abs. 1 BGB);
– **Aufstockungsunterhalt** (§ 1573 Abs. 2 BGB);
– Unterhalt wegen **Ausbildung, Fortbildung** oder **Umschulung** (§ 1575 BGB);
– Unterhalt aus **Billigkeitsgründen** (§ 1576 BGB).

50 Die Voraussetzungen für die Gewährung von **Betreuungsunterhalt** haben durch § 1570 BGB in der Fassung des UÄndG eine tiefgreifende Veränderung erfahren (→ § 12 Rn. 148 ff., 149d). Der Gesetzgeber hat einen auf drei Jahre befristeten Basisunterhalt etabliert, der sich verlängert, solange und soweit dies der Billigkeit entspricht. Im Rahmen dieser Billigkeitsentscheidung sind kind- und elternbezogene Verlängerungsgründe zu berücksichtigen.[49] Die Darlegungs- und Beweislast für eine Verlängerung des Betreuungsunterhalts trägt der unterhaltsbegehrende Ehegatte.[50] Bei Verlängerung aus kindbezogenen Gründen sind die Belange des Kindes sowie die bestehenden Möglichkeiten der Kinderbetreuung zu berücksichtigen (§ 1570 Abs. 1 S. 3 BGB). Nach § 1570 Abs. 2 BGB kann ein Anspruch auf Verlängerung aus elternbezogenen Gründen bestehen; dabei ist insbesondere zu prüfen, ob der betreuende Ehegatte durch die ausgeübte Erwerbstätigkeit neben dem nach Erziehung und Betreuung in staatlichen Einrichtungen verbleibenden Anteil an der Erziehung und Betreuung des Kindes überobligationsgemäß belastet würde.[51] Elternbezogene Gründe sind nachrangig zu prüfen.[52]

51 Für die **Höhe** des nachehelichen **Unterhaltsbedarfs** sind die **ehelichen,** dh die bis zum Zeitpunkt der Scheidung erreichten, auf Dauer angelegten **Lebensverhältnisse** der Ehegatten maßgebend (§ 1578 BGB). Diese werden durch die Umstände bestimmt, die bis zur **Rechtskraft** der **Ehescheidung** eingetreten sind (Stichtagsprinzip). Nacheheliche Entwicklungen wirken sich auf die Bedarfsbemessung nach den ehelichen Lebensverhältnissen aus, wenn sie auch bei fortbestehender Ehe eingetreten wären oder in anderer Weise **in der Ehe angelegt** und mit **hoher Wahrscheinlichkeit** zu erwarten waren.[53] Dem vom BGH zuvor entwickelten Institut der „wandelbaren Lebensverhältnisse" hat das BVerfG im Jahr 2011 eine deutliche Absage erteilt. Nach Ansicht des BVerfG lasse sich ein Bezug zu den ehelichen Lebensverhältnissen nicht mehr bei Veränderungen herstellen, die gerade nicht auf die Ehe zurückzuführen sind, weil sie nur und erst dadurch eintreten konnten, dass die Ehe geschieden wurde. Das gelte zB für Unterhaltspflichten gegenüber einem neuen Ehegatten.[54] Diese prägen nicht den Bedarf des ersten unterhaltsberechtigten Ehegatten, sondern sind auf der Ebene der Leistungsfähigkeit (§ 1581 BGB) zu berücksichtigen. Das Gleiche gilt für Unterhaltspflichten gegenüber Kindern, die nach Rechtskraft der Scheidung geboren wurden.[55] Eine neu aufgenommene oder ausgeweitete berufliche Tätigkeit eines Ehegatten ist als **Surrogat des wirtschaftlichen Werts** seiner bisherigen Tätigkeit anzusehen und dieses Einkommen nach der Differenzmethode in die Unterhaltsberechnung einzubeziehen, also eheprägend.[56]

52 Sämtliche – zum Betreuungsunterhalt → Rn. 20a – nachehelichen Unterhaltsansprüche können auf den angemessenen Lebensbedarf herabgesetzt und/oder zeitlich begrenzt werden, wenn eine an den ehelichen Verhältnissen orientierte Bemessung des Unterhaltsanspruchs auch unter Wahrung der Belange eines dem Berechtigten zur Pflege oder Erziehung anvertrauten gemeinschaftlichen Kindes unbillig wäre (§ 1578b BGB); dabei ist insbesondere zu berücksichtigen, inwieweit **durch die Ehe Nachteile** eingetreten sind, für den eigenen Unterhalt zu sorgen. Solche ehebedingten Nachteile können sich vor

---

[49] BGH FPR 2009, 363.
[50] BGH FPR 2009, 238.
[51] BGH FPR 2008, 509; FPR 2009, 363.
[52] BGH FPR 2009, 363.
[53] BGH FPR 2012, 176.
[54] BVerfG NJW 2011, 836.
[55] BGH FPR 2012, 176.
[56] BGH NJW 2001, 3779.

allem aus der Dauer der Pflege und Erziehung eines gemeinschaftlichen Kindes, aus der Gestaltung von Haushaltsführung und Erwerbstätigkeit während der Ehe sowie aus der Dauer der Ehe ergeben.[57] Seit dem 1.3.2013 gilt es für die Billigkeitsabwägung bei einer Befristung oder Begrenzung zu prüfen „inwieweit durch die Ehe Nachteile im Hinblick auf die Möglichkeit eingetreten sind, für den eigenen Unterhalt zu sorgen, oder eine Herabsetzung des Unterhaltsanspruchs unter Berücksichtigung der Dauer der Ehe unbillig wäre." Bei dieser Änderung soll es sich lediglich um eine Klarstellung[58] handeln. Der BGH betont, dass die Befristung und Begrenzung des nachehelichen Unterhalts eine Ausnahme darstelle. In der Praxis ist dies jedoch bereits üblich geworden.

In § 1361 Abs. 1 S. 2 BGB und in § 1578 Abs. 2, Abs. 3 BGB sind – neben den Ansprüchen auf Grundunterhalt – ergänzende Unterhaltsansprüche wegen der Kosten einer angemessenen **Versicherung** für den Fall der **Krankheit** und der Beiträge zur **Pflegeversicherung** sowie der Kosten einer **angemessenen Versicherung für den Fall des Alters** sowie der Berufs- oder Erwerbsunfähigkeit **(Vorsorgeunterhalt)** geregelt. 53

Der **Anspruch auf Vorsorgeunterhalt** besteht bereits bei Getrenntleben **ab Rechtshängigkeit des Scheidungsantrags** (§ 1361 Abs. 1 S. 2 BGB), da die Ehegatten ab Ende des Monats, der dem Eintritt der Rechtshängigkeit des Scheidungsantrags vorausgeht, nicht mehr im Rahmen des Versorgungsausgleiches an den Rentenanwartschaften des anderen Ehegatten teilhaben (vgl. § 3 Abs. 1 VersAusglG). Nach der Rechtsprechung wird zur Errechnung des Vorsorgeunterhalts der zunächst fiktiv errechnete Grundunterhalt einem Nettoeinkommen gleichgesetzt und anhand der **Bremer Tabelle** (Stand 1.1.2018)[59] auf ein Bruttoeinkommen hochgerechnet. Der Vorsorgeunterhalt errechnet sich hieraus in Höhe des entsprechenden Beitrags zur gesetzlichen Rentenversicherung (ab 1.1.2018: 18,6%). 54

Ob der errechnete Unterhaltsbedarf des Berechtigten tatsächlich abgedeckt werden kann, hängt von der **Leistungsfähigkeit** des Unterhaltsverpflichteten ab. Ist der Unterhaltsschuldner nach seinen Erwerbs- und Vermögensverhältnissen unter Berücksichtigung seiner sonstigen Verpflichtungen außerstande, ohne Gefährdung seines eigenen angemessenen Unterhalts dem Berechtigten Unterhalt zu gewähren, so braucht er nur insoweit Unterhalt zu leisten, als es mit Rücksicht auf die Bedürfnisse und die Erwerbs- und Vermögensverhältnisse der geschiedenen Ehegatten der Billigkeit entspricht (§ 1581 S. 1 BGB). Die Leistungsfähigkeit des Unterhaltschuldners wird somit durch die gegenwärtigen Erwerbs- und Vermögensverhältnisse begrenzt.[60] Bei der Prüfung der Leistungsfähigkeit sind sonstige Verpflichtungen gegenüber anderen Unterhaltsberechtigten, die nicht bereits den Bedarf des Unterhaltsgläubigers beeinflusst haben, entsprechend ihrem Rang gemäß § 1609 BGB zu berücksichtigen.[61] Nach Auffassung des BGH soll die Dreiteilung bei gleichrangigen Unterhaltsansprüchen von früherem und aktuellem Ehepartner auf der Ebene der Leistungsfähigkeit jedenfalls nicht zu beanstanden sein (→ Rn. 37).[62] 55

Unterhaltsansprüche können im Falle **grober Unbilligkeit** gemäß § 1579 BGB versagt, herabgesetzt oder zeitlich begrenzt werden. Hauptfälle sind eine kurze Ehezeit (Nr. 1) und das Zusammenleben des Unterhaltsberechtigten mit einem anderen Partner.[63] Zu beachten ist, dass § 1579 BGB eine sog. Kinderschutzklausel enthält. Das bedeutet, dass trotz Versagung oder Herabsetzung/Begrenzung des Unterhaltsanspruchs die Kindesbelange gewahrt bleiben müssen.[64] 56

---

[57] Vgl. BGH NJW 2008, 2644.
[58] BGH NJW 2013, 1530; *Borth* FamRZ 2013, 165.
[59] Bremer Tabelle FamRZ 2018, 325.
[60] Johannsen/Henrich/*Hammermann* FamR BGB § 1581 Rn. 1.
[61] BGH NJW 2012, 384.
[62] BGH NJW 2012, 384.
[63] § 1579 Nr. 2 BGB, vgl. *Schnitzler* FPR 2008, 41.
[64] Palandt/*Brudermüller* BGB § 1579 Rn. 40. Zu den einzelnen Tatbeständen des § 1579 BGB vgl. *Caspary* FamRB 2007, 110. Zur Anwendung der Verwirkungsregeln auf den Betreuungsunterhalt aus § 1570 BGB → § 12 Rn. 149j.

57 **2. Form.** Nach § 1585c S. 1 BGB können die Ehegatten über die Unterhaltspflicht für die Zeit nach der Scheidung Vereinbarungen treffen. § 1585c S. 2 BGB schreibt für Vereinbarungen, die die Ehegatten vor der Rechtskraft der Scheidung treffen, **notarielle Beurkundung** vor. Nicht erfasst werden hiervon Vereinbarungen über den Trennungsunterhalt, die in den sich aus den § 1360a Abs. 3 BGB iVm § 1614 BGB ergebenden Grenzen gleichfalls möglich sind (→ Rn. 86). Zur Ersetzung der notariellen Beurkundung durch einen gerichtlich protokollierten Vergleich oder einen gerichtlich gebilligten Vergleich[65] gemäß § 1585c S. 3 BGB iVm § 127a BGB.[66]

58 Notarielle Beurkundung ist weiter geboten, wenn die Unterhaltsvereinbarung Teil einer umfassenden Trennungs- und/oder Scheidungsfolgenregelung ist, von der einzelne Teile gemäß § 311b Abs. 1 S. 1 BGB beurkundungsbedürftig sind und miteinander stehen und fallen sollen.[67] Gesamtbeurkundungsbedürftigkeit besteht dann, wenn die Unterhaltsvereinbarung Teil einer Gesamtvereinbarung ist, von der andere Abschnitte aus anderen Gründen formbedürftig sind.[68] Die Unwirksamkeit einer Unterhaltsvereinbarung kann sich aufgrund der Bestimmung des § 139 BGB dann ergeben, wenn diese Teil eines einheitlichen Rechtsgeschäfts ist, bei dem die Beurkundungsbedürftigkeit anderer Teile nicht beachtet wird.[69]

59 **3. Unterscheidung Trennungs- und Geschiedenenunterhalt.** Zwischen dem Anspruch auf Trennungsunterhalt und dem Anspruch auf Geschiedenenunterhalt besteht keine Identität.[70] Regelungen des Trennungsunterhalts **verlieren** mit Rechtskraft der Scheidung ihre **Wirksamkeit.** Es muss deshalb klargestellt werden, ob die Regelung des Trennungs- und/oder Geschiedenenunterhalts gewollt ist.

60 **4. Altersvorsorge- und Krankenversicherungsunterhalt.** Vom ersten Tag des Monats an, in dem der Scheidungsantrag rechtshängig geworden ist, besteht neben dem Anspruch auf Elementarunterhalt ein Anspruch auf **Altersvorsorgeunterhalt** (§§ 1361 Abs. 1 S. 2, 1578 Abs. 3 BGB). Ab Rechtskraft der Scheidung, soweit der unterhaltsberechtigte Ehegatte nicht berufstätig und damit pflichtversichert ist, kommen Ansprüche auf Erstattung der Kosten der **Kranken-** und **Pflegeversicherung** (§ 1578 Abs. 2 BGB) hinzu, da mit diesem Zeitpunkt die Möglichkeit der kostenlosen Mitversicherung im Rahmen der Familienversicherung (§ 10 SGB V) entfällt. Bei Ehegatten von Beamten entfällt die Beihilfeberechtigung nach der Ehescheidung. Eine Aufnahme in die gesetzliche Krankenversicherung ist häufig nicht möglich, so dass hohe Beiträge in der privaten Krankenversicherung anfallen.

61 Die Berechnung des Altersvorsorgeunterhalts erfolgt in einem zweistufigen Verfahren mit Hilfe der sog. Bremer Tabelle (→ Rn. 54). Die **bestimmungsgemäße Verwendung** des Altersvorsorgeunterhalts sollte geregelt werden. Der Unterhaltsberechtigte ist verpflichtet, den Altersvorsorgeunterhalt entsprechend seiner Zweckbestimmung zur Alterssicherung zu verwenden. Bei nicht bestimmungsgemäßer Verwendung läuft der Unterhaltsberechtigte Gefahr, dass im Alter an seiner Unterhaltsforderung Abstriche vorgenommen werden (§ 1579 Nr. 4 BGB).[71] Da sich in Scheidungsfällen regelmäßig die wirtschaftlichen Verhältnisse verschlechtern, liegt die Möglichkeit nahe, dass der Altersvorsorgeunterhalt nicht zweckentsprechend angelegt, sondern für den allgemeinen Lebensunterhalt verbraucht wird. Im Interesse beider Unterhaltsbeteiligten ist es deshalb an-

---

[65] BGH NJW 2017, 1947.
[66] *Bergschneider* FamRZ 2008, 17; Palandt/*Brudermüller* BGB § 1585c Rn. 5; vgl. *Rakete-Dombek* FS Hahne 2012, 307 sowie *Zimmer* NJW 2013, 3280.
[67] Palandt/*Grüneberg* BGB § 311b Rn. 32.
[68] BGH FPR 2002, 449; Palandt/*Brudermüller* BGB § 1410 Rn. 3.
[69] Vgl. BGH NJW-RR 1991, 1026.
[70] BGH NJW 1981, 978.
[71] BGH NJW 1987, 2229.

geraten, neben der Höhe des Altersvorsorgeunterhalts auch die Art seiner Verwendung festzulegen und sicherzustellen.

Formulierungsbeispiel: Verwendung des Altersvorsorgeunterhalts   62

Zur Alterssicherung hat die Ehefrau einen Lebensversicherungsvertrag abgeschlossen. **◑** Die Parteien sind sich darüber einig, dass der geschuldete Vorsorgeunterhalt vom Ehemann direkt an die A-Versicherung auf die von der Ehefrau zu zahlenden Versicherungsbeiträge zu zahlen ist. Der Ehemann weist die Zahlung jeweils am Jahresende nach.

---

5. Anspruchsgrundlage des Geschiedenenunterhalts. Bei Vereinbarung von Geschie- 63
denenunterhalt sollte zur Vermeidung von Unklarheiten bei einem späteren Abänderungsbegehren klargestellt werden, aufgrund welcher Anspruchsgrundlage Unterhalt gewährt wird.

Formulierungsbeispiel: Klarstellung des Unterhaltstatbestandes   64

Der Unterhalt wird als Kindesbetreuungsunterhalt gemäß § 1570 Abs. 1 BGB gewährt. **◑**

Sind mehrere Tatbestände gegeben, ist dies ebenfalls klarzustellen, da beispielsweise der 65 Betreuungsunterhalt anderen Regeln unterliegt, als der reine Aufstockungsunterhalt. Auf Letzteren kann unproblematisch – möglicherweise nach Ablauf einer Übergangsfrist – verzichtet werden. Der Verzicht auf den Betreuungsunterhalt aus § 1570 BGB kann jedoch zur Unwirksamkeit der Vereinbarung führen (vgl. → § 12 Rn. 149d).

6. Herabsetzung und zeitliche Begrenzung. Die Herabsetzung und zeitliche Begren- 66
zung des Unterhaltsanspruchs gemäß § 1578b BGB sollte bereits in der ersten Unterhaltsvereinbarung geregelt werden, wenn die betreffenden Gründe bereits eingetreten oder zuverlässig vorhersehbar sind, um für beide Eheleute Planungssicherheit zu schaffen. Im Rahmen eines Abänderungsverfahrens, mit dem die spätere Befristung begehrt wird, kommt es vorrangig darauf an, inwiefern die Vereinbarung in Hinblick auf eine spätere Befristung eine bindende Regelung enthält. Mangels einer entgegenstehenden ausdrücklichen oder konkludenten vertraglichen Regelung ist jedenfalls bei der erstmaligen Festsetzung des nachehelichen Unterhalts im Zweifel davon auszugehen, dass die Eheleute die spätere Befristung des Unterhalts offenhalten wollten.[72]

Eine zeitliche Begrenzung des Unterhaltsanspruchs wegen Kindesbetreuung nach 67 § 1578b BGB ist durch Urteil nicht möglich, da § 1570 BGB eine Spezialregelung für die Billigkeitsabwägung enthält. Wie unter → Rn. 50 dargelegt, steht dem Ehegatten nach Vollendung des dritten Lebensjahres des Kindes nur noch ein Betreuungsunterhaltsanspruch nach Billigkeit zu. Bei der Billigkeitsabwägung nach § 1570 Abs. 1 S. 2 BGB sind alle eltern- und kindbezogene Umstände des Einzelfalls zu berücksichtigen. Führt die Billigkeitsabwägung zu dem Ergebnis, dass der Unterhaltsanspruch fortdauert, können die gleichen Gründe nicht zu einer Befristung im Rahmen der Abwägung nach § 1578b BGB führen.[73] Eine Befristung des Unterhaltsanspruchs nach § 1570 BGB kommt aber dann in Betracht, wenn im Zeitpunkt der Entscheidung für die Zeit nach Vollendung des dritten Lebensjahres absehbar ist, dass keine kind- oder elternbezogene Verlängerungsgründe vorliegen.[74] Ein solcher Fall ist kaum vorstellbar, so dass eine Befristung des Unterhaltsanspruchs nach § 1570 BGB regelmäßig unterbleiben sollte. Eine Begrenzung des Unterhalts wegen Kindesbetreuung nach § 1570 BGB der Höhe nach ist hingegen grundsätzlich möglich. In Betracht kommt sie insbesondere dann, wenn der Unterhaltsbedarf

---

[72] BGH NJW 2010, 2349.
[73] BGH NJW 2009, 1956.
[74] BGH FPR 2009, 238.

nach den ehelichen Lebensverhältnissen nach § 1578 Abs. 1 BGB den angemessenen Unterhalt nach der eigenen Lebensstellung des Unterhaltsberechtigten erheblich übersteigt.[75] Voraussetzung hierfür ist allerdings, dass die Erziehung und Betreuung des Kindes trotz des abgesenkten Unterhaltsbedarfs sichergestellt und das Kindeswohl nicht beeinträchtigt ist, während eine fortdauernde Teilhabe des betreuenden Elternteils an den abgeleiteten Lebensverhältnissen während der Ehe unbillig erscheint.[76]

68 **7. Verfestigte Lebensgemeinschaft.** Geht der unterhaltsberechtigte Ehegatte mit einem neuen Partner eine Lebensgemeinschaft ein, kann eine Versagung, Herabsetzung oder zeitliche Begrenzung des Unterhaltsanspruchs wegen **grober Unbilligkeit** gemäß § 1579 Nr. 2 BGB in Frage kommen. Nach der Rechtsprechung ist zu überprüfen, ob objektive, nach außen tretende Umstände den Schluss auf eine verfestigte Lebensgemeinschaft nahelegen. Entscheidend ist darauf abzustellen, dass der unterhaltsberechtigte Ehegatte eine verfestigte neue Lebensgemeinschaft eingegangen ist, sich damit endgültig aus der ehelichen Solidarität herauslöst und zu erkennen gibt, dass er diese nicht mehr benötigt.[77] Zur Klarstellung kann sich eine Regelung empfehlen, unter welchen Umständen und von welchem Zeitpunkt an bei der Eingehung einer Beziehung mit einem neuen Partner die Unterhaltsverpflichtung (dauerhaft?) wegfällt oder sich reduziert.

69 **Formulierungsbeispiel: Verfestigte Lebensgemeinschaft § 1579 Nr. 2 BGB**

Die Parteien sind sich darüber einig, dass die Ansprüche der Ehefrau auf Geschiedenenunterhalt nach Ablauf einer Wartefrist von sechs Monaten ruhen, solange sie mit einem anderen Mann in einer Wohnung zusammenlebt.

70 Bei der Formulierung ist zu überlegen, ob das Eingreifen des mit der Regelung erfassten Sachverhalts zu einem endgültigen Wegfall des Unterhaltsanspruchs führen oder dieser wieder aufleben soll, wenn die neue Partnerschaft zu Ende gegangen ist.[78]

71 Auch Partnerschaften, die noch keinen dauerhaften Charakter erreicht haben, können unterhaltsrechtlich relevant sein. Es kommt die Anrechnung einer fiktiven angemessenen Vergütung in Frage, wenn der Berechtigte mit einem Partner in einer eheähnlichen Gemeinschaft lebt, für diesen Versorgungsleistungen erbringt und der Partner leistungsfähig ist.[79]

72 **8. Rangverhältnis zu neuem Ehegatten.** Schuldet der Unterhaltspflichtige sowohl einem geschiedenen als auch einem neuen Ehegatten Unterhalt, so hatte der BGH nach Inkrafttreten der Unterhaltsrechtsreform den nach den ehelichen Lebensverhältnissen zu bemessenden Unterhaltsbedarf jedes Berechtigten zunächst im Wege der Dreiteilung des Gesamteinkommens des Unterhaltsverpflichteten und beider Unterhaltsberechtigter ermittelt.[80] Für die geschiedene, auch zusammen- oder getrenntlebende Ehefrau bestand damit die Gefahr, im gleichen Rang oder im Rang hinter weitere Kinder des Unterhaltspflichtigen, einen kindesbetreuenden Elternteil, dh eine unverheiratete Mutter oder neue Ehefrau zu geraten. Das BVerfG[81] hat dieser Rechtsprechung eine Absage erteilt, da der BGH durch die Etablierung der Dreiteilungsmethode bei der Ermittlung des Bedarfs des geschiedenen Ehegatten Entwicklungen einbezogen hat, die nach Rechtskraft der Scheidung entstanden sind (→ Rn. 51). § 1609 BGB wirkt sich erst im Rahmen der Leistungsfähigkeit aus und nicht schon auf der Ebene der Bedarfsermittlung. Bei Hinzukommen

[75] BGH FPR 2009, 238.
[76] BGH FPR 2009, 238.
[77] BGH NJW 2011, 3712.
[78] Vgl. Palandt/*Brudermüller* BGB § 1579 Rn. 39.
[79] Vgl. Palandt/*Brudermüller* BGB § 1577 Rn. 15.
[80] BGH NJW 2008, 3213.
[81] BVerfG NJW 2011, 836.

weiterer Unterhaltsberechtigter nach Rechtskraft der Ehescheidung kann die Leistungsfähigkeit des Unterhaltschuldners vermindert sein und somit der Unterhaltsanspruch geringer ausfallen. Die Rangfolge des § 1609 BGB ist zwingendes Recht. Es ist allerdings möglich, eine Vereinbarung über die wirtschaftlichen Folgen aus einer sich im Zeitablauf verschlechternden Rangposition zu treffen. Der BGH hat in der Folge der Entscheidung des BVerfG seine hochumstrittene „Dreiteilungsmethode" bei Gleichrangigkeit (§ 1609 BGB) des geschiedenen und des neuen Ehegatte lediglich dahingehend modifiziert, dass sie auf der Ebene der Leistungsfähigkeit jedenfalls nicht zu beanstanden sei.[82] Problematisch ist aber auch eine Besserstellung des ersten Ehegatten, wie etwa in folgendem

---

Formulierungsbeispiel: Besserstellung des ersten Ehegatten 73

Der Ehemann verzichtet für den Fall des Hinzukommens weiterer Unterhaltsberechtigter ☉ auf die Rechte auf Abänderung. Die Ehefrau nimmt den Verzicht an.

Die Unterhaltsansprüche hinzukommender vor- oder gleichrangig Unterhaltsberechtig- 74 ter dürfen hierdurch nicht beeinträchtigt werden.[83] Es könnte sich andernfalls um einen Vertrag zu Lasten Dritter handeln (mwN hierzu → § 12 Rn. 149k).

9. Abfindungsanspruch, Abfindungsvertrag. In Anlehnung an § 1585 Abs. 2 BGB 75 können die Eheleute einen Vertrag schließen, in dem Unterhaltsansprüche gegen Unterhaltsverzicht teilweise oder ganz abgefunden werden – **Abfindungsvertrag gegen Unterhaltsverzicht.** Bei Bestimmung der Höhe der Abfindung sind zu berücksichtigen
– die derzeitige Höhe des Unterhaltsanspruchs;
– die Entwicklung seiner Höhe und seine Dauer unter Berücksichtigung der derzeitigen Anspruchsgrundlage und in Frage kommender Anschlustatbestände, Wiederheirat und Erbschaften, wobei für beide Seiten Ungewissheiten bestehen.[84]
Bei der vertraglichen Gestaltung ist zu beachten, dass bei Erklärung eines Unterhaltsver- 76 zichts das **Unterhaltsstammrecht** bereits mit Wirksamwerden des Vertrages unabhängig von der Zahlung der Abfindungssumme **erlischt.** Zwar dürfte bei Leistungsstörungen § 323 BGB anwendbar sein. Es ist jedoch ratsam, den Unterhaltsverzicht von der Zahlung der Abfindungssumme abhängig (aufschiebende Bedingung) zu machen oder ein **Rücktrittsrecht** vorzusehen. Vorsorglich sollte ein etwaiger Unterhaltsanspruch gemäß § 1586a BGB in den Abfindungsvergleich mit einbezogen werden, da der Anspruch auf Geschiedenenunterhalt mit dem nach Scheidung einer Folgeehe wiederauflebenden Unterhaltsanspruch nicht identisch ist.[85] Bei Stundung oder Ratenzahlung sollten die Folgen einer Wiederheirat oder des Todes des Abfindungsempfängers geregelt werden.[86] Steuerliche und besoldungsrechtliche Nachteile sind zu bedenken.[87]

Problematisch kann eine Abfindung auch im Hinblick auf § 33 VersAusglG (→ Rn. 89, 77 145) sein, da eine Aussetzung der Rentenkürzung wegen der Zahlung von Unterhalt nicht möglich ist, wenn sich die Höhe der Unterhaltsrente nicht bestimmen lässt.[88]

10. Art der Unterhaltsgewährung. § 1585 Abs. 1 BGB bestimmt, dass der laufende 78 Unterhalt durch Zahlung einer Geldrente zu gewähren ist, die monatlich im Voraus zu entrichten ist. Einvernehmlich können stattdessen **Sachleistungen** gewährt werden, beispielsweise die Überlassung von Wohnraum oder eines Kraftfahrzeugs. Auch Aufrech-

---

[82] BGH NJW 2012, 384.
[83] Vgl. *Schürmann* FamRZ 2008, 313.
[84] Wendl/Dose/*Wönne* UnterhaltsR § 6 Rn. 627 ff.
[85] BGH NJW 1988, 557.
[86] BGH DNotZ 2006, 58; OLG Hamburg FamRZ 2002, 234.
[87] Palandt/*Brudermüller* BGB § 1585 Rn. 7.
[88] BGH NJW-RR 2013, 1091.

nungsvereinbarungen und Verrechnungsbestimmungen sind möglich. § 394 BGB (Aufrechnungsfeindlichkeit des – unpfändbaren – Unterhaltsanspruchs) ist abdingbar.

79 **11. Wiederheirat.** Gemäß § 1586 BGB erlischt der Unterhaltsanspruch mit der Wiederheirat des Berechtigten. Der Unterhaltsanspruch gemäß § 1570 BGB auf Kindesbetreuungsunterhalt **lebt** im Falle der Auflösung der neuen Ehe nach § 1586a BGB allerdings **wieder auf,** wobei der Ehegatte der später aufgelösten Ehe vor dem Ehegatten der früher aufgelösten Ehe haftet. Es ist deshalb zu überlegen, ob das Wiederaufleben des Unterhaltsanspruchs ausgeschlossen werden soll.

80 **Formulierungsbeispiel: Ausschluss des Wiederauflebens des Unterhaltsanspruchs**

Die Unterhaltsverpflichtungen des Ehemanns erlöschen mit der Wiederheirat der Ehefrau. Ein Wiederaufleben des Unterhaltsanspruchs nach § 1586a BGB ist ausgeschlossen.

81 **12. Tod des Unterhaltsverpflichteten.** Nach § 1933 S. 3 BGB und § 1586b BGB geht mit dem Tode des Verpflichteten nach Rechtshängigkeit des Scheidungsantrag bzw. Rechtskraft der Scheidung die **Unterhaltspflicht** auf den **Erben** als **Nachlassverbindlichkeit** über, der Höhe nach allerdings beschränkt auf den Betrag, der dem **Pflichtteil** entspricht, welcher dem Berechtigten zustände, wenn die Ehe nicht geschieden worden wäre (ohne Berücksichtigung von § 1371 Abs. 1 BGB). (Fiktive) Pflichtteilsergänzungsansprüche gegen die Erben sind einzubeziehen.[89] Die Vorschrift kann nur Bedeutung erlangen, wenn der verstorbene Unterhaltsverpflichtete über Vermögen verfügte. Wenn dieses Vermögen allerdings über den Zugewinnausgleich bei Scheidung im Ergebnis geteilt worden ist, kann die nochmalige Beteiligung des Unterhaltsberechtigten über den Tod des Verpflichteten hinaus fragwürdig sein, so dass über einen Ausschluss der Erbenhaftung nachzudenken ist.

82 **Formulierungsbeispiel: Ausschluss der Unterhaltsverpflichtung ab dem Tod**

Es besteht Einigkeit, dass die Unterhaltsverpflichtung mit dem Tod des Unterhaltsverpflichteten erlischt. Ansprüche nach § 1586b BGB sind ausgeschlossen.

83 Zu bedenken ist allerdings, dass es bei großen Altersunterschieden zwischen dem Unterhaltsverpflichteten und dem Unterhaltsberechtigten bei Tod des Unterhaltsverpflichteten vor Erreichen des Rentenalters durch den Unterhaltsberechtigten zu empfindlichen **Versorgungslücken** kommen kann. Umgekehrt kann Veranlassung bestehen, die Beschränkung des Unterhaltsberechtigten auf den Pflichtteil auszuschließen.

Beispiel:

Die geschiedene Ehefrau eines vermögenden Mannes nimmt die betragsmäßige Reduzierung ihres Unterhaltsanspruchs hin, möchte jedoch sichergestellt sehen, dass dieser nicht durch Vermögensverfügungen des geschiedenen Ehemanns zu Lebzeiten zu Lasten des Nachlasses beeinträchtigt wird.

84 Den gesetzlichen Unterhaltsanspruch konkretisierende, dh unselbständige Unterhaltsvereinbarungen binden den Erben gemäß § 1586b BGB; bei novierenden Unterhaltsvereinbarungen ist entscheidend, ob sie auch gegen den Erben gelten sollen.[90]

85 Ob die Unterhaltslast des Erben entfällt, wenn der überlebende Ehegatte auf sein Erbrecht oder den Pflichtteil verzichtet hat, ist streitig.[91] Es wird daher eine **ausdrückliche,**

---

[89] BGH NJW 2007, 3207.
[90] Palandt/*Brudermüller* BGB § 1586b Rn. 9.
[91] Palandt/*Brudermüller* BGB § 1586b Rn. 8; str.

vertragliche Regelung empfohlen, die einen Übergang des nachehelichen Unterhaltsanspruchs gemäß § 1586b BGB auf die Erben regelt.

13. Unterhaltsverzicht. Auf Verwandten-, (Kindes-) und Trennungsunterhalt kann für **86** die Zukunft nicht verzichtet werden (§§ 1614 Abs. 1, 1361 Abs. 4 S. 4, 1360a Abs. 3 BGB). Auch ein Teilverzicht wäre nichtig. Eine vertragliche Regelung ist daher nur innerhalb des Rahmens der Angemessenheit zulässig.[92] Darüber hinausgehende Verzichtserklärungen, auch gegen **Abfindung** oder **Vorausleistung** (§ 1614 Abs. 2 BGB iVm § 760 Abs. 2 BGB), oder **Erschwerungen der Unterhaltserhöhung** gemäß § 239 FamFG, § 242 BGB können nichtig sein; die Auswirkungen einer möglichen Nichtigkeit auf andere Vertragsteile sind zu bedenken. Auch ein „**pactum de non petendo**" ist unwirksam, da es eine Umgehung des Verzichtsverbots aus § 1614 BGB darstellt.[93] Demgegenüber ist § 1614 BGB auf Unterhaltsansprüche für die Zeit nach der Scheidung nicht anwendbar. Hier besteht grundsätzlich volle Vertragsfreiheit.

Bei dem Unterhaltsverzicht handelt es sich um einen **Erlassvertrag** gemäß § 397 **87** BGB, der eines Angebots und dessen Annahme bedarf. Ein Unterhaltsverzicht umfasst grundsätzlich das Unterhaltsstammrecht in seinen gesamten Ausprägungen, und zwar auch im **Fall** der **Not.** Soll die Unterhaltspflicht im Fall des Entstehens von **Notbedarf** des Unterhaltsberechtigten wieder aufleben, sollte klargestellt werden, in welcher Höhe in diesem Fall Unterhalt geschuldet wird.

Bei bestimmten Sachverhaltskonstellationen bedarf die Vereinbarung eines Unterhalts- **88** verzichts besonderer Prüfung:

a) Unterhaltsanspruch gegen Versorgungsempfänger (§ 33 VersAusglG). Die Kür- **89** zung der laufenden Versorgung eines im Versorgungsausgleich ausgleichspflichtigen Rentenempfängers ist – auf Antrag – auszusetzen, solange die berechtigte Person keine Rente aus dem erworbenen Anrecht erhält und sie gegen die ausgleichspflichtige Person ohne die Kürzung durch den Versorgungsausgleich einen gesetzlichen Unterhaltsanspruch hätte. Mit dieser Regelung soll – dem Bundesverfassungsgericht folgend[94] – einer doppelten Belastung der ausgleichspflichtigen Person durch Kürzung ihrer Altersversorgung und gleichzeitig bestehender Unterhaltsverpflichtung begegnet werden. Die Kürzung einer laufenden Versorgung hat jedoch dann keinen Einfluss auf eine bestehende Unterhaltsverpflichtung gegenüber dem ausgleichsberechtigten Ehegatten, wenn dieser wirksam auf Unterhalt verzichtet hat, weshalb nach wohl überwiegender Meinung in einem solchen Fall auch eine Aussetzung der Kürzung nach § 33 VersAusglG nicht erfolgen kann.[95] Die Aussetzung der Kürzung der Versorgung ist unter anderem auf die Höhe des den Ausgleichspflichtigen belastenden Unterhaltsanspruchs begrenzt.

b) Geschiedenenunterhalt nach Zweitehe (§§ 46 Abs. 1, Abs. 3, 90 Abs. 1 SGB **90** **VI; § 10 Abs. 5 GAL; § 61 Abs. 3 BeamtVG).** Ansprüche auf Witwen- und Witwerversorgung fallen weg, wenn der Berechtigte wieder heiratet, leben jedoch wieder auf, wenn die zweite Ehe aufgelöst wird. Das BSG vertritt in ständiger Rechtsprechung[96] die Auffassung, dass auf eine wieder aufgelebte Witwenrente Unterhaltsansprüche anzurechnen seien, die der Witwe ohne einen Unterhaltsverzicht zugestanden hätten, es sei denn, die Witwe habe aus einem verständigen Grund auf die Gewährung von Unterhalt verzichtet. Leben infolge der Scheidung Witwenrenten aus der vorausgegangenen Ehe wieder auf, ist die Auswirkung von Unterhaltsverzichtserklärungen auf deren Höhe zu prüfen. Demgegenüber kommt nach der Rechtsprechung der Verwaltungs- bzw. Sozial-

[92] BGH FamRZ 2015, 2131; MüKoBGB/*Born* BGB § 1614 Rn. 7.
[93] BGH NZFam 2014, 450.
[94] BVerfG NJW 1980, 692.
[95] Palandt/*Brudermüller* VersAusglG § 33 Rn. 3.
[96] BSG NJW 1984, 326.

gerichte nach einem Unterhaltsverzicht die Anrechnung fiktiver Unterhaltsansprüche nicht in Frage.[97]

91 **c) Inhaltskontrolle, Sittenwidrigkeit (§ 138 BGB).** Zur Inhaltskontrolle nach der Rechtsprechung des BVerfG und des BGH zunächst → Rn. 6 ff. Nach hergebrachter Rechtsprechung unterliegen Unterhaltsverzichtsvereinbarungen der **Wirksamkeitskontrolle** nach § 138 BGB. Danach ist maßgebend der Gesamtcharakter, dh Inhalt, Motiv und Zweck der Vereinbarung (dazu auch → § 12 Rn. 11 ff.).[98]

92 Ein Unterhaltsverzicht, mit dem ein nicht erwerbstätiger und vermögensloser Ehegatte auf nacheheliche Unterhalt verzichtet mit der zwangsläufigen Folge, dass er der **Sozialhilfe** anheim fallen muss, verstößt gegen die guten Sitten und ist damit nichtig, auch wenn er nicht auf einer Schädigungsabsicht der Ehegatten zu Lasten der Sozialhilfe beruht.[99] Entsprechendes gilt für Unterhaltsverzichtserklärungen zu Lasten **nachrangiger Unterhaltsverpflichteter.** Mangels Verfügungsgewalt des Ehegatten ist ein Unterhaltsverzicht weiterhin dann wirkungslos, wenn der Unterhaltsanspruch bereits wirksam auf den Sozialhilfeträger übergegangen ist.

93 Unterhaltsverzichtserklärungen können, obwohl keine Austauschgeschäfte, in den in § 138 Abs. 1 BGB genannten Fällen der Ausbeutung einer **Zwangslage,** der **Unerfahrenheit** und des **Mangels** an **Urteilsvermögen** nichtig sein.[100] Von der Rechtsprechung ist weiter als sittenwidrig angesehen worden ein Unterhaltsverzicht als Gegenleistung für einen übereinstimmenden Sorgerechtsvorschlag.[101] Die Aufnahme der **Gründe** für den Unterhaltsverzicht in die Urkunde erleichtert den Hinweis auf rechtfertigende Ausschlussgründe, bietet allerdings die Grundlage für ein Berufen auf den Wegfall der Geschäftsgrundlage.

94 **d) Verstoß gegen Treu und Glauben (§ 242 BGB), Ausübungskontrolle.** Nach § 242 BGB kann sich der Unterhaltsverpflichtete auf einen Verzicht auf den nachehelichen Unterhalt nicht berufen, wenn dies, etwa aufgrund einer späteren Entwicklung, mit **Treu und Glauben** nicht vereinbar wäre. Derartige Fälle dürften selten sein, da anlässlich einer Scheidungsfolgenvereinbarung überraschende Entwicklungen insoweit kaum zu erwarten sein werden, es sei denn, die Dauer bis zu der beabsichtigten Ehescheidung wäre erheblich und überraschende, den Unterhaltsverzicht in Frage stellende Ereignisse träten noch ein (Geburt eines gemeinsamen Kindes aufgrund gescheiterten Versöhnungsversuchs während der Trennungszeit).

95 Das Gleiche gilt, wenn das **Wohl** eines gemeinsamen von dem unterhaltsbedürftigen Ehegatten betreuten **Kindes** den Bestand der Unterhaltspflicht nach § 1570 Abs. 1 S. 2 BGB (kindbezogene Gründe) erfordert, da die Betreuungsbedürftigkeit nach den individuellen Verhältnissen zu ermitteln ist. In dem Umfang, in dem das Kind nach Vollendung des dritten Lebensjahres eine kindgerechte Einrichtung besucht oder unter Berücksichtigung der individuellen Verhältnisse besuchen könnte, kann sich der betreuende Elternteil jedoch nicht mehr auf die Notwendigkeit einer persönlichen Betreuung des Kindes und somit nicht mehr auf kindbezogene Verlängerungsgründe berufen.[102]

96 **14. Abänderung von Unterhaltsvereinbarungen.** Die Abänderung von Unterhaltsvereinbarungen, auch soweit diese von §§ 238 Abs. 1 S. 2 FamFG iVm § 239 Abs. 1 S. 2 FamFG erfasst werden, erfolgt nach den **Regeln des materiellen Rechts,** dh den aus § 313 BGB abgeleiteten Grundsätzen über den **Fortfall** der **Geschäftsgrundlage.** Dass

---

[97] FamRZ 1969, 277; aA VG Darmstadt NVwZ-RR 1994, 604.
[98] Zusammenfassend BGH NJW 1992, 3164.
[99] BGH NJW 1983, 1851; NJW 1987, 1546.
[100] BGH NJW 1992, 3164.
[101] BGH NJW 1986, 1167.
[102] BGH NJW 2011, 1582.

sowohl eine Gesetzesänderung als auch eine Änderung der gefestigten höchstrichterlichen Rechtsprechung ebenso wie Veränderungen der zugrundeliegenden Tatsachen zur Abänderung berechtigen, ist in der Rechtsprechung anerkannt und nunmehr in § 238 Abs. 1 S. 2 FamFG, § 323 Abs. 1 S. 2 ZPO gesetzlich klargestellt worden.

In Abänderungsverfahren ist **keine freie** von der bisher festgesetzten Höhe unabhängige **Neubemessung** des Unterhalts möglich. In der Abänderungsentscheidung kann unter Wahrung der Grundlagen des Unterhaltstitels, für die der Parteiwille maßgebend ist, nur eine Anpassung des Unterhalts an veränderte Umstände, wofür neben tatsächlichen Umständen auch Änderungen einer gefestigten Rechtsprechung oder der Rechtslage in Frage kommen,[103] vorgenommen werden. Hieraus ergibt sich für die Gestaltung von Unterhaltsvereinbarungen: **97**

– Soll nur ein Teil der bestehenden Ansprüche geregelt werden, ist dies zu vermerken, da sonst zusätzliche Ansprüche nur in einem Abänderungsverfahren geltend gemacht werden können, zB zunächst nicht geregelter Altersvorsorgeunterhalt.[104]
– Die nach dem Parteiwillen maßgeblichen Umstände sollten angegeben werden.
– Hinsichtlich maßgeblicher bereits eingetretener oder mit Sicherheit eintretender, jedoch noch nicht berücksichtigter Umstände ist in die Vereinbarung ein Vorbehalt aufzunehmen.[105]
– Es empfiehlt sich, die Wesentlichkeitsgrenze, ab der eine Anpassung möglich sein soll, zu regeln.[106]
– Es ist eine Bestimmung sinnvoll, ob und mit welcher Maßgabe eine Anpassung in der Vergangenheit möglich sein soll.

Formulierungsbeispiel: Abänderung für die Vergangenheit **98**

Die Abänderung des Unterhalts kann für die Vergangenheit erst vom Zeitpunkt eines bezifferten schriftlichen Abänderungsverlangens an begehrt werden.

II. Kindesunterhalt

Vereinbarungen der Eltern über den Kindesunterhalt sind grundsätzlich Verträge, die Rechtswirkungen nur zwischen den Eltern, nicht jedoch für und gegen das Kind entfalten. Wer in fremdem Namen handelt, muss dies erkennbar zum Ausdruck bringen. Unterhaltsverträge zugunsten Dritter, die diesen eigene Ansprüche einräumen, sind nur anzunehmen, wenn ein darauf gerichteter Parteiwille in der Erklärung deutlich zum Ausdruck kommt.[107] Bleibt der Unterhaltsgläubiger unklar, ergeben sich Ungewissheiten hinsichtlich der Vollstreckungsklausel und des bei Änderungen der Vertretungsbefugnis und der der Vereinbarung zugrunde liegenden Verhältnisse einzuschlagenden Verfahrens. Kindesunterhaltsvereinbarungen können als Vereinbarungen zwischen den Eltern, in Vertretung des Kindes für das Kind und als Vertrag zugunsten Dritter geschlossen werden.[108] **99**

Sollen Regelungen über den Kindesunterhalt zwischen Kind und Unterhaltsschuldner getroffen werden, sind die Vorschriften über die Vertretung des Kindes in § 1629 BGB zu berücksichtigen. Grundsätzlich werden minderjährige Kinder von ihren Eltern gemeinschaftlich vertreten (§ 1629 Abs. 1 S. 2 BGB), es sei denn, einem Elternteil steht die elterliche Sorge allein zu. Der Elternteil, in dessen alleiniger Obhut sich das Kind befindet, kann Unterhaltsansprüche des Kindes gegen den anderen Elternteil geltend machen (§ 1629 Abs. 2 S. 2 BGB). Die gerichtliche Geltendmachung hat im eigenen Namen in **Prozessstandschaft** für das Kind zu erfolgen (§ 1629 Abs. 3 BGB). Bei Unterhaltsver- **100**

---

103 BGH NJW 1995, 1891.
104 BGH NJW 1985, 1701.
105 OLG Düsseldorf FamRZ 1994, 170.
106 BGH FamRZ 1993, 539.
107 BGH NJW-RR 1986, 428; FamRZ 1987, 934.
108 BGH NJW-RR 1986, 428; FamRZ 1987, 934.

einbarungen wirken gemäß § 1629 Abs. 3 S. 2 BGB in eigenem Namen geschlossene Vereinbarungen allerdings nur dann für und gegen das Kind, wenn sie als Vergleich gerichtlich protokolliert sind. Andernfalls entfalten sie Rechtwirkungen nur zwischen den Eltern. Bei notarieller Beurkundung muss die Vertretung des Kindes offen erfolgen, dh dargelegt werden[109] oder ein echter Vertrag zugunsten Dritter, hier des Kindes, geschlossen werden.[110]

101   Sorgfalt sollte hierbei der Frage gewidmet werden, wem gegenüber die Unterwerfung unter die Zwangsvollstreckung erfolgen soll und wem die vollstreckbare Ausfertigung erteilt werden soll. Im Hinblick auf die Duplizität der Ansprüche kommen zwei Vollstreckungsunterwerfungen in Frage; erforderlich und in Regel ausreichend ist zunächst die Unterwerfung gegenüber dem Kind, auch im Hinblick auf dessen Rechtsstellung nach Volljährigkeit; bei fortdauerndem gemeinsamen Sorgerecht kann jedoch auch eine Vollstreckungsunterwerfung gegenüber dem betreuenden Elternteil nützlich sein.

102   Die Unterhaltsansprüche von Kindern sind in §§ 1601 ff. BGB geregelt. Gemäß § 1610 Abs. 1 BGB bestimmt sich das Maß des zu gewährenden Unterhalts nach der Lebensstellung des Bedürftigen (angemessener Unterhalt). Die Praxis entnimmt die Unterhaltssätze den einschlägigen unterhaltsrechtlichen Leitlinien der Oberlandesgerichte.[111]

103   Eheliche wie nichteheliche minderjährige Kinder können ihre Unterhaltsansprüche nach denselben Vorschriften geltend machen, und zwar entweder als statische Unterhaltsrente oder als Prozentsatz des jeweiligen Mindestunterhalts (§§ 1612a, 1612b BGB).

104   Der Mindestunterhalt richtet sich nach dem **doppelten Freibetrag** für das sächliche Existenzminimum des Kindes (Kinderfreibetrag). Mit dem sächlichen Existenzminimum sind die Beträge gemeint, die erforderlich sind, um die finanzielle Versorgung eines Kindes in Form des Kindesunterhalts sicherzustellen, sie richten sich nach dem vom Sozialhilferecht anerkannten Mindestbedarf, der gemäß § 1612a Abs. 4 BGB alle zwei Jahre durch das Bundesministerium der Justiz und für Verbraucherschutz in der Mindestunterhaltsverordnung (MUnterhaltsVO) neu zu ermitteln ist. Nach § 1 beträgt der Mindestunterhalt **ab dem 1. 1. 2019** bis zur Vollendung des 6. Lebensjahres (1. Altersstufe) 358 EUR, bis zur Vollendung des 12. Lebensjahres (2. Altersstufe) 406 EUR und bis zur Vollendung des 18. Lebensjahres (3. Altersstufe) 476 EUR.

105   Die Berücksichtigung von Kindergeld und sonstigen kindbezogenen Leistungen wird in den §§ 1612b, 1612c BGB geregelt. Das auf das jeweilige Kind entfallende Kindergeld ist, wenn ein Elternteil seine Unterhaltpflicht durch Betreuung des Kindes erfüllt, hälftig, in allen anderen Fällen in voller Höhe anzurechnen bzw. zusätzlich auszuschütten (§ 1612b Abs. 1 BGB). Nach überwiegender Meinung ist vor der Bemessung des Ehegattenunterhalts nicht mehr der Kindesunterhaltsbedarf, sondern der Unterhaltszahlbedarf nach Kindergeldabzug abzuziehen.[112]

106   Minderjährige Kinder haben damit die Möglichkeit, den ihnen gemäß den §§ 1601 ff. BGB zustehenden Unterhalt
– beziffert als **statischen** Unterhalt,
– als Prozentsatz eines Mindestunterhalts abzüglich anzurechnender kindbezogener Leistungen oder
– als Prozentsatz des Mindestunterhalts der jeweiligen Altersstufe abzüglich anzurechnender kindbezogener Leistungen **dynamisiert** geltend zu machen.

107   Durch die Anknüpfung an den doppelten Kinderfreibetrag nach § 32 Abs. 6 EStG als Bezugsgröße des Unterhalts der Düsseldorfer Tabelle wird bei Wahl der Alternativen 2 und 3 entsprechend deren Anpassung eine **Dynamisierung des Unterhalts** erreicht, bei der

---

[109] Vgl. Göppinger/Rakete-Dombek/*Pfeil* Ehescheidung 4. Teil Rn. 99.
[110] Vgl. *Langenfeld/Milzer* Eheverträge–HdB Rn. 915.
[111] **Düsseldorfer Tabelle:** http://www.olg-duesseldorf.nrw.de/infos/Duesseldorfer_Tabelle/Tabelle-2018/index.php; **Süddeutsche Leitlinien:** https://www.justiz.bayern.de/media/images/behoerden-und-gerichte/oberlandesgerichte/suedl_2018.pdf.
[112] Vgl. *Schürmann* FamRZ 2008, 313 (324).

Wahl der Alternative 3 darüber hinaus eine **Dynamisierung über die Altersgrenzen** der unterhaltsrechtlichen Leitlinien **hinweg.**

Eine entsprechende Titulierung ist auch in einem von einem Gericht protokollierten 108 Vergleich oder einer von einem Notar aufgenommenen Urkunde möglich (§ 794 Abs. 1 S. 1 Nr. 1, Nr. 5 ZPO). Die Beschränkung auf das 1,2-fache des jeweiligen Mindestunterhalts braucht nicht beachtet zu werden, da die betreffende Einschränkung (§ 249 Abs. 1 FamFG) nur für das Vereinfachte Verfahren gilt. Zu beachten ist, dass eine Dynamisierung des anzurechnenden Kindergelds nicht möglich ist, dieses vielmehr konkret anzugeben ist, da andernfalls mangels hinreichender Bestimmtheit Vollstreckungsprobleme entstehen würden: Das Vollstreckungsorgan kann die Höhe des für das jeweilige Kind gezahlten Kindergeldes nicht aus offenkundigen Quellen feststellen. Gegen eine Zwangsvollstreckung aus dynamisierten Titeln gemäß § 1612a BGB kann nicht eingewandt werden, dass die Minderjährigkeit nicht mehr besteht: Sie behalten mithin Wirksamkeit über die Volljährigkeit des Kindes hinaus (§ 244 FamFG). Die Befristung bis zur Volljährigkeit kann jedoch vereinbart werden.

Für die Titulierung eines Unterhaltsanspruchs eines beispielsweise am 15.6.2015 gebo- 109 renen Kindes, dessen baruntenhaltspflichtiger Vater ein unterhaltsrelevantes Einkommen von 2.200 EUR erzielt, stehen damit folgende Möglichkeiten zur Verfügung:

Formulierungsbeispiel: Dynamisierte Kindesunterhaltsverpflichtung 110

1. Der Ehemann verpflichtet sich, an das Kind ***, geboren am 15.6.2015, ab August 2018 einen monatlichen Unterhalt von 110 % des Mindestunterhalts der 1. Altersstufe gemäß § 1612a BGB abzüglich 97,– EUR Kindergeldanteil, derzeit 269,– EUR zu zahlen, fällig am 1. eines jeden Monats.
2. Der Ehemann verpflichtet sich, an das Kind ***, geboren am 15.6.2015, ab Juni 2021 einen monatlichen Unterhalt von 110 % des Mindestunterhalts der 2. Altersstufe gemäß § 1612a BGB abzüglich 97,– EUR Kindergeldanteil, derzeit 322,– EUR, zu zahlen, fällig am 1. eines jeden Monats.
3. Der Ehemann verpflichtet sich, an das Kind ***, geboren am 15.6.2015, ab Juni 2027 einen monatlichen Unterhalt von 110 % des Mindestunterhalts der 3. Altersstufe gemäß § 1612a BGB abzüglich 97,– EUR Kindergeldanteil, derzeit 394,– EUR, zu zahlen, fällig am 1. eines jeden Monats.

Die weiteren Altersstufen können in der Formulierung bereits konkret vereinbart wer- 111 den. Die Unterhaltsbeträge nach der zweiten Altersstufe sind gemäß § 1612a Abs. 3 BGB ab dem 1.6.2021, nach der dritten Altersstufe ab dem 1.6.2027 im Beispielsfall geschuldet.

III. Steuerliche Gesichtspunkte

Für den Unterhalt aufgewendete Beträge sowie Zuwendungen an gesetzlich unterhaltsbe- 112 rechtigte Personen können grundsätzlich weder von den einzelnen Einkommensarten noch von dem Gesamtbetrag der Einkünfte abgezogen werden (§ 12 S. 1, S. 2 EStG). Jedoch können Belastungen durch Unterhaltsverpflichtungen wie folgt steuerliche Berücksichtigung finden:

1. Zusammenveranlagung gemäß § 26 EStG. Im Trennungsjahr ist regelmäßig noch 113 Zusammenveranlagung gemäß § 26 Abs. 1 EStG möglich, da die Ehegatten am Beginn des Veranlagungszeitraums (Kalenderjahres) noch nicht dauernd getrennt gelebt haben.

2. Realsplitting gemäß § 10 Abs. 1a S. 1 Nr. 1 EStG. Unterhaltsleistungen an den dau- 114 ernd getrennt lebenden oder geschiedenen Ehegatten können auf **Antrag** bis zu 13.805 EUR mit **Zustimmung** des Empfängers als **Sonderausgaben** abgezogen werden.[113] Die Zustimmung hat gemäß § 22 Nr. 1a EStG die **Versteuerung** der Unterhalts-leistungen **beim Empfänger** zur Folge. Dieser ist familienrechtlich zur Zustimmung ver-pflichtet, Zug um Zug gegen Abgabe der Erklärung des Unterhaltspflichtigen, ihn von al-len aus der Zustimmung erwachsenden Nachteilen freizuhalten.[114] Der Antrag ist für jedes Kalenderjahr, in der Regel auf Formular „**Anlage U**" zur Einkommensteuererklärung zu stellen. Die einmal erteilte Zustimmung gilt bis Widerruf. Der Sonderausgabenabzugsbetrag kann gemäß § 39a Abs. 1 Nr. 2 EStG als **Freibetrag** in die Lohnsteuerkarte eingetragen werden. Steuerentlastungsbetrag und zusätzliche Steuerlast des Unterhaltsverpflichteten be-einflussen das für die Unterhaltsberechnung maßgebliche Einkommen. Der Unterhalts-pflichtige ist zur Ausnutzung der sich aus dem Realsplitting ergebenden Steuervorteile ver-pflichtet, wenn seine Unterhaltsverpflichtung auf Grund freiwilliger Zahlungen, eines Anerkenntnisses, einer Einigung oder einer rechtskräftigen Verurteilung feststeht.[115]

115   Das Realsplitting führt nach § 10 SGB V in der Trennungszeit zum Wegfall der Möglichkeit der beitragsfreien **Mitversicherung** des Unterhaltsempfängers in der **ge-setzlichen Krankenversicherung,** wenn der Unterhaltsbetrag zusammen mit sonsti-gen Einkünften 1/7 der monatlichen Bezugsgröße nach § 18 SGB IV übersteigt.[116] Ge-gebenenfalls kann es zweckmäßig sein, das Realsplitting auf den Höchstbetrag zu begrenzen.

116   **Formulierungsbeispiel: Zusammenveranlagung und Realsplitting**

Die Ehefrau wird für das Jahr *** der steuerlichen Zusammenveranlagung gemäß § 26 Abs. 1 EStG zustimmen. Der Ehemann verpflichtet sich, die Ehefrau von allen sich hier-aus ergebenden steuerlichen Nachteilen freizuhalten und sie so zu stellen, wie sie bei getrennter Veranlagung stehen würde. Die Ehefrau stimmt ab *** dem Abzug des an sie gezahlten Unterhalts als Sonderausgaben gemäß § 10 Abs. 1 Nr. 1 EStG vom Ein-kommen des Ehemanns zu. Die Ehefrau verpflichtet sich, ihre Steuerangelegenheiten ordnungsgemäß zu bearbeiten und die betreffenden Steuerbescheide dem Unterhalts-schuldner so rechtzeitig zu übermitteln, dass diese noch vor Ablauf der Einspruchsfrist auf Kosten des Unterhaltsschuldners geprüft werden können.

Der Ehemann ist verpflichtet, die Ehefrau von den ihr aus der Zustimmung entstehen-den steuerlichen Nachteilen freizustellen und auch sonstige entstehende Nachteile auf Nachweis auszugleichen. Steuervorteile sowie Ausgleichsbeträge sind im Jahr des Zu-flusses bzw. Abflusses bei Errechnung des unterhaltsrechtlich relevanten Einkommens zu berücksichtigen. Die Ausgleichsbeiträge sind im Fall der Verpflichtung zu Steuervoraus-zahlungen zu den Steuerterminen, im Übrigen binnen zwei Wochen nach Übersendung des Steuerbescheids zu zahlen. Kommt der Ehemann in Verzug, kann die Ehefrau Si-cherheitsleistung in Höhe der jeweils bis zum Ende des folgenden Kalenderjahres zu er-wartenden Steuerbeträge verlangen. Erfüllt der Ehemann diese Verpflichtung nicht, kann die Ehefrau die Zustimmung gegenüber dem Finanzamt widerrufen. Gegen den Freistellungsanspruch darf unter keinem Gesichtspunkt aufgerechnet werden oder ein Zurückbehaltungsrecht geltend gemacht werden.

117   **3. Außergewöhnliche Belastung gemäß § 33a Abs. 1 S. 2 EStG.** Unterhaltsleistungen an gesetzlich unterhaltsberechtigte Personen, für die weder ein Anspruch auf Kindergeld noch einen Kinderfreibetrag besteht, können alternativ bis zur Höhe von 7.680 EUR als außergewöhnliche Belastung geltend gemacht werden, ohne dass beim Empfänger eine Versteuerung stattzufinden hat. Voraussetzung ist weiter, dass die betreffende Person allen-

---

[113] Vgl. hierzu auch *Schramm* NJW-Spezial 2007, 391; *Elden* NZFam 2018, 778 ff.
[114] BGH NJW 1983, 1545 und NJW 2005, 2223.
[115] BGH NJW 2007, 1961.
[116] BSG NJW-RR 1994, 1090.

falls ein geringes Vermögen besitzt; hat sie über 624 EUR hinausgehende Einkünfte, verringern diese den Abzugsbetrag.

4. Kinderfreibetrag gemäß § 32 Abs. 6 EStG, Ausbildungsfreibetrag gemäß § 33a 118
Abs. 2 EStG und Behindertenpauschbetrag gemäß § 33b EStG. Gemäß § 32 Abs. 6
EStG wird dem Steuerpflichtigen für jedes zu berücksichtigende Kind ein **Kinderfreibetrag** von jährlich 2.184 EUR vom zu versteuernden Einkommen abgezogen. Hinzu
kommt ein Betreuungs-, Erziehungs- und Ausbildungsfreibetrag iHv 1.320 EUR. Gemäß
§ 32 Abs. 6 S. 5 EStG wird dem Steuerpflichtigen der Kinderfreibetrag des anderen Elternteils zugeordnet, wenn er, nicht jedoch der andere Elternteil seiner Unterhaltsverpflichtung gegenüber dem Kind für das Kalenderjahr im Wesentlichen nachkommt. Gemäß § 33a Abs. 2 EStG ist die Übertragung des dem anderen Elternteil zustehenden
Ausbildungsfreibetrags in Höhe von bis zu 462 EUR (1/2 Anteil) möglich. Gleiches
gilt für den Behindertenpauschbetrag nach § 33b Abs. 5 EStG. Die Übertragung ist insbesondere dann sinnvoll, wenn der andere Elternteil über kein eigenes Einkommen verfügt.

5. Steuerentlastungsbetrag für Alleinerziehende. An die Stelle des Haushaltsfreibe- 119
trags gemäß § 32 Abs. 7 EStG ist ab 1. 1. 2004 der Steuerentlastungsbetrag für Alleinerziehende gemäß § 24b EStG in Höhe von 1.308 EUR getreten. Voraussetzung ist, dass der
alleinerziehende Elternteil alleine mit minderjährigen Kindern in einem Haushalt wohnt.
Zieht eine weitere erwachsene Person in die Wohnung, entfällt der Freibetrag.

D. Vereinbarungen über den Versorgungsausgleich

Die Eheleute können zum Versorgungsausgleich Vereinbarungen gemäß §§ 6, 8 Vers- 120
AusglG treffen (→ § 12 Rn. 134 ff.). Wird die Vereinbarung bereits in einem Ehevertrag
getroffen, so sind die §§ 6, 8 VersAusglG über § 1408 Abs. 2 BGB ebenfalls anwendbar.[117]
Der Gesetzgeber wünscht seit der Einführung der Strukturreform des Versorgungsausgleiches am 1. 9. 2009 ausdrücklich den Abschluss von Vereinbarungen.[118] Durch die Einführung des Einzelausgleiches eines jeden Anrechtes werden die Regelungsbefugnisse der
Eheleute erweitert.[119] Ein Scheidungsantrag braucht noch nicht anhängig zu sein. Vereinbarungen können bis kurz vor Schluss der mündlichen Verhandlung geschlossen werden
und bedürfen seit Inkrafttreten des VersAusglG nicht mehr der Genehmigung des Familiengerichts. Allerdings muss die Vereinbarung über den Versorgungsausgleich einer Inhalts-
und Ausübungskontrolle standhalten (§ 8 VersAusglG). Hält eine Vereinbarung dieser Inhalts- und Ausübungskontrolle stand, ist das Gericht an sie gebunden (§ 6 Abs. 2 VersAusglG).

Selbst wenn das Gericht rechtskräftig über den Versorgungsausgleich entschieden hat, 121
können die Beteiligten noch Vereinbarungen hierüber treffen. Zwar können die Eheleute
eine bereits vollzogene Übertragung von gesetzlichen Rentenanwartschaften (interne Teilung) und den Ausgleich von Beamtenversorgungen nicht mehr rückabwickeln. Sie können aber beispielsweise vereinbaren, dass die aus dem Versorgungsausgleich resultierenden
Leistungen an den Ehegatten zurückgezahlt werden. Bei einem Ausgleich von berufständischen oder betrieblichen Altersversorgungen können die Eheleute – mit Zustimmung
des Versorgungsträgers – hingegen vereinbaren, dass der vom Gericht angeordnete Ausgleich rückgängig gemacht wird.[120] Das ist allerdings fraglich, da hier keine richterliche
Kontrolle mehr stattfindet und somit der Schutzzweck der §§ 6, 8 VersAusglG umgangen
werden kann.

---

[117] Göppinger/Rakete-Dombek/*Schwamb* Ehescheidung 3. Teil Rn. 14.
[118] *Bredthauer* FPR 2009, 500; *Münch* FPR 2013, 312.
[119] Palandt/*Brudermüller* VersAusglG § 6 Rn. 1.
[120] Johannsen/Henrich/*Holzwarth* FamR VersAusglG § 6 Rn. 3.

122 Zu den gesetzlichen Grundlagen und der Form zunächst → § 12 Rn. 124 ff. Jedenfalls bis zur Rechtskraft der Ehescheidung ist notarielle Beurkundung oder gerichtliche Protokollierung erforderlich. Zunehmend wird es auch als zulässig angesehen, eine Vereinbarung über den Versorgungsausgleich durch Anwaltsvergleich zu treffen.[121]

123   Schließen die Eheleute den Versorgungsausgleich aus, so tritt dadurch nicht mehr – wie nach § 1414 S. 2 BGB aF – automatisch Gütertrennung ein.

I. Aufklärungs- und Beratungspflichten

124 Bei der Beurkundung von Vereinbarungen zum Versorgungsausgleich treffen den Notar gemäß § 17 BeurkG **Aufklärungs- und Beratungspflichten.** Der Notar hat die Beteiligten auf mögliche **Gefahren** der Vereinbarung, insbesondere im Hinblick auf **Wartezeiten** (§ 50 SGB VI) und die Bewertung **beitragsfreier** und beitragsgeminderter **Zeiten** (§ 71 SGB VI) hinzuweisen. Eine zuverlässige Grundlage für die Beratung der Beteiligten gewinnt der Notar, wenn er diese gemäß § 109 Abs. 5 SGB VI vom Träger der gesetzlichen Rentenversicherung **Auskünfte** über die **Höhe** ihrer auf die Ehe entfallenden **Rentenanwartschaften** einholen lässt oder in deren Auftrag selbst einholt. Grundsätzlich sollte der Eingang der vom Familiengericht eingeholten Auskünfte abgewartet und die Vereinbarung an deren Inhalt ausgerichtet werden. Zur Durchführung der erforderlichen Rechenschritte sind die jährlich veröffentlichten **Rechengrößen zur Durchführung des Versorgungsausgleichs**[122] heranzuziehen.

II. Möglicher Inhalt der Vereinbarung

125 § 6 Abs. 1 S. 2 VersAusglG nennt beispielhaft drei mögliche Vereinbarungen über den Versorgungsausgleich. Danach können die Eheleute den Versorgungsausgleich insbesondere ganz oder teilweise
– in die Regelung der ehelichen Vermögensverhältnisse einbeziehen (Nr. 1),
– ausschließen (Nr. 2) sowie
– Ausgleichsansprüchen nach der Scheidung gemäß den §§ 20–24 VersAusglG vorbehalten (Nr. 3).

126 Wie sich aus dem Wort „insbesondere" ergibt, sind weitere Vereinbarungen über den Versorgungsausgleich denkbar und möglich. Nicht möglich ist jedoch eine Vereinbarung, die die Ehezeit modifiziert.[123]

127   Weitere Erläuterungen in → § 12 Rn. 124 ff., 134 ff.

III. Inhalts- und Ausübungskontrolle

128 Nach § 8 VersAusglG unterzieht das Familiengericht die Vereinbarung einer Inhalts- und Ausübungskontrolle. Die Prüfung erfolgt im Rahmen der Amtsermittlungspflicht (§ 26 FamFG), wobei das Gericht erst bei Vorliegen von konkreten Anhaltspunkten gehalten ist, die erforderlichen Auskünfte der Versorgungsträger einzuholen.[124] Es ist Sache des sich durch eine Vereinbarung benachteiligt fühlenden Ehegatten, diese Umstände dem Gericht vorzutragen.[125]

129   Der BGH ist der Ansicht, dass der Versorgungsausgleich auf der einen Seite mit dem Zugewinn verwandt sei, da er eine gleichberechtigte Teilhabe der Eheleute am beiderseits erworbenen Versorgungsvermögen vorsieht. Daher können die Eheleute über den Versorgungsausgleich wie über den Zugewinnausgleich grundsätzlich disponieren.[126] Da der

---

[121] OLG München FamRZ 2011, 812; OLG Frankfurt a.M. BeckRS 2012,16081; *Bergschneider* FamRZ 2013, 260; *Rakete-Dombek* FS Hahne 2012, 307.
[122] Für 2018: FamRZ 2018, 240.
[123] Palandt/*Brudermüller* VersAusglG § 8 Rn. 2.
[124] *Rakete-Dombek* NJW 2010, 1313; Palandt/*Brudermüller* VersAusglG § 8 Rn. 5.
[125] *Wick* FPR 2009, 219.
[126] BGH NJW 2009, 2124.

Versorgungsausgleich aber auf der anderen Seite als vorweggenommener Altersunterhalt zu qualifizieren ist, können die Eheleute den Versorgungsausgleich nicht schrankenlos abbedingen. Die Vereinbarung ist daher nach denselben Kriterien zu prüfen, wie ein vollständiger oder teilweiser Verzicht auf Unterhalt.[127]

Im Rahmen der Ausübungskontrolle wird geprüft, ob es gegen Treu und Glauben verstößt, dass sich ein Ehegatte zum Zeitpunkt der Entscheidung über den Versorgungsausgleich auf die getroffene Regelung beruft. Das kann insbesondere dann der Fall sein, wenn die tatsächliche einvernehmliche Gestaltung der ehelichen Lebensverhältnisse von der ursprünglichen, dem Vertrag zugrunde liegenden Lebensplanung grundlegend abweicht.[128] Dass eine Ehescheidungsfolgenvereinbarung über den Versorgungsausgleich der Ausübungskontrolle nicht standhält, wird daher selten der Fall sein, da sich in der Regel keine unerwarteten Änderungen der zukünftigen Entwicklung der Lebensverhältnisse der Ehegatten ergeben werden.[129] Denn der Zeitraum zwischen Abschluss der Vereinbarung und Entscheidung des Gerichts ist in der Regel recht kurz. **130**

Der Inhaltskontrolle (Wirksamkeitskontrolle) hält die Vereinbarung stand, wenn sie im Zeitpunkt des Zustandekommens nicht offenkundig zu einer derart einseitigen Lastenverteilung für den Scheidungsfall führt, dass ihr – losgelöst von der künftigen Entwicklung der Ehegatten und ihrer Lebensverhältnisse – wegen Verstoßes gegen die guten Sitten (§ 138 BGB) die Anerkennung der Rechtsordnung ganz oder teilweise zu versagen ist.[130] Die Vereinbarung muss also, um wirksam zu sein, den ehebedingten Nachteil des Ehegatten durch andere Vorteile abmildern oder durch die besonderen Verhältnisse der Ehegatten, den von ihm angestrebten oder gelebten Ehetyp oder durch sonstige wichtige Belange des durch die Vereinbarung begünstigten Ehegatten gerechtfertigt sein.[131] Geht es allerdings um die Regelung des Versorgungsausgleiches in einer Ehescheidungsfolgenvereinbarung, können die vom BGH aufgestellten Kriterien nicht „eins-zu-eins" angewendet werden. Zu prüfen sind der Eheverlauf und die wirtschaftliche und berufliche Zukunft der Ehegatten sowie ihre Aussicht auf Altersvorsorge.[132] **131**

Das Familiengericht soll eine Vereinbarung nur prüfen, wenn sie unter Einbeziehung der Unterhaltsregelung und der Vermögensauseinandersetzung **offensichtlich** nicht zur Sicherung des Berechtigten für den Fall der Erwerbsunfähigkeit und des Alters **geeignet** ist oder zu **keinem** nach Art und Höhe **angemessenen Ausgleich** unter den Ehegatten führt. Das Merkmal der Offensichtlichkeit erweitert den Vereinbarungsspielraum der Ehegatten und entbindet die Familiengerichte von der Verpflichtung, einen bis ins Einzelne gehenden Vergleich zwischen den sich aus dem Vertrag ergebenden Leistungen und dem Ergebnis eines fiktiv durchgeführten Versorgungsausgleichs vorzunehmen.[133] Die Kontrolle dient jedoch nicht dazu, die früheren engen Genehmigungsvoraussetzungen in das neue Recht zu übertragen. Die Dispositionsfreiheit der Ehegatten findet erst dort ihre Grenzen, wo ein Ehegatte derart einseitig evident benachteiligt wird, dass die Vereinbarung von der Rechtsordnung nicht hingenommen werden kann. Ist dies nicht der Fall, ist das Gericht an eine Vereinbarung gebunden. **132**

1. Hinreichende Sicherung. Vereinbarungen gemäß §§ 6, 8 VersAusglG können zunächst Regelungen des Versorgungsausgleichs in vom Gesetz abweichender Weise, dh einen **Verzicht** auf die Durchführung des Versorgungsausgleichs nach den gesetzlichen Vorschriften gegen eine **Gegenleistung** zum Inhalt haben. Es ist insoweit zu prüfen, **133**

---

[127] BGH NJW 2009, 2124.
[128] BGH DNotZ 2004, 550.
[129] So auch *Wick* FPR 2009, 219.
[130] BGH DNotZ 2004, 550.
[131] BGH NJW 2006, 3142.
[132] Johannsen/Henrich/*Holzwarth* FamR VersAusglG § 8 Rn. 6.
[133] BVerfG DNotZ 1982, 564.

– ob die Gegenleistung zur Sicherung des Berechtigten für den Fall der Erwerbsunfähigkeit und des Alters geeignet ist **(objektive Eignung)** und
– der Leistungsverpflichtete die Gewähr für die dauerhafte Erbringung der Leistung, in der Regel durch Stellung einer Sicherheit erbringt **(subjektive Eignung).**

134 Unter dem Gesichtspunkt der Eignung kommen in Betracht:
– ein **einmaliger geldlicher Abfindungsbetrag,** dessen Verwendung zur Altersversorgung allerdings zur Auflage gemacht werden muss. Eine vorläufige Orientierung für deren Höhe gibt – nach Einholung aller Auskünfte der Versorgungsträger – § 47 VersAusglG, wonach die sog. korrespondierenden Kapitalwerte gemäß § 5 Abs. 2 VersAusglG anzugeben sind;[134]
– **Unternehmensbeteiligungen, Nutzungsrechte, Grundstücke und sonstige Sachwerte,** falls diese eine **gesicherte und dauerhafte Rendite abwerfen.** Der Wert kann sich ebenfalls an § 47 Abs. 5 VersAusglG orientieren;
– **erhöhte Unterhaltsleistungen,** die über die gesetzliche Unterhaltsverpflichtung hinausgehen und auch nach dem Tod des Verpflichteten hinreichende Sicherheit für die Durchsetzbarkeit bieten müssen;
– **Einkauf in die gesetzliche Rentenversicherung** durch Entrichtung von freiwilligen Beiträgen;
– **Abschluss eines privaten Rentenversicherungsvertrages,** der auch Regelungen für den Fall der Berufsunfähigkeit vorsehen sollte;
– **Vereinbarung einer schuldrechtlichen Ausgleichsrente** gemäß § 6 Abs. 1 S. 2 Nr. 3 VersAusglG iVm §§ 20 ff. VersAusglG (→ § 12 Rn. 129).

135 **2. Kein offensichtlich unangemessener Ausgleich.** Dieser liegt bei einem auffälligen Missverhältnis zwischen dem Wert des Ausgleichsanspruchs und der vereinbarten Gegenleistung vor. Nach BGH[135] ist die Pflicht des Gerichts zur Aufklärung der Angemessenheit begrenzt; es kann davon ausgehen, dass die Parteien die ihnen vorteilhaften Umstände von sich aus vorbringen; schließen sie die Vereinbarung unter fachkundiger Beratung, kann davon ausgegangen werden, dass sie ihre gegenläufigen vermögensrechtlichen Interessen zum Ausgleich gebracht haben. Dies gilt umso mehr nach neuem Recht, das die vertragliche Dispositionsfreiheit der Ehegatten erweitert hat.

136 Vor allem entschädigungslose Verzichtserklärungen können den kritischen Blick des Familienrichters auf sich ziehen. Entschädigungslose Verzichtserklärungen sind jedoch zulässig,
– wenn von der Durchführung des Versorgungsausgleichs nach den gesetzlichen Vorschriften aufgrund der **Härteklausel** gemäß § 27 VersAusglG abgesehen werden könnte;[136]
– wenn der ausgleichsberechtigte Ehegatte durch eine **Drittversorgung** ausreichend abgesichert ist;[137]
– bei **anderweitiger Absicherung** des Ausgleichsberechtigten durch **nicht ausgleichspflichtiges Vermögen** aus Grundbesitz und Kapital, zB bei Gütertrennung;[138]
– bei **kurzer Ehe** (§ 3 VersAusglG) ohne gemeinsame Versorgungsplanung;[139]
– bei **geringfügigen Wertunterschieden** in der Versorgung;[140]
– bei beidseitiger Versorgungsplanung mit **vollwertiger Absicherung.**[141]

---

[134] Zur Kritik an den Werten aus § 47 Abs. 5 VersAusglG vgl. *Münch* FPR 2013, 312 mwN.
[135] BGH NJW 1994, 580.
[136] BGH DNotZ 1982, 569.
[137] BGH DNotZ 1982, 569.
[138] BGH NJW 1981, 394.
[139] BGH FamRZ 1981, 944.
[140] *Ruland* AnwBl 1982, 85: weniger als 10%.
[141] OLG Koblenz FamRZ 1983, 508.

IV. Anlässe für Vereinbarungen über den Versorgungsausgleich

Ausgleichspflichtiger Ehemann – Beamter – möchte **Reduzierung** seiner Anwartschaften 137
vermeiden: Die Parteien vereinbaren stattdessen, dass der Versorgungsausgleich durch
Zahlung von Beiträgen aus dem erheblichen Barvermögen des Ehemannes in die gesetzliche Rentenversicherung zugunsten des Ausgleichsberechtigten erfolgen soll (§ 187 Abs. 1
Nr. 2 SGB VI).

Die **Lebenserwartung** des Ausgleichsberechtigten ist erkennbar erheblich geringer als 138
die des Ausgleichsverpflichteten; die Parteien möchten daher die Versorgungskürzung im
Interesse des Ausgleichsverpflichteten vermeiden: Die Parteien vereinbaren stattdessen
eine schuldrechtliche Ausgleichsrente.

Der ausgleichsverpflichtete Ehemann ist 64 Jahre, die ausgleichsberechtigte Ehefrau 139
40 Jahre alt; nach der Scheidung will sie sogleich wieder heiraten: Hier kommt das Ausweichen in die schuldrechtliche Ausgleichsrente in Frage. Bei Vereinbarung einer schuldrechtlichen Ausgleichsrente (→ § 12 Rn. 129) ist die Absicherung der Leistungen im Falle
des **Vorversterbens** des Ausgleichsverpflichteten problematisch. Ein auf einer Vereinbarung beruhender schuldrechtlicher Versorgungsausgleich ist nur möglich, wenn die maßgeblichen Regelungen dies zulassen und die betroffenen **Versorgungsträger zustimmen**
(§ 8 Abs. 2 VersAusglG).

Vereinbarungen bieten sich weiter an in den Fällen, in denen die Differenz der Ausgleichswerte nur gering (§ 18 VersAusglG), oder ein Anrecht nicht ausgleichsreif ist (§ 19 140
VersAusglG). Dies ist unter anderem der Fall, wenn sich der Ausgleich voraussichtlich
nicht zugunsten des Berechtigten auswirken würde und daher nach den Umständen des
Falls **unwirtschaftlich** wäre (§ 19 Abs. 2 Nr. 3 VersAusglG), oder wenn es bei einem
ausländischen Versorgungsträger besteht (§ 19 Abs. 2 Nr. 4 VersAusglG):

– Es ist abzusehen, dass der Berechtigte auch nach Durchführung des Versorgungsausgleichs die kleine **Wartezeit** von 60 Monaten in der gesetzlichen Rentenversicherung,
  die für die Regelaltersrente ab dem 65. Lebensjahr erforderlich ist (§§ 35, 50 SGB VI),
  nicht erreichen wird (insbesondere bei Beamten möglich); die Formel für die Umrechnung von Anwartschaften in Wartezeit = Anwartschaft: aktueller Rentenwert (1. 7.
  2018: alte Länder 32,03 EUR, neue Länder 30,69 EUR): 0,0313 (§ 52 SGB VI).
– Die durch den Versorgungsausgleich begründete Rente würde wegen einer dem Ausgleichsberechtigten zustehenden sonstigen Versorgungsleistung **ruhen,** beispielsweise
  wegen einer dauernden Unfallrente (§ 93 SGB VI).
– Einem im **Ausland** lebenden ausländischen Berechtigten würde nur eine gemäß § 113
  Abs. 3 SGB auf 70% **gekürzte Rente** ausgezahlt.

Weitere Fälle: 141
– Es liegt ein Sachverhalt vor, der nach übereinstimmender Auffassung der Eheleute den
  Ausschluss des Versorgungsausgleichs gemäß § 27 VersAusglG wegen **Unbilligkeit**
  rechtfertigt, den sie dem Gericht jedoch nicht vortragen und insbesondere nicht streitig
  austragen wollen.
– Die Eheleute waren nur kurze Zeit verheiratet, § 3 Abs. 3 VersAusglG.
– Es liegt eine annähernd gleichwertige Versorgung vor, jedoch auf unterschiedlicher,
  dem Versorgungsausgleich teilweise nicht zugänglicher Basis.
– Die Eheleute möchten Zweifel über den Bestand, Umfang oder die Bewertung einer
  Anwartschaft ausräumen, so zu den Punkten Verfallbarkeit, Unverfallbarkeit, ausländische Anwartschaften, Dynamik berufsständischer Versorgung.
– Der ausgleichsberechtigte Ehegatte wird nach Scheidung wieder heiraten und hierdurch eine weitaus bessere Altersversorgung und Versorgung gegen das Risiko des Alters erhalten, als durch Durchführung des Versorgungsausgleichs bewirkt würde.[142]

---

[142] Vgl. BGH NJW 1994, 579.

- Die Absicherung des ausgleichsberechtigten Ehegatten soll durch die **Übertragung** von **Vermögensgegenständen** erfolgen, beispielsweise die Miteigentumshälfte des Ausgleichsverpflichteten am gemeinsamen Haus.[143]
- Der Versorgungsausgleich soll durch Begründung einer **privaten Lebensversicherung** erfolgen.
- Der Versorgungsausgleich soll durch Gewährung einer **erhöhten Unterhaltsrente** bzw. Leibrente erfolgen.
- Einem der Eheleute steht gemäß § 19 Abs. 2 Nr. 1 VersAusglG ein noch verfallbares Anrecht im Sinne des Betriebsrentengesetzes zu; sie möchten die Sache dennoch endgültig zum Abschluss bringen und eine spätere Regelung durch eine schuldrechtliche Ausgleichsrente (§§ 19 Abs. 5, 20 VersAusglG) vermeiden.
- Die Eheleute wollen eine spätere Abänderbarkeit der Entscheidung über den Versorgungsausgleich (§§ 225, 226 Abs. 2 FamFG) vermeiden. Die Abänderung ist auf Anrechte aus den öffentlich-rechtlichen Regelsicherungssystemen beschränkt (§ 225 Abs. 1 FamFG iVm § 32 VersAusglG).

142 Besonderer Betrachtung bedürfen die Fälle, in denen die Verpflichtung des Ausgleichsverpflichteten zur Zahlung einer **Abfindung** nach §§ 23, 24 VersAusglG in Frage kommt: Die Abfindung ist nach § 23 Abs. 1 VersAusglG zweckgebunden. Der Ausgleichsberechtigte kann über den Abfindungsbetrag nicht frei verfügen, er hat vielmehr, wie bei einer externen Teilung, eine **Zielversorgung** zu bestimmen, bei der mit dem Abfindungsbetrag ein bestehendes Anrecht ausgebaut oder ein neues Anrecht begründet werden soll.[144] Für die möglichen Zielversorgungen wird in § 24 Abs. 2 VersAusglG auf § 15 VersAusglG verwiesen. Als Zielversorgung stehen also dieselben Versorgungssysteme zur Verfügung wie bei einer externen Teilung. Anspruch auf eine Abfindung besteht nur, wenn diese für den Ausgleichspflichtigen **zumutbar** ist. Für die Höhe der Abfindung ist der **Zeitwert des Ausgleichswertes** maßgeblich. Dabei muss es sich um einen Kapitalbetrag handeln, der den Wert des Anrechts zum Ende der Ehezeit darstellt. Ist die maßgebliche Bezugsgröße kein Kapitalbetrag, der diesem Kriterium genügt, ist für die Abfindung statt des Ausgleichswertes der **korrespondierende Kapitalwert** gemäß § 47 VersAusglG maßgebend.

143 Wie nach altem Recht sind auch modifizierende Vereinbarungen über den Versorgungsausgleich zulässig. Es kann ein Teilausschluss des Versorgungsausgleichs in Bezug auf den Ausgleich einzelner Anrechte vereinbart werden. Die Ehegatten können den Ausgleich auch auf einen Teil der Ehezeit (zB bei langem Getrenntleben) beschränken. Ein vertraglich vorgezogenes Ende der Ehezeit ist weiterhin nicht zulässig.

V. Abänderbarkeit

144 §§ 51 ff. VersAusglG lassen auf Antrag eine Abänderung einer nach altem Recht vor dem 1. 9. 2009 ergangenen Entscheidung über den Versorgungsausgleich zu. Eine Abänderung von Anrechten, die Gegenstand einer früheren Entscheidung waren, ist möglich, wenn eine wesentliche Wertänderung des Anrechts festzustellen ist.

145 Zu §§ 32 ff. VersAusglG → § 12 Rn. 133. Besondere Bedeutung hat § 33 VersAusglG erlangt, nachdem das sog. Rentenprivileg nicht mehr gilt. Mit der Durchführung des Versorgungsausgleichs wird die Rentenanwartschaft oder auch die laufende Rente beim Ausgleichspflichtigen sofort gekürzt, auch wenn der Ausgleichsberechtigte von der Übertragung noch nicht profitiert. Die Kürzung ist nach § 33 Abs. 3 VersAusglG nur in Höhe des Unterhaltsanspruchs auszusetzen, höchstens jedoch in Höhe der Differenz der beiderseitigen Ausgleichswerte aus den anpassungsfähigen Anrechten, aus denen die ausgleichspflichtige Person eine laufende Versorgung bezieht. Bei dem Unterhaltsanspruch muss es sich um einen gesetzlichen Anspruch handeln. Über die Höhe der Aussetzung der Kür-

---

[143] Vgl. OLG Düsseldorf NJW-RR 1996, 1410.
[144] Zur Wahl der Zielversorgung: *Hauß* FamRB 2013, 223.

zung entscheidet das Familiengericht. Gleiches gilt für jede Änderung gemäß § 34 Abs. 6 S. 2 VersAusglG. Die Beteiligten können auf die Abänderbarkeit ihrer Vereinbarung über den Versorgungsausgleich jedoch verzichten.

VI. Steuerliche Gesichtspunkte

Der Versorgungsausgleich wird auf Basis der Bruttowerte der Versorgungsanrechte durch- **146** geführt. Dies bedeutet, dass der Ehezeitanteil, Ausgleichswert und korrespondierende Kapitalwert eines Anrechts jeweils ein Bruttowert ist. Durch § 3 Nr. 55a, Nr. 55b EStG wird gewährleistet, dass die interne Teilung und auch die externe Teilung (mit Ausnahme einer Übertragung auf ein Anrecht, das zur Besteuerung der späteren Leistung gemäß § 20 Abs. 1 Nr. 6 EStG oder § 22 Nr. 1 S. 3 lit. a sublit. bb EStG führen würde, dann erfolgt eine Besteuerung sofort) sowohl für den Ausgleichspflichtigen als auch den Ausgleichsberechtigten **steuerneutral** erfolgen. Erst später ist die Rente gemäß § 22 Abs. 1 S. 3 EStG mit dem **Ertragsanteil zu versteuern.** Anderes gilt bei Abfindung einer schuldrechtlichen Ausgleichsrente oder soweit ein Anrecht gemäß § 6 Abs. 1 Nr. 1 VersAusglG in die Regelung der ehelichen Vermögensverhältnisse einbezogen und/oder die Verrechnung von Anrechten vereinbart wird. In diesen Fällen verbleibt die Steuer- und Abgabenbelastung für das gesamte Anrecht beim Ausgleichspflichtigen. Wird dies in einer Vereinbarung nicht berücksichtigt, wird der Ausgleichspflichtige häufig stark benachteiligt sein (→ § 12 Rn. 146).

Zahlungen im Rahmen des schuldrechtlichen Versorgungsausgleichs gemäß §§ 20, 21, **147** 22 VersAusglG (Zahlungen einer Geldrente, Abtretung von Versorgungsansprüchen sowie Kapitalzahlungen) stellen beim Verpflichteten nach § 10 Abs. 1a S. 1 Nr. 4 EStG abzugsfähige **Sonderausgaben** dar. Beim Empfänger sind diese Ausgleichszahlungen gemäß § 22 Nr. 1 S. 1 EStG als wiederkehrende Leistungen mit ihrem Ertragsanteil zu versteuern. Es können sich hierbei steuerliche Vorteile ergeben, wenn der Ausgleichsverpflichtete die zugrunde liegende Versorgung seinerseits nur mit dem Ertragsanteil versteuern muss. Eine Unbilligkeit kann sich aus dem Umstand ergeben, dass auf die Versorgungsbezüge ohne Berücksichtigung der Ausgleichsverpflichtung Kranken- und Pflegeversicherungsbeiträge zu entrichten sind.[145]

Freiwillige Zahlungen zur **Vermeidung des Versorgungsausgleichs** sind ab dem **148** Veranlagungszeitraum 2015 gemäß § 52 Abs. 1 EStG und Art. 16 Abs. 2 ZollkodexAnpG **auf Antrag des Ausgleichsverpflichteten** mit Zustimmung des Ausgleichsberechtigten als **Sonderausgaben** absetzbar. Der Ausgleichsberechtigte muss dann die Einnahmen als **sonstige Einkünfte** versteuern (§ 10 Abs. 1a Nr. 3 EStG und § 22 Nr. 1a EStG). Diese Ausgleichsmöglichkeit besteht unabhängig davon, ob sie eine beamtenrechtliche, eine öffentlich-rechtliche, eine private, eine geförderte oder eine betriebliche Altersversorgung betrifft. Derartige Ausgleichszahlungen konnten bisher bei Beamten zur Vermeidung einer Kürzung ihrer Versorgungsbezüge nur als Werbungskosten abgezogen werden. Künftig sind diese Zahlungen einheitlich nur als **Sonderausgaben** absetzbar. In die Rentenversicherung des **anderen Ehegatten** geleistete Beitragszahlungen sind, da sie nicht die eigene Versorgung betreffen, **irrelevante Zahlungen** im Vermögensbereich und damit steuerlich uninteressant und deshalb zu vermeiden. Erfolgt die Zahlung allerdings aufgrund einer Vereinbarung nach § 6 VersAusglG zur Abwehr der Kürzung der eigenen Versorgung, sind die Zinsen eines zur Finanzierung aufgenommenen Kredits als vorab entstandene Werbungskosten abziehbar,[146] soweit die Finanzierungskosten die später erzielbaren steuerpflichtigen Einnahmen übersteigen.

Steuerlich vorteilhaft ist die Einzahlung von Vorsorgeaufwendungen nach § 10 Abs. 1a **149** Nr. 3 EStG durch den Ausgleichsberechtigten, die diesem vom Ausgleichsverpflichteten

---

[145] Vgl. BGH NJW-RR 2007, 1444.
[146] BFH FamRZ 1994, 309.

im Rahmen des Realsplitting-Höchstbetrages von 13.805 EUR zur Verfügung gestellt worden ist.

E. Vereinbarungen über die vermögensrechtliche Auseinandersetzung

150 Bei der vermögensrechtlichen Auseinandersetzung sind die durch die **Bestimmungen des** jeweiligen **Güterstandes** der Eheleute und die hiervon **unabhängig geregelten Bereiche** zu unterscheiden. Von der Frage des Güterstandes nicht berührt werden die Vorschriften über die Auflösung einer **Gemeinschaft,** insbesondere an einem gemeinsamen Hausgrundstück (§§ 741 ff. BGB), über den **Gesamtschuldnerausgleich** im Hinblick auf gemeinsame Verbindlichkeiten, den **Versorgungsausgleich** und die **Aufteilung der Haushaltsgegenstände.** Diese Bereiche sind mithin gesondert zu regeln. Im Übrigen gehen die Regeln des gesetzlichen Güterrechts (§§ 1372 ff. BGB) allen anderen Ausgleichsregeln vor.[147]

151   Es ist deshalb als Erstes festzustellen, ob die Ehegatten im gesetzlichen Güterstand der **Zugewinngemeinschaft,** der **Gütertrennung** oder **Gütergemeinschaft** leben. **Gütertrennung** kann bestehen aufgrund eines **Ehevertrages,** aufgrund eines Urteils, durch das auf **vorzeitigen Ausgleich** des **Zugewinns** erkannt worden ist (§ 1388 BGB) sowie aufgrund einer Erklärung gemäß Art. 8 Abs. 1 S. 3 GleichberG, dass für die Ehe Gütertrennung gelten soll. **Gütergemeinschaft** wird durch Ehevertrag vereinbart. Daneben können die Ehegatten im Güterstand der Gütergemeinschaft leben, wenn ein Ehegatte die Erklärung gemäß Art. 234 § 4 Abs. 2 EGBGB abgegeben hat, dass der bisherige gesetzliche Güterstand fortgelten solle (vgl. Art. 234 § 4a Abs. 2 EGBGB),[148] was im Übrigen zur Folge hat, dass eine **wechselseitige gesamtschuldnerische Haftung** der Ehegatten für die Schulden des anderen Ehegatten eintritt (§ 1459 BGB).

I. Gesetzlicher Güterstand, Zugewinnausgleich

152 Übersteigt bei **Beendigung des Güterstandes** – im Falle der Scheidung bei Rechtshängigkeit des Scheidungsantrags (§ 1384 BGB) – der Zugewinn des einen den Zugewinn des anderen Ehegatten, so steht die Hälfte des Überschusses diesem als Ausgleichsforderung zu (§ 1378 Abs. 1 BGB). Zugewinn ist der Betrag, um den das **Endvermögen** (§ 1375 BGB) eines Ehegatten das **Anfangsvermögen** (§ 1374 BGB) übersteigt (§ 1373 BGB). Die **Ausgleichsforderung** entsteht erst **mit Beendigung des Güterstandes** (§ 1378 Abs. 3 S. 1 BGB), zB dem Zeitpunkt der Gütertrennung bzw. der Rechtskraft der Scheidung der Ehe, und ist damit auch erst von diesem Zeitpunkt an **fällig** und nach anschließender Mahnung **verzinslich** (zum Zugewinnausgleich → § 12 Rn. 56 ff., zum negativen (privilegierten) Anfangsvermögen → § 12 Rn. 64).

153   Gemäß § 1378 Abs. 3 S. 2 BGB bedarf eine **Vereinbarung,** die die Ehegatten vor Beendigung des Güterstandes während eines **Verfahrens,** das auf Auflösung der Ehe gerichtet ist, über den Ausgleich des Zugewinns treffen, der **notariellen Beurkundung** oder der **gerichtlichen Billigung** bei einem **Anwaltsvergleich** oder der gerichtlichen **Protokollierung.** Nach der Rechtsprechung sind bereits vor Rechtshängigkeit des Scheidungsverfahrens in notarieller Form **Vereinbarungen** über den Zugewinnausgleich möglich.[149] Notarielle Beurkundung ist im Übrigen bis zur **Rechtskraft** der **Scheidung** erforderlich.

154   Bei der Beratung der Eheleute ist zu entscheiden, ob die Regelung der Zugewinnausgleichsansprüche lediglich in Abhängigkeit von der **konkret beabsichtigten Scheidung** oder aber **für alle Fälle** erfolgen soll. Es bestehen folgende **Alternativen:**

---

[147] BGH NJW 1976, 328; NJW 1977, 1234; *Szalai* NZFam 2018, 761 ff.
[148] *Lipp* FamRZ 1996, 1117.
[149] BGH FamRZ 1983, 157; vgl. auch *Brix* FamRZ 1993, 12.

– Begrenzung der Regelung auf das unmittelbar bevorstehende Scheidungsverfahren;
– Gütertrennung bzw. endgültige Regelung des Zugewinnausgleichs;
– Ausgleich bzw. Ausschluss des bisher angefallenen Zugewinns unter Beibehaltung des Güterstandes.

Besondere Sorgfalt ist auf die korrekte Einordnung von **Zuwendungen** zu verwenden, **155** die die **Ehegatten** einander während der Ehe gemacht haben (→ § 12 Rn. 44 ff.). Nach **§ 1380 Abs. 1 BGB** wird auf die Ausgleichsforderung eines Ehegatten angerechnet, was ihm von dem anderen Ehegatten durch Rechtsgeschäft unter Lebenden mit der Bestimmung zugewendet worden ist, dass es auf die Ausgleichsforderung angerechnet werden solle; dabei ist im Zweifel anzunehmen, dass Zuwendungen mit Ausnahme von Gelegenheitsgeschenken angerechnet werden sollen. Der **Wert der Zuwendung** ist bei der Berechnung der Ausgleichsforderung dem Zugewinn des ausgleichspflichtigen Ehegatten, nicht jedoch nach § 1374 Abs. 2 BGB dem Anfangsvermögen des ausgleichsberechtigten Ehegatten **zuzurechnen,** selbst wenn es sich um eine Schenkung gehandelt hat,[150] und auf die Ausgleichsforderung **anzurechnen.** Dies gilt auch für Zuwendungen im Wege vorweggenommener Erbschaft[151] sowie für Übertragungen, die nach dem Scheitern der Ehe mit dem Ziel einer Vermögensauseinandersetzung erfolgt sind.[152] § 1380 BGB greift nur ein, wenn eine Ausgleichsforderung vorhanden ist, von welcher Vorempfänge abgesetzt werden können.[153] § 1380 BGB gilt daher mit der Einschränkung, dass der Beschenkte auch Ausgleichsberechtigter ist. Die Vorschrift hat keine Auswirkung, wenn sich die Zuwendung rechnerisch noch im Vermögen des Empfängers befindet. Sie schützt den Zuwendenden jedoch davor, den Empfänger nach Schmälerungen durch Verbrauch oder Hinzutreten von Belastungen ein zweites Mal an seinem Vermögen beteiligen zu müssen.

Nach Feststellung der Zugewinnausgleichsforderung ist die Begrenzungsvorschrift des **156** **§ 1378 Abs. 2 BGB** zu beachten: Danach ist die Zugewinnausgleichsforderung zwar der Höhe nach auf den Bestand des Vermögens bei Beendigung des Güterstandes beschränkt. Jedoch ist § 1378 Abs. 2 BGB im Zusammenhang mit § 1384 BGB zu lesen, der für die Höhe der Ausgleichsforderung nun auf den Zeitpunkt der Rechtshängigkeit des Scheidungsantrags abstellt.[154] Hierdurch hat § 1378 Abs. 2 BGB seine frühere – oft als ungerecht empfundene Wirkung – verloren. Gleichzeitig ist gemäß § 1378 Abs. 2 S. 2 BGB das Endvermögen um illoyale Vermögensverfügungen in den Fällen von § 1375 Abs. 2 S. 1 BGB zu erhöhen. Bei Abschluss von Vereinbarungen sind im Übrigen die Gestaltungselemente der § 1382 BGB **(Stundung)** und § 1383 BGB **(Übertragung von Vermögensgegenständen)** zu beachten. Sollte nach Zustellung des Ehescheidungsantrags (§ 1384 BGB) das Vermögen sich **unverschuldet** vermindert haben, wäre – falls der Anwendungsbereich des § 1381 BGB **(Unbilligkeitsklausel)** nach neuem Recht nun ebenfalls mit der Zustellung endet – zu prüfen, ob der Ausgleichsschuldner sich auf § 242 BGB berufen kann.[155] Die Frage des Anwendungsbereichs des § 1381 BGB, der in der Rechtsprechung ein Schattendasein führt, ist höchstrichterlich noch nicht geklärt.[156]

II. Gütertrennung

Haben die Ehegatten Gütertrennung vereinbart, stehen für die vermögensrechtliche Auseinandersetzung **keinerlei güterrechtliche Regularien** zur Verfügung. Das Wesen der Gütertrennung ist durch das Fehlen jeglicher güterrechtlicher Beziehungen gekennzeichnet.   **157**

---

[150] BGH NJW 1987, 2814; NJW 2011, 72.
[151] BGH NJW 2011, 72.
[152] BGH MittBayNot 2001, 324.
[153] BGH NJW 1982, 1093.
[154] BGH NJW 2012, 2657.
[155] *Brudermüller* NJW 2012, 3213.
[156] *Rakete-Dombek* FS Brudermüller 2014, 543.

III. Gütergemeinschaft

158 Die Gütergemeinschaft endet durch **Aufhebungsentscheidung** (§§ 1449, 1470 BGB), durch **ehevertragliche Gütertrennung** oder durch **Rechtskraft des Scheidungsbeschlusses** (§ 1478 BGB). Die regelmäßig vor Rechtskraft der Scheidung abgeschlossene notarielle Scheidungsvereinbarung sollte die Gütergemeinschaft durch Gütertrennung beenden. Dann kommen Verpflichtungen in Frage, die Auseinandersetzung nach Scheidung in bestimmter Weise durchzuführen. Eine solche Vereinbarung kann grundsätzlich formlos abgeschlossen werden. Sollen allerdings abstrakte Modifikationen der gesetzlichen Auseinandersetzungsregeln vereinbart oder Verpflichtungen zur Auflassung von Grundstücken eingegangen werden, ist nach § 1410 BGB bzw. § 311b BGB notarielle Beurkundung erforderlich.

159   Kern der Vereinbarungen über die Beendigung der Gütergemeinschaft ist der **Auseinandersetzungsvertrag.** Darin ist zu regeln
– die Berichtigung der Gesamtgutsverbindlichkeiten (§ 1475 BGB) und
– die Teilung des Überschusses unter Beachtung der im Falle der Scheidung geltenden Vorschriften des § 1478 BGB und des Übernahmerechts gemäß § 1477 Abs. 2 BGB.

160 Im Falle der Auflösung der Gütergemeinschaft durch Scheidung können die Ehegatten statt hälftiger Teilung (§ 1476 BGB) **vorweg Wertersatz** der in die Gütergemeinschaft eingebrachten Gegenstände unter Berücksichtigung des Kaufkraftschwundes[157] verlangen.

IV. Ausgleich von Zuwendungen

161 Zu besonderen Auseinandersetzungsproblemen kommt es, wenn im Vertrauen auf den Fortbestand der Ehe ein Ehegatte oder Verwandte dieses Ehegatten dem anderen Ehegatten oder dessen Verwandten **Vermögenswerte** in erheblichem Umfang **zugewendet** haben, insbesondere Grundstücksrechte und Geldmittel für die Anschaffung und Errichtung von Immobilien. In der Regel ist versäumt worden, im Zusammenhang mit der Zuwendung sachgerechte **Rückfallklauseln** zu vereinbaren, so dass für eine Rückabwicklung vertragliche Regelungen nicht zur Verfügung stehen.

162   Nach der Rechtsprechung erfolgen Zuwendungen unter Eheleuten regelmäßig nicht schenkungshalber, sondern zur Verwirklichung der ehelichen Lebensgemeinschaft. Hierfür hat sich der Begriff der **unbenannten ehebedingten Zuwendung** eingebürgert (→ § 12 Rn. 44).[158]

163   Die **Berechtigung der** nach Vollzug der unbenannten Zuwendung erreichten **Vermögenszuordnung** wird häufig in Frage gestellt, wenn dem Zuwendungsempfänger die „Schuld" am Scheitern der Ehe gegeben wird, wenn – beim gesetzlichen Güterstand der Zugewinngemeinschaft – die Zuwendung aus Anfangsvermögen iSv § 1374 BGB erfolgte und der Zugewinnausgleich nur zu einem ungenügenden Wertausgleich führt, weil die Zuwendung die hälftige Zugewinnbeteiligung des anderen Ehegatten übersteigt oder wenn der dingliche Verlust des Zuwendungsobjekts nicht akzeptiert wird. Bei der Beantwortung der damit aufgeworfenen Fragen ist nach dem Güterstand der Eheleute zu differenzieren.[159]

164 **1. Gesetzlicher Güterstand der Zugewinngemeinschaft.** Durch das System des Zugewinnausgleichs voll erfasst wird der Fall, in dem **beiden Ehegatten** aus Einkommen eines Ehegatten **gleich hohes Vermögen** erwachsen ist (zB hälftiges Miteigentum an einem Haus). Hier deckt das Zugewinnausgleichsrecht den Vermögenserwerb des anderen

---

[157] BGH NJW 1982, 2373.
[158] Vgl. hierzu im Einzelnen *Langenfeld/Milzer* Eheverträge-HdB Rn. 769 ff.
[159] *Szalai* NZFam 2018, 761 ff.

Ehegatten voll ab, Ansprüche aus ungerechtfertigter Bereicherung oder wegen Wegfalls der Geschäftsgrundlage bestehen nicht.[160]

Ausnahmsweise können **Ansprüche auf dingliche Rückgewähr** bestehen, wenn die 165 gegebene **dingliche Vermögensverteilung** einem Ehegatten **unzumutbar** ist. Abschläge wegen teilweiser Zweckerreichung der Zuwendung sind jedoch möglich.[161] Dem Eigentumsübertragungsanspruch können jedoch Zugewinnausgleichsansprüche entgegengesetzt werden, die aufgrund der Vermögenssituation zu errechnen sind, wie sie nach dinglicher Rückgewähr gegeben ist.[162]

Als nicht unbillig ordnet der BGH[163] die vermögensrechtliche Lage im Falle ein, dass 166 **gemeinsames Vermögen aus Anfangsvermögen** eines Ehegatten erworben wurde: In diesem Falle erhält der Zuwendende nach zugewinnausgleichsrechtlichen Regeln, ggf. unter Anwendung des § 1380 BGB, lediglich die Hälfte der Zuwendung zurück.

2. Gütertrennung. Nach der Rechtsprechung des BGH ist die Ehe zwar nicht causa für 167 Zuwendungen der Eheleute: Hierdurch kann sich jedoch ein besonderes Vertragsverhältnis ergeben, dessen Geschäftsgrundlage der Fortbestand der Ehe ist mit der Folge, dass die Scheidung als **Wegfall der Geschäftsgrundlage** zu beurteilen ist. Auf dieser Grundlage können sich Ausgleichsansprüche ergeben, wenn ein Ehegatte Leistungen erbracht hat, die über den Umfang von geschuldeten Beistandsleistungen im Rahmen der Verpflichtung zur ehelichen Lebensgemeinschaft (§ 1353 BGB) oder der Unterhaltspflicht (§ 1360 BGB) weit hinausgehen. Ausgleichsansprüche setzen jedoch **besondere Umstände** des Falls voraus, insbesondere im Hinblick auf die Dauer der Ehe, das Alter der Parteien, Art und Umfang der erbrachten Leistungen, die Höhe der dadurch bedingten und noch vorhandenen Vermögensmehrung und die Einkommens- und Vermögensverhältnisse: Ist die Aufrechterhaltung des bestehenden Vermögenszustands für den Ehegatten, der ohne eigene Vermögensmehrung Leistungen erbracht hat, unzumutbar, muss ein billiger Ausgleich dafür erfolgen, dass die vereinbarte ungestörte und dauernde Mitnutzung der Früchte der Arbeit für die Zukunft entfällt.[164] Dies gilt auch für Zuwendungen schon vor der Ehe.[165] Liegt die ehebedingte Zuwendung schon länger zurück, untersucht *Wever*,[166] inwieweit bei teilweiser Zweckerreichung ein Abschlag zu machen und wie er zu ermitteln ist. Die Frage der Verjährung von Schwiegerelternzuwendungen hat der BGH zwischenzeitlich geklärt.[167]

V. Schuldenzuordnung

Bei Regelungen der Folgen von Trennung und Scheidung von Eheleuten sind häufig 168 Zuordnungen der bestehenden Schulden vorzunehmen. Meist sind die Eheleute Darlehensverpflichtungen als **Gesamtschuldner** eingegangen. Dann wird ihr Verhältnis zueinander durch § 426 BGB geregelt, wonach Gesamtschuldner im Verhältnis zueinander zu **gleichen Anteilen** verpflichtet sind, soweit nicht ein anderes bestimmt ist.[168] Ein **anderweitiger Verteilungsmaßstab** kann sich dabei nicht aus den güterrechtlichen Verhältnissen der Parteien, insbesondere im gesetzlichen Güterstand der Zugewinngemeinschaft[169] ergeben, jedoch aus dem **Gesetz,** einer ausdrücklich oder stillschweigend getroffenen

---

[160] BGH NJW 1976, 328.
[161] *Wever* FamRZ 2013, 1.
[162] BGH NJW 1977, 1234.
[163] FamRZ 1982, 778.
[164] BGH NJW 1982, 1093 und NJW 1982, 2236.
[165] BGH NJW 2012, 3374. Zur Behandlung von **Zuwendungen der Schwiegereltern** bei der Ermittlung des Zugewinnausgleichs vgl. BGH NJW 2010, 2202; NJW 2012, 523.
[166] *Wever* FamRZ 2013, 1.
[167] BGH NJW 2016, 629.
[168] *Frank* NZFam 2018, 783 ff.
[169] BGH NJW 1988, 133; *Szalai* NZFam 2018, 761 ff.

Vereinbarung, aus dem Inhalt und Zweck eines zwischen den Gesamtschuldnern bestehenden Rechtsverhältnisses oder der **Natur der Sache,** mithin aus der besonderen Gestaltung des tatsächlichen Geschehens.[170]

169   In erster Linie kommt hierbei eine **Überlagerung durch** die **eheliche Lebensgemeinschaft** in Betracht. Gehen in einer **Alleinverdienerehe** die Eheleute gemeinsame Verbindlichkeiten ein, so sprechen die Umstände dafür, dass der alleinverdienende Ehegatte hinsichtlich seiner Zins- und Tilgungsleistungen keine Ausgleichsansprüche gegen den anderen Ehegatten hat.[171] Mit dem Scheitern der Ehe leben diese allerdings auf, ohne dass sie der zahlende Ehegatte ankündigen müsste.[172] Haben die Ehegatten demgegenüber beiderseits Einkommen oder Vermögen, kann es für die Frage der internen Haftung und der Änderung des Ausgleichsmaßstabs auf die konkreten Einkommens- und Vermögensverhältnisse der Parteien ankommen.[173]

170   Beim Blick in die Zukunft kann sich eine von der Regel des § 426 BGB abweichende Verteilung der Schulden ausdrücklich oder stillschweigend aus der Regelung anderer Materien ergeben. In Frage kommt dabei einmal die **Neuregelung** der **Verwaltung** und **Benutzung** des gemeinsamen Familienheims, bei der Ausgleichs- und Nutzungsentschädigungsansprüche miteinander verrechnet werden können.[174] Häufig werden im Übrigen bei der **Unterhaltsberechnung** vom Einkommen des Unterhaltsverpflichteten zunächst die Zins- und Tilgungsleistungen für ein gemeinschaftliches Darlehen abgezogen: Hierin ist eine andere Bestimmung iSd § 426 BGB zu sehen, die einen hälftigen Ausgleich ausschließt.[175] Die stillschweigende Belastung nur eines Ehegatten entspricht vor allem dann dem Willen des Ehegatten, wenn das gemeinschaftliche Darlehen ausschließlich im Interesse dieses Ehegatten aufgenommen wurde oder nur ihm zur Verfügung stand.[176] Ist die Ausgleichsforderung aus § 426 BGB mangels vorhandenen Vermögens nicht realisierbar, so ist dies nicht schädlich, wenn ein Ehegatte erst aufgrund des Zugewinns imstande ist, die interne Ausgleichsforderung zu erfüllen.[177] Der BGH ist der Auffassung, dass die güterrechtlichen Vorschriften über den Zugewinnausgleich den Gesamtschuldnerausgleich nicht verdrängen, und zwar unabhängig davon, ob die Leistung eines gesamtschuldnerisch haftenden Ehegatten vor oder nach Rechtshängigkeit des Scheidungsverfahrens erbracht worden ist. Denn bei richtiger Handhabung der güterrechtlichen Vorschriften vermag der Gesamtschuldnerausgleich das Ergebnis des Zugewinnausgleichs nicht zu verfälschen. Aus einer mangelnden Leistungsfähigkeit für den Innenausgleich kann grundsätzlich keine anderweitige Bestimmung iSd § 426 BGB hergeleitet werden. Der Ausgleichsanspruch ist ausgeschlossen, wenn er beim Zugewinnausgleich als Verbindlichkeit vom Endvermögen eines Ehegatten bereits abgesetzt worden ist.[178]

171   Für **gemeinsame Steuerschulden** haften Ehegatten unter Berücksichtigung der Höhe der beiderseitigen Einkünfte,[179] und zwar im Verhältnis der Steuerbeträge, die bei getrennter Veranlagung festgestellt worden wären.[180]

---

[170] BGH NJW-RR 1988, 259.
[171] BGH NJW 1983, 1845.
[172] BGH NJW 1995, 652.
[173] BGH NJW-RR 1988, 259.
[174] BGH NJW-RR 1986, 1196.
[175] BGH NJW 1986, 1339.
[176] BGH FamRZ 1988, 596. Zur Haftung im Außenverhältnis vgl. *Dörr* NJW 1995, 2753.
[177] BGH NJW-RR 2011, 73.
[178] *Brambring* FPR 2013, 289.
[179] BGH NJW 1979, 546.
[180] *Wever* Vermögensauseinandersetzung S. 266 ff.

VI. Steuerliche Gesichtspunkte bei Übertragung von Grundstücken oder Miteigentumsanteilen an Grundstücken

1. Schenkungsteuer. § 5 Abs. 2 ErbStG nimmt Zugewinnausgleichsleistungen von To- 172 des wegen und unter Lebenden von der Erbschaft- bzw. Schenkungsteuer aus (→ § 12 Rn. 116). Die Bestimmung stellt klar, dass der Erwerb der Ausgleichsforderung durch den ausgleichsberechtigten Partner im güterrechtlichen Zugewinnausgleich die Merkmale eines steuerpflichtigen Vorgangs im Sinne des ErbStG nicht erfüllt.

Demgegenüber haben die Bestimmungen des § 5 Abs. 1 ErbStG, die im erbrechtlichen 173 Zugewinnausgleich gemäß § 1371 Abs. 1 BGB einen Freibetrag in Höhe der fiktiven Ausgleichsforderung gewähren, eigenständige Bedeutung. Hieran anschließend enthält § 5 Abs. 1 S. 2ff. ErbStG eine Reihe von Regelungen, nach denen vertragliche Modifizierungen die Höhe des Freibetrags nicht beeinflussen. Beispielsweise ist nach § 5 Abs. 1 S. 4 ErbStG im Falle, dass der Güterstand der Zugewinngemeinschaft durch Ehevertrag vereinbart wird, für die Bestimmung des Anfangsvermögens der Tag des Vertragsabschlusses maßgeblich.

Die Bestimmungen des § 5 Abs. 1 ErbStG sind bei güterrechtlichem Ausgleich des Zu- 174 gewinns nicht anwendbar. Der Zugewinn, der aufgrund der vertraglichen Rückkehr zum gesetzlichen Güterstand und der Bestimmung, dass Stichtag für die Bestimmung des Anfangsvermögens der Tag der Eheschließung sein soll, in einer Scheidungsfolgenvereinbarung gezahlt wird, ist deshalb schenkungsteuerfrei.[181] Anders ist dies nur dann, wenn sich die Bemessung der Ausgleichsforderung zugunsten des Ausgleichsberechtigten so weit vom gesetzlichen Ausgleichsmodell entfernt, dass in ihr eine teilweise freigebige Zuwendung gesehen werden muss. Da der Ehegatte nach § 16 Abs. 1 Nr. 1 ErbStG einen persönlichen Freibetrag von 500.000 EUR hat, spielt die Schenkungsteuer bei Übertragung des Familienheims häufig keine Rolle; sie muss aber vor Scheidung der Ehe erfolgen. Die Schenkung des selbst genutzten Familienheims oder eines Miteigentumsanteils hieran an den Ehegatten vor Scheidung ist nach § 13 Abs. 1 Nr. 4a ErbStG steuerfrei. Anders als bei der Spekulationssteuer gilt dieser steuerliche Befreiungstatbestand auch dann, wenn der erwerbende Ehegatte das Familienheim bei Abschluss des Vertrages nutzt, der andere Ehegatte aber bereits ausgezogen ist.[182]

2. Grunderwerbsteuer. Von der Grunderwerbsteuer sind ausgenommen der Grund- 175 stückserwerb durch den Ehegatten des Veräußerers (§ 3 Nr. 4 GrEStG) und dessen geschiedenen Ehegatten im Rahmen der **Vermögensauseinandersetzung nach der Scheidung** (§ 3 Nr. 5 GrEStG); nach Beendigung der Auseinandersetzung ist eine Befreiung nicht mehr möglich. Soweit der Grundstückserwerb im sachlichen Zusammenhang mit der Scheidung vorliegt, besteht eine zeitliche Grenze nicht.

3. Private Veräußerungsgeschäfte gemäß §§ 22 Nr. 2, 23 EStG. Zu den sonstigen zu 176 versteuernden Einkünften iSd § 2 Abs. 1 Nr. 7 EStG gehören Einkünfte aus privaten Veräußerungsgeschäften iSd § 23 EStG. Private Veräußerungsgeschäfte sind Veräußerungsgeschäfte bei Grundstücken, soweit nicht eigengenutzt, bei denen der Zeitraum zwischen Anschaffung und Veräußerung nicht mehr als zehn Jahre beträgt. Gewinn oder Verlust aus Veräußerungsgeschäften ist der Unterschied zwischen Veräußerungspreis einerseits und den Anschaffungs- oder Herstellungskosten und den Werbungskosten andererseits. Die Anschaffungs- oder Herstellungskosten mindern sich um Absetzungen (nur wenn nach dem 31.7.1995 angeschafft) für Abnutzung, erhöhte Absetzungen und Sonderabschreibungen, soweit sie bei der Ermittlung der Einkünfte iSd § 2 Abs. 1 S. 1 Nr. 4–6 EStG abgezogen worden sind. Bei Übertragung von fremdgenutztem Grundeigentum oder An-

---

[181] Vgl. *Jebens/Kuhlmann* DB 1994, 1156.
[182] *Münch* Scheidungsimmobilie Rn. 951ff.; *Brambring* FPR 2013, 289.

teilen fremdgenutztem Grundeigentum sind mithin die einkommensteuerrechtlichen Folgen zu bedenken.

177 Entsprechendes gilt auch bei Veräußerung von Grundeigentum oder eines Miteigentumsanteils an Grundeigentum an den anderen Ehegatten, wobei auch die **Übertragung zur Abgeltung von Zugewinnausgleichs- oder Unterhaltsansprüchen** eine Veräußerung iSd § 23 EStG darstellt, es sei denn, das Grundstück wurde zwischen Anschaffung oder Fertigstellung ausschließlich zu eigenen Wohnzwecken genutzt oder im Jahr der Veräußerung und in den beiden vorangegangenen Jahren zu eigenen Wohnzwecken genutzt (§ 23 Abs. 1 Nr. 1 S. 2 EStG) Ist der veräußernde Ehegatte nach der Trennung bereits ausgezogen, entfällt die Steuerbefreiung, auch bei einer vorangegangenen Eigennutzung. Erfolgt die Veräußerung im Jahre der Nutzungsbeendigung, ist diese aber steuerbefreit.[183]

F. Ehewohnung und Haushaltsgegenstände

178 § 133 Abs. 1 Nr. 2 FamFG verlangt die Angabe, ob die Ehegatten eine Regelung über die Rechtsverhältnisse an der Ehewohnung und den Haushaltsgegenständen getroffen haben. Die Hausratsverordnung wurde mit Wirkung zum 1.9.2009 aufgehoben. Stattdessen beinhalten die §§ 1568a, 1568b BGB die entsprechenden materiell-rechtlichen Normen und treffen Regelungen für die Zeit nach Rechtskraft der Ehescheidung. Für den Zeitraum ab Trennung bis zur Rechtskraft der Ehescheidung finden sich die entsprechenden Vorschriften in §§ 1361a, 1361b BGB. Liegt eine umfassende, vorbehaltlose und wirksame Einigung der Eheleute über die Ehewohnung und/oder die Haushaltsgegenstände vor, fehlt einem gerichtlichen Verfahren das Rechtsschutzbedürfnis.[184] Die geltende gesetzliche Regelung der Verteilung der Haushaltsgegenstände stellt eine Sonderregelung gegenüber dem Zugewinnausgleich nur insoweit dar, als tatsächlich von ihr Gebrauch gemacht wird; dies ist nur bezüglich im gemeinsamen Eigentum stehender Gegenstände möglich.[185] Im Übrigen bleiben die güterrechtlichen Vorschriften anwendbar.

I. Ehewohnung

179 Bei der Beratung der Eheleute über die zu treffenden Regelungen können die gesetzlichen Vorgaben zur Orientierung genutzt werden. Für die Zeit des **Getrenntlebens** regelt § 1361b Abs. 3 S. 2 BGB einen Anspruch des überlassenden Ehegatten gegen den anderen Ehegatten auf Zahlung einer der Billigkeit entsprechenden **Nutzungsvergütung**. Für die Zeit **nach Scheidung** der Ehe sieht das Gesetz (§ 1568a Abs. 3, Abs. 5 BGB) die Fortführung/den **Eintritt** in ein bereits bestehendes oder die **Begründung** eines neuen **Mietverhältnisses** an der zu überlassenden Wohnung vor. Entsprechend können im Wege der Vereinbarung Nutzungs- bzw. Mietverhältnisse an der Ehewohnung begründet werden.

180 Handelt es sich um gemeinsames **Miteigentum** der Ehegatten, wird die Ehewohnung und deren weitere Nutzung in der Regel Teil der Vermögensauseinandersetzung sein. Es ist aber auch denkbar, dass beide Ehegatten Eigentümer bleiben und ein Ehegatte die Wohnung nutzen darf. Möglich ist auch, dass ein Ehegatte Alleineigentümer ist und bleiben soll und der andere Ehegatte die Ehewohnung weiter nutzen darf. In beiden Fällen kommt der Abschluss eines Mietvertrages gemäß § 1568a Abs. 5 BGB in Betracht.[186] Jedenfalls sollte aber eine Regelung über die Nutzung der Ehewohnung getroffen werden. Für die Zeit nach Scheidung der Ehe kommt darüber hinaus, insbesondere im Zusammenhang mit der vermögensrechtlichen Auseinandersetzung, ggf. auch die Begründung

[183] *Brambring* FPR 2013, 289.
[184] Palandt/*Brudermüller* BGB Vor § 1568a Rn. 4; *Götz/Brudermüller* Gemeinsame Wohnung Rn. 376.
[185] BGH NJW 2011, 2289.
[186] Palandt/*Brudermüller* BGB § 1568a Rn. 20.

dinglicher Wohnrechte in Frage, wobei die Bedingung der Beendigung und der Löschung gesondert zu klären ist.

Handelt es sich bei der Ehewohnung um eine **Mietwohnung,** ist zu beachten, dass **181** die Ehegatten seit der Neuregelung zum 1.9.2009 im Wege der Vereinbarung regeln können, dass ein Ehegatte das Mietverhältnis alleine fortsetzt oder an Stelle seines Ehegatten in das Mietverhältnis eintritt (§ 1568a Abs. 3 BGB). Der Vermieter muss im Gegensatz zur früheren Rechtslage nicht mehr zustimmen, hat allerdings ein Sonderkündigungsrecht gemäß § 1568a Abs. 3 S. 2 BGB iVm § 563 Abs. 4 BGB. Um den Vermieter bezüglich der Verpflichtung zur Zahlung der Miete abzusichern und somit die Gefahr einer vermieterseitigen Kündigung nach § 563 Abs. 4 BGB zu minimieren, ist es ratsam, in die Vereinbarung eine entsprechende – den Vermieter absichernde – Regelung aufzunehmen.[187]

Da § 1568a BGB eine Regelung für die Zeit ab Rechtskraft der Ehescheidung enthält, **182** ändert sich das Mietverhältnis erst zu diesem Zeitpunkt, auch wenn die Vereinbarung bereits in der Trennungszeit geschlossen wird.[188] Erforderlich ist, dass die Erklärung der Ehegatten (beide müssen eine Erklärung abgeben), dem Vermieter auch zugeht (§ 130 Abs. 1 BGB). Die Mietvertragsänderung wird im Zeitpunkt der Rechtskraft der Ehescheidung wirksam bzw. im Zeitpunkt des Zuganges der letzten Erklärung, wenn die Scheidung schon rechtskräftig ist.[189]

Zu beachten ist, dass der Anspruch auf Eintritt in ein Mietverhältnis oder auf seine **183** Begründung nach § 1568a Abs. 3, Abs. 5 BGB ein Jahr nach Rechtskraft der Scheidung erlischt, wenn er nicht vorher rechtshängig gemacht wurde (§ 1568a Abs. 6 BGB). Eine frühzeitige Regelung – spätestens im Zusammenhang mit der Ehescheidung – ist daher dringend anzuraten.

II. Haushaltsgegenstände

Auch hier kann man sich für eine Regelung unter den Ehegatten an der Struktur der **184** einschlägigen gesetzlichen Vorschriften (§§ 1361a, 1568b BGB) orientieren, aber auch davon abweichen.[190] Haushaltsgegenstände, die beiden Ehegatten gemeinsam gehören, sind für den Zeitraum ab Rechtskraft der Scheidung demjenigen der Ehegatten zu überlassen, der auf deren Nutzung unter Berücksichtigung des Wohls der im Haushalt lebenden Kinder und der Lebensverhältnisse der Ehegatten in stärkerem Maße angewiesen ist oder dies aus anderen Gründen der Billigkeit entspricht (§ 1568b Abs. 1 BGB). Dabei gelten **Haushaltsgegenstände,** die während der Ehe **für den gemeinsamen Haushalt angeschafft** wurden (nach der Trennung angeschaffte Haushaltsgegenstände scheiden somit aus), für die Verteilung als gemeinsames Eigentum, es sei denn, dass das Alleineigentum eines Ehegatten feststeht (§ 1568b Abs. 2 BGB). Umstritten ist, ob Haushaltsgegenstände, die gemietet, geleast oder geliehen sind, nach § 1568b BGB verteilt werden können.[191] Unzulässig ist jedoch ein Eingriff in den Vertrag mit einem Dritten.[192]

Demgegenüber unterliegen Haushaltsgegenstände, die im Alleineigentum eines Ehegat- **185** ten stehen, seit dem 1.9.2009 nicht mehr der Verteilung. Im Rahmen einer gerichtlichen Auseinandersetzung kommt hier nur ein güterrechtlicher Ausgleich in Betracht.[193] Im

---

[187] Göppinger/Rakete-Dombek/*Kretzschmar* Ehescheidung 7. Teil Rn. 6 ff. mit einem ausführlichen Formulierungsvorschlag, der auch Regelungen zur Kaution und Schönheitsreparaturen enthält.

[188] *Schulz* FPR 2010, 541.

[189] Palandt/*Brudermüller* BGB § 1568a Rn. 12. Zu denkbaren Störungen bei der Durchführung der Vereinbarung nach § 1568a Abs. 3 S. 1 Nr. 1 BGB s. *Abramenko* FamRB 2012, 125.

[190] Zu den möglichen Haushaltsgegenständen s. *Erbarth* FPR 2010, 548.

[191] Dafür: Johannsen/Henrich/*Götz* FamR BGB § 1568b Rn. 7 – wenn beide Ehegatten Vertragspartner sind; dagegen: *Erbarth* FPR 2010, 548.

[192] Palandt/*Brudermüller* BGB § 1568b Rn. 4.

[193] BGH NJW 2011, 601.

Wege einer Vereinbarung können die Eheleute selbstverständlich auch Haushaltsgegenstände einbeziehen, die im Alleineigentum eines Ehegatten stehen.[194]

186   In der notariellen Praxis empfiehlt es sich, den Ehegatten, sollten sie nicht über abgeschlossene Überlegungen zur Verteilung der Haushaltsgegenstände verfügen, nahe zu legen, eine Auflistung der im gemeinschaftlichen Eigentum stehenden Gegenstände vorzunehmen unter möglichst genauer Beschreibung der einzelnen Hausratsgegenstände und aufgrund dieser Auflistung die Verteilung vorzunehmen. Ausgleichsleistungen können vorgesehen werden (vgl. § 1568b Abs. 3 BGB). Die reale Teilung sollte möglichst vor Abschluss der Vereinbarung abgeschlossen sein, so dass die Regelung lauten kann:

187   **Formulierungsbeispiel: Ausgleichsklausel Haushaltsgegenstände**

Die gemeinsamen Haushaltsgegenstände haben wir einvernehmlich geteilt. Jeder wird Eigentümer der Gegenstände des ehelichen Haushalts, die sich heute in seinem Besitz befinden. Weitere wechselseitige Ansprüche hinsichtlich des ehelichen Haushalts bestehen daher nicht mehr.

G. Erbrechtliche Regelungen

188   Das gesetzliche Erbrecht der Ehegatten bleibt durch deren Trennung zunächst unberührt. Es steht ihnen frei, falls sie nicht durch gemeinsames Testament oder Erbvertrag gebunden sind, die Erbenstellung des anderen Ehegatten testamentarisch zu regeln, diesen beispielsweise zu enterben (zu den Risiken erbrechtlicher Regelungen → § 12 Rn. 150 f.). Pflichtteilsansprüche des anderen Ehegatten bestehen jedoch grundsätzlich fort. Dabei ist zu beachten, dass im gesetzlichen Güterstand bei gänzlicher Enterbung dem überlebenden Ehegatten gemäß § 1371 Abs. 2 BGB nicht der sog. **große Pflichtteil** zusteht, sondern nur der **kleine Pflichtteil,** daneben jedoch ein **konkret zu berechnender Zugewinnausgleichsanspruch.**[195] Nach den §§ 1933, 2077, 2268, 2279 BGB entfallen das gesetzliche Erbrecht und damit das Pflichtteilsrecht sowie im Zweifel testamentarische und erbvertragliche Regelungen, wenn die Voraussetzungen für die Scheidung der Ehe (nach § 1565 BGB) gegeben waren und der Erblasser die **Scheidung beantragt** oder ihr zugestimmt hatte. Entgegen der Vermutung („im Zweifel") bleiben letztwillige Verfügungen auch im Fall der Scheidung der Ehe insoweit wirksam, als anzunehmen ist, dass sie auch für diesen Fall getroffen worden sind, wobei es auf den Zeitpunkt der Errichtung des Testaments bzw. des Erbvertrages ankommt. Hieraus herrührende Unsicherheiten sollten im Rahmen der (notariellen) Scheidungsfolgenvereinbarung ausgeräumt werden. Sollen umgekehrt testamentarische oder erbvertragliche Regelungen entgegen der gesetzlichen Vermutung fortgelten, empfiehlt sich eine entsprechende Regelung. Zu beachten ist, dass das Erbrecht zu dem Ehegatten, der **nicht Antragsteller** im Scheidungsverfahren ist und der Scheidung auch nicht zugestimmt hatte, bis zur Rechtskraft der Scheidung fortbesteht.

189   Im Übrigen kann zum Ausschluss von Pflichtteilsansprüchen vor Eintritt der Voraussetzungen des § 1933 BGB ein **Verzicht** auf das **Erb-** oder **Pflichtteilsrecht** vereinbart werden (§ 2346 BGB), der der notariellen Beurkundung bedarf (§ 2348 BGB). Denkbar ist auch, falls nicht Gütertrennung vereinbart ist, ein ehevertraglicher Verzicht auf jeden Zugewinnausgleich für den Fall der Güterstandsbeendigung durch den Tod.[196] Zu beachten ist, dass Ansprüche auf Trennungsunterhalt vor Rechtshängigkeit des Scheidungsverfahrens mit dem Tod des Unterhaltsverpflichteten erlöschen (§§ 1360a Abs. 3, 1615 BGB) und der Verzicht auf das Erb- oder Pflichtteilsrecht nach herrschender Auffassung den

[194] Göppinger/Rakete-Dombek/*Kretzschmar* Ehescheidung 7. Teil Rn. 22 ff.
[195] Palandt/*Brudermüller* BGB § 1371 Rn. 15.
[196] Vgl. *Mayer* ZEV 2007, 556.

Wegfall der Unterhaltsansprüche gegen die Erben nach Rechtshängigkeit des Scheidungsverfahrens und nach Rechtskraft der Scheidung gemäß den §§ 1586b, 1933 S. 3 BGB zur Folge hat (→ § 12 Rn. 151).[197] Diese Folge kann abbedungen werden durch die Vereinbarung, dass der Pflichtteilsverzicht ohne Auswirkung auf den Unterhaltsanspruch nach § 1586b BGB sein soll.[198]

H. Auslandsberührung; Neue Bundesländer

Zu Fällen mit Auslandsberührung → § 28 Rn. 127 ff. Besonderheiten in den neuen Bundesländern sind in → § 12 Rn. 51 dargestellt. **190**

I. Kostenregelungen

Der Regelung bedürfen die Kosten, die durch die Vereinbarung und, wenn die Ehe geschieden werden soll, durch das Scheidungsverfahren nebst Folgesachen entstehen. Nach § 93a ZPO sind die Kosten des Scheidungsverfahrens sowie der Folgesachen grundsätzlich gegeneinander aufzuheben. Dem entspricht folgende Grundregelung: **191**

> **Formulierungsbeispiel: Kostenregelung** **192**
>
> Die durch das Scheidungsverfahren nebst Folgesachen entstehenden Gerichtskosten tragen wir je zur Hälfte; im Übrigen trägt jeder Beteiligte seine ihm entstandenen und noch entstehenden außergerichtlichen Kosten selbst.

Diese Regelung kann unbillig sein, wenn infolge der Scheidungsfolgenregelung nur ein **193** Anwalt für die Stellung des Scheidungsantrags erforderlich ist; dann würde der Antragsteller im Scheidungsverfahren durch die entstehenden Anwaltskosten allein belastet.

> **Formulierungsbeispiel: Kostenregelung bei nur einem Anwalt** **194**
>
> Die Kosten dieses Vertrages sowie des Scheidungsverfahrens nebst Folgesachen tragen wir je zur Hälfte (§ 150 Abs. 4 S. 3 FamFG).

Denkbar ist auch, dass ein Ehegatte aus wirtschaftlichen oder sonstigen Gründen die **195** gesamten Kosten allein übernimmt.

> **Formulierungsbeispiel: Kostenregelung bei Kostenübernahme durch einen Ehegatten** **196**
>
> Der Ehemann trägt die Kosten dieser Vereinbarung sowie des Scheidungsverfahrens nebst Folgesachen allein (§ 150 Abs. 4 S. 3 FamFG).

Nach § 150 Abs. 1 FamFG sind die Kosten des Scheidungsverfahrens grundsätzlich ge- **197** geneinander aufzuheben. Nach § 150 Abs. 4 S. 3 FamFG kann das Gericht eine zwischen den Parteien über die Kosten getroffene Vereinbarung seiner Entscheidung zugrunde legen. Scheidungskosten sind aufgrund einer seit dem Jahr 2013 geltenden Neuregelung nicht mehr als außergewöhnliche Belastung abziehbar. Mit Urteil vom 18.5.2017 hat der Bundesfinanzhof[199] entschieden, dass die Kosten eines Scheidungsverfahrens unter das neu eingeführte Abzugsverbot für Prozesskosten fallen.

Zu den Beurkundungswerten wird auf → § 12 Rn. 159 verwiesen. **198**

---

[197] Palandt/*Brudermüller* BGB § 1586b Rn. 8 und *Bergschneider* FamRZ 2003, 1049.
[198] Vgl. *Nieder/Kössinger* Testamentsgestaltung-HdB Rn. 838; *Frenz* ZEV 1997, 450.
[199] BFH DStR 2017, 1808.

J. Kombinierte Verträge in Stichworten nach Ehetypen

199 | **Checkliste: Kombinierte Verträge nach Ehetypen**

(1) Einverdienerehe mit Kindern
– Übereinstimmende Erklärung, dass Anträge zur elterlichen Sorge und zur Regelung des Umgangsrechts nicht gestellt werden sollen, weil sich die Ehegatten hierüber einig sind
alternativ: Anträge zur elterlichen Sorge und zur Regelung des Umgangsrechts und Zustimmung des anderen Ehegatten hierzu
– Regelung des Aufenthalts der Kinder und des Umgangs des nicht betreuenden Elternteils
– Regelung der Unterhaltspflichten gegenüber nicht berufstätigem kinderbetreuendem Elternteil mit Unterwerfungsklausel (§ 794 Abs. 1 Nr. 5 ZPO)
– Regelung der Unterhaltsverpflichtungen gegenüber Kindern (Prozentsatz des Mindest der jeweiligen Altersstufe) mit Unterwerfungsklausel, → Rn. 110; Regelung des Kindergeldbezuges
– Regelung der Beteiligungsquote hinsichtlich des Volljährigenunterhalts
– Darstellung der Grundlagen der Unterhaltsberechnung: Einkommenshöhe – Unterhaltsbedarf gemäß § 1578 BGB bzw. Festlegung des Bedarfs nach den ehelichen Lebensverhältnissen (mit Index)
– Regelung der Auskunftsverpflichtung eventuell abweichend von § 1605 BGB; ggf. Vereinbarungen über die Grundlagen der zukünftigen Einkommensermittlung für den Unterhalt
– Steuerliche Gesichtspunkte: Zustimmung des Unterhaltsberechtigten zur Zusammenveranlagung, zu Realsplitting, Übertragung von Ausbildungsfreibeträgen, Verpflichtung zur Freistellung von sich aus der Zustimmung ergebenden steuerlichen und sonstigen Nachteilen
– ggf. Regelung zum Versorgungsausgleich
– Zugewinnausgleichsregelung und vermögensrechtliche Auseinandersetzung, ggf. Gütertrennung, auch im Zusammenhang mit Vereinbarungen über den Versorgungsausgleich
– Schuldenregelung, bei § 426 BGB bestimmen
– Regelungen über Ehewohnung und Haushaltsgegenstände (übereinstimmende Erklärung für den Vermieter gemäß § 1568a BGB)
– Erb- und Pflichtteilsverzicht
– Vereinbarungen zur Kostentragung (§ 150 Abs. 4 S. 3 FamFG)

(2) Doppelverdienerehe mit ehebedingten Einbußen der Frau in beruflicher Stellung und Vermögenserwerb; kinderlose Einverdienerehe
Alternativen bei Regelung der Unterhaltsverpflichtungen:
– Zeitliche Stufung der Unterhaltstatbestände der §§ 1570, 1573 Abs. 2 BGB
– Zeitliche Begrenzung und Herabsetzung der Unterhaltsansprüche nach den ehelichen Lebensverhältnissen (§ 1578b BGB)

(3) Partnerschaftsehe berufstätiger kinderloser Ehegatten; Zweitehe im vorgerückten Alter
Alternativen bei Regelung der Unterhaltsverpflichtungen, des Versorgungs- und Zugewinnausgleichs:
– Gegenseitiger Unterhaltsverzicht
– Betragsmäßig und zeitlich begrenzter Unterhaltsanspruch mit anschließendem Unterhaltsverzicht (§ 1578b BGB)
– Ausschluss bzw. Ausgleich des Zugewinns und Gütertrennung
– Verzicht auf Versorgungsausgleich oder anderweitige Regelung

(4) Ehen von Unternehmern und Freiberuflern mit erheblichem Anfangsvermögen und privilegiertem Erwerb (§ 1574 Abs. 2 BGB)
 – Modifizierungen bei Berechnung des Zugewinnausgleichs
(5) Diskrepanzehen
 – Betragsmäßig und zeitlich begrenzter Unterhaltsanspruch (§§ 1578b BGB)
(6) Ehe mit verschuldetem Partner
 – Modifizierungen in der Berechnung des Zugewinnausgleichs; abweichende Berücksichtigung negativen Anfangsvermögens (§ 1374 Abs. 1 BGB)

K. Gesamtmuster

I. Trennungsvereinbarung

notarieller Urkundseingang

1. der *** *[Beruf]* *** *[Name]*,
 geboren am *** in ***,
 wohnhaft in ***,

im Folgenden „**der Ehemann**" genannt,

 ausgewiesen durch Vorlage seines gültigen, mit Lichtbild und Unterschrift versehenen Personalausweises,
2. die *** *[Beruf]* *** *[Name]*, geborene ***,
 geboren am *** in ***,
 wohnhaft in ***,

im Folgenden „**die Ehefrau**" genannt,

 ausgewiesen durch Vorlage ihres gültigen, mit Lichtbild und Unterschrift versehenen Personalausweises,

beide gemeinsam im Folgenden „**die Eheleute**" genannt,

Die Notarin befragte die Eheleute, ob die Notarin oder eine der Personen, mit denen sie beruflich verbunden ist, in der nachfolgend beurkundeten Angelegenheit außerhalb ihres Notaramts tätig war oder ist. Die Eheleute verneinten die Frage.

Die Eheleute bestätigten den Erhalt der Hinweise zur Datenverarbeitung der *** *[Kanzleiname]* in Textform. Sie erteilen gemäß Art. 6 Abs. 1 lit. a DS-GVO der Notarin ihre Einwilligung zur Verarbeitung ihrer personenbezogenen Daten gemäß Art. 4 Nr. 2 DS-GVO. Sie sind mit dem Versenden der Entwürfe, Urkunden und Mitteilungen durch unverschlüsselte E-Mail einverstanden.

Die Eheleute erklären:

Wir sind beide deutsche Staatsangehörige. Wir sind seit dem *** miteinander verheiratet. Einen Ehevertrag haben wir bisher nicht errichtet. Das Ehescheidungsverfahren hat bisher keiner von uns eingeleitet.

Wir haben zwei gemeinsame Kinder, Paul, geboren am ***, und Henriette, geboren am ***.

Wir leben seit dem *** voneinander getrennt.

Wir schließen die folgende

Trennungsvereinbarung.

I. Vermögensauseinandersetzung

Ferner wollen wir anlässlich der Trennung bereits die folgenden Vermögenspositionen auseinandersetzen:

200

1.

Über unser gemeinsames Kontos bei der *** Konto-Nr. *** verfügen wir nur gemeinsam. Das Konto darf nicht im Soll geführt werden. Das Konto soll bis zum *** aufgelöst und der verbleibende Guthabenbetrag je zur Hälfte auf das jeweils eigene Konto eines jeden von uns überwiesen werden. Wir verpflichten uns wechselseitig, die jeweils erforderlichen Erklärungen gegenüber dem Bankinstitut abzugeben, um dieses Ziel zu erreichen.

2.

Die Rechte aus dem Bausparvertrag des Ehemannes bei der ***-AG Nr. *** sollen der Ehefrau zustehen. Der Ehemann tritt an die Ehefrau mit Wirkung zum Ablauf des *** alle Rechte aus dem Bausparvertrag ab. Die Ehefrau nimmt die Abtretung an. Der Ehemann verpflichtet sich gegenüber der Bausparkasse binnen zwei Wochen nach Beurkundung alle weiteren Erklärungen abzugeben, die etwa zur Durchführung dieser Abtretung noch erforderlich sind. Die Ehefrau verpflichtet sich, das von dem Ehemann dort eingezahlte Guthaben zu erstatten. Sie zahlt an den Ehemann seinen Einzahlungsbetrag in Höhe von 1.800,00 EUR, zahlbar in drei Raten à 600,00 EUR zurück. Die erste Rate ist zwei Wochen nach Mitteilung der Bausparkasse, dass die Übertragung an sie wirksam erfolgt ist fällig. Die weiteren Raten sind jeweils am *** und *** fällig.

3.

Die Lebensversicherung, die der Ehemann auf sein Leben und zugunsten der Ehefrau als Bezugsberechtigte bei der ***-AG zur Vertragsnummer *** abgeschlossen hat, bleibt bestehen und ist vom Ehemann mit den gleichen Monatsbeiträgen wie bisher [*Alt.:* bis zur Rechtskraft der Ehescheidung] fortzuführen. Als unwiderrufliche Bezugsberechtigte sind von ihm unsere gemeinschaftlichen Kinder zu je gleichen Teilen einzusetzen.

Der Ehemann verpflichtet sich, die vorstehend vereinbarte Änderung der Bezugsberechtigung der Ehefrau bis zum *** nachzuweisen sowie auf Verlangen der Ehefrau nachzuweisen, dass die Versicherungsbeiträge weiterhin von ihm regelmäßig und pünktlich gezahlt werden. Öfter als einmal jährlich ist er zu dieser Auskunft jedoch nicht verpflichtet.

4.

Für die bestehenden Verbindlichkeiten vereinbaren wir:

Das Darlehen für die Einbauschränke bei *** über noch *** EUR wird von der Ehefrau zur weiteren Verzinsung und Tilgung als künftige Alleinschuldnerin übernommen.

Das Darlehen für die Anschaffung des Motorrollers bei *** über noch *** EUR wird von dem Ehemann übernommen, der im Rahmen der Verteilung der Haushaltsgegenstände den Motorroller erhalten hat.

Alle weiteren etwa bestehenden Verbindlichkeiten tragen wir im Innenverhältnis je zur Hälfte bis zu deren vollständiger Tilgung. Gleiches gilt für etwa noch ausstehende Abrechnungen zum Beispiel der Nebenkosten für die Vergangenheit.

Steuererstattungen oder Steuernachzahlungen erhalten bzw. tragen wir gemeinsam im Verhältnis unserer beiderseitigen Bruttoeinkünfte. Geleistete Steuervorauszahlungen sind demjenigen gutzuschreiben, der sie erbracht hat.

Für dieses Jahr und die Jahre zuvor, für die noch keine Steuererklärungen abgegeben wurden, vereinbaren wir die Zusammenveranlagung nach § 26b EStG.

Ab dem kommenden Jahr werden wir uns jeder einzeln steuerlich veranlagen. Die Ehefrau stimmt ab dem *** dem Abzug des an sie gezahlten Unterhalts als Sonderausgaben gemäß § 10 Abs. 1a Nr. 1 EStG vom Einkommen des Ehemannes zu. Der Ehemann ist verpflichtet, die Ehefrau von allen ihr aus der Zustimmung entstehenden Nachteilen freizustellen. Steuervorteile sowie Ausgleichsbeträge sind im Jahr des Zuflusses bzw. Abflusses bei Errechnung des unterhaltsrechtlich relevanten Einkommens zu berücksichtigen. Die Ausgleichsbeiträge sind im Fall der Verpflichtung zu Steuervorauszahlungen zu den Steuerterminen, im Übrigen binnen zwei Wochen nach Übersendung des Steuerbescheids von ihm zu zahlen.

5.

Bei dieser Vermögensverteilung und -regelung verbleibt es auch im Fall einer etwaigen Scheidung unserer Ehe.

II. Ferienimmobilie

Wir besitzen ein Ferienhaus in ***, das wir weiterhin gemeinsam nutzen wollen. Die mit der Immobilie verbundenen Kosten tragen wir zu je 1/2.

Die Ehefrau soll berechtigt sein, das Ferienhaus während der geraden Monate (Februar, April, Juni, etc) zu nutzen, der Ehemann während der ungeraden Monate (Januar, März, Mai, etc).

Abweichungen von dieser Regelung sind nach vorheriger Absprache möglich.

III. Ehewohnung

1.

Wir sind uns darüber einig, dass die Ehewohnung in der ***-straße, die wir aufgrund Mietvertrages vom *** nutzen, künftig allein von der Ehefrau und den gemeinsamen Kindern genutzt wird.

Der Ehemann ist bereits aus der Wohnung ausgezogen.

[*Alt.:* Der Ehemann verpflichtet sich, die Wohnung bis zum *** zu räumen. [*ggf.:* Vollstreckbare Ausgestaltung der Räumungsverpflichtung]].

2.

Ab dem 1. des Monats, der dem Auszug des Ehemannes folgt, zahlt die Ehefrau die monatliche Miete und Nebenkostenvorauszahlungen. Dies sind derzeit monatlich *** EUR Miete und *** EUR Nebenkostenvorauszahlung. Ausgleichsansprüche der Eheleute wegen Zahlungen an den Vermieter in der Vergangenheit bestehen nicht. Abrechnungen mit dem Vermieter sind ebenfalls für vorhergehende Zeiträume noch mit beiden Ehegatten vorzunehmen, ab dem Zeitpunkt der Übernahme der Zahlungen durch die Ehefrau mit ihr allein.

3.

Die Mietkaution steht der Ehefrau zum Ausgleich für eventuelle Schönheitsreparatuen zu.

[*Alt.:* Die Ehefrau verpflichtet sich, an den Ehemann den hälftigen Kautionsbetrag in Höhe von *** EUR mit dessen Auszug zu zahlen. [*ggf.:* Zwangsvollstreckungsunterwerfungsklausel]].

4.

Die Ehefrau verpflichtet sich, bis zur Übernahme des Mietvertrages mit der Ehescheidung (siehe nachfolgend Nr. 5) im Innenverhältnis zum Ehemann die fälligen Zahlungen jeweils fristgerecht zu leisten, insbesondere die Miete und die Nebenkostenvorauszahlungen an den Vermieter zu zahlen, und den Ehemann im Fall einer Inanspruchnahme durch den Vermieter unverzüglich freizustellen, ohne dass ein weiterer Ausgleichsanspruch besteht. [*ggf.:* Vollstreckbare Ausgestaltung des Freistellungsanspruchs].

5.

Zur Vorlage bei dem Vermieter vereinbaren wir für den Fall einer Ehescheidung:

Gemäß § 1568a Abs. 3 Nr. 1 BGB sind wir uns darüber einig, dass die Ehewohnung in *** allein von der Ehefrau genutzt wird. Sie wird die Wohnung zukünftig allein mit unseren Kindern bewohnen. Ihr wurde die Wohnung überlassen. Das Mietverhältnis wird daher von ihr allein fortgesetzt. Der Ehemann scheidet aus dem Mietverhältnis aus.

IV. Haushaltsgegenstände

1.

Dem Ehemann stehen noch diejenigen Haushaltsgegenstände zur alleinigen Nutzung und zum alleinigen Eigentum zu, die in der Anlage 1 zu dieser Vereinbarung bezeichnet sind.

Hinsichtlich aller übrigen Gegenstände des ehelichen Haushalts gilt, dass sie demjenigen zu alleinigem Eigentum gehören, der sie heute in seinem Besitz hat.

Über die damit verbundenen Eigentumsübergänge sind wir einig.

2.

Die dem Ehemann nach Anlage 1 noch zustehenden Haushaltsgegenstände sind von diesem nach vorheriger Abstimmung über Datum und Uhrzeit bis zum *** bei der Ehefrau abzuholen.

3.

Jeder der Ehegatten übernimmt den Pkw, den er derzeit in seinem Besitz hat zu alleinigem Eigentum.

Sofern hinsichtlich eines Pkw noch Verbindlichkeiten bestehen, hat der Ehegatte, der den Wagen übernimmt, diese Verbindlichkeiten im Innenverhältnis allein zu tragen. Der jeweils andere Ehegatte soll nach Möglichkeit auch im Außenverhältnis freigestellt werden.

Jeder Ehegatte ist verpflichtet, die Kosten der Unterhaltung seines Pkw zukünftig allein zu tragen und für dessen Versicherung Sorge zu tragen.

4.

Ein weiterer Ausgleichsanspruch wegen der Haushaltsgegenstände besteht nicht. Die Haushaltsgegenstände sollen keinerlei Berücksichtigung bei einem eventuell noch folgenden Zugewinnausgleich finden. Sie sind weder im Anfangs- noch im Endvermögen zu berücksichtigen.

Alle etwaigen Vertragsverhältnisse für einen zu Alleineigentum übernommenen Gegenstand werden mit dem Eigentümer dieses Gegenstandes unter Freistellung des anderen Ehegatten fortgesetzt. Die Hausratsversicherung wird von der Ehefrau fortgeführt.

5.

Bei dieser Verteilung der Haushaltsgegenstände verbleibt es auch im Fall einer etwaigen Scheidung unserer Ehe.

V. Ehegattenunterhalt

1.

Ab dem nächsten Monatsersten verpflichtet sich der Ehemann, an seine Ehefrau Trennungsunterhalt in Höhe von *** EUR monatlich zu zahlen.

Der Unterhaltsbetrag ist im Voraus je zum Ersten eines jeden Monats zur Zahlung fällig.

Wir sind darüber einig, dass derzeit Unterhaltsrückstände nicht bestehen.

2.

Bei der Bemessung des Trennungsunterhalts sind wir von folgenden Bemessungsgrundlagen ausgegangen: ***.[200]

3.

In der Krankenversicherung ist die Ehefrau nach § 10 Abs. 1 SGB V zunächst weiterhin beitragsfrei mitversichert. Ab dem Zeitpunkt der getrennten steuerlichen Veranlagung werden wir den zu zahlenden Unterhalt auch unter Berücksichtigung des Krankenversicherungsbeitrags der Ehefrau, des Realsplittingvorteils des Ehemannes sowie des entstehenden Nachteilsausgleichs zugunsten der Ehefrau ggf. neu ermitteln.

4.

Hinsichtlich des Altersvorsorgeunterhalts werden wir mit Rechtshängigkeit eines Scheidungsantrags eine gesonderte Regelung treffen bzw. eine Neuberechnung des zu zahlenden Unterhalts vornehmen.

5.

Sofern die Ehefrau Einkünfte aus eigener Erwerbstätigkeit erzielt, werden diese nach der sog. Differenzmethode in die Unterhaltsberechnung einbezogen. Die Ehefrau verpflichtet sich, dem Ehemann eigene Einkünfte aus einer Erwerbstätigkeit unverzüglich anzuzeigen.

6.

Durch diese Vereinbarung werden etwaige weitergehende Ansprüche der Ehefrau nicht berührt.

7.

Diese Verpflichtung gilt nur für die Zahlung des Trennungsunterhalts bis zur Rechtskraft der Ehescheidung.

VI. Kindesunterhalt

1.

Der Ehemann verpflichtet sich, seinen Kindern
– Paul, geboren am [14. 6. 2016]
– Henriette, geboren am [10. 10. 2014]
zu Händen der Ehefrau *** monatlich, und zwar immer zum Ersten eines jeden Monats im Voraus, Kindesunterhalt in Höhe von 120 % des Mindestunterhaltes nach § 1612a BGB entsprechend der jeweiligen Altersstufe abzüglich des hälftigen jeweiligen Kindergeldes zu zahlen.

2.

Die Unterhaltsberechnung basiert auf einem bereinigten anrechenbaren Nettoeinkommen des Ehemannes von durchschnittlich 3.600,00 EUR. Da der Ehemann neben der Ehefrau zwei Kindern Unterhalt schuldet und die Einstufung in der Düsseldorfer Tabelle von zwei Unterhaltsberechtigten ausgeht, wurde eine Herabstufung um eine Stufe vorgenommen.

3.

Aufgrund des Alters der Kinder erfolgt die Unterhaltsbemessung nach der ersten Altersstufe.

Dies bedeutet derzeit einen Tabellenunterhaltsbetrag von 425,00 EUR monatlich.

---

[200] Hierbei ist § 1614 BGB zu beachten. Der tatsächlich geschuldete Unterhalt darf nicht um mehr als höchstens 20% bei einer Vereinbarung unterschritten werden (BGH FamRZ 2015, 2131). Er ist daher zuvor rechnerisch möglichst genau zu ermitteln.

4.

Das Kindergeld steht der Ehefrau zu. Es ist auf die Unterhaltpflicht jeweils zur Hälfte anzurechnen. Somit ergibt sich ein monatlicher Zahlbetrag von 425,00 EUR abzüglich 97,00 EUR (bis zum 31.12.2018, ab dem 1.1.2019 beträgt das hälftige Kindergeld 102,00 EUR) = 328 EUR pro Kind.

5.

Wegen der vorstehenden Unterhaltsverpflichtung gegenüber meinen Kindern unterwerfe ich, der Ehemann, mich der sofortigen Zwangsvollstreckung in mein gesamtes Vermögen und ermächtige die Notarin, meiner Ehefrau jederzeit eine vollstreckbare Ausfertigung der Urkunde zu erteilen, ohne dass es des Nachweises der Fälligkeit bedarf.

VII. Schlussbestimmungen

1.

Sollten einzelne Bestimmungen dieses Vertrages unwirksam sein oder werden oder sollte sich im Vertrag eine Regelungslücke zeigen, so wird die Wirksamkeit der übrigen Bestimmungen hierdurch nicht berührt.

Die Beteiligten sind dann verpflichtet, eine ersetzende Bestimmung zu vereinbaren, die dem wirtschaftlichen Sinn der unwirksamen Bestimmung im Gesamtzusammenhang der getroffenen Regelung in rechtlich zulässiger Weise am nächsten kommt, oder eine neue Bestimmung zu treffen, welche die Regelungslücke des Vertrages so schließt, als hätten sie diesen Punkt von vornherein bedacht.

2.

Wir wollen alle während der Trennung auftretenden Probleme möglichst einvernehmlich regeln und verpflichten uns daher soweit wie möglich zusammenzuwirken, um dies zu erreichen.

3.

Jeder von uns trägt die Kosten seiner anwaltlichen Vertretung im Zusammenhang mit dieser Vereinbarung selbst. Die Kosten der notariellen Vereinbarung tragen wir je zu 1/2.

notarielle Schlussformel

II. Trennungs- und Scheidungsfolgenvereinbarung mit Übertragungsvertrag

201

ʘ

notarieller Urkundseingang

1. die *** [Beruf] *** [Name], geborene ***,
   geboren am *** in ***,
   wohnhaft ***,

   nachfolgend: „Ehefrau"
   ausgewiesen durch gültigen, mit Lichtbild versehenen Personalausweis
2. der *** [Beruf] *** [Name],
   geboren am *** in ***,
   wohnhaft ***,

   nachfolgend: „Ehemann"
   ausgewiesen durch gültigen, mit Lichtbild versehenen Personalausweis
   beide gemeinsam nachfolgend: „Eheleute"

Die Notarin fragte die Eheleute, ob die Notarin oder einer der Rechtsanwälte mit denen sie beruflich verbunden ist, in der heute beurkundeten Angelegenheit außerhalb des Notaramtes bereits tätig war oder ist. Die Eheleute verneinten die Frage.

Die Eheleute bestätigten den Erhalt der Hinweise zur Datenverarbeitung der *** *[Kanzleiname]* in Textform. Sie erteilen gemäß Art. 6 Abs. 1 lit. a DS-GVO der Notarin ihre Einwilligung zur Verarbeitung ihrer personenbezogenen Daten gemäß Art. 4 Nr. 2 DS-GVO. Sie sind mit dem Versenden der Entwürfe, Urkunden und Mitteilungen durch unverschlüsselte E-Mail einverstanden.

Die Eheleute wollen eine

Trennungs- und Scheidungsfolgenvereinbarung nebst Übertragungsvertrag

abschließen.

Sie erklären:

A. Präambel

1.

Wir haben am *** vor dem Standesbeamten des Standesamtes *** zur Heiratsregister-Nr. *** die Ehe miteinander geschlossen.

Wir leben seit dem *** voneinander getrennt. Ein Ehescheidungsverfahren ist noch nicht anhängig.

Aus unserer Ehe ist das Kind ***, geboren am ***, hervorgegangen. *** lebt in der Obhut seiner Mutter, der Ehefrau.

2.

Die Ehefrau ist als *** erwerbstätig und erzielt ein Nettoeinkommen von ca. *** EUR monatlich.

Der Ehemann ist als *** erwerbstätig und erzielt ein Nettoeinkommen von ca. *** EUR monatlich.

3.

Den Eheleuten wurde am *** ein Vertragsentwurf zugeleitet. Sie erklären, dass sie vor dem heutigen Beurkundungstermin somit genügend Zeit zur Prüfung des Entwurfs und zur anwaltlichen Beratung hatten.

Einen Ehevertrag haben wir bisher nicht vereinbart.

Ehevertraglich vereinbaren wir:

B. Vertragliche Regelungen

I. Güterrecht

1. Grundbesitz

Wir sind sind Eigentümer zu je ein Halb des im

Grundbuch des Amtsgerichts ***

von *** Blatt ***

eingetragenen Grundstücks Gemarkung ***, Flur ***, Flurstück ***, Gebäude- und Freifläche ***, grundbuchliche Größe *** m^2.

Im Grundbuch sind folgende Belastungen eingetragen:

Abteilung II: ***

Abteilung III: ***

Das Haus stellt bisher die gemeinsame Ehewohnung dar.

Die Eheleute nehmen den Wert mit *** EUR an.

2. Darlehensverbindlichkeiten

Das in Abteilung III lfd. Nr. *** eingetragene Grundpfandrecht sichert folgende Darlehensverträge bei der ***-Bank:

– Konto-Nr. ***. Der Saldo betrug am *** *** EUR. Beide Eheleute schulden die Rückzahlung als Gesamtschuldner.
– Konto-Nr. ***. Der Saldo betrug am *** *** EUR. Beide Eheleute schulden die Rückzahlung als Gesamtschuldner.
– Konto-Nr.***. Der Saldo betrug am *** *** EUR. Beide Eheleute schulden die Rückzahlung als Gesamtschuldner.

Das Gesamtsaldo der vorgenannten einzelnen Verbindlichkeiten betrug am *** *** EUR.

3. Bausparvertrag

Die Eheleute verfügen zur späteren Rückzahlung des Darlehens jeweils über einen Bausparvertrag bei der ***-Bausparkasse. Der Vertrag des Ehemannes mit der Vertrags-Nr. *** verfügte am *** über ein Guthaben von *** EUR.

4. Grundstücksauseinandersetzung

Die Eheleute setzen die Gemeinschaft an dem in 1. bezeichneten Grundbesitz in der Weise auseinander, dass die Ehefrau Alleineigentümerin werden soll. Für die Auseinandersetzung gelten die nachfolgenden Bedingungen.

5. Übernahme Grundbesitz

Die Übergabe des Grundbesitzes findet am *** statt. Mit diesem Tag gehen Nutzungen und Lasten sowie die Gefahr des zufälligen Untergangs und der zufälligen Verschlechterung auf die Ehefrau über.

Der Grundbesitz wird übertragen in seinem gegenwärtigen Zustand unter Ausschluss jeder Haftung für Sach- oder Rechtsmängel.

Die Ehefrau übernimmt die in 2. genannten Darlehen als Alleinschuldnerin. Die Ehefrau hat die Darlehenslasten, die ab dem *** *[Übergabetag]* fällig werden, alleine zu tragen und den Ehemann auch im Außenverhältnis gegenüber den Darlehensgebern freizustellen.

6. Schuldübernahme

Die Ehefrau übernimmt das am Vertragsgrundbesitz in Abteilung III des Grundbuches eingetragene Grundpfandrecht über *** EUR in dinglicher Haftung.

Die persönliche Haftung hat die Ehefrau bereits in der Grundpfandrechtsbestellungsurkunde übernommen.

Ferner übernimmt die Ehefrau die dem übernommenen Grundpfandrecht zugrundeliegende Schuldverpflichtung der Eheleute gegenüber dem Gläubiger als künftige alleinige Schuldnerin mit schuldbefreiender Wirkung. Die befreiende Schuldübernahme erfolgt jeweils mit Wirkung vom heutigen Tag an mit dem zu diesem Zeitpunkt gegebenen genauen Stand der Schuldverpflichtungen.

Auf das Erfordernis der Änderung der Zweckbestimmungserklärung wurden die Eheleute von der Notarin hingewiesen.

Nach Hinweis der Notarin auf das Erfordernis der Genehmigung der befreienden Schuldübernahme durch den Gläubiger beauftragen und ermächtigen die Eheleute die Notarin und dessen amtlich bestellten Vertreter, dem Gläubiger die befreiende Schuldübernahme durch Übersendung einer Abschrift dieser Urkunde anzuzeigen. Die Notarin soll auch die gemäß § 415 BGB erforderliche Genehmigung einholen und entgegennehmen.

Bis zur Genehmigung der befreienden Schuldübernahme durch den Gläubiger, gelten vorstehende Vereinbarungen als Erfüllungsübernahme im Sinne des § 329 BGB, sodass die Ehefrau dem Ehemann gegenüber verpflichtet ist, die Verbindlichkeiten jeweils fristgerecht zu erfüllen, insbesondere die Zins- und Tilgungsbeträge an den Gläubiger zu zahlen, und den Ehemann im Fall einer Inanspruchnahme durch den Gläubiger unverzüglich freizustellen. Gleiches gilt bis zur Genehmigung sowie bis zum vertragsgemäßen Vollzug der Eigentumsumschreibung.

Der Ehemann tritt an die Ehefrau alle Rückübertragungsansprüche, die ihm jetzt oder zukünftig gegenüber den Grundpfandrechtsgläubigern zustehen, insbesondere die Rechte auf Löschung, Rückübertragung, Verzicht, ab, die Eigentumsumschreibung vorausgesetzt.

Etwaige Kosten im Zusammenhang mit der Genehmigung der Schuldübernahme hat die Ehefrau zu tragen.

7. Zahlungsverpflichtung

Die Ehefrau schuldet dem Ehemann eine Ausgleichszahlung für die Übernahme des Grundbesitzes sowie zum Ausgleich jeglichen Zugewinns in Höhe von *** EUR. Der Betrag ist sieben Tage nach der Beurkundung fällig.

Zwangsvollstreckungsunterwerfung:

Die Ehefrau unterwirft sich wegen der vorstehenden Zahlungsverpflichtung der sofortigen Zwangsvollstreckung in ihr gesamtes Vermögen und ermächtigt die Notarin dem Ehemann jederzeit ab Fälligkeit eine vollstreckbare Ausfertigung dieser Urkunde zu erteilen.

8. Bausparvertrag

Die Rechte aus dem in 3. bezeichneten Bausparvertrag des Ehemannes sollen der Ehefrau zustehen. Der Ehemann tritt an die Ehefrau mit Wirkung zum Ablauf des *** *[Übergabetag]* alle Rechte aus dem Bausparvertrag ab. Die Ehefrau nimmt die Abtretung an. Der Ehemann verpflichtet sich gegenüber der Bausparkasse binnen zwei Wochen nach Beurkundung alle weiteren Erklärungen abzugeben, die etwa zur Durchführung dieser Abtretung noch erforderlich sind. Die Ehefrau verpflichtet sich, das von dem Ehemann eingezahlte Guthaben zu erstatten. Sie zahlt daher an den Ehemann einen Betrag in Höhe von *** EUR, der binnen zwei Wochen nach Mitteilung der Bausparkasse, dass die Übertragung an sie wirksam erfolgt ist, fällig ist.

9. Grundbucherklärungen

Die Eheleute verzichten nach Belehrung über deren Sicherungswirkungen durch die Notarin auf die Eintragung einer Eigentumsverschaffungsvormerkung.

Die Eheleute erklären die Auflassung wie folgt:

Wir sind darüber einig, dass der Miteigentumsanteil des Ehemannes an dem im Grundbuch von *** des Amtsgerichts ***, Blatt *** verzeichneten Grundeigentums auf die Ehefrau übergeht. Wir **bewilligen** und **beantragen** die Eintragung des Eigentumswechsels im Grundbuch.

10. Anweisungen an die Notarin

Die Eheleute weisen die Notarin an, die Eigentumsumschreibung unverzüglich zu beantragen, sobald ihr in ausreichender Form nachgewiesen ist,

– dass der Zahlbetrag von *** EUR von der Ehefrau an den Ehemann geleistet wurde; und

– ihr die befreiende Schuldübernahme gemäß *** durch die Gläubiger übermittelt wurde.

Vor Nachweis der Zahlung und Schuldhaftentlassung darf die Notarin von dieser Urkunde nur Ausfertigungen und beglaubigte Abschriften ohne die Auflassung erteilen.

Die Anträge in dieser Verhandlung sind kein einheitlicher Antrag. Die Notarin ist berechtigt, die Anträge einzeln zu stellen und wieder zurückzunehmen sowie die Reihenfolge von deren Erledigung zu bestimmen.

C. Scheidungsfolgenvereinbarung
1. Zugewinnausgleich

Die Eheleute sind für den Fall der rechtskräftigen Scheidung ihrer Ehe über den Zugewinnausgleich wie folgt einig:

Dieser Vertrag regelt Zugewinnausgleichsansprüche der Eheleute abschließend. Da das der Grundbesitz unseren wesentlichen Zugewinn während der Ehe darstellt, ist der Zugewinn mit der Übertragung des Eigentums, der Schuldübernahme und der Zahlung ausgeglichen Weitere Zugewinnausgleichsansprüche bestehen nicht. Vorsorglich verzichten wir auf jeglichen etwaigen weiteren Zugewinnausgleich und nehmen diesen Verzicht wechselseitig an.

2. Trennungsunterhalt

Gegenwärtig besteht für keinen der Eheleute ein Unterhaltsbedarf. In dieser Vereinbarung ist ein Verzicht auf zukünftigen Trennungsunterhalt nicht enthalten.

Derzeit bestehen wechselseitig keinerlei Rückstände wegen eines eventuellen Trennungsunterhalt.

3. Kindesunterhalt

Die Ehefrau stellt den Ehemann im Innenverhältnissen von allen Kindesunterhaltsforderungen des gemeinsamen Sohnes *** bis zu dessen Volljährigkeit frei. Die Ehefrau erhält das staatliche Kindergeld.

Die Vereinbarung gilt dann nicht mehr, wenn das gemeinsame Kind sich nicht mehr in der Obhut der Ehefrau befinden sollte.

Die Notarin belehrte die Eheleute darüber, dass die Freistellungsvereinbarung lediglich im Innenverhältnis wirksam ist und nichts an dem Unterhaltsanspruch des Kindes gegen beide Eltern ändert.

4. Nachehelicher Unterhalt

Die Eheleute sind für den Fall der rechtskräftigen Scheidung ihrer Ehe über den nachehelichen Unterhalt wie folgt einig:

Wir verzichten wechselseitig auf Unterhaltsansprüche nach Maßgabe aller in Betracht kommenden Unterhaltstatbestände. Den Verzicht nehmen wir wechselseitig an.

Die Notarin belehrte die Eheleute darüber, dass keiner von ihnen nach der Scheidung Unterhaltsansprüche gegen den jeweils anderen haben wird und jeder für sich selbst wird sorgen müssen.

Die Eheleute erklären, dass ein Unterhaltsanspruch unter Berücksichtigung des Wohnvorteils der Ehefrau nicht besteht und beide ausreichende Mittel zur Verfügung stehen, um ihren Lebensunterhalt zu bestreiten.

5. Versorgungsausgleich

Wir schließen hiermit nach § 6 VersAusglG gegenseitig den Versorgungsausgleich nach dem VersAusglG vollständig und für die gesamte Ehezeit aus.

Diesen Verzicht nehmen wir hiermit gegenseitig an.

Eine Abänderung dieser Vereinbarung – insbesondere nach § 227 FamFG – schließen wir aus.

Die Notarin hat uns über die rechtliche und wirtschaftliche Tragweite dieses Ausschlusses eingehend belehrt. Sie hat insbesondere darauf hingewiesen, dass bei einem Ausschluss des Versorgungsausgleichs jeder Ehegatte für seine Altersversorgung selbst sorgen muss und die Altersversorgung des anderen Ehegatten nicht geteilt wird.

Die Eheleute erklären, dass die Ehefrau dem Ehemann gegenüber voraussichtlich ausgleichspflichtig wäre, da der Ehemann weit weniger Anwartschaften wegen seiner früheren Selbständigkeit während der Ehe erworben hat. Als Kompensation für den vorerklärten Verzicht soll die Freistellung des Ehemannes von Kindesunterhalt gemäß vorstehend Ziffer 3. für das gemeinsame Kind gelten.

6. Ehewohnung

Die Rechtsverhältnisse an der Ehewohnung sind durch die Grundstücksübertragung bereits geklärt. Die Ehefrau ist zukünftig zur alleinigen Nutzung berechtigt.

7. Haushaltsgegenstände

Die Haushaltsgegenstände sind geteilt. Jeder wird Eigentümer der Gegenstände des ehelichen Hausrats, die sich heute in seinem Besitz befinden. Gegenseitige Herausgabeansprüche oder Ansprüche auf Wertausgleich bestehen nicht.

8. Ausgleichsklausel

Durch diesen Vertrag und seine Durchführung sind alle gegenseitigen Ansprüche aus der zu scheidenden Ehe erledigt. Weitere Ansprüche, gleich aus welchem Grunde, gibt es nicht. Das betrifft insbesondere etwaige Ansprüche auf rückständigen oder überzahlten Unterhalt, Gesamtschuldnerausgleich oder ehebedingte Zuwendungen.

D. Schlussbestimmungen

1. Ausfertigungen

Die Notarin wird angewiesen, zum Zwecke der Durchführung der Grundstücksübertragung, auszugsweise Ausfertigungen oder auszugsweise beglaubigte Abschriften dieser Verhandlung zu erteilen, die die Abschnitte A. und C. der Verhandlung nicht enthalten.

2. Kosten

Die Kosten dieser Verhandlung und deren grundbuchlicher Abwicklung trägt die Ehefrau.

Jeder der Eheleute trägt die Kosten anwaltlicher Beratung, die er in Anspruch genommen haben mag, selbst.

Die Kosten des Ehescheidungsverfahrens sollen gegeneinander aufgehoben werden.

Die Eheleute geben den Wert des Grundeigentums mit *** EUR an (ohne Abzug von Verbindlichkeiten).

3. Anwaltliche Beratung

Dieser Vertrag ist aufgrund von Verhandlungen zustande gekommen, bei denen die Eheleute anwaltlich begleitet wurden. Den Eheleuten ist vor der Beurkundung am *** ein Entwurf dieses Vertrages zugeleitet worden, über den sich jeder von ihnen hat beraten lassen können.

4. Durchführungsvollmacht

Die Beteiligten erteilen den Mitarbeiterinnen der Notarin, ***, und zwar jeder einzeln sowie unter Befreiung von den Beschränkungen des § 181 BGB Vollmacht, für sie jegliche Erklärungen abzugeben und entgegenzunehmen, die zur Durchführung dieses Vertrages notwendig oder zweckdienlich sind.

Die Vollmacht ist dahingehend eingeschränkt, dass sie nur zu Erklärungen befugen, die von der amtierenden Notarin oder ihrem amtlich bestellten Vertreter beurkundet werden. Die Notarin wird mit der Überwachung der Vollmachtswahrnehmung beauftragt.

notarielle Schlussformel

§ 14. Partnerschaftsvertrag

Übersicht

Schrifttum:

Kommentare, Handbücher und Monographien: *Burhoff/Willemsen,* Handbuch der nichtehelichen Lebensgemeinschaft, 4. Aufl. 2014; *Grziwotz,* Partnerschaftsvertrag für die nichteheliche und nicht eingetragene Lebensgemeinschaft, 4. Aufl. 2002; *ders.,* Nichteheliche Lebensgemeinschaft, 5. Aufl. 2014; *ders.,* Rechtsfragen des nichtehelichen Zusammenlebens, 3. Aufl. 2010; *ders.,* Verträge für nichteheliche und nichtlebenspartnerschaftliche Lebensgemeinschaften, in: Schnitzler, Münchener Anwaltshandbuch Familienrecht, 4. Aufl. 2014 (zit.: MAH FamR); *ders.,* Partnerschaftsvertrag, in: Bergschneider, Beck'sches Formularbuch Familienrecht, 5. Aufl. 2017 (zit.: BeckFormB FamR); *Hausmann/Hohloch,* Das Recht der nichtehelichen Lebensgemeinschaft, 2. Aufl. 2004; *Kunigk,* Die Lebensgemeinschaft, 1978; *von Münch,* Zusammenleben ohne Trauschein, 7. Aufl. 2001; *von Proff,* Die eheähnliche Gemeinschaft im Einkommensteuerrecht, 2007; *ders.,* NotarFormulare Nichteheliche Lebensgemeinschaft, 2. Aufl. 2016; *Schreiber,* Die nichteheliche Lebensgemeinschaft, 2. Aufl. 2000; *Tschaschel,* Vereinbarungen bei nichtehelichen Lebensgemeinschaften, 5. Aufl. 2010; *Waldner,* Eheverträge, Scheidungs- und Partnerschaftsvereinbarungen, 2. Aufl. 2004; *Weber,* Nichteheliche Lebensgemeinschaft und Lebenspartnerschaft, in: Beck'sches Rechtsanwalts-Handbuch, 11. Aufl. 2016 (zit.: BeckRA-HdB).

Aufsätze: *Dethloff,* Vermögensausgleich bei Auflösung nichtehelicher Lebensgemeinschaften, FS Frank 2008, 81; *Grziwotz,* Rechtsprechung zur nichtehelichen Lebensgemeinschaft, FamRZ 1994, 1217; FamRZ 1999, 413; FamRZ 2003, 1417; FamRZ 2006, 1069; FamRZ 2009, 750; FamRZ 2011, 697; FamRZ 2014, 257 und FamRZ 2018, 480; *ders.,* Ausgleichsansprüche zwischen nichtehelichen Partnern, FamFR 2010, 145; *ders.,* Partnerschaftsverträge für nichteheliche Lebensgemeinschaften, FF 2010, 429; *ders.,* Von der faktischen Lebensgemeinschaft zur Zusammenlebensgemeinschaft, FPR 2010, 369; *ders.,* Vereinbarungen der nichtehelichen Lebensgemeinschaft, FPR 2013, 326; *ders.,* Auseinandersetzung einer faktischen Lebensgemeinschaft, NZFam 2015, 543; *ders.,* Von Geliebtentestamenten und leichtfertigen Verzichten – Richterliche Kontrolle erbrechtlich relevanter Urkunden, DNotZ 2016, 732; *ders.,* Das „Patchworktestament", ErbR 2018, 2 und ErbR 2018, 62; ZNotP 2018, 41 und ZNotP 2018, 81; *ders.,* Die nichteheliche Lebensgemeinschaft, Rechte und Pflichten beim nichtehelichen Zusammenleben, MDR 2018, 833; *Kemper,* Ausgleichsansprüche bei Beendigung einer nichtehelichen Lebensgemeinschaft, NJ 2009, 177; *Kindler,* Ausgleichsansprüche nach Beendigung einer Lebensgemeinschaft, Jura 2010, 131; *Kroiß/Eckert,* Das Erbrecht und die nichteheliche Lebensgemeinschaft, NJW 2012, 3768; *Lieb,* in: Verhandlungen des 57. Deutschen Juristentages, Band I, 1988, A 20; *Löhnig,* Ersatzansprüche bei Tötung eines unterhaltsleistenden faktischen Partners, FamRZ 2017, 1558; *Majer,* Ausgleichsansprüche in der nichtehelichen Lebensgemeinschaft, NJOZ 2009, 114; *Milzer,* Der Interessenausgleich bei gemeinsamen Bauvorhaben nichtehelicher Lebenspartner, NJW 2008, 1621; *Moes,* Der Vermögensausgleich bei aufgelöster Lebensgemeinschaft, FamRZ 2016, 757; *von Proff,* Die nichteheliche Lebensgemeinschaft in der Kautelarpraxis, RNotZ 2008, 313; *ders.,* Immobilienerwerb in der nichtehelichen Lebensgemeinschaft, NotBZ 2010, 73; *ders.,* Tod des nichtehelichen Partners und Vermögensausgleich, NJW 2010, 980; *ders.,* Ausgleichsansprüche der Erben gegen den überlebenden Partner einer nichtehelichen Lebensgemeinschaft, FPR 2010, 382; *ders.,* Der Ausgleich unentgeltlicher Leistungen an die Eltern der Lebensgefährtin, NJW 2015, 1482; *Röthel,* Rückgewähr von Zuwendungen durch Verlobte, Ehegatten, Lebenspartner, Jura 2006, 641; *Schlögel,* Die Vermögensauseinandersetzung der nichtehelichen Lebensgemeinschaft in der notariellen Praxis, MittBayNot 2009, 100; *Schreiber,* Vertragliche Unterhaltsansprüche in der nichtehelichen Lebensgemeinschaft, FPR 2010, 387; *Schulz,* Vermögensauseinandersetzung der nichtehelichen Lebensgemeinschaft, FamRZ 2007, 593; *ders.,* Ausgleich gegenseitiger Leistungen bei Scheitern der nichtehelichen Lebensgemeinschaft, FPR 2010, 373; *Schwab,* Die Vermögensauseinandersetzung in nichtehelichen Lebensgemeinschaften, FamRZ 2010, 1701; *ders.,* Die Vermögensauseinandersetzung in nichtehelichen Lebensgemeinschaften, ZJS 2009, 115; *Sorge,* Condictio ob rem und Rückabwicklung gemeinschaftsbezogener Zuwendungen in nichtehelichen Lebensgemeinschaften, JZ 2011, 660; *Stein,* Ausgleichsansprüche nach Scheitern einer nichtehelichen Lebensgemeinschaft, FamFR 2011, 409; *Wälzholz,* Aktuelle Gestaltungsprobleme bei der nichtehelichen Lebensgemeinschaft, ErbR 2011, 226; *Weinreich,* Ausgleich bei Tod des zuwendenden Partners?, FPR 2010, 379; *ders.,* Aktuelle Probleme zur nichtehelichen Lebensgemeinschaft, FuR 2011, 492; *Willemsen,* Ausgleich von Zuwendungen und für Arbeitsleistungen nach Beendigung der nichtehelichen Lebensgemeinschaft, ZFE 2009, 44.

A. Beratungs-Checkliste

1 | **Beratungs-Checkliste:**
Folgende Umstände sind für die **Vertragsgestaltung** von Bedeutung:
(1) Zeitmoment (probeweises oder dauerndes Zusammenleben)
(2) Derzeitiger personenrechtlicher Status (ledig, verheiratet oder „verlebenspartnert") und Absicht einer Eheschließung sowie – vorausschauend – Möglichkeit einer späteren Scheidung
(3) Wohnsituation (Eigenheim, Wohnungsrecht oder Mietwohnung)
(4) Berufliche Situation und Planung, Vermögensverhältnisse und Rollenverteilung (Haushaltsführung, Berufstätigkeit, Mitarbeit, Finanzierung einer Ausbildung, geplante Anschaffungen, gemeinsamer Immobilienerwerb etc) sowie lebensgemeinschaftsbedingte Nachteile für einen Partner
(5) Persönliche Verantwortungsgemeinschaft (Betreuung, Vollmacht, Totenfürsorge)
(6) Vorhandene Kinder und Kinderwunsch einschließlich sozial gemeinschaftlicher Kinder sowie Auswirkungen auf die Rollenverteilung
(7) Situation beim Tode eines Partners und später beim Ableben des zweiten Partners

B. Allgemeines

I. Vorbemerkung

2 Eine gesetzliche Gesamtregelung nichtehelicher Lebensgemeinschaften (neLG) ähnlich der Ehe bzw. der eingetragenen Lebenspartnerschaft ist im geltenden Recht nicht vorgesehen.[1] Sie wird auch rechtspolitisch derzeit nicht angestrebt. Der 67. Deutsche Juristentag hat lediglich einen Ausgleich hinsichtlich des wirtschaftlichen Ungleichgewichts bei Partnerschaften gefordert, in denen ein Partner aufgrund gemeinsamer Entscheidung Kinder betreut hat. In Einzelbereichen, wie zB dem Mietrecht, bei einer Tötung, im Gewaltschutzgesetz und im Recht der elterlichen Sorge, wird der soziale Tatbestand der Haus-

---

[1] Zur Rechtslage in Europa *Dethloff* ZEuP 2004, 59; vgl. auch *Brosius-Gersdorf* NZFam 2016, 145 und NZFam 2016, 245. Zur nicht bestehenden Verpflichtung, neben der Ehe eine registrierte Partnerschaft zuzulassen, EGMR NZFam 2018, 15.

halts- bzw. Verantwortungsgemeinschaft bereits berücksichtigt.[2] Die Gerichte bejahen – anders als früher – bei einer Beendigung teilweise Ausgleichsansprüche. Allerdings sind sie zu Recht weiterhin zurückhaltend und differenzieren in vielen Rechtsbereichen zwischen rechtsverbindlichen Beziehungen (wie zB der Ehe) und lediglich faktischen Lebensgemeinschaften.[3] Die Beteiligten sind, sofern sie nicht die kaum mögliche Berechenbarkeit der Rechtsprechung in Kauf nehmen möchten, darauf angewiesen, ihre Beziehungen im Rahmen der Vertragsfreiheit autonom zu regeln. Aufgabe des beratenden Juristen ist es dabei, die Motivationslage zu erforschen, einen Regelungsbedarf aufzuzeigen und typengerechte Lösungen anzubieten. In den wenigsten Fällen empfiehlt sich die vertragliche „Kopie" des Eherechts. In der notariellen Praxis stehen die Mitfinanzierungsmodelle, insbesondere beim Bau oder der Anschaffung einer Immobilie, die Regelungen bei Krankheit und Tod des Partners in persönlicher Hinsicht und der Erbfall mit der damit verbundenen Vermögensnachfolge im Vordergrund.

II. Motivlage

Der Entscheidung, „ohne Trauschein" zusammenzuleben, liegen **unterschiedliche Motive** zugrunde: Es handelt sich – vor allem bei jungen Paaren – häufig um ein probeweises Zusammenleben als Vorstufe zur Ehe, so genannte Ehe auf Probe. Eine Tendenz zur Ehe besteht auch bei Verbindungen, bei denen (noch) rechtliche Ehehindernisse vorliegen, eine Hochzeit aber geplant ist. Insbesondere bei gleichgeschlechtlichen Paaren wird mitunter aus Rücksicht auf die Eltern zu deren Lebzeiten eine Eheschließung zunächst unterlassen. Bei älteren Paaren wird dagegen vielfach eine (erneute) Eheschließung nicht mehr angestrebt und von nahen Angehörigen auch nicht akzeptiert. Von einer eigentlich gewünschten Eheschließung können auch wirtschaftliche Motive, wie die Erhaltung von Unterhalts- und Sozialansprüchen, insbesondere einer Witwen- bzw. Witwerrente, so genannte „BAföG-Ehe" bzw. „Rentnerlebensgemeinschaft", abhalten. Negativ empfundene Erfahrungen mit dem Scheidungs- bzw. Lebenspartnerschaftsaufhebungsfolgenrecht führen mitunter zu einer Abneigung gegenüber einer (nochmaligen) rechtlichen Verbindung. Teilweise ist das Nein zur Eheschließung auch durch die richterliche Inhaltskontrolle von Eheverträgen veranlasst. Wurde in einem Scheidungsverfahren bereits ein alter Ehevertrag im Wege der richterlichen Kontrolle (teilweise) nicht akzeptiert, lautet mitunter das Motto: Nicht heiraten ist der beste Ehevertrag. Die Beteiligten wünschen dann eine „Ehe light", dh trotz eines gemeinsamen Kindes den völligen Ausschluss des Scheidungsfolgenrechts mit Beschränkung auf den Kinderbetreuungsunterhalt gemäß § 1615l BGB. Schließlich beruht die Entscheidung für die nichteheliche Lebensgemeinschaft vereinzelt auch auf der bewussten Ablehnung der Ehe als Institution. In den inzwischen wohl meisten Fällen machen sich die Beteiligten, selbst wenn Kinder vorhanden sind und ein Partner seine Berufstätigkeit einschränkt, dennoch keine Gedanken über die insbesondere für diesen Partner mit einer Beendigung der Lebensgemeinschaft verbundenen Risiken.[4]

Für die Konzeption einer vertraglichen Regelung ist zunächst der zeitliche Rahmen des Zusammenlebens entscheidend. Aus dem Umstand, ob die Partner ihre nichteheliche Gemeinschaft nur als eine vorübergehende Phase ihres Lebens oder als Dauerbeziehung konzipieren, lassen sich Schlussfolgerungen auf die Notwendigkeit von Vereinbarungen ziehen. Eng damit verbunden ist die Frage, ob überhaupt und gegebenenfalls wann eine Ehe oder eine Lebenspartnerschaft angestrebt wird.[5] Aus der Beantwortung dieser Fragen folgt eine wichtige Zuordnung zum Typ der **Lebensgemeinschaft mit Tendenz zur**

---

[2] Vgl. *Zwißler* FPR 2001, 15.
[3] BGHZ 170, 187 = DNotZ 2007, 386; BGH NZI 2011, 448.
[4] Zum Ganzen *Wingen* FamRZ 1981, 331 (333 ff.) und *Nave-Herz* FPR 2001, 3; zu Daten s. FPR 2010, 416; *Konietzka/Kreyenfeld* NZFam 2015, 1100 (1101) und Pressemitteilung des Statistischen Bundesamtes v. 13.6.2017.
[5] AK-BGB/*Münder* BGB Anh. § 1302 Rn. 3.

Ehe und dem **Typ, bei dem eine Ehe nicht angestrebt wird oder möglich ist.** In der Regel werden sich hier auch bereits erste Hinweise auf eine besondere Schutzbedürftigkeit eines Partners ergeben.

5   Die fehlende soziale Absicherung beider Partner und die ungünstige Behandlung, die „Paare ohne Trauschein" im Erbschaft- und Schenkungsteuerrecht erfahren, geben Anlass, die Beteiligten nach ihrer beruflichen Situation und Planung sowie ihren Vermögensverhältnissen einschließlich der Vermögensbildung zu fragen. Umgekehrt können auch steuer- und sozialrechtliche Nachteile bei einer Eheschließung Anlass einer Situations- und Zukunftsanalyse sein. In diesem Zusammenhang ist in erster Linie die **Rollenverteilung** im weitesten Sinne von Bedeutung. Hierzu gehören, nicht anders als bei der Ehe, insbesondere die Doppelverdiener-, Einverdiener- und Hinzuerwerbspartnerschaft, die Mitarbeit im Geschäft des Partners, die (Mit-)Finanzierung einer Ausbildung oder eines Betriebes. Entscheidend sind ferner der Wunsch nach gemeinsamen Kindern und deren Auswirkungen auf die Lebensgemeinschaft. Auch die Erziehung von „Stiefkindern", die Elternschaft für sozial gemeinsame Kinder und die Betreuung von Angehörigen des Partners können in Einzelfällen von Bedeutung sein. Der Versorgung des überlebenden Teils beim Tod eines Partners ist schließlich besondere Aufmerksamkeit zu widmen. Bei Vermögenszuwendungen an den Partner im weitesten Sinn (zB Hausbau, Erwerb einer Immobilie, Selbständigkeit, Schuldentilgung) spielen die Trennung sowie der Tod sowohl des Zuwendungsempfängers als auch des Zuwendenden eine Rolle.

6   Die dargestellte Problem- und Motivationslage besteht in ähnlicher Form bei Gemeinschaften zwischen nahen Verwandten, immer mehr zunehmenden Altersgemeinschaften und beim Zusammenleben von mehr als zwei Personen. Aus diesem Grunde ist die bisherige **begriffliche Beschränkung** auf die auf Dauer angelegte Lebensgemeinschaft zwischen einem Mann und einer Frau, die daneben keine weitere Lebensgemeinschaft gleicher Art zulässt und sich durch innere Beziehungen auszeichnet,[6] für die Vertragsgestaltung wenig brauchbar.[7] Darauf, ob zwischen den Beteiligten sexuelle Beziehungen bestehen, kommt es nicht an.[8] Entscheidend sind das Wirtschaften aus einem Topf, das zu einer Vermögensgemeinschaft führt, und die Übernahme von Verantwortung für den Partner, die über den Unterhalt hinaus insbesondere Entscheidungen in Krankheitsfällen betrifft. Insofern und zur Erfassung gleichgeschlechtlicher Lebensgemeinschaften wird zunehmend der Begriff der faktischen Lebensgemeinschaften verwandt.[9]

III. Fallgruppenbildung

7   Aus dem Vorstehenden ergibt sich, dass die Grobunterteilung „Ehe/Lebenspartnerschaft auf Probe" und „eheähnliche/lebenspartnerschaftliche bzw. nichteheliche/nicht eingetragene Lebensgemeinschaft" eigentlich zu unscharf ist. Je nach der Kombination einzelner Merkmale gibt es „Doppelverdienerehen auf Probe mit Kindern", „alternative Lebensgemeinschaften mit und ohne Kinder", „Onkel-Ehen" etc. Gleichwohl kann die Einteilung nach dem Kriterium einer späteren Eheschließung oder Lebenspartnerschaftsbegründung (→ Rn. 4) eine erste Orientierung für die Vertragsgestaltung bieten. So sollte beim **probeweisen Zusammenleben meist junger Paare** ein gemeinsames Vermögen möglichst nicht gebildet werden, um die jederzeitige Aufkündbarkeit der Beziehung zu gewährleisten. Dagegen kann sich der **Partnerschaftsvertrag noch verheirateter oder „verpartnerter" Personen** bereits am angestrebten Ehe- oder Lebenspartnerschaftsmodell, bei Partnerschaften ohne (kleine) Kinder meist einer Gütertrennung, einem weitgehenden

---

[6] BVerfG NJW 1993, 643; BGH NJW 1993, 999; BVerwG NJW 1995, 2802; BSG FamRZ 1997, 497; VGH München BayVBl. 2003, 179. Vgl. auch BGH NJW 2018, 2139 zu § 174 Abs. 1 Nr. 3 StGB.
[7] Ausführlich *Grziwotz* Nichtehel. Lebensgemeinschaft 1. Teil Rn. 36 ff.; aA wohl *Schreiber* FPR 2001, 12 (15).
[8] BGH FamRZ 2008, 1822.
[9] Staudinger/*Löhnig* BGB FaktLG Anh. zu §§ 1297 ff. Rn. 10; *Weinreich* FuR 2011, 492 (493).

Unterhaltsausschluss und häufig einem Erbverzicht, orientieren. Bei einer **Verbindung von Personen im Rentenalter** sollen die jeweiligen Vermögen möglichst getrennt bleiben, aber dennoch der überlebende Partner gesichert sein; ferner ist ein Schutz des überlebenden Teils vor einer Rechenschaftspflicht gegenüber den erbenden Angehörigen des Verstorbenen mitunter ratsam. Bei **familiär geführten Lebensgemeinschaften mit Kindern** steht dagegen die Absicherung des sozial schwächeren Partners im Vordergrund.

C. Typische Regelungsbereiche und Vertragsmuster

Ein **Regelungsbedarf** besteht häufig hinsichtlich der Vermögensbildung der Partner in **8** der bestehenden Lebensgemeinschaft und damit zusammenhängend, der Abwicklung bei einer Trennung, der Verhältnisse der in der Gemeinschaft lebenden Kinder und der Lage beim Tod eines oder beider Partner. Unterschiede zwischen heterosexuellen und homosexuellen Partnerschaften ergeben sich dabei, mit Ausnahme der Situation biologisch oder nur sozial gemeinsamer Kinder, nicht.

I. Vereinbarungen über das Zusammenleben und Steuerrecht

Der Umstand, dass Lebensgefährten, die eine Ehe schließen könnten, dies nicht tun, be- **9** deutet keinen vollständigen stillschweigenden Rechtsschutzverzicht. Umgekehrt entspricht die Annahme eines **konkludenten Zusammenlebensvertrages**,[10] der zu einer Gesamtverrechtlichung der faktischen Lebensgemeinschaft führt, regelmäßig nicht dem Willen der Beteiligten. Aus diesem Grunde begegnen auch **umfassende Vertragsmuster** Bedenken, in denen durch die Vertragsgestaltung eine „Quasi-Ehe" geschaffen werden soll.[11] Verträge sollten sich deshalb grundsätzlich auf vermögensrechtliche Einzelfragen des Zusammenlebens beschränken.[12] Regelungen betreffen häufig die Vermögensauseinandersetzung nach einer Trennung und die Erbregelung nach dem Tod eines oder beider Lebensgefährten. In vielen Fällen beschränkt sich die Vereinbarung auf einen Ausgleich bei der Mitfinanzierung eines größeren Vermögensgegenstandes, insbesondere einer Immobilie, durch einen Partner. Dies sollte allerdings nicht dazu verleiten, lediglich die „Immobilienmitfinanzierung" isoliert zu sehen. Häufig spielen in diesem Zusammenhang auch die Haushaltsführung, die Finanzierung schnelllebiger Wirtschaftsgüter (zB Hausrat, Auto) und die Kosten der gemeinsamen Haushaltsführung und des Zusammenlebens (zB Einkauf, mietfreies Wohnen, Wohnungsnebenkosten, Urlaub) eine Rolle. Mitunter beschränken sich Vereinbarungen darauf, dem eine Immobilie mitfinanzierenden Partner seine monatlichen Zins- und Tilgungszahlungen bei einer Trennung zu erstatten. Dies kann allerdings im Hinblick auf eine ersparte Miete, die Haushaltsführung durch den Partner und eine Nichtbeteiligung oder geringere Beteiligung an den Kosten des Zusammenlebens ungerecht sein. Gleiches gilt für die Erstattung von Arbeitsleistungen im Rahmen eines Hausbaus auf einem Grundstück eines Partners, wenn dieser dafür die gesamte Haushaltsführung und eventuell sogar noch die Betreuung gemeinsamer Kinder übernommen hat.

Für Verträge zwischen Lebensgefährten gelten im **Steuerrecht** wohl nicht die strengen **10** Kriterien, die bei Ehegatten Anwendung finden.[13] Im Rahmen des § 10 Abs. 5 Nr. 1

---

[10] So noch RGRK/*Roth-Stielow* BGB vor § 1353 Rn. 31.
[11] ZB *Kunigk* S. 128 ff.
[12] Vgl. *Grziwotz* MDR 1999, 709.
[13] BFH NJW 1988, 2135; NJW 1990, 734; DStR 1990, 11; vgl. auch BFH DStR 2001, 392; aA *Wälzholz* ErbR 2011, 226 (227); teilw. abw. BFH ZfIR 2001, 403 bei Mietverhältnis zwischen Eltern und Kind sowie dessen Lebensgefährten; FG München NZFam 2018, 335 zu Mietverhältnis zwischen Lebensgefährten; BFH DStR 2016, 2947 zu Mietverhältnis zwischen nahen Angehörigen; FG München DStRE 2014, 1476 zu Mietverhältnis zwischen Geschwistern und BFH BeckRS 2007, 25012364 zu Verträgen zwischen der Bruchteilseigentümergemeinschaft nichtehelicher Partner und den Angehörigen eines Part-

ErbStG wurde ein schlüssiges Dienstverhältnis für langjährige Pflege- und Betreuungstätigkeiten eines Partners verneint.[14] Der Freibetrag nach § 13 Abs. 1 Nr. 9 ErbStG für eine Pflegeperson wird nicht gewährt, wenn dem Erben vom Erblasser versprochen worden ist, ihn für die Pflege zum Erben einzusetzen und deshalb ein Anspruch auf angemessene Vergütung als Nachlassverbindlichkeit besteht;[15] allerdings sind in diesem Fall einkommensteuerliche Folgen (nachträgliche Entlohnung) zu berücksichtigen. Aufwendungen für einen Partner, der zusammen mit einem gemeinsamen Kind im Haushalt des Steuerpflichtigen lebt und vereinbarungsgemäß hauswirtschaftliche Tätigkeiten verrichtet, können auch bei Vorliegen ausdrücklicher Vereinbarungen nicht als Kosten für eine kindbedingt eingesetzte Hausgehilfin geltend gemacht werden.[16] Dagegen besteht eine Abzugsmöglichkeit bei Aufwendungen für einen körperbehinderten Lebensgefährten.[17] Das Ehegatten-Splitting ist jedoch auch einer eheähnlichen Lebensgemeinschaft verschlossen.[18] Während früher im Rahmen der einkommensteuerlichen Berücksichtigung von Unterhaltsleistungen an den nichtehelichen Partner als außergewöhnliche Belastungen das Problem der sittlichen Zwangsläufigkeit im Vordergrund stand,[19] sind nach geltender Rechtslage derartige Leistungen nur noch abzugsfähig, wenn sie auf einer gesetzlichen Verpflichtung beruhen oder wenn aufgrund der Unterhaltsleistungen öffentliche Mittel gekürzt werden, zB die Sozialhilfe oder das Arbeitslosengeld II (§ 33a Abs. 1 S. 1 und S. 2 EStG).[20] Hat der Lebensgefährte wegen der Unterhaltsleistungen des Partners keinen Anspruch auf Sozialleistungen, gilt für die steuerlich absetzbaren Unterhaltsaufwendungen keine Opfergrenze.[21] Ein Werbungskostenabzug für doppelte Haushaltsführung (§ 9 Abs. 1 Nr. 5 EStG) setzt nicht voraus, dass in den Hausstand ein gemeinschaftliches Kind aufgenommen wird.[22] Entscheidend ist, dass eine eingerichtete, den Lebensbedürfnissen entsprechende Wohnung vorhanden ist, die den Mittelpunkt der Lebensinteressen der Partner darstellt.[23] Bei der Anerkennung der doppelten Haushaltsführung, wenn neben der fortbestehenden Wohnung am Beschäftigungsort ein gemeinsamer Hausstand mit dem Partner an einem anderen Ort besteht, kommt es nicht mehr auf die Motive für die Aufspaltung der Haushaltsführung an.[24] Auch bei einer eheähnlichen Gemeinschaft mit Kindern besteht keine Grunderwerbsteuerbefreiung analog § 3 Nr. 4 GrEStG.[25] Im Schenkung- und Erbschaftsteuerrecht werden auch langjährige Lebensgefährten und solche mit gemeinsamen Kindern wie Fremde behandelt. Deshalb kann bereits bei geringen Zuwendungen (zB Einräumung eines Wohnungsrechts für den noch nicht alten Partner) eine Steuer anfallen. Die Mitnutzung der Wohnung durch den ein zinsloses Darlehen gewährenden Lebensgefährten ändert nichts an der freigebigen Zuwendung hinsichtlich der Zinsen.[26] Auch bei der Zahlung der Prämien für die Lebensversicherung des Partners handelt es sich um eine Schenkung; dagegen ist nicht der dadurch bewertete Wertzu-

---

ners; zur Zahlung eines überhöhten Entgelts durch eine GmbH an eine dem Gesellschafter nahestehende Person BFH DStR 2018, 185. Ausführlich *von Proff* S. 97 ff.

[14] BFH NJW 1989, 1696; ZEV 2014, 269; vgl. auch FG München UVR 1995, 116.

[15] BFH DStR 1995, 1631.

[16] BFH NJW-RR 1998, 652 und DStR 1999, 1689; aA noch BFH NJW 1990, 734.

[17] BFH DStR 2001, 1655; s. dazu BMF DStR 2001, 1660.

[18] BFH NJW 1990, 734; DB 2006, 984; DStRE 2017, 1089; vgl. auch BFH DStRE 2017, 343 zu Alleinerziehenden.

[19] BFH NJW 1990, 2712 und NJW 1991, 2312; vgl. BFH DStRE 2001, 1091.

[20] Vgl. BFH FamRZ 2004, 1642; DStR 2004, 1035; NJW 2007, 542.

[21] BFH NJW 2009, 622; NJW 2010, 1838; aM noch BMF-Schreiben BStBl. I 2003, 243; zur Berücksichtigung bei der Verfahrenskostenhilfe OLG Dresden MDR 2009, 1048.

[22] Vgl. zur früheren Rechtslage BFH NJW 1990, 1319.

[23] Vgl. BFH NJW 1995, 983; DB 2001, 238; DStR 2006, 1595; DStR 2015, 214; FamRZ 2018, 543; vgl. BFH NZM 2007, 533 zum zeitlichen Zusammenhang zwischen Geburt eines Kindes und Schaffung einer Familienwohnung.

[24] BFH/NV 2012, 1231; BFH/NV 2012, 1525; BFH/NV 2013, 112; s. aber § 9 Abs. 1 Nr. 5 EStG ab VZ 2014.

[25] BFH NJW 2001, 2655.

[26] BFH/NV 2014, 537 = ZEV 2014, 267; FG München DStRE 2017, 861.

wachs des Versicherungsanspruchs Gegenstand der Zuwendung.[27] Beim Bewohnen einer Zweitwohnung durch den Lebensgefährten handelt es sich um ein steuerpflichtiges Innehaben einer Wohnung.[28]

II. Regelungen für den Fall der Trennung

Die Rechtsprechung lehnt eine umfassende Gesamtauseinandersetzung, in deren Rahmen 11 die gesamten während des Bestehens der Gemeinschaft erbrachten Leistungen und gewährten Zuwendungen zu berücksichtigen wären (sog. **Auseinandersetzungslösung**), ab. Für diejenigen Leistungen, die das konkrete Zusammenleben erst ermöglichen und auf das gerichtet sind, was die Gemeinschaft „Tag für Tag" benötigt, scheiden bei einer Beendigung der Lebensgemeinschaft Ausgleichsansprüche aus.[29] Insoweit verbleibt es bei dem Grundsatz, dass einzelne persönliche und wirtschaftliche Leistungen, die ein Partner im engen Zusammenhang mit der Lebensgemeinschaft erbringt, auch später nicht gegeneinander aufgerechnet, sondern ersatzlos von dem Partner getätigt werden, der dazu in der Lage ist.[30] Unerheblich ist hinsichtlich dieser Leistungen, wann sie erbracht werden; entscheidend ist vielmehr der Verwendungszweck, nämlich die Befriedigung der täglichen Bedürfnisse.[31] Nach der früheren Rechtsprechung[32] trug auch bei wirtschaftlich darüber hinausgehenden Leistungen jeder Lebensgefährte das Risiko, dass er eigene Leistungen nicht selbst voll mitausnutzen konnte und seine Erwartungen hinsichtlich des Fortbestandes der Partnerschaft enttäuscht wurden.[33] Dies betraf auch größere wirtschaftliche Leistungen im Rahmen der Lebensgemeinschaft. Erst wenn die Beiträge weit über das hinaus gingen, was nur der Verwirklichung der eigentlichen Lebensgemeinschaft dienen sollte, dh bei Schaffung eines Vermögenswertes von erheblicher wirtschaftlicher Bedeutung (zB Wohnhaus), gewährten die Gerichte ausnahmsweise Ausgleichsansprüche analog §§ 730 ff. BGB in Geld. Nunmehr geht der BGH[34] davon aus, dass bei wesentlichen Beiträgen eines Partners, mit denen während des Bestehens der Lebensgemeinschaft ein Vermögenswert von erheblicher wirtschaftlicher Bedeutung geschaffen wurde, bei Beendigung der Lebensgemeinschaft ein Ausgleichsanspruch bestehen kann.[35] Es handelt sich bei derartigen Zuwendungen zivilrechtlich um keine Schenkungen, sondern um lebensgemeinschaftsbedingte Zuwendungen.[36] Grundlagen des Ausgleichs sind ein zumindest schlüssig zustande gekommener Vertrag einer BGB-Innengesellschaft[37] sowie Ansprüche aus ungerechtfertigter Bereicherung (§ 812 Abs. 1 S. 2 Alt. 2 BGB) und nach den Grundsätzen über den Wegfall der Geschäftsgrundlage eines familienrechtlichen Vertrages. Voraussetzung ist, dass die Zuwendungen oder Arbeitsleistungen deutlich über das hinausgehen, was das tägliche Zusammenleben anbelangt (gemeinschaftsbezogene Leistungen). Bei der Rückabwicklung

---

[27] BFH DStRE 2015, 286 (287).
[28] VGH Mannheim DÖV 2011, 451; vgl. aber VGH München DÖV 2016, 136 zur GbR.
[29] BGH NJW 2010, 868; NJW 2013, 2187; FamRZ 2013, 1295; vgl. auch OLG Hamm FamRZ 2014, 228.
[30] Vgl. LG Köln FamRZ 2006, 623; OLG Bremen NJW-RR 2013, 197.
[31] BGH NJW 2010, 868.
[32] BGHZ 77, 55; BGH NJW 1983, 1055; FamRZ 1983, 1213; NJW 1986, 51; NJW 1996, 2727; NZG 2000, 373; NZG 2003, 1015; FamRZ 2004, 94; FamRZ 2005, 1151.
[33] Vgl. dazu noch *Burhoff* ZAP 2000, 1021 (1027); *Schulz* FamRZ 2007, 593 (595) und *Weinreich* FPR 2001, 29 (35).
[34] NJW 2008, 3277; NJW 2008, 3282; NJW-RR 2009, 1142; NJW 2010, 868; NJW 2010, 998; NJW 2011, 2880; NJW-RR 2013, 404; FamFR 2013, 44; FamRZ 2013, 1295; FamRZ 2014, 1547; FamRZ 2015, 1307; NZM 2018, 763. S. dazu *Campbell* NJW-Spezial 2015, 68; *Grziwotz* NZFam 2015, 543; *ders.,* MDR 2018, 907.
[35] Vgl. auch OLG Düsseldorf FamRZ 2009, 1219; KG NJW-RR 2010, 295; OLG Bremen FamFR 2011, 383; OLG Naumburg FamRZ 2013, 55; OLG Bremen FamFR 2013, 96; OLG Brandenburg FamRZ 2015, 346; FamRZ 2015, 1309; NZFam 2016, 336. Zum Ausschlusstatbestand „nichteheliche Lebensgemeinschaft" in der Rechtsschutzversicherung OLG München NZFam 2016, 768.
[36] BGH FamRZ 2008, 1822; FamRZ 2014, 1547; ebenso LG Köln FamRZ 2018, 194.
[37] BGH FamRZ 2006, 607.

von Zuwendungen ist auf den Maßstab zurückzugreifen, der für im Güterstand der Gütertrennung lebende Ehegatten gilt. Danach ist auch bei der Rückabwicklung von Zuwendungen in faktischen Lebensgemeinschaften eine Gesamtwürdigung erforderlich, wobei die Dauer der Lebensgemeinschaft auch hinsichtlich der Mitnutzung, die Einkommens- und Vermögensverhältnisse der Lebensgefährten auch hinsichtlich des Fortbestandes der geschaffenen Vermögenslage,[38] das Alter der Lebensgefährten, die künftigen Einkommens- und Vermögensverhältnisse sowie die Art der Beendigung der Lebensgemeinschaft (Trennung, Tod) zu berücksichtigen sind. Auf ein Trennungsverschulden, insbesondere eine sexuelle Untreue, soll es grundsätzlich nicht ankommen.[39] Diese Rechtsprechung hat auch für die Vertragsgestaltung Bedeutung: Im Rahmen des Zusammenlebens sollten nicht einzelne Leistungen, wie zB Arbeits- und Geldleistungen beim Hausbau, isoliert betrachtet werden. Vielmehr müssen sie vor dem Hintergrund der gemeinsamen Lebensgemeinschaft gesehen und ausgeglichen werden. Insofern kann beispielsweise die Erstattung lediglich eines bestimmten Bruchteils der Zahlungen im Hinblick auf die geleistete Familienarbeit des Zuwendungsempfängers angemessen sein. Hinsichtlich der möglichen **Ausgleichsansprüche nach Beendigung** der Lebensgemeinschaft gilt somit:

11a – Besteht eine Vereinbarung der Partner, erfolgt der Ausgleich nach der vertraglichen Regelung. Eine richterliche Inhaltskontrolle dürfte diesbezüglich, wenn kein Vertrag mit Drittschädigungsabsicht vorliegt, kaum in Betracht kommen.[40]

11b – Leistungen, die das Zusammenleben erst ermöglicht haben und auf das gerichtet sind, was die Gemeinschaft „Tag für Tag" benötigt, sind nach den gesetzlichen Vorschriften nicht auszugleichen.[41] Dies gilt unabhängig vom Zeitpunkt der Erbringung der Leistung. Eine Differenzierung zwischen Leistungen, die vor oder nach Beendigung der Lebensgemeinschaft erfolgt sind, wird nicht vorgenommen. Etwas anderes kann allerdings für erst nach der Trennung fällig werdende Leistungen gelten.[42]

11c – Ein Ausgleich nach gesellschaftsrechtlichen Grundsätzen kommt nur in Betracht, wenn ein ausdrücklicher oder konkludent geschlossener Gesellschaftsvertrag vorliegt.[43] Durch das gemeinsame Wohnen und Wirtschaften dürfte noch keine BGB-Gesellschaft entstehen.[44] Jedenfalls dürften erhebliche Zweifel am Rechtsbindungswillen bestehen, wenn die Partner keinen über die Verwirklichung der Lebensgemeinschaft hinausgehenden Zweck verfolgen. Beispiele für eine Innengesellschaft sind der Ausbau und die Führung eines gemeinschaftlichen Unternehmens und die Anschaffung von Renditeobjekten. Demgegenüber wurde der gemeinsame Hausbau oder Immobilienerwerb zur gemeinsamen Nutzung bisher wie bei Ehegatten nicht nach gesellschaftsrechtlichen Grundsätzen abgewickelt.[45]

11d – Der Ausgleich nach den Grundsätzen über den Wegfall der Geschäftsgrundlage betrifft vor allem Zuwendungen zwischen Lebensgefährten, die den Rechtsgrund im Bestehen der Lebensgemeinschaft haben. Es geht dabei nicht nur um Zuwendungen von Vermögensgegenständen, sondern auch um Arbeitsleistungen, die ein Lebensgefährte im Rahmen der gemeinsamen Vermögensbildung, also nicht nur des Zusammenlebens, erbringt. Ein Ausgleichsanspruch setzt voraus, dass dem zuwendenden Partner die Beibehaltung der herbeigeführten Vermögensverhältnisse nach Treu und Glauben nicht zugemutet werden kann. Allerdings ist zu berücksichtigen, dass der Zuwendende es

---

[38] Vgl. OLG Naumburg FamRZ 2013, 55.
[39] Teilw. abw. OLG München FamRZ 2009, 1831 zu einer der Schenkung folgenden Untreue bei Ehegatten.
[40] *Grziwotz* FF 2010, 429 (435).
[41] BGH FamRZ 2013, 1295; OLG Brandenburg NZFam 2016, 336.
[42] Str., vgl. BGH NJW 2010, 868; NZM 2018, 763; *Grziwotz* FamFR 2010, 145 (146). Zum Ausgleich von gezogenen Nutzungen und getragenen Lasten beim Gesamtschuldnerausgleich s. BGH DNotZ 2018, 841.
[43] BGH NJW 2008, 443; FamRZ 2013, 1295. Zur Abgrenzung von einem Arbeitsverhältnis OLG Brandenburg FamRZ 2015, 1308 (1309). Zur Gewinnverteilung vgl. BGH NZG 2016, 547. Zur steuerlichen Mitunternehmerschaft FG München DStRE 2015, 1105.
[44] Ebenso *Scholz* FamRZ 2007, 593 (594); aA *Mayer* NJOZ 2009, 114 (116).
[45] BGH NJW 1974, 1554. Vgl. auch BGH NZM 2018, 763.

einmal für richtig gehalten hat, die Zuwendung zu machen. Es ist eine Gesamtabwägung erforderlich, in die auch der Zeitraum der gemeinsamen Nutzung oder der späteren Alleinnutzung sowie die wirtschaftlichen Verhältnisse der Beteiligten einzubeziehen sind. Besondere Bedeutung kommt dem Umstand zu, ob die geschaffenen Werte noch vorhanden sind.[46] Praktische Beispiele sind vor allem die gemeinsamen Hausbau- bzw. Immobilienanschaffungsfälle.

– Ein Bereicherungsanspruch wegen Zweckverfehlung (§ 812 Abs. 1 S. 2 Alt. 2 BGB) **11e**
kommt in Betracht, soweit Leistungen in Rede stehen, die über das hinausgehen, was das tägliche Zusammenleben erst ermöglicht, und die bei einem Lebensgefährten oder beiden Partnern zur Bildung von die Beendigung der Lebensgemeinschaft überdauernden Vermögenswerten geführt haben. Für den Empfänger der Zuwendungen besteht die Pflicht zur Herausgabe, sofern der mit der Leistung nach dem Inhalt des Rechtsgeschäfts bezweckte Erfolg nicht eingetreten ist.[47] Zusätzlich ist eine Willensübereinstimmung über die Leistung erforderlich. Einseitige Vorstellungen genügen nicht. Allerdings kann eine stillschweigende Einigung bereits angenommen werden, wenn der eine Teil mit seiner Leistung einen bestimmten Erfolg bezweckt und der andere Teil dies erkennt und die Leistung entgegennimmt, ohne zu widersprechen. Eine diesbezügliche Leistungszweckbestimmung wird sich innerhalb einer faktischen Lebensgemeinschaft nur bezüglich solcher Zuwendungen oder Arbeitsleistungen feststellen lassen, die deutlich über das hinausgehen, was die Gemeinschaft Tag für Tag benötigt. Sie kann auch nicht allgemein in dem Zusammenleben mit dem Partner erblickt werden. Erforderlich ist vielmehr eine konkrete Zweckabrede. Diese kann bereits vorliegen, wenn ein Partner das Vermögen des anderen in der Absicht vermehrt, an dem erworbenen Gegenstand langfristig partizipieren zu können. Eine fehlende dingliche Berechtigung steht dem Ausgleichsanspruch nicht entgegen.

– Der BGH geht bei Beendigung der Lebensgemeinschaft durch den Tod des zuwenden- **11f**
den Partners entsprechend der Wertung des § 1301 S. 2 BGB davon aus, dass keine Ersatzpflicht für Aufwendungen und sonstige Leistungen geschuldet ist.[48] Anders kann dies beim Tod des Zuwendungsempfängers sein, insbesondere dann, wenn dessen gesetzliche Erben die Vermögensgegenstände erhalten und dadurch die langfristige gemeinsame Nutzung, die der zuwendende Lebensgefährte beabsichtigt hat, nicht mehr gewährleistet ist. Beim Ende des faktischen Zusammenlebens durch Unterbringung eines Partners im Pflegeheim können sich Probleme mit dem Betreuer des untergebrachten Lebensgefährten ergeben. Beispiel ist, dass die Weiternutzung der bisherigen gemeinsamen Wohnung von einem Nutzungsentgelt abhängig gemacht wird.[49]

Soweit eine Auseinandersetzung nur dem Ausgleich von Leistungen dient, ist sie **schen-** **12**
kungsteuerrechtlich ohne Bedeutung.[50] Auf die Frage, ob § 5 ErbStG, der die Steuerfreiheit des Zugewinnausgleichs regelt, entsprechend anwendbar ist, kommt es nicht an, wenn nach der neuen Rechtsprechung ein Ausgleichsanspruch zu bejahen ist. In diesem Fall liegt nämlich keine unentgeltliche Zuwendung bei einem Ausgleich vor. Dieser erfolgt vielmehr in Erfüllung eines gesetzlichen Anspruchs.[51] Erfolgte eine Zuwendung mit

---

[46] BGH FamRZ 2014, 1547; OLG Brandenburg FamRZ 2015, 346; LG Bamberg FamRZ 2015, 1307. Zum Ausgleich unentgeltlicher Leistungen an die Eltern des Lebensgefährten s. BGH NJW 2015, 1523 und dazu *von Proff* NJW 2015, 1482 (1483). Zum berechtigten Interesse an einer Grundbucheinsicht des ehemaligen Lebensgefährten s. OLG München NZFam 2018, 1007.
[47] BGH MittBayNot 2013, 471; OLG Brandenburg NZFam 2016, 336. Vgl. auch BGH MietRB 2014, 75. Krit. *Moes* FamRZ 2016, 757 (761).
[48] BGH NJW 2010, 868.
[49] BGH NJW 2008, 2333; vgl. *Griwotz* FPR 2010, 369 (371); *Kemper* NJ 2009, 177; *Kindler* Jura 2010, 131; *Majer* NJOZ 2009, 114; *Schlögel* MittBayNot 2009, 100; *Schulz* FPR 2010, 373; *M. Schwab* FamRZ 2010, 1701; *Sorge* JZ 2011, 660; *Stein* FamFR 2011, 409 (410); *Weinreich* FuR 2011, 492 (494); *Willemsen* ZFE 2009, 44.
[50] Vgl. BMF BB 1984, 327.
[51] Ähnlich *Wälzholz* ErbR 2011, 226 (228).

Rücksicht auf eine bestehende Lebensgemeinschaft, sollte in der Rückübertragung vorsorglich übereinstimmend der Wegfall der Geschäftsgrundlage durch die Trennung festgestellt werden, da dann regelmäßig der Schenkungscharakter fehlt.[52] Bei Rückgabe eines geschenkten Gegenstandes wegen eines Rückforderungsrechts erlischt die Schenkungsteuer für die Vergangenheit (§ 29 Abs. 1 Nr. 1 ErbStG)[53] Bei Vorliegen einer entsprechenden Entscheidung eines Zivilgerichts bereitet der Nachweis des diesbezüglichen Rückforderungsanspruchs keine Probleme. Ohne eine derartige Entscheidung besteht das Risiko einer steuerpflichtigen Rückschenkung.

III. Die Situation von Kindern

13 Bis zur Reform des Kindschaftsrechts waren Kinder von unverheiratet zusammenlebenden Eltern nichtehelich. Die Mutter war allein sorgeberechtigt, dem Vater stand grundsätzlich kein Umgangsrecht zu. Nach dem Tode der Mutter erhielt das Kind einen Vormund.[54] Nach geltender Rechtslage können auch nicht miteinander verheiratete Eltern gemeinsam die Sorge übernehmen (§ 1626a Abs. 1 Nr. 1 BGB).[55] Geben sie keine entsprechende Erklärung ab, hat allein die Mutter die elterliche Sorge (§ 1626a Abs. 2 BGB). Der Vater kann aber auf seinem Antrag das Sorgerecht durch Entscheidung des Familiengerichts erhalten (§ 1626a Abs. 1 Nr. 3 BGB). Auch nach einer Trennung der Eltern bleibt die **gemeinsame Sorge** bestehen, sofern nicht das Familiengericht die elterliche Sorge oder einen Teil davon einem Elternteil allein überträgt (§ 1671 Abs. 1 BGB). Beim Tode eines Elternteils steht die elterliche Sorge dem überlebenden Elternteil zu, wenn beide sorgeberechtigt waren. Stirbt die von vornherein allein sorgeberechtigte Mutter, so wird die elterliche Sorge dem Vater übertragen, wenn dies dem Wohl des Kindes dient. Stirbt der infolge einer Sorgerechtsübertragung allein sorgeberechtigte Elternteil, wird die elterliche Sorge dem überlebenden Elternteil übertragen, wenn dies dem Wohl des Kindes nicht widerspricht (§ 1680 BGB). Zum **Umgang** mit dem Kind ist jeder Elternteil verpflichtet und berechtigt (§ 1684 BGB) (vgl. im Übrigen → § 15 Rn. 41 ff.).

IV. Erbrechtliche Regelungen, Betreuung und Totenfürsorge

14 Stirbt ein Partner einer faktischen Lebensgemeinschaft, so stehen dem anderen **keine gesetzlichen Erb- und Pflichtteilsrechte** zu, sofern nicht ausnahmsweise ein Verwandtschaftsverhältnis, wie zB bei zusammenlebenden Geschwistern, besteht.[56] Im Rahmen der Testierfreiheit ergeben sich hier jedoch weitreichende Korrekturmöglichkeiten. Allerdings ist zu beachten, dass der Lebensgefährte nicht wie ein Ehegatte oder eingetragener Lebenspartner „pflichtteilsmindernd" wirkt, und deshalb die Pflichtteilsansprüche eines (Noch-) Ehegatten oder (Noch-)Lebenspartners sowie der Abkömmlinge oder Eltern des Verstorbenen eine gewollte Verfügung wirtschaftlich aushöhlen können. Ferner unterliegt ein Partner, der mit dem verstorbenen Teil nicht verwandt ist und kein inländisches Betriebsvermögen, sonstiges begünstigtes Vermögen oder zu Wohnzwecken vermietete Grundstücke erbt (vgl. hierzu §§ 13a, 13b, 13c, 19a ErbStG), der Besteuerung nach der Steuerklasse III der **Erbschaftsteuer** (Freibetrag 20.000 EUR und Eingangssteuersatz 30%); dies gilt auch für verlobte zusammenlebende Partner.[57] Leben geschiedene Ehegatten bzw. Lebenspartner ohne Trauschein wieder zusammen, gilt für sie bei der Schenkung- und Erbschaftsteuer die

---

52 FG Münster FamRZ 1990, 324.
53 Vgl. FG Hamburg DStRE 2012, 1453; BFH notar 2010, 243.
54 Zur Entwicklung kurz *Löhnig* ZfF 2011, 157 f.
55 Vgl. *Löhnig/Gietl/Preisner*, Das Recht des Kindes nicht miteinander verheirateter Eltern, 3. Aufl. 2010, Rn. 86 ff.
56 S. nur *von Proff* RNotZ 2008, 462 (466).
57 BFH NJW-RR 1999, 1.

Steuerklasse II. Gestaltungsmöglichkeiten zur Steuerreduzierung existieren kaum.[58] Denkbar sind gesellschaftsrechtliche Abfindungsbeschränkungen.[59] Diskutiert werden auch gegenseitige Grundstücksübertragungen auf den Todesfall.[60] Bei Immobilien bestehen zumindest Stundungsmöglichkeiten gemäß § 28 ErbStG.[61] Im Zusammenhang mit dem Tod eines Partners hat nicht nur das Erbrecht Bedeutung. Viele Partner wünschen auch, dass ihr (langjähriger) Lebensgefährte bei der Notwendigkeit einer Betreuung vor dem Ableben zum Betreuer bestellt wird, und später die Art und Weise der Bestattung bestimmt sowie die sonstigen Entscheidungen hinsichtlich der Person des Verstorbenen trifft. Auch hier ist der Lebensgefährte nicht bereits gesetzlich legitimiert. Bei der Betreuerbestellung ist zwar auf die persönlichen Bindungen des zu Betreuenden Rücksicht zu nehmen (§ 1897 Abs. 5 BGB); allerdings besteht bei nicht zusammenlebenden Partnern das Nachweisproblem und zudem mitunter eine Konkurrenz zu Kindern aus einer früheren Beziehung. In den landesrechtlichen Bestattungsgesetzen wird zwar teilweise der Lebensgefährte als bestattungspflichtige Person genannt; allerdings besteht auch insoweit noch kein Konsens über den Vorrang des Lebensgefährten hinsichtlich der Totenfürsorge vor Kindern.[62]

V. „Paketlösung" bei angestrebter Eheschließung

Nicht übersehen werden sollte bei der Vertragsgestaltung, dass insbesondere Ehen auf Probe in vielen Fällen nicht durch eine Trennung oder den Tod eines Partners, sondern vor dem Standesbeamten enden. Gerade in diesen Fällen werden auch größere Vermögensgegenstände mitunter schon vor Eheschließung angeschafft. Gleichgeschlechtlichen Paaren steht ohnehin erst seit 1.8.2001 die Lebenspartnerschaft, die seit 1.1.2005 der Ehe zivilrechtlich weitgehend und aufgrund der Rechtsprechung des BVerfG auch in sonstigen Rechtsbereichen, insbesondere im Sozial- und Steuerrecht der Ehe gleichgestellt wurde, als rechtliche Form ihres Zusammenlebens zur Verfügung; die „Ehe für alle" ist für sie erst seit 1.10.2017 möglich. Während die Beteiligten ihre Lebensgemeinschaft mit und ohne „Trauschein" regelmäßig als Einheit ansehen, knüpft das Gesetz insbesondere für die Durchführung des Zugewinnausgleiches an den Zeitpunkt der Eheschließung bzw. Lebenspartnerschaftsbegründung wichtige Rechtsfolgen (vgl. § 1374 BGB, § 6 S. 2 LPartG). Ob und nach welchen Grundsätzen bei einer späteren Scheidung bzw. Lebenspartnerschaftsaufhebung Sach- und Arbeitsleistungen, die vor Eheschließung bzw. Lebenspartnerschaftsbegründung erbracht wurden, auszugleichen sind, ist höchstrichterlich nicht geklärt.[63] Die Ansprüche aus §§ 1298ff. BGB bestehen nicht bei größeren Investitionen. Neben ihnen kommen die Grundsätze über die Abwicklung unbenannter Zuwendungen in Betracht.[64] Der Partnerschaftsvertrag sollte deshalb bereits eine **spätere Ehe** und deren Scheidung **mit einbeziehen**.[65]

15

---

[58] S. dazu *Grziwotz* MDR 1999, 913 und *Wälzholz* DSWR 2002, 199. Zur Empfehlung von verschwiegenem Vermögen *Streck/Kamp* ErbR 2017, 18 (19).

[59] Vgl. dazu *Hübner/Maurer* ZEV 2009, 361 und ZEV 2009, 428; *Ivens* GmbHR 2011, 465; *Hölscher* ZEV 2016, 421 (424); *Hager/Kanzleiter/A. Koch,* Fragen aus dem Bereich der Rechtsnachfolge unter Lebenden und von Todes wegen, 2016, S. 45ff.

[60] Ausführlich *Egerland* NotBZ 2002, 233 (238, Vertragsmuster: 244).

[61] Vgl. *Höne* ZEV 2010, 569.

[62] S. aber LG Ansbach FamRZ 2013, 149; vgl. *Grziwotz* FamRB 2012, 226 und Groll/Steiner/*Grziwotz,* Praxis-Handbuch Erbrechtsberatung, 5. Aufl. 2019, Rn. 32.31.

[63] BGH NJW 2012, 3374; OLG Celle NJW-RR 2002, 1675; OLG Nürnberg FuR 2000, 47; OLG Brandenburg NZFam 2015, 380; vgl. zur entsprechenden Situation bei Verlobten BGH NJW 1992, 427; OLG Köln FamRZ 2002, 1405; zur Situation bei späterer Gütertrennung BGH NZFam 2014, 327; s. auch *Heinle* FamRB 2007, 206 (207); *Röthel* Jura 2006, 641 (648); *Kogel* FamRB 2007, 273; *Herr* FuR 2014, 457 (458); *Jüdt* FuR 2017, 118 (123); zur Abgrenzung zwischen Verlobungsgeschenken und allgemeinen Beiträgen des nichtehelichen Zusammenlebens BGH FamRZ 2005, 1151; zur Zuständigkeit der Familiengerichte OLG Dresden NZFam 2014, 90.

[64] OLG Oldenburg FamRZ 2009, 2004; vgl. *Erbarth* FPR 2011, 89 (90). Zu Ansprüchen bei einem nichtigen Verlöbnis OLG Schleswig FamRZ 2014, 1846 und OLG Oldenburg FamRZ 2016, 2102.

[65] Vgl. zur Verbindung mit einem Ehe- bzw. Lebenspartnerschaftsvertrag *Grziwotz* Partnerschaftsvertrag S. 99ff.

VI. Terminologie und Vertragsmuster

16 Hinsichtlich der **Terminologie** wird wegen der Legaldefinition des Lebenspartnerschaftsvertrages (vgl. § 7 S. 1 LPartG) eine Verwechslung mit dem Begriff des Partnerschaftsvertrages befürchtet.[66] Der Gesetzgeber verwendet die Bezeichnung Partnerschaftsvertrag für
die Vereinbarung einer freiberuflichen Partnerschaft (§ 2 PartGG). Da wegen der unterschiedlichen Regelungsgegenstände ein Irrtum über das Gewollte schwerlich eintreten
wird, kann der geläufige Terminus „Partnerschaftsvertrag" für Vereinbarungen faktischer
Lebensgemeinschaften beibehalten werden. Demgegenüber kann statt von Lebenspartnern
vom Lebensgefährten bzw. der Lebensgefährtin gesprochen werden (vgl. auch § 9 Abs. 2
Nr. 2 BGleiG).

> **Muster: Partnerschaftsvertrag für das eheähnliche Zusammenleben (ohne
> Erbregelung)**
> Siehe hierzu das Gesamtmuster → Rn. 51.[67]

D. Einzelprobleme der Vertragsgestaltung

I. Personaler Bereich und Sittenwidrigkeit

17 Der Umstand des faktischen Zusammenlebens allein führt heute nicht mehr zum Verdikt
der Sittenwidrigkeit einer darauf bezogenen rechtsgeschäftlichen Regelung. Risiken für
die Geltungskraft von Partnerschaftsverträgen bzw. -vereinbarungen können sich jedoch
aus ihrem Inhalt ergeben. Bindungen, die die **Persönlichkeits- und Intimsphäre** betreffen, wie zB Verpflichtungen zur Geschlechtsgemeinschaft, gemeinsamen Zeugung von
Kindern, zur sexuellen Treue oder zum Gebrauch empfängnisverhütender Mittel, sollten
vorsorglich aus dem Partnerschaftsvertrag herausgelassen werden,[68] selbst wenn Abreden
über sexuelle Handlungen nach der Wertung des § 1 S. 1 ProstG kaum noch als sittenwidrig angesehen werden können.[69] Derartige Pflichten sind – auch zwischen Ehegatten
und Lebenspartnern – letztlich nicht erzwingbar (vgl. § 120 Abs. 3 FamFG). Regelungen
sollten sich deshalb grundsätzlich auf Vermögensfragen beschränken. Gerichtliche Auseinandersetzungen über die Löschung intimer Aufnahmen und Mitteilungen mit intimen Inhalten[70] zeigen, dass es zur Streitvermeidung ratsam sein kann, klarzustellen, dass derartige
Aufzeichnungen nach Beendigung der Beziehung zu löschen bzw. zurückzugeben sind
und eine Weitergabe an Dritte zu unterlassen ist.

> 17a **Formulierungsbeispiel: Intime Aufnahmen und Mitteilungen**
> Zwischen den Partnern besteht Einigkeit darüber, dass intime Aufnahmen, das heißt sol
> che, die den Partner in unbekleidetem Zustand, lediglich mit Unterwäsche bekleidet
> oder teilweise bekleidetem Zustand zeigen, nur für die Dauer der Partnerschaft gewährt

---

[66] So *Waldner* Rn. 125; vgl. auch OLG Köln NJW-RR 2002, 598.
[67] Weitere Muster von Partnerschaftsverträgen für das nichteheliche Zusammenleben, die für den beratenden
Juristen von Nutzen sein können, bieten die im Schrifttum genannten Musterverträge von *Tzschaschel, von
Proff* und *Grziwotz*, die Formularbücher und Wurm/Wagner/Zartmann/*Reetz/Schröders* Kap. 71 Rn. 9 ff.
Zu einem Erbvertrag nichtehelicher Partner s. *Grziwotz* Partnerschaftsvertrag S. 123 ff., *ders.* ZEV 1999,
302; BeckFormB ErbR/*Brambring*, 3. Aufl. 2014, Form. E. V.; MVHdB VI BürgerlR II/*Otto*, 7. Aufl.
2016, Form. XII. 27.; *Weirich*, Erben und Vererben, 6. Aufl. 2010, Rn. 1740; BeckFormB FamR/*Grziwotz* Form. N. IV. 1. und N. IV. 2. sowie Kersten/Bühling/*Zimmermann* § 91 Rn. 15 ff.
[68] Soergel/*Schumann* NehelLG Rn. 129 und BGHZ 97, 372.
[69] *Grziwotz* FamRZ 2002, 1154 und *Armbrüster* NJW 2002, 2763 (2765); vgl. auch AG Trier NJW-RR
2001, 1441.
[70] S. nur BGHZ 207, 163 = NJW 2016, 1094; OLG Koblenz FamRB 2014, 467; OLG Hamm NJW-RR
2017, 1124; LG Kiel NJW 2007, 1002; LG Frankfurt a.M. BeckRS 2017, 141348; s. dazu *Jesgarzewski*
NZFam 2017, 935 (937) und *Erbarth* NZFam 2017, 1038 f.

und nach deren Beendigung zurückzugeben bzw. bei Speicherung zu löschen sind. Gleiches gilt für Mitteilungen mit intimen Inhalten, das heißt solchen mit sexuellen Inhalten. Bereits während des Bestehens der Partnerschaft ist die Weitergabe derartiger Aufnahmen und Mitteilungen an Dritte, gleichgültig in welcher Form, nicht gestattet.

Unklar ist, ob Vereinbarungen, bei denen zumindest **ein Teil noch verheiratet** ist, 18 unwirksam sind, wie dies ein Verlöbnis wäre.[71] Unter Berücksichtigung des Schutzbedürfnisses des Partners ist dies zu verneinen.[72] Bedenken können sich jedoch insoweit ergeben, als Bestimmungen die eheliche Familie unbegründet schlechter als die neue Lebensgemeinschaft stellen und als Ausdruck einer familienfeindlichen Gesinnung zu werten sind.[73] Dies betrifft aber nur Verträge, die ausschließlich den Zweck haben, einen (Noch-) Ehepartner, (Noch-)Lebenspartner oder Kinder aus der nicht mehr gewollten Verbindung gezielt schlechter zu stellen. Beispiel ist die Übertragung des Miteigentums am Familienwohnheim zur Ermöglichung der Teilungsversteigerung und um den Schutz des § 180 Abs. 3 ZVG zu unterlaufen.

II. Beginn, Dauer und Kündigung des Zusammenlebens, Abfindung und Vertragsstrafe

Die Klarstellung des **Beginns** bei einer bereits bestehenden Lebensgemeinschaft kann 19 zweckmäßig sein. Ein künftiger Anfangstermin und eine bestimmte Dauer sind dagegen wenig praxisnah. Lediglich hinsichtlich der Vermögensauseinandersetzung kann, insbesondere bei einem gemeinsam geführten Unternehmen, die Vereinbarung eines Anfangstermins sinnvoll sein. Auch eine Definition der Lebensgemeinschaft, mit der mitunter Partnerschaftsverträge beginnen („Wir verstehen unsere Lebensgemeinschaft …") ist überflüssig.[74] Die Vereinbarung des Zusammenlebens auf Lebenszeit[75] ist weder erzwingbar noch ist sie bei dem häufigen Fall der Ehe auf Probe interessengerecht. Dies gilt auch für die Aufnahme von Kündigungsfristen und den Ausschluss der **Kündigung** zur Unzeit. Eine solche Regelung mag bei einzelnen Vermögenswerten in Betracht kommen, nicht aber für das Zusammenleben als solches. Die Partnerschaft endet regelmäßig damit, dass ein Beteiligter aus der gemeinsamen Wohnung auszieht oder in ihr die Trennung herbeiführt. Allerdings kann die Vermögensauseinandersetzung bis zu einem bestimmten Zeitpunkt ganz oder teilweise hinausgeschoben werden. Beispiele sind der Erwerb einer gemeinsamen Immobilie, für die eine Förderung gewährt wurde, und die Veräußerung eines Vermögensgegenstandes erst nach Ablauf der steuerlichen „Spekulationsfrist". Gleichzeitig sollte jedoch beachtet werden, dass jeder Partner zu einem „Neubeginn" auch auf die entsprechenden Mittel angewiesen ist.

Formulierungsbeispiel: Jederzeitige Beendigung 20
Jeder Partner ist berechtigt, die Partnerschaft jederzeit zu beenden. ◑

Sofern **Vertragsstrafen** Verhaltenspflichten im persönlichen Bereich absichern sollen, 21 sind diese unwirksam. Dies gilt auch für **Abfindungszahlungen,** die ausschließlich das „Verlassenwerden" durch den Partner sanktionieren sollen.[76] Dagegen kann die Vereinba-

---

[71] S. OLG Karlsruhe NJW 1988, 3023.
[72] Ebenso OLG Hamm FamRZ 2000, 95; aA noch LG Paderborn FamRZ 1999, 790 für eine Sanktion mit Vertragsstrafencharakter; vgl. auch AG Lindau FamRZ 2000, 1372, wonach die Verpflichtung zur ehelichen Treue bis zur Scheidung fortdauert.
[73] Vgl. BGHZ 53, 369 (377) und OLG Hamm MittBayNot 2008, 41.
[74] Zur diesbezüglichen Rechtsprechung s. OLG Koblenz FamRZ 2006, 705 und FamRZ 2006, 1540; OLG Saarbrücken FPR 2009, 430; OLG Zweibrücken MDR 2010, 700; AG Ludwigslust FamRZ 2011, 1066.
[75] So RGRK/*Roth-Stielow* BGB vor § 1353 Rn. 31.
[76] Vgl. OLG Hamm NJW 1988, 2474.

rung der Zahlung einer bestimmten Geldsumme an einen Partner für den Fall der Trennung jedenfalls dann nicht als unzulässig angesehen werden, wenn damit bestimmte Nachteile (zB die Anmietung einer Wohnung und die Begründung eines neuen Hausstandes) ausgeglichen werden sollen.[77] Außerdem dürften bei Beteiligung ausländischer Partner und bei religiöser Prägung auch das diesbezügliche Verständnis hinsichtlich des zu zahlenden Betrages eine Rolle spielen.[78] Aus der Höhe einer „Abfindungszahlung", die keinerlei Bezug zu konkreten Nachteilen hat, kann sich allerdings ein Rückschluss auf einen „Strafcharakter" ergeben. Insofern kann es sich empfehlen, die Nachteile oder erbrachten Leistungen anzugeben.

21a   Im Zusammenhang mit der Trennung kommt es mitunter zu Belästigungen, Bedrohungen, Nachstellungen und sogar zu Tätlichkeiten. § 1 Abs. 1 S. 1 GewSchG sieht hierzu gerichtliche **Schutzanordnungen** vor, deren Rechtsgrundlage die §§ 823 Abs. 1, 1004 Abs. 1 BGB sind. Sie sind zudem strafbewehrt (§ 4 GewSchG). Vertragliche Vereinbarungen können darüber hinausgehen und deeskalierend wirken. Beispiel ist die Kontaktaufnahme nur über eine dritte Person für einen bestimmten Zeitraum. In diesem Zusammenhang kann auch wechselseitig auf Strafanträge und ein zivilrechtliches Vorgehen hinsichtlich der Vorkommnisse in der Vergangenheit verzichtet werden.

21b   **Formulierungsbeispiel: Kontaktverbot**

Nachdem es in der Vergangenheit im Zusammenhang mit unserer Trennung zu tätlichen Auseinandersetzungen gekommen ist, vereinbaren wir bis zum Ablauf des *** ein Verbot unmittelbarer Kontakte, und zwar persönlicher, telefonischer und schriftlicher (einschließlich E-Mail und SMS) Art, sofern diese nicht zwingend sind (zB auf Anordnung des Gerichts etc). Kontakte haben ausschließlich über *** zu erfolgen, die ***. Hinsichtlich der Vorkommnisse in der Vergangenheit wird wechselseitig auf ein zivilrechtliches Vorgehen und Strafanträge unter gegenseitiger Annahme verzichtet.

21c   Einer bereits vereinbarten Ausgleichszahlung steht der Verwirkungseinwand nicht entgegen, wenn es später im Zusammenhang mit der Trennung dann zu einer Erpressung kommt.[79] Soweit nicht ein unzulässiges oder unsittliches Verhalten damit belohnt wird (zB die Einreichung des Scheidungsantrags) oder die Kommerzialisierung des betroffenen Lebensbereiches anstößig ist (zB die Zahlung eines Entgelts für ein gemeinsames Sorgerecht), kann ein bestimmtes Verhalten auch durch ein bedingt abgegebenes Schenkungsversprechen honoriert werden (sog. **Prämienklauseln**).[80]

III. Innengesellschaft und Bevollmächtigung

22   Zur Regelung einzelner Bereiche des Zusammenlebens können die Partner auf die allgemeinen Normen des Zivilrechts, insbesondere die **Verträge** des Schuldrechts, zurückgreifen.[81] Die persönliche Verbundenheit steht – ähnlich wie bei Ehegatten und Lebenspartnern – vertraglichen Regelungen zwischen den Lebensgefährten nicht entgegen.[82] Praktisch relevant sind beispielsweise Darlehens-, Miet- und Arbeitsverträge sowie die BGB-Innengesellschaft.

23   Die Eignung der vor allem in der älteren Literatur empfohlenen umfassenden BGB-Gesellschaft für Partnerschaftsverträge beruht auf ihrem personenrechtlichen Einschlag und nicht zuletzt auf der im Großen und Ganzen angemessenen Liquidationslösung der

---

[77] OLG Hamm NZG 2000, 929 und OLG Köln MDR 2001, 756; vgl. BGH NJW 1990, 703.
[78] Vgl. OLG Saarbrücken NJW-RR 2005, 1306 und OLG Hamm NJW-RR 2011, 1197 zum Brautgeld; vgl. aber AG Ingolstadt BeckRS 2017, 128753.
[79] LG Coburg FPR 2004, 642.
[80] Vgl. *Oberto* FamRZ 1993, 1 (7).
[81] So bereits *Steinert* NJW 1986, 683 (684).
[82] AA noch *Sandweg* BWNotZ 1990, 49 (57).

§§ 730 ff. BGB.[83] In der neueren Literatur wird sie vor allem für den Immobilienerwerb oder den gemeinsamen Hausbau vorgeschlagen. Die Gesellschaft bürgerlichen Rechts als Eigentümer einer Immobilie soll den an ihr beteiligten Lebensgefährten – anders als die starre Miteigentümergemeinschaft – flexible und variable Beteiligungsverhältnisse ermöglichen, sodass der Anteil jedes Partners jeweils der Summe seiner Aufwendungen entspricht.[84] In einer arbeitsteiligen Lebensgemeinschaft kann das Abstellen auf die finanziellen Leistungen des erwerbstätigen Partners im Hinblick auf die Beteiligung aber ungerecht sein. Die Mitberechtigung je zur Hälfte analog zum Zugewinnausgleich, die der Gleichwertigkeit der Leistungen beider Partner entspricht, ist möglicherweise auch bei faktischen Lebensgemeinschaften gerecht. Für die Anwendung der BGB-Gesellschaft sind die Bildung eines Gesamthandsvermögens und ein Handeln mit Außenwirkung nicht erforderlich. Die BGB-Innengesellschaft soll für die Immobilie von Lebensgefährten die „Königslösung" darstellen,[85] da sie eine Beteiligung an Wertsteigerungen und Wertminderungen ohne die Einräumung von Miteigentum ermöglicht. Gerade das Fehlen einer dinglichen Mitberechtigung ist aber einer der Haupteinwände gegen die Zugewinngemeinschaft. Der nicht dinglich berechtigte Partner trägt das Insolvenzrisiko und das Risiko von Zwangsmaßnahmen in den nicht in seinem Eigentum stehenden Grundbesitz.

Die abstrakte Lebensgemeinschaft als solche kann wohl nicht **Gesellschaftszweck** 23a sein. Umstritten ist, ob die gemeinsame Wertschöpfung im Rahmen der Verwirklichung der Lebensgemeinschaft als zulässiger Gesellschaftszweck angesehen werden kann.[86] Unabhängig von dieser Streitfrage ist für die Vertragsgestaltung – von Ausnahmefällen abgesehen – wenig empfehlenswert, als Alternative zur Ehe eine Quasi-Ehe gesellschaftsrechtlich zu konzipieren. Eine BGB-Innengesellschaft der Partner sollte sich deshalb auf einzelne (vermögensrechtliche) Bereiche des Zusammenlebens[87] oder allenfalls die Führung eines gemeinsamen Haushalts[88] als Zweck beschränken.[89] Soll nach Beendigung der Lebensgemeinschaft ein Ausgleich hinsichtlich einzelner Leistungen erfolgen, sollte bei einer Haushaltsführungs- und Kindererziehungs- oder Pflegeleistungspartnerschaft überlegt werden, ob die Gleichwertigkeit von Bar- und Dienstleistungen sowie der Überlassung von Gegenständen zur Nutzung anzuordnen und § 733 Abs. 2 S. 3 BGB auszuschließen ist. Die BGB-Innengesellschaft führt nicht zur Bildung gemeinsamen Vermögens. Dessen Inhaber ist allein der nach außen in Erscheinung tretende Lebensgefährte. Der „stille Partner" erhält bei Auflösung der Gesellschaft mangels abweichender Vereinbarungen auch nicht seine „Einlage" zurückerstattet, sondern wird an den Überschüssen, Ersparnissen und den „gemeinsam" erworbenen Sachen wertmäßig beteiligt. Eine Verwertung des dem „Inhaberpartner" gehörenden Vermögens kann er nicht verlangen. Verbindlichkeiten sind nur zu berücksichtigen, soweit sie die Gesellschaft betreffen. Um eine Bestimmung der Beteiligungsquote nach Billigkeitsgesichtspunkten auszuschließen, sollte die Quote einvernehmlich festgelegt werden. Fehlt es hieran, gilt § 722 Abs. 1 BGB, wonach jeder Gesellschafter ohne Rücksicht auf Art und Größe seines Beitrags einen gleich hohen Anteil hat. Beweispflichtig für eine höhere Quote ist derjenige, der sie beansprucht. Inwieweit durch Abfindungsregelungen Pflichtteilsansprüche Dritter ausgeschlossen oder zumindest reduziert werden können, ist umstritten.[90]

---

[83] Vgl. *Battes* ZHR 143, 385 sowie *Kunigk* Ziff. 7. 2. 12 und *Oehlmann/Stille* FamRZ 2004, 151.
[84] So *von Proff* NotBZ 2010, 73 (77), anders *Wälzholz* ErbR 2011, 226 (231), der feste Quoten mit einer Darlehensvereinbarung empfiehlt; ähnlich *Raff* NZFam 2018, 768 (773).
[85] So *Wälzholz* ErbR 2011, 226 (231).
[86] So *Roemer* BB 1986, 1522 (1524); vgl. auch BGH NJW 1995, 3383 für eine Ehegatteninnengesellschaft.
[87] Vgl. BGH DStR 2008, 156.
[88] Vgl. BGH NJW-RR 1991, 422; FamRZ 2006, 607 (609).
[89] Vgl. *Scholz* FamRZ 2007, 593 (595).
[90] S. nur *Groß* ErbStB 2004, 134 (135); vgl. OLG Karlsruhe FamRZ 2007, 823 zu gesellschaftsrechtlichen Ausscheidensklauseln. Zu einem Muster einer Innen-GbR zum Hausbau s. *Wälzholz* ErbR 2011, 226 (231); zu einer GbR mit variablen Beteiligungsverhältnissen s. *von Proff* NotBZ 2010, 73 (77).

24 Von der pauschalen Erteilung gegenseitiger **Vollmachten** ist abzuraten, da sie für den täglichen „Kleinkram" nicht erforderlich sind[91] und im Übrigen zu Problemen bei einer späteren Trennung führen können. Der Hinweis im Partnerschaftsvertrag, dass ohne ausdrückliche Bevollmächtigung kein Partner zur Vertretung des anderen berechtigt ist, schützt zwar nicht gegen eine Anscheins- oder Duldungsvollmacht, führt aber im Innenverhältnis zu einer klaren Abgrenzung der Handlungsbefugnisse. Sollte die Erteilung einer Vollmacht gewünscht sein, so kann es sich vor allem bei älteren Partnern empfehlen, den überlebenden Lebensgefährten von der Rechenschaftspflicht gegenüber den Erben des Vollmachtgebers zu befreien.[92] Post- und Zustellungsvollmachten (vgl. § 178 Nr. 1 ZPO)[93] sowie Haushaltsführungsvollmachten[94] sind wenig praxisrelevant. Anders ist dies bei gegenseitigen „Vollmachten" für medizinische Notfälle, die Totenfürsorge bei einem Versterben des Partners und die Wahrnehmung des postmortalen Persönlichkeitsrechts.[95] Der Lebensgefährte wird nämlich – anders als ein Ehegatte oder Lebenspartner – häufig nicht zum Betreuer seines Partners bestellt.[96] Eine diesbezügliche Vollmacht kann allerdings im Rahmen der Sozialhilfe ein Indiz für das Bestehen einer ehe- bzw. lebenspartnerschaftsähnlichen Gemeinschaft (§ 20 S. 1 SGB XII) darstellen. Die dem Partner erteilte Vorsorgevollmacht („Krankheitsvollmacht") muss ferner die Anforderungen der §§ 1904 Abs. 5 S. 2, 1906 Abs. 5 S. 1, 1906a Abs. 5 S. 1 BGB (schriftliche Erteilung und ausdrückliche Nennung der betreffenden Maßnahmen) beachten. Dem entsprechen ältere Formulierungen meist nicht mehr.[97] Zu beachten ist, dass eine Vorsorgevollmacht, die die persönlichen Angelegenheiten des Lebensgefährten umfasst, mit dessen Tod endet und deshalb nicht zur Totenfürsorge berechtigt. Häufig soll damit aber der Partner betraut werden; insofern empfiehlt sich die ausdrückliche Ermächtigung des Lebensgefährten, das Recht zur Totenfürsorge für den Partner wahrzunehmen.

25 **Formulierungsbeispiel: Vorsorgevollmacht in persönlichen Angelegenheiten**

Für den Fall meiner Erkrankung oder eines Unfalls ist *** *[Name, Geburtsdatum, Anschrift des Partners]* berechtigt, für mich Erklärungen zu allen Maßnahmen in Gesundheitsangelegenheiten abzugeben und in sämtlichen Angelegenheiten der Gesundheitssorge zu entscheiden, insbesondere bei der Einwilligung in eine Untersuchung meines Gesundheitszustandes, in eine Heilbehandlung, einen ärztlichen Eingriff oder sonstige ärztliche Maßnahmen, vor allem eine Medikation, und zwar auch dann, wenn die begründete Gefahr besteht, dass ich aufgrund der Maßnahme sterbe oder einen schweren und länger dauernden gesundheitlichen Schaden erleide. Gleiches gilt für die Nichteinwilligung oder den Widerruf der Einwilligung in eine Untersuchung meines Gesundheitszustandes, eine Heilbehandlung oder einen ärztlichen Eingriff, auch wenn die Maßnahme medizinisch angezeigt ist und die begründete Gefahr besteht, dass ich aufgrund des Unterlassens oder des Abbruchs der Maßnahme sterbe oder einen schweren oder länger dauernden gesundheitlichen Schaden erleide. Auch die Einwilligung in ärztliche Maßnahmen, die meinem natürlichen Willen widersprechen (ärztliche Zwangsmaßnahme), und Maßnahmen der Verbringung von mir gegen meinen natürlichen Willen zu einem stationären Aufenthalt in einem Krankenhaus für den Fall, dass eine ärztliche Zwangsmaßnahme in Betracht kommt, sowie Entscheidungen über freiheitsentziehende

---

[91] AA *von Münch* S. 163.
[92] BGH NJW-RR 1990, 131; vgl. AG Bad Mergentheim FamRZ 2014, 971.
[93] S. bereits BVerwG DVBl. 2002, 339.
[94] Vgl. aber *Schreiber* Rn. 130f.
[95] Vgl. OLG München NJW 2002, 305.
[96] Vgl. BayObLG FamRZ 1998, 1185; OLG Oldenburg NJW-RR 1997, 451; OLG Schleswig FPR 2002, 277; s. noch unter Geltung des FGG OLG Karlsruhe FamRB 2008, 108 zum verneinten Beschwerderecht des Lebensgefährten. Vgl. zum Beschwerderecht des nicht im ersten Rechtszug Hinzugezogenen BGH FamRZ 2015, 572.
[97] Vgl. *Müller* DNotZ 1999, 107.

und -beschränkende Maßnahmen durch mechanische Vorrichtungen, Medikamente oder auf andere Weise darf er/sie erklären bzw. treffen. Er/Sie darf sich auch umfassend über meinen Gesundheitszustand informieren. Die behandelnden Ärzte, Pfleger und das nichtärztliche Personal werden insoweit von ihrer Schweigepflicht entbunden. Im vorbezeichneten Umfang erteile ich hiermit dem/der Vorbezeichneten Vollmacht. Diesem/ Dieser steht auch das Recht zur Totenfürsorge für mich und die Wahrnehmung meines postmortalen Persönlichkeitsrechts, unabhängig von der Rechtsgrundlage, zu; insbesondere hat er/sie das Recht, über die Art meiner Bestattung und den Ort der letzten Ruhestätte zu entscheiden. Er/Sie hat, auch noch nach meinem Ableben, das Recht, auf meine sämtlichen Daten im World Wide Web (Internet), insbesondere Benutzerkonten (vor allen auch bei Unternehmen und in Sozialen Netzwerken), zuzugreifen und zu entscheiden, ob diese Inhalte beibehalten, geändert oder gelöscht werden sollen oder dürfen. Er/Sie ist befugt, die mir zustehenden Rechte gegenüber Betreibern von Telekommunikationsdiensten und Service Providern sowie sämtliche Personen, mit denen ich im Internet Kontakt habe, wahrzunehmen und durchzusetzen.

IV. Vermögenszuordnung, Aufwendungen, Zuwendungen und Verbindlichkeiten

Der Gesetzgeber knüpft an eine Eheschließung keine automatische Güter- oder Errungenschaftsgemeinschaft. Es gibt keinen Grund, bei faktischen Lebensgemeinschaften durch den umfassenden Erwerb sämtlicher Vermögensgegenstände zu Miteigentum oder durch die Bildung von Gesamthandseigentum eine stärkere Bindung herbeizuführen.[98] Dies belegt auch die Nichtanwendbarkeit der Eigentums- und Gewahrsamvermutung der § 1362 BGB, § 739 ZPO auf nichteheliche bzw. nicht eingetragene Lebensgemeinschaften.[99] Gerade bei kurzfristigen (Probe-)Partnerschaften sollten die beiderseitigen **Vermögenswerte getrennt** bleiben, um eine spätere Auseinandersetzung nicht zu erschweren. Für Ausnahmen von diesem Grundsatz kann man das Erfordernis einer ausdrücklichen Vereinbarung aufstellen. 26

Formulierungsbeispiel: Vermögenstrennung 27

Das in unsere Lebensgemeinschaft von uns eingebrachte Vermögen soll in jedem Fall getrennt bleiben. Die Anschaffung von Gegenständen erfolgt nur dann zu gemeinschaftlichem Eigentum, und zwar zu Miteigentum jeweils zur Hälfte, wenn dies beim Erwerb ausdrücklich vereinbart wird; zu Beweiszwecken ist dies – außer bei Grundbesitz – in einem Vermögensverzeichnis festzuhalten. Das Verzeichnis begründet die Vermutung der Richtigkeit und Vollständigkeit. Ein Gegenbeweis ist jedoch nicht ausgeschlossen.

Aufwendungen auf Gegenstände des Partners und **Zuwendungen** an ihn stellen in erster Linie kein eigentumsrechtliches Problem, sondern ein solches der späteren Abwicklung der Gemeinschaft bei einer Trennung dar.[100] Es gilt die oben (→ Rn. 11) dargestellte Ausgleichssystematik, wonach die Zuwendungen für den täglichen Bedarf nicht ausgeglichen werden. Ferner ist davon auszugehen, dass im Zeitpunkt der Weggabe ein Ausgleich meist nur dann gewünscht wird, wenn es sich um wesentliche Beiträge handelt. Da die Abgrenzung zu „Gelegenheitszuwendungen" im Einzelfall schwierig sein kann, sollte den Beteiligten bei Geldleistungen der Abschluss eines Darlehensvertrages empfohlen wer- 28

---

[98] AA noch *de Witt/Huffmann*, Nichteheliche Lebensgemeinschaft, 2. Aufl. 1986, Rn. 154; zu den Eigentumsverhältnissen bei Haushaltsgegenständen s. OLG Düsseldorf MDR 1999, 233; OLG Hamm FamRZ 2003, 529.
[99] BGHZ 170, 187 = DNotZ 2007, 386; vgl. *Löhnig/Würdinger* FamRZ 2007, 1856.
[100] Zur schenkungsteuerrechtlichen Problematik s. BFH ZEV 1999, 118.

den,[101] bei anderen Leistungen (zB Arbeitsleistungen beim Hausbau) eine schriftliche „Erstattungsvereinbarung". Dies gilt entsprechend für die Mitarbeit eines Partners im Betrieb des anderen; in diesem Fall sollte schon wegen der sozialen Absicherung dringend zu einem Arbeitsverhältnis geraten werden. Erfolgen zwischen Partnern ausnahmsweise echte **Schenkungen,** sollte beiden Teilen klar sein, dass der Grundsatz „geschenkt ist geschenkt" gilt.[102] Damit wird vermieden, dass bei einer Trennung emotionale Beziehungsprobleme auf der vermögensrechtlichen Ebene ausgetragen werden.[103] Zu beachten ist, dass bei einer echten Schenkung ein Verzicht auf das Widerrufsrecht wegen groben Undanks (§ 530 BGB) erst nach dessen Bekanntwerden zulässig ist (§ 533 BGB). Auch die Rechtsprechung zu den lebensgemeinschaftsbedingten Zuwendungen geht davon aus, dass es zu berücksichtigen ist, dass es der leistende Partner „in guten Tagen" für richtig gehalten hat, die Zuwendung zu machen. Ein gleichsam automatischer Ausgleich findet somit nicht statt.

28a   Im Zusammenhang mit Immobilienkaufverträgen ergeben sich in der notariellen Praxis häufig Probleme mit zusammenlebenden Partnern. Diese müssen zunächst prüfen, wer kaufen soll. Sind dies beide Lebensgefährten, kann das Miteigentumsverhältnis entsprechend der wirtschaftlichen Beteiligung gewählt werden; allerdings können sich später Änderungen, zB durch eine Arbeitslosigkeit, einen besseren Verdienst oder die Einschränkung der Erwerbstätigkeit wegen einer Familienarbeit, ergeben. Eine Alternative ist der Erwerb durch eine aus den Lebensgefährten gebildete BGB-Gesellschaft mit festen oder variablen Beteiligungsquoten.[104] Der gemeinsame Erwerb einer Immobilie kann jedoch zum Verlust nachehelicher bzw. nachpartnerschaftlicher Unterhaltsansprüche führen, da der gemeinsame Hauskauf „ehersetzenden Charakter" haben kann.[105] In vielen Fällen erwirbt nur ein Partner, insbesondere beim Vorhandensein von erstehelichen Kindern, die den neuen Partner (begründet oder unbegründet) ablehnen. Der mitfinanzierende Partner kann in diesem Fall durch einen Darlehensvertrag, die Vereinbarung eines Ausgleichs bei einer Trennung oder eine Innengesellschaft gesichert werden; dabei können auch mehrere Alternativen kombiniert werden.[106] Mitzuberücksichtigen sind beim Erwerb bereits das Versterben eines Partners und gegebenenfalls auch die spätere Schlusserbfolge. Teilweise spielen auch Förderungen einschließlich Arbeitgeberdarlehen hinsichtlich des Erwerbsverhältnisses eine Rolle. Im Rahmen der **Mitfinanzierung des Immobilienerwerbs** kann mit den Beteiligten ferner der Fall der Trennung erörtert werden. Mitunter werden beim Erwerb von Immobilien durch Lebensgefährten ein standardmäßiger Ausschluss des Rechts, die Aufhebung der Miteigentümergemeinschaft zu verlangen, ausgenommen aus wichtigem Grund, Nutzungsvereinbarungen bei einer Trennung und Vorkaufsrecht empfohlen.[107] Der Ausschluss der Auseinandersetzung soll ähnlich dem Trennungsjahr bei einer Scheidung oder Lebenspartnerschaftsaufhebung (§ 1566 BGB, § 15 Abs. 2 Nr. 1 LPartG) eine jederzeit mögliche Teilungsversteigerung verhindern.[108] Die Praxis zeigt, dass viele Paare dies (nicht zu Unrecht) als Überreglementierung empfinden, da auch bei Ehegatten die Auseinandersetzung, abgesehen von der kaum praktisch werdenden Vorschrift des § 180 Abs. 3 ZVG, nur bis zur Scheidung hinausgeschoben ist und bei ihnen niemand Vorkaufsrechte etc diskutiert. Selbst bei Alterslebensgemeinschaften ohne sexuelle Beziehungen geben sie kaum Sinn, wenn wegen eines Zerwürfnisses die gegenseitige Versorgung und Unterstützung zum Verbleiben in den „eigenen vier Wänden" nicht

---

[101] Ebenso *Brambring* FamFR 2013, 96.
[102] OLG Hamm FamRZ 2001, 546 zum Widerruf bei wiederholten Beleidigungen und Bedrohungen.
[103] NK-BGB/*Münder* BGB Anh. § 1302 Rn. 11.
[104] Ausführlich *von Proff* NotBZ 2010, 73 (77). S. auch *Raff* NZFam 2018, 768 (769); *von Proff* notar 2019, 35 (41).
[105] OLG Karlsruhe FamRZ 2006, 706; OLG Saarbrücken FPR 2009, 430.
[106] Zur Innengesellschaft mit einem atypischen Darlehen s. *Wälzholz* ErbR 2011, 226 (231).
[107] Vgl. Albrecht/Hertel/Kesseler/*Hertel,* Aktuelle Probleme der notariellen Vertragsgestaltung im Immobilienrecht 2009/2010, S. 82 ff.
[108] Vgl. Kersten/Bühling/*Zimmermann* § 91 Rn. 17.

mehr funktionieren. Ein Hinweis auf diesbezügliche Regelungsmöglichkeiten kann, auch wenn er nicht geboten ist, sinnvoll sein. Schwerpunkt der Vertragsgestaltung ist das Versterben eines Partners (→ Rn. 41 ff.)

Formulierungsbeispiel: Keine Miteigentümervereinbarung 28b

Die Vereinbarung einer Benutzungsregelung, von gegenseitigen Vorkaufsrechten sowie des eventuell auch zeitlich begrenzten Ausschlusses des Rechts, die Aufhebung der Gemeinschaft zu verlangen, wird seitens der Erwerber nicht gewünscht.

Zur Sicherung des mitfinanzierenden Lebensgefährten stehen als grundsätzliche Alternativen das „Darlehensmodell" und das „Zugewinnmodell" zur Verfügung, falls ein Ausgleich gewünscht wird.[109] Entsprechen die Beiträge des Nichteigentümerpartners der halben Miete einer entsprechenden Immobilie und tragen auch sonst beide Partner die Kosten der Lebens- und Haushaltsführung gemeinsam, kann es auch ausreichend sein, dass lediglich zu einer Streitvermeidung klargestellt wird, dass ein entsprechender Ersatzanspruch nicht bestehen soll. Im Rahmen des „Darlehensmodells" soll der Zuwendende den geleisteten Geldbetrag erstattet erhalten. Im Hinblick auf die Mitnutzung der Immobilie wird meist keine Verzinsung vereinbart.[110] Mitunter wird lediglich der bei einer anderweitigen Anlage (zB Festgeldkonto) entgangene Zins vereinbart. Die Verpflichtung zur Rückzahlung muss einerseits das Interesse des finanzierenden Partners daran berücksichtigen, dass er beim Auszug den Darlehensbetrag zur Anmietung oder einer eventuellen Anschaffung einer Immobilie benötigt. Umgekehrt hat der andere Partner die Mitzahlung seines Lebensgefährten meist im Rahmen der Finanzierung zumindest insoweit eingerechnet, als ihm eine sofortige Rückzahlung aus Eigenmitteln nicht möglich sein wird. Die Rückerstattung der bezahlten Beträge wird zudem beim Tod des mitfinanzierenden Partners meist entsprechend der Wertung in § 1301 S. 2 BGB, § 1 Abs. 4 S. 2 LPartG nicht gewünscht (→ Rn. 46a).[111] Anders kann dies beim Tod des Eigentümerpartners sein, wenn Personen erben, deren Vermögen der mitfinanzierende Partner nicht vermehren möchte. 28c

Formulierungsbeispiel: Darlehen 28d

*** hat *** einen Betrag in Höhe von *** EUR zur Anschaffung der in ***-straße Nr. *** gelegene Eigentumswohnung zur Verfügung gestellt. Eine Verzinsung hat im Hinblick darauf, dass wir die Kosten unseres Zusammenlebens gemeinsam bestreiten und wir die Wohnung gemeinsam nutzen, nur bei Verzug mit der Rückzahlung zu erfolgen. Der Geldbetrag ist zurückzuzahlen, wenn ***, die Alleineigentümerin der Eigentumswohnung ist, als erste von uns beiden verstirbt, und zwar innerhalb eines Monats nach ihrem Tod. Sollte hingegen *** als erste von uns beiden versterben, hat eine Rückerstattung nicht zu erfolgen. *[Hinweis: Eine zusätzliche vermächtnisweise Zuwendung durch eine Verfügung von Todes wegen ist empfehlenswert.]* Bei einer Trennung, wobei hierfür ausreichend ist, dass eine Partnerin gegenüber der anderen erklärt, dass sie die Lebensgemeinschaft nicht mehr fortsetzen möchte, soll der Ausgleich nach den §§ 705 ff. BGB analog hinsichtlich der vorbezeichneten Eigentumswohnung durchgeführt werden. *** ist jedoch berechtigt, den Ausgleichsanspruch dadurch zu erfüllen, dass sie statt einer Geldzahlung einen Hälftemiteigentumsanteil an der vorbezeichneten Eigentumswohnung unter Ausschluss der Rechte wegen Sachmängel, soweit gesetzlich zulässig, auf *** überträgt. *[ggf.: Regelung der weiteren Einzelheiten der Übertragung,*

---

[109] Zur Schenkungsteuerpflicht bei der Immobilienfinanzierung durch nichteheliche Partner s. *Schlünder/Geißler* ZEV 2007, 64; *Weimer* ZEV 2007, 316.
[110] AA *Brambring* FamFR 2013, 96, der stets von einem verzinslichen Darlehen ausgeht; zur Schenkungsteuerpflicht s. BFH/NV 2014, 537 = ZEV 2014, 267.
[111] Ebenso BGH NJW 2010, 998; OLG Naumburg NJW-RR 2010, 224.

wobei zu berücksichtigen ist, dass beide Vertragsteile wirtschaftlich auch bisher die Lasten gemeinsam getragen haben.] Die Kosten der Übertragung einschließlich etwa anfallender Steuern haben beide Vertragsteile je zur Hälfte zu tragen. *** kann von diesem Recht nur innerhalb eines Monats nach Feststellung des von ihr zu leistenden Ausgleichsbetrages durch schriftliche Erklärung gegenüber *** Gebrauch machen, wobei für die Rechtzeitigkeit der Zugang bei dieser maßgeblich ist. Ist diese innerhalb von zwei Monaten nach Zugang dieser Erklärung nicht bereit, die Übertragung anzunehmen, so entfällt ihr Ausgleichsanspruch [*Alt.:* reduziert sich ihr Ausgleichsanspruch auf *** EUR].

28e   Beim „Zugewinnausgleichsmodell" ist der mitfinanzierende Partner an den Vermögenssteigerungen, aber auch am Wertverlust einer Immobilie beteiligt. Der „Zugewinnausgleich" wird gleichsam beschränkt auf ein bestimmtes Objekt durchgeführt. Diese wertmäßige Beteiligung entsprechend den Regeln der BGB-Gesellschaft kann unbillig sein, wenn beispielsweise beim Neubau eines Hauses auf einem Grundstück des Partners zunächst ein Wertverlust eintritt, da der Verkehrswert unter den Anschaffungskosten liegt, was häufig in strukturschwachen Regionen der Fall ist. Insofern kann auch diesbezüglich eine differenzierte Lösung erfolgen. Beide Modelle können dazu kombiniert werden. So kann beispielsweise bei einer zeitlich schnellen Trennung nach der Leistung eine Rückerstattung des hingegebenen Geldbetrages erfolgen, während nach einem längeren Zusammenleben eine wertmäßige Beteiligung durchgeführt wird. Auch hinsichtlich der Beendigungsgründe, Tod und Trennung, kann unterschieden werden (zu einer entsprechenden Formulierung → Rn. 28d).[112]

28f   Die frühere Rechtsprechung, die Ausgleichsansprüche auch bei der Mitfinanzierung größerer Vermögenswerte im Rahmen des Zusammenlebens verneinte, schützte vor allem den haushaltsführenden und kinder- bzw. partnerbetreuenden Lebensgefährten. Dies betraf zum einen die Trennung, bei der nur die Geldzahlungen, nicht aber die Familienarbeit berücksichtigt werden. Zum anderen wurde dieser Partner aber auch beim Tod des erwerbstätigen Lebensgefährten vor Ausgleichs- und Pflichtteilsergänzungsansprüchen der (Noch-)Ehefrau bzw. des (Noch-)Ehemanns sowie von Kindern aus anderen Beziehungen oder der Eltern des Verstorbenen geschützt. Wegen der nunmehrigen Praxis der Gerichte, die bei der Schaffung von Vermögenswerten mit erheblicher wirtschaftlicher Bedeutung bei Beendigung der Lebensgemeinschaft Ausgleichsansprüche in weiterem Umfang bejahen (→ Rn. 11), kann auch ein **Ausschluss** derartiger Ansprüche zum (teilweisen) Schutz des weniger verdienenden Partners, der aber andere Leistungen im Rahmen der Lebensgemeinschaft erbringt, gewünscht sein (opting-out). Ist Grundlage dieser Vereinbarung eine von den Partnern angenommene Gleichwertigkeit der Leistungen im Rahmen des Zusammenlebens (zB Mitarbeit beim Hausbau einerseits sowie Haushaltsführung und Pflegeleistungen andererseits), sollte dies klargestellt werden, um eventuelle Pflichtteilsergänzungsansprüche möglichst zu vermeiden. Allerdings kommt es insoweit nicht auf die Einschränkung der Partner an, sondern auf den objektiven Wert der Leistungen. Ausschlusserklärungen führen scheinbar zu einer rechtsfolgenlosen Lebensgemeinschaft.[113] Der Verzicht auf Ausgleichsansprüche des erwerbstätigen oder vermögenden Partners kann allerdings auch den Partner schützen, der seine Erwerbstätigkeit wegen einer Familienarbeit einschränkt.

29   **Gemeinsame Kreditaufnahmen** als Gesamtschuldner, durch Schuldbeitritt oder durch eine **Bürgschaft** für ein Darlehen des Partners,[114] sind wegen der im Außenverhältnis auch bei einer Trennung bestehen bleibenden Haftung zu vermeiden. Vorgeschla-

---

[112] *Grziwotz* Partnerschaftsvertrag S. 114 f.
[113] S. dazu *Dethloff* FS Franke 2008, 81 (97).
[114] Zur Sittenwidrigkeit einer Mitverpflichtung BGH DNotZ 2001, 684; DB 2002, 1367; FamRZ 2006, 1024 (1025); WM 2013, 608.

gene Freistellungsverpflichtungen eventuell mit Stellung einer Sicherheit scheitern typischerweise meist aus wirtschaftlichen Gründen. Im Verhältnis der Partner spielen wiederum die Fragen der Rückerstattung geleisteter Zahlungen bei einer Trennung, eines etwaigen Rückgriffsanspruchs des Bürgen und der Ausgleichspflicht von Gesamtschuldnern eine Rolle.[115] Es gelten hier die vorstehenden Ausführungen zum Ersatz von Aufwendungen entsprechend. Es kommt somit darauf an, ob die Verbindlichkeiten der Deckung des täglichen Bedarfs dienten, dann sollen mangels anders lautender Vereinbarungen keine Erstattung und kein Rückgriff erfolgen. Ein vertraglicher Erstattungs- und/oder Freistellungsanspruch bietet sich dagegen an, wenn eine Kreditaufnahme allein im Interesse eines Partners erfolgt ist. Dann kann es unerheblich sein, ob ein Vermögenswert von erheblicher wirtschaftlicher Bedeutung kreditweise finanziert wird oder nur eine andere Anschaffung für einen Partner.[116]

> **Formulierungsbeispiel: Zuwendungen** 30
>
> Zuwendungen an den Partner dienen grundsätzlich der Verwirklichung unserer Lebensgemeinschaft und sind nach deren Beendigung nicht zurückzuerstatten; dies gilt, soweit nicht ein zwingendes Widerrufsrecht besteht, ebenso für echte Schenkungen. Aufwendungen im Zusammenhang mit Anschaffungen und Dienstleistungen zur Führung des gemeinschaftlichen Haushaltes werden als gleichwertig angesehen; eine Erstattung erfolgt auch nach unserer Trennung nicht. Rückforderungsrechte und Ausgleichsansprüche bedürfen einer ausdrücklichen Vereinbarung; zwingende gesetzliche Bestimmungen bleiben unberührt.

V. Haushalts- und Wohngemeinschaft

Die **Rollenverteilung,** aber auch Einzelheiten der **Haushaltsführung** sind einer Regelung zugänglich.[117] Ein Erwerbsschaden iSd § 843 Abs. 1 BGB setzt eine vertragliche Regelung der Haushaltsführung voraus.[118] Die Führung einer gemeinsamen Kasse, in die monatlich bestimmte Beträge eingelegt und aus der die laufenden Ausgaben bestritten werden, kann mitunter zweckmäßig sein. Da derartige Vereinbarungen von einem bestimmten aktuellen wirtschaftlichen Zuschnitt einer Partnerschaft ausgehen, bedürfen sie einer Ergänzung durch Anpassungs- oder Kündigungsregeln. Auf die Problematik des § 733 Abs. 2 S. 3 BGB bei einer Rückabwicklung wurde bereits hingewiesen (→ Rn. 23). Eine Abrechnung von Haushaltstätigkeiten sollte im Übrigen möglichst vermieden werden. Die gesetzlichen Bestimmungen (§§ 1361a, 1568b BGB; §§ 13, 17 LPartG) finden bei einer Trennung keine entsprechende Anwendung.[119] Bei Miteigentum erfolgt die Auseinandersetzung nach den diesbezüglichen Regeln.[120] 31

Die beim **gemeinsamen Wohnen** auftretenden Rechtsprobleme betreffen in erster Linie drei Fragenkreise: Um entsprechend zur Ehe einen Schutz des „räumlich-gegenständlichen" Bereiches der Lebensgemeinschaft zu gewährleisten, ist eine Vereinbarung 32

---

[115] OLG Hamm NJW-RR 1989, 624 und FamRZ 2001, 95. Zur Nutzung und Lastentragung der im Miteigentum stehenden Immobilie nach einer Trennung s. BGH NZM 2018, 763. Zur Verjährung des Anspruchs auf Gesamtschuldnerausgleich OLG Bremen NJW 2016, 1248.

[116] Vgl. OLG Koblenz NJW-RR 1998, 1227; vgl. auch OLG Celle NJWE-FER 2000, 208.

[117] Vgl. BGHZ 104, 113 (116); aA noch *Hausmann,* Nichteheliche Lebensgemeinschaften und Vermögensausgleich, 1989, S. 90.

[118] OLG Düsseldorf NJW-RR 2006, 1535; KG NJW-RR 2010, 1687; zum verneinten Erwerbsschaden bei fehlender Regelung OLG Nürnberg MDR 2006, 93; OLG Celle FamFR 2009, 72. Zu Ersatzansprüchen nach § 844 Abs. 2 BGB s. BGH NJW 2016, 1511 und dazu *Löhnig* FamRZ 2017, 1558 f. Für die Entschädigungsansprüche bei Tötung gem. § 844 Abs. 3 BGB genügt das Vorliegen eines Näheverhältnisses, vgl. *Huber* JuS 2018, 744 (747). Allg. zu Schockschäden s. BGH NJW 2015, 1451.

[119] OLG Hamm FamRZ 2005, 2085 zur früheren Hausratsverordnung. Vgl. auch *J. Schmid* FamRB 2018, 279 (280).

[120] Zu Haustieren vgl. AG Walsrode NJW-RR 2004, 365.

denkbar, wonach die **Aufnahme Dritter** in die gemeinsame Wohnung nur mit Zustimmung beider Partner zulässig ist;[121] dies darf allerdings dem eventuell noch bestehenden Schutz einer Ehe- oder Lebenspartnerschaftswohnung nicht widersprechen. Zur Vermeidung des Risikos, innerhalb kurzer Zeit „auf die Straße gesetzt zu werden",[122] bedarf es keines mit beiden Partnern abgeschlossenen Mietvertrages, der zu einer gemeinsamen Haftung für die Miete auch nach einer Trennung führt,[123] sondern nur einer angemessenen **Schonfrist zur Wohnungssuche** oder – bei beengten räumlichen Verhältnissen – einer Regelung für die Mehrkosten eines Zimmers in einer Pension. Bei Gewalttätigkeiten kann gemäß § 2 Abs. 1 GewSchG ein Anspruch auf Überlassung einer gemeinsam genutzten Wohnung bestehen.[124]

33   Formulierungsbeispiel: Aufnahme Dritter

Zur Aufnahme dritter Personen in den gemeinsamen Haushalt ist unabhängig von den besitz- und eigentumsrechtlichen Vorschriften hinsichtlich der von uns benutzten Wohnung die Zustimmung beider Partner erforderlich.

34   Formulierungsbeispiel: Wohnungsmitbenutzung

Herr *** gestattet Frau *** die Mitbenutzung der von ihm allein gemieteten Wohnung in ***, ***-straße. Frau *** hat sich an der Miete inklusive Heizung, Warm- und Kaltwasser, Strom und den sonstigen Nebenkosten sowie den Schönheitsreparaturen zur Hälfte zu beteiligen.

Das Nutzungsrecht kann jederzeit mit einer Frist von *** Wochen widerrufen werden. In diesem Fall ist es Frau *** ab dem Zugang der Widerrufserklärung bis zum Ablauf der Frist gestattet, ihr derzeitiges Arbeitszimmer allein zu bewohnen, die dem gemeinschaftlichen Gebrauch dienenden Räume mitzubenutzen und die von ihr eingebrachten Gegenstände wie bisher in der Wohnung zu belassen; die Kostenbeteiligung bleibt bis zum Auszug bestehen.

35   Schließlich besteht das Bedürfnis, die gemeinsame Wohnung dem Überlebenden **beim Tode eines Partners** zu erhalten. Beim gemeinsamen Mietverhältnis sieht dies § 563a Abs. 1 BGB vor. Beim Tod des „Mieter-Lebensgefährten" tritt der andere neben anderen Familienangehörigen in das Mietverhältnis ein (§ 563 Abs. 2 S. 3 BGB).[125] Dagegen erlischt ein dingliches Wohnungsrecht beim Tode des berechtigten Partners (§§ 1093, 1090 Abs. 2, 1061 S. 1 BGB); eine gewisse Abhilfe – außer im Falle des Einvernehmens mit dem Eigentümer – lässt sich über ein Verschaffungsvermächtnis erreichen. Ein gemeinschaftliches Wohnungsrecht für den Eigentümer und den Lebensgefährten zur gemeinsamen Nutzung ist nicht im Grundbuch eintragbar.[126] Sind Partner gemeinsam Eigentümer einer Immobilie, so ist eine Miteigentümervereinbarung über die Benutzung und den Ausschluss des Rechts, die Aufhebung der Gemeinschaft zu verlangen, denkbar. Aller-

---

[121] Ebenso MVHdB VI BürgerlR II/*Langenfeld* S. 703 und 713; für unzulässig hält derartige Klauseln *Sandweg* BWNotZ 1990, 49 (54). Zu Übernachtungen des Lebensgefährten in der Ehewohnung s. OLG Hamm FamRZ 2016, 1082.

[122] Zur Räumungsklage OLG Brandenburg NZM 2011, 135.

[123] Zur Freistellungsverpflichtung beim Auszug eines Partners s. OLG Düsseldorf FamRZ 1998, 739; teilw. abw. LG Koblenz FamRZ 2001, 95; vgl. auch OLG Dresden FamRZ 2003, 158; OLG Brandenburg MietRB 2008, 3; LG Oldenburg FamRZ 2008, 155; *Engel* MietRB 2007, 326; *Schrader* NZM 2010, 257. Zum Gesamtschuldnerausgleich nach der Trennung s. OLG München NZM 2014, 447.

[124] Vgl. *Brudermüller* WuM 2003, 250 (254) und *Schumacher* WuM 2002, 420 (421).

[125] LG Berlin IMR 2016, 145. Zum Kündigungsrecht des Vermieters wegen fehlender finanzieller Leistungsfähigkeit des Lebensgefährten s. BGH NJW 2018, 2397. Zum Besitzrecht während des Zusammenlebens BGH FamRZ 2013, 1280; AG Köln FamRZ 2015, 1310 und *J.* Schmid WuM 2014, 115 (116).

[126] OLG München DNotZ 2012, 778 betrifft ein Wohnungsrecht, bei dem der Eigentümer erst nach Veräußerung der Immobilie nutzungsberechtigt wird.

dings bietet sie wegen der zwingenden Kündigung aus wichtigem Grund[127] und der Rechte von Gläubigern (§ 751 S. 2 BGB) nur begrenzten Schutz. Die Bestellung eines Wohnungsrechts[128] oder eines Nießbrauchs gibt mehr Sicherheit, führt aber häufig zu nicht unerheblichen Schenkung- bzw. Erbschaftsteuern. Deshalb sollten diese Rechte erst nach dem Tod des Eigentümerpartners eingeräumt, dh vermächtnisweise zugewandt werden. Soll der Partner auch bei Unterbringung des Eigentümers in einem Pflegeheim unentgeltlich im Haus bleiben dürfen, sollte dies durch eine Leihe oder eine Anweisung an den Betreuer sichergestellt werden.[129]

Das Zusammenleben führt zu einer gewissen „Schadensgeneigtheit". Deshalb hat der Gesetzgeber bei engen persönlichen Beziehungen eine **Beschränkung der gegenseitigen Haftung** auf die diligentia quam in suis vorgesehen (§§ 708, 1359, 277 BGB; § 4 LPartG). Eine entsprechende Regelung dient der Klarstellung.[130] **36**

> **Formulierungsbeispiel: Haftungsbeschränkung** **37**
>
> Wir haften für Schäden des Partners, die auf einer Handlung beruhen, die im Rahmen unseres Zusammenlebens erfolgt, nur für diejenige Sorgfalt, welche wir in eigenen Angelegenheiten anzuwenden pflegen (§ 277 BGB).

VI. Unterhalt und Versorgung des Partners

Das gesetzliche Modell der unterhalts- und versorgungsausgleichsrechtlichen Beziehungen zwischen Ehegatten darf nicht pauschal auf das faktische Zusammenleben übertragen werden.[131] Ein Regelungsbedarf besteht bei gleich- und verschiedengeschlechtlichen Paaren nur, wenn ein Partner gemeinschaftsbedingt auf eine eigene Erwerbstätigkeit verzichtet. § 1615l BGB gewährt – unabhängig vom Bestehen einer Lebensgemeinschaft – der Mutter bei der Geburt eines gemeinschaftlichen Kindes einen gesetzlichen Unterhaltsanspruch. Der Anspruch auf Unterhalt wegen der Pflege oder Erziehung des Kindes steht neben der Mutter auch dem Vater zu, wenn er das Kind betreut.[132] Der Anspruch besteht auch nach einer Trennung, wenn der das Kind betreuende Elternteil zwischenzeitlich mit einem neuen Partner zusammenlebt.[133] Weitergehende **vertragliche Unterhaltspflichten** sind zulässig.[134] Beginn und Ende sind genau festzulegen.[135] Auch das Verhältnis zu § 1615l BGB darf bei Paaren mit gemeinsamen Kindern nicht unberücksichtigt bleiben. Es gibt zivilrechtlich auch keinen Grund, die Zeit während des Bestehens der Gemeinschaft ausdrücklich auszuklammern,[136] da auch § 1360 BGB und § 5 LPartG während einer funktionierenden Ehe und Lebenspartnerschaft einen durchsetzbaren Anspruch gewähren. Allerdings ist die Zusage einer Unterhaltsrente schenkungsteuerpflichtig (anders als laufende Zahlungen, § 13 Abs. 1 Nr. 12 ErbStG), sofern nicht ausnahmsweise von **38**

---

[127] Vgl. aber BGH FamRZ 2004, 94 zu einer auch für den Fall der Trennung getroffenen Vereinbarung.
[128] LG Lüneburg NJW–RR 1990, 1037.
[129] Vgl. BGH FamRZ 2008, 1404. Zur Bestellung eines Nießbrauchs oder Wohnungsrechts unter der Bedingung der Geschäftsunfähigkeit der Eigentümerin s. OLG München FamRB 2017, 102.
[130] Zur analogen Anwendung s. OLG Oldenburg NJW 1986, 2259; zum Familienprivileg des § 116 Abs. 6 S. 1 SGB X, § 86 Abs. 3 VVG s. BGH NJW 2009, 2062; NJW 2011, 3715; BeckRS 2013, 04308; OLG Köln FamFR 2012, 360.
[131] Vgl. auch *Wellenhofer* FamRZ 2015, 973 (974).
[132] Vgl. BGH NJW 2010, 937; KG NJW 2019, 608; *Gerhardt* FuR 2010, 61; *Dose* FPR 2012, 129; *Löhnig* NJW 2016, 1487 f. Zum Einfluss des Zusammenlebens auf den Betreuungsunterhalt s. *Christl* FF 2016, 290.
[133] OLG Nürnberg MDR 2011, 169.
[134] BGH NJW 1986, 374; vgl. auch OLG Köln FamRZ 2001, 1608 und *Schreiber* FPR 2010, 387.
[135] Vgl. OLG Koblenz NJW–RR 2007, 293 zum Ende der Unterhaltspflicht bei „Finden eines neuen Partners". Vgl. auch OLG Hamburg MittBayNot 2018, 46 zur Vereinbarung der Unterhaltsverwirkung bei Zusammenleben mit einem neuen Partner.
[136] AA *Lieb* A 82.

vornherein feststeht, dass der Begünstigte nie aus eigenen Mitteln seinen Lebensunterhalt wird bestreiten können.[137]

39   Faktischen Partnern ist der Versorgungsausgleich im Wege des Wertausgleichs versperrt.[138] Eine Regelung, die sich an den schuldrechtlichen Ausgleichszahlungen (sog. früherer schuldrechtlicher Versorgungsausgleich) orientiert, gewährt dem Berechtigten keinen eigenen **Rentenanspruch.** Diesen Nachteil vermeiden private Kapital-lebensversicherungen mit Rentenwahlrecht und die freiwillige Versicherung in der gesetzlichen Rentenversicherung.[139] Die Beitragszahlung darf allerdings nicht mit der Trennung enden, sondern muss an die Bedarfslage (zB die Betreuung eines von einem Partner aufgrund eines gemeinsamen Entschlusses einseitig adoptierten Kindes) anknüpfen.

VII. Gemeinschaftliche Kinder und „Stiefkinder"

40   Die Rechtsprobleme, welche **gemeinschaftliche Kinder** nicht verheirateter Paare früher aufwarfen, sind bereits seit der Reform des Kindschaftsrechts weitgehend entfallen.[140] Die Eltern können Sorgeerklärungen zur Übernahme der gemeinsamen elterlichen Sorge abgeben (→ § 15 Rn. 29 ff.). Dies kann auch in einer Elternvereinbarung erfolgen.[141] Fraglich ist, inwieweit das Umgangsrecht vertraglich geregelt werden kann. Jedenfalls darf durch eine Vereinbarung im Partnerschaftsvertrag das Recht des Kindes auf Umgang mit beiden Eltern nicht beeinträchtigt werden (→ § 15 Rn. 41). Auch ohne gemeinsame Sorgeerklärungen kann der (rechtliche) Vater des Kindes eine gemeinsame Sorge durch Entscheidung des Familiengerichts erhalten (§ 1626a Abs. 1 Nr. 3 BGB).[142] Zum Geburtsnamen des Kindes kann bei gemeinsamer Sorge durch Erklärung gegenüber dem Standesbeamten der Name, den der Vater oder die Mutter zur Zeit der Erklärung führen, bestimmt werden. Auch wenn keine gemeinsame elterliche Sorge besteht und die Partner darüber einig sind, kann dem unverheirateten Kind der Name des nicht sorgeberechtigten Elternteils erteilt werden. Wird schließlich später eine gemeinsame Sorge der Eltern begründet, so kann der Name des Kindes binnen drei Monaten nach der Begründung der gemeinsamen Sorge neu bestimmt werden (vgl. §§ 1617 ff. BGB). Eine Kombination aus den Namen des Vaters und der Mutter ist allerdings nicht gestattet. Hinsichtlich des Unterhaltsanspruchs des Kindes gelten die allgemeinen Grundsätze des Verwandtenunterhalts. Ein Vertrag zwischen den Partnern, mit dem ein (zusätzlicher) **vertraglicher Unterhaltsanspruch** zugunsten des Kindes begründet wird, ist zulässig.[143] Kinderbetreuungskosten (§§ 4f, 9c EStG aF; § 10 Abs. 1 Nr. 5 EStG) kann nur derjenige Lebensgefährte von der Steuer absetzen, der den Betreuungsvertrag schließt und das Entgelt entrichtet; ein Zuordnungswahlrecht, das Regelungsmöglichkeiten im Partnerschaftsvertrag gäbe, besteht nicht.[144]

40a   Hinsichtlich der Kinder eines Partners, die in die Lebensgemeinschaft aufgenommen sind und wie gemeinschaftliche Kinder aufwachsen, besteht nach § 1685 Abs. 2 BGB ein Umgangsrecht.[145] Eine Übernahme tatsächlicher Verantwortung ist nämlich in der Regel

---

[137] Zur einkommensteuerrechtlichen Berücksichtigung BFH DStR 2008, 1963.

[138] BVerfG NJW 2005, 1709; NJW 2011, 1663; BVerwG NJW 2000, 2038; LSG Sachsen-Anhalt NZFam 2016, 1056; s. aber zum OEG BVerfG NJW 2005, 1413. Zur Berücksichtigung von Anrechten, die mit vorehelichem Vermögen erworben wurden, s. OLG Stuttgart FamRZ 2016, 131.

[139] Zur steuerlichen Behandlung einer Hinterbliebenenversorgung der Lebensgefährtin eines GmbH-Geschäftsführers s. BFH BStBl. II 2001, 204; vgl. auch BMF DStR 2002, 1352.

[140] Vgl. *Michelmann* DSWR 2002, 191.

[141] BGH FamFR 2011, 213; zu Teilbereichen s. BGH MDR 2014, 283.

[142] Vgl. EGMR NJW 2010, 501; BVerfG NJW 2010, 3008; *Kasenbacher* NJW-Spezial 2016, 196 f.

[143] Vgl. *Stollenwerk* FPR 2005, 83.

[144] BFH DStR 2011, 560 zu § 4f EStG aF.

[145] BGH NJW-RR 2005, 729; OLG Hamm NZFam 2016, 525; AG Tempelhof-Kreuzberg NZFam 2016, 908 (mit Samenspende gezeugtes Kind der früheren Lebensgefährtin; aA zu § 1685 Abs. 2 BGB aF noch

anzunehmen, wenn der Lebensgefährte längere Zeit mit dem Kind in häuslicher Gemeinschaft gelebt hat. Ausreichend ist ein Zusammenleben von über einem Jahr. Bestand ausnahmsweise keine sozial-familiäre Beziehung, ist zu prüfen, ob ein Umgangsrecht für den Fall einer Trennung vereinbart werden kann. Jedenfalls dürfen dadurch die Rechte anderer umgangsberechtigter Personen nicht beeinträchtigt werden. Zudem ist das Kindeswohl zu beachten. Der sorgeberechtigte Elternteil kann für den Fall seines Todes durch einseitige, jederzeit widerrufliche Verfügung von Todes wegen den Partner als (ggf. befreiten) Vormund für den Fall benennen, dass nicht der andere Elternteil die elterliche Sorge erhält. Auch Unterhaltsansprüche zugunsten von (unechten) **„Stiefkindern"** können vertraglich geregelt werden. Wird ein derartiger Anspruch zugunsten eines „Stiefkindes" vereinbart, sollte er mit einer Trennung enden, falls nicht eine die Trennung überdauernde soziale Elternschaft gewünscht ist. Auf die Schenkungsteuerpflicht ist zu achten.

Der unverheiratete Partner kann das minderjährige Kind des Lebensgefährten bzw. der 40b
Lebensgefährtin nicht **adoptieren,** ohne dass zugleich das Verwandtschaftsverhältnis zwischem dem Elternteil und seinem Kind erlischt (§§ 1741 Abs. 2, 1755 Abs. 1 BGB).[146]

VIII. Verfügungen von Todes wegen

Bei Verfügungen von Todes wegen sind neben dem fehlenden Ehegattenerb- und 41
-pflichtteilsrecht sowie der erbschaftsteuerlichen Belastung auch die Probleme zu beachten, die sich bei älteren Verfügungen von Todes wegen noch aus der Nichtehelichkeit gemeinschaftlicher Kinder ergeben können. Zwar werden im Rahmen der gesetzlichen Erbfolge nichteheliche Kinder den ehelichen Kindern gleichgestellt.[147] Besteht jedoch ein Testament des Mannes oder seiner Eltern, in dem **nichteheliche Abkömmlinge** von der Erbfolge ausgeschlossen wurden („Ersatzerben sind die Abkömmlinge von …, jedoch mit Ausnahme nichtehelicher Abkömmlinge von männlichen Nachkommen"), kann dies zu ungewollten Enterbungen der (erwünschten) Kinder aus der Lebensgemeinschaft führen. Auslegungsprobleme können sich auch bei Wiederverheiratungsklauseln[148] und im Hinblick auf eine Bindungswirkung[149] ergeben.

Sowohl bei der Erbeinsetzung des Lebensgefährten als auch seiner Angehörigen, ist die 42
entsprechende Anwendung des § 2069 BGB zumindest fraglich.[150] Betroffen sind vor allem sozial gemeinsame, aber rechtlich nur „einseitige" Kinder der Partner.[151] Eine ausdrückliche **Ersatzerbenbestimmung** ist ratsam. Bei der Verteilung des Vermögens zwischen erstehelichen Kindern und den Kindern aus der nichtehelichen oder nicht eingetragenen Partnerschaft sollten die Zuwendungen und die Ersatzerbenbestimmung genau geregelt werden.[152]

Die früher im Vordergrund stehende **Sittenwidrigkeit** so genannter **Geliebtentesta-** 43
mente spielt dagegen kaum noch eine Rolle. Selbst wenn durch eine Zuwendung an den Lebensgefährten ausschließlich der Zweck verfolgt würde, die geschlechtliche Hingabe zu belohnen oder zu fördern, wäre diese wohl nicht mehr nichtig (str., → Rn. 17); eine Vermutung für den Zweck „Hergabe für Hingabe" besteht zudem beim Zusammenleben

---

OLG Bamberg NJWE-FER 1999, 205; OLG Hamm NJW 2000, 2684 und OLG Oldenburg NJW-RR 2003, 1092.
[146] BGH FamRZ 2017, 627.
[147] Vgl. EGMR FamRZ 2009, 1293; FamRZ 2017, 656 = BeckRS 2017, 101431; BGH NJW 2012, 231. S. dazu *Leipold* ZEV 2017, 489 und *Dutta* ZfPW 2018, 129.
[148] Vgl. LG Deggendorf NJWE-FER 2001, 216. Zur Angabe im Vorerbenerbschein s. OLG Schleswig FamRZ 2015, 958.
[149] Vgl. OLG München FamRZ 2007, 2111; zur Erbeinsetzung der Kinder eines Partners OLG München FamRZ 2015, 1061.
[150] Vgl. OLG Düsseldorf NJW-RR 2012, 1357 und OLG München NJW-RR 2015, 329.
[151] Vgl. BayObLG NJWE-FER 2000, 319; s. auch BayObLG NJWE-FER 2000, 235. Ausführlich zur Patchworksituation *Grziwotz* ErbR 2018, 62.
[152] Vgl. BGH FamRB 2006, 241.

nicht.[153] Dies gilt auch für gleichgeschlechtliche Partnerschaften.[154] Werden gesetzliche Erben, die zum Erblasser in einem engen familienrechtlichen Verhältnis stehen, durch eine Zurücksetzung wirtschaftlich erheblich getroffen oder wird ihr Unterhalt gefährdet, kann dies in krassen Ausnahmefällen zur Unwirksamkeit entsprechender Verfügungen führen.[155] Eine solche Konstellation ist nicht bereits zu bejahen, wenn das Testament zum Miteigentum des Partners und des (Noch-)Ehegatten am früheren Familienheim führt.[156] Auch der Umstand, dass sich nur ein Lebensgefährte erbvertraglich bindet, begründet keine Sittenwidrigkeit.[157] Im Normalfall werden die betroffenen Angehörigen zudem durch das Pflichtteilsrecht ausreichend geschützt.[158]

44   Ein gemeinschaftliches Testament ist für nicht verheiratete und nicht in eingetragener Lebenspartnerschaft lebende Paare – unbeschadet der Möglichkeit seiner Umdeutung in Einzeltestamente –[159] nicht zulässig.[160] Bei deutschen Staatsangehörigen und bei Partnern, die ihren gewöhnlichen Aufenthalt in Deutschland haben, lässt sich das Ergebnis eines Berliner Testaments (§ 2269 BGB) auch erbvertraglich erreichen.[161] Die mitunter in Partnerschaftsverträge aufgenommene Verpflichtung zur gegenseitigen Erbeinsetzung ist dagegen nichtig (§ 2302 BGB).[162] Hinsichtlich der Bindungswirkung muss es den Partnern überlassen bleiben, ob die jeweils eigene Verfügung unabhängig von der des Partners Geltung haben soll.[163] Eine Wechselbezüglichkeit lässt sich am sichersten durch einen **Erbvertrag** erreichen. Klauseln, die die Geltung der Verfügung oder einen Rücktritt an eine „dauernde Aufhebung der Partnerschaft" knüpfen, führen zu Beweisschwierigkeiten. Praktikabel ist allein ein freier Rücktrittsvorbehalt.[164] Auch der Gesetzgeber macht den Widerruf wechselbezüglicher Verfügungen beim gemeinschaftlichen Testament von Ehegatten und eingetragenen Lebenspartnern nicht von einem Getrenntleben abhängig (§ 2271 BGB; § 10 Abs. 4 LPartG); es gibt deshalb keinen Grund, das Rücktrittsrecht beim Erbvertrag von Lebensgefährten lediglich unter der Voraussetzung der Trennung oder eines einjährigen Getrenntlebens einzuräumen.

44a   **Formulierungsbeispiel: Rücktritt Erbvertrag**

☙   Jeder von uns behält sich den jederzeit ohne Angabe von Gründen möglichen Rücktritt von dem Erbvertrag vor. Das Rücktrittsrecht erlischt mit dem Tod des anderen Vertragsteils.

45   Zur Vermeidung von Anfechtungsmöglichkeiten Dritter ist ferner ein Ausschluss von Anfechtungsrechten aufzunehmen. Vermieden werden sollte zudem eine Formulierung, die ein Motiv für die Zuwendung enthalten könnte. Beispiele sind: „mein Lebensgefähr-

---

[153] BGHZ 53, 369 (375 ff.) und BGHZ 77, 55 (59). Vgl. *Grziwotz* DNotZ 2016, 732 (733).

[154] BayObLG NJW 1987, 910; FamRZ 1992, 226 und OLG Düsseldorf BeckRS 2008, 19390.

[155] BGH NJW 1984, 2150 und BayObLG FamRZ 2002, 915; vgl. auch OLG Düsseldorf ZEV 2003, 34 und *Schnabl/Hamelmann* Jura 2009, 161 (164). Zur Unwirksamkeit bei einem Verstoß gegen § 14 HeimG aF bzw. die landesrechtlichen Nachfolgevorschriften trotz freundschaftlicher Beziehung OLG Frankfurt a.M. NJW 2015, 2351.

[156] OLG Düsseldorf FamRZ 2009, 545; *Schnabl/Hamelmann* Jura 2009, 161 (164).

[157] OLG Koblenz FamRZ 2016, 405.

[158] Zum Fristbeginn nach § 2325 Abs. 3 BGB bei Zuwendung eines auflösend bedingten Nießbrauchs LG Kiel ErbR 2018, 405.

[159] LG Bonn FamRZ 2004, 405; vgl. aber BayObLG NJW-RR 2000, 1534 und OLG München NJW-RR 2014, 838.

[160] BGH NJW-RR 1987, 1410; BVerfG NJW 1989, 1986 und OLG Braunschweig NJW-RR 2005, 1027 zu einem notariellen (!) gemeinschaftlichen Testament; *von Proff* ZErb 2008, 254; aA für Verlobte nur *Wacke* FamRZ 2001, 457.

[161] Vgl. *Kroiß/Eckert* NJW 2012, 3768 (3769).

[162] Zur Verteilung des Vermögens nach dem Tod eines Partners s. BayObLG FamRZ 2000, 1610.

[163] S. dazu *Grziwotz* MDR 1999, 913.

[164] Ebenso Nieder/Kössinger/*R. Kössinger,* Handbuch der Testamentsgestaltung, 5. Aufl. 2015, § 14 Rn. 167.

te", „die mit mir zusammenlebende ...", „falls wir bei meinem Ableben noch zusammen sind" etc. Bereits ein Irrtum über das Fortbestehen eines Vertrauensverhältnisses kann nämlich eine Anfechtung Dritter rechtfertigen.[165] Insbesondere ist ein Motivirrtum denkbar, wenn ein Rücktritt trotz (vorübergehender) Trennung der Partner nicht erklärt wurde und sich die Gründe dafür nicht mehr ermitteln lassen.

Formulierungsbeispiel: Verzicht auf Anfechtungsrechte 45a

Wir verzichten gegenseitig auf die Anfechtungsrechte gemäß §§ 2078, 2079 BGB, und ʘ zwar auch bezüglich solcher Umstände, mit denen wir nicht rechnen oder die wir nicht voraussehen konnten.

Schließlich kann noch die Klarstellung empfehlenswert sein, dass § 2077 BGB bei einer 46 Scheidung nach einer späteren Eheschließung Anwendung findet, um die Zweifelsregelung des Gesetzes klarzustellen.[166]

Formulierungsbeispiel: Erbvertrag Unwirksamkeit 46a

Bei einer späteren Scheidung soll dieser Erbvertrag nach den gesetzlichen Vorschriften ʘ (§§ 2077, 2279 BGB) auf jeden Fall, also nicht nur im Zweifel, unwirksam werden.

Um **Ausgleichsansprüche** der Erben des verstorbenen Lebensgefährten gegen den 46b überlebenden Partner auszuschließen, muss bei Errichtung einer letztwilligen Verfügung geprüft werden, ob derartige Ansprüche bestehen können. Beispiel ist wiederum die Mitfinanzierung einer Immobilie durch den „Erblasser-Partner". Wichtig ist dies ferner in den sog. Mitarbeitsfällen.[167] Eine Zweckverfehlungskondiktion (§ 812 Abs. 1 S. 2 Alt. 2 BGB) ist beim Tod des Zuwendenden regelmäßig ausgeschlossen.[168] Soweit nicht bereits entsprechende Vereinbarungen unter Lebenden hinsichtlich des Ausschlusses von Ausgleichsansprüchen beim Tod des Zuwendenden vorliegen, kann als Sicherheit gegen Restrisiken gleichsam als „Notbremse" vorsorglich die vermächtnisweise Zuwendung des Erlasses dieser Verbindlichkeit erfolgen. Eine eventuell anfallende Erbschaftsteuer ist gegenüber dem Ausgleichsanspruch, der gegen den überlebenden Partner geltend gemacht werden könnte, günstiger. Dies gilt selbst bei Bestehen eines zusätzlichen Pflichtteilsergänzungsanspruchs.

Die Benennung des Lebensgefährten zum Bezugsberechtigten einer Lebensversiche- 46c rung sollte durch ein Vermächtnis abgesichert werden, da der überlebende Partner sonst darauf angewiesen ist, dass das Valutaverhältnis (regelmäßig eine Schenkung) nach dem Ableben des Zuwendenden geschlossen wird, bevor die Erben den Übermittlungsauftrag widerrufen.[169] Über Kreuz abgeschlossene Lebensversicherungen (Lebensversicherung auf das Leben des Partners) können zwar insoweit helfen, wenn nicht die Prämienzahlungen ausgleichspflichtig sind; steuerlich soll bei Zahlung der Versicherungssumme vom Konto des Erblassers eine Erbschaftsteuerpflicht bestehen.[170] Besteht ein gemeinsames Konto der Partner bei einem Kreditinstitut, setzt sich die Bruchteilsgemeinschaft an dem Konto zwi-

---

[165] Vgl. BayObLG NJWE-FER 2000, 89 und FamRZ 2002, 915. Zur Anfechtung durch den Erblasser s. OLG Koblenz FamRZ 2018, 405.
[166] Vgl. OLG Celle ZEV 2003, 328; KG ErbR 2016, 449; OLG Frankfurt a.M. ErbR 2016, 276. Zur Nichtanwendbarkeit der §§ 2279, 2071 BGB auf Partner einer nichtehelichen Lebensgemeinschaft s. nur OLG Frankfurt a.M. ErbR 2016, 453.
[167] Vgl. BGH FamRZ 2008, 247. Zur Auskunftspflicht gem. § 2028 BGB s. LG Wiesbaden FamRZ 2015, 1231 (1232).
[168] BGH NJW 2010, 998; vgl. auch OLG Naumburg NJW-RR 2010, 224; *von Proff* NJW 2010, 980; *ders.* FPR 2010, 383; *Weinreich* FPR 2010, 379.
[169] BGH FamRZ 2008, 1516; OLG München NJOZ 2009, 2263; OLG Saarbrücken NJW-RR 2013, 616. Zur Pflichtteilsergänzung s. LG Konstanz ZEV 2016, 705. Zur Bezugsberechtigung für die Lebensgefährtin trotz eines bindenden Erbvertrags mit der Ehefrau s. OLG Köln ErbR 2015, 32.
[170] FG Hessen notar 2009, 355; vgl. *Kühn* ZErb 2012, 177 und *Tölle* SteuK 2015, 295 (297).

schen dem überlebenden Lebensgefährten und den Erben des Verstorbenen fort. Dies gilt auch dann, wenn die Partner die Beteiligung am Konto untereinander vereinbart haben.[171]

IX. Schlussbestimmungen

47 Da viele Rechtsfragen im Bereich des faktischen Zusammenlebens noch umstritten sind, ist es ratsam, eine salvatorische Klausel aufzunehmen. Zur Klarstellung und zu späteren Beweiszwecken ist auch eine Schriftformklausel empfehlenswert. Bei ausführlichen Regelungen über die Partnerschaft kann ferner, sofern das BGB-Gesellschafts-Modell gewählt wird (→ Rn. 23), die ergänzende Anwendung der Vorschriften der §§ 705 ff. BGB vorgesehen werden.

E. Kosten

48 Es erfolgt eine getrennte Bewertung der einzelnen Vereinbarungen im Partnerschaftsvertrag, sofern ausnahmsweise nicht Gegenstandsgleichheit vorliegt (§ 109 GNotKG). Der Geschäftswert bestimmt sich nach §§ 97 Abs. 1, 36 GNotKG; es fällt eine 2,0-Gebühr Nr. 21100 KV GNotKG an.

F. Belehrung

49 Der Notar sollte die Beteiligten darauf hinweisen, dass zwischen ihnen, sofern vertraglich nicht etwas anderes vereinbart ist, hinsichtlich der Aufwendungen, die der täglichen Bedarfsdeckung dienen, grundsätzlich keine gegenseitigen Ansprüche bestehen und bei einer Trennung diesbezüglich Zuwendungen und Leistungen nicht erstattet werden. Ob und inwieweit für darüber hinausgehende Leistungen eines Partners bei Beendigung der Lebensgemeinschaft gesetzliche Ansprüche bestehen, ist eine Frage des Einzelfalls. Ist ein Partner gemeinschaftsbedingt nicht erwerbstätig, sollten ihm die Risiken hinsichtlich seines Unterhalts und seiner Alters- und Invaliditätsvorsorge[172] vor Augen geführt werden.

50 **Formulierungsbeispiel: Hinweis**

Der Notar hat insbesondere darauf hingewiesen, dass jeder Partner unsere Lebensgemeinschaft jederzeit und ohne Angabe von Gründen beenden kann und in diesem Fall – anders als bei einem Verlöbnis, einer Ehe –, soweit vertraglich nichts Abweichendes vereinbart ist oder im Rahmen einer gerichtlichen Auseinandersetzung gesetzliche Ansprüche bejaht werden, grundsätzlich keinerlei Ausgleichsansprüche bestehen. Keine Ansprüche bestehen insbesondere für Aufwendungen und Leistungen, die der täglichen Bedarfsdeckung dienen. Auch beim Tod eines Partners wird der andere nicht dessen gesetzlicher Erbe oder Vermächtnisnehmer. Jeder Teil muss ferner für seinen Unterhalt, sofern nicht diesbezüglich ein Anspruch gemäß § 1615l BGB wegen der Pflege oder Erziehung eines Kindes besteht, und seine Altersversorgung selbst aufkommen. Um den Überlebenden für den Fall des Todes eines Partners zu sichern, bedarf es eines Testaments oder eines notariell beurkundeten Erbvertrags.

Nach dieser Belehrung erklären wird: Wir wollen es bei der gesetzlichen Regelung belassen. Eine Vereinbarung wünschen wir nicht. Wir stellen jedoch klar, dass bei Zuwendungen, die in der Vorstellung oder Erwartung erfolgt sind, unsere Lebensgemeinschaft, deren Ausgestaltung sie allein gedient haben, werde Bestand haben, die Geschäftsgrundlage nicht entfällt, wenn der Zuwendende verstirbt und dadurch unsere Lebensgemeinschaft endet.

---

[171] OLG Schleswig FamRZ 2016, 993.
[172] Zum fehlenden Anspruch auf Witwenrente s. BSG NJW 1995, 3270.

G. Gesamtmuster: Partnerschaftsvertrag für das eheähnliche Zusammenleben (ohne Erbregelung)

§ 1. Präambel

51

(1) Wir leben zusammen und führen einen gemeinsamen Haushalt. Zur Regelung einzelner Bereiche unseres Zusammenlebens schließen wir die nachfolgenden Vereinbarungen.

(2) Unsere Lebensgemeinschaft unterliegt nicht den gesetzlichen Vorschriften über Verlöbnis, Ehe und Ehescheidung. Dies gilt auch im Falle einer Gesetzesänderung hinsichtlich der vermögens- und unterhaltsrechtlichen Beziehungen im weitesten Sinne, die sich aus unserem nichtehelichen Zusammenleben ergeben können. Etwaige direkte Ansprüche gegenüber Sozialversicherungsträgern, die nicht zu Lasten des anderen Partners gehen, bleiben unberührt.

§ 2. Dauer, Beendigung

(1) Die Partnerschaft kann von jedem von uns jederzeit und ohne Angabe von Gründen durch Erklärung gegenüber dem Partner beendet werden.

(2) Wird unsere Partnerschaft auf andere Weise als durch den Tod eines Partners oder unsere Eheschließung beendet, wird die Vermögensauseinandersetzung ausschließlich nach den Vereinbarungen dieses Vertrages durchgeführt, sofern nicht abweichende zwingende gesetzliche Bestimmungen bestehen.

(3) Sollten wir miteinander die Ehe schließen, so gelten ab diesem Zeitpunkt, sofern wir nicht etwas anders künftig vereinbaren, die gesetzlichen Vorschriften; eine Vermögensauseinandersetzung hinsichtlich unseres vorehelichen Zusammenlebens findet auch im Zusammenhang mit einer etwaigen Scheidung nicht statt. Dagegen bleibt dieser Vertrag, falls wir uns verloben, unberührt; die Anwendung der §§ 1298 ff. BGB schließen wir jedoch – soweit gesetzlich zulässig – aus.

§ 3. Abfindung

(1) Wird unsere Partnerschaft auf andere Weise als durch den Tod eines Partners oder unsere Eheschließung beendet, das heißt im Falle unserer Trennung, hat Herr *** an Frau *** innerhalb von vier Wochen EUR *** (in Worten: Euro ***) auf deren Konto bei der ***, IBAN *** zu bezahlen, wobei maßgeblich für die Rechtzeitigkeit der Zahlung der Eingang auf diesem Konto ist. Dieser Betrag dient der Begründung eines neuen Hausstandes von Frau ***; die Zahlungspflicht trägt dem Umstand Rechnung, dass Frau *** im beiderseitigen Einvernehmen ihren eigenen Hausstand aufgegeben und durch den Verkauf ihrer Wohnungseinrichtung finanzielle Nachteile erlitten hat. Der vorstehende Betrag ist bis zur Zahlung ab heute mit *** % p.a. über dem jeweiligen Basiszinssatz zu verzinsen. Frau *** hat die zweckentsprechende Verwendung der Abfindung nicht nachzuweisen.

(2) Die Zahlungspflicht besteht unabhängig vom Vorliegen eines wichtigen Grundes entsprechend § 1298 Abs. 3 BGB hinsichtlich der Trennung.

§ 4. Innen- und Außenverhältnis

(1) Die in diesem Vertrag getroffenen Vereinbarungen regeln lediglich die zwischen uns festgelegten Rechte und Pflichten im Rahmen unserer gemeinsamen Haushaltsführung sowie einzelne vermögensrechtliche Bereiche unseres Zusammenlebens. Eine Außenwirkung kommt ihnen nicht zu. Ansprüche Dritter werden durch sie nicht begründet.

(2) Jeder von uns ist nur berechtigt, im Verhältnis zu Dritten im eigenen Namen aufzutreten und zu handeln; der andere Partner wird hierdurch nicht (mit-)verpflichtet. Eine Vertretungsmacht für den jeweils anderen Partner besteht nur bei Erteilung einer ausdrücklichen Vollmacht.

(3) Wir haften gegenseitig für Schäden, die auf einer Handlung beruhen, die im Rahmen unseres Zusammenlebens erfolgt, sowie für die Erfüllung der sich aus diesem Vertrag ergebenden Pflichten nur für diejenige Sorgfalt, welche wir in eigenen Angelegenheiten anzuwenden pflegen (§ 277 BGB), und zwar unabhängig davon, auf welche Rechtsvorschrift sich ein etwaiger Anspruch gründet.

§ 5. Vermögenszuordnung

(1) Das in unsere Haushaltsgemeinschaft von uns eingebrachte Vermögen soll in jedem Fall getrennt bleiben. Deshalb behält jeder von uns die von ihm eingebrachten Gegenstände zu Alleineigentum. Dies gilt auch für diejenigen Gegenstände, die während des bisherigen Bestehens unserer Lebensgemeinschaft angeschafft wurden, sowie für diejenigen Gegenstände, die ein Partner von Todes wegen erwirbt oder die ihm von einem Dritten unentgeltlich zugewendet werden.

(2) Über die von einem jeden von uns in die gemeinsame Wohnung eingebrachten Gegenstände haben wir das als Anlage zu diesem Vertrag beigefügte und von uns unterzeichnete Vermögensverzeichnis aufgestellt, in dem die wesentlichen Vermögensgegenstände enthalten sind.

(3) Das Verzeichnis hat rechtsbezeugende und -begründende Wirkung. Wir sind darüber einig, dass alle in dem Verzeichnis als Vermögen des jeweiligen Partners aufgeführten Gegenstände in dessen Alleineigentum stehen, insofern übt der jeweils andere Partner einen etwaigen Mitbesitz künftig für den vorgenannten Alleineigentümer aus.

Soweit Vermögensgegenstände in dem Verzeichnis nicht aufgeführt sind, wird vermutet, dass sie in unserem hälftigen Miteigentum stehen, sofern nicht ein Partner sein Alleineigentum oder ein anderes Berechtigungsverhältnis nachweist.

(4) Die künftige Anschaffung von Gegenständen, und zwar auch von Ersatzgegenständen für in den gemeinsamen Haushalt eingebrachte, im Alleineigentum eines Partners stehende Gegenstände, erfolgt nur dann zu gemeinschaftlichem Eigentum, und zwar zu Miteigentum jeweils zur Hälfte, wenn dies beim Erwerb ausdrücklich vereinbart wird oder der Kaufpreis aus der in § 6 Abs. 2 genannten gemeinsamen Kasse bestritten wird.

Wir verpflichten uns gegenseitig, das heute aufgestellte Vermögensverzeichnis nach Veränderungen zu ergänzen und hierbei jederzeit mitzuwirken. Zu Beweiszwecken ist ein Erwerb zu hälftigem Miteigentum – ausgenommen bei Grundstücken, Wohnungs- und Teileigentum und grundstücksgleichen Rechten – im Vermögensverzeichnis ausdrücklich festzuhalten.

(5) Für bewegliche Gegenstände, die in unserem Miteigentum stehen, wird das Recht, die Aufhebung der Gemeinschaft zu verlangen – ausgenommen die Aufhebung aus wichtigem Grund gemäß § 749 Abs. 2 S. 1 BGB – während unserer Lebensgemeinschaft ausgeschlossen.

(6) Die Einbringung von Gegenständen in den gemeinsamen Haushalt erfolgt lediglich zur gemeinsamen Nutzung für die Dauer unseres Zusammenlebens. Eine Nutzungsentschädigung kann weder bei Bestehen noch nach Auflösung unserer Lebensgemeinschaft verlangt werden. Auch eine Entschädigung für die Abnützung hat nicht zu erfolgen.

(7) Im Falle einer Trennung erhält jeder von uns die in seinem Eigentum stehenden Gegenstände. Frau *** ist jedoch berechtigt, die Übertragung folgender Gegenstände bzw. dafür angeschaffter Ersatzgegenstände auf sich zu Alleineigentum zu verlangen: ***. Im Falle der Ausübung des Übernahmerechtes hat sie jeweils den – ggf. anteiligen – Verkehrswert Zug um Zug gegen Verschaffung des Alleineigentums zu bezahlen, wobei dieser im Falle der Nichteinigung auf Antrag einer Partei durch einen vom Präsidenten der für den letzten gemeinsamen Aufenthalt beider Teile zuständigen Industrie- und Handelskammer bestimmten vereidigten Sachverständigen

schiedsgutachterlich festgelegt wird. Hierfür anfallende Kosten haben beide Vertragsteile je zur Hälfte zu tragen. Sollte an einem dem Übernahmerecht unterliegenden Gegenstand noch ein Eigentumsvorbehalt Dritter bestehen, ist Zug um Zug gegen Bezahlung des anteiligen Verkehrswertes und Schuldhaftentlassung die alleinige Berechtigung hinsichtlich des Anwartschaftsrechts zu übertragen.

§ 6. Haushaltsführung

(1) Wir führen unseren Haushalt gemeinschaftlich. Zur Hausarbeit sind wir gleichermaßen berechtigt und verpflichtet.

(2) Die laufenden Kosten der Haushaltsführung werden von uns im Verhältnis unserer jeweiligen Nettoeinkommen getragen, wobei ein etwaiges Kindergeld nicht berücksichtigt wird. Sollte ein Partner – gleichgültig aus welchen Gründen – nicht berufstätig sein, hat der andere somit für sämtliche Kosten der Haushaltsführung alleine aufzukommen.

Zur Bestreitung der laufenden Kosten führen wir eine gemeinsame Haushaltskasse, in die bis zum ersten Kalendertag eines jeden Monats insgesamt ein Betrag von EUR *** im vorgenannten Anteilsverhältnis einzubezahlen ist; hierzu verpflichten wir uns gegenseitig. Aus dieser Kasse werden sämtliche Kosten der gemeinsamen Lebensführung einschließlich der Kosten für Bekleidungsgegenstände und Schmuckstücke für jeden Partner, die jeweils EUR *** pro Partner und Monat nicht übersteigen dürfen, bestritten, wie zB Miete plus Nebenkosten, Strom, Lebens- und Putzmittel, Kosmetika, gemeinsame Freizeitgestaltung, laufende Unkosten des gemeinsam genutzten Personenkraftwagens (Steuer, Versicherung, Kraftstoff, Wartung und Reparaturen), Telefongebühren einschließlich Internetgebühren sowie die Beiträge zu den derzeit bestehenden Versicherungen.

(3) Bei Eintritt von Umständen, die dieser Vereinbarung ihre Geschäftsgrundlage entziehen, insbesondere bei Geburt eines oder mehrerer gemeinsamer Kinder und bei unverschuldeter Arbeitslosigkeit, sind wir zur einvernehmlichen Anpassung dieser Vereinbarungen an die neue Lage verpflichtet. Bei Vorliegen eines wichtigen Grundes, der ein Festhalten an den vorstehenden Vereinbarungen unzumutbar macht, kann jeder von uns die Vereinbarungen auch einseitig für die Zukunft aufkündigen.

(4) Klargestellt wird, dass im Falle der Beendigung unserer Lebensgemeinschaft durch Trennung, Eheschließung oder Tod die vorstehenden Verpflichtungen entfallen. Finanzielle Aufwendungen und Dienstleistungen zur Führung des gemeinschaftlichen Haushalts werden von uns als gleichwertig angesehen; auch nach Beendigung unserer Lebensgemeinschaft erfolgt insoweit keine Erstattung. Dies gilt auch für überobligationsmäßige Leistungen; in gleicher Weise sind noch ausstehende Leistungen, soweit sie nicht zur Begleichung von Drittforderungen benötigt werden, bereits heute erlassen.

§ 7. Wohngemeinschaft

Alt. 1: Gemeinsame Miete

(1) Wir haben die von uns genutzte Wohnung in *** gemeinsam gemietet und sind deshalb aus dem Mietverhältnis beide in gleicher Weise berechtigt und verpflichtet.

(2) Für den Fall unserer Trennung entscheiden wir einvernehmlich darüber, ob ein Partner die Wohnung behält oder beide ausziehen. Sollte hierüber keine Einigung möglich sein, so ist derjenige Partner berechtigt, das Mietverhältnis fortzuführen, der dies wünscht. Beanspruchen beide Partner die Wohnung, entscheidet das Los. Nach dem Auszug eines Partners aus der Wohnung ist derjenige Partner, der die Wohnung allein nutzt, verpflichtet, die Miete, die Nebenkosten und sämtliche weiteren Kosten, die ab dem Auszug des anderen Teils anfallen, allein zu tragen und den anderen diesbezüglich freizustellen; dies gilt ab diesem Zeitpunkt in gleicher Weise für die sonstigen sich aus dem Mietverhältnis ergebenden Verpflichtungen.

(3) Wir wissen, dass zur Entlassung des ausziehenden Partners aus dem Mietvertrag die Zustimmung des Vermieters erforderlich ist. Sollte die Zustimmung des Vermieters zur Vertragsänderung nicht innerhalb von drei Monaten nach dem Auszug des einen Partners aus der Wohnung erteilt sein, kann dieser Sicherheit für seine Freistellungsansprüche in Höhe einer Jahresmiete zuzüglich der nach dem Mietvertrag geschuldeten Nebenkosten für ein Jahr durch eine selbstschuldnerische Bürgschaft eines deutschen Kreditinstituts, in der das Recht zur Hinterlegung und die Einreden der §§ 770, 771 BGB ausgeschlossen sind, verlangen. Die Bürgschaft ist bei späteren Erhöhungen des Mietzinses und der Nebenkosten auf Verlangen jeweils entsprechend zu ergänzen. Wird die Bürgschaft nicht innerhalb von zwei Wochen nach Ausübung des Verlangens ausgehändigt, so ist jeder von uns berechtigt, das Mietverhältnis auch im Namen des anderen Partners zu kündigen. Hierzu bevollmächtigen wir uns bereits heute gegenseitig in unwiderruflicher und unbedingter Form. Bis zur Beendigung des Mietverhältnisses bleibt die vorstehend vereinbarte Freistellungsverpflichtung samt Sicherheitsleistung bestehen. Unberührt bleibt die Übergangsregelung gemäß Abs. 3.

Alt. 2: Alleineigentum
(1) Frau *** ist Alleineigentümerin der gemeinschaftlich genutzten Wohnung in ***. Sie gestattet Herrn *** die gleichberechtigte Mitbenutzung dieser Wohnung. Ein Mietverhältnis wird hierdurch aber nicht begründet.
(2) Herr *** hat sich an den Zins- und Tilgungsleistungen, die für das zur Finanzierung dieser Wohnung aufgenommene Darlehen an die *** zu entrichten sind, nicht zu beteiligen. Er hat jedoch monatlich im Voraus jeweils bis zum dritten Werktag einen Kostenbeitrag zu leisten, dessen Höhe der Miete für ein Einzimmerappartement nach dem jeweils gültigen Mietspiegel für Wohnungen in mittlerer Lage, Baujahr ab 1993 und 40 qm Wohnfläche entspricht. An den Wohnnebenkosten für Heizung, Warm- und Kaltwasser, Strom, Telefon, Rundfunk- und Fernsehgebühren sowie den Kosten für die in der Wohnung anfallenden Instandhaltungsmaßnahmen am Sondereigentum und für die üblichen Schönheitsreparaturen hat sich Herr *** zur Hälfte zu beteiligen, sofern diese nicht ohnehin aus der gemeinsamen Haushaltskasse bestritten werden.
(3) Zur – auch nur vorübergehenden – Aufnahme dritter Personen in die gemeinschaftlich genutzte Wohnung ist unabhängig von den besitz- und eigentumsrechtlichen Verhältnissen an ihr die Zustimmung beider Partner erforderlich. Die Zustimmung darf nur aus wichtigem Grunde versagt und widerrufen werden.

§ 8. Aufwendungen, Schenkungen und Verbindlichkeiten
(1) Tätigt ein Partner während des Bestehens unserer Lebensgemeinschaft für den anderen Aufwendungen oder erbringt er Dienstleistungen, die er ersetzt haben will, so muss er verlangen, dass hierüber eine schriftliche Vereinbarung getroffen wird.
(2) Zuwendungen eines Partners an den anderen dienen, soweit nicht bei der Zuwendung ausdrücklich etwas Entgegenstehendes vereinbart wird, der Verwirklichung unserer Lebensgemeinschaft und sind bei deren Auflösung nicht zurückzuerstatten. Dies gilt auch für echte Schenkungen, wenn nicht ausdrücklich ein Rückforderungsrecht vereinbart wurde oder ein gesetzliches Rückforderungsrecht besteht. Zu § 530 BGB stellen wir klar, dass eine bloße einseitige Trennung eines Partners keinen Fall des groben Undanks darstellt und nicht zum Widerruf berechtigt. Wir sind uns bewusst, dass somit schenkungsweise und aus sonstigen Gründen erfolgte Zuwendungen immer in Kenntnis der Aufhebbarkeit unserer Partnerschaft gemacht werden und ein etwaiges Rückforderungsrecht ausdrücklich vereinbart werden muss. Auf weitergehende Rückforderungsrechte, gleich aus welchem Rechtsgrund, wird – soweit gesetzlich zulässig – vorsorglich wechselseitig verzichtet.

(3) Uns ist bekannt, dass eine gemeinsame Haftung für Verbindlichkeiten und Bürgschaften gegenüber Dritten auch im Falle unserer Trennung bestehen bleibt, wenn nicht der jeweilige Gläubiger der Entlassung eines Partners aus dieser Haftung zustimmt. Wir wissen ferner, dass allein zwischen uns getroffene diesbezügliche Vereinbarungen keine Änderung hinsichtlich der Haftung gegenüber dem Gläubiger bewirken können.

Während des Bestehens unserer Lebensgemeinschaft auf Darlehen erbrachte Zins- und Tilgungsleistungen sind keinem der Partner zu erstatten, es sei denn, dass im Einzelfall ausdrücklich etwas anderes vereinbart wurde. Dies gilt auch dann, wenn ein Partner als Bürge für die Schuld des anderen in Anspruch genommen wurde.

Sollte bei unserer Trennung eine Darlehensrestschuld noch offen sein, für die wir gemeinsam entweder als Mitschuldner oder aufgrund einer Bürgschaftsübernahme haften, und der mit Hilfe dieses Kredits angeschaffte Gegenstand oder ein etwaiger Ersatzgegenstand sich nicht mehr in unserem Vermögen befinden oder die Darlehensvaluta für andere Zwecke verbraucht sein, so haben wir ab der Trennung, sofern nicht ausdrücklich etwas anderes vereinbart wurde, die Zins- und Tilgungsleistungen für die Rückführung des Kredits je zur Hälfte zu tragen. Wir sind verpflichtet, uns gegenseitig von jeder weitergehenden Inanspruchnahme durch den Gläubiger freizustellen.

§ 9. Unterhalt und Versorgung des Partners

Wir wissen, dass Unterhaltsleistungen an den Partner freiwillig erbracht werden und im Fall unserer Trennung jeder von uns für den eigenen Unterhalt sorgen muss. Jeder von uns ist ferner darauf angewiesen, Rentenanwartschaften für die eigene Rente selbst zu begründen; ein irgendwie gearteter Ausgleich findet bei einer Trennung nicht statt. Ein Anspruch auf eine Hinterbliebenenrente besteht beim Tod eines Partners für den Überlebenden nach der derzeitigen Rechtslage nicht.

§ 10. Gemeinschaftliche Kinder

(1) Herr *** verpflichtet sich hiermit, zu Händen von Frau *** ab dem auf die Unterzeichnung dieses Vertrages folgenden Kalendermonat monatlich im Voraus für das gemeinschaftliche Kind *** Unterhalt auf vertraglicher Grundlage auf das Konto *** IBAN *** wie folgt zu zahlen: *** % (in Worten: *** Prozent) des Mindestunterhalts der für dieses Kind maßgeblichen Altersstufe nach § 1612a Abs. 1 BGB; das Kindergeld, das an die Mutter bezahlt wird, ist nach den gesetzlichen Bestimmungen anzurechnen. Der Unterhalt für das Kind *** ist dynamisiert. Der Unterhalt der höheren Altersstufe ist ab dem Beginn des Monats zu entrichten, in dem *** das betreffende Lebensjahr vollendet. Unterhaltsrückstände bestehen nicht. Die Festsetzung des vertraglich vereinbarten Unterhalts erfolgt auf Grundlage folgender Einkünfte von Herrn ***; Grundlage ist ferner, dass das Kind *** von der Mutter betreut wird. Die gesetzlichen Unterhaltsansprüche des Kindes bleiben von dieser Vereinbarung unberührt. Diese sind jedoch auf die vertraglichen Ansprüche anzurechnen. Die vertraglich vereinbarte Pflicht zur Unterhaltszahlung erlischt mit der gesetzlichen Unterhaltspflicht; etwa zuviel entrichtete Zahlungen sind nicht zu erstatten. Das Kind erwirbt aus dieser Vereinbarung keinen eigenen Anspruch. Diese Vereinbarung ist unter den gleichen Voraussetzungen abänderbar, unter denen eine gerichtliche Entscheidung abänderbar wäre.

(2) Unterhaltsansprüche weiterer in unseren Haushalt aufgenommener Personen, die nur mit einem Partner verwandt sind, insbesondere von Kindern eines Partners, bedürfen zu ihrer Wirksamkeit einer ausdrücklichen schriftlichen Vereinbarung. Die Zustimmung zu ihrer Aufnahme in die gemeinsame Wohnung und ihre Betreuung begründen allein keinen derartigen Anspruch.

§ 11. Verfügungen von Todes wegen

Regelungen für den Fall des Todes eines Partners, insbesondere eine Erbeinsetzung in einzeln errichteten privatschriftlichen oder notariellen Testamenten oder in einem von einem Notar beurkundeten Erbvertrag wollen wir heute nicht treffen.

§ 12. Schlussbestimmungen

(1) Sollten einzelne Bestimmungen dieses Vertrages unwirksam sein oder werden, so wird hierdurch die Wirksamkeit der übrigen Vereinbarungen nicht berührt. Anstelle der unwirksamen Bestimmung ist eine angemessene Regelung zu vereinbaren, die – soweit rechtlich möglich – dem Zweck wirtschaftlich am nächsten kommt, den wir mit der unwirksamen Klausel verfolgt haben.

(2) Ergänzungen dieses Vertrages bedürfen, soweit nicht eine notarielle Beurkundung erforderlich ist oder diese von einem Partner gewünscht wird, der Schriftform.

(3) Wir sind uns bewusst, dass während des Bestehens und nach Auflösung unserer Partnerschaft, soweit vertraglich nichts anderes vereinbart ist oder ausnahmsweise gesetzliche Regelungen bestehen, grundsätzlich keine gegenseitigen Ansprüche bestehen, sondern jeder von uns für seinen Unterhalt und seine Versorgung, auch im Falle der Krankheit und des Alters, selbst aufkommen muss.

§ 15. Beurkundungen im Kindschaftsrecht

Übersicht

Schrifttum:

Kommentare, Handbücher und Monographien: *Bäumel ua,* Familienrechtsreformkommentar, 1998; *Behrentin,* Handbuch Adoptionsrecht, 2017; *Brosius-Gersdorf,* Vaterschaftstests, 2006; *Dethloff,* Familienrecht, 32. Aufl. 2018; *Firsching/Dodegge,* Familienrecht, 2. Halbband: Betreuungssachen und andere Gebiete der freiwilligen Gerichtsbarkeit, 8. Aufl. 2015; *Firsching/Schmid,* Familienrecht, 1. Halbband: Familiensachen, 8. Aufl. 2015; *Gerhardt/v. Heintschel-Heinegg/Klein,* Handbuch des Fachanwalts Familienrecht, 11. Aufl. 2018; *Gernhuber/Coester-Waltjen,* Familienrecht 6. Aufl. 2010; *Giesen,* Familienrecht, 2. Aufl. 1997; *Greßmann,* Neues Kindschaftsrecht, 1998; *Grün,* Vaterschaftsfeststellung und -anfechtung, 2. Aufl. 2010; *Grziwotz,* Nichteheliche Lebensgemeinschaft, 5. Aufl. 2014; *ders.,* Wunschelternschaft und Vertragsgestaltung (Kinderwunschverträge), in: Coester-Waltjen/Lipp/Schumann/Veit, „Kinderwunschmedizin" – Reformbedarf im Abstammungsrecht, 2015, S. 103; *ders.,* Künstliche Fortpflanzung und Vertragsgestaltung (Kinderwunschverträge), in: Dutta/Schwab/Henrich/Gottwald/Löhnig, Künstliche Fortpflanzung und europäisches Familienrecht, 2015, S. 25; *Hahn,* Kindheits-, Jugend- und Erziehungsrecht, 2004; *Hammer,* Elternvereinbarungen im Sorge- und Umgangsrecht, 2004; *Knittel,* Beurkundungen im Kindschaftsrecht, 8. Aufl. 2017; *Löhnig/Gietl/Preisner,* Das Recht des Kindes nicht miteinander verheirateter Eltern, 3. Aufl. 2010; *von Luxburg,* Das neue Kindschaftsrecht, 1998; *Müller/Sieghörtner/Emmerling de Oliveira,* Adoptionsrecht in der Praxis – einschließlich Auslandsbezug, 3. Aufl. 2016; *Neukirchen,* Die rechtshistorische Entwicklung der Adoption, 2005; *Oberloskamp,* Vormundschaft, Pflegschaft und Beistandschaft für Minderjährige, 4. Aufl. 2017; *Oelkers,* Sorge- und Umgangsrecht, 2. Aufl. 2004; *Pätzold,* Die gemeinschaftliche Adoption Minderjähriger durch eingetragene Lebenspartner, 2006; *Paulitz,* Adoption, 2. Aufl. 2006; *Reinhardt/Kemper/Weitzel,* Adoptionsrecht, 2. Aufl. 2015; *Rieck/Zingraf,* Adoption Erwachsener, 2011; *Röchling,* Adoption, 3. Aufl. 2006; *Roth-Stielow,* Adoptionsgesetz, 1976; *Scholz/Kleffmann/Doering-Striening,* Praxishandbuch Familienrecht, 34. Aufl. 2018; *Schwab,* Familienrecht, 26. Aufl. 2018; *Schweitzer,* Die Vollstreckung von Umgangsregelungen, 2007; *Spickhoff/Schwab/Henrich/Gottwald,* Streit um die Abstammung – ein europäischer Vergleich, 2007; *Weinreich/Klein,* Fachanwaltskommentar Familienrecht, 5. Aufl. 2013; *Weiß,* Die Sorgeerklärungen gemäß § 1626a I Nr. 1 BGB, 2005; *Winkelsträter,* Anerkennung und Durchführung internationaler Adoptionen in Deutschland, 2007; *Wuppermann,* Adoption. Ein Handbuch für die Praxis, 2006; *Zorn,* Das Recht der elterlichen Sorge, 2. Aufl. 2008.

Aufsätze: *Becker,* Die Erwachsenenadoption als Instrument der Nachlassplanung, ZEV 2009, 25; *Brandt,* Die Adoption eines Volljährigen in der notariellen Praxis, RNotZ 2013, 459; *Busch,* Adoptionswirkungsgesetz und Haager Adoptionsübereinkommen – von der Nachadoption zur Anerkennung und Wirkungsfeststellung, IPRax 2003, 13; *Dethloff,* Biologische, soziale und rechtliche Elternschaft, in: Grziwotz, Notarielle Gestaltung bei geänderten Familienstrukturen – demographischer Wandel, faktische Lebensgemeinschaften und Patchworkfamilien, Tagungsband zum Symposium des Instituts für Notarrecht an der Universität Würzburg, 2012, S. 7 ff.; *Eckersberger,* Auswirkungen des Kinderrechteverbesserungsgesetzes auf Vereinbarungen über eine heterologe Insemination, MittBayNot 2002, 261; *Emmerling de Oliveira,* Adoptionen mit Auslandsberührung, MittBayNot 2010, 429; *Enders,* Stiefkindadoption, FPR 2004, 60; *Frank,* Namensrechtliche Probleme bei Adoptionen, StAZ 2008, 1; *Frie,* Das neue Samenspenderrecht, NZFam 2018, 817; *Grauel,* Adoption durch eingetragene Lebenspartner, ZNotP 2007, 90; *Grziwotz,* Praktische Probleme der Hinzuadoption Volljähriger, FamRZ 2005, 2038; *ders.,* Die Adoption von Stiefkindern, FamFR 2011, 533; *ders.,* Anonyme Samenspende und Kinderwunschverträge (zugleich Besprechung von OLG Hamm Urt. v. 6.2.2013 – I-14 U 7/ 12), FF 2013, 233; *ders.,* Kinderwunscherfüllung durch Fortpflanzungsmedizin und Adoption, NZFam 2014, 1065; *ders.,* Recht auf Stiefkindadoption in faktischen Lebensgemeinschaften?, NJW 2017, 1646; *ders.,* Notar und (missbräuchliche) Anerkennung der Vaterschaft, MittBayNot 2018, 288; *ders.,* Rechtsprobleme der „künstlichen" Befruchtung, notar 2018, 163; *ders.,* Missbräuchliche Anerkennung der Vaterschaft (§ 1597a BGB), FamRB 2018, 282; *Hammer,* Die rechtliche Verbindlichkeit von Elternvereinbarungen, FamRZ 2005, 1209; *ders.,* Die Gestaltung von Elternvereinbarungen zum Sorge- und Umgangsrecht (I), FamRB 2006, 275; *ders.,* Die Gestaltung von Elternvereinbarungen zum Sorge- und Umgangsrecht (II), FamRB 2006, 311; *Heiderhoff,* Das Erbrecht des adoptierten Kindes nach der Neuregelung des internationalen Adoptionsrechts, FamRZ 2002, 1682; *Helms,* Familienrechtliche Aspekte des Samenspenderregistergesetzes, FamRZ 2017, 1537; *A. Herzog,* Die Interessenabwägung im Rahmen des Adoptionsverfahrens, FuR 2016, 460; *E. Koch,* Die neuen Bestimmungen zur künstlichen Fortpflanzung mittels Samenspende, NotBZ 2019, 20; *Krause,* Annahme als Kind, Teil 1: Annahme Minderjähriger (Voraussetzungen und Verfahren), NotBZ 2006, 221; *ders.,* Annahme als Kind, Teil 2: Wirkungen der Annahme Minderjähriger, NotBZ 2006, 273; *ders.,* Annahme als Kind, Teil 3: Annahme Volljähriger, NotBZ 2007, 43; *ders.,* Annahme als Kind, Teil 4: Aufhebung des Annahmeverhältnisses, NotBZ 2007, 276; *Krüger,* Adoption: Grundlagen für die erbrechtliche Praxis, ErbR 2013, 38; *Lettmaier/Moes,* Der Kinderwunschvertrag bei Samenspenden: Privatautonome Gestaltung im Abstammungs- und Adoptionsrecht, FamRZ 2018, 1553; *Löhnig,* Kinder mit mehreren Vätern: Aktuelle Fragen des Adoptionsrechts, NZFam 2017, 879; *van de Loo,* Die heterologe Insemination, FamRB 2015, 230; *Ludwig,* Internationales Adoptionsrecht in der notariellen Praxis nach dem Adoptionswirkungsgesetz, RNotZ 2002, 353; *Majer,* Die Anerkennung ausländischer Adoptionsentscheidungen, NZFam 2015, 1138; *Maurer,* Das Recht zur Regelung von Rechtsfragen auf dem Gebiet der internationalen Adoption und zur Weiterentwicklung des Adoptionsvermittlungsrechts, FamRZ 2003, 1337; *Meier,* Heterologe Insemination – Konsequenzen für den Samenspender, Möglichkeiten und Grenzen der vertraglichen Gestaltung, NZFam 2014, 437; *Michelmann,* Kinder nicht miteinander verheirateter Eltern, DSWR 2002, 191; *Müller,* Probleme der Volljährigenadoption, insbesondere derjenigen mit „starken Wirkungen", MittBayNot 2011, 16; *Muscheler,* Vaterschaft durch Anerkennung und Feststellung, FPR 2005, 177; *Patti,* Einwilligung zur heterologen Insemination und venire contra factum proprium, FS Henrich 2000, 443; *Reimann,* Das Adoptivkind in der gesellschaftsrechtlichen Nachfolgeplanung, ZEV 2013, 479; *Roth,* Der Ausschluss der Vaterschaftsanfechtung nach Einwilligung in die heterologe Insemination (§ 1600 Abs. 2 BGB), DNotZ 2003, 805; *Schwab,* Kindschaftsrechtsreform und notarielle Vertragsgestaltung, DNotZ 1998, 437; *Schwonberg*, Unterhaltsrechtliche Konsequenzen bei Einwilligung in künstliche Befruchtung, FF 2016, 281; *Sonnenfeld*, Ausgewählte Fragen zum FamFG, NotBZ 2009, 295; *Spickhoff*, Vaterschaftsfeststellung, Vaterschaftsanfechtung und das Recht auf Kenntnis der Abstammung nach heterologer Insemination, ZfPW 2017, 257; *Staudinger/Winkelsträter*, Grenzüberschreitende Adoptionen in Deutschland (I), FamRBint 2005, 84; *dies.*, Grenzüberschreitende Adoptionen in Deutschland (II), FamRBint 2006, 10; *Süß*, Ratifikation der Haager Adoptionskonvention – Folgen für die notarielle Praxis, MittBayNot 2002, 88; *dies.*, Die örtliche Zuständigkeit bei Adoptionen mit Auslandsberührung, MittBayNot 2008, 183; *Taupitz/Schlüter*, Heterologe künstliche Befruchtung: Die Absicherung des Samenspenders gegen unterhalts- und erbrechtliche Ansprüche des Kindes, AcP 205 (2005), 591; *Theurer*, Das Umgangsrecht von Großeltern und anderen Bezugspersonen, MDR 2005, 250; *Vossler*, Neues Recht der internationalen Adoption, FamRB 2002, 32; *Wehrstedt*, Notarielle Vereinbarungen anlässlich einer künstlichen Befruchtung, RNotZ 2005, 109; *ders.*, Die heterologe Samenspenden-Behandlung bei einer nicht verheirateten Frau, FPR 2011, 400; *ders.*, Das neue Samenspenderregister und die Auswirkungen auf notarielle Beurkundungen anlässlich einer heterologen Insemination, MittBayNot 2019, 122; *Wellenhofer*, Die moderne Fortpflanzungsmedizin und das Abstammungsrecht, GuP 2014, 127; *Will*, Wer ist Vater im Sinne des Gesetzes?, FPR 2005, 172; *Wilms*, Die künstliche Befruchtung in der notariellen Beratung, RNotZ 2012, 141; *M. Zimmermann*, Die Minderjährigenadoption, NZFam 2015, 484; *ders.*, Die Adoption Erwachsener, NZFam 2015, 1134; *ders.*, Das Adoptionsverfahren nach dem FamFG, NZFam 2016, 12; *ders.*, Das Adoptionsverfahren mit Auslandsberührung, Teil 1, NZFam 2016, 150; *ders.*, Die Auslandsadoption, Teil 2, NZFam 2016, 249; *Zschiebsch*, Ausgewählte Themen zur Annahme als Kind, notar 2017, 195; *ders.*, Welche Auswirkungen hat das Gesetz „Ehe für alle" auf das Adoptionsrecht?, notar 2017, 363; *Zwißler*, Probleme bei der Einbenennung, § 1618 BGB, FPR 2004, 64.

A. Beratungs-Checkliste

> **Beratungs-Checkliste:**
> 1
> Für die richtige Gestaltung ist, insbesondere beim Vorhandensein nichtehelicher Kinder, zu klären, welche Rechtsfolgen die Beteiligten erreichen wollen. Im Wesentlichen stehen folgende Alternativen zur Verfügung:
> (1) Vaterschaftsanerkennung (→ Rn. 7)
>   (a) Keine unanfechtbare Entscheidung über das Vorliegen einer missbräuchlichen Anerkennung der Vaterschaft und keine Aussetzung der Anerkennung durch eine andere Urkundsperson
>   (b) Nichteheliches Kind (auch vor Geburt, ausnahmsweise vor Zeugung)
>   (c) Anerkennung durch den Vater
>   (d) Zustimmung der Mutter und ausnahmsweise des Kindes sowie in den „Scheidungskind-Fällen" des „Noch-Ehemannes"
>   (e) Keine konkreten Anhaltspunkte für eine missbräuchliche Anerkennung (dt. Staatsangehörigkeit bzw. EU-Bürger, Nachweis der biologischen Vaterschaft), andernfalls Aussetzung des Verfahrens
> (2) Einbenennung eines Stiefkindes (→ Rn. 21)
>   (a) Minderjähriges Kind, das in den gemeinsamen Haushalt der „Einbenennenden" aufgenommen wurde
>   (b) Alleinige oder gemeinsame elterliche Sorge des den neuen Ehe- bzw. Lebenspartnerschaftsnamen erteilenden Elternteils
>   (c) Eheschließung/Lebenspartnerschaftsbegründung mit einem Nichtelternteil und Führung eines gemeinsamen Namens in dieser Ehe/Lebenspartnerschaft
>   (d) Einwilligung des Kindes:
>   (e) Bei einem Kind unter 5 Jahren nicht erforderlich (→ Rn. 15)
>   (f) Ab Vollendung des 5. Lebensjahres bis zur Vollendung des 14. Lebensjahres durch den gesetzlichen Vertreter
>   (g) Nach Vollendung des 14. Lebensjahres durch das Kind selbst mit Zustimmung des gesetzlichen Vertreters
>   (h) Zustimmung des anderen Elternteils bei gemeinsamer Sorge und wenn der Name des Kindes von ihm abgeleitet ist
>   (i) Folge: Namenserteilung ohne weitere familienrechtliche Konsequenzen

(3) Sorgeerklärung (→ Rn. 29)
   (a) Kind, dessen Eltern bei der Geburt nicht miteinander verheiratet sind (auch vor Geburt des Kindes, nicht vor Zeugung)
   (b) Kein gemeinsames Sorgerecht und keine gerichtliche Entscheidung über das Sorgerecht
   (c) Parallel laufende Sorgeerklärungen der Eltern (bei beschränkt geschäftsfähigem Elternteil mit Zustimmung des gesetzlichen Vertreters oder des Familiengerichts), keine Bedingung für Zustimmung, höchstpersönlich, kein Zusammenleben, keine Frist, keine gleichzeitige Anwesenheit
   (d) HM: Nicht auf bestimmte Teilbereiche beschränkt
   (e) Folge: Eintreten der gemeinsamen Sorge (bei Abgabe der zweiten Erklärung bzw. Geburt)
(4) Annahme als Kind (→ Rn. 44)
   (a) Person des Anzunehmenden:
      (aa) Minderjähriger oder Volljähriger
      (bb) Persönliche Verhältnisse: Name, Adresse, Geburtsdatum, Geburtsort, Geburtenregisternummer, Staatsangehörigkeit, Personenstand, Abkömmlinge, nicht bereits adoptiert (Ausnahme: Adoption durch Ehegatten/Lebenspartner) und bei Volljährigen
      (cc) Verwandtschaftsverhältnis zum Annehmenden
      (dd) Änderung des Namens: Bestimmung des Geburtsnamens bei einem Ehepaar ohne Ehename bzw. bei Lebenspartnern ohne Lebenspartnerschaftsname, Vorname, Vorausstellung oder Anfügung des bisherigen Familiennamens
   (b) Annehmender:
      (aa) Ehepaar, ein Eheteil, ein Unverheirateter, ein Lebenspartner (ein nicht unverheiratetes Paar, str. bei eingetragenen Lebenspartnern gemeinsam)
      (bb) Persönliche Verhältnisse: Name, Adresse, Geburtsdatum, Geburtsort, Geburtenregisternummer, Staatsangehörigkeit, Personenstand, Abkömmlinge
   (c) Einwilligungen:
      (aa) Des Kindes (ab 14 Jahren) bzw. des gesetzlichen Vertreters (beide Eltern – sorgeberechtigter Elternteil – Vormund/Pfleger). Bei unterschiedlicher Staatsangehörigkeit und Maßgeblichkeit des ausländischen Rechts zusätzliche Genehmigung des Familiengerichts
      (bb) Elterliche Einwilligung (Kind muss mindestens acht Wochen alt sein, ausgenommen Einwilligung des nichtehelichen Vaters): beide Eltern, unabhängig vom Sorgerecht, also auch der nicht sorgeberechtigte, nichteheliche Vater. Ggf. Verzicht des nichtehelichen Vaters, einen Antrag nach § 1672 BGB zu stellen
      (cc) Ehegatten des Annehmenden und des Anzunehmenden
   (d) Folge: Stellung eines Kindes des Annehmenden bzw. bei Ehegatten und Lebenspartnern eines gemeinschaftlichen Kindes
   (e) Besonderheiten der Volljährigenadoption (→ Rn. 66)
      (aa) Antrag des Anzunehmenden statt Einwilligung
      (bb) Keine Einwilligung der Eltern des Anzunehmenden
      (cc) Angabe zum Eltern-Kind-Verhältnis
      (dd) Schwache oder Volladoption
      (ee) Folge: Bei Volladoption wie bei Minderjährigen, sonst Verwandtschaftsverhältnis beschränkt auf den Annehmenden und den Angenommenen sowie dessen Verwandte

B. Notarielle Beurkundungen im Kindschaftsrecht

I. Beurkundungszuständigkeiten

Das Schwergewicht der Beurkundungen im Kindschaftsrecht liegt in der Praxis bei den 2
Jugendämtern. Dennoch ist es bei der **Allzuständigkeit des Notars** auch in diesem Bereich geblieben.[1] Im Bereich des Katalogs der jugendamtlichen Beurkundungsermächtigung (§ 59 Abs. 1 S. 1 SGB VIII) bleibt seine Kompetenz unberührt (§ 59 Abs. 1 S. 2 SGB VIII).

Darüber hinaus sind ihm bestimmte **Urkundstätigkeiten** erlaubt, die der Urkundsper- 3
son im **Jugendamt nicht gestattet** sind: die Beurkundung in fremder Sprache, die Vereidigung eines Dolmetschers, die namensrechtlichen Erklärungen der §§ 1617, 1618 BGB, die öffentliche Beglaubigung der Abtretungserklärung im Rahmen der Rechtsnachfolge bei einem Titel über Kindesunterhalt, Beurkundungen zum Kindesunterhalt, wenn die 21-Jahres-Grenze überschritten ist, die Legitimanerkennung eines Kindes durch einen Vater aus dem islamischen Rechtskreis, die Umtitulierung einer vollstreckbaren Unterhaltsverpflichtung auf einen niedrigeren Betrag und die vollstreckbare Unterhaltsverpflichtung, wenn von der Anerkennung der Vaterschaft abgesehen werden soll.

Ferner ist der Notar im Kindschaftsrecht **allein zuständig,** wenn das Gesetz nicht nur 4
von einer öffentlichen, sondern von einer notariellen Beurkundung spricht. Es sind dies der Antrag auf Kindesannahme (§ 1752 Abs. 2 S. 2 BGB) und die hierzu nach den §§ 1746, 1747, 1749 BGB erforderlichen Einwilligungen (§ 1750 Abs. 1 S. 2 BGB) sowie der Antrag auf Aufhebung des Kindesannahme-Verhältnisses (§ 1762 Abs. 3 BGB). Trotz der fehlenden Verweisung in § 9 LPartG dürfte dies bei der Adoption durch Lebenspartner entsprechend gelten.[2]

II. Entwicklungen im Kindschaftsrecht und notarielle Tätigkeit

Die Revision des Nichtehelichenrechts durch das Kindschaftsrechtsreformgesetz (Kind- 5
RG) und das Kindesrechteverbesserungsgesetz (KindRVerbG) haben zu einer grundlegenden **Reform des Kindschaftsrechts** geführt.[3] Mit der Gleichstellung ehelicher und nichtehelicher Geburt ist das Ziel der früheren Legitimation entfallen. Die Ehelicherklärung wurde deshalb abgeschafft. Auch die Einbenennung hat einen neuen Sinn erhalten. Zusätzlich zwingen neue Formen sozial-familiärer Beziehungen (vgl. §§ 1600 Abs. 3, 1685 Abs. 2 BGB)[4] und die Entkoppelung von Sexualität und Fortpflanzung durch die moderne Fortpflanzungsmedizin dazu, das traditionelle Familienrecht neu zu überdenken. So hat das Problem der „gespaltenen Mutterschaft" den Gesetzgeber bereits zu einer statusrechtlichen Zuordnung des Kindes zur Mutter veranlasst (§ 1591 BGB). Dieser hat durch das Abstellen auf den Geburtsvorgang der sozialen Elternschaft den Vorrang vor der genetischen Abstammung eingeräumt. Ebenso ist dies bei der Vaterschaft durch heterologe Insemination (§ 1600 Abs. 4 BGB). Die Rechtsprechung des EGMR zum Recht auf Achtung des Privat- und Familienlebens (Art. 8 Abs. 1 EMRK) hat das deutsche Abstammungsrecht teilweise kritisiert.[5] Betroffen sind vor allem die Rechte der genetischen Väter auch hinsichtlich der elterlichen Sorge und des Umgangs.[6] Auch vertrauliche Vereinbarungen im Zusammenhang mit der „anonymen Geburt",[7] die Übernahme elterngleicher

---

[1] *Knittel* Rn. 3 f.
[2] Ebenso *Kornmacher* FamRB 2005, 22 (25).
[3] S. dazu nur *Schwab* DNotZ 1998, 437; *Zimmermann* DNotZ 1998, 404; *Roth* JZ 2002, 651; *Schomburg* Kind-Prax 2002, 75 und *Vossler* FamRB 2002, 159.
[4] S. nur *Caspary* AnwBl. 2016, 632; *Dethloff* JZ 2014, 922; *Eckebrecht* NZFam 2016, 673 (674); *Helms* NJW-Beil. 2016, 49; *Peukert/Motakef/Teschlade/Wimbauer* NZFam 2018, 322 (323).
[5] Vgl. *Löhnig/Preisner* FamRZ 2012, 489 und *Schwonberg* ZfF 2012, 87.
[6] EGMR FamRZ 2009, 1293; FamRZ 2011, 269; FamRZ 2011, 1715. Vgl. auch EGMR 2015, 3211. S. dazu *Uerpmann-Wittzack* FamRZ 2016, 1897 (1899).
[7] Vgl. OLG Hamburg NJW-RR 2014, 579; *Helms* FamRZ 2014, 609; *Wittinger* NJW 2003, 2138.

Verantwortung,[8] der vom Gesetzgeber geforderte Dialog in der Familie hinsichtlich der Abstammung[9] sowie die Empfehlungen des Arbeitskreises Abstammungsrecht für eine Reform des Abstammungsrechts,[10] eine eventuelle Mehrelternschaft[11] und das dritte Geschlecht[12] zeigen, dass die Beratungsaufgaben des Notars in diesem Bereich zunehmen werden.

III. Fallgruppenbildung und Regelungsumfang

6   Das richtige **Gestaltungsmittel** bei Beurkundungen im Kindschaftsrecht wird sich in vielen Fällen bereits aus der angestrebten Rechtsfolge ergeben. Dies ist insbesondere bei einem Vaterschaftsanerkenntnis und häufig auch bei einer Adoption der Fall. Im Übrigen kommt es auf die spezifische Interessenlage der Beteiligten an. So ist bei einem „nichtehelichen" Kind zu unterscheiden, ob sich die Vaterschaft auf eine bloße „Zahlvaterschaft" beschränken soll oder die Übernahme von Vaterrechten und –pflichten (!) gewünscht wird. Letzteres wird vor allem dann der Fall sein, wenn die Eltern mit dem Kind zusammenleben; aber auch bei getrennt lebenden Eltern ist es – ähnlich wie bei geschiedenen Ehegatten – nicht ausgeschlossen, dass beide bereit und in der Lage sind, die elterliche Verantwortung gemeinsam zu übernehmen. Dies ist bei „Seitensprung-Kindern" demgegenüber meist noch nicht der Fall.[13] Ist eine Anfechtung der (rechtlichen) Vaterschaft durch den biologischen Vater nicht möglich oder gewollt, kann dennoch eine rechtlich gesicherte soziale Beziehung gewünscht sein. Umgekehrt kann auch der rechtliche Vater bestrebt sein, nach einer Vaterschaftsanfechtung oder Adoption persönliche Kontakte und Auskünfte sicherzustellen. In den sog. Stiefkindfällen kommt es entscheidend darauf an, inwieweit der mit dem Elternteil zusammenlebende Partner eine (die Lebensgemeinschaft möglicherweise überdauernde) soziale Elternschaft übernehmen will und – im Hinblick auf die Rechte des biologischen bzw. rechtlichen Elternteils – auch kann. Ähnliche Probleme ergeben sich, wenn ein Kinderwunsch von heterosexuellen oder homosexuellen Paaren durch „Einschaltung eines Dritten" verwirklicht wird.

C. Vaterschaftsanerkennung und Unterhaltsverträge

I. Vaterschaftsanerkenntnis und Zustimmung der Mutter

7   Die freiwillige **Anerkennung** der Vaterschaft stellt mit Wirkung für und gegen alle[14] die Vaterschaft fest. Sie erfolgt durch Erklärung des Mannes mit Zustimmung der Mutter. Fehlt die Zustimmung der Mutter, ist eine Vaterschaftszuordnung nur durch gerichtliche Feststellung möglich.[15] In der Regel nicht erforderlich ist die Zustimmung des Kindes. Nur wenn der Mutter das elterliche Sorgerecht nicht zusteht, sei es allgemein, sei es bezogen auf Abstammungsfragen, oder wenn sie gestorben oder für tot erklärt ist,[16] muss die Zustimmung des Kindes zusätzlich eingeholt werden (§ 1595 Abs. 2 BGB). Die Anerkennung ist ein einseitiges zustimmungsbedürftiges Rechtsgeschäft,[17] auf das die allgemeinen Regeln über Nichtigkeit und Anfechtbarkeit keine Anwendung finden. An ihre Stelle

---

[8] Vgl. *Grziwotz* FamRZ 2002, 1669 (1679).
[9] Vgl. *Frank/Helms* FamRZ 2007, 1277; *Schwab* FamRZ 2008, 23.
[10] *BMJV*, Arbeitskreis Abstammungsrecht, Abschlussbericht 2017, S. 13 ff. S. auch *Ernst* NZFam 2018, 443 (445); *Löhnig* ZRP 2017, 205; *Campbell* NZFam 2016, 721 (723); *Chr. Schmidt* NZFam 2018, 1009 ff.
[11] *Sanders* NJW 2017, 925 (927).
[12] BVerfG NJW 2017, 3643; *Jäschke* FamRZ 2018, 887 (889) und *Märker* NZFam 2018, 1 (4); s. aber noch BGH FamRB 2016, 434.
[13] BVerfG FamRZ 2008, 845.
[14] Palandt/*Brudermüller* BGB § 1592 Rn. 7.
[15] *Will* FPR 2005, 172 (174).
[16] BayObLG NJW-RR 2000, 1602 (1603).
[17] BGH NJW 1975, 1069.

tritt die Sonderregelung der §§ 1598 ff. BGB. Zur Unwirksamkeit der Anerkennung führen nur die fehlende Geschäftsfähigkeit, die fehlerhafte gesetzliche Vertretung und die Nichteinhaltung der Form. Die Unwirksamkeit kann nach Eintragung in ein Personenstandsregister nur fünf Jahre geltend gemacht werden (§ 1598 Abs. 2 BGB).[18]

Die Anerkennungserklärung des Vaters ist nicht empfangsbedürftig; sie ist adressatlos. 8
Die Anerkennung ist – anders als die Anfechtung der Vaterschaft[19] – schon vor der Geburt des Kindes zulässig (§§ 1594 Abs. 4, 1595 Abs. 3 BGB).[20] Ob ein vor der Zeugung abgegebenes Anerkenntnis wirksam ist, ist umstritten. Teilweise wird eine präkonzeptionelle Anerkennung zugelassen, wenn sie sich auf eine konkret bevorstehende Zeugung bezieht.[21] Nach anderer Ansicht ist die „Anerkennung auf Vorrat" unwirksam, da sie unter der Bedingung steht, dass es zur Zeugung kommt, und muss nach der Empfängnis wiederholt werden,[22] ausgenommen wiederum teilweise den Fall der heterologen Insemination.[23] Die Anerkennung vor Zeugung muss sich jedenfalls auf eine konkret bevorstehende Zeugung beziehen. Ein praktisches Bedürfnis besteht hierfür bei einer künstlichen Befruchtung[24] im Rahmen einer nichtehelichen Partnerschaft.

Formulierungsbeispiel: Zustimmung zur Insemination 8a

Alt. 1: Homologe Insemination: Ich, ***, lebe mit Frau *** in einer eheähnlichen Lebensgemeinschaft seit ca. zehn Jahren zusammen. Am *** wird sich Frau *** bei Frau/Herrn Dr. *** einer homologen Insemination unterziehen. Ich erkenne an, der Vater des oder der sich hierdurch gezeugten Kindes oder Kinder zu sein. Ich wurde darauf hingewiesen, dass die Anerkennung, um Wirksamkeit zu erlangen, nach überwiegender Ansicht nach Zeugung wiederholt werden muss.

Alt. 2: Heterologe Insemination: Ich, ***, lebe mit Frau *** in einer eheähnlichen Lebensgemeinschaft seit ca. zehn Jahren zusammen. Am ***, wird sich Frau bei Frau/Herrn Dr. *** einer heterologen Insemination mit dem Samen eines Samenspenders unterziehen. Ich erkläre hiermit mein Einverständnis. Wir wollen auf diese Weise unseren gemeinsamen Kinderwunsch erfüllen. Ich erkenne an, der Vater des oder der hierdurch gezeugten Kindes oder Kinder zu sein.

Die Vaterschaft kann auch noch anerkannt werden, wenn das Kind nach der Geburt 8b
verstorben ist.[25] Sie darf nicht mit der Anerkennung der Vaterschaft zu einer Totgeburt verwechselt werden; diese ist lediglich dem Geburtseintrag für das tot geborene Kind beizuschreiben und hat keinerlei rechtliche Wirkung.[26] Die Anerkennung der Vaterschaft kann ferner erfolgen, wenn die Vaterschaft des anerkennenden Mannes bereits gerichtlich festgestellt wurde; die Anerkennung ist in diesem Fall nicht unwirksam, entfaltet aber keine Rechtswirkungen.[27] Die Möglichkeit von Mehrlingsgeburten sollte in der Formulierung einer **vorgeburtlichen Anerkennung** berücksichtigt werden.[28] Eine pränatale Anerkennung im Singular bezieht sich, auch wenn der Erklärende etwa aufgrund falscher Auskunft des Arztes von einem Kind ausging, auf alle Kinder.[29]

---

18 OLG München FamFR 2011, 216.
19 OLG Rostock NJW-RR 2007, 291.
20 Vgl. zur Vaterschaftsfeststellungsklage vor der Geburt OLG Schleswig NJW 2000, 1271.
21 Erman/*Hammermann* BGB § 1594 Rn. 14.
22 MüKoBGB/*Wellenhofer* BGB § 1594 Rn. 43.
23 Str., vgl. *Spickhoff* AcP 197 (1997), 398 (425) und *van de Loo* FF 2016, 62 (63).
24 Vgl. *Roth* DNotZ 2003, 805 (808).
25 BayObLG NJW-RR 2000, 1602.
26 AG Münster StAZ 2003, 273.
27 MüKoBGB/*Wellenhofer* BGB § 1594 Rn. 33; Staudinger/*Rauscher* BGB § 1594 Rn. 31.
28 *Knittel* Rn. 265.
29 NK-BGB/*Gutzeit* BGB § 1594 Rn. 14.

8c   Formulierungsbeispiel: Vaterschaftsanerkenntnis vor Geburt

⭯   Ich erkenne an, Vater des Kindes oder der Kinder zu sein, die Frau *** aufgrund ihrer gegenwärtigen Schwangerschaft erwartet.

9   Es ist grundsätzlich nicht Aufgabe der Urkundsperson nachzuprüfen, ob eine Anerkennung der Vaterschaft unter bewusstem Widerspruch zu den Tatsachen, dh durch den Putativvater, der trotz Kenntnis vom Mehrverkehr der Partnerin, die Vaterschaft anerkennt,[30] und durch den Nicht-Vater wissentlich falsch erfolgt.[31] Die biologische Richtigkeit der Erklärung ist nicht erforderlich. Sogar die bewusst unrichtige Anerkennung wird bei Beachtung der gesetzlichen Voraussetzungen wirksam.[32] Dies galt bisher auch, wenn die falsche Erklärung aufenthaltsrechtlich motiviert war oder im Zusammenhang mit einem gewerblichen Kinderhandel stand. Dies sollte für den Status des Kindes keine Rolle spielen.[33] Eine Ausnahme gilt bereits bisher, wenn aufgrund einer rechtskräftigen Entscheidung bereits feststeht, dass der anerkennende Mann nicht der Vater des Kindes ist.

9a   Bei **Ausländerbeteiligung** muss der Notar bei Beurkundung einer Vaterschaftsanerkenntnis oder einer Zustimmung seit 29. 7. 2017 prüfen, ob eine **missbräuchliche Anerkennung** erfolgt (§ 1597a Abs. 1 und Abs. 4 BGB). Dies gilt auch bei einer vorgeburtlichen Anerkennung. Eine diesbezügliche Prüfung ist nur bei Personen veranlasst, denen durch die Vaterschaftsanerkennung die rechtlichen Voraussetzungen für die erlaubte Einreise oder den erlaubten Aufenthalt des Kindes des Anerkennenden oder der Mutter sowie beim Kind auch durch den mit der Vaterschaftsanerkennung verbundenen Erwerb der deutschen Staatsangehörigkeit (§ 4 Abs. 1 oder Abs. 3 StAG) geschaffen werden können. Bei deutschen Staatsangehörigen und bei EU-Bürgern (§§ 2, 4a FreizügG/EU) ist deshalb keine diesbezügliche Prüfung veranlasst. Eine Anerkennung der Vaterschaft durch dieselben Beteiligten bei der Aussetzung des Verfahrens durch eine andere Urkundsperson oder Behörde während der Dauer des Behördenprüfverfahrens und nach der behördlichen Feststellung des Vorliegens einer missbräuchlichen Anerkennung ist unzulässig; der Notar muss in diesen Fällen die Beurkundung ablehnen (§ 1597a Abs. 3, Abs. 2 S. 4 BGB). Keine missbräuchliche Vaterschaftsanerkennung liegt vor, wenn der Anerkennende der biologische Vater des Kindes ist (§ 1597a Abs. 5 BGB), wobei jedoch eine vorgeburtliche genetische Untersuchung zur Klärung der Abstammung nur bei einer rechtswidrigen Tat nach den §§ 176–178 StGB zulässig ist (§ 17 Abs. 6 GenDG). Den Notar trifft keine Nachforschungspflicht zur Ermittlung der in § 1597a Abs. 2 S. 2 BGB beispielhaft aufgeführten Anzeichen für eine missbräuchliche Anerkennung der Vaterschaft.[34] Er muss insbesondere nicht eine Negativerklärung der Beteiligten wie bei GmbH-Geschäftsführern fordern; sie ist ihm, soweit er die Intimsphäre der Beteiligten beachtet, aber auch nicht verboten. Das DNotI empfiehlt folgende Negativliste:[35]

9b   Formulierungsbeispiel: Negativliste „missbräuchliche Vaterschaftsanerkennung"

⭯   Die Beteiligten erklären, dass sie nicht sämtlich die deutsche Staatsangehörigkeit besitzen (oder EU-Bürger sind) und dass kein Nachweis über die biologische Vaterschaft von *** für das Kind *** geführt werden kann oder soll. Deshalb versichern sie weiter, dass

---

[30] Vgl. OLG Nürnberg FamRZ 2012, 1739. Zur Vaterschaftsanerkennung ohne Nachweis der Personalien s. OLG Magdeburg BeckRS 2018, 15995.

[31] Vgl. Soergel/*Schmidt-Recla* BGB § 1594 Rn. 11; OLG Köln FamRZ 2002, 629; OLG Naumburg FamRZ 2008, 2146.

[32] *Rauscher* FPR 2002, 359 (360); zu Missbrauchsfällen *Henrich* FamRZ 2006, 977 (978).

[33] VG Göttingen NZFam 2017, 774; Soergel/*Schmidt-Recla* BGB § 1594 Rn. 11 f.

[34] Ebenso *Knittel* JAmt 2017, 339 (341); *Balzer* NZFam 2018, 5 (6) (Verdachtsprüfung); vgl. *Sanders* FamRZ 2017, 1189 (1193) „Generalverdacht" gegen entsprechende Elternpaare und *Grziwotz* FamRB 2018, 282 (286 f.).

[35] Quelle: DNotI-Report 2017, 153 (155).

- weder für Vater noch Mutter noch Kind (nachstehend „Beteiligte" genannt) eine Ausreisepflicht besteht,
- kein Beteiligter einen Asylantrag gestellt hat und die Beteiligten folgende Staatsangehörigkeiten besitzen: *** *[darunter darf bei einer Asylantragstellung kein sicherer Herkunftsstaat des Asylantragstellers sein]*,
- zwischen dem Anerkennenden und der Mutter und dem Kind persönliche Beziehungen bestehen oder bestanden, und zwar ***,
- der Vater nur folgende Vaterschaften anerkannt hat *** *[nicht mehrfach von Kindern verschiedener Mütter mit Schaffung von Verbleibens- oder Einreisevoraussetzungen]*,
- Vater/Mutter kein Vermögensvorteil für die in dieser Urkunde abgegebene Anerkennungs-/Zustimmungserklärung gewährt oder versprochen wurde, sowie
- keine Aussetzung eines Anerkennungsverfahrens bei einer anderen Behörde oder Urkundsperson gegenwärtig bestellt und auch keine unanfechtbare Entscheidung der Ausländerbehörde über das Vorliegen einer missbräuchlichen Anerkennung vorliegt.

Der Notar hat die Beteiligten darauf hingewiesen, dass keine gesetzliche Pflicht besteht, diese Erklärungen abzugeben.

Der Notar ist bei Vorliegen von Anzeichen für eine missbräuchliche Anerkennung der **9c** Vaterschaft verpflichtet, das **Anerkennungsverfahren auszusetzen.** Hierzu muss er erst Vater und Mutter anhören (§ 1597a Abs. 2 S. 1 BGB), auch wenn nicht beide den Beurkundungsauftrag erteilt haben. Die Anhörung wird regelmäßig schriftlich erfolgen; hierbei wird der Notar die Beteiligten auch über den weiteren Verfahrensgang, nämlich die Aussetzung des Beurkundungsverfahrens und das Fehlen von Rechtsbehelfen gegen die Zwischenentscheidung sowie die Mitteilungspflichten (Ausländerbehörde, anderer Elternteil, Standesamt) unterrichten.[36] Die Mitteilung an die Ausländerbehörde muss nicht in Form einer Niederschrift erfolgen. Bei einem pränatalen Vaterschaftsanerkenntnis empfiehlt sich, die Aussetzung des Verfahrens dem Standesamt der Mutter mitzuteilen.[37] Das Behördenverfahren (§ 85a AufenthG) endet entweder mit der Feststellung des Vorliegens einer missbräuchlichen Anerkennung der Vaterschaft oder der Einstellung des Prüfverfahrens. Im letztgenannten Fall, von dem der Notar unterrichtet wird, kann das Beurkundungsverfahren fortgesetzt werden. Vom unanfechtbaren Feststellungsbescheid hinsichtlich der Missbräuchlichkeit der Anerkennung erhält der Notar eine beglaubigte Abschrift (§ 85a Abs. 3 S. 1 AufenthG). Der Notar muss nunmehr die Beurkundung ablehnen (§ 1597a Abs. 2 S. 4 BGB).

Eine wirksame Anerkennung durch einen anderen Mann und eine rechtskräftige ge- **9d** richtliche Feststellung der Vaterschaft eines Dritten schließen die Begründung einer „zweiten Vaterschaft" durch **eine weitere Anerkennung** aus. Im Gegensatz zum früheren Recht (vgl. § 1600b Abs. 3 BGB aF) ist sie aber nicht nichtig, sondern nur schwebend unwirksam (§ 1594 Abs. 2 BGB). Mit Beseitigung der bisherigen Vaterschaft[38] wird sie wirksam. Dauert der Schwebezustand länger als ein Jahr nach ihrer Beurkundung, so kann der anerkennende Mann sein Anerkenntnis widerrufen (§ 1597 Abs. 3 S. 1 BGB). Form und Modalitäten des Widerrufs entsprechen weitgehend der Anerkennungserklärung (§ 1597 Abs. 3 S. 2 BGB; → Rn. 15). Die Anerkennung der Vaterschaft ist nach hM

---

[36] S. dazu die Musterschreiben bei *Grziwotz* MittBayNot 2018, 288 (290 f.).
[37] Vgl. *Küperkoch* RNotZ 2002, 297 (316) zum Anerkennungsverfahren.
[38] Zum Anfechtungsrecht des biologischen Vaters nach § 1600 Abs. 1 Nr. 2, Abs. 2 BGB: EGMR FamRB 2012, 243; FamRZ 2016, 437; FamRZ 2015, 817; FamRZ 2017, 385; BVerfG NJW 2009, 423; BGH FamRB 2013, 244 (Samenspender); FamRZ 2018, 41; NJW 2018, 947; OLG Nürnberg FamRB 2013, 12; MDR 2018, 34; NJW 2018, 947; OLG Hamm NZFam 2016, 381; NZFam 2016, 479; OLG Brandenburg NZFam 2017, 1068; KG FamRZ 2015, 1119; *Wellenhofer* FamRZ 2012, 828; *dies.* NZFam 2017, 898; *Helms* FamRZ 2010, 1; *Löhnig/Preisner* FamFR 2013, 340; *Daiber* NZFam 2016, 916; *Löhnig* NJW 2018, 906 (907).

selbst nach Wirksamkeit eines Adoptionsbeschlusses möglich.[39] Sie kann auch erfolgen, wenn ein anderer Mann die Vaterschaft bereits anerkannt hat. Solange diese Anerkennung noch nicht wirksam geworden ist, können die Mutter und gegebenenfalls das Kind wählen, welcher Anerkennung sie zustimmen wollen; erst mit diesem zweiten Akt erlangt die Anerkennung ihre Wirkung.[40] Zur Vermeidung einer Vaterschaftsanfechtung wird die Wirksamkeit der Anerkennung eines „Dritten" nicht dadurch verhindert, dass zum Zeitpunkt ihrer Abgabe der später geschiedene Ehemann der Mutter noch als Vater des „Scheidungskindes" anzusehen ist (§ 1599 Abs. 2 S. 1 BGB).[41] Voraussetzung ist, dass das Kind in der Zeit zwischen der Anhängigkeit des Scheidungsantrags und der Rechtskraft des Scheidungsbeschlusses geboren wird. Ferner muss die Anerkennung spätestens bis zum Ablauf eines Jahres nach Rechtskraft des Scheidungsbeschlusses erfolgen (§ 1599 Abs. 2 S. 1 BGB). Die Zustimmung der Mutter und des „Vaters kraft Ehe" sind nicht an diese Jahresfrist geknüpft; sie sind so lange möglich, als die Anerkennung ihre Wirkung nicht verloren hat (§ 1599 Abs. 2 S. 2 BGB).[42] Bei konkurrierenden Vaterschaften nach deutschem und ausländischem Recht gilt das Günstigkeitsprinzip.[43]

10   Die Anerkennungserklärung ist bedingungs- und zeitbestimmungsfeindlich (§ 1594 Abs. 3 BGB). Die **Rechtsbedingung,** dass eine beabsichtigte oder bereits erhobene Ehelichkeitsanfechtungsklage Erfolg haben wird, ist dagegen unschädlich.[44] Eine Anerkennung unter der Bedingung der Einholung eines Abstammungsgutachtens ist nicht möglich. Eine Bindung an eine Vereinbarung, wonach vor der Anerkennung ein diesbezügliches Gutachten zu erstellen ist, besteht für die Mutter und das Kind nicht.[45]

11   Eine **Inkognito-Anerkennung,** dh eine Anerkennung mit der Maßgabe, dass sie geheim bleiben und weder dem Standesbeamten noch den übrigen Beteiligten mitgeteilt werden dürfe, ist nicht möglich.[46] Die Urkundsperson ist verpflichtet, beglaubigte Abschriften der Anerkennungserklärung dem Standesbeamten, dem Kind, dem Vater und der Mutter zu übersenden (§ 1597 Abs. 2 BGB, § 27 Abs. 1 PStG: Geburtsstandesamt; vgl. § 36 Abs. 2 PStG bei Geburt im Ausland). Ein Ersuchen um Anerkennung in geheimer Urkunde muss der Notar deshalb ablehnen. Hat er (gesetzeswidrig) Geheimhaltung zugesichert, hat die gesetzliche Mitteilungspflicht Vorrang.[47] Ein Verstoß gegen die Benachrichtigungspflicht führt nach hM[48] wegen der rein verfahrensrechtlichen Bedeutung jedoch nicht zur Unwirksamkeit der Anerkennung.

12   Zur Anerkennung des Vaters ist die **Zustimmung der Mutter** des Kindes erforderlich (§ 1595 Abs. 1 BGB). Es handelt sich um eine nicht empfangsbedürftige Erklärung. Sie ist wie das Anerkenntnis bedingungs- und befristungsfeindlich (§ 1595 Abs. 3 BGB). Sie kann vor und nach Beurkundung der Anerkennungserklärung[49] sowie bereits vor der Geburt abgegeben werden (§ 1595 Abs. 3 BGB).[50] Sie kann auch noch nach dem Tod des Anerkennenden erklärt werden.[51] Eine zu Unrecht verweigerte Zustimmung kann nicht ersetzt werden. Dem (wirklichen) Vater bleibt nur die Möglichkeit, seine Vaterschaft ge-

---

[39] RGRK/*Böckermann* BGB § 1600b Rn. 17 und Staudinger/*Rauscher* BGB § 1594 Rn. 40.
[40] OLG München FamRZ 2010, 743; *Knittel* Rn. 294.
[41] Zur Anerkennung während des Scheidungsverfahrens OLG Frankfurt a.M. FamRZ 2016, 918.
[42] OLG Zweibrücken NJW-RR 2000, 881; OLG Oldenburg RNotZ 2011, 304; OLG Köln NJW-RR 2011, 217.
[43] AG Hannover FPR 2002, 414; aA BayObLG FGPrax 2002, 66: Prioritätsprinzip.
[44] BGH NJW 1987, 899; KG FamRZ 1995, 631.
[45] OLG Köln FamRB 2004, 323.
[46] BayObLGZ 1978, 235.
[47] OLG Hamm FamRZ 1985, 1078.
[48] Vgl. *Muscheler* FPR 2005, 177 (179).
[49] RGRK/*Böckermann* BGB § 1600c Rn. 7.
[50] Vgl. MüKoBGB/*Wellenhofer* BGB § 1595 Rn. 14.
[51] Staudinger/*Rauscher* BGB § 1595 Rn. 34.

richtlich feststellen zu lassen (§ 1592 Nr. 3 BGB).[52] Liegen Anerkennungserklärungen mehrerer Männer vor, hat die Frau die Wahl, welcher Anerkennungserklärung sie zur Wirksamkeit verhilft.[53] Diese muss nicht zugunsten des biologischen Vaters erfolgen; die rechtliche Zuordnung kann nur durch Anfechtung beseitigt werden. Nur in Ausnahmefällen (→ Rn. 7) ist auch die Zustimmung des Kindes erforderlich (§ 1595 Abs. 2 BGB). Im Falle des „Scheidungskindes" ist schließlich die Zustimmung des „Noch-Ehemannes" erforderlich (§ 1599 Abs. 2 S. 2 BGB). Zweck des Zustimmungserfordernisses ist es, falschen Anerkenntnissen vorzubeugen.[54]

An **Fristen** ist die Anerkennungserklärung des Mannes nicht gebunden. Er kann sie   13 auch noch nach der Volljährigkeit des Kindes und noch nach dem Tod des Kindes abgeben.[55] Die Zustimmungen sind wie die Anerkennung bereits vorgeburtlich zulässig (§§ 1595 Abs. 3, 1599 Abs. 2 S. 2 BGB). Eine Frist ist auch hier nicht vorgeschrieben.[56]

Die Anerkennung und Zustimmung sind **höchstpersönlich**, eine Bevollmächtigung   14 ist deshalb unzulässig (§§ 1596 Abs. 4, 1595 Abs. 3, 1599 Abs. 2 S. 2 BGB). Ein beschränkt geschäftsfähiger Mann kann nur selbst mit öffentlich beurkundeter Zustimmung seines gesetzlichen Vertreters anerkennen (§ 1596 Abs. 1 BGB). Dies gilt für die Zustimmung der Mutter entsprechend. Für einen geschäftsunfähigen Vater und eine geschäftsunfähige Mutter handelt der jeweilige gesetzliche Vertreter mit Genehmigung des Familiengerichts bzw. bei einem Betreuer mit Zustimmung des Betreuungsgerichts.[57] Die Zustimmung des geschäftsunfähigen oder noch nicht 14 Jahre alten Kindes gibt sein gesetzlicher Vertreter ab, im Übrigen das in der Geschäftsfähigkeit beschränkte Kind selbst mit Zustimmung seines gesetzlichen Vertreters (§ 1596 Abs. 2 BGB).

Die Anerkennungs- und die Zustimmungserklärungen bedürfen der **öffentlichen** –   15 nicht der notariellen – **Beurkundung.** Dies gilt auch für die Zustimmung des gesetzlichen Vertreters (§ 1597 Abs. 1 BGB). Eine Verpflichtung des Notars, den anerkennenden Vater darauf hinzuweisen, dass er später nur geringe Chancen hat, eine objektive Überprüfung der Vaterschaft zu erreichen und es deshalb besser sei, die Vaterschaft entweder im Wege der Klärung der Vaterschaft nach § 1598a BGB oder nach § 1592 Nr. 3 BGB gerichtlich feststellen zu lassen, besteht nicht. Der Notar darf die Beurkundung der Anerkenntnis- oder Zustimmungserklärung auch dann nicht ablehnen, wenn er Kenntnis davon hat, dass der Mann, dessen Vaterschaft rechtlich anerkannt wird, nicht der biologische Vater des Kindes ist. Eine Ausnahme besteht nur bei einer missbräuchlichen Anerkennung der Vaterschaft nach § 1597a BGB.

Ist das Kind oder der leibliche oder rechtliche Vater nicht Deutscher oder hat einer von   15a beiden seinen gewöhnlichen Aufenthalt nicht in Deutschland, bestimmt sich das anwendbare Recht nach dem gewöhnlichen Aufenthalt des Kindes (Art. 19 Abs. 1 S. 1 EGBGB), wobei ein Statutenwechsel denkbar ist. Durch ihn entfällt aber eine Abstammungsvermutung nicht. Alternativ kann in Fällen mit **Auslandsbezug** an die Staatsangehörigkeit des Elternteils oder nach Klärung der Vorfrage, ob die Eltern verheiratet sind oder waren, an das allgemeine Ehewirkungsstatut angeknüpft werden (Art. 19 Abs. 1 S. 2 und S. 3 EGBGB). Ein Renvoi ist nur anzuerkennen, wenn er zu einer Erhöhung der Zahl der zur Verfügung stehenden Rechtsordnungen führt.[58] Verringert sich die Zahl durch die Rückverweisung, ist von einer Sachnormverweisung auszugehen.

---

[52] OLG Hamburg NJW-RR 2011, 1227. Kein Einwand des Bestehens einer bloßen Rolle des Samenspenders bei natürlicher Zeugung (OLG Zweibrücken NJW 2016, 3252). Keine Vaterschaftsfeststellung aber für kryokonservierte Embryonen BVerfG NJW 2017, 948 und BGH NJW 2016, 317.
[53] S. aber BVerfG NJW 2018, 3773.
[54] Vgl. *Giesen* Rn. 526.
[55] *Knittel* Rn. 256.
[56] *Knittel* Rn. 345, 359.
[57] Vgl. EGMR FamRZ 2011, 1485.
[58] OLG Celle StAZ 2011, 152; OLG Karlsruhe NZFam 2016, 192. Vgl. BGH NJW 2016, 3171; NJW 2017, 3447; MDR 2017, 1365.

16 **Kosten:** Die Beurkundung des Anerkenntnisses und der erforderlichen Zustimmungserklärungen (einschließlich derjenigen des gesetzlichen Vertreters des Kindes) ist gebührenfrei (Vorb. 2 Abs. 3 KV GNotKG); die Dokumentenpauschale und sonstige Auslagen sind
zu erheben.[59]

16a   Die **Rechtswirkungen** der Anerkennung treten rückwirkend auf den Zeitpunkt der
Geburt ein (§ 1594 Abs. 2 BGB). Eine anderweitige Vaterschaftszuordnung aufgrund Ehe
oder Anerkenntnis wird mit Rückwirkung beseitigt. Bis zum Wirksamwerden der Anerkennung tritt verfahrensrechtlich eine Rechtsausübungssperre ein. Die Rechtswirkungen
der Vaterschaft können erst von diesem Zeitpunkt an geltend gemacht werden;[60] die Vaterschaftsfeststellung aufgrund der Anerkennung wirkt wie der gerichtliche Feststellungs-
beschluss für und gegen alle. Bis alle Voraussetzungen für die Anerkennung erfüllt sind, ist
die Erklärung noch schwebend unwirksam, aber bindend. Ist sie ein Jahr nach Beurkundung noch nicht wirksam geworden, kann der Mann seine Anerkennung widerrufen
(§ 1597 Abs. 3 BGB). Für den Widerruf gelten die Vorschriften der Anerkennung, insbesondere diejenigen über die Höchstpersönlichkeit, die Form und die Geschäftsfähigkeit
entsprechend. Gleiches gilt für die Benachrichtigungspflicht.

16b   **Formulierungsbeispiel: Widerruf Vaterschaftsanerkenntnis**

   Ich, ***, habe zur Urkunde des Notars/der Notarin *** am *** die Vaterschaft für das
von Frau *** geborene Kind *** anerkannt. Die Zustimmung der Mutter wurde bis
heute, also mehr als ein Jahr nach dem vorgenannten Termin der Anerkennung, nicht
erteilt. Ich widerrufe deshalb mein vorgenanntes Anerkenntnis.

17   **Muster** zu Anerkenntnis und Zustimmung nach Geburt: BeckFormB BHW/*Bernauer*
Form. V. 28.; BeckFormB FamR/*Grziwotz* Form. N. III. 1.; Kersten/Bühling/*Kordel*/
Emmerling de Oliveira § 92 Rn. 32 ff. und Wurm/Wagner/Zartmann/*Kesseler* Kap. 72,
1–3.

II. Unterhaltsvereinbarungen

18 Eine Erklärung, in der sich der nichteheliche Vater gegenüber seinem Kind unabhängig
von der Feststellung der Vaterschaft zur **Zahlung von Unterhalt** verpflichtet, ist im
Rahmen der gesetzlichen Vorschriften grundsätzlich zulässig. Eine Verpflichtung zum Anerkenntnis oder zur Klage auf Feststellung der Vaterschaft besteht für die Beteiligten
nicht.[61] Vaterschaftsanerkenntnisse können mit einer vollstreckbaren Verpflichtung zur
Zahlung von Unterhalt verbunden werden.[62] Eine mit der Unterhaltsvereinbarung verbundene oder isolierte Verpflichtung, keine Feststellungsklage hinsichtlich der Abstammung zu erheben, ist jedoch sittenwidrig.[63] Ein unterhaltsrechtlicher Vergleich bedarf
nicht der familiengerichtlichen Genehmigung.[64] Er hindert das Kind nicht an einer Vater-
schaftsklage. Auch ein Verzicht auf das Recht, die gerichtliche Vaterschaftsfeststellung zu
betreiben, ist wegen der zwingenden Natur der §§ 1592 Nr. 3, 1600d BGB unwirksam.

19   Sondervorschriften für Unterhaltsverträge zwischen dem nichtehelichen Vater und seinem Kind bestehen nach Aufhebung von § 1615e BGB aF nicht mehr. Teilweise wird
bei Betreuung von Stiefkindern ein nachehelicher bzw. nachpartnerschaftlicher Unter-

---

[59] Vgl. MittBayNot 1998, 381.
[60] Zur Ausnahme im Regressprozess des Scheinvaters BGHZ 176, 327; BGH FamRZ 2009, 32; FamRZ
2012, 200; NZFam 2019, 78. Vgl. aber zu Einschränkungen im Hinblick auf das Persönlichkeitsrecht der
Frau BVerfG NJW 2015, 1506 und dazu *Grziwotz* FF 2016, 48.
[61] MüKoBGB/*Wellenhofer* BGB § 1594 Rn. 28.
[62] Vgl. zu den Vereinbarungsmöglichkeiten *Riemann* DNotZ 1998, 456 und *Stollenwerk* FPR 2005, 83; vgl.
auch *Gerhardt* FuR 1998, 97.
[63] Staudinger/*Rauscher* BGB § 1594 Rn. 23.
[64] § 1643 Abs. 1 BGB verweist nicht auf § 1822 Nr. 12 BGB.

haltsanspruch nach § 1576 BGB, § 16 S. 2 LPartG bejaht.[65] Zu stillschweigenden Unterhaltsvereinbarungen bei einer sozialen Elternschaft → Rn. 84.

Ein Vertrag, in dem sich die Mutter gegenüber dem nichtehelichen **Vater** verpflichtet, 20 diesen von seiner Unterhaltspflicht **freizustellen,** wurde von der früher hM für nichtig gehalten.[66] Dies ist sicher weiterhin zutreffend, wenn eine Frau einen Mann vor einer Zeugung von seiner Unterhaltspflicht freistellt und er sich im Gegenzug verpflichtet, die Vaterschaft nicht anzuerkennen und sein Umgangsrecht nicht auszuüben. Eine Sittenwidrigkeit ist ferner anzunehmen, wenn damit ein Verzicht auf Elternrechte erkauft wird (zB Zustimmung zur Sorgerechtsübertragung). Allein die äußerliche Verbindung einer Freistellungsverpflichtung mit einem Sorgerechtsregelungsvorschlag führt jedoch noch nicht zur Bejahung der Sittenwidrigkeit.[67] Bedeutung haben Freistellungsverpflichtungen nach heterologen privaten Inseminationen und bei der privaten Samenspende zur Erfüllung des Kinderwunsches eines lesbischen Paares (→ Rn. 88). Die Abgabe des Spermas und eine Freistellungsverpflichtung hinsichtlich des Kindesunterhalts führen nicht zur Sittenwidrigkeit der Freistellungsverpflichtung.

III. Vereinbarungen über die Feststellung der Abstammung und Recht auf Kenntnis der Abstammung

Der Gesetzgeber wollte durch das Gesetz zur Klärung der Vaterschaft unabhängig vom 20a Anfechtungsverfahren[68] einvernehmliche Lösungen fördern. Nur wenn sich der Vater, die Mutter und das Kind nicht einigen, hat das Familiengericht eine nicht erteilte Einwilligung in eine genetische Abstammungsuntersuchung zu ersetzen (§ 1598a Abs. 2 BGB). Der Anspruch ist unbefristet und an keine besonderen Voraussetzungen gebunden.[69] Auch der Scheinvater, der heimlich ein Vaterschaftsgutachten eingeholt hat, kann das Verfahren zur Klärung der Abstammung beantragen.[70] Dagegen hindert die bereits erfolgte Klärung der Abstammung den Anspruch.[71] Ausgeschlossen ist von diesem Verfahren der biologische Vater, der die Vaterschaft möglicherweise wegen der diesbezüglichen Ungewissheit, nicht anerkannt hat.[72] Während ihm ein Anfechtungsrecht bei Bestehen einer sozial-familiären Beziehung zum rechtlichen Vater nicht eingeräumt werden muss,[73] kann ihm ein Recht auf Umgang und Auskunft zustehen (§ 1686a BGB);[74] hierfür ist eine (rechtsfolgenlose) Feststellung der biologischen Vaterschaft Voraussetzung (§ 167a Abs. 2 FamFG). Zwischen den in § 1598a Abs. 1 BGB genannten Personen sind nunmehr **vertragliche Vereinbarungen** über die Duldung der Entnahme und Untersuchung genetischen Materials zum Zwecke der Erstellung eines Abstammungsgutachtens zulässig.[75] Demgegenüber ist ein Verzicht auf die Einsichtnahme in das Abstammungsgutachten mit der Folge, dass zB nur der „Scheinvater" Gewissheit hat, unzulässig; eine derartige Vereinbarung widerspricht dem Recht des Kindes auf Kenntnis seiner Abstammung. Gleiches gilt für ein vertraglich (zB im Ehevertrag) vereinbartes Einverständnis in einen nach §§ 8, 17 GenDG

---

[65] *Pauling* FPR 2004, 99 und *Maier* FPR 2004, 440.
[66] OLG Hamm FamRZ 1977, 556.
[67] Ebenso Palandt/*Brudermüller* BGB § 1606 Rn. 19 und *Riemann* SchlHA 1998, 148; vgl. auch BFH NJW-RR 1996, 835 und OLG Hamm FamRZ 1999, 163.
[68] BGBl. 2008 I 441; vgl. *Hammermann* FamRB 2008, 150 und *Muscheler* FPR 2008, 257.
[69] OLG München FamRZ 2011, 1878; OLG Koblenz NJW-RR 2013, 1349; zum Verfahren s. *Löhnig* FamRZ 2009, 1798.
[70] OLG Celle FamRB 2015, 298. Vgl. BGH NJW 2017, 2829.
[71] BGH NJW 2017, 2196.
[72] BVerfG FamRB 2015, 52; FamRB 2016, 230; NZFam 2017, 904; OLG Frankfurt a.M. NZFam 2016, 1054; *Borth* FPR 2007, 381 (382).
[73] EGMR FamRZ 2012, 691; NJW 2013, 1937; BVerfG NJW 2009, 423; FamRZ 2014, 277.
[74] BGH MDR 2017, 524; OLG Düsseldorf NZFam 2017, 380; *Clausius* NZFam 2017, 893 (894).
[75] Offen BGH FamRZ 2007, 359 und BVerfG FamRZ 2007, 441. Zum Verhältnis einer Abgeltungsklausel zur Einwilligung in eine genetische Untersuchung s. OLG Nürnberg FamRZ 2014, 1214.

untersagten heimlichen Vaterschaftstest, um den Familienfrieden nicht zu stören;[76] insoweit wird das Kind zum Objekt elterlicher Vereinbarungen, die sein Persönlichkeitsrecht missachten.[77] Das Recht des Kindes auf Kenntnis seiner Abstammung[78] dient der Statuswahrheit. Es schützt das Kind vor der Vorenthaltung von Informationen über die Klärung seiner Abstammung, auch in Vereinbarungen seiner (rechtlichen und biologischen) Eltern. Weniger weitreichend ist das Recht des Erzeugers auf Kenntnis des eigenen Nachwuchses.[79] Ein Verzicht des biologischen Vaters und des Scheinvaters auf die diesbezüglichen Auskunftsansprüche[80] ist wohl insoweit zulässig, als dadurch nicht das Persönlichkeitsrecht des Kindes verletzt wird (vgl. § 10 SaRegG). Das durch Verwendung einer Samenspende im Wege der ärztlich unterstützten Befruchtung ab 1.7.2018 gezeugte Kind hat gegenüber dem DIMDI einen Auskunftsanspruch hinsichtlich seines biologischen Vaters (§ 10 Abs. 1 SaRegG). Für vorher gezeugte Samenspenderkinder besteht ein Anspruch auf Benennung des Spenders gegenüber dem behandelnden Reproduktionsmediziner, der Samenbank und der Mutter; ein bestimmtes Mindestalter ist dafür nicht erforderlich.[81]

D. Einbenennung von Stiefkindern (§ 1618 BGB, § 9 Abs. 5 LPartG)

21   Durch die Einbenennung eines Kindes wird nicht mehr als eine **Namenszuordnung** geschaffen.[82] Weitere familienrechtliche Folgen ergeben sich aus ihr nicht.[83] Während sich die Einbenennung nach früherem Recht nur auf nichteheliche Kinder bezog, können nach geltender Rechtslage auch eheliche Kinder namensmäßig in die Stiefelternfamilie einbezogen werden. Eine Einbenennung ist auch durch Lebenspartner möglich (§ 9 Abs. 5 LPartG). Die Möglichkeit einer einseitigen Einbenennung durch den leiblichen Vater des Kindes besteht dagegen nicht;[84] seine Rechte werden durch die Einbenennung nicht beeinträchtigt.[85] § 65 FGB-DDR sah die Möglichkeit des Erziehungsberechtigten vor, dem Kind den Namen des Erziehungsberechtigten, der auch ein Ehename sein konnte, zu erteilen; eine Zustimmung war nicht erforderlich.[86]

22   Die beiderseitige Einbenennung durch den sorgeberechtigten Elternteil und dessen Ehegatten oder Lebenspartner (sog. **Stiefkindeinbenennung**) setzt eine bestehende, nicht künftige[87] gemeinsame Namensführung voraus, bei der der Name des leiblichen Elternteils nicht zum Ehenamen bzw. Lebenspartnerschaftsnamen wurde. Der Ehegatte des sorgeberechtigten Elternteils darf zudem nicht der leibliche Vater oder die leibliche Mutter des Kindes sein, da in diesem Fall § 1617b BGB die namensrechtlichen Folgen durch die spätere Ehe regelt. Der seinen neuen Ehenamen erteilende Elternteil muss **nicht allein sorgeberechtigt** sein.[88] Auch bei **gemeinsamer Sorge** der Eltern kann der (wieder) verheiratete/verlebenspartnerte Elternteil mit seinem Ehegatten/Lebenspartner dem

---

[76] Zur praktischen Relevanz *Muscheler* FPR 2007, 389 (390).
[77] BVerfGE 117, 202 (226); *Braun* FPR 2011, 386; Bayer/Koch/*Hohmann-Dennhardt,* Aktuelle Fragen des Familienrechts, 2009, S. 139, 145.
[78] BVerfGE 79, 256; vgl. BGH ZEV 2015, 228 und *Ch. Schmidt* NZFam 2017, 881; *Scherpe* FamRZ 2016, 1824 und *Spilker* JuS 2016, 988.
[79] BVerfG NJW 2003, 2151; NJW 2009, 423; vgl. *Coester-Waltjen* Jura 2009, 427 (428).
[80] Vgl. BGH NJW 2008, 2929; FamFR 2012, 46; OLG Oldenburg FamRZ 2010, 1819; OLG Saarbrücken FamFR 2010, 574; OLG Jena NJW-RR 2011, 294; *Neumann* FPR 2011, 366.
[81] BGH NJW 2015, 1089; LG Essen BeckRS 2016, 10244; AG Hannover NJW-RR 2017, 132; AG Wedding FamRZ 2017, 1582; *Meier* NZFam 2016, 692 (694). Zum Auskunftsanspruch des Samenspenders nach rechtskräftiger Feststellung der Vaterschaft s. OLG Hamm NJW 2014, 2369.
[82] OLG Zweibrücken FamRZ 2001, 49.
[83] Vgl. *Giesen* Rn. 560 und *Zwißler* FPR 2004, 64 (67).
[84] Vgl. BGH DNotZ 2006, 125 zum nichtehelichen Vater, der nach dem Tod der Mutter allein sorgeberechtigt wurde.
[85] EGMR FPR 2004, 102.
[86] Zu den Folgen LG Potsdam StAZ 1998, 12.
[87] OLG Hamm FamRZ 2000, 1437.
[88] Vgl. bereits OLG Hamm NJW-RR 2001, 505.

Kind den Ehenamen erteilen. Voraussetzung ist stets, dass das Kind in den gemeinsamen Haushalt des einbenennenden Elternteils und des Stiefelternteils aufgenommen wurde; dies ist bei Getrenntleben des Elternteils und dessen Ehegatten/Lebenspartner nicht der Fall.[89] Die Namenserteilung ist nicht vor Eheschließung mit dem Stiefelternteil zulässig.[90] Die Zustimmung des anderen Elternteils ist erforderlich, wenn ihm die elterliche Sorge gemeinsam auf den namenserteilenden Elternteil zusteht oder wenn das Kind seinen Namen führt (§ 1618 S. 3 BGB; § 9 Abs. 5 S. 2 LPartG).[91] Die Zustimmung kann durch das Familiengericht, wenn dies für das Kindeswohl erforderlich, dh mehr als dienlich ist, ersetzt werden (§ 1618 S. 4 BGB; § 9 Abs. 5 S. 2 LPartG).[92] Ferner muss das Kind, wenn es das fünfte Lebensjahr vollendet hat, einwilligen.

Das **Kind,** das einbenannt werden soll, muss **minderjährig** sein (§ 1618 S. 1 BGB). **23** Unverheiratet muss das Kind wegen des Verbots der „Kinderehe" nach dem Gesetzeswortlaut entgegen der früheren Gesetzesfassung nicht sein. Probleme ergeben sich, wenn eine Minderjährigenehe besteht und nicht aufgehoben wird (§ 1314 Abs. 1 Nr. 1 BGB). In diesem Fall ist fraglich, ob über S. 6 die Zustimmung des Ehegatten gemäß § 1617 Abs. 3 BGB zur Einbenennung erforderlich[93] oder ob entsprechend der bisherigen Regelung eine Einbenennung verheirateter Kinder nicht zulässig ist. Unerheblich ist, welchen Namen das einzubenennende Kind trägt.[94]

Die **Einbenennungserklärungen** müssen denselben Inhalt, nicht jedoch Wortlaut haben. **24** Sie brauchen aber weder gleichzeitig noch gemeinsam abgegeben werden. Die Erklärungen können bereits vor der Geburt des Kindes erfolgen.[95] Stirbt der Erklärende vor Eingang der Erklärung beim Standesbeamten, wird sie gleichwohl wirksam.[96] Anders als nach früherem Recht[97] sind wiederholte Einbenennungen zulässig. Praktisch wird dies dann, wenn der sorgeberechtigte Elternteil mehrere Ehen/Lebenspartnerschaften hintereinander eingeht, bei denen der Name des jeweiligen Stiefelternteils zum Ehenamen/Lebenspartnerschaftsnamen bestimmt wird.

Strittig ist, ob die **Einwilligungserklärungen** spätestens mit Zugang der Einbenen- **25** nungserklärung vorliegen müssen.[98] Um Probleme zu vermeiden, sollte die Einbenennungserklärung erst wirksam werden, wenn der andere Elternteil und das Kind seine Einwilligung erteilt haben.[99]

Formulierungsbeispiel: Einbenennungserklärung **25a**

Wir, ***, erteilen hiermit dem Sohn der Ehefrau, dem am *** geborenen Hans Meier, ☙ unseren Ehenamen Müller. Diese Erklärung wird erst wirksam, wenn hierzu das Kind Hans Meier sowie sein leiblicher Vater Otto Meier, ihre Einwilligung erteilt haben.

Die Einbenennung und die Einwilligung müssen öffentlich **beglaubigt werden 26** (§ 1618 S. 5 BGB; § 9 Abs. 5 S. 2 LPartG). Sie sind bedingungsfeindlich und müssen höchstpersönlich erfolgen.[100] Zuständig zur Entgegennahme der Einbenennungserklärung

---

[89] OLG Zweibrücken MDR 2011, 1361.
[90] OLG Karlsruhe FamRZ 2000, 1437.
[91] Vgl. BGH NJW 2002, 300.
[92] Vgl. BGH DNotZ 2002, 545; FamRZ 2005, 889; Kindeswohldienlichkeit genügt nach OLG Brandenburg FamRZ 2014, 570; zur Ersetzung bei Elternteil mit unbekanntem Aufenthalt OLG Karlsruhe FamRZ 2013, 226.
[93] So Palandt/*Brudermüller* BGB § 1618 Rn. 8.
[94] *Gaaz* FPR 2002, 125 (127); vgl. bereits OLG Hamm NJW-RR 2001, 505.
[95] Vgl. BayObLGZ 1983, 67.
[96] Vgl. OLG Frankfurt a.M. NJW-RR 2001, 1443.
[97] Vgl. BayObLG FamRZ 1988, 319 und FamRZ 1990, 93.
[98] Vgl. BayObLGZ 1964, 213.
[99] BayObLGZ 1964, 213 (218).
[100] Palandt/*Brudermüller* BGB § 1618 Rn. 11.

ist der Standesbeamte, der die Geburt des Kindes beurkundet hat, bei einer Geburt im Ausland der Standesbeamte des Standesamtes I in Berlin (§ 31a Abs. 2 PStG).

Kosten: Da Vorb. 2 Abs. 3 KV GNotKG hinsichtlich der Gebührenfreiheit nur auf die in § 62 Abs. 1 S. 1 BeurkG genannten Rechtsgeschäfte Bezug nimmt, ist die Beurkundung der Einbenennung gebührenpflichtig. Der Geschäftswert beträgt regelmäßig 5.000 EUR (§ 36 Abs. 3 GNotKG). Bei Einbenennungserklärungen für mehrere Kinder in einer Urkunde hat der Wertansatz für jedes Kind zu erfolgen; die Gebühr ist aus dem Gesamtwert nach § 35 Abs. 1 GNotKG zu erheben. Anzusetzen ist eine 1,0 Gebühr Nr. 21200 KV GNotKG. Die Einbenennungserklärungen beider Eltern sind gegenstandsgleich.[101]

27   Für die Einbenennung stehen dem sorgeberechtigten Elternteil und seinem Ehegatten/Lebenspartner zwei verschiedene **Gestaltungsformen** zur Verfügung: Möglich ist zunächst ein völliger Namenswechsel (sog. **Surrogationslösung** oder **exklusive Einbenennung,** § 1618 S. 1 BGB; § 9 Abs. 5 S. 1 LPartG). Das Kind führt danach den Ehe-/Lebenspartnerschaftsnamen seines einbenennenden Elternteils und seines Stiefelternteils als Geburtsnamen. Der bisher geführte Name geht endgültig verloren. Statt des Namensaustausches ist auch die Bildung eines Doppelnamens aus dem bisher geführten Kindsnamen und dem neuen Ehe-/Lebenspartnerschaftsnamen des betreffenden Elternteils durch Voranstellung oder Anfügung möglich (sog. **Kombinationslösung** oder **additive Einbenennung,** § 1618 S. 2 BGB; § 9 Abs. 5 S. 2 LPartG). In diesem Fall behält das Kind seinen bisherigen Namen als Geburtsnamen; der stiefelterliche Ehe-/Lebenspartnerschaftsname tritt lediglich als Begleitname hinzu. Ein bisheriger Begleitname entfällt. Neben dieser Namenskombination lässt das Gesetz es auch zu, dass nicht sämtliche in die Ehe/Lebenspartnerschaft eingebrachten Kinder dieses Elternteils einbenannt werden. Auch die Namenskombinationen können unterschiedlich sein. Weitere Wahlmöglichkeiten bestehen nicht.[102] Die additive Einbenennung stellt gegenüber der ersetzenden kein Minus, sondern ein Aliud dar.[103] Ein notarieller Hinweis darauf, dass die Einbenennung mit keinen adoptionsrechtlichen Wirkungen verbunden ist, ist nicht erforderlich.

28   Von der Einbenennung zu unterscheiden ist die **Namensänderung,** zu der es kommen kann, wenn die gemeinsame Sorge der Eltern für ein Kind nachträglich begründet oder wenn die Vaterschaft des Mannes, dessen Familienname der Geburtsname des Kindes geworden ist, rechtskräftig angefochten worden ist (§ 1617b BGB). Das Gleiche gilt, wenn sich der Familienname der Eltern durch Eheschließung oder in anderer Weise ändert (§ 1617c BGB). § 1617b BGB eröffnet den Eltern jedoch nicht generell die Möglichkeit, den durch Einbenennung erworbenen Namen des Kindes zu ändern. Der Einbenennung kommt zwar keine allgemeine „Sperrwirkung" zu. Besteht jedoch die Stiefelternehe noch, deren Ehenamen das Kind aufgrund Einbenennung trägt, ist eine Neubestimmung des Kindesnamens nicht zulässig.[104] Nimmt der sorgeberechtigte Elternteil nach einer Scheidung/Lebenspartnerschaftsaufhebung wieder seinen früheren Namen an, kann sich das Kind dieser Namensänderung nicht ausschließen.[105] Bei den sog. Scheidungshalbwaisen ist eine Namensänderung aber nach § 3 NÄG möglich.[106]

Muster: BeckFormB BHW/*Bernauer* Form. V. 29 f. und Kersten/Bühling/*Kordel/Emmerling de Oliveira* § 92 Rn. 49 f. Zum Antrag auf Namensänderung s. BeckFormB FamR/*Bergschneider/Harm* Form. R. XIII. 4.

---

[101] Vgl. MittBayNot 1998, 381.
[102] BayObLG NJWE-FER 2001, 41.
[103] BGH FamRZ 2005, 889.
[104] BGH NJW 2016, 868.
[105] BGH DNotZ 2004, 645. Krit. *von Sachsen Gessaphe* FamRZ 2014, 622 (623).
[106] BVerwG NJW 2002, 2406 und NJW 2002, 2410; OVG Münster FamFR 2012, 527; vgl. auch *Wittinger* NJW 2002, 2371.

E. Vereinbarungen zur elterlichen Sorge und zum Umgangsrecht

I. Sorgeerklärungen

Kinder stehen bis zu ihrer Volljährigkeit (§ 2 BGB) unter elterlicher Sorge (§ 1626 BGB). **29** Die elterliche Sorge umfasst die Sorge für die **Person** (einschließlich der Beschneidung, § 1631d BGB) sowie die Sorge für das **Vermögen** des Kindes. Sie ist als solche nicht übertragbar; nur die Ausübung kann übertragen werden. Sie steht miteinander verheirateten Eltern gemeinsam zu. Bei zum Zeitpunkt der Geburt miteinander verheirateten Eltern tritt sie mit Geburt des Kindes ein, andernfalls ab dem Zeitpunkt der späteren Eheschließung (§§ 1626 Abs. 1 S. 1, 1626a Abs. 1 Nr. 2 BGB).[107] Sind die Eltern nicht miteinander verheiratet, steht die elterliche Sorge kraft Gesetzes grundsätzlich allein der Mutter zu (§ 1626a Abs. 2 BGB). Nicht miteinander verheiratete Eltern können jedoch die gemeinsame elterliche Sorge begründen, indem sie erklären, dass sie die Sorge gemeinsam übernehmen wollen (sog. Sorgeerklärungen, § 1626a Abs. 1 Nr. 1 BGB).[108] Stimmt die (unverheiratete) Mutter der gemeinsamen Sorge nicht zu, hat der Vater die Möglichkeit der familiengerichtlichen Übertragung der Mitsorge oder der alleinigen Sorge, wenn dies dem Kindeswohl entspricht.[109] Er kann dieses Recht beim § 1626a Abs. 1 Nr. 3 BGB mit Hilfe des Familiengerichts in einem vereinfachten Verfahren durchsetzen (§ 155a Abs. 3 S. 1 FamFG).[110]

Voraussetzung für die Erlangung eines gemeinsamen Sorgerechtes aufgrund elternauto- **30** nomer Gestaltung sind lediglich **gleichgerichtete Erklärungen** der Eltern des Inhalts, dass sie die Sorge gemeinsam übernehmen wollen. Die Erklärungen müssen nur in ihrem objektiven Inhalt, nicht jedoch in der Formulierung übereinstimmen. Eine gleichzeitige Anwesenheit oder Abgabe ist nicht erforderlich. Die Erklärungen müssen auf die Erlangung der gemeinsamen Sorge gerichtet sein, so dass die Erklärung, ein Elternteil solle das Sorgerecht allein ausüben, wirkungslos ist.[111] Umstritten ist, ob entgegen dem Wortlaut des § 1626a BGB auch die partielle Begründung eines gemeinsamen Sorgerechtes zulässig ist, etwa für den Bereich der Vermögenssorge.[112]

Sorgeerklärungen sind nur für ein Kind möglich, dessen Eltern bei seiner Geburt nicht **31** miteinander verheiratet waren und auch später nicht miteinander die Ehe geschlossen haben. Nicht erforderlich ist, dass die Eltern zusammenleben, ledig oder geschieden sind. Sorgeerklärungen sind selbst nach einer Trennung der Partner noch möglich.[113] Auch mit anderen Partnern verheiratete oder in eingetragener Lebenspartnerschaft lebende Eltern können ein gemeinsames Sorgerecht begründen.[114] Eine gemeinsame Sorge kann auf einzelne von mehreren gemeinsamen Kindern beschränkt bleiben. § 1626a Abs. 1 BGB geht davon aus, dass die „Eltern" die Sorgeerklärung abgeben. Umstritten ist, ob hierzu die **Elternschaft** nach den §§ 1591 ff. BGB feststehen muss, also insbesondere die Vaterschaft des die Sorgeerklärung abgebenden Mannes zumindest anerkannt sein muss;[115] die Klärung der Vaterschaft ohne rechtliche Wirkungen (zB nach § 1598c BGB) genügt nicht.

---

[107] Vgl. zum Umfang OLG Nürnberg NJW 2000, 3220. Verneint bei einer Ablehnung bzw. Nichteinhaltung von Umgangsterminen mit dem Kind AG Gießen NZFam 2015, 572.

[108] Ausführlich *Witteborg,* Das gemeinsame Sorgerecht nichtverheirateter Eltern, 2003, S. 89 ff.

[109] Vgl. EGMR FamRZ 2010, 103; BVerfG FamRZ 2010, 1403.

[110] Vgl. OLG Nürnberg FamRZ 2014, 571; *Coester* FamRZ 2012, 1337; *Huber/Antomo* FamRZ 2012, 1257; *Keuter* FamRZ 2012, 825.

[111] *Schwab* FamR Rn. 675.

[112] Zustimmend *Zimmermann* DNotZ 1998, 404 (419), verneinend hM; s. nur BGH NJW 2008, 662 (666); *Schwab* DNotZ 1998, 437 (450 f.); zur nur umfassend möglichen Ersetzung nach Art. 224 § 2 Abs. 3 EGBGB s. BGH FamRZ 2008, 251 und zur teilweise gerichtlichen Übertragung nach der verfassungsgerichtlichen Entscheidung s. OLG Celle NJW 2011, 3245; OLG Brandenburg FamRB 2011, 72; KG NJW 2011, 940.

[113] *Grziwotz* Nichtehel. Lebensgemeinschaft 10. Teil Rn. 8.

[114] Unstr., siehe nur *Schwab* DNotZ 1998, 437 (451).

[115] So BGH NJW 2011, 2360; *Schwab* DNotZ 1998, 437 (450) und *Niepmann* MDR 1998, 565; aA *Wegmann* MittBayNot 1998, 309 (310).

Da auch die vorgeburtliche Vaterschaftsanerkennung des Nicht-Ehemannes zunächst schwebend unwirksam ist (→ Rn. 8b) und die Mutterschaft statusrechtlich erst bei Geburt des Kindes feststeht (§ 1591 BGB), sind Sorgeerklärungen vor dem rechtlichem Feststehen der Elternschaft lediglich schwebend unwirksam und nicht nichtig. Die rechtliche und nicht nur biologische Elternschaft ist nach dieser Ansicht nur Wirksamkeitsvoraussetzung der Sorgeerklärung.[116] Umstritten ist ferner, ob dem Notar diesbezüglich ein Kontrollrecht zusteht.[117] Eine Sorgeerklärung kann bereits abgegeben werden, wenn die rechtliche Vaterschaft eines anderen Mannes noch besteht.[118]

32   Eine Sperre für Sorgeerklärungen enthält § 1626b Abs. 3 BGB, wonach Sorgeerklärungen **keine gerichtlichen Sorgerechtsentscheidungen** abändern dürfen. Ist das Sorgerecht durch gerichtliche Entscheidung (§§ 1671, 1672 BGB) einem Elternteil allein zugewiesen, so können die Eltern nicht einfach dadurch zum gemeinsamen Sorgerecht zurückkehren, dass sie Sorgeerklärungen abgeben. Die gerichtliche Sorgeübertragung kann nur durch eine Gerichtsentscheidung abgeändert werden (§ 1696 BGB).[119]

33   Für die Abgabe der Sorgeerklärungen sieht das Gesetz keine Frist vor. Sie können auch schon **vor Geburt des Kindes** abgegeben werden (§ 1626b Abs. 2 BGB).[120] Wird die Sorgeerklärung (nach hM gekoppelt mit einem Vaterschaftsanerkenntnis[121]) bereits pränatal abgegeben, vermittelt sie den nicht miteinander verheirateten Eltern eine gemeinsame Sorge bereits mit der Geburt des Kindes.[122] Die Sorgeerklärung muss sich auf ein bestimmtes Kind beziehen. Ist die Möglichkeit einer Mehrlingsgeburt nicht ausgeschlossen, sollte die Formulierung in der Pluralform erfolgen. Nicht möglich ist dagegen eine generelle Erklärung der Übernahme der gemeinsamen Sorge für „alle Kinder, die aus der gemeinsamen Partnerschaft hervorgehen".[123] Die vorgeburtliche Sorgeerklärung gilt ferner nur für bereits gezeugte Kinder, nicht schon vor der Zeugung (also nicht: „wenn wir einmal Kinder haben sollten ...").[124]

33a   **Formulierungsbeispiel: Gemeinsame Sorgeerklärung**

Wir sind die Eltern des Kindes bzw. der Kinder, die Frau *** derzeit erwartet. Herr *** hat mit Zustimmung von Frau *** bereits zur Urkunde des Notars/der Notarin *** vom *** die Vaterschaft anerkannt. Wir beabsichtigen nicht, vor Geburt des Kindes bzw. der Kinder zu heiraten. Wir erklären hiermit, dass wir die elterliche Sorge für das Kind bzw. für die Kinder, die Frau *** derzeit erwartet, gemeinsam übernehmen wollen.

34   Wird die Erklärung für ein gemeinsames Sorgerecht erst abgegeben, wenn das Kind bereits einen Namen führt, können die Eltern den **Namen des Kindes** binnen drei Monaten nach der Begründung der gemeinsamen Sorge neu bestimmen (§ 1617b BGB). Dies bedarf der öffentlichen Beglaubigung und kann in der Sorgeerklärung erfolgen. Dabei kann nur der jeweilige gegenwärtig geführte Namen eines Elternteils zum Geburtsnamen des Kindes gemacht werden. Ein Kinderdoppelname ist nicht möglich.[125] Die getroffene

---

[116] Staudinger/*Coester* BGB § 1626a Rn. 40; *Schwab* DNotZ 1998, 437 (450); aA allerdings wohl die oben dargestellte hM, vgl. DNotI-Report 1999, 55.

[117] Verneinend die hM, vgl. *Zimmermann* DNotZ 1998, 404 (417).

[118] BGH FamRZ 2004, 802.

[119] Vgl. auch BGH FamRB 2005, 325. Zu den gerichtlichen Entscheidungskriterien s. *Schilling* NJW 2007, 3233.

[120] Vgl. KG FamRBint 2011, 73 zum anschließenden grenzüberschreitenden Umzug vor der Geburt.

[121] Vgl. Palandt/*Brudermüller* BGB § 1626a Rn. 3.

[122] *Greßmann* Rn. 190.

[123] Palandt/*Brudermüller* BGB § 1626a Rn. 5.

[124] Ebenso *Schwab* FamR Rn. 678; unzutreffend *Wegmann* MittBayNot 1998, 308 (314); unklar KG MDR 2012, 655 zu einer formwirksamen Erklärung 1 1/2 Jahre vor der Geburt des Kindes.

[125] BVerfG NJW 2002, 1256; OLG Stuttgart NJW-RR 2013, 327.

Bestimmung gilt auch für die weiteren Kinder (§§ 1617 Abs. 1 S. 3, 1617b Abs. 1 S. 4 BGB).[126] Zur Zustimmung des Kindes → Rn. 22.

> **Formulierungsbeispiel: Namensbestimmung** 34a
> Das Kind *** führt bisher den Namen ***. Wir bestimmen als Namen des Kindes ***. ☉

Die Sorgeerklärungen bedürfen der öffentlichen Beurkundung (§ 1626d Abs. 1 **35** BGB).[127] Die Eltern müssen die Erklärung jeweils **selbst abgeben.** Eine Vertretung ist unzulässig (§ 1626c Abs. 1 BGB).[128] Dies gilt auch dann, wenn der erklärende Elternteil beschränkt geschäftsfähig ist. Er bedarf aber zur Abgabe der Sorgeerklärung der Zustimmung des gesetzlichen Vertreters; wird diese verweigert, so kann sie durch das Familiengericht ersetzt werden, wenn die Sorgeerklärung dem Wohl dieses Elternteils nicht widerspricht (§ 1626c Abs. 2 BGB). Ein Geschäftsunfähiger kann eine Sorgeerklärung nicht abgeben.[129]

Die Sorgeerklärungen sind einseitige Rechtsgeschäfte. Sie sind adressatenlos. Es handelt **36** sich um parallel laufende Erklärungen. Sorgeerklärungen können nicht unter einer Bedingung oder Zeitbestimmung abgegeben werden (§ 1626b Abs. 1 BGB). Insbesondere erlaubt es die gesetzliche Regelung nicht, einen Anfangszeitpunkt für den Eintritt der gemeinsamen elterlichen Sorge festzulegen.[130] Flankierende Vereinbarungen zur Sorgeerklärung, zB hinsichtlich der Aufenthaltsbestimmung und des Umgangs, dürfen nicht zur **Geltungsbedingung** der Sorgeerklärung gemacht werden.[131] Ihre Aufnahme in die Urkunde, die die Sorgeerklärung enthält, sollte sowohl textlich als auch räumlich deutlich machen, dass es sich um keine Bedingung für die Sorgeerklärung handelt. Inwieweit derartige Absprachen eine Bindung der Eltern und des Gerichts im Rahmen späterer Entscheidungen entfalten können, ist weitgehend ungeklärt.[132]

Durch die Sorgeerklärungen wird die gemeinsame Sorge begründet, ohne dass das Fa- **37** miliengericht prüft, ob die gemeinsame Sorge dem Kindeswohl entspricht.[133] Sofern nicht beide Erklärungen gleichzeitig abgegeben werden, ist entscheidender **Zeitpunkt für den Eintritt** der gemeinsamen Sorge die Abgabe der zweiten Erklärung, bei vorgeburtlichen Erklärungen allerdings erst die Geburt des Kindes.[134] Nach Eintritt der gemeinsamen Sorge ist sie der Disposition der Eltern entzogen. Diese können nicht durch gegenläufige Erklärungen das gemeinsame Sorgerecht wieder beseitigen. Solange die nicht verheirateten Eltern zusammenleben, kann die Alleinsorge der Mutter – ausgenommen bei Kindeswohlgefährdung – nicht mehr eintreten. Ohne Auswirkungen auf die gemeinsame Sorge bleibt es grundsätzlich auch, wenn sich die Eltern später trennen.[135] Allerdings kann jeder Elternteil im Falle eines nicht nur vorübergehenden Getrenntlebens beim Familiengericht beantragen, dass ihm die elterliche Sorge oder ein Teil der elterlichen Sorge allein übertragen wird (§ 1671 Abs. 1 BGB). Das Gesetz enthält wohl noch keine ausdrückliche Priorität zugunsten der gemeinsamen elterlichen Sorge;[136] die Familiengerichte gehen allerdings zunehmend davon aus, dass die gemeinsame elterliche Sorge auch für nichteheli-

---

[126] Vgl. BayObLG NJWE-FER 2001, 255; s. aber zur irrtümlichen Namensbestimmung OLG Celle FamRZ 2014, 1036.

[127] Zur gerichtlich gebilligten Elternvereinbarung s. BGH NJW 2011, 2360; OLG Brandenburg FamFR 2012, 547.

[128] Ebenso zur Zustimmungserklärung zur Übertragung des Sorgerechts im familiengerichtlichen Verfahren OLG Koblenz FamRZ 2016, 475.

[129] Str., wie hier *Schwab* FamR Rn. 679.

[130] *Grziwotz* Nichtehel. Lebensgemeinschaft 10. Teil Rn. 8.

[131] OLG Düsseldorf FamRZ 2008, 1552.

[132] Siehe dazu *Schwab* DNotZ 1998, 437 (454).

[133] *Firsching/Schmid* FamR Rn. 792.

[134] *Altrogge* FPR 2008, 154 (155).

[135] *Schwab* FamRZ 1998, 457; *Luthin* FF 2002, 80.

[136] BGH NJW 2000, 203; OLG Celle NZFam 2015, 980.

che Kinder grundsätzlich dem Kindeswohl entspricht.[137] § 1626a Abs. 2 S. 2 BGB geht nach Abwägung aller für und gegen die gemeinsame Sorge sprechender Umstände vom Leitbild der Sorgegemeinsamkeit aus.[138] Umstritten ist, ob die fehlende Kommunikations- und Kooperationsbereitschaft allgemein, in Alltagsfragen oder nur bei Zerstörung des Grundkonsenses die Aufhebung der gemeinsamen Sorge rechtfertigt.[139] Können sich Eltern, die eine gemeinsame Sorge durch entsprechende Erklärungen begründet haben, trotz Bemühungen nicht einigen, hat die entsprechende Maßnahme zu unterbleiben; eine Übertragung der Sorge für diese Entscheidung auf einen Elternteil kommt nur in Betracht, wenn es sich um eine Angelegenheit handelt, deren Regelung für das Kind von erheblicher Bedeutung ist.[140] Eine Bindung an einen gemeinsamen Sorgerechtsvorschlag in einer Scheidungsvereinbarung besteht nicht.[141] Auch bei gemeinsamer elterlicher Sorge ist eine Beistandschaft möglich (§ 1713 Abs. 1 S. 2 BGB).[142] Das Antragsrecht nach § 1671 BGB bietet auch keine Möglichkeit, von einem nicht mehr gewünschten gemeinsamen Sorgerecht in der Weise loszukommen, dass das Sorgerecht auf den anderen Partner übertragen wird.[143] Ein Verzicht auf das Antragsrecht nach § 1671 BGB ist jedenfalls frei widerruflich.[144] Dagegen kann kein Elternteil einseitig von getroffenen Entscheidungen im Rahmen der elterlichen Sorge wieder abrücken.[145] Ein Widerruf der Sorgeerklärung ist bis zu ihrem Wirksamwerden in öffentlich beglaubigter Form möglich. Dies ist bei sofort wirksamen Sorgeerklärungen bis zur wirksamen Abgabe der zweiten Erklärung der Fall. Bei schwebend unwirksamen Erklärungen, insbesondere pränatal abgegebenen Erklärungen bis zur Geburt des Kindes, kann ein Widerruf bis zum Eintritt der Rechtsbindung erklärt werden.[146]

38 Der Notar sollte die Beteiligten auf die Bedeutung der Sorgeerklärung hinweisen, insbesondere darauf, dass sie nur in Ausnahmefällen bei nicht nur vorübergehender Trennung durch das Familiengericht aufgehoben werden kann. Einseitige **Hinweise** darauf, dass das gemeinsame Sorgerecht für die nichteheliche Mutter nachteilig sein kann, da ihr eine Rückkehr zur Alleinsorge nur durch gerichtliche Entscheidung bei Kindeswohlgefährdung möglich ist, sind ihm wegen seiner Verpflichtung zur Unparteilichkeit nicht gestattet. Die frühere gesetzliche Regelung, wonach eine gemeinsame Sorge des unverheirateten Vaters nur mit Zustimmung der Kindesmutter möglich gewesen ist, war verfassungswidrig.[147] Die familiengerichtliche Ersetzung der Sorgeerklärung war bei längerem Zusammenleben und Trennung vor dem 1.7.1998 bereits nach Art. 224 § 2 Abs. 3 EGBGB möglich. Voraussetzung war die Abgabe einer Sorgeerklärung durch den Antragsteller (Art. 224 § 2 Abs. 4 EGBGB)[148] oder ihre Ersetzung[149], die nicht für Teilbereiche möglich ist. § 1626a Abs. 1 Nr. 3 BGB sieht das gemeinsame Sorgerecht nicht miteinander verheirateter Eltern durch familiengerichtliche Übertragung auf Antrag eines Elternteils vor; die gemeinsame Sorge wird als dem Kindeswohl entsprechend angesehen („neues Leitbild"). Die Entscheidung ergeht im vereinfachten Verfahren (§ 155a FamFG).

137 OLG Köln FamFR 2011, 22; OLG Brandenburg NJW 2015, 964; NZFam 2015, 1027.
138 BGH NJW 2016, 2497; OLG Brandenburg NJW-RR 2017, 131.
139 S. BVerfG FamRZ 2003, 285 (287); BGH FamRZ 2008, 592; OLG München FamRZ 2013, 1822; OLG Brandenburg NJW 2014, 233; OLG Hamm FamRZ 2014, 573; OLG Frankfurt a.M. FamRB 2014, 250; OLG Brandenburg FamRZ 2015, 859; OLG Celle NZFam 2015, 980.
140 OLG Köln FamRZ 2012, 115. Zu den Voraussetzungen der Übertragung des alleinigen Sorgerechts s. nur OLG Celle NZFam 2016, 477; OLG Brandenburg NZFam 2018, 380 und NZFam 2017, 811.
141 BGH NJWE-FER 2000, 278 (279).
142 Früher str., vgl. AG Tempelhof-Kreuzberg FPR 2002, 417.
143 Grziwotz Nichtehel. Lebensgemeinschaft 10. Teil Rn. 12.
144 Str., DNotI-Report 2000, 199.
145 AG Bad Iburg FamRZ 2000, 1036 zur Aufenthaltsbestimmung.
146 Vgl. BGH NJW 2004, 1595 f. Zum Widerruf der Zustimmung im familiengerichtlichen Übertragungsverfahren OLG Düsseldorf FamRZ 2018, 512.
147 BVerfG NJW 2010, 3008; vgl. auch EGMR FamRZ 2010, 103; anders noch BVerfG FamRZ 2003, 285.
148 Vgl. Becker FamRB 2004, 402.
149 BGH FamRZ 2008, 251.

Formulierungsbeispiel: Hinweis Sorgeerklärung 38a

Der Notar hat die Beteiligten darauf hingewiesen, dass eine Sorgeerklärung unter einer ♻ Bedingung oder Zeitbestimmung unwirksam ist und die gemeinsame Sorge, die mit Abgabe dieser Erklärung eintritt, nur in Ausnahmefällen und auf Antrag eines Elternteils bei nicht nur vorübergehender Trennung durch das Familiengericht aufgehoben werden kann. Die elterliche Sorge beinhaltet die Pflicht und das Recht, für das minderjährige Kind zu sorgen; sie umfasst die Sorge für die Person und das Vermögen des Kindes.

Der beurkundende Notar hat die Abgabe von Sorgeerklärungen und Zustimmungen 39 unter Angabe des Geburtsortes des Kindes sowie des Namens, den das Kind zur Zeit der Beurkundung seiner Geburt geführt hat, dem Jugendamt des Geburtsortes des Kindes mitzuteilen. Liegt der Geburtsort im Ausland oder ist er nicht zu ermitteln, ist die Mitteilung an das Jugendamt des Landes Berlin zu richten (§§ 87c Abs. 6 S. 2, 88 Abs. 1 S. 2 SGB VIII). Zweck dieser Erklärung ist es sicherzustellen, dass der Mutter ein „Negativattest" nach § 58a SGB VIII erteilt werden kann, womit sie im Rechtsverkehr ihr alleiniges Sorgerecht nachweisen kann. Umstritten ist, ob bei vorgeburtlicher Sorgeerklärung die **Anzeige an das Jugendamt** entfällt, erst nach der Geburt vorgenommen werden muss oder sogleich zu erfolgen hat.[150] Bis zu einer einheitlichen Handhabung empfiehlt es sich, vor Geburt die Mitteilung an das Jugendamt des Landes Berlin zu richten und nach Geburt nochmals an das Jugendamt des Geburtsortes. Letzteres setzt freilich voraus, dass der Notar von den Beteiligten über die Geburt unterrichtet wird.

Muster: *Brambring* DNotI–Report 1998, 89 (92); BeckFormB BHW/*Bernauer* Form. 40 V. 31.; Kersten/Bühling/*Kordel/Emmerling de Oliveira* § 94 Rn. 21 und *Wegmann* MittBayNot 1998, 308 (314), wobei die vorgeburtliche Sorgeerklärung falsch ist und deshalb das letzte Wort in § 1 dieser Sorgeerklärung durch die Wörter „entbinden wird" zu ersetzen ist.

Kosten des Notars: 1,0-Gebühr Nr. 21200 KV GNotKG aus 5.000 EUR (§ 36 Abs. 3 GNotKG). Bei Sorgeerklärungen für mehrere Kinder in einer Urkunde hat Wertansatz für jedes Kind zu erfolgen; die Gebühr ist aus dem Gesamtwert zu erheben (§ 35 Abs. 1 GNotKG). Die Sorgeerklärungen von beiden Elternteilen in einer Urkunde sind gegenstandsgleich.[151]

II. Regelung des Umgangsrechtes und weitere Elternvereinbarungen

1. Vereinbarungen zum Umgangsrecht. Der Umgang mit beiden Elternteilen gehört 41 zum Kindeswohl, desgleichen sein Umgang mit anderen Personen, zu denen es Bindungen besitzt (§ 1626 Abs. 3 BGB).[152] Das Umgangsrecht gehört zum durch Art. 8 EMRK geschützten Familienleben.[153] Die Rechte auf Umgang des Kindes mit jedem Elternteil und umgekehrt der Eltern mit dem Kind werden vom Gesetz als Ansprüche, dh subjektive Rechte, formuliert (§ 1684 Abs. 1 BGB). Es handelt sich um ein höchstpersönliches Recht des Kindes.[154] Auch Großeltern[155], Verwandten[156] und Geschwistern[157] sowie Stief-

---

[150] Vgl. *Wegmann* MittBayNot 1998, 308 (310).
[151] Vgl. MittBayNot 1998, 381.
[152] Vgl. *Motzer* FPR 2007, 275; *Horndrasch* FPR 2012, 208.
[153] EGMR FPR 2004, 344 und FPR 2004, 350; NJW 2006, 2241; *Kunkel* FPR 2012, 358.
[154] BGH NJW 2008, 2586; teilw. abw. OLG Frankfurt a.M. FamRZ 2014, 576.
[155] EuGH NJW 2018, 2034; BGH NJW 2017, 2908; VerfG Brandenburg NJW-RR 2012, 1514; OLG Celle NJW-RR 2012, 1512; OLG Köln FamRZ 2013, 1748; OLG Saarbrücken FamRZ 2017, 1673; OLG Frankfurt a.M. FamRZ 2017, 1675; OLG Brandenburg FamRZ 2017, 1675; NJW-RR 2018, 584; NJW-RR 2019, 130. Zu angeheirateten Großeltern OLG Koblenz FamRZ 2016, 391.
[156] OLG Bremen FamFR 2012, 498 verneint für Tante; OLG Celle NJW-RR 2016, 582 zur Großtante.
[157] OLG Dresden FamRZ 2012, 1153: kein Umgangsrecht eines nicht adoptierten Geschwisters.

und Pflegeeltern[158], derzeitigen und früheren Lebenspartnern sowie Lebensgefährten wird ein vollstreckbares Umgangsrecht eingeräumt, wenn dieses dem Wohl des Kindes dient (§ 1685 BGB).[159] Voraussetzungen des Umgangsrechts der sog. Bezugspersonen sind – anders als bei einem rechtlichen Elternteil[160] –, eine (frühere) sozial-familiäre Beziehung und das Kindeswohl (§ 1685 Abs. 2 BGB).[161] Der Umgang von Kindern mit ihren Eltern hat grundsätzlich Vorrang gegenüber dem Umgang mit anderen Bezugspersonen.[162] Zu den Eltern gehört jetzt auch der biologische Vater, der durch sein Verhalten gezeigt hat, dass er für sein Kind nach Feststellung der Vaterschaft, die keine Pflichten begründet, tatsächliche Verantwortung tragen will (§ 1686a BGB).[163] Die Umgangsrechte sozialer Eltern und die diesbezüglich gewünschten Vereinbarungen nehmen an Bedeutung zu. Zu nennen sind der langjährige Lebensgefährte eines Elternteils[164], der echte Stiefelternteil[165] und die Lebenspartnerin[166]. Nicht hierzu sollen die Haushaltshilfe, das Kindermädchen und die Freundin gehören.[167] Demgegenüber ist der befreundete private homosexuelle Samenspender eines lesbischen Paares der biologische und nach Vaterschaftsanerkenntnis auch der rechtliche Vater.[168] Vertragliche Umgangsrechte von Personen, die nicht rechtliche Eltern sind, müssen das Kindeswohl beachten und dürfen nicht zu Lasten des Umgangsrechts vorrangig umgangsberechtigter Personen gehen.

41a   Der geschuldete Umgang muss nicht immer „persönlich" sein.[169] Er kann auch eine briefliche oder telefonische Verbindung umfassen.[170] Auch insoweit können Umfang, Inhalt, Häufigkeit und Ausführlichkeit der Auskunft geregelt werden. Die diesbezüglichen Berichte betreffen üblicherweise nicht eine detaillierte Schilderung des gesamten Tagesablaufs, sondern einen Überblick über das Leben des Kindes.[171] Auch insoweit kann eine Konkretisierung (zB Bilder, Überlassung von Kopien, Berichtspflichten über Noten etc) erfolgen. Sie muss aber die Privat- und Intimsphäre des Kindes altersabhängig beachten.[172] **Vereinbarungen** der Eltern sind auch über die Ausgestaltung des Umgangsrechtes zulässig,[173] jedenfalls soweit allein die praktische Ausübung und die wirtschaftliche Ausgestaltung des Umgangsrechts betroffen sind.[174] Inwieweit eine Bindung an diesbezügliche Vereinbarungen, zB

---

[158] EGMR FamRZ 2012, 429.

[159] Vgl. *Campell* NJW-Spezial 2011, 644; *Giers* FamRB 2011, 229.

[160] BVerfG FamRZ 2005, 1233 (1236).

[161] Vgl. *Höfelmann* FamRZ 2004, 745 (750) und *Motzer* FamRB 2004, 231.

[162] BVerfG FamRB 2007, 167; FamRZ 2007, 531.

[163] BGH NJW 2017, 160; OLG Bremen FamRZ 2015, 266; OLG Jena FamRZ 2017, 1410; OLG Frankfurt a.M. FamRZ 2017, 307; OLG Brandenburg NJW-RR 2018, 583; OLG Frankfurt a.M. NJW-RR 2019, 197. Vgl. dazu *Grziwotz* FF 2012, 382; *Peschel-Gutzeit* NJW 2013, 2465; *Clausius* NZFam 2017, 893; *Finger* FuR 2016, 211 (212); s. auch EGMR FamRZ 2011, 269 und FamRZ 2011, 1715; aber auch EGMR NJW-RR 2009, 1585.

[164] AG Essen FamRZ 2011, 1803; OLG Karlsruhe NJW 2011, 1012; OLG Hamm FamRZ 2016, 1945 (früherer Verlobter).

[165] OLG Hamm FamFR 2011, 45. Zum Scheinvater EGMR FamRZ 2016, 1582.

[166] OLG Karlsruhe FamFR 2011, 72.

[167] OLG Brandenburg FamFR 2011, 68; vgl. auch AG Flensburg FamRZ 2012, 583. Zur leiblichen Mutter bei einer Adoption s. EGMR FamRZ 2017, 1351.

[168] OLG Celle FamRB 2010, 236; *Giers* FamRB 2011, 229 (239). Vgl. auch OLG Düsseldorf FamRZ 2017, 809.

[169] Vgl. BVerfG NJW-RR 2005, 801; FamRZ 2005, 1816; BGH NZFam 2017, 121; OLG Brandenburg MDR 2001, 1355 und NJW-RR 2001, 294 zum Umgang an „neutralen Orten" und in Gegenwart Dritter, sog. begleiteter Umgang; s. auch § 1684 Abs. 4 S. 3 BGB. Kein Auskunftsanspruch bei Möglichkeit der Information OLG Koblenz FamRB 2014, 251 und OLG Köln FamRB 2017, 18. Zur Einschränkung bei höchstpersönlichen Angelegenheiten entsprechend dem Alter des Kindes OLG Köln NZFam 2016, 1110.

[170] *Söpper* FamRZ 2002, 73.

[171] OLG Frankfurt a.M. FamRZ 2012, 888.

[172] Vgl. *Kasenbacher* NJW-Spezial 2012, 4.

[173] OLG Karlsruhe FamRZ 1999, 325 und *Schwab* DNotZ 1998, 437 (448).

[174] Zum Bringen und Holen des Kindes s. OLG Nürnberg NJWE-FER 1999, 146 und BVerfG NJW 2002, 1863.

an ein sog. Wechsel- oder Nestmodell statt des Residenzmodells,[175] besteht, ist offen. Die Vereinbarung eines paritätischen Wechselmodells setzt neben der Beachtung des Kindeswohls die Bereitschaft und Fähigkeit der Eltern zur Kooperation und Kommunikation sowie eine Einigung über ein einheitliches Erziehungskonzept voraus; die Ablehnung eines Wechselmodells durch einen Elternteil hindert eine solche Regelung durch das Familiengericht im Einzelfall aufgrund des festzustellenden Kindeswohls nicht.[176] Hat das Familiengericht eine Elternvereinbarung zum Unterhaltsrecht durch Beschluss bestätigt, ist zu einer Änderung ein Gerichtsbeschluss erforderlich.[177] Ob zu einer gerichtlichen Bewilligung des von den Eltern (vergleichsweise) erzielten Einvernehmens ein Beschluss erforderlich ist, ist fraglich.[178] Ob Elternvereinbarungen über den Umgang auch den Kernbereich des Umgangs betreffen können, ist bisher ebenfalls nicht entschieden.[179] Allerdings dürfen Umgangsvereinbarungen das Recht des Kindes auf Umgang mit beiden Eltern[180] und den seinem Wohl entsprechenden Umgang mit sonstigen Personen sowie umgekehrt das Recht der sog. Bezugspersonen auf Umgang mit dem Kind nicht einschränken. Sie dürfen ferner nicht dem Wohl des Kindes widersprechen.[181] Wird eine Einschränkung des Umgangsrechtes des einen Elternteils mit einer gleichzeitigen Freistellungsverpflichtung hinsichtlich des Kindesunterhalts durch den anderen Elternteil verknüpft, kann diese Verbindung sittenwidrig sein.[182] Demgegenüber können Schadenersatzpflichten bei einer Beeinträchtigung des Umgangsrechts (zB Erstattung vergeblich aufgewendeter Fahrtkosten) vereinbart werden.[183] Gleiches dürfte für eine Kostenbeteiligung gelten, wenn darin kein „Handel" über das Umgangsrecht liegt.[184] Umgangsregelungen sind vollstreckbar.[185] Voraussetzung ist ein vollstreckungsfähiger Inhalt.[186] Geregelt wird, wenn kein Wechselmodell gewünscht ist, meist der Umgang an Wochenenden, an Feiertagen, in den Ferien, bei besonderen Anlässen, die Übergabemodalitäten und der Ersatz ausgefallener Termine.

2. Angelegenheiten des täglichen Lebens. Trotz der gemeinsamen Sorge der Eltern **42** für ihre Kinder enthält das Gesetz eine **gespaltene Entscheidungsbefugnis** bei Getrenntleben der Eltern: Angelegenheiten, die für das Kind von erheblicher Bedeutung sind, setzen ein Einvernehmen voraus; ist dieses nicht gegeben, entscheidet im Streitfall das Gericht durch Übertragung der Entscheidung auf einen Elternteil (§§ 1687 Abs. 1 S. 1, 1628 BGB). Entscheidungen des täglichen Lebens trifft dagegen allein der Elternteil, bei dem sich das Kind mit Einwilligung des anderen Elternteils oder aufgrund einer gerichtlichen Entscheidung gewöhnlich aufhält (§ 1687 Abs. 1 S. 2 BGB). Die Abgrenzung

---

[175] Vgl. *Rakete-Dombek* FF 2002, 16.
[176] BGH NJW 2017, 1815; OLG Naumburg NJW 2015, 494; s. aber OLG Brandenburg NZFam 2017, 812. Zum Barunterhalt beim Wechselmodell BGH FamRZ 2017, 437 und zum Kindergeld BGH FamRB 2016, 256. Vgl. auch BVerfG NZFam 2018, 459.
[177] BGH NJW-RR 2005, 1524; vgl. OLG München FamRZ 2011, 1804.
[178] Bejahend OLG Stuttgart FamRB 2014, 294. Vgl. *Haußleiter* NJW-Spezial 2011, 68; zur Rolle des Kindes beim Umgangsvergleich OLG Oldenburg FamFR 2009, 173; *Rauscher* FamFR 2010, 28.
[179] Vgl. OLG Zweibrücken FamRZ 1998, 1465 (1467).
[180] OLG Köln FamRZ 2001, 1023; NJW-RR 2002, 941; OLG Celle MDR 2001, 395; zu Grenzen dieser Pflicht BVerfG NJW 2002, 1863; FamRZ 2008, 845 und OLG Nürnberg MDR 2001, 1356; FamRB 2007, 205.
[181] OLG Saarbrücken FamRB 2007, 9 zur Weigerung des Kindes.
[182] So *Grziwotz*, Partnerschaftsvertrag für die nichteheliche und nicht eingetragene Lebensgemeinschaft, 4. Aufl. 2002, S. 88; weitergehend OLG Hamm FamRZ 1999, 163, wonach eine Sittenwidrigkeit nur anzunehmen ist, wenn das Wohl des Kindes zur Erlangung wirtschaftlicher Vorteile übergangen wird.
[183] Vgl. BGH FamRZ 2002, 1099; krit. *Schwab* FamRZ 2002, 1297 und *Heiderhoff* FamRZ 2004, 324. Zum Schadensersatz bei Verletzung einer Umgangsvereinbarung OLG Bremen NZFam 2018, 28.
[184] Zu den Kosten s. OLG Hamm FamRB 2004, 323.
[185] S. *Schweitzer* S. 65; *Spangenberg* FamRZ 2007, 13 und *Giers* FamRB 2007, 341. Vgl. auch EGMR NJW 2015, 1433.
[186] OLG Brandenburg FamRB 2006, 206; OLG Frankfurt a.M. FamFR 2013, 327.

fällt trotz der gesetzlichen Definition in § 1687 Abs. 1 S. 3 BGB nicht leicht.[187] Notarangelegenheiten dürften im Normalfall nicht zu den Angelegenheiten des täglichen Lebens zählen. Ob Elternvereinbarungen über den künftigen Aufenthalt des Kindes und über sonstige Modalitäten der Pflege und Erziehung bindend vereinbart werden können, ist bisher gerichtlich nicht geklärt. Schranke ist auch hier das Wohl des Kindes. Die vertragliche Bindung wird ferner unter dem besonderen Vorbehalt des Wandels der Lebensverhältnisse und Lebensbedürfnisse des Kindes stehen.[188] Die Aufnahme derartiger Vereinbarungen in die Urkunde über die Sorgeerklärung ist, sofern es sich nicht um eine Bedingung für diese handeln soll, möglich (→ Rn. 36).[189]

43   **3. Sorgevollmacht.** Während umstritten ist, ob die Eltern durch eine sog. deklaratorische Trennung einvernehmlich die Voraussetzungen für eine Alleinvertretungsbefugnis im Außenverhältnis durch Erklärung herbeiführen können,[190] ist jedenfalls eine **Sorgevollmacht** bei gemeinsamer Sorge von Eltern unabhängig von der Frage eines Getrenntlebens möglich. Diese ist für einzelne rechtsgeschäftliche Angelegenheiten unstrittig zulässig.[191] Eine Erteilung kann sowohl an Dritte als auch an den anderen Elternteil erfolgen. Dritten kann auch eine (widerrufliche) Generalvollmacht erteilt werden. Unzulässig ist dagegen eine Generalbevollmächtigung des anderen Elternteils.[192] Darüber hinaus ist eine Ermächtigung in einzelnen Angelegenheiten auch hinsichtlich der Personensorge nach herrschender Meinung zulässig.[193] Gleiches gilt im Rahmen des kleinen Sorgerechts des „Stiefelternteils" (§ 1687b BGB; § 9 Abs. 1–4 LPartG). Bei einem gemeinsamen Sorgerecht kann jedoch nicht ein Elternteil seinem Lebensgefährten über seine eigene Kompetenz hinaus Vollmacht erteilen.[194]

Muster zu Sorge- und Umgangsvereinbarungen *Hammer* FamRB 2006, 275 (278 und 313). Zu Vollmachten hinsichtlich des Sorgerechts s. BeckFormB FamR/*Bergschneider*/*Finger* Form. E. I. 4–9.

43a   **Formulierungsbeispiel: Sorgevollmacht für Urlaub**

Wir, *** und ***, sind die gemeinsam sorgeberechtigten Eltern unseres Sohnes ***/unserer Tochter ***, geboren am ***, wohnhaft ***. Beigeheftet sind Kopien unserer Personalausweise sowie des Reisepasses des Kindes. Wir bevollmächtigen und ermächtigen Herrn ***, geboren am ***, und dessen Ehefrau, Frau ***, geborene ***, geboren am ***, beide wohnhaft ***, mit unserem Sohn ***/unserer Tochter ***, von *** bis *** nach *** in Urlaub zu fahren und während dieses Zeitraums alle erforderlichen Erklärungen abzugeben und Entscheidungen zu treffen im Bereich der elterlichen Sorge, insbesondere der Personensorge einschließlich der Gesundheitsvorsorge für unseren Sohn ***/für unsere Tochter ***.

Ort, Zeit

Eigenhändig unterschrieben durch ***, ***, ***

---

[187] Vgl. *Schwab* FamRZ 1998, 457 (469), s. auch OLG Köln FamRZ 1999, 249 zur Entscheidung über einen zweiwöchigen Ferienaufenthalt eines dreijährigen Kindes in einem afrikanischen Land und OLG München FamRZ 1999, 111 zur Entscheidung über einen Schulwechsel.

[188] *Schwab* DNotZ 1998, 437 (447) und *Hammer* S. 221; weitergehend *Zimmermann* DNotZ 1998, 418 (424).

[189] Ebenso *Zimmermann* DNotZ 1998, 404 (418 ff.), ablehnend dagegen wohl *Brambring* DNotI-Report 1998, 89 (90).

[190] Zustimmend *Zimmermann* DNotZ 1998, 404 (418); ablehnend *Schwab* DNotZ 1998, 437 (447).

[191] *Hoffmann* FamRZ 2011, 1544; *Geiger/Kirsch* FamRZ 2009, 1879.

[192] RGRK/*Wenz* BGB § 1629 Rn. 15; zur Bedeutung einer Vollmacht für eine gerichtliche Sorgerechtsentscheidung OLG Schleswig NJW-RR 2012, 520.

[193] *Gernhuber/Coester-Waltjen* FamR § 58 Rn. 30 und *Zimmermann* DNotZ 1998, 404 (421).

[194] Missverständlich *Müller* DNotZ 2001, 581 (588).

4. Gestaltung von Elternvereinbarungen. Vereinbarungen zwischen den Eltern hin- 43b
sichtlich ihrer Beziehungen zu ihren Kindern betreffen neben dem Kindesunterhalt vor
allem das Sorge- und Umgangsrecht. Dabei ist zu beachten, dass die elterliche Verantwortung unverzichtbar und unübertragbar ist.[195] Für den Bereich des Kindesunterhalts ordnet
dies § 1614 BGB ausdrücklich an. **Elternvereinbarungen** sind formlos möglich, soweit
sie nicht in Zusammenhang mit formbedürftigen Vereinbarungen stehen. Eine Stellvertretung dürfte, soweit nicht lediglich finanzielle Abreden erfolgen, wegen der Höchstpersönlichkeit des Regelungsgegenstandes ausgeschlossen sein.[196] Zu beachten ist, dass bei einem 14-jährigen Kind eine Vereinbarung an dessen Widerspruch (§ 1671 Abs. 1 S. 2,
Abs. 2 S. 2 Nr. 1 BGB) scheitern kann. Eine unmittelbare Beteiligung des Kindes ist allerdings nicht erforderlich. Jedoch können die Eltern bereits im Vorfeld der Beurkundung
darauf hingewiesen werden, dass sie das Kind an der Elternvereinbarung beteiligen sollten. Zwingend ist dies für rechtlich nicht bindende Vereinbarungen über die religiöse Erziehung, da nach §§ 2 Abs. 3 S. 5, 3 Abs. 3 S. 5 RelKErzG das zehnjährige Kind auch im
Gerichtsverfahren zu hören ist und ab Vollendung des 14. Lebensjahres das Kind selbst
entscheidet (§ 5 KErzG). Zu beachten ist, dass bindende Verträge über die religiöse Kindererziehung nichtig sind (§§ 4, 1 Abs. 2 KErzG). Schließlich ist zu beachten, dass Elternvereinbarungen, zB bezüglich des Aufenthaltsrechts, auch Auswirkungen auf andere
Rechtsbereiche, zB das Unterhaltsrecht, haben können.

Umstritten ist die **Bindungswirkung** von Elternvereinbarungen (→ Rn. 41). Teilwei- 43c
se schließt die gesetzliche Regelung, wie zB bei Vereinbarungen über die religiöse Erziehung von Kindern (§ 4 KErzG), ausdrücklich oder nach dem Zweck der Regelung eine
Bindung aus. In diesem Umfang kann eine Bindung auch nicht durch das Versprechen
einer Vertragsstrafe für den Fall der Nichterfüllung der rechtlich nicht erzwingbaren Verpflichtung erreicht werden. Gleiches gilt für vertragsstrafenähnliche Klauseln.[197] Auch eine
Verschärfung der Schadensersatzhaftung wird nach überwiegender Ansicht derzeit für unzulässig gehalten.[198] § 89 FamFG lässt jedoch ein Ordnungsgeld bei Verstößen gegen gerichtliche Sorge- und Umgangsentscheidungen zu; in diesem Umfang dürften auch bei
einvernehmlichen Elternvereinbarungen entsprechende Sanktionen zulässig sein.

F. Annahme als Kind

I. Vorbemerkung

Die Annahme als Kind (Adoption) erfolgt durch Ausspruch des Familiengerichts. An die 44
Stelle des früher erforderlichen Vertragsschlusses sind im **Dekretsystem** Antrag und Einwilligung beziehungsweise die gemeinschaftlichen Anträge der Beteiligten getreten.[199] Die
Interessen betroffener Dritter werden durch das Erfordernis ihrer Einwilligung geschützt.
Das Gesetz unterscheidet in den Voraussetzungen und in den Wirkungen die Adoption
Minderjähriger (§§ 1714–1766 BGB) und diejenige Erwachsener (§§ 1767–1772 BGB).
Bisher nicht zugelassen hat der Gesetzgeber den Adoptionsvorvertrag bzw. den Pflegekindervertrag mit personenrechtlichen Wirkungen[200], die Blankoadoption, die so genannte
Freigabe vor der Geburt und die Ersatzmuttervermittlung (§ 13c AdVermiG).

---

[195] BGH FamRZ 1984, 778; FamRZ 2005, 1471; MüKoBGB/*P. Huber* BGB § 1626 Rn. 13.
[196] Weitergehend *Hammer* FamRB 2006, 275: stets höchstpersönlich.
[197] Ebenso *Hammer* FamRB 2006, 311 (315).
[198] *Hammer* FamRB 2006, 311 (315).
[199] Zur Entwicklung *Zimmermann* NZFam 2015, 484f. Zum (verneinten) Recht auf Adoption s. *Krauskopf-Mayerhöfer* iFamZ 2014, 156.
[200] *Gernhuber/Coester-Waltjen* FamR § 68 Rn. 7.

II. Voraussetzungen

45 **1. Annehmender.** Wer nicht verheiratet ist, kann ein Kind nur allein annehmen (**Einzeladoption**). Regeltatbestand der Adoption ist die **gemeinschaftliche Adoption** durch ein Ehepaar (§ 1741 Abs. 2 BGB); und zwar auch bei der Volljährigenadoption.[201] Nicht zugelassen ist eine Adoption durch nichteheliche bzw. nicht in eingetragener Lebenspartnerschaft lebende Paare und durch Geschwister.[202] Adoptiert ein nichtehelicher Lebensgefährte das Kind seines Partners, erlischt das Verwandtschaftsverhältnis des Kindes zu seinem leiblichen Elternteil.[203] Auch ein Adoptionsantrag vor Eheschließung mit der Anweisung, diesen erst nach der Heirat einzureichen, wird als bedingt angesehen.[204] Eine Ungleichbehandlung wegen der sexuellen Orientierung bedarf zu ihrer Rechtfertigung besonders gewichtiger und überzeugender Gründe.[205] Eine gemeinschaftliche Adoption ist eingetragenen Lebenspartnern – vor Umwandlung ihrer Lebenspartnerschaft in eine Ehe – bisher nicht möglich.[206] Ein Lebenspartner kann ein Kind jedoch mit Einwilligung des anderen allein annehmen (§ 9 Abs. 6 LPartG);[207] auch ein Ehegatte kann ein Kind nur mit Einwilligung des anderen allein annehmen (§ 1749 Abs. 1 S. 1 BGB). Eine Adoption durch einen Ehegatten allein ist grundsätzlich unzulässig, und zwar auch dann, wenn der andere der Kindesannahme zustimmt oder die Ehegatten bereits seit vielen Jahren getrennt leben.[208] Dies gilt auch für die Adoption durch den verheirateten biologischen Vater.[209] Ausnahmsweise allein adoptieren kann ein Ehegatte das Kind des anderen Ehegatten (so genannte Stiefkind-Adoption[210]), sowie dann, wenn der andere Ehegatte geschäftsunfähig ist oder das 21. Lebensjahr noch nicht vollendet hat und daher selbst ein Kind nicht annehmen kann (§ 1741 Abs. 2 S. 3 und S. 4 BGB). Eine Stiefkind-Adoption ist auch eingetragenen Lebenspartnern gestattet (§ 9 Abs. 7 S. 1 LPartG). Dies gilt auch für eine sukzessive Adoption eines minderjährigen Kindes durch Lebenspartner.[211] Ein bereits adoptiertes minderjähriges Kind kann somit vom Lebenspartner des Adoptivelternteils nochmals adoptiert werden (§ 9 Abs. 7 S. 2 LPartG iVm § 1742 BGB). Die früher mögliche „überlagernde" Adoption eines nichtehelichen Kindes durch einen seiner Elternteile wurde dagegen bereits im Rahmen der Kindschaftsreform abgeschafft. Die Adoption des rechtlich eigenen Kindes ist unzulässig; dagegen kann das eigene biologische Kind, wenn es rechtlich einem anderen Mann zugeordnet ist, von seinem Vater adoptiert werden.

46   Kinderlosigkeit, eine bestimmte Ehe- bzw. Lebenspartnerschaftsdauer und ein bestimmter Altersunterschied sind nicht Voraussetzungen der Adoption.[212] § 1743 BGB und § 9 Abs. 7 S. 2 LPartG stellen jedoch **Alterserfordernisse** auf, von denen keine Befreiung möglich ist: Der Annehmende muss 25 Jahre alt sein (Ausnahme: 21 Jahre bei Annahme des Kindes des Ehegatten/Lebenspartners); bei gemeinschaftlicher Annahme durch ein Ehepaar muss mindestens ein Teil das 25., der andere das 21. Lebensjahr vollendet haben. Das jeweilige Mindestalter muss erreicht sein, wenn die Annahme nach § 1752

---

[201] OLG Koblenz MDR 2014, 545; OLG Schleswig FamRZ 2014, 1039.

[202] Vgl. *Binschus* ZfF 2003, 128; zur Verletzung des Art. 8 EMRK beim gemeinsamen Familienleben EGMR FamRZ 2008, 377.

[203] BGH NJW 2017, 1672; vgl. auch OLG Hamburg FamRZ 2017, 1234 und *Löhnig* NZFam 2017, 879.

[204] KG FamRZ 2013, 642.

[205] EGMR NJW 2009, 3637.

[206] Von einem Verstoß gegen Art. 8 und 14 EMRK geht der Österr. VfGH FamRZ 2015, 391 zu Recht aus. Zur Adoption durch homosexuelle Ehepaare s. nur *Zschiebsch* notar 2017, 363 f. und *Löhnig* NZFam 2017, 879.

[207] BVerfG FamRZ 2009, 1653; vgl. *Müller* FF 2011, 56.

[208] OLG Hamm MDR 1999, 1001; OLG Koblenz MittBayNot 2014, 343.

[209] BayObLG FamRZ 2003, 1039; OLG Hamm FPR 2004, 104.

[210] BVerfG NJW 2013, 847; vgl. EGMR NJW 2013, 2173 und *Enders* FPR 2004, 60.

[211] *Grziwotz* DNotZ 2005, 13 (15). Vgl. OLG Hamburg NZFam 2017, 382. S. dazu *Campbell* NJW-Spezial 2016, 132 f.

[212] Zur Bedeutung des Altersunterschieds s. LG Kassel FamRZ 2006, 727.

BGB ausgesprochen wird; vorherige Antragstellung ist zulässig. Der Annehmende muss unbeschränkt geschäftsfähig sein (§ 1743 Abs. 4 BGB aF). Diese Voraussetzung muss noch im Zeitpunkt des gerichtlichen Adoptionsbeschlusses vorliegen. Fällt dies infolge einer Demenz weg, ist eine Adoption nicht mehr möglich.[213]

Grundvoraussetzungen der Annahme sind, dass sie dem **Kindeswohl** dient und dass **47** die ernsthafte Aussicht der Entstehung eines **Eltern-Kind-Verhältnisses** besteht.[214] Es muss ein dem natürlichen Eltern-Kind-Verhältnis nachgebildetes Familienband im Sinne einer dauernden seelisch-geistigen Bindung vorliegen oder zu erwarten sein.[215] Bei der Volljährigenadoption wird das Eltern-Kind-Verhältnis wesentlich durch eine auf Dauer angelegte Bereitschaft zum gegenseitigen Beistand geprägt;[216] insofern sind weniger weitgehende Anforderungen an das Eltern-Kind-Verhältnis zu stellen als bei der Adoption minderjähriger Kinder.[217] Die Voraussetzungen müssen aufgrund einer umfassenden Würdigung der Umstände des Einzelfalls positiv festgestellt werden; bei Zweifeln darf die Adoption nicht ausgesprochen werden.[218] Daneben bestehende andere Zwecke (zB steuerliche oder erbrechtliche Motive) schaden nicht, wenn die familienbezogenen überwiegen.[219] Bei einer Volljährigenadoption können das Bedürfnis des Annehmenden nach Fürsorge und Pflege durch das Kind[220] und die Fortführung des Lebenswerkes[221] die sittliche Rechtfertigung der Adoption darstellen. Zweifelhaft ist dies, wenn die Beteiligten kaum zusammenlebten und vorherrschendes Motiv die Verschaffung eines Aufenthaltsrechts ist.[222] Gleiches gilt bei einem nicht einer natürlichen Generationennachfolge entsprechenden Altersunterschied[223] und der Erbringung von Pflegeleistungen aufgrund eines Anstellungsvertrages[224] sowie für eine Adoption aus rein steuerlichen Gründen,[225] zur finanziellen Absicherung des Anzunehmenden[226] und zur Namensnachfolge. Sittlich nicht gerechtfertigt ist die Adoption, wenn ein Kind, das von seinem leiblichen Elternteil versorgt worden ist, sich durch eine Volladoption seiner Unterhaltspflicht entzieht.[227] Dage-

[213] OLG München NJW-RR 2010, 1232.
[214] Zum kumulativen Vorliegen beider Voraussetzungen auch bei der Stiefkindadoption s. OLG Nürnberg NZFam 2019, 48. Nach OLG Oldenburg NJW-RR 1996, 709 nicht zu erwarten bei Adoption des nichtehelichen Enkelkindes durch die Großeltern; nach BayObLG FamRZ 1998, 504 nicht bei bloßem Bestehen freundschaftlicher Beziehungen; nach OLG München FamRB 2006, 114 bei vorherigen sexuellen Beziehungen und nach BayObLG FamRZ 1998, 505; NJWE-FER 2000, 146 und NJWE-FER 2001, 12 bei einem zu geringen, nicht der natürlichen Generationennachfolge entsprechenden Altersunterschied bei einer Volljährigenadoption; KG DNotZ 2013, 780 bei nur 12 Jahren; aA LG Frankenthal FamRZ 1998, 505 bei Altersunterschied von mehr als 6 Jahren im Rahmen einer Erwachsenenadoption durch den Ehepartner und OLG Hamm NotBZ 2013, 477 bei 13 Jahren und 7 Monaten; vgl. auch LG Landshut MittBayNot 1999, 483: gute Beziehungen zu den leiblichen Eltern schaden nicht.
[215] OLG Hamm FamRB 2014, 333; OLG Braunschweig FamRZ 2017, 1240. Vgl. auch *Krause* ZKJ 2010, 64.
[216] OLG Nürnberg FamRZ 2012, 137.
[217] OLG Hamm FamFR 2012, 381.
[218] OLG München FamFR 2009, 31; OLG Schleswig FamFR 2009, 174; OLG Köln FamRZ 2012, 137; OLG Nürnberg NZFam 2014, 964; OLG Bremen FamRZ 2017, 722; OLG Hamburg NZFam 2018, 1052.
[219] BayObLG FamRZ 2001, 118; OLG Frankfurt a.M. NJWE-FER 2000, 29; OLG Nürnberg FamRZ 2012, 137; NJW-RR 2015, 1414 (Adoption der erwachsenen Nichte); OLG Hamburg NZFam 2018, 1052.
[220] BayObLG MittBayNot 2003, 140; teilw. abw. OLG München FamRB 2009, 241.
[221] Hof, Unternehmen, Kanzlei, Praxis, vgl. BayObLG NJW-RR 2002, 1658; MittBayNot 2004, 443; FamRZ 2005, 131; FamRZ 2005, 546; *Staake* NJW 2019, 631 ff.
[222] OLG Köln RNotZ 2004, 233; vgl. BVerwG DVBl. 2011, 287.
[223] OLG Bremen NZFam 2017, 38; teilw. abw. AG Siegburg NZFam 2019, 235.
[224] AG Konstanz FamRZ 2016, 2021.
[225] OLG Karlsruhe NJW-RR 2006, 364; OLG München ZEV 2009, 83; LG Saarbrücken BeckRS 2011, 12811: Adoption des 67-jährigen Steuerberaters durch die 86-jährige Mandantin, wobei sich beide im Verfahren siezten; vgl. auch OLG Zweibrücken DNotZ 2006, 129 und *Hölscher* ZErb 2012, 253.
[226] OLG München MittBayNot 2009, 472.
[227] OLG Düsseldorf FamRB 2015, 178; OLG Brandenburg MittBayNot 2018, 157; OLG Düsseldorf FamRZ 2014, 1796.

gen schließt ein noch intaktes Verhältnis zu den leiblichen Eltern die sittliche Rechtfertigung der Volljährigenadoption nicht automatisch aus.[228] Umstritten ist dagegen die Zulässigkeit einer Erwachsenenadoption von Ehegatten,[229] eines Elternteils zusammen mit
seinem Kind[230] und des Schwiegerkindes.[231] Bei einer Zeugung durch eine private Samenspende ist der Vater am Verfahren zu beteiligen (§ 7 Abs. 4 FamFG). Will er die
rechtliche Vaterstellung nicht einnehmen, kann die Adoption durch die Lebenspartnerin
auch ohne Beteiligung des möglichen leiblichen Vaters ausgesprochen werden.[232] Erhöhte
Anforderungen stellt das Gesetz, wenn sich der Annehmende an einer sittenwidrigen Verbringung oder Vermittlung des Kindes beteiligt hat.[233]

48   Der Adoptionsantrag (§ 1752 BGB) kann **nicht** von einer **Bedingung oder Zeitbestimmung** abhängig gemacht werden, insbesondere nicht davon, dass die Person des Annehmenden den leiblichen Eltern nicht bekannt gemacht wird.[234] Stellen künftige Ehegatten den Antrag, ist er als unter einer Bedingung gestellt anzusehen.[235] Der Antrag muss
persönlich zur Niederschrift eines Notars erklärt werden; der Notar kann mit seiner
Einreichung betraut werden.[236] Zu übersenden ist eine Ausfertigung der Urkunde.[237]

49   Der Antrag kann bis zum Wirksamwerden des Ausspruchs der Annahme (§ 197 Abs. 2
FamFG) zurückgenommen werden.[238] Die höchstpersönliche **Rücknahmeerklärung** ist
bedingungs- und befristungsfeindlich. Das Gesetz sieht keine besondere Form vor; umstritten ist, ob sie an die Einhaltung der notariellen oder öffentlichen Beurkundung[239] gebunden ist oder formfrei[240] erfolgen kann. Das Recht auf Rücknahme des Adoptionsantrags ist nicht vererblich.[241] Der Erbe kann dem Antrag die mögliche postmortale
Wirkung (§ 1753 Abs. 2 BGB) nicht durch eine Rücknahme entziehen.

50   Führen die Adoptiveltern keinen Ehenamen/Lebenspartnerschaftsnamen, müssen sie
vor dem Ausspruch der Annahme wie die leiblichen Eltern den **Geburtsnamen** des Kindes durch notariell beglaubigte Erklärung gegenüber dem Familiengericht bestimmen
(§ 1757 Abs. 2 S. 1 BGB; § 9 Abs. 7 S. 2 LPartG). Sie ist unwiderruflich und gilt auch für
weitere (leibliche oder adoptierte) Kinder der Adoptiveltern.[242] Nach Vollendung des
5. Lebensjahres ist es erforderlich, dass sich das Kind der Namensänderung in öffentlich
beglaubigter Form anschließt. Nach Vollendung des 14. Lebensjahres kann das Kind die
Erklärung nur selbst abgeben; es bedarf hierzu der Zustimmung des gesetzlichen Vertreters
(§ 1757 Abs. 2 S. 2 BGB); auf diese Bestimmung wird bei Lebenspartnern nicht verwiesen.

51   Gemäß § 1757 Abs. 4 BGB kann das Familiengericht ferner auf Antrag des Annehmenden mit Einwilligung des Kindes in Bezug auf den oder die Vornamen des Kindes

---

[228] OLG München DNotZ 2017, 703; OLG Hamburg NZFam 2018, 1052; OLG Stuttgart MDR 2019,
354; aA OLG Stuttgart FamRZ 2015, 592 (593); OLG Bremen NZFam 2017, 38.
[229] Bejahend AG Backnang FamRZ 2007, 77; *Prang* StAZ 1982, 111; *Hochwald* StAZ 2007, 346.
[230] OLG Frankfurt a.M. FamRZ 1982, 848.
[231] DNotI-Report 2009, 75.
[232] BGH NJW 2015, 1820; vgl. auch OLG Karlsruhe FamRZ 2014, 674; OLG Bamberg NJW-RR 2017,
840 sowie *Frank* FamRZ 2017, 497; *Keuter* FuR 2014, 261; *ders.* NZFam 2017, 873; *Löhnig/Riege*
FamRZ 2015, 9 und *Osthold* FF 2016, 53.
[233] § 1741 Abs. 1 S. 2 BGB; vgl. BGH NJW 2015, 479; NJW 2015, 2800; OLG Düsseldorf NJW 2015,
3382; NJW 2017, 2774; OLG Celle FamRZ 2017, 1496; OLG München NJW-RR 2018, 516;
Schweiz. Bundesgericht FamRZ 2015, 1912 zum Leihmuttervertrag.
[234] RGRK/*Dickescheid* BGB § 1742 Rn. 3. Zu den Folgen einer unwirksamen Bedingung *Zschiebsch* notar
2017, 195 (199).
[235] KG FamRZ 2013, 642.
[236] Palandt/*Brudermüller* BGB § 1752 Rn. 6.
[237] BayObLG DNotZ 1979, 348.
[238] Arg. § 1750 Abs. 4 S. 1 BGB; BRHP/*Pöcker* BGB § 1752 Rn. 3; aA Palandt/*Götz* BGB § 1752 Rn. 6:
Rücknahme nur bis zum Ausspruch der Annahme.
[239] Erman/*Saar* BGB § 1752 Rn. 4; *Krause* NotBZ 2006, 221 (232).
[240] BayObLGZ 1982, 318 (321 f.).
[241] BayObLG NJW-RR 1996, 1092.
[242] Vgl. OLG Hamm FamRZ 2001, 859.

eine Änderung verfügen oder seinem neuen Familiennamen den bisherigen Familiennamen voranstellen oder anfügen.[243] Die **Namensänderung** ist Teil des Adoptionsbeschlusses.[244] Der Antrag kann nur bis zu dessen Wirksamwerden (zur Sicherheit in notarieller Form) gestellt werden.[245] § 1752 Abs. 2 S. 1 BGB verbietet, den Adoptionsantrag von der Bewilligung der Namensänderung abhängig zu machen.[246] Auch der Antrag auf Namensregelung ist in der Form des § 1746 Abs. 2 S. 2 BGB (str., hM: formfrei)[247] widerruflich.

2. Anzunehmender. Die Adoption eines (rechtlich) **eigenen** ehelichen **Kindes** ist ausgeschlossen.[248] Auch die Annahme des eigenen nichtehelichen Kindes ist nicht möglich. Zulässig ist dagegen die Rückadoption eines adoptierten Kindes nach dem Ableben der Annehmenden durch die leiblichen Eltern,[249] nicht dagegen nach einer Aufhebung der Adoption (vgl. § 1764 Abs. 3 BGB). Nach Eintritt der Volljährigkeit des Kindes ist eine Rückadoption ebenfalls möglich.[250] **52**

§ 1742 BGB verbietet grundsätzlich mehrfache Adoptionen eines minderjährigen Kindes. Keine verbotene **Zweitadoption** liegt vor, wenn das erste Annahmeverhältnis nichtig war, später aufgehoben wurde oder wenn der Annehmende stirbt. § 1742 BGB ermöglicht ferner eine weitere Kindesannahme trotz bestehenden Annahmeverhältnisses zu Lebzeiten des Erstadoptierenden, wenn das Kind zusätzlich von dessen Ehegatten angenommen wird. Als zulässig wurde ferner eine (nun nicht mehr erforderliche, → Rn. 72) befestigende Zweitadoption angesehen, wenn bei einer im Ausland vorgenommenen Annahme Zweifel an deren Wirksamkeit bestanden und sie deshalb im Inland nochmals wiederholt wurde.[251] Eine Zweitadoption durch den eingetragenen Lebenspartner ist zulässig (§ 9 Abs. 7 S. 2 LPartG).[252] Die Annahme eines Volljährigen ist stets auch dann möglich, wenn er schon vorher einmal adoptiert worden war (§ 1768 Abs. 1 S. 2 BGB);[253] auf diesem Weg konnten bereits vor der Änderung des § 9 Abs. 7 S. 2 LPartG[254] eingetragene Lebenspartner eine gemeinsame rechtliche Elternschaft hinsichtlich eines „Drittkindes" erreichen.[255] **53**

Wird ein minderjähriges Kind angenommen, muss es – ausgenommen bei Versterben der nichtehelichen Mutter während oder kurz nach der Geburt – mindestens **acht Wochen alt** sein (arg. § 1747 Abs. 2 BGB). Durch das Erfordernis einer angemessenen Pflegezeit (§ 1744 BGB) verlängert sich der Zeitraum zwischen Geburt und Annahme in den meisten Fällen ohnehin. **54**

Die nach § 1746 BGB erforderliche **Einwilligung des minderjährigen Anzunehmenden** wird vom gesetzlichen Vertreter abgegeben, solange das Kind noch geschäftsunfähig oder in seiner Geschäftsfähigkeit beschränkt ist.[256] Hat das Kind das 14. Lebensjahr **55**

---

[243] Zu den gerichtlichen Maßstäben bei der diesbezüglichen Entscheidung s. OLG Zweibrücken NJW-RR 2016, 262. Zur Frage der (verneinten) Anwendbarkeit des § 1617c BGB *Krömer* StAZ 2016, 252f.
[244] BayObLG FamRZ 1980, 501; vgl. OLG Karlsruhe MDR 1999, 485. Zur Unanfechtbarkeit, wenn lediglich die gesetzliche Änderung des Geburtsnamens im Beschluss wiedergegeben wird, BGH NZFam 2017, 800; zur strittigen Frage der Anfechtbarkeit der Zurückweisung der beantragten Namensänderung s. OLG Zweibrücken FamRZ 2001, 1733 und OLG Bamberg NZFam 2018, 958.
[245] Erman/*Saar* BGB § 1757 Rn. 5.
[246] KG FamRZ 1978, 208.
[247] So BGH NZFam 2017, 800.
[248] OLG Hamm FamRZ 1978, 735; zur Annahme durch den biologischen Vater s. DNotI-Report 2006, 165.
[249] OLG Köln NotBZ 2014, 68; Soergel/*Liermann* BGB § 1741 Rn. 45.
[250] Erman/*Saar* BGB § 1768 Rn. 2. Vgl. auch DNotI-Report 2014, 171 und DNotI-Report 2017, 123 (124).
[251] OLG Frankfurt a.M. NJW-RR 1992, 777.
[252] BVerfG NJW 2013, 847.
[253] Vgl. auch *Lüderitz* NJW 1993, 1050 (1051) und DNotI-Report 2017, 123 (124).
[254] BGBl. 2014 I 786 (Inkrafttreten: 27.6.2014).
[255] Vgl. *Grziwotz*, Beratungshandbuch Lebenspartnerschaft, 2003, Rn. 307.
[256] Zum Einsichtsrecht des adoptierten (zwischenzeitlich volljährigen) Kindes in die Einwilligungsurkunde s. § 51 Abs. 1 Nr. 1 BeurkG.

vollendet, so willigt es selbst mit Zustimmung seines gesetzlichen Vertreters ein. Einer Einwilligungserklärung der Eltern als Vertreter des Kindes bzw. der Zustimmung der Eltern zur Einwilligung des Kindes bedarf es nicht, wenn diese wirksam und unwiderruflich ihre Einwilligungserklärung für sich selbst abgegeben haben oder diese durch das Familiengericht ersetzt worden ist (§ 1746 Abs. 3 Hs. 2 BGB). Bei unterschiedlicher Staatsangehörigkeit des Annehmenden und des Kindes bedarf die Einwilligung der Genehmigung des Familiengerichts; dies gilt nicht, wenn sich die Annahme nach deutschem Recht richtet. Bei einer Stiefkindadoption besteht nach hM[257] kein Vertretungshindernis für den sorgeberechtigten Elternteil; die Bestellung eines Ergänzungspflegers ist deshalb nicht nötig. Ist die Identität eines unbegleitet nach Deutschland eingereisten Kindes nicht bekannt, steht der Adoption nicht entgegen, dass die Identität des Anzunehmenden nicht sicher geklärt ist.[258]

56   Die Einwilligung des Anzunehmenden oder seines gesetzlichen Vertreters kann bereits vor Stellung des Adoptionsantrags erteilt werden. Sie muss unbedingt, unbefristet, höchstpersönlich und zu notarieller Urkunde erklärt werden (§ 1750 BGB). Dies gilt in gleicher Weise für die Zustimmung des gesetzlichen Vertreters.[259] Die Einwilligung wird mit Zugang einer Ausfertigung beim Familiengericht wirksam. Sie verliert ihre Gültigkeit, wenn der Adoptionsantrag zurückgenommen wird oder die Adoption aus anderen Gründen nicht zustande kommt. Ein **Widerruf** ist für den gesetzlichen Vertreter nicht zugelassen. Dagegen kann das 14-jährige Kind die Einwilligung bis zum Wirksamwerden des Ausspruchs der Annahme durch öffentlich beurkundete Erklärung (Notar oder Jugendamt, § 59 Abs. 1 Nr. 6 SGB VIII) widerrufen; eine Zustimmung des gesetzlichen Vertreters ist nicht nötig.

57   Zur Annahme eines **Volljährigen** ist dessen **Antrag** erforderlich. Eine elterliche Zustimmung ist bei Geschäftsfähigkeit ebenso wenig erforderlich wie ein vorangegangenes Pflegeverhältnis. Der Antrag ist wiederum bedingungs- und befristungsfeindlich, höchstpersönlich, bedarf der notariellen Form (§§ 1767 Abs. 2, 1752 Abs. 2 BGB) und kann zurückgenommen werden (§ 1746 Abs. 2 S. 2 BGB gilt entsprechend; str., → Rn. 49).

58 3. Weitere Erklärungserfordernisse. a) Einwilligung der Eltern. Beide **Eltern** müssen bei der Adoption eines Minderjährigen in die Aufgabe ihres Elternrechtes einwilligen.[260] Die Einwilligung kann erst erteilt werden, wenn das Kind acht Wochen alt ist (§ 1747 Abs. 2 S. 1 BGB). Eine vor Ablauf von acht Wochen nach der Geburt erklärte **Einwilligung** ist unwirksam[261] und kann zur Aufhebung des Annahmeverhältnisses führen (§ 1760 Abs. 2 lit. e BGB). Nur der nichteheliche Vater kann schon vor der Geburt des Kindes einwilligen, wenn keine Sorgeerklärungen abgegeben wurden (§ 1747 Abs. 3 S. 1 Nr. 1 BGB). Zur besonderen Stellung des nichtehelichen Vaters ferner → Rn. 61.

59   Bei Beurkundung der höchstpersönlichen Einwilligung (§ 1750 BGB) muss der Adoptionsantrag noch nicht gestellt sein, aber der „Annehmende" schon feststehen. Damit ist eine **Blanko-Einwilligung** ausgeschlossen. Strittig ist, ob eine subsidiäre Staffelung mehrerer Adoptionsbewerber oder eine alternative Stellung mehrerer Annehmender zulässig ist.[262] Der Einwilligungsberechtigte braucht die Person des Annehmenden nicht zu ken-

[257] BGH NJW 1980, 1746.
[258] AG Elmshorn FamRZ 2009, 1691.
[259] Ebenso *Roth-Stielow* Rn. 10; aA hinsichtlich der Form die hM, s. nur Staudinger/*Frank* BGB § 1746 Rn. 33.
[260] § 1747 BGB; zur Ersetzung s. § 1748 BGB, s. dazu BVerfG FamRZ 2002, 229 und FamRZ 2002, 535; DVBl. 2006, 179; BGH NJW 1997, 585; NJW 2005, 1781; OLG Köln FamFR 2012, 167. Zur Einwilligung des biologischen Vaters s. § 1747 Abs. 1 S. 2 BGB und dazu OLG Bamberg NZFam 2017, 518. Zum Auskunfts- und Umgangsrecht nach Einwilligung in die Adoption EGMR NJW 2015, 2319.
[261] RGRK/*Dickescheid* BGB § 1747 Rn. 7.
[262] Vgl. Erman/*Saar* BGB § 1747 Rn. 5; bejahend OLG Hamm NJW-RR 1991, 905.

nen (§ 1747 Abs. 2 S. 2 BGB); **Inkognito-Adoption.**[263] Wegen der Bedingungsfeind-lichkeit kann der anonyme Annehmende wohl nicht durch abstrakte Eigenschaften wie Nationalität, Konfession, Beruf etc eingegrenzt werden;[264] in diesem Fall kann zur prakti-schen Problemlösung die Einwilligung (erst) erteilt werden, wenn die Auskunft über die Eigenschaften der Annehmenden die Eltern befriedigt. Mit der Bindung an die Einwilli-gung sind gemäß § 1751 BGB Vorwirkungen der künftigen Adoption verbunden. Wird das Kind nicht innerhalb von drei Jahren angenommen, so wird die Einwilligung unwirk-sam (§ 1750 Abs. 4 S. 2 BGB).

b) Einwilligung des Ehegatten und Lebenspartners. Zur Annahme eines Kindes 60 durch einen Ehegatten allein ist die Einwilligung des anderen **Ehegatten,** zur Annahme eines Verheirateten ist die **Einwilligung** seines Ehegatten erforderlich (§ 1749 BGB). Entsprechend gilt dies bei der Annahme durch einen Lebenspartner und bei der Annahme einer Person, die eine Lebenspartnerschaft führt (§ 9 Abs. 6 S. 1 LPartG; § 1767 Abs. 2 BGB). Die höchstpersönliche, bedingungs- und befristungsfeindliche, notariell beurkun-dete Einwilligung muss sich in sämtlichen Fällen auf ein konkretes Annahmevorhaben be-ziehen.[265]

c) Einwilligung des nichtehelichen Vaters. Der **Vater eines nichtehelichen Kindes** 61 hatte nach § 1747 Abs. 2 S. 2 BGB aF bei der Adoption durch Dritte nur ein „Vorrecht". Eine Annahme durch die Mutter konnte er nicht verhindern. Nach geltendem Recht muss auch der nichteheliche Vater kraft seines Elternrechtes in die Adoption einwilligen (→ Rn. 58).[266] Ist die Vaterschaft noch nicht geklärt, so gilt im Rahmen des Adoptions-verfahrens der Mann als Vater, der glaubhaft macht, dass er der Mutter in der Empfäng-niszeit beigewohnt hat (§ 1747 Abs. 1 S. 2 BGB).[267] Ist der Vater nicht bekannt, kann er im Adoptionsverfahren nicht beteiligt werden.[268] Der Vater kann, sobald die Mutter in die Adoption eingewilligt hat, ohne ihre Zustimmung die Übertragung der elterlichen Sorge beantragen (§§ 1672 Abs. 1, 1751 Abs. 1 S. 6 BGB).[269] Die Rechtskraft dieser fami-liengerichtlichen Entscheidung muss abgewartet werden, ehe das Familiengericht über die Annahme entscheidet. Andererseits kann aber auch der Vater durch öffentlich beurkunde-te Erklärung, die bedingungs- und befristungsfeindlich sowie höchstpersönlich ist, darauf verzichten, einen Antrag auf Übertragung der Sorge zu stellen (§ 1747 Abs. 3 Nr. 3 BGB). Diese Erklärung wird mit Zugang beim Familiengericht wirksam, es sei denn, es geht gleichzeitig ein Widerruf ein.[270]

III. Ausspruch der Annahme (Verfahren)

Das Familiengericht, in dessen Bezirk der Annehmende seinen gewöhnlichen Aufenthalt 62 hat (§ 187 Abs. 1 FamFG), hilfsweise der Anzunehmende (§ 187 Abs. 2 FamFG), ist ört-lich zuständig. Mangels eines Anknüpfungspunktes ist das Amtsgericht Schöneberg in Berlin zuständig (§ 187 Abs. 5 FamFG).[271] Für inländische Adoptionsverfahren, in denen

[263] *Zschiebsch* notar 2017, 195 (199). Zum Auskunftsanspruch der Kindeseltern nach einer Inkognito-Adopti-on s. OVG Lüneburg NJW 1994, 2634; OLG Karlsruhe NJWE-FER 1996, 5 und VG Neustadt a.d.W. NZFam 2015, 1078; vgl. § 13 Abs. 2 S. 2 FamFG und § 63 Abs. 1 PStG.
[264] HM, Soergel/*Liermann* BGB § 1747 Rn. 21; MüKoBGB/*Maurer* BGB § 1747 Rn. 65 (nur Auskunfts-anspruch); vgl. auch BRHP/*Pöcker* BGB § 1747 Rn. 11.
[265] RGRK/*Dieckescheid* BGB § 1749 Rn. 2.
[266] Zur Ersetzung s. OLG Köln FamRZ 2012, 1153; OLG Hamm FamRZ 2015, 868; KG FamRZ 2016, 2019; OLG Hamm FamRZ 2017, 1064; *Liermann* FamRZ 2003, 1523.
[267] Vgl. dazu *Frank* FamRZ 1998, 393 (395); *Helms* JAmt 2001, 57 und *Keuter* NZFam 2017, 873.
[268] Zur anonymen Samenspende AG Göttingen FamRZ 2015, 1982. Zur „Becherspende" s. BGH NJW 2015, 1820 und *Keuter* NZFam 2017, 873 (874f.).
[269] BGH FamRZ 2007, 1969.
[270] Palandt/*Brudermüller* BGB § 1747 Rn. 6.
[271] *Sonnenfeld* NotBZ 2009, 295 (296).

ausländische Sachvorschriften zur Anwendung kommen, gilt eine Verfahrenskonzentration (§ 5 Abs. 1 AdWirkG); dies betrifft nicht Verfahren, in denen der Anzunehmende das 18. Lebensjahr zur Zeit der Annahme vollendet hat.[272] Das Familiengericht spricht die Annahme durch **Beschluss** (sog. Dekretsystem) aus (§ 197 FamFG);[273] gegen die Ablehnung findet die fristgebundene Beschwerde (§ 58 FamFG) statt.[274] Der Notar kann hierzu bevollmächtigt werden.[275] Keine Anfechtung ist hinsichtlich der Namensbestimmung möglich.[276] Eine Klarstellung ist möglich, dass es mangels Anschließung des Ehegatten/ Lebenspartners des Angenommenen beim gemeinsamen Ehenamen/Lebenspartnerschafts- namen verbleibt.[277] Ist der Anzunehmende verstorben, kann eine Annahme nicht mehr ausgesprochen werden. Dagegen steht der Tod des Annehmenden der Adoption nicht entgegen, wenn der Annehmende den beurkundeten Antrag beim Familiengericht ein- gereicht oder den beurkundenden Notar damit betraut hat (§ 1753 BGB).[278] Nicht ausreichend ist dagegen eine Beauftragung des Notars nur „für den Fall des Todes des Antragstellers".[279] Die erforderlichen Einwilligungen gelten auch für die **postmortale Adoption.**[280] Auch der Verlust der Geschäftsfähigkeit des Annehmenden zwischen An- tragstellung und dem familiengerichtlichen Beschluss steht einer Volljährigenadoption nicht entgegen, da maßgeblicher Zeitpunkt die Antragstellung ist.[281]

62a **Formulierungsbeispiel: Notarbeauftragung Adoption**

Der Notar/Die Notarin wird damit betraut, den Antrag beim Familiengericht einzurei- chen.

IV. Rechtsfolgen

63 **1. Minderjährigenadoption.** Ein minderjähriges Kind erlangt mit der Annahme durch ein Ehepaar oder den Ehegatten seiner Mutter oder seines Vaters die Stellung eines ge- meinschaftlichen Kindes, bei Adoption durch eine Einzelperson die Stellung eines Kindes des Annehmenden.[282] Durch die Stiefkindadoption eines Lebenspartners erlangt das Kind die Stellung eines gemeinschaftlichen Kindes der Lebenspartner (§ 9 Abs. 7 S. 2 LPartG), und zwar unabhängig davon, ob es sich um ein leibliches oder angenommenes Kind des Lebenspartners handelt. Die rechtliche Verwandtschaft zwischen dem Annehmenden und dem Kind einschließlich der jeweiligen Verwandten führt zu gegenseitigen Unterhalts- pflichten und Erbrechten.[283] Auch im öffentlichen Recht und im Steuerrecht wird dies

---

[272] OLG München NJW-RR 2009, 592.
[273] *Zimmermann* NZFam 2018, 12 (13). Zum Verfahren *Braun* FamRZ 2011, 81; *Krause* FamRB 2009, 221 und *Zschiebsch* FPR 2009, 493. Zum Verbot der Aussprache der Annahme bei Beteiligung an gesetzes- oder sittenwidrigen Adoptionsvermittlungen (§ 1741 Abs. 1 S. 2 BGB) s. OLG München FamRB 2018, 229 (verneint bei Eizellspende und Leihmutterschaft).
[274] Zur Anfechtung bei Annahme nur durch einen Ehegatten OLG Düsseldorf FamRB 2008, 48.
[275] Keine automatische Verfahrensbevollmächtigung nach OLG Bremen FamRB 2014, 377.
[276] BGH NZFam 2017, 800; LG Braunschweig FamRZ 2000, 114.
[277] OLG Frankfurt a.M. StAZ 1992, 378; OLG Zweibrücken FamRZ 2011, 1411.
[278] AG Ratzeburg NJWE-FER 2000, 7: nicht bei Auftrag zur Einreichung erst nach dem Ableben.
[279] OLG München MittBayNot 2010, 319.
[280] HM, RGRK/*Dickescheid* BGB § 1753 Rn. 7.
[281] OLG München FamRZ 2015, 1509; aA noch OLG München FamRZ 2010, 2087 (Zeitpunkt der ge- richtlichen Entscheidung).
[282] Zur Interessenabwägung hinsichtlich der leiblichen Kinder OLG Köln NJW 2015, 643 und *A. Herzog* FuR 2016, 460. Zur Beteiligung im Verfahren BVerfG NJW 2014, 2635.
[283] *Krüger* ErbR 2013, 38. Zum Adoptivkind in gesellschaftsvertraglichen Nachfolgeklauseln *Reimann* ZEV 2013, 479 (481 ff.). Zu einer Minderjährigenadoption nach altem Recht s. Art. 12 AdoptG; vgl. OLG Schleswig ZEV 2012, 315; OLG Köln FamRZ 2015, 516; OLG Düsseldorf FamRZ 2017, 632 und DNotI-Report 2016, 119 f. Zur Unauffindbarkeit des Annahmevertrags DNotI-Report 2015, 131 (132); OLG Hamm ZEV 2012, 318. Zum Beginn der Unterhaltspflicht s. OLG München FamRZ 2018, 433.

anerkannt (vgl. §§ 3 Nr. 3, 6 StAG).[284] Gleichzeitig erlöschen die verwandtschaftlichen Beziehungen zu den leiblichen Eltern; unberührt bleiben rückständige Unterhaltsansprüche, das Eheverbot (§ 1308 BGB)[285] sowie Renten- und Waisengeldansprüche. Als Folge der **Volladoption** erhält das Kind grundsätzlich als Geburtsnamen den Familiennamen des Annehmenden.[286] Eine Weiterführung des bisherigen Namens kann auch gerichtlich nicht gestattet werden.[287] Zur Bestimmung des Geburtsnamens des Kindes, wenn die Adoptiveltern keinen Ehenamen/Lebenspartnerschaftsnamen führen, und zur Zustimmung des Kindes siehe § 1757 Abs. 2 BGB. Bei einem verheirateten Kind erstreckt sich die Namensänderung nur dann auf den Ehenamen des Kindes, wenn dessen Ehegatte zustimmt (§ 1757 Abs. 3 BGB). Ist eine Namensänderung nicht gewünscht, kann die (abgesprochene) Weigerung des Ehegatten als Gestaltungsmittel verwendet werden.[288] Dies gilt allerdings nicht mehr, wenn die Ehe bereits geschieden ist. Entsprechend gilt dies bei eingetragenen Lebenspartnern, die einen Lebenspartnerschaftsnamen führen.

> **Formulierungsbeispiel: Zustimmung zu Adoption**   63a
>
> Frau *** stimmt der Adoption ihres Mannes durch *** als Ehefrau zu, nicht jedoch der ⟲
> Änderung des bisherigen Ehenamens „***".

Ausnahmen vom Grundsatz des Familienwechsels enthalten die §§ 1755 Abs. 2, 1756 64
BGB; § 9 Abs. 7 LPartG **(eingeschränkte Volladoption):**
- Bei der **Stiefkindadoption** (§ 1755 Abs. 2 BGB; § 9 Abs. 7 LPartG) tritt bei Annahme eines Stiefkindes durch den Ehegatten/Lebenspartner des Elternteils das Erlöschen der Verwandtschaftsverhältnisse nur im Verhältnis zu dem anderen Elternteil und dessen Verwandten ein. Dies gilt nicht bei einer Adoption des (ehemaligen) Stiefkindes nach Scheidung der Ehe bzw. Aufhebung der Lebenspartnerschaft.[289]
- Die **Verwandtenadoption** (§ 1756 Abs. 1 BGB), bei der das Kind mit dem Annehmenden im zweiten oder dritten Grad verwandt ist, führt zu einem Austausch der leiblichen gegen die Adoptiveltern, dem Kind bleibt die alte Verwandtschaft im Übrigen erhalten, zusätzlich erwirbt es neue Verwandte hinzu.[290]
- Die Annahme des Kindes eines Ehegatten/Lebenspartners **(Stiefkindadoption),** dessen frühere Ehe/Lebenspartnerschaft durch Tod aufgelöst wurde, lässt die Beziehungen zu den Verwandten des Verstorbenen bestehen (§ 1756 Abs. 2 BGB; § 9 Abs. 7 S. 2 LPartG); analog gilt dies, wenn der überlebende Ehegatte/Lebenspartner das Kind seines verstorbenen Ehepartners/Lebenspartners annimmt.[291] Nach der Gesetzesfassung tritt diese Rechtsfolge nicht nur bei angenommenen Kindern ein, die aus einer früheren Ehe/Lebenspartnerschaft stammen; ausreichend ist, dass der verstorbene Elternteil die elterliche Sorge für das angenommene Kind entweder allein oder zusammen mit dem anderen leiblichen Elternteil innehatte. Maßgeblicher Zeitpunkt ist bei der Voll-

---

[284] BVerwG NJW 1999, 1347; VG Köln NZFam 2017, 1070 und *Oswald* FamRZ 1978, 99. Zum Erwerb der Staatsangehörigkeit bei „schwacher Adoption" im Ausland BVerwG NJW 2018, 881.
[285] Ein Lebenspartnerschaftsverbot besteht demgegenüber nicht, str., vgl. HK-LPartR/*Kemper,* 2. Aufl. 2006, LPartG § 1 Rn. 13.
[286] *Frank* StAZ 2008, 1; zur Änderung des Geburtsortes s. KG FamRZ 2007, 1594. Zur Notwendigkeit des Antrags von Annehmenden und Anzunehmenden bei der Voranstellung des bisherigen Familiennamens s. OLG Bamberg FamRZ 2018, 1929.
[287] OLG Karlsruhe FamRZ 2000, 115; OLG Zweibrücken NJW-FER 2001, 120; BayObLG DNotZ 2003, 290; VG Berlin FamRZ 2014, 583 und DNotI-Report 2002, 49. Zur Beifügung eines Begleitnamens s. BayObLG NJWE-FER 2000, 141.
[288] Vgl. OLG Zweibrücken MittBayNot 2001, 325.
[289] BGH FamRZ 2014, 546.
[290] Im Einzelnen str., MüKoBGB/*Maurer* BGB § 1756 Rn. 9f.
[291] RGRK/*Dickescheid* BGB § 1756 Rn. 15.

jährigenadoption der Zeitpunkt der Volljährigkeit des Anzunehmenden und nur, falls der Elternteil zuvor verstorben ist, dessen Todeszeitpunkt.[292]

65 In den beiden letzten Fällen verweist § 1925 Abs. 4 BGB das Kind und seine leiblichen Geschwister im Verhältnis zueinander in die dritte **Erbordnung**. Das Adoptivkind soll in der zweiten Ordnung zunächst von den Verwandten der Adoptivfamilie beerbt werden und nicht von seinen leiblichen Geschwistern. Dieser Zweck verbietet eine Anwendung im Falle des § 1756 Abs. 2 BGB.[293] Wegen der zahlreichen Streitfragen hinsichtlich des Erbrechts ist eine Errichtung einer Verfügung von Todes wegen ratsam.[294] Hatte nach früherer Rechtslage ein Vater sein nichteheliches Kind nach Durchführung des bis zur Erbrechtsgleichstellung zulässigen vorzeitigen Erbausgleiches angenommen, entstand das Erbrecht wieder neu (str.). Ob ein adoptierter Abkömmling gewillkürter Erbe wird, ist eine Frage der Auslegung.[295]

66 **2. Volljährigenadoption.** Die Volljährigenadoption begründet im Regelfall nur eine **Verwandtschaft** zwischen dem Angenommenen und seinen Abkömmlingen einerseits und dem oder den Annehmenden andererseits, nicht dagegen mit den Verwandten des Annehmenden (§ 1770 BGB).[296] Die Rechtsbeziehungen des Angenommenen zu seinen leiblichen Verwandten bleiben bestehen.[297] Hinsichtlich der Namensänderung ergeben sich gegenüber der Minderjährigenadoption keine Besonderheiten; insbesondere kann nicht der bisherige Name beibehalten werden, und zwar auch nicht, wenn er als Begleitname geführt wird.[298] Bei Vorliegen persönlicher, wirtschaftlicher und gesellschaftlicher Interessen des Anzunehmenden kann ihm die Beifügung seines bisherigen Nachnamens zum Familiennamen des Annehmenden gestattet werden.[299] Beim (kinderlosen) Tod des Angenommenen sind die leiblichen und die Adoptiveltern Erben zweiter Ordnung; hinsichtlich ihrer Erbanteile gilt § 1926 Abs. 3 BGB entsprechend.[300] Sind die leiblichen Eltern vorverstorben, so treten an ihre Stelle ihre Abkömmlinge; vorverstorbene Adoptiveltern können dagegen nicht durch ihre Abkömmlinge ersetzt werden, weil diese mit dem Angenommenen nicht verwandt sind. Stirbt der (kinderlose) Angenommene nach dem Annehmenden, so gelangt das Vermögen des Annehmenden über den Adoptierten an seine Verwandten; auf diese Folge muss der Notar bei Beurkundung des Annahmeantrags hinweisen.[301] Diese Konsequenz und Pflichtteilsrechte von Eltern lassen sich durch entsprechende Verfügungen von Todes wegen und Pflichtteilsverzichte vermeiden.

67 Durch höchstpersönlichen und bedingungsfeindlichen Antrag des Annehmenden und des Anzunehmenden, der in notarieller Form gestellt werden muss, kann eine **Volljährigenadoption mit starken Wirkungen** (§ 1772 BGB) herbeigeführt werden. Damit hat sie dieselben Rechtswirkungen wie eine Minderjährigenadoption.[302] Vorgesehen ist sie in den Fällen der Geschwisteradoption, der nachgeholten Minderjährigenadoption[303], der

---

[292] BGH NJW 2010, 678.
[293] HM; Soergel/*Liermann* BGB § 1756 Rn. 18.
[294] Vgl. auch HK-BGB/*Kemper* BGB § 1756 Rn. 2.
[295] OLG Karlsruhe BeckRS 2012, 14882; vgl. DNotI-Report 2012, 1.
[296] Bei der Adoption durch einen Schwiegerelternteil werden die Ehegatten nicht zu Geschwistern (OLG Naumburg FamRB 2015, 299).
[297] S. dazu *Zimmermann* NZFam 2015, 1134 (1136) und krit. *Helms/Botthof* FS Meincke 2015, 143 (149 ff.).Vgl. EGMR FamRZ 2008, 377.
[298] Vgl. BGH DNotZ 2012, 207; OLG Hamm MittBayNot 2011, 501; VG Berlin FamRZ 2012, 137; aA nur AG Leverkusen FamRZ 2008, 2058; FamRZ 2009, 439 und AG Halberstadt RNotZ 2012, 574; vgl. *Molls* ZRP 2012, 174; *Löhnig* FamRZ 2012, 679 und *Wartenburger* MittBayNot 2008, 504.
[299] LG Regensburg MittBayNot 2008, 481.
[300] Str., Soergel/*Liermann* BGB § 1770 Rn. 9 und Staudinger/*Frank* BGB § 1770 Rn. 14; teilw. abw. MüKoBGB/*Maurer* BGB § 1770 Rn. 31 (§ 1925 Abs. 3 BGB analog).
[301] BGHZ 58, 343.
[302] Zum Charakter als Ausnahmeregelung OLG Düsseldorf NZFam 2014, 1101. Vgl. auch *Müller* MittBay-Not 2011, 16 und DNotI-Report 2010, 139 f.
[303] Nach OLG München MDR 2010, 996 ist Voraussetzung ein tatsächliches Zusammenleben.

Stiefkindadoption und der Adoption des bei Antragstellung Minderjährigen, der zum Zeitpunkt des Annahmebeschlusses bereits volljährig ist. Angaben zu diesen Umständen und der sittlichen Rechtfertigung der Volladoption[304] sollten im Antrag gemacht werden.[305] Nur dann kann vom Familiengericht geprüft werden, ob bei der Adoption Interessen der Abkömmlinge des Annehmenden und des Anzunehmenden sowie der Eltern des Anzunehmenden beeinträchtigt werden.[306] Ihnen ist als materiell Betroffenen zwingend rechtliches Gehör zu gewähren.[307] Anders als bei der Minderjährigenadoption (vgl. § 1745 S. 2 BGB) sind auch die vermögensrechtlichen Interessen der Kinder des Annehmenden zu berücksichtigen. Sie werden durch die Annahme notwendig verkürzt. Deshalb wird teilweise vertreten, dass die Annahme eines Volljährigen bei Vorhandensein eigener Abkömmlinge nur ausnahmsweise zulässig ist.[308] Um Nachteile für die Abkömmlinge des Annehmenden auszuschließen, wird ein dreiseitiger Erb- und Pflichtteilsverzichtsvertrag mit einer sanktionierten schuldrechtlichen Abschlussverpflichtung gegenüber den Abkömmlingen empfohlen.[309] Die Adoption eines Volljährigen führt nicht zum Erwerb der deutschen Staatsangehörigkeit[310] und zur Eigenschaft als Deutscher.[311] Wird die Adoption eines Volljährigen unter Ablehnung der Wirkungen einer Minderjährigenadoption ausgesprochen, ist diese Ablehnung mit der Beschwerde anfechtbar.[312] Wurde nur eine einfache Volljährigenadoption nach § 1770 BGB beantragt, vom Familiengericht eine mit starken Wirkungen ausgesprochen, führt dies nicht zur Nichtigkeit des Adoptionsbeschlusses, sondern nur zu seiner Anfechtbarkeit.[313]

V. Aufhebung der Adoption

Auf Antrag erfolgt die **Aufhebung** des Annahmeverhältnisses **bei der Minderjährigenadoption** nur bei Unwirksamkeit oder Fehlen des Antrages des Annehmenden, der Einwilligung des Kindes oder der erforderlichen Einwilligung eines Elternteils (§ 1760 BGB).[314] Den Antrag auf Aufhebung kann in notariell beurkundeter Form nur derjenige stellen, dessen Erklärung fehlerhaft war oder übergangen wurde (§ 1762 BGB).[315] Der Antrag ist höchstpersönlich und kann nicht durch einen Vertreter, Erben oder Abkömmling gestellt werden.[316] Die Fristen des § 1762 Abs. 2 BGB sind zu beachten.[317] Die Aufhebung erfolgt durch Ausspruch des Familiengerichts und wirkt nur für die Zukunft. Nach Eintritt der Volljährigkeit des Kindes ist eine Aufhebung der Annahme nicht mehr möglich.[318] **68**

Für die **Aufhebung einer Volljährigenadoption** mit starken Wirkungen gelten die vorstehenden Ausführungen entsprechend (§§ 1771 S. 2, 1772 Abs. 2 S. 1 BGB); die leiblichen Eltern haben kein Antragsrecht.[319] Hat sie nur eingeschränkte Wirkungen, erfolgt die Aufhebung auf Antrag beider Adoptionsbeteiligter bei Vorliegen eines wichtigen **69**

---

[304] Vgl. BayObLG NJW-RR 1993, 456 und NJW-RR 1995, 1287 (1288); vgl. *Frank* StAZ 2008, 65.
[305] Zu Missbrauchsfällen *Finger* FuR 2007, 341 (346).
[306] OLG München DNotZ 2010, 147; OLG Celle FamFR 2013, 431.
[307] BVerfG NJW 2009, 138; FamRZ 2008, 243; BayObLG FamRZ 2005, 131; vgl. OLG Stuttgart FamRB 2012, 79.
[308] So BayObLG FamRZ 1984, 419; vgl. OLG München ZEV 2009, 355; aA OLG München NJW-RR 2011, 731; AG Rüdesheim MittBayNot 2008, 57; AG Bremen NJW-RR 2010, 369; *Grziwotz* FamRZ 1991, 1399 und FamRZ 2005, 2038; vgl. auch AG Backnang FamRZ 2000, 770 (771).
[309] Vgl. *Zechner* Erbrecht effektiv 2009, 188 (190) mit Musterformulierung.
[310] BVerwG NJW 2018, 881; VG Köln FamFR 2010, 431; *Leopold* JuS 2006, 126 (127). Zum vor Volljährigkeit gestellten Adoptionsantrag BVerwG NVwZ-RR 2015, 552.
[311] BVerwG NJW 2007, 937.
[312] OLG München MDR 2010, 996.
[313] OLG München MDR 2010, 996; LG Bremen FamRZ 2011, 1413.
[314] Vgl. BGH FamRZ 2014, 930; OLG Köln FamRB 2010, 9 und *Grziwotz* FamFR 2011, 533 (536).
[315] Vgl. OLG Stuttgart FamRZ 2010, 1999 und KG FamRZ 2014, 1795.
[316] Vgl. BayObLG NJW-RR 1986, 872.
[317] BGH NJW-RR 2018, 321.
[318] BGH NZFam 2014, 596; BVerfG FamRZ 2015, 1365.
[319] BayObLG FGPrax 2000, 204. Zur Nichtigkeitsfeststellung s. OLG Oldenburg NZFam 2019, 234.

Grundes (§ 1771 S. 1 BGB); ein solcher liegt nicht bereits vor, wenn sich die familiären Beziehungen nicht erwartungsgemäß entwickelt haben.[320] Eine Aufhebung auf einseitigen Antrag des Annehmenden ist nicht möglich.[321] Auch eine Berichtigung einer versehentlich ausgesprochenen Adoption mit starken Wirkungen durch das Familiengericht ist nicht möglich.[322] Die Formvorschrift des § 1762 Abs. 3 BGB findet Anwendung. Durch eine Aufhebung vor Eintritt des Erbfalls entfällt die Steuerklassenvergünstigung bei der Erbschaftsteuer.[323]

69a   **Formulierungsbeispiel: Aufhebung Adoption**

Mit Beschluss vom *** des Amtsgerichts ***, Az. ***, wurde die Annahme als Kind von *** durch *** nach den Vorschriften der Volljährigenadoption mit eingeschränkten Wirkungen ausgesprochen. Wir, Annehmer und Angenommener, beantragen übereinstimmend die Aufhebung der Adoption. Als Grund geben wir an: ***.

VI. Besonderheiten bei der Adoption mit Ausländerbeteiligung, der internationalen Adoption, der Anerkennung ausländischer Adoptionen und bei Adoptionen in der ehemaligen DDR

70   Art. 22 EGBGB regelt das **Adoptionsstatut.** Nach ihm richten sich die Zulässigkeit der Adoption, ihre Voraussetzungen, die Form der Annahme und ihre Wirkungen sowie die Rückgängigmachung und Aufhebung. Die Adoption durch einen Ehegatten oder gemeinsam durch beide Ehegatten unterliegt dem gesetzlichen Ehewirkungsstatut nach Art. 14 Abs. 1 EGBGB.[324] Ferner unterstellt Art. 23 EGBGB (Sonderanknüpfung) die Einwilligungen des Kindes und seiner Eltern und weiterer Dritter zusätzlich dem Heimatrecht des Kindes oder, wenn dies dem Interesse des Kindes besser entspricht, stattdessen dem deutschen Recht. Hinsichtlich der Vorfrage, ob das Kind minderjährig ist, ist selbständig nach Art. 7 EGBGB anzuknüpfen.[325] Nicht geregelt werden vom Adoptionsstatut der Name des Angenommenen (Art. 10 EGBGB), die Unterhaltsansprüche (EU-UnterhaltsVO) und die Rechtsbeziehungen zu seinen Eltern (Art. 21 EGBGB), wenn die Annahme zu einer Gleichstellung mit den leiblichen Kindern geführt hat, was sich nach Art. 22 EGBGB bestimmt.[326] Über die mit einer Adoption verbundenen erbrechtlichen Konsequenzen entscheidet grundsätzlich das Erbstatut;[327] das Adoptionsstatut ist aber bei angenommenen minderjährigen Kindern insoweit von Bedeutung, als sich aus ihm die Vergleichbarkeit der Rechtsstellung des Angenommenen im Vergleich zu den übrigen Erben ergeben muss.[328] Neben diesen Vorschriften finden das Europäische Übereinkommen vom 24. 4. 1967 über die Adoption von Kindern[329] sowie zur Anerkennung der Rechtswirkungen einer im Ausland vorgenommenen Adoption das Haager Übereinkommen vom 29. 5. 1993 über den Schutz von Kindern und die Zusammenarbeit auf dem Gebiet der internationalen Adoption (HAÜ[330]) Anwendung.[331] Das Haager Übereinkommen ist

---

[320] OLG Köln NJW-RR 2009, 1376; FamRB 2013, 12 zur Unzumutbarkeit bei von Anfang an fehlendem Eltern-Kind-Verhältnis AG Wiesbaden FamRZ 2006, 574. Zum Entstehen einer gleichgeschlechtlichen Beziehung AG Düsseldorf FamRZ 2015, 593.
[321] OLG München MDR 2007, 1263; OLG Stuttgart NJW-RR 2010, 1231.
[322] DNotI-Report 2013, 65.
[323] BFH DStRE 2010, 667.
[324] Zur Adoption durch eingetragenen Lebenspartner vgl. Art. 22 Abs. 1 S. 3 EGBGB und dazu *Benicke* IPRax 2015, 393.
[325] BayObLG FamRZ 1996, 183 und OLG Karlsruhe FamRZ 2000, 768.
[326] HK-AdoptR/*Kemper* EGBGB Art. 22 Rn. 9.
[327] Str., vgl. *Süß* MittBayNot 2002, 88 (91).
[328] Art. 22 Abs. 3 EGBGB; BGH FamRZ 1987, 378.
[329] BGBl. 1980 II 1093. Vgl. hierzu *Wittkowski* MittRhNotK 1996, 73.
[330] BGBl. 2002 II 1034.
[331] Vgl. dazu auch das AdÜbAG. Zur Anerkennung trotz eines Verstoßes gegen das HAÜ OLG Düsseldorf NZFam 2018, 1053.

anwendbar, wenn ein Kind, das in einem der Vertragsstaaten des Übereinkommens[332] lebt, von Eltern adoptiert wird, die in einem anderen Vertragsstaat, dem Aufnahmestaat, leben (§ 10 AdÜbAG) und mit der Annahme eine Verlegung des gewöhnlichen Aufenthalts des Kindes verbunden ist (Art. 2 Abs. 1 HAÜ, grenzüberschreitende Adoption). Unanwendbar ist es bei der Adoption von Volljährigen (Art. 3, 17 lit. c HAÜ). Keine Anwendung auf Adoptionen findet das Haager Kinderschutzabkommen (KSÜ[333]). Art. 4 lit. b KSÜ nimmt das gesamte Adoptionsverfahren vom Anwendungsbereich aus.

Bei grenzüberschreitenden Adoptionen soll durch die Vorschriften des Adoptionsver- 70a
mittlungsgesetzes[334] und das Adoptionsübereinkommensausführungsgesetz (insbesondere §§ 4 ff. AdÜbAG) der Kinderhandel verhindert werden (vgl. § 2a AdVermiG).[335] Die Vorbereitung der Vermittlung dient insbesondere dazu, die Eignung der Adoptionsbewerber zu prüfen. Daran schließt sich ein Adoptionsvorschlag an. Hierauf müssen die Adoptionsbewerber sich bereit erklären, das Kind anzunehmen. In dieser **Bereiterklärung** liegt noch kein Annahmeantrag. Sie ist jedoch Voraussetzung für die Erteilung der Einreise- und Aufenthaltsgenehmigung für das Kind (§ 7 Abs. 2 AdÜbAG). Diese Erklärung bedarf der öffentlichen Beurkundung und ist gegenüber dem Jugendamt abzugeben,[336] in dessen Bereich der Adoptionsbewerber mit Hauptwohnsitz gemeldet ist (§ 7 Abs. 1 AdÜbAG). Der Auslandsvermittlungsstelle (vgl. § 1 Abs. 4 S. 1 AdÜbAG iVm § 1 Abs. 1, Abs. 2 und Abs. 3 AdÜbAG) ist eine beglaubigte Abschrift der Bereiterklärung zu übersenden.[337]

Formulierungsbeispiel: Bereiterklärung Adoption   70b

Wir, die Ehegatten *** und ***, erklären uns bereit, das *** *[Identifizierungsmerkmale*   ☋
aus dem Schreiben der zentralen Adoptionsstelle übernehmen, wenn die Identität –
wie üblich – nicht bekannt ist] als gemeinschaftliches Kind anzunehmen. Uns ist bekannt, dass diese Bereiterklärung noch keinen Adoptionsantrag darstellt, aber unsere gesamtschuldnerische Verpflichtung begründet, auf die Dauer von sechs Jahren die öffentlichen Mittel für den Lebensunterhalt des vorbezeichneten Kindes zu erstatten.

Früher übliche Doppel-, Nach- bzw. Wiederholungsadoptionen erfolgten, wenn die 70c
Anerkennungsfähigkeit einer Auslandsadoption fraglich war und um eine schwache Adoption in eine starke umzuwandeln.[338] Es handelte sich um ein von der Adoption im Ausland losgelöstes inländisches Adoptionsverfahren.[339] Das Adoptionswirkungsgesetz,[340] das nicht auf Adoptionsbeschlüsse beschränkt ist, die erst nach seinem In-Kraft-Treten (1. 1. 2002) erlassen worden sind (§ 1 AdWirkG), und das sowohl für die Vertragsstaaten des Haager Übereinkommens als auch für Nichtvertragsstaaten gilt, stellt ein gerichtliches Verfahren zur Anerkennung einer im Ausland ausgesprochenen Adoption einer Person unter 18 zur Verfügung.[341] Die auf Anfrage ergehende Entscheidung stellt mit Wirkung

---

[332] Vgl. die Liste BGBl. 2002 II 2872.
[333] BGBl. 2009 II 602; BGBl. 2010 II 1527.
[334] BGBl. 2002 I 355.
[335] Vgl. *Staudinger/Winkelsträter* FamRBint 2005, 84 und FamRBint 2006, 10; *Reinhardt* ZRP 2006, 244; zu Besonderheiten der Stiefkind- und Verwandtenadoption vgl. *Bienentreu/Busch* JAmt 2003, 273 (276).
[336] Vgl. *Süß* MittBayNot 2002, 88 (89).
[337] Zum Auskunftsrecht des im Ausland lebenden Elternteils s. OLG Brandenburg FamRZ 2007, 2003; zu Grenzen der Einsichtnahme in Unterlagen OVG Hamburg FamRZ 2007, 1593.
[338] Vgl. *Heiderhoff* FamRZ 2002, 1682 (1685).
[339] *Busch* IPRax 2003, 13.
[340] BGBl. 2001 I 2953.
[341] S. *Staudinger* FamRBint 2007, 42; *Bienentreu* JAmt 2008, 57 (59); *F. Majer* NZFam 2015, 1138 und *Zimmermann* NZFam 2016, 150 (152 ff.) und NZFam 2016, 249. Es handelt sich um keine Wiederholung der Adoption (Behrentin/Braun AdoptionsR-HdB D Rn. 17). Zur Volljährigenadoption im Ausland s. *Wedemann* FamRZ 2015, 2106. Zum Verfahren s. OLG Stuttgart FamRZ 2018, 362. Zur Zuständigkeitskonzentration OLG Hamm FamRZ 2008, 300; OLG Stuttgart NJW-RR 2007, 297; OLG München MittBayNot 2008, 223; NJW-RR 2009, 592; *Süß* MittBayNot 2008, 183; *Niethammer-Jürgens* FamRBint 2009, 80 (83); vgl. §§ 122, 123 FamFG.

für und gegen jedermann fest, ob die ausländische Adoption in Deutschland wirksam ist. Ferner enthält sie die Feststellung, ob das Eltern-Kind-Verhältnis des Kindes zu seinen bisherigen Eltern durch die Annahme erloschen ist, es sich somit um eine Volladoption gehandelt hat. Voraussetzung ist, dass im ausländischen Adoptionsverfahren eine Kindeswohlprüfung stattgefunden hat.[342] Neben der **Anerkennungs- und Wirkungsfeststellung** (§ 2 AdWirkG) besteht auch die Möglichkeit einer Umwandlung einer schwachen Adoption in eine Volladoption. Bei diesem **Umwandlungsausspruch** (§ 3 AdWirkG) werden das Kindschaftsverhältnis und eine zu den leiblichen Eltern nach der ausländischen Rechtsfolge noch bestehende verwandtschaftliche „Restbeziehung" beendet. Der Umwandlungsausspruch, der zu einer Änderung der ausländischen Adoptionswirkungen führt, ist lediglich bei einer Minderjährigenadoption möglich (§ 1 AdWirkG).[343] Der Ausspruch erfolgt nur auf Antrag (§ 3 Abs. 1 S. 1 AdWirkG). Dafür sind die Zustimmungen wie bei einer Annahme erforderlich (§ 3 Abs. 1 S. 2 AdWirkG). Der Antrag und die Zustimmung bedürfen der notariellen Beurkundung (vgl. § 4 Abs. 1 S. 3 AdWirkG).

Muster: *Ludwig* RNotZ 2002, 353 (378) und *Emmerling de Oliveira* MittBayNot 2010, 429 (433): Adoptionsantrag mit Umwandlungsantrag nach § 3 Abs. 1 AdWirkG und *Emmerling de Oliveira* MittBayNot 2010, 429 (434): Wirksamkeitsfeststellung mit Umwandlungsantrag.

70d   Der Streit, ob das Erb- oder das Adoptionsstatut darüber entscheidet, ob durch die Adoption ein Erbrecht zur Familie des Annehmenden begründet bzw. das Erbrecht zur leiblichen Familie beendet wird,[344] lässt sich durch eine **Gleichstellungserklärung** (Art. 22 Abs. 3 EGBGB) lösen. Durch sie kann der Angenommene in Ansehung der Erbfolge durch Verfügung von Todes wegen einem nach deutschem Recht Angenommenen gleichgestellt werden. Bei einem gemeinschaftlichen Testament ist sie nicht wechselbezüglich; in einem Erbvertrag kann sich nicht vertraglich vereinbart werden. Die Gleichstellungserklärung empfiehlt sich bei einer im Ausland vorgenommenen Adoption insbesondere dann, wenn eine Wirkungsfeststellung bzw. ein Umwandlungsausspruch nicht gewünscht oder wegen der Volljährigkeit des Angenommenen nicht mehr möglich ist. Die Gleichstellung führt zur erbrechtlichen Wirkung nach deutschem Recht; Voraussetzung ist, dass deutsches Recht gilt. Hat der Angenommene im Zeitpunkt der Annahme bereits das 18. Lebensjahr vollendet, ist die Gleichstellung nicht mehr möglich (Art. 22 Abs. 3 S. 3 EGBGB). Gleiches gilt, wenn die Adoption unwirksam ist. Ist dies nicht ausgeschlossen, sollte hilfsweise eine Einsetzung als gewillkürter Erbe erfolgen.[345]

70e   Formulierungsbeispiel: Erbrechtliche Gleichstellung

Ich habe das Kind *** nach dem Recht von *** adoptiert. Ich stelle es in Ansehung der Rechtsnachfolge von Todes wegen einem nach deutschen Sachvorschriften angenommenen Kind gleich (Art. 22 Abs. 3 EGBGB). Falls diese Gleichstellungserklärung nicht dazu führen sollte, dass *** neben dem von mir nach deutschem Recht adoptierten weiteren Kind *** Miterbe zur Hälfte wird, setzte ich hilfsweise beide Kinder zu Miterben zu gleichen Teilen ein, wobei ich im Hinblick auf § 2304 BGB ausdrücklich klarstelle, dass es sich auch bei *** *[Name des nach deutschem Recht adoptierten Kindes]* um eine Erbeinsetzung handelt.

70f   Ein minderjähriges ausländisches Kind erwirbt durch Adoption durch einen Deutschen die deutsche **Staatsangehörigkeit** (§ 6 StAG). Bei der gemeinschaftlichen Adoption

---

[342] OLG Hamm FamRBint 2012, 34; OLG Frankfurt a.M. FamFR 2012, 215; OLG Karlsruhe FamFR 2013, 94; OLG Frankfurt a.M. NZFam 2014, 963; OLG Düsseldorf NZFam 2015, 46; OLG Bremen NJW-RR 2014, 1411; OLG Nürnberg FamRZ 2015, 1640; AG Frankfurt a.M. FamRZ 2018, 365. Vgl. auch BGH NJW 2015, 479; NJW 2015, 2800.
[343] Ausführlich Behrentin/*Braun* AdoptionsR-HdB D Rn. 502 ff. und *Zimmermann* NZFam 2016, 249 (251).
[344] Vgl. *Ludwig* RNotZ 2002, 353 (379).
[345] Vgl. die Formulierung von *Süß* MittBayNot 2002, 88 (92).

durch ein Ehepaar genügt die deutsche Staatsangehörigkeit eines Ehegatten. Die Annahme eines Deutschen durch einen Ausländer führt grundsätzlich zum Verlust der deutschen Staatsangehörigkeit, wenn das Kind die ausländische Staatsangehörigkeit erwirbt. Dies gilt nicht, wenn es mit einem deutschen Elternteil verwandt bleibt (§ 27 StAG); dieser Fall ist bei der Sukzessivadoption eines Kindes durch einen deutschen und anschließend durch einen ausländischen eingetragenen Lebenspartner gegeben.

Die vor dem Beitritt in der **ehemaligen DDR** begründeten Annahmeverhältnisse mit Minderjährigen[346] sind in das Adoptionsrecht des BGB übergeleitet worden. Art. 234 § 13 EGBGB enthält hierzu lediglich Ausnahmen, die verhindern sollen, dass bereits erloschene Rechtsbeziehungen wieder aufleben. Deshalb tritt § 73 FGB-DDR an die Stelle des § 1756 BGB hinsichtlich bestehen bleibender Verwandtschaftsverhältnisse. Nach DDR-Recht war die Einwilligung in die Annahme zudem möglich, bevor das Kind acht Wochen alt war, und blieben Annahmeverhältnisse auch durch eine spätere Eheschließung unberührt.[347] 71

VII. Kosten, Steuern und Muster

Das gerichtliche Adoptionsverfahren ist bei Minderjährigen gebührenfrei; bei Volljährigen fällt für Annahme und Aufhebung jeweils eine 2,0-Gebühr Nr. 1320 KV FamGKG aus einem nach § 42 Abs. 2 und Abs. 3 FamGKG bestimmten Geschäftswert an; dieser wird dem Geschäftswert im notariellen Verfahren entsprechen. Die Gebühren betragen wegen der anderen Gebührentabelle ein Vielfaches der früher nach der Kostenordnung zu erhebenden Gebühr. 72

Für den notariellen Adoptionsantrag fällt eine 1,0-Gebühr Nr. 21200 KV GNotKG, für Einwilligungserklärungen eine 0,5-Gebühr Nr. 21201 Ziff. 8 KV GNotKG an. Bei Zusammenbeurkundung von Anträgen und Einwilligungserklärungen ist Gegenstandsgleichheit (§ 109 Abs. 1 GNotKG) gegeben. Der Geschäftswert für die Annahme eines Minderjährigen beträgt 5.000 EUR (§ 101 GNotKG). Bei einem Volljährigen bestimmt er sich nach § 36 Abs. 2 GNotKG (vorgeschlagen: 25% des Reinvermögens des Annehmenden, mindestens aber 5.000 EUR).[348] Die Beschaffung der Unterlagen und ihre Einreichung bei Gericht sind gebührenfrei.[349] 73

Das Erlöschen der Verwandtschaftsverhältnisse infolge der Adoption soll sich erbschaftsteuerlich nicht nachteilig auswirken. Deshalb bestimmt § 15 Abs. 1a ErbStG, dass die Steuerklassen I und II weiter gelten. Damit finden bei der Adoption Minderjähriger die steuergünstigen Steuerklassen im bisherigen Verwandtenkreis und in den durch die Annahme als Kind neu begründeten Verwandtschaftsverhältnissen Anwendung. Es kommt somit zu einer Doppelbegünstigung. Dies gilt nicht bei einem aufgehobenen Verwandtschaftsverhältnis.[350] Anders als bei einer heterologen Insemination sind Adoptivkosten bei der Einkommensteuer nicht als außergewöhnliche Belastung abzugsfähig.[351] 73a

---

[346] § 67 Abs. 1 S. 2 FGB-DDR schloss eine Volljährigenadoption aus; zwischen dem 29.11.1956 und dem 1.4.1966 galt die „VO über die Annahme an Kindes Statt", DDR-GBl. I 1326, wobei nach § 2 EG-FGB-DDR auf die in dieser Zeit begründeten Annahmeverhältnisse die Rechtsfolgen des FGB-DDR Anwendung finden sollten; waren am 1.4.1966 die Adoptiveltern bereits verstorben, blieben die bisherigen familienrechtlichen Beziehungen bestehen.

[347] Zu den erbrechtlichen Folgen s. OLG Düsseldorf ZEV 2014, 271. Zur Aufhebung politisch motivierter „Zwangsadoptionen" war bis zum 2.10.1993 ein Aufhebungsantrag zulässig; die Aufhebung richtet sich nach Art. 234 § 13 Abs. 3–5 EGBGB; vgl. *Weber* DtZ 1992, 10.

[348] Vgl. LG Darmstadt ZEV 2009, 46; s. auch *Waldner* GNotKG Rn. 313.

[349] AA *Ländernotarkasse* NotBZ 2014, 214 und *Notarkasse* Streifzug GNotKG Rn. 112: Vollzugstätigkeit gemäß Vorb. 2.2.1.1 Abs. 1 S. 2 Nr. 1 KV GNotKG, die eine 0,3-Gebühr nach Nr. 22111 KV GNotKG auslöst (höchstens 50 EUR pro Bescheinigung/Urkunde, Nr. 22112 KV GNotKG).

[350] BFH DStRE 2010, 667.

[351] BFHE 249, 468 = DStR 2015, 1554; s. dazu FinBeh. Hamburg DStR 2015, 2497 und krit. *Endert* DStR 2015, 2472 (2475).

> **Muster: Minderjährigenadoption**
> Siehe hierzu das Gesamtmuster → Rn. 97.

> **Muster: Minderjährigen-Stiefkindadoption**
> Siehe hierzu das Gesamtmuster → Rn. 98.

> **Muster: Erwachsenenadoption**
> Siehe hierzu das Gesamtmuster → Rn. 99.

74   Weitere **Muster:** BeckFormB FamR/*Bergschneider/Haußleiter* Form. Q. I. 2., Q. II. 2. und Q. III. 3.; BeckFormB BHW/*Bernauer* Form. V. 32.−38.; Kersten/Bühling/*Kordel/ Emmerling de Oliveira* § 93 Rn. 44 ff.; MVHdB VI BürgerlR II/*Langenfeld/Herrler* Form. X. 1.−11.; Wurm/Wagner/Zartmann/*Reetz* Kap. 73 und Müller/Sieghörtner/Emmerling de Oliveira/*Sieghörtner* Rn. 528−548. Zur Adoption seines Stiefkinds durch einen eingetragenen Lebenspartner *Grauel* ZNotP 2007, 90.

VIII. Belehrungen

75 Die am Adoptionsverfahren durch Anträge, Einwilligungs- oder Verzichtserklärungen beteiligten Personen sind über die unterschiedlichen bürgerlich-rechtlichen Wirkungen der Annahme als Kind zu belehren. Die eingeschränkten Wirkungen bei der Verwandten-, der Stiefkind- und der Volljährigenadoption sind zu beachten. Auch die Fragen der Bindung an die abgegebene Erklärung und der begrenzten Möglichkeit einer späteren Aufhebung der Adoption sollten angesprochen werden. Bei der Annahme eines Stiefkindes sollte dem Annehmenden darüber hinaus bewusst sein, dass die Adoption eine etwaige Scheidung der Ehe bzw. Aufhebung der Lebenspartnerschaft überdauert.

IX. Für die Annahme beizubringende Unterlagen

76 | **Checkliste: Beizubringende Unterlagen**
(1) Geburtsurkunden des/der Annehmenden beziehungsweise Ehegatten/Lebenspartners (§ 1743 BGB) und des Kindes (§ 1746 Abs. 1 BGB) mit Geburtenregisternummern
(2) Heiratsurkunden/Nachweise der Lebenspartnerschaftsbegründung des/der Annehmenden (§ 1741 Abs. 2 BGB), ggf. des schon verheirateten/in Lebenspartnerschaft lebenden Kindes sowie der Eltern des Kindes (bzw. Geburtsurkunde der nichtehelichen Mutter, wenn kein Vater bekannt ist)
(3) Staatsangehörigkeitsnachweise des/der Annehmenden und des Kindes
(4) Polizeiliches Führungszeugnis des/der Annehmenden
(5) (Amts-)Ärztliche Zeugnisse des/der Annehmenden und des Kindes

Die Einreichung der Unterlagen beim Familiengericht kann durch den/die Antragsteller oder den Notar erfolgen.

G. Soziale Elternschaft und Kinderwunschverträge

I. Rechtliche Probleme medizinisch assistierter Elternschaft

77 Während früher ein Kind stets nur eine Mutter und einen (rechtlichen) Vater hatte, ermöglicht die moderne Fortpflanzungsmedizin das Auseinanderfallen von rechtlicher, so-

zialer und biologischer Elternschaft.[352] Der leiblichen Elternschaft kommt nach der Rechtsprechung des BVerfG gegenüber der rechtlichen und sozial-familiären Elternschaft kein Vorrang zu.[353] Der Begriff des menschlichen Embryos betrifft dabei jede menschliche Eizelle vom Stadium ihrer Befruchtung an; Gleiches gilt für die unbefruchtete Eizelle, in die ein Zellkern aus einer ausgereiften menschlichen Zelle transportiert worden ist.[354] Diese Definition hat Bedeutung für den Embryonenschutz.

Medizinisch bestehen unterschiedliche Möglichkeiten, zur Elternschaft ("Wunsch- **78** kinderfüllung") zu gelangen. Bei der **In-vitro-Fertilisation** erfolgt die Befruchtung der operativ entnommenen Eizelle in einem Reagenzglas; anschließend wird das befruchtete Ei in die Gebärmutter der Frau implantiert. Demgegenüber erfolgt bei der **In-vivo-Fertilisation** die Befruchtung der Eizelle (Fertilisation) im Mutterleib durch künstliche Einbringung des Spermas meist in den Uterus (intrauterine Insemination). Das Tieffrieren von Ei- und Samenzellen sowie von Embryonen **(Kryokonservierung)** ermöglicht nach dem Tod eines Elternteils, aber auch noch nach dem Tod beider biologischer Eltern das Entstehen eines Kindes. Es werden folgende **Formen der assistierten Reproduktion** praktiziert:

– Keine Probleme scheint die **homologe Insemination,** das heißt die künstliche Be- **78a** fruchtung einer Frau mit dem Sperma ihres Ehemannes oder Lebensgefährten, zu bereiten. In diesem Fall lässt sie sich auf natürlichem Weg (Beiwohnung und Befruchtung) nicht bewerkstelligen. Da der Samen vom Partner der Frau stammt, ist bei einer homologen Insemination bei einem verheirateten verschiedengeschlechtlichen Paar und einer quasi-homologen Insemination bei einem unverheirateten verschiedengeschlechtlichen Paar die Vaterschaft unzweifelhaft. Allerdings kann es in Trennungsfällen zu Problemen kommen, wenn der Mann mit der Insemination im Zeitpunkt ihrer Vornahme nicht mehr einverstanden war. Probleme bereitet auch die künstliche Befruchtung nach dem Tode eines Partners. Eine postmortale Befruchtung, die nach § 1 Abs. 1 Nr. 4 ESchG verboten ist, liegt nicht vor, wenn die Eizelle mit dem Samen des Mannes zu dessen Lebzeiten bereits imprägniert wurde.[355] Umgekehrt ist es möglich, Eizellen zu konservieren (sog. Vitrifikation), so dass diese auch nach dem Tod der Frau befruchtet werden könnten. Nach einer Trennung des Paares, das sich den Kinderwunsch mittels der Reproduktionsmedizin erfüllen möchte, kann durch die Frau einseitig noch eine Schwangerschaft herbeigeführt werden, wenn der Mann, der zunächst mit der gemeinsam gewählten Methode der künstlichen Befruchtung einverstanden war, hiervon nicht dezidiert Abstand nimmt.[356] Insofern kommt es wesentlich darauf an, inwieweit eine Bindung an derartige Erklärungen besteht.

– Bei der **heterologen Insemination** wird demgegenüber die Befruchtung mit dem **78b** Sperma eines Mannes durchgeführt, der mit der gebärenden Frau nicht verheiratet ist oder mit ihr zusammenlebt. In diesem Fall ist der Partner der Frau zwar der rechtliche Vater. Der Samenspender ist demgegenüber der genetische Vater und wurde bei einer Befruchtung bis 1.7.2018, sofern die Vaterschaft des rechtlichen Vaters beseitigt war, mit allen Konsequenzen zum rechtlichen Vater, wenn seine Vaterschaft festgestellt wurde. Dies ist weiterhin bei privaten Samenspenden der Fall, also künstlichen Befruchtungen, die nicht in einer Einrichtung der medizinischen Versorgung (§ 1a Nr. 9 TPG) unter heterologer Verwendung von Samen, die vom Spender einer Entnahmeeinrichtung im Sinne von § 2 Abs. 1 S. 1 SaRegG zur Verfügung gestellt wurde, erfolgen.[357]

---

[352] S. *Seidel* FPR 2005, 181; vgl. auch BSG NJW 2005, 2476; BFH EFG 2004, 199; LG Köln FamRZ 2008, 509. Krit. zur gesetzlichen Regelung *Kentenich* ErbR 2017, 385.

[353] BVerfGE 108, 82 (105); BVerfG FamRB 2009, 378.

[354] EuGH EuZW 2011, 908; NJW-RR 2019, 193. Vgl. *Mayr* NZFam 2018, 913 f.

[355] OLG Rostock FamRZ 2010, 1117; vgl. auch OLG München NZFam 2017, 957 und OLG Karlsruhe FamRZ 2016, 1790.

[356] BGH NJW 2001, 1789.

[357] S. nur *Taupitz/Theodoridis* MedR 2018, 457 (463); *Frie* NZFam 2018, 817 (821).

Nur bei einer medizinisch assistierten künstlichen Befruchtung mit Sperma aus einer Entnahmeeinrichtung kann der Samenspender bei einer Verwendung seit 1.7.2018 nicht als Vater festgestellt werden (§ 1600d Abs. 4 BGB).[358] Die gleichen Probleme bestehen bei lesbischen Paaren, die einen Kinderwunsch mit Hilfe eines Samenspenders realisieren. Hier kommt hinzu, dass die Lebenspartnerin der gebärenden Frau nicht rechtlicher Elternteil des Kindes ist, sondern dies erst über eine Adoption werden kann. Die Ehefrau der Mutter wird nicht automatisch Mitmutter analog § 1592 Nr. 1 BGB.[359] In allen Fällen der heterologen Insemination treten das bei der homologen Insemination dargestellte Widerrufsproblem und das Problem der postmortalen Befruchtung in ähnlicher Form auf. Hinzu kommen teilweise die Rechtsbeziehungen zwischen dem Samenspender, dem beteiligten Paar, dem auf diese Weise entstandenen Kind und dem behandelnden Arzt. Zusätzliche Probleme ergeben sich insoweit aus dem Recht des Kindes auf Kenntnis seiner Abstammung. Auch bei der heterologen Insemination ist von Bedeutung, wie und bis zu welchem Zeitpunkt der Partner, der zunächst mit ihr einverstanden war, diese Zustimmung widerrufen kann.

78c – Bei der **Eizellenspende** wird die Eizelle einer fremden Frau einer anderen (gebärfähigen) Frau eingepflanzt.

78d – Beim **Embryonentransfer (Embryoadoption/-spende)** wird die Befruchtung im Körper einer Eizellen-Spenderin oder im Reagenzglas vorgenommen.[360] Der Embryo wird danach in die Gebärmutter der Wunschmutter implantiert, die das Kind austrägt. Möglich ist auch die Spende von in vitro entstandenen kryokonservierten befruchteten Eizellen (Vorkern-Stadien).[361] Der Samen kann vom Partner der Frau, aber auch von einem Samenspender stammen. Die gebärende Frau ist rechtliche Mutter des Kindes; biologische Mutter ist die Eizellenspenderin.

78e – Bei der **Leihmutterschaft** wird einer Frau ein im Reagenzglas erzeugter Embryo implantiert. Das Ei stammt dabei von einer Frau, die selbst nicht gebärfähig ist. Die Leihmutter trägt das Kind aus, das nach seiner Geburt von den Wunscheltern adoptiert wird. Die genetische Mutter ist in diesem Fall nicht die rechtliche Mutter; die Leihmutter („Tragemutter") ist, da sie das Kind auf die Welt bringt, die rechtliche Mutter.[362] Der Samen kann dabei vom Mann der Frau, von der die Eizelle stammt, sein; es kann sich aber auch um Spendersamen handeln. Die Leihmutterschaft ermöglicht auch homosexuellen Männern die Kinderwunscherfüllung, bei der das Kind genetisch von einem Mann abstammt, wenn mit seinem Samen die Eizelle befruchtet wurde.

78f – In den Fällen der **Ersatzmutterschaft** wird eine Frau mit dem Samen eines Mannes befruchtet und trägt das Kind sodann für das Paar aus, das es gemeinsam oder sukzessive bei eingetragenen Lebenspartnern adoptiert. Das Sperma kann dabei von dem Mann stammen, der das Kind später (mit-)adoptiert; es kann sich auch um Spendersamen handeln. Die Mutter ist in diesem Fall die gebärende Frau. Genetischer Vater ist derjenige, von dem der Samen stammt. Die rechtliche Vaterschaft wird entweder durch (falsche) Vaterschaftsanerkennung oder durch Adoption bei Nichtfeststehen der Vaterschaft herbeigeführt.

78g – Probleme ergeben sich auch bei **anonymen Geburten** und bei Kindern aus **Babyklappen.** In beiden Fällen bestehen keine Angaben zur Identifizierung der Mutter und des Vaters des neugeborenen Kindes. Eine Zusage einer anonymen Abwicklung ist seit

---

[358] *Helms* FamRZ 2017, 1537 (1540); *Frie* NJW 2018, 817 (821); *Taupitz/Theodoridis* MedR 2018, 457 (460); *Spickhoff* ZfPW 2017, 257 (280); *Grziwotz* notar 2018, 163 (169).
[359] So BGH NJW 2019, 153; *Helms* StAZ 2018, 33 (35); *Kaiser* FamRZ 2017, 1889 (1895); aA *Kemper* FamRB 2017, 438 (443); *Löhnig* NZFam 2017, 643 (644) und *ders.* NJW 2019, 122 (123).
[360] Zur versagten Vaterschaftsfeststellung an kryokonservierten Embryonen s. BVerfG NJW 2017, 948; BGH NJW 2016, 3174.
[361] Zur Abgrenzung s. auch EuGH DVBl. 2015, 236 und LG Bremen FamRZ 2017, 447; vgl. auch EGMR NJW 2016, 3705. S. ferner *Mayr* NZFam 2018, 913f.
[362] OLG Stuttgart FamRBint 2012, 32; OLG Düsseldorf FamRZ 2013, 1495; BVerwG NJW-RR 2013, 1; vgl. auch KG IPRax 2014, 72.

1.5.2014 wirksam (§ 10 Abs. 4 PStG). Dadurch ist eine anonyme Geburt ermöglicht worden; ist das Kind 16 Jahre alt, erhält es die Möglichkeit, die Identität der Mutter zu erfahren, es sei denn, diese macht gewichtige Gründe dafür geltend, dass sie anonym bleiben möchte.[363]

Biowissenschaft und Technik verschaffen den Verfahren der artifiziellen Reproduktion **79** immer weiteren Raum. Die „dissoziierte" Elternschaft führt dazu, dass ein Kind bis zu sechs verschiedene Eltern haben kann (die Spenderin des Eizellenplasmas, die Spenderin des Eizellenkerns, den Spender der Samenzelle, die gebärende Frau = rechtliche Mutter und den rechtlichen Vater).[364] Die **Reprogenetik** ermöglicht es auch gleichgeschlechtlichen Paaren, „sich fortzupflanzen". Unter dem Begriff Haploidisierung werden künftig vielfältige Spielarten menschlicher Fortpflanzung möglich.[365] Sexualität und geschlechtliche Fortpflanzung haben immer weniger miteinander zu tun. Die Erfüllung des Kinderwunsches scheint dadurch unabhängig vom Geschlecht realisierbar zu werden. Bei der Erzeugung eines Nachkommens mit der Körperzelle und der Samenzelle zweier Männer können theoretisch sowohl Jungen als auch Mädchen entstehen. Bei der Zeugung aus zwei weiblichen Zellen hingegen können ausschließlich weibliche Nachkommen hervorgehen. Die Diandrie im ersten Fall und die Digynie im zweiten Fall könnten zur echten Elternschaft gleichgeschlechtlicher Paare führen. In diesen Fällen ergeben sich keine Probleme hinsichtlich der rechtlichen und genetischen Elternschaft.

In Deutschland sind die Eiübertragung, die Leih- und Ersatzmutterschaft sowie die In- **80** vitro-Fertilisation, wenn das mit dem Samen eines Spenders befruchtete Ei einer fremden Frau der Ehefrau oder Partnerin eingepflanzt werden soll, derzeit noch **verboten** (§ 1 Abs. 1 Nr. 1, Nr. 2, Nr. 6 und Nr. 7 ESchG).[366] Der entgeltliche und der unentgeltliche Ersatzmutter- und Leihmuttervertrag sind nichtig. Rechtlich ist diejenige Frau die Mutter des Kindes, die es geboren hat (§ 1591 BGB). Dies gilt auch dann, wenn sie den Willen hat, das Kind für die Bestellmutter auszutragen. Eine Anfechtung der Mutterschaft durch die genetische Mutter ist nach derzeitiger Rechtslage nicht zulässig.[367] Auch die Anerkennung der rechtlichen Elternschaft der genetischen Mutter ist nicht möglich.[368] Offen bleibt aber, inwieweit das Kind ein Recht hat, die Mutterschaft der genetischen Mutter feststellen zu lassen. Allerdings verstoßen das Verbot der heterologen In-vitro-Fertilisation, wenn die heterologe In-vivo-Fertilisation erlaubt ist, und das Verbot der Eispende, falls die medizinisch assistierte Zeugung grundsätzlich zugelassen ist, gegen das Diskriminierungsverbot des Art. 14 EMRK iVm Art. 8 EMRK.[369] Insofern werden sich auch im deutschen Recht bei der medizinisch assistierten Fortpflanzung weitere Änderungen ergeben.[370]

Nach § 9 Nr. 1 ESchG besteht für Maßnahmen der künstlichen Befruchtung ein **Arzt-** **80a** **vorbehalt.** Verstöße werden mit Freiheitsstrafe bis zu einem Jahr oder mit Geldstrafe be-

---

[363] Vgl. EGMR NJOZ 2014, 117. S. dazu *Berkl* StAZ 2014, 65 (70). Zum Anspruch des Kindes auf Feststellung der rechtlichen Mutterschaft KG FamRZ 2018, 1923.
[364] Zur Mehrelternschaft s. *Sanders,* Mehrelternschaft, 2018, S. 197 ff.; *dies.* NJW 2017, 925; *Plettenberg,* Vater, Vater, Mutter, Kind, 2016, S. 84 ff.; *Klopstock* ZRP 2017, 165 und kurz *Grziwotz* notar 2018, 163 (164 f.).
[365] Ausführlich *Silver,* Das geklonte Paradies, 1998, S. 89 ff.
[366] Vgl. §§ 13a ff. AdVermiG; s. dazu *Campbell* NJW-Spezial 2018, 196 f.; *Funcke* NZFam 2016, 207 (208); *Joerden/Hilgendorf/Thiele/Hörnle,* Menschenwürde und Medizin, 2013, S. 743 ff.; *Kreß* FPR 2013, 240; *Löhnig* NZFam 2017, 546 (548); *Majer* NJW 2018, 2294 (2295); zum (verneinten) Versicherungsschutz BGH NJW 2017, 2348; vgl. auch EGMR NJW 2017, 941; Öst. VerfGH FamRZ 2000, 601; zu Leih- und Ersatzmutterschaftsverträgen im amerikanischen Recht *Voß* FamRZ 2000, 1552. Zur Anerkennung der Elternstellung in Deutschland BGH DNotZ 2019, 54.
[367] *Seidel* FPR 2002, 402 (403).
[368] VG Berlin FamRZ 2013, 738; AG Friedberg FamRZ 2013, 1994.
[369] EGMR FamRZ 2010, 793; s. auch *Beitz,* Zur Reformbedürftigkeit des Embryonenschutzgesetzes, 2009, S. 94 ff.
[370] Vgl. Grziwotz/*Dethloff,* Notarielle Gestaltung bei geänderten Familienstrukturen, 2012, S. 7 ff., 17.

straft (§ 11 Abs. 1 ESchG).[371] Für die Frau, die eine künstliche Insemination bei sich vornimmt, und den Mann, dessen Samen zu einer künstlichen Befruchtung verwendet wird, bestehen persönliche Strafausschließungsgründe (§ 11 Abs. 2 ESchG). Sie kommen Teilnehmern, bei denen sie nicht gegeben sind, nicht zugute (§ 28 Abs. 2 StGB). Der Ehemann und die lesbische Ehefrau, die eine Befruchtung mit Spendersperma an der Partnerin mittels einer Spritze durchführen oder dabei mitwirken, machen sich nach dieser Vorschrift strafbar.[372]

80b   Neben den medizinisch assistierten Fällen der Fortpflanzung kommen auch andere **Fälle der sozialen Elternschaft** vor.[373] Bedeutung hat dies insbesondere auch bei lesbischen Paaren, bei denen sich der Kinderwunsch vor allem bei einer bisexuellen Partnerin häufig durch geduldeten Geschlechtsverkehr oder eine Samenspende befreundeter homosexueller Paare realisieren lässt.[374] Der BGH[375] hat vor Regelung der heterologen Insemination in § 1600 Abs. 4 BGB seine Rechtsprechung zur heterologen Insemination auch auf unwirksame Adoptionen im Ausland angewandt. Hintergrund war die gemeinsame Übernahme von Verantwortung zur Erfüllung des Kinderwunsches. Dies könnte in sämtlichen Fällen der nicht medizinisch assistierten Fortpflanzung, auch soweit diese gesetzlich verboten sind, im Hinblick auf den Schutz des Kindes für eine entsprechende Anwendung des § 1600 Abs. 4 BGB sprechen.[376] Beispiele sind der durch den Mann gebilligte Geschlechtsverkehr der Partnerin mit einem Fremden, das Abhalten von einer rechtlich zulässigen Abtreibung und der Kinderwunsch einer lesbischen Lebensgemeinschaft durch Insemination („Wunsch-Co-Mutter"). Betroffen sind ferner die Fälle in Deutschland verbotener, aber im Ausland vorgenommener medizinischer Eingriffe (zB Embryonentransfer) zur Herbeiführung einer sozialen oder auch rechtlichen Elternschaft.[377]

II. Kinderwunschvereinbarungen

81   Scheinbar keine Schwierigkeiten bestehen bei der **homologen, ärztlich unterstützten Insemination.**[378] Ist das heterosexuelle Paar verheiratet, wird der Mann der Frau, der ohnehin der biologische Vater ist, automatisch der rechtliche Vater (§ 1592 Nr. 1 BGB). Auch bei nichtverheirateten heterosexuellen Paaren lässt sich die Vaterschaft entweder durch eine Anerkennung (§ 1592 Nr. 2 BGB) oder, falls der männliche Partner diese später ablehnt, durch gerichtliche Feststellung nachweisen (§ 1592 Nr. 3 BGB). Die homologe Insemination[379] bereitet nur dann Probleme, wenn der männliche Partner mit der künstlichen Befruchtung zum Zeitpunkt der Vornahme nicht mehr einverstanden war. Insofern stellen sich die gleichen Probleme, wie bei der Zustimmung zu einer heterolo-

---

[371] S. nur Spickhoff/*Müller-Terpitz,* Medizinrecht, 3. Aufl. 2018, ESchG § 9 Rn. 1. Problematisch deshalb die pauschale „Mitwirkungspflicht" in der Mustervereinbarung von *Horndasch,* NotarFormulare Kindschaftsrecht, 2016, § 4 Rn. 34 und Rn. 80.

[372] Zu verfassungsrechtlichen Bedenken *Sternberg-Lieben* NStZ 1988, 1 (2 ff.); *Grziwotz* NZFam 2014, 1065 (1067) und notar 2018, 163 (172).

[373] Vgl. OLG Hamm NJW 2007, 3733 zur künstlichen Selbstbefruchtung mittels Spritze aus Kinderarztkoffer der Nichte.

[374] Vgl. AG Elmshorn FamRZ 2011, 1316; OLG Celle FamFR 2010, 453 und OLG Karlsruhe FamFR 2011, 72.

[375] FamRZ 1995, 995.

[376] OLG Oldenburg FamRZ 2015, 67; *Grziwotz,* Beratungshandbuch Lebenspartnerschaft, 2003, Rn. 306.

[377] OLG Frankfurt a.M. NJW-RR 2019, 259.

[378] Vgl. zu Kinderwunschvereinbarungen *Grziwotz* NZFam 2014, 1065 (1067 ff.); Dutta/Schwab/Henrich/Gottwald/Löhnig/*Grziwotz,* Künstliche Fortpflanzung und europäisches Familienrecht, 2015, S. 25 (40 ff.); Coester-Waltjen/Lipp/Schumann/Veit/*Grziwotz,* „Kinderwunschmedizin" – Reformbedarf im Abstammungsrecht?, 2014, S. 103 (105 ff.); *Lettmaier/Moes* FamRZ 2018, 1553; *van de Loo* FamRB 2015, 230 (231 ff.); *P. Meier* NZFam 2014, 337 (340 ff.); *Wehrstedt* MittBayNot 2019, 122 (124); *Wellenhofer* GuP 2014, 127; *Wilms* RNotZ 2012, 141 (151 ff.).

[379] Zur früher noch abgelehnten Übernahme der Kosten für eine intracytoplasmatische Spermainjektion s. BVerwG DVBl. 2001, 1214; anders nunmehr BVerwG NVwZ-RR 2011, 567; zur steuerlichen Absetzbarkeit FG München DStRE 2002, 1132.

gen Insemination. Anders als beim freiwilligen Geschlechtsverkehr („Beiwohnung"), bei dem auch bei Täuschung über den Einsatz empfängnisverhütender Mittel durch den Partner jeder Beteiligte selbst für eine Verhinderung der von ihm/ihr nicht gewollten Schwangerschaft sorgen kann und der Geschlechtsverkehr im gegenseitigen Einverständnis vollzogen wird,[380] ist bei der medizinisch assistierten Befruchtung das aktuelle Einverständnis des Mannes zur (Weiter-)Verwendung seines Spermas zu prüfen. Hier obliegt es dem Mann nicht nur, sein Einverständnis gegenüber der Frau ausdrücklich und nicht nur konkludent durch Hinwendung zu einer neuen Partnerin zu widerrufen; er muss ferner durch entsprechende Anweisungen an den Arzt verhindern, dass sein deponierter Samen zur Benutzung für die In-vitro-Fertilisation gelangt.[381]

Die **heterologe Insemination** ähnelt einer Elternschaft aufgrund einer Adoption.[382] **82** Bei ihr bestehen keine Probleme hinsichtlich der Mutterschaft. Unproblematisch ist die rechtliche Vaterschaft, sofern die Mutter zum Zeitpunkt der Geburt mit einem Mann verheiratet ist; in diesem Fall ist nämlich ihr Ehemann der rechtliche Vater des Kindes (§ 1592 Nr. 1 BGB); eine Anfechtung ist ihm nicht gestattet (§ 1600 Abs. 4 BGB). Ist die Frau nicht verheiratet, kann der mit der heterologen Insemination einverstandene Mann nur Vater werden, wenn er seine Vaterschaft (wahrheitswidrig) anerkennt (§ 1592 Nr. 2 BGB).[383] Eine Feststellung der Vaterschaft scheidet mangels biologischer Elternschaft aus. Bei nicht verheirateten Paaren ergeben sich deshalb für die Frau Risiken, wenn eine Vaterschaftsanerkennung nicht bereits vor der Schwangerschaft der Frau zugelassen wird; aus diesem Grund wird verstärkt in diesem Fall entgegen dem Gesetzeswortlaut die Anerkennung durch den Mann als rechtlich möglich und wirksam anerkannt (→ Rn. 8). Strittig ist, ob sie später nochmals wiederholt werden muss oder nicht. Das gleiche Problem ergibt sich bei einem lesbischen Paar, und zwar unabhängig davon, ob diese in eingetragener Lebenspartnerschaft leben oder nicht. Denn auch bei der eingetragenen Lebenspartnerschaft wird die Lebenspartnerin der schwangeren Frau nicht als Elternteil vermutet, auch wenn sie mit der heterologen Insemination einverstanden war. Ist ein lesbisches Paar verheiratet, ist nach der Rechtsprechung § 1592 Nr. 1 BGB nicht analog anwendbar, die Ehefrau der Mutter wird somit nicht automatisch rechtliche Co-Mutter.[384]

Der Gesetzgeber hat die Probleme der heterologen Insemination nur in § 1600 Abs. 4 **83** BGB geregelt. Diese Vorschrift schließt die Anfechtung der Vaterschaft sowohl durch den Mann als auch durch die Mutter aus.[385] Erfasst werden nach dem Wortlaut nur Fälle der künstlichen Befruchtung mittels Samenspende eines Dritten, nicht jedoch die oben aufgeführten weiteren Fälle einer sozialen Elternschaft. Außerdem bezieht sich die Vorschrift nur auf die künstliche Befruchtung einer Frau mit Einwilligung des Mannes. Die (verbotene) Leihmutterschaft und die Kinderwunscherfüllung lesbischer Paare werden davon nicht erfasst. § 1600 Abs. 4 BGB bezieht sich jedoch nicht nur auf Ehegatten, nachdem die Vorschrift nicht auf eine Eheschließung abstellt. Sie ist vielmehr auch auf nicht verheiratete Paare anwendbar, die sich für eine heterologe Insemination entschieden haben. Allerdings ist bei ihnen erforderlich, dass der Mann die Vaterschaft wirksam anerkannt hat; erst dann kann er sein Anfechtungsrecht verlieren. Die Vorschrift gilt auch dann, wenn das Kind mittels Samenspende eines Dritten und mit Hilfe einer nicht von der Mutter stammenden Eizelle gezeugt wird.[386] Die Einwilligung des Mannes und der Mut-

---

[380] BGHZ 97, 372.
[381] BGHZ 146, 391. Vgl. LG Bonn FamRZ 2017, 447 und LG München I FamRZ 2018, 1629.
[382] BGH MittBayNot 1995, 470; vgl. *Kirchmeier* FamRZ 1998, 1281 (1282); zur steuerlichen Berücksichtigung BFH DStR 2011, 356; NJW 2017, 3022; NJW 2018, 492; zur Kostenübernahme durch die Krankenversicherung bzw. die Beihilfe s. nur OLG Hamm NJW-RR 2018, 1121; BSG FamRZ 2015, 855; *von der Tann* NJW 2015, 1850; zum Kündigungsschutz BAG FamRZ 2015, 1106; zur Nichtanwendung von § 1 Abs. 1 UVG s. BVerwG NJW 2013, 2775.
[383] S. nur *Wellenhofer* GuP 2014, 127 (129).
[384] Vgl. die Nachweise in Fn. 358.
[385] Auch für Fälle vor dem 12.4.2002; BGH NJW 2005, 1428; *Wehrstedt* DNotZ 2005, 649.
[386] OLG Hamburg NJW-RR 2012, 1286.

ter in die künstliche Befruchtung wird vom Gesetz nicht an die Einhaltung einer bestimmten Form geknüpft, so dass auch eine mündliche Erklärung gegenüber der Frau genügt.[387] Keine ausdrückliche Regelung enthält das Gesetz ferner darüber, ob, wann und auf welche Weise der Mann und die Frau eine einmal abgegebene Einwilligung in die heterologe Insemination widerrufen können.[388] Der vom Gesetz geregelte **Ausschluss der Anfechtung** bezieht sich nicht auf eine Anfechtung mit der Begründung, das Kind stamme in Wahrheit nicht aus der künstlichen Befruchtung.[389] Eine Anfechtung durch das Kind ist bei bis 1. 7. 2018 vorgenommenen Inseminationen und danach bei einer nicht ärztlich unterstützten künstlichen Befruchtung möglich.[390] Eine Anfechtung durch den Samenspender als biologischen Vater ist dagegen in diesen Fällen, wenn er sich auf die bloße Samenspende beschränkt, nicht möglich.[391] Bei einer ärztlich unterstützten künstlichen Befruchtung in einer Einrichtung der medizinischen Versorgung (§ 1a Nr. 1 TPG) unter Verwendung von fremdem Spendersamen (§ 2 Abs. 1 S. 1 SaRegG), ab 1. 7. 2018 ist eine Feststellung des Samenspenders als rechtlichem Vater ausgeschlossen (§ 1600d Abs. 4 BGB). Dem biologischen Vater, der der Mutter beigewohnt hat, eröffnet § 1600 Abs. 1 Nr. 2, Abs. 2 BGB dagegen die Möglichkeit, die rechtliche Vaterposition zu erlangen, wenn der Schutz einer Familienbeziehung zwischen dem Kind und seinen rechtlichen Eltern dem nicht entgegensteht.[392] Auch nach § 1600 Abs. 1 Nr. 2 BGB steht nur dem Mann, der der Frau beigewohnt hat, ein Anfechtungsrecht zu, nicht jedoch dem bloßen anonymen Samenspender.[393] Anders ist dies bei einer privaten Samenspende („vertraute Samenspende") zur nicht konsentierten Befruchtung der Frau, also einer Samenspende ohne Zustimmung des Partners der Frau.[394] Inwieweit der private Samenspender einen Anspruch auf Auskunft hinsichtlich seines Kindes hat, ist derzeit offen; nach § 1686a BGB iVm § 167a FamFG steht nur dem leiblichen Vater, der nicht bloßer Samenspender ist, ein Umgangs- und Auskunftsanspruch zu.[395] Das Zivilrecht erkennt im Anfechtungsrecht und beim Umgangsrecht nunmehr das Bestehen und den Schutz sozial-familiärer Beziehungen an (§§ 1600 Abs. 2, Abs. 3, 1685 Abs. 2 BGB).[396] Dies hat möglicherweise auch Auswirkungen auf biologische Väter, die sich nicht auf eine anonyme Samenspende beschränken, sondern Kontakt zu den rechtlichen Eltern haben.[397] Ein vertraglicher Verzicht des privaten Samenspenders auf seine Vaterrechte, dh eine Reduzierung auf einen bloßen anonymen Samenspender, ist nicht möglich.[398]

84   In der Einwilligung eines Mannes in eine heterologe Insemination wurde ein mit der Mutter des Kindes geschlossener Vertrag zugunsten des Kindes gesehen, in dem sich der

---

[387] BGH NJW 2015, 3434; vgl. *Spickhoff* ZfPW 2017, 257 (262 ff.); *Löhnig/Runge-Rannow* FamRZ 2018, 10 und *dies.* NJW 2015, 3757 (3759).

[388] Vgl. LG Bonn FamRZ 2017, 447; LG München I FamRZ 2018, 1629; *Eckersberger* MittBayNot 2002, 261 (263); *Löhnig/Runge-Rannow* FamRZ 2018, 10 (13).

[389] Vgl. OLG Oldenburg FamRZ 2015, 67; *Schomburg* Kind-Prax 2002, 75 (77).

[390] Vgl. zur Rechtslage bis 1. 7. 2018 BVerfG NJW 1989, 891; NJW 1997, 1769; EGMR NJW 2003, 2145; FamRZ 2012, 1935; *Moteyl* FamRZ 2017, 345.

[391] Spickhoff/Schwab/Henrich/Gottwald/*Wehrstedt,* Streit um die Abstammung, 2007, S. 75.

[392] EGMR FuR 2012, 473; 22. 3. 2012 – 23338/09; BVerfG FPR 2003, 471; FamRZ 2004, 1705; *Roth* NJW 2003, 3153.

[393] Vgl. BVerfG FamRB 2011, 43.

[394] BGHZ 197, 242 = NJW 2013, 2589; s. dazu krit. *Pauli* NZFam 2016, 57 (59).

[395] Vgl. *Löhnig* NZFam 2017, 643 (644).

[396] Vgl. BGH NJW-RR 2005, 729; BGHZ 170, 161; BGH FamRZ 2008, 1821; OLG Celle FPR 2011, 407; OLG Bremen FPR 2011, 415; OLG Brandenburg FamRZ 2012, 44; OLG Naumburg FamRZ 2012, 1148; vgl. *Löhnig* FamRZ 2008, 1130 und *van Els* FPR 2011, 380 (381).

[397] Vgl. OLG Hamm NJW 2014, 2369 zum Auskunftsanspruch des privaten Samenspenders bei einem lesbischen Paar; KG FamRZ 2018, 1925 zum Umgangsrecht des privaten Samenspenders bei einem lesbischen Paar und OLG Frankfurt a.M. NZFam 2018, 1088 zum Umgangsverfahren bei einer Becherspende bei einem heterosexuellen Paar.

[398] OLG Zweibrücken NZFam 2016, 958.

Mann zum **Unterhalt** gegenüber dem Kind verpflichtet.[399] Die Einwilligung enthält die konkludente Erklärung, für das Kind wie ein Vater sorgen zu wollen. Mit der Geburt erwirbt das Kind einen unmittelbaren Anspruch gegen den Vater. Diese Konzeption ist aufgrund des gesetzlich normierten Ausschlusses der Vaterschaftsanfechtung durch den Wunschvater wegen der gesetzlichen Unterhaltpflicht nicht mehr erforderlich. Allerdings gilt dies nur bei verheirateten Paaren. Weiterhin von Bedeutung ist diese Konstruktion bei nichtehelichen Paaren.[400] Wichtig ist dies ferner bei lesbischen Paaren; auch insoweit kann die Zustimmung zur Insemination zur Erfüllung des gemeinsamen Kinderwunsches unabhängig von der zunächst geplanten, aber später nicht durchgeführten Stiefkindadoption zur Bejahung von Unterhaltsansprüchen des Kindes gegenüber der Stiefmutter führen. Rechte und Pflichten können durch die Übernahme der Elternverantwortung jedenfalls gegenüber dem Kind entstehen.[401] Gleiches dürfte in anderen Fällen übernommener sozialer Elternschaft gelten. Unterhaltsansprüche wegen eines einvernehmlich in die Familie aufgenommenen Kindes **(child of the family)** dürften danach zunehmen.[402] Teilweise wird darüber hinausgehend auch im Pflichtteilsrecht eine entsprechende vermögensrechtliche Position unterstellt.[403]

Insofern kommt der Zustimmung desjenigen Ehegatten, der die Elternschaft des anderen, die im Wege der medizinisch assistierten oder sonstigen Form herbeigeführt wird, wünscht, besondere Bedeutung zu. Nach überwiegender Ansicht ist die **Einwilligungserklärung** nach § 1600 Abs. 4 BGB eine Willenserklärung.[404] Unabhängig davon bedeutet die Einwilligung in eine künstliche Befruchtung die bewusste Entscheidung der Eltern zur Übernahme von Verantwortung für das so gezeugte Kind. Die Einwilligung in diesen Vorgang hat damit mittelbar abstammungsrechtliche Folgen und kann deshalb nicht mehr nach Durchführung der künstlichen Befruchtung in vivo zurückgenommen werden. Bis zu welchem konkreten Zeitpunkt sie zurückgenommen werden kann, ist offen. Nachdem es sich bei der Entscheidung für das Kind um eine höchstpersönliche Entscheidung handelt,[405] ist eine Bindung zu verneinen. Ein Widerruf ist deshalb bis zur Vornahme der künstlichen Befruchtung, wenn diese in vivo erfolgt, möglich.[406] Bei einer künstlichen Befruchtung in vitro soll der Widerruf bis zum Entstehen des Embryos durch Verschmelzung der Zellkerne möglich sein; dies bedeutet, dass bei einem Widerruf des Mannes Eizellen im Vorkernstadium nicht mehr transferiert werden dürfen.[407] Der Widerruf muss gegenüber dem Partner erklärt werden. Zusätzlich sollte er auch gegenüber dem behandelnden Arzt erfolgen. Für eine Erklärung gegenüber dem Notar als Bevollmächtigter der Beteiligten mag zwar der Aspekt des Nachweises sprechen; im Hinblick auf die damit verbundene Verzögerung ist sie jedoch unzweckmäßig. Die Einwilligung in den Vorgang der künstlichen Befruchtung beinhaltet bei nicht verheirateten heterosexuellen Paaren noch keine Anerkennung der Vaterschaft. Diese kann, wenn man der im Vordringen befindlichen Meinung der Zulässigkeit einer Vaterschaftsanerkennung vor Zeugung im Fall der heterologen Insemination folgt, bereits erklärt werden, sollte jedoch zur Sicherheit nach der Zeugung nochmals wiederholt werden. Bei lesbischen (unverheirateten) Paaren

84a

---

[399] BGH DNotZ 1996, 778 (785); NJW 2015, 3434; OLG Stuttgart NZFam 2014, 960; vgl. *Schwonberg* FF 2016, 281 und *Wilms* RNotZ 2012, 141 (155 f.).

[400] *Roth* DNotZ 2003, 805 (817); *Wehrstedt* FPR 2011, 400 (402).

[401] AA wohl OLG Karlsruhe FamFR 2011, 72.

[402] Vgl. *Henrich*, Int. FamR, 2. Aufl. 2001, S. 175; vgl. aber OLG Koblenz FamRB 2005, 321.

[403] *Kemper* FuR 1995, 311.

[404] OLG Karlsruhe FamRZ 2012, 1150; offen OLG Hamburg NJW-RR 2012, 1286. Zur Frage der Geschäfts- oder Einwilligungsfähigkeit s. OLG Oldenburg FamRZ 2015, 67 (68). Zur rechtlichen Einordnung ausführlich *Spickhoff* ZfPW 2017, 257 (262 ff.).

[405] Vgl. OLG Oldenburg FamRZ 2015, 67 (68).

[406] Wenn die „Befruchtung" der Wunschmutter mit dem Sperma als Zeitpunkt gewählt wird (so *Löhnig/Runge-Rannow* FamRZ 2018, 10 (13); ähnlich *Horndasch*, NotarFormulare Kindschaftsrecht, 2016, § 4 Rn. 34 und Rn. 80 „bis zur Durchführung der zur Schwangerschaft führenden künstlichen Befruchtung"), wäre die Frau zur Einnahme der „Pille danach" gezwungen.

[407] LG Bonn FamRZ 2017, 447 und LG München I FamRZ 2018, 1629 (1632).

bedeutet die Zustimmung zur Insemination keine Verpflichtung zur späteren Adoption des so empfangenen Stiefkindes. Bei nicht verheirateten und nicht in eingetragener Lebenspartnerschaft lebenden Paaren erhält der in die heterologe Insemination einwilligende Partner nicht automatisch ein Sorgerecht. Allerdings kann ein gemeinsames Sorgerecht bei heterosexuellen Paaren nach einer Vaterschaftsanerkennung unproblematisch durch Sorgeerklärungen erreicht werden (→ Rn. 29). Bei lesbischen Paaren und in Fällen, in denen die Frau, die zunächst mit der heterologen Befruchtung und der späteren (falschen) Anerkennung der Vaterschaft einverstanden war, später von dieser Meinung aber abweicht, kann der Wunschelternteil weder Elternschaft noch Sorgerecht erlangen. Diesbezügliche Verpflichtungen der Frau sind vor Zeugung des Kindes nicht möglich.

85   Kinderwunschverträge müssen zudem das Recht des durch künstliche Befruchtung entstandenen Kindes auf **Kenntnis seiner Abstammung** beachten. Bereits die Entnahmestelle (Samenbank) unterrichtet hierzu den Samenspender über den Auskunftsanspruch des mithilfe seines Spermas gezeugten Kindes (§ 2 SaRegG). Die Einrichtung der medizinischen Versorgung (§ 1a Nr. 9 TPG), die die Insemination vornimmt, muss die Empfängerin über den Auskunftsanspruch des Kindes belehren und sie über ihre Mitteilungspflicht hinsichtlich der Geburt informieren (§§ 3, 4 SaRegG). Die Daten werden an das Deutsche Institut für Medizinische Dokumentation und Information (DIMDI, § 1 Abs. 1 SaRegG) übermittelt, das sie 110 Jahre speichert (§§ 7 – 9 SaRegG). Das (vermeintliche) Samenspenderkind hat ab Vollendung des 16. Lebensjahres, vorher vertreten durch die Sorgeberechtigten, einen Auskunftsanspruch über die Person des Samenspenders (§ 10 SaRegG).[408] Die Eintragung eines Sperrvermeks hinsichtlich der Auskunft oder Kontaktaufnahme ist im Register nicht vorgesehen. Allerdings ist der Samenspender nicht verpflichtet, mit dem Spenderkind Kontakt aufzunehmen.[409] Vereinbarungen der Partner untereinander sowie Verträge mit dem behandelnden Arzt und dem Samenspender über die **Zusicherung der Anonymität** sind nichtig, soweit sie das Recht des Kindes auf Kenntnis seiner eigenen Abstammung[410] nicht beachten. Umgekehrt entscheidet ab Vollendung des 16. Lebensjahres das Kind selbstständig, ob es von seinem „Recht auf Nichtwissen" Gebrauch machen möchte (sog. „pull"-Lösung).[411] Das Recht des Kindes auf Kenntnis seiner eigenen Abstammung führt bei einer privaten Samenspende und bei einer Verwendung des Spendersamens vor dem 1.7.2018[412] dazu, dass das Kind später die Vaterschaft des rechtlichen Elternteils anfechten und die Vaterschaft des Samenspenders feststellen lassen kann.[413] Damit ist der Samenspender dem Risiko der späteren Unterhaltspflicht und Erb- und Pflichtteilsansprüchen des mit Hilfe seines Samens entstandenen Kindes ausgesetzt. Dies gilt auch bei lesbischen Paaren, wenn eine Adoption durch die Lebenspartnerin der gebärenden Frau nicht erfolgt. Der private Samenspender kann insoweit nur von Ansprüchen des Kindes durch die Wunscheltern freigestellt werden.[414] Ein Verzicht zu Lasten des Kindes ist dagegen rechtlich nicht möglich. Gleiches gilt für einen Verzicht der Wunscheltern bei einer medizinisch unterstützten künstlichen Befruchtung gegenüber dem behandelnden Arzt auf die gesetzlich vorgeschriebene **Dokumentation** (Datenerhebung und Speicherung, §§ 5, 6 SaRegG). Im Hinblick auf die Bestimmung des § 6 SaRegG (Aufbewahrungsfrist: 110 Jahre, vgl. auch § 5 Abs. 5 Nr. 2 PStG bei der Adopti-

---

[408] Zum Auskunftsanspruch vgl. auch die Gesetzesbegründung BT-Drs. 18/11291, 31 ff.; s. ferner *E. Koch* NotBZ 2019, 20 (21) und *Wehrstedt* MittBayNot 2019, 122 (123).

[409] *Helms* FamRZ 2017, 1537 (1539).

[410] S. dazu bereits EGMR FPR 2003, 368; FamRZ 2012, 1935; BVerfG FamRZ 1989, 147; BVerfGE 79, 256 (268); BVerfGE 90, 263 (270); BVerfGE 96, 56; BVerfG FamRB 2011, 43; BGH DNotZ 2015, 426 und OLG Hamm FamRZ 2013, 637; anders noch OLG Hamm BeckRS 2008, 12773. Vgl. dazu kurz *Thorn* GuP 2015, 47 (48). S. ferner OLG Hamm NJW 2019, 523 zur Vertauschung von Samenspenden.

[411] S. dazu *Helms* FamRZ 2017, 1537 (1540).

[412] *Helms* FamRZ 2017, 1537; kurz dazu auch *Kemper* FamRB 2017, 438 (439). Zum Anspruch eines in der DDR mittels Samenspende gezeugten Kindes BGH NJW 2019, 848.

[413] *Grziwotz* FF 2013, 233.

[414] *Meier* NZFam 2014, 337; *Wellenhofer* FamRZ 2013, 825.

on), ist eine Vereinbarung nichtig, die den Arzt von seiner Dokumentationspflicht hinsichtlich der Person des Samenspenders entbinden soll. Eine entsprechende Vereinbarung würde gegen eine gesetzliche Pflicht verstoßen und zudem wegen des Rechts des Kindes auf Kenntnis seiner eigenen Abstammung einen Vertrag zu Lasten Dritter beinhalten.[415]

Inwieweit dem privaten Samenspender ein Recht auf Kenntnis davon zusteht, welche **86** Kinder mit seinem Sperma gezeugt wurden, ist derzeit offen. Gleiches gilt für das Recht des Scheinvaters, der in die heterologe Insemination einwilligt hinsichtlich der **Auskunft** über die Person des biologischen Vaters.[416] Bei der ärztlich unterstützten künstlichen Befruchtung stehen weder dem Wunschvater noch dem Samenspender diesbezügliche Auskunftsansprüche zu (vgl. § 11 SaRegG).[417] Nicht auskunftsberechtigt sind auch die Abkömmlinge des Spenderkindes und dieses selbst hinsichtlich etwaiger (Halb-)Geschwister.[418]

Vereinbarungen zwischen den Eltern und dem biologischen Vater, der privat **87** Samen spendet, auch im Wege des Vertrages zugunsten Dritter, sind zu dessen Absicherung dringend erforderlich. Ihre Zulässigkeit ist im Einzelnen umstritten.[419] Unstreitig ist ein Verzicht des leiblichen Vaters auf die Feststellung der rechtlichen Vaterschaft sowohl bei einer Zeugung[420] als auch einer „Becherspende" unzulässig. Der private Samenspender ist nicht umgangsberechtigt.[421] Auch nach § 1686a BGB hat er nur ein Umgangsrecht, wenn er beabsichtigt, zu dem entstandenen Kind eine sozial-familiäre Beziehung aufzubauen. Bedeutung haben derartige Vereinbarungen, die sich nicht allein auf Freistellungsverpflichtungen gegenüber dem Samenspender beschränken, insbesondere in den Fällen der „freundschaftlichen Samenspende". Dies betrifft vor allem lesbische Paare, die häufig mit homosexuellen Paaren diesbezügliche Vereinbarungen treffen und wünschen, dass das auf diese Weise entstandene Kind auch Kontakt zu seinem genetischen Vater und dessen Lebenspartner hat.[422] In diesbezüglichen Kombinationen von Regenbogenfamilien ist es zwar nicht möglich, dem Kind vier Elternteile zu geben. Auch das homosexuelle Paar möchte trotz der rechtlichen Zuordnung des Kindes zum lesbischen Paar im Wege einer Stiefkindadoption, regelmäßig weiterhin Umgangs- und Auskunftsrechte haben, wobei teilweise sogar Unterhaltspflichten freiwillig eingegangen werden und eine Erbeinsetzung des so entstandenen Kindes vorgenommen wird. Die Wünsche der Beteiligten lassen sich gegenwärtig durch vertragliche Vereinbarungen allerdings nur teilweise realisieren. Die Personensorge umfasst zwar auch das Recht, den Umgang des Kindes mit Wirkung für und gegen Dritte zu bestimmen. Allerdings ist fraglich, inwieweit bindend ein Umgangsrecht für einen Dritten vereinbart werden kann. Eine Übertragung des Umgangsrechtes auf einen Dritten ist – auch teilweise – unzulässig.[423] Das Umgangsrecht darf dem Kindeswohl nicht widersprechen. Will der biologische Vater entsprechend § 1686a Abs. 1 BGB zu dem Kind eine sozial familiäre Beziehung aufbauen, dürften entsprechend dieser Norm Umgangs- und Auskunftsrechte unter Beachtung des Kindeswohls zulässig sein. Soll der Samenspender von Unterhaltsansprüchen des Kindes freigestellt werden, ist eine derartige unterhaltsrechtliche Freistellungsverpflichtung zwischen dem Partner der Mutter und dem biologischen Vater, gleichgültig, ob es sich um einen „anonymen" privaten Samenspender („Internet-Samenspende") oder einen befreundeten Mann handelt, grundsätzlich zulässig; das Kind wird dadurch nicht benachteiligt, da dessen Unterhaltsan-

---

[415] *Frie* NZFam 2018, 817 (818 f.).
[416] Vgl. BVerfGE 117, 202; *Neumann* FPR 2011, 366.
[417] *Frie* NZFam 2018, 817 (821).
[418] *Frie* NZFam 2018, 817 (821).
[419] Ausführlich *Taupitz/Schlüter* AcP 205 (2005), 591; *Grziwotz/Dethloff,* Notarielle Gestaltung bei geänderten Familienstrukturen, 2012, S. 7; *Wehrstedt* FPR 2011, 400; *Wilms* RNotZ 2012, 141 (151 ff.).
[420] Vgl. OLG Zweibrücken NZFam 2016, 958.
[421] OLG Köln NJW-RR 1997, 324.
[422] Zur Elternschaft in Regenbogenfamilien s. *Campbell* NZFam 2016, 296 und kurz *Grziwotz* NZFam 2014, 1065.
[423] Staudinger/*Rauscher* BGB § 1684 Rn. 46.

spruch gegenüber seinem biologischen Vater (privater Samenspender) bei einer eventuellen Vaterschaftsfeststellung unberührt bleibt. Auch Vereinbarungen über die Durchführung einer Insemination, und zwar unabhängig davon, ob diese medizinisch assistiert oder auf andere Weise vorgenommen wird, sind zwischenzeitlich nicht mehr sittenwidrig. Unzulässig ist wohl eine Vereinbarung über die Einwilligung in eine private, nicht ärztlich unterstützte Insemination. Der Notar darf die Beurkundung der Einwilligung in die strafbewehrte Vornahme der privaten künstlichen Insemination sowie, damit verbunden, die Freistellung des privaten Samenspenders von Unterhalts- und Erbansprüchen des Kindes nicht vornehmen. Unterhaltsvereinbarungen und erbrechtliche Verfügungen zugunsten des (künftigen) Kindes sind dagegen zulässig.[424] Auch wenn er die gesetzliche Regelung für verfassungswidrig hält, darf der Notar nicht beurkunden, sondern muss gegebenenfalls einen ablehnenden Vorbescheid erlassen, den die Beteiligten mit der Beschwerde zum Landgericht anfechten können. Anonymitätszusicherungen und Entgeltvereinbarungen können im Einzelfall wegen eines Verstoßes gegen § 138 BGB unwirksam sein.[425]

88   Moderne Kinderwunschverträge müssen vor allem folgende **Punkte** beachten:
– Einwilligung in den Vorgang der künstlichen Befruchtung und Zulässigkeit des Widerrufs lediglich bis zur Vornahme der entsprechenden Handlung.
– Bei unverheirateten heterosexuellen Paaren zur Sicherung der Frau die Vaterschaftsanerkennung des auf diese Weise gezeugten Kindes, die jedoch vorsorglich nach dem Zeugungsvorgang wiederholt werden sollte. Auch die Zustimmung der Mutter zur Vaterschaftsanerkennung sollte in diesem Zusammenhang jeweils erklärt werden.
– Nach Zeugung können heterosexuelle Paare auch ein gemeinsames Sorgerecht erlangen. Dies ist bei einem lesbischen, nicht verheirateten und nicht in eingetragener Lebenspartnerschaft lebenden Paar nicht möglich.
– Gegenüber dem privaten Samenspender (wenn dieser keine elterliche Verantwortung für das Kind übernehmen möchte), sind eine Freistellungsverpflichtung von Unterhaltsansprüchen und gegebenenfalls auch Pflichtteilsansprüchen sinnvoll. Der Notar darf hieran aber wohl nicht mitwirken. Anonymitätszusicherungen sind dagegen nichtig.
– Vorsorglich kann auch der behandelnde Arzt von etwaigen Ansprüchen des Kindes freigestellt werden, wenn dieser die Bestimmungen des SaRegG und die Richtlinien der Ärztekammer, insbesondere zur Dokumentation des Vorgangs, beachtet.
– In Regenbogenkonstellationen können unter Beachtung des Kindeswohls Umgangs- und Auskunftsrechte vereinbart werden; mitunter sind in diesen Konstellationen unterhalts- und pflichtteilsrechtliche Freistellungsansprüche nicht gewünscht.

89   Im Hinblick auf die unsichere Rechtslage kommt den **Belehrungen** der Beteiligten über die Reichweite ihrer Erklärungen große Bedeutung zu. Insbesondere muss ihnen klar werden, dass sie gegenüber dem künstlich gezeugten Kind elterliche Verantwortung übernehmen und insoweit nicht anders stehen, als Eltern, die sich durch eine Adoption oder aufgrund „Beiwohnung" ihren Kinderwunsch erfüllen. Die Wunscheltern müssen vor Beurkundung des Kinderwunschvertrages kein ärztliches Informationsgespräch durchführen, auch wenn dies im Regelfall zweckmäßig ist.

90   **1. Kinderwunschvereinbarung homologe Insemination eines verheirateten Paares.** Regelungsbedürftig ist im Hinblick auf die gesetzlichen Vorschriften nur der Widerruf der Einwilligung in die künstlichen Befruchtung.

---

[424] *Grziwotz* notar 2018, 163 (172); weitergehend *Helms* FamRZ 2017, 1537 (1539).
[425] Zur Gestaltung von Vereinbarungen über eine heterologe Insemination nach alter Rechtslage siehe BNotK DNotZ 1998, 241.

Formulierungsbeispiel: Kinderwunschvertrag homologe Insemination eines verheirateten Paares 91

Wir, Herr *** und Frau ***, wollen uns unseren Kinderwunsch im Wege der medizinisch assistierten Fortpflanzungsmedizin durch eine homologe Insemination erfüllen. Wir wurden durch die Ärztin/den Arzt *** in einem Gespräch ausführlich über die medizinischen Voraussetzungen und Folgen belehrt.

Der Notar/Die Notarin hat uns über die rechtlichen Folgen der medizinisch assistierten Kinderwunscherfüllung belehrt, insbesondere darüber, dass das auf diese Weise gezeugte Kind einem durch Beiwohnung gezeugten Kind gleichsteht. Der Ehemann hat hierzu bei der Wunschklinik *** Sperma hinterlegt, mit dem die Befruchtung der Ehefrau erfolgen soll.

Hierzu erklären wir, dass eine beiderseitige Verpflichtung zur Durchführung der medizinisch assistierten homologen Insemination auch durch diese Vereinbarung nicht begründet wird. Jeder von uns ist vielmehr berechtigt, gegenüber dem anderen Ehegatten seine Zustimmung hierzu einseitig zu widerrufen. Der Widerruf wird wirksam mit Zugang beim Empfänger. Eine Form ist für den Widerruf nicht erforderlich; zu Beweiszwecken sollte dieser jedoch schriftlich erfolgen, wobei aber ein Nachweis in anderer Form möglich bleibt. Der Widerruf, den medizinisch assistierten Befruchtungsvorgang vorzunehmen, ist auch gegenüber dem Arzt möglich. Der Widerruf ist nicht mehr zulässig, wenn der Befruchtungsvorgang in vivo bereits durchgeführt wurde, unabhängig davon, ob eine Vereinigung der Eizelle mit der Samenzelle schon stattgefunden hat. Frau *** ist insbesondere nicht verpflichtet, nach Durchführung des Befruchtungsvorgangs mithilfe der so genannten „Pille danach" oder einer zulässigen Abtreibung die Entstehung des so gezeugten Kindes zu verhindern. Wird die Befruchtung in vitro durchgeführt, kann der Widerruf der Einwilligung gegenüber der Frau bzw. die Untersagung der Fortsetzung des Vorgangs gegenüber dem behandelnden Arzt erfolgen, wenn sich die Eizellen noch im Vorkernstadium befinden.[426]

2. Kinderwunschvereinbarung homologe Insemination eines unverheirateten 92 **Paares.** Juristische Probleme ergeben sich gegenüber der homologen Insemination eines verheirateten Paares kaum, nachdem die Vaterschaft des Mannes nach Durchführung der Zeugung gegebenenfalls gerichtlich festgestellt werden kann und dieser seinerseits ein gemeinsames Sorgerecht auch gegen den Widerspruch der Mutter erlangen kann, wenn dies dem Kindeswohl dient.

Formulierungsbeispiel: Kinderwunschvertrag homologe Insemination eines 93 **unverheirateten Paares**

Wir, Herr *** und Frau ***, wollen uns unseren Kinderwunsch im Wege der medizinisch assistierten Fortpflanzungsmedizin durch eine homologe Insemination erfüllen. Wir wurden durch die Ärztin/den Arzt *** in einem Gespräch ausführlich über die medizinischen Voraussetzungen und Folgen belehrt.

Der Notar/Die Notarin hat uns über die rechtlichen Folgen der medizinisch assistierten Kinderwunscherfüllung belehrt, insbesondere darüber, dass das auf diese Weise gezeugte Kind einem durch Beiwohnung gezeugten Kind gleichsteht. Wir leben in einer festen Partnerschaft. *** hat hierzu bei der Wunschklinik *** Sperma hinterlegt, mit dem die Befruchtung seiner Lebensgefährtin erfolgen soll.

Hierzu erklären wir, dass eine beiderseitige Verpflichtung zur Durchführung der medizinisch assistierten homologen Insemination auch durch diese Vereinbarung nicht begrün-

---

[426] Vgl. LG Bonn FamRZ 2017, 447 und LG München I FamRZ 2018, 1629.

det wird. Jeder von uns ist vielmehr berechtigt, gegenüber dem anderen Partner seine Zustimmung hierzu einseitig zu widerrufen. Der Widerruf wird wirksam mit Zugang beim Empfänger. Eine Form ist für den Widerruf nicht erforderlich; zu Beweiszwecken sollte dieser jedoch schriftlich erfolgen, wobei aber ein Nachweis in anderer Form möglich bleibt. Der Widerruf, den medizinisch assistierten Befruchtungsvorgang vorzunehmen, ist auch gegenüber dem Arzt möglich. Der Widerruf ist nicht mehr zulässig, wenn der Befruchtungsvorgang in vivo bereits durchgeführt wurde, unabhängig davon, ob eine Vereinigung der Eizelle mit der Samenzelle schon stattgefunden hat. Frau *** ist insbesondere nicht verpflichtet, nach Durchführung des Befruchtungsvorgangs mithilfe der so genannten „Pille danach" oder einer zulässigen Abtreibung die Entstehung des so gezeugten Kindes zu verhindern. Wird die Befruchtung in vitro durchgeführt, kann der Widerruf der Einwilligung gegenüber der Frau bzw. die Untersagung der Fortsetzung des Vorgangs gegenüber dem behandelnden Arzt erfolgen, wenn sich die Eizellen noch im Vorkernstadium befinden.[427]

Der Notar/Die Notarin hat darauf hingewiesen, dass die rechtliche Vaterschaft nicht automatisch mit Zeugung und Geburt des Kindes eintritt, sondern dass hierzu eine Anerkennung der Vaterschaft erforderlich ist, die erst nach Zeugung des Kindes möglich ist. Auch das gemeinsame Sorgerecht tritt nach derzeit geltender Rechtslage nicht automatisch ein; hierzu ist entweder eine gemeinsame Sorgeerklärung oder der diesbezügliche Antrag des Mannes erforderlich, da nach gegenwärtiger Gesetzeslage die nicht verheiratete Mutter andernfalls alleinsorgeberechtigt ist.

94 **3. Kinderwunschvereinbarung heterologe Insemination eines verheirateten Paares.** Regelungsbedürftig sind im Hinblick auf § 1600 Abs. 4 BGB der Widerruf in die Einwilligung der künstlichen heterologen Befruchtung sowie die Freistellungsverpflichtung gegenüber dem Samenspender und dem Arzt. Im Übrigen sind vor allem die Belehrungen von Bedeutung.

95 **Formulierungsbeispiel: Kinderwunschvertrag heterologe Insemination eines verheirateten Paares**

Wir, Herr *** und Frau ***, wollen uns unseren Kinderwunsch im Wege der medizinisch assistierten Fortpflanzungsmedizin durch eine heterologe Insemination erfüllen. Wir wurden durch die Ärztin/den Arzt *** in einem Gespräch ausführlich über die medizinischen Voraussetzungen und Folgen belehrt.

Der Notar/Die Notarin hat uns über die rechtlichen Folgen der medizinisch assistierten Kinderwunscherfüllung mittels einer Samenspende belehrt. Insbesondere wurden wir darauf hingewiesen, dass wir die rechtliche Vaterschaft des Ehemannes, die kraft Gesetzes eintritt, nicht anfechten können (§ 1600 Abs. 4 BGB). Das auf diese Weise gezeugte Kind wird somit rechtlich ein gemeinschaftliches Kind von uns beiden. Nach derzeitiger Rechtslage hat der Samenspender kein Recht auf Anfechtung der Vaterschaft und Auskunft oder Umgang mit seinem biologischen Kind. Ebenso wie bei einer Adoption wird die Elternschaft der Erschienenen durch eine Trennung und Scheidung nicht berührt. Die Ehefrau wird hierzu mit dem Sperma eines Samenspenders befruchtet. Es handelt sich dabei um den Samen von der *** *[Entnahmeeinrichtung]* mit der Spendenkennungssequenz *** und der Spendernummer ***. Uns ist bekannt, dass das auf diese Weise gezeugte Kind ein Recht darauf hat, den Namen des Samenspenders zu erfahren (§ 10 SaRegG). Die Vaterschaft des Samenspenders kann nicht festgestellt werden (§ 1600a Abs. 4 BGB). Eine Möglichkeit, den Namen des Samenspenders vor dem Kind geheim zu halten, besteht nicht.

---

[427] Vgl. LG Bonn FamRZ 2017, 447 und LG München I FamRZ 2018, 1629.

Hierzu erklären wir, dass eine beiderseitige Verpflichtung zur Durchführung der medizinisch assistierten heterologen Insemination auch durch diese Vereinbarung nicht begründet wird. Jeder von uns ist vielmehr berechtigt, gegenüber dem anderen Ehegatten seine Zustimmung hierzu einseitig zu widerrufen. Der Widerruf wird wirksam mit Zugang beim Empfänger. Eine Form ist für den Widerruf nicht erforderlich; zu Beweiszwecken sollte dieser jedoch schriftlich erfolgen, wobei aber ein Nachweis in anderer Form möglich bleibt. Der Widerruf, den medizinisch assistierten Befruchtungsvorgang vorzunehmen, ist auch gegenüber dem Arzt möglich. Der Widerruf ist nicht mehr zulässig, wenn der Befruchtungsvorgang in vivo mittels der Samenspende bereits durchgeführt wurde, unabhängig davon, ob eine Vereinigung der Eizelle mit der Samenzelle schon stattgefunden hat. Frau *** ist insbesondere nicht verpflichtet, nach Durchführung des Befruchtungsvorgangs mithilfe der so genannten „Pille danach" oder einer zulässigen Abtreibung die Entstehung des so gezeugten Kindes zu verhindern. Wird die Befruchtung in vitro durchgeführt, kann der Widerruf der Einwilligung gegenüber der Frau bzw. die Untersagung der Fortsetzung des Vorgangs gegenüber dem behandelnden Arzt erfolgen, wenn sich die Eizellen noch im Vorkernstadium befinden.[428]

[ggf. bei privater Spende, falls kein Verstoß gegen das Verbot der künstlichen Befruchtung vorliegen sollte: Wir, Herr *** und Frau ***, verpflichten uns im Wege des Vertrages zu Gunsten Dritter gegenüber dem Samenspender, diesen von etwaigen Unterhalts- und Pflichtteilsansprüchen des durch die Samenspende gezeugten Kindes freizustellen, wenn dieses die Vaterschaft des rechtlichen Vaters anficht und die Vaterschaft des Samenspenders feststellen lässt. Die Verpflichtung zur Freistellung betrifft jedoch keine Erbansprüche, wenn nach Feststellung der Vaterschaft des Samenspenders das Kind gesetzlicher Erbe oder aufgrund Verfügung von Todes wegen Erbe oder Vermächtnisnehmer wird. Bei Eintritt der gesetzlichen Erbfolge verbleibt es jedoch bei der Freistellungsverpflichtung, wenn der Samenspender im gesamten Zeitraum nach Feststellung seiner Vaterschaft bis zu seinem Tod testierunfähig war.]

Muster: Kersten/Bühling/*Kordel/Emmerling de Oliveira* § 92 Rn. 81 und Rn. 85; Beck- 96 FormB FamR/*Bergschneider/Grziwotz* Form. O. II. 5. und O. II. 6.

H. Gesamtmuster

I. Minderjährigenadoption

UR-Nr. *** 97

Verhandelt am ***
zu ***

erscheinen vor mir

***
Notar/Notarin in ***
in meinen Amtsräumen ***

1. Herr ***
2. Frau ***

[ggf.: Hinweis auf Vorbefassung]

Auf Antrag der Anwesenden beurkunde ich entsprechend ihrer vor mir bei gleichzeitiger Anwesenheit abgegebenen Erklärungen was folgt:

---

[428] Vgl. LG Bonn FamRZ 2017, 447 und LG München I FamRZ 2018, 1629.

I. Personalien, Vorbemerkung

1. Herr *** ist am *** in *** geboren. Geburtenregisternummer: ***.
   Frau *** ist am *** in *** geboren. Geburtenregisternummer: ***.
   Herr und Frau *** sind ausschließlich deutsche Staatsangehörige. Sie haben am *** vor dem Standesbeamten in *** die Ehe geschlossen. Aus ihrer Ehe sind bisher keine Kinder hervorgegangen; auch nichteheliche oder adoptierte Kinder haben und hatten sie nicht.
2. Das Kind *** ist am *** in *** geboren.
   Eltern: ***, Geburtenregisternummern: ***.
   Das Kind lebt seit *** bei den Erschienenen. Es hat ausschließlich die deutsche Staatsangehörigkeit.
   Die Eltern des vorgenannten Kindes haben am *** als Eltern und als gemeinsame Sorgeberechtigte für das Kind eingewilligt [*Alt. bei über 14 Jahre altem Kind:* der Einwilligungserklärung ihres Kindes zugestimmt], dass ihr vorstehend näher bezeichnetes Kind von den Erschienenen als gemeinschaftliches Kind angenommen wird.

II. Antrag auf Annahme als Kind

1. Die Ehegatten *** beantragen beim Familiengericht auszusprechen:
   Die Ehegatten *** nehmen ***, geboren am *** in ***, als gemeinschaftliches eheliches Kind an.
   Der beurkundende Notar/Die beurkundende Notarin wird damit betraut, den Antrag beim Familiengericht einzureichen.
2. Das Kind erhält als Geburtsnamen den gemeinsamen Ehenamen des Ehegatten ***. Der bisherige Familienname des Kindes soll dem neuen Geburtsnamen weder vorangestellt noch angefügt werden. Die Erschienenen beantragen ferner, den bisherigen Vornamen des Kindes *** *[alter Name]* in den Vornamen *** *[neuer Name]* zu ändern und dem Kind folgenden weiteren neuen Vornamen beizugeben: ***. Dieser Antrag auf Änderung des Vornamens wird damit begründet, dass ***.
3. *** willigt, nachdem er/sie bereits das 14. Lebensjahr vollendet hat, gegenüber dem Familiengericht in seine/ihre Annahme als Kind durch die Ehegatten *** ein, desgleichen in die vorstehend beantragte Namensänderung.

III. Hinweise

Der Notar/Die Notarin hat die Beteiligten darauf hingewiesen, dass der Beschluss des Familiengerichtes über den Ausspruch der Annahme mit Zustellung an die Antragsteller wirksam wird und unanfechtbar ist. Durch die Annahme erlangt das Kind die rechtliche Stellung eines gemeinschaftlichen ehelichen Kindes der Ehegatten ***.

Das Verwandtschaftsverhältnis ist mit Rechten und Pflichten insbesondere im Unterhalts- und Erbrecht verbunden; ferner erhält das Kind den Familiennamen der Antragsteller. Das Verwandtschaftsverhältnis des Kindes und seiner Abkömmlinge zu den bisherigen Eltern und seiner übrigen bisherigen Verwandtschaft erlischt. Die Aufhebung des Annahmeverhältnisses ist nur in besonderen Ausnahmefällen möglich. Insbesondere bleibt das Annahmeverhältnis auch bei einer Scheidung der Ehe der Antragsteller bestehen. Ferner ist eine erneute Adoption des Kindes während dessen Minderjährigkeit grundsätzlich nicht möglich.

IV. Kosten, Abschriften

(...)

(notarielle Schlussformel)

II. Minderjährigen-Stiefkindadoption

UR-Nr. *** 98

Verhandelt am ***
zu ***

erscheinen vor mir

***
Notar/Notarin in ***
in meinen Amtsräumen ***

1. Herr ***
2. Frau ***
3. ***

[ggf.: Hinweis auf Vorbefassung]

Auf Antrag der Anwesenden beurkunde ich entsprechend ihrer vor mir bei gleichzeitiger Anwesenheit abgegebenen Erklärungen was folgt:

I. Personalien, Vorbemerkung

1. Herr *** ist am *** in *** geboren. Geburtenregisternummer: ***.
Frau *** ist am *** in *** geboren. Geburtenregisternummer: ***.
Herr und Frau *** sind ausschließlich deutsche Staatsangehörige. Sie haben am *** vor dem Standesbeamten in *** die Ehe geschlossen. Aus ihrer Ehe sind bisher keine Kinder hervorgegangen [*Alt.:* ist bisher das Kind namens *** hervorgegangen].
Herr/Frau *** hat aus seiner/ihrer Ehe mit ihrem geschiedenen Ehemann/seiner geschiedenen Ehefrau *** ein Kind namens ***, geboren am ***. Das Kind hat ausschließlich die deutsche Staatsangehörigkeit.
Weitere Abkömmlinge, auch nichteheliche oder adoptierte, sind von den Ehegatten nicht vorhanden.
2. Seit der Eheschließung lebt das Kind *** im gemeinsamen Haushalt der Ehegatten *** und wird vom Stiefelternteil wie ein eigenes Kind angesehen.
Die elterliche Sorge für das Kind *** steht Herrn/Frau *** allein zu. [*Alt.:* Die elterliche Sorge für das Kind *** üben die Mutter und der Vater des Kindes gemeinsam aus.]
Der Vater/Die Mutter des vorgenannten Kindes hat am *** zur Urkunde des Notars/der Notarin *** in ***, UR-Nr. ***, dahingehend eingewilligt, dass sein/ihr vorstehend näher bezeichnetes Kind von dem gegenwärtigen Ehemann/der gegenwärtigen Ehefrau von Herrn/Frau ***, nämlich Herrn/Frau ***, als gemeinschaftliches Kind der Ehegatten *** angenommen wird. Ferner hat in der vorgenannten Urkunde der Vater/die Mutter des Kindes als gesetzlicher Vertreter des Kindes seine Zustimmung zu der Einwilligungserklärung des Kindes erteilt. [*Alt., **wenn das Kind noch nicht 14 Jahre alt ist**:* Ferner hat der Vater/die Mutter des Kindes in der vorbezeichneten Urkunde als gesetzlicher Vertreter des Kindes für dieses in die Annahme eingewilligt.]

II. Antrag, Zustimmungen

1. Herr/Frau *** beantragt beim Familiengericht auszusprechen:
Herr/Frau *** nimmt das Kind ***, geboren am *** in *** als Kind an. Das Kind *** erhält als Geburtsnamen den Familiennamen ***.
Der beurkundende Notar/Die beurkundende Notarin wird damit betraut, den Antrag beim Familiengericht einzureichen.
2. Ich, *** *[Name des Kindes]*, habe bereits das 14. Lebensjahr vollendet. Ich willige in die Annahme als Kind durch Herrn/Frau *** ein. Ich gebe diese Einwilligungserklärung gegenüber dem Familiengericht ab. Ich bin darüber belehrt worden, dass ich meine Einwilligung bis zum Wirksamwerden des Ausspruchs der Annahme in notariell

beurkundeter Form ohne Zustimmung meines gesetzlichen Vertreters gegenüber dem Familiengericht widerrufen kann.

Als Vater/Mutter des Kindes willige ich in die Annahme des Kindes *** durch meine Ehefrau/meinen Ehemann *** ein, und zwar als Ehemann/Ehefrau von Herrn/Frau *** sowie als Vater/Mutter des Kindes ***. Ferner gebe ich als gesetzliche/r Vertreter/in des Kindes *** meine Zustimmung zu seiner Einwilligungserklärung. Diese Erklärungen gebe ich gegenüber dem Familiengericht ab. Über die Unwiderruflichkeit der Erklärungen nach Zugang beim Familiengericht wurde ich belehrt.

[*ggf., wenn das Kind noch nicht 14 Jahre alt ist:* Als Mutter/Vater des Kindes, sowie als Vertreter/in des Kindes für dieses und als Ehefrau/Ehemann von Herrn/Frau *** erkläre ich, Frau/Herr *** gegenüber dem Familiengericht meine Einwilligung in die Annahme. Mir ist bekannt, dass ich die Einwilligung nach Zugang beim Familiengericht nicht widerrufen kann.]

III. Hinweise

Der Notar/Die Notarin hat die Beteiligten darauf hingewiesen, dass der Beschluss des Familiengerichtes über den Ausspruch der Annahme mit Zustellung an den Antragsteller wirksam wird und unanfechtbar ist. Durch die Annahme erlangt das Kind die rechtliche Stellung eines gemeinschaftlichen ehelichen Kindes.

Das Verwandtschaftsverhältnis ist mit Rechten und Pflichten insbesondere im Unterhalts- und Erbrecht verbunden; ferner erhält das Kind den Familiennamen der Antragsteller. Das Verwandtschaftsverhältnis des Kindes und seiner Abkömmlinge zu seinem bisherigen Vater/seiner bisherigen Mutter und dessen/deren Verwandten erlischt,[429] nicht jedoch das Verwandtschaftsverhältnis zur Mutter/zum Vater. Die Aufhebung des Annahmeverhältnisses ist nur in besonderen Ausnahmefällen möglich. Insbesondere bleibt das Annahmeverhältnis auch bei einer Scheidung der Ehe des Antragstellers/der Antragstellerin mit dem Elternteil des angenommenen Kindes/Aufhebung der mit dem Elternteil des angenommenen Kindes existierenden Lebenspartnerschaft bestehen. Ferner ist eine erneute Adoption des Kindes während dessen Minderjährigkeit grundsätzlich nicht möglich.

IV. Kosten, Abschriften

(...)

(notarielle Schlussformel)

III. Erwachsenenadoption

99   UR-Nr. ***

Verhandelt am ***
zu ***

erscheinen vor mir

***

Notar/Notarin in ***
in meinen Amtsräumen ***

1. Herr ***
2. Frau ***

---

[429] Wenn anderer Elternteil bereits verstorben ist: Es findet ggf. die Vorschrift des § 1756 Abs. 2 BGB Anwendung, wonach die Verwandtschaft zu den Verwandten des verstorbenen bisherigen Elternteils bestehen bleibt, wenn dieser zum Zeitpunkt des Todes die elterliche Sorge hatte. Stirbt der Anzunehmende nach dem Annehmenden und hat er Vermögen von diesem geerbt, so kann dieses Vermögen des Annehmenden über den Anzunehmenden an dessen leibliche Verwandte gelangen. Dies kann durch eine entsprechende letztwillige Verfügung vermieden werden.

3. ***

[ggf.: Hinweis auf Vorbefassung]

Auf Antrag der Anwesenden beurkunde ich entsprechend ihrer vor mir bei gleichzeitiger Anwesenheit abgegebenen Erklärungen was folgt:

I. Personalien, Vorbemerkung

1. Herr *** ist am *** in *** geboren. Geburtenregisternummer: ***.
Frau *** ist am *** in *** geboren. Geburtenregisternummer: ***.
Herr und Frau *** sind ausschließlich deutsche Staatsangehörige. Sie haben am *** vor dem Standesbeamten in *** die Ehe geschlossen. Aus ihrer Ehe sind bisher keine Kinder hervorgegangen; auch nichteheliche oder adoptierte Kinder haben und hatten sie nicht.
2. Herr/Frau *** ist am *** in *** geboren, Geburtenregisternummer ***, und ausschließlich deutsche/r Staatsangehörige/r.
Eltern: ***.
Herr/Frau *** hat bisher keine Abkömminge, ist jedoch verheiratet mit ***.
3. Die Ehegatten *** und Herr/Frau *** erklären, dass die Ehegatten *** Herrn/Frau *** bereits im Alter von *** Jahren als Pflegekind aufgenommen und bis zur Eheschließung *[Alt.: bis zum *** Lebensjahr]* wie ein Kind aufgezogen bzw. in ihrem Haushalt aufgenommen haben. Die Annahme als Kind ist bisher daran gescheitert, dass sich die Mutter/der Vater/die Eltern des Kindes nicht zur Einwilligung entscheiden konnten und eine Ersetzung der Einwilligung aus Gründen der Rücksichtnahme nicht beantragt wurde. Nachdem nunmehr für die Annahme des/der volljährigen *** die Einwilligung der Eltern nicht mehr erforderlich ist, soll die Annahme jetzt erfolgen.
Wir wurden vom Notar darauf hingewiesen, dass eine Volladoption gemäß § 1772 Abs. 1 S. 2 BGB nicht getroffen werden darf, wenn ihr überwiegende Interessen der Eltern des/der Anzunehmenden entgegenstehen.

II. Antrag auf Annahme als Kind

1. Die Ehegatten *** sowie Herr/Frau *** *[Anzunehmen/r]* beantragen beim Familiengericht auszusprechen:
Die Ehegatten *** nehmen Herrn/Frau ***, geboren am *** in *** als gemeinschaftliches eheliches Kind an.
Der beurkundende Notar/Die beurkundende Notarin wird damit betraut, den Antrag beim Familiengericht einzureichen.
2. Der/Die Anzunehmende erhält als Geburtsnamen den Namen ***.
Der bisherige Familienname des Kindes soll dem neuen Geburtsnamen weder vorangestellt noch angefügt werden.
3. Die Beteiligten beantragen ferner, beim Ausspruch der Annahme zu bestimmen, dass sich die Wirkungen der Annahme nach den Vorschriften über die Annahme eines Minderjährigen richten. *[Alt.: Eine Annahme nach den Vorschriften über die Annahme von Minderjährigen wird nicht gewünscht.]*
4. Frau/Herr *** stimmt als Ehefrau/Ehemann von *** *[Anzunehmende/r]* der Adoption zu. Sie/Er willigt jedoch nicht in die Änderung des Ehenamens, der dem bisherigen Geburtsnamen der/des Anzunehmenden entspricht, ein.

III. Hinweise

Der Notar/Die Notarin hat die Beteiligten darauf hingewiesen, dass der Beschluss des Familiengerichtes über den Ausspruch der Annahme mit Zustellung an die Antragsteller wirksam wird und unanfechtbar ist. Durch die Annahme erlangt das Kind die rechtliche Stellung eines gemeinschaftlichen ehelichen Kindes der Ehegatten ***.

Das Verwandtschaftsverhältnis ist mit Rechten und Pflichten insbesondere im Unterhalts- und Erbrecht verbunden; ferner erhält das Kind den Familiennamen der Antragsteller als Geburtsnamen. Diese Namensänderung erstreckt sich nicht auf den Ehenamen, wenn der Ehegatte des Anzunehmenden der Namensänderung nicht zustimmt.

[*Alt. 1 bei Annahme eines Volljährigen mit starken Wirkungen:* Bei der Annahme eines Volljährigen, bei der sich die Wirkungen der Annahme nach den Vorschriften über die Annahme eines Minderjährigen richten, erlischt das Verwandtschaftsverhältnis des Kindes zu seinen bisherigen Eltern und deren Verwandten, und die sich aus ihm ergebenden Rechte und Pflichten. Das Annahmeverhältnis kann bei einer Adoption nur in besonderen Ausnahmefällen wieder aufgehoben werden. Auf die Möglichkeit der Volljährigenadoption mit eingeschränkten Wirkungen (§ 1770 Abs. 1 BGB) wurde hingewiesen.]

[*Alt. 2 bei Annahme eines Volljährigen mit schwachen Wirkungen:* Das Verwandtschaftsverhältnis des Kindes und seiner Abkömmlinge zu den bisherigen Eltern und seiner bisherigen übrigen Verwandtschaft wird durch die Annahme nicht berührt; die Wirkungen der Adoption erstrecken sich nicht auf die Verwandten des Annehmenden. Insbesondere wurde darauf hingewiesen, dass die leiblichen Verwandten erbberechtigt bleiben; dies gilt auch für Vermögen das der Angenommene vom Annehmenden übertragen oder im Wege der Erbfolge erhalten hat. Die Möglichkeiten, wie der Annehmende den Heimfall seines Vermögens an seine Familie sichern kann – insbesondere die Errichtung einer Verfügung von Todes wegen mit Vor- und Nacherbschaft oder ein Erbverzicht – wurden ausführlich erörtert. Eine Volljährigenadoption nach den Vorschriften über die Annahme eines Minderjährigen wird nicht gewünscht.]

Die Aufhebung des Annahmeverhältnisses ist nur aus wichtigem Grund und auf gemeinsamen Antrag des Annehmenden und des Angenommenen möglich.

IV. Kosten, Abschriften

(...)

(notarielle Schlussformel)

§ 16. Vorsorgevollmacht; Betreuungs- und Patientenverfügung

Übersicht

Schrifttum:

Handbücher und Monographien: *Albrecht/Albrecht/Böhm/Böhm-Rößler,* Die Patientenverfügung, 2. Aufl. 2018; *Jurgeleit,* Handkommentar Betreuungsrecht, 4. Aufl. 2018 (zit.: HK-BetreuungsR); *Müller/Renner,* Betreuungsrecht und Vorsorgeverfügungen in der Praxis, 5. Aufl. 2018; *Münch,* Familienrecht in der Notar- und Gestaltungspraxis, 2. Aufl. 2016; *Winkler,* Vorsorgeverfügungen, 5. Aufl. 2016; *Zimmermann,* Vorsorgevollmacht – Betreuungsverfügung – Patientenverfügung, 3. Aufl. 2017.

Hinweise und Empfehlungen der Bundesärztekammer: Grundsätze zur ärztlichen Sterbebegleitung v. 21.1.2011, Deutsches Ärzteblatt 108 (2011), Heft 7A 346; Arbeitspapier zum Verhältnis von Patientenverfügung und Organspendeerklärung, Deutsches Ärzteblatt 110 (2013), Heft 12A 572; Hinweise und Empfehlungen zum Umgang mit Vorsorgevollmachten und Patientenverfügungen im ärztlichen Alltag, Deutsches Ärzteblatt 115 (2018), Heft 51/52A 2434; Hinweise und Empfehlungen zu Patientenverfügungen und anderen vorsorglichen Willensbekundungen bei Patienten mit einer Demenzerkrankung (Stand: 16.3.2018), Deutsches Ärzteblatt 115 (2018), Heft 19A 952.

Aufsätze: *Albrecht/Albrecht,* Die Patientenverfügung – jetzt gesetzlich geregelt, MittBayNot 2009, 426; *Baumann,* Generalvollmachten als Vorsorgevollmachten, MittRhNotK 1998, 1; *Becker,* Zum neuen Internationalen Privatrecht der gewillkürten Stellvertretung (Art. 8 und 229 § 41 EGBGB), DNotZ 2017, 835; *Beckmann,* Wünsche und Mutmaßungen – Entscheidungen des Patientenvertreters, wenn keine Patientenverfügung vorliegt, FPR 2010, 278; *Beermann,* Die Patientenverfügung, FPR 2010, 252; *Bühler,* Vorsorgevollmacht zur Vermeidung einer Gebrechlichkeitspflegschaft oder Betreuung, BWNotZ 1990, 1; *ders.,* Vollmachtserteilung zur Vermeidung einer Betreuerbestellung, FamRZ 2001, 1585; *Bücken,* Rechtswahlklauseln in Vollmachten, RNotZ 2018, 213; *Carlé,* Die Vorsorgevollmacht in der Beratungspraxis, ErbStB 2008, 156; *Coeppicus,* Offene Fragen zum „Patientenverfügungsgesetz", NJW 2011, 2085; *Diehn,* Das Ausdrücklichkeitsgebot des neuen § 1904V S. 2 BGB, FamRZ 2009, 1958; *Diehn/Rebhan,* Vorsorgevollmacht und Patientenverfügung, NJW 2010, 326; *Dodegge,* Der Schutz des freien Willens durch die Rechtsinstitute Betreuung, Vorsorgevollmacht, Betreuungs- und Patientenverfügung, FPR 2008, 591; *Görk,* Das Zentrale Vorsorgeregister der Bundesnotarkammer – neue rechtliche Grundlagen und praktische Abläufe, DNotZ 2005, 87; *Heckschen,* Demographie und Vertragsgestaltung, NZG 2012, 10; *Heckschen/Kreußlein,* Vorsorgevollmachten und Satzungsgestaltung im GmbH-Recht, NotBZ 2012, 321; *Heggen,* Regelung der Patientenverfügung im europäischen Ausland, FPR 2010, 272; *Horn/Schabel,* Auskunfts- und Rückforderungsansprüche nach möglichem Vollmachtsmissbrauch, NJW 2012, 3473; *Huber/Lindner,* Widerruf der Patientenverfügung durch einwilligungsunfähigen Patienten?, NJW 2017, 6; *Ihrig,* Mehr Rechtssicherheit durch das Gesetz über die Patientenverfügung, notar 2009, 380; *Janda,* Grundfragen der Einschränkung der zivilrechtlichen Handlungsfähigkeit, FamRZ 2013, 16; *Jocher,* Die Vorsorgevollmacht des Unternehmers, notar 2014, 3; *Joussen,* Die Generalvollmacht im Handels- und Gesellschaftsrecht, WM 1994, 273; *Keilbach,* Vorsorgeregelungen zur Wahrung der Selbstbestimmung bei Krankheit, im Alter und am Lebensende, FamRZ 2003, 969; *Kropp,* Die Vorsorgevollmacht, FPR 2012, 9; *Langenfeld,* Vorsorgevollmacht und Patientenverfügung: Weniger Freiheit, mehr Rechtssicherheit, ZEV 2003, 449; *ders.,* Die Vorsorgevollmacht des Unternehmers, ZEV 2005, 52; *Litzenburger,* Vorsorgevollmacht ohne Auftrag?, NotBZ 2007, 1; *Ludwig,* Der Erwachsenenschutz im Internationalen Privatrecht nach Inkrafttreten des Haager Erwachsenenschutzübereinkommens, DNotZ 2009, 251; *Mehler,* Interdisziplinäres Fachsymposium zum Thema „Vorsorgevollmacht", MittBayNot 2000, 16; *Milzer,* Die adressatengerechte Vorsorgevollmacht, NJW 2003, 1836; *Müller,* Altersvorsorgevollmacht – Gestaltung ihres Inkrafttretens, DNotZ 1997, 100; *dies.,* Auswirkungen des Betreuungsrechtsänderungsgesetzes (BtÄndG) auf die Vorsorgevollmacht in Angelegenheiten der Personensorge, DNotZ 1999, 107; *dies.,* Aktuelle Entwicklungen im Betreuungsrecht, Teil 1, ZFE 2008, 50 und Teil 2, ZFE 2008, 208; *dies.,* Gesetzliche Regelung der Patientenverfügung durch das 3. BtÄndG – Erster Überblick, NotBZ 2009, 289; *dies.,* Die Patientenverfügung nach dem 3. Betreuungsrechtsänderungsgesetz: alles geregelt und vieles ungeklärt, DNotZ 2010, 169; *dies.,* Neuregelung der Einwilligung des Betreuers bzw. des Bevollmächtigten in ärztliche Zwangsmaßnahmen – Auswirkungen auf die Gestaltung von Vorsorgevollmachten, ZEV 2013, 304; *dies.,* Update Betreuungsrecht – Aktuelle Fragen rund um Betreuung und Vorsorgevollmacht, DNotZ 2015, 403; *dies.*, Verschärfte Anforderungen an den Behandlungsabbruch aufgrund Vorsorgevollmacht und Patientenverfügung?, ZEV 2016, 605; *Neuhausen*, Rechtsgeschäfte mit Betreuten, RNotZ 2003, 157; *Perau*, Betreuungsverfügung und Vorsorgevollmacht, MittRhNotk 1996, 285; *Reetz*, Bestimmtheit der Vorsorgevollmacht und Patientenverfügung – zugleich Anm. zu BGH Beschl. v. 6.7.2016 – XII ZB 61/16, RNotZ 2016, 571; *Renner*, Der Widerruf von Vorsorgevollmachten, ZNotP 2004, 388; *ders.*, Vollmacht und Untervollmacht bei der Vorsorgevollmacht – Gibt es dazu noch etwas zu sagen?, NotBZ 2009, 207; *Reymann*, Vorsorgevollmachten von Berufsträgern, ZEV 2005, 457; *ders.*, Vorsorgevollmachten von Berufsträgern: Gestaltungsoptimierung im Außenverhältnis, ZEV 2005, 514; *ders.*, Vorsorgevollmachten von Berufsträgern: Bestandssicherung, Dritteinflussabwehr und Kontrolle, ZEV 2006, 12; *Sarres*, Informations- und Gegenrechte bei der vorsorgenden Vollmacht, ZEV 2013, 312; *Sauer*, Die Gestaltung des Innenverhältnisses von General- und Vorsorgevollmachten, RNotZ 2009, 79; *Schaub*, Kollisionsrechtliche Probleme bei Vorsorgevollmachten, IPRax 2016, 207; *Schmidt*, Wirkung einer Erbschaftsausschlagung aufgrund Vorsorgevollmacht, insbesondere nach dem Tod des Vollmachtgebers, ZNotP 2008, 301; *Schmitz*, Aufgaben des Gerichts, FPR 2010, 275; *Spickhoff*, Rechtssicherheit kraft Gesetzes durch sog. Patientenverfügungen?, FamRZ 2009, 1949; *Tersteegen*, Bankgeschäfte mittels Vorsorgevollmacht – Verpflichtung der Banken zur Anerkennung von Vorsorgevollmachten?, NJW 2007, 1717; *Volmer*, Die Rechenschaftspflicht des Vorsorgebevollmächtigten, MittBayNot 2016, 386; *Walter*, Vorsorgevollmacht und Überwachungsbetreuung, ZEV 2000, 353; *dies.*, Das Betreuungsrechtsänderungsgesetz und das Rechtsinstitut der Vorsorgevollmacht, FamRZ 1999, 685; *Wedemann*, Vorsorgevollmachten im internationalen Rechtsverkehr, FamRZ 2010, 785; *Weigl*, Risikoreduzierung bei der Verwendung von Vorsorgevollmachten, MittBayNot 2017, 538; *Werner*, Der handlungsunfähige GmbH-Gesellschafter, GmbHR 2013, 963; *Zimmermann*, Die Vorsorgevollmacht im Bankgeschäft, BKR 2007, 226; *ders.*, Die Formulierung der Vorsorgevollmacht, NJW 2014, 1573; *Zorn*, Die Kontrollbetreuung, § 1896 III BGB, Rpfleger 2018, 117.

A. Vorsorgevollmacht (einschließlich vorsorgebezogener Generalvollmacht)

Schrifttum:

Formulare: *Bayerisches Staatsministerium der Justiz*, http://www.freistaat.bayern/dokumente/leistung/215542380284; *BeckFormB FamR/Winkler* Form. S V. 1; *Deutsche Bischofskonferenz und Rat der Evangelischen Kirche in Deutschland iVm weiteren Mitglieds- und Gastkirchen der Arbeitsgemeinschaft Christlicher Kirchen in Deutschland*, „Christliche Patientenvorsorge" (Stand 2018), https://www.dbk-shop.de/media/files_public/kpmmcyki/DBK_6202_Formular.pdf; *Kersten/Bühling/Kordel*, Formularbuch und Praxis der Freiwilligen Gerichtsbarkeit, 26. Aufl. 2019, § 96 Rn. 23 ff.; *Lipp/Spalckhaver*, Handbuch der Vorsorgeverfügungen, 2009, S. 96 ff.; *Müller/Renner*, Betreuungsrecht und Vorsorgeverfügungen in der Praxis, 5. Aufl. 2017, Rn. 1109 ff.; *Keilbach* DNotZ 2004, 164 und DNotZ 2004, 751; *Renner/Spanl* Rpfleger 2007, 367; *Münch/Renner*, Familienrecht in der Notar- und Gestaltungspraxis, 2. Aufl. 2016, § 16 Rn. 1 ff. und § 22 Rn. 49; *Wurm/Wagner/Zartmann/Dorsel*, Das Rechtsformularbuch, 17. Aufl. 2017, Kap. 80 Rn. 1 ff.; *Zimmermann*, Vorsorgevollmacht – Betreuungsverfügung – Patientenverfügung, 3. Aufl. 2017, Rn. 107.

I. Begriff und Einordnung

Die Erteilung einer **Vorsorgevollmacht,** die im Gesetz als solche nicht geregelt ist, ist 1
als Teil **rechtsgeschäftlicher Betreuungsvorsorge** Ausdruck des **Selbstbestimmungsrechts** und des strikt zu beachtenden Grundsatzes der **Subsidiarität der rechtlichen Betreuung** nach § 1896 Abs. 2 S. 2 BGB.[1] Die insoweit vorrangig zu beachtende Vorsorgevollmacht fällt in den Schutzbereich der Grundrechte des Betroffenen nach **Art. 2 Abs. 1 GG iVm Art. 1 Abs. 1 GG;** mit ihr kann eine – wenn auch fürsorgende – staatliche Einflussnahme mittels Betreuung vermieden werden.[2]

Die **Vorsorgevollmacht** wird dem Bevollmächtigten von dem Betroffenen (= Voll- 2
machtgeber) mit dem Ziel erteilt, in **bestimmten bzw. bestimmbaren, zukünftigen Lebenssituationen** und für den Fall seiner Hilfs- bzw. Betreuungsbedürftigkeit (einschließlich Geschäftsunfähigkeit) innerhalb – betreuungsrechtlich typisierter – Aufgabenkreise (vgl. § 1896 Abs. 1 S. 1, Abs. 2 S. 1, Abs. 4 BGB) mit Wirkung für und gegen ihn Erklärungen abzugeben und entgegenzunehmen sowie rechtsgeschäftsähnliche Maßnahmen vorzunehmen. Auf die Vorsorgevollmacht sind grundsätzlich die **allgemeinen Vorschriften der §§ 164–181 BGB anwendbar.** Auf das der Vollmachterteilung zugrunde

---

[1] Vgl. BayObLG FamRZ 1994, 1551; *Perau* MittRhNotK 1996, 285 (292); *Dodegge* FPR 2008, 591; Palandt/*Götz* BGB § 1896 Rn. 12.
[2] Vgl. BGH NJW-RR 2016, 1025 Rn. 18; BGHZ 206, 321= DNotZ 2015, 848 Rn. 11.

liegende Rechtsverhältnis zwischen Betroffenem und Bevollmächtigtem (= Grund- bzw. Innenverhältnis; hierzu → Rn. 52 f. und → § 27 Rn. 37 ff.) wird zumeist Gefälligkeits-, Auftrags- oder – bei Entgeltlichkeit – Geschäftsbesorgungsrecht Anwendung finden. Insgesamt ist das **Innenverhältnis dispositiv** und gestaltungsbedürftig (ausführlich → Rn. 37 ff. und → Rn. 54 ff.)

3   Berechtigt und ermächtigt eine umfassend erteilte Vollmacht (auch) zu einem Vertreterhandeln in typischerweise rechtsgeschäftlichen Aufgabenkreisen (zB Vermögenssorge), spricht die Praxis von einer **„General- und Vorsorgevollmacht"**. Regelmäßig soll dabei für die Vollmachtsausübung einheitlich die Verwendungsbeschränkung auf den Fall der Hilfsbedürftigkeit des Betroffenen iSd Betreuungsrechts gelten.[3]

4   Betrachtet man **typische betreuungsrechtliche Wirkungskreise** wie „gesundheitliche Fürsorge", „körperliche Unversehrtheit", „Aufenthaltsbestimmung und -einschränkung", „Zwangsbehandlung" etc. eröffnet das Betreuungsrecht mit dem Mittel der Vorsorgevollmacht für den Bevollmächtigten die **Befugnis** zu Entscheidungen und Maßnahmen in grundsätzlich höchstpersönlichen Angelegenheiten.

II. Höchstpersönliche oder eingeschränkt höchstpersönliche Angelegenheiten

5   Sofern sich aus dem Betreuungsrecht nicht etwas anderes ergibt, gelten für die Verwendung von Vorsorgevollmachten dieselben Beschränkungen, die für sonstige, rechtsgeschäftlich erteilte Vollmachten im Bereich **höchstpersönlicher** oder **eingeschränkt höchstpersönlicher Angelegenheiten** sowie zur **Abgabe von Versicherungen** maßgebend sind (ausführlich → § 27 Rn. 6 ff.). Keine Vorsorgevollmacht kann zudem für Angelegenheiten erteilt werden, die einem **gesetzlichen Vertreter vorbehalten** sind. Allerdings sind insgesamt **Grenzfälle** praxisrelevant;[4] hierzu zählen im Einzelnen (ausführlich → § 27 Rn. 6 ff.):

– **Widerruf wechselbezüglicher Verfügungen** eines gemeinschaftlichen Testamentes,
– **Rücktritt von einem Erbvertrag,**
– **Rücknahme eines gemeinschaftlichen Testaments** aus amtlicher Verwahrung,
– **eidesstattliche Versicherung** im **Erbscheinsverfahren** und im Verfahren zur Erteilung eines **Testamentsvollstreckerzeugnisses,**
– Abschluss eines **Erb- bzw. Pflichtteilsverzichtsvertrages,**
– Erklärung der **Ausschlagung,**
– Abschluss eines **Ehevertrages,**
– **Herausgabe von** Ausfertigungen/Abschriften der vom Vollmachtgeber errichteten **Verfügungen von Todes wegen,**
– Errichtung einer **Patientenverfügung.**

III. Subsidiarität der Betreuung und „ebenso gute Angelegenheiten-Besorgung"

6   **1. Grundsatz.** Der bereits aus Gründen der **Erforderlichkeit** strikt zu beachtende **Grundsatz der Subsidiarität** einer rechtlichen Betreuung (§ 1896 Abs. 2 S. 2 BGB) gegenüber einer wirksam erteilten Vollmacht für eine (natürliche) Person, die nicht nach § 1897 Abs. 3 BGB von einer Betreuerbestellung ausgeschlossen ist (hierzu → Rn. 26 f.),[5] greift nur, wenn und soweit die entsprechenden Angelegenheiten des Betroffenen durch den Bevollmächtigten **ebenso gut wie durch einen Betreuer** besorgt werden können.[6]

7   Allerdings ist das Erfordernis der **„ebenso gute Angelegenheiten-Besorgung"** unter Beachtung des Selbstbestimmungsrechts des Betroffenen **einschränkend auszulegen.** Es bedeutet daher keinesfalls, dass eine Betreuerbestellung erfolgen kann oder gar erfolgen

---

[3] Statt aller WürzNotar-HdB/*Müller* Teil 3 Kap. 3 Rn. 10 mwN.
[4] Zusammenfassend *Müller/Renner* Rn. 125 ff.; *Müller-von Münchow* NotBZ 2010, 31 (33 f.).
[5] Palandt/*Götz* BGB Einf. v. § 1896 Rn. 5.
[6] Vgl. etwa BGH BeckRS 2012, 08883; Palandt/*Götz* BGB § 1896 Rn. 12.

muss, wenn ein Betreuer die Angelegenheiten des Betroffenen/Vollmachtgebers vermeintlich oder sogar tatsächlich besser erledigen wird.[7] Andererseits reichen allein die vorhandene **Geschäftsfähigkeit** des Betroffenen und die damit einhergehende **rechtliche Möglichkeit einer Vollmachtserteilung** nicht aus, um von vornherein von der fehlenden Erforderlichkeit einer Betreuung auszugehen. Es muss vielmehr mindestens eine Person vorhanden sein, der der Betroffene das für eine Vollmachterteilung erforderliche Vertrauen entgegenbringt und die tatsächlich zur Übernahme der anfallenden Aufgaben als Bevollmächtigter bereit und in der Lage ist.[8]

Aus dem betreuungsrechtlichen **Subsidiaritätsgrundsatz** folgt zudem, dass eine **wirksam erteilte und nicht widerrufen Vorsorgevollmacht** der Bestellung eines Betreuers grundsätzlich solange und soweit entgegensteht,[9] wie ein Mangel an Wirksamkeit tatrichterlich (§ 26 FamFG) nicht positiv nachgewiesen werden kann.[10] Im Gleichlauf hierzu gilt, dass eine parallel zu einer bestehenden („deckungsgleichen") Vorsorgevollmacht eingerichtete Betreuung nicht erforderlich und aufzuheben ist.[11] **8**

Eine wirksam erteilte und nicht widerrufene Vorsorgevollmacht steht wiederum der **9 Anordnung einer rechtlichen Betreuung** nicht entgegen, wenn unter Beachtung des Grundsatzes der Subsidiarität dennoch eine **„ebenso gute Angelegenheiten-Besorgung" faktisch nicht gewährleistet** ist.

2. Einzelne praxisrelevante Konstellationen. Folgende Konstellationen sind praxisrele- **10** vant und teilweise sehr umstritten (vgl. hierzu auch die Fälle der Kontrollbetreuung → Rn. 107 ff.):
- Der **Bevollmächtigte lehnt es ab** oder er ist objektiv **nicht in der Lage,** die zu erledigenden Aufgaben als Bevollmächtigter zu übernehmen.[12]
- Die **Vollmacht ist mit Zweifeln belastet** (zB streitige Geschäftsfähigkeit bei Erteilung; heftiger Streit im innerfamiliären Umfeld des Betroffenen unter Einschluss des Bevollmächtigten; Streit über wirksamen Widerruf), ohne dass eine positive Feststellung ihrer Unwirksamkeit (§ 26 FamFG) vorliegt.[13] Voraussetzung einer restriktiv zu handhabenden Dennoch-Betreuerbestellung ist indes, dass die **Akzeptanz der (zweifelhaften) Vollmacht im Rechtsverkehr** tatsächlich eingeschränkt ist, entweder, weil Dritte die Vollmacht unter Berufung auf die Wirksamkeitszweifel zurückgewiesen haben oder weil Entsprechendes konkret zu besorgen ist.[14] Dabei ist für den Bereich gesundheitlicher Angelegenheiten zu beachten, dass die **Bundesärztekammer** ihren Mitgliedern nahelegt, bei Zweifeln an der Wirksamkeit einer Vollmacht die Einleitung eines betreuungsgerichtlichen Verfahrens anzuregen.[15]
- Der **Umfang der Vollmacht** reicht nach Inhalt, Reichweite und/oder **Form** (zB **§ 29 Abs. 1 GBO,** § 12 Abs. 1 S. 1 HGB, ggf. § 311b Abs. 1 BGB) nicht aus bzw. könnte nicht ausreichen. Das gilt insbesondere für den **Aufgabenkreis der** (sehr praxisrelevanten) **Grundstücksveräußerung,** wenn dem Vorsorgebevollmächtigten nur eine privatschriftliche Vorsorgevollmacht erteilt ist.[16] Insgesamt sollte die Vollmacht zur

---

[7] OLG Brandenburg NJW 2005, 1587.
[8] BGH NJW-RR 2017, 1474 Rn. 21 f.; MittBayNot 2016, 41.
[9] BGH DNotZ 2017, 128.
[10] BGH MittBayNot 2017, 63 Rn. 11; DNotZ 2017, 128; BeckOK BGB/*Müller-Engels* BGB § 1896 Rn. 29.
[11] BGH BeckRS 2012, 08883.
[12] BGH NJW-RR 2017, 1474 Rn. 21 f.; MittBayNot 2016, 41 Rn. 13; BayObLG NJOZ 2004, 2169; vgl. MüKoBGB/*Schwab* BGB § 1896 Rn. 67.
[13] Vgl. BGH MittBayNot 2017, 63; BayObLG NJOZ 2004, 2169.
[14] BGH MittBayNot 2017, 63; Palandt/*Götz* BGB § 1896 Rn. 12.
[15] Vgl. hierzu auch *Bundesärztekammer,* Hinweise und Empfehlungen zum Umgang mit Vorsorgevollmachten und Patientenverfügungen im ärztlichen Alltag, Deutsches Ärzteblatt 115 (2018), Heft 51/52A 2434 (A 2435).
[16] BGH NJW 2016, 1516 = NotBZ 2016, 223 mAnm *Müller.*

Verfügung über Grundstücke – speziell für die Fälle des § 311b Abs. 1 BGB – notariell beurkundet werden. Ist nämlich der Betroffene durch den späteren Eintritt seiner Betreuungsbedürftigkeit, also dem eigentlichen Ausübungsfall, nicht mehr in der Lage, sein **Kontroll- und Widerrufsrecht** auszuüben, liegt möglicherweise eine Bindungswirkung „tatsächlicher Art" vor, die das Eingreifen der Form rechtfertigen kann (str.).[17]

– Der Betroffene/Vollmachtgeber hat **sich widersprechende Vollmachten** erteilt und die Widersprüchlichkeit kann durch Auslegung nicht beseitigt werden.[18] Sich widersprechende Vollmachten liegen auch dann vor, wenn tatrichterlich nicht geklärt werden kann (§ 26 FamFG), ob eine später einem anderen Bevollmächtigtem erteilte Vollmacht zugleich den **Widerruf** einer früher erteilten Vollmacht beinhaltet oder beinhalten soll.[19]

– Der **Bevollmächtigte** ist zur Wahrnehmung der Interessen des Betroffenen **ungeeignet** bzw. erhebliche **Zweifel an seiner Redlichkeit** stehen im Raum.[20] Betroffen sind insbesondere Fälle, in denen zu befürchten ist, dass die Wahrnehmung der Interessen des Betroffenen durch den Bevollmächtigten eine **konkrete Gefahr für dessen Wohl** begründen (zB **unredliche Vermögensverwendung; häusliche Verwahrlosung).[21]

– **Ungeeignet** kann in Ausnahmefällen auch der **redliche Bevollmächtigte** sein, falls er – wenn auch unverschuldet – objektiv nicht in der Lage ist, die Vorsorgevollmacht zum Wohle des Betroffenen auszuüben, weil er durch das **eigenmächtige Verhalten eines Dritten** aus der Erledigung der Angelegenheiten des Betroffenen heraus gedrängt wird (Fall: innerfamiliäre Streitigkeiten).[22] Dies gilt selbst dann, wenn sich dadurch der eigenmächtige Dritte gegenüber dem redlichen Bevollmächtigten faktisch durchsetzt (zur Kontrollbetreuung → Rn. 107 ff.);[23] Maßstab ist insoweit allein das Wohl des Betroffenen.

– Die **Ausübung der Vollmacht wird durch den Vollmachtgeber,** der mittlerweile geschäftsunfähig ist, sie aber „in guten Tagen" wirksam erteilt hat, auf der Basis von Äußerungen seines „natürliche Willens" derart **abgelehnt,** dass die Vollmachtsbetätigung im Ergebnis dem Wohl des Betroffenen entgegensteht.[24]

– Mehrere Personen sind nur zur **gemeinschaftlichen Vertretung** bevollmächtig und sind nicht bereit und in der Lage gemeinsam zu handeln, weil zwischen ihnen die notwendige Zusammenarbeit und Abstimmung nicht zustande kommt bzw. ein **Mindestmaß an Kooperationsfähigkeit und -bereitschaft** nicht besteht.[25]

– Allein eine **größere Aufenthaltsentfernung** des Bevollmächtigten zum Aufenthaltsort des Betroffenen berechtigt zu keinen Zweifeln an dessen Eignung und an einer gleich guten Aufgabenerfüllung. Maßgebend ist vielmehr, ob die Art der zu erledigenden Angelegenheit des Betroffenen (zB gesundheitliche Fürsorge) eine örtliche Nähe tatsächlich erfordert.[26]

11   Das KG[27] hält einen **im Außenverhältnis bedingt** für den Fall der Betreuungsbedürftigkeit eingesetzten Vorsorgebevollmächtigten für nicht geeignet, die Angelegenheiten des Betroffenen ebenso gut wie ein Betreuer zu besorgen (hierzu auch → Rn. 52 f.).

12   Fragen der **Erforderlichkeit trotz wirksamer Vollmachterteilung** können zudem berührt sein, wenn keine **Deckungsgleichheit** zwischen den (relevanten) bereuungsge-

---

[17] Vgl. BGH DNotZ 1966, 92; s. auch OLG Schleswig DNotZ 2000, 775; HK-BetreuungsR/*Jurgeleit* BGB § 1896 Rn. 21.

[18] Vgl. OLG München NJW-RR 2009, 1599 Ls. 3; s. auch *Janda* FamRZ 2013, 16 (18).

[19] BayObLG NJOZ 2004, 585; vgl. auch HK-BetreuungsR/*Jurgeleit* BGB § 1896 Rn. 77.

[20] BGH NJW 2014, 1733; s. auch MüKoBGB/*Schwab* BGB § 1896 Rn. 67.

[21] Vgl. BGH NJW-RR 2018, 899; NJOZ 2017, 1701; NJW 2011, 2135 Rn. 15 mwN.

[22] S. auch BGH MittBayNot 2014, 42.

[23] Zurecht kritisch BeckOK BGB/*Müller-Engels* BGB § 1896 Rn. 30.

[24] Erwähnt in BGH NJW-RR 2016, 1025 Rn. 19.

[25] Vgl. BGH NJW 2018, 1257; BeckOK BGB/*Müller-Engels* BGB § 1896 Rn. 30.

[26] Vgl. AG Obernburg BeckRS 2010, 05252; MüKoBGB/*Schwab* BGB § 1896 Rn. 67.

[27] KG BeckRS 2009, 88780.

richtlichen Aufgabenkreisen und dem Umfang der Bevollmächtigung besteht. Zur Herstellung der **Deckungsgleichheit** sollten bei der Gestaltung von Vollmachten daher die betreuungsrechtlichen Bestimmungen „entsprechend" herangezogen werden (vgl. etwa §§ 1901a Abs. 6, 1901b Abs. 3, 1904 Abs. 5, 1906 Abs. 5, 1906a Abs. 5 BGB). Trotz Deckungsgleichheit kann eine Betreuerbestellung erforderlich werden, wenn bei einer **allgemein gefassten „Generalvollmacht"** die sog. **Benennungsgebote** (→ Rn. 62 ff.) nach den §§ 1904 Abs. 5 S. 2, 1906 Abs. 5 S. 1, 1906a Abs. 5 S. 1 BGB nicht beachtet und im Rahmen der Benennungsgegenstände Entscheidungen für den Vollmachtgeber getroffen werden müssen.

3. Erforderlichkeit eines Einwilligungsvorbehalts nach § 1903 BGB. Ist zum **Schutze des Betroffenen** die betreuungsgerichtliche Anordnung eines Einwilligungsvorbehalts nach § 1903 BGB objektiv erforderlich und zugleich eine Vorsorgevollmacht mit dem Aufgabenkreis „Vermögen" erteilt, greift das Subsidiaritätsprinzip nach § 1896 Abs. 2 S. 2 BGB nicht ein.[28] Der insoweit **akzessorische Einwilligungsvorbehalt,** durch den die rechtsgeschäftliche Handlungsfähigkeit des Betroffenen mit Wirkung gegenüber jedermann eingeschränkt wird, ist nur im Zusammenhang mit einer vorherigen oder gleichzeitigen Betreuerbestellung zulässig.[29] Eine die rechtsgeschäftliche Handlungsfähigkeit des Betroffenen „verdrängende" Vorsorgevollmacht kann demgegenüber nicht wirksam errichtet werden. Enthält die Vorsorgevollmacht eine entsprechende **Betreuungsverfügung** (vgl. auch → Rn. 119 ff.), kann auch der Bevollmächtigte – ohne Wegfall seiner Vollmacht im Übrigen – (zugleich) zum Betreuer des Vollmachtgebers bestellt werden. Hierdurch bleibt die privatautonome Entscheidung des Vollmachtgebers für seinen Bevollmächtigten als Vertrauensperson durchsetzbar.

IV. Erteilung und Widerruf

1. Grundsatz. Die **Erteilung der Vorsorgevollmacht** erfolgt regelmäßig als **nach außen kundgetane,** in einer Vollmachtsurkunde verkörperte **Innenvollmacht** (→ § 27 Rn. 22, zu Formfragen → § 27 Rn. 65 ff.). Dies geschieht in der Praxis durch die **rechtmäßige Besitzverschaffung** an der Vollmachtsurkunde (→ § 27 Rn. 216), im Falle notarieller Beurkundung an einer dem Bevollmächtigten hierzu – möglichst auf seinen Namen – erteilten **Ausfertigung.** Einer **Annahmeerklärung** durch den Bevollmächtigten bedarf es nicht. Ist der Bevollmächtigte rechtmäßig im Besitz des Originals der Vollmachtsurkunde (bzw. bei Beurkundung einer Ausfertigung) und legt er sie einem Dritten vor, steht dies der besonderen Mitteilung durch den Vollmachtgeber an den Dritten gleich (§ 172 Abs. 1 iVm § 171 Abs. 1 BGB). In der bloßen Registrierung der Vollmacht im **Zentralen Vorsorgeregister (ZVR)** (§§ 78a ff. BNotO; hierzu → Rn. 116 ff.) liegt keine Außenkundgabe mit den Rechtswirkungen nach § 172 Abs. 1 iVm § 171 Abs. 1 BGB. Die Vertretungsmacht bleibt im Übrigen bestehen, bis die Vollmachtsurkunde dem Vollmachtgeber zurückgegeben oder für kraftlos erklärt wird (§ 172 Abs. 2 BGB). Etwas anderes gilt nur, wenn der Dritte Kenntnis davon hat, dass die Vertretungsmacht erloschen ist (§ 173 BGB).

2. Volljähriger, geschäfts- bzw. einwilligungsfähiger Vollmachtgeber. Die Vorsorgevollmacht wird **von einem volljährigen** Vollmachtgeber für den Fall seiner **künftigen Betreuungs-, Hilfsbedürftigkeit** bzw. **Geschäftsunfähigkeit** erteilt.[30] **Minderjährige,** also beschränkt geschäftsfähige Betroffene, können hingegen keine Vorsorgevollmacht erteilen; auch nicht deren Eltern oder sonstige Sorgeberechtigte für sie.

---

[28] BGH FGPrax 2011, 290; DNotI-Report 2012, 97.
[29] Vgl. MüKoBGB/*Schwab* BGB § 1903 Rn. 5.
[30] Zu Einzelheiten: Palandt/*Götz* BGB § 1896 Rn. 4 ff.

16   Im **Erteilungszeitpunkt** der Vollmacht zu vermögensrechtlichen Angelegenheiten muss (zumindest partielle) Geschäftsfähigkeit gegeben sein. Für Einzelbereiche nichtvermögensrechtlicher Angelegenheiten, insbesondere für die Ermächtigung zur Einwilligung in medizinische oder freiheitsentziehende bzw. -beschränkende Maßnahmen, die typischerweise auch Gegenstand einer Patientenverfügung sind (→ Rn. 127 ff.), reicht **natürliche Einsichts- und Steuerungsfähigkeit** („Einwilligungsfähigkeit") aus.[31] Mit den speziellen Anforderungen bei Patienten mit einer Demenzerkrankung befassen sich dezidierte Hinweise und Empfehlungen der Bundesärztekammer aus 2018.[32] Jedenfalls setzt die Erteilung einer Vorsorgevollmacht **Einsichtsfähigkeit** und **Urteilsvermögen** mit Blick auf **weitreichende zukünftige Entwicklungen** in der eigenen Person und die eigenen Verhältnisse jeder Art voraus, was insgesamt Geschäftsfähigkeit voraussetzen dürfte. Eine **praktische Relevanz** kommt der Unterscheidung zwischen Geschäfts- und Einwilligungsfähigkeit für eine einheitliche und umfassende Vollmachtserteilung kaum zu.[33]

17   Da **Geschäftsfähigkeit** die Regel, ihr Fehlen die Ausnahme ist, kann – bis zum Beweis des Gegenteils – für den **Erteilungszeitpunkt der Vollmacht** von der Geschäftsfähigkeit des volljährigen Betroffenen ausgegangen werden. Das gilt auch für eine vor dem **Notar** errichtete Vollmacht; § 11 BeurkG ist zu beachten. Häufig wird der Notar qualifizierte **Feststellungen nach § 11 Abs. 2 BeurkG** zur Geschäftsfähigkeit treffen müssen; hierzu kann und sollte er sich fachärztlicher Hilfe (vorzugswürdig Attest/Begutachtung durch Neurologe oder Psychiater) bedienen. Ablehnen kann der **Notar** die Beurkundung nur dann, wenn für ihn aufgrund eigener Wahrnehmungen an der (dauernden) **Geschäftsunfähigkeit** oder der **vorübergehenden Störung der Geistestätigkeit** des Vollmachtgebers keine vernünftigen Zweifel bestehen (§ 11 Abs. 1 S. 1 BeurkG). Für Vermerkfälle nach **§ 11 Abs. 2 BeurkG** muss sich der Notar vergegenwärtigen, dass aus der Niederschrift ableitbare und verbleibende Zweifel an der Geschäftsfähigkeit des Betroffenen, die Vollmacht im Rechtsverkehr entwerten und somit die **Erforderlichkeitsschwelle zur Einrichtung einer Betreuung** sinkt. Überzogen sind allerdings Forderungen, der Notar selbst solle die kognitiven Fähigkeiten des Vollmachtgebers testen.

18   Ausnahmsweise **geschäftsunfähig (§ 104 Nr. 2 BGB)** sind Volljährige, wenn sie an einer krankhaften Störung der Geistestätigkeit leiden; hierbei ist es gleichgültig, unter welchen medizinischen Begriff die Störung fällt. Die krankhafte Störung der Geistestätigkeit muss die freie Willensbestimmung gerade **im Zeitpunkt der Vollmachtserteilung** ausschließen. Bloße **Willensschwäche** oder **leichte Beeinflussbarkeit** genügen gerade nicht, ebenso wenig das Unvermögen, die Tragweite der abgegebenen Willenserklärung vollständig zu erfassen.[34] Wird der Vollmachtgeber nach dem Zeitpunkt der Vollmachtserteilung geschäftsunfähig, berührt dies grundsätzlich die Wirksamkeit der Vollmacht nicht mehr; sie besteht also fort.[35]

19   Ob der Betroffene/Vollmachtgeber im Erteilungszeitpunkt nach § 104 Nr. 2 BGB geschäftsunfähig war, hat im Zweifel das **Betreuungsgericht von Amts wegen** (§ 26 FamFG) aufzuklären. Insoweit bedarf es nicht zwingend einer förmlichen Beweisaufnahme durch Einholung eines Sachverständigengutachtens.[36] Die Unwirksamkeit der Vollmachtserteilung kann dabei nicht schematisch angenommen werden, wenn selbst nach sachverständiger Begutachtung die Geschäftsfähigkeit zum Erteilungszeitpunkt nicht zuverlässig festgestellt werden kann, aber erhebliche Zweifel bestehen bleiben.[37]

[31] S. auch BGHZ 105, 45 (47 f.) = NJW 1988, 2946 f.
[32] Vgl. *Bundesärztekammer,* Hinweise und Empfehlungen zu Patientenverfügungen und anderen vorsorglichen Willensbekundungen bei Patienten mit einer Demenzerkrankung, Deutsches Ärzteblatt 115 (2018), Heft 19A 952.
[33] Vgl. WürzNotar-HdB/*Müller* Teil 3 Kap. 3 Rn. 43.
[34] Vgl. BGH NJW 1961, 261; OLG München NJW-RR 2009, 1599.
[35] LG Wiesbaden FamRZ 1994, 778.
[36] BGH MittBayNot 2017, 63; NJW 2016, 159.
[37] So aber BayObLG FamRZ 1994, 720; hiergegen zutreffend OLG München NJW-RR 2009, 1599.

Willenserklärungen des **geschäftsunfähigen Bevollmächtigten** sind jenseits des § 165   20
BGB nach § 105 Abs. 1 BGB nichtig.[38]

3. Ein oder mehrere Bevollmächtigte/r; Ersatzbevollmächtigte/r. Die Vorsorge-   21
vollmacht kann **einem oder einer Mehrzahl von Bevollmächtigten** jeweils **einzeln**
oder zur **Gesamtvertretung** erteilt werden; hierbei ist selbst eine weitergehende Differenzierung zwischen verschiedenen Vollmachtsgegenständen bzw. den typisierten Wirkungskreisen des Betreuungsrechts denkbar und möglich.[39] Es können zudem verschiedene Bevollmächtigte für eindeutig abgrenzbare Wirkungsbereiche einzeln bestellt werden.
Das gilt insbesondere für die Vertretung in Vermögensangelegenheiten und Gegenständen
der Personensorge. Im Bereich der **Personensorge bzw. den Tatbeständen nach
§§ 1904, 1906, 1906a BGB** hat sich **Gesamtvertretung nicht bewährt;** es besteht die
Gefahr der Handlungsblockade.[40] Bei **Einzelvertretungsbefugnis** mehrerer Bevollmächtigter kann eine **Reihenfolge der Berechtigung** angeordnet werden (zB Ehegatte vor
Kindern); dies sollte jedoch nur im Wege einer klar auf das Innenverhältnis beschränkten
Anweisung erfolgen.

Die Berufung eines „**Ersatzbevollmächtigten**" ist sinnvoll und vielfach geboten,   22
kann aber nur für den Fall empfohlen werden, dass der „Hauptbevollmächtigte" verstirbt
oder der **Eintritt eines Ersatzfalls** (als Wirksamkeitsbedingung der Ersatzbevollmächtigung) im Zweifel eindeutig und schnell gegenüber Dritten nachgewiesen werden kann.
Das gilt insbesondere für den Fall, dass der Eintritt des Ersatzfalls das **Außenverhältnis**
der Vollmachtausübung betreffen soll. **Nachweisungeeignet** ist jedenfalls die Anknüpfung an Krankheit, Geschäftsfähigkeit oder Nichterreichbarkeit des „Hauptbevollmächtigten". Dieser Nachweis wird im Außenverhältnis nicht rechtssicher zu erbringen sein, zumal nicht – soweit erforderlich – in einer bestimmten Form (zB § 29 Abs. 1 GBO, § 12
Abs. 1 S. 1 HGB).

Aus der **Sicht des Vollmachtgebers** – die der Notar aufzuklären hat (§ 17 Abs. 1   23
BeurkG) – beschreibt eine „Ersatzbevollmächtigung" zumeist nur den Fall einer von ihm
gewünschten **Reihenfolge des Tätigwerdens** der ansonsten uneingeschränkt bestellten
Bevollmächtigten. Steht nach den Vorstellungen des Vollmachtgebers die Bestimmung einer Ausübungsreihenfolge im Vordergrund, sollte nicht primär eine Regelung mit Außenwirkung empfohlen werden, sondern eine **eindeutige Innenverhältnisabrede** (→ Rn. 45) getroffen werden.

4. Kontroll- oder Überwachungsvollmachten. Die Erteilung einer speziellen „Kon-   24
troll- oder Überwachungsvollmacht" mit dem ausdrücklichen Wirkungskreis „Kontrolle
des Hauptbevollmächtigten" ist zwar möglich, in der Praxis jedoch selten,[41] weil sie zumeist dem spezifisch personenbezogenen Vertrauensverhältnis als Grundlage der Vorsorgevollmacht widerspricht. Allerdings kann die Bestellung eines Kontrollbevollmächtigten
geeignet sein, eine ansonsten ggf. erforderliche **Kontrollbetreuung** zu verhindern. Zudem kann eine Kontrollvollmacht – einzelfallbezogen – im Bereich der **Vermögenssorge** eine sinnvolle Gestaltung sein, wenn der Vollmachtserteilung an den Hauptbevollmächtigten eine Geschäftsbesorgung zugrunde liegt. Umfasst die Vertretungsmacht
vermögens- und vermögensähnliche Angelegenheiten des Betroffenen (einschließlich eines fortzuführenden Unternehmens), kann statt der Erteilung einer Kontroll- und
Überwachungsvollmacht die – möglicherweise auf klar definierte Bereiche beschränkte –
Bestellung von Gesamtvertretern sinnvoll sein. Durch die gezielt eingesetzte Gesamt-

---

[38] BGHZ 53, 210 (215); BGH NJW 2004, 1315 (1316).
[39] Vgl. etwa HK-BetreuungsR/*Jurgeleit* BGB § 1896 Rn. 40.
[40] Ebenso Kersten/Bühling/*Kordel* § 96 Rn. 84.
[41] *Müller/Renner* Rn. 671; aA *Bühler* FamRZ 2001, 1585 (1590); *Walter* ZEV 2000, 353, jeweils mit Muster;
    WürzNotar-HdB/*Müller* Teil 3 Kap. 3 Rn. 68 spricht von „besonders empfehlenswerter Möglichkeit" der
    Vollmachtsüberwachung; s. auch MüKoBGB/*Schwab* BGB § 1896 Rn. 245.

vertretung wird der Schutz des Vollmachtgebers im Außenverhältnis hergestellt. Bei angeordneter **Gesamtvertretung** ist wiederum regelungsbedürftig, welche Folgen auf die Wirksamkeit der Vollmacht der **Wegfall eines von mehreren Gesamtbevollmächtigten** haben soll.[42]

25   Im Kontext der Überlegungen zur Erteilung einer Kontroll- oder Überwachungsvollmacht ist zudem zu bedenken, dass auch ohne deren ausdrücklicher Erteilung davon auszugehen ist, dass bei **mehreren (einzeln) Bevollmächtigten** die typischen Kontrollbefugnisse des Vollmachtgebers aus dem der Vollmachtserteilung zugrunde liegenden Rechtsverhältnis durch den/die jeweils anderen Bevollmächtigten – also gegenseitig – erfasst und ausgeübt werden.[43] Allerdings kann keiner von mehreren Einzelbevollmächtigten die Vollmacht eines anderen Bevollmächtigten **widerrufen**. Richtigerweise besteht diese Befugnis nur, wenn sie ausdrücklich erteilt wird (für den Betreuer → Rn. 114 f.);[44] Regelungsbedarf ist insoweit gegeben. Insgesamt gilt, dass für die Ausübung erteilter Kontroll- oder Überwachungsvollmachten **klare Handlungsanweisungen** als Teil der Innenverhältnisabrede getroffen werden sollten.

Praxishinweis:

Im **innerfamiliären Bereich** sollte sorgfältig abgewogen werden, ob eine Mehrzahl von erteilten Vollmachten tatsächlich zur Hilfestellung für den Betroffenen geeignet ist. Die Vollmacht ist gefährdet, wenn sie zum **Instrument der Austragung lange schwelender Konflikte**, beispielsweise zwischen den Kindern, wird.[45]

---

26 **5. Bevollmächtigte mit typisierten Loyalitätskonflikten.** Umstritten ist, ob der Bevollmächtigte eine **Person nach §§ 1896 Abs. 2 S. 2, 1897 Abs. 3 BGB** sein kann, also in einem Abhängigkeitsverhältnis zu einer Anstalt, einem Heim oder einer sonstigen Einrichtung stehen darf, in der der Betroffene lebt.[46] Dabei ist zunächst zu berücksichtigen, dass § 1896 Abs. 2 S. 2 BGB jedenfalls **keine Unwirksamkeit** der Vollmachtserteilung bewirkt. Das gilt erst recht, wenn die Bevollmächtigung eines Heimmitarbeiters bereits deutlich vor Aufnahme des Betroffenen in die betreffende Einrichtung erfolgt war. Dennoch kann der **gesetzlich typisierte „Loyalitätskonflikt"** die Geeignetheit des Bevollmächtigten und damit die Verwendbarkeit der Vollmacht beeinträchtigen, was wiederum zur Anordnung einer Kontrollbetreuung führen kann. Eine derartige Vollmachtserteilung sollte daher vermieden werden. Jedenfalls ist § 1897 Abs. 3 BGB auf **Ordensgemeinschaften** nicht anwendbar, so dass ein anderer Ordensangehöriger ohne weiteres Vorsorgebevollmächtigter sein kann.[47]

27   Die **Mitwirkung naher Angehöriger** als Vorsorgebevollmächtigte bei einem zum Tode führenden Behandlungsabbruch unter Beachtung des Patientenwillens führt im Übrigen nicht zur Verwirkung der **Hinterbliebenenversorgung** oder des **Sterbegeldes**.[48]

28 **6. Widerruf.** Da die Erteilung einer Vorsorgevollmacht ausschließlich **im Interesse des Vollmachtgebers** erfolgt und eine vermögensbezogene Generalvollmacht ohnehin nur widerruflich erteilt werden kann, kann auch die „General- und Vorsorgevollmacht" **nicht unwiderruflich** erteilt werden (zum Widerruf → § 27 Rn. 146 ff.).[49] Daher ist der ge-

---

[42] Vgl. DNotI-Report 2006, 37; *Bühler* FamRZ 2001, 1585 (1597).
[43] Vgl. insoweit BGH ZNotP 2011, 273 Rn. 13; BeckOK BGB/*Müller-Engels* BGB § 1896 Rn. 46.
[44] OLG Karlsruhe FamRZ 2010, 1762; Palandt/*Götz* BGB Einf. v. § 1896 Rn. 5.
[45] S. etwa den illustrativen Fall BayObLG NJOZ 2004, 2169.
[46] Vgl. Palandt/*Götz* BGB Einf. v. § 1896 Rn. 5; *Müller/Renner* Rn. 42, 257 ff.
[47] LG Passau NJW-RR 2017, 3 f.
[48] SG Berlin FamRZ 2012, 1176; Palandt/*Götz* BGB § 1901a Rn. 6.
[49] Statt aller MüKoBGB/*Schubert* BGB § 168 Rn. 25 mwN; *Müller/Renner* Rn. 688 ff. mwN; WürzNotar-HdB/*Müller* Teil 3 Kap. 3 Rn. 38 mwN.

schäftsfähige (ggf. lediglich einwilligungsfähige) Vollmachtgeber **jederzeit** berechtigt, die von ihm erteilte Vollmacht ganz oder teilweise – formlos – **zu widerrufen.**[50] Ist der Vollmachtgeber/Betroffene hingegen nach wirksamer Vollmachtserteilung geschäftsunfähig geworden bzw. ist seine Einsichtsfähigkeit weggefallen, kann er die von ihm erteilte, widerrufliche „General- und Vorsorgevollmacht" **faktisch nicht mehr widerrufen,**[51] zumindest nicht in seiner Person. Eine – möglicherweise krankheitsbedingte – schlichte Meinungsänderung oder die Betätigung des „natürlichen Willens" des **nicht mehr geschäftsfähigen Betroffenen** beseitigt die in gesunden Tagen geschaffene rechtliche **Bindungswirkung** der Vollmachterteilung ebenfalls nicht mehr.[52] Es bedarf in einer derartigen Konstellation vielmehr eines Widerrufs durch einen insoweit mit Widerrufsbefugnis ausgestatteten **Kontroll-** oder **Mitbevollmächtigten** bzw. eines gerichtlich bestellten **Kontrollbetreuers.**[53]

Wie die Erteilung, erfolgt auch der Widerruf der Vollmacht durch **einseitige emp-** 29 **fangsbedürftige Willenserklärung** (§§ 186 S. 3, 167 Abs. 1 BGB). Auch in einer – deckungsgleichen – Erteilung einer weiteren (späteren) Vollmacht kann ein Widerruf liegen,[54] hier ist Klarheit geboten (→ Rn. 91). Die **Rückforderung** der ausgehändigten Vollmachtsurkunde oder erteilten Ausfertigung einer notariell errichteten Vollmacht ist regelmäßig als Widerruf zu werten.[55] Gibt der Bevollmächtigte nach deren Widerruf die verkörperte Vollmacht nicht an den Vollmachtgeber heraus, kann er sie **öffentliche für kraftlos erklären** (§ 176 BGB, § 38 FamFG, §§ 185 ff. ZPO).

Der Widerruf durch einen **Kontrollbetreuer** nach § 1896 Abs. 3 BGB kann nur auf 30 der Grundlage der ihm durch Bestellung vermittelten Vertretungsmacht erklärt werden. Allerdings muss ihm durch Beschluss des Betreuungsgerichts die **Widerrufskompetenz** als ultima ratio der Kontrollbetätigung **ausdrückliche übertragen** worden sein;[56] es gilt der **Verhältnismäßigkeitsgrundsatz** (hierzu ausführlich → Rn. 114 f.). **Vorrang** haben insoweit immer die Instrumente der Überwachung, Weisung und der sonstigen Kontrolle des Bevollmächtigten, die sich aus den im Erteilungsverhältnis verankerten Rechten des Vollmachtgebers ableiten.[57] Die **Widerrufsbefugnis** darf dem Kontrollbetreuer als Aufgabenkreis nur übertragen werden, wenn der konkrete, durch hinreichende **tatsächliche Anhaltspunkte** untermauerte Verdacht besteht, dass mit der Vollmacht dem Betreuungsbedarf nicht Genüge getan wird (= Tatrichterfeststellung gemäß § 26 FamFG).

Die Befugnis zum Widerruf steht einem (ebenfalls einzelbevollmächtigten) **Mitbevoll-** 31 **mächtigten** zulasten eines anderen Bevollmächtigten nur dann zu, wenn und soweit sich dies aus der Vollmacht selbst ergibt.[58] Der Notar sollte dennoch (klarstellende) Regelungen zur Widerrufsbefugnis durch Mitbevollmächtigte in die Urkunde aufnehmen, auch um einem „Wettlauf" gegenseitiger Vollmachtswiderrufe vorzubeugen.[59] Andererseits kann es durchaus eine sinnvolle Gestaltung sein, beispielsweise dem **Ehegatten** als einzelvertretungsberechtigtem Mitbevollmächtigten die Widerrufsbefugnis zulasten der den Kindern erteilten Vollmacht zuzubilligen.

---

[50] *Bühler* FamRZ 2001, 1585 (1589); WürzNotar-HdB/*Müller* Teil 3 Kap. 3 Rn. 38 ff.; *Müller/Renner* Rn. 686.
[51] Zusammenfassend *Müller/Renner* Rn. 687 ff.
[52] BGH NJW-RR 2016, 1025 Rn. 18.
[53] *Müller* DNotZ 2015, 403 (413).
[54] Vgl. OLG Hamburg BeckRS 2005, 02407 zu einer Verwaltervollmacht; MüKoBGB/*Schubert* BGB § 168 Rn. 17.
[55] Vgl. OLG Düsseldorf NJW-RR 2003, 1312 zu einer Stimmrechtsvollmacht; MüKoBGB/*Schubert* BGB § 168 Rn. 17.
[56] Vgl. etwa BGHZ 211, 67 = DNotZ 2017, 199 mAnm *Renner*; BGH NJW 2015, 3657; zuvor bereits restriktiv KG NJW-RR 2007, 1089; s. auch DNotI-Report 2012, 113 f.
[57] Vgl. BGH NJW 2015, 3657 Rn. 17 mwN; MittBayNot 2017, 63.
[58] OLG Karlsruhe FamRZ 2010, 1762; Palandt/*Götz* BGB Einf. v. § 1896 Rn. 5; aA mit überzeugenden Argumenten: *Müller/Renner* Rn. 657 ff.
[59] *Zimmermann* NJW 2014, 1573 (1574); *Walter* ZEV 2000, 353.

32 **7. Internationales Privatrecht.** Im Rahmen des deutschen IPR der „General- und Vorsorgevollmacht" ist zu unterscheiden:[60] Nach Art. 3 Nr. 2 EGBGB ist für die **Bestimmung des maßgeblichen Vollmachtsstatuts** in seinem Anwendungsbereich kollisionsrechtlich vorrangig auf das Haager Übereinkommen über den internationalen Schutz von Erwachsenen vom 13. 1. 2000 (**„ESÜ"**[61]), das am 1. 1. 2009 in Kraft getreten ist, abzustellen,[62] und das eine Vollmacht erfasst, „die ausgeübt werden soll, wenn [der Vollmachtgeber] nicht in der Lage ist, seine Interessen zu schützen". Damit ist zumindest der Vorsorgeteil einer „General- und Vorsorgevollmacht" umfasst.[63] Nach Art. 15 ESÜ, der in Abs. 2 auch die Möglichkeit einer eingeschränkten **Rechtswahl** eröffnet, ist ansonsten für Bestand, Umfang, Änderung und Beendigung einer eingeräumten Vertretungsmacht an das Recht jenes Staates, in dem der Betroffene/Vollmachtgeber bei Erteilung der Vertretungsmacht seinen gewöhnlichen Aufenthalt innehat, anzuknüpfen. Die Art und Weise der Ausübung der Vertretungsmacht wird vom Recht des Staats bestimmt, in dem sie ausgeübt wird. Durch die beschränkte Rechtswahl nach Art. 15 Abs. 2 ESÜ (mindestens Schriftform) kann das Recht desjenigen Staates gewählt werden, dem der Erwachsene angehört, in dem er früher (also nicht aktuell) seinen gewöhnlichen Aufenthalt innehatte oder in dem sich Vermögen des Erwachsenen befindet, jedenfalls hinsichtlich dieses Vermögens. Kommt kollisionsrechtlich deutsches IPR zur Anwendung, gilt für das Recht der „gewillkürten Stellvertretung" seit 17. 6. 2017 **Art. 8 EGBGB.** Allerdings bleibt das bis dahin geltende – unkodifizierte – Recht nach Art. 229 § 41 EGBGB auf vor dem 17. 6. 2017 bereits „erteilte" Vollmachten gültig (= „alte" Vollmacht); auf den Ausübungszeitpunkt der „alten" Vollmacht kommt es hingegen nicht an.

33   Für (isolierte) **Patientenverfügungen** gilt das ESÜ nicht. Es kommt vielmehr autonomes deutsches Kollisionsrecht zur Anwendung. Danach dürfte an den Behandlungsort anzuknüpfen sein,[64] wodurch ein Gleichlauf mit dem anwendbaren Recht des Behandlungsvertrags hergestellt wird. Die Rechtslage für **Betreuungsverfügungen** ist streitig. Errichtung, Änderung und Aufhebung richten sich nach dem Heimatrecht des Betreuten (Art. 24 Abs. 1 S. 1 EGBGB), sofern nicht das ESÜ anwendbar sein sollte. In diesem Fall wäre der gewöhnliche Aufenthalt des Betroffenen maßgeblich. Einen aktualisierten, länderspezifischen Überblick bietet das **Europäische Vorsorge-Portal.**[65]

V. Formfragen

34 Grundsätzlich kann eine Vorsorgevollmacht – gleichgültig zu welchen Aufgabenkreisen sie erteilt wird – **ohne Einhaltung einer besonderen Form** (§ 167 Abs. 2 BGB) erteilt werden, was allerdings im Außenverhältnis ihre Legitimationswirkung herabsetzt. Soweit die Vollmacht – wie regelmäßig – zu **Erklärungen** und **Maßnahmen** iSd §§ 1904 Abs. 1 S. 1, Abs. 2, 1906 Abs. 1, Abs. 3 und Abs. 4, 1906a Abs. 1, Abs. 4 BGB ermächtigt, ist **Schriftform** (= Unterschriftsform oder notarielle Beglaubigung nach **§ 126 Abs. 1 BGB**) und kumulativ – was allerdings keine Formfrage darstellt – die **ausdrückliche Benennung** der Vollmachtsgegenstände (→ Rn. 62 ff.) erforderlich; das ergibt sich aus §§ 1904 Abs. 5 S. 2, 1906 Abs. 5 S. 1 BGB bzw. § 1906a Abs. 5 S. 1 BGB.

---

[60] Ausführlich *Bücken* RNotZ 2018, 213 (224 ff.); *Becker* DNotZ 2017, 835; *Schaub* IPRax 2016, 207; *Wedemann* FamRZ 2010, 785; *Ludwig* DNotZ 2009, 251; *Albrecht/Albrecht/Böhm/Böhm-Rößler* Patientenverfügung Rn. 356 ff.; *Müller/Renner* Rn. 902 ff. und zur Situation in ausgewählten europäischen Ländern Rn. 943 ff.; Kersten/Bühling/*Kordel* § 96 Rn. 120 ff. mit Rechtswahlmuster.
[61] Umsetzungsgesetz: BGBl. 2007 I 314.
[62] BeckOK BGB/*Mäsch* EGBGB Art. 8 Rn. 3, 40; MüKoBGB/*Spellenberg* EGBGB Art. 8 Rn. 59; BR-Drs. 653/16, 23; Liste der Vertragsstaaten des ESÜ: https://www.hcch.net/en/instruments/conventions/status-table/?cid=71.
[63] Vgl. *Bücken* RNotZ 2018, 213 (229).
[64] Statt aller *Müller/Renner* Rn. 940 ff.; Überblick bei *Heggen* FPR 2010, 272.
[65] http://www.vulnerable-adults-europe.eu.

Zur **Feststellung der Identität** des Vollmachtgebers wird vielfach – zumindest – die no- 35
tarielle Unterschriftsbeglaubigung empfohlen (vgl. § 10 BeurkG). Vorzugswürdig ist dennoch die **notarielle Beurkundung** (vgl. § 126 Abs. 4 BGB). Mit ihr ist die zweifelsfreie
Wiedergabe des tatsächlich ermittelten Willens (§ 17 Abs. 1 BeurkG), die wichtige **Feststellung der Geschäftsfähigkeit** (§ 11 Abs. 1 BeurkG; vgl. auch → Rn. 15 ff.) des Vollmachtgebers,[66] der höhere Beweis- und Aussagewert der notariellen Niederschrift, die
Vermutungswirkung der Urheberschaft und nicht zuletzt die hohe **Akzeptanz notarieller Vollmachten** in der Praxis verbunden.[67] Auch die **Formerfordernisse** nach §§ 311b
Abs. 1 und Abs. 3, 492 Abs. 4 S. 1 BGB, § 29 Abs. 1 GBO,[68] § 12 Abs. 1 S. 1 HGB, die
notariellen Aufklärungs- und Belehrungspflichten, sowie die Möglichkeit des **Herstellens
von Ausfertigungen** für eine Mehrzahl von Bevollmächtigten, wie überhaupt die „Flexibilität" der Ausfertigungserteilung (§ 49 Abs. 5 BeurkG) sprechen für die Beurkundung.[69] Die bloße Unterschriftsbeglaubigung soll nach einer allerdings vereinzelt gebliebenen Ansicht den Amtspflichten des Notars nicht mehr genügen.[70]

§ 6 Abs. 2 S. 1 BtBG eröffnet der **Urkundsperson bei der Betreuungsbehörde** die 36
Möglichkeit, Unterschriften und Handzeichen auf Vorsorgevollmachten und Betreuungsverfügungen zu beglaubigen. Derart vorgenommene „öffentliche" Beglaubigungen genügen den Anforderungen des **§ 29 Abs. 1 GBO**[71] und § 12 Abs. 1 S. 1 HGB und haben
nicht nur verfahrensrechtliche Qualität. Die Beglaubigungsbefugnis umfasst auch Vorsorgevollmachten, die **über den Tod des Vollmachtgebers hinaus** erteilt werden.[72]

VI. Innenverhältnisabrede (Grundverhältnis)

1. Ausgangslage. Anders als für den Betreuer (vgl. §§ 1896 ff. BGB), der der Aufsicht, 37
Rechenschaftspflicht und einer Reihe von Genehmigungsvorbehalten durch das Betreuungsgericht unterliegt, ist das **Innenverhältnis** (= Grundverhältnis; hierzu auch → § 27
Rn. 25 ff.) zwischen Betroffenem und Vorsorgebevollmächtigtem **nur rudimentär geregelt**. Ansätze finden sich für die Wirkungskreise „gesundheitliche Fürsorge", „Aufenthaltsbestimmung" und „Zwangsbehandlung" in §§ 1904 Abs. 5, 1906 Abs. 5 BGB und
§§ 1901a Abs. 5, 1901b Abs. 3 BGB, nicht jedoch für den überaus wichtigen Wirkungsbereich „Vermögen". Die grundverhältnisähnlichen Normen der §§ 1908i, 1837 ff. BGB
sind auf Vollmachten nicht anwendbar.

Eine **isolierte Vollmacht** – also eine Vollmachtserteilung ohne erkennbares Grundver- 38
hältnis – wird man für die Praxis der Vollmachtserteilung kaum annehmen können.[73] Sie
ließe im Anwendungsbereich medizinischer Maßnahmen inhaltlich bestenfalls eine mutmaßliche Willensbildung des Betroffenen zu Behandlungsfragen, die faktengestützt festgestellt werden muss, zu. Sind selbst derartige Feststellungen des Bevollmächtigten nicht
möglich (= Ausschöpfung aller verfügbaren Erkenntnisquellen), kann die isolierte Vollmacht erst recht keine Grundlage für die **Entscheidung zu einem Behandlungsabbruch** sein; allein die allgemeine Ermächtigung nach § 1901 Abs. 2 S. 1 BGB als
Minimal-Innenverhältnisabrede genügt nicht, weil die Schranke des Patientenwohls entgegensteht und ohne Feststellung eines (ggf. mutmaßlichen) Patientenwillens dem **Schutz
des Lebens** der Vorrang einzuräumen ist (→ Rn. 157).[74]

---

[66] Hieran zweifelt *Zimmermann* BKR 2007, 226 (227, 232).
[67] Zusammenfassend HK-BetreuungsR/*Jurgeleit* BGB § 1896 Rn. 23; Münch/*Renner* FamR § 16 Rn. 19 ff.
[68] Hierzu BGH NJW 2016, 151.
[69] So auch Münch/*Renner* FamR § 16 Rn. 29.
[70] *Langenfeld* ZEV 2003, 449 (450).
[71] OLG Jena FamRZ 2014, 1139; OLG Dresden BeckRS 2010, 26768.
[72] OLG Karlsruhe FamRZ 2016, 577; vgl. auch Münch/*Renner* FamR § 16 Rn. 30 f.
[73] Vgl. *Bühler* FamRZ 2001, 1585 (1593).
[74] Vgl. BGHZ 211, 67 Rn. 37 mwN = DNotZ 2017, 199 mAnm *Renner*; *Albrecht/Albrecht/Böhm/Böhm-Rößler* Patientenverfügung Rn. 153 ff.

39 Insgesamt bleibt somit die positive **Ausgestaltung des Grundverhältnisses** rechtsgeschäftlichen Vereinbarungen vorbehalten und eine **Regelung erforderlich**.[75] Das gilt in besonderem Maße für **Vorsorgevollmachten im Unternehmensbereich;** hier wird vielfach von konkreten „Handlungsanweisungen" des Vollmachtgebers/Unternehmers gesprochen (ausführlich → Rn. 103 ff.). Der positiven Ausgestaltung des Grundverhältnisses steht, angesichts von drohenden **Auskunfts-, Rechnungslegungs-, Beleg-, Inventarisierungs- und Haftungsrisiken** des (zumeist) uneigennützig Hilfe leistenden Bevollmächtigten (hierzu → Rn. 41 ff.),[76] nicht die ansonsten zutreffenden Warnungen entgegen, Vollmachtsurkunden sollten durch Innenverhältnisabreden nicht „überfrachtet" werden und keine Ansatzpunkte liefern, die ggf. auf das Außenverhältnis „durchschlagen" könnten.[77] Denn gegen diese Bedenken ist abzuwägen, dass Innenverhältnisabreden **nicht zwingend in die Vollmachtsurkunde integriert** werden müssen[78] und dies aus kostenrechtlichen Gründen[79] auch kaum gewollt sein wird.

40 **2. Gefälligkeit, Auftrag oder Geschäftsbesorgung (Haftung).** Zumeist verweisen Formulare zu General- und Vorsorgevollmachten – wenn sie überhaupt Fragen des rechtlich verbindlichen Innenverhältnisses ansprechen – pauschal auf die (subsidiäre) **Anwendbarkeit der Auftragsvorschriften** (§§ 662 ff. BGB),[80] obwohl für eine große Zahl von **uneigennützig („innerfamiliär")** erteilter Vorsorgevollmachten Kriterien zutreffen, die eher für die Annahme eines reinen **Gefälligkeitsverhältnisses** sprechen.

41 Für die **Abgrenzung zwischen Auftrag und Gefälligkeitsverhältnis** ist wiederum entscheidend, ob anhand objektiver Kriterien festgestellt werden kann, dass zwischen den Beteiligten im Erteilungszeitpunkt **rechtsgeschäftlicher Bindungswille** bestand.[81] Abgrenzungskriterium ist, inwieweit Erteilung und Vertreterhandeln auf einem **besonderen Vertrauensverhältnis** basieren. Liegt ein besonderes Vertrauensverhältnis vor, erwartet und verlangt der Vollmachtgeber von seinem Bevollmächtigten regelmäßig weder **Auskunft** noch **Rechenschaft**.[82] Der Vollmachtnehmer soll gerade nicht (im Nachhinein) dem einseitigen Risiko ausgesetzt werden, Ausgaben genauer angeben und belegen zu müssen.[83] Derartige Kriterien sind vielfach für **Vollmachterteilungen zwischen Ehegatten, „langjährigen" Lebenspartnern** und, soweit **Kinder** sich als Vollmachtnehmer um einen Elternteil kümmern, für Abkömmlinge erfüllt.[84] Andererseits nehmen Teile der Rechtsprechung[85] – ohne Eingehen auf ein „Nähe- und besonderes Vertrauensverhältnis" – Auftragsrecht an, wenn dem Bevollmächtigten die Befugnis übertragen ist, **Vermögen zu verwalten** und über Vermögensgegenstände zu verfügen. Für Auftragsrecht spricht das Interesse des Vollmachtgebers an einer rechtlichen Bindung zur Übernahme und Ausübung der bevollmächtigten Angelegenheiten, zum Schutz vor Unzeitkündigung (§ 671 Abs. 2 S. 2 BGB) und zur Anzeige nach § 663 BGB.

[75] *Vollmer* MittBayNot 2016, 386; *Sauer* RNotZ 2009, 79; *Kropp* FPR 2012, 9 (10); ausführlich *Müller/ Renner* Rn. 627 ff.; BeckFormB ErbR/*Marschner* S. 641 ff.; aus der Sicht angeblicher Haftung *Litzenburger* NotBZ 2007, 1.
[76] Vgl. OLG München ZEV 2018, 149; OLG Hamm ZEV 2008, 600.
[77] Vgl. Münch/*Renner* FamR § 16 Rn. 142; *Müller/Renner* Rn. 647 f.; Kersten/Bühling/*Kordel* § 96 Rn. 46 f.
[78] Kersten/Bühling/*Kordel* § 96 Rn. 54 mwN.
[79] Vgl. etwa Kersten/Bühling/*Kordel* § 96 Rn. 48.
[80] Hierzu Beispiele bei *Sarres* ZEV 2013, 312 (313).
[81] Vgl. OLG Köln FamRZ 2018, 61; OLG Zweibrücken OLGR 2005, 132; OLG Düsseldorf ZEV 2007, 184.
[82] Vgl. *Volmer* MittBayNot 2016, 386 (388).
[83] Vgl. OLG Köln NJW-Spezial 2017, 519 (Bankvollmacht für Nachbar); BGH NJW 2000, 3199; OLG Zweibrücken OLGR 2005, 132.
[84] OLG Köln ZEV 2013, 339 (Bankvollmacht); OLG Düsseldorf ZEV 2007, 184 („langjährige" Lebenspartnerin); vgl. auch *Horn/Schabel* NJW 2012, 3473; *Weigl* MittBayNot 2017, 538 (539); *Volmer* MittBayNot 2016, 386 (Patchwork-Fall).
[85] OLG Brandenburg BeckRS 2012, 20726; OLG Hamm ZEV 2008, 600; BeckRS 2018, 36792.

Liegt der Vollmachtserteilung **Auftragsrecht** und nicht lediglich ein Gefälligkeitsverhält- 42
nis zugrunde, ist der Beauftragte (= Bevollmächtigte) seinem Auftraggeber (= Betroffe-
ner/Vollmachtgeber) zur Auskunft und Rechenschaft nach den §§ 662, 666 BGB verpflichtet, sofern derartige Ansprüche nicht ausdrücklich oder konkludent abbedungen
bzw. gestaltet sind[86] oder ausnahmsweise der Grundsatz von Treu und Glauben entgegensteht.[87] Eine **Kündigung** des Auftragsverhältnisses durch den Vollmachtgeber wird im
Zweifel erst gegenüber einem zur Entgegennahme bestellten Betreuer wirksam. Die
Rechte und Pflichten aus dem Auftragsverhältnis gehen sodann mit dem **Tode des Vollmachtgebers** gemäß § 1922 Abs. 1 BGB auf die Erben über und umfassen den Anspruch
auf **Rechenschaft** über den **gesamten Zeitraum des Auftrags** und letztlich auch auf
die Vorlage eines **Bestandsverzeichnisses iSd § 260 Abs. 1 BGB.**[88] Hinzu kommt, dass
auch der „innerfamiliäre" Auftragnehmer (= Bevollmächtigter) für die Erledigung der
ihm übertragenen Aufgaben grundsätzlich für Vorsatz und **jede Art der Fahrlässigkeit**
haftet (§§ 280 Abs. 1, 276 Abs. 1 S. 1 BGB); keine Anwendung findet demgegenüber
§ 277 BGB (auch nicht §§ 1359, 1664 BGB).[89]

Ist aufgrund des Wortlauts der Vollmacht oder im Wege gerichtlicher Auslegung Auf- 43
tragsrecht anwendbar, stehen insbesondere **innerfamiliäre Vorsorgebevollmächtigte** in
einzelnen Fragen der Rechnungslegung sogar schlechter als innerfamiliäre **„befreite Betreuer"** (= Vater, Mutter, Ehegatte, „langjähriger" Lebenspartner oder Abkömmling des
Betreuten) nach §§ 1908i Abs. 2 S. 2, 1840 Abs. 2 S. 2 BGB iVm §§ 1852 Abs. 2 S. 1,
1854 BGB (= Befreiung von der Rechnungslegungspflicht) bzw. der innerfamiliäre „befreite Vormund". Das, und die Haftung für jede Art Fahrlässigkeit, wird kaum dem Willen des Vollmachtgebers und erst recht nicht dem des Bevollmächtigten entsprechen.[90]
Auch ist nicht anzunehmen, dass außerhalb einer eigennützigen bzw. entgeltlichen Übernahme der Vollmachtausübung (= Geschäftsbesorgung), die strengen Vorschriften über
die **Errichtung eines Bestandsverzeichnisses iSd § 260 Abs. 1 BGB** bei „innerfamiliär" erteilten Vorsorgevollmachten gelten sollen.

Umstritten ist hingegen, ob und in welchem Umfang der Betroffene den Vorsorgebe- 44
vollmächtigten von Rechenschaftspflichten, insbesondere gegenüber seinen Erben befrei-
en und/oder Haftungsbeschränkungen vereinbart werden sollten.[91] Allerdings kann der
Vollmachtgeber die Rechenschaftspflicht des Bevollmächtigten wirksam auf die **Geltendmachung zu seinen Lebzeiten** beschränken (→ Rn. 48).[92]

3. Regelungsgegenstände zum Innenverhältnis. Differenziert nach dem Grad des 45
„Näheverhältnisses" und der Rechtsbeziehungen zwischen den Beteiligten können **Rege-
lungen zum Innen- bzw. Grundverhältnis** typischerweise folgende Gegenstände be-
treffen:[93]
– Pflicht zum Vertreterhandeln (= **Aufgabenübernahme und -fortführung**),
– **Erreichbarkeit** und Folgen von Abwesenheit,
– Errichtung als **post- bzw. transmortale Vollmacht** (§ 672 S. 1 BGB; ausführlich
  → § 27 Rn. 96 ff., → Rn. 86),
– **Fortgeltung** für den Fall der Betreuerbestellung (hierzu → Rn. 119),
– **Erstgebrauch** der Vollmacht,
– **Rangfolge** mehrerer Einzelbevollmächtigter,

---

[86] Zur Dispositionsfreiheit BGH NJW-RR 1990, 131; Palandt/*Ellenberger* BGB § 666 Rn. 1.
[87] OLG Hamm BeckRS 2018, 36792.
[88] OLG München ZEV 2018, 149; s. auch HK-BetreuungsR/*Jurgeleit* BGB § 1896 Rn. 91.
[89] BGHZ 21, 102 = NJW 1956, 1313; HK-BetreuungsR/*Jurgeleit* BGB § 1896 Rn. 59, 62.
[90] Vgl. *Volmer* MittBayNot 2016, 386 (388); grundlegende Hinweise bei *Müller-Engels,* DAI-Skript Aktuelle
  Probleme der notariellen Gestaltung in Erb- und Familienrecht, Bochum 2018, S. 63 ff.
[91] Vgl. OLG Düsseldorf ZEV 2007, 184; *Weigl* MittBayNot 2017, 538 (539); *Volmer* MittBayNot 2016, 386
  (einschließlich Mustern).
[92] Vgl. BGH NJW-RR 1990, 131.
[93] Hierzu auch *Müller/Renner* Rn. 634 ff.

- **Abstimmungspflichten** unter mehreren Bevollmächtigten,
- Richtlinien zur **Vermögensverwaltung,**
- **unternehmensbezogene Richtlinien** (Handlungsanweisungen) zum Gebrauch einer „Unternehmer-Vorsorgevollmacht" (ausführlich → Rn. 97 ff.),
- Vorgaben zur **medizinischen Versorgung und Behandlung** (einschließlich Arztwahl), Pflege, ambulante/häusliche Betreuung,
- Umfang von **Auskunfts-, Rechenschafts-, Beleg- und Inventarisierungspflichten** (und ggf. zur „Vererblichkeit" dieser Ansprüche bzw. zur unterschiedlichen Behandlung Beendigung des Grundverhältnisses),
- Auslagenersatz und **Vergütung,**
- **Haftungsmaßstäbe,**
- Regelungen zum **Widerruf** (auch durch einen von mehreren Mit-Bevollmächtigten).

46 Von tatsächlich erteilten Innenverhältnisweisungen kann nur unter sehr engen Voraussetzungen abgewichen werden (§ 665 BGB).[94]

47 Bei „innerfamiliär" erteilten Vorsorgevollmachten oder solchen, die auf einem besonderen „Näheverhältnis" beruhen, können **Bestimmungen zum Schutz des Bevollmächtigten** beispielsweise den **Haftungsmaßstab** auf **grobe Fahrlässigkeit und Vorsatz** bzw. die Anwendbarkeit des § 680 BGB beschränken,[95] die **Rechenschaftspflicht** periodisch oder nach dem Maß eines „befreiten" Betreuers oder Fälle eines schlüssig vorgetragenen Missbrauchsverdachtes begrenzen und/oder für die **Einzelbelegpflicht** Wertgrenzen bestimmen.[96]

48 Der Betroffene kann Rechenschaftspflichten auf die Geltendmachung zu seinen Lebzeiten beschränken.[97] Ausführliche Regelungen (fortführungsbezogene Handlungsanweisungen) empfehlen sich hingegen bei **Unternehmer-Vorsorgevollmachten,** die für den Fall des längerfristigen Ausfalls des Unternehmers/Inhabers durch Krankheit oder Unfall erteilt werden (ausführlich → Rn. 103 ff.).[98] Gleiches gilt für **entgeltliche Geschäftsbesorgungsverhältnisse.** Empfehlenswert ist die Aufnahme klarer Regelungen für den Fall, dass der **postmortal Bevollmächtigte zugleich Alleinerbe** (oder Miterbe) des Vollmachtgebers wird (→ § 27 Rn. 119 ff.).

49 Auch wenn zum Schutz vor unredlichem und **grob pflichtwidrigem Vertreterhandeln** zu einem Totalverzicht auf Rechenschaft nicht geraten werden kann,[99] bleibt zu berücksichtigen, dass sich der **unredliche Bevollmächtigte** (= Vollmachtsmissbrauch) auf abbedungene Rechenschaftspflichten ohnehin nicht berufen könnte (§ 242 BGB). Ähnliches gilt, wenn Tatsachen feststehen, die Zweifel an der Zuverlässigkeit des Bevollmächtigten und seiner Geschäftsbesorgung rechtfertigen.[100]

50 Liegt in der Übernahme der Bevollmächtigung eine **geschäftsmäßige Rechtsbesorgung in fremden Angelegenheiten,** die eine umfangreiche rechtliche Prüfung dieser Angelegenheiten erfordert, muss der Bevollmächtigte wohl die Befähigung zum Richteramt erlangt haben; weit überwiegend dürfte für die Fälle der Vorsorgebevollmächtigung Erlaubnisfreiheit nach § 5 RDG bzw. § 6 RDG vorliegen.[101]

---

[94] Vgl. auch *Winkler* Vorsorgeverfügungen S. 28 ff., 66.
[95] Hierzu HK-BetreuungsR/*Jurgeleit* BGB § 1896 Rn. 60 ff. mwN; *Müller/Renner* Rn. 636 aE.
[96] Vgl. hierzu mit Mustern *Volmer* MittBayNot 2016, 386 (388).
[97] Vgl. BGH NJW-RR 1990, 131.
[98] *Langenfeld* ZEV 2005, 52; *Carlé* ErbStB 2008, 156.
[99] *Volmer* MittBayNot 2016, 386 (387).
[100] Vgl. OLG Hamm ZEV 2008, 600; hierzu auch *Kropp* FPR 2012, 9 (10 f.).
[101] Zusammenfassend *Müller/Renner* Rn. 266 f.; WürzNotar-HdB/*Müller* Teil 3 Kap. 3 Rn. 63 ff.; *Sauer* RNotZ 2009, 79 (92 ff.).

VII. Präventive Verwendungskontrolle

1. Ausgangslage. Im Mittelpunkt vieler Diskussionen der Vollmachtgeber mit dem No- 51
tar steht häufig die Frage, wann und unter welchen Voraussetzungen die Vollmacht **wirksam** oder jedenfalls **verwendbar** werden soll. Dahinter steht einerseits das Interesse des
Vollmachtgebers, die eigenen Angelegenheiten solange allein und selbständig bestimmen
zu wollen, wie dies gesundheitlich möglich ist, und andererseits seine Befürchtung, schon
vor Eintritt der Betreuungsbedürftigkeit von dem Bevollmächtigte „bevormundet" oder
gar „entmündigt" zu werden.[102] Hinzu kommt das berechtigte Interesse des Betroffenen,
dass jedenfalls für die Fälle seiner Hilfs- bzw. Betreuungsbedürftigkeit ohne weiteres von
der erteilten Vollmacht Gebrauch gemacht werden kann, damit keine Situation entsteht,
die eine rechtliche Betreuung erforderlich macht.

2. Verwendungs- oder Wirksamkeitsbedingung im Außenverhältnis. Für die Praxis 52
unzweckmäßig sind Regelungen zum Verwendungsausschluss oder zur bedingten Wirksamkeit (vgl. § 158 Abs. 1 BGB) einer erteilten (Innen-)Vorsorgevollmacht, wenn derartige Bestimmungen unmittelbar in das Außenverhältnis eingreifen. Ein Nachweis des Eintritts der **Geschäfts-, Entscheidungsunfähigkeit** oder **Betreuungsbedürftigkeit** des
Vollmachtgebers **als Verwendungs- oder Wirksamkeitsbedingung** kann zumeist nicht
bzw. nicht in der ggf. notwendigen Form des Vertretergeschäfts (§ 29 Abs. 1 GBO oder
§ 12 Abs. 1 S. 1 HGB) geführt werden,[103] und zwar auch nicht durch ein ärztliches Attest
oder vergleichbares fachärztliches Gutachten.[104] Zudem werden der Erklärungsempfänger
und der Rechtsverkehr insgesamt verunsichert. Verwendungs- oder Wirksamkeitsbedingungen im Außenverhältnis können selbst das Vertreterhandeln aufgrund einer post- oder
transmortal erteilten Vollmacht nach dem Tod des Vollmachtgebers beeinträchtigen und
verhindern.[105] Im Einzelfall bestehen sogar Bedenken, ob eine solchermaßen erteilte Vollmacht den **Subsidiaritätsvoraussetzungen der Betreuung** nach § 1896 Abs. 2 S. 2
BGB genügt.[106]

Um Situationen unsicherer Außenverwendung bereits im Ansatz zu vermeiden, sollten 53
auch nicht eindeutige, **bedingungsähnliche Formulierungen** wie *„Altersvorsorgevollmacht"* oder *„Vollmacht für den Fall einer psychischen Erkrankung"* vermieden werden.[107]
Unzweckmäßig im gleichen Sinne sind Formulierungen, die mit Außenwirkung eine
Hierarchie mehrerer Bevollmächtigter herbeiführen wollen; hierher gehören (vermeidbare) Wirksamkeitsbedingungen wie *„für den Fall, dass mein Erstbevollmächtigter verhindert ist"*.[108] Das OLG Frankfurt a.M.[109] hat klargestellt, dass allein aus der Bezeichnung
„Vorsorgevollmacht" nicht gefolgert werden kann, dass (auch) der Generalvollmachtteil, also
die rechtsgeschäftliche Vertretungsmacht, nur für den Fall einer Notsituation erteilt ist
und gelten soll; maßgeblich ist vielmehr der Inhalt der Vollmacht, nicht deren „Überschrift".

3. Verwendungsanweisungen im Innenverhältnis. Immer möglich und vorzugswür- 54
dig sind **eindeutige Verwendungsanweisungen im Innenverhältnis** zwischen Voll-
machtgeber/Betroffenem und Bevollmächtigten. Zugleich muss allerdings eindeutig

---

[102] Statt aller WürzNotar-HdB/*Müller* Teil 3 Kap. 3 Rn. 46 mwN; *Milzer* NJW 2003, 1836 (1837).
[103] Vgl. etwa OLG Köln ZEV 2007, 592 mAnm *Müller;* HK-BetreuungsR/*Jurgeleit* BGB § 1896 Rn. 17;
Müller/Renner Rn. 273ff.; Kersten/Bühling/*Kordel* § 96 Rn. 61 f.; *Zimmermann* Vorsorgevollmacht
Rn. 62; *Milzer* NJW 2003, 1836.
[104] OLG Köln ZEV 2007, 592 mAnm *Müller* = MittBayNot 2008, 53 mAnm *Renner;* OLG Koblenz ZEV
2007, 595 mAnm *Müller.*
[105] Vgl. insoweit OLG Koblenz ZEV 2007, 595 mAnm *Müller.*
[106] Vgl. KG BeckRS 2009, 88780.
[107] HK-BetreuungsR/*Jurgeleit* BGB § 1896 Rn. 17; Kersten/Bühling/*Kordel* § 96 Rn. 25.
[108] OLG München NJW-RR 2010, 747.
[109] OLG Frankfurt a.M. ZEV 2013, 686.

zum Ausdruck kommen, dass zur Verwendung im Außenverhältnis **eine unbedingt wirksame Vollmacht** erteilt ist (→ Rn. 52 f.);[110] der Vollmachtstext darf insoweit **nicht auslegungsbedürftig** sein. Ist der Vollmachtstext nicht eindeutig bzw. bestehen **berechtigte Zweifel,** könnte beispielsweise das Grundbuchamt eine klarstellende zusätzliche Erklärung des Vollmachtgebers in der Form des § 29 GBO verlangen,[111] die dieser ggf. nicht mehr abgeben kann. Ist das Wirksamwerden eine **Frage der Auslegung,** dürfte allerdings weder die **Bezeichnung als Vorsorgevollmacht** noch die Formulierung, die Vollmacht diene der Vermeidung einer Betreuung, zu dem Auslegungsergebnis führen, der Vollmachtgeber habe eine außenwirksame Bedingung auf den Eintritt seiner Betreuungsbedürftigkeit erklärt. Das gilt umso mehr, wenn Anhaltspunkte für die sofortige unbedingte Wirksamkeit vorliegen, weil ausdrücklich das „Gültigbleiben" im Fall der Geschäftsunfähigkeit angeordnet und/oder sofort eine Vollmachtsausfertigung erteilt werden soll.[112] Der Angabe, dass die Vollmacht zur Vermeidung einer rechtlichen Betreuung diene, kommt insoweit nur die Bedeutung eines **Motivs des Vollmachtgebers** zu.

55   **Innenverhältnisabreden** zur Verwendung der Vollmacht umfassen typischerweise die Anweisung, von der ausgehändigten Vollmachtsurkunde erst dann Gebrauch zu machen, wenn der Vollmachtgeber durch Krankheit, Unfall oder Alter an der Besorgung seiner Angelegenheiten gehindert ist oder aus einem anderen Anlass dazu anweise (zB längerer Urlaub etc).

56   **4. Verwendungskontrolle durch Ausfertigungskontrolle.** Zur präventiven Verwendungskontrolle einer **beurkundeten – im Außenverhältnis unbedingt erteilten – Vorsorgevollmacht** gehören **Maßgaben der Ausfertigungserteilung durch den Notar** (vgl. § 51 Abs. 2 BeurkG). Der Vorsorgebevollmächtigte legitimiert sich im Verhältnis zu Dritten durch die ihm **erteilte und ausgehändigte bzw. rechtmäßig von ihm erlangte Ausfertigung** (= Besitzerlangung an der vorzugswürdig auf den Namen des Bevollmächtigten erteilten Ausfertigung; vgl. auch → Rn. 57 und → § 27 Rn. 215 ff.), weshalb klare **Anweisungen zur erstmaligen und zur Erteilung weiterer Ausfertigungen** erforderlich sind.[113] Insbesondere ist zu regeln, ob gerade der Bevollmächtigte selbst eine bzw. weitere Ausfertigungen verlangen kann.[114]

57   Der eine Vorsorgevollmacht beurkundende Notar sollte in der Niederschrift die Vollmachtausübung mit **Wirkung im Außenverhältnis** auf die Vorlage einer **auf den Namen des Bevollmächtigten lautenden Ausfertigung** beschränken (vgl. § 49 Abs. 2 S. 1 BeurkG; → § 27 Rn. 217). Damit soll erreicht werden, dass ein Bevollmächtigter keine einem anderen (Mit-)Bevollmächtigten erteilte Vollmachtsurkunde zu seiner Legitimation verwenden kann. Möglicherweise[115] reicht nämlich allein die namentliche Bezeichnung eines Bevollmächtigten im Ausfertigungsvermerk als Mittel der Verwendungskontrolle nicht aus. Demgegenüber ist von **Anweisungen zur Aushändigung** der Vollmachtsurkunde oder -ausfertigung unter bestimmten äußeren Bedingungen, die der **Notar** festzustellen hat,[116] abzuraten; solche **Aushändigungsabreden** oder **Ausfertigungssperren** (Grundlage: § 51 Abs. 2 BeurkG) verlagern die typischen Nachweispro-

---

[110] OLG Frankfurt a.M. DNotZ 2011, 745 mAnm *Müller;* Palandt/*Götz* BGB vor § 1896 Rn. 5; s. auch *Müller/Renner* Rn. 287 ff. mit Mustern; HK-BetreuungsR/*Jurgeleit* BGB § 1896 Rn. 17.
[111] OLG Frankfurt a.M. DNotZ 2011, 745 mAnm *Müller.*
[112] OLG Frankfurt a.M. FamRZ 2014, 1661; Palandt/*Götz* BGB vor § 1896 Rn. 5.
[113] LG Nürnberg-Fürth MittBayNot 2012, 317 zur Erteilung einer weiteren Ausfertigung nur auf schriftliche Anweisung des Vollmachtgebers.
[114] *Münch/Renner* FamR § 16 Rn. 55 f.
[115] Vgl. OLG Köln RNotZ 2001, 407 = Rpfleger 2002, 197 mAnm *Waldner/Mehler;* anders hingegen OLG München DNotZ 2008, 844.
[116] Statt aller und ausführlich *Bühler* BWNotZ 1990, 1; s. auch LG Nürnberg-Fürth MittBayNot 2012, 317.

bleme eines Verwendungsausschlusses oder Bedingungseintritts lediglich auf den Notar.[117] Ausnahmefälle sind bei genauer Formulierung einer handhabbaren Aushändigungsabrede denkbar.[118]

Zunehmend wird die **auf den Bevollmächtigten ausgefertigte und im Außenver-** 58 **hältnis unbedingt erteilten (Innen-)Vollmacht** zunächst dem Vollmachtgeber und gerade nicht dem Bevollmächtigten ausgehändigt, damit der Vollmachtgeber sie bei sich zuhause oder an einem dritten Ort aufbewahrt, um sie unter von ihm bestimmten Voraussetzungen an den **im Voraus unterrichteten Vollmachtgeber** auszuhändigen (Stichwort: „Kontrolle über die Urkunde"). Zwischen Vollmachtgeber und Bevollmächtigten entsteht auf diese Weise eine Aushändigungsabrede zur rechtmäßigen Besitzerlangung an der auf den Namen des Bevollmächtigten ausgestellten Vollmacht. Bis dahin sollte dem Bevollmächtigten zu seiner Unterrichtung zumindest eine einfache Abschrift der Vollmacht übergeben werden.[119] Dies stellt unter anderem sicher, dass der Bevollmächtigte sich über die Übernahme der späteren Vertreteraufgaben sinnvoll äußern kann. Keine sinnvolle Lösung ist es demgegenüber, den **Bevollmächtigten nicht in Kenntnis zu setzen,** was – bei einer Registrierung im **Zentralen Vorsorgeregister (ZVR)** angesichts deren Unterrichtungspflichten nach § 4 VRegV – ohnehin schwierig sein dürfte (→ Rn. 116). Ein derartiges Geheimhaltungsbedürfnis des Vollmachtgebers/Betroffenen kann Zweifel an einer späteren, rechtssicheren Besitzverschaffung an der Vollmachtsurkunde bzw. Ausfertigung bewirken.[120] Besonderheiten gelten wiederum bei der Aushändigung einer **Ausfertigung an die Bank,** wenn im Übrigen eine unbedingte Bankvollmacht erteilt ist (hierzu → Rn. 92).

Zum Bereich präventiver Verwendungskontrolle kann auch – für geeignete Vollmachts- 59 gegenstände – eine auf den Einzelfall oder eine Vielzahl gleichartiger Fälle zugeschnittene Anordnung der **Gesamtvertretung** gehören (→ Rn. 24).

VIII. Unentgeltliche Vermögensverfügung (Schenkung)

In der Vorsorgevollmacht sollte ausdrücklich festgelegt werden, ob der Bevollmächtigte 60 zu **unentgeltlichen Vermögensverfügungen** (Schenkungen), einschließlich solchen zu seinen eigenen Gunsten, berechtigt ist.[121] Dies betrifft zum einen die Vertretungsmacht (= Außenverhältnis) und dient zum anderen der Vermeidung von Konfliktsituationen mit Angehörigen, Erben und Mit-Bevollmächtigten sowie der Vermeidung einer Kontrollbetreuung (→ Rn. 107 ff.). Dabei kann ein **Verdacht des Vollmachtsmissbrauchs** bereits dadurch entstehen, dass der Bevollmächtigte **dingliche Rechte zugunsten des Voll- machtgebers** (zB Vorbehaltsnießbrauch; Vormerkung zur Sicherung von Rückforderungsrechten, Grundpfandrechte etc) auf ihm im Wege der vorweggenommenen Erbfolge übergebenem Grundbesitz zur Löschung bewilligt. Es kann sinnvoll sein, für Verfügungen jeder Art (einschließlich unentgeltlicher) zugunsten des in der Hauptsache berufenen Vorsorgebevollmächtigten, einen weiteren Bevollmächtigten zu bestellen.

Zwar umfasst die Generalvollmacht (als Bestandteil der Vorsorgevollmacht) im Außen- 61 verhältnis auch **ohne ausdrückliche Erwähnung** die Befugnis zu **unentgeltlichen Vermögensverfügungen;** dies schließt den Fall des Vollmachtsmissbrauchs bei besonders ungewöhnlichen Rechtsgeschäften jedoch nicht aus.[122] Werden unentgeltliche Vermö-

---

[117] Ebenso *Müller* DNotZ 1997, 100 (111); *Perau* MittRhNotK 1996, 285 (297); *Kropp* FPR 2012, 9; Würz-Notar-HdB/*Müller* Teil 3 Kap. 3 Rn. 56 mwN; HK-BetreuungsR/*Jurgeleit* BGB § 1896 Rn. 19 (für Hinterlegung beim Gericht); aA möglicherweise Kersten/Bühling/*Kordel* § 96 Rn. 66.
[118] *Müller/Renner* Rn. 283.
[119] *Bühler* FamRZ 2001, 1585 (1591).
[120] WürzNotar-HdB/*Müller* Teil 3 Kap. 3 Rn. 54 mwN.
[121] Statt aller Münch/*Renner* FamR § 16 Rn. 83 mwN; WürzNotar-HdB/*Müller* Teil 3 Kap. 3 Rn. 20 (mit Mustern).
[122] OLG Zweibrücken NJW-RR 1990, 931 (91-jährige Mutter bei GmbH-Gründung); WürzNotar-HdB/ *Müller* Teil 3 Kap. 3 Rn. 20 mwN; s. auch *Weigl* MittBayNot 2017, 538 (539).

gensverfügungen von der Vertretungsbefugnis vollständig ausgenommen oder auf den Umfang beschränkt, der für einen Betreuer maßgeblich ist (= lebensverhältnisbezogene Gelegenheitsgeschenke, § 1908i Abs. 2 S. 1 iVm § 1804 BGB), können im Außenverhältnis – gerade bei Verfügungen über Grundbesitz – Unsicherheiten entstehen, wenn gewährte **Gegenleistungen möglicherweise nicht (vollständig) gleichwertig** sind.[123]

IX. Einzelne Vollmachtsgegenstände (Konkretisierungs- und Benennungsgebote)

62 **1. Allgemeines.** Regelmäßig wird bei der Bezeichnung der Gegenstände einer Vorsorgevollmacht zwischen den betreuungsrechtlichen Wirkungskreisen **„gesundheitliche Fürsorge und Selbstbestimmungsrecht"** (auch als „Personensorge" oder „nichtvermögensrechtliche Angelegenheiten" bezeichnet) und **„Vermögens- bzw. vermögensähnliche Angelegenheiten"** als Regelungs- und Gliederungspunkte unterschieden:

63 **2. Nichtvermögensrechtliche Angelegenheiten: Gesundheitliche Fürsorge und Selbstbestimmung (einschließlich Aufenthalt). a) Grundlage; Zweck der Konkretisierungs- und Benennungsgebote.** Während das konkrete Bezeichnen einzelner Vollmachtsgegenstände im Bereich der Vermögens- bzw. vermögensähnlichen Angelegenheiten gegenüber einer abstrakten **Globalbevollmächtigung** umstritten ist (→ Rn. 82 ff.), gilt für zentrale **Gegenstände nichtvermögensrechtlicher Angelegenheiten,** insbesondere für Angelegenheiten der **gesundheitlichen Fürsorge** und des **Selbstbestimmungsrechts** nach den §§ 1904 Abs. 5 S. 2, 1906 Abs. 5 S. 1, 1906a Abs. 5 S. 1 BGB, dass sie ausdrücklich und gegenständlich zu bezeichnen sind („...*Maßnahmen ausdrücklich umfasst.*" = Konkretisierungs- und Benennungsgebot).[124] Dazu muss der Vollmachtstext wiederum **hinreichend klar umschreiben,** dass sich die Entscheidungskompetenz des Bevollmächtigten auf die im Gesetz genannten Maßnahmen sowie darauf bezieht, diese zu unterlassen oder am Betroffenen vornehmen zu lassen (Einzelheiten → Rn. 67 ff.).[125]

64 **Zweck** der gesetzlichen Konkretisierungs- und Benennungsgebote ist es, dem Betroffenen Klarheit über die **mögliche Tragweite** von Entscheidungen und Maßnahmen seines Bevollmächtigten, wie sie auf Grund der erteilten Vollmacht getroffen werden können, deutlich vor Augen zu führen.[126] **Bloße Verweise** auf die §§ 1904, 1906, 1906a BGB oder **abstrakte Bezeichnungen** reichen daher nicht aus.[127] Überwiegend und zur Vermeidung von Zweifelsfällen werden daher am Gesetzeswortlaut orientierte Formulierungen in die Vollmachtstexte übernommen.[128] Eine solche, rechtlich nicht vorgeschriebene Art der Benennung erreicht zudem Deckungsgleichheit zu den sie betreffenden, betreuungsrechtlichen Aufgabenkreisen (hierzu bereits → Rn. 12). Tunlich, jedoch keinesfalls zwingend ist es, die verwendeten gesetzlichen Formulierungen durch **Aufzählung konkreter Behandlungssituationen,** beispielsweise aus dem Bereich intensivmedizinischer Maßnahmen zu ergänzen. Die (beispielhafte) Aufzählung von Behandlungssituationen kann zudem in einer Gesamtschau die **erforderliche Konkretisierung** für die Annahme einer **qualifizierten Patientenverfügung** iSd § 1901a Abs. 1 BGB erbringen.[129]

---

[123] *Zimmermann* Vorsorgevollmacht Rn. 97 ff.
[124] Vgl. OLG Zweibrücken NotBZ 2003, 80; BVerfG FamRZ 2009, 945 (946 f.); *Müller* DNotZ 1999, 107; DNotI-Report 2012, 158.
[125] Vgl. BGHZ 211, 67 Rn. 17 = DNotZ 2017, 199 mAnm *Renner.*
[126] Vgl. BGHZ 211, 67 Rn. 17 = DNotZ 2017, 199; OLG Stuttgart BWNotZ 1994, 67 mAnm *Bühler* = DNotZ 1995, 687 mAnm *Cypionka*; LG Düsseldorf NJW-RR 2001, 723; MüKoBGB/*Schwab*, 6. Aufl. 2012, BGB § 1904 Rn. 75; *Müller* DNotZ 1999, 107 (110).
[127] BGHZ 211, 67 Rn. 17 mwN = DNotZ 2017, 199; so bereits OLG Stuttgart BWNotZ 1994, 67 mAnm *Bühler* = DNotZ 1995, 687 mAnm *Cypionka*; s. auch *Keilbach* FamRZ 2003, 969 (980); *Müller/Renner* Rn. 378 f. mwN; WürzNotar-HdB/*Müller* Teil 3 Kap. 3 Rn. 26.
[128] Statt aller *Müller/Renner* Rn. 378 mwN; Palandt/*Götz* BGB vor § 1896 Rn. 5.
[129] Vgl. BGHZ 202, 226 = DNotZ 2015, 47 Rn. 29; BGHZ 214, 62 = DNotZ 2017, 611 Rn. 24.

Inhaltlich muss zudem deutlich werden, dass die jeweilige Entscheidung des Bevollmäch- 65
tigten zu den benennungsbedürftigen Gegenständen mit der **begründeten Gefahr des
Todes** oder eines **schweren und länger dauernden gesundheitlichen Schadens** verbunden sein kann (arg. § 1904 Abs. 1 S. 1 und Abs. 2 BGB = „Gefahrenlage" oder „besondere Gefahrensituation"),[130] was beispielsweise durch die Benennung des *„Abbruchs lebensverlängernder Maßnahmen"* im Vollmachtstext ausreichend deutlich bezeichnet ist.[131]
Eine ärztliche Vorab-Beratung ist jedenfalls nicht erforderlich.[132]

Schließlich ist immer zu beachten, dass es auf die dem Bevollmächtigten durch die 66
Vollmacht verschaffte Entscheidungskompetenz zu den benannten Gegenständen nur
dann ankommt, wenn der Betroffene im Zeitpunkt der Entscheidung nicht mehr selbst
über die **entsprechende Einsichts- bzw. Einwilligungsfähigkeit** verfügt und keine,
die konkrete Lebens- und Behandlungssituation treffende Eigenentscheidung des Betroffenen in einer **qualifizierten Patientenverfügung** nach § 1901a Abs. 1 BGB vorliegt
(hierzu → Rn. 138 ff.).[133] Zudem muss – wie immer – der **Eindruck einer abschließenden Aufzählung,** die als Vollmachtbegrenzung ausgelegt werden könnte, vermieden
werden.

b) Ärztliche Maßnahmen. Zu den persönlichen Angelegenheiten des Vollmachtgebers 67
aus dem Bereich der gesundheitlichen Fürsorge bzw. seiner körperlichen Integrität, die
zwingend dem Konkretisierungs- und Benennungsgebot nach **§ 1904 Abs. 5 S. 2 BGB**
unterfallen, gehören im Einzelnen die Entscheidungen und Erklärungen zu ärztlichen
Maßnahmen (vgl. § 1904 Abs. 5 S. 2 iVm Abs. 1 S. 1 und Abs. 2 BGB), nämlich zur **Einwilligung, Nichteinwilligung** oder zum **Widerruf der Einwilligung** in **Untersuchungen** des Gesundheitszustands, in **Heilbehandlungen** (also auch die Verabreichung
von Medikamenten) oder in **ärztliche Eingriffe jeglicher Art.** Die Befugnis umfasst
Entscheidungsfälle mit möglicherweise schwerwiegenden Folgen. Das gilt für Fälle der
Nichteinwilligung bzw. des **Einwilligungswiderrufs** auch, wenn ärztlicherseits angebotene Maßnahmen medizinisch angezeigt wären und auf Grund des Unterbleibens oder
des Abbruchs möglicherweise schwere und länger dauernden gesundheitliche Schäden,
einschließlich des Todes des Betroffenen, eintreten können.

Umfasst ist zudem die Entscheidungsbefugnis zum **Behandlungsabbruch** oder zur 68
Einstellung lebenserhaltender- oder **verlängernder Maßnahmen** (Stichwort „Intensivmedizin"), jeweils unabhängig von Art und Stadium der Erkrankung, also auch wenn
die unmittelbare Todesnähe des Betroffenen nicht gegeben ist und der Sterbevorgang als
solcher noch nicht eingesetzt hat.

Die **betreuungsgerichtliche Genehmigung** ist – trotz der hohen Wertigkeit der be- 69
troffenen Rechtsgüter, beispielsweise des Lebens – **nicht erforderlich,** wenn – wie regelmäßig[134] – zwischen dem behandelnden Arzt und dem Bevollmächtigten **Einvernehmen** darüber besteht, dass die entsprechende Erteilung, Nichterteilung oder der Widerruf
der Einwilligung dem nach § 1901a BGB (= „Patientenverfügung") festgestellten Willen
des Betroffenen entspricht (§ 1904 Abs. 4 BGB = sog. **Konsenslösung**).

c) Freiheitsentziehende (geschlossene) Unterbringung; unterbringungsähnliche 70
Maßnahmen. Zu den persönlichen Angelegenheiten des Vollmachtgebers aus dem Bereich des Selbstbestimmungsrechts, insbesondere der körperlichen Bewegungsfreiheit und
der Entschließungsfreiheit zur Fortbewegung iSd Aufenthaltsfreiheit, die zwingend dem
Konkretisierungs- und Benennungsgebot nach **§ 1906 Abs. 5 S. 1 BGB** unterfallen und

---

[130] BGHZ 211, 67 Rn. 18f. = DNotZ 2017, 199; *Müller* DNotZ 2010, 169 (186).
[131] BGHZ 211, 67 Rn. 28 = DNotZ 2017, 199.
[132] *Müller/Renner* Rn. 380 mwN.
[133] Vgl. hierzu Palandt/*Götz* BGB § 1906a Rn. 2; *Bühler* FamRZ 2001, 1585 (1588); *Perau* MittRhNotK
1996, 285 (292); WürzNotar-HdB/*Müller* Teil 3 Kap. 3 Rn. 25.
[134] Vgl. Kersten/Bühling/*Kordel* § 96 Rn. 35.

ggf. gegen den natürlichen Willen des Betroffenen durchgesetzt werden sollen, gehören Entscheidungen über eine **(geschlossene) Unterbringung** des Betroffenen, die mit **Freiheitsentziehung** verbunden ist und über die **Einwilligung** in **freiheitsentziehende** oder **-beschränkende Maßnahmen** (zB das Anbringen von Bettgittern, das Fixieren mit mechanischen Mitteln, die Verabreichung sedierender oder betäubender Arzneimittel = „unterbringungsähnliche Maßnahmen"), soweit sie in einem Krankenhaus, einem Heim oder einer sonstigen Einrichtung erfolgen sollen (vgl. § 1906 Abs. 5 S. 1 iVm Abs. 1 und Abs. 4 BGB).[135] Freiheitsentziehende oder -beschränkende Maßnahmen in **ambulanten Situationen** sind hingegen vom Normwortlaut des § 1906 BGB nicht erfasst.

71   Die **betreuungsgerichtliche Genehmigung** ist jeweils zwingend erforderlich (vgl. § 1906 Abs. 5 S. 2 iVm Abs. 2 S. 1 BGB) und dient der Verwirklicht des Grundrechtsschutzes des Betroffenen.[136] Sie ist auch erforderlich, wenn eine Patientenverfügung die indizierten Maßnahmen ausdrücklich gestattet. Eine Konsenslösung nach dem Muster des § 1904 Abs. 4 BGB ist nicht vorgesehen.

72   Eine *„in allen persönlichen Angelegenheiten"* erteilte Vollmacht, die auch *„Aufenthalts- und Unterbringungsregelungen"* umfasst, kann so auszulegen sein, dass der verwendete Begriff der „Unterbringungsregelungen" nicht nur die Heimunterbringung als solche umfasst, sondern auch die Vertretung bei den im Zusammenhang damit stehenden weiteren unterbringungsähnlichen Maßnahmen, beispielsweise dem Einsatz von Bettgittern während der Bettruhezeiten bei einer unter einer Demenz vom Typ Alzheimer im fortgeschrittenen Stadium leidenden Betroffenen.[137]

73   **d) Ärztliche Zwangsmaßnahmen; Verbringung in stationären Aufenthalt.** Zu den persönlichen Angelegenheiten des Vollmachtgebers aus dem Bereich gesundheitlicher Fürsorge und Aufenthaltsbestimmung, die (in ihrer jetzigen Form) seit dem 22. 7. 2017[138] zwingend dem Konkretisierungs- und Benennungsgebot nach **§ 1906a Abs. 5 S. 1 BGB**[139] unterfallen, gehören Entscheidungen und Erklärungen zur **Einwilligung** in **ärztliche Zwangsmaßnahmen** – also gegen den **natürlichen Willen** des Betroffenen –, die im Rahmen
– eines (offenen) stationären Aufenthalts in einem geeigneten Krankenhaus und/oder,
– einer (geschlossenen) **Unterbringung,** die mit **Freiheitsentziehung** verbunden ist,[140] durchgeführt werden sollen (vgl. § 1906a Abs. 5 S. 1 iVm Abs. 1 und Abs. 4 BGB).

74   Da ärztliche Zwangsmaßnahmen ihrerseits zwingend einen stationären Aufenthalt des Patienten voraussetzen,[141] erfasst die Norm auch die – ggf. erforderliche – gesondert zu treffende Entscheidung zu einer **zwangsweisen Verbringung** des Betroffenen in ein **geeignetes Krankenhaus** zu einem (offenen) **stationären Aufenthalt.** Betroffen von dieser Befugnisgrundlage sind **immobile Betroffene,** die sich einem (offenen) stationären Aufenthalt durch Betätigung ihres natürlichen Willens widersetzen; während für **mobile Betroffene** wohl nur eine freiheitsentziehende (geschlossene) Unterbringung zur Vornahme einer erforderlichen, medizinisch indizierten Zwangsmaßnahme in Betracht kommt (vgl. § 1906 Abs. 1 BGB).[142] **Geeignet ist ein Krankenhaus** wiederum, wenn in ihm die gebotene medizinische Versorgung und die erforderliche Nachbehandlung sichergestellt sind (vgl. § 1906a Abs. 1 Nr. 7 BGB).

---

[135] LG Düsseldorf NJW-RR 2001, 723.
[136] BGHZ 145, 297 (301 f.); BGH MittBayNot 2013, 53; MüKoBGB/*Schwab* BGB § 1906 Rn. 39.
[137] BGH BeckRS 2012, 08883.
[138] BGBl. 2017 I 2426.
[139] Zur Entstehung der Norm und zu ihrer Einordnung: BVerfG NJW 2017, 53 = FamRZ 2016, 1738 mAnm *Uerpmann-Wittzack;* hierzu auch der Vorlagebeschluss BGH BeckRS 2015, 12176 = FamRZ 2015, 1484 mAnm *Spickhoff;* s. auch BNotK-Rundschreiben 2/2013, DNotI-Report 2013, 35.
[140] Hierzu *Müller* ZEV 2013, 304.
[141] Vgl. BVerfG BeckRS 2018, 21337.
[142] Palandt/*Götz* BGB § 1906a Rn. 13.

Maßnahmen nach § 1906a BGB müssen zum **Wohl des Betroffenen** erforderlich sein 75
und auch ansonsten den Grundsätzen der Verhältnismäßigkeit entsprechen. Von §§ 1906,
1906a BGB sind nach der gesetzgeberisch gewollten Entscheidung keine **ambulanten
Zwangsbehandlungen** oder solche in einem **Heim** erfasst. Dies dient der Minimierung
von Gefährdungen durch einen missbräuchlichen Umgang mit Zwangsbehandlungen,
weshalb Zwangsbehandlungen überhaupt nur in einem (offenen oder geschlossenen) stationären Krankenhausaufenthalt vorgenommen werden dürfen.[143]

Die **betreuungsgerichtliche Genehmigung** ist jeweils zwingend erforderlich (vgl. 76
§ 1906a Abs. 2 und Abs. 4 BGB iVm § 1906 Abs. 2 S. 1 BGB) und entfällt auch dann
nicht, wenn eine Patientenverfügung die indizierten Maßnahmen ausdrücklich gestattet.
Eine Konsenslösung nach dem Muster des § 1904 Abs. 4 BGB ist nicht vorgesehen.

> **Praxishinweis:**
>
> Ob eine **Anpassung bestehender Vorsorgevollmachten** (vor 2017) im Hinblick auf die
> erweiternde Neuregelung durch § 1906a BGB erforderlich ist, bleibt der sorgfältigen
> Einzelfallprüfung vorbehalten. Grundsätzlich dürften (weite) Formulierungen, die sich an
> § 1906 Abs. 3 und Abs. 3a BGB aF orientiert haben, ausreichen; zudem dürfte der An-
> wendungsbereich der Erweiterung des Tatbestandes auf Zwangsbehandlungen wäh-
> rend eines (offenen) stationären Aufenthalts gering sein.[144]

e) (Ergänzende) Befugnisse ohne Benennungspflicht. aa) Ergänzende Befugnisse. 77
Ohne ausdrückliche Benennung berechtigt eine Vorsorgevollmacht im Aufgabenkreis
„gesundheitliche Fürsorge" zur **Kontrolle der behandelnden Ärzte** und des Pflegepersonals. Davon umfasst ist die Befugnis, sich von den behandelnden Ärzten, über die Art
der Erkrankung, den Zustand und die Prognose aufklären zu lassen, um die **maßgebende Behandlungssituation** zu identifizieren und eine Entscheidung über die Behandlung, einen Eingriff oder einen Behandlungsabbruch überhaupt erst zu ermöglichen. Die
qualifizierte Vorsorgevollmacht bezieht sich zudem – ebenfalls **ohne ausdrückliche Benennung** – auf die Kontrolle der **Sterbebegleitung und Leidhilfe,** einschließlich **pal-
liativmedizinischer Maßnahmen,** die das Risiko einer Lebensverkürzung erhöhen.
Gelegentlich wird die Anwendung neuer, noch nicht zugelassener oder erprobter Medikamente oder Behandlungsmethoden ausdrücklich erwähnt, ebenso eine lediglich erläuternde Aufzählung von Maßnahmen der Intensivtherapie; zu beiden Fällen besteht indes
keine zwingende Veranlassung.

Ebenfalls **ohne ausdrückliche Benennung** ist der qualifiziert Bevollmächtigte zur 78
Kontrolle darüber berechtigt, ob das Heim, das Hospiz oder das betreffende Krankenhaus
oder eine ähnliche Einrichtung, die behandelnden Ärzte und das Pflegepersonal dem
Vollmachtgeber eine **angemessene ärztliche und pflegerische Betreuung** zukommen
lassen, die zugleich auch eine menschenwürdige Unterbringung umfasst. Hierbei handelt
es sich im Übrigen um Fragen aus dem unverzichtbaren Bereich der Kontrolle der sog.
Basisbetreuung (hierzu auch → Rn. 134).[145] Schließlich nimmt der Bevollmächtigte im
Zusammenhang mit Angelegenheiten der gesundheitlichen Fürsorge auch die Rechte des
Betroffenen/Patienten gegenüber Ärzten, Krankenhäusern, Pflegeheimen oder sonstigen
Personen oder Einrichtungen wahr. Das umfasst auch den **Abschluss von Verträgen**
oder sonstigen Vereinbarungen mit Kliniken, Alten- oder Pflegeheimen oder ähnlichen
Einrichtungen.

---

[143] BVerfG BeckRS 2018, 21337; Palandt/*Götz* BGB § 1906a Rn. 9.
[144] IErg ähnlich *Müller/Renner* Rn. 382 f.; s. auch Kersten/Bühling/*Kordel* § 96 Rn. 31; aA ggf. WürzNotar-
HdB/*Müller* Teil 3 Kap. 3 Rn. 26.
[145] Kritisch *Müller* ZFE 2008, 50; hierzu auch *Bundesärztekammer,* Grundsätze zur ärztlichen Sterbebegleitung, Deutsches Ärzteblatt 108 (2011), Heft 7A 346.

79 **Ohne ausdrückliche Benennung** berechtigt eine Vorsorgevollmacht im Aufgabenkreis „Aufenthaltsbestimmung" zur Entscheidung über die Unterbringung des Vollmachtgebers in einem Alten- oder Pflegeheim oder Hospiz, seine Aufnahme in ein Krankenhaus oder eine ähnliche Einrichtung sowie in diesem Zusammenhang auch zur Beendigung eines Mietverhältnisses über Wohnraum des Betroffenen sowie zur Veräußerung bzw. Entsorgung der Wohnungseinrichtung.

80 **bb) Ärztliche Schweigepflicht.** Vorsorglich und klarstellend im Außenverhältnis, jedoch ohne rechtliche Notwendigkeit, kann eine ausdrückliche **Entbindung von der ärztlichen Schweigepflicht** in den Text der Vollmacht aufgenommen werden. Die ausdrückliche Entbindung ist geeignet, dem Bevollmächtigten insoweit Sicherheit zu verschaffen. Das Gleiche gilt für ausdrückliche Ermächtigungen zur Einsicht in und Weitergabe von Krankenunterlagen sowie zur Geltendmachung von Besuchsrechten (auch für Dritte).

81 **cc) Erteilung von Untervollmachten.** Zum Regelungsbereich einer Vorsorgevollmacht in Fragen der gesundheitlichen Fürsorge und des Selbstbestimmungsrechts ist die **Erteilung von Untervollmachten** rechtlich zulässig,[146] weil sich aus der Natur der ausnahmsweise zulässigen Vertretung in persönlichen Angelegenheiten (→ Rn. 4) kein Verbot der Unterbevollmächtigung ergibt. Allerdings ist Unterbevollmächtigung wegen des regelmäßig personalen Vertrauensbezuges zu dem primär berufenen Bevollmächtigten in derart höchstpersönlichen Angelegenheit zumeist nicht gewollt (und sollte auch nicht unterstellt werden). Eine klare Regelung im Text der Vollmacht ist daher zwingend.[147]

82 **3. Vermögens-, vermögensähnliche und sonstige Angelegenheiten. a) Abstrakte Formulierung vs. Einzelaufzählung.** Zur Vorsorge im Bereich der vermögens- oder vermögensähnlichen Angelegenheiten wird regelmäßig **Generalvollmacht** als Teil einer kombinierten „General- und Vorsorgevollmacht" erteilt. Sie erfasst alle Rechtsgeschäfte, für die eine Stellvertretung zulässig ist (hierzu → § 27 Rn. 165 ff.).[148] Für die Vollmachtsausübung soll zumeist die Verwendungsbeschränkung auf den Fall der Hilfsbedürftigkeit iSd Betreuungsrechts gelten.[149] Inhaltlich **bedarf es keiner** – nicht abschließend zu verstehenden – **Einzelaufzählung** von Vollmachtsgegenständen, um eine sachlich unbegrenzte Vertretungsmacht zu erteilen;[150] es genügt vielmehr eine **abstrakte Bezeichnung.**

83 Im Einzelnen ist für die umfassende Wirkung als Generalvollmacht eine **(abstrakte) Formulierung** ausreichend, aus der sich ergibt, dass der Bevollmächtigte berechtigt sein soll, den Vollmachtgeber *„in allen Angelegenheiten in jeder rechtlich zulässigen Weise umfassend zu vertreten, also in allen Vermögensangelegenheiten und allen persönlichen Angelegenheiten. In Vermögensangelegenheiten umfasst die Vollmacht das Recht, über Vermögensgegenstände jeder Art zu verfügen".*[151] Umfängliche Vertretungsmacht vermittelt auch die Formulierung, dass der Bevollmächtigte *„mein Vermögen verwalten und hierbei alle Rechtshandlungen und Rechtsgeschäfte im In- und Ausland vornehmen, Erklärungen aller Art abgeben und entgegennehmen sowie Anträge stellen, abändern, zurücknehmen [darf]".*[152]

---

[146] *Renner* NotBZ 2009, 207 mwN; *Müller/Renner* Rn. 385 ff. mit Fallbeispiel; dagegen *Walter,* Vorsorgevollmacht, 1997, S. 109; *Bühler* FamRZ 2001, 1585 (1588).

[147] Hierzu Rahmenvorschläge bei *Müller/Renner* Rn. 395.

[148] Palandt/*Ellenberger* BGB § 167 Rn. 7; MüKoBGB/*Schubert* BGB § 164 Rn. 186 mwN.

[149] Statt aller WürzNotar-HdB/*Müller* Teil 3 Kap. 3 Rn. 10 mwN.

[150] Frühzeitig bereits OLG Düsseldorf MittRhNotK 1998, 16; s. auch Palandt/*Ellenberger* BGB § 167 Rn. 7; WürzNotar-HdB/*Müller* Teil 3 Kap. 3 Rn. 11; *Milzer* NJW 2003, 1836 (1838); *Baumann* MittRhNotK 1998, 1 gegen *Bühler* BWNotZ 1990, 1 (4).

[151] OLG Frankfurt a.M. NotBZ 2015, 38.

[152] BGH BeckRS 2015, 9449 zu einer „Ankreuzvollmacht" nach dem Muster des Bundesministeriums der Justiz.

Dennoch lässt sich angesichts der **Benennungsgebote** nach §§ 1904 Abs. 5 S. 2, 1906 84
Abs. 5 S. 1, 1906a Abs. 5 S. 1 BGB („Gleichlauf"-Argument[153]), der zumeist – nach der
Innenverhältnisabrede – hinausgeschobenen Verwendung, der ggf. schwierigen Überwachung und der Diskussion zu einer Vielzahl sonstiger Angelegenheiten (zB Post und
Fernmeldebereich, Konten und Depots, digitale Medien, Verbraucherdarlehen etc) gut[154]
argumentieren, dass eine **beispielhafte Aufzählung** zu wichtigen Vermögens- oder vermögensähnlichen Gegenständen, insbesondere zur Vertretung bei Verpflichtungs- und
Verfügungsgeschäften über **Grundstücke,** grundstücksgleiche Rechte und Rechte an solchen Rechten sowie zur Verfügung über **Konten und Depots,** sinnvoll ist und zudem
der Aufklärungs-, Warn- und Schutzfunktion einer Beurkundung entspricht.[155] Hinzu
kommt, dass die Verwendbarkeit der Vollmacht im Ausland erhöht wird, wenn nach dem
Ortsstatut eine Aufzählung erforderlich ist.[156] Dagegen[157] spricht eindeutig, dass der Eindruck einer abschließenden Regelung entsteht, weshalb wiederum deutlich zum Ausdruck gebracht werden muss, dass es sich lediglich um beispielhafte Benennungen handelt.

Wichtiger als der Streit um die Sinnhaftigkeit der Benennung einzelner Vollmachtsge- 85
genstände im Rahmen einer umfassenden vermögensrechtlichen Generalvollmacht ist es,
die von dem Betroffenen **gewollte Beschränkungen** – beispielsweise auf den Umfang
der Befugnisse eines Vormunds oder keine Befugnis zu Grundstücksverfügungen etc –
einzeln und genau bezeichnet in die Urkunde aufzunehmen.[158] Es handelt sich dann um
beschränkte Generalvollmachten. Diese Gestaltung kann zu einer gezielten **Kontrolle
des Bevollmächtigten** in wichtigen Vertretungsbereichen eingesetzt werden. So könnte
der Vollmachtgeber beispielsweise alle grundstücksbezogenen Verfügungen aus dem Vollmachtsumfang herausnehmen, um den Bevollmächtigten (oder einen Dritte) neben dem
Fortbestand der beschränkten Generalvollmacht mittels Betreuungsverfügung für den herausgenommenen Wirkungsbereich zum Betreuer bestellen zu lassen.[159] Damit kann der
Vollmachtgeber erreichen, dass der ihn schützende betreuungsgerichtliche Genehmigungsvorbehalt nach § 1908i Abs. 1 BGB iVm § 1821 Abs. 1 Nr. 1 BGB gezielt zur Anwendung kommt.

b) Ausdrücklicher Regelungsbedarf. Auch wenn für eine unbeschränkt erteilte Gene- 86
ralvollmacht angenommen wird, dass der Bevollmächtigte von den **Beschränkungen des
§ 181 BGB** befreit und zur Erteilungen von **Untervollmachten** berechtigt ist,[160] sollte
im Aufgabenkreis Vermögens- und vermögensähnlicher Angelegenheiten beide Befugnis-
erweiterungen aus Gründen der Klarheit und der Missbrauchsprävention benannt und
ausdrücklich geregelt werden. Zudem sollte die Vollmacht ausdrücklich über den Tod des
Betroffenen hinaus (= **transmortale Vorsorgevollmacht;** hierzu → § 27 Rn. 96 ff.) erteilt werden und nicht dadurch erlöschen, dass der Bevollmächtigte ggf. Erbe des Betroffenen oder durch Verfügung von Todes wegen Testamentsvollstreckung angeordnet ist.
Dabei ist zu berücksichtigen, dass eine **transmortale Vorsorgevollmacht** in Vermögensangelegenheiten den Bevollmächtigten befugt, innerhalb der ihm eingeräumten Vertretungsmacht über zum Nachlass gehörende Vermögensgegenstände des verstorbenen

---

[153] Begriff bei *Müller/Renner* Rn. 331.
[154] Für „unfachmännisch" hält dies hingegen *Langenfeld* DNotZ 2000, 222 in Anm. zu LG Hamburg
DNotZ 2000, 220; s. auch *Winkler* Vorsorgeverfügungen S. 47.
[155] S. etwa *Bühler* FamRZ 2001, 1585 (1587).
[156] Kersten/Bühling/*Kordel* § 96 Rn. 27.
[157] Zusammenstellung von Argumenten bei *Müller/Renner* Rn. 332 mwN; s. auch *Milzer* NJW 2003, 1836
(1838); *Baumann* MittRhNotK 1998, 1 (3).
[158] *Zimmermann* NJW 2014, 1573 (1574); Kersten/Bühling/*Kordel* § 96 Rn. 29; *Müller/Renner* Rn. 337 ff.
mit Mustern.
[159] Hierzu Kersten/Bühling/*Kordel* § 96 Rn. 29.
[160] Vgl. hierzu statt aller Kersten/Bühling/*Kordel* § 96 Rn. 38.

Vollmachtgebers in Vertretung des/der Erben zu verfügen; inwieweit dem § 2287 BGB entgegensteht, ist streitig (hierzu → § 27 Rn. 108).[161]

87   **Klargestellt** werden kann, dass die Generalvollmacht nicht durch den Eintritt der Geschäfts- bzw. Einwilligungsunfähigkeit des Betroffenen erlischt und auch dann wirksam bleiben soll, wenn das Betreuungsgericht einen Betreuer bestellt.

88   **c) Grundstücksangelegenheiten.** Soll – wie regelmäßig – eine (General- und) Vorsorgevollmacht den Bereich der Grundstücksangelegenheiten umfassen und will man sich auf die Auslegung des pauschalen Begriffs der „Grundstücksangelegenheiten" nicht verlassen, kann im Wortlaut die Befugnis zur Belastung, zur persönlichen Verpflichtung und zur Zwangsvollstreckungsunterwerfung (§§ 780, 781 BGB und §§ 794 Abs. 1 Nr. 5, 800 ZPO) berücksichtigt werden. **Verkaufs- und Belastungsvollmachten** sind mit der Befugnis zur Unterbevollmächtigung zu erteilen, um wiederum einem Käufer Belastungsvollmacht erteilen zu können.

89   **d) Sonderfall: Konto- und Depotvollmachten („Bankvollmacht")** etc. Probleme im Außenverhältnis bereiten immer wieder Konto- und Depotverfügungen aufgrund notariell beurkundeter oder beglaubigter Vorsorgevollmachten.[162] Banken behaupten gelegentlich, dass Konto- und Depotvollmachten nur auf **bankeigenen Formularen** wirksam erteilt werden können oder erkennen erteilte Vorsorgevollmachten mit dem Wirkungskreis „Vermögen" aus sonstigen Gründen schlicht nicht an. Sollte diese Verweigerung unter Verweis auf **einschränkende Vertragsklauseln von Banken** (falls es solche überhaupt gibt) erfolgen, nach denen Vollmachten nur **auf bankinternen Vordrucken** (zB Muster des Zentralen Kreditausschusses der Banken „ZKA") und/oder nur im Dabeisein von Bankmitarbeitern wirksam erteilt werden können, dürfte dies gegen §§ 307 Abs. 1, Abs. 2 Nr. 1, 309 Nr. 13 BGB verstoßen.[163]

90   Richtig ist hingegen, dass eine notariell beurkundete oder beglaubigte General- und Vorsorgevollmacht, die den Wirkungsbereich „Vermögen" umfasst, den Bevollmächtigten auch zu Verfügungen über Bankkonten des Vollmachtgebers berechtigt, unabhängig davon, ob zugleich eine spezielle Bankvollmacht erteilt worden ist oder nicht. Auch nach Eintritt der Hilfsbedürftigkeit des Vollmachtgebers ist daher die **Einrichtung einer Betreuung** mit dem Aufgabenkreis „Vermögenssorge" oder „Bankangelegenheiten" nicht erforderlich. Eine **Bank haftet** daher (zB für Anwaltskosten), wenn sie trotz Vorlage einer wirksamen Vorsorgevollmacht ihr Handeln von (unberechtigten) Bedingungen abhängig macht.[164]

91   Werden sowohl eine Bank- und Depotvollmacht auf einem Bankvordruck als auch eine General- und Vorsorgevollmacht erteilt, kann unklar sein, ob die später erteilte Vollmacht insoweit einen Widerruf der zuvor erteilten darstellt (→ Rn. 29).[165] Friktionen entstehen zudem, wenn der **jeweilige Vollmachtsumfang** nicht deckungsgleich ist, beispielsweise für die Befugnis zur Erteilung von **Untervollmachten** oder der **Befreiung von den Beschränkungen des § 181 BGB.**[166] Probleme kommen zudem auf, wenn verschiedene Bevollmächtigte berufen sind und der **Vollmachtswiderruf effektiv** erfolgen soll. Ist dem/den Vorsorgebevollmächtigten zugleich eine Bank- und Depotvollmacht auf einem Bankformular erteilt, das bei den Kontounterlagen der Bank verbleibt, existie-

---

[161] Vgl. OLG Frankfurt a.M. MittBayNot 2016, 401 mAnm *Sagmeister* = NotBZ 2015, 268 mAnm *Diefenbach.*

[162] Grundlegend und zusammenfassend *Tersteegen* NJW 2007, 1717; *Zimmermann* BKR 2007, 226; WürzNotar-HdB/*Müller* Teil 3 Kap. 3 Rn. 14 ff.; *Müller/Renner* Rn. 342 ff.

[163] *Müller/Renner* Rn. 344 mwN; s auch BGH DNotZ 2014, 53 zur Vorlagepflicht eines Erbscheins.

[164] Vgl. LG Detmold ZEV 2015, 353.

[165] Vgl. OLG Hamburg BeckRS 2005, 02407 zu einer Verwaltervollmacht; MüKoBGB/*Schubert* BGB § 168 Rn. 17.

[166] Vgl. WürzNotar-HdB/*Müller* Teil 3 Kap. 3 Rn. 15.

ren zudem mindestens zwei Vollmachtsurkunden als **Rechtsscheinträger** gemäß § 172 Abs. 2 BGB.

Da eine **notariell erteilte Vollmacht** als öffentliche Urkunde über die Feststellung 92 der **Identität des Vollmachtgebers** (§ 10 BeurkG), die **Feststellung seiner Geschäfts-fähigkeit** (§ 11 Abs. 1 BeurkG; vgl. auch → Rn. 35 ff.),[167] die zweifelsfreie Wiedergabe seines **tatsächlich ermittelten Willens** (§ 17 Abs. 1 BeurkG) und die Beachtung notari-eller **Aufklärungs- und Belehrungspflichten** Beweis erbringt (§ 425 Abs. 1 ZPO) so-wie die Möglichkeit des **Herstellens von Ausfertigungen** gewährleistet, gehen „Quali-tätsbedenken" von Banken ins Leere. Im Übrigen kann eine auf den Bevollmächtigten ausgestellte **Ausfertigung** zu den Akten der Bank erteilt werden, damit die Legitimation des Bevollmächtigten in gleichem Umfang (§ 172 BGB), wie bei einer bankeigenen For-mularvollmacht, die sich in den Bankunterlagen befindet, hergestellt wird.[168]

Obwohl dies **rechtlich nicht erforderlich** ist, können in den Text der General- und 93 Vorsorgevollmacht Formulierungen aufgenommen werden, die sich an bankeigenen For-mularen orientieren und in nicht abschließender Weise typische Konto- und Depotge-schäfte benennt (zB ZKA-Muster).[169] Sie kann dabei ausdrücklich auf Erklärungen und Maßnahmen im Zusammenhang mit **Online- und Telefonbanking** sowie mit angemie-teten **Schließfächern** Bezug nehmen. Soweit durch die Rechtsprechung des BGH[170] Unsicherheiten bestehen, ob die dem Ehepartner erteilte „transmortale Kontovollmacht" nicht nur zur vollständigen Verfügung über das bestehende Kontoguthaben, sondern auch zur „Umschreibung des Kontos" (= **Kontoauflösung**) berechtigt, kann diese Art der Befugnis dem Ehegatten ausdrücklich erteilt werden.

e) Sonstige Angelegenheiten. Zu den sonstigen Vermögens-, vermögensähnlichen oder 94 tatsächlichen Angelegenheiten, die von einer umfänglichen – auch abstrakt formulierten – Vollmacht ohne Weiteres gedeckt sind und ggf. dennoch in Einzelaufzählung genom-men werden können, gehört typischerweise die Vertretung/Ermächtigung
– bei Eingehen von **Verbindlichkeiten** jeder Art, auch in **Verbraucherdarlehensver-trägen** (hierzu das Schriftformerfordernis nach § 492 Abs. 4 S. 1 BGB);
– in **öffentlich-rechtlichen Angelegenheiten,** also gegenüber Behörden und öffentli-chen Stellen, insbesondere in Renten-, Pflege-, Versorgungs-, Steuer- und Sozialleis-tungssachen;
– bei **Prozesshandlungen** jeglicher Art (arg. § 51 Abs. 3 ZPO);
– bei Entgegennahme, Öffnen und Anhalten von **Postsendungen,** zu Erklärungen ge-genüber **Post- bzw. Zustelldiensten** (arg. § 1896 Abs. 4 BGB);[171]
– zu allen Entscheidungen im Rahmen von **Fernmelde- und Telekommunikations-angelegenheiten** sowie im Bereich jeder Art **elektronischer Kommunikation,** das umfasst im Zweifel das Verwalten, Nutzen, Zugreifen, Ändern, Löschen und Übertra-gen der von dem Betroffenen oder über ihn elektronisch gespeicherter Daten sowie betreffende Zugangscodes, Adressen und Identitäten im Internet oder auf vergleichba-ren digitalen Plattformen.[172]
Gelegentlich finden sich in Vorsorgevollmachten Regelungen zu **Bestattungswünschen** 95 oder – ggf. im Zusammenwirken mit einer Patientenverfügung – zu Fragen der **Organ- und Gewebespende.** Die Änderung des Transplantationsgesetzes[173] oder ein Organspen-deausweis stehen solchen Regelungen nicht entgegen.[174]

---

[167] Ausgerechnet hieran zweifelt *Zimmermann* BKR 2007, 226 (227, 232).
[168] WürzNotar-HdB/*Müller* Teil 3 Kap. 3 Rn. 16; DNotI-Report 2015, 65.
[169] Vgl. *Müller-von Münchow* NotBZ 2010, 31 (40) mwN.
[170] BGHZ 180, 191 = DNotZ 2009, 621 mAnm *Diehn.*
[171] Vgl. *Müller/Renner* Rn. 400 ff.; *Müller* DNotZ 2015, 403 (407 f.); ausf. DNotI-Report 2013, 148.
[172] Vgl. statt aller *Müller/Renner* Rn. 402 f. mit Muster.
[173] BGBl. 2012 I 1504.
[174] Vgl. Münch/*Renner* FamR § 16 Rn. 201 f.; *Müller/Renner* Rn. 404, 406 mit Muster.

96 Kontrovers diskutiert wird die Frage, ob im Rahmen einer General- und Vorsorgevollmacht auch eine **Sorgerechtsvollmacht** erteilt und/oder eine **Vormundbenennung** für minderjährige Kinder des Vollmachtgebers erfolgen kann.[175] In beiden Varianten werden derartige Befugnisse für den Fall eingeräumt, dass der Vollmachtgeber und Elternteil sein Sorgerecht objektiv nicht mehr ausüben kann und ansonsten der Bedarf einer sorgerechtlichen Regelung vorliegt. Während Eltern einen Dritten zur Wahrnehmung – einzelner – Sorgerechtsangelegenheiten bevollmächtigen können, ist die Verwendung einer **Generalvollmacht** sehr umstritten und daher nicht zu empfehlen. Eine **Vormundbenennung** sieht das BGB wiederum nur durch Verfügung von Todes wegen und für den Fall des Todes des/der Sorgeberechtigten, nicht aber für den Fall der Hilfsbedürftigkeit, vor (§§ 1776, 1777 BGB). Trotz dieser Einschränkung wird eine Vormundbenennung in einer Vorsorgevollmacht bei der Entscheidung des Familiengerichts nicht unter bloßem Verweis auf Vorschriften über Verfügungen von Todes wegen unbeachtlich bleiben können (Art. 6 Abs. 2 GG). Ob das Mittel der General- und Vorsorgevollmacht das richtige ist, ist dennoch unklar.

97 **4. „Unternehmensbezogene (Vorsorge-)Vollmachten". a) Ausgangslage.** Für die Fälle **betreuungsrechtlich relevanter Hilfsbedürftigkeit** (einschließlich Geschäftsunfähigkeit) ist die **Erteilung unternehmensbezogener (Vorsorge-)Vollmachten** zur Vermeidung gerichtlicher Betreuung in Unternehmens- und Gesellschaftsangelegenheiten Teil der Vorsorgeplanung mit dem Ziel, die **Handlungsfähigkeit des Unternehmens** und auch den **Schutz von Mitgesellschafter** sicherzustellen.[176] Hiervon betroffen sind allgemein „Unternehmer", Gewerbetreibende, (eingetragene) Einzelkaufleute, selbständige Berufsträger (auch Freiberufler), Gesellschafter (gerade auch Ein-Personen-Gesellschafter einer GmbH oder GmbH & Co. KG), Geschäftsführer (auch Gesellschafter/Geschäftsführer) und Vorstände. Dabei wird der Bedarf an effektiver Vorsorge durch die handels- und gesellschaftsrechtlich vorgeprägten Typen der **Prokura** und **Handlungsvollmacht** (→ § 27 Rn. 205 ff.) nicht vollständig gedeckt. Allerdings sind bei der Erteilung weitreichender Vorsorgevollmachten des Unternehmers wiederum die Einschränkungen für **Generalvollmachten im Handels und Gesellschaftsrecht** zu beachten (ausführlich → § 27 Rn. 168 ff.).

98 Obwohl **umfassende General- und Vorsorgevollmachten,** die typischerweise den Wirkungskreis „Vermögen" abdecken, auch den unternehmensbezogenen Bereich des Vollmachtgebers einbeziehen (vgl. auch → Rn. 82 ff.),[177] wird zunehmend die **Erteilung spezifisch „unternehmensbezogener Vollmachten"** mit definierter Wirkung im Handels- und Gesellschaftsrecht außerhalb einer allgemeinen, am Betreuungsrecht orientierten General- und Vorsorgevollmacht als sinnvoll und vorzugswürdig erachtet.[178] Dabei zeigt sich die Sonderstellung „unternehmensbezogener Vollmachten" schon bei den **Auswahlkriterien für einen „geeigneten" Bevollmächtigten.** Geht es dem Vollmachtgeber nicht lediglich um **Abwicklung oder Veräußerung** des Unternehmens/der Beteiligung, sondern beispielsweise um **Fortführung und Erhaltung,** spielen fachliche Voraussetzungen ggf. eine größere Rolle als familiäre Bindungen;[179] Vorsorgebevollmächtigter und Unternehmens-Bevollmächtigter müssen daher nicht notwendigerweise personenidentisch sein.

99 Bei **Berufsträger-Vollmachten** ist wiederum zu berücksichtigen, dass Stellvertretung im Kernbereich der Berufsausübung aus berufsrechtlichen Gründen ausgeschlossen ist (Einzelheiten → § 27 Rn. 7).

---

[175] Statt aller DNotI-Report 2010, 203 mwN; Kersten/Bühling/*Kordel* § 96 Rn. 87 mit Muster.
[176] Szenarien bei *Heckschen* NZG 2012, 10.
[177] Vgl. *Müller/Renner* Rn. 1009.
[178] Zusammenfassend *Müller/Renner* Rn. 1004 ff.; *Reymann* ZEV 2005, 457 (458 ff.); *Jocher* notar 2014, 3 (4 ff.)
[179] Anders möglicherweise *Langenfeld* ZEV 2005, 52.

b) Schaffung satzungsrechtlicher Voraussetzungen. Ein (Vorsorge-)Bevollmächtigter 100
soll vielfach im Rahmen einer unternehmensbezogenen Vollmacht das **Teilnahme- und
Stimmrecht** des Vollmachtgebers/Gesellschafters in der **Gesellschafterversammlung
einer GmbH** – also einer Kapitalgesellschaft – ausüben können. Das **Teilnahme- und
Stimmrecht** gehört jedoch – trotz § 47 Abs. 3 GmbHG – nach § 48 Abs. 1 GmbHG
zum Kernbereich der Mitgliedschaft.[180] Der Umfang der Ausübung dieser Kernbereichs-
rechte der Mitgliedschaft durch Dritte ist – nicht nur bei personalistisch organisierten
GmbHs – umstritten (→ § 27 Rn. 170). Heftig umstritten ist die umfassende **Ausübung
von Verwaltungs- und Stimmrechten** im Bereich der **Personengesellschaften** (Einzelheiten → § 27 Rn. 171 ff.). Einigkeit besteht indes darüber, dass Bedarf an vorsorgebe-
zogenen Regelungen für alle Gesellschaftsformen besteht und die Lösung nicht nur in der
Einziehung/Veräußerung liegen kann. Einigkeit besteht wohl auch, dass bei krankheitsbedingter Abwesenheit des Gesellschafters/Vollmachtgebers eine Vertretung bei der Stimmrechtsausübung immer zulässig sei.[181]

Unabhängig davon, ob der Vollmachtgeber Gesellschafter einer Personen- oder Kapi- 101
talgesellschaft ist, sind jedenfalls **satzungsrechtliche Maßgaben** zur Behandlung von
Bevollmächtigten – soweit überhaupt vorhanden – vorrangig zu beachten. Sie sind auch
der richtige – präventive – Ansatz zur **Vorsorgegestaltung.** Es empfiehlt es sich daher
dringend, **satzungsrechtliche Vorgaben** zur Bestellung und Behandlung von (Vorsor-
ge-)Bevollmächtigten in Satzungen/Gesellschaftsverträge aufzunehmen,[182] und es nicht
allein bei der Gestaltung und ggf. Beurkundung einer Vorsorgevollmacht zu belassen.
Teilweise wird sogar empfohlen, die Verankerung einer Pflicht zur Erteilung (und Hinterlegung) einer Vorsorgevollmacht in die Gesellschaftssatzung aufzunehmen.[183]

Soweit für einen Gesellschafter in zulässiger Weise und bekanntermaßen ein (Vorsor- 102
ge-)Bevollmächtigter handelt, ist er jedenfalls zur **Gesellschafterversammlung** zu laden.
Allerdings sollte, selbst wenn die Voraussetzungen einer rechtlichen Betreuung bei dem
Gesellschafter/Vollmachtgeber vorliegen, immer auch der vertretene Gesellschafter geladen werden;[184] das folgt schon daraus, dass Betreuungsbedürftigkeit und Geschäftsunfähigkeit des Gesellschafters nicht gleichgesetzt werden dürfen.

c) Erforderlichkeit von „Handlungsanweisungen" und Ziel der Vertretung. Ne- 103
ben der Erteilung von isolierten Vollmachten oder kombinierten **General- und Vorsorgevollmachten** für den Unternehmens- und gesellschaftsrechtlichen Bereich des Vollmachtgebers (am besten auf der Basis entsprechender satzungsrechtlicher Bestimmungen
und mit Zustimmung der Gesellschafter) empfiehlt es sich zusätzlich, für den Fall des längerfristigen Ausfalls des Unternehmers durch Krankheit oder Unfall ausführliche Regelungen des Grundverhältnisses (sog. **„Handlungsanweisungen")** festzulegen und ggf. sogar
in die Vollmachtsurkunde selbst aufzunehmen (hierzu → § 27 Rn. 47 ff.).[185] Dabei dürfte
im unternehmensbezogenen Bereich das Grundverhältnis häufig eine entgeltliche **Geschäftsbesorgung** (vgl. auch → Rn. 2) sein. Leitende Gesichtspunkte der Ausgestaltung
von unternehmensbezogenen Handlungsanweisungen werden mit unterschiedlicher Prio-

---

[180] OLG München GmbHR 2011, 590; Lutter/Hommelhoff/*Bayer* GmbHG § 48 Rn. 3; Baumbach/
Hueck/*Zöllner* GmbHG § 48 Rn. 8.
[181] Baumbach/Hueck/*Zöllner/Noack* GmbHG § 47 Rn. 44 mwN.
[182] Ausf. *Heckschen/Kreußlein* NotBZ 2012, 321 (323) mwN; *Jocher* notar 2014, 3 (11 f.).
[183] MüKoBGB/*Schäfer* BGB § 705 Rn. 124a unter Hinweis auf *Sommer*, Gesellschaftsvertrag der GmbH &
Co. KG, 4. Aufl. 2012, Muster C. I. § 11a Abs. 1 (S. 170).
[184] Arg. § 275 FamFG; anders *Heckschen/Kreußlein* NotBZ 2012, 321 (325).
[185] Vgl. ausführlich *Langenfeld* ZEV 2005, 52; *Heckschen* NZG 2012, 10; *Müller/Renner* Rn. 1014 ff.; Beck-
FormB ErbR/*Mutter* Form. G III. 11; *Reymann* ZEV 2005, 457; ZEV 2005, 514 und ZEV 2006, 12;
Carlé ErbStB 2008, 156.

rität Fragen einer konkret beabsichtigten **Unternehmensfortführung, -veräußerung** oder **Liquidation** bzw. der **Haftungsbegrenzung** sein.[186]

104   Will der Vollmachtgeber im Rahmen der von ihm beabsichtigten **Unternehmens- bzw. Beteiligungsfortführung** durch einen (qualifizierten) Bevollmächtigten seine **Haftung** (zB eines Einzelkaufmanns, Gesellschafter einer GbR oder OHG = „**Vollhafter**") mit seinem gesamten Vermögen für die Zukunft – nach einer auf Dauer zu befürchteten Verhinderung des Inhabers – beschränken, kommen Anweisungen zur **Unternehmensumwandlung** in eine haftungsbeschränkende Rechtsform (zB GmbH, GmbH & Co. KG) in Betracht, die zudem die wichtige **Möglichkeit der Fremdgeschäftsführung** eröffnen.[187] Ist der Vollmachtgeber als natürliche Person beispielsweise **Komplementär** einer KG oder **Mit-Gesellschafter einer GbR/OHG,** kann der Bevollmächtigte angewiesen werden, die Komplementär- oder Vollhafterstellung unter Beitritt einer hierfür gegründeten GmbH oder UG (haftungsbeschränkt) in die eines Kommanditisten umzuwandeln.

105   Bei Beteiligung des Vollmachtgebers an Personen- oder Kapitalgesellschaften sind für die **Umsetzung der Handlungsanweisungen** durch den – satzungsgemäß zugelassenen – Bevollmächtigten immer die zu den entsprechenden Maßnahmen erforderlichen **Beschlussmehrheiten** vorab zu bedenken (zB § 60 Abs. 1 Nr. 2 GmbH, § 262 Abs. 1 Nr. 1 AktG, §§ 131 Abs. 1 Nr. 2, 143 Abs. 1, 148 HGB, § 9 Abs. 1 PartGG) und ggf. **Ausweichlösungen** anzuweisen. Soll der Bevollmächtigte ein **Mitgesellschafter** sein, ist zudem § 181 BGB zu beachten.[188]

106   **d) Beispiele sonstiger Vorsorge-Maßnahmen.** Satzungsrechtliche Maßgaben und klare Handlungsanweisungen können, unabhängig davon, ob die Vertrauensperson des verhinderten Gesellschafters ein Bevollmächtigter und/oder ein Mit-Gesellschafter ist, dessen Bestellung zum Geschäftsführer sicherstellen (zB **Benennungsrecht**). Auch kann im gesellschaftsrechtlichen Bereich im Einzelfall die **vorsorgende Bestellung einer Vertrauensperson zum Organwalter** (Organvertreter) anstelle einer unsicheren und ggf. organverdrängenden Vollmacht (hierzu → § 27 Rn. 168 ff.) und zugleich zur Herstellung der Handlungsfähigkeit im Außenverhältnis erwogen werden. Hierfür geeignet erscheint indes nur die nicht mitbestimmte **GmbH.**[189] Als Mehrheitsgesellschafter und Geschäftsführer kann der Unternehmer seiner Vertrauensperson beispielsweise **Stimmrechtsvollmacht** zur eigenen Bestellung als (künftigen) Geschäftsführer erteilen oder diesen sogleich zum stellvertretenden Geschäftsführer bestellen (§ 44 GmbHG). Ohne ausreichende Mehrheit kommen ggf. **Verpflichtungserklärungen** oder **Stimmbindungsverträge** mit den Mitgesellschaftern zur Sicherstellung der Geschäftsführerberufung der Vertrauensperson in Betracht.[190]

107   **5. Kontroll- oder Überwachungsbetreuung. a) Grundsatz der Erforderlichkeit.** Es kann im Rahmen der Erforderlichkeit und nach den Umständen des Einzelfalls geboten sein, zur Kontrolle eines oder mehrerer Bevollmächtigter eine **Kontroll- oder Überwachungsbetreuung** mit entsprechendem Aufgabenkreis gerichtlich anzuordnen (§ 1896 Abs. 3 BGB). Dies kommt in Betracht, wenn der Vollmachtgeber aufgrund einer psychischen Krankheit oder einer körperlichen, geistigen oder seelischen Behinderung nicht mehr in der Lage ist, den Bevollmächtigten selbst zu überwachen, seine Rechte aus dem zugrunde liegenden Rechtsverhältnis geltend zu machen und/oder die erteilte Vollmacht

---

[186] Vgl. *Reymann* ZEV 2005, 457 (459 ff.); *Werner* GmbHR 2013, 963 (966); BeckFormB ErbR/*Mutter* Form. G III. 11.

[187] Zusammenfassend *Müller/Renner* Rn. 1019 ff. (mit Mustern); *Langenfeld* ZEV 2005, 52 f.; *Reymann* ZEV 2005, 457 (459 f.); BeckFormB ErbR/*Mutter* Form. G III. 11.

[188] Baumbach/Hueck/*Zöllner/Noack* GmbHG § 47 Rn. 46.

[189] *Müller/Renner* Rn. 1048 ff.; *Reymann* ZEV 2005, 457 (462 f.).

[190] Einzelheiten bei *Reymann* ZEV 2005, 457 (462 f.).

ggf. zu widerrufen.[191] Andererseits kann die **Erforderlichkeit einer Kontrollbetreuung** nicht schematisch damit begründet werden, dass der Vollmachtgeber selbst zur Kontrolle und Überwachung nicht mehr in der Lage ist; schließlich werden genau für die einem solchen Gesundheitszustand zugrundeliegenden Grundleiden Vorsorgevollmachten erteilt. Daher müssen **weitere Umstände hinzutreten,** die die Errichtung einer Kontrollbetreuung (zwingend) gebietet. Notwendig ist dabei der konkrete, dh durch hinreichende tatsächliche Anhaltspunkte **untermauerte Verdacht** (§ 26 FamFG), dass mit der Vollmacht dem tatsächlichen Betreuungsbedarf nicht Genüge getan wird (hierzu → Rn. 10, 30).[192] Besonders streng zu beachtende Voraussetzungen müssen vorliegen, wenn einem Kontrollbetreuer die Befugnis erteilt wird, die erteilte Vorsorgevollmacht zu widerrufen (hierzu → Rn. 114 f.).

An der Erforderlichkeit einer Kontrollbetreuung fehlt es regelmäßig, wenn bei **mehre-** **108** **ren (einzeln) Bevollmächtigten** eine Kontrolle durch den/die jeweils anderen, also gegenseitig, erfolgen kann.[193] Zudem kann der Bevollmächtigte nachträglich und zur Prävention vor einer Kontrollbetreuung ausdrücklich **Kontroll-Bevollmächtigte** (→ Rn. 24 f.) oder **weitere Bevollmächtigte** bestellen (zu Meinungsverschiedenheiten unter den Bevollmächtigten → Rn. 113).[194] Umgekehrt kann der Betroffene die Kontrolle der Vollmachtsausübung durch einzelne von mehreren Bevollmächtigten auch ausschließen.

Da Kontrollbetreuung als solche durch Anordnung des Betroffenen/Vollmachtgebers **109** nicht ausgeschlossen und ohnehin nur im Rahmen strenger Erforderlichkeit angeordnet werden kann, sollten Formulierungen vermieden werden, nach denen eine *„Kontrollbetreuung nicht gewünscht"* ist. Sie geben dem Betroffenen eine falsche Vorstellung von der Reichweite der Subsidiarität der rechtlichen Betreuung und von der Notwendigkeit, eine **ergänzende Betreuungsverfügung** zu errichten (→ Rn. 13, 123). Eine solche kann in die Vollmacht integriert oder gesondert errichtet werden und vor allem den von dem Bevollmächtigten personenverschiedenen **Kontrollbetreuer** namentlich bestimmen. Schließlich kann der Betroffene/Vollmachtgeber auch anordnen, dass er die Einrichtung eines Kontrollbetreuers unter von ihm bestimmten Voraussetzungen wünscht. Als Gestaltungsmittel kann zudem in Betracht kommen, dass der Betroffene bewusst für einen bestimmten Wirkungskreis oder eine bestimmte Art von Rechtsgeschäften (zB Verfügungen über Grundstücke) für den Fall seiner Hilfsbedürftigkeit, neben und gleichzeitig zu der erteilten Vollmacht, die Einrichtung einer Betreuung wünscht (→ Rn. 85).

Über die Möglichkeit und den Sinn einer Kontroll- und Überwachungsbetreuung hat **110** der **Notar** zu belehren. Im Übrigen kann der Bevollmächtigte gegen die Bestellung eines Kontrollbetreuers und/oder gegen den Widerruf der Vorsorgevollmacht durch den hierfür bestellten Kontrollbetreuer (noch) im Namen des Betroffenen/Vollmachtgebers **Beschwerde** einlegen; ein eigenes Beschwerderecht steht ihm hingegen nicht zu.[195]

b) Vollmachtsmissbrauch. Ein (erfolgter) **Vollmachtsmissbrauch** (hierzu auch **111** → § 27 Rn. 51) oder ein entsprechender Verdacht ist nicht zwingend erforderlich, um eine Kontrollbetreuung zu rechtfertigen. Es kann im Einzelfall ausreichen, dass eine die Interessen des Vollmachtgebers gefährdende, **konkrete Überforderung** oder ein **interessewidriges Handeln unterhalb der Missbrauchsschwelle** vorliegt bzw. konkret – nachweisbar – zu befürchten ist.[196] Im Einzelfall kommt dies in Betracht, wenn nach den

[191] Vgl. BGH NJW 2011, 2135; BayObLG FGPrax 2005, 151 (152).
[192] BGH FamRZ 2011, 1047 mAnm *Renner;* MittBayNot 2012, 471.
[193] BGH FamRZ 2011, 1047 unter Verweis auf MüKoBGB/*Schwab,* 4. Aufl. 2002, BGB § 1896 Rn. 149; vgl. auch BeckOK BGB/*Müller-Engels* BGB § 1896 Rn. 46; *Zorn* Rpfleger 2018, 117 (121); BT-Drs. 1/4528, 123.
[194] BeckOK BGB/*Müller-Engels* BGB § 1896 Rn. 46.
[195] Vgl. BGHZ 206, 321 = DNotZ 2015, 848 Rn. 23 ff.; HK-BetreuungsR/*Jurgeleit* BGB § 1896 Rn. 191; *Müller* DNotZ 2015, 403 (414 f.).
[196] BGH FamRZ 2011, 1047 mAnm *Renner;* MittBayNot 2012, 471.

üblichen Maßstäben aus der Sicht eines vernünftigen Vollmachtgebers unter Berücksichtigung des in den Bevollmächtigten gesetzten Vertrauens eine ständige Kontrolle deshalb geboten ist, weil die zu besorgenden Geschäfte von besonderer Schwierigkeit und/oder besonderem Umfang sind.[197] Ausreichend sind zudem **konkrete Anhaltspunkte** dafür, dass der Bevollmächtigte nicht mehr entsprechend der Vereinbarung und dem Interesse des Vollmachtgebers handelt.[198]

112 **c) Befreiung von § 181 BGB; Interessenkonflikte.** Die Anordnung einer Kontrollbetreuung wird nicht allein dadurch erforderlich, weil der Bevollmächtigte **von den Beschränkungen des § 181 BGB befreit** ist. Zwar ergibt sich hieraus die Möglichkeit, dass der Bevollmächtigten auch Insichgeschäfte abschließen kann, was wiederum ein Fehlgebrauch der Vollmacht sein mag. Das beschreibt indes nur eine abstrakte Gefahr, die der Vollmachterweiterung nach § 181 BGB als typisierter Interessenkonflikt innewohnt. Erst **konkrete Anhaltspunkte** dafür, dass der Bevollmächtigte von der ihm eingeräumten Befugnis zum Nachteil des Vollmachtgebers Gebrauch macht, kann eine Kontrollbetreuung erforderlich werden lassen.[199] Andererseits können einzelfallbezogene **Interessenkonflikte des Vorsorgebevollmächtigten** eine Kontrollbetreuung sehr wohl rechtfertigen und erforderlich werden lassen. Das soll auch dann gelten, wenn **keine konkreten Anhaltspunkte** für eine Gefahrenverwirklichung vorliegen. Einen ausreichenden Interessenkonflikt hat der BGH beispielsweise angenommen, wenn der von den Beschränkungen des § 181 BGB befreite Vorsorgebevollmächtigte als **Erbe** mit einem zugunsten des Betroffenen ausgesetzten **Vermächtnis** belastet ist.[200]

113 **d) Meinungsverschiedenheiten zwischen mehreren Bevollmächtigten.** Bloße **Meinungsverschiedenheiten zwischen mehreren Bevollmächtigten** über die Erfüllung der Fürsorgebedürfnisse des Vollmachtgebers rechtfertigen die Bestellung eines Kontrollbetreuers jedenfalls (noch) nicht. Erst wenn die ordnungsgemäße Umsetzung der Vollmachten beeinträchtigt ist, also die Pflege und Wahrnehmung der Interessen des Vollmachtgebers eine **konkrete Beeinträchtigung** erfahren, entsteht ein Überwachungsbedarf nach § 1896 Abs. 3 BGB.[201]

114 **e) Kontrollbetreuung mit dem Aufgabenkreis „Vollmachtswiderruf".** An die Erforderlichkeit der Einrichtung einer **Kontrollbetreuung mit dem Aufgabenkreis Vollmachtswiderruf** sind hohe Anforderungen zu stellen.[202] Das gilt insbesondere für die Qualität der **tragfähigen Feststellungen des Tatrichters,** nach denen ein Festhalten an der erteilten Vorsorgevollmacht eine künftige **Verletzung des Wohls des Vollmachtgebers** mit hinreichender Wahrscheinlichkeit und in erheblicher Schwere befürchten lässt und kumulativ mildere Maßnahmen nicht zur Abwehr eines Schadens für den Betroffenen geeignet erscheinen.[203] Im Zusammenhang mit **Entscheidungen zu lebensverlängernden Maßnahmen** iSd § 1904 Abs. 1 S. 1 und Abs. 2 BGB ist dies nur anzunehmen, wenn **offenkundig** ist, dass sich der Bevollmächtigte über den – insbesondere in einer Patientenverfügung niedergelegten – **Willen des Vollmachtgebers/Be-**

---

[197] BGH FamRZ 2011, 1047 unter Verweis auf OLG Schleswig FGPrax 2004, 70; BayObLG FGPrax 2005 151 (152).

[198] BGH FamRZ 2011, 1047 unter Verweis auf OLG Stuttgart BWNotZ 2006, 167; OLG Köln FGPrax 2009, 220.

[199] BGH MittBayNot 2012, 471 Rn. 14f.

[200] BGH DNotZ 2018, 141 im Anschluss an BGH NJW 2014, 3237.

[201] BGH FamRZ 2011, 1047.

[202] Vgl. etwa BGHZ 211, 67 = DNotZ 2017, 199 mAnm *Renner;* BGH NJW 2015, 3657; s. auch *Reetz* RNotZ 2016, 571.

[203] Vgl. BGH DNotZ 2015, 848.

troffenen hinwegsetzt.[204] Gleichgelagerte Erwägungen sind für den **Aufgabenkreis „Vermögenssorge"** maßgeblich.[205]

Vordringlich kommen somit betreuungsgerichtliche Anordnungen in Betracht, die dem 115 **Verhältnismäßigkeitsgrundsatz** eher als ein Widerruf der Vollmacht entsprechen. Gemeint sind Maßnahmen zur Ausübung von **Kontroll- und Weisungsrechten des Vollmachtgebers** aus dem der Vollmachtserteilung zugrunde liegenden Rechtsverhältnis. Unter Beachtung der **Verhältnismäßigkeit** ist demnach die Ermächtigung zum Widerruf einer (Vorsorge-)Vollmacht die **ultima ratio-Befugnis.** Sie muss zudem **ausdrücklich** erteilt sein.

6. Zentrales Vorsorgeregister (ZVR); Ablieferungspflicht. Zur besseren Verfügbar- 116 keit von Informationen über beurkundete, beglaubigte und sonstige Vorsorgevollmachten, Patienten- bzw. Betreuungsverfügungen führt die Bundesnotarkammer ein von ihr auf gesetzlicher Grundlage errichtetes, gebührenpflichtiges **„Zentrales Vorsorgeregister"** (§§ 78a ff. BNotO iVm VRegV; vgl. auch § 1901c BGB).[206] Eine Pflicht zur Registrierung besteht nicht. Die zweckmäßige Erfassung und Übermittlung der Daten der Erklärenden, der Bevollmächtigten/vorgeschlagenen Betreuer und der Erklärungsinhalte (§ 78a Abs. 1 S. 2, Abs. 3 BNotO) erfolgt daher nur mit deren Zustimmung und ermöglicht einen elektronischen Zugriff oder eine schriftliche **Beauskunftung der zuständigen Betreuungsgerichte** (§ 78a Abs. 2 BNotO, § 26 FamFG). Soweit Bevollmächtigte – weil sie beispielsweise bei der Beurkundung der Vorsorgeverfügung nicht anwesend waren – in ihre Registrierung nicht vorweg schriftlich eingewilligt haben, werden sie nach Eingang des Eintragungsantrags von der Bundesnotarkammer schriftlich über die sie betreffenden und gespeicherten Daten unterrichtet (§ 4 VRegV). Es ist daher ratsam, auch den Vollmachtgeber darüber in Kenntnis zu setzen, dass im Zuge der Registrierung eine Benachrichtigung erfolgt und er den Bevollmächtigten – was mancher Vollmachtgeber zunächst durchaus wünscht – nicht über die Vollmachtserteilung in Unkenntnis belassen kann.

Beurkundet der **Notar** eine Vorsorgevollmacht, soll er auf die **Möglichkeit der Re-** 117 **gistrierung** hinweisen (§ 20a BeurkG); eine Registrierungspflicht besteht auch für den Notar nicht. Über den Hinweis und die Anweisung zur Registrierung sollte, schon aus Gründen der Befreiung von der Verschwiegenheit nach § 18 Abs. 2 BNotO,[207] ein Vermerk in die Niederschrift aufgenommen werden. Für die Kosten der Registrierung gilt die **Vorsorgeregister-Gebührensatzung** (vgl. § 78b Abs. 4 BNotO);[208] es entstehen Gebühren zwischen 11,00–18,50 EUR. Beim ZVR kann die scheckkartengroße **ZVR-Card** bezogen werden, auf der die Erteilung von Vorsorgeverfügungen vermerkt und von dem Vollmachtgeber mitgeführt werden kann.

Schließlich besteht nach § 1901c BGB bei Einleitung eines Betreuungsverfahrens eine 118 **Ablieferungspflicht** für verfahrensrelevante Schriftstücke; dies umfasst auch die Abschrift einer Vorsorgevollmacht. Hierauf sollte der Notar hinweisen und sich anweisen lassen, dem Betreuungsgericht auf Verlangen eine Abschrift zu erteilen.

Muster: Innerfamiliäre Vorsorgevollmacht für einen Bevollmächtigten mit beispielhaften Einzelaufzählungen
Siehe hierzu das Gesamtmuster → Rn. 181.

---

[204] BGHZ 211, 67 = DNotZ 2017, 199 mAnm *Renner*.
[205] BGH FamRZ 2015, 1015; BGHZ 206, 321 = DNotZ 2015, 848; BGH NJW 2015, 3657; NotBZ 2016, 35.
[206] Vgl. BNotK-Rundschreiben Nr. 10/2003; www.vorsorgeregister.de; zusammenfassend Kersten/Bühling/*Kordel* § 96 Rn. 76 ff.; WürzNotar-HdB/*Müller* Teil 3 Kap. 3 Rn. 82 ff.; *Müller/Renner* Rn. 788 ff.; *Görk* DNotZ 2005, 87.
[207] WürzNotar-HdB/*Müller* Teil 3 Kap. 3 Rn. 84.
[208] Abgedruckt in DNotZ 2005, 18; geändert durch Satzung v. 2.12.2005, DNotZ 2006, 2.

B. Betreuungsverfügung

Schrifttum:
Formulare: *Bayerisches Staatsministerium der Justiz,* http://www.freistaat.bayern/dokumente/leistung/
59441345668; BeckFormB FamR/*Winkler* Form. S V. 1; Kersten/Bühling/*Kordel,* Formularbuch und Praxis
der Freiwilligen Gerichtsbarkeit, 26. Aufl. 2019, § 96 Rn. 23M; Lipp/*Lipp,* Handbuch der Vorsorgeverfügungen, 2009, S. 409 ff.; *Müller/Renner,* Betreuungsrecht und Vorsorgeverfügungen in der Praxis, 5. Aufl.
2017, Rn. 413 ff., 1119; Münch/*Renner,* Familienrecht in der Notar- und Gestaltungspraxis, 2. Aufl. 2016,
§ 16 Rn. 1 ff. und § 22 Rn. 49; Wurm/Wagner/Zartmann/*Dorsel,* Das Rechtsformularbuch, 17. Aufl. 2017,
Kap. 78 Rn. 1 ff.; *Zimmermann,* Vorsorgevollmacht – Betreuungsverfügung – Patientenverfügung, 3. Aufl.
2017, Rn. 107.

119   Nach § 1901 Abs. 3 S. 2 BGB kann der (zukünftig) Betreute seine Vorstellungen zur Gestaltung seiner Lebensführung nach Eintritt eines Betreuungsfalls durch **Betreuungs-verfügungen** autonom bestimmen (zur Registrierung → Rn. 116 ff.). Dabei kann die Betreuungsverfügung insbesondere Wünsche und konkrete Vorstellungen bis hin zu Anweisungen zur Durchführung einer Betreuung enthalten; sie ist „betreuungsgestaltend".[209] Solche Anordnungen sind für den Betreuer und auch das Betreuungsgericht maßgebend, soweit sie dem **Wohl des Betreuten** nicht zuwiderlaufen und dem **Betreuer zumutbar** sind. Eine unwiderrufliche Selbstbindung für die Zeit nach Eintritt der Betreuungsbedürftigkeit ist mit der Abfassung einer antizipierenden Betreuungsverfügung nicht verbunden.[210] Die strikte Beachtung von Betreuungsverfügungen ist im Übrigen Teil der Verwirklichung des **Selbstbestimmungsrechts des Betreuten** (→ Rn. 1 f.) über die Schwelle seiner objektiven Hilfsbedürftigkeit hinaus und hat insoweit verfassungsrechtliche Bedeutung.

120   Die beachtliche Betreuungsverfügung hat Berührungspunkte zu „Handlungsanweisungen" und Innenverhältnisabreden aus dem einer „General- und Vorsorgevollmacht" zugrunde liegenden Rechtsverhältnis, als sie Wünsche und Anweisungen zur Vermögensverwaltung, freigiebigen Leistungen, Durchführung der Pflege und Gesundheitsfürsorge, Aufgabe der eigenen Wohnung, Vorstellungen zu einer Heimunterbringung etc enthalten kann.[211]

121   Betreuungsverfügungen unterfallen **keinem Formzwang;** sie sollten dennoch zumindest schriftlich niedergelegt werden. Soweit der Betroffene Vorsorgevollmachten und/oder Patientenverfügungen errichtet, sollten Betreuungsverfügungen in diese integriert werden.

122   In einer **vorsorgenden Betreuungsverfügung** kann – als wichtiger Anwendungsfall – auch die **Person eines Betreuers** zur Bestellung durch das Betreuungsgericht benannt werden; dadurch ist das Betreuungsgerichts nach **§ 1897 Abs. 4 BGB** grundsätzlich in seiner Entscheidung gebunden. Ebenso kann verfügt werden, dass eine bestimmte Person gerade nicht Betreuer werden soll.[212] Keine Bindung entsteht wohl dann, wenn eine nach § 1897 Abs. 3 BGB typisiert ungeeignete Person (→ Rn. 26) benannt wird.

123   Die Benennung eines Betreuers mittels (ergänzender) **Betreuungsverfügung im Errichtungszusammenhang einer „General- und Vorsorgevollmacht"** ist ein wichtiges und geeignetes Instrument, ggf. auftretende Lücken der umfassend gedachten Vollmacht durch Bestellung der von dem Betroffenen bestimmten Vertrauensperson zu schließen. Dabei sollte klargestellt werden, dass Vollmacht und „lückenfüllende" Betreuerbestellung nebeneinander bestehen bleiben. Das Nebeneinander der durch Betreuungsverfügung vermittelten Betreuerbestellung und Vollmacht kann schließlich gezielt als Kontrollmechanismus eingesetzt werden (hierzu bereits → Rn. 119).

---

[209] WürzNotar-HdB/*Müller* Teil 3 Kap. 3 Rn. 129.
[210] Vgl. HK-BetreuungsR/*Jurgeleit/Kieß* BGB § 1901 Rn. 43.
[211] Statt aller WürzNotar-HdB/*Müller* Teil 3 Kap. 3 Rn. 130.
[212] BGH FamRZ 2019, 639.

Für die Errichtung der Betreuungsverfügung reicht natürliche **Einsichtsfähigkeit** immer 124
aus (→ Rn. 16 f.);[213] auf **Geschäftsfähigkeit** kommt es jedenfalls nicht an. Insbesondere
die Benennung einer **Vertrauensperson** zur Bestellung als Betreuer ist auch als Wunsch
eines ggf. Geschäftsunfähigen zu berücksichtigen. Hierzu bedarf es weder der Geschäftsfähigkeit noch natürlicher Einsichtsfähigkeit.[214] Zu eng ist daher die Einschränkung, der
Benennung des Betroffenen und späteren Betreuten dürfe dann nicht entsprochen werden, wenn der Vorschlag nicht auf einer eigenständigen und dauerhaften Willensbildung
des Betroffenen beruht.[215]

Nach § 1897 Abs. 4 S. 1 BGB steht dem **Tatrichter** bei der **Auswahl des Betreuers** 125
kein Ermessen zu; es ist die Person zum Betreuer zu bestellen, die der Betroffene/Betreu-
te wünscht.[216] Der Wille des Betreuten ist lediglich dann unbeachtlich, wenn die Bestellung der vorgeschlagenen Person dem Wohl des Betreuten zuwiderläuft. Dies setzt voraus, dass sich auf Grund einer umfassenden Abwägung aller relevanten Umstände Gründe
von erheblichem Gewicht ergeben, die gegen die Bestellung der vorgeschlagenen Person
sprechen. Es muss abermals (ähnlich wie bei der Bestellung eines Kontrollbetreuers mit
Widerrufsbefugnis; hierzu → Rn. 114 ff.) die **konkrete Gefahr** bestehen, dass der Vorgeschlagene die Betreuung des Betroffenen nicht zu dessen Wohl führen kann oder will.[217]

Schriftlich niedergelegte Betreuungsverfügungen sind nach § 1901c S. 1 BGB (s. 126
auch § 285 FamFG) spätestens bei Bekanntwerden von der Einleitung oder Durchführung eines Betreuungsverfahrens beim zuständigen Betreuungsgericht abzuliefern
(→ Rn. 118).[218] Auch für **isolierte Betreuungsverfügungen** ist seit dem 1. 9. 2009 die
freiwillige Registrierungsmöglichkeit im **ZVR** (hierzu → Rn. 116 f.) gegeben.

C. Patientenverfügung

Schrifttum:
Formulare: *Albrecht/Albrecht/Böhm/Böhm-Rösler,* Die Patientenverfügung, 2. Aufl. 2018, Rn. 402; Bayeri-
sches Staatsministerium der Justiz, http://www.freistaat.bayern/dokumente/leistung/299431265284; Beck-
FormB FamR/*Winkler* Form. S V. 1; Kersten/Bühling/*Kordel,* Formularbuch und Praxis der Freiwilligen
Gerichtsbarkeit, 26. Aufl. 2019, § 96 Rn. 89 ff.; Lipp/*Lipp,* Handbuch der Vorsorgeverfügungen, 2009,
S. 353 ff.; *Müller/Renner,* Betreuungsrecht und Vorsorgeverfügungen in der Praxis, 5. Aufl. 2017; Rn. 435 ff.,
1115 ff.; *Zimmermann,* Vorsorgevollmacht – Betreuungsverfügung – Patientenverfügung, 3. Aufl. 2017.

I. Legaldefinition und Grundlagen; Adressatenkreis

(Frühere) Bezeichnungen der Patientenverfügung, also vor ihrer gesetzlichen Veranke- 127
rung in § 1901a BGB, lauteten Patiententestament, Patientenbrief, Euthanasietestament
oder Patientenvollmacht. Seit dem Inkrafttreten des 3. BtÄndG in 2009[219] findet sich die
gesetzliche Grundlage der Patientenverfügung einschließlich ihrer **Legaldefinition** in
§ 1901a Abs. 1 S. 1 BGB.[220] Die Bedeutung dieses Instituts liegt – unabhängig von ihrer
gesetzlichen Verankerung – in der Verwirklichung grundlegender Freiheitsgrundrechte des
Verfügenden, nämlich auf **körperliche Unversehrtheit und Selbstbestimmung** (Art. 2
Abs. 2 S. 1 GG). In den **Schutzbereich dieser Grundrechte** fallen alle Arten von wil-
lensgestützten Entscheidungen eines (später) Patienten zu ihn betreffenden **ärztlichen**
(und pflegerischen) **Maßnahmen,** und zwar auch dann, wenn sie nicht unmittelbar bevorstehen und/oder in ihrer Konsequenz zum Tode führen können (= **Sterbeautono-**

---

[213] BayObLG BeckRS 2003, 7732; HK-BetreuungsR/*Jurgeleit/Kieß* BGB § 1901 Rn. 42.
[214] BGH NJW 2018, 1878; ZEV 2013, 627 Rn. 8; NJW 2011, 295 Rn. 14; NJW-RR 2011, 723 Rn. 21.
[215] So BayObLG BtPrax BeckRS 2003, 7732.
[216] Vgl. BGH ZEV 2013, 627 Rn. 8; NJW 2010, 3777 Rn. 20.
[217] Vgl. BGH NJW 2018, 1878; ZEV 2013, 627 Rn. 8; NJW 2010, 3777 Rn. 20.
[218] HK-BetreuungsR/*Jurgeleit/Kieß* BGB § 1901 Rn. 42.
[219] BT-Drs. 16/8442.
[220] Zur Entstehungsgeschichte: MüKoBGB/*Schwab* BGB § 1901a Rn. 1; *Albrecht/Albrecht/Böhm/Böhm-Rösler*
Patientenverfügung Rn. 11 ff.; *Müller/Renner* Rn. 450 ff.

mie). Die grundrechtliche Dimension bedingt wiederum, dass **Zwangsbehandlungen** nur unter den engen Voraussetzungen des § 1906a BGB zulässig sein können.

128   Ihrer engen **Definition** entsprechend ist eine „Patientenverfügung" iSd § 1901a Abs. 1 BGB (hierzu → Rn. 138 ff.) die einseitige **schriftliche Willensbekundung** eines **einwilligungsfähigen Volljährigen** für den Fall seiner (späteren) **Einwilligungsunfähigkeit** bei Vorliegen bestimmter oder zumindest bestimmbarer Umstände (= zukünftige Lebens- und Behandlungssituation) in **ärztlicherseits angebotene Untersuchungen** seines Gesundheitszustandes, **Heilbehandlungen** oder **sonstige Eingriffe** einzuwilligen, sie abzulehnen oder auch abzubrechen (= antizipierte Behandlungsentscheidung).

129   Die derart definierte „Patientenverfügung" kann für jeden Fall und jedes Stadium einer **im Errichtungszeitpunkt noch nicht vorliegenden, jedoch sodann behandlungsbedürftigen Krankheit** mit dem Anspruch auf Beachtung und situationsbezogener Umsetzung getroffen werden (= Fernwirkung, Zukunftsbezug der Verfügung). Zu bedenken ist dabei, dass die nicht empfangsbedürftigen Willensbekundungen in einer Patientenverfügung weder rechtsgeschäftliche Willenserklärungen (§§ 104 ff. BGB) noch Verfügungen in engeren Sinne darstellen, sondern **geschäftsähnliche Erklärungen** in der Art einer **Gestattung oder Ermächtigung zur Vornahme tatsächlicher Handlungen** darstellen, die in den Rechtskreis des Verfügenden eingreifen.[221]

130   **Adressaten** einer Patientenverfügung sind – in rechtlich unterscheidbaren Funktionen[222] – die sodann involvierten Ärzte, das Pflegepersonal, der Vorsorgebevollmächtigte/Betreuer, die Vertrauenspersonen iSd § 1901b Abs. 2 BGB und nicht zuletzt das Betreuungsgericht.[223]

II. Anwendungsbereich und fehlende Reichweitenbeschränkung

131   Der in der Praxis vielen Verfügenden vor Augen stehende, einer „Patientenverfügung" zugrunde liegende Sachverhalt der **medizintechnischen Lebensverlängerung,**[224] wenn das Grundleiden einen irreversiblen und letztlich tödlichen Verlauf angenommen hat, beschreibt den möglichen **Umfang** und die gedachte **Reichweite** von Anordnungen und Äußerungen eines künftigen Patienten in einer Patientenverfügung eingeschränkt und mehr als ungenau.

132   Bereits aus § 1901a Abs. 3 BGB ergibt sich demgegenüber, dass es gerade **keine Reichweitenbeschränkungen** für Patientenverfügungen gibt. Vor allem ist deren Anwendungsbereich nicht auf das Endstadium tödlich verlaufender Krankheiten beschränkt.[225] Soweit sich in einer konkreten Beratungssituation allerdings ergibt, dass die Reichweite beispielsweise auf Fälle eines *„länger andauernden Wachkomas"* oder *„schwerer Hirnschädigungen bzw. Demenz"*, die ein Leben mit eigener Persönlichkeitsgestaltung und bewusster Umweltwahrnehmung gänzlich ausschließen, beschränkt werden soll, können auch **gewillkürte Reichweitenbeschränkungen** unter Beachtung des Bestimmtheitsgrundsatzes zum Verfügungsinhalt gemacht werden.

III. Patientenäußerungen außerhalb des Anwendungsbereichs einer Patientenverfügung

133   **1. Abgrenzungen.** Von vornherein **außerhalb des Anwendungsbereichs** einer Patientenverfügung iSd § 1901a Abs. 1 BGB liegen konkrete und situationsbezogene **mündliche Bekundungen** über die Einwilligung oder Nichteinwilligung in eine bestimmte, noch nicht unmittelbar bevorstehende ärztliche Maßnahme. Sie sind nach dem eindeuti-

---

[221] BGHZ 105, 45 (47 f.) = NJW 1988, 2946 f.
[222] Hierzu dezidiert *Albrecht / Albrecht / Böhm / Böhm-Rösler* Patientenverfügung Rn. 119 ff.
[223] Vgl. MüKoBGB/*Schwab* BGB § 1901a Rn. 8.
[224] Hierzu *Müller/Renner* Rn. 437 ff.
[225] Erman/*Roth* BGB § 1901a Rn. 2; *Müller/Renner* Rn. 459 ff.

gen Wortlaut der Norm formunwirksam (hierzu → Rn. 159f.). Außerhalb und dennoch unmittelbar bindend sind allerdings mündlich abgegebene Äußerungen eines einwilligungsfähigen Patienten, die sich auf **unmittelbar bevorstehende,** also konkret und zeitnah durchzuführende **ärztliche Maßnahmen** beziehen;[226] sie können, wie beispielsweise die Einwilligung in eine Operation am Vortag des Eingriffs, für den Fall einer sodann anästhesiebedingten Einwilligungsunfähigkeit mündlich wirksam erklärt werden (§ 630d Abs. 1 BGB).[227] Nicht erfasst ist zudem der Raum ärztlicherseits nicht (mehr) indizierter Behandlungen.[228]

Auch **Maßnahmen der Basisbetreuung** unterfallen nicht § 1901a Abs. 1 BGB; sie **134** sind für Ärzte und Pflegepersonal immer verpflichtend und können durch eine Patientenverfügung nicht unterbunden werden.[229] Hierher gehören Maßnahmen zur ärztlichen Sterbebegleitung, menschenwürdigen Unterbringung, Zuwendung, Körperpflege, des Linderns von Schmerzen, Atemnot und Übelkeit sowie das Stillen von Hunger und Durst auf natürlichem Wege.[230] Allerdings kann der von dem Verfügenden bestellte Vorsorgebevollmächtigte zur **Überwachung von Maßnahmen der Basisbetreuung** ausdrücklich befugt werden. Auch Wünsche des Verfügenden über den Ort, die **Auswahl der Klinik** oder des behandelnden Arztes etc. sind kein möglicher Inhalt einer „Patientenverfügung".

Werden allerdings zur Ermöglichung oder Aufrechterhaltung von Grundfunktionen des **135** Organismus wie Atmung, Ernährung und Ausscheidung ärztlich Eingriffe relevant, ist hierfür die Einwilligung des Patienten bzw. des Vorsorgebevollmächtigte/Betreuers erforderlich. Hierher gehören auch **medizinische Ernährungsmaßnahmen,** wie die enterale Sonden- und die intravenöse Ernährung.[231]

2. „Aktive Sterbehilfe" und Tötung auf Verlangen. Zwar haben die behandelnden **136** Ärzte und berufenen Vorsorgebevollmächtigten/Betreuer stets den Willen des Patienten zu beachten, wie er beispielsweise durch eine „Patientenverfügung" vermittelt wird. Eine „Patientenverfügung" oder jede andere Art einer Patientenäußerung mit dem Anspruch auf Bindung Dritter und Umsetzung darf indes die Grenzziehung zur strafbaren **„aktiven Sterbehilfe"** nicht verwischen; Behandlungsanweisungen und -wünsche zur „aktiven Sterbehilfe" oder gar zur **Tötung auf Verlangen** können kein wirksamer Inhalt einer „Patientenverfügung" sein.[232] Ärztlicherseits besteht im Übrigen keine Verpflichtung, den vorsorglichen Willensbekundungen des Patienten Folge zu leisten, wenn **keine Indikation für eine Behandlung** (mehr) besteht.

IV. Tatbestände des § 1901a Abs. 1 und Abs. 2 BGB

Aus dem Wortlaut des § 1901a BGB ergeben sich ableitbare – abgestufte – Bindungsin- **137** tensitäten von Willensbekundungen des Verfügenden und späteren Patienten; dabei ist zwischen **bindenden Behandlungsentscheidungen** (§ 1901a Abs. 1 S. 1 BGB), **Behandlungswünschen** (§ 1901a Abs. 2 S. 1 Alt. 1 BGB) und **mutmaßlichem Behandlungswillen** (§ 1901a Abs. 2 S. 1 Alt. 2 BGB) deutlich zu unterscheiden:

---

[226] Vgl. Palandt/*Götz* BGB § 1901a Rn. 3.
[227] Vgl. BT-Drs. 16/8442, 13.
[228] *Beermann* FPR 2010, 252 (255).
[229] BT-Drs. 16/8442, 13.
[230] Erman/*Roth* BGB § 1901a Rn. 2.
[231] Vgl. BT-Drs. 16/8442, 13; *Müller/Renner* Rn. 455 mwN.
[232] Grundlegend zur strafrechtlichen Abgrenzung BGHSt 40, 257 = NJW 1995, 204; nunmehr BGH DNotZ 2011, 622 mAnm *Ihrig;* BGHSt 55, 191 = DNotZ 2011, 34 mAnm *Albrecht;* zur straffreien Suizidassistenz und zum Recht auf Zugang zu Betäubungsmitteln bei Suizidabsicht BVerwGE 158, 142 = FamRZ 2017, 1183; BVerfG NJW 2016, 558; zu sozialrechtlichen Aspekten des Bestands einer Witwenrente/Sterbegeld LSG Berlin-Brandenburg NJW-Spezial 2014, 328; zudem *Bundesärztekammer,* Hinweise und Empfehlungen zum Umgang mit Vorsorgevollmachten und Patientenverfügungen im ärztlichen Alltag, Deutsches Ärzteblatt 115 (2018), Heft 51/52A 2434 (A 2436).

138 **1. Bindende Behandlungsentscheidung des Verfügenden (§ 1901a Abs. 1 S. 1 BGB).**
Von einer **Patientenverfügung im engen Sinne** der Legaldefinition des § 1901a Abs. 1
S. 1 BGB (auch als **„qualifizierte Patientenverfügung"** oder „konkreter Behandlungswunsch" bezeichnet) kann nur gesprochen werden, wenn der Verfügende (= späterer Patient) eine unmittelbar bindende – also hinreichend konkrete oder konkretisierbare –
Behandlungsentscheidung (= Handlungsanweisung) für eine verknüpfte – ebenfalls hinreichend konkrete oder konkretisierbare – **Behandlungssituation** (= Situationsbeschreibung) trifft, die im Zeitpunkt der Festlegung (noch) nicht unmittelbar bevorsteht (= antizipierte Einwilligung oder Nichteinwilligung in Untersuchungen des Gesundheitszustands,
Heilbehandlungen oder ärztliche Eingriffe).

139 Liegt eine derartige Verfügung vor, hat ein Vorsorgebevollmächtigter/Betreuer lediglich die Anwendbarkeit der **Eigenentscheidung des Verfügenden** (= nunmehr
einwilligungsunfähiger Patient) auf die tatsächlich **verwirklichte Lebens- und Behandlungssituation** festzustellen (= Kongruenzprüfung) und sodann die **bindende Eigenentscheidung** des Verfügenden situationsbezogen **umzusetzen** (Fall des § 1901a Abs. 1
S. 1 BGB), also dem schriftlich niedergelegten Willen **Ausdruck und Geltung** zu verschaffen (§ 1901a Abs. 1 S. 2, Abs. 5 BGB). Raum für eine **Eigenentscheidung des Bevollmächtigten**/Betreuers in dem Sinne, dass er die maßgebliche Einwilligung oder
Nichteinwilligung erteilt oder zu erteilen hätte, bleibt bei einer Patientenverfügung im
engeren Sinne nicht.[233] Im Gegenteil, setzt sich der Bevollmächtigte/Betreuer über die
bindende Eigenentscheidung des Betroffenen in der kongruenten Lebens- und Behandlungssituation offenkundig hinweg, wäre unter strenger Beachtung des Verhältnismäßigkeitsgrundsatzes der Weg zu einer **Kontrollbetreuung mit Widerrufsbefugnis** als ultima ratio eröffnet (→ Rn. 114 f.).

140 Liegt eine Patientenverfügung im engen Sinne und somit eine **bindende Eigenentscheidung des Verfügenden** vor, findet zudem **§ 1904 BGB** keine Anwendung. Eine
betreuungsgerichtliche Genehmigung ist überflüssig, weil es bereits an einer Entscheidung
des Bevollmächtigten/Betreuers fehlt.

141 **2. Streitpunkt: Maß der erforderlichen Konkretisierung; Auslegung.** In Abgrenzung zu den beiden Alternativen des § 1901a Abs. 2 BGB (= Behandlungswunsch und
mutmaßlicher Behandlungswille) müssen sich aus dem verschriftlichten Inhalt einer Patientenverfügung iSd § 1901a Abs. 1 BGB mit **genügender Bestimmtheit** sowohl die
gewollten ärztlichen Maßnahmen (Untersuchung/Medikation/sonstige Therapie/Operati-
on/Abbruch etc) als auch die künftige Behandlungssituation, auf die sich die antizipierte
Einwilligung- oder Nichteinwilligungsentscheidung bezieht, ergeben. Zusammenfassend
ist somit eine Patientenverfügung nur dann ausreichend bestimmt, wenn sich feststellen
lässt, in welcher Behandlungssituation welche ärztlichen Maßnahmen durchgeführt werden bzw. unterbleiben sollen.[234] Die Situationsbeschreibung und die Handlungsanweisung
durch den Betroffenen müssen klar und abschließend sein. Hierbei ist das **Maß der erforderlichen Konkretisierung** ein besonderer Streitpunkt:

142 Bei der **inhaltlichen Gestaltung einer Patientenverfügung** genügen jedenfalls allgemein gehaltene Formulierungen oder gar die Beschränkung auf allgemeine Wertvorstellungen den inhaltlichen Anforderungen an die erforderliche Konkretisierung der Handlungsanweisung nach § 1901a Abs. 1 BGB nicht. Eher **allgemeine Richtlinien**[235] des
Betroffenen *„ein würdevolles Sterben zu ermöglichen oder zuzulassen"*, wenn ein Therapieer-
folg nicht mehr zu erwarten sei, sind nicht hinreichend bestimmt und erzeugen keine
unmittelbare Bindung.[236] Ähnliches gilt für Patientenäußerungen, wie: *„wenn ich einmal*

---

[233] *Müller/Renner* Rn. 483.
[234] BGH BeckRS 2018, 31892 Rn. 19; BGHZ 214, 62 = DNotZ 2017, 611 Rn. 17.
[235] Zu diesem Abgrenzungsbegriff BT-Drs. 16/8442, 13.
[236] Vgl. auch BGHZ 211, 62 = DNotZ 2017, 199 Rn. 46; BGHZ 202, 226 Rn. 29; Palandt/*Götz* BGB
    § 1901a Rn. 5.

sehr krank und nicht mehr in der Lage bin, ein für mich erträgliches umweltbezogenes Leben zu führen", möchte ich würdevoll sterben dürfen",[237] „keine lebenserhaltenden Maßnahmen zu wünschen" oder einen Behandlungsabbruch herbeizuführen, wenn ein „schwerer Dauerschaden des Gehirns" festgestellt ist.[238]

Missverständlich und ebenfalls **nicht hinreichend konkret** sind zudem Anordnungen, die sich auf die pauschale „Ablehnung von Maßnahmen der Intensivmedizin" beschränken. Nach Auffassung des BGH enthalten derartige Formulierungen für sich genommen gerade keine antizipierende Entscheidung für oder gegen eine konkret bevorstehende bzw. bereits eingeleitete ärztliche Maßnahme (zB Abbruch einer Ernährung und Medikation mittels Magensonde). 143

Der als restriktiv empfundenen Rechtsprechung steht nach Auffassung des BGH nicht entgegen, dass Anforderungen an die Bestimmtheit letztlich nicht überspannt werden dürfen, um das gesetzgeberische Ziel einer **Stärkung der Selbstbestimmung** zu erreichen.[239] Auch ist dem BGH bewusst, dass es einem Verfügenden im Errichtungszeitpunkt regelmäßig unmöglich sein wird, die künftige Lebens- und Behandlungssituation und die (ärztlicherseits angebotene) Maßnahme zielsicher zu beschreiben und zugleich den Fortschritt der Medizin zutreffend zu berücksichtigen.[240] Für das erforderliche **Maß an Präzision** können zudem nicht die gleichen Anforderungen gelten, wie man sie an Willenserklärungen eines einwilligungsfähigen Kranken anlegen kann. Daher kann die dennoch **erforderliche Konkretisierung** durch eine **(beispielhafte) Benennung** bestimmter ärztlicher Maßnahmen und/oder die Bezugnahme auf ausreichend spezifizierte Krankheiten und Behandlungssituationen **deskriptiv** erfolgen, und zwar sowohl in einer schriftlich niedergelegten Patientenverfügung als auch in korrespondierenden Vorsorgevollmachten.[241] Schließlich dürfen die möglichst konkret benannten (zukünftigen) Lebens- und Behandlungssituationen sowie die angeordneten ärztlichen Maßnahmen **nicht isoliert betrachtet** werden, gerade ihre **Gesamtschau** und **zusammenfassende Würdigung** kann das Bestimmtheitserfordernis erfüllen.[242] 144

Patientenverfügungen sind zudem der **Auslegung** zugänglich.[243] Dabei ist indes auch für Patientenverfügungen die sog. „Andeutungstheorie" zu beachten, nach der bei formbedürftigen Willenserklärungen außerhalb der Urkunde liegende Umstände nur dann berücksichtigt werden dürfen, wenn der einschlägige Wille des Erklärenden in der formgerechten Urkunde einen wenn auch nur unvollkommenen oder andeutungsweisen Ausdruck gefunden hat.[244] 145

Vor diesem Hintergrund entspricht die Formulierung „keine Aussicht auf Wiedererlangung des Bewusstseins" in **Kombination** mit der Anordnung, in einem solchen Fall, „die Behandlung und Pflege [...] auf die Linderung von Schmerzen, Unruhe und Angst" zu beschränken, dem Bestimmtheitsgebot und stellt eine **Eigenentscheidung für einen Behandlungsabbruch** dar.[245] Hinreichend sind zudem **Anordnungen zu Behandlungsmaßnahmen** wie beispielsweise zur künstlichen Ernährung (Magensonde, PEG), Beatmung, Bluttransfusion, Dialyse, zu Maßnahmen der Intensivmedizin, zur Verabreichung von Medikamenten (zB Zytostatika, Antibiotika, Psychopharmaka), zu Maßnahmen der Palliativmedizin, zur Verwendung ggf. nicht zugelassener Behandlungsmethoden oder Medikamente **in Kombination mit einer deskriptiven Benennung künftiger Lebens- und** 146

---

[237] Vgl. BT-Drs. 16/8442, 13.
[238] BGH BeckRS 2018, 31892 Rn. 21; BGHZ 211, 62 = DNotZ 2017, 199 Rn. 48; BGHZ 214, 62 = DNotZ 2017, 611 Rn. 24.
[239] So bereits grundlegend BGHZ 202, 226 = DNotZ 2015, 47.
[240] Vgl. BGHZ 214, 62 = DNotZ 2017, 611 Rn. 18; Dodegge FamRZ 2016, 1671 (1679).
[241] BGHZ 202, 226 = DNotZ 2015, 47 Rn. 29.
[242] Vgl. BGHZ 214, 62 = DNotZ 2017, 611 Rn. 24.
[243] Vgl. BGH BeckRS 2018, 31892 Rn. 21; BGHZ 202, 226 = DNotZ 2015, 47 Rn. 30; Palandt/Götz BGB § 1901a Rn. 11; Müller ZEV 2016, 605 (608).
[244] BGH BeckRS 2018, 31892 Rn. 23.
[245] BGH BeckRS 2018, 31892 Rn. 23; BGHZ 214, 62 = DNotZ 2017, 611 Rn. 24.

Behandlungssituationen, wie beispielsweise dem unmittelbaren Sterbeprozess, dem Endstadium einer unheilbaren Krankheit, dem Verlust der Kommunikations- und Entscheidungsunfähigkeit nach einer Hirnschädigung und Fällen eines massiven Hirnabbauprozesses.[246]

147   Das Erfordernis der Konkretisierung durch Bezugnahme auf bestimmte medizinische Maßnahmen und Situationen (zB Endstadium einer unheilbaren Krankheit) gilt auch für das **Untersagen einer Behandlung** durch eine Patientenverfügung (= sog. **Behandlungsverbot**[247]). Anderenfalls könnte ein situationsunabhängig verfügtes Behandlungsverbot *„keine künstliche Ernährung zu wollen"*, selbst bei hoher Genesungswahrscheinlichkeit mögliche Therapiemaßnahmen in Bezug auf das Grundleiden verhindern und sogar zum Tode führen (anders ggf. bei **religiös motivierten Behandlungsverboten**[248]). Hierbei ist immer zu beachten, dass für eine Vielzahl von Verfügenden die **Anordnungen zum Behandlungsabbruch** den eigentlichen Schwerpunkt ihrer Patientenverfügung bildet.

148   Auch wenn im Einzelfall das Konkretisierungsgebot nicht erfüllt sein mag, sind Formulierungen, die in der Gesetzesbegründung unter anderem als **allgemeine Richtlinien** bezeichnet werden,[249] nicht etwa belanglos oder gar rechtlich unverbindlich; sie sind lediglich imperfekt im Sinne einer bindenden Eigenentscheidung des Betroffenen nach § 1901a Abs. 1 S. 1 BGB. Wirkung entfalten sie im Rahmen der Entscheidungsfindung des Vorsorgebevollmächtigten/Betreuers auf der Grundlage geäußerter **Behandlungswünsche** oder unter Berücksichtigung des **mutmaßlichen Behandlungswillens** nach § 1901a Abs. 2 BGB (auch als **„allgemeine"** oder **„einfache Patientenverfügung"** bezeichnet). Es kann daher keine Rede davon sein, dass eine als Patientenverfügung bezeichnete Äußerung nur dann effektiv ist, wenn sie (ggf. im Zusammenwirken mit Äußerungen in einer Vorsorgevollmacht) die konkrete Behandlungssituation antizipiert und genau hierfür eine Behandlungsentscheidung trifft. Das „hohe Anforderungsprofil" des § 1901a Abs. 1 BGB drängt daher die Verfügenden nicht notwendigerweise in das schriftliche Abfassen ihrer konkreten Behandlungsentscheidungen. Denn genau dies würde, ohne Eingreifen des § 1901a Abs. 2 BGB, die Betroffenen schnell überfordern und entgegen der Intention des 3. BtÄndG von der Erstellung einer Patientenverfügung abhalten. Allerdings steigen im Anwendungsbereich des § 1901a Abs. 2 BGB die **Bedeutung des Vorsorgebevollmächtigten** und die textliche Fassung der Vorsorgevollmacht in dem Umfang, in dem es an einer bindenden Eigenentscheidung des Betroffenen fehlt. In beiden Varianten des § 1901a Abs. 2 S. 1 BGB bedarf es nicht nur einer Subsumtion der Äußerungen der Betroffenen unter die aktuelle Lebens- und Behandlungssituation und der Umsetzung, sondern zudem einer **eigenen Entscheidung des Bevollmächtigten,** unter Beachtung der feststellbar geäußerten Vorstellungen des späteren Patienten, die – insoweit sie feststellbar sind – ebenfalls Bindung erzeugen.

149 **3. Behandlungswünsche (§ 1901a Abs. 2 S. 1 Alt. 1 BGB). Behandlungswünsche** iSd § 1901a Abs. 2 S. 1 Alt. 1 BGB ergeben sich nicht nur aus mangelnder Konkretisierung iSd des engen Begriffs der Patientenverfügung nach § 1901a Abs. 1 BGB, in Betracht kommen vielmehr grundsätzlich alle Äußerungen eines Betroffenen, die **Festlegungen für die nunmehr eingetretene konkrete Lebens- und Behandlungssituation** enthalten und dennoch einzelnen Anforderungen nach § 1901a Abs. 1 BGB nicht genügen. Erfasst sind daher auch Fälle des Schriftformverstoßes (→ Rn. 159 f.) oder die Verfügung des einsichtsfähigen, jedoch minderjährigen Betroffenen.

150   Behandlungswünsche sind insbesondere dann **aussagekräftig,** wenn sie in Ansehung der Erkrankung **zeitnah geäußert** werden, **konkrete Bezüge** zur aktuellen Behand-

---

[246] BGH BeckRS 2018, 31892 Rn. 20 f.
[247] Hierzu Palandt/*Götz* BGB § 1901a Rn. 6.
[248] Vgl. MüKoBGB/*Schwab* BGB § 1901a Rn. 20.
[249] Vgl. BT-Drs. 16/8442, 13.

lungssituation aufweisen und die **Zielvorstellungen des Patienten** erkennen lassen.[250] Keine Behandlungswünsche liegen indes vor, wenn sie einen ausschließlich allgemein gehaltenen Inhalt aufweisen und/oder kein hinreichender Bezug zur aktuellen Behandlungssituation gegeben ist.[251] Liegt für die nunmehr eingetretene konkrete Lebens- und Behandlungssituation ein feststellbarer Behandlungswunsch, jedoch gerade keine bindende Eigenentscheidung des Patienten vor, ist es zunächst die Aufgabe des Vorsorgebevollmächtigte/Betreuer die erforderliche **Kongruenz** festzustellen (→ Rn. 139). Geltung und Ausdruck verschafft der Vorsorgebevollmächtigte/Betreuer dem Behandlungswunsch, indem er (und gerade nicht der Verfügende) nach positiver Kongruenzfeststellung, die eigentliche, **gebundene Behandlungsentscheidung** trifft (§ 1901a Abs. 2 S. 1 BGB).

4. Mutmaßlicher Behandlungswille (§ 1901a Abs. 2 S. 1 Alt. 2 BGB). Auf den **mut-** **151** **maßlichen Willen der Betroffenen** iSd § 1901a Abs. 2 S. 1 Alt. 2 BGB ist nach der Art eines **Ausschlussprinzips** abzustellen, wenn sich ein auf die aktuelle Lebens- und Behandlungssituation bezogener „wirklicher Wille" des Betroffenen nicht feststellen lässt, also kein Subsumtionsergebnis auf der Basis von verschriftlichten Behandlungsentscheidungen oder geäußerten Behandlungswünschen hergestellt werden kann. Damit sind vor allem auch Fälle erfasst, in denen sich der Betroffene insoweit nicht geäußert hat oder der „wirkliche Wille" aus der einfachen Patientenverfügung nicht eindeutig feststellbar ist.

Positiv ist der mutmaßliche Wille (und ggf. auch der zu mutmaßende Wille) des Be- **152** troffenen anhand **konkreter Anhaltspunkte** zu ermitteln, insbesondere auf der Grundlage früherer mündlicher oder schriftlicher Äußerungen, die jedoch keinen feststellbaren Bezug zur aktuellen Lebens- und Behandlungssituation aufweisen oder der konkreten Situation nicht vollständig entsprechen. In den Kontext der Ermittlung des mutmaßlichen Willens gehört schließlich die Einbeziehung der **ethischen oder religiösen Überzeugungen**[252] und sonstigen **persönlichen Wertvorstellungen** des Betroffenen, aber auch **Äußerungen in einer einfachen Patientenverfügung,** die sich wiederum nicht als Behandlungswünsche qualifizieren lassen (§ 1901a Abs. 2 S. 2 und S. 3 BGB). Im Anwendungsbereich des § 1901a Abs. 2 BGB kann daher eine Patientenverfügung als ausfüllungsbedürftige „Richtungsentscheidung" verstanden werden und bedeutsam sein.[253]

Die Benennung einer sonstigen **Vertrauensperson nach § 1901b Abs. 2 BGB** kann **153** indizielle Bedeutung für die Fähigkeit (und Legitimation) zur mutmaßlichen Willensbildung sein.[254] Der Wille (und das Interesse) des **Ehegatten** des nunmehr einwilligungsunfähigen Patienten, der seine Vertrauensperson ist, kann allerdings nur dann Bedeutung erlangen, wenn dieser mutmaßlich den Willen des Betroffenen beeinflusst hätte. Ein unmittelbares Abstellen auf den Willen des Ehegatten oder gar dessen Bedürfnisse, kommt auch unter Berücksichtigung des Art. 6 Abs. 1 GG nicht in Betracht.[255]

Der BGH hat die hermeneutische Herangehensweise zur Feststellung des mutmaßli- **154** chen Willens in seiner Leitentscheidung vom 17.9.2014[256] als das **Aufstellen einer These,** wie sich der Betroffene selbst in der konkreten Lebens- und Behandlungssituation entschieden hätte, wenn er noch über sich selbst bestimmen könnte, beschrieben. Dabei sind keine erhöhten Anforderungen an die Ermittlung und Annahme des mutmaßlichen Willens zu stellen, wenn der Tod des Betroffenen unmittelbar bevorsteht. Auf den mut-

---

[250] BGHZ 202, 226 = DNotZ 2015, 47.
[251] BGHZ 202, 226 = DNotZ 2015, 47 Rn. 28f.; BGH FamRZ 2016, 1671 Rn. 54; BGHZ 214, 62 = DNotZ 2017, 611 Rn. 33.
[252] Hierzu kritisch *Albrecht/Albrecht/Böhm/Böhm-Rößler* Patientenverfügung Rn. 229.
[253] So *Münch/Renner* FamR § 16 Rn. 168.
[254] Vgl. BGHZ 214, 62 = DNotZ 2017, 611 Rn. 40ff.
[255] Vgl. BGHZ 214, 62 = DNotZ 2017, 611 Rn. 40ff.
[256] BGHZ 202, 226 = DNotZ 2015, 47 unter Verweis auf Bienwald/Sonnenfeld/*Hoffmann,* Betreuungsrecht, 5. Aufl. 2011, BGB § 1901a Rn. 67ff.

maßlichen Willen kann keinesfalls als Mittel zur **Korrektur** der (klaren) Willensbekundung für oder gegen bestimmte medizinische Maßnahmen zurückgegriffen werden.

155   Nur im Rahmen des § 1901a Abs. 2 BGB kann dem Bevollmächtigten zudem ein **Ermessensspielraum** eingeräumt werden, die erforderlichen Entscheidungen nach bestem Wissen und Gewissen so zu treffen, wie sie dann in der aktuellen Lebens- und Behandlungssituation dem Wohl des Verfügenden entsprechen. Die ausdrückliche Einräumung eines „freien" oder „eigenen Ermessens" des Vorsorgebevollmächtigten, ohne konkrete Anhaltspunkte für die Feststellung eines mutmaßlichen Eigenwillens des Verfügenden, reicht als Grundlage für die **Entscheidung zu einem Behandlungsabbruch** erst recht nicht aus. Die freie Ermessensausübung ist immer durch die Schranke des Patientenwohls limitiert und findet ihre Grenze an dem nicht disponiblen Grundsatz, dass ohne Feststellung eines – ggf. mutmaßlichen – Patientenwillens (= Ausschöpfung aller verfügbaren Erkenntnisquellen) dem **Schutz des Lebens** der Vorrang einzuräumen ist (→ Rn. 157).[257] Die Behandlungsentscheidung auf der Grundlage des mutmaßlichen Willens des Verfügenden/Patienten ist eine situationsbezogene, **gebundene Eigenentscheidung des Bevollmächtigten** nach § 1901a Abs. 2 S. 1 BGB.

V. Ziel- und Rechtsgüterkonflikte bei Behandlungsabbruch

156   **1. Behandlungsabbruch und Recht auf Leben.** Von besonderer Bedeutung sind aussagekräftige Patientenverfügungen im Zusammenhang mit Entscheidungen zum **Abbruch lebenserhaltender oder -verlängernder Maßnahmen** (Behandlungsabbruch); hierbei sind zugleich Fragen der straffreien „passiven Sterbehilfe" betroffen.[258] In diesen Sachzusammenhang fällt das Unterlassen der Fortführung bereits begonnener und erforderlicher medizinischer Maßnahmen (zB keine weitere Nahrungsflasche bei künstlicher Ernährung mittels Magensonde) oder das Unterlassen des Beginns der eigentlich erforderlichen Behandlung (zB erstmalige Einleitung einer künstlichen Ernährung). Vieles spricht dafür, die **Ablehnung (künstlicher) enteraler Sonden- und intravenöser Ernährung** bei beispielhaft benannten Behandlungssituationen ausdrücklich in die Patientenverfügung aufzunehmen.

157   Steht die Entscheidung eines Vorsorgebevollmächtigten/Betreuers, in einer konkreten Lebens- und Behandlungssituation keinen Behandlungsabbruch vornehmen zu wollen, nicht offenkundig im Widerspruch zu dem als Behandlungswunsch geäußerten oder festgestellten mutmaßlichen Willen des Betroffenen und sind alle verfügbaren Erkenntnisquellen zur Feststellung eines konkretisierbaren Behandlungswunsches oder des mutmaßlichen Behandlungswillens ergebnislos ausgeschöpft oder verbleiben Zweifel an deren Reichweite, gebietet das **hohe Rechtsgut auf Leben** entsprechend dem Wohl des Vollmachtgebers zu entscheiden und dabei dem **Schutz des Lebens** Vorrang einzuräumen.[259]

158   **2. Behandlungsabbruch und Organ- bzw. Gewebespende.** Zielkonflikte zwischen typischen Anordnungen einer Patientenverfügung zum Behandlungsabbruch, der zum Tode führt und der Bereitschaft zur Organ- und Gewebespende (vgl. § 1a TPG) können dadurch entstehen, dass vor allem Spenderorgane nur nach **Feststellung des Hirntodes** und zugleich bei **Aufrechterhaltung des Kreislaufs** entnommen werden können. Damit kommt es (zumeist kurzfristig) zur Durchführung intensivmedizinischer Maßnahmen mit dem Zweck der Bestimmung des Hirntods und zur anschließenden

---

[257] Vgl. BGHZ 211, 67 Rn. 37 mwN = DNotZ 2017, 199 mAnm *Renner; Albrecht/Albrecht/Böhm/Böhm-Rößler* Patientenverfügung Rn. 153 ff.
[258] Grundlegend BGHZ 202, 226 = DNotZ 2015, 47; BGHSt 55, 191 = FamRZ 2010, 1551 Rn. 27.
[259] BGHZ 211, 67 Rn. 37 mwN = DNotZ 2017, 199 mAnm *Renner;* grundlegend BGHZ 202, 226 = DNotZ 2015, 47.

Entnahme der medizinisch in Frage kommenden Organe. Dieser Zielkonflikt,[260] der sich auch ergibt, wenn der Hirntod nach ärztlicher Einschätzung in wenigen Tagen bevorsteht, sollte in einer Patientenverfügung als Ausnahme der Abbruchsanordnung angesprochen werden.

VI. Form, Errichtung und andere Wirksamkeitserfordernisse

1. Schriftform und Höchstpersönlichkeit. Die qualifizierte Patientenverfügung iSd 159 § 1901a Abs. 1 BGB bedarf zumindest der **Schriftform** (§ 126 Abs. 1 BGB „Unterschriftsform"; § 126a BGB ist anwendbar) und kann als Ausdruck des „wirklichen Willens" lediglich von **einwilligungsfähigen und volljährigen Verfügenden** errichtet werden. **Behandlungswünsche** (§ 1901a Abs. 2 BGB), die Äußerung von Überzeugungen und Wertvorstellungen bedürfen hingegen keiner bestimmten Form; es empfiehlt sich jedoch, auch sie mindestens schriftlich zu verfassen. Das Schriftformerfordernis steht der Verwendung eines Formulars nicht entgegen,[261] es muss jedoch zwingend eigenhändig unterschrieben sein.

Es gilt zudem der Grundsatz der **Höchstpersönlichkeit;** rechtsgeschäftliche oder ge- 160 setzlich begründete Vertretung ist bei der Errichtung einer Patientenverfügung ausgeschlossen (hierzu → Rn. 5 und → § 27 Rn. 11).[262] Auch ein rechtsgeschäftlich berufener **Vorsorgebevollmächtigter** oder ein gerichtlich bestellter **Betreuer** können für den Vertretenen keine Patientenverfügung errichten, ändern oder widerrufen. Das Schriftformerfordernis bewirkt unter anderem, dass **Schreibunfähige** ihre qualifizierte Patientenverfügung notariell beurkunden lassen müssen (§ 126 Abs. 4 BGB, § 25 BeurkG).

Hat der Verfügende das **Formerfordernis nicht beachtet,** jedoch eindeutig und auch 161 nachweisbar konkrete und situationsbezogene Willensbekundungen über die Einwilligung oder Nichteinwilligung in eine bestimmte, noch nicht unmittelbar bevorstehende ärztliche Maßnahme abgegeben, liegt zwar keine qualifizierte Patientenverfügung gemäß § 1901a Abs. 1 BGB vor, nicht aber ein Fall der Nichtigkeit iSd § 125 S. 1 BGB. Nicht formgerecht geäußerte Behandlungsentscheidungen sind vielmehr in der kongruenten Lebens- und Behandlungssituation, soweit es sich eindeutig um **freien Willensbetätigungen** handelt, als **Behandlungswunsch** (§ 1901a Abs. 2 S. 1 BGB) bei der Umsetzungsentscheidung des Vorsorgebevollmächtigten/Betreuer zwingend zu beachten.[263] Insoweit ist der mit dem Formerfordernis einhergehende Grundrechtseingriff (→ Rn. 159) nicht allein durch Übereilungsschutz, Klarstellungsinteresse und Beweisfunktion gerechtfertigt, sondern durch die fortgeltende Bedeutung der nicht formgerechten Patientenäußerung nach § 1901a Abs. 2 BGB auch verhältnismäßig.

Patientenverfügungen sollten **Angaben zu Zeit und Ort** ihrer Errichtung enthalten; 162 ein Wirksamkeitserfordernis ist dies indes nicht.[264]

2. Patientenverfügung und Vorsorgevollmacht als „Paket". Die Errichtung der Pa- 163 tientenverfügung kann zusammen mit einer **Vorsorgevollmacht** in einer oder getrennten Urkunden erfolgen; zwingend ist eine sog. „Paketlösung"[265] nicht. Wird die Patientenverfügung zusammen mit einer Vorsorgevollmacht errichtet, ist sie insoweit zugleich Teil des der Vollmachtserteilung zugrundeliegenden Grundgeschäfts. Erfolgt die Errichtung vor einem Notar (Niederschrift, Unterschriftsbeglaubigung), sollte unbedingt auf das **Erfordernis der Umsetzung** einer Patientenverfügung durch einen Bevollmächtigten/

---

[260] Hierzu auch *Bundesärztekammer,* Arbeitspapier zum Verhältnis von Patientenverfügung und Organspendeerklärung, Deutsches Ärzteblatt 110 (2013), Heft 12A 572.
[261] Hierzu *Albrecht/Albrecht/Böhm/Böhm-Rösler* Patientenverfügung Rn. 177.
[262] *Albrecht/Albrecht/Böhm/Böhm-Rösler* Patientenverfügung Rn. 178.
[263] S. auch BT-Drs. 16/8442, 13.
[264] Vgl. Palandt/*Götz* BGB § 1901a Rn. 11.
[265] Begriff bei Münch/*Renner* FamR § 16 Rn. 32; die „Paketlösung".

Betreuer hingewiesen werden. Es erscheint im Übrigen sinnvoll, in einer **isolierten Patientenverfügung** einen zur Umsetzung befugten Bevollmächtigten für den Fall zu bestimmen, dass anderweitig keine Bevollmächtiger bestellt ist.[266] Anders als bei rechtsgeschäftlicher Vertretung gilt bei der Umsetzung der Patientenverfügung durch einen Vorsorgebevollmächtigten/Betreuer nicht der Grundsatz der Repräsentation.

164 **3. Einwilligungsfähigkeit des Betroffenen.** Der Abgrenzung zwischen **Einwilligungs- und Geschäftsfähigkeit** (hierzu bereits → Rn. 15 ff.) des Verfügenden kommt in der gelebten Praxis wenig Bedeutung zu, wohl aber deren Feststellung überhaupt. **Einwilligungsfähigkeit** ist jedenfalls dann gegeben, wenn der Betroffene im Errichtungszeitpunkt über natürliche **Einsichts- und Steuerungsfähigkeit** verfügt, also die Bedeutung, die Tragweite und auch die Risiken seiner antizipierenden Behandlungsentscheidung zu erkennen und abzuschätzen vermag.[267]

165   Auch wenn im Einzelfall ein **Minderjähriger eindeutig einsichts- und steuerungsfähig** ist, können weder er selbst[268] noch seine sorgeberechtigten Eltern oder ein Vormund für ihn eine Patientenverfügung errichten.[269]

VII. Verpflichtungs- und Kopplungsverbot

166 Für Patientenverfügungen gilt nach § 1901a Abs. 4 S. 1 und S. 2 BGB ein umfassendes, den freien Willen des Verfügenden schützendes **Verpflichtungs- und Kopplungsverbot.**[270] Unwirksam sind daher Verpflichtungen zur Errichtung einer Patientenverfügung in einem Heimvertrag oder in der Gemeinschaftsordnung einer Wohnungseigentumsanlage zum betreuten Wohnen. Insbesondere darf die Aufnahme in ein Krankenhaus, in ein Alten- oder Pflegeheim nicht von dem Vorhandensein oder Nichtvorhandensein einer vorsorglichen Willensbekundung abhängig gemacht werden.[271] Unklar sind die Wirkungen des Kopplungsverbots auf eine dennoch errichtete und inhaltlich gewollte Patientenverfügung bzw. das gekoppelte Geschäft.[272]

VIII. Fortgeltung, Widerruf und ärztliche Vorab-Mitwirkung bzw. Aufklärung

167 **1. Grundsatz der Fortgeltung.** Eine **regelmäßige Bestätigung** oder fortlaufende Erneuerung des geäußerten Patientenwillens bzw. der Patientenverfügung (und der Vorsorgevollmacht) ist unter Wirksamkeitsgesichtspunkten **nicht erforderlich**; Bestätigungsklauseln sollten daher vermieden werden. Das Gesetz geht von **Fortgeltung** aus. Dennoch sind sog. **Fortgeltungsklauseln,**[273] die deklaratorische Wirkung und erläuternde Funktion haben, in der Praxis nicht unüblich. Sie enthalten typischerweise den Hinweis darauf, dass die Patientenverfügung (ebenso eine erteilte Vorsorgevollmacht) auch dann wirksam bleibt, wenn der Verfügende geschäftsunfähig werden sollte oder für ihn durch das Betreuungsgericht ein Betreuer bestellt wird. Allerdings sollten unter Beachtung des § 1901a Abs. 1 S. 3 BGB keine Klauseln verwendet werden, die auf eine *„Fortgeltung bis zum schriftlichen Widerruf"* abstellen.

---

[266] WürzNotar-HdB/*Müller* Teil 3 Kap. 3 Rn. 114.
[267] Vgl. BT-Drs. 17/10488, 23, dort der Begriff „natürliche Willensfähigkeit"; von „Entscheidungsfähigkeit" spricht MüKoBGB/*Schwab* BGB § 1901a Rn. 9.
[268] Abl. *Renner* ZNotP 2009, 370 (377); *Albrecht/Albrecht/Böhm/Böhm-Rösler* Patientenverfügung Rn. 173 f.; *Spickhoff* FamRZ 2009, 1949; Palandt/*Götz* BGB § 1901a Rn. 3.
[269] *Müller* NotBZ 2009, 289 (291).
[270] *Albrecht/Albrecht/Böhm/Böhm-Rößler* Patientenverfügung Rn. 46; *Spickhoff* FamRZ 2009, 1949 (1954).
[271] Vgl. hierzu auch *Bundesärztekammer,* Hinweise und Empfehlungen zum Umgang mit Vorsorgevollmachten und Patientenverfügungen im ärztlichen Alltag, Deutsches Ärzteblatt 115 (2018), Heft 51/52A 2434 (A 2435).
[272] Instruktiv *Ihrig* notar 2009, 380 (384); *Albrecht/Albrecht/Böhm/Böhm-Rösler* Patientenverfügung Rn. 163.
[273] ZB Kersten/Bühling/*Kordel* § 96 Rn. 100.

Der in der Patientenverfügung zum Ausdruck kommende wirkliche Willen des Verfügen- **168** den, ist in seiner schriftlichen Verkörperung somit so lange zu beachten, bis sich der **einwilligungsfähige Verfügende** mit **erkennbarem Widerrufswillen** hiervon distanziert,[274] also ausdrücklich oder konkludent widerruft.

2. Widerruf. Nach § 1901a Abs. 1 S. 3 BGB kann der **Widerruf einer Patientenverfü- 169 gung jederzeit formlos** erfolgen, er bedarf also nicht derselben Form wie die Errichtung (= Schriftform nach § 1901a Abs. 1 S. 1 BGB). Ein Widerrufsverzicht ist in jeder Hinsicht unwirksam.[275] Inhaltliche **Änderungen einer qualifizierten Patientenverfügung** nach § 1901a Abs. 1 S. 1 BGB, die einen partiellen Widerruf voraussetzen, bedürfen indes wiederum der Schriftform.

Eine später eingetretene **Einwilligungs- bzw. Geschäftsunfähigkeit** des Verfügen- **170** den/Patienten verhindert die Widerrufsmöglichkeit faktisch und führt somit zur endgültigen Maßgeblichkeit des einmal geäußerten und bis dahin nicht widerrufenen Willens (§ 130 Abs. 2 BGB). Schwierige Abgrenzungsprobleme können entstehen, wenn der Verfügende spontane Äußerungen in konkreten Behandlungssituationen abgibt und Zweifel an seiner Einwilligungsfähigkeit bestehen.

3. Ärztliche Vorab-Mitwirkung bzw. Aufklärung. Kein Wirksamkeitserfordernis der **171** Patientenverfügung ist eine (vorherige) **ärztliche Aufklärung** und **Vorab-Beratung** oder gar dessen Mitunterzeichnung bei der notwendigen schriftlichen Abfassung. Allerdings kann eine solche Beratung wichtig und sinnvoll sein.[276] Wird ein Arzt vorab hinzugezogen, kann eine Bezugnahme in die Patientenverfügung aufgenommen werden. Bestehen **Zweifel an der Einwilligungsfähigkeit** des Verfügenden im Zeitpunkt der Verfügungserrichtung, ist die Zuziehung tunlich. Der Betroffene/Patient wird, wenn er sich ärztlich beraten lässt, die Bestimmtheit seiner Verfügungen iSd § 1901a Abs. 1 BGB dadurch erhöhen, dass er die Situationen, in denen Behandlungsentscheidungen voraussichtlich anfallen, und die in diesen Situationen bestehenden Handlungsoptionen sehr viel konkreter beschreiben und damit das ärztliche Handeln in weit größerem Umfang festlegen kann, als es ohne Beratung der Fall wäre. Dies gilt vor allem, wenn aufgrund einer diagnostizierten Erkrankung die voraussichtlichen Entscheidungssituationen und Behandlungsoptionen relativ konkret benannt werden können.[277]

Irritationen sind im Zusammenhang mit zwingenden **ärztlichen Aufklärungspflich- 172 ten** aus dem **Recht des Behandlungsvertrages** entstanden (§§ 630ff. BGB „Behandlungsvertrag"[278]). Nach der missverständlichen Gesetzesbegründung soll eine Patientenverfügung, die eine eindeutige **Einwilligung in eine ärztliche Maßnahme** enthält, nur mit **vorangegangener ärztlicher Aufklärung** oder bei erklärtem **Aufklärungsverzicht** „wirksam" sein.[279] Fehlt der ausdrücklich erklärte Verzicht nach § 630e Abs. 3 BGB, soll die Patientenverfügung lediglich als Indiz für den mutmaßlichen Patientenwillen zu werten sein. Es müsste sodann, und selbst im Anwendungsbereich des § 1901a Abs. 1 S. 1 BGB iVm § 630d Abs. 1 S. 2 BGB, die Entscheidung des ärztlich aufgeklärten Vorsorgebevollmächtigten/Betreuers eingeholt werden. Demgegenüber ist die **Ablehnung einer ärztlichen Maßnahme** in einer Patientenverfügung unabhängig von ärztlicher Aufklärung wirksam.[280] Die Aussagen der Gesetzesbegründung zur Wirksamkeit einer Patientenverfügung relativieren die Bedeutung der Eigenentscheidung des Verfügen-

---

[274] Kersten/Bühling/*Kordel* § 96 Rn. 97; *Renner* ZNotP 2004, 388.

[275] BGH DNotZ 2005, 924 mAnm *Müller* = MittBayNot 2006, 49 mAnm *Albrecht*.

[276] Vgl. BT-Drs. 16/8442, 14; BT-Drs. 16/13314, 19.

[277] Vgl. *Bundesärztekammer,* Hinweise und Empfehlungen zum Umgang mit Vorsorgevollmachten und Patientenverfügungen im ärztlichen Alltag, Deutsches Ärzteblatt 115 (2018), Heft 51/52A 2434 (A 2438).

[278] G v. 20.2.2013, BGBl. I S. 277.

[279] Vgl. BT-Drs. 17/10488, 23; Palandt/*Götz* BGB § 1901a Rn. 13.

[280] BT-Drs. 17/10488, 23f.

den erheblich und können nicht überzeugen; letztlich gehören §§ 630a ff. BGB in das Behandlungsvertragsrecht, ohne dass dem ein besonderer Regelungsgehalt für eine Patientenverfügung zu entnehmen ist.[281]

IX. Umsetzung (Erörterungs- und Umsetzungsverfahren)

173   Grundsätzlich ist für die **Umsetzung des festgestellten Patientenwillens** (= situationsbezogene Behandlungsentscheidung) die vorherige Durchführung eines zusammenwirkenden **Erörterungs- und Umsetzungsverfahren** zwischen behandelndem Arzt und Vorsorgebevollmächtigtem/Betreuer erforderlich (vgl. § 1901b Abs. 1 BGB).[282] Hierbei prüft der behandelnde Arzt in seiner primären Funktion und Verantwortung, welche ärztliche Behandlung im Hinblick auf den Gesamtzustand und die Prognose des Patienten indiziert ist und erörtert dies sodann mit dem Bevollmächtigten/Betreuer, jeweils unter Berücksichtigung der Anordnungen der Patientenverfügung. Der Bevollmächtigte/Betreuer prüft wiederum in seinem primären Verantwortungsbereich die Kongruenz zwischen Patientenverfügung und eingetretener Lebens- und Behandlungssituation mit dem Ziel, dem Patientenwillen Ausdruck und Geltung zu verschaffen. Zugleich prüft er, ob die zeitlich früher erfolgten Festlegungen des Verfügenden noch seinem Willen entsprechen, also tatsächlich fortgelten.[283]

174   Die **situationsbezogene Behandlungsentscheidung** trifft sodann der Vorsorgebevollmächtigte, wenn und soweit sie der Verfügende und nunmehrige Patient nicht bereits selbst in einer „qualifizierten Patientenverfügung" gemäß § 1901a Abs. 1 BGB getroffen hat (→ Rn. 138 ff.). Allerdings ist die genaue Bedeutung und Wirkungsweise der **Verbindlichkeit** einer „qualifizierten Patientenverfügung" nach wie vor umstritten.[284] Das gilt insbesondere für die Frage, ob der **behandelnde Arzt** im Rahmen einer eindeutigen Verfügung nach § 1901a Abs. 1 BGB bereits derart gebunden wird, dass es der Einschaltung eines Bevollmächtigten/Betreuers im Zweifel nicht bedarf, also zur Entscheidungsfindung und Umsetzung des Patientenwillens nicht zwingend ein **Drei-Personen-Verhältnis** (Patient/Arzt/Bevollmächtigter) hergestellt werden muss.[285] Dieser Frage kommt Bedeutung zu, wenn zwar eine „qualifizierte Patientenverfügung" vorliegt, jedoch weder ein Bevollmächtigter berufen noch ein Betreuer bestellt ist und somit zunächst ein Betreuungsverfahren eingeleitet werden müsste.[286] Die **Bundesärztekammer** geht nach den von ihr veröffentlichten Grundsätzen[287] für einen derartigen Fall von einer unmittelbaren Bindung des behandelnden Arztes aus und sieht keinen Bedarf für die Einleitung eines Betreuungsverfahrens.

175   **Für eine unmittelbare Verbindlichkeit spricht,** dass Bevollmächtigte/Betreuer (und alle anderen Adressaten) im Rahmen des § 1901a Abs. 1 BGB keine eigene Behandlungsentscheidung treffen können (→ Rn. 138 ff.), und es deshalb im Schutzbereich der Grundrechtsausübung des Verfügenden nach Art. 2 Abs. 2 S. 1 GG unverhältnismäßig und auch nicht erforderlich erscheint, eine Drittbeteiligung allein aus verfahrensrechtlichen Gründen zu erzwingen.[288] Auch § 630d Abs. 1 S. 2 BGB kann als Indiz für eine unmittel-

---

[281] Vgl. hierzu *Albrecht/Albrecht/Böhm/Böhm-Rösler* Patientenverfügung Rn. 140 f.

[282] Kritisch MüKoBGB/*Schwab* BGB § 1901b Rn. 4.

[283] Vgl. BT-Drs. 16/8442, 14.

[284] Vgl. *Albrecht/Albrecht* MittBayNot 2009, 426 (427); *Albrecht/Albrecht/Böhm/Böhm-Rösler* Patientenverfügung Rn. 119 ff.; *Beckmann* FPR 2010, 278; *Coeppicus* NJW 2011, 2085 (2086) und NJW 2013, 2939; *Münch/Renner* FamR § 16 Rn. 166 ff.; vermittelnd *Müller* DNotZ 2010, 169.

[285] Vgl. *Zimmermann* Vorsorgevollmacht Rn. 414.

[286] WürzNotar-HdB/*Müller* Teil 3 Kap. 3 Rn. 114 rät deswegen zu einer vorsorglichen Vollmachtserteilung in einer Patientenverfügung.

[287] *Bundesärztekammer,* Hinweise und Empfehlungen zum Umgang mit Vorsorgevollmachten und Patientenverfügungen im ärztlichen Alltag, Deutsches Ärzteblatt 115 (2018), Heft 51/52A 2434 (A 2437) und Grundsätze zur ärztlichen Sterbebegleitung, Deutsches Ärzteblatt 108 (2011), Heft 7A 346 (A 347).

[288] MüKoBGB/*Schwab* BGB § 1901a Rn. 35.

bare Verbindlichkeit gelten.[289] **Gegen eine unmittelbare Verbindlichkeit spricht** indes, dass § 1901b Abs. 1 S. 1 und S. 2 BGB unterschiedslos für alle situationsbezogenen Behandlungsentscheidungen nach § 1901a BGB ein **Zusammenwirken mit dem behandelnden Arzt** voraussetzen und für das Erörterungs- und Umsetzungsverfahren abgrenzbare Verantwortungsbereiche zwischen behandelndem Arzt und Bevollmächtigtem/ Betreuer definiert. Zudem misst der BGH aus strafrechtlicher Sicht[290] dem strikten Einhalten des **Umsetzungsverfahrens** eine wohl unabdingbare Bedeutung zu. Auch die Gesetzgebungsgeschichte und der Wortlaut des § 1901b Abs. 1 S. 2 („… für die nach § 1901a zu treffende Entscheidung") sprechen für die eigenständige Bedeutung des **Erörterungsverfahrens mit anschließender – gebundener – Umsetzung** durch einen Vorsorgebevollmächtigten/Betreuer.[291]

Vor der Umsetzung des Patientenwillens „sollen" im Übrigen auch **nahe Angehörige**   176 und **benannte Vertrauenspersonen,** deren Namen in die Patientenverfügung aufgenommen werden können, in einer Art **Konsilsituation** gehört werden (§ 1901b Abs. 2 BGB). Diese Verfahrensregeln haben indes nur flankierenden Charakter.[292] Bei § 1901b Abs. 2 BGB handelt es sich nämlich nach dem insoweit eindeutigen Wortlaut lediglich um eine Soll-Vorschrift, deren Nichtbeachtung nicht zur Rechtswidrigkeit der (Nicht-) Einwilligung des berufenen Bevollmächtigten führt.[293]

Der Verfügende kann die Beteiligung naher Angehöriger auf der Grundlage des   177 § 1901b Abs. 2 BGB ebenso ausschließen.[294] Über diese Möglichkeit sollte intensiv nachgedacht werden, weil auch ein Dissens der nahen Angehörigen und benannten Vertrauenspersonen untereinander zu einem betreuungsgerichtlichen Verfahren führen könnte.

X. Betreuungsgerichtliche Genehmigung; „Konsenslösung"

Zur **Umsetzung der Patientenverfügung bzw. des Patientenwillens** im Bereich   178 ärztlicher Maßnahmen bedarf es nach § 1904 Abs. 5 iVm Abs. 1 und Abs. 2 BGB der **Genehmigung des Betreuungsgerichts.** Eine solche Genehmigung ist jedoch dann nicht erforderlich, wenn – wie im Regelfall – zwischen dem behandelnden Arzt und dem Bevollmächtigten **Einvernehmen** darüber besteht, dass die Erteilung, die Nichterteilung oder der Widerruf einer Einwilligung dem nach den gesetzlichen Vorschriften, insbesondere auf der Grundlage einer Patientenverfügung festgestellten Willen des Vollmachtgebers entspricht (sog. **„Konsenslösung",** vgl. § 1904 Abs. 4 BGB). Damit ist das gerichtliche Genehmigungserfordernis im Bereich der Umsetzung ärztlicher Maßnahmen zumeist auf **Konflikt- oder Dissenssituationen zwischen behandelndem Arzt und Bevollmächtigtem** beschränkt.[295] Eines betreuungsgerichtlichen **Negativattestes** bedarf es nicht;[296] es kann jedoch eingeholt werden.[297] Eine **Konflikt- oder Dissenssituation** liegt aus ärztlicher Sicht[298] vor, wenn eine medizinische Indikation zur Behandlung besteht, also ein **Therapieziel** (Heilung, Lebensverlängerung, Rehabilitation oder Erhaltung der Lebensqualität) mit realistischer Wahrscheinlichkeit erreicht werden kann, der Vorsorgebevollmächtigte dennoch die angebotene Behandlung ablehnt und gerade keine Einigkeit darüber besteht, dass auch der Patient ablehnen würde bzw. **Zweifel** an dieser Ab-

---

[289] Anders jedoch BT-Drs. 17/10488, 23.
[290] BGHSt 55, 191 = DNotZ 2011, 34 mAnm *Albrecht;* BGH DNotZ 2011, 622 mAnm *Ihrig* DNotZ 2011, 583.
[291] Vgl. *Albrecht/Albrecht* MittBayNot 2009, 426 (432); *Albrecht/Albrecht/Böhm/Böhm-Rösler* Patientenverfügung Rn. 120 ff.
[292] *Renner* ZNotP 2009, 371 (373).
[293] BGHZ 211, 67 Rn. 50 = DNotZ 2017, 199 mAnm *Renner;* MüKoBGB/*Schwab* BGB § 1901b Rn. 9.
[294] Kersten/Bühling/*Kordel* § 96 Rn. 92 ff. mwN.
[295] *Müller* NotBZ 2009, 289 (293); *Schmitz* FPR 2010, 275 (276).
[296] Palandt/*Götz* BGB § 1901a Rn. 22.
[297] Vgl. LG Kleve NJW 2010, 2666.
[298] *Bundesärztekammer,* Hinweise und Empfehlungen zum Umgang mit Vorsorgevollmachten und Patientenverfügungen im ärztlichen Alltag, Deutsches Ärzteblatt 115 (2018), Heft 51/52A 2434 (A 2440).

lehnung bestehen. Der behandelnde Arzt wird das Betreuungsgericht immer anrufen, wenn der Dissens über den Patientenwillen und die fehlende Zustimmung zu einer vorgeschlagenen Maßnahme den Patienten in die Gefahr des Todes oder eines schweren und länger dauernden gesundheitlichen Schadens bringt. Umgekehrt besteht auch dann eine **Konfliktsituation,** wenn der Vorsorgebevollmächtigte oder die Angehörigen des Patienten unter Hinweis auf die Patientenverfügung die Durchführung oder Weiterführung einer aus ärztlicher Sicht **nicht (mehr) indizierten Maßnahme** verlangen.[299] Die fehlende medizinische Indikation für lebensverlängernde Maßnahmen führt aus der Sicht des behandelnden Arztes zur Therapiezieländerung hin zu palliativen Maßnahmen.

179   Im Bereich von Entscheidungen zur **freiheitsentziehenden Unterbringung** oder zu **freiheitsentziehenden Maßnahmen in einem Krankenhaus, Heim oder sonstigen Einrichtung,** zu Entscheidungen über das **Verbringen in ein Krankenhaus** gegen den natürlichen Willen des Patienten und zu **ärztlichen Zwangsmaßnahmen** nach §§ 1906 Abs. 1 und Abs. 4, 1906a Abs. 1 und Abs. 4 BGB bedarf die Umsetzung des Betroffenenwillens immer der **Genehmigung des Betreuungsgerichts** (§§ 1906 Abs. 2 S. 1 und Abs. 4, 1906a Abs. 2 und Abs. 4 BGB); eine „Konsenslösung" nach dem Muster des § 1904 Abs. 4 BGB existiert hier nicht. Auf die gerichtliche Überprüfung kann der Vollmachtgeber/Patient nicht vorgreifend verzichten.[300] Das folgt im Rahmen unterbringungs- oder unterbringungsähnlicher Maßnahmen bereits aus der Natur des Überprüfungsgegenstands. Zwar soll das Betreuungsrecht einerseits die Fähigkeit des Betroffenen stärken, in voller geistiger Klarheit durch eine Patientenverfügung und Vorsorgevollmacht über sein künftiges Wohl und Wehe entscheiden zu können. Andererseits soll das Betreuungsrecht über Genehmigungsvorbehalte jedoch auch sicherstellen, dass einschneidende grundrechtsbezogene Maßnahmen, in die der Bevollmächtigte einwilligt, gerichtlich kontrollierbar bleiben.[301]

180   Das **Betreuungsgericht** hat letztlich in allen Genehmigungsfällen die gesetzesgemäße Handhabung der Vorsorgevollmacht durch den Bevollmächtigten auf der Grundlage des über die Patientenverfügung festgestellten wirklichen oder mutmaßlichen oder objektiv zu mutmaßenden Patientenwillens zu prüfen. Diese Kontrolle dient immer und ausschließlich der Sicherung des – in Ausübung seines Selbstbestimmungsrechts – artikulierten Willens des Betroffenen;[302] es handelt sich insoweit um eine **reine Rechtmäßigkeitsprüfung** (vgl. § 1904 Abs. 3 BGB). Kein geeigneter Überprüfungsmaßstab ist hingegen eine abstrakte Feststellung zum „Wohls des Patienten". Die komplexen Verfahrensregeln ergeben sich aus §§ 298 Abs. 2–4, 287 Abs. 3, 312 ff. FamFG.

Muster: Patientenverfügung
Siehe hierzu das Gesamtmuster → Rn. 182.

---

[299] Vgl. *Albrecht/Albrecht/Böhm/Böhm-Rösler* Patientenverfügung Rn. 262 ff.
[300] Vgl. *Walter* FamRZ 1999, 685 (691); MüKoBGB/*Schwab* BGB § 1906 Rn. 119; für ärztliche Zwangsmaßnahmen *Müller* ZEV 2013, 304 (305).
[301] BGH FamRZ 2012, 1372 mAnm *Sonnenfeld* = MittBayNot 2013, 53 unter Verweis auf BT-Drs. 13/7158, 34.
[302] Vgl. BVerfG FamRZ 2009, 945 (947).

D. Gesamtmuster

I. Innerfamiliäre Vorsorgevollmacht für einen Bevollmächtigten mit beispielhaften Einzelaufzählungen

UR-Nr. ***   181

General- und Vorsorgevollmacht

Verhandelt zu *** am ***.

Vor mir,

***,
Notar in ***,

erschien:

Herr *** *[Name Vollmachtgeber]*,
geboren am ***,
wohnhaft in ***.

Der Erschienene wies sich dem Notar zur Person aus durch Vorlage seines Bundespersonalausweises.

Der Notar überzeugte sich durch die Verhandlung von der Geschäfts- und Einwilligungsfähigkeit des Erschienenen.

Der Erschienene bat um die Beurkundung der nachstehenden

General- und Vorsorgevollmacht

und erklärte:

§ 1. Erteilung der Vollmacht

(1) Hierdurch bevollmächtige ich
*** *[Name Bevollmächtigter]*,
mich in allen meinen Angelegenheiten in jeder rechtlich zulässigen Weise gerichtlich und außergerichtlich umfassend zu vertreten. Dies umfasst die Vertretung in allen Vermögensangelegenheiten, in persönlichen Angelegenheiten und in allen Angelegenheiten meiner Patientenverfügung.

(2) **Weitere Bevollmächtigte** und/oder **Ersatzbevollmächtigte** will ich derzeit nicht bestimmen.

§ 2. Vermögens- und vermögensähnliche Angelegenheiten

(1) Die Vollmacht umfasst in **Vermögens- und vermögensähnlichen Angelegenheiten** das Recht, insbesondere zu den nachstehend aufgeführten Maßnahmen, ohne dass es sich hierbei um eine abschließende Aufzählung handelt:

a) über **Vermögensgegenstände jeder Art** zu verfügen;

b) über mir gehörende **Grundstücke** und grundstücksgleiche Rechte sowie Wohnungs- und Teileigentum und über mir gehörende Rechte an den vorbezeichneten Vermögensgegenständen zu verfügen, **Grundpfandrechte** einschließlich Zinsen und Nebenleistungen und sonstige Rechte für beliebige Gläubiger und Berechtigte zu bestellen und deren Eintragung im Grundbuch zu bewilligen und zu beantragen, persönliche Schuldversprechen/Schuldanerkenntnisse gemäß §§ 780, 781 BGB gegenüber Gläubigern abzugeben und mich persönlich und dinglich der sofortigen Zwangsvollstreckung zu unterwerfen;

c) über auf meinen Namen lautende **Konten und Depots** bei Banken, Sparkassen und sonstigen Stellen zu verfügen, alle Geschäfte, die mit der Konten- und Depotführung im Zusammenhang stehen, vorzunehmen, insbesondere über jeweilige Guthaben, zum Beispiel durch Überweisungsaufträge, Barabhebungen, Schecks zu verfügen, Geldbeträge anzulegen und in diesem Zusammenhang

auch Festgeldkonten und Sparkonten einzurichten, eingeräumte Kredite in Anspruch zu nehmen, Wertpapiere und Devisen anzukaufen und zu verkaufen sowie die Auslieferung an sich zu verlangen, Abrechnungen, Kontoauszüge, Wert-
papier-, Depot- und Erträgnisaufstellungen sowie sonstige Abrechnungen und
Mitteilungen entgegenzunehmen und anzuerkennen, Zahlungs- und Einzugsaufträge zu erteilen, zu ändern und zu widerrufen;
die Vollmacht umfasst alle Erklärungen und Maßnahmen im Zusammenhang mit
Online- und Telefonbanking sowie mit angemieteten Schließfächern;
d) **Zahlungen und Wertgegenstände** für mich anzunehmen, zu quittieren oder
Zahlungen vorzunehmen;
e) **Verbindlichkeiten** jeder Art, auch in Verbraucherdarlehensverträgen, einzugehen;
f) **geschäftsähnliche Handlungen**, wie Mahnungen, Fristsetzungen, Anträge, Mitteilungen vorzunehmen;
g) **Prozesshandlungen** jeglicher Art vorzunehmen;
h) mich **gegenüber Behörden** und **öffentlichen Stellen**, insbesondere in Renten-,
Pflege-, Versorgungs-, Steuer- und in Angelegenheiten nach den Sozialgesetzbü-
chern zu vertreten;
i) zur Entgegennahme, zum Öffnen und zum Anhalten sämtlicher **Post** und Postsendungen sowie der Abgabe von Erklärungen gegenüber der Postverwaltung
bzw. den Zustelldiensten;
j) zu sämtlichen Erklärungen und Vornahme aller Handlungen in **Fernmelde- und
Telekommunikationsangelegenheiten** sowie im Bereich jeder Art **elektronischer Kommunikation**; dies umfasst das Verwalten, Nutzen, Zugreifen, Ändern,
Löschen und Übertragen meiner oder von mir elektronisch gespeicherter Daten
sowie mich betreffende Zugangscodes, Adressen und Identitäten im **Internet**
oder auf vergleichbaren digitalen Plattformen;
k) **Schenkungen** zugunsten Dritter oder sich selbst vorzunehmen, und zwar auch in
einem Umfang, der einem gerichtlich bestellten Betreuer nach den gesetzlichen
Vorschriften nicht gestattet wäre.
(2) Der Bevollmächtigte ist berechtigt, in allen vorgenannten Angelegenheiten alle Unterlagen einzusehen und sich Auskünfte erteilen zu lassen, insbesondere auch von
Personen, die der Berufsverschwiegenheit unterliegen, also von Rechtsanwälten,
Notaren und Steuerberatern. Sie sind hiermit gegenüber dem Bevollmächtigten ausdrücklich von ihrer **Schweigepflicht** entbunden und zur Erteilung von Auskünften
und zur Einsichtnahme in Akten und Unterlagen durch den Bevollmächtigten verpflichtet.
(3) Der Bevollmächtigte kann in Vermögens- und vermögensähnlichen Angelegenheiten
für einzelne Rechtsgeschäfte oder für eine Vielzahl gleichartiger Rechtsgeschäfte
Untervollmacht erteilen. Der Bevollmächtigte ist zudem befugt, Rechtsgeschäfte
mit sich im eigenen Namen und als Vertreter Dritter vorzunehmen (Befreiung von
den Beschränkungen des § 181 BGB).

§ 3. Gesundheitliche Fürsorge,
ärztliche Maßnahmen und Selbstbestimmung

(1) Der Bevollmächtigte ist insbesondere im Bereich der **gesundheitlichen Fürsorge**
und des **Selbstbestimmungsrechts** zur Abgabe aller Erklärungen und Vornahme aller Handlungen berechtigt, zu denen ein Betreuer – mit oder ohne Genehmigung
des Betreuungsgerichts – befugt wäre. Ohne dass es sich hierbei um eine abschließende Aufzählung handelt, gilt dies beispielhaft für Entscheidungen und Erklärungen zu nachstehend aufgeführten ärztlichen Maßnahmen, nämlich:
a) zur **Einwilligung** in Untersuchungen des Gesundheitszustands, in Heilbehandlungen oder ärztliche Eingriffe jeglicher Art, selbst wenn die begründete Gefahr be-

steht, dass ich auf Grund einer solchen Maßnahme sterbe oder einen schweren und länger dauernden gesundheitlichen Schaden erleide;

b) zur **Nichteinwilligung** oder zum **Widerruf der Einwilligung** in Untersuchungen des Gesundheitszustands, in Heilbehandlungen oder ärztliche Eingriffe jeglicher Art, obwohl solche medizinisch angezeigt wären und die begründete Gefahr besteht, dass ich auf Grund des Unterbleibens oder des Abbruchs solcher Maßnahmen sterbe oder einen schweren und länger dauernden gesundheitlichen Schaden erleide. Dies umfasst ausdrücklich die Entscheidung über einen **Behandlungsabbruch** oder die **Einstellung lebenserhaltender oder -verlängernder Maßnahmen**, unabhängig von Art und Stadium meiner Erkrankung, also auch wenn die unmittelbare Todesnähe nicht gegeben ist und der Sterbevorgang als solcher noch nicht eingesetzt hat.

Entscheidungen zu lebenserhaltenden oder -verlängernden Maßnahmen können beispielhaft solche zur Einstellung künstlicher Flüssigkeits- und Nahrungszufuhr, die durch die Speiseröhre (Magensonde) oder Bauchdecke (PEG) in den Magen oder intravenös gegeben wird, zur Sauerstoffzufuhr, künstlichen Beatmung, Medikation, Bluttransfusion, Dialyse, zur Bekämpfung zusätzlich auftretenden Krankheiten, wie Lungenentzündung und Infektion, sowie zu Maßnahmen der Reanimation sein.

(2) Der Bevollmächtigte ist darüber hinaus im Zusammenhang mit Angelegenheiten der **gesundheitlichen Fürsorge** berechtigt:

a) zu Entscheidungen in allen denkbaren Einzelheiten einer ambulanten oder (teil-) stationären Behandlung und Pflege;

b) zum Abschluss und zur Aufhebung von Verträgen oder sonstigen Vereinbarungen mit Kliniken, Alten- oder Pflegeheimen oder ähnlichen Einrichtungen;

c) zur Wahrnehmung meiner Rechte gegenüber Ärzten, Krankenhäusern, Pflegeheimen oder sonstigen Personen oder Einrichtungen; Gleiches gilt gegenüber Krankenkassen und -versicherungen.

§ 4. Aufenthaltsbestimmung, ärztliche Zwangsmaßnahmen sowie freiheitsentziehende und -beschränkende Maßnahmen

(1) Der Bevollmächtigte ist in Angelegenheiten der **Aufenthaltsbestimmung**, der Einwilligung in **ärztliche Zwangsmaßnahmen** und in **freiheitsentziehende oder -beschränkende Maßnahmen**, insbesondere zur Vornahme aller nachstehend aufgeführten Erklärungen und Handlungen berechtigt, ebenfalls ohne dass es sich hierbei um eine abschließende Aufzählung handelt:

a) zur Entscheidung über die **Bestimmung meines Aufenthalts**, vor allem über die Unterbringung in einem Alten- oder Pflegeheim oder Hospiz, die Aufnahme in ein Krankenhaus oder eine ähnliche Einrichtung sowie in diesem Zusammenhang auch zur Beendigung eines Mietverhältnisses über Wohnraum, den ich gemietet habe, die Auflösung meiner Wohnung und die Veräußerung bzw. Entsorgung der Wohnungseinrichtung;

b) in Fällen einer psychischen Krankheit oder geistigen oder seelischen Behinderung von mir und ggf. entgegen meinem natürlichen Willen, zur Entscheidung über
   – eine (geschlossene) **Unterbringung, die mit Freiheitsentziehung verbunden ist** oder
   – das **Verbringen zu einem stationären Aufenthalt in einem geeigneten Krankenhaus**, ohne dort (geschlossen) untergebracht zu sein;

c) zur Einwilligung in Untersuchungen meines Gesundheitszustands, Heilbehandlungen oder ärztliche Eingriffe, die meinem natürlichen Willen widersprechen, und eine solche **ärztliche Zwangsmaßnahme** entweder im Rahmen einer freiheitsentziehenden (geschlossenen) Unterbringung oder im Rahmen eines stationären Aufenthalts in einem geeigneten Krankenhaus durchgeführt werden soll;

d) zur Einwilligung in **freiheitsentziehende oder -beschränkende Maßnahmen,** sofern mir in einem Krankenhaus, einem Heim oder einer sonstigen Einrichtung, in der ich mich aufhalte, durch mechanische Vorrichtungen, zum Beispiel das Anbringen von Bettgittern, das Fixieren mit einem Gurt, durch Medikamente, zum Beispiel die Verabreichung sedierender oder betäubender Arzneimittel oder auf andere Weise über einen längeren Zeitraum oder regelmäßig die Freiheit entzogen werden soll.

(2) Etwa vorgesehene Maßnahmen müssen jeweils zu meinem Wohl erforderlich sein und den **Grundsätzen der Verhältnismäßigkeit** entsprechen. Zu Entscheidungen nach Abs. 1 Buchst. b), c) und d) bedarf der Bevollmächtigte jeweils der **Genehmigung des Betreuungsgerichts.**

**§ 5. Kontrolle der Ärzte und des Pflegepersonals;
Sterbebegleitung und Leidhilfe; Untervollmacht**

(1) Der Bevollmächtigte ist berechtigt und verpflichtet, sich von den behandelnden Ärzten über die Art meiner Erkrankung, meinen Zustand und die Prognose aufklären zu lassen, um die Entscheidung über die Behandlung, einen Eingriff oder einen Behandlungsabbruch zu ermöglichen. Er hat die vorgenommenen ärztlichen Maßnahmen zu kontrollieren. Ich entbinde hiermit die zuständigen Ärzte ausdrücklich von ihrer **ärztlichen Schweigepflicht.** Die Vollmacht berechtigt den Bevollmächtigten, meine Krankenunterlagen einzusehen, über die Weitergabe an Dritte zu entscheiden und jederzeit für sich und Dritte ein Besuchsrecht geltend zu machen.

(2) Der Bevollmächtigte ist in allen Angelegenheiten zur Kontrolle darüber berechtigt, ob das Alten- oder Pflegeheim oder Hospiz, die Klinik oder das Krankenhaus oder eine ähnliche Einrichtung, die Ärzte und das Pflegepersonal mir trotz meiner Bewusstlosigkeit oder Entscheidungsunfähigkeit eine **angemessene ärztliche und pflegerische Betreuung** zukommen lassen, die zugleich auch eine menschenwürdige Unterbringung umfasst.

(3) Die Kontrolle bezieht sich auch auf die **Sterbebegleitung** und die **Leidhilfe,** die Ärzte und Pflegepersonal verpflichtet, Schmerzen, Atemnot oder schweren Angstzuständen entgegenzuwirken, selbst wenn mit diesen **palliativen Maßnahmen** das Risiko einer Lebensverkürzung nicht ausgeschlossen werden kann, sowie Hunger und Durst auf natürlichem Wege zu stillen.

(4) In den Angelegenheiten nach den §§ 3 bis 5 dieser Urkunde darf **keine Untervollmacht** erteilt werden.

§ 6. Betreuungsverfügung

Durch diese Vollmachterteilung soll die **Bestellung eines Betreuers** durch das Betreuungsgericht vermieden werden.

Sollte dennoch, gleichviel aus welchem Grund und welchen Aufgabenkreis betreffend durch das zuständige Betreuungsgericht ein Betreuer für mich bestellt werden müssen, verfüge ich, dass mein Bevollmächtigter zu meinem Betreuer bestellt wird; im Übrigen soll die Vollmacht zu jeder Zeit weitestgehend aufrecht erhalten bleiben. Weitere Betreuer oder Ersatzbetreuer will ich derzeit nicht bestimmen.

§ 7. Patientenverfügung

Soweit ich neben dieser Vollmacht eine allgemeine oder für einen bestimmten Fall gedachte Patientenverfügung errichte oder bereits errichtet habe, beauftrage und bevollmächtige ich meinen Bevollmächtigten in der entsprechenden Leben- und Behandlungssituation, die **Anordnungen der Patientenverfügung** umzusetzen, insbesondere einen schriftlich ausdrücklich erklärten Willen, meine **Behandlungswünsche** sowie meinen **mutmaßlichen Willen** festzustellen und diesem Ausdruck und Geltung zu verschaffen.

Zudem räume ich dem Bevollmächtigten einen **Ermessensspielraum** dahingehend ein, die sodann notwendigen Entscheidungen nach bestem Wissen und Gewissen so zu treffen, wie sie meinem Wohl entsprechen.

§ 8. Grundverhältnis; Ausfertigungen; Vollmacht über den Tod hinaus

(1) Dieser General- und Vorsorgevollmacht liegt im **Innenverhältnis**, ohne jegliche Einschränkung der Vertretungsmacht nach außen, ein **Auftragsverhältnis** mit folgenden Maßgaben zugrunde:

a) Der Bevollmächtigte soll von dieser Vollmacht erst dann Gebrauch machen, wenn ich durch Krankheit, Unfall oder Alter an der Besorgung meiner Angelegenheiten gehindert bin oder aus einem anderen Anlass dazu anweise.

b) Der Bevollmächtigte ist bei Wahrnehmung meiner Angelegenheiten nur mir gegenüber und zu meinen Lebzeiten zur Rechnungslegung verpflichtet, er haftet nur für grobe Fahrlässigkeit und Vorsatz; eine Pflicht zur Vorlage von Einzelbelegen begrenze ich auf Vorgänge über 500,– EUR.

(2) Von dieser Vollmacht kann nur Gebrauch gemacht werden, wenn der Bevollmächtigte eine **auf seinen Namen lautende Ausfertigung** in Besitz hat und vorlegt. Dem Bevollmächtigten können im Übrigen beliebig viele Ausfertigungen dieser Urkunde erteilt werden. Dem Betreuungsgericht ist jederzeit auf Verlangen eine einfache oder beglaubigte Abschrift dieser Urkunde zu erteilen.

(3) Diese **Vollmacht** gilt uneingeschränkt fort, bis ich sie ausdrücklich widerrufe. Sie erlischt nicht durch den Eintritt meiner Geschäfts- bzw. Einwilligungsunfähigkeit und soll auch dann wirksam bleiben, wenn das Betreuungsgericht einen Betreuer für mich bestellen sollte. Die Vollmacht ist ausdrücklich **über meinen Tod hinaus** erteilt und erlischt nicht dadurch, dass mein Bevollmächtigter ggf. mein Erbe wird oder ich durch Verfügung von Todes wegen Testamentsvollstreckung anordne.

§ 9. Belehrungen und Schlussbestimmungen

(1) Der Notar hat mich über die Wirkungen und den **Vertrauenscharakter der Vollmachterteilung** sowie der Errichtung einer Betreuungs- und Patientenverfügung belehrt. Er hat mich ferner darauf hingewiesen, dass

a) mich der Bevollmächtigte Dritten gegenüber so lange wirksam vertreten kann, wie er eine **Ausfertigung dieser Vollmachtsurkunde** in Händen hat;

b) der Bevollmächtigte bei **Entscheidungen zu ärztlichen Maßnahmen** grundsätzlich der Genehmigung des Betreuungsgerichts bedarf; eine Genehmigung ist jedoch nicht erforderlich, wenn zwischen dem behandelnden Arzt und dem Bevollmächtigten **Einvernehmen** darüber besteht, dass die Erteilung, die Nichterteilung oder der Widerruf der Einwilligung in die Vornahme ärztlicher Maßnahmen meinem nach den gesetzlichen Vorschriften festgestellten Willen entspricht;

c) der Bevollmächtigte bei Entscheidungen über freiheitsentziehende und -beschränkende Maßnahmen sowie zu ärztlichen Zwangsmaßnahmen immer der **Genehmigung des Betreuungsgerichts** bedarf.

(2) Sollte eine Bestimmung in dieser Urkunde unwirksam sein oder werden, so bleiben die übrigen Bestimmungen hiervon unberührt.

(3) Der Erschienene wünscht die Erfassung dieser Urkunde einschließlich der in ihr enthaltenen personenbezogenen Daten im **Zentralen Register der Bundesnotarkammer für Vorsorgeurkunden**. Dieses Register dient der Information der mit Betreuungsverfahren befassten Stellen.

– – –

Diese Niederschrift

wurde in Gegenwart des Notars dem Beteiligten vorgelesen, von ihm genehmigt und von ihm und dem Notar eigenhändig, wie folgt, unterschrieben:

II. Patientenverfügung

182

Ʊ

Für den Fall, dass ich,

Herr/Frau ***,

nicht mehr in der Lage sein sollte, meinen Willen zu bilden oder verständlich zu äußern, errichte ich folgende

Patientenverfügung

I. Widerruf

Ich widerrufe hiermit alle bisher von mir errichteten Patientenverfügungen (§ 1901a Abs. 1 BGB) oder Behandlungswünsche (§ 1901a Abs. 2 BGB). Es sollen nur die in dieser Urkunde niedergelegten Anordnungen oder spätere Änderungen gelten.

II. Meine Wertvorstellungen

Nachfolgende Erklärungen gebe ich nicht nur im Vollbesitz meiner geistigen Kräfte und bei voller Entscheidungsfähigkeit ab, sondern nach sorgfältiger Information zugleich in voller Kenntnis von Inhalt und Tragweite meines hier geäußerten Willens.

Das Leben ist für mich von hohem Wert. Es gibt aber Situationen, in denen das Leben nur noch ein Martyrium bzw. eine Folter darstellt und der Tod die ersehnte Erlösung von einem für mich unerträglichen Leiden bedeuten würde. In einem solchen Fall möchte ich selbst entscheiden dürfen, ob mein Leben mit den Mitteln der modernen Apparatemedizin künstlich aufrechterhalten und mein Leiden verlängert wird oder ob dem Krankheits- bzw. Sterbevorgang sein natürlicher Verlauf gelassen wird.

Über „Leben müssen" und „Sterben dürfen" entscheiden meine eigenen Wertvorstellungen, nicht dagegen die der Ärzte, Angehörigen oder sonstigen Personen. Auch ein von mir Bevollmächtigter, ggf. auch ein vom Betreuungsgericht bestellter Betreuer, soll sich bei seinen Entscheidungen, die er für mich in Gesundheitsangelegenheiten trifft, an meinen Wertvorstellungen orientieren und nicht daran, was medizinisch und technisch machbar ist.

Ich ordne an, natürlichen Vorgängen eines Sterbeprozesses und unheilbaren, zum Tode führenden Erkrankungen absoluten Vorrang einzuräumen gegenüber den technischen Möglichkeiten einer zeitlich begrenzten Lebensverlängerung. Ich schätze die Lebensqualität in jedem Fall höher ein als die Lebensquantität, zumal wenn letztere mit Schmerzen, Qualen oder dauernder Bewusstlosigkeit verbunden ist. Ich möchte nach Möglichkeit meine letzten Wochen, Tage oder Stunden in einer mir vertrauten Umgebung verbringen.

III. Situationen, für die die Patientenverfügung gelten soll

Die Patientenverfügung gilt in folgenden Situationen:
- wenn ich mich aller Wahrscheinlichkeit nach unabwendbar im unmittelbaren Sterbeprozess befinde;
- wenn ich mich im Endstadium einer unheilbaren, tödlich verlaufenden Krankheit befinde, selbst wenn der Todeszeitpunkt noch nicht absehbar ist;
- wenn infolge einer Gehirnschädigung meine Fähigkeit, Einsichten zu gewinnen, Entscheidungen zu treffen und mit anderen Menschen in Kontakt zu treten, nach Einschätzung zweier erfahrener Ärzte aller Wahrscheinlichkeit nach unwiederbringlich erloschen ist, selbst wenn gelegentlich Reaktionen auf äußere Reize beobachtet werden und der Todeszeitpunkt noch nicht absehbar ist. Dies gilt für direkte Gehirnschädigung, zB durch Unfall, Schlaganfall, Entzündung, ebenso wie für indirekte Gehirnschädigung, zB nach Wiederbelebung, Schock oder Lungenversagen. Es ist mir bewusst, dass in solchen Situationen die Fähigkeit zu Empfindungen erhalten sein kann, dass eine Besserung dieses Zustandes aber äußerst unwahrscheinlich ist;

– wenn ich infolge eines sehr weit fortgeschrittenen Hirnabbauprozesses (zB bei Demenzerkrankung) auch mit ausdauernder Hilfestellung nicht mehr in der Lage bin,
Nahrung und Flüssigkeit auf natürliche Weise zu mir zu nehmen.

Vergleichbare, hier nicht ausdrücklich erwähnte Krankheitszustände sollen entsprechend
beurteilt werden.

IV. Festlegungen zu ärztlichen und pflegerischen Maßnahmen

1. In den unter Abschnitt III. beschriebenen Situationen verlange ich:
   – lindernde pflegerische Maßnahmen, insbesondere Mundpflege zur Vermeidung
     des Durstgefühls, sowie
   – lindernde ärztliche Maßnahmen, im Speziellen Medikamente zur wirksamen Be-
     kämpfung von Schmerzen, Luftnot, Angst, Unruhe, Erbrechen und anderen Krank-
     heitserscheinungen.

   Die Möglichkeit einer Verkürzung meiner Lebenszeit durch diese Maßnahmen nehme
   ich in Kauf.

2. In den unter Abschnitt III. beschriebenen Situationen lehne ich Folgendes ab:
   – Maßnahmen, die zum Zwecke der Lebenserhaltung bzw. Lebensverlängerung ein-
     gesetzt werden und nicht ausschließlich der Linderung von Leiden dienen, wie zB
     maschinelle Beatmung, Dialyse oder Operationen;
   – Wiederbelebungsmaßnahmen.

3. In den unter Abschnitt III. beschriebenen Situationen, insbesondere in den Situationen, in denen der Tod nicht unmittelbar bevorsteht, möchte ich sterben und
   verlange:
   – Keine künstliche Ernährung (weder über Sonde durch den Mund, die Nase oder
     die Bauchdecke noch über die Vene) und keine Flüssigkeitsgabe (außer zur Be-
     schwerdelinderung).

Sollten von den in den vorstehenden Ziffern 2. und 3. näher beschriebenen Maßnahmen eine oder mehrere bereits eingeleitet oder teilweise oder ganz durchgeführt sein,
sind diese Maßnahmen sofort zu beenden (zB Abbruch künstlicher Ernährung).

V. Anweisung an den Bevollmächtigten, ggf. an einen Betreuer

Ich nehme Bezug auf die vor dem Notar *** unter der UR-Nr. *** für 2019 beurkundete Vorsorgevollmacht und die darin an meinen Bevollmächtigten, ggf. an einen Betreuer, erteilten Anweisungen.

Der Bevollmächtigte wird beauftragt und ermächtigt, dem von mir in dieser Patientenverfügung geäußerten Willen Ausdruck und Geltung zu verschaffen und die von mir
geäußerten Behandlungswünsche umzusetzen und durchzusetzen. Unabhängig davon,
dass der Bevollmächtigte grundsätzlich die von mir in dieser Patientenverfügung getroffenen Anweisungen zu beachten hat, räume ich dem Bevollmächtigten einen Ermessensspielraum dahingehend ein, die in der konkreten Situation notwendigen Entscheidungen nach bestem Wissen und Gewissen so zu treffen, wie sie dann in der aktuellen
Lebens- und Behandlungssituation meinem Wohl entsprechen (§ 1901 Abs. 2 S. 1 BGB).

Die Anweisungen im vorstehenden Absatz gelten in gleicher Weise auch für einen vom
Betreuungsgericht bestellten Betreuer.

Mir ist folgendes bekannt:

a) Die Umsetzung der Anordnungen in dieser Patientenverfügung bedarf ggf. der Genehmigung des Betreuungsgerichts; eine Genehmigung ist nicht erforderlich, wenn
   zwischen dem behandelnden Arzt und dem Bevollmächtigten Einvernehmen darüber
   besteht, dass die Erteilung, die Nichterteilung oder der Widerruf der Einwilligung in
   die vorgesehene oder bestehende ärztliche Maßnahme meinem nach den gesetzlichen Vorschriften festgestellten Willen entspricht.

b) Die Entscheidung über freiheitsentziehende und -beschränkende Maßnahmen sowie zu ärztlichen Zwangsbehandlungen bedarf immer der Genehmigung des Betreuungsgerichts.

Die vorbezeichneten Genehmigungen des Betreuungsgerichts bitte ich zu erteilen, wenn die gesetzlichen Voraussetzungen hierfür erfüllt sind und die Entscheidung meinem Wohl entspricht (§ 1901 Abs. 2 S. 1 BGB).

VI. Schlussbestimmungen

Ich habe diese Patientenverfügung nach sorgfältiger Überlegung erstellt. Sie ist Ausdruck meines Selbstbestimmungsrechts.

Ich wünsche nicht, dass mir zu irgendeinem zukünftigen Zeitpunkt, insbesondere auch im Falle einer schweren Erkrankung, eine Änderung meines in dieser Patientenverfügung bekundeten Willens unterstellt wird, solange ich ihn nicht ausdrücklich schriftlich oder nachweisbar mündlich oder in anderer Weise widerrufen habe.

Mir ist bekannt, dass ich die Patientenverfügung jederzeit abändern oder insgesamt widerrufen kann.

Es ist mir bewusst, dass Organe nur nach Feststellung des Hirntodes bei aufrechterhaltenem Kreislauf entnommen werden können. Deshalb gestatte ich ausnahmsweise für den Fall, dass bei mir eine Organspende medizinisch in Frage kommt, die kurzfristige (Stunden bis höchstens wenige Tage umfassende) Durchführung intensivmedizinischer Maßnahmen zur Bestimmung des Hirntods nach den Richtlinien der Bundesärztekammer und zur anschließenden Entnahme der Organe.

Dies gilt auch für die Situation, dass der Hirntod nach Einschätzung der Ärzte in wenigen Tagen eintreten wird.

Eine Abschrift dieser Patientenverfügung soll zu meinen Krankenunterlagen genommen werden.

Sollte eine Anhörung meiner Angehörigen und sonstigen Vertrauenspersonen gemäß § 1901b Abs. 2 BGB erforderlich sein, soll folgender/n Person(en) – soweit ohne erhebliche Verzögerung möglich – Gelegenheit zur Äußerung gegeben werden:

Name: ***
Geburtsdatum: ***
Straße: ***
Wohnort: ***

Folgende Person(en) soll(en) nicht zur Rate gezogen werden:

Name: ***
Geburtsdatum: ***
Straße: ***
Wohnort: ***

Ort, Datum

Unterschrift

[ggf. und empfehlenswert: notarielle Beglaubigung]

Kapitel 3. Erbrecht

§ 17. Erbrecht

Übersicht

Dietz

Schrifttum:

Kommentare, Handbücher und Monographien: *Baltzer,* Das Vor- und Nachvermächtnis in der Kautelarjurisprudenz, 2007; *Baltzer/Reisnecker,* Vorsorgen mit Sorgenkindern, 2012; *Bengel/Reimann,* Handbuch der Testamentsvollstreckung, 6. Aufl. 2017; *Brox/Walker,* Erbrecht, 28. Aufl. 2018; *Burandt/Rojahn,* Erbrecht, 3. Aufl. 2019; *Daniels,* Das Vor- und Nachvermächtnis, 2007; *Damm,* Notarielle Verzeichnisse in der Praxis, 2018; *Damrau,* Der Erbverzicht als Mittel zweckmäßiger Vorsorge für den Todesfall, 1966; *Dutta/Herrler,* Die Europäische Erbrechtsverordnung, 2014; *Firsching/Graf,* Nachlassrecht, 11. Aufl. 2019; *Groll,* Praxis-Handbuch Erbrechtsberatung, 4. Aufl. 2015; *Keim/Lehmann,* Beck'sches Formularbuch Erbrecht, 4. Aufl. 2019; *Keller,* Die Formproblematik der Erbteilsveräußerung, 1995; *Klingelhöffer,* Pflichtteilsrecht, 4. Aufl. 2014; *ders.,* Vermögensverwaltung in Nachlaßsachen, 2002; *Kornexl,* Der Zuwendungsverzicht, 1998; *ders.,* Nachlassplanung bei Problemkindern, 2. Aufl. 2010; *Kössinger,* Das Testament Alleinstehender, 1994; *Kroppenberg,* Privatautonomie von Todes wegen, 2008; *Lange,* Erbrecht, 2. Aufl. 2017; *Langenfeld/Fröhler,* Testamentsgestaltung, 5. Aufl. 2015; *Leipold,* Erbrecht, 21. Aufl. 2016; *Lorz,* Testamentsvollstreckung und Unternehmensrecht, 1995; *J. Mayer,* Grundzüge des Rechts der Unternehmensnachfolge, 1999; *Mayer/Bonefeld,* Testamentsvollstreckung, 4. Aufl. 2014; *Mayer/Süß/Tanck/Wälzholz,* Handbuch Pflichtteilsrecht, 4. Aufl. 2017; *Muscheler,* Die Haftungsordnung der Testamentsvollstreckung, 1994; *Nieder/Kössinger,* Handbuch der Testamentsgestaltung, 5. Aufl. 2015; *Reimann/Bengel/J. Mayer,* Testament und Erbvertrag, 6. Aufl. 2015; *Reischl,* Zur Schenkung von Todes wegen, 1996; *Richardsen,* Die Anteile an private limited companies in deutschen Nachlässen, 2008; *Scherer,* Münchener Anwaltshandbuch Erbrecht, 5. Aufl. 2018; *Schnabel,* Das Geschiedenentestament, 2001; *Seibert,* Die Partnerschaft: Neue Gesellschaftsform für die freien Berufe?, 1994; *Spiegelberger,* Unternehmensnachfolge, 2. Aufl. 2009; *ders.,* Vermögensnachfolge, 2. Aufl. 2010; *Süß,* Erbrecht in Europa, 3. Aufl. 2015; *Wingerter,* Die Erweiterung der Befugnisse des befreiten Vorerben, 2000; *Winkler,* Der Testamentsvollstrecker nach bürgerlichem, Handels- und Steuerrecht, 22. Aufl. 2016; *Zimmermann,* Die Testamentsvollstreckung, 4. Aufl. 2014.

Aufsätze: *Bengel,* Rechtsfragen zum Vor- und Nachvermächtnis, NJW 1990, 1826; *ders.,* Zur Rechtsnatur des vom Erblasser verfügten Erbteilungsverbots, ZEV 1995, 178; *Dahlkamp,* Die Pflichtteilslast in der notariellen Praxis, RNotZ 2014, 257; *Damrau,* Das Behindertentestament mit Vermächtnislösung, ZEV 1998, 1; *Dietz,* § 14 HeimG – Gut gemeinter Schutz für Heimbewohner und -bewerber, Fallstrick für den Testamentsgestalter, MittBayNot 2007, 453; *Dietz/Spall,* Das Behindertentestament im Vollzug: Erste Schritte nach dem Erbfall, ZEV 2012, 456; *Dörrie,* Reichweite der Kompetenzen des Testamentsvollstreckers an Gesellschaftsanteilen, ZEV 1996, 370; *Döbereiner,* Das internationale Erbrecht nach der EU-Erbrechtsverordnung, MittBayNot 2013, 358 und MittBayNot 2013, 437; *Dreher/Görner,* Das Behindertentestament und § 138 BGB, NJW 2011, 1761; *Edenfeld,* Die Stellung weichender Erben beim Erbverzicht, ZEV 1997, 134; *Eickelberg,* Die Ausschlagung zugunsten Dritter als taktisches Gestaltungsmittel, ZEV 2018, 489; *Fetsch,* Die Erbausschlagung bei Auslandsberührung, MittBayNot 2007, 285; *Herrler,* Behandlung von Lebensversicherungen im Pflichtteilsrecht: Der goldene Mittelweg des BGH?, ZEV 2010, 333; *ders.,* Vermögenssicherung bei erbrechtlichem Erwerb während des Insolvenzverfahrens und in der Wohlverhaltensperiode, NJW 2011, 2258; *Ihrig,* Vermittlung der Auseinandersetzung des Nachlasses durch den Notar, MittBayNot 2012, 353; *Ivo,* Die Vererbung von GmbH-Geschäftsanteilen, ZEV 2006, 252; *ders.,* Die Vererbung von Kommanditanteilen, ZEV 2006, 302; *Kämper,* Testamentsvollstreckung an Personengesellschaftsanteilen, RNotZ 2016, 625; *Kanzleiter,* Die Erstreckung der Wirkungen eines Zuwendungsverzichts auf die Abkömmlinge des Verzichtenden – ein Missgriff des Gesetzgebers!, DNotZ 2009, 805; *ders.,* Die Erstreckung der Wirkungen eines Zuwendungsverzichts auf die Abkömmlinge – Reichweite der neuen Regelung und Folgerungen für die Gestaltungspraxis, DNotZ 2010, 520; *ders.,* Die Abschichtung eines Miterben, der aus einer Erbengemeinschaft ausscheiden möchte: Lässt sich diese Fehlentwicklung noch stoppen?, ZEV 2012, 447; *ders.,* Das Berliner Testament: immer aktuell und fast immer ergänzungsbedürftig, ZEV 2014, 225; *Keim,* Der Änderungsvorbehalt beim Erbvertrag – bei richtiger Handhabung ein sicheres Gestaltungsmittel, ZEV 2005, 365; *ders.,* Die Überwindung der erbvertraglichen Bindung beim mehrseitigen Erbvertrag, RNotZ 2012, 496; *ders.,* Fallstricke bei Erb- und Pflichtteilsverzicht, RNotZ 2013, 411; *Keller,* Die Heilung eines formnichtigen Erbteilskaufvertrages, ZEV 1995, 427; *Kornexl,* Kein Pflichtteilergänzungsanspruch bei nachträglicher Entgeltlichkeit, ZEV 2007, 328; *Leipold,* Anfechtung der Erbschaftsannahme wegen Irrtums über Verlust des Pflichtteilsanspruchs, ZEV 2006, 500; *J. Mayer,* Auslegungsgrundsätze und Urkundsgestaltung im Erbrecht, DNotZ 1998, 772; *ders.,* Der Abänderungsvorbehalt beim Erbvertrag, DNotZ 1990, 775; *ders.,* Der superbefreite Vorerbe – Möglichkeiten und Grenzen der Befreiung des Vorerben, ZEV 2000, 1; *ders.,* Testamentsgestaltung bei überschuldeten Erben, MittBayNot 2011, 445 und MittBayNot 2012, 18; *N. Mayer,* Sicherungsprobleme beim Erbteilskauf, ZEV 1997, 105; *Menzel,* Die negative Erbfreiheit, MittBayNot 2013, 289; *G. Müller,* Zur Wirksamkeit lebzeitiger und letztwilliger Zuwendungen des Betreuten an seinen

Betreuer, ZEV 1998, 219; *dies.,* Zuwendungsverzicht – Erstreckung der Verzichtswirkung auf die Abkömmlinge nach der neuen Rechtslage, ZNotP 2011, 256; *Nieder,* Die ausdrücklichen oder mutmaßlichen Erstbedachten im deutschen Erbrecht, ZEV 1996, 241; *Niemann,* Testierverbot in Pflegefällen, ZEV 1998, 419; *Pöting,* Die Erbauseinandersetzung in der notariellen Vertragsgestaltung, MittBayNot 2007, 273; *v. Proff,* Erbschaftsverträge in der Praxis, ZEV 2013, 183; *Rebhan,* Die erbrechtliche Gleichstellung nichtehelicher Kinder, MittBayNot 2011, 285; *Reimann,* Gesellschaftsvertragliche Abfindung und erbrechtlicher Ausgleich, ZEV 1994, 7; *ders.,* Notare als Testamentsvollstrecker, DNotZ 1994, 665; *ders.,* Nachlassplanung als erbrechtsübergreifende Beratungsaufgabe, ZEV 1997, 129; *ders.,* Erbauseinandersetzung durch Abschichtung, ZEV 1998, 213; *ders.,* Das bedingte Herausgabevermächtnis als Alternative zur Nacherbfolgeanordnung, MittBayNot 2000, 4; *Reithmann,* Testamentsvollstreckung und postmortale Vollmacht als Instrumente der Kautelarjurisprudenz, BB 1984, 1394; *Ruby,* Behindertentestament: Häufige Fehler und praktischer Vollzug, ZEV 2006, 66; *Schaub,* Die Rechtsnachfolge von Todes wegen im Handelsregister bei Einzelunternehmen und Personenhandelsgesellschaften, ZEV 1994, 71; *Scheuren-Brandes,* Auseinandersetzungsverbot und Dauertestamentsvollstreckung gemäß §§ 2209 ff. BGB, ZEV 2007, 306; *Spall,* Zur so genannten Vermächtnislösung beim Behindertentestament, MittBayNot 2001, 249; *ders.,* Vollzug eines Nachvermächtnisses durch den Testamentsvollstrecker, ZEV 2002, 5; *ders.,* Behindertentestament und Heimgesetz – Bestandsaufnahme und Update, MittBayNot 2010, 9; *Steiner,* Die Praxis der Klage auf Erbauseinandersetzung, ZEV 1997, 89; *Süß,* Das Europäische Nachlasszeugnis, ZEuP 2013, 725; *Vorwerk,* Geldzuwendung durch erbrechtliche Auflage, ZEV 1998, 297; *Weidlich,* Die Testamentsvollstreckung an Beteiligungen einer werbenden OHG bzw. KG, ZEV 1994, 205; *Werner,* Stiftungen als Instrument der Unternehmens- und Vermögensnachfolge, ZEV 2006, 539; *ders.,* Stiftungen als Instrument der Pflichtteilsvermeidung, ZEV 2007, 560; *Zawar,* Gedanken zum bedingten oder befristeten Rechtserwerb im Erbrecht, NJW 2007, 2353.

1. Teil. Gestaltung von Verfügungen von Todes wegen

1   Der Formulierung einer Verfügung von Todes wegen geht regelmäßig ein Beratungsgespräch mit dem Erblasser voraus, für das die nachfolgende Beratungs-Checkliste hilfreich sein kann.

A. Beratungs-Checkliste

2   **Beratungs-Checkliste:**
    (1) Grundlagen
    (a) Persönliche Daten: Name, Vornamen, Geburtsname; Geburtstag, Geburtsort; Geburtenregisternummer; Familienstand (ledig, verheiratet/verpartnert, geschieden, verwitwet); Güterstand; Name und Alter der Kinder; einseitige, aus anderen Ehen stammende bzw. adoptierte Kinder; Vorversterbensfälle bei Abkömmlingen; Staatsangehörigkeit und gewöhnlicher Aufenthalt
    (b) Gegenständliche Daten: Feststellung des (hypothetischen) Nachlasses bzw. der Objekte, auf welche sich die Verfügung beziehen soll (Objektbeschrieb bei Grundstücksvermächtnis, Art der Gesellschaftsbeteiligungen, ggf. Vorlage des Gesellschaftsvertrages, Auslandsvermögen)
    (c) Frühere Verfügungen (Testament, Erbvertrag); ggf. Auskunft aus dem Zentralen Testamentsregister
    (d) Feststellung der gesetzlichen Erbfolge; Pflichtteilsrecht; Vorliegen von Erb-, Pflichtteils- und/oder Zuwendungsverzichten; ausgleichungs- oder anrechnungspflichtige Zuwendungen
    (2) Widerruf und Anfechtung früherer Verfügungen von Todes wegen; Beseitigung etwa bestehender Bindung durch Ausschlagung oder Anfechtung
    (3) Wahl des erbrechtlichen Gestaltungsmittels
    (a) Testament, Gemeinschaftliches Testament oder Erbvertrag
    (b) Inhaltliche Ausgestaltung:
        (aa) Erbeinsetzung
        (bb) Vermächtnis
        (cc) Auflage

> (dd) Testamentsvollstreckung
> (ee) Bestimmungen über die Auseinandersetzung
> (c) Steuerliche Überlegungen
> (d) Kosten

B. Grundlagen und Regelungsrahmen

I. Erbrecht und Nachlassplanung

Das Aufbereiten eines bestimmten Vermögens mit dem Ziel, es optimal in die nächste **3** Generation überzuleiten, ist keine ausschließlich erbrechtliche Maßnahme. Das Erbrecht ist aber die *„ultima ratio"* der Vermögensüberleitung. Eine vollständige Nachlassplanung wird also immer den „Erbfall als Ernstfall" im Blick behalten müssen. Das eigentliche Betätigungsfeld des Notars auf dem Gebiet des Erbrechts liegt vor dem Erbfall: Ausgefeilte erbrechtliche Lösungen und vorzeitige Vermögensübertragungen setzen strategische Überlegungen voraus. Dazu wird der Notar die Beteiligten, die dazu neigen, *ad hoc* zu testieren, anregen. Das Ergebnis dieser strategischen Überlegungen wird nicht immer dazu führen, dass der erbrechtlichen Verfügung der Vorzug gegeben wird. In vielen Fällen – insbesondere bei der Unternehmensnachfolge – wird eine Vermögensübertragung unter Lebenden oder ein „Vererben am Nachlass vorbei" die Folge sein. Ein derartiges Vererben am Nachlass vorbei ist durch *„will substitutes"* denkbar, also durch ein Nutzen der Möglichkeiten, die § 331 BGB bietet (Verfügungen zu Gunsten Dritter auf den Todesfall, insbesondere bezüglich Bankkonten, Wertpapierdepots und Lebensversicherungen), und durch Gestaltungen auf der Basis von § 738 Abs. 1 BGB (Anwachsungsprinzip). Vorzeitige Vermögensübertragungen und ein Vererben am Nachlass vorbei sind in aller Regel aber mit einem Verzicht auf das spezifisch erbrechtliche Instrumentarium, vor allem den Einsatz der Testamentsvollstreckung und der Nacherbfolge, verbunden. Die Vor- und Nachteile sind im Rahmen einer Nachlassplanung abzuwägen.[1]

> **Checkliste: Nachlassplanung**   **4**
>
> (1) Ermittlung der Regelungsziele
> (2) Prüfung der Regelungsziele in steuerlicher Hinsicht
> (3) Realisieren der Regelungsziele auf erbrechtlichem Wege, durch lebzeitige Maßnahmen oder durch eine Kombination beider Möglichkeiten?
> (4) Für den erbrechtlichen Teil der Nachlassplanung:
>   – gesetzliche oder gewillkürte Erbfolge?
>   – einseitige oder bindende Regelung?
> (5) Regelmäßiges Überprüfen dieser Maßnahmen, vor allem bei Veränderungen in der Familie, im Vermögensbestand und der rechtlichen Rahmenbedingungen (insbes. auch der steuerlichen Grundlagen)

II. Motivlage: Ermittlung des letzten Willens

1. Regelungsziele. Beim Ermitteln des letzten Willens gemäß § 17 Abs. 1 S. 1 BeurkG **5** wird sich der Notar zunächst einmal die mehr oder minder geordneten Wünsche des Erblassers darlegen lassen. Er wird die Regelungsziele herausarbeiten. Als solche kommen in der Regel in Betracht:

---

[1] *Reimann* ZEV 1997, 129.

- wirtschaftliche Absicherung der Familie,
- sinnvolles Erhalten des Vermögens, insbesondere bei Immobilien und Unternehmen, die in den Nachlass fallen,
- Geringhalten von Erbenbelastungen, insbesondere von Pflichtteils- und Auseinandersetzungsansprüchen sowie Steuerlasten,
- Vermeidung von Streit bei der Erbauseinandersetzung.

6 Die Motive für die beabsichtigten Lösungen sind mit dem Mandanten zu erörtern. Die Motive sollten aber regelmäßig nicht zum Inhalt der letztwilligen Verfügung erhoben werden, um nicht Unklarheiten bei der Auslegung oder gar unnötige Anfechtungstatbestände – etwa bei späteren Änderungen der Rahmenbedingungen – zu schaffen. Die vom Notar vorzuschlagende Regelung hat sich an den konkreten Bedürfnissen zu orientieren. Sie soll auch dafür sorgen, dass nach dem Ableben des Erblassers bei der Realisierung seines letzten Willens Streit weitestgehend vermieden wird.

7 **2. Gesetzliche oder gewillkürte Erbfolge?** Die gewillkürte Erbfolge wird regelmäßig den Vorrang vor der gesetzlichen Erbfolge haben, da nur durch eine Verfügung von Todes wegen den konkreten Bedürfnissen im Einzelfall Rechnung getragen werden kann. Die gesetzliche Erbfolgeregelung ist meist zu schematisch und trifft den Wunsch des Erblassers nur selten (unmittelbare Beteiligung der Abkömmlinge neben dem Ehegatten, Entstehung von Erbengemeinschaften).

8 **3. Einseitige oder bindende Regelung?** Die zu treffende Verfügung kann durch einseitige oder bindende letztwillige Verfügung (Testament, gemeinschaftliches Testament), auch durch eine vertragliche Verfügung von Todes wegen (Erbvertrag) errichtet werden. Es ist im Einzelfall abzuklären, ob die Bindungswirkung des gemeinschaftlichen Testamentes oder des Erbvertrages sachgemäß ist. Bindende Verfügungen werden allerdings dort notwendig sein, wo sie mit ergänzenden Vereinbarungen (etwa Pflichtteilsverzicht der zweiten Ehefrau zugunsten der Kinder aus erster Ehe) gekoppelt werden.[2] Grundsätzlich sollten vor allem jüngere Erblasser davor gewarnt werden, sich erbrechtlich zu stark zu binden, da durch die Bindungswirkung nicht nur künftige einseitige letztwillige Verfügungen (§§ 2271 Abs. 2 S. 1, 2289 Abs. 1 S. 2 BGB), sondern uU auch lebzeitige Maßnahmen (§§ 2287 f. BGB) verhindert werden.

9 Alle Regelungen, durch die definitive Tatbestände geschaffen werden, die der Vermögensträger nicht mehr ändern kann, sind in der Regel bedenklich, wenn in den Nachlass fallende Vermögensgegenstände „dynamisch" sind, wie etwa ein Unternehmen, das sich in Umfang und Struktur verändern kann, da es dann nicht mehr möglich ist, auf Veränderungen angemessen zu reagieren.

10 **4. Bezug der Verfügung zur Zeit.** Bei der Beratung des Erblassers sollte darauf hingewiesen werden, dass eine Verfügung von Todes wegen immer Bezug zu der Zeit hat, in der sie errichtet wird, also in regelmäßigen Abständen überprüft werden muss, insbesondere wenn sich das Umfeld und die Vermögenslage des Erblassers verändert haben.

11 **5. Begleitende Maßnahmen.** Beim Ermitteln und Formulieren des letzten Willens sind auch begleitende Maßnahmen in die Beratung mit einzubeziehen (Pflichtteilsverzichte, ehevertragliche Vereinbarungen, Gesellschaftsverträge etc). Fällt eine Unternehmensbeteiligung in den Nachlass, so ist auch der Gesellschaftsvertrag zu überprüfen, um den Gleichklang zwischen Erbrecht und Gesellschaftsrecht sicherzustellen. Fällt ein Unternehmen in den künftigen Nachlass, das nach dem Ableben des Inhabers von den Erben in Form einer Gesellschaft betrieben werden soll, wird die erbrechtliche Beratung auch den künftigen Gesellschaftsvertrag, zumindest in Grundzügen, umfassen.

---

[2] Vgl. *Felix* DStZ 1987, 599.

Auch wird es häufig nötig sein, den Nachlass durch begleitende Maßnahmen richtig zu 12 strukturieren: Die Trennung von Privatvermögen und Betriebsvermögen, die richtige Rechtsform für das Unternehmen, die Ausgliederung von Nachlassteilen, etwa durch Verfügungen zugunsten Dritter auf den Todesfall nach § 331 BGB, das Berücksichtigen von Auslandsvermögen.

Es ist bei besonderen Sachgestaltungen, insbesondere, wenn ein Unternehmen zum 13 Nachlass gehört, auch zu empfehlen, sich schon bei Eheschließung „freie Hand" in Bezug auf diesen Vermögensgegenstand geben zu lassen, etwa durch einen – mit oder ohne Gegenleistung erklärten – gegenständlich beschränkten Pflichtteilsverzicht des Ehegatten in Bezug auf das zu sichernde Vermögen.

Erst wenn diese begleitenden Maßnahmen zur Verfügung von Todes wegen hinzukommen, kann erwartet werden, dass der gewünschte Erfolg eintritt. 14

III. Ermitteln des Sachverhalts

Bei der nach § 17 Abs. 1 S. 1 BeurkG vorzunehmenden Klärung des Sachverhalts hat der 15 Notar Feststellungen über die Person des Erblassers, den Gegenstand der Verfügung und die Testierfreiheit des Erblassers zu treffen, bevor er den letzten Willen ermittelt und gegebenenfalls formuliert.

Checkliste: Sachverhaltsermittlung 15a

(1) Person des Erblassers und ihr Umfeld
- Persönliche Daten
- Familiäres Umfeld
- Staatsangehörigkeit und gewöhnlicher Aufenthalt
- Familien- und Güterstand des Erblassers

(2) Vermögen des Erblassers, Gegenstand der erbrechtlichen Verfügung
- Unvererblichkeit von Vermögenspositionen
- Modifizierte Vererblichkeit einzelner Vermögenspositionen
- Zivilrechtliche und steuerrechtliche Bewertung von Vermögensgegenständen

(3) Ist Testierfreiheit gegeben (Recherche im Zentralen Testamentsregister)? Kann Testierfreiheit uU wiederhergestellt werden?

---

1. Person des Erblassers. Der Notar hat gemäß § 78d Abs. 1 S. 1 BNotO, § 34a Abs. 1 16 BeurkG iVm §§ 1, 2 ZTRV nach Errichtung oder Änderung erbfolgerelevanter Urkunden folgende **Daten des Erblassers** an die Registerbehörde des Zentralen Testamentsregisters zu übermitteln:
- Familienname, Geburtsname, (alle) Vornamen und Geschlecht,
- Tag und Ort der Geburt, Geburtsstandesamt und Geburtenregisternummer bei Geburten im Inland,
- Staat der Geburt, wenn der Erblasser im Ausland geboren wurde.

Die Bekanntmachungen der Länder über die Benachrichtigung in Nachlasssachen wurden 17 entsprechend angepasst, so dass der Notar den von der Registerbehörde zur Verfügung gestellten Aufdruck für den Testamentsumschlag verwenden kann.[3]

Zur Feststellung der **Staatsangehörigkeit** ist der Notar nicht verpflichtet,[4] gleichwohl 18 sollte sie in der Urkunde vermerkt werden, um Fälle mit Auslandsberührung erkennen und entsprechend behandeln zu können. Ferner kommt nach der EuErbVO dem **gewöhnlichen Aufenthalt** maßgebliche Bedeutung für die Bestimmung des Erbstatuts zu

---

[3] Vgl. etwa Bay. Benachrichtigung in Nachlasssachen v. 29.2.2012, BayJMBl. 2012, 42.
[4] BGH DNotZ 1963, 315.

(zur EuErbVO → Rn. 219 ff. und → § 28 Rn. 214 ff.).[5] Vom Notar wird erwartet, dass er das Vorliegen eines Falls mit Auslandsberührung erkennt, um Auskunft darüber geben zu können, inwieweit fremdes Recht zur Anwendung kommen kann, auch wenn die Kenntnis des fremden Rechts selbst nicht vorausgesetzt wird. Entsprechende Belehrungen, vor allem darüber, dass für die richtige Anwendung fremden Rechts nicht gehaftet wird, sind zweckmäßig.

19   **Formulierungsbeispiel: Ausführliche Belehrung bei Auslandsberührung**

Der Notar hat den Erblasser darauf hingewiesen, dass möglicherweise fremdes Recht, insbesondere das Recht des Staates ***, zur Anwendung kommen kann. Demnach könnten die heutigen Verfügungen von Todes wegen unwirksam sein oder der mit ihnen verfolgte Zweck beeinträchtigt werden. Es ist aber auch möglich, dass das ausländische Recht deutsches Recht für anwendbar erklärt.

Ausländisches Recht kennt der Notar nicht und hat darüber auch nicht belehrt. Der Notar hat dem Erblasser empfohlen, sich durch Hinzuziehung eines ausländischen Juristen oder Einholung eines Gutachtens Klarheit über die Auslandsrechtsfragen zu verschaffen. Er hat ferner empfohlen, gegebenenfalls zusätzliche Verfügungen von Todes wegen im Ausland zu errichten. Der Erblasser wünschte gleichwohl die Beurkundung zum jetzigen Zeitpunkt und mit diesem Inhalt.

20   Bislang konnte bei unbeweglichem Vermögen die Frage einer gegenständlich beschränkten Rechtswahl nach Art. 25 Abs. 2 EGBGB aF erwogen werden.[6] Insoweit ist jedoch ab Inkrafttreten der EuErbVO, also ab dem 17. 8. 2015 zu beachten, dass diese eine gegenständlich beschränkte Rechtswahl nicht mehr zulässt. Nur für vor dem 17. 8. 2015 eingetretene Erbfälle bleibt Art. 25 Abs. 2 EGBGB aF anwendbar.[7] Nach § 28 BeurkG soll der Notar seine Wahrnehmungen über die erforderliche **Geschäftsfähigkeit** des Erblassers in der Niederschrift vermerken (hierzu → Rn. 66 ff.).

21   Der **Güterstand des verheirateten Erblassers** wirkt sich auf das gesetzliche Erbrecht aus (Erhöhung der gesetzlichen Erbquote des Ehegatten beim gesetzlichen Güterstand unabhängig von der Zahl der Kinder um 1/4, § 1371 Abs. 1 BGB; Abhängigkeit der Erbquoten von der Zahl der Kinder bei der Gütertrennung, § 1931 Abs. 4 BGB). Seit 1. 5. 2013 steht Ehegatten (und Lebenspartnern) gemäß § 1519 BGB nF nunmehr auch der durch das deutsch-französische Abkommen vom 4. 1. 2010[8] geschaffene deutsch-französische Güterstand der Wahl-Zugewinngemeinschaft als Option zur Verfügung.[9] Er sieht allerdings für den Erbfall keine pauschale Erbteilserhöhung, sondern neben dem nicht erhöhten Erbteil die Durchführung des Zugewinnausgleichs wie im Fall der Scheidung vor. Besonderheit ist demnach, dass der als Erbe eingesetzte Ehegatte nicht ausschlagen muss und daneben den vollen Zugewinnausgleich beanspruchen kann.[10]

21a   In **steuerlicher** Hinsicht kann sich aus dem Güterstand ein Gestaltungshinweis ergeben: Der Zugewinn ist gemäß § 5 Abs. 1 ErbStG iVm Abschn. R E 5.1 ErbStR 2011 erbschaftsteuerfrei. Der Erwerb von Todes wegen eines Ehegatten bleibt also, wenn er in Zugewinngemeinschaft gelebt hatte, in Höhe des Zugewinnausgleichsanspruchs, der bestanden hätte, wenn die Ehe zum Zeitpunkt des Todes geschieden worden wäre, erbschaftsteuerfrei. Vom Rest sind die Freibeträge (§ 16 ErbStG) abzuziehen, der verbleibende Betrag ist dann der Erbschaftsteuer zu unterwerfen. Ebenso ist die tatsächliche

---

[5] Zur Problematik der Bestimmung des gewöhnlichen Aufenthalts, insbesondere bei Pflegebedürftigen, vgl. OLG München ZEV 2017, 333 mAnm *Rentsch; Weber/Francastel* DNotZ 2018, 163.
[6] MüKoBGB/*Birk,* 6. Aufl., EGBGB Art. 25 Rn. 47 f.
[7] BeckOK BGB/*Lorenz/Wall* EGBGB Art. 25 Rn. 3.
[8] BGBl. 2012 II 278.
[9] *Jäger* DNotZ 2010, 804; *Braun* MittBayNot 2012, 89; *Süß* ZErb 2010, 281.
[10] *Jünemann* ZEV 2013, 353.

Durchführung des Zugewinnausgleichs gemäß § 5 Abs. 2 ErbStG bei Beendigung der Zugewinngemeinschaft und ebenso gemäß § 5 Abs. 3 ErbStG beim Güterstand der Wahl-Zugewinngemeinschaft steuerfrei.

Lebt der Erblasser in einer **eingetragenen Lebenspartnerschaft,** so bestimmt sich das   **21b** Erbrecht des überlebenden Lebenspartners nach § 10 LPartG; die Partner einer eingetragenen Lebenspartnerschaft sind in der gesetzlichen Erbfolge Ehegatten gleichgestellt. Die Erbquote des überlebenden Lebenspartners beträgt neben Abkömmlingen des verstorbenen Lebenspartners 1/4, neben Eltern, Großeltern und Geschwistern des verstorbenen Lebenspartners 1/2. Sind weder Verwandte der ersten oder zweiten Ordnung noch Großeltern vorhanden, ist er Alleinerbe. Lebten die Lebenspartner im Güterstand der Zugewinngemeinschaft, erhöht sich der gesetzliche Erbteil des überlebenden Lebenspartners nach § 6 S. 2 LPartG iVm § 1371 Abs. 1 BGB um 1/4. Haben die Lebenspartner durch Lebenspartnerschaftsvertrag gemäß § 7 LPartG Gütertrennung vereinbart, bestimmt sich die Erbquote des überlebenden Partners entsprechend der Regelung für Ehegatten in § 1931 Abs. 4 BGB (§ 10 Abs. 2 LPartG). Überhaupt haben Lebenspartner gemäß § 7 LPartG, der auf die §§ 1409–1563 BGB verweist, hinsichtlich ihres Güterstands die gleichen Gestaltungsmöglichkeiten wie Ehegatten. Das für Ehegatten geltende Erbschaftsteuerrecht gilt zwischenzeitlich auch für Lebenspartner: Durch das ErbStRG 2009 wurde zum 1. 1. 2009 dem Lebenspartner zunächst der gleiche Steuerfreibetrag wie einem Ehegatten und schließlich zum 14. 12. 2010 auch die Steuerklasse I eingeräumt. Seit 1. 10. 2017 können Lebenspartnerschaften nicht mehr begründet werden: Durch das Gesetz zur Einführung des Rechts auf Eheschließung für Personen gleichen Geschlechts zum 20. 7. 2017[11] steht die Ehe auch gleichgeschlechtlichen Paaren offen. Bestehende Lebenspartnerschaften können gemäß § 20a LPartG in eine Ehe umgewandelt werden.

Eine richtige Sachverhaltsaufklärung wird auch das **familiäre Umfeld des Erblassers**   **22** betrachten. Es macht einen Unterschied, ob der Erblasser verheiratet ist oder nicht, ob er Kinder hat oder nicht, ob die Kinder aus unterschiedlichen Verbindungen stammen oder nicht, ob das Verhältnis zu den Kindern gut ist oder nicht, ob es Probleme bei den möglichen Erben gibt oder nicht.

2. Gegenstand der Verfügung. Das Erbrecht als objektives Recht regelt die Rechtsver-   **23** hältnisse des **Vermögens eines Verstorbenen,** es betrifft also nur die vermögensrechtliche Nachfolge. Hinsichtlich des **Persönlichkeitsrechts** ist zu unterscheiden: Das Persönlichkeitsrecht als solches, also sein **immaterieller Teil** (Recht am Körper, Namen, Ehre), ist grundsätzlich nicht vererblich und erlischt daher mit dem Tod des Erblassers;[12] allerdings bestehen zivilrechtliche Unterlassungs- und Widerrufsansprüche über den Tod hinaus,[13] welche aber nicht in den Nachlass fallen, sondern dem vom Erblasser formlos Beauftragten und den nächsten Angehörigen zustehen.[14] Wurde zu Lebzeiten des Erblassers durch Verletzung seines Persönlichkeitsrechts ein Anspruch auf Geldentschädigung für immateriellen Schaden begründet, so soll dieser (auch bei noch zu Lebzeiten anhängiger Klage) unvererblich sein, da die im Vordergrund stehende Genugtuung für den Geschädigten nicht mehr erreicht werden könne.[15] Nachdem die Unvererblichkeit des Schmerzensgeldanspruchs, die vom BGH auf das Persönlichkeitsrecht analog angewendet wurde, vom Gesetzgeber aufgehoben ist, kann die Fortgeltung dieses Grundsatzes – insbesondere vor dem Hintergrund der Präventivfunktion solcher Ansprüche – für das allgemeine Persönlichkeitsrecht nur schwer überzeugen. Die **vermögenswerten Bestandteile** des Persönlichkeitsrechts (zB Nutzungsrecht am Namen oder Bild; Urheberrecht[16]) sind hinge-

---

[11] BGBl. 2017 I 2787; *Ch. Schmidt* NJW 2017, 2225.
[12] BGH ZEV 2007, 133.
[13] BGH NJW 1955, 260; NJW 1968, 1773; NJW 1974, 1371.
[14] MüKoBGB/*Leipold* BGB § 1922 Rn. 123.
[15] BGH ZEV 2014, 370 mit kritischer Anm. *Ludyga* ZEV 2014, 333.
[16] Vgl. *Gloser* DNotZ 2013, 497.

gen grundsätzlich vererblich.[17] Wird daher in vermögenswerte Bestandteile des Persönlichkeitsrechts eingegriffen, so kann der Erbe die daraus resultierenden Ansprüche nach dem Tod des Erblassers geltend machen.

24   Im Hinblick auf den sog. **digitalen Nachlass,** etwa auf Servern befindliche elektronische Post, E-Mail-Accounts, Blogs, Online-Profile etc hatte sich eine rege wissenschaftliche Diskussion ergeben, wie dieser Teil des Nachlasses in das deutsche Erbrecht einzuordnen sei.[18] Insbesondere die im Hinblick auf Erbfälle oft unzweckmäßigen und teilweise unwirksamen AGB der Anbieter prägen diesen Bereich. Der BGH hat in einer Grundsatzentscheidung klargestellt, dass es ein „Sondererbrecht" für den sog. digitalen Nachlass weder gibt noch braucht: Es gelten vielmehr die allgemeinen erbrechtlichen Grundsätze, insbesondere die erbrechtliche Gesamtrechtsnachfolge, die auch den Nutzungsvertrag des Erblassers mit dem Dienstanbieter erfasst, so dass den Erben grundsätzlich Zugang zu dem Konto des Erblassers einschließlich der darin vorgehaltenen Kommunikationsinhalte zu gewähren ist.[19] Ob auch die aktive Weiternutzung des Accounts durch den Erben von diesem Anspruch abgedeckt ist, blieb im konkreten Fall unentschieden. Klauseln in AGB, die das Vertragsverhältnis „unvererblich" stellen, waren im konkret entschiedenen Fall nicht enthalten bzw. nicht wirksam einbezogen, hielten aber wohl auch einer Inhaltskontrolle gemäß § 307 Abs. 1, Abs. 2 BGB nicht stand.[20] Der Nutzungsvertrag sei auch nicht seinem Wesen nach derart höchstpersönlicher Natur, dass eine Vererblichkeit auch ohne diesbezügliche Regelung ausscheiden müsse.[21] Am Beispiel von Tagebüchern, die in körperlicher Form geführt zweifellos den allgemeinen Regeln des Erbrechts unterliegen, stellt der BGH fest, dass auch eine Differenzierung nach vermögenswerten und höchstpersönlichen Inhalten ausscheidet.[22] Der Erbe ist auch kein „anderer" im Sinne des Fernmeldegeheimnisses, da er vollständig in die Position des Erben einrückt, so dass auch kein Verstoß gegen § 88 Abs. 3 TKG vorliegt.[23] Über den entschiedenen Fall hinaus ist damit klar, dass der erbrechtliche Gestalter hinsichtlich des sog. digitalen Nachlasses mit den klassischen erbrechtlichen Gestaltungsmitteln arbeiten kann und muss.

25   Die Totenfürsorge wird maßgeblich vom Willen des Verstorbenen geprägt. Dieser entscheidet insbesondere über Art und Ort der Bestattung. Ist ein solcher Wille nicht erkennbar, sind nach gewohnheitsrechtlichen Grundsätzen die nächsten Angehörigen – nicht die Erben – zu **Bestattungsanordnungen** berufen.[24]

25a   Der Bestand des Vermögens eines Erblassers und seine Zusammensetzung brauchen an sich nur ermittelt zu werden, wenn nicht zur Gesamtrechtsnachfolge, sondern zur Einzelrechtsnachfolge verfügt wird, ferner, wenn sich aus der Natur des Vermögensgegenstandes Besonderheiten für die zu treffende Regelung ergeben können. Gleichwohl bleibt es in allen Fällen zweckmäßig, vor der Ermittlung des letzten Willens den Bestand des künftigen Nachlasses zu prüfen, um zB auch steuerliche und kostenrechtliche Aspekte in die Überlegungen einzubeziehen.

---

[17] BGH NJW 2000, 2195 (2201).
[18] Vgl. *Martini* JZ 2012, 1145; *Herzog* NJW 2013, 3745; *Deutsch* ZEV 2014, 2; vgl. den ausführlichen Überblick bei Staudinger/*Kunz* (2016) BGB § 1922 Rn. 594 ff.
[19] BGH ZEV 2018, 582 Rn. 21 ff. – „Facebook" mit zustimmender Anm. *Ludyga;* iErg so bereits das erstinstanzliche Urteil LG Berlin ZEV 2016, 189 mit zustimmender Anm. *Gloser* DNotZ 2016, 545; dagegen die Berufungsinstanz KG ZEV 2017, 386 mit kritischer Anm. *Gloser* DNotZ 2018, 306; vgl. auch bereits *Ludyga* ZEV 2018, 1; LG Münster – 014 O 565/18 überträgt diese Rspr. auf einen iCloud-Account von Apple.
[20] BGH ZEV 2018, 582 Rn. 27 ff.
[21] BGH ZEV 2018, 582 Rn. 33 ff.
[22] BGH ZEV 2018, 582 Rn. 47 ff.; aA *Hoeren* NJW 2005, 2113 (2114); *Martini* JZ 2012, 1145.
[23] BGH ZEV 2018, 582 Rn. 30, 54 ff.; krit. *Deutsch* ZEV 2016, 194 (195).
[24] BGH NJW-RR 1992, 834; vgl. auch OLG Frankfurt a.M. NJW-RR 1989, 1159; OLG Schleswig NJW-RR 1987, 72; *Zimmermann* ZEV 1997, 440.

Unvererblich sind unter anderem 26
– Nießbrauch (§ 1061 BGB) und beschränkte persönliche Dienstbarkeit (§§ 1090 Abs. 2, 1061 BGB);
– Reallast, wenn der Anspruch auf die einzelne Leistung nicht übertragbar ist (§ 1111 Abs. 2 BGB), was sich häufig aus der Natur der gesicherten Leistung ergeben wird;[25]
– dingliches Vorkaufsrecht, wenn keine abweichende Regelung getroffen ist, was jedoch bei Vereinbarung bestimmter Zeitdauer vermutet wird (§§ 1098 Abs. 1, 473 BGB);
– dem Erblasser erteilte Vollmachten (§§ 168, 673 BGB) und sonstige persönliche Rechtsstellungen, wenn sich nicht aus dem zugrunde liegenden Rechtsverhältnis ergibt, dass die entsprechenden Positionen im Eigeninteresse des Bevollmächtigten bzw. Rechtsträgers erteilt wurden;[26]
– Mitgliedschaftsrecht im Verein und in der Genossenschaft (§ 38 S. 1 BGB, § 77 Abs. 1 GenG, mit der Möglichkeit, in der Satzung etwas anderes zu bestimmen, § 40 BGB, § 77 Abs. 2 GenG);
– die Mitgliedschaft in der Personengesellschaft, sofern nicht die Vererblichkeit in der Satzung niedergelegt ist (§ 727 BGB, § 131 Abs. 3 Nr. 1 HGB); dazu → Rn. 307 ff.

Modifizierungen der Vererblichkeit, insbesondere die Verdrängung des Erbrechts 27 durch Sonderberechtigungen, können sich unter anderem ergeben:
– Aus den gemäß Art. 64 EGBGB erlassenen Anerben- bzw. Höfegesetzen.
– Bei Mietverhältnissen: Nach der zwingenden Regel des § 563 BGB gehen die Verhältnisse über Wohnraum auf den Ehegatten des Mieters und/oder auf seine Familienangehörigen über, soweit diese Personen mit ihm einen gemeinsamen Haushalt führten, und zwar unabhängig davon, ob sie Erbe geworden sind. Diese Sonderrechtsnachfolge gilt auch bei Vorliegen eines gemeinsamen Mietvertrages für den überlebenden Mieter (§ 563a BGB).
– Bei Bankkonten und Depots, sofern durch Verfügungen unter Lebenden gemäß §§ 328, 331 BGB oder Kontengestaltung der Übergang des Anspruchs gegen die Bank außerhalb des Nachlasses bewerkstelligt wird, wenn auch zum Zeitpunkt des Ablebens des Rechtsträgers (→ Rn. 386 ff.).
– Bei Lebensversicherungsansprüchen, sofern ein Bezugsberechtigter benannt ist (→ Rn. 400 ff.).
– Bei Beteiligungen an Gesellschaften, auch wenn die Vererblichkeit an sich nicht ausgeschlossen werden kann (wie bei der GmbH) oder trotz der Möglichkeit hierzu (wie bei den Personengesellschaften) nicht ausgeschlossen wurde. Erbrechtliche Gestaltungen sind nur möglich, soweit das Gesellschaftsrecht und der Gesellschaftsvertrag sie gestatten; gegebenenfalls sind zur Herbeiführung des gewünschten erbrechtlichen Erfolges die gesellschaftsrechtlichen Grundlagen zu ändern (im Einzelnen → Rn. 306 ff.).

Aus dem Bestand des Nachlasses können sich auch **Sondervorschriften für die Bewer-** 28 **tung** bei der Erbauseinandersetzung bzw. bei der Pflichtteilsberechnung ergeben, vor allem, wenn
– ein Landgut zum Nachlass gehört. Dann ist uU der Ertragswert statt des Verkehrswertes bei der Erbauseinandersetzung und beim Pflichtteil anzusetzen (Art. 137 EGBGB iVm den einschlägigen Landesgesetzen, § 2049 Abs. 1 BGB und § 2312 Abs. 1 S. 1 BGB). Auch aus höferechtlichen Sonderbestimmungen können sich Besonderheiten bei der Ermittlung des Hofwertes ergeben;
– Gesellschaftsanteile (an Personengesellschaften und Kapitalgesellschaften) zum Nachlass gehören. Dann ist uU der Klauselwert bei der Auseinandersetzung und bei der Pflichtteilsberechnung anzusetzen (sehr str., → Rn. 350 ff.);
– der überlebende Ehegatte den Voraus erhält. Dann bleibt der Voraus bei der Berechnung des Pflichtteils außer Ansatz, wenn er dem überlebenden Ehegatten tatsächlich

---

[25] MüKoBGB/*Mohr* BGB § 1111 Rn. 2 mit Verweis auf Altenteilsrechte.
[26] MüKoBGB/*Schubert* BGB § 168 Rn. 9.

gebührt (§ 2311 Abs. 1 S. 2 BGB); dies gilt nicht, wenn der Ehegatte Alleinerbe ist;[27] beim Pflichtteil des Ehegatten wird der Voraus nicht abgezogen.

29 Auch aus **steuerlichen Gründen** kann es zweckmäßig sein, die Nachlasssubstanz zu ermitteln. Aus den unterschiedlichen Steuerwerten können sich uU Empfehlungen für besondere, steuerlich motivierte Gestaltungen ergeben (→ Rn. 503 ff.).

30 **3. Testierfreiheit.** Die Verpflichtung des Notars, den Sachverhalt aufzuklären (§ 17 Abs. 1 S. 1 BeurkG), erstreckt sich auch darauf, zu klären, ob der Erblasser bereits durch eine frühere Verfügung von Todes wegen gebunden ist. Der Notar genügt dieser Pflicht durch eine entsprechende Frage an den Erblasser; er ist nicht verpflichtet, weiter nachzuforschen und die Richtigkeit der Angaben zu überprüfen. Seit Einführung des Zentralen Testamentsregisters (ZTR) bietet sich ergänzend eine Recherche nach bereits registrierten früheren Verfügungen des Erblassers an, zu der der Notar aber schon deshalb nicht ohne Weiteres verpflichtet ist, weil er die Abfrage nur mit Einwilligung des Erblassers vornehmen darf (§ 78 f Abs. 1 BNotO iVm § 8 ZTRV). Die bislang etwa 18,4 Mio. Verwahrnachrichten („gelbe Karteikarten“) bei den ca. 5.200 Standesämtern und der Hauptkartei für Testamente beim Amtsgericht Schöneberg sind zwischenzeitlich vollständig digitalisiert und in den Datenbestand des ZTR überführt. Das Rechercheergebnis bleibt aber dennoch unzuverlässig, da alle privatschriftlichen Verfügungen, die der Erblasser nicht in die besondere Verwahrung gegeben hat und die daher gemäß § 78d Abs. 3 BNotO nicht registerfähig sind, in der Auskunft fehlen. Die Nachfrage beim Erblasser bleibt daher im Hinblick auf etwaige handschriftliche Ehegattentestamente auch künftig relevant. Die Reihenfolge der Prüfung wird dabei sein:

31 (1) **Bindung durch eine frühere Verfügung von Todes wegen?** Beim gemeinschaftlichen Testament durch eine wechselbezügliche Verfügung (§§ 2270, 2271 BGB), beim Erbvertrag durch eine vertragsmäßige Verfügung (§ 2278 BGB). Wechselbezüglich bzw. vertragsmäßig können nur Erbeinsetzung, Vermächtnis und Auflage sein (§§ 2270 Abs. 3, 2278 Abs. 2 BGB). Teilungsanordnungen können dadurch wechselbezüglich bzw. vertragsmäßig ausgestaltet werden, dass sie vermächtnisweise angeordnet werden.

32 (2) **Aufhebung der Bindung infolge Scheidung** der Ehe bzw. Antrag auf Ehescheidung (§§ 2077, 2268 BGB) bzw. Auflösung der Lebenspartnerschaft? Vor Scheidung der Ehe ist Unwirksamkeit der Verfügung nur gegeben, wenn der Erblasser die Scheidung beantragt oder ihr zugestimmt hat **und** zur Zeit des Todes des Erblassers die Voraussetzungen für die Scheidung der Ehe (§§ 1565 ff. BGB) gegeben waren. Entsprechendes gilt für die Lebenspartnerschaft. Da nach BGH[28] wechselbezügliche Verfügungen in einem gemeinschaftlichen Testament auch nach Ehescheidung – bei entsprechendem Fortgeltungswillen gemäß § 2268 Abs. 2 BGB – nicht nur gültig, sondern auch wechselbezüglich bleiben können, muss zumindest bedacht werden, dass die Testierfreiheit in diesen Fällen möglicherweise nicht mehr gegeben ist; Abhilfe bzw. Rechtssicherheit kann dann durch ein gemeinschaftliches Aufhebungstestament, durch notariell beurkundeten Widerruf oder ggf. durch notariell beurkundete Anfechtung geschaffen werden (vgl. auch → Rn. 204b).[29]

33 (3) **Aufhebung der Bindung durch Widerruf** (§ 2254 Abs. 1 BGB) oder durch **Rücktritt vom Erbvertrag** aufgrund eines Vorbehalts nach § 2298 Abs. 2 BGB?

34 (4) **Änderungsrecht trotz prinzipieller Bindung?** Enthält das gemeinschaftliche Testament (der Erbvertrag) trotz Wechselbezüglichkeit (vertragsmäßiger Bindung) eine Freistellungsklausel, wonach der länger lebende Teil bezüglich seiner letztwilligen Verfügungen zum freien oder eingeschränkten Widerruf bzw. Änderung berechtigt ist?[30]

---

[27] BGHZ 73, 29.
[28] DNotZ 2005, 51.
[29] *Kanzleiter* ZEV 2005, 181 (184).
[30] Vgl. OLG Stuttgart DNotZ 1986, 553; BGH DNotZ 1987, 430 mAnm *Kanzleiter;* OLG Hamm ZEV 1996, 272.

(5) **Testierfreiheit durch Anfechtung?** Kann der Erblasser die bindende frühere Verfü- 35
gung wegen Irrtums, Drohung oder Übergehung eines Pflichtteilsberechtigten anfechten
(§§ 2078, 2079, 2281 BGB)? Gegebenenfalls ist die Anfechtungsfrist der §§ 2082, 2283
BGB (ein Jahr) zu beachten.

(6) **Testierfreiheit durch Ausschlagen der Erbschaft?** Will sich der Erblasser von 36
der Bindung durch Ausschlagung der Erbschaft befreien (§ 2271 Abs. 2 BGB)? Wird der
überlebende Ehegatte durch die Ausschlagung gesetzlicher Erbe, so muss er zur Erlangung
der Testierfreiheit auch diese Erbschaft ausschlagen; dies gilt nur dann nicht, wenn er aufgrund der letztwilligen Verfügung erheblich mehr erhielte, als er als gesetzlicher Erbe be-
käme, was bei einer Abweichung von einem Viertel noch nicht er Fall sein soll („Vermögensopfer", sehr str.).[31]

(7) **Beschränkung der Testierfreiheit durch vorangegangenes Tun?** Der Grund- 37
satz, dass in einer formlosen Vereinbarung über die Hoferbfolge eine bindende Bestimmung des Hoferben liegen kann,[32] wurde bislang nur für das Landwirtschaftsrecht angenommen. Wegen des Formzwangs wird man diese Rechtsprechung über eng begrenzte
Sonderfälle hinaus nicht anwenden können.

(8) **Wirkungen erbrechtlicher Bindung:** Besteht eine erbrechtliche Bindung, so ist 38
eine spätere Verfügung nach § 2289 Abs. 1 S. 2 BGB unwirksam, wenn sie das Recht des
vertragsmäßig Bedachten beeinträchtigt. Dies ist auch bei Anordnung der Testamentsvollstreckung[33], bei Anordnung eines Vermächtnisses zugunsten eines Dritten oder einer Auflage der Fall. Die erbrechtliche Bindung verhindert auch beeinträchtigende Verfügungen,
mit denen einer sittlichen Pflicht (gegenüber anderen Personen als dem erbrechtlich Bedachten) oder einer auf den Anstand zu nehmenden Rücksicht entsprochen werden soll.[34]
Die Bindungswirkung steht nicht einer Teilungsanordnung entgegen, durch die einem
Miterben mehr zugewandt wird, als dem Wert des Erbteils entspricht, wenn dem anderen
Miterben ein entsprechender Ausgleich aus dem eigenen Vermögen zukommt.[35] Ist der
Erblasser durch gemeinschaftliches Testament oder Erbvertrag gebunden, also gehindert,
letztwillig zu verfügen, so wird er gelegentlich versuchen, die Zuwendung durch Rechtsgeschäft unter Lebenden vorzunehmen; die §§ 2287, 2288 BGB setzen dem enge Grenzen. Soll das Rechtsgeschäft gleichwohl beurkundet werden, ist ein entsprechender Hinweis des Notars ratsam. Geben Beteiligte an, in der Verfügung über ihr Vermögen nicht
gebunden zu sein, trifft den Notar aber keine weitergehende Nachforschungspflicht
(→ Rn. 30).[36]

IV. Widerruf früherer Verfügungen

Der Notar wird dafür sorgen, dass alle früheren Verfügungen von Todes wegen, die den 39
neuen Anordnungen im Wege stehen, widerrufen werden, sofern die Testierfreiheit des
Erblassers dies im konkreten Fall ermöglicht. Dabei ist stets der Umfang des Widerrufs
klarzustellen, also die Frage zu klären, ob er alle früheren Verfügungen oder nur bestimmte Verfügungen umfasst. Nach § 2258 Abs. 1 BGB hebt ein Testament ein früheres Testament nur insoweit auf, als die spätere Verfügung mit der früheren in Widerspruch steht.
Damit ist insbesondere die Gefahr gegeben, dass frühere Nebenanordnungen (Vermächtnisse etc) bestehen bleiben, wenn – ohne Widerruf früherer Verfügungen im Übrigen –
nur der Erbe „ausgewechselt" wird; es ist klarzustellen, ob dieser neue Erbe mit den alten
Vermächtnissen beschwert bleibt. Ist kein umfassender Widerruf früherer Verfügungen

---

31 KG NJW-RR 1991, 330; offengelassen von BGH NJW 2011, 1353 (1354); vgl. Palandt/*Weidlich* BGB
§ 2271 Rn. 18.
32 BGHZ 12, 286.
33 BGH NJW 1962, 912; OLG Hamm MittBayNot 1996, 44 mAnm *Reimann*.
34 BGH DNotZ 1978, 298.
35 BGHZ 82, 274.
36 Bamberger/Roth/*Litzenburger* BeurkG § 17 Rn. 2.

ausgesprochen, wird dies anzunehmen sein. Sollen frühere Verfügungen nur partiell geändert werden, wird der Bestand der übrigen früheren Verfügungen festzuhalten sein.

40   Formulierungsbeispiel: Widerruf einseitiges Testament

◑ Ich widerrufe alle bisher von mir getroffenen Verfügungen von Todes wegen vollinhaltlich.

Alt.: Ich widerrufe die im Testament vom *** getroffene Erbeinsetzung. Alle anderen dort getroffenen Bestimmungen bleiben bestehen.

Alt.: Ich widerrufe die im Testament vom *** verfügten Vermächtnisse. Die dort enthaltene Erbeinsetzung bleibt bestehen.

41   Formulierungsbeispiel: Widerruf gemeinschaftliches Testament oder Erbvertrag

◑ Wir widerrufen alle bisher von uns getroffenen Verfügungen von Todes wegen vollinhaltlich.

Alt.: Wir widerrufen die im Erbvertrag vom *** vereinbarte Einsetzung von *** als Erben des Letztversterbenden von uns. Alle anderen Anordnungen, die wir bislang getroffen haben, bleiben bestehen.

Alt.: Wir widerrufen die im Erbvertrag vom *** für den Tod des Erstversterbenden von uns angeordneten Vermächtnisse. Alle anderen Verfügungen von Todes wegen, die wir getroffen haben, bleiben bestehen.

V. Bindungswirkung der Verfügung

42   Beim gemeinschaftlichen Testament und beim Erbvertrag ist die Frage zu regeln, in welchem Umfang die getroffene Verfügung bindend ist und wann und unter welchen Voraussetzungen man sich gegebenenfalls zum Teil von der getroffenen Verfügung befreien kann.

43   Checkliste: Beabsichtigte Bindung

(1) Einseitige Regelung, gemeinschaftliches Testament oder Erbvertrag?
(2) Bei Erbvertrag bzw. gemeinschaftlichem Testament: Einseitige, vertragliche bzw. wechselbezügliche Verfügung?
(3) Bei Erbvertrag: Rücktrittsvorbehalt?
(4) Änderungsvorbehalt?
(5) Auflösende Bedingung (zB Scheidung)?
(6) Verstärkung der Bindung durch Verzicht auf Anfechtungsrechte?

44   **1. Einseitige oder vertragliche Verfügung?** Der Erbvertrag setzt begriffsnotwendig zumindest eine vertragsmäßige Verfügung voraus, die allerdings mit einem Rücktrittsrecht versehen werden kann. Besteht er nur aus einseitigen, also nicht vertragsmäßigen Verfügungen, liegt kein Erbvertrag vor, so dass eine Bindungswirkung nicht gegeben ist. In einem solchen Fall liegt allerdings die Umdeutung in ein (gemeinschaftliches) Testament nahe. Um Unklarheiten zu vermeiden, ist im Erbvertrag klarzustellen, ob mit der jeweiligen letztwilligen Anordnung eine vertragsmäßige Verfügung getroffen wird oder eine – nach § 2299 BGB – mögliche einseitige Verfügung.

45   **2. Rücktrittsvorbehalt.** Von der Frage der Qualifizierung einer Verfügung als Erbvertrag (zumindest eine vertragsmäßige Verfügung) ist die Frage zu unterscheiden, ob ein Rücktritt vom Erbvertrag möglich ist. Dies ist nur der Fall, wenn der Erblasser sich den Rück-

tritt im Vertrag vorbehalten hat (§ 2293 BGB). Das Rücktrittsrecht kann auch ohne jede Tatbestandsvoraussetzung vorbehalten sein.

> **Formulierungsbeispiel: Rücktrittsvorbehalt beim Erbvertrag** 46
>
> Jeder von uns behält sich den jederzeit ohne Angabe von Gründen möglichen Rücktritt ☝ vom Erbvertrag vor. Der Notar hat darauf hingewiesen, dass der Rücktritt nur persönlich und nur durch notariell beurkundete Erklärung gegenüber dem anderen Vertragsteil erfolgen kann.

3. Änderungsvorbehalt. Unter Änderungsvorbehalt versteht man die einem oder bei- 47 den der Vertragsschließenden eingeräumte Möglichkeit, eine vertragsmäßige Verfügung auch einseitig entweder in bestimmtem Rahmen oder vollkommen frei abzuändern, ohne dass ihm ein Rücktrittsrecht eingeräumt werden bzw. ohne dass er bei vorbehaltenem Rücktrittsrecht von diesem Gebrauch machen muss. Von der Frage der erbvertraglichen Bindung und von der Frage, ob ein Rücktrittsrecht vorbehalten ist, ist zu unterscheiden, ob die an sich gegebene erbvertragliche Bindung durch den Vorbehalt anderweitiger Verfügungen eingeschränkt wurde. Die Frage der Zulässigkeit derartiger Vorbehalte ist mittlerweile von der ganz herrschenden Meinung anerkannt.[37] Die **praktische Relevanz** solcher Änderungsvorbehalte ist erheblich. Sie haben regelmäßig den Zweck, dem länger lebenden Ehegatten noch eine Umverteilung des Vermögens zB im Kreise der gemeinschaftlichen Abkömmlinge zu ermöglichen. Bei Unternehmertestamenten sollen sie sicherstellen, dass der länger lebende Elternteil noch auf Änderungen im familiären Bereich, insbesondere bezüglich der Eignung des designierten Unternehmensnachfolgers, reagieren kann. Auch kann dem Erblasser bereits bei Errichtung eines Erbvertrages oder gemeinschaftlichen Testaments die Option offen gehalten werden, eine spätere, den Vertragserben oder Schlusserben beschränkende Testamentsvollstreckung anzuordnen.[38] Kann ein Teil die Verfügung insgesamt ohne Mitwirkung des anderen Teils abändern, liegen in Wirklichkeit einseitige Verfügungen vor; dies gilt allerdings nicht, wenn diese Änderung erst nach dem Tod eines Vertragsteils gestattet ist. Der beschränkte Änderungsvorbehalt (zB Änderung der Schlusserbeneinsetzung im Kreis der gemeinsamen Abkömmlinge etc) widerspricht nicht dem Wesen des Erbvertrages. Die **prinzipielle Zulässigkeit** von Änderungsvorbehalten wird heute kaum noch ernsthaft in Frage gestellt. In der Literatur gibt es noch zwei abweichende Meinungen, die eine Lösung nur über Rücktrittsvorbehalte zulassen wollen und Änderungsvorbehalte als einen Verstoß gegen § 2302 BGB ansehen.[39] Diese Ansicht hat sich nicht durchgesetzt. In gefestigter Rechtsprechung und von der ganz herrschenden Meinung in der Literatur wird grundsätzlich der eingeschränkte Änderungsvorbehalt, bei dem der Erblasser wenigstens hinsichtlich einer Verfügung zumindest zeit- oder teilweise gebunden ist, bejaht[40] – wobei diese Entscheidung hinsichtlich der Reichweite des dort in Rede stehenden Änderungsvorbehalts zu Recht kritisiert wird.[41]

---

[37] BGH NJW 1982, 441; Palandt/*Weidlich* BGB § 2289 Rn. 8; Bamberger/Roth/*Litzenburger* BGB § 2278 Rn. 11; zum Meinungsstand *J. Mayer* DNotZ 1990, 755; *Herlitz* MittRhNotK 1996, 153; *Keim* ZEV 2005, 365.

[38] Vgl. *Reimann* MittBayNot 1996, 4.

[39] MüKoBGB/*Musielak* BGB § 2278 Rn. 15 ff., 18 ff.; *Lehmann* BWNotZ 1999, 1 und BWNotZ 2000, 129; NotBZ 2000, 85 und NotBZ 2004, 210.

[40] BGHZ 26, 204 (208); BGH DNotZ 1970, 356 (358); NJW 1982, 441 (442); MittBayNot 1986, 265; OLG Stuttgart OLGZ 1979, 49 (51) und OLGZ 1985, 434; BayObLG FamRZ 1998, 644; OLG München DNotZ 2007, 53; OLG Düsseldorf DNotZ 2007, 774.

[41] Vgl. Anm. *Schmucker* DNotZ 2007, 777 sowie *Münch* FamRZ 2007, 1145; OLG Koblenz DNotZ 1998, 218 (219).

48   Formulierungsbeispiel: Änderungsvorbehalt bezogen auf den Grundbesitz
◑   Abweichend von der gesetzlichen erbvertraglichen Bindungswirkung vereinbaren wir
     folgenden Änderungsvorbehalt:
     Dem Längerlebenden von uns bleibt es vorbehalten, unter Abänderung der vorstehen-
     den Schlusserbeneinsetzung noch einseitig durch Verfügung von Todes wegen zu be-
     stimmen, welcher unserer gemeinsamen Abkömmlinge den zum Zeitpunkt des Able-
     bens des Erstversterbenden vorhandenen – im gemeinschaftlichen Eigentum oder im
     Alleineigentum eines Ehegatten stehenden – Grundbesitz samt Inventar erhalten soll
     und zu welchen Bedingungen; er ist berechtigt, für seinen Nachlass Testamentsvollstre-
     ckung anzuordnen.

49   Formulierungsbeispiel: Änderungsvorbehalt innerhalb der gemeinsamen
◑   Abkömmlinge
     Abweichend von der gesetzlichen erbvertraglichen Bindungswirkung vereinbaren wir
     folgenden Änderungsvorbehalt:
     Der Längerlebende ist befugt, die nach ihm geltende Erbfolge innerhalb der gemeinsa-
     men Abkömmlinge einseitig beliebig abzuändern oder zu ergänzen. Er darf hierzu auch
     Beschwerungen und Beschränkungen im Sinne von § 2306 Abs. 1 BGB anordnen oder
     aufheben.

50   **4. Auflösende Bedingung.** Nach einem Urteil des BGH[42] gelten wechselbezügliche
     Verfügungen nach Ehescheidung als solche fort, wenn ein entsprechender Fortgeltungs-
     wille der Testierenden bei Errichtung vorlag, mit der Folge, dass diese fortgeltenden Ver-
     fügungen einseitig nicht geändert oder aufgehoben werden können. Da dies häufig dem
     Willen der Beteiligten widersprechen wird, empfiehlt es sich, die Ehescheidung (bzw. die
     Rechtshängigkeit eines Scheidungsantrags) als auflösende Bedingung von Erbvertrag bzw.
     gemeinschaftlichem Testament vorzusehen.[43] Auch sonstige Bedingungen sind möglich.

51   Formulierungsbeispiel: Scheidungsantrag als auflösende Bedingung
◑   Alle in dieser Urkunde getroffenen letztwilligen Verfügungen sollen ohne weitere Vor-
     aussetzung mit Rechtshängigkeit der Ehescheidung unwirksam sein, so dass jeder von
     uns wieder völlig frei über seinen Nachlass verfügen kann.

52   **5. Verzicht auf Anfechtungsrecht.** Die Anfechtungsmöglichkeiten für letztwillige Ver-
     fügungen sind in den §§ 2078, 2079 BGB enthalten, für den Erbvertrag in § 2281 BGB.
     Der Kreis der rechtserheblichen Irrtumsfälle ist gegenüber § 119 Abs. 2 BGB auf alle Fälle
     des Grundlagenirrtums erweitert. Wichtig ist das Anfechtungsrecht wegen Übergehens ei-
     nes Pflichtteilsberechtigten (§ 2079 BGB). Diese Anfechtung ist immer schon dann mög-
     lich, wenn der Erblasser den ihm unbekannten Pflichtteilsberechtigten objektiv übergan-
     gen hat, auch wenn er diese Situation selbst herbeigeführt hat, vor allem durch eine
     Wiederverehelichung nach dem Tod des anderen Vertragsteils oder durch eine Adopti-
     on.[44] Ein Pflichtteilsberechtigter ist nicht im Sinne der Norm übergangen, wenn ihm der
     Erblasser weniger als seinen gesetzlichen Erbteil zuwendet.[45]

---

[42] DNotZ 2005, 51.
[43] *Kanzleiter* ZEV 2005, 181 (184); *J. Mayer* ZEV 1997, 280.
[44] OLG Karlsruhe ZEV 1995, 454; Reimann/Bengel/Mayer/*J. Mayer* BGB § 2281 Rn. 19.
[45] OLG Celle NJW 1969, 101; BayObLG NJW-RR 1994, 590 (592); aA für den Fall einer völlig geringfü-
     gigen Zuwendung OLG Karlsruhe ZEV 1995, 454.

Auf das Anfechtungsrecht kann verzichtet werden.[46] Ein Verzicht auf die Anfechtung we- 53
gen Irrtums oder Drohung (§§ 2281 Abs. 1, 2078 BGB) wird in der Regel nicht gewollt
sein, wohl aber auf die Anfechtung wegen Übergehung eines Pflichtteilsberechtigten.
Dies gilt insbesondere beim Ehegattentestament: Durch die Wiederverheiratung sowie
durch das Hinzukommen eines leiblichen oder adoptierten Kindes, könnte die Verfügung
anfechtbar werden. Beim klassischen Ehegattentestament (bzw. Ehegattenerbvertrag) führt
trotz Schlusserbenregelung mangels anderweitiger Vereinbarungen eine Wiederverheiratung zur vollen Anfechtungsmöglichkeit des eigentlich gebundenen überlebenden Ehegatten. Deshalb wird hier ein Verzicht auf das Anfechtungsrecht nach § 2079 BGB regelmäßig sachgerecht sein.

Formulierungsbeispiel: Verzicht auf das Anfechtungsrecht nach § 2079 BGB 54
Das Anfechtungsrecht nach § 2079 BGB schließen wir aus. ()

Für gemeinschaftliche Testamente fehlt eine gesetzliche Regelung; die Situation wird 55
hier aber wie beim Erbvertrag behandelt.[47] Bei einseitigen Verfügungen ist gemäß § 2080
BGB nur derjenige anfechtungsberechtigt, dem die Nichtigkeit der Verfügung unmittelbar
zustattenkommen würde. Bei Erbverträgen und gemeinschaftlichen Testamenten sind drei
Anfechtungsmöglichkeiten zu unterscheiden:
– das Anfechtungsrecht bindender Verfügungen durch den Erblasser selbst gemäß § 2281
  BGB;
– das Anfechtungsrecht gegenüber Verfügungen des Erblassers nach dem Erbfall durch
  den Vertragsgegner oder durch Dritte nach § 2080 BGB;
– die Anfechtung der Erklärungen des Vertragsgegners vor oder nach dem Tod des Erblassers nach den allgemeinen Vorschriften der §§ 119, 142 ff. BGB.
Die Frist zur Anfechtung letztwilliger Verfügungen beträgt ein Jahr (§§ 2082 Abs. 1, 2283 56
Abs. 1 BGB). Sie beginnt gemäß §§ 2082 Abs. 2 S. 1, 2283 Abs. 2 S. 1 Alt. 2 BGB mit
Kenntnis vom Anfechtungsgrund. Nach hM lässt auch ein Rechtsirrtum, der den Anfechtungsgrund betrifft, die Frist nicht laufen[48], es sei denn, der Irrtum bezieht sich auf die
Geltendmachung des Anfechtungsgrundes.[49] Nach aA sind auf rechtlichen Wertungen be-
ruhende Irrtümer stets unbeachtlich.[50]

VI. Belehrungen

Im Rahmen seiner Belehrungspflicht (§ 17 Abs. 1 S. 1 BeurkG) hat der Notar insbeson- 57
dere hinzuweisen auf
– den Grad der Bindung – Testament, gemeinschaftliches Testament, Erbvertrag –,
– Pflichtteilsansprüche, wenn der Erblasser einen Abkömmling, Ehegatten oder ggf. El-
  ternteil ausdrücklich oder stillschweigend von der Erbfolge ausschließt.
Vor allem die Belehrung über Pflichtteilsansprüche ist nicht nur aus Gründen des Selbst- 58
schutzes des Notars wichtig, sondern auch um eine Anfechtung wegen Übergehung des
Pflichtteilsberechtigten gemäß § 2079 BGB zu verhindern, da diese Anfechtung auch bei
Rechtsirrtum über das Pflichtteilsrecht eines bekannten Berechtigten zulässig ist.[51]
Auf die **wirtschaftlichen Auswirkungen** einer Verfügung von Todes wegen braucht 59
der Notar grundsätzlich nicht hinzuweisen.[52] Entsprechendes gilt auch für die steuerlichen

---

[46] BGH NJW 1983, 2247.
[47] *Bengel* DNotZ 1984, 139.
[48] RGZ 107, 192; BayObLGZ 1975, 6.
[49] OLG Hamm ZEV 1994, 109.
[50] Vgl. zum Ganzen *Rosemeier* ZEV 1995, 124.
[51] Palandt/*Weidlich* BGB § 2079 Rn. 4.
[52] BGH DNotZ 1973, 220.

Folgen.[53] Eine Ausnahme besteht lediglich in der Hinweispflicht auf die Schenkungsteuer (§ 13 ErbStDV). Gibt der Notar steuerliche Auskünfte, ohne hierzu verpflichtet zu sein, so kann sich seine Haftung ausnahmsweise auch auf die Richtigkeit solcher Belehrungen erstrecken.

60   Eine ausführliche Belehrung bei einem Erbvertrag könnte – ohne dass diese Ausführlichkeit notwendig ist – wie folgt aussehen (vgl. auch → Rn. 224 wegen des Hinweises auf die Änderung des anwendbaren Rechts bei Verlegung des gewöhnlichen Aufenthalts des Erblassers):

61   **Formulierungsbeispiel: Ausführliche Belehrung beim Erbvertrag**

Die Erschienenen wurden vom Notar über die rechtliche Tragweite ihrer Erklärungen belehrt, insbesondere über
- das Pflichtteils- und Pflichtteilsergänzungsrecht;
- die gesetzlichen Bestimmungen der §§ 2050 ff. BGB und §§ 2315 f. BGB über die Ausgleichung und Anrechnung,
- die Einschränkung der Testierfreiheit durch die vertragsmäßigen Verfügungen,
- den Grundsatz des freien lebzeitigen Verfügungsrechts, seine Einschränkungen und deren Auswirkungen,
- das durch diese Urkunde eingeschränkte Anfechtungsrecht gemäß § 2079 BGB.

Der Notar hat ferner darauf hingewiesen, dass
- Zahlungen aus Verträgen zugunsten Dritter auf den Todesfall (zB Lebensversicherungen oder Sparkonten) unmittelbar dem eingesetzten Bezugsberechtigten zustehen und deshalb nicht in den Nachlass fallen;
- für Anteile an Personengesellschaften der Gesellschaftsvertrag eine Sondererbfolge vorsehen kann;
- die Vererblichkeit von Urheberrechten oder anderen höchstpersönlichen, nicht frei übertragbaren Rechten, beschränkt ist.

C. Besonderheiten beim Beurkundungsverfahren

62 Für Verfügungen von Todes wegen gelten die allgemeinen Vorschriften über die Beurkundung von Willenserklärungen (§§ 6 ff. BeurkG). Aus §§ 2229–2233, 2274, 2276 BGB sowie aus §§ 27–35 BeurkG ergeben sich jedoch einige – zum Teil materiell-rechtliche, zum Teil verfahrensrechtliche – Besonderheiten.

63 **Checkliste: Mögliche Besonderheiten**
(1) Persönliche Anwesenheit des Erblassers (§ 2064 BGB)
(2) Erklärung des letzten Willens
(3) Obligatorische Feststellung über die erforderliche Geschäftsfähigkeit (§ 28 BeurkG)
(4) Mitwirkungsverbot (§ 27 BeurkG)?
(5) Zeugenzuziehung (§ 29 BeurkG)?
(6) Beteiligung von Personen mit Einschränkungen oder Behinderungen (§§ 22–25, 32 BeurkG)?
(7) Testament durch Übergabe einer Schrift (§ 2232 BGB, § 30 BeurkG)
    – offene Schrift
    – verschlossene Schrift
(8) Ablieferung zum Nachlassgericht
(9) Registrierung im Zentralen Testamentsregister
(10) Rücknahme aus der Verwahrung

---

[53] BGH DNotZ 1976, 54; ZEV 1995, 340; *Haug* DNotZ 1972, 388 (478).

I. Persönliche Anwesenheit des Erblassers

Letztwillige Verfügungen können nur persönlich errichtet werden (§ 2064 BGB), **Vertre-**   64
tung ist unzulässig (§ 2065 Abs. 1 BGB). Der Erbvertrag kann nur bei gleichzeitiger
Anwesenheit beider Teile geschlossen werden, also nicht im Wege von Angebot und Annahme (§ 2274 BGB). Der Erblasser muss persönlich anwesend sein, während der andere
Vertragsteil vertreten sein kann (§ 2276 BGB); testiert somit nur ein Teil, so kann der
Erbvertrag aufgrund Vollmacht oder vorbehaltlich Genehmigung durch den anderen Vertragsteil abgeschlossen werden.

II. Erklärung des letzten Willens

Bis zum 31.7.2002 musste der Erblasser nach § 2232 BGB seinen letzten Willen münd-   65
lich erklären, also zumindest in der Lage sein, auf die Frage, ob das Verlesene seinem
letzten Willen entspreche, mit „Ja" zu antworten.[54] Der Gesetzgeber hat das Wort
„mündlich" in § 2232 BGB gestrichen, ebenso in § 2233 Abs. 1, Abs. 2 BGB. § 2233
Abs. 3 BGB, wonach der Erblasser, wenn er nicht hinreichend zu sprechen vermag, das
Testament nur durch Übergabe einer Schrift errichten kann, ist ersatzlos entfallen (vgl.
auch → Rn. 73). Aufgehoben ist auch § 31 BeurkG, wonach ein Erblasser, der nicht hinreichend zu sprechen vermag, die Erklärung, dass die übergebene Schrift seinen letzten
Willen enthalte, bei der Verhandlung eigenhändig in die Niederschrift oder auf ein besonderes Blatt schreiben muss, das der Niederschrift beigefügt sein soll. Die bisherigen Abgrenzungskriterien für die wirksame Erklärung des letzten Willens in öffentlicher Form
sind dadurch obsolet. Es stellt sich allerdings die Frage, welche Anforderung man jetzt an
die Erklärung des letzten Willens im Rahmen eines öffentlichen Testamentes zu stellen
hat. Da Testamente – im Gegensatz zur Meinung des Gesetzgebers – nicht konkludent
errichtet werden können (sonst würde uU auch absolute Passivität ausreichen), wird in
jedem Fall verlangt werden müssen, dass der Erblasser den letzten Willen in irgendeiner
Form positiv und zumindest mit einer gewissen Aktivität, jedenfalls aber zweifelsfrei
(„Verständigung mit dem Augenlid"), zum Ausdruck bringt, ferner, dass er zur gegenteiligen Meinungsäußerung noch in der Lage ist. Ob das Absenken der Erklärungsschwelle
durch den Gesetzgeber im Sinne der Rechtssicherheit ist, muss bezweifelt werden. Dem
Notar wird empfohlen, es im Regelfall bei der Mündlichkeit der Erklärung zu belassen.
Das „Testament durch Wimpernschlag"[55] wird die absolute Ausnahme sein.[56]

III. Obligatorische Feststellung über die erforderliche Geschäftsfähigkeit

Nach § 28 BeurkG hat der Notar seine Wahrnehmungen über die erforderliche Ge-   66
schäftsfähigkeit des Erblassers in der Niederschrift zu vermerken, also nicht nur im Ausnahmefall, wie nach § 11 BeurkG, sondern stets. Die materiell-rechtlichen Vorschriften
über die für Testamente erforderliche **Testier**fähigkeit enthält § 2229 BGB, über die für
den Erbvertrag erforderliche **Geschäfts**fähigkeit § 2275 BGB. Demnach kann ein Minderjähriger ab Vollendung seines 16. Lebensjahres ein Testament errichten, ohne dass er
die Zustimmung seines gesetzlichen Vertreters benötigt. Dem Minderjährigen stehen allerdings nicht alle Errichtungsformen zur Verfügung; insbesondere kann er kein eigenhän-
diges Testament errichten, sondern muss auf das öffentliche Testament durch Erklärung
gegenüber dem Notar oder Übergabe einer offenen Schrift zurückgreifen (§ 2233 Abs. 1
BGB). Einen Erbvertrag kann als Erblasser seit 22.7.2017 gemäß § 2275 BGB nF nur ein
unbeschränkt Geschäftsfähiger schließen. Die noch bis 21.7.2017 geltende Ausnahme,
dass ein Vertragsteil beschränkt geschäftsfähig sein darf, dann aber beim Abschluss die Zu-

---

[54] OLG Hamm ZEV 1994, 113; BayObLG DNotZ 1969, 301; ZEV 2000, 66.
[55] *V. Dickhuth-Harrach* FamRZ 2003, 493.
[56] *Reimann* FamRZ 2002, 1383.

stimmung seines gesetzlichen Vertreters benötigt (§ 2275 Abs. 2, Abs. 3 BGB aF) ist durch das Gesetz zur Bekämpfung von Kinderehen[57] entfallen.

67   Im Hinblick auf die erforderliche Geschäftsfähigkeit ist zu beachten, dass nach herrschender Meinung sowohl eine **„partielle" Geschäftsfähigkeit,**[58] also auf bestimmte Lebensbereiche beschränkte, als auch eine **„relative" Geschäftsfähigkeit,** also nach der Komplexität der jeweils angestrebten Regelung gestufte, Testierfähigkeit abgelehnt werden.[59] Besondere Vorsicht ist geboten bei „partieller" Testierunfähigkeit.[60] Eine letztverbindliche Beurteilung der Testierfähigkeit des Erblassers ist weder Aufgabe des Notars, noch vermag er diese zu leisten. Im Zweifel ist die grundgesetzlich garantierte Testierfreiheit zu achten, also die letztwillige Verfügung zu beurkunden, sofern der Notar – wenn auch mit Zweifeln – zu dem Ergebnis kommt, dass Testierfähigkeit noch gegeben ist. Andernfalls muss er die Beurkundung ablehnen. Bei Auffälligkeiten muss der Notar aber seine Wahrnehmungen in die Niederschrift detailliert aufnehmen, um eine spätere sachverständige Würdigung zu ermöglichen.[61] Im Idealfall liegt bei vorher erkennbaren Zweifelsfällen bereits zur Beurkundung ein fachärztliches Gutachten eines Neurologen oder Psychiaters vor. Notwendig ist dies aber nur bei konkretem Anlass zu Zweifeln an der Testierfähigkeit.[62] Bestehen keine Zweifel an der Testierfähigkeit, könnte die entsprechende Feststellung im Urkundseingang wie folgt lauten:

68   **Formulierungsbeispiel: Feststellung der Testierfähigkeit**

☝   Der Erschienene ist nach meiner Überzeugung, die ich in einem mit ihm geführten Gespräch gewonnen habe, testierfähig.

IV. Mitwirkungsverbote

69   § 27 BeurkG stellt klar, dass der Notar und andere mitwirkende Personen (Zeugen, Dolmetscher, Vertrauenspersonen, zweiter Notar) ausgeschlossen sind, wenn sie in der Verfügung von Todes wegen bedacht oder zum Testamentsvollstrecker ernannt werden sollen. § 27 BeurkG statuiert ein Mitwirkungsverbot; wird es nicht beachtet, ist die Beurkundung unwirksam. Die materiell-rechtliche Nichtigkeit der Anordnung ergibt sich dann aus § 125 BGB. Ob die Teilnichtigkeit die Nichtigkeit der gesamten Verfügung von Todes wegen zur Folge hat, ist bei Testamenten nach § 2085 BGB, bei Erbverträgen hinsichtlich der vertragsmäßigen Verfügungen nach § 2298 BGB zu beurteilen. Praktisch bedeutsam ist § 27 BeurkG vor allem für die **Ernennung des Urkundsnotars zum Testamentsvollstrecker:** Sie kann in der Niederschrift selbst nicht geschehen. Die Unwirksamkeit der Anordnung ist unabhängig davon, ob der Notar weiß, dass er zum Testamentsvollstrecker ernannt werden soll. § 27 BeurkG gilt auch, wenn eine Verfügung von Todes wegen durch Übergabe einer verschlossenen Schrift nach § 2232 BGB errichtet wird.[63] Erkennt der Notar, dass der Erblasser ihn zum Testamentsvollstrecker ernennen will, muss er die Beurkundung ablehnen (§ 14 Abs. 2 BNotO; §§ 4, 7, 27 BeurkG). Diese Grundsätze gelten auch, falls dem Notar nur ein Benennungsrecht für die Person des Testamentsvollstreckers eingeräumt werden soll.[64]

---

[57] BGBl. 2017 I 2429.

[58] BayObLG NJW 1992, 248.

[59] Vgl. Nieder/Kössinger/*Kössinger* Testamentsgestaltung-HdB § 7 Rn. 14.

[60] BayObLG NJW 1992, 248; zur Verteilung der Feststellungslast bei zeitweiser Testierunfähigkeit vgl. BayObLG ZEV 1996, 391.

[61] Ausführlich *Lichtenwimmer* MittBayNot 2002, 240; vgl. auch *Litzenburger* FD-ErbR 2013, 345170.

[62] OLG Bamberg ZEV 2013, 334: fortgeschrittenes Stadium einer Krebserkrankung stellt allein keinen solchen Anhaltspunkt dar.

[63] MüKoBGB/*Hagena* BeurkG § 27 Rn. 3; Reimann/Bengel/Mayer/*Bengel* BeurkG § 30 Rn. 9.

[64] BGH DNotZ 2013, 149.

Soll der Urkundsnotar dennoch zum Testamentsvollstrecker ernannt werden, so wird vor- 70
geschlagen, alle Anordnungen über die Testamentsvollstreckung in die Urkunde aufzunehmen, mit Ausnahme der Benennung der Person des Testamentsvollstreckers. Diese soll
dann der Erblasser in einem privatschriftlichen Testament oder einem Testament, das von
einem anderen Notar beurkundet wird, nachträglich vornehmen.[65] Dieser Weg hat allerdings die erhebliche Schwäche, dass die Regelung unvollständig bleibt, wenn der Erblasser das Ergänzungstestament nachher nie errichtet. Das privatschriftliche Ergänzungstestament sollte nicht mit dem Haupttestament nach § 34 BeurkG verschlossen werden, da der
Umschlag mit dem privatschriftlichen Testament nach umstrittener Auffassung als „Zubehör" der Testamentsurkunde des notariellen Testaments angesehen werden kann, so dass
die Benennung wegen Verstoßes gegen § 27 BeurkG nach dieser Auffassung nichtig
wäre.[66]

Gemäß § 3 Abs. 1 S. 1 Nr. 4 BeurkG ist ein Mitwirkungsverbot in Angelegenheiten 71
einer Person statuiert, mit der sich der Notar zur gemeinsamen Berufsausübung verbunden oder mit der er gemeinsame Geschäftsräume hat, so dass die Beurkundung der **Testamentsvollstreckerernennung durch den Sozius ebenfalls unzulässig** ist.[67] Beurkundet der Sozius die Testamentsvollstreckerernennung dennoch, führt dieser Verstoß
zwar nicht zur Unwirksamkeit, ist aber disziplinarrechtlich zu ahnden.[68] Gleiches gilt für
Amtshandlungen, die beim Notar beschäftigtem Personal solche Vorteile bringen.[69]

V. Zeugenzuziehung

Nach § 29 BeurkG soll der Notar auf Verlangen der Beteiligten bis zu zwei Zeugen oder 72
einen zweiten Notar zuziehen und dies in der Niederschrift vermerken. Die Niederschrift
soll auch von diesen Personen unterzeichnet werden. Auch hierbei handelt es sich um
eine Sollvorschrift, so dass ein Verstoß zwar disziplinarrechtliche Folgen hat, die Wirksamkeit der Niederschrift aber nicht berührt.[70] Ist ein **Ausländer** an der Beurkundung
beteiligt, so bestehen keine Bedenken dagegen, dass der Notar vorsorglich – um die
Wirksamkeit der Beurkundung auch nach ausländischem Recht sicherzustellen – **mehr
als zwei Zeugen** zuzieht, sofern dies nach dem betreffenden Recht geboten ist; damit
wird zwar dem Wortlaut des § 29 BeurkG nicht entsprochen, die Vorschrift dürfte aber
insoweit im Interesse der Testierfreiheit teleologisch zu reduzieren sein.

VI. Beteiligte mit Einschränkung oder Behinderung, Sprachunkundige

Seit 1.8.2002 ist das Erfordernis der Mündlichkeit der Erklärung in § 2232 BGB aufge- 73
hoben, auch für minderjährige (§ 2233 Abs. 1 BGB), leseunkundige oder -unfähige
Erblasser (§ 2233 Abs. 2 BGB). Das BVerfG[71] hatte die frühere Regelung, nach der
schreibunfähige Stumme faktisch nicht testieren konnten, wegen Verstoßes gegen die Testierfreiheit für nichtig erklärt und dem Gesetzgeber eine Neuregelung auferlegt. Alle Erblasser können demnach jetzt ein öffentliches Testament nicht nur durch Übergabe einer
Schrift, sondern auch durch „Erklärung" gegenüber dem Notar errichten. Erblasser, die
nach ihren Angaben oder nach der Überzeugung des Notars nicht im Stande sind, Ge-

---

[65] Das OLG Köln ZEV 2018, 271 sieht in einem ähnlich gelagerten Fall die Testamentsvollstreckungsanordnung jedenfalls als wirksam an.
[66] Amtliche Begründung zum BeurkG, BT-Drs. 5/3282, 35 (36); so auch noch OLG Bremen ZEV 2015,
507; RNotZ 2016, 107; jedoch aufgegeben in ZEV 2016, 273 mit zustimmender Anm. *Litzenburger* =
MittBayNot 2016, 344 mit zustimmender Anm. *Reimann; ders.* DNotZ 1994, 659 (663), schlägt vor, das
privatschriftliche Testament separat abzuliefern, wozu sich der Notar Vollmacht erteilen lassen könne; ausführlich Bengel/Reimann/*Sandkühler* § 11 Rn. 24 ff.
[67] *Vaasen/Starke* DNotZ 1998, 661 (669 ff.).
[68] Zum Ganzen Bengel/Reimann/*Sandkühler* TV-HdB § 11 Rn. 29 ff.
[69] BGH MittBayNot 2019, 189 mAnm *Meininghaus.*
[70] MüKoBGB/*Hagena* BeurkG § 29 Rn. 19.
[71] ZEV 1999, 147; hierzu *Rossak* ZEV 1999, 254.

schriebenes zu lesen, können das öffentliche Testament nunmehr ebenfalls durch eine „Erklärung" gegenüber dem Notar errichten, ohne dass diese Erklärung das bisher gebotene mündliche „Ja" als Minimalerfordernis enthalten muss (vgl. auch → Rn. 65).

74   Aus den allgemeinen Regeln zur Beurkundung für Willenserklärungen ergeben sich folgende Besonderheiten: Kann ein Beteiligter nach eigenen Angaben oder nach Überzeugung des Notars **nicht hinreichend hören, sprechen oder sehen,** so soll ein **Zeuge oder zweiter Notar hinzugezogen** werden, wenn nicht alle Beteiligten hierauf verzichten, § 22 Abs. 1 S. 1 BeurkG. Beides soll in der Niederschrift vermerkt werden (§ 22 Abs. 1 S. 3 BeurkG).

75   Auf Verlangen eines **hör- oder sprachbehinderten Beteiligten** soll ein **Gebärdensprachendolmetscher** hinzugezogen werden, § 22 Abs. 1 S. 2 BeurkG. Auch dieses soll in der Niederschrift vermerkt werden (§ 22 Abs. 1 S. 3 BeurkG).

76   Die Niederschrift soll auch vom Zeugen oder zweiten Notar unterschrieben werden. Die Unterschrift des Gebärdensprachendolmetschers ist hingegen nicht vorgeschrieben, aber auch unschädlich.[72]

77   Es handelt sich jeweils um Sollvorschriften, deren Verletzung nicht zur Unwirksamkeit der Beurkundung führt; sie sind aber vom Notar wie eine Mussvorschrift zu beachten.

78   **Formulierungsbeispiel: Urkundseingang bei Sprach-/Sehbehinderung**

Der Erschienene vermag nach eigenen Angaben und/oder meiner, des Notars, Überzeugung nicht hinreichend zu sprechen/sehen. Als Zeuge/zweiter Notar wurde daher *** hinzugezogen. Ausschließungsgründe bestanden nicht.

[...]

Vorgelesen vom Notar, vom Erschienenen genehmigt und von ihm und dem Zeugen unterschrieben

Alt.: Der Erschienene verzichtete nach Belehrung über das Recht auf Zuziehung eines Zeugen oder zweiten Notars [*ggf.:* sowie auf Zuziehung eines Gebärdensprachendolmetschers] auf diese Maßnahmen.

[...]

Vorgelesen vom Notar, vom Erschienenen genehmigt und unterschrieben

79   Bei einem **hörbehinderten Beteiligten** muss (!) diesem die **Niederschrift zusätzlich zur Durchsicht vorgelegt werden,** was in der Niederschrift vermerkt werden soll, § 23 BeurkG.

80   **Formulierungsbeispiel: Urkundseingang bei Hörbehinderung**

Der Erschienene vermag nach eigenen Angaben und/oder meiner, des Notars, Überzeugung nicht hinreichend zu hören. Als Zeuge/zweiter Notar wurde daher *** hinzugezogen. Ausschließungsgründe bestanden nicht. [*ggf.:* Ferner wurde auf Antrag des Erschienenen *** als Gebärdensprachendolmetscher hinzugezogen. Ausschließungsgründe bestanden auch insoweit nicht.]

[...]

Vorgelesen vom Notar, dem Erschienenen zur Durchsicht vorgelegt, von ihm genehmigt und von ihm und dem Zeugen unterschrieben

Alt.: Der Erschienene verzichtete nach Belehrung über das Recht auf Zuziehung eines Zeugen oder zweiten Notars sowie auf Zuziehung eines Gebärdensprachendolmetschers auf diese Maßnahmen.

---

[72] Bamberger/Roth/*Litzenburger* BeurkG § 22 Rn. 12 empfiehlt diese sogar zu Beweiszwecken; der Vermerk des Notars über die Zuziehung sollte aber als Beweis ausreichen.

[...]

Vorgelesen vom Notar, dem Erschienenen zur Durchsicht vorgelegt, von ihm genehmigt und unterschrieben

Kann ein Beteiligter **nicht hinreichend hören oder sprechen und sich auch nicht schriftlich verständigen,** ist gemäß § 24 Abs. 1 BeurkG eine „Person ..., die sich mit dem behinderten Beteiligten zu verständigen vermag" hinzuzuziehen und dies in der Niederschrift zu vermerken. Der Beteiligte soll mit der Zuziehung dieser Person nach Überzeugung des Notars einverstanden sein. Ferner bestimmt § 24 Abs. 1 BeurkG, dass der Notar einen entsprechenden Vermerk in das Protokoll aufzunehmen hat, wenn er an der Möglichkeit der Verständigung zwischen der zugezogenen Person und dem Beteiligten zweifelt. Die zugezogene Person soll die Niederschrift ebenfalls unterzeichnen. Diese zugezogene Person lässt das Erfordernis eines Zeugen oder zweiten Notars gemäß § 22 BeurkG unberührt, ist also **zusätzlich** hinzuzuziehen (§ 24 Abs. 3 BeurkG). 81

Formulierungsbeispiel: Urkundseingang bei Hör-/Sprachbehinderung und Schreibunfähigkeit 82

Der Erschienene vermag nach eigenen Angaben und/oder meiner, des Notars, Überzeugung nicht hinreichend zu hören/sprechen. Auch eine schriftliche Verständigung ist nicht möglich. Als Zeuge/zweiter Notar wurde daher *** hinzugezogen. Ausschließungsgründe bestanden nicht.

Ferner wurde als Person zur Verständigung gemäß § 24 Abs. 1 BeurkG – mit ausdrücklichem Einverständnis des Erschienenen – *** hinzugezogen. Zweifel daran, dass sich *** mit dem Erschienenen zu verständigen vermag, bestanden nicht. Ausschließungsgründe bestanden ebenfalls nicht.

Die zusätzliche Hinzuziehung eines Gebärdensprachendolmetschers wurde vom Erschienenen nicht gewünscht.

[...]

Vorgelesen vom Notar, dem Erschienenen zur Durchsicht vorgelegt, von ihm genehmigt und von ihm und dem Zeugen sowie der nach § 24 Abs. 1 BeurkG hinzugezogenen Person unterschrieben

Ist ein Beteiligter nach eigenen Angaben oder Überzeugung des Notars **nicht in der Lage, seinen Namen zu schreiben,** so ist gemäß § 25 BeurkG ein **Zeuge oder zweiter Notar hinzuziehen,** der dann die Niederschrift unterzeichnet. Ist bereits gemäß § 22 BeurkG ein Zeuge oder zweiter Notar hinzuzuziehen, so muss daneben bei Schreibunfähigkeit des Beteiligten nicht auch noch zusätzlich ein Schreibzeuge gemäß § 25 BeurkG hinzugezogen werden. 83

Formulierungsbeispiel: Urkundseingang bei Schreibunfähigkeit 84

Der Erschienene vermag nach eigenen Angaben und/oder meiner, des Notars, Überzeugung seinen Namen nicht zu schreiben. Als Zeuge/zweiter Notar wurde daher *** hinzugezogen. Ausschließungsgründe bestanden nicht.

[...]

Vorgelesen vom Notar, vom Erschienenen genehmigt und von dem Schreibzeugen unterschrieben

In allen Fällen sind die **Ausschlussgründe als Zeuge oder zweiter Notar** gemäß § 26 BeurkG zu beachten. 85

86 Eine weitere Besonderheit ist bei der Errichtung von Verfügungen von Todes wegen durch **Sprachunkundige** zu beachten: Abweichend von der allgemeinen Regel für die Errichtung einer Niederschrift unter Beteiligung eines Sprachunkundigen gemäß § 16 Abs. 2 BeurkG, wonach es genügt, wenn die Niederschrift dem Beteiligten übersetzt wird und eine schriftliche Übersetzung nur auf Verlangen zur Verfügung gestellt werden muss, sieht § 32 BeurkG für Verfügungen von Todes wegen das **Erstellen einer schriftlichen Übersetzung als Regelfall** vor. Die schriftliche Übersetzung **ist der Niederschrift beizufügen**. Der Erblasser kann auf die schriftliche Übersetzung verzichten. Dies **muss** in der Niederschrift festgestellt werden. Wird also in der Urkunde die fehlende Sprachkunde festgestellt und ist weder eine Übersetzung beigefügt noch vermerkt, dass der Erblasser auf diese verzichtet hat, führt dies zur Nichtigkeit der Urkunde.[73]

87 Formulierungsbeispiel: Urkundseingang bei Sprachunkundigen

Der Erschienene ist nach eigenen Angaben und/oder meiner, des Notars, Überzeugung der deutschen Sprache nicht mächtig. Er spricht ***. Aus diesem Grund wurde zur Beurkundung der allgemein vereidigte Dolmetscher *** hinzugezogen. Ausschlussgründe bestanden nicht.

Der Erschienene verständigte sich sodann mit dem Dolmetscher. Dieser übertrug die Erklärungen des Erschienenen wie folgt:

***

Der Dolmetscher fertigte sodann auf Wunsch des Erschienenen eine schriftliche Übersetzung der Niederschrift, unterschrieb diese und legte sie dem Erschienenen zur Durchsicht und Genehmigung vor. Diese schriftliche Übersetzung ist der Niederschrift als Anlage beigefügt. [*Alt.:* Der Erschienene wurde darauf hingewiesen, dass er eine schriftliche Übersetzung der Niederschrift verlangen könne. Hierauf wurde jedoch verzichtet.]

Die vorstehende Niederschrift wurde vom Notar in deutscher Sprache vorgelesen, vom Dolmetscher in die Sprache des Erschienenen übersetzt, vom Erschienenen genehmigt und von ihm und dem Dolmetscher unterschrieben

VII. Testament durch Übergabe einer Schrift

88 Der Erblasser kann gemäß § 2232 BGB ein öffentliches Testament vor dem Notar auch durch Übergabe einer offenen oder verschlossenen Schrift errichten; ein **Minderjähriger** jedoch **nur durch Übergabe einer offenen Schrift**, § 2233 Abs. 1 BGB. Die Schrift muss nicht vom Erblasser selbst geschrieben sein, insbesondere sind auch maschinell erstellte Texte zulässig. Der Erblasser muss erklären, dass die Schrift seinen letzten Willen enthalte. Der Notar muss gemäß § 30 S. 1 BeurkG in der Niederschrift die Feststellung aufnehmen, dass ihm die Schrift übergeben wurde und nach Erklärung des Erschienenen seinen letzten Willen enthalte. Andernfalls ist die Urkunde unwirksam.[74] Ferner soll der Notar in der Niederschrift vermerken, ob die Schrift offen oder verschlossen übergeben wurde, und die Schrift so kennzeichnen, dass eine Verwechslung ausgeschlossen ist, § 30 S. 2, S. 3 BeurkG. Hierzu vermerkt der Notar am besten die Urkundenrollennummer der Niederschrift auf der übergebenen Schrift bzw. dem übergebenen Umschlag. Ferner soll sie der Niederschrift gemäß § 30 S. 5 BeurkG beigefügt werden. Die Schrift braucht jedoch nicht vom Notar vorgelesen zu werden. Eine verschlossen übergebene Schrift kann der Notar nicht zur Kenntnis nehmen. Folglich treffen ihn über diese auch keine Belehrungspflichten. Wird die Schrift offen übergeben, hat der Notar von ihrem Inhalt gemäß § 30 S. 4 BeurkG Kenntnis zu nehmen; ihn treffen dann die gleichen Belehrungspflichten

---

[73] Bamberger/Roth/*Litzenburger* BeurkG § 32 Rn. 3.
[74] Bamberger/Roth/*Litzenburger* BeurkG § 30 Rn. 1.

wie bei einer von ihm entworfenen Verfügung. Die praktische Bedeutung der durch Übergabe einer Schrift errichteten Verfügungen ist äußerst gering. Denkbar sind insbesondere Fälle, in denen eine umfangreiche, von einem anderen rechtskundigen Berater vorbereitete Verfügung als öffentliches Testament errichtet werden soll. Vor allem bei der Errichtung durch Übergabe einer verschlossenen Schrift und die dadurch wegfallende Prüfung und Belehrung durch den Notar überwiegen die Nachteile dieser Errichtungsform.

Formulierungsbeispiel: Testament durch Übergabe einer Schrift 89

Der Erschienene ersuchte um die Beurkundung eines Testaments durch Übergabe einer () offenen/verschlossenen Schrift. Er ist nach meiner Überzeugung, die ich in einem mit ihm geführten Gespräch gewonnen habe, testierfähig.

Sodann beurkundete ich auf Ersuchen des Erschienenen bei dessen Anwesenheit, was folgt:

Der Erschienene übergab mir eine offene Schrift, die *** Seiten umfasst und mit den Worten „***" beginnt und „***" endet. Sie ist dieser Urkunde als Anlage beigefügt. Von ihrem Inhalt habe ich, Notar, Kenntnis genommen. [*Alt.:* Der Erschienene übergab mir eine verschlossene Schrift. Den Umschlag habe ich sodann mit folgender Aufschrift gekennzeichnet: „Der Umschlag enthält das Testament von ***, geboren am ***, wohnhaft in ***". Er ist dieser Niederschrift beigefügt.]

Der Erschienene erklärte: Die übergebene Schrift enthält meinen letzten Willen. Ihr Inhalt ist mir bekannt. Ich bin in der Lage, die übergebene Schrift zu lesen.

Niederschrift vorgelesen vom Notar, vom Erschienenen genehmigt und eigenhändig unterschrieben

---

VIII. Ablieferung zum Nachlassgericht

§ 34 BeurkG regelt die **Behandlung der Verfügung von Todes wegen nach ihrer** 90 **Errichtung.** Der Notar hat die Niederschrift über die Errichtung eines Testaments – bei Errichtung durch Übergabe einer Schrift gemäß § 30 BeurkG bzw. bei Anfertigung einer schriftlichen Übersetzung gemäß § 32 BeurkG einschließlich dieser Schriften – **in einen Umschlag zu nehmen,** darauf die Angaben zu Erblasser und Urkunde sowie Registrierung im Zentralen Testamentsregister zu vermerken und diesen **mit dem Prägesiegel zu verschließen** (§ 34 Abs. 1 BeurkG); ausreichend ist die Siegelung mittels Oblate und Siegelpresse.[75] Das Farbdrucksiegel genügt den Anforderungen des § 34 Abs. 1 S. 1 BeurkG nicht.[76] Auf diese Verschließung kann durch die Beteiligten – anders als die Verschließung der beglaubigten Abschrift für die Urkundesammlung des Notars (→ Rn. 95) – nicht verzichtet werden.

Für die Erstellung des Umschlags greift der Notar zweckmäßigerweise auf den von der 91 Registerbehörde zur Verfügung gestellten Vordruck zurück, der bereits alle **Pflichtangaben**[77] enthält: Geburtsnamen, (alle) Vornamen, Familiennamen, Tag und Ort der Geburt, zusätzlich Postleitzahl des Geburtsortes, Gemeinde und Kreis, Geburtsstandesamt und Geburtenregisternummer, Art der Verfügung von Todes wegen, Datum der Urkunde, Urkundenrollennummer, Name und Amtssitz des Notars, verwahrendes Nachlassgericht sowie ZTR-Verwahrnummer. Der Notar hat diese Aufschrift auf dem Umschlag gemäß § 34 Abs. 1 S. 3 Hs. 2 BeurkG zu unterschreiben. Fehlt die Unterschrift unter der Testamentsurkunde, so heilt die Unterschrift auf dem Umschlag diesen Fehler (§ 35 BeurkG).

---

[75] LG Berlin DNotZ 1984, 640.
[76] Reimann/Bengel/Mayer/*Bengel* BeurkG § 34 Rn. 7.
[77] Vgl. etwa Bay. Benachrichtigung in Nachlasssachen v. 29.2.2012, BayJMBl. 2012, 42.

92   Das Testament ist vom Notar **unverzüglich in die amtliche Verwahrung zu bringen** (§ 34 Abs. 1 S. 4 BeurkG), und zwar beim Amtsgericht seines Amtssitzes (§ 344 Abs. 1 S. 1 Nr. 1 FamFG), auf formlosen Wunsch des Erblassers auch bei jedem anderen Amtsgericht (§ 344 Abs. 1 S. 2 FamFG).

93   Die gesetzliche Regel ist auch beim Erbvertrag die besondere amtliche Verwahrung (§ 34 Abs. 2 BeurkG). Jedoch können die Parteien des Erbvertrages die **besondere amtliche Verwahrung ausschließen,** so dass der Erbvertrag bis zur Ablieferung zur Eröffnung in der Verwahrung des Notars verbleibt. Im Hinblick darauf, dass die Verwahrung beim Notar – im Gegensatz zu der besonderen amtlichen Verwahrung – keine gesonderten Kosten auslöst, wird von dieser Möglichkeit weithin Gebrauch gemacht. Nachdem die **Kosten** der besonderen amtlichen Verwahrung nicht mehr wertabhängig, sondern gemäß Nr. 12100 KV GNotKG einheitlich mit 75 EUR je in Verwahrung genommener Urkunde erhoben werden, spricht vieles für eine konsequente Ablieferung der Urkunden – nicht zuletzt im Hinblick auf die mit der Verwahrung verbundenen Haftungsrisiken des Notars und den zusätzlichen Aufwand durch das Erbvertragsverzeichnis. Der Ausschluss der besonderen amtlichen Verwahrung ist im Zweifel anzunehmen, wenn der Erbvertrag mit einem anderen Vertrag in derselben Urkunde verbunden wird. Vor allem, wenn der Vertrag unter Lebenden, der mit dem Erbvertrag verbunden ist, eine Vollstreckungsunterwerfung enthält, ist von der amtlichen Verwahrung dringend abzuraten; gegebenenfalls ist eine Ausfertigung zur Urkundensammlung zu nehmen, um später vollstreckbare Ausfertigungen ohne Herausnahme des Erbvertrages aus der amtlichen Verwahrung erteilen zu können. Die Vertragsparteien, die die besondere amtliche Verwahrung des Erbvertrages ausgeschlossen haben, können später beantragen, dass der Vertrag nachträglich in die besondere amtliche Verwahrung gebracht werden soll.

94   Der den Erbvertrag **verwahrende Notar** hat diesen **bei Eintritt des Erbfalles an das Nachlassgericht abzuliefern.** Dies galt früher auch für Erbverträge, die von den Parteien nach § 2290 BGB oder sonstwie aufgehoben wurden oder sonst gegenstandslos oder unwirksam geworden waren. Vom Ausnahmefall des § 45 Abs. 2 BeurkG abgesehen, durfte die Urschrift des Erbvertrages den Beteiligten nicht ausgehändigt werden, sondern musste auch dann in der Verwahrung des Notars verbleiben und bei Eintritt des Erbfalles abgeliefert werden, wenn die Beteiligten die besondere amtliche Verwahrung ausgeschlossen hatten (vgl. nun aber die Möglichkeit der Rücknahme aus der Verwahrung, → Rn. 103 ff.).

95   Über jedes Testament hat der Notar ein **Vermerkblatt mit den Angaben gemäß § 20 DONot** sowie auf Verlangen der Beteiligten eine beglaubigte Abschrift der Urkunde zu seiner Urkundensammlung zu nehmen. Auch das Vermerkblatt wird bei der Registrierung durch das Zentrale Testamentsregister automatisch zur Verfügung gestellt. Die beglaubigte Abschrift ist zu verschließen, wenn nicht von den Beteiligten darauf verzichtet wird. Es ist – vor allem im Hinblick auf spätere Rückfragen und Änderungswünsche der Beteiligten – ratsam, eine beglaubigte Abschrift offen zur Urkundensammlung des Notars zu nehmen. Nimmt der Notar einen Erbvertrag in Verwahrung, da die besondere Verwahrung von den Beteiligten ausgeschlossen wurde, so hat er diesen zusätzlich gemäß § 9 DONot mit den entsprechenden Angaben in ein **Erbvertragsverzeichnis** aufzunehmen oder eine Kartei mit den Bestätigungen der Registerbehörde des Zentralen Testamentsregisters zu führen. Beim Erbfall sind dann der Tag der Ablieferung und das zuständige Nachlassgericht dort zu vermerken.

IX. Registrierung im Zentralen Testamentsregister

96   Bis zur Einführung des Zentralen Testamentsregisters war die Benachrichtigung in Nachlasssachen dezentral und papiergebunden organisiert, dh über den Verwahrungsort erbfolgerelevanter Urkunden wurde eine Karteikarte an eines der rund 5.200 Geburtsstandesämter oder die Hauptkartei für Testamente beim Amtsgericht Schöneberg versendet und

dort verwahrt. Beim Tod des Erblassers benachrichtigte dann das Sterbestandesamt das Geburtsstandesamt bzw. die Hauptkartei für Testamente. Von dort aus wurde dann die jeweilige Verwahrstelle informiert, die anschließend die Verfügung an das zuständige Nachlassgericht ablieferte. Dieses fehleranfällige und mit nicht unerheblichen Antwortzeiten verbundene Verfahren barg vor allem die Gefahr in sich, dass erbfolgerelevante Urkunden durch das zuständige Nachlassgericht bei der Feststellung der Erbfolge nicht oder nicht rechtzeitig berücksichtigt werden konnten.

Deshalb wurde dieses Verfahren durch das Gesetz zur Schaffung eines Zentralen Testa-   97
mentsregisters vom 2.12.2010[78] grundlegend modernisiert: Seit 1.1.2012 ist der **beur-kundende Notar** gemäß § 34a Abs. 1 S. 1 BeurkG **verpflichtet,** nach Errichtung einer erbfolgerelevanten Urkunde die entsprechenden **Verwahrangaben an** die das Zentrale Testamentsregister führende **Registerbehörde** – das ist gemäß § 78 Abs. 2 Nr. 2 BNotO in Verbindung mit ZTRV die Bundesnotarkammer – elektronisch zu übermitteln. Seit 1.1.2012 teilt das zuständige Standesamt gemäß § 78e BNotO der **Registerbehörde jeden Sterbefall** mit. Die Registerbehörde prüft daraufhin, ob zu diesem Sterbefall Verwahrangaben vorliegen und benachrichtigt unverzüglich in elektronischer Form das zuständige Nachlassgericht sowie die verwahrenden Stellen über den Sterbefall und die vorliegenden Verwahrangaben. Zusätzlich werden auch die bislang in den Standesämtern auf den sog. „weißen Karteikarten" hinterlegten Informationen über nichteheliche oder adoptierte Kinder sukzessive in das Zentrale Testamentsregister überführt und die entsprechenden Informationen an das zuständige Nachlassgericht übermittelt.[79] Auf diese Weise werden derzeit monatlich mehr als 70.000 Sterbefallmitteilungen verarbeitet. Dadurch ist sichergestellt, dass das Nachlassgericht unverzüglich – also noch vor Ablieferung der Urkunden – erkennen kann, ob und gegebenenfalls welche Verfügungen von Todes wegen bei der Feststellung der Erbfolge zu berücksichtigen sein werden. Die verwahrenden Stellen werden in die Lage versetzt, die Verfügungen von Todes wegen unverzüglich zur Ablieferung zu bringen.

Registerpflichtig sind gemäß § 78d Abs. 2 BNotO **alle erbfolgerelevanten Urkun-   98
den,** das sind Testamente, Erbverträge und alle Urkunden mit Erklärungen, welche die Erbfolge beeinflussen können, insbesondere Aufhebungsverträge, Rücktritts- und Anfechtungserklärungen, Erb- und Zuwendungsverzichtsverträge, Ehe- und Lebenspartnerschaftsverträge sowie Rechtswahlen. Damit ist auch jede Änderung einer Verfügung von Todes wegen von der Registerpflicht erfasst. Nicht registerpflichtig ist hingegen ein reiner Pflichtteilsverzicht gemäß § 2346 Abs. 2 BGB, da dieser keinen Einfluss auf die Erbfolge hat. Bei Zweifeln über die Registerpflichtigkeit wird nach Sinn und Zweck des Registers regelmäßig eher eine Registerpflicht anzunehmen sein, um das Übersehen einer erbfolgerelevanten Urkunde zu vermeiden und dem zuständigen Nachlassgericht die Möglichkeit der Abklärung der Erbfolgerelevanz der betreffenden Urkunde zu eröffnen. **Registerfähig** sind gemäß § 78d Abs. 3 BNotO nur erbfolgerelevante **Urkunden, die öffentlich beurkundet oder in die besondere amtliche Verwahrung** genommen sind. Privatschriftliche Testamente, die nicht in die besondere amtliche Verwahrung gegeben sind, können daher generell nicht im Zentralen Testamentsregister registriert werden.

Der **Notar** ist für alle erbfolgerelevanten Urkunden, die er beurkundet hat, gemäß   99
§ 34a Abs. 1 S. 1 BeurkG **meldepflichtig.** Dies betrifft auch solche Urkunden, die in die besondere amtliche Verwahrung des Nachlassgerichts abgeliefert werden. Die Übermittlung der Verwahrangaben an die Bundesnotarkammer muss **unverzüglich nach Errichtung der Urkunde** erfolgen, um bei einem etwaigen zeitnahen Sterbefall ein Auffinden der entsprechenden Verfügung von Todes wegen zu ermöglichen. Insbesondere hat die Übermittlung vor einer etwaigen Ablieferung an das zuständige Nachlassgericht zu erfol-

---

[78] BGBl. 2010 I 2255; vgl. zum Ganzen *Diehn* NJW 2011, 481.
[79] Gesetz zum Schutz des Erbrechts und der Verfahrensbeteiligungsrechte nichtehelicher und einzeladoptierter Kinder im Nachlassverfahren v. 21.3.2013, BGBl. I 554.

gen. Neben den Notaren melden Konsularbeamte erbfolgerelevante Urkunden gemäß § 10 Abs. 3 KonsG in Verbindung mit § 34a Abs. 1 S. 1 BeurkG sowie Amtsgerichte die in die besondere amtliche Verwahrung gegebenen eigenhändigen Testamente gemäß § 347 FamFG.

100   Gemäß § 1 ZTRV sind folgende **Verwahrangaben** zu melden:
– Daten des Erblassers: Familienname, Geburtsname, alle Vornamen und Geschlecht, Geburtsdatum, Geburtsort, Geburtsstandesamt und Geburtenregisternummer bei Geburten im Inland sowie der Staat der Geburt, wenn der Erblasser im Ausland geboren wurde;
– Bezeichnung und Anschrift der Verwahrstelle;
– ZTR-Verwahrnummer, Verwahrbuchnummer oder Aktenzeichen der verwahrenden Stelle;
– Art und Datum der Errichtung der erbfolgerelevanten Urkunde;
– Name, Amtssitz und Urkundenrollennummer des Notars.

101   Anders als im Zentralen Vorsorgeregister ist der **Urkundeninhalt in keiner – auch nicht typisierter – Form Inhalt der Registrierung.** Bis auf die Geburtenregisternummer müssen sämtliche vorgenannte Angaben für die Registrierung zwingend angegeben werden (§ 2 Abs. 2 ZTRV). Da der Geburtenregisternummer für die Zuordnung einer Sterbefallmitteilung zentrale Bedeutung zukommt, ist eine Registrierung zwar ohne eine solche möglich, der Notar ist aber gehalten, auf die Angabe und gegebenenfalls nachträgliche Meldung der Geburtenregisternummer gemäß § 5 S. 1 Nr. 3 ZTRV hinzuwirken. Eine darüber hinausgehende Pflicht, die Geburtenregisternummer zu ermitteln oder die Richtigkeit der vom Erblasser mitgeteilten Angaben zu überprüfen, trifft den Notar jedoch nicht.

102   Sofort mit Abschluss der Registrierung erhält der Melder eine **Eintragungsbestätigung** gemäß § 3 Abs. 2 S. 1 ZTRV, von der ein Exemplar gemäß § 20 Abs. 2 DONot **zur Urkundensammlung des Notars** zu nehmen und ein Exemplar dem Erblasser zur Verfügung zu stellen ist.

X. Rücknahme aus der Verwahrung

103   Seit 1. 8. 2002 sieht § 2300 Abs. 2 BGB vor, dass der Erbvertrag, also die Urschrift, den Vertragschließenden zurückgegeben werden kann. Die Rückgabe kann dabei konsequenterweise **nur an alle Vertragschließenden gemeinschaftlich** erfolgen. Durch die Verweisung auf § 2290 Abs. 1 S. 2, Abs. 2, Abs. 3 BGB ist sichergestellt, dass das Erfordernis der **persönlichen Errichtung** auch beim „negativen Erbvertrag" durch Rücknahme aus der amtlichen Verwahrung gewahrt bleibt. Es ist ausdrücklich festgehalten, dass § 2256 Abs. 1 BGB für Erbverträge entsprechend gilt. Wird ein Erbvertrag nach § 2300 Abs. 1 S. 1, Abs. 2 S. 1, S. 2 BGB aus der amtlichen oder notariellen Verwahrung zurückgenommen, hat dies in entsprechender Anwendung von § 2256 Abs. 1 BGB zur Folge, dass **alle** darin enthaltenen **vertragsmäßigen und einseitigen Verfügungen** von Todes wegen **als widerrufen gelten.** Über diese Rechtsfolgen ist der Erblasser in entsprechender Anwendung von § 2256 Abs. 1 S. 2 BGB zu belehren.

104   Die Neuregelung gilt **nur für Erbverträge, die ausschließlich Verfügungen von Todes wegen enthalten,** nicht aber für Erbverträge, die mit Verträgen unter Lebenden gekoppelt sind, etwa mit Eheverträgen, Leistungsverpflichtungen, Erb- und Pflichtteilsverzichtsverträgen und Regelungen nach § 311b Abs. 4, Abs. 5 BGB. Dagegen ist es unschädlich, wenn der Erbvertrag auch andere Verfügungen von Todes wegen, also einseitige letztwillige Verfügungen enthält. Dabei kommt es auf den materiellen, nicht formellen Inhalt der Urkunde an: Enthielt die Urkunde ursprünglich neben dem Erbvertrag auch Verträge unter Lebenden, wurden diese aber später durch einen Nachtrag aufgehoben, steht der Anwendung der Neuregelung folglich nichts im Wege.

105   Die **Widerrufsfiktion** ist nicht an das Rücknahmeverlangen, sondern an die Rückgabe geknüpft. Diese setzt, wie § 2256 BGB verlangt, die **körperliche Aushändigung der**

Urschrift an die Beteiligten voraus. Die Rückgabepflicht umfasst nur die Urschrift, nicht beglaubigte Abschriften. Wurden Ausfertigungen, die gemäß § 47 BeurkG die Niederschrift im Rechtsverkehr ersetzen, erteilt, sollten auch diese zurückgegeben werden, ohne dass dies vorgeschrieben wäre. Eine postalische Versendung ist unzulässig. Da auch die gestufte Aushändigung einer einheitlichen Urkunde nicht vorstellbar ist, kann eine mit Widerrufsfiktion verbundene Rückgabe nur dadurch realisiert werden, dass **sämtliche,** seinerzeit am Abschluss des Erbvertrages **als Erblasser beteiligten Personen gleichzeitig** vor dem verwahrenden Gericht oder Notar **persönlich** erscheinen. Die Rückgabe setzt demnach auch voraus, dass alle seinerzeit an der Beurkundung Beteiligten noch leben. Eine Stellvertretung kommt beim „einseitigen Erbvertrag" für den Vertragsteil in Betracht, der keine Verfügung von Todes wegen errichtet, sondern die Verfügung des Vertragspartners nur angenommen hatte (→ Rn. 64).

Da es sich bei der Rücknahme aus der Verwahrung um den *„actus contrarius"* zur Errichtung handelt, kann die Wirkung der Rückgabe nur eintreten, wenn zumindest der verfügende Teil zum Zeitpunkt der Rückgabe **testierfähig** ist. Hat der Notar Zweifel an der Testierfähigkeit der Vertragspartner des Erbvertrages oder eines von ihnen, kann er die Vorlage eines fachärztlichen Attestes (Neurologe oder Psychiater) verlangen. Kommt er zur positiven Überzeugung, dass die erforderliche Geschäftsfähigkeit nicht gegeben ist, hat er die Rückgabe zu verweigern. Wird die Verfügung von Todes wegen gleichwohl etwa an einen unerkannt Testierunfähigen herausgegeben, beeinträchtigt dies die Wirksamkeit der Verfügung nicht. Der Notar kann sich im Übrigen an § 28 BeurkG orientieren; allerdings ist diese Vorschrift nicht unmittelbar anwendbar, da keine Willenserklärung beurkundet wird.   106

Gemäß § 20 Abs. 3 DONot hat der Notar die Einhaltung der ihm obliegenden Pflichten auf dem Vermerkblatt in der Urkundensammlung aktenkundig zu machen. Der **Eintrag auf dem Vermerkblatt** ist entbehrlich, wenn der Notar – was vorzugswürdig erscheint – eine entsprechende **Eigenurkunde** errichtet und zu seiner Urkundensammlung nimmt. Die Rückgabe des Erbvertrags ist außerdem im **Zentralen Testamentsregister** unter Angabe des Datums der Rückgabe als Sonderfall der Ergänzung eines Verwahrdatensatzes gemäß § 4 Abs. 2 S. 1 ZTRV zu registrieren und ein Ausdruck der Bestätigung hierüber zur Urkundensammlung zu nehmen. Im Sterbefall wird dann die Verwahrstelle nicht benachrichtigt (§ 7 Abs. 1 S. 3 ZTRV). Ferner ist die Rückgabe im **Erbvertragsverzeichnis** mit dem Datum einzutragen. Der Widerruf ist gültig und kann in seinen Wirkungen nur durch Errichtung eines neuen notariellen Erbvertrages beseitigt werden, also nicht durch Widerruf des Widerrufes, wie etwa durch Streichen des Vermerkes auf der Originalurkunde oder durch erneute amtliche oder notarielle Verwahrung.   107

Weitergehende Verfahrensregelungen fehlen zwar. Aus dem Zusammenhang der Regelung ergibt sich aber, dass der **Notar** gemäß § 25 BNotO die Rückgabe **nur selbst** vornehmen kann. Die Delegation auf Mitarbeiter scheidet aus. Die Widerrufsfiktion tritt nur ein, wenn der Erblasser die Urkunde unmittelbar vom verwahrenden Gericht oder dem verwahrenden Notar erhält. Können die Erblasser – aus welchen Gründen auch immer – die Urkunde nicht bei dem verwahrenden Gericht oder dem verwahrenden Notar entgegennehmen, so muss der zuständige Rechtspfleger bzw. der verwahrende Notar sie aufsuchen und ihnen die Urkunde aushändigen. Bei Gericht galt bislang die Annahme, die Rückgabe könne im Wege der Rechtshilfe durch einen anderen Rechtspfleger durchgeführt werden, bei Auslandsaufenthalt der Erblasser durch Vermittlung eines Konsuls.[80] § 27 Nr. 8 BayAktO regelt die aktenmäßige Behandlung des Rechtshilfevorgangs.[81] Die Aktenordnung gilt für das notarielle Verfahren nicht. Fraglich ist, wie ein Notar in solchen Fällen zu verfahren hat. Die Frage ist heikel, denn immerhin hängt die Wirksamkeit des Widerrufs davon ab, dass die zuständige Stelle die Urkunde zurückgegeben hat. Maß-   108

[80] Reimann/Bengel/Mayer/*Voit* BGB § 2256 Rn. 7.
[81] Vgl. dazu Firsching/Graf/*Krätzschel* NachlassR § 36 Rn. 21.

gebend für die Koppelung an die verwahrende Stelle bzw. die Urkundsperson ist ganz offensichtlich die Belehrung des aufhebungswilligen Testators, die man sich hieraus verspricht. Diese Wirkung könnte auch dadurch erzielt werden, dass ein anderer, örtlich näherer Notar im Wege der Rechtshilfe die Rückgabe vollzieht und entsprechend § 2300 BGB verfährt. Unter der Maxime des sichersten Weges wird es aber eher zu empfehlen sein, einen Aufhebungsvertrag protokollieren zu lassen oder die Parteien zu veranlassen, die Verwahrung beim Notar durch diejenige beim Nachlassgericht zu ersetzen, dann wird dieses (mit seinen Verfahrensmöglichkeiten) für die Rücknahme aus der Verwahrung zuständig.

109 **Formulierungsbeispiel: Eigenurkunde über Rücknahme eines Erbvertrags**

Ü   1. Die Erschienenen, *** und ***, beantragen gemäß § 2300 Abs. 2 S. 1 BGB die Rückgabe des von ihnen am *** zu meiner Urkunde, UR-Nr. ***, errichteten und von mir verwahrten Erbvertrages. Die Rückgabevoraussetzungen gemäß §§ 2300 Abs. 2 S. 2, 2290 Abs. 1 S. 2, Abs. 2, Abs. 3 BGB liegen vor. Die Erschienenen wurden darüber belehrt, dass gemäß § 2300 Abs. 2 S. 3 BGB iVm § 2256 Abs. 1 BGB durch die Rückgabe die im Erbvertrag enthaltenen vertraglichen Verfügungen von Todes wegen als aufgehoben und die einseitigen als widerrufen gelten.
2. Ein entsprechender Hinweis über die Aufhebungs- bzw. Widerrufsfiktion gemäß §§ 2300 Abs. 2 S. 3, 2256 Abs. 1 S. 2 BGB wurde in einem gesonderten Vermerk niedergelegt, der mit der Urschrift des Erbvertrages durch Schnur und Siegel verbunden wurde.

Sodann wurde die Urschrift des Erbvertrages den Beteiligten durch mich, Notar, persönlich ausgehändigt und die Rücknahme im Zentralen Testamentsregister und im Erbvertragsverzeichnis vermerkt.

110 **Formulierungsbeispiel: Vermerk über Rücknahme eines Erbvertrags**

Ü   *** und *** wurden darüber belehrt, dass durch die Rücknahme des angesiegelten Erbvertrages aus der Verwahrung des unterzeichneten Notars die im Erbvertrag enthaltenen vertraglichen Verfügungen von Todes wegen gemäß § 2300 Abs. 2 S. 3 BGB iVm § 2256 Abs. 1 BGB als aufgehoben und die einseitigen als widerrufen gelten.

111   Kein Fall der Rücknahme aus der notariellen Verwahrung, welche die Nichtigkeit der Verfügungen zur Folge hätte, ist der Antrag des Erblassers auf **Herausnahme aus der notariellen Verwahrung** und nachträgliche **Ablieferung in die besondere amtliche Verwahrung.** In diesem Fall bleibt die Verfügung vollumfänglich wirksam. Auch dieser – praktisch kaum relevante – Fall ist im Zentralen Testamentsregister als besonderer Fall einer Änderung der Verwahrangaben (sog. „Umzug einer notariellen Urkunde") zu registrieren, damit die richtige Verwahrstelle benachrichtigt und die Urkunde so aufgefunden werden kann.

D. Grundlagen des Erbrechts und erbrechtliches Instrumentarium

112 Der **Grundsatz der Testierfreiheit** als erbrechtliche Ausprägung des Prinzips der Privatautonomie ist durch Art. 2 Abs. 1, 14 Abs. 1 GG, § 2302 BGB geschützt. Allerdings ist sie den Beschränkungen durch die Rechtsordnung unterworfen. Hierbei ist die wichtigste gesetzliche Beschränkung der **erbrechtliche Typenzwang,** der anders als im Schuldrecht nicht jede beliebige Gestaltung durch den Erblasser zulässt. Weitere wichtige gesetzliche Beschränkungen sind das **Pflichtteilsrecht** (§§ 2303–2338 BGB), § 138 Abs. 1 BGB, Sondervorschriften des Heimrechts sowie das Anerbenrecht. Durch den Typenzwang und die festgelegte Wirkung bestimmter Anordnungen wird zwar der Erblasser einem inhaltlichen Sachzwang unterworfen, ihm steht es jedoch frei, von welchen Typen er Gebrauch machen und mit welchem konkreten Inhalt er die Typen versehen will. Aufgabe des Notars ist es, das vom Erblasser Gewollte mit dem erbrechtlichen Typeninstrumentarium in eine klare, rechtsfehlerfreie Verfügung von Todes wegen umzusetzen.

I. Erbeinsetzung

1. Alleinerbe. Das BGB geht von den Prinzipien des **Vonselbsterwerbs** und der **Gesamtrechtsnachfolge** (§ 1922 BGB) aus. Mit dem Tod des Erblassers geht dessen Vermögen, soweit es vererblich ist, als Gesamtheit auf den Erben über, ohne dass es einer Mitwirkung oder auch nur des Wissens des Erben bedürfte. Ausnahmen von der Gesamtrechtsnachfolge gibt es bei der als Sondererbfolge ausgestalteten Hoferbfolge (nach nordwestdeutscher HöfeO und nach HöfeO Rheinland-Pfalz).[82] Eine weitere Ausnahme ist der Übergang eines Anteils an einer Personengesellschaft (hierzu → Rn. 308). Der Erblasser kann jemanden **allein** zum Erben berufen. Probleme entstehen dann, wenn die Verfügung ungenau ist und deshalb der Auslegung bedarf bzw. die ergänzenden Rechtssätze des BGB angewendet werden müssen. Der Erblasser darf dabei die Bestimmung des Erben nicht einem Dritten überlassen, § 2065 Abs. 2 BGB. Insbesondere kann die oft gewünschte Erbeinsetzung der Person, die „sich bis zu meinem Tode um mich kümmert" unwirksam sein.[83] Der Gestalter letztwilliger Verfügungen sollte insoweit auf das freier gestaltbare Vermächtnis ausweichen. 113

Zunächst ist eine **individuelle Auslegung der Verfügung** vorzunehmen. Führt diese zu keinem eindeutigen Ergebnis, ist die **allgemeine Auslegungsregel** gemäß § 2087 Abs. 1 BGB heranzuziehen: Nach dieser ist die Bezeichnung „Erbe" dann nicht erforderlich, wenn der Erblasser sein Vermögen oder einen Bruchteil seines Vermögens dem „Bedachten" zugewendet hat. Verfügt der Erblasser hingegen nur über einen Einzelgegenstand, so ist hierin gemäß § 2087 Abs. 2 BGB keine Erbeinsetzung zu sehen, selbst wenn der Bedachte als „Erbe" bezeichnet wird. Dies ist allerdings nach ganz hM für die Verfügung über einen Einzelgegenstand, der jedoch das gesamte oder nahezu gesamte Vermögen ausmacht, einzuschränken: In einer solchen Verfügung kann entgegen § 2087 Abs. 2 BGB eine Erbeinsetzung liegen.[84] Maßgebend ist die Vorstellung des Erblassers (im Zeitpunkt der Verfügung), ob er in dem betreffenden Einzelgegenstand im Wesentlichen seinen Nachlass erblickt hat.[85] Will der Erblasser auf eine ausdrückliche Erbeinsetzung verzichten, also grundsätzlich die gesetzliche Erbfolge eintreten lassen, jedoch diverse Vermächtnisse anordnen, so sollte dies gleichwohl in der Niederschrift klar vermerkt werden, auch wenn gemäß § 2087 Abs. 2 BGB hier im Zweifel nicht anzunehmen ist, dass eine den Werten der zugewendeten Vermächtnisse entsprechende quotale Erbenberufung vorliegt. 114

2. Ersatzerbe. Bestimmt der Erblasser für den Fall, dass der als Erbe Berufene vor dem Erbfall durch Ableben oder nach dem Eintritt des Erbfalls vor allem durch Ausschlagung wegfällt, keine Ersatzperson, so kann sich gleichwohl im Wege der (ergänzenden) Testamentsauslegung im Einzelfall bei Wegfall zu Erben berufener naher Angehöriger eine Ersatzerbenberufung von deren Abkömmlingen ergeben.[86] Dies gilt grundsätzlich wohl nicht beim Wegfall des nichtehelichen Lebenspartners.[87] Ferner kann eine Ersatzerben- 115

---

[82] Vgl. ausführlich zum Recht der HöfeO: Burandt/Rojahn/*Müller-Engels* HöfeO; zu Formularen: Beck-FormB ErbR/*v. Garmissen* Form. G. X. 1. ff.
[83] OLG München ZEV 2013, 617.
[84] BayObLGZ 1965, 77 (84); Staudinger/*Otte* (2012) BGB § 2087 Rn. 20; Bamberger/Roth/*Litzenburger* BGB § 2087 Rn. 13 f.; OLG Düsseldorf ZEV 1995, 410.
[85] BGH ZEV 2000, 195: 84% des Gesamtvermögens; BayObLG Rpfleger 2000, 217: 88,5%.
[86] RGZ 99, 82; BayObLG ZEV 1996, 191; *Nieder* ZEV 1996, 241.
[87] Bamberger/Roth/*Litzenburger* BGB § 2069 Rn. 6b.

berufung kraft (widerlegbarer) Vermutung gegeben sein: Gemäß § 2069 BGB sind die Abkömmlinge bedachter Abkömmlinge (auch **nichteheliche Kinder** und **Adoptivkinder**)[88] Ersatzerben. Verfügen Ehegatten gemeinsam und setzen Abkömmlinge ohne Rücksicht darauf ein, ob es sich um gemeinsame oder einseitige handelt, so sind Ersatzerben auch die Abkömmlinge des Kindes, das nicht mit dem Erblasser verwandt war **(Stiefkind)**.[89]

116   Eine Verfügung von Todes wegen sollte so ausgestaltet sein, dass weder auf das Mittel der ergänzenden Auslegung noch auf gesetzliche Vermutungen zurückgegriffen werden muss. Deshalb kommt der Ersatzerbenberufung in einer Verfügung von Todes wegen eine wichtige Bedeutung zu. Dies gilt auch im Bereich der Anordnung von **Vor-** und **Nacherbfolge.** Der Nacherbe ist zwar im Zweifel mangels ausdrücklicher Regelung im Testament auch Ersatzerbe (§ 2102 Abs. 1 BGB); verstirbt jedoch der Nacherbe nach Eintritt des Vorerbfalles und bevor der Nacherbfall eintritt, so ist die Vererblichkeit des Nacherbenanwartschaftsrechts gemäß § 2108 Abs. 2 BGB zu beachten (hierzu → Rn. 124 ff.). Die gesetzliche Auslegungsregel der §§ 2069, 2102 BGB greift dann nicht Platz, wenn im Wege der einfachen Auslegung des Erblasserwillens eine abweichende Ersatzerbenberufung ermittelt werden kann.[90] Grundsätzlich bestehen auch im Falle des Eintritts der Ersatzerbfolge die **Beschwerungen** durch Vermächtnisse, Auflagen und Ausgleichspflichten fort (§§ 2161, 2192, 2051 Abs. 2 BGB).

117 **3. Mehrere Erben, Anwachsung.** Der Erblasser kann mehrere Personen zu Miterben in Höhe der von ihm bestimmten Quote berufen. Unterlässt er die quotenmäßige Bestimmung, so sind die Erben grundsätzlich zu unter sich gleichen Teilen berufen (§ 2091 BGB). Mehrere Erben bilden eine **Erbengemeinschaft.** Diese ist **weder rechts- noch parteifähig.**[91] Die Grundsätze zur Anerkennung der Rechtsfähigkeit der Gesellschaft bürgerlichen Rechts[92] bzw. der Wohnungseigentümergemeinschaft[93] sind nicht auf die Erbengemeinschaft übertragbar.

118   Der **Einzelerbteil** steht dem Miterben selbstständig zu. Zu unterscheiden hiervon ist der **gemeinschaftliche Erbteil.** Dieser verbindet die in ihm zusammengefassten Miterben untereinander (§ 2093 BGB). Nach außen sind die Unterbruchteile eines gemeinschaftlichen Erbteils selbstständige Erbteile. Für das Innenverhältnis gelten die §§ 2089–2092 BGB. Korrespondierend zur Erhöhung des gesetzlichen Erbteils bei Wegfall eines gesetzlichen Erben vor dem Erbfall (§ 1935 BGB) hat der Gesetzgeber für den Fall, dass einer der eingesetzten Miterben vor oder nach dem Erbfall wegfällt, Anwachsung an die übrigen Miterben nach dem Verhältnis ihrer Erbteile angeordnet (§ 2094 Abs. 1 S. 1 BGB). Das Wegfallen kann begründet sein im Vorversterben des Bedachten, in der Ausschlagung, der Erbunwürdigkeitserklärung und im Zuwendungsverzicht (§ 2352 BGB).[94]

119   Die **Folge der Anwachsung** ist, dass sich die Anteile der anwachsungsberechtigten Miterben vergrößern. Nur für die Belastung mit Vermächtnissen und Auflagen sowie sonstigen Beschwerungen mit Ausgleichungspflichten werden der angewachsene Teil sowie der ursprüngliche Erbteil als selbstständige Erbteile behandelt (§ 2095 BGB). Im Übrigen werden angewachsene und ursprüngliche Erbteile als **ein** Erbteil angesehen, so dass auch eine separate Ausschlagung nicht in Betracht kommt.[95] Allerdings kann der Erblasser zum einen die Anwachsung ausschließen (§ 2094 Abs. 3 BGB), und zum anderen ist auch die Regel, dass für bestimmte Teilbereiche angewachsener und originärer Erbteil als

---

[88] BayObLGZ 1959, 497.
[89] Vgl. Palandt/*Weidlich* BGB § 2069 Rn. 3; BGH ZEV 2001, 237.
[90] BGHZ 33, 60 (63); BayObLG FamRZ 1991, 614.
[91] BGH DNotZ 2007, 134.
[92] BGHZ 146, 341.
[93] BGHZ 163, 154.
[94] HM, vgl. Palandt/*Weidlich* BGB § 2094 Rn. 2; Staudinger/*Otte* (2012) BGB § 2094 Rn. 2.
[95] Staudinger/*Otte* (2012) BGB § 2094 Rn. 9.

selbstständige Erbteile zu behandeln sind, disponibel. Allerdings geht der Anwachsungsregelung der §§ 2094, 2095 BGB die Ersatzerbeneinsetzung, auch die stillschweigende, vor allem die gemäß § 2069 BGB, vor. Dies bedeutet, dass bei Wegfall eines Abkömmlings des Erblassers dessen Abkömmlinge zunächst gemäß § 2069 BGB als Ersatzerben berufen sind. Eine Anwachsung gemäß § 2094 BGB an die weiteren Abkömmlinge des Erblassers kommt in diesem Fall regelmäßig nicht in Frage. Gleichwohl ist es empfehlenswert, klare Ersatzerbenregelung und klare Anwachsungsregelungen in der Verfügung von Todes wegen vorzusehen.

4. Schlusserbe. Der Begriff „Schlusserbe" ist gesetzlich nicht bestimmt. Er hat sich in der 120 Rechtspraxis herausgebildet. Unter „Schlusserbe" ist der Erbe des Letztversterbenden von Ehegatten in einem gemeinschaftlichen Testament oder Erbvertrag zu verstehen. Grundsätzlich kann von der Verwendung des Begriffs „Schlusserbe" nicht auf eine Vor- und Nacherbfolge geschlossen werden.[96] Gleichwohl empfiehlt es sich, um Rechtsunsicherheiten zu vermeiden, klarzustellen, dass der Schlusserbe nicht Nacherbe, sondern Erbe des Letztversterbenden sein soll.

Formulierungsbeispiel: Schlusserbeneinsetzung 121

Schlusserben, also Erben des Letztversterbenden und Erben eines jeden Ehegatten im ◐ Fall eines durch dasselbe Ereignis bedingten (annähernd) gleichzeitigen Versterbens, sind ***.

II. Vor- und Nacherbeinsetzung

Mit dem Gestaltungsmittel der Vor- und Nacherbfolge kann der Erblasser über Genera- 122 tionen hinaus erbrechtlich seinen Willen realisieren.[97] Dies ist nicht zuletzt deshalb möglich, weil mehrfach hintereinander Vor- und Nacherbfolge angeordnet werden kann. Auch ist die Vor- und Nacherbfolge ein Instrument, mit welchem bei geschiedenen Ehegatten mit Kindern aus erster Ehe oder bei Vorhandensein nichtehelicher Kinder zwar nicht die Quote des Pflichtteils, jedoch die Bemessungsgrundlage und somit der **Wert des Pflichtteils** erstehelicher oder nichtehelicher Kinder **beeinflusst** werden kann. Schließlich kann über die Nacherbfolgeregelung dem Vorerben der Nachlassertrag zugewendet werden, ohne dass seine **Eigengläubiger** Zugriff auf die Vorerbschaft erhalten (zB beim insolventen Vorerben oder im Bereich des „Behindertentestaments", vgl. § 2115 BGB, → Rn. 285 ff.). Dementsprechend kommt der Vor- und Nacherbfolge große praktische Bedeutung zu.

Vorerbe und Nacherbe sind jeweils **Erben des Erblassers.** Auf den Nacherben geht 123 nur die Erbschaft des Erblassers über, nicht jedoch das eigene Vermögen des Vorerben. Über dieses – und nur über dieses – verfügt der Vorerbe letztwillig unabhängig vom Willen des Erblassers. Die Nacherbfolge tritt, soweit der Erblasser nichts anderes bestimmt hat, mit dem Tod des Vorerben ein (§ 2106 BGB). Der Zeitpunkt des Eintritts der Nacherbfolge kann jedoch vorverschoben werden durch die rechtstechnischen Möglichkeiten der Bedingung und Befristung. Auch kann die Vorerbschaft als solche auflösend bedingt und gleichzeitig gekoppelt mit einer aufschiebend bedingten Vollerbschaft sein. Diese Möglichkeit wird vor allem im Bereich der Verfügungen von Todes wegen unter Ehegatten und insbesondere im Hinblick auf eine etwaige Wiederverheiratung eingesetzt.[98]

Mit dem Tod des Erblassers fällt die Erbschaft zunächst dem Vorerben an. Der Nacher- 124 be erwirbt gleichzeitig ein unentziehbares Anwartschaftsrecht auf die Erbschaft. Er muss den Nacherbfall nicht zwingend erleben: Gemäß § 2108 Abs. 2 BGB ist das **Nacher-**

---

[96] Zur Abgrenzung vgl. OLG Bremen ZEV 1994, 365; *Nieder* ZEV 1996, 244.
[97] Vgl. dazu *Zawar* NJW 2007, 2353.
[98] *Hilgers* MittRhNotK 1962, 381; *Haegele* JurBüro 1969, 1.

ben(anwartschafts)recht grundsätzlich vererblich.[99] Es stellt einen Teil des Vermögens des als Nacherben Berufenen dar. Nach hM ist die Anwartschaft auch veräußerlich, also übertragbar, pfändbar und verpfändbar.[100] Die **Übertragung** bedarf entsprechend § 2033 BGB, das Verpflichtungsgeschäft entsprechend § 2371 BGB der **notariellen Beurkundung**. Unvererblichkeit ist die Ausnahme. Jedoch kann der Erblasser die Vererblichkeit (und damit auch die Veräußerlichkeit) ausschließen.[101] Der Erblasser kann die Vererblichkeit auch auf einen bestimmten Personenkreis beschränken.[102] Der Ausschluss wird vermutet, wenn der Erblasser ausdrücklich einen **Ersatznacherben** bestimmt hat.[103] Wird ein Ersatznacherbe hingegen kraft gesetzlicher Auslegungsregel (§ 2069 BGB) berufen, so soll dies nach hM nicht reichen, um der Anwartschaft die Vererblichkeit (und Veräußerlichkeit) zu nehmen, weil das dispositive Recht des § 2108 Abs. 2 S. 1 BGB Vorrang vor der Auslegungsregel des § 2069 BGB genieße.[104] Der BGH stellt hingegen weniger auf das generelle Verhältnis von § 2069 BGB zu § 2108 Abs. 2 S. 1 BGB als auf den konkret zu ermittelnden Erblasserwillen ab.[105] Es ist daher ratsam, diese Frage in der letztwilligen Verfügung einer ausdrücklichen Regelung zuzuführen.

125 **Formulierungsbeispiel: Beschränkung der Übertragbarkeit des**
⟁ **Nacherbenanwartschaftsrechts**

Nacherbe ist ***. Ersatznacherbe ist ***. Das Nacherbenanwartschaftsrecht ist nicht vererblich und nur an den Vorerben oder an Mitnacherben übertragbar. Im Falle einer solchen Übertragung entfällt die jeweilige Ersatznacherbfolge.

126   Nach OLG Hamm[106] ist das Anwartschaftsrecht des Nacherben auch dann vererblich, wenn Vor- und Nacherbe gleichzeitig versterben. Sind Vor- und Nacherbe derselben Gefahr ausgesetzt, so sollte daher auch für den Fall gleichzeitigen Ablebens eine Regelung getroffen werden. **Bedingte Nacherbenanwartschaftsrechte** sind im Gegensatz zum unbedingten Anwartschaftsrecht nicht vererblich (§§ 2108 Abs. 2, 2074 BGB). Angesichts der wirtschaftlich erheblichen Tragweite kommt bei jeder Vor- und Nacherbfolge einer klaren Regelung der Ersatznacherbfolge, einschließlich der Bestimmung, ob das Nacherbenanwartschaftsrecht vererblich und veräußerlich sein soll, entscheidende Bedeutung zu. Da nach BayObLG[107] auch eine ausdrücklich angeordnete Ersatznacherbfolge nicht eingreifen soll, wenn die Testamentsauslegung ergibt, dass die Vermutung des § 2069 BGB vorrangig oder das Anwartschaftsrecht des Nacherben gemäß § 2108 Abs. 2 S. 1 BGB vererblich ist, schlug *J. Mayer*[108] für die Ersatzerben- und Ersatznacherbenberufung folgende Klausel vor:

---

[99] Vgl. zum Ganzen *Musielak* ZEV 1995, 5; zur Auflösung des zwischen Vor- und Nacherben bestehenden Rechtsverhältnisses *Gantzer* MittBayNot 1993, 67; zu Vereinbarungen zwischen Vor- und Nacherben ausführlich *Neukirchen* RNotZ 2018, 357.

[100] Staudinger/*Avenarius* (2012) BGB § 2100 Rn. 58; Palandt/*Weidlich* BGB § 2108 Rn. 2 und § 2100 Rn. 13; BGHZ 87, 367.

[101] HM; RGZ 170, 163; Palandt/*Weidlich* BGB § 2100 Rn. 13 ff. und § 2108 Rn. 4; Soergel/*Harder* BGB § 2108 Rn. 11; Bamberger/Roth/*Litzenburger* BGB § 2100 Rn. 41 und § 2108 Rn. 13; aA im Hinblick auf den Ausschluss der Veräußerlichkeit Staudinger/*Avenarius* (2012) BGB § 2108 Rn. 9 und § 2100 Rn. 60.

[102] Palandt/*Weidlich* BGB § 2108 Rn. 4; BGH NJW 1963, 1150.

[103] BayObLG ZEV 2001, 440; Bamberger/Roth/*Litzenburger* BGB § 2108 Rn. 4 f.

[104] Staudinger/*Avenarius* (2012) BGB § 2108 Rn. 16 mwN; aA BayObLG MittBayNot 1994, 149; hierzu kritisch *J. Mayer* MittBayNot 1994, 111; OLG Braunschweig FamRZ 1995, 433; vgl. ausführlich hierzu *Nieder* ZEV 1996, 245.

[105] NJW 1963, 1150.

[106] MDR 1952, 359.

[107] BayObLGZ 1993, 334.

[108] MittBayNot 1994, 114.

Formulierungsbeispiel: Ersatzerben- und Ersatznacherbenberufung　127

Abweichend von anders lautenden gesetzlichen Auslegungs-, Vermutungs- und Ergän- Ɔ
zungsregeln und anderer gesetzlicher Bestimmungen wird zum (alleinigen) Ersatz(nach)
erben bestimmt ***.

Dem Ersatznacherben stehen vor Eintritt des Ersatzfalles die Schutzrechte des Nacher- 128
ben nicht zu.[109] Er ist jedoch in den Erbschein aufzunehmen und im Grundbuch zu vermerken. Der Ersatznacherbe besitzt ebenso wie der Nacherbe eine unabhängige Anwartschaft. Sollen Verfügungen des Nacherben über sein Recht dem Ersatznacherben
gegenüber wirksam sein, so muss dies der Erblasser durch auflösende Bedingung der Ersatznacherbfolge anordnen.

Soweit nicht mehrfach hintereinander Nacherbfolge angeordnet werden soll, ist als Al- 129
ternative zur Vor- und Nacherbeinsetzung die Einsetzung des als „Nacherben" Vorgesehenen zum Vollerben zu überlegen und dieser mit einem Nießbrauch zugunsten des als
„Vorerben" Vorgesehenen zu belasten. Diese Alternative kann aus steuerlichen Gründen
geboten sein. In diesem Falle kann der Erblasser jedoch nicht von der Möglichkeit der
Nichtvererblichkeit des Nacherbenrechts und der Ersatznacherbenregelung Gebrauch machen, weil der Nachlass mit dem Erbfall bereits auf den als „Nacherben" Vorgesehenen
übergeht.

Der Nacherbe hat eine gänzlich andere Position als der „Schlusserbe" (→ Rn. 120 f.). 130
Ihm steht, soweit der Erblasser nichts anderes bestimmt hat, ein veräußerliches, belastbares
und auch vererbliches Anwartschaftsrecht zu (§ 2108 BGB). Allerdings kann in einem gewissen Rahmen der Erblasser die Position des Nacherben dadurch schmälern, dass er den
Vorerben im Rahmen der gesetzlichen Bestimmungen von einzelnen Beschränkungen der
§§ 2113 ff. BGB befreit. Wird ein **kinderloser Abkömmling** zum Vorerben, ein Dritter
zum Nacherben bestimmt, so ist § 2107 BGB zu beachten. Nach dieser (widerlegbaren)
Vermutung entfällt die Nacherbenberufung durch den Erblasser, wenn der als Vorerbe
eingesetzte Abkömmling zum Zeitpunkt des Eintritts des Nacherbfalles eigene Abkömmlinge hat, wohl auch Adoptivkinder.[110]

1. Nicht befreiter Vorerbe. Soweit der Erblasser keine speziellen Regelungen trifft und 131
auch im Wege der Auslegung nichts anderes ermittelbar ist, ist der Vorerbe von den Beschränkungen der §§ 2113 ff. BGB nicht befreit. Dann kann der Vorerbe über Grundbesitz (§ 2113 Abs. 1 BGB), über Hypothekenforderungen, Grund- und Rentenschulden
(§ 2114 BGB) nicht ohne Zustimmung des Nacherben verfügen. Für Schenkungen, die
über bloße Anstandsschenkungen hinausgehen, bedarf er ebenfalls der Zustimmung des
Nacherben (§ 2113 Abs. 2 BGB). Bezüglich der Anlegung von Geld ist er an eine mün-
delsichere Anlage gebunden (§ 2119 BGB). Auf Verlangen des Nacherben sind Wertpapiere zu hinterlegen (§ 2116 BGB) und ein Verzeichnis der Erbschaftsgegenstände anzulegen (§ 2121 BGB). Für Wald ist auf Verlangen ein Wirtschaftsplan aufzustellen (§ 2123
BGB). Er ist verpflichtet, dem Nacherben über den Bestand der Erbschaft Auskunft zu
geben (§ 2127 BGB). Im Ergebnis gebühren ihm nur die **Erträge** der Erbschaft; über
diese kann er unter Lebenden, aber auch von Todes wegen frei verfügen, soweit er nicht
durch Erbvertrag oder gemeinschaftliches Testament gebunden ist. Der Nacherbe wird,
soweit sich Grundbesitz im Nachlass befindet, durch den Nacherbenvermerk, welcher
von Amts wegen mit Eintragung des Vorerben einzutragen ist (§ 51 GBO), gesichert.

Fällt ein **Einzelunternehmen** in den Nachlass, so hat der Vorerbe das alleinige Ent- 132
scheidungsrecht, ob er das Geschäft fortführen will oder gemäß §§ 27 Abs. 2, 25 Abs. 1
HGB durch Einstellung die unbeschränkte Haftung abwendet. Der Nacherbe hat inso-

---

[109] HM; *Kanzleiter* DNotZ 1970, 694.
[110] BayObLGZ 1984, 246; BayObLG NJW-RR 1992, 839.

weit keine Mitwirkungsrechte. Wenn der Vorerbe das Handelsgeschäft fortführt, kann er sich als alleinigen Firmeninhaber in das Handelsregister eintragen lassen. Die Anordnung der Nacherbfolge wird im Handelsregister nicht vermerkt.[111] Entsprechendes gilt, wenn eine Beteiligung an einer **Personengesellschaft** zum Nachlass gehört. Soweit eine Eintritts- oder Fortsetzungsklausel gesellschaftsvertraglich vereinbart ist, entscheidet ebenfalls der Vorerbe alleine, ob er hiervon Gebrauch machen will oder nicht. Tritt er oder rückt er in die Gesellschafterstellung ein, wird der Vorerbe Gesellschafter. Ihm gebühren die Gewinnanteile, die während der Vorerbschaft anfallen.[112] Als Gesellschafter kann er alle Gesellschafterrechte ausüben (zB austreten, kündigen). Auch kann er Änderungen des Gesellschaftsvertrages mitbeschließen, soweit es sich nicht um eine unentgeltliche Verfügung iSv § 2113 Abs. 2 BGB handelt (zB Bestellung und Abberufung von Organen, Beschluss über den Jahresabschluss).[113] Greift der Beschluss aber in die Mitgliedschaft selbst ein (zB Satzungsänderung bzgl. Gewinnverteilung), kann jedenfalls dann Unentgeltlichkeit vorliegen, wenn der Erbe als Gesellschafter einseitig negativ betroffen ist.[114] Da die Abgrenzung oft schwierig sein kann, sollte vorsorglich wegen der Nacherbenschutzvorschriften bei Änderung des Gesellschaftsvertrags die Zustimmung der Nacherben eingeholt werden.[115]

133   Da der Nacherbe Erbe des Erblassers ist, kann der Erblasser nicht dem Vorerben das Recht einräumen, den Nacherben zu bestimmen (§ 2065 Abs. 2 BGB). Eine derartige Verfügung ist dem in § 2104 S. 1 BGB geregelten Fall gleichzusetzen.[116] Zulässig ist es jedoch, einen **Nacherben** unter der (aufschiebenden oder auflösenden) **Bedingung** einzusetzen, dass der Vorerbe nicht selbst letztwillig anders über den Nachlass verfügt. Folge einer anderweitigen Verfügung des Vorerben ist dann, dass dieser Vollerbe wird und mit seiner eigenen Verfügung wirtschaftlich auch über die Vorerbschaft verfügt. Er bestimmt so aber nicht über die Person des Nacherben.[117]

134 **Formulierungsbeispiel: Auflösend bedingte Nacherbschaft**

Dem Vorerben ist es jedoch gestattet, die Nacherbfolge dadurch zu beseitigen und sich zum Vollerben am Nachlass des Erstversterbenden zu machen (auflösende Bedingung der Nacherbschaft), dass er über seinen eigenen Nachlass – und damit wegen der dann entfallenden Nacherbschaft in wirtschaftlicher Hinsicht auch über den Nachlass des Erstversterbenden von uns – abweichend von der nachfolgend angeordneten Schlusserbeinsetzung verfügt. Die vorstehende auflösende Bedingung tritt jedoch nur ein, wenn folgende Voraussetzungen gegeben sind: Der Längerlebende darf die nach ihm geltende Erbfolge nur innerhalb unserer gemeinsamen Abkömmlinge einseitig beliebig festlegen. Er darf hierzu auch Beschwerungen und Beschränkungen im Sinne von § 2306 Abs. 1 BGB anordnen oder aufheben. Er darf jedoch keine anderen Personen als gemeinschaftliche Abkömmlinge bedenken. Die Bedingungsvoraussetzungen müssen, wenn die Nacherbfolge endgültig entfallen soll, noch im Zeitpunkt des Ablebens des Vorerben vorliegen. Die vorbezeichnete abweichende Verfügung des Vorerben muss in diesem Zeitpunkt wirksam sein.

135   Unter diesen Voraussetzungen steht erst mit dem Tod des „Vorerben" (rückwirkend) fest, dass er Vollerbe gewesen ist. Der Nacherbenvermerk kann daher erst nach dem Tod des „Vorerben" gelöscht werden.

---

[111] *Krafka/Kühn* RegisterR Rn. 129.
[112] BGH NJW 1990, 514.
[113] Palandt/*Weidlich* BGB § 2112 Rn. 3; *Lange* Kap. 22 Rn. 163.
[114] *Lange* Kap. 22 Rn. 163.
[115] MVHdB VI BürgerlR II/*Nieder/Otto*, 6. Aufl., Form. XVI. 12 Anm. 4.
[116] OLG Hamm ZEV 1995, 376.
[117] So schon BGHZ 2, 35; Palandt/*Weidlich* BGB § 2065 Rn. 6; MüKoBGB/*Grunsky* BGB § 2100 Rn. 16.

Weitergehend wird teilweise vertreten, dass der Erblasser dem Vorerben die Befugnis ein- **136** räumen kann, durch seine eigene Verfügung gleichsam indirekt die Person des Nacherben bzw. unter mehreren Nacherben deren Quoten zu ändern.[118] Die Grenze zum Verstoß gegen § 2065 Abs. 2 BGB ist jedenfalls dort überschritten, wo die Auswahl der Person des Nacherben oder seiner Quote nur vom Willen des Vorerben abhängt.[119] Die Verwendung der sog. **Dieterle-Klausel,**[120] nach der Nacherben die vom Vorerben als Erben seines Nachlasses eingesetzten Personen sind, wird teilweise als unwirksam angesehen[121] und begegnet daher durchgreifenden Bedenken.[122]

Nach einhelliger Auffassung ist eine **gegenständliche Erbeinsetzung** unzulässig.[123] **137** Demzufolge scheidet auch eine Nacherbeneinsetzung auf einzelne Nachlassgegenstände aus.[124] Es verbleibt dem Testator die Möglichkeit, bezüglich des einzelnen Gegenstandes Vor- und Nachvermächtnis anzuordnen (hierzu → Rn. 157 ff.). Faktisch kann jedoch der Erblasser mittelbar die „Nacherbeneinsetzung auf einen einzelnen Gegenstand" dadurch erreichen, dass der Vorerbe alle diejenigen Nachlassgegenstände zum (freien) Vorausvermächtnis erhält mit Ausnahme des einzelnen Gegenstandes, der gemäß den Bestimmungen der §§ 2100 ff. BGB beim Eintritt des Nacherbfalls dem Nacherben zufallen soll. Dieser Weg ist prinzipiell der Möglichkeit, ein vergleichbares Ergebnis über Vor- und Nachvermächtnis zu erreichen, vorzuziehen. Die Rechtsposition des Nacherben ist deutlich stärker als die des Nachvermächtnisnehmers (hierzu → Rn. 157 ff.). Da Vorausvermächtnisse auch an aufschiebende Bedingungen geknüpft werden können, kann auch dem Vorerben das Recht eingeräumt werden, durch Rechtsgeschäft unter Lebenden (Übertragungsvorbehalt) oder durch Verfügung von Todes wegen (Verfügungsvorbehalt) über bestimmte Nachlassgegenstände frei oder eingegrenzt zu verfügen.[125]

Formulierungsbeispiel: Vorausvermächtnis für den Vorerben **138**

Im Wege des Vorausvermächtnisses erhält der Vorerbe alle beweglichen und unbeweglichen Gegenstände, Forderungen, Rechte und Beteiligungen, mithin alles – mit Ausnahme meines Hausanwesens in der Gemarkung ***, Fl.-Nr. *** Im wirtschaftlichen Ergebnis bezieht sich somit die angeordnete Vor- und Nacherbfolge und damit das Recht des Nacherben ausschließlich auf das vorgenannte Hausanwesen.

---

2. Befreiter Vorerbe. Gemäß § 2136 BGB kann der Erblasser den Vorerben von einigen **139** der Beschränkungen und Verpflichtungen gemäß §§ 2113 ff. BGB befreien. Strikt **vermutet** wird diese Befreiung bei der Nacherbeneinsetzung auf den sog. **Überrest** (§ 2137 BGB). Eine **völlige Befreiung** hingegen ist **nicht möglich.** So kann der Erblasser den Vorerben nicht befreien vom Verbot unentgeltlicher Verfügungen (§ 2113 Abs. 2 BGB)[126] und von der Pflicht zur Vorlage des Verzeichnisses der Erbschaftsgegenstände (§ 2121 BGB).[127] Auch die teilweise Unwirksamkeit von Zwangsvollstreckungsmaßnahmen (§ 2115 BGB) und der Surrogationsgrundsatz des § 2111 BGB sind **nicht abdingbar.** Soweit einzelne Gegenstände nicht dem Nacherbenrecht unterliegen sollen, sind sie als Vorausvermächtnis dem Vorerben zuzuwenden (→ Rn. 137 f.). Die Befreiung des Vorerben ist im Grundbuch einzutragen (§ 51 GBO) und im Erbschein anzugeben (§ 2363 BGB).

---

[118] Insoweit sehr weitgehend BGHZ 59, 220; zu Recht kritisch hierzu MüKoBGB/*Grunsky* BGB § 2100 Rn. 16.
[119] Instruktiv *Frank* MittBayNot 1987, 231.
[120] Vgl. *Dieterle* BWNotZ 1971, 15.
[121] OLG Frankfurt a.M. ZEV 2001, 316.
[122] *Kanzleiter* DNotZ 2001, 149.
[123] Palandt/*Weidlich* BGB § 2087 Rn. 1; *Otte* NJW 1987, 3165.
[124] AA *Schrader* NJW 1987, 117.
[125] *J. Mayer* ZEV 2000, 5.
[126] Dazu *Heider* ZEV 1995, 1.
[127] Vgl. auch *Müller* ZEV 1996, 180.

140 Ob die Befreiung auf einzelne Nachlassgegenstände beschränkt werden kann, ist umstritten.[128] Der sichere und daher vorzugswürdige Weg ist angesichts fehlender obergerichtlicher Rechtsprechung das Vorausvermächtnis, eventuell gekoppelt mit einem Nachvermächtnis (§ 2191 BGB)[129] oder die vermächtnisweise Beschwerung des Nacherben mit der Pflicht, bestimmten Verfügungen des Vorerben zuzustimmen.[130]

141 Der Vorerbe kann sein Recht auf den Nacherben übertragen und umgekehrt der Nacherbe sein Anwartschaftsrecht auf den Vorerben. Im Falle der letzteren Verfügung führt dies zwar dazu, dass der Vorerbe Vollerbe wird; allerdings ergeben sich Probleme, wenn ein Ersatznacherbe berufen ist.[131] Diese Problematik lässt sich allerdings durch eine auflösende Bedingung der Ersatznacherbfolge bei der Testamentserrichtung vermeiden (Formulierungsbeispiel → Rn. 125).

142 In vielen Fällen, etwa beim Geschiedenentestament (→ Rn. 257 ff.), soll die Nacherbfolgeanordnung nicht den Vorerben beschränken, sondern nur sicherstellen, dass das geerbte Vermögen nicht seinem Nachlass zugerechnet wird. Es stellt sich dann die Frage, wie dem befreiten Vorerben noch mehr Freiheit eingeräumt werden kann.[132] Im Wesentlichen ist dies möglich durch Vorausvermächtnisse, ferner dadurch, dass es dem Vorerben im Rahmen einer auflösenden Bedingung ermöglicht wird, auf die Person des Nacherben Einfluss zu nehmen. Allerdings geht in diesen Fällen die Schutzfunktion der Vor- und Nacherbfolge verloren, soweit dadurch Nachlassteile in den eigenen Nachlass des Vorerben überführt werden. Auch die Ernennung des Vorerben zum Mittestamentsvollstrecker kommt in Betracht (vgl. → Rn. 186, 191, 193).

III. Vermächtnis

143 **1. Allgemeines.** Jedem Vermächtnisnehmer steht ein **schuldrechtlicher Anspruch** (§ 2174 BGB) gegenüber dem Beschwerten (gesetzlicher oder gewillkürter Erbe oder Vermächtnisnehmer, § 2147 BGB) zu. Es handelt sich konstruktiv um ein sog. **„Damnationslegat"**, welches der Erfüllung bedarf, nicht um ein „Vindikationslegat", bei dem der Vermächtnisnehmer das Eigentum am vermachten Gegenstand von selbst erwirbt und einen Herausgabeanspruch gegen den Erben hat; das deutsche Erbrecht kennt kein Vindikationslegat.[133] Das Vermächtnis unterscheidet sich von der Erbeinsetzung dadurch, dass der Gläubiger (Vermächtnisnehmer) nicht am Nachlass beteiligt ist. Das Vermächtnis muss erst durch ein Erfüllungsgeschäft vollzogen werden. Gleichwohl kann in der Zuwendung einzelner Gegenstände auch eine Erbeinsetzung gesehen werden, wenn diese Gegenstände nach der Vorstellung des Erblassers praktisch den gesamten Nachlass ausmachen und der Bedachte nach dem Willen des Erblassers dessen wirtschaftliche Stellung fortsetzen sollte.[134]

144 Unter **Quotenvermächtnis** versteht man die Zuwendung eines Bruchteils des Nachlasswertes. Es ist ein echtes Vermächtnis.[135] Soweit der Bedachte jedoch eine echte Mitbeteiligung an der Erbschaft erhalten soll, liegt Erbeinsetzung vor.[136]

---

[128] Bejahend MüKoBGB/*Grunsky* BGB § 2136 Rn. 9; RGRK/*Johannsen* BGB § 2136 Rn. 8; verneinend Staudinger/*Avenarius* (2012) BGB § 2136 Rn. 3.

[129] *J. Mayer* ZEV 2000, 1.

[130] Staudinger/*Avenarius* (2012) BGB § 2136 Rn. 7.

[131] Vgl. *Nieder* ZEV 1996, 245; siehe auch DNotI-Report 2010, 85.

[132] Vgl. dazu *Kanzleiter* FS Schippel 1996, 287.

[133] Anders etwa Frankreich, Italien, Spanien und Polen; einen Überblick über Länder mit bzw. ohne Vindikationslegat gibt *Leitzen* ZEV 2018, 311 (312); im Anwendungsbereich der EuErbVO ist das Vindikationslegat mit dinglicher Wirkung anzuerkennen, wenn das anzuwendende Erbstatut ein Vindikationslegat zulässt, selbst wenn das Belegenheitsrecht der vermachten Sache ein solches nicht kennt, vgl. EuGH ZEV 2018, 41 – Kubicka mAnm *Weber* DNotZ 2018, 16; vgl. auch → Rn. 226a.

[134] → Rn. 114; BayObLGZ 1965, 460 und BayObLG ZEV 1995, 408; Palandt/*Weidlich* BGB § 2087 Rn. 5.

[135] BGH MDR 1978, 649.

[136] BayObLG NJW-RR 1996, 1478.

Problematisch ist, wie die **Zuwendung des Pflichtteils** aufzufassen ist. Sie kann eine   145
bloße Verweisung auf den Pflichtteil bedeuten oder aber Vermächtnis sein. Der Unterschied spielt im Hinblick auf die Ausschlagung (beim Vermächtnis gemäß § 2180 Abs. 2
BGB gegenüber dem Beschwerten; beim Pflichtteil gemäß § 2303 BGB nicht nötig/
möglich) und die Höhe beim gesetzlichen Güterstand (§ 1371 BGB) eine Rolle.[137] Demzufolge ist eine Klarstellung, ob bloßer Verweis auf das gesetzliche Pflichtteilsrecht oder
Vermächtniseinsetzung gewollt ist, in der notariellen Urkunde geboten. Kein Unterschied
besteht seit der Reform des erbrechtlichen Verjährungsrechts zum 1.1.2010 mehr hinsichtlich der Verjährung: sowohl Pflichtteil als auch Vermächtnisanspruch verjähren gemäß
§ 195 BGB in drei Jahren. Die Verjährung beginnt mit dem Schluss des Jahres der Entstehung des Anspruchs sowie Kenntnis bzw. grob fahrlässiger Unkenntnis vom Vorliegen der
Anspruchsvoraussetzungen, gemäß § 199 Abs. 1 BGB. Kenntnisunabhängig verjähren die
Ansprüche gemäß § 199 Abs. 3a BGB in dreißig Jahren ab Entstehung des Anspruchs.

Insbesondere beim **Grundstücksvermächtnis** ist klarzustellen, ob der Vermächtnis-   146
nehmer entsprechend der gesetzlichen Vermutung gemäß §§ 2165, 2166 BGB die im
Erbfall bestehenden dinglich gesicherten Verbindlichkeiten zu übernehmen hat oder ob
der mit dem Vermächtnis Belastete lastenfreies Eigentum übertragen muss. Gehört ver-
machter Grundbesitz zum Betriebsvermögen, sollte klargestellt werden, wer die durch einen etwaigen Entnahmegewinn veranlasste Ertragsteuer zu tragen hat.

Betrifft das Vermächtnis einen **bestimmten Gegenstand** (Stückvermächtnis), der im   147
Zeitpunkt der Abfassung der Verfügung von Todes wegen zum Vermögen des Erblassers
gehört, so ist § 2169 Abs. 1 BGB zu beachten: Im Zweifel ist danach anzunehmen, dass
der Erblasser **kein Verschaffungsvermächtnis** gewollt hat. Gehört also der vermachte
Gegenstand im Zeitpunkt des Erbfalls nicht mehr dem Erblasser, weil er ihn nach Testamentserrichtung und vor dem Erbfall veräußert hat, so ist die Vermächtnisanordnung im
Zweifel nicht wirksam. Hat der Erblasser eine Gegenleistung für die Veräußerung des Gegenstandes erlangt oder einen Anspruch auf Gegenleistung, so stellt sich die Frage, ob
anstelle des Gegenstandes der Anspruch auf die Gegenleistung, diese selbst oder ihr Wert
vermacht sein sollte. **Nur für den Fall des Forderungsvermächtnisses** (§ 2173 BGB)
soll im Zweifel anstelle der nicht mehr bestehenden vermachten Forderung die vom
Schuldner **erbrachte Leistung vermacht** sein. Darüber hinaus kennt das Vermächtnisrecht **keine allgemeine Surrogationsregel.** § 2169 Abs. 3 BGB ist nicht entsprechend
anwendbar. Es ist allenfalls möglich, im Wege der ergänzenden Testamentsauslegung den
Erlös als vermacht anzusehen.[138] Um Auslegungsprobleme zu vermeiden, ist es geboten,
bei der Testamentsabfassung – wo sinnvoll und nötig – niederzulegen, ob ein eventuelles
Surrogat als vermacht oder als nicht vermacht anzusehen ist; es sind also die Rechtsfolgen
zu regeln, die eintreten, wenn der Gegenstand sich nicht mehr im Nachlass befinden sollte.

Zwischen **Anfall** und **Fälligkeit** ist zu differenzieren: Der Vermächtnisanspruch (An-   148
fall), mithin die Forderung des Vermächtnisnehmers gegenüber dem Beschwerten, wird
mit dem Erbfall (ohne Kenntnis und ohne Erklärung des Bedachten) existent (§ 2176
BGB).[139] Er ist ab diesem Zeitpunkt vererblich. Ausnahmen regeln die §§ 2177–2179
BGB. Demzufolge fällt das Vermächtnis bei **aufschiebender Bedingung** oder bei **Be-
fristung** erst mit Eintritt der Bedingung oder des Zeitpunktes an.[140] Vom Anfall ist die
Fälligkeit zu unterscheiden. Soweit vom Testator nichts anderes bestimmt ist, ist mit dem
Anfall des Vermächtnisses dieses auch fällig. Jedoch kann der Erblasser eine spätere Fällig-
keit anordnen. Dies ist vor allem im Hinblick auf die Ausnutzung erbschaftsteuerlicher
Freibeträge bei gegenseitigen Erbeinsetzungen zugunsten gemeinschaftlicher Abkömmlin-

---

[137] Hierzu Palandt/*Weidlich* BGB § 2304 Rn. 3.
[138] BGHZ 22, 357.
[139] BGH NJW 1961, 1915.
[140] Vgl. dazu *Zawar* NJW 2007, 2353.

ge bereits beim ersten Sterbefall zu erwägen. Hier kann ein Vermächtnis in Höhe des gesetzlichen Erbteils bzw. in Höhe des beim Erbfall noch vorhandenen erbschaftsteuerlichen Freibetrages zugunsten der Kinder bereits für den ersten Sterbefall angeordnet werden und damit anfallen, jedoch erst für einen späteren Zeitpunkt – wegen § 6 Abs. 4 ErbStG, der das beim Tode des Beschwerten fällige Vermächtnis der Nacherbschaft gleichstellt – nicht jedoch auf das Ableben des Letztversterbenden fällig gestellt werden (Formulierungsbeispiel → Rn. 163a).[141] Soweit Anfall und Fälligkeit auseinander fallen, ist klarzustellen, inwieweit der Vermächtnisnehmer nach dem Anfall bis zur Fälligkeit Sicherung seines Anspruches verlangen kann. Beim Grundstücksvermächtnis wäre, soweit nichts anderes angeordnet ist, gemäß §§ 885, 883 BGB die Eintragung einer Vormerkung zugunsten des Vermächtnisnehmers durchsetzbar.

149   Auch beim Vermächtnisnehmer kommt der **Ersatzberufung** große Bedeutung zu. Nach § 2190 BGB kann ein Ersatzvermächtnisnehmer ähnlich dem Ersatzerben bestimmt werden. Fehlt eine klare Anordnung des Erblassers, greift die Auslegungsregel des § 2069 BGB ein.[142] Sofern dies nicht gewünscht wird, ist eine Ersatzvermächtnisnehmerberufung in der Verfügung von Todes wegen ausdrücklich auszuschließen.[143]

---

150   **Formulierungsbeispiel: Ausschluss von Ersatzvermächtnisnehmern**

Ü   Kann oder will der Vermächtnisnehmer – gleich aus welchem Grund – das Vermächtnis nicht annehmen, so entfällt das Vermächtnis ersatzlos.

---

151   **2. Vorausvermächtnis.** Vorausvermächtnis ist die Zuwendung einzelner Gegenstände oder einer Mehrheit von solchen an den Erben oder Miterben neben seiner Erbeinsetzung (§ 2150 BGB). Es ist **abzugrenzen von der Teilungsanordnung** gemäß § 2048 BGB. Entscheidend ist, ob der Miterbe sich den Wert des gesondert Zugewendeten auf den Erbteil anrechnen lassen muss (Teilungsanordnung, → Rn. 170 ff.) oder nicht (Vorausvermächtnis). Ohne klare Bestimmungen des Erblassers ist vor allem im Hinblick auf entgeltliche Übernahmeanordnungen wegen §§ 2270, 2278, 2287 ff. BGB die Abgrenzung zwischen Vorausvermächtnis und Teilungsanordnung schwer.[144] Nach der Rechtsprechung[145] spricht ein Schweigen des Testaments immer für den Wertausgleich, also die Teilungsanordnung. Das Vorausvermächtnis spielt in der Praxis besonders eine Rolle bei mehreren Miterben, aber auch bei der Zuwendung einzelner Gegenstände an den Vorerben, weil diesem dann der Gegenstand unbeschränkt durch das Recht des Nacherben verbleibt (→ Rn. 137 ff.). Auch das Vorausvermächtnis kann aufschiebend bedingt oder befristet sein. Anfall und Fälligkeit können auseinander fallen.

---

152   **Formulierungsbeispiel: Erbeinsetzung mit Vorausvermächtnis**[146]

Ü   1. Zu meinen Erben berufe ich zu unter sich gleichen Teilen meine Kinder A und B.
2. Mein Kind A erhält zusätzlich zu seinem Erbteil, also nicht auf diesen anzurechnen, im Wege des Vorausvermächtnisses einen baren Geldbetrag von *** EUR.

Ersatzvermächtnisnehmer sind ***.

Alt.: Sofern mein Kind A nicht Erbe wird, gleich ob es die Erbschaft nicht annimmt oder vorverstirbt, also wenn die Ersatzerbfolge eintritt, entfällt das Vorausvermächtnis.

---

[141] Vgl. zum Ganzen DNotI-Report 2010, 3.
[142] Vgl. hierzu *Nieder* ZEV 1996, 247.
[143] *Dietz* ZEV 2009, 240; vgl. auch *Haspl* ZEV 2013, 60.
[144] Staudinger/*Otte* (2012) BGB § 2150 Rn. 9 ff.; vgl. hierzu BGH ZEV 1996, 71 mAnm *Kummer* und BGH ZEV 1995, 144 mAnm *Skibbe.*
[145] BGH FamRZ 1990, 396.
[146] Nach Reimann/Bengel/Mayer/*J. Mayer* Formularteil 26.

Vorausvermächtnis und Teilungsanordnung unterscheiden sich in den Rechtswir- 153
kungen erheblich: Der Vorausvermächtnisnehmer ist Nachlassgläubiger (§ 1967 Abs. 2
BGB) und kann deshalb – soweit keine anderweitigen Bestimmungen des Erblassers vorliegen – Erfüllung bereits vor Auseinandersetzung der Erbengemeinschaft verlangen
(§§ 2046 Abs. 1 S. 1, 2059 Abs. 2 BGB). Er hat also einen besseren Rang (§ 1991 Abs. 2
BGB, § 327 Abs. 1 Nr. 2 InsO). Die reine Teilungsanordnung hingegen begründet nur
das Recht und die Pflicht, bei der Erbteilung einen bestimmten Gegenstand zum Eigentum zu übernehmen. Schließlich kann nur das Vorausvermächtnis, nicht die Teilungsanordnung erbvertraglich bindend (§ 2278 Abs. 2 BGB) oder wechselbezüglich (§ 2270
Abs. 2 BGB) vereinbart werden.

Ein Vorausvermächtnis kann auch dem alleinigen Erben oder Vorerben zugewendet 154
werden, selbst wenn hier kein eigentliches Vermächtnis vorliegt, weil niemand sein eigener Schuldner sein kann. Gleichwohl „gilt" es als Vermächtnis,[147] ist also als solches zu
behandeln. Denn der Vorausvermächtnisnehmer hat einige Vorteile:
– § 2085 BGB: Unwirksamkeit einer Verfügung hat nicht zwingend die Unwirksamkeit
  der anderen zur Folge;
– § 2110 Abs. 2 BGB: das Recht des Nacherben erstreckt sich grundsätzlich nicht auf das
  Vorausvermächtnis zugunsten des Vorerben;
– § 2203 BGB: Erfüllung durch den Testamentsvollstrecker mit Klagemöglichkeit gegen
  den Testamentsvollstrecker gemäß § 2213 BGB;
– § 2373 BGB: das Vorausvermächtnis gilt beim Erbschaftskauf im Zweifel als nicht mitverkauft.

Zu beachten ist, dass zu den Vorausvermächtnissen stets der Voraus gemäß § 1932 BGB 155
zählt. Schließlich erwirbt der alleinige Vorerbe den durch Vorausvermächtnis zugewendeten Gegenstand ohne weiteres mit dem Vorerbfall.

Soweit es sich nicht um ein Verschaffungsvermächtnis handelt, hat das **Vorausver-** 156
mächtnis zugunsten des alleinigen Vorerben dingliche Wirkung.[148] Demzufolge ist
im Erbschein anzugeben, dass sich das Recht des Nacherben nicht auf den Gegenstand
des Vorausvermächtnisses erstreckt. Bei Grundbesitz ist bezüglich von Vorausvermächtnissen für den Vorerben die Eintragung des Nacherbenvermerks unzulässig.[149] Soweit Ersatzerbfolge angeordnet ist, oder nach den gesetzlichen Bestimmungen vermutet wird (§ 2069
BGB), bedarf es einer Regelung, ob auch dem Ersatz(mit)erben das Vorausvermächtnis
zufallen soll.

3. Vor- und Nachvermächtnis. Wendet der Erblasser denselben Gegenstand in zeitli- 157
cher Reihenfolge nacheinander verschiedenen Personen dergestalt zu, dass der erste Vermächtnisnehmer (nicht der Erbe, es sei denn es handelt sich um ein Vorausvermächtnis)
bei Eintritt des Termins oder der Bedingung dem Dritten (Nachvermächtnisnehmer) den
Gegenstand herauszugeben hat, so liegt ein Nachvermächtnis gemäß § 2191 BGB vor.
Die Vorschriften über die Nacherbschaft werden weder unmittelbar noch analog angewendet, mit Ausnahme der in § 2191 Abs. 2 BGB ausdrücklich aufgeführten Bestimmungen. Das **Nachvermächtnis** ist stets ein **aufschiebend bedingtes oder betagtes Ver-**
mächtnis (§ 2177 BGB). Es fällt dem Nachvermächtnisnehmer nicht mit dem Erbfall,
sondern erst mit dem vom Erblasser bestimmten Zeitpunkt bzw. mit dem Tod des Vorvermächtnisnehmers an (§§ 2191 Abs. 2, 2106 Abs. 2 BGB). Demzufolge gilt vom Erbfall
bis zum Anfall des Nachvermächtnisses § 2179 BGB, welcher auf die Normen des allgemeinen Teils verweist, die für die unter aufschiebender Bedingung geschuldete Leistung
gelten. Dem Nachvermächtnisnehmer steht ab Erbfall und endend mit Anfall des Nachvermächtnisses eine **Anwartschaft** zu. Diese ist jedoch nicht dem Anwartschaftsrecht des

---

[147] Palandt/*Weidlich* BGB § 2150 Rn. 2; BGH NJW 1960, 959.
[148] BGHZ 32, 60.
[149] Staudinger/*Otte* (2012) BGB § 2150 Rn. 3.

Nacherben vergleichbar, da § 2108 BGB gemäß § 2191 Abs. 2 BGB nicht unmittelbar auf das Nachvermächtnis anwendbar ist. Probleme treten auf, wenn der Nachvermächtnisnehmer vor Eintritt des Nachvermächtnisfalles verstirbt. Zwar gilt gemäß § 2177 BGB für aufschiebend bedingte Vermächtnisse die Auslegungsregel des § 2074 BGB, wonach die Zuwendung (Nachvermächtniseinsetzung) nur gelten soll, wenn der Nachvermächtnisnehmer den Eintritt der Bedingung erlebt. Andererseits muss § 2074 BGB im Kontext zu § 2069 BGB gesehen werden. Nach hM[150] kommt der Auslegungsregel des § 2074 BGB kein Vorrang vor der allgemeinen Regel des § 2069 BGB zu. So ist es eine Frage der ergänzenden Auslegung, wenn kein Ersatzvermächtnisnehmer bestimmt ist, ob dessen Abkömmlinge beim Vorableben ersatzweise berufen sind. Um die Problematik mit den Vermutungen der §§ 2074, 2069 BGB und die damit vorgegebenen Rechtsunsicherheiten zu vermeiden, ist es erforderlich, bei der Abfassung der Verfügung von Todes wegen zu regeln, ob die Rechte des Nachvermächtnisnehmers vor dem Bedingungseintritt (Anfall) vererblich sein sollen oder nicht. Die Bestimmung eines Ersatznachvermächtnisnehmers führt regelmäßig zum Ausschluss der Vererblichkeit der Nachvermächtnisnehmeranwartschaft. Ob die unter § 2069 BGB vermutete Ersatzberufung der Abkömmlinge hingegen diesen Schluss zulässt, ist fraglich. Eine ausdrückliche Ersatznachvermächtnisnehmerbestimmung ist daher zusätzlich empfehlenswert.

158   **Formulierungsbeispiel: Vor- und Nachvermächtnis**

1. Ich beschwere meinen Erben mit folgendem Vermächtnis zugunsten von ***:
*** erhält meine nachstehenden Konten, Depots bzw. Versicherungen, soweit diese in den Nachlass fallen bzw. sich im Nachlass befinden, zur alleinigen Berechtigung: ***
Soweit *** Miterbe ist, handelt es sich um ein Vorausvermächtnis. Ersatzvermächtnisnehmer sind die Abkömmlinge des Vermächtnisnehmers zu unter sich gleichen Stammanteilen nach den Regeln der gesetzlichen Erbfolge. Im Übrigen entfällt das Vermächtnis ersatzlos.
Das Vermächtnis ist innerhalb von sechs Monaten nach meinem Ableben zu erfüllen und bis dahin unverzinslich. Sicherung kann bis dahin nicht verlangt werden.
2. *** ist jedoch nur Vorvermächtnisnehmer. Nachvermächtnisnehmer sind seine Abkömmlinge zu unter sich gleichen Stammanteilen, ersatzweise ***. Die Anwartschaft des Nachvermächtnisnehmers ist weder übertragbar noch vererblich. Das Nachvermächtnis fällt an mit dem Tod des Vorvermächtnisnehmers. Der Nachvermächtnisnehmer kann Sicherung vor Anfall des Nachvermächtnisses nicht verlangen. Die bis dahin zu ziehenden Nutzungen stehen dem Vorvermächtnisnehmer zu.

159   Bei Grundstücksvor- und -nachvermächtnissen stellt sich die Frage der **Vormerkbarkeit des Nachvermächtnisanspruchs**. Nach hM[151] wird grundsätzlich dem Nachvermächtnisnehmer die Sicherungsmöglichkeit durch Eintragung einer Vormerkung zugebilligt. Soweit eine Vormerkung eingetragen ist, sind dem Vorvermächtnisnehmer gegenüber dem durch Auflassungsvormerkung gesicherten Nachvermächtnisnehmer analog §§ 2124 ff., 2120 BGB die Ansprüche des Vorerben gegen den Nacherben zuzubilligen.[152] Wenn eine dingliche Sicherung des Nachvermächtnisnehmers gewollt ist, kann die Eintragungsbewilligung im Hinblick auf die Vormerkung bereits in der Verfügung von Todes wegen enthalten sein.[153] Soweit der Nachvermächtnisnehmer während der Anwartschaftszeit keine dingliche Sicherung erhalten soll, ist dies aus Rechtssicherheitsgründen in der Verfügung von Todes wegen klar zum Ausdruck zu bringen. Die bloße Formulierung: „Zum Vorvermächtnisnehmer be-

[150] BGH NJW 1958, 22.
[151] BayObLG Rpfleger 1981, 190; NK-BGB/*J. Mayer* BGB § 2141 Rn. 17 mwN.
[152] *Maur* NJW 1990, 1161.
[153] OLG Stuttgart MittBayNot 2013, 49.

stimme ich X; Nachvermächtnisnehmer wird Y." führt im Immobiliarbereich häufig zu Ergebnissen, die vom Erblasser, wäre er sich über die Rechtsfolgen im Klaren gewesen, nicht gewünscht worden wären.[154]

4. Bestimmungsrecht Dritter. Zwar gilt § 2065 Abs. 2 BGB, wonach der Erblasser die **160** Bestimmung des Gegenstandes der Zuwendung einem anderen nicht überlassen kann, auch für das Vermächtnis. Durch die Zulässigkeit des **Wahl-** (§ 2154 BGB), **Gattungs-** (§ 2155 BGB) und **Zweckvermächtnisses** (§ 2156 BGB) ergeben sich aber erhebliche Einschränkungen dieses Grundsatzes.

Beim **Zweckvermächtnis** kann der Bestimmungsberechtigte den Gegenstand, die Be- **161** dingungen der Leistung und die Zeit der Fälligkeit feststellen, nicht hingegen die Person des Empfängers, es sei denn, dass diese nach §§ 2151, 2152 BGB bestimmbar ist. Die Zweckbestimmung selbst muss wenigstens so weit gehen, dass sich für das billige Ermessen bei der Bestimmung der Leistung ausreichende Anhaltspunkte ergeben.[155] Dem Bedachten selbst kann die Leistungsbestimmung nicht überlassen werden (hM). Gemäß §§ 2156 S. 2, 315 Abs. 2 BGB erfolgt die Bestimmung des Beschwerten durch Erklärung gegenüber dem Bedachten, die Bestimmung des Dritten durch Erklärung gegenüber dem Bedachten oder dem Beschwerten (§ 318 Abs. 1 BGB).

Ein **Wahlvermächtnis** liegt vor, wenn der Erblasser bestimmt, dass der Vermächtnis- **162** nehmer von mehreren Gegenständen nur den einen oder anderen erhalten soll. Es begründet eine Wahlschuld gemäß §§ 262–265 BGB. Soweit der Erblasser den Wahlberechtigten nicht bestimmt hat, ist der Beschwerte wahlberechtigt (§ 262 BGB). Der Erblasser kann jedoch abweichend von der gesetzlichen Regel bestimmen, dass das Wahlrecht dem Bedachten oder einem Dritten zustehen soll. Soweit ein Dritter wahlberechtigt ist, dieser jedoch nicht in der Lage ist, die Wahl zu treffen (zB Vorableben), geht das Wahlrecht auf den Beschwerten über (§ 2151 Abs. 2 S. 1 BGB). Das Wahlrecht kann zwar mehreren Personen übertragen werden, die dann ihr Recht gemäß § 747 S. 2 BGB gemeinschaftlich ausüben. Ratsam ist dies indes nicht.

Seltener in der Praxis ist das **Gattungsvermächtnis** (§ 2155 Abs. 1 BGB). Auch hier **163** steht das Bestimmungsrecht grundsätzlich gemäß § 243 Abs. 2 BGB dem Beschwerten zu. Gleich wie beim Wahlvermächtnis kann der Erblasser die Bestimmung dem Bedachten oder einem Dritten übertragen. Geldsummenvermächtnisse fallen nicht unter § 2155 BGB, da insoweit eine nähere Bestimmung des Leistungsinhalts nicht erforderlich ist.

Formulierungsbeispiel: „Supervermächtnis" **163a**

Der Längerlebende als Alleinerbe des erstversterbenden Ehegatten wird mit folgendem Vermächtnis zugunsten der gemeinsamen Kinder *** und *** beschwert:

a) Vermächtnisgegenstand

Ein jedes der gemeinsamen Kinder erhält ein Vermächtnis im Werte seines zum Zeitpunkt des Erbfalls bestehenden schenkungsteuerlichen Freibetrags (bzw. bei Vorabschenkungen des noch schenkungsteuerfreien Restbetrages) am Nachlass des zuerstversterbenden Elternteils, höchstens jedoch im Wert von *** EUR. Der Beschwerte ist berechtigt, das Vermächtnis durch Übereignung beliebiger Vermögensgegenstände aus dem Nachlass oder mit Nachlassmitteln gegebenenfalls noch zu erwerbender Sachen oder Rechte zu erfüllen. Den Wert der Einzelgegenstände bestimmt der Beschwerte nach billigem Ermessen auf der Basis des Verkehrswertes.

---

[154] Zu den Problemen des Vor- und Nachvermächtnisses vgl. *Bühler* BWNotZ 1967, 174; *Zawar* DNotZ 1986, 515; *Maur* NJW 1990, 1161; *Bengel* NJW 1990, 1826; *Watzek* MittRhNotK 1999, 37; *Werkmüller* ZEV 1999, 343; *Baltzer* passim; *Muscheler* AcP 208 (2008), 70.
[155] Staudinger/*Otte* (2012) BGB § 2156 Rn. 2.

b) Anfall, Fälligkeit, Zinsen, Sicherung, Kosten
Die Vermächtnisse fallen jeweils mit dem Tod des Zuerstversterbenden an. Die Vermächtnisse sind fünf Jahre nach ihrem Anfall fällig. Bis dahin sind sie mit zwei Prozent pro Jahr zu verzinsen. Vor Fälligkeit kann Sicherung, gleich welcher Art, nicht verlangt werden.
Der Anspruch aus dem Vermächtnis verjährt erst in 30 Jahren ab dem gesetzlichen Verjährungsbeginn.
Die Kosten der Vermächtniserfüllung trägt der jeweilige Vermächtnisnehmer.

c) Ersatzvermächtnisnehmer
Ersatzvermächtnisnehmer sind jeweils die Abkömmlinge der Vermächtnisnehmer zu unter sich gleichen Stammanteilen. Entfällt ein Vermächtnisnehmer vor dem Anfall des Vermächtnisses ohne Hinterlassung von Abkömmlingen, entfällt auch das zu seinen Gunsten angeordnete Vermächtnis.

d) Nießbrauch
Der Beschwerte (Erbe) kann sich an den Vermächtnisgegenständen – auch an einzelnen sowie quotal – den befristeten oder lebenslangen unentgeltlichen Nießbrauch vorbehalten.
Der Wert der Nießbrauchslast ist bei Berechnung des Vermächtniswertes nicht in Abzug zu bringen.

164 **5. Erbeinsetzung oder Vermächtnis?** Eine praktikable, kostengünstige und auch schnelle Abwicklung des Nachlasses kann im Einzelfall dadurch erreicht werden, dass der Begünstigte nicht zum Miterben (mit entsprechenden Ansprüchen aus einer Teilungsanordnung), sondern zum Vermächtnisnehmer berufen wird. Soll zB einer der Bedachten den Grundbesitz des Erblassers, der andere hingegen Mobilien und Bankguthaben erhalten, so führt die **(Allein-)Erbenberufung des „Grundstücks-Nachfolgers"** und die Vermächtniszuwendung der übrigen Nachlassgegenstände an den anderen Bedachten dazu, dass eine Auseinandersetzung der Erbengemeinschaft entbehrlich wird und die **bloße Grundbuchberichtigung** ausreicht. Auch kann ein Argument für die Vermächtniszuwendung anstelle einer Miterbenberufung sein, dass der Vermächtnisnehmer, der lediglich einen schuldrechtlichen Anspruch auf Einzelübertragung der bestimmten Nachlassgegenstände hat, nicht als Mit-Gesamtrechtsnachfolger in den gesamten Nachlass mit möglichen Problemen der Auseinandersetzung unter den Miterben belastet wird.

165 **6. Pflichtteilslast beim Vermächtnis.** Bei der Vermächtniszuwendung ist besonders auf die **Tragung der Pflichtteilslast** zu achten (§ 2318 BGB). Der Erblasser kann gemäß § 2324 BGB jedoch von der gesetzlichen Regel abweichen,[156] so dass im Innenverhältnis zum Vermächtnisnehmer der im Außenverhältnis allein den Pflichtteil schuldende Erbe auf diesen einen Teil der Pflichtteilslast abwälzen darf. Überhaupt sollte immer dann, wenn ein Pflichtteilsberechtigter ganz oder teilweise übergangen wird, bei der Anordnung von Vermächtnissen in die Überlegungen einbezogen werden, wer (Erbe oder Vermächtnisnehmer oder beide gemäß der gesetzlichen Regel) die Pflichtteilslast zu tragen hat. Ggf. ist eine vom Gesetz abweichende Verteilung der Pflichtteilslast zu regeln.

IV. Auflagen

166 Die Auflage begründet für den Begünstigten kein Recht; sie ist demzufolge keine Zuwendung von Todes wegen (§§ 1940, 2192–2196 BGB). Mit der Auflage wird eine bestimmte Verpflichtung gegenüber dem Vollziehungsberechtigten zugunsten des Auflagebegünstigten begründet. Der Begünstigte selbst hat **keinen Anspruch auf die Leistung.** Beschwert werden kann mit der Auflage sowohl der Erbe als auch ein Vermächtnisneh-

---

[156] Ausführlich *Dahlkamp* RNotZ 2014, 257.

mer; im Zweifel trifft die Beschwerung den Erben (§§ 2192, 2147 BGB). Abzugrenzen ist die Auflage von der auflösenden Bedingung der Zuwendung und der Anordnung einer Testamentsvollstreckung.[157] **Gegenstand der Auflage** kann ein Tun oder Unterlassen des Beschwerten sein. Weitgehend sind die Bestimmungen des Vermächtnisrechts gemäß § 2192 BGB für die Auflage anwendbar (**Wahlauflage:** § 2154 Abs. 1 S. 1 BGB; **Gattungsauflage:** § 2155 Abs. 1 BGB; **Zweckauflage:** § 2156 BGB). Ansprüche aus dem Recht der Auflage stehen nur dem Vollziehungsberechtigten bzw. demjenigen zu, dem der Wegfall des zunächst Beschwerten unmittelbar zugutekommen würde (§ 2196 BGB). Der Begünstigte hat kein Forderungsrecht wie der Vermächtnisnehmer. Die Grundsätze des unechten Vertrags zugunsten Dritter für die Geltendmachung der Leistungspflicht, ihres Umfangs und ihrer Änderung sind nicht entsprechend heranziehbar. Dem Testator steht das Recht zu, abweichend von der Bestimmung des § 2194 BGB einen Vollziehungsberechtigten zu bestimmen. Dies ist vor allem dann geboten, wenn ein oder mehrere Miterben mit einer Auflage beschwert sind. Als alleiniger Vollziehungsberechtigter bietet sich häufig der Testamentsvollstrecker an – vor allem dann, wenn mittels Auflage einem Dritten Geld zugewendet werden soll, ohne dass ihm – wie beim Vermächtnis – ein eigenes Forderungsrecht zusteht.[158]

167 Klassische Beispiele für eine Auflage sind Bestimmungen über die Errichtung und Art des Grabdenkmals, Grabpflege, Versorgung von Haustieren oder schuldrechtliche Veräußerungs- und Leistungsverbote.

Formulierungsbeispiel: Auflage Beerdigung und Grabpflege 168

Meinem Erben mache ich zur Auflage, für eine ordnungsgemäße Beerdigung und Grabpflege auf die Dauer der ortsüblichen Liegezeit, mindestens jedoch auf die Dauer von 15 Jahren, zu sorgen.

ggf.: Hierfür soll ein Geldbetrag in Höhe von *** EUR aus der Nachlassmasse verwendet werden. Dieser Betrag soll auf ein eigens dafür zu errichtendes Konto eingezahlt werden.

169 Die Art der Bestattung kann ebenfalls durch Auflage geregelt werden. Dies empfiehlt sich jedoch regelmäßig deshalb nicht, weil das Testament zu einem Zeitpunkt eröffnet wird, zu welchem die Beerdigung des Erblassers längst durchgeführt ist. Solche Verfügungen des Erblassers sollten besser nicht im Testament, sondern durch Rechtsgeschäft unter Lebenden, zB im Rahmen der Errichtung einer Vorsorgevollmacht, getroffen werden.

V. Teilungsanordnung, Übernahmerecht, Erbteilungsverbot

170 **1. Teilungsanordnung.** Ohne weitere Bestimmungen des Erblassers erfolgt die Auseinandersetzung des Nachlasses gemäß § 2042 Abs. 2 BGB nach den Grundsätzen für die Auseinandersetzung einer Bruchteilsgemeinschaft. Der Erblasser kann jedoch durch das Mittel der Teilungsanordnung **Bestimmungen über die Auseinandersetzung** treffen (§ 2048 BGB). Diese ist **vom Vorausvermächtnis abzugrenzen** (→ Rn. 151 ff.). Die Teilungsanordnung als solche gewährt im Rahmen der Auseinandersetzung dem Bedachten einen schuldrechtlichen Anspruch auf den ihm zugedachten Nachlassgegenstand, der erst im Zeitpunkt der Auseinandersetzung fällig und auf die Mitwirkungsverpflichtung der übrigen Miterben gerichtet ist, dem Bedachten das Eigentum an dem zugewiesenen Gegenstand zu verschaffen.[159] Unterscheidungskriterium zwischen Vorausvermächtnis und Teilungsanordnung ist nach hM, ob der Begünstigte gegenüber den Miterben durch den

---

[157] Vgl. BayObLG ZEV 1996, 33; Reimann/Bengel/Mayer/*J. Mayer* Checklisten Rn. 16.
[158] Vgl. *Vonverk* ZEV 1998, 297; zur Abgrenzung von Auflage und Vermächtnis KG ZEV 1998, 306.
[159] *Benk* MittRhNotK 1979, 55.

Erblasser wesentlich bevorzugt werden soll oder nicht; ein objektiver Vermögensvorteil reicht nicht aus.[160]

171   Die wesentlichen **Unterschiede zwischen Teilungsanordnung und Vorausvermächtnis** bestehen darin, dass die Teilungsanordnung nicht isoliert ausgeschlagen werden kann; ferner kann sie weder wechselbezüglich (§ 2270 Abs. 3 BGB) noch erbvertragsmäßig bindend vereinbart werden (§ 2278 BGB). Auch hat der Vorausvermächtnisnehmer gegenüber dem durch eine Teilungsanordnung Bedachten eine bessere Rechtsposition, wenn Nachlassverbindlichkeiten geltend gemacht werden, da er grundsätzlich einen Anspruch auf Vorabbefriedigung aus dem Nachlass hat (hierzu → Rn. 151 ff.). Schließlich ergeben sich erhebliche Unterschiede im Hinblick auf die Sach- und Rechtsmängelhaftung.[161] Bei einer Teilungsanordnung muss sich der Bedachte den Wert des Gegenstandes auf seinen Erbteil anrechnen lassen; gegebenenfalls treffen ihn **Ausgleichspflichten.** Mithin ist klarzustellen, ob der dem Bedachten durch Teilungsanordnung zugewiesene Gegenstand, soweit er mehr wert ist, als es der rechnerischen Erbquote entspricht, als Vorausvermächtnis zugewendet ist oder nicht.

172   Formulierungsbeispiel: Teilungsanordnung[162]

    1. Ich berufe meine beiden Töchter A und B zu gleichen Teilen zu meinen alleinigen und ausschließlichen Erben.

    2. Betreffend die Art und Weise der Auseinandersetzung ordne ich Folgendes an (Teilungsanordnung):

      a) Meine Tochter A erhält zum Alleineigentum mein Hausanwesen in ***.
Eventuell in Abt. II des Grundbuchs eingetragene Belastungen hat sie zu übernehmen.
Hinsichtlich der in Abt. III eingetragenen Grundpfandrechte und damit gesicherter Verbindlichkeiten gilt ***.

      b) Meine Tochter B erhält meine sämtlichen Sparguthaben, Wertpapiere sowie meinen Geschäftsanteil an der *** GmbH zur Alleinberechtigung.

      c) Die vorstehenden Teilungsanordnungen gelten auch bei Eintritt der Ersatzerbfolge entsprechend.

      d) Für die Auseinandersetzung und Zuweisung der von mir nicht vorstehend durch Teilungsanordnung betroffenen Gegenstände gelten die gesetzlichen Regelungen. Klargestellt wird, dass, soweit ein Erbe durch Erfüllung vorstehender Anordnungen mehr erhält, als seinem Erbteil entspricht, ein Ausgleich zu erfolgen hat.

173   **2. Übernahmerecht.** Der Begriff „Übernahmerecht" wird zwar häufig in der Praxis verwendet, ist jedoch im BGB nicht definiert. Soll durch ein Übernahmerecht dem Bedachten nach dem Erblasserwillen ein Vermögensvorteil zugewendet werden, handelt es sich regelmäßig um ein **Vorausvermächtnis;** fehlt ein solcher Begünstigungswille, liegt lediglich eine **Teilungsanordnung** vor.[163] In beiden Fällen jedoch entsteht das Recht des Bedachten nicht von selbst mit dem Tod des Erblassers. Vielmehr ist eine **Ausübungserklärung** (Übernahmeerklärung) durch den Benannten erforderlich (Potestativbedingung).[164] Im Einzelfall ist die Abgrenzung zwischen Teilungsanordnung und Vorausvermächtnis schwer zu treffen. Ergibt der Wille des Erblassers, dass aufgrund seiner Verfügung von Todes wegen einem Miterben über den objektiven Vermögensvorteil hinaus eine besondere Begünstigung zukommen soll, so liegt ein Vorausvermächtnis vor. Fehlt der

---

[160] BGH NJW 1962, 343; OLG Braunschweig ZEV 1996, 69; Palandt/*Weidlich* BGB § 2048 Rn. 5; differenzierend BGH ZEV 1995, 144 mAnm *Skibbe;* krit. *Loritz* NJW 1988, 2701.
[161] Hierzu *Benk* MittRhNotK 1979, 57.
[162] Nach Reimann/Bengel/Mayer/*J. Mayer* Formularteil 27.
[163] BGHZ 36, 115.
[164] *Emmerich* JuS 1962, 269.

Begünstigungswille, ist jedoch objektiv ein Vermögensvorteil feststellbar, kann sowohl Teilungsanordnung als auch Vorausvermächtnis gewollt sein.[165] Fehlt hingegen ein Vermögensvorteil, liegt eine bloße Teilungsanordnung vor.

Vom Übernahmerecht ist die **Übernahmepflicht** zu unterscheiden. Hierunter fallen 174 die Bestimmungen des Erblassers, welche die Erbeinsetzung (oder Vermächtniszuwendung) eines Bedachten von der Übernahme eines konkreten Nachlassgegenstandes abhängig machen. Im Regelfall handelt es sich inhaltlich um auflösende oder aufschiebende Bedingungen. Die Übernahmepflicht kann eine Teilungsanordnung darstellen; auch könnte sie als Vorausvermächtnis ausgestaltet werden, dessen Annahme Bedingung für die Erbeinsetzung ist.

3. Auseinandersetzungsverbot. Testatoren äußern häufig die Absicht, ihr Vermögen 175 oder bestimmte Teile davon auch nach ihrem Ableben ungeteilt erhalten zu wollen.[166] Solche „Teilungsverbote" können von verschiedener Rechtsnatur sein. Neben mangels Rechtsbindungswillens des Erblassers die Erben nicht bindenden Bitten, Ratschlägen oder Wünschen kommen dazu Anordnungen gemäß § 2044 Abs. 1 BGB, Auflagen (§§ 1940, 2194 ff. BGB), Vermächtnisse (§§ 1939, 2147 ff. BGB) oder uU eine bedingte Erbeinsetzung[167] in Frage. Da die Rechtsfolgen der verschiedenen Gestaltungsmöglichkeiten erheblich divergieren, muss darauf geachtet werden, dass die Natur des angeordneten Teilungsverbotes ausdrücklich klargestellt wird.

Eine „reine" Anordnung des Auseinandersetzungsausschlusses gemäß § 2044 Abs. 1 176 BGB hat nur **schuldrechtlichen Charakter.** Sie ist im Prinzip eine Teilungsanordnung des Erblassers (§ 2048 BGB) mit negativem Inhalt, nämlich mit der Anweisung, die Auseinandersetzung nicht vorzunehmen.[168] Deshalb kann sie nur einseitig und nicht wechselbezüglich oder erbvertraglich bindend bestimmt werden (§§ 2270 Abs. 3, 2278 Abs. 2 BGB). Im Zweifel liegt eine solche Anordnung nach § 2044 Abs. 1 BGB vor, wenn das Auseinandersetzungsverbot nur den Anspruch des einzelnen Miterben gegen die anderen auf Auseinandersetzung der Erbengemeinschaft gemäß den allgemeinen Regeln (§ 2042 BGB) gegen den Willen der anderen Miterben betrifft und keinen generellen Ausschluss der Auseinandersetzung bezweckt. Sie darf vom ansonsten gebundenen Erblasser auch ohne Änderungsvorbehalt oder Rücktrittsrecht geändert werden. Die Erben können sich einvernehmlich über das Verbot hinwegsetzen, weil eine solche Vereinbarung gar nicht gegen den Willen des Erblassers verstößt.[169]

Nach neuerer Literatur wird dieses vom Erbenwillen abhängige Teilungsverbot weit- 177 gehend als **Vermächtnis** zugunsten der anderen Miterben (§ 2150 BGB) qualifiziert, mit welchem ihnen das Recht eingeräumt werde, Unterlassung der Auseinandersetzung vom Beschwerten zu verlangen.[170] Gegen diese hM spricht, dass nicht ohne weiteres generell davon ausgegangen werden kann, dass der Erblasser durch ein Teilungsverbot einem oder mehreren Miterben einen Vermögensvorteil (§ 1939 BGB) mit Begünstigungswillen zuwenden wollte. Ein möglicher objektiver Vermögensvorteil für einen Miterben allein genügt nicht für die Annahme eines Vermächtnisses.[171] Daher muss das vom Erbenwillen abhängige Teilungsverbot allgemein als negative Teilungsanordnung, die seine Stellung als Gesamthänder nicht berührt, angesehen werden. Es kann nicht (wie ein Vermächtnis gemäß § 2180 BGB) ausgeschlagen und muss auch nicht angenommen werden.[172]

---

[165] *Benk* MittRhNotK 1979, 62.
[166] Vgl. zum Ganzen *Bengel* ZEV 1995, 178.
[167] Dazu Nieder/Kössinger/*Kössinger* Testamentsgestaltung-HdB § 15 Rn. 247.
[168] MüKoBGB/*Ann* BGB § 2044 Rn. 2.
[169] BGHZ 40, 115.
[170] Soergel/*Wolf* BGB § 2044 Rn. 3; MüKoBGB/*Ann* BGB § 2044 Rn. 13; Palandt/*Weidlich* BGB § 2044 Rn. 3.
[171] BGHZ 36, 115.
[172] *Bengel* ZEV 1995, 178 mwN.

178 Anders ist aber die Rechtslage, wenn das Auslegungsergebnis dazu führt, dass die Auseinandersetzung trotz übereinstimmenden Willens aller Erben nicht durchgeführt werden darf. In diesem Fall liegt ein rechtsgeschäftliches Verbot für alle Miterben vor, das eine (rein) schuldrechtliche Pflicht begründet, die Auseinandersetzung zu unterlassen. Hier bekommt die Anordnung die Rechtsqualität einer **Auflage**.[173] Eine bindende Vereinbarung ist möglich (§§ 2278 Abs. 2, 2270 Abs. 3 BGB).

179 Die Eintragung des Ausschlusses der Aufhebung im Grundbuch ist unzulässig. Gemäß § 2044 Abs. 2 BGB ist das Auseinandersetzungsverbot grundsätzlich auf 30 Jahre begrenzt.

180 Zum Zwecke der tatsächlichen **Durchsetzung des Erblasserwillens** stehen mehrere Gestaltungsvarianten zur Verfügung: Zum einen kann eine auflösend bedingte Erbeinsetzung mit einer aufschiebend angeordneten anderweitigen Erbeinsetzung verbunden werden. Als auflösende Bedingung kommt insbesondere ein Verstoß gegen das verfügte Teilungsverbot in Frage. Bedingte Vermächtnisse sind ebenfalls in Erwägung zu ziehen. Auch an auflösend bedingte Vollerbschaft verbunden mit aufschiebend bedingter Vorerbschaft kann gedacht werden, wobei jedenfalls eine sorgfältige Nach- und Ersatzerbenbestimmung vorzunehmen ist. Erwägenswert erscheint schließlich die Anordnung der **Testamentsvollstreckung,** insbesondere die Verwaltungsvollstreckung, § 2209 S. 1 BGB. Hierbei muss der Erblasser jedoch mit besonderer Umsicht vorgehen, um nicht über das Auseinandersetzungsverbot das Testamentsvollstreckerrecht zu beschränken, so dass die Verfügungsbefugnis wieder den Erben zusteht, § 2211 Abs. 1 BGB.[174]

VI. Testamentsvollstreckung

181 **1. Gründe für die Anordnung der Testamentsvollstreckung.** Überall da, wo der Erblasser Sorge hat, dass seine Erben uneins sein könnten, dass die von ihm angeordnete Verteilung nicht reibungslos über die Bühne geht, dass die Erben (noch) nicht die für die Verwaltung des Nachlasses oder von Nachlassteilen (zB Unternehmen, Unternehmensbeteiligungen, Auslandsbesitz) erforderliche Sachkunde und Erfahrung haben oder wo bei gesellschaftsrechtlichen Beteiligungen sofortiger Handlungsbedarf besteht, können die erforderlichen Aktivitäten einem Testamentsvollstrecker übertragen werden, insbesondere bei Minderjährigkeit des Erben oder Vermächtnisnehmers.[175]

182 Die Testamentsvollstreckung zeichnet sich einerseits dadurch aus, dass dem Erben bzw. Vermächtnisnehmer die **Verfügungsmacht** über den Nachlass genommen und dem Testamentsvollstrecker als Partei kraft Amtes übertragen wird (§ 2205 S. 1 BGB). Dies stellt eine partielle Entmündigung des Erben bzw. Vermächtnisnehmers in Bezug auf die Erbschaft dar; seine Rechte in Bezug auf sein übriges Vermögen, insbesondere auch auf das, welches er bereits vorher vom Erblasser erhalten hatte, bleiben naturgemäß unberührt.[176] Zum anderen zeichnet sich die Testamentsvollstreckung dadurch aus, dass der Nachlass vor **Eigengläubigern** des Erben geschützt wird. Nach § 2214 BGB können Gläubiger des Erben, die nicht zu den Nachlassgläubigern gehören, sich nicht an die der Verwaltung des Testamentsvollstreckers unterliegenden Nachlassgegenstände halten. Der Zugriff auf den Nachlass ist damit Eigengläubigern des Erben entzogen. Dies ist insbesondere für die ungestörte Erfüllung der Testamentsvollstreckeraufgabe von Vorteil.[177] Auf diese Weise entsteht durch die Testamentsvollstreckung eine Art **Sondervermögen**.[178] Wird über das Vermögen eines Erben ein Insolvenzverfahren eröffnet, dann fällt der einer Testamentsvollstreckung unterliegende Nachlass ebenfalls in die Insolvenzmasse und bildet dort bis zur Beendigung der Testamentsvollstreckung ein Sondervermögen, auf das die Nachlass-

---

[173] HM, BGHZ 40, 115; Palandt/*Weidlich* BGB § 2044 Rn. 3.
[174] Vgl. dazu Bengel/Reimann/*Reimann* TV-HdB § 2 Rn. 79.
[175] Bengel/Reimann/*Dietz* TV-HdB § 1 Rn. 5.
[176] Staudinger/*Reimann* (2016) BGB Vor § 2197 Rn. 12.
[177] MüKoBGB/*Zimmermann* BGB § 2214 Rn. 1; Soergel/*Damrau* BGB § 2214 Rn. 1.
[178] BGHZ 48, 214.

gläubiger, nicht aber die Erbengläubiger Zugriff nehmen können.[179] Bis zur Beendigung der Testamentsvollstreckung ist der Insolvenzverwalter von der Verwertung des Nachlasses ausgeschlossen.

Ebenso ist den Gläubigern der Erben, die keine Nachlassgläubiger sind, der Zugriff auf **183** die **Erträge des Nachlasses entzogen,** es sei denn, sie werden dem Erben zur freien Verfügung überlassen. Die Testamentsvollstreckung ist damit ein **Sicherungsinstrument** in allen Fällen, in denen zwar dem Erben das Vermögen des Erblassers zufallen, jedoch nicht durch Probleme, die in der Person des Erben bestehen (zB aus Anlass von geschäftlichen Schwierigkeiten, Zugewinnausgleichsansprüchen aus Anlass der Ehescheidung, Unterhaltsansprüchen, Sozialhilferegressansprüchen etc) gefährdet werden soll.

Im **Handels- und Gesellschaftsrecht** erlangen beide Wirkungen besondere Bedeu- **184** tung: Zum einen ist es für die Geschäftspartner einer Personengesellschaft wichtig, wer verwaltungs- und verfügungsbefugt ist. Dies gilt umso mehr, wenn es sich um potentielle Anteilserwerber handelt. Zum anderen haften die Gesellschafter grundsätzlich mindestens mit ihrem Gesellschaftsanteil. Wird eine Forderung allerdings nach dem Erbfall begründet, stellt dies keine Nachlassverbindlichkeit dar, so dass Gesellschaftsgläubigern der Zugriff auf den übrigen, neben dem Gesellschaftsanteil bestehenden Nachlass wegen § 2214 BGB verwehrt ist.[180] Die Testamentsvollstreckung kann somit schon im Allgemeinen zu einem Instrument der vorsorgenden Rechtspflege werden und friedenssichernde Funktionen erfüllen. Im Bereich der Wirtschaft kann dem Testamentsvollstrecker, je nach der konkreten Sachlage, darüber hinaus eine vermögenssichernde und uU auch eine unternehmenspolitische Bedeutung zukommen.

Entscheidet sich der Erblasser für die Anordnung der Testamentsvollstreckung, handelt **184a** es sich um eine Beschränkung des Erben, die diesen gemäß § 2306 Abs. 1 BGB zur Ausschlagung der Erbschaft unter Erhaltung seines Pflichtteilsrechts berechtigt (vgl. auch → Rn. 472).

Checkliste: Testamentsvollstreckung **185**

(1) Vorüberlegung des Erblassers
 – Ist Testamentsvollstreckung im konkreten Fall und bei den gegebenen Regelungszielen nötig?
 – Kurz- oder längerfristige Beauftragung?
 – Intensität der Testamentsvollstreckung?
 – Ist der Nachlass für die Testamentsvollstreckung geeignet?
 (problematisch bei Gesellschaftsbeteiligungen, Bankkonten und Lebensversicherungen mit besonders geregeltem Bezugsrecht für den Todesfall, Auslandsvermögen)
(2) Testamentsvollstreckungsanordnung mit Aufgabenzuweisung
(3) Person des Testamentsvollstreckers
(4) Dauer der Testamentsvollstreckung
(5) Kontrolle des Testamentsvollstreckers
(6) Vergütung des Testamentsvollstreckers

---

2. Arten der Testamentsvollstreckung. Die §§ 2197–2228 BGB ermöglichen es dem **186** Erblasser, den Testamentsvollstrecker umfassend mit der Nachlassabwicklung und ggf. Verwaltung oder aber mit der Abwicklung einzelner Aufgaben zu betrauen. Bei der **Abwicklungsvollstreckung** ist es Aufgabe des Testamentsvollstreckers, einzelne Vermächtnisse oder Auflagen zu erfüllen (§ 2203 BGB) oder aber die Auseinandersetzung unter den Erben zu bewirken (§ 2204 BGB). Die **Verwaltungsvollstreckung** ermächtigt den

---

[179] BGH DNotZ 2006, 865.
[180] *Muscheler* S. 510; *Lorz* S. 184.

Testamentsvollstrecker, den Nachlass in Besitz zu nehmen und zu verwalten sowie über Nachlassgegenstände zu verfügen; auch in der Form der Dauervollstreckung ist diese für höchstens dreißig Jahre möglich (§ 2210 BGB mit den dort genannten Ausnahmen).[181] Die Verfügungsmacht des Testamentsvollstreckers verdrängt diejenige des Erben. Bei der **Nacherbenvollstreckung** (§ 2222 BGB) nimmt der Testamentsvollstrecker die Rechte des Nacherben bis zum Eintritt der Nacherbfolge wahr.[182] Die Nacherbenvollstreckung beschwert also nicht den Vorerben, sondern den Nacherben. Daneben kann auch der Vorerbe durch eine Verwaltungs- oder Abwicklungsvollstreckung beschwert sein.[183]

187   Eine **Verwaltungsvollstreckung** ist – anders als die Abwicklungsvollstreckung – auf die nachhaltige Nutzbarmachung des verwalteten Vermögens und auf die Erzielung von Erträgen (für die Erben) gerichtet, und zwar in der Regel auch unter Ausschluss der Erben. Sie stellt eine Art fürsorglicher Bevormundung des Erben dar, durch den Ausschluss der Verwaltungs- und Verfügungsbefugnis der Erben einerseits, durch Ausschluss des Zugriffs der Eigengläubiger des Erben auf den Nachlass (§ 2214 BGB) andererseits. Durch eine Verwaltungsvollstreckung kann ein großes Vermögen, auch ein Unternehmen, für lange Zeit zusammengehalten werden. Der Erblasser kann durch die Anordnung einer Verwaltungsvollstreckung einen geschäftsuntüchtigen Erben, einen unerwünschten Vormund und unerwünschte familienrechtliche Beschränkungen (§ 1365 BGB, Gütergemeinschaft des Erben, familiengerichtliche Genehmigungserfordernisse) ausschließen. Durch die Ernennung eines Miterben zum Testamentsvollstrecker, etwa der Witwe, kann ihm in vermögensrechtlicher Beziehung die Stellung eines Familienoberhauptes gegeben werden. Gegenüber einer Anordnung nach § 1638 BGB hat die Anordnung der Testamentsvollstreckung den Vorteil, dass sie weniger schroff erscheint, die Anordnung einer Pflegschaft nach § 1909 BGB entbehrlich macht und über das Volljährigkeitsdatum hinaus angeordnet werden kann. Wird jedoch ein gesetzlicher Vertreter von minderjährigen Erben zum Testamentsvollstrecker ernannt, kann bei konkreter Interessenkollision die Anordnung einer Ergänzungspflegschaft erforderlich werden.[184] Um dies zu vermeiden, kann eine dem Erblasser oder Erben sonst nahe stehende Person als Testamentsvollstrecker ausgewählt werden oder neben dem gesetzlichen Vertreter ein weiterer Testamentsvollstrecker als Nebenvollstrecker ernannt werden.[185] Eine regelhafte, pauschale Annahme eines Interessengegensatzes des gesetzlichen Vertreters als Testamentsvollstrecker dürfte aber meist zu weit gehen.[186]

188   Die **Abwicklungsvollstreckung** ist anzuordnen, wenn Anlass besteht, den Vollzug der getroffenen Verfügungen unabhängig vom Willen des Erben zu machen. Insbesondere bei Grundstücksvermächtnissen kann der schnelle Vollzug durch einen Testamentsvollstrecker, der auch der Vermächtnisnehmer selbst sein kann,[187] zu einer reibungslosen Abwicklung führen und dazu beitragen, Vermögensnachteile für den Vermächtnisnehmer durch Zeitverlust zu vermeiden.

189   **Formulierungsbeispiel: Testamentsvollstreckung zur Vermächtniserfüllung**

U   Zugleich ordne ich Testamentsvollstreckung an und bestimme zum Testamentsvollstrecker den Vermächtnisnehmer mit der einzigen Aufgabe, das Vermächtnis zu seinen eigenen Gunsten zu erfüllen. Einen Vergütungsanspruch für die Übernahme der Testamentsvollstreckertätigkeit schließe ich aus. Der Testamentsvollstrecker ist von den Beschränkungen des § 181 BGB befreit.

---

[181] Zur längstmöglichen Dauer einer Testamentsvollstreckung vgl. BGH ZEV 2008, 138.
[182] Bengel/Reimann/*Dietz* TV-HdB § 5 Rn. 338.
[183] Bengel/Reimann/*Dietz* TV-HdB § 5 Rn. 331 ff.
[184] OLG Hamm MittBayNot 1994, 53; OLG Nürnberg ZEV 2002, 158; kritisch und einschränkend *Damrau* ZEV 1994, 4; *Kirchner* MittBayNot 2002, 368; *Schlüter* ZEV 2002, 158.
[185] *Reimann* MittBayNot 1994, 56; *Ruby* ZEV 2006, 66; Bengel/Reimann/*Dietz* TV-HdB § 5 Rn. 414.
[186] BGH ZEV 2008, 330 mAnm *Muscheler.*
[187] Vgl. etwa OLG Düsseldorf MittBayNot 2014, 67.

Die Anordnung einer **Abwicklungsvollstreckung** ist schlechthin **unentbehrlich,** wenn 190
der Erblasser sich darauf beschränkt, den Nachlass gegenständlich zu verteilen, und auf
eine Erbeinsetzung verzichtet, aber auch dann, wenn ohne Verzicht auf eine Erbeinsetzung das **Schwergewicht** der letztwilligen Anordnung **im Bereich der Vermächtnisse**
liegt. Die Abwicklungsvollstreckung ist auch dann sinnvoll, wenn mehrere Personen als
Miterben eingesetzt sind.

Nacherbenvollstreckung ist anzuordnen, um Verfügungen des Vorerben unabhängig 191
von einer Vielzahl von Zustimmungserklärungen zu stellen, um die Anordnung einer
Pflegschaft für unbekannte Nacherben und die Einholung einer familiengerichtlichen Genehmigung unnötig zu machen. Ist die Nacherbenanordnung nicht auf bestimmte Personen als Nacherben beschränkt, sondern zugunsten gesetzlicher Erben (oder noch nicht
vorhandener Abkömmlinge) angeordnet, wird eine Nacherbenvollstreckung in der Regel
die Realisierung des letzten Willens fördern.

3. Person des Testamentsvollstreckers. Die Anordnung der Testamentsvollstreckung 192
ist nur sinnvoll, wenn zugleich die Person des Testamentsvollstreckers bestimmt oder –
zumindest – für ihre Bestimmung ein genaues Verfahren vorgeschrieben wird. Die Auswahl der Person durch eine Behörde, insbesondere das Nachlassgericht (§ 2200 BGB),
sollte nur als *ultima ratio* in Betracht gezogen werden.

Testamentsvollstrecker kann grundsätzlich **jeder** sein, soweit sich nicht ein Ausschluss 193
aus § 2201 BGB oder aus der Natur der Sache ergibt. So kann der **Alleinerbe** (auch der
alleinige Vorerbe) grundsätzlich nicht alleiniger Testamentsvollstrecker sein, der alleinige
Vorerbe auch nicht Nacherbenvollstrecker gemäß § 2222 BGB.[188] Der Alleinerbe oder
alleinige Vorerbe kann jedoch nach Auffassung des BGH[189] wegen der Gläubigersperrwir-
kung des § 2214 BGB ausnahmsweise zugleich Testamentsvollstrecker sein, wenn sich die
Testamentsvollstreckung auf die sofortige Erfüllung eines Vermächtnisses beschränkt und
das Nachlassgericht bei groben Pflichtverstößen einen anderen Testamentsvollstrecker bestimmen kann; die Anordnung der Testamentsvollstreckung schützt hier den Vermächtnisnehmer vor dem Zugriff von Eigengläubigern des Erben.

Der **Notar** kann seine Ernennung zum Testamentsvollstrecker nicht wirksam protokol- 194
lieren (§§ 27, 7 BeurkG; → Rn. 69 ff.).

Probleme gab es früher für die Angehörigen der **steuerberatenden Berufe,** die **Wirt-** 195
schaftsprüfer und **vereidigten Buchprüfer.** Diese verstießen durch die Übernahme
von Testamentsvollstreckungen nach vorherrschender Meinung gegen das Rechtsberatungsgesetz.[190] Der BGH hatte allerdings bereits 2004 entschieden, dass die Tätigkeit des
Testamentsvollstreckers keine erlaubnispflichtige Besorgung fremder Rechtsangelegenheiten gemäß Art. 1 § 1 Abs. 1 RBerG darstelle, sondern eine erlaubnisfreie Geschäftsbesorgung. Seit 1.7.2008 besteht für fachlich geschulte Nicht-Juristen gemäß § 5 Abs. 1 RDG
die Möglichkeit, rechtlichen Rat in Form sog. juristischer Nebenleistungen erteilen zu
können. In § 5 Abs. 2 RDG werden exemplarisch einige Fälle stets zulässiger Nebenleistungen aufgezählt. Dazu gehört gemäß § 5 Abs. 2 Nr. 1 RDG insbesondere auch die Testamentsvollstreckung. Der Erblasser hat somit die Möglichkeit, diese Aufgabe auch Wirtschaftsprüfern, vereidigten Buchprüfern, Steuerberatern und Banken zu übertragen. Die
genannten Personen verstoßen mit der Übernahme des Amtes auch nicht gegen ihre
allgemeinen Berufspflichten gemäß §§ 43 ff. WPO bzw. §§ 57 ff. StBerG. Von der Freistellung des § 5 RDG sind aber nur Tätigkeiten erfasst, die im Rahmen der Testamentsvollstreckung selbst anfallen. Eine rechtliche Grenze ist dort zu ziehen, wo eine Rechtsberatung erforderlich wird. Im Falle einer **Bank als Testamentsvollstreckerin** stellt sich
für die Praxis noch die Frage, wer die Bank bei dieser Aufgabe nach außen hin vertritt:

---

[188] Vgl. Bengel/Reimann/*Dietz* TV-HdB § 5 Rn. 344 ff.
[189] ZEV 2005, 204 mAnm *Adams.*
[190] OLG Düsseldorf ZEV 2000, 458.

Grundsätzlich kann dies natürlich durch organschaftliche Vertreter, regelmäßig also zwei Vorstände oder einen Vorstand gemeinsam mit einem Prokuristen geschehen. Darüber hinaus gehören die vom Testamentsvollstrecker vorzunehmenden Handlungen aus Sicht der Bank zu den Geschäften, die der Betrieb des Handelsgewerbes mit sich bringt, so dass auch eine Vertretung durch Prokuristen möglich ist (§ 49 Abs. 1 HGB). Dies gilt auch dann, wenn der nicht zur Veräußerung von Grundbesitz ermächtigte **Prokurist** ein **Nachlassgrundstück** veräußert, da sich das Erfordernis der besonderen Ermächtigung zur Veräußerung von Grundbesitz nach überzeugender hM nur auf Grundbesitz des Kaufmanns bezieht, nicht aber auf solchen Dritter.[191]

196   **4. Ergänzende Bestimmungen.** Die **Aufgaben** des Testamentsvollstreckers sollten genau fixiert sein; dem Testamentsvollstrecker können Weisungen zu seiner Amtsführung gegeben werden, ein Weisungsrecht der Erben besteht jedoch nicht.[192] Er kann von dem Verbot der Eingehung von Verbindlichkeiten für den Nachlass (§ 2207 BGB) befreit werden, der Erblasser kann auch die regelmäßigen Befugnisse des Testamentsvollstreckers einschränken, er kann auch die eine oder andere Befugnis ausschließen. Der Erblasser kann allerdings nicht anordnen, dass der Testamentsvollstrecker der Aufsicht des Nachlassgerichtes unterstehen solle oder nur mit dessen Genehmigung über Nachlassgegenstände verfügen dürfe. Es kann auch angeordnet werden, dass der Testamentsvollstrecker bei der Vornahme bestimmter Rechtsgeschäfte (zB bei der Veräußerung von Grundbesitz) der Zustimmung des Erben bedarf. Eine Gestattung zu In-sich-Geschäften kann in weitem Umfang ausgesprochen werden, wenn sie sich nicht ohnehin aus dem Gesetz (Erfüllung einer Verbindlichkeit) ergibt.[193]

197   Unter Umständen ist es zweckmäßig, dem Testamentsvollstrecker **zusätzliche Befugnisse** zu erteilen, insbesondere durch Vollmachten, die Ernennung zum Vormund, zum Nießbraucher, zum Schiedsgutachter oder Schiedsrichter. Letzteres dürfte insbesondere dort zu empfehlen sein, wo die Bewertung des Nachlasses im Rahmen der Auseinandersetzung mit Problemen verbunden ist, aber gleichwohl eine rasche Abwicklung gewünscht wird. Die **Laufzeit** der Testamentsvollstreckung sollte klargestellt werden; § 2210 BGB und die vom BGH[194] vorgenommene Limitierung sind zu beachten. Da der Testamentsvollstrecker nach deutschem Recht eine nahezu unumschränkte Rechtsmacht hat, insbesondere nicht der Kontrolle durch das Nachlassgericht unterliegt, wird es vielfach zweckmäßig sein, ihn testamentarischen Kontrollmechanismen zu unterwerfen, um Missbrauchsmöglichkeiten von vornherein einzuschränken.[195]

198   Die **Vergütungsfragen** sollten in der letztwilligen Verfügung, in der Testamentsvollstreckung angeordnet wird, geregelt werden, ansonsten gilt § 2221 BGB (angemessene Vergütung).[196]

199   Der Erblasser kann, wenn er die Vergütung festsetzt, auf einschlägige Tabellen Bezug nehmen. Zu nennen sind hier folgende:
– die Rheinische Tabelle,[197]
– die Möhring'sche Tabelle,[198]

---

[191] So auch MüKoHGB/*Krebs* HGB § 49 Rn. 42; *Schöner/Stöber* GrundbuchR Rn. 3592 Fn. 2; LG Chemnitz NotBZ 2008, 241; in diese Richtung wohl auch BGH DNotZ 1992, 584; aA LG Freiburg BWNotZ 1992, 58.

[192] Bengel/Reimann/*Pauli* TV-HdB § 6 Rn. 2.

[193] Staudinger/*Reimann* (2016) BGB § 2205 Rn. 108 ff.

[194] ZEV 2008, 138.

[195] *Reimann* FamRZ 1995, 588.

[196] Vgl. ausführlich über die Vergütungsfragen Staudinger/*Reimann* (2016) BGB § 2221 Rn. 28 ff.; *Tiling* ZEV 1998, 331; *Reimann* DStR 2002, 2008 mit Berechnungsbeispielen und *Rott* notar 2018, 43 ff.

[197] DNotZ 1935, 623.

[198] *Möhring*, Vermögensverwaltung in Vormundschafts- und Nachlaßsachen, 6. Aufl. 1981, S. 272 ff.; modifiziert bei *Möhring/Beißwingert/Klingelhöffer*, Vermögensverwaltung in Vormundschafts- und Nachlaßsachen, 7. Aufl. 1992, S. 224 ff.

- die Klingelhöffer'sche Tabelle,[199]
- die Berliner Praxis-Tabelle,
- die Eckelskemper'sche Tabelle,[200]
- die Empfehlungen des Deutschen Notarvereins = Neue Rheinische Tabelle,[201]
- die Tabelle von Groll.[202]

Verweist der Erblasser auf gängige Tabellen, müssen diese nicht mitprotokolliert werden, **200** sofern die Bezugsgrößen die Voraussetzungen des § 291 ZPO erfüllen, also als Tatsachen offenkundig sind; offenkundig ist dabei jede Tatsache, die einer beliebig großen Zahl von Menschen privat bekannt oder ohne Weiteres zuverlässig wahrnehmbar ist. Informationsquellen sind daher alle Medien, also auch Fachzeitschriften.[203] Der vorsichtige Gestalter kann aber auch erwägen, lediglich allgemein eine „angemessene Vergütung" anzuordnen, die sich an einer bestimmten gängigen Tabelle orientieren soll.

Betrifft die Testamentsvollstreckung nur einen Erbteil, so sind die Kosten der Vollstre- **201** ckung mangels anders lautender Anordnung des Erblassers nicht nur von dem Betroffenen, sondern von allen Miterben zu tragen.[204]

Sollen **mehrere Testamentsvollstrecker** ernannt werden, ist eine Klarstellung ihres **202** Verhältnisses zueinander, insbesondere des Stimmgewichtes, ebenso geboten wie eine genaue Regelung der Vergütung, die ihnen zusteht.

Formulierungsbeispiel: Anordnung von Testamentsvollstreckung **203**
(Abwicklungsvollstreckung)[205]

Ich ordne für meinen Nachlass Testamentsvollstreckung an. Zum Testamentsvollstrecker ernenne ich ***, ersatzweise ***. Treten die Vorgenannten das Amt nicht an oder fallen sie nach Antritt weg, so sind sie in der vorgenannten Reihenfolge – ersatzweise der zuletzt amtierende Testamentsvollstrecker – ermächtigt, einen Testamentsvollstrecker zu benennen. [*ggf.:* Hilfsweise bitte ich das Amtsgericht – Nachlassgericht – *** gemäß § 2200 BGB, einen Testamentsvollstrecker zu benennen.]

Der Testamentsvollstrecker hat den Nachlass in Besitz zu nehmen und die in diesem Testament enthaltenen Vermächtnisse und Auflagen auszuführen. Der Testamentsvollstrecker hat die Auseinandersetzung unter den Miterben entsprechend den gesetzlichen Bestimmungen herbeizuführen. Dabei ist er insbesondere berechtigt, die Auseinandersetzung des Nachlasses nach billigem Ermessen (§§ 2204 Abs. 1, 2048 S. 2 BGB) vorzunehmen. Mit Ausführung der Vermächtnisse und Auflagen sowie Durchführung der Erbauseinandersetzung endet die Testamentsvollstreckung.

Der Testamentsvollstrecker ist von den Beschränkungen des § 181 BGB befreit und in der Eingehung von Verbindlichkeiten für den Nachlass nicht beschränkt. Es stehen ihm alle gesetzlichen Rechte zu.

Der Testamentsvollstrecker erhält für seine Tätigkeit neben dem Ersatz seiner Auslagen eine angemessene Vergütung, die sich an den Empfehlungen des Deutschen Notarvereins (sog. „Neue Rheinische Tabelle", vgl. www.dnotv.de) orientieren soll. [*Alt.:* Der Testamentsvollstrecker erhält für sein Amt keine Vergütung, jedoch Ersatz seiner Auslagen nach Auftragsrecht.]

---

[199] *Klingelhöffer* Vermögensverwaltung in Nachlaßsachen Rn. 323.
[200] Bengel/Reimann/*Eckelskämper* TV-HdB § 10 Rn. 115.
[201] ZEV 2000, 181 = www.dnotv.de.
[202] *Groll* Praxis-HdB Erbrechtsberatung C. IX. Rn. 214.
[203] HM, Staudinger/*Reimann* (2016) BGB § 2221 Rn. 27; aA *Zimmermann* ZEV 2001, 334.
[204] BGH ZEV 1997, 116; ZEV 2005, 22; *Muscheler* ZEV 1996, 185; aA OLG Hamburg ZEV 1996, 194.
[205] Weitere Formulierungsvorschläge siehe Bengel/Reimann/*Reimann* TV-HdB § 2 Rn. 5 ff.

VII. Gemeinschaftliches Testament und Erbvertrag

204 **1. Wesentliche Unterschiede.** Während das gemeinschaftliche Testament nur von Ehegatten errichtet werden kann, die beide testierfähig sein müssen (§§ 2229, 2265 BGB), kann der Erbvertrag von jedem unbeschränkt Geschäftsfähigen mit einem beliebigen Vertragspartner abgeschlossen werden (§ 2275 BGB). Dieser darf, soweit er nicht selbst verfügt, auch in der Geschäftsfähigkeit beschränkt sein, da für ihn die allgemeinen Regeln der §§ 104 ff. BGB gelten und die bloße Annahme für ihn lediglich rechtlich vorteilhaft ist, zumal er beim Erbanfall jederzeit noch ausschlagen kann. Die früheren Vorschriften für den minderjährigen Ehegatten sind im Zuge der Abschaffung der Minderjährigenehe[206] konsequenter Weise entfallen. Während das gemeinschaftliche Testament zwingend zwei Verfügungen von Todes wegen beinhalten muss, genügt beim Erbvertrag eine; diese muss jedoch (vertragsmäßig) bindend sein. Während das gemeinschaftliche Testament auch privatschriftlich zulässig ist, kann der Erbvertrag ausschließlich zu notarieller Urkunde errichtet werden (§ 2276 BGB). Das gemeinschaftliche Testament ist auch in Form des gemeinschaftlichen Nottestaments möglich (§ 2266 BGB); beim Erbvertrag ist dies ausgeschlossen.

204a Der **wesentliche Unterschied** zwischen gemeinschaftlichem Testament und Erbvertrag zeigt sich bei der **Bindungswirkung:** Auch **wechselbezügliche Verfügungen im gemeinschaftlichen Testament** können **zu Lebzeiten beider Erblasser frei widerrufen werden;** lediglich die Form des Widerrufs ist erschwert (notarielle Beurkundung, auch wenn das gemeinschaftliche Testament privatschriftlich errichtet wurde, § 2271 Abs. 1 BGB). Maßgeblich ist dabei der Zugang der notariellen Widerrufverhandlung in Ausfertigung (§ 47 BeurkG) – beglaubigte Abschrift genügt nicht.[207] Der Widerruf kann auch gegenüber einem testierunfähigen Ehegatten erklärt werden.[208] Er ist dann gegenüber dem Betreuer mit dem Aufgabenkreis Vermögenssorge zu erklären.[209] Erst mit dem Erbfall tritt eine gewisse Bindung des überlebenden Ehegatten hinsichtlich der wechselbezüglichen Verfügungen ein, sofern nicht die letztwillige Zuwendung des verstorbenen Ehegatten ausgeschlagen wird (§ 2271 Abs. 2 BGB). Die durch **Erbvertrag** entstehende Bindung des Erblassers an seine vertragsmäßigen Verfügungen hingegen ist **eine echte vertragliche Bindung.** Sie tritt bereits **mit Abschluss des Vertrages** ein, sofern kein Rücktrittsvorbehalt vereinbart worden ist (§§ 2289, 2293, 2297 BGB).

204b Der Rücktritt kann – wie der Widerruf beim gemeinschaftlichen Testament – auch gegenüber dem Betreuer des testierunfähigen Ehegatten erklärt werden.[210] Im Fall der Scheidung ist das gemeinschaftliche Testament grundsätzlich seinem gesamten Inhalt nach unwirksam (§§ 2268 Abs. 1, 2077 BGB), soweit nicht ein anderer Wille der Ehegatten iSv § 2268 Abs. 2 BGB erkennbar ist, und wird bei Wiederheirat der geschiedenen Ehegatten nicht wieder wirksam.[211] Dies gilt nach § 2279 BGB auch für den Erbvertrag, der die Geltung insoweit ausdehnt, dass in diesem Falle auch vertragsmäßige Verfügungen zugunsten Dritter unwirksam werden.[212] Sollen die getroffenen Verfügungen trotz der Scheidung weitergelten, ist eine ausdrückliche Regelung anzuraten, um Auslegungsprobleme zu vermeiden.[213] Ein Fortgeltungswille für die bindende gegenseitige Erbeinsetzung der Ehegatten für den Fall der Ehescheidung wird in der Praxis freilich die absolute Ausnahme sein.[214] Unter diesem Gesichtspunkt relativiert sich die Ansicht des BGH, nach der

---

[206] Gesetz zur Bekämpfung von Kinderehen, BGBl. 2017 I 2429.
[207] OLG Hamm DNotZ 1992, 261.
[208] HM, vgl. Palandt/*Weidlich* BGB § 2271 Rn. 6.
[209] Vgl. OLG Nürnberg ZEV 2013, 450 mAnm *Keim;* OLG Hamm ZEV 2014, 116.
[210] DNotI-Report 2014, 97 und DNotI-Report 2014, 197.
[211] BayObLG DNotZ 1996, 302.
[212] MüKoBGB/*Musielak* BGB § 2279 Rn. 4.
[213] Vgl. *Muscheler* DNotZ 1994, 733.
[214] Palandt/*Weidlich* BGB § 2268 Rn. 2; *Keim* ZEV 2004, 425.

auch nach der Ehescheidung für die fortgeltende Verfügung dann von einer Wechselbe-zahlichkeit auszugehen sei, so dass eine Änderung dieser Verfügung durch einseitige Ver-fügung von Todes wegen auch nach der Ehescheidung nicht möglich sein soll.[215] Die Auswirkungen dieser Rechtsprechung sind nach wie vor umstritten.[216] Vorrangig ist in jedem Fall der Wille der Testierenden: Es steht ihnen frei zu regeln, dass wechselbezügli-che Verfügungen nach der Scheidung zwar fortgelten sollen, aber nicht mehr als wechsel-bezügliche, sondern einseitig widerrufliche. Vor allem bei privatschriftlichen Verfügungen liegt das Problem in der Praxis aber darin, dass eine ausdrückliche Regelung dieser Frage regelmäßig fehlt, so dass vor dem Hintergrund der Rechtsprechung des BGH vorsichts-halber von einer Fortgeltung mit Wechselbezüglichkeit ausgegangen werden muss (vgl. auch → Rn. 32). Eine Wechselbezüglichkeit der Schlusserbeneinsetzung setzt allerdings voraus, dass die im Rahmen der Wechselbezüglichkeit korrespondierende gegenseitige Einsetzung der Ehegatten ausnahmsweise fortgelten soll,[217] was nach der Lebenserfahrung nur selten der Fall sein wird. Sind hingegen wechselbezüglich gewollte Verfügungen eines Ehegatten wegen unerkannt fehlender Testierfähigkeit unwirksam, wird man die Verfü-gungen des anderen Ehegatten regelmäßig in ein Einzeltestament umdeuten können.[218]

Ähnlichkeiten bestehen zwischen Erbvertrag und gemeinschaftlichem Testament **205** hingegen dann, wenn beim gemeinschaftlichen Testament durch Ableben des erstverster-benden Ehegatten Bindungswirkung hinsichtlich der wechselbezüglichen Verfügungen eingetreten ist. Demzufolge hat die Rechtsprechung die beim Erbvertrag geltenden Vor-schriften über Anfechtung und über Verfügungen unter Lebenden (§§ 2081 ff., 2286 ff. BGB) auf unwiderruflich gewordene wechselbezügliche Verfügungen im gemeinschaftli-chen Testament entsprechend angewendet.

Während das notariell beurkundete **gemeinschaftliche Testament** zwingend gemäß **206** § 34 Abs. 1 BeurkG in die **amtliche Verwahrung** zu geben ist, **kann** diese **beim Erb-vertrag** durch die Beteiligten **ausgeschlossen werden.** Die Rücknahme des öffentli-chen Testaments aus der amtlichen Verwahrung führt gemäß § 2256 BGB zum Widerruf. Das Original wird den Beteiligten ausgehändigt; demzufolge kann es auch bei einem spä-teren Sterbefall nicht eröffnet werden. Auch beim Erbvertrag kann der Erblasser verhin-dern, dass er nach dem Tode den Erben eröffnet wird: § 2300 Abs. 2 BGB ermöglicht die Rücknahme von Erbverträgen, gleich ob sie sich in amtlicher oder notarieller Verwah-rung befinden (Einzelheiten → Rn. 104 ff.).

Der **Erbvertrag** kann – anders als das gemeinschaftliche Testament – auch **mit ande-** **207** **ren Verträgen** in einer **einheitlichen Urkunde** verbunden werden (zB Ehevertrag, Erb- und Pflichtteilsverzicht). Eine besondere Rolle spielt dies dann, wenn sich Ehegatten nicht mit einer Erbquote gegenseitig zum Erben einsetzen, die höher ist als der Pflichtteil oder beim gesetzlichen Güterstand nicht höher ist als der kleine Pflichtteil (§§ 1371 Abs. 2, 1931 BGB) zuzüglich des hypothetischen Zugewinnausgleichs. Zwar hat der BGH[219] ausnahmsweise bei einer ähnlichen Fallgestaltung einen stillschweigenden Pflicht-teilsverzicht anerkannt. Gleichwohl sollte aus Rechtssicherheitsgründen in solchen Fällen mit dem Erbvertrag ein entsprechender Pflichtteilsverzicht verbunden werden. Darüber hinaus ist eine ehevertragliche Vereinbarung eines bedingten Verzichts auf den Zugewinn-ausgleich für den Todesfall erwägenswert.

Eine allgemeine Antwort auf die Frage, ob gemeinschaftliches Testament oder Erbver- **208** trag vorzuziehen ist, kann nicht gegeben werden. Das entscheidende Argument wird sein, ob die Beteiligten eine strenge Bindung bereits zu Lebzeiten wünschen oder nicht.

---

[215] ZEV 2004, 423.
[216] Kritisch etwa *Kanzleiter* ZEV 2005, 181; kritisch, jedoch im Ergebnis dem BGH folgend, auch OLG Frankfurt a.M. FamRZ 2015, 1318; vom Wegfall der Wechselbezüglichkeit bei Fortgeltung gingen zuvor aus: *Muscheler* DNotZ 1994, 433; *Kuchinke* DNotZ 1996, 306.
[217] LG München II ZEV 2008, 537 mit zustimmender Anm. *Haegele*.
[218] OLG München ZEV 2014, 444.
[219] DNotZ 1977, 747.

209 **2. Allgemeine Gestaltungshinweise.** Bei der Schlusserbenberufung im gemeinschaftlichen Testament oder Erbvertrag werden häufig Regelungen für den Fall des „gleichzeitigen Todes" der beiden Erblasser bzw. für den Fall des Ablebens zufolge „gemeinsamer Gefahr" getroffen. Die hM sieht den Begriff des „gleichzeitigen Versterbens" zwar grundsätzlich als eindeutig an.[220] Dennoch ist im Wege der Auslegung zu ermitteln, ob nach dem Willen der testierenden Ehegatten die Geltung einer für den Fall des „gleichzeitigen" Versterbens getroffenen letztwilligen Verfügung auf den nur selten eintretenden Fall beschränkt sein soll, dass rechtlich gesehen keiner von ihnen des anderen Erbe werden kann, oder ob sie diesen Begriff auch für andere Fallgestaltungen verwenden wollten.[221] Die Reichweite der Formulierung „im Falle gemeinsamer oder gleichzeitiger Gefahr" wird ebenfalls im Wege der Auslegung zu beurteilen sein. Testieren die Ehegatten für den Fall, dass ihnen „gemeinsam etwas passiert und beide mit Tod abgehen", so kann darin eine Erbeinsetzung für den Tod des Längerlebenden gesehen werden.[222] Gehen die Erblasser davon aus, dass der Dritte (Schlusserbe) immer dann eingesetzt werden soll, wenn der Überlebende seine Handlungsfähigkeit nicht mehr zurück gewonnen hat, so sollte der Begriff „gleichzeitiger Tod" nicht verwendet werden. Im Übrigen besteht im Regelfall jedenfalls dann keine Notwendigkeit, überhaupt auf das Versterben der Erblasser zufolge einer „gemeinsamen Gefahr" einzugehen, wenn bereits für den ersten Erbfall eine Ersatzerbeinsetzung vorgesehen ist (vgl. → Rn. 211), es sei denn, dass für diesen Fall eine andere Schlusserbenregelung Platz greifen soll.

210 Nach § 11 VerschG wird gleichzeitiger Tod vermutet, wenn nicht bewiesen werden kann, dass von mehreren verstorbenen Menschen der eine den anderen überlebt hat. Wer gleichzeitig mit dem Erblasser verstorben ist, kann nicht Erbe oder Nacherbe oder Vermächtnisnehmer sein (§ 1923 BGB). Häufig wird ergänzende Auslegung des Testaments – jedenfalls bei Schlusserbeinsetzung gemeinsamer Abkömmlinge – ergeben, dass der Schlusserbe auch als Ersatzerbe des verstorbenen Ehegatten eingesetzt ist;[223] dies gilt besonders, wenn die Ehegatten als Schlusserben die gemeinsamen Kinder berufen haben (§ 2069 BGB). Um Streitigkeiten zu vermeiden, vor allem aber auch im Hinblick auf die Ausschlagung des überlebenden Ehegatten, sollte deshalb die Ersatzerbenberufung der Schlusserben in der Verfügung von Todes wegen klar angeordnet werden.

211   **Formulierungsbeispiel: Ersatzerbenberufung der Schlusserben beim ersten Erbfall**
☝   Ersatzerben für den Wegfall des Längerlebenden, gleich aus welchem Grund (zB bei Ausschlagung oder Anfechtung), sind die nachstehend benannten Schlusserben gemäß den dort getroffenen Verteilungsgrundsätzen.

212 Empfehlenswert ist, in der öffentlichen Urkunde die Schlusserben **namentlich** zu bezeichnen. Damit wird vermieden, dass bei Berichtigung öffentlicher Register ein Erbschein erforderlich wird (§ 12 Abs. 2 HGB, § 35 Abs. 1 GBO). Soweit die Form des öffentlichen gemeinschaftlichen Testaments gewählt wird, ist stets klarzustellen, inwieweit im Hinblick auf die Schlusserbfolge Wechselbezüglichkeit besteht. Dies gilt umso mehr, wenn nicht gemeinschaftliche Abkömmlinge berufen werden, im Hinblick auf die Frage, inwieweit der Schlusserbe dem Erstversterbenden „sonst nahe steht" (§ 2270 Abs. 2 BGB).

212a Wenn die erbrechtliche Verfügung für den Schlusserbfall eine Regelung enthält, von der der längerlebende Ehegatte wünscht, dass sie nicht vor seinem Ableben bekannt wird, ist die **sprachliche Gestaltung der Verfügung** entscheidend: Denn nur wenn die Ver-

---

[220] BayObLGZ 1981, 79.
[221] BayObLG ZEV 1996, 470.
[222] BayObLG ZEV 1996, 472; s. auch OLG Düsseldorf ZErb 2004, 227; *Keim* ZEV 2005, 10.
[223] AA bei Schlusserbeinsetzung einseitiger Verwandter OLG Hamm NJW-RR 2014, 781; differenzierend für gemeinschaftliches Testament und Erbvertrag *Soutier* MittBayNot 2014, 511; vgl. auch → Rn. 234.

fügungen des Erstversterbenden und des Längerlebenden Ehegatten sprachlich klar voneinander getrennt sind, deckt das Nachlassgericht bei der **Eröffnung des Erbvertrags oder gemeinschaftlichen Testaments** beim ersten Erbfall die Verfügungen des Längerlebenden ab und eröffnet nur die Verfügungen des Erstversterbenden, § 349 Abs. 1 FamFG. Dabei ist zu berücksichtigen, dass Passagen mit sprachlichen Zusammenfassungen (zB „wir", „unser", „Regelungen zum Schlusserbfall", „der Längerlebende von uns") nach hM bereits beim Tode des Erstversterbenden zu eröffnen sind.[224] In einem entsprechenden Fall kann es sich daher empfehlen, den Text der Verfügung in zwei Teile aufzuspalten, die jeweils die Verfügungen des einen bzw. des anderen Ehegatten enthalten oder gar getrennte Einzeltestamente zu errichten. Allerdings führt auch diese Trennung oft nicht zum Ziel: die „gemeinsame" Schlusserbenregelung findet sich dann als Ersatzerbeinsetzung in den Verfügungen des Erstversterbenden und wird so – zwar nicht als Verfügung des Längerlebenden – aber doch inhaltlich bekannt.

Klar zu trennen ist zwischen **Änderungsvorbehalt** und **Rücktrittsrecht.** Während **213** der Änderungsvorbehalt beim gemeinschaftlichen Testament die Wechselbezüglichkeit beseitigt, führt er beim Erbvertrag dazu, dass die dem Änderungsvorbehalt unterliegende Verfügung keine vertragsmäßige Verfügung darstellt bzw. die vertragsmäßige Bindung teilweise eingeschränkt wird.[225] Ein **unbegrenzter Änderungsvorbehalt** ist **beim Erbvertrag,** soweit nicht mindestens eine andere vertragsmäßige Anordnung vorliegt, **nicht zulässig,** führt aber regelmäßig nicht zur Unwirksamkeit, sondern ist im Wege der Auslegung als Testament oder – das dürfte der seltenere Fall sein – durch Umdeutung als bindender Erbvertrag mit Rücktrittsvorbehalt einzuordnen.[226] Da der Vorbehalt anderweitiger Verfügungen Teil des Erbvertrages ist, bedarf er auch dessen Form. Auch wenn in der Literatur ein stillschweigender Vorbehalt anerkannt wird, sollte der Bereich des Änderungsrechts klar in der Verfügung umrissen werden (vgl. auch → Rn. 47 ff.). Der **Rücktrittsvorbehalt** hingegen ist **auch bei der einzigen erbvertragsmäßigen Verfügung** zulässig (§ 2293 BGB). Auf die Form für den Rücktritt (§ 2296 BGB) ist hinzuweisen.[227]

VIII. Schenkungsversprechen von Todes wegen (§ 2301 BGB)

1. Formelles Recht. Liegt ein Schenkungsversprechen von Todes wegen vor, so sind in **214** formeller Hinsicht die **Vorschriften über Verfügungen von Todes wegen** anzuwenden. Da das Schenkungsversprechen einen Vertrag erfordert (§ 518 Abs. 1 BGB), kommen hierfür nur die Vorschriften über vertragliche Verfügungen von Todes wegen in Betracht, also die Vorschriften über den Erbvertrag; notarielle Beurkundung ist gemäß § 2276 BGB erforderlich.[228] Wurde eine einseitige letztwillige Verfügung getroffen, kann eine Umdeutung in ein Testament (statt eines Schenkungsversprechens von Todes wegen) in Frage kommen.

2. Materielles Recht. Materiell-rechtlich hat § 2301 BGB zur Folge, dass ein Schen- **215** kungsversprechen von Todes wegen **wie eine erbrechtliche Verfügung** wirkt: Der Versprechensempfänger hat keine gesicherte Rechtsposition, also **kein Anwartschaftsrecht.** Ist Grundbesitz betroffen, muss eine Absicherung durch Auflassungsvormerkung ausschei-

---

[224] BGHZ 91, 105 im Anschluss an RGZ 150, 315; Firsching/Graf/*Krätzschel* NachlassR § 37 Rn. 37; anders wohl noch BGHZ 70, 173 (176 f.).
[225] Differenzierend *Weiler* DNotZ 1994, 427.
[226] Palandt/*Weidlich* BGB § 2289 Rn. 8 ff.; Reimann/Bengel/Mayer/*J. Mayer* BGB § 2278 Rn. 17 f.
[227] Zum Rücktritt wegen Nichterfüllung von Vertragspflichten und zum Abmahnungserfordernis vgl. OLG Düsseldorf ZEV 1994, 171; BGH MittBayNot 2011, 318 mAnm *Kornexl,* der zu Recht darauf hinweist, dass der sog. **Verpfründungsvertrag** ein durch Vertragsgestaltung „kaum beherrschbares Risiko" darstellt.
[228] HM, vgl. Palandt/*Weidlich* BGB § 2301 Rn. 6, str.; ausführlich *Reischl* S. 151 ff.

den.[229] Eine nicht vollzogene Schenkung von Todes wegen kann ebenso wenig wie eine formnichtige Verfügung von Todes wegen nach dem Erbfall durch Handlungen einer vom Erblasser bevollmächtigten Person in Kraft gesetzt werden; die Situation ist hier also anders als bei der Heilung eines formnichtigen Schenkungsversprechens nach § 518 Abs. 2 BGB, wo der Versprechensempfänger selbst oder ein Dritter die versprochene Leistung mithilfe einer trans- oder postmortalen Vollmacht des Schenkers noch nach dessen Tod bewirken kann.[230] Auch bei der Berechnung von Pflichtteilsansprüchen ist die Rechtslage wie bei einem Erwerb von Todes wegen.

216 **3. Tatbestandsmäßige Einschränkung.** Ein Schenkungsversprechen von Todes wegen mit den genannten formell- und materiell-rechtlichen Folgen liegt jedoch nur vor, wenn es sich um ein Schenkungsversprechen handelt, das unter der **Bedingung** steht, dass der **Beschenkte den Schenker überlebt,** und die **Schenkung nicht zu Lebzeiten** des Schenkers **vollzogen** wird (§ 2301 Abs. 2 BGB).[231] Fehlt eines dieser Elemente, ist § 2301 BGB nicht anwendbar; es gelten dann die Vorschriften über Schenkungen unter Lebenden. Ein beurkundungspflichtiges Schenkungsversprechen von Todes wegen liegt selten vor, insbesondere weil die Rechtsprechung die Anforderung an den Begriff „vollzogene Schenkung" iSv § 2301 Abs. 2 BGB gering hält und da bei Verträgen zugunsten Dritter auf den Todesfall (§ 331 BGB) wegen des beim Tod des Schenkers eintretenden „Vonselbst-Erwerbs" Formfreiheit angenommen wird. Der Anwendungsbereich des Schenkungsversprechens von Todes wegen ist auch deshalb gering, weil die Rechtsprechung[232] den Rechtsgedanken des § 2084 BGB „favor testamenti" auch bei der Entscheidung der Frage heranzieht, ob ein Schenkungsversprechen von Todes wegen oder ein lebzeitiges Schenkungsversprechen gemäß § 518 Abs. 2 BGB vorliegt.

217 **Formulierungsbeispiel: Schenkungsversprechen von Todes wegen**

Als Eigentümer des Grundstücks Fl.-Nr. *** Gemarkung *** verspreche ich meiner Tochter *** unter der Bedingung, dass sie mich überlebt, das Eigentum an dem genannten Hausgrundstück.

Ich, ***, nehme das vorstehende Schenkungsversprechen an.

IX. Besonderheiten bei Auslandsberührung

218 Bei Auslandsberührung ergeben sich vielfältige und vom Notar zu beachtende Probleme im Hinblick auf anwendbares Erbrecht, Güterrecht und einzuhaltende Form (→ § 28 Rn. 127 ff., 214 ff.).[233]

X. Anwendbares Recht nach der Europäischen Erbrechtsverordnung (EuErbVO)

219 Vor Inkrafttreten der EuErbVO bestimmte sich gemäß Art. 25 Abs. 1 EGBGB aF das auf die Rechtsnachfolge von Todes wegen anwendbare Erbstatut aus deutscher Sicht nach der Staatsangehörigkeit des Erblassers. Der Erblasser konnte bisher gemäß Art. 25 Abs. 2 EGBGB aF für sein im Inland belegenes unbewegliches Vermögen die Anwendung deutschen Rechts durch Verfügung von Todes wegen wählen.

---

[229] MüKoBGB/*Musielak* BGB § 2301 Rn. 14 und § 2286 Rn. 6.
[230] BGH DNotZ 1987, 322; DNotZ 1989, 172; NJW 1986, 2107.
[231] Vgl. *Reischl* S. 44 ff., 167 ff.
[232] BGH FamRZ 1985, 693; DNotZ 1989, 172.
[233] *Süß*, Erbrecht in Europa, 2015; *Flick/Piltz,* Der internationale Erbfall, 2008; Reimann/Bengel/Mayer/ *Riering/Sieghörtner* Syst. Teil B; einen Überblick über das Erbrecht aller Mitgliedstaaten der EU gibt „Erbrecht in Europa" unter www.successions-europe.eu; vgl. auch die Datenbank DNotI-Online-plus unter www.dnoti.de.

Durch die **EuErbVO** (Verordnung (EU) Nr. 650/2012 des Europäischen Parlaments und 220 des Rates vom 4.7.2012 über die Zuständigkeit, das anzuwendende Recht, die Anerkennung und Vollstreckung von Entscheidungen und die Annahme und Vollstreckung öffentlicher Urkunden in Erbsachen sowie zur Einführung eines Europäischen Nachlasszeugnisses),[234] die **am 17.8.2015** in der gesamten EU mit Ausnahme des Vereinigten Königreichs, Irlands und Dänemarks in Kraft trat, gilt nun eine neue Anknüpfung: Gemäß Art. 21 Abs. 1 EuErbVO richtet sich das auf die Rechtsnachfolge von Todes wegen anwendbare materielle Recht für alle Erbfälle seit dem 17.8.2015 nach dem **letzten gewöhnlichen Aufenthalt des Erblassers.** Der gewöhnliche Aufenthalt bestimmt sich zunächst nach den tatsächlichen Lebensverhältnissen, soll aber nach überwiegender Auffassung auch eine subjektive Komponente (im Sinne eines Bleibewillens) umfassen, den bei Geschäftsunfähigen wohl der Vertreter bildet. Viele Einzelheiten sind aber noch sehr unklar und umstritten.[235] Das Erbstatut kann sich damit im Laufe des Lebens, ggf. auch mehrfach, ändern. Art. 21 Abs. 2 EuErbVO sieht eine Ausnahme vor, falls sich aus der Gesamtheit der Umstände eine **offensichtlich engere Verbindung zu einem anderen Staat** ergibt. Wann eine solche Ausnahme anzunehmen ist, bleibt noch abzuwarten, erhöht aber die Unsicherheit über das anzuwendende Recht. Der Begriff des gewöhnlichen Aufenthalts wird in der Verordnung selbst nicht näher definiert. Er ist autonom auszulegen und wird nach Dauer und Regelmäßigkeit des Aufenthalts des Erblassers zu bestimmen sein.[236] In Zweifelsfällen kommt es auf eine Gesamtbetrachtung der Umstände an, so dass auch eine Person, die in Deutschland zwar keinen Wohnsitz, aber ihren Lebensmittelpunkt hat, ihren gewöhnlichen Aufenthalt hier haben kann.[237] Weiterhin **vorrangig zu beachten** sind gemäß Art. 75 EuErbVO **bestehende Staatsverträge** (hierzu → § 28 Rn. 218 ff.).[238]

Rechtssicherheit kann der Erblasser gemäß Art. 22 Abs. 1 EuErbVO schaffen, indem er 221 **durch Verfügung von Todes wegen** das Recht des Staates wählt, dem er zum Zeitpunkt der Rechtswahl oder des Todes angehört (siehe auch → § 28 Rn. 232 ff.). Bei mehreren Staatsangehörigkeiten kann er unter diesen das anwendbare Recht wählen. Eine dynamische Rechtswahl, wonach das Heimatrecht des Staates gilt, dem der Erblasser zuletzt angehört, soll nicht zulässig sein.[239] Wichtig ist, dass sich die **Rechtswahl** gemäß Art. 34 Abs. 2 EuErbVO auf das materielle Recht bezieht, so dass eine Rück- oder Weiterverweisung ausscheidet. Auch bei der Rechtswahl sind Staatsverträge vorrangig zu beachten, Art. 75 EuErbVO. Die Rechtswahl konnte gemäß Art. 83 Abs. 2 EuErbVO **auch schon vor Geltung der Verordnung** getroffen werden und sollte – jedenfalls bei erkennbar grenzüberschreitenden Sachverhalten – nicht fehlen.[240] Insbesondere falls deutsche Erblasser erwägen, den Lebensabend im Ausland zu verbringen, ist an eine vorsorgende Rechtswahl zu denken.

Formulierungsbeispiel: Rechtswahl zum Erbrecht der Staatsangehörigkeit 222
(Testament)

Ich bin ausschließlich deutscher Staatsangehöriger und habe meinen gewöhnlichen Aufenthalt in der Bundesrepublik Deutschland. Vermögen im Ausland habe ich nicht. Eine erbrechtliche Rechtswahl habe ich bislang nicht getroffen. Ich wähle für meine letztwilli-

---

[234] ABl. 2012 L 201, 107; ber. ABl. 2012 L 344, 3; 2013 L 41, 16; 2013 L 60, 140; hierzu DNotI–Report 2012, 121; *Leitzen* ZEV 2013, 128; *Dörner* ZEV 2012, 505; *Odersky* notar 2013, 3; zum Ganzen: *Dutta/ Herrler;* vgl. auch *Döbereiner* MittBayNot 2013, 358 und MittBayNot 2013, 437.
[235] OLG München ZEV 2017, 333 mAnm *Rentsch; Döbereiner* MittBayNot 2013, 358 (362); *Weber/Francastel* DNotZ 2018, 163.
[236] Vgl. *Döbereiner* MittBayNot 2013, 358 (362).
[237] KG ZEV 2016, 514.
[238] *Lehmann* ZEV 2014, 232 (233).
[239] *Dörner* ZEV 2012, 505; *Janzen* DNotZ 2012, 486.
[240] Vgl. auch *Jünemann* ZEV 2013, 353.

gen Verfügungen in formeller und materieller Hinsicht – soweit rechtlich möglich – das Recht der Bundesrepublik Deutschland.

223 Soll eine vorsorgende Rechtswahl – insbesondere aus Kostengründen – nicht aufgenommen werden, empfiehlt sich zumindest ein Hinweis auf die Bedeutung des gewöhnlichen Aufenthalts für das anwendbare Recht.

224 Formulierungsbeispiel: Hinweis auf Wandelbarkeit des Erbstatuts
Ich bin ausschließlich deutscher Staatsangehöriger und habe meinen gewöhnlichen Aufenthalt in der Bundesrepublik Deutschland. Vermögen im Ausland habe ich nicht. Der Notar hat darauf hingewiesen, dass sich das anwendbare Erbrecht im Falle einer Verlegung des gewöhnlichen Aufenthalts ändern kann. Eine Rechtswahl wurde bislang nicht getroffen und wird ausdrücklich nicht gewünscht.

225 Bei der Formulierung von Rechtswahlen ist unbedingt zu beachten, dass eine **gegenständlich beschränkte Rechtswahl** – wie sie Art. 25 Abs. 2 EGBGB aF für das unbewegliche Vermögen eröffnete – nach der EuErbVO **unzulässig** ist. Die Verordnung geht streng von der Nachlasseinheit aus. Vor dem Inkrafttreten der Verordnung getroffene gegenständlich beschränkte Rechtswahlen bleiben aber wirksam, wenn der Erblasser bei Errichtung der Rechtswahl seinen gewöhnlichen Aufenthalt in der Bundesrepublik Deutschland hatte (Art. 83 Abs. 2 EuErbVO).

226 Die Verordnung beansprucht **universelle Geltung,** so dass sie auch gilt, wenn das nach ihr anzuwendende Recht das eines Drittstaates oder eines Mitgliedslands der EU ist, in dem die EuErbVO nicht gilt (Art. 20 EuErbVO). Rück- oder Weiterverweisungen werden gemäß Art. 34 EuErbVO grundsätzlich angenommen.

226a Art. 69 Abs. 5 EuErbVO und Art. 1 Abs. 2 lit. k, lit. l EuErbVO sehen einen ausdrücklichen Vorbehalt für die Art von dinglichen Rechten und solchen Rechten, die in Registern eingetragen werden, vor, so dass für diese insoweit die *lex rei sitae* gilt. Daraus wurde in der Literatur – auch auf Grundlage der Gesetzesbegründung[241] des deutschen Verfahrensgesetzes – zunächst geschlossen, ein in einem Europäischen Nachlasszeugnis niedergelegtes ausländisches Vindikationslegat könne nicht Eintragungsgrundlage für das Grundbuch sein, sei in ein Damnationslegat umzudeuten und bedürfe eines gesonderten Erfüllungsgeschäfts.[242] Zwischenzeitlich hat der EuGH die Frage gegenteilig entschieden: Es gehe nicht um die Art der dinglichen Rechte *(numerus clausus),* sondern lediglich um den Rechtsgrund bzw. die Modalitäten des Übergangs eines (anerkannten) dinglichen Rechts, so dass die Ausnahmevorschriften Art. 1 Abs. 2 lit. k, lit. l EuErbVO und Art. 31 EuErbVO nicht einschlägig seien.[243] Das **Vindikationslegat** hat demnach im Geltungsbereich der EuErbVO auch in einem Mitgliedstaat, der nur ein Damnationslegat kennt, **dingliche Wirkung.**

226b Für das deutsche **Grundbuch** bedeutet dies, dass – sofern das vermachte Recht nach deutschem Recht existiert und übertragbar ist – die Eigentumsänderung außerhalb des Grundbuchs durch Sondererbfolge nach ausländischem Erbrecht *ipso iure* erfolgt, so dass das Grundbuch unrichtig wird. Eine Auflassung ist demnach nicht notwendig,[244] lediglich eine **Grundbuchberichtigung** hinsichtlich der Erbfolge. Eine Berichtigungsbewilligung oder Auflassung durch den Universalerben dürften hingegen nicht helfen, da dieser durch die dingliche Wirkung des Vindikationslegats gerade nicht der von der Eintragung Betrof-

---

[241] BT-Drs. 18/4201, 48 und 58.
[242] So noch die 6. Auflage; vgl. auch DNotI-Report 2012, 121; *Dörner* ZEV 2012, 505.
[243] EuGH ZEV 2018, 41 – Kubicka; zust. *Bandel* MittBayNot 2018, 99; krit. *Litzenburger* FD-ErbR 2017, 396271; krit. hinsichtlich der Einbeziehung von in Registern eingetragenen Gegenständen: *Weber* DNotZ 2018, 16 (20 ff.).
[244] Anders noch vor der Kubicka-Entscheidung: *Böhringer* NotBZ 2015, 287; *Hertel* ZEV 2013, 539 (540).

fene und auch nicht der Rechtsinhaber ist.[245] Als Unrichtigkeitsnachweis genügt das Europäische Nachlasszeugnis, § 35 Abs. 1 S. 1 GBO.[246] § 35 GBO dürfte insoweit analog anzuwenden sein, da der deutsche Gesetzgeber bei Erlass des IntErbRVG noch fälschlich von der Umdeutung ausländischer Vindikations- in Damnationslegate ausgegangen war.[247] Der vom Grundbuchamt anzulegende Prüfungsmaßstab und weitere Nachweisfragen sind derzeit noch umstritten.[248] Für **Gesellschaftsbeteiligungen** dürfte nicht anderes gelten: Auch für sie ist grundsätzlich die Sonderrechtsnachfolge durch Vindikationslegat anzuerkennen.[249]

Hinsichtlich des auf die **formelle Wirksamkeit** anwendbaren Rechts gilt gemäß 227 Art. 75 Abs. 1 EuErbVO vorrangig das Haager Testamentsformübereinkommen vom 5.10.1961, soweit die Mitgliedstaaten diesem beigetreten sind. Für alle übrigen und für Erbverträge gilt die Regelung in Art. 27 EuErbVO, wonach es genügt, wenn die Ortsform oder die Form des Heimatrechts, Wohnsitzstaates oder Staates des gewöhnlichen Aufenthalts eines der Beteiligten eingehalten ist. Betrifft die Verfügung unbewegliches Vermögen genügt es auch, dass die Ortsform am Ort der Belegenheit eingehalten ist.

Für die **materielle Wirksamkeit** der Errichtung und Änderung einer Verfügung von 228 Todes wegen gilt das nach der Verordnung im Errichtungszeitpunkt anwendbare Recht, Art. 24 EuErbVO, wobei dem Erblasser auch hier die Wahl zum Recht seiner Staatsangehörigkeit offen steht.

Dies gilt gemäß Art. 25 Abs. 1 EuErbVO auch für einen **Erbvertrag**, in dem nur ein 229 Beteiligter letztwillig verfügt. Verfügen mehrere Beteiligte letztwillig, muss der Erbvertrag gemäß Art. 25 Abs. 2 UAbs. 1 EuErbVO nach dem nach der Verordnung anwendbaren Recht für den jeweiligen Erblasser wirksam sein. Die **materielle Wirksamkeit** und **Bindungswirkung** bestimmen sich gemäß Art. 25 Abs. 1 UAbs. 2 EuErbVO dann bei mehreren anwendbaren Rechtsordnungen nach der, zu der die engste Verbindung besteht. Eine Rechtswahl zum Heimatrecht eines der Beteiligten ist auch hier gemäß Art. 25 Abs. 3 EuErbVO möglich und ratsam. Die EuErbVO enthält keine Regelung, inwieweit der getroffenen **Rechtswahl selbst** im gemeinschaftlichen Testament oder Erbvertrag **Bindungswirkung** zukommen kann – einseitig kann sie in jedem Fall getroffen werden. Teilweise wird auf das gewählte materielle Recht abgestellt.[250] Vorzugswürdig erscheint jedoch eine am Sinn und Zweck der EuErbVO orientierte, deren *effet utile* berücksichtigende Auslegung zu sein: Wenn demnach Ziel der Verordnung eine planbare Nachlassverteilung sein soll (vgl. Erwägungsgründe 37 und 38), so muss sichergestellt sein, dass sich die Vertragsteile einer bindenden Verfügung von Todes wegen auf deren Bindungswirkung verlassen können und diese nicht durch weitere Rechtswahlen umgangen werden kann.[251] Die Frage des Umfangs der Bindungswirkung ist in der Verfügung zu regeln.

Formulierungsbeispiel: Rechtswahl zum Erbrecht der Staatsangehörigkeit 230
(Erbvertrag) ()

Ich, ***, bin ausschließlich deutscher Staatsangehöriger und habe meinen gewöhnlichen Aufenthalt in der Bundesrepublik Deutschland. Ich, ***, bin ausschließlich *** Staatsangehöriger und habe meinen gewöhnlichen Aufenthalt in der Bundesrepublik Deutschland. Vermögen im Ausland haben wir nicht. Eine Rechtswahl wurde bislang von keinem von uns getroffen.

---

[245] Diese schlägt *Litzenburger* FD-ErbR 2017, 396271 vor.
[246] So auch *Leitzen* ZEV 2018, 311 (315); *Weber* DNotZ 2018, 16 (24).
[247] BT-Drs. 18/4201, 48 und 58; *Dorth* ZEV 2018, 11 (13 f.).
[248] *Leitzen* ZEV 2018, 311 (315) mit einem Überblick zu diskutierten Lösungsansätzen; *Weber* DNotZ 2018, 16 (25 ff.).
[249] *Leitzen* ZEV 2018, 311 (316 f.).
[250] Vgl. *Döbereiner* DNotZ 2014, 323 (332) unter Verweis auf den bisherigen Meinungsstreit zu Rechtswahlen nach Art. 25 Abs. 2 EGBGB, bei denen die Frage bindender Wirkung umstritten war.
[251] Vgl. auch *Döbereiner* DNotZ 2014, 323 (334).

> Wir wählen für unsere letztwilligen Verfügungen in formeller Hinsicht und hinsichtlich der Bindungswirkung dieses Erbvertrags – soweit rechtlich möglich – das Recht der Bundesrepublik Deutschland. Diese Rechtswahl soll – vorbehaltlich des nachstehend vereinbarten Abänderungsvorbehalts soweit rechtlich möglich – mit erbvertraglicher Bindungswirkung gelten.
>
> Ich, ***, wähle auch in materieller Hinsicht vorsorglich das Recht der Bundesrepublik Deutschland.
>
> Ich, ***, möchte in materieller Hinsicht ausdrücklich nicht mein Heimatrecht wählen, so dass es bei der Anwendung des Rechts des gewöhnlichen Aufenthalts bleibt. Dies ist derzeit das Recht der Bundesrepublik Deutschland. Der Notar hat darauf hingewiesen, dass sich das anwendbare Erbrecht insoweit im Falle einer Verlegung des gewöhnlichen Aufenthalts ändern kann.

E. Typische Gestaltungssituationen

I. Einzelfallbeurteilung vs. Regelungstypen

231 Das erbrechtliche Instrumentarium wird erst dann richtig eingesetzt, wenn es im Rahmen einer konkreten Nachlassplanung dem Einzelfall gerecht wird. Jeder Fall liegt anders. Aus der Menge und Komplexität der Fälle können allerdings typische Situationen herausgefiltert werden, für die sich bestimmte Regelungen bewährt haben. Es entstehen somit Fallgruppen, für die ein bestimmtes Instrumentarium zur Verfügung steht. Auch in anderen Bereichen des Vertragsrechts wird die Topik für die praktische Kautelarjurisprudenz nutzbar gemacht, insbesondere im Ehevertragsrecht.[252] Auch im Erbrecht werden längst Regelungstypen gebildet, mit deren Hilfe die spezielle Situation des Erblassers erfasst werden kann. Dies ändert nichts daran, dass es notwendig ist, die Regelungstypen auf den Einzelfall hin zu konkretisieren.[253]

232 | **Checkliste: Erfassung der Regelungstypen**
(1) Alleinstehende Person oder verheiratet/verpartnert?
(2) Bei verheirateten Personen:
– Keine Kinder vorhanden
– Nur gemeinsame Kinder vorhanden
– Nur nicht gemeinsame Kinder vorhanden
– Gemeinsame und nicht gemeinsame Kinder vorhanden
(3) Testament allein stehender Personen:
– Lediger Erblasser
– Verwitweter Erblasser
– Geschiedener Erblasser
– Erblasser lebt in nichtehelicher Lebensgemeinschaft
(4) Probleme auf Seiten der möglichen Erben
– Ver- oder überschuldeter Erbe
– Behinderter Erbe
– Drogenabhängiger Erbe
– Sektenzugehöriger Erbe
(5) Sonderprobleme
– Die Stiftung als Erbe

---

[252] Vgl. *Langenfeld* FamRZ 1987, 9; ihm folgend: *Münch*, Ehebezogene Rechtsgeschäfte, 4. Aufl. 2015, Rn. 4334 ff.
[253] Vgl. zu dieser Methode im Erbrecht Nieder/Kössinger/*Kössinger* Testamentsgestaltung-HdB § 21 Rn. 1 ff.

- Der ältere Erblasser
- Zuwendungen an Heimträger
- Pflichtteilsklauseln
- Wiederverheiratungsklauseln
(6) Sonderkomplex: Verfügung von Todes wegen bei Unternehmern

II. Verfügungen (noch) kinderloser Ehegatten

Ehegatten berufen sich häufig gegenseitig zum Alleinerben. Ob die Form des gemein- 233
schaftlichen Testaments oder des Erbvertrags gewählt wird, hängt weitgehend von der
Antwort auf die Frage ab, ob bereits unter Lebenden eine vertragsmäßige Bindung gewollt ist oder nicht (→ Rn. 204 ff.). Bei der Schlusserbfolge – gleich ob durch gemeinschaftliches Testament oder Erbvertrag angeordnet – ist zu prüfen, ob diese
- völlig frei abänderbar,
- nur innerhalb bestimmter genau bezeichneter Personengruppen abänderbar oder
- unabänderbar, also bindend
sein soll.

Die Ersatzschlusserbenregelung sollte nicht den gesetzlichen Vermutungen überlassen 234
werden (Formulierungsvorschlag → Rn. 211).[254]

Das Pflichtteilsrecht der Eltern der Ehegatten muss berücksichtigt werden, wenn auch 235
die Geltendmachung des Elternpflichtteils in der Praxis eher die Ausnahme ist.

Soweit die Ehegatten jüngeren Alters sind, ist in jedem Falle eine Schlusserbeneinset- 236
zung der etwaigen künftigen gemeinsamen Abkömmlinge gemäß den Regeln der gesetzlichen Erbfolge empfehlenswert. Als Ersatzerben für den Fall kinderlosen Ablebens des
Letztversterbenden der Ehegatten können dann entweder je zur Hälfte die Eltern des erstversterbenden und des letztversterbenden Ehegattenteils, Geschwister und so weiter berufen werden. Das Änderungsrecht des Überlebenden kann, soweit beim Erbfall mehrere
gemeinschaftliche Kinder vorhanden sind, auf diesen Kreis beschränkt werden; im Übrigen spricht aber – wegen der Unwägbarkeiten des Lebens – vieles für eine uneingeschränkte Abänderungsbefugnis für den Längerlebenden. Bei kinderlosen Ehegatten ist
stets eine Schlusserbeneinsetzung schon deshalb empfehlenswert, weil es sonst dem Zufall
überlassen bleibt, wer letztlich das beiderseitige Vermögen der Ehegatten, insbesondere
bei kurz aufeinander folgenden Ablebensfällen (zB Verkehrsunfall), erben wird.

Zu beachten ist § 349 Abs. 1 FamFG: Soll der Schlusserbe erst nach dem Ableben des 237
Letztversterbenden von seiner Berufung erfahren, so muss der Notar seine Formulierung
so wählen, dass sie **absonderungsfähig** ist;[255] also **nicht** „Schlusserbe soll … werden"
oder „Nach dem Tode des Überlebenden soll … Erbe werden", sondern „Sollte ich, …
(Ehemann), der Letztversterbende sein, wird Erbe der …" und „Sollte ich, … (Ehefrau),
die Letztversterbende sein, wird ebenfalls … Erbe" (vgl. → Rn. 212a).

III. Verfügungen von Ehegatten mit nur gemeinsamen Kindern

Auch bei Ehegatten mit nur gemeinsamen Abkömmlingen ist häufig Inhalt des gemein- 238
schaftlichen Testaments oder Erbvertrags die gegenseitige Erbeinsetzung. Als Schlusserbeneinsetzung werden die gemeinsamen Kinder, ersatzweise deren Abkömmlinge gemäß
den Regeln der gesetzlichen Erbfolge berufen, verbunden mit dem **Änderungsvorbe-**
halt für den überlebenden Ehegatten, jedenfalls innerhalb der gemeinsamen Abkömmlinge – bei jungen Testierenden regelmäßig auch völlig frei – anderweitig zu verfügen (vgl.
zur Zulässigkeit und Wirkung des Änderungsvorbehalts → Rn. 47 ff.). Bei größerem Ver-

---

[254] Vgl. etwa OLG Hamm NJW-RR 2014, 781, wonach bei Ausschlagung des längerlebenden Ehegatten
die Schlusserben regelmäßig nicht Ersatzerben seien.
[255] Vgl. BVerfG NJW 1994, 2535.

mögen sind erbschaftsteuerliche Gesichtspunkte zu berücksichtigen (Vermächtnisse zugunsten der Kinder in Höhe des noch vorhandenen erbschaftsteuerlichen Freibetrages sowie des eventuellen Versorgungsfreibetrages, die bereits beim ersten Sterbefall anfallen mit
ggf. hinausgeschobener Fälligkeit, → Rn. 148 und Formulierungsbeispiel → Rn. 163a).
Ferner sind Pflichtteilsklauseln zu erwägen (→ Rn. 250 ff.).

Muster: Ehegattenerbvertrag
Siehe hierzu das Gesamtmuster → Rn. 523.

239 **Wiederverheiratungsklauseln** (→ Rn. 245 ff.) waren früher bei jüngeren Ehegatten
von Bedeutung. Durch zunehmende gesellschaftliche Akzeptanz der „Ehe ohne Trauschein" sind Wiederverheiratungsklauseln in der Praxis mittlerweile nahezu bedeutungs-
und wirkungslos.

240 Soweit die Kinder noch minderjährig sind, können die Eltern gemäß § 1777 Abs. 3
BGB für die Zeit nach dem Tode des Überlebenden einen **Vormund benennen** (vgl.
auch → Rn. 358 ff.). Diese Benennung ist allerdings **nur als einseitige Verfügung** möglich und folglich für den Überlebenden nicht bindend. Dieser ist stets berechtigt, eine
andere Person zu benennen (§§ 1776 Abs. 2, 1777 Abs. 3 BGB).

240a Formulierungsbeispiel: Vormundbenennung

Sollte beim Ableben des Längerlebenden von uns eines der gemeinsamen Kinder noch
minderjährig sein, benennt der Längerlebende hiermit gemäß § 1777 Abs. 3 BGB als
Vormund ***. Einen Ersatzvormund möchten wir nicht benennen.

Die Bestellung eines Gegenvormundes schließen wir aus und befreien den Vormund
von allen Beschränkungen soweit es gesetzlich zulässig ist. Insbesondere befreien wir
ihn von der Verpflichtung, Inhaber- oder Orderpapiere zu hinterlegen oder bei Buchfor-
derungen gegen den Bund oder ein Land einen beschränkenden Vermerk in das Bun-
des- und Landesschuldbuch eintragen zu lassen. Auch von der Verpflichtung, während
der Dauer des Amtes Rechnung zu legen, soll er befreit sein.

Vorstehende Vormundbenennung soll vom Familiengericht auch bei einer ggf. zu unseren Lebzeiten erforderlichen Vormundbestellung gemäß § 1779 Abs. 2 S. 2 BGB als El-
ternwille berücksichtigt werden.

240b Soweit die Ehegatten und entsprechend die Kinder älter sind, bei den Ehegatten bereits
klare Verteilungsvorstellungen bestehen, können entsprechende Teilungsanordnungen getroffen oder Vorausvermächtnisse ausgesetzt werden. Unversorgte bzw. noch in Ausbildung befindliche Kinder sind durch entsprechende Vermächtnisse (Vorausvermächtnisse)
anderen Kindern „gleichzustellen". Bei größeren „dynastisch weitergereichten" Vermögen, die zumindest in den nächsten Generationen unbedingt im Familienbesitz erhalten
werden sollen, ist die Anordnung der Vor- und Nacherbfolge zu erwägen. Für kleine
Kinder und Heranwachsende ist an die Anordnung einer verwaltenden Testamentsvollstreckung zu denken, um den Nachlass vor unüberlegter Verfügung durch die noch unerfahrenen Erben auch über das Erreichen der Volljährigkeit hinaus zu schützen.

240c Formulierungsbeispiel: Dauertestamentsvollstreckung bis zum 25. Lebensjahr

Für die Zeit bis mein Erbe das 25. Lebensjahr vollendet hat, ordne ich hinsichtlich des
diesem zufallenden Erbteils Dauertestamentsvollstreckung an.

Zum Testamentsvollstrecker bestimmt wird Frau ***, ersatzweise Herr ***.

Treten die Vorgenannten das Amt nicht an oder fallen sie nach Annahme weg, so sind sie – in der vorgenannten Reihenfolge, ersatzweise der zuletzt amtierende Testamentsvollstrecker – ermächtigt, einen Testamentsvollstrecker zu benennen.

Aufgabe des Testamentsvollstreckers ist die gesamte Vermögensverwaltung. Die dem Erben zufallenden Erträgnisse aus dem Nachlass sollen insbesondere für den standesgemäßen Unterhalt und eine solide und begabungsgerechte Ausbildung des Erben Verwendung finden. Die Testamentsvollstreckung endet, wenn der jeweilige Erbe das 25. Lebensjahr vollendet hat.

Jeder Testamentsvollstrecker ist von den Beschränkungen des § 181 BGB befreit und in der Eingehung von Verbindlichkeiten für den Nachlass nicht beschränkt. Es stehen ihm alle gesetzlichen Rechte zu.

Der Testamentsvollstrecker erhält für sein Amt keine Vergütung, jedoch Ersatz seiner Auslagen nach Auftragsrecht.

IV. Verfügungen von Ehegatten mit Kindern nur eines Ehegatten

Nichteheliche oder ersteheliche Kinder eines Ehegatten haben kraft Gesetzes keinerlei **241** Ansprüche gegen den Nachlass des mit ihnen nicht verwandten anderen Ehegatten. Bei der Gestaltung einer Verfügung von Todes wegen beider Ehegatten sind daher einerseits das meist vorhandene Interesse des überlebenden Ehegatten an einer möglichst freien Verfügungsmöglichkeit für das beiderseitige Vermögen und andererseits die Interessen des anderen Ehegatten, seinen Kindern einen angemessenen Anteil am Nachlass zu sichern, abzuwägen. Aus der Palette der erbrechtlichen Möglichkeiten sind insbesondere zu erwähnen:

- Vermächtniszuwendung an die erstehelichen Kinder für den ersten Sterbefall, fällig jedoch erst mit dem Ableben des anderen Ehegatten;
- Vermächtniszuwendung für den ersten Sterbefall, sofort fällig, jedoch belastet mit Nießbrauch als Untervorausvermächtnis für den überlebenden Ehegatten;
- Vorerbeneinsetzung des überlebenden Ehegatten (befreit/nicht befreit), Nacherbenberufung der erstehelichen Kinder;
- bindende Schlusserbeneinsetzung der erstehelichen Kinder, eventuell nur mit einer bestimmten Quote; sofern daneben noch gemeinsame Abkömmlinge vorhanden sind, Regelung innerhalb welcher Quote der Überlebende frei ändern darf;
- Berufung des überlebenden Ehegatten zum Testamentsvollstrecker.

Muster: Erbvertrag Patchworkfamilie
Siehe hierzu das Gesamtmuster → Rn. 525.

Soweit die Ehegatten im gesetzlichen Güterstand leben, das Vermögen weitgehend Zu- **242** gewinn darstellt und auf den Namen des Ehegatten mit Kindern steht, besteht die Gefahr, dass der überlebende Ehegatte bei zu starren Bindungen bzw. zu hohen Vermächtnis- bzw. Erbenberufungen der erstehelichen Kinder die ihm gemachte Zuwendung ausschlägt, den Zugewinn und sodann den kleinen Pflichtteil gemäß § 1371 Abs. 2 BGB geltend macht. In diesem Falle sind der ehevertragliche Ausschluss des Zugewinnausgleichs für den Todesfall sowie ein gegenseitiger Pflichtteilverzicht zu erwägen.

V. Verfügungen von Partnern einer nichtehelichen Lebensgemeinschaft

Die Interessenlage entspricht bei Partnern einer nichtehelichen Lebensgemeinschaft häufig **243** grundsätzlich derjenigen von Ehegatten. Früher wurde vor allem im Hinblick auf die

Rechtsprechung zum sog. Mätressentestament[256] bei noch bestehender ehelicher Bindung eines Ehegatten das Risiko der Unwirksamkeit wegen Sittenwidrigkeit diskutiert. Vorrangig ist aber zunächst vom Grundsatz der Testierfreiheit des Erblassers auszugehen. Zwischenzeitlich wird man überdies im Hinblick auf gewandelte gesellschaftliche Moralvorstellungen Sittenwidrigkeit in diesen Konstellationen nur noch ganz ausnahmsweise annehmen können.[257]

244   Bei der Gestaltung sind folgende **Besonderheiten** zu beachten:

(1) Nach § 2265 BGB können Partner einer nichtehelichen Lebensgemeinschaft **kein gemeinschaftliches Testament** errichten.

(2) **Pflichtteilsansprüche** von Abkömmlingen wirken sich, wenn die Partner nicht miteinander verheiratet sind, stärker aus.

(3) Die **Erbschaftsteuer** spielt eine größere Rolle (in der Regel Steuerklasse III). Sind gemeinschaftliche Kinder vorhanden, kann es empfehlenswert sein, diese zu Erben zu bestimmen und den länger lebenden Teil der nichtehelichen Lebensgemeinschaft anderweitig abzusichern (Wohnungsrecht, Nießbrauch, Testamentsvollstreckung etc). Sollen Verwandte eines oder beider Partner nach dem Tode des Überlebenden erben, so kann die Anordnung von Vor- und Nacherbfolge im Hinblick auf § 6 Abs. 2 S. 2 ErbStG zweckmäßig sein.[258]

(4) Bei einem Erbvertrag ist – dem losen Charakter der nichtehelichen Lebensgemeinschaft entsprechend – regelmäßig ein **Rücktrittsvorbehalt** zu empfehlen. Um Beweisschwierigkeiten zu vermeiden sollte dieses völlig frei ausgestaltet sein, also ohne die Tatbestandsvoraussetzung der Trennung, da die Unwirksamkeitsvermutung der §§ 2279 Abs. 2, 2077 BGB nicht gilt. Auch auflösende Bedingungen können sinnvoll sein, etwa die Verehelichung mit einem Dritten.

VI. Wiederverheiratungsklausel

245   Den weitaus meisten Ehegattentestamenten liegt die **Einheitslösung** zugrunde: Der überlebende Ehegatte wird Vollerbe; nach dem Tode des Letztversterbenden fällt der beiderseitige Nachlass an einen Dritten (Kinder). Verehelicht sich der überlebende Ehegatte wieder, so kann er mangels anderweitiger Bestimmungen gemäß § 2079 BGB seine eigene (wechselbezügliche oder erbvertraglich bindende) Verfügung anfechten. Diese Anfechtung führt zur Unwirksamkeit auch der wechselbezüglichen Verfügung des anderen Ehegatten. Deshalb kommt einem Anfechtungsverzicht große Bedeutung zu (→ Rn. 53 f.). Wiederverheiratungsklauseln können die gesetzlichen Folgen der Anfechtungsmöglichkeit beseitigen. Nach Auffassung des BVerfG[259] darf auf erbrechtlich Bedachte kein unzumutbarer wirtschaftlicher Druck in Bezug auf ihr familiäres Verhalten ausgeübt werden. Es bleibt abzuwarten, wie sich diese Rechtsprechung auf Wiederverheiratungsklauseln auswirken wird.[260] Nachdem dem Erblasser aber – in den Grenzen des Pflichtteilsrechts – auch die Möglichkeit einer Enterbung des Ehegatten offen steht, wird man eher einen weiten Regelungsspielraum annehmen dürfen.

246   **1. (Bedingte) Vor- und Nacherbschaft.** Die Vollerbschaft des überlebenden Ehegatten kann an die auflösende Bedingung der Wiederverheiratung geknüpft werden. Die Kinder (Abkömmlinge) würden insoweit aufschiebend bedingt zum Nacherben berufen. Hinter der auflösend bedingten Vollerbschaft des Ehegatten steht dann eine aufschiebend beding-

---

[256] Vgl. BGHZ 20, 71, wo noch rein subjektiv auf die „unredliche Gesinnung des Erblassers" abgestellt wurde; bereits BGHZ 53, 376 betont stärker die objektive Seite, nämlich „die Art und Weise, in der der Erblasser seinen Nachlass verteilt wissen will"; weiter einschränkend BGH NJW 1983, 674.
[257] Vgl. Nieder/Kössinger/*Kössinger* Testamentsgestaltung-HdB § 14 Rn. 166.
[258] *Grziwotz* ZEV 1994, 273.
[259] „Hohenzollern"-Beschluss, ZEV 2004, 241.
[260] Vgl. *Otte* ZEV 2004, 393; *Scheuren-Brandes* ZEV 2005, 185; *Kroppenberg* S. 34 ff.

te Vorerbschaft, verbunden mit einer gleichfalls bedingten Nacherbschaft der Kinder.[261] Klarzustellen ist, ob der überlebende Ehegatte befreiter oder nicht befreiter Vorerbe sein soll. Da die Rechtsstellung des überlebenden Ehegatten bis zu seinem Tode unter der Möglichkeit einer Veränderung in Vor- und Nacherbschaft steht, also alle seine Verfügungen mit dem Problem einer bedingt möglichen Unwirksamkeit zugunsten der eventuellen Nacherben belastet sind und folglich im Erbschein und im Grundbuch ein entsprechender Vermerk einzutragen ist,[262] ist diese früher nicht selten gewählte **Gestaltung dringend zu vermeiden.** „Misstraut" der Erblasser seinem Ehegatten, so sollte er gleich von der Möglichkeit der Vor- und Nacherbfolge ggf. kombiniert mit Erleichterungen für den länger lebenden Ehegatten (zB befreite Vorerbeinsetzung und/oder Vorausvermächtnis) Gebrauch machen. „Unzumutbarer Druck" im Sinne des „Hohenzollern"-Beschlusses des BVerfG[263] kann vom überlebenden Ehegatten dadurch genommen werden, dass der Nacherbfall erst bei seinem Ableben eintritt oder ihm eine ausreichende Versorgung („Apanage") gewährt wird.[264]

2. Vermächtnis. Das Vermächtnisrecht bietet viele **Variationsmöglichkeiten.** Zu denken ist an aufschiebend bedingte Vermächtnisse zugunsten der Abkömmlinge bezüglich bestimmter Nachlassgegenstände oder in Geld für den Fall der Wiederverheiratung. Unter(voraus-)vermächtnisse für den überlebenden Ehegatten (bzw. bei Grundstücken als Wohnungs- oder Nießbrauchsrecht) sind zu erwägen. Auch kann anstelle der aufschiebend bedingten Vorerbschaft mit (aufschiebend) bedingten Vorvermächtnissen für den Ehegatten und Nachvermächtnissen für die Abkömmlinge gearbeitet werden. 247

3. Übergabeverpflichtung. Soweit die Sorge des Erblassers dahin geht, dass das Anwesen oder ein Gewerbebetrieb in die von ihm abstammende nächste Generation überführt wird, kann an eine Übergabeverpflichtung unter Lebenden gedacht werden. Hier verbinden die Ehegatten meist mit dem Erbvertrag einen **Vertrag zugunsten Dritter** gemäß §§ 328 ff. BGB. Während im Erbvertrag die Ehegatten sich gegenseitig zum Erben einsetzen, verpflichtet sich durch Rechtsgeschäft unter Lebenden jeder Ehegatte für den Fall, dass er der Überlebende sein wird, das Anwesen (oder ein anderes bestimmtes Objekt) einem bestimmten Abkömmling zu übereignen. Der Zeitpunkt der Übereignung (und damit der Entstehung des Rechts des Dritten) kann der Tag der Wiederverehelichung oder ein bestimmtes Alter des Dritten sein. Soweit der begünstigte Abkömmling noch nicht bestimmt ist, kann die Bestimmung dem überlebenden Ehegatten oder einem Dritten überlassen werden (§ 315 BGB). Der durch die Übergabeverpflichtung begründete Anspruch kann sofort durch Eintragung einer Vormerkung gemäß § 883 BGB gesichert werden, auch wenn der Dritte noch nicht individuell bestimmt ist; Bestimmbarkeit genügt.[265] In jedem Falle sollte ausdrücklich geregelt werden, ob den Vertragsparteien (Eltern) die Befugnis vorbehalten bleibt, die Rechte des Dritten ohne dessen Zustimmung aufzuheben und abzuändern (§ 328 Abs. 2 BGB). 248

4. Eheähnliches Verhältnis. Die erbrechtliche Wiederverheiratungsklausel oder die auf den Wiederverheiratungsfall abgestellte Übergabeverpflichtung kann den Überlebenden in Versuchung führen, der Wiederverheiratung ein eheähnliches Verhältnis vorzuziehen und so die Regelung zu einem zahnlosen Tiger zu machen. War eine nichteheliche Lebensgemeinschaft früher aus gesellschaftlichen Gründen für viele nur schwer denkbar, ist sie inzwischen aufgrund gewandelter gesellschaftlicher Moralvorstellungen eine nicht nur statistisch relevante Lebensform geworden. Es wird daher gelegentlich formuliert, dass die 249

---

[261] RGZ 156, 172; BGHZ 96, 198; *Hurst* MittRhNotK 1963, 439.
[262] BeckOK GBO/*Zeiser* GBO § 51 Rn. 20, 36.
[263] ZEV 2004, 241.
[264] Vgl. *Scheuren-Brandes* ZEV 2005, 185 mit Formulierungsvorschlägen.
[265] *Röll* MittBayNot 1963, 98; BayObLG DNotZ 1989, 370; *Kohler* DNotZ 1989, 339.

Konsequenzen der Wiederverheiratungsklausel auch bei Eingehung eines eheähnlichen Verhältnisses eintreten sollen. Rechtlich möglich sind solche Formulierungen; jedoch werden – selbst bei Bezugnahme auf die zu § 1579 Nr. 2 BGB bestehende Kasuistik[266] – Unsicherheiten und Beweisschwierigkeiten geschaffen, weshalb solche Regelungen nicht empfehlenswert erscheinen.

VII. Pflichtteilsklausel

250   Die Verfügung, dass derjenige Abkömmling, der nach dem Ableben des erstversterbenden Elternteils das gesetzliche Pflichtteilsrecht geltend macht, auch beim Ableben des Letztversterbenden auf den Pflichtteil gesetzt wird, soll dazu führen, dass beim ersten Sterbefall der Pflichtteil nicht geltend gemacht wird. Eine weitere Sanktion ist die so genannte „Jastrow'sche Klausel".[267] Hier wird denjenigen Abkömmlingen, die beim ersten Sterbefall den Pflichtteil nicht geltend machen, für den Fall der Geltendmachung des Pflichtteils durch einen weiteren Abkömmling ein Vermächtnis in beliebiger Höhe, meist in Geld und im Wert des gesetzlichen Erbteiles zugewendet, das mit dem Tode des Erstversterbenden der Eltern anfällt, jedoch erst beim Tode des Letztversterbenden fällig wird. Durch dieses Vermächtnis wird der Nachlass des Letztversterbenden reduziert, und damit auch der Pflichtteil beim zweiten Sterbefall. Mit der Höhe des Vermächtnisses bestimmt der Erblasser auch den Umfang des Nachlasses beim zweiten Sterbefall. Zu beachten ist jedoch, dass die angeordneten Vermächtnisse vom Überlebenden, wenn die Bedingung eingetreten ist (Pflichtteilsverlangen), nicht mehr änderbar sind.[268] Die Enterbung des den Pflichtteil fordernden Abkömmlings hingegen darf der Überlebende stets rückgängig machen, da sie nicht bindend vereinbart werden kann (§§ 2270 Abs. 3, 2278 Abs. 2 BGB). Pflichtteilsklauseln sind auf die Abkömmlinge des Kindes zu erstrecken, das den Pflichtteil geltend gemacht hat, vor allem im Hinblick auf das Ableben des Kindes vor dem zweiten Sterbefall. Wird der Pflichtteilsanspruch nicht vom Abkömmling selbst, sondern von einem Dritten geltend gemacht, der im Wege der Erbfolge an die Stelle des Abkömmlings getreten ist, so kann auch dieser Fall von der Geltung der Pflichtteilsklausel erfasst sein. Maßgebend ist insoweit der im Wege der Auslegung zu ermittelnde Wille der Testierenden.[269]

251   **Formulierungsbeispiel: Pflichtteilsklausel in Anlehnung an Jastrow**

Für den Fall, dass ein Kind bzw. dessen Abkömmlinge beim Tode des Erstversterbenden gegen den Willen des Längerlebenden von uns den Pflichtteil verlangen sollte, bestimmen wir Folgendes: Die den Pflichtteil nicht fordernden als Schlusserben eingesetzten Abkömmlinge erhalten ein beim ersten Erbfall anfallendes, bis zum zweiten Erbfall gestundetes Vermächtnis in Höhe ihres gesetzlichen Erbteiles nach dem Erstversterbenden. Der beim Tode des Erstversterbenden den Pflichtteil verlangende Abkömmling und sein Stamm werden auch für den Tod des Letztversterbenden von uns von der Erbfolge ausgeschlossen.

252   Zu ergänzen wären noch Fragen um die Verzinsung des bedingten Vermächtnisses, der Vererblichkeit des bei vorstehender Formulierung nur gestundeten Vermächtnisses und des Anspruchs auf Sicherung.[270]

253   Für die Höhe des Pflichtteils spielt die Frage eine Rolle, in welchem **Güterstand** die Ehegatten leben und welche Zuwendungen unter Lebenden in Anrechnung auf den

---

[266] Vgl. Palandt/*Brudermüller* BGB § 1579 Rn. 11 ff.

[267] DNotV 1904, 425.

[268] Zu den vielfältigen Variationsmöglichkeiten und der praktischen Tauglichkeit von Pflichtteilsstrafklauseln s. *J. Mayer* ZEV 1995, 136 und MittBayNot 1996, 80.

[269] BayObLG DNotZ 1996, 312.

[270] Vgl. *J. Mayer* MittBayNot 1996, 80; vgl. Formulierungsbeispiel → Rn. 163a.

Pflichtteil vorgenommen wurden (§ 2315 BGB). Gütertrennung bei mehr als einem Kind wirkt gegenüber dem gesetzlichen Güterstand stets pflichtteilserhöhend. Bei größeren Vermögen bzw. bei Unternehmern sollte auf einen gegenständlich beschränkten Pflichtteilsverzicht (→ Rn. 368) oder auf einen Pflichtteilsverzicht nach dem Ableben des Erstversterbenden hingewirkt werden.

Der Pflichtteil kann auch durch letztwillige Anordnung gemäß §§ 2333 ff. BGB entzogen werden. Die Wirksamkeit setzt voraus, dass der **Entziehungsgrund** in der Verfügung von Todes wegen angegeben ist (Angabe der betroffenen Person, Anordnung der Entziehung und Angabe der Gründe). Hierbei ist der zutreffende Kernsachverhalt, den der Testator als Grund für die Entziehung des Pflichtteils ansieht, anzugeben.[271] Entziehung des Pflichtteils setzt Verschulden des Pflichtteilsberechtigten voraus, wenn auch nicht im strafrechtlichen Sinne; der Betroffene muss aber in der Lage sein, das Unrecht seiner Tat einzusehen.[272] Auf möglichst genaue Angabe der Einzelumstände ist Wert zu legen. Die Entziehung kann nur durch einseitige Verfügung angeordnet werden; eine vertragsmäßige Bindung ist unzulässig.[273] Der Ausdruck „Enterbung" ist zu vermeiden, da er unpräzise ist.

Gegenüber Abkömmlingen (auch nichtehelichen) ist die **Beschränkung des Pflicht-** **teilsrechts** oder des Erbteils gemäß § 2338 BGB möglich. Die nach § 2338 BGB möglichen Anordnungen sind ebenfalls nur einseitig, nicht vertragsmäßig zulässig. Auch hier muss der Grund der Pflichtteilsbeschränkung in der Verfügung angegeben werden. Der durch Erbvertrag oder gemeinschaftliches Testament gebundene Erblasser kann Anordnungen nach § 2338 BGB frei und ohne Wissen des anderen Teils treffen (§§ 2289 Abs. 2, 2271 Abs. 3 BGB).

VIII. Erbrecht des Lebenspartners

Das Erbrecht des überlebenden Lebenspartners ist in § 10 LPartG geregelt: Die Partner einer eingetragenen Lebenspartnerschaft waren bereits seit 1.1.2005 unabhängig von der „Ehe für alle"[274] **Ehegatten gleichgestellt.** Sie haben ein gesetzliches Erb- und Pflichtteilsrecht, einen Voraus und die Möglichkeit, gemeinschaftliche Testamente zu errichten sowie Erb- und Pflichtteilsverzichte zu vereinbaren. Für eine letztwillige Verfügung zugunsten des Lebenspartners gilt nach § 10 Abs. 5 LPartG, dass die Verfügung durch Aufhebung der Lebenspartnerschaft bzw. in den Fällen der Antragstellung regelmäßig unwirksam ist, dies aber nicht sein muss (Verweisung auf § 2077 BGB). Empfehlenswert ist daher, bei Verfügungen von Lebenspartnern diese Fragen ebenso wie bei Ehegatten ausdrücklich zu regeln (→ Rn. 51 f.).[275] Die Gestaltungsüberlegungen von Partnern einer eingetragenen Lebenspartnerschaft sind ähnlich wie die von Ehegatten. Die Besonderheit ist das Fehlen leiblicher gemeinschaftlicher Abkömmlinge der Lebenspartner. § 9 Abs. 7 LPartG sieht seit 1.1.2005 die Möglichkeit vor, ein Kind des Lebenspartners zu adoptieren (entsprechend § 1741 Abs. 2 S. 3 BGB). Seit 14.12.2010 sind Lebenspartner **auch bei der Erbschaftsteuer Ehegatten vollkommen gleichgestellt** (vgl. auch → Rn. 21).

IX. Verfügung getrennt lebender Ehegatten und Geschiedener

Getrennt lebende bzw. geschiedene Ehegatten legen häufig Wert darauf, dass der andere Teil nicht, auch nicht als Erbeserbe, an ihrem Nachlass partizipiert oder Einfluss auf diesen Nachlass gewinnt. Bei getrennt lebenden Ehegatten ist zunächst festzustellen, ob sie mit dem anderen Teil einen Erbvertrag oder ein gemeinschaftliches Testament errichtet

254

255

256

257

---

[271] OLG Düsseldorf ZEV 1995, 410.
[272] BVerfG NJW 2005, 1561.
[273] BGH FamRZ 1961, 437.
[274] Gesetz zur Einführung des Rechts auf Eheschließung für Personen gleichen Geschlechts, BGBl. 2017 I 2787.
[275] *Müller* DNotZ 2001, 581 (587); *Langenfeld* ZEV 2002, 8.

haben, ob deren Wirkungen nach §§ 2268, 2077 BGB oder §§ 2279, 2077 BGB weggefallen sind oder ob ein Widerruf nach § 2271 BGB nötig, der Rücktritt vom Erbvertrag
nach §§ 2293, 2294 BGB oder dessen Anfechtung nach § 2281 BGB möglich ist. Auch
bei geschiedenen Ehegatten ist zu prüfen, ob bindende Verfügungen wegen eines entsprechenden Fortgeltungswillens möglicherweise ihre Bindungswirkung behalten haben
(→ Rn. 32, 204b).

258   Sind gemeinsame Kinder vorhanden, die Erbe werden sollen, so besteht die Gefahr,
dass bei Ableben des Kindes nach Eintritt des Erbfalls der getrennt lebende oder geschiedene Ehegatte Erbeserbe wird oder die Erbschaft des erstversterbenden Teils zumindest
Grundlage einer Pflichtteilsberechnung wird. Schließlich – bei Minderjährigkeit des Erben – ist zu beachten, dass der getrennt lebende oder geschiedene Partner über § 1680
Abs. 1 BGB an die Verwaltung des Nachlasses gelangt.

259   Soll ein gemeinschaftliches Kind Erbe werden, ist häufig die **Anordnung der Nacherbfolge** Mittel der Wahl, um zu verhindern, dass der Nachlass beim Ableben des Kindes
an den getrennt lebenden oder geschiedenen Partner gelangt oder Grundlage einer
Pflichtteilsberechnung wird. Die Nacherbfolge kann auch bedingt ausgestaltet werden,
etwa in der Weise, dass sie nur dann eingreift, wenn der getrennt lebende oder geschiedene Ehegatte, dessen Verwandte aufsteigender Linie und dessen Deszendenten aus anderen
Verbindungen zum Zuge kämen. Meist wird es der Interessenlage entsprechen, den Vorerben so frei wie möglich zu stellen. Zu Möglichkeiten und Grenzen, wie der Vorerbe
trotz § 2065 BGB Einfluss auf die Person des Nacherben nehmen kann, insbesondere
eine auflösend bedingte Nacherbfolge (→ Rn. 133 f.). Allerdings führt eine solche auflösend bedingt angeordnete Nacherbschaft dazu, dass durch den Bedingungseintritt das
Kind Vollerbe und damit der Nachlass Berechnungsgrundlage für den Pflichtteilsanspruch
des früheren Ehegatten wird.

260   Soll verhindert werden, dass der getrennt lebende oder geschiedene Ehegatte das Ver-
mögenssorgerecht über das geerbte Vermögen eines minderjährigen Kindes ausübt, ist
entweder eine Anordnung nach § 1638 Abs. 1 BGB zu treffen oder Testamentsvollstreckung (ggf. kombiniert) anzuordnen. Wird von der Möglichkeit des § 1638 Abs. 1 BGB
Gebrauch gemacht, kann zugleich ein Pfleger nach § 1917 Abs. 1 BGB bestimmt werden.
Der Entzug des Vermögenssorgerechts schließt regelmäßig auch die Frage der Annahme
oder Ausschlagung der Erbschaft ein.[276]

261   **Formulierungsbeispiel: Geschiedenentestament mit Vor- und Nacherbfolge**

☙   Meine Kinder sind jedoch nur Vorerben. Von den gesetzlichen Beschränkungen sind sie,
soweit zulässig, befreit.

Die Nacherbfolgeanordnung entfällt nach dem Ableben meines geschiedenen Ehegatten, sofern Abkömmlinge, die von ihm abstammen, soweit sie nicht mit mir gemeinschaftlich sind, und seine Verwandten aufsteigender Linie nicht oder nicht mehr leben;
ferner wenn eine Erbberechtigung des ausgeschlossenen Personenkreises auf Grund eines Erbverzichts nicht gegeben ist. Die Nacherbfolgeanordnung ist also insoweit auflösend bedingt angeordnet.

[*ggf.:* Die Beschränkungen der Vor- und Nacherbschaft entfallen außerdem für den jeweiligen Erben bei Vorhandensein eines eigenen Abkömmlings (auch angesichts der Gefahr, dass dieser Abkömmling eventuell nachträglich wieder wegfällt) bzw. bei Errichtung einer wirksamen eigenen Verfügung von Todes wegen durch den jeweiligen Erben.
Ab diesem Zeitpunkt ist der jeweilige Erbe unbeschwerter Vollerbe.]

Zu Nacherben berufe ich die Abkömmlinge der jeweiligen Vorerben zu unter sich gleichen Teilen nach Stämmen gemäß den Regeln der gesetzlichen Erbfolge für die erste
Ordnung. Falls solche nicht vorhanden sind, meine übrigen Abkömmlinge ebenfalls

---

[276] BGH MittBayNot 2017, 595 mAnm *Suttmann*.

nach den Regeln der gesetzlichen Erbfolge für die erste Ordnung, falls auch solche fehlen: diejenigen Personen, die meine gesetzlichen Erben wären, wenn ich im Zeitpunkt des Eintritts des Nacherbfalles ohne Hinterlassung von Abkömmlingen gestorben wäre, gemäß den gesetzlichen Regeln. Die Nacherben sind auch Ersatzerben.

Die Nacherbfolge tritt ein mit dem Ableben des Vorerben. Das Nacherbenanwartschaftsrecht ist zwischen Erbfall und Nacherbfall nicht vererblich und auch nicht übertragbar.

Wenn einer meiner Abkömmlinge, der mit meinem geschiedenen Ehegatten in gerader Linie verwandt ist oder wäre, Erbe werden sollte, unterliegt die Erbschaft bei ihm auch wieder der oben angeordneten Nacherbfolge.

Mein geschiedener Ehegatte, dessen Abkömmlinge aus anderen Verbindungen als mit mir und seine Verwandten aufsteigender Linie sind als Nacherben ausgeschlossen.

Soweit ein Vorerbe zum Zeitpunkt des Erbfalls noch minderjährig ist, entziehe ich meinem geschiedenen Ehegatten gemäß § 1638 BGB das Recht, den Erwerb von Todes wegen zu verwalten einschließlich der Entscheidung über die Annahme oder Ausschlagung der Erbschaft. Als Ergänzungspfleger benenne ich insoweit gemäß §§ 1909 Abs. 1, 1917 BGB *** und erteile ihm umfassende Befreiung gemäß §§ 1852–1854 BGB.

Großer Nachteil der klassischen Lösung beim Geschiedenentestament durch Anordnung von Vor- und Nacherbfolge ist die „entmündigende Wirkung" für das Kind, das weder unentgeltlich über Nachlassgegenstände verfügen, noch solche (zB seinem Ehegatten) erbrechtlich zuwenden kann.[277] Wenn die Gefahr, dass der Nachlass beim Tod des Erben Grundlage einer Pflichtteilsberechnung zugunsten des früheren Ehegatten wird, als nicht so bedeutend angesehen wird, so genügt die für den Erben wesentlich weniger belastende Anordnung eines auf den Tod des Erben **aufschiebend bedingten Herausgabevermächtnisses** für den Überrest. Dabei kann dem Erben das Recht eingeräumt werden, die Vermächtnisnehmer dieses Herausgabevermächtnisses noch zu bestimmen.[278] **262**

X. Ver- oder überschuldete Erben („Bedürftigentestament")

Erblasser sehen in vielen Fällen Gefahren für den Nachlass, wenn der von ihnen ins Auge gefasste Erbe verschuldet oder gar überschuldet ist. Die Gläubiger des Erben könnten bei Anfall der Erbschaft ihre Forderung durch Zugriff auf den Nachlass befriedigen. Der Erblasser hat in aller Regel das Ziel, einerseits diesen Zugriff der Gläubiger des Erben (oder auch des Insolvenzverwalters) auf den Nachlass zu verhindern und andererseits dem Erben dennoch einen möglichst unbeschränkten Genuss des Nachlasses – jedenfalls nach Wegfall der Notlage – zu ermöglichen. Diese Ziele lassen sich nicht in allen Teilen gleichzeitig erreichen.[279] Soweit ein Insolvenzverfahren in Betracht kommt, wird der Erblasser auch die Restschuldbefreiung des Erben nicht gefährden wollen. Die Vielschichtigkeit der zu beachtenden Probleme schließt – wie beim sog. Behindertentestament (→ Rn. 285 ff.) – eine immer passende Standardlösung aus und verlangt vielmehr individuell zugeschnittene Lösungsansätze. Folgende Handlungsalternativen sind abzuwägen: **263**

1. Lösungsansätze auf Ebene des bedürftigen Erben. Unternimmt der Erblasser gar nichts und hat der Betroffene einen gesetzlichen Erbanspruch, so fällt die Erbschaft bzw. der Erbteil von selbst an (§ 1922 BGB) und unterliegt somit dem **Gläubigerzugriff.** Dann kann nur noch der Erbe selbst durch Ausschlagung den Anfall und damit den Zugriff verhindern. § 83 Abs. 1 InsO regelt, dass die Entscheidung hierüber als höchstper- **264**

---

[277] Nieder/Kössinger/*Kössinger* Testamentsgestaltungs-HdB § 21 Rn. 41.

[278] Vgl. zu dieser Gestaltungsvariante Nieder/Kössinger/*Kössinger* Testamentsgestaltungs-HdB § 21 Rn. 54 mit Formulierungsvorschlag.

[279] Vgl. umfassend *J. Mayer* MittBayNot 2011, 445; ebenfalls sehr instruktiv *Kiesgen* RNotZ 2018, 429.

sönliche allein dem Erben zusteht, die nicht der Insolvenzanfechtung unterliegt.[280] Auch die Entscheidung, den Pflichtteil zu verlangen, ist eine höchstpersönliche des Schuldners.[281] Als bindend eingesetzter Vertragserbe kann er an der Aufhebung dieser Erbeinsetzung mitwirken.[282] Auch diese Entscheidungen des Schuldners unterliegen nicht der Insolvenzanfechtung.

265   Der künftige Erbe kann auch vorsorgend auf seine Erb- und Pflichtteilsansprüche nach dem Erblasser verzichten. Dies ist auch bei Bezug von Sozialhilfe grundsätzlich nicht sittenwidrig.[283]

266   Befindet sich der Erbe bereits in der Wohlverhaltensphase eines Insolvenzverfahrens und nimmt er eine Erbschaft oder ein Vermächtnis an, so hat er gemäß § 295 Abs. 1 Nr. 2 InsO (nur) die Hälfte des erworbenen Vermögens in Geld an den Treuhänder herauszugeben. Zur etwa nötigen Versilberung ist ihm eine gewisse Zeitspanne einzuräumen.[284] Schlägt er aus, gibt er einen Erb- oder Pflichtteilsverzicht ab oder macht er den Pflichtteil nicht geltend, ist dies keine Obliegenheitsverletzung und gefährdet seine Restschuldbefreiung nicht.[285]

267   All diese Maßnahmen verhindern aber nur den Zugriff der Gläubiger bzw. des Insolvenzverwalters, erreichen aber keine Beteiligung des gewünschten Erben am Nachlass.

268   **2. Schlichte Enterbung des Bedürftigen.** Dies gilt auch für die **schlichte Enterbung** des Betroffenen. Ist dieser Pflichtteilsberechtigt, können zwar die Gläubiger bzw. der Insolvenzverwalter den Pflichtteil nicht anstelle des Erben geltend machen. Entgegen dem Wortlaut des § 852 Abs. 1 ZPO kann aber der noch nicht geltend gemachte Pflichtteil bereits durch die Gläubiger gepfändet oder Teil der Insolvenzmasse werden, wenn er auch erst nach Vorliegen der Voraussetzungen des § 852 Abs. 1 ZPO verwertbar ist.[286] Er unterliegt im Insolvenzverfahren sogar nach Aufhebung des Verfahrens (unbefristet) einer Nachtragsverteilung.[287] Nimmt der Bedürftige Sozialleistungen in Anspruch, kann der Hilfeträger den Pflichtteilsanspruch gemäß § 93 Abs. 1 SGB XII auf sich überleiten und verwerten.

269   **3. Anordnung von Nacherbfolge und Testamentsvollstreckung.** Soll der Zugriff von Eigengläubigern des Erben vermieden werden, empfiehlt sich für den Erblasser häufig die **Anordnung von Vor- und Nacherbfolge in Kombination mit Testamentsvollstreckung** (Dauertestamentsvollstreckung);[288] § 2214 BGB schließt dann einen Zugriff der Gläubiger aus. Die bloße Anordnung der Vor- und Nacherbfolge – ohne begleitende Testamentsvollstreckung – reicht nicht aus: Nach § 2115 BGB ist die Zwangsvollstreckung in einen Erbschaftsgegenstand, welcher der Nacherbfolge unterliegt, nur „im Fall des Eintritts der Nacherbfolge insoweit unwirksam, als sie das Recht des Nacherben vereiteln oder beeinträchtigen würde". Der Schutz würde sich also erst beim Nacherbfall auswirken und auch die dem Vorerben zustehenden Erträgnisse nicht schützen. Das entscheidende Regelungsinstrument ist insoweit die Anordnung der Dauertestamentsvollstreckung.[289] Der Gebrauch dieser vom Gesetzgeber zur Verfügung gestellten erbrechtlichen Regelungsmöglichkeiten ist regelmäßig auch von der Testierfreiheit des Erblassers

---

[280] BGH NJW 2011, 2291.
[281] BGH NJW 1997, 2384.
[282] BGH ZEV 2013, 266.
[283] BGH MittBayNot 2012, 138 mAnm *Spall*.
[284] BGH ZEV 2013, 268.
[285] Vgl. BGH ZEV 2009, 469.
[286] BGHZ 123, 183.
[287] BGH ZEV 2011, 87.
[288] Zum Verhältnis von Dauertestamentsvollstreckung und Auseinandersetzungsverbot *Scheuren-Brandes* ZEV 2007, 306.
[289] So auch *Tersteegen* ZErb 2011, 234, der sogar erwägt, auf die Vor- und Nacherbschaft ganz zu verzichten, diese Lösung aber wegen entstehender Schutzlücken beim Tod des Bedürftigen selbst verwirft.

gedeckt und daher **nicht sittenwidrig**.[290] Die für den betroffenen Erben angeordneten Beschwerungen haben auch regelmäßig zur Folge, dass dieser gemäß § 2306 Abs. 1 BGB die Erbschaft ausschlagen und den Pflichtteil verlangen kann. Dieser fiele dann allerdings der Verwertung durch die Gläubiger bzw. den Insolvenzverwalter anheim, so dass dies für den Erben in aller Regel keine sinnvolle Option sein wird.

Soll der Erbe Einfluss auf die Verwaltung des Nachlasses erhalten, kann er zum Mittes- 270 tamentsvollstrecker bestimmt werden. Zum Aufgabenbereich des (Mit-)Testamentsvoll-streckers wird regelmäßig auch die Verwaltung der Rechte des Nacherben gemäß § 2222 BGB gehören müssen. Im Sonderfall des § 2338 BGB (Überschuldung des Erben) kann auch der Pflichtteilsanspruch des ins Auge gefassten Erben, wenn dieser wegen der Über-schuldung in seiner Person übergangen werden soll, entsprechend beschränkt werden; § 2338 BGB gilt allerdings nur für Abkömmlinge.

4. Vermächtnisweise Zuwendungen. Statt der Vor- und Nacherbschaftslösung wird 271 auch die Anordnung eines Vor- und Nachvermächtnisses diskutiert. Der Nachteil dieser Lösung liegt vor allem darin, dass beim Tod des Bedürftigen den Nachvermächtnisneh-mern nur ein schuldrechtlicher Herausgabeanspruch zusteht, dessen Rangverhältnis in der Insolvenzmasse[291] und gegenüber etwaigen Kostenersatzansprüchen des Sozialhilfeträgers gemäß § 102 SGB XII nicht endgültig geklärt ist.[292]

Denkbar wäre auch, den verschuldeten Erben erbrechtlich zu übergehen und stattdes- 272 sen andere Personen, etwa seine **Abkömmlinge, zu Erben einzusetzen.** Um den so übergangenen Erben abzusichern, könnten ihm durch **Vermächtnis** Gegenstände zuge-wendet werden, die entweder nicht pfändbar sind (wie etwa das Wohnungsrecht, das nach § 1092 Abs. 1 S. 1 BGB nicht einem Dritten zur Ausübung überlassen werden kann, wenn nicht die Überlassung gemäß § 1092 Abs. 1 S. 2 BGB gestattet ist) oder deren Pfän-dung kaum zu befürchten ist (etwa Nießbrauch an Einrichtungs- und Hausratsgegenstän-den). In Betracht käme auch die Zuwendung eines Geldrentenvermächtnisses im Rahmen der unpfändbaren Beträge von § 850b Abs. 1 Nr. 3, Abs. 2 ZPO und der nach § 90 Abs. 2 Nr. 9 SGB XII nicht zu verwertenden „kleineren Barbeträge".

5. Sog. „Besserungsklauseln". Die Möglichkeit, dass der zu Bedenkende erfolgreich 273 ein Restschuldbefreiungsverfahren nach der InsO durchführt und somit der Grund für die beschränkenden Anordnungen in Wegfall gerät, unterscheidet das Bedürftigentestament vom sog. Behindertentestament, dessen Anordnungen regelmäßig dauerhaft erforderlich sind (→ Rn. 285 ff.). Allerdings eignet sich das erfolgreiche Restschuldbefreiungsverfahren nur bedingt als Anknüpfungspunkt für eine auflösende Bedingung beschränkender An-ordnungen, da dann bei dem Insolvenzschuldner bereits vorher Anwartschaftsrechte ent-stehen, welche in die Insolvenzmasse fallen oder einer Nachtragsverteilung unterliegen bzw. pfändbar sind, auch wenn die Übertragbarkeit vom Erblasser ausgeschlossen wur-de.[293] In der Kautelarpraxis haben sich Bedingungs-, Anfechtungs- und Befreiungslösung als Gestaltungsvarianten herausgebildet.[294] All diese **„Besserungsklauseln"** erscheinen aber **problembehaftet,** weshalb ein gänzlicher Verzicht auf diese vorzugswürdig er-scheint. Teilweise wird auch die Einsetzung eines „zuverlässigen Dritten" mit der Aufla-

---

[290] *J. Mayer* MittBayNot 2011, 445 mwN; *v. Proff* RNotZ 2012, 272; zweifelnd allerdings SG Dortmund ZEV 2010, 54; beachte aber dagegen BGH ZEV 2011, 258 „negative Erbfreiheit"; hierzu Anm. *Spall* MittBayNot 2012, 141; *Dreher/Görner* NJW 2011, 1761; *Menzel* MittBayNot 2013, 289.

[291] *J. Mayer* MittBayNot 2011, 445.

[292] Vgl. *Spall* MittBayNot 2001, 249.

[293] Vgl. *Menzel* MittBayNot 2010, 54; *ders.* MittBayNot 2011, 374; *J. Mayer* MittBayNot 2011, 445 und MittBayNot 2012, 18; aA wohl noch *Limmer* ZEV 2004, 133 (140).

[294] Überblick bei *Litzenburger* ZEV 2009, 278.

ge, das zugewendete Vermögen dem Bedürftigen in unschädlicher Weise zukommen zu lassen, erwogen.[295]

XI. Ältere Erblasser

274 Die Verfügungen älterer Personen unterscheiden sich von denen anderer nicht grundsätzlich. Allerdings ist – gerade wenn es um Beurkundungen „am Krankenbett" geht – besondere Sorgfalt bei den Feststellungen zur Testierfähigkeit anzuwenden (→ Rn. 66 ff.). Außerdem ist im Vorfeld besonders sorgfältig zu klären, insbesondere wenn der Erblasser verwitwet ist, ob er durch Anordnungen in einem früheren Erbvertrag oder in einem früheren gemeinschaftlichen, auch privatschriftlichen Testament gebunden ist. Die Gestaltungsmöglichkeit ist bei Verfügungen älterer Personen insofern größer als bei anderen, als der Kreis der Zuwendungsempfänger schon konkret hervortritt und uU mehrere Generationen von Abkömmlingen als Zuwendungsempfänger in Betracht kommen. Insbesondere bei größeren Vermögen kann es sinnvoll sein, neben den Kindern auch Enkelkinder durch die Anordnung von Geld- oder Sachvermächtnissen zu bedenken, um steuerliche Freibeträge auszuschöpfen. Gelegentlich wird der Wunsch geäußert, solche Zuwendungen unter die Bedingung regelmäßiger Besuche des Begünstigten beim Erblasser zu stellen. Hier ist Vorsicht geboten: Wird durch die bedingte Einsetzung unangemessener Druck ausgeübt, kann dies sittenwidrig sein.[296] Sollen die Kinder übergangen und an ihrer Stelle Enkelkinder berücksichtigt werden, so ist auf die Absicherung derartiger Verfügungen durch Pflichtteilsverzichte Wert zu legen. Sind die zu bedenkenden Kinder noch minderjährig oder haben sie ihre persönliche Entwicklung noch nicht abgeschlossen, sollte die Frage nach dem – auch wirtschaftlichen – Sinn solcher Verfügungen stets gestellt werden; gegebenenfalls sind begleitende familienrechtliche Anordnungen (Pflegschaft) bzw. Anordnung von Testamentsvollstreckung (Dauervollstreckung auf bestimmte Zeit) angebracht. Ältere Personen werden auch vielfach in ihrer Verfügung Bestattungsformalitäten regeln wollen. Hier empfiehlt sich im Hinblick auf die Dauer der Eröffnung beim Nachlassgericht die Beurkundung begleitender Vorsorgeregelungen, etwa Vollmachten, die ohne Rücksicht auf die gerichtliche Eröffnung der letztwilligen Verfügung nach dem Ableben der betroffenen Person verwendet werden können.

Muster: Einzeltestament

Siehe hierzu das Gesamtmuster → Rn. 522.

XII. Verfügungen zugunsten von Heimträgern und deren Beschäftigten

275 Besonderheiten nach heimrechtlichen Vorschriften gelten für Personen, die in einem Alten- oder Pflegeheim wohnen, und deren Angehörige, wenn sie den Heimträger oder dort Beschäftigte bedenken wollen. Nach § 14 Abs. 1 HeimG und dessen im Zuge der Föderalismusreform ergangenen landesrechtlichen Nachfolgevorschriften[297] ist es dem Träger eines Heimes untersagt, sich von oder zugunsten von Heimbewohnern Geld- oder geldwerte Leistungen über das nach § 4 HeimG vereinbarte Entgelt hinaus versprechen oder gewähren zu lassen. Nach § 14 Abs. 5 HeimG ist es dem Leiter, den Beschäftigten oder sonstigen Mitarbeitern eines Heimes untersagt, sich von oder zugunsten von Heimbewohnern neben der vom Träger erbrachten Vergütung Geld- oder geldwerte Leistungen für die Erfüllung der Pflichten aus dem Heimvertrag versprechen oder gewähren zu

---

[295] Vgl. *Wälzholz* FamRB 2006, 252.
[296] OLG Frankfurt a.M. ZEV 2019, 212 mAnm *Bary*.
[297] Vgl. die weitgehend dem bisherigen § 14 HeimG nachgebildeten, jedoch in Details leicht unterschiedlichen landesrechtlichen Regelungen, zB § 9 LHeimG BW, Art. 8 BayPfleWoqG, § 10 WTG NRW, § 11 LWTG RhPf, § 6 HGBP; siehe auch den Überblick bei *Spall* MittBayNot 2010, 9 und *Keim* notar 2017, 119.

lassen, soweit es sich nicht um geringwertige Aufmerksamkeiten handelt. Nahezu alle Bundesländer haben inzwischen solche oder ähnliche Regelungen als Nachfolgevorschriften erlassen. Erstens soll hierdurch verhindert werden, dass die Arg- und Hilflosigkeit sowie sonstige Abhängigkeit alter, pflegebedürftiger und behinderter Menschen ausgenutzt wird.[298] Zweitens sollen Ungleichbehandlungen der Heimbewohner wegen solcher Zuwendungen vermieden werden. Drittens soll die Testierfreiheit der Heimbewohner geschützt werden.[299] Die heimrechtlichen Zuwendungsverbote gelten – über ihren Wortlaut hinaus – auch für **testamentarische Zuwendungen** zugunsten des Heimträgers und von Heimmitarbeitern.[300] Sie gelten selbst dann, wenn Angehörige des Heimleiters letztwillig bedacht werden.[301] Auch dem Heimträger nahe stehende oder konzernrechtlich mit ihm verbundene juristische Personen sollen dem Verbot unterfallen.[302] Die Verbote gelten auch bei Schenkungen eines Bezugsrechtes aus §§ 328, 331.[303] Bei einseitigen testamentarischen und sonstigen Verfügungen des Heimbewohners zugunsten des Heimträgers oder von Heimmitarbeitern ist – wegen des Tatbestandsmerkmals „versprechen oder gewähren zu lassen" – allerdings erforderlich, dass der Bedachte vom Inhalt des Testamentes Kenntnis erhält und der Heimbewohner wiederum von dieser Kenntnis korrespondierend weiß. Auf Seiten des Heimträgers ergibt sich hierbei in der Regel das Problem der Vertretung im Wissen: Das Wissen eines Repräsentanten vor Ort ist dem Träger oder dem Bedachten zuzurechnen.[304] Ein vollkommen **still errichtetes Testament,** das dem Bedachten vor dem Erbfall nicht zur Kenntnis gelangt, ist somit nicht nach den heimrechtlichen Vorschriften unwirksam.[305] Auch für die Fälle der **Drittzuwendung,** wenn also nicht der Heimbewohner selbst, sondern ein Angehöriger zugunsten des Heimträgers testiert, ist nunmehr höchstrichterlich geklärt, dass die Kenntnis des Heimträgers nur bis zum Erbfall nach dem Testierenden – und nicht bis zum Tod des Bewohners – schädlich ist.[306]

Dagegen findet § 14 HeimG auf das Betreuungsverhältnis keine analoge Anwendung, so dass der **Betreuer** (§§ 1896 ff. BGB) grundsätzlich durch letztwillige oder lebzeitige Zuwendungen vom Betreuten bedacht werden kann.[307] Auch Wohn- und Betreuungsformen, die vom Heimrecht nicht erfasst werden, unterliegen oft nicht den entsprechenden Testierverboten.[308] Es kommt aber immer auf den **konkreten Anwendungsbereich des jeweiligen Heimgesetzes** an.[309] 276

Vom Verbot des § 14 HeimG werden nicht nur letztwillige Verfügungen der Heimbewohner selbst, sondern auch von **Dritten** erfasst, die diese im Hinblick auf einen Heimbewohner errichten.[310] Nach Auffassung des BGH war § 14 Abs. 1 HeimG schon bisher auch auf **Heimbewerber** (die also noch nicht im Heim wohnen) anwendbar;[311] dies ist nunmehr ausdrücklich so geregelt, ohne dass der Begriff des Heimbewerbers vom Gesetzgeber näher definiert worden wäre. Dies führt im Ergebnis zu einem sehr weiten, für den 277

---

[298] BGHZ 110, 235 (239).
[299] BT-Drs. 7/180, 12; 11/5120, 17.
[300] *Dietz* MittBayNot 2007, 453.
[301] OLG Düsseldorf ZEV 1997, 459.
[302] Sehr weitgehend VG Würzburg MittBayNot 2010, 56, wonach schon ein zusammengehöriges Auftreten in der Öffentlichkeit ausreichen soll.
[303] BGH ZEV 1996, 125.
[304] Vgl. BayObLG DNotZ 1992, 258; DNotZ 1993, 453; KG ZEV 1998, 437; *W. Kössinger* ZEV 1995, 13; *Rossak* ZEV 1996, 41; *Niemann* ZEV 1998, 419.
[305] *Dietz* MittBayNot 2007, 453.
[306] BGH MittBayNot 2012, 297 mAnm G. *Müller; Tersteegen* RNotZ 2012, 376; aA mit Blick auf den Schutz des Heimbewohners OLG München DNotZ 2006, 933.
[307] BayObLG ZEV 1998, 232; zu den Ausnahmen: *Müller* ZEV 1998, 219.
[308] Vgl. aber Gutachten DNotI-Report 2018, 123 zu § 6 HGBP, der sogar Mitarbeiter eines ambulanten Pflegedienstes erfassen soll.
[309] Hilfreich insoweit der Überblick bei *Keim* notar 2017, 119.
[310] OLG München ZEV 2006, 561; LG Flensburg NJW 1993, 1866.
[311] NJW-RR 1995, 1272.

Verfasser einer letztwilligen Verfügung oft nur schwer überschaubaren Anwendungsbereich.

278   Nach § 14 Abs. 6 HeimG und den meisten landesrechtlichen Regelungen besteht die Möglichkeit, von der zuständigen Behörde eine **Ausnahmegenehmigung** zu erwirken, wobei im Rahmen dieses Verwaltungsverfahrens die im Einzelfall vorliegenden besonderen Umstände, insbesondere eine gleichmäßige Verwendung der Zuwendung zum Vorteil aller Heimbewohner sowie die Unabhängigkeit der Vergabe der Heimplätze von Zuwendungen berücksichtigt werden können. Da die Heimaufsichtsbehörde bei der Ausübung des ihr eingeräumten Ermessens dem Gesetzeszweck Rechnung tragen muss, darf sie das gesetzliche Verbot nur dann aufheben, wenn sich ergibt, dass der Schutz der Heimbewohner ausnahmsweise die Aufrechterhaltung des Verbots nicht erfordert. Insbesondere muss dabei feststehen, dass der Heimbewohner sein Vermögen freiwillig und ohne Druck hergibt.[312] Erfahrungsgemäß ist allerdings die Aussicht auf Erhalt der erforderlichen Genehmigung in der Praxis verschwindend gering. Überdies hat das Genehmigungsverfahren den entscheidenden Nachteil, dass durch die Anhörung des Bedachten dieser von dem geplanten Testament erfährt, so dass die wirksame stille Errichtung als Alternative dann ausscheidet.

279   Obwohl es sich bei den heimrechtlichen Zuwendungsverboten um eine **massive Beschränkung der Testierfreiheit** handelt, hat das BVerfG die Regelung des § 14 HeimG letztlich zwar als verfassungsgemäß akzeptiert, bei der Abwägung aber entscheidend auf die Möglichkeit der Ausnahmegenehmigung im Einzelfall, auf welche der Erblasser bei Vorliegen der entsprechenden Voraussetzungen aus verfassungsrechtlichen Gründen einen Anspruch hat, abgestellt.[313] Landesrechtliche Nachfolgeregelungen, die keine Ausnahmegenehmigung vorsehen, begegnen daher erheblichen verfassungsrechtlichen Bedenken.[314] Zu beachten ist, dass eine **nachträgliche Ausnahmegenehmigung unwirksam** sein soll, also die Unwirksamkeit der letztwilligen Verfügung nicht heilt.[315] Der Notar hat bei der Gestaltung letztwilliger Verfügungen in einschlägigen Fällen über das heimrechtliche Testierverbot und ggf. die Möglichkeit der Ausnahmeregelung zu belehren.[316] Es empfiehlt sich auch die Aufnahme von Auffangregelungen durch Ersatzerbeinsetzungen.

280   **Formulierungsbeispiel: Ersatzregelung mit Belehrung zum Heimrecht**

Nur für den Fall, dass meine vorstehend getroffenen Verfügungen wegen Verstoßes gegen § 14 HeimG oder eine vergleichbare Nachfolgeregelung unwirksam sein sollten, treffe ich nachfolgende Ersatzregelung, die dann unbeschadet der Unwirksamkeit meiner vorstehenden Verfügungen gelten soll: Ersatzweiser Miterbe und ersatzweiser Nacherbe soll anstelle von A dann B sein.

Im Wege der Auflage ordne ich an, dass B das ihm zugewendete Vermögen für Menschen mit Behinderung im Landkreis X einzusetzen hat.

Der Notar hat im Hinblick auf § 14 HeimG und seine landesrechtlichen Nachfolgevorschriften darauf hingewiesen, dass die Erbeinsetzung von A unwirksam sein könnte. Eine entsprechende heimrechtliche Ausnahmegenehmigung soll nicht eingeholt werden.

281   Mit der Föderalismusreform ist die Gesetzgebungskompetenz für das Heimrecht auf die Länder übergegangen, so dass sich wegen der in Nuancen unterschiedlichen Regelungen auch die Frage nach dem **interlokal anwendbaren Recht** stellt. Es sind unterschiedliche Anknüpfungspunkte denkbar: Wohnsitz (bzw. in Anlehnung an das geänderte IPR: letzter gewöhnlicher Aufenthalt) des Testators, Sitz des Bedachten oder (bei länderübergreifend

---

[312] BVerwG NJW 1988, 984.
[313] BVerfG NJW 1998, 2964.
[314] *Spall* MittBayNot 2010, 9; *Tersteegen* RNotZ 2009, 222.
[315] BVerwG NJW 1988, 984.
[316] OLG München ZEV 1996, 145 mAnm *Rossak*.

tätigen Heimträgern) der konkreten Einrichtung. Nachdem es sich bei den Zuwendungsverboten um Annexregelungen des öffentlich-rechtlichen Heimrechts handelt, liegt es
nahe, an das im Zeitpunkt der Errichtung der Verfügung für die konkrete Einrichtung, in
der sich der Bewohner befindet oder für die er als Bewerber anzusehen ist, geltende
Heimgesetz anzuknüpfen.

XIII. Verfügungen von Todes wegen und vorbereitende Maßnahmen bei behinderten Kindern

1. Regelungsziele und Zielkonflikte. Eltern geistig bzw. körperlich behinderter Kinder 282
stehen oft bei der Abfassung einer Verfügung von Todes wegen vor schwierigen Problemen.[317] Wenn das Kind wegen seiner Behinderung spätestens beim Ableben des letztversterbenden Elternteils in einem Heim untergebracht wird, wird der Sozialhilfeträger für
die von ihm gewährte Eingliederungshilfe (§§ 53, 54 SGB XII) oder Hilfe zur Pflege
(§ 61 SGB XII) den Kostenbeitrag gemäß § 92 Abs. 1 S. 2 SGB XII bzw. Aufwendungsersatz verlangen. Zum Wesen der Sozialhilfe gehört, dass sie nachrangig gewährt wird,
dass also der Hilfeträger erst dann zur eigenen Leistung berufen ist, wenn der Hilfsbedürf-
tige sich nicht selbst helfen kann und anderweitige Ansprüche (insbesondere gegen Angehörige) nicht realisierbar sind (§ 2 SGB XII). Der Behinderte ist also verpflichtet, eigenes
Einkommen und Vermögen einzusetzen. Vermögen im Sinne des SGB XII ist das gesamte
verwertbare Vermögen (§ 90 Abs. 1 SGB XII), ausgenommen das so genannte Schonvermögen, das in einem Katalog (§ 90 Abs. 2 SGB XII) aufgezählt ist. Demzufolge ist auch
dasjenige einzusetzen, was der Behinderte durch Verfügung von Todes wegen erlangt hat.
Der Sozialhilfeträger kann den Erbteil zur Sicherheit pfänden (§ 859 Abs. 2 ZPO) und
verwerten lassen (§§ 844, 857 ZPO). Hat der Behinderte, weil er vom Erblasser übergangen wurde, ein Pflichtteilsrecht gemäß §§ 2303 ff. BGB, so kann der Sozialhilfeträger den
Pflichtteilsanspruch gemäß § 93 Abs. 1 SGB XII auf sich überleiten. Zwar ist ein Pflichtteilsanspruch erst pfändbar, wenn er vertraglich anerkannt oder rechtshängig geworden ist
(§ 852 Abs. 1 ZPO). Jedoch hindert dies die Überleitung wegen § 93 Abs. 1 S. 4 SGB
XII nicht, da auch unpfändbare Ansprüche überleitbar sind.[318] Angesichts der gesetzlichen
Regelung im SGB XII und der Handhabung in der Praxis geht häufig der Regelungs-
wunsch der Eltern geistig bzw. körperlich behinderter Kinder, vor allem bei kleinerem bis
mittlerem Vermögen, dahin, dass einerseits ein möglichst geringer Teil des Nachlasses vom
Sozialhilfeträger übergeleitet werden kann und andererseits der behinderte Mensch
gleichwohl „zur Verbesserung seiner Lebensqualität" Zuwendungen aus dem Nachlass erhält, die jedoch nicht überleitbar sind, also dem Behinderten verbleiben und seine Le-
benssituation nachhaltig verbessern. Daneben – meist aber nicht vorrangig – besteht auch
das Ziel, den für die Versorgung des behinderten Kindes nicht benötigten Vermögens-
stamm den verbleibenden Angehörigen zu erhalten.

2. Abhilfe durch Rechtsgeschäft unter Lebenden. Die Höhe des Pflichtteilsrechts 283
wird durch den **Güterstand der Ehegatten** bestimmt. Leben die Eltern im gesetzlichen
Güterstand, so ist bei mehr als einem gemeinsamen Kind die Pflichtteilsquote der Kinder
am niedrigsten (§§ 1931, 1371 BGB). Die Vereinbarung der Gütergemeinschaft ist grundsätzlich keine Schenkung, die Pflichtteilsergänzungsansprüche nach § 2325 BGB auslösen
würde. Sie kann jedoch ausnahmsweise dann als Schenkung angesehen werden, wenn sie
vom Umgehungscharakter geprägt ist.[319] Auch sog. ehebedingte oder unbenannte Zu-

---

[317] Generell hierzu *Grimm/Krampe/Pieroth,* Testamente zugunsten von Menschen mit geistiger Behinderung,
1995; *Boger/Golpayegani* ZEV 2005, 377; *Ruby* ZEV 2006, 66; Schmoeckel/*Wendt,* Verfassungsrechtliche
Grenzen der Gestaltungsmöglichkeiten im Familien-, Erb- und Gesellschaftsrecht, 2008, S. 42; *Bengel/
Spall* ZEV 2010, 195.
[318] *Van de Loo* NJW 1990, 2856.
[319] Staudinger/*Olshausen* (2014) BGB § 2325 Rn. 22; *Haegele* BWNotZ 1972, 71.

wendungen zwischen Ehegatten, die aus familienrechtlicher Sicht regelmäßig gerade nicht unentgeltlich sind, sind insoweit als Schenkung zu behandeln.[320] Soweit solche Zuwendungen unentgeltlich sind, greift bei Ehegatten § 2325 Abs. 3 S. 3 BGB: Die Zehnjahresfrist beginnt nicht vor Auflösung der Ehe.

284   Auch **unentgeltliche Übertragungen von Vermögensbestandteilen an weitere Abkömmlinge** verringern den Pflichtteil, soweit die Zehnjahresfrist des § 2325 Abs. 3 BGB beim Erbfall bereits abgelaufen ist (Abschmelzung des Pflichtteilsergänzungsanspruchs um 1/10 pro abgelaufenem Jahr). Wird für eine ursprüngliche Schenkung nachträglich ein Entgelt vereinbart, schließt dies einen Ergänzungsanspruch aus.[321] Die Motive für eine Schenkung können vielgestalt sein (Freigiebigkeit; Verminderung der Einkommensteuerprogression des Schenkers; Verminderung der Erbschaftsteuer durch Ausnutzen der Zehnjahresfrist gemäß § 14 Abs. 1 ErbStG). Allerdings ist bei all diesen unentgeltlichen Zuwendungen zu Lebzeiten die Ausgleichungsregelung der §§ 2050 ff. BGB zu berücksichtigen. Gleiches gilt für die Anrechnung auf den Pflichtteil gemäß § 2315 BGB. Wenn das beschenkte Kind zu Gegenleistungen gegenüber dem behinderten Geschwisterteil verpflichtet wird, so ist zu berücksichtigen, dass diese Leistungen grundsätzlich ebenfalls vom Hilfeträger übergeleitet werden können. Bei Wohnungsrechten oder Wart- und Pflegeverpflichtungen könnte die Leistungspflicht des Beschenkten auflösend bedingt gestaltet werden für den Fall des dauerhaften Wegzugs des Berechtigten. Solche **„Wegzugsklauseln"** sind nicht sittenwidrig.[322] Bei einem volljährigen Behinderten kann auch daran gedacht werden, Zuwendungen, die die Unterhaltspflicht der Eltern übersteigen (ansonsten liegt keine Schenkung vor), unter der Maßgabe der Anrechnung auf den Pflichtteil zuzuwenden und so den Pflichtteil zu reduzieren. Allerdings ist umstritten, ob dies der Zuwendung die rechtliche Vorteilhaftigkeit (§ 107 BGB) nimmt und ob sie die gerichtlichen Genehmigungspflichten auslöst (§ 1822 Nr. 2 BGB).[323] Nachdem der BGH die sog. Theorie der „Doppelberechtigung" aufgegeben hat,[324] sind auch Pflichtteilsergänzungsansprüche nach der Zuwendung geborener Pflichtteilsberechtigter denkbar und zu berücksichtigen.

285   **3. Erbrechtliche Verfügungen.** Das vom Grundsatz der Testierfreiheit beherrschte Erbrecht gestattet dem Testator, weitgehend frei über seinen Nachlass zu verfügen. Schranken sind das Pflichtteilsrecht und allgemeinen Schranken des Zivilrechts, insbesondere § 138 BGB. Die Entziehung des gesetzlichen Erbteils ist nicht sittenwidrig.[325] Der Erblasser ist frei in der Wahl des vom Erbrecht gestatteten Instrumentariums. Sittenwidrigkeit kann nur in besonders schwerwiegenden Ausnahmefällen angenommen werden. Umgeht eine Verfügung von Todes wegen das Nachrangprinzip der Sozialhilfe, so ist ein Testament nicht schon deshalb sittenwidrig.[326] Vielmehr handelt es sich um den „Ausdruck der sittlich anzuerkennenden Sorge für das Wohl des Kindes über den Tod der Eltern hinaus".[327] Mithin ergeben sich für die Eltern behinderter Kinder eine Vielzahl von Gestaltungsmöglichkeiten.[328] Bewährt hat sich insoweit die **kombinierte Anordnung von Vor- und Nacherbschaft sowie** einer mit konkreten Verwaltungsanweisungen versehenen **Dauertestamentsvollstreckung,** so dass das Kind zwar Vorteile insbesondere aus

---

[320] BGHZ 116, 167; BGH ZEV 2018, 274; zustimmend *Schiemann* ZEV 1995, 197; OLG Düsseldorf ZEV 1997, 516.
[321] BGH DNotZ 2007, 698 mAnm *Kornexl* ZEV 2007, 328 und Anm. *Dietz* MittBayNot 2008, 227.
[322] BGH MittBayNot 2009, 294 und MittBayNot 2009, 298; hierzu *Herrler* DNotZ 2009, 408.
[323] Vgl. Palandt/*Weidlich* BGB § 2315 Rn. 1.
[324] ZEV 2012, 478; Burandt/Rojahn/*Horn* BGB § 2325 Rn. 12 ff.
[325] BGHZ 52, 17.
[326] BGH DNotZ 1992, 245 mAnm *Reimann;* ZEV 1994, 35; ZEV 2005, 117 mAnm *Muscheler;* ZEV 2006, 76; ZEV 2011, 258 mAnm *Zimmer* sowie *Leipold* ZEV 2011, 528.
[327] BGH ZEV 2011, 258.
[328] Vgl. *Damrau* ZEV 1998, 1.

den Erträgen des Nachlasses erhält, der Sozialhilfeträger auf dieses jedoch nicht zugreifen kann.[329]

Wird das behinderte Kind mit solchen Beschränkungen und Beschwerungen (zB unbe- **286** freiter Vorerbe, Testamentsvollstreckung über den Erbteil des behinderten Kindes) belastet, so kann das Pflichtteilsrecht gemäß § 2306 Abs. 1 BGB nur geltend gemacht werden, wenn das Zugewendete (Erbteil mit Beschränkungen und Beschwerungen) ausgeschlagen wird. Die Ausschlagung selbst ist kein Anspruch iSd § 93 Abs. 1 SGB XII; das Ausschlagungsrecht ist daher nicht durch Verwaltungsakt auf den Sozialhilfeträger überleitbar.[330] Die vereinzelt vertretene Gegenansicht, dass mit der Überleitung des Pflichtteilsanspruchs auch das Ausschlagungsrecht analog § 401 BGB überginge,[331] wurde zwischenzeitlich aufgegeben.[332] Denn der Pflichtteilsanspruch entsteht in den Fällen der §§ 2306, 2307 BGB nicht bereits mit dem Erbfall, sondern erst mit der Ausschlagung und ist damit auch vorher nicht überleitbar. Allerdings wird nach Ausschlagung der Pflichtteilsanspruch so behandelt, als ob er schon mit dem Erbfall entstanden wäre.[333] Die hier geschilderte Gestaltungsmöglichkeit hat der BGH in ständiger Rechtsprechung[334] ausdrücklich für nicht sittenwidrig erachtet.[335]

Die zum überleitbaren Pflichtteilsanspruch führende **Ausschlagung** kann beim geistig **287** Behinderten nur durch dessen gesetzlichen Vertreter mit familien- bzw. betreuungsgerichtlicher Genehmigung (§§ 1643 Abs. 2, 1822 Nr. 2, 1915 BGB) erklärt werden. Die Ausschlagungsfrist gemäß § 1944 Abs. 2 BGB beginnt erst, wenn der beschränkt Geschäftsfähige einen gesetzlichen Vertreter und dieser vom Anfall der Erbschaft und dem Grund der Berufung Kenntnis erlangt hat. Das die Ausschlagung genehmigende Familienbzw. Betreuungsgericht hat ausschließlich die Interessen des Mündels, nicht jedoch die des Sozialhilfeträgers zu wahren. Es wird also die Genehmigung der Ausschlagung davon abhängig machen, ob das Mündel durch die Verfügung von Todes wegen effektiv besser gestellt ist als im Falle des **überleitbaren Pflichtteilsanspruchs.**[336]

Soweit der Testamentsvollstrecker die Erträgnisse lediglich zu thesaurieren oder an **288** Dritte auszukehren hat, können sich insoweit Probleme ergeben, als solche Tätigkeiten keine „Verwaltung" des Nachlasses sind. Diese Verfügung ist als Zweckauflage umdeutbar.[337] Da auch dem nicht befreiten Vorerben die Nutzungen des Nachlasses verbleiben (§§ 99, 100 BGB, soweit nicht Übermaßfrüchte vorliegen, § 2133 BGB), könnte bei Nichtausreichung an den Vorerben bei dessen Ableben eine Rückgriffsmöglichkeit auf den (gesetzlichen) Erben des Hilfeempfängers gemäß § 102 SGB XII denkbar sein. Als „Abhilfe" könnte an eine Beschwerung des (behinderten) Vorerben mit einem entsprechenden Vermächtnis betreffend nicht verbrauchte Erträgnisse zugunsten des Nacherben zu denken sein.

Die einfache **Vermächtniszuwendung** (Wart und Pflege, Wohnungsrecht, Verkösti- **289** gung) an den Behinderten führt zu einer anrechenbaren Sachleistung (§ 82 SGB XII). Wird der Behinderte in einem Heim untergebracht, so kann ein an Stelle des Wohnungsrechtes und der dem Behinderten zu erbringenden Dienstleistungen entstehender Anspruch auf Zahlung einer Geldrente (Art. 96 EGBGB, landesrechtliche AGBGB) gemäß § 93 SGB XII übergeleitet werden,[338] wenn dieser nicht durch eine Wegzugsklausel ausgeschlossen ist (→ Rn. 284).

---

[329] Vgl. zur konkreten Gestaltung des Behindertentestaments MAH ErbR/*Spall* § 41 Rn. 19 ff.
[330] *Karpen* MittRhNotK 1988, 131 (149).
[331] So noch *van de Loo* NJW 1990, 2856.
[332] *Van de Loo* ZEV 2006, 473 (477).
[333] HM, vgl. Soergel/*Dieckmann* BGB § 2317 Rn. 3; Staudinger/*Herzog* (2014) BGB § 2317 Rn. 4.
[334] BGHZ 111, 36; BGHZ 123, 368; BGH ZEV 2005, 117; ZEV 2006, 76; BGHZ 188, 96; BGH ZEV 2013, 337; ZEV 2017, 267.
[335] Vgl. dazu auch *Bengel* ZEV 1994, 29 und *Damrau* ZEV 1998, 1.
[336] Siehe zum „Vollzug" des Behindertentestaments *Dietz/Spall* ZEV 2012, 456.
[337] *Otte* JZ 1990, 1028.
[338] *Van de Loo* NJW 1990, 2853.

290 Entsprechend der unter → Rn. 285 aufgeführten Vor- und Nacherbfolge kann auch an das **Vor- und Nachvermächtnis** gedacht werden. Auch hier kann der Pflichtteil gemäß § 2307 BGB nur verlangt werden, wenn das Vermächtnis ausgeschlagen wird. Allerdings ist die Rechtsstellung des Nachvermächtnisnehmers kraft Gesetzes nicht der eines Nacherben vergleichbar. Der Erblasser kann jedoch durch seine Verfügung von Todes wegen eine vergleichbare Situation schaffen (hierzu → Rn. 157 f.). Denkbar ist, dass der Erblasser den Nacherben noch nicht bezeichnen bzw. den Nachvermächtnisnehmer noch nicht bestimmen will (insoweit wird auf → Rn. 133 f. und → Rn. 157 f. verwiesen). Die Schwäche der Vermächtnislösung liegt jedoch darin, dass mangels eines Erwerbs *ipso jure* der Vermächtnisgegenstand beim Tod des Vorvermächtnisnehmers in dessen Nachlass fällt und damit regelmäßig mit dem Anspruch des Sozialhilfeträgers auf Kostenersatz gemäß § 102 SGB XII konkurriert, mit der Folge einer quotenmäßigen Aufteilung des zugewandten Vermögens.[339] Der Vermächtnisgegenstand kann unter Testamentsvollstreckung gestellt werden. Die Vermächtnislösung kann gleichwohl interessante Gestaltungsmöglichkeiten eröffnen.[340]

291 Die „umgekehrte Vermächtnislösung"[341] kann ebenfalls im Einzelfall zum gewünschten Ergebnis führen. Sie sieht vor, dass das behinderte Kind – mit den oben vermerkten Einschränkungen – Alleinerbe ist und alle anderen Vermögensausgliederungen durch Vermächtnis erfolgen.

292 Neben den voraufgeführten Möglichkeiten kann der Erblasser auch versuchen, einen **Pflichtteilsverzicht** seines behinderten Abkömmlings zu erreichen. Hierzu ist für einen nicht uneingeschränkt geschäftsfähigen Behinderten die Bestellung eines Pflegers sowie Genehmigung des Betreuungsgerichts erforderlich (§ 1822 Nr. 1 BGB). Allerdings wird das Betreuungsgericht die Genehmigung nur dann erteilen, wenn dem Behinderten als Gegenleistung ein Vorteil zukommt, der den Verlust des Pflichtteils ausgleicht, also mindestens der Höhe des Pflichtteils im Zeitpunkt der Abfassung des Verzichts entspricht. Die Rechtsprechung hat den Pflichtteilsverzicht eines geschäftsfähigen Behinderten ausdrücklich als **wirksam und nicht sittenwidrig** anerkannt,[342] so dass bei geeigneter Konstellation auch begleitende Pflichtteilsverzichte in die Gestaltungsüberlegungen mit einzubeziehen sind.

293 Ist der Erblasser bereits durch ein gemeinschaftliches Testament oder einen Erbvertrag gebunden und ist ihm kein Änderungsrecht vorbehalten, soll man nach der Rechtsprechung auch dann, wenn die Möglichkeit eines Behindertentestaments bei der Errichtung der Verfügung nicht bekannt war oder nicht bedacht wurde, kein Änderungsrecht im Wege der ergänzenden Auslegung in die Verfügung hineinlesen können.[343]

Muster: Behindertenerbvertrag
Siehe hierzu das Gesamtmuster → Rn. 524.

XIV. Stiftungen

294 Potentiellen Stiftern stehen die rechtsfähige Stiftung bürgerlichen Rechts (§§ 80–88 BGB) und die nichtrechtsfähige Stiftung zur Verfügung.[344] Zur steuerlichen Behandlung → Rn. 513 ff.

---

[339] Vgl. ausführlich hierzu *Damrau* ZEV 1998, 1.
[340] Vgl. ausführlich *Spall* MittBayNot 2001, 249.
[341] Vgl. *Grziwotz* ZEV 2002, 409.
[342] BGH ZEV 2011, 258.
[343] OLG Schleswig NJW-RR 2013, 906.
[344] Vgl. Reimann/Bengel/Mayer/*Limmer* Syst. Teil A Rn. 288 ff.; Überblick bei *Turner/Doppstadt* DStR 1996, 1448; zur Stiftung als Instrument der Unternehmens- und Vermögensnachfolge *Werner* ZEV 2006, 539; zum Spannungsfeld aus Stiftung und Pflichtteilsrecht *Werner* ZEV 2007, 560.

1. Rechtsfähige Stiftung bürgerlichen Rechts. Die rechtsfähige Stiftung bürgerlichen 295
Rechts entsteht durch Stiftungsgeschäft (unter Lebenden oder von Todes wegen) und
Anerkennung durch die zuständigen Behörde (§ 80 BGB); die Anerkennung wird nach
den landesrechtlichen Stiftungsgesetzen in der Regel nur ausgesprochen, wenn die nachhaltige Verwirklichung des Stiftungszweckes gewährleistet ist (vgl. zB Art. 12 BayStiftG).
Die innere Struktur der Stiftung wird durch das Stiftungsgeschäft und die Satzung bestimmt.

2. Unselbstständige Stiftung. Das BGB kennt nicht – wie beim Verein nach § 54 BGB 296
– eine „nichtrechtsfähige Stiftung"; sie hat sich aber in der Praxis herausgebildet. Sie bedarf keiner staatlichen Anerkennung. Sie setzt jedoch voraus, dass ein (privatrechtlicher
oder öffentlich-rechtlicher) Vermögensträger vorhanden ist, dem das Vermögen im Stiftungsgeschäft treuhänderisch und mit vertraglich geregelten Auflagen zugewendet wird.
Auch eine staatliche Stiftungsaufsicht entfällt, so dass die nichtrechtsfähige Stiftung in vielen Fällen angemessener, flexibler und unbürokratischer zu handhaben ist.[345] Das gestiftete
Vermögen geht in das Eigentum des Vermögensträgers über. Im Steuerrecht ist die nichtrechtsfähige Stiftung mit steuerlichen Pflichten belegt (zB § 34 AO, § 1 Abs. 1 Nr. 5
KStG, § 8 ErbStG). In der Insolvenz des Vermögensträgers erlischt das zugrunde liegende
Auftragsverhältnis gemäß § 115 InsO und der Herausgabeanspruch des Treugebers gemäß
§ 667 BGB entsteht; das gestiftete Vermögen wird als Treugut behandelt, so dass dem
Stifter bzw. seinem Rechtsnachfolger ein Aussonderungsrecht gemäß § 47 InsO zusteht.[346]

3. Besondere Stiftungsformen. Familienstiftung: Sie dient nach ihrem Zweck aus- 297
schließlich dem Interesse einer oder mehrerer bestimmter Familien. Familienstiftungen
sind nach wie vor möglich und anerkennungsfähig[347] und im Einzelfall gerade für die
Nachfolge bei Familienunternehmen eine empfehlenswerte Konstruktion.[348]

Unternehmensträgerstiftung: Sie betreibt selbst ein Unternehmen – dann ist sie 298
Einzelhandelskaufmann und in das Handelsregister einzutragen – oder sie hält die Ge-
schäftsanteile an einer Betriebsgesellschaft (zB an einer GmbH). Derartige Stiftungen sind
anerkennungsfähig, sind in der Praxis jedoch wegen ihrer Bindung an den Stifterwillen,
der Schwerfälligkeit des Entscheidungsprozesses und der Probleme bei der Regelung der
Vertretung häufig ungeeignet.[349] Eine mögliche Variante ist es,[350] die Stiftung nur als
„Kontrollorgan" für das im Übrigen in seiner bisherigen Rechtsform weiterbestehende
Unternehmen einzusetzen, etwa dadurch, dass die Stiftung Mehrheitsgesellschafterin wird
und dadurch den Aufsichtsrat bestimmen kann.

4. Stiftungsgeschäft von Todes wegen. Für das Stiftungsgeschäft von Todes wegen 299
sind gemäß § 83 BGB die für Verfügungen von Todes wegen vorgeschriebenen Formen
einzuhalten. Es kommt daher nur das erbrechtlich vorgesehene Instrumentarium in Frage.
Bei der Errichtung einer Stiftung von Todes wegen durch Erbeinsetzung, Vermächtnis
oder im Wege der Auflage sollte vorher mit der Aufsichtsbehörde geklärt werden, unter
welchen Voraussetzungen die Stiftung anerkannt wird.[351] Bei Grundstücksstiftungen wird
uU eine Beistiftung von liquiden Vermögenswerten verlangt, damit aus diesem Fonds

---

[345] Vgl. *Wochner* ZEV 1999, 125; MVHdB VI BürgerlR II/*Neuhoff* Form. XVII. 1. Anm. 2; *Lange* ZErb 2013, 324.
[346] MüKoBGB/*Weitemeyer* BGB § 80 Rn. 202.
[347] *Werner* ZEV 2006, 539 (540); kritisch: MüKoBGB/*Weitemeyer* BGB § 80 Rn. 135 ff.
[348] Vgl. *Hennerkes/Schiffer* BB 1992, 1940; *Spiegelberger* Vermögensnachfolge Rn. 240 ff.; *Turner* ZEV 1995, 206.
[349] Vgl. BGHZ 84, 352.
[350] *Rawert* ZEV 1999, 294.
[351] Zum Stiftungsvermögen im Zeitraum zwischen Todestag und Genehmigung *Schmidt* ZEV 1998, 81; *Ebeling* ZEV 1998, 93 und *Orth* ZEV 1997, 327.

Unterhaltungskosten bestritten werden können. Für den Fall, dass die Anerkennung einer selbstständigen Stiftung scheitert, sollten Eventuallösungen vorgesehen werden, etwa unselbstständige Stiftung an eine bereits bestehende juristische Person.

300   Das erbrechtliche Instrumentarium bei unselbstständigen Stiftungen ist das Gleiche wie bei selbstständigen Stiftungen, jeweils mit der Maßgabe, dass Zuwendungsempfänger (Erbe, Vermächtnisnehmer, Begünstigter der Auflage) nicht eine selbstständige, vom Erblasser gegründete Stiftung ist, sondern eine bereits vorhandene juristische Person. Die Errichtung einer Stiftung gilt vom Standpunkt der Pflichtteilsberechtigten aus als Schenkung. Es empfiehlt sich also, sich gegen Pflichtteilsansprüche gegen das Stiftungsgeschäft – falls möglich – durch Erb- bzw. Pflichtteilsverzichtsverträge abzusichern bzw. den Beweis der Erbunwürdigkeit anzutreten (§ 2339 BGB).[352]

301   Zu beachten ist, dass eine **Stiftung** wegen der hierin liegenden zeitlichen Begrenzung des Vermögenserwerbs **nicht Vorerbin** sein kann. Es wird in der Regel zweckmäßig und oft unerlässlich sein, ergänzend zum Stiftungsgeschäft Testamentsvollstreckung anzuordnen, damit das Anerkennungsverfahren und die vermögensmäßige und personelle Konstituierung der Stiftung effizient betrieben werden kann.[353] Dem Testamentsvollstrecker kann auch die Detailausarbeitung einer anerkennungsfähigen Stiftungssatzung übertragen werden, die Festlegung des Stiftungszweckes und der sonstigen *essentialia* der Verfügung ist aber dem Erblasser vorbehalten. Hilfreich ist die durch § 83 S. 2 BGB eingefügte Befugnis der Stiftungsbehörde, Mängel in den Erfordernissen des § 81 Abs. 3 S. 1 BGB durch Ergänzung der Satzung zu beheben oder der Stiftung vor Anerkennung eine Satzung zu geben.[354]

302   Ein alternativer Weg, die Unwägbarkeiten des Anerkennungsverfahrens nach dem Erbfall gänzlich zu vermeiden, liegt für den Erblasser darin, mit einem überschaubaren ersten Kapitaleinsatz bereits **zu Lebzeiten eine selbstständige Stiftung** zu errichten, die er selbst begleiten und aufbauen kann, um sie sodann durch letztwillige Verfügung **als Erbin** einzusetzen.

XV. Erbrecht und Unternehmensnachfolge

303   **1. Tatsächliche und rechtliche Besonderheiten.** Der Unternehmer sollte primär versuchen, sein Unternehmen bzw. seine Unternehmensbeteiligung zu Lebzeiten auf den Unternehmensnachfolger zu übertragen, um diesen in einer Übergangszeit beraten, gegebenenfalls auch überwachen zu können. Der Unternehmer wird jedoch stets, auch in jungen Jahren, eine Verfügung von Todes wegen bereithalten, damit im Fall seines unvorhergesehenen Ablebens keine Turbulenzen auf das Unternehmen zukommen. Bei der Gestaltung des Testamentes oder des Erbvertrages eines Unternehmers ergeben sich Besonderheiten gegenüber sonstigen Verfügungen
– aus betriebswirtschaftlichen Gründen;
– aus der Herausforderung, den Bestand des Unternehmens zu sichern und Belastungen, vor allem pflichtteilsrechtlicher und steuerlicher Art, von ihm fern zu halten;
– aus besonderen rechtlichen Schwierigkeiten, die mit der Konkurrenz von Erbrecht und Handels-/Gesellschaftsrecht
zusammenhängen.

304   Das Grenzgebiet zwischen Erbrecht und Handelsrecht gehört zu den dogmatisch schwierigsten Rechtsgebieten. Die Kollision aus Erb- und Gesellschaftsrecht wirkt sich vor allem in folgenden Bereichen aus:

---

[352] Zur Pflichtteils- und Pflichtteilsergänzungsproblematik beim Stiftungsgeschäft s. *Rawert/Katschinski* ZEV 1996, 161 sowie *Werner* ZEV 2007, 560.
[353] *Schmitt* ZEV 2000, 438; *Langenfeld* ZEV 2002, 481 (482).
[354] Formulierungsbeispiel bei *Langenfeld* ZEV 2002, 481.

(1) Die **Haftungsgrundsätze** des Erbrechtes (beschränkte Erbenhaftung) kollidieren mit denen des Handelsrechts (persönliche, wenn auch uU beschränkte Haftung des Inhabers eines Handelsgeschäftes bzw. des Gesellschafters). Dies hat auch Auswirkungen auf die Möglichkeiten eines Testamentsvollstreckers.

(2) Die Frage, ob die Übertragung einer Gesellschaftsbeteiligung – durch Rechtsgeschäft unter Lebenden oder durch Verfügung von Todes wegen – möglich ist, ist zunächst gesellschaftsrechtlicher Natur. Das **Gesellschaftsrecht** hat also **Vorrang vor dem Erbrecht.**

(3) Auch hinsichtlich der **Abfindungsansprüche weichender Erben** besteht ein Konflikt zwischen Erb- und Gesellschaftsrecht: Gesellschaftsrechtliche Abfindungsansprüche unterliegen weitgehend der Disposition der Gesellschafter (Selbstbeschränkung des Gesellschaftsanteils), uU bis zum völligen gegenseitigen Ausschluss. Demgegenüber sind Ausgleichs- und Pflichtteilsansprüche erbrechtlich nicht einseitig abdingbar.

(4) Schließlich hat die Anordnung der **Nacherbfolge** zivilrechtlich weitergehende Wirkungen, als sie das Handelsrecht duldet.

Checkliste: Unternehmertestament   305

(1) Regelungsziele
  – Familiensicherung
  – Unternehmenserhalt
  – Geringe Belastung für den Nachfolger (Pflichtteils- und Ausgleichsansprüche, steuerliche Belastung)
(2) Art des Unternehmens
  – Einzelkaufmännisches Unternehmen
  – Vollhaftende Beteiligung an OHG oder KG
  – Kommanditbeteiligung
  – Stille Gesellschaft
  – Kapitalgesellschaft (GmbH, AG)
  – Mischformen (GmbH & Co., GmbH & Still, Betriebsaufspaltung)
  – EWIV
  – Partnerschaftsgesellschaft
(3) Bei Gesellschaftsbeteiligung: Lässt der Gesellschaftsvertrag die Vererbung der Beteiligung im gewünschten Sinne zu?
(4) Anordnung der Testamentsvollstreckung erwünscht und rechtlich möglich?
  – Einzelkaufmännisches Unternehmen und Beteiligung an Personengesellschaft
  – Beteiligung an Kapitalgesellschaft
  – uU Umstrukturierung in eine Kapitalgesellschaft
(5) Nacherbfolgeanordnung nötig und wirksam?
(6) Abfindungsregelung?
(7) Ist nach dem Ableben eine Umwandlung des Unternehmens sinnvoll und möglich?

---

2. Vererblichkeit der Unternehmerstellung. a) Einzelkaufmännisches Unternehmen. 306 Ein Handelsgeschäft ist regelmäßig **frei vererblich** (§ 22 HGB). Gleiches gilt für sonstige gewerbliche Unternehmen, die kein Handelsgeschäft sind, zB Handwerksbetriebe und freiberufliche Praxen. Öffentlich-rechtliche Gewerbeberechtigungen sind jedoch unvererblich. Bei Apotheken gelten etwa Besonderheiten für eine Interimsverpachtung, da nur ein Erbe aus dem Kreis der Kinder bzw. des Ehegatten/Lebenspartners die Verpachtungsberechtigung hat, nicht der Vermächtnisnehmer (§ 9 ApoG).[355]

---

[355] Vgl. *Fröhler* BWNotZ 2010, 12.

307 **b) BGB-Gesellschaft. Gesetzlicher Regelfall: Auflösung der Gesellschaft.** Die Gesellschaft wird im Zweifel mit dem Tod eines Gesellschafters aufgelöst (§ 727 Abs. 1 BGB). Die Erben des verstorbenen Gesellschafters treten – in Erbengemeinschaft[356] – in die Liquidationsgesellschaft ein.[357]

307a **Fortsetzungsklausel:** Soll die Gesellschaft unter den verbleibenden Gesellschaftern fortgesetzt werden, bedarf es der Vereinbarung einer Fortsetzungsklausel, die zur Folge hat, dass der Gesellschafter bei seinem Tod ausscheidet (§ 736 BGB), sein Anteil den übrigen Gesellschaftern zuwächst und den Erben eine Abfindung zusteht (§ 738 Abs. 1 S. 1 BGB).

307b Neben der schlichten Fortsetzungsklausel sind auch weitergehende Regelungen, etwa in Form einer Nachfolgeklausel, qualifizierten Nachfolgeklausel oder Eintrittsklausel, möglich (dazu → Rn. 309 ff.).

308 **c) Offene Handelsgesellschaft. Gesetzlicher Regelfall: Fortsetzung unter den verbleibenden Gesellschaftern.** Seit 1998 ist die früher als Fortsetzungsklausel bezeichnete vertragliche Gestaltung der gesetzliche Regelfall: Gemäß § 131 Abs. 3 Nr. 1 HGB führt – sofern der Gesellschaftsvertrag nicht etwas anderes regelt – der Tod eines Gesellschafters zu seinem Ausscheiden und nicht mehr zur Auflösung der Gesellschaft. Damit wird die Gesellschaft unter den verbleibenden Gesellschaftern fortgesetzt, der Anteil des verstorbenen Gesellschafters an der Gesamthand wächst *ipso jure* den übrigen Gesellschaftern an (§ 105 Abs. 2 HGB, § 738 Abs. 1 S. 1 BGB). Die vermögensrechtliche Beteiligung wandelt sich um in einen schuldrechtlichen Abfindungsanspruch gegen die OHG, der in den Nachlass fällt (§ 738 Abs. 1 S. 2 BGB). Aufgrund der Abfindungsproblematik, die für den Unternehmensbestand eine Gefahrenquelle darstellen kann, sind Nachfolgeklauseln bei der vertraglichen Gestaltung aber weiterhin relevant.[358]

309 **Allgemeine erbrechtliche Nachfolgeklausel:** Der Gesellschaftsvertrag kann einerseits vorsehen, dass im Fall des Todes eines Gesellschafters die Gesellschaft mit dessen Erben fortgeführt wird (vgl. § 139 Abs. 1 HGB). Der Gesellschaftsanteil an der werbenden Gesellschaft wird dadurch vererblich.[359] Der Gesellschaftsvertrag kann die Vererblichkeit des Gesellschaftsanteils andererseits völlig ausschließen. Auch eine Gestaltung des Inhalts ist denkbar, dass der Gesellschaftsanteil nur vererblich ist, wenn der Nachfolger durch Verfügung von Todes wegen bestimmt wurde. Auch wenn der Gesellschafter-Nachfolger minderjährig ist, ist eine familiengerichtliche Genehmigung nach § 1822 Nr. 3 BGB nicht erforderlich.[360] Sind mehrere Personen zur Nachfolge in den Geschäftsanteil berufen, erhält jeder Erbe unmittelbar einen seinem Erbteil entsprechenden Teil der Gesellschaftsbeteiligung des Verstorbenen. Es handelt sich – in Ausnahme vom Grundsatz der Gesamtrechtsnachfolge gemäß § 1922 BGB – um einen Vonselbsterwerb in Gestalt einer Sondererbfolge hinsichtlich des Gesellschaftsanteils.[361] Die Erbengemeinschaft wird nicht, also auch nicht vorübergehend, Gesellschafter der OHG,[362] weil die Erbengemeinschaft in ihrer gesamthänderischen Verbundenheit nicht Gesellschafter einer werbenden Personengesellschaft sein kann.[363] Das Recht des Erben, nach § 139 HGB sein Verbleiben bei der Gesellschaft binnen drei Monaten davon abhängig zu machen, dass ihm die Stellung eines Kommanditisten eingeräumt wird, ist nicht letztwillig abdingbar.[364] Es sind allerdings insoweit bedingte Erbeinsetzungen und Auflagen denkbar. Der Gesellschaftsvertrag kann

---

[356] RGZ 106, 65.
[357] Vgl. BGH ZEV 1995, 422.
[358] Vgl. auch *K. Schmidt* NJW 1998, 2161; *Priester* DNotZ 1998, 691.
[359] BGHZ 22, 186; BGHZ 68, 225.
[360] KG JW 1933, 119; BGHZ 55, 267.
[361] Palandt/*Weidlich* BGB § 1922 Rn. 11, 17.
[362] BGHZ 22, 186.
[363] MüKoHGB/*Schmidt* HGB § 139 Rn. 13.
[364] BGH BB 1963, 323.

vorsehen, dass der Gewinnanteil der Erben neu und niedriger als derjenige des Erblassers festgesetzt wird (§ 139 Abs. 5 HGB). Es ist uU aus Liquiditätsgründen zu empfehlen, in den Gesellschaftsvertrag eine kombinierte Nachfolge- und Umwandlungsklausel aufzunehmen, die sicherstellt, dass der Erbe einerseits in die Gesellschaft eintritt, andererseits seine Beteiligung in die eines Kommanditisten umgewandelt wird.[365]

Qualifizierte erbrechtliche Nachfolgeklausel: Der Gesellschaftsvertrag kann vorse- 310 hen, dass nur eine Person oder mehrere bestimmte Personen im Wege der Erbfolge Gesellschafter-Nachfolger werden können (zB nur ein bestimmter Sohn, jeweils nur der Ehegatte etc). Die gesellschaftsrechtlich legitimierten Personen treten grundsätzlich in vollem Umfang und untereinander im Verhältnis ihrer Erbteile in den Gesellschaftsanteil ein. Am übrigen Nachlass sind sie nur entsprechend ihrer Erbquote beteiligt.[366] Auch insoweit erfolgt kein Durchgangserwerb der Erbengemeinschaft (→ Rn. 308). Der Nachfolger erwirbt kraft Erbrechts und nicht durch einen gesellschaftsrechtlichen Vertrag. Der Nachfolger muss hierzu Erbe sein. Die insoweit weichenden Erben haben keinen Anspruch gegen die Gesellschaft.[367] Der Ausgleich ist vielmehr unter den Miterben im Rahmen der Erbauseinandersetzung herzustellen, sofern nicht der Wert der Beteiligung dem Nachfolger testamentarisch zugewiesen wurde. Dies kann insbesondere durch ein Vorausvermächtnis geschehen.[368]

Rechtsgeschäftliche Nachfolgeklausel: Sie gestattet beim Tod eines Gesellschafters 311 den Eintritt von Nachfolgern außerhalb der Erbfolge, also ohne Rücksicht darauf, ob sie erbrechtlich legitimiert sind.[369] Sie ist nur möglich, wenn der Gesellschafter-Nachfolger am Gesellschaftsvertrag beteiligt war oder aber am Gesellschaftsvertrag in der Weise mitwirkt, dass er für den Fall seines Eintritts als Gesellschafter-Nachfolger der Übernahme des Anteils mit Rechten und Pflichten zustimmt, da sonst das Verbot des Vertrages zu Lasten Dritter entgegenstünde. Ist der Gesellschafter-Nachfolger minderjährig, ist für einen derartigen Eintritt die familiengerichtliche Genehmigung nach § 1822 Nr. 3 BGB erforderlich.[370] Ein Formzwang nach § 2301 BGB besteht nicht.[371] Konstruktiv handelt es sich um eine auf den Tod des Gesellschafters aufschiebend befristete Anteilsübertragung.[372]

Eintrittsklausel: Sieht ein Gesellschaftsvertrag vor, dass die Erben oder einige von 312 ihnen zum Eintritt in die Gesellschaft berechtigt sind, so setzt dies das Ausscheiden der Erben aus der Gesellschaft voraus. Die Mitgliedschaft wird mit dem Nachfolger neu begründet. Es handelt sich demnach um keine erbrechtliche, sondern eine gesellschaftsrechtliche Regelung. Zu klären ist, wie die Einlageverpflichtung des Eintretenden erbracht wird. Häufig wird der Abfindungsanspruch des ausgeschiedenen Erblassers mit der Einbringungspflicht des Eintrittsberechtigten verrechnet. Dies bedarf im Testament einer entsprechenden Zuordnung dieses Anspruchs. Die Eintrittsklausel als solche ist häufig als aufschiebend befristeter Vertrag zugunsten Dritter auf den Todesfall einzuordnen. Ist der Eintrittsberechtigte minderjährig, ist die familiengerichtliche Genehmigung nach § 1822 Nr. 3 BGB nötig.[373] Ein Formzwang besteht nicht.

d) Europäische Wirtschaftliche Interessenvereinigung (EWIV). Nach § 1 EWIV- 313 Ausführungsgesetz gelten, soweit nicht die EG-VO Nr. 2137/85 etwas anderes aussagt, für die EWIV die Regelungen des HGB für die OHG (→ Rn. 307 ff.). Gemäß Art. 28

---

[365] *K. Schmidt* BB 1989, 1702.
[366] BGH DNotZ 1977, 550.
[367] BGHZ 50, 316 Rn. 7.
[368] MüKoHGB/*Schmidt* HGB § 139 Rn. 20.
[369] BGH DNotZ 1977, 550.
[370] RG JW 1935, 3154.
[371] Staudinger/*Kanzleiter* (2013) BGB § 2301 Rn. 51.
[372] MüKoHGB/*Schmidt* HGB § 139 Rn. 24.
[373] BGH BB 1963, 323.

EG-VO Nr. 2137/85 ist bei der EWIV der gesetzliche Regelfall, dass ein Mitglied bei seinem Tod ausscheidet.

314 **e) Freiberufliche Partnerschaft.** Freiberufler haben die Möglichkeit, sich in der personengesellschaftsrechtlichen Form der Partnerschaft (nun auch in der Variante der Partnerschaft mit beschränkter Berufshaftung – PartGmbB, § 8 Abs. 4 PartGG), zusammenzuschließen. Durch Verweisungen im PartGG sind wieder etliche Regeln über die OHG und die BGB-Gesellschaft anzuwenden (vgl. § 1 Abs. 4 PartGG). Gemäß § 9 Abs. 1 PartGG gelten die §§ 131–144 HGB entsprechend, so dass die Situation beim Tod eines Partners derjenigen bei der OHG entspricht. Da die Beteiligung an der Partnerschaft allerdings gemäß § 9 Abs. 4 S. 1 PartGG grundsätzlich nicht vererblich ist, kommt § 738 BGB zur Anwendung, wonach der Anteil des ausscheidenden Partners den verbleibenden Partnern zuwächst.[374] Der Abfindungsanspruch fällt dann in den Nachlass. Die Frage, ob durch Erbgang ein neuer Partner hinzutreten kann, kann im Partnerschaftsvertrag geregelt werden, indem die Partner ihre Beteiligung an Dritte vererblich stellen.[375] Dieser Dritte muss jedoch als Partner im Sinne des PartGG in Betracht kommen (vgl. § 9 Abs. 4 S. 2 PartGG). Möglich ist auch die Vereinbarung einer qualifizierten Nachfolgeklausel, wofür die zur OHG entwickelten Rechtsgrundsätze gelten (→ Rn. 308 ff.).[376]

315 **f) Kommanditgesellschaft. Für Komplementär: Regelung wie bei OHG.** Beim Tod des **Komplementärs** gelten die Grundsätze für das Ausscheiden eines Gesellschafters aus einer OHG. Es ist Vorsorge für den Fall zu treffen, dass der letzte Komplementär ausscheidet (Gründung einer GmbH & Co. KG oÄ), da die KG ohne einen persönlich haftenden Gesellschafter begriffsnotwendig nicht bestehen kann und in diesem Falle aufgelöst würde.

315a **Für Kommanditist: Grundsatz der freien Vererblichkeit im Wege der Sonderrechtsnachfolge.** Der Tod des **Kommanditisten** löst nach § 177 HGB die Gesellschaft nicht auf.[377] Sein Gesellschaftsanteil ist vererblich. Sind mehrere Erben vorhanden, rücken diese nicht als Erbengemeinschaft, sondern als Nebenerben zu dem ihrer Erbquote entsprechenden Anteil in die Gesellschafterstellung des Verstorbenen ein.[378] Anderes gilt, wenn es um die Vererbung von Anteilen an einer Liquidationsgesellschaft geht: Hier wird bei einer Mehrheit von zur Nachfolge berufenen Erben die Erbengemeinschaft in ihrer gesamthänderischen Verbundenheit Gesellschafter (→ Rn. 312), mit der Möglichkeit der Haftungsbeschränkung auf den Nachlass.[379]

315b **Abweichende Regelung zulässig:** Der Gesellschaftsvertrag kann aber die Vererblichkeit des Kommanditanteils beschränken oder ganz ausschließen.

316 **g) Stille Gesellschaft. Grundsatz der freien Vererblichkeit nach allgemeinen Regeln.** Der Tod des stillen Gesellschafters löst die Gesellschaft nicht auf (§ 234 Abs. 2 HGB). Der Erbe tritt an die Stelle des Erblassers, mehrere Erben folgen in Erbengemeinschaft nach. **Abweichende Vereinbarungen sind zulässig.**

317 **h) GmbH. Grundsatz der freien Vererblichkeit nach allgemeinen Regeln.** Die Gesellschaftsanteile an einer GmbH sind vererblich (§ 15 Abs. 1 GmbHG). Die Vererblichkeit kann nicht ausgeschlossen werden.[380] Mehrere Miterben erwerben den Anteil ge-

---

[374] *Seibert*, Die Partnerschaft: Neue Gesellschaftsform für die freien Berufe?, 1994, S. 117; *Lenz* MDR 1994, 744.

[375] *K. Schmidt* NJW 1995, 4.

[376] *Seibert* aaO S. 119; *Mayr* MittBayNot 1996, 61; *ders.* ZEV 1996, 321 (324); *Heydn* ZEV 1998, 161.

[377] Zur Vererbung von Kommanditanteilen ausführlich *Ivo* ZEV 2006, 302.

[378] RG DR 1942, 1228; BGHZ 22, 186; BGH DNotZ 1977, 550 (556).

[379] BGH ZEV 1995, 422.

[380] Zur Vererbung von GmbH-Geschäftsanteilen ausführlich *Ivo* ZEV 2006, 252.

samthänderisch. Sie können ihre Gesellschafterrechte nach § 18 Abs. 1 GmbHG nur gemeinschaftlich ausüben (wohl auch im Wege einer Mehrheitsentscheidung, soweit die
Angelegenheit die ordnungsgemäße Verwaltung des Nachlassvermögens betrifft gemäß
§§ 2038 Abs. 2, 745 Abs. 1 BGB).[381]

Regelungsmöglichkeiten in Satzung. Die Satzung der GmbH kann die Wirkung   317a
der Vererbung beseitigen und vorsehen, dass beim Tod eines Gesellschafters dessen Geschäftsanteil gemäß § 34 GmbHG einzuziehen oder an eine bestimmte Person, die
GmbH selbst, einen Gesellschafter oder eine von der Gesellschaft benannte Person abzutreten ist. Dies ist auch als bedingte Regelung für den Fall denkbar, dass der Nachfolger
nicht bestimmten subjektiven Anforderungen entspricht (zB weder Mitgesellschafter noch
Abkömmling ist). Bei einer **Freiberufler-GmbH** ist eine derartige Regelung sogar unbedingt notwendig, denn die Geschäftsanteile an einer Rechtsanwalts-, Steuerberatungs-
oder Wirtschaftsprüfungs-GmbH dürfen nur dem für den entsprechenden Beruf zugelassenen Personenkreis zugänglich sein. Die Satzung **muss** daher eine Bestimmung treffen[382]
für die Nachfolge beim Tod eines Gesellschafters wie etwa die Abtretungspflicht der Erben oder das Einziehungsrecht der Gesellschaft. Vielfach sieht das jeweilige Standesrecht
gesetzliche Vorgaben für die Satzung vor (zB §§ 27 ff. WPO, §§ 49 ff. StBerG).

i) GmbH & Co. Die Frage der Nachfolge beurteilt sich bei der GmbH nach GmbH-   318
Recht, bei der KG nach dem Recht der Personenhandelsgesellschaft. Die GmbH & Co.
eignet sich für die Nachfolgeregelung besonders gut wegen der Möglichkeit der Fremdorganschaft und einer leistungsorientierten Aufspaltung der Verantwortlichkeiten bei KG
und GmbH.

j) Aktiengesellschaft. Grundsatz der freien Vererblichkeit nach allgemeinen Re-   319
geln. Da die Rechtsform der Aktiengesellschaft auch für mittelständische und Familienunternehmen interessant geworden ist, stellt sich hier verstärkt die Frage nach der Erbfolge beim Tod eines Aktionärs. Ebenso wie bei der GmbH sind die Anteile an der AG frei
vererblich, was auch durch die Satzung nicht ausgeschlossen werden kann. Dies gilt gleichermaßen für Inhaber- und Namensaktien.

Regelungsmöglichkeiten in Satzung stark beschränkt. Bei Nachfolgeregelungen   319a
in der Satzung unterliegen die Aktionäre aber weitergehenden Beschränkungen als die
Gesellschafter einer GmbH.[383] Die Bestimmung einer Abtretungspflicht der Erben ist
ebenso unzulässig (vgl. § 54 AktG, Verbot der Begründung von Nebenpflichten) wie die
Ausdehnung der Vinkulierung von Namensaktien auf die Fälle des Aktienübergangs kraft
Erbfolge.[384] Die Vinkulierung von Namensaktien kann allerdings bei Vermächtnissen und
Erbauseinandersetzung – als rechtsgeschäftliche Übertragungen – Bedeutung erlangen. Allein die Regelung einer Zwangseinziehung beim Tod eines Aktionärs ist in der Satzung
möglich.[385] Die Einziehung erfolgt dann durch eine Entscheidung des Vorstandes (vgl.
§ 237 Abs. 6 AktG). Zur Abfindung → Rn. 351.

k) Private limited company. Gehört zum Nachlass eine *private company limited by shares*   320
(Ltd.) sei es, dass diese eigengewerblich über ihre deutsche Zweigniederlassung in
Deutschland tätig ist, sei es, dass sie als Komplementärin einer KG (Ltd. & Co. KG) fungiert, gibt es materiell-rechtliche und formell-rechtliche Probleme bei der Nachfolgeregelung. Denn bei dieser *company* bedarf es nach englischem Recht einer zwingenden Nach-

---

[381] Vgl. BGH ZEV 1995, 379.
[382] BayObLG WiB 1995, 115.
[383] Vgl. *Schaub* ZEV 1995, 84.
[384] *Ebenroth* Rn. 897.
[385] Formulierungsbeispiel bei *Schaub* ZEV 1995, 84.

lassverwaltung nach englischem Recht *(administration of estates).*[386] Seit 17. 8. 2015 mag dies aus deutscher Sicht aufgrund der Anknüpfung an den gewöhnlichen Aufenthalt des Erblassers gemäß Art. 21 Abs. 1 EuErbVO nicht weiter relevant sein (→ Rn. 219ff.). Die Verordnung sieht keine Art. 3a Abs. 2 EGBGB aF vergleichbare Vorschrift vor, die auf ausländische Sonderregelungen Rücksicht nehmen würde.[387] Insbesondere ist Art. 30 EuErbVO wohl nicht anwendbar, da diese Vorschrift nach dem Erwägungsgrund 54 der Verordnung eng auszulegen ist, so dass es bei dem nach den allgemeinen Regeln anwendbaren Erbstatut bleiben soll. Es kommt somit aber zu Widersprüchen der deutschen und der englischen Rechtsordnung.

321   Das englische Recht sieht sowohl kollisions- als auch sachrechtlich eine Aufspaltung zwischen Erbgang und Erbfolge vor. Die sachrechtlichen Regeln der englischen *administration of estates* bestimmen in Abweichung von der deutschen Universalsukzession des Erben eine der Erbfolge vorgeschaltete zwingende Nachlassverwaltung an sämtlichen in England belegenen Nachlassgegenständen. Materiell-rechtlich folgt hieraus zum Zeitpunkt des Erbfalles ein temporär für die Nachlassverwaltung begrenzter dinglicher Zwischenerwerb des in England befindlichen Nachlasses durch den von einem englischen Gericht oder einer *registry* durch *grant* zu bestellenden oder zumindest zu bestätigenden *personal representative (ancillary administrator).* Dieser ist Inhaber des *legal title* am in England belegenen Nachlass bis zum Abschluss der *administration* und der daraufhin erfolgenden Auskehr der dann noch im Nachlass befindlichen Gegenstände an die *beneficiaries* bzw. Erben *(distribution).* Auch kollisionsrechtlich unterstellt das englische Recht die Nachlassabwicklung besonderen Regeln: sie richtet sich anders als die *succession,* bei der zur Bestimmung des anwendbaren Rechts an das letzte *domicile* des Erblassers angeknüpft wird, nach der *lex fori,* die aber letztlich stets zur Anwendung der *lex rei sitae* führt. Denn englische Gerichte betrachten sich als für die Erteilung eines *grant* grundsätzlich ausschließlich zuständig, soweit in England belegenes Nachlassvermögen betroffen ist. Gleichzeitig ist das englische Recht nicht bereit, eine Nachlassabwicklung an den in England belegenen Nachlassgegenständen ohne den *grant* eines englischen Gerichts oder einer englischen *registry* zuzulassen. Da nach englischem Kollisionsrecht auch die Geschäftsanteile einer „deutschen *limited*" in England belegen sind, ist im Ergebnis aus deutscher Sicht daher das englische Nachlassverfahren inklusive des temporären Übergriffs auf die Erbfolge zu berücksichtigen. Insoweit ist wohl gemäß Art. 1 Abs. 2 lit. k und lit. l EuErbVO (vgl. auch Erwägungsgründe 18 und 19 der EuErbVO) – jedenfalls aber faktisch – englisches Recht anzuwenden. Der in England zu bestellende *ancillary administrator* hat als Abschluss der *administration* dann über die Anteile ähnlich einem Testamentsvollstrecker entsprechend den testamentarischen bzw. gesetzlichen Regelungen, die deutschem Erbfolgerecht unterliegen, zu verfügen. Dies ist bei allen testamentarischen Verfügungen vorab zu berücksichtigen. Die Unsicherheiten sind insoweit groß.

322   Da *shares* nach englischem Gesellschaftsrecht frei vererblich sind und die Vererblichkeit auch nicht durch Regelungen in der Satzung *(articles)* ausgeschlossen werden kann, sollte auf jeden Fall ein mit dem **deutschen Testament** korrespondierendes und hierauf abgestimmtes Testament in englischer Sprache errichtet werden, das einen *executor* für die *shares* konkret bezeichnet.

323   Die Möglichkeiten, das **Nachlassverfahren nach englischem Recht zu vermeiden,** sind nur gering.[388] Allenfalls könnte durch die Begründung einer *joint holdership* zu Lebzeiten des Erblassers/*shareholder* mit dem designierten Nachfolger eine Umgehung der *administration* erreicht werden, da es in diesem Falle zu einer automatischen Anwachsung der *shares* an den Nachfolger im Zeitpunkt des Todes des *senior holder* nach englischem

---

[386] *Wachter* GmbHR 2005, 407 (414); *Süß* GmbHR 2005, 673 (674); *v. Oertzen/Cornelius* ZEV 2006, 106ff., *Richardsen* S. 48.
[387] Vgl. auch *Odersky* notar 2013, 3.
[388] *Richardsen* S. 173ff.

Gesellschaftsrecht käme. Theoretisch denkbar ist auch die Einbringung der *shares* in einen *private express trust*. Diese Lösung führt aber zum einen zu einer weitreichenden Bindung des Erblassers bereits zu Lebzeiten; zum anderen sprechen der hohe Beratungsaufwand und die rechtliche Unsicherheit in Deutschland im Umgang mit der dem deutschen Recht unbekannten Verselbstständigung von Vermögen gegen eine derartige Gestaltung. Eine Schenkung bedingt auf den Todesfall scheitert bereits an den gesellschaftsrechtlichen Voraussetzungen für die Anteilsübertragung, die einen entsprechenden Vollzug zu Lebzeiten nicht gestatten und daher zu einer Einstufung als erbrechtliche Verfügung führen. Schließlich ist auch die Ausgestaltung einer *Ltd. & Co.* KG als Einheitsgesellschaft nicht möglich, da das englische Gesellschaftsrecht nach heutiger Konzeption eine Beteiligung an einer *limited* nur natürlichen oder juristischen Personen gestattet und die Beteiligung einer anderen Gesellschaft als juristischer Person an der *limited* nur dann erlaubt, wenn diese Gesellschaft nicht gleichzeitig die *holding company* der *limited* ist.

Die **statutarischen Gestaltungsmittel** zur Einflussnahme auf die Nachfolge in *shares* 324 (die Abtretungsverpflichtung *(compulsory transfer)*, die Ablehnungsklausel *(right to refuse)* und Vorkaufsrechte *(preemption rights)*) sind, auch wenn sie das englische Nachlassverfahren nicht verhindern können, als notwendige Korrektive nicht außer Acht zu lassen.

Angesichts der erheblichen Rechtsunsicherheiten, des erhöhten Beratungsaufwands und 325 des in der Praxis oft sehr überschaubaren Geschäftsumfangs bietet sich eine rechtzeitige **Umwandlung der** *private company limited by shares* **in eine deutsche GmbH** an.[389]

3. Testamentsvollstreckung im Unternehmensbereich. a) Einzelkaufmännisches 326 **Unternehmen.** Der Testamentsvollstrecker ist nicht in der Lage, ein Handelsgeschäft kraft seines Amtes voll zu führen. Testamentsvollstrecker können Verbindlichkeiten nur für den Nachlass, nicht für die Erben persönlich eingehen. Es kommen folgende **Abhilfemöglichkeiten** in Betracht:

(1) Der Testamentsvollstrecker kann das Handelsgeschäft als **Bevollmächtigter** der Erben führen; die Erben haften für neue Verbindlichkeiten persönlich und unbeschränkt, für Altverbindlichkeiten können sie die Haftung auf den Nachlass beschränken, sofern sie nicht wegen Firmenfortführung gemäß §§ 25, 27 HGB unbeschränkt haften;[390] ihnen kommt jedoch die Geschäftserfahrung des Testamentsvollstreckers zugute. Die Erben sind allerdings berechtigt, selbst tätig zu werden, und können so den Bevollmächtigten „aushebeln"; eine verdrängende Vollmacht ist nicht möglich.[391] Die Bevollmächtigung kann zur Bedingung der Erbeinsetzung gemacht werden. Besonders interessant ist die **vollstreckungsergänzende Vollmacht.** Sie lässt die Testamentsvollstreckungen an betroffenen Vermögenssubstanzen bestehen und ermöglicht dem Testamentsvollstrecker das Handeln für die Erben aufgrund Vollmacht. Die dingliche Sperre der §§ 2211, 2214 BGB bleibt bestehen. Dem Testamentsvollstrecker steht die Aktivprozessführungsbefugnis zu (§ 2212 BGB).[392]

(2) Der Testamentsvollstrecker kann das Unternehmen als **Treuhänder** übernehmen und nach außen im eigenen Namen fortführen; er haftet dann im Außenverhältnis persönlich und uneingeschränkt (Risiko der Rückdeckung). Bei der Treuhandlösung ist zu unterscheiden zwischen der **Verwaltungs- und der Ermächtigungstreuhand;** bei letztgenannter bekommt der Testamentsvollstrecker die Verfügungsmacht über die Gegenstände übertragen, nicht die Gegenstände selbst. Bei der Ermächtigungstreuhand ist also der Testamentsvollstrecker nicht selbst in das Handelsregister einzutragen,

---

[389] Vgl. hierzu *Herrler/Schneider,* Von der Limited zur GmbH, 2010 – mit Formulierungsbeispielen für die gesamte Umwandlungsdokumentation.
[390] Vgl. Bengel/Reimann/*Pauli* TV-HdB § 5 Rn. 130.
[391] Vgl. *Ulmer* ZHR 146 (1982), 555.
[392] Vgl. BGHZ 12, 100 (103); *Lorz* S. 39 ff.; *Reimann* Rn. 354 ff.; *Plank* ZEV 1998, 325.

er kann aber über die Gegenstände, die zum Unternehmen gehören, aufgrund Ermächtigung verfügen.[393]

(3) Der Testamentsvollstrecker kann im Außenverhältnis das Handelsgeschäft **freigeben** und sich im Innenverhältnis die Entscheidungsbefugnis vorbehalten.[394]

327 **b) Gesellschafter einer OHG, einer EWIV, einer BGB-Gesellschaft und Komplementär einer KG.** Der mögliche Aufgabenbereich des Testamentsvollstreckers hängt davon ab, welche Regelung das Gesetz bzw. der Gesellschaftsvertrag für den Fall des Todes eines Gesellschafters vorsehen:

328 **Auflösung:** Wird die Gesellschaft mit dem Tod des voll haftenden Gesellschafters aufgelöst, kann der Testamentsvollstrecker sämtliche Liquidationsansprüche für die Erben geltend machen und verwalten; insbesondere unterliegt der Abfindungsanspruch des Erben der Testamentsvollstreckung.

329 **Fortsetzung unter den verbleibenden Gesellschaftern:** Der Testamentsvollstrecker kann die Abfindungsansprüche der Erben gegen die Gesellschaft geltend machen und verwalten.

330 **Fortsetzung der Gesellschaft mit den Erben:** Die Abwicklungsvollstreckung ist nach inzwischen gefestigter Auffassung unproblematisch zulässig.[395] Probleme ergeben sich seit jeher bei der Dauertestamentsvollstreckung am Anteil des persönlich haftenden Gesellschafters: Die überkommene Rechtsprechung ging davon aus, dass die Rechte eines voll haftenden Gesellschafters prinzipiell **nicht** der Testamentsvollstreckung unterliegen können.[396] Dies wurde vor allem mit den unterschiedlichen Haftungsgrundsätzen im Gesellschafts- und Erbrecht begründet.[397] Ersatzlösungen wurden ähnlich wie beim einzelkaufmännischen Unternehmen gesucht. Nach der neueren Rechtsprechung[398] ergibt sich folgende Situation:[399]

– Der Testamentsvollstrecker kann *in* der Gesellschaft *nur* mitwirken, *wenn* die übrigen Gesellschafter – im Gesellschaftsvertrag oder *ad hoc* – zustimmen.

– Eine Testamentsvollstreckung ist bei Personengesellschaften für den Gesellschafter einer OHG, einer BGB-Gesellschaft und den Komplementär einer KG dem Erben gegenüber zwar zulässig, der Erbe ist jedoch *in* der Gesellschaft nicht daran gehindert, seine Rechte selbst wahrzunehmen. Der Testamentsvollstrecker hat jedoch eine **beaufsichtigende Funktion** über den Erben, also an der „Außenseite" der Beteiligung. Er kann verhindern, dass der Gesellschafter-Erbe über den ererbten Gesellschaftsanteil verfügt. Fehlt seine Zustimmung, bleibt die Maßnahme des Erben unwirksam. § 2214 BGB gilt; Eigengläubiger der Erben können also nicht in die Beteiligung vollstrecken.[400]

– Da die Funktionen des Testamentsvollstreckers an der „Außenseite" der Beteiligung erbrechtlichen Ursprungs sind, können sie durch Gesellschaftsvertrag nicht ausgeschlossen oder eingeschränkt werden.

331 **Eintrittsrecht:** Testamentsvollstreckung kann nicht angeordnet werden, da das Eintrittsrecht kraft Gesellschaftsvertrages entsteht und nicht erbrechtlichen Ursprungs ist.[401]

332 **c) Kommanditbeteiligung.** Für die Kommanditbeteiligung gilt: Testamentsvollstreckung ist sowohl als Abwicklungs- wie vor allem auch als Dauervollstreckung möglich.[402] Voraus-

---

[393] Vgl. *Plank* ZEV 1998, 325; *Lorz* S. 74 ff.; *Reimann* Rn. 340 ff.
[394] Vgl. Bengel/Reimann/*Pauli* TV-HdB § 5 Rn. 137.
[395] Staudinger/*Reimann* (2016) BGB § 2203 Rn. 6; *Kämper* RNotZ 2016, 625 (628).
[396] RGZ 170, 392; BGHZ 24, 112; BGHZ 68, 225; BGH DB 1981, 366.
[397] *Kämper* RNotZ 2016, 625 (630).
[398] BGH DNotZ 1985, 561; DNotZ 1987, 116; DNotZ 1990, 183; ZEV 1996, 110; ZEV 1998, 72.
[399] S. *Reimann* DNotZ 1990, 192; *Lorz* ZEV 1996, 112; *Weidlich* MittBayNot 1996, 121; Bengel/Reimann/*Pauli* TV-HdB § 5 Rn. 160 ff.; *Kämper* RNotZ 2016, 625 (631 ff.).
[400] Im Einzelnen *Weidlich* ZEV 1994, 208.
[401] BGHZ 22, 186.
[402] BGH DNotZ 1990, 183.

setzung bei einer verwaltenden Testamentsvollstreckung ist, dass die übrigen Gesellschafter – im Gesellschaftsvertrag oder *ad hoc* – der Wahrnehmung der Gesellschafterrechte durch den Testamentsvollstrecker zugestimmt haben. Der Testamentsvollstrecker nimmt dann grundsätzlich alle Vermögens- und Verwaltungsrechte des Erben in der Gesellschaft (sog. „Innenseite") und an der „Außenseite" (§§ 2205, 2214 BGB) wahr.[403] Fehlt die Zustimmung der übrigen Gesellschafter, ist die Testamentsvollstreckungsanordnung nicht unwirksam; die Rechte des Testamentsvollstreckers bleiben lediglich auf die „Außenseite" der Beteiligung beschränkt.[404] Unterliegt der Kommanditanteil der Dauertestamentsvollstreckung ist der Testamentsvollstrecker berechtigt und verpflichtet, die Sondererbfolge hinsichtlich des Kommanditanteils und die Anordnung der Testamentsvollstreckung (wegen der damit verbundenen Verfügungsbeschränkung für den Erben) zum Handelsregister anzumelden.[405]

Beschränkungen ergeben sich nur aus dem Gebot der ordnungsgemäßen Verwaltung 333 des Nachlasses (§§ 2205 Abs. 1 S. 1, 2216 S. 1 BGB), dem Verbot unentgeltlicher Verfügungen (§ 2205 S. 3 BGB) sowie dem Verbot persönlicher Verpflichtungen des Erben (§ 2206 BGB).[406] Der Testamentsvollstrecker ist hiernach nicht berechtigt, an Verträgen (insbesondere Satzungsänderungen) und Beschlüssen mitzuwirken, die Leistungspflichten einführen, die nicht mit Nachlassmitteln erfüllt werden können und zu einer einseitigen Rechtseinbuße für den Gesellschafter führen.[407] Außerdem ist das Stimmverbot des § 47 Abs. 4 GmbHG analog anzuwenden, so dass in entsprechenden Fällen das Stimmrecht nicht dem Testamentsvollstrecker, sondern dem Erben zusteht.[408] Eine weitere Einschränkung der Rechte des Testamentsvollstreckers durch die sog. Kernbereichslehre[409] wird zwischenzeitlich überwiegend abgelehnt.[410]

Aufstockung der eigenen Beteiligung: War der Erbe bereits vor dem Erbfall (aus 334 eigenem Recht) Gesellschafter und erbt er eine Kommanditbeteiligung, könnte sich die Testamentsvollstreckung wegen des bisher unterstellten „Spaltungsverbots"[411] uU nicht realisieren lassen.[412] Nach der überzeugenden Rechtsprechung des Erbrechtssenats des BGH[413] steht die Beteiligung des Erben vor dem Erbfall der Testamentsvollstreckung nicht entgegen. Bei lebzeitiger Aufnahme eines (künftigen) Erben in die Gesellschaft wird allerdings Vorsicht angeraten.[414]

d) Stille Gesellschaft. Da die stille Gesellschaft, auch die atypische stille Gesellschaft, nur 335 schuldrechtliche Beziehungen begründet, ist eine Testamentsvollstreckung uneingeschränkt zulässig.[415]

e) GmbH und sonstige Kapitalgesellschaften. Die Testamentsvollstreckung ist nach 336 allgemeiner Auffassung zulässig.[416] Die Ausübung des Stimmrechts und der übrigen Gesellschafterbefugnisse obliegt grundsätzlich dem Testamentsvollstrecker, der wie ein Ver-

---

[403] BGH ZEV 2014, 662 mAnm *Reimann*.
[404] *Reimann* FamRZ 1992, 117; Bengel/Reimann/*Pauli* TV-HdB § 5 Rn. 198, 193 ff.; aA OLG Hamm FamRZ 1992, 113.
[405] BGH DNotZ 2012, 788.
[406] Vgl. dazu *Dörrie* ZEV 1996, 370.
[407] *Reimann* DNotZ 1990, 192.
[408] BGH ZEV 2014, 662 (665).
[409] Grundlegend BGHZ 20, 363; diese als Beschränkung des Testamentsvollstreckers anwendend *Priester* FS Stimpel 1985, 463 (481 ff.).
[410] In diese Richtung bereits BGH DNotZ 1995, 214; nun auch BGH DNotZ 2015, 65 (71); Staudinger/ *Reimann* (2016) BGB § 2205 Rn. 192; *Kämper* RNotZ 2016, 625 (638).
[411] BGHZ 24, 106 (113).
[412] BGH DNotZ 1990, 190.
[413] ZEV 1996, 110 mAnm *Lorz*.
[414] Vgl. Bengel/Reimann/*Pauli* § 5 Rn. 188 ff.
[415] BGH WM 1962, 1084.
[416] BGHZ 24, 106; BGHZ 51, 209; BGH NJW 1959, 1820.

treter den gesellschaftsrechtlichen Stimmverboten unterliegt.[417] Die Erteilung begleitender Vollmachten des Erben an den Testamentsvollstrecker ist zweckmäßig. Ein Testamentsvollstreckervermerk ist schon nach bisher hM nicht in die Gesellschafterliste eintragungsfähig.[418] Auch die zum 1.7.2018 in Kraft getretene GesLV sieht einen solchen Vermerk nicht vor.

337 **f) Mischformen.** Für GmbH & Co., Betriebsspaltung und „GmbH & Still" gilt das, was für die jeweilige Unternehmensform gilt.

338 **4. Testamentsvollstreckung und Umwandlung.** Die Begründung eines neuen einzelkaufmännischen Unternehmens, die Gründung von Gesellschaften für die Erben, die Aufstockung einer Beteiligung und der Erwerb einer neuen Unternehmensbeteiligung für die Erben kann einmal im Zuge der vom Erblasser gewünschten und dem Testamentsvollstrecker übertragenen Umstrukturierung des Unternehmens erforderlich werden, zum anderen kann sich die Notwendigkeit hierzu im Rahmen der ordnungsgemäßen Verwaltung des Nachlasses ergeben. Eine entsprechende Problematik tritt ein, wenn ein Unternehmen – aufgrund erbrechtlicher Auflage oder aus eigener Initiative durch den Testamentsvollstrecker im Rahmen der ordnungsgemäßen Verwaltung des Nachlasses – mit den Mitteln des Umwandlungsgesetzes umstrukturiert wird.

339 Es sind dabei diejenigen Fälle zu unterscheiden, bei denen der Testamentsvollstrecker ohne Zustimmung der Erben handelt, und diejenigen, in denen die Zustimmung der Erben erforderlich ist.

340 **a) Einzelkaufmann.** Der Testamentsvollstrecker hat im Rahmen seiner Verpflichtungsbefugnis (§§ 2206 ff. BGB) nicht das Recht, ein neues einzelkaufmännisches Unternehmen mit Wirkung für die Erben zu begründen. Die hierdurch auf die Erben zukommenden Haftungsrisiken wären mit der Beschränkung der Haftung auf den Nachlass unvereinbar.

341 **b) OHG, Komplementär bei KG.** Entsprechendes gilt für die Gründung einer offenen Handelsgesellschaft oder einer Kommanditgesellschaft, wenn der Erbe bzw. die Erben persönlich haftende Gesellschafter würden.[419]

342 **c) Kommanditist bei KG.** Gleiches gilt jedoch im Grundsatz auch für die Beteiligung der Erben als Kommanditisten an einer neu zu gründenden oder schon bestehenden KG: Der Testamentsvollstrecker kann einen Gesellschaftsvertrag nicht mit Wirkung für die Erben abschließen, wenn durch diesen Verbindlichkeiten begründet werden, die ihrem Inhalt nach mit der Beschränkung der Haftung auf den Nachlass nicht vereinbar sind. Der Testamentsvollstrecker kann daher auch nicht mit Wirkung für den Nachlass bei der Errichtung einer Kommanditgesellschaft mitwirken oder entsprechende Anteile erwerben, wenn den Gesellschaftern in dem Vertrag persönliche Verpflichtungen auferlegt sind (§§ 171 Abs. 1, 172, 176 HGB). Nur wenn solche weitergehenden Verpflichtungen der Gesellschafter von vornherein auszuschließen sind, also solche Einzahlungsverpflichtungen nachweislich erfüllt sind oder vom Testamentsvollstrecker aus Nachlassmitteln erfüllt werden und auch keine haftungsschädliche Einlagenrückgewähr (§ 172 Abs. 4 HGB) vorliegt, kann der Testamentsvollstrecker eine derartige Beteiligung für die Erben eingehen.[420]

---

[417] BGH NZG 2014, 945.
[418] OLG München DNotZ 2012, 305; aA *Zinger/Urich-Erber* NZG 2011, 286; vgl. auch *Herrler* NZG 2011, 1321 mit Vorschlägen *de lege ferenda*. Zum Ganzen: vgl. Bengel/Reimann/*Pauli* TV-HdB § 5 Rn. 240 ff.
[419] BGH WM 1969, 492.
[420] OLG Hamburg DNotZ 1983, 381; *Damrau* DNotZ 1984, 664; Staudinger/*Reimann* (2016) BGB § 2205 Rn. 213 f.

Entsprechendes gilt für Kapitalaufstockungen. Die Nachweisschwierigkeiten sind hier erheblich.

d) GmbH. Die Frage, ob der Testamentsvollstrecker im Rahmen seiner Verpflichtungs- 343 befugnis (§§ 2206 ff. BGB) mit Wirkung für den Nachlass (die Erben) einen Gesellschaftsvertrag zur Errichtung einer GmbH schließen kann, verneint die hM wegen der zwingenden Grundsätze der Kapitalaufbringung (§§ 9, 9a, 24 GmbHG) und der Differenzhaftung.[421] Nur wenn weiter gehende Verpflichtungen der Erben von vornherein auszuschließen sind, kann der Testamentsvollstrecker einen Gesellschaftsvertrag abschließen, wie er auch unter der gleichen Voraussetzung im Rahmen seiner Verpflichtungsbefugnis einen Geschäftsanteil einer GmbH kaufen kann. Darüber hinaus wird man aber in entsprechender Anwendung der Grundsätze, die das RG und der BGH für die Führung eines Handelsgeschäftes durch den Testamentsvollstrecker aufgestellt haben, gestatten müssen, dass der Testamentsvollstrecker im eigenen Namen unter eigener persönlicher Haftung, aber auf Rechnung der Erben als deren Treuhänder bei der Errichtung einer GmbH mitwirkt, insbesondere dann, wenn ihn der Erblasser im Testament ausdrücklich beauftragt hat, das Geschäft des Erblassers in eine GmbH umzuwandeln oder sich sonst an der Errichtung einer GmbH zu beteiligen.

e) Aktiengesellschaft. Auch für die Aktiengesellschaft verneint die hM wegen der stren- 344 gen persönlichen Haftung der Gründer (§ 46 AktG) das Recht des Testamentsvollstreckers, sich an der Gründung einer AG zu beteiligen.[422] Der Testamentsvollstrecker, dem vom Erblasser die Verwaltung von GmbH-Geschäftsanteilen übertragen ist, kann die Umwandlung der GmbH in eine AG allerdings herbeiführen, wenn dadurch weitergehende Verpflichtungen, als sie für den Erben vorher bestanden haben, nicht begründet werden.[423]

f) Umwandlungen nach dem UmwG. Der Testamentsvollstrecker ist berechtigt, auf- 345 grund seiner Verwaltungsbefugnis bei einer Satzungsänderung mitzuwirken, durch die eine Gesellschaft in eine oder mehrere andere umgewandelt wird, wenn dadurch weitergehende Verpflichtungen für den Erben nicht begründet werden.[424] Dies gilt nur, wenn er aufgrund der gegebenen Rechtslage unter Beachtung satzungsmäßiger Vorgaben und aufgrund der vom Erblasser getroffenen letztwilligen Verfügungen Funktionen an der „Innenseite" der Beteiligung hat. Ist er auf die „Außenseite" beschränkt, kann der Gesellschafter-Nachfolger derartige Beschlüsse mit dinglicher Wirkung selbst fassen, aber nur wenn der Testamentsvollstrecker zustimmt. Das Instrumentarium des UmwG steht dem Testamentsvollstrecker mit diesen Maßgaben zur Verfügung. Je nach Art der Umwandlungsmaßnahmen wird sich die Problematik im Detail anders darstellen.[425]

Es ist davon auszugehen, dass die bloße Änderung der Rechtsform des Rechtsträgers zu 346 keinem Ausscheiden des Geschäftsanteils aus dem Nachlass führt, dass also die Verwaltungsbefugnis des Testamentsvollstreckers in Fällen der Gesamtrechtsnachfolge bei Verschmelzung und Spaltung (vgl. §§ 20, 131 UmwG) und des Formwechsels (vgl. § 202 Abs. 1 Nr. 2 UmwG) an der neuen Beteiligungsform grundsätzlich weiterbesteht. Wird also etwa eine Kommanditbeteiligung in einen GmbH-Geschäftsanteil umgewandelt, so ergeben sich keine wesentlichen Änderungen. Bestand die Testamentsvollstreckung jedoch an einem OHG-Gesellschaftsanteil oder an einer vollhaftenden KG-Beteiligung, erfasst nach herrschender Meinung die Testamentsvollstreckung die Zielbeteiligung nur mit den Beschränkungen, die aufgrund der gegebenen Rechtslage und der Rechtsprechung

---

[421] Bengel/Reimann/*Pauli* TV-HdB § 5 Rn. 244.
[422] Staudinger/*Reimann* (2016) BGB § 2205 Rn. 210.
[423] BayObLG NJW 1976, 1692.
[424] BayObLG NJW 1976, 1692.
[425] Vgl. dazu im Einzelnen Bengel/Reimann/*Pauli* TV-HdB § 5 Rn. 270 ff.

für die Ausgangsbeteiligung bestanden. Dies hätte zur Folge, dass bei der Umwandlung einer derartigen vollhaftenden Beteiligung in eine GmbH-Beteiligung der Testamentsvollstrecker auch hinsichtlich dieser nur die Vermögensrechte verwalten könnte, also auf die Außenseite der GmbH-Beteiligung beschränkt bliebe.[426]

347   Die Empfehlung an den Erblasser und den Testamentsvollstrecker, zur Verstärkung der Testamentsvollstreckung eine Personengesellschaft unverzüglich nach dem Erbfall in eine Kapitalgesellschaft umzuwandeln, würde – die Richtigkeit dieser Auffassung unterstellt – ins Leere gehen. Wenn das Testament einen Anhaltspunkt dafür gibt, dass eine vollhaftende Beteiligung in eine Beteiligung umgewandelt werden soll, an welcher Testamentsvollstreckung in eigentlich gewolltem Umfang möglich ist, sollte es möglich sein, dass der Testamentsvollstrecker dann die Beteiligung auch an der Innenseite verwalten kann (sofern die übrigen Voraussetzungen dafür vorliegen). Es kommt insoweit also auf den Erblasserwillen an.

348   Davon unberührt bleibt, dass der Testamentsvollstrecker aufgrund seiner beschränkten Rechtsmacht für den Erben keine persönlichen Verpflichtungen im Umwandlungsverfahren begründen kann. Es gelten insoweit die Grundsätze für die Neugründung von Unternehmen bzw. den Erwerb von neuen Beteiligungen für die Erben. Diese Vorgaben sind im Rahmen der Stimmabgabe beim Umwandlungsbeschluss zu beachten.[427]

349   Probleme könnten sich für Umwandlungsmaßnahmen auch aus der **Kernbereichslehre** ergeben. Dies ist zwar nach der Entscheidung des LG Mannheim[428] nicht der Fall; wegen der hier zu Tage tretenden rechtlichen Unsicherheiten sind begleitende Vollmachten durch den Erben in jedem Fall sinnvoll.[429]

350   **5. Abfindung und Ausgleich. a) Wert der Beteiligung bei erbrechtlichen Ausgleichsansprüchen.** Werden bei einer Personengesellschaft nicht alle Erben zur Nachfolge in den Gesellschaftsanteil berufen – sei es, dass der letzte Wille so formuliert wird oder der Gesellschaftsvertrag eine qualifizierte Nachfolgeklausel enthält –, so ergeben sich **erbrechtliche Ausgleichsansprüche gegen den bzw. die Gesellschafter-Nachfolger.** Diese qualifizierte Nachfolge vermag die quantitative Berechtigung des einzelnen Miterben am Nachlass des Verstorbenen, wie sie sich aufgrund einer Verfügung von Todes wegen oder kraft gesetzlicher Erbfolge ergibt, nicht zu ändern. Nach Auffassung des BGH[430] ist die Erbquote keine gegenständliche Begrenzung des Erwerbs in dem Sinne, dass der Miterbe keinen über diese Quote hinausgehenden Teil des Gesellschaftsanteils erwerben könnte. Sie bestimmt nur zwingend seinen Anteil am Wert des gesamten Nachlasses. Es ist hiernach auch möglich, alle Miterben oder einige von ihnen zur Gesellschafter-Nachfolge zu berufen, jedoch in einem Anteilsverhältnis, das von der quotenmäßigen Beteiligung am Nachlass abweicht, und zwar mit unmittelbarer dinglicher Wirkung, so dass eine Auseinandersetzung der Miterben über den Gesellschaftsanteil nicht nötig ist.[431] Diese erbrechtlichen Auseinandersetzungsansprüche berechnen sich aus dem vollen Verkehrswert der Beteiligung[432] und richten sich nicht gegen die Gesellschaft, sondern gegen den bzw. die Gesellschafter-Nachfolger.[433]

351   Die **Abfindungsansprüche,** die im Falle des **Ausscheidens eines Gesellschafters gegen die Gesellschaft** gerichtet sind, bemessen sich nach dem Gesellschaftsvertrag. Das gilt für Personen- wie Kapitalgesellschaften gleichermaßen. Ist im Gesellschaftsvertrag

---

[426] *Weidlich* MittBayNot 1996, 2; Bengel/Reimann/*Pauli* TV-HdB § 5 Rn. 271; kritisch *Reimann* ZEV 2000, 381.
[427] *Dörrie* GmbHR 1996, 245 und ZEV 1996, 373; *Weidlich* MittBayNot 1996, 3; Bengel/Reimann/*Pauli* TV-HdB § 5 Rn. 274.
[428] NZG 1999, 824.
[429] Vgl. ausführlich *Reimann* Rn. 454 ff.; *ders.* ZEV 2000, 381.
[430] DNotZ 1977, 550 (558).
[431] *Priester* DNotZ 1977, 558.
[432] MüKoBGB/*Schäfer* BGB § 727 Rn. 45.
[433] MüKoHGB/*Schmidt* HGB § 139 Rn. 19 f.

nichts bestimmt, ist der wirkliche Wert maßgebend. Der Gesellschaftsvertrag kann einen bestimmten Bewertungsmaßstab vorschreiben.[434] Einschränkungen in der Höhe der Abfindung sind, sofern wirksam vereinbart, als vom Erblasser eingegangene und gegen die Erben wirkende Bindungen grundsätzlich wirksam.[435] § 2301 BGB ist nicht einschlägig, so dass Vereinbarungen im Gesellschaftsvertrag formfrei möglich sind.[436] Zwar sind Abfindungsklauseln, die nur den halben Buchwert oder weniger als Abfindung vorsehen, regelmäßig unwirksam, ferner Regelungen, die eine Auszahlung des Abfindungsguthabens in 15 Jahresraten vorsehen, selbst wenn eine Verzinsung stattfindet; bereits eine Laufzeit von über zehn Jahren kann zur Unwirksamkeit führen.[437] Jedoch ist trotz der vom BGH für maßgeblich erklärten Betrachtungsweise – unverhältnismäßige Benachteiligung eines Gesellschafters[438] – das Ausscheiden eines Gesellschafters durch Tod nicht in dieses System einzuordnen.[439] Abfindungsausschlüsse und -reduzierungen für den Todesfall sind daher möglich,[440] finden aber ihre Grenze im Pflichtteilsrecht (§ 2325 BGB), in zuvor errichteten bindenden erbrechtlichen Verfügungen (§ 2287 BGB)[441] und in allgemeinen Zumutbarkeitserwägungen.[442]

Empfehlenswert ist – soweit erreichbar – eine erbrechtliche Absicherung des Gesellschaftsvertrages durch Pflichtteilsverzichte, Erbverzichte, Ausgleichsvereinbarungen etc. | 352

b) Wert der Beteiligung bei Pflichtteilsansprüchen. Bewertungsvorschriften im Gesellschaftsvertrag können auch zu Verwerfungen führen, wenn die Gesellschafter-Nachfolger (Erben) mit Pflichtteilsansprüchen weichender Erben konfrontiert werden: Bei Gesellschaftsanteilen ist grundsätzlich – jedenfalls dann, wenn die Erben aus der Gesellschaft ausscheiden – auch für die Berechnung von Pflichtteilsansprüchen die im Gesellschaftsvertrag vereinbarte Abfindung maßgebend.[443] Der Ansatz des vollen Verkehrswerts der Beteiligung im Rahmen der Pflichtteilsberechnung würde hiernach eine Härte für den Gesellschafter-Nachfolger bedeuten, da er zur Auszahlung des Pflichtteils seinen Anteil nur zu dem im Gesellschaftsvertrag vereinbarten Wert, also uU zum Buchwert, realisieren könnte; gegebenenfalls sind daneben aber Ergänzungsansprüche gemäß §§ 2325 ff. BGB möglich. Da die Rechtslage insoweit unübersichtlich ist,[444] ist es dringend zu empfehlen, die Abfindungs- und Ausgleichsproblematik durch Pflichtteilsverzichtsverträge bzw. Ausgleichsvereinbarungen mit den in Frage kommenden Erben zu regeln. | 353

Gesellschaftsvertragliche Abfindungsklauseln können auch in erbschaftsteuerlicher Sicht relevant sein: Scheidet bei einer Personengesellschaft ein Erwerber wegen Ablebens aus der Gesellschaft gegen eine reduzierte Abfindung aus oder wird bei einer GmbH der Anteil aufgrund des Ablebens des Gesellschafters gegen Leistung einer reduzierten Abfindung eingezogen, so gilt dies steuerlich als „Schenkung auf den Todesfall" an die Mitgesellschafter, deren Anteilswerte sich entsprechend erhöhen, und unterliegt damit der Erbschaftsteuer, § 3 Abs. 1 Nr. 2 S. 2 und S. 3 ErbStG. Der Erbe muss in diesem Fall regelmäßig nur den (geringeren) Abfindungsanspruch versteuern (§ 10 Abs. 10 ErbStG). Knüpfen die Abfindungsklauseln nicht an den Tod des Gesellschafters, sondern an einen | 353a

---

[434] Vgl. *Reimann* DNotZ 1992, 472.
[435] BGHZ 22, 186 (195).
[436] MüKoBGB/*Schäfer* BGB § 738 Rn. 61.
[437] BGH WM 1989, 783.
[438] NJW 1993, 3193; DNotZ 1992, 526.
[439] *Reimann* ZEV 1994, 7 (11).
[440] *Schaub* ZEV 1995, 82; *Ebenroth* Rn. 908; MüKoHGB/*Schmidt* HGB § 131 Rn. 161.
[441] MüKoHGB/*Schmidt* HGB § 131 Rn. 163.
[442] BGHZ 22, 186; BGHZ 135, 387.
[443] Palandt/*Weidlich* BGB § 2311 Rn. 9 f.
[444] Vgl. MüKoBGB/*Lange* BGB § 2311 Rn. 43 f.; Palandt/*Weidlich* BGB § 2311 Rn. 10 f.; *Reimann* DStR 1991, 910.

anderen Tatbestand an, so gelten schenkungsteuerlich gemäß § 7 Abs. 7 ErbStG dieselben Grundsätze.[445]

354 6. Vor- und Nacherbfolge im Unternehmensbereich. a) Einzelkaufmännische Unternehmen. Der Vorerbe ist Vollrechtsinhaber, er wird in das Grundbuch eingetragen (mit Nacherbenvermerk, § 51 GBO) und in das Handelsregister (hier ohne besonderen Vermerk). Es ist in der Verfügung von Todes wegen klarzustellen, welchen Beschränkungen des Gesetzes der Vorerbe unterliegt bzw. von welchen Beschränkungen er befreit ist. Gehört ein Handelsgeschäft zum Nachlass, entscheidet der Vorerbe, ob er es fortführt oder nicht. Der Nacherbe haftet auch für Verbindlichkeiten des Vorerben nach § 27 HGB, ohne Rücksicht darauf, ob die Verbindlichkeiten im Rahmen einer ordnungsgemäßen Verwaltung eingegangen wurden oder nicht.

355 b) Gesellschaften. Fällt in den Nachlass eine Beteiligung an einer Gesellschaft, so greift die Anordnung von Vor- und Nacherbfolge im Ergebnis hinsichtlich der Beteiligung nicht, wenn der Gesellschaftsvertrag die Fortsetzung der Gesellschaft mit dem/den Erben eines durch Tod ausgeschiedenen Gesellschafters nicht zulässt.[446] Voraussetzung für den Übergang auf den Nacherben ist, dass der Gesellschaftsvertrag noch im Zeitpunkt des Nacherbfalls eine derartige Nachfolgeklausel enthält. Der Vorerbe kann an einer Änderung des Gesellschaftsvertrages dahin mitwirken, dass er mit seinem Tod ausscheidet, der Nacherbe also nur in den Abfindungsanspruch nachfolgt; Grenzen dieser Änderungsbefugnis sind in dem Verbot unentgeltlicher Verfügungen zu finden (§ 2113 Abs. 2 BGB). Unentgeltlichkeit ist nicht gegeben, wenn eine Vertragsänderung alle Gesellschafter gleichmäßig betrifft oder wenn der Vorerbe zwar einseitigen Änderungen zu Lasten seines Gesellschaftsanteils zustimmt, im Gegenzug aber Konzessionen erhält, die seinen Geschäftsanteil verstärken.[447] Der Vorerbe erhält wie ein Nießbraucher nur den ausgeschütteten (entnahmefähigen) Gewinn. Die stillen Reserven stehen ihm nicht zu.[448]

356 7. Empfehlungen bei einer Unternehmensbeteiligung im Nachlass. Soweit ein Unternehmen im Nachlass ist, lassen sich nur wenige allgemein gültige Empfehlungen geben:

(1) Die gesetzliche Erbfolge wird in der Regel nicht geeignet sein, um ein Unternehmen sachgerecht in die nächste Generation überzuleiten.

(2) Die Erbengemeinschaft stellt ohne begleitende Anordnungen keine geeignete Rechtsform für die Fortführung des Unternehmers dar.

(3) Der Unternehmer sollte sich erbvertraglich nur binden, wenn dies zur Absicherung der Unternehmensnachfolge nötig ist.

(4) Ist zB der junge Unternehmer nicht in der Lage, den Unternehmensnachfolger zu bestimmen, kann er die Bestimmung des Unternehmensnachfolgers einem Dritten – sei es dem Ehegatten, sei es dem Testamentsvollstrecker, sei es einer sonstigen Person – überantworten. Wegen § 2065 Abs. 2 BGB ist jedes Ermessen eines Dritten bei der Erbenbestimmung ausgeschlossen.[449] Es ist zweckmäßig, auf das Vermächtnis auszuweichen, da hier der Spielraum eines Dritten größer ist (§§ 2151, 2152 BGB).

(5) Bewertungsstreitigkeiten können die Abwicklung des Nachlasses behindern, Schiedsgutachter- und Schiedsgerichtsklauseln können helfen. Allerdings ist das Schiedsgericht nicht für Pflichtteilsstreitigkeiten zuständig.

(6) Durch die Änderung der Unternehmensform kann nach dem Ableben eines Unternehmers wertvolle Zeit verloren gehen. Statt letztwilliger Gesellschaftsgründungs-

---

[445] Vgl. Meincke/*Hannes/Holtz,* 17. Aufl. 2018, ErbStG § 7 Rn. 163.
[446] BGHZ 69, 47 und BGHZ 78, 177.
[447] BGHZ 78, 177.
[448] Vgl. *Lutter* ZGR 1982, 108.
[449] BGHZ 15, 203; BGH WM 1970, 930.

oder Umwandlungsklauseln wird vielfach die Gründung einer Vorratsgesellschaft zweckmäßig sein. Hilfreich sind auch detaillierte Anweisungen zum Inhalt des Gesellschaftsvertrags ggf. durch Auflage.

(7) Die Anordnung der Nacherbfolge bringt mehr Probleme, als sie Probleme vermeiden hilft. Wer für die Unternehmensnachfolge so wenig geeignet ist, dass er durch eine Nacherbfolgeanordnung beschränkt werden muss, ist möglicherweise der falsche Nachfolger. Ausnahmen gelten in besonderen Situationen, etwa wenn durch die Nacherbfolgeanordnung verhindert werden soll, dass eine unerwünschte Erbeserbfolge (zB geschiedener Ehegatte) eintritt.

(8) Testamentsvollstreckung sollte nicht angeordnet werden, ohne dass ein geeigneter Testamentsvollstrecker benannt wird.

(9) Bei Gesellschaftsbeteiligungen wird stets daran zu denken sein, dass eine Beteiligung mit Nebenrechten verbunden und mit Sonderansprüchen belastet sein kann, die im Erbfall nicht von der Beteiligung getrennt werden sollten, zB – auf der Aktivseite – Sonderbetriebsvermögen, Privatkonten und Stille Beteiligung, – auf der Passivseite – Darlehens- und Bürgschaftsverpflichtungen sowie Belastung mit Nutzungsrechten durch die Gesellschaft.

(10) Ist das Unternehmen, wie vielfach aus betriebswirtschaftlichen und steuerrechtlichen Gründen zweckmäßig, in diverse Einzelgesellschaften aufgeteilt, kann es sich zur besseren erbrechtlichen Gestaltung empfehlen, diese Beteiligungen vorweg, also noch zu Lebzeiten des Unternehmers, in eine Unternehmens-Holding einzubringen. In den Nachlass fällt dann nur diese Unternehmens-Holding, so dass sich die erbrechtlichen Anordnungen, da nur auf ein Unternehmen bezogen, leichter strukturieren lassen.

(11) Sind mehrere Personen zur Nachfolge vorgesehen, ist es zweckmäßig, durch Mehrheitszuweisungen beim Kapital und/oder dem Stimmrecht für klare Mehrheiten zu sorgen. Darüber hinaus kann es sinnvoll sein, durch entsprechende Optionen dafür zu sorgen, dass die Beteiligungen sich langfristig in einer Hand vereinigen.

(12) Ist das Unternehmen groß genug, um mehrere Stämme zu versorgen, ist zu empfehlen, durch geeignete Anordnungen Management und Kapital zu trennen und beim Stimmrecht eine obligatorische Gruppenvertretung für die einzelnen Stämme vorzusehen sowie für das Management überschaubare Ansprechpartner zu schaffen.

2. Teil. Begleitende Rechtsgeschäfte unter Lebenden

A. Vollmacht über den Tod des Vollmachtgebers hinaus

Der Tod des Erblassers führt gemäß §§ 672, 675 BGB in der Regel nicht zum Erlöschen der Vollmacht, auch wenn der gebräuchliche Passus „mit Wirkung für mich und meine Erben" bzw. „Die Vollmacht erlischt nicht durch den Tod des Vollmachtgebers" fehlt (sog. **„transmortale Vollmacht"**).[450] Die Vollmacht wirkt lediglich dann nicht gegen die Erben, wenn das Geschäft, auf das sich die Vollmacht bezieht, seinerseits untrennbar mit der Person des Erblassers verbunden war oder der Zweck des zugrunde liegenden Auftrags bzw. Geschäftsbesorgungsvertrags eine Wirkung über den Tod hinaus nicht erfordert. Die Rechtsprechung nimmt für die praktisch bedeutsamen **Vorsorgevollmachten** an, dass diese auch im vermögensrechtlichen Bereich im Zweifel **mit dem Tod des Vollmachtgebers enden,** wenn sich nicht aus der Vollmacht ein anderes ergibt.[451] Deshalb sollte in der Vollmachtsurkunde, um Unklarheiten zu vermeiden, stets angegeben werden, ob die Vollmacht durch den Tod des Vollmachtgebers erlischt oder nicht. Die

357

---

[450] OLG Zweibrücken DNotZ 1983, 105.
[451] OLG Hamm DNotZ 2003, 120; OLG München ZEV 2014, 615 mit kritischer Anm. *Zimmer*.

Vollmacht kann im Übrigen auch von vornherein erst für den Todesfall erteilt werden (sog. **„postmortale Vollmacht"**). Der Bevollmächtigte kann nach dem Ableben des Vollmachtgebers jedoch nicht mehr im Namen des Verstorbenen handeln. Er ist **Vertreter der Erben** (beschränkt auf den Nachlass). Jedoch kann es bei Auseinanderfallen von Erblasser- und Erbenwillen dazu kommen, dass bei Ausübung der Vollmacht der Erbenwille vernachlässigt wird. Banken haben bei postmortalen Vollmachten grundsätzlich keine Warte- oder Rückfragepflichten zur Sicherung der Interessen der Erben.[452] Die unter Lebenden wirksam erteilte Vollmacht kann von den Erben (bei Miterben nur von jedem für sich), vom Testamentsvollstrecker oder vom Nachlassverwalter **widerrufen** werden.[453] Allerdings können die Erben aus dem **Grundgeschäft,** auf das sich die Vollmacht bezieht, gehindert sein, diese zu widerrufen (zB unwiderrufliche Vollmacht, ein Grundstück aufgrund eines Kaufvertrages aufzulassen). Die Vollmacht über den Tod hinaus bzw. die Vollmacht für den Todesfall ist immer dann empfehlenswert, wenn unverzüglich nach dem Ableben des Erblassers rechtsgeschäftliche Handlungen vorgenommen werden müssen oder sollen; denn der Erbnachweis bzw. das Testamentsvollstreckerzeugnis können stets erst nach einiger Zeit beschafft werden. Im Übrigen kann es sinnvoll sein, Generalvollmachten bzw. Vorsorgevollmachten (§ 1896 Abs. 2 S. 2 BGB) dort bereitzuhalten, wo bereits zu Lebzeiten des Erblassers Handlungsbedarf erkennbar ist.[454]

357a   Die Rechtsprechung geht zunehmend davon aus, dass eine transmortale **Vollmacht,** die **dem Alleinerben** vom Erblasser erteilt wurde, mit dem Eintritt des Erbfalls durch **„Konfusion"** erlösche.[455] Dieser Grundsatz[456] bedürfe auch keiner Ausnahmen. Letzteres überzeugt nicht: Solange der Erbe mangels Erbnachweis oder weil es sich beim Nachlass um Sondervermögen handelt, auf das er nicht ohne weiteres zugreifen kann (zB bei Testamentsvollstreckung), handlungsunfähig ist, besteht sehr wohl ein Bedürfnis dafür, die Rechtsbeziehungen zwischen Erblasser und Erben als **fortbestehend zu fingieren,** also die Vollmacht (zB im Grundbuch- und Handelsregisterverfahren) weiter gelten zu lassen. Das Gesetz regelt dies beispielsweise ausdrücklich in § 1976 BGB für die Nachlassverwaltung.[457] Die Vollmacht behält in solchen Fällen nach zutreffender Auffassung ihre Legitimationswirkung.[458] Dies ist auch vom materiellen Ergebnis her richtig: Ist der Bevollmächtigte tatsächlich Alleinerbe, kann und darf er deshalb verfügen. Wäre er nicht Alleinerbe, tritt hinsichtlich der Vollmacht keine Konfusion ein und er kann als Bevollmächtigter verfügen. Das Einfordern weiterer Nachweise ist daher überflüssig. Freilich kann sich der Erbe insofern nicht selbst vertreten, als er durch die Vollmacht keine reinen Nachlassverbindlichkeiten neu begründen kann.[459]

B. Vormundbenennung – Beschränkung der Vermögenssorge

358   Den Eltern steht das Recht zu, einen Vormund für ihr minderjähriges Kind durch letztwillige Verfügung zu benennen (§§ 1776, 1777 BGB). Dies gilt jedoch nur, wenn ihnen oder dem Längstlebenden im Zeitpunkt des Todes die Sorge für die Person und das Ver-

---

[452] BGH ZEV 1995, 187.
[453] MüKoBGB/*Schubert* BGB § 168 Rn. 54.
[454] *Reimann* ZEV 1997, 129; ausführlich zur trans- und postmortalen Vollmacht bei Grundstücksgeschäften: *von Schwander* RNotZ 2019, 57; *Joachim/Lange* ZEV 2019, 62.
[455] OLG Hamm ZEV 2013, 341 und ZEV 2013, 689 mit kritischer Anm. *Keim;* ebenfalls kritisch *Amann* MittBayNot 2013, 367; vgl. schon OLG Stuttgart NJW 1947/48, 627 und OLG München ZEV 2016, 659 mAnm *Reimann.*
[456] Vgl. Palandt/*Weidlich* BGB Vor § 2197 Rn. 12.
[457] Vgl. *Spieker* notar 2013, 203.
[458] So auch OLG München MittBayNot 2013, 230; auch noch ZEV 2016, 656; OLG Schleswig ZEV 2015, 225 für einen Miterben als Bevollmächtigten; OLG Stuttgart BWNotZ 2018, 147; BGH NJW 1967, 2399 für Ansprüche des Erben gegen den Erblasser bei Testamentsvollstreckung; MüKoBGB/*Schubert* BGB § 168 Rn. 14, 56; Bengel/Reimann/*Dietz* TV-HdB § 1 Rn. 51 f.; *Herrler* DNotZ 2017, 508.
[459] Vgl. *Lange* ZEV 2013, 343.

mögen des Kindes zustand. Das Benennungsrecht eines Elternteils besteht daher nicht, wenn dem anderen Elternteil nach Trennung oder Scheidung das Sorgerecht übertragen worden ist (§§ 1671, 1672 BGB). Der nicht mit der Mutter verheiratete Vater hat bei gemeinsamer Sorgeerklärung nach § 1626a Abs. 1 Nr. 1 BGB das Recht, einen Vormund zu benennen. Der von den Eltern Berufene kann nur gemäß §§ 1778 ff. BGB vom Vormundschaftsgericht übergangen werden. Formulierungsbeispiel → Rn. 240a.

Die elterliche Vermögenssorge erstreckt sich gemäß § 1626 BGB grundsätzlich auf das **359** gesamte Vermögen des Kindes, also auch auf dasjenige, was ein Kind von Todes wegen erworben hat. Der Testator kann in seiner Verfügung von Todes wegen oder bei der lebzeitigen Zuwendung aber anordnen, dass die Eltern oder ein bestimmter Elternteil das zugewendete Vermögen nicht verwalten sollen (§ 1638 BGB). Sind beide Elternteile von der Vermögenssorge ausgeschlossen, muss ein Ergänzungspfleger gemäß § 1909 Abs. 1 S. 2 BGB bestellt werden. Der Pfleger kann gemäß § 1917 BGB vom Erblasser bzw. Zuwendenden bestimmt werden. Derselbe Erfolg kann auch durch Einsetzung eines Testamentsvollstreckers erreicht werden.[460]

Formulierungsbeispiel: Entziehung des Vermögenssorgerechts mit Pflegerbenennung im sog. Geschiedenentestament **360**

Soweit ein Vorerbe zum Zeitpunkt des Erbfalls noch minderjährig ist, entziehe ich meinem geschiedenen Ehegatten gemäß § 1638 BGB das Recht, den Erwerb von Todes wegen zu verwalten. Als Ergänzungspfleger benenne ich insoweit gemäß §§ 1909 Abs. 1, 1917 BGB *** und erteile ihm umfassende Befreiung gemäß §§ 1852–1854 BGB.

C. Pflichtteilsverzicht

Die §§ 2303–2338 BGB stellen sicher, dass Abkömmlinge, Eltern und Ehegatten des **361** Erblassers zumindest die **Hälfte des gesetzlichen Erbteiles** erhalten (§ 2303 BGB), zwar nicht als Erben, aber doch als Berechtigte eines gesetzlichen Geldzahlungsanspruchs.[461] Formell kann zwar der Testator über sein Vermögen im Ganzen uneingeschränkt verfügen, doch sind ihm in der Sache durch die zu erwartenden Pflichtteilsansprüche Schranken gesetzt. Da der Pflichtteil als **Geldanspruch mit dem Erbfall fällig** wird und nur wenig Möglichkeiten bestehen, die Zahlung hinauszuschieben,[462] kann dies den Erben bei illiquidem Nachlass in Schwierigkeiten bringen. Ein einseitiger Ausschluss des Pflichtteilsanspruchs ist nicht möglich, es sei denn, dass einer der seltenen Gründe zum Pflichtteilsentzug vorliegt (§§ 2333 ff. BGB).

Ist dies nicht der Fall, so lässt sich das Pflichtteilsrecht nur im Einvernehmen mit dem **362** Berechtigten durch einen **Pflichtteilsverzicht** (§ 2346 Abs. 2 BGB) ausschließen. Der Pflichtteilsverzicht ist – wie der Erbverzicht – ein abstraktes Rechtsgeschäft. Er kann entgeltlich, auch unter einer Bedingung vereinbart werden.[463] Nach Ansicht der Rechtsprechung kann der Verzicht nur zu Lebzeiten des Erblassers wirksam geschlossen werden.[464] Diese für den Erbverzicht zutreffende Ansicht, ist nach richtiger Auffassung auf den Pflichtteilsverzicht nicht übertragbar,[465] da der Pflichtteilsverzicht nur einen Geldzahlungsanspruch betrifft und ohne Einfluss auf die eigentliche Erbfolge ist. Der vorsichtige Gestalter wird dennoch nicht mit einer aufschiebenden, sondern bevorzugt mit einer auflösenden Bedingung zur Absicherung der Gegenleistung für den Verzichtenden arbeiten.

[460] Dazu *Damrau* ZEV 1994, 1.
[461] Zur Wertermittlung des Pflichtteilsanspruchs *J. Mayer* ZEV 1994, 331.
[462] Vgl. *Klingelhöffer* ZEV 1998, 121.
[463] BGH NJW 1962, 1910 für den Erbverzicht.
[464] BGH DNotZ 1997, 422.
[465] *J. Mayer* MittBayNot 1997, 85.

363 **Formulierungsbeispiel: Auflösende Bedingung beim Pflichtteilsverzicht mit**
ↄ **Gegenleistung**
Vorstehend vereinbarter Pflichtteilsverzicht ist auflösend bedingt für den Fall, dass die
vereinbarte Gegenleistung bei Fälligkeit nicht vollständig bezahlt wird.

364   Der Verzicht eines Abkömmlings **erstreckt sich auf die Abkömmlinge des Verzichtenden,** soweit nichts anderes bestimmt ist (§ 2349 BGB). Eine ausdrückliche Regelung dieser Frage empfiehlt sich aber in jedem Fall. Für den Vertrag ist notarielle Beurkundung (§ 2348 BGB) vorgeschrieben. Der **Erblasser** darf den Vertrag **nur persönlich,**
nicht durch einen Bevollmächtigten schließen (§ 2347 Abs. 2 S. 1 BGB). Bei fehlender
Geschäftsfähigkeit handelt insoweit ein Betreuer bzw. Vormund, dessen Erklärung der
Genehmigung des Betreuungs- bzw. Familiengerichts bedarf (§ 2347 Abs. 2 S. 2 BGB).
Bestehen Zweifel an der Geschäftsfähigkeit sollten sowohl Erblasser als auch Betreuer an
der Urkunde mitwirken. Der Verzichtende kann sich hingegen vertreten lassen. Gleichzeitige Anwesenheit der Parteien ist nicht erforderlich. Nach BGH[466] soll auch ohne ausdrückliche Erwähnung eines Verzichts ein solcher stillschweigend mit einem Erbvertrag
verbunden sein können. Diese Rechtsprechung ist problematisch.[467] Wegen der wohl zu
weit gehenden Rechtsprechung erscheint es ratsam, wenn Ehegatten sich nicht mindestens mit dem Pflichtteil gegenseitig zum Erben einsetzen, die Frage, ob ein Pflichtteilsverzicht gewollt ist oder nicht, ausdrücklich in der Urkunde regeln.

Muster: Pflichtteilsverzicht mit Gegenleistung
Siehe hierzu das Gesamtmuster → Rn. 526.

365   Zu beachten ist der Unterschied zwischen Erbverzicht und Pflichtteilsverzicht hinsichtlich der Wirkungen: Der Erbverzicht hat eine unmittelbare Änderung der gesetzlichen
Erbfolge durch Wegfall des Verzichtenden zur Folge (§ 2346 Abs. 1 BGB „Vorversterbensfiktion").[468] Der **Erbverzicht** führt daher regelmäßig zur **Erhöhung der Pflichtteilsquote der übrigen Pflichtteilsberechtigten,** § 2310 S. 2 BGB. Fehlt beim Erbverzicht die Erstreckung auf Abkömmlinge und wird der Verzichtende doch zum Erben
eingesetzt, haben die Abkömmlinge einen Pflichtteilsanspruch gegen den Verzichtenden
als Erben.[469] Der bloße **Pflichtteilsverzicht** hingegen hat **keine Auswirkungen auf die
gesetzliche Erbfolge** und damit auch keine Auswirkung auf das Pflichtteilsrecht der
Nichtverzichtenden. Der Erbverzicht hat daher außerhalb von Scheidungsvereinbarungen
nur eine geringe praktische Bedeutung. Verzichtet ein im gesetzlichen Güterstand lebender Ehegatte auf sein gesetzliches Pflichtteilsrecht, so verbleiben ihm regelmäßig die Zugewinnausgleichsansprüche gemäß §§ 1373 ff. BGB. Auf diese Folge sollte hingewiesen
und gegebenenfalls mit dem Pflichtteilsverzicht ein eheverträglicher Ausschluss des Zugewinnausgleichs für den Todesfall vereinbart werden. Die **Aufhebung eines Erbverzichts** kann nur durch die Vertragsschließenden zu deren Lebzeiten bei persönlicher Anwesenheit des Erblassers erfolgen.[470] Ebenso ist eine Anfechtung des Verzichts durch den
Verzichtenden nach Eintritt des Erbfalls ausgeschlossen.[471]

366   Durch Art. 25 Abs. 1 EuErbVO richtet sich die Zulässigkeit, Wirksamkeit und Bindungswirkung eines Erb- oder Pflichtteilsverzichtsvertrags nach dem **Recht am gewöhnlichen Aufenthalt des Erblassers.** Es kann daher durch eine Verlegung des gewöhnlichen Aufenthalts des Erblassers dazu kommen, dass der ursprünglich wirksame

---

[466] BGHZ 22, 364.
[467] *Habermann* JuS 1979, 169; *Keim* ZEV 2001, 1.
[468] Ausführlich zum Erbverzicht *Edenfeld* ZEV 1997, 134; *Keim* RNotZ 2013, 411.
[469] BGH MittBayNot 2012, 475 mAnm G. *Müller.*
[470] BGH ZEV 1998, 304.
[471] BayObLG DNotZ 2006, 528.

Erbverzichtsvertrag wegen Anwendbarkeit eines anderen materiellen Erbrechts, das zB keinen Erbverzicht zulässt, wirkungslos bleibt. Abhilfe kann bei deutschen Staatsangehörigkeiten eine Rechtswahl zum deutschen Erbrecht schaffen.[472]

Gelegentlich wird im Schrifttum die Frage aufgeworfen, ob nicht die für Eheverträge   367 und Scheidungsvereinbarungen bzw. Angehörigenbürgschaften entwickelten **Grundsätze der richterlichen Inhaltskontrolle** auf Pflichtteilsverzichtsverträge übertragbar seien.[473] Anknüpfungspunkt ist zum einen, dass Pflichtteilsverzichte oft als begleitende Elemente eines Ehevertrags vereinbart werden, so dass sich die Frage stellt, ob diese im Rahmen der nach der Rechtsprechung des BGH für die Wirksamkeitskontrolle des Ehevertrags am Maßstab des § 138 BGB vorzunehmende Gesamtwürdigung auch die Unwirksamkeit des erbrechtlichen Verzichts zur Folge haben kann. Zum anderen wird gelegentlich eine Unterhaltsfunktion des Pflichtteils hervorgehoben, weshalb der Verzicht auf den Pflichtteil in den Kernbereich des Scheidungsfolgenrechts eingreife.[474] Die Diskussion übersieht teilweise, dass eine Überprüfung von Erb- und Pflichtteilsverzichtsverträgen seit jeher stattfindet – anhand der klassischen Grenzen der Privatautonomie, zB §§ 123, 138, 242, 313 BGB. Die gelegentlich behauptete Übertragbarkeit der Kernbereichslehre der Inhaltskontrolle bei Eheverträgen ist schon deshalb zweifelhaft, da das Gesetz selbst den Pflichtteilsanspruch im Falle der Scheidung ganz entfallen lässt.[475] Überdies passt die vom BGH für Eheverträge entwickelte Ausübungskontrolle, die vor allem auf eine vom vorgestellten Ehemodell abweichende tatsächliche Entwicklung abstellt, auf den Pflichtteilsverzichtsvertrag nicht: Dieser stellt in aller Regel gerade auf die unsichere Vermögensentwicklung beider Vertragteile ab. Dem weichenden Erben ist bewusst, dass der Erblasser sein Vermögen möglicherweise noch erheblich mehren oder es ganz verlieren kann. Es wäre auch denkbar, dass der Pflichtteilsberechtigte vor dem Erblasser verstirbt, so dass sich sein Pflichtteilsrecht nicht realisiert. Der „wahre Wert" des Pflichtteils und damit auch des Verzichts kann daher im Zeitpunkt des Vertragsabschlusses nicht festgestellt werden. Eine „faire" Abfindung ist nahezu nicht bestimmbar. Es handelt sich um ein Geschäft mit typischerweise aleatorischem Charakter. Aus der Rechtsprechung liegen bislang kaum Judikate zu diesem Komplex vor.[476] Der beurkundende Notar ist – nicht erst angesichts dieser Diskussion – dennoch gut beraten, das Beurkundungsverfahren insbesondere bei isolierten Pflichtteilsverzichtsverträgen auf den Kindespflichtteil mit der erforderlichen Sensibilität so zu gestalten, dass eine mögliche ungleiche Verhandlungsposition der Beteiligten erkannt werden und nötigenfalls der unterlegene Teil durch entsprechende prozedurale Maßnahmen (zB Hinzuziehung eines eigenen Interessenvertreters) geschützt werden kann.

Die ganz hM erkennt an, dass auf die Zurechnung bestimmter Gegenstände zum   368 Nachlass im Hinblick auf die Anspruchsberechnung verzichtet werden kann.[477] Solche **gegenständlich beschränkten Pflichtteilsverzichte** werden meist aus Anlass der Übertragung von Vermögensgegenständen unter Lebenden (zB das Landgut an den Hofübernehmer) durch die weichenden Erben – häufig verbunden mit einer Hinauszahlung – abgegeben. Auf diese Weise wird Rechtssicherheit geschaffen und unnötige Pflichtteilsstreitigkeiten beim späteren Erbfall nach dem Tod des Schenkers vermieden. Die Berechnung des Pflichtteilsergänzungsanspruchs ist – insbesondere bei Geschenken,

---

[472] *Odersky* notar 2014, 139.

[473] Siehe etwa *Wachter* ZErb 2004, 238; *Bengel* ZEV 2006, 192; *Kapfer* MittBayNot 2006, 385; *Wendt* ZNotP 2006, 2; *Ludyga*, Inhaltskontrolle von Pflichtteilsverzichtsverträgen, 2008; *Münch* ZEV 2008, 571; *Röthel* NJW 2012, 337; *Wiemer*, Inhaltskontrolle von Eheverträgen, 2007.

[474] In diese Richtung *Dutta* AcP 209 (2009), 760 (775 ff.); aA *Kapfer* MittBayNot 2006, 385; *J. Mayer* MittBayNot 2005, 286; *Münch* ZEV 2008, 571.

[475] Bamberger/Roth/*Litzenburger* BGB § 2346 Rn. 25.

[476] Vgl. etwa OLG München ZEV 2006, 313; OLG Hamm ZEV 2017, 163 (Sportwagen), krit. zu dieser Entscheidung *v. Proff* ZEV 2017, 301; Sittenwidrigkeit im Einzelfall ablehnend LG Nürnberg-Fürth ZEV 2018, 593 mit zustimmender Anm. *Keim*.

[477] Bamberger/Roth/*Litzenburger* BGB § 2346 Rn. 17.

die der Pflichtteilsberechtigte selbst erhalten hat (sog. Eigengeschenke) – im Detail äußerst kompliziert und daher streitanfällig.[478] Da beim gegenständlich beschränkten Pflichtteilsverzicht auf einen Teil des Pflichtteils (Geldforderung) verzichtet wird, gelten die **Formvorschriften** wie für den unbeschränkten Pflichtteilsverzicht. Ein **gegenständlich beschränkter Erbverzicht** ist hingegen **unzulässig,** da ein solcher mit dem Wesen des Erbrechts als Gesamtrechtsnachfolge nicht vereinbar ist. Eine Beschränkung ist insoweit nur hinsichtlich eines Bruchteils des gesetzlichen Erbrechts, nicht jedoch bezogen auf bestimmte Gegenstände, denkbar.[479]

368a   **Formulierungsbeispiel: Gegenständlich beschränkter Pflichtteilsverzicht**

Die heute beteiligten Geschwister des Erwerbers verzichten hiermit für sich und die eigenen Abkömmlinge auf ihr Pflichtteilsrecht am Nachlass des Veräußerers in der Weise, dass der Vertragsgegenstand gemäß gegenwärtiger Urkunde bei der Berechnung ihrer Pflichtteilsansprüche als nicht zum Nachlass des Veräußerers gehörend angesehen und aus der Berechnungsgrundlage für den Pflichtteilsanspruch, Ausgleichspflichtteil und Pflichtteilsergänzungsanspruch ausgeschieden wird.

Der Veräußerer nimmt diesen gegenständlich beschränkten Pflichtteilsverzicht an.

Die Vertragsteile wurden darauf hingewiesen, dass der gegenständlich beschränkte Pflichtteilsverzicht die gesetzliche Erbfolge und den Pflichtteil am Restvermögen des Veräußerers unberührt lässt.

D. Zuwendungsverzicht

369   Während sich der **Erbverzicht** auf die **gesetzliche Erbfolge** bezieht, betrifft der **Zuwendungsverzicht** die **gewillkürte Erbfolge.** Nach § 2352 S. 1 BGB kann derjenige, welcher durch **Testament** als Erbe eingesetzt oder mit einem Vermächtnis bedacht ist, in einem Vertrag mit dem Erblasser auf diese Zuwendung verzichten. Gleiches gilt bei einem **Erbvertrag** für derartige Zuwendungen, die dort **einem Dritten** gemacht wurden (§ 2352 S. 2 BGB).

369a   Nach dem Wortlaut des Gesetzes steht der Zuwendungsverzicht demjenigen nicht offen, der als Erblasser oder Vertragspartner an einem Erbvertrag beteiligt ist, so dass insoweit nur eine Aufhebung des Erbvertrags bleibt, sofern nicht ein Rücktrittsrecht vorbehalten wurde.[480] Sind an einem Erbvertrag mehr als zwei Personen beteiligt, könnte eine Aufhebung einer Verfügung zugunsten nur eines der als Vertragspartner beteiligten nur unter Mitwirkung aller Beteiligter erreicht werden. Daher ist für diese Fälle anerkannt, dass der Bedachte in dieser Konstellation gegenüber dem Erblasser einen Zuwendungsverzicht wirksam erklären kann, ohne dass es der Mitwirkung der übrigen Beteiligten bedarf.[481] Dem historischen Gesetzgeber kam es darauf an, dass beim zweiseitigen Erbvertrag die strengeren Formvorschriften des Aufhebungsvertrags gemäß §§ 2290 Abs. 4, 2276 BGB nicht durch den Zuwendungsverzicht umgangen werden.[482] Der historische Gesetzgeber hatte dabei vor allem Fälle vor Augen, bei denen ein Vertragsteil bereits verstorben ist, so dass eine Aufhebung des Erbvertrags gemäß § 2290 Abs. 1 S. 2 BGB ausgeschlossen ist. Die heutige Praxis beschäftigen aber zunehmend Fälle, bei denen ein Vertragspartner zwar am Leben, aber geschäftsunfähig geworden ist, so dass eine Vertragsänderung oder -aufhebung wegen der zwingend persönlichen Errichtung gemäß § 2274 BGB unmöglich geworden ist. Für diesen Fall erscheint der Ausschluss des Zuwendungsverzichts für den

---

[478] *Reimann* ZEV 2018, 198.
[479] Bamberger/Roth/*Litzenburger* BGB § 2346 Rn. 11.
[480] MüKoBGB/*Wegerhoff* BGB § 2352 Rn. 8; Staudinger/*Schotten* (2016) BGB § 2352 Rn. 24.
[481] BayObLGZ 1965, 188 (191) unter Aufgabe von BayObLGZ 24, 232 (235); BayObLGZ 1974, 401.
[482] Prot. V 609 f.

Vertragspartner des Erblassers im zweiseitigen Erbverzicht zumindest misslich. Möglicherweise kann man sogar eine sachlich nicht gerechtfertigte Einschränkung der negativen Erbfreiheit[483] annehmen, so dass eine Ausweitung des Zuwendungsverzichts auf den Vertragserben im zweiseitigen Erbvertrag geboten sein könnte.[484]

Der Verzicht ist auf einen Bruchteil hinsichtlich der Erbeinsetzung, auf einzelne Gegenstände bei Vermächtnissen beschränkbar.[485] Die §§ 2347–2349 BGB sind ausdrücklich für anwendbar erklärt; notarielle Beurkundung ist erforderlich; der **Erblasser** kann den Zuwendungsverzichtsvertrag **nur persönlich** abschließen. Wegen der freien Widerrufbarkeit der Testamente und der Aufhebungsmöglichkeit der Erbverträge durch die Vertragsschließenden (§ 2290 BGB) ist der Zuwendungsverzicht regelmäßig nur dann bedeutsam, wenn der Widerruf bzw. die Aufhebung der betreffenden Verfügung von Todes wegen nicht mehr möglich ist (beim gemeinschaftlichen Testament hinsichtlich wechselbezüglicher Verfügungen nach dem Tod des erstversterbenden Ehegatten, § 2271 Abs. 2 BGB, oder wenn einer der Vertragsschließenden nicht mehr testierfähig ist; beim Erbvertrag, nach dem Tod eines Beteiligten bzw. beim mehrseitigen Erbvertrag soweit kein Rücktrittsrecht vorgesehen ist). Aber auch als Alternative bei noch möglicher Ausschlagung bzw. Anfechtung (zB bei Wiederverheiratung des gebundenen Überlebenden) zum Zwecke der Vermeidung der Folgen (Unwirksamkeit der wechselbezüglichen Verfügung) kommt der Zuwendungsverzicht in Betracht.[486] Durch den Zuwendungsverzicht werden nur solche Zuwendungen erfasst, die in **bereits bestehenden Verfügungen von Todes wegen** enthalten sind. Das Gesetz kennt keinen Verzicht auf Zuwendungen aus künftigen Verfügungen von Todes wegen.[487]

Rechtsfolge des Zuwendungsverzichts ist in entsprechender Anwendung der Vorversterbensfiktion des § 2346 Abs. 1 S. 2 BGB, dass dem **Verzichtenden die Zuwendung nicht anfällt.** Die **Verfügung** selbst **bleibt aber bestehen.** Auch das gesetzliche Erbrecht bleibt von ihm – soweit nicht ein anderes durch einen Erbverzicht (ggf. auch konkludent) geregelt ist – unberührt. Eine etwa gewünschte abweichende Regelung muss daher vom Erblasser durch letztwillige Verfügung gesondert getroffen werden.[488]

Für **Erbfälle vor dem 1.1.2010** bezog § 2352 S. 3 BGB aF nur § 2347 BGB und § 2348 BGB in die Verweisung mit ein, so dass der Zuwendungsverzicht grundsätzlich nur für den Verzichtenden, nicht aber für seine Abkömmlinge wirkte. Eine analoge Anwendung wurde von der hM angesichts des klaren Gesetzeswortlauts abgelehnt.[489] Dies hatte zur Folge, dass bei ausdrücklicher Ersatzerbenberufung die Ersatzerben ebenfalls verzichten mussten (ggf. bei Minderjährigen mit Pflegerbestellung und familiengerichtlicher Genehmigung); andernfalls traten die Ersatzerben an die Stelle des Verzichtenden. Beim Verzicht gegen „vollständige Abfindung" sollte eine Vermutung dafür sprechen, dass dieser Verzicht auch gegen den Ersatzberufenen (gewillkürt oder über § 2069 BGB) wirken soll, um die vom Erblasser wohl nicht gewollte Doppelbegünstigung des betroffenen Stammes zu vermeiden. Wegen der beschränkten Wirkung und der erheblichen Rechtsunsicherheiten war der Zuwendungsverzicht in der Praxis so nur sehr begrenzt als Gestaltungsmittel tauglich.

Für **Erbfälle ab dem 1.1.2010** verweist nunmehr § 2352 S. 3 BGB nF auch auf § 2349 BGB. Gibt demnach ein **Abkömmling oder Seitenverwandter des Erblassers** einen Zuwendungsverzicht ab, so wird vermutet, dass sich dessen **Wirkungen auf die**

369b

370

371

372

---

[483] BGH MittBayNot 2012, 138 mAnm *Spall*.
[484] Staudinger/*Schotten* (2016) BGB § 2352 Rn. 25.
[485] *J. Mayer* ZEV 1996, 128.
[486] *J. Mayer* ZEV 1996, 132.
[487] BGHZ 30, 261.
[488] Bamberger/Roth/*Litzenburger* BGB § 2352 Rn. 15.
[489] BGH NJW 1999, 789; BayObLG NJW-RR 1997, 1027; vgl. zum Meinungsstand *Schotten* ZEV 1997, 1; *Kanzleiter* ZEV 1997, 261; OLG Hamm OLGZ 1982, 272.

Abkömmlinge des Verzichtenden erstrecken, sofern nichts anderes geregelt wird.[490] Umgekehrt greift diese Erstreckenswirkung nicht ein, wenn der Verzichtende kein Abkömmling oder Seitenverwandter des Erblassers ist oder die Ersatzbedachten keine Abkömmlinge des Verzichtenden sind. In diesen Fällen bleibt es bei der sehr eingeschränkten Wirkungsweise des Zuwendungsverzichts. Wurde der Zuwendungsverzicht bei einem Erbfall, auf den neues Recht anzuwenden ist, noch nach altem Recht erklärt, so kommt es auf die Auslegung der Erklärung an: Regelmäßig wird davon auszugehen sein, dass nur der Verzicht auf das zum Zeitpunkt der Erklärung mögliche erklärt wurde, also die Erstreckenswirkung nicht eintritt.[491] Wurde hingegen in einer Art *catch-all*-Klausel so umfassend wie möglich verzichtet, wird man auch hier die Erstreckenswirkung annehmen dürfen.

> **Muster: Zuwendungsverzicht**
>
> Siehe hierzu das Gesamtmuster → Rn. 527.

373   Wo die Neuregelung nicht greift, kann – wie schon bisher – bereits bei der Gestaltung eines gemeinschaftlichen Testaments oder Erbvertrags Abhilfe insoweit geschaffen werden, als die Ersatzerbfolge für den Schlusserbfall auflösend bedingt für den Fall gestaltet wird, dass der Schlusserbe einen Zuwendungsverzichtsvertrag abschließt, so dass in diesem Falle die Ersatzerbfolge automatisch entfällt.

> 374   **Formulierungsbeispiel: Auflösend bedingte Ersatzerbeinsetzung im Hinblick auf**
> **〇〉 möglichen Zuwendungsverzicht**
>
> Jede einzelne der vorstehenden Ersatzschlusserbeneinsetzungen ist für sich auflösend bedingt für den Fall, dass der betreffende Schlusserbe mit dem Längerlebenden einen Zuwendungsverzichtsvertrag abschließt, auch wenn dies ohne gleichwertige Gegenleistung geschieht. Die Auslegungsregel des § 2069 BGB soll ausdrücklich nicht gelten.

> 375 │ **Checkliste: Zuwendungsverzicht**
>
> (1) Zweckmäßig ist der Verzicht bei:
> - Bindung des Erblassers infolge Testierunfähigkeit
> - Bindung des Erblassers durch bindende Verfügung von Todes wegen
> - Ehegattentestament (zur Vermeidung der Rechtsfolgen des § 2270 Abs. 1 BGB im Falle des Widerrufs zu Lebzeiten des anderen bzw. der Anfechtung nach dem Tod des anderen
>
> (2) Persönliche Voraussetzungen
> - Für den Erblasser: persönliche Erklärung notwendig
> - Für den Verzichtenden: Vertretung zulässig
> - Auf beiden Seiten gilt: bei beschränkt Geschäftsfähigen ist die Zustimmung des gesetzlichen Vertreters erforderlich, außer bei Verzicht gegenüber dem (künftigen) Ehegatten; bei Geschäftsunfähigen wird der Verzichtsvertrag durch den gesetzlichen Vertreter geschlossen (Genehmigung des Betreuungs- bzw. Familiengerichts)
>
> (3) Inhalt des Verzichts
> - Gegenstand: Erbeinsetzungen und/oder Vermächtnisse; nicht: Begünstigung durch Auflage, gesetzliche Vermächtnisse (Voraus, Dreißigster) und künftige Zuwendungen von Todes wegen

---

[490] Zur neuen Rechtslage: *G. Müller* ZNotP 2011, 256; krit. *Kanzleiter* DNotZ 2009, 805 und DNotZ 2010, 520; *Weidlich* FamRZ 2010, 166.

[491] In diese Richtung auch Bamberger/Roth/*Litzenburger* BGB § 2352 Rn. 22; OLG Schleswig FD-ErbR 2014, 359919 mAnm *Litzenburger;* OLG Düsseldorf MittBayNot 2017, 605 mAnm *Everts;* gegen eine Erstreckungswirkung für Altfälle generell: *Kanzleiter* DNotZ 2010, 520.

- Teilverzicht: hinsichtlich Erbeinsetzung Beschränkung auf bestimmte Quote zulässig; Beschränkung auf einzelne Gegenstände nur beim Vermächtnis
- Ausdrücklich klären: Erstreckung auf gesetzliches Erb- und/oder Pflichtteilsrecht?
- Bedingungen sind zulässig
- Verzicht zugunsten eines anderen möglich (Auslegungsregel des § 2350 BGB gilt aber nicht)
(4) Wirkung des Verzichts
- Für Erbfälle vor dem 1.1.2010: Grundsätzlich keine Erstreckung auf Abkömmlinge des Verzichtenden; Ausnahmen bei vollständiger Abfindung (str.); für Erbfälle ab dem 1.1.2010: Vermutete Erstreckung auf Abkömmlinge, jedoch nur wenn der Verzichtende Abkömmling oder Seitenverwandter des Erblassers ist.
- Aufhebung entsprechend § 2351 BGB möglich (str.).

E. Verträge zwischen künftigen Erben (Erbschaftsverträge)

Grundsätzlich sind alle Verträge über den Nachlass eines noch lebenden Dritten, über ein **376** Vermächtnis daraus und über den Pflichtteil gemäß § 311b Abs. 4, Abs. 5 BGB nichtig. Gleiches muss für Verträge über einen Anteil oder Bruchteil am Nachlass eines noch lebenden Dritten gelten.[492] Für „künftige gesetzliche Erben" lässt § 311b Abs. 5 BGB eine Ausnahme zu: Danach können diese künftigen Erben einen Erbschaftsvertrag über den Nachlass eines noch lebenden Dritten schließen, der notariell zu beurkunden ist.[493] Der Notar hat dabei folgende Punkte zu beachten:

Mögliche Vertragsparteien sind die nach §§ 1924ff. BGB – nicht notwendig nächst- **377** berufenen – Erben.[494] Dabei ist ohne Bedeutung, ob die Vertragschließenden später tatsächlich gesetzliche Erben werden, vielmehr genügt es, dass sie abstrakt als möglicher gesetzlicher Erbe in Betracht kommen. Im Erbschaftsvertrag sollte aber bereits eine Vereinbarung für den Fall getroffen werden, dass der aus dem Vertrag Verpflichtete nicht Erbe wird, da die Rechtsfolgen hier umstritten sind.[495] Eine Zustimmung des künftigen Erblassers zum Erbschaftsvertrag ist nicht erforderlich und kann einem formnichtigen Vertrag auch nicht zur Wirksamkeit verhelfen.[496]

Gegenstand des Erbschaftsvertrages ist gemäß § 311b Abs. 4 BGB der künftige ge- **378** setzliche Erbteil oder der Pflichtteil. Darunter fallen auch testamentarische Erbteile, sofern sie nicht über den gesetzlichen Erbteil hinausgehen.[497] Bei der Formulierung des Erbschaftsvertrages ist auf diese Begrenzung zu achten. Ebenso können gesetzliche Vermächtnisse nach §§ 1932, 1963, 1969 Abs. 1 BGB, nicht jedoch testamentarische Vermächtnisse[498] Vertragsgegenstand sein.

Im Hinblick auf die lediglich **schuldrechtliche Wirkung** eines Erbschaftsvertrages[499] **379** und die sich daraus ergebende Folge, dass das Vollzugsgeschäft erst nach Eintritt des Erbfalles vorgenommen werden kann, sollte eine Abfindung oder Gegenleistung erst nach dem Erbfall fällig gestellt werden.[500] Ein dinglich wirkender Erbverzicht oder ein Erbvertrag, der zusätzlich mit dem Erblasser vereinbart wird, kann insoweit Rechtssicherheit schaffen.

Problematisch ist die Einordnung einer **Verpflichtung zur Ausschlagung** der Erb- **380** schaft. Die Ausschlagungsverpflichtung nach dem Tod des Erblassers ist formlos möglich.

[492] MüKoBGB/*Krüger* BGB § 311b Rn. 114.
[493] Vgl. ausführlich *Limmer* DNotZ 1998, 927 und *v. Proff* ZEV 2013, 183.
[494] Bamberger/Roth/*Gehrlein* BGB § 311b Rn. 51; MüKoBGB/*Krüger* BGB § 311b Rn. 120.
[495] Vgl. MüKoBGB/*Krüger* BGB § 311b Rn. 124.
[496] BGH ZEV 1995, 143.
[497] BGH NJW 1988, 2726.
[498] Str., vgl. MüKoBGB/*Krüger* BGB § 311b Rn. 121.
[499] Str., vgl. Staudinger/*Wufka* (2011) BGB § 311b Rn. 3, 31ff.
[500] BeckFormB ErbR/*Lehmann* Form. I. VII. 2. Anm. 3, 4.

Sie unterfällt nicht dem § 311b Abs. 2–4 BGB.[501] Die Ausschlagungsverpflichtung vor dem Tod des Erblassers durch Vertrag unter künftigen Erben unterliegt hingegen § 311b Abs. 4 BGB. Bei der Protokollierung derartiger Verträge durch den Notar ist besondere Vorsicht geboten, da sich aus einer möglichen Veränderung der Erbquote oder einem Vorversterben des Erblassers oder des zur Ausschlagung Verpflichteten unübersehbare Probleme ergeben können.[502] Dogmatisch besonders schwer einzuordnen ist ein Vertrag, durch den sich ein künftiger Erbe dem Erblasser gegenüber zur Ausschlagung verpflichtet. Überwiegend wird die eigenständige Gültigkeit eines solchen Vertrages bejaht, aber verlangt, dass wenigstens die Form des Erbverzichtsvertrages (notarielle Beurkundung nach § 2348 BGB) eingehalten wird.[503] Regelmäßig sind die Probleme größer als die durch einen solchen Vertrag erzielbaren Effekte,[504] so dass sie in der Praxis kaum eine Rolle spielen. Wegen der kurzen Ausschlagungsfrist des § 1944 Abs. 1 BGB scheitern derartige Verträge in der Regel an der Durchsetzbarkeit.

F. Nichtehelichenrecht

381 Für Erbfälle seit dem 1.4.1998 ist die erbrechtliche Unterscheidung zwischen nichtehelichen und ehelichen Kindern aufgegeben und die Gleichstellung des nichtehelichen Kindes mit ehelichen Kindern vollzogen. Bis 1.7.1970 waren nichteheliche Kinder mit ihrem leiblichen Vater nicht verwandt und hatten folglich auch keinen Erb- und Pflichtteilsanspruch. Die Gleichstellung ehelicher und nichtehelicher Kinder erfolgte beginnend zum 1.7.1970, als nichteheliche Kinder bei festgestellter Vaterschaft erstmals Abkömmlinge ihres leiblichen Vaters im Rechtssinne und somit gesetzliche Erben erster Ordnung – allerdings noch eingeschränkt durch Sondervorschriften – wurden, in mehreren Reformschritten, die aus Gründen der Rechtssicherheit jeweils ohne Rückwirkung auf bereits eingetretene Erbfälle eingeführt wurden, so dass auf frühere Erbfälle immer das zu diesem Zeitpunkt geltende Recht anzuwenden ist.[505]

382 Bedeutung haben die im ersten Reformschritt eingefügten Bestimmungen der §§ 1934d, 1934e BGB aF über den **vorzeitigen Erbausgleich** damit nur mehr für Erbfälle, die **bis einschließlich 31.3.1998** eingetreten sind, oder wenn bis zu diesem Zeitpunkt über den Erbausgleich eine wirksame Vereinbarung getroffen bzw. der Erbausgleich durch rechtskräftiges Urteil zuerkannt worden ist (Art. 227 Abs. 1 Nr. 1, Nr. 2 EGBGB). Für die Abwicklung dieser Altfälle gelten auch die verfahrensrechtlichen Bestimmungen zum „alten Recht" fort.[506]

383 Da ein wirksamer vorzeitiger Erbausgleich seit dem 1.4.1998 nicht mehr möglich ist, kann der Vater die vorher erbrachten und insoweit rechtsgrundlos erbrachten Leistungen kondizieren. Verzichtet er jedoch auf eine Rückforderung, so sind diese Zahlungen nach seinem Tod wie eine Ausstattung zu werten, mithin nur noch anrechenbar, jedoch nicht mehr kondizierbar (Art. 227 Abs. 2 EGBGB).

384 Da **in der DDR nichtehelich geborene Kinder** ehelichen Kindern bereits gleichgestellt waren und um diese durch die Wiedervereinigung keinen Nachteil erleiden zu lassen, wurde für diese zum 1.1.1990 in Art. 235 § 1 Abs. 2 EGBGB aF bereits die Anwendbarkeit des Erb- und Pflichtteilsrechts für eheliche Kinder angeordnet, auch soweit sie vor dem 1.7.1949 geboren sind.[507]

385 Für die erbrechtlichen Verhältnisse eines **vor dem 1.7.1949** geborenen nichtehelichen Kindes blieb es zunächst nach wie vor bei der bisherigen Rechtslage, es sei denn, seine

---

[501] RG HRR 1929 Nr. 292; OLG München OLGE 26, 288.
[502] Vgl. *Damrau* ZEV 1995, 425.
[503] Soergel/*Wolf* BGB § 2302 Rn. 3.
[504] *Damrau* ZEV 1995, 425.
[505] Vgl. Überblick bei Palandt/*Weidlich* EGBGB Art. 227 Rn. 1.
[506] Vgl. *Rauscher* ZEV 1998, 41 (45).
[507] Palandt/*Weidlich* EGBGB Art. 227 Rn. 3.

Eltern schlossen später die Ehe oder Vater und Kind schlossen die Anwendung des Art. 12 § 10 Abs. 2 NEhelG aF durch einen von ihnen persönlich zu schließenden, notariell beurkundeten Gleichstellungsvertrag formgültig aus, indem sie dem Kind ein gesetzliches Erb- und Pflichtteilsrecht verschafften; allerdings war dafür die notariell beurkundete Einwilligung – also vorherige Zustimmung – der Ehegatten des Vaters und des Kindes erforderlich (§ 10a NEhelG).[508] Der EGMR[509] sah in dieser Regelung aber einen Verstoß gegen Art. 8 EMRK, so dass sich der Gesetzgeber veranlasst sah, **rückwirkend für alle Erbfälle ab dem 29. 5. 2009** die bisher nicht erbberechtigten nichtehelichen Kinder den ehelichen hinsichtlich des Erb- und Pflichtteilsrechts vollkommen gleichzustellen.[510] Für **Erbfälle vor dem 29. 5. 2009** blieb es zunächst dabei, dass dem nichtehelichen Kind kein Erb- und Pflichtteilsanspruch zusteht. Wenn allerdings der Fiskus tatsächlich Erbe wurde, steht dem Kind gemäß Art. 12 § 10 Abs. 2 NEhelG nF ein Ersatzanspruch gegen den Bund bzw. das Land zu. Diese neue Stichtagsregelung verstößt – wie die bisherige – nicht gegen das Grundgesetz.[511] Allerdings sieht der EGMR in der Stichtagsregelung erneut eine Ungleichbehandlung wegen der nichtehelichen Geburt, die einen Verstoß gegen Art. 14 EMRK darstellen kann, der durch das Ziel der Rechtssicherheit und den Schutz der Familie des Erblassers in aller Regel nicht gerechtfertigt wird; jedenfalls ist eine umfassende Abwägung dieser Interessen in jedem Einzelfall notwendig.[512] Der BGH hat unter Berücksichtigung dieser Entscheidung bereits wenige Monate später in einem ähnlich gelagerten Fall eine **teleologisch erweiternde Auslegung des Art. 12 § 10 Abs. 2 S. 1 NEhelG** vorgenommen, so dass dieser bereits für den in Rede stehenden **Erbfall vor dem 29. 5. 2009** anzuwenden ist.[513]

G. Rechtsgeschäfte zugunsten Dritter auf den Todesfall

Bei der Weitergabe von Vermögensgegenständen ist man nicht auf das erbrechtliche Instrumentarium beschränkt. Die Gesamtrechtsnachfolge (§ 1922 BGB) muss nicht immer sachgerecht sein. Vielfach ist es zweckmäßig, Einzelrechtszuweisungen unter Lebenden, wenn auch bezogen auf den Todesfall, neben die erbrechtliche Verfügung treten zu lassen. Für derartige **lebzeitige Anordnungen** steht das erbrechtliche Instrumentarium, vor allem Nacherbfolge und Testamentsvollstreckung, nicht zur Verfügung. Auf diese Weise können Teile des Nachlasses von einer Testamentsvollstreckung oder Nacherbfolge ausgenommen werden. Bei besonderen Regelungsbedürfnissen, bei denen dem erbrechtlichen Instrumentarium besondere Bedeutung zukommt, wie dies etwa beim Bedürftigen- bzw. Behindertentestament der Fall ist, sollte der Notar die Beteiligten fragen, ob Rechtsgeschäfte zugunsten Dritter auf den Todesfall bereits vorgenommen sind. Gegebenenfalls ist die Aufhebung solcher Verfügungen und damit die Rückführung der so gebundenen Mittel in den Nachlass anzuregen. **386**

I. Bankverfügungen

Insbesondere bei Geld und Wertpapieren gibt es eine Reihe bankspezifischer, aus dem BGB entwickelter Gestaltungen, die es ermöglichen, Vermögenswerte aus dem Nachlass auszugliedern und für sie eine „Sondernachfolge" anzuordnen. Vor allem **Verträgen zugunsten Dritter auf den Todesfall** gemäß §§ 328, 331 BGB kommt eine große praktische Bedeutung zu. Der Formzwang des § 2301 BGB gilt für sie regelmäßig nicht. **387**

---

[508] Vgl. zum Ganzen *Rauscher* ZEV 1998, 41.
[509] EGMR ZEV 2009, 510; aA noch BVerfGE 44, 1.
[510] Siehe hierzu *Rebhan* MittBayNot 2011, 285.
[511] BVerfG ZEV 2013, 326.
[512] EGMR ZEV 2017, 507.
[513] BGH ZEV 2017, 510; diese Frage hatte das BVerfG ZEV 2013, 326 noch offen gelassen.

388 **1. Deckungsverhältnis.** Das Verhältnis des Versprechensempfängers (Erblasser und Bankkunde) zum Versprechenden (der Bank), also das Deckungsverhältnis, ist regelmäßig in dem bestehenden Vertrag mit der Bank zu sehen. Einen eigenen Anspruch auf eine Vermögensverschiebung erlangt der Begünstigte aber nur, wenn der Bankkunde ihm den Vermögensvorteil zuwenden wollte, diese Rechtsfolge auch der Bank erkennbar und von ihrem vertraglichen Leistungswillen umfasst wurde.[514] Falls entsprechende Erklärungen von der Bank nicht abgegeben werden, bleibt nur – falls Testierfreiheit besteht – die erbrechtliche Absicherung der gewünschten Vermögensverschiebung.

389 **2. Valutaverhältnis.** Im Verhältnis zwischen dem Kontoinhaber (Erblasser) und dem Begünstigten wird regelmäßig eine Schenkung (Valutaverhältnis) vorliegen. Diese kann – falls keine erbrechtliche Absicherung vorliegt bzw. der Erbe nicht der Verfügung in erbrechtlich bindender Weise zugestimmt hat – vom Erben bis zum Vollzug der Schenkung (§ 518 Abs. 2 BGB) widerrufen werden; ein bereits gewährter Vermögensvorteil kann dann gemäß §§ 812 ff. BGB kondiziert werden.[515]

390 **3. Testierfreiheit und lebzeitiges Eigeninteresse.** Bankverfügungen werden nicht selten getroffen, weil der Kontoinhaber in seiner Testierfreiheit beschränkt ist. Sie sind gleichwohl wirksam. Es kann jedoch dem benachteiligten Vertrags- und Schlusserben ein Anspruch gemäß § 2287 BGB zustehen. Entsprechendes gilt für den Vermächtnisnehmer nach § 2288 BGB.[516] Entscheidend ist, ob die Schenkung in Beeinträchtigungsabsicht erfolgt ist, was regelmäßig dann verneint wird, wenn der Erblasser an der Bankverfügung ein lebzeitiges Eigeninteresse hatte.[517]

391 **4. Bankvollmacht für den Todesfall.** Berechtigt die Bankvollmacht den Bevollmächtigten, nach dem Ableben des Kontoinhabers Verfügungen über Konten zu treffen, so darf der Begünstigte den Vermögensvorteil nur behalten, wenn ein wirksames Kausalverhältnis vorliegt. Die Vollmachtserteilung mit der Befugnis, zu eigenen Gunsten zu verfügen, kann uU darauf hindeuten, dass sie das Angebot auf Abschluss eines Schenkungsvertrages enthält. Das Angebot wird dann durch die Verfügung des Bevollmächtigten angenommen. Zugleich wird das Schenkungsversprechen vollzogen und damit der Formmangel iSd § 518 Abs. 2 BGB geheilt.[518] Eine Nachfrage der Bank bei den Erben ist nicht notwendig,[519] jedoch nur, solange die Vollmacht nicht vom Erben widerrufen ist. Die Zehn-Jahres-Frist des § 2325 Abs. 3 BGB für den Pflichtteilsergänzungsanspruch wird durch die bloße Erteilung einer solchen Vollmacht nicht in Gang gesetzt, da es an der Ausgliederung aus dem Vermögen des Erblassers gänzlich fehlt.[520]

392 **5. Einzelkonto zugunsten Dritter (§ 328 BGB).** Der Erblasser kann zu Lebzeiten ein Konto auf den Namen des Begünstigten einrichten. Will der Erblasser verhindern, dass der Begünstigte vor Ableben des Erblassers verfügen kann, ist ein entsprechender Sperrvermerk anzuordnen. Behält sich der Erblasser zusätzlich die Verfügungsbefugnis vor, wird die Zehn-Jahres-Frist des § 2325 Abs. 3 BGB nicht in Gang gesetzt.[521] Gleiches gilt, wenn ein Sparbuch zugunsten eines (auch minderjährigen) Kindes eingerichtet wird, sofern zwischen Bank und Begünstigendem Einigkeit darüber besteht, dass das Kind die Forderung erst zu einem bestimmten Zeitpunkt erwerben soll. Behält der Versprechens-

---

[514] BGH DNotZ 1984, 692.
[515] Vgl. BGHZ 41, 95.
[516] BGH FamRZ 1976, 205.
[517] Staudinger/*Kanzleiter* (2013) BGB § 2287 Rn. 9 ff.
[518] BGH DNotZ 1987, 25; OLG München WM 1973, 1252.
[519] BGH WM 1969, 702.
[520] Vgl. BGH DNotZ 1987, 315 mAnm *Nieder.*
[521] Vgl. BGH DNotZ 1987, 315 mAnm *Nieder.*

empfänger das Sparbuch, so behält er auch wegen § 808 BGB die Verfügungsbefugnis über das Konto.[522] Im Zurückbehalten liegt ein Beweisanzeichen dafür, dass sich der Begünstigende die Verfügungsbefugnis weiterhin vorbehält, das heißt einen unmittelbaren Anspruch iSv § 328 Abs. 1 BGB noch nicht zuwenden wollte.

Der Begünstigte darf die Zuwendung nur behalten, wenn ein wirksames Kausalverhält- 393 nis vorliegt.[523] Da die Rechtsänderung – wenn auch mit einer auflösenden Bedingung behaftet und auf der Seite der Verfügungsbefugnis mit Einschränkungen versehen – sofort eintritt (der Begünstigte wird Kontoinhaber), empfiehlt es sich, eine Regelung für den Fall des Vorablebens des Begünstigten zu treffen.

Bei **Wertpapierdepots** geht es nicht um Forderungen, sondern um Eigentum. Da ein 394 dingliches Recht nicht durch Vertrag zugunsten Dritter begründet werden kann, ist das dingliche Recht am Wertpapier zunächst treuhänderisch auf die verwahrende Bank zu übertragen. Die so entstandenen schuldrechtlichen Ansprüche können dann wie ein Konto auf den Dritten übertragen werden.

6. Gemeinschaftskonto mit Begünstigtem. Ein Gemeinschaftskonto zwischen dem 395 Begünstigenden und dem Begünstigten ist in der Form des Und-Kontos und in der Form des Oder-Kontos möglich.[524] Das Und-Konto bietet keine sinnvolle Möglichkeit zur Vermögenszuweisung außerhalb des Nachlasses. Stirbt nämlich der begünstigende Kontoinhaber, so fällt seine Kontoinhaberschaft in den Nachlass, so dass der begünstigte Kontoinhaber nur mit Zustimmung der Erben verfügungsbefugt wird.

Das Oder-Konto eignet sich grundsätzlich für eine Begünstigung außerhalb des Nach- 396 lasses. Stirbt der begünstigende Kontomitinhaber, so kann der verbleibende (begünstigte) Kontoinhaber von der Bank die volle Leistung verlangen, also die Auszahlung des Kontoguthabens auf seinen Namen. Da jedoch die Ausgleichungspflicht des verbleibenden Kontoinhabers gegenüber den Erben des verstorbenen Teils gemäß § 430 BGB bestehen bleibt, liegt an sich keine Schenkung vor, so dass der begünstigte Kontoinhaber den ihm zugeflossenen Vorteil an die Erben des verstorbenen Kontoinhabers herauszugeben hat. Ist gewünscht, dass der verbleibende Kontoinhaber den ihm zugeflossenen Vermögensvorteil behalten darf, ist eine Verfügung zugunsten Dritter auf den Todesfall zu treffen oder, sofern möglich, eine erbrechtliche Absicherung vorzunehmen (Vermächtnis). Nach BGH[525] gilt dann etwas anderes, wenn nach dem Willen des verstorbenen Kontomitinhabers nachgewiesenermaßen der verbleibende Kontomitinhaber mit dem am Todestag vorhandenen gesamten Bestand des Kontos bedacht werden, dieser Bestand also „problemlos auf den Überlebenden übergehen" sollte, insbesondere wenn der Erblasser dem Kontomitinhaber schon zu Lebzeiten die Mitverfügungsbefugnis über den gesamten jeweiligen Bestand einräumt.

7. Vertrag zugunsten Dritter auf den Todesfall (§ 331 BGB). Die Bankverfügung zu- 397 gunsten Dritter auf den Todesfall eignet sich in der Praxis besonders, um Sonderzuwendungen von Bankguthaben als einfach abgrenzbare Vermögensteile durchzuführen. Anders als bei § 328 BGB wird der Begünstigte nicht zu Lebzeiten des Begünstigenden Kontoinhaber, sondern erst mit dem Ableben des Begünstigenden.

Entsprechendes gilt für Depots. Da ein dingliches Recht nicht durch Vertrag zuguns- 398 ten Dritter übertragen werden kann, wird bei Wertpapierdepots meist die treuhänderische Übertragung auf die verwahrende Bank vorgenommen. Die so entstandenen schuldrechtlichen Ansprüche werden auf den Dritten übertragen. Der Begünstigte darf die Zuwendung nur behalten, wenn ein rechtswirksames Kausalverhältnis (Schenkung) vorliegt.

---

[522] BGHZ 46, 198; BGH NJW 1970, 1181.
[523] BGH WM 1975, 115; WM 1976, 1130.
[524] Vgl. *Eichel* MittRhNotK 1975, 615; *Borg* NJW 1981, 905; *Werkmüller* ZEV 2000, 440.
[525] MittBayNot 1986, 197.

399   Ein **Widerruf durch den Erben** ist an sich zulässig.[526] Dieser kann auch in einem Testament stillschweigend enthalten sein, wenn der Erblasser darin sein Vermögen umfassend verteilt und der darin liegende Widerruf des Schenkungsangebots dem Begünstigten vor Annahme zugeht.[527] Deshalb ist ein Hinweis zum Verhältnis von letztwilliger Verfügung und Verfügungen zugunsten Dritter im Testament ratsam. Verzichtet der Erblasser aber auf sein Widerrufsrecht, so sind auch die Erben hieran gebunden (§ 1922 BGB). Dies hat jedoch zur Folge, dass dem Erblasser die Verfügungsmöglichkeit zu Lebzeiten genommen wird. Will der Kontoinhaber sein Widerrufsrecht erhalten, aber die Erben an einem Widerruf hindern, ist dies nur durch Zuziehung der Erben zur Verfügung oder durch letztwillige Anordnung möglich. Eine **widerrufliche Verfügung** zugunsten Dritter auf den Todesfall setzt die **Zehn-Jahres-Frist** des § 2325 Abs. 3 BGB **nicht in Gang.**[528]

II. Lebensversicherungen

400   **1. Bezugsberechtigung und Erbrecht.** Lebensversicherungsverträge sind vererblich und fallen in den Nachlass, sofern kein Bezugsberechtigter benannt ist. Ist ein Bezugsberechtigter benannt, liegt ein Vertrag zugunsten Dritter vor, so dass sich der Rechtserwerb des Bezugsberechtigten außerhalb der Erbfolge *ipso jure* – kraft Schuldrechts, nicht kraft Erbrechts – vollzieht, auch wenn die Bezugsberechtigung nicht unwiderruflich festgelegt wurde.[529] Nach § 160 Abs. 2 VVG ist anzunehmen, dass sich der Rechtserwerb selbst dann außerhalb der Erbfolge vollzieht, wenn Zahlung an die Erben bedungen ist.[530] Die Bezugsberechtigung bleibt in diesem Falle von einer Ausschlagung der Erbschaft unberührt. Nach § 332 BGB ist „im Zweifel" anzunehmen, dass der Versicherte die Benennung eines Bezugsberechtigten auch durch Verfügung von Todes wegen vornehmen kann, wenn er sich die Befugnis vorbehalten hat, ohne Zustimmung des Versicherers einen anderen an die Stelle des im Vertrag bezeichneten Versicherten zu setzen. Diese Befugnis, den Bezugsberechtigten auszuwechseln, ergibt sich aus § 159 Abs. 1 VVG. Da jedoch das Recht, die Bezugsberechtigung auszuwechseln, ausgeschlossen sein kann (durch Übereinkunft mit dem Versicherer gemäß § 13 Abs. 2 ALB), ist bei Verfügungen, welche die Bezugsberechtigung betreffen, zweckmäßigerweise die Versicherungspolice einzusehen.[531] Die widerrufliche Bezugsberechtigung kann mit Eintritt des Versicherungsfalles von den Erben nicht mehr widerrufen werden. Allerdings fehlt im Verhältnis zum Begünstigten regelmäßig das wirksame Schenkungsversprechen. Die Rechtsprechung interpretiert die Einräumung des Bezugsrechts gleichzeitig als Auftrag an den Versicherer, dem Begünstigten als Bote mit der Auszahlung der Versicherungssumme konkludent das Angebot auf Abschluss eines Schenkungsvertrags zu unterbreiten, welches der Begünstigte durch schlichte Entgegennahme der Versicherungsleistung annimmt.[532] Erst dadurch wird die Schenkung vollzogen iSv § 518 Abs. 2 BGB, mit der Folge, dass ein Widerruf des Botenauftrags an die Versicherung durch die Erben ausscheidet.

401   Ist die **Unwiderruflichkeit der Bezugsberechtigung** des Dritten bereits zu Lebzeiten des Versicherten durch Übereinkunft mit dem Versicherer mit dinglicher Wirkung herbeigeführt, erwirbt der Dritte gemäß § 159 Abs. 3 VVG das Recht auf Leistung bereits mit der Bezeichnung als Bezugsberechtigter. Es liegt dann im Zweifel eine vollzogene Schenkung gemäß § 518 Abs. 2 BGB vor. Ein mit dem Bezugsberechtigten vereinbartes Widerrufsverbot wirkt dagegen nur schuldrechtlich,[533] so dass das Recht durch den Drit-

---

[526] *Muscheler* WM 1994, 921.
[527] BGH ZEV 2018, 278 mAnm *Litzenburger.*
[528] BGH DNotZ 1987, 315 mAnm *Nieder.*
[529] BGHZ 32, 44.
[530] OLG Schleswig ZEV 1995, 415.
[531] *Fuchs* JuS 1989, 179; BGH DNotZ 1994, 377.
[532] BGH ZEV 2013, 519.
[533] BGH NJW 1975, 1360.

ten gemäß § 159 Abs. 2 VVG erst mit Eintritt des Versicherungsfalles erworben wird und der Schenkungsvollzug iSv § 518 Abs. 2 BGB erst mit Auszahlung der Summe an den Begünstigten eintritt.[534]

Wird die Lebensversicherung vom Versicherungsnehmer **als Sicherheit an einen** 402 **Dritten abgetreten,** so überlagert die Sicherungsvereinbarung das vertragliche Bezugsrecht: Tritt mit dem Versicherungsfall auch der Sicherungsfall ein, so hat der Sicherungsnehmer Anspruch auf die Versicherungsleistung. Fällt aber der Sicherungszweck weg und tritt erst dann der Versicherungsfall ein, so lebt die ursprünglich vereinbarte Bezugsberechtigung wieder auf.[535]

2. Lebensversicherung und Pflichtteilsrecht. Bei Lebensversicherungsverträgen zu- 403 gunsten Dritter wurden nach früherer Auffassung die vom Versicherungsnehmer bezahlten Prämien als Schenkung an den begünstigten Dritten angesehen, nicht die zur Auszahlung gelangende Versicherungssumme.[536] Diese Ansicht hat der BGH[537] inzwischen ausdrücklich aufgegeben und für **Lebensversicherungen mit widerruflichem Bezugsrecht** entschieden, dass als vom Erblasser zugewendet der Wert anzusehen ist, über den der Erblasser in einer gedachten logischen Sekunde vor seinem Ableben noch hätte verfügen können („Entreicherung"). Im Regelfall wird dies der aktuelle Rückkaufswert der jeweiligen Versicherung sein. Ausnahmsweise kann ein auf dem „Zweitmarkt" erzielbarer höherer Wert anzusetzen sein. Der damit verbundene Wegfall des früheren „Rabatts" durch das Abstellen auf die gezahlten Prämien macht die Lebensversicherung als Pflichtteilsvermeidungsstrategie damit weitgehend obsolet.[538]

Die Verjährungsfrist gemäß § 2325 Abs. 3 BGB hinsichtlich des Pflichtteilsergänzungs- 404 anspruchs beginnt erst zu laufen, wenn der Erblasser die Lebensversicherung aus seinem Vermögen ausgegliedert hat.[539] Ist das Bezugsrecht nur widerruflich vereinbart, beginnt die Frist demnach überhaupt nicht zu laufen.

Bei **unwiderruflicher Regelung des Bezugsrechts** begibt sich der Erblasser hinge- 405 gen der Verfügungsmöglichkeit, so dass die Zehn-Jahres-Frist zu laufen beginnt. In diesem Fall wird man in konsequenter Fortführung der neuen Argumentationslinie des BGH auf den Rückkaufswert in diesem Zeitpunkt abzustellen haben.[540] Werden vom Erblasser danach weitere Prämien eingezahlt, so ist auf den jeweiligen Einzahlungstermin als Stichtag für die Ausgliederung aus dem Vermögen des Erblassers abzustellen.

Reine Risikolebensversicherungen haben – wie sich im Umkehrschluss aus § 169 406 Abs. 1 VVG folgern lässt – keinen Rückkaufswert. Damit kann der Erblasser selbst regelmäßig über keinen nennenswerten Wert verfügen, so dass diese Versicherungen in Fortführung der Argumentation des BGH bei der Pflichtteilsberechnung wohl außer Ansatz gelassen werden können.[541]

Hinsichtlich der Übertragbarkeit der vorstehenden Grundsätze auf den **Anspruch des** 407 **Vertragserben gemäß § 2287 BGB** fehlt es bisher an einschlägigen Entscheidungen. Es spricht aber wegen der vergleichbaren Interessenlage viel dafür, diese Grundsätze zu übertragen.

Das **Anfechtungs- und Insolvenzrecht** (§§ 3f. AnfG; §§ 129ff. InsO) schützt hinge- 408 gen nicht den Pflichtteilsberechtigten. Vielmehr wird ein maximaler Schutz der Masse

---

[534] BGH ZEV 2013, 519.
[535] BGH DNotZ 2012, 546.
[536] BGH FamRZ 1976, 616; OLG Stuttgart RNotZ 2008, 168.
[537] ZEV 2010, 305 mit ablehnender Anm. *Wall;* zustimmende Anm. *Walker* FamRZ 2010, 1249; *Röthel* LMK 2010, 304941; *Kesseler* NJW 2010, 3228; grundlegend zu der Entscheidung *Rudy* ZErb 2010, 351 und *Wendt* ZNotP 2010, 242.
[538] *Herrler* ZEV 2010, 333.
[539] Vgl. BGH DNotZ 1987, 315 mAnm *Nieder*.
[540] So auch *Herrler* ZEV 2010, 333; anders noch BGH FamRZ 1976, 616.
[541] Vgl. DNotI-Report 2013, 130.

vor Verfügungen des Schuldners, die verwertbares Vermögen entziehen, bezweckt.[542] Mit Verweis auf diese Motivlage stellt die insolvenzrechtliche Rechtsprechung[543] auf die **volle Versicherungssumme** ab.

409   **3. Darf der Bezugsberechtigte den Vermögensvorteil behalten?** Ausgleichsansprüche der Erben gegen den Bezugsberechtigten können dazu führen, dass dieser die Versicherungssumme nicht behalten darf. Problematisch sind insbesondere die Fälle, in denen ein Versicherungsnehmer seine Ehefrau namentlich zur Bezugsberechtigten benennt, sich scheiden lässt und danach eine neue Ehe eingeht, ohne die Bezugsberechtigung der früheren Ehefrau zu ändern. Nach der Rechtsprechung[544] kommt die analoge Anwendung von § 2077 BGB (Unwirksamkeit letztwilliger Verfügungen bei Auflösung der Ehe) nicht in Frage. Allerdings ist nach Auffassung des BGH in derartigen Fällen ein Ausgleich zwischen der geschiedenen, aber bezugsberechtigten Ehefrau und den Erben des Versicherungsnehmers nach den Grundsätzen über den Wegfall der Geschäftsgrundlage möglich.[545] Auch im Falle der Auflösung einer nichtehelichen Lebensgemeinschaft greift der BGH bei gegenseitiger Einräumung von Bezugsrechten auf die **Grundsätze über den Wegfall der Geschäftsgrundlage** zurück.[546] Vgl. auch → Rn. 399 ff.

Praxishinweis Steuern:

Sofern die Leistungen aus der Lebensversicherung in den Nachlass fallen, weil kein Bezugsberechtigter benannt ist, gelten steuerlich keine Besonderheiten. Steht die Versicherungssumme aus einer vom Erblasser abgeschlossenen Lebensversicherung einem Bezugsberechtigten zu, so gehört sie zwar zivilrechtlich nicht zum Nachlass, wird aber ebenso der Erbschaftsteuer unterworfen (§ 3 Abs. 1 Nr. 4 ErbStG). Wird ein solcher Versicherungsanspruch schon zu Lebzeiten abgetreten, handelt es sich idR um eine lebzeitige Schenkung, die mit dem Rückkaufswert zu bewerten ist (§ 12 Abs. 4 BewG).

Insbesondere für nicht verheiratete Lebensgefährten kann es sich zur Absicherung des Überlebenden anbieten, dass jeder eine eigene Versicherung abschließt, deren Leistungen ihm selbst zugutekommen, wobei der jeweils andere Lebensgefährte als versicherte Person angegeben wird. Die Versicherungssumme unterliegt in diesem Fall nicht der Erbschaftsteuer; allenfalls eine Schenkung der Versicherungsprämien kommt in Betracht.[547]

III. Bausparverträge

410   Auch beim Abschluss von Bausparverträgen werden regelmäßige Begünstigungen für den Fall des Ablebens ausgesprochen, die unter § 331 BGB fallen. Die Regelung ist mit der bei Lebensversicherungen (→ Rn. 400 ff.) vergleichbar. Die Frage des pflichtteilsrechtlich anzusetzenden Werts der Zuwendung wird man wohl auch mit dem Zeitwert im Zeitpunkt der letzten Verfügungsmöglichkeit des Erblassers annehmen müssen.

411   Im Bausparvertrag kann die Benennung eines Bezugsberechtigten durch letztwillige Verfügung ausgeschlossen sein. Der Widerruf einer solchen Verfügung kann uU nur zu Lebzeiten des Erblassers, also nicht durch Verfügung von Todes wegen, erfolgen.

---

[542] *Wendt* ZNotP 2010, 242.
[543] BGHZ 156, 350.
[544] BGH NJW 1987, 3131.
[545] BGH ZEV 1995, 150.
[546] BGH NJW-RR 2013, 404.
[547] *Troll/Gebel/Jülicher* ErbStG § 3 Rn. 290, 293 ff.

3. Teil. Kosten

A. Gebühr

Für die Beurkundung eines Testaments wird die 1,0-Gebühr Nr. 21200 KV GNotKG, für **412** die Beurkundung eines Erbvertrags oder eines gemeinschaftlichen Testaments die 2,0-Gebühr Nr. 21100 KV GNotKG erhoben. Bei Erbverträgen wird kein Unterschied gemacht, ob beide Vertragsteile verfügen oder nur einer von ihnen. Im Erbvertrag oder gemeinschaftlichen Testament enthaltene einseitige Verfügungen sind nicht besonders zu bewerten; die 2,0-Gebühr ist aber vom Gesamtwert aller Verfügungen zu erheben. Keine Ermäßigung bei Verbindung mit einem Ehevertrag.

Für die Aufhebung eines Erbvertrags fällt die 1,0-Gebühr Nr. 21102 KV GNotKG an, **413** für den Rücktritt vom Erbvertrag oder den Widerruf eines Testaments dagegen die 0,5-Gebühr Nr. 21201 KV GNotKG. Die Gebühr für den Widerruf bleibt unerhoben, soweit eine neue Verfügung getroffen wird (§ 109 Abs. 2 Nr. 2 GNotKG).

B. Wert

Der Wert letztwilliger Verfügungen über das Vermögen im Ganzen oder einen Bruchteil **414** des Vermögens ist der Verkehrswert des Vermögens unter Abzug der Verbindlichkeiten, die allerdings nur bis zur Hälfte des Vermögens abgezogen werden können (§ 102 Abs. 1 GNotKG). Bei gemeinschaftlichen Testamenten und Erbverträgen erfolgt die Ermittlung für jeden Beteiligten gesondert. Bei Verfügung über Vermögenswerte, die noch nicht zum Vermögen des Erblassers gehören, wird deren Wert in voller Höhe hinzugerechnet, soweit sie in der Verfügung konkret bezeichnet sind. Für die Beurkundung einer Rechtswahl sind 30% des Werts nach § 102 GNotKG anzusetzen (§ 104 GNotKG).

Wird nur über einzelne Vermögenswerte verfügt (insbesondere durch Anordnung von **415** Vermächtnissen), ist deren Wert maßgebend (§ 102 Abs. 3 GNotKG); auch hier findet ein Abzug von Verbindlichkeiten bis zur Höhe des halben Werts statt. Trifft eine Verfügung über einen Bruchteil mit einem Vermächtnis zusammen, dann ist das Vermächtnis dem Bruchteil hinzuzurechnen, allerdings nur mit dem Bruchteil, über den der Erblasser nicht verfügt hat (§ 102 Abs. 1 S. 3 GNotKG).

Der Wert für den Widerruf einer letztwilligen Verfügung sowie den Rücktritt vom **416** Erbvertrag richtet sich ebenfalls nach § 102 Abs. 1–3 GNotKG); bei einem gemeinschaftlichen Testament oder einem Erbvertrag ist allerdings der Wert derjenigen Verfügungen des anderen Teils hinzuzurechnen, die dadurch ebenfalls unwirksam werden (§ 102 Abs. 5 S. 2 GNotKG).

Der Wert für die Gebühr für die Rückgabe eines Erbvertrags aus der amtlichen Ver- **417** wahrung ist ebenfalls nach § 102 Abs. 1–3 GNotKG zu bestimmen; maßgeblich sind die Wertverhältnisse zum Zeitpunkt der Rückgabe (§ 96 GNotKG).

C. Nebengebühren

Berät der Notar den Erblasser bei der Gestaltung eines Testaments, kann er die Beratungs- **418** gebühr Nr. 24201 KV GNotKG (0,3- bis 0,5-Gebühr), für die Beratung bei der Gestaltung eines gemeinschaftlichen Testaments oder Erbvertrags eine Beratungsgebühr Nr. 24200 KV GNotKG (0,3- bis 1,0-Gebühr) erheben.

Die Ablieferung des Testaments oder Erbvertrags an das Amtsgericht zur besonderen **419** amtlichen Verwahrung (§ 34 BeurkG) und die Benachrichtigung des Zentralen Testamentsregisters sind als Teil des Beurkundungsverfahrens mit der Gebühr für die Beurkundung abgegolten. Dagegen erhält der Notar für die Rückgabe eines Erbvertrags aus der amtlichen Verwahrung eine 0,3-Gebühr Nr. 23100 KV GNotKG.

4. Teil. Erbscheinsverfahren

A. Funktion und Bedeutung des Erbscheins

420 Der Erbschein ist das vom Nachlassgericht erteilte **Zeugnis über das Erbrecht,** bei mehreren Erben auch über die Größe des Erbteils. Er ist eine öffentliche Urkunde iSd § 417 ZPO.[548] Der Erbschein begründet gemäß § 2365 BGB die **widerlegbare Vermutung seiner Richtigkeit und Vollständigkeit** für und gegen den Erben. Er schützt im Rahmen von §§ 2366, 2367 BGB den guten Glauben Dritter an den Inhalt des Erbscheins **(Gutglaubenswirkung).** Die Zugehörigkeit einzelner Nachlassgegenstände zum Nachlass kann durch den Erbschein aber nicht belegt werden. Nach Auffassung des BGH ist der Erbe grundsätzlich nicht verpflichtet, sein Erbrecht durch einen Erbschein nachzuweisen;[549] er hat auch die Möglichkeit, den Nachweis seines Erbrechts in anderer Form zu erbringen. Ein öffentliches Testament oder ein Erbvertrag samt Eröffnungsniederschrift stellen in der Regel einen ausreichenden Nachweis für sein Erbrecht dar.

B. Erbscheinsantrag

421 Der **Antrag** auf Erteilung des Erbscheins ist Erteilungsvoraussetzung. Er kann gemäß §§ 23, 25 Abs. 1 FamFG schriftlich oder zur Niederschrift des Nachlassgerichts gestellt werden. Er hat bei gesetzlicher Erbfolge die Angaben gemäß § 352 Abs. 1 FamFG, bei gewillkürter Erbfolge die Angaben gemäß § 352 Abs. 2 FamFG zu enthalten. Die Richtigkeit der Angaben ist gemäß § 352 Abs. 3 FamFG teilweise durch Vorlage (öffentlicher) Urkunden und teilweise durch **eidesstattliche Versicherung** nachzuweisen. Insbesondere wegen der eidesstattlichen Versicherung erfolgt regelmäßig die Antragstellung zu notarieller Urkunde oder Protokoll des Nachlassgerichts.

422 Der Antrag muss so gestellt werden, dass er **auf Erteilung eines bestimmten Erbscheins gerichtet** ist.[550] Demzufolge muss er das beanspruchte Erbrecht einschließlich der Erbquoten genau bezeichnen, eine etwa angeordnete Testamentsvollstreckung, die Nacherben und Ersatznacherben angeben sowie, ob das Erbrecht aufgrund Gesetzes oder zufolge Verfügung von Todes wegen beansprucht wird.[551] Die Stellung von Haupt- und Hilfsanträgen zum selben Erbfall ist zulässig. Wurde die Testamentsvollstreckung auf einen einzelnen Nachlassgegenstand beschränkt, ist dies im Erbschein und demnach auch im Antrag anzugeben.[552]

423 **Antragsberechtigt** ist jeder Erbe (auch der Erbteilserwerber, obwohl er im Erbschein nicht aufgeführt wird),[553] der Vorerbe (nicht aber der Nacherbe während der Vorerbschaft), der Testamentsvollstrecker, Nachlass- oder Insolvenzverwalter, ein Abwesenheitspfleger für den Erben (Miterben) sowie ein Nachlass- oder Erbengläubiger mit Titel. Bei der reinen Antragstellung ist rechtsgeschäftliche oder gesetzliche Vertretung zulässig. Bei der eidesstattlichen Versicherung gemäß § 352 Abs. 3 S. 3 FamFG ist jedoch gewillkürte Stellvertretung nicht statthaft.[554]

424 Hinsichtlich der **internationalen Zuständigkeit** wurde bis zur FGG-Reform vom ungeschriebenen sog. Gleichlaufgrundsatz ausgegangen, wonach das materiell anzuwendende Erbrecht auch das Verfahrensrecht bestimmt. Seit 1. 9. 2009 regelt das Gesetz nun ausdrücklich, dass in Fällen mit Auslandsberührung das örtlich zuständige Nachlassgericht

---

[548] MüKoBGB/*Grziwotz* BGB § 2353 Rn. 6; Musielak/Voit/*Huber* ZPO § 417 Rn. 1.
[549] BGH DNotZ 2006, 300; entsprechend hat der BGH die Erbscheinvorlageklausel in den Sparkassen-AGB für unwirksam erklärt, DNotZ 2014, 53.
[550] BayObLGZ 1967, 1.
[551] BayObLGZ 1973, 28; BayObLG ZEV 1996, 391.
[552] BayObLG DNotZ 2005, 930.
[553] Palandt/*Weidlich* BGB § 2353 Rn. 12 f.; Bumiller/Harders/*Schwamb* FamFG § 352 Rn. 8; MüKoBGB/*Grziwotz* BGB § 2353 Rn. 87.
[554] KG OLGZ 1967, 249; MüKoBGB/*Grziwotz* BGB Anh. § 2353 Rn. 44.

gemäß § 105 FamFG auch international zuständig ist. Demnach genügt aus Sicht des nationalen Gesetzgebers[555] ein einziger im Inland befindlicher Nachlassgegenstand oder die deutsche Staatsangehörigkeit des Erblassers, um die Zuständigkeit deutscher Gerichte für den gesamten, auch im Ausland belegenen Nachlass hinsichtlich des deutschen Erbscheinsverfahrens zu begründen. Das AG Schöneberg sah gegenüber dieser nationalen Regelung gemäß § 97 Abs. 1 S. 2 FamFG allerdings **Art. 4 EuErbVO vorrangig,** nach dem für Entscheidungen im gesamten Nachlassverfahren die Gerichte des Mitgliedstaates zuständig sind, in dem der **Erblasser seinen letzten gewöhnlichen Aufenthalt** hatte, und erklärte sich für die Erteilung eines deutschen Erbscheins nach einem französischen Staatsangehörigen mit letztem gewöhnlichen Aufenthalt in Frankreich für unzuständig.[556] Der Erbe legte gegen diese Entscheidung Beschwerde zum Kammergericht ein, welches diese Frage seinerseits dem EuGH im Rahmen eines Vorabentscheidungsverfahrens vorlegte.[557] Dieser folgte der Auffassung des Amtsgerichts und erklärte §§ 105, 343 FamFG für gemeinschaftsrechtswidrig, soweit Sachverhalte betroffen sind, die in den Anwendungsbereich der EuErbVO fallen. Art. 4 EuErbVO begründe insoweit eine umfassende internationale Zuständigkeit der mitgliedstaatlichen Gerichte für den gesamten Nachlass unabhängig davon, ob diese Verfahren streitig oder nicht streitig geführt werden.[558] Andernfalls bestünde die Gefahr, dass dem in der EuErbVO angestrebten Gleichlauf aus internationaler Zuständigkeit und anwendbarem materiellen Recht zuwidergelaufen werde.[559] Schließlich solle vermieden werden, dass in den einzelnen Mitgliedstaaten miteinander unvereinbare nationale Entscheidungen ergingen.[560] Durch den Anwendungsvorrang des Art. 4 EuErbVO verdrängen daher der nationale Erbnachweis des international zuständigen Mitgliedstaats und das Europäische Nachlasszeugnis die internationale Zuständigkeit deutscher Nachlassgerichte und damit den deutschen Erbschein im Sinne einer **Sperrwirkung.**[561] Bei einer Rechtswahl des Erblassers zum deutschen Recht wird die Möglichkeit einer Gerichtsstandsvereinbarung diskutiert.[562]

424a   **Sachlich zuständig** für die Erteilung ist das Amtsgericht als Nachlassgericht (§ 23a Abs. 1 S. 1 Nr. 2, Abs. 2 Nr. 2 GVG, §§ 342 Abs. 1 Nr. 6, 352 FamFG), seit 1.1.2018 auch in Baden-Württemberg, wo die Sonderzuständigkeit der Notariate zum 31.12.2017 endete.

424b   Die **örtliche Zuständigkeit** bestimmt sich nunmehr im Gleichlauf zur international-rechtlichen Anknüpfung der EuErbVO nach dem gewöhnlichen Aufenthalt des Erblassers, und zwar nach dem gewöhnlichen Aufenthalt im Zeitpunkt des Erbfalles (§ 343 Abs. 1 FamFG), hilfsweise nach seinem letzten inländischen gewöhnlichen Aufenthalt (§ 343 Abs. 2 FamFG). Für Deutsche, die keinen gewöhnlichen Aufenthalt im Inland hatten, und für Nachlässe, bei denen wenigstens ein Nachlassgegenstand im Inland liegt, ist das Amtsgericht Schöneberg in Berlin zuständig (§ 342 Abs. 3 FamFG), das die Sache seinerseits an ein anderes Gericht mit bindender Wirkung (§ 3 Abs. 3 FamFG) verweisen kann.

424c   **Funktionell zuständig** für die Erteilung des allgemeinen Erbscheins bei gesetzlicher Erbfolge ist der Rechtspfleger, wenn die Erbfolge nach deutschem Recht zu beurteilen ist (§§ 3 Nr. 2c, 16 Abs. 1 Nr. 6 RPflG). Liegt eine Verfügung von Todes wegen vor oder kommt die Anwendung ausländischen Rechts in Betracht, so entscheidet der Richter (§ 16 Abs. 1 Nr. 6 RPflG). Im Antrag kann gleichzeitig die Annahme der Erbschaft lie-

---

[555] BR-Drs. 644/14, 68f.
[556] AG Schöneberg Beschl. v. 27.11.2016 – 67 VI 579/16 (nicht veröffentlicht).
[557] KG ZEV 2017, 213 mit die Entscheidung des EuGH bereits vorwegnehmender Anm. *Leipold.*
[558] EuGH ZEV 2018, 465 Rn. 44 – Oberle mAnm *Zimmermann.*
[559] EuGH ZEV 2018, 465 Rn. 52 – Oberle.
[560] EuGH ZEV 2018, 465 Rn. 53 – Oberle.
[561] Vgl. auch *Zimmermann* ZEV 2018, 468.
[562] *Weber* RNotZ 2018, 454; *Wagner* NJW 2018, 3284.

gen,[563] wobei diese nach § 352 Abs. 1 Nr. 7 FamFG nach verfahrensrechtlichen Vorschriften ausdrücklich zu erklären ist.

C. Erbscheinsarten

425 Es sind mehrere Arten des Erbscheins zu unterscheiden:
(1) **Alleinerbschein:** Grundform – Zeugnis über das alleinige Erbrecht des Antragstellers.
(2) **Teilerbschein:** Auf Antrag für jeden gesonderten Bruchteil der Erbschaft ohne Erwähnung der übrigen Miterben zulässig; auch zulässig über einen Mindesterbteil, wenn über den restlichen Erbteil noch Ungewissheit besteht.[564]
(3) **Gemeinschaftlicher Erbschein (§ 352a FamFG):** Auf Antrag nur eines (oder mehrerer) Miterben kann hier allen Erben gemeinsam ein Erbschein erteilt werden. Es sind beim gemeinschaftlichen Erbscheinsantrag alle Erben und ihre Erbteile in Bruchteilen anzugeben. Der Antrag muss die Angabe enthalten, dass die übrigen, den Antrag nicht stellenden Erben die Erbschaft angenommen haben. Ferner müssen die gemäß § 352 FamFG zu erbringenden Beweise sich auch auf die Angaben des Antragstellers erstrecken, soweit sie sich auf die übrigen (nicht antragstellenden) Erben beziehen (vor allem Erbschaftsannahme der Nichtantragsteller).
(4) **Gruppenerbschein:** Nach herrschender Rechtsprechung[565] ist es zulässig, mehrere Teilerbscheine in einer Urkunde zusammenzufassen, wenn jeder der aufzuführenden Miterben die Ausstellung eines auf seinen Erbteil bezüglichen Teilerbscheins unter Abgabe der erforderlichen Erklärungen beantragt hat.[566]
(5) **Gemeinschaftlicher Teilerbschein:** Auf Antrag eines einzigen Miterben kann auch ein Teilerbschein für mehrere Miterben eines Teiles ausgestellt werden.[567]
(6) **Gegenständlich beschränkter Erbschein (§ 352c FamFG):** Durch die weite internationale Zuständigkeit deutscher Nachlassgerichte, die auch im Ausland befindliches Vermögen umfasst, kann der Antragsteller seinen Antrag dahin gehend beschränken, dass der Erbschein in seiner Wirkung nur **den inländischen Nachlass** umfasst. Dies kann vor allem bei großem ausländischem Nachlass aus Kostengründen (vgl. § 40 Abs. 3 GNotKG) ratsam sein. Eine Beschränkung des Erbscheins auf ein bestimmtes ausländisches Land, den im Ausland belegenen Nachlass oder einzelne Nachlassgegenstände ist hingegen unzulässig.[568]

D. Checkliste

426 **Checkliste: Erbscheinsantrag**
(1) Welche Art von Erbschein wird beantragt (→ Rn. 424)?
(2) Welches Nachlassgericht ist zuständig (evtl. Sperrwirkung des Art. 4 EuErbVO, → Rn. 423; soweit zum Nachlass im Geltungsbereich der HöfeO ein Hof gehört: Landwirtschaftsgericht)?
(3) Antragsberechtigung (→ Rn. 422)
(4) Personalien des Antragstellers
(5) Persönliche Daten des Erblassers (Ort, Zeit der Geburt und des Todes, letzter gewöhnlicher Aufenthalt, Staatsangehörigkeit, Güterstand)

---

[563] BGH RdL 1968, 99.
[564] Palandt/*Weidlich* BGB § 2353 Rn. 5.
[565] KG HRR 1940 Nr. 413; OLG München JFG 15, 353.
[566] Staudinger/*Herzog* (2016) BGB § 2353 Rn. 10.
[567] OLG München JFG 23, 334 in Weiterentwicklung der Grundsätze des Gruppenerbscheins; MüKoBGB/*Grziwotz* BGB § 2353 Rn. 12.
[568] MüKoBGB/*Grziwotz* BGB § 2353 Rn. 16.

(6) Berufungsgrund (kraft Gesetzes oder durch Verfügung von Todes wegen):
   - bei gesetzlicher Erbfolge: Ermittlung der gesetzlichen Erben sowie deren Quoten; auch bei gesetzlicher Erbfolge ob und welche Verfügungen von Todes wegen vorhanden sind
   - Erbfolge aufgrund von Verfügung von Todes wegen: Genaue Bezeichnung der Verfügung von Todes wegen (einschließlich Ort und Zeit der Errichtung und Ort der Verwahrung);
   - soweit Nacherbfolge (Ersatznacherbfolge) angeordnet ist: Name der berufenen Personen; Feststellung, dass keine weiteren Verfügungen von Todes wegen vorhanden sind

(7) Sind oder waren Personen vorhanden, durch welche die berufenen Erben von der Erbfolge ausgeschlossen oder ihr Erbteil gemindert würde? Waren solche vorhanden, ist die Art und Weise des Wegfalls anzugeben

(8) Erklärung, dass kein Rechtsstreit über das Erbrecht anhängig ist

(9) ggf. Testamentsvollstreckung (Name des Testamentsvollstreckers, Annahme des Amtes, ggf. gegenständliche Beschränkungen)

(10) Wert des reinen Nachlasses

(11) Erklärung der Annahme der Erbschaft durch die Erben

(12) Eidesstattliche Versicherung gemäß § 352 Abs. 3 S. 3 FamFG, dass dem Antragsteller nichts bekannt ist, was der Richtigkeit der Angaben entgegensteht

(13) Vorlage der öffentlichen Urkunden (vor allem Personenstandsurkunden) gemäß § 352 Abs. 3 S. 1, S. 2 FamFG)

Muster: Erbscheinsantrag
Siehe hierzu das Gesamtmuster → Rn. 528.

E. Kosten

Für die eidesstattliche Versicherung zum Erhalt eines Erbscheins wird eine 1,0-Gebühr **427** Nr. 23300 KV GNotKG erhoben, mit der auch der Erbscheinsantrag abgegolten ist (Vorb. 2.3.3 Abs. 2 KV GNotKG). Für den Geschäftswert gilt § 40 GNotKG: Vom Erblasser herrührende Verbindlichkeiten werden in voller Höhe vom Aktivnachlass abgezogen, nicht dagegen Erbfallschulden, insbesondere Vermächtnisse, Auflagen und Pflichtteilsansprüche. Bei land- oder forstwirtschaftlichem Vermögen ist § 48 GNotKG anwendbar; bei einem Hoffolgezeugnis ist nur der Wert des Hofes (mit beschränktem Schuldenabzug nach § 40 Abs. 1 S. 2 GNotKG) maßgebend. Europarechtliche Vorschriften haben keine Auswirkungen auf die Kosten für Erbscheinsanträge, auch wenn der Erbschein ausschließlich für eine Anmeldung zum Handelsregister benötigt wird.[569]

Bei Teilerbscheinen ist nur der bescheinigte Teil des Nachlasses maßgeblich. Stellt da- **428** gegen ein Miterbe Antrag auf einen gemeinschaftlichen Erbschein, ist der volle Nachlasswert anzusetzen; wenn ein weiterer Miterbe der eidesstattlichen Versicherung beitritt, dagegen nur der anteilige. Beziehen sich die Wirkungen nur auf einen Teil des Nachlasses, ist der Wert dieser Gegenstände ohne Schuldenabzug maßgebend, maximal aber der Wert des gesamten Nachlasses. Versicherungen und Sterbegelder fallen nur dann in den Nachlass, wenn der Erbe als solcher bezugsberechtigt ist. Bei der Beurkundung mehrerer Erbscheinsanträge in einer Verhandlung sind die Nachlasswerte zu addieren (§ 35 Abs. 1 GNotKG), nicht etwa mehrere Gebühren zu erheben.

---

[569] BayObLG Rpfleger 2002, 173.

F. Europäisches Nachlasszeugnis

429 Die **EuErbVO** (hierzu → Rn. 219 ff.), die **zum 17. 8. 2015** in der gesamten EU mit Ausnahme des Vereinigten Königreichs, Irlands und Dänemarks in Kraft getreten ist, regelt in ihren Art. 62 ff. das Europäische Nachlasszeugnis als Erbnachweis.[570] Es ist in seinen Wirkungen (Art. 69 EuErbVO) dem deutschen Erbschein sehr ähnlich, ist mit **Gutglaubenswirkung** ausgestattet (Vermutung der Vollständigkeit und Richtigkeit), stellt die **Grundlage für Eintragungen** in öffentliche Bücher und Verzeichnisse dar und gilt ohne weitere Anerkennungsverfahren als „wirksames Schriftstück" (Art. 69 Abs. 5 EuErbVO) in allen Mitgliedstaaten. Wird das Zeugnis zur Verwendung durch einen Testamentsvollstrecker oder Nachlassverwalter ausgestellt, weist es auch die Befugnisse dieser Person und deren Beschränkungen nach, Art. 68 lit. o EuErbVO.[571] Allerdings genügt – anders als beim deutschen Erbschein – bereits grob fahrlässige Unkenntnis, um den guten Glauben zu zerstören (Art. 69 Abs. 3 EuErbVO). Zuständig für die Erteilung ist das nach den Art. 64, 4, 7, 10 oder 11 EuErbVO zuständige Gericht bzw. die zuständige sonstige Behörde.[572] Allerdings sind die ausgestellten beglaubigten Abschriften regelmäßig **nur für einen Zeitraum von sechs Monaten gültig** und bedürfen dann der Verlängerung oder Erneuerung, Art. 70 Abs. 3 EuErbVO, was gerade für grenzüberschreitende Fälle unrealistisch knapp bemessen erscheint. Die Ausstellung nationaler Nachlasszeugnisse bleibt unberührt. Das Europäische Nachlasszeugnis hat also gegenüber den mitgliedstaatlichen Nachlasszeugnissen an sich **keine verdrängende Wirkung** und ist **nicht verpflichtend** (Art. 62 Abs. 2, Abs. 3 EuErbVO). Dies gilt im Ergebnis aber nur gegenüber den Zeugnissen des international zuständigen Mitgliedstaats. Mitgliedstaatliche Erbnachweise in anderen Mitgliedsländern sind aufgrund der abschließenden internationalen Zuständigkeit nicht zu erlangen (→ Rn. 424).[573] Gemäß Art. 65 Abs. 2 EuErbVO wurde in Anhang 4 der VO (EU) 1329/2014 mit Formblatt IV ein Muster für den Antrag auf Ausstellung eines Europäischen Nachlasszeugnisses zur Verfügung gestellt, dessen Verwendung aber nicht verpflichtend ist.[574]

429a Unklar war zunächst, ob das **erbrechtliche Viertel** zur pauschalen Abgeltung des Zugewinnausgleichs **gemäß § 1371 Abs. 1 BGB** im Europäischen Nachlasszeugnis auftaucht oder ob es – da jedenfalls aus deutscher Sicht familienrechtlich zu qualifizieren[575] – nicht in den Anwendungsbereich der EuErbVO fällt und somit nicht zu erwähnen ist. Der EuGH[576] hat gegen maßgebliche Stimmen der deutschen Literatur,[577] aber im Sinne eines *effet utile* der EuErbVO entschieden, dass das erbrechtliche Viertel rein erbrechtlich zu qualifizieren und daher **im Europäischen Nachlasszeugnis anzugeben** ist. Andernfalls könnte das Europäische Nachlasszeugnis seinen Sinn als einheitlicher Erbnachweis nicht sinnvoll erfüllen. Aus deutscher Sicht ergeben sich Folgeprobleme, wenn der längerlebende Ehegatte aufgrund ausländischen Erbrechts gesetzlicher Erbe wird: Das ausländische Erbrecht kennt regelmäßig die Erbteilserhöhung nicht, so dass der nach deutschem Ehegüterrecht verheiratete Ehegatte aufgrund der erbrechtlichen Qualifikation der Erbteilserhöhung keine solche erhält. Ob und wie dies zu kompensieren ist, bleibt derzeit unklar.[578] Gilt deutsches Erbrecht, aber ein ausländischer

---

[570] Dazu DNotI-Report 2012, 121; *Dörner* ZEV 2012, 505; *Lange* DNotZ 2012, 168, *Süß* ZEuP 2013, 725.
[571] DNotI-Report 2018, 145.
[572] Zum Verfahren und zur Verwendung im Grundbuch und Handelsregister *Buschbaum/Simon* ZEV 2012, 525.
[573] EuGH ZEV 2018, 465 Rn. 44 – Oberle mAnm *Zimmermann*.
[574] EuGH ZNotP 2019, 118.
[575] BGH ZEV 2015, 409 mAnm *Reimann*.
[576] EuGH ZEV 2018, 205 – Mahnkopf mit zustimmender Anm. *Bandel*; in diese Richtung bereits anlässlich des zugrunde liegenden Vorlagebeschlusses des KG ZEV 2017, 209 *Margonski* ZEV 2017, 212 und *Sakka* MittBayNot 2018, 1.
[577] *Dörner* ZEV 2017, 211; *Mankowski* ZEV 2014, 121.
[578] Verschiedene Lösungsansätze diskutieren *Bandel* ZEV 2018, 207; *Dörner* ZEV 2018, 305; *Löhnig* NotBZ 2018, 225; *Weber* NJW 2018, 1356.

Güterstand stellt sich die Frage, ob und wenn ja welche ausländischen Güterstände als Zugewinngemeinschaft einzuordnen sind.[579] Für die Praxis ist daher ein Gleichlauf von Güter- und Erbrecht nach wie vor erstrebenswert, was ggf. durch entsprechende Rechtswahlen erreicht werden kann.[580]

5. Teil. Erbauseinandersetzung

A. Vorbemerkung, Grundlagen der gesetzlichen Regelung

Alle Nachlassgegenstände stehen im Gesamthandseigentum der Erbengemeinschaft **430** (§ 2032 Abs. 1 BGB); die Forderungen sind Gesamthandsforderungen. Der Miterbe kann zwar über einen Erbteil oder einen Bruchteil dieses Anteils verfügen, nicht jedoch über einzelne Nachlassgegenstände oder über den Anspruch auf künftige Auseinandersetzungsguthaben, solange noch gemeinschaftliches Vermögen vorhanden ist (§ 2033 BGB). Soweit die Auseinandersetzung nicht durch Verfügung des Erblassers (§ 2044 Abs. 1 BGB) oder durch Vereinbarung der Mitglieder der Erbengemeinschaft ausgeschlossen ist, kann jeder Miterbe grundsätzlich jederzeit die Aufhebung der Gesamthandsgemeinschaft verlangen (§ 2042 Abs. 1 BGB). Die Auseinandersetzung geschieht primär durch Auseinandersetzungsvertrag aller Miterben. Eventuelle Auseinandersetzungsverbote des Erblassers gemäß § 2044 BGB stehen der einvernehmlichen Auseinandersetzung der Miterben nicht entgegen (→ Rn. 176). Selbst wenn das Verbot als Auflage anzusehen ist, wird das dingliche Rechtsgeschäft wirksam, weil die Anordnung des Erblassers kein gesetzliches Veräußerungsverbot darstellt.[581] Ist eine Vereinbarung zwischen allen Miterben nicht erreichbar, so gelten die Bestimmungen der §§ 2046 ff., 752 ff. BGB: Nach Tilgung der Nachlassverbindlichkeiten sind die beweglichen Gegenstände nach den Vorschriften über Pfandverkauf, die Immobilien durch Zwangsversteigerung in Geld umzusetzen. Der Überschuss wird gemäß § 2047 BGB verteilt.[582]

Infolge der Vertragsfreiheit können die Miterben anstelle der vollständigen Auseinan- **431** dersetzung eine **persönliche Teilauseinandersetzung** (Ausscheiden einzelner Miterben unter Fortbestand der Erbengemeinschaft unter den übrigen Erben) oder eine **gegenständlich beschränkte Auseinandersetzung** (hinsichtlich einzelner Nachlassgegenstände) vereinbaren.[583] Sämtliche Arten der Auseinandersetzung sind grundsätzlich formfrei, es sei denn, es besteht wegen einzelner Nachlassgegenstände Formzwang (zB Grundstücke: § 311b Abs. 1 BGB; GmbH-Anteil: § 15 GmbHG). Soweit die Übertragung von Grundbesitz bzw. GmbH-Geschäftsanteilen im Rahmen der vollständigen Auseinandersetzung der Erbengemeinschaft erfolgt, bedürfen auch alle sonstigen Auseinandersetzungsabreden, sofern sie (was der Regelfall sein dürfte) rechtlich eine Einheit bilden, der Form.[584]

Inhaltlich kann die Auseinandersetzung als Zuweisung einzelner Nachlassgegenstände **432** (Grundstücke, Geschäftsanteile) an einzelne Miterben zum Alleineigentum, zum Bruchteilseigentum oder aber auch die Umwandlung der Erbengemeinschaft als solche in eine einfache Miteigentümergemeinschaft (§ 741 BGB) in Frage kommen. Dabei ist zu beachten, dass gemäß § 2059 Abs. 1 BGB die Erben nur bis zur Teilung den Zugriff von Gläubigern auf ihr eigenes Vermögen verweigern und gemäß § 2062 Hs. 2 BGB Nachlassverwaltung zur Haftungsbeschränkung beantragen können. Der Notar sollte daher vor

---

[579] *Röhl* notar 2018, 260; *Süß* DNotZ 2018, 742 (750 ff.); *Weber* NJW 2018, 1356; vgl. hierzu Gutachten DNotI-Report 2018, 54.
[580] So bereits *Reimann* ZEV 2015, 413.
[581] Palandt/*Weidlich* BGB § 2044 Rn. 2.
[582] *Steiner* ZEV 1997, 89.
[583] Zum Ganzen *Pöting* MittBayNot 2007, 273.
[584] BGHZ 76, 48.

Beurkundung die Frage, ob **Nachlassverbindlichkeiten** vorhanden sind und wer diese übernimmt, mit den Beteiligten erörtern.[585]

B. Checkliste

433 | **Checkliste: Erbauseinandersetzung**

(1) Vertragsgegenstand:
- Art der Auseinandersetzung (Teilauseinandersetzung – vollständige Auseinandersetzung)
- Ermittlung und Beurkundung aller Auseinandersetzungsabreden
- Ermittlung der Zusammensetzung des Nachlasses
- insbes. Ermittlung der Nachlassverbindlichkeiten
- Mitwirkung aller Erben (einschließlich Nacherben, nicht jedoch Ersatznacherben)[586]
- Testamentsvollstrecker: Soweit für alle Miterben eingesetzt und dem Testamentsvollstrecker nicht entzogen (§§ 2208 f. BGB), allein (ohne Erben) zuständig (§ 2204 BGB)

(2) Grundbuchstand – Erbfolge:
- Eintragung des Erblassers (§ 39 GBO)
- Eintragung der Erbfolge (binnen zwei Jahren nach dem Erbfall kostenfrei, Nr. 14110 KV GNotKG)? (Ausnahme vom Voreintragungszwang gemäß § 40 GBO beachten)
- Erbennachweis (Erbschein, § 2366 BGB bei Erbauseinandersetzung mangels Verkehrsgeschäft aber kein gutgläubiger Erwerb möglich, Zeugnis nach § 36 GBO oder Nachweis gemäß § 35 GBO)

(3) Vertragsinhalt:
- meist üblicher Veräußerungsvertrag
- Berücksichtigung eventueller Ausgleichungspflichten (§§ 2050 ff. BGB)
- dingliches Vollzugsgeschäft (Auflassung, eventuell Eintragung einer Vormerkung für den Erwerber)
- Zustimmung gemäß § 1365 BGB

(4) Vollzugserfordernisse:
- Grunderwerbsteuer (§ 3 Nr. 3 GrEStG)
- Genehmigungen (zB § 2 GrdstVG)
- nicht: Vorkaufsrecht gemäß § 24 BauGB

C. Vermittlung der Auseinandersetzung durch den Notar

434   Die Notare waren bereits bislang aufgrund landesrechtlicher Bestimmungen neben den Gerichten zur Vermittlung von Nachlassauseinandersetzungen sachlich zuständig (zB Art. 38 BayAGGVG; Art. 24 ff. HessFGG; Art. 14 ff. NdsFGG). Seit 1. 9. 2013 ergibt sich die **ausschließliche sachliche Zuständigkeit der Notare** aus § 23a Abs. 3 GVG iVm § 342 Abs. 2 Nr. 1 FamFG.[587] Zwar bleiben gemäß § 487 Abs. 1 FamFG bestimmte abweichende landesrechtliche Regelungen unberührt, jedoch bestehen solche Ausnahmen zwischenzeitlich bundesweit nicht mehr.[588] **Örtlich zuständig** ist gemäß § 344 Abs. 4a FamFG jeder Notar, der seinen Amtssitz im Bezirk des Amtsgerichts hat, in dessen Amtsbezirk der Erblasser seinen letzten gewöhnlichen Aufenthalt hatte, hilfsweise in dessen

---

[585] BGH ZEV 2018, 29 zu den Aufklärungspflichten des Notars bei Erbauseinandersetzungen.
[586] BGH DNotZ 1964, 623.
[587] Vgl. zum Ganzen: *Ihrig* MittBayNot 2012, 353.
[588] *Firsching/Graf/Krätzschel* NachlassR § 23 Rn. 29.

Amtsbezirk sich Nachlassgegenstände befinden. Sind mehrere Notare örtlich zuständig, ist der zur Vermittlung berufen, bei dem zuerst ein Antrag auf Vermittlung gestellt wurde. Gemäß § 492 FamFG nimmt der Notar die **Aufgaben des Richters, des Rechtspflegers und des Urkundsbeamten** der Geschäftsstelle wahr. Geschäftsstelle sind die Geschäftsräume des Notars. An Stelle von Justizbediensteten handelt der Gerichtsvollzieher. Das Verfahren ist in den §§ 363 ff. FamFG geregelt.[589] Voraussetzung für die Vermittlung ist das Bestehen einer Erbengemeinschaft; eine schon vollzogene Teilauseinandersetzung steht nicht entgegen. Die Vermittlung erfolgt auf **Antrag eines Beteiligten** (§ 363 FamFG). Der Antrag war bisher, je nach Landesrecht, entweder beim Nachlassgericht oder unmittelbar beim Notar, und ist nun nur noch beim Notar zu stellen. Hinsichtlich der **Form** gelten §§ 23, 25 FamFG. Die **Antragsberechtigung** ergibt sich aus § 363 Abs. 2 FamFG, der **Inhalt des Antrags** aus § 363 Abs. 3 FamFG. Unverzichtbar ist die genaue Angabe der einzelnen Nachlassgegenstände bzw. die Vorlage eines vollständigen Nachlassverzeichnisses. Der Notar tritt im Rahmen dieser Zuständigkeit an die Stelle des Gerichts. Für den Notar sind die allgemeinen Ablehnungs- und Ausschlussgründe der §§ 6, 7 BeurkG zu beachten. Das Verfahren wird durch Ladung zum Verhandlungstermin gemäß § 365 FamFG eingeleitet. Die Ladungsfrist muss gemäß § 32 Abs. 2 FamFG angemessen sein. In Anlehnung an die frühere Regelung in § 90 Abs. 1 FGG sollten zwei Wochen nicht unterschritten werden, sind aber auch ausreichend. Soweit ein ordnungsgemäß geladener Beteiligter beim Verhandlungstermin fehlt, kann gemäß § 265 Abs. 2 FamFG dennoch verhandelt werden. Der nicht Erschienene muss auch zum nächsten Termin nicht geladen werden, was aber nur wenig zweckmäßig erscheint, da ihm ein Recht auf Anberaumung eines neuen Termins zusteht, § 366 Abs. 4 FamFG. Ist ein Beteiligter unverschuldet verhindert, steht ihm die Wiedereinsetzung zu, § 367 FamFG.

Wenn sich die Beteiligten über die endgültige Auseinandersetzung einig sind oder einigen (§ 366 FamFG), hat der Notar diese zu beurkunden. Ein gesonderter förmlicher Teilungsplan (§ 368 FamFG) ist dann entbehrlich. Ist ein geladener Beteiligter nicht anwesend und hat er nicht seine Zustimmung zu der Einigung mitgeteilt, hat der Notar nach § 366 Abs. 3 FamFG zu verfahren und dem Beteiligten mitzuteilen, dass nach Ablauf einer angemessenen Frist sein Einverständnis mit dem Vorschlag angenommen wird. Gegen die Fristsetzung ist gemäß § 372 FamFG das Rechtsmittel der sofortigen Beschwerde gegeben. Beantragt der nicht Erschienene dann keinen neuen Termin, hat der Notar die Vereinbarung zu bestätigen. Kommt keine Einigung zustande, hat der Notar bei Entscheidungsreife einen Auseinandersetzungsplan aufzustellen. Sind alle Beteiligten erschienen und einverstanden, ist dieser zu beurkunden und zu bestätigen. Andernfalls ist gemäß § 366 Abs. 3, Abs. 4 FamFG zu verfahren. Die Bestätigung erfolgt durch Beschluss (§§ 366 Abs. 2, 368 Abs. 1 FamFG), gegen den gemäß § 58 FamFG die Beschwerde zulässig ist. Allerdings kann diese gemäß §§ 372 Abs. 2 FamFG nur auf eine Verletzung von Verfahrensvorschriften gestützt werden. Erst die rechtskräftig bestätigte Auseinandersetzung bildet den Vollstreckungstitel (§ 371 FamFG). In der Praxis spielt das notarielle Auseinandersetzungsverfahren bisher keine besonders große Rolle. Dem Vorteil der Vermittlung durch eine unparteiische Amtsperson steht gegenüber, dass jeder Miterbe durch seinen Widerspruch gemäß § 368 Abs. 1 FamFG die Auseinandersetzung zum Scheitern bringen kann.

435

D. Kosten

Für die Erbauseinandersetzung 2,0-Gebühr Nr. 21100 KV GNotKG aus dem Wert des auseinandergesetzten Vermögens ohne Schuldenabzug (§ 38 GNotKG), bei land- und forstwirtschaftlichem Vermögen unter Anwendung des § 48 GNotKG.

436

---

[589] Ausführlich zum Ganzen Verfahren mit Mustern: Firsching/Graf/*Krätzschel* NachlassR § 23 Rn. 29 ff.

437 Für die amtliche Vermittlung 6,0-Gebühr Nr. 23900 KV GNotKG (mit Ermäßigung auf 3,0-Gebühr bzw. 1,5-Gebühr bei vorzeitiger Verfahrensbeendigung); für den Geschäftswert gilt § 66 GNotKG.

6. Teil. Erbteilsveräußerung und -übertragung

A. Vorbemerkung, gesetzliche Regelung, Gestaltungshinweise

438 Die Erbteilsveräußerung stellt ein Kaufvertragsverhältnis dar, das in den §§ 2371 ff. BGB geregelt ist. Neben diesen Sondernormen gelten die Vorschriften des Kaufrechts, des allgemeinen Schuldrechts und das Recht der Leistungsstörungen. Die meisten Erbschaftskaufregelungen sind gemäß § 2385 Abs. 2 BGB auch auf die unentgeltliche Erbteilsveräußerung anwendbar.

I. Formfragen

439 Das **Verpflichtungsgeschäft** (Erbschaftskauf oder Erbteilsveräußerung) bedarf gemäß § 2371 BGB der **notariellen Beurkundung.** Dies gilt auch für die Aufhebung eines solchen Rechtsgeschäfts, gleichgültig ob der Vertrag bereits erfüllt war oder nicht (arg. § 2385 BGB). Ein formnichtiges Rechtsgeschäft (zB ein Scheingeschäft) wird nicht durch Erfüllung geheilt. § 311b Abs. 1 S. 2 BGB ist nach noch hM nicht analog anwendbar.[590] Das dingliche Rechtsgeschäft (die Übertragung) bedarf ebenfalls gemäß § 2033 BGB der notariellen Beurkundung. Die Erteilung einer Vollmacht zur Übertragung eines Erbteils bedarf entgegen § 167 Abs. 2 BGB der notariellen Beurkundung, wenn die Vollmacht unwiderruflich ist oder durch sie nach dem Willen des Vollmachtgebers bereits dieselbe Bindungswirkung und damit dieselbe Rechtslage eintreten sollte, wie beim Abschluss des formbedürftigen Hauptvertrages.[591]

II. Vertragsgegenstand, erbrechtliche Wirkungen

440 Vertragsgegenstand ist **beim Alleinerben** die Erbschaft als **Inbegriff aller Nachlassgegenstände, beim Miterben** der **Erbteil** und beim Nacherben sein Anwartschaftsrecht auf eine Erbschaft oder einen Erbteil. Durch die Veräußerung wird das Erbrecht oder die Erbenstellung des Veräußerers nicht berührt. Dieses beruht auf verwandtschaftlichen Beziehungen oder auf Verfügung von Todes wegen und ist daher nicht durch Rechtsgeschäft unter Lebenden übertragungsfähig. Es ist also zu differenzieren zwischen der vermögensrechtlichen Seite einschließlich der mitgliedschaftsrechtlichen Stellung in der Erbengemeinschaft (Vertragsgegenstand der Erbteilsveräußerung) einerseits und der erbrechtlichen Seite andererseits. Der Veräußerer bleibt trotz des Rechtsgeschäfts Alleinerbe bzw. Miterbe; ihm stehen zB gemäß § 2373 BGB nach Abschluss der Veräußerung durch Nacherbfolge oder Wegfall eines Miterben anfallende Erbteile, ihm zugewendete Vorausvermächtnisse sowie auch etwaige Pflichtteilsergänzungsansprüche zu. Er haftet gemäß § 2382 BGB weiterhin neben dem Erbschaftserwerber für Nachlassverbindlichkeiten. Der Erbschein bleibt unverändert und ein etwaiger Erbschaftserwerber wird nicht aufgeführt.

441 Bei **Vor- und Nacherbschaft** ist zu differenzieren: Zur Wirksamkeit der Übertragung des Erbteils durch den Vorerben oder des Anwartschaftsrechts durch den Nacherben ist die Zustimmung etwaiger vom Erblasser berufener Ersatznacherben nicht erforderlich, da deren Rechte weiterhin ungeschmälert auf dem Erbteil lasten. Ein Ersatznacherbe erwirbt stets dann den Erbteil, wenn dieser ihm ohne Übertragung des Erbteils durch den Vorer-

---

[590] Vgl. BGH WM 1960, 551; NJW 1967, 1128; dagegen mit beachtlichen Argumenten für eine Heilung im Wege der Einzelanalogie: *Keller* passim.
[591] BGH ZEV 1996, 462 mAnm *Keller;* OLG Dresden ZEV 1996, 461; vgl. *Hügel* ZEV 1995, 121.

ben bzw. des Anwartschaftsrechts durch den Nacherben angefallen wäre. Es ergeben sich folgende Fallgestaltungen:

- Den vom Vorerben erworbenen Erbteil verliert der Erbteilserwerber mit Eintritt des Nacherbfalles an den Nacherben; ist dieser zuvor weggefallen, dann an die Ersatznacherben.
- Hat der Vorerbe den Erbteil auf den Nacherben übertragen und ist dieser nicht vor dem Nacherbfall weggefallen, dann kommt die Ersatznacherbfolge nicht zum Tragen, da auch ohne Übertragung der Erbteil nur an den Nacherben und nicht an die Ersatznacherben gelangt wäre. Ist aber der zunächst berufene Nacherbe vor dem Nacherbfall weggefallen, kommt der Ersatznacherbe zum Zug. Der Erbteil geht mit dem Nacherbfall auf den Ersatznacherben über.
- Ist keine Ersatznacherbfolge angeordnet, so verwirklicht sich der Nacherbfall vorzeitig und im Zeitpunkt der eigentlichen Nacherbfolge ist nichts mehr vorhanden, was den Nacherben zufallen könnte. Umgekehrt vereinigen sich bei der Übertragung des Anwartschaftsrechts des Nacherben auf den Vorerben dieses mit der Vorerbschaft: Der Vorerbe wird Vollerbe.[592]

Bei Verkauf eines Erbteils an einen Nichtmiterben steht gemäß § 2034 BGB den übrigen Miterben ein **gesetzliches Vorkaufsrecht** zu. Bei Ausübung des Vorkaufsrechtes durch mehrere Miterben erwerben diese den Erbteil als Gesamthänder; er wächst ihnen entsprechend §§ 1935, 2094 BGB im Verhältnis ihrer Erbteile an. Übt ein Miterbe sein Vorkaufsrecht nicht aus, so gilt § 472 S. 2 BGB. Der Erbteilserwerber, aber auch der Veräußerer-Miterbe sind nach hM vom Vorkaufsrecht ausgeschlossen.[593] Hingegen ist der Erbeserbe vollumfänglich vorkaufsberechtigt und unterliegt mit seinem ererbten Erbteil dem Vorkaufsrecht der übrigen Miterben.[594] **442**

III. Grundbuchrechtliche Fragen

Mit der (dinglichen) Erbteilsübertragung geht das gesamthänderische Anteilsrecht an den einzelnen Nachlassgegenständen außerhalb des Grundbuchs auf den Erwerber über. Mit dem Erbteilserwerb ist das Grundbuch unrichtig. Eine Bewilligung ist nicht erforderlich. Es muss lediglich Grundbuchberichtigung unter Nachweis der Unrichtigkeit (durch Vorlage der entsprechenden Urkunde) **beantragt** werden. Soweit im Grundbuch noch der Erblasser eingetragen ist, darf nach dinglich wirksamer Übertragung des Erbteils die Grundbuchberichtigung auf den Namen des Erbteilserwerbers nur **ohne Zwischeneintragung** des veräußernden Miterben erfolgen, weil der Miterbe bereits durch die Erbteilsübertragung seine gesamthänderische Beteiligung außerhalb des Grundbuchs verloren hat. **443**

Erwirbt der Nacherbe den Erbteil des Vorerben oder der Vorerbe das Anwartschaftsrecht des Nacherben, führt dies zu einer Rechtsvereinigung, so dass an sich der Nacherbenvermerk nicht eingetragen zu werden braucht bzw. gelöscht werden kann. Soweit Ersatznacherbfolge angeordnet ist, kann der Ersatznacherbfolgevermerk erst gelöscht werden, wenn feststeht, dass die Ersatznacherbfolge nicht mehr eintreten kann, weil der ursprüngliche Nacherbe nicht vor dem Nacherbfall fortgefallen ist. Beabsichtigen der Erbteilserwerber und die übrigen Erben, das Nachlassgrundstück zu veräußern, so kann auf vorherige Grundbuchberichtigung verzichtet werden, da für den Erbteilserwerber § 40 GBO gilt. **444**

Soweit ein **Erbschein** für die Grundbuchberichtigung erforderlich ist, kann auch der Erbteilserwerber Antrag auf Erteilung eines Erbscheines stellen (→ Rn. 422), jedoch nur **445**

---

[592] Vgl. auch DNotI-Report 2010, 85.
[593] Palandt/*Weidlich* BGB § 2034 Rn. 2; BGHZ 56, 115; aA mit beachtlichen Argumenten *Ann* ZEV 1994, 343.
[594] *Herrler* ZEV 2010, 72.

auf den Namen der wirklichen Erben. Die Antragsberechtigung wird nachgewiesen durch die Ausfertigung der notariellen Urkunde über die Erbteilsübertragung.

IV. Sicherungsprobleme

446 Häufig werden Erbteilsübertragungen innerhalb der Miterben „unentgeltlich" vorgenommen. Regelmäßig werden solche Rechtsgeschäfte gleichwohl gegen Leistungen des Erwerbers durchgeführt (zB bei vorgängiger Verteilung des in den Nachlass fallenden Geldvermögens). Hier stellt sich das Problem des formnichtigen Vertrages bei fehlender Heilungsmöglichkeit (vgl. auch → Rn. 439). Sicherungsfragen hinsichtlich der Gegenleistung treten regelmäßig auf, wenn Erbteilsveräußerungen mit Dritten vereinbart werden.

447 **1. Sicherungsbedürfnis des Erbteilsverkäufers hinsichtlich des Kaufpreises.** Werden das schuldrechtliche Geschäft sowie der unmittelbar rechtsändernd wirkende Übertragungsvorgang in einer notariellen Urkunde zusammengefasst, besteht die Gefahr, dass der Erwerber über den Erbteil anderweitig verfügt oder insolvent wird, der Erbteil gepfändet wird oder der Erbteilserwerber gemeinsam mit den Miterben über Nachlassgegenstände verfügt, bevor die Gegenleistung erbracht worden ist.

448 Als Lösungsvorschlag wird empfohlen, die dingliche Übertragung bis zur Bezahlung des Kaufpreises zurückzustellen und zur Grundbuchberichtigung einen Angestellten des Notars bevollmächtigen zu lassen. Der Kaufpreis sollte erst dann fällig gestellt werden, wenn etwa erforderliche Genehmigungen (insbesondere nach § 3 Abs. 2 Nr. 2 GrdstVG) erteilt sind sowie Verzichtserklärungen der Miterben zu ihrem Vorkaufsrecht gemäß § 2034 BGB vorliegen bzw. die zweimonatige Ausübungsfrist verstrichen ist. Der Nachteil dieses Verfahrens besteht darin, dass auf der Verkäuferseite die Gefahr vertragswidriger Verfügungen besteht (zB durch Übertragung des Erbanteils an einen Dritten oder bei Pfändung). Außerdem entsteht bei diesem Verfahren eine doppelte Kostenbelastung. Ein weiterer denkbarer Weg wäre die mit der unbedingten Erbteilsübertragung verbundene gleichzeitige **Verpfändung** des Erbteils durch den Erwerber an den Veräußerer zur Absicherung dessen Kaufpreisanspruches mit entsprechender Eintragung des Verpfändungsvermerks in Abt. II des Grundbuchs. Bei diesem Verfahren müsste allerdings bei ausbleibender Zahlung der Veräußerer Befriedigung durch Verwertung des Erbteils im Wege der Versteigerung, Verwaltung oder Überweisung zur Einziehung suchen.[595]

449 Eine weitere Lösungsmöglichkeit wäre die **aufschiebend bedingte Erklärung** der Erbteilsübertragung. Da es sich um keine Verfügung über Grundstücke und auch keine Auflassung handelt, ist § 925 Abs. 2 BGB nicht (auch nicht analog) anwendbar. Als aufschiebende Bedingung für die dingliche Rechtsübertragung ist die Zahlung des Kaufpreises zu vereinbaren, wobei die Zahlung erst nach Vorliegen aller erforderlichen Genehmigungen und Verzichtserklärungen bezüglich des Vorkaufsrechtes erfolgen soll. Das Problem dieses Lösungsvorschlages ist, wie der Eintritt der Bedingung (Kaufpreiszahlung) und die hieraus folgende Unrichtigkeit des Grundbuchs in öffentlicher oder öffentlich beglaubigter Form nachgewiesen werden kann. Die bloße Vorlage einer Ausfertigung oder Abschrift der Erbteilsübertragung ist nicht ausreichend. Allerdings könnte vereinbart werden, dass die Erteilung einer den Grundbuchberichtigungsantrag enthaltenden Ausfertigung oder beglaubigten Abschrift der Erbteilsübertragung den Eintritt der aufschiebenden Bedingung herbeiführt. Der Notar wird dann nur auszugsweise und erst, nachdem ihm die Kaufpreiszahlung nachgewiesen ist, vollständige Ausfertigungen erteilen.[596]

450 *Staudenmeyer*[597] schlägt vor, die Erbteilsübertragung auflösend bedingt vorzunehmen.[598] Auflösende Bedingung ist die Ausübung eines vorbehaltenen Rücktrittsrechtes des Veräu-

---

[595] Vgl. hierzu *Jahr* JuS 1963, 230.
[596] Hierzu *Neusser* MittRhNotK 1979, 147.
[597] BWNotZ 1959, 191.
[598] Hierzu *N. Mayer* ZEV 1997, 105.

ßerers bei Verzug des Erwerbers mit der Erbringung des Kaufpreises. Dieses Verfahren schützt den Erbteilserwerber in gleicher Weise wie bei einer unbedingten Übertragung. Der Veräußerer kann gegen Verfügung des Erbteilserwerbers nur durch Eintragung einer Verfügungsbeschränkung gemäß § 161 Abs. 2 BGB gesichert werden. Nach hM ist eine solche Beschränkung zur Vermeidung gutgläubigen Erwerbs im Grundbuch analog dem Nacherbenvermerk in Abt. II eintragungsfähig.[599] § 892 Abs. 1 S. 2 BGB ist insoweit nicht einschlägig, als sich diese Bestimmung nur auf relative Verfügungsbeschränkungen bezieht.

Schließlich ist noch auf die Möglichkeit der Hinterlegung des Kaufpreises auf Notaranderkonto hinzuweisen. Allerdings müsste diese Hinterlegung bereits vor Beurkundung der Erbteilsübertragung erfolgen und in der Urkunde der Notar angewiesen werden, die Auszahlung erst dann vorzunehmen, wenn alle Genehmigungen und Verzichtserklärungen bezüglich der Vorkaufsrechte vorliegen. Der Nachteil dieses Verfahrens liegt regelmäßig in der langen Bindung des Kaufpreises auf dem Notaranderkonto, da zwischen Hinterlegung und Auszahlung ein relativ langer Zeitraum liegen kann (vor allem wegen der Vorkaufsrechtserklärungen). **451**

2. Sicherungsprobleme auf Seiten des Käufers. Der Käufer will dagegen geschützt werden, dass der Verkäufer gar nicht Erbe ist oder dass der Erbteil durch Rechte eines Nacherben, Testamentsvollstreckers, durch Vermächtnisse, Auflagen, Pflichtteilslasten oder Teilungsanordnungen belastet ist. Diesem Sicherungsinteresse kann allerdings nur in beschränktem Umfange Rechnung getragen werden. Zum einen kommt der öffentliche Glaube des Erbscheins dem Erbteilserwerber nicht zugute. Nach Wortlaut und Normzweck schützt § 2366 BGB nur den Erwerber **einzelner** Nachlassgegenstände beim Erwerb vom Nichterben. Zum anderen ist der Erbteilserwerber auch nicht durch die Vorschriften über den Erwerb vom Nichtberechtigten (§§ 892 ff., 932 ff. BGB) geschützt, da diese nur beim Erwerb einzelner Nachlassgegenstände, nicht aber beim Erwerb eines Erbteils anwendbar sind. Folglich ergeben sich nur bedingte Sicherungsmöglichkeiten. Empfehlenswert ist, soweit nicht eine notarielle Verfügung von Todes wegen mit entsprechender Eröffnungsniederschrift vorliegt, den Kaufpreis erst nach Erteilung des Erbscheins fällig zu stellen. Darüber hinaus sollten die Nachlassakten und das Grundbuch eingesehen werden. **452**

Auch wenn der Nachlass nur aus einem einzigen Grundstück bestehen würde (zB weil die anderen Nachlassgegenstände bereits auseinander gesetzt sind), steht die im Grundstücksrecht gebräuchliche Sicherung der Vormerkung nicht zur Verfügung. Denn diese sichert nur Ansprüche auf Einräumung oder Aufhebung eines Rechts an einem Grundstück (§ 883 BGB). Das schuldrechtliche Erbteilsübertragungsgeschäft hingegen verpflichtet lediglich zur Übertragung des Erbteils, die sich ohne Grundbucheintragung, also außerhalb des Grundbuchs vollzieht. Wo möglich sollte daher trotz höherer Beurkundungskosten die Beurkundung der Veräußerung des ganzen Grundstücks einer Erbteilsübertragung vorgezogen werden. **453**

Dem Sicherungsbedürfnis des Erbteilserwerbers gegen nachträgliche Verfügung oder Vollstreckungsmaßnahmen in den Erbteil kann jedoch durch eine aufschiebend bedingte Verfügung Rechnung getragen werden (→ Rn. 449). Wenn gleichwohl eine Veräußerung vorgenommen werden würde, wäre diese nur schwebend wirksam und würde mit Bedingungseintritt bezüglich des ersten Geschäftes insoweit unwirksam, als der Erwerb des bedingt Berechtigten vereitelt würde.[600] Die aufschiebend bedingte Erbteilsübertragung kann jedoch nicht der Gefahr vorbeugen, dass die Erbengemeinschaft in der alten Zusammensetzung (die als solche nicht im Grundbuch eingetragen ist) einzelne Nachlassgegenstände an Dritte veräußert. Hier könnte ungeachtet § 161 Abs. 1 BGB ein Dritter gut- **454**

---

[599] *Staudenmeyer* BWNotZ 1959, 191; *Neusser* MittRhNotK 1979, 149.
[600] Vgl. BayObLG ZEV 1994, 306.

gläubig gemäß §§ 873, 892 BGB das Grundstück erwerben. Schutz hiergegen gewährt die Eintragung einer Verfügungsbeschränkung analog § 161 Abs. 2 BGB in Abt. II des Grundbuchs (→ Rn. 450).

V. Wesentlicher Inhalt einer Erbteilsveräußerung

455 **1. Gewährleistung.** § 2376 BGB enthält einschränkende Sondervorschriften über die Gewährleistungspflicht des Erbteilsveräußerers. Soweit die Übertragung im Wege der Schenkung erfolgt, ist § 2385 Abs. 2 S. 2 BGB zu beachten. Maßgebender Zeitpunkt für die Gewährleistung ist der Vertragsabschluss. Die Rechte des Käufers bestimmen sich nach § 437 BGB. In Abweichung vom Grundsatz, dass für Sachmängel der Veräußerer nicht aufzukommen hat (§ 2376 Abs. 2 BGB), sind folgende Regeln zu berücksichtigen:

– Nach § 2374 BGB ist der Veräußerer verpflichtet, dasjenige mitzuübertragen, was er vor dem Verkauf als Ersatz für Zerstörung, Beschädigung oder Entziehung eines Nachlassgegenstandes oder durch Rechtsgeschäft, das sich auf die Erbschaft bezog, erlangt hat.

– Soweit Nachlassgegenstände in der Zeit bis zum Veräußerungsvorgang verbraucht, unentgeltlich veräußert oder unentgeltlich belastet wurden, ist, wenn dies dem Käufer nicht bekannt war, der Wert bzw. die Wertminderung der Nachlassgegenstände zu ersetzen, § 2375 BGB.

– § 2382 BGB muss in jedem Falle beachtet werden. Danach haftet der Erbteilserwerber Dritten gegenüber vom Abschluss des Rechtsgeschäfts an für Nachlassverbindlichkeiten, unbeschadet der fortbestehenden Haftung des Erbteilsveräußerers. Im Innenverhältnis ist der Käufer verpflichtet, diese Verbindlichkeiten zu erfüllen und dem Veräußerer hierfür bereits entstandene Aufwendungen gemäß § 2378 BGB zu ersetzen.

– Wichtig ist auch § 2379 S. 3 BGB, wonach der Erbteilserwerber die Erbschaftsteuer zu tragen und dem Veräußerer die von diesem gezahlte Steuer zu erstatten hat. Bis zur Auseinandersetzung haftet hierfür der Nachlass gemäß § 20 Abs. 3 ErbStG.

456 Schließlich ist zu berücksichtigen, dass die Beteiligten im Innenverhältnis stets abweichende Regelungen treffen können. Dies wird häufig nötig sein, da die gesetzlichen Sonderregeln des Erbschaftskaufs erfahrungsgemäß nur selten den Parteiwillen treffen.

457 **2. Wirtschaftlicher Übergang.** Mit Abschluss des Vertrages gehen die Gefahr des zufälligen Untergangs und der zufälligen Verschlechterung von Erbschaftsgegenständen sowie die Nutzungen und Lasten gemäß § 2380 BGB auf den Erwerber über. Der wirtschaftliche Übergang erfolgt, soweit vertraglich nichts anderes vereinbart wird, bereits mit Abschluss des Vertrages. Dem Verkäufer bleiben gemäß § 2379 S. 1, S. 2 BGB die bis zum Verkauf angefallenen Nutzungen; er hat in dieser Zeit auch die Lasten einschließlich der Zinsen von Nachlassverbindlichkeiten zu tragen. Allerdings treffen gemäß § 2379 S. 3 BGB die außerordentlichen Lasten, welche als auf den Stammwert gelegt anzusehen sind, wie beim Nießbrauch den Käufer. Dies wird häufig nicht dem Willen der Vertragsteile entsprechen und muss dann abweichend geregelt werden.

VI. Erbteilsveräußerung und Handelsgeschäft

458 Eine Erbteilsübertragung ist auch möglich, wenn zum Nachlass ein Handelsgeschäft gehört. Diese Ungleichbehandlung der Erbengemeinschaft gegenüber der Personengesellschaft (vgl. § 717 BGB) ist dadurch gerechtfertigt, dass die Erbengemeinschaft nicht durch privatautonome Vereinbarung gegründet wird, sondern kraft Gesetzes entsteht.[601] Dies gilt auch, wenn der Nachlass nur (noch) aus dem Handelsgeschäft besteht. Die Erwerber des

---

[601] *Keller* ZEV 1999, 175 mwN.

Erbanteils werden anstelle der veräußernden Miterben Inhaber des Handelsgeschäfts und können dieses in ungeteilter Erbengemeinschaft fortführen.[602]

B. Checkliste und Formulierungsbeispiel

Checkliste: Erbteilsveräußerung 459

(1) Feststellung der Beteiligten

(2) Vertragsgegenstand
- Erbteil – Erbteil des Vorerben – Anwartschaftsrecht des Nacherben – Vorausvermächtnis (→ Rn. 154, 440)
- Nachweis des Erbrechts (Erbschein oder öffentliche Urkunde mit Eröffnungsniederschrift)
- Grundbucheinsicht
- Ist Grundbuch bereits berichtigt? – Falls nicht: Berichtigungsantrag (ohne Vor- bzw. Zwischeneintragung des Erbteilsveräußerers)
- ggf. Einsicht Nachlassakte

(3) Gegenleistungen
- Vorsicht bei „unentgeltlichen" Übertragungen (→ Rn. 446, 439)
- Fälligkeit

(4) Sicherung des Veräußerers
- Rücktrittsrecht für den Fall der Nichtzahlung des Preises
- Übertragung nur unter der auflösenden Bedingung des Rücktritts
- Bewilligung und Antrag auf Eintragung einer Verfügungsbeschränkung des Inhalts, dass die Erbteilsübertragung auflösend bedingt ist und die Bedingung mit Rücktritt des Veräußerers wegen Nichtzahlung eintritt
- Bewilligung und Antrag der Löschung dieser Verfügungsbeschränkung
- Anweisung an Notar, die Löschungsbewilligung erst dann vollziehen zu lassen, wenn die Zahlung nachgewiesen oder Hinterlegung auf Anderkonto erfolgt ist

(5) Sicherung des Erwerbers
- Grundbuchberichtigungsantrag
- Eintragung eines Widerspruches gemäß § 899 BGB bis zur Grundbuchberichtigung (erforderlich, da Vollzug wegen der Unbedenklichkeitsbescheinigung einige Zeit in Anspruch nimmt)
- Bewilligung und Antrag auf Löschung des Widerspruchs Zug-um-Zug mit Grundbuchberichtigung

(6) Gewährleistung, Sonstiges
- Meist abweichend von der gesetzlichen Regel gewollt
- Mitveräußerung der Surrogate (§ 2374 BGB)?
- Erstattung des Werts der surrogationslos verbrauchten und veräußerten Gegenstände?
- Erstattung der gezahlten Erbschaftsteuer (§ 2379 S. 2 BGB)?
- Tragung der außergewöhnlichen Lasten seit Erbfall durch Erwerber?
- Zeitpunkt des Gefahrübergangs

(7) Belehrungen

---

[602] *Keller* ZEV 1999, 175 f.; aA KG ZEV 1999, 28.

460 Formulierungsbeispiel: Belehrung bei der Erbteilsveräußerung

Die Vertragsteile wurden auf Folgendes hingewiesen:

a) Sämtliche im Zusammenhang mit der Erbteilsveräußerung getroffen Vereinbarungen müssen notariell beurkundet sein, da sie ansonsten wegen Formmangels nichtig sind und die Nichtigkeit des gesamten Vertrages zu Folge haben können.

b) Der Erwerber wird nicht Miterbe des Erblassers, soweit er es nicht schon ist; er wird lediglich Mitberechtigter und Mitverpflichteter in Erbengemeinschaft des noch nicht verteilten Nachlasses. Erbe bleibt weiterhin der Veräußerer; deshalb wird der Erwerber als solcher auch nicht im Erbschein aufgeführt oder der Erbschein berichtigt.

c) Der Erwerber wird in seinem Vertrauen auf die unbeschränkte und unbelastete Erbenstellung des Veräußerers und die Zugehörigkeit des genannten Grundbesitzes zur Erbschaft nicht geschützt und ist insoweit auf die Richtigkeit der Angaben des Veräußerers angewiesen.

d) Mit der dinglichen Übertragung des Erbteils gehen alle noch im ungeteilten Nachlass befindlichen Vermögenswerte automatisch anteilsmäßig auf den Erwerber über.

e) Den Miterben steht gemäß §§ 2034 ff. BGB ein gesetzliches Vorkaufsrecht an dem veräußerten Erbteil zu, das innerhalb zweier Monate nach Mitteilung des rechtswirksamen Veräußerungsvertrages auszuüben wäre. Es besteht die Möglichkeit, dass sich der Veräußerer für den Fall der Ausübung dieses Vorkaufsrechtes im Verhältnis zum Erwerber ein Rücktrittsrecht vorbehalten könnte.

f) Der Erwerber haftet – unbeschadet der Vereinbarungen in diesem Vertrag – den Nachlassgläubigern ab sofort neben dem weiterhin haftenden Veräußerer für alle etwaigen Nachlassverbindlichkeiten.

g) Beide Vertragsteile haften – unbeschadet der Vereinbarungen in diesem Vertrag – gesamtschuldnerisch für die Vertragskosten und die Grunderwerbsteuer.

h) Die Veräußerung des Erbteils und der Name des Erwerbers sind nach § 2384 Abs. 1 BGB unverzüglich dem Nachlassgericht anzuzeigen.

i) Die beantragte Grundbuchberichtigung kann erst erfolgen, wenn die Unbedenklichkeitsbescheinigung des Finanzamtes (wegen der Grunderwerbsteuer) vorliegt.

C. Kosten

461 2,0-Gebühr Nr. 21100 KV GNotKG aus dem Kaufpreis oder anderen Gegenleistungen bzw. dem höheren Wert des Erbteils (§ 97 Abs. 3 GNotKG); kein Abzug der anteiligen Nachlassverbindlichkeiten (§ 38 S. 2 GNotKG). Die Anzeige gemäß §§ 2384, 2385 BGB gehört zum Beurkundungsverfahren und löst keine besondere Gebühr aus; das Gericht erhebt für die Entgegennahme der Anzeige eine Festgebühr von 15 EUR (§ 112 Abs. 1 Nr. 7 GNotKG). Erbteilsübertragung und Antrag auf Grundbuchberichtigung auf den Erbteilserwerber haben gleichen Gegenstand, der Antrag auf Grundbuchberichtigung vom Erblasser auf den Erbteilsveräußerer einen anderen Gegenstand.

462 Für die Überwachung der Vorlage zur Löschung der Verfügungsbeschränkung fällt eine Betreuungsgebühr Nr. 22200 KV GNotKG an, ebenso für die Vorkaufsrechtsanfrage bei den Miterben. Es kann aber in jedem Fall nur eine Betreuungsgebühr anfallen (§ 93 Abs. 1 GNotKG).

D. Erbauseinandersetzung durch Abschichtung

463 Die Erbauseinandersetzung kann auch durch Abschichtung erfolgen.[603] Dabei scheidet ein Miterbe – meist gegen Abfindung – im Einvernehmen mit den anderen Miterben

---

[603] *Damrau* ZEV 1996, 361; *Reimann* ZEV 1998, 216; *Hagmaier*, Erbauseinandersetzung durch Abschichtung, 2006.

aus der Erbengemeinschaft aus, uU unter Mitnahme eines Teils des Nachlasses. Details der Abschichtung sind nach wie vor weitgehend ungeklärt. Der BGH[604] hat die Abschichtung „als dritten Weg" der Erbauseinandersetzung anerkannt und wertet den Abschichtungsvertrag als formfrei mögliche Auseinandersetzung nach § 2042 BGB; die dingliche Wirkung erfolgt nach Ansicht des BGH über das Anwachsungsprinzip in analoger Anwendung von § 738 BGB. Das nach Abschichtung in der Erbengemeinschaft verbleibende Vermögen wächst den verbleibenden Miterben an. Der BGH nimmt Formfreiheit auch dann an, wenn Grundbesitz zum Nachlass gehört, sofern dieser im Nachlass verbleibt. Wird im Wege der Abschichtungsvereinbarung Grundbesitz aus dem Nachlass auf den ausscheidenden Miterben übertragen, ergibt sich die Formbedürftigkeit aus § 311b Abs. 1 BGB, bei GmbH-Geschäftsanteilen aus § 15 Abs. 4 GmbHG. Die Auffassung des BGH ist auf weitgehende Ablehnung gestoßen.[605] Das Anwachsen der Verbindlichkeiten bei den verbleibenden Erben hat noch nicht das Ausscheiden des „abgeschichteten" Miterben aus der Haftung im Außenverhältnis zur Folge. Hierzu bedarf es rechtsgeschäftlicher Vereinbarungen. Schon deshalb und wegen der Sicherungsprobleme bei Abfindungszahlungen an den Ausscheidenden ist die notarielle Beurkundung meist unumgänglich. Die Abschichtungsvereinbarung hat – wie die Erbauseinandersetzung – keinen Einfluss auf die Erbenstellung des ausscheidenden Erben, so dass der Erbschein unverändert bleibt.[606]

Formulierungsbeispiel: Ausscheidensvereinbarung mit einem Miterben[607]

464

I. Grundlagen, Absichten

1. A, B und C sind Miterben zu gleichen Anteilen nach dem am *** in *** verstorbenen D. Auf die Nachlassverhandlung des Amtsgerichtes – Nachlassgericht – *** vom ***, Aktenzeichen ***, wird Bezug genommen.
2. Im Grundbuch des Amtsgerichts N-Stadt von
   N-Dorf Band *** Blatt ***
   ist im Eigentum der Erbengemeinschaft folgender Grundbesitz der Gemarkung N-Dorf vorgetragen
   Fl.-Nr. 323 ***
   Fl.-Nr. 1011 ***
   Das Grundstück Fl.-Nr. 323 ist in Abt. II und III lastenfrei. Das Grundstück Fl.-Nr. 1011 ist in Abt. III des Grundstücks belastet mit zwei Buchgrundschulden für die Y-Bank. Die Grundschulden sind nach Angabe der Beteiligten zum heutigen Tage mit *** EUR und *** EUR valutiert.
3. C hat die Absicht, aus der Erbengemeinschaft gegen Abfindung auszuscheiden.

II. Ausscheidensvereinbarung

1. A, B und C vereinbaren, dass C zum Ablauf des *** aus der Erbengemeinschaft ausscheidet. C nimmt nicht am Ergebnis von zur Zeit seines Ausscheidens schwebenden Geschäften teil.
2. Die Miterben A und B schulden C als Gegenleistung für das Ausscheiden des C aus der Erbengemeinschaft
   a) die Übertragung des Grundstücks Fl.-Nr. 323 Gem. N-Dorf, auf den ausscheidenden Miterben C, lastenfrei in Abt. II und III,
   b) Zahlung eines Geldbetrages in Höhe von insgesamt *** EUR, nach gleichen Anteilen von den verbleibenden Miterben A und B ohne Beilage von Zinsen zu zahlen am ***,

---

[604] DNotZ 1999, 60.
[605] *Reimann* ZEV 1998, 213; *Keller* ZEV 1998, 281; *Rieger* DNotZ 1999, 64; *Kanzleiter* ZEV 2012, 447; *K. Schmidt* AcP 205 (2005), 305; MüKoBGB/*Ann* BGB § 2042 Rn. 14.
[606] OLG Brandenburg ZEV 2013, 614 mit zustimmender Anm. *Eberl-Borges*.
[607] Nach *Reimann* ZEV 1998, 216.

c) Freistellung des ausscheidenden Miterben C von allen Nachlassverbindlichkeiten im Außenverhältnis, in Sonderheit von den in Abschnitt I. 2. genannten Grundpfanddarlehen. A und B stellen demgemäß den ausscheidenden Miterben C von allen Nachlassverbindlichkeiten frei. Jeder Vertragsteil ist berechtigt, die Miterben A und B sind verpflichtet, die Entlassung des ausscheidenden Miterben C aus jeder Mithaft für die genannten Bankdarlehen auch im Außenverhältnis durch Genehmigung des Gläubigers herbeizuführen. Bis dahin gilt die Schuldübernahme als Erfüllungsübernahme.

Die verbleibenden Miterben A und B stellen C darüber hinaus von allen Nachlassverbindlichkeiten und – in analoger Anwendung des § 739 BGB – von jedweden Ausgleichsansprüchen frei.

3. Die Erfüllung der in Ziff. 2.a)–c) genannten Bedingungen ist aufschiebende Bedingung für diesen Erbauseinandersetzungsvertrag und die Austrittsvereinbarung gemäß Ziff. 1.

Ziff. 2.a) ist erfüllt, wenn die in Abschnitt III. 1. dieser Urkunde bewilligte Auflassungsvormerkung im Grundbuch ohne Vorgang von Belastungen eingetragen ist.

Für Ziff. 2.c) genügt es, wenn die Y-Bank schriftlich bestätigt hat, dass sie C aus der Haftung für die eingetragenen Grundpfanddarlehen auflagefrei entlässt.

4.

a) Die Vertragsteile beantragen die Berichtigung des Grundbuchs nach Maßgabe der obigen Vereinbarungen bezüglich des der Erbengemeinschaft verbleibenden Grundbesitzes Fl.-Nr. 1011 im Grundbuch dahin, dass als Eigentümer nunmehr A und B in Erbengemeinschaft eingetragen werden.

b) Der Notar wird angewiesen, diesen Vertrag zum Vollzug der Grundbuchberichtigung erst dann dem Grundbuchamt vorzulegen, wenn ihm der Eintritt der aufschiebenden Bedingungen gemäß Ziff. 2. von C bestätigt oder von A und B nachgewiesen wurde oder ihm anderweitig bekannt geworden ist.

c) Um Vollzugsmitteilung wird gebeten.

5. Die etwaigen Folgen einer steuerlichen Außenprüfung der Veranlagungszeiträume, in denen C der Miterbengemeinschaft angehört hat, treffen C bezüglich seiner bisherigen Mitgliedschaft in der Erbengemeinschaft, ohne dass die Höhe seines Abfindungsanspruchs hiervon berührt wird. C wird daher die Möglichkeit eingeräumt, bei einer ihn dadurch mitbetreffenden steuerlichen Außenprüfung mitzuwirken.

III. Erfüllung der Übereignungsverpflichtung

In Erfüllung der in Abschnitt II. 2. a) eingegangenen Verpflichtung sind die Vertragsteile darüber einig, dass das Eigentum an Fl.-Nr. 323 Gem. N-Dorf auf C übergeht. Sie bewilligen und beantragen die Eintragung der Rechtsänderung in das Grundbuch.

Sie bewilligen und beantragen zugleich die Eintragung einer Eigentumsvormerkung für C im Grundbuch. Diese Vormerkung ist Zug um Zug mit Eintragung der Auflassung zu löschen, vorausgesetzt, dass keine Zwischeneintragungen ohne Zustimmung von C im Grundbuch eingetragen wurden und bestehen. Entsprechender Grundbuchvollzug wird bereits heute bewilligt und beantragt.

Um Vollzugsmitteilung wird gebeten.

7. Teil. Erbausschlagung, Anfechtung

Checkliste: Ausschlagung465

(1) Ist wirklich Ausschlagung gewollt? – Beachtung der §§ 2305–2307 BGB!

(2) Angaben:
  – zur Person des Erblassers (Todestag, Todesort, letzter Wohnsitz und letzter gewöhnlicher Aufenthalt)
  – zum Berufungsgrund
  – zum Zeitpunkt der Kenntniserlangung von Anfall und Grund der Berufung

(3) Ausschlagung auch für die Kinder des Ausschlagenden (§ 1643 Abs. 2 S. 2 BGB):
  – Erfolgt Anfall an das Kind erst infolge der Ausschlagung durch Elternteil, der das Kind allein oder gemeinsam mit dem anderen Elternteil vertritt, und war dieser nicht neben dem Kind berufen: Eltern können das Kind (jedenfalls wenn Ausschlagung nicht lenkend erfolgt und Nachlass überschuldet ist) ohne familiengerichtliche Genehmigung vertreten
  – Genehmigungspflicht in allen anderen Fällen

(4) Ausschlagung wird gegenüber dem zuständigen Nachlassgericht erklärt (§§ 343, 344 Abs. 7 FamFG)

(5) Frist
  – grds. sechs Wochen, bei Erblasser mit letztem Wohnsitz nur im Ausland oder bei Aufenthalt des Erben bei Fristbeginn im Ausland sechs Monate, § 1944 BGB
  – maßgebender Zeitpunkt zur Fristwahrung: Formgerechter Zugang beim zuständigen Nachlassgericht (§ 130 BGB)
  – die Zuständigkeit des Nachlassgerichts bestimmt sich gemäß § 343 FamFG nach den allgemeinen Vorschriften; zusätzlich ist gemäß § 344 Abs. 7 FamFG das Nachlassgericht am gewöhnlichen Aufenthalt des Erben zuständig

---

A. Grundlagen der gesetzlichen Regelung der Ausschlagung

Wegen der Grundsätze der Universalsukzession und des Vonselbsterwerbs gemäß § 1922 **466** BGB erwirbt der Erbe mit dem Tod des Erblassers ohne sein Zutun und ohne seine Kenntnis kraft Gesetzes die gesamte Erbschaft. Dies kann – insbesondere bei einem überschuldeten Nachlass – durchaus dem Willen des Erben zuwiderlaufen. Daher gibt ihm das Gesetz in § 1942 Abs. 1 BGB das Recht zur Ausschlagung, um diesen Erwerb ggf. rückgängig machen zu können. Die erfolgreiche **Ausschlagung wirkt auf den Zeitpunkt des Erbfalls zurück,** so dass die Erbschaft als dem Ausschlagenden nicht angefallen gilt, § 1953 BGB. Andererseits besteht für den Rechtsverkehr ein dringendes Bedürfnis, die endgültige Zuordnung der Nachlassgegenstände zu einem neuen Berechtigten vorzunehmen. Die Ausschlagung ist daher an eine vergleichsweise **kurze Frist von sechs Wochen** bzw. sechs Monaten gebunden, falls der Erblasser nur einen Wohnsitz im Ausland hatte oder der Erbe sich zum Zeitpunkt des Anfalls der Erbschaft im Ausland aufgehalten hat, § 1944 BGB.[608] In dieser muss die Erklärung formgerecht bei dem gemäß § 343 FamFG bzw. § 344 Abs. 7 FamFG (besondere zusätzliche Zuständigkeit: Nachlassgericht am gewöhnlichen Aufenthalt des Erben) zuständigen Nachlassgericht eingegangen sein.

Die Ausschlagung muss **in öffentlich beglaubigter Form** oder zur Niederschrift des **466a** Nachlassgerichts erklärt werden, § 1945 Abs. 1 BGB. Auch eine Vollmacht bedarf der öffentlich beglaubigten Form, § 1945 Abs. 3 BGB. Frühest möglicher Zeitpunkt für die Erklärung der Ausschlagung ist der Anfall der Erbschaft, § 1946 BGB. Eine „Vorratsaus-

---

[608] Nach BGH ZEV 2019, 141 gilt die verlängerte Frist aber nicht schon bei Auslandsaufenthalt für einige Stunden im Rahmen eines Tagesausflugs.

schlagung" kommt somit nicht in Betracht. Überdies ist die Ausschlagung – wegen des Interesses an endgültiger Klärung der Zuordnung des Nachlasses – **bedingungs- und befristungsfeindlich,** § 1947 BGB, wobei zwischen der unzulässigen echten Bedingung und unschädlichen sog. unechten Bedingung zu unterscheiden ist.[609] Die Annahme oder Ausschlagung der Erbschaft – dies ist letztlich Ausdruck des Prinzips der Gesamtrechtsnachfolge – kann nicht auf einzelne Nachlassgegenstände beschränkt werden. Die Erbschaft kann nur insgesamt angenommen oder ausgeschlagen werden, § 1950 BGB. Ist aber der Erbe aufgrund mehrerer Berufungsgründe zum Erben berufen (zB ein Testament mit Beschränkungen und Beschwerungen sowie gesetzliche Erbfolge), kann er die Erbschaft aus dem einen Berufungsgrund ausschlagen und aus dem anderen annehmen, §§ 1948, 1951 Abs. 1 BGB. Im Zweifel bezieht sich eine Ausschlagung aber immer auf alle dem Erben im Zeitpunkt der Erklärung bekannten Berufungsgründe, § 1949 Abs. 2 BGB.

> **Muster: Erbausschlagung**
> Siehe hierzu das Gesamtmuster → Rn. 529.

467   Der Vormund bedarf gemäß § 1822 Nr. 2 BGB für die Erbausschlagung der **Genehmigung des Familiengerichts.** § 1908i Abs. 1 BGB verweist für Betreuer auf diese Vorschrift, der die betreuungsgerichtliche Genehmigung benötigt. Eltern benötigen gemäß § 1643 Abs. 2 S. 1 BGB grundsätzlich ebenfalls die familiengerichtliche Genehmigung. Eine **Ausnahme** gilt gemäß **§ 1643 Abs. 2 S. 2 BGB** dann, wenn ein Elternteil, der das Kind allein oder gemeinsam mit dem anderen Elternteil vertritt und nicht neben dem Kind zum Erben berufen war, eine Erbschaft ausschlägt und erst dadurch das Kind Erbe wird: Dann ist keine familiengerichtliche Genehmigung erforderlich. Die Ausnahme greift aber insbesondere nicht, wenn der ausschlagende Elternteil nicht sorgeberechtigt ist. Sie wird von der hM ferner dahingehend teleologisch reduziert, dass die Ausnahme nicht eingreift, wenn der Elternteil für sich und einzelne von mehreren Kindern ausschlägt und so die Erbschaft in eine bestimmte Richtung lenkt.[610] Unabhängig von der Frage der Genehmigungsbedürftigkeit ist bei der Ausschlagung werthaltiger Nachlässe durch Eltern Vorsicht geboten, weil ein Verstoß gegen die elterliche Pflicht zur Vermögenssorge vorliegen kann.[611]

468   **Formulierungsbeispiel: Erbschaftsausschlagung auch für minderjährige Kinder**

🙵 1. Der Erblasser, ***, ist am *** verstorben. Eine letztwillige Verfügung hat der Erblasser meines Wissens nicht hinterlassen, so dass ich auf Grund gesetzlicher Erbfolge zum (Mit-)Erben berufen bin.

2. Ich, ***, schlage hiermit die mir zugefallene Erbschaft nach der Verstorbenen aus allen Berufungsgründen aus.

3. Ich habe folgende Kinder: *** Diese sind durch meine Ausschlagung ihrerseits (Mit-) Erben geworden.

4. Wir, die Eheleute ***, schlagen hiermit als gesetzliche Vertreter für unsere vorgenannten minderjährigen Kinder die diesen zugefallene Erbschaft nach dem Erblasser aus allen Berufungsgründen aus. Unseres Wissens ist der Nachlass überschuldet. [*ggf. falls keine Überschuldung:* Der Notar wies die Beteiligten darauf hin, dass die Ausschlagung eines werthaltigen Nachlasses möglicherweise ein Verstoß gegen die elterliche Pflicht zur Vermögenssorge sein kann.]

---

[609] Zur taktischen Ausschlagung zugunsten eines Dritten als echte bzw. unechte Bedingung: *Eickelberg* ZEV 2018, 489.
[610] OLG Hamm NotBZ 2014, 179; Palandt/*Weidlich* BGB § 1643 Rn. 2; *Engler* FamRZ 1972, 8; MüKoBGB/*Huber* BGB § 1643 Rn. 23 ff.
[611] *Eue* ZEV 2018, 624.

5. Eine familiengerichtliche Genehmigung ist gemäß § 1643 Abs. 2 S. 2 BGB zu der vorliegenden Ausschlagung nicht erforderlich, da der Anfall an das Kind erst infolge der Ausschlagung eines Elternteils eintrat, der das Kind allein oder gemeinsam mit dem anderen Elternteil vertritt und dieser Elternteil nicht neben dem Kind berufen war.
6. Der Notar hat uns über Inhalt und rechtliche Tragweite unserer heute abgegebenen Erklärungen eingehend belehrt. Er hat auch über die geltenden Fristen zur wirksamen Erbschaftsausschlagung sowie die notwendige Einhaltung der Form belehrt.
7. Die Urschrift dieser Erklärung erhalten wir. Wir werden diese selbst an das zuständige Nachlassgericht weiterreichen.

B. Verbindung zum Pflichtteilsrecht

Obwohl gesetzlich klar geregelt, bestehen in der Praxis häufig falsche Rechtsvorstellungen **469** über das Verhältnis von Ausschlagung und Pflichtteilsverlangen. Es müssen hier verschiedene Fallgestaltungen unterschieden werden:

(1) Der Erblasser setzt den Pflichtteilsberechtigten zwar zum Erben ein, jedoch nur mit **470** einem **Bruchteil, der niedriger als der Pflichtteil ist.** Hier gewährt das Gesetz dem zurückgesetzten Miterben einen schuldrechtlichen Anspruch auf Zahlung des Wertes, der zum Pflichtteilsbruchteil fehlt (§ 2305 BGB), **Pflichtteilsrestanspruch** oder **Zusatzpflichtteil** genannt. Dieser Anspruch geht **nur** auf den Wert des Unterschiedes. Schlägt hier der Pflichtteilsberechtigte den ihm zugewandten Erbteil aus, so hat dies zur Folge, dass er sein Erbrecht verliert und ihm **nur** der Zusatzpflichtteil verbleibt. Wurde aus „Versehen" in einem solchen Falle ausgeschlagen, um den vollen Pflichtteil zu bekommen, ist umstritten, ob die Ausschlagungserklärung gemäß § 119 BGB erfolgreich angefochten werden kann: Teilweise wird vertreten, es handele sich um einen Irrtum über die direkte Rechtsfolge der Erklärung und mithin einen Inhaltsirrtum.[612] Die Gegenansicht sieht darin einen Irrtum über die rechnerische Höhe der Ansprüche, also über das Ergebnis einer unrichtigen rechtlichen Würdigung und damit um einen rechtlich irrelevanten Irrtum im Beweggrund (Motivirrtum).[613]

(2) **Entspricht der zugewendete Erbteil dem Pflichtteil,** so hat der Pflichtteilsbe- **471** rechtigte **überhaupt kein Pflichtteilsrecht.** Schlägt er in einem solchen Falle die Erbschaft aus, so kann ihm, weil auch schon vorher der Pflichtteilsanspruch nicht bestand, auch durch die Ausschlagung kein Pflichtteilsanspruch erwachsen.[614] Anders allerdings kann sich die Rechtslage beim gesetzlichen Güterstand darstellen (→ Rn. 474 ff.).

(3) Setzt hingegen der Erblasser den Pflichtteilsberechtigten zwar zum Erben ein, belas- **472** tet ihn jedoch mit **Beschränkungen und Beschwerungen** (zB Nacherbfolge, Testamentsvollstreckung, Vermächtnisse, Auflagen, Teilungsanordnung), oder setzt er ihn nur zum Nacherben ein, so steht dem Pflichtteilsberechtigten nach § 2306 BGB nF unabhängig von der Höhe seines Erbteils die Möglichkeit offen, den Erbteil auszuschlagen und den Pflichtteil zu verlangen. Die bis 31. 12. 2009 wegen der unterschiedlichen Rechtsfolgen notwendige Unterscheidung hinsichtlich der Höhe der Erbeinsetzung und die damit verbundenen Fragen von „Quoten-" und „Werttheorie" entfallen damit vollständig.

(4) Bei **Vermächtnissen** stellt sich die Rechtslage gänzlich anders dar: Hier hat der **473** **Pflichtteilsberechtigte stets die Wahl,** ob er das Vermächtnis annehmen oder ausschlagen will, mag es wertvoll oder geringwertig sein, mag es beschränkt sein oder nicht oder mag es den Wert des Pflichtteils übersteigen oder nicht (§ 2307 Abs. 1 S. 1 BGB). Schlägt der Pflichtteilsberechtigte das Vermächtnis aus, dann erhält er den unbeschränkten und unbeschwerten Pflichtteilsanspruch. Nimmt er das Vermächtnis an, so hat, wenn das Ver-

---

[612] OLG Hamm OLGZ 1982, 41 (49); MüKoBGB/*Leipold* BGB § 1954 Rn. 8.
[613] *J. Mayer,* Der Rechtsirrtum und seine Folgen im bürgerlichen Recht, 1989, S. 197f.
[614] BGH NJW 1958, 1966.

mächtnis niedriger als der Pflichtteil ist, der Vermächtnisnehmer einen Zusatzpflichtteils-
anspruch (§ 2307 Abs. 1 S. 2 BGB). In diesem Falle bleiben bei der Berechnung des Werts
des Vermächtnisses alle Beschränkungen und Beschwerungen außer Betracht.

C. Sonderfall: Zugewinngemeinschaft

474 Der Pflichtteil des im gesetzlichen Güterstand verheirateten überlebenden Ehegatten bemisst sich nach dem gemäß § 1371 Abs. 1 BGB erhöhten Erbteil, wenn der Ehegatte
(gleich zu welcher Quote, gleich ob eingesetzter oder gesetzlicher) Erbe oder mit einem
noch so geringen Vermächtnis Bedachter ist. Wird der überlebende Ehegatte weder Erbe
noch Vermächtnisnehmer, so kann er nach der herrschenden Einheitstheorie[615] ausschließlich den nicht erhöhten (kleinen) Pflichtteil fordern und gemäß § 1371 Abs. 2 BGB zusätzlich den Anspruch auf Zugewinnausgleich geltend machen. Hierbei ist es unbeachtlich, ob der Ausschluss von der Erbfolge der Verfügung des Erblassers zuzuschreiben ist
oder ob der Betreffende ihn selbst durch Ausschlagung herbeigeführt hat. Die herrschende
Einheitstheorie führt zu folgenden Ergebnissen:
(1) Ist der **Erbteil des überlebenden Ehegatten geringer** als der gemäß § 1371 Abs. 1
     BGB zu bestimmende erhöhte Pflichtteil, so hat der überlebende Ehegatte Anspruch
     auf einen Zusatzpflichtteil gemäß § 2305 BGB bis zum großen Pflichtteil. Sind Belas-
     tungen angeordnet (§ 2306 Abs. 1 BGB), so steht ihm ebenfalls der Pflichtteilsrestan-
     spruch bis zur Höhe des großen Pflichtteils zu.
(2) Wird der überlebende **Ehegatte voll übergangen oder schlägt er** den ihm zuge-
     wendeten Erbteil bzw. das ihm zugewendete Vermächtnis **aus,** so erhält der überle-
     bende Ehegatte gemäß § 1371 Abs. 2 BGB nur den kleinen Pflichtteil; daneben kann
     er den konkreten Zugewinnausgleich verlangen. Im Falle des § 2307 Abs. 1 S. 1 BGB
     greift also die güterrechtliche Lösung ein, weil der überlebende Ehegatte infolge Aus-
     schlagung nicht Vermächtnisnehmer wird. Hat der Ehegatte ausgeschlagen, steht ihm
     nicht noch ein weiteres Wahlrecht zwischen der güterrechtlichen Lösung und dem
     großen Pflichtteil ohne Zugewinnausgleich zu.
(3) Hat der Erblasser den **Ehegatten mit einem noch so geringen Vermächtnis be-
     dacht,** kann der Überlebende dieses Vermächtnis annehmen und über § 2307 Abs. 1
     S. 2 BGB den Zusatzpflichtteil hinsichtlich des erhöhten Pflichtteils (§ 1371 Abs. 1
     BGB) verlangen. Ein Zugewinnausgleichsanspruch besteht daneben nicht.
475 Dieser gesetzlichen Regelung zufolge ergibt sich die interessante Konstellation, dass der
Erblasser freie Wahl hat, ob er dem überlebenden Ehegatten den großen oder den kleinen
Pflichtteil zukommen lassen will. Eigenwillig werden allerdings dann die Ergebnisse,
wenn kein Zugewinn erzielt wird und Vergleiche zum Erbrecht bei Gütertrennung angestellt werden. Bei Gütertrennung erhält der Ehegatte neben einem Kind in jedem Fall als
Pflichtteil 1/4. Der enterbte Ehegatte steht also beim gesetzlichen Güterstand der Zugewinngemeinschaft schlechter, weil für ihn als kleiner Pflichtteil nur 1/8 verbleibt. Dieses
Ergebnis spielt für die Gestaltung der Verfügung von Todes wegen eine nicht unwesentliche Rolle. Da auf das Recht zur Ausschlagung nicht vor dem Erbfall verzichtet werden
kann (arg. § 1946 BGB), auch eine Verpflichtung, nicht auszuschlagen, unwirksam ist,
kann häufig der Wille des Erblassers bei gemeinschaftlichem Testament oder Erbvertrag,
wenn der überlebende Ehegatte weniger als einen Pflichtteil zuzüglich Zugewinnausgleich ohne Beschränkungen und Beschwerden erhalten soll, nur erreicht werden durch
– Erb- und Pflichtteilsverzicht und
– eheverträgliche Vereinbarung eines bedingten Verzichts auf Zugewinnausgleich.
476 In diesem Zusammenhang ist die Rechtsprechung des BGH[616] zu beachten, wonach in
einem notariell beurkundeten gemeinschaftlichen Testament bei vergleichbaren Fallgestal-

---

[615] BGH NJW 1964, 2402.
[616] BGHZ 22, 364; DNotZ 1977, 747; NJW 1977, 1728; hierzu *Keim* ZEV 2001, 1.

tungen ohne ausdrücklichen Verzicht möglicherweise ein **stillschweigender** Pflichtteils-verzicht enthalten sein soll. Rechtsprechung zu einem eventuellen stillschweigenden Zu-gewinnausgleichsverzicht liegt hingegen nicht vor.

D. Anfechtung der Annahme bzw. Ausschlagung der Erbschaft

Wurde die Erbschaft angenommen, kann sie grundsätzlich nicht mehr ausgeschlagen wer- 477
den, § 1943 BGB. Gleiches gilt umgekehrt, wenn der Erbe bereits ausgeschlagen hat, für die Annahme. Dem Erben steht dann nur noch die Möglichkeit der Anfechtung der An-nahme der Erbschaft zur Verfügung, wenn die **Voraussetzungen der Anfechtung,** ins-besondere ein **Anfechtungsgrund** gegeben sind. Die Anfechtungsgründe ergeben sich aus den allgemeinen Vorschriften der §§ 199 ff. BGB. Vor allem der Eigenschaftsirrtum kann in Betracht kommen, wenn der Erbe über eine verkehrswesentliche Eigenschaft des Nachlasses irrt und etwa erst später dessen Überschuldung erkennt. Eine bloße vage Hoff-nung, dass noch weiteres Vermögen auftauche, die sich später zerschlägt, genügt jedoch nicht.[617] Die **Anfechtungsfrist** beträgt wie bei der Ausschlagung **sechs Wochen** bzw. sechs Monate, § 1954 BGB. Sie ist ausgeschlossen, wenn seit Annahme bzw. Ausschla-gung 30 Jahre verstrichen sind. Da die Anfechtung gemäß § 1957 BGB die Wirkung der Ausschlagung bzw. Annahme zur Folge hat, verweist § 1955 BGB für ihre **Form** auf die Vorschrift zur Ausschlagung, § 1945 BGB, also öffentliche Beglaubigung oder Erklärung zur Niederschrift des Nachlassgerichts.

Formulierungsbeispiel: Anfechtung der Annahme der Erbschaft 478

1. Der Erblasser ist am *** verstorben. Er wurde inhaltlich des Erbscheins des Amtsge-richts *** vom *** beerbt von ***. Die Annahme der Erbschaft erfolgte durch Er-klärung gegenüber dem Nachlassgericht am ***. Der Nachlass belief sich auf eine Höhe von *** EUR.

2. Durch Mitteilung des *** vom *** erlangten die Erben Kenntnis von bestehenden Forderungsansprüchen gegen den Erblasser – und nunmehr die Erben – in Höhe von *** EUR. Der Nachlass ist angesichts dieser hohen Forderungsansprüche überschul-det. Es liegen somit die Voraussetzungen für eine Anfechtung der Erbschaftsannah-me vor (§ 119 BGB).

3. Wir, ***, fechten hiermit die Annahme der Erbschaft an. Die Anfechtung der Annah-me gilt als Ausschlagung der Erbschaft.

4. Nächstberufene gemäß § 1953 Abs. 2 BGB sind ***.

5. Der Notar hat uns über Inhalt und rechtliche Tragweite unserer heute abgegebenen Erklärungen eingehend belehrt. Er hat auch über die geltenden Fristen zur wirksamen Anfechtung bzw. Erbschaftsausschlagung sowie die notwendige Einhaltung der Form belehrt.

6. Die Urschrift dieser Erklärung erhält der Erschienene und wird diese selbst unverzüg-lich an das zuständige Nachlassgericht weiterreichen.

E. Kosten

0,5-Gebühr Nr. 21201 Ziff. 7 KV GNotKG aus dem Reinwert des Nachlasses oder 479
Nachlassteils, auf den verzichtet wird (§ 107 GNotKG), bei Überschuldung des Nachlas-ses Wert 0; Gebühr 30 EUR. Schlagen mehrere nacheinander Berufene (Eltern und Kin-der) aus, bleibt es bei einer Gebühr; Beurkundung mehrerer gleichzeitig erfolgender Aus-schlagungen in gesonderten Erklärungen ist falsche Sachbehandlung.[618]

---

[617] BayObLG ZEV 1997, 257.
[618] AA LG Potsdam JurBüro 2005, 431 mit ablehnender Anm. *Filzek.*

8. Teil. Nachlassregulierung

A. Nachlassregulierung unter Mitwirkung eines Testamentsvollstreckers

I. Grundsatz

480   Die Position des Testamentsvollstreckers bei Notar, Grundbuchamt und Handelsregister ergibt sich aus seiner Stellung als **Partei kraft Amtes.** Die Anordnung der Testamentsvollstreckung führt auf Seiten der Erben zu einer Verfügungsbeschränkung, auf der anderen Seite hat das Verwaltungsrecht des Testamentsvollstreckers, soweit es reicht, ein allgemeines Verfügungsrecht des Testamentsvollstreckers über den Nachlass bzw. die seiner Verwaltung unterliegenden Nachlassgegenstände oder Erbteile zum Inhalt.

II. Folgerungen

481   Der Erbe braucht bei rechtsgeschäftlichen Erklärungen, die vor dem Notar – gegebenenfalls auch zur Weitergabe an das Grundbuchamt – abgegeben werden, prinzipiell nicht mitzuwirken; eine Mitwirkung kann sich aber aus haftungsrechtlichen Gründen für den Testamentsvollstrecker empfehlen. Bei notariellen Beurkundungen braucht aber an sich nur der Testamentsvollstrecker zu erscheinen; er allein ist im Urkundseingang als Beteiligter (§ 9 Abs. 1 S. 1 Nr. 1 BeurkG) aufzuführen, allerdings mit dem Hinweis auf die Vertretung kraft Amtes. Dies gilt auch für den Zuerwerb von Grundbesitz durch den Testamentsvollstrecker bei Surrogationserwerb.

482   Hat der Testamentsvollstrecker die Auseinandersetzung des Nachlasses unter den Miterben zu bewirken (§ 2204 Abs. 1 BGB), so brauchen die Miterben bei der Feststellung des Teilungsplanes (§ 2204 Abs. 2 BGB) nicht mitzuwirken.

483   Bei der Ausführung der Teilung handelt der Testamentsvollstrecker für die Erbengemeinschaft, die Erwerber müssen jedoch dabei, insbesondere bei der Entgegennahme der Auflassung von Grundstücken, mitwirken.

484   Bei der Erfüllung eines Vermächtnisses handelt der Testamentsvollstrecker für die Erben; die Annahme des Vermächtnisses ist Sache des Vermächtnisnehmers und kann nicht vom Testamentsvollstrecker erklärt werden; der Vermächtnisnehmer hat an der Erfüllung des Vermächtnisses, insbesondere bei der Auflassung von Grundstücken, mitzuwirken. Die Verwaltungsbefugnis des Testamentsvollstreckers kann aber auch die Entgegennahme der Auflassung durch den Vermächtnisnehmer umfassen, wenn die Testamentsvollstreckung auch den Vermächtnisnehmer beschränkt, so dass sich das Verwaltungsrecht des Testamentsvollstreckers auch auf die Verschaffung des vermachten Gegenstandes bezieht und er das Vermächtnis ohne Mitwirkung des Vermächtnisnehmers erfüllen kann.[619]

485   Wegen des Verbots der unentgeltlichen Verfügung (§ 2205 S. 3 BGB) ist regelmäßig ein Eingehen auf den Rechtsgrund der Verfügung geboten. Das Grundbuchamt muss allerdings aufgrund einer Erklärung des Testamentsvollstreckers, es handle sich um eine entgeltliche Verfügung, und bei Fehlen gegenteiliger konkreter Anhaltspunkte regelmäßig eintragen, weil ein Erfahrungssatz dafür spricht, dass der Verkauf an einen unbeteiligten Dritten entgeltlich ist. Liegen sachliche Anhaltspunkte für eine fehlende Entgeltlichkeit vor, ist die Entgeltlichkeit nachzuweisen, wenn auch nicht in der Form des § 29 GBO.[620]

---

[619] BGHZ 13, 203; OLG München DNotZ 2013, 695 mit kritischer Anm. *Reimann* MittBayNot 2013, 394; OLG Hamm ZEV 2011, 198. Das OLG Frankfurt a.M. MittBayNot 2019, 171 mit kritischer Anm. *Weidlich* lässt es als Indiz sogar genügen, wenn der Testamentsvollstrecker weder Erbe noch Vermächtnisnehmer ist und vom Erblasser dennoch von § 181 BGB befreit wurde.

[620] BGH DNotZ 1972, 90; OLG München ZEV 2012, 328; vgl. auch den Überblick bei *Keim* ZEV 2014, 648.

III. Zuständigkeit zur Handelsregisteranmeldung

Bei Beteiligungen an Personenhandelsgesellschaften hat der Testamentsvollstrecker den **486** Gesellschafterwechsel zum Handelsregister anzumelden.[621] Der Erbe ist nicht mehr anmeldeberechtigt.[622]

IV. Eintragung des Testamentsvollstreckervermerks im Handelsregister

Die Eintragungsfähigkeit und -pflicht ist bei Personenhandelsgesellschaften jedenfalls für **487** die Dauertestamentsvollstreckung zu bejahen; Sinn und Zweck des Handelsregisters bestehen darin, die Zugehörigkeit gewerblicher Unternehmen zum Handelsstand und die wichtigsten Rechtsverhältnisse dieser Unternehmen zu offenbaren.[623] Schon wegen § 2214 BGB ist eine Verlautbarung geboten.[624] Die Eintragung setzt allerdings voraus, dass der Gesellschaftsanteil tatsächlich zu den der Testamentsvollstreckung unterliegenden Nachlassgegenständen zählt.

V. Zusätzliche Eintragung im Grundbuch, wenn die Personenhandelsgesellschaft Grundbesitz hat?

Da nicht der Gesellschafter, sondern die Gesellschaft Eigentümer ist, kommt eine Eintra- **488** gung der Testamentsvollstreckung nicht in Betracht, wenn über eine Beteiligung an der Gesellschaft Testamentsvollstreckung angeordnet ist.[625] Etwas anderes gilt, wenn der Gesellschafter zivilrechtlicher Eigentümer ist und den Grundbesitz nur zur Nutzung als steuerliches Sonderbetriebsvermögen in die Gesellschaft eingebracht hat.

B. Nachlassregulierung und Handelsregister

I. Einzelkaufmännisches Unternehmen

1. Änderung des Inhabers. Jede Änderung des Inhabers ist zum Handelsregister anzu- **489** melden (§§ 31 Abs. 1, 29 HGB). Die Anmeldung erfolgt durch den Alleinerben bzw. durch sämtliche Miterben, die sich jedoch gemäß § 12 Abs. 1 S. 2 HGB durch einen Bevollmächtigten vertreten lassen können. Sind minderjährige Miterben vorhanden, können die Eltern die Kinder aufgrund ihrer elterlichen Vertretungsmacht nur begrenzt finanziell verpflichten.[626] Abhilfe kann geschaffen werden, indem das Nachlassunternehmen in eine GmbH eingebracht wird. Unter Umständen ist Ergänzungspflegschaft anzuordnen,[627] wobei der Ergänzungspfleger dann auch die entsprechenden Registeranmeldungen statt der Eltern vorzunehmen hat.[628]

2. Testamentsvollstreckung. Da Testamentsvollstreckung am einzelkaufmännischen **490** Unternehmen grundsätzlich **nicht** möglich ist (→ Rn. 326), wurden Ersatzkonstruktionen geschaffen. Bei der Vollmachtslösung werden die Erben als Inhaber des Geschäfts im Handelsregister eingetragen. Sie sind anmeldepflichtig.[629] Bei der Treuhandlösung ist der Testamentsvollstrecker Inhaber des Handelsgeschäfts. Er ist im Handelsregister einzutra-

---

[621] BGH DNotZ 1990, 183.

[622] *Reimann* DNotZ 1990, 194. Zum Ganzen Bengel/Reimann/*Pauli* TV-HdB § 5 Rn. 211 ff.

[623] Baumbach/Hopt/*Hopt* HGB § 8 Rn. 1; ausführlich hierzu *Plank* ZEV 1998, 325.

[624] BGH ZEV 2012, 335; *Rohwedder* EWiR 1989, 991; *Reimann* DNotZ 1990, 194; noch offengelassen: BGH NJW 1989, 3152; aA KG ZEV 1996, 67; *Damrau* BWNotZ 1990, 69.

[625] *Damrau* BWNotZ 1990, 69; aA *Hörer* BWNotZ 1990, 16.

[626] BVerfG NJW 1986, 1859.

[627] *Schaub* ZEV 1994, 72.

[628] Vgl. *Klüsener* Rpfleger 1990, 331.

[629] Bengel/Reimann/*Pauli* TV-HdB § 5 Rn. 136.

gen, nachdem dort zunächst die Erben eingetragen wurden. Anmeldepflichtig ist der Testamentsvollstrecker unter Mitwirkung der Erben.[630]

491   In beiden Fällen unterbleibt die Eintragung eines Testamentsvollstreckervermerks. Da der Testamentsvollstrecker nach der neueren Rechtsprechung des BGH zur Testamentsvollstreckung bei Personengesellschaften zumindest an der „Außenseite" des Unternehmens Funktionen hat, empfiehlt es sich, den Testamentsvollstrecker der Handelsregisteranmeldung auch dann beitreten zu lassen, wenn lediglich der Erbe als Nachfolger des durch Tod ausgeschiedenen Inhabers in das Handelsregister eingetragen wird.

II. Offene Handelsgesellschaft

492   **1. Auflösung der Gesellschaft.** Bei der – nur bei entsprechender Regelung eintretenden – Auflösung der Gesellschaft gilt § 143 Abs. 1 HGB. Neben sämtlichen Gesellschaftern sind auch alle Erben anmeldepflichtig (vgl. § 143 Abs. 3 HGB). Gleiches gilt für die Anmeldung der Liquidatoren sowie jede Änderung ihrer Person (§ 148 HGB). Das Erlöschen der Firma nach der Liquidation ist dann von sämtlichen Liquidatoren anzumelden (§ 157 Abs. 1 HGB).

493   **2. Fortsetzung der Gesellschaft.** Ausscheiden und ggf. Eintreten von Gesellschaftern sind anzumelden. Auch hier obliegt die Anmeldepflicht sämtlichen Gesellschaftern und den Erben, und zwar individuell jedem Einzelnen, eine Gesamtanmeldepflicht besteht nicht.[631]

494   Macht ein Erbe von der Möglichkeit des § 139 Abs. 1 HGB Gebrauch und wird ihm die Stellung als Kommanditist eingeräumt, wird gleichzeitig die OHG in eine KG umgewandelt. Dies ist von allen Gesellschaftern und den Erben zum Handelsregister anzumelden, ebenso wie die Inhaltsänderung der mitgliedschaftlichen Stellung des Erben.[632]

495   **3. Testamentsvollstreckung.** Eine Testamentsvollstreckung ist nur eingeschränkt möglich (→ Rn. 327). Wegen der Funktionen des Testamentsvollstreckers zumindest an der „Außenseite" der Beteiligung ist zu empfehlen, den Testamentsvollstrecker der Handelsregisteranmeldung durch den Erben beitreten zu lassen. Ist eine Ersatzkonstruktion (Treuhandlösung, Vollmachtslösung) anzunehmen, gilt → Rn. 326. Wegen der Eintragung des Testamentsvollstreckervermerks in das Handelsregister → Rn. 487.

III. Kommanditgesellschaft

496   **1. Tod des persönlich haftenden Gesellschafters.** Beim Tod eines Komplementärs gelten dieselben Grundsätze wie bei der OHG.

497   **2. Tod eines Kommanditisten.** Das Ausscheiden eines verstorbenen Kommanditisten und der Eintritt des Erben ist ebenfalls von sämtlichen Gesellschaftern sowie von allen Erben anzumelden, §§ 161 Abs. 2, 143 Abs. 2, 107 HGB.

498   **3. Testamentsvollstreckung am Kommanditanteil.** Testamentsvollstreckung am Kommanditanteil ist möglich (→ Rn. 332). Wenn eine Verwaltungsvollstreckung nach § 2205 BGB anzunehmen ist, die den Kommanditanteil erfasst, ist der Testamentsvollstrecker auch zur Handelsregisteranmeldung befugt.[633] Es empfiehlt sich, den Erben der Han-

---

[630] Bengel/Reimann/*Pauli* TV-HdB § 5 Rn. 121.
[631] *Schaub* ZEV 1994, 75.
[632] Schlegelberger/*K. Schmidt* HGB § 143 Rn. 9, 10.
[633] Vgl. *Reimann* DNotZ 1990, 193.

delsregisteranmeldung beitreten zu lassen. Wegen der Eintragung des Testamentsvollstreckervermerks im Handelsregister → Rn. 487.

IV. GmbH

Für die GmbH sind die anmeldepflichtigen Personen ausdrücklich in § 78 GmbHG gere-   499
gelt. Anzumelden sind insbesondere jede Änderung in den Personen der Geschäftsführer,
§ 39 GmbHG, also auch der Tod des Geschäftsführers. Anmeldepflichtig sind in diesem
Fall die Geschäftsführer in vertretungsberechtigter Zahl, nicht notwendig sämtliche. Zum
Testamentsvollstreckervermerk in der Gesellschafterliste → Rn. 336.

C. Nachlassregulierung und Grundbuch

Der Erwerb des Nachlasses durch den Erben vollzieht sich gemäß §§ 1922, 1942 BGB   500
von selbst und außerhalb des Grundbuchs. Das Grundbuch wird dadurch unrichtig. Der
Erbe ist aber gemäß § 13 Abs. 1 GBO berechtigt, die Grundbuchberichtigung zu beantragen. Für den Antrag genügt Schriftform, § 30 GBO. Allerdings muss der Erbe die Unrichtigkeit des Grundbuchs gemäß § 22 Abs. 1 S. 1 GBO beweisen. Der Nachweis der
Erbfolge kann nach § 35 Abs. 1 GBO durch Vorlage des Erbscheins oder einer Verfügung
von Todes wegen in einer öffentlichen Urkunde samt Eröffnungsniederschrift erfolgen.

   Die Eintragung des Eigentümers ist innerhalb von zwei Jahren nach dem Erbfall beim   501
Grundbuchamt kostenfrei (Nr. 14110 Anm. 2 KV GNotKG).

Formulierungsbeispiel: Grundbuchberichtigungsantrag   502

1. Grundbuchstand ***.   ()
2. *** ist am *** verstorben und wurde ausweislich des Testaments zur Urkunde des
   Notars *** in *** vom ***, UR-Nr. ***, samt Eröffnungsniederschrift des Amtsgerichts *** vom ***, Gz. ***, von Herrn ***, geb. am ***, wohnhaft in ***, alleine
   beerbt. Das vorgenannte Testament samt Eröffnungsniederschrift ist dieser Urkunde
   in beglaubigter Abschrift beigefügt.
3. Ich beantrage die Berichtigung des Grundbuchs dergestalt, dass die vorgenannte Erbfolge im Grundbuch eingetragen wird.
4. Die Kosten dieser Urkunde und ihres Vollzugs im Grundbuch trage ich.

---

9. Teil. Nachlassverzeichnis

A. Praktische Bedeutung

Die steigende Zahl streitiger Auseinandersetzungen im Erbrecht hat dazu geführt, dass ein   502a
viele Jahre eher unbeachtetes Instrument insbesondere bei Pflichtteilsstreitigkeiten zunehmend stärker in den Fokus rückt: das notarielle Nachlassverzeichnis. Nicht selten drängt
sich dabei der Eindruck auf, dass der Anspruchsteller ein solches Verzeichnis einfordert,
ohne dass ein Erkenntnisgewinn für den Anspruchsteller zu erwarten ist, insbesondere
wenn über die Zusammensetzung des Nachlasses an sich nicht gestritten wird. Dies mag
daran liegen, dass Schuldner des Pflichtteilsanspruchs oft mit pauschaler Ablehnung reagieren, obwohl das sachliche Bestehen des Pflichtteilsanspruchs in aller Regel unbestritten
ist. Vielmehr besteht Streit über die konkrete Höhe des Anspruchs. Hier kann ein Anerkenntnis in Höhe des unstreitig geschuldeten Teils des Anspruchs viel Streitpotential nehmen und manches Nachlassverzeichnis überflüssig machen.

B. Gesetzliche Regelung

502b Der Gesetzgeber sieht im Erbrecht an verschiedenen Stellen die Mitwirkung des Notars bei der Erstellung von Verzeichnissen vor: Gemäß § 2003 Abs. 1 BGB beauftragt das Nachlassgericht auf Antrag des Erben einen Notar mit der Erstellung eines Nachlassinventars; nach § 2121 Abs. 3 BGB kann der Nacherbe vom Vorerben verlangen, dass ein Nachlassverzeichnis durch den Notar aufgenommen wird; gemäß § 2214 Abs. 4 BGB kann der Testamentsvollstrecker das obligatorische Nachlassverzeichnis von einem Notar aufnehmen lassen (und muss dies, wenn ein Erbe es verlangt);[634] nach § 2314 Abs. 1 S. 3 BGB kann der Pflichtteilsberechtigte, der nicht selbst Erbe ist, verlangen, dass der Erbe unter Mitwirkung eines Notars ein Nachlassverzeichnis erstellt. Korrespondierend zu diesen materiell-rechtlichen Regelungen begründet § 20 BNotO die Zuständigkeit des Notars zur Aufnahme von Nachlassverzeichnissen.

502c Kennzeichnend für das notarielle Nachlassverzeichnis ist die eigene Ermittlungspflicht und damit korrespondierend die inhaltliche Verantwortung des Notars für die Richtigkeit und Vollständigkeit des Verzeichnisses.[635] Die in der Praxis zuweilen gewählte „Ausweichgestaltung" einer Liste der Nachlassgegenstände, deren Vollständigkeit der Erbe eidesstattlich versichert, oder eine Liste der Nachlassgegenstände, unter der die Unterschrift des Erben beglaubigt wird, erfüllt nicht die Anforderungen des § 2314 BGB und begegnet überdies verfahrensrechtlichen Bedenken.[636] Freilich ist dem Notar bei Ausgestaltung, Umfang und Reichweite der Ermittlungen ein weiter Ermessensspielraum zuzubilligen.[637] Es gibt daher keinen stets zutreffenden Ermittlungsumfang. Der Notar muss und soll sich auch nicht als Detektiv betätigen.[638] Besonders der Bereich des sogenannten fiktiven Nachlasses, also gemäß § 2325 BGB ergänzungspflichtige Schenkungen und gemischte Schenkungen, über die das Verzeichnis nach der ständigen Rechtsprechung[639] auch Auskunft geben soll, sind schwer zu ermitteln. Erhält der Notar Kenntnis von Verträgen zugunsten Dritter (zB Lebensversicherungen), sind diese wegen ihrer möglichen Relevanz für die Pflichtteilshöhe in das Verzeichnis aufzunehmen.[640] Selbstverständlich darf der Notar bei seinen Ermittlungen Hilfspersonen, insbesondere eigene Mitarbeiter, einschalten.[641] Wertangaben muss das Verzeichnis nicht enthalten, insbesondere braucht und sollte der Notar keine Stellungnahme zur Bewertung der Nachlassgegenstände abgeben.[642] Für den Notar ergibt sich aus alledem ein Spannungsfeld aus Anforderungen der Rechtsprechung an die Qualität des Verzeichnisses und der Abhängigkeit des Notars von der Mitwirkungsbereitschaft des Erben mangels eigenständiger Ermittlungskompetenzen.[643] Vor diesem Hintergrund dürfen die Erwartungen an den Erkenntnisgewinn durch ein solches Verzeichnis nicht überspannt werden.

C. Gestaltungshinweise

502d Wird der Notar mit der Erstellung eines Nachlassverzeichnisses beauftragt, hat es sich in der Praxis als hilfreich und – mangels eigener Ermittlungskompetenzen des Notars – notwendig erwiesen, wenn er sich vom Erben eine Vollmacht erteilen lässt, die ihm Aus-

---

[634] Hierzu *Zimmermann* ZEV 2019, 197.
[635] BGH ZEV 2019, 81 (83); OLG München ZEV 2017, 460; OLG Bamberg ZEV 2016, 580; OLG Koblenz ZEV 2014, 308; OLG Celle DNotZ 2003, 62.
[636] Ausführlich und grundlegend *Damm* Rn. 50 ff.
[637] OLG Koblenz ZEV 2014, 308; *Braun* MittBayNot 2008, 351; *Damm* Rn. 70; *Keim* ZEV 2018, 501.
[638] Davor warnt *Zimmer* ZEV 2008, 365.
[639] BGH NJW 1984, 487; ZEV 2011, 366; ZEV 2012, 478; OLG Karlsruhe ZEV 2007, 329.
[640] DNotI-Report 2019, 65.
[641] *Damm* Rn. 73 ff.
[642] *Damm* Rn. 103 ff.; *Schreinert* RNotZ 2008, 61 (74); *Weidlich* ZEV 2017, 241.
[643] *Weidlich* ZEV 2017, 241; *Keim* ZEV 2018, 501.

kunftsrechte gegenüber Grundbuchämtern, Banken, Versicherungen und anderen Stellen einräumt, die im Zuge der Ermittlungen möglicherweise kontaktiert werden sollen.

Formulierungsbeispiel: Vollmacht für die Erstellung eines Nachlassverzeichnisses   502e

Hiermit erteile ich, ***, als (Allein)Erbe des/der am *** verstorbenen Herrn/Frau ***, geboren am ***, zuletzt wohnhaft in ***, (im Folgenden „Erblasser")

Herrn Notar *** in *** mit den Amtsräumen in ***

Vollmacht

gegenüber Behörden, Banken, Versicherungen und sonstigen Dritten (beispielsweise der SCHUFA Holding AG), Auskünfte und entsprechende Unterlagen hinsichtlich der Vermögensverhältnisse des Erblassers anzufordern, einzuholen und auch sonst alle zur Ermittlung des Nachlasses zweckmäßigen Maßnahmen zu ergreifen. Insbesondere ist Notar *** berechtigt, Auskunft und entsprechende Belege zu verlangen, ob der Verstorbene Konten, Depots, Schließfächer, Sparverträge, Versicherungsverträge, anderweitige Wertpapiere oder Verbindlichkeiten zum Zeitpunkt seines Todes hatte und welchen Wert diese jeweils hatten. Er darf ausdrücklich auch Erkundigungen über steuerliche Sachverhalte des Erblassers bei den zuständigen Steuerbehörden einholen.

Anschließend wird der Notar – je nach Struktur des Nachlasses, bereits vorliegender   502f Unterlagen und Erkenntnisse sowie weiterer Anhaltspunkten die weiteren Ermittlungen vornehmen. Ausgangspunkt werden dabei häufig folgende Maßnahmen sein:

Checkliste: Ermittlung bei Erstellung eines Nachlassverzeichnisses   502g

(1) Einsicht in die Nachlassakte
(2) Abfrage der Konten und Anforderung der Kontoauszüge bei der/den Hausbank(en) des Erblassers
(3) Abfrage nach vorhandenen Bankverbindungen bei weiteren ortsansässigen Banken
(4) Evtl. Abfrage nach vorhandenen Bankverbindungen bei „gängigen" Direktbanken
(5) Abfrage von Versicherungsunternehmen, bei denen der Erblasser Kunde war
(6) Abfrage des Grundbuchamts am Wohnort des Erblassers
(7) ggf. bei Anhaltspunkten für Grundbesitz: Abfrage von weiteren Grundbuchämtern
(8) ggf. Sichtung der Bankunterlagen der letzten zehn Jahre
(9) ggf. Einsicht in den Steuerbescheid
(10) ggf. Abfrage des Handelsregisters
(11) teilweise wird eine Auskunft bei der Erbschaftsteuerstelle empfohlen, die aber oft mit Hinweis auf das Steuergeheimnis trotz Vollmacht abgelehnt wird
(12) Eine Begehung der Wohnung wird oft wegen der bereits erfolgten Räumung oder des großen zeitlichen Abstands zum Erbfall untunlich sein, kann aber im Einzelfall gefordert sein
(13) Ermittlungen zum sog. fiktiven Nachlass (Schenkungen und gemischte Schenkungen)

Diese Aufstellung ist allerdings weder Mindeststandard noch abschließend. Es bedarf einer auf den Einzelfall abgestimmten Festlegung des Ermittlungsumfangs.

Formulierungsbeispiel: Anschreiben zu Auskunft für Nachlassverzeichnis   502h

Sehr geehrte Damen und Herren,

am *** ist Herr/Frau *** verstorben. Erbe ist Herr/Frau *** Der Erbe hat mich mit der Erstellung eines notariellen Nachlassverzeichnisses gemäß § 2314 BGB beauftragt.

Im Zuge dessen bin ich verpflichtet, Banken anzuschreiben und um Auskunft zu bitten, ob der/die Verstorbene Konten, Depots, Schließfächer, Sparverträge, Versicherungsverträge, anderweitige Wertpapiere oder Verbindlichkeiten bei Ihnen zum Zeitpunkt seines/ihres Todes hatte.

Sollte dies der Fall sein, bitte ich, mir eine entsprechende Aufstellung über die Vermögenslage des/der Verstorbenen zur Verfügung zu stellen. Insbesondere benötige ich in diesem Fall

– Konto- und Depotauszüge der letzten zehn Jahre,
– Kopien vor Spar- und Versicherungsverträgen,
– Kopien von abgeschlossenen Darlehensverträgen,

des/der Verstorbenen, jeweils bezogen auf den Zeitpunkt des Todes.

Eine Vollmacht des Erben ist diesem Schreiben als Anlage zusammen mit dem Erbschein/dem notariellen Testament samt Eröffnungsniederschrift in Abschrift beigefügt.

502i   Das Verzeichnis selbst erstellt der Notar in seinen Amtsräumen als Tatsachenbeurkundung gemäß §§ 36, 37 Abs. 1 S. 1 Nr. 2 BeurkG, die nur von ihm unterzeichnet werden muss.[644] Es ist aber auch denkbar – wenn auch nicht empfehlenswert, da sonst der Eindruck entstehen kann, es würden nur Erklärungen der Beteiligten wiedergegeben –, die Form der Beurkundung von Willenserklärungen gemäß § 8 ff. BeurkG zu wählen.[645] Der Notar wird regelmäßig auf die persönliche Anwesenheit des Erben bei Erstellung des Verzeichnisses hinwirken, auch wenn diese nicht immer zwingend ist.[646] Der Pflichtteilsberechtigte hat ein Recht, bei der Erstellung anwesend zu sein. Der Notar wird ihn daher regelmäßig zu dem Termin einladen.

Muster: Nachlassverzeichnis
Siehe hierzu das Gesamtmuster → Rn. 530.

D. Kosten

502j 2,0-Gebühr Nr. 23500 KV GNotKG für die Aufnahme des Vermögensverzeichnisses durch den Notar, dagegen 1,0-Gebühr Nr. 23502, wenn nur die Mitwirkung als Urkundsperson bei der Aufnahme eines Vermögensverzeichnisses gewünscht wird. Der Geschäftswert ist jeweils der Wert der verzeichneten Gegenstände (§ 115 GNotKG) ohne Schuldenabzug. Eine Zusatzgebühr für Auswärtstätigkeit kann nicht anfallen (Vorbemerkung 2.3.5 KV GNotKG), wohl aber ein Tage- und Abwesenheitsgeld (Nr. 32008 KV GNotKG) sowie Fahrtkosten (Nr. 32006, 32007 KV GNotKG) bei Aufnahme an einem anderen Ort als dem Wohn- und dem Amtssitz des Notars.

10. Teil. Steuerliche Überlegungen

503 Abgesehen von besonders einfach gelagerten Gestaltungen bedarf die Gestaltung einer Erb- oder Nachlassregelung stets einer **Prüfung unter steuerlichen Gesichtspunkten.** Dabei spielen, insbesondere wenn im Nachlass betriebliche Vermögenswerte vorhanden sind, neben der offensichtlichen Erbschaftsteuer auch ertragsteuerliche Aspekte eine gewichtige Rolle.

---

[644] *Schreinert* RNotZ 2008, 61 (68).
[645] *Damm* Rn. 101.
[646] Vgl. BGH ZEV 2019, 81 mAnm *Weidlich.*

A. Notarielle Belehrungspflichten[647]

Anders als für die Beurkundung von Schenkungen (§ 8 Abs. 1 S. 6 ErbStDV) gibt es bei 504 der Beurkundung von Testamenten und Erbverträgen **keine gesetzliche Hinweis-pflicht** auf die mögliche Erbschaftsteuerbelastung, zumal die Steuer ja nicht durch die Verfügung selbst, sondern erst durch den Erbfall unter Zugrundelegung der dann vorhandenen Vermögenswerte und der dann geltenden Rechtslage entsteht. Ein kurzer Hinweis auf die mögliche Erbschaftsteuerpflicht kann dennoch hilfreich sein, um in der Beurkundung zu klären, ob den Beteiligten dieser Aspekt überhaupt gegenwärtig ist, und sie ggf. anzuhalten, die steuerliche Entwicklung im Auge zu behalten und die Erbregelung hin und wieder (auch) unter steuerlichen Aspekten auf ihre Aktualität zu prüfen.

B. Erbschaftsteuer und Schenkungsteuer

Erbschaft- und Schenkungsteuer greifen jeweils auf denselben **Besteuerungsgegenstand** 505 zu, nämlich auf den **unentgeltlichen Vermögenserwerb.** Beide Steuern sind in einem Gesetz geregelt und werden auch administrativ in der Regel gemeinsam gehandhabt. Man kann die Schenkungsteuer dabei als eine Begleitsteuer auffassen, die in erster Linie dazu dient, dass die Erbschaftsteuer nicht durch lebzeitige Zuwendungen beliebig umgangen werden kann. In zahlreichen Punkten stimmen die Regelungen der Erbschaft- und Schenkungsteuer überein, weshalb zur Vermeidung von Wiederholungen auf die Ausführungen in → § 5 Rn. 24 ff. verwiesen wird. In zahlreichen Details weichen die Bestimmungen für Erwerbe von Todes wegen aber von den schenkungsteuerlichen Regeln ab. Dies betrifft insbesondere:

Steuerklassen (§ 15 ErbStG)	Bei Erwerben von Todes wegen sind Vorfahren der Steuerklasse I zugeordnet; bei Schenkungen der Steuerklasse II.
Berliner Testament (§ 15 Abs. 3 ErbStG)	Bei doppelter Vererbung desselben Vermögens aufgrund eines Berliner Testaments oder einer ähnlichen Erbregelung kann für den zweiten Erbfall das Verwandtschaftsverhältnis des Erben zum erstversterbenden Ehegatten zugrunde gelegt werden soweit dessen Vermögen betroffen ist. Für die Vererbung an Abkömmlinge spielt dies aufgrund der Gleichstellung von Kindern und Stiefkindern allerdings keine Rolle.
Allgemeine Freibeträge (§ 16 ErbStG)	Bei Erwerb von Todes wegen haben Vorfahren einen Freibetrag von 100.000 EUR, während er bei Schenkungen nur 20.000 EUR beträgt.
Versorgungsfreibetrag (§ 17 ErbStG)	Nur bei Erwerb von Todes wegen erhalten Ehegatte und Kinder den Versorgungsfreibetrag. Dieser beträgt beim Ehegatten 256.000 EUR, wird jedoch um den Kapitalwert erbschaftsteuerfreier Versorgungsbezüge gekürzt (insbes. Witwenrenten).
Steuerfreier Zugewinn	Während bei der Erbschaft der fiktive Zugewinnausgleichsanspruch – wenn die Ehegatten in Zugewinngemeinschaft leben und der potentiell ausgleichspflichtige Ehegatte verstirbt – stets steuerfrei ist (§ 5 Abs. 1 ErbStG), gilt dies bei Geschäften unter Lebenden nur für die Erfüllung eines tatsächlich schon entstandenen Zugewinnausgleichsanspruchs (§ 5 Abs. 2 ErbStG). Eine Schenkung unter Anrechnung auf den Zugewinnausgleichsanspruch ist daher zunächst steuerpflichtig; die Steuer kann aber nachträglich beseitigt werden, wenn bei Beendigung des Güterstandes die Anrechnung zum Tragen kommt (§ 29 Abs. 1 Nr. 3 ErbStG). Die Einschränkung des § 5 Abs. 1 S. 4 ErbStG, wonach die rückwirkende Vereinbarung der Zugewinngemeinschaft steuerlich nicht anerkannt wird, gilt nur bei Beendigung des Güterstandes durch den Tod eines

[647] Zu Anzeigepflichten → § 29 Rn. 22 ff.

	Ehegatten, nicht bei Scheidung oder erneutem Güterstandswechsel (§ 5 Abs. 2 ErbStG).
Vor- und Nacherbschaft	Die steuerlichen Sonderregelungen zur Behandlung der Vor- und Nacherbschaft/Vor- und Nachvermächtnisse (§ 6 ErbStG) sind begrifflich auf erbrechtliche Übergänge beschränkt.
Familienheim – Übergang an Ehegatten	Während das Familienheim unter Lebenden stets steuerfrei an den Ehegatten übertragen werden kann (§ 13 Abs. 1 Nr. 4a ErbStG), erhält der überlebende Ehegatte bei Erwerb von Todes wegen diese Privilegierung nur, wenn er das Familienheim nach dem Tod des Erstversterbenden weitere zehn Jahre zu eigenen Wohnzwecken nutzt (§ 13 Abs. 1 Nr. 4b ErbStG).
Familienheim – Übergang an Kinder	Während eine gesonderte Steuerbefreiung für die lebzeitige Übertragung des Familienheims an Kinder nicht existiert, ist bei Erwerb von Todes wegen unter den engen Voraussetzungen des § 13 Abs. 1 Nr. 4c ErbStG eine Steuerbefreiung vorgesehen.
Steuerbefreiung für betriebliches Vermögen	Beim Erwerb begünstigten Betriebsvermögens von Todes wegen erlaubt § 13b Abs. 5 ErbStG in bestimmten Fällen steuerlich rückwirkende Umschichtungen „nicht begünstigter" Vermögensteile in begünstigte Vermögensteile.
Steuerentstehung	Während die Schenkungsteuer die tatsächliche Ausführung der Schenkung voraussetzt, entsteht die Erbschaftsteuer im Regelfall (insbesondere für Erben und Vermächtnisnehmer) bereits mit dem Todesfall (§ 9 Abs. 1 Nr. 1 ErbStG); insofern ist die Möglichkeit der Ausschlagung von Bedeutung, um so die Steuer rückwirkend zu beseitigen.
Pflegefreibetrag	Der Erwerb durch Personen, die den Erblasser gepflegt haben, ist nach § 13 Abs. 1 Nr. 9 ErbStG bis zu 20.000 EUR steuerfrei gestellt.
Rückvererbung	Erben Eltern/Großeltern Gegenstände zurück, die sie selbst ihren Kindern/Enkelkindern geschenkt haben, ist dieser Rückerwerb nach § 13 Abs. 1 Nr. 10 ErbStG steuerfrei gestellt.
Verzicht auf Pflichtteilsanspruch	Gemäß § 13 Abs. 1 Nr. 11 ErbStG gilt der Verzicht auf einen schon entstandenen, aber noch nicht geltend gemachten Pflichtteilsanspruch als steuerfrei; was als Abfindung für einen solchen Verzicht gezahlt wird, gilt als vom Erblasser stammender Erwerb von Todes wegen (§ 3 Abs. 2 Nr. 4 ErbStG).
Stundung	Die erweiterte Stundungsmöglichkeit bei Betriebsvermögen besteht nach § 28 Abs. 1 ErbStG nur für den Erwerb von Todes wegen und für die Erbersatzsteuer bei Stiftungen.
Abkommensrecht	Insbesondere das Doppelbesteuerungsabkommen zwischen Deutschland und der Schweiz vom 30.11.1978 erfasst grds. nur Erbschaften, nicht Schenkungen.[648]

506   Im Übrigen unterscheidet sich jedoch die Erbschaftsteuer in ihrer Funktionsweise nicht von der Schenkungsteuer; dies betrifft insbesondere die Fragen der Bewertung, der Steuerbefreiungen, der Steuerklassen und Steuersätze (mit obigen Ausnahmen) und der Zusammenrechnung von Erwerben innerhalb des Zehn-Jahres-Zeitraums.

---

[648] BGBl. 1980 II 595.

C. Wichtige Gestaltungsmöglichkeiten

Die Erbschaftsteuer ist in besonders hohem Maße einer steuerlichen Gestaltung zugäng- 507
lich, wobei aber dem Rechtsgestalter in jedem Fall die Aufgabe verbleibt, ein gesundes
Augenmaß zu wahren. Mitunter ist die Zahlung einer niedrigen Erbschaftsteuer nur mit
einem gestalterischen Aufwand zu vermeiden, der diesen Steuervorteil nicht mehr rechtfertigt.

I. Lebzeitige Übertragungen

Der klassische Weg zur Vermeidung der Erbschaftsteuer besteht in der lebzeitigen Über- 508
gabe von Vermögensgegenständen. Dadurch können die bestehenden Steuerfreibeträge im
Zehn-Jahres-Turnus des § 14 ErbStG wiederholt genutzt werden. Die vorweggenommene Erbfolge vermeidet weiterhin, dass derselbe Vermögensgegenstand (wie beim Berliner
Testament) mehrfach der Erbschaftsteuer unterliegt. Außerdem besteht ein wesentlicher
Vorteil in der Abzugsfähigkeit von Leistungs- und Nutzungsvorbehalten (→ § 5). Die außergewöhnliche Wertentwicklung am Immobilienmarkt in den Jahren seit Inkrafttreten
der Erbschaftsteuerreform (2009) – mit starken regionalen Unterschieden – führt dazu,
dass vielfach schon der Wert „normaler" Wohnimmobilien den seit 2009 unveränderten
Freibetrag eines Kindes (400.000 EUR) deutlich übersteigt. Sofern in solchen Fällen die
Familienheim-Privilegierung nicht eingreift (weil der Erblasser die Immobilie nicht selbst
bewohnen wird oder im Alter dort ausziehen möchte oder weil das Kind diese nicht
künftig nutzen möchte), entsteht ein steuerlicher Gestaltungsdruck in Richtung einer lebzeitigen Übertragung. Hierbei darf nicht übersehen werden, dass der Übergeber mit der –
häufig einzigen – Immobilie immer auch ein Stück der Entscheidungsfreiheit bzgl. seiner
künftigen Lebensführung aus der Hand gibt.

Soll die Befreiung des betrieblichen Vermögens nach §§ 13a ff. ErbStG erreicht wer- 508a
den, ist eine lebzeitige Übertragung nahezu unumgänglich, da die Auswirkungen dieser
hochdifferenzierten Vorschriften nur mit einer konkreten Planung des Übergabezeitpunk-
tes und entsprechendem „Tuning" der Vermögenszusammensetzung zu diesem Zeitpunkt
kontrollierbar sind.

Weitere lebzeitige Maßnahmen zur Vermeidung der Erbschaftsteuer sind in → § 5 dar- 508b
gestellt (insbesondere die Erwachsenenadoption und die Wahl des Güterstandes).

II. Vermeidung der mehrfachen Besteuerung

Insbesondere erbrechtliche Gestaltungen wie das sog. Berliner Testament führen dazu, 509
dass der vom Erstversterbenden stammende Vermögensgegenstand doppelt vererbt wird
und damit die Freibeträge in zwei verschiedenen Rechtsverhältnissen in Anspruch nimmt,
während gleichzeitig die Freibeträge der Kinder zum Erstversterbenden ungenutzt verfallen. Dem kann auch erbrechtlich entgegengesteuert werden, indem der länger lebende
Ehegatte mit Vermächtnissen zugunsten der Kinder beschwert wird, wonach er Teile des
vom Erstversterbenden stammenden Vermögens (ggf. unter Nießbrauchsvorbehalt) an diese zu übertragen hat. Solche Vermächtnisse werden steuerlich nach hM sogar dann anerkannt, wenn sie vom überlebenden Ehegatten gewissermaßen freiwillig erfüllt werden,
weil der Erstversterbende die Erfüllung in das Belieben des Beschwerten gestellt hat, sog.
Supervermächtnis; Formulierungsbeispiel → Rn. 163a.[649]

III. Privilegiertes Vermögen

Während nach dem geltenden Erbschaftsteuerrecht die Bewertung des Vermögens – 510
gleich ob Barvermögen, Immobilienbesitz, Betriebsvermögen oder Gesellschaftsanteile –

---

[649] Vgl. hierzu mit kritischen Anmerkungen und Formulierungsvorschlägen *Mayer* DStR 2004, 1409 (1412).

an den Verkehrswert anknüpft, sind in der Folge Freistellungen für einzelne Wirtschaftsgüter vorgesehen:
- das Familienheim bei Vererbung im engsten Familienkreis (→ Rn. 505);
- vermietete Wohnimmobilien mit einem Abschlag von 10% (§ 13d ErbStG);
- Betriebsvermögen, Mitunternehmeranteile, qualifizierte Anteile an Kapitalgesellschaften
  mit einer Befreiung von 85% oder 100% und einem Steuerklassenprivileg (§§ 13a, 13b,
  13c, 19a, 28a ErbStG).

511   Die zuletzt genannten Normen sind durch das Gesetz vom 4.11.2016[650] infolge der vom
      Bundesverfassungsgericht gerügten Mängel der erst 2009 in Kraft getretenen Vorgänger-
      fassung[651] erheblich geändert und verkompliziert worden.[652] Vom Bundesverfassungsge-
      richt war insbesondere die mangelnde Zielgenauigkeit der Begünstigungsnormen gerügt
      worden. Dem begegnet die Neuregelung auf zweierlei Weise:
      - das nicht begünstigte sog. Verwaltungsvermögen ist – von einem gewissen Sockelbetrag
        abgesehen – nicht mehr „mit" begünstigt. Vielmehr wird das gesamte begünstigungsfä-
        hige Vermögen in begünstigtes und nicht begünstigtes Vermögen zerlegt, wobei Schul-
        den anteilig verteilt werden; nur auf den begünstigten Vermögensteil sind die Verscho-
        nungsnormen anzuwenden;
      - für sog. Großerwerbe ab 26 Mio. EUR wird die Begünstigung nur noch eingeschränkt,
        ab 90 Mio. EUR gar nicht mehr gewährt (§ 13c ErbStG). An deren Stelle tritt dann die
        „Verschonungsbedarfsprüfung" nach § 28a ErbStG nF, wonach ein Steuererlass möglich
        ist, soweit der Erwerber die Steuer unter Einsatz von 50% seines nicht begünstigten
        Vermögens nicht begleichen kann.

511a Konsequenz der Neuregelungen ist, dass es nur noch eingeschränkt möglich ist, nicht be-
      günstigtes Vermögen durch gestalterische Maßnahmen in begünstigtes Vermögen umzu-
      wandeln; der Planungs- und Beratungsaufwand in diesem Bereich hat sich deutlich er-
      höht.

511b Einfacher sind Gestaltungen im Bereich des Familienheimes.[653]

IV. Verteilung auf mehrere Empfänger

511c Mitunter werden aus steuerlichen Gründen Personen in den Nachfolgerkreis aufgenom-
      men, die weniger dem Erblasser, sondern eher dem „Wunscherben" nahe stehen. Der
      häufigste Fall besteht in der Zuwendung von Vermögenswerten an Enkelkinder, wenn die
      steuerlichen Freibeträge zwischen dem Erblasser und seinen Kindern bereits ausgeschöpft
      sind. In geringerem Umfang wirkt sich dieser Effekt auch bei Empfängern der Steuerklas-
      sen II und III aus, da jeder einzelne Empfänger (zB Ehegatte und Kinder der als Erbe
      gewünschten Nichte) über einen eigenen Steuerfreibetrag von 20.000 EUR verfügt und
      – zumindest im Rahmen der Steuerklasse II – ggf. der günstigere Tarif bei mehreren
      Empfängern genutzt werden kann. Gestalterisch bieten sich hier häufig Geldvermächtnisse
      an, ggf. verbunden mit einer Anordnung der Testamentsvollstreckung zu deren Erfüllung.

V. Reparatur durch Pflichtteil, Ausschlagung oder Erbvergleich

512   Die steuerlich nachteiligen Folgen eines „Berliner Testamentes" oder fehlgehender Testa-
      mente können auch nach dem Tod des erstversterbenden Ehegatten durch geeignete Ge-
      staltungen gemildert werden. Hier kommt insbesondere Folgendes in Betracht:
      - Der als Alleinerbe eingesetzte Ehegatte kann die Erbschaft ausschlagen, sofern die Kin-
        der dann als Ersatzerben zum Zuge kommen. Im Gegenzug lässt er sich von den Kin-
        dern Abfindungsleistungen versprechen, wie zB ein Wohnungsrecht oder eine Renten-

---

[650] BGBl. I 2464.
[651] BVerfG NJW 2015, 303.
[652] Zusammenfassende Kurzdarstellung bei *Wartenburger* MittBayNot 2017, 220.
[653] Vgl. dazu *Ihle* RNotZ 2011, 471; *Reimann* ZEV 2010, 174.

zahlung. Diese Vermögensvorteile des Längerlebenden gelten als erbrechtlicher Erwerb vom Ehegatten (§ 3 Abs. 2 Nr. 4 ErbStG), während sich die Abfindungszahlungen als Kosten für die Erlangung des Erwerbs gemäß § 10 Abs. 5 Nr. 3 ErbStG bei den Kindern erbschaftsteuermindernd auswirken.[654]

– Die aufgrund eines Berliner Testamentes im ersten Erbfall übergangenen Kinder können im Einvernehmen mit dem überlebenden Elternteil den Pflichtteil geltend machen oder für den Verzicht auf die Geltendmachung des Pflichtteils eine Abfindung mit dem überlebenden Elternteil vereinbaren. In beiden Fällen versteuern die Kinder die daraus erwachsenden Vorteile wie erbrechtliche Zuwendungen vom Erstversterbenden, und zwar entweder als geltend gemachten Pflichtteilsanspruch gemäß § 3 Abs. 1 Nr. 1 ErbStG oder als Abfindung nach § 3 Abs. 2 Nr. 4 ErbStG; die Bemessungsgrundlage für den Erwerb des Ehegatten verringert sich nach § 10 Abs. 5 Nr. 2 bzw. Nr. 3 ErbStG. Ertragsteuerlich bestehen zwischen diesen beiden Gestaltungen erhebliche Unterschiede. Die Abfindung für den Verzicht auf die Geltendmachung eines Pflichtteilsanspruches wird ertragsteuerlich als unentgeltlicher Vorgang eingestuft; die Leistung an Erfüllung statt für einen bereits geltend gemachten Pflichtteilsanspruch ist hingegen ein entgeltlicher Vorgang. Wird zB an Erfüllung statt eine Immobilie im Privatvermögen übertragen, so hätte ggf. der Erbe einen Veräußerungsgewinn nach § 23 EStG zu versteuern, während beim Abfindungsempfänger die AfA von neuem zu laufen beginnt.[655]

– Steuerlich gefährlich ist es dagegen, wenn ein Kind auf einen bereits geltend gemachten Pflichtteilsanspruch verzichtet: Durch die Geltendmachung entsteht ggf. die vom Pflichtteilsberechtigten zu zahlende Steuer nach § 3 Abs. 1 Nr. 1 ErbStG; sie kann durch den Verzicht nicht wieder beseitigt werden. Vielmehr stellt dieser Verzicht eine lebzeitige Zuwendung des Pflichtteilsberechtigten an den Erben, typischerweise also an den anderen Elternteil, dar (§ 7 Abs. 1 ErbStG). Diese ist bei Überschreitung des Freibetrages von 20.000 EUR in der Steuerklasse II steuerpflichtig.

– Ist eine privilegierte Vermögenseinheit (Unternehmen) durch ein Testament an ein Kind geraten, das zur Fortführung nicht bereit oder in der Lage ist, während ein anderes Kind hieran interessiert ist, so kann die Ausschlagung gegen Abfindung in zweifacher Hinsicht vorteilhaft sein: Nimmt ein Kind das Erbe an, um das Unternehmen anschließend an ein Geschwisterkind zu verkaufen, so geht (wegen Verstoß gegen die Haltefrist des § 13a ErbStG) die Privilegierung für den vorangegangenen Erbfall verloren; außerdem löst die Weiterveräußerung regelmäßig einkommensteuerliche Folgen beim Veräußerer aus; zur Vermeidung dieser Doppelbelastung vgl. § 35b EStG. Lässt sich das wirtschaftlich gleiche Ergebnis auch durch eine Ausschlagung gegen Abfindung erreichen, so erhält der zur Erbfolge gelangende Ersatzerbe die Begünstigung der §§ 13a ff. ErbStG und ein steuerpflichtiger Veräußerungsgewinn fällt nicht an, da die Abfindung als unentgeltlicher Erwerb vom Verstorbenen der Erbschaftsteuer unterliegt. In diesen Fällen erweist sich die gesetzliche Ausschlagungsfrist des § 1944 BGB als enormes Problem, da die Klärung der Unternehmensnachfolge, die Bewertung des Unternehmens und Aushandlung der Abfindungsvereinbarung in einer Frist von sechs Wochen kaum zu bewerkstelligen ist.

– Häufig führen unklar formulierte Verfügungen von Todes wegen oder Zweifel an der Testierfähigkeit des Erblassers dazu, dass mit dem Erbfall Rechtsunsicherheit und Streitigkeiten bzgl. der Erbfolge entstehen. Zwar ist die Erbfolge an sich keinem Vergleich zugänglich, da sie mit dem Erbfall bereits eingetreten ist und anschließend nur noch festgestellt werden kann. Dennoch sind häufig Erbvergleichsverträge anzutreffen, in denen sich die Erbprätendenten auf eine von ihnen gemeinschaftlich vertretene Auslegung einigen und hierfür eine Abfindungsleistung vorsehen. In Reaktion auf eine

---

[654] Vgl. *Troll/Gebel/Jülicher* ErbStG § 10 Rn. 231.
[655] Zu den Konsequenzen bei Betriebsvermögen BFH DStRE 2005, 449; dazu *Wälzholz* MittBayNot 2005, 465.

Rechtsprechungsänderung des BFH[656] hat der Gesetzgeber nunmehr[657] in § 3 Abs. 2 Nr. 4 ErbStG ergänzt, dass die an einen Erbprätendenten für die Aufgabe seiner vermeintlichen Rechtsposition geleistete Abfindung ihrerseits erbschaftsteuerpflichtig ist.[658] Der Erbvergleich hat damit als auch steuerliches Gestaltungsmittel jedoch keineswegs ausgedient, denn er ermöglicht die Verteilung des Nachlasses auf mehrere Empfänger mit jeweils eigenständigen Freibeträgen. Der Abschluss eines steuerlich relevanten Erbvergleichs setzt jedoch voraus, dass es zwischen den Beteiligten zu ernsthaften Meinungsverschiedenheiten gekommen ist, die durch den Vergleich beigelegt werden. Ob daneben auch Anforderungen an die inhaltliche Substanz der seitens des Erbprätendenten vorgetragenen Auffassung zu stellen sind, ist umstritten.[659] Die Anforderungen dürfen hier nicht überspannt werden, da sonst die gesetzliche Neuregelung vollständig ins Leere geht.

VI. Stiftung

513   Vor dem Hintergrund einer unübersichtlichen und kaum kalkulierbaren Entwicklung der Erbschaftsteuer, aber auch aus außersteuerlichen Gründen (komplizierte Familienverhältnisse; fehlende Unternehmensbindung des Nachwuchses etc) wird die Stiftung zunehmend als Mittel der Vermögens- und Unternehmensnachfolge akzeptiert. Während die Vermögensübertragung an eine gemeinnützige Stiftung von der Erbschaftsteuer befreit ist (und sogar eine schon entstandene Steuer beseitigt, wenn sie erst nach dem Erbfall vom Erben aus freien Stücken durchgeführt wird, vgl. § 29 Abs. 1 Nr. 4 ErbStG), müssen bei einer Familienstiftung die erbschaftsteuerlichen Folgen genau geprüft werden:

514   Die Einbringung von Vermögen im Rahmen des Stiftungsgeschäftes (§ 7 Abs. 1 Nr. 8 ErbStG) gilt als Schenkung an den entferntesten Leistungsberechtigten (§ 15 Abs. 2 S. 1 ErbStG). In der Regel wird hier die Steuerklasse I mit einem Freibetrag von 400.000 EUR anwendbar sein, da aufgrund der Stiftungsurkunde die Kinder des Stifters und die Kinder verstorbener Kinder begünstigt sind. Sofern auch die Abkömmlinge noch lebender Kinder begünstigt sind, reduziert sich der Freibetrag auf 100.000 EUR. Die nachträgliche Einbringung von Vermögen in eine schon bestehende Familienstiftung unterliegt als Schenkung iSv § 7 Abs. 1 Nr. 1 ErbStG der Steuerklasse III.[660]

514a   Nach dem Ablauf von jeweils 30 Jahren (also ungefähr im Turnus des natürlichen Generationenwechsels) ist die Stiftung zur Zahlung der sog. Erbersatzsteuer verpflichtet, § 1 Abs. 1 Nr. 4 ErbStG, wobei jeweils die Vererbung des Stiftungsvermögens an zwei Kinder fingiert wird (§ 15 Abs. 2 S. 3 ErbStG). Die Familienstiftung an sich ist daher nicht erbschaftsteuerlich privilegiert, sie führt aber zu einer besseren Planbarkeit und ermöglicht die Nutzung der heute geltenden §§ 13a ff. ErbStG auch bei aktuellem Fehlen eines geeigneten Unternehmensnachfolgers. Die Erbersatzsteuer stellt ein schwer kalkulierbares Risiko dar, liegt allerdings idR jenseits des Planungshorizonts der Beteiligten; zudem besteht nach § 24 ErbStG die – bei einem niedrigen Zinsniveau freilich weniger attraktive – Möglichkeit der Verrentung der Steuerschuld. Im Gegensatz dazu unterliegt eine unselbständige (nicht rechtsfähige) Stiftung auch dann nicht der Erbersatzsteuer, wenn ihr Zweck auf die Versorgung der Familie des Stifters gerichtet ist.[661] Bei einer solchen Stiftung unterliegt allerdings der Rechtsträgerwechsel der Erbschaft- bzw. Schenkungsteuer.[662]

---

[656] BFH NJW 2011, 2607 (Erbschaftsteuerfreiheit beim Prätendenten) und NJW 2016, 3327 (Abzugsfähigkeit der Abfindung beim verbleibenden Erben).
[657] StUmgBG v. 23.6.2017, BGBl. 2017 I 1682.
[658] Dazu *Hülsmann* DStR 2017, 2513; *Leidel* ZEV 2017, 357.
[659] Zum Streitstand *Hülsmann* DStR 2017, 2513 (2516 f.).
[660] Vgl. *Daragan/Halaczinsky/Riedel* ErbStG § 7 Rn. 145.
[661] BFH DStR 2017, 597 = BStBl. II 2018, 199.
[662] *Zimmermann/Raddatz* NJW 2018, 516.

Die Leistungen der Stiftung an die Destinatäre sind von diesen nach § 20 Abs. 1 Nr. 9 **514b** EStG als Kapitalerträge bzw. nach § 22 Nr. 1 S. 2 lit. a EStG als sonstige Einkünfte zu versteuern. Die Besteuerung nach § 20 Abs. 1 Nr. 9 EStG wird von der Finanzverwaltung angenommen bei Leistungen an den Stifter oder seine Angehörigen, die durch die Stiftungsgremien aus Erträgen des Stiftungsvermögens oder bei Auflösung der Stiftung ausgekehrt werden.[663]

D. Einkommensteuer

Einkommensteuerlich relevant sind Erbfälle insbesondere dann, wenn steuerlich als Be- **515** triebsvermögen verstrickte Vermögensgegenstände übergehen. Erben treten grundsätzlich in die einkommensteuerliche Rechtsstellung des Erblassers ein; die dem Erblasser zustehenden einkommensteuerlichen Verlustvorträge gehen jedoch durch den Todesfall endgültig verloren.

I. Einzelunternehmen

Geht ein Einzelunternehmen auf den Erben über, so ergeben sich zunächst keine Beson- **516** derheiten, sofern der Erbe das Unternehmen fortführt. Gibt er den Betrieb auf, so hat er einen etwaigen Aufgabegewinn nach § 16 EStG zu versteuern, wobei er den günstigen Steuersatz des § 34 Abs. 3 EStG nur erhält, wenn er selbst (und nicht der Erblasser) das 55. Lebensjahr vollendet hat oder dauernd berufsunfähig ist. Geht ein Einzelunternehmen auf eine Erbengemeinschaft über, so ist diese eine „geborene Mitunternehmerschaft" und als solche nach § 15 Abs. 1 Nr. 2 EStG zu behandeln,[664] wobei es allerdings nicht zur Infektion des sonstigen Nachlassvermögens nach § 15 Abs. 3 Nr. 1 EStG kommt.

Müssen aufgrund testamentarischer Anordnungen Gegenstände aus dem Betriebsver- **517** mögen an Dritte (Vermächtnisnehmer) übertragen werden, so liegt darin regelmäßig eine Entnahme aus dem Betriebsvermögen, die zur steuerpflichtigen Aufdeckung stiller Reserven der betreffenden Gegenstände führt.

II. Personengesellschaft

Sofern Anteile an Personengesellschaften erbrechtlich (aufgrund § 177 HGB oder auf- **518** grund entsprechender gesellschaftsvertraglicher Nachfolgeklauseln) übergehen, gelten einkommensteuerlich noch keine Besonderheiten. Sehr problematisch ist die Situation jedoch dann, wenn steuerliches Sonderbetriebsvermögen vorhanden ist, das anderen erbrechtlichen Regeln unterliegt und daher – wenn auch nur für kurze Zeit – an einen anderen Empfänger übergeht; vgl. zu gestalterischen Lösungsansätzen → § 20 Rn. 55.

III. Betriebsaufspaltung

Einkommensteuerliche Folgen sind immer dann zu erwarten, wenn betriebliche Zusam- **519** menhänge durch eine lebzeitige oder erbrechtliche Nachfolge auseinandergerissen werden. Diese Gefahr besteht aber nicht nur im Bereich von Einzelunternehmen und Sonderbetriebsvermögen, sondern auch bei Kapitalgesellschaften, wenn aufgrund der Nutzungsüberlassung von Wirtschaftsgütern des Gesellschafters an die Gesellschaft eine sog. Betriebsaufspaltung besteht. Die Betriebsaufspaltung führt dazu, dass steuerlich ein gewerbliches sog. Besitzunternehmen angenommen wird, zu dessen Vermögen sowohl die Anteile an dem Betriebsunternehmen (meist eine GmbH) als auch die überlassenen Wirtschaftsgüter gehören. Das Besitzunternehmen kann ein Einzelunternehmen oder eine Personengesellschaft sein; es kann sich sogar das gesamte Vermögen dieser Personengesell-

---

[663] BMF-Schreiben v. 27.6.2006, DStR 2006, 1227; zur Abgrenzung im Übrigen vgl. Herrmann/Heuer/Raupach/*Killat* EStG § 22 Rn. 242.
[664] Vgl. Schmidt/*Wacker* EStG § 15 Rn. 383.

schaft im Sonderbetriebsvermögen der Gesellschafter befinden (sog. Willensbildungs-GbR). Wird die für die Betriebsaufspaltung konstitutive personelle und sachliche Verflechtung durch den Vermögensübergang zerstört, kommt es zu einer Betriebsaufgabe, wobei regelmäßig sowohl die überlassenen Wirtschaftsgüter als auch die GmbH-Anteile steuerpflichtig ins Privatvermögen überführt werden.

520   Umgekehrt kann ein Erbfall dazu führen, dass eine steuerliche Betriebsaufspaltung überhaupt erst entsteht. Dies ist insbesondere dann der Fall, wenn Ehegatten zuvor das sog. Wiesbadener Modell praktiziert haben, wobei einem Ehegatten das Betriebsgrundstück gehört, dem anderen Ehegatten die Anteile an der dies nutzenden GmbH.[665] Beerbt nun (zB aufgrund eines Berliner Testamentes) der eine Ehegatte den anderen, bildet sich ohne weiteres Zutun (und oft erst Jahre später im Rahmen einer Betriebsprüfung bemerkt) ein gewerbliches Besitzunternehmen. Während das Betriebsgrundstück regelmäßig zum Teilwert in dieses Betriebsvermögen eingelegt wird, setzt man für den GmbH-Anteil die historischen Anschaffungskosten an (§ 6 Abs. 1 Nr. 5 S. 1 lit. b EStG), so dass bereits im Moment des Erbfalls enorme stille Reserven im Betriebsvermögen des Besitzunternehmens entstehen können, die bei einer nachträglichen Aufhebung der so entstandenen Betriebsaufspaltung zu Steuerbelastungen führen. Ein vorausschauender Testamentsgestalter sollte diese Probleme erkennen und nach Möglichkeit vermeiden, was eine enge Abstimmung zwischen dem erbrechtlichen und dem steuerlichen Berater voraussetzt.

IV. Erbauseinandersetzung

521   Die Erbauseinandersetzung stellt steuerlich einen vom Erbfall getrennten Vorgang dar,[666] wobei die steuerlichen Folgen hauptsächlich danach unterschieden werden, ob bei der Auseinandersetzung Abfindungszahlungen geleistet werden, vgl. BMF-Schreiben vom 14. 3. 2006.[667] Eine Abfindungszahlung in diesem Sinne liegt dann vor, wenn ein Erbe aus der Erbengemeinschaft mehr erhält als seiner Beteiligung am Nachlass entspricht und er dafür an die Miterben Leistungen (typischerweise aus Eigenvermögen oder fremdfinanziert) erbringt. Soweit keine Abfindungszahlungen geleistet werden, ist die Auseinandersetzung ein unentgeltlicher Vorgang mit Zwang zur Buchwertfortführung, vgl. § 6 Abs. 3 EStG, bei Realteilung des Betriebes selbst auch § 16 Abs. 3 EStG. Abfindungszahlungen hingegen stellen ein Entgelt dar und sind vom Zahlungsempfänger ggf. als Veräußerungsgewinn zu versteuern, während der Erwerber des Betriebsvermögens entsprechende Anschaffungskosten aktivieren kann; das BMF-Schreiben vom 14. 3. 2006 enthält hierzu instruktive Rechenbeispiele, vgl. etwa Tz. 36 zur Teilung eines Mischnachlasses mit Ausgleichszahlung.

---

[665] Vgl. Schmidt/*Wacker* EStG § 15 Rn. 847.
[666] BFH GrS BStBl. II 1990, 837.
[667] BStBl. I 2006, 243 mit späteren Änderungen.

11. Teil. Gesamtmuster

A. Einfaches Einzeltestament

UR-Nr. ***

TESTAMENT

Heute, den ***

erschien vor mir, dem unterzeichneten Notar ***

in ***, in den Amtsräumen in ***:

Herr ***,

geboren am *** in *** GebRegNr. ***

wohnhaft in ***

nach Angabe ***.

Der Erschienene wies sich aus durch ***.

Der Erschienene ersuchte um die Beurkundung eines Testaments. Er ist nach meiner Überzeugung, die ich in einem mit ihm geführten Gespräch gewonnen habe, testierfähig. Auf die Beiziehung von Zeugen, die gesetzlich nicht veranlasst war, wurde verzichtet.

Sodann erklärte der Erschienene mir, dem Notar, gegenüber mündlich zur Niederschrift seinen letzten Willen wie folgt:

I.

Ich bin ausschließlich deutscher Staatsangehöriger und habe meinen gewöhnlichen Aufenthalt in der Bundesrepublik Deutschland. Vermögen im Ausland habe ich nicht. Der Notar hat darauf hingewiesen, dass sich das anwendbare Erbrecht im Falle einer Verlegung des gewöhnlichen Aufenthalts ändern kann. Eine Rechtswahl wurde bislang nicht getroffen und wird ausdrücklich nicht gewünscht.

Ich bin *** und habe *** Kinder.

Weitere Kinder, insbesondere nichteheliche oder Adoptivkinder, habe und hatte ich nicht.

Der Notar hat mich auf die mögliche Bindung durch frühere Erbverträge oder gemeinschaftliche Testamente hingewiesen. Eine solche besteht bei mir nicht.

II.

1. Vorsorglich widerrufe ich hiermit frühere Verfügungen von Todes wegen vollinhaltlich.
2. Ich setze *** zu meinem alleinigen und ausschließlichen Erben ein.
3. Ersatzerbe ist ***.

III.

[*ggf.:* Für die Berechnung von Pflichtteilsansprüchen soll gemäß § 2312 BGB der Ertragswert maßgebend sein, sofern dieser geringer als der Verkehrswert ist.]

Weitere Verfügungen will ich nicht treffen.

Der Erschienene wurde vom Notar über die rechtliche Tragweite seiner Erklärungen belehrt, insbesondere über

– das Pflichtteils- und Pflichtteilsergänzungsrecht;
– die gesetzlichen Bestimmungen der §§ 2050 ff. BGB und §§ 2315 f. BGB über die Ausgleichung und Anrechnung;
– den Grundsatz des freien lebzeitigen Verfügungsrechts, seine Einschränkungen und deren Auswirkungen.

522
Ʊ

Der Notar hat ferner darauf hingewiesen, dass

- Zahlungen aus Verträgen zugunsten Dritter auf den Todesfall (zB Lebensversicherungen oder Sparkonten) unmittelbar dem eingesetzten Bezugsberechtigten zustehen und deshalb nicht in den Nachlass fallen;
- für Anteile an Personengesellschaften der Gesellschaftsvertrag eine Sondererbfolge vorsehen kann;
- die Vererblichkeit von Urheberrechten oder anderen höchstpersönlichen, nicht frei übertragbaren Rechten, beschränkt ist.

IV.

Dieses Testament wird beim Amtsgericht *** amtlich verwahrt.

Mir und dem Notar (offene Aufbewahrung) sind beglaubigte Abschriften zu erteilen.

B. Ehegattenerbvertrag

523   UR-Nr. ***

ERBVERTRAG

Heute, den ***

erschienen vor mir, dem unterzeichneten Notar ***

in ***, mit dem Amtssitz in ***:

Herr***,

geboren am *** in *** GebRegNr. ***

und dessen Ehefrau,

Frau ***, geborene ***,

beide wohnhaft in ***,

nach Angabe ***.

Die Erschienenen wiesen sich aus durch ***.

Sie erklären, einen Erbvertrag errichten zu wollen und ersuchen mich um dessen Beurkundung.

Nach meiner Überzeugung, die ich in einem mit den Beteiligten geführten Gespräch gewonnen habe, sind diese voll geschäfts- und testierfähig. Die Zuziehung von Zeugen zu dieser Beurkundung ist nicht erforderlich; sie wird auch von den Beteiligten nicht gewünscht.

Sie erklären bei ständiger gleichzeitiger Anwesenheit mündlich zu meiner Niederschrift, was folgt:

I. Vorbemerkung

Wir sind beide ausschließlich deutsche Staatsangehörige und haben unseren gewöhnlichen Aufenthalt in der Bundesrepublik Deutschland. Vermögen im Ausland haben wir nicht. Der Notar hat darauf hingewiesen, dass sich das anwendbare Erbrecht im Falle einer Verlegung des gewöhnlichen Aufenthalts ändern kann. Eine Rechtswahl wurde bislang nicht getroffen und wird ausdrücklich nicht gewünscht.

Wir haben am *** in *** in beiderseits erster Ehe geheiratet.

Aus unserer Ehe sind *** Kinder hervorgegangen, nämlich ***.

Weitere Kinder, insbesondere nichteheliche oder Adoptivkinder, waren und sind nicht vorhanden.

Der Notar hat uns auf die mögliche Bindung durch frühere Erbverträge oder gemeinschaftliche Testamente hingewiesen. Eine solche besteht bei keinem von uns.

Vorsorglich widerrufen wir hiermit frühere Verfügungen von Todes wegen vollinhaltlich.

II. Vertragsmäßige Verfügungen von Todes wegen

In vertragsmäßiger, also einseitig nicht widerruflicher Weise, vereinbaren die Beteiligten was folgt:

1. Erbfolge nach dem Erstversterbenden

Der längerlebende Ehegatte wird alleiniger Vollerbe des Zuerstversterbenden.

Ersatzerben für den Wegfall des Längerlebenden, gleich aus welchem Grunde (zB bei Ausschlagung oder Anfechtung), sind die nachstehend benannten Schlusserben gemäß den dort getroffenen Verteilungsgrundsätzen.

2. Erbfolge nach dem Längerlebenden

a) Schlusserben, also Erben des Letztversterbenden und Erben eines jeden Ehegatten im Fall eines durch dasselbe Ereignis bedingten (annähernd) gleichzeitigen Versterbens, sind die gemeinsamen Kinder *** und *** zu gleichen Teilen.
[*ggf.*: Gesetzliche Ausgleichungspflichten der Abkömmlinge wegen lebzeitiger Vorabzuwendungen werden den Abkömmlingen im Wege des Vorausvermächtnisses erlassen. Bei Auseinandersetzung der Erbengemeinschaft sind derartige Zuwendungen somit nicht nach den Ausgleichungsvorschriften der §§ 2050 ff. BGB zu berücksichtigen und dürfen das Auseinandersetzungsguthaben des Bedachten nicht mindern. Die Bestimmungen des Pflichtteilsrechts bleiben unberührt.]
b) Ersatzschlusserben sind jeweils die Abkömmlinge der Schlusserben zu unter sich gleichen Stammanteilen gemäß den Regeln gesetzlicher Erbfolge. Sind solche nicht vorhanden, tritt bei den übrigen Schlusserben Anwachsung gemäß § 2094 BGB ein.

3. Abänderungsrecht

Abweichend von der gesetzlichen erbvertraglichen Bindungswirkung vereinbaren wir folgenden Abänderungsvorbehalt:

Der Längerlebende ist befugt, die nach ihm geltende Erbfolge einseitig beliebig abzuändern oder zu ergänzen.

[*Alt.*: Der Längerlebende ist befugt, die nach ihm geltende Erbfolge innerhalb der gemeinsamen Abkömmlinge einseitig beliebig abzuändern oder zu ergänzen. Er darf hierzu auch Beschwerungen und Beschränkungen im Sinne von § 2306 Abs. 1 BGB anordnen oder aufheben.

Anderen Personen darf der Längerlebende von Todes wegen durch Vermächtnisse nur Vermögenswerte zuwenden, die er nach dem Ableben des Erstversterbenden hinzuerworben hat, soweit sie nicht wirtschaftlich Ersatz oder Ertrag des beim ersten Erbfall vorhandenen Vermögens sind.

Wurden durch solche hinzuerworbenen Vermögenswerte Verbindlichkeiten getilgt, die bereits beim Tod des Erstversterbenden vorhanden waren, dürfen auch Vermächtnisse in Höhe dieser Beträge ausgesetzt werden.

Auf Verlangen eines Schluss- oder Ersatzschlusserben ist beim Tod des Erstversterbenden ein Vermögensverzeichnis zu erstellen.]

4. Rücktrittsrecht

Ein Rücktrittsrecht vom Erbvertrag soll nicht vorbehalten werden.

III. Schlussbestimmungen

[*ggf.*: Für die Berechnung von Pflichtteilsansprüchen soll gemäß § 2312 BGB der Ertragswert maßgebend sein, sofern dieser geringer als der Verkehrswert ist.]

Die Bestimmungen dieses Erbvertrages sollen gelten, ganz gleich, ob und welche pflichtteilsberechtigten Personen bei unserem Tod vorhanden sind. Insoweit wird auf das gesetzliche Anfechtungsrecht verzichtet.

Alle in dieser Urkunde getroffenen letztwilligen Verfügungen sollen ohne weitere Voraussetzung mit Rechtshängigkeit der Ehescheidung unwirksam sein, so dass jeder von uns wieder völlig frei über seinen Nachlass verfügen kann.

IV. Hinweise

Die Vertragsteile wurden vom Notar über die rechtliche Tragweite ihrer Erklärungen belehrt, insbesondere über
- das Pflichtteils- und Pflichtteilsergänzungsrecht,
- die gesetzlichen Bestimmungen der §§ 2050 ff. BGB und §§ 2315 f. BGB über die Ausgleichung und Anrechnung,
- die Einschränkung der Testierfreiheit durch die vertragsmäßigen Verfügungen,
- den Grundsatz des freien lebzeitigen Verfügungsrechts, seine Einschränkungen und deren Auswirkungen,
- das durch diese Urkunde eingeschränkte Anfechtungsrecht gemäß den §§ 2078, 2079 BGB.

Der Notar hat ferner darauf hingewiesen, dass
- Zahlungen aus Verträgen zugunsten Dritter auf den Todesfall (zB Lebensversicherungen oder Sparkonten) unmittelbar dem eingesetzten Bezugsberechtigten zustehen und deshalb nicht in den Nachlass fallen;
- für Anteile an Personengesellschaften der Gesellschaftsvertrag eine Sondererbfolge vorsehen kann;
- die Vererblichkeit von Urheberrechten oder anderen höchstpersönlichen, nicht frei übertragbaren Rechten, beschränkt ist.

V. Abschriften

Dieser Erbvertrag wird beim Amtsgericht *** amtlich verwahrt. Für uns und den beurkundenden Notar (offene Aufbewahrung) sind beglaubigte Abschriften zu fertigen.

C. Behindertenerbvertrag

524   UR-Nr. ***

                                   ERBVERTRAG

Heute, den ***

erschienen vor mir, dem unterzeichneten Notar ***
in ***, mit dem Amtssitz in ***:

Herr ***,
geboren am *** in *** GebRegNr. ***

und dessen Ehefrau,

Frau ***, geborene ***,

beide wohnhaft in ***,

nach Angabe ***.

Die Erschienenen wiesen sich aus durch ***.

Sie erklären, einen Erbvertrag errichten zu wollen und ersuchen mich um dessen Beurkundung.

Nach meiner Überzeugung, die ich in einem mit den Beteiligten geführten Gespräch gewonnen habe, sind diese voll geschäfts- und testierfähig. Die Zuziehung von Zeugen zu dieser Beurkundung ist nicht erforderlich; sie wird auch von den Beteiligten nicht gewünscht.

Sie erklären bei ständiger gleichzeitiger Anwesenheit mündlich zu meiner Niederschrift, was folgt:

I. Vorbemerkung

Wir sind beide ausschließlich deutsche Staatsangehörige und haben unseren gewöhnlichen Aufenthalt in der Bundesrepublik Deutschland. Vermögen im Ausland haben wir nicht. Der Notar hat darauf hingewiesen, dass sich das anwendbare Erbrecht im Falle einer Verlegung des gewöhnlichen Aufenthalts ändern kann. Eine Rechtswahl wurde bislang nicht getroffen und wird ausdrücklich nicht gewünscht.

Wir haben am *** in *** in beiderseits erster Ehe geheiratet.

Aus unserer Ehe sind *** Kinder hervorgegangen, nämlich ***.

Weitere Kinder, insbesondere nichteheliche oder Adoptivkinder, waren und sind nicht vorhanden.

Der Notar hat uns auf die mögliche Bindung durch frühere Erbverträge oder gemeinschaftliche Testamente hingewiesen. Eine solche besteht bei keinem von uns.

Vorsorglich widerrufen wir hiermit frühere Verfügungen von Todes wegen vollinhaltlich.

II. Vertragsmäßige Verfügungen von Todes wegen

In vertragsmäßiger, also einseitig nicht widerruflicher Weise, vereinbaren die Beteiligten was folgt:

1. Erbfolge nach dem Erstversterbenden

a) Erbquoten

(1) Erben des zuerstversterbenden Ehegatten werden der Längerlebende zu *** und das gemeinsame Kind *** [behindertes Kind] zu ***.
Sollte *** [das gesunde Kind] ohne Hinterlassung von Abkömmlingen vorverstorben sein, ändern sich die Erbquoten wie folgt:
der längerlebende Ehegatte erhält in diesem Fall ***, *** [behindertes Kind] ***.
(2) Ersatzerbe von *** [behindertes Kind] ist der längerlebende Ehegatte.
(3) Ersatzerben des längerlebenden Ehegatten sind die nachstehend unter Ziffer 3. a) benannten Schlusserben gemäß den dort getroffenen Verteilungsgrundsätzen.

b) Nacherbfolge

(1) *** [behindertes Kind] ist jedoch nur Vorerbe.
(2) Der Vorerbe ist von den Beschränkungen des § 2119 BGB (Anlegung von Geld) befreit. Im Übrigen ist der Vorerbe von den gesetzlichen Beschränkungen der §§ 2113 ff. BGB ausdrücklich nicht befreit.
(3) Der Nacherbfall tritt mit dem Tod des Vorerben ein.
(4) Nacherbe ist der längerlebende Ehegatte.
Ersatznacherben sind die Abkömmlinge des Vorerben zu unter sich gleichen Stammanteilen, wiederum ersatzweise die übrigen nachstehend unter Ziffer 3. a) benannten Schlusserben gemäß den dort getroffenen Verteilungsgrundsätzen.
(5) Das Nacherbenanwartschaftsrecht ist nicht vererblich und nur an den Vorerben oder an Mitnacherben übertragbar. Im Falle einer solchen Übertragung entfällt die jeweilige Ersatznacherbfolge.

2. Pflichtteilslast

Für den Fall, dass beim Ableben des Erstversterbenden ein pflichtteilsberechtigter Abkömmling sein gesetzliches Pflichtteilsrecht geltend machen sollte, hat die Pflichtteilslast alleine der längerlebende Ehegatte zu tragen.

3. Erbfolge nach dem Längerlebenden

a) Erbquoten

(1) Schlusserben, also Erben des Letztversterbenden und Erben eines jeden Ehegatten im Fall eines durch dasselbe Ereignis bedingten (annähernd) gleichzeitigen Versterbens, sind *** [gesunde Kinder] zu *** und *** [behindertes Kind] zu ***.
Gesetzliche Ausgleichungspflichten der Abkömmlinge wegen lebzeitiger Vorabzuwendungen bleiben unberührt.

(2) Ersatzschlusserben sind jeweils die Abkömmlinge der Schlusserben zu unter sich gleichen Stammanteilen gemäß den Regeln gesetzlicher Erbfolge. Sind solche nicht vorhanden, tritt bei den übrigen Schlusserben Anwachsung gemäß § 2094 BGB ein.

b) Nacherbfolge

(1) *** [behindertes Kind] ist jedoch auch beim Schlusserbfall nur Vorerbe.

(2) Der Vorerbe ist von den Beschränkungen des § 2119 BGB (Anlegung von Geld) befreit. Im Übrigen ist der Vorerbe von den gesetzlichen Beschränkungen der §§ 2113 ff. BGB ausdrücklich nicht befreit.

(3) Der Nacherbfall tritt mit dem Tod des Vorerben ein.

(4) Nacherben sind die Abkömmlinge des Vorerben zu unter sich gleichen Stammanteilen. Ersatznacherben sind die übrigen vorstehend unter Ziffer 3. a) benannten Schlusserben gemäß den dort getroffenen Verteilungsgrundsätzen.

(5) Das Nacherbenanwartschaftsrecht ist nicht vererblich und nur an den Vorerben oder an Mitnacherben übertragbar. Im Falle einer solchen Übertragung entfällt die jeweilige Ersatznacherbfolge.

4. Abänderungsvorbehalt

Abweichend von der gesetzlichen erbvertraglichen Bindungswirkung vereinbaren wir folgenden Abänderungsvorbehalt:

Der Längerlebende ist befugt, die nach ihm geltende Erbfolge innerhalb der gemeinsamen Abkömmlinge einseitig beliebig abzuändern oder zu ergänzen. Er darf hierzu auch Beschwerungen und Beschränkungen im Sinne von § 2306 Abs. 1 BGB anordnen oder aufheben.

Anderen Personen darf der Längerlebende von Todes wegen durch Vermächtnisse nur Vermögenswerte zuwenden, die er nach dem Ableben des Erstversterbenden hinzuerworben hat, soweit sie nicht wirtschaftlich Ersatz oder Ertrag des beim ersten Erbfall vorhandenen Vermögens sind.

Wurden durch solche hinzuerworbenen Vermögenswerte Verbindlichkeiten getilgt, die bereits beim Tod des Erstversterbenden vorhanden waren, dürfen auch Vermächtnisse in Höhe dieser Beträge ausgesetzt werden.

Auf Verlangen eines Schluss- oder Ersatzschlusserben ist beim Tod des Erstversterbenden ein Vermögensverzeichnis zu erstellen.

Sollte nur noch *** [behindertes Kind] als einzig lebender gemeinsamer Abkömmling vorhanden sein, ist der Längerlebende berechtigt, die nach ihm geltende Erbfolge völlig frei abzuändern.

5. Rücktrittsrecht

Jeder von uns behält sich den jederzeit ohne Angabe von Gründen möglichen Rücktritt von diesem Erbvertrag vor.

Über die für die Ausübung des Rücktrittsrechts einzuhaltenden Vorschriften wurde vom beurkundenden Notar belehrt.

III. Einseitige Verfügungen

1. Testamentsvollstreckung

a) Testamentsvollstreckung in beiden Erbfällen

Das gemeinsame Kind *** [behindertes Kind] ist wegen seiner Behinderung nicht in der Lage, seine Angelegenheiten selbst zu besorgen. Es wird daher die ihm beim jeweiligen Erbfall zugewendeten Erbteile nicht selbst verwalten können.

Sowohl der erstversterbende als auch der längerlebende Ehegatte ordnen deshalb hinsichtlich des *** [behindertes Kind] jeweils zufallenden Erbteils Testamentsvollstreckung in Form einer Dauertestamentsvollstreckung gemäß § 2209 BGB an.

b) Person des Testamentsvollstreckers

(1) Zum Testamentsvollstrecker wird ernannt:
 – beim Tod des Erstversterbenden der längerlebende Ehegatte,
 – beim Schlusserbfall ***.

(2) Der jeweilige Testamentsvollstrecker wird ermächtigt, jederzeit einen Nachfolger zu benennen. Das gleiche gilt, wenn der Testamentsvollstrecker sein Amt nicht antreten kann oder will. Kann oder will er dies nicht, soll der Nachfolger gemäß § 2200 BGB durch das Nachlassgericht ernannt werden.

(3) Das Amt des für den ersten Sterbefall eingesetzten Testamentsvollstreckers endet mit dem Schlusserbfall. An seine Stelle tritt der für den Schlusserbfall eingesetzte Testamentsvollstrecker, der dann die Miterbenanteile von *** [behindertes Kind] am Nachlass beider Elternteile verwaltet.

c) Aufgaben und Befugnisse des Testamentsvollstreckers

(1) Solange die jeweilige Erbengemeinschaft besteht, nimmt der Testamentsvollstrecker die *** [behindertes Kind] zustehenden Rechte als Miterbe wahr und verwaltet den Nachlass gemeinsam mit den weiteren Miterben. Er ist von den Beschränkungen des § 181 BGB ausdrücklich befreit.

(2) Der Testamentsvollstrecker darf nicht über den Erbteil als solchen verfügen, jedoch bei einer Auseinandersetzung der Erbengemeinschaft mitwirken.

(3) Nach erfolgter Erbauseinandersetzung setzt sich die Testaments-vollstreckung an den Vermögenswerten fort, die *** [behindertes Kind] bei der Nachlassteilung zugefallen sind.

(4) Gemäß § 2216 Abs. 2 BGB wird der jeweilige Testamentsvollstrecker verbindlich angewiesen, die *** [behindertes Kind] gebührenden jährlichen Reinerträgnisse des Nachlasses ausschließlich so zuzuwenden, dass hierdurch keine Kürzung von etwaigen durch *** [behindertes Kind] bezogenen staatlichen Leistungen eintreten kann. Mit dieser Weisung soll erreicht werden, dass die wirtschaftliche Stellung von *** [behindertes Kind] verbessert wird. Die jährlichen Reinerträge des Nachlasses sind *** [behindertes Kind] insbesondere in folgender Form zuzuwenden:
 – Geschenke zum Geburtstag und Namenstag von *** [behindertes Kind], zu Weihnachten, Ostern und Pfingsten;
 – Zuwendungen zur Befriedigung von individuellen Bedürfnissen geistiger und künstlerischer Art sowie in Bezug auf die Freizeitgestaltung, insbesondere Hobbies;
 – Finanzierung von zusätzlichen Freizeiten und Urlaubsaufenthalten, einschließlich der dafür notwendigen Materialien und Ausstattungsgegenstände, und ggf. Bezahlung einer erforderlichen, geeigneten Begleitperson;
 – Aufwendungen für Besuche bei Verwandten und Freunden;
 – Aufwendungen für ärztliche Behandlungen, Heilbehandlungen, Therapien und Medikamente, die von der Krankenkasse oder Versicherungen nicht (vollständig) gezahlt werden, zB Brille, Zahnersatz usw.;

- Anschaffung von Hilfsmitteln und Ausstattungsgegenständen, die von der Krankenkasse oder Versicherungen nicht (vollständig) bezahlt werden; dabei sollen die Hilfsmittel von der Qualität so bemessen und ausgewählt werden, dass sie *** *[behindertes Kind]* optimal dienlich sind;
- Aufwendungen für zusätzliche Betreuung, zB bei Spaziergängen, Theater- und Konzertbesuchen, Einkäufen und ähnliches, entsprechend den Wünschen von *** *[behindertes Kind]*;
- Aufwendungen für Güter des persönlichen Bedarfs von *** *[behindertes Kind]*, zB (modische) Kleidung oder Einrichtung seines Zimmers;
- Geldzuwendungen, die jedoch, wenn *** *[behindertes Kind]* erstattungspflichtige Sozialleistungen in Anspruch nimmt, den Rahmen dessen nicht übersteigen dürfen, was er/sie nach den einschlägigen Bestimmungen maximal zur freien Verfügung haben darf.

Der Testamentsvollstrecker wird ausdrücklich angewiesen, auf die Bedürfnisse und – soweit möglich – auf die Wünsche von *** *[behindertes Kind]* einzugehen.

(5) Der Testamentsvollstrecker entscheidet nach billigem Ermessen, welche Teile des jährlichen Reinertrages er für die einzelnen oben genannten Leistungen verwendet. Soweit die jährlichen Reinerträge nicht in voller Höhe in der oben bezeichneten Weise verwendet worden sind, hat sie der Testamentsvollstrecker gewinnbringend anzulegen.

Für nach obigen Grundsätzen geplante größere Anschaffungen oder Reisen sind vorab Rücklagen zu bilden.

(6) Im Übrigen gelten für die Testamentsvollstreckung die gesetzlichen Vorschriften.

(7) Der Testamentsvollstrecker hat gleichzeitig die Aufgabe, die Rechte, Pflichten und Befugnisse der Nacherben gegenüber dem Vorerben bis zum Nacherbfall wahrzunehmen. Insoweit wird für beide Erbfälle auch Nacherbentestamentsvollstreckung gemäß § 2222 BGB angeordnet.

d) Vergütung

Einem durch das Nachlassgericht ausgewählten Testamentsvollstrecker, der nicht zum Kreis der vorbezeichneten Erben oder Ersatzerben gehört, ist für seine Tätigkeit neben dem Ersatz seiner Auslagen eine angemessene Vergütung zu gewähren, die sich an den Empfehlungen des Deutschen Notarvereins (sog. „Neue Rheinische Tabelle", vgl. www.dnotv.de) einschließlich ihren künftigen Fortschreibungen orientieren soll. Andere Personen haben nur Anspruch auf Aufwendungsersatz gemäß § 2218 BGB, wobei jedoch Tätigkeiten im jeweiligen Beruf oder Gewerbe des Testamentsvollstreckers gesondert zu vergüten sind.

2. Verbot der zwangsweisen Auseinandersetzung

Jeder der Beteiligten ordnet einseitig und jederzeit widerruflich an, dass die zwangsweise Auseinandersetzung seines gesamten Nachlasses gegen den Willen eines Miterben ausgeschlossen sein soll. Mit diesem Teilungsverbot wollen wir verhindern, dass einzelne Miterben gegen den Willen der anderen die Auseinandersetzung gemäß § 2042 BGB herbeiführen. Im Übrigen können sich die Miterben einvernehmlich jederzeit über den jeweiligen Nachlass auseinandersetzen. Klargestellt wird, dass es sich dabei weder um ein Vermächtnis noch um eine Auflage handelt.

3. Vorschlag für einen Betreuer

Die Ehegatten regen an, nach dem Ableben des Längerlebenden *** zum Betreuer von *** *[behindertes Kind]* zu bestellen.

IV. Schlussbestimmungen

Die Bestimmungen dieses Erbvertrages sollen gelten, ganz gleich, ob und welche pflichtteilsberechtigten Personen bei unserem Tod vorhanden sind. Insoweit wird auf das gesetzliche Anfechtungsrecht verzichtet.

Alle in dieser Urkunde getroffenen letztwilligen Verfügungen sollen ohne weitere Voraussetzung mit Rechtshängigkeit der Ehescheidung unwirksam sein, so dass jeder von uns wieder völlig frei über seinen Nachlass verfügen kann.

V. Hinweise

Die Vertragsteile wurden vom Notar über die rechtliche Tragweite ihrer Erklärungen belehrt, insbesondere über

- die höchstrichterliche Rechtsprechung zum sog. „Behindertentestament", den sog. Nachranggrundsatz im Sozialleistungsrecht und die Möglichkeit einer Änderung der Rechtslage, welche dazu führen kann, dass die heute getroffenen Regelungen unwirksam oder unanwendbar werden können;
- das Pflichtteils- und Pflichtteilsergänzungsrecht; sie wurden dabei besonders auf das Ausschlagungsrecht eines Pflichtteilsberechtigten gemäß § 2306 BGB aufgrund ihn belastender Beschränkungen hingewiesen;
- die gesetzlichen Bestimmungen der §§ 2050 ff. BGB und §§ 2315 f. BGB über die Ausgleichung und Anrechnung;
- das Wesen der Vor- und Nacherbfolge sowie der Testamentsvollstreckung;
- die Einschränkung der Testierfreiheit durch die vertragsmäßigen Verfügungen;
- den Grundsatz des freien lebzeitigen Verfügungsrechts, seine Einschränkungen und deren Auswirkungen;
- das durch diese Urkunde eingeschränkte Anfechtungsrecht gemäß den §§ 2078, 2079 BGB;
- § 14 HeimG und dessen landesrechtliche Nachfolgevorschriften.

Der Notar hat ferner darauf hingewiesen, dass

- Zahlungen aus Verträgen zugunsten Dritter auf den Todesfall (zB Lebensversicherungen oder Sparkonten) unmittelbar dem eingesetzten Bezugsberechtigten zustehen und deshalb nicht in den Nachlass fallen;
- für Anteile an Personengesellschaften der Gesellschaftsvertrag eine Sondererbfolge vorsehen kann;
- die Vererblichkeit von Urheberrechten oder anderen höchstpersönlichen, nicht frei übertragbaren Rechten, beschränkt ist.

VI. Abschriften

Dieser Erbvertrag wird beim Amtsgericht *** amtlich verwahrt. Für uns und den beurkundenden Notar (offene Aufbewahrung) sind beglaubigte Abschriften zu fertigen.

D. Erbvertrag Patchworkfamilie

UR-Nr. ***

525

ERBVERTRAG

Heute, den ***

erschienen vor mir, dem unterzeichneten Notar ***
in ***, mit dem Amtssitz in ***:

Herr***,
geboren am *** in *** GebRegNr. ***

und dessen Ehefrau,

Frau ***, geborene ***,

beide wohnhaft in ***,

nach Angabe ***.

Die Erschienenen wiesen sich aus durch ***.

Sie erklären, einen Erbvertrag errichten zu wollen und ersuchen mich um dessen Beurkundung.

Nach meiner Überzeugung, die ich in einem mit den Beteiligten geführten Gespräch gewonnen habe, sind diese voll geschäfts- und testierfähig. Die Zuziehung von Zeugen zu dieser Beurkundung ist nicht erforderlich; sie wird auch von den Beteiligten nicht gewünscht.

Sie erklären bei ständiger gleichzeitiger Anwesenheit mündlich zu meiner Niederschrift, was folgt:

I. Vorbemerkung

Wir sind beide ausschließlich deutsche Staatsangehörige und haben unseren gewöhnlichen Aufenthalt in der Bundesrepublik Deutschland. Vermögen im Ausland haben wir nicht. Der Notar hat darauf hingewiesen, dass sich das anwendbare Erbrecht im Falle einer Verlegung des gewöhnlichen Aufenthalts ändern kann. Eine Rechtswahl wurde bislang nicht getroffen und wird ausdrücklich nicht gewünscht.

Wir haben am *** in *** in geheiratet. Dies ist für die Ehefrau die erste und den Ehemann die zweite Ehe.

Aus unserer Ehe sind zwei Kinder hervorgegangen, nämlich ***.

Ich, der Ehemann, habe ein nichteheliches Kind, nämlich ***.

Weitere Kinder, insbesondere nichteheliche oder Adoptivkinder, waren und sind nicht vorhanden.

Der Notar hat uns auf die mögliche Bindung durch frühere Erbverträge oder gemeinschaftliche Testamente hingewiesen. Eine solche besteht bei keinem von uns.

Vorsorglich widerrufen wir hiermit frühere Verfügungen von Todes wegen vollinhaltlich.

II. Vertragsmäßige Verfügungen von Todes wegen

In vertragsmäßiger, also einseitig nicht widerruflicher Weise, vereinbaren die Beteiligten was folgt:

1. Erbfolge nach dem Erstversterbenden

Der längerlebende Ehegatte wird alleiniger Vollerbe des Zuerstversterbenden.

Ersatzerben für den Wegfall des Längerlebenden, gleich aus welchem Grunde (zB bei Ausschlagung oder Anfechtung), sind die nachstehend benannten Schlusserben gemäß den dort getroffenen Verteilungsgrundsätzen.

2. Erbfolge nach dem Längerlebenden

a) Schlusserben, also Erben des Letztversterbenden und Erben eines jeden Ehegatten im Fall eines durch dasselbe Ereignis bedingten (annähernd) gleichzeitigen Versterbens, sind die gemeinsamen Kinder *** und *** sowie *** *[Sohn/Tochter des Ehemannes]* zu gleichen Teilen. Das Kind des Ehemannes soll dabei beim Schlusserbfall so behandelt werden, als wenn es ein gemeinsames Kind von uns wäre.

b) Ersatzschlusserben sind jeweils die Abkömmlinge der Schlusserben zu unter sich gleichen Stammanteilen gemäß den Regeln gesetzlicher Erbfolge. Sind solche nicht vorhanden, tritt bei den übrigen Schlusserben Anwachsung gemäß § 2094 BGB ein.

c) Jede einzelne der vorstehenden Ersatzschlusserbeneinsetzungen ist für sich auflösend bedingt für den Fall, dass der betreffende Schlusserbe mit dem Längerlebenden einen Zuwendungsverzichtsvertrag abschließt, auch wenn dies ohne gleichwertige Gegenleistung geschieht. Die Auslegungsregel des § 2069 BGB soll ausdrücklich nicht gelten.

3. Abänderungsvorbehalt

Abweichend von der gesetzlichen erbvertraglichen Bindungswirkung vereinbaren wir folgenden Abänderungsvorbehalt:

a) Der Längerlebende ist befugt, die nach ihm geltende Erbfolge innerhalb der gemeinsamen Abkömmlinge – wobei der Sohn des Ehemannes wie ein gemeinsames Kind und dessen Abkömmlinge wie Abkömmlinge unserer gemeinsamen Kinder behandelt werden – einseitig beliebig abzuändern oder zu ergänzen. Er darf hierzu auch Beschwerungen und Beschränkungen im Sinne von § 2306 Abs. 1 BGB anordnen oder aufheben.

Anderen Personen darf der Längerlebende von Todes wegen durch Vermächtnisse nur Vermögenswerte zuwenden, die er nach dem Ableben des Erstversterbenden hinzuerworben hat, soweit sie nicht wirtschaftlich Ersatz oder Ertrag des beim ersten Erbfall vorhandenen Vermögens sind.

Wurden durch solche hinzuerworbenen Vermögenswerte Verbindlichkeiten getilgt, die bereits beim Tod des Erstversterbenden vorhanden waren, dürfen auch Vermächtnisse in Höhe dieser Beträge ausgesetzt werden.

Auf Verlangen eines Schluss- oder Ersatzschlusserben ist beim Tod des Erstversterbenden ein Vermögensverzeichnis zu erstellen.

b) Da wir wollen, dass der vorgenannte Sohn des Ehemannes die gleichen Rechte wie ein gemeinsames Kind haben soll, wird das vorstehende Abänderungsrecht weiter eingeschränkt:

Sollte die Ehefrau der Längerlebende von uns beiden sein, müssen in jedem Falle der vorgenannte Sohn oder dessen Abkömmlinge insgesamt mindestens ein Vermächtnis in dem Wert erhalten oder mit der Quote Miterbe werden, in deren Höhe ihm beim Schlusserbfall ein Pflichtteilsrecht zustünde, wenn er ein gemeinsames Kind von uns wäre.

Macht jedoch der vorgenannte Sohn nach dem Tod des Erstversterbenden gegen den Willen des Längerlebenden von uns seinen Pflichtteil geltend, so entfällt für den Längerlebenden die Einschränkung des Abänderungsrechts nach diesem Absatz b) und es gilt nur noch Absatz a).

4. Rücktrittsrecht

Ein Rücktrittsrecht vom Erbvertrag soll nicht vorbehalten werden.

III. Schlussbestimmungen

[*ggf.:* Für die Berechnung von Pflichtteilsansprüchen soll gemäß § 2312 BGB der Ertragswert maßgebend sein, sofern dieser geringer als der Verkehrswert ist.]

Die Bestimmungen dieses Erbvertrages sollen gelten, ganz gleich, ob und welche pflichtteilsberechtigten Personen bei unserem Tod vorhanden sind. Insoweit wird auf das gesetzliche Anfechtungsrecht verzichtet.

Alle in dieser Urkunde getroffenen letztwilligen Verfügungen sollen ohne weitere Voraussetzung mit Rechtshängigkeit der Ehescheidung unwirksam sein, so dass jeder von uns wieder völlig frei über seinen Nachlass verfügen kann.

IV. Hinweise

Die Vertragsteile wurden vom Notar über die rechtliche Tragweite ihrer Erklärungen belehrt, insbesondere über

– das Pflichtteils- und Pflichtteilsergänzungsrecht,
– die gesetzlichen Bestimmungen der §§ 2050 ff. BGB und §§ 2315 f. BGB über die Ausgleichung und Anrechnung,
– die Einschränkung der Testierfreiheit durch die vertragsmäßigen Verfügungen,
– den Grundsatz des freien lebzeitigen Verfügungsrechts, seine Einschränkungen und deren Auswirkungen,
– das durch diese Urkunde eingeschränkte Anfechtungsrecht gemäß den §§ 2078, 2079 BGB.

Der Notar hat ferner darauf hingewiesen, dass
– Zahlungen aus Verträgen zugunsten Dritter auf den Todesfall (zB Lebensversicherungen oder Sparkonten) unmittelbar dem eingesetzten Bezugsberechtigten zustehen und deshalb nicht in den Nachlass fallen;
– für Anteile an Personengesellschaften der Gesellschaftsvertrag eine Sondererbfolge vorsehen kann;
– die Vererblichkeit von Urheberrechten oder anderen höchstpersönlichen, nicht frei übertragbaren Rechten, beschränkt ist.

V. Abschriften

Dieser Erbvertrag wird beim Amtsgericht *** amtlich verwahrt. Für uns und den beurkundenden Notar (offene Aufbewahrung) sind beglaubigte Abschriften zu fertigen.

E. Pflichtteilsverzicht mit Gegenleistung

526 UR-Nr. ***

PFLICHTTEILSVERZICHT

Heute, den ***
erschienen vor mir, dem unterzeichneten Notar ***
in ***, mit dem Amtssitz in ***:
1. Herr***,
   geboren am ***
   wohnhaft in ***,
   nach Angabe ***
2. Herr***,
   geboren am ***
   wohnhaft in ***,
   nach Angabe ***

Die Erschienenen wiesen sich aus durch ***.

Auf Ansuchen der Erschienenen beurkundete ich ihren mündlich und persönlich vor mir abgegebenen Erklärungen gemäß, was folgt:

I.

1. Herr *** (im Folgenden „Erblasser") sowie Herr *** (im Folgenden „Verzichtender") besitzen alle nur die deutsche Staatsangehörigkeit und haben ihren gewöhnlichen Aufenthalt in der Bundesrepublik Deutschland. Eine Rechtswahl in erbrechtlicher Hinsicht wurde bislang nicht getroffen.
2. Herr *** ist Sohn des Erblassers und daher gegenüber diesem erb- und pflichtteilsberechtigt.

II.

1. Herr *** verzichtet hiermit für sich und seine eventuell auch zukünftigen Abkömmlinge auf sein gesetzliches Pflichtteils- und Pflichtteilsergänzungsrecht am Nachlass des Erblassers.

Das gesetzliche Erbrecht ist durch den vorstehenden Verzicht nicht berührt.

Der Verzicht erfolgt unabhängig von den Vermögensverhältnissen der Beteiligten und deren Entwicklung und unabhängig davon, wer Erbe nach dem Erblasser wird.

2. Der Erblasser nimmt den Verzicht hiermit an.

III.

1. Für diesen Verzicht wird folgende Gegenleistung vereinbart: ***.

2. Der Erblasser unterwirft sich wegen der vorstehend vereinbarten Zahlungsverpflichtung der sofortigen Zwangsvollstreckung aus dieser Urkunde in sein gesamtes Vermögen. Vollstreckbare Ausfertigung kann ohne weitere Nachweise erteilt werden.

IV.

Wir wurden darauf hingewiesen, dass auf Grund des vorstehenden Verzichts der Verzichtende und seine Abkömmlinge zwar ein gesetzliches Erbrecht aber kein Pflichtteilsrecht am Nachlass des Erblassers haben. Der Erblasser kann durch Verfügung von Todes wegen frei über sein Vermögen verfügen, ohne dass der Verzichtende einen Anspruch hat. Bei lebzeitigen Überlassungen bestehen auch keine Pflichtteilsergänzungsansprüche. Verlegt der Erblasser seinen gewöhnlichen Aufenthalt ins Ausland, ist der Pflichtteilsverzicht möglicherweise nicht wirksam. Eine vorsorgliche Rechtswahl wird nicht gewünscht.

V.

1. Die Kosten dieser Urkunde und der beantragten Abschriften trägt ***.

2. Von dieser Urkunde erhalten

<u>Ausfertigungen</u>:

jeder Vertragsteil

<u>beglaubigte Abschrift</u>:

das Finanzamt *** – Schenkungsteuerstelle.

F. Zuwendungsverzicht

UR-Nr. ***   527

ZUWENDUNGSVERZICHT

Heute, den ***

erschienen vor mir, dem unterzeichneten Notar ***

in ***, mit dem Amtssitz in ***:

1. Herr***,

    geboren am *** in *** GebRegNr. ***

    wohnhaft in ***,

    nach Angabe ***

2. Herr***,

    geboren am ***

    wohnhaft in ***,

    nach Angabe ***

Die Erschienenen wiesen sich aus durch ***.

Auf Ansuchen der Erschienenen beurkundete ich ihren mündlich und persönlich vor mir abgegebenen Erklärungen gemäß, was folgt:

I.

1. Die Erschienenen besitzen alle nur die deutsche Staatsangehörigkeit und haben ihren gewöhnlichen Aufenthalt in der Bundesrepublik Deutschland. Eine Rechtswahl wurde bislang nicht getroffen.

2. Die Ehegatten *** haben am *** privatschriftlich ein gemeinschaftliches Testament errichtet, in dem sie sich gegenseitig zu Alleinerben eingesetzt und in wechselbezüglicher Weise ihre gemeinsamen Kinder *** und *** als Schlusserben eingesetzt haben.

Als Ersatzschlusserben für die Kinder wurden deren Abkömmlinge bestimmt.

Ein Änderungsvorbehalt wurde nicht vereinbart. Frau *** ist verstorben.

II.

1. ***
   – nachfolgend „der Verzichtende" –
   verzichtet
   hiermit gegenüber
   seinem Vater ***
   – nachfolgend „der Erblasser" –
   im Wege eines Zuwendungsverzichts mit Wirkung gegenüber seinen eigenen Abkömmlingen auf das ihm aus dem genannten gemeinschaftlichen Testament zustehende Erbrecht.

   Dieser Verzicht bezieht sich ausschließlich auf die Zuwendungen in dem genannten gemeinschaftlichen Testament. Er erstreckt sich ausdrücklich nicht auf das gesetzliche Erbrecht des Verzichtenden gegenüber dem Erblasser.

   Der Verzicht erfolgt unabhängig von den Vermögensverhältnissen der Beteiligten und deren Entwicklung und unabhängig davon, wer Erbe nach dem Erblasser wird.

2. Der Erblasser nimmt diesen Verzicht hiermit an.

III.

1. Für diesen Verzicht wird folgende Gegenleistung vereinbart: ***.
2. Der Erblasser unterwirft sich wegen der vorstehend vereinbarten Zahlungsverpflichtung der sofortigen Zwangsvollstreckung aus dieser Urkunde in sein gesamtes Vermögen. Vollstreckbare Ausfertigung kann ohne weitere Nachweise erteilt werden.

IV.

Der Notar hat über die rechtliche Tragweite des Verzichts eingehend belehrt. Er hat auch darauf hingewiesen, dass die Erstreckung des Verzichts nur bezüglich eigener Abkömmlinge des Verzichtenden nicht jedoch bezüglich anderer Ersatzerben und nur dann eintritt, wenn der Verzichtende Abkömmling des Erblassers oder mit ihm in der Seitenlinie verwandt ist. Verlegt der Erblasser seinen gewöhnlichen Aufenthalt ins Ausland, ist der Zuwendungsverzicht möglicherweise nicht wirksam. Eine vorsorgliche Rechtswahl wird nicht gewünscht.

V.

1. Die Kosten dieser Urkunde und der beantragten Abschriften trägt ***.
2. Von dieser Urkunde erhalten
   <u>Ausfertigungen</u>:
   jeder Vertragsteil
   <u>beglaubigte Abschriften</u>:
   das Finanzamt *** – Schenkungsteuerstelle.

Die Urkunde ist im Zentralen Testamentsregister zu registrieren.

G. Erbscheinsantrag

UR-Nr. ***

528

ERBSCHEINSANTRAG

Heute, den ***

erschienen vor mir, dem unterzeichneten Notar ***
in ***, mit dem Amtssitz in ***:
1. Herr***,
   geboren am ***
   wohnhaft in ***,
   nach Angabe ***
2. Herr***,
   geboren am ***
   wohnhaft in ***,
   nach Angabe ***

Die Erschienenen wiesen sich aus durch ***.

Auf Ansuchen beurkunde ich ihren Erklärungen gemäß, was folgt:

I.

Am *** verstarb Herr ***, der Ehemann der Erschienenen zu 1. und Vater des Erschienenen zu 2., zuletzt wohnhaft in ***. Er war mit der Erschienenen zu 1. in einziger Ehe
verheiratet. Wir lebten im gesetzlichen Güterstand der Zugewinngemeinschaft. Der Erblasser war deutscher Staatsangehöriger und hatte seinen gewöhnlichen Aufenthalt in
der Bundesrepublik Deutschland.

Aus dieser Ehe ist ein Kind hervorgegangen, der Erschienene zu 2. Weitere Kinder hatte
der Verstorbene nicht, auch keine sonstige Abkömmlinge, weder nichteheliche noch adoptierte.

Vermögen im Ausland hat der Erblasser nicht.

II.

Eine Verfügung von Todes wegen hat der Verstorbene nicht hinterlassen. Es ist daher
gesetzliche Erbfolge eingetreten. Gesetzliche Erben sind
1. die Erschienene zu 1. als Witwe, zu 1/2 Anteil,
2. der Erschienene zu 2. als einziges Kind zu 1/2 Anteil.

Weitere Personen, durch die die Erbfolge beeinträchtigt würde, sind und waren nicht
vorhanden. Ein Rechtsstreit über das Erbrecht ist nicht anhängig.

Wir nehmen die Erbschaft an.

III.

Nach Hinweis des Notars auf die Bedeutung einer eidesstattlichen Versicherung, insbesondere auf die strafrechtlichen Folgen falscher Angaben, versichern wir hiermit an Eides Statt, dass uns nichts bekannt ist, was der Richtigkeit unserer vorstehenden Angaben entgegensteht.

Die erforderlichen Personenstandsurkunden werden dem Nachlassgericht gesondert vorgelegt.

Wir beantragen die Erteilung eines gemeinschaftlichen Erbscheins, der die Erbfolge ausweist, wie sie in Ziffer II. dieser Urkunde niedergelegt ist.

IV.

Den Reinwert des gesamten Nachlasses geben wir mit *** EUR an.

Wir tragen die Kosten dieser Urkunde und die anfallenden Gerichtskosten.

Wir beantragen die Erteilung einer Ausfertigung dieser Urkunde für das Nachlassgericht und einer beglaubigten Abschrift für jeden von uns.

Wir bitten, dem beurkundenden Notar eine Abschrift des Erbscheins zu übersenden.

H. Erbausschlagung

529

Einschreiben

Amtsgericht ***
– Nachlassgericht –
***

Geschäftszeichen: ***
Nachlasssache: *** *[Erblasser]*
hier: Ausschlagung der Erbschaft

ERBAUSSCHLAGUNG

I.

Der Erblasser ist am *** verstorben.

Eine letztwillige Verfügung hat der Erblasser meines Wissens nicht hinterlassen, so dass ich auf Grund gesetzlicher Erbfolge zum (Mit-)Erben berufen bin.

II.

Ich schlage hiermit die mir zugefallene Erbschaft nach dem Verstorbenen aus allen Berufungsgründen aus.

III.

Ich habe keine Kinder.

Nächstberufene gemäß § 1953 Abs. 2 BGB sind: ***.

IV.

Der Notar hat mich über Inhalt und rechtliche Tragweite meiner heute abgegebenen Erklärung eingehend belehrt. Er hat auch über die geltenden Fristen zur wirksamen Erbschaftsausschlagung sowie die notwendige Einhaltung der Form belehrt.

Die Urschrift dieser Erklärung erhält der Erschienene. Er wird diese selbst an das zuständige Nachlassgericht weiterreichen.

***, den ***

Beglaubigungsvermerk

I. Nachlassverzeichnis

530

Notarielles Verzeichnis über den Bestand des Nachlasses von
Frau ***

Frau ***, geborene ***, geboren am *** in ***, zuletzt wohnhaft in ***, (nachfolgend auch „Erblasser" genannt) ist am *** in *** verstorben. Sie wurde aufgrund des privatschriftlichen Testaments vom *** alleine von ihrem Ehemann, Herrn ***, beerbt. Auf die Nachlassakte des Amtsgerichts – Nachlassgericht – ***, Az: ***, wird Bezug genommen.

Die Erblasserin war im Zeitpunkt ihres Ablebens im gesetzlichen Güterstand der Zugewinngemeinschaft verheiratet. Sie hinterließ zwei leibliche Kinder, nämlich *** und ***.

Der bei der Erbfolge übergangene Sohn, Herr ***, vertreten durch den Rechtsanwalt ***, möchte die Höhe seines Pflichtteils nach dem Erblasser ermitteln und hat die Aufstellung eines Nachlassverzeichnisses verlangt.

Herr *** hat den amtierenden Notar entsprechend den gesetzlichen Vorschriften mit der Erstellung eines Nachlassverzeichnisses beauftragt. Aufgrund der Angaben und einer intensiven Befragung und Belehrung von Herrn *** über seine Pflicht zur wahrheitsgemäßen und vollständigen Auskunftserteilung, der übergebenen Schriftstücke, einer Eigentümerrecherche im Grundbuch des Amtsgerichts *** und der von Herrn *** vorgelegten Schmuckstücke verzeichne ich, Notar, den Bestand des Nachlasses des Erblassers, wie folgt. Soweit Wertangaben gemacht werden, beruhen diese – soweit nicht anders angegeben – auf Angaben des Herrn ***. Angegebene Werte wurden von mir, Notar, weder ermittelt noch überprüft. Auf eigene Wahrnehmungen vor Ort habe ich, Notar, aufgrund des zeitlichen Abstands zum Tod des Erblassers verzichtet.

Bei der Erstellung des Verzeichnisses am heutigen Tag in den Amtsräumen in ***, waren anwesend:
– der Erbe, ***
   mit Herrn Rechtsanwalt ***;
– der Pflichtteilsberechtigte, ***
   mit Herrn Rechtsanwalt ***

I.

1. AKTIVA

a) Unbewegliches Vermögen:

aa) 1/2 Miteigentumsanteil an ***/1.000 Miteigentumsanteil dem Grundstück der Gemarkung ***
    Fl.-Nr. ***, *** zu *** qm
    verbunden mit dem Sondereigentum an ***
    Der vorbezeichnete Grundbesitz ist belastet, wie folgt:
    <u>Abteilung II</u>: ***
    <u>Abteilung III</u>: ***
    Der vorbezeichnete Grundbesitz ist vorgetragen im Grundbuch des Amtsgerichts *** für ***, Blatt ***, in Kopie beigefügt als **Anlage 1**.

bb) Die Ehegatten *** hatten den vorgenannten Grundbesitz am *** für *** EUR erworben (Kaufvertrag in Kopie beigefügt als **Anlage 2**).

Gesamtsumme Grundbesitz ca. *** EUR.

b) Bewegliches Vermögen:

(1) Diverse Kleidungsstücke und Schmuck: geschätzter Gesamtwert: *** EUR.
    Bei den Schmuckstücken handelt es sich im Einzelnen um: ***.
(2) Diverse persönliche Gegenstände: ***.
(3) Fahrzeuge: ***; nach Internetrecherche geschätzter Wert 10.000,00 EUR.
(4) Hausrat, Möbel, sonstige Gegenstände: Die wesentlichen Möbelstücke bzw. Hausrat der Eheleute *** sind die folgenden: ***.

*** EUR.

Gesamtsumme bewegliches Vermögen ca. *** EUR.

c) Bankguthaben, Bargeld, Sparverträge

Es bestanden diverse Konten zur alleinigen Berechtigung der Erblasserin und zur gemeinsamen Berechtigung der Ehegatten. Ausweislich einer Auskunft gemäß § 34 BDSG der SCHUFA Holding AG vom *** (beigefügt in Kopie als **Anlage 3**) hatte die Erblasserin ein Girokonto bei der ***. Die weiteren Angaben beruhen auf Dokumenten, die Herr *** vorgelegt hat.

(1) Sparkonto bei der ***
    Kontoauszug in Kopie beigefügt als **Anlage 4**.
(2) Girokonto bei der ***
    Kontoauszug in Kopie beigefügt als **Anlage 5**.
(3) Sparkonto bei der ***
    Kontoauszug in Kopie beigefügt als **Anlage 6**.
(4) Bausparvertrag bei der ***
    Kontoauszug in Kopie beigefügt als **Anlage 7**.

Gesamtsumme Bankkonten, Bargeld ca. * EUR.**

d) Sterbegeld: keines.

e) Versicherungen: keine.

f) Wertpapiere, Genossenschaftsanteile: keine.

g) Forderungen und sonstige Rechte: keine.

<u>Gesamtsumme AKTIVA</u>:   ca. *** EUR

2. PASSIVA

a) Kredite

Ein Darlehen bei der ***, von den Eheleuten *** gemeinschaftlich aufgenommen zur Finanzierung des unter I. 1. genannten Grundbesitzes, valutierte zum Zeitpunkt des Erbfalls noch in Höhe von *** EUR (Darlehen Nr. ***). Auf den Erblasser entfällt davon ein seinem Miteigentumsanteil entsprechender Anteil der Verbindlichkeit in Höhe von *** EUR.

Kontoauszug in Kopie beigefügt als **Anlage 8**.

Gesamtsumme Kredite ca. * EUR**

b) Konten

Dispokredit auf dem Girokonto bei der ***.

Kontoauszug in Kopie beigefügt als **Anlage 9**.

Gesamtsumme Konten ca. * EUR**

c) Beerdigungskosten

Nach Angabe von Herrn *** beliefen sich die Kosten der Beerdigung auf *** EUR.

Sie setzen sich im Einzelnen zusammen aus: ***.

Rechnungen beigefügt als **Anlagenkonvolut 10**.

d) Sonstige Kosten

Gerichtskosten in Höhe von mindestens *** EUR.

Die Kosten dieses Verzeichnisses betragen:
- *** EUR für die Auskünfte und Unterlagen von Banken.
- Notarkosten in Höhe von ca. *** EUR.
- Kosten für die Auskunft der SCHUFA Holding AG: *** EUR.

Gesamtsumme sonstige Kosten ca. * EUR**

<u>Gesamtsumme PASSIVA</u>:   <u>ca.</u> *** EUR

<u>SALDO</u>   <u>ca.</u> *** EUR

3. SCHENKUNGEN, ZUWENDUNGEN

Die gesetzlichen Bestimmungen für das Pflichtteilsrecht wurden mit Herrn *** erörtert, insbesondere wurde auf sämtliche Pflichtteilsergänzungsansprüche hingewiesen. Ausweislich der Angaben von Herrn *** hatte der Erblasser während der letzten zehn Jahre kein besonders hohes Einkommen (rund *** EUR monatlich). Dieses wurde weitgehend für den Lebensunterhalt und Behandlungskosten verbraucht. Soweit zu Lebzeiten in den vergangenen zehn Jahren Schenkungen oder Zuwendungen erfolgten, gingen diese jeweils nicht über Anstandsschenkungen in üblicher Höhe hinaus, wie etwa zum Geburtstag und zu Weihnachten. Eine Durchsicht der Umsatzbelege folgender Konten *** und eine Befragung von Herrn *** haben keinen Hinweis auf eine Schenkung ergeben; Herrn *** sind nach Angabe ebenfalls keine anderweitigen Schenkungen und/oder unentgeltliche Verfügungen bekannt.

[*Alt.:* ... Mit Urkunde des Notars *** in *** vom ***, UR-Nr. ***, hat der Erblasser seinem Enkel *** das Anwesen ***, vorgetragen im Grundbuch des Amtsgerichts *** für ***, Blatt ***, samt gesetzlichem Zubehör überlassen.

Anlage 11

Andere Schenkungen oder unentgeltliche Zuwendungen sind Herrn *** nicht bekannt.

Gesamtsumme Schenkungen, Zuwendungen * EUR]**

II.

Die Kosten für die Errichtung dieses Nachlassverzeichnisses fallen dem Nachlass zur Last und sind bei Herrn *** zu erheben.

Von dieser Urkunde erhalten:

beglaubigte Abschriften:
– der Erbe
– der Pflichtteilsberechtigte
– Herr Rechtsanwalt ***

Hierüber habe ich, Notar, diese Niederschrift errichtet in *** am ***.

Kapitel 4. Gesellschaftsrecht

§ 18. Eingetragener Verein

Übersicht

Schrifttum:

Baumann/Sikora, Hand- und Formularbuch des Vereinsrechts, 2. Aufl. 2017; *Braun,* Die Vereinssatzung, 9. Aufl. 2008; *Burhoff,* Vereinsrecht, 10. Aufl. 2019; *Reichert/Schimke/Dauernheim,* Handbuch Vereins- und Verbandsrecht, 14. Aufl. 2018; *Reichert/Boochs,* Mustertexte, Satzungen und Erläuterungen zum Vereins- und Verbandsrecht, 3. Aufl. 2008; *Sauer/Luger,* Vereine und Steuern, 6. Aufl. 2010; *Sauter/Schweyer/Waldner,* Der eingetragene Verein, 20. Aufl. 2016; *Schauhoff,* Handbuch der Gemeinnützigkeit, 3. Aufl. 2010; *Stöber/Otto,* Handbuch zum Vereinsrecht, 11. Aufl. 2016.

A. Neugründung

I. Inhalt der Satzung

1   Das Gesetz differenziert nach zwingenden und Sollvorschriften für den Inhalt der Satzung. Zwingend sind die Angabe des Vereinszwecks, des Namens, des Sitzes und des Eintragungswunsches (§ 57 BGB). Zu den Sollvorschriften gehören die über Ein- und Austritt von Mitgliedern, eine etwaige Beitragspflicht der Mitglieder, die Bildung des Vorstands, die Voraussetzungen und Form der Einberufung der Mitgliederversammlung und die Beurkundung ihrer Beschlüsse (§ 58 BGB). Für die Gründung spielt die Unterscheidung keine Rolle, da auch fehlende Sollvorschriften zur Folge haben, dass der Rechtspfleger den Verein nicht in das Vereinsregister eintragen darf (§ 60 BGB). Ein Unterschied besteht lediglich für bereits eingetragene Vereine: Das Fehlen einer zwingenden Bestimmung führt zur Amtslöschung (§ 395 FamFG); das Fehlen einer Sollvorschrift kann nach erfolgter Eintragung nicht mehr beanstandet werden. Der Wille der Gründer, einen Verein zu gründen, der in das Vereinsregister eingetragen werden soll, muss in der Satzung zum Ausdruck kommen;[1] ob die Eintragungsabsicht dadurch genügend deutlich wird, dass in der Satzung der Vereinsname mit dem Zusatz „e.V." erscheint, ist zweifelhaft; vorzuziehen ist in jedem Fall eine ausdrückliche Satzungsbestimmung. Zahlreiche Bestimmungen des Vereinsrechts sind satzungsdispositiv (§ 40 BGB); ist eine Satzungsbestimmung undurchführbar geworden, tritt die gesetzliche Regelung an die Stelle.[2]

2   Die wesentlichen, das Vereinsleben bestimmenden Grundentscheidungen, die sog. **„Vereinsverfassung",** müssen in jedem Fall entweder in die Satzung oder in eine Vereinsordnung, die zum Satzungsbestandteil erklärt ist, aufgenommen werden. Hierzu gehören beispielsweise beim Vereinsgericht die Tatsache seiner Einrichtung, seine Zuständigkeiten und die Art und Weise der Bestimmung seiner Mitglieder. Die weiteren Einzelheiten des Verfahrens können hingegen auch in einer Vereinsordnung festgelegt werden, die im Rang unter der Satzung steht. Sie muss eine Ermächtigungsgrundlage in der Satzung haben, die Zweck, Struktur und Reichweite der Vereinsordnung vorgibt. Soweit der Inhalt einer Vereinsordnung nicht Satzungsbestandteil ist, kann er ohne Einhaltung der für Satzungsänderungen bestehenden Vorschriften geändert werden. Der Verein kann aber Vereinsordnungen auch dann zum Satzungsbestandteil erklären, wenn dies nicht aus Rechtsgründen erforderlich ist;[3] ist dies geschehen, haben Änderungen die gleichen Voraussetzungen wie andere Satzungsänderungen, müssen also insbesondere in das Vereinsregister eingetragen werden.

2a | **Beratungs-Checkliste: Vereinssatzung**

(1) Mussvorschriften eingehalten?
   (a) Name
   (b) Sitz
   (c) Eintragungswunsch
   (d) Zweck
(2) Sollvorschriften eingehalten?
   (a) Ein- und Austritt von Mitgliedern
   (b) Beitragspflicht
   (c) Vorstand (Zusammensetzung)
   (d) Mitgliederversammlung (Voraussetzungen der Einberufung – Form der Einberufung – Beurkundung der Beschlüsse)

---

[1] OLG Karlsruhe NZG 2014, 109.
[2] KG Rpfleger 2007, 82.
[3] *Sauter/Schweyer/Waldner* Eingetragener Verein Rn. 157.

(3) Fakultative Satzungsbestandteile
  (a) Anforderungen an gemeinnützigen Zweck erfüllt?
  (b) Mitgliedschaft von Voraussetzungen abhängig?
  (c) Austrittsfrist
  (d) Vereinsausschluss, Vereinsstrafen, Vereinsgericht
  (e) Mitgliederversammlung (Kompetenzen, Leitung, Beschlussfassung, Mehrheitserfordernisse, Verfahren bei Wahlen)
  (f) Vorstand (Vertretungsmacht, Willensbildung, Wählbarkeit, Amtsdauer, Kompetenzen)
  (g) Auflösung

II. Name des Vereins

In der Wahl seines Namens ist der Verein grundsätzlich frei. Er kann vom Vereinszweck 3
entlehnt werden oder nach einer anderen dem Verein wesentlich erscheinenden Beziehung gebildet werden; auch reine Phantasiebezeichnungen sind zulässig. Die gewählte
Zusammensetzung von Wörtern, Buchstaben oder Zahlen muss aber als Name verstanden
werden können, deshalb sind sinnlose Buchstabenreihungen nicht eintragungsfähig.[4] Der
Name des Vereins muss nicht in deutscher Sprache angegeben sein. Deutliche Unterscheidung vom Namen anderer an demselben Ort oder in derselben Gemeinde bestehender
Vereine ist erforderlich (§ 57 Abs. 2 BGB). Eine deutliche Unterscheidbarkeit von in
demselben Ort bestehenden, in das Handels-, Partnerschafts- oder Genossenschaftsregister
eingetragenen Firmen verlangt § 57 Abs. 2 BGB nicht. Mit der Eintragung eines Vereinsnamens in das Vereinsregister ist jedoch nicht entschieden, ob der Verein zur Führung des
Namens auch befugt ist; die Führung kann gleichwohl in das nach § 12 BGB geschützte
Namensrecht des anderen Namensträgers eingreifen. Der Vereinsname darf **nicht täuschend** sein; die Vorschrift des § 18 Abs. 2 HGB wird auf die Namensführung von Vereinen entsprechend angewendet. Ein Verein darf deshalb keinen Namen führen, der ersichtlich geeignet ist, über seine Verhältnisse irrezuführen.[5] Deshalb darf sich ein Verein
nicht „Stiftung" nennen, wenn er sich ausschließlich durch Mitgliedsbeiträge finanziert,[6]
auch nicht „Institut" mit einer Tätigkeitsangabe, die normalerweise Gegenstand wissenschaftlicher Forschung und Behandlung ist, wenn seine Tätigkeit keiner Kontrolle durch
staatliche Stellen unterliegt,[7] während „Akademie" für Einrichtungen der Aus- und Weiterbildung nicht beanstandet worden ist.[8] Die früher sehr strenge Rechtsprechung zu geographischen Zusätzen ist weitgehend aufgegeben, insbesondere Zusätze wie „Euro-" oder
„europäisch" sind infolge massenhafter Verwendung völlig „verwässert" und damit als
Namensbestandteile regelmäßig unbedenklich;[9] selbst für die Aufnahme eines Ortsnamens
reichen Beziehungen des Vereins zu dem angegebenen Ort; es ist nicht erforderlich, dass
der Verein dort seinen Sitz hat.[10] Dagegen kann der Namensbestandteil „Bundesverband"
den irreführenden Eindruck eines umfassenden Repräsentationsanspruchs erwecken,[11]
nicht dagegen die Bezeichnung als „Europäischer Fachverband".[12]

Der Namenszusatz „eingetragener Verein" oder „e.V.", den der Verein mit seiner Eintragung erhält (§ 65 BGB), muss in jedem Fall in deutscher Sprache geführt werden, auch 4

---

[4] OLG München NJW-RR 2007, 187.
[5] OLG Frankfurt a.M. NJW-RR 2002, 176.
[6] OLG Köln NJW-RR 1997, 1531.
[7] KG FGPrax 2012, 32.
[8] OLG Düsseldorf NJW-RR 2003, 262; KG FGPrax 2005, 77.
[9] OLG Frankfurt a.M. NZG 2011, 1234.
[10] OLG Stuttgart Rpfleger 2001, 186; str.
[11] LG Traunstein Rpfleger 2008, 580.
[12] OLG Frankfurt a.M. NZG 2011, 1234.

wenn der Vereinsname einer fremden Sprache entnommen ist.[13] Der Verein ist zur Führung des Namenszusatzes verpflichtet;[14] sie ist auch dringend zu empfehlen, weil sonst die
Gefahr besteht, dass die für den Verein Handelnden nach den Grundsätzen der Rechtsscheinhaftung persönlich in Anspruch genommen werden könnten.

III. Sitz des Vereins

5   Mangels einer anderen Bestimmung gilt als Sitz des Vereins der Ort, an dem die Verwaltung geführt wird (§ 24 BGB). Die Gründer des Vereins haben aber bei der Wahl des
Vereinssitzes bis zur Grenze des Rechtsmissbrauchs freie Hand; sie können einen beliebigen Ort im Inland bezeichnen, selbst wenn dort keinerlei Vereinstätigkeit ausgeübt oder
beabsichtigt ist.[15] Der Verein muss postalisch erreichbar sein, allerdings nicht notwendig
an seinem Sitz; die Adresse und spätere Änderungen muss der Verein dem Gericht mitteilen (§ 15 VRV). Ein Doppelsitz ist grundsätzlich unzulässig; auch der jeweilige Wohnort
des 1. Vorsitzenden kann nicht als Sitz des Vereins bestimmt werden.[16]

IV. Zweck des Vereins

6   Der Zweck eines eingetragenen Vereins darf nicht auf einen wirtschaftlichen Geschäftsbetrieb gerichtet sein (§ 21 BGB). Dafür kommt es nicht auf die Zielsetzung in der Satzung,
sondern auf die tatsächliche Betätigung des Vereins an. Die Rechtsprechung verlangt deshalb, dass sich nicht nur der Zweck des Vereins, sondern auch die Art und Weise, wie er
diesen verwirklichen will, aus der Satzung ergeben muss, damit das Registergericht prüfen
kann, ob der Verein eingetragen werden kann.

7   Nicht eingetragen werden können insbesondere Vereine, die am allgemeinen Markt als
Anbieter **unternehmerisch tätig** sind, aber auch solche, die in einem aus ihren Mitgliedern bestehenden „Binnenmarkt" Leistungen anbieten, die typischerweise auf einem
äußeren Markt entgeltlich erworben werden, wenn sich das Mitgliedschaftsverhältnis faktisch darauf beschränkt (zB Einkaufszentrale für Gewerkschaftsmitglieder;[17] Verein, der 27
Wohnungen erwerben und gewinnfrei vermieten will;[18] Verwaltung des Vereinsvermögens
als einziger Vereinszweck;[19] Veranstaltung von Filmvorführungen;[20] Fitnessstudio[21]), und
solche, in die Teile der unternehmerischen Tätigkeit ihrer Mitglieder ausgelagert sind (zB
Abrechnungsstellen der Heilberufe;[22] Verein, der günstige Einkaufskonditionen für seine
gewerblichen Mitglieder aushandeln will;[23] Verein, dessen Veranstaltungen der Kunden-
werbung dienen[24]). Unschädlich sind dagegen die Inanspruchnahme von Fördergeldern
durch einen Behindertensportverein[25] und eine unternehmerische Betätigung des Vereins,
die im Vergleich zu seiner ideellen Betätigung nur eine untergeordnete Rolle spielt und
sich als objektiv sinnvolles Mittel zur Förderung des Vereinszwecks darstellt (sog. „Neben-
zweckprivileg"; zB der Betrieb einer Kletterhalle durch einen Alpenverein[26]). Auch betriebliche Sozialeinrichtungen werden nicht als wirtschaftliche Vereine angesehen, da sich
ihre Leistungen an einen abgeschlossenen Personenkreis richten und die Mitgliedschaft

---

[13] KG JW 1930, 3777.
[14] BayObLGZ 1987, 161 (171).
[15] Einschränkend LG Berlin Rpfleger 1998, 476 und *Keilbach* DNotZ 2001, 675 für einen rein fiktiven Sitz.
[16] *Sauter/Schweyer/Waldner* Eingetragener Verein Rn. 66.
[17] AG Alzenau BB 1961, 8.
[18] OLG Schleswig Rpfleger 2012, 693.
[19] BGH NJW-RR 2018, 1376.
[20] KG DNotZ 2011, 634.
[21] OLG Zweibrücken Rpfleger 2014, 214.
[22] OLG Hamm Rpfleger 1981, 66.
[23] OLG Hamm Rpfleger 2000, 277.
[24] KG NJW-RR 2005, 339.
[25] OLG Hamm Rpfleger 2008, 141.
[26] OLG Frankfurt a.M. SpuRt 2011, 125.

nicht zum Zweck des Erwerbs der Leistungen erworben werden kann.[27] Untauglich zur Abgrenzung ist die Überlegung, wirtschaftliche Vereine seien solche, bei denen die Mitgliedschaft wegen der vom Verein erbrachten Leistungen erworben werde,[28] denn das ist auch bei den meisten Sportvereinen und beim ADAC nicht anders. Auch werden ideelle Zwecke (zB die Förderung von Klavierkonzerten) nicht dadurch zu wirtschaftlichen, dass sie auch zum Gegenstand gewinnorientierten Handelns (zB Betrieb einer Konzertveranstaltungsgesellschaft) gemacht werden könnten.[29]

Nach einer Grundsatzentscheidung des BGH ist das entscheidende Kriterium die steu- **7a** erliche Anerkennung als gemeinnütziger Verein.[30] Sie führt zwar nicht automatisch zur Bejahung der Eigenschaft als Idealverein, ist aber ein wesentliches Indiz; bei gemeinnützigen Vereinen ist der ideelle Charakter grundsätzlich zu bejahen. Diese dürfen die Mittel zur Verwirklichung ihrer ideellen Zwecke erwirtschaften;[31] auf den Umfang des Geschäftsbetriebs kommt es dabei nicht entscheidend an. Deshalb sind auch Vereine, die mehrere Kindertagesstätten betreiben, Idealvereine. Bisher bestanden in der Registerpraxis erhebliche regionale Unterschiede; die Rechtsprechung des BGH hat hier jedoch allgemein zu einer liberaleren Praxis geführt. Als Konsequenz dieser Rechtsprechung kann es ratsam sein, in zweifelhaften Fällen zunächst die Ausstellung einer vorläufigen Bescheinigung des Finanzamts (→ Rn. 8) zu erwirken und diese zusammen mit dem Eintragungsantrag dem Registergericht vorzulegen. „Umkehren" in dem Sinne, dass nicht gemeinnützige Vereine typischerweise Wirtschaftsvereine seien, lässt sich diese Rechtsprechung selbstverständlich nicht. Die Gemeinnützigkeit eines Vereins kann an der Nichterfüllung steuerrechtlicher Erfordernisse scheitern, auch wenn dieser keinerlei wirtschaftliche Tätigkeit entfaltet, also zweifelsfrei Idealverein ist.

Welche Vereine **gemeinnützig** sind, regeln §§ 51–68 AO. Ein gemeinnütziger Verein **8** muss ausschließlich (§ 56 AO)[32] und unmittelbar (§ 57 AO) einen gemeinnützigen (§ 52 AO), mildtätigen (§ 53 AO) oder kirchlichen (§ 54 AO) Zweck selbstlos (§ 55 AO) verfolgen oder unterstützen, was sich aus der Satzung ergeben muss (§ 60 AO); ältere Vereinssatzungen müssen aber nicht deshalb geändert werden, weil in ihnen auf Vorgängervorschriften der AO verwiesen oder das Wort „selbstlos" nicht verwendet wird.[33] Gemeinnützige Vereine müssen die Allgemeinheit fördern; ihr Mitgliederkreis darf daher nicht abgeschlossen sein; dies ist insbesondere dann der Fall, wenn ein Verein nur Männer oder nur Frauen aufnimmt;[34] dies gilt unabhängig von den vereinsrechtlichen Grenzen einer solchen Satzungsbestimmung (→ Rn. 9). Gemeinnützig ist auch die Förderung der politischen Bildung; schädlich eine Einflussnahme auf die politische Willensbildung.[35] Ein spezielles Anerkennungsverfahren sieht das Gesetz nicht vor; ob die Voraussetzungen vorliegen, entscheidet das Finanzamt bei der Steuerveranlagung. Allerdings kann dem Verein nach Prüfung der Satzung eine vorläufige Bescheinigung erteilt werden, wenn die spätere Anerkennung wahrscheinlich ist. Von den Erfordernissen der ausschließlichen und unmittelbaren Verfolgung der gemeinnützigen Zwecke gewährt § 58 AO in den praktisch wichtigsten Fällen Erleichterung: Der Verein muss den gemeinnützigen Zweck nicht selbst verfolgen, es genügt, wenn er – in Übereinstimmung mit seiner Satzung – die Mittel für die Verwirklichung der Zwecke durch eine andere Körperschaft beschafft (Förder- und Spendensammelvereine, § 58 Nr. 1 AO); auch die Bildung von Rücklagen ist zur Erhaltung einer kontinuierlichen Leistungsfähigkeit des Vereins nicht ausgeschlossen (vgl.

---

[27] BayObLG Rpfleger 1974, 13; *Küppers/Louven* BB 2004, 437; s. aber auch OLG Köln FGPrax 2009, 275.
[28] So aber OLG Karlsruhe MDR 2012, 273.
[29] OLG Brandenburg NZG 2015, 992.
[30] BGH NJW 2017, 1943. Die Entscheidungen KG Rpfleger 2016, 423 und FGPrax 2017, 71 sind durch die Rechtsprechung des BGH überholt.
[31] OLG Hamm NJW-RR 2017, 743.
[32] Vgl. dazu BFH NJW 1999, 2463.
[33] BMF BStBl. I 1976, 586.
[34] BFH BStBl. II 2018, 218: Freimaurerloge, die nur Männer aufnimmt, nicht gemeinnützig.
[35] BFH NJW 2019, 877.

näher § 58 Nr. 6 und Nr. 7 AO). Der Sicherstellung der Selbstlosigkeit dient das Verbot der Gewährung unangemessener Vergütungen an Mitglieder. Es empfiehlt sich, Satzungs-änderungen von der Genehmigung des Finanzamts abhängig zu machen, damit nicht un-beabsichtigt durch eine unbedachte Satzungsänderung die Gemeinnützigkeit gefährdet wird.

Praxishinweis Steuern:

Sofern ein Verein als gemeinnützig anerkannt ist, hat dies steuerlich insbesondere fol-gende Konsequenzen:

– Der Verein ist weitgehend von der Körperschaftsteuer befreit (§ 5 Abs. 1 Nr. 9 KStG). Die Steuerbefreiung umfasst nicht die Einkünfte, die dem Steuerabzug unterliegen, also vor allem Kapitalerträge (§ 5 Abs. 2 Nr. 1 KStG), und das Ergebnis eines „wirt-schaftlichen Geschäftsbetriebes" (§ 5 Abs. 1 Nr. 9 S. 2 KStG). Der Begriff des wirt-schaftlichen Geschäftsbetriebes ist in § 14 AO definiert, letztlich handelt es sich dabei um geschäftliche Betätigungen am Markt, die über die reine Vermögensverwaltung hinausgehen. Wichtige Rückausnahmen enthält § 64 AO: Die Steuerbefreiung geht nicht verloren bei sog. Zweckbetrieben und bei wirtschaftlichen Geschäftsbetrieben, deren Brutto-Einnahmen 35.000 EUR im Jahr nicht übersteigen.

– Der Verein ist – wiederum mit Ausnahme der wirtschaftlichen Geschäftsbetriebe – von der Gewerbesteuer befreit (§ 3 Nr. 6 GewStG).

– Die Leistungen des Vereins unterliegen dem ermäßigten Umsatzsteuersatz (§ 12 Abs. 2 Nr. 8 UStG), sofern nicht überhaupt Umsatzsteuerfreiheit besteht (vgl. insbe-sondere § 4 Nr. 16, Nr. 18, Nr. 20, Nr. 22, Nr. 23 UStG). Auch hier besteht die Steuer-begünstigung nicht für wirtschaftliche Geschäftsbetriebe; die 35.000 EUR-Grenze des § 64 Abs. 3 AO gilt nicht für die Umsatzsteuer. Ferner besteht die Begünstigung für Zweckbetriebe nur eingeschränkt, um Wettbewerbsverzerrungen mit anderen Unter-nehmern, die dem Regelsteuersatz unterliegen, zu vermeiden.

– Spenden an den Verein sind nach § 10b Abs. 1 EStG als Sonderausgaben (be-schränkt) abzugsfähig; dies gilt für Mitgliedsbeiträge nur in begrenztem Umfang (vgl. § 10b Abs. 1 S. 7, S. 8 EStG), insbesondere nicht bei Sport- und Freizeitvereinen.

– Bezüge für Nebentätigkeiten, die vom Verein vergütet werden, sind nach § 3 Nr. 26 EStG teilweise von der Einkommensteuer befreit.

Der „Zweckbetrieb" wird in den §§ 65–68 AO näher definiert. Es handelt sich dabei um Geschäftsbetriebe, die zur Erreichung der satzungsmäßigen Zwecke der Körper-schaft erforderlich sind. Typische Beispiele sind Behindertenwerkstätten, Pflegeheime und bestimmte (kleinere, vgl. § 67a AO) Sportveranstaltungen, nicht jedoch Vereinslo-kale (wirtschaftlicher Geschäftsbetrieb).

V. Mitgliedschaft

9 **1. Erwerb der Mitgliedschaft.** Das Gesetz verlangt nicht, dass in der Satzung festgelegt ist, wer Mitglied des Vereins werden kann; die Satzung kann jedoch grundsätzlich beliebi-ge Anforderungen an die Bewerber (zB hinsichtlich Alter, Beruf, Wohnsitz, Geschlecht, Staatsangehörigkeit uÄ) stellen und diese ebenso beliebig ändern.[36] Bei Vereinen, die in ihrem Bereich eine Monopolstellung einnehmen, kann jedoch ein Aufnahmeanspruch be-stehen, auch wenn die Satzung eine Mitgliedschaft ausschließt.[37] Zulässig ist auch eine Beschränkung der Zahl der Mitglieder, so dass dann, wenn diese Zahl erreicht ist, eine

---

[36] OLG Frankfurt a.M. NZG 2018, 1074 (Satzungsänderung zur Aufnahme von Frauen als Vereinsmitglie-der).

[37] OLG Frankfurt a.M. OLGR 2006, 306; LG München I NJW-RR 1993, 890: Aufnahmeanspruch einer Frau in die Bergwacht, nach deren Dienstordnung nur Männer Mitglied werden können.

zeitweilige Aufnahmesperre eintritt. Dagegen darf ein eingetragener Verein nicht bereits satzungsgemäß einen geschlossenen Mitgliederbestand haben. Das Gesetz enthält auch keine Vorgabe für die Dauer einer Vereinsmitgliedschaft; vereinsrechtlich steht einer Tagesmitgliedschaft daher nichts entgegen.[38]

Als Vereinsgründer kommen diejenigen in Betracht, die nach der Satzung des zu gründenden Vereins die Mitgliedschaft erwerben können. Gestattet diese die Mitgliedschaft Minderjähriger, dann können diese nur dann ohne Zustimmung ihrer gesetzlichen Vertreter Gründer sein, wenn ihnen die Gründung lediglich einen rechtlichen Vorteil oder zumindest keinen rechtlichen Nachteil bringt; das ist nur denkbar, wenn eine Beitragspflicht der Mitglieder in der Satzung ausgeschlossen ist. Andernfalls bedarf ein Minderjähriger zur Vereinsgründung der Zustimmung seines gesetzlichen Vertreters (§ 107 BGB). Inwieweit rechtsfähige und nicht rechtsfähige Personenvereinigungen Mitglieder werden können, bestimmt die Satzung; die erforderliche Zahl sieben wird dann, wenn die juristischen Personen von ebenfalls gründenden natürlichen Personen beherrscht werden, nur nach der Zahl der natürlichen Personen berechnet.[39]

2. Art und Weise des Eintritts. Die Satzung soll über die Art und Weise des Eintritts 10 Bestimmungen enthalten (§ 58 Nr. 1 BGB). Sie kann es zum Erwerb der Mitgliedschaft genügen lassen, dass jemand eine Beitrittserklärung abgibt, aber auch anordnen, dass ein Vereinsorgan über die Aufnahme zu entscheiden hat. Regelmäßig empfiehlt sich die zweite Variante, um einer „Unterwanderung" des Vereins durch Personen, denen es nur darum geht, das Vereinsleben in ihrem Sinne umzugestalten, zu verhindern. Die Satzung kann auch eine bestimmte Form für den Aufnahmeantrag vorsehen; dies ist zweckmäßig, um Zweifel über das Bestehen der Mitgliedschaft oder über den Zeitpunkt des Beitritts zu vermeiden.

3. Austritt. a) Unabdingbarkeit. Der Austritt ist durch § 39 Abs. 1 BGB unabdingbar 11 gewährleistet; wie sich im Einzelnen der Austritt vollzieht, soll in der Satzung bestimmt sein (§ 58 Nr. 1 BGB). Die Satzung kann dabei insbesondere regeln, ob eine bestimmte Kündigungsfrist einzuhalten ist, wem gegenüber die Austrittserklärung abzugeben ist und wann sie wirksam wird. Das Kündigungsrecht darf nicht durch zusätzliche Anforderungen erschwert werden, etwa das Erfordernis notarieller Beurkundung der Austrittserklärung. Es wird aber als zulässig angesehen, die einfache Schriftform vorzusehen.[40] Würde die Satzung vorsehen, dass der Austritt durch eingeschriebenen Brief zu erfolgen hat, wäre darin nur ein Mittel zum Nachweis des Zugangs, kein Wirksamkeitserfordernis der Kündigung bestimmt.[41]

b) Austrittsfrist. Die Satzung kann anordnen, dass der Austritt erst zum Ende des Ge- 12 schäftsjahrs oder nach Ablauf einer Kündigungsfrist von höchstens zwei Jahren wirksam wird (§ 39 Abs. 2 BGB), auch eine Kombination beider Erfordernisse (zB in der Weise, dass der Austritt unter Einhaltung einer einjährigen Kündigungsfrist zum Schluss des Geschäftsjahres zulässig ist), wäre nicht zu beanstanden, wenn das Mitglied nicht länger als zwei Jahre nach Abgabe seiner Austrittserklärung am Verein festgehalten wird. Bestimmt die Satzung keine Frist, ist der Austritt jederzeit möglich.[42] In einem solchen Fall oder wenn die Satzung einen Austritt im Lauf eines Geschäftsjahrs gestattet, sollte sie regeln, ob dem Mitglied geleistete Beiträge anteilig erstattet werden.

[38] OLG Stuttgart NZG 2018, 1264.
[39] OLG Stuttgart Rpfleger 1983, 318; OLG Köln NJW 1989, 173.
[40] BayObLGZ 1986, 528.
[41] BGH NJW-RR 1996, 866.
[42] LG Stuttgart NJW-RR 1995, 1009.

13 **c) Empfänger der Austrittserklärung.** Die Austrittserklärung wird als einseitige, empfangsbedürftige Willenserklärung mit ihrem Zugang bei einem Mitglied des Vorstands (§ 28 Abs. 2 BGB) wirksam, wenn die Satzung nichts anderes bestimmt. Fehlt das betreffende Vereinsorgan, kann das Mitglied gleichwohl nicht länger als zwei Jahre an seiner Mitgliedschaft festgehalten werden, sondern in anderer Weise seinen Willen, dem Verein nicht mehr angehören zu wollen, kundtun.[43]

14 **4. Vereinsausschluss und Vereinsstrafen.** Eine Satzungsbestimmung, ob und unter welchen Voraussetzungen ein Mitglied aus dem Verein ausgeschlossen werden kann, ist nicht gesetzlich vorgeschrieben. Es ist aber dringend zu empfehlen, von der Möglichkeit Gebrauch zu machen, in die Satzung eine Bestimmung über den Ausschluss eines Mitglieds aufzunehmen. Dabei können entweder einzelne Ausschlussgründe bezeichnet werden oder allgemein bestimmt werden, dass ein Mitglied aus **wichtigem Grund** ausgeschlossen werden kann; auch die Angabe eines anderen unbestimmten Rechtsbegriffs (zB grober Verstoß gegen die Interessen des Vereins) ist möglich. Werden konkrete Ausschlussgründe bezeichnet, brauchen sie nicht die Schwere eines wichtigen Grundes zu erreichen (str.); so kann beispielsweise auch Verzug mit der Beitragszahlung ausreichend sein. Die Angabe konkreter Ausschlussgründe hindert den Verein nicht, das Mitglied aus einem anderen wichtigen Grund auszuschließen.[44] Das für den Ausschluss zuständige Vereinsorgan sollte in der Satzung bezeichnet werden; fehlt eine solche Bestimmung, so entscheidet die Mitgliederversammlung mit einfacher Mehrheit.[45]

15 Bei größeren Vereinen ist es meist zweckmäßig, das **Ausschlussverfahren** in der Weise zu gestalten, dass die Mitgliederversammlung nicht in jedem Fall mit dem Ausschluss befasst wird. In diesem Fall muss die Satzung das für die Ausschließung zuständige Organ ausdrücklich bestimmen; die Ausschließung eines Mitglieds durch ein nicht ausdrücklich hierfür bestimmtes Vereinsorgan wäre unwirksam. Meist wird der Vorstand als dieses Organ bestimmt; allerdings greift diese Regelung dann nicht ein, wenn sich das Ausschlussverfahren gegen ein Vereinsmitglied richtet, das zugleich Vorstandsmitglied ist.[46] Im Ausschließungsverfahren hat das betroffene Mitglied Anspruch auf **rechtliches Gehör,** dessen Ausgestaltung die Satzung regeln kann und sollte, da sonst der Umfang des Gehörsrechts zweifelhaft sein kann. Eine ausdrückliche Regelung empfiehlt sich auch für die Frage, ob das Mitglied im Ausschließungsverfahren einen (vereinsfremden) Beistand zu seiner Unterstützung beiziehen darf; ohne ausdrückliche Regelung ist unsicher, ob dieses Recht besteht.[47] Auch ohne Festlegung in der Satzung steht fest, dass der Ausschließungsbeschluss begründet werden muss. An ein weiteres Organ kann sich das ausgeschlossene Mitglied nur wenden, wenn die Satzung dies ausdrücklich vorsieht; die Möglichkeit, den Ausschluss durch die Mitgliederversammlung überprüfen zu lassen, ist allerdings häufig vorgesehen. Den allgemeinen rechtsstaatlichen Verfahrensgrundsätzen entspricht es, einem solchen vereinsinternen Rechtsbehelf aufschiebende Wirkung beizulegen und den sofortigen Vollzug – wenn überhaupt – auf solche Fälle zu beschränken, in denen besondere Umstände es rechtfertigen.[48]

16 Bei der **Streichung aus der Mitgliederliste** handelt es sich rechtlich um ein vereinfachtes Ausschließungsverfahren, das meist an einfach gelagerte, leicht feststellbare Tatbestände anknüpft (insbesondere Beitragsrückstände, aber auch Verlegung des Wohnsitzes, Nichtteilnahme an einer bestimmten Zahl von Vereinsveranstaltungen). Regelungen über eine Anfechtung der Streichung durch das Mitglied sind – anders als beim normalen Ausschließungsverfahren – regelmäßig entbehrlich.

---

[43] LG Berlin Rpfleger 2004, 359.
[44] MüKoBGB/*Arnold* BGB § 38 Rn. 51.
[45] OLG München BeckRS 2017, 120040.
[46] BayObLG NJW 1994, 832.
[47] Vgl. etwa LG Köln BB 1975, 342.
[48] OLG Köln NJW-RR 1993, 891.

Formulierungsbeispiel: Streichung von der Mitgliederliste 16a

Ein Mitglied kann durch Beschluss des Vorstands von der Mitgliederliste gestrichen wer- ☊
den, wenn es trotz zweimaliger Mahnung mit der Zahlung des Beitrags im Rückstand
ist. Die Streichung darf erst beschlossen werden, nachdem seit der Absendung des
zweiten Mahnschreibens drei Monate verstrichen und die Beitragsschulden nicht beglichen sind. Die Streichung ist dem Mitglied mitzuteilen.

Außer dem Ausschluss aus dem Verein als schwerster Sanktion kann die Satzung für 17
Verstöße gegen Mitgliedspflichten Disziplinarmaßnahmen der verschiedensten Art vorsehen, zB Ausschluss von den Vereinseinrichtungen,[49] Sperre bei Sportlern.[50] Es dürfen nur
solche Straf- und Disziplinarmaßregeln angewandt werden, die die Satzung selbst vorsieht;
eine Grundlage in der Satzung eines übergeordneten Verbands genügt nicht.[51]

Vereinsausschluss und Vereinsstrafen unterliegen der **Kontrolle durch die staatlichen** 18
Gerichte. Der Rechtsweg kann in der Satzung nicht ausgeschlossen werden; anders lautende Satzungsbestimmungen sind nichtig. Die Satzung kann aber die Entscheidung über
die Rechtswirksamkeit einerseits einem Schiedsgericht übertragen, dessen Entscheidung
an die Stelle der Entscheidung des staatlichen Gerichts tritt, andererseits vorsehen, dass die
staatlichen Gerichte erst angerufen werden können, wenn das Mitglied die ihm nach der
Satzung zustehenden vereinsinternen Rechtsbehelfe ausgeschöpft, insbesondere ein Vereinsgericht angerufen hat. Die Satzung muss aber für jedes Mitglied auch ohne juristische
Beratung deutlich erkennen lassen, welche rechtlichen Folgen es hat, wenn es von der
Anrufung der vorgesehenen Vereinsinstanz keinen Gebrauch macht.[52] Ferner muss die
vereinsinterne Kontrolle hinsichtlich der zeitlichen Nähe zur Ergreifung des Rechtsbehel-
fes mit einem staatlichen Gericht vergleichbar sein; die Möglichkeit, ein nur einmal jährlich zusammentretendes Organ (zB die ordentliche Mitgliederversammlung) anzurufen,
dürfte wohl nicht genügen.[53]

Formulierungsbeispiel: Ausschluss aus dem Verein 18a

Ein Mitglied kann, wenn es gegen die Vereinsinteressen gröblich verstoßen hat, durch ☊
Beschluss des Vorstands aus dem Verein ausgeschlossen werden. Vor der Beschlussfassung ist dem Mitglied unter Setzung einer angemessenen Frist Gelegenheit zu geben,
sich persönlich vor dem Vorstand oder schriftlich zu rechtfertigen; das Mitglied darf sich
dabei eines Beistands bedienen, der nicht Vereinsmitglied zu sein braucht. Eine schriftliche Stellungnahme des Betroffenen ist in der Vorstandssitzung zu verlesen. Der
Beschluss über den Ausschluss ist mit Gründen zu versehen und dem Mitglied mittels
eingeschriebenen Briefes bekannt zu machen. Gegen den Ausschließungsbeschluss des
Vorstands steht dem Mitglied das Recht der Berufung an die Mitgliederversammlung zu.
Die Berufung hat aufschiebende Wirkung. Die Berufung muss innerhalb einer Frist von
einem Monat ab Zugang des Ausschließungsbeschlusses beim Vorstand schriftlich eingelegt werden. Ist die Berufung rechtzeitig eingelegt, so hat der Vorstand innerhalb von
zwei Monaten die Mitgliederversammlung zur Entscheidung über die Berufung einzuberufen. Geschieht das nicht, gilt der Ausschließungsbeschluss als nicht erlassen. Macht
das Mitglied von dem Recht der Berufung gegen den Ausschließungsbeschluss keinen
Gebrauch oder versäumt es die Berufungsfrist, so unterwirft es sich damit dem Ausschließungsbeschluss mit der Folge, dass die Mitgliedschaft als beendet gilt.

---

[49] OLG Köln NJW-RR 1993, 891.
[50] OLG München NJW 1996, 2382.
[51] BGH NJW 2017, 402.
[52] BGHZ 47, 172.
[53] Vgl. BGH NJW 1989, 1212.

19 Die meisten in Vereinssatzungen vorgesehenen „Gerichte" stellen keine echten Schiedsge-
    richte dar, durch die der Rechtsweg zu den staatlichen Gerichten ausgeschlossen wäre,[54]
    auch wenn ein förmliches Verfahren abläuft, rechtliches Gehör gewährt wird und gleich-
    zeitige Mitgliedschaft im Vorstand und im Vereinsgericht ausgeschlossen ist. Es fehlt näm-
    lich jedenfalls daran, dass die Streitbeteiligten paritätisch Einfluss auf seine Besetzung neh-
    men können; diese ist vielmehr ausschließlich Sache der Mitgliederversammlung. Soweit
    kein echtes Schiedsgericht vorliegt, sollte es in der Satzung auch nicht als solches bezeich-
    net, sondern die neutrale Bezeichnung „Vereinsgericht" gewählt werden.

20 **5. Beiträge. a) Notwendigkeit der Regelung in der Satzung.** Die Satzung soll eine
    Aussage im positiven oder negativen Sinne darüber enthalten, ob von den Mitgliedern
    Beiträge zu leisten sind (§ 58 Nr. 2 BGB). Beiträge sind dabei alle mitgliedschaftlichen
    Pflichten zur Förderung des Vereinszwecks; dies können neben Geldzahlungen auch
    Sachleistungen oder die Verpflichtung zur Leistung von Diensten sein. Ohne nähere Be-
    stimmung sind „Beiträge" aber nur Geldbeiträge, bei denen es sich um einmalige (Auf-
    nahmegebühr, Eintrittsgeld), laufende (Jahresbeitrag), von Fall zu Fall zu erhebende Um-
    lagen und Disziplinarstrafen handeln kann. Die Festlegung der Höhe der Beiträge in der
    Satzung empfiehlt sich nicht, weil sonst jede Änderung dieser Beträge den Vorschriften
    über die Satzungsänderung unterliegt. Zweckmäßig ist es vielmehr, das Vereinsorgan fest-
    zulegen, das über die Höhe der Beiträge entscheidet; eine rückwirkende Einführung von
    Beiträgen oder eine rückwirkende Beitragserhöhung bedürfen einer ausdrücklichen Er-
    mächtigung in der Satzung.[55] Bei größeren Vereinen wird die Einhebung der Beiträge
    durch Einzugsermächtigungen der Mitglieder sehr erleichtert; damit davon in weitem
    Umfang Gebrauch gemacht wird, sollte die Satzung diese Art der Zahlung des Mitglieds-
    beitrags begünstigen. Die Beiträge brauchen nicht für alle Mitglieder gleich hoch zu sein;
    gegen eine Beitragsfreiheit für Ehrenmitglieder, aber auch für andere Mitgliedergruppen
    (zB Pensionisten, Studenten usw) bestehen deshalb keine Bedenken.

21 **b) Aufnahmegebühr.** Sieht die Satzung „Beiträge" ohne nähere Beschreibung vor, sind
    darunter regelmäßig nur laufende Mitgliedsbeiträge zu verstehen; soll daneben eine Auf-
    nahmegebühr (Eintrittsgeld) erhoben werden, muss die Satzung dies gestatten;[56] auch
    Umlagen, die neben den laufenden Beiträgen erhoben werden sollen, müssen eine
    Grundlage in der Satzung haben, die normalerweise auch eine Obergrenze bestimmen
    muss[57] und in ihren Voraussetzungen klar geregelt sein.[58] Ein Anspruch auf Erstattung der
    Aufnahmegebühr beim Austritt aus dem Verein besteht nur, soweit die Satzung einen sol-
    chen einräumt.[59] Beim gemeinnützigen Verein darf der Personenkreis, dem die Vereinstä-
    tigkeit zugute kommen kann, nicht begrenzt sein; der Zugang zum Verein muss jedem
    offen stehen. Zu hohe Aufnahmegebühren und Mitgliedsbeiträge können deshalb die An-
    erkennung der Gemeinnützigkeit hindern. Die Finanzverwaltung zieht die Obergrenze
    bei einem durchschnittlichen jährlichen Mitgliedsbeitrag von 1.023 EUR und einer Auf-
    nahmegebühr bis zu 1.534 EUR.[60]

22 **c) Kassenprüfung.** Eine regelmäßige Prüfung der Geschäftsführung, wie sie für die Ge-
    nossenschaft gesetzlich vorgeschrieben ist (§ 53 GenG), kennt das Vereinsrecht nicht.
    Gleichwohl sind solche Prüfungen jedenfalls bei größeren Vereinen sehr gebräuchlich.
    Die Prüfung kann von Fall zu Fall von der Mitgliederversammlung beschlossen, aber auch

---

[54] BGH NJW-RR 2013, 873.
[55] LG Hamburg NJW-RR 1999, 1708.
[56] AA OLG Bamberg BB 1982, 272.
[57] BGH NJW-RR 2008, 194; dort auch zu einer Ausnahme.
[58] OLG Stuttgart NZG 2012, 317.
[59] OLG Brandenburg OLGR 2005, 242.
[60] BMF DStR 2005, 1011.

in der Satzung angeordnet werden; es kann bei entsprechendem Geschäftsanfall sinnvoll sein vorzusehen, dass auch Nichtmitglieder (insbesondere eine Wirtschaftsprüfungsgesellschaft) mit der Prüfung beauftragen zu können. Die Satzungsbestimmung sollte auch ergeben, ob sich die Prüfung auf die Übereinstimmung zwischen den Ein- und Ausgabebelegen und dem Kassenbestand beschränkt oder ob eine umfassende Revision der Geschäftsprüfung bezweckt wird. Auf die gewählte Bezeichnung (Kassenprüfer, Rechnungsprüfer, Revisor) kommt es jedenfalls nicht an.

VI. Der Vorstand

1. Zusammensetzung. Die Satzung soll Bestimmungen über die Bildung des Vorstands 23 enthalten (§ 58 Nr. 3 BGB); erforderlich ist also zumindest eine Aussage, ob der Vorstand aus einer oder mehreren Personen besteht, gegebenenfalls aus wie vielen. Möglich ist es auch, nur eine Mindest- und/oder Höchstzahl der Vorstandsmitglieder zu bestimmen. In diesem Fall ist es der Mitgliederversammlung überlassen, innerhalb dieser Grenzen so viele Vorstandsmitglieder zu bestellen, wie sie für erforderlich hält. Nach der Rechtsprechung muss beim mehrgliedrigen Vorstand aber jedenfalls eine Mindestzahl bestimmt werden.[61] Eine Person kann auch mehrere Vorstandsämter gleichzeitig bekleiden, wenn dies die Satzung nicht ausdrücklich verbietet.[62] Der Vorstand muss nicht unbedingt als solcher bezeichnet werden, wenn sich nur mit hinreichender Deutlichkeit ergibt, dass es sich bei dem Organ um dasjenige handelt, dem die Vertretung des Vereins obliegt (zB Präsidium). Die Satzung kann den Mitgliedern eines mehrgliedrigen Vorstands Bezeichnungen beilegen (zB „1. Vorsitzender", „2. Vorsitzender", „Kassierer", „Schriftführer"), muss dies aber nicht. Sollen dem Leitungsorgan des Vereins auch Personen angehören, die nicht zur Vertretung des Vereins befugt sind, aber von der Satzung gleichwohl als Vorstandsmitglieder bezeichnet werden, muss klargestellt werden, wer den Vorstand im Sinne des Gesetzes bildet (zB „Vorstand im Sinne des § 26 BGB sind ...").[63]

2. Vertretungsmacht. Satzungsmäßige Bestimmungen darüber, wie mehrere Vorstands- 24 mitglieder den Verein vertreten, sind zwar nicht zwingend vorgeschrieben; da aber mangels einer Bestimmung gilt, dass der Verein durch die Mehrheit der Vorstandsmitglieder vertreten wird (§ 26 Abs. 2 S. 1 BGB), empfiehlt sich in jedem Fall eine ausdrückliche Regelung in der Satzung. Sie kann bestimmen, dass zur Vertretung des Vereins das Handeln aller Vorstandsmitglieder erforderlich ist, aber auch, dass eines, mehrere oder alle Vorstandsmitglieder einzeln zur Vertretung des Vereins berechtigt sind. Alle anderen Kombinationen von Vertretungsregelungen sind ebenfalls möglich; es dürfen nur nicht einzelne Vorstandsmitglieder gänzlich von der Vertretung des Vereins ausgeschlossen werden und die Regelung darf auch nicht missverständlich sein („gegenseitig vertretungsbefugt").[64]

Anders als bei den juristischen Personen des Handelsrechts kann beim Verein die Ver- 25 tretungsmacht des Vorstands auch **mit Wirkung gegen Dritte beschränkt** werden, wenn die Beschränkung in das Vereinsregister eingetragen wird (§§ 64, 68, 70 BGB). Üblich sind vor allem betragsmäßige Beschränkungen; bei deren Formulierung muss sorgfältig darauf geachtet werden, ob sie das Ausmaß der Einschränkung in der für den Rechtsverkehr erforderlichen Weise bestimmt zum Ausdruck bringt. Eine Beschränkung, dass der Vorstand „zu Investitionsmaßnahmen mit einem Gesamtumfang von mehr als 50.000 EUR" weiterer Zustimmungen bedarf, wäre beispielsweise nicht eintragungsfä-

---

[61] OLG Celle NotBZ 2011, 42.
[62] OLG Hamm NJW-RR 2011, 471.
[63] BayObLG Rpfleger 1971, 352.
[64] OLG Celle Rpfleger 2010, 670.

hig,[65] da niemand bei Abschluss eines Vertrags beurteilen kann, ob dies im Rahmen einer derartigen Investitionsmaßnahme geschieht.

25a   Kommt die Notwendigkeit des **Nachweises der Vertretungsmacht im Grundbuch- oder Registerverfahren** in Betracht, muss an eine praktikable Möglichkeit des Nachweises derartiger Zustimmungen gedacht werden, da die Rechtsprechung den Nachweis durch den Bestellungsbeschluss eines nicht im Vereinsregister eingetragenen Organs entsprechend § 26 Abs. 3 WEG teilweise nicht gestattet.[66]

26   **3. Wählbarkeit.** Anders als im Genossenschaftsrecht (§ 9 Abs. 2 GenG) ist beim eingetragenen Verein nicht vorgeschrieben, dass der Vorstand Mitglied des Vereins sein muss; es kann deshalb auch ein Nichtmitglied zum Vorstand des Vereins gewählt werden.[67] Diese Möglichkeit kann aber durch die Satzung ausgeschlossen werden, die auch weitere Erfordernisse (zB Lebensalter, Dauer der Vereinszugehörigkeit) aufstellen kann. Mehrere Vorstandsmitglieder können nur dann in einem Wahlgang gewählt werden („Blockwahl"), wenn die Satzung dies gestattet.[68]

27   **4. Amtsdauer.** Die Satzung könnte es dem für die Bestellung des Vorstands zuständigen Vereinsorgan überlassen, im Bestellungsbeschluss die Amtsdauer des Vorstands festzulegen; sinnvoll ist aber in jedem Fall eine Festlegung in der Satzung. Die Amtszeit kann für mehrere Vorstandsmitglieder unterschiedlich lange bestimmt werden.

Eine automatische Verlängerung der Amtsdauer des Vorstands bis zur Neu- oder Wiederwahl gibt es nicht; mit dem Ablauf der satzungsgemäßen Amtszeit endet das Vorstandsamt. Oft wird aber in der Praxis übersehen, rechtzeitig vor Ablauf der Wahlperiode eine Neuwahl des Vorstands durchzuführen; der Verein hat dann zeitweise keinen gesetzlichen Vertreter mehr, was zu einer Lähmung der Vereinstätigkeit jedenfalls in rechtlicher Hinsicht führen kann. Dieser Gefahr kann dadurch begegnet werden, dass in die Satzung eine **„Übergangsklausel"** aufgenommen wird, die die Vertretung des Vereins bei einer Verzögerung der Neuwahl sicherstellt. Der Vorstand ist allerdings auch in diesem Fall zur rechtzeitigen Einberufung der Mitgliederversammlung zwecks Neuwahl des Vorstands verpflichtet.

VII. Die Mitgliederversammlung

28   Die Mitgliederversammlung ist das Vereinsorgan, das für alle Angelegenheiten des Vereins zuständig ist, die nicht zur Zuständigkeit des Vorstands oder anderer Vereinsorgane gehören. „Ordentliche" und „außerordentliche" Mitgliederversammlungen sind keine gesetzlichen Begriffe, sondern haben sich in der Praxis eingebürgert. Als ordentliche wird meist die Versammlung verstanden, die regelmäßig (zB einmal jährlich) aufgrund einer Satzungsbestimmung abgehalten wird, während als außerordentliche die Versammlungen bezeichnet werden, die aus einem besonderen Anlass einberufen werden, insbesondere dann, wenn das Interesse des Vereins es erfordert; insoweit erübrigt sich eine Satzungsbestimmung, weil § 36 BGB, der dies festlegt, unabdingbar ist.

29   § 32 Abs. 1 S. 1 BGB weist die Angelegenheiten des Vereins der Mitgliederversammlung zu, soweit sie nicht vom Vorstand zu besorgen sind. Deshalb empfiehlt es sich, die Zuständigkeiten des Vorstands und der Mitgliederversammlung in der Satzung voneinander abzugrenzen. Die Vereinsautonomie gewährleistet dem Verein bei der Abgrenzung einen weiten Spielraum; die Mitgliederversammlung kann auch nicht Aufgaben an sich ziehen, die nach der Satzung dem Vorstand zugewiesen ist, sondern in einem solchen Fall

---

[65] BayObLG Rpfleger 1999, 544.
[66] KG NJW-RR 2016, 1133; aA *Otto* MittBayNot 2016, 542; LG Lübeck Rpfleger 1991, 309: Bestellungsbeschluss ausreichend.
[67] OLG Düsseldorf BeckRS 2016, 6346.
[68] OLG Zweibrücken Rpfleger 2014, 209; s. aber auch OLG Bremen NZG 2016, 1192.

lediglich den Vorstand abberufen. Nicht zulässig wäre es allerdings, die Satzung so zu gestalten, dass jedwede nennenswerte Mitwirkung der Mitgliederversammlung bei der Willensbildung des Vereins von vorneherein ausgeschlossen ist.[69]

1. Einberufung. a) Zuständigkeit. Zuständig für die Einberufung der Mitgliederver- 30 sammlung ist der Vorstand auch dann, wenn die Satzung dies nicht ausdrücklich bestimmt. Sind mehrere einzelvertretungsberechtigte Vorstandsmitglieder vorhanden, so ist jedes Vorstandsmitglied einzeln zur Einberufung legitimiert. Beim mehrgliedrigen Vorstand ohne Vertretungsregelung in der Satzung bedarf die Einberufung eines entsprechenden Vorstandsbeschlusses; allerdings kann auch hier die Satzung ein Mitglied des Vorstands (zB den Vorsitzenden des Vorstands) als zuständig bestimmen. In der Wahl von Ort und Zeit ist das Einberufungsorgan grundsätzlich frei, jedoch darf die Teilnahme der Mitglieder nicht unzumutbar erschwert werden.[70] Sind mehrere Personen unabhängig voneinander zur Einberufung befugt, kann dies bei Streit innerhalb des Vorstands zu mehreren konkurrierenden Einberufungen zur gleichen Zeit an verschiedene Orte führen.[71] Die Einberufung einer Mitgliederversammlung durch nicht hierzu gesetzlich oder satzungsmäßig befugte Personen führt grundsätzlich zur Nichtigkeit der gefassten Beschlüsse;[72] allerdings ist die Einberufung durch ein Vorstandsmitglied, das nicht wirksam bestellt oder (insbesondere wegen Ablaufs der Amtsdauer) nicht mehr im Amt ist, unschädlich, wenn es noch im Vereinsregister eingetragen ist.[73] Die Durchführung der Einladung darf der Vorstand delegieren; eine eigenhändige Unterschrift des Einladenden ist nicht erforderlich.[74]

b) Form. Die Form der Einberufung der Mitgliederversammlung soll in der Satzung fest- 31 gelegt werden (§ 58 Nr. 4 BGB). Die Satzung kann die Form frei wählen und auch alternative Einladungsformen zulassen;[75] jede gewählte Form muss aber jedem Vereinsmitglied die Möglichkeit geben, in zumutbarer Form Kenntnis von der Anberaumung zu verlangen. Hierfür ist auch die Bekanntmachung in der Vereinszeitschrift oder einer anderen, genau bezeichneten Zeitung oder Zeitschrift geeignet; dies gilt auch für die Einladung zu einer außerordentlichen Mitgliederversammlung.[76] Eine Satzungsbestimmung wie „durch die Tagespresse" oder „durch ortsübliche Bekanntmachung" wäre hingegen zu unbestimmt.[77]

Sieht die Satzung als Form der Einladung zur Mitgliederversammlung die unmittelbare Benachrichtigung jedes Mitglieds vor, ist die Einberufung dann nicht ordnungsgemäß, wenn Mitglieder die Einladung nicht innerhalb der bestimmten Ladungsfrist erhalten haben, auch wenn sie dies (zB bei Wohnungswechsel ohne Benachrichtigung des Vereins) selbst zu vertreten haben. Damit Beschlüsse der Mitgliederversammlung nicht wegen Mängel der Einladung angegriffen werden können, empfiehlt es sich, die Mitteilung an die letzte dem Verein bekannt gegebene Adresse eines Mitglieds genügen zu lassen. Um moderne Kommunikationsmethoden, wie (Computer-)Fax oder E-Mail nutzen zu können, ist es ratsam, nicht Schriftform, sondern – was ohne weiteres zulässig ist[78] – Textform (§ 126b BGB) vorzuschreiben; allerdings hält die Rechtsprechung selbst bei angeordneter Schriftform die Einladung per E-Mail für wirksam.[79]

---

[69] OLG Celle NJW-RR 1995, 1273.
[70] BGH NJW 2015, 336.
[71] Vgl. dazu OLG Stuttgart Rpfleger 2004, 106.
[72] OLG Düsseldorf BeckRS 2016, 6346; KG Rpfleger 1978, 133.
[73] OLG Düsseldorf NZG 2012, 272.
[74] OLG Zweibrücken Rpfleger 2014, 605.
[75] OLG Oldenburg NdsRpfl 2017, 308.
[76] OLG Stuttgart NJW-RR 2017. 997.
[77] OLG Hamm NJW-RR 2011, 395; großzügiger OLG Celle Rpfleger 2012, 261.
[78] OLG Schleswig NJW 2012, 2524.
[79] OLG Zweibrücken Rpfleger 2013, 537.

31a c) Minderheitenrecht. § 37 BGB schreibt – unabdingbar – vor, dass auch eine Minderheit der Mitglieder das Recht hat, die Einberufung einer Mitgliederversammlung zu verlangen und sie auch gegen den Willen des Einberufungsorgans zu erzwingen. Nach noch hM kann die Satzung aber bestimmen, wie groß der Teil der Mitglieder sein muss, damit er dieses Recht in Anspruch nehmen kann; sie kann danach nicht nur einen geringeren, sondern auch einen größeren Bruchteil festsetzen, zB 20%.[80] Keinesfalls darf das Minderheitenrecht an ein Quorum der in der Mitgliederversammlung stimmberechtigten Mitglieder anknüpfen; auch nicht stimmberechtigte Mitglieder müssen die Einberufung einer Mitgliederversammlung erzwingen können.[81]

32 2. Ladungsfrist. Eine Satzungsbestimmung über die Einberufungsfrist ist dringend zu empfehlen, da andernfalls die Ordnungsmäßigkeit einer Mitgliederversammlung von einer Einladung abhinge, die so rechtzeitig war, dass man davon ausgehen konnte, es werde jedem Mitglied möglich sein, sich auf die Versammlung vorzubereiten und, falls gewünscht, daran teilzunehmen. Auch eine Satzungsbestimmung darf die Frist aus diesem Grund nicht zu kurz bemessen. Bei Vereinen mit örtlichem Wirkungskreis können zwei Wochen ausreichend sein; bei Großvereinen sollte die Ladungsfrist mindestens vier Wochen betragen.

33 3. Tagesordnung. § 32 Abs. 1 S. 2 BGB verlangt für die Gültigkeit eines Beschlusses der Mitgliederversammlung, dass der Gegenstand der Beschlussfassung, die sog. Tagesordnung, bei der Einberufung bezeichnet wird. Die Satzung kann aber diese Anforderungen sowohl verschärfen (also zB Mitteilung einer beabsichtigten Satzungsänderung im Wortlaut verlangen) oder auf die Mitteilung der Tagesordnung allgemein oder für bestimmte Fälle verzichten. Ebenso kann vorgesehen werden, dass die Mitgliederversammlung weitere (also nicht bei der Einberufung bezeichnete Punkte) auf die Tagesordnung setzen kann.

Soll nach der Einladung zur Mitgliederversammlung noch eine **Ergänzung der Tagesordnung** durch Anträge aus dem Kreis der Mitglieder zulässig sein, so sollten die dafür bestehenden Erfordernisse und die Mindestfrist für die Ankündigung in der Satzung geregelt sein; schweigt die Satzung, würden stets Zweifel möglich sein, ob Ergänzungen den Mitgliedern so rechtzeitig vor der Versammlung mitgeteilt wurden, dass genügend Zeit für eine sachgerechte Vorbereitung bleibt.[82] Zusätzlich ist eine Regelung ratsam, wenn Dringlichkeitsanträge in der Versammlung selbst ausgeschlossen sein sollen.

34 4. Leitung. Eine gesetzliche Vorschrift über die Leitung der Mitgliederversammlung fehlt. Schweigt auch die Satzung, so fällt diese Aufgabe dem Vorstand zu; die Mitgliederversammlung kann aber in diesem Fall auch einen anderen Versammlungsleiter wählen. Ausdrückliche Regelung der Leitung der Mitgliederversammlung in der Satzung ist üblich und zweckmäßig; die Bestimmung bedeutet, dass die in der Satzung bezeichneten Personen ein Vorrecht auf die Leitung haben, nicht aber, dass ohne sie eine Mitgliederversammlung nicht stattfinden könnte,[83] vielmehr ist dann die Bestimmung eines Versammlungsleiters wieder Sache der Mitgliederversammlung. Es dient der Vermeidung von Zweifeln, dies in der Satzung positiv in diesem Sinne zu regeln.

35 5. Beschlussfassung, Mehrheitserfordernisse. Nach § 32 Abs. 1 S. 3 BGB entscheidet bei der Beschlussfassung die Mehrheit der erschienenen Mitglieder. Das bedeutet, dass ein Antrag angenommen ist, wenn die Zahl der Ja-Stimmen größer ist als die Zahl der Nein-

---

[80] BayObLG Rpfleger 2001, 431.
[81] OLG Düsseldorf Rpfleger 2013, 539.
[82] Erfordernis nach BGH NJW 1987, 1811.
[83] BayObLG Rpfleger 1973, 20.

Stimmen; soll bei Wahlen die relative Mehrheit ausreichend sein, bedarf dies einer eindeutigen Regelung in der Satzung.[84] **Stimmenthaltungen** sind nicht mitzuzählen.[85] Da die Frage aber vor der Entscheidung des BGH umstritten war und die Satzung eine andere Ermittlung der Mehrheit bestimmen könnte (§ 40 BGB), empfiehlt sich auch dann eine Klarstellung in der Satzung, wenn an der Rechtslage nichts geändert werden soll.

Die **Anwesenheit** einer bestimmten Mindestzahl von Mitgliedern ist nach dem Gesetz 35a zur Beschlussfassung nicht erforderlich; die Satzung kann aber eine solche vorsehen. Wird ein solches Quorum nicht erreicht, darf zu einer Wiederholungsversammlung erst nach Abhaltung der ersten, beschlussunfähigen Versammlung eingeladen werden, wenn die Satzung nicht ausdrücklich eine Eventualeinberufung zulässt.[86]

Formulierungsbeispiel: Berechnung der Stimmenmehrheit 35b

Soweit die Satzung nichts anderes bestimmt, entscheidet bei der Beschlussfassung der Mitgliederversammlung die Mehrheit der abgegebenen gültigen Stimmen; Stimmenthaltungen bleiben dabei außer Betracht.

Jedes Mitglied hat grundsätzlich eine Stimme. Die Zuteilung eines mehrfachen Stimm- 35c rechts ist als Sonderrecht nur durch entsprechende Satzungsbestimmung möglich. Die Übertragung des Stimmrechts auf eine andere Person ist nur möglich, wenn die Satzung dies ausdrücklich zulässt (§§ 34, 40 BGB); diese kann auch Einschränkungen hinsichtlich der Person der Bevollmächtigten und der Zahl der vertretenen Stimmen vorsehen.

Formulierungsbeispiel: Übertragung des Stimmrechts 35d

Zur Ausübung des Stimmrechts kann ein anderes Mitglied schriftlich bevollmächtigt werden. Die Bevollmächtigung ist für jede Mitgliederversammlung gesondert zu erteilen. Ein Mitglied darf jedoch nicht mehr als drei fremde Stimmen vertreten.

Können juristische Personen oder handelsrechtliche Personengesellschaften Mitglied 35e werden, empfiehlt sich im Hinblick auf die für den gesetzlichen Regelfall anders lautende Rechtsprechung,[87] die Ausübung des Stimmrechts nicht nur durch deren gesetzliche Vertreter, sondern auch von diesen bevollmächtigte Personen zu gestatten, wenn nicht ohnehin Stimmabgabe durch Bevollmächtigte für zulässig erklärt ist.

Qualifizierte Mehrheiten verlangt das Gesetz in § 33 Abs. 1 S. 1, S. 2 BGB und § 41 36 BGB für eine Änderung der Satzung (3/4-Mehrheit der erschienenen Mitglieder), eine Änderung des Vereinszwecks (Zustimmung aller vorhandenen Mitglieder) und die Auflösung des Vereins (3/4-Mehrheit der erschienenen Mitglieder). Auch von diesen Mehrheitserfordernissen kann die Satzung aber abweichen und diese Beschlüsse sowohl erleichtern als auch erschweren. Zweckmäßig ist insbesondere eine Abweichung von § 33 Abs. 1 S. 2 BGB, da sonst bei Vereinen mit größerer Mitgliederzahl eine Änderung des Vereinszwecks wegen der gesetzlich erforderlichen Allstimmigkeit kaum noch möglich ist; umgekehrt kann für die schriftliche Zustimmung nach § 33 Abs. 1 S. 2 BGB eine Frist bestimmt werden.

Es gibt keinen ungeschriebenen Rechtssatz des Inhalts, dass bestimmte Abstimmungen geheim erfolgen müssten.[88] Sollen also zB Wahlen stets oder andere Abstimmungen auf Verlangen einer bestimmten Quote der Teilnehmer an der Mitgliederversammlung schriftlich oder schriftlich-geheim stattfinden müssen, bedarf es einer dies anordnenden

---

[84] OLG München OLGR 2008, 300.
[85] BGH NJW 1982, 1585.
[86] OLG Düsseldorf NZG 2015, 1321.
[87] OLG Düsseldorf Rpfleger 1990, 369.
[88] Vgl. BGH NJW 1970, 46.

Satzungsbestimmung. Soweit die Satzung den Fall nicht regelt, ist es Sache des Versammlungsleiters, die Art und Weise der Abstimmung festzulegen.

37 **6. Protokollierung.** Eine Satzungsbestimmung über die Beurkundung der Beschlüsse der Mitgliederversammlung wird von § 58 Nr. 4 BGB verlangt. „Beurkundung" bedeutet die schriftliche Niederlegung der Beschlüsse, nicht etwa die Beiziehung einer Urkundsperson, etwa eines Notars. Erforderlich und genügend ist eine Bestimmung, dass eine Niederschrift anzufertigen ist und wer sie unterschreiben muss.[89] Da es keine Vorschriften über den Inhalt eines Protokolls gibt, sollte die Satzung die Mindestanforderungen festlegen. Mangels abweichender Satzungsbestimmung genügt ein Ergebnisprotokoll; der Ablauf der Versammlung braucht nicht wiedergegeben zu werden. Die Satzung sollte weiter festlegen, von wem das Protokoll zu unterschreiben ist; dabei ist es sinnvoll, hierfür den Versammlungsleiter und/oder den Protokollführer zu bestimmen, nicht den Inhaber eines bestimmten Vereinsamts, da diese Regelung Schwierigkeiten mit sich bringt, wenn der Betreffende nicht an der Versammlung teilgenommen hat.

VIII. Gründungsvorgang

38 Die Satzung soll von mindestens sieben Mitgliedern unterschrieben sein und die Angabe des Tages enthalten, an dem sie errichtet ist (§ 59 Abs. 3 BGB). Die Eintragung eines Vereins mit weniger als sieben Mitgliedern kommt nicht in Betracht.[90] Eine Beurkundung der Satzung ist nicht vorgeschrieben. Sollte diese ausnahmsweise gewünscht werden, erhebt der Notar eine 2,0-Gebühr Nr. 21100 KV GNotKG; der Geschäftswert beträgt im Regelfall 5.000 EUR (§ 36 Abs. 3 GNotKG); jedoch ist die Mindestgebühr von 120 EUR zu beachten.

Das Gründungsprotokoll bedarf lediglich der Schriftform (§ 59 Abs. 2 Nr. 2 BGB). Sollte ausnahmsweise die Beurkundung der Gründung durch einen Notar gewünscht werden, wäre ebenfalls eine 2,0-Gebühr Nr. 21100 KV GNotKG zu erheben; auch hier beträgt die Mindestgebühr 120 EUR.

39 Der eigentliche Gründungsakt besteht in der Einigung der Gründer, dass die für den künftigen Verein entworfene Satzung jetzt verbindlich sein soll; dies umfasst die Einigung, dass der Verein in das Vereinsregister eingetragen werden soll. Eine bestimmte Mindestgründerzahl gibt es nicht; es wäre deshalb ausreichend, wenn sich lediglich zwei Personen an der Gründung beteiligen. Da der Verein aber nur dann in das Vereinsregister eingetragen werden darf, wenn er mindestens sieben Mitglieder hat (§§ 56, 60 BGB), empfiehlt es sich, auch mit der Gründung solange zu warten, bis wenigstens sieben Personen bereit sind, sich zu beteiligen.

Die Gründer haben den ersten Vorstand des Vereins zu bestellen und zwar unter Beachtung der eben von ihnen errichteten Satzung, die also bereits für das Wahlverfahren und die erforderliche Mehrheit anzuwenden ist. Besteht der Vorstand aus mehreren Personen, ist die Gründung erst abgeschlossen, wenn alle vorgesehenen Vorstandsposten besetzt sind. Es ist zweckmäßig, in das Protokoll die Feststellung aufzunehmen, dass die Wahl angenommen wurde, da die Bestellung zum Vorstand nicht schon mit der Beschlussfassung, sondern erst mit der Annahme der Bestellungserklärung durch den Gewählten wirksam wird. Fehlt ein solcher Vermerk, kann das betreffende Vorstandsmitglied nur ins Vereinsregister eingetragen werden, wenn es die dazugehörige Vereinsregisteranmeldung selbst unterzeichnet; hierin liegt die Annahme der Wahl.[91]

---

[89] OLG München NZM 2011, 158.
[90] KG VIZ 2002, 596; großzügiger OLG Hamm Rpfleger 1997, 481.
[91] BayObLG FGPrax 1996, 232 (233).

IX. Vereinsregisteranmeldung

Die Anmeldung des Vereins zum Vereinsregister erfolgt durch den Vorstand. Die Ände- **40** rung des § 77 BGB durch das FGG-RG hat die jahrzehntealte Streitfrage, ob die Anmeldung durch sämtliche Vorstandsmitglieder erfolgen muss oder ob die Anmeldung durch die Vorstandsmitglieder in vertretungsberechtigter Zahl genügt, im letzteren Sinne beantwortet. Die Mitglieder des Vorstands sind mit Namen, Vornamen, Wohnort, Geburtsdatum und, soweit zweckmäßig, mit ihrer Stellung im Vorstand einzutragen (§ 3 Nr. 3 VRV); deshalb sollte die Anmeldung diese Angaben enthalten. Der Anmeldung sind Abschriften der Satzung und der Urkunde über die Bestellung des Vorstands beizufügen (§ 59 Abs. 2 BGB); die Übersendung von Urschriften ist nicht mehr erforderlich. Bei behebbaren Eintragungshindernissen darf die Anmeldung nicht zurückgewiesen, sondern muss durch Zwischenverfügung beanstandet werden.[92]

Anders als bei der GmbH gibt es beim eingetragenen Verein keine gesetzliche Verpflichtung, die Vertretungsbefugnis des Vorstands anzumelden. Sie ist aber zweckmäßig, um dem Registergericht die Eintragung der Vertretungsregelung zu erleichtern und – zumal bei weniger klar gefassten Satzungen – Missverständnisse des Rechtspflegers zu vermeiden. An die Vereinsanschrift übersendet das Registergericht die Eintragungsnachricht. Es empfiehlt sich, Änderungen dem Registergericht unaufgefordert mitzuteilen; das Registergericht kann die Mitteilung auch verlangen (§ 15 VRV).

Für die notarielle Beglaubigung der Anmeldung wird eine 0,5-Gebühr Nr. 21201 Ziff. 4 KV GNotKG, mindestens 30 EUR erhoben. Eine Abweichung vom Regelwert kommt hier nur ausnahmsweise in Betracht.[93] Bei Gericht fällt für die Ersteintragung eine Festgebühr von 75 EUR (Nr. 13100 KV GNotKG) an; gemeinnützige Vereine sind in vielen Bundesländern nach Landesrecht gebührenbefreit.

B. Veränderungen

I. Versammlungsprotokoll

Die Niederschrift über die Mitgliederversammlung, die Satzungsänderungen beschlossen **41** oder Neuwahlen vorgenommen hat, muss so abgefasst sein, dass das Registergericht prüfen kann, ob der Beschluss bzw. die Wahl ordnungsgemäß zustande gekommen ist; ohne besonderer Zweifel ist es aber nicht veranlasst, dem Anmelder aufzugeben, die Zahl der Vereinsmitglieder und die Zahl der Teilnehmer an der Versammlung nachzuweisen.[94] Eine Abschrift des satzungsändernden Beschlusses ist notwendige Anlage der Vereinsregisteranmeldung, ohne die eine Satzungsänderung nicht wirksam wird (§ 71 Abs. 1 BGB). Vorhanden sein sollten:

Checkliste: Versammlungsprotokoll   **41a**
- Ort, Tag und Stunde der Versammlung
- die Namen des Versammlungsleiters und des Protokollführers
- die Zahl der erschienenen Mitglieder
- die Feststellung, dass die Versammlung satzungsgemäß einberufen wurde
- die Tagesordnung und die Feststellung, wie sie bekannt gegeben wurde
- die Feststellung der Beschlussfähigkeit der Versammlung, wenn die Satzung insoweit Anforderungen stellt
- die gestellten Anträge
- die Art der Abstimmung

---

[92] OLG Düsseldorf NJW-RR 2017, 1510.
[93] OLG München Rpfleger 2006, 287.
[94] OLG Düsseldorf Rpfleger 2009, 28.

> – das Abstimmungsergebnis
> – bei Wahlen die Namen der Gewählten und, soweit geschehen, die Erklärung, dass sie die Wahl annehmen

42   Eine Anwesenheitsliste kann, muss aber dem Protokoll nicht als Anlage beigefügt werden. Anders als im Aktienrecht ist auch nicht vorgeschrieben, dass Widersprüche von Teilnehmern gegen einen Beschluss im Protokoll vermerkt werden, wenngleich dies selbstverständlich zweckmäßig ist. Da für die Anmeldung zum Vereinsregister das Geburtsdatum und die Anschrift der in das Vereinsregister einzutragenden Personen benötigt werden, ist es empfehlenswert, wenn der Protokollführer Angaben ins Protokoll aufnimmt, falls sie sich nicht aus der vom Verein geführten Mitgliederliste ergeben. Das Versammlungsprotokoll muss von den Personen unterschrieben sein, die nach der Satzung hierfür bestimmt sind.[95] Sollte ausnahmsweise die Beurkundung der Beschlüsse durch einen Notar gewünscht werden, wäre eine 2,0-Gebühr Nr. 21100 KV GNotKG aus einem Geschäftswert von regelmäßig 5.000 EUR (§ 36 Abs. 3 GNotKG), mindestens aber 120 EUR zu erheben.

II. Vereinsregisteranmeldung

43   Auch die Anmeldung von Veränderungen erfolgt durch den Vorstand in vertretungsberechtigter Zahl (§ 77 BGB). Die Anmeldung des Ausscheidens von Vorstandsmitgliedern ist jedenfalls dann nicht unbedingt erforderlich, wenn durch die Anmeldung der neu gewählten Vorstandsmitglieder keine Zweifel über die Zusammensetzung des Vorstands entstehen können, aber aus Gründen der Klarheit zweckmäßig. Die Wiederwahl eines Vorstandsmitglieds muss nicht (mehr) zum Vereinsregister angemeldet werden.

Sowohl bei einer Satzungsänderung als auch bei einer Änderung des Vorstands muss das Versammlungsprotokoll in Abschrift vorgelegt werden (§§ 67 Abs. 1 S. 2, 71 Abs. 1 S. 2 BGB), bei einer Satzungsänderung zusätzlich der neue Wortlaut der Satzung (§ 71 Abs. 1 S. 3 BGB); eine Bescheinigung des Notars über die Richtigkeit ist anders als bei der GmbH nicht erforderlich. Schreibt eine Vereinssatzung vor, dass die in einer Mitgliederversammlung beschlossene Satzungsänderung in einer weiteren Mitgliederversammlung bestätigt werden muss, so müssen dem Registergericht bei der Anmeldung der Satzungsänderung beide Versammlungsbeschlüsse vorgelegt werden.[96] Auf die Richtigkeit des Versammlungsbeschlusses darf das Registergericht vertrauen.[97]

44   Der Notar erhebt für die Anmeldung eine 0,5-Gebühr Nr. 21201 Ziff. 4 KV GNotKG, mindestens 30 EUR. Nach einer Entscheidung des OLG Hamm[98] soll die Rechtsprechung, wonach bei einer Handelsregisteranmeldung soviele Anmeldefälle vorliegen, wie Personen betroffen sind (→ § 30 Rn. 61G), auch auf den Verein anwendbar sein; legt man diese Rechtsprechung zugrunde, lassen sich angemessene Ergebnisse aber nur durch Annahme eines jeweils angepassten Geschäftswerts erreichen. Das Gericht erhebt eine Festgebühr von 50 EUR (Nr. 13101 KV GNotKG), die für die Eintragung aller am selben Tag angemeldeten Veränderungen nur einmal erhoben wird.

C. Das Ende des Vereins

I. Auflösungsbeschluss

45   Ein gültiger Auflösungsbeschluss kann in einer Mitgliederversammlung, aber auch durch schriftliche Zustimmung aller Vereinsmitglieder gefasst werden (§ 32 Abs. 2 BGB); davon

---

[95] OLG Hamm Rpfleger 1996, 513.
[96] BayObLG Rpfleger 1988, 97.
[97] OLG Düsseldorf Rpfleger 2009, 28; s. aber auch Rpfleger 2010, 271.
[98] JurBüro 2009, 435.

kann die Satzung aber abweichen (§ 40 BGB). Erfolgt keine Regelung in der Satzung, sind alle Vorstandsmitglieder als Liquidatoren berufen (§ 48 Abs. 1 S. 1 BGB); es ist deshalb empfehlenswert, den oder die Liquidatoren und die Art ihrer Vertretung (sonst § 48 Abs. 3 BGB) zu bestimmen.

Formulierungsbeispiel: Vertretung durch Liquidatoren 45a

Sofern die Mitgliederversammlung nichts anderes beschließt, sind der 1. Vorsitzende 🔾 und der 2. Vorsitzende gemeinsam vertretungsberechtigte Liquidatoren.

Damit auch bei Auflösung des Vereins die Verwendung seines Vermögens ausschließlich 46 für **gemeinnützige Zwecke** sichergestellt ist, muss entweder die Satzung den Verwendungszweck so genau angeben, dass anhand der Satzung geprüft werden kann, ob der Zweck steuerbegünstigt ist (§ 61 Abs. 1 AO), oder es muss vorgesehen werden, dass der Beschluss über die Verwendung des Vermögens erst nach Einwilligung des Finanzamts ausgeführt werden darf (§ 61 Abs. 2 AO); oft werden vorsichtshalber beide Erfordernisse kumulativ bestimmt.

II. Liquidation

Die Auflösung des Vereins ist an sich durch den Vorstand in zur Vertretung des Vereins 47 erforderlicher Zahl zum Vereinsregister anzumelden (§ 74 Abs. 2 S. 1 BGB). Das gilt sowohl für den Fall, dass der Vorstand selbst Liquidator ist als auch bei Bestellung einer anderen Person zum Liquidator. Ist aber – wie in der Praxis im letzteren Fall die Regel – der Vorstand aus dem Amt geschieden und bereits ein Liquidator bestellt, gestattet die Praxis die Anmeldung der Auflösung durch die Liquidatoren.[99] Auch die Anmeldung der Liquidatoren und ihrer Vertretungsbefugnis erfolgt an sich durch den Vorstand (§ 76 Abs. 2 S. 1, S. 2 BGB), in der Praxis aber normalerweise bereits durch die Liquidatoren selbst, wie es für spätere Änderungen ohnehin vorgeschrieben ist (§ 76 Abs. 2 S. 3 BGB). Das Protokoll der Mitgliederversammlung, die über die Auflösung beschlossen hat, ist der Anmeldung beizufügen (§ 76 Abs. 2 S. 4 BGB). Es empfiehlt sich die Feststellung, dass etwaige satzungsmäßige Voraussetzungen der Auflösung eingehalten wurden.

Die Liquidatoren haben die Auflösung des Vereins öffentlich bekannt zu machen. In 48 welchem Blatt das zu geschehen hat, bestimmt sich in erster Linie nach der Satzung; fehlt dort eine Bestimmung, dann ist die Bekanntmachung in dem Blatt zu bewirken, das für die amtlichen Bekanntmachungen des Amtsgerichts, in dessen Bezirk der Verein seinen Sitz hatte (§§ 50 Abs. 1 S. 3, 50a BGB). Einmalige Bekanntmachung ist genügend und dann sinnlos und deshalb überhaupt entbehrlich, wenn kein verteilbares Vermögen vorhanden ist.

III. Löschung

Seit 1.9.2009 ist die Anmeldung der Beendigung der Liquidation und des Erlöschens des 49 Vereins ausdrücklich vorgeschrieben (§ 76 Abs. 2 S. 3 BGB). Erfolgt die Anmeldung vor Ablauf des mit der Bekanntmachung der Auflösung beginnenden Sperrjahrs, besteht Anlass, von dem Anmelder die Erklärung zu verlangen, dass kein Vereinsvermögen mehr vorhanden und keine Prozesse anhängig sind. Es gibt keine Vorschriften über die Aufbewahrung der Bücher und Schriften des Vereins nach Beendigung der Liquidation; eine Angabe ist aber jedenfalls zweckmäßig.

Beim Notar fällt eine 0,5-Gebühr Nr. 21201 Ziff. 4 KV GNotKG sowohl für die Anmeldung der Auflösung wie des Erlöschens an; bei Gericht ist die Eintragung der Beendigung der Liquidation und des Erlöschens gebührenfrei (Nr. 13101 KV GNotKG Anm. Abs. 3).

---

[99] OLG Düsseldorf Rpfleger 1990, 369.

D. Besonderheiten bei Großvereinen und Vereinsverbänden

I. Gesamtverein und Vereinsverband

50 Mehrere Vereine, die einen gleichen oder ähnlichen Zweck verfolgen, schließen sich häufig zu einem Verband (Vereinsverband) zusammen, um ihre Interessen wirkungsvoller vertreten zu können. Davon zu unterscheiden sind Vereine, die eine größere Mitgliederzahl haben und in einem größeren regionalen Umfeld oder sogar deutschlandweit tätig sind und deshalb regelmäßig Untergliederungen bilden (Gesamtvereine). Diese Untergliederungen können selbständige Vereine (sog. Zweigvereine) sein, deren Satzungsautonomie durch Vorgaben der Satzung des Gesamtvereins eingeschränkt, aber nicht völlig aufgehoben sein darf. Wenn die Untergliederungen keine vereinsmäßige Verfassung besitzen, liegen unselbständige Untergliederungen vor, die nach außen nur im Namen des Gesamtvereins auftreten, der allein berechtigt und verpflichtet ist. Die Frage, ob eine Unterorganisation ein nicht eingetragener Zweigverein oder eine unselbständige Untergliederung ist, kann nur im Einzelfall beantwortet werden; die Bezeichnung der Organisationseinheit sagt allein nichts über die rechtliche Qualifikation aus; maßgebend (und Voraussetzung einer selbständigen Vereinsregistereintragung) ist vielmehr, ob die betreffende Einheit die Verfassung eines Vereins nach allgemeinen Grundsätzen besitzt.[100] Bei der Formulierung der Satzungsbestimmungen ist es zweckmäßig, das Gewollte hinreichend deutlich zu machen. Bei der Satzungsgestaltung eines vertikal gegliederten Vereins ist bei der Verwendung der Begriffe darauf zu achten, dass keine Zweifel entstehen, welche Ebene gemeint ist (zB Bundesvorstand, Landesvorstand, Bezirksgruppenvorstand statt „Vorstand").

II. Vereinssatzung und Verbandssatzung

51 Vereine, die einem Vereinsverband angehören wollen, sind durch die Verbandssatzung normalerweise gehalten, einen Teil ihrer Autonomie an den Verband abzugeben; damit die Mitglieder des Vereins daran gebunden sind, ist eine Aufnahme in die Satzung unabdingbar: Wer die Mitgliedschaft in einem verbandsangehörigen Verein erwirbt, wird damit nicht ohne weiteres auch Mitglied des Verbandes; seine Pflichten im Hinblick auf die Zielsetzungen des Verbandes müssen deshalb durch Bestimmungen der Vereinssatzung festgelegt werden. Eine Verweisung auf Satzungsvorschriften des Vereinsverbands ist möglich, wenn die Verweisung widerspruchsfrei und verständlich gefasst ist,[101] aber regelmäßig nicht sinnvoll, da es sich dabei um eine statische Verweisung handeln würde. Im Hinblick auf § 71 BGB können Satzungsänderungen beim Vereinsverband nicht von selbst beim verbandsangehörigen Verein wirksam werden,[102] sondern würden bei einer dynamischen Verweisung erst und dann wirksam werden, wenn sie vom verbandsangehörigen Verein zu seinem Vereinsregister angemeldet werden. Zweckmäßiger ist deshalb die Lösung, dass sich der Verein verpflichtet, Satzungsänderungen seines Verbandes in seiner Satzung nachzuvollziehen; hierzu bedarf es der Einhaltung der allgemeinen Anforderungen an eine Satzungsänderung.

III. Delegiertenversammlung

52 Eine Delegiertenversammlung ist zur Willensbildung im Verein aus praktischen Gründen dann unabdingbar, wenn die Mitgliederversammlung so groß ist, dass normalerweise ein ausreichender Versammlungsraum für die Durchführung der Versammlung nicht beschafft werden kann und die Durchführung einer Mitgliederversammlung wegen der hohen Zahl der Teilnehmer nicht in geordneter Weise möglich ist. Dabei kommt es nicht auf die absolute Zahl der Mitglieder an, sondern darauf, wie viele Mitglieder normalerweise

---

[100] OLG Karlsruhe FGPrax 2012, 210.
[101] OLG Hamm NJW-RR 1988, 183.
[102] BGHZ 128, 93 (100).

an einer Mitgliederversammlung teilnehmen. Eine rechtliche Grenze für die Delegierten-versammlung oder weitere Vorgaben, wie sie im Genossenschaftsrecht (§ 43a GenG) bestehen, gibt es im Vereinsrecht nicht. Deshalb können auch kleinere Vereine eine Dele-giertenversammlung einführen, während selbst Großvereine es bei dem Grundsatz der Vollversammlung belassen können.

Die Satzung des Gesamtvereins kann den einzelnen Untergliederungen eine bestimmte 53 Zahl von Vertretern zuweisen oder auch anordnen, dass auf eine bestimmte Zahl von An-gehörigen der Untergliederung ein Vertreter entfällt. Die Satzung kann dabei durchaus auch eine überproportionale Vertretung von Minderheiten vorsehen; eine Bestimmung, dass jede Untergliederung ohne Rücksicht auf die Zahl ihrer Angehörigen einen Vertreter in die Vertreterversammlung entsendet, verstößt jedoch gegen den Grundsatz der Gleich-behandlung der Mitglieder. Auch Wählbarkeit und Amtszeit der Delegierten müssen in der Vereinssatzung bestimmt sein;[103] dagegen kann das Wahlverfahren den Untergliede-rungen überlassen werden. Werden die Einzelheiten in der Satzung geregelt, bedarf auch die Zulässigkeit einer Stimmenhäufung (bei der Gesamtwahl aller oder mehrerer Dele-gierter) satzungsmäßiger Grundlage;[104] auch darf nur mit satzungsmäßiger Ermächtigung eine „Listenwahl" durchgeführt werden, bei der Wahlvorschläge eingereicht werden, auf denen so viele Personen als Kandidaten aufgeführt sind, wie Vertreter gewählt werden sollen, und der Wähler nur die Wahl unter den verschiedenen Wahlvorschlägen im Gan-zen hat.[105]

---

[103] *Segna* NZG 2002, 1049.
[104] BGH NJW 1989, 1212.
[105] BayObLG Rpfleger 2001, 242.

§ 19. Stiftung

Übersicht

Schrifttum:

Berndt/Nordhoff, Rechnungslegung und Prüfung von Stiftungen, 2016; *Burgard*, Gestaltungsfreiheit im Stiftungsrecht, 2006; *v. Campenhausen/Richter*, Stiftungsrechts-Handbuch, 4. Aufl. 2014; *v. Holt/Koch*, Stiftungssatzung, 2. Aufl. 2011; *Hushahn*, Unternehmensverbundene Stiftungen im deutschen und schwedischen Recht, 2009; *Beuthin/Gummert/Schöpflin*, Münchener Handbuch des Gesellschaftsrechts, Band 5:

Verein, Stiftung bürgerlichen Rechts, 4. Aufl. 2016 (zit.: MHdB GesR V/*Bearbeiter*); *Rawert,* Die Genehmigungsfähigkeit der unternehmensverbundenen Stiftung, 1990; *Richter,* Stiftungsrecht, 2019; *Säcker/Rixecker/ Oetker/Limperg,* Münchener Kommentar zum BGB, Band 1, 8. Aufl. 2018 (zit.: MüKoBGB/*Bearbeiter*, §§ 80–88 BGB kommentiert von *Weitemeyer*); *Schauhoff,* Handbuch der Gemeinnützigkeit, 3. Aufl. 2010; *Schlüter/Stolte,* Stiftungsrecht, 3. Aufl. 2016; *Staudinger,* BGB, Buch 1: Allgemeiner Teil, Neubearbeitung 2017 (§§ 80–89 BGB kommentiert von *Hüttemann* und *Rawert*); *Stumpf/Suerbaum/Schulte/Pauli,* Stiftungsrecht, 3. Aufl. 2018 (zit.: SSSP/*Bearbeiter*); *Werner/Saenger,* Die Stiftung, 2008.

A. Einleitung

1   In Deutschland gibt es derzeit **mehr als 22.000 rechtsfähige Stiftungen** mit einem Kapital von 68 Milliarden Euro. 95 % von ihnen verfolgen gemeinnützige Zwecke.[1] Darunter finden sich sowohl bekannte Namen großer Stiftungen wie die Alfried Krupp von Bohlen und Halbach-Stiftung oder die ZEIT-Stiftung Ebelin und Gerd Bucerius, als auch viele mittlere und kleine Stiftungen, die regional oder lokal wirken.

2   Der Schwerpunkt dieses Kapitels liegt auf der rechtsfähigen Stiftung des bürgerlichen Rechts. Zu anderen Formen der Stiftung wie insbesondere der unselbständigen (nicht rechtsfähigen) Stiftung sowie bestimmten (Real-)Typen der rechtsfähigen Stiftung → Rn. 133 ff. Das für rechtsfähige Stiftungen des bürgerlichen Rechts maßgebliche und für ihre Satzungsgestaltung abschließende[2] Stiftungsrecht ist zum einen niedergelegt in **§§ 80–88 BGB.** § 86 BGB verweist dabei auf einige Normen des Vereinsrechts. Zum anderen finden sich insbesondere die für die Anerkennung einer Stiftung als rechtsfähig (und damit ihre Entstehung) sowie die staatliche Stiftungsaufsicht maßgeblichen öffentlich-rechtlichen Vorschriften in den **Stiftungsgesetzen der Länder.**

3   Das Stiftungsrecht hat nach dem *Gesetz zur Modernisierung des Stiftungsrechts* vom 15. 7. 2002[3] in den letzten Jahren nur einige **(maßvolle) Reformen** erfahren: Das *Gesetz zur Begrenzung der Haftung von ehrenamtlich tätigen Vereinsvorständen* vom 28. 9. 2009[4] hat **§ 31a BGB** eingeführt, der über § 86 BGB auch für Stiftungen anwendbar ist und für ehrenamtliche Organmitglieder die **Haftung** gegenüber der Stiftung auf grobe Fahrlässigkeit beschränkt. Das *Gesetz zur Stärkung des Ehrenamts* vom 21. 3. 2013[5] hat neben anderen kleineren Änderungen die **Verbrauchsstiftung** in §§ 80 Abs. 2 S. 2, 81 Abs. 1 S. 2 Hs. 2 BGB kodifiziert. Zudem hat der Gesetzgeber in § 27 Abs. 3 S. 2 BGB geregelt, dass die Mitglieder des Vorstands (grundsätzlich) unentgeltlich tätig sind. Soll der Vorstand entgeltlich tätig sein, ist dies ausdrücklich in der Stiftungssatzung zu regeln, auch wenn nicht die konkrete Höhe genannt werden muss.[6]

B. Gründung einer Stiftung[7]

4   Der Stifter kann eine Stiftung **unter Lebenden** (→ Rn. 5 ff.) oder **von Todes wegen** (→ Rn. 58 ff.) gründen.

I. Gründung einer Stiftung unter Lebenden[8]

5   Damit die Stiftung entsteht, sind gemäß § 80 Abs. 1 BGB das **Stiftungsgeschäft** durch den Stifter und die **Anerkennung** durch Verwaltungsakt der zuständigen Behörde des

---

[1] Bundesverband Deutscher Stiftungen (https://www.stiftungen.org/stiftungen/zahlen-und-daten/statistiken. html, zuletzt abgerufen am 12. 4. 2019).
[2] Staudinger/*Hüttemann/Rawert* BGB Vorb. zu §§ 80 ff. Rn. 22 mwN.
[3] BGBl. 2002 I 2634.
[4] BGBl. 2009 I 3161.
[5] BGBl. 2013 I 556.
[6] MüKoBGB/*Arnold* BGB § 27 Rn. 45.
[7] Muster für Stiftungssatzungen zB bei Staudinger/*Hüttemann/Rawert* BGB Anh. zu §§ 80 ff. Rn. 3 ff.
[8] Muster für ein Stiftungsgeschäft unter Lebenden zB bei Staudinger/*Hüttemann/Rawert* BGB Anh. zu §§ 80 ff. Rn. 1.

Landes erforderlich, in dem die Stiftung ihren Sitz haben soll. Das Stiftungsgeschäft enthält unter anderem das schuldrechtliche Zuwendungsversprechen des Stifters und ist Grundlage für die Stiftungsorganisation der Stiftung, die durch die staatliche Anerkennung rechtsfähig wird. Die Anerkennung ist daher keine Wirksamkeitsvoraussetzung für das Stiftungsgeschäft, sondern bezieht sich auf die Stiftung als juristische Person und steht damit selbstständig neben dem Stiftungsgeschäft.[9] Die Anerkennungsvoraussetzungen sind abschließend bundeseinheitlich im BGB geregelt. Der Stifter hat einen grundrechtlich garantierten **Anspruch auf Anerkennung** der Stiftung, wenn die gesetzlichen Voraussetzungen der §§ 80, 81 BGB eingehalten sind; die zuständige Behörde ist insoweit gebunden.[10] Bis zur Anerkennung existiert die Stiftung nicht, nach ganz hM auch nicht als Vorstiftung.[11] Man kann zwischen formalen (→ Rn. 6 ff.) und materiellen (→ Rn. 9 ff.) Voraussetzungen der Anerkennung unterscheiden.

1. Formale Voraussetzungen der Anerkennung. a) Zuständigkeit. Der **Sitz** der 6 Stiftung (vgl. §§ 81 Abs. 1 S. 4, 83 S. 3, S. 4 BGB) bestimmt das für die Anerkennung zuständige Bundesland. Die sachliche und örtliche Zuständigkeit ergibt sich aus dem einschlägigen Landesstiftungsgesetz (zB § 15 StiftG NRW).[12]

b) Verfahren. Für die Anerkennung einer Stiftung unter Lebenden ist ein **Antrag** des 7 Stifters oder seines Beauftragten erforderlich. Bei mehreren Stiftern müssen alle Stifter den Antrag stellen, wobei sie sich aber auch vertreten lassen können. Verstirbt der Stifter nach Errichtung des Stiftungsgeschäfts, können auch seine Erben den Antrag stellen.[13] Ein unwirksamer oder wirksam angefochtener Antrag führt bloß zu einer rechtswidrigen, aber grundsätzlich wirksamen Anerkennung.[14] Die Anerkennung ist allerdings nichtig gemäß § 44 VwVfG, wenn gar kein Antrag vorliegt.[15] Wird die Anerkennung einer Stiftung versagt, kann ein erneuter Antrag sich auf dasselbe Stiftungsgeschäft stützen, solange es nicht wirksam widerrufen ist.[16]

c) Form. Die Anerkennung selbst ist ein privatrechtsgestaltender, bedingungsfeindlicher 8 **Verwaltungsakt** und an die von der Anerkennung Betroffenen, insbesondere den Stifter oder seine Erben, zuzustellen.[17] Da die Stiftung erst mit wirksamer Anerkennung entsteht und es nach ganz hM keine Vorstiftung gibt, kann die Anerkennung weder der Stiftung selbst noch dem Stiftungsvorstand wirksam zugestellt werden. Zur Form des Stiftungsgeschäfts → Rn. 46 f.

2. Materielle Voraussetzungen der Anerkennung (Stiftungsgeschäft). a) Allgemei- 9 **nes.** Die Errichtung der Stiftung erfolgt durch das **Stiftungsgeschäft**[18], das ein oder mehrere Stifter errichten können. Auch bei der Errichtung durch mehrere Stifter handelt es sich nicht um einen Vertrag, sondern um ein einseitiges Rechtsgeschäft mehrerer Beteiligter. **Stellvertretung** ist möglich, vollmachtlose Vertretung wegen § 180 S. 1 BGB hingegen nicht. Die Errichtung durch den gesetzlichen Vertreter von Geschäftsunfähigen oder beschränkt Geschäftsfähigen ist analog §§ 1641, 1804, 1908i Abs. 2 BGB nicht möglich. Ein beschränkt Geschäftsfähiger kann allerdings ein Stiftungsgeschäft vornehmen,

---

[9] Staudinger/*Hüttemann/Rawert* BGB § 80 Rn. 1, 4 mwN; MüKoBGB/*Weitemeyer* BGB § 80 Rn. 68.
[10] Staudinger/*Hüttemann/Rawert* BGB § 80 Rn. 2, 15 f. mwN; MüKoBGB/*Weitemeyer* BGB § 80 Rn. 66.
[11] Staudinger/*Hüttemann/Rawert* BGB Vorb. zu §§ 80 Rn. 47 ff. mwN.
[12] Eine Übersicht findet sich bei Staudinger/*Hüttemann/Rawert* BGB § 80 Rn. 8.
[13] Staudinger/*Hüttemann/Rawert* BGB § 80 Rn. 10.
[14] Staudinger/*Hüttemann/Rawert* (2011) BGB § 80 Rn. 11; MüKoBGB/*Weitemeyer* BGB § 80 Rn. 71 mwN.
[15] Staudinger/*Hüttemann/Rawert* (2011) BGB § 80 Rn. 11.
[16] Staudinger/*Hüttemann/Rawert* BGB § 80 Rn. 4.
[17] OVG Münster NJW 1959, 1700; MüKoBGB/*Weitemeyer* BGB § 80 Rn. 72 ff.
[18] Muster zB bei Staudinger/*Hüttemann/Rawert* BGB Anh. zu §§ 80 ff. Rn. 1.

wenn das Vermögen durch einen Dritten aufgebracht wird.[19] Ebenfalls als Stifter kommen juristische Personen, rechtsfähige Personengesellschaften und nichtrechtsfähige Vereine in Betracht. Inwieweit eine Stiftung selbst „Tochterstiftungen" errichten kann, hängt zivilrechtlich insbesondere davon ab, ob ihre Satzung ihr dies erlaubt und ob sie dafür nur ihre Erträge oder auch ihr Grundstockvermögen verwenden darf. Gemeinnützigkeitsrechtlich ist dies durch § 58 Nr. 3 AO einfacher geworden.[20]

10   Das Stiftungsgeschäft kann unter eine aufschiebende Bedingung gestellt werden; dann darf die Anerkennung erst nach dem Eintritt der Bedingung erfolgen. Auflösende **Bedingungen** hingegen darf der Stifter nur als Satzungsregelungen über die Auflösung der Stiftung treffen.[21]

11   Das Stiftungsgeschäft ist zwar keine Schenkung, enthält aber eine **unentgeltliche Leistung,** sodass unmittelbar § 4 AnfG und § 134 InsO anwendbar sind. Für Schenkungen geltende Regelungen sind nach hM weitgehend analog anwendbar (insbesondere §§ 519, 521 ff., 528 f., 2287, 2325, 2329 BGB, wegen der ausdrücklichen Regelung der Schriftform in § 81 Abs. 1 S. 1 BGB mangels Regelungslücke aber nicht § 518 BGB; zur Form des Stiftungsgeschäfts im Übrigen → Rn. 46 f.).[22]

12   Das Stiftungsgeschäft muss als einseitige nicht empfangsbedürftige Willenserklärung gemäß § 81 Abs. 1 S. 2 BGB die verbindliche Erklärung des Stifters enthalten, ein Vermögen zur Erfüllung eines von ihm vorgegebenen Zweckes zu widmen (vermögensrechtlicher Bestandteil). Durch das Stiftungsgeschäft muss die Stiftung gemäß § 81 Abs. 1 S. 3 BGB eine Satzung[23] erhalten (organisationsrechtlicher Bestandteil) mit Regelungen über den Namen der Stiftung, den Sitz der Stiftung, den Zweck der Stiftung, das Vermögen der Stiftung und die Bildung des Vorstands der Stiftung. Soll es sich um eine **gemeinnützige Stiftung** iSd §§ 51 ff. AO handeln, müssen schon bei der Satzungsgestaltung die dort normierten Anforderungen Berücksichtigung finden → Rn. 154 ff.[24]

13   **b) Name und Sitz der Stiftung.** Die Stiftung muss einen Namen haben, der ihrer Individualisierung dient. Ihr **Name** wird durch § 12 BGB geschützt. Bei der Namenswahl sind die allgemeinen **namensrechtlichen Grundsätze** zu beachten, dass der Name keine Rechte Dritter verletzten darf und der Namenswahrheit entsprechen muss. Daher darf der Name insbesondere nicht auf objektiv falsche Umstände hindeuten, was ihren Zweck und ihre Größe angeht. Auch die Irreführungsverbote der §§ 30, 37 HGB und §§ 5, 15 MarkenG sind zu beachten.[25]

14   Sofern die Stiftung selbst als Rechtsträger ein **Handelsgewerbe** betreibt, ist sie im Handelsregister einzutragen, allerdings wegen der Irreführungsgefahr nach hM nicht als „eK", sondern mit dem Rechtsformzusatz „rechtsfähige Stiftung bürgerlichen Rechts".[26]

15   Die Satzung muss auch den **Sitz** der Stiftung festlegen. Der Sitz bestimmt das für die Anerkennung zuständige Bundesland, das anwendbare Landesstiftungsrecht und daher auch die für die Aufsicht zuständige Behörde sowie den Gerichtsstand der Stiftung.[27] Enthält die Satzung keinen Sitz, gilt als Sitz der Stiftung gemäß §§ 81 Abs. 1 S. 4, 83 S. 3, S. 4 BGB der Ort, an dem die Verwaltung geführt wird; im Zweifel gilt der letzte Wohnsitz des Stifters im Inland als Sitz. Satzungs- und Verwaltungssitz können auseinanderfallen. Allerdings ist ein fiktiver Satzungssitz ohne jeden Bezug zur Stiftungstätigkeit unzu-

---

[19] Staudinger/*Hüttemann*/*Rawert* BGB § 81 Rn. 6, 20 ff.
[20] Staudinger/*Hüttemann*/*Rawert* BGB § 81 Rn. 7 f.
[21] Staudinger/*Hüttemann*/*Rawert* BGB § 81 Rn. 11.
[22] Str., s. Staudinger/*Hüttemann*/*Rawert* BGB § 81 Rn. 26 ff. mwN.
[23] Muster zB bei Staudinger/*Hüttemann*/*Rawert* BGB Anh. zu §§ 80 ff. Rn. 3 ff.
[24] Nicht zu Unrecht sprechen deshalb Staudinger/*Hüttemann*/*Rawert* BGB Vorb. zu §§ 80 ff. Rn. 183 davon, dass sich das Gemeinnützigkeitsrecht damit zum „Organisationsrecht steuerbegünstigter Stiftungen entwickelt" hat.
[25] Staudinger/*Hüttemann*/*Rawert* BGB § 81 Rn. 37 f.
[26] Staudinger/*Hüttemann*/*Rawert* BGB § 81 Rn. 39.
[27] Staudinger/*Hüttemann*/*Rawert* BGB § 81 Rn. 41.

lässig. Die Zuständigkeit der Finanzbehörden richtet sich gemäß § 10 AO nach dem Sitz der tatsächlichen Geschäftsleitung.[28]

Die Stiftung kann auch mehrere Satzungssitze haben. Dann fällt die Stiftung unter **16** mehrere Landesstiftungsrechte und -behörden. Eine **Verlegung des Satzungssitzes** stellt eine Satzungsänderung dar, die im abgebenden Bundesland der Genehmigung bedarf. Das Landesstiftungsrecht des aufnehmenden Bundesland entscheidet, ob der Zuzug der Genehmigung oder der Anzeige bedarf.

c) Stiftungszweck. Jede Stiftung benötigt einen oder mehrere Zwecke, den bzw. die sie **17** durch ihre Organe verfolgt. Der Stiftungszweck ist gleichsam „die Seele" jeder Stiftung.[29] Der Stiftungszweck darf das Gemeinwohl nicht gefährden (§ 80 Abs. 2 S. 1 Hs. 2 BGB), dh seine Verfolgung darf nicht gesetzes- oder sittenwidrig sein.[30] Im Übrigen ist der Stifter im Rahmen der geltenden Gesetze aber grundsätzlich frei, einen oder mehrere Stiftungszwecke zu bestimmen, sofern es nicht „hinreichend wahrscheinlich [ist], da[ss] die [Anerkennung] der Stiftung und damit die Verfolgung des Stiftungszwecks zu einer Beeinträchtigung von Rechten oder Rechtsgütern führen würde, die unter dem Schutz der Verfassung stehen".[31] Das Leitbild des Gesetzes ist daher die sog. **gemeinwohlkonforme Allzweckstiftung.**

Der Stiftungszweck muss überdies **fremdnützig** sein, also einem außerhalb der Stif- **18** tung, ihrem Vermögen und dem Stifter liegenden Zweck dienen.[32] **Selbstzweckstiftungen,** die nur ihr eigenes Vermögen verwalten[33], und **„Stiftungen für den Stifter"** sind damit unzulässig.[34] Auch faktische oder verdeckte Selbstzweckstiftungen, die zwar vorgeben, einen außerhalb ihrer selbst liegenden Zweck zu verfolgen, durch ihre Ausgestaltung durch zB satzungsmäßige Vermögensgegenstandsbindungen und weitere Regelungen aber in Wahrheit nur ihrem eigenen Vermögenserhalt dienen, sind unzulässig.[35] Ein Anhaltspunkt für eine unzulässige „Stiftung für den Stifter" kann es sein, wenn sich der Stifter selbst als Berechtigter vorsieht für den Anfall des Stiftungsvermögens bei ihrer Beendigung.[36] Von einer solchen Gestaltung ist daher abzuraten.

Der Stiftungszweck muss **bestimmt** genug sein, darf also nicht so allgemein beschrie- **19** ben werden, dass er „den Organen eine gleichsam körperschaftliche Willensbildung ermöglicht". Bei **mehreren Zwecken** ist festzulegen, mit welcher Priorität oder zeitlichen Reihenfolge die Stiftung ihre Zwecke untereinander zu verfolgen hat, falls einmal nicht die Verfolgung aller Zwecke gleichzeitig möglich sein sollte.[37]

Soll die Stiftung **gemeinnützig** sein, sind §§ 59, 60 AO bereits bei der Satzungsgestal- **20** tung zu beachten.

Die **dauernde und nachhaltige Erfüllung des Stiftungszwecks** muss gesichert er- **21** scheinen (sog. Lebensfähigkeitsvorbehalt). Eine Mindestdauer für Stiftungen gibt es jedoch außer für die zeitbefristete Verbrauchsstiftung (vgl. § 80 Abs. 2 S. 2 BGB) nicht.[38]

---

[28] Staudinger/*Hüttemann*/*Rawert* BGB § 81 Rn. 42.

[29] Staudinger/*Hüttemann*/*Rawert* BGB Vorb. zu §§ 80ff. Rn. 5 mwN.

[30] MüKoBGB/*Weitemeyer* BGB § 80 Rn. 99f.; zur Sittenwidrigkeit *Büch* ZEV 2010, 440.

[31] BVerwGE 106, 177 (180) = NJW 1998, 2545; Staudinger/*Hüttemann*/*Rawert* BGB § 80 Rn. 37, 42f., die den Gemeinwohlvorbehalt in dieser Unbestimmtheit aber für verfassungswidrig und es *de lege ferenda* für wünschenswert halten, den Gemeinwohlverstoß auf Gesetzes- oder Sittenwidrigkeit zu beschränken.

[32] Staudinger/*Hüttemann*/*Rawert* BGB § 81 Rn. 52; MüKoBGB/*Weitemeyer* BGB § 80 Rn. 102f.

[33] Dazu zählen auch Unternehmensselbstzweckstiftungen, deren Zweck in dem Erhalt eines Unternehmens besteht (zu den verschiedenen Facetten unternehmensverbundener Stiftungen und ihrer Zulässigkeit vgl. eingehend *Rawert*, Die Genehmigungsfähigkeit der unternehmensverbundenen Stiftung, 1990, und *Hushahn*, Unternehmensverbundene Stiftungen im deutschen und schwedischen Recht, 2009).

[34] MüKoBGB/*Weitemeyer* BGB § 80 Rn. 98 mwN.

[35] S. insbesondere zu den praxisrelevanten Beispielen bestimmter unternehmensverbundener Stiftungen → Rn. 134ff. und bestimmter Familienstiftungen → Rn. 138ff.

[36] Staudinger/*Hüttemann*/*Rawert* BGB Vorb. zu §§ 80ff. Rn. 8.

[37] Staudinger/*Hüttemann*/*Rawert* BGB § 81 Rn. 47f.

[38] MüKoBGB/*Weitemeyer* BGB § 80 Rn. 83.

Dauernd und nachhaltig bedeutet nichts anderes (auch nicht mehr) als „dauerhaft" (nicht aber zwingend „ewig").[39] Welcher Zeitraum dafür erforderlich ist, hängt vom Stiftungszweck ab.[40] Entscheidend ist ein angemessenes Stiftungsvermögen im Verhältnis zum Stiftungszweck.[41] Da die Stiftung ihren Stiftungszweck grundsätzlich aus den Erträgen der Stiftung bestreiten muss, erkennen die Stiftungsbehörden Stiftungen mit einem Stiftungsvermögen von weniger als 100.000 EUR in der Regel nicht als lebensfähig an. Auch wenn es kein fixes „Stiftungskapital" gibt und wegen der unterschiedlichen Stiftungszwecke auch nicht geben kann, dürften jedenfalls Stiftungen, die die Verfolgung ihres Stiftungszwecks vorrangig aus ihren Erträgen finanzieren, mindestens ein Stiftungsvermögen von 1 Mio. EUR benötigen, eher noch deutlich mehr.[42]

22   Da die dauerhafte Erfüllung des Stiftungszwecks nur gesichert *erscheinen* muss, hat die Stiftungsbehörde im Anerkennungsverfahren eine Prognose zu treffen. Dabei hat die Behörde auch zu berücksichtigen, „ob weitere ausreichende Zustiftungen bzw. Zuwendungen mit einer gewissen Sicherheit zu erwarten sind".[43] Daher sind auch **Bürger- und Gemeinschaftsstiftungen,** bei denen es wegen ihrer regionalen Verankerung, der Einbindung breiter Bevölkerungskreise und ihrer breit angelegten Stiftungszwecke sehr wahrscheinlich ist, dass das Stiftungsvermögen (erst nach der Anerkennung) aufgebaut wird, grundsätzlich anerkennungsfähig. Anders sieht es bei bloßen „Sammelstiftungen" oder Kleinstiftungen mit eingeschränktem Stiftungszweck aus wie auch bei Vorrats- oder Einkommensstiftungen, sofern nicht ausreichende durchsetzbare Ansprüche auf Zuwendungen bestehen, um ihren Stiftungszweck ab ihrer Anerkennung dauerhaft erfüllen zu können.[44]

23   Das Stiftungsgeschäft bzw. die Satzung muss angeben, wie das Stiftungsvermögen zur Erfüllung des Stiftungszwecks verwendet wird (insbesondere operativ und/oder fördernd, zB: „Betreiben einer Hochschule"; „Vergabe von Stipendien"). Diese Angaben müssen nicht abschließend sein. Sie dienen aber unter anderem der Stiftungsbehörde im Anerkennungsverfahren dazu, prüfen zu können, ob die dauerhafte Erfüllung des Stiftungszwecks gesichert erscheint. Bei einer gemeinnützigen Stiftung ergibt sich dies bereits aus § 60 Abs. 1 AO.[45] Bei einer zeitbefristeten Verbrauchsstiftung (→ Rn. 24) müssen daher Angaben über Art und Umfang des Vermögensverbrauchs während der festgelegten Dauer gemacht werden.[46]

24   Inzwischen sind sogar **Verbrauchsstiftungen** gesetzlich anerkannt, also Stiftungen, bei denen der Stifter definitionsgemäß das Stiftungsvermögen zum Verbrauch bestimmt hat (§ 81 Abs. 1 S. 2 Hs. 2 BGB). Dabei kann es sich entweder um eine zeitbefristete oder eine durch ihren Zweck befristete Verbrauchsstiftung handeln. Die **zeitbefristete Verbrauchsstiftung** endet mit dem Ablauf der für sie bestimmten Zeit, was sich auch aus einer Verbrauchsklausel ergeben kann,[47] die **zweckbefristete Verbrauchsstiftung** mit dem Wegfall oder der vollständigen Erfüllung ihres Zwecks.[48] Bei einer zeitbefristeten Verbrauchsstiftung erscheint die dauernde Erfüllung des Stiftungszwecks gemäß § 80

[39] Staudinger/*Hüttemann/Rawert* BGB § 80 Rn. 18; MüKoBGB/*Weitemeyer* BGB § 80 Rn. 110; aA aber v. Campenhausen/Richter/*Hof* StiftungsR-HdB § 4 Rn. 52: Nachhaltigkeit als Relation zwischen Stiftungszweck und den zu seiner Erfüllung aufgewendeten Mitteln.

[40] Staudinger/*Hüttemann/Rawert* BGB § 80 Rn. 18, 20.

[41] Staudinger/*Hüttemann/Rawert* BGB § 80 Rn. 21.

[42] Zutreffend Staudinger/*Hüttemann/Rawert* BGB § 80 Rn. 28, die auf Stiftungspraktiker verweisen, die eine effektive Förderung von Stiftungszwecken unter Berücksichtigung von Verwaltungskosten und Rücklagen mit realem Werterhalt des Vermögens in der Praxis erst ab einem Kapitalstock von mind. 10 Mio. EUR für möglich halten.

[43] BT-Drs. 14/8765, 8.

[44] Staudinger/*Hüttemann/Rawert* BGB § 80 Rn. 30 f.

[45] Staudinger/*Hüttemann/Rawert* BGB § 80 Rn. 25 und § 81 Rn. 51.

[46] MüKoBGB/*Weitemeyer* BGB § 80 Rn. 90.

[47] Staudinger/*Hüttemann/Rawert* BGB § 80 Rn. 33 nennen als Beispiel: „Das Vermögen ist jedes Jahr zu 5 vH zu verbrauchen."

[48] MüKoBGB/*Weitemeyer* BGB § 80 Rn. 82.

Abs. 2 S. 2 BGB gesichert, wenn die Stiftung für einen im Stiftungsgeschäft festgelegten Zeitraum von mindestens zehn Jahren bestehen soll. Allerdings muss die zeitbefristete Verbrauchsstiftung ihren Stiftungszweck über den gesamten satzungsmäßig festgelegten Zeitraum tatsächlich und nicht nur symbolisch verfolgen können, sodass beispielsweise eine Satzungsregelung unzulässig ist, die den wesentlich Verbrauch bereits in den ersten Jahren anordnet. Der Verbrauch des Vermögens muss aber auch nicht linear sein.[49] Ist am Ende der Verbrauchsstiftung das Stiftungsvermögen nicht vollständig aufgebraucht, richtet sich das Schicksal des (Rest-)Vermögens nach § 88 BGB.

Der Stifter kann im Stiftungsgeschäft auch bestimmen, dass das Stiftungsvermögen verbraucht werden darf, wenn die Stiftung anderenfalls (dh insbesondere durch ihre Erträge) ihren Stiftungszweck nicht mehr dauerhaft und nachhaltig erfüllen kann (sog. **unechte Verbrauchsstiftung**). Tritt dieser Fall ein, muss der Vorstand die Genehmigung der Stiftungsaufsicht einholen, die zu prüfen hat, ob die dauernde und nachhaltige Erfüllung des Stiftungszwecks aus den Erträgen tatsächlich nicht mehr gesichert erscheint.[50] Auch der umgekehrte Fall („Umwandlung" in eine auf Dauer angelegte Stiftung) ist denkbar. **25**

Ob eine **„Stiftung auf Zeit"**, also eine Stiftung, die ihr Vermögen grundsätzlich erhalten, aber nach Ablauf einer bestimmten Zeit aufgelöst werden soll, zulässig ist, wie von der hL angenommen, ist umstritten.[51] **26**

d) Stiftungsorganisation. Die Stiftung braucht wie jede juristische Person **Organe,** durch die sie handeln kann. Zwingend gesetzlich vorgesehen ist ein **Vorstand als gesetzlicher Vertreter** der Stiftung (§ 86 BGB iVm § 26 Abs. 1 BGB), der aber auch anders bezeichnet werden darf. Der Stifter muss auch die Anzahl der Mitglieder des Vorstands bestimmen sowie das Verfahren zu deren Bestellung (zB durch den Stifter, durch Kooptation, durch ein Kuratorium oder externe Dritte, wegen der Stiftungsautonomie nicht aber durch die Stiftungsaufsicht) und Abberufung, weiter ihre Amtsdauer und ob eine mehrfache Wiederbestellung zulässig sein soll, ggf. Altersgrenzen sowie Bestimmungen zu einer etwaigen Befreiung von § 181 BGB[52], zur Beschlussfassung (Geschäftsordnung, Gesamt-, oder Mehrheits- oder Einzelvertretung) und – wenn vom gesetzlichen Leitbild des § 86 S. 1 BGB iVm § 27 Abs. 3 S. 2 BGB abgewichen werden soll – zur Vergütung. Die Mitglieder des Vorstands können auch abstrakt bestimmt (zB Inhaber eines bestimmten Amtes) oder der Kreis, aus dem sie kommen, beschränkt werden (zB Angehöriger eines steuer- oder rechtsberatenden Berufs). Auch juristische Personen können Organmitglieder sein. Wegen der mit dem Amt verbundenen Organpflichten bedarf es einer Zustimmung der bestellten Mitglieder gegenüber der Stiftung.[53] Bei unwirksamer Bestellung gelten im Außenverhältnis die Grundsätze zu faktischen Geschäftsleitern.[54] Die Abberufung eines Vorstandsmitglieds bedarf bei einer unbestimmten Amtszeit stets eines sachlichen Grundes,[55] bei einer bestimmten Amtszeit eines wichtigen Grundes (→ Rn. 63 ff.).[56] **27**

Soll der Vorstand entgeltlich tätig sein, ist dies ausdrücklich in der Stiftungssatzung zu regeln, auch wenn nicht die konkrete Höhe genannt werden muss. Neben dem Satzungsvorbehalt bedarf es aber auch eines Anstellungsvertrags, in dem die konkrete **Vergütung** vereinbart wird.[57] **28**

---

[49] Staudinger/*Hüttemann/Rawert* BGB § 80 Rn. 33; aA *Hader* npoR 2014, 312 (315).

[50] MüKoBGB/*Weitemeyer* BGB § 80 Rn. 93.

[51] Staudinger/*Hüttemann/Rawert* BGB § 81 Rn. 55 ff.

[52] Beispielsweise kann statt einer vollständigen Befreiung auch ein anderes Stiftungsorgan zur Genehmigung befugt werden. Ansonsten bedarf es in Fällen des § 181 BGB der *vorherigen* Bestellung eines Notvorstands nach §§ 86, 29 BGB. Die Stiftungsaufsicht kann keinesfalls zivilrechtlich, sondern allenfalls öffentlich-rechtlich Befreiung von § 181 BGB erteilen (Staudinger/*Hüttemann/Rawert* BGB § 86 Rn. 20).

[53] Staudinger/*Hüttemann/Rawert* BGB § 81 Rn. 73 ff. und § 86 Rn. 3 ff.

[54] Staudinger/*Hüttemann/Rawert* BGB § 86 Rn. 7.

[55] Vgl. BGH Urt. v. 28. 10. 1976 – III ZR 136/74, BeckRS 1976, 31114837.

[56] Staudinger/*Hüttemann/Rawert* BGB § 81 Rn. 79.

[57] MüKoBGB/*Arnold* BGB § 27 Rn. 45.

29   Der **Stifter** kann sich auch selbst **als Organmitglied** bestimmen. Dann ist er wie jedes Organmitglied an die Satzung und damit seinen „ursprünglichen, verobjektivierten" Stifterwillen gebunden. Er hat also insbesondere keine mitgliederähnliche Stellung. Auf seinen eventuell abweichenden aktuellen Willen kommt es nicht an.[58]

30   Die **Willensbildung** eines mehrgliedrigen Vorstands geschieht aufgrund der Bestimmungen in der Satzung oder einer auf satzungsmäßiger Grundlage erlassenen Geschäftsordnung, sonst grundsätzlich[59] durch Beschlussfassung mit der Mehrheit der abstimmenden Vorstandsmitglieder gemäß § 86 S. 1 BGB iVm §§ 28, 32, 34 BGB. Die Vertretung eines Vorstandsmitglieds durch eine anderes Vorstandsmitglied ist auch ohne nähere Satzungsbestimmung zulässig.[60]

31   Darüber hinaus kann die Satzung weitere Organe wie insbesondere einen **Beirat** oder ein **Kuratorium** vorsehen, die meist klassische Aufsichtsfunktionen wahrnehmen. Die Mitglieder dieser Organe können auch zu besonderen Vertretern iSd §§ 86, 30 BGB bestimmt werden, die die Stiftung im Zweifel bei allen Rechtsgeschäfte vertreten können, die der ihnen zugewiesene Geschäftsbereich mit sich bringt.[61] Eine je nach Zweck und Vermögensausstattung differenzierte Stiftungsorganisation ist umso wichtiger, als es der mitgliederlosen Stiftung naturgemäß am Korrektiv einer Mitgliederversammlung fehlt. Weitgehend ungeklärt ist, inwieweit sich körperschaftliche Elemente schaffen lassen durch Mitbestimmungsrechte für Spender, Zustifter, Mitarbeiter oder Destinatäre.[62] Insoweit ist eher Zurückhaltung geboten, da das Gesetz hierfür andere Rechtsformen wie insbesondere den Verein oder die Gesellschaft vorsieht.

32   Ein **Stiftungsregister** mit negativer oder positiver Publizität existiert trotz schon lange bestehenden Reformüberlegungen[63] nicht. Die Praxis behilft sich zum Nachweis der Vertretungsmacht mit Stiftungsverzeichnissen und Vertretungsbescheinigungen.

33   **Stiftungsverzeichnisse** gibt es in allen Bundesländern. Ihr Inhalt unterscheidet sich aber. Die Organmitglieder, insbesondere die Vorstandsmitglieder, werden allerdings nur in den Verzeichnissen in Bremen, Hessen und Nordrhein-Westfalen geführt, wobei lediglich in Hessen zudem präzise die abstrakte Vertretungsregelung genannt wird. Eine Richtigkeitsgewähr oder gar registerrechtliche Publizität ist damit allerdings nicht verbunden.[64] Allerdings können sich für den Rechtsverkehr aus den allgemeinen vollmachtsrechtlichen Bestimmungen der §§ 171 Abs. 1 Alt. 2, 173 BGB Konsequenzen ergeben: Da die Stiftungsverzeichnisse auf den Angaben der Stiftungsorgane selbst beruhen, erfüllen sie den Tatbestand der öffentlichen Bekanntmachung, sodass ein konkret gutgläubiger Dritter, der positive Kenntnis von der Eintragung im Stiftungsverzeichnis hat, **kraft Rechtsscheins** geschützt wird.[65]

34   Ähnliches gilt für **Vertretungsbescheinigungen,** die die Stiftungsbehörden aller Länder kraft Landesstiftungsgesetzen oder kraft Übung ausstellen: Sie sind analog § 172 BGB **wie Vollmachtsurkunden** zu behandeln, soweit sie auf von der Stiftung mitgeteilten Angaben beruhen.[66] Bescheinigt eine Stiftungsbehörde die von der Stiftung richtig mitgeteilten Daten falsch, wird hingegen die Stiftung nicht wirksam im Außenverhältnis vertreten, sondern die Handelnden haften als vollmachtlose Vertreter. **Grundbuchämter und Handelsregister** müssen Vertretungsbescheinigungen als öffentliche Urkunden iSd §§ 29,

---

[58] Staudinger/*Hüttemann/Rawert* BGB § 85 Rn. 32 und § 86 Rn. 8; OLG Köln npoR 2018, 169 (172).
[59] Eine Ausnahme stellen Stiftungen in behördlicher Verwaltung dar (§ 86 S. 1 Hs. 2 BGB).
[60] Staudinger/*Hüttemann/Rawert* BGB § 86 Rn. 59 ff.
[61] Staudinger/*Hüttemann/Rawert* BGB § 86 Rn. 80.
[62] Dazu eingehend Staudinger/*Hüttemann/Rawert* BGB Vorb. zu §§ 80 ff. Rn. 383 ff. und § 85 Rn. 9 ff. S. auch MHdB GesR V/*Beuthien* § 77 Rn. 23.
[63] Vgl. Staudinger/*Hüttemann/Rawert* BGB Vorb. zu §§ 80 ff. Rn. 158 mwN.
[64] Staudinger/*Hüttemann/Rawert* BGB Vorb. zu §§ 80 ff. Rn. 163 mwN.
[65] So zutreffend Staudinger/*Hüttemann/Rawert* BGB Vorb. zu §§ 80 ff. Rn. 164 mwN.
[66] MHdB GesR V/*Schwarz van Berk* § 99 Rn. 45.

30 GBO bzw. § 12 HGB akzeptieren, weil sie einem behördlichen Prüfungsmechanismus unterliegen und die Stiftungsaufsicht nach Amtshaftungsgrundsätzen haftet.[67]

§ 9 Abs. 1 S. 1 SchlHolStiftG und Art. 19 BayStiftG sehen für bestimmte Arten von **35** Rechtsgeschäften **stiftungsaufsichtsrechtliche Genehmigungsvorbehalte** vor, die die Vertretungsmacht entsprechend beschränken. Entsprechende Rechtsgeschäfte sind bis zur Genehmigung **schwebend unwirksam**. Zum Teil sind auch wie zB in § 7 Abs. 2 NRWStiftG **Anzeigepflichten** zu beachten, die aber keine Auswirkung auf die Vertretungsmacht haben.[68]

Vorstandsmitglieder haften im Rahmen ihrer Geschäftsführungstätigkeit gegenüber der **36** Stiftung gemäß § 280 Abs. 1 BGB iVm §§ 86, 27 Abs. 3, 664ff. BGB (Binnenhaftung). Die **Haftung** ist bei ehrenamtlichen Vorstandsmitgliedern gemäß § 86 BGB iVm § 31a BGB auf Vorsatz und grobe Fahrlässigkeit begrenzt. Im Übrigen kann der Stifter in der Satzung Haftungsbeschränkungen vorsehen. Mehrere Organe (zB Vorstand und Kuratorium) haften als Gesamtschuldner.[69] Der Stifter kann ebenfalls in der Satzung regeln, ob ein Aufsichtsorgan dem Vorstand **Entlastung** mit haftungsbefreiender Wirkung erteilen kann. Ist die Entlastung allerdings unvertretbar, ist sie nichtig und entfaltet keine haftungsbefreiende Wirkung. Die Außenhaftung gegenüber Dritten wird von den genannten Haftungsbeschränkungen oder -befreiungen nicht berührt, jedoch sind Freistellungsansprüche gegenüber der Stiftung denkbar (vgl. § 31a Abs. 2 BGB).[70] Die Stiftung selbst haftet gemäß § 86 BGB iVm § 31 BGB.

Überträgt der Stifter die Verwaltung der Stiftung einer öffentlichen Behörde, sieht § 86 **37** BGB Einschränkungen der Verweise auf das Vereinsrecht vor, da sich die Stiftungsorganisation dann nach öffentlichem Organisations- bzw. Kommunalrecht richtet.[71]

e) Stiftungsvermögen. Eine Stiftung benötigt ein Vermögen, mit dem sie ihren Stif- **38** tungszweck verfolgen kann. Im engeren Sinne ist das nur das Vermögen, dessen Bestand die Stiftung zu erhalten hat. Im weiteren Sinn gehören dazu alle der Stiftung zur Verfügung stehenden Mittel.[72] Grundsätzlich ist das Vermögen der Stiftung zu erhalten und aus dessen Erträgen oder durch dessen sonstige Nutzung der Stiftungszweck zu verfolgen. Die Erträge dürfen daher grundsätzlich nicht dem Vermögen der Stiftung zugeführt werden **(Admassierungsverbot)**.[73] Ausnahmen von beiden Grundsätzen sind im weiter unten beschriebenen Rahmen bei Verbrauchsstiftungen sowie zum Aufbau einer gewissen Rücklage zulässig.

Die **Widmung des Vermögens** dient dazu festzulegen, mit welchen Mitteln die Stif- **39** tung ihren Stiftungszweck verfolgen soll (Herstellung der **Mittel-Zweck-Relation,** die Grundlage der Prüfung der Lebensfähigkeit ist (→ Rn. 21)). Umstritten ist, ob der Stifter selbst die Aufbringung des zur Verfolgung des Stiftungszwecks erforderlichen Stiftungsvermögens versprechen muss oder ob es für das vermögensrechtliche Element des Stiftungsgeschäfts genügt, wenn vorgesehen ist, dass die Stiftung die erforderlichen Mittel in absehbarer Zeit von Dritten erhält. Es genügt, wenn der Stifter „den Weg angibt, wie die Stiftung die notwendigen Mittel erhalten soll, um ihre Zwecke zu verwirklichen". Dann muss allerdings das Stiftungsgeschäft bereits ein konkretes Mittelbeschaffungskonzept enthalten, das uU auch bereits verbindliche Zusagen Dritter umfasst.[74]

---

[67] Staudinger/*Hüttemann/Rawert* BGB Vorb. zu §§ 80ff. Rn. 167ff.
[68] Zum Ganzen auch Staudinger/*Hüttemann/Rawert* BGB § 86 Rn. 21 mit Zweifeln an der Verfassungsmäßigkeit der Genehmigungsvorbehalte.
[69] BGH npoR 2015, 28.
[70] Staudinger/*Hüttemann/Rawert* BGB § 86 Rn. 76ff.
[71] Staudinger/*Hüttemann/Rawert* BGB § 86 Rn. 86ff.
[72] Staudinger/*Hüttemann/Rawert* BGB Vorb. zu §§ 80ff. Rn. 11.
[73] MHdB GesR V/*Helios/Friedrich* § 96 Rn. 1f.
[74] Staudinger/*Hüttemann/Rawert* BGB § 81 Rn. 21f.

40 Das Stiftungsgeschäft kann auch **mehrere Vermögenswidmungen** vorsehen, mit denen der Stifter verschiedene Teile des Vermögens unterschiedlichen Stiftungszwecken zuordnet und damit unter einem Rechtsträger mehrere Stiftungen „im funktionalen Sinne" errichtet. Dann muss jeder einzelne Stiftungszweck durch das ihm gewidmete Vermögen erfüllt werden können.[75]

41 Die **Zusammensetzung des Grundstockvermögens** bestimmt der Stifter. Damit die Lebensfähigkeit gesichert ist, muss das Vermögen in der Regel neben Sachwerten auch ertragbringende Kapitalmittel enthalten, wenn die Sachwerte unmittelbar dem Stiftungszweck dienen wie beispielsweise eine Kunstsammlung oder ein denkmalgeschütztes Gebäude zum Betrieb eines Museums. Veräußerungsgewinne aus Vermögensumschichtungen sind grundsätzlich ebenfalls dem zu erhaltenden Stiftungsvermögen zuzurechnen, sofern nicht bei bestimmten Werten von vornherein mit den Wertsteigerungen und damit der regelmäßigen Realisierung von Gewinnen als „Ertrag" gerechnet wird. Dies sollte der Stifter aber ausdrücklich in der Satzung bestimmen.[76]

42 Die Satzung kann und sollte auch **weitere Bestimmungen über das Vermögen** enthalten, zB zur Kapitalerhaltung (Umfang der Rücklagenbildung), Richtlinien über die Anlage des Stiftungsvermögens oder über die Zulässigkeit von Vermögensumschichtungen. Auch Bestimmungen über eine „Ansparphase" zum Aufbau der Mittel sind grundsätzlich zulässig. Bei gemeinnützigen Stiftungen bestimmt § 62 Abs. 4 AO, dass eine Stiftung im Jahr ihrer Errichtung und in den drei folgenden Kalenderjahren Überschüsse aus der Vermögensverwaltung und die Gewinne aus wirtschaftlichen Geschäftsbetrieben nach § 14 AO ganz oder teilweise ihrem Vermögen zuführen kann. Bei privatnützigen Stiftungen ist streitig, wie lang die Ansparphase sein darf. Auch dort wird man sich jedenfalls an § 62 Abs. 4 AO orientieren können.[77]

43 Zivilrechtlich ist ein „eingeschränkt stifterbezogenes" Verständnis der Vermögenserhaltung vorzugswürdig, dh dass der Stifter im vorgenannten Rahmen und unter Berücksichtigung des Verbots der Selbstzweckstiftung frei über die Art und Weise der Kapitalerhaltung entscheiden kann.[78] Gemeinnützigkeitsrechtlich hingegen ist ein „stiftungszweckorientiertes" Verständnis der Vermögenserhaltung maßgeblich, sodass die zuständigen Stiftungsorgane zu **Vermögensumschichtungen** verpflichtet sind, wenn die gewählte Anlagestrategie dauerhaft zu vergleichsweise zu niedrigen Erträgen führt.[79]

44 Das Stiftungsvermögen im engeren Sinn ist grundsätzlich (sofern es sich nicht ausdrücklich um eine Verbrauchsstiftung handelt) in seinem **Bestand zu erhalten.** Nur aus den laufenden **Erträgen** (vgl. § 99 Abs. 2 BGB) kann die Stiftung dann ihre Zwecke erfüllen, soweit nicht die Vermögensbestandteile (bzw. die Mittel) selbst zur Verwirklichung der Zwecke genutzt werden sollen wie bei einer Anstaltsstiftung (zB einem Museum oder einer Hochschule).[80] Ein allgemeines Konzept der Vermögenserhaltung sieht das Stiftungsrecht allerdings nicht vor. Vielmehr ist der Stifter berufen, sich hierzu in der Satzung zu äußern. Anderenfalls ist der mutmaßliche Stifterwille dafür entscheidend, welche Vermögensanlage mit welcher Risiko-Rendite-Relation der Erfüllung des Stiftungszwecks am ehesten gerecht wird, wobei dem Vorstand ein weiter Ermessensspielraum zusteht.[81] Der Vorstand muss daher laufend zwischen Zweckverfolgung (Ertragsverwendung) und dauerhafter Zwecksicherung (Rücklagenbildung) abwägen. Dabei darf die Erhaltung des Vermögens nie Selbstzweck sein, sondern nur Mittel zur dauerhaften Verwirklichung des Stiftungszwecks.[82] In der Praxis ergeben sich Einschränkungen durch das Gemeinnützig-

---

[75] Staudinger/*Hüttemann*/*Rawert* BGB § 81 Rn. 23.
[76] Staudinger/*Hüttemann*/*Rawert* BGB § 81 Rn. 66 f.
[77] Vgl. Staudinger/*Hüttemann*/*Rawert* BGB § 81 Rn. 58, 62.
[78] Staudinger/*Hüttemann*/*Rawert* BGB § 81 Rn. 68.
[79] *Hushahn* Unternehmensverbundene Stiftungen S. 226 f.
[80] Staudinger/*Hüttemann*/*Rawert* BGB § 81 Rn. 63, 66.
[81] Staudinger/*Hüttemann*/*Rawert* BGB § 86 Rn. 36 ff., 41 mwN auch zu aA.
[82] Staudinger/*Hüttemann*/*Rawert* BGB § 86 Rn. 40.

keitsrecht, das die Bildung von Rücklagen wegen der Pflicht zur zeitnahen Mittelverwendung nur in den Grenzen des § 62 AO zulässt.

Der Stifter kann das Stiftungsvermögen gemäß § 81 Abs. 1 S. 2 Hs. 2 BGB teilweise, **45**
zeitweise oder auch insgesamt auch zum Verbrauch bestimmen **(Verbrauchsstiftung).**[83]
Diese Entscheidung muss dann aber zwingend im Stiftungsgeschäft bzw. der Satzung getroffen sein und kann nicht etwa den Organen der Stiftung überlassen werden.[84] Das Gleiche gilt für Zustiftungen zum Grundstockvermögen, deren Zulässigkeit der Stifter in der
Satzung festlegen muss (→ Rn. 117 ff.).[85] Die Umwidmung von dauerhaft zu erhaltendem
Vermögen in zu verbrauchendes Vermögen oder umgekehrt ist eine Satzungsänderung bzw.
– wenn das gesamte Vermögen betroffenen ist – Zweckänderung (→ Rn. 99 ff.).[86]

f) Form des Stiftungsgeschäfts. Das Stiftungsgeschäft unter Lebenden bedarf gemäß **46**
§ 81 Abs. 1 S. 1 BGB der **schriftlichen Form.** Ob notarielle Beurkundung erforderlich
ist, wenn zu dem der Stiftung gewidmeten Vermögen Gegenstände gehören, zu deren
Übertragung es der notariellen Beurkundung bedarf (insbesondere Grundstücke und
GmbH-Anteile), ist umstritten.[87] Da der Stifter aber ohnehin nach Errichtung des Stiftungsgeschäfts und der Anerkennung der Stiftung noch das versprochene Vermögen übertragen muss und dann unter anderem § 311b BGB zu beachten ist, bietet sich in diesen
Fällen sogleich auch die Beurkundung des Stiftungsgeschäfts an. Kostenrechtlich ist die
Auflassung ansonsten nach Nr. 21100 KV GNotKG mit einer 2,0 Gebühr anzusetzen und
nicht (wie bei Beurkundung des Kausalgeschäfts) nach Nr. 21101 KV GNotKG mit einer
0,5 Gebühr. Das Stiftungsgeschäft löst als einseitige Willenserklärung nur eine 1,0 Gebühr
nach Nr. 21200 KV GNotKG aus.

Die (auch freiwillige) **Beurkundung des Stiftungsgeschäfts** hat im Übrigen stets **47**
den Vorteil, dass der Erbe des Stifters das Stiftungsgeschäft nicht mehr widerrufen kann,
sofern – wie üblich – der Stifter den Notar bei oder nach der Beurkundung mit der Stellung des Antrags auf Anerkennung betraut hat (§ 81 Abs. 2 S. 3 Hs. 2 BGB).

g) Widerruf des Stiftungsgeschäfts. Der Stifter kann das Stiftungsgeschäft **bis zur An-** **48**
erkennung gemäß § 81 Abs. 2 S. 1 BGB widerrufen. Wurde die Anerkennung noch
nicht beantragt, genügt jede nach außen erkennbare Willensbekundung. **Empfänger der**
Widerrufserklärung ist gemäß § 81 Abs. 2 S. 2 BGB aber ausschließlich die für die Anerkennung zuständige Behörde, wenn der Stifter die Anerkennung bereits beantragt hat.
Der Stifter kann das Stiftungsgeschäft auch **teilweise** widerrufen, wobei sich das Schicksal
des nicht widerrufenen Teils nach § 139 BGB richtet.[88] Gleiches gilt, wenn bei mehreren
Stiftern nur einer oder einige den Widerruf erklären.[89]

Verstirbt der Stifter vor der Anerkennung der Stiftung, kann sein Erbe das Stiftungsge- **49**
schäft nach der Stellung des Antrags auf Anerkennung bei der zuständigen Behörde
grundsätzlich nicht mehr widerrufen (§ 81 Abs. 2 S. 3 Hs. 1 BGB). Gleiches gilt, wenn
das Stiftungsgeschäft notariell beurkundet und dabei oder danach der Stifter den Notar
mit der Antragstellung betraut hat (§ 81 Abs. 2 S. 3 Hs. 2 BGB). Anders liegt es allerdings,
wenn der Stifter eine andere Person als den Notar mit der Antragstellung beauftragt hat
und diese den Antrag erst nach dem Tod des Stifters stellt: Dann kann der Erbe noch bis
zur Anerkennung widerrufen. Mehrere Erben können gemäß §§ 2038, 2040 BGB nur

---

[83] Allerdings ist spendenrechtlich uU Vorsicht geboten wegen § 10b Abs. 1a EStG, § 9 Nr. 5 S. 9 GewStG
(dazu → Rn. 154 ff.).
[84] MüKoBGB/*Weitemeyer* BGB § 80 Rn. 89.
[85] Staudinger/*Hüttemann/Rawert* BGB § 81 Rn. 64.
[86] Staudinger/*Hüttemann/Rawert* BGB § 81 Rn. 72.
[87] Zum Meinungsstand vgl. Staudinger/*Hüttemann/Rawert* BGB § 81 Rn. 16.
[88] Staudinger/*Hüttemann/Rawert* BGB § 81 Rn. 84.
[89] Staudinger/*Hüttemann/Rawert* BGB § 81 Rn. 86.

gemeinsam widerrufen, ein minderjähriger Erbe allerdings auch ohne seinen gesetzlichen Vertreter, da er dadurch rechtlich lediglich einen Vorteil erlangt.[90]

50   Auf das Widerrufsrecht kann der Stifter **nicht wirksam verzichten.**[91] Vom Widerruf des Stiftungsgeschäfts zu unterscheiden ist die **Rücknahme des Antrags** auf Anerkennung, die der Stifter (nicht aber der Erbe) unabhängig vom oben zum Widerruf Ausgeführten bis zur Anerkennung vornehmen kann.[92]

51   **h) Stiftung im Errichtungsstadium.** Nach ganz hM gibt es **keine „Vorstiftung"** zwischen der Vornahme des Stiftungsgeschäfts und der Anerkennung der Stiftung.[93] Auch wenn dies zivilrechtlich nicht unbestritten ist, hat der BFH die für die Praxis vornehmliche Frage entschieden, dass bis zur Anerkennung der Stiftung spendenrechtlich kein begünstigter Zuwendungsempfänger iSd § 5 Abs. 1 Nr. 9 KStG (und damit auch nicht iSd § 10b Abs. 1a EStG) ist. Das ist folgerichtig, weil der Stifter wegen seines vorgenannten Widerrufsrechts bis zur Anerkennung der Stiftung an das Stiftungsgeschäft nicht gebunden ist (vgl. §§ 81 Abs. 2, 82 BGB).[94]

52   In der Praxis war es deshalb üblich, dass der Stifter gegenüber der Anerkennungsbehörde auf sein Widerrufsrecht „verzichtet" und das Stiftungsvermögen auf das zuständige Stiftungsorgan überträgt. Entsprach die Satzung den Vorgaben der §§ 51 ff. AO, ließ die Finanzverwaltung in diesem Fall eine Rückwirkung zu. Dieser Weg steht nach der Entscheidung des BFH nicht mehr offen; die Finanzverwaltung hat von ihrer bisherigen Auffassung Abstand genommen.[95] Will man die steuerrechtlichen Folgen vorverlagern, kommt daher nur in Betracht, zunächst einen gemeinnützigen Zuwendungsempfänger wie zB eine **nicht rechtsfähige Stiftung** zu errichten, deren Zweck es ist, eine rechtsfähige Stiftung mit Kapital auszustatten.[96]

53   **3. Rechtsfolgen der Anerkennung.** Mit der Anerkennung entsteht die Stiftung als **rechtsfähige juristische Person** und zwar selbst dann, wenn das Stiftungsgeschäft selbst nichtig ist.[97] Ab diesem Zeitpunkt beschränkt sich der Einfluss des Stifters auf seine in der Satzung niedergelegten Rechte. Als juristische Person ohne Mitglieder gibt es anders als in Körperschaften keine natürlichen Personen, die wie Gesellschafter relativ frei über die Organisation und die Erfüllung ihres Zwecks entscheiden können. Vielmehr ist auch der Stifter an die Satzung „seiner" Stiftung gebunden. Nicht der jeweils aktuelle Stifterwille ist mehr entscheidend, sondern allenfalls der ursprüngliche Stifterwille, wie er sich bei verständiger Auslegung der Stiftungssatzung ergibt.[98] Nach der Anerkennung bestimmen sich die Regeln, nach denen die Stiftung und ihre Organe zu handeln haben, ausschließlich nach Gesetz und der aus dem Stiftungsgeschäft resultierenden Satzung (§§ 85, 81 Abs. 1 S. 2 BGB).

54   Der Stifter ist gemäß § 82 S. 1 BGB sodann verpflichtet, das in dem Stiftungsgeschäft **zugesicherte Vermögen auf die Stiftung zu übertragen,** wobei gemäß § 82 S. 2 BGB Rechte, zu deren Übertragung ein Abtretungsvertrag genügt, grundsätzlich mit der Anerkennung auf die Stiftung übergehen, soweit das Stiftungsgeschäft nichts anderes bestimmt. Wird die Stiftung erst nach dem Tode des Stifters als rechtsfähig anerkannt, so gilt sie gemäß § 84 BGB für die Zuwendungen des Stifters als schon vor dessen Tod entstan-

---

[90] Staudinger/*Hüttemann/Rawert* BGB § 81 Rn. 87 f.
[91] Staudinger/*Hüttemann/Rawert* BGB § 81 Rn. 86.
[92] Staudinger/*Hüttemann/Rawert* BGB § 80 Rn. 89 ff.
[93] Staudinger/*Hüttemann/Rawert* BGB § 80 Rn. 47 mwN auch zur aA.
[94] BFH BStBl. II 2015, 545 = npoR 2015, 206 mAnm *Hüttemann* npoR 2015, 209 f.
[95] Staudinger/*Hüttemann/Rawert* BGB § 80 Rn. 56.
[96] *Hüttemann* npoR 2015, 209 (210).
[97] Staudinger/*Hüttemann/Rawert* BGB § 80 Rn. 6; MüKoBGB/*Weitemeyer* BGB § 80 Rn. 69.
[98] OLG Köln npoR 2018, 169 mAnm *Hushahn* npoR 2018, 177.

den.[99] Es schadet der Vermögensausstattung der Stiftung daher nicht, wenn der Stifter nach dem Stiftungsgeschäft aber vor der Anerkennung verstirbt. Die Verpflichtung des Stifters, der Stiftung das im Stiftungsgeschäft versprochene Stiftungsvermögen zu übertragen, geht dann auf die Erben des Stifters über.[100] Die Haftung der Erben bestimmt sich nach §§ 2018 ff. BGB.[101]

Ob es bei rein privatnützigen Stiftungen (klagbare) **Ansprüche von Destinatären** 55 gibt, richtet sich nach den Regelungen im Stiftungsgeschäft bzw. in der Satzung.[102]

Die **Anerkennung heilt nicht** etwaige Mängel des Stiftungsgeschäfts.[103] Ist das Stif- 56 tungsgeschäft nichtig, erhält die Stiftung allerdings nicht das Stiftungsvermögen bzw. muss es wieder herausgeben, und ihr Schicksal bestimmt sich nach § 87 BGB.[104]

Die **Rechtsfähigkeit** sogenannter **alter Stiftungen** aus der Zeit vor dem BGB be- 57 stimmt sich nach Art. 163 EGBGB. Rechtsfähige **Stiftungen aus dem Beitrittsgebiet** (Art. 3 EinigV) bestehen gemäß Art. 231 § 3 Abs. 1 EGBGB fort.[105]

II. Gründung von Todes wegen[106]

Der Stifter kann sich anstelle der Gründung unter Lebenden auch für eine Gründung von 58 Todes wegen in einem Testament oder Erbvertrag durch **letztwillige Verfügung** (insbesondere Erbeinsetzung, Vermächtnis, Auflage) entscheiden; **§ 84 BGB** hilft darüber hinweg, dass die Stiftung beim Tod des Stifters noch nicht entstanden ist. **Stellvertretung** ist hier gemäß §§ 2064, 2065 BGB anders als bei der Gründung unter Lebenden **nicht möglich**. Die **Formvorschriften** des Erbrechts (§§ 2231 ff., 2247 BGB) sind auf Stiftungsgeschäft und Satzung anzuwenden.[107] Das bedeutet vor allem, dass grundsätzlich die vollständige Satzung handschriftlich verfasst bzw. beurkundet werden muss, soweit fehlende Angaben nicht nach § 83 S. 2 BGB durch die Stiftungsbehörde oder einen Testamentsvollstrecker ergänzt werden können (zu Letzterem s. sogleich). Ein **Betreuer** kann ein Stiftungsgeschäft von Todes wegen vornehmen, sofern er testierfähig ist.[108]

Genügt das Stiftungsgeschäft nicht den Erfordernissen des § 81 Abs. 1 S. 3 BGB, gibt 59 die zuständige Behörde der Stiftung gemäß **§ 83 S. 2 BGB** vor der Anerkennung eine Satzung oder ergänzt eine unvollständige Satzung. Allerdings kann die Behörde weder den Stiftungszweck noch die zwingend erforderliche[109] Vermögenszuwendung durch Erbeinsetzung oder Vermächtnis selbst vornehmen. Fehlt es an diesen Angaben, ist die entsprechende letztwillige Verfügung unwirksam.[110] Der Stifter kann dies – anders als andere Ergänzungen von Stiftungsgeschäft und Satzung – auch weder dem Beschwerten noch einem Dritten (auch keinem Testamentsvollstrecker) überlassen, da er die Mittel-Zweck-Relation selbst festlegen muss, damit ein Stiftungsgeschäft überhaupt wirksam vorliegt.[111] Ratsam ist gleichwohl, eine **Abwicklungsvollstreckung** vorzusehen, damit der Testamentsvollstrecker den Nachlass in Besitz nehmen und das Anerkennungsverfahren betreiben kann.[112]

---

[99] Anders aber im Erbschaftsteuerrecht wegen §§ 3 Abs. 2 Nr. 1, 9 Abs. 1 Nr. 1 Hs. 2 lit. c Hs. 1 ErbStG. Hierzu auch Staudinger/*Hüttemann*/*Rawert* BGB § 84 Rn. 13 ff.

[100] Staudinger/*Hüttemann*/*Rawert* BGB § 81 Rn. 5.

[101] Staudinger/*Hüttemann*/*Rawert* BGB § 84 Rn. 7.

[102] Staudinger/*Hüttemann*/*Rawert* BGB § 85 Rn. 38 ff.

[103] Staudinger/*Hüttemann*/*Rawert* BGB § 80 Rn. 6.

[104] MüKoBGB/*Weitemeyer* BGB § 80 Rn. 69.

[105] Staudinger/*Hüttemann*/*Rawert* BGB § 80 Rn. 9.

[106] Muster für ein Stiftungsgeschäfte von Todes wegen zB bei Staudinger/*Hüttemann*/*Rawert* BGB Anh. zu §§ 80 ff. Rn. 2.

[107] Staudinger/*Hüttemann*/*Rawert* BGB § 83 Rn. 2; aA OLG Stuttgart ZEV 2010, 200.

[108] Staudinger/*Hüttemann*/*Rawert* BGB § 81 Rn. 6.

[109] Staudinger/*Hüttemann*/*Rawert* BGB § 83 Rn. 5.

[110] OLG Celle Beschl. v. 10.4.2017 – 6 W 36/17, BeckRS 2017, 107072 (vgl. auch NJW-Spezial 2017, 360); Staudinger/*Hüttemann*/*Rawert* BGB § 83 Rn. 2, 29.

[111] Staudinger/*Hüttemann*/*Rawert* BGB § 83 Rn. 13, 18.

[112] So auch Staudinger/*Hüttemann*/*Rawert* BGB § 83 Rn. 27 f.

60 Anders als bei der Gründung unter Lebenden bedarf es bei der Gründung von Todes wegen **keines Antrags auf Anerkennung,** da das Nachlassgericht der zuständigen Stiftungsbehörde eine Mitteilung machen muss (§ 83 S. 1 BGB). Allerdings steht es dem Erben oder Testamentsvollstrecker frei, dennoch die Anerkennung zu beantragen. Das
Nachlassgericht kann gemäß § 1960 BGB zur Sicherung des Nachlasses einen Nachlasspfleger bestellen, der ebenfalls die Anerkennung beantragen muss.

61   Hat der Stifter die **Stiftung** nur **als Vorerbin** eingesetzt, ist sie nur dann anerkennungsfähig, wenn sie bis zum Eintritt des Nacherbfalls voraussichtlich ihren Stiftungszweck erfüllen kann. Das kommt aber nur bei zeitlich begrenzten Stiftungszwecken oder
von vornherein bei einer auf Zeit errichteten Stiftung[113] in Betracht. Soll die Stiftung
Nacherbin (bzw. Nachvermächtnisnehmerin) oder **Ersatzerbin** (bzw. Ersatzvermächt-
nisnehmerin) sein, kann die zuständige Behörde sie vor Eintritt des Nacherbfalls bzw. Er-
satzerbfalls grundsätzlich nur bei einer nicht befreiten Vorerbschaft anerkennen.[114] Eine
Dauertestamentsvollstreckung über das Stiftungsvermögen ist mit einer im Vordringen befindlichen Auffassung nicht zulässig.[115]

62   Die **Widerruflichkeit** des Stiftungsgeschäfts von Todes wegen richtet sich nach allgemeinen erbrechtlichen Grundsätzen wie bei jeder letztwilligen Verfügung. Insbesondere
können die Erben das Stiftungsgeschäft nicht widerrufen.[116]

C. Veränderungen im Vorstand

I. Gesetzliche Regelung

63 Gesetzlich ist die **Stiftungsverfassung** spärlich geregelt (s. auch → Rn. 27 ff.). Gemäß
§ 85 BGB wird sie durch das Stiftungsgeschäft bestimmt. § 81 BGB schreibt bestimmte
Minimalregelungen vor, welche eine Stiftungssatzung enthalten muss. Dazu zählen gemäß
§ 81 Abs. 1 S. 3 Nr. 5 BGB Regelungen über die Bildung des Vorstands der Stiftung. Hinsichtlich weiterer Regelungen verweist § 86 BGB auf die Bestimmungen des Vereinsrechts.
Von der Verweisung sind aber die Bestimmungen über die **Bestellung** des Vorstandes und
und den Widerruf der Bestellung in § 27 Abs. 1 und Abs. 2 BGB ausgenommen. Sie sind
damit der Gestaltung des Stifters überlassen. Das gilt für die Art und Weise der Bestellung,
die Anordnung von Amtszeiten und den Widerruf der Bestellung.[117] Es gilt weiter für die
Frage, ob ein Kontrollorgan vorgesehen wird und welche Befugnisse dieses hat.

64   Mehrere Stiftungsgesetze der Länder sehen vor, dass die Aufsichtsbehörde die Abberufung eines Vorstandsmitglieds und die Berufung eines neuen Mitglieds an seiner Stelle
verlangen kann, wenn das Mitglied sich einer groben Pflichtverletzung schuldig gemacht
hat oder es zu einer ordnungsgemäßen Wahrnehmung seiner der Stiftung gegenüber bestehenden Pflichten nicht in der Lage ist.[118] Diese Gesetze scheinen also davon auszugehen, dass eine **Abberufung aus wichtigem Grunde** generell und somit auch dann
möglich ist, wenn sie in der Satzung nicht geregelt ist. Das entspricht auch einer in der
Rechtsprechung und vielfach im Schrifttum vertretenen Auffassung.[119] Nach dem Inhalt
anderer Stiftungsgesetze ist die Aufsichtsbehörde selbst berechtigt, Organmitglieder aus
wichtigem Grund, insbesondere wegen grober Pflichtverletzung oder Unfähigkeit zur

---

[113] Zur umstrittenen Zulässigkeit einer „Stiftung auf Zeit" → Rn. 26.
[114] Staudinger/*Hüttemann*/*Rawert* BGB § 83 Rn. 10 ff.
[115] Staudinger/*Hüttemann*/*Rawert* BGB § 83 Rn. 19 ff. mwN.
[116] Staudinger/*Hüttemann*/*Rawert* BGB § 83 Rn. 23 f.
[117] Palandt/*Ellenberger* BGB § 86 Rn. 1 aE.
[118] So beispielsweise § 9 Abs. 1 StiftG NRW; § 13 BayStG; § 14 StiftG Nds.
[119] OLG Hamm Teilurt. v. 8.5.2017 – 8 U 86/16, BeckRS 2017, 113328 Rn. 34; *Saenger* ZSt 2003, 24
    (26); *Walz* FS Ansay 2006, 497 (513 f.); *Burgard* Gestaltungsfreiheit S. 401 f.; MHdB GesR V/*Lüke* § 92
    Rn. 27; v. Campenhausen/Richter/*Hof* StiftungsR-HdB § 8 Rn. 180; offenbar auch MüKoBGB/*Weite-
    meyer* BGB § 86 Rn. 9; vorsichtiger: Staudinger/*Hüttemann*/*Rawert* BGB § 86 Rn. 4 (Antrag auf Aner-
    kennung der Stiftung ist zurückzuweisen, wenn die Satzung keine Regelung über Bestellung und Abbe-
    rufung enthält).

ordnungsgemäßen Geschäftsführung, abzuberufen.[120] Teilweise wird sie auch ermächtigt, anstelle abberufener Mitglieder andere zu bestellen.[121]

II. Umstände, die zu Veränderungen im Vorstand führen

1. Automatisches Ausscheiden eines Vorstandsmitglieds. Das Amt als Vorstandsmit- **65** glied endet ohne weiteres mit dem Tod des Mitglieds oder mit dem Verlust der Geschäftsfähigkeit. Es endet ferner mit dem **Ende der Amtszeit,** falls die Amtszeit zeitlich begrenzt ist. Die Begrenzung kann sich aus der Satzung ergeben. Enthält die Satzung keine Regelung, kann das Bestellungsorgan bei der Bestellung eine Amtszeit bestimmen.[122] Häufig sehen Satzungen allerdings auch bei Festlegung einer Amtszeit vor, dass das Amt über das Ende der Amtszeit bis zur Wahl eines Nachfolgers fortbesteht. Das ist zulässig.[123] Dann endet das Amt mit dem Eintritt dieses Ereignisses. Nicht selten ist die Amtszeit auch nicht zeitlich begrenzt und das Vorstandsmitglied wird auf unbestimmte Zeit oder bis zur Erreichung einer bestimmten Altersgrenze oder sogar auf Lebenszeit bestellt.[124] Letztere Regelung trifft man nicht selten an, wenn der Stifter selbst Mitglied des Vorstandes sein will. Auch er verliert sein Amt jedoch, wenn er dauerhaft geschäftsunfähig wird oder sein Amt niederlegt. Regelungen, die für Vorstandsmitglieder bestimmt sind, die später aufgrund einer Bestimmung in der Satzung bestellt werden, gelten nicht notwendig auch für Vorstandsmitglieder, die der Stifter selbst im Gründungsgeschäft bestellt hat.[125] Die Satzung sollte ausdrücklich differenzieren, falls der Stifter hier unterscheiden möchte.

Schließlich endet das Amt eines Vorstandsmitglieds, das dieses als Träger einer be- **66** stimmten Funktion bekleidet (zB als Rektor einer Universität, als Präsident der Industrie- und Handelskammer oder als Oberbürgermeister einer Stadt) mit Verlust des Amtes, kraft dessen es als Vorstandsmitglied berufen ist.[126]

2. Ausscheiden durch Niederlegung des Amtes. Das Amt als Vorstandsmitglied endet **67** außerdem, wenn das Vorstandsmitglied sein Amt niederlegt. Die Frage ist allerdings, ob die Niederlegung jederzeit möglich ist und wem gegenüber sie zu erfolgen hat.

Im Vereinsrecht[127] und im Gesellschaftsrecht[128] wird die **jederzeitige Amtsniederle- 68 gung** von der ganz hM für zulässig angesehen. Der BGH hat die Aufgabe seiner früheren Rechtsprechung, wonach die Amtsniederlegung nur zulässig war, wenn zumindest das Vorliegen eines wichtigen Grundes behauptet wurde, mit dem Erfordernis der Rechtssicherheit begründet.[129] Ob eine Niederlegungserklärung aus wichtigem Grund wirksam sei, berge zu viele Unsicherheiten. Offen gelassen hat das Gericht, ob die Amtsniederlegungserklärung ausnahmsweise rechtsmissbräuchlich und damit unwirksam sein könne, beispielsweise wenn sie zur Unzeit erfolge. Das wird im Schrifttum allgemein angenommen.[130] Offen gelassen hat der BGH weiter, ob die Amtsniederlegung ohne Begründung auch dann wirksam ist, wenn nach der Satzung die Abberufung des Geschäftsführers (Vorstandsmitglieds) nur aus wichtigem Grund erfolgen kann. Im Ergebnis wird man aber

---

[120] So beispielsweise § 12 StiftG BW; § 6 Abs. 3 StiftG Hmb; § 15 Abs. 1 StiftG Hess.
[121] So § 15 Abs. 1 StiftG Hess; § 14 Abs. 2 StiftG Saarl; vgl. auch § 7 Abs. 2 StiftG MV.
[122] MHdB GesR V/*Lüke* § 92 Rn. 23.
[123] MHdB GesR V/*Lüke* § 92 Rn. 25.
[124] MHdB GesR V/*Lüke* § 92 Rn. 23; aA für das Vereinsrecht MüKoBGB/*Arnold* BGB § 27 Rn. 22.
[125] OLG Hamm NZG 2014, 271.
[126] Vgl. RG JW 1915, 1194 f.; BGH LM § 85 Nr. 2.
[127] *Sauter/Schweyer/Waldner,* Der eingetragene Verein, 20. Aufl. 2016, Rn. 274.
[128] BGHZ 121, 257 = MittRhNotK 1993, 125 mAnm *Goette* DStR 1993, 485; *Hüffer/Koch* AktG § 84 Rn. 44 ff.; MüKoGmbHG/*Stephan/Tieves* GmbHG § 38 Rn. 53.
[129] BGH MittRhNotK 1993, 125.
[130] ZB OLG Düsseldorf RNotZ 2001, 236; *Hüffer/Koch* AktG § 84 Rn. 44 ff.; MüKoGmbHG/*Stephan/Tieves* GmbHG § 38 Rn. 53; ebenso für die Stiftung *Lunk/Rawert* Non Profit Law Yearbook 2001, 91 (102); MHdB GesR V/*Lüke* § 92 Rn. 39.

diesen Fall nicht anders behandeln dürfen.[131] Der Gesichtspunkt der Rechtssicherheit erfordert auch hier, dass die Niederlegungserklärung ohne Angabe eines Grundes wirksam ist. Besteht mit dem Vorstandsmitglied ein Anstellungsverhältnis, kann die grundlose Niederlegung – insbesondere wenn sie zur Unzeit erfolgt – zu **Schadenersatzansprüchen der Stiftung** führen.[132]

69   Im Stiftungsrecht wird für die Amtsniederlegung teilweise eine Grundlage in der Satzung verlangt,[133] teilweise wird sie an die Kündigung des Anstellungsverhältnisses gekoppelt.[134] Überwiegend wird sie dagegen in Anlehnung an die Überlegungen im Gesellschaftsrecht zu Recht ohne Satzungsgrundlage für zulässig erachtet.[135] Die Niederlegung hat **gegenüber dem Bestellungsorgan** zu erfolgen; bei Gesamtvertretungsberechtigung genügt der Zugang bei einem gesamtvertretungsberechtigten Mitglied.[136] Für die Stiftung bedeutet das, dass beim Kooptationsmodell der Zugang bei einem anderen Vorstandsmitglied und bei Bestellung durch ein Aufsichtsorgan, beispielsweise durch ein Kuratorium, der Zugang bei einem Mitglied des Aufsichtsorgans genügt. Hat die Stiftung lediglich einen Vorstand mit nur einem Vorstandsmitglied, kann dieses im Hinblick auf § 181 BGB die Niederlegung nicht sich selbst gegenüber erklären; es muss zunächst die Bestellung eines **Notvorstands** veranlassen, demgegenüber dann die Niederlegung erfolgen kann.[137] Die Satzung kann Form, Frist und Adressat der Erklärung regeln.[138] Sie kann die Niederlegung auch an das Vorliegen eines wichtigen Grundes binden.[139] Zu empfehlen ist letzteres aus den im vorangehenden Absatz genannten Gründen aber nicht.

70   Als **einseitige Gestaltungserklärung** kann die Amtsniederlegungserklärung nach hM im Gesellschaftsrecht nicht unter einer aufschiebenden Bedingung abgegeben werden, also auch nicht unter derjenigen, dass ein Nachfolger wirksam bestellt worden ist.[140] Das gilt für die Stiftung gleichermaßen.

71   **3. Abberufung des Vorstandsmitglieds (Widerruf der Bestellung). a) Allgemeines.**
Die Ausgestaltung des Abberufungsrechts ist grundsätzlich Sache des Stifters bei Abfassung der Satzung. Enthält die Satzung keine Regelung, ist eine **Abberufung aus wichtigem Grunde** stets zulässig.[141] Dagegen ist nach hM im Schrifttum ohne Regelung in der Satzung die Abberufung eines Vorstandsmitglieds aus einem Grunde unterhalb der Bedeutung eines wichtigen Grundes nicht möglich.[142] Die Satzung soll den wichtigen Grund ausgestalten können. Dabei soll jeder sachliche Grund einen Abberufungsgrund darstellen können (dazu → Rn. 79 f.). Eine **Abberufung nach freiem Ermessen** soll dagegen nach hM im Schrifttum auch in der Satzung nicht wirksam geregelt werden können. Man wird aber davon ausgehen müssen, dass eine vollständige Abbedingung der Abberufung aus wichtigem Grund durch die Satzung ebenfalls nicht zulässig ist.[143]

---

[131] *Lunk/Rawert* Non Profit Law Yearbook 2001, 91 (102 Fn. 58); aA für die GmbH zB MüKoGmbHG/ *Stephan/Tieves* GmbHG § 38 Rn. 56.
[132] MHdB GesR V/*Lüke* § 92 Rn. 39; MüKoBGB/*Weitemeyer* BGB § 86 Rn. 11.
[133] *Werner/Saenger* Stiftung Rn. 437.
[134] V. Campenhausen/Richter/*Hof* StiftungsR-HdB § 8 Rn. 177.
[135] *Lunk/Rawert* Non Profit Law Yearbook 2001, 91 (102); MHdB GesR V/*Lüke* § 92 Rn. 37 ff.; MüKoBGB/*Weitemeyer* BGB § 86 Rn. 11; Staudinger/*Hüttemann/Rawert* BGB § 86 Rn. 10.
[136] So für die GmbH BGHZ 149, 28 = DNotZ 2002, 302.
[137] MHdB GesR V/*Lüke* § 92 Rn. 38; MüKoBGB/*Weitemeyer* BGB § 86 Rn. 11; v. Campenhausen/Richter/*Hof* StiftungsR-HdB § 8 Rn. 177; Staudinger/*Hüttemann/Rawert* BGB § 86 Rn. 10.
[138] So für die Niederlegung durch ein Aufsichtsratsmitglied einer Aktiengesellschaft *Hüffer/Koch* AktG § 103 Rn. 17.
[139] So für die GmbH *Wachter* GmbHR 2001, 1131; MüKoGmbHG/*Stephan/Tieves* GmbHG § 38 Rn. 56; *Scholz/Schneider* GmbHG § 38 Rn. 89.
[140] *Hüffer/Koch* AktG § 103 Rn. 18; MüKoAktG/*Habersack* AktG § 103 Rn. 61; aA *Rieckers/Leyendecker-Langner* NZG 2013, 167 (170).
[141] MHdB GesR V/*Lüke* § 92 Rn. 27; *Sieger/Bank* NZG 2010, 641 (642).
[142] Vgl. *Cranshaw/Hippeli* ZIP 2018, 668 (675 f.).
[143] *Burgard* Gestaltungsfreiheit S. 401 f.; *Saenger* ZSt 2003, 24 (25); v. Campenhausen/Richter/*Hof* StiftungsR-HdB § 8 Rn. 180.

b) Abberufungsrecht aus wichtigem Grund. Wichtige Gründe, die eine **Abberu-** 72
fung unabhängig davon **rechtfertigen,** ob die Satzung eine entsprechende Regelung
enthält und die dann auch **zu einer Abberufung verpflichten**[144], sind zunächst die
Gründe, die nach den Landesstiftungsgesetzen der Aufsichtsbehörde ein Recht geben, die
Abberufung zu verlangen oder selbst vorzunehmen. Das ist der Fall, wenn sich ein Mitglied des Stiftungsvorstands einer groben Pflichtverletzung schuldig gemacht hat oder es
zur ordnungsgemäßen Wahrnehmung seiner der Stiftung gegenüber bestehenden Pflichten nicht in der Lage ist.[145]

Diese Gründe entsprechen denjenigen, aus denen gemäß § 84 Abs. 3 AktG die Abbe- 73
rufung eines Vorstandsmitglieds einer Aktiengesellschaft zulässig ist. Zur Auslegung wird
man deshalb die im Aktienrecht entwickelten Überlegungen heranziehen können. Als
grobe Pflichtverletzung werden dort beispielsweise die Teilnahme an unehrenhaften
oder riskanten Geschäften, die kategorische Weigerung sich ohne erkennbare sachliche
Gründe Regeln zu unterwerfen, die auf freiwilliger Grundlage eine weithin akzeptierte
Rechtsüberzeugung wie beispielsweise die Sorgfalt eines ordentlichen und gewissenhaften
Geschäftsleiters kodifizieren, die Beteiligung an strafbaren Handlungen auch im privaten
Bereich, eine hohe Verschuldung des Vorstandsmitglieds, Bestechlichkeit, Schädigung des
Ansehens der Stiftung durch außerdienstliches Verhalten, Ausnutzung der Stellung für
persönliche Vorteile oder ein privates Geschäft, selbst wenn dadurch das Interesse der Stif-
tung nicht beeinträchtigt wird, Aneignung von Stiftungsvermögen, Fälschung von Bele-
gen, Manipulationen der Rechnungslegung, Übergriffe in den Kompetenzbereich anderer
Vorstandsmitglieder, Verletzung der Pflichten gegenüber anderen Organen, insbesondere
Aufsichtsorganen, erhebliche Verstöße gegen die Kompetenzordnung der Stiftung sowie
Verletzung gesetzlicher oder satzungsmäßiger Berichtspflichten.[146]

Unfähigkeit zur Aufgabenwahrnehmung wird beispielsweise bei langdauernder 74
Krankheit oder bei Wegfall von in der Satzung verlangten persönlichen Eigenschaften angenommen,[147] aber auch bei unheilbarer Verfeindung von Vorstandsmitgliedern untereinander. Dabei soll nicht unbedingt der Schuldige abberufen werden müssen, die Gesell-
schaft/Stiftung soll sich auch für den Fähigeren entscheiden können.[148] Androhung und
Erhebung einer Klage gegen die Stiftung durch das Vorstandsmitglied soll nur dann einen
wichtigen Grund darstellen, wenn die Klage unvertretbar oder rechtsmissbräuchlich erscheint, weil jedermann seine Rechte geltend machen können muss.[149]

Im Aktienrecht stellt es einen zur Abberufung berechtigenden wichtigen Grund dar, 75
wenn die Hauptversammlung der Aktiengesellschaft dem Vorstandsmitglied das Vertrauen
entzogen hat, es sei denn, das sei aus offenbar unsachlichen Gründen geschehen. Im Stiftungsrecht ist dagegen umstritten, ob **„Vertrauensentzug"** ein wichtiger Grund für die
Abberufung eines Vorstandsmitglieds ist.[150] Das Aktiengesetz macht die Abberufung vom
Entzug des Vertrauens durch die Hauptversammlung, also die Kapitaleigner, abhängig.[151]
Davon unterscheidet sich der Vertrauensentzug durch das Abberufungsorgan selbst erheblich. Denn der Vertrauensentzug kann auch ohne Vorliegen eines wichtigen Grundes willkürlich erfolgen. Aus diesem Grunde fordert das Aktiengesetz von dem Bestellungsorgan
zu prüfen, ob der Vertrauensentzug aus offenbar unsachlichen Gründen geschehen ist. Es
spricht viel dafür, dass bei der mitgliederlosen Stiftung der Vertrauensentzug durch das
Bestellungsorgan allein keinen wichtigen Grund darstellt. Einen wichtigen Grund für eine

---

[144] MHdB GesR V/*Lüke* § 92 Rn. 32.

[145] Vgl. zB § 9 Abs. 1 StiftG NRW.

[146] Zu diesen und weiteren Beispielen etwa MüKoAktG/*Spindler* AktG § 84 Rn. 131 mwN.

[147] MüKoAktG/*Spindler* AktG § 84 Rn. 132 mwN und weiteren Beispielen.

[148] Vgl. BGH DStR 1998, 1398 – allerdings zum wichtigen Grund, der zur Kündigung berechtigt.

[149] MüKoAktG/*Spindler* AktG § 84 Rn. 132 mwN.

[150] Dafür, dass „Vertrauensentzug" bei einem schweren Zerwürfnis ein wichtiger Grund ist: *Burgard* Gestaltungsfreiheit S. 403; *Saenger* ZSt 2003, 26; *Sieger/Bank* NZG 2010, 641 (642); aA v. Campenhausen/
Richter/*Hof* StiftungsR-HdB § 8 Rn. 180 Fn. 318.

[151] Abwägend *Saenger* ZSt 2003, 26.

Abberufung wird man dagegen annehmen müssen, wenn die Stiftungsaufsicht einem Vorstandsmitglied das Vertrauen entzieht.[152]

76 **c) Freies Abberufungsrecht.** Für den Rechtsgestalter von Bedeutung ist, ob bei Fehlen einer Regelung in der Satzung ein freies Abberufungsrecht besteht oder sich ein solches jedenfalls in der Satzung regeln lässt. Daraus, dass § 27 Abs. 2 BGB von der allgemeinen Verweisung in § 86 BGB ausgenommen ist, wird im Schrifttum überwiegend geschlossen, die Vorstandsbestellung sei nicht frei widerruflich und eine freie Abberufbarkeit könne durch die Stiftungssatzung auch nicht geregelt werden.[153] Der BGH hat dagegen die fehlende Verweisung auf § 27 Abs. 2 BGB so ausgelegt, dass die Gründer der Stiftung weitgehende Freiheit hätten zu regeln, ob und unter welchen Voraussetzungen und durch wen der Stiftungsvorstand abberufen werden könne.[154] An anderer Stelle stellt er fest, die Stiftungsverfassung hätte dem Kreationsorgan das Abberufungsrecht ohne Einschränkung gewähren können.[155]

77 Den Gesetzesmaterialien lässt sich kein Hinweis darauf entnehmen, dass durch die fehlende Verweisung ein freies Abberufungsrecht ausgeschlossen werden sollte.[156] Es lässt sich deshalb nicht ausschließen, dass es lediglich auf einem Redaktionsversehen beruht, dass § 27 Abs. 2 BGB in § 86 BGB nicht zitiert ist. Die Zulässigkeit eines freien Abberufungsrechts – gleich ob aufgrund Gesetzes oder Regelung in der Satzung – wird aber auch aus anderen Gründen abgelehnt. So wird argumentiert, ein solches Recht liefe auf eine unzulässige körperschaftliche Ausgestaltung der Binnenorganisation der Stiftung hinaus.[157] Im Gegensatz zur Mitgliederversammlung des Vereins oder der Gesellschafterversammlung einer GmbH sei das Kreationsorgan der Stiftung nicht Träger von Autonomie, sondern an das durch den im Stiftungsgeschäft verobjektivierten Willen des Stifters bestimmte Wohl der Stiftung gebunden. Damit sei ein freies Abberufungsrecht nicht verträglich.[158] Andere führen gegen ein freies Abberufungsrecht an, dass das Abberufungsrecht zwingend fremdnützig sei[159] oder befürchten, dass durch ein solches Abberufungsrecht eine Fremdsteuerung der Stiftung drohe.[160] Diesen Argumenten liegt wohl der Gedanke zu Grunde, dass die Stiftung auch gegen ihre Organe geschützt werden muss, weil ihr ein kontrollie-

---

[152] Dazu *Burgard* Gestaltungsfreiheit S. 403.

[153] *Lunk/Rawert* Non Profit Law Yearbook 2001, 91 (98); MHdB GesR V/*Lüke* § 92 Rn. 27; v. Campenhausen/Richter/*Hof* StiftungsR-HdB § 8 Rn. 183; MüKoBGB/*Weitemeyer* BGB § 86 Rn. 8; aA *Burgard* Gestaltungsfreiheit S. 403 Fn. 68.

[154] BGH LM § 85 Nr. 2 (II. 2. b aE).

[155] BGH LM § 85 Nr. 2 (II. 2. c vierter UAbs.) – so versteht auch *Burgard* Gestaltungsfreiheit S. 403 Fn. 68 den BGH; anders versteht ihn dagegen MHdB GesR V/*Lüke* § 92 Rn. 27; die Möglichkeit eines freien Widerrufsrecht offengelassen hat kürzlich das OLG Hamm Teilurt. v. 8. 5. 2017 – 8 U 86/16, BeckRS 2017, 113328 Rn. 35.

[156] Der Kommissionsentwurf enthielt in § 44 Abs. 3 nur die Regelung, die heute in § 27 Abs. 1 steht, dass die Bestellung des Vorstands durch Beschluss der Mitglieder erfolgt. Von einer Regelung der Widerruflichkeit der Bestellung war ausdrücklich abgesehen worden (Mugdan I S. 419). In § 61 des Kommissionsentwurfs war § 44 Abs. 3 von der Verweisung ausgenommen. Im Verlaufe der Beratungen wurde die Regelung zum Vereinsrecht in § 44 Abs. 3 unter anderem dahin ergänzt, dass die Bestellung des Vorstandes jederzeit widerruflich ist (Mugdan I S. 610, 611). Bei der späteren Erörterung des § 61 wurde lediglich geprüft, ob die in § 61 zitierten Bestimmungen zur entsprechenden Anwendung auf privatrechtliche Stiftungen geeignet seien. Nicht geprüft wurde erneut, ob die nicht zitierten Bestimmungen, insbesondere § 44 Abs. 3, der nunmehr auch die Widerruflichkeit der Vorstandsbestellung beinhaltete, möglicherweise doch auf die Stiftung anwendbar seien (Mugdan I S. 666 ff.). Es findet sich in den Motiven kein Hinweis darauf, dass die Widerruflichkeit der Vorstandsbestellung für Stiftungen ausgeschlossen werden sollte (vgl. zB Mugdan I S. 831, 962).

[157] *Lunk/Rawert* Non Profit Law Yearbook 2001, 91 (98); MHdB GesR V/*Lüke* § 92 Rn. 27; v. Campenhausen/Richter/*Hof* StiftungsR-HdB § 8 Rn. 183; MüKoBGB/*Weitemeyer* BGB § 86 Rn. 8; Staudinger/*Hüttemann/Rawert* BGB § 86 Rn. 9; aA *Burgard* Gestaltungsfreiheit S. 403 Fn. 68.

[158] MüKoBGB/*Weitemeyer* BGB § 86 Rn. 8.

[159] *Burgard* Gestaltungsfreiheit S. 404.

[160] V. Campenhausen/Richter/*Hof* StiftungsR-HdB § 8 Rn. 179.

render Kapitaleigner fehlt.[161] Das betrifft Grundfragen der Stiftung und ihrer Organisation.[162] Aus Sicht des Praktikers ist zu bedenken, dass es auch in einer Stiftung Gründe geben kann, sich von Organmitgliedern zu lösen, die sich zwar weder eine Pflichtverletzung haben zu Schulden kommen lassen noch zur ordnungsgemäßen Wahrnehmung ihrer Pflichten nicht in der Lage sind, die aber die Ziele der Stiftung nicht mit ausreichendem Nachdruck verfolgen und von denen sich Gesellschafter einer Gesellschaft deshalb trennen würden. Soll ein Aufsichtsgremium einer Stiftung in einem solchen Fall tatsächlich gezwungen sein, einen Abberufungsgrund darzulegen und darüber erforderlichenfalls vor Gericht zu streiten? Dem Wohl der Stiftung wäre das kaum zuträglich.

Der Rechtsgestalter muss aber bis auf weiteres davon ausgehen, dass ein freies Abbe-   78
rufungsrecht nicht kraft Gesetzes besteht und sich auch nicht rechtssicher gestalten lässt. Wenn der Stifter sicherstellen möchte, dass das Bestellungsorgan sich von einem Vorstandsmitglied trennen kann, auch ohne vorher einen wichtigen oder zumindest sachlichen Grund darzulegen und nachzuweisen, muss er dafür sorgen, dass die **Satzung entweder feste Amtszeiten vorsieht oder** im Bestellungsbeschluss eine **Bestellung** des Vorstandsmitglieds von vornherein **nur für eine befristete Zeit** erfolgt. Auch, wenn keine festen Amtszeiten in der Satzung bestimmt sind, kann die Bestellung befristet vorgenommen werden, es sei denn die Satzung schließt dies ausdrücklich aus.[163] Bei einer Bestellung für eine feste Amtszeit oder bei befristeter Bestellung endet das Amt mit dem Ende der Amtszeit ohne weiteres. Damit hat das Bestellungsorgan die Möglichkeit, sich nach Ablauf der Amtszeit von dem Vorstandsmitglied zu trennen, ohne dafür Gründe angeben und nachweisen zu müssen (und gegebenenfalls auch ohne eine Abfindung leisten zu müssen). So wird beispielsweise im Aktienrecht der Sinn der im Gesetz vorgesehenen festen Amtszeiten gerade darin gesehen, dass das Bestellungsorgan alle fünf Jahre gezwungen sein soll, sich in einer verantwortlichen Beratung darüber schlüssig zu werden, ob ein Vorstandsmitglied im Amt bleiben soll.[164] Das ist auch bei der Stiftung sinnvoll.

d) Abberufungsrecht aus Gründen unterhalb des wichtigen Grundes. Sieht die   79
Satzung keine bestimmte Amtszeit vor und erfolgt die Abberufung nicht befristet, sondern auf unbestimmte Zeit, muss davon ausgegangen werden, dass bei Fehlen einer Satzungsregelung eine Abberufung wie im Aktienrecht gemäß § 84 Abs. 3 AktG nur bei Vorliegen und gegebenenfalls Nachweis eines wichtigen Grundes zulässig ist.[165] Es spricht demgegenüber viel dafür, dass – jedenfalls bei Bestellung auf unbestimmte Zeit – auch bei Fehlen einer Satzungsregelung bereits ein sachlicher Grund zur Abberufung berechtigt.[166] Nach überwiegender Auffassung soll dagegen eine **Abberufung aus sachlichem Grund** zwar nicht kraft Gesetzes zulässig sein, aber in der Satzung festgelegt werden können. Die Satzung soll auch regeln können, was ein sachlicher Grund ist.[167]

Fraglich ist, ob die Abberufung eines Vorstandsmitglieds aus sachlichem Grund auch   80
zulässig ist, wenn die Bestellung auf eine feste Amtszeit oder gar auf Lebenszeit erfolgt ist. Es macht Sinn, in diesem Fall nur eine Abberufung aus wichtigem Grund zu gestatten.[168]

e) Weitere Fragen. Wer für die Abberufung zuständig ist, kann der Stifter in der Satzung   81
festlegen. Fehlt eine Regelung, ist es das Bestellungsorgan, weil der Widerruf der Bestel-

---

[161] K. Schmidt GesR § 7 II 2. (S. 177).
[162] Vgl. dazu BGH NJW 1977, 1148; OVG Lüneburg NJW 1985, 1572.
[163] MHdB GesR V/Lüke § 92 Rn. 23.
[164] BGH NZG 2012, 1027 Rn. 27.
[165] OLG Hamm Teilurt. v. 8.5.2017 – 8 U 86/16, BeckRS 2017, 113328 Rn. 63.
[166] Staudinger/Hüttemann/Rawert BGB § 81 Rn. 65.
[167] OLG Hamm Teilurt. v. 8.5.2017 – 8 U 86/16, BeckRS 2017, 113328 Rn. 64; zweifelnd v. Campenhausen/Richter/Hof StiftungsR-HdB § 8 Rn. 183.
[168] Burgard Gestaltungsfreiheit S. 402; Staudinger/Hüttemann/Rawert BGB § 81 Rn. 65.

lung **actus contrarius** zur Bestellung ist.[169] Ist die Bestellung durch ein Organ erfolgt, das ausschließlich zur Bestellung des ersten Vorstandes zuständig ist, liegt die Zuständigkeit für die Abberufung mangels einer anderen Regelung im Zweifel bei dem für die Folgebestellung zuständigen Organ.[170] Manche halten es für zulässig, dass sich der Stifter ein freies Abberufungsrecht vorbehält. Andere halten dies nicht mit der Autonomie der Stiftung für verträglich.[171] Das Thema verschärft sich, wenn der Stifter eine juristische Person ist, weil dann das Abberufungsrecht des dann im Verhältnis zur Stiftung Außenstehenden perpetuiert wird. Andererseits kann die Satzung einem Dritten ein Recht zur Bestellung des Vorstands vorbehalten. Dann muss ihm auch das Recht zur Abberufung eingeräumt werden können, wenn auch nicht notwendig zur Abberufung nach freiem Ermessen. Man muss die Zulässigkeit einer solchen Satzungsregelung derzeit als fraglich ansehen.

82   Eine andere Frage ist, ob die Abberufung einer vorherigen **Anhörung** oder gar einer vorherigen **Abmahnung** bedarf. Nur vereinzelt wird vertreten, der Grundsatz des rechtlichen Gehörs erfordere es, wie sonst beim Entzug von Rechten dem Betroffenen Gelegenheit zur Stellungnahme zu geben, ihn also anzuhören. Die Satzung sollte in diesem Fall die Gelegenheit zur Stellungnahme aber an eine Frist binden, damit schnell Klarheit erzielt wird, ob die Abberufung erfolgen soll.[172] Die Anhörung hemmt einen etwaigen Fristablauf, wenn sie zur Aufklärung erforderlich ist. Ebenso wird vertreten, dass ein Vorstandsmitglied vor einer verhaltensbedingten Abberufung abgemahnt werden muss.[173] Im Gesellschaftsrecht wird häufig nach der Schwere des Verstoßes differenziert.[174] Der BGH hingegen hat sogar bei der Kündigung des Dienstverhältnisses eines Vorstandsmitglieds eine Abmahnung für entbehrlich gehalten. Dieser Schutzmechanismus für Arbeitnehmer passe für ein Vorstandsmitglied nicht.[175]

83   Die Abberufung wird mit Zugang des Abberufungsbeschlusses bei dem abgerufenen Vorstandsmitglied wirksam. Das gilt aber nicht, wenn der Abberufungsbeschluss nicht wirksam gefasst ist. Im Aktienrecht regelt § 84 Abs. 3 S. 4 AktG, dass die Abberufung so lange als wirksam behandelt werden muss, bis die Unwirksamkeit auf Klage des abgerufenen Vorstandsmitglieds festgestellt ist und schützt auf diese Weise die Handlungsfähigkeit der Gesellschaft. Der BGH hat die entsprechende Anwendung dieser Bestimmung auf die Stiftung abgelehnt.[176] Die wirtschaftliche Betätigung einer AG und möglicherweise auch einer GmbH verlange ständige Klarheit über die Vertretungsverhältnisse. Das sei bei Verein und Stiftung anders. Das mag für kleinere Stiftungen zu treffen. Bei größeren Stiftungen ist die Auffassung problematisch. Es soll aber möglich sein, eine entsprechende Regelung in der Satzung zu treffen.[177]

84   **f) Abberufung durch Aufsichtsbehörde.** Die Stiftungsgesetze der Länder sehen durchweg vor, dass Mitglieder des Stiftungsorgans von der Aufsichtsbehörde abberufen werden können, wenn sie sich einer groben Pflichtverletzung schuldig gemacht oder zur ordnungsgemäßen Geschäftsführung unfähig sind.[178] Ein Teil der Stiftungsgesetze schreibt vor, dass die Behörde vorab ein Abberufungsverlangen an die Stiftung richten muss.[179] Im Schrifttum wird aber davon ausgegangen, dass mit Rücksicht auf die Stiftungsautonomie

---

[169] *Burgard* Gestaltungsfreiheit S. 401; v. Campenhausen/Richter/*Hof* StiftungsR-HdB § 8 Rn. 179; MHdB GesR V/*Lüke* § 92 Rn. 26; Staudinger/*Hüttemann/Rawert* BGB § 81 Rn. 65 und § 86 Rn. 9.
[170] *Burgard* Gestaltungsfreiheit S. 401.
[171] V. Campenhausen/Richter/*Hof* StiftungsR-HdB § 8 Rn. 179, 183.
[172] *Werner/Saenger* Stiftung S. 260.
[173] V. Campenhausen/Richter/*Hof* StiftungsR-HdB § 8 Rn. 179, 186.
[174] LG München AG 2005, 131; MüKoAktG/*Spindler* AktG § 84 Rn. 175.
[175] BGH DStR 2000, 695; MüKoBGB/*Henssler* BGB § 626 Rn. 101.
[176] BGH WM 1977, 168.
[177] *Saenger* ZSt 2012, 97; v. Campenhausen/Richter/*Hof* StiftungsR-HdB § 8 Rn. 184.
[178] Vgl. § 9 StiftG NRW.
[179] Vgl. zB § 9 Abs. 1 StiftG NRW.

generell in diesem Sinne vorgegangen werden muss.[180] Die Stiftung und wohl auch die betroffenen Mitglieder des Stiftungsorgans müssen nach den Verwaltungsverfahrensgesetzen der Länder vor der Abberufung angehört werden.[181] Die Anordnung ist Verwaltungsakt, der den Betroffenen, also der Stiftung und dem betroffenen Organmitglied zugestellt werden muss. Diesen steht der Rechtsweg zu den Verwaltungsgerichten offen. Die Klage hat aufschiebende Wirkung.[182]

Weder die Stiftung noch der Stifter noch Mitglieder der Stiftungsorgane haben einen **85** Anspruch auf Abberufung eines Organmitglieds.[183] Eine Satzungsregelung über die Abberufung und ihre Wirkung kann nicht mit Rücksicht auf die aufsichtsrechtlichen Abberufungsmöglichkeiten unterbleiben.

g) Kündigung eines Dienstverhältnisses. Die Abberufung bewirkt nicht zugleich die **86** Beendigung des der Bestellung zugrunde liegenden Schuldverhältnisses.[184] Nach dem gesetzlichen Leitbild der §§ 86, 27 Abs. 3 BGB sind die Vorstandsmitglieder unentgeltlich tätig. Auf die Geschäftsführung finden die für den Auftrag geltenden Vorschriften in §§ 664–670 BGB Anwendung. Gemäß § 670 BGB hat das Organmitglied somit nur Anspruch auf Aufwendungsersatz. In der Satzung kann jedoch geregelt werden, dass an die Vorstandsmitglieder eine **Vergütung** gezahlt werden soll.[185] Nach der Rechtsprechung, die zum Vereinsrecht ergangen ist, war ohne Satzungsregelung eine Vergütung auch schon vor der Ergänzung des § 27 Abs. 3 BGB durch das Ehrenamtsstärkungsgesetz zum 1.1. 2015 nicht zulässig,[186] während im Schrifttum vertreten wurde, das Bestellungsorgan könne bei Schweigen der Satzung nach pflichtgemäßem Ermessen entscheiden, ob ein Dienstverhältnis abzuschließen ist.[187] Nach der Ergänzung von § 27 Abs. 3 BGB um den Satz, dass die Mitglieder des Vorstandes unentgeltlich tätig sind, wird man das nur schwerlich noch vertreten können. Denn § 86 BGB sagt ausdrücklich, dass die Vorschrift des § 27 Abs. 3 BGB insoweit Anwendung findet, als sich nicht aus der Verfassung ein anderes ergibt. Möglicherweise wird man allerdings für Satzungen, die vor dem 1.1.2015 errichtet worden sind, argumentieren können, dass mit dem Schweigen die Entgeltlichkeit nicht ausgeschlossen ist.[188] Angesichts des Umstandes, dass der BFH die Zahlung einer Vergütung ohne Satzungsgrundlage beim Verein als gemeinnützigkeitsschädlich ansieht,[189] empfiehlt sich eine Regelung in der Satzung zumindest des Inhalts, dass das Kreationsorgan eine Vergütung festlegen kann.

Gibt es dementsprechend einen Dienstvertrag mit dem Vorstandsmitglied, so erlischt **87** dieser auch bei Widerruf der Bestellung nicht automatisch. Vielmehr sind die Organstellung und das Anstellungsverhältnis (Dienstvertrag) strikt voneinander zu trennen.[190] Das Anstellungsverhältnis muss gesondert gekündigt werden. Die dafür geltenden – häufig abweichenden Regelungen – sind zu beachten. Insbesondere hat sich die Frage gestellt, ob der außerordentlichen Kündigung eine Abmahnung vorausgehen muss. Üblicherweise ist das beim Dienstverhältnis so und ist inzwischen in § 314 Abs. 2 BGB auch gesetzlich normiert.[191] Der BGH hat aber für Organmitglieder von Aktiengesellschaften eine Abmah-

---

[180] MHdB GesR V/*Lüke* § 92 Rn. 34.
[181] MHdB GesR V/*Lüke* § 92 Rn. 36.
[182] MHdB GesR V/*Lüke* § 92 Rn. 36.
[183] MHdB GesR V/*Lüke* § 92 Rn. 35.
[184] MHdB GesR V/*Lüke* § 92 Rn. 31.
[185] V. Campenhausen/Richter/*Hof* StiftungsR-HdB § 8 Rn. 159; MüKoBGB/*Weitemeyer* BGB § 86 Rn. 6; Staudinger/*Hüttemann/Rawert* BGB § 86 Rn. 11.
[186] BGH NJW-RR 1988, 745.
[187] *Lunk/Rawert* Non Profit Law Yearbook 2001, 91 (92); Staudinger/*Hüttemann/Rawert* BGB § 86 Rn. 11.
[188] MüKoBGB/*Weitemeyer* BGB § 86 Rn. 7; aA v. Campenhausen/Richter/*Hof* StiftungsR-HdB § 8 Rn. 159.
[189] BFH/NV 2001, 1536; v. Campenhausen/Richter/*Hof* StiftungsR-HdB § 8 Rn. 159.
[190] *Lunk/Rawert* Non Profit Law Yearbook 2001, 91 (97f.); MüKoBGB/*Henssler* BGB § 626 Rn. 29; Staudinger/*Hüttemann/Rawert* BGB § 86 Rn. 11f.
[191] MüKoBGB/*Henssler* BGB § 626 Rn. 89.

nung grundsätzlich für entbehrlich erklärt. Die auf die Besonderheiten des Arbeitsverhältnisses abstellenden Grundsätze der arbeitsrechtlichen Rechtsprechung passten nicht auf die Stellung eines Vertretungsorgans einer Gesellschaft, das Arbeitgeberfunktionen wahrzunehmen habe.[192] Das ist namentlich für eine Kündigung bei leichteren Pflichtverletzungen und die Verdachtskündigung nicht unumstritten.[193] Es könnte sich deshalb empfehlen, vorsorglich von der Notwendigkeit einer Abmahnung auszugehen. Für den Kautelajuristen ist auch die in der Literatur vertretene Auffassung von Bedeutung, das Dienstverhältnis lasse sich unter der auflösenden Bedingung der Abberufung abschließen.[194] Umgekehrt kann auch die Organbestellung auflösend bedingt durch eine Abberufung aus wichtigem Grund erfolgen.[195]

88 **4. Spätere Vorstandsbestellung. a) Mechanismen.** Den ersten Vorstand bestellt der Stifter regelmäßig im Stiftungsgeschäft. Der Mechanismus für spätere Vorstandsbestellung in muss in der Satzung festgelegt werden. Hier gibt es eine Vielzahl von Möglichkeiten. Am gebräuchlichsten sind folgende:

89 – **Festbelegung** so genannter geborener Vorstandsmitglieder, die meistens aufgrund ihrer Funktion in einem anderen Bereich Vorstandsmitglieder sind (Direktor der örtlichen Sparkasse, Rektor der Universität, Bürgermeister einer Gemeinde, der älteste Partner einer Wirtschaftsprüfungsgesellschaft oder Anwaltssozietät etc).[196] Bei solchen Gestaltungen sollte zuvor die Bereitschaft des derzeitigen Amtsinhabers erfragt werden, das Amt zu übernehmen und es sollten Ersatzregelungen vorgesehen werden, weil der Nachfolger des Amtsträgers nicht verpflichtet ist, das Vorstandsamt anzunehmen.[197] Denkbar ist auch die namentliche Benennung von Personen. Häufig kommt dies vor, wenn der Stifter sich selbst oder einen Verwandten zum Vorstand bestellt. Auch insofern sind Ersatzregelung für den Fall vorzusehen, das die benannten Personen wegfallen.

90 – **Bestellung durch außenstehende Dritte,** beispielsweise durch eine oder mehrere der vorgenannten Funktionsträger,[198] aber auch durch den Stifter selbst. Letzteres wirft Fragen auf, die sich besonders zuspitzen, wenn der Stifter keine natürliche, sondern eine juristische Person ist.[199] Denn dadurch könnte ein Außenstehender, der nicht in die Organisation der Stiftung eingefügt und so deren Zweck verpflichtet ist, – und das ist nach Gründung der Stiftung auch der Stifter selbst[200] – uU zeitlich unbegrenzt Einfluss auf die Stiftung nehmen.[201] Man hilft sich in diesen Fällen damit, dass man solche Bestellungsberechtigten für ihre Funktion als Stiftungsorgane behandelt, die ebenso wie andere Stiftungsorgane dem Stiftungszweck verpflichtet sind und bei ihrer Tätigkeit der Stiftungsaufsicht unterliegen. Damit im Einklang verlangt die Stiftungsaufsicht regelmäßig vor Genehmigung einer Satzung, die eine solche Regelung enthält, die Erklärung des Außenstehenden, dass er zur Wahrnehmung der ihm zugedachten Aufgaben bereit ist. Problematisch soll es dagegen sein, der Stiftungsaufsicht das Benennungsrecht zuzuweisen, weil dadurch Aufsicht und Tätigkeit für die Stiftung vermengt werden.[202]

---

[192] BGH DStR 2007, 1640; DStR 2000, 695 mAnm *Goette;* DStR 1998, 1398 mAnm *Goette.*
[193] MüKoBGB/*Henssler* BGB § 626 Rn. 173.
[194] MHdB GesR V/*Lüke* § 92 Rn. 52; MüKoBGB/*Henssler* BGB § 626 Rn. 31.
[195] MüKoBGB/*Henssler* BGB § 626 Rn. 30.
[196] MHdB GesR V/*Lüke* § 92 Rn. 6.
[197] *Werner/Saenger* Stiftung S. 239; MHdB GesR V/*Lüke* § 92 Rn. 6.
[198] Vgl. den Sachverhalt in WM 1977, 168.
[199] So beispielsweise in der Satzung der Deutsche Telekom Stiftung.
[200] Staudinger/*Hüttemann/Rawert* BGB § 86 Rn. 8.
[201] *Lunk/Rawert* Non Profit Law Yearbook 2001, 91 (96 f.); MHdB GesR V/*Lüke* § 92 Rn. 8; MüKoBGB/ *Weitemeyer* BGB § 86 Rn. 5; v. Campenhausen/Richter/*Hof* StiftungsR-HdB § 8 Rn. 130 ff.
[202] V. Campenhausen/Richter/*Hof* StiftungsR-HdB § 8 Rn. 134.

– **Kooptation** (Selbstergänzung) durch die anderen Vorstandsmitglieder.[203] Beim Aus- 91
scheiden eines Mitglieds wählen die anderen Mitglieder des Stiftungsvorstands ein Mitglied hinzu. Denkbar ist auch (dabei befindet man sich allerdings eher in der Regelung,
die im vorangehenden Absatz beschrieben wurde), dass das ausscheidende Mitglied den
Nachfolger bestimmt. Eine solche Regelung führt allerdings in den Fällen nicht weiter,
in den das Mitglied zB durch Tod oder Geschäftsunfähigkeit ausscheidet und damit
nicht in der Lage ist, einen Nachfolger zu bestimmen. Dann ist es besser, dem Ausscheidenden ein Vorschlagsrecht einzuräumen und wenn er davon nicht innerhalb einer
Frist Gebrauch macht, die Ergänzung durch Vorstandsbeschluss vornehmen zu lassen.
– Schaffung einer mehrgliedrigen Stiftungsorganisation, in der die Mitglieder des Vor- 92
stands von einem weiteren **Organ,** das meist zugleich das Aufsichtsorgan ist, bestellt
werden. Letzteres ist bei Stiftungen mit mehrgliedriger Organstruktur üblich und wird
in der Praxis häufig favorisiert, weil sie eine unabhängige Prüfung der Qualifikation der
Vorstandsmitglieder sichert, zumal wenn feste Amtszeiten vereinbart sind.[204] Demgegenüber wird darauf hingewiesen, dass ein solches Kreationsorgan eine sehr starke Stellung innehat.[205]
Jede dieser Regelungen hat Vor- und Nachteile. Es sind sich auch Mischformen möglich 93
(ein Teil der Mitglieder des Vorstandes wird auf die eine und ein Teil auf die andere
Weise bestellt).[206] Fehlt jegliche Regelung, soll der Vorstand kooptieren können und müssen.[207] Aber das ist kaum vorstellbar. Die Satzung darf dann gemäß § 81 Abs. 1 S. 3 Nr. 5
BGB nicht genehmigt werden.

b) Qualifikation. Häufig sehen Satzungen überdies vor, dass die Mitglieder des Vorstan- 94
des bestimmten Voraussetzungen genügen müssen, beispielsweise Erfahrungen in einem
bestimmten Bereich oder einen Studienabschluss aufweisen müssen.[208]

c) Wirksamkeit. Die Bestellung ist organisationsrechtlicher Akt. Er bedarf der Annahme 95
durch den Bestellten. Bestellung und **Annahme** sind bedingungsfeindlich. Die im Voraus
erklärte Annahme soll entsprechend § 183 BGB jederzeit widerruflich sein.[209] Auch geborene Organmitglieder müssen ihr Amt annehmen. Erst damit werden sie Mitglied des Organs.[210]
Die Annahme erfolgt gegenüber dem Bestellungsorgan. Hat die Stiftung, die kein be- 96
sonderes Bestellungsorgan hat, nur ein Vorstandsmitglied und ist dieses bereits ausgeschieden oder sind alle Vorstandsmitglieder gleichzeitig ausgeschieden, muss notfalls ein Notvorstand bestellt werden, demgegenüber die Annahme erklärt wird. Das gilt im Hinblick
auf § 181 BGB auch, wenn ein geborenes Mitglied als alleiniges Vorstandsmitglied berufen ist und der Vorgänger bereits ausgeschieden ist.[211]

d) Notbestellung. Ist nach alledem ein Vorstand nicht oder nicht ausreichend besetzt 97
(beispielsweise weil mangels ausreichender verbleibender Mitglieder keine Vertretungsberechtigung oder keine Beschlussfähigkeit gegeben ist), ist gemäß §§ 86, 29 BGB in dringenden Fällen das **Registergericht** (Amtsgericht) zur Bestellung zuständig, in dem die

---

[203] *Lunk/Rawert* Non Profit Law Yearbook 2001, 91 (95 f.); v. Campenhausen/Richter/*Hof* StiftungsR-
HdB § 8 Rn. 136 f.; *Werner/Saenger* Stiftung S. 240; MHdB GesR V/*Lüke* § 92 Rn. 11 ff.
[204] *Lunk/Rawert* Non Profit Law Yearbook 2001, 91 (96); v. Campenhausen/Richter/*Hof* StiftungsR-HdB
§ 8 Rn. 143 f.; *Sieger/Bank* NZG 2010, 641 (643).
[205] *Burgard* Gestaltungsfreiheit S. 396.
[206] V. Campenhausen/Richter/*Hof* StiftungsR-HdB § 8 Rn. 143 f.
[207] *Burgard* Gestaltungsfreiheit S. 397.
[208] MHdB GesR V/*Lüke* § 92 Rn. 10.
[209] MHdB GesR V/*Lüke* § 92 Rn. 3.
[210] MHdB GesR V/*Lüke* § 92 Rn. 6.
[211] MHdB GesR V/*Lüke* § 92 Rn. 6; zum Abschluß des Anstellungsvertrages *Lunk/Rawert* Non Profit Law
Yearbook 2001, 91 (92).

Stiftung ihren Sitz hat. Voraussetzung ist, dass ohne die Bestellung eine Ersatzbestellung durch das Bestellungsorgan nicht möglich ist (beispielsweise weil nicht ausreichend Mitglieder vorhanden sind, die kooptieren können).²¹² Antragsberechtigt ist neben Organmitgliedern jeder, der ein berechtigtes Interesse an der Bestellung des oder der Vorstandsmitglieder hat. Die Auswahl des Ersatzmitglieds liegt im Ermessen des Gerichts. Die Bestellung erfolgt nur für die Zeit bis zur Behebung des Mangels.

98   Daneben geben viele Landesstiftungsgesetze den **Aufsichtsbehörden** ein **Ersatzbestellungsrecht**.²¹³ Das soll aber nach überwiegender Auffassung keine Möglichkeit gewähren, Vorstandsmitglieder zu bestellen, weil aufgrund der Regelung im BGB kein Platz für ein Tätigwerden der Landesgesetzgeber ist.²¹⁴ Viele Landesstiftungsgesetze tragen dem Rechnung, indem sie das Tätigwerden der Aufsichtsbehörde davon abhängig machen, dass eine Ersatzbestellung gemäß §§ 86, 29 BGB nicht möglich ist.²¹⁵

D. Satzungsänderungen

I. Allgemeines

99 Das rechtliche Regelungsgefüge, dem die Änderung von Stiftungssatzungen unterliegt, ist umstritten. Neben einer relativ rudimentären bundesrechtlichen Regelung im BGB existieren zahlreiche landesrechtliche Regelungen, von denen nach vielfach vertretener Auffassung ein Großteil im Hinblick auf Art. 31 GG verfassungswidrig oder durch verfassungskonforme Auslegung anzupassen sein soll.²¹⁶ Demgegenüber gehen Kommentierungen, die aus der Praxis für die Praxis geschrieben sind, durchweg von der Wirksamkeit der landesrechtlichen Bestimmungen aus.²¹⁷

100   Ausdrücklich regelt das BGB in § 87 BGB einen speziellen und besonders gravierenden Fall der Satzungsänderung, nämlich die Möglichkeit zur Änderung des Stiftungszweckes. Kommt es zu einer so erheblichen Veränderung der Verhältnisse, dass die Erfüllung des Stiftungszwecks unmöglich wird oder das Gemeinwohl gefährdet wird, sieht § 87 Abs. 1 BGB vor, dass die Stiftungsbehörde der Stiftung eine andere Zweckbestimmung geben kann. § 87 Abs. 2 S. 2 BGB ermächtigt die Stiftungsbehörde, die Verfassung der Stiftung der Zweckänderung anzupassen. Die Zulässigkeit von **Satzungsänderungen durch die Stiftungsorgane** regelt das BGB nicht, jedenfalls nicht ausdrücklich. § 86 BGB verweist gerade nicht auf § 33 BGB, die Regelung über die Satzungsänderung beim Verein. Stiftungen haben keine Mitglieder, die eine Satzungsänderung beschließen können und somit keine körperschaftliche Struktur. Das Recht, über eine Satzungsänderung zu beschließen, den Organen der Stiftung zuzubilligen, wird als problematisch angesehen.²¹⁸ Die Organe haben die ihnen in der Stiftungsverfassung zugewiesenen Aufgaben wahrzunehmen und insbesondere den Zweck zu fördern. Änderungskompetenz kommt ihnen typischerweise nicht zu.

101   Für die Entscheidung der Frage, ob und inwieweit die Stiftungssatzung die Organe ermächtigen kann, die Verfassung zu ändern, ist **§ 85 BGB** einschlägig. Er sieht vor, dass

²¹² MHdB GesR V/*Lüke* § 92 Rn. 14 ff.
²¹³ § 12 Abs. 1 StiftG BW; § 4 Abs. 2 StiftG Bln; § 9 Abs. 2 StiftG Bbg; § 14 StiftG Brem; § 7 Abs. 2 StiftG MV; § 15 StiftG Nds; § 9 Abs. 2 StiftG NRW; § 14 Abs. 2 StiftG Saarl; § 7 Abs. 6 SächsStiftG; § 10 Abs. 6 StiftG LSA.
²¹⁴ MHdB GesR V/*Lüke* § 92 Rn. 18 f.; v. Campenhausen/Richter/*Hof* StiftungsR-HdB § 8 Rn. 192 Fn. 346.
²¹⁵ § 9 Abs. 2 StiftG Bbg; § 14 StiftG Brem; § 7 Abs. 2 StiftG MV; § 15 StiftG Nds; § 9 Abs. 2 StiftG NRW; § 7 Abs. 6 SächsStiftG.
²¹⁶ *Muscheler* ZSt 2003, 99 (106 ff.); Staudinger/*Hüttemann/Rawert* BGB § 85 Rn. 27; MüKoBGB/*Weitemeyer* BGB § 85 Rn. 4 f.
²¹⁷ MHdB GesR V/*Mecking* § 89 Rn. 5 f.; v. Campenhausen/Richter/*Hof* StiftungsR-HdB § 7 Rn. 136 ff.
²¹⁸ Staudinger/*Hüttemann/Rawert* BGB § 85 Rn. 9 ff.; differenzierend *Burgard* Gestaltungsfreiheit S. 358 f., der es zwar nicht für zulässig hält, den Stiftungsorganen solche weitreichenden Befugnisse einzuräumen, eine derartige Ermächtigung zugunsten des Stifters und der Destinatäre aber zulässt.

die Verfassung der Stiftung durch das Stiftungsgeschäft bestimmt wird, „soweit sie nicht auf Bundes- oder Landesrecht beruht". Daraus lässt sich zunächst entnehmen, dass der Stifter als Satzungsgeber die Verfassung festgelegt. Dies wirft die Frage auf, ob er nicht auch die Stiftungsorgane ermächtigen kann, die Verfassung zu ändern.

Außerdem lässt sich § 85 BGB entnehmen, dass die Verfassung der Stiftung durch Regelungen des Bundes- und Landesrechts ergänzt wird. Dies spricht dafür, dass neben der bundesrechtlichen Regelung Raum für **landesrechtliche Bestimmungen** zur Änderung der Stiftungssatzung ist. Die Landesgesetzgeber haben von der ihnen dadurch eingeräumten Befugnis[219] in weitem Umfang Gebrauch gemacht. Es gibt kein Landesstiftungsgesetz, in dem Satzungsänderungen nicht angesprochen sind. Ein Teil der Stiftungsgesetze der Länder macht Satzungsänderungen durch die Stiftungsorgane davon abhängig, dass die Satzung einen entsprechenden Änderungsvorbehalt enthält, oder lässt sie jedenfalls zu, wenn das der Fall ist.[220] Die Mehrzahl der Stiftungsgesetze eröffnet die Möglichkeit zu einer Satzungsänderung darüber hinaus aber auch, wenn die Satzung keinen Änderungsvorbehalt enthält[221], teilweise allerdings mit der Einschränkung[222], dass die Satzung die Änderung nicht ausschließt. Wegen des Primats des Stifterwillens dürfte ein solcher Vorbehalt aber ohnedies gelten. Außerdem regeln die Stiftungsgesetze der Länder, dass Änderungen der **Genehmigung durch die Aufsichtsbehörde** bedürfen.[223] Einige Stiftungsgesetze verlangen zusätzlich als Voraussetzung für eine Satzungsänderung die **Zustimmung des noch lebenden Stifters.**[224] Das wird zu Recht als unzulässig abgelehnt.[225] Mit der Anerkennung der Stiftung als rechtsfähig steht der Stifter der Stiftung wie ein Dritter gegenüber. Die Stiftung und ihre Satzung sind für ihn unverfügbar geworden. Das schließt zwar nicht aus, dass ihm die Satzung bestimmte Rechte vorbehält. Aber ohne einen solchen Vorbehalt darf er keinen Einfluss mehr auf die Stiftung haben.

Die materiellen Voraussetzungen, unter denen die Landesstiftungsgesetze die zuständigen Organe der Stiftung zu Satzungsänderungen ermächtigen, sind unterschiedlich. Namentlich **Zweckänderungen** werden vielfach von einer wesentlichen oder nachhaltigen Veränderung der Verhältnisse abhängig gemacht[226], **andere Satzungsänderungen** dagegen vielfach auch ohne diese Voraussetzung zugelassen, aber die Änderungsbefugnis dahin begrenzt, dass bei der Änderung der vom Stifter im Stiftungsgeschäft oder der Satzung zum Ausdruck gebrachte Wille zu berücksichtigen ist[227] oder die ursprüngliche Gestaltung der Stiftung nicht wesentlich geändert wird oder die Erfüllung des Zwecks gefördert

102

103

---

[219] Einschränkend: MüKoBGB/*Weitemeyer* BGB § 85 Rn. 4f.; Staudinger/*Hüttemann/Rawert* BGB § 85 Rn. 27ff.; gegen diese Einschränkung ausdrücklich: *Burgard* Gestaltungsfreiheit S. 358f.

[220] § 6 Abs. 1 StiftG BW; § 8 Abs. 1 StiftG Brem; § 7 Abs. 1 StiftG Nds; § 7 Abs. 1 StiftG Saarl; § 9 Abs. 1 SächsStiftG; § 9 Abs. 1 StiftG LSA; § 9 Abs. 1 ThürStiftG; nicht ausdrücklich geregelt, aber implizit vorausgesetzt auch von § 5 Abs. 1 und Abs. 2 StiftG NRW; § 8 Abs. 1 StiftG RhPf und ebenso von § 5 Abs. 4 BayStG und § 9 Abs. 1 StiftG MV, die nur die Genehmigungsbedürftigkeit der Satzungsänderung regeln, ohne die Zulässigkeit ausdrücklich anzusprechen, diese damit aber voraussetzen.

[221] § 5 Abs. 1 StiftG Bln; § 10 Abs. 1 StiftG Bbg; § 8 Abs. 1 StiftG Brem; § 7 Abs. 1 StiftG Hmb; § 7 Abs. 1 StiftG Nds; § 5 Abs. 1 und Abs. 2 StiftG NRW; § 8 Abs. 1 StiftG RhPf; § 7 Abs. 1 StiftG Saarl; § 9 Abs. 1 SächsStiftG; § 9 Abs. 1 StiftG LSA; § 8 Abs. 1 StiftG SchlH; § 9 Abs. 1 ThürStiftG; wohl ebenso § 5 Abs. 4 BayStG und § 7 Abs. 1 StiftG MV, die nur die Genehmigungsbedürftigkeit der Satzungsänderung regeln, ohne die Zulässigkeit ausdrücklich anzusprechen, diese aber offensichtlich voraussetzen.

[222] § 10 Abs. 1 StiftG Bbg; § 8 Abs. 1 StiftG Hmb; § 5 Abs. 1 und Abs. 2 StiftG NRW; § 8 Abs. 1 StiftG RhPf.

[223] Eine Ausnahme macht nur § 5 Abs. 1 StiftG NRW: unwesentliche Änderungen des Stiftungszwecks oder der Organisation bedürfen keiner Genehmigung.

[224] § 8 Abs. 1 S. 3 StiftG Brem; § 9 Abs. 2 S. 2 SächsStiftG.

[225] MüKoBGB/*Weitemeyer* BGB § 85 Rn. 27; Staudinger/*Hüttemann/Rawert* BGB § 85 Rn. 32; v. Campenhausen/Richter/*Hof* StiftungsR-HdB § 7 Rn. 138.

[226] § 5 Abs. 1 StiftG Bln; § 8 Abs. 1 StiftG Brem; § 8 Abs. 1 StiftG Hmb; § 7 Abs. 1 StiftG Nds; § 5 Abs. 2 StiftG NRW (falls der Zweck wesentlich geändert wird); § 8 Abs. 1 StiftG RhPf; § 7 Abs. 1 StiftG Saarl; § 9 Abs. 1 SächsStiftG; § 9 Abs. 1 StiftG LSA; § 5 Abs. 1 StiftG SchlH; § 9 Abs. 1 ThürStiftG; ebenso wohl, wenn auch nicht ganz eindeutig, weil nur indirekt geregelt, § 8 Abs. 1 StiftG BW.

[227] § 5 Abs. 1 StiftG Bln.

wird[228], teilweise werden diese Regelungsalternativen kombiniert;[229] vereinzelt werden Satzungsänderungen – gleich welcher Art – an keinerlei Voraussetzung gebunden.[230] Das ist das Spannungsfeld, in dem sich die Überlegungen zur Abänderbarkeit der Stiftungsatzung bewegen.

II. Änderung des Stiftungszwecks

104 **1. Behördliche Änderungsbefugnis gemäß § 87 BGB. Voraussetzung für eine behördliche Anordnung** gemäß § 87 BGB ist, dass die Erfüllung des Stiftungszwecks unmöglich geworden ist oder das Gemeinwohl gefährdet. Unmöglichkeit umfasst auch die wirtschaftliche Unmöglichkeit gemäß § 275 Abs. 2 BGB.[231] Unmöglichkeit kann tatsächlicher oder rechtlicher Natur sein. Beispiel sind Verlust des Stiftungsvermögens, Wegfall der Destinatäre oder des Förderungsobjekts (beispielsweise eine bestimmte Schule), aber auch die Erfüllung des Stiftungszwecks (beispielsweise die Förderung der Errichtung eines Museums). Entsprechendes soll auch gelten, wenn die Mittel so angewachsen sind, dass sie für den Stiftungszweck überdimensioniert sind.[232] Es wird vorgeschlagen, die Bestimmung bei anfänglicher Unmöglichkeit entsprechend anzuwenden.[233] Gefährdung des Gemeinwohls setzt einen Widerspruch der Stiftungstätigkeit zu strafrechtlichen Bestimmungen oder zu Grundentscheidungen der Rechts- oder Verfassungsordnung voraus.[234] Sie soll auch bei Rechtsformverfehlung (beispielsweise durch Entwicklung der Stiftung zur Selbstzweckstiftung) eingreifen.[235] **Rechtsfolge** ist die Zweckänderung oder die Aufhebung der Stiftung. Bei der Entscheidung, welche Maßnahme getroffen wird, kommt der Stiftungsbehörde kein Ermessen zu.[236] Maßgeblich ist der verlautbarte oder mutmaßliche Stifterwille. Deshalb wird empfohlen, **in der Verfassung** der Stiftung **Ersatzzwecke vorzugeben.**[237] Daran wäre die Behörde dann gebunden. Vor einer Entscheidung nach § 87 BGB ist die Stiftung gemäß § 87 Abs. 3 BGB zu hören. Wird die Anhörung versäumt, führt das nicht zur Nichtigkeit, sondern nur zur Anfechtbarkeit der behördlichen Entscheidung.[238]

105 **2. Zweckänderung aufgrund landesrechtlicher Bestimmungen.** Wie zu Eingang dieses Abschnitts dargelegt, ermächtigen zahlreiche Landesstiftungsgesetze die zuständigen Stiftungsorgane zur Änderung des Stiftungszwecks. Voraussetzung ist meistens, dass die Änderung entweder in der Satzung zugelassen ist oder durch eine wesentliche Veränderung der Verhältnisse erfordert wird,[239] teilweise auch nur, dass eine wesentliche Veränderung eingetreten ist;[240] außerdem schreiben manche Gesetze vor, dass nur eine unwesent-

---

[228] § 8 Abs. 1 StiftG Brem; § 7 Abs. 1 StiftG Nds; ähnlich auch § 5 Abs. 1 StiftG NRW (falls nicht der Zweck oder Organisation der Sti wesentlich verändert werden); § 8 Abs. 1 StiftG RhPf; § 7 Abs. 1 StiftG Saarl; § 5 Abs. 1 StiftG SchlH.

[229] § 5 Abs. 1 und Abs. 2 StiftG Bln; § 8 Abs. 1 StiftG Hmb; § 7 Abs. 1 StiftG Nds; § 7 Abs. 1 StiftG Saarl; § 9 Abs. 1 SächsStiftG; § 9 Abs. 1 StiftG LSA; § 9 Abs. 1 ThürStiftG.

[230] § 10 Abs. 1 StiftG Bbg.

[231] MüKoBGB/*Weitemeyer* BGB § 87 Rn. 6; Staudinger/*Hüttemann/Rawert* BGB § 87 Rn. 5.

[232] MüKoBGB/*Weitemeyer* BGB § 87 Rn. 6; Staudinger/*Hüttemann/Rawert* BGB § 87 Rn. 5.

[233] MüKoBGB/*Weitemeyer* BGB § 87 Rn. 7; Staudinger/*Hüttemann/Rawert* BGB § 87 Rn. 6; *Burgard* Gestaltungsfreiheit S. 626.

[234] Palandt/*Ellenberger* BGB § 87 Rn. 1.

[235] MüKoBGB/*Weitemeyer* BGB § 87 Rn. 8; Staudinger/*Hüttemann/Rawert* BGB § 87 Rn. 7; aA v. Campenhausen/Richter/*Hof* StiftungsR-HdB § 10 Rn. 381.

[236] MüKoBGB/*Weitemeyer* BGB § 87 Rn. 4.

[237] V. Campenhausen/Richter/*Hof* StiftungsR-HdB § 7 Rn. 139; Staudinger/*Hüttemann/Rawert* BGB § 85 Rn. 30.

[238] Staudinger/*Hüttemann/Rawert* BGB § 87 Rn. 16.

[239] Vgl. § 5 Abs. 2 StiftG Bln; § 8 Abs. 1 S. 1 StiftG Brem; § 7 Abs. 1 S. 1 StiftG Saarl.

[240] § 7 Abs. 1 StiftG Nds; § 5 Abs. 2 Nr. 1 StiftG NRW; § 8 Abs. 2 StiftG RhPf; § 9 Abs. 1 S. 1 Nr. 2 SächsStiftG; § 9 Abs. 1 S. 1 ThürStiftG.

liche Änderung des Stiftungszwecks beschlossen werden darf.[241] Vereinzelt wird die Änderung auch zugelassen, ohne dass die Voraussetzungen dafür präzisiert werden.[242] Es ist umstritten, ob solche Regelungen zulässig sind. Während die einen in § 87 BGB bzw. in den §§ 80, 82, 85 BGB abschließende bundesgesetzliche Regelungen sehen,[243] gehen andere davon aus, dass § 85 BGB die Möglichkeit landesgesetzlicher Regelungen ausdrücklich eröffnet.[244] Wirksam und zu beachten sind nach allseitiger Auffassung[245] die durchweg in den Landesstiftungsgesetzen (mit Ausnahme der Genehmigungsfreiheit für nicht wesentliche Änderungen des Stiftungszwecks oder der Organisation in § 5 Abs. 1 StiftG NRW) vorgeschriebenen Genehmigungspflichten von Satzungsänderungen durch die Aufsichtsbehörde. Die Satzungsänderung wird erst mit Zugang der Genehmigung bei der Stiftung wirksam.[246] Es handelt sich um eine Maßnahme der Rechtsaufsicht, welche eine zivilrechtliche Unwirksamkeit der Satzungsänderung nicht zu heilen vermag.[247]

3. Zweckänderung durch Beschluss von Stiftungsorganen. Ob und unter unter welchen Voraussetzungen die Stiftungsorgane in der Verfassung der Stiftung ermächtigt werden können, den Stiftungszweck zu ändern, ist äußerst umstritten. Der Zweck wird als die „Seele" der Stiftung bezeichnet. Ihn zu fördern, sind die Organe verpflichtet. Die übrigen Regelungen der Verfassung der Stiftung haben sich dem Zweck unterzuordnen. Die unterschiedlichen Auffassungen zur Zulässigkeit statutarischer Änderungsklauseln lassen sich grob wie folgt zusammenfassen: Nach einer Auffassung soll eine Ermächtigung von Stiftungsorganen zur Änderung des Stiftungszwecks in der Stiftungsverfassung weitgehend zulässig sein. Entscheidender Maßstab für die Entscheidung soll der im Stiftungsgeschäft und der Satzung verwirklichte ursprüngliche Stifterwille sein.[248] Für zulässig wird von den Vertretern dieser Auffassung teilweise auch eine Änderung zur Optimierung des Stiftungszweckes gehalten, wenn der in der Satzung vorgesehene Stiftungszweck nicht mehr optimal und effektiv erfüllt werden kann.[249] Nach einer anderen Auffassung kann dem Stifter selbst und den Destinatären der Stiftung eine freie Abänderbarkeit des Stiftungszwecks vorbehalten werden, weil sie von der Entscheidung in eigenen Interessen betroffen und ihren Entscheidungen deshalb eine Richtigkeitsvermutung innewohne.[250] Eine weitere Auffassung hebt hervor, dass gemäß § 85 BGB die notwendigen und identitätsbestimmenden Bestandteile der Stiftungsverfassung durch den Stifter im Stiftungsgeschäft selbst zu bestimmen sind. Eine Befugnis zur Änderung durch Stiftungsorgane soll sich damit nur vereinbaren lassen, wenn sie nach Voraussetzung und Rechtsfolge so bestimmt ist, dass gewährleistet ist, dass nicht der Wille Dritter an die Stelle des ursprünglichen Stifterwillens tritt.[251] Eine Änderung soll überdies nur in Betracht kommen, wenn sich die Verhältnisse so geändert haben, dass eine Anpassung des Stiftungszwecks notwendig ist. Die Stiftungsorgane sollen nicht Maßnahmen ergreifen können, die letztlich auf eine Neugründung der Stiftung hinausliefen.[252] In diesem Zusammenhang wird auch auf

106

---

[241] § 9 Abs. 1 StiftG LSA; § 9 Abs. 1 S. 1 ThürStiftG.

[242] § 10 Abs. 1 S. 1 StiftG Bbg.

[243] *Muscheler* ZSt 2003, 99 (104 f.); MüKoBGB/*Weitemeyer* BGB § 85 Rn. 4 f. und § 87 Rn. 14; Staudinger/ *Hüttemann/Rawert* BGB § 85 Rn. 14.

[244] *Burgard* Gestaltungsfreiheit S. 358; MHdB GesR V/*Mecking* § 89 Rn. 11; wohl auch v. Campenhausen/ Richter/*Hof* StiftungsR-HdB § 6 Rn. 225 ff.

[245] Vgl. Staudinger/*Hüttemann/Rawert* BGB § 87 Rn. 29; MHdB GesR V/*Mecking* § 89 Rn. 24 ff.

[246] MHdB GesR V/*Mecking* § 89 Rn. 28.

[247] BGH WM 1976, 869 (871).

[248] *Schauhoff* Gemeinnützigkeits-HdB § 3 Rn. 60; MHdB GesR V/*Mecking* § 89 Rn. 14 ff.; v. Campenhausen/Richter/*Hof* StiftungsR-HdB § 7 Rn. 135 ff.

[249] MHdB GesR V/*Mecking* § 89 Rn. 14 ff.; pointiert dagegen Staudinger/*Hüttemann/Rawert* BGB § 85 Rn. 22.

[250] *Burgard* Gestaltungsfreiheit S. 372 ff.

[251] Staudinger/*Hüttemann/Rawert* BGB § 85 Rn. 12 f.; ähnlich auch MüKoBGB/*Weitemeyer* BGB § 85 Rn. 7 f.

[252] So die Formulierung in BVerwG 1991, 713.

eine Entscheidung des BVerwG aus dem Jahr 1990 verwiesen, in der das Gericht zwischen einer Zweckänderung und einem Austausch des Zwecks durch einen neuen Zweck unterschieden hat.[253] Letzteres komme einer Neugründung der Stiftung gleich, zu deren Geenehmigung die Stiftungsbehörde nicht verpflichtet sei. In ähnliche Richtung wenn auch mit unterschiedlicher Begründung geht schließlich die Auffassung, die Einräumung eine Änderungsbefugnis sei nur in Anlehnung an den Rechtsgedanken des § 2065 Abs. 2 BGB zulässig. So wie der Erblasser nicht einem Dritten die Bestimmung des Erben überlassen könne, könne auch der Stifter eine neue Ausrichtung der Stiftung nicht Dritten überlassen. Hinsichtlich einzelner Modifikationen sei er dagegen freier.[254] Die Befugnis zur Vornahme entsprechender Änderungen werden den Stiftungsorganen vielfach auch ohne eine entsprechende Ermächtigung in der Satzung zugebilligt. Sie werden sogar für verpflichtet gehalten, die Satzung zu ändern, wenn und soweit die ordnungsgemäße Erfüllung des Stiftungszwecks das verlangt.[255] Auf welche Rechtsgrundlagen sich eine solche Befugnis stützen lässt, wird nachfolgend im Rahmen der Erörterung anderer Satzungsbestimmungen als des Stiftungszwecks dargestellt (→ Rn. 109 ff.). Der BGH hat in einer Entscheidung aus dem Jahre 1987 für jegliche Satzungsänderung entschieden, dass sie mit dem erklärten oder mutmaßlichen Willen des Stifters in Einklang stehen müsse und nur zulässig sei, wenn hierfür ein rechtfertigender Grund bestehe, vor allem wenn sie wegen wesentlicher Veränderung der Verhältnisse angezeigt sei.[256] Auch nach der Rechtsprechung ist somit die Satzung nur eingeschränkt durch Gremienbeschluss abänderbar.

107 **4. Folgerungen für die Rechtsgestaltung.** § 87 BGB ermächtigt die Stiftungsbehörde der Stiftung bei Unmöglichkeit der Erfüllung des Stiftungszwecks eine andere Zweckbestimmung zu geben. Will der Stifter den Stiftungsorganen ermöglichen, die Satzungsanpassung vorzunehmen, ist das möglich. Angesichts des Meinungsstreits über zulässige Festlegungen von Voraussetzungen und Rechtsfolgen einer Änderungsermächtigung sollte er in der Stiftungssatzung die Voraussetzungen, unter denen eine Änderung des Stiftungszwecks zulässig sein soll, möglichst konkret festlegen und **alternative Stiftungszwecke vorgeben,** die verfolgt werden sollen, wenn die Erfüllung der zunächst gewählten Stiftungszwecke unmöglich geworden ist.[257] Eine solche Regelung kann sich durchaus empfehlen. Der Stifter ist in der Wahl der alternativen Zwecke völlig frei und kann damit selbst bestimmen, in welche Richtung die Stiftung gehen soll, wenn sich die ursprünglichen Zwecke nicht mehr verfolgen lassen. Die Stiftungsbehörde hingegen wird sich gemäß § 87 Abs. 2 BGB bei der Zweckänderung in der Nähe der in der Satzung ursprünglich bestimmten Zwecke bewegen. Eine Regelung, die eine Änderung des Stiftungszwecks unter geringeren Anforderungen, als sie in § 87 BGB geregelt sind, für zulässig erklärt oder dem zuständigen Stiftungsorgane weitergehende Befugnisse zur Bestimmung des neuen Stiftungszwecks einräumt, empfiehlt sich nicht und birgt die Gefahr der Unwirksamkeit. Im Übrigen ist es ratsam, schon bei der Formulierung der Stiftungssatzung den Stiftungszweck nicht zu speziell zu fassen und auf diese Weise von vornherein zu vermeiden, dass eine Zweckänderung erforderlich wird.

108 Vor die Frage gestellt, den **Änderungsbeschluss** zu entwerfen, wird der vorsichtige Rechtsgestalter in Zweifelsfällen dazu raten, den Beschluss nur als Anregung an die Stiftungsaufsicht zu formulieren und eine Anordnung gemäß § 87 BGB nachzusuchen.[258] So vermeidet er Streit darüber, ob die Änderung des Stiftungszwecks wirksam beschlossen worden ist und die Probleme, die sich aus einer möglichen Verfehlung der gemeinnützigen Zwecke ergeben können, wenn der Beschluss nicht wirksam war.

---

[253] NJW 1991, 713.
[254] *Muscheler* ZSt 2003, 99 (107 ff.).
[255] *Reuter* NZG 2004, 939 (942).
[256] BGH NJW 1987, 2364 (2365).
[257] Vgl. Staudinger/*Hüttemann/Rawert* BGB § 85 Rn. 30.
[258] Vgl. Staudinger/*Hüttemann/Rawert* BGB § 87 Rn. 4.

III. Andere Änderungen der Stiftungsverfassung

1. Allgemeines. Eine Änderung der Verhältnisse kann nicht nur dazu führen, dass die 109
Erfüllung des Stiftungszwecks unmöglich wird, sondern auch dazu, dass andere Bestimmungen der Satzung angepasst werden müssen. Besondere Aufmerksamkeit haben in jüngerer Zeit Bestimmungen über die Anlage und Verwaltung des Stiftungsvermögens erfahren. Regelungen beispielsweise, dass das Vermögen der Stiftung mündelsicher iSd § 1807 BGB anzulegen sei, haben dazu geführt, dass sich nennenswerte Erträge nicht mehr erwirtschaften lassen und mitunter kaum die Kosten zu decken sind.[259] Veränderte Umstände können ebenso den Wunsch nach Abschaffung einzelner Stiftungsgremien oder deren Verkleinerung, nach Änderung der Voraussetzungen für die Mitgliedschaft in den Gremien (insbesondere wenn sich Voraussetzungen für eine Mitgliedschaft kraft Amtes ändern, beispielsweise weil eine örtliche Institution, deren Vorsitzender kraft Amtes Vorstandsmitglied ist, ihren Sitz verlegt oder nicht mehr bereit ist, den Amtsträger für diese Tätigkeit zur Verfügung zu stellen) oder nach Verlegung des Sitzes der Stiftung begründen. Entscheidender Unterschied gegenüber einer Ermächtigung zur Änderung des Stiftungszwecks ist, dass durch die Veränderung der Verhältnisse in diesen Fällen nicht die Stiftung selbst infrage gestellt wird. Vielmehr ordnen sich diese Änderungen dem Stiftungszweck unter. Das wird auch in § 87 Abs. 2 S. 2 BGB zum Ausdruck gebracht, der zwischen der Kompetenz der Stiftungsbehörde zur Änderung des Stiftungszwecks und zur Änderung der Stiftungsverfassung unterscheidet.[260]

2. Zulässigkeit von Änderungsvorbehalten in der Satzung. Viele Stiftungsverfassun- 110
gen erhalten Klauseln, in denen die Stiftungsorgane ermächtigt werden, die Verfassung zu ändern. Es ist die Frage, ob und mit welchen Einschränkungen solche Regelungen zulässig sind. Insbesondere wird die Frage gestellt, ob die Verfassung der Stiftung eine freie Abänderbarkeit durch Beschluss der Stiftungsorgane vorsehen und diesen damit ähnliche Befugnisse einräumen kann, wie sie die Mitgliederversammlung eines Vereins oder die Gesellschafterversammlung einer Gesellschaft haben. Während vielfach vertreten wird, dass die Änderung der Stiftungszwecke aufgrund einer entsprechenden Regelung in der Stiftungsverfassung nur in engen Grenzen zulässig ist, besteht weitgehend Einigkeit, dass die Stiftungsorgane in weiterem Umfang zu sogenannten einfachen Änderungen der Stiftungsverfassung ermächtigt werden können.[261] Jedoch sollen die Stiftungsorgane auch insofern nicht völlig frei in der Gestaltung sein, sondern dem Willen des Stifters unterworfen bleiben. Sie sollen Diener des Stifterwillens bleiben und sich nicht zu Herren aufschwingen können.[262] Auch einfache Satzungsänderungen dürfen deshalb aufgrund solcher Klauseln nicht beliebig, sondern nur nach pflichtgemäßem Ermessen vorgenommen werden, insbesondere müssen sie dem ausdrücklichen oder mutmaßlichen Stifterwillen entsprechen.[263] Eine Richtschnur kann daher auch in diesen Fällen die Entscheidung des BGH zur Zulässigkeit von Änderungen der Stiftungsverfassung sein.[264] Danach setzt eine Änderung der Stiftungsverfassung voraus, dass sie mit dem erklärten oder mutmaßlichen Willen des Stifters in Einklang steht und dass für sie ein rechtfertigender Grund besteht, sie insbesondere wegen wesentlicher Veränderung der Verhältnisse angezeigt ist. Man wird sagen können, dass in der Regel geringere Eingriffe in das Stiftungsgefüge eher vom Willen des Stifters gedeckt sind als schwerwiegender Eingriffe. Das gilt beispielsweise für eine

---

[259] Dazu *Reuter* NZG 2005, 645; *Weitemeyer/Wrede* npoR 2017, 91.
[260] *Weitemeyer/Wrede* npoR 2017, 91 (93).
[261] *Weitemeyer/Wrede* npoR 2017, 91 (93) mwN.
[262] MüKoBGB/*Weitemeyer* BGB § 85 Rn. 13.
[263] *Weitemeyer/Wrede* npoR 2017, 91 (93f.) mwN.
[264] BGH NJW 1987, 2364 (2365).

Reduktion der Anzahl der Mitglieder eines Stiftungsorgans gegenüber einer vollständigen Abschaffung des Organs.[265]

111   Allerdings ist gerade bei einer **Änderung der Regeln über die Vermögensanlage** zu berücksichtigen, dass ein Spannungsverhältnis zwischen der Verpflichtung zur dauernden Erhaltung des Vermögens und der Verpflichtung, die Stiftungszwecke zu erfüllen, besteht. Die ausschließliche Orientierung am Stifterwillen kann der gesetzlichen Verpflichtung zuwiderlaufen, die dauernde und nachhaltige Erfüllung des Stiftungszwecke sicherzustellen. Das mag im Einzelfall dazu führen können und müssen, dass die Stiftungsorgane die Vermögensanlagegrundsätze, die ein Stifter in der Stiftungsverfassung festgeschrieben hat, hinterfragen müssen, um nicht die Erfüllung der Stiftungszwecke infrage zu stellen und so möglicherweise sogar die Gemeinnützigkeit zu gefährden.[266] In diesem Zusammenhang wird die Frage aufgeworfen, ob die Stiftung verpflichtet sein kann, entgegen den Anordnungen des Stifters in der Stiftungsverfassung Vermögensgegenstände zu veräußern oder auf andere Weise zu liquidieren, die der Stifter der Stiftung übertragen hat und deren Veräußerung er untersagt hat. Erörtert werden die Liquidation einer Minderheitsbeteiligung an einem Unternehmen, wenn die Stiftung nicht verhindern kann, dass die Erträge laufend thesauriert werden, oder eines Landguts[267], zumal, wenn durch das Behalten dieser Vermögenswerte die Gefahr besteht, dass die Stiftung zu einer unzulässigen Selbstzweckstiftung wird, weil die eigentlichen Stiftungszwecke nicht mehr erfüllt werden können.[268]

112   **3. Änderungsbefugnis bei Fehlen einer Ermächtigung in der Stiftungsverfassung.** Auch wenn die Verfassung der Stiftung keine Änderungsklausel enthält, sollen die Stiftungsorgane berechtigt sein, die Stiftungsverfassung zu ändern, wenn sich die Verhältnisse geändert haben und die Änderung der entsprechenden Verfassungsbestimmungen dem tatsächlichen oder mutmaßlichen Willen des Stifters entspricht. Eine solche Änderungsbefugnis wird von den einen auf eine entsprechende Anwendung von § 313 BGB,[269] von anderen auf § 665 BGB,[270] der über §§ 86, 27 Abs. 3 BGB anwendbar ist und von wieder anderen auf eine „genuin stiftungsrechtliche Lösung"[271] gestützt, derzufolge die Geschäftsführungspflicht der Stiftungsorgane auch eine Pflicht zur Anpassung der Stiftungssatzung bei einer nachträglichen wesentlichen Veränderung der Verhältnisse umfasst. Auch Satzungsänderungen auf dieser Grundlage setzen voraus, dass sie mit dem erklärten oder mutmaßlichen Willen des Stifters in Einklang stehen und dass für sie ein rechtfertigender Grund besteht, sie insbesondere wegen wesentlicher Veränderung der Verhältnisse angezeigt sind.[272]

113   **4. Änderungsbefugnis aufgrund Landesstiftungsrechts und mögliches Verhältnis zu den anderen Änderungsermächtigungen.** Wie bereits dargestellt, finden sich auch in fast allen Stiftungsgesetzen der Länder Ermächtigungen der zuständigen Stiftungsorgane, die Stiftungsverfassung unter bestimmten Voraussetzungen zu ändern. Nicht selten sind diese Voraussetzungen weniger streng als diejenigen, die für die Ermächtigung zu entsprechenden Änderungen aufgrund des BGB entwickelt worden sind. So verlangt beispielsweise das Hamburgische Stiftungsgesetz als Voraussetzung für einen Änderungsbeschluss nur das Vorliegen eines sachlichen Grundes und damit nicht notwendig eine we-

---

[265] *Muscheler* ZSt 2003, 99 (110).
[266] Dazu im Einzelnen *Reuter* NZG 2005, 645 in Auseinandersetzung mit den Gedanken von *Hüttemann* FS Flume 1998, 59 ff.; auch *Weitemeyer/Wrede* npoR 2017, 91 (94 f.).
[267] Dazu *Reuter* NZG 2005, 645.
[268] Dazu Staudinger/*Hüttemann/Rawert* BGB Vorb. zu §§ 80 ff. Rn. 150 ff.
[269] MüKoBGB/*Reuter*, 6. Aufl. 2011, BGB § 85 Rn. 5.
[270] *Burgard* Gestaltungsfreiheit S. 358.
[271] Staudinger/*Hüttemann/Rawert* BGB § 85 Rn. 21.
[272] *Weitemeyer/Wrede* npoR 2017, 91 (96).

sentliche Veränderung der tatsächlichen oder rechtlichen Verhältnisse.[273] Es fragt sich dann, ob die Stiftungsorgane aufgrund dieser Bestimmung unter entsprechend erleichterten Voraussetzungen Änderungen der Stiftungsverfassung beschließen können.[274] Unzulässig dürfte das auf jeden Fall sein, wenn der Stifter Änderungen in der Stiftungsverfassung nur unter erschwerten Bedingungen zugelassen hat. Der Stifterwille geht der gesetzlichen Ermächtigung vor. Ebenso wird man eine Verfassungsänderung nur mit Genehmigung der Stiftungsbehörde für zulässig halten müssen, wenn die Satzung das vorschreibt, selbst wenn eine solche Genehmigung – wie in Nordrhein-Westfalen[275] – für unwesentliche Änderungen der Stiftungsverfassung vom Stiftungsgesetz nicht vorgesehen ist. Aber auch in den Fällen, in denen erst eine gesetzeskonforme Auslegung der Ermächtigungsklausel eine Begrenzung der Änderungsbefugnis nach sich zieht oder die Änderungsbefugnis nicht in der Stiftungsverfassung verankert ist, sondern sich aus den oben angeführten allgemeinen Grundsätzen ergibt, wird man diese Grundsätze nicht durch Rückgriff auf weniger strenge Bestimmungen eines Landesstiftungsgesetzes unterlaufen können, weil auch diese Grundsätze auf bundesrechtlichen Vorschriften beruhen und daneben kein Raum für landesgesetzliche Regelungen ist[276] oder diese im Wege der verfassungskonformen Auslegung um die strengeren Anforderungen zu ergänzen sind.[277] Eine andere Frage ist es, ob erschwerte Voraussetzungen für die Änderung durch den Landesgesetzgeber zusätzlich zu beachten sind. Der vorsichtige Rechtsgestalter wird die Frage dahinstehen lassen und stets versuchen, die Voraussetzungen aller einschlägigen Bestimmungen zu erfüllen.

IV. Weitere Überlegungen zur Gestaltung von Änderungsklauseln und darauf beruhenden Änderungen

Bei der Gestaltung von Änderungsklauseln ist neben den vorstehend angestellten Überlegungen darauf zu achten, dass geregelt wird, welches Stiftungsorgan für die Beschlussfassung zuständig ist und mit welchen Mehrheiten die Beschlüsse zu fassen sind. 114

Vor einer entsprechenden Beschlussfassung ist zu überlegen, ob in mögliche Rechte von Destinatären eingegriffen wird. Vorsorglich sind diese gegebenenfalls an den Überlegungen zu einer Satzungsänderung informell zu beteiligen. Gegen Beschlüsse, die indes in Rechte eingreifen, können diese von den Zivilgerichten Rechtsschutz suchen und gegebenenfalls die Nichtigkeit von Beschlüssen geltend machen.[278] 115

Bei gemeinnützigen Stiftungen empfiehlt es sich, im Hinblick auf § 60 Abs. 2 AO vorab mit den Finanzbehörden abzustimmen, ob der beabsichtigte Änderungsbeschluss die Gemeinnützigkeit infrage stellt.[279] 116

E. Zustiftung[280]

Eine Zustiftung ist eine **Zuwendung zum Grundstockvermögen** einer bestehenden Stiftung. Sie ist zu unterscheiden von der Spende, also einer Zuwendung, die selbst zur Verwirklichung der Stiftungszwecke zu verbrauchen ist. Abgrenzungsschwierigkeiten mag es insoweit bei Verbrauchsstiftungen geben, die aber praktisch nicht relevant sind, da sie sich wegen § 10b Abs. 1a EStG im Gemeinnützigkeitsrecht nicht auswirken.[281] 117

---

[273] § 7 Abs. 1 StiftG Hmb.
[274] Dazu MüKoBGB/*Weitemeyer* BGB § 85 Rn. 4 ff.; Staudinger/*Hüttemann/Rawert* BGB § 85 Rn. 28; *Burgard* Gestaltungsfreiheit S. 358.
[275] § 5 Abs. 1 StiftG NRW; dazu v. Campenhausen/Richter/*Hof* StiftungsR-HdB § 6 Rn. 224.
[276] *Burgard* Gestaltungsfreiheit S. 358.
[277] SSSP/*Suerbaum* C Rn. 103.
[278] Staudinger/*Hüttemann/Rawert* BGB § 85 Rn. 42 f.
[279] Darauf weist zu Recht MHdB GesR V/*Mecking* § 89 Rn. 29 hin.
[280] Muster für einen Vertrag über eine Zustiftung zB bei Staudinger/*Hüttemann/Rawert* BGB Anh. zu §§ 80 ff. Rn. 6.
[281] Staudinger/*Hüttemann/Rawert* BGB Vorb. zu §§ 80 ff. Rn. 366.

118   Die Zustiftung zu Lebzeiten ist eine nach § 518 BGB **beurkundungspflichtige Schenkung** mit der Auflage bzw. Zweckbestimmung, die Zuwendung im Bestand zu erhalten und es selbst oder seine Erträge zur Verwirklichung des Stiftungszwecks zu verwenden. Im Schenkungsvertrag sollte man ausdrücklich regeln, ob es sich um eine **Auflage oder Zweckbestimmung** handelt. Die Auflage ist einklagbar, die Verfehlung des Zwecks führt lediglich zu einem Anspruch aus § 812 Abs. 2 BGB. Die Zustiftung **von Todes wegen** ist Erb- oder Vermächtniseinsetzung.[282]

119   Die Zustiftung bedarf einer **Annahme** seitens der Stiftung, die eine Rechtsgrundlage voraussetzt. Deshalb sollte der Stifter bereits in der Satzung regeln, ob und unter welchen Voraussetzungen Zustiftungen zulässig sind. Gibt es keine **Satzungsregelung,** ist die Satzung auszulegen. Bei der Zustiftung von Geld, Wertpapieren oder sonstigen beliebig austauschbaren Mitteln, dürfte die Zustiftung in der Regel zulässig sein, sofern sie nicht unter mit der Satzung unvereinbaren Auflagen erfolgt, insbesondere zur Verfolgung von (auch nur teilweisen) anderen Zwecken als die Stiftung. Dann kommt ggf. die Gründung einer unselbstständigen Stiftung „unter dem Dach" der rechtsfähigen Stiftung in Betracht.[283]

120   Grundsätzlich verschmilzt die Zuwendung mit der Annahme mit dem Grundstockvermögen der Stiftung. Soweit die Zuwendung allerdings nur für bestimmte Zwecke der Stiftung zu verwenden ist, ist sie buchhalterisch getrennt vom sonstigen (bisherigen) Grundstockvermögen als eigene „funktionale" (nicht: unselbstständige) Stiftung zu verwalten.[284]

121   Ob und inwieweit dem **Zustifter** ein **Einfluss** auf die Verwendung des zugewendeten Vermögens oder gar satzungsmäßige Mitbestimmungs- oder Organrechte gewährt werden können, bestimmt sich nach der Satzung bzw. den allgemeinen Voraussetzungen für Satzungsänderungen.[285]

F. Beendigung der Stiftung

122   Eine **Stiftung auf Zeit** endet mit Ablauf der für sie bestimmten Dauer. Das setzt voraus, dass bereits in der Anerkennung die zeitliche Befristung enthalten ist. In allen anderen Fällen ist nach § 87 BGB zu verfahren, weil die Erfüllung des Stiftungszwecks unmöglich geworden ist.

123   Organe der Stiftung können ihre Auflösung nur beschließen, wenn der Stifter hierfür konkrete Voraussetzungen vorgegeben hat. Eine „quasi-körperschaftliche" Willensbildung im Wege eines „Freibriefs" ist unzulässig. In jedem Fall ist ein Auflösungsbeschluss genehmigungsbedürftig.[286]

124   Statt den Zweck zu ändern (→ Rn. 104ff.), kann die Stiftungsaufsicht eine Stiftung als *ultima ratio* auch gemäß § 87 Abs. 1 Alt. 2 BGB **aufheben,** wenn die Erfüllung des Stiftungszwecks unmöglich geworden ist oder sie das Gemeinwohl gefährdet.[287] Die Aufhebung ist die behördliche Auflösung der Stiftung durch Verwaltungsakt. Sobald die Aufhebungsverfügung Bestandskraft erlangt hat, ist die Stiftung aufgelöst.[288]

125   Die Stiftungsaufsicht hat auch die Möglichkeit, in den genannten Fällen die Stiftung mit einer anderen Stifter zusammenzulegen oder sie einer anderen Stiftung „zuzulegen".[289] Die **Zusammenlegung** zeichnet sich dadurch aus, dass die Stiftungsaufsicht zwei oder mehr Stiftungen mit ähnlichem Zweck auflöst und zu einer neu gegründeten

---

[282] Staudinger/*Hüttemann/Rawert* BGB Vorb. zu §§ 80ff. Rn. 368ff.
[283] Staudinger/*Hüttemann/Rawert* BGB Vorb. zu §§ 80ff. Rn. 373ff., 382.
[284] Staudinger/*Hüttemann/Rawert* BGB Vorb. zu §§ 80ff. Rn. 375f., 381.
[285] S. dazu im Einzelnen Staudinger/*Hüttemann/Rawert* BGB Vorb. zu §§ 80ff. Rn. 384ff.
[286] Staudinger/*Hüttemann/Rawert* BGB § 87 Rn. 24f.
[287] Zu den tatbestandlichen Voraussetzungen hierfür s. ebenfalls → Rn. 17.
[288] Staudinger/*Hüttemann/Rawert* BGB § 87 Rn. 10f.
[289] Staudinger/*Hüttemann/Rawert* BGB § 87 Rn. 9.

Stiftung zusammenfasst. Dabei muss aber auch die andere Stiftung die tatbestandlichen Voraussetzungen des § 87 BGB erfüllen, was praktisch sehr selten sein dürfte. Bei der **Zulegung** wird das Vermögen der aufgelösten Stiftung einer anderen Stiftung ähnlichen Zwecks übertragen. Die Übertragungen finden in beiden Fällen im Wege der Einzelrechtsnachfolge statt und zwar selbst dort, wo Landesrecht Gesamtrechtsnachfolge vorsieht.[290]

Alle Maßnahmen nach § 87 BGB müssen **verhältnismäßig** sein und sind stets **nachrangig** gegenüber gleich geeigneten Maßnahmen, die die Stiftungsorgane selbst treffen können. In jedem Fall sind der Vorstand und der noch lebende Stifter über den Wortlaut von § 87 Abs. 3 BGB hinaus auch (erst recht) bei den zur Auflösung führenden Maßnahmen **anzuhören**.[291]   126

Die Stiftung ist nach § 86 BGB iVm § 42 Abs. 1 S. 1 BGB aufgelöst mit der **Eröffnung des Insolvenzverfahrens** bzw. der Rechtskraft des Beschlusses, mit dem die Eröffnung mangels Masse abgewiesen wird. Dadurch ändert sich der Stiftungszweck hin zur insolvenzrechtlichen Abwicklung der Stiftung. Die Stiftung erlischt mit Vermögenslosigkeit oder durch Gesamtrechtsnachfolge des Fiskus (§ 88 S. 3 BGB iVm § 46 BGB).   127

Umwandlungsrecht findet auf Stiftungen nur für Zwecke der **Ausgliederung** und **nur als übertragender Rechtsträger** nach §§ 124 Abs. 1, 161 ff. UmwG Anwendung.   128

Die Aufhebung oder Auflösung der Stiftung ist bekanntzumachen (§ 88 S. 3 BGB iVm § 50 Abs. 1 BGB).   129

G. Stiftungsaufsicht

Stiftungsaufsicht bezeichnet die **laufende, verhältnismäßige Verwaltungskontrolle von Stiftungen.** Sie sorgt als Rechtsaufsicht für eine Richtigkeitsgewähr der Willensbildung der Stiftungsorgane im Sinne des objektiven (ursprünglichen) Stifterwillens wie er in der Satzung im Rahmen der gesetzlichen Vorgaben Ausdruck gefunden hat. Der Konflikt zwischen Prinzipal (Stiftung) und Agent (Vorstand) ist bei der mitgliederlosen Stiftung nämlich besonders frappierend, sodass die Stiftung Schutz und die Stiftungsorgane insoweit einer gewissen (staatlichen Rechtmäßigkeits-)Kontrolle von außen benötigen.[292] Dazu zählt auch die Überwachung der Einhaltung gemeinnützigkeitsrechtlicher Normen neben den Finanzbehörden.[293] Der Stifter kann über die Stiftungsaufsicht nicht disponieren, also der Stiftung weder mehr noch weniger Kompetenzen einräumen.[294] Den Träger der Stiftungsaufsicht bestimmt das anwendbare Landesrecht.[295] Zur Aufsicht über kommunale und kirchliche Stiftungen → Rn. 144 f. Privatnützige Stiftungen wie insbesondere Familienstiftungen unterliegen nur einer eingeschränkten Stiftungsaufsicht.[296]   130

Die Stiftungsaufsicht übt ihren (landes-)gesetzlichen Auftrag aus durch[297]   131
– Informations-, Unterrichtungs- und Prüfungsrechte;
– Beanstandungs-, Anordnungs- und Ersatzvornahmerechte;
– Anzeigepflichten und Genehmigungsvorbehalte für bestimmte Rechtsgeschäfte;
– Abberufung und Bestellung von Organmitgliedern;
– Bestellung von Beauftragten oder Sachwaltern;
– Geltendmachung von Ansprüchen der Stiftung gegenüber ihren Organen und
– Aufhebung oder Zweckänderung (→ Rn. 99 ff.).

---

[290] Staudinger/*Hüttemann/Rawert* BGB § 87 Rn. 13 ff., 17 ff.
[291] Staudinger/*Hüttemann/Rawert* BGB § 87 Rn. 20 ff.
[292] MüKoBGB/*Weitemeyer* BGB § 80 Rn. 66.
[293] Staudinger/*Hüttemann/Rawert* BGB Vorb. zu §§ 80 ff. Rn. 133.
[294] Staudinger/*Hüttemann/Rawert* BGB Vorb. zu §§ 80 ff. Rn. 139.
[295] S. im Einzelnen Staudinger/*Hüttemann/Rawert* BGB Vorb. zu §§ 80 ff. Rn. 143.
[296] Kritisch hierzu Staudinger/*Hüttemann/Rawert* BGB Vorb. zu §§ 80 ff. Rn. 136 ff.
[297] Staudinger/*Hüttemann/Rawert* BGB Vorb. zu §§ 80 ff. Rn. 146 mit Verweis auf die einzelnen landesrechtlichen Normen.

132 Gegen Maßnahmen der Stiftungsaufsicht können die Verwaltungsgerichte angerufen werden, da sie Verwaltungsakte sind, soweit sie regelnden Charakter haben. Grundsätzlich ist nur die Stiftung klagebefugt, ihre Organe nur dann, wenn sie in eigenen Rechten betroffen sind. Der Stifter und die Destinatäre haben als solcher keine Rechte gegenüber der Stiftungsaufsicht, soweit sie nicht selbst Organmitglieder sind. Der Stifter kann allenfalls angehört werden, wenn die Stiftungsaufsicht seinen ursprünglichen, nunmehr in der Satzung verobjektivierten Willen erforschen möchte. Streitigkeiten zwischen Stiftungsorganen sind dagegen zivilrechtlicher Natur.[298] Die Stiftung wiederum hat einen Anspruch aus § 839 BGB, Art. 34 GG (Staatshaftung), wenn die Stiftungsaufsicht schuldhaft eine Amtspflicht verletzt.[299]

H. Besondere Formen bzw. Typen der Stiftung

133 Stiftungen kann man weiter beschreiben durch Realtypen, also tatsächlich in der Praxis vorzufindende Ausgestaltungen. Zudem gibt es rechtlich von der zuvor beschriebenen rechtsfähigen Stiftung des bürgerlichen Rechts zu unterscheidende Stiftungsformen. Die nachfolgend aufgeführten Stiftungsformen bzw. -typen können teilweise auch kombiniert werden, wie zB die Familienstiftung mit der unternehmensverbundenen Stiftung.

I. Typen der rechtsfähigen Stiftung bürgerlichen Rechts

134 **1. Unternehmensverbundene Stiftungen. Unternehmensverbundene Stiftungen,** dh Stiftungen, die entweder selbst als Rechtsträger ein Unternehmen betreiben (Unternehmensträgerstiftungen), beteiligt sind an Personen- oder Kapitalgesellschaften (Beteiligungsträgerstiftungen) oder als oberstes Organ für die Verwaltung eines Konzerns dienen (Holdingstiftungen),[300] sind grundsätzlich zulässig. Sofern die Stiftung selbst als Rechtsträger ein Handelsgewerbe betreibt, ist sie im Handelsregister einzutragen, allerdings nach hM wegen der Irreführungsgefahr nicht als „eK", sondern mit dem **Rechtsformzusatz** „rechtsfähige Stiftung bürgerlichen Rechts".[301] Eine Stiftung kann herrschendes, aber nicht beherrschtes Unternehmen im Sinne des **Konzernrechts** sein. Auch ein isolierter Gewinnabführungsvertrag wird in der Regel gegen die Stiftungssatzung und die Pflicht verstoßen, die Erträge zur Verwirklichung des Stiftungszwecks zu verwenden.[302]

135 Das Unternehmen kann dabei entweder unmittelbar der Verfolgung des Stiftungszwecks dienen (Zweckverwirklichungs- oder **Stiftungszweckbetrieb**), wie beispielsweise bei einem Museum oder einer Hochschule, oder als **Dotationsquelle** zur Erzielung von Gewinnen.[303] Die unternehmensverbundene Stiftung kann auch eine Mischung aus beidem sein, nicht aber Unternehmensselbstzweckstiftung, bei der der Stiftungszweck in dem Betreiben des Unternehmens liegt, ohne dass die Stiftung einen außerhalb des Unternehmens liegenden Zweck verfolgt (Erhalt von Arbeitsplätzen ist insoweit kein hinreichender Zweck). Ebenso unzulässig ist eine **Funktions- oder Verwaltungsstiftung** wie bei einer Stiftung & Co. KG, bei der die Stiftung nur die Komplementärfunktion übernimmt.[304]

136 Die Verbindung von Stiftung und Unternehmen zeichnet ein **Spannungsverhältnis** aus zwischen dem ökonomisch marktorientierten Verhalten des Unternehmens und der (meist gemeinnützigen) Zweckorientierung der Stiftung.[305] (Zivil-)rechtlich setzt dabei der

---

[298] Staudinger/*Hüttemann/Rawert* BGB Vorb. zu §§ 80ff. Rn. 149ff.
[299] Staudinger/*Hüttemann/Rawert* BGB Vorb. zu §§ 80ff. Rn. 154.
[300] Staudinger/*Hüttemann/Rawert* BGB Vorb. zu §§ 80ff. Rn. 193.
[301] Staudinger/*Hüttemann/Rawert* BGB Vorb. zu §§ 80ff. Rn. 244 mwN auch zur Gegenansicht und § 81 Rn. 39.
[302] Staudinger/*Hüttemann/Rawert* BGB Vorb. zu §§ 80ff. Rn. 248ff.
[303] *Rawert* Genehmigungsfähigkeit der unternehmensverbundenen Stiftung S. 25ff.
[304] Staudinger/*Hüttemann/Rawert* BGB Vorb. zu §§ 80ff. Rn. 211ff., 225.
[305] Staudinger/*Hüttemann/Rawert* BGB Vorb. zu §§ 80ff. Rn. 214f.

Stiftungsbegriff und dabei vor allem das Verbot der Selbstzweckstiftung der unternehmens-verbundenen Stiftung Grenzen. Daher ist neben der nicht praxisrelevanten **offenen Unternehmensselbstzweckstiftung,** die den Unternehmenserhalt als satzungsmäßigen Zweck verfolgt, auch die **verdeckte Unternehmensselbstzweckstiftung** grundsätzlich unzulässig. Bei der verdeckten Unternehmensselbstzweckstiftung enthält die Satzung zwar einen offenen, außerhalb des Unternehmens liegenden Zweck, aber auch eine Bindung an das Unternehmen dergestalt, dass das unternehmerische Vermögen nicht gegen andere Vermögensgegenstände ausgetauscht werden darf. Statt einer satzungsmäßigen Vermögensgegenstandsbindung kann die unzulässige Bindung an das Unternehmen auch faktischer Natur sein, zB wie bei sogenannten **Doppelkonstruktionen,** bei denen der Stifter eine gemeinnützige Stiftung mit einer privatnützigen (meist: Familien-)Stiftung kombiniert. Die Verwaltungs-, Kontroll- und Stimmrechte im Unternehmen erhält dabei einzig die privatnützige Stiftung, den Großteil des Vermögens aber wegen der Steuervorteile die gemeinnützige Stiftung. Solche stimmrechtslosen Unternehmensbeteiligungen kann die gemeinnützige Stiftung faktisch nicht veräußern. Ein weiteres Indiz für eine verdeckte Unternehmensselbstzweckstiftung ist die faktische Identität von Stiftungsorganen und Unternehmensführung, sofern die Satzung nicht Vermögensumschichtungen ausdrücklich anordnet und dem Stiftungszweck Vorrang einräumt vor dem Unternehmenserhalt. Zulässig ist es allerdings, wenn das so verbundene Unternehmen einen **Zweckverwirklichungsbetrieb** darstellt, der von sich aus einem außerhalb seiner selbst liegenden (ideellen) Zweck dient.[306] Der ungeschriebene Zweck der Unternehmenserhaltung darf folglich wegen des Grundsatzes der Stiftungsautonomie und des Verbots der Selbstzweckstiftung nie Vorrang vor den satzungsmäßig offengelegten Zwecken haben **(eingeschränkt stifterbezogenes Verständnis der Vermögenserhaltung).**[307] Zivilrechtlich sind die Stiftungsorgane daher zur Vermögensumschichtung verpflichtet, wenn sie „vor dem Hintergrund konkreter Entwicklungen zu der Einschätzung gelangen müssen, dass eine dauerhafte und nachhaltige Erfüllung des nicht unternehmensbezogenen Stiftungszwecks lediglich [durch] Umschichtung des Unternehmensvermögens gewährleistet ist".[308]

Die gemeinnützigkeitsrechtlichen Grenzen sind ungleich enger, da das **Gemeinnützigkeitsrecht** von einem **stiftungszweckorientierten Verständnis der Vermögenserhaltung** ausgeht.[309] Satzungsmäßige Vermögensgegenstandsbindungen sind per se gemeinnützigkeitsschädlich, sofern sie keinen Zweckbetrieb umfassen. Die Stiftung muss sich bereits von der Unternehmensbeteiligung trennen, wenn sie vor dem Hintergrund der aktuellen allgemeinen wirtschaftlichen Lage keine wirtschaftlich vertretbare Rendite mehr abwirft.[310]

137

2. Familienstiftungen[311] Eine Familienstiftung ist eine Stiftung, die ausschließlich oder überwiegend dem **Interesse einer bestimmten oder mehrerer bestimmter Familien gewidmet** ist. Familienstiftungen sind in einigen Bundesländern von der Stiftungsaufsicht ganz oder teilweise befreit.[312] Familienstiftungen sind ohne Weiteres anerkennungsfähig, wenn auch rechtspolitisch zweifelhaft.[313]

138

Auch für Familienstiftungen gelten freilich die allgemeinen Grenzen des Stiftungsbegriffs, insbesondere das **Verbot der Selbstzweckstiftung.** Dazu zählen auch faktische oder verdeckte Selbstzweckstiftungen, die zwar vorgeben, einen außerhalb ihrer selbst lie-

139

---

[306] Staudinger/*Hüttemann/Rawert* BGB Vorb. zu §§ 80 ff. Rn. 224 ff.
[307] Staudinger/*Hüttemann/Rawert* BGB Vorb. zu §§ 80 ff. Rn. 241 mwN auch zur Gegenansicht. Eingehend *Hushahn* Unternehmensverbundene Stiftungen S. 90 ff., 170.
[308] Staudinger/*Hüttemann/Rawert* BGB Vorb. zu §§ 80 ff. Rn. 242; vgl. auch *Hushahn* Unternehmensverbundene Stiftungen S. 157 ff.
[309] *Hushahn* Unternehmensverbundene Stiftungen S. 193 ff.
[310] *Hushahn* Unternehmensverbundene Stiftungen S. 227.
[311] Mustersatzungen von Familienstiftungen zB bei *v. Holt/Koch* Stiftungssatzung Teil B. III. und IV.
[312] Staudinger/*Hüttemann/Rawert* BGB Vorb. zu §§ 80 ff. Rn. 261.
[313] Eingehend Staudinger/*Hüttemann/Rawert* BGB Vorb. zu §§ 80 ff. Rn. 264 ff.

genden Zweck zu verfolgen, durch ihre Ausgestaltung durch zB satzungsmäßige Vermögensgegenstandsbindungen und weitere Regelungen aber in Wahrheit nur ihrem eigenen Vermögenserhalt dienen. Folgende **Indizien**[314] können (nicht allein, sondern in einer Gesamtschau) für eine unzulässige, nicht anerkennungsfähige Gestaltung sprechen:
- die Destinatäre haben keinen Anspruch auf Stiftungsleistungen;
- die Stiftung hat über einen längeren Zeitraum keine oder nur vernachlässigenswerte Ausschüttungen geleistet bzw. es sind keine oder nur vernachlässigenswerte Ausschüttungen zu erwarten;
- die Zulässigkeit von Leistungen ist an Bedingungen geknüpft, deren Eintritt unwahrscheinlich oder praktisch ausgeschlossen ist;
- die Destinatäre sind in den Organen der Stiftung nicht vertreten;
- Gesellschaftsverträge von Unternehmen, an denen die Stiftung beteiligt ist, enthalten Thesaurierungsklauseln, die den Zugriff der Stiftung auf Erträge des Unternehmens jenseits des üblichen Selbstfinanzierungsbedarfs beschränken.

140 Rechtsfähige[315] Familienstiftungen unterliegen der sogenannten **Erbersatzsteuer** nach §§ 1 Abs. 1 Nr. 4, 9 Abs. 1 Nr. 4 ErbStG, sodass das Vermögen einer Familienstiftung alle 30 Jahre seit dem Zeitpunkt des ersten Übergangs von Vermögen auf die Stiftung der Erbschaftsteuer unterworfen wird. Bei Vermögensübertragungen greift allerdings ein Steuerklassenprivileg nach § 15 Abs. 2 S. 1 ErbStG, sodass in den meisten Fällen jedenfalls die Steuerklasse III vermieden werden kann, was sich auch auf den persönlichen Freibetrag auswirkt.[316] Stattdessen ist das Verwandtschaftsverhältnis des nach der Stiftungsurkunde entferntest Berechtigten zu dem Erblasser oder Schenker zugrunde zu legen. Die Besteuerung der Leistungen an Destinatäre geschieht analog zur Besteuerung von Anteilseignern einer Kapitalgesellschaft, sodass die Familienstiftung Kapitalertragsteuer einbehalten muss.[317]

141 **Keine Familienstiftungen** in diesem Sinne sind gemeinnützige Stiftungen, die gemäß § 58 Nr. 6 AO bis zu einem Drittel ihres Einkommens dazu verwenden dürfen, um in angemessener Weise den Stifter und seine nächsten Angehörigen zu unterhalten, ihre Gräber zu pflegen oder ihr Andenken zu ehren.[318]

142 **3. Bürgerstiftungen.** Eine Bürgerstiftung zeichnet sich dadurch aus, dass in der Regel mehrere nicht staatliche Stifter sie errichten, ihr Aktionsgebiet sich auf eine bestimmte Stadt oder Region beschränkt, sie ihr Vermögen kontinuierlich insbesondere durch Zustiftungen aufbaut, ihr Stiftungszweck breit angelegt ist und die Bürger in verschiedenen Gremien ausführende und kontrollierende Funktionen innehaben.[319] Eine verbandsmäßige Ausgestaltung ist nach allgemeinen Grundsätzen aber auch bei der Bürgerstiftung nicht zulässig.[320]

143 Sofern nicht ein oder mehrere „Großstifter" die Bürgerstiftung mit einem für die Anerkennung hinreichenden Vermögen ausstatten, sammeln in der Regel die beteiligten Personen als Gesellschaft bürgerlichen Rechts die erforderlichen Mittel und Zusagen sein, bevor sie die Stiftung gründen.[321] Im Übrigen genügt es aber auch, wenn der Stifter „den Weg angibt, wie die Stiftung die notwendigen Mittel erhalten soll, um ihre Zwecke zu verwirklichen". Dann muss allerdings das Stiftungsgeschäft bereits ein konkretes Mit-

---

[314] Nach Staudinger/*Hüttemann*/*Rawert* BGB Vorb. zu §§ 80 ff. Rn. 274.
[315] Nach BFH DStR 2017, 597 sollen unselbständige (also nicht rechtsfähige) Stiftungen hingegen nicht der Erbersatzsteuer unterfallen.
[316] Staudinger/*Hüttemann*/*Rawert* BGB Vorb. zu §§ 80 ff. Rn. 453.
[317] Vgl. Staudinger/*Hüttemann*/*Rawert* BGB Vorb. zu §§ 80 ff. Rn. 455 mwN.
[318] Staudinger/*Hüttemann*/*Rawert* BGB Vorb. zu §§ 80 ff. Rn. 257 f.
[319] Vgl. Staudinger/*Hüttemann*/*Rawert* BGB Vorb. zu §§ 80 ff. Rn. 278.
[320] Vgl. im Einzelnen Staudinger/*Hüttemann*/*Rawert* BGB Vorb. zu §§ 80 ff. Rn. 288 mwN.
[321] Staudinger/*Hüttemann*/*Rawert* BGB Vorb. zu §§ 80 ff. Rn. 279 ff. Gestaltungsempfehlungen bei *Rawert* in Bertelsmann Stiftung (Hrsg.), Handbuch Bürgerstiftungen, 2. Aufl. 2004, S. 151, 163 ff.

telbeschaffungskonzept enthalten, das uU auch bereits verbindliche Zusagen Dritter umfasst.[322]

II. Kirchliche Stiftungen

Kirchliche Stiftungen (weltlichen Rechts) sind Stiftungen, deren Zweck überwiegend[323] 144 kirchlichen Aufgaben dient und die eine besondere satzungsmäßige organisatorische Verbindung[324] zu einer Kirche aufweisen. Gemäß § 80 Abs. 3 BGB bleiben landesrechtliche Vorschriften für kirchliche Stiftungen unberührt. Neben der staatlichen Anerkennung ist die Anerkennung der zuständigen kirchlichen Behörde erforderlich. Ergibt sich dies nicht bereits aus Landesrecht, folgt es aus Art. 140 GG iVm Art. 137 Abs. 3 WRV. Abzugrenzen ist die kirchliche Stiftung bürgerlichen Rechts von einer Stiftung kanonischen Rechts, die nur innerhalb der Kirche als Rechtsträger existiert.[325] Die staatliche Aufsicht ist im Landesstiftungsrecht geregelt; zumeist sind kirchliche Stiftungen ganz oder teilweise von staatlicher Aufsicht befreit.[326]

III. Kommunale Stiftungen

Kommunale (auch: örtliche) Stiftungen zeichnen sich dadurch aus, dass ihr Stiftungs- 145 zweck in Aufgaben einer kommunalen Gebietskörperschaft liegt und sie durch deren Organe (mit-)verwaltet werden. Sie sind Stiftungen unter Verwaltung einer Behörde iSd § 86 BGB. In den allermeisten Landesstiftungsgesetzen unterliegen sie (insbesondere hinsichtlich der Aufsicht) besonderen Regelungen.[327] Auch das Kommunalrecht ist zu beachten (zB § 100 GemO NRW).

IV. Stiftungen des öffentlichen Rechts

Stiftungen des öffentlichen Rechts sind aufgrund öffentlich-rechtlichen Stiftungsakt 146 (durch Verwaltungsakt oder Gesetz) gegründete Verwaltungseinheiten mit eigener Rechtspersönlichkeit und eigenen Mitteln, die Aufgaben der öffentlichen Verwaltung erfüllen, in das staatliche Verwaltungssystem eingegliedert und damit Teil der mittelbaren Staatsverwaltung sind. Privatpersonen können Stiftungen des öffentlichen Rechts durch privatrechtliche Erklärung miterrichten.[328]

V. Unselbständige Stiftungen[329]

Unselbständige Stiftungen sind Zuwendungen von Vermögen durch den Stifter an einen 147 rechtsfähigen Stiftungsträger (in der Regel eine juristische Person) mit der Maßgabe, das zugewendete Vermögen wirtschaftlich getrennt von seinem Eigenvermögen als **Sondervermögen** zu verwalten und dauerhaft zur Verfolgung von Zwecken zu nutzen, die der Stifter festgelegt hat. Unselbständige Stiftungen sind **nichtrechtsfähige Stiftungen iSd § 1 Abs. 1 Nr. 5 KStG**.[330] Eine unselbständige Stiftung entsteht durch schuldrechtlichen Vertrag zwischen Stifter und Stiftungsträger oder aufgrund letztwilliger Verfügung. Mittels

---

[322] Staudinger/*Hüttemann/Rawert* BGB § 81 Rn. 21 f.
[323] Nach einer wertenden Gesamtbetrachtung, bei Förderstiftungen, wenn den kirchlichen Zwecken satzungsgemäß mehr als 50% des Ertrags zufließen soll (Staudinger/*Hüttemann/Rawert* BGB Vorb. zu §§ 80 ff. Rn. 293 f.).
[324] Dazu näher Staudinger/*Hüttemann/Rawert* BGB Vorb. zu §§ 80 ff. Rn. 295.
[325] Staudinger/*Hüttemann/Rawert* BGB Vorb. zu §§ 80 ff. Rn. 182 und § 80 Rn. 46.
[326] Im Einzelnen Staudinger/*Hüttemann/Rawert* BGB Vorb. zu §§ 80 ff. Rn. 308.
[327] Staudinger/*Hüttemann/Rawert* BGB Vorb. zu §§ 80 ff. Rn. 181.
[328] Staudinger/*Hüttemann/Rawert* BGB Vorb. zu §§ 80 ff. Rn. 407 ff.; aA MüKoBGB/*Weitemeyer* BGB § 80 Rn. 231.
[329] Muster für Stiftungsgeschäfte einer unselbständigen Stiftung und ihrer Satzung zB bei Staudinger/*Hüttemann/Rawert* BGB Anh. zu §§ 80 ff. Rn. 7 ff.
[330] Staudinger/*Hüttemann/Rawert* BGB Vorb. zu §§ 80 ff. Rn. 319.

vertraglicher Regelungen wird eine Stiftung iSd §§ 80 ff. BGB „simuliert".[331] Eine Anerkennung oder staatliche Aufsicht wie bei der rechtsfähigen Stiftung gibt es nicht.[332]

148 Die **Annahme** einer unselbständigen Stiftung durch den rechtsfähigen Stiftungsträger ist ein Grundlagengeschäft, da mit ihr uU erhebliche Verpflichtungen und Haftungsgefahren verbunden sind. Die Trägerschaft einer unselbständigen Stiftung muss vom Unternehmensgegenstand bzw. Vereins- oder Stiftungszweck umfasst sein. Andernfalls kann der Stiftungsträger die unselbständige Stiftung nur annehmen, wenn Unternehmensgegenstand bzw. Vereins- oder Stiftungszweck entsprechend geändert werden (können).[333]

149 Das **Stiftungsgeschäft unter Lebenden** ist Treuhandvertrag[334], Auflagenschenkung oder eine Kombination aus beidem. Es wird meist Verbrauchervertrag sein.[335] Das **Stiftungsgeschäft von Todes wegen** ist Erbeinsetzung unter Auflage oder Vermächtnis unter Auflage. Stattdessen kann der Erblasser seinem Erben auch nur die Auflage die Stiftung zu errichten. Dann ist der Erblasser bloß mittelbarer Stifter und Stifter der Erbe selbst.[336]

150 Das Stiftungsvermögen haftet für sämtliche Verbindlichkeiten des Stiftungsträgers. Der Stiftungsträger haftet wiederum persönlich und unbeschränkt für seine Tätigkeit in der Stiftungsverwaltung. In der **Insolvenz des Stiftungsträgers** ist zu unterscheiden: Soweit man die unselbständige Stiftung als Schenkung unter Auflage bzw. Erbeinsetzung oder Vermächtnis unter Auflage ansieht, besteht kein Aussonderungsrecht des Stifters nach § 47 InsO. Ohne dingliche Sicherung ist dann auch der Rückforderungsanspruch aus § 527 BGB bloße Insolvenzforderung. Soweit man die unselbständige Stiftung aber wie die hM als Treuhandverhältnis ansieht, ist § 47 InsO für das Stiftungsvermögen (nicht aber für seine Erträge) einschlägig für den Stifter.[337] Gerät der **Stifter in Insolvenz,** besteht bei einer Schenkung unter Auflage das Rückforderungsrecht nach § 527 BGB. Ein Treuhandverhältnis erlischt gemäß §§ 115, 116 InsO, sodass der Stiftungsträger das Stiftungsvermögen an den Insolvenzverwalter herausgeben muss.[338]

151 Wird die Verfolgung des Stiftungszwecks unmöglich, kann der Stiftungszweck angepasst oder die Stiftung aufgelöst werden, soweit dies durch Vertragsänderung oder -auslegung möglich ist. Idealerweise sollte man in der „Satzung" der unselbständigen Stiftung regeln, unter welchen konkreten Umständen der Stiftungszweck geändert oder die Stiftung aufgelöst werden kann, ohne dass dies der Willkür der Stiftungsorgane unterfällt.

152 Möchten die Organe einer unselbständigen Stiftung eine **Zustiftung** annehmen, müssen sie den Vertrag mit dem Stifter bzw. seinen Erben ändern, soweit der Stifter nicht bereits in der Satzung für alle oder genauer definierte Fälle zugestimmt hat.

153 Die **„Umwandlung" einer unselbstständigen in eine rechtsfähige Stiftung** geschieht grundsätzlich dadurch, dass der Stiftungsträger eine rechtsfähige Stiftung gründet, die in der Satzung der unselbständigen Stiftung zum Anfallberechtigten gemacht wird, und dann die unselbständige Stiftung aufgelöst wird.[339]

I. Grundzüge des Gemeinnützigkeitsrechts

154 Verfolgt eine (unselbständige oder rechtsfähige) Stiftung (tatsächlich) ausschließlich gemeinnützige, mildtätige oder kirchliche Zwecke iSd §§ 51 ff. AO, kommt sie in den Ge-

---

[331] Staudinger/*Hüttemann*/*Rawert* BGB Vorb. zu §§ 80 ff. Rn. 320.
[332] Staudinger/*Hüttemann*/*Rawert* BGB Vorb. zu §§ 80 ff. Rn. 325.
[333] Staudinger/*Hüttemann*/*Rawert* BGB Vorb. zu §§ 80 ff. Rn. 330.
[334] Zur Kritik an der Treuhandtheorie mangels endgültiger Vermögenswidmung aber Staudinger/*Hüttemann*/*Rawert* BGB Vorb. zu §§ 80 ff. Rn. 333 ff., 346.
[335] Staudinger/*Hüttemann*/*Rawert* BGB Vorb. zu §§ 80 ff. Rn. 347.
[336] Staudinger/*Hüttemann*/*Rawert* BGB Vorb. zu §§ 80 ff. Rn. 350 ff.
[337] Staudinger/*Hüttemann*/*Rawert* BGB Vorb. zu §§ 80 ff. Rn. 354 ff. mwN.
[338] Staudinger/*Hüttemann*/*Rawert* BGB Vorb. zu §§ 80 ff. Rn. 358.
[339] Muster für Stiftungsgeschäfte einer unselbständigen Stiftung und ihrer Satzung zB bei Staudinger/*Hüttemann*/*Rawert* BGB Vorb. zu §§ 80 ff. Rn. 362.

nuss verschiedener Vergünstigungen im Ertrags- und Erbschaftsteuerrecht, wenn auch die Satzung den Vorgaben des Gemeinnützigkeitsrechts entspricht (s. §§ 59, 60 AO). Das bedeutet, dass die Satzung neben den in § 81 Abs. 1 S. 3 BGB genannten Angaben auch die Regelungen enthalten muss, die in der Anlage 1 zu § 60 AO festgelegt sind. Daher sollte man bei rechtsfähigen Stiftungen vor dem Antrag auf Anerkennung der Stiftung die Satzung vom zuständigen Finanzamt prüfen lassen. Die Übereinstimmung der Satzung mit den gesetzlichen Anforderungen ist Gegenstand eines gesonderten Feststellungsverfahren nach § 60a AO.[340] Außerdem erhalten Stifter, Zustifter und Spender steuerliche Vorteile, wenn sie Vermögen gemeinnützigen Stiftungen (zu-)stiften oder spenden.

I. Voraussetzungen der Gemeinnützigkeit

Die Stiftung muss **gemeinnützige Zwecke** iSd § 51 AO verfolgen, die in §§ 52–54 **155** AO näher definiert werden. Zudem müssen die Grundsätze der Ausschließlichkeit, Unmittelbarkeit und Selbstlosigkeit beachtet werden.

Der praktisch wichtigste dieser Grundsätze ist der **Grundsatz der Selbstlosigkeit** ge- **156** mäß § 55 AO: Die Stiftung darf zum einen nicht in erster Linie eigenwirtschaftlichen Zwecken dienen. Zudem enthält der Grundsatz der Selbstlosigkeit den **Grundsatz der zeitnahen Mittelverwendung,** wovon aber naturgemäß das zu erhaltende Grundstücksvermögen (aber nicht die Erträge und Spenden) gemäß § 62 Abs. 3 AO ausgenommen ist. Außerdem ist eine bestimmte Rücklagenbildung im Rahmen des § 62 Abs. 1, Abs. 2 und Abs. 4 AO unschädlich sowie die Bildung von Rücklagen im Stiftungsunternehmen, soweit dafür wirtschaftliche Gründe vorliegen.[341] Vermögensumschichtungen innerhalb des Grundstockvermögens dürfen auch steuerlich wieder vollständig dem Vermögen zugeführt und müssen nicht zeitnah verwendet werden.[342]

Der **Grundsatz der Ausschließlichkeit** ist gemäß § 56 AO gewahrt, wenn die Stif- **157** tung nur ihre steuerbegünstigten satzungsmäßigen Zwecke verfolgt (unabhängig von der Art der Mittel hierzu, die wie bei einer unternehmensverbundenen Stiftung auch nicht steuerbegünstigt sein können[343]). Die Abgabenordnung statuiert allerdings auch bestimmte Ausnahme vom Grundsatz der Ausschließlichkeit. Insbesondere ist hier § 58 Nr. 6 AO zu nennen, der eine Ausnahme hinsichtlich der Versorgung des Stifters und seiner Angehörigen vorsieht und es der Stiftung ermöglicht, hierfür bis zu einem Drittel ihres Einkommens zu verwenden, nach einschränkender Auslegung durch die Finanzverwaltung allerdings nur, soweit dies „angemessen" ist.[344] Zudem ist zu beachten, dass bei Inanspruchnahme von § 58 Nr. 6 AO der rückwirkende Entfall von Erbschaft- oder Schenkungsteuer nach § 29 Abs. 1 Nr. 4 ErbStG nicht greift.

Der **Grundsatz der Unmittelbarkeit** verlangt gemäß § 57 AO, dass die Stiftung ihre **158** steuerbegünstigten satzungsmäßigen Zwecke selbst verwirklicht. Dazu zählt gemäß § 58 Nr. 1 AO aber auch, wenn die Stiftung Mittel für die Verwirklichung der steuerbegünstigten Zwecke einer anderen Körperschaft oder für die Verwirklichung steuerbegünstigter Zwecke durch eine juristische Person des öffentlichen Rechts beschafft. Die Satzung der Stiftung muss eine solche Fördertätigkeit iSd § 58 Nr. 1 AO ausdrücklich enthalten, damit sie nicht steuerschädlich ist.[345]

II. Steuervorteile bei der Stiftung

Zuwendungen an gemeinnützige Stiftungen sind grundsätzlich gemäß § 13 Nr. 16 lit. b **159** ErbStG von der **Erbschaft- und Schenkungsteuer** befreit. Als vom Erblasser zugewen-

---

[340] Staudinger/*Hüttemann/Rawert* BGB Vorb. zu §§ 80 ff. Rn. 430.
[341] BFH DStR 1998, 1710.
[342] Anwendungserlass zur AO Nr. 29 zu § 55 Abs. 1 Nr. 5 AO.
[343] Staudinger/*Hüttemann/Rawert* BGB Vorb. zu §§ 80 ff. Rn. 437.
[344] Anwendungserlass zur AO Nr. 8 zu § 58 Nr. 6 AO.
[345] Anwendungserlass zur AO Nr. 1 zu § 58 AO.

det gilt auch die Vermögensübertragung auf die von Todes wegen gegründete Stiftung. Die Steuer entsteht mit dem Zeitpunkt der Anerkennung der Stiftung als rechtsfähig (§§ 3 Abs. 2 Nr. 1, 9 Abs. 1 Nr. 1 Hs. 2 lit. c Hs. 1 ErbStG).

160   Die Stiftung ist gemäß § 5 Abs. 1 Nr. 9 S. 1 KStG von der **Körperschaftsteuer** befreit in Bezug auf Einkünfte aus ihrer Vermögensverwaltung, gemäß S. 2 dieser Bestimmung nicht aber hinsichtlich eines wirtschaftlichen Geschäftsbetriebs (Rückausnahme allerdings in § 64 Abs. 3 AO, wenn die Einnahmen des wirtschaftlichen Betriebs inkl. Umsatzsteuer 35.000 EUR pro Jahr nicht übersteigen). Das gilt gleichermaßen für die **Gewerbesteuer** gemäß § 3 Nr. 6 GewStG und (außer § 64 Abs. 3 AO) gemäß § 12 Abs. 2 Nr. 8 lit. a S. 2 UStG für den ermäßigten **Umsatzsteuersatz**. Zweckbetriebe iSd §§ 64–68 AO genießen hingegen die vollständigen Steuervorteile. Auch von der **Kapitalertragsteuer** ist die Stiftung durch die Abstandnahmeregelungen gemäß § 44a EStG grundsätzlich befreit. Viele sachliche Befreiungen von der Umsatzsteuer betreffen faktisch gemeinnützige Stiftungen (vgl. § 4 Nr. 14 ff. UStG, Art. 132 Abs. 1 MwStSystRL).

161   Zu beachten ist allerdings, dass der BFH § 84 BGB auf die Körperschaft- und Gewerbesteuerpflicht anwendet, wohl aber nicht auf die befreiende Vorschrift des § 5 Abs. 1 Nr. 9 KStG. § 84 BGB sollte aber auch für § 5 Abs. 1 Nr. 9 KStG anwendbar sein, sodass nicht nur die Besteuerung von Erträgen auf den Zeitpunkt unmittelbar vor dem Tod des Stifters verlagert wird, sondern auch die Steuerbefreiung, wenn die Satzung *im Zeitpunkt der Anerkennung* den Vorgaben der §§ 59, 60 AO entspricht.[346] Da der BFH dies allerdings wohl anders sieht,[347] muss peinlich genau darauf geachtet werden, dass den §§ 59, 60 AO bereits *im Stiftungsgeschäft* (sei es unter Lebenden oder von Todes wegen) exakt entsprochen wird.

III. Steuervorteile bei (Zu-)Stiftern und Spendern

162 Als **Sonderausgaben** abziehbar sind grundsätzlich gemäß § 10b Abs. 1 EStG auch **Zuwendungen an eine gemeinnützige Stiftung** und zwar bis zu 20 Prozent des Gesamtbetrags der Einkünfte oder 4 Promille der Summe der gesamten Umsätze und der im Kalenderjahr aufgewendeten Löhne und Gehälter. Zusätzlich sind gemäß § 10b Abs. 1a EStG **Spenden „in den Vermögensstock"** einer gemeinnützigen Stiftung im Veranlagungszeitraum der Zuwendung und in den folgenden neun Veranlagungszeiträumen bis zu einem Gesamtbetrag von 1 Million Euro, bei Ehegatten, die nach den §§ 26, 26b EStG zusammen veranlagt werden, bis zu einem Gesamtbetrag von 2 Millionen Euro als Sonderausgaben abziehbar. Mit „Vermögensstock" ist das nicht zum Verbrauch bestimmte, dauerhaft zu erhaltende Stiftungsvermögen gemeint, weshalb Zuwendungen zu einer Verbrauchsstiftung gemäß § 10b Abs. 1a S. 2 EStG nicht begünstigt sind. Bei **Teilverbrauchsstiftungen** ist nur das nicht zum Verbrauch bestimmte Vermögen Teil des „Vermögensstocks".[348] Für die **Gewerbesteuer** gilt § 9 Nr. 5 S. 9 GewStG, der eine Kürzung um die im Erhebungszeitraum in das zu erhaltende Vermögen einer gemeinütigen Stiftung geleisteten Spenden in diesem und in den folgenden neun Erhebungszeiträumen bis zu einem Betrag von 1 Million Euro zulässt. Auch im Übrigen sind aus den Mitteln eines Gewerbebetriebs geleistete Zuwendungen gemäß § 9 Nr. 5 S. 1 GewStG bis zu einem bestimmten Umfang von der Gewerbesteuer befreit.

163   Der Spendenabzug nach § 10b Abs. 1 und Abs. 1a EStG gilt nur für Zuwendungen zu Lebzeiten, nicht aber für Zuwendungen von Todes wegen (auch nicht über § 84 BGB[349]) und auch nicht im Rahmen der Abgeltungssteuer für Kapitaleinkünfte (mit Ausnahme allerdings im Rahmen der Günstigerprüfung nach § 32d Abs. 6 EStG).[350]

---

[346] Staudinger/*Hüttemann*/*Rawert* BGB § 84 Rn. 17.
[347] BFH DStRE 2004, 229.
[348] *Hüttemann* DB 2012, 2592 (2595).
[349] Staudinger/*Hüttemann*/*Rawert* BGB § 84 Rn. 18.
[350] Staudinger/*Hüttemann*/*Rawert* BGB Vorb. zu §§ 80 ff. Rn. 443 mwN.

Nach § 29 Abs. 1 Nr. 4 ErbStG erlischt die **Erbschaft- bzw. Schenkungsteuer** rück- 164 wirkend, soweit Vermögensgegenstände, die von Todes wegen oder durch Schenkung unter Lebenden erworben worden sind, innerhalb von 24 Monaten nach dem Zeitpunkt der Entstehung der Steuer einer Stiftung zugewendet werden.

Gemäß § 63 Abs. 5 AO darf eine gemeinnützige Stiftung **Zuwendungsbestätigun-** 165 **gen** iSd § 50 Abs. 1 EStDVO erst ausstellen, wenn die zuständige Finanzbehörde nach § 60a Abs. 1 AO festgestellt hat, dass die Satzung den §§ 51 ff. AO entspricht.

J. Wegweiser zum Internationalen Stiftungsprivatrecht

Das Personalstatut der rechtsfähigen Stiftung richtet sich nach den Grundsätzen des inter- 166 nationalen Gesellschaftsrechts,[351] wobei aufgrund der stiftungsrechtlichen Besonderheiten (insbesondere zur Vermeidung eines Aufsichtsvakuums) viel dafür spricht, auch innerhalb der EU weiterhin von der Sitztheorie auszugehen.[352] Der vermögensrechtliche Teil des Stiftungsgeschäfts von Todes wegen richtet sich hingegen nach dem Erbstatut. Das für die Stiftungsaufsicht anwendbare Recht bestimmt sich nach dem Internationalen Verwaltungsrecht.[353]

---

[351] BGH NZG 2016, 1187.
[352] MHdB GesR V/*Jakob* § 119 Rn. 9c ff.
[353] Ausführlich auch zu Zu- und Wegzugsfällen Staudinger/*Hüttemann/Rawert* Vorb. zu §§ 80 ff. Rn. 419 ff.

§ 20. Personengesellschaft

Übersicht

Schrifttum:
Baumbach/Hopt, Handelsgesetzbuch, 38. Aufl. 2018; *Eckhardt/Hermanns*, Kölner Handbuch Gesellschaftsrecht, 3. Aufl. 2017; *Fuhrmann/Wälzholz*, Formularbuch Gesellschaftsrecht, 3. Aufl. 2018; *Hauschild/Kallrath/Wachter*, Notarhandbuch Gesellschafts- und Unternehmensrecht, 2. Aufl. 2016; *Herrler*, Gesellschaftsrecht in der Notar- und Gestaltungspraxis, 2017; *Krafka/Kühn*, Registerrecht, 10. Aufl. 2016; *Gummert/Weipert*, Münchener Handbuch des Gesellschaftsrechts, Band 1: BGB-Gesellschaft, OHG, PartG, EWIV, 5. Aufl. 2019; *Gummert/Weipert*, Münchener Handbuch des Gesellschaftsrechts, Band 2: Kommanditgesellschaft, GmbH & Co. KG, Publikums-KG, Stille Gesellschaft, 5. Aufl. 2019; *K. Schmidt*, Gesellschaftsrecht, 4. Aufl. 2002; *Wachter*, Praxis des Handels- und Gesellschaftsrechts, 4. Aufl. 2018; *Wiedemann*, Gesellschaftsrecht, Band I, 1980 und Band II, 2004.

1. Teil. Gründung der Gesellschaft

A. Beratungs-Checkliste

1 | **Beratungs-Checkliste:**

(I) Ermittlung der sachgerechten Gesellschaftsform
   (1) Wird ein Handelsgewerbe iSv § 1 Abs. 2 HGB betrieben?
   (2) Wird ein sonstiger Gewerbebetrieb geführt oder wird ausschließlich eigenes Vermögen verwaltet und soll die Firma in das Handelsregister eingetragen werden?
   (3) Sollen alle Gesellschafter unbeschränkt und persönlich haften oder soll die Haftung bei einzelnen oder ggf. allen natürlichen Personen beschränkt sein?
   Wie hoch soll ggf. die Haftsumme sein?

    (4) Sollen einzelne Personen nicht Gesellschafter werden, sich aber gleichwohl finanziell an der Gesellschaft beteiligen (partiarisches Darlehen, stille Gesellschaft, Unterbeteiligung)?

(II) Geschäftsführungs- und Vertretungsregelungen

    (1) Sollen alle persönlich haftenden Gesellschafter auch geschäftsführungsbefugt sein oder sollen Einzelne von der Geschäftsführung ausgeschlossen sein?
Sollen auch Kommanditisten Geschäftsführungsbefugnisse übertragen werden?

    (2) Sollen alle persönlich haftenden Gesellschafter vertretungsbefugt sein oder sollen Einzelne von der Vertretung ausgeschlossen sein?

    (3) Sollen die vertretungsbefugten Geschäftsführer gemeinschaftlich oder je einzeln handeln können?

    (4) Sollen auch Kommanditisten Vertretungsbefugnisse, ggf. durch Verleihung einer Prokura oder Erteilung einer Vollmacht, übertragen werden?

(III) Sonstige bei der Gestaltung des Gesellschaftsvertrags zu beachtende Gesichtspunkte

    (1) Soll die Mitgliedschaft frei übertragbar sein oder nur mit Zustimmung einzelner oder aller Mitgesellschafter?
Sollen Vorkaufs- oder Vorerwerbsrechte oder entsprechende Andienungspflichten im Gesellschaftsvertrag vereinbart werden?

    (2) Soll der Gesellschafter seine Beteiligung an der Gesellschaft kündigen können?
Soll die Gesellschaft im Falle der Kündigung unter den übrigen Gesellschaftern fortbestehen oder aufgelöst werden?

    (3) Soll ein Gesellschafter auch gegen seinen Willen aus der Gesellschaft ausgeschlossen werden können?
Soll hierzu – wie im Gesetz vorgesehen – ein gerichtliches Verfahren durchgeführt werden müssen oder soll die Ausschließung auch durch Gesellschafterbeschluss möglich sein?
Welche Gründe sollen einen Ausschluss rechtfertigen?

    (4) Welche Abfindung soll der Gesellschafter im Falle seines Ausscheidens erhalten?
Soll eine Abfindung unter dem wahren Wert der Beteiligung vereinbart werden?

    (5) Welche Rechtsfolge soll beim Tod eines Gesellschafters eintreten?
Soll die Beteiligung frei vererblich sein oder muss der Gesellschaftererbe bestimmte Anforderungen erfüllen?

    (6) Soll eine Testamentsvollstreckung an der Beteiligung zugelassen werden?

B. Der Abschluss des Gesellschaftsvertrages

I. Allgemeines

Personenhandelsgesellschaften werden – wie alle anderen Gesellschaftsformen auch – durch den Abschluss eines Gesellschaftsvertrages gegründet. Neben den besonderen handelsrechtlichen Erfordernissen sind die folgenden für alle Personengesellschaften geltenden Gesichtspunkte zu berücksichtigen.   2

1. Beteiligung Minderjähriger. Bei Beteiligung Minderjähriger an der Gesellschaft bedürfen die Eltern gemäß §§ 1822 Nr. 3, 1643 Abs. 1, 1629 Abs. 1 BGB der Genehmigung des Familiengerichts. Werden die Eltern selbst auch Gesellschafter, ist darüber hinaus § 1629 Abs. 2 BGB iVm § 1795 BGB zu beachten: Da die Eltern zum einen bei Abschluss des Gesellschaftsvertrags zugleich im eigenen Namen und im Namen des von ihnen vertretenen Kindes handeln und der Abschluss des Gesellschaftsvertrags zum anderen für das Kind nicht lediglich rechtlich vorteilhaft ist, sind die Eltern von der Vertretung des   3

Kindes ausgeschlossen. Dem Kind ist gemäß § 1909 Abs. 1 BGB ein Pfleger zu bestellen. Sollen mehrere Kinder Gesellschafter werden, ist für jedes Kind gesondert ein Pfleger zu bestellen, da der Pfleger gemäß § 1915 Abs. 1 BGB seinerseits den für die Vormundschaft geltenden Vorschriften, und damit §§ 1795 Abs. 2, 181 BGB unterliegt, mithin eine gleichzeitige Vertretung mehrerer Kinder durch einen Pfleger ausgeschlossen ist.[1] Der Pfleger bedarf für das von ihm im Namen des Kindes abgeschlossene Rechtsgeschäft seinerseits der betreuungsgerichtlichen Genehmigung nach § 1822 Nr. 3 BGB.[2]

4   Gelegentlich wird diskutiert, ob die Notwendigkeit der Bestellung eines Ergänzungspflegers und der Einholung einer familiengerichtlichen Genehmigung bei Beteiligung eines Minderjährigen dann entfallen kann, wenn der oder die Minderjährigen nicht unmittelbar bei Gründung der Gesellschaft beteiligt werden, sondern sie voll eingezahlte Kommanditanteile nach Gründung und Entstehung der Kommanditgesellschaft geschenkt und übertragen erhalten. Der Bestellung eines Ergänzungspflegers bedarf es jedenfalls dann nicht, wenn der gesetzliche Vertreter des Minderjährigen nicht an dessen Vertretung gehindert ist, weil das Geschäft für den Minderjährigen lediglich rechtliche Vorteile mit sich bringt.[3] Während ein Teil der obergerichtlichen Rechtsprechung eine schenkweise Übertragung eines voll eingezahlten Kommanditanteils als lediglich rechtlich vorteilhaft ansieht[4] geht das OLG Frankfurt a.M.[5] davon aus, dass die Übertragung eines Kommanditanteils nicht anders als der originäre Erwerb einer Mitgliedschaft behandelt werden könne und durch die Übertragung der Minderjährige langfristig an eine Personenhandelsgesellschaft mit den hiermit verbundenen Rechten und Pflichten gebunden sei. Den Minderjährigen treffe insbesondere die gesellschaftsrechtliche Treuepflicht, so dass von einem rechtlich lediglich vorteilhaften Rechtsgeschäft keine Rede sein könne. Hinsichtlich der Frage der Notwendigkeit einer familiengerichtlichen Genehmigung geht die herrschende Meinung in analoger Anwendung des § 1822 Nr. 3 BGB von einer Genehmigungsbedürftigkeit aus.[6] Das OLG Bremen macht von der Notwendigkeit der familiengerichtlichen Genehmigung allerdings dann eine Ausnahme, wenn voll eingezahlte Kommanditanteile an einer lediglich vermögensverwaltenden Familien-KG übertragen werden.[7] In diesen Fällen sei die persönliche Haftung des Minderjährigen und sein Verlustrisiko auf die bereits erbrachte Kommanditeinlage beschränkt und das Haftungsrisiko des § 176 Abs. 2 HGB könne dadurch ausgeschlossen werden, dass die Wirksamkeit der Anteilsabtretung unter die aufschiebende Bedingung der Eintragung des Anteilsübergangs im Handelsregister gestellt werde. Dem widersprechend geht das OLG Frankfurt a.M. davon aus, dass die Übertragung voll eingezahlter Kommanditanteile der Genehmigung des Familiengerichts bedarf.[8] In einem Sonderfall, in dem Kommanditanteile an einer KG übertragen wurden, deren Tätigkeit auf die Verwaltung des von den Gesellschaftern selbst genutzten Wohnhauses beschränkt war, hat auch das OLG München eine Genehmigungsbedürftigkeit nach § 1822 Nr. 3 BGB verneint.[9]

Praxishinweis:

In allen dargestellten Fallkonstellationen sollte der Notar angesichts der bestehenden Rechtsunsicherheit und der nicht geklärten Rechtsfragen bis zum Vorliegen einer höchstrichterlichen Entscheidung davon ausgehen, dass für einen minderjährigen Be-

---

[1] MüKoBGB/ *Schwab* BGB § 1909 Rn. 40.
[2] *Hohaus/Eickmann* BB 2004, 1707 (1708).
[3] BGH FamRZ 1975, 480; Palandt/ *Götz* BGB § 1795 Rn. 4, 13.
[4] OLG Bremen ZEV 2008, 608; zustimmend zB Staudinger/ *Peschel-Gutzeit* (2007) BGB § 1629 Rn. 246; *Menzel/Wolf* MittBayNot 2010, 186 (187 f.).
[5] NJW-RR 2008, 1568.
[6] *Ivo* ZEV 2005, 1993 (1996); *Reimann* DNotZ 1999, 179 (190).
[7] OLG Bremen ZEV 2008, 608; ebenso OLG Jena RNotZ 2013, 636.
[8] OLG Frankfurt a.M. NJW-RR 2008, 1568.
[9] OLG München ZEV 2008, 609.

schenkten ein Ergänzungspfleger bestellt werden muss, wenn der gesetzliche Vertreter des Minderjährigen als Veräußerer an der Schenkung beteiligt ist und dieser Vorgang der familiengerichtlichen Genehmigung in entsprechender Anwendung des § 1822 Nr. 3 BGB bedarf.

Alle Fragen der ordnungsgemäßen und wirksamen Vertretung des Minderjährigen, na- 5 mentlich die Fragen der Notwendigkeit der Bestellung eines oder mehrerer Ergänzungs- pfleger/s oder einer familiengerichtlichen Genehmigung, müssen vom Notar eigenverant- wortlich überprüft und entschieden werden. Meinungsäußerungen des Familiengerichts, etwa derart, dass die Bestellung eines Ergänzungspflegers für jeden Minderjährigen nicht erforderlich sei, haben keinerlei Rechtskraftwirkung und heilen einen etwaigen Vertre- tungsmangel selbstverständlich nicht. Sollte die wirksame Gründung der Gesellschaft, zB durch Finanzbehörden oder -gerichte oder später angerufene Prozessgerichte, überprüft werden müssen, ist eine derartige Meinungsäußerung des Familiengerichts nicht mehr als ein Indiz für die richtige Rechtsauffassung. Sollte das Familiengericht beispielsweise zu Unrecht von einer Genehmigungsfreiheit ausgegangen sein oder zu Unrecht die Not- wendigkeit der Bestellung eines Ergänzungspflegers für jeden Minderjährigen verneint ha- ben, bleibt die Gesellschaftsgründung unwirksam mit allen sich hieraus ergebenden Kon- sequenzen. Dies bedeutet für den Notar, dass er in derartigen Fällen, in denen er nach eigener Prüfung einer anderen Rechtsauffassung ist als das Familiengericht, einen rechts- mittelfähigen Bescheid erbitten und gegebenenfalls Rechtsmittel einlegen muss. Erst wenn die Rechtsmittelinstanz die Rechtsauffassung des Familiengerichts bestätigt haben sollte, liegt eine rechtskraftfähige Entscheidung im familiengerichtlichen Verfahren vor und der Notar hat alles getan, was von ihm erwartet werden kann. Die bloße Hinnahme einer Zwischenverfügung – oder gar einer bloßen mündlichen oder schriftlichen Meinungsäu- ßerung – des Familiengerichts reicht demgegenüber – wie gesagt – nicht aus. Das famili- engerichtliche Genehmigungsverfahren ist im Einzelnen im FamFG geregelt.[10]

> **Praxishinweis:**
> Wichtig ist es in derartigen Fällen, dass dem Notar, der gegebenenfalls die Gründungs- verträge beurkundet hat, eine sog. *Doppelvollmacht* erteilt wird, damit er nach Vorlie- gen des rechtskräftigen Genehmigungsbeschlusses diesen für alle Beteiligten entgegen nehmen und allen Beteiligten mitteilen kann, da erst mit der Mitteilung der Genehmi- gung an alle Vertragsbeteiligten diese vertragsrechtlich wirksam wird.[11]

Ein besonderes Risiko birgt die Beteiligung Minderjähriger an Personengesellschaften 6 vor dem Hintergrund von § 723 Abs. 1 S. 3 Nr. 2 BGB; hiernach kann der volljährig Gewordene die Gesellschaft aus wichtigem Grund kündigen. Jegliche Vereinbarung, durch welche das Kündigungsrecht ausgeschlossen oder beschränkt wird, ist gemäß § 723 Abs. 3 BGB nichtig. Die Kündigung durch den volljährig Gewordenen führt dazu, dass die Gesellschaft aufgelöst ist oder – wenn eine Vereinbarung nach § 736 BGB getroffen wurde – unter den übrigen Gesellschaftern fortbesteht. In jedem Fall erwirbt der volljäh- rig Gewordene den Abfindungsanspruch nach § 738 Abs. 1 S. 2 BGB, das heißt er erhält eine Abfindung gemäß dem wahren Anteilswert. Beschränkungen des Abfindungsan- spruchs, soweit sie überhaupt zulässig sind, müssen den Anforderungen des § 723 Abs. 3 BGB standhalten, das heißt sie dürfen das Kündigungsrecht des § 723 Abs. 1 S. 3 Nr. 2 BGB nicht gesetzwidrig beschränken. Hier stellt sich die Frage, ob nicht jede Beschrän- kung des Abfindungsanspruchs, die dazu führt, dass der volljährig Gewordene im Falle

---

[10] Vgl. eingehend zu den verschiedenen Verfahrensstufen Eckhardt/Hermanns/*Fleischhauer* Kap. 1 Rn. 484s.
[11] Vgl. Eckhardt/Hermanns/*Fleischhauer* Kap. 1 Rn. 484s.

seines Ausscheidens nicht mit dem wahren Wert des Anteils abgefunden wird, vor dem Hintergrund der Minderjährigenschutzbestimmung des § 723 Abs. 1 S. 3 Nr. 2 BGB unwirksam ist. Bei der Wirksamkeitskontrolle derartiger Abfindungsvereinbarungen ist nämlich zu beachten, dass neben der Wirksamkeitsschranke des § 723 Abs. 3 BGB, an der sich jegliche Abfindungsvereinbarung auszurichten hat, hier der Aspekt des Minderjährigenschutzes tritt, der weitergehende Anforderungen an die Wirksamkeit solcher Abfindungsvereinbarungen stellen dürfte. Darüber hinaus dürfte es äußerst schwierig sein, die familiengerichtliche Genehmigung zu einem Gesellschaftsvertrag zu erhalten, in dem der Abfindungsanspruch des Minderjährigen über Gebühr beschränkt wird. Die nicht selten aus steuerlichen Gründen praktizierte Aufnahme minderjähriger Kinder in eine vermögensverwaltende Personengesellschaft birgt jedenfalls das Risiko, dass der Minderjährige nach Erlangung der Volljährigkeit sein Kündigungsrecht ausübt und als Abfindung den vollen Wert seines Gesellschaftsanteils verlangt. Nicht obergerichtlich oder höchstrichterlich geklärt ist die Frage, ob das Sonderkündigungsrecht des § 723 Abs. 3 BGB auch dem Gesellschafter einer Personenhandelsgesellschaft und – bejahendenfalls – auch einem Kommanditisten zusteht.[12] Im Anwendungsbereich des § 723 BGB führt auch eine übermäßige zeitliche Beschränkung des Kündigungsrechts zu einer Unwirksamkeit der entsprechenden gesellschaftsvertraglichen Regelung.[13]

7 **2. Weitere Zustimmungserfordernisse.** Weitere Zustimmungserfordernisse können sich ergeben aus § 1365 BGB oder aus öffentlich-rechtlichen Genehmigungserfordernissen. Soweit sich ein Gesellschafter durch den Abschluss des Gesellschaftsvertrages verpflichtet, über sein Vermögen im Ganzen oder nahezu im Ganzen zu verfügen, bedarf der Vertrag zu seiner Wirksamkeit der Genehmigung des Ehegatten des Gesellschafters. Hierbei ist zu beachten, dass dieses Genehmigungserfordernis des § 1365 BGB nicht nur dann eingreift, wenn der Gesellschafter ausdrücklich „über sein Vermögen im Ganzen oder nahezu im Ganzen" verfügt, sondern auch bei Verfügung über Einzelgegenstände, die das gesamte oder nahezu gesamte Vermögen (ca. 90% oder mehr) ausmachen. Das Vorliegen eines solchen Gesamtvermögensgeschäftes ist augenfällig und wird in der Regel erkannt, wenn sich ein Gesellschafter zB verpflichtet, ein ihm gehörendes Grundstück, das nahezu sein gesamtes Vermögen ausmacht, in die Gesellschaft einzubringen.

8 Weniger deutlich und schwieriger liegen die Fälle, in denen der Gesellschafter sich im Gesellschaftsvertrag oder in einer Gesellschaftervereinbarung verpflichtet, über seine Gesellschaftsbeteiligung als solche unter bestimmten Voraussetzungen zu verfügen: Verpflichtet sich der Gesellschafter beispielsweise, bei Eintreten bestimmter Voraussetzungen (zB Kündigung seines Dienstvertrages mit der Gesellschaft, Eintritt seiner Arbeitsunfähigkeit oder Verstoß gegen ein Wettbewerbsverbot) seine Gesellschaftsbeteiligung zu übertragen, so kann auch diese Übertragungsverpflichtung, wenn die Voraussetzungen hierfür eingetreten sind, ein Gesamtvermögensgeschäft beinhalten, wenn die Gesellschaftsbeteiligung, etwa weil sie sehr werthaltig geworden ist, bei Eintritt der Übertragungsverpflichtung das gesamte oder nahezu gesamte Vermögen des Gesellschafters ausmacht. Wenn derartige Übertragungsverpflichtungen vereinbart werden – gleich ob im Gesellschaftsvertrag oder in einer Gesellschaftervereinbarung – sollte daher stets die Zustimmung des Ehegatten bereits verheirateter Gesellschafter eingeholt werden und ergänzend noch nicht verheiratete Gesellschafter verpflichtet werden, nach Eheschließung die erforderliche Zustimmung des Ehegatten beizubringen oder einen Ehevertrag zu schließen, in dem der Ehepartner hinsichtlich der Gesellschaftsbeteiligung auf seine Rechte aus § 1365 BGB verzichtet.

9 Nur der Vollständigkeit halber sei erwähnt, dass eine solche Verpflichtung zum Abschluss eines Ehevertrages, wenn sie im Gesellschaftsvertrag aufgenommen wird, zur Formbedürftigkeit des Gesellschaftsvertrages nach § 1410 BGB führt. Bei Beteiligung aus-

---

[12] Vgl. hierzu MüKoBGB/*Ulmer/Schäfer* BGB § 723 Rn. 41; Staub/*Schäfer* HGB § 133 Rn. 33a.
[13] Vgl. hierzu MüKoBGB/*Ulmer/Schäfer* BGB § 723 Rn. 65.

ländischer natürlicher Personen, die verheiratet sind, können sich darüber hinausgehende Zustimmungserfordernisse des Ehegatten aus dem gegebenenfalls anwendbaren ausländischen Ehegüterrecht ergeben.

Formulierungsbeispiel: Ehegattenzustimmung nach § 1365 BGB 10

Als Ehegatte des Gesellschafters *** habe ich Kenntnis genommen vom Entwurf der Gesellschaftervereinbarung betreffend die *** GmbH & Co. KG. Ich stimme sämtlichen Verpflichtungen und Verfügungen meines Ehegatten in dieser Gesellschaftervereinbarung, insbesondere der Übertragungsverpflichtung meines Ehegatten hinsichtlich seiner Kommanditbeteiligung gemäß § *** der Gesellschaftervereinbarung, auch dann zu, wenn diese sein Vermögen im Ganzen oder nahezu im Ganzen zum Gegenstand haben sollten.

Formulierungsbeispiel: Güterstandsklausel im Gesellschaftsvertrag 11

1. Jeder verheiratete Gesellschafter ist verpflichtet, mit seinem Ehegatten entweder den Güterstand der Gütertrennung zu vereinbaren oder, falls der gesetzliche Güterstand der Zugewinngemeinschaft beibehalten werden soll, zu vereinbaren, dass der Gesellschafter über seine Gesellschaftsbeteiligung auch ohne Zustimmung seines Ehegatten nach § 1365 BGB verfügen kann und sein Gesellschaftsanteil im Fall der Beendigung des Güterstandes bei der Berechnung des Zugewinns außer Betracht bleibt.
2. Jeder verheiratete Gesellschafter ist verpflichtet, auf schriftliche Anforderung der Gesellschaft innerhalb von drei Monaten nachzuweisen, dass er der Verpflichtung nach Abs. 1 genügt hat. Jede Veränderung einer derartigen Vereinbarung ist der Gesellschaft unverzüglich anzuzeigen.[14]

Sofern der Gesellschaftsvertrag den Zusammenschluss von Unternehmen zum Gegen- 12 stand hat, muss darüber hinaus die Notwendigkeit der Durchführung eines Fusionskontrollverfahrens durch das Bundeskartellamt oder durch die EU-Kommission ins Auge gefasst werden.[15]

3. Gesellschafterfähigkeit. Gesellschafter einer Personengesellschaft können natürliche 13 und juristische Personen sein. Gesellschafter können ferner Personenhandelsgesellschaften und – wie in § 162 Abs. 1 S. 2 HGB vorausgesetzt – auch Gesellschaften bürgerlichen Rechts sein.

Ausländische juristische Personen können Gesellschafter einer Personengesellschaft sein, 14 wenn nach ihrem Heimatrecht die Fähigkeit besteht, sich an einer Personengesellschaft zu beteiligen.[16] Sofern dem Notar selbst die hinreichende Sachkenntnis fehlt, um die Gesellschafterfähigkeit der ausländischen juristischen Person zu überprüfen, sollte er sich dies zweckmäßigerweise durch eine Bescheinigung eines im ausländischen Recht kundigen Notars des Heimatstaates der Gesellschaft bestätigen lassen. Ist eine solche notarielle Bestätigung aufgrund der Besonderheiten der ausländischen Rechtsordnung (zB weil Notare dort für die Erteilung derartiger Bescheinigungen nicht zuständig sind) nicht zu erlangen, kann alternativ und hilfsweise auch mit entsprechenden gutachtlichen Stellungnahmen anderer Stellen, zB beratender Rechtsanwälte, gearbeitet werden. Muss die Gesellschafterfähigkeit im Grundbuchverfahren nachgewiesen werden, müssen die Bestätigungen den Anforderungen des § 29 GBO genügen und gegebenenfalls apostilliert sein.

---

[14] Formulierung zum Teil in Anlehnung an MVHdB I GesR/*Götze* III. Form. 4.
[15] Vgl. Eckhardt/Hermanns/*Fleischhauer* Kap. 1 Rn. 490.
[16] Baumbach/Hopt/*Hopt* HGB Anh. § 177a Rn. 11.

15   Besondere Aufmerksamkeit ist geboten, wenn sich eine Vor-GmbH zulässigerweise[17] als
Gesellschafterin an einer Personengesellschaft beteiligt: Es muss sichergestellt sein, dass die
Vor-GmbH im Rahmen des Gründungsvorganges der Personengesellschaft ordnungsgemäß vertreten wird. Die Geschäftsführer der Vor-GmbH sind – nach wohl überwiegender Auffassung[18] – ohne ausdrückliche Ermächtigung nur befugt, Rechtsgeschäfte vorzunehmen, die für die Eintragung der GmbH in das Handelsregister erforderlich sind, wozu
die Beteiligung an der Personengesellschaft nicht zählt. Dies bedeutet, dass eine Vertretungsbefugnis der Geschäftsführer der Vor-GmbH zum Abschluss des Personengesellschaftsvertrages nur dann besteht, wenn die Geschäftsführer zu diesen Geschäften von den
Gründungsgesellschaftern ausdrücklich ermächtigt wurden oder wenn die Vertretungsmacht im Gesellschaftsvertrag selbst entsprechend erweitert wurde.[19] Sind die Geschäftsführer der Vor-GmbH auch als natürliche Personen an der Personengesellschaft beteiligt
(wie nicht selten bei der GmbH & Co. KG, bei der die Gesellschafter und Geschäftsführer der GmbH häufig auch Kommanditisten der KG sind), müssen sie zum wirksamen
Abschluss des Personengesellschaftsvertrages von den Beschränkungen des § 181 Alt. 1
BGB befreit sein.

16   **Formulierungsbeispiel: Zustimmung zum Abschluss eines KG-Vertrages durch die**
     Gesellschafter der Komplementär-GmbH
     1. Zu Geschäftsführern der GmbH werden die Herren *** und *** bestellt. Jeder von
        ihnen ist stets einzelvertretungsberechtigt und von den Beschränkungen des § 181
        BGB befreit.
     2. Jeder Geschäftsführer ist auch schon vor Eintragung der Gesellschaft berechtigt, für
        die Gesellschaft nicht gründungsnotwendige Rechtsgeschäfte vorzunehmen, insbe-
        sondere einen Gesellschaftsvertrag zur Gründung der *** GmbH & Co. KG abzu-
        schließen. Jeder Geschäftsführer ist auch insoweit einzelvertretungsberechtigt und
        von den Beschränkungen des § 181 BGB befreit.

17   Kein tauglicher Gesellschafter einer Personengesellschaft ist die Erbengemeinschaft, da
sie auf ihre Auseinandersetzung angelegt ist und da sich die erbrechtlichen Haftungsbe-
schränkungsmöglichkeiten der §§ 1991, 1992 BGB mit den Haftungsregimen der Personenhandelsgesellschaften nicht vertragen. Eine Erbengemeinschaft kann auch nicht in der
Weise Gesellschafterin einer Personengesellschaft werden, dass ein Gesellschafter durch
mehrere Erben beerbt wird: In diesem Fall teilt sich der Gesellschaftsanteil – so er vererblich ist (→ Rn. 111 ff.) – automatisch entsprechend den Erbquoten der einzelnen Erben
auf, die als solche (und nicht in Erbengemeinschaft) Mitglied der Personengesellschaft
werden.

II. Formerfordernisse

18   Grundsätzlich kann der Gesellschaftsvertrag formfrei abgeschlossen werden. Im Interesse
der Rechtssicherheit ist jedenfalls Schriftform dringend anzuraten.[20] Gehört zum Vermögen der Gesellschaft Grundbesitz, sollte mindestens die öffentlich beglaubigte Form
eingehalten werden, damit der Inhalt des Gesellschaftsvertrags ggf. gegenüber dem
Grundbuchamt in der Form des § 29 GBO nachgewiesen werden kann. Neben diesen
aus praktischen Erwägungen zu beachtenden Formanforderungen **muss** der Gesellschaftsvertrag in den nachgenannten Fällen **beurkundet** werden:

---

[17] BGHZ 80, 129.
[18] Vgl. etwa Baumbach//Hueck/*Fastrich* GmbHG § 11 Rn. 18.
[19] Vgl. dazu Baumbach/Hueck/*Fastrich* GmbHG § 11 Rn. 19.
[20] Ebenso *Hohaus/Eickmann* BB 2004, 1707 (1708) im Interesse der steuerlichen Anerkennung.

1. Formererfordernis aus § 311b Abs. 1 BGB. Der Gesellschaftsvertrag ist nach § 311b **19** Abs. 1 BGB beurkundungsbedürftig, wenn sich ein Gesellschafter im Gesellschaftsvertrag verpflichtet, der Gesellschaft das Eigentum an einem Grundstück zu übertragen oder sich verpflichtet, unter bestimmten Voraussetzungen, etwa beim Ausscheiden aus der Gesellschaft oder bei deren Auflösung, von der Gesellschaft ein dieser gehörendes Grundstück zu erwerben. Der bloße Umstand, dass der Zweck der Gesellschaft allgemein auf den Erwerb und das Halten von Grundbesitz gerichtet ist, löst nach herrschender Meinung als solcher noch keine Beurkundungspflicht aus.[21]

2. Formererfordernis aus § 15 Abs. 4 GmbHG. Das Formererfordernis von § 15 Abs. 4 **20** GmbHG ist zu beachten, wenn ein Gesellschafter sich zur Übertragung oder zum Erwerb von GmbH-Geschäftsanteilen verpflichtet. Eine sich hieraus ergebende Beurkundungsbedürftigkeit von Kommanditgesellschaftsverträgen wird nicht selten übersehen: Enthält der Gesellschaftsvertrag einer GmbH & Co. KG eine Bestimmung des Inhalts, dass im Falle einer Übertragung von Kommanditanteilen auch eine Verpflichtung besteht, einen entsprechenden Geschäftsanteil an der Komplementär-GmbH zu übertragen, um gleiche Beteiligungsquoten bei beiden Gesellschaften zu gewährleisten, muss der Kommanditgesellschaftsvertrag beurkundet werden, da er eine Verpflichtung zur Übertragung eines GmbH-Geschäftsanteils begründet. Hier dürfte auch die Heilungsvorschrift des § 15 Abs. 4 S. 2 GmbHG keine Wirksamkeit des Kommanditgesellschaftsvertrags begründen können, da keine Verpflichtung zur Abtretung eines bestimmten Geschäftsanteils begründet wird, die durch die spätere Abtretung erfüllt werden könnte. Von diesem Fall wiederum zu unterscheiden sein dürfte der Fall, dass der Gesellschaftsvertrag der Personengesellschaft bestimmt, dass die Abtretung des Personengesellschaftsanteils nur wirksam ist, wenn zugleich ein entsprechender Geschäftsanteil an der Komplementär-GmbH abgetreten wird: da hier nicht unmittelbar eine Verpflichtung zur Abtretung eines GmbH-Geschäftsanteils begründet wird, sondern die gleichzeitige Abtretung eines GmbH-Geschäftsanteils lediglich (dinglich wirkende) Voraussetzung für die Abtretung des Personengesellschaftsanteils ist, dürfte in diesen Fällen eine Formbedürftigkeit nach § 15 Abs. 4 GmbHG zu verneinen sein. Da die Frage allerdings – soweit ersichtlich – bislang nicht obergerichtlich oder höchstrichterlich entschieden wurde, kann aus Gründen äußerster Vorsicht gleichwohl erwogen werden, auch in diesen Fällen den KG-Vertrag zu beurkunden.

3. Formererfordernis aus § 518 BGB. Im Einzelfall kann sich das Beurkundungserfordernis schließlich aus § 518 BGB ergeben: Zwar ist die Übertragung der Stellung eines persönlich haftenden Gesellschafters, auch wenn sie unentgeltlich erfolgt, nach der Rechtsprechung keine Schenkung, da der Gesellschafter die persönliche Haftung übernimmt. Demgegenüber kann ein Kommanditanteil durchaus Gegenstand einer Schenkung sein.[22] Ist die Beurkundungsform nicht eingehalten, wird der Mangel der Form gemäß § 518 Abs. 2 BGB durch die Bewirkung der versprochenen Leistung, dh durch den Vollzug der Schenkung, geheilt. Die Schenkung ist vollzogen, wenn der Erwerber Inhaber des Gesellschaftsanteils geworden ist. Dies ist bei Gesellschaften, die ein Handelsgewerbe iSd § 1 HGB betreiben, mit Wirksamkeit des Gesellschaftsvertrags der Fall. Bei kannkaufmännischen Unternehmen iSv § 2 HGB stellt sich die Frage, ob der Erwerber Inhaber des Gesellschaftsanteils erst mit der Eintragung der Gesellschaft in das Handelsregister geworden ist. Die Frage dürfte zu verneinen sein, da die Gesellschaft als Personen*handels*gesellschaft zwar erst mit der Eintragung in das Handelsregister entstanden ist, jedoch vorher eine Gesellschaft bürgerlichen Rechts besteht, an der der Erwerber einen Gesellschaftsanteil erworben hat. Wird dem Erwerber eine Unterbeteiligung an der Gesellschaft geschenkt und erhält der Unterbeteiligte zugleich mitgliedschaftliche Rechte in der Unterbeteili-

---

[21] Vgl. BGH NJW 1996, 1279; *Böhmer/Loebbe* DNotZ 1998, 711; *Wenz* MittRhNotK 1996, 377 (379).
[22] So auch BGHZ 112, 40.

gungsgesellschaft, die über eine rein schuldrechtliche Berechtigung hinausgehen, ist Vollzug iSv § 518 Abs. 2 BGB mit dem Abschluss des Gesellschaftsvertrags anzunehmen.[23]

22 **4. Formerfordernis aus § 2 GmbHG.** In der Praxis wenig behandelt wird die Frage, ob auch § 2 GmbHG, der für die Gründung von GmbHs die notarielle Form vorschreibt, zur Formbedürftigkeit eines Personengesellschaftsvertrags führen kann, wenn die Gründung der GmbH mit der Gründung einer Personengesellschaft im Zusammenhang steht. Wenn also zur Gründung einer GmbH & Co. KG zunächst die Komplementär-GmbH beim Notar gegründet wird, kann sich die Frage stellen, ob sich das Beurkundungserfordernis des § 2 GmbHG auch auf den Gründungsvertrag der Kommanditgesellschaft, deren Komplementärin die GmbH ist, erstreckt.

23 Die Beantwortung dieser Frage wird maßgeblich davon abhängen, welchem Zweck das Beurkundungserfordernis des § 2 GmbHG dient. Bestünde dieser alleine darin, die bei Kapitalgesellschaften erforderliche Publizitätsfunktion zu erfüllen, oder wäre der alleinige Zweck des § 2 GmbHG, eine Richtigkeitsgewähr für Registereintragungen bei Kapitalgesellschaften zu erreichen, bestünde wohl keine Notwendigkeit, das Beurkundungserfordernis im diskutierten Fall auf den Gesellschaftsvertrag der KG auszudehnen. Nach überwiegender Ansicht tritt zu den genannten Zwecken des Beurkundungserfordernisses jedoch auch die Funktion des Individualschutzes: Dem Formgebot wird in der Regel auch eine Warnfunktion in dem Sinne entnommen, den Gründern die Bedeutsamkeit ihrer Willenserklärung durch notarielle Belehrung bewusst zu machen und sie vor übereilten Entscheidungen zu schützen.[24] Wenn § 2 GmbHG eine entsprechende individualschützende Tendenz inne wohnt, spricht auf den ersten Blick vieles dafür, dass alle Erklärungen, die im wirtschaftlichen und rechtlichen Zusammenhang mit der beurkundungsbedürftigen GmbH-Gründung zusammenhängen, ihrerseits zu beurkunden sind. Ein derartiges Gebot der Gesamtbeurkundung entspricht der herrschenden Meinung im Bereich von § 311b BGB[25] und im Bereich des § 15 Abs. 4 GmbHG.[26] Konkret bedeutet das Gesamtbeurkundungserfordernis, dass alle Erklärungen beurkundet werden müssen, die zum beurkundungsbedürftigen Rechtsgeschäft – hier der Gründung der GmbH – gehören. Wenn bei zusammengesetzten Rechtsgeschäften eine einseitige Abhängigkeit besteht, kommt es darauf an, ob das beurkundungsbedürftige Rechtsgeschäft nach dem Vertragsinhalt gewordenen Willen mindestens eines Vertragsbeteiligten von dem anderen – eigentlich nicht beurkundungsbedürftigen Rechtsgeschäft – abhängt.[27]

24 Auf den konkreten Fall angewendet bedeutet dies, dass der KG-Vertrag in den geschilderten Fällen immer dann zu beurkunden wäre, wenn die – beurkundungsbedürftige – Gründung der GmbH vom Abschluss des KG-Vertrages abhängig wäre. So gestellt, wird man die Frage in der Regel verneinen müssen: Zwar dient die Gründung der GmbH in den geschilderten Konstellationen häufig allein oder überwiegend dem Zweck, eine Komplementärin für die ebenfalls zu gründende KG bereit zu stellen, nicht jedoch soll die GmbH-Gründung in ihrer Wirksamkeit von der Gründung der KG abhängen. Dies ergibt sich bereits daraus, dass in der Handelsregisterpraxis in der Regel zunächst die GmbH in das Handelsregister eingetragen wird, bevor die KG zur Eintragung gelangt. Bereits hieraus ergibt sich, dass die Gründung der GmbH *nicht* von der (in der Regel später erfolgenden) Eintragung der KG abhängen kann. Auch wird es in der Regel nicht der Vorstellung der Beteiligten entsprechen, dass die erfolgte Gründung der GmbH nachträglich unwirksam wird, wenn die spätere Gründung und Eintragung der KG scheitert. Das Verständnis der Beteiligten dürfte in diesen Fällen eher dahin gehen, dass die (nunmehr nutzlos gewordene) GmbH gegebenenfalls aufgelöst werden kann, nicht jedoch, dass sie

---

[23] BGH NZG 2012, 222.
[24] MüKoGmbHG/*Heinze* GmbHG § 2 Rn. 22.
[25] *Krauß* Immobilienkaufverträge Teil A Rn. 82 ff.
[26] MüKoGmbHG/*Reichert/Weller* GmbHG § 15 Rn. 106.
[27] *Krauß* Immobilienkaufverträge Teil A Rn. 83.

automatisch ihre Wirksamkeit verliert. Als Ergebnis bleibt damit für den Regelfall festzu-halten, dass das Beurkundungserfordernis des § 2 GmbHG den Gesellschaftsvertrag der KG auch dann nicht erfasst, wenn die Gründung der GmbH wirtschaftlich und tatsächlich allein oder überwiegend dem Zweck dient, eine Komplementärin für die ebenfalls zu gründende KG bereit zu stellen.

III. Der Gesellschaftszweck – Betrieb eines Handelsgewerbes

Gemäß §§ 105, 161 HGB muss der Zweck der Gesellschaft auf den Betrieb eines Han- 25
delsgewerbes iSv §§ 1 ff. HGB gerichtet sein. Ein Handelsgewerbe ist entweder ein Ge-werbebetrieb, der nach Art und Umfang einen in kaufmännischer Weise eingerichteten Geschäftsbetrieb erfordert (§ 1 Abs. 2 HGB) oder ein sonstiges gewerbliches Unterneh-men iSv § 2 HGB. Dies bedeutet konkret, dass Kleingewerbetreibende die Wahl haben, ob sie durch Eintragung in das Handelsregister eine Personenhandelsgesellschaft begrün-den wollen oder ihr Unternehmen in Form einer Gesellschaft bürgerlichen Rechts betrei-ben wollen. Da Freiberufler kein Gewerbe betreiben, ist ihnen die Rechtsform der Perso-nenhandelsgesellschaft verschlossen.

Ein Wahlrecht, durch Eintragung in das Handelsregister eine Personenhandelsgesell- 26
schaft zu gründen und nicht mehr in der Form der Gesellschaft bürgerlichen Rechts tätig zu sein, besteht gemäß § 105 Abs. 2 HGB (für die Kommanditgesellschaft in Verbindung mit § 161 Abs. 2 HGB) auch für die Gesellschaften, die lediglich eigenes Vermögen ver-walten. Vor allem die Form der KG kann für derartige Tätigkeiten attraktiv sein, da sie Möglichkeiten der Haftungsbeschränkung eröffnet, die bei einer Tätigkeit in der Rechts-form der GbR nicht bestehen. Allerdings verlangt die herrschende Meinung hierzu, dass der Gesellschaftszweck sich in der Vermögensverwaltung erschöpfen müsse[28] oder jeden-falls von überwiegender Bedeutung sein müsse.[29] Damit ist die Rechtsform der Komman-ditgesellschaft insbesondere eröffnet für die lediglich vermögensverwaltenden Familienge-sellschaften unter Beteiligung Minderjähriger (zu Gefahren, die aus § 723 Abs. 1 S. 3 BGB resultieren, → Rn. 3). Nicht selten wird in diesen Fällen die Kommanditgesellschaft auch die geeignetere Rechtsform gegenüber der Gesellschaft bürgerlichen Rechts sein, da sie Möglichkeiten der Haftungsbeschränkung bietet, die sich bei der Gesellschaft bürgerli-chen Rechts nicht eröffnen. In der Praxis zeigt sich sogar, dass die Erteilung familienge-richtlicher Genehmigungen zu einer vermögensverwaltenden Gesellschaft bürgerlichen Rechts unter Beteiligung Minderjähriger mit der Begründung versagt wird, dass die Gründung einer Kommanditgesellschaft den Minderjährigen besser schütze.

IV. Grundsätze des Firmenrechts

Die Firma ist der Name des Kaufmanns (oder der Gesellschaft), unter dem er (oder die 27
Gesellschaft) im Geschäftsverkehr agiert und erkannt werden soll (§ 17 HGB). Die Rechtsgrundlagen für die Firmenbildung sind in §§ 18, 19, 30 HGB geregelt: Die Firma muss geeignet sein zur Kennzeichnung, sie muss hinreichende Unterscheidungskraft ha-ben, sie darf nicht irre führen, bei Gesellschaften muss ein Rechtsformzusatz aufgenom-men werden und sie muss von bestehenden Firmen am gleichen Ort unterscheidbar sein. Demzufolge sind (seit der Handelsrechtsreform im Jahre 1998) auch reine Fantasiefirmen oder Personen, Sach- oder Mischfirmen zulässig, wenn sie die vorgenannten Gebote und Verbote einhalten.

In der Praxis am meisten beanstandet werden Firmen, die keine hinreichende Unter- 28
scheidungskraft besitzen. Diese fehlt nämlich bei bloßen Branchen-, Gattungs- oder Orts-bezeichnungen.[30] Eine erforderliche und hinreichende Individualisierung gelingt in der

---

[28] *Schön* DB 1998, 1169 (1174); *Schäfer* DB 1998, 1269 (1273 f.).
[29] So wohl Baumbach/Hopt/*Roth* HGB § 105 Rn. 14.
[30] Vgl. hierzu Eckhardt/Hermanns/*Fleischhauer* Kap. 1 Rn. 498.

Regel durch Hinzufügen von Buchstaben- oder Zahlenkombinationen. In der Praxis empfiehlt es sich dringend, gewählte Firmen, deren Zulässigkeit nicht vollständig eindeutig ist, vorab mit der zuständigen Industrie- und Handelskammer abzustimmen und die Stellungnahme der IHK mit den übrigen Registerunterlagen zum Handelsregister einzureichen, um das Eintragungsverfahren von dieser Prüfung zu entlasten und damit zu beschleunigen. Das Gebot der Firmenunterscheidbarkeit ist im besonderen Maße bei einer GmbH & Co. KG zu beachten, da sich auch die Firma der Komplementär-GmbH und die der Kommanditgesellschaft hinreichend deutlich unterscheiden müssen.[31] Zur Unterscheidung genügen die Rechtsformzusätze nicht. Es sind daher unterscheidungskräftige Zusätze zumindest in die Firma einer Gesellschaft aufzunehmen. Neben Phantasieworten kommen auch Zusätze in Frage, die auf den Unternehmensgegenstand der KG hinweisen oder die vermögensverwaltende Tätigkeit der GmbH in deren Firma ausdrücken.[32]

V. Musterformulierungen für ausgewählte Vertragsgestaltungen

29   In der notariellen Praxis werden – auch wenn sie nicht zwingend mit einer Beurkundungspflicht verbunden sind – häufig vollständige Vertragsmuster insbesondere für einen ausführlichen Vertrag einer GmbH & Co. KG nachgefragt. Das am Ende dieses Beitrags dargestellte Gesamtmuster kann selbstverständlich auch als Grundlage für vom Sachverhalt her verwandte Gestaltungen verwendet werden.

> **Muster: Ausführlicher Gesellschaftsvertrag einer GmbH & Co. KG mit Gleichlaufklausel**
> Siehe hierzu das Gesamtmuster → Rn. 188.

VI. Die Anmeldung zum Handelsregister

30   **1. Die Anmeldung der Gründung der Gesellschaft.** Die OHG ist gemäß § 106 HGB, die KG gemäß §§ 162, 106 HGB zur Eintragung in das Handelsregister anzumelden. Der notwendige Inhalt der Anmeldung ergibt sich bei der OHG aus § 106 Abs. 2 HGB, bei der KG ergänzend aus § 162 Abs. 1 HGB. Gemäß § 106 Abs. 2 Nr. 4 HGB muss insbesondere die Vertretungsmacht der Gesellschafter zur Eintragung in das Handelsregister angemeldet werden. Dies gilt nach dem eindeutigen Wortlaut des Gesetzes auch dann, wenn die Vertretungsmacht nicht von dem gesetzlichen Regelfall abweicht. Anzumelden ist ferner eine etwaige Befreiung der vertretungsbefugten Personen von den Beschränkungen des § 181 BGB. Die Möglichkeit, die Befreiung von § 181 BGB durch Registereinsicht nachzuweisen, kann insbesondere bei der GmbH & Co. KG von Nöten sein, die ihrerseits, zB bei einer Vollmachterteilung, von den Beschränkungen des § 181 BGB nur befreien kann, wenn sowohl der Geschäftsführer der GmbH als auch die persönlich haftende Gesellschafterin der KG von den Beschränkungen des § 181 BGB befreit sind. Bei der GmbH & Co. KG ist eintragungsfähig auch der Umstand, dass die persönlich haftende Gesellschafterin *und ihre Geschäftsführer* von den Beschränkungen des § 181 BGB befreit sind.[33] Obwohl die Geschäftsführer der persönlich haftenden Gesellschafterin, also der GmbH, keine Organe der Kommanditgesellschaft sind, wird die KG im Ergebnis durch die Geschäftsführer der GmbH vertreten, so dass auch diese, wenn ein Anwendungsfall des § 181 BGB vorliegt, von den Beschränkungen des § 181 BGB befreit sein müssen.

31   Soll sich eine Vor-GmbH an der Personengesellschaft beteiligen und die Eintragung der Personengesellschaft ggf. vor Eintragung der GmbH erfolgen (etwa weil die Eintra-

---

[31] MüKoHGB/*Heidinger* HGB § 30 Rn. 11.
[32] MüKoHGB/*Heidinger* HGB § 30 Rn. 13.
[33] So BayObLG MittBayNot 2000, 53 und MittBayNot 2000, 241.

gung der Personengesellschaft in besonderem Maße eilbedürftig ist), muss als Gesellschafterin der Personengesellschaft ausdrücklich die Vor-GmbH in der Handelsregisteranmeldung angegeben werden, da anderenfalls eine Eintragung der Personengesellschaft erst nach Eintragung der GmbH erfolgen kann.

Bei Anmeldung der inländischen Geschäftsanschrift ist zu beachten, dass bei den Perso-   32
nenhandelsgesellschaften *nicht* die Möglichkeit besteht, Satzungssitz und tatsächliche Geschäftsanschrift auseinanderfallen zu lassen, so dass der Ort der inländischen Geschäftsanschrift immer mit dem gesellschaftsvertraglichen Sitz, der auch die Zuständigkeit des Registergerichts bestimmt, übereinstimmen muss.

Die Anmeldung hat durch alle Gesellschafter, einschließlich der Kommanditisten, in   33
notariell beglaubigter Form (§ 12 Abs. 1 HGB) zu erfolgen; Vollmachten zur Anmeldung müssen ebenfalls dieser Form genügen (§ 12 Abs. 2 HGB). Die Anmeldungen zur Eintragung in das Handelsregister könnten etwa wie folgt lauten:

Formulierungsbeispiel: Anmeldung einer OHG zur Eintragung in das   34
Handelsregister   ()

Zur Eintragung in das Handelsregister wird angemeldet: ***.

Wir betreiben ein Handelsunternehmen in der Rechtsform einer offenen Handelsgesellschaft unter der Firma ***.

Sitz der Gesellschaft ist ***.

Gegenstand des Unternehmens ist ***.

Jeder persönlich haftende Gesellschafter vertritt die Gesellschaft einzeln. Jeder persönlich haftende Gesellschafter ist von den Beschränkungen des § 181 BGB befreit.

Die inländische Geschäftsanschrift der Gesellschaft lautet: ***

***, den ***

Formulierungsbeispiel: Anmeldung einer KG zur Eintragung in das Handelsregister   35

Zur Eintragung in das Handelsregister melden wir an: ***.   ()

Wir haben eine Kommanditgesellschaft unter der Firma *** gegründet mit dem Sitz in ***.

Gegenstand der Gesellschaft ist ***.

An der Gesellschaft sind beteiligt:
a) die im Handelsregister des Amtsgerichts *** unter HRB *** eingetragene *** mit dem Sitz in *** (Geschäftsanschrift: ***)
   als persönlich haftende Gesellschafterin,
b) Herr ***
   als Kommanditist mit einer Einlage von *** EUR.

Die Gesellschaft wird durch jede persönlich haftende Gesellschafterin allein vertreten; die persönlich haftende Gesellschafterin und ihre Geschäftsführer sind von den Beschränkungen des § 181 BGB befreit.

Die inländische Anschrift der Gesellschaft lautet: ***.

***, den ***

2. Die Anmeldung von Veränderungen. Gemäß § 107 HGB sind Änderungen der Fir-   36
ma der Gesellschaft, die Verlegung des Gesellschaftssitzes, eine Änderung der inländischen Geschäftsanschrift, das Eintreten eines neuen Gesellschafters oder die Ernennung der Vertretungsmacht eines Gesellschafters zur Eintragung in das Handelsregister anzumelden. Gemäß § 108 HGB sind Anmeldungen von sämtlichen Gesellschaftern zu bewirken, was,

da §§ 161 ff. HGB für die Kommanditgesellschaft keine Sonderregelungen enthalten, bedeutet, dass auch alle Kommanditisten einer KG an Handelsregisteranmeldungen mitwirken müssen. Gehört einer Gesellschaft eine Vielzahl von Kommanditisten an, wird in der Praxis häufig so verfahren, dass jeder Kommanditist zugleich mit seinem Eintritt in die Gesellschaft eine Registervollmacht an einen anderen Gesellschafter erteilt, damit dieser im eigenen Namen und zugleich für die vollmachtgebenden Kommanditisten Registeranmeldungen vornehmen kann. Diese Vollmacht bedarf gemäß § 12 HGB der notariellen Beglaubigung.

37   Vom Grundsatz, dass Handelsregisteranmeldungen stets durch alle Gesellschafter – auch durch Kommanditisten – erfolgen müssen, gibt es zwei Ausnahmen:
1. Zum einen kann die Änderung der inländischen Geschäftsanschrift gemäß § 108 S. 2 HGB von Gesellschaftern in vertretungsberechtigter Zahl angemeldet werden.
2. Zum anderen ist die Erteilung einer Prokura oder deren Erlöschen nach § 53 HGB vom *Inhaber des Handelsgeschäftes* zur Eintragung in das Handelsregister anzumelden; dies sind bei Personenhandelsgesellschaften nur die vertretungsberechtigten Gesellschafter.[34]

38   **Formulierungsbeispiel: Anmeldung einer Firmenänderung und Sitzverlegung**
1. Zur Eintragung in das Handelsregister melden wir, die sämtlichen Gesellschafter der Kommanditgesellschaft, an:
   a) Die Firma der Gesellschaft wurde geändert und lautet nunmehr: ***.
   b) Der Sitz der Gesellschaft wurde von *** nach *** verlegt.
2. Die neue inländische Geschäftsanschrift lautet: ***.
***, den ***

C. Der Beginn der Gesellschaft

39   Der Zeitpunkt des Beginns der Gesellschaft ist nicht mehr zur Eintragung in das Handelsregister anzumelden. Gleichwohl kann der Zeitpunkt des Beginns der Gesellschaft im Einzelfall von steuerlicher Bedeutung sein, wenn dieser Gesellschaft Vermögen übertragen werden soll, das sich aus steuerlichen Gesichtspunkten ununterbrochen im Eigentum einer Handelsgesellschaft befinden muss. Hier kann nicht ausgeschlossen werden, dass dieses Ziel im Falle einer Übertragung des Vermögens an eine Noch-GbR verfehlt wird. Es kann daher in derartigen Fallkonstellationen ratsam sein, die Übertragung erst nach Entstehung der Gesellschaft als Personenhandelsgesellschaft oder aufschiebend bedingt auf diesen Zeitpunkt vorzunehmen.

D. Die Limited & Co. KG

40   Die Eintragung dieser Gesellschaftsform ist grundsätzlich zulässig, die englische Limited ist taugliche persönlich haftende Gesellschafterin einer KG. Es wird allerdings oft so sein, dass den Beteiligten die Risiken der von ihnen gewählten Gesellschaftsform nicht hinreichend bewusst sind. Gemäß Sec. 652 CA 1985 wird eine Gesellschaft im Gesellschaftsregister des Companies House gelöscht, wenn der registrar of companies hinreichenden Grund zu der Annahme hat, dass die Gesellschaft keine Geschäftstätigkeit mehr ausübt. Das Verfahren besteht im Wesentlichen darin, dass die Gesellschaft mehrfach aufgefordert wird, Stellung zu nehmen, ob noch Geschäftstätigkeit ausgeübt wird. Wenn die Frage verneint oder nicht beantwortet wird, kann der registrar gemäß Sec. 652 (5) CA 1985 die Gesellschaft aus dem Register streichen. Die Löschung wird bekannt gemacht. Mit der Bekanntmachung ist die Gesellschaft beendet (dissolved), Sec. 652 (5) CA 1985. In der

---

[34] RGZ 134, 303 (307); Staub/*Joost* HGB § 53 Rn. 14.

Praxis wird ein solches Löschungsverfahren häufig aufgrund nicht abgegebener „Bilanzerklärungen" durchgeführt.[35]

Welche Rechtsfolge das Erlöschen der Gesellschaft nach englischem Recht für das **41** deutsche Gesellschaftsrecht hat, ist umstritten: Nach OLG Stuttgart[36] und OLG Jena[37] gilt aus deutscher Sicht eine ausländische Gesellschaft, die nach ihrem Personalstatut bereits erloschen ist, weiterhin als rechtsfähig, solange und soweit sie noch Vermögen im Inland hat. Sie wird insoweit als fortbestehende „Restgesellschaft" behandelt. Fraglich ist einerseits, wie diese Restgesellschaft in den Numerus Clausus der deutschen Gesellschaftsformen einzuordnen ist. Hier dürfte einiges dafür sprechen, dass diese Gesellschaft, da eine Haftungsbeschränkung im Handelsregister nicht verlautbart ist, eine Gesellschaftsform mit unbeschränkter persönlicher Haftung der Gesellschafter ist, also – je nach Unternehmensgegenstand – entweder OHG oder BGB-Gesellschaft. Fraglich ist darüber hinaus, wie diese Gesellschaft vertreten wird. Die vormaligen directors haben keine Vertretungsmacht mehr für die Gesellschaft, da ihre Versäumnisse, nämlich die Nichteinreichung der Bilanzen in England, zur Löschung der Gesellschaft in England geführt haben. Mithin haben die directors nach dieser Entscheidung keine organschaftlichen Befugnisse mehr und handeln, sofern sie trotzdem für die Gesellschaft auftreten, als Vertreter ohne Vertretungsmacht, mit der Folge ihrer Haftung nach § 179 BGB. Eine ordnungsgemäße Vertretung der Restgesellschaft setzt in diesen Fällen wohl die Anordnung einer Pflegschaft gemäß §§ 1909 ff. BGB voraus.[38]

Praxishinweis:

Für die notarielle Praxis bedeutet dies, dass bei der Beteiligung einer Limited & Co. KG an einer durchzuführenden Beurkundung nicht nur in das deutsche Handelsregister Einsicht genommen werden sollte, sondern auch eine aktuelle Existenz- und Vertretungsbescheinigung für die Limited beigebracht werden sollte. In der Praxis bewährt haben sich derartige Bescheinigungen durch die in London ansässigen Scrivener Notaries, die auch für das deutsche Registerverfahren geeignete Notarbescheinigungen ausstellen, die nach Apostillierung von den Registergerichten in Deutschland akzeptiert werden und eine etwaige Rechtsunsicherheit über das Bestehen und die ordnungsgemäße Vertretung der Limited beseitigen.

---

2. Teil. Geschäftsführung und Vertretung in der Gesellschaft

A. Allgemeines

Die Geschäftsführungs- und Vertretungsbefugnis bezeichnet das **organschaftliche** Recht, **42** im Verhältnis der Gesellschafter untereinander – so die Geschäftsführungsbefugnis – bzw. im Verhältnis zu Dritten – so die Vertretungsbefugnis – den Gesellschaftszweck zu verwirklichen. Das Gesetz geht in §§ 114 ff., 164 HGB hinsichtlich der Geschäftsführungsbefugnis und in §§ 123 ff., 170 HGB hinsichtlich der Vertretungsbefugnis davon aus, dass diese Befugnisse allein von den persönlich haftenden Gesellschaftern wahrgenommen werden. In den genannten gesetzlichen Bestimmungen kommt der **Grundsatz der Selbstorganschaft** zum Ausdruck, der besagt, dass die organschaftlichen Geschäftsführungs- und Vertretungsbefugnisse von den Gesellschaftern selbst wahrgenommen werden

---

[35] *Borges* IPRax 2005, 134 (135 f.).
[36] NJW 1974, 1627.
[37] ZIP 2007, 1709.
[38] OLG Stuttgart NJW 1974, 1627 (1628); MüKoBGB/*Kindler* IntGesR Rn. 500.

müssen, also nicht auf gesellschaftsfremde Dritte übertragen werden können.[39] Der Grundsatz der Selbstorganschaft wurzelt seinerseits im gesellschaftsrechtlichen Abspaltungsverbot, welches seinen gesetzlichen Niederschlag in § 717 S. 1 BGB gefunden hat und die Übertragung von Gesellschafterrechten an gesellschaftsfremde Dritte im Grundsatz verbietet. Damit steht der Grundsatz der Selbstorganschaft einer Übertragung von Geschäftsführungs- und Vertretungsbefugnissen an gesellschaftsfremde Dritte entgegen, nicht aber einer Übertragung derartiger Befugnisse von den persönlich haftenden Gesellschaftern auf die Kommanditisten.[40] Allerdings bestimmt § 163 HGB, dass lediglich die §§ 164–169 HGB, nicht aber der die Kommanditisten von der Vertretung ausschließende § 170 HGB, dispositiv sind, so dass
– die Geschäftsführungs- und Vertretungsbefugnisse nach dem gesetzlichen Regelungsmodell von den persönlich haftenden Gesellschaftern wahrgenommen werden,
– die Geschäftsführungsbefugnis, nicht aber die Vertretungsbefugnis, auch den Kommanditisten übertragen werden kann,
– der Grundsatz der Selbstorganschaft einer Übertragung von Geschäftsführung oder Vertretungsbefugnis an gesellschaftsfremde Dritte entgegensteht.

43 Vom Grundsatz der Selbstorganschaft unberührt bleibt die Möglichkeit, gesellschaftsfremden Dritten oder auch den Kommanditisten **rechtsgeschäftliche Vollmachten,** insbesondere Prokura, zu erteilen. Wird eine solche Vollmacht im Gesellschaftsvertrag erteilt, ist klarzustellen, ob es sich hierbei um ein Sonderrecht gemäß § 35 BGB handelt, das nur mit Zustimmung des bevollmächtigten Kommanditisten wieder entzogen werden darf; heißt es beispielsweise im Gesellschaftsvertrag, dass einem Kommanditisten Prokura zu erteilen ist, handelt es sich hierbei um ein Sonderrecht im vorgenannten Sinne, das zwar mit Außenwirkung widerrufen werden kann, aber nicht widerrufen werden darf, solange kein wichtiger Grund hierfür vorliegt.[41]

B. Die Befugnis zur Geschäftsführung

44 Die Geschäftsführungsbefugnis steht nach dem gesetzlichen Regelungsmodell den persönlich haftenden Gesellschaftern zu, kann aber im Gesellschaftsvertrag den Kommanditisten übertragen werden.[42] Jeder persönlich haftende Gesellschafter ist gemäß § 115 Abs. 1 HGB allein geschäftsführungsbefugt, es sei denn, im Gesellschaftsvertrag ist etwas anderes vereinbart. Inhaltlich erstreckt sich die Geschäftsführungsbefugnis auf alle Handlungen, die der gewöhnliche Betrieb des Handelsgewerbes der Gesellschaft mit sich bringt.

45 Regelungsbedarf kann sich bei der Kommanditgesellschaft aus § 164 HGB und dessen Verständnis durch die herrschende Rechtsprechung und Lehre ergeben: Da § 164 HGB nicht als § 116 Abs. 2 HGB verdrängende Spezialregelung angesehen wird, sondern die herrschende Meinung davon ausgeht, dass § 116 Abs. 2 HGB neben § 164 Abs. 2 HGB tritt,[43] müssen die persönlich haftenden Gesellschafter, wollen sie ein über den gewöhnlichen Betrieb des Handelsgewerbes der Gesellschaft hinausgehendes Geschäft vornehmen, den Kommanditisten nicht nur die Möglichkeit zum Widerspruch iSv § 164 HGB einräumen, sondern deren ausdrückliche Zustimmung nach § 116 Abs. 2 HGB einholen. Soll dieses Zustimmungs- und Widerspruchserfordernis ausgeschlossen werden, ist eine entsprechende gesellschaftsvertragliche Bestimmung vonnöten, die etwa wie folgt lauten könnte:

---

[39] *K. Schmidt* GesR § 14 II. 2.
[40] So auch BGH NJW 1982, 1817; zustimmend *K. Schmidt* GesR § 14 II. 2.
[41] BGHZ 17, 392; *K. Schmidt* GesR § 21 I. 2. c.
[42] BGH NJW 1982, 1817; *K. Schmidt* GesR § 14 II. 2.
[43] RGZ 158, 302 (305); Baumbach/Hopt/*Hopt* HGB § 164 Rn. 2; *K. Schmidt* GesR § 53 III. 2. b.

Formulierungsbeispiel: Ausschluss Widerspruchsrecht nach § 164 HGB 46

Bei folgenden Geschäftsführungsmaßnahmen besteht ein Widerspruchsrecht der Kommanditisten gemäß § 164 HGB nicht; diese Maßnahmen bedürfen auch nicht der Zustimmung der Kommanditisten:
a) ***
b) ***
c) ***

Jegliche Einschränkung der Widerspruchs- und Zustimmungsrechte des Kommanditisten muss sich steuerlich allerdings an den Erfordernissen des § 15 EStG messen lassen: Gewerbliche Einkünfte iSv § 15 EStG erzielt ein Kommanditist jedenfalls dann, wenn dem Kommanditisten wenigstens annäherungsweise diejenigen Rechte eingeräumt bzw. belassen werden, die einem Kommanditisten nach dem Regelstatut des HGB über die KG zukommen. Bei der Beurteilung, ob iSv § 15 EStG schädliche Abweichungen vom Regelstatut vorliegen, kann insbesondere dem Ausschluss oder der Existenz von Widerspruchsrechten nach § 164 HGB eine maßgebliche Bedeutung zukommen. Folglich sollte, wenn ein Kommanditist Mitunternehmer iSv § 15 EStG sein soll, ein vollständiger Ausschluss der Widerspruchsrechte des § 164 HGB unterbleiben und etwaige Einschränkungen nur unter Beachtung der möglichen steuerrechtlichen Implikationen vorgenommen werden. 47

Ist die Geschäftsführungsbefugnis eines Gesellschafters in der Weise beschränkt, dass er bestimmte Rechtsgeschäfte erst nach Einholung eines zustimmenden Gesellschafterbeschlusses vornehmen kann, hat eine Verletzung dieser internen Vorgabe in der Regel keine Außenwirkung, das heißt sein Rechtsgeschäft ist im Außenverhältnis auch dann wirksam zustande gekommen, wenn die im Innenverhältnis erforderliche Zustimmung der Mitgesellschafter fehlt. 48

Von dem Grundsatz, dass die Nichtbeachtung interner Zustimmungserfordernisse die Vertretungsmacht im Außenverhältnis unberührt lässt, wurde eine Ausnahme für den Fall diskutiert, dass die Gesellschaft über ihr Vermögen im Ganzen oder nahezu im Ganzen iSv § 179a AktG verfügt. Wäre § 179a AktG rechtsformübergreifend nicht nur auf die AG, sondern auch auf die GmbH und auf Personengesellschaften anwendbar, könnte eine fehlende Zustimmung der Gesellschafterversammlung die Vertretungsmacht für den Abschluss des schuldrechtlichen Geschäfts im Außenverhältnis beschränken. In einer jüngeren Entscheidung hat der BGH allerdings nunmehr entschieden, dass § 179a AktG jedenfalls auf die Rechtsform der GmbH nicht anwendbar ist.[44] Im Interesse des Schutzes des redlichen Rechtsverkehrs und angesichts einer vom BGH angenommenen geringeren Schutzbedürftigkeit der Gesellschafter einer GmbH verbiete sich eine entsprechende Anwendung der Vorschrift auf die GmbH. 49

Die genauen praktischen Konsequenzen der Entscheidung sind derzeit noch nicht vollständig absehbar. Es spricht jedoch einiges dafür, dass die Ablehnung der entsprechenden Anwendbarkeit auf die GmbH in ähnlicher Weise für Personengesellschaften gilt, da deren Gesellschafter über die gleichen Einflussmöglichkeiten verfügen wie die Gesellschafter einer GmbH und damit in gleicher Weise wie vom BGH für GmbH-Gesellschafter angenommen weniger schutzbedürftig sind als die Aktionäre einer AG. 50

C. Die Vertretungsbefugnis

Zur Vertretung der Gesellschaft sind ausschließlich und zwingend die persönlich haftenden Gesellschafter befugt. Da § 170 HGB zwingendes Recht ist, kann einem Kommandi- 51

---

[44] BGH Urt. v. 8.1.2019 – II ZR 364/18, BeckRS 2019, 4455.

tisten eine **organschaftliche** Vertretungsbefugnis nicht erteilt werden.[45] Die Möglichkeit zur Erteilung einer rechtsgeschäftlichen Vollmacht, zB in Form einer Prokura, bleibt hiervon unberührt. Wird eine solche rechtsgeschäftliche Vollmacht einem Kommanditisten im Gesellschaftsvertrag erteilt, ist klarzustellen, ob es sich hierbei um ein Sonderrecht gemäß § 35 BGB handelt, das nur mit Zustimmung des bevollmächtigten Kommanditisten wieder entzogen werden darf.

52   Regelungsbedürftig ist darüber hinaus die Frage, ob die vertretungsbefugten persönlich haftenden Gesellschafter von den Beschränkungen des § 181 BGB befreit werden sollen. Eine solche Befreiung kann entweder bereits im Gesellschaftsvertrag erteilt werden oder durch Gesellschafterbeschluss. Grundsätzlich möglich ist eine Befreiung von beiden Varianten des § 181 BGB (Mehrfachvertretung, Insichgeschäft) oder nur von einer Variante.

53   Die Vertretungsmacht der Gesellschafter ist gemäß § 106 Nr. 3 HGB zur Eintragung in das Handelsregister anzumelden. Dies bedeutet, dass sowohl die allgemeine gesellschaftsvertragliche Vertretungsregelung als auch die konkrete Vertretungsbefugnis des einzelnen Gesellschafters, sofern sie hiervon abweicht, angemeldet werden muss (zur Notwendigkeit, auch eine Befreiung von den Beschränkungen des § 181 BGB anzumelden, → Rn. 30).

53a   Wenn eine Gesellschaft bürgerlichen Rechts an einer Beurkundung beteiligt ist, stellt sich sehr häufig die Frage, wie die ordnungsgemäße Vertretung dieser Gesellschaft nachgewiesen werden kann, wenn nicht alle Gesellschafter der GbR für diese auftreten, sondern nur ein einzelner Gesellschafter, der nach dem Gesellschaftsvertrag der GbR zur alleinigen Vertretung berechtigt ist. Die Vorlage des Gesellschaftsvertrags der GbR reicht zum Nachweis von deren ordnungsgemäßer Vertretung in der Regel nicht aus (und zwar unabhängig davon, ob man die Vertretungsmacht des GbR-Gesellschafters als organschaftliche oder rechtsgeschäftliche einordnet), weil gegenüber Dritten nicht nachgewiesen werden kann, dass die ursprünglich im Gesellschaftsvertrag bestimmte Vertretungsbefugnis nicht zwischenzeitlich geändert wurde. Richtigerweise und um den praktischen Erfordernissen Rechnung zu tragen, sollte man daher in der Weise verfahren, dass neben dem Gesellschaftsvertrag von allen Gesellschaftern der Gesellschaft (und der Gesellschaft selbst) eine rechtsgeschäftliche Vollmacht erteilt wird, bei deren Vorlage dann die Gutglaubensvorschriften der §§ 172 ff. BGB gelten. Jedenfalls bei grundbesitzverwaltenden Gesellschaften sollte die Vollmacht vor dem Hintergrund des § 29 GBO öffentlich beglaubigt werden.

3. Teil. Die Mitgliedschaft in der Personengesellschaft

54   Mit dem Begriff Mitgliedschaft wird die Gesamtheit der einem Gesellschafter zustehenden Rechte und Pflichten in einem Verband bezeichnet. Von erheblicher praktischer Bedeutung sind zwei im Personengesellschaftsrecht zu beachtende Grundsätze, nämlich der Grundsatz der Einheitlichkeit der Beteiligung und das Abspaltungsverbot.

A. Einheitlichkeit der Beteiligung

55   Der Grundsatz der Einheitlichkeit der Beteiligung besagt, dass ein Gesellschafter einer Personengesellschaft nur eine Beteiligung halten kann, die inhaltlich einheitlich ausgestaltet sein muss. Der Grundsatz hindert im Bereich der Personengesellschaften, was im Bereich der Kapitalgesellschaften üblich ist, nämlich die Übernahme mehrerer Beteiligungen durch einen Gesellschafter.[46] Der Grundsatz steht darüber hinaus Gestaltungen entgegen, die die einheitliche Beteiligung inhaltlich unterschiedlich ausgestaltet, etwa die Bestellung

---

[45] Vgl. OLG Frankfurt a.M. ZIP 2006, 904 mit kritischer Anm. *Bergmann* ZIP 2006, 2064.
[46] BGHZ 24, 106 (108 f.); *Priester* DB 1998, 55.

eines Nießbrauchs an einem Teil des Gesellschaftsanteils oder die Verpfändung eines Teils des Gesellschaftsanteils.[47] Der Geltungsgrund des Grundsatzes der Einheitlichkeit der Beteiligung dürfte in dem nach wie vor vorherrschenden vertragsrechtlichen Verständnis der Personengesellschaft liegen: Wird die Personengesellschaft – anders als die Kapitalgesellschaft – nicht als körperschaftliches, sondern als vertragsrechtliches Institut begriffen, fällt die Vorstellung, dass ein Rechtssubjekt auf mehrere unterschiedliche Weisen an diesem Vertrag beteiligt ist, in der Tat schwer. Ob diese vertragsrechtliche Konzeption der Personengesellschaft allerdings heute noch dem Stand der gesellschaftsrechtlichen Dogmatik entspricht, ist insbesondere nach Anerkennung der Teilrechtsfähigkeit auch der Gesellschaft bürgerlichen Rechts nicht unzweifelhaft.

Der Grundsatz von der zwingenden Einheitlichkeit der Beteiligung des Personengesell- **56** schafters ist allerdings durch eine Entscheidung des BGH aus dem Jahr 1996 erschüttert worden.[48] Der BGH hat die grundsätzliche Zulässigkeit der Testamentsvollstreckung an einem geerbten Anteil an einer BGB-Gesellschaft bejaht, obwohl der Erbe bereits vor dem Tod des Erblassers Gesellschafter war, mithin mit dem Erbfall Inhaber einer Beteiligung wurde, die sich aus dem bereits früher gehaltenen und dem ererbten Gesellschaftsanteil „zusammensetzt". Gleichwohl ist fraglich, ob diese Entscheidung eine grundlegende Änderung der Rechtsprechung des BGH einleitet, da der BGH ausdrücklich lediglich feststellt, dass der Grundsatz der Einheitlichkeit der Beteiligung einer **Testamentsvollstreckung an den Vermögensrechten** dann nicht entgegenstehe, wenn der Erbe bereits zuvor Gesellschafter war.[49] Von einer Aufgabe des Grundsatzes der Einheitlichkeit der Beteiligung zu sprechen, dürfte verfrüht sein. Weitere Ausnahmen vom Grundsatz der Einheitlichkeit der Mitgliedschaft werden in Fallkonstellationen diskutiert, in denen ein Gesellschafter neben einem (unbelasteten) Gesellschaftsanteil einen weiteren (belasteten) Gesellschaftsanteil hinzu erwirbt, etwa wenn ein Gesellschafter einen anderen Gesellschafter als dessen Vorerbe beerbt.[50] In diesen Fällen ist davon auszugehen, dass der Gesellschafter zwei Mitgliedschaftsrechte verwaltet, nämlich die eigene, von ihm bereits vor dem Erbfall gehaltene Mitgliedschaft und die mit dem Recht der Nacherben belastete Mitgliedschaft.[51]

Anknüpfend an die vorstehend diskutierten Ausnahmen vom Grundsatz der Einheit- **57** lichkeit der Mitgliedschaft wird weiter die Frage aufgeworfen, ob auch eine Einmann-Personengesellschaft denkbar sei, wenn ein Gesellschafter den Gesellschaftsanteil seines bisherigen Mitgesellschafters hinzu erwirbt, dieser Gesellschaftsanteil indes nicht nur schuldrechtlich, sondern dinglich anders ausgestaltet ist, als die bisherige Beteiligung.[52] Insgesamt ist die Rechtslage hier allerdings äußerst unsicher. So hat etwa das OLG Düsseldorf[53] die Möglichkeit einer Einmann-Personengesellschaft in dem Fall verneint, dass ein Gesellschafter den Gesellschaftsanteil seines einzigen weiteren Mitgesellschafters, belastet mit einem Nießbrauch, hinzu erwirbt. Auch das OLG Schleswig[54] verneint die Möglichkeit einer Einmann-Personengesellschaft, und zwar auch dann, wenn ein Gesellschafter seinen Gesellschaftsanteil unter Vorbehalt des Nießbrauchs auf den anderen Gesellschafter überträgt. Das OLG räumt ein, dass es im Interesse des Nießbrauchsberechtigten zwar wünschenswert sei, den Fortbestand der Gesellschaft bürgerlichen Rechts anzunehmen und dem (einzigen) verbleibenden Gesellschafter zwei Gesellschaftsanteile zuzuordnen, lehnt im Ergebnis jedoch eine entsprechende Durchbrechung des Grundsat-

---

[47] K. Schmidt GesR § 45 I. 2. b.
[48] ZEV 1996, 110 (111 f.).
[49] Ebenso Lorz ZEV 1996, 112 (113).
[50] Vgl. zu derartigen Konstellationen OLG Düsseldorf DNotZ 1999, 440 und OLG Schleswig DNotZ 2006, 374.
[51] K. Schmidt GesR § 45 I. 2. b.
[52] Vgl. dazu Priester DB 1998, 55 (58); Weimar ZIP 1997, 1769 (1772).
[53] DNotZ 1999, 440.
[54] ZIP 2006, 615 mAnm Ahrens ZIP 2006, 619.

zes der Einheitlichkeit der Beteiligung und des Gebotes der Mehrpersonen-Personenge-
sellschaft ab.

58   Eine Rolle spielt der Grundsatz der Einheitlichkeit der Beteiligung und das Verbot der
Einmann-Personengesellschaft auch in dem vom OLG Hamm entschiedenen Fall: Eine
Komplementär-GmbH soll auf die Kommanditgesellschaft, deren Komplementärin die
GmbH ist, verschmolzen werden, wobei die KG nur eine Kommanditistin hat. Das OLG
Hamm[55] führt aus, dass eine Komplementär-GmbH nicht auf eine Kommanditgesellschaft
mit nur einem Kommanditisten, der zugleich Alleingesellschafter der Komplementär-
GmbH ist, verschmolzen werden könne, da dies zur sofortigen Beendigung der Gesellschaft bei gleichzeitiger Anwachsung des Vermögens auf den verbliebenen Gesellschafter
führe. Das Umwandlungsgesetz gehe nämlich in den §§ 2, 20 UmwG davon aus, dass als
Ergebnis einer Verschmelzung der übernehmende Rechtsträger fortbestehe. Dies sei in der
oben genannten Konstellation durch die Kombination von Verschmelzung und Anwachsung nicht der Fall. Die Eintragung der Verschmelzung führe zum sofortigen Erlöschen
des übernehmenden Rechtsträgers, so dass das Handelsregister mit der Eintragung unrichtig werde.

59   Schließlich ist der Grundsatz der Einheitlichkeit der Beteiligung auch dann zu beachten, wenn ein Komplementär seine Gesellschaftsbeteiligung (ganz oder teilweise) auf einen bereits an der Gesellschaft beteiligten Kommanditisten überträgt. Da eine Person
nämlich nicht gleichzeitig Komplementär und Kommanditist einer KG sein kann, kann
der zu übertragende Gesellschaftsanteil nicht schon beim Veräußerer in eine Kommandi-
tistenbeteiligung umgewandelt werden. Die Umwandlung könne demzufolge erst beim
Erwerber stattfinden.[56] Demzufolge werde der Erwerber zumindest für eine logische Sekunde auch Komplementär bzw. wandle sich eine bestehende Kommanditbeteiligung des
Erwerbers für eine logische Sekunde in eine Komplementärbeteiligung um. Diese kurzzeitige Komplementärstellung reiche aus, um eine unbeschränkte persönliche Haftung des
Erwerbers für die bis zu diesem Zeitpunkt begründeten Altverbindlichkeiten zu begründen. Hieran bestehen allerdings Zweifel: zwar ist es richtig, dass der zu übertragende Gesellschaftsanteil nicht schon beim Veräußerer in eine Kommanditbeteiligung umgewandelt
werden kann, da der Veräußerer (einheitlich) als Komplementär an der Gesellschaft beteiligt ist und bleiben soll. Es dürfte jedoch nichts entgegen stehen, wenn der zu übertragende Gesellschaftsanteil zugleich mit der Übertragung an den Erwerber in eine Kommanditbeteiligung umgewandelt wird. Auf diese Weise erwirbt der Erwerber niemals einen
Komplementäranteil und bleibt – wie von allen Beteiligten gewollt und wie von allen
Beteiligten vorausgesetzt – durchgehend Kommanditist der Gesellschaft.

B. Abspaltungsverbot

60 Das nicht nur, aber auch für Personengesellschaften geltende **Abspaltungsverbot** wurzelt in § 717 S. 1 BGB. Es besagt, dass die Mitgliedschaftsrechte – im Gegensatz zu einzelnen aus ihnen erwachsenden Ansprüchen – von der Mitgliedschaft nicht trennbar sind,
also insbesondere nicht selbständig übertragen werden können. Der die gesetzgeberische
Anordnung rechtfertigende Grund ist darin zu sehen, dass die Ausübung von Gesellschafterrechten Ausdruck der autonomen Willensbildung der Gesellschafter ist.[57] Das Abspaltungsverbot hindert eine isolierte Übertragung von Gesellschafterrechten und steht Gestaltungen entgegen, die einer Übertragung im wirtschaftlichen Ergebnis gleichkommen.
Demgegenüber sind **schuldrechtliche** Vereinbarungen zwischen Gesellschaftern oder
zwischen Gesellschaftern und Dritten über die Ausübung von Mitgliedschaftsrechten

---

[55] Az. I-15 WX 360/9.
[56] *Heckschen/Heidinger*, DAI-Skript Haftungsfällen im Gesellschaftsrecht, 2010, S. 43.
[57] *Wiedemann* GesR Bd. I § 7 I. 1. b.

grundsätzlich zulässig.[58] Das Abspaltungsverbot ist immer dann von Bedeutung, wenn einem Dritten ein Ausschnitt der Mitgliedschaftsrechte zugewiesen werden soll. Drei in der Praxis häufig vorkommende Fallgruppen sind zu unterscheiden:

I. Fallgruppen

1. Vorweggenommene Erbfolge. Nicht selten ist es in Fällen vorweggenommener 61 Erbfolge gewünscht, dass der aus der Gesellschaft ausscheidende Altgesellschafter nach wie vor – um sich Einflussmöglichkeiten in der Gesellschaft zu sichern – Mitgliedschaftsrechte, insbesondere das Stimmrecht oder Informationsrechte, zurückbehalten möchte.

Beispiel:

Vater V möchte seine Kommanditbeteiligung an einer Kommanditgesellschaft auf seinen prospektiven Nachfolger, seinen Sohn S, übertragen. Da V davor zurückschreckt, seine bisherige Einkunftsquelle und seine bisherigen Einflussmöglichkeiten in der Gesellschaft vollständig aufzugeben, ist es sein Gestaltungswunsch, die Übertragung des Gesellschaftsanteils unter Vorbehalt des Nießbrauchs in der Weise vorzunehmen, dass er – V – nach wie vor Inhaber des Gewinnbezugsrechts sowie des Stimm- und Informationsrechts des Gesellschafters ist.

2. Treuhänderische Übertragung. Auch in Treuhandkonstellationen wird an den Kau- 62 telarjuristen mitunter die Frage herangetragen, ob dem Treugeber, dem der Gesellschaftsanteil wirtschaftlich zugerechnet werden soll, auch Gesellschafterrechte, etwa das Stimmrecht, übertragen werden können.

Beispiel:

Zahnarzt Z, der sich aus standesrechtlichen Gründen nicht an der Z GmbH beteiligen darf, schließt einen Treuhandvertrag mit seinem Bruder B, der einen Geschäftsanteil an der Z GmbH erwirbt und diesen kraft der Treuhandvereinbarung mit Z treuhänderisch für diesen hält. Z möchte sichergestellt wissen, dass die wesentlichen Entscheidungen in der Gesellschaft nicht ohne seine Mitwirkung getroffen werden können; am liebsten möchte Z selbst Inhaber der maßgeblichen Gesellschafterrechte sein.

3. Verpfändung. Schließlich kann sich ein Interesse Dritter an der isolierten Übertragung 63 von Mitgliedschaftsrechten dann ergeben, wenn ihnen der Gesellschaftsanteil als Mittel der Kreditsicherung zur Sicherung eines Anspruchs des Dritten gegen den Gesellschafter etwa verpfändet worden ist. Auch hier wird der Pfandgläubiger nach Möglichkeiten suchen, sich möglichst weitgehenden Einfluss in der Gesellschaft jedenfalls bei solchen Maßnahmen einräumen zu lassen, die den wirtschaftlichen Wert des Gesellschaftsanteils zu beeinflussen geeignet sind.

Beispiel:

Zur Sicherung seiner Kreditverbindlichkeiten in Höhe von 1 Mio. EUR verpfändet der Gesellschafter G seinen Kommanditanteil an die B-Bank. B möchte wissen, ob ihr zur weiteren Verstärkung ihrer Rechtsposition auch das Stimmrecht aus der Beteiligung jedenfalls bei solchen Beschlüssen übertragen werden kann, die den wirtschaftlichen Wert des Anteils zu beeinflussen geeignet sind.

II. Rechtliche Beurteilung

Allen vorstehend beschriebenen Sachverhaltskonstellationen ist gemein, dass einer Person, 64 die nicht Gesellschafter der Personengesellschaft ist, Mitgliedschaftsrechte übertragen wer-

---

[58] *K. Schmidt* GesR § 21 II. 4.

den sollen. Ein solcher Transfer von Mitgliedschaftsrechten ist zu unterscheiden von einer Bevollmächtigung des Dritten, die selbstverständlich möglich ist und nicht mit dem Abspaltungsverbot kollidiert. Keine Kollision mit dem Abspaltungsverbot ergibt sich darüber hinaus, wenn der prospektive Zessionar des Mitgliedschaftsrechts seinerseits Gesellschafter ist, also in vorstehendem Beispiel (→ Rn. 61) etwa der ausscheidungswillige Senior einen Teilgesellschaftsanteil – und sei er noch so klein – zurückbehält. Hier können ihm selbstverständlich, da er nach wie vor Mitgesellschafter ist, ohne Einschränkungen durch das Abspaltungsverbot Mitgliedschaftsrechte übertragen werden. Schwieriger sind die Fälle zu beurteilen, in denen die Mitgliedschaftsrechte tatsächlich an einen nicht an der Gesellschaft beteiligten Dritten übertragen werden sollen.

65   In den Fällen, in denen der Dritte dinglich am Gesellschaftsanteil berechtigt ist, also etwa beim Nießbraucher oder Pfandgläubiger, behelfen sich die Rechtsprechung und die ihr folgende Lehre mit der Figur der „dinglichen Rechtsgemeinschaft" zwischen Gesellschafter und dinglich am Gesellschaftsanteil Berechtigtem, in deren Folge der Dritte nicht als gesellschaftsfremder Dritter anzusehen und damit tauglicher Zessionar von Mitgliedschaftsrechten sei.[59] Hiernach ist eine isolierte Zuordnung von Mitgliedschaftsrechten an einen nicht an der Gesellschaft beteiligten Dritten konstruktiv möglich, wenn der Dritte dinglich Berechtigter am Gesellschaftsanteil ist.

66   Nicht gelöst sind demgegenüber die beschriebenen Treuhandkonstellationen. Da die treuhänderische Verbindung zwischen Treuhänder und Treugeber diesem im Regelfall keine dingliche Mitberechtigung am Gesellschaftsanteil vermittelt, sondern lediglich schuldrechtliche Vereinbarungen zwischen Treuhänder und Treugeber bestehen, trägt die vorstehend geschilderte Begründung der dinglichen Rechtsgemeinschaft nicht. Gleichwohl hat der BGH[60] entschieden, dass einem Treugeber, auch wenn er nicht selbst Gesellschafter einer Gesellschaft bürgerlichen Rechts ist, für den aber ein Treuhänder die Gesellschaftsanteile hält, durch Vereinbarung mit allen Gesellschaftern unmittelbar gesellschaftsrechtliche Rechte und Ansprüche eingeräumt werden können. Durch diese Entscheidung wird ein Weg aufgezeigt, wie dem Treugeber – wenn alle Gesellschafter einverstanden sind – unmittelbar Gesellschaftsrechte eingeräumt werden können. Allerdings setzt sich der BGH nicht mit der Frage auseinander, ob eine solche Übertragung von Gesellschafterrechten mit dem Abspaltungsverbot vereinbar ist; die Vereinbarkeit wird gleichsam vorausgesetzt. Ob sich aus der Entscheidung eine allgemeine Aufweichung des Abspaltungsverbotes ableiten lässt, ist derzeit nicht abzusehen. Aus rechtsdogmatischer Sicht überzeugt die Entscheidung des BGH nicht vollauf, da die ihrerseits bereits zweifelhafte Einschränkung des Abspaltungsverbotes in den Fällen der dinglichen Mitberechtigung nochmals auf einen Fall bloß schuldrechtlicher Verbindung zwischen Gesellschafter und Drittem, der dem Fall der dinglichen Mitberechtigung normativ nicht vergleichbar sein dürfte, erweitert wird. Ferner wird auch nicht ganz klar, ob der BGH von einer Verzichtbarkeit des Abspaltungsverbotes bei Einverständnis aller Gesellschafter ausgeht, was der jedenfalls bislang herrschenden Meinung entgegen stünde.[61]

67   Die Grenzen des Abspaltungsverbotes können auch dann erreicht werden, wenn Rechte, die von Gesetzes wegen den Gesellschaftern zustehen, auf einen Beirat, dem auch gesellschaftsfremde Personen angehören, übertragen werden. Hier sind die dem Beirat zu übertragenden Befugnisse mit Vorsicht und im Lichte des Abspaltungsverbotes zu bestimmen: Es bleibt zB dabei, dass die Gesellschafter in ihrer Gesamtheit nicht von der Geschäftsführung ausgeschlossen werden können.[62] Möglich ist es demgegenüber, dem Beirat Geschäftsführungs- oder Beratungsaufgaben neben den ansonsten zuständigen Gesellschaftern (Komplementären oder Kommanditisten) zuzuweisen.[63] Ob es zulässig ist,

---

[59] Vgl. *Wiedemann* GesR Bd. I § 3 III. 2. c.
[60] DStR 2003, 1582.
[61] Herrler/*Tomasic* GesR-HdB § 4 Rn. 58.
[62] BGH NJW 1982, 877 (878).
[63] Herrler/*Tomasic* GesR-HdB § 4 Rn. 78.

Entscheidungen der geschäftsführenden Gesellschafter von der Zustimmung des Beirats abhängig zu machen oder ihm gar Weisungsrechte zu gewähren, ist umstritten.[64] Wichtig ist, dass die nach dem Gesetz zur Geschäftsführung berufenen Komplementäre jederzeit die Möglichkeit haben, die dem Beirat übertragenen Befugnisse wieder an sich zu ziehen. Wird diese Grenze beachtet, dürften keine Bedenken gegen die Einsetzung eines Beirats, dem auch gesellschaftsfremde Personen angehören, bestehen.[65]

4. Teil. Veränderungen im Gesellschafterkreis unter Lebenden

Veränderungen im Gesellschafterkreis der Personengesellschaft können sich unter Leben- **68** den durch die Übertragung der Mitgliedschaft oder durch das Ausscheiden eines Gesellschafters (ggf. verbunden mit dem Neueintritt eines anderen Gesellschafters) ergeben. Während der Neugesellschafter im ersten Fall die Mitgliedschaft des Ausscheidenden *derivativ* erwirbt, wird im zweiten Fall eine Mitgliedschaft *originär* neu begründet.

A. Beratungs-Checkliste

> **Beratungs-Checkliste:** **69**
> (I) Aufnahme durch Übertragung der Beteiligung
>   (1) Soll die Übertragung voll entgeltlich oder ganz oder teilweise unentgeltlich erfolgen?
>   (2) Ab welchem Zeitpunkt soll die Übertragung wirksam sein? Sollen aufschiebende Bedingungen oder Befristungen vereinbart werden? Ab welchem Zeitpunkt soll der Erwerber im Innenverhältnis am Gewinn und Verlust der Gesellschaft beteiligt sein?
>   (3) Will der Veräußerer – vor allem im Falle der (teilweisen) unentgeltlichen Übertragung – sich Rückforderungsrechte vorbehalten?
> (II) Aufnahme eines Neugesellschafters durch Neubegründung einer Mitgliedschaft
>   (1) Soll der neue Gesellschafter eine neue Einlage erbringen oder soll ihm ein Teil der Einlage eines anderen Gesellschafters zugebucht werden?
>   (2) Ab welchem Zeitpunkt soll der neue Gesellschafter die Mitgliedschaft erwerben? Ab welchem Zeitpunkt soll er am Gewinn und Verlust der Gesellschaft beteiligt sein?
>   (3) Soll der Beteiligungserwerb aufschiebend bedingt durch die Eintragung in das Handelsregister sein (wegen § 176 HGB)?

B. Die Übertragung der Mitgliedschaft unter Lebenden

I. Sonderrechtsnachfolge

Während es vormals allein vorstellbar war, dass ein Wechsel in der Zusammensetzung des **70** Gesellschafterkreises unter Lebenden durch Ausscheiden eines Gesellschafters und Neueintritt eines anderen Gesellschafters vollzogen werden könne, ist nunmehr anerkannt, dass die Beteiligung an einer Personengesellschaft von ihrem bisherigen Inhaber auf einen Erwerber durch Vertrag zwischen Veräußerer und Erwerber im Wege der Sonderrechtsnachfolge übertragen werden kann.[66] Die Übertragung der Mitgliedschaft als solcher ist demnach möglich, wenn die schutzwürdigen Belange der übrigen Gesellschafter gewahrt

---

[64] Vgl. dazu Herrler/*Tomasic* GesR-HdB § 4 Rn. 78.
[65] Ebenso Herrler/*Tomasic* GesR-HdB § 4 Rn. 78.
[66] Grundlegend RG DNotZ 1944, 295, neu abgedruckt in WM 1964, 1130.

sind. Dies ist angesichts der personalistischen Struktur der Personengesellschaft der Fall, wenn die Mitgesellschafter der Übertragung entweder im Gesellschaftsvertrag oder aktuell aus Anlass der Übertragung zugestimmt haben. Nicht selten enthalten die Gesellschaftsverträge von Personengesellschaften sehr differenzierte Zustimmungsklauseln, in denen die Übertragung der Mitgliedschaft zugelassen wird, wenn der Erwerber bestimmte subjektive Voraussetzungen erfüllt, etwa als gesetzlicher Erbe des Veräußerers in Betracht kommt, ein bestimmtes Mindestalter erreicht hat oder eine bestimmte berufliche Ausbildung absolviert hat. Solche Differenzierungen sind selbstverständlich zulässig und im Einzelfall durchaus sinnvoll. Fehlt eine die Übertragung zulassende Klausel im Gesellschaftsvertrag, bedarf die Anteilsübertragung der aktuellen Zustimmung der Mitgesellschafter, die entweder in Form einer Einwilligung oder einer nachträglichen Genehmigung erteilt werden kann.

71 **Formulierungsbeispiel: Differenzierte Vinkulierungsklausel**

1. Jede entgeltliche oder unentgeltliche Verfügung über einen Gesellschaftsanteil bedarf zu ihrer Wirksamkeit der Zustimmung durch die Gesellschafterversammlung mit einfacher Mehrheit der abgegebenen Stimmen. Der veräußerungswillige Gesellschafter hat kein Stimmrecht.

2. Einer Zustimmung bedarf es nicht bei Verfügungen zugunsten von Mitgesellschaftern, Ehegatten von Gesellschaftern oder Abkömmlingen von Gesellschaftern sowie bei Verfügungen zugunsten von Unternehmen, die mit dem Gesellschafter nach § 15 ff. AktG verbunden sind.

72   Von Bedeutung ist die Übertragbarkeit der Beteiligung insbesondere bei Auswechslung eines Kommanditisten für die Haftung von Alt- und Neugesellschafter. Unter Anwendung des herkömmlichen Austritts-/Eintrittsmodells würde mit Auszahlung des Auseinandersetzungsguthabens an den ausscheidenden Gesellschafter dessen (beschränkte) Kommanditistenhaftung nach § 172 Abs. 4 HGB wieder aufleben und der neu eintretende Kommanditist wäre zur Leistung einer neuen Einlage verpflichtet, bis zu deren Bewirkung er gemäß § 171 HGB ebenfalls den Gläubigern gegenüber haftete. Dieses Ergebnis kann durch die Übertragung der Beteiligung vermieden werden. Der Neugesellschafter haftet nicht, weil ihm infolge des Erwerbs der Gesellschaftsbeteiligung die Einlageerbringung durch den Altgesellschafter zugerechnet wird. Der Altgesellschafter haftet seinerseits nicht, weil ihm seine Einlage nicht aus dem Gesellschaftsvermögen zurückgewährt wurde, so dass kein Fall des § 172 Abs. 4 HGB vorliegt.[67]

73   Voraussetzung für den Eintritt dieses Haftungsvorteils ist es allerdings, dass der Erwerb im Wege der Sonderrechtsnachfolge im Handelsregister verlautbart wird, da nur auf diese Weise Dritten gegenüber klargestellt wird, dass der neue Gesellschafter keine neue Einlage erbracht hat. Dies geschieht durch den so genannten Nachfolgevermerk, der allerdings nur dann in das Handelsregister eingetragen wird, wenn von sämtlichen persönlich haftenden Gesellschaftern und dem ausgeschiedenen Kommanditisten versichert wird, dass dem ausgeschiedenen Kommanditisten von Seiten der Gesellschaft keinerlei Abfindung für die von ihm aufgegebenen Rechte aus dem Gesellschaftsvermögen gewährt oder versprochen wurde.[68] Die Rechtsprechung verlangt teilweise die persönliche Abgabe der Versicherung durch den Komplementär und den ausscheidenden Kommanditisten; eine Stellvertretung sei nicht zulässig.[69] Allerdings bedarf die Versicherung keiner besonderen Form, insbesondere nicht der Form des § 12 HGB.

74   Einer Abfindungsversicherung bedarf es selbstverständlich nicht, wenn ein Komplementär seine Gesellschafterstellung auf einen neuen Komplementär überträgt, da in diesen

---

[67] Baumbach/Hopt/*Hopt* HGB § 173 Rn. 11.
[68] BGH DNotZ 2006, 135; OLG Nürnberg NZG 2012, 1270.
[69] KG NZG 2009, 905.

Fällen wegen der unbeschränkten persönlichen Haftung der Komplementäre eine Fortführung der Hafteinlage ohnedies ausscheidet.

> **Formulierungsbeispiel: Anmeldung Sonderrechtsnachfolge mit Abfindungsversicherung** 75
>
> 1. Der Kommanditist Müller hat seine Beteiligung an der Kommanditgesellschaft auf Meier übertragen und ist dadurch aus der Gesellschaft ausgeschieden. Meier tritt an seiner Stelle im Wege der Sonderrechtsnachfolge mit der Einlage des bisherigen Kommanditisten von 100.000 EUR als Kommanditist in die Kommanditgesellschaft ein.
> 2. Die persönlich haftende Gesellschafterin und der ausscheidende Kommanditist versichern, dass dem ausscheidenden Kommanditisten von Seiten der Gesellschaft keinerlei Abfindung für die von ihm aufgegebenen Rechte aus dem Gesellschaftsvermögen gewährt oder versprochen worden ist.

> **Formulierungsbeispiel: Anmeldung Sonderrechtsnachfolge bei Abtretung eines Teils eines Kommanditanteils** 76
>
> 1. Der Kommanditist Müller hat von seiner Beteiligung an der Kommanditgesellschaft im Betrag von 100.000 EUR eine Teilbeteiligung in Höhe von 50.000 EUR auf Meier übertragen. Meier tritt insoweit an seiner Stelle im Wege der Sonderrechtsnachfolge mit der Einlage des bisherigen Kommanditisten Müller von 50.000 EUR als Kommanditist in die Kommanditgesellschaft ein. Die Einlage des Kommanditisten Müller hat sich von 100.000 EUR um 50.000 EUR auf 50.000 EUR reduziert.
> 2. Die persönlich haftende Gesellschafterin und der veräußernde Kommanditist versichern, dass dem veräußernden Kommanditisten von Seiten der Gesellschaft keinerlei Abfindung für die von ihm aufgegebenen Rechte aus dem Gesellschaftsvermögen gewährt oder versprochen worden ist.

II. Form der Anteilsübertragung

Die Anteilsübertragung ist ein Verfügungsgeschäft nach § 413 BGB.[70] Sie ist nach herrschender Meinung auch dann nicht formbedürftig, wenn zum Gesellschaftsvermögen Vermögensgegenstände gehören, deren Übertragung ihrerseits formbedürftig wäre, wenn sich im Gesellschaftsvermögen also beispielsweise Grundbesitz oder GmbH-Geschäftsanteile befinden.[71] Derartige „mittelbaren" Grundstücksgeschäfte sind allerdings dann formbedürftig, wenn die Gestaltungsmöglichkeiten missbraucht werden, wenn sie also allein oder im Wesentlichen dem Zweck dienen, die Formvorschriften zu umgehen.[72] 77

Die Beurkundungsbedürftigkeit der Anteilsübertragung kann sich ferner aus § 15 Abs. 4 GmbHG ergeben, wenn die Übertragung von Personengesellschaftsanteilen im rechtlichen oder wirtschaftlichen Zusammenhang mit der Übertragung von GmbH-Geschäftsanteilen erfolgt, wie es nicht selten bei der Veräußerung einer GmbH & Co. KG der Fall ist. Da die Übertragung der Personengesellschaftsanteile und die der GmbH-Geschäftsanteile nach dem Willen der Beteiligten idR in untrennbarem rechtlichen und wirtschaftlichen Zusammenhang miteinander stehen, geht die ganz überwiegende Meinung zu Recht davon aus, dass sich in diesem Fall die Beurkundungspflicht des einen Teils auf die gesamte Vereinbarung erstreckt, mithin eine Aufspaltung des Gesamtgeschäfts in einen beurkundungsbedürftigen Teil und einen nicht beurkundungsbedürftigen Teil 78

---

[70] K. Schmidt GesR § 45 III. 3.
[71] K. Schmidt GesR § 45 II. 3.
[72] Vgl. dazu BGHZ 86, 367 (371).

nicht zulässig ist.[73] Allerdings kann ein mangels notarieller Beurkundungsform unwirksamer Übertragungsvertrag über Kommanditanteile entsprechend § 15 Abs. 4 S. 2 GmbHG durch die Beurkundung der Abtretung der GmbH-Geschäftsanteile wirksam werden.[74] Entsprechend dem Wortlaut von § 15 Abs. 4 S. 2 GmbHG setzt die Heilung mit Wirkung ex nunc ein, so dass vor ordnungsgemäßer Beurkundung der Geschäftsanteilsabtretung ein wirksamer schuldrechtlicher Vertrag nicht besteht. Da die Abtretung der GmbH-Geschäftsanteile mit dinglicher Wirkung häufig erst einige Zeit nach Abschluss des schuldrechtlichen Übertragungsvertrages erfolgt, kann sich hier eine nicht unerhebliche Zeitspanne rechtlicher Ungewissheit ergeben.[75]

79   Besteht eine beteiligungsidentische GmbH & Co. KG, in der die Kommanditisten der KG im gleichen Verhältnis am Stammkapital der GmbH beteiligt sind (und dies auch bleiben sollen und nach dem Gesellschaftsvertrag der GmbH und der KG auch müssen), muss darauf geachtet werden, dass zugleich mit der Abtretung des Kommanditanteils auch ein entsprechender GmbH-Geschäftsanteil übertragen wird. Wird eine diesbezügliche Verpflichtung zur Aufrechterhaltung der Beteiligungsidentität verletzt, kann dies im Einzelfall eine Verletzung gesellschafterlicher Pflichten darstellen, die Rechtsfolgen bis zur Einziehung des Geschäftsanteils haben kann.[76]

80   Nur der Vollständigkeit halber sei angemerkt, dass sich eine Beurkundungspflicht auch daraus ergeben kann, dass die Übertragung des Personengesellschaftsanteils mit anderen ihrerseits beurkundungsbedürftigen Rechtsgeschäften im Zusammenhang steht und diese anderen beurkundungsbedürftigen Rechtsgeschäfte von der Übertragung des Personengesellschaftsanteils abhängen: Besteht beispielsweise eine derartige Abhängigkeit eines Grundstückskaufvertrages von der Übertragung des Personengesellschaftsanteils und soll diese Abhängigkeit nach dem Willen zumindest eines Vertragsbeteiligten Vertragsinhalt werden, erstreckt sich die Beurkundungsbedürftigkeit des Grundstücksgeschäfts auch auf den Vertrag über die Veräußerung der Gesellschaftsbeteiligung. Eine solche – sogar gegenseitige – Abhängigkeit kann insbesondere dann bestehen, wenn einem veräußernden Gesellschafter Sonderbetriebsvermögen, also Vermögen gehört, das zivilrechtlich im Eigentum des Gesellschafters steht, aber dazu bestimmt ist, dem Betrieb der Gesellschaft zu dienen (Sonderbetriebsvermögen I, zB ein Betriebsgrundstück) oder das der Beteiligung des Gesellschafters förderlich ist (insbesondere der Anteil des Gesellschafters an der Komplementär-GmbH, Sonderbetriebsvermögen II). Sonderbetriebsvermögen muss gesondert übertragen werden, da es nicht automatisch mit der Abtretung des Gesellschaftsanteils übergeht. Wird diese Übertragung des Sonderbetriebsvermögen versäumt, können im Einzelfall erhebliche steuerliche Nachteile eintreten.[77]

III. Bedingte Anteilsübertragung

81   Nach allgemeinen Grundsätzen ist es möglich, die Übertragung eines Personengesellschaftsanteils unter eine Bedingung zu stellen. Dies kann im Einzelfall sachgerecht sein, wenn dem künftigen Gesellschafter bereits ein Anwartschaftsrecht auf die Beteiligung eingeräumt werden soll, etwa um ihn vor weiteren Verfügungen des Gesellschafters zu schützen (§ 161 Abs. 1 BGB). Tritt beispielsweise der Treuhänder einen von ihm gehaltenen Personengesellschaftsanteil dem Treugeber unter der aufschiebenden Bedingung der Beendigung des Treuhandverhältnisses ab, ist der Treugeber vor späteren Verfügungen des Treuhänders gemäß § 161 Abs. 1 BGB geschützt. Die Aufnahme einer aufschiebenden Bedingung kann darüber hinaus bei der Abtretung eines Kommanditanteils geboten sein, um eine unbeschränkte Haftung des Erwerbers gemäß § 176 Abs. 2 HGB zu verhindern.

---

[73] BGH NJW 1986, 2642; MHdB GesR II/*Piehler/Schulte* § 35 Rn. 29.
[74] BGH NJW-RR 1992, 991.
[75] Vgl. zum Ganzen *Hermanns* ZIP 2006, 2296; DNotZ 2013, 9.
[76] *Herrler/Franck* GesR-HdB § 5 Rn. 194.
[77] *Herrler/Franck* GesR-HdB § 5 Rn. 201; dazu auch → Rn. 117 ff.

Ist der Eintritt des Gesellschafters durch seine Eintragung in das Handelsregister aufschiebend bedingt, so existiert keine Zeitspanne zwischen dem Eintritt und dessen Eintragung in das Handelsregister, so dass eine persönliche Haftung gemäß § 176 Abs. 2 HGB nicht mehr in Betracht kommt.

In der Praxis besteht darüber hinaus ein Bedürfnis nach einer (auflösend) bedingten **82** Anteilsübertragung in den Fällen, in denen ein leitender Angestellter eines Unternehmens als Ausdruck der Verbundenheit mit der Gesellschaft Gesellschaftsanteile erhalten soll. Hier stellt sich die Frage, ob die Anteilsübertragung in der Weise auflösend bedingt gestaltet werden kann, dass sie automatisch unwirksam wird, wenn das Anstellungsverhältnis beendet wird. Während derartige „Stock-Option-Programme" im Aktienrecht heute eine Selbstverständlichkeit sind, sind sie bei Personengesellschaften noch eher die Ausnahme. Hintergrund für eine nicht unerhebliche rechtliche Unsicherheit ist die sog. Hinauskündigungsrechtsprechung des BGH; der insoweit auf dem Standpunkt steht, dass gesellschaftsvertragliche Bestimmungen, die den Ausschluss eines Gesellschafters ohne weiteres, das heißt ohne sachlichen Grund, zulassen, sittenwidrig sein können (dazu → Rn. 95 f.). Ob diese Bedenken auch in der hier diskutierten Fallkonstellation der Beteiligung leitender Angestellter durchgreifen, ist zweifelhaft. Jedenfalls sollte die auflösende Bedingung in der Weise formuliert werden, dass ihr Eintritt nicht allein vom Willen eines Mehrheitsgesellschafters abhängt, sondern das Unwirksamwerden der Anteilsübertragung sollte an die Kündigung des Anstellungsverhältnisses geknüpft werden. Mit diesem Inhalt dürfte die Vereinbarung einer auflösenden Bedingung zulässig sein.[78] Der Ausschluss des Gesellschafters erfolgt in diesen Fällen gerade nicht willkürlich, sondern *mit* sachlichem Grund.

Hält ein seinen Gesellschaftsanteil veräußernder Gesellschafter auch Sonderbetriebsvermögen **83** in seinem Vermögen, muss geprüft werden, ob auch dieses Sonderbetriebsvermögen mit veräußert werden soll (was regelmäßig der Fall sein wird). Als Sonderbetriebsvermögen werden Wirtschaftsgüter bezeichnet, die zivilrechtlich im Eigentum des Gesellschafters stehen und entweder dazu geeignet und bestimmt sind, dem Betrieb der Gesellschaft zu dienen (Sonderbetriebsvermögen I) oder der Beteiligung des Gesellschafters an der Gesellschaft zumindest förderlich sind (Sonderbetriebsvermögen II).[79] Da das Sonderbetriebsvermögen zivilrechtlich nicht zum Gesellschaftsanteil gehört, geht es im Fall von dessen Übertragung nicht automatisch auf den Erwerber über, sondern muss gesondert übertragen werden. Wird bei einer Anteilsübertragung das dem veräußernden Gesellschafter gehörende Sonderbetriebsvermögen „vergessen", kann dies unerwünschte steuerliche Folgen haben, weil die Betriebsvermögenseigenschaft des bisherigen Sonderbetriebsvermögens durch die (isolierte) Veräußerung des Gesellschaftsanteils verloren gehen kann, was steuerlich eine Entnahme aus dem Betriebsvermögen darstellen kann.

Ergänzend zu gesellschaftsvertraglich vereinbarten Zustimmungserfordernissen für die **84** Übertragung von Gesellschaftsanteilen besteht häufig ein Interesse daran, dass den übrigen Gesellschaftern ein Vorkaufsrecht eingeräumt wird, um ihnen die Möglichkeit zu geben, zugleich das Eintreten fremder Dritter in die Gesellschaft zu verhindern und die eigene Beteiligungsquote zu erhöhen. Durch die Ausübung des Vorkaufsrechts tritt der Berechtigte in den zwischen dem Veräußerer und dem Dritten geschlossenen Kaufvertrag ein. Der Veräußerer muss im Veräußerungsvertrag mit dem Dritten Vorkehrung für den Fall der Ausübung des Vorkaufsrechts treffen, da er anderenfalls sowohl dem Dritten als auch dem Vorkaufsberechtigten zur Übertragung des Gesellschaftsanteils verpflichtet sein kann. Zu diesem Zweck kann der Veräußerer im Vertrag mit dem Dritten ein Rücktrittsrecht für den Fall vereinbaren, dass ein Vorkaufsberechtigter sein Vorkaufsrecht ausübt. Wird das Vorkaufsrecht dann tatsächlich ausgeübt, tritt der Veräußerer vom Vertrag mit dem Dritten zurück und überträgt den Gesellschaftsanteil dem Vorkaufsberechtigten. Ebenso gut ist es allerdings möglich, dass der Vorkaufsberechtigte bereits vor Abschluss des Kauf-

---

[78] Vgl. auch *Bütter/Tonner* BB 2003, 2417.
[79] Vgl. hierzu *Wachter* Praxis des Handels- und GesR Teil 2 Rn. 1155.

vertrags mit dem Dritten auf sein Vorkaufsrecht verzichtet und erklärt, von seinem Vorkaufsrecht keinen Gebrauch machen zu wollen.[80] Liegt ein solcher Verzicht vor, kann das Vorkaufsrecht aus Anlass dieses Veräußerungsfalls nicht mehr ausgeübt werden.

85 **Formulierungsbeispiel: Vorkaufsrecht**

1. Für den Fall des Verkaufs eines Gesellschaftsanteils oder eines Teiles eines Gesellschaftsanteils durch einen Gesellschafter sind die übrigen Gesellschafter zum Vorkauf berechtigt. Handelt es sich bei dem Käufer um einen Gesellschafter, gilt der Käufer für den Fall der Ausübung des Vorkaufsrechts durch einen anderen Gesellschafter seinerseits auch als Vorkaufsberechtigter, der sein Vorkaufsrecht nach Maßgabe dieser Bestimmung ausgeübt hat.
2. Das Vorkaufsrecht steht den Vorkaufsberechtigten in dem Verhältnis zu, in welchem die Nennbeträge der von ihnen gehaltenen Gesellschaftsanteile zueinander stehen. Soweit ein Vorkaufsberechtigter von seinem Vorkaufsrecht nicht oder nicht fristgerecht Gebrauch macht, wächst dieses den übrigen Vorkaufsberechtigten in diesem Verhältnis zu.
3. Ein Vorkaufsberechtigter kann sein Vorkaufsrecht nur hinsichtlich des gesamten ihm gemäß Abs. 2 S. 1 von vornherein zustehenden und ihm zuwachsenden Anteiles ausüben. Falls mehrere Gesellschafter ihr Vorkaufsrecht ausüben, ist der Gesellschaftsanteil entsprechend zu teilen. Nicht teilbare Spitzenbeträge eines Gesellschaftsanteils stehen demjenigen Vorkaufsberechtigten zu, der sein Vorkaufsrecht als Erster ausgeübt hat.
4. Falls das Vorkaufsrecht nicht oder nicht fristgerecht ausgeübt wird, sind die Gesellschafter verpflichtet, etwa erforderliche Zustimmungen zur Abtretung an den Käufer zu erteilen, sofern dem nicht wichtige, in der Person des Käufers liegende Gründe entgegenstehen.

Muster: Verkauf und Abtretung eines GbR-Anteils
Siehe hierzu das Gesamtmuster → Rn. 187.

Muster: Veräußerung eines Kommanditanteils an einer GmbH & Co. KG einschließlich eines Geschäftsanteils an der Komplementär-GmbH
Siehe hierzu das Gesamtmuster → Rn. 189.

C. Das Ausscheiden eines Gesellschafters unter Lebenden

86 Drei Tatbestände führen – neben den in § 131 Abs. 3 HGB genannten – dazu, dass ein Gesellschafter ohne Übertragung des Gesellschaftsanteils aus der Gesellschaft ausscheidet, und zwar der Abschluss einer Austrittsvereinbarung, die Kündigung durch den Gesellschafter und der Ausschluss aus der Gesellschaft.

I. Die Austrittsvereinbarung

87 Es ist selbstverständlich, dass ein Gesellschafter durch einen Vertrag mit den übrigen Gesellschaftern das Ausscheiden aus der Gesellschaft vereinbaren kann. Nicht selten dient eine solche Ausscheidensvereinbarung dazu, einen ansonsten im Wege des Gesellschafterausschlusses entstehenden Streit zu vermeiden. In der Ausscheidensvereinbarung können die Rechtsfolgen des Ausscheidens frei, das heißt losgelöst von den gesellschaftsvertragli-

---

[80] Vgl. etwa zum allgemeinen bürgerlich-rechtlichen Vorkaufsrecht MüKoBGB/*Westermann* BGB § 463 Rn. 27.

chen Vorgaben geregelt werden. Bei Bestimmung der Abfindungshöhe sind die Gesellschafter nicht an die gesellschaftsvertraglichen Abfindungsklauseln gebunden. Auch die von der Rechtsprechung entwickelten Grenzen der Gestaltungsfreiheit, die bei der Gestaltung eines Gesellschaftsvertrags zu beachten sind, wie etwa Vorgaben zur Höhe der Abfindung (dazu → Rn. 104), müssen im Rahmen einer Austrittsvereinbarung nicht beachtet werden. Da hier nicht ein (Minderheits-)Gesellschafter der Gestaltungsmacht anderer Gesellschafter unterworfen ist, ist für eine Inhaltskontrolle derartiger Vereinbarungen ein deutlich geringerer Raum.

II. Der Austritt eines Gesellschafters im Wege der Kündigung

Nach § 131 Abs. 3 Nr. 3 HGB führt die Kündigung eines Gesellschafters zu seinem Aus- **88** scheiden aus der Gesellschaft und nicht mehr – wie früher – zur Auflösung der Gesellschaft. Die Kündigung wird ausgesprochen durch eine gegenüber den übrigen Gesellschaftern abzugebende Kündigungserklärung. Der Gesellschaftsvertrag kann auch vorsehen, dass die Kündigung gegenüber der Gesellschaft auszusprechen ist.

Der Gesellschafter muss darüber hinaus einen Kündigungsgrund haben. Hierzu be- **89** stimmt § 132 HGB, dass die für unbestimmte Zeit eingegangene Gesellschaft mit einer Frist von sechs Monaten zum Schluss eines jeden Geschäftsjahres gekündigt werden kann. Die gesellschaftsvertragliche Bestimmung, dass die Gesellschaft auf unbestimmte Zeit eingegangen ist, führt also nicht – wie häufig angenommen wird – dazu, dass die Gesellschaft nicht kündbar ist, sondern – im Gegenteil – zur Kündbarkeit in relativ kurzen Abständen. Will man diese verlängern, muss dies ausdrücklich im Gesellschaftsvertrag geregelt sein. Als auf unbestimmte Zeit eingegangen gilt nach § 134 HGB auch eine Gesellschaft, die für die Lebenszeit eines Gesellschafters eingegangen ist oder die nach dem Ablauf der für ihre Dauer bestimmten Zeit stillschweigend fortgesetzt wird. Versuche, einerseits eine lange Bestehensdauer der Gesellschaft zu vereinbaren, andererseits dem Gesellschafter aber nicht das Kündigungsrecht des § 132 HGB geben zu wollen, werden von der Rechtsprechung meist nicht anerkannt; die Kündigungsfreiheit des Gesellschafters ungebührlich beschränkende Vereinbarungen werden als sittenwidrig iSv § 138 BGB angesehen. Im Rahmen der Sittenwidrigkeitsprüfung sind alle Umstände des Einzelfalles, wie etwa die Frage, ob der kündigungswillige Gesellschafter als persönlich haftender Gesellschafter unternehmerisch beteiligt ist oder ob er lediglich als Kommanditist als Kapitalgeber beteiligt ist, zu berücksichtigen.[81] Eine Vertragsklausel etwa, die die Dauer der Gesellschaft auf „99 Jahre" bestimmt, führt dazu, dass die Gesellschaft als auf unbestimmte Zeit eingegangen gilt und dem Gesellschafter das Kündigungsrecht nach § 132 HGB zusteht; demgegenüber ist eine Unkündbarkeit bis zur Dauer von 30 Jahren grundsätzlich unbedenklich.[82]

Ein außerordentliches Kündigungsrecht wurde dem Gesellschafter herkömmlicherweise **90** unter Verweis auf die Möglichkeit der Erhebung einer Auflösungsklage nach § 133 HGB aF versagt. Nachdem der Gesetzgeber die Möglichkeiten der Austrittskündigung in § 131 Abs. 3 HGB erweitert hat, spricht nichts mehr dagegen, ihm auch die Möglichkeit der Austrittskündigung aus wichtigem Grund zuzuerkennen.[83]

III. Der Gesellschafterausschluss

1. Die gesetzliche Regelung. Gemäß § 140 Abs. 1 HGB kann gerichtlich die Ausschlie- **91** ßung eines Gesellschafters aus der Gesellschaft ausgesprochen werden, sofern die übrigen Gesellschafter einen entsprechenden Antrag stellen und in der Person des auszuschließenden Gesellschafters ein Umstand eintritt, der nach § 133 HGB für die übrigen Gesellschafter das Recht begründet, die Auflösung der Gesellschaft zu verlangen, insbesondere

---

[81] K. Schmidt GesR § 50 II. 4. c.
[82] Vgl. zum Ganzen BGH WM 1967, 315 (316).
[83] Ebenso K. Schmidt GesR § 50 II. 4. d; ebenso BGHZ 63, 338 für eine Publikumspersonengesellschaft.

wenn dieser Gesellschafter eine ihm nach dem Gesellschaftsvertrag obliegende wesentliche Verpflichtung vorsätzlich oder aus grober Fahrlässigkeit verletzt.

92   Der beantragte Ausschluss muss ultima ratio sein. Kommen mildere Mittel in Betracht, etwa die Umwandlung der Gesellschafterstellung von der eines persönlich haftenden Gesellschafters in die eines Kommanditisten, ist der Ausschluss nicht zulässig. Ein milderes Mittel kann auch darin liegen, dem Gesellschafter zunächst nur die Geschäftsführungs- oder Vertretungsbefugnis zu entziehen, ohne ihn gleich aus der Gesellschaft auszuschließen.[84]

93   Da ein Gesellschafter sich das Verhalten seines Rechtsvorgängers nicht ohne weiteres zurechnen lassen muss, wird in der Praxis nicht selten versucht, einer Ausschließung in der Weise zuvorzukommen, dass der Anteil von dem Gesellschafter, der sich vermeintlich pflichtwidrig verhalten hat, auf eine andere Person übertragen wird. Grundsätzlich wird durch eine derartige Übertragung auch das Ausschließungsverfahren erledigt, es sei denn, der neue Gesellschafter muss sich ausnahmsweise das Verhalten seines Rechtsvorgängers zurechnen lassen oder er hat sich selbst pflichtwidrig verhalten.

94   **2. Möglichkeiten der vertraglichen Gestaltung.** § 131 Abs. 3 Nr. 6 HGB bestimmt, dass auch ein Gesellschafterbeschluss zum Ausscheiden eines Gesellschafters führen kann. Nach dem gemäß § 119 Abs. 1 HGB in der Personengesellschaft grundsätzlich geltenden Einstimmigkeitsprinzip bedarf dieser Beschluss – mangels abweichender Regelung im Gesellschaftsvertrag – der Zustimmung aller Gesellschafter einschließlich des auszuschließenden Gesellschafters. Das Einstimmigkeitsprinzip kann auch für diesen Beschlussgegenstand gemäß § 119 Abs. 2 HGB im Gesellschaftsvertrag abbedungen werden. Aus der Formulierung einer entsprechenden gesellschaftsvertraglichen Bestimmung muss sich klar und eindeutig ergeben, dass auch der Gesellschafterausschluss per Mehrheitsentscheid erfolgen kann. Enthält der Gesellschaftsvertrag eine Bestimmung iSv § 131 Abs. 3 Nr. 6 HGB, ändert dies zunächst nichts daran, dass die Wirksamkeit des Ausschließungsbeschlusses einen wichtigen Grund iSv § 140 HGB voraussetzt; es wird lediglich das gerichtliche Ausschließungsverfahren durch ein gesellschaftsinternes Ausschließungsverfahrens ersetzt.[85]

95   Neben der vorstehend beschriebenen Modifizierung des Ausschließungsverfahrens können auch die gesetzlichen Ausschließungsgründe in Grenzen gesellschaftsvertraglich geregelt werden. Während es heute anerkannt ist, dass eine Ausschließung nicht nur aus den in § 140 HGB genannten Gründen, sondern auch aus sonstigen wichtigen Gründen erfolgen kann,[86] ist nach wie vor in hohem Maße umstritten, ob und ggf. in welchen Fällen der Gesellschaftsvertrag auch eine Ausschließung ohne wichtigen oder sachlichen Grund zulassen, die Ausschließung also in das Ermessen eines Gesellschafters oder der Gesellschaftermehrheit stellen darf. Der BGH hält eine derartige gesellschaftsvertragliche Bestimmung nur dann für zulässig, wenn hierfür wegen außergewöhnlicher Umstände sachlich gerechtfertigte Gründe bestehen.[87] Durch diese die Vertragsfreiheit beschränkende Rechtsprechung soll verhindert werden, dass ein unter dem „Damoklesschwert der Hinauskündigung"[88] stehender Gesellschafter nicht in der Lage ist, seine Gesellschafterrechte sachgerecht auszuüben.[89] Als einen ein freies Ausschließungsrecht ausnahmsweise rechtfertigenden Umstand hat es der BGH allerdings anerkannt, dass die Altgesellschafter einer Freiberuflersozietät einen neuen Kollegen in die Gesellschaft aufnehmen und für eine gewisse Zeit prüfen wollen, ob zwischen den Gesellschaftern das notwendige Vertrauen bestehe, um in einer Sozietät zusammenzuarbeiten.[90] Zugleich hat der BGH allerdings fest-

---

[84] Vgl. etwa BGHZ 4, 108 (112); *K. Schmidt* GesR § 50 III. 1.
[85] *K. Schmidt* GesR § 50 III. 2. a.
[86] BGHZ 112, 103 (108); *K. Schmidt* GesR § 50 III. 3. a.
[87] BGHZ 112, 103.
[88] So BGHZ 81, 263 (268).
[89] Ebenso BGH ZIP 2004, 903 (904).
[90] BGH ZIP 2004, 903 (905), ebenso BGH ZIP 2005, 1917 und ZIP 2005, 1920 sowie ZIP 2007, 862.

gestellt, dass ein solches freies Ausschließungsrecht nur für begrenzte Zeit bestehen könne und jedenfalls nach Ablauf von zehn Jahren nicht mehr ausgeübt werden könne.

Für die Vertragspraxis lässt sich aus den genannten Entscheidungen die Schlussfolgerung **96** ziehen, dass in Sachverhaltskonstellationen, die den vom BGH zu beurteilenden ähnlich sind, die Vereinbarung eines freien Ausschließungsrechts möglich ist, dieses jedoch streng zu befristen ist; ferner dürfte es sich empfehlen, die Gründe, die das freie Ausschließungsrecht ausnahmsweise rechtfertigen, im Gesellschaftsvertrag jedenfalls summarisch wiederzugeben. Im Hinblick darauf, dass jedenfalls eine Dauer von drei Jahren als Prüfungszeit ausreichen dürfte, um festzustellen, ob das notwendige Vertrauen zur Zusammenarbeit in einer Sozietät gegeben ist, sollte das freie Ausschließungsrecht im Regelfall nicht länger als auf drei Jahre befristet sein. Eine die Rechtsprechung des BGH berücksichtigende Ausschlussklausel könnte etwa folgenden Wortlaut haben:

Formulierungsbeispiel: Ausschluss eines Gesellschafters **97**

1. Ein Gesellschafter kann durch Beschluss der übrigen Gesellschafter, der einer Mehr- heit von 75 % der abgegebenen Stimmen bedarf, aus der Gesellschaft ausgeschlossen werden, wenn in seiner Person ein wichtiger Grund für den Ausschluss vorliegt. Ein wichtiger Grund liegt insbesondere dann vor, wenn
   a) der Gesellschafter schuldhaft gegen seine gesellschaftsvertraglichen Pflichten verstoßen hat,
   b) der Gesellschafter eine Konkurrenztätigkeit zur Gesellschaft ausübt, die ihm nicht zuvor durch Gesellschafterbeschluss gestattet worden ist.
2. Bei der Beschlussfassung der Gesellschafterversammlung hat der betroffene Gesellschafter kein Stimmrecht. Über den Ausschluss des Gesellschafters muss spätestens innerhalb von drei Monaten, nachdem ein Gesellschafter oder die Gesellschaft von dem die Ausschließung rechtfertigenden Umstand Kenntnis erlangt hat, entschieden werden.
3. Der Ausschluss wird mit Zugang des Gesellschafterbeschlusses bei dem betroffenen Gesellschafter wirksam.
4. Der ausgeschlossene Gesellschafter erhält eine Abfindung nach Maßgabe dieses Gesellschaftsvertrages. Die Leistung der Abfindung ist keine Voraussetzung für die Wirksamkeit des Ausschließungsbeschlusses.

---

3. Die Auseinandersetzung mit dem ausgeschiedenen Gesellschafter. Infolge des **98** Ausscheidens aus der Gesellschaft findet zwischen dem ausgeschiedenen Gesellschafter und der Gesellschaft eine Auseinandersetzung statt. Gesetzliche Grundlage der Auseinandersetzung sind die §§ 738–740 BGB. Hiernach hat der Gesellschafter insbesondere einen Abfindungsanspruch, dessen Höhe dem Anteil des Gesellschafters am Wert des gesamten Unternehmens entspricht; die Bewertung des Unternehmens hat unter Fortführungsgesichtspunkten nach dem Ertragswertprinzip zu erfolgen.[91] Selbstverständlich ist es im Rahmen der Vertragsfreiheit auch möglich, über die Höhe der von einem Gesellschafter zu beanspruchenden Abfindung eine Vereinbarung zu treffen. Derartige **Abfindungsklauseln** finden sich in einer Vielzahl von Gesellschaftsverträgen. Ihre Ziele sind häufig die Kapital- und Liquiditätssicherung für die Gesellschaft und die Streitvermeidung durch Vorgabe klarer und einfacher Berechnungsmodi.[92]

Da Abfindungsklauseln das Innenverhältnis der Gesellschafter regeln, sind Vereinbarun- **99** gen gemäß § 109 HGB im Grundsatz zulässig. Wer sich auf die Unzulässigkeit und damit Unwirksamkeit einer Abfindungsklausel beruft, ist damit im Begründungszwang. Abfin-

---

[91] MüKoBGB/*Ulmer* BGB § 738 Rn. 24.
[92] *K. Schmidt* GesR § 50 IV. 2. b.

dungsklauseln sind sittenwidrig und nichtig vor allem in den beiden Fallgruppen der Gläubigerbenachteiligung und der unzulässigen Kündigungsbeschränkung.

100   Wird mit einer Abfindungsklausel ausschließlich der Zweck verfolgt, die Gesellschafts-beteiligung für die Gläubiger des Gesellschafters zu entwerten, ist sie sittenwidrig und nichtig. Das Nichtigkeitsverdikt gilt allerdings nur, wenn der *ausschließliche* Zweck der Abfindungsklausel der der **Gläubigerbenachteiligung** ist, wenn die Beschränkung des Abfindungsanspruchs also nur für die Fälle gilt, in denen ein Gläubiger des Gesellschafters auf die Beteiligung zuzugreifen sucht.[93] Gilt die Abfindungsbeschränkung auch für andere Fallkonstellationen, dient sie nicht mehr ausschließlich dem Zweck der Gläubigerbenach-teiligung und kann daher nicht mehr unter diesem Gesichtspunkt unwirksam sein.

101   Unter dem Gesichtspunkt der **unzulässigen Beschränkung des Kündigungsrechts** des Gesellschafters werden solche Abfindungsklauseln als sittenwidrig angesehen, die we-gen ihrer wirtschaftlichen Auswirkungen dazu führen, dass der Gesellschafter von seinen zwingenden Rechten gemäß § 133 Abs. 3 HGB, § 723 Abs. 3 BGB keinen Gebrauch mehr machen wird, dieser also gleichsam in der Gesellschaft „eingekerkert wird".[94] Ent-scheidend ist, ob zum Zeitpunkt der Vereinbarung der Abfindungsklausel[95] bereits ein er-hebliches Missverhältnis zwischen dem wirklichen Wert des Gesellschaftsanteils und der nach dem Gesellschaftsvertrag zu zahlenden Abfindung besteht. Ein grobes Missverhältnis wird angenommen, wenn der Abfindungsbetrag mindestens 50% unter dem wahren Wert der Beteiligung liegt.[96] Im Einzelfall entscheidend ist darüber hinaus, ob das Interesse des Gesellschafters an einer seinem Anteil entsprechenden Abfindung in unzulässiger Weise missachtet oder ob die Erwartung einer niedrigen Abfindung zu einer unzulässigen Ein-schränkung des Kündigungsrechts des Gesellschafters führt.[97] Das mit der Abfindungsklau-sel in der Regel verfolgte Ziel, die Gesellschaft vor dem Abschluss von liquiden Mitteln zu schützen, hat demgegenüber nicht ohne Weiteres Vorrang.[98] Spätere Änderungen in den Wertverhältnissen bleiben bei Überprüfung der Wirksamkeit der Abfindungsklausel unberücksichtigt, da anderenfalls schwankende Unternehmenswerte einmal zur Wirksam-keit und einmal zur Unwirksamkeit der Abfindungsklausel führen könnten. Vor diesem Hintergrund sind Buchwertklauseln, Substanzwertklauseln und Abfindungen nach dem Stuttgarter Verfahren grundsätzlich zulässig, während eine Abfindung unter dem Buch-wert grundsätzlich unzulässig und sittenwidrig ist.[99] Vieles ist hier allerdings im Fluss.

102   Zulässig sind auch **Auszahlungsbeschränkungen,** die allerdings eine Erstreckung der Auszahlung auf mehr als fünf Jahre nicht überschreiten sollten, wobei es immer auf die Einzelumstände ankommt und sich Schematisierungen verbieten.[100]

103   Sogenannte **Russian-Roulette-Klauseln** in Gesellschaftsverträgen einer zweigliedri-gen Personen- oder Kapitalgesellschaft, die bestimmen, dass jeder der beiden (gleich hoch beteiligten) Gesellschafter berechtigt ist, dem jeweils anderen Teil seine Gesellschaftsbetei-ligung unter Nennung eines bestimmten Preises zum Kauf anzubieten, und dass der An-gebotsempfänger verpflichtet ist, bei Nichtannahme dieses Angebots seine Gesellschaftsbe-teiligung an den Anbietenden unverzüglich zum gleichen Kaufpreis zu verkaufen und abzutreten, sind zulässig.[101]

104   Zulässig ist es auch, hinsichtlich der **Höhe der Abfindung** nach sachlichen Kriterien zu differenzieren: Die Höhe der Abfindung kann beispielsweise danach variieren, ob der Gesellschafter wegen eines schuldhaften Pflichtverstoßes gegen seine gesellschaftsvertragli-

[93] *K. Schmidt* GesR § 50 IV. 2. c aa.
[94] So *K. Schmidt* GesR § 50 IV. 2. c.
[95] So ausdrücklich BGHZ 123, 281; *K. Schmidt* GesR § 50 IV. 2. c cc.
[96] BGHZ 123, 281; EBJS/*Lorz* HGB § 131 Rn. 133; Eckhardt/Hermanns/*Fleischhauer* Kap. 1 Rn. 647.
[97] Eckhardt/Hermanns/*Fleischhauer* Kap. 1 Rn. 647.
[98] Eckhardt/Hermanns/*Fleischhauer* Kap. 1 Rn. 647.
[99] BGH NJW 1989, 2685; ebenso *K. Schmidt* GesR § 50 IV. 2. c cc.
[100] MüKoHGB/*Schmidt* HGB § 131 Rn. 171.
[101] OLG Nürnberg 20.12.2013 – 12 U 49/13.

chen Pflichten aus der Gesellschaft ausgeschlossen wird oder ob er aus anderen Gründen aus der Gesellschaft ausscheidet. Keine zulässige Differenzierung dürfte es demgegenüber sein, daran anzuknüpfen, ob der Gesellschafter seinen Anteil entgeltlich oder unentgeltlich erworben hat. Auch der durch schenkweisen Erwerb in die Gesellschaft eingetretene Gesellschafter ist kein Gesellschafter minderen Rechts und hat daher im Grundsatz einen gleichen Anspruch auf Abfindung wie Gesellschafter, die ihren Gesellschaftsanteil entgeltlich erworben haben.[102]

Formulierungsbeispiel: Abfindungsklausel bei Ausscheiden eines Gesellschafters – Buchwertklausel 105

1. Bei Ausscheiden eines Gesellschafters hat dieser bzw. haben dessen Erben Anspruch auf Auszahlung des Wertes seines Gesellschaftsanteils, wie sich dieser auf der Grundlage der zuletzt festgestellten Bilanz ergibt (Abfindung nach Buchwert); ein Firmenwert und stille Reserven bleiben außer Betracht, sofern sie nicht in der Bilanz erfasst sind.
2. Mindestens erhält der ausscheidende Gesellschafter jedoch 51 % des Verkehrswerts seiner Beteiligung.
3. Änderungen der Steuerbilanz, die sich nach dem Ausscheiden aufgrund einer Betriebsprüfung ergeben, bleiben unberücksichtigt.
4. Können sich die Beteiligten über den Wert des Gesellschaftsanteils nicht einigen, ist dieser von einem Wirtschaftsprüfer oder Steuerberater als Schiedsgutachter festzustellen. Bei fehlender Einigung über die Person des Schiedsgutachters soll auf Antrag eines der Beteiligten von der für die Gesellschaft zuständigen Industrie- und Handelskammer ein Wirtschaftsprüfer benannt werden. Die Kosten des Schiedsgutachtens trägt der Gesellschafter im Verhältnis seiner Beteiligung im Übrigen die Gesellschaft.[103]

Formulierungsbeispiel: Abfindungsklausel bei Ausscheiden eines Gesellschafters – Abfindung zum Verkehrswert 106

1. Bei Ausscheiden eines Gesellschafters hat dieser bzw. haben dessen Erben Anspruch auf Auszahlung des Verkehrswertes seines Gesellschaftsanteils. In den Fällen des Ausscheidens eines Gesellschafters nach § *** dieses Gesellschaftsvertrags ist von dem Verkehrswert des Gesellschaftsanteils ein Abzug von *** % vorzunehmen.
2. Die Ermittlung des Verkehrswertes soll nach den Grundsätzen des Instituts der Deutschen Wirtschaftsprüfer IDW S1) erfolgen. Sollte dieser Standard zum Zeitpunkt der Geltendmachung des Anspruchs nicht mehr gültig sein, sind diejenigen gültigen Grundsätze der Bewertung anzuwenden, die dem vorgenannten Standard am nächsten kommen und vom Institut der Deutschen Wirtschaftsprüfer bzw. einem Nachfolgeinstitut in den vergleichbaren Fällen herangezogen werden.

Von der Frage der Sittenwidrigkeit der Abfindungsklausel zu unterscheiden ist die der 107 Ausübungskontrolle: Knüpft die Frage der Sittenwidrigkeit der Abfindungsklausel an den Zeitpunkt der Vereinbarung der Abfindungsklausel an und fragt, ob zu diesem Zeitpunkt bereits ein erhebliches Missverhältnis bestand, setzt die Ausübungskontrolle die grundsätzliche Wirksamkeit der konkreten Abfindungsklausel voraus und fragt nunmehr danach, ob infolge einer Änderung der maßgeblichen Verhältnisse es der Gesellschaft verwehrt ist, sich auf die Abfindungsbeschränkung zu berufen; gesetzlicher Anknüpfungspunkt dieser Ausübungskontrolle ist § 242 BGB. Durch die Ausübungskontrolle wird dem Umstand Rechnung getragen, dass die Mehrzahl der üblichen Abfindungsbeschränkungen nicht

---

[102] Vgl. hierzu Eckhardt/Hermanns/*Fleischhauer* Kap. 1 Rn. 649.
[103] Beispiel in Anlehnung an Herrler/*Tomasic* GesR-HdB § 4 Rn. 374.

von vornherein unzulässig sind. Entwickeln sich der Wert des Unternehmens und die nach der Abfindungsvereinbarung zu zahlende Entschädigung indes im Lauf der Unternehmensentwicklung so auseinander, dass sie in ein grobes Missverhältnis geraten, kann dem Gesellschafter unter Umständen ein Festhalten an der Abfindungsklausel nicht zugemutet werden. Im Rahmen dieser Ausübungskontrolle sind sämtliche Gesichtspunkte des Einzelfalls normativ zu berücksichtigen, also etwa auch im Zusammenhang mit der Abfindungsvereinbarung stehende Stundungsvereinbarungen oder besondere Umstände, die es im Einzelfall als zumutbar erscheinen lassen, den Gesellschafter an der Abfindungsvereinbarung festzuhalten, etwa wenn er den Gesellschaftsanteil im Schenkwege erworben hat. Konkret wird man ein grobes Missverhältnis dann in Betracht ziehen können, wenn der Abfindungswert weniger als 50 % des tatsächlichen Werts der Unternehmensbeteiligung erreicht, wobei dies nur ein Anhaltspunkt sein kann; zu berücksichtigen sind auch die Dauer der Mitgliedschaft des Ausgeschiedenen, sein Anteil am Aufbau und Erfolg des Unternehmens und ähnliche Umstände.[104]

5. Teil. Der Tod eines Gesellschafters

A. Die gesetzliche Regelung

I. Der Tod eines persönlich haftenden Gesellschafters

108 Gemäß § 131 Abs. 3 HGB hat der Tod eines persönlich haftenden Gesellschafters dessen Ausscheiden aus der Gesellschaft zur Folge; seine Erben haben Anspruch auf Abfindung nach den §§ 738, 740 BGB. Stirbt der letzte persönlich haftende Gesellschafter, dann gilt dasselbe, mit der Maßgabe freilich, dass es Sache der Kommanditisten ist, die Gesellschaft lebensfähig zu erhalten, indem sie für einen neuen persönlich haftenden Gesellschafter sorgen. Gelingt ihnen dies nicht binnen angemessener Zeit, dann tritt zwingend Auflösungsfolge ein.

II. Tod eines Kommanditisten

109 Anders als die Beteiligung des persönlich haftenden Gesellschafters ist die Kommanditbeteiligung gemäß § 177 HGB vererblich. Die Gesellschaft wird mit den Erben fortgesetzt. Der Gesellschaftsvertrag muss also Vorsorge treffen, wenn diese allein auf Erbrecht beruhende Rechtsnachfolge nicht eintreten soll. Es kommt zur sog. Sondererbfolge, dh nicht die Erbengemeinschaft wird Kommanditist, sondern jeder Erbe mit einem seiner Erbquote entsprechenden Anteil an der Kommanditbeteiligung wird Kommanditist.[105]

III. Anmeldung zum Handelsregister

110 Sowohl das Ausscheiden eines verstorbenen Gesellschafters als auch der Eintritt von Erben eines verstorbenen Gesellschafters in die Gesellschaft muss von allen Gesellschaftern einschließlich der Erben des verstorbenen Gesellschafters zur Eintragung in das Handelsregister angemeldet werden. Können Erben nicht festgestellt werden, ist deren Mitwirkung entbehrlich (§ 143 Abs. 3 HGB). Starb der einzige persönlich haftende Gesellschafter und wollen alle Kommanditisten fortsetzen, ohne dass ein neuer persönlich haftender Gesellschafter nachfolgt, dann wandelt sich die Gesellschaft kraft Gesetzes in eine OHG um, weil es eine handelsrechtliche Personengesellschaft ohne persönlich haftenden Gesellschafter nicht gibt. Dies ist anzumelden.[106] Im Regelfall ist die Nachfolge in einen Gesellschaftsanteil, sofern kein notariell beurkundetes Testament oder ein notariell beurkundeter

---

[104] BGH NJW 1993, 3193; MHdB GesR I/*Gummert* § 13 Rn. 55.
[105] BGH NJW 1983, 2376; NJW 1986, 2431; NJW 1989, 3152.
[106] BGH NJW 1979, 1705.

Erbvertrag vorliegt, durch einen Erbschein nachzuweisen.[107] Dies gilt auch dann, wenn die Anmeldung durch einen Bevollmächtigten des verstorbenen Gesellschafters aufgrund einer über den Tod hinaus erteilten Generalvollmacht erfolgen soll. Die Vollmacht ermächtigt den Bevollmächtigten nämlich nur, Handelsregisteranmeldungen im Namen des Vollmachtgebers vorzunehmen. Sie sagt jedoch nichts darüber aus, wer an dessen Stelle in die Gesellschaft eingetreten ist.[108]

B. Todesfallregelungen im Gesellschaftsvertrag

Die den Tod eines Gesellschafters betreffenden gesellschaftsvertraglichen Gestaltungsmöglichkeiten lassen sich in zwei große Gruppen zusammenfassen, nämlich zum einen die Nachfolgeklauseln und zum anderen die Eintrittsklauseln. Führen jene stets dazu, dass der Gesellschaftsanteil im Moment des Todes des Altgesellschafters unmittelbar auf den Rechtsnachfolger übergeht, zeichnen sich diese dadurch aus, dass der Gesellschaftsanteil des verstorbenen Altgesellschafters untergeht und für den Eintrittsberechtigten eine neue Mitgliedschaft begründet wird. **111**

I. Die Nachfolgeklauseln

1. Die einfache erbrechtliche Nachfolgeklausel. Die einfache Nachfolgeklausel – zum Teil auch Fortsetzungsklausel genannt – beschränkt sich darauf, die Beteiligung des persönlich haftenden Gesellschafters an der werbenden Gesellschaft so, wie für die Kommanditbeteiligung gesetzlich vorgesehen, vererblich zu stellen („Beim Tod eines Gesellschafters geht dessen Beteiligung auf seine Erben über.") Der Erbe ist ohne weiteres mit dem Todesfall Gesellschafter, mehrere Erben mit einem ihrer Erbquote entsprechenden Anteil an der Gesellschaftsbeteiligung des Erblassers.[109] **112**

2. Die qualifizierte erbrechtliche Nachfolgeklausel. Von einer qualifizierten Nachfolgeklausel wird gesprochen, wenn der Gesellschaftsvertrag vorsieht, dass nicht alle Erben des Gesellschafter-Erblassers, sondern unter Ausgrenzung der anderen Miterben nur einer oder einzelne von ihnen in die Gesellschafterstellung einrücken.[110] Die Klausel schränkt also im Gegensatz zur einfachen Nachfolgeklausel gesellschaftsvertraglich die erbrechtlichen Dispositionsmöglichkeiten des Gesellschafters in Bezug auf seine Beteiligung ein. Auch sie bewirkt, dass die Gesellschaftsbeteiligung unmittelbar auf den oder die nachfolgeberechtigten Erben im Wege der Sondererbfolge übergeht. Voraussetzung ist, dass der vorgesehene Gesellschafternachfolger Erbe ist und dass er die Qualifikationen des Gesellschaftsvertrages für den Rechtsnachfolger (beispielsweise: Volljährigkeit, abgeschlossene Berufsausbildung) erfüllt. Für die Festlegung der Qualifikation des Gesellschafternachfolgers besteht weitgehende Freiheit. Häufig sind bestimmte Verwandtschaftsverhältnisse (nur leibliche Abkömmlinge), bestimmte berufliche Voraussetzungen (Abschluss einer kaufmännischen Berufsausbildung; Abschluss eines Studiums). **113**

Formulierungsbeispiel: Qualifizierte Nachfolgeklausel

114

1. Beim Tod eines Gesellschafters wird die Gesellschaft mit seinen nach Abs. 2 nachfolgeberechtigten Erben oder Vermächtnisnehmern fortgesetzt; sind solche nicht vorhanden, wird die Gesellschaft unter den verbleibenden Gesellschaftern fortgesetzt.
2. Nachfolgeberechtigt sind nur andere Gesellschafter oder leibliche Abkömmlinge von Gesellschaftern.

---

[107] KG NotBZ 2003, 240.
[108] KG NotBZ 2003, 240.
[109] BGHZ 69, 47 (49).
[110] So zB in BGHZ 68, 225; BGH NJW 1983, 2376.

3. Die Übertragung eines Gesellschaftsanteils von Erben auf nachfolgeberechtigte Vermächtnisnehmer zur Erfüllung eines vom Erblasser angeordneten Vermächtnisses bedarf nicht der Zustimmung der anderen Gesellschafter.

115   Der Erblasser muss mit seiner letztwilligen Verfügung dafür Sorge tragen, dass jedenfalls auch eine Person Erbe wird, die diesen gesellschaftsvertraglichen Anforderungen genügt; der Gesellschafternachfolger muss also gleichsam eine Doppelqualifikation erfüllen: Er muss Erbe (bzw. Vermächtnisnehmer) werden und die gesellschaftsvertraglichen Anforderungen erfüllen. Wenn die qualifizierte Nachfolgeklausel zur Anwendung kommt, geht die gesamte Beteiligung unmittelbar auf den die Qualifikation erfüllenden Nachfolger über. Eine auch nur zeitweise Mitberechtigung der Miterben findet nicht statt.[111] Die qualifizierte Nachfolgeklausel funktioniert damit wie eine dinglich wirkende Teilungsanordnung; in der letztwilligen Verfügung sollte geregelt werden, ob und ggf. in welchem Umfang Ausgleichsansprüche der nicht zur Nachfolge in den Gesellschaftsanteil berechtigten Erben bestehen. Fehlt eine entsprechende Regelung, dürften Ausgleichsansprüche nach §§ 2050 ff. BGB bestehen.[112]

116   Erfüllt keiner der Erben die gesellschaftsvertraglichen Qualifikationen, geht die Nachfolgeregelung ins Leere; wird die Beteiligung im Wege des Vermächtnisses einer Person zugewandt, die die gesellschaftsvertragliche Qualifikation erfüllt, kann die qualifizierte Nachfolgeklausel in eine Eintrittsklausel umgedeutet werden.[113]

117   Erhebliche einkommensteuerrechtliche Probleme treten immer dann auf, wenn beim Ausscheiden eines Gesellschafters aus der Personengesellschaft durch dessen Tod nicht sichergestellt ist, dass dem Gesellschafter gehörende Wirtschaftsgüter, die bei ihm Sonderbetriebsvermögen waren (zB der Gesellschaft zur Nutzung überlassene Grundstücke), nicht weiterhin mit dem Gesellschaftsanteil verbunden bleiben und damit die Eigenschaft als Sonderbetriebsvermögen nicht verlieren. In ähnlicher Weise wie in dem Fall, in dem ein Gesellschafter seinen Gesellschafter-(Mitunternehmer-)Anteil unentgeltlich im Wege vorweggenommener Erbfolge auf einen Nachfolger überträgt und sich im Übergabevertrag Gegenstände zurückbehält, die er der Gesellschaft zur Nutzung überlassen hat, kann sich auch die steuerrechtliche Verbundenheit von Gesellschaftsanteil und Sonderbetriebsvermögen im Erbfall als besonders nachteilig erweisen, wenn dieses eine wesentliche Betriebsgrundlage der Gesellschaft ist. Der Grund dafür ist, dass der sog. Mitunternehmeranteil des Personengesellschafters sich gewissermaßen aus zwei „Einzelwirtschaftsgütern" zusammensetzt, nämlich dem Anteil am Gesellschaftsvermögen und seinem Sonderbetriebsvermögen I, das zivilrechtlich, insbesondere erbrechtlich, nicht das gesellschaftsrechtliche „Schicksal" des Gesellschaftsanteils teilt. Während bei einer qualifizierten Gesellschafternachfolge der Gesellschaftsanteil „am Nachlass vorbei" in das Individual-Betriebsvermögen des qualifizierten Miterben übergeht, fällt das Sonderbetriebsvermögen des Erblassers stets in das Gesamthandvermögen der Erbengemeinschaft, wo es gemeinschaftliches Vermögen wird, über das die Miterben auch nur gemeinschaftlich verfügen können. Wenn der Erblasser-Gesellschafter dieses nicht durch entsprechende Gestaltungen verhindert, fallen Sonderbetriebsvermögen und Gesellschaftsanteil im Erbfall mit der Folge auseinander, dass durch die vermögensmäßige Trennung bei einer qualifizierten Gesellschafternachfolge das bisherige Sonderbetriebsvermögen nur in Höhe der Erbquote des Nachfolgegesellschafters weiterhin Sonderbetriebsvermögen bleibt. Soweit das Sonderbetriebsvermögen erbquotal den übrigen Miterben zuzurechnen ist, wandelt es sich im Zeitpunkt des Erbfalls zu notwendigem Privatvermögen der am Gesellschaftsanteil nicht beteiligten weichenden Erben um.

---

[111] BGHZ 68, 225 (236).
[112] Vgl. *K. Schmidt* GesR § 45 V. 5.
[113] BGH NJW 1978, 264.

Wenn man nicht dem resignierenden Ratschlag von *Geck/Messmer*[114] folgen will oder 118
kann, auf eine qualifizierte Nachfolgeklausel in Gesellschaftsverträgen bei Vorhandensein
von Sonderbetriebsvermögen ganz zu verzichten oder in Erweiterung dieser Empfehlung
zumindest dann, wenn ein Gesellschaftsvertrag eine qualifizierte Nachfolgeklausel enthält,
auf die Bildung von Sonderbetriebsvermögen zu verzichten, was im Regelfall die einfacher umzusetzende Gestaltungsempfehlung ist, mag im Einzelfall das in der Beratungspraxis empfohlene sog. „Alleinerbenmodell" ein probates Mittel sein, ein Auseinanderfallen
von Gesellschaftsanteil und zugehörigem Sonderbetriebsvermögen zu verhindern. Hierbei
wird der beabsichtigte Nachfolger in den Gesellschaftsanteil zum Alleinerben eingesetzt
und die weiteren Personen, die der Erblasser bedenken will, werden mit Vermächtnissen
ausgestattet. Durch die Alleinerbeneinsetzung ist sichergestellt, dass sowohl Sonderbetriebsvermögen als auch Gesellschaftsanteil im Moment des Erbfalls in die Hand des Alleinerben fallen. Folgende weitere Ausweichlösungen sind ertragsteuerlich unbedenklich
und daher geeignet, die Privatisierung von Sonderbetriebsvermögen bei einer qualifizierten Gesellschafter-Nachfolge zu vermeiden.

Wenn eine gesellschaftsvertraglich ausgestaltete qualifizierte Nachfolgeklausel mit 119
Sonderbetriebsvermögen zusammentrifft, das eine wesentliche Betriebsgrundlage der
Gesellschaft ist, kann die im Erbfall praktisch nicht zu vermeidende Aufdeckung und
Versteuerung der im Sonderbetriebsvermögen enthaltenen stillen Reserven, soweit das
Sonderbetriebsvermögen den weichenden Miterben erbquotal zuzurechnen ist, durch
lebzeitiges Handeln in der Weise umgangen werden, dass der Gesellschaftsanteil und das
damit verbundene Sonderbetriebsvermögen unter Nießbrauchsvorbehalt, verbunden mit
einem höchstpersönlichen und freiem Rückforderungsvorbehalt unentgeltlich auf den
qualifizierten Gesellschafternachfolger übertragen wird. Eine solche Vereinbarung führt
zu einer Spaltung von zivilrechtlicher und für das Steuerrecht allein bedeutsamer wirtschaftlicher Inhaberschaft am Gesellschaftsanteil. Aufgrund des vorbehaltenen (höchstpersönlichen) freien Rückforderungsrechtes hat der Altgesellschafter (weiterhin) die tatsächliche Herrschaftsmacht über den übertragenen Gesellschaftsanteil, weil er den zivil- und gesellschaftsrechtlichen Inhaber des Gesellschaftsanteils (Neugesellschafter) aufgrund
des vorbehaltenen Nießbrauchs- und Rückforderungsrechtes nicht nur von den Nutzungen ausschließt, sondern auch die Verfügungsberechtigung auf Dauer zurückbehalten hat. Steuerrechtlich hat dies zur Folge, dass aufgrund des zurückbehaltenen wirtschaftlichen Eigentums am übertragenen Gesellschaftsanteil dem Altgesellschafter
weiterhin die auf den Gesellschaftsanteil entfallenden Gewinne (Überschüsse) zugerechnet werden. Immer dann, wenn zivilrechtliches Eigentum und wirtschaftliches Eigentum auseinanderfallen, muss bedacht werden, dass der Neugesellschafter vertraglich unwiderruflich verpflichtet wird, sämtliche ihm auf Gesellschaftsebene zugerechneten,
aber von ihm nicht zu versteuernden Gewinne dem Altgesellschafter auszukehren sind.
Mit dem Tod des nießbrauchsberechtigten (Alt-)Gesellschafters und damit verbunden
dem Wegfall des freien Widerrufsrechtes erlangt der qualifizierte Gesellschafternachfolger dann auch das wirtschaftliche Eigentum am Gesellschaftsanteil und am Sonderbetriebsvermögen. Nachteil dieser Lösung ist, dass die übrigen Gesellschafter nicht nur der
Übertragung des Gesellschaftsanteils, sondern (vorsorglich) auch bereits im Zeitpunkt
der Übertragung des Gesellschaftsanteils dessen Rückübertragung zustimmen müssen.

Wer weder eine lebzeitige Übertragung unter Nießbrauchs- und freiem Rückforde- 120
rungsvorbehalt noch das „Alleinerbenmodell" als „Ausweichlösung" akzeptiert, kann ein
Auseinanderfallen von Gesellschaftsanteil und Sonderbetriebsvermögen im Falle des Todes
des Gesellschafters verhindern, indem er letztwillige Verfügungen trifft, die sicherstellen,
dass dem qualifizierten Gesellschafter-Nachfolger vom Erbfall an das wirtschaftliche Eigentum an dem in den Nachlass gefallenen Sonderbetriebsvermögen in vollem Umfange
zusteht. Durch eine letztwillig verfügte einfache Teilungsanordnung lässt sich allein die

---

[114] ZEV 1998, 428.

Zurechnung des wirtschaftlichen Eigentums beim qualifizierten Gesellschafter-Nachfolger nicht erreichen. Wenn diese aber mit einer letztwillig verfügten Berechtigung zur Inbesitznahme des Sonderbetriebsvermögens verbunden wird und darüber hinaus der Qualifizierte – bezogen auf das Sonderbetriebsvermögen – letztwillig zum Testamentsvollstrecker eingesetzt wird (Abwicklungsvollstreckung) oder ihm eine postmortale Vollmacht erteilt wird, die den qualifizierten Nachfolge-Gesellschafter zur Vollstreckung der Teilungsanordnung oder des vermächtnisweise zugewendeten Sonderbetriebsvermögens berechtigt, liegen die Voraussetzungen für die Annahme wirtschaftlichen Eigentums beim qualifizierten Nachfolge-Gesellschafter vom Erbfall an vor; dies zumindest dann, wenn die weichenden Erben die letztwillige Zuweisung des Sonderbetriebsvermögens an den qualifizierten Gesellschafter-Nachfolger akzeptieren.

> **Praxishinweis Steuern:**
> Die beiden vorstehend beschriebenen Gestaltungen bewegen sich steuerlich im Grenzbereich des Begriffs vom wirtschaftlichen Eigentum. Sie sollten daher unbedingt nur unter Einbeziehung eines geeigneten steuerlichen Beraters und ggf. mit Einholung einer verbindlichen Auskunft des zuständigen Finanzamtes in Angriff genommen werden, denn im Falle einer steuerlichen Nichtanerkennung droht uU die irreparable steuerpflichtige Aufdeckung erheblicher stiller Reserven. Dieses Problem lässt sich umgehen, indem die Mitunternehmerbeteiligung samt Sonderbetriebsvermögen in eine eigene gewerbliche Personengesellschaft (zB eine Ein-Personen-GmbH & Co. KG) eingebracht wird, was allerdings im Regelfall auch nur mit Zustimmung der Mitgesellschafter machbar ist und eventuell auch den Intentionen der qualifizierten Nachfolgeklausel zuwiderläuft.

121   **3. Die rechtsgeschäftliche Nachfolgeklausel.** Anstelle der erbrechtlichen Nachfolge ist auch eine rechtsgeschäftliche Regelung der Nachfolge in die Beteiligung eines verstorbenen Gesellschafters möglich. Hier wird die Mitgliedschaft dem Nachfolger durch den Gesellschaftsvertrag als Geschäft unter Lebenden zugewandt. Eine solche Regelung ist von Bedeutung, wenn der designierte Nachfolger nicht Erbe sein soll. Die Beteiligung geht in diesem Fall aufgrund der Regelung im Gesellschaftsvertrag im Wege des derivativen Erwerbs außerhalb des Nachlasses auf einen im Gesellschaftsvertrag bestimmten Gesellschafternachfolger über, und zwar ebenso unmittelbar wie bei der erbrechtlichen Nachfolge, aber aufgrund Verfügung unter Lebenden unmittelbar mit dinglicher Wirkung.[115] Es handelt sich um eine gesellschaftsvertragliche Vereinbarung mit dem vorgesehenen Nachfolger, deren Wirkung durch den Tod des Rechtsvorgängers aufschiebend bedingt ist.[116] Da eine Verfügung zugunsten Dritter unzulässig ist, bedarf sie stets der Mitwirkung des vorgesehenen Nachfolgers zu Lebzeiten seines Rechtsvorgängers.[117] Als Regelung unter Lebenden ist sie selbst bei Unentgeltlichkeit ohne Beachtung des Formzwangs gemäß § 2301 Abs. 1 BGB möglich, da es sich um eine vollzogene Schenkung iSd § 2301 Abs. 2 BGB handelt.[118] Zu beachten ist, dass der Gesellschafter bei dieser Lösung schon zu Lebzeiten gegenüber dem Eintrittsberechtigten gebunden ist.[119]

---

[115] BGH NJW 1959, 1433; BGHZ 68, 225 (234); vgl. auch *K. Schmidt* GesR § 45 V. 6. c.
[116] BGH NJW 1970, 1638.
[117] BGHZ 68, 225 (231 ff.).
[118] *Nieder/Kössinger,* Handbuch der Testamentsgestaltung, 5. Aufl. 2015, Rn. 1260, 1265.
[119] BayObLG BB 2000, 2119 (2120).

Formulierungsbeispiel: Rechtsgeschäftliche Nachfolgeklausel 122

1. Beim Tode des Gesellschafters Müller geht seine Beteiligung auf dessen Tochter ☝
   Christina Müller, die diese Verfügung hiermit annimmt, über, ohne dass es der Zustimmung der Mitgesellschafter bedarf.
2. Einen etwaigen Ausgleich gegenüber den Miterben von Frau Christina Müller und
   eine etwaige Anrechnung auf den Erbteil von Frau Christina Müller wird Herr Müller
   in seiner letztwilligen Verfügung bestimmen.

---

4. Der Vollzug des Rechtsübergangs. Bei der einfachen erbrechtlichen Nachfolgeklau- 123
sel vollzieht sich die Rechtsnachfolge nach denselben Grundsätzen, wie sie für die Kommanditbeteiligung kraft Gesetzes gelten. Mehrere Nachfolgererben erwerben die Mitgliedschaft nicht als Ganzes in Erbengemeinschaft, sondern im Wege der Sondererbfolge
unmittelbar und entsprechend ihrer Erbquote geteilt. Diese Besonderheit der Nachfolge
in Personengesellschaftsanteile resultiert aus der überkommenen Erkenntnis, dass die Erbengemeinschaft als solche nicht Mitglied einer Personengesellschaft sein kann, mithin ein
Personengesellschaftsanteil auch nicht auf eine Erbengemeinschaft übergehen kann. Bei
der rechtsgeschäftlichen Nachfolgeklausel erfolgt der Anteilserwerb des Begünstigten aufgrund einer lebzeitig vorgenommenen Verfügung des Gesellschafters, mit der sich der Erwerber im Regelfall ebenfalls zu Lebzeiten des Verfügenden einverstanden erklärt hat.

a) Der Minderjährige als Erbe. Wird ein Minderjähriger aufgrund Erbfolge auf der 124
Grundlage einer Nachfolgeklausel Gesellschafter, bedarf dieser Rechtsübergang nicht der
familiengerichtlichen Genehmigung, weil er aufgrund Gesetzes und nicht aufgrund
Rechtsgeschäfts erfolgt. Nach § 1629a BGB beschränkt sich die Haftung des Minderjährigen für sämtliche Verbindlichkeiten, die Eltern oder sonstige vertretungsberechtigte Personen durch Rechtsgeschäft oder sonstige Handlungen mit Wirkung für ihn begründet
haben, auf den Bestand des bei Eintritt der Volljährigkeit vorhandenen Vermögens. Dies
gilt auch für Geschäfte, die der Minderjährige mit Zustimmung der Eltern gemäß §§ 107,
108 BGB oder § 111 BGB vorgenommen hat sowie für Verbindlichkeiten aus Rechtsgeschäften, zu denen die Eltern die Genehmigung des Familiengerichts erhalten haben. Die
Haftungsbeschränkung erstreckt sich dagegen nicht auf Verbindlichkeiten aus Rechtsgeschäften, die der Minderjährige aufgrund einer Ermächtigung nach § 112 BGB im Rahmen des selbständigen Betriebs eines Erwerbsgeschäftes getätigt hat (§ 1629a Abs. 2 BGB).

Darüber hinaus steht dem Minderjährigen nach Eintritt der Volljährigkeit für die Dauer 125
von drei Monaten seit Kenntniserlangung seiner Stellung als Gesellschafter ein Recht zur
Kündigung der Gesellschaft aus wichtigem Grunde zu (§ 723 Abs. 1 Nr. 2 BGB). Macht
der volljährig Gewordene von seinem Kündigungsrecht keinen Gebrauch, kann er sich
bezüglich der Altverbindlichkeiten gleichwohl auf die Haftungsbeschränkung nach
§ 1629a Abs. 1 BGB berufen. Es gilt jedoch im Interesse des Rechtsverkehrs die Vermutung, dass es sich bei den Verbindlichkeiten des Gesellschafters um neue Verbindlichkeiten
handelt und dass das gegenwärtige Vermögen bereits bei Eintritt der Volljährigkeit vorhanden war.

b) Das Wahlrecht des Erben nach § 139 HGB. Dem Erben eines persönlich haften- 126
den Gesellschafters steht ferner das Wahlrecht nach § 139 HGB zu: Er kann sein Verbleiben in der Gesellschaft davon abhängig machen, dass ihm unter Belassung des bisherigen
Gewinnanteils die Rechtsstellung eines Kommanditisten eingeräumt wird. Sind die übrigen Gesellschafter damit nicht einverstanden, dann kann der Gesellschafternachfolger die
Gesellschaft fristlos kündigen. Die Ausübung des Wahlrechts steht dem Erben persönlich

zu. Testamentsvollstrecker, Nachlass- oder Insolvenzverwalter wirken nicht mit.[120] Diese Rechte können nur innerhalb von drei Monaten ausgeübt werden.

127 Das Wahlrecht nach § 139 HGB besteht nicht, wenn der Erbe letztlich nicht vor die Entscheidung gestellt ist, entweder die Erbschaft auszuschlagen oder persönlich haftender Gesellschafter zu werden, wovon insbesondere dann auszugehen ist, wenn der Erbe bereits *vor* dem Erbfall als persönlich haftender Gesellschafter an der Gesellschaft beteiligt war.[121] Wiederum anders zu beurteilen ist der Fall, dass der Erbe vor dem Erbfall bereits Kommanditist der Gesellschaft war und der Erblasser persönlich haftender Gesellschafter; hier besteht durchaus ein Bedürfnis, die vormalige Stellung des Erblassers als persönlich haftender Gesellschafter in eine Kommanditistenstellung umzuwandeln. In diesem Fall treten im Moment des Todes des persönlich haftenden Gesellschafters folgende Rechtsfolgen ein:

– Mit dem Erbfall rückt der Kommanditist unmittelbar in die ihm zugefallene Gesellschafterstellung als persönlich haftender Gesellschafter ein. Da das Recht der Personenhandelsgesellschaften eine Beteiligung mit mehreren selbständigen Gesellschaftsanteilen nicht kennt, ist die Beteiligung als Gesellschafter einer Personengesellschaft im Regelfall einheitlich. Dies bedeutet, dass sich der bisherige Kommanditanteil und der nunmehrige Anteil als persönlich haftender Gesellschafter mit dem Erbfall vereinigen und eine einheitliche Beteiligung entsteht, bei der die Komplementärstellung die Gesamtbeteiligung prägt.[122]

– Nunmehr hat der Gesellschafter das Recht, sein Verbleiben in der Gesellschaft davon abhängig zu machen, dass ihm unter Belassung des bisherigen Gewinnanteils die Stellung eines Kommanditisten eingeräumt wird. Dieses Recht steht ihm auch dann zu, wenn er bereits zuvor Kommanditist der Gesellschaft war.[123] Das Wahlrecht ist durch einen entsprechenden Antrag an die übrigen Gesellschafter auszuüben. Die Art der Beteiligung ändert sich erst durch die Umwandlung der Beteiligung, das heißt, es ist die Annahme des Antrags durch die Mitgesellschafter und damit eine Änderung des Gesellschaftsvertrages erforderlich.

128 Wird der Erbe Kommanditist, ist nach § 139 Abs. 1 HGB „der auf ihn fallende Teil der Einlage des Erblassers als seine Kommanditeinlage" anzuerkennen. Dies ist unproblematisch, wenn auch der Erblasser Kommanditist war; in diesem Fall geht dessen Kommanditeinlage als solche auf den Erben über. Schwieriger ist die Frage zu beantworten, welche Hafteinlage des Kommanditisten nach Umwandlung einer Komplementärbeteiligung in eine Kommanditbeteiligung in das Handelsregister einzutragen ist. Nach einer Ansicht soll es das tatsächliche Kapitalkonto im Todesfall sein.[124] Ist das Konto negativ, dann soll die Haftsumme frei gewählt werden können oder auf 1 EUR festgesetzt werden können.[125] Richtigerweise wird man die freie Wahl der Kommanditeinlage generell anerkennen müssen; insbesondere muss bei Umwandlung einer Komplementärbeteiligung auf einen bereits vor dem Erbfall als Kommanditisten eingetretenen Gesellschafter dessen Haftsumme im Handelsregister nicht zwingend verändert werden.

II. Die Eintrittsklausel

129 Durch die Eintrittsklausel wird einem als Nachfolger vorgesehenen Erben oder auch Dritten ein schuldrechtlicher Anspruch darauf eingeräumt, von den überlebenden Gesellschaftern Aufnahme in die Gesellschaft zu verlangen. Der Eintritt vollzieht sich durch Neubegründung der Mitgliedschaft. § 130 HGB findet Anwendung. Grundlage des Eintritts ist

[120] BGHZ 47, 293 (296).
[121] Baumbach/Hopt/*Hopt* HGB § 139 Rn. 8.
[122] BayObLG ZIP 2003, 1443.
[123] BayObLG ZIP 2003, 1443.
[124] Staub/*Ulmer* HGB § 139 Rn. 122ff.
[125] Baumbach/Hopt/*Hopt* HGB § 139 Rn. 42.

eine Vereinbarung der Gesellschafter untereinander, die Vertrag zugunsten Dritter ist. Erfüllung kann im Zweifel erst mit dem Tod des Gesellschafters verlangt werden, dessen Nachfolge geregelt werden soll. Von diesem Zeitpunkt an erwirbt der Eintrittsberechtigte den Aufnahmeanspruch (§ 331 BGB).

Soll der Eintrittsberechtigte die Möglichkeit haben, ohne Erbringung einer neuen Einlage in die Gesellschaft aufgenommen zu werden, empfiehlt sich folgende Gestaltung: Dem Eintrittsberechtigten wird der Abfindungsanspruch des verstorbenen Gesellschafters vermächtnisweise zugewandt; mit diesem Anspruch kann der Eintrittsberechtigte alsdann gegen den Einlageanspruch der Gesellschaft aufrechnen und so seine Einlagepflicht erfüllen. **130**

Häufig vergeht Zeit zwischen der Entstehung des Eintrittsanspruchs (Tod des Gesellschafters) und dem Zustandekommen des Aufnahmevertrages. Rückwirkender Eintritt ist nur im Innenverhältnis möglich und häufig auch gewollt.[126] **131**

Formulierungsbeispiel: Eintrittsklausel 132 ◑

1. Im Falle des Todes eines Gesellschafters steht seinem ältesten leiblichen Abkömmling das Recht zu, zu den gleichen Bedingungen der Mitgliedschaft des verstorbenen Gesellschafters und in einem dem Anteil des verstorbenen Gesellschafters entsprechenden Umfang in die Gesellschaft einzutreten.
2. Der Eintritt ist durch schriftliche Erklärung gegenüber der Gesellschaft, die von den übrigen Gesellschaftern hiermit allseits entsprechend und unter Befreiung von § 181 BGB bevollmächtigt ist, innerhalb einer Frist von sechs Monaten nach dem Tod des Gesellschafters zu erklären. Nach Ablauf dieser Frist wird die Gesellschaft mit den übrigen Gesellschaftern fortgesetzt und das Recht zum Eintritt erlischt.
3. Tritt der Eintrittsberechtigte in die Gesellschaft ein, so sind die übrigen Gesellschafter verpflichtet, ihm einen entsprechenden Gesellschaftsanteil unentgeltlich zu übertragen.

C. Erbrechtliche Sonderfragen und Gestaltungsmöglichkeiten

I. Vor- und Nacherbfolge

Die Anordnung von Vor- und Nacherbschaft bei Regelung der Nachfolge in Gesellschaftsbeteiligungen ist zulässig.[127] Sie bewirkt, dass der Vorerbe nur auf Zeit Gesellschafter wird und die Gesellschaftsbeteiligung alsdann – mit Eintritt eines bestimmten Ereignisses, beispielsweise Wiederheirat oder Tod – ohne weiteres auf eine vom Erblasser bestimmte andere Person übergeht. Voraussetzung ist die Vererblichkeit der Gesellschaftsbeteiligung. Der Vorerbe rückt in vollem Umfang, dh mit allen Rechten und Pflichten wie ein Vollerbe in die Gesellschafterstellung des Erblassergesellschafters ein. Während der Dauer der Vorerbschaft übt er uneingeschränkt die mit der Beteiligung verbundenen Rechte aus.[128] **133**

Unzulässig und dem Nacherben gegenüber unwirksam sind nur unentgeltliche Verfügungen über die Gesellschaftsbeteiligung als solche (§ 2113 Abs. 2 BGB). Die Abgrenzung kann im Einzelfall Schwierigkeiten bereiten. Immer ist zu fragen, ob Verfügungen oder sonstige die Beteiligung berührende Maßnahmen des Vorerben (Änderung des Gesellschaftsvertrages) ein gleichwertiges Surrogat im Nachlass hinterlassen. Danach ist die Ausübung der Wahlrechte nach § 139 HGB durch den Vorerben zulässig, ebenso die Kündigung oder vereinbartes Ausscheiden gegen angemessene Abfindung. Zulässig sind alle Maßnahmen zur ordnungsgemäßen Verwaltung des Nachlasses. Hierbei darf der Vorerbe **134**

---

[126] BGH NJW 1978, 264 (266).
[127] BGHZ 69, 47 (49); 78, 177 (181).
[128] BGHZ 78, 177 (182).

auch darauf Rücksicht nehmen, was sich im Gesellschaftsinteresse als wirtschaftlich notwendig oder zweckmäßig erweist. Einseitige Änderungen des Gewinnverteilungsschlüssels zu Lasten der ererbten Gesellschaftsbeteiligung sind im Regelfall ohne Zustimmung des Nacherben nur für die Dauer der Vorerbschaft zulässig.[129]

II. Testamentsvollstreckung

135 Die Zulässigkeit der Testamentsvollstreckung an einer Personengesellschaft war höchst umstritten. Dies gilt nach wie vor für die Zulässigkeit der Verwaltungstestamentsvollstreckung am Anteil eines persönlich haftenden Gesellschafters einer Personenhandelsgesellschaft, namentlich für die Geschäftsführung. Mit dem Gedanken der Selbstorganschaft bei Personengesellschaften verträgt es sich nicht, dass ein Nicht-Gesellschafter als Testamentsvollstrecker ohne persönliche Haftung Leitungsfunktionen wahrnimmt. Der BGH hat aber inzwischen ausgesprochen, dass auch bei Komplementär-Anteilen an einer OHG und BGB-Gesellschaftsanteilen eine Testamentsvollstreckung zulässig ist, von der die Geschäftsführung und andere, möglicherweise zu einer Haftung der Gesellschaft führende Handlungen unberührt bleiben und die sich im Wesentlichen auf die Wahrnehmung und Erhaltung der mit dem Anteil verbundenen übertragbaren Vermögensrechte beschränkt.[130] Uneingeschränkt zugelassen hat er die Testamentsvollstreckung an einem Kommanditanteil.[131] Voraussetzung ist, dass der Gesellschaftsvertrag die Testamentsvollstreckung über einen Kommanditanteil zulässt oder alle Mitgesellschafter dem im Einzelfall zustimmen. Problematisch ist die Testamentsvollstreckung, wenn der Erbe bereits Mitgesellschafter des Erblassers in derselben Gesellschaft ist. Hier könnte die Einheitlichkeit der Beteiligung der Testamentsvollstreckung entgegenstehen. Der BGH hat demgegenüber entschieden, dass die Testamentsvollstreckung auch in diesem Fall nicht ausgeschlossen ist.[132] Ist über den Nachlass eines Kommanditisten Dauertestamentsvollstreckung angeordnet, ist auf Antrag des Testamentsvollstreckers auch ein Testamentsvollstreckervermerk in das Handelsregister einzutragen.[133]

136 Der Testamentsvollstrecker ist nach allgemeiner Ansicht nicht berechtigt, die Kommanditisten aufgrund seiner Mitgliedschaft zustehenden Herrschafts- und Mitverwaltungsrechte auszuüben, wenn dies zu einer persönlichen Haftung des Gesellschaftererben ohne dessen Einwilligung führen würde. Insbesondere gilt dies für Maßnahmen, die zu einem Wiederaufleben der Haftung nach § 172 Abs. 4 HGB infolge der Rückzahlung der Einlage des Kommanditisten führen würden und für Beschlüsse über eine Erhöhung der Hafteinlage.[134]

137 Streitig ist auch, wieweit der Testamentsvollstrecker über die Beteiligung als solche verfügen kann. Gemäß § 2205 BGB ist er dazu grundsätzlich berechtigt, soweit nicht der Erblasserwille entgegensteht (vgl. § 2208 Abs. 1 S. 1 BGB). In diesem Sinne wird teilweise[135] dem Testamentsvollstrecker auch ein Kündigungsrecht entsprechend § 725 BGB, § 135 HGB zugebilligt, mit Hilfe dessen er den Auseinandersetzungsanspruch zur Befriedigung von Ausgleichsansprüchen weichender Erben liquide machen darf; andere meinen dagegen, dass der Testamentsvollstrecker nicht befugt sein könne, die vom Erblasser gewollte Zuordnung der Gesellschaftsbeteiligung zu dem Erben durch Vernichtung der Mitgliedschaft zu beseitigen.[136] Auch im Übrigen ist der Testamentsvollstrecker in vielfacher Weise gebunden. Grundsätzlich soll er ohne Zustimmung des Gesellschaftererben nicht in den „Kernbereich" der Kommanditbeteiligung eingreifen dürfen.[137]

---

[129] BGHZ 78, 177 (188).
[130] BGH NJW 1996, 1284.
[131] BGH NJW 1989, 3152.
[132] NJW 1996, 1284.
[133] BGH NZG 2012, 385.
[134] BGHZ 108, 187; *Dörrie* ZEV 1996, 370 (372); *Ulmer* NJW 1990, 73 (76).
[135] *Ulmer* FS Schilling 1973, 97 (104).
[136] *Flume* S. 163.
[137] Zum Meinungsstand *K. Schmidt* GesR § 45 V. 7. c.

6. Teil. Weitere wichtige Einzelfragen bei der Gestaltung von Personengesellschaftsverträgen

Bei der Gestaltung von Personengesellschaftsverträgen sind neben den vorstehend darge- 138
stellten Gesichtspunkten häufig die nachgenannten Aspekte zu berücksichtigen.

A. Einstimmigkeits- oder Mehrheitsprinzip

Beschlüsse der Gesellschafter einer Personengesellschaft sind gemäß § 119 Abs. 1 HGB 139
grundsätzlich einstimmig zu fassen. Gemäß § 119 Abs. 2 HGB kann der Gesellschaftsvertrag jedoch vorsehen, dass Gesellschafterbeschlüsse mit einfacher oder qualifizierter Mehrheit zulässig sind. Bei der Gestaltung derartiger Mehrheitsklauseln sind vor allem die folgenden Gesichtspunkte zu beachten:

Vormals schützte die Rechtsprechung den der Mehrheitsmacht unterworfenen Minder- 140
heitsgesellschafter mit den Instrumentarien des Bestimmtheitsgrundsatzes und der Kernbereichslehre, wobei das Verhältnis beider Schutzinstrumentarien zueinander nicht stets und
eindeutig klar war.[138] Mit Hilfe des Bestimmtheitsgrundsatzes wurde überprüft, ob in hinreichend bestimmter Weise, im Regelfall in Gestalt eines Kataloges, zweifelsfrei und eindeutig geregelt war, welche Beschlussgegenstände dem Mehrheitsprinzip unterworfen waren. *Grundlagengeschäfte* oder *ungewöhnliche Geschäfte* wurden nur dann als von der
Mehrheitsklausel erfasst angesehen, wenn sie ausdrücklich und im Einzelnen in der Mehrheitsklausel aufgeführt waren.[139] Der Bestimmtheitsgrundsatz war damit eine formelle
Auslegungshilfe für Mehrheitsklauseln in Gesellschaftsverträgen, die in der Praxis dazu
führte, dass in Gesellschaftsverträgen umfangreiche Kataloge aller nur denkbaren Vertragsänderungen und Grundlagengeschäfte zu finden waren. Das mit dem Bestimmtheitsgrundsatz verfolgte Ziel eines effektiven Minderheitenschutzes konnte auf diese Weise auf
Dauer allerdings nicht mehr erreicht werden.[140] Ergänzend zum Bestimmtheitsgrundsatz
wurde daher der von der Mehrheit gefasste Gesellschafterbeschluss nach den Kriterien der
Kernbereichslehre einer inhaltlichen Überprüfung unterworfen: demnach gibt es Bestandteile der Mitgliedschaft, in welche nicht auf dem Wege eines Mehrheitsbeschlusses, sondern nur mit der Zustimmung des betroffenen Gesellschafters eingegriffen werden
kann.[141] Unklar war, welche Beschlussgegenstände im Einzelnen dem durch Mehrheitsbeschluss unentziehbaren Kernbereich zuzuordnen waren. Diese begriffliche Unschärfe war
der Hauptkritikpunkt gegen die Kernbereichslehre.

Die vorstehend geschilderte Kritik aufnehmend prüft die Rechtsprechung Mehrheits- 141
entscheidungen nunmehr im Wege einer *Zweistufentheorie*.[142] Nach allgemeinen Auslegungsgrundsätzen wird in einem ersten Schritt überprüft, ob die Gesellschafter es beim
gesetzlich vorgesehenen Einstimmigkeitsprinzip belassen wollten oder ob sie – in Ausübung ihrer privatautonomen Gestaltungsmacht – dem Mehrheitsprinzip den Vorzug geben wollten. Für die umfassende Einführung des Mehrheitsprinzips ist eine gesellschaftsvertragliche Bestimmung, wonach die Gesellschafter ihre Entscheidungen mehrheitlich
treffen, ausreichend.[143] Einer katalogartigen Auflistung der Beschlussgegenstände, die dem
Mehrheitsprinzip unterworfen sein sollen, bedarf es daher nicht mehr. In der zweiten
Prüfungsstufe wird alsdann untersucht, ob von der formell ordnungsgemäß begründeten
Mehrheitsmacht inhaltlich-materiell ordnungs- und rechtmäßig Gebrauch gemacht wor-
den ist und ob der Eingriff in die Rechte des Gesellschafters legitimiert ist. Bei dieser
Prüfung können die Auswirkungen der von der Gesellschaftermehrheit beschlossenen

---

[138] *Götte/Götte* DStR 2016, 74 (76).
[139] *Götte/Götte* DStR 2016, 74 (75).
[140] *K. Schmidt* GesR § 16 II. 2. c.
[141] *Götte/Götte* DStR 2016, 74 (76).
[142] *Götte/Götte* DStR 2016, 74 (77).
[143] *Götte/Götte* DStR 2016, 74 (77); MüKoBGB/*Ulmer/Schäfer* BGB § 709 Rn. 93.

Maßnahme auf den Minderheitsgesellschafter, dessen vorheriges Verhalten, etwaige Treuepflichten der Gesellschafter oder auch im Vorfeld bereits erklärte Zustimmungen berücksichtigt werden.[144]

142   Nur der Vollständigkeit halber sei erwähnt, dass neben den von der Rechtsprechung entwickelten und vorstehend dargestellten Instrumentarien des Individual- und Minderheitenschutzes noch gesetzliche Bestimmungen, die den gleichen Zweck verfolgen, zu beachten sind. Zu erwähnen ist hier zum Einen § 35 BGB, der (rechtsformübergreifend) bestimmt, dass Sonderrechte eines Mitglieds diesem nicht ohne seine Zustimmung entzogen werden können. Schließlich ist § 707 BGB zu beachten, der eine Vermehrung von Gesellschafterpflichten (ohne Zustimmung des betroffenen Gesellschafters) verbietet.

143   Handelt ein Gesellschafter zugleich im eigenen Namen und als Vertreter eines Dritten oder liegt ein Fall der Mehrfachvertretung vor, ist darüber hinaus § 181 BGB zu beachten.[145] Bei Gesellschafterbeschlüssen, die das Rechtsverhältnis der Gesellschafter untereinander betreffen, zum Beispiel Änderungen des Gesellschaftsvertrags oder Strukturmaßnahmen, ist § 181 BGB anzuwenden. Hiervon zu unterscheiden sind bloße Maßnahmebeschlüsse, zum Beispiel Beschlüsse über bloße Geschäftsführungsmaßnahmen. Bei diesen Beschlüssen steht die gemeinsame Zweckverfolgung im Vordergrund, so dass der von § 181 BGB vorausgesetzte Interessenkonflikt nicht auftritt.[146] Bei minderjährigen Gesellschaftern muss bei Anwendbarkeit des § 181 BGB für jeden minderjährigen Gesellschafter ein eigener Ergänzungspfleger bestellt werden, wenn die Eltern des Minderjährigen (oder ein Elternteil) ebenfalls an der Gesellschaft beteiligt sind und bei dem Beschluss mitwirken.

> **Praxishinweis:**
> In der Praxis wichtig ist es in derartigen Fällen, auch den Ergänzungspfleger ordnungsgemäß zur Gesellschafterversammlung einzuladen, um einen Ladungsmangel zu vermeiden. Bestehen Zweifel, ob die Stimmabgabe bei einem Gesellschafterbeschluss in die Kompetenz der gesetzlichen Vertreter des Minderjährigen oder in die des Ergänzungspflegers fällt, sollten notfalls beide potentiellen Vertreter an der Beschlussfassung mitwirken und ihr zustimmen.

B. Klagerechte des Gesellschafters

144   Die Frage, welche Möglichkeiten der Gesellschafter hat, einen Gesellschafterbeschluss gerichtlich überprüfen zu lassen, hängt eng mit der Einführung des Mehrheitsprinzips zusammen: Der Gesellschafter ist auf Klagerechte nur dann angewiesen, wenn er nicht die Möglichkeit hat, die Wirksamkeit eines Gesellschafterbeschlusses durch Zustimmungsverweigerung zu verhindern, also nur unter der Geltung des Mehrheitsprinzips. Während bei Körperschaften zwischen anfechtbaren und nichtigen Beschlüssen unterschieden wird (vgl. zB § 241f. AktG iVm 243ff. AktG), ist diese Differenzierung für Gesellschafterbeschlüsse in Personengesellschaften bisher nicht übernommen worden. Gesellschafterbeschlüsse in Personengesellschaften sind entweder wirksam oder unwirksam, nicht aber anfechtbar.[147] Die Unwirksamkeit des Beschlusses ist im Wege der Feststellungsklage geltend zu machen.[148]

145   Da eine Frist für die Erhebung der Klage gesetzlich nicht vorgegeben ist, auf der anderen Seite aber ein Bedürfnis nach Rechtssicherheit besteht, empfiehlt es sich, in Gesell-

---

[144] Zu zahlreichen weiteren Einzelfällen vgl. *Götte/Götte* DStR 2016, 74 (78ff.).
[145] Vgl. hierzu umfassend *Baetzgen* RNotZ 2005, 193.
[146] *Baetzgen* RNotZ 2005, 193 (223).
[147] Zum Meinungsstand vgl. *K. Schmidt* GesR § 15 II. 3.
[148] BGH NJW 1999, 3113.

schaftsverträgen eine Frist für die Erhebung der Feststellungsklage zu bestimmen. Sie sollte, um das Klagerecht des Gesellschafters nicht in unwirksamer Weise zu beschränken,
nicht unter einem Monat liegen.[149] Wird eine Gesellschafterversammlung unter Nichteinhaltung der vorgeschriebenen Formen oder Fristen einberufen, kann dies zur Nichtigkeit
des Beschlusses führen, wenn der mit den gesellschaftsvertraglichen oder gesetzlichen Ladungsbestimmungen verfolgte Zweck, dem einzelnen Gesellschafter die Vorbereitung auf
die Tagesordnung und die Teilnahme an der Versammlung zu ermöglichen, vereitelt wird.
Der Einladungsmangel führt aber nicht zur Nichtigkeit des Beschlusses, wenn ausgeschlossen werden kann, dass sein Zustandekommen durch den Fehler beeinflusst ist.[150]

C. Gesellschafterkonten

Die meisten Gesellschaftsverträge enthalten Bestimmungen darüber, mit welchem Kapi- **146**
talanteil ein Gesellschafter an der Gesellschaft beteiligt ist. Der Kapitalanteil ist eine Re-
chengröße, die Aufschluss über die Vermögensbeteiligung des Gesellschafters geben soll.
Er entspricht nicht dem Wert der Gesellschaftsbeteiligung, sondern gibt nur – durch seine
Relation zu den Kapitalanteilen anderer Gesellschafter – die prozentuale Beteiligung des
Gesellschafters am Gesellschaftsvermögen wieder.[151]

Demzufolge ist die Praxis dazu übergegangen, den Kapitalanteil jedes Gesellschafters **147**
fest zu bestimmen; diese festen Kapitalanteile werden in den Gesellschaftsverträgen meist
als **Kapitalkonto I** bezeichnet. Sie werden durch etwaige Entnahmen durch den Gesellschafter oder von ihm stehen gelassene Gewinne nicht verändert. Um derartige Variablen
buchen zu können, werden neben dem Kapitalkonto I weitere Kapitalkonten geführt, auf
denen alle buchungsrelevanten Vorgänge zwischen Gesellschaft und Gesellschafter kon-
tiert werden. Üblicherweise werden auf dem **Kapitalkonto II** die erwirtschafteten Gewinne und Verluste sowie die Entnahmen, stehen gelassene Gewinne und Einlagen verbucht; das Kapitalkonto II ist also ein variables Kapitalkonto und kann auch durch
Überentnahme oder Verluste oder durch Nichterbringung vereinbarter Einlagen negativ
werden. Gewinne, die aufgrund von Gesellschafterbeschlüssen oder gesellschaftsvertraglicher Vereinbarungen nicht entnahmefähig sind, werden regelmäßig auf einem weiteren
Kapitalkonto III (Rücklagenkonto) ausgewiesen.

Da bei der Definition der einzelnen Konten Vertragsfreiheit besteht, sind auch andere **148**
Kontensysteme denkbar und geläufig: Mitunter sehen die Gesellschaftsverträge die Führung eines separaten Verlustsonderkontos vor, um zu verhindern, die auf dem Kapitalkonto I gebuchten Kapitalanteile und damit die Beteiligungsquoten verändern zu müssen,
wenn die Gesellschaft Verluste macht. Dieses Verlustsonderkonto wird dann nicht selten
als Kapitalkonto III geführt.[152]

Formulierungsbeispiel: Dreikontenmodell **149**

Für jeden Gesellschafter werden in der Buchführung der Gesellschaft zwei Kapitalkonten
und ein Forderungs-/Verrechnungskonto eingerichtet:
1. Ein Kapitalkonto I, über das alle gesellschaftsvertraglich vereinbarten Einlagen des
Gesellschafters zu verbuchen sind. Das Kapitalkonto I ist ein Eigenkapitalkonto, das
sich während der Dauer der Gesellschaft nicht ändert (Festkonto).
Die Kapitalkonten I der Gesellschafter werden nicht verzinst.
2. Über das Kapitalkonto II, das ebenfalls ein Eigenkapitalkonto ist, werden die dem
Gesellschafter zuzurechnenden Gewinn- und Verlustanteile, Entnahmen und Einlagen

---

[149] Zur Zulässigkeit einer in einem Gesellschaftsvertrag vereinbarten Monatsklagefrist vgl. OLG Frankfurt
a.M. ZIP 2007, 683.
[150] BGH 11.3.2014 – II ZR 24/13.
[151] *K. Schmidt* GesR § 47 III. 2.
[152] Zu weiteren Kontierungsmöglichkeiten vgl. MHdB GesR II/*v. Falkenhausen/Schneider* § 22 II.

verbucht. Der Gesellschafter ist nicht berechtigt, im Insolvenzfall ein etwaiges Guthaben auf Kapitalkonto II als Insolvenzforderung geltend zu machen.

Ein Guthaben auf dem Kapitalkonto II wird mit 6 % p.a. und ein Negativsaldo mit 7,5 % p.a. über dem jeweiligen Basiszinssatz iSv § 247 BGB verzinst. Bemessungsgrundlage ist das arithmetische Mittel der Stichtagssalden bezogen auf den 1.1., 1.4., 1.7. und 1.10. eines jeden Jahres. Die von der Gesellschaft bzw. dem Gesellschafter gezahlten Zinsen sind ertragsteuerlich als positives bzw. negatives Gewinnvorab zu behandeln und haben demzufolge keine Auswirkung auf die Höhe des von der Gesellschaft erzielten Gewinns.

3. Alle Zahlungsvorgänge aus Rechts- und Geschäftsbeziehungen zwischen der Gesellschaft und einem Gesellschafter, die nicht ihren Rechtsgrund in gesellschaftsvertraglichen Vereinbarungen haben und auch nicht die mitgliedschaftlichen Rechte und Pflichten eines Gesellschafters betreffen, sondern ausschließlich schuldrechtlicher Natur sind (zB aus Dienst-, Miet- oder Geschäftsführerverträgen), werden über ein gesondertes Verrechnungskonto (Kapitalkonto III) verbucht.

Soweit die Verzinsung der positiven bzw. negativen Salden des Verrechnungskontos nicht in gesonderten Vereinbarungen geregelt ist, gelten die Verzinsungsgrundsätze gemäß Abs. 2 (Kapitalkonto II) entsprechend.

7. Teil. Die Auflösung der Gesellschaft

150   Die Personengesellschaft wird aufgelöst durch
– gesellschaftsvertraglich vereinbarten Zeitablauf,
– Gesellschafterbeschluss,
– Eröffnung des Insolvenzverfahrens über das Vermögen der Gesellschaft und
– gerichtliche Entscheidung (§§ 131 Abs. 1, 133 HGB).

151   Mit der Auflösung wird die Gesellschaft grundsätzlich nicht sofort beendet, sondern sie wandelt sich in eine Liquidationsgesellschaft, die nach §§ 145 ff. HGB abzuwickeln ist. Nach Abschluss der Abwicklung ist die Gesellschaft beendet und im Handelsregister zu löschen. Sowohl die Auflösung der Gesellschaft als auch deren Liquidation sowie die Beendigung der Liquidation sind zur Eintragung in das Handelsregister anzumelden. Wird keine Liquidation durchgeführt, kann auch die sofortige Löschung der Firma angemeldet werden, ohne dass Liquidatoren bestellt werden müssen. Anders als bei der GmbH setzt die Beendigung und Löschung einer Personenhandelsgesellschaft nicht die Einhaltung eines Sperrjahres voraus.[153]

152   **Formulierungsbeispiel: Anmeldung der Auflösung einer KG**

Ų   Als die sämtlichen Gesellschafter der Gesellschaft melden wir zur Eintragung in das Handelsregister an:

1. Die Gesellschaft ist durch Beschluss der Gesellschafter aufgelöst.
2. Liquidatoren sind sämtliche persönlich haftenden Gesellschafter der Gesellschaft, nämlich derzeit
   a) ***
   b) ***
   Die Liquidatoren vertreten gemeinsam.

---

[153] Eckhardt/Hermanns/*Fleischhauer* Kap. 1 Rn. 686.

Formulierungsbeispiel: Anmeldung der Beendigung der Liquidation 153

Als die sämtlichen Gesellschafter der Gesellschaft melden wir zur Eintragung in das Handelsregister an:
1. Die Liquidation ist beendet; die Firma ist erloschen.
2. Die Bücher und Papiere der Gesellschaft wurden dem Liquidator *** zur Verwahrung übergeben.

Formulierungsbeispiel: Anmeldung der Auflösung einer KG ohne vorhergehende Liquidation 154

Als die sämtlichen Gesellschafter der Gesellschaft melden wir zur Eintragung in das Handelsregister an:
1. Die Gesellschaft ist durch Beschluss der Gesellschafter aufgelöst.
2. Liquidatoren sind sämtliche persönlich haftenden Gesellschafter der Gesellschaft, nämlich derzeit
   a) ***
   b) ***
   Die Liquidatoren vertreten gemeinsam.
3. Die Liquidation ist beendet; die Firma ist erloschen.

Es wird versichert, dass alle Gläubiger der Gesellschaft befriedigt sind, kein verteilungsfähiges Vermögen mehr vorhanden ist, so dass es weiterer Liquidationsmaßnahmen nicht bedarf.

Formulierungsbeispiel: Anmeldung der Auflösung einer KG durch Übernahme des gesamten Vermögens durch einen Gesellschafter 155

Als die sämtlichen Gesellschafter der Gesellschaft melden wir zur Eintragung in das Handelsregister an:
1. Alle Kommanditisten sind aus der Gesellschaft ausgeschieden.
2. Die Gesellschaft ist aufgelöst; die Firma ist erloschen.
3. Das Handelsgeschäft wird von der Komplementärin, nämlich ***, ohne Liquidation mit allen Aktiva und Passiva übernommen und fortgeführt.
4. Eine Vereinbarung im Sinne von § 25 Abs. 2 HGB wurde nicht getroffen und ist demzufolge nicht in das Handelsregister einzutragen.

8. Teil. Die Einheits-Kommanditgesellschaft

Eine Einheits-GmbH & Co. KG (im Folgenden „Einheitsgesellschaft") zeichnet sich dadurch aus, dass die Kommanditgesellschaft, deren Komplementärin eine GmbH ist, zugleich alleinige Gesellschafterin dieser GmbH ist.[154] Anlass und Entwicklungsgrund für diese besondere Gesellschaftsform liegen darin, dass durch die alleinige Anteilsinhaberschaft der KG in der GmbH vermieden wird, dass an der Kommanditgesellschaft und an der GmbH unterschiedliche Beteiligungsverhältnisse und -quoten bestehen. Kann es nämlich bei einer „normalen" GmbH & Co. KG dazu kommen, dass zB beim Tode eines Gesellschafters – und vor allem beim Vorhandensein einer qualifizierten Nachfolgeklausel in der KG – der Kommanditanteil und der GmbH-Geschäftsanteil unterschiedliche Wege im Erbgang gehen, ist eine solche Komplikation bei der Einheitsgesellschaft nicht möglich, weil die natürlichen Personen nur als Kommanditisten an der Kommanditgesellschaft 156

---

[154] *V. Bonin* RNotZ 2017, 1.

beteiligt sind, nicht jedoch an der Komplementär-GmbH, so dass deren Geschäftsanteile von den natürlichen Personen nicht vererbt oder veräußert werden können. Auf diese Weise werden Probleme und Schwierigkeiten, nicht zuletzt steuerlicher Art, die durch ein Auseinanderfallen von Kommanditbeteiligung und GmbH-Beteiligung entstehen können, bereits im Ansatz vermieden.[155]

157   So sinnvoll und zielführend die Gestaltung einer Einheitsgesellschaft unter den vorgenannten Gesichtspunkten daher sein kann, wirft sie im Einzelfall doch nicht unerhebliche Schwierigkeiten auf, die einer fachkundigen Steuerung bedürfen. Ohne eine sachkundige Beratung werden auch die Beteiligten im Einzelfall mit der komplexen Struktur der Einheitsgesellschaft überfordert sein. Die folgenden Gesichtspunkte sind in der Kautelarpraxis im Besonderen zu beachten:

A. Entstehen der Einheitsgesellschaft

158   Eine Einheitsgesellschaft kann auf zwei unterschiedliche Arten entstehen, nämlich entweder im Direktbeteiligungsmodell oder im Übertragungsmodell.
1. Beim **Direktbeteiligungsmodell** entsteht die Einheitsgesellschaft in der Weise, dass im ersten Schritt eine bestehende KG entweder im Wege der Neugründung oder im Wege des Anteilserwerbs alle Geschäftsanteile an einer GmbH erwirbt. Im zweiten Schritt wird alsdann der Komplementär der KG ausgewechselt, indem der bisherige Komplementär austritt und die GmbH, deren sämtliche Anteile von der KG gehalten werden, als Komplementärin in die KG eintritt.
2. Im **Übertragungsmodell** gründen die (späteren) Kommanditisten der KG zunächst eine GmbH und alsdann – im zweiten Schritt – mit der gegründeten GmbH als Komplementärin und mit sich selbst als Kommanditisten eine neue KG. Im dritten Schritt werden alsdann die GmbH-Geschäftsanteile von den natürlichen Personen an die KG übertragen. Wählt man dieses Übertragungsmodell zur Strukturierung und Begründung der Einheitsgesellschaft, ist zu beachten, dass ein etwaiges Entgelt, das die KG im dritten Schritt als Gegenleistung für die Übertragung der GmbH-Geschäftsanteile an deren ehemalige Gründer zahlt, weder aus gebundenem Vermögen der KG noch der GmbH bezahlt werden darf, weil anderenfalls entweder eine Einlagenrückgewähr iSv § 172 Abs. 2 HGB oder eine das Stammkapital verletzende Leistung an die Gesellschafter iSv § 30 GmbHG vorliegen dürfte. Etwaige Leistungen an GmbH-Gesellschafter/ Kommanditisten dürfen daher nur aus freiem Vermögen erfolgen.

159   Bei beiden Modellen zur Gründung einer Einheitsgesellschaft ist zu beachten, dass die Geschäftsanteile an der Komplementär-GmbH, die im Ergebnis von der KG gehalten werden, voll eingezahlt sind. Sind sie dies nämlich nicht, haftet die KG als Gesellschafterin (gegebenenfalls als Rechtsnachfolger der Gründer) auf die noch offene Stammeinlage. Für die Verbindlichkeiten der KG wiederum haftet deren Komplementärin, also die GmbH selbst. Diese würde daher für die Erbringung ihres eigenen Stammkapitals haften.[156] Vor diesem Hintergrund wird teilweise vertreten, dass in einem solchen Fall der Erwerb der nicht voll eingezahlten Geschäftsanteile in entsprechender Anwendung des § 33 Abs. 1 GmbHG nichtig sei, was dazu führte, dass die Einheitsgesellschaft nicht entstanden wäre.[157] Um dieses Risiko zu vermeiden, sollte zwingend darauf geachtet werden, dass die Geschäftsanteile an der Komplementär-GmbH, deren Gesellschafterin die KG entweder von Anfang an ist oder später wird, voll eingezahlt sind.

---

[155] *V. Bonin* RNotZ 2017, 1 (2).
[156] *V. Bonin* RNotZ 2017, 1 (6).
[157] Vgl. hierzu Baumbach/Hueck/*Fastrich* GmbHG § 33 Rn. 20; MüKoHGB/*Grunewald* HGB § 161 Rn. 96; *v. Bonin* RNotZ 2017, 1 (6).

B. Kapitalerhöhungen in der GmbH

Ist es im Einzelfall erforderlich, dass die Komplementär-GmbH ihr Stammkapital erhöht, **160** darf die KG – obwohl sie Alleingesellschafterin der GmbH ist – keine neuen Geschäftsanteile übernehmen. Der Einlageanspruch aus der Kapitalerhöhung würde sich nämlich in diesem Fall gegen die KG richten, für deren Verbindlichkeiten die GmbH als Komplementärin haftet. Die GmbH würde also selbst für die Einlageerbringung einstehen müssen. Ferner würde die GmbH – entgegen § 33 GmbHG – mittelbar eigene Anteile die (noch) nicht voll eingezahlt sind, erwerben.[158]

Zur Vermeidung dieses Risikos wird in der Regel so vorgegangen, dass die Komman- **161** ditisten die neuen Anteile aus der Kapitalerhöhung übernehmen und sie dann an die Kommanditgesellschaft veräußern, wobei wiederum darauf zu achten ist, dass eine etwaige Gegenleistung, die seitens der KG an die GmbH-Gesellschafter fließt, nicht aus gebundenem Vermögen aufgebracht werden darf.

C. Vertretung und Willensbildung in der GmbH

Stehen Entscheidungen in der GmbH an, über die deren Gesellschafterversammlung zu **162** befinden hat, würde die Alleingesellschafterin, nämlich die KG, durch ihre Komplementärin, diese wiederum vertreten durch ihren Geschäftsführer, vertreten. Dies würde im Ergebnis bedeuten, dass in der Gesellschafterversammlung der GmbH alleine deren Geschäftsführer Gesellschafterbeschlüsse fasste. Um dieses – offenkundig nicht sachgerechte – Ergebnis zu vermeiden, werden verschiedene Strategien erwogen:

Auf Ebene der GmbH können Entscheidungsbefugnisse von der Gesellschafterver- **163** sammlung auf andere Gremien der GmbH, zB einen Beirat, in dem die Kommanditisten vertreten sind, übertragen werden. Die Schwäche dieser Lösung liegt indes darin, dass ein Kernbereich von Kompetenzen zwingend in der Gesellschafterversammlung der GmbH verbleiben muss und es theoretisch denkbar ist, dass die KG, vertreten durch den Geschäftsführer der GmbH, als Alleingesellschafterin die Satzung der GmbH – und damit die Kompetenzen des Beirats – ändert.[159]

Häufig wird eine Lösung auch darin gesucht, dass sowohl in der GmbH-Satzung als **164** auch im KG-Vertrag den Kommanditisten der KG die Kompetenz übertragen wird, die KG als Gesellschafterin der GmbH zu vertreten. Dogmatisch wird diese Kompetenzübertragung auf Ebene der KG überwiegend als Vollmacht an die Kommanditisten angesehen, die (da keine organschaftliche Vertretungsmacht) ohne Verstoß gegen § 170 HGB zulässig ist.[160] Da es sich bei dieser Vollmacht um eine Vollmacht zur Ausübung des Stimmrechts in der GmbH handelt, unterliegt sie lediglich dem Formgebot des § 47 GmbHG, kann also einfach-schriftlich erteilt und durch Vorlage des Gesellschaftsvertrags der KG (in Urschrift) nachgewiesen werden. In der Praxis empfiehlt es sich gleichwohl, in der Satzung der GmbH die Vertretungsbefugnis der Kommanditisten für die Alleingesellschafterin der GmbH zu wiederholen, damit das Registergericht selbst aus der Satzung der GmbH diese Vertretungsbefugnis nachvollziehen kann.[161]

Formulierungsbeispiel: Bevollmächtigung von Kommanditisten im KG-Vertrag **165**

1. Wenn die Geschäftsanteile an der Komplementärin der Gesellschaft der Gesellschaft selbst gehören, werden die Rechte aus diesen Geschäftsanteilen, insbesondere das Stimmrecht, nicht von der Komplementärin, sondern von dem Kommanditisten ausgeübt. Hierzu werden die Kommanditisten über die Ausübung des Gesellschafter-

---

[158] Vgl. hierzu etwa LG Berlin ZIP 1986, 1564 ff.; vgl. dazu auch *v. Bonin* RNotZ 2017, 1 (8).
[159] Vgl. hierzu etwa MüKoHGB/*Grunewald* HGB § 161 Rn. 99; *v. Bonin* RNotZ 2017, 1 (10).
[160] Baumbach/Hopt/*Roth* HGB § 170 Rn. 1, 3.
[161] *V. Bonin* RNotZ 2017, 1 (12).

rechts bei der Komplementärin zunächst mit einfacher Mehrheit beschließen und anschließend einen Kommanditisten benennen, der das Gesellschafterrecht bei der
Komplementärin entsprechend auszuüben hat.

2. Im Rahmen des vorstehend beschriebenen Umfangs ist jeder einzelne Kommanditist
alleine zur Vertretung der Gesellschaft bevollmächtigt und von den Beschränkungen
den § 181 BGB befreit. Jeder Kommanditist ist verpflichtet, vor Ausübung seiner Vertretungsmacht die in vorstehendem Abs. 1 geregelten Beschränkungen und das dort
geregelte Verfahren einzuhalten. Die jedem Kommanditisten vorstehend erteilte Vollmacht kann nur aus wichtigem Grund widerrufen werden.

166 Formulierungsbeispiel: Flankierende Regelung in GmbH-Satzung

Ü 1. Gehören die Geschäftsanteile an der Gesellschaft der Kommanditgesellschaft, deren
Komplementärin die Gesellschaft ist (Einheitskommanditgesellschaft), werden die Gesellschafterrechte aus diesen Geschäftsanteilen nicht durch die Komplementärin der
Kommanditgesellschaft, sondern durch die Kommanditisten der Kommanditgesellschaft ausgeübt; die Geschäftsführer der Gesellschaft haben sich insoweit der Ausübung von Rechten zu enthalten.

2. Jeder Kommanditist der Kommanditgesellschaft, deren Komplementärin die Gesellschaft ist, ist einzeln zur Vertretung der Kommanditgesellschaft bei der Wahrnehmung von Gesellschafterrechten in der Gesellschaft berechtigt. Eine entsprechende
Vollmacht wurde jedem Kommanditisten im Gesellschaftsvertrag der Kommanditgesellschaft erteilt. Zum Nachweis dieser Vollmacht gegenüber Dritten, insbesondere
gegenüber Gerichten und Behörden, ist die Eintragung als Kommanditist im Handelsregister der Kommanditgesellschaft erforderlich und ausreichend.

9. Teil. Die Immobilien-GbR

A. Gründe für den Erwerb von Grundbesitz mittels einer Immobilien-GbR

167 Die GbR als Eigentümerin von Grundbesitz dürfte in wirtschaftlicher Hinsicht eine der
wichtigsten Verwendungsformen dieser Art von Gesellschaft sein. Die GbR kann insoweit
für private Zwecke, etwa als Familien-GbR, eingesetzt werden oder auch für gewerbliche
oder kapitalanlegerische Zwecke in Form von Immobilienfonds.

168   Die Vorteile, die für den Erwerb von Grundbesitz mit Hilfe einer Personengesellschaft
– und damit gegebenenfalls auch mit Hilfe einer GbR – gegenüber dem Erwerb eines
Grundstücks in Bruchteilsgemeinschaft sprechen, werden im Wesentlichen darin gesehen,
dass der Erwerb von Grundbesitz durch eine Personengesellschaft einen Wechsel im Gesellschafterbestand ohne notarielle Beurkundung und gegebenenfalls grunderwerbsteuerfrei ermöglicht und Gesellschafterwechsel unter Lebenden und von Todes wegen durch
den Gesellschaftsvertrag gesteuert werden können. Die Vorteile, die die GbR gegenüber
dem Erwerb eines Grundstücks in Bruchteilsgemeinschaft bieten kann, sind im Einzelnen
die Folgenden:

169   Während die Miteigentumsanteile an einer Bruchteilsgemeinschaft frei veräußert werden können und die freie Veräußerbarkeit auch nicht mit dinglicher Wirkung beschränkt
werden kann (§ 137 S. 1 BGB), können Gesellschaftsanteile an einer Gesellschaft bürgerlichen Rechts, wenn im Gesellschaftsvertrag nichts Abweichendes bestimmt ist, nur mit
Zustimmung aller Gesellschafter veräußert werden. Diese Vinkulierung der Gesellschaftsanteile kann weitgehend an die Bedürfnisse der Beteiligten angepasst werden und auf diese Weise können Vorkaufsrechte, Andienungsrechte oder -pflichten rechtssicher gestaltet
werden. In gleicher Weise kann der Gesellschaftsvertrag der GbR auch die Vererblichkeit

der Gesellschaftsanteile steuern: Während der Anteil an einer Bruchteilsgemeinschaft ohne weitere Vorgaben und frei vererbt werden kann, kann der Gesellschaftsvertrag einer Personengesellschaft die freie Vererblichkeit der Gesellschaftsanteile ausschließen oder beschränken, indem zB der Kreis der Erbberechtigten definiert wird. Diese Steuerbarkeit der Nachfolge in den Gesellschaftsanteil – sei es unter Lebenden oder von Todes wegen – wird vielfach als ein großer Vorteil gegenüber der Bruchteilsgemeinschaft angesehen.

Nicht nur in zivilrechtlicher, sondern auch in steuerlicher, insbesondere grunderwerb-   **170** steuerlicher Hinsicht, kann der Erwerb eines Grundstücks mittels einer Personengesellschaft (und damit auch mittels einer GbR) Vorteile gegenüber dem Erwerb in Bruchteilsgemeinschaft bieten. Werden nämlich Anteile an einer Bruchteilsgemeinschaft übertragen, ist dies ein grunderwerbsteuerpflichtiger Vorgang. Demgegenüber sind Übertragungen von Personengesellschaftsanteilen grundsätzlich nicht grunderwerbsteuerpflichtig nach § 1 Abs. 2a GrEStG und nur dann steuerpflichtig, wenn sich der Gesellschafterbestand unmittelbar oder mittelbar innerhalb von fünf Jahren derart ändert, dass mindestens 95 % der Anteile am Gesellschaftsvermögen auf neue Gesellschafter übergehen.[162]

Schließlich wird ein Vorteil des Erwerbs in GbR in dem Umstand gesehen, dass die   **171** Gesellschaftsanteile an der GbR materiell-rechtlich formfrei (also ohne notarielle Beurkundung) übertragen werden können und es nur aus grundbuchrechtlichen Gründen (§ 29 GBO) einer notariellen Unterschriftsbeglaubigung bedarf, um die vereinbarte Übertragung des Gesellschaftsanteils auch im Grundbuch nachzuvollziehen. Ob dieser Umstand tatsächlich durchgehend einen Vorteil darstellt oder die Transaktions- und Transaktionsfolgekosten durch den Mangel der notariellen Beurkundung nicht im Gegenteil erhöht werden, ist durchaus diskutabel. Die Vielzahl imperfekter Verträge zur Übertragung von GbR-Anteilen, die in der notariellen Praxis vorgelegt werden, spricht dagegen, dass die Beurkundungsfreiheit für die Beteiligten wirklich ein Vorteil ist.

In allen Verwendungsarten, die für den Einsatz einer Personengesellschaft sprechen,   **172** konkurriert die GbR allerdings mit der KG, die gegenüber der GbR den großen Vorteil einer Haftungsbeschränkung für die Kommanditisten aufweist. Vor diesem Hintergrund scheint die GbR insbesondere für Familiengesellschaften mit minderjährigen Kindern, deren Beteiligung der Genehmigung des Familiengerichts bedarf, ein wenig zurückzugehen, da die Familiengerichte häufig die Rechtsform der KG – wegen der hier möglichen Haftungsbeschränkung – bevorzugen und deswegen eine Genehmigung zum Abschluss eines GbR-Vertrages nicht selten verweigern. Auch für geschlossene Immobilienfonds ist die Möglichkeit der Haftungsbeschränkung ein Vorteil für die Kommanditgesellschaft.[163] Gegenüber Personenhandelsgesellschaften – und damit auch gegenüber der KG – bietet die GbR allerdings wiederum den Vorteil (der sich im Einzelfall allerdings auch als Nachteil erweisen kann), dass die Gesellschaft und die Gesellschafter nicht zum Handelsregister oder einem ähnlichen Register angemeldet und dort nicht eingetragen werden müssen. Die hiermit verbundene Publizität gegenüber jedermann (die deutlich weiter geht als zB die Publizität des Grundbuchs) ist von den Beteiligten nicht immer und durchgehend gewünscht. Dieser Gesichtspunkt gibt nicht selten den Ausschlag für die Wahl der GbR gegenüber einer Personenhandelsgesellschaft.

B. Gründung und Entstehung einer Immobilien-GbR

Als Grundform aller Personengesellschaften weist der Gründungsvorgang einer Immobili-   **173** en-GbR im Grundsatz keinerlei Besonderheiten gegenüber der Gründung einer Personengesellschaft allgemein auf (hierzu im Einzelnen → Rn. 2 ff.). In der Praxis können sich im Einzelfall allerdings die folgenden Rechtsfragen stellen:

---

[162] Vgl. hierzu auch Eckhardt/Hermanns/*Heinze* Kap. 1 Rn. 245.
[163] Eckhardt/Hermanns/*Heinze* Kap. 1 Rn. 240.

174 Der Gesellschaftsvertrag einer immobilienverwaltenden GbR kann grundsätzlich **form-frei,** das heißt insbesondere ohne notarielle Beurkundung, geschlossen werden. Aus Gründen der besseren Dokumentation sollte zumindest die Schriftform gewahrt werden. Darüber hinaus wird sich im Regelfall eine notarielle Beglaubigung der Unterschriften unter den Gesellschaftsvertrag empfehlen, wenn der Inhalt einzelner Regelungen des Gesellschaftsvertrags (zB die Abtretbarkeit von Gesellschaftsanteilen oder die Möglichkeit der Nachfolge in einen Gesellschaftsanteil) gegenüber dem Grundbuchamt in der Form des § 29 GBO nachgewiesen werden müssen.

175 Darüber hinaus muss der Gesellschaftsvertrag zur Gründung einer Immobilien-GbR sogar nach § 311b Abs. 1 BGB **notariell beurkundet** werden, wenn der Zweck der Gesellschaft auf den Erwerb oder die Veräußerung eines *bestimmten* Grundstücks durch die Gesellschaft gerichtet ist. Die Gesellschafter sind nämlich dazu verpflichtet, den Zweck der Gesellschaft zu fördern (§ 705 BGB), so dass bereits mit dem Abschluss des Gesellschaftsvertrags eine Verpflichtung entsteht, am Abschluss eines späteren Grundstückskaufvertrages mitzuwirken.[164] Ist Gegenstand der Gesellschaft demgegenüber nur allgemein die Veräußerung oder der Erwerb von Grundstücken, besteht nach herrschender Meinung keine Beurkundungspflicht.[165] Wenn im Einzelfall eine Beurkundungspflicht besteht, ist der gesamte Vertrag beurkundungspflichtig, also alle Abreden, die nach den Vorstellungen der Beteiligten Bestandteil des Rechtsgeschäfts sind.[166] Resultierte die Beurkundungsbedürftigkeit des Gesellschaftsvertrages daraus, dass die Gesellschaft auf den Erwerb oder die Veräußerung eines bestimmten Grundstücks gerichtet ist, dürften auch Änderungen des Gesellschaftsvertrags, die vor der Auflassung dieses Grundstücks erfolgen, beurkundungsbedürftig sein.[167]

176 Im Einzelfall kann eine GbR (und damit auch eine Immobilien-GbR) auch durch gesellschaftsrechtliche **Umwandlungsmaßnahmen** entstehen. So kann eine Kapitalgesellschaft nach §§ 226, 191 UmwG im Wege des Formwechsels in eine GbR umgewandelt werden, wenn der Gegenstand des Unternehmens der Kapitalgesellschaft nicht auf den Betrieb eines Handelsgewerbes gerichtet ist (§ 228 Abs. 1 UmwG).[168] Aus einer anderen Personengesellschaft kann eine GbR dann entstehen, wenn die Gesellschaft kein Handelsgewerbe mehr betreibt und aus dem Handelsregister gelöscht wird. Umgekehrt besteht eine lediglich vermögensverwaltende Personengesellschaft, die in das Handelsregister eingetragen werden soll, zunächst und übergangsweise in der Form einer GbR, bis die Eintragung in das Handelsregister erfolgt ist. Soll diese vermögensverwaltende Personengesellschaft also vor ihrer Eintragung an Rechtsgeschäften teilnehmen, etwa Verträge schließen, müssen die Beteiligten Klarheit darüber haben, dass sie bis zur Eintragung in das Handelsregister als GbR handeln und die späteren Vertretungsregelungen der Personenhandelsgesellschaft auf die GbR nicht ohne Weiteres anwendbar sind. Auch die für die spätere Personenhandelsgesellschaft beabsichtigte Haftungsbeschränkung (zB zugunsten der späteren Kommanditisten) wirkt sich im Stadium der GbR noch nicht aus, da deren Gesellschafter entsprechend § 128 HGB unbeschränkt und persönlich haften und eine Haftungsbeschränkung auf das Gesellschaftsvermögen nur individualvertraglich mit dem Vertragspartner vereinbart werden kann. Soll trotz dieser Hinweise der Erwerb oder die Veräußerung des Grundbesitzes vor Eintragung der Personenhandelsgesellschaft in das Handelsregister erfolgen, empfiehlt es sich, vom steuerlichen Berater der Beteiligten gegenprüfen zu lassen, ob dieser Rechtsvorgang, wenn er zivilrechtlich im Namen und für Rechnung der GbR erfolgt, steuerliche Auswirkungen haben kann.

---

[164] DNotI-Report 2017, 49 (50).
[165] BGH DNotZ 1997, 40 (41).
[166] Eckhardt/Hermanns/*Heinze* Kap. 1 Rn. 42.
[167] Eckhardt/Hermanns/*Heinze* Kap. 1 Rn. 43.
[168] Vgl. hierzu und mit dem Muster eines Formwechselbeschlusses Eckhardt/Hermanns/*Heinze* Kap. 1 Rn. 50 ff.

Schließt eine derartige (allein eigenes Vermögen verwaltende) KG in Gründung (die de 177
jure eine GbR ist) zB als Käuferin einen Grundstückskaufvertrag, muss genau ermittelt
werden, ob die späteren **Vertretungsregelungen** der KG, nämlich Vertretung der Gesellschaft durch die Komplementärin, auch schon im Stadium der Vor-KG gelten sollen.
Die Frage ist durch Auslegung des Gesellschaftsvertrags der späteren KG und der bei
Gründung der KG abgegebenen Erklärungen zu beantworten: Haben beispielsweise alle
Gesellschafter der künftigen KG der Aufnahme der Geschäfte durch diese vor ihrer Eintragung in das Handelsregister ausdrücklich zugestimmt, spricht vieles dafür, dass sie auch
mit der Vertretung der Vor-KG durch die spätere Komplementärin einverstanden waren.[169] Auch ist es ohne weiteres möglich, zugunsten einer KG in Gründung eine Auflassungsvormerkung im Grundbuch einzutragen.[170] Die Auflassung des Grundbesitzes wird
wirksam an die künftige KG erklärt, weil sich die als GbR bestehende Vor-KG rechts-
identisch mit Eintragung im Handelsregister in eine KG umwandelt; insoweit besteht
Rechtspersonenidentität.[171] Ist es daher ohne weiteres materiell-rechtlich möglich, die
Auflassung mit Rechtswirkung für die spätere Personenhandelsgesellschaft auch schon vor
deren Eintragung im Handelsregister zu erklären, bleibt es in der Praxis nicht selten ein
Problem, die ordnungsgemäße Vertretung der bei Erklärung der Auflassung noch bestehenden GbR, die sich mit Eintragung in eine rechtsidentische Personenhandelsgesellschaft
wandelt, nachzuweisen. Für den Zeitraum des Bestehens der GbR kann nämlich weder
eine Vertretungsbescheinigung nach § 21 BNotO aufgrund Einsichtnahme in ein Register
erteilt werden (weil ein solches für die GbR nicht existiert), noch kann aus den nach
Eintragung der Personenhandelsgesellschaft im Register ersichtlichen Eintragungen eine
Registerbescheinigung für die Zeit vor deren Eintragung im Handelsregister erteilt
werden. Ob die Vorlage des Gesellschaftsvertrags ausreicht, um die ordnungsgemäße Vertretung der GbR vor Eintragung der Personenhandelsgesellschaft im Handelsregister
nachzuweisen, ist umstritten und in der Praxis nicht selten schwierig. Auf den Gesellschaftsvertrag ist nach überwiegender Ansicht § 172 BGB nämlich nicht entsprechend anwendbar,[172] so dass eine im Gesellschaftsvertrag enthaltene Vertretungsregelung zugunsten
des späteren Komplementärs der KG es in praxi häufig nicht ermöglicht, die ordnungs-
mäße Vertretung der (vor Eintragung im Handelsregister bestehenden) GbR durch den
späteren Komplementär nachzuweisen.[173]

> **Muster: Gesellschaftsvertrag einer Immobilien-GbR**
> Siehe hierzu das Gesamtmuster → Rn. 186.

C. Auftreten der GbR im Rechtsverkehr

Wenn eine Gesellschaft bürgerlichen Rechts an einer Beurkundung beteiligt ist, stellt sich 178
sehr häufig die Frage, wie die ordnungsgemäße **Vertretung** dieser Gesellschaft nachgewiesen werden kann. Wird die GbR in der Beurkundungsverhandlung durch alle ihre
Gesellschafter vertreten, kann kein Zweifel daran bestehen, dass eine rechtswirksame Vertretung der Gesellschaft vorliegt. Können indes nicht alle Gesellschafter der GbR für diese auftreten, sondern nur ein einzelner Gesellschafter, der nach dem Gesellschaftsvertrag
der GbR zur alleinigen Vertretung berechtigt ist, stellt sich insbesondere in der grundbuchlichen Praxis nicht selten die Frage, wie die ordnungsgemäße Vertretung der GbR
durch den im Gesellschaftsvertrag hierzu ermächtigten Gesellschafter nachgewiesen wer-

---

[169] Vgl. zu einem solchen Fall DNotI-Report 2017, 169 ff.
[170] BayObLG DNotZ 1986, 156; *Schöner/Stöber* GrundbuchR Rn. 981d.
[171] OLG Hamm NZG 2011, 300 (301); *Schöner/Stöber* GrundbuchR Rn. 981c; DNotI-Report 2017, 169
(171).
[172] KG NZG 2017, 1190 (1191); *Schöner/Stöber* GrundbuchR Rn. 4265.
[173] Zum Nachweis der ordnungsgemäßen Vertretung einer GbR auch sogleich → Rn. 178 und → Rn. 185.

den kann. Die Vorlage des Gesellschaftsvertrags der GbR reicht zum Nachweis von deren ordnungsgemäßer Vertretung in der Regel nicht aus (und zwar unabhängig davon, ob man die Vertretungsmacht des GbR-Gesellschafters als organschaftliche oder rechtsgeschäftliche einordnet[174]), weil gegenüber Dritten nicht nachgewiesen werden kann, dass die ursprünglich im Gesellschaftsvertrag bestimmte Vertretungsbefugnis nicht zwischenzeitlich geändert wurde.[175] Nach ganz überwiegender Ansicht ist auf den Gesellschaftsvertrag der GbR auch § 172 BGB weder direkt noch entsprechend anwendbar, so dass dessen Vermutung des Fortbestands einer wirksamen Vollmacht nicht eingreift.[176] Richtigerweise und um den praktischen Erfordernissen Rechnung zu tragen, sollte man daher in der Weise verfahren, dass neben dem Gesellschaftsvertrag von allen Gesellschaftern der Gesellschaft (und der Gesellschaft selbst[177]) eine rechtsgeschäftliche Vollmacht erteilt wird, bei deren Vorlage dann die Gutglaubensvorschriften der §§ 172 ff. BGB gelten. Jedenfalls bei grundbesitzverwaltenden Gesellschaften sollte die Vollmacht vor dem Hintergrund des § 29 GBO öffentlich beglaubigt werden. Hierdurch wird die im Gesellschaftsvertrag der GbR vereinbarte Vertretungsregelung zweifelsfrei in den Anwendungsbereich der §§ 164 ff. BGB – und damit auch des § 172 BGB – gerückt, so dass die Vertragspartner der GbR und alle Stellen, denen gegenüber die ordnungsgemäße Vertretung der GbR nachzuweisen ist (also auch das Grundbuchamt) auf den Fortbestand der Vollmacht vertrauen dürfen, sofern diese in Ausfertigung vorgelegt wird.

179   Die Eigenschaft als **Verbraucher** iSv § 13 BGB besitzt eine GbR jedenfalls dann nicht, wenn sie als Außengesellschaft auftritt und jedenfalls eine juristische Person Gesellschafter der GbR ist.[178] Demnach entfaltet eine Personengesellschaft nur dann eine Tätigkeit, die eine Ausübung ihres Handelns als Verbraucher darstellt, wenn sämtliche Gesellschafter die Merkmale eines Verbrauchers erfüllen.[179]

D. Wechsel in der Mitgliedschaft

180   Der Anteil eines Gesellschafters an einer GbR – und damit auch an einer Immobilien-GbR – kann Gegenstand einer Verfügung sein. Wegen der personalistischen Struktur der Personengesellschaft bedarf die **Abtretung des GbR-Anteils** grundsätzlich der **Zustimmung der Mitgesellschafter,** die – antizipiert – bereits im Gesellschaftsvertrag erteilt werden kann oder – aktuell – aus Anlass der konkreten Verfügung einzuholen ist. Die Abtretung des Anteils bedarf auch dann nicht der notariellen Beurkundung, wenn das Vermögen der GbR ganz oder im Wesentlichen aus Grundbesitz besteht. Gegenstand der Verfügung ist nämlich auch dann nicht der Grundbesitz selbst, sondern der Gesellschaftsanteil an einer grundbesitzverwaltenden Gesellschaft.

181   Eine regelmäßige Gestaltungsaufgabe besteht für den Notar darin, eine **ungesicherte Vorleistung des Erwerbers** des Anteils zu vermeiden. Die Zug-um-Zug-Abwicklung kann in zweierlei Weise gestaltet werden: Entweder durch eine auf die Kaufpreiszahlung aufschiebend bedingte Abtretung des Anteils oder durch dessen auflösend bedingte Abtretung.

182   Durch eine auf die Kaufpreiszahlung **aufschiebend bedingte Abtretung** des GbR-Anteils ist sichergestellt, dass der Erwerber den Gesellschaftsanteil erst dann – dann allerdings auch automatisch ohne weitere Mitwirkungserfordernisse des Veräußerers – erwirbt, wenn der Kaufpreis vollständig an den Veräußerer gezahlt wurde. Die Zug-um-Zug-Abwicklung des Kaufvertrages ist damit materiell-rechtlich sichergestellt. Die aufschiebende

---

[174] Vgl. Eckhardt/Hermanns/*Heinze* Kap. 1 Rn. 103.
[175] OLG München NZG 2011, 1144; zustimmend *Schöner/Stöber* GrundbuchR Rn. 4265.
[176] KG NZG 2017, 1190 (1191), *Schöner/Stöber* GrundbuchR Rn. 4265 sowie DNotI-Report 2012, 77 (79 f.); DNotI-Report 2017, 169 (172).
[177] Vgl. hierzu *Schöner/Stöber* GrundbuchR Rn. 4265.
[178] BGH DNotZ 2017, 623.
[179] *Spieker* notar 2017, 441.

Bedingung schützt den Erwerber vor anderweitigen Verfügungen des Veräußerers gemäß § 161 Abs. 1 BGB.[180] Der aufschiebend bedingte Erwerb des Gesellschaftsanteils ist auch dann nicht gefährdet, wenn das Grundbuch keine Verfügungsbeschränkung iSv § 161 Abs. 1 BGB verlautbart. Der Gutglaubensschutz des Grundbuchs bezieht sich nämlich nicht auf den GbR-Anteil des Veräußerers.[181] Eine vom materiellen Recht unabhängige Frage ist es, wie die nach Bedingungseintritt erfolgte Abtretung des GbR-Anteils im Grundbuch verlautbart werden kann. Hierzu stehen im Wesentlichen zwei Wege zur Verfügung: Entweder alle im Grundbuch eingetragenen Gesellschafter der GbR bewilligen die entsprechende Berichtigung des Grundbuchs und weisen den Notar an, diese Berichtigungsbewilligung dem Grundbuchamt erst zum Vollzug vorzulegen, wenn der Veräußerer gegenüber dem Notar schriftlich bestätigt hat, den Kaufpreis vollständig erhalten zu haben. Oder es wird vereinbart, dass die aufschiebende Bedingung für die Abtretung des GbR-Anteils auch dann als eingetreten gilt, wenn der Notar die Grundbuchberichtigung beantragt. Wiederum wird der Notar angewiesen, diesen Grundbuchberichtigungsantrag erst zu stellen, wenn der Veräußerer ihm gegenüber schriftlich bestätigt hat, den Kaufpreis vollständig erhalten zu haben.

Bei Wahl dieser Lösung wird eine Gefahr für den Erwerber allerdings darin gesehen, **183** dass die GbR in der Schwebezeit – also vor Eintritt der aufschiebenden Bedingung – noch über das Grundstück verfügen kann und eine Verfügungsbeschränkung im Grundbuch nach ganz herrschender Ansicht nicht eintragungsfähig ist.[182] Auf der Grundlage dieser herrschenden Ansicht ist der Erwerber des GbR-Anteils also nicht dagegen geschützt, dass die bisherigen Gesellschafter der GbR über Einzelgegenstände des Gesellschaftsvermögens – und damit auch über ein der GbR gehörendes Grundstück wirksam verfügen können.

Um dem genannten Risiko Rechnung zu tragen, wird eine **auflösend bedingte Abtretung** **184** des GbR-Anteils an den Erwerber vorgeschlagen. Die Abtretung erfolgt also mit sofortiger dinglicher Wirkung – und damit unabhängig von der Kaufpreiszahlung durch den Erwerber – und steht unter der auflösenden Bedingung, dass der Veräußerer, zB wegen Nichtzahlung des Kaufpreises, vom Vertrag zurücktritt. Materiell-rechtlich ist der GbR-Anteil demnach mit sofortiger dinglicher Wirkung auf den Erwerber übergegangen und fällt automatisch an den Veräußerer zurück, wenn die auflösende Bedingung – zB die Erklärung des Rücktritts durch den Veräußerer – eintritt. Die Berichtigung des Grundbuchs ist in diesem Fall unverzüglich zu beantragen, weil anderenfalls die noch eingetragenen Gesellschafter gutgläubigen Dritten gegenüber wirksam über den der Gesellschaft gehörenden Grundbesitz verfügen können (§ 899a BGB).

Ein Gesellschafterwechsel auf Ebene der GbR berührt deren **Rechtsinhaberschaft** an **185** ihr gehörenden oder von ihr erworbenen Rechten nicht. Wird also beispielsweise ein Grundstück von einer GbR oder an eine GbR aufgelassen, beeinträchtigt ein nach Erklärung der Auflassung sich vollziehender Gesellschafterwechsel die Wirksamkeit der Auflassung nicht.[183] Ein wenig schwieriger ist die Frage zu beantworten, ob auch eine **Vollmacht,** die von sämtlichen Gesellschaftern der GbR für diese erteilt wurde, dann fortbesteht, wenn nach Erteilung der Vollmacht ein Gesellschafterwechsel eintritt. Nach Anerkennung der Teilrechtsfähigkeit der GbR spricht vieles dafür, dass die Vollmacht im beschriebenen Fall für die GbR, die durch ihre seinerzeitigen Gesellschafter ordnungsgemäß vertreten war, wirksam erteilt wurde, so dass spätere Veränderungen auf Gesellschafterebene auf die Wirksamkeit der Vollmacht keinen Einfluss haben sollten. Auf der anderen Seite hat der BGH zu einer für eine GbR erteilten Vollmacht ausgeführt, dass die Gesellschaft selbst keine Vollmacht erteilen könne, sondern für sie ihre Gesellschafter han-

---

[180] DNotI-Report 2015, 97 (98).
[181] DNotI-Report 2015, 97 (98).
[182] OLG Köln RNotZ 2011, 166 (173); *Schöner/Stöber* GrundbuchR Rn. 4292; DNotI-Report 2015, 97 (98).
[183] MüKoBGB/*Kohler* BGB § 873 Rn. 74; DNotI-Report 2018, 75.

deln.[184] Der Entscheidung des BGH ist auch das OLG München[185] gefolgt, nach dessen Ansicht die dem Notar durch eine GbR erteilte Vollzugsvollmacht gemäß § 171 InsO erlischt, wenn über das Vermögen eines Gesellschafters das Insolvenzverfahrens eröffnet wird. Unter Hinweis auf die Teilrechtsfähigkeit der GbR werden die genannten Entscheidungen in der Literatur kritisiert.[186] In der Praxis werfen die genannten Entscheidungen erhebliche Schwierigkeiten auf. Auf der Grundlage dieser Entscheidungen könnte eine namens einer GbR erteilte Vollmacht nur dann verwendet werden, wenn zugleich nachgewiesen werden könnte, dass ein Gesellschafterwechsel auf Ebene der GbR *nicht* stattgefunden hat. Dieser Nachweis ist in der Praxis nicht zu führen.

> **Muster: Verkauf und Abtretung eines GbR-Anteils**
>
> Siehe hierzu das Gesamtmuster → Rn. 187, das der Lösung der aufschiebend bedingten Abtretung folgt.

10. Teil. Gesamtmuster

A. Gesellschaftsvertrag einer Immobilien-GbR

186   UR-Nr. ***

          V e r h a n d e l t

zu ***, ***, am ***.

Vor mir,

Notar in ***,

                                          erschienen:

1. ***, geboren am ***,
   wohnhaft ***,
2. ***, geboren am ***,
   wohnhaft ***,
3. ***, geboren am ***,
   wohnhaft ***,

dem Notar persönlich bekannt.

Die Erschienenen erklärten folgendes zur Beurkundung:

          G E S E L L S C H A F T S V E R T R A G
          einer Gesellschaft bürgerlichen Rechts

I. Allgemeine Bestimmungen

§ 1. Geschäftsbezeichnung und Niederlassung

1. Die Gesellschaft ist eine Gesellschaft bürgerlichen Rechts.
2. Die Bezeichnung der Gesellschaft lautet: ***.
3. Die Gesellschaft hat ihre geschäftliche Niederlassung in ***.

§ 2. Zweck der Gesellschaft

1. Der Zweck der Gesellschaft ist die Verwaltung des Grundbesitzes, eingetragen im Grundbuch des Amtsgerichts *** von *** Blatt *** als Gemarkung ***, Flur ***, Flurstück ***, Gebäude- und Freifläche, ***, groß *** qm.

---

[184] BGH DNotZ 2011, 361 Rn. 12.
[185] OLG München RNotZ 2017, 449.
[186] *Böttcher* DNotZ 2011, 363 (364); *Kesseler* EWiR 2017, 567 (568); *Schöner/Stöber* GrundbuchR Rn. 4265.

2. Die Gesellschaft ist zu allen Geschäften und Maßnahmen berechtigt, die zur Erreichung des Gesellschaftszweckes notwendig oder nützlich erscheinen.

II. Gesellschafter, Einlagen, Gesellschaftskapital
§ 3. Gesellschafter

1. Gesellschafter sind
   a) ***
      mit einem Anteil von ***,
   b) ***
      mit einem Anteil von ***,
   c) ***
      mit einem Anteil von ***.
2. Die Gesellschaftsanteile sind unveränderlich, so dass sich der Anteil eines jeden Gesellschafters insbesondere nicht durch Gewinne oder Verluste, Einlagen oder Entnahmen verändert, wenn nicht ausdrücklich schriftlich etwas anderes vereinbart wird.

§ 4. Veräußerung und Belastung

Die Veräußerung und Belastung von Mitgliedschaftsrechten an der Gesellschaft, auch soweit diese nach den gesetzlichen Bestimmungen übertragbar sein sollten, sowie die Einräumung von Treuhandbeteiligungen und die Begründung von Treuhandverhältnissen, sind nur mit Zustimmung der Gesellschafterversammlung zulässig.

III. Geschäftsführung und Vertretung, Tätigkeit für die Gesellschaft
§ 5. Geschäftsführung und Vertretung

1. Alle Gesellschafter führen die Geschäfte der Gesellschaft, ihnen obliegt auch die Vertretung der Gesellschaft. Zur Geschäftsführung und Vertretung der Gesellschaft sind je zwei Gesellschafter gemeinschaftlich berechtigt bzw. bevollmächtigt.
2. Zur Vornahme von Handlungen, die über den gewöhnlichen Betrieb der Gesellschaft hinausgehen, benötigen geschäftsführende Gesellschafter die vorherige Zustimmung der Gesellschafterversammlung (ungewöhnliche Betriebsgeschäfte).
3. Ungewöhnliche Betriebsgeschäfte sind insbesondere
   a) alle Geschäfte, die die Gesellschaft zu einer Leistung im Werte von mehr als 1.000,– EUR (in Worten: eintausend Euro) im Einzelfall verpflichten,
   b) der Erwerb und die Veräußerung sowie die Belastung von Grundstücken und grundstücksgleichen Rechten,
   c) der Erwerb und die Veräußerung von Gütern des Anlagevermögens von mehr als 1.000,– EUR im Einzelfall bzw. mehr als 5.000,– EUR pro Geschäftsjahr,
   d) der Erwerb und die Veräußerung von Unternehmen, die Beteiligung der Gesellschaft an anderen Unternehmen, die Änderung insbesondere auch die Aufhebung solcher Beteiligungen,
   e) die Anlage freien Vermögens außerhalb des Geschäftszweckes, die Aufnahme neuer Geschäftszweige,
   f) die Veräußerung des Unternehmens im Ganzen,
   g) die Aufnahme und Gewährung von Krediten und Darlehen von über 2.500,– EUR (in Worten: zweitausendfünfhundert Euro) im Einzelfall; die Gewährung von Kundenkrediten, insbesondere Zahlungszielen und Stundungen im normalen Geschäftsgang ist ohne Zustimmung der Gesellschafterversammlung zulässig,
   h) die Einleitung von Rechtsstreitigkeiten,
   i) die Erteilung von Vollmachten an Dritte,
   j) die Einstellung und Entlassung von Arbeitnehmern,
   k) die Gewährung von Sicherheiten aller Art für eigene und fremde Verbindlichkeiten, insbesondere die Übernahme von Bürgschaften und die Eingehung von Garantieverpflichtungen mit Ausnahme der aus eigenen Lieferungen,

l) der Abschluss, Änderung und Aufhebung von Kooperations-, Unternehmens-, Interessengemeinschafts- und von Verträgen über gewerbliche Schutzrechte; sowie von Miet- und Pachtverhältnissen und anderen Dauerrechtsverhältnissen einschließlich Sukzessivlieferungsverträgen mit einer Laufzeit von mehr als einem Jahr,

m) die Bewilligung von Tantiemen, Gewinn- oder Umsatzbeteiligungen, nicht üblichen Gratifikationen und sonstige nicht unwesentlichen Sonderleistungen an Arbeitnehmer,

n) Erteilung und Erhöhung von Versorgungszusagen am Arbeitnehmer.

§ 6. Tätigkeit für die Gesellschaft

Der Gesellschafter *** ist zu einer Tätigkeit für die Gesellschaft verpflichtet. Der Umfang der Tätigkeitsverpflichtung wird neben weiteren Bestimmungen durch einen mit diesem Gesellschafter abzuschließenden Dienstvertrag geregelt.

§ 7. Tätigkeitsvergütung

Die zu einer Tätigkeit für die Gesellschafter verpflichteten Gesellschafter erhalten für ihre Tätigkeit eine Vergütung, deren Höhe zugleich in dem gemäß § 6 abzuschließenden Dienstvertrag festgelegt wird.

§ 8. Wettbewerbsverbot

Den Gesellschaftern ist es nicht gestattet, während ihrer Zugehörigkeit zur Gesellschaft sich in leitender Funktion an Konkurrenzunternehmen mittelbar oder unmittelbar zu beteiligen, für ein solches tätig zu sein oder ein solches in anderer Weise durch Rat und Tat zu unterstützen.

Ausgenommen ist die Beteiligung an ***.

Jeder Gesellschafter kann von diesem Wettbewerbsverbot durch Beschluss der Gesellschafter befreit werden.

IV. Geschäftsjahr, Jahresabschluss, Gewinnverteilung

§ 9. Geschäftsjahr

Das Geschäftsjahr ist das Kalenderjahr.

§ 10. Jahresabschluss

1. Die geschäftsführenden Gesellschafter haben nach Maßgabe der Vorschriften des Gesetzes, insbesondere der Steuergesetze, im Übrigen unter Anwendung der allgemeinen anerkannten Bilanzierungs- und Bewertungs- und Abschreibungsgrundsätze auf den Ablauf eines jeden Geschäftsjahres innerhalb der nächsten sechs Monate den Jahresabschluss zu errichten. Die Ermittlung des Gewinnes oder des Verlustes hat stets nach Maßgabe der Einkommensteuerbilanz zu erfolgen.

2. Es sind auch Änderungen einer Steuerbilanz, die sich aufgrund einer Buch- und Betriebsführung ergeben, für die Beziehungen der Gesellschafter zu berücksichtigen. Gegebenenfalls hat dies mehrfach zu geschehen, bis die betreffende Veranlagung rechtskräftig ist.

§ 11. Gewinn- und Verlustverteilung

1. Bei der Feststellung des Jahresergebnisses sind im Verhältnis der Gesellschafter zueinander als Aufwand zu verbuchen:
   a) die Tätigkeitsvergütung der Gesellschafter,
   b) die Zinsen eventueller Gesellschafterdarlehen und für die Privatkonten.

2. Von dem verbleibenden Reingewinn sind vorweg die Guthaben der Gesellschafter auf deren Privatkonto mit zwei vom Hundert über dem Basiszinssatz der Europäischen Zentralbank jährlich zu verzinsen.

3. Von dem dann noch verbleibenden Reingewinn (nachfolgend Restgewinn genannt), sind zehn vom Hundert einer besonderen Rücklage zuzufügen. Diese Rücklage ist bei

jedem Gesellschafter auf dessen Rücklagenkonto entsprechend dem Anteil seiner Beteiligung zu buchen.

Im Übrigen steht der Restgewinn entsprechend ihrer Beteiligung den Gesellschaftern zu. Er ist auf deren Privatkonto zu buchen. Einen eventuellen Verlust tragen die Gesellschafter im gleichen Verhältnis.

§ 12. Entnahmen

1. Über die Zulässigkeit von Entnahmen beschließen die Gesellschafter, soweit nicht nachstehend Entnahmerechte festgelegt sind.

2. Jeder Gesellschafter darf neben seiner Tätigkeitsvergütung entnehmen:

   a) die Steuern auf das Einkommen aus der Gesellschaft und auf das Vermögen der Gesellschaft. Bei der Berechnung der Entnahmebeträge sind diejenigen höchsten Tarifsätze für die Einkommensteuer einschließlich aller Zuschläge und der Kirchensteuer und für die Vermögenssteuer zugrunde zu legen, nach denen der höchst besteuerte Gesellschafter besteuert wird. Die Gesellschafter haben sich in geeigneter Weise über die maßgeblichen Tarifsätze zu unterrichten.

   b) die Zinsen, die für die Guthaben auf Privatkonten anfallen.

   zu a) und b) jedoch nur, soweit das Privatkonto ein Guthaben ausweist.

§ 13. Gesellschafterkonten

1. Für jeden Gesellschafter werden neben dem Kapitalkonto ein Rücklagenkonto, ein Privatkonto und ggf. ein Verlustverrechnungskonto geführt.

2. Das Kapitalkonto ist ein Festkonto, das sich insbesondere durch Einlagen oder Entnahmen nicht verändert.

3. Auf dem Rücklagenkonto werden die diesem Konto durch Gesellschafter zugewiesenen Teile eines Gewinnanteils gutgeschrieben. Das Guthaben auf dem Rücklagenkonto wird fällig:

   a) mit dem Ausscheiden des Gesellschafters aus der Gesellschaft als Teil des Abfindungsguthabens,

   b) im Falle der Auflösung der Gesellschaft bei der Verteilung des Gesellschaftsvermögens.

4. Das Privatkonto wird für alle sonstigen Forderungen und für die Schuld eines Gesellschafters gegenüber der Gesellschaft für jeden Gesellschafter geführt. Auf dem Privatkonto eines jeden Gesellschafters werden alle laufenden Gutschriften und alle Lastschriften gebucht. Jeder Gesellschafter kann sein auf Privatkonto verbuchtes Guthaben mit einer Kündigungsfrist von drei Monaten zum Monatsende abheben. Die Gesellschaft kann Guthaben auf Privatkonten jederzeit auszahlen. Die Zinsen, die einem Gesellschafter für sein Guthaben auf dem Privatkonto zum Jahresabschluss gutgeschrieben werden, können jederzeit abgebucht werden. Das Privatkonto darf einen Debetsaldo nicht ausweisen.

5. Auf dem Verlustverrechnungskonto werden die nicht durch einen Gewinnvortrag gedeckten Verluste der Gesellschaft entsprechend den Beteiligungsverhältnissen verbucht.

6. Die Kapitalkonten, die Verlustverrechnungskonten und die Guthaben auf Rücklagekonten sind nicht verzinslich.

V. Rechte der Gesellschafter, Gesellschafterversammlung

§ 14. Rechte der Gesellschafter

Jeder Gesellschafter ist berechtigt, jederzeit in die Bücher und Schriften der Gesellschaft Einblick zu nehmen. Er kann mit der Einsichtnahme eine andere, zur Berufsverschwiegenheit verpflichtete Person betrauen. Er kann verlangen, dass der Jahresabschluss durch einen Steuerberater oder einen Wirtschaftsprüfer auf seine Kosten geprüft wird.

§ 15. Gesellschafterversammlung

1. Jährlich einmal, und zwar in den ersten neun Monaten eines Geschäftsjahres, hat eine Gesellschafterversammlung stattzufinden.
2. Diese Gesellschafterversammlung beschließt insbesondere über:
   a) die Feststellung des Jahresabschlusses für das vorangegangene Geschäftsjahr,
   b) die Entlastung der geschäftsführenden Gesellschafter,
   c) die Verteilung des Reingewinnes, soweit eine vom Gesellschaftsvertrag abweichende Regelung beschlossen werden soll; kommt ein solcher Beschluss nicht zustande, so verbleibt es bei der gesellschaftsvertraglichen Regelung.

§ 16. Gesellschafterversammlung, Einberufung

1. Die Gesellschafterversammlung findet am Ort der geschäftlichen Niederlassung der Gesellschaft statt. Jeder Gesellschafter kann die Gesellschafter zur Versammlung durch eingeschriebenen Brief mit einer Frist von mindestens zwei Wochen einladen. Der Zweck der Versammlung ist bei der Einberufung anzukündigen. Die Frist zur nachträglichen Ankündigung von Gegenständen zur Beschlussfassung beträgt eine Woche. Die Fristen beginnen bei Einberufung oder der Ankündigung durch eingeschriebenen Brief mit dem Tage der Absendung der Briefe, bei Einberufung gegen Empfangsbestätigung mit dem Tage der Erteilung der Empfangsbestätigung. Der Tag der Versammlung ist nicht mitzurechnen.
2. Die Gesellschafterversammlung ist beschlussfähig, wenn alle Gesellschafter erschienen sind.
   Ist die Gesellschafterversammlung nicht beschlussfähig, so ist binnen zwei Wochen eine neue Gesellschafterversammlung einzuberufen. Diese ist ohne Rücksicht auf die Zahl der erschienenen Gesellschafter für die Gegenstände der Tagesordnung der Gesellschafterversammlung beschlussfähig, in der sich die Beschlussunfähigkeit ergeben hat. Hierauf ist in der Einladung hinzuweisen.
3. Über die von der Gesellschafterversammlung gefassten Beschlüsse soll, soweit sie nicht notariell beurkundet werden, eine Niederschrift aufgenommen werden. Diese soll vom Versammlungsleiter und allen anwesenden Gesellschaftern unterschrieben werden. Eine Verletzung dieser Formvorschrift beeinträchtigt die Wirksamkeit der gefassten Beschlüsse nicht.

§ 17. Vertretung in der Gesellschafterversammlung

Jeder Gesellschafter kann sich in der Gesellschafterversammlung durch Mitgesellschafter vertreten lassen. Es ist jedem Gesellschafter ferner gestattet, sich durch eine zur Amts- oder Berufsverschwiegenheit verpflichtete Person begleiten zu lassen.

§ 18. Stimmrecht

1. Jeder Gesellschafter hat in der Gesellschafterversammlung so viele Stimmen wie es seinem Anteil im Sinne von § 3 Abs. 1 entspricht.
2. Beschlüsse müssen einstimmig gefasst werden, soweit nicht in diesem Vertrage etwas anderes bestimmt ist.
3. Ein Gesellschafter, der von einer Verbindlichkeit befreit werden soll, hat hierbei kein Stimmrecht. Ein geschäftsführender Gesellschafter hat Stimmrecht bei seiner Entlastung.
4. Falls kein Gesellschafter widerspricht, können Beschlüsse auch durch schriftliche, fernschriftliche, mündliche oder telegrafische Abgabe der Stimme oder in einer Kombination dieser Verfahren gefasst werden. Die Nichtbeantwortung der zur Abstimmung gestellten Anfragen gilt als Ablehnung dieser Art der Abstimmung.

VI. Dauer und Beendigung der Gesellschaft

§ 19. Dauer und Kündigung

Der Gesellschaftsvertrag gilt auf unbestimmte Zeit abgeschlossen. Er kann jeweils mit einer Frist von drei Monaten zum Ende eines jeden Kalendervierteljahres gekündigt werden, wobei die Kündigung jeweils am letzten Werktage des vorangegangenen Kalendervierteljahres der Gesellschaft in ihrem Geschäftslokal zugegangen sein muss.

§ 20. Erhaltung des Bestandes der Gesellschaft

1. Kündigt ein Gesellschafter oder ein Gläubiger eines Gesellschafters die Gesellschaft, wird über das Vermögen eines Gesellschafters das Insolvenzverfahren eröffnet bzw. mangels Masse nicht eröffnet oder scheidet ein Gesellschafter der Gesellschaft aus einem anderen Grunde aus der Gesellschaft aus, so wird die Gesellschaft von den übrigen Gesellschaftern fortgesetzt.
2. Scheidet ein Gesellschafter gemäß Ziffer 1. oder gemäß § 19 dieses Vertrages aus der Gesellschaft aus, so können die anderen Gesellschafter binnen zwei Monaten beschließen, dass die Gesellschaft zum Kündigungstermin liquidiert wird.

§ 21. Ausschluss aus wichtigem Grunde

Verletzt ein Gesellschafter in schwerer Weise seine Verpflichtungen aus dem Gesellschaftsverhältnis oder macht er durch sein außergesellschaftliches Verhalten seinen Verbleib in der Gesellschaft für die anderen Gesellschafter unzumutbar, so kann er von den übrigen Gesellschaftern durch einstimmigen Beschluss aus der Gesellschaft ausgeschlossen werden. Die Anrufung der Gerichte bleibt dem ausgeschlossenen Gesellschafter offen.

§ 22. Tod eines Gesellschafters

1. Durch den Tod eines Gesellschafters wird die Gesellschaft nicht aufgelöst.
   An die Stelle des verstorbenen Gesellschafters treten die Personen, die der verstorbene Gesellschafter durch Verfügung von Todes wegen bestimmt hat, sofern es sich hierbei um Ehegatten oder Verwandte in gerader Linie oder um Mitgesellschafter handelt. Ein Eintritt von Abkömmlingen eines verstorbenen Gesellschafters ist nur möglich, soweit diese Abkömmlinge im Zeitpunkt des Todes des Gesellschafters volljährig sind.
2. Ist eine Verfügung von Todes wegen gemäß Abs. 1 nicht vorhanden, so treten die gesetzlichen Erben des verstorbenen Gesellschafters an dessen Stelle, soweit sie zu dem in Abs. 1 S. 2 und S. 3 bezeichneten Personenkreis gehören.
3. Stirbt ein Gesellschafter, ohne dass die Gesellschaft mit einer oder mehreren der in Abs. 1 S. 2 und S. 3 genannten Personen fortgesetzt werden kann, so scheidet er mit seinem Tode aus der Gesellschaft aus. Die Gesellschaft wird in diesem Fall unter den übrigen Gesellschaftern fortgesetzt. Ist nur einer der Erben des Gesellschafters nachfolgeberechtigt gemäß Abs. 1 S. 2 und S. 3, so tritt er alleine an die Stelle des verstorbenen Gesellschafters, und zwar hinsichtlich des gesamten Gesellschaftsanteils des verstorbenen Gesellschafters. Der nachfolgeberechtigte Erbe hat an die weiteren Erben eine Abfindung gemäß § 23 zu zahlen.
4. Mehrere nachfolgeberechtigte Erben eines Gesellschafters sind verpflichtet, einen gemeinsamen Vertreter zu bestellen, der die Rechte aus den geerbten Anteilen an der Gesellschaft ausübt. Solange ein gemeinsamer Vertreter nicht bestellt ist, ruhen die Rechte aus den Gesellschaftsanteilen, ausgenommen die Gewinnansprüche.

§ 23. Auseinandersetzungsguthaben

1. Im Falle des Ausscheidens eines Gesellschafters aus der Gesellschaft steht diesem ein Auseinandersetzungsguthaben zu. Dies ist auf Grund einer Auseinandersetzungsbilanz zu ermitteln. In dieser Auseinandersetzungsbilanz sind alle Wirtschaftsgüter zum

Buchwert zuzüglich eventueller stiller Reserven zum Tage des Ausscheidens zu ermitteln. Ein eventueller Firmenwert bleibt allerdings außer Ansatz.

2. An dem Gewinn oder Verlust der zur Zeit des Ausscheidens schwebenden Geschäfte nimmt der ausscheidende Gesellschafter nicht mehr teil. Fällige gemeinschaftliche Schulden brauchen nur in der bisher üblichen Weise getilgt zu werden. § 738 Abs. 1 S. 3 BGB findet keine Anwendung.

3. Mangels einer Einigung des ausscheidenden Gesellschafters mit den übrigen Gesellschaftern wird das Auseinandersetzungsguthaben durch Schiedsgutachten eines vom Präsidenten der zuständigen Industrie- und Handelskammer zu bestimmenden vereidigten Sachverständigen bestimmt.

4. Die Auszahlung des Auseinandersetzungsguthabens hat in drei gleichen Raten zu erfolgen, von denen die erste Rate sechs Monate nach Feststellung des Auseinandersetzungsguthabens und jede weitere je drei Monate später fällig wird. Die gestundeten Beträge sind vom Tage des Ausscheidens an mit zwei vom Hundert über dem jeweiligen Basiszinssatz der Europäischen Zentralbank jährlich zu verzinsen.

5. Die Gesellschaft kann aus wichtigem wirtschaftlichem Grund eine sachgemäße Verschiebung und Herabsetzung der Raten verlangen. Die Gesellschaft kann das Auseinandersetzungsguthaben sofort in voller Höhe auszahlen.

§ 24. Übernahmerecht

1. Im Falle des Ausscheidens eines Gesellschafters aus der Gesellschaft sind die verbleibenden Gesellschafter nur gemeinsam berechtigt, den Gesellschaftsanteil des ausscheidenden Gesellschafters zu erwerben und zwar mangels einer Einigung im Verhältnis ihrer Beteiligung an der Gesellschaft.

2. Als Kaufpreis ist der Betrag des Auseinandersetzungsguthabens zu zahlen, das dem ausscheidenden Gesellschafter nach den Bestimmungen dieses Gesellschaftsvertrages zustehen würde. Für die Fälligkeit und Verzinsung gelten sinngemäß die Bestimmungen über das Auseinandersetzungsguthaben. Mehrere Erwerber haften dem ausscheidenden Gesellschafter als Gesamtschuldner.

3. Das Übernahmerecht muss innerhalb eines Monats nach Feststellung des Auseinandersetzungsguthabens durch Erklärung gegenüber dem ausscheidenden Gesellschafter oder dessen Rechtsnachfolger ausgeübt werden. Dies braucht jedoch nicht vor dem Tage des Ausscheidens zu geschehen.

VII. Schlussbestimmungen

§ 25. Gerichtsstand für Rechtsstreitigkeiten

Als Gerichtsstand für Rechtsstreitigkeiten der Gesellschaft mit Gesellschaftern oder von Gesellschaftern gegen Gesellschafter in Angelegenheiten der Gesellschaft sind die für den Sitz der Gesellschaft maßgebenden Gerichte zuständig.

§ 26. Änderungen dieses Vertrages

Änderungen dieses Vertrages bedürfen zu ihrer Rechtswirksamkeit der Schriftform. Mündliche Abänderungen dieser Formvorschrift sind unwirksam.

§ 27. Salvatorische Klausel

Sollten Bestimmungen dieses Vertrages oder späterer Änderungen ganz oder teilweise unwirksam sein oder werden oder sollte sich in dem Vertrag oder in späteren Änderungen eine Lücke herausstellen, so soll hierdurch die Gültigkeit des Vertrages oder späterer Änderungen im Übrigen nicht berührt werden. Anstelle der unwirksamen Bestimmungen (bzw. des Teiles einer solchen) oder zur Ausfüllung der Lücke soll eine angemessene Regelung gelten, die soweit dies rechtlich möglich ist, dem am nächsten kommt, was die Vertragsschließenden gewollt haben oder gewollt haben würden, sofern sie den Punkt bedacht hätten. Beruht die Ungültigkeit einer Bestimmung auf einem darin angegebenen Maß der Leistung oder Zeit (Frist oder Termin), so soll ein dem Gewollten möglichst nahekommendes rechtlich zulässiges Maß der Leistung oder Zeit (Frist oder Termin) an die Stelle des Vereinbarten treten.

Diese Niederschrift wurde den Erschienenen von dem Notar vorgelesen, von ihnen genehmigt und von ihnen und dem Notar sodann wie folgt, eigenhändig unterschrieben:

B. Verkauf und Abtretung eines GbR-Anteils

UR-Nr. ***   187

Verhandelt

zu ***, ***, am ***.

Vor mir,

Notar in ***,

erschienen:

1. Herr ***, geboren am ***,
   wohnhaft ***,
   – nachstehend „**Verkäufer**" genannt –,
2. Herr ***, geboren am ***,
   wohnhaft ***,
   – nachstehend „**Käufer**" genannt –,
3. Herr ***, geboren am ***,
   wohnhaft ***,
   – nachstehend „**Mitgesellschafter**" genannt –,

ausgewiesen durch Vorlage ihrer Personalausweise.

Die Beteiligten erklärten:

Wir schließen folgenden Vertrag über

Verkauf einer Beteiligung an einer Gesellschaft bürgerlichen Rechts

I. Kaufgegenstand

1. Der Verkäufer und der Mitgesellschafter sind Gesellschafter einer Gesellschaft bürgerlichen Rechts, zu deren Vermögen der im Grundbuch des Amtsgerichts *** von *** Blatt *** verzeichnete Grundbesitzes Gemarkung ***, Flur ***, Flurstück ***, ***, ***, groß *** qm gehört.
2. Das Grundbuch ist in Abteilung II und III frei von Belastungen und Beschränkungen. Diesen Grundbuchinhalt hat der Notar am *** festgestellt.
3. Der Verkäufer und der Mitgesellschafter sind an der Gesellschaft je zur Hälfte beteiligt. Das Gesellschaftsvermögen besteht ausschließlich aus dem vorbezeichneten Grundbesitz. Darlehensverbindlichkeiten bestehen keine.

II. Verkauf einer Beteiligung

1. Der Verkäufer verkauft von seiner Beteiligung *** an den dies annehmenden Käufer, der damit mit einem Anteil von *** an der Gesellschaft beteiligt wird und der Gesellschaft beitritt.
2. Der Mitgesellschafter stimmt dem Verkauf und der Übertragung der Gesellschaftsbeteiligung zu.

III. Kaufpreis

1. Der Kaufpreis beträgt

EUR ***

(in Worten: Euro ***)

2. Der Kaufpreis ist fällig am ***.
   Zu diesem Zeitpunkt erfolgt im Innenverhältnis der Beitritt des Käufers zur Gesellschaft. Die neuen Gesellschafter sind am Gewinn der Gesellschaft beteiligt ab ***.

IV. Abtretung

1. Der Verkäufer tritt dem dies annehmenden Käufer den verkauften Gesellschaftsanteil
   unter der aufschiebenden Bedingung der vollständigen Zahlung des Kaufpreises ab.
2. Die Beteiligten bewilligen die Berichtigung des Grundbuchs dahin, dass der Käufer als
   Gesellschafter der Gesellschaft bürgerlichen Rechts in das Grundbuch eingetragen
   wird.
3. Die in Abs. 1 genannte Bedingung gilt als eingetreten, wenn der Notar die vorstehend bewilligte Berichtigung des Grundbuchs beim Grundbuchamt beantragt.
4. Der Notar wird angewiesen, die Berichtigung des Grundbuchs erst zu beantragen,
   wenn ihm die Zahlung des Kaufpreises nachgewiesen wurde. Vorher darf er dem
   Grundbuchamt und dem Käufer keine die Abtretung und die vorstehende enthalten-
   de Ausfertigung oder beglaubigte Abschrift dieser Urkunde erteilen.

V. Kosten

Alle mit diesem Vertrag und seiner Durchführung verbundenen Kosten und etwaige
Steuern trägt der Käufer.

Diese Niederschrift wurde den Erschienenen von dem Notar vorgelesen,
von ihnen genehmigt und von ihnen und dem Notar eigenhändig
wie folgt unterschrieben:

C. Ausführlicher Gesellschaftsvertrag einer GmbH & Co. KG mit Gleichlaufklausel

188

UR-Nr. ***

Verhandelt

zu ***, ***, am ***.

Vor mir,

Notar in ***,

erschienen:

1. Herr ***, geboren am ***,
   wohnhaft ***,
2. Frau *** geborene ***, geboren am ***,
   wohnhaft ***.

Die Erschienenen wiesen sich aus durch Vorlage ihrer Personalausweise.

Die Erschienenen erklärten:

Wir schließen folgenden

Gesellschaftsvertrag einer Kommanditgesellschaft

Vorbemerkung

Die Erschienenen betreiben zur Zeit unter dem Namen *** in Gesellschaft bürgerlichen
Rechtes in Köln eine Agentur für Werbung und Kommunikation.

Die Erschienenen wollen dieses Unternehmen nunmehr in Form einer Kommanditgesellschaft betreiben und in das Handelsregister eintragen lassen.

Im Einzelnen gilt folgendes:

I. Allgemeine Bestimmungen

§ 1. Firma und Sitz

1. Die Firma der Gesellschaft lautet: ***.
2. Die Gesellschaft hat ihren Sitz in ***.

§ 2. Gegenstand des Unternehmens

1. Gegenstand des Unternehmens ist ***.
2. Die Gesellschaft ist zu allen Geschäften und Maßnahmen berechtigt, die zur Erreichung des Gesellschaftszweckes notwendig oder nützlich erscheinen, auch zur Beteiligung an anderen Unternehmen.

II. Gesellschafter, Einlage, Gesellschaftskapital

§ 3. Gesellschafter

1. Persönlich haftender Gesellschafter ist ***. Der persönlich haftende Gesellschafter erbringt keine Einlage und hält keinen Kapitalanteil.
2. Kommanditisten sind:
   a) Herr *** mit einer Kommanditeinlage von *** EUR,
   b) Frau *** mit einer Kommanditeinlage von *** EUR.
   Die Kommanditeinlagen stellen zugleich die in das Handelsregister einzutragenden Haftsummen dar.
3. Die Gesellschafter bringen das bisher von ihnen in Gesellschaft bürgerlichen Rechtes unter dem Namen *** in *** betriebene Unternehmen mit allen Aktiven und Passiven nach Maßgabe der Einbringungsbilanz zum *** und nach Maßgabe eines gesondert abzuschließenden Einbringungsvertrages in die Gesellschaft ein.
4. Alle Gesellschafter haben ihre Einlageverpflichtungen durch die Einbringung des in der Vorbemerkung bezeichneten Unternehmens erbracht.
5. Der Betrag der Kommanditeinlage bildet beim Kommanditisten dessen Kapitalanteil. Die Kapitalkonten sämtlicher Gesellschafter können nur im gleichen Verhältnis erhöht oder vermindert werden. Sie werden als Festkonten geführt.

§ 4. Veräußerung und Belastung von Gesellschaftsanteilen

1. Die Veräußerung und Belastung von Mitgliedschaftsrechten an der Gesellschaft, auch soweit diese nach den gesetzlichen Bestimmungen übertragbar sein sollten, sowie die Einräumung von Treuhandbeteiligungen und die Begründung von Treuhandverhältnissen, sind nur mit Zustimmung der Gesellschafterversammlung zulässig.
2. Jeder Kommanditist soll stets in dem Verhältnis, in dem er am Festkapital der Gesellschaft beteiligt ist, auch am Stammkapital der Komplementärin beteiligt sein. Jeder Kommanditist verpflichtet sich gegenüber der Gesellschaft und gegenüber jedem einzelnen Gesellschafter, alles seinerseits zur Aufrechterhaltung oder Wiederherstellung des gleichen Beteiligungsverhältnisses Erforderliche zu tun.

III. Geschäftsführung und Vertretung

§ 5. Geschäftsführung und Vertretung

1. Der persönlich haftende Gesellschafter führt die Geschäfte der Gesellschaft. Jeder persönlich haftende Gesellschafter ist einzeln zur Vertretung der Gesellschaft berechtigt und von den Beschränkungen des § 181 BGB befreit.
2. Die geschäftsführenden Gesellschafter haben bei ihrer Geschäftsführung die Beschlüsse der Gesellschafter zu befolgen.
   Sie benötigen zur Vornahme von Handlungen, die über den gewöhnlichen Betrieb des Handelsgewerbes hinausgehen, die auch im Zweifel herbeizuführende Zustimmung der Gesellschafterversammlung.
   Ungewöhnliche Geschäfte sind insbesondere:
   a) der Erwerb und die Veräußerung sowie die Belastung von Grundstücken und grundstücksgleichen Rechten,

b) der Erwerb und die Veräußerung von Gütern des Anlagevermögens,
c) der Erwerb und die Veräußerung von Unternehmen, die Beteiligung der Gesellschaft an anderen Unternehmen, die Änderung, insbesondere auch die Aufhebung solcher Beteiligungen,
d) die Errichtung und die Aufgabe von Zweigniederlassungen, die Anlage freien Vermögens außerhalb des Geschäftszwecks, die Aufnahme neuer Geschäftszweige,
e) die Veräußerung des Unternehmens im Ganzen,
f) die Aufnahme von Krediten und Darlehen über *** EUR und die Eingehung von Wechselverbindlichkeiten,
g) die Einleitung von Rechtsstreitigkeiten, mit Ausnahme der Geltendmachung von Forderungen von üblichen Leistungen und Lieferungen der Gesellschaft,
h) die Erteilung und der Widerruf einer Prokura, einer Generalvollmacht und einer Handlungsvollmacht,
i) Einstellung und Entlassung von Arbeitnehmern, deren Monatsgehalt die Beitragsbemessungsgrenze in der gesetzlichen Krankenversicherung übersteigt oder für die eine längere Kündigungsfrist als drei Monate vereinbart ist oder die Angehörige im Sinne des Steuerrechts von Gesellschaftern sind,
j) Bewilligung von Tantiemen, Gewinn- oder Umsatzbeteiligungen, nicht üblichen Gratifikationen und sonstigen Sonderleistungen an Arbeitnehmer,
k) Erteilung und Erhöhung von Versorgungszusagen an Arbeitnehmer,
l) Gewährung von Sicherheiten aller Art für eigene und fremde Verbindlichkeiten, insbesondere Übernahme von Bürgschaften und Eingehung von Garantieverpflichtungen, mit Ausnahme den aus eigenen Lieferungen und Leistungen,
m) Gründung von und Beitritt zu Vereinen und zu Verbänden sowie Zuwendungen an Vereine, Verbände, Körperschaften und dergleichen,
n) Abschluss, Änderung und Aufhebung von Kooperations-, Unternehmens-, Interessengemeinschafts- und Organverträgen, von Verträgen über gesetzliche Schutzrechte, von Miet- und Pachtverhältnissen und anderen Dauerrechtsverhältnissen einschließlich Sukzessivlieferungsverträgen mit einer Laufzeit von mehr als einem Jahr und von kartellrechtlichen Verträgen.

§ 6. Tätigkeit für die Gesellschaft

Der persönlich haftende Gesellschafter ist verpflichtet, der Gesellschaft seine Arbeitskraft nach Maßgabe eines zwischen ihm und der Gesellschaft abzuschließenden Dienstvertrages zur Verfügung zu stellen.

§ 7. Wettbewerbsverbot

Den Gesellschaftern ist es nicht gestattet, während ihrer Beteiligung an der Gesellschaft und für die Dauer von zwei Jahren danach Geschäfte im Geschäftszweig der Gesellschaft zu tätigen, ein Konkurrenzunternehmen zu betreiben, sich einem solchen unmittelbar oder mittelbar zu beteiligen, für ein solches in leitender Funktion tätig zu sein oder es in anderer Weise durch Rat oder Tat zu unterstützen. Jeder Gesellschafter kann von diesem Wettbewerbsverbot durch Beschluss der Gesellschafter befreit werden.

IV. Geschäftsjahr, Jahresabschluss, Gewinnverteilung

§ 8. Geschäftsjahr

Das Geschäftsjahr ist das Kalenderjahr.

§ 9. Jahresabschluss

1. Die geschäftsführenden Gesellschafter haben nach Maßgabe der Vorschriften des Gesetzes, insbesondere der Steuergesetze, im Übrigen unter Anwendung gesunder kaufmännischer Grundsätze auf den Ablauf eines jeden Geschäftsjahres innerhalb der nächsten sechs Monate den Jahresabschluss (Bilanz, Gewinn- und Verlustrechnung) zu errichten. Die Ermittlung des Gewinnes oder Verlustes hat stets nach Maßgabe der

Einkommensteuerbilanz zu erfolgen. Es sind auch Änderungen einer Steuerbilanz, die sich aufgrund einer Buchprüfung ergeben, für die Beziehung der Gesellschafter untereinander zu berücksichtigen.

2. Der Jahresabschluss ist dem Kommanditisten alsbald nach Errichtung zu übersenden.

§ 10. Gesellschafterkonten

1. Für jeden Gesellschafter wird neben dem Kapitalkonto ein Rücklagenkonto, Privatkonto und gegebenenfalls ein Verlustverrechnungskonto geführt.

2. Bezüglich des Kapitalkontos gilt § 3 Abs. 5 dieses Vertrages.

3. Dem Rücklagenkonto werden die diesem Konto in diesem Vertrag oder durch Gesellschafterbeschluss zugewiesenen Teile eines Gewinnanteils gutgeschrieben. Das Guthaben auf Rücklagenkonto wird fällig:

a) mit dem Ausscheiden des Gesellschafters aus der Gesellschaft als Teil des Abfindungsguthabens,

b) im Falle der Auflösung der Gesellschaft bei Teilung des Gesellschaftsvermögens.

4. Das Privatkonto wird für alle sonstigen Forderungen und für die Schulden der Gesellschaft gegenüber der Gesellschaft geführt. Auf ihm werden alle laufenden Gutschriften und Lastschriften gebucht. Jeder Gesellschafter kann sein auf Privatkonto verbuchtes Guthaben jederzeit ohne vorherige Kündigung abheben. Die Gesellschaft kann Guthaben auf Privatkonto jederzeit auszahlen. Das Privatkonto wird mit *** vom Hundert jährlich verzinst. Weist das Privatkonto einen Debetsaldo aus, so sind *** vom Hundert Jahreszinsen zu zahlen. Die Gesellschaft kann verlangen, dass ein Debetsaldo sofort ausgeglichen wird.

5. Auf dem Verlustverrechnungskonto werden die nicht durch einen Gewinnvortrag gedeckten Verluste der Gesellschaft verbucht.

§ 11. Gewinn- und Verlustverteilung

1. Bei der Feststellung des Jahresergebnisses sind im Verhältnis der Gesellschafter zueinander als Aufwand zu verbuchen:

a) die durch Gesellschafterbeschluss festzusetzenden Tätigkeitsvergütungen der Gesellschafter,

b) die Zinsen der Guthaben auf Privatkonto.

2. Der dann noch verbleibende Gewinn ist den Gesellschaftern entsprechend ihrem Kapitalkonto auf deren Privatkonto auszuschütten, soweit sie nicht aufgrund jederzeit zulässigen Gesellschafterbeschlusses einem besonderen Rücklagenkonto zugeführt werden.

3. Gewinn und Verlust werden im Verhältnis der Kapitalanteile verteilt.

§ 12. Entnahmen

1. Über die Zulässigkeit von Entnahmen beschließen die Gesellschafter, soweit nicht nachstehende Entnahmerechte festgelegt sind.

2. Jeder Gesellschafter darf entnehmen:

a) die in dem Dienstvertrag mit der Gesellschaft vereinbarte Tätigkeitsvergütung,

b) die Steuern auf das Einkommen aus der Gesellschaft, ausgenommen auf Tätigkeitsvergütung und auf das Vermögen der Gesellschaft,

c) ein dann noch eventuell verbleibendes Guthaben auf Privatkonto.

Bei der Berechnung der Steuern sind diejenigen höchsten Tarifsätze für die Einkommensteuer einschließlich aller Zuschläge und die Kirchensteuer und für die Vermögenssteuer zugrunde zu legen nach denen derjenige Gesellschafter besteuert wird, auf den die höchsten Tarife Anwendung finden. Die Gesellschafter haben die Geschäftsführer in geeigneter Weise über die maßgeblichen Tarifsätze zu unterrichten.

V. Rechte der Gesellschafter, Gesellschafterversammlung
§ 13. Rechte der Gesellschafter

Jeder Gesellschafter ist berechtigt, jederzeit in die Bücher und Schriften der Gesellschaft Einblick zu nehmen. Er kann mit der Einsichtnahme eine andere, zur Amtsverschwiegenheit verpflichtete Person betrauen. Er kann verlangen, dass der Jahresabschluss durch einen vereidigten Buchprüfer oder Wirtschaftsprüfer auf seine Kosten geprüft wird.

§ 14. Gesellschafterversammlung

1. Jährlich einmal und zwar in den ersten acht Monaten eines Geschäftsjahres hat eine Gesellschafterversammlung stattzufinden.
2. Diese Gesellschafterversammlung beschließt insbesondere über:
   a) die Feststellung des Jahresabschlusses des vorangegangenen Geschäftsjahres,
   b) die Entlastung der geschäftsführenden Gesellschafter,
   c) die Verteilung des Reingewinns.

§ 15. Gesellschafterversammlung, Einberufung

1. Die Gesellschafterversammlung findet am Gesellschaftssitz statt. Der persönlich haftende Gesellschafter hat die Gesellschafter zur Versammlung durch eingeschriebenen Brief mit einer Frist von mindestens zwei Wochen einzuladen. Der Zweck der Versammlung ist bei der Einberufung anzukündigen. Die Frist zur nachträglichen Ankündigung von Gegenständen zur Beschlussfassung beträgt eine Woche. Die Frist beginnt bei Einberufung der Ankündigung durch eingeschriebenen Brief mit dem Tag der Absendung der Briefe. Bei Einberufung gegen Empfangsbescheinigung mit dem Tage der Erteilung der Empfangsbescheinigung. Der Tag der Versammlung ist nicht mitzurechnen.
2. Die Gesellschafterversammlung ist beschlussfähig, wenn alle Gesellschafter erschienen sind. Ist die Gesellschafterversammlung nicht beschlussfähig, so ist binnen zwei Wochen eine neue Gesellschafterversammlung einzuberufen; diese ist für die Gegenstände der Tagesordnung der Gesellschafterversammlung beschlussfähig, in der sich die Beschlussunfähigkeit ergeben hat. Hierauf ist in der Einladung hinzuweisen.
3. Über die von der Versammlung der Gesellschafter gefassten Beschlüsse soll, soweit sie nicht gerichtlich oder notariell beurkundet werden, eine Niederschrift aufgenommen werden. Diese soll von allen anwesenden Gesellschaftern unterschrieben werden.

§ 16. Vertretung in der Gesellschafterversammlung

Eine Vertretung in der Gesellschafterversammlung ist ausgeschlossen.

§ 17. Stimmrecht

1. Das Stimmrecht richtet sich nach den Kapitalkonten der Gesellschafter. Je 50,– EUR eines Kapitalkontos gewähren eine Stimme.
2. Jeder Beschluss bedarf der einfachen Mehrheit der abgegebenen Stimmen. Bei Stimmengleichheit entscheidet Herr ***.
3. Ein Gesellschafter, der von einer Verbindlichkeit befreit werden soll, hat hierbei kein Stimmrecht und darf auch nicht für andere stimmen. Ein geschäftsführender Gesellschafter hat Stimmrecht bei seiner Entlastung.
4. Falls kein Gesellschafter widerspricht, können die Beschlüsse auch durch schriftliche oder telegraphische Abgabe der Stimmen gefasst werden. Die Nichtbeantwortung der zur Abstimmung gestellten Anfragen gilt als Ablehnung dieser Art der Abstimmung.

§ 18. Minderheitsrecht

Jeder Gesellschafter ist berechtigt, unter Angabe des Zwecks und der Gründe die Berufung einer Versammlung zu verlangen. In gleicher Weise darf jeder Gesellschafter verlangen, dass die Gegenstände zur Beschlussfassung einer Gesellschafterversammlung angekündigt werden. Wird dem Verlangen nicht entsprochen, so kann der Antragsteller unter Mitteilung des Sachverhaltes die Berufung oder Ankündigung selbst bewirken.

§ 19. Anfechtung von Beschlüssen

Ein Beschluss der Gesellschafter, der bei einer Gesellschaft mit beschränkter Haftung wegen eines Verstoßes gegen das Gesetz oder den Gesellschaftsvertrag nur angefochten werden könnte, ist gültig, wenn nicht die Nichtigkeit des Beschlusses geltend gemacht werden könnte. Die Nichtigkeit ist durch gerichtliche Feststellungsklage innerhalb eines Monats seit der Beschlussfassung, die schriftliche Abstimmung seit der Mitteilung des Ergebnisses an den betroffenen Gesellschafter geltend zu machen. Wird die Klage rechtskräftig abgewiesen oder zurückgenommen, so gilt die Geltendmachung der Nichtigkeit als nicht erfolgt.

VI. Dauer und Beendigung der Gesellschaft

§ 20. Dauer der Gesellschaft

Der Gesellschaftsvertrag gilt auf unbestimmte Zeit abgeschlossen. Er ist erstmals zum 31. Dezember *** kündbar und danach jeweils zum Ende eines jeden Kalenderjahres, das durch fünf teilbar ist. Die Kündigung muss jeweils bis zum 31. Dezember des Vorjahres mittels eingeschriebenen Briefes der Gesellschaft an ihrem Sitz zugegangen sein.

§ 21. Erhaltung des Bestandes der Gesellschaft

1. Kündigt Herr *** die Gesellschaft, so ist er berechtigt, das von der Gesellschaft betriebene Unternehmen zu übernehmen. Die anderen Gesellschafter scheiden zum Kündigungstermin aus der Gesellschaft aus. Das gleiche gilt, falls ein anderer Gesellschafter die Gesellschaft kündigt.
2. Kündigt ein Gläubiger eines Gesellschafters die Gesellschaft, wird über das Vermögen eines Gesellschafters das Insolvenzverfahren eröffnet oder die Eröffnung des Verfahrens mangels Masse abgelehnt, so sind die anderen Gesellschafter berechtigt, das von der Gesellschaft betriebene Unternehmen zu übernehmen, es sei denn, das sie innerhalb eines Monates ebenfalls die Gesellschaft kündigen.

§ 22. Tod eines Gesellschafters

1. Sterben Herr *** oder Herr ***, so wird die Gesellschaft mit ihren Erben nicht fortgesetzt. Herr *** und Herr *** scheiden mit ihrem Tode aus der Gesellschaft aus. Im Falle des Ausscheidens von Herrn *** haben die Gesellschafter unverzüglich einen neuen persönlich haftenden Gesellschafter zu bestellen oder aufzunehmen.
2. Im Falle des Todes von Herrn *** wird die Gesellschaft mit seinen Erben fortgesetzt.

§ 23. Auseinandersetzungsguthaben

1. Im Falle des Ausscheidens eines Gesellschafters aus der Gesellschaft steht diesem ein Auseinandersetzungsguthaben zu. Dies ist auf Grund einer Auseinandersetzungsbilanz zu ermitteln. In dieser Auseinandersetzungsbilanz sind alle Wirtschaftsgüter zum Buchwert zuzüglich eventueller stiller Reserven zum Tage des Ausscheidens zu ermitteln. Ein eventueller Firmenwert bleibt allerdings außer Ansatz.
2. An dem Gewinn oder Verlust der zur Zeit des Ausscheidens schwebenden Geschäfte nimmt der ausscheidende Gesellschafter nicht mehr teil. Fällige gemeinschaftliche Schulden brauchen nur in der bisher üblichen Weise getilgt zu werden. § 738 Abs. 1 S. 3 BGB findet keine Anwendung.
3. Mangels einer Einigung des ausscheidenden Gesellschafters mit den übrigen Gesellschaftern wird das Auseinandersetzungsguthaben durch Schiedsgutachten eines vom Präsidenten der zuständigen Industrie- und Handelskammer zu bestimmenden vereidigten Sachverständigen bestimmt.
4. Die Auszahlung des Auseinandersetzungsguthabens hat in drei gleichen Raten zu erfolgen, von denen die erste Rate sechs Monate nach Feststellung des Auseinandersetzungsguthabens und jede weitere je drei Monate später fällig wird. Die gestunde-

ten Beträge sind vom Tage des Ausscheidens an mit zwei vom Hundert über dem jeweiligen Basiszinssatz der Europäischen Zentralbank jährlich zu verzinsen.

5. Die Gesellschaft kann aus wichtigem wirtschaftlichem Grund eine sachgemäße Verschiebung und Herabsetzung der Raten verlangen. Die Gesellschaft kann das Auseinandersetzungsguthaben sofort in voller Höhe auszahlen.

VII. Schlussbestimmungen

§ 24. Gerichtsstand

Für Rechtsstreitigkeiten der Gesellschaft mit Gesellschaftern oder von Gesellschafter gegen Gesellschafter in Angelegenheiten der Gesellschaft sind die für den Sitz der Gesellschaft maßgeblichen Gerichte zuständig.

§ 25. Änderungen dieses Vertrages

Änderungen dieses Vertrages bedürfen zur Rechtswirksamkeit der Schriftform. Mündliche Abänderungen dieser Formvorschrift sind unwirksam.

§ 26. Salvatorische Klausel

Sollten Bestimmungen dieses Vertrages oder späterer Änderungen ganz oder teilweise unwirksam sein oder werden oder sollte sich in dem Vertrage oder in späteren Änderungen eine Lücke herausstellen, so soll hierdurch die Gültigkeit des Vertrages oder späterer Änderungen im Übrigen nicht berührt werden. Anstelle der unwirksamen Bestimmungen (bzw. des Teiles einer solchen) oder zur Ausfüllung der Lücke soll eine angemessene Regelung gelten die, soweit dies rechtlich möglich ist, dem am nächsten kommt, was die Vertragsschließenden gewollt haben oder gewollt haben würden, sofern sie den Punkt bedacht hätten. Beruht die Ungültigkeit einer Bestimmung auf einem darin angegebenen Maß der Leistung oder Zeit (Frist oder Termin), so soll ein dem Gewollten möglichst nahekommendes rechtlich zulässiges Maß der Leistung oder Zeit (Frist oder Termin) an die Stelle des Vereinbarten treten.

Diese Niederschrift wurde den Erschienenen vom Notar vorgelesen,
von ihnen genehmigt und sodann von ihnen und dem Notar wie folgt
eigenhändig unterschrieben:

D. Veräußerung eines Kommanditanteils an einer GmbH & Co. KG einschließlich eines Geschäftsanteils an der Komplementär-GmbH

189 UR-Nr. ***

Ｏ

Verhandelt

zu ***, ***, am ***.

Vor mir,

Notar in ***,

erschienen:

1. Herr ***, geboren am ***,
   wohnhaft ***,
   ausgewiesen durch Vorlage seines Personalausweises,
   – nachstehend „**Verkäufer**" genannt –,

2. Herr ***, geboren am ***,
   geschäftsansässig ***,
   ausgewiesen durch Vorlage seines Personalausweises,
   – nachstehend „**Käufer**" genannt –,

Die Beteiligten, handelnd wie angegeben, erklärten:

Wir schließen folgenden Vertrag über

Verkauf und Abtretung eines Geschäftsanteils sowie Kommanditanteils

I. Kaufgegenstand

1. Der Verkäufer ist nach der zuletzt im Handelsregister aufgenommenen Gesellschafterliste vom *** Gesellschafter der im Handelsregister des Amtsgerichts *** unter HRB *** eingetragenen

*** GmbH

(nachstehend „**die Gesellschaft**" genannt) mit dem Sitz in *** (Geschäftsanschrift: ***) mit einem Geschäftsanteil im Nennbetrag von *** EUR (nachstehend „**GmbH-Geschäftsanteil**" genannt). Das Stammkapital und der Geschäftsanteil des Verkäufers sind nach Angaben der Beteiligten voll eingezahlt.

2. Die weiteren Gesellschafter der Gesellschaft haben der Teilung und Abtretung des Geschäftsanteils bereits vorab zugestimmt; die Zustimmungserklärungen sind der Niederschrift als **Anlage** beigefügt.

3. Des Weiteren ist der Verkäufer Kommanditist der im Handelsregister des Amtsgerichts *** unter HRA *** eingetragenen

*** GmbH & Co. KG

mit dem Sitz in *** mit einem Kommanditanteil von *** EUR (nachstehend „**Kommanditanteil**" genannt); der GmbH-Geschäftsanteil und der Kommanditanteil nachstehend „**Gesellschaftsanteile**" genannt.

II. Verkauf

1. Der Verkäufer verkauft dem dies annehmenden Käufer seinen Geschäftsanteil im Nennbetrag von *** EUR (lfd. Nr. ***).

2. Der Verkäufer verkauft seine Beteiligung an der Kommanditgesellschaft in Höhe von *** EUR an den Käufer. Die Kommanditeinlage des Käufers erhöht sich somit im Wege der Sonderrechtsnachfolge von *** EUR um *** EUR auf *** EUR.

3. Das Gewinnbezugsrecht geht auf den Käufer über, soweit über die Gewinnverteilung noch nicht Beschluss gefasst worden ist.

III. Kaufpreis

1. Der Kaufpreis für die Gesellschaftsanteile beträgt jeweils

*** EUR

(in Worten: *** Euro).

2. Der Kaufpreis ist fällig am ***.

3. Zahlt der Käufer den Kaufpreis bei Fälligkeit ganz oder teilweise nicht, so ist der offene Kaufpreis mit acht Prozentpunkten jährlich über dem jeweiligen Basiszinssatz zu verzinsen. Die Zinsen sind mit der Hauptsumme fällig.

4. Der Käufer unterwirft sich wegen der Zahlung des Kaufpreises nebst Zinsen der sofortigen Zwangsvollstreckung aus dieser Urkunde. Nach Fälligkeit kann eine vollstreckbare Ausfertigung jederzeit erteilt werden.

IV. Garantien

1. Der Verkäufer garantiert, dass das Stammkapital und die verkauften GmbH-Geschäftsanteile voll eingezahlt sind, der Kommanditanteil voll eingezahlt ist, er Inhaber der verkauften Gesellschaftsanteile ist, diese nicht mit Rechten Dritter belastet sind und er über die Gesellschaftsanteile frei verfügen kann. Der Verkäufer garantiert ferner, dass die dem Käufer ausgehändigte Satzung der Kommanditgesellschaft die derzeit gültige ist.

2. Weitergehende Garantien für das Unternehmen oder die Gesellschaftsanteile werden nicht übernommen; eine über die Garantien hinausgehende Beschaffenheit des Unternehmens oder der Gesellschaftsanteile wird nicht vereinbart.

V. Abtretung

1. Der Verkäufer tritt dem dies annehmenden Käufer den verkauften GmbH-Geschäfts-anteil mit sofortiger dinglicher Wirkung ab.

2. Der Verkäufer tritt dem dies annehmenden Käufer den verkauften Kommanditanteil mit Wirkung auf die Eintragung der Sonderrechtsnachfolge im Handelsregister ab.

3. Der Notar hat den Verkäufer darüber belehrt, dass der Geschäftsanteil auf den Käu-fer unabhängig davon übergeht, ob der Kaufpreis gezahlt wird oder nicht. Der Ver-käufer verzichtet auf Vereinbarungen über die Sicherung der Kaufpreiszahlung.

VI. Schlussbestimmungen

1. Die mit Abschluss und Durchführung dieses Vertrages verbundenen Kosten trägt der Käufer.

2. Die Gesellschaft und die Kommanditgesellschaft haben keinen Grundbesitz. Die Ge-sellschaft wird beim Finanzamt *** unter der Steuer-Nr. *** geführt.

3. Der Notar hat die Käufer darauf hingewiesen, dass gemäß § 16 Abs. 1 GmbHG im Verhältnis zur GmbH nur derjenige als Inhaber eines Geschäftsanteils gilt, wer als sol-cher in der im Handelsregister aufgenommenen Gesellschafterliste eingetragen ist. Der Notar hat unverzüglich nach Wirksamwerden der Abtretung dem Handelsregister eine neue Gesellschafterliste einzureichen und eine Abschrift an die Gesellschaft zu übermitteln.

4. Die Beteiligten sind einig, dass dieser Vertrag über die Veräußerung eines GmbH-Ge-schäftsanteils und eines Kommanditanteils ein einheitliches Rechtsgeschäft in der Weise darstellt, dass die Wirksamkeit der Veräußerung beider Gesellschaftsanteile voneinander abhängig sein soll. Dieser Vertrag soll daher in Bezug auf die beiden Gesellschaftsanteile nur einheitlich vollzogen werden, soweit in diesem Vertrag nichts Abweichendes vereinbart ist. Sollte sich die Veräußerung eines Gesellschaftsanteils als unwirksam erweisen, ist der Vertrag über den anderen Gesellschaftsanteil, wenn er bereits vollzogen ist, rückabzuwickeln. Verkäufer und Käufer haben insoweit jeweils ein Recht zum Rücktritt von diesem Kauf- und Abtretungsvertrag, welches innerhalb von einer Frist von einem Monat ab Kenntnis der Unwirksamkeit der Veräußerung eines Gesellschaftsanteils schriftlich gegenüber der jeweils anderen Partei auszuüben ist.

Diese Niederschrift wurde den Erschienenen von dem Notar vorgelesen,
von den Erschienenen genehmigt und von ihnen und dem Notar wie folgt
eigenhändig unterschrieben:

§ 21. Partnerschaftsgesellschaft

Übersicht

Schrifttum:

Kommentare, Handbücher und Monographien: *Fischer,* Die Partnerschaftsgesellschaft mit beschränkter Berufshaftung, Rechtliche Einordnung und Haftungsverfassung unter Berücksichtigung der englischen LLP, Band 18 der Reihe Schriften zum Gesellschafts-, Bilanz- und Unternehmenssteuerrecht, zugleich Diss. 2015; *Henssler/Strohn,* Gesellschaftsrecht, 4. Aufl. 2019; *Kilian,* Partnerschaftsgesellschaftsgesetz, 2012; *Meilicke/Graf von Westphalen/Hoffmann/Lenz/Wolff,* Partnerschaftsgesellschaftsgesetz, 3. Aufl. 2015 (zit.: MWHLW); *Meyer,* Die Partnerschaftsgesellschaft mit beschränkter Berufshaftung gemäß § 8 Abs. 4 PartGG, Band 96 der Reihe Abhandlungen zum Deutschen und Europäischen Gesellschafts- und Kapitalmarktrecht, zugleich Diss. 2016; *Peres/Senft,* Sozietätsrecht, 3. Aufl. 2015.

Aufsätze: *Heckschen,* Aktuelles zur Partnerschaftsgesellschaft mit beschränkter Berufshaftung, NotBZ 2018, 81; *Henssler/Trottmann,* Berufsrechtliche Besonderheiten bei der interprofessionellen Partnerschaftsgesellschaft mit beschränkter Berufshaftung, NZG 2017, 241; *Leitzen,* Die Partnerschaftsgesellschaft mit beschränkter Berufshaftung, DNotZ 2013, 596; *Lieder,* Die Partnerschaft mit beschränkter Berufshaftung, Teil 1, NotBZ 2014, 81 und Teil 2, NotBZ 2014, 128; *Lieder/Hoffmann,* Die PartG mbB läuft der klassischen Partnerschaftsgesellschaft den Rang ab, NZG 2019, 249; *dies.,* PartG mbB weiter im Aufwind, NJW-aktuell 12/2018, 15; *dies.,* Rechtstatsachen zur Partnerschaftsgesellschaft mit und ohne beschränkte Berufshaftung, NZG 2017, 325; *dies.,* Rechtstatsachen-Update zur PartG mbB, NZG 2016, 287; *dies.,* Die PartG mbB – Rechtstatsachen und Rechtsprobleme, NJW 2015, 897; *dies.,* Rechtstatsachen zur PartG mbB und zur LLP, NZG 2014, 127; *Lieder/Frehse/Kilian,* Fünf Jahre PartG mbB – Die Verbandsform für Anwälte, NJW 2018, 2175; *Offermann-Burckart,* Anwaltliches Gesellschaftsrecht – das kleine Einmaleins der PartG, AnwBl 2014, 194; *dies.,* Anwaltliches Gesellschaftsrecht – das große Einmaleins der PartG, AnwBl 2014, 366; *dies.,* Anwaltliches Gesellschaftsrecht – die Partnerschaftsgesellschaft mbB, AnwBl 2014, 474; *Schumacher,* Zur materiellen Reichweite des partiellen Haftungsausschlusses bei der rechtsanwaltlichen Partnerschaftsgesellschaft mit beschränkter Berufshaftung (§ 8 IV 1 PartGG), NZG 2015, 379; *Sommer/Treptow/Dietlmeier,* Haftung für Berufsfehler nach Umwandlung einer Freiberufler-GbR in eine Partnerschaftsgesellschaft, NJW 2011, 1551; *Sommer/Treptow,* Die „Umwandlung" einer Partnerschaftsgesellschaft in eine PartG mbB und ihre Folgen, NJW 2013, 3269; *Wertenbruch,* Die Innenhaftung bei der Partnerschaftsgesellschaft mbB, NZG 2013, 1006; *Westermann,* Zur Zulassung der GmbH & Co. KG (auch: UG & Co. KG) als Berufsausübungsgesellschaft von Rechtsanwälten, NZG 2019, 1; *Wolff,* Hineinverschmelzung von LLPs vor dem Brexit, GmbHR 2019, 52; *Zöbeley,* Die Partnerschaftsgesellschaft mit beschränkter Berufshaftung in der notariellen Praxis, RNotZ 2017, 341; *Zwirlein/Großerichter/Gätsch,* Exit before Brexit, NZG 2017, 1041.

A. Die Partnerschaftsgesellschaft

I. Allgemeines

1   Die Partnerschaftsgesellschaft stellt eine besondere Personengesellschaftsform für **Freiberufler** dar. Insbesondere für kleinere Kanzleien bzw. Sozietäten, bei denen Mandate mit starkem Personenbezug einzelner Partner vorherrschen und die Tätigkeitsfelder der Partner gut voneinander abgrenzbar sind, bietet sich diese Rechtsform an.[1]

2   **Vorteile** der Partnerschaftsgesellschaft sind unter anderem die steuerliche Transparenz, keine anfallende Gewerbe- bzw. Körperschaftssteuer, keine Beitragspflicht bei der IHK, keine Bilanzierungs- und Publizitätspflichten, kein Mindestkapital, vereinfachte Gründungsmöglichkeit, geringe Formpflichten. **Nachteilig** wirkt sich aus, dass nur natürliche Personen Gesellschafter sein können und die Haftung nur eingeschränkt begrenzt werden kann.

3   Der Gesetzgeber wollte mit der Einführung der Partnerschaftsgesellschaft die Lücke zwischen der Gesellschaft bürgerlichen Rechts und der Kapitalgesellschaft schließen.[2] Die Partnerschaftsgesellschaft ist zwar nicht optimal, aber dennoch aus Haftungsgesichtspunkten und angesichts ihrer Registerpublizität vorteilhafter als die GbR. Deshalb ist nur schwer verständlich, weshalb die GbR noch immer unter Freiberuflern so populär ist. Gerade im Hinblick auf die Haftungskonzentration gemäß § 8 Abs. 2 PartGG (→ Rn. 16) ist ein Wechsel (→ Rn. 21) empfehlenswert.[3] Dies erkennt die Praxis immer mehr, wie die Zahlen deutlich belegen. Zum Stichtag 31.12.2018 waren 15.052 Partnerschaften im Partnerschaftsregister eingetragen.[4]

4   Rechtliche Grundlage ist das **Partnerschaftsgesellschaftsgesetz (PartGG),** welches aus lediglich elf Paragrafen besteht. Im Übrigen verweist das PartGG auf die Regelungen zur Gesellschaft bürgerlichen Rechts, §§ 705 ff. BGB, und teilweise, wie beispielsweise in § 2 Abs. 2 PartGG, auf die Regelungen im HGB zur OHG.

5   Die Partnerschaft ist eine sog. Berufsausübungsgesellschaft.[5] Für die Gründung einer Partnerschaft müssen sich **mindestens zwei natürliche Personen** zusammenschließen, § 1 Abs. 1 S. 3 PartGG. Diese Personen müssen einen freien Beruf iSv § 1 Abs. 2 PartGG ausüben. Dazu enthält § 1 Abs. 2 PartGG sowohl eine Definition, als auch eine bespielhafte Aufzählung von solchen Berufen. Die Definition ähnelt derjenigen in § 18 Abs. 1 Nr. 1 EStG. Aus diesem Grund kann auch die Rechtsprechung hierzu herangezogen werden.[6] Besonderheiten einzelner Berufe können sich aus deren Berufszulassungs- bzw. Berufsausübungsregelungen ergeben (zB § 59a BRAO). Ferner können **interprofessionelle bzw. multidisziplinäre Zusammenschlüsse** zulässig sein.[7] Die Partnerschaftsgesellschaft ist eine **rechtsfähige Personengesellschaft,** § 7 Abs. 2 PartGG iVm § 124 Abs. 1 HGB, § 14 Abs. 2 BGB.

II. Name

6   Gemäß § 2 Abs. 1 PartGG muss der Name der Partnerschaft mindestens den Nachnamen eines Partners sowie die Berufsbezeichnungen aller in der Partnerschaft vertretenen Berufe und den Zusatz „und Partner", „Partnerschaft" oder die Abkürzung „Part" bzw.

---

[1] Anderenfalls ist zur Rechtsformvariante, der PartGmbB mit Haftungsbeschränkung, zu raten; → Rn. 35 ff.
[2] BT-Drs. 12/6152, 1.
[3] So auch *Eitelbuß* DStR 2018, 1568 (1569).
[4] *Lieder/Hoffmann* NZG 2019, 249.
[5] MWHLW/*Lenz* PartGG § 1 Rn. 19.
[6] MWHLW/*Schöne* PartGG § 1 Rn. 11.
[7] BVerfG NJW 2016, 700; *Henssler/Trottmann* NZG 2017, 241.

„PartG" enthalten. Da in einer Steuerberatungsgesellschaft iSd § 49 Abs. 1 StBerG nach § 50 Abs. 2 StBerG außer Steuerberatern auch andere freie Berufe, die zur Steuerberatung befugt sind, vertreten sein können, muss deren Berufsbezeichnung nicht zwingend im Namen der Partnerschaft aufgeführt werden.[8] **Doktortitel** sind aufgrund Gewohnheitsrechts in das Partnerschaftsregister eintragungsfähig.[9]

Die §§ 18 Abs. 2, 21, 22 Abs. 1, 23, 24, 30, 31 Abs. 2, 32 und 37 HGB sind nach § 2 **7** Abs. 2 PartGG entsprechend anzuwenden. Die **Fortführung** des bisherigen Namens kann wegen dem enthaltenen ideellen und materiellen Wert bei einer Änderung im Bestand der Partner zulässig sein. Nachträgliche Änderungen sind aber nur unter engen Voraussetzungen zulässig. Entweder muss die Veränderung im Interesse der Allgemeinheit notwendig oder wünschenswert sein (beispielsweise bei Erweiterung oder Einschränkung des Geschäftsumfangs, der Umbenennung des Firmensitzes oder einer Sitzverlegung) oder die Verhältnisse müssen sich inzwischen so geändert haben, dass eine Änderung der Firma vom Standpunkt des Firmeninhabers bei objektiver Beurteilung ein sachlich berechtigtes Anliegen ist, ohne dass jedoch Zweifel an der Identität der fortgeführten mit der bisherigen Firma aufkommen.[10] Erteilt ein namensgebender Partner die Zustimmung zur Namensfortführung nach seinem Ausscheiden, ein anderer später jedoch nicht, ist eine Neubildung der Firma unter Beibehaltung des Namens des zustimmenden Partners nicht möglich.[11] Ebenso ist eine Rückkehr zum Namen vor der Aufnahme des zuletzt ausgeschiedenen Gesellschafters nicht möglich, weil die Partnerschaft freiwillig den künftigen Bestandschutz gewählt habe.[12]

Bei Ausscheiden des promovierten Namensgebers einer Partnerschaft sind die verblei- **8** benden Partner bei Einwilligung des Ausgeschiedenen oder seiner Erben auch dann zur Fortführung (§ 24 Abs. 2 HGB) des bisherigen Namens der Partnerschaft mit dem Doktortitel des Ausgeschiedenen befugt, wenn keiner von ihnen promoviert hat.[13] In der Fortführung des Namens liegt nach Auffassung des BGH keine Gefahr der Irreführung (§ 18 Abs. 2 HGB), da den Partnern eine dem Doktortitel entsprechende Wertschätzung aufgrund eines Studiums, einer Ausbildung oder praktischer Erfahrung zugutekomme.[14]

Aus § 11 Abs. 1 S. 1 PartGG folgt zudem, dass es anderen Gesellschaftsformen (Perso- **9** nen- und Kapitalgesellschaften) untersagt ist, den Zusatz „Partnerschaft" oder „und Partner" zu führen. Damit sollen untechnische Verwendungen und die damit einhergehende Verwechslungsgefahr ausgeschlossen werden. Auch ähnliche Firmierungen sind von dieser Sperrwirkung umfasst, zB „+ Partner"[15], „& Partner(s)"[16] oder „Partners"[17]. In der Rechtsprechung machte lediglich das OLG München eine Ausnahme bei der Firma „GV-Partner GmbH & Co. KG", da es ein Kompositum mit eigenständiger Bedeutung sei.[18] Diese Entscheidung stellt allerdings einen Einzelfall dar.

III. Partnerschaftsvertrag

Der Partnerschaftsvertrag bedarf gemäß § 3 Abs. 1 PartGG der Schriftform. Ebenso be- **10** dürfen Änderungen des Partnerschaftsvertrages der Schriftform. Zwingender gesetzlich vorgeschriebener Inhalt ist nach § 3 Abs. 2 PartGG:

---

[8] OLG München NZG 2017, 64.
[9] BGH NZG 2017, 737 mAnm *Römermann* NZG 2017, 736.
[10] BGH NJW 1965, 1915 Rn. 15 ff. – Frankona; OLG Hamm NZG 2016, 1351.
[11] OLG Hamm FGPrax 2018, 259.
[12] OLG Hamm FGPrax 2018, 259.
[13] BGH NZG 2018, 900; NZG 2018, 1016; ZIP 2018, 1494.
[14] BGH NZG 2018, 900 f.; NZG 2018, 1016 (1018); ZIP 2018, 1494 (1496); krit. dazu *Römermann* EWiR 2018, 581 (582).
[15] BGHZ 135, 257.
[16] OLG Frankfurt a.M. NJW-RR 2006, 44.
[17] KG ZIP 2018, 1975.
[18] OLG München NZG 2007, 457.

1. Name und Sitz der Partnerschaft (§ 3 Abs. 2 Nr. 1 PartGG);
2. Namen und Vornamen sowie den in der Partnerschaft ausgeübten Beruf und Wohnort jedes Partners (§ 3 Abs. 2 Nr. 2 PartGG);
3. Gegenstand der Partnerschaft (§ 3 Abs. 2 Nr. 3 PartGG).

Muster: Partnerschaftsvertrag[19]

Siehe hierzu das Gesamtmuster → Rn. 51.

11   Das Rechtsverhältnis der Partner untereinander richtet sich im Wesentlichen nach dem Partnerschaftsvertrag gemäß § 6 Abs. 3 S. 1 PartGG. Vorrangig ist nach § 6 Abs. 1 PartGG das jeweils für den Partner geltende Berufsrecht, was insbesondere bei **interprofessionellen Partnerschaften** zu beachten ist. Außerdem ist natürlich zwingendes Gesetzesrecht bei der Gestaltung des Partnerschaftsvertrages zu berücksichtigen.[20] Enthält der Partnerschaftsvertrag keine Regelung, gelten ersatzweise die Vorschriften des HGB, auf die § 6 Abs. 3 S. 2 PartGG verweist, bzw. die Regelungen zur Gesellschaft bürgerlichen Rechts aufgrund der Verweisung des § 1 Abs. 4 PartGG.

12   Aufgrund der aktuellen Entscheidung des 1. Senats des BGH[21] (sog. „Schiedsfähigkeit III"-Beschluss), nach der die Mindestanforderungen an die Wirksamkeit von **Schiedsvereinbarungen** in Gesellschaftsverträgen, die für die GmbH entwickelt wurden[22], im Grundsatz auch für Personengesellschaften gelten, besteht eine große Unsicherheit hinsichtlich einfacher Schiedsabreden in Sozietätsverträgen. Etwaige Schiedsklauseln sollten vorsorglich überprüft und ggf. überarbeitet werden.

IV. Anmeldung

13   Die notariell zu beglaubigende Anmeldung ist beim Amtsgericht – Partnerschaftsregister[23] – in elektronischer Form (§ 5 Abs. 2 PartGG, § 12 Abs. 1 HGB, § 39a S. 2 BeurkG)[24] einzureichen, in dessen Bezirk die Partnerschaftsgesellschaft ihren Sitz hat, § 4 Abs. 1 S. 1 PartGG iVm § 106 Abs. 1 HGB. Die Anmeldung muss nicht von einem Notar gemäß § 378 Abs. 3 S. 1 FamFG auf ihre Eintragungsfähigkeit geprüft werden. Beinhalten muss die Anmeldung die Angaben nach § 3 Abs. 2 PartGG, das Geburtsdatum jedes Partners und die Vertretungsmacht der Partner.

Muster: Erstanmeldung einer Partnerschaft zur Eintragung in das Partnerschaftsregister

Siehe hierzu das Gesamtmuster → Rn. 52.

14   Nach § 4 Abs. 1 S. 1 PartGG iVm § 108 S. 1 HGB ist die Anmeldung der Partnerschaftsgesellschaft grundsätzlich von sämtlichen Partnern zu bewirken. Eine Stellvertretung ist jedoch auch bei der Partnerschaftsgesellschaft zulässig, da Anmeldungen zum Partnerschaftsregister nicht höchstpersönlicher Natur sind.[25] Aufgrund der Verweisung des § 5 Abs. 2 PartGG auf § 12 Abs. 1 S. 2 HGB muss die Vollmacht in öffentlich beglaubigter Form ausgestellt sein.[26]

---

[19] Weitere Muster finden sich unter anderem bei BeckOF Vertrag/*Giehl,* 46. Ed. (Stand: 1.9.2018), Form. 7.3.2.1; *Offermann-Burckart* AnwBl 2014, 488; Westermann/Wertenbruch/*Heckschen,* HdB Personengesellschaften, 65. EL (Stand: 6/2016), Teil V M 80.
[20] MWHLW/*Meilicke* PartGG § 6 Rn. 4.
[21] NZG 2017, 657.
[22] BGH NZG 2009, 620 – Schiedsfähigkeit II.
[23] Einzelheiten in der Partnerschaftsregisterverordnung – PRV.
[24] Einzelheiten bei *Krafka/Kühn* RegisterR Rn. 137 ff.
[25] MüKoBGB/*Schäfer* PartGG § 5 Rn. 7.
[26] DNotI-Gutachten v. 7.3.2018, Nr. 161984.

> **Praxishinweis:**
>
> Gerade bei Partnerschaften, die eine größere Anzahl von Gesellschaftern aufweisen, empfiehlt es sich, eine notariell beglaubigte Registervollmacht auf einzelne Partner zu erteilen, um spätere Anmeldungen zu erleichtern und nicht bei jeder Veränderung alle Partner den Gang zum Notar einschlagen müssen.

V. Haftung

Die **Außenhaftung** bei der Partnerschaftsgesellschaft regelt § 8 PartGG. Danach haften   15
die Partner neben der Gesellschaft grundsätzlich unbeschränkt und persönlich als Gesamtschuldner. Ebenso haften sog. „**Scheinpartner**" nach hM[27] gemäß § 8 Abs. 1 S. 1 PartGG.

Eine Ausnahme und einen Gegensatz zur GbR stellt § 8 Abs. 2 PartGG (**Haftungs-**   16
konzentration[28]) dar, nach welchem nur die Partner haften, die mit dem Mandat in tatsächlicher Hinsicht befasst waren.[29] Allerdings hat der BGH[30] diese Haftungserleichterung, die ein Wesensmerkmal der Partnerschaft darstellt, mit seiner Rechtsprechung konterkariert: Sobald neben dem Partner, der das Mandat führt, noch ein weiterer Partner – wenn auch nur geringfügig – in dem Mandat tätig wird, haftet auch dieser. Lediglich untergeordnete Beiträge, also Tätigkeiten, die keine inhaltliche Befassung und keine konkreten Sachentscheidungen innerhalb des Mandats erfordern, führen nicht zu einer Haftung. Diese vielfach kritisierte Rechtsprechung[31] führte zur Flucht in ausländische Rechtsformen wie die LLP. Der Gesetzgeber hat darauf mit der Einführung der Partnerschaftsgesellschaft mit beschränkter Berufshaftung reagiert.[32]

Partnerschaftsgesellschaften bzw. ihre Partner können die Haftung allerdings auch ver-   17
traglich beschränken. Eingeschränkt wird die **vertragliche Haftungsbegrenzung** bei Rechtsanwälten (§ 52 BRAO), Patentanwälten (§ 45b PAO), Steuerberatern (§ 67a StBerG) und Wirtschaftsprüfern (§ 54a WPO). § 8 Abs. 4 PartGG betrifft die Rechtsformvariante der PartGmbB.[33]

Eintretende Partner haften auch für **Altverbindlichkeiten** aufgrund des Verweises auf   18
§ 130 HGB.[34] Altverbindlichkeiten sind sämtliche Verbindlichkeiten aus Rechtsverhältnissen, die vor Eintritt in die Gesellschaft oder vor Übertragung des Gesellschaftsanteils auf den Neugesellschafter entstanden sind. Entstanden sind solche Verbindlichkeiten nach der fast einhelligen Auffassung der Rechtsprechung dann, wenn das Rechtsverhältnis, auf dem der Anspruch beruht, bereits vor dem Gesellschafterwechsel begründet war.

> **Praxishinweis:**
>
> Das heißt ein eintretender Partner haftet, sobald er mit der Bearbeitung eines Mandats betraut ist, auch für vor seinem Eintritt in die Partnerschaft begangene berufliche Fehler eines anderen mit dem Mandat befassten Partners, selbst wenn er die Fehler gar nicht mehr korrigieren kann[35] oder Art, Umfang bzw. Inhalt der Verbindlichkeiten nicht ge-

---

[27] *Fischer* S. 63 f.; Henssler/Strohn/*Hirtz* PartGG § 8 Rn. 14; MWHLW/*Graf v. Westphalen* PartGG § 8 Rn. 45.

[28] BeckHdB PersGes/*Lochmann* § 20 Rn. 94.

[29] Hierzu ausf. *Fischer* S. 66 ff.

[30] BGH NJW 2010, 1360.

[31] BGH DStR 2010, 463 mAnm *Schröder;* BGH EWiR 2010, 89 mAnm *Henssler; Jawansky* DB 2001, 2281 (2283).

[32] BR-Drs. 309/12, 13; → Rn. 35.

[33] Einzelheiten dazu → Rn. 39 ff.

[34] BGH NJW 2010, 1360.

[35] BGH NJW 2010, 1360; krit. MüKoBGB/*Schäfer* PartGG § 8 Rn. 32.

kannt hat.[36] Es bietet sich daher an, eine Freistellung im Innenverhältnis für solche Alt-verbindlichkeiten zu vereinbaren.[37]

19   Die **Nachhaftung** des ausgeschiedenen Partners richtet sich nach § 10 Abs. 2 Alt. 2 PartGG iVm § 160 Abs. 1 HGB. Ausscheidende (Senior)Partner haften demnach noch fünf Jahre für bis zu ihrem Ausscheiden begründete Verbindlichkeiten. Eine etwaige Ver-jährungshemmung, wie beispielsweise bei der Aufnahme von Verhandlungen der Partner-schaft mit einem Regressansprüche geltend machenden Mandanten, erstreckt sich nur auf diejenigen Partner, die der Partnerschaft zum Zeitpunkt der Hemmung angehören und erfasst damit nicht die Nachhaftung ausgeschiedener Partner.[38]

VI. Ausscheiden eines Partners

20 Ein Partner kann aus der Gesellschaft ausscheiden, ohne dass es zu deren Auflösung kommt. Im PartGG besonders geregelte **Ausscheidensgründe** sind der Verlust der erfor-derlichen Zulassung zu dem in der Partnerschaft ausgeübten Freien Beruf (§ 9 Abs. 3 PartGG) und der Tod eines Partners (§ 9 Abs. 4 S. 1 PartGG). Außerdem führen die in § 131 Abs. 3 HGB genannten Gründe mangels anderweitiger vertraglicher Regelungen zum Ausscheiden. Zur Haftung von ausgeschiedenen Partner → Rn. 19.

VII. Umwandlung

21 **1. Gesellschaft bürgerlichen Rechts.** Der Wechsel einer GbR in eine Partnerschaftsge-sellschaft kann nicht nach den Vorschriften des Umwandlungsgesetzes erfolgen, denn die GbR ist kein umwandlungsfähiger Rechtsträger. § 2 Abs. 2 Hs. 2 PartGG sieht aber eine solche „Umwandlung" ausdrücklich vor. Daher ist (fast) unbestritten[39], dass die GbR in eine Partnerschaft wechseln kann. Es handelt sich, um einen **identitätswahrenden Rechtsformwechsel.**[40] Hierfür muss der Gesellschaftsvertrag geändert bzw. angepasst und die Partnerschaftsgesellschaft in das Partnerschaftsregister eingetragen werden.[41] Die Pflicht der Anmeldung bezieht sich nur auf Tatsachen, die eintragungsfähig und -pflichtig sind.[42] Ein besonderes Problem hierbei stellt die Nachweisführung beim Grundbuchamt dar, wenn die GbR Eigentümer eines Grundstücks ist. In der Praxis bietet sich an, die Anmeldung der Partnerschaft mit dem Antrag auf Grundbuchberichtigung zu verbinden.

> **Muster: Anmeldung des Wechsels einer GbR in eine Partnerschaft (mbB) zur Eintragung in das Partnerschaftsregister inklusive Antrag auf Berichtigung beim Grundbuchamt**
> Siehe hierzu das Gesamtmuster → Rn. 53.

22   Für die Haftung[43] gelten die Ausführungen zum Wechsel in die PartGmbB entspre-chend (→ Rn. 25).

---

[36] MWHLW/*Graf v. Westphalen* PartGG § 8 Rn. 40.
[37] MWHLW/*Graf v. Westphalen* PartGG § 8 Rn. 47.
[38] *Offermann-Burckart* AnwBl 2014, 366 (374).
[39] BT-Drs. 12/6152, 9; *Meyer* S. 179 f.; MWHLW/*Meilicke* PartGG § 7 Rn. 36; MüKoBGB/*Schäfer* PartGG § 1 Rn. 31; *Offermann-Burckart* AnwBl 2014, 366 (385); *Walzhölz* DStR 2013, 2637 (2340).
[40] Diese Möglichkeit bejahte das OLG Hamm ZIP 2019, 661 nun auch für den Rechtsformwechsel einer KG in eine PartG.
[41] Muster → Rn. 53.
[42] *Zöbeley* RNotZ 2017, 341 (345); *Wollweber* DStR 2014, 1926 (1931); *Wälzholz* DStR 2013, 2637 (2640).
[43] Ausf. dazu *Sommer/Treptow/Dietlmeier* NJW 2011, 2551.

2. UmwG. An Verschmelzungen können Partnerschaftsgesellschaften gemäß § 3 Abs. 1 **23** Nr. 1 Alt. 2 UmwG als übertragende, übernehmende oder neue Rechtsträger beteiligt sein. Besondere Regelungen für Verschmelzungen unter Beteiligung von Partnerschaftsgesellschaften finden sich in den §§ 45a ff. UmwG (→ § 24 Rn. 99a; → § 24 Rn. 230).

Nach § 124 Abs. 1 UmwG ist die Partnerschaftsgesellschaft auch ein spaltungsfähiger **24** Rechtsträger (→ § 24 Rn. 155 ff.; → § 24 Rn. 240).

Des Weiteren kann die Partnerschaftsgesellschaft formwechselnder Rechtsträger sein **25** (§ 191 Abs. 1 Nr. 1 Alt. 2 UmwG), wobei jedoch nur in eine Kapitalgesellschaft oder eingetragene Genossenschaft gemäß § 225a UmwG gewechselt werden kann. Außerdem kann die Partnerschaftsgesellschaft Zielrechtsträger eines Formwechsels sein, § 191 Abs. 2 Nr. 2 Alt. 2 UmwG (zum Formwechsel einer GmbH in Partnerschaftsgesellschaft → § 24 Rn. 195b).

3. Limited Liability Partnership (LLP). Insbesondere wegen des Brexits und den dar- **26** aus folgenden Unsicherheiten (zur Problematik → § 24 Rn. 203b) ist ein Wechsel aus der LLP in eine Partnerschaftsgesellschaft sehr zu empfehlen. Zur Rückführung des Vermögens nach Deutschland kommen grundsätzlich fünf Wege (Einzelrechtsnachfolge, Anwachsung über die Grenze, grenzüberschreitende Verschmelzung, Abspaltung des deutschen Inlandvermögens, grenzüberschreitende Sitzverlegung)[44] in Betracht, die im Folgenden kurz dargestellt werden sollen.

a) Einzelrechtsnachfolge/Asset Deal. Die erste Möglichkeit der Rückführung besteht **27** in der Einzelrechtsnachfolge, dem sog. Asset Deal. Dazu wird zunächst in Deutschland eine PartG (mbB) gegründet und angemeldet. Sodann werden alle Aktiva und Passiva der LLP auf die deutsche PartG (mbB) übertragen. Die LLP ist im letzten Schritt zu liquidieren und im Vereinigten Königreich zu löschen. Vorteil dieser Gestaltung ist, dass dies nach geltendem Recht unproblematisch möglich ist. Nachteile sind jedoch zum einen der schwierige letzte Schritt, der nicht vollzogen werden kann, solange noch Ansprüche gegen die LLP im Vereinigten Königreich geltend gemacht werden können, und dass die Übertragung der Rechtsverhältnisse von der Zustimmung Dritter abhängig ist. Das Verfahren ist zudem insgesamt sehr aufwendig und stille Reserven können aufgedeckt werden.[45] Zuletzt überzeugt die Möglichkeit auch nicht aus steuerrechtlicher Sicht.[46]

b) Anwachsung über die Grenze. Bei der Anwachsung über die Grenze[47] ist ebenso **28** eine deutsche PartG (mbB) zu gründen und anzumelden, welche der LLP als Partner beitritt. Danach treten alle anderen Partner aus der LLP aus, sodass das Vermögen der deutschen PartG (mbB) anwächst. Hier gehen die Rechtsverhältnisse ohne Zustimmung der Dritten per Gesamtrechtsnachfolge über. Die Zulässigkeit dieser Vorgehensweise hängt vom englischen Recht ab, das die Beteiligung einer Partnerschaft an einer LLP gestatten muss.[48] Aus der Praxis ist jedoch nicht bekannt, dass ein solches Verfahren bisher tatsächlich erfolgreich durchgeführt wurde.

c) Grenzüberschreitende Verschmelzung. Die grenzüberschreitende Verschmelzung **29** ist derzeit nur von Kapitalgesellschaften nach §§ 122a ff. UmwG gesetzlich geregelt.[49] Aus

---

[44] Zusammenfassende Darstellung: *Heckschen* NotBZ 2018, 81 (88 f.) und DNotV, Stellungnahme v. 14. 3. 2012, S. 3 ff.

[45] *Teichmann/Knaier* IWRZ 2016, 243 (246).

[46] *Zwirlein/Großerichter/Gätsch* NZG 2017, 1041 (1043).

[47] Einzelheiten *Zwirlein/Großerichter/Gätsch* NZG 2017, 1041 (1045); *Hoger/Lieder* ZHR 2016, 613 (639 f.); Empfehlung von *Zöbeley* RNotZ 2017, 341 (348).

[48] Andersherum wäre dies nicht möglich, da an einer PartG nur natürlich Personen beteiligt sein können (§ 1 Abs. 1 S. 3 PartGG).

[49] Zum Verfahren → § 24 Rn. 154.

Art. 49 AEUV iVm Art. 54 AEUV und dem EuGH-Urteil vom 13.12.2005[50] in der Rechtssache „Sevic" kann jedoch die Möglichkeit der grenzüberschreitenden Verschmelzung der LLP in eine PartG (mbB) hergeleitet werden, da das nationale Recht die Verschmelzung auf eine PartG (mbB) vorsieht, §§ 45a ff. UmwG. Die Rechtslage hat sich auch nicht durch das am 1.1.2019 in Kraft getretene „Vierte Gesetz zur Änderung des Umwandlungsgesetzes" geändert, denn dieses erweitert lediglich den Kreis der aufnehmenden Rechtsträger (hierzu → § 24 Rn. 10).[51] Voraussichtlich wird das Companies House ab dem Austritt des Vereinigten Königreichs aus der EU ohnehin die grenzüberschreitende Verschmelzung nicht mehr zulassen. Des Weiteren ist der Kostenaufwand enorm und es handelt es sich um einen steuerrechtlich relevanten Vorgang.[52]

30 **d) Abspaltung des deutschen Inlandvermögens.** Bei diesem gangbaren Weg wird das gesamte in Deutschland befindliche Vermögen der LLP zur Aufnahme auf eine gegründete PartG (mbB) abgespalten.[53] Die LLP muss hiernach wiederum liquidiert werden. Auch dieses Verfahren ist zwar nicht gesetzlich geregelt, aber sollte wie bei der grenzüberschreitenden Verschmelzung aufgrund des „Sevic"-Urteils zulässig sein.[54] Des Weiteren ist diese Verfahrensweise äußerst zeitintensiv.

31 **e) Grenzüberschreitende Sitzverlegung.** Einer LLP müsste es unter Berufung auf die Niederlassungsfreiheit nach Art. 54 AEUV möglich sein, identitätswahrend ihren Sitz nach Deutschland unter Wechsel in eine PartG (mbB) zu verlegen.[55] Das Companies House des Vereinigten Königreichs hält einen solchen grenzüberschreitenden Formwechsel für unzulässig.[56] Folglich ist der vorteilhafteste Weg derzeit[57] nicht einschlägbar.

VIII. Auflösung/Liquidation

32 Durch Verweis des § 9 Abs. 1 PartGG auf § 131 Abs. 1 HGB gelten die dort genannten **Auflösungsgründe** auch für die Partnerschaftsgesellschaft. Einen weiteren Auflösungsgrund stellt das Ausscheiden eines Partners (→ Rn. 20) aus einer zweigliedrigen Partnerschaft dar. Der verbliebene Partner wird sodann Gesamtrechtsnachfolger.[58] Darüber hinaus können weitere Gründe, die zur Auflösung der Partnerschaft führen, im Partnerschaftsvertrag geregelt werden.

33 Die Auflösung ist von sämtlichen Partnern zur Eintragung in das Partnerschaftsregister anzumelden, § 143 Abs. 1 S. 1 HGB. Ab Eintragung beginnt die fünfjährige Sonderverjährung nach § 10 Abs. 2 PartGG iVm § 159 HGB.

34 Mit der Auflösung transformiert sich die Partnerschaft von einer werbenden Gesellschaft zu einer **Abwicklungsgesellschaft.**[59] Gemäß § 10 Abs. 1 PartGG kommen grundsätzlich die Vorschriften über die OHG (§§ 145−158 HGB) zur Anwendung.[60] Bei Bestellung der Liquidatoren sind besondere berufsrechtliche Regelungen, wie beispielsweise § 55 Abs. 1 S. 1 BRAO, § 70 Abs. 1 S. 1 StBerG, zu beachten. Die Liquidatoren und ihre Vertretungsmacht sind wiederum durch sämtliche Partner zur Eintragung ins Partnerschaftsregister anzumelden. Mit Schlussverteilung nach dem Verhältnis der Kapital-

---

[50] Vgl. EuGH DNotZ 2006, 210 – SEVIC.
[51] Stellungnahme des DNotV v. 18.9.2018, C.I; aA *Wolff* GmbHR 2019, 52 ff.
[52] *Zwirlein/Großerichter/Gätsch* NZG 2017, 1041 (1044).
[53] Zur Namensfortführung OLG Hamm DStR 2017, 1211 und DStR 2017, 1231.
[54] Widmann/Mayer/*Heckschen* UmwG vor §§ 122a ff. Rn. 96.
[55] Aufgrund der EuGH Rechtsprechung in den Sachen „Cartesio" (GmbHR 2009, 86), „Vale" (NJW 2012, 2715) und „Polbud" (ZIP 2017, 2145).
[56] Einzelheiten dazu → § 24 Rn. 203, 203b.
[57] Dies könnte sich durch das sog. „Company law package" ändern, hierzu → § 24 Rn. 10a.
[58] Henssler/Strohn/*Hirtz* PartGG § 9 Rn. 28.
[59] Peres/Senft/*Posegga* Sozietätsrecht § 18 Rn. 3.
[60] Andere Art der Auseinandersetzung nach § 158 HGB möglich, BGH NJW 2009, 2205.

anteile unter den Partnern ist die Liquidation beendet und das Erlöschen der Partnerschaft zur Eintragung im Partnerschaftsregister von den Liquidatoren anzumelden.

Praxishinweis Steuern:

Steuerlich ist die Partnerschaftsgesellschaft – in der klassischen Form oder mit beschränkter Berufshaftung – eine Mitunternehmerschaft zur Erzielung von Einkünften aus selbständiger Arbeit (freiberufliche Tätigkeit) der Partner, vgl. §§ 18 Abs. 4 S. 2, 15 Abs. 1 S. 1 Nr. 2 EStG. § 15a EStG findet auf beide Formen der Partnerschaftsgesellschaft keine Anwendung, da die Haftung der Partner nicht allgemein, sondern nur für bestimmte Verbindlichkeiten beschränkt ist.[61]

Maßgeblich für die Abgrenzung zwischen gewerblichen und selbständigen Tätigkeiten ist allerdings nicht die Eintragung in das Partnerschaftsregister, sondern die tatsächliche Tätigkeit der Partner.[62] Eine auch nur teilweise gewerbliche Betätigung führt dabei gemäß § 15 Abs. 3 Nr. 1 EStG zur „Abfärbung", wonach die Einkünfte der Mitunternehmerschaft insgesamt als gewerbliche Einkünfte eingeordnet werden; die Partnerschaftsgesellschaft unterliegt dann als solche der Gewerbesteuerpflicht.[63] Dieselbe Rechtsfolge tritt auch ein, wenn an der Partnerschaft ein Berufsfremder beteiligt ist.[64]

B. Die Partnerschaftsgesellschaft mit beschränkter Berufshaftung

I. Allgemeines

Am 19.7.2013 trat das Gesetz zur Einführung einer Partnerschaftsgesellschaft mit beschränkter Berufshaftung und zur Änderung des Berufsrechts der Rechtsanwälte, Patentanwälte, Steuerberater und Wirtschaftsprüfer in Kraft.[65] Seither können Freiberufler die Rechtsform einer **Partnerschaftsgesellschaft mit beschränkter Berufshaftung** (PartGmbB oder PartG mbB) nutzen. Laut Gesetzesbegründung sollte so dem Trend zum Wechsel in die LLP nach englischem Recht entgegengewirkt werden.[66] Die Zahlen belegen den Erfolg, denn die Rechtsformvariante findet großen Zuspruch in der Praxis und die Zahl der LLPs ist mittlerweile verschwindend gering.[67] Zum Stichtag 31.12.2018 waren ca. 45% der im Partnerschaftsregister eingetragenen Partnerschaften in Form der PartGmbB organisiert.[68] **35**

Die PartGmbB ist keine eigene Rechtsform, sie stellt lediglich eine **Rechtsformvariante** der Partnerschaftsgesellschaft dar.[69] Sie besticht durch die Kombination aus den **Vorteilen** der Kapitalgesellschaft (Haftungsbeschränkung) mit denen der Personengesellschaft (Bilanzierung, Besteuerung, Publizitätserfordernisse, Stammkapital). Unter der Prämisse, dass die GmbH & Co. KG nicht weiter[70] für die freien Berufe eröffnet wird[71], ist die PartGmbB eine attraktive Alternative zu den bisherigen Gesellschaftsformen.[72] Grund- **36**

---

[61] Verfügung OFD Niedersachsen S 2000–103-St221/St222 v. 26.10.2015, StEK EStG § 15 Nr. 462 (676) (Lfg. 9/2017).

[62] *Siepmann* FR 1995, 601; vgl. etwa BFH DStR 2009, 421 zum Fall einer Partnerschaftsgesellschaft als „Holding" einer Gruppe von Ingenieurgesellschaften.

[63] Herrmann/Heuer/Raupach/*Brandt* EStG § 18 Rn. 442; zu den Grenzbereichen vgl. Herrmann/Heuer/Raupach/*Stapperfend* EStG § 15 Rn. 1426; Lenski/Steinberg/*Keß* GewStG § 2 Rn. 2280.

[64] Herrmann/Heuer/Raupach/*Brandt* EStG § 18 Rn. 445.

[65] BGBl. 2013 I 2386.

[66] BR-Drs. 309/12, 13.

[67] *Lieder/Hoffmann* NJW-aktuell 12/18, 15.

[68] *Lieder/Hoffmann* NZG 2019, 249.

[69] OLG Nürnberg NZG 2014, 422.

[70] Bisher nur zulässig für Steuerberater und Wirtschaftsprüfer laut BGHZ 202, 92.

[71] Befürwortend 71. Deutscher Juristentag, Essen 2016; hierzu allgemein auch *Westermann* NZG 2019, 1.

[72] *Heckschen* NotBZ 2018, 81 (86).

sätzlich bestehen für PartGmbB die gleichen Anforderungen wie für eine Partnerschaft, die folgenden Besonderheiten stellen die Ausnahmen zu diesem Grundsatz dar.

II. Besonderheiten

37 **1. Namenszusatz.** Im Namen der PartGmbB ist als Hinweis auf die Haftungsbeschränkung der Zusatz „mit beschränkter Berufshaftung" oder die Abkürzung „mbB" bzw. eine andere allgemein verständliche Abkürzung dieser Bezeichnung aufzunehmen und in das Partnerschaftsregister eintragen zu lassen. Dies dient dem Schutz des Rechtsverkehrs, denn es soll den Mandanten klar vor Augen geführt werden, dass im Gegensatz zur Partnerschaftsgesellschaft keiner der Partner für Berufsfehler persönlich haftet. Die Abkürzung „mbH" im Namen ist dagegen nicht zulässig, weil sie zu weit ginge und den Rechtsverkehr dahingehend täuschen würde, dass die Haftung der Partnerschaftsgesellschaft allgemein beschränkt sei, also auch auf nicht auf Berufsfehlern beruhende Ansprüche.[73]

38 Der **Namenszusatz** ist zum Partnerschaftsregister anzumelden (§ 4 Abs. 1 S. 2 PartGG iVm § 3 Abs. 2 Nr. 1 PartGG) und damit greift nach einer Ansicht die Haftungsbeschränkung erst ab Eintragung entsprechend § 15 Abs. 1 HGB über § 5 Abs. 2 PartGG.[74] Nach anderer Ansicht ist es ausreichend, dass der Namenszusatz im Rechtsverkehr geführt wird und die Mandanten vor Vertragsschluss einen Hinweis erhalten, denn dann fehle es an der Unkenntnis iSv § 15 Abs. 1 HGB.[75] Schließlich wird sogar vertreten, dass die Registereintragung rein deklaratorische Wirkung habe und die Gesellschaftsgläubiger stattdessen durch andere Sanktionen (Amtslöschung, Anfechtung des Rechtsgeschäfts)[76] geschützt seien.[77] Für die letztgenannte Ansicht spricht der Gesetzeswortlaut des § 8 Abs. 4 PartGG, der lediglich das Unterhalten einer Berufshaftpflichtversicherung vorgibt.

39 **2. Haftungsbeschränkung.** Die Haftungsbeschränkung ist eine freiwillige Option der PartG, mit welcher die Haftung auf das Gesellschaftsvermögen für Verbindlichkeiten der Partnerschaft aus Schäden wegen **fehlerhafter Berufsausübung** beschränkt werden kann. Diese gesetzliche, **partielle Haftungsbeschränkung** ist einzigartig im deutschen Recht. Für alle anderen Verbindlichkeiten der Gesellschaft (zB aus Miet-, Leasing- oder Arbeitsverträgen) bleibt es jedoch bei der persönlichen Haftung nach § 8 Abs. 1 S. 1 PartGG.[78] Dies stellt im Rechtsvergleich zur GmbH oder zur LLP einen **Nachteil** dar. Die Haftungsbeschränkung greift ebenso nicht, wenn einzelne Partner neben ihrer Tätigkeit in der Partnerschaft Mandate oder Aufträge im eigenen Namen annehmen, oder deliktische Ansprüche, die sich gegen den handelnden Partner unmittelbar richten.[79]

40 Völlig ungeklärt und strittig ist unterdessen, ab wann die partielle Haftungsbeschränkung eingreift, wenn sich eine GbR bzw. „einfache" Partnerschaftsgesellschaft in eine PartGmbB umstrukturiert. Der Gesetzgeber hat unglücklicherweise für diese Fälle keine Überleitungsvorschriften vorgesehen. Für **Neumandate** ist insoweit klar, dass die Haftungsbeschränkung in jedem Fall (dazu → Rn. 38) ab Eintragung im Partnerschaftsregister Anwendung findet. Des Weiteren besteht die Möglichkeit, mit den bisherigen Klienten entweder eine Überleitung zu vereinbaren oder neue Verträge abzuschließen. Was hingegen für die übrigen bereits bestehenden Mandate gilt, ist umstritten. Nach wohl überwiegender Ansicht, die sich vor allem auf die BGH-Rechtsprechung stützt, gilt das alte Haftungsregime fort, das heißt jeder Partner, der in das Mandat einbezogen war, haftet

---

[73] BR-Drs. 309/12, 14.
[74] *Offermann-Burckart* AnwBl 2014, 474 (476) mwN.
[75] *Zöbeley* RNotZ 2017, 341 (346) mwN.
[76] Hierzu ausf. *Lieder* NotBZ 2014, 128 ff.
[77] *Heckschen* NotBZ 2018, 81 (82 f.); *Lieder/Hoffmann* NJW 2015, 897 (898).
[78] *Leitzen* DNotZ 2013, 596; *Schumacher* NZG 2015, 379.
[79] BR-Drs. 309/12, 13.

gemäß § 8 Abs. 1 S. 1 PartGG.[80] Verwiesen wird dabei auf § 224 UmwG.[81] Die Gegenansicht[82], die auf den **Zeitpunkt der Pflichtverletzung** abstellt, ist überzeugender, da eine derartige Gläubigerprivilegierung nicht gerechtfertigt erscheint. Folgt man der insoweit gefestigten Rechtsprechung und Lehre ist zumindest die **Haftung für Altverbindlichkeiten** auf fünf Jahre analog § 10 Abs. 2 PartGG iVm § 160 Abs. 1 HGB zu begrenzen.[83]

Ist die Haftung wegen Berufsausübungsfehlern wirksam beschränkt, besteht bei der **41** PartGmbB allerdings kein **Kapitalerhaltungsgebot** analog §§ 30, 31 GmbHG. Selbst bei geltend gemachten Versicherungsansprüchen können die Partner also das haftende Gesellschaftsvermögen immer noch antasten. Außerdem ist die gesamtschuldnerische Haftung der Partner gänzlich ausgeschlossen, das heißt selbst in den Fällen, in welchen die Versicherung nicht für den Schaden eintritt, weil der Versicherungsnehmer eine vertragliche Obliegenheit gemäß § 28 VVG verletzt hat oder mit einer Prämienzahlung nach §§ 37 f. VVG in Verzug ist oder sogar die gesetzlich vorgeschriebene Versicherungssumme überschritten ist, haften die Partner nicht.

Verletzt ein Partner seine Pflichten gegenüber der Gesellschaft, etwa durch vorsätzliches **42** oder fahrlässiges Handeln, haftet zunächst das Gesellschaftsvermögen. Der Partnerschaftsgesellschaft steht jedoch grundsätzlich ein Schadenersatzanspruch aus § 280 BGB iVm § 780 BGB gegen den pflichtwidrig handelnden Partner zu, wenn die Versicherung nicht zahlt oder die Versicherungssumme überschritten wird. Dieser **Innenregressanspruch**[84] ist auch durch die ausfallenden Gläubiger pfändbar.[85]

Praxishinweis:

Empfohlen wird daher, die Haftung wegen Fahrlässigkeit im Gesellschaftsvertrag auszuschließen.[86] Ein Teil der Literatur geht davon aus, dass die Partner mit der Wahl für die PartGmbB den Ausschluss von Innenregeressansprüchen konkludent vereinbart hätten.[87] In der Praxis sollte aus Rechtssicherheitsgründen zum ersten Weg geraten werden. Die Haftung wegen Vorsatzes kann aufgrund des § 276 Abs. 3 BGB nicht ausgeschlossen werden.

---

3. Berufshaftpflichtversicherung. Einzige notwendige Voraussetzung[88] für die Eintra- **43** gung der PartGmbB ist, dass eine Haftpflichtversicherung abgeschlossen wird, die das Berufsrecht aber explizit vorsehen muss, § 8 Abs. 4 PartGG. Bundesrechtlich enthalten die folgenden Gesetze eine solche Regelung: Bundesrechtsanwaltsordnung, § 51a BRAO; Steuerberatungsgesetz, § 67 StBerG; Gesetz über eine Berufsordnung der Wirtschaftsprüfer, § 54 WPO; Patentanwaltsordnung, § 45a PAO. Des Weiteren sehen auch Landesgesetze für bestimmte Berufsgruppen eine entsprechende Regelung vor. So haben inzwischen alle Landesgesetzgeber die PartGmbB als berufsständisch zulässig für Architekten und beratende Ingenieure geregelt.[89] Die Bundesländer Bayern und Niedersachsen sehen als bisher einzige Bundesländer die erforderliche spezifische Haftpflichtversicherung auch für Angehörige von Heilberufen vor. Für alle anderen freien Berufe gilt: Solange keine **bundes- oder landes-**

---

[80] MWHLW/*Graf v. Westphalen* PartGG § 8 Rn. 162 mwN.
[81] MWHLW/*Graf v. Westphalen* PartGG § 8 Rn. 162.
[82] *Heckschen* NotBZ 2018, 81 (87); Henssler/Strohn/*Hirtz* PartGG § 8 Rn. 42; MüKoBGB/*Schäfer* PartGG § 8 Rn. 16a.
[83] So auch *Meyer* S. 177 f.; MWHLW/*Graf v. Westphalen* PartGG § 8 Rn. 163.
[84] Vertiefend zur Innenhaftung *Wertenbruch* NZG 2013, 1006.
[85] *Meyer* S. 119.
[86] *Meyer* S. 120; *Offermann-Burckart* AnwBl 2014, 474 (479).
[87] So zB *Wertenbruch* NZG 2013, 1006 (1008).
[88] Es empfiehlt sich dennoch, beim Übergang von der „einfachen" PartG oder der GbR den Gesellschaftsvertrag anzupassen.
[89] Eine Übersicht bietet *Heckschen* NotBZ 2018, 81 f.

gesetzliche Regelung zur Haftpflichtversicherung iSd § 8 Abs. 4 PartGG eingeführt wird, können diese nicht Partner einer PartGmbB sein, selbst wenn sie sich freiwillig versichern.[90]

44   Fraglich ist indes, ob eine **satzungsrechtliche Verpflichtung** zum Abschluss einer Haftpflichtversicherung ausreicht. So gibt es zB für hauptberufliche Sachverständige keine Berufsordnung, teilweise schreiben die zuständigen Industrie- und Handelskammern[91] allerdings eine Haftpflichtversicherung zwingend vor. Grundsätzlich sind nach Art. 2 EGBGB autonome Satzungen einer Körperschaft des öffentlichen Rechts Gesetze im Sinne des BGB. Dem entgegenzusetzen ist zum einen, dass es so zu Divergenzen innerhalb eines Landes kommen könnte. Zum anderen spricht die Gesetzesbegründung konkret von einem Parlamentsvorbehalt[92], sodass wohl eine Verpflichtung zum Abschluss einer Berufshaftpflichtversicherung per Satzung nicht iSd § 8 Abs. 4 PartGG genügt.

45   Bei **interprofessionellen/multidisziplinären Partnerschaften** ergeben sich entsprechend allgemeiner berufsrechtlicher Grundsätze, dass im Falle unterschiedlicher berufsrechtlicher Anforderungen das strengste Berufsrecht anzuwenden ist.[93]

46   Ein besonderes Problem stellt der **Scheinsozius** bei der gesetzlichen Mindestversicherungssumme dar, wenn diese sich, wie bei Rechts-, Patentanwälten oder Steuerberatern, je nach Anzahl der eingetragenen Partner steigert. Müsste man Scheinpartner hier mitberücksichtigen, hätte dies zur Folge, dass die durch die Partner abgeschlossene Versicherung nicht mehr die gesetzlichen Voraussetzungen erfüllen und damit das Haftungsprivileg der PartGmbB entfallen würde. Die Versicherungen haben bereits auf die aufgetretene Problematik reagiert und bieten Policen an, die Scheinpartner berücksichtigen bzw. die Partnerschaften verpflichten, alle bei ihr Beschäftigten mitzuversichern.

47   **4. Register(anmeldung).** Da die PartGmbB keine eigenständige Rechtsform darstellt, ist in Spalte 4 Buchstabe a „Rechtform" des Partnerschaftsregisters[94] nur die Bezeichnung „Partnerschaft" ohne den Zusatz „mit beschränkter Berufshaftung" einzutragen.[95] Die Haftungsbeschränkung ergibt sich folglich aus Spalte 2 Buchstabe a des Partnerschaftsregisters[96], dem Namen der Partnerschaft.

48   Gemäß § 4 Abs. 3 PartGG ist der Anmeldung einer PartGmbB zusätzlich eine **Versicherungsbescheinigung,** die gemäß § 113 Abs. 2 VVG die Versicherungssumme und die der Versicherung zugrunde liegende berufsrechtliche Rechtsvorschrift enthalten muss, beizufügen. Das Registergericht prüft lediglich die gesetzliche Grundlage der berufsrechtlichen Versicherung und ob die vorgeschriebene Mindestversicherungssumme insoweit eingehalten wurde. Im Einzelfall kann es ratsam sein, die beabsichtigte Versicherungspolice bzw. -bescheinigung durch die zuständige Berufskammer auf ihre Eignung im Sinne der gesetzlichen Anforderungen überprüfen zu lassen, bevor sie dem Registergericht vorgelegt wird.[97]

49   Falls ein Partner einer Berufsgruppe angehören sollte, welcher mangels ausdrücklicher Anordnung im Berufsrecht die PartGmbB verwehrt ist, wird das Registergericht keine Eintragung vornehmen. Die anmeldungsberechtigten Partner werden dann aufgefordert, den Eintragungsantrag auf eine reguläre PartG umzustellen, ansonsten wird der Eintragungsantrag zurückgewiesen.[98]

---

[90] So OLG Hamm BeckRS 2014, 119015 und OLG Zweibrücken BeckRS 2016, 274 für Ingenieure, als noch keine gesetzliche, zwingende Haftpflichtversicherung vorgesehen war; OLG Hamm BeckRS 2015, 18700 und OLG Celle BeckRS 2016, 14527 für „einfache" Ingenieure.
[91] Wie zB IHK Dresden in § 15 Abs. 2 SVO.
[92] BR-Drs. 309/12, 14.
[93] OLG Hamm NZG 2016, 73 (74); mit Fallbeispielen *Gladys* DStR 2012, 2249 (2252).
[94] Anlage 1 PRV.
[95] OLG Nürnberg NZG 2014, 422.
[96] Anlage 1 PRV.
[97] *Leitzen* DNotZ 2013, 596 (601).
[98] *Lieder/Hoffman* NZG 2014, 127 (129).

5. Insolvenzantragspflicht. Gemäß § 15a Abs. 1 S. 2 InsO besteht bei einer Gesellschaft **50**
„ohne Rechtspersönlichkeit, bei der kein persönlich haftender Gesellschafter eine natürliche Person ist" die Insolvenzantragspflicht. Nach hM[99] besteht für die PartGmbB keine
Insolvenzantragspflicht, während teilweise vertreten wird, dass eine solche Pflicht bestehe,
da für Ansprüche fehlerhafter Berufsausübung kein Partner persönlich hafte.[100]

C. Gesamtmuster

I. Partnerschaftsvertrag

Gesellschaftsvertrag der **51**
*** Partnerschaft [*ggf.:* mbB] ◯

§ 1. Gegenstand, Firma und Sitz der Partnerschaft
(1) Gegenstand der Partnerschaft ist die gemeinsame Berufsausübung als ***.
(2) Die Partnerschaft ist zu allen Handlungen berechtigt, die unmittelbar oder mittelbar
diesem Zweck zu dienen geeignet sind. Sie kann Zweigniederlassungen im In- und
Ausland errichten.
(3) Die Firma der Partnerschaft lautet: ***.
Dieser Name kann nach Ausscheiden eines Partners weitergeführt werden. Ein Widerspruch des ausscheidenden Partners ist nur aus wichtigem Grund zulässig. Das
Widerspruchsrecht ist unvererblich.
(4) Sitz der Gesellschaft ist ***.

§ 2. Beginn, Dauer und Geschäftsjahr
(1) Mit der Eintragung in das Partnerschaftsregister beginnt die Partnerschaft.
(2) Die Errichtung der Partnerschaft erfolgt auf unbestimmte Zeit.
(3) Das Geschäftsjahr ist das Kalenderjahr.

§ 3. Gesellschafter, Anteile, Einlagen und Kündigungsrecht
(1) Partner sind:
a) *** *[Name, Vorname, Beruf, Geburtsdatum, Wohnort]*,
b) *** *[Name, Vorname, Beruf, Geburtsdatum, Wohnort]*,
c) *** *[Name, Vorname, Beruf, Geburtsdatum, Wohnort]*.
(2) Die Partner sind zu gleichen Teilen an der Partnerschaft beteiligt.
(3) Die Partner stellen der Gesellschaft ihre ganze Arbeitskraft zur Verfügung. Nebentätigkeiten sind ausschließlich mit Zustimmung aller Partner zulässig.
(4) Jeder Partner hat eine sofortige Bareinlage in Höhe von *** EUR zu leisten.
(5) Die Partner bringen zudem die in der Anlage *** aufgeführten Gegenstände in die
Partnerschaft ein.
(6) Jedem Partner steht das gesetzliche Kündigungsrecht mit der Einschränkung zu, dass
erstmalig mit Wirkung zum *** ordentlich gekündigt werden kann.
(7) Die Aufnahme neuer Partner sowie die Übertragung der Beteiligung bedürfen der
Zustimmung aller Partner.
(8) Auf Briefbögen, Verlautbarungen jeder Art und der Homepage werden nur die Partner als solche dargestellt. Angestellte und Mitarbeiter werden stets Dritten gegenüber als solche kenntlich gemacht.

§ 4. Partnerkonten
(1) Die Gesellschaft führt ein gemeinsames Festkapitalkonto und für jeden Gesellschafter ein variables Kapitalkonto.
(2) Auf dem Festkapitalkonto werden die nach § 3 Abs. 4 von den Partnern geschuldeten Einlagen gebucht.

---

[99] Vertiefend *Meyer* S. 191 ff.
[100] Vertiefend *Klose* GmbHR 2013, 1191.

(3) Auf dem variablen Kapitalkonto werden die Gewinnanteile und Tätigkeitsvergütungen sowie alle weiteren Geschäftsvorteile gutgeschrieben und die Verlustanteile und Entnahmen abgeschrieben.

§ 5. Geschäftsführung, Vertretung und Beschlussfassungen

(1) Zur Führung und Erbringung der beruflichen Geschäfte ist jeder Partner allein berechtigt und verpflichtet. Dabei hat jeder Partner die Interessen der Partnerschaft, der anderen Partner und der Mandanten zu berücksichtigen.

(2) Sonstige Geschäfte werden, soweit im Gesetz oder diesem Partnerschaftsvertrag nichts anderes bestimmt ist, mit einfacher Mehrheit der zur Abstimmung berechtigten Partner beschlossen.
[*Alt.:* Sonstige Geschäfte führt – vorbehaltlich der folgenden Regelungen – alleine der Partner ***, stellvertretend ***.]

(3) Der Zustimmung aller Partner bedürfen Geschäfte, die über den gewöhnlichen Geschäftsbetrieb hinausgehen. Dazu zählen insbesondere folgende Maßnahmen:
   a) Änderung des Gesellschaftsvertrages;
   b) Aufnahme von Gesellschaftern;
   c) Verfügung (Übertragung, Belastung) über einzelne Partnerschaftsanteile;
   d) Einstellung und Entlassung von Mitarbeitern;
   e) Umwandlung der Rechtsform der Gesellschaft und sonstige Strukturmaßnahmen;
   f) Erwerb, Veräußerung, Belastung von Grundstücken oder grundstücksgleichen Rechten;
   g) Abschluss oder Beendigung von Mietverträgen über Betriebsräume;
   h) Auflösung der Gesellschaft.

(4) Beschlüsse werden in der Partnerschaftsversammlung gefasst. Diese ist beschlussfähig, wenn die zur Beschlussfassung erforderliche Partnerzahl anwesend ist, es müssen jedoch mindestens *** Partner anwesend sein. Ist das Mindestquorum nicht erreicht, ist eine neue Partnerschaftsversammlung einzuberufen, die dann auch ohne Erreichen des Mindestquorums beschlussfähig ist. Jeder Partner hat eine Stimme.

§ 6. Buchführung und Bilanzierung

(1) Die Bücher und jährlichen Abschlüsse (Steuerbilanzen) sind unter Anwendung der aktuellen steuerlichen Vorschriften von der Partnerschaft zu führen.

(2) Zur Erfüllung der in Abs. 1 bezeichneten gesetzlichen Pflichten kann die Partnerschaft beschließen, die Hilfe eines Angehörigen der steuerberatenden Berufe in Anspruch zu nehmen.
[*Alt.:* Zur Erfüllung der in Abs. 1 bezeichneten gesetzlichen Pflichten ist der Partner *** berechtigt und verpflichtet.]

(3) Die Bilanz für das abgelaufene Geschäftsjahr ist bis zum *** des folgenden Geschäftsjahres aufzustellen und allen Partnern vorzulegen.

(4) Die Bilanz ist von allen Partnern zu genehmigen.

§ 7. Gewinn- und Verlustverteilung und Entnahmerecht

(1) Ein Gewinn, der sich aus der festgestellten Bilanz ergibt, wird entsprechend den Partnerschaftsanteilen (§ 3 Abs. 2) aufgeteilt und dem variablen Kapitalkonto jeden Partners gutgeschrieben.

(2) Für Verluste gilt Abs. 1 entsprechend.

(3) Die den Partnern zustehenden Entnahmen werden in der ersten Partnerschaftsversammlung des jeweiligen Geschäftsjahres festgelegt. Die Höhe der Entnahme orientiert sich an der festgestellten Bilanz. Die Entnahme erfolgt monatlich zu gleichen Teilen, soweit die Partnerschaftsversammlung nicht einstimmig etwas Gegenteiliges beschließt.

§ 8. Arbeitszeiten, Urlaub und Krankheit

(1) Die Partner legen ihre Arbeitszeit eigenverantwortlich fest.

(2) Jedem Partner steht ein Anspruch auf Jahresurlaub von *** Tagen zu. Die Partner sind dazu verpflichtet, sich über den Zeitpunkt untereinander abzustimmen.

(3) Das volle Gewinn- und Entnahmerecht bleibt unverändert bestehen, wenn ein Partner infolge Krankheit oder sonstiger unverschuldeter Verhinderung seiner beruflichen Tätigkeit nicht nachkommen kann. Dauert dieser Zustand länger als *** Monate an, kann die Partnerschaft beschließen: *** [*Alt. 1: Einstellen einer Ersatzkraft*] [*Alt. 2: Kürzung Gewinnanteil*] [*Alt. 3: Ausscheiden des Partners*].

§ 9. Haftung

(1) Für Schäden die ein Partner vorsätzlich oder grob fahrlässig herbeigeführt hat, haftet er im Innenverhältnis allein. Rückgriffsansprüche sind ausgeschlossen.

(2) Gegenüber Mandanten haftet stets nur der Partner bzw. die Partner, die gegenüber dem Mandanten die berufliche Leistung erbracht haben. [*ggf.:* Auch im Innenverhältnis haften allein diese.]

§ 10. Versicherung

(1) Auf Kosten der Gesellschaft wird eine Berufshaftpflichtversicherung für alle Partner und juristischen Mitarbeiter mit angemessener Deckungssumme abgeschlossen.

(2) Über die Höhe der Deckungssumme wird durch einstimmigen Beschluss entschieden.

(3) Des Weiteren ist ein einstimmiger Beschluss erforderlich, wenn das Haftpflichtrisiko eines Mandats die Deckungssumme übersteigen würde. Bei Zustimmung aller Partner ist die Deckungssumme entsprechend zu erhöhen.

§ 11. Ausscheiden, Ausschließung, Fortsetzung und Abfindung

(1) Über die gesetzlich geregelten Gründe hinaus, scheidet ein Partner aus der Gesellschaft aus, wenn:

a) über das Vermögen eines Partners das Insolvenzverfahren mangels Masse nicht eröffnet wird;

b) ein Privatgläubiger den Anteil eines Partners pfändet und der Pfändungsbeschluss nicht innerhalb von zwei Monaten nach dessen Erlass wieder aufgehoben worden ist;

c) im Todesfall soweit nicht die Beteiligung auf einen Mitgesellschafter übergeht;

d) der Partner ausweislich ärztlichen Zeugnisses für die Dauer von mehr als 24 Monaten berufsunfähig ist. Im Streitfall entscheidet ein von der Landesärztekammer *** zu bestellender Sachverständiger als Schiedsgutachter (§ 315 BGB) verbindlich. Die Kosten des Gutachters trägt die Gesellschaft.

(2) Tritt in der Person eines Partners ein wichtiger Grund ein, der die übrigen Partner dazu berechtigt ihm außerordentlich zu kündigen, so können sie den Partner aus der Partnerschaft durch einstimmigen Beschluss ausschließen. Der Partner scheidet mit Zugang des Beschlusses aus der Gesellschaft aus. Ein solcher wichtiger Grund liegt insbesondere vor, wenn:

a) für den Partner ein Betreuer bestellt wird;

b) ein verheirateter Partner nicht auf Aufforderung binnen *** Wochen nachweist, dass der Anteil an der Partnerschaft aus dem Zugewinn herausgenommen wurde;

c) in der Person des Partners ein seine Ausschließung rechtfertigender Grund vorliegt.

(3) Die Partnerschaft wird in Fällen der Kündigung, des Ausscheidens oder der Ausschließung eines Partners von den übrigen Partnern fortgesetzt. Das Ausscheiden eines Partners ist den Mandanten und Gläubigern der Partnerschaft in geeigneter Weise bekannt zu machen.

(4) Scheidet ein Partner aus der Partnerschaft aus, so steht ihm eine Abfindung in Höhe des Buchwertes seiner Beteiligung zu. Gleiches gilt für den Erben im Falle des Todes

eines Gesellschafters. Der Buchwert richtet sich nach der letzten festgestellten Jahresbilanz. Noch zwischen dem Bilanzstichtag und dem Tag des Ausscheidens entstehende Gewinne und Verluste bleiben unberücksichtigt.

(5) Übersteigt das Sollsaldo des variablen Kapitalkontos des ausscheidenden Partners das ihm gebührende Abfindungsguthaben, so hat er den Betrag auszugleichen.

§ 12. Wirksamkeitsabrede, Schriftform, [*ggf.:* Schiedsabrede]

(1) § 139 BGB gilt nicht.

(2) Alle das Gesellschaftsverhältnis betreffenden Vereinbarungen zwischen Partnern oder zwischen Partnerschaft und Partnern bedürfen zu ihrer Wirksamkeit der Schriftform. Dies gilt auch für einen Verzicht auf das Erfordernis der Schriftform.

(3) *[ggf.: Schiedsabrede]*

Ort, Datum

*Unterschrift **aller** Partner*

II. Erstanmeldung einer Partnerschaft zur Eintragung in das Partnerschaftsregister

52 Amtsgericht ***
Registergericht
– elektronisches Gerichtspostfach –

Erstanmeldung einer Partnerschaft [*ggf.:* mbB]
zur Eintragung in das Partnerschaftsregister

Zu vorbezeichneten, neu anzulegenden Registerakten, melden wir, die sämtlichen Unterzeichner, zur Eintragung in das Partnerschaftsregister an:

Wir haben eine Partnerschaft gegründet, der Name der Partnerschaft lautet:

***** Partnerschaft [*ggf.:* mbB].**

Sitz der Partnerschaft ist ***.

Die Geschäftsräume befinden sich in ***.

Gegenstand und Zweck der Partnerschaft ist ***.

Partner sind
(1) *** *[Name, Vorname, Beruf, Geburtsdatum, Wohnort],*
(2) *** *[Name, Vorname, Beruf, Geburtsdatum, Wohnort],*
(3) *** *[Name, Vorname, Beruf, Geburtsdatum, Wohnort].*

Jeder Partner ist einzeln zur Vertretung der Partnerschaft befugt.

Die Geschäftstätigkeit der Partnerschaft beginnt am ***.

Wir erklären gemäß § 3 Abs. 2 PRV, dass der Eintragung keine Vorschriften über einzelne Berufe gemäß § 1 Abs. 3 PartGG entgegenstehen.

Anlagen zur Handelsregisteranmeldung

Wir überreichen in der Anlage:
- Befähigungsnachweise pro Partner in Urschrift oder beglaubigter Abschrift,
- Mitteilung Angehörigkeit Berufskammer der Partnerschaft nebst Anschrift der Kammer,
- *ggf. bei PartGmbB:* Nachweis Berufshaftpflichtversicherung.

Vollmacht

Wir bevollmächtigen den Notar ***, dessen Vertreter im Amt sowie dessen Angestellte ***, alle Anmeldungen zum Partnerschaftsregister vorzunehmen, die im Zuge der Eintragung der hier angemeldeten und aus den dieser Anmeldung beigefügten Unterlagen ersichtlichen Tatsachen in das Partnerschaftsregister erforderlich oder zweckmäßig sind. Die Vollmacht ist jederzeit widerruflich. Dem Partnerschaftsregister gegenüber ist die Vollmacht unbeschränkt.

Jeder Unterzeichner gab seine Zustimmung, dass der Notar eine Kopie seines amtlichen Lichtbildausweises zur Akte nimmt.

Ort, Datum

Persönliche *Unterschrift aller Partner*

III. Anmeldung des Wechsels einer GbR in eine Partnerschaft (mbB) zur Eintragung in das Partnerschaftsregister inklusive Antrag auf Berichtigung beim Grundbuchamt

Amtsgericht ***
Registergericht

– elektronisches Gerichtspostfach –

53

Amtsgericht ***
Grundbuchamt

– elektronisches Gerichtspostfach –

I.
Erstanmeldung einer Partnerschaft [*ggf.:* mbB]
zur Eintragung in das Partnerschaftsregister

Zu vorbezeichneten, neu anzulegenden Registerakten, melden wir, die sämtlichen Unterzeichner, zur Eintragung in das Partnerschaftsregister an:
(1) Die bisher aus den Gesellschaftern:
    a) *** *[Name, Vorname, Beruf, Geburtsdatum, Wohnort],*
    b) *** *[Name, Vorname, Beruf, Geburtsdatum, Wohnort],*
    c) *** *[Name, Vorname, Beruf, Geburtsdatum, Wohnort]*
    bestehende Gesellschaft bürgerlichen Rechts ist in eine Partnerschaftsgesellschaft [*ggf.:* mbB] im Sinne des Gesetzes über Partnerschaftsgesellschaften Angehöriger Freier Berufe (PartGG) unter dem Namen
*** Partnerschaft [*ggf.:* mbB]
    mit dem Sitz in Dresden umgewandelt.
(2) Sitz der Partnerschaft ist ***.
    Die Geschäftsanschrift der Gesellschaft lautet: ***.
(3) Gegenstand und Zweck der Partnerschaft ist die gemeinsame Berufsausübung der Partner als *** *[Beruf(e)]* sowie die Vornahme aller dazu erforderlichen Maßnahmen und Rechtsgeschäfte.
(4) Partner sind:
    a) *** *[Name, Vorname, Beruf, Geburtsdatum, Wohnort],*
    b) *** *[Name, Vorname, Beruf, Geburtsdatum, Wohnort],*
    c) *** *[Name, Vorname, Beruf, Geburtsdatum, Wohnort].*
(5) Die abstrakte Vertretungsregelung lautet: Jeder Partner vertritt stets einzeln und ist von den Beschränkungen des § 181 BGB befreit. Eine abweichende konkrete Vertretungsregelung besteht nicht.
(6) Die Geschäftstätigkeit der Partnerschaft beginnt mit dem Zeitpunkt der Eintragung im Handelsregister.
(7) Die Partner gehören der ***-kammer an.

Wir erklären gemäß § 3 Abs. 2 PRV, dass der Eintragung keine Vorschriften über einzelne Berufe gemäß § 1 Abs. 3 PartGG entgegenstehen.

II.
Antrag auf Grundbuchberichtigung

Die von der Gesellschaft bürgerlichen Rechts formgewechselte Partnerschaftsgesellschaft [*ggf.:* mbB] (siehe Teil I.) ist als Eigentümer folgenden Grundbesitzes im Grundbuch eingetragen:

Grundbuch des Amtsgerichts *** von ***, Gemarkung ***, Blatt ***.

Die unterzeichnenden Gesellschafter bewilligen und beantragen die Berichtigung des vorbezeichneten Grundbuchs mit deren Eintragung im Partnerschaftsregister auf die Partnerschaftsgesellschaft (mbB).

III.
Anlagen/Vollmachten

(1) Anlagen
  a) Befähigungsnachweise pro Partner in beglaubigter Abschrift
  b) Elektronisch beglaubigte Abschrift der Versicherungsbescheinigung gemäß § 113 Abs. 2 VVG
(2) Vollmachten
  Wir bevollmächtigen den Notar ***, dessen Vertreter im Amt sowie dessen Angestellte ***, alle Erklärungen abzugeben und entgegenzunehmen,
  a) sowie Anmeldungen zum Partnerschaftsregister vorzunehmen, die im Zuge der Eintragung der hier angemeldeten und aus den dieser Anmeldung beigefügten Unterlagen ersichtlichen Tatsachen in das Partnerschaftsregister erforderlich oder zweckmäßig sind.
  b) die zum Vollzug der Grundbuchberichtigung noch notwendig oder zweckmäßig sein sollten, insbesondere Änderungen der Urkunde vorzunehmen, Anträge zu stellen, einzuschränken, zu trennen und zurückzunehmen und die Grundbuchberichtigung auf den aktuellen Gesellschafterbestand zu bewilligen und zu beantragen. Diese Vollmacht gilt auch für den Fall, dass der vorstehend ausgewiesene aktuelle Gesellschafterbestand nicht korrekt widergegeben sein sollte.
  Die Vollmacht ist jederzeit widerruflich. Dem Handelsregister und dem Grundbuchamt gegenüber ist die Vollmacht unbeschränkt.

Ort, Datum

Persönliche *Unterschrift aller Partner*

§ 22. Gesellschaft mit beschränkter Haftung

Übersicht

Schrifttum:

Baumbach/Hueck, GmbHG, 21. Aufl. 2017; *Böhm/Burmeister*, Münchener Vertragshandbuch, Band 1: Gesellschaftsrecht, 8. Aufl. 2018 (zit.: MVHdB I GesR); *Bork/Schäfer*, Kommentar zum GmbH-Gesetz, 3. Aufl. 2015; *Bormann/Kauka/Ockelmann*, Handbuch GmbH-Recht, 3. Aufl. 2015; *Fleischer/Goette*, Münchener Kommentar zum GmbH-Gesetz, 3. Aufl. 2018 (zit.: MüKoGmbHG); *Fuhrmann/Wälzholz*, Formularbuch Gesellschaftsrecht, 3. Aufl. 2018; *Hauschild/Kallrath/Wachter*, Notarhandbuch Gesellschafts- und Unternehmensrecht, 2. Aufl. 2017; *Heckschen*, Das MoMiG in der notariellen Praxis, 2009; *Heckschen/Heidinger*, Die GmbH in der Gestaltungs- und Beratungspraxis, 4. Aufl. 2018; *Holzapfel/Pöllath*, Unternehmenskauf in Recht und Praxis, 15. Aufl. 2017; *Hopt*, Vertrags- und Formularbuch zum Handels-, Gesellschafts- und Bankrecht, 4. Aufl. 2013; *Krafka/Kühn*, Registerrecht, 10. Aufl. 2017; *Langenfeld*, GmbH-Vertragspraxis, 7. Aufl. 2015; *Lorz/Pfisterer/Gerber*, Beck'sches Formularbuch GmbH-Recht, 2010; *Lutter/Hommelhoff*, GmbHG, 19. Aufl. 2016; *Meyer-Landrut*, Formular-Kommentar GmbH-Recht, 4. Aufl. 2019; *Michalski/Heidinger/Leible/Schmidt*, GmbHG, 3. Aufl. 2017; *Priester/D. Mayer/Wicke*, Münchener Handbuch des Gesellschaftsrechts, Band 3: Gesellschaft mit beschränkter Haftung, 5. Aufl. 2018; *Prinz/Winkeljohann*, Beck'sches Handbuch der GmbH, 5. Aufl. 2014; *Ring/Grziwotz*, Systematischer Praxiskommentar GmbH-Recht, 2. Aufl. 2012; *Römermann*, Münchener Anwaltshandbuch GmbH-Recht, 4. Aufl. 2018; *Roth/Altmeppen*, GmbHG, 9. Aufl. 2019; *Rowedder/Schmidt-Leithoff*, GmbH-Gesetz, 6. Aufl. 2017; *K. Schmidt*, Gesellschaftsrecht, 4. Aufl. 2002; *Scholz*, Kommentar zum GmbH-Gesetz, Band 1, 12. Aufl. 2018; Band 2, 11. Aufl. 2013 und Band 3, 11. Aufl. 2015; *Schulze zur Wiesche*, Die GmbH & Still, 6. Aufl. 2013; *Seibt*, Beck'sches Formularbuch Mergers & Acquisitions, 3. Aufl. 2018; *Ulmer/Habersack/Löbbe*, Großkommentar GmbHG, 2. Aufl. 2014ff.; *Waldner/Wölfel*, So gründe und führe ich eine GmbH, 10. Aufl. 2017; *Wicke*, GmbHG, 3. Aufl. 2016; *Widmann/Mayer*, Umwandlungsrecht (Loseblatt), 176. EL (Stand: 2/2019).

Vorbemerkung

1 Die GmbH ist heute die mit Abstand **beliebteste Unternehmensform in der Bundesrepublik.** Mit knapp 1.120.000 klassischen GmbHs und rund 135.000 haftungsbeschränkten Unternehmergesellschaften zu Beginn des Jahres 2018[1] bei nach wie vor steigender Tendenz hat sie nicht nur die Aktiengesellschaft, sondern auch die ehemals „klassischen" Unternehmensformen des gewerblichen Mittelstandes – OHG und KG – weit hinter sich gelassen. Mit dieser Entwicklung nimmt die Bedeutung der GmbH in der notariellen Praxis stetig zu.

2 Die letzte große Reform des GmbHG jährte sich 2018 bereits zum zehnten Male. Mit dem am 1.11.2008 in Kraft getretenen „Gesetz zur Modernisierung des GmbH-Rechts und zur Bekämpfung von Missbräuchen" **(„MoMiG")** hat der Gesetzgeber als Kernanliegen die Beschleunigung von Unternehmensgründungen, die Erhöhung der Attraktivität der GmbH als Rechtsform und die Bekämpfung von Missbräuchen verfolgt.[2]

1. Teil. Gründung der GmbH

A. Typische Fallgruppen

3 Durch die mit dem MoMiG verbundene Einführung der im Anhang zum GmbHG enthaltenen **Musterprotokolle** zur Gründung einer GmbH mit maximal drei Gesellschaftern und einem Geschäftsführer sowie der haftungsbeschränkten Unternehmergesellschaft (UG) in § 5a GmbHG mit einem Stammkapital von weniger als 25.000 EUR haben sich die typischen Fallgruppen der GmbH verschoben. Dabei ist von einer Verwendung des Musterprotokolls bei Mehrpersonengesellschaften mangels Regelungen zu „kritischen" Bereichen wie Abtretungsbeschränkungen (→ Rn. 89ff.), Einziehung (→ Rn. 131ff.), Abfindung (→ Rn. 157ff.) oder Erbfolge (→ Rn. 154ff.) abzuraten.

---

[1] Vgl. *Kornblum* GmbHR 2018, 669 (676).

[2] Vgl. hierzu unter anderem *Heckschen*, Das MoMiG in der notariellen Praxis; *D. Mayer* DNotZ 2008, 403; *König/Bormann* DNotZ 2008, 652; zu steuerlichen Aspekten des MoMiG vgl. *Fuhrmann* RNotZ 2010, 188. Aktuellen Reformbedarf im GmbH-Recht untersucht *Harbarth* ZGR 2016, 84.

Sämtliche nachstehend dargestellten Fallgruppen sind auch als **haftungsbeschränkte Un-** 4
ternehmergesellschaft denkbar, wenn das Stammkapital weniger als 25.000 EUR beträgt (ausf. → Rn. 271 ff.). In der Praxis eignet sich die UG zum einen für rein vermögensverwaltende (Holding-)Gesellschaften, die nicht am Markt auftreten, oder wenn die Gesellschafter 25.000 EUR Stammkapital nicht aufbringen können (obgleich dieses zu Beginn der Gesellschaft gemäß § 7 Abs. 2 S. 2 GmbHG nur hälftig eingezahlt werden muss). Wenn sich die Gesellschafter von der Firmierung „UG (haftungsbeschränkt) & Co. KG" nicht abschrecken lassen, kommt die UG zum anderen für einen Einsatz als Komplementär-Gesellschaft in Betracht (→ Rn. 277).

Insgesamt gesehen lassen sich folgende wesentliche **Fallgruppen** unterscheiden: 5
(1) Einpersonen-GmbH mit Musterprotokoll[3]
(2) Einpersonen-GmbH[4]
(3) Mehrpersonen-GmbH mit Musterprotokoll[5]
(4) Mehrpersonen-GmbH ohne Mehrheitsgesellschafter (vgl. die Gesamtmuster GmbH-Gründung → Rn. 758 – Gründungsprotokoll und → Rn. 759 – Satzung)[6]
(5) Mehrpersonen-GmbH mit einem Mehrheitsgesellschafter und Minderheitenschutzbestimmungen[7]
(6) Familien-GmbH einschließlich Gewährung von Sonderrechten für einzelne Gesellschafter; Maßnahmen zur Erhaltung des Gesellschafterbestandes[8]
(7) GmbH als Rechtsform für große Unternehmen – Drittelbeteiligung bzw. Mitbestimmung[9]
(8) Komplementär-GmbH einer Kommanditgesellschaft[10]
(9) Betriebs-GmbH bei Betriebsaufspaltungen[11]
(10) gemeinnützige GmbH[12]
(11) Holding-GmbH[13]
(12) Stiftungs-GmbH[14]
(13) Freiberufler-GmbH (Beachtung von Standesrecht, zB Rechtsanwalts-GmbH, Steuerberater-GmbH; näher → Rn. 11 f.)
(14) Vermögensverwaltungs-GmbH[15]
(15) GmbH als Mitarbeiterbeteiligungsgesellschaft[16]
(16) GmbH als Joint-Venture-Unternehmen.[17]

---

[3] Anlage 1a zum GmbHG; nur bei Bargründung und einem Geschäftsführer; sinnvolle Gestaltungsvariante bei einer UG.
[4] MVHdB I GesR/*Böhm/Frowein* Form. IV.2. bzw. Form. IV.7.
[5] Anlage 1b zum GmbHG; praxisuntauglich!
[6] Vgl. auch MVHdB I GesR/*Burmeister/Schmidt-Hern* Form. IV.25. bzw. Form. IV.26.
[7] MVHdB I GesR/*Burmeister/Schmidt-Hern* Form. IV.27. und *Kallrath* MittRhNotK 1999, 325.
[8] MVHdB I GesR/*Burmeister/Schmidt-Hern* Form. IV.28.
[9] MVHdB I GesR/*Burmeister/Schmidt-Hern* Form. IV.29. bzw. Form. IV.30.
[10] MVHdB I GesR/*Götze* Form. III.7.
[11] *Spiegelberger* MittBayNot 1982, 1; *Mohr* GmbH-StB 1999, 46.
[12] Vertragsmuster bei *Schlüter* GmbHR 2002, 535 und GmbHR 2002, 578 sowie *Priester* GmbHR 1999, 149; siehe ferner *Paulick* DNotZ 2008, 167.
[13] *Olbing* GmbH-StB 2003, 263.
[14] Vertragsmuster bei *Wachter* GmbH-StB 2000, 191; vgl. ferner *Wochner* DStR 1998, 1835; zur Stiftung als Unternehmensträger einer GmbH vgl. *Werner* GmbHR 2003, 331.
[15] *Stollenwerk* GmbH-StB 2002, 46; aus steuerlicher Sicht vgl. *Wehrheim/Steinhoff* DStR 2008, 989.
[16] *Hinderer* RNotZ 2005, 416; *Fox/Hüttche/Lechner* GmbHR 2000, 521; *Weber/Lohr* GmbH-StB 2002, 330 und GmbH-StB 2002, 361.
[17] Hierzu BeckFormB GmbHR/*Englisch/von Schnurbein* Form. C.III.2.; *Wilde* DB 2007, 269.

B. Checkliste

6   Checkliste GmbH-Gründung:

(1) Bargründung
   (a) Gesellschafter
      (aa) Staatsangehörigkeit (→ Rn. 8)
      (bb) Güterstand (→ Rn. 9)
      (cc) Minderjährige (→ Rn. 10 f.)
      (dd) Vertretung durch Bevollmächtigte (vgl. § 2 Abs. 2 GmbHG sowie → Rn. 31)
   (b) Geschäftsführer
      (aa) Vertretungsbefugnis (Sonderrechte, zustimmungsbedürftige Geschäfte, Befreiung von § 181 BGB, Mitwirkung von Prokuristen, → Rn. 297)
      (bb) Ausschlussgründe (→ Rn. 289)
   (c) Firma (→ Rn. 39 ff.)
      (aa) Firmenbildung nach § 4 GmbHG iVm § 18 Abs. 1 HGB zulässig? Liegt eine Täuschung des Rechtsverkehrs vor (§ 18 Abs. 2 HGB)? Ist die Firma unterscheidbar (§ 30 HGB)?
      (bb) jedenfalls in Zweifelsfällen Auskunft bei der IHK
   (d) Sitz (→ Rn. 50 ff.)
   (e) Inländische Geschäftsanschrift (vgl. § 8 Abs. 4 Nr. 1 GmbHG)
   (f) Unternehmensgegenstand
      (aa) Ermittlung des Schwerpunkts der Geschäftstätigkeit
      (bb) Erfordernis behördlicher Erlaubnisse bzw. Genehmigungen (→ Rn. 58)
      (cc) Wird der Unternehmensgegenstand tatsächlich betrieben? (ggf. Vorratsgründung, → Rn. 34)
   (g) Einlageleistung
      (aa) Höhe und Aufteilung der Einlageleistungen (Voll-/Teileinzahlung, Fälligkeit, Bar- und/oder Sacheinlage?)
      (bb) Hinweis auf das Risiko der Einzahlung vor Gründung (→ Rn. 19)
      (cc) Verdeckte Sacheinlage? (Verkauf von Sachgütern des Gesellschafters an die GmbH, dazu → Rn. 225 ff.)
   (h) Verfügung über den Geschäftsanteil
      (aa) Verfügungsbeschränkungen (Vinkulierung; → Rn. 89 ff.)
      (bb) Einräumung eines Vorkaufs- oder Ankaufsrechts (→ Rn. 94)
      (cc) Erbfolge (nur bestimmte Personen?; gemeinsamer Vertreter?; → Rn. 154 ff.)
   (i) Kündigung (→ Rn. 151 ff.)
   (j) Einziehung (→ Rn. 131 ff.)
   (k) Abfindung bei Ausscheiden (Bewertungsmethode, Auszahlungsmodalitäten; → Rn. 157 ff.)
   (l) Gewinnverwendung (Schutz von Minderheitsgesellschaftern; → Rn. 124 f.)
   (m) Wettbewerbsverbot (Problem der verdeckten Gewinnausschüttung; → Rn. 78 ff.)
   (n) Gründungsaufwand (entstandene Beraterkosten?; → Rn. 186 ff.)
(2) Sachgründung
   (a) Bestimmung Einlagegegenstand (→ Rn. 212 ff.)
   (b) Sachgründungsbericht (→ Rn. 221) sowie Wertnachweisunterlagen (→ Rn. 222)
   (c) Bei Einbringung von Unternehmen (→ Rn. 215 ff.) Zustimmung der Vertragspartner zur Vertragsübernahme bzw. der Gläubiger zur Übernahme der Verbindlichkeiten (§ 415 BGB); alternativ Umwandlung nach dem UmwG
   (d) Verfügungsbefugnis des Sacheinlegers (zB § 1365 BGB)
   (e) Festsetzung im Gesellschaftsvertrag (§ 5 Abs. 4 S. 1 GmbHG; → Rn. 212 ff.)

---

(3) Anzeigepflicht
Übersendung beglaubigte Abschrift der Gründungsurkunde an das nach § 20 AO
zuständige Finanzamt (Körperschaftsteuerstelle), vgl. § 54 EStDV.

C. Gründungsvoraussetzungen

I. Gesetzliche Schranken

Vor einer Gründung sind zunächst gesetzliche Verbote zu beachten, wonach eine be- 7
stimmte Tätigkeit nicht in der Rechtsform der GmbH ausgeübt werden kann (zB Versicherungsunternehmen, § 7 Abs. 1 VAG).[18] Zur Zulässigkeit von Freiberufler-GmbHs
→ Rn. 12.

II. Gesellschafter

1. Ausländer. Im Grundsatz bestehen im Hinblick auf die Übernahme einer Gesellschaf- 8
terstellung (zu Ausländern als Geschäftsführer → Rn. 291) für Ausländer keine Beschränkungen, insbes. nicht für Angehörige der EU-Mitgliedstaaten (vgl. Art. 20, 21, 49
AEUV). Ist im Pass des Ausländers jedoch ein Verbot der Erwerbstätigkeit („Sperrvermerk") eingetragen, so hat der Notar § 4 BeurkG zu beachten, da nach herkömmlicher
Auffassung der Registergerichte die Eintragung einer solchen GmbH wegen Umgehung
eines gesetzlichen Verbots gegen § 134 BGB verstößt.[19] Dies soll auch gelten, wenn ein
Ausländer durch seine Beteiligung an der GmbH gegen ausländerrechtliche oder gewer-
bepolizeiliche Beschränkungen verstößt.[20] Probleme können bei Nicht-EU-Ausländern
ferner auftreten, wenn diese keine Aufenthaltserlaubnis vorweisen können. Neuere Entscheidungen zum Ausländer als Geschäftsführer legen jedoch eine Liberalisierung nahe.[21]
Der beurkundende Notar sollte im Zweifel vorab mit dem zuständigen Registergericht
Kontakt aufnehmen.

2. Ehegatten. Bei verheirateten Gesellschaftern sollte im Eingang der Urkunde stets der 9
Güterstand aufgeführt werden, da sich aus dem Ehegüterrecht Beschränkungen im Hin-
blick auf die Einlageverpflichtung (§ 1365 BGB) und Auswirkungen auf die Rechtsinhaberschaft (Gütergemeinschaft-Vorbehaltsgut?) ergeben können. Dies gilt insbesondere bei
Beteiligten, die in einem Güterstand nach ausländischem Recht leben (vgl. die Übersicht
zu ausländischen Güterständen in → § 28 Rn. 168). Lebt ein Ehegatte im Güterstand der
Gütergemeinschaft, muss ehevertraglich Vorbehaltsgut vereinbart werden (§ 1418 Abs. 2
Nr. 1 BGB), wenn der erworbene Geschäftsanteil nicht Gesamtgut der Ehegatten werden
soll.

3. Minderjährige. Minderjährige und andere beschränkt geschäftsfähige oder geschäfts- 10
unfähige Personen[22] können Gesellschafter einer GmbH sein, bedürfen aber jedenfalls bei
der Gründung der Mitwirkung ihrer gesetzlichen Vertreter. Minderjährige werden durch
beide Eltern gemeinschaftlich vertreten, §§ 1626 Abs. 1, 1629 Abs. 1 BGB. Die Bestellung eines **Ergänzungspflegers** nach § 1908 Abs. 1 S. 1 BGB ist erforderlich, wenn ein
Elternteil selbst als Gründer beteiligt (§§ 1629 Abs. 2, 1795 Abs. 2, 181 BGB) oder sonst

---

[18] Weitere Bsp. bei Baumbach/Hueck/*Fastrich* GmbHG § 1 Rn. 14.

[19] Vgl. KG GmbHR 1997, 412; OLG Stuttgart MittBayNot 1984, 138; *Krafka/Kühn* RegisterR Rn. 923.

[20] KG GmbHR 1997, 412; Lutter/Hommelhoff/*Bayer* GmbHG § 1 Rn. 16; anders die überwiegende Literatur, zB Baumbach/Hueck/*Fastrich* GmbHG § 1 Rn. 16 und Roth/Altmeppen/*Roth* GmbHG § 1
Rn. 22; differenzierend MHLS/*J. Schmidt* GmbHG § 1 Rn. 24.

[21] OLG Düsseldorf RNotZ 2009, 607 mAnm *Lohr;* OLG München DNotZ 2010, 156; OLG Zweibrücken
GmbHR 2010, 1260.

[22] Zum unter Betreuung stehenden Gesellschafter ausf. *Wilde* GmbHR 2010, 123.

an der Vertretung gehindert ist (§§ 1629 Abs. 2, 1795 Abs. 1 BGB). Über den Verweis in § 1915 Abs. 1 BGB unterliegt der Pfleger ebenfalls den Beschränkungen der §§ 1795 Abs. 2, 181 BGB, so dass bei Beteiligung mehrerer Minderjähriger für jeden von ihnen ein eigener Pfleger zu bestellen ist.[23]

11   Darüber hinaus ist gemäß § 1822 Nr. 3 BGB iVm § 1643 BGB bzw. § 1915 BGB eine **familiengerichtliche Genehmigung** erforderlich, wenn der Gesellschaftsvertrag zum Betrieb eines Erwerbsgeschäftes eingegangen wird, was regelmäßig der Fall ist. Darüber hinaus greift bei Mehrpersonengesellschaften schon wegen der Ausfallhaftung des § 24 GmbHG zusätzlich § 1822 Nr. 10 BGB ein („Übernahme einer fremden Verbindlichkeit").[24]

12   **4. Freiberufler.** Ob und unter welchen Voraussetzungen Freiberufler ihren Beruf in der Rechtsform einer GmbH ausüben können, unterliegt in vielen Fällen besonderen standesrechtlichen Regelungen,[25] zB:
   – Ärzte: §§ 23a ff. MBO (Musterberufsordnung der Bundesärztekammer für die in Deutschland tätigen Ärztinnen und Ärzte);[26]
   – Architekten: zB Art. 8 ff. BauKaG (Bayern);
   – Patentanwälte: §§ 52c ff. PatAnwO;
   – Rechtsanwälte: §§ 59c ff. BRAO;[27]
   – Steuerberater: §§ 49 ff. StBerG;
   – Wirtschaftsprüfer: §§ 27 ff. WPO;
   – Zahnärzte: in den Bundesländern uneinheitlich; die Rechtsprechung hat die Zulässigkeit einer Zahnarzt-GmbH unter bestimmten Voraussetzungen anerkannt.[28]
Die interprofessionelle Zusammenarbeit von Rechtsanwälten und Patentanwälten ist vor dem Hintergrund der Berufsfreiheit inzwischen zugelassen worden.[29]

13   **5. Personenvereinigungen.** Juristische Personen und rechtsfähige Personengesellschaften können ebenso Gesellschafter einer GmbH sein wie eine BGB-Gesellschaft[30] oder andere Gesamthandsgemeinschaften wie zB eine Erbengemeinschaft.[31] Auch die Vor-GmbH kann bereits Gründungsgesellschafterin einer anderen GmbH sein.[32] Dies gilt auch für die Einpersonen-Vor-GmbH.[33]

---

[23] Vgl. OLG München NZG 2010, 862.
[24] Zum Ganzen vgl. *Bürger* RNotZ 2006, 156; *Wälzholz* GmbH-StB 2006, 170.
[25] Ausf. hierzu Scholz/*Cramer* GmbHG § 1 Rn. 21 ff.; allg. zur Rechtsformwahl bei Freiberuflern *Heckschen/Bretschneider* NotBZ 2013, 81.
[26] Vgl. hierzu *Braun/Richter* MedR 2005, 685; *Häußermann/Dollmann* MedR 2005, 255; in Bayern ist die Eintragung einer Arztpraxis oder Tierarztpraxis als GmbH oder UG (haftungsbeschränkt) unzulässig, vgl. Art. 18 Abs. 1 S. 2 BayHKaG sowie OLG München NZG 2015, 401.
[27] Vgl. OLG Rostock GmbHR 2007, 377; *Ballof* GmbH-Stpr 2003, 124; *Vieth/Schulz-Jander* NZG 1999, 1126 mit Muster; *Henssler* NJW 1999, 241.
[28] BGH NJW 1994, 786.
[29] Vgl. BVerfG NZG 2014, 258 entgegen BGH NZG 2012, 141. Zu den Auswirkungen auf Zusammenschlüsse anderer Freiberuflergruppen *Römermann* NZG 2014, 481.
[30] BGH NJW 1981, 682.
[31] Baumbach/Hueck/*Fastrich* GmbHG § 1 Rn. 30 ff.; zur Erbengemeinschaft an einem GmbH-Geschäftsanteil umfassend *Lange* GmbHR 2013, 113.
[32] Baumbach/Hueck/*Fastrich* GmbHG § 1 Rn. 31.
[33] Dazu Scholz/*Cramer* GmbHG § 1 Rn. 66.

D. Abschluss Gesellschaftsvertrag

I. Form

Die Gründung einer GmbH ist beurkundungspflichtig, und zwar unabhängig davon, ob 14
die Satzung individuell gestaltet oder ein Musterprotokoll verwendet wird (§ 2 Abs. 1 S. 1
GmbHG).[34] Gleiches gilt für die Verpflichtung, eine GmbH zu gründen.[35]

II. Individuelle Gründung

1. Beurkundungstechnik. Der individuell gestaltete **Gesellschaftsvertrag** im engeren 15
Sinne (Satzung) sollte gemäß § 9 Abs. 1 S. 2 BeurkG als **Anlage zu einem Gründungsprotokoll** beurkundet werden, schon um die spätere Erteilung der Bescheinigung gemäß
§ 54 Abs. 1 S. 2 GmbHG nach Satzungsänderungen zu erleichtern (vgl. die Gesamtmuster
GmbH-Gründung → Rn. 758 – Gründungsprotokoll und → Rn. 759 – Satzung).[36] Werden Gesellschaftsvertrag und Gründungsprotokoll vermengt, bleibt – wie beim Musterprotokoll – häufig unklar, welche Vereinbarungen der Gründer zum Inhalt des Gesellschaftsvertrages gehören und damit „echte" Satzungsbestandteile iSd §§ 53 f. GmbHG
sind.[37]

2. Errichtung der Gesellschaft. Das Gründungsprotokoll enthält zunächst die Erklärung 16
aller (§ 2 Abs. 1 S. 2 GmbHG) Gesellschafter, dass sie eine GmbH errichten, für welche
die (idR als Anlage beigefügte) Satzung gelten soll (zu Einzelheiten bzgl. des Satzungsin-
halts → Rn. 39 ff.).

Muster: Errichtung einer GmbH

Siehe hierzu die Gesamtmuster eines Gründungsprotokolls → Rn. 758 und einer ausführlichen Satzung → Rn. 759.

---

3. Geschäftsführerbestellung. Die Bestellung der Geschäftsführer sollte nicht in der 17
Satzung, sondern **im Gründungsprotokoll** erfolgen, wenn dem Geschäftsführer nicht
ausnahmsweise ein satzungsmäßiges Recht auf Geschäftsführung (Sonderrecht) einge-
räumt wird.[38] Zu regeln ist dabei insbes. die besondere Vertretungsbefugnis der bestellten
Geschäftsführer. Ausführlich zum Thema Geschäftsführerbestellung und -abberufung
→ Rn. 288 ff.

4. Vollmacht. In das Gründungsprotokoll sollte eine Vollmacht aufgenommen werden, 18
wonach einer der Gesellschafter oder Mitarbeiter des Notars bevollmächtigt werden, in
einer Nachtragsurkunde etwaige Beanstandungen des Registergerichts oder der IHK auszuräumen und die entsprechenden Handelsregisteranmeldungen vorzunehmen.

5. Belehrungen. Die im Gründungsprotokoll enthaltene notarielle Belehrung sollte Hin- 19
weise enthalten
– darüber, dass die GmbH erst mit der Eintragung im Handelsregister entsteht sowie über
  das persönliche Haftungsrisiko der Gesellschafter aus § 11 Abs. 2 GmbHG bei einer

---

[34] Kritisch-konstruktiv zu Bestrebungen, auf europäischer Ebene im Rahmen des sog. „Company Law Package" eine Online-Gründung von Gesellschaften zu ermöglichen *Bock* DNotZ 2018, 643 und *Lieder*
NZG 2018, 1081.
[35] BGH DNotZ 1988, 5040.
[36] Zu Chancen und Risiken nicht beurkundungspflichtiger schuldrechtlicher Gesellschaftervereinbarungen
neben der Satzung vgl. ausf. *Wälzholz* GmbHR 2009, 1020.
[37] Vgl. *Winkler* DNotZ 1980, 578.
[38] BGH GmbHR 1982, 129. Zur Vertretung der Vor-GmbH vor Bestellung eines Geschäftsführers vgl. ausf.
DNotI-Report 2019, 32.

vorzeitigen Geschäftsaufnahme und insbes. vor rechtswirksamer Gründung zur Haftung von Gesellschaftern und Geschäftsführern allgemein.[39] Die **Handelndenhaftung** greift im Zeitraum von der notariellen Beurkundung der GmbH-Gründung bis zur Eintragung im Handelsregister (sog. **„Vor-GmbH"**).[40] Vor notarieller Beurkundung der GmbH-Gründung besteht lediglich eine sog. **„Vorgründungsgesellschaft"** in Form einer auf den Abschluss des Gesellschaftsvertrages gerichteten GbR oder oHG, im Rahmen derer alle Gesellschafter persönlich haften.[41]

– über die **Gründungshaftung** (§ 9a GmbHG), die **Ausfallhaftung** (§ 24 GmbHG)[42] sowie die **Strafbarkeit** nach § 82 GmbHG;
– über die Haftung für die Differenz zwischen Gesellschaftsvermögen (Bareinlage oder eingebrachter Sachgegenstand) und Stammkapital im Zeitpunkt der Eintragung der Gesellschaft (**Unterbilanz- bzw. Vorbelastungshaftung** bei Bareinlage – hierzu → Rn. 238 – und **Differenzhaftung** gemäß § 9 GmbHG bei Sacheinlage)[43];
– über die Haftung für Anlaufverluste im Falle des Scheiterns der Eintragung (**Verlustdeckungshaftung**);[44]
– darüber, dass die auf die Geschäftsanteile zu bewirkenden Leistungen mindestens noch bis zur Anmeldung der Gesellschaft zum Handelsregister **zur freien Verfügung** der Geschäftsführer stehen müssen;[45]
– über das **Erfordernis behördlicher Genehmigungen** (→ Rn. 58 sowie § 18 BeurkG);
– über das Haftungsrisiko des GmbH-Gesellschafters bei den unter dem Stichwort „existenzvernichtender Eingriff" subsumierten Sachverhalten.[46] Diese **Existenzvernichtungshaftung** knüpft an die missbräuchliche Schädigung des im Gläubigerinteresse zweckgebundenen Gesellschaftsvermögens an.[47] Bedingter Vorsatz genügt.[48] Dogmatisch eingeordnet wird sie – in Gestalt einer schadensersatzrechtlichen Innenhaftung gegenüber der Gesellschaft – in § 826 BGB als besondere Fallgruppe der sittenwidrigen vorsätzlichen Schädigung. Ein solcher Eingriff kann auch durch Verletzung der Liquidationsvorschriften zu Lasten einer sich in **Liquidation** befindlichen Gesellschaft erfolgen.[49] Das Unterlassen einer hinreichenden Kapitalausstattung im Sinne einer **„Unterkapitalisierung"** der GmbH stellt keinen Eingriff iSd Existenzvernichtungshaftung dar.[50] Soweit eine Überschneidung mit der Haftung aus §§ 30, 31 GmbHG vorliegt, besteht Anspruchskonkurrenz;
– über die Folgen einer verschleierten bzw. **verdeckten Sachgründung** (dazu → Rn. 225 ff.).

---

[39] Vgl. *Strohn/Simon* GmbHR 2010, 1181.
[40] Siehe Baumbach/Hueck/*Fastrich* GmbHG § 11 Rn. 45 ff. sowie *Beuthien* GmbHR 2013, 1.
[41] Hierzu Baumbach/Hueck/*Fastrich* GmbHG § 11 Rn. 35 ff.; zur Haftung in diesem Stadium vgl. auch BGH GmbHR 1998, 633.
[42] Hierzu unlängst BGH DNotZ 2019, 118 sowie *Bayer/Scholz* NZG 2015, 1089; *dies.* GmbHR 2016, 89; *Forster* NZG 2019, 366.
[43] *Lutter* NJW 1988, 2649 (2654); *D. Mayer* MittBayNot 1989, 128 (130) mit Formulierungsvorschlag; zum Wegfall der Differenzhaftung durch Nacherfüllung bei mangelhafter Sacheinlage vgl. *Schlößer/Pfeiffer* NZG 2012, 1047. Zur Finanzierungsverantwortung des GmbH-Gesellschafters und den diesbezüglich einschlägigen Haftungsszenarien vgl. iÜ *Schwab* notar 2014, 223.
[44] Grundlegend BGH DNotZ 1998, 142; näher *Goette* DStR 1997, 628; Baumbach/Hueck/*Fastrich* GmbHG § 11 Rn. 24 ff.; vgl. ferner BGH ZIP 2002, 2309, wonach die Verlustdeckungshaftung nur noch dann als Innenhaftung konzipiert ist, wenn die Geschäftstätigkeit nach Scheitern der Eintragung sofort beendet und die Vor-GmbH ordnungsgemäß abgewickelt wird.
[45] Vgl. BGH DNotZ 1990, 437 und ausf. *Lindemeier* RNotZ 2003, 503.
[46] Dazu BGH GmbHR 2001, 1036; GmbHR 2002, 549; GmbHR 2002, 902; GmbHR 2007, 927; ZIP 2013, 894; OLG Köln ZInsO 2017, 1491; *Gehrlein* WM 2008, 761; *Hönn* WM 2008, 769; *Stöber* ZIP 2013, 2295.
[47] BGH GmbHR 2007, 927.
[48] BGH ZIP 2013, 894.
[49] Vgl. BGH NZG 2009, 545 – Sanitary.
[50] BGH ZIP 2008, 1232 – Gamma.

> **Muster: Belehrungen**
> Siehe hierzu das Gesamtmuster eines Gründungsprotokolls → Rn. 758 unter Ziffer IV.

Bei Gründung einer **haftungsbeschränkten Unternehmergesellschaft** sollte – 20 ebenso wie bei Verwendung des Musterprotokolls – ferner darauf hingewiesen werden, dass Sacheinlagen generell unzulässig sind und daher die Gefahr besteht, dass es bei einer verdeckten Sacheinlage zu keiner Anrechnung kommt, sondern vielmehr der Anspruch auf Erbringung der Bareinlage in voller Höhe fortbesteht (→ Rn. 231).

III. Gründung im vereinfachten Verfahren

Die Gründung im vereinfachten Verfahren nach § 2 Abs. 1a GmbHG setzt die Verwen- 21 dung eines der in der Anlage zum GmbHG enthaltenen **Musterprotokolle** voraus, welche auch die Satzung beinhalten und zugleich als Gesellschafterliste gelten.[51] Eine gesonderte Gesellschafterliste ist auch dann nicht notwendig, wenn ein Fremdgeschäftsführer bestellt wird.[52] Für Einpersonen- und Mehrpersonen-GmbH steht je ein eigenes Musterprotokoll zur Verfügung. Dieses Verfahren ist nur zulässig, wenn die GmbH höchstens drei Gesellschafter und einen Geschäftsführer hat, der automatisch von § 181 BGB befreit ist. Die Bestellung des Geschäftsführers im Musterprotokoll ist auch aus kostenrechtlicher Sicht Satzungsbestandteil, weshalb keine Gebühr für einen Beschluss (§ 108 GNotKG) anfällt.[53] Unmittelbar im Anschluss an die Gründung der Gesellschaft können durch Gesellschafterbeschluss weitere Geschäftsführer bestellt werden, die nach § 35 Abs. 2 S. 1 GmbHG zwingend gemeinschaftlich vertretungsbefugt sind. Eine abweichende Vertretungsregelung setzt eine vorherige Satzungsänderung voraus.

Sinn und Zweck des Musterprotokolls ist die **Beschleunigung der Eintragung** von 22 GmbHs. Sein wesentlicher Vorteil besteht aber in der **Kostenprivilegierung** nach §§ 105 Abs. 6, 107 Abs. 1 S. 2, 108 Abs. 1 S. 1 GNotKG, wonach abweichend vom Regelfall der §§ 105 Abs. 1 S. 2, Abs. 4 Nr. 1, 107 Abs. 1 GNotKG als Geschäftswert das tatsächliche Stammkapital und nicht ein Geschäftswert von mindestens 30.000 EUR zugrunde gelegt wird. Der Kostenvorteil wirkt sich also vor allem bei der haftungsbeschränkten Unternehmergesellschaft aus. Für die Auflösung einer UG (haftungsbeschränkt) ist jedoch stets der Mindestgeschäftswert iHv 30.000 EUR maßgebend, selbst wenn diese mit Musterprotokoll errichtet wurde.[54]

Der mit Musterprotokoll bestellte **Geschäftsführer** hat kein satzungsmäßiges Ge- 23 schäftsführungsrecht oder Sonderrecht und kann insbes. mit einfacher Mehrheit abberufen werden. Die Regelung im Musterprotokoll ist sog. **unechter Satzungsbestandteil** (str.).[55] Zur damit zusammenhängenden Problematik der Angabe von abstrakter und konkreter Vertretungsbefugnis in der Registeranmeldung → Rn. 195. Die Unterschrift eines Fremdgeschäftsführers im bzw. unter dem Musterprotokoll ist im Übrigen nicht vorgesehen und damit unzulässig.[56]

Die **Befreiung** des Geschäftsführers **von § 181 BGB** ist nach zutreffender Ansicht der 24 hM als **echter Satzungsbestandteil** anzusehen.[57] Sie wirkt nur für den Gründungsgeschäftsführer und nicht für später neu bestellte Geschäftsführer (näher → Rn. 195).[58]

---

[51] Ausf. zum Ganzen Hauschild/Kallrath/Wachter/*Terbrack* NotarHdB § 16 Rn. 19 ff.
[52] Vgl. DNotI-Report 2011, 149.
[53] Vgl. OLG Celle DNotZ 2011, 70.
[54] Vgl. OLG Köln MittBayNot 2017, 526.
[55] Wie hier OLG Stuttgart MittBayNot 2009, 390; OLG Bremen NZG 2009, 1193; OLG Hamm ZIP 2009, 2246; OLG Rostock DNotZ 2011, 308; *Jeep/Kilian/Weiler* notar 2009, 357; *Heckschen* DStR 2009, 166 (167); zum Ganzen zusammenfassend *Blasche* GmbHR 2015, 403.
[56] Siehe DNotI-Report 2011, 149.
[57] So zB *Blasche* GmbHR 2015, 403 (405); *Herrler* GmbHR 2010, 960 mwN.

25 Eine **Abweichung vom Musterprotokoll** ist im vereinfachten Verfahren nach § 2 Abs. 1a GmbHG **grundsätzlich nicht zulässig** und verhindert daher die mit diesem verbundenen Erleichterungen (nur ein Dokument) und kostenrechtlichen Privilegien.[59] Von der strengen Befolgung des Wortlauts ausgenommen sind jedenfalls Veränderungen, die schon **tatbestandlich keine Abweichungen** darstellen, wie zB die Anfügung eines Urkundendeckblattes oder die Löschung der im Gesetz enthaltenen Fußnoten. Ferner sind all diejenigen Veränderungen zulässig, die aus **beurkundungsrechtlicher** Sicht erforderlich sind, wie bspw. Angaben zu einem Dolmetscher, Schreibzeugen, zur Vorbefassung etc.[60] Zulässig ist es demnach insbes., den Urkundseingang an die Vorgaben des BeurkG anzupassen und dabei zB die Vertretung des Notars durch einen Notarassessor offen zu legen oder eine fremdsprachige Fassung als Anhang oder in einer zweiten Spalte beizufügen (vgl. § 16 Abs. 2 S. 2 Hs. 2 BeurkG).[61]

26 Darüber hinaus sind **völlig unbedeutende textliche Änderungen** des Musterprotokolls ohne inhaltliche Relevanz unschädlich, zB bei Zeichensetzung, Satzstellung und Wortwahl. Solche Abweichungen stellen keine unzulässige Abänderung oder Ergänzung des Musterprotokolls dar und ändern nichts an der kostenrechtlichen Privilegierung (§ 105 Abs. 6 S. 2 GNotKG).[62]

27 Eine unzulässige **„echte" Abweichung** liegt jedoch bspw. bei folgender, in der Gründungsurkunde beinhalteter Regelung vor:[63]

„5. Die Gesellschaft trägt die mit der Gründung verbundenen Kosten bis zu einem Gesamtbetrag von EUR 1.500,–, höchstens jedoch bis zum Betrag ihres Stammkapitals. Darüber hinausgehende Kosten tragen die Gesellschafter im Verhältnis der Nennbeträge ihrer Geschäftsanteile."

Die Gründungsurkunde weist hier anstelle des im Musterprotokoll vorgesehenen Betrags für die Kostenhaftung in Höhe von 300 EUR einen solchen in Höhe von 1.500 EUR auf. Dies hat zur Folge, dass die Voraussetzungen für eine Gründung der GmbH im vereinfachten Verfahren nicht vorliegen.

28 Ob man bei Gründung einer UG in Ziffer 1 die Begrifflichkeit „Gesellschaft mit beschränkter Haftung" durch **„Unternehmergesellschaft (haftungsbeschränkt)"** ersetzen darf, ist angesichts dessen umstritten, dass die UG ja nur eine Unterform der GmbH ist.[64] Eine echte Abweichung liegt jedenfalls dann vor, wenn in Ziffer 1 des Musterprotokolls von der Gründung einer „Einpersonen-Unternehmergesellschaft" gesprochen wird.[65]

29 Sofern derartige unzulässige „echte" Abweichungen vom Musterprotokoll vorgenommen werden, **entfällt** nach einhelliger Auffassung jedenfalls die **Kostenprivilegierung** des § 105 Abs. 6 GNotKG. Darüber hinaus riskiert der Einreichende eine Zwischenverfügung oder gar Zurückweisung durch das Registergericht mit dem Argument, durch den Verweis auf § 2 Abs. 1a GmbHG sei eine Auslegung des Musterprotokolls hin zu einem normalen Gründungsprotokoll mit Satzung und Geschäftsführerbestellung nicht möglich. Richtigerweise ist jedoch davon auszugehen, dass es sich um eine **„normale" GmbH-Gründung** handelt, da alle gesetzlich vorgeschriebenen Mindestangaben eines Gesellschaftsvertrags iSv § 3 Abs. 1 GmbHG im Musterprotokoll enthalten sind. Allerdings gelten die Erleichterungen iSd § 2 Abs. 1a GmbHG in diesem Fall nicht, sondern es finden die allgemeinen Regelungen für die Gründung einer GmbH Anwendung.[66] Dementspre-

---

[58] Vgl. nur OLG Hamm GmbHR 2011, 87; OLG Rostock GmbHR 2010, 872; OLG Stuttgart GmbHR 2009, 827; Baumbach/Hueck/*Fastrich* GmbHG § 2 Rn. 59.

[59] Zum Ganzen ausf. *Wicke* DNotZ 2012, 15.

[60] Siehe nur *Heckschen* DStR 2009, 166 (168).

[61] Vgl. zB LG Chemnitz ZIP 2010, 34.

[62] Vgl. OLG München DNotZ 2011, 69.

[63] Siehe OLG München GmbHR 2010, 755 mit kritischer Anm. *Wachter*.

[64] Vgl. *Herrler/König* DStR 2010, 2138 (2140); *Wicke* DNotZ 2012, 15 (18).

[65] OLG Düsseldorf ZIP 2011, 2468.

[66] Vgl. Lutter/Hommelhoff/*Bayer* GmbHG § 2 Rn. 70; Baumbach/Hueck/*Fastrich* GmbHG § 2 Rn. 18.

chend kann das geänderte Musterprotokoll keine Grundlage für den Nachweis der darin zusammengefassten Dokumente wie insbes. der Gesellschafterliste sein. Ob darüber hinaus – wie vom OLG München[67] angenommen – eine Neufassung der Satzung erforderlich ist, da es an einer satzungsmäßigen Grundlage für die Befreiung des Geschäftsführers von den Beschränkungen des § 181 BGB fehlt, erscheint jedoch fraglich.

Nach zutreffender Ansicht bedarf es daher zur Heilung einer „fehlgeschlagenen" Gründung mit Musterprotokoll – auch mit Blick auf die eingeschränkte Prüfungskompetenz des Registergerichts nach § 9c Abs. 2 GmbHG – lediglich der **Nachreichung** einer **Gesellschafterliste**.[68]   **30**

IV. Sonstige Fragen

1. Rechtsgeschäftliche Vertretung. Die Vollmacht zur Gründung einer GmbH muss **31** **notariell beurkundet oder beglaubigt** sein, ebenso die Genehmigung von Erklärungen eines vollmachtlosen Vertreters (§ 2 Abs. 2 GmbHG). Die Gründung einer Einpersonen-GmbH in vollmachtloser Vertretung ist nach ganz überwiegender Ansicht wegen § 180 S. 1 BGB nichtig.[69] Dies gilt auch, wenn der Vertreter aufgrund einer privatschriftlichen oder behaupteten mündlich erteilten, dh formunwirksamen Vollmacht handelt[70] oder aber aus einer formwirksamen, dh notariell beglaubigten bzw. beurkundeten Vollmacht nicht eindeutig hervorgeht, dass die Errichtung einer GmbH von ihr erfasst ist.[71] Mit Eintragung kommt dennoch ein wirksamer Verband zustande.[72] Eine Beschlussfassung durch einen vollmachtlosen Vertreter bei Genehmigung des Alleingesellschafters ist demgegenüber wirksam, da insoweit § 180 S. 2 BGB eingreift.[73]

> **Muster: Gründungsvollmacht**
> Siehe hierzu das Gesamtmuster → Rn. 760.[74]

2. Änderungen der Satzung vor Eintragung der GmbH. Satzungsänderungen vor **32** Eintragung der GmbH sind nur nach § 2 GmbHG mit **Zustimmung aller Gesellschafter** möglich, § 53 GmbHG findet keine Anwendung.[75] Analog § 54 Abs. 1 S. 2 GmbHG ist beim Registergericht stets ein vollständig neu gefasster Satzungstext einzureichen.[76] Eine zusätzliche formelle Anmeldung der Satzungsänderung ist nicht erforderlich, es sei denn, es ändern sich eintragungspflichtige Tatsachen, dh der Inhalt der ursprünglichen Anmeldung ist betroffen.[77]

Ein Gesellschaftsvertrag, mit dem zunächst eine GmbH mit einem Stammkapital von **33** mindestens 25.000 EUR gegründet wurde, kann im Übrigen vor deren Eintragung in das Handelsregister auch insoweit abgeändert werden, als ein Stammkapital von weniger als 25.000 EUR vereinbart und somit **nunmehr** eine **Unternehmergesellschaft** gegründet wird.[78]

---

[67] GmbHR 2010, 755.
[68] So zu Recht *Herrler* GmbHR 2010, 960.
[69] Vgl. nur KG RNotZ 2012, 240; DNotI-Report 2018, 177 mwN; aA *Hasselmann* ZIP 2012, 1947; *Tonikidis* MittBayNot 2014, 514.
[70] Vgl. OLG Stuttgart GmbHR 2015, 487; zu den einzelnen Fallgruppen vgl. iÜ *Wachter* GmbHR 2003, 660.
[71] OLG Frankfurt a.M. ZIP 2017, 920.
[72] Zutreffend DNotI-Report 2018, 177 (178 ff.) mwN (str.).
[73] OLG München NZG 2010, 1427.
[74] Siehe ferner das Muster im MVHdB I GesR/*Böhm/Frowein* Form. IV.5.
[75] Anders *Priester* ZIP 1987, 280.
[76] BayObLG DNotZ 1989, 393.
[77] Vgl. BayObLG MittBayNot 1978, 22.
[78] OLG Frankfurt a.M. GmbHR 2011, 984 mAnm *Wachter*.

34 **3. Vorrats-GmbH.** Wird zum Zeitpunkt der Gründung keine konkrete Geschäftstätigkeit der GmbH geplant oder wird bewusst ein falscher Unternehmensgegenstand angegeben, droht die Nichtigkeitsklage nach § 75 GmbHG und die Amtslöschung nach § 399 FamFG. Deshalb ist eine **„offene" Vorratsgründung** angezeigt, bei der der Vorratscharakter der GmbH durch entsprechende Abfassung des Unternehmensgegenstandes offen gelegt wird (zB „Verwaltung des eigenen Vermögens").[79] Zur Veräußerung von Geschäftsanteilen an einer Vorrats-GmbH → Rn. 494 ff.

35 **4. Auslandsbeurkundung.** Jedenfalls bei statusrelevanten Maßnahmen wie insbes. der Gründung der GmbH ist eine **Auslandsbeurkundung** nach hM **nicht zulässig.**[80] Auf derartige organisationsrechtliche Vorgänge findet in teleologischer Reduktion des Art. 11 Abs. 1 EGBGB ausschließlich die **Geschäftsform** Anwendung. Die Anwendung eines weniger strengen Ortsrechts würde die Formzwecke des Gesellschaftsstatuts nicht hinreichend berücksichtigen. Auf Grundlage des Geschäftsstatuts können die deutschen Gründungsvorschriften auch nicht durch eine ausländische Urkundsperson substituiert werden, selbst wenn die Stellung des Notars und das Beurkundungsverfahren mit dem deutschen gleichwertig sind. Eine **Substitution** ist **nicht statthaft,** da organisationsrechtliche Vorgänge im Gesellschaftsrecht nicht nur die Interessen der direkt an dem Geschäft beteiligten Parteien, sondern darüber hinaus auch Interessen Dritter wie etwa der gegenwärtigen oder künftigen Mitgesellschafter oder der Gläubiger betreffen. Gesichtspunkte der Rechtssicherheit und des Verkehrsschutzes spielen hier eine wesentliche Rolle.[81] Darüber hinaus ist auch die Zulässigkeit der Beurkundung einer **Geschäftsanteilsabtretung** im Ausland spätestens seit Inkrafttreten des MoMiG durch die Einführung der notariell bescheinigten Liste gemäß § 40 Abs. 2 GmbHG wieder äußerst fraglich geworden (ausf. → Rn. 459 ff.).[82]

5. Kaskadengründung

36 Beispiel:

X gründet eine X1 GmbH mit einem Stammkapital von 25.000 EUR. Die X1 GmbH errichtet ihrerseits am selben Tag die X2 GmbH als 100 %-ige Tochtergesellschaft mit einem Stammkapital von ebenfalls 25.000 EUR unter Verwendung der vorher von X bei der X1 GmbH einzuzahlenden Bareinlage. Die X2 GmbH gründet direkt anschließend mit gleicher Verfahrensweise eine X3 GmbH usw.

36a Derartige „Kaskaden-", „Stafetten-" bzw. „Pyramidengründungen" durch mehrmalige Verwendung der gleichen baren Stammeinlage erscheinen im Hinblick auf das Erfordernis der **freien Verfügbarkeit** der Einlageleistung und das etwaige Vorliegen einer **verdeckten Sacheinlage** auf den ersten Blick problematisch. Die überwiegende Ansicht in der Literatur hält die sofortige Investition des Kapitals in die Tochtergründung jedoch für zu-

---

[79] Vgl. BGH DB 1992, 1228 und dazu *Kraft* DStR 1993, 101.
[80] Eingehend Scholz/*Cramer* GmbHG § 2 Rn. 15 ff. mit zahlreichen Nachweisen; vgl. ferner AG Berlin-Charlottenburg GmbHR 2016, 223; hierzu *Becker* NotBZ 2016, 321 (322 ff.) mit detaillierter Untersuchung der Gleichwertigkeit Berner Notare; aA war die Folgeinstanz KG DNotZ 2019, 134 mit kritischer Anm. *Diehn* (näher dazu → Rn. 460). Die Entscheidung des KG ist in der Literatur äußerst kritisch aufgenommen worden, vgl. *Cramer* DStR 2018, 746; *Cziupka* EWiR 2018, 137; *Heckschen* DB 2018, 685; *Hermanns* RNotZ 2018, 271; *Herrler* NJW 2018, 1787; *Kindler* NZG 2018, 1; *Lieder* ZIP 2018, 805; *Stelmaszczyk* GWR 2018, 103; *Szalai* GWR 2018, 137; *Weber* MittBayNot 2018, 215; *Wicke* GmbHR 2018, 380.
[81] Vgl. nur Hauschild/Kallrath/Wachter/*Terbrack* NotarHdB § 16 Rn. 66 ff.; *König/Götte/Bormann* NZG 2009, 881 (883 f.); *Lieder* ZIP 2018, 805 (810 ff.) jeweils mwN.
[82] Vgl. LG Frankfurt a.M. DNotZ 2009, 949 ff. mAnm *Bayer* DNotZ 2009, 887 ff. sowie die Nachweise bei → Rn. 459 ff.

lässig.[83] Zum einen sind schuldrechtliche Verwendungsabsprachen unschädlich, wenn sie allein der Investitionsentscheidung der Gesellschafter dienen. So hat der BGH[84] die freie Verfügbarkeit der Bareinlage für den Fall bejaht, dass eine Kapitalerhöhung von vornherein dem Zweck dient, einen Geschäftsanteil an einer tags zuvor gegründeten GmbH zu kaufen. Zum anderen fließt die Einlage gerade nicht zurück an den Gesellschafter, sondern in das Vermögen einer juristisch selbständigen Tochtergesellschaft.[85]

Wenn die Gesellschaften vor Eintragung keine Geschäfte tätigen, wird durch die Kaskadengründung auch keine **Unterbilanzhaftung** ausgelöst, da sie aus Sicht des Gründers lediglich einen Aktivtausch (Bankkonto gegen Beteiligung) darstellt. Voraussetzung dafür ist allerdings, dass für die anfallenden Gründungskosten ein zusätzlicher Betrag in die Rücklage der jeweils zu gründenden Gesellschaft einbezahlt wird, so dass im Ergebnis für jede neue Gesellschaft das volle Stammkapital oder der gemäß Satzung einzuzahlende Teil desselben zur Verfügung steht. Dies sollte in der jeweiligen Gründungsurkunde und der Registeranmeldung vermerkt werden, um Probleme beim Nachweis der Kapitalaufbringung zu vermeiden. Die Kosten für die jeweils eigene Gründung können die Gesellschaften dann bei entsprechender satzungsmäßiger Grundlage selbst tragen.[86] Alternativ können die Gründungskosten der Muttergesellschaft auch von den Gründern getragen werden, so dass deren volles Stammkapital für die Gründung der Tochtergesellschaft zur Verfügung steht. **36b**

> **Formulierungsbeispiel: Ergänzende Einzahlungsverpflichtung** **36c**
>
> Aufgrund einer entsprechenden Investitionsentscheidung der Gesellschafter wird die Gesellschaft am heutigen Tage eine Tochter-GmbH errichten, welche ihrerseits eine Enkel-GmbH gründen wird (sog. „Kaskadengründung"). In Anbetracht der für die Errichtung der Gesellschaft und der Tochter-GmbH sowie der Enkel-GmbH anfallenden Gründungskosten verpflichten sich die Gesellschafter im Verhältnis ihrer Beteiligung an der Gesellschaft hiermit wechselseitig, nicht aber gegenüber der Gesellschaft, zusätzlich zu der in der Satzung festgelegten Einzahlung auf das Stammkapital einen hinreichend hohen Betrag in die freie Kapitalrücklage der Gesellschaft nach § 272 Abs. 2 Nr. 4 HGB einzuzahlen, so dass aus dem insgesamt eingezahlten Betrag sowohl die laut Satzung zu erbringenden Stammeinlagen als auch sämtliche Gründungskosten der Gesellschaft und der Tochter-GmbH sowie der Enkel-GmbH beglichen werden können, ohne dass dadurch eine Unterbilanz bei einer der Gesellschaften entsteht.

Die Gründungen können **direkt nacheinander** beurkundet werden; ein Abwarten der Eintragung der jeweiligen Muttergesellschaft ist nicht erforderlich. Die Vor-GmbH ist bereits rechtsfähig und kann als vollwertige Rechtsträgerin unmittelbar nach Abschluss ihres Gesellschaftsvertrages weitere GmbHs gründen. Allerdings ist zu beachten, dass die Geschäftsführungs- und Vertretungsbefugnis der bestellten Geschäftsführer vor Eintragung auf die zur Entstehung der GmbH erforderlichen Handlungen beschränkt ist.[87] Demzufolge muss diese Befugnis durch Satzungsregelung, Festlegung in der Gründungsurkunde oder Gesellschafterbeschluss erweitert werden, wobei der Beschluss im Falle einer Einpersonen-Gründung wegen § 180 BGB vor Errichtung der betreffenden Tochtergesellschaft zu fassen ist.[88] Ferner sollte der Zeitpunkt der Vorlage der jeweiligen Registeranmeldung **36d**

---

[83] Siehe jeweils mit zahlreichen weiteren Nachweisen DNotI-Report 2015, 73 und *Priester* DStR 2016, 1555 sowie aus der Rspr. KG NZG 2004, 826.
[84] DNotZ 1993, 616 (619).
[85] Näher *Priester* DStR 2016, 1555.
[86] Siehe DNotI-Report 2015, 73 (75).
[87] Siehe nur Lutter/Hommelhoff/*Bayer* GmbHG § 11 Rn. 11, 14. Zur Erteilung einer Prokura durch die Geschäftsführer vor Eintragung der GmbH vgl. DNotI-Gutachten Nr. 160688. Zur Vertretung der Vor-GmbH vor Geschäftsführerbestellung DNotI-Report 2019, 32.
[88] Vgl. DNotI-Report 2015, 73 (74) mwN.

im Hinblick auf die Richtigkeit der Geschäftsführerversicherung mit der Gutschrift des Stammkapitals auf dem Konto der jeweiligen Gesellschaft korrespondieren.

36e   Formulierungsbeispiel: Ermächtigung der Geschäftsführer

Ʊ Jeder bestellte Geschäftsführer ist ausdrücklich ermächtigt, auch schon vor Eintragung der Gesellschaft im Handelsregister namens der Gesellschaft eine Tochter-GmbH zu errichten und sich dort selbst zum einzelvertretungsberechtigten und von den Beschränkungen des § 181 BGB befreiten Geschäftsführer zu bestellen.

36f   Formulierungsbeispiel: Versicherung in der Registeranmeldung

Ʊ Es wird auf den Zeitpunkt des Zugangs der Versicherung beim Registergericht versichert, dass ein Betrag iHv insgesamt *** EUR auf ein Konto der Gesellschaft in Gründung eingezahlt wurde, und zwar auf die Stammeinlage des Gesellschafters *** in Höhe von insgesamt *** EUR ein Betrag von *** EUR und auf die Stammeinlage des Gesellschafters *** in Höhe von insgesamt *** EUR ein Betrag von *** EUR. Die Einzahlung ist auf sämtliche Geschäftsanteile in gleicher Höhe erfolgt.

Im Hinblick auf die am heutigen Tage erfolgende Errichtung einer Tochter-GmbH durch die hier zur Eintragung angemeldete GmbH und die am heutigen Tage erfolgende Errichtung einer Enkel-GmbH durch die Tochter-GmbH sowie die geplante Verwendung des eingezahlten Stammkapitals zur Erbringung der Stammeinlage bei der Tochter-GmbH und anschließend bei der Enkel-GmbH (sog. „Kaskadengründung") wird ergänzend folgendes versichert: In Anbetracht der für die Errichtung der hier angemeldeten Gesellschaft und der Tochter-GmbH sowie der Enkel-GmbH anfallenden Gründungskosten wurde zusätzlich zu der vorstehend beschriebenen Einzahlung auf das Stammkapital ein hinreichend hoher Betrag in die freie Kapitalrücklage der Gesellschaft nach § 272 Abs. 2 Nr. 4 HGB einbezahlt, so dass aus dem insgesamt eingezahlten Betrag sowohl die laut Satzung zu erbringenden Stammeinlagen als auch sämtliche Gründungskosten beglichen werden können, ohne dass dadurch eine Unterbilanz bei einer der Gesellschaften entsteht.

Weiter wird versichert, dass sich der eingezahlte Betrag – vorbehaltlich der Investitionsentscheidung der Gesellschafter zur Verwendung für die geplante Gründung der Tochter-GmbH und der Enkel-GmbH – endgültig in der freien Verfügung der Geschäftsführung befindet und nicht an die Gesellschafter zurückgewährt wurde. Das Anfangskapital ist mit Ausnahme der von der Gesellschaft gemäß der Satzung übernommenen Gründungskosten und der übernommenen Einlageverpflichtung bei der Tochter-GmbH durch Verbindlichkeiten bisher nicht vorbelastet. Sacheinlagen sind nicht zu leisten.

36g   Bei Kapitalerhöhungsvorgängen gelten im Hinblick auf eine wechselseitige Beteiligung Sonderregelungen (dazu → Rn. 369). Eine wechselseitige Beteiligung zu 100% ist wohl unzulässig, weil dadurch sog. **„Keinmann-Gesellschaften"** entstünden.[89]

37   6. Schuldrechtliche Nebenabreden. Neben der Satzung können ergänzend rein schuldrechtliche **Gesellschaftervereinbarungen** abgeschlossen werden.[90] Anwendungsfälle für solche Nebenabreden sind Pool-Vereinbarungen (insbes. als Familienpool mit Stimmbindungsabreden[91]), Konsortialverträge, Mitarbeiterbeteiligungsverträge oder Grundlagenvereinbarungen zu einer Investition durch Finanzinvestoren.

---

[89] Näher DNotI-Report 2013, 13.
[90] Hierzu ausf. *Wälzholz* GmbHR 2009, 1020.
[91] Hierzu *Klein-Wiele* NZG 2018, 1401; *Kramer* GmbHR 2010, 1023.

Solche Nebenabreden können die Satzung überlagern. So kann bspw. im Wege einer 38
schuldrechtlichen Nebenabrede **abweichend von der Satzung** eine geringere Abfindungshöhe für den Fall des Ausscheidens vereinbart werden. In diesem Fall kann die Gesellschaft diese Abrede gemäß § 328 BGB einem Gesellschafter entgegenhalten, der trotz
seiner schuldrechtlichen Bindung aus der von ihm mit getroffenen Nebenabrede auf die
in der Satzung festgelegte höhere Abfindung klagt.[92]

E. Einzelheiten zur Satzungsgestaltung

I. Firma

Nach § 4 GmbHG ist der GmbH ihre Firmierung freigestellt. Die Gesellschaft muss le 39
diglich einen Hinweis auf die Haftungsbeschränkung in die Firma aufnehmen. Im Übrigen richtet sich die Firmenbildung nach allgemeinen Grundsätzen. Nach § 18 Abs. 1
HGB muss die Firma zur Kennzeichnung des Kaufmanns geeignet sein (**„Namensfunktion"**), **Unterscheidungskraft** besitzen (siehe auch § 30 HGB) und darf **nicht irreführend** sein.[93]

Nach den vorstehenden Grundsätzen kann die GmbH eine **Sachfirma, Personenfir** 40
ma oder gemischte Firma bilden. Bei einer Personenfirma wirkt die Aufnahme von
Namen von Nichtgesellschaftern in die Firma nicht täuschend iSd § 18 Abs. 2 S. 1
HGB.[94] Wird eine Sachfirma geführt, muss diese dem Gegenstand des Unternehmens
entlehnt sein und eine hinreichende Unterscheidungskraft gegenüber anderen Firmen haben (individualisierender Zusatz durch Buchstabenkombination, Phantasienamen oder
Ortsbezeichnungen etc). Auch reine Phantasienamen ohne Bezug zum Unternehmensgegenstand sind zulässig. Bestimmte Firmenbestandteile können iÜ für bestimmte Unternehmen monopolisiert sein, so zB die Bezeichnungen „Kapitalverwaltungsgesellschaft",
„Investmentvermögen", „Investmentfonds" oder „Investmentgesellschaft" oder eine Bezeichnung, in der diese Begriffe enthalten sind, für Verwaltungsgesellschaften im Sinne des
Kapitalanlagegesetzbuchs.[95]

Im Zusammenhang mit der Frage der Kennzeichnungseignung problematisch sind 41
Fälle, in denen eine **nicht aussprechbare Bezeichnung** oder Bildzeichen Firmenbestandteil werden sollen. So wurde einer Buchstabenkombination aus „AAA…" die Namensfunktion abgesprochen.[96] Das @-Zeichen hingegen hat inzwischen hinreichende
Verkehrsgeltung.[97]

Fehlende Unterscheidungskraft ist insbes. anzunehmen bei Sachfirmen, die eine blo 42
ße Gattungs- oder Branchenbezeichnung enthalten (Bsp.: „Profi-Handwerker GmbH"[98]).
Dies gilt auch, wenn es die erste Firma im Gerichtsbezirk betreffen würde.[99] Einer rein aus
Ziffern bestehenden Firma wie etwa „23 GmbH" fehlt es ebenfalls an Unterscheidungskraft.[100] Im Übrigen sind Ordnungszahlen ein zulässiges Unterscheidungskriterium, zB „J II
GmbH".[101]

Das **Verbot einer Irreführung** (zB über Art und Umfang des Geschäfts oder die Ver 43
hältnisse des Geschäftsinhabers) gilt umfassend für die ganze Firma und jeden ihrer Be

[92] BGH DNotZ 2011, 135; dazu unter anderem *Leitzen* RNotZ 2010, 566.
[93] Dazu unter anderem Hauschild/Kallrath/Wachter/*Hauschild/Kallrath* NotarHdB § 16 Rn. 142 ff.; *Kiesel et al.* DNotZ 2015, 740.
[94] Dazu ausf. Gutachten des DNotI zu § 4 GmbHG Nr. 48406.
[95] Siehe § 3 KAGB; dazu *Poelzig/Volmer* DNotZ 2014, 483 (488 f.).
[96] Vgl. unter anderem OLG Celle GmbHR 1999, 412; OLG München NZG 2007, 320 für den e.V.
[97] Vgl. LG München MittBayNot 2009, 315; *Krafka/Kühn* RegisterR Rn. 215; ablehnend noch OLG Braunschweig EWiR 2001, 275 und BayObLG DNotZ 2001, 813.
[98] BayObLG NZG 2003, 1029.
[99] Vgl. *Meyding/Schnorbus/Henning* ZNotP 2006, 122 (125).
[100] KG DB 2013, 1662.
[101] Siehe OLG Hamm NZG 2013, 997 für eine KG.

standteile (§ 18 Abs. 2 HGB).[102] Das Registergericht darf die Eignung zur Irreführung nur berücksichtigen, wenn sie ersichtlich ist (§ 18 Abs. 2 S. 2 HGB). Beispiele sind geografische Bezeichnungen, die nicht dem tatsächlichen Wirkungskreis entsprechen, Bezeichnungen, die über die tatsächliche Größe des Unternehmens hinwegtäuschen (zB Bezeichnung „Group" beim Einzelunternehmer)[103] oder Begriffe, die den falschen Eindruck erwecken, es handele sich um eine staatliche, insbes. universitäre oder kirchliche Einrichtung (zB „Institut").[104] Die Aufnahme einer Ortsangabe in die Firma verstößt jedoch regelmäßig auch dann nicht gegen das Irreführungsverbot, wenn die Gesellschaft in diesem Ort keine führende oder besondere Stellung innehat (zB „Münchner Hausverwaltung GmbH" für eine Gesellschaft mit Sitz in einer Nachbargemeinde von München[105]). Die Nutzung des Eigennamens eines Nichtgesellschafters durch eine GmbH & Co. KG kann ebenfalls zulässig sein, insbes. wenn die maßgebenden Verkehrskreise mangels Kenntnis dieser Person ein Vertrauen mit ihr nicht verbinden.[106] Dies gilt jedenfalls wenn dieser tatsächlich maßgebenden Einfluss auf die Gesellschaft hat.[107] Sogar die Verwendung des Namens einer fiktiven Person kann zulässig sein, da die Gesellschafter einer GmbH wegen der beschränkten Haftung für den maßgeblichen Durchschnittsadressaten nicht von wesentlicher Bedeutung sind. Dies soll jedenfalls dann gelten, wenn die betroffenen Verkehrskreise den verwendeten Namen nicht einer bestimmten Person zuordnen können.[108] Schließlich kann jedenfalls nach Ansicht des Kammergerichts nicht beanstandet werden, wenn durch eine Änderung des Gegenstandes die Firma irreführend wird; eine für sich genommen ordnungsgemäße Gegenstandsänderung ist einzutragen.[109]

44   Die Zusätze **„Partnerschaft"** sowie „& Partner" bzw. „u. Partner" sind nach § 11 Abs. 1 PartGG monopolisiert. Neue Gesellschaften mit einem Partnerzusatz in der Firma dürfen seit dem 1.7.1995 nur noch in der Rechtsform einer Partnerschaftsgesellschaft gegründet werden[110] (unzulässig zB „Partner Logistics Immobilien GmbH"[111] oder „XY Capital Partners GmbH"[112]). Altgesellschaften dürfen die Bezeichnung jedoch fortführen.[113] Wird der Begriff „Partner" lediglich als Bestandteil eines zusammen gesetzten Wortes verwendet, kann dies eine Verwechslung mit dem Rechtsformzusatz „und Partner" ausschließen.[114]

45   Die vielfach verwendete Bezeichnung **„gGmbH"** für eine gemeinnützige GmbH ist gemäß **§ 4 S. 2 GmbHG** zulässig, wenn die Gesellschaft ausschließlich und unmittelbar steuerbegünstigte Zwecke nach den §§ 51−68 AO verfolgt.[115] Mangels klarer gesetzlicher Regelung ist demgegenüber die Zulässigkeit der Firmierung einer gemeinnützigen haftungsbeschränkten Unternehmergesellschaft als „gUG (haftungsbeschränkt)" fraglich.[116]

46   Für **haftungsbeschränkte Unternehmergesellschaften** mit einem Stammkapital von weniger als 25.000 EUR ist § 5a Abs. 1 GmbHG zu beachten. Danach muss in der Firma die Bezeichnung „Unternehmergesellschaft (haftungsbeschränkt)" oder „UG (haftungsbeschränkt)" enthalten sein. So wird dem Rechtsverkehr kenntlich gemacht, dass ein im Vergleich zur „normalen" GmbH niedrigeres Stammkapital als Haftungsmasse zur Ver-

---

102 Zum Ganzen *Meyer* ZNotP 2009, 250.
103 OLG Schleswig NZG 2012, 34.
104 BayObLG DNotZ 1986, 172 und BayObLG DB 1990, 1661.
105 OLG München MittBayNot 2010, 332.
106 Vgl. OLG Düsseldorf NZG 2017, 350; OLG Rostock NZG 2015, 243.
107 OLG Karlsruhe notar 2010, 303.
108 Siehe OLG Jena DNotZ 2010, 935; vgl. ferner *Kögel* GmbHR 2011, 16.
109 KG GmbHR 2016, 707: C. Coffee Group GmbH ändert den Gegenstand unter anderem in Erwerb und Verkauf eigener Immobilien sowie den Export und Import von Parfüms und Kosmetik.
110 Vgl. BGH DNotZ 1997, 985.
111 OLG Düsseldorf GmbHR 2010, 38.
112 KG NZG 2018, 1235.
113 Vgl. BayObLG DNotZ 2003, 458.
114 OLG München NZG 2007, 770: „GV-Partner".
115 Anders noch OLG München NJW 2007, 1601.
116 Vgl. hierzu DNotI-Report 2013, 181.

fügung steht.[117] Dabei ist der nach § 5a Abs. 1 GmbHG zwingend vorgeschriebene Firmenzusatz nach unbestrittener Auffassung exakt und buchstabengetreu einzuhalten. Die Zwischeneinfügung anderer Namensbestandteile wie zB in „Müller Unternehmergesellschaft für Internetdienstleistungen (haftungsbeschränkt)" ist unzulässig.[118] Auch nach einer Erhöhung des Stammkapitals über die Schwelle von 25.000 EUR besteht nach hM kein Zwang zur Änderung des Rechtsformzusatzes in „GmbH", sondern die Gesellschaft kann die bisherige Firma samt Rechtsformzusatz beibehalten.[119] Regelmäßig wird man diese jedoch im Zuge der Kapitalerhöhung ändern, um den „Makel" der geringen Kapitalausstattung zu beseitigen.

Insgesamt gesehen empfiehlt sich folgender **Prüfungskatalog:** 47
– Ist die Firmenbildung nach §§ 4, 5a GmbHG iVm § 18 Abs. 1 HGB zulässig?
– Führt die Firmenbildung zur Täuschung des Rechtsverkehrs (§ 18 Abs. 2 HGB)?
– Unterscheidet sich die Firma deutlich von anderen bereits in derselben Gemeinde bestehenden Firmen (§ 30 HGB); besteht Verwechslungsgefahr mit sonstigen Unternehmen (UWG, markenrechtlicher Schutz)?

Hat das Registergericht Zweifel an der Zulässigkeit der Firma, wird die örtlich zuständige 48 **Industrie- und Handelskammer** angehört (§ 23 S. 2 HRV). Um unnötige Verzögerungen zu vermeiden, sollte daher jedenfalls in Zweifelsfällen schon vor der Gründung eine Stellungnahme der IHK eingeholt werden, welche dann dem Registergericht mit vorgelegt werden kann.[120]

Praxishinweis Kosten:

Für die auftragsgemäße Einholung der IHK-Stellungnahme fiel nach der Kostenordnung eine Betreuungsgebühr aus § 147 Abs. 2 KostO an.[121] Nach dem Gerichts- und Notarkostengesetz wird die Vollzugsgebühr Nr. 22110, 22111 KV GNotKG ausgelöst (str.).

Zusätzlich sollte man den Beteiligten empfehlen, die Firma auch in markenrechtlicher 49 Hinsicht prüfen zu lassen. Markenrecherchen können über folgende Online-Datenbanken durchgeführt werden:
– http://register.dpma.de/DPMAregister/marke/uebersicht (Deutsches Patent- und Markenamt, München);
– https://oami.europa.eu/ohimportal/de/ (Amt der EU für die Eintragung von Marken und Geschmacksmustern, Alicante);
– http://www.wipo.int/madrid/en/services/madrid_express.htm (World Intellectual Property Organization, Genf).

II. Sitz

Einen **(Satzungs-)Sitz** der Gesellschaft im Inland können die GmbH-Gesellschafter im 50 Gesellschaftsvertrag frei bestimmen. Die in § 4a Abs. 2 GmbHG aF enthaltene Einschränkung auf den Ort, an dem sich ein Betrieb oder die Geschäftsleitung der GmbH befindet oder an dem die Verwaltung geführt wird, wurde im Rahmen des MoMiG aufgehoben. Folglich kann die Gesellschaft nun einen **Verwaltungssitz** (im In- oder Ausland[122]) wäh-

---

[117] Zu den Haftungsfolgen bei unrechtmäßiger Firmierung als GmbH vgl. BGH DNotZ 2013, 54; *Meckbach* NZG 2011, 968 sowie ausf. → Rn. 271.
[118] Vgl. OLG Hamburg NZG 2011, 872.
[119] Vgl. § 5a Abs. 5 Hs. 2 GmbHG; vgl. Baumbach/Hueck/*Fastrich* GmbHG § 5a Rn. 35; aA *Goette,* Einführung in das neue GmbH-Recht, 2008, Rn. 47, nach dessen Ansicht zwar die Firma, nicht aber der Rechtsformzusatz beibehalten werden darf.
[120] Zum Firmenrecht in der IHK-Praxis vgl. *Kiesel et al.* DNotZ 2015, 740.
[121] BGH ZIP 2012, 720.
[122] Hierzu *Meckbach* NZG 2014, 526.

len, der nicht notwendig dem Satzungssitz entspricht.[123] Bei Personengesellschaften ist demgegenüber eine Divergenz von Satzungs- und Verwaltungssitz ebenso wenig möglich wie eine vom Satzungssitz abweichende inländische Geschäftsanschrift.[124]

51   Mit der Neuregelung wurden somit gleiche Ausgangsbedingungen wie für EU-Auslandsgesellschaften geschaffen, denen schon auf Grund der EuGH-Urteile in Sachen „Centros",[125] „Überseering",[126] „Inspire-Art"[127] und „Sevic-Systems"[128] die Verlegung ihres effektiven Verwaltungssitz in das EU-Ausland, dh der **Zuzug** in einen anderen Mitgliedstaat **gestattet** ist.[129] Ob Voraussetzung für eine Eröffnung des Schutzbereichs der Niederlassungsfreiheit für Scheinauslandsgesellschaften – wie die EuGH-Entscheidungen in Sachen „Cadburry/Schweppes"[130] und „Vale"[131] nahe legen – die tatsächliche Ausübung einer nennenswerten wirtschaftlichen Tätigkeit mittels einer festen Einrichtung auf unbestimmte Zeit im Gründungsstaat (**„genuine link"**) ist,[132] erscheint nach der EuGH-Entscheidung in Sachen „Polbud" (wieder) fraglich.[133] Danach kann ein grenzüberschreitender Rechtsformwechsel selbst dann zulässig sein, wenn die Gesellschaft nur ihren satzungsmäßigen Sitz, nicht aber auch ihren tatsächlichen Verwaltungssitz in einen anderen Mitgliedstaat verlegt. Der Schutz der Niederlassungsfreiheit besteht insoweit unabhängig von einer realen Niederlassung, dh einer *wirtschaftlichen Tätigkeit im Zuzugsstaat*.

52   Der Satzungssitz einer deutschen GmbH kann hingegen de lege lata nicht ins Ausland verlegt werden. Aus europarechtlicher Sicht steht es dem Wegzugsstaat nämlich frei, den für die Verleihung der Rechtsfähigkeit nach nationalem Recht erforderlichen Anknüpfungspunkt zu definieren und somit auch einen Wegzug einer Gesellschaft unter Mitnahme des nationalen Rechtskleides in einen anderen Mitgliedstaat zu untersagen (**grenzüberschreitende Sitzverlegung**).[134] Entgegen der liberalen Tendenz in den Zuzugskonstellationen hat der Gerichtshof mit seinem Urteil in der Rechtssache Cartesio[135] die vielfach schon für überholt gehaltenen Grundsätze für den Wegzug von Gesellschaften aus der Daily-Mail-Entscheidung[136] bekräftigt. Danach sind die Mitgliedstaaten in der Entscheidung weitgehend frei, welche Anforderungen sie an die Gründung und die Fortexistenz einer nach ihrem Recht bestehenden Gesellschaft stellen. Mithin sind Wegzugsbeschränkungen für Gesellschaften grundsätzlich nicht an Art. 49, 54 AEUV zu messen.

53   Die Autonomie des Herkunftsstaates endet allerdings dort, wo die Gesellschaft im Zuge des Wegzugs bereit ist, das Rechtskleid des Heimatstaates aufzugeben und das Rechtskleid des Zielstaates anzunehmen. Daher unterfallen sämtliche Varianten der Herausumwandlung innerhalb von EU und EWR dem Schutzbereich der Niederlassungsfreiheit, auch wenn die deutsche Rechtsordnung bislang mit §§ 122a ff. UmwG lediglich für grenzüberschreitende Verschmelzungen von Kapitalgesellschaften ein Verfahren bereit-

---

[123] Zur Verlegung des Verwaltungssitzes und der inländischen Geschäftsanschrift ausf. *Leitzen* RNotZ 2011, 536.
[124] Vgl. BGH WM 1957, 999; OLG Schleswig DNotI-Report 2012, 49.
[125] DNotZ 1999, 593.
[126] DNotZ 2003, 139.
[127] DNotZ 2004, 55.
[128] DNotZ 2006, 210.
[129] Ausf. zur grenzüberschreitenden Sitzverlegung („outbound" und „inbound") aus zivilrechtlicher und steuerlicher Sicht mit Fallgruppenbildung und Länderübersicht Widmann/Mayer/*Schießl*/*Weiler* UmwR Bd. 9 Anh. 7 „Grenzüberschreitende Sitzverlegung".
[130] NZG 2006, 835.
[131] NZG 2012, 871.
[132] Zum Ganzen *König*/*Bormann* NZG 2012, 1241; aA *Teichmann* ZGR 2011, 639 (669 ff.), der die Gründung einer „Briefkastengesellschaft" nach wie vor für zulässig erachtet, sofern ihr Heimatrechtsstaat dies erlaubt.
[133] EuGH NZG 2017, 1308 mAnm *Wachter*. Zum Ganzen *Bayer*/*J. Schmidt* ZIP 2017, 2225; *Feldhaus* BB 2017, 2819; *Stelmaszczyk* EuZW 2017, 890.
[134] Ausf. Widmann/Mayer/*Schießl*/*Weiler* UmwR Bd. 9 Anh. 7 „Grenzüberschreitende Sitzverlegung" Rn. 137 ff.
[135] EuGH DNotZ 2009, 553.
[136] EuGH NJW 1989, 2186.

stellt.[137] Spätestens seit den Entscheidungen in Sachen „Vale"[138] und „Polbud"[139] steht fest, dass ein **grenzüberschreitender Formwechsel** „in beide Richtungen", also sowohl aus der Perspektive des Herkunftsstaates als auch aus der Perspektive des Aufnahmestaates von der Niederlassungsfreiheit geschützt ist.[140] Dies wurde unter anderem durch das OLG Nürnberg[141] für den Fall des grenzüberschreitenden Formwechsels einer luxemburgischen S.à.r.l. in eine deutsche GmbH in Sachen „Moor Park II" bestätigt, auf den das Gericht im Wesentlichen die §§ 190 ff. UmwG für entsprechend anwendbar hielt.[142] Das Kammergericht hält für den Formwechsel einer französischen S.à.r.l. in eine deutsche GmbH ebenfalls die deutschen Vorschriften über den Formwechsel einer Kapitalgesellschaft in eine GmbH für anwendbar, eine zusätzliche Beachtung der Vorgaben der SE-VO über den grenzüberschreitenden Formwechsel einer Europäischen Aktiengesellschaft hingegen nicht für notwendig.[143] Im Einklang damit hat das OLG Frankfurt auch den Herausformwechsel einer deutschen GmbH in eine italienische Società a responsabilita limitata (S.r.l.) unter Zugrundelegung der Rechtsprechung des EuGH zu Art. 49, 54 AEUV für zulässig erachtet.[144]

Um im Zuge dieser Mobilitätserleichterungen Missbräuche zu vermeiden, hat das Mo- 54 MiG die **Zustellungsmöglichkeiten** in Deutschland wesentlich erleichtert (vgl. § 35 Abs. 1 S. 2 GmbHG und § 10 Abs. 1 S. 1 GmbHG, § 15a HGB sowie § 185 Nr. 2 ZPO). Ferner ist eine **inländische Geschäftsanschrift** im Handelsregister einzutragen (§ 8 Abs. 4 Nr. 1 GmbHG, § 31 Abs. 1 HGB; näher → Rn. 193). Jede Veränderung der Anschrift ist ebenfalls durch die Geschäftsführung beim Handelsregister anzumelden (→ Rn. 320).

III. Unternehmensgegenstand

Der Unternehmensgegenstand ist in der Satzung so konkret zu umschreiben, dass für die 55 beteiligten Wirtschaftskreise der **Schwerpunkt der Geschäftstätigkeit** hinreichend erkennbar wird.[145] Leerformeln wie „Handelsgeschäfte aller Art" oder „Produktion und Vertrieb von Waren aller Art"[146] sind nichts sagend und reichen nicht aus. Insbesondere muss erkennbar sein, ob (i) eine **Wettbewerbssituation** mit von Gesellschaftern und/oder Geschäftsführern anderweitig ausgeübten Tätigkeiten besteht (zum Wettbewerbsverbot → Rn. 78 ff.) und/oder (ii) für die Tätigkeit eine **staatliche Erlaubnis** bzw. Genehmigung erforderlich ist (zB nach § 2 GastG; § 3 GüKG; § 2 PBefG; § 34c Abs. 1 Nr. 4 GewO – Baubetreuung und Bauträgerschaft; § 34 Abs. 1 Nr. 1 GewO – Vermittlung von Grundstücken[147]). Der Hinweis, eine bestimmte erlaubnispflichtige Tätigkeit wie zB nach § 34c GewO oder KWG werde nicht ausgeübt, ist zulässig.[148]

---

[137] Zum Ganzen ausf. *Herrler* DNotZ 2009, 484.
[138] EuGH NZG 2012, 871.
[139] EuGH NZG 2017, 1308.
[140] Hierzu ausf. *Behme* NZG 2012, 936; *Teichmann* DB 2012, 2085; *Wicke* DStR 2012, 1756.
[141] DNotZ 2014, 150 mAnm *Hushahn*.
[142] Zum Ganzen mit Gestaltungshinweisen *Bungert/de Raet* DB 2014, 761; *Hermanns* MittBayNot 2016, 297; *Schaper* ZIP 2014, 810.
[143] KG ZIP 2016, 1223.
[144] OLG Frankfurt a.M. DNotZ 2017, 381 mit kritischer Anm. *Knaier*. Hierzu unter anderem *Rosner* EWiR 2017, 297; *Stiegler* GmbHR 2017, 392; *Winter/Marx/de Decker* DStR 2017, 1664; krit. *Teichmann* ZIP 2017, 1190.
[145] Zum Ganzen *Blasche* DB 2011, 517; *Hauschild/Kallrath/Wachter/Hauschild/Kallrath* NotarHdB § 16 Rn. 154 ff.
[146] BayObLG BB 1994, 1811 und GmbHR 1995, 722; vgl. auch OLG Düsseldorf DNotZ 2011, 444 sowie *Thomas* RNotZ 2011, 413.
[147] Vgl. die Übersicht bei *Elsing* notar 2012, 68 (69 ff.).
[148] Siehe nur OLG München ZIP 2012, 2107; MHLS/*J. Schmidt* GmbHG § 3 Rn. 19; Baumbach/Hueck/*Fastrich* GmbHG § 3 Rn. 8 aE.

56   Bei der **Komplementär-GmbH** einer GmbH & Co. KG ist nach hM und der neueren Rechtsprechung[149] weder eine nähere Bezeichnung der KG-Beteiligung und Geschäftsführertätigkeit noch eine Angabe des Unternehmensgegenstandes der KG erforderlich.

57   Bei einer GmbH, die ein **Handwerk** betreibt, ist die Eintragung in die Handwerksrolle einer staatlichen Genehmigung gleichzusetzen.[150]

58   Ist für den Gegenstand des Unternehmens eine **staatliche Genehmigung** erforderlich, so ist das Vorliegen der Genehmigung oder eines entsprechenden Vorbescheides – anders als vor der ersatzlosen Streichung von § 8 Abs. 1 Nr. 6 GmbHG aF durch das MoMiG – keine Eintragungsvoraussetzung mehr.[151] Spätere verwaltungsrechtliche Sanktionen wie Betriebsuntersagungen oder Bußgelder bleiben hiervon jedoch unberührt. Eine **Ausnahme** gilt im Bereich des Kreditwesens: Gemäß **§ 43 Abs. 1 KWG** dürfen Eintragungen in öffentliche Register nämlich nur vorgenommen werden, wenn dem Registergericht eine erforderliche Erlaubnis für das Betreiben von Bankgeschäften oder das Erbringen von Finanzdienstleistungen nach § 32 KWG nachgewiesen ist. Über den Verweis in § 3 Abs. 5 KAGB gilt § 43 Abs. 1 KWG auch für Kapitalanlagegesellschaften. Ist eine Tätigkeit nach § 32 KWG ausdrücklich vom Unternehmensgegenstand ausgenommen, kann die Vorlage eines Negativattests allerdings nicht gefordert werden.[152]

59   Die Satzung einer nach § 5 Abs. 1 Nr. 9 KStG steuerbegünstigten (= **gemeinnützigen**) Körperschaft muss die in der als Anlage 1 zu § 60 AO Gesetzesbestandteil gewordenen Mustersatzung bezeichneten Festlegungen enthalten. Generell ist zu empfehlen, vor der Gründung den Satzungsentwurf mit dem zuständigen Finanzamt abzustimmen.

IV. Geschäftsjahr

60   Bei der Gründung der GmbH während des Kalenderjahres und Übereinstimmung von Geschäfts- und Kalenderjahr bildet das erste Geschäftsjahr ein **Rumpfgeschäftsjahr.** Das Geschäftsjahr kann auch vom Kalenderjahr abweichen. Es darf nicht länger als zwölf Monate sein (§ 240 Abs. 2 S. 2 HGB). Dem Geschäftsjahr entspricht steuerrechtlich das Wirtschaftsjahr (§ 4a EStG, § 8b EStDV). Mitunter wird eine Regelung gewünscht, wonach das Geschäftsjahr bereits vor Gründung der Gesellschaft beginnen soll; dies ist nur in Einbringungs- bzw. Umwandlungsfällen mit der steuerlichen Rückbeziehung bis zu acht Monaten möglich (näher → Rn. 215 ff.).

61   Eine **spätere Änderung** des Geschäftsjahres ist notariell zu beurkundende Satzungsänderung iSv § 53 GmbHG.[153] Eine Satzungsbestimmung, welche die Geschäftsführung zur Änderung des Geschäftsjahres bevollmächtigt, ist demnach unwirksam, da die Satzungskompetenz nicht auf andere Gesellschaftsorgane übertragen werden kann.[154] Rückwirkende Kraft hat die Eintragung der Satzungsänderung nicht (§ 54 Abs. 3 GmbHG), so dass die Änderung des Geschäftsjahres vor Beginn des neuen Geschäftsjahres eingetragen werden muss.[155] Vereinzelt lassen die Registergerichte auch eine rechtzeitige Anmeldung ausreichen.[156] Die spätere Umstellung des steuerlichen Wirtschaftsjahres auf einen vom Kalenderjahr abweichenden Zeitraum kann nur im Einvernehmen mit dem Finanzamt

---

[149] Siehe nur BayObLG GmbHR 1995, 722 in einem obiter dictum; MHLS/*J. Schmidt* GmbHG § 3 Rn. 22; Baumbach/Hueck/*Fastrich* GmbHG § 3 Rn. 9. Anders noch BayObLG NJW 1976, 1694; OLG Hamburg BB 1968, 267.
[150] BGH DNotZ 1988, 506.
[151] Zum Ganzen *Weigl* DNotZ 2011, 169.
[152] Vgl. OLG München NZG 2012, 1314.
[153] Siehe LG Bonn NZG 2018, 549: Die schlichte Einreichung eines Jahresabschlusses für einen verkürzten Zeitraum sowie eine E-Mail ähnlichen Inhalts reichen nicht aus. Zur Zulässigkeit des Einschiebens von zwei Rumpfgeschäftsjahren im Zuge der Umstellung des Geschäftsjahres DNotI-Report 2018, 68.
[154] *Priester* GmbHR 1992, 584; aA OLG Stuttgart GmbHR 1992, 468.
[155] Vgl. OLG Frankfurt a.M. GmbHR 2014, 592 mAnm *Wachter;* Baumbach/Hueck/*Zöllner/Noack* GmbHG § 53 Rn. 60 mwN.
[156] Vgl. die Nachweise bei Scholz/*Priester* GmbHG § 54 Rn. 55.

erfolgen (§ 7 Abs. 4 S. 3 KStG; vgl. auch § 4a Abs. 1 Nr. 2 S. 2 EStG, § 8b EStDV).[157] Eine Umstellung auf das Kalenderjahr bedarf hingegen keiner Zustimmung.

V. Stammkapital und Geschäftsanteile

Stammkapital und Geschäftsanteile sind **zwingende Satzungsbestandteile,** vgl. § 3 **62** Abs. 1 Nr. 3 und Nr. 4 GmbHG. Zu differenzieren ist zwischen der Übernahme des Geschäftsanteils als gesellschaftsrechtlicher Beitrittserklärung einerseits und der damit verbundenen Verpflichtung zur Übernahme einer Einlage auf das Stammkapital (Stammeinlage) andererseits (vgl. zu dieser Diktion § 14 GmbHG).

Das **Mindeststammkapital** der GmbH beträgt 25.000 EUR (§ 5 Abs. 1 GmbHG). **63** Abweichend davon kann eine GmbH mit einem niedrigeren Stammkapital von mindestens 1 EUR gegründet werden, wenn dies durch die Bezeichnung „Unternehmergesellschaft (haftungsbeschränkt)" oder „UG (haftungsbeschränkt)" im Rechtsverkehr kenntlich gemacht wird (→ Rn. 271 ff.).

Die **Namen der Übernehmer** müssen im Satzungstext selbst erscheinen, ihre Aufführ- **64** ung im Gründungsprotokoll genügt nicht.[158] Allerdings können die Namen der Gründer sowie Zahl und Nennbeträge der Geschäftsanteile nach Eintragung der GmbH jederzeit durch Satzungsänderung getilgt werden, ohne dass eine Frist abzuwarten wäre.[159] Die Angaben über die Geschäftsanteile und die Personen ihrer Übernehmer können auch dann entfallen, wenn die Stammeinlagen noch nicht voll einbezahlt sind.[160]

Die Beschränkung auf einen Geschäftsanteil pro Gründungsgesellschafter ist mit In- **65** krafttreten des MoMiG weggefallen, so dass ein Gesellschafter nach Belieben **mehrere Geschäftsanteile** übernehmen kann. Die Höhe der Nennbeträge kann dabei unterschiedlich bestimmt werden. Verwendet man hingegen ein Musterprotokoll iSv § 2 Abs. 1a GmbHG, ist die Übernahme mehrerer Anteile verboten, da dort nur die Übernahme eines Anteils pro Gesellschafter vorgesehen ist.

Geschäftsanteile müssen auf volle Euro lauten (§ 5 Abs. 2 S. 1 GmbHG). Der Vorteil **66** einer **Zerlegung in möglichst kleine Geschäftsanteile** besteht im Wesentlichen darin, dass auch bei geringem Stammkapital kleinteilige Beteiligungsverhältnisse („14,65%") darstellbar werden. Außerdem wird die spätere (privatschriftlich mögliche) Teilung von Geschäftsanteilen als potentielle Fehlerquelle ausgeschaltet (hierzu → Rn. 97 f.). Auch wenn bei Einziehung und Kapitalherabsetzung Probleme mit Spitzenbeträgen auftauchen können, empfiehlt es sich daher, nur Geschäftsanteile mit einem Nennbetrag von 1 EUR zu schaffen.[161]

Die Bestimmtheit bei einer Anteilsabtretung oder anderen Vorgängen wird dadurch ge- **67** währleistet, dass sämtliche **Geschäftsanteile** in der vorzulegenden Gesellschafterliste **durchnummeriert** werden müssen (§ 8 Abs. 1 Nr. 3 GmbHG; ausf. dazu → Rn. 543).[162] Im Übrigen empfiehlt es sich, die Nummerierung zur Vermeidung von Missverständnissen auch in die Satzung aufzunehmen, obschon § 3 Abs. 1 Nr. 4 GmbHG keine derartige Pflicht statuiert.[163]

Auf jeden Geschäftsanteil ist eine Einlage in Höhe seines Nennbetrags zu leisten (§ 14 **68** S. 1 GmbHG). Als **Mindesteinlagen** sind bei der Bargründung auf jeden Geschäftsanteil je ein Viertel seines Nennbetrags (§ 7 Abs. 2 S. 1 GmbHG), insgesamt aber mindestens

---

[157] Zum insofern bestehenden Ermessen des Finanzamtes vgl. BFH MittBayNot 2010, 247 mAnm *Suttmann.*
[158] OLG Stuttgart DNotZ 1979, 359; *Winkler* DNotZ 1980, 578; wohl auch BayObLG DNotZ 1982, 177.
[159] Vgl. OLG Rostock NZG 2011, 992; OLG München ZIP 2010, 1902 sowie → Rn. 338.
[160] BayObLG DNotZ 1997, 506; Lutter/Hommelhoff/*Bayer* GmbHG § 53 Rn. 36; vgl. auch *Müller* GmbHR 1997, 923; aA OLG Hamm Rpfleger 1984, 274.
[161] So unter anderem *Förl* RNotZ 2008, 409 (416); dagegen unter anderem *Melchior* NotBZ 2010, 213 (214); zu Für und Wider dieser Lösung *Heckschen* MoMiG Rn. 395 ff.
[162] Zu den Problemen mangelnder Bestimmtheit des Vertragsgegenstandes einer Anteilsabtretung vgl. nur BGH NZG 2010, 908.
[163] Hierzu *Apfelbaum* notar 2008, 160 (163).

die Hälfte des Mindeststammkapitals, mithin 12.500 EUR einzuzahlen (§ 7 Abs. 2 S. 2 GmbHG). Werden nur die Mindesteinlagen erbracht, so sollte die Satzung eine Regelung über die Einzahlung der restlichen Stammeinlagen enthalten und dabei zweckmäßigerweise die Geschäftsführung zur Einforderung ermächtigen; andernfalls ist ein Gesellschafterbeschluss gemäß § 46 Nr. 2 GmbHG erforderlich.[164] Die Einlageforderung verjährt in zehn Jahren von ihrer Entstehung an (§ 19 Abs. 6 S. 1 GmbHG).[165]

69   Wird ein **Aufgeld** (Agio) nach § 3 Abs. 2 GmbHG vereinbart, so ist dieses in der Satzung zu bezeichnen („**echtes Agio**" oder „statuarisches Agio"[166]). Die Vorschriften zur Sicherung der Aufbringung und Erhaltung des Stammkapitals beziehen sich jedoch nur auf den Nennbetrag der übernommenen Geschäftsanteile, nicht auf das Aufgeld. Das Aufgeld ist als Kapitalrücklage auszuweisen (§ 272 Abs. 2 Nr. 1 HGB). Ein Nachweis gegenüber dem Registergericht betreffend die Leistung auf das Aufgeld ist nicht zu erbringen (anders bei der Aktiengesellschaft, vgl. §§ 36a Abs. 1, 37 Abs. 1 AktG).

70   Alternativ kann das Aufgeld insbes. im Rahmen von Kapitalerhöhungen auch durch rein schuldrechtliche Gesellschaftervereinbarung begründet werden (**„schuldrechtliches Agio"**).[167] Ein schuldrechtliches Agio kann vereinbart werden entweder außerhalb des Gesellschaftsvertrags im Rahmen schuldrechtlicher Nebenabreden oder innerhalb der Satzung mit der Klarstellung, dass damit nur Verbindlichkeiten der Gesellschafter untereinander begründet werden sollen (sog. „unechter Satzungsbestandteil").[168]

71   Bei Aufnahme des echten Agio in die Satzung wird eine Verbindlichkeit der Gesellschafter gegen die Gesellschaft begründet, die in der **Insolvenz** vom Insolvenzverwalter geltend gemacht werden kann. Beim schuldrechtlichen Agio ist dies nicht der Fall, da kein Rechtsanspruch der Gesellschaft begründet wird.[169]

72   In Anlehnung an §§ 202 ff. AktG bietet der durch das MoMiG neu eingeführte § 55a GmbHG die Möglichkeit, **genehmigtes Kapital** zu schaffen.[170] Dadurch erhöht sich die Flexibilität gerade von kapitalistisch organisierten GmbHs im Hinblick auf die Kapitalbeschaffung, da in Höhe des genehmigten Kapitals ein erneuter, notariell zu beurkundender Kapitalerhöhungsbeschluss entbehrlich wird.

73   Nach § 55a GmbHG können die Geschäftsführer schon bei Gründung (aber auch später im Wege der Satzungsänderung, → Rn. 389) **durch Satzungsbestimmung** für höchstens fünf Jahre nach Eintragung ermächtigt werden, das Stammkapital bis zu einem bestimmten Nennbetrag durch Ausgabe neuer Geschäftsanteile gegen Einlagen (dh nicht aus Gesellschaftsmitteln) zu erhöhen (vgl. das Gesamtmuster GmbH-Gründung (Satzung) → Rn. 759 § 3 Abs. 3). Sinnvollerweise ist die Geschäftsführung zudem analog § 179 Abs. 1 S. 2 AktG zu ermächtigen, eine Anpassung der Satzung an die infolge der Ausnutzung des genehmigten Kapitals geänderte Stammkapitalziffer vorzunehmen.[171] Darüber hinaus kann dem Geschäftsführer die Entscheidung über den Ausschluss des Bezugsrechts der Gesellschafter übertragen werden.[172] Der Nennbetrag des genehmigten Kapitals darf die Hälfte des Stammkapitals, das zur Zeit der Ermächtigung vorhanden ist, nicht über-

---

[164] Vgl. Scholz/*Veil* GmbHG § 19 Rn. 13 ff.
[165] Zur Haftung des Geschäftsführers gemäß § 43 Abs. 2 GmbHG wegen Verjährenlassen der Einlageforderung vgl. nur LG Wiesbaden GmbHR 2013, 596.
[166] Formulierungsbeispiel im MVHdB I GesR/*Burmeister/Schmidt-Hern* Form. IV.26. § 8; zur Verjährung des (statuarischen) Agios vgl. *Kaiser/Berhuer* GmbHR 2017, 732.
[167] Hierzu *Wagner* DB 2004, 293; BGH DNotZ 2008, 461; BayObLG NZG 2002, 583.
[168] Vgl. *Wicke* DNotZ 2006, 419; *ders.* DStR 2006, 1137.
[169] Dazu BGH NZG 2008, 73; *Harrer* GmbHR 1994, 361.
[170] Hierzu unter anderem *Kramer* GmbHR 2015, 1073; *Lieder* DNotZ 2010, 655; *Terbrack* DNotZ 2012, 917.
[171] Vgl. OLG München DNotZ 2012, 469; Systematischer Praxiskommentar/*Herrler* § 55a Rn. 2, 10.
[172] OLG München DNotZ 2012, 469. Zu einem möglichen Bezugsrechtsausschluss im Gesellschafterbeschluss selbst oder aufgrund Ermächtigung durch die Geschäftsführung vgl. Ring/Grziwotz/*Herrler* GmbHG § 55a Rn. 9, 16 ff.

steigen. Gegen Sacheinlagen dürfen Geschäftsanteile nur ausgegeben werden, wenn die Ermächtigung es vorsieht.

In einem zweiten Schritt entscheidet die Geschäftsführung grds. autonom über die **74** **Ausnutzung** des genehmigten Kapitals sowie über die Modalitäten der Ausgabe der neuen Geschäftsanteile. Insbesondere ist eine Ausnutzung in einem oder mehreren Schritten möglich. Nach Leistung der Einlagen haben alle Geschäftsführer (§ 78 GmbHG) die Ausnutzung des genehmigten Kapitals und – bei entsprechender Ermächtigung – die Satzungsanpassung zum Handelsregister anzumelden. Mit Eintragung der Kapitalerhöhung im Handelsregister entstehen die neuen Geschäftsanteile.

Zur **Leistungserbringung** bei Bareinlagen → Rn. 234 ff. Zu den Besonderheiten bei **75** Sacheinlagen → Rn. 212 ff.[173]

VI. Nachschusspflicht

Wird eine Nachschusspflicht vereinbart, muss diese in der Satzung enthalten sein (vgl. **76** §§ 26–28 GmbHG). Die nachträgliche Zulassung durch Satzungsänderung bedarf der **Zustimmung sämtlicher betroffener Gesellschafter.** Nachschüsse müssen zwingend in Geldleistungen bestehen.[174]

Übernehmen die Gesellschafter einer GmbH die Verpflichtung, zu den Kosten der Ge- **77** sellschaft Deckungsbeiträge zu erbringen, so bedarf dies nur dann der Aufnahme in die Satzung, wenn diese Verpflichtung in der Weise an den Geschäftsanteil gebunden sein soll, dass sie ohne weiteres auch künftige Gesellschafter trifft; andernfalls ist eine formfreie Vereinbarung der Gesellschafter untereinander oder der Gesellschaft gegenüber (§ 328 BGB) ausreichend.[175]

VII. Wettbewerbsverbot

Zur Beantwortung der Frage, ob bei der GmbH ein gesetzliches Wettbewerbsverbot auf **78** Basis der **gesellschaftsrechtlichen Treuepflicht** besteht, ist zunächst die **personelle Reichweite** eines solchen Verbots zu betrachten. Während die **Geschäftsführer** für die Dauer ihrer Amtszeit nach einhelliger Meinung auch ohne ausdrückliche Regelung in Satzung oder Dienstvertrag einem Wettbewerbsverbot unterliegen,[176] ist ein **Gesellschafter** nicht gehindert, mit der Gesellschaft in Wettbewerb zu treten. Dies gilt jedoch dann nicht, wenn

– der Gesellschafter **zugleich Geschäftsführer** ist (arg. ex § 88 AktG[177]),
– er (durch die Höhe seiner Beteiligung oder satzungsmäßig eingeräumte Sonderrechte) einen **beherrschenden Einfluss** auf die Gesellschaft ausüben kann[178] oder
– in der Satzung ein **vertragliches Wettbewerbsverbot** verankert ist.[179]

Dies gilt auch für den Erwerber eines Geschäftsanteils, wenn dieser die Konkurrenztätigkeit schon vor dem Erwerb des Anteils ausgeübt hat.[180] Im Übrigen sind Einzelheiten hierzu nach wie vor umstritten, weshalb eine klare **Satzungsregelung** zum Wettbewerbsverbot **empfehlenswert** ist (vgl. das Gesamtmuster GmbH-Gründung (Satzung) → Rn. 759 § 13).[181]

---

[173] Musterformulierungen zur Fälligkeit der Bar- und Sacheinlage und für den entsprechenden Einforderungsbeschluss bei *Pröpper* GmbH-StB 2003, 298.
[174] Formulierungsbeispiel im MVHdB I GesR/*Burmeister/Schmidt-Hern* Form. IV.27. § 7 mAnm 8 f.
[175] BGH GmbHR 1993, 214.
[176] Vgl. nur BGH GmbHR 1989, 365; *Diller* ZIP 2007, 201; *Rudersdorf* RNotZ 2011, 509 (517 f.).
[177] Vgl. Hauschild/Kallrath/Wachter/*Hauschild/Kallrath* NotarHdB § 16 Rn. 285 mwN.
[178] Siehe nur BGH DB 1984, 495; DNotZ 1989, 238; *Priester* ZGR 1993, 512 (531); *Rudersdorf* RNotZ 2011, 509 (515).
[179] Zu den Schranken eines gesellschaftsvertraglichen Wettbewerbsverbots *Rudersdorf* RNotZ 2011, 509 (522 ff.).
[180] Hierzu *Wilde* NZG 2010, 252.
[181] Zum Ganzen ausf. MHdB GesR III/*D. Mayer/Weiler* § 20 Rn. 19 ff. und MHdB GesR III/*Böhm* § 34.

79   Die **sachliche Reichweite** des Wettbewerbsverbots, dh die Frage, ob eine Wettbewerbssituation zwischen Gesellschaft einerseits und Gesellschafter und/oder Geschäftsführer andererseits vorliegt, wird (mangels abweichender vertraglicher Vereinbarung) durch den Tätigkeitsbereich des Unternehmens bestimmt. Daher empfiehlt sich jedenfalls in kritischen Fällen eine enge Fassung des **Unternehmensgegenstandes.**[182] Abweichend davon kann eine rein kapitalistische Minderheitsbeteiligung an einer Konkurrenzgesellschaft uU nicht von der sachlichen Reichweite eines Wettbewerbsverbots umfasst sein.[183]

80   Was die **zeitliche Reichweite** des auf der Treuepflicht basierenden Wettbewerbsverbots des Gesellschafters anbelangt, so endet dieses (mangels abweichender vertraglicher Vereinbarungen; hierzu → Rn. 86) mit dem Verlust seiner Gesellschafterstellung,[184] dasjenige des Geschäftsführers mit Beendigung der Organstellung.[185]

81   Besteht danach ein Wettbewerbsverbot auf Basis der Treuepflicht und/oder aufgrund einer entsprechenden Satzungsregelung, kann ein betroffener Gesellschafter hiervon entbunden werden (**„Dispens").**[186] Diese Befreiung kann entweder in die Satzung selbst aufgenommen oder durch Beschluss der Gesellschafterversammlung ausgesprochen werden, sofern dieser Beschluss auf einer satzungsmäßig festgelegten „Öffnungsklausel" beruht.[187] Zu beachten ist allerdings, dass der Eingriff in die Berufsausübungsfreiheit eines GmbH-Gesellschafters durch ein gesellschaftsvertragliches Wettbewerbsverbot, das in gegenständlicher Hinsicht über die schützenswerten Interessen der Gesellschaft hinausgeht und den verpflichteten Gesellschafter übermäßig beschränkt, nicht durch eine gesellschaftsvertragliche Regelung zu rechtfertigen ist, wonach durch Gesellschafterbeschluss Befreiung von dem Wettbewerbsverbot erteilt werden kann.[188]

82   **Sanktioniert** wird ein **Verstoß** gegen das Wettbewerbsverbot am besten durch die Möglichkeit einer **Zwangseinziehung** gemäß der Satzung der Gesellschaft (→ Rn. 131 ff.).

83   Als **milderes Mittel** im Vergleich zu einem vertraglichen Wettbewerbsverbot kommen **Kunden- bzw. Mandantenschutzklauseln** in Betracht. Durch diese Klauseln wird kein Verbot für die verpflichtete Partei ausgesprochen, mit der berechtigten Partei in Wettbewerb zu treten. Durch Kundenschutz- bzw. Mandantenschutzklauseln verpflichtet sich eine Vertragspartei lediglich dazu, (zukünftig) keine Geschäftsbeziehung mit den Kunden der berechtigten Vertragspartei aufzunehmen.[189] Alternativ können auch **Vertraulichkeitsvereinbarungen** zielführend sein, sofern es in erster Linie um den Schutz von Geschäftsinterna geht.

84   Problematisch ist das Wettbewerbsverbot iÜ aus steuerlicher Sicht, weil eine **verdeckte Gewinnausschüttung** vorliegen kann, wenn ein Gesellschafter, der zivilrechtlich einem Wettbewerbsverbot unterliegt, Informationen oder Geschäftschancen nutzt, für die ein Dritter ein Entgelt bezahlt hätte. Dementsprechend musste sich vor allem der BFH intensiv mit Fragen des Wettbewerbsverbots auseinander setzen.[190] Eine verdeckte Gewinnausschüttung ist danach anzunehmen, wenn entweder zivilrechtlich ein Schadensersatzanspruch aufgrund Verstoßes gegen das Wettbewerbsverbot bestand und ein solcher Anspruch aus im Gesellschaftsverhältnis liegenden Gründen nicht durchgesetzt wird oder es trotz Fehlens eines zivilrechtlichen Ausgleichsanspruchs zu einer Gewinnverlagerung durch das Ausnutzen von Geschäftschancen der GmbH gekommen ist (**Geschäftschancenlehre**).[191] Andererseits hat der BFH klargestellt, dass der Alleingesellschafter/-ge

---

[182] Vgl. *D. Mayer* DNotZ 1992, 641; *Rudersdorf* RNotZ 2011, 509 (515).
[183] Vgl. OLG Stuttgart ZIP 2017, 868.
[184] BGH NZG 2010, 270.
[185] Vgl. *Rudersdorf* RNotZ 2011, 509 (516 ff.).
[186] Siehe BFH DB 1998, 1842 sowie *Rudersdorf* RNotZ 2011, 509 (516 f.).
[187] Hierzu *Priester* DB 1992, 2411 (2412).
[188] OLG München NZG 2011, 65.
[189] Vgl. *D. Mayer* NJW 1991, 23 (24); *Campos Nave* NJW 2003, 3322.
[190] Vgl. insbes. BFH ZIP 1995, 1890.
[191] Dazu *Lawall* NJW 1997, 1743; vgl. ferner ausf. zum Ganzen MHdB GesR III/*D. Mayer/Weiler* § 20 Rn. 19 ff.

schäftsführer einer Einpersonen-GmbH so lange keinem – zumindest gesetzlichen – Wettbewerbsverbot unterliegt, als er der GmbH kein Vermögen entzieht, das zur Deckung des Stammkapitals benötigt wird.[192]

Liegt danach eine Konkurrenzsituation vor, kann eine verdeckte Gewinnausschüttung 85 nur **vermieden** werden, wenn Folgendes beachtet wird:
– Der Gesellschafter/Geschäftsführer bzw. beherrschende Gesellschafter muss **ausdrücklich** vom Wettbewerbsverbot **befreit** werden. Dies kann in der Satzung selbst oder alternativ durch einfachen Gesellschafterbeschluss geschehen, wenn die Gesellschafterversammlung dazu in der Satzung ausdrücklich ermächtigt ist.
– Die Befreiung muss ggf. eine **klare und eindeutige Aufgabenabgrenzung** zwischen der Gesellschaft und dem Gesellschafter enthalten. Zwar führt das Fehlen einer Betriebsabgrenzung nicht automatisch zur verdeckten Gewinnausschüttung; Vereinbarungen über die jeweilige Geschäftstätigkeit begründen aber eine Vermutung für die jeweilige Zuordnung der Geschäftschance.[193]
– Bei der Neugründung einer Gesellschaft kann eine unentgeltliche Befreiung vom Wettbewerbsverbot erfolgen, sofern die übrigen vorbezeichneten Voraussetzungen eingehalten werden. Bei einer späteren Befreiung hingegen muss eine **angemessene Gegenleistung** vereinbart werden, wenn ein ordentlicher gewissenhafter Geschäftsleiter die Befreiung nicht unentgeltlich erteilen würde. Dies ist insbes. dann der Fall, wenn dem Gesellschafter-Geschäftsführer eine Tätigkeit aus einem Teilbereich des Unternehmensgegenstands erlaubt wird, auf dem die Gesellschaft bereits tätig ist. Dabei wird nicht beanstandet, wenn 20 bis 25% vom Gewinn oder 3 bis 5% vom Umsatz vereinbart werden.[194]

Nach dem Ausscheiden kann sich ein Wettbewerbsverbot nur noch aufgrund einer ver- 86 traglichen Vereinbarung ergeben **(nachvertragliches Wettbewerbsverbot)**.[195] Solche Vereinbarungen sind zulässig, haben aber insbes. die Schranken des § 138 BGB (Sittenwidrigkeit) und des § 1 GWB bzw. des Art. 101 AEUV zu beachten.[196] Erlaubt sind nachvertragliche Wettbewerbsverbote demnach, soweit und solange sie erforderlich sind, um die verbleibenden **Gesellschafter**[197] vor einer illoyalen Verwertung der Erfolge der gemeinsamen Arbeit oder vor einem Missbrauch der Ausübung der **Berufsfreiheit** zu schützen. Entsprechende Klauseln dürfen **räumlich, zeitlich und gegenständlich** nicht über das schützenswerte Interesse des Begünstigten hinausgehen und den Verpflichteten nicht übermäßig beschränken.[198]

Wegen ihrer **sachlichen Reichweite** unzulässig sind Klauseln, die einem ausscheiden- 87 den Gesellschafter verbieten, für die Dauer des Wettbewerbsverbots selbständig oder unselbständig auf Gebieten tätig zu werden, die zum Aufgabenbereich der Gesellschaft gehören (sog. **Branchenschutzklauseln**).[199] Derartige Klauseln begründen ein **Tätigkeitsverbot** in der gesamten Branche der Gesellschaft und kommen damit einem Berufsverbot gleich. Ganz allgemein ist der Vertragspraxis zu raten, stets eine Beschränkung in zeitlicher, örtlicher und gegenständlicher Hinsicht vorzunehmen. In **zeitlicher Hinsicht** ist es im Hinblick auf § 138 BGB, Art. 12 GG regelmäßig ohne jegliche Entschädigung zulässig, einem Gesellschafter zu versagen, auf die Dauer von zwei Jahren nach Beendigung der Gesellschafterstellung Mandate von solchen Auftraggebern zu übernehmen, die vor seinem Ausscheiden zur Klientel der Gesellschaft gehört haben (sog. Mandats- oder

---

[192] Vgl. BFH MittBayNot 1995, 496.
[193] Vgl. BFH GmbHR 1997, 315.
[194] So die Praxis laut *Münch* NJW 1993, 225.
[195] Siehe BGH NZG 2010, 270 (271).
[196] Dazu *D. Mayer* NJW 1991, 23; Hauschild/Kallrath/Wachter/*Hauschild/Kallrath* NotarHdB § 16 Rn. 291; *Reufels/Schewiola* ArbRB 2008, 57; *Rudersdorf* RNotZ 2011, 509 (522ff.).
[197] Zur Vereinbarung eines nachvertraglichen Wettbewerbsverbots für einen Geschäftsführer vgl. *Bergwitz* GmbHR 2007, 523; *Kielowski* NZG 2015, 900; *Müller* GmbHR 2014, 964.
[198] Vgl. BGH NZG 2010, 270 (271).
[199] Vgl. BGH DStR 1997, 1413; OLG Düsseldorf NZG 2000, 737.

Kundenschutzklausel; → Rn. 83).[200] Was zeitlich über die Dauer von zwei Jahren hinausgeht dürfte – auch bei einer an sich zulässigen nachvertraglichen Mandats- bzw. Kundenschutzklausel – allenfalls noch gegen Zahlung einer **Karenzentschädigung** angemessen sein, die überdies der branchenspezifischen und ortsüblichen Vergütung entsprechen muss. Ist mit einem Geschäftsführer ein nachvertragliches Wettbewerbsverbot gegen Karenzentschädigung vereinbart, kann die Gesellschaft allerdings gleichwohl nach Vertragsende noch auf das Wettbewerbsverbot verzichten mit der Folge, dass die Karenzentschädigung entfällt.[201]

88   Wenn das Wettbewerbsverbot nur zeitlich über das Maß des Zulässigen hinausgeht, stellt sich im Übrigen die Frage einer **geltungserhaltenden Reduktion.** Diesbezüglich hat der BGH bekräftigt, dass ein die zeitlichen Schranken übersteigendes Wettbewerbsverbot im Wege der geltungserhaltenden Reduktion auf das noch zu billigende zeitliche Maß zurückgeführt werden kann.[202] Nach anderer Ansicht ist eine geltungserhaltende Reduktion (auch aufgrund der allgemeinen salvatorischen Klausel) auf den Zeitraum, der zulässigerweise hätte vereinbart werden können, abzulehnen.[203] Dies gilt jedenfalls dann, wenn die Sittenwidrigkeit einer wettbewerbsbeschränkenden Regelung nicht allein in der zeitlichen Ausdehnung liegt, sondern weitere zur Anwendbarkeit des § 138 BGB führende Gründe hinzutreten, etwa ein enger räumlicher Betätigungsbereich.[204]

VIII. Veräußerung und Belastung von Geschäftsanteilen

89   Sollen in die Satzung Abtretungs- und Belastungsbeschränkungen (sog. **„Vinkulierungsklauseln",** vgl. § 15 Abs. 5 GmbHG) aufgenommen werden, sind verschiedene Varianten denkbar: Bindung an die Zustimmung der Gesellschaft, der Gesellschafter oder der Gesellschafterversammlung oder eine Kombination daraus.[205] Dabei kann die Formulierung „zur Veräußerung ist die Zustimmung der Gesellschafter erforderlich" zu Missverständnissen führen, weil offen bleibt, ob jeder Gesellschafter zustimmen muss oder ob ein mit einfacher Mehrheit gefasster Beschluss ausreicht.[206] Wird die Zustimmung wiederholt abgelehnt oder bestimmt die Satzung einen generellen Ausschluss der Abtretbarkeit,[207] steht dem Gesellschafter ein **Austrittsrecht** aus wichtigem Grund zu.[208]

90   Sieht die Satzung eine **Zuständigkeit** der Gesellschaft für die Zustimmung vor, wird diese im Außenverhältnis durch den Geschäftsführer erteilt. Im Innenverhältnis hat er sich dabei durch einen Beschluss der Gesellschafterversammlung abzusichern, wenn die Satzung ihm nicht die alleinige Entscheidungsbefugnis zuweist (näher zur Erteilung der Genehmigung → Rn. 448). Weist die Satzung die Zustimmungsbefugnis hingegen der Gesellschafterversammlung zu, so ist klarzustellen, ob der Veräußerer stimmberechtigt ist[209] und welche Mehrheiten erforderlich sind. Bei einem insolventen Gesellschafter ist der Insolvenzverwalter für die Erteilung der Zustimmung zuständig.[210]

91   Ist ein Zustimmungserfordernis in der Satzung vorgesehen, gilt dies auch für **Treuhand- und Sicherungsabtretungen.** Ist die Genehmigung hierfür erteilt, liegt darin im

---

[200] Siehe BGH DNotZ 2015, 390. Vgl. ferner *D. Mayer* NJW 1991, 23.
[201] Vgl. OLG München GmbHR 2010, 1031.
[202] Vgl. BGH ZIP 2015, 472 Rn. 14 mit Verweis auf BGH NJW-RR 1996, 741 (742) mwN; ZIP 2000, 1337 (1339); ZIP 2003, 2251 (2252); ZIP 2005, 1778 (1780).
[203] So zB *Gehle* DB 2010, 1981.
[204] Vgl. BGH DStR 1997, 1413 (1414).
[205] Ausf. hierzu *Heckschen* FS 25 Jahre DNotI 2018, 453; *Reichert* GmbHR 2012, 713; *K. Schmidt* GmbHR 2011, 1289; *Loritz* NZG 2007, 361; zur Anteilsvinkulierung in Familienunternehmen vgl. *Binz/Mayer* NZG 2012, 201; zur Übertragung vinkulierter Gesellschaftsanteile in der Insolvenz des Gesellschafters *Skauradszun* NZG 2012, 1244.
[206] Str., vgl. zum Meinungsstand Scholz/*Seibt* GmbHG § 15 Rn. 126.
[207] Zulässig, vgl. BayObLG WM 1989, 142 Rn. 37.
[208] Näher Lutter/Hommelhoff/*Lutter/Kleindiek* GmbHG § 34 Rn. 72.
[209] BGH BB 1974, 431.
[210] Vgl. DNotI-Report 2014, 89.

Zweifel auch die Zustimmung zur Rückabtretung an den Treugeber. Ein satzungsmäßiges Zustimmungserfordernis zu Geschäftsanteilsabtretungen wird von Rechtsprechung[211] und herrschender Literatur[212] auch auf die Fälle der Vereinbarungstreuhand erstreckt, obschon dort keine Anteilsabtretung stattfindet (zu Treuhandverhältnissen → Rn. 515 ff.).

Befinden sich im Gesellschafterkreis einer GmbH (Holding-)Gesellschaften, können 92 Vinkulierungsklauseln dadurch umgangen werden, dass die Anteile an der Holdinggesellschaft veräußert werden mit der Folge, dass sich in Bezug auf den GmbH-Anteil die wirtschaftliche Inhaberschaft ändert, der rechtliche Anteileigner jedoch unverändert bleibt.[213] Zur Unterbindung derartiger **change of control**-Fälle kann in der Satzung kein dinglich wirkendes Zustimmungserfordernis vorgesehen werden (§ 137 BGB).[214] Eine Lösungsmöglichkeit besteht darin, für den Fall einer Veränderung in der Gesellschafterstruktur eines Gesellschafters die **Einziehung des Geschäftsanteils** zuzulassen (→ Rn. 131 ff.; vgl. das Gesamtmuster GmbH-Gründung (Satzung) → Rn. 759 § 6 Abs. 3 und § 9 Abs. 2 lit. b).[215] Ähnliches ist denkbar für Stimmbindungen und für dauerhaft erteilte Stimmrechtsvollmachten.

Im Hinblick auf die Bestimmungen des **Umwandlungsrechts** (§§ 13 Abs. 2, 125, 193 93 Abs. 2 UmwG) ist zu beachten, dass ein Zustimmungserfordernis für einzelne oder alle Gesellschafter in der Satzung des *übertragenden* Rechtsträgers dazu führt, dass bei einem etwaigen Umstrukturierungsbeschluss – abweichend von §§ 50 Abs. 1 S. 1, 125, 233 Abs. 2, 240 Abs. 1 S. 1 UmwG – sämtliche Gesellschafter zustimmen müssen. Enthält hingegen die Satzung der *übernehmenden* Gesellschaft eine Vinkulierungsklausel, so ist ein Barabfindungsangebot erforderlich (§ 29 Abs. 1 S. 2 UmwG).

Als Ergänzung zu satzungsmäßigen Abtretungsbeschränkungen werden in der Praxis 94 häufig **Vor- oder Ankaufsrechte** vereinbart, ohne dass die damit zusammenhängenden Voraussetzungen und Rechtsfolgen hinreichend bezeichnet werden (siehe aber das Gesamtmuster GmbH-Gründung (Satzung) → Rn. 759 § 6 Abs. 2).[216] Der Vorteil eines Ankaufsrechts gegenüber dem Vorkaufsrecht besteht darin, dass es nicht nur bei einem Verkauf, sondern auch bei anderen Veräußerungen oder aus sonstigen Gründen zum Zuge kommt. Weiterhin denkbar ist die Vereinbarung von Mitveräußerungsrechten (**„tag along"**) und -pflichten (**„drag along"**) für den Fall der Veräußerung von Geschäftsanteilen.[217] Verstöße gegen diese Klauseln lassen sich durch Einziehung sanktionieren (→ Rn. 131 ff.). Alternativ oder ergänzend finden sich in dieser Hinsicht in der Praxis nicht selten schuldrechtliche Gesellschaftervereinbarungen.[218]

Eine Möglichkeit zur Gestaltung von **Ausstiegsverfahren** bei einer GmbH mit 95 gleichberechtigten Gesellschaftern im Falle einer Pattsituation (sog. **„Deadlock"**[219]) mittels der Verpflichtung zur Abgabe von Verkaufs- bzw. Kaufangeboten bieten etwa die unter den Bezeichnungen **„Russisches Roulette"** oder **„Texan Shoot Out"** bekannt gewordenen Gestaltungen.[220]

---

[211] Vgl. BGH GmbHR 2006, 875.

[212] Siehe die Nachweise bei *Tebben* GmbHR 2007, 63 (Fn. 9).

[213] Zu dieser und weiteren Umgehungsstrategien vgl. *Transfeld* GmbHR 2010, 185.

[214] Vgl. hierzu OLG Karlsruhe BeckRS 2008, 12851; *Scholz/Seibt* GmbHG § 15 Rn. 111a.

[215] Vgl. *Scholz/Seibt* GmbHG § 15 Rn. 111a; *K. Schmidt* GmbHR 2011, 1289 (1295).

[216] Taugliche Muster enthalten ferner MVHdB I GesR/*Burmeister/Schmidt-Hern* Form. IV.26. § 20 und Form. IV.28. § 22 (Vorkaufsrecht) sowie BeckFormB GmbHR/*Haasen* Form C.I.3. § 13 (Ankaufsrecht). Umfassend zu Zugriffsmöglichkeiten der Mitgesellschafter auf GmbH-Anteile des ausscheidenden Gesellschafters *Bacher/von Blumenthal* GmbHR 2007, 1016.

[217] Näher *Wälzholz* GmbH-StB 2007, 84 (85 f.) sowie das Muster bei BeckFormB GmbHR/*Rombach* Form C.II.5.

[218] Zu schuldrechtlichen Vorerwerbsrechten mit Formulierungsbeispiel *Blasche* NZG 2016, 173.

[219] Zu Pattsituationen bei einem Joint Venture vgl. *Elfring* NZG 2012, 895; zu Pattsituationen unter Gesellschaftern allgemein *Kallrath* notar 2014, 75.

[220] Vgl. *Schulte/Sieger* NZG 2005, 24; OLG Nürnberg ZIP 2014, 171; *Schmolke* ZIP 2014, 897. Derartige Gestaltungen können unter anderem die Komplikationen wechselseitiger Einziehungsbeschlüsse in der Zweipersonen-GmbH vermeiden, vgl. dazu *Rose* NZG 2018, 1247.

96 Ein unerwünschter **erbrechtlicher Erwerb** kann durch die Satzung nicht verhindert werden, da Geschäftsanteile frei vererblich sind (§ 15 Abs. 1 GmbHG). Allerdings können Einziehungsbefugnisse und alternativ auch Abtretungsverpflichtungen vereinbart werden (→ Rn. 154 ff.). Für eine **Erbteilsübertragung** gilt die Vinkulierungsklausel mangels Verfügung über den Geschäftsanteil nicht; der Erwerber des Erbteils kann aber schuldrechtlich verpflichtet sein, hinsichtlich der Geschäftsanteile die satzungsmäßige Rechtslage wieder herzustellen.[221] Bezüglich der Abtretung von Geschäftsanteilen im Rahmen der **Erbauseinandersetzung,** Umsetzung einer **Teilungsanordnung** oder **Vermächtniserfüllung** kommt es auf die Auslegung der Vinkulierungsklausel an.[222] Eine klare Regelung in der Satzung ist daher angezeigt (vgl. das Gesamtmuster GmbH-Gründung (Satzung) → Rn. 759 § 6 Abs. 1 aE; ausf. → Rn. 465).

97 Für eine wirksame **Teilung** oder **Zusammenlegung** von Geschäftsanteilen sind ein Gesellschafterbeschluss nach § 46 Nr. 4 GmbHG sowie wegen des damit verbundenen Eingriffs in Eigentumsrechte – entgegen der hM[223] – die Zustimmung des betroffenen Gesellschafters erforderlich. Auch sog. „Vorratsteilungen" sind damit möglich (→ Rn. 434). Allerdings kann die Satzung Teilung und Zusammenlegung an höhere oder geringere Voraussetzungen knüpfen, da § 46 Nr. 4 GmbHG satzungsdispositiv ist (vgl. § 45 Abs. 2 GmbHG).[224] So kann die Teilung und/oder die Zusammenlegung ausgeschlossen oder erschwert werden, etwa durch Festlegung qualifizierter Beschlussmehrheiten oder durch die Bestimmung von Mindestbeträgen, die bei der Teilung zu beachten sind. Die Neueinführung derartiger Einschränkungen durch Satzungsänderung bedarf entsprechend § 53 Abs. 3 GmbHG der Zustimmung aller Gesellschafter.[225]

98 **Formulierungsbeispiel: Zusammenlegung und Teilung von Geschäftsanteilen**

☝ Zusammenlegung und Teilung von Geschäftsanteilen erfolgen durch Gesellschafterbeschluss mit Zustimmung des betroffenen Gesellschafters.

99 Im Einzelfall mag es sich empfehlen, Teilung und Zusammenlegung zu **erleichtern,** schon um etwaige Unwirksamkeitsfolgen zu minimieren. So kann etwa festgelegt werden, dass die Veränderung keines Gesellschafterbeschlusses bedarf. Dies kann auch im Hinblick auf den Minderheitenschutz geboten sein, da andernfalls die Minderheit gegen die Mehrheit die Teilung oder Zusammenlegung der Geschäftsanteile nicht durchsetzen könnte. Bedarf es keines Gesellschafterbeschlusses, so ist die Teilung bzw. Zusammenlegung durch eine schriftliche Erklärung des teilenden bzw. zusammenlegenden Gesellschafters zu dokumentieren. Dies ist schon deshalb erforderlich, weil Änderungen der Gesellschafterliste nur auf Nachweis erfolgen (§ 40 Abs. 1 S. 2 GmbHG). Im Übrigen reicht es für eine wirksame Teilung jedenfalls aus, wenn im Rahmen der Veräußerung eines Teilgeschäftsanteils alle Gesellschafter zustimmen (→ Rn. 432).[226]

IX. Geschäftsführung und Vertretung

100 Nach der gesetzlichen Grundregel wird die Gesellschaft durch alle Geschäftsführer gemeinschaftlich vertreten (**Gesamtvertretung,** § 35 Abs. 2 S. 1 GmbHG). Gemäß § 35 Abs. 2 S. 2 GmbHG reicht es abweichend davon jedoch aus, eine Willenserklärung einem Vertreter der Gesellschaft gegenüber abzugeben, und zwar unter der im Handelsregister gemäß § 10 Abs. 1 S. 1 GmbHG eingetragenen inländischen Geschäftsanschrift. Um die

---

[221] Vgl. BGH DNotZ 1986, 34; MHLS/*Ebbing* GmbHG § 15 Rn. 16.
[222] Zum Ganzen MHLS/*Ebbing* GmbHG § 15 Rn. 17 f. mwN.
[223] Siehe *Wicke* GmbHG § 46 Rn. 9 mwN.
[224] Zum Ganzen *D. Mayer* DNotZ 2008, 403 (425 f.).
[225] So auch *Wälzholz* MittBayNot 2008, 425 (429) mwN in Fn. 38, siehe ferner *Förl* RNotZ 2008, 409 (417); weitere Formulierungsvorschläge bei *Irringer/Münstermann* GmbHR 2010, 617 (623 f.).
[226] BGH NZG 2014, 184.

Handlungsfähigkeit der Gesellschaft auch im Übrigen sicherzustellen, ist es regelmäßig empfehlenswert, abweichend davon im Falle des Vorhandenseins mehrerer Geschäftsführer die Vertretung durch je zwei Geschäftsführer (**„modifizierte Gesamtvertretung"**) oder durch einen Geschäftsführer in Gemeinschaft mit einem Prokuristen (**„unechte Gesamtvertretung"**) zuzulassen. Die Anordnung einer unechten Gesamtvertretung bei nur einem Geschäftsführer ist jedoch wegen Behinderung der vom Gesetz verlangten organschaftlichen Vertretung unzulässig.[227] Darüber hinaus sollte die Satzung zur Erhöhung der Flexibilität eine einzelfallbezogene Regelung der Vertretungsbefugnis durch Gesellschafterbeschluss erlauben mit der Folge, dass auch einzelnen von mehreren Geschäftsführern Einzelvertretungsbefugnis erteilt werden kann, ohne die Satzung ändern zu müssen.[228] Einzelfallbezogen kann die Vertretungsbefugnis des gesamtvertretungsberechtigten Geschäftsführers iÜ durch entsprechende Ermächtigung seitens weiterer Geschäftsführer oder einzelfallbezogenen Gesellschafterbeschluss zur Einzelvertretungsbefugnis erweitert werden.[229]

Soll einem GmbH-Geschäftsführer generell **Befreiung von den Beschränkungen** 101 **des § 181 BGB** erteilt werden, so ist ein Gesellschafterbeschluss auf Basis einer Ermächtigung in der Satzung erforderlich.[230] Fehlt eine entsprechende Satzungsklausel, kann sie nachträglich im Wege der Satzungsänderung nach §§ 53 f. GmbHG (dh mit 3/4-Mehrheit)[231] eingefügt werden. Die Befreiung des Geschäftsführers wird bei dessen besonderer Vertretungsbefugnis (zur Begrifflichkeit → Rn. 297) im Handelsregister eingetragen, die in der Satzung vorgesehene Befreiungsmöglichkeit selbst ist hingegen nicht eintragungsfähig.[232] Für konkrete einzelne Geschäfte kann die Befreiung bei der Mehrpersonen-GmbH alternativ im Wege eines einfachen Gesellschafterbeschlusses erfolgen, ohne dass eine Ermächtigungsgrundlage in der Satzung enthalten ist.[233]

Die Satzung kann auch unmittelbar einzelne oder alle Geschäftsführer vom Selbstkon- 102 trahierungsverbot und/oder vom Verbot der Mehrfachvertretung befreien; ein Gesellschafterbeschluss ist dann nicht mehr erforderlich. Auch die **satzungsmäßige Befreiung** ist zur Eintragung anzumelden.[234]

Für den alleinigen Gesellschafter-Geschäftsführer einer **Einpersonen-GmbH** ist § 181 103 BGB ebenfalls anwendbar (§ 35 Abs. 3 GmbHG). Ein Dispens kann nur durch die Satzung selbst (= im Satzungstext) oder durch Gesellschafterbeschluss auf Basis einer in der Satzung enthaltenen Ermächtigung[235] erteilt werden. Eine Befreiung durch einfachen Gesellschafterbeschluss ohne Satzungsgrundlage ist – abweichend von der Mehrpersonen-GmbH – auch dann nicht möglich, wenn sie lediglich für einen Einzelfall erfolgen soll.[236]

Probleme ergeben sich immer wieder bei der **Gründung von Tochtergesellschaften** 104 und der damit zumeist verbundenen Bestellung von Organen der Muttergesellschaft zu Geschäftsführern der Tochtergesellschaft.[237] Das Organmitglied einer Muttergesellschaft, welches bei dieser nicht von den Beschränkungen des § 181 BGB befreit ist, kann sich bei der Tochter-GmbH nicht zum Geschäftsführer bestellen, geschweige denn Befreiung von den Beschränkungen des § 181 BGB erteilen (ausf. → Rn. 295).

Die Bestimmung des § 181 BGB findet auch Anwendung auf **Stimmrechtsvoll-** 105 **machten,** wenn sich ein von den anderen Gesellschaftern zu ihrer Vertretung in Gesell-

---

[227] Vgl. Baumbach/Hueck/ *Zöllner/ Noack* GmbHG § 35 Rn. 112.
[228] Zum Ganzen MHdB GesR III/*Dieckmann* § 44 Rn. 18 ff.
[229] Zum Ganzen *Blasche/ König* NZG 2013, 1412.
[230] BayObLG DB 1980, 2029; vgl. ferner ausf. *Baetzgen* RNotZ 2005, 193 (205 f.) mwN.
[231] Vgl. BGHZ 58, 115.
[232] BayObLG DB 1989, 2529 Rn. 24.
[233] Vgl. *Tiedtke* GmbHR 1993, 388.
[234] BayObLG DB 1982, 689.
[235] Hierzu BayObLG NJW 1981, 1565.
[236] Zu den einzelnen Fallkonstellationen vgl. Lutter/Hommelhoff/*Kleindiek* GmbHG § 35 Rn. 50 ff. und *Lohr* RNotZ 2001, 403.
[237] Hierzu ausf. *Blath* GmbHR 2018, 345.

schafterversammlungen bevollmächtigter Gesellschafter mit den Stimmen seiner Vollmachtgeber zum Geschäftsführer bestellt.[238]

106   Die Vertretungsmacht der Geschäftsführer ist im Außenverhältnis unbeschränkbar. Die Satzung kann aber im Innenverhältnis bestimmte Geschäfte von der **Zustimmung der Gesellschafterversammlung** abhängig machen (vgl. das Gesamtmuster GmbH-Gründung (Satzung) → Rn. 759 § 5 Abs. 4).[239] Alternativ können derartige Zustimmungskataloge im Geschäftsführerdienstvertrag und/oder in einer **Geschäftsordnung** für die Geschäftsführung verankert werden, welche formlos mit einfacher Mehrheit[240] geändert werden kann.

107   Wenn einer Gesellschaft gegenüber Willenserklärungen abzugeben sind oder Schriftstücke zugestellt werden müssen, sie aber keinen Geschäftsführer hat und mithin **führungslos** ist, wird die Gesellschaft insoweit durch die Gesellschafter vertreten (§ 35 Abs. 1 S. 2 GmbHG). Diese gesetzliche Vertretungsbefugnis der Gesellschafter beugt der Praxis vor, Zustellungen und den Zugang von Erklärungen an die Gesellschaft durch die Abberufung der Geschäftsführer zu vereiteln.[241] Weitergehend verpflichtet § 15a Abs. 3 InsO jeden Gesellschafter im Fall der Führungslosigkeit der GmbH zur Stellung des Insolvenzantrags, es sei denn, er hat von der Zahlungsunfähigkeit bzw. der Überschuldung oder der Führungslosigkeit keine Kenntnis.[242] „Führungslosigkeit" iSv §§ 15 Abs. 1 S. 2, 15a Abs. 3 InsO liegt jedoch nach Ansicht des AG Hamburg[243] nur dann vor, wenn der organschaftliche Vertreter der Gesellschaft tatsächlich oder rechtlich nicht mehr existiert. Ein „unbekannter Aufenthalt" genügt nicht.

X. Gesellschafterversammlung

108   Die Befugnisse der Gesellschafterversammlung aus **§ 46 GmbHG** können durch die Satzung erweitert oder eingeschränkt werden, zB durch Übertragung auf einen oder einzelne Gesellschafter, den Gesellschafterausschuss oder den Aufsichtsrat. Den Gesellschaftern muss jedoch ein Kernbereich an Überwachungs- und Kontrollzuständigkeit erhalten bleiben.[244]

109   Da § 47 Abs. 3 GmbHG die **Vertretung** eines Gesellschafters durch jeden in Textform Bevollmächtigten erlaubt, sollte eine Vertretung im Interesse der Wahrung der Vertraulichkeit nur für ganz bestimmte Bevollmächtigte (Mitgesellschafter, Verwandte, einer gesetzlichen Verschwiegenheitspflicht unterliegende Berater) zugelassen werden.[245] Ohne Satzungsregelung ist es einem Gesellschafter nur ausnahmsweise gestattet, einen **Berater** zu einer Gesellschafterversammlung hinzuzuziehen.[246]

110   Mangels anderweitiger Regelung ist jeder Geschäftsführer unabhängig davon, wie Geschäftsführung und Vertretung geregelt sind, einzeln zur **Einberufung** der Gesellschafterversammlung berechtigt.[247] Ein abberufener Geschäftsführer kann die Versammlung hin-

---

[238] BGH DB 1991, 158.

[239] Weitere Formulierungsbeispiele im MVHdB I GesR/*Burmeister/Schmidt-Hern* Form. IV.26. § 10 III und Form. IV.30. § 7 Abs. 4 sowie MVHdB I GesR/*Böhm/Frowein* Form. IV.56. Ausf. zum Ganzen *Bacher/von Blumenthal* GmbHR 2016, 514.

[240] Vgl. OLG Hamm NZG 2010, 1067.

[241] Vgl. hierzu unter anderem *K. Schmidt* GmbHR 2008, 449 (451).

[242] Vgl. hierzu *Schmahl* NZI 2008, 6; *K. Schmidt* GmbHR 2008, 449 (451).

[243] NZG 2009, 157.

[244] Zu den Grenzen der Kompetenzverlagerung vgl. Baumbach/Hueck/*Zöllner/Noack* GmbHG § 46 Rn. 92 ff.

[245] Zur Vertretung in der Gesellschafterversammlung aufgrund Vorsorgevollmacht siehe DNotI-Report 2018, 81. Zur audiovisuellen Zuschaltung verhinderter Gesellschafter *Wertenbruch* GmbHR 2019, 149.

[246] Vgl. OLG Stuttgart GmbHR 1997, 1107; OLG Dresden NZG 2016, 1225; *Bärwaldt/Günzel* GmbHR 2002, 1112.

[247] Vgl. BGH DNotZ 2016, 938 (942); Baumbach/Hueck/*Zöllner/Noack* GmbHG § 49 Rn. 3; zur statuarischen Konfliktvorsorge im Hinblick auf das Verfahren der Gesellschafterversammlung *Bochmann* GmbHR 2017, 558; zu Einberufung und Durchführung der GmbH-Gesellschafterversammlung allg. *Wicke* GmbHR 2017, 777.

gegen selbst dann nicht mehr einberufen, wenn er noch im Handelsregister eingetragen ist; § 121 Abs. 2 S. 2 AktG gilt nicht analog.[248] Alternativ kann nach § 50 GmbHG eine Minderheit von mindestens 10% des Stammkapitals eine Versammlung einberufen.[249] Die Einberufung hat mittels eingeschriebenen Briefes zu erfolgen (§ 51 Abs. 1 S. 1 GmbHG).[250] Zur Wahrung der **Form** reicht ein Einwurfeinschreiben aus.[251] Satzungsmäßige Erleichterungen der Form sind jedenfalls dann zulässig, wenn die Übermittlung der Ladung sichergestellt ist (anzunehmen bei Telefon, E-Mail, Kurier etc; str. für einfachen Brief[252]).

Es empfiehlt sich, die kurze gesetzliche **Ladungsfrist** von einer Woche (§ 51 Abs. 1 **111** S. 2 GmbHG) zu verlängern und den Beginn der Ladungsfrist festzulegen.[253] Eine Verkürzung der Ladungsfrist ist nach hM auch bei Gefahr im Verzug unzulässig.[254] Gleichfalls darf von der in § 51 Abs. 4 GmbHG verankerten Ankündigungsfrist für Beschlussgegenstände von drei Tagen nicht zum Nachteil der Gesellschafter abgewichen werden.[255] Die Satzung kann schließlich auch nicht von der Pflicht zur Ladung aller Gesellschafter befreien. Das Minderheitenrecht des § 50 Abs. 1 GmbHG darf ebenfalls nicht eingeschränkt werden.[256]

Ort der Versammlung soll der Sitz der Gesellschaft sein (§ 121 Abs. 5 S. 1 AktG ana- **112** log). Die Satzung kann allerdings Abweichendes regeln, auch den Ort im Ausland vorsehen. Bei Einverständnis der Gesellschafter kann die Versammlung an jedem beliebigen Ort stattfinden.[257] Da auch die Person des **Versammlungsleiters** gesetzlich nicht geregelt ist, empfiehlt sich hier eine entsprechende Bestimmung in der Satzung.[258]

Ein Verzicht auf die Formen und Fristen, wie sie Gesetz und Satzung vorsehen, ist **113** möglich, wenn
1. alle Gesellschafter anwesend oder zumindest wirksam vertreten und
2. mit der Beschlussfassung (zumindest konkludent) einverstanden sind (Universal- bzw. **Vollversammlung** iSv § 51 Abs. 3 GmbHG).[259]

Mangels einer einschränkenden gesetzlichen Regelung kann auch ein einzelner erschiene- **114** ner Gesellschafter eine Gesellschafterversammlung abhalten. Dementsprechend kann es

---

[248] BGH NZG 2017, 182; siehe ferner BGH NZG 2017, 303 für die Einberufung der Gesellschafterversammlung einer Publikumskommanditgesellschaft durch eine zu Unrecht im Handelsregister eingetragene persönlich haftende Gesellschafterin; zusammenfassend dazu *Bayer/Illhardt* NZG 2017, 801; *Liebscher/Steinbrück* GmbHR 2017, 497.

[249] Hierzu ausf. *Altmeppen* GmbHR 2017, 788.

[250] Ausführlich hierzu *Kunz/Rubel* GmbHR 2011, 849; zum Einschreiben im Gesellschaftsrecht allg. *Lieder/Bialluch* NZG 2017, 9.

[251] Inzwischen hM, vgl. BGH DNotZ 2017, 286 (zu § 21 Abs. 1 S. 2 GmbHG) und hierzu *Lubberich* DNotZ 2017, 419 sowie *Keil* EWiR 2016, 751; LG Mannheim NZG 2008, 111; *Köper* NZG 2008, 96; Lutter/Hommelhoff/*Bayer* GmbHG § 51 Rn. 12; Baumbach/Hueck/*Zöllner/Noack* GmbHG § 51 Rn. 12.

[252] Dafür unter anderem OLG Dresden NZG 2000, 429; OLG Jena DNotZ 1997, 84; Baumbach/Hueck/*Zöllner/Noack* GmbHG § 51 Rn. 39; Lutter/Hommelhoff/*Bayer* GmbHG § 51 Rn. 36; Scholz/*Seibt* GmbHG § 51 Rn. 4.

[253] Zum Beginn der Wochenfrist bei Fehlen einer entsprechenden Bestimmung vgl. BGH DB 1987, 1829.

[254] Vgl. OLG Naumburg NZG 2000, 44.

[255] Das OLG Jena (NZG 2018, 992) legt ergänzend eine Postlaufzeit von zwei Werktagen zugrunde.

[256] Vgl. zum Ganzen *Altmeppen* GmbHR 2017, 788; Scholz/*Seibt* GmbHG § 51 Rn. 3 f.; zum Schutz der Minderheit bei Einberufung und Durchführung der Versammlung allg. *Geißler* GmbHR 2016, 1289.

[257] Vgl. Baumbach/Hueck/*Zöllner/Noack* GmbHG § 51 Rn. 15 mwN; zur Anfechtbarkeit von Beschlüssen, die in den Privaträumen eines verfeindeten Gesellschafters gefasst werden BGH DNotZ 2016, 938 mAnm *Wicke*.

[258] Hierzu Hauschild/Kallrath/Wachter/*Hauschild/Kallrath* NotarHdB § 16 Rn. 234; zum Versammlungsleiter im GmbH-Recht allg. *Bunz* NZG 2017, 1366; *Noack* GmbHR 2017, 792.

[259] Zu den Voraussetzungen einer Vollversammlung vgl. BGH NZG 2009, 385. Ein Formulierungsvorschlag für die Einberufung und den Ablauf der Gesellschafterversammlung findet sich im MVHdB I GesR/*Burmeister/Schmidt-Hern* Form. IV.25. §§ 10 f. mAnm 28 ff. Zu den Folgen von Einberufungsmängeln ausf. *Lutz* GmbHR 2016, 785. Zu Einladungsmängeln trotz formell ordnungsgemäßer aber bewusst rechtsmissbräuchlicher Ladung OLG Düsseldorf NZG 2019, 148; dazu *Gerauer* NZG 2019, 137.

empfehlenswert sein, in die Satzung eine Regelung zur **Beschlussfähigkeit** aufzunehmen, wobei zur Verhinderung einer dauerhaften Blockade der Entscheidungsfindung die Möglichkeit der Einberufung einer zweiten, in jedem Fall beschlussfähigen Gesellschafterversammlung eröffnet werden sollte (vgl. das Gesamtmuster GmbH-Gründung (Satzung) → Rn. 759 § 11 Abs. 7).[260]

XI. Gesellschafterbeschlüsse

115   Gesellschafterbeschlüsse werden nach dem in § 48 Abs. 1 GmbHG verankerten Leitbild **in einer Gesellschafterversammlung** gefasst. Abweichend davon ist die Durchführung einer Versammlung nach § 48 Abs. 2 GmbHG nicht erforderlich, wenn sich alle Gesellschafter in Textform mit der zu treffenden Bestimmung oder zumindest mit einer schriftlichen Stimmabgabe einverstanden erklären. Sonstige Beschlussverfahren ohne Versammlung wie zB eine telefonische Beschlussfassung oder die Beschlussfassung im Umlaufverfahren können in der Satzung zugelassen werden; ohne eine entsprechende Satzungsregelung sind derartige Beschlüsse jedoch nichtig.[261] Auch eine **kombinierte Beschlussfassung** – dh Gesellschafterversammlung und Einholung einzelner Stimmen auf schriftlichem oder sonstigem fernkommunikativem Wege – ist nur zulässig, wenn dies in der Satzung ausdrücklich vorgesehen ist (vgl. das Gesamtmuster GmbH-Gründung (Satzung) → Rn. 759 § 11 Abs. 8).[262]

116   Bei der Beschlussfassung gewährt je **ein Euro** eines Geschäftsanteils **eine Stimme** (§ 47 Abs. 2 GmbHG).[263] Von dieser Bestimmung kann abgewichen werden, so dass die noch in den Satzungen enthaltenen Regeln aus der Zeit vor Inkrafttreten des MoMiG, wonach entsprechend der früheren Fassung des § 47 Abs. 2 GmbHG je 50 EUR eines Geschäftsanteils eine Stimme gewähren, weiter gültig sind. Im Übrigen kann jedenfalls aus *mehreren* Geschäftsanteilen eines Gesellschafters nach hM **uneinheitlich abgestimmt** werden. Hingegen will die überwiegende Ansicht eine uneinheitliche Abgabe von Stimmen aus *einem* Geschäftsanteil nicht zulassen.[264]

117   Auch in Bezug auf die Mehrheitserfordernisse bei Gesellschafterbeschlüssen (§ 47 Abs. 1 GmbHG) kann die Satzung **abweichende Regelungen** treffen (§ 45 Abs. 2 GmbHG).[265] Sie kann insbes. größere Mehrheiten, Einstimmigkeit oder die Zustimmung bestimmter Gesellschafter verlangen. Die Satzung kann stimmrechtslose Anteile schaffen[266] und/oder die Stimmenmacht modifizieren, so dass zB einem Gesellschafter mit 99 % des Stammkapitals nur 1 % der Stimmrechte zustehen.[267]

118   Aufgrund der unklaren Rechtslage empfiehlt es sich nicht, den gesetzlichen Ausschluss vom Stimmrecht nach **§ 47 Abs. 4 GmbHG** zu modifizieren oder gar zu beschränken.[268]

---

[260] Zum Ganzen MHLS/*Römermann* GmbHG § 47 Rn. 14 ff.

[261] Str., vgl. Baumbach/Hueck/*Zöllner/Noack* GmbHG § 48 Rn. 41 ff. mwN; zu diesbezüglichen Gestaltungsmöglichkeiten ausf. *Blasche* GmbHR 2011, 232.

[262] BGH NZG 2006, 428; ausf. dazu *Wernicke/Albrecht* GmbHR 2010, 393. Weitere Formulierungsbeispiele bei Heckschen/Heidinger/*Heckschen* Kap. 4 Rn. 345.

[263] Eigene Anteile gewähren kein Stimmrecht, vgl. DNotI-Report 2017, 67 mwN; zu Gesellschafterversammlungen bei der zerstrittenen Zwei-Personen-GmbH vgl. *Wiester* GmbHR 2008, 189.

[264] Zum Ganzen mit zahlreichen Nachweisen *Blasche* GmbHR 2016, 99.

[265] Zum Mehrheitsprinzip im GmbH-Recht allg. und mit Gestaltungshinweisen *Blath* RNotZ 2017, 218.

[266] Dazu ausf. *Schaefer* GmbHR 1998, 113 und GmbHR 1998, 168.

[267] Vgl. *D. Mayer* GmbHR 1990, 61; Baumbach/Hueck/*Zöllner/Noack* GmbHG § 47 Rn. 67 ff.; aA *Ivens* GmbHR 1989, 61.

[268] Vgl. Roth/Altmeppen/*Roth* GmbHG § 47 Rn. 57 ff.; siehe exemplarisch zu den Streitfragen bezüglich des Stimmverbots bei der Abberufung eines Gesellschafter-Geschäftsführers aus wichtigem Grund BGH GmbHR 2017, 701; *Bayer* GmbHR 2017, 665; *K. Schmidt* GmbHR 2017, 670; zu den Auswirkungen der Selbstbetroffenheit des Versammlungsleiters auf seine Mitwirkungsbefugnisse vgl. OLG München GmbHR 2017, 469 sowie BGH NZG 2010, 1022, wonach ein Gesellschafter bei der Abstimmung über den Antrag, ihm die Versammlungsleitung zu entziehen, keinem Stimmverbot nach § 47 Abs. 4 GmbHG unterliegt; zu aktuellen Entwicklungen und Gestaltungsmöglichkeiten hinsichtlich Stimmverboten vgl. *Heckschen* GmbHR 2016, 897.

Eine Einschränkung ist ohnehin unzulässig, wenn sie § 47 Abs. 4 S. 1 GmbHG (Entlastungsbeschlüsse) betreffen soll.[269] Steht das Stimmrecht einem Testamentsvollstrecker zu und ist dieser wegen § 47 Abs. 4 S. 1 GmbHG von der Ausübung des Stimmrechts ausgeschlossen, so wird es von den Erben ausgeübt, wenn die Satzung keine anders lautende Bestimmung enthält.[270]

Die Satzung darf für die **Anfechtung** eines Gesellschafterbeschlusses keine Frist von 119 weniger als einem Monat ab Kenntnis vom Beschlussinhalt vorsehen.[271] Der BGH[272] zieht die Monatsfrist des § 246 Abs. 1 AktG als Leitbild heran, wobei eine Klageerhebung innerhalb dieser Frist dem Gesellschafter nicht zumutbar sein soll, wenn er nicht ausreichend Zeit hatte, schwierige tatsächliche oder rechtliche Fragen zu klären oder klären zu lassen, auf die es für die Beurteilung der Erfolgsaussicht der Klage ankommt.[273] Es empfiehlt sich daher, in der Satzung die Anfechtungsfrist auf mindestens zwei Monate festzulegen.[274] Gegen eine solche Zweimonatsfrist bestehen keine Bedenken.[275] Ist ein von einem satzungsgemäß bestellten Versammlungsleiter festgestellter Beschluss weder nichtig noch innerhalb angemessener Frist angefochten, so ist er vom Registergericht zu vollziehen.[276]

XII. Jahresabschluss, Ergebnisverwendung, Publizitätspflicht

Das Dritte Buch des HGB (§§ 238 ff. HGB) regelt für alle Einzelkaufleute und Handels- 120 gesellschaften die kaufmännische Buchführung und Bilanzierung. In Erweiterung der allgemeinen Pflichten jedes Kaufmanns zur Aufstellung eines Jahresabschlusses (Bilanz, Gewinn- und Verlustrechnung) normiert § 264 HGB die Pflicht der gesetzlichen Vertreter einer Kapitalgesellschaft, den **Jahresabschluss** nach § 242 HGB um einen Anhang zu ergänzen, der mit der Bilanz und der Gewinn- und Verlustrechnung eine Einheit bildet, sowie einen Lagebericht aufzustellen. Den vorgeschriebenen Inhalt des Anhangs, der als Erläuterung der Bilanz und der Gewinn- und Verlustrechnung gedacht ist, enthalten die §§ 284 ff. HGB. Im Lagebericht sind nach § 289 HGB zumindest der Geschäftsverlauf und die Lage der Kapitalgesellschaft so darzustellen, dass ein den tatsächlichen Verhältnissen entsprechendes Bild vermittelt wird.

In der **Satzung** sollte im Hinblick auf Jahresabschluss und Lagebericht weitgehend auf 121 die gesetzlichen Vorschriften verwiesen werden. Individuelle Gestaltungen geben hier häufig Anlass zu Zwischenverfügungen. Die Satzung kann den Geschäftsführer bspw. nicht verpflichten, die anlässlich des Jahresabschlusses erforderliche Bilanz ausschließlich nach steuerlichen Vorschriften aufzustellen.[277]

Die **Aufstellung** des Jahresabschlusses durch die Geschäftsführung ist von seiner Fest- 122 stellung durch die Gesellschafter klar zu trennen. Nach § 264 Abs. 1 S. 3 HGB sind Jahresabschluss und Lagebericht von den gesetzlichen Vertretern in den ersten drei Monaten des Geschäftsjahrs für das vergangene Geschäftsjahr aufzustellen. Kleine Kapitalgesellschaften iSv § 267 Abs. 1 HGB dürfen den Jahresabschluss ausnahmsweise später aufstellen, wenn dies einem ordnungsgemäßen Geschäftsgang entspricht, spätestens jedoch innerhalb der ersten sechs Monate des Geschäftsjahres; einen Lagebericht brauchen sie nicht aufzu-

---

[269] BGH DB 1989, 1715; vgl. ausf. *Braunfels* MittRhNotK 1994, 233; zur Befreiung von Stimmverboten vgl. MHdB GesR III/*Wolff* § 38 Rn. 68.
[270] BGH DB 1989, 1715 Rn. 20; zu Stimmbindungsvereinbarungen von GmbH-Gesellschaftern vgl. *Müller* GmbHR 2007, 113; zu Stimmbindungsvereinbarungen als Satzungsbestandteil vgl. DNotI-Report 2017, 163; zu Satzungsregelungen bzgl. Stimmrechtsausschlüssen siehe *Priester* GmbHR 2013, 225.
[271] Vgl. BGH DNotZ 1989, 21; zum Beschlussmängelrecht in der GmbH umfassend *Fleischer* GmbHR 2013, 1289; zur Klagefrist vgl. *Kaufmann* NZG 2015, 336.
[272] Siehe nur BGH NZG 2009, 1110.
[273] BGH DB 1990, 1456.
[274] *Priester* DStR 1992, 258.
[275] BGH DB 1989, 1715 Rn. 24.
[276] Vgl. OLG München DNotZ 2012, 874; *Krafka/Kühn* RegisterR Rn. 1027 ff.
[277] BayObLG DNotZ 1989, 116.

stellen. § 42a GmbHG beinhaltet ergänzend die Verpflichtung der Geschäftsführer zur Vorlage des Jahresabschlusses (Abs. 1) sowie die Pflicht der Gesellschafter zur Beschlussfassung über die **Feststellung** des Jahresabschlusses und die Ergebnisverwendung (Abs. 2). § 42a Abs. 2 S. 1 GmbHG schreibt für letztere Handlungen eine Frist von acht Monaten, bei kleinen Kapitalgesellschaften iSv § 267 Abs. 1 HGB eine Frist von elf Monaten nach Ende des betreffenden Geschäftsjahres vor. Der Gesellschaftsvertrag kann diese Fristen nicht verlängern (§ 42a Abs. 2 S. 2 GmbHG).

123   Nach § 46 Nr. 1 GmbHG liegt die **Feststellungszuständigkeit** bei den Gesellschaftern. Die Satzung kann diese Aufgabe anderen Personen zuweisen, etwa einzelnen Gesellschaftern, dem Aufsichtsrat oder aber auch den Geschäftsführern (vgl. § 45 Abs. 2 GmbHG).[278]

124   Bei der Abfassung einer **Ergebnisverwendungsklausel** hat der Notar den Widerstreit zwischen dem Thesaurierungsinteresse der Gesellschaft und dem Ausschüttungsinteresse insbes. der Minderheitsgesellschafter zu beachten.[279] Ein pauschaler Verweis auf die gesetzliche Regelung des § 29 Abs. 2 GmbHG kann dazu führen, dass Minderheitsgesellschafter aufgrund der weitgehenden Gestaltungsautonomie der Mehrheitsgesellschafter über Jahre auf eine „Hungerdividende" gesetzt werden und überhaupt keine Ausschüttungen erhalten. Hier sollten Ausschüttungs- und Thesaurierungsklauseln zweckmäßigerweise kombiniert werden, wobei die Entscheidung über den Rest des Jahresergebnisses dann den Gesellschaftern überlassen bleiben kann.[280]

125   **Formulierungsbeispiel: Ergebnisverwendung**

Sofern nicht die Gesellschafter einstimmig etwas anderes beschließen, gilt hinsichtlich der Gewinnverwendung, was folgt: Vom Jahresergebnis sind *** % an die Gesellschafter auszuschütten. Weitere *** % sind in die Gewinnrücklage einzustellen, bis diese einen Betrag von *** EUR oder *** % des Stammkapitals erreicht hat. Über die Verwendung des verbleibenden Ergebnisrests entscheiden die Gesellschafter mit einfacher Mehrheit.

126   Auch im Hinblick auf die **Gewinnverteilung** kann durch Satzungsregelung eine von der in § 29 Abs. 3 GmbHG vorgesehenen Verteilung nach dem Verhältnis der Geschäftsanteile abweichende Regelung getroffen werden.[281] Privatrechtlich außerhalb der Satzung getroffene Vereinbarungen über eine disquotale Gewinnverteilung entfalten grds. keine Wirkung.[282] Zulässig ist jedoch eine „Öffnungsklausel", etwa wie folgt:

127   **Formulierungsbeispiel: Gewinnverteilung**

Die Verteilung des auszuschüttenden Gewinns erfolgt grundsätzlich nach dem Verhältnis der Nennbeträge der Geschäftsanteile. Durch Beschluss der Gesellschafterversammlung kann mit Zustimmung aller dadurch benachteiligten Gesellschafter eine abweichende Gewinnverteilung festgesetzt werden.

128   Derartige **Öffnungsklauseln** lassen eine Abweichung von bestimmten materiellen Satzungsbestandteilen zu, ohne dass die Satzung selbst geändert wird.[283] Ihre nachträgliche Einführung bedarf der Zustimmung aller Gesellschafter zu der entsprechenden Satzungs-

---

[278] Zu Gestaltungsmöglichkeiten und -grenzen siehe *Hommelhoff/Priester* ZGR 1986, 463.
[279] Zum Minderheitenschutz bei der Gewinnthesaurierung in der GmbH *Fleischer/Trinks* NZG 2015, 289.
[280] Weitere Gestaltungsvorschläge finden sich bei *Hommelhoff* DNotZ 1986, 323 (328 ff.).
[281] Zu disquotalen Gewinnverwendungsabreden allg. *Wälzholz* notar 2016, 345.
[282] Vgl. zur Aktiengesellschaft LG Frankfurt a.M. NZG 2015, 482; zu satzungsdurchbrechenden Beschlüssen → Rn. 340 ff.; allg. zur disquotalen Gewinnausschüttung bei der GmbH *Pörschke* DB 2017, 1165; *Wälzholz* notar 2016, 345.
[283] Vgl. BayObLG DB 2001, 1981; zur steuerlichen Anerkennung disquotaler Ausschüttungen vgl. BMF-Schreiben vom 17.12.2013, BStBl. I 2014, 63.

änderung. Ferner muss die Klausel die Zustimmung der benachteiligten Gesellschafter vorsehen. Alternativ kann es auch genügen, wenn ein einstimmiger Beschluss gefordert wird, sofern gleichzeitig eine Regelung zur Beschlussfähigkeit der Versammlung grundsätzlich die Teilnahme aller Gesellschafter voraussetzt.[284] Inkongruente Ausschüttungen lösen allerdings grds. Schenkungsteuer aus, was mit Hilfe von Rückgewährklauseln in der Satzung korrigiert werden kann.[285]

Die **Publizitätspflichten** bei der GmbH, welche durch elektronische Einreichung 129 beim Betreiber des Bundesanzeigers erfüllt werden müssen, sind in den §§ 325 ff. HGB geregelt. Eine Erwähnung oder besondere Regelung in der Satzung ist nicht erforderlich.[286]

XIII. Informationsrecht der Gesellschafter

Gemäß **§ 51a GmbHG** hat jeder Gesellschafter gegenüber den Geschäftsführern ein um- 130 fassendes Informations- und Einsichtsrecht.[287] Diese Vorschrift ist unabdingbar (§ 51a Abs. 3 GmbHG). Die Satzung kann lediglich das Verfahren des Informationsverlangens und der Informationserteilung regeln; dabei darf der materielle Gehalt der Informationsrechte nicht eingeschränkt werden.[288] Zulässig sind etwa Bestimmungen über die schriftliche Einreichungspflicht des Informationsverlangens und die Ausübung der Rechte durch Bevollmächtigte. Auch das Gebot der Vertraulichkeit kann festgeschrieben werden. Satzungsmäßig vorgesehen werden könnte ergänzend zB eine vierteljährliche schriftliche **Berichtspflicht** der Geschäftsführer gegenüber den Gesellschaftern.[289]

XIV. Einziehung von Geschäftsanteilen

Nachdem sich allgemeine Regelungen zu Ausschluss und Austritt von Gesellschaftern im 131 GmbHG nicht finden, ist die in § 34 GmbHG geregelte **Einziehung** (Amortisation) als wesentliche Form des Ausscheidens eines Gesellschafters aus einer GmbH von besonderer Bedeutung für die Kautelarjurisprudenz.[290]

Eine Einziehung von Geschäftsanteilen darf nur erfolgen, wenn sie in der Satzung zu- 132 gelassen ist (§ 34 Abs. 1 GmbHG). Unterschieden wird gemeinhin zwischen der Einziehung mit Zustimmung des betroffenen Gesellschafters und ohne eine solche **(Zwangseinziehung)**. Für eine Zwangseinziehung müssen deren Voraussetzungen bereits in der Satzung festgelegt sein, wenn der Betroffene Gesellschafter wird (§ 34 Abs. 2 GmbHG).[291] Dabei sollte klargestellt werden, dass die Einziehung auch zulässig ist, wenn ein Anteil mehreren Gesellschaftern ungeteilt zusteht, die Voraussetzungen der Einziehung aber nur bei einem Mitberechtigten vorliegen (vgl. § 18 GmbHG).

---

[284] Siehe OLG München MittBayNot 2011, 416.
[285] Vgl. hierzu mit Formulierungsvorschlag und zahlreichen Nachweisen *Ihle* notar 2012, 49 (50 f.).
[286] Zur Verfassungsmäßigkeit der Publizitätspflicht bei einer Familien-GmbH vgl. BayObLG DStR 1995, 895.
[287] Zu Ausübung und Schranken der Informationsrechte in OHG, KG und GmbH *Otte* NZG 2014, 521; zum Informationsrecht des ausgeschiedenen Gesellschafters *Werner* GmbHR 2016, 852.
[288] Vgl. BayObLG DNotZ 1989, 519; *Karl* DStR 1995, 940; *Otte* NZG 2014, 521.
[289] Lutter/Hommelhoff/*Bayer* GmbHG § 51a Rn. 42; zum Informationsrecht der Geschäftsführer vgl. nur OLG Koblenz NZG 2008, 397.
[290] Allg. zu Kündigung, Ausschluss und Einziehung in der GmbH *Bacher/von Blumenthal* NZG 2008, 406; *Schwab* DStR 2012, 707; speziell zur Einziehung *Braun* GmbHR 2010, 82; *Kleindiek* GmbHR 2017, 815; *Meyer* NZG 2009, 1201; *Römermann* NZG 2010, 96; zum Ausschluss eines Gesellschafters in der Zweipersonen-GmbH *Winkler* GmbHR 2017, 334; sehr instruktiv zum Vollzug des Ausscheidens *Blath* GmbHR 2012, 657; zu den Gesellschafterrechten des ausgeschlossenen Gesellschafters zwischen Ausschließung und Verwertung vgl. DNotI-Report 2012, 167; einen Überblick über aktuellere BGH-Rspr. zur Einziehung bietet *Kort* DB 2016, 2098; vgl. iÜ *Wachter* NZG 2016, 961; *Altmeppen* ZIP 2016, 1557.
[291] Zur Satzungsgestaltung vgl. *Baumann* MittRhNotK 1991, 271; *Fröhlich* GmbH-StB 2001, 358; allg. zur Verwertung von Geschäftsanteilen eines ausscheidenden Gesellschafters *Bacher/v. Blumenthal* NZG 2008, 406.

133 Typischerweise wird eine Einziehungsmöglichkeit in der Satzung für folgende **Sachverhalte** verankert:
  – Zwangsvollstreckungsmaßnahmen in den GmbH-Anteil, wenn diese nicht innerhalb einer bestimmten Zeit wieder aufgehoben werden;
  – Eröffnung eines Insolvenzverfahrens über das Vermögen eines Gesellschafters oder Ablehnung mangels Masse;[292]
  – Abgabe einer Vermögensauskunft des Schuldners gemäß § 802c ZPO;
  – Ausschluss aus wichtigem Grund entsprechend § 140 HGB;[293]
  – Verstoß gegen ein Wettbewerbsverbot (→ Rn. 78 ff.);
  – „change of control"-Fälle (→ Rn. 92);
  – Verstoß gegen Mitveräußerungspflichten/-rechte (→ Rn. 94);
  – Ausscheiden aus Organ- oder Anstellungsverhältnissen (→ Rn. 137);
  – Kündigung (→ Rn. 151 ff.);
  – Erbfall (→ Rn. 154 ff.);
  – fehlende Herausnahme des Geschäftsanteils aus dem Zugewinnausgleich (→ Rn. 171 ff.).

134 Darüber hinaus dürfte im Lichte der Treuepflicht des Gesellschafters auch bei der GmbH eine Einziehung zulässig sein, wenn sich ein Gesellschafter weigert, an einer notwendigen Sanierung der Gesellschaft teilzunehmen (**„Sanieren oder Ausscheiden"**).[294]

135 Wird die Einziehung für den Fall vorgesehen, dass ein Gesellschafter **Auflösungsklage** nach § 61 GmbHG erhebt, so ist eine solche Bestimmung nichtig, da faktisch das Klagerecht beseitigt wird.[295]

136 Die Anordnung einer Zwangseinziehung bzw. Übernahme eines Geschäftsanteils durch einen anderen Gesellschafter nach **freiem Ermessen** (sog. **Hinauskündigungsklausel**) ist im Regelfall unwirksam.[296] Grundsätzlich nichtig gemäß § 138 Abs. 1 BGB sind sowohl statutarische Mechanismen als auch schuldrechtliche Vereinbarungen, die auf eine jederzeitige, von einem sachlichen Grund unabhängige Beendigung der Mitgliedschaft zielen (wie etwa ein langfristig annehmbares Veräußerungsangebot).[297] Kritisch kann daher auch eine Call-Option in Gestalt eines Angebots sein, denn sie vermittelt dem (künftigen) Erwerber das Recht und die Möglichkeit, eine Veräußerung zu seinen Gunsten zustande zu bringen.[298] Die geltungserhaltende Reduktion einer an sich unwirksamen Satzungsklausel ist jedoch dahin gehend möglich, dass sie zumindest zur Ausschließung aus wichtigem Grund berechtigt.[299]

137 Zur Frage der Sittenwidrigkeit von Hinauskündigungsklauseln bei der Beendigung der Organstellung eines Geschäftsführers hat der BGH klargestellt, dass eine Klausel wirksam ist, nach welcher der Geschäftsführer bei Beendigung des Amtes seine Minderheitsbeteiligung gegen eine der Höhe nach begrenzte Abfindung zurück zu übertragen hat, wenn ihm die Beteiligung lediglich im Hinblick auf seine Geschäftsführerstellung eingeräumt wurde und er für sie nur ein Entgelt in Höhe des Nennwerts zu zahlen hatte (**Managermodell**).[300] Parallel dazu befand der BGH im Hinblick auf ein **Mitarbeitermodell,** dass

---

[292] Zu Einziehung, Zwangsabtretung und Ausschluss in der Insolvenz eines Gesellschafters ausf. *Heckschen* NZG 2010, 521; zu den Mitgliedschaftsrechten in der Insolvenz eines Gesellschafters *Heckschen* ZIP 2010, 1319.

[293] Siehe zB BGH NZG 2013, 1344; hierzu *Böttcher* NZG 2014, 177; *Winkler* GmbHR 2017, 334.

[294] Siehe BGH ZIP 2009, 2289 zu einer Personengesellschaft; ausf. hierzu *Priester* ZIP 2010, 497; *Bacina/ Redeker* DB 2010, 996; vgl. auch die Folgeentscheidungen BGH ZIP 2011, 768 und BGH DNotZ 2016, 139.

[295] Vgl. nur OLG München MittBayNot 2010, 409; BayObLG DB 1978, 2164; Baumbach/Hueck/*Haas* GmbHG § 61 Rn. 3; aA *Schuhknecht/Irmler* GWR 2015, 489.

[296] Siehe nur BGH DB 1990, 1709.

[297] BGH NZG 2005, 968.

[298] Anders wohl bei einem Veräußerungsangebot an einen Nichtgesellschafter, siehe Gutachten DNotI-Report 2019, 53.

[299] BGH NJW 1989, 2681.

[300] BGH NZG 2005, 968. Siehe ferner *Schockenhoff* NZG 2018, 201; MüKoGmbHG/*Strohn* GmbHG § 34 Rn. 57; LG Stuttgart GmbHR 2019, 116 mAnm *Höfer* (zu einer KG).

einem verdienten Mitarbeiter unentgeltlich oder gegen Zahlung des Nennwerts eine Minderheitsbeteiligung eingeräumt werden kann, die er bei seinem Ausscheiden aus dem Unternehmen zurück zu übertragen hat.[301] Eine Satzungsbestimmung, wonach im Falle eines Streits über die Wirksamkeit der Kündigung des Vertragsverhältnisses zwischen dem Gesellschafter und der Gesellschaft die wirksame Beendigung fingiert wird und eine Einziehung des Geschäftsanteils durch Gesellschaftsbeschluss deshalb gerechtfertigt ist, ist hingegen nach Ansicht des OLG München wegen der Möglichkeit einer willkürlichen Einziehung sittenwidrig und damit unwirksam.[302]

Eine Einziehung ist nur möglich, wenn der Gesellschaftsanteil **voll eingezahlt** ist[303] und das Bilanzvermögen der Gesellschaft die Zahlung des Einziehungsentgelts **ohne Antastung des Stammkapitals** erlaubt (§§ 34 Abs. 3, 30 Abs. 1 GmbHG).[304] Der Beschluss über die Einziehung ist wegen Verstoßes gegen § 34 Abs. 3 GmbHG daher nichtig, wenn infolge einer Unterbilanz bzw. einer darüber hinausgehenden bilanziellen Überschuldung bereits im Zeitpunkt der Beschlussfassung feststeht, dass die Gesellschaft eine geschuldete und sofort fällige Abfindung nicht aus freiem Vermögen aufbringen kann.[305] Dies gilt selbst dann, wenn die Gesellschaft über stille Reserven verfügt, deren Auflösung ihr die Bezahlung des Einziehungsentgelts ermöglichen würde; diese sind im Rahmen der Kapitalerhöhung irrelevant.[306] Schon aus diesem Grund sollte die Satzung der Gesellschafterversammlung die Befugnis einräumen, anstelle der Einziehung die **(Zwangs-)Abtretung** des Geschäftsanteils an Dritte oder Mitgesellschafter zu verlangen, da die Abfindungsleistung in diesem Fall nicht das Gesellschaftsvermögen belastet.[307] Wichtig ist dies vor allem deshalb, weil die Nichtigkeit des Einziehungsbeschlusses wegen Verstoßes gegen §§ 34 Abs. 3, 30 Abs. 1 GmbHG auch die Nichtigkeit der Ausschließung des Gesellschafters zur Folge hat.[308] Alternativ kann die Satzung vorsehen, dass die Abfindungszahlung (verzinslich) gestundet wird oder dass die Gesellschafter mithaften, wenn die Gesellschaft wegen § 30 Abs. 1 GmbHG nicht zahlen darf.

139 Technisch erfordert die Einziehung einen **Beschluss der Gesellschafter** (§ 46 Nr. 4 GmbHG) verbunden mit einer Einziehungserklärung gegenüber dem betroffenen Gesellschafter.[309] Anmeldung und Eintragung im Handelsregister sind nicht erforderlich.[310] Sie kann jedoch nicht unbefristet erfolgen. Bei Einziehung wegen Insolvenz wurde zB eine dem Einziehungsgrund immanente zeitliche Schranke von 1–1 1/2 Jahren angenommen.[311]

140 Mangels anderweitiger Satzungsregelung tritt die **Wirksamkeit** der Einziehung bereits mit der **Mitteilung des Einziehungsbeschlusses** an den betroffenen Gesellschafter und nicht erst mit Zahlung der Abfindung ein, sofern der Einziehungsbeschluss weder nichtig

---

[301] BGH NZG 2005, 971; zum Ganzen *Hinderer* RNotZ 2005, 416; *Hohaus/Weber* NZG 2005, 961; *Nassall* NZG 2008, 851; *Sosnitza* DStR 2006, 99; zu etwaigen schenkungsteuerlichen Konsequenzen vgl. BFH NZG 2015, 764 sowie *Dunkmann* NZG 2015, 991.

[302] OLG München ZIP 2016, 2472 – Roland Berger.

[303] Vgl. zuletzt BGH GmbHR 2015, 416 Rn. 31; kritisch hierzu *Brete/Trümper* GmbHR 2015, 1262.

[304] Zu Auszahlungen des zur Erhaltung des Stammkapitals erforderlichen Vermögens an die Gesellschafter vgl. allg. *Porzelt* GmbHR 2016, 627.

[305] BGH NZG 2012, 259 Rn. 7; NZG 2011, 783; NZG 2009, 221.

[306] BGH DNotZ 2019, 64. Dazu unter anderem *Fischer* NZG 2018, 1341; *Kuhn* BB 2018, 2001; *Wachter* GmbHR 2018, 963.

[307] Auf den Erwerb durch Mitgesellschafter oder Dritte sind iÜ die Privilegierungen der §§ 13a, 13b, 19a ErbStG anwendbar, die bei einer Einziehung von der Finanzverwaltung nach R E 3.4 ErbStR 2011 abgelehnt werden; vgl. *Wälzholz* MittBayNot 2014, 417 (421).

[308] Siehe BGH NZG 2011, 783; aA *Priester* ZIP 2012, 658, der den Einziehungsbeschluss mit nachvollziehbaren Argumenten auch dann für wirksam hält, wenn die Zahlung der Abfindung zu einer Unterbilanz führen würde. Vgl. in diesem Kontext ferner den Vorschlag von *Göz/Kowalewski* NZG 2018, 1369 zu einer Kombination von Ausschluss und (Zwangs-)Abtretung.

[309] Vgl. das Muster im MVHdB I GesR/*Burmeister/Schmidt-Hern* Form. IV.109.

[310] Siehe KG GmbHR 2016, 416.

[311] Vgl. OLG Düsseldorf GmbHR 2008, 262.

ist noch für nichtig erklärt wird.[312] Die Satzung sollte diese Rechtsfolge klarstellen. Mit der Bekanntgabe des Beschlusses gegenüber dem betroffenen Gesellschafter geht der Geschäftsanteil unter, dh eine nachfolgende Teilung und Übertragung des Anteils sind unwirksam.[313] Die **Wirksamkeit der (Zwangs-)Abtretung** tritt demgegenüber ein mit wirksamer Abtretungsvereinbarung zu notarieller Urkunde, § 15 Abs. 3 GmbHG. Nachdem die Bereitschaft des ausgeschlossenen Gesellschafters zur Unterzeichnung einer solchen Vereinbarung naturgemäß gering sein dürfte, wird diskutiert, in der Satzung die jeweiligen Geschäftsführer der Gesellschaft in vertretungsberechtigter Zahl zu ermächtigen, die Abtretung im Namen des ausgeschlossenen Gesellschafters durchzuführen.[314] Ob eine solche Vollmacht in der Satzung zB auch für später eintretende Gesellschafter gilt, erscheint dogmatisch allerdings zweifelhaft. Bis zu seinem Ausscheiden behält der Gesellschafter seine Gesellschafterstellung. Er darf seine Mitgliedschaftsrechte allerdings nur noch insoweit ausüben, als sein Interesse am Erhalt der ihm zustehenden Abfindung betroffen ist.[315] Der Abfindungsanspruch des Ausscheidenden wird dadurch gesichert, dass die verbleibenden Gesellschafter (pro rata ihrer Beteiligung) haften, wenn sie treuwidrig nicht auf andere Weise für die Auszahlung der Abfindung sorgen.[316]

141   Daneben sind etwaige **schenkung- bzw. erbschaftsteuerliche Folgen** zu beachten, wenn das Abfindungsentgelt unter dem steuerlichen Wert des Geschäftsanteils liegt, da in Höhe der Differenz zwischen dem Steuerwert des Anteils und dem niedrigeren Abfindungsentgelt ein steuerpflichtiger Erwerb vorliegt (§§ 3 Abs. 1 Nr. 2 S. 2, 7 Abs. 7 ErbStG).

Praxishinweis Steuern:

Erfolgt eine Einziehung durch die Gesellschaft (§ 3 Abs. 1 Nr. 2 S. 3 ErbStG), so finden die Begünstigungsnormen §§ 13a, 13b, 19a ErbStG keine Anwendung, da keine Anteilsübertragung stattfindet.[317] Für die Besteuerung ist im Falle der Einziehung nach dem Ableben eines Gesellschafters das Verhältnis zwischen dem Verstorbenen und den verbleibenden Gesellschaftern maßgeblich, da die Werterhöhung der Anteile der Mitgesellschafter Gegenstand der (fiktiven) Schenkung auf den Todesfall ist. Der ausgeschlossene Erbe hat in diesem Fall nur die gesellschaftsvertragliche Abfindung zu versteuern, vgl. § 10 Abs. 10 ErbStG.

---

142   Der Vollzug des Ausscheidens durch Einziehung oder Abtretung ist für den Ausscheidenden **ertragsteuerlich** als Anteilsveräußerung anzusehen. Es entsteht bei ihm daher in Höhe der Differenz zwischen Anschaffungskosten und Abfindung bzw. Erlös ein einkommensteuerpflichtiger Gewinn (§ 17 EStG bzw. § 20 Abs. 2 S. 1 Nr. 1 EStG).

143   Nach einer Einziehung durch die GmbH stimmt die Stammkapitalziffer nicht mehr mit der Summe der Nennbeträge der Geschäftsanteile überein, da der eingezogene Anteil untergeht.[318] Es entsteht eine **Differenz zwischen den Nennwerten** der verbleibenden Geschäftsanteile **und** dem **Stammkapital.**

---

[312] BGH DNotZ 2012, 464 mwN zum Meinungsstand in Rspr. und Lit. vor der Entscheidung; zust. unter anderem *Priester* ZIP 2012, 658; *Schockenhoff* NZG 2012, 449.

[313] OLG Dresden GmbHR 2016, 56.

[314] Vgl. zB *Wälzholz* MittBayNot 2014, 417 (421).

[315] BGH DNotZ 2010, 385; dazu *Wilsing/Ogorek* NZG 2010, 379.

[316] BGH DNotZ 2012, 464; DNotZ 2017, 133 mAnm *Wicke;* krit. hierzu *Altmeppen* ZIP 2016, 1557; näher MHdB GesR III/*D. Mayer/Weiler* § 20 Rn. 96; *Pentz* FS Marsch-Barner 2018, 431; *Schneider* ZIP 2016, 2141; *Wachter* NZG 2016, 961.

[317] Kapp/Ebeling/*Geck* ErbStG § 3 Rn. 249; R E 3.4 (3) S. 9 ErbStR 2011. Vgl. zum Ganzen *Leitzen* RNotZ 2009, 315; *Wälzholz* ZEV 2008, 273 (275 f.).

[318] Baumbach/Hueck/*Fastrich* GmbHG § 34 Rn. 19; aA *Stehmann* GmbHR 2013, 574 mwN zur Gegenmeinung.

Eine automatische quotengleiche **Aufstockung** der Nennbeträge findet in diesem Fall 144
nach hM nicht statt, vielmehr ist hierfür ein Aufstockungsbeschluss der Gesellschafter erforderlich, der nach überwiegender Ansicht allerdings keine Satzungsänderung darstellt
und daher privatschriftlich mit einfacher Mehrheit gefasst werden kann.[319] Eine erneute
Einzahlung ist nicht erforderlich, da die Zahlung der Abfindung aus freiem Vermögen
erfolgen und damit das Stammkapital auch nach der Einziehung ungeschmälert vorhanden
sein muss.[320] Zu beachten ist, dass die Aufstockung nach hM nur verhältniswahrend, dh
quotengleich erfolgen kann, weshalb sie aufgrund des Entstehens von (entgegen § 5
Abs. 2 S. 1 GmbHG) nicht durch volle Euro teilbaren Aufstockungsbeträgen bzw. entstehenden Spitzenbeträgen oftmals problematisch ist.[321] Als Argument dient insbesondere
§ 57j GmbHG, wonach bei einer Kapitalerhöhung aus Gesellschaftsmitteln die neuen Geschäftsanteile den Gesellschaftern im Verhältnis ihrer bisherigen Geschäftsanteile zustehen
und ein entgegenstehender Beschluss nichtig ist. Daneben argumentiert die hM mit einer
Umgehung der Formvorschrift des § 15 Abs. 3 GmbHG. Demgegenüber plädieren andere für die Möglichkeit einer disquotalen Aufstockung.[322] Eine Lösung kann in einer Kombination von Aufstockung und Kapitalerhöhung in Anlehnung an die Glättung aus Anlass
der Euro-Umstellung liegen.[323]

Daneben ist es möglich, die Lücke zwischen den Nennwerten der verbleibenden Ge- 145
schäftsanteile und dem Stammkapital durch **Bildung** eines oder mehrerer **neuer Geschäftsanteile** in Höhe des Nennwerts des eingezogenen Anteils ohne Kapitalerhöhung
zu schließen (sog. **Revalorisierung**).[324] Die neuen Geschäftsanteile stehen nach hM zunächst der Gesellschaft als eigene Anteile zu, können anschließend aber abgetreten werden.[325] Eine erneute Einzahlung ist nicht erforderlich.[326] Die Neubildung von Geschäftsanteilen ist keine Satzungsänderung, sondern erfolgt durch Gesellschafterbeschluss, der
nach überwiegender Auffassung einer Dreiviertelmehrheit, nach der Mindermeinung der
Zustimmung aller Gesellschafter bedarf.[327] Ob hierfür eine Beurkundungspflicht besteht,
ist streitig. Die hM lehnt ein Beurkundungserfordernis ab, da mangels Satzungsänderung
die Formerfordernisse des § 53 Abs. 2 GmbHG nicht einzuhalten seien.[328] Jedenfalls,
wenn mit der Beschlussfassung über die Neubildung zugleich ein Übernahmeangebot an
einen Gesellschafter oder Dritten verbunden wird, ist der Beschluss schon nach § 15
Abs. 3 GmbHG beurkundungspflichtig.[329] Die Anpassung ist in jedem Fall durch Einreichung einer berichtigten Gesellschafterliste beim Registergericht anzuzeigen, wobei hierfür grds. gemäß § 40 Abs. 1 GmbHG die Geschäftsführer zuständig sind, im Falle einer
Mitwirkung des Notars jedoch dieser (§ 40 Abs. 2 GmbHG).

Die dritte Möglichkeit einer Anpassung der Summe der Nennbeträge an das Stammka- 146
pital ist die **Kapitalherabsetzung,** bei der das Sperrjahr gemäß § 58 Abs. 1 Nr. 3
GmbHG einzuhalten ist und die nur funktioniert, wenn auch nach der Herabsetzung das

---

[319] Vgl. die Nachweise im Gutachten des DNotI zu § 34 GmbHG Nr. 30386; BGH DNotZ 1989, 26; *Müller* DB 1999, 2045; *Priester* GmbHR 2016, 1065; zum Ganzen auch *Nolting* ZIP 2011, 1292.
[320] Vgl. DNotI-Report 2016, 141 mwN; *Priester* GmbHR 2016, 1065 (1067).
[321] Hierzu Heckschen/Heidinger/*Heidinger*/*Blath* Kap. 13 Rn. 322.
[322] Vgl. *Nolting* ZIP 2011, 1292.
[323] Vgl. Heckschen/Heidinger/*Heidinger*/*Blath* Kap. 13 Rn. 322; DNotI-Report 2010, 29; kritisch *Nolting*
ZIP 2011, 1292 (1294).
[324] Dazu Baumbach/Hueck/*Fastrich* GmbHG § 34 Rn. 20; *Müller* DB 1999, 2047; DNotI-Report 2010,
29 ff.
[325] Siehe nur MHLS/*Sosnitza* GmbHG § 34 Rn. 125; MüKoGmbHG/*Strohn* GmbHG § 34 Rn. 69.
[326] Siehe DNotI-Report 2016, 141 mwN.
[327] Siehe nur Scholz/*Westermann* GmbHG § 34 Rn. 70; MHLS/*Sosnitza* GmbHG § 34 Rn. 125; *Clevinghaus*
RNotZ 2011, 449 (463 f.); DNotI-Report 2016, 141 mwN.
[328] Vgl. nur MüKoGmbHG/*Strohn* GmbHG § 34 Rn. 69; Ulmer/Habersack/Löbbe/*Ulmer* GmbHG § 34
Rn. 70; BGH DNotZ 1989, 26; aA *Clevinghaus* RNotZ 2011, 449 (464); *Steiner* MittBayNot 1996, 6
(9).
[329] Vgl. das Formulierungsbeispiel bei *Steiner* MittBayNot 1996, 6 (9).

Mindeststammkapital von 25.000 EUR gewahrt wird (§ 58 Abs. 2 S. 1 GmbHG iVm § 5 Abs. 1 GmbHG).

> **Praxishinweis Steuern:**
> Wird die Einziehung mit einer Kapitalherabsetzung kombiniert, liegt steuerlich ein Fall des § 17 Abs. 4 EStG (soweit das Nennkapital oder Einlagen zurückbezahlt werden) und ggf. des § 20 Abs. 1 Nr. 2 EStG (soweit darüber hinaus Beträge ausgeschüttet werden) vor. Inwiefern eine Rückzahlung diesen Kategorien zuzuordnen ist, regelt § 28 Abs. 2 KStG.

147   Nach dem in § 5 Abs. 3 S. 2 GmbHG verankerten **Konvergenzgebot** muss die Summe der Nennbeträge der Geschäftsanteile grds. mit der Höhe des Stammkapitals übereinstimmen. Vor diesem Hintergrund war lange Zeit umstritten, ob der „Anpassungsbeschluss" anders als vor Inkrafttreten des MoMiG zwingend gleichzeitig mit dem Einziehungsbeschluss gefasst und im gleichen Zeitpunkt wie die Einziehung wirksam werden muss, um die Nichtigkeit der Einziehung und infolge dessen auch die Nichtigkeit der Ausschließung des Gesellschafters zu vermeiden.[330] Der BGH hat hierzu inzwischen entschieden, dass der Beschluss über die Einziehung eines GmbH-Geschäftsanteils nicht deshalb nichtig ist, weil die Gesellschafterversammlung nicht gleichzeitig Maßnahmen ergriffen hat, um ein Auseinanderfallen der Summe der Nennbeträge der nach der Einziehung verbleibenden Geschäftsanteile und dem Stammkapital der Gesellschaft zu verhindern.[331]

148   Dabei hat der BGH ausdrücklich offen gelassen, ob die Gesellschafter zu einem späteren Zeitpunkt zu einer Anpassung verpflichtet sind bzw. ob das Registergericht anlässlich eines späteren Eintragungsantrags darauf bestehen kann, dass die Divergenz beseitigt wird.[332] In der **Satzung** kann deshalb vorsorglich die Verpflichtung zur möglichst zeitnahen Beseitigung der Divergenz aufgenommen werden, etwa wie folgt:[333]

149   **Formulierungsbeispiel: Anpassung von Geschäftsanteilen und Stammkapital nach**
Ѿ   **Einziehung**
Die Einziehung eines Geschäftsanteils ist nur zulässig, wenn gleichzeitig mit dem Einziehungsbeschluss durch Aufstockung anderer Geschäftsanteile oder Bildung eines neuen Geschäftsanteils sichergestellt wird, dass auch nach der Einziehung die Summe der Nennbeträge aller Geschäftsanteile mit dem Stammkapital übereinstimmt. Dieser Anpassungsbeschluss ist aufschiebend bedingt auf das Wirksamwerden der Einziehung zu fassen.

150   [Einstweilen frei.]

XV. Kündigung

151   In der Regel wird die Gesellschaft auf unbestimmte Zeit abgeschlossen; eine Beschränkung auf eine gewisse Zeit muss zwingend in den Gesellschaftsvertrag aufgenommen werden (§ 3 Abs. 2 GmbHG). Im Gegensatz zu den Personengesellschaften (§ 723 BGB, § 132 HGB) kennt das GmbH-Gesetz **keine ordentliche Kündigung.** Fehlt eine entsprechende Satzungsbestimmung, so kann der Gesellschafter sein Engagement nur durch

---

[330] Vgl. aus der Rspr. nur OLG München DNotI-Report 2012, 30; OLG Saarbrücken NZG 2012, 180; OLG Rostock GmbHR 2013, 752.
[331] BGH DNotZ 2015, 447 mAnm *Lubberich;* hierzu unter anderem *Kleindiek* NZG 2015, 489; *Schmidt/Stürner* ZIP 2015, 1521.
[332] In diesem Sinne MüKoGmbHG/*Strohn* GmbHG § 34 Rn. 65; dagegen ausdrücklich *Kleindiek* NZG 2015, 489; *Wicke* GmbHG § 34 Rn. 3.
[333] Zutreffend Hauschild/Kallrath/Wachter/*Hauschild/Kallrath* NotarHdB § 16 Rn. 340.

Duldung der Einziehung oder Übertragung seines Anteils lösen (§ 15 Abs. 1 GmbHG). Ein gesetzliches Austrittsrecht steht dem Gesellschafter nur bei Vorliegen eines wichtigen Grundes zu.[334] Liegt ein solcher wichtiger Grund nicht vor und fehlt eine Kündigungsregelung, kommt ein von einem Gesellschafter erklärter Austritt also nur in Betracht, wenn die Gesellschaft diesen annimmt, zB im Rahmen der einvernehmlichen Einziehung.[335]

Räumt die **Satzung** eine ordentliche Kündigungsmöglichkeit ein, so bewirkt die Kündigung im Zweifel die Auflösung der Gesellschaft.[336] Daher ist klarzustellen, dass die Gesellschaft durch die Kündigung nicht aufgelöst wird, sondern der kündigende Gesellschafter aus der Gesellschaft ausscheidet. Die konkreten Rechtsfolgen der Kündigung sind dabei festzuhalten, denn der Anteil wächst abweichend vom Recht der Personengesellschaften (§ 738 BGB) nicht anteilig den übrigen Gesellschaftern an. Das Ausscheiden bedarf vielmehr regelmäßig des Vollzugs durch Einziehung oder Abtretung des Geschäftsanteils (→ Rn. 131 ff.). Denkbar ist allerdings eine der Anwachsung angenäherte Lösung, welche sich dogmatisch als bedingte (Teil-) Geschäftsanteilsabtretung einordnen lässt, die schon im notariellen, die Form des § 15 Abs. 3, Abs. 4 GmbHG erfüllenden Gesellschaftsvertrag vereinbart werden kann.[337] **152**

Schließlich empfiehlt es sich, die **Form** der Kündigung zu bestimmen sowie eine nicht zu kurz bemessene Kündigungsfrist anzuordnen, damit sich die übrigen Gesellschafter auf die veränderte Struktur einstellen können. Der Kündigungstermin sollte mit dem Ende des Geschäftsjahres zusammenfallen, um die Ermittlung der Abfindung auf Basis der Jahresbilanz zu ermöglichen. Im Hinblick auf den Zeitpunkt des Ausscheidens ist iÜ eine Satzungsbestimmung zulässig, wonach ein Gesellschafter sofort mit der Kündigung und nicht erst mit der Leistung der Abfindung ausscheidet.[338] Das Stimmrecht des Ausscheidenden ruht bis zum Ausscheiden nur, wenn die Satzung dies ausdrücklich anordnet.[339] **153**

XVI. Erbfolge

Nach § 15 Abs. 1 GmbHG sind Geschäftsanteile einer GmbH vererblich. Die Satzung kann die **freie Vererblichkeit** von Geschäftsanteilen nicht ausschließen. Der Geschäftsanteil fällt ohne weiteres mit allen Rechten und Pflichten in den Nachlass und fällt mehreren Erben gemäß § 2038 Abs. 1 BGB zur gesamten Hand zu, nicht wie bei der Personengesellschaft in Teilen (keine Sonderrechtsnachfolge). Gesellschafterrechte können die Erben allerdings erst dann ausüben, wenn sie in der beim Handelsregister aufgenommenen Gesellschafterliste vermerkt sind (§ 16 Abs. 1 GmbHG). Die Satzung kann allerdings Bestimmungen darüber treffen, was mit dem Geschäftsanteil nach seinem Anfall beim Erben zu geschehen hat.[340] So kann sie etwa vorsehen, dass der Geschäftsanteil beim Tod eines Gesellschafters eingezogen wird oder von dessen Erben an die Gesellschaft oder an sonstige Personen abzutreten ist (→ Rn. 131 ff.), und zwar regelmäßig gegen Abfindung, welche aber auch komplett ausgeschlossen werden kann (→ Rn. 164). Damit wird verhindert, dass unerwünschte Personen auf Dauer die Gesellschafterstellung innehaben.[341] Insbes. kann in der Satzung bestimmt werden, dass nur bestimmte Erben wie etwa Mitgesellschafter, Ehegatten und Abkömmlinge oder Erben mit bestimmter beruflicher Qualifikation den Geschäftsanteil behalten dürfen, dh nicht von der Einziehungsmöglichkeit erfasst werden (vgl. das Gesamtmuster GmbH-Gründung (Satzung) → Rn. 759 § 7 **154**

---

[334] Scholz/*Seibt* GmbHG Anh. § 34 Rn. 4, 7 ff.
[335] Vgl. BGH ZIP 2014, 873.
[336] Baumbach/Hueck/*Haas* GmbHG § 60 Rn. 90; aA *Menkel* GmbHR 2017, 17 (18 f.).
[337] BGH GmbHR 2003, 1062; hierzu *Heidinger/Blath* GmbHR 2007, 1184 (1188 f.).
[338] BGH GmbHR 2003, 1062; LG Köln ZIP 2005, 439.
[339] BGH ZIP 1983, 1444; *Menkel* GmbHR 2017, 17 (21).
[340] Ganz hM, vgl. Baumbach/Hueck/*Fastrich* GmbHG § 15 Rn. 9 mwN; ausf. zum Ganzen *Perzborn* RNotZ 2017, 405.
[341] Zum Ganzen *Heckschen* ZErb 2008, 246; *Ivo* ZEV 2006, 252; *ders.* ZEV 2009, 333.

Abs. 1).[342] Enthält die Satzung eine Abtretungsklausel, so sollte klargestellt werden, ob der Dritte einen Anspruch auf Abtretung hat, oder ob es sich nur um eine Gestaltungsmöglichkeit der Gesellschaft handelt.[343]

155   Zweckmäßigerweise sollte in der Satzung geregelt werden, dass mehrere Rechtsnachfolger ihre Rechte und Pflichten der Gesellschaft gegenüber durch einen **gemeinschaftlichen Vertreter** oder durch einen Testamentsvollstrecker wahrzunehmen haben und dass die Gesellschafterrechte (mit Ausnahme des Gewinnbezugsrechts) ruhen, solange der Bevollmächtigte nicht bestellt ist (vgl. das Gesamtmuster GmbH-Gründung (Satzung) → Rn. 759 § 7 Abs. 2). Die Erteilung der Vollmacht innerhalb der Erbengemeinschaft bedarf keiner Einstimmigkeit, sondern erfolgt durch Mehrheitsbeschluss, da es sich um ein Geschäft der laufenden Nachlassverwaltung iSv §§ 2038 Abs. 1 S. 2 Hs. 2, Abs. 2 S. 1, 745 Abs. 1 BGB handelt.[344]

156   **Testamentsvollstreckung** an GmbH-Anteilen ist zulässig.[345] Auch die Dauertestamentsvollstreckung an GmbH-Geschäftsanteilen bedarf nicht der Zustimmung der anderen Gesellschafter, es sei denn in der Satzung findet sich eine abweichende Regelung. Grundsätzlich kann der Testamentsvollstrecker die Verwaltungsrechte (zB Stimmrecht) in der GmbH wahrnehmen.[346] Die Satzung kann die Ausübung von Verwaltungsrechten durch den Testamentsvollstrecker allerdings ganz oder teilweise ausschließen.[347]

XVII. Abfindung

157   Ohne gesellschaftsvertragliche Regelung ist der ausscheidende Gesellschafter mit dem durch eine Unternehmensbewertung festzustellenden **Verkehrswert** seines Anteils abzufinden.[348] Bezüglich der anzuwendenden Methode der Unternehmensbewertung bietet es sich an, allgemein auf das **Ertragswertverfahren** (vgl. das Gesamtmuster GmbH-Gründung (Satzung) → Rn. 759 § 10 Abs. 1) oder speziell auf die jeweiligen Bewertungsgrundsätze des Instituts der Wirtschaftsprüfer **(IDW S 1)** Bezug zu nehmen.[349]

158   Nicht mehr verwendet werden sollte hingegen das sog. **„Stuttgarter Verfahren"** nach R 96 ff. der ErbStR aF, da §§ 199 ff. BewG nunmehr auf ein vereinfachtes Ertragswertverfahren abstellen.[350] Dieses **vereinfachte Ertragswertverfahren** wird ebenfalls

---

[342] Vgl. ferner die Formulierungsbeispiele in MVHdB I GesR/*Burmeister/Schmidt-Hern* Form. IV.28. § 25 und bei *Dahlbender/Wicht* GmbH-StB 2008, 151; *Flore* GmbH-StB 2002, 209; *Ivo* ZEV 2006, 252; *Lohr* GmbH-StB 2003, 332.

[343] Hauschild/Kallrath/Wachter/*Hauschild/Kallrath* NotarHdB § 16 Rn. 321.

[344] Vgl. OLG Jena ZIP 2012, 2108, wonach eine reine Vertreterklausel die gemeinschaftliche Rechtsausübung iSv § 18 Abs. 1 GmbHG nicht ausschließt; zur Ausübung der Rechte aus einem Geschäftsanteil durch eine Erbengemeinschaft vgl. ferner OLG Stuttgart ZIP 2015, 873; zur ordnungsgemäßen Verwaltung eines GmbH-Anteils durch eine Erbengemeinschaft siehe *Raue* GmbHR 2015, 121.

[345] Dazu *J. Mayer* ZEV 2002, 209; *Wachter* ZNotP 1999, 226; zum Thema Unternehmensnachfolge und Testamentsvollstreckung ausf. *Reimann* GmbHR 2011, 1297; zur Testamentsvollstreckung an Gesellschaftsbeteiligungen allgemein *Wicke* ZGR 2015, 161; zur Kompetenzverteilung zwischen Testamentsvollstrecker und Erben vgl. iÜ BGH NZG 2014, 945 und *Heckschen/Strnad* NZG 2014, 1201; zu regelungsbedürftigen Punkten bei der Anordnung einer Testamentsvollstreckung an GmbH-Geschäftsanteilen *Werner* ZEV 2018, 252.

[346] Hierzu *Lenz* GmbHR 2000, 927 (928).

[347] Vgl. *Lenz* GmbHR 2000, 927 (928); Musterformulierungen zur Testamentsvollstreckung bei *Wachter* ZNotP 1999, 226.

[348] Vgl. zum Ganzen unter anderem *Geißler* GmbHR 2006, 1173; *Bacher/Spieth* GmbHR 2003, 517 und GmbHR 2003, 973; Musterklauseln zur Abfindung bei *Weber/Reinhardt* GmbH-StB 2002, 22.

[349] Kritisch *Frédéric* ZIP 2014, 605.

[350] Zu Recht kritisch zum Stuttgarter Verfahren *Hülsmann* GmbHR 2007, 290; DNotI-Report 2009, 121; zu den Auswirkungen der Erbschaftsteuerreform 2009 auf Abfindungsklauseln vgl. *Leitzen* RNotZ 2009, 315. Nach OLG Stuttgart ZIP 2017, 868 kann eine gesellschaftsvertragliche Abfindungsregelung, die an eine Anteilsbewertung nach dem Stuttgarter Verfahren anknüpft, unanwendbar und der Abfindungsbetrag anzupassen sein, wenn der sich nach dem Stuttgarter Verfahren ergebende Anteilswert vom tatsächlichen Verkehrswert des Anteils erheblich abweicht. Das gilt auch dann, wenn der tatsächliche Verkehrswert deutlich niedriger liegt als der nach Stuttgarter Verfahren ermittelte Anteilswert.

kritisch gesehen,[351] obschon im Zuge der Erbschaftsteuerreform 2016 der Kapitalisierungszins in § 203 BewG auf 13,75 festgeschrieben sowie eine Anpassung an die künftige Entwicklung ermöglicht und damit das vereinfachte Ertragswertverfahren der Realität etwas angenähert wurde.[352]

Die Satzung kann allerdings durchaus durch Festlegung einer bestimmten **Bewertungsmethode** eine **Abfindung unter Verkehrswert** vorsehen, welche im Interesse der Mitgesellschafter liegt und die Liquidität der Gesellschaft schont, zB eine Abfindung zum Buchwert. Dabei sollte jedoch hinsichtlich der einzelnen Ausscheidenstatbestände sorgfältig differenziert werden. Insbesondere für die Fälle der Einziehung aus wichtigem Grund, bei einem Insolvenzverfahren oder einer Zwangsvollstreckung erscheint eine Buchwertklausel grds. vertretbar.[353] 159

Allerdings kann ein weitgehendes **Auseinanderfallen von** vereinbarter **Abfindung und tatsächlichem Anteilswert** dazu führen, dass dem ausscheidenden Gesellschafter die vereinbarte Abfindung nicht mehr zumutbar ist. Der BGH hat diesbezüglich entschieden, dass das Austrittsrecht des Gesellschafters aus wichtigem Grund in unzulässiger Weise eingeschränkt wird, wenn die im Gesellschaftsvertrag enthaltene Abfindungsbeschränkung zu einem **groben Missverhältnis** zwischen dem vertraglichen Abfindungsanspruch und dem Verkehrswert führt, die gesetzlich vorgesehene volle Abfindung also vollkommen unangemessen verkürzt wird.[354] 160

Besteht ein derartiges Missverhältnis bereits **bei Gründung** der Gesellschaft bzw. bei Neufassung einer Abfindungsregelung durch Satzungsänderung, ist die entsprechende Klausel **sittenwidrig** und damit nichtig (§ 138 BGB).[355] Es erfolgt eine Abfindung zum Verkehrswert. Allerdings ist es dem ausscheidenden Gesellschafter nach der Rechtsprechung analog § 242 Abs. 2 AktG verwehrt, sich auf die Nichtigkeit der Klausel zu berufen, wenn die entsprechende Satzungsbestimmung schon länger als drei Jahre beim Handelsregister hinterlegt ist.[356] Es bleibt dann die Möglichkeit der Anregung einer Amtslöschung nach § 398 FamFG. 161

Entsteht das Missverhältnis erst **später,** weil der Verkehrswert steigt, nicht aber die Abfindung, so nimmt die Rechtsprechung eine **ergänzende Vertragsauslegung** vor.[357] Kann dem ausscheidenden Gesellschafter das Festhalten an der vertraglichen Abfindungsregelung wegen einer seit dem Vertragsschluss eingetretenen Änderung der Verhältnisse auch unter Berücksichtigung der berechtigten Interessen der Mitgesellschafter nicht zugemutet werden, so ist die Abfindung anderweitig unter Berücksichtigung der veränderten Verhältnisse und des wirklichen oder mutmaßlichen Willens der Vertragsschließenden festzusetzen. Dabei sind alle Umstände des konkreten Falls in die Betrachtung einzubeziehen. Zu ihnen kann – außer dem Verhältnis zwischen Verkehrswert und Abfindungswert – die Dauer der Mitgliedschaft des Ausgeschiedenen in der Gesellschaft ebenso gehören wie sein Anteil am Aufbau und am Erfolg des Unternehmens oder der Anlass des Ausscheidens.[358] 162

---

[351] Ausf. *Leitzen* RNotZ 2009, 315 (319 ff.).
[352] Vgl. *Wartenburger* MittBayNot 2017, 220. Zu Satzungsbestimmungen im aktuellen Niedrigzinsumfeld vgl. iU *Rodewald/Eckert* GmbHR 2017, 329.
[353] Vgl. ausf. *D. Mayer* DB 1990, 1319 sowie BGH DNotZ 2002, 305. Zu Abfindungsbeschränkungen bei Familiengesellschaften siehe *Wolf* MittBayNot 2013, 9.
[354] Siehe zB BGH DB 1993, 1616: Buchwert nur 1/10 des Verkehrswerts; vgl. auch BGH NZG 2014, 820 zur Sittenwidrigkeit eines Abfindungsausschlusses für den Fall einer groben Verletzung von Gesellschafterpflichten.
[355] Vgl. grundlegend BGH DNotZ 1992, 526.
[356] Vgl. BGH GmbHR 2000, 822 und GmbHR 2005, 1561 Rn. 16; zum Ganzen *Winkler* GmbHR 2016, 519.
[357] Vgl. BGH DB 1993, 1616; DB 1993, 2275 und ZIP 2011, 2357.
[358] BGH DB 1993, 1616 und BB 1993, 2265 – ergänzende Vertragsauslegung nach den Grundsätzen von Treu und Glauben unter Berücksichtigung aller Umstände des konkreten Falles.

163   Vor diesem Hintergrund ist es zur Vermeidung des Risikos einer unwirksamen Klausel vorzugswürdig, statt einer Buchwertabfindung eine **verkehrswertorientierte Bewertungsmethode** festzulegen und – ggf. auch nur für bestimmte Fälle der Zwangseinziehung – einen **prozentualen Abschlag** von der ermittelten Abfindung anzuordnen (vgl. das Gesamtmuster GmbH-Gründung (Satzung) → Rn. 759 § 10 Abs. 1). Zulässig und jedenfalls bei Verwendung von Buchwertklauseln empfehlenswert ist es ferner, eine **Auffangregelung** für den Fall in den Gesellschaftsvertrag aufzunehmen, dass sich die nach der Satzung berechnete Abfindung nach den Grundsätzen der Rechtsprechung im Zeitpunkt der Abfindung als unzulässig erweist.[359]

164   Ein vollständiger **Abfindungsausschluss** ist demgegenüber regelmäßig als grob unbillig einzustufen und nach § 138 Abs. 1 BGB sittenwidrig.[360] Ein gesellschaftsvertraglicher Abfindungsausschluss ist nur in Ausnahmefällen zulässig. Als solche nennt der BGH die Verfolgung eines ideellen Zwecks durch die Gesellschaft,[361] die Abfindungsklausel auf den Todesfall[362] und die auf Zeit abgeschlossene Mitarbeiter- oder Managerbeteiligung ohne Kapitaleinsatz (dazu → Rn. 137).[363]

165   Zulässig sind ferner **schuldrechtliche Nebenabreden** über eine von der Satzung abweichende, niedrigere Abfindung; hieran sind die an der Vereinbarung beteiligten Gesellschafter gebunden.[364]

166   Abfindungsregelungen, welche die Abfindung nur für die Fälle der Insolvenz und/oder Pfändung beschränken, sind wegen **Gläubigerbenachteiligung** sittenwidrig.[365] Eine Einschränkung der Abfindung sollte daher zumindest auf den Fall der Einziehung aus wichtigem Grund erweitert werden. Weitere Schranken ergeben sich aus dem **Gleichbehandlungsgrundsatz.** Verboten ist danach eine sachlich nicht gerechtfertigte, willkürliche Ungleichbehandlung der Gesellschafter.[366]

167   Wenn das Abfindungsentgelt unter dem steuerlichen Wert des Geschäftsanteils liegt, sind etwaige **schenkung- bzw. erbschaftsteuerliche Folgen** zu beachten, da in Höhe der Differenz zwischen dem Steuerwert des Anteils und dem niedrigeren Abfindungsentgelt ein steuerpflichtiger Erwerb vorliegt (§§ 3 Abs. 1 Nr. 2 S. 2, 7 Abs. 7, 10 Abs. 10 ErbStG).

Praxishinweis Steuern:

Erfolgt bspw. eine Einziehung durch die Gesellschaft, gilt die dadurch bedingte Werterhöhung der Anteile der verbleibenden Gesellschafter als Schenkung an die verbleibenden Gesellschafter.[367] Eine eventuelle Steuerlast kann jedoch durch Satzungsregelung (ganz oder teilweise) dem Ausscheidenden aufgebürdet werden.

---

168   Falls sich die Beteiligten über den Wert des Geschäftsanteils nicht einigen, kann die Satzung eine Feststellung des Wertes durch einen Steuerberater oder Wirtschaftsprüfer als **Schiedsgutachter** anordnen, wobei die Verfahrenseffizienz für eine Beauftragung des ohnehin für die Gesellschaft tätigen Wirtschaftsprüfers bzw. Steuerberaters spricht (vgl. das Gesamtmuster GmbH-Gründung (Satzung) → Rn. 759 § 10 Abs. 2). Bei fehlender Einigung über seine Person kann die Satzung ggf. vorsehen, dass der Schiedsgutachter auf

---

[359] Siehe BGH ZIP 2011, 2357.
[360] Siehe nur BGH DNotZ 2014, 788.
[361] BGH DNotZ 1998, 902.
[362] BGH DNotZ 1978, 166 (169).
[363] BGH DNotZ 2006, 140 (143).
[364] BGH ZIP 2010, 1541; dazu *Noack* NZG 2010, 1017; *Leitzen* RNotZ 2010, 566.
[365] Vgl. nur *Bacher/Spieth* GmbHR 2003, 973 (974).
[366] Vgl. die Nachweise bei Hauschild/Kallrath/Wachter/*Hauschild/Kallrath* NotarHdB § 16 Rn. 356.
[367] Kapp/Ebeling/*Geck* ErbStG § 7 Rn. 191; hierzu *Krumm* NJW 2010, 187; *Ivens* GmbHR 2011, 465; *Leitzen* RNotZ 2009, 315; *Wälzholz* ZEV 2008, 273 (275 f.); zu gesellschaftsvertraglichen Abfindungsklauseln und der erbschaftsteuerlichen Schenkungsfiktion ausf. auch *Krumm* NJW 2010, 187.

Antrag eines der Beteiligten von der für die Gesellschaft zuständigen Industrie- und Handelskammer benannt wird.

Auch bei der satzungsmäßigen Ausgestaltung der **Zahlungsmodalitäten** für die Abfindung ist darauf zu achten, dass diese im Falle einer unzumutbaren Belastung des Ausscheidenden sittenwidrig sein können. Insbesondere ist zu berücksichtigen, dass zwar eine Zahlung in Raten zum Schutz der Liquidität angezeigt ist (vgl. das Gesamtmuster GmbH-Gründung (Satzung) → Rn. 759 § 10 Abs. 3), jedenfalls Auszahlungsfristen von mehr als zehn Jahren aber nicht zulässig sind.[368] Aus den Umständen des Falles kann sich iÜ ergeben, dass eine Sicherheit zB zum Schutz vor der Insolvenz der Gesellschaft zu erbringen ist.[369] **169**

Im Übrigen sollte im Rahmen der Abfindungsklausel geregelt werden, ob der Abfindungsberechtigte an einem etwa vorhandenen **Körperschaftsteuerguthaben** beteiligt sein soll. **170**

XVIII. Güterstand

Der Geschäftsanteil eines Gesellschafters unterliegt in vollem Umfang den Vorschriften über den **Zugewinnausgleich** bei Scheidung. Hieraus folgt nicht nur ein finanzielles Risiko für den verheirateten Gesellschafter, die Folgen einer güterrechtlichen Auseinandersetzung können auch die GmbH belasten. So gefährdet ein Streit über den Wert des Anteils Geheimhaltungsinteressen der Gesellschaft und führt gleichzeitig durch zu beantwortende Auskunftsverlangen zu einer Behinderung der Geschäftstätigkeit. Darüber hinaus können Mitspracherechte des Partners (§ 1365 BGB!) den Gesellschafter in seiner Verfügungsbefugnis einschränken.[370] **171**

Da die Gesellschaft nicht in unmittelbaren Rechtsbeziehungen zu den Ehegatten (oder eingetragenen Lebenspartnern) der Gesellschafter steht, haben sich als vorsorgende Gestaltungsmittel sog. **Drittkontrahierungsklauseln** etabliert (vgl. das Gesamtmuster GmbH-Gründung (Satzung) → Rn. 759 § 14).[371] Derartige Satzungsklauseln sollten die Gesellschafter zum Abschluss von Eheverträgen verpflichten, infolge derer die Geschäftsanteile im Falle einer Scheidung und im Fall des vorzeitigen Ausgleichs des Zugewinns nach mindestens dreijährigem Getrenntleben nicht dem Zugewinnausgleich unterliegen und die Verfügungsbeschränkung des § 1365 BGB ausgeschlossen ist. Diese Anordnung zwingt die Gesellschafter nicht, den (erbschaftsteuerlich nachteiligen und für den Partner nicht immer akzeptablen) Güterstand der Gütertrennung zu wählen, sondern ermöglicht ihnen, den gesetzlichen Güterstand durch Herausnahme der Beteiligung und Abbedingung von § 1365 BGB lediglich zu modifizieren. **172**

Flankierend sind Kontroll- und Sanktionsmöglichkeiten vorzusehen, insbes. Auskunftspflichten oder die **Zwangseinziehung** bzw. Zwangsabtretung im Falle der Nichtbeachtung der Klausel.[372] In der Kautelarpraxis sind dabei die von der Rechtsprechung[373] aufgestellten Gestaltungsgrenzen auf ehevertraglicher Ebene zu beachten, wonach jedoch eine Vereinbarung über die Herausnahme einer GmbH-Beteiligung aus dem Zugewinnausgleich regelmäßig zulässig sein dürfte.[374] Risiken können sich jedoch im Falle einer aufgrund der Güterstandklausel bestehenden disparitätischen Verhandlungsposition ergeben, **173**

---

[368] Vgl. BGH DB 1989, 1400; näher MHLS/*Sosnitza* GmbHG § 34 Rn. 77.
[369] OLG Dresden NZG 2000, 1042 (1043 f.); hierzu *Lange* NZG 2001, 635 (636 ff.).
[370] Vgl. *Heckschen* GmbHR 2006, 1254 (1256).
[371] Dazu umfassend *Brambring* DNotZ 2008, 724; Hauschild/Kallrath/Wachter/*Hauschild/Kallrath* NotarHdB § 16 Rn. 396 ff. mit Formulierungsvorschlag in Rn. 399; *Gassen* RNotZ 2004, 423; *Lange* DStR 2013, 2706; zu Eheverträgen von Unternehmern allg. vgl. *Grziwotz* ZIP 2006, 9.
[372] Formulierungsvorschläge zB bei *Gassen* RNotZ 2004, 423 (433).
[373] Siehe nur BVerfG DNotZ 2001, 222; NJW 2001, 2248; BGH NJW 2004, 930.
[374] Vgl. *Münch* ZNotP 2004, 122 (126); *Rakete-Dombek* NJW 2004, 1273 (1275); *Wachter* GmbH-StB 2006, 234.

weshalb im Einzelfall Alternativgestaltungen wie Vinkulierungsklauseln, Kündigungsregelungen oder eine Beschränkung der Abfindung in Betracht zu ziehen sind.[375]

XIX. Steuerklauseln

174 Finanzverwaltung und BFH qualifizieren die Rückzahlung einer verdeckten Gewinnausschüttung durch den Gesellschafter an die GmbH ertragsteuerlich auch dann als Einlage, wenn sie nicht auf §§ 30, 31 GmbHG, sondern auf einer Vereinbarung zwischen der Gesellschaft und dem Gesellschafter beruht.[376] Folglich kann eine Rückabwicklung die steuerlichen Folgen einer verdeckten Gewinnausschüttung nicht neutralisieren, weshalb von der Aufnahme einer Satzungsklausel, mit deren Hilfe die negativen Folgen einer verdeckten Gewinnausschüttung rückgängig gemacht werden sollen, möglichst abzusehen ist.[377]

175 Empfehlenswert sind allenfalls **Regelungen zum Leistungsverkehr** zwischen Gesellschaftern, wonach infolge der verdeckten Gewinnausschüttung ggf. zusätzlich entstandene Körperschaftsteuervorteile zurückzugewähren sind. Damit wird ein angemessener zivilrechtlicher Interessenausgleich unter den Gesellschaftern erreicht.[378] Bei der Bemessung der Höhe der Rückzahlung ist die Steuermehrbelastung des betreffenden Gesellschafters zu berücksichtigen.

XX. Aufsichtsrat/Beirat

176 Ist ein Aufsichtsrat gesetzlich nicht zwingend vorgeschrieben,[379] so kann die Satzung die Bildung eines Beirats oder Aufsichtsrats vorsehen, für welchen über den Verweis in **§ 52 Abs. 1 GmbHG** mangels abweichender Regelung zahlreiche aktienrechtliche Regeln entsprechend anwendbar sind.[380] Fehlt die erforderliche **satzungsmäßige Grundlage**,[381] so kann diese später im Wege der Satzungsänderung geschaffen werden. Dabei genügt die satzungsändernde Mehrheit des § 53 Abs. 2 S. 1 GmbHG, soweit keine Sonderrechte eingeräumt werden. Für die auf Basis einer satzungsmäßigen Öffnungsklausel zu treffende Entscheidung über die Bildung eines Aufsichtsrats genügt nach zutreffender hM ein Beschluss mit einfacher Mehrheit.[382] AA ist allerdings das Kammergericht,[383] wonach die nachträglich beschlossene Einrichtung eines fakultativen Aufsichtsrats selbst bei entsprechender satzungsrechtlicher Ermächtigungsklausel den Vorschriften über eine Satzungsänderung genügen, das heißt notariell beurkundet und in das Handelsregister des Sitzes der Gesellschaft eingetragen werden muss.[384]

177 Aufgrund der in § 52 Abs. 1 GmbHG aE eingeräumten **Satzungsautonomie** bestehen weitgehende Spielräume zur Regelung eines fakultativen Aufsichtsrates bzw. Beirates, zB im Hinblick auf Größe, Zusammensetzung, Kompetenzen, innere Ordnung etc. Wer sich generell nicht den aktienrechtlichen Regelungen unterwerfen will, auf die § 52 Abs. 1 GmbHG verweist, kann die Anwendung der darin genannten Bestimmungen auch vollständig ausschließen (zusammenfassendes Beispiel im Gesamtmuster GmbH-Gründung (Satzung) → Rn. 759 § 15).[385]

---

[375] Näher *Milzer* NZG 2017, 1090.
[376] Vgl. BFH BStBl. II 2001, 226; BStBl. II 1997, 92 (95); BMF BStBl. I 1981, 599.
[377] Vgl. zur Rückabwicklung verdeckter Gewinnausschüttungen auch *Hey* GmbHR 2001, 1 (5 ff.).
[378] Vgl. die Formulierung im MVHdB I GesR/*Burmeister/Schmidt-Hern* Form. IV.26. § 18 mAnm 51.
[379] Zum obligatorischen Aufsichtsrat vgl. MVHdB I GesR/*Burmeister/Schmidt-Hern* Form. IV.29. §§ 10 ff. mAnm 9 ff. zum DrittelbG sowie Form. IV.30. §§ 9 ff. mAnm 22 ff. zum MitbestG.
[380] Zur Satzungsgestaltung allgemein vgl. *Mohr* GmbH-StB 2001, 86.
[381] Dazu MVHdB I GesR/*Burmeister/Schmidt-Hern* Form. IV.26. § 12 mAnm 38 und zur Ausübung der Ermächtigung durch Gesellschafterbeschluss Form. IV.47.
[382] Siehe nur MHLS/*Giedinghagen* GmbHG § 52 Rn. 7.
[383] KG NZG 2018, 660 und NZG 2016, 787. Hierzu *Otto* GmbHR 2018, 367.
[384] Kritisch dazu *Otto* GmbHR 2016, 19 und *Priester* NZG 2016, 774.
[385] Zur unentziehbaren Minimalkompetenz des Aufsichtsrats vgl. aber Baumbach/Hueck/*Zöllner/Noack* GmbHG § 52 Rn. 28; danach ist zumindest die Unvereinbarkeitsregel des § 105 AktG im Kern nicht dispositiv.

Funktionstypische **Aufgabe** eines Aufsichtsrats ist die Überwachung der Geschäftsfüh- 178
rung.[386] Daneben können dem Aufsichtsrat bzw. Beirat weitere Kompetenzen zugewiesen
werden. Originäre Befugnisse der Gesellschafterversammlung dürfen allerdings nicht auf
einen Aufsichtsrat oder Beirat übertragen werden, so zB nicht die Befugnis zur Vornahme
von Satzungsänderungen.[387]

XXI. Gerichtsstand

Für **Gerichtsstandsklauseln** lässt § 38 ZPO wenig Raum, da die Gesellschafter der 179
GmbH als solche nicht zwingend Kaufleute sind. Aufgrund der Sonderregelungen der
§§ 17, 22 ZPO sind sie im nationalen Rechtsverkehr im Regelfall auch nicht erforderlich.
Bei Beteiligung ausländischer Gesellschafter sind diesbezügliche Regelungen aber sinnvoll
und zulässig, soweit die Voraussetzungen des § 38 ZPO vorliegen.[388]

XXII. Schieds- bzw. Mediationsklauseln

Ob die Aufnahme einer **Schiedsklausel** in den Gesellschaftsvertrag zweckmäßig ist, lässt 180
sich nur im Einzelfall entscheiden.[389] Die Aufnahme einer Schiedsvereinbarung in den beurkundeten Gesellschaftsvertrag bei Gründung einer GmbH genügt jedenfalls dem Schriftformerfordernis des § 1031 Abs. 1 ZPO. Eine nachträglich in den Gesellschaftsvertrag aufgenommene Schiedsvereinbarung bedarf der Zustimmung aller Gesellschafter.[390] Auch
Beschlussmängelstreitigkeiten bei der GmbH sind grundsätzlich schiedsfähig.[391] Voraussetzung hierfür ist nach Ansicht des BGH, dass die aus dem Rechtsstaatsprinzip folgenden
Mindeststandards an Mitwirkungsrechten und Rechtschutzgewährung für alle potentiell betroffenen Gesellschafter gewährleistet sein müssen.[392] Die vom BGH aufgestellten strengen
Anforderungen gelten jedoch nur für Verfahren, die Rechtswirkungen für und gegen Gesellschafter und Gesellschaftsorgane entfalten, die an dem Verfahren nicht selbst teilgenommen haben. Wirkt eine Entscheidung wie im Fall einer einfachen Feststellungklage hingegen allein *inter pares,* gelten die erhöhten Anforderungen an die Schiedsklausel nicht.[393] Ein
geeignetes und praxiserprobtes **Regelwerk für Schiedsverfahren** bietet etwa die Deutsche
Institution für Schiedsgerichtsbarkeit e.V. (DIS) in Form der Schiedsgerichtsordnung (DIS-
SchO) und der Ergänzenden Regeln für gesellschaftsrechtliche Streitigkeiten (DIS-ERGeS)
(vgl. das Gesamtmuster GmbH-Gründung (Satzung) → Rn. 759 § 16).[394]

Eine **Schiedsklausel,** die auch schuldrechtliche (dh die Gesellschaft betreffende) Aus- 181
einandersetzungen erfasst, bedarf grds. der **Form** des § 1031 ZPO, die aufgrund der notariellen Beurkundung des Gesellschaftsvertrags stets eingehalten ist.[395] Demgegenüber

---

[386] Zur Haftung der Mitglieder des fakultativen Aufsichtsrats bei Verletzung ihrer Überwachungspflicht vgl.
BGH NZG 2010, 1186; zu Pflichten und Haftung von Mitgliedern eines fakultativen Aufsichtsrats vgl.
iÜ BGH DStR 2007, 354; zur gesellschaftsvertraglichen Ausgestaltung der Rechte und Pflichten des
Aufsichtsrats siehe ferner *Schwerdtfeger* NZG 2017, 455; zur Überwachung der Geschäftsführung durch
einen rein schuldrechtlichen Beirat *Uffmann* NZG 2015, 169.

[387] Vgl. ausf. *Konzen* NJW 1989, 2980.

[388] Siehe *Bork* ZHR 157 (1993), 48 und EuGH ZIP 1992, 472.

[389] Vgl. zum Ganzen *Hauschild/Böttcher* DNotZ 2012, 577; *Heskamp* RNotZ 2012, 415; Baumbach/Hueck/
Zöllner/Noack GmbHG Anh. § 47 Rn. 33 ff.; zu Schiedsgerichten in kapitalgesellschaftsrechtlichen Streitigkeiten allg. *H.P. Westermann* ZGR 2017, 38.

[390] BGH DNotZ 1996, 694 – Schiedsfähigkeit I.

[391] BGH DNotZ 2009, 938 – Schiedsfähigkeit II; zu Personengesellschaften BGH GmbHR 2017, 759 –
Schiedsfähigkeit III und *Borris* NZG 2017, 761; zusammenfassend *Versin* GmbHR 2015, 969.

[392] Vgl. hierzu BGH DB 2009, 1171 Rn. 20 – Schiedsfähigkeit II sowie Hauschild/Kallrath/Wachter/*Hau-
schild/Kallrath* NotarHdB § 16 Rn. 387 f.

[393] Siehe BGH DNotZ 2016, 131.

[394] Dazu *Schwedt/Lilya/Schaper* NZG 2009, 1281; Formulierungsvorschläge bei Hauschild/Kallrath/Wachter/
Hauschild/Kallrath NotarHdB § 16 Rn. 389; BeckFormB GmbHR/*Rombach* Form. C.II.3; Fuhrmann/
Wälzholz/*Wälzholz,* Formularbuch Gesellschaftsrecht, 3. Aufl. 2018, Kap. 13 Muster M 13.2 § 18.

[395] *Böttcher/Fischer* NZG 2011, 601; *Ebbing* NZG 1998, 281 (282). Zur Formbedürftigkeit der Schiedsabrede
siehe auch DNotI-Report 2014, 169.

unterliegt eine auf Streitigkeiten aus dem Gesellschaftsvertrag beschränkte Schiedsvereinbarung als angeordnete Schiedsregelung iSv § 1066 ZPO an sich nicht der Formvorschrift des § 1031 ZPO.[396] Soll die Schiedsklausel (wie im Regelfall) aber als materieller Satzungsbestandteil nicht nur gegenüber den gegenwärtigen, sondern auch gegenüber allen künftigen Gesellschaftern wirken, ist sie stets mit zu beurkunden.[397] Nach Ansicht des BGH in einer Entscheidung zu einem Unternehmenskaufvertrag[398] ist eine im Zusammenhang mit einem formbedürftigen Rechtsgeschäft abgeschlossene Schiedsvereinbarung zwar grds. nicht formbedürftig, wenn diese Kraft Auslegung unabhängig von der Wirksamkeit des Hauptvertrags gelten soll. Diese Überlegungen lassen sich jedoch nicht auf eine GmbH-Satzung übertragen.[399] Die Schiedsklausel selbst unterliegt daher in jedem Fall dem Beurkundungserfordernis.

182   Die **Beurkundungspflicht** des § 2 Abs. 1 S. 1 GmbHG bezieht sich grundsätzlich auf die gesamte Satzung. Der Verweis auf eine außerhalb der Satzung liegende **Schiedsgerichtsordnung** eines privaten eingetragenen Vereins wie des D.I.S.e.V. ist insofern nicht unproblematisch.[400] Anders als bei Unternehmenskaufverträgen, im Rahmen derer nicht selten auf die DIS-SchO oder eine andere Schiedsordnung in ihrer dann geltenden Fassung verwiesen wird,[401] ist schon aufgrund der auf Dauer angelegten Regelung und der deshalb erforderlichen dynamischen Verweisung auf die Schiedsordnung in ihrer jeweils gültigen Fassung eine Beurkundung denklogisch gar nicht möglich. Jedenfalls soweit es sich daher um eine Verweisung auf die im Zeitpunkt der Verfahrenseinleitung gültige Fassung der Schiedsordnung handelt, erstreckt sich die Beurkundungspflicht nicht hierauf.[402] Das Schiedsgericht ist insofern als „Dritter" iSv § 317 BGB zur Bestimmung der zu gegebener Zeit geltenden Verfahrensordnung berufen.[403]

183   Eine Alternative zu einem Schiedsverfahren nach §§ 1025 ff. ZPO stellt die Anordnung einer strukturierten außergerichtlichen **Mediation** dar.[404] In der Praxis sind derartige Verfahren allerdings nach wie vor mit Problemen und Rechtsunsicherheiten belastet, so dass deren Zweckmäßigkeit bezweifelt wird.[405]

XXIII. Regelungen zur Vermeidung unrichtiger Gesellschafterlisten

184   Durch das MoMiG wurde die **Bedeutung der Gesellschafterliste** erheblich aufgewertet.[406] Sie dient sowohl dem Gesellschafter der Gesellschaft gegenüber als alleinige Legitimationsgrundlage für die Ausübung von Gesellschafterrechten (§ 16 Abs. 1 GmbHG)[407] als auch dem gutgläubigen Erwerber als Rechtsscheinsträger (§ 16 Abs. 3 GmbHG). Mit dieser Aufwertung ist die Verpflichtung der Geschäftsführer (§ 40 Abs. 1 GmbHG) und

---

[396] Vgl. *v. Trotta* DB 1988, 1367; Musterformulierung bei *Sommer/Nachreiner* GmbH-StB 2000, 287.
[397] DNotI-Report 2014, 169; *Hauschild/Böttcher* DNotZ 2012, 577 (592); Hauschild/Kallrath/Wachter/*Hauschild/Kallrath* NotarHdB § 16 Rn. 390.
[398] BGH NZG 2014, 1155.
[399] So ausdr. DNotI-Report 2014, 169 (170) und Hauschild/Kallrath/Wachter/*Hauschild/Kallrath* NotarHdB § 16 Rn. 390.
[400] Zum Ganzen ausf. *Böttcher/Fischer* NZG 2011, 601.
[401] Hierzu *Heidbrink* GmbHR 2010, 848 (853).
[402] Siehe BGH NZG 2014, 1155; OLG München DNotZ 2014, 206 mAnm *Heskamp;* DNotI-Report 2014, 169; *Böttcher/Fischer* NZG 2011, 601; *Hauschild/Böttcher* DNotZ 2012, 577 (593); Hauschild/Kallrath/Wachter/*Hauschild/Kallrath* NotarHdB § 16 Rn. 390; BeckFormB GmbHR/*Rombach* Form. C.II.3. Anm. 2; *Wachter* EWiR 2014, 267; aA *Heskamp* RNotZ 2012, 415 (426f.).
[403] Vgl. OLG München DNotZ 2014, 206 (212); DNotI-Report 2008, 188 (189); *Böttcher/Fischer* NZG 2011, 601 (604).
[404] Ausf. *Töben* RNotZ 2013, 321; Formulierungsbeispiele bei BeckFormB GmbHR/*Rombach* Form. C.II.4. und *Schröder* GmbHR 2014, 960.
[405] Vgl. Baumbach/Hueck/*Zöllner/Noack* GmbHG Anh. § 47 Rn. 43; MHLS/*Römermann* GmbHG Anh. § 47 Rn. 562ff.
[406] Dazu im einzelnen *D. Mayer* DNotZ 2008, 403 (404); *ders.* ZIP 2009, 1037; MittBayNot 2014, 24 und MittBayNot 2014, 114 sowie *D. Mayer/Färber* GmbHR 2011, 785.
[407] Siehe nur *Löbbe* GmbHR 2016, 141; *Paefgen/Wallisch* NZG 2016, 801.

des Notars (§ 40 Abs. 2 GmbHG) verbunden, sich stets über den **aktuellen Stand** der im Handelsregister aufgenommenen Gesellschafterliste zu informieren. Die Einhaltung dieser Verpflichtung setzt allerdings voraus, dass Geschäftsführung und Notar von Veränderungen in den Personen der Gesellschafter oder des Umfangs ihrer Beteiligung Kenntnis erlangen. Insoweit sollte die Satzung eine Regelung enthalten, wonach jeder Gesellschafter verpflichtet ist, jedwede Änderung in seiner Person oder im Umfang seiner Beteiligung unverzüglich der Gesellschaft mitzuteilen (vgl. das Gesamtmuster GmbH-Gründung (Satzung) → Rn. 759 § 18 Abs. 1).[408]

XXIV. Salvatorische Klausel

Die Bedeutung salvatorischer Klauseln in GmbH-Satzungen wird regelmäßig überschätzt, **185** da § 75 Abs. 1 GmbHG die Gründe für die Nichtigkeit der Gesellschaft aufgrund von Satzungsmängeln abschließend bestimmt.[409] **Problematisch** ist die Formulierung von salvatorischen Klauseln in der Form von **Fiktionsklauseln** („[...] gilt diejenige Bestimmung als vereinbart [...]") im Hinblick auf die Regelung des § 53 GmbHG, da insoweit das Formerfordernis der Satzungsänderung umgangen wird (siehe demgegenüber das Gesamtmuster GmbH-Gründung (Satzung) → Rn. 759 § 18 Abs. 2).[410]

XXV. Gründungskosten

Eine Übernahme des Gründungsaufwands[411] durch die Gesellschaft muss ausdrücklich in **186** der Satzung geregelt sein, eine Aufnahme in das Gründungsprotokoll ist nicht ausreichend (vgl. das Gesamtmuster GmbH-Gründung (Satzung) → Rn. 759 § 19).[412] Wie bei Sacheinlagen (→ Rn. 214) müssen die Festsetzungen in der Satzung nach hM mindestens fünf Jahre,[413] nach neuerer obergerichtlicher Rechtsprechung, der man im Zweifel aus Sicherheitsgründen derzeit folgen wird, sogar zehn Jahre[414] **beibehalten** werden. Sind die Gründungskosten nicht in der Satzung festgesetzt (wozu keine Pflicht besteht),[415] müssen die Gründer der GmbH die Gründungskosten erstatten, da sie die Gründungskosten veranlasst haben **(„Veranlassungsprinzip").** Wird dies nicht beachtet, liegt steuerlich eine unwirksame Übernahme von Gründungskosten durch die GmbH und damit eine **verdeckte Gewinnausschüttung** vor.[416] Zu den Gründungskosten gehören die mit der Errichtung der GmbH und der Erbringung der Einlagen verbundenen Kosten sowie die Kosten der Gründungsberatung.[417] Nach der Rechtsprechung des BGH[418] genügt es nicht, den Gründungsaufwand lediglich in einem Betrag anzugeben. Auch eine prozen-

---

[408] Vgl. hierzu Heckschen/Heidinger/*Heckschen* Kap. 4 Rn. 668 f.

[409] Hauschild/Kallrath/Wachter/*Hauschild/Kallrath* NotarHdB § 16 Rn. 385. Zur Wirkung einer salvatorischen Klausel vgl. iÜ BGH NZG 2010, 619, wonach eine Gesamtnichtigkeit nicht ausgeschlossen, sondern nur die Vermutung des § 139 BGB umgekehrt wird.

[410] Vgl. *Sommer/Weitbrecht* GmbHR 1991, 449; Hauschild/Kallrath/Wachter/*Hauschild/Kallrath* NotarHdB § 16 Rn. 386.

[411] Dazu gehören nicht die Kosten einer Kapitalerhöhung zum Zwecke des Übergangs einer UG in eine echte GmbH, weshalb die in der Satzung verankerten Gründungskosten nicht im Zuge eines solchen „step-up" entsprechend angepasst werden dürfen, vgl. OLG Celle NZG 2018, 261.

[412] BGH NJW 1989, 1610; *D. Mayer* MittBayNot 1989, 128; zum Ganzen *Cramer* NZG 2015, 373; *Hupka* notar 2017, 4; *Wachter* NZG 2010, 734.

[413] OLG München NZG 2010, 1302; LG Berlin GmbHR 1993, 590; Baumbach/Hueck/*Fastrich* GmbHG § 5 Rn. 57.

[414] OLG Celle NZG 2018, 308; OLG Oldenburg NZG 2016, 1265 = GmbHR 2016, 1305 mit kritischer Anm. *Wachter;* begründet wird diese Auffassung unter anderem mit der Wertung des § 26 Abs. 5 AktG und der Verjährungsvorschriften in §§ 9 Abs. 2, 19 Abs. 6 S. 1, 31 Abs. 5 S. 1 GmbHG.

[415] Vgl. OLG Frankfurt a.M. NZG 2010, 593.

[416] BFH DB 1990, 459 und BMF BStBl. I 1991, 661; vgl. auch *Jürgenmeyer/Maier* BB 1996, 2135.

[417] Ausf. *D. Mayer* MittBayNot 1989, 128 mit entsprechendem Formulierungsbeispiel und *Sommer* GmbH-StB 1998, 176.

[418] BGH NZG 1998, 102 und DB 1989, 871; vgl. auch OLG Celle ZIP 2016, 618.

tuale Obergrenze von „10% des Stammkapitals" ist nicht ausreichend.[419] Es müssen vielmehr alle Aufwandspositionen (Beurkundung, Eintragung im Handelsregister, Kosten des Steuerberaters/Wirtschaftsprüfers/Rechtsanwalts, Grunderwerbsteuer, Kosten für die Bewertung von Sacheinlagen etc) und der Gesamtbetrag in Euro in der Satzung angegeben werden. Ob diese Rechtsprechung angesichts dessen, dass im vom Gesetzgeber vorgegebenen Musterprotokoll die bloße Angabe des Gesamtbetrags der Gründungskosten ausreichend ist, noch Geltung haben kann, wird zu Recht bezweifelt.[420] Auch der im Schutz der Gläubiger bestehende Normzweck spricht gegen eine Angabe der Einzelkosten. Entscheidend ist für Dritte lediglich die Höhe der Minderung des Stammkapitals, nicht die konkrete Zusammensetzung der Kosten.

---

187   Formulierungsbeispiel: Gründungskosten

⟲   Die Gesellschaft hat die mit ihrer Gründung verbundenen Kosten (Notarkosten, Steuerberaterkosten, Handelsregisterkosten einschließlich Veröffentlichungskosten) in Höhe eines Gesamtbetrags von ca. *** EUR zu tragen.

---

188   Eine prozentuale **Höchstgrenze** des Gründungsaufwandes im Verhältnis zum jeweiligen Stammkapital **besteht** nach überwiegender Ansicht **nicht.** Entscheidend ist, ob dem Registergericht die Höhe des angesetzten Gründungsaufwandes nachgewiesen werden kann.[421] Regelmäßig ohne Nachfrage anerkannt werden jedoch nach gängiger Registerpraxis jedenfalls bei der GmbH mit 25.000 EUR Stammkapital Gründungskosten in Höhe von 10% des Stammkapitals, mithin 2.500 EUR. Liegen die Gründungskosten prozentual über 10% des Stammkapitals, verlangen die Registergerichte regelmäßig Belege über die tatsächliche Höhe der Gründungskosten, dürfen aber nicht die Eintragung verweigern. Demgegenüber hat das OLG Celle (in einem Formwechselfall) die Auffassung vertreten, dass Gründungskosten (hier: Formwechselkosten) in Höhe von 60% des Stammkapitals unangemessen und damit unzulässig seien.[422] Aufgrund der divergierenden Rechtsprechung ist derzeit bei – relativ zum Stammkapital – hohen Gründungskosten Vorsicht geboten und ggf. eine Rücksprache mit dem zuständigen Registergericht empfehlenswert.[423]

189   Nach Ansicht des BFH[424] dürfen mangels anderweitiger Satzungsbestimmung bei einer **Kapitalerhöhungsmaßnahme** lediglich mittelbare Kosten nicht von der Gesellschaft getragen werden, also insbes. nicht die Kosten für die Übernahmeerklärung, sonst liegt steuerlich eine **verdeckte Gewinnausschüttung** vor. Zur Vermeidung der damit in Zusammenhang stehenden Probleme könnte folgende Satzungsklausel aufgenommen werden: „Sämtliche Kosten von Kapitalerhöhungsmaßnahmen trägt die Gesellschaft einschließlich der Kosten der Übernahmeerklärungen der Gesellschafter."

XXVI. Bekanntmachungen

190   Die satzungsmäßige Festlegung eines Veröffentlichungsblattes ist nicht erforderlich, da der (aufgrund Einstellung der Printversion mittlerweile nur noch elektronisch geführte) **Bundesanzeiger** das gesetzliche Gesellschaftsblatt ist (§ 12 S. 1 GmbHG). Sieht die Satzung weitere Veröffentlichungsmedien vor, ist zusätzlich in diesen zu veröffentlichen.[425] Erfor-

---

[419] OLG Zweibrücken ZIP 2014, 623; dagegen unter anderem *Cramer* NZG 2015, 373 (374 f.).
[420] Vgl. *Wachter* NZG 2010, 735 (736).
[421] Vgl. *Cramer* NZG 2015, 373 (375 ff.); *Elsing* DNotZ 2011, 245; OLG Hamburg DNotZ 2011, 457 mAnm *Weiler;* KG NZG 2015, 1160: bei UG Übernahme der Gründungskosten in voller Höhe des Stammkapitals von 1.000 EUR zulässig.
[422] OLG Celle NZG 2014, 1383; dagegen *Hüren* RNotZ 2015, 99; *Scheibengruber* notar 2015, 292; zum Gesamtkomplex *Wagner* GmbHR 2017, R49.
[423] Vgl. *Weiler* notar 2015, 400 (403).
[424] GmbHR 2000, 439; dazu *Tiedtke/Wälzholz* GmbHR 2001, 223 und *Heinze* NotBZ 2000, 346.
[425] Vgl. OLG Stuttgart NZG 2011, 29.

derlich sind Bekanntmachungen durch die Gesellschaft in drei Fällen: Rückzahlung von Nachschüssen (§ 30 Abs. 2 S. 2 GmbHG), Kapitalherabsetzung (§ 58 Abs. 1 Nr. 1 GmbHG) und Liquidation (§ 65 Abs. 2 GmbHG).

F. Registeranmeldung und -verfahren

I. Anmeldepflichtige

Die Anmeldung der GmbH zum Handelsregister erfolgt durch **sämtliche Geschäftsführer** (vgl. §§ 78, 7 Abs. 1 GmbHG). Eine Vertretung ist aufgrund der von den Geschäftsführern **höchstpersönlich** abzugebenden Versicherungen hinsichtlich der Mindesteinzahlung des Stammkapitals und des Nichtvorliegens von Bestellungshindernissen nicht möglich (vgl. § 8 Abs. 2, Abs. 3 GmbHG und → Rn. 196 ff.). Auch die grundsätzlich mögliche Vertretung durch den Notar auf Basis von § 378 Abs. 2 FamFG[426] scheidet wegen der höchstpersönlich abzugebenden Erklärungen bei der Gründung einer GmbH aus. Allerdings kann – zB wenn eine ausländische Gesellschaft eine deutsche Tochter-GmbH errichtet – der nicht vor Ort ansässige Vertreter der Gründerin und designierte Geschäftsführer gleichzeitig mit der notariellen Beglaubigung der Gründungsvollmacht (→ Rn. 31 sowie das Gesamtmuster GmbH-Gründungsvollmacht → Rn. 760) bereits vor seiner Bestellung zum Geschäftsführer die Handelsregisteranmeldung für die noch zu errichtende GmbH unterzeichnen und beglaubigen lassen, da es für seine Stellung als Geschäftsführer allein auf den Zeitpunkt der Absendung an das Registergericht ankommt.[427] 191

II. Inhalt

Anzumelden ist zunächst die neugegründete Gesellschaft mit allen im Handelsregister **einzutragenden Satzungsbestandteilen** (Firma, Sitz, Unternehmensgegenstand, allgemeine Vertretungsregelung). 192

Gemäß §§ 8 Abs. 4 Nr. 1, 10 Abs. 1 S. 1 GmbHG ist darüber hinaus die **inländische Geschäftsanschrift** anzumelden (zur späteren Änderung der Anschrift → Rn. 320). Diese darf den Zusatz „c/o" enthalten,[428] nach differenzierender Ansicht jedoch nur, wenn eine sichere und zuverlässige Zustellung an diese Adresse erfolgen kann.[429] Um spätere Änderungen nicht aus Versehen zu übergehen, sollte bei jedem Vorgang eine GmbH betreffend geprüft werden, ob die eingetragene Anschrift noch korrekt ist. Daneben besteht die Möglichkeit, die inländische Anschrift einer Person anzugeben, die für Willenserklärungen und Zustellungen an die Gesellschaft empfangsberechtigt ist (§ 10 Abs. 2 S. 2 GmbHG). Folge dieser Angabe ist, dass nach § 35 Abs. 2 S. 4 GmbHG die Abgabe von Willenserklärungen und Zustellungen auch unter dieser Anschrift erfolgen können. 193

In der Anmeldung sind die bestellten **Geschäftsführer** mit Name, Geburtsdatum und Wohnsitz sowie Art und Umfang ihrer allgemeinen und besonderen **Vertretungsbefugnis** anzugeben (§ 8 Abs. 4 Nr. 2 GmbHG). Die Befristung einer Geschäftsführerbestellung ist wohl nicht eintragungsfähig.[430] Gleiches gilt für den Antrag, einen Geschäftsführer als „Sprecher der Geschäftsführung" einzutragen.[431] 194

Probleme ergeben sich bei einer Gründung im vereinfachten Verfahren, da die dogmatische Einordnung der Geschäftsführerbestellung im **Musterprotokoll** nach wie vor umstritten ist (hierzu bereits → Rn. 23). Nach zutreffender Ansicht handelt es sich um einen unechten Satzungsbestandteil, weshalb als **allgemeine Vertretungsbefugnis** die Regelung des § 35 GmbHG und als besondere Vertretungsbefugnis die Formulierung des 195

[426] Hierzu *Ising* NZG 2012, 289; *Streicher* GmbHR 2016, 686; *von Werder/Hobuß* BB 2018, 1031.
[427] Str., wie hier zB *Krafka/Kühn* RegisterR Rn. 79; näher → Rn. 299 mwN.
[428] OLG Naumburg MittBayNot 2009, 391; OLG Hamm NZG 2015, 833; OLG Hamm NZG 2016, 386.
[429] OLG Rostock NotBZ 2010, 316.
[430] Vgl. DNotI-Report 2009, 113.
[431] OLG München NZG 2012, 429.

Musterprotokolls anzumelden ist.[432] Demnach ist die Bestellung von weiteren Geschäftsführern möglich, ohne die Satzung ändern zu müssen. Bei der **Befreiung** des Gründungsgeschäftsführers von den Beschränkungen des **§ 181 BGB** handelt es sich um eine bereits im Musterprotokoll enthaltene **besondere Vertretungsbefugnis,** für die es keiner gesonderten Befreiungsermächtigung bedarf, weil das Musterprotokoll originär von allen Gesellschaftern aufgestellt wird (hierzu schon → Rn. 24).[433] Die Befreiung weiterer Geschäftsführer von § 181 BGB ist allerdings nur nach vorheriger Satzungsänderung möglich, da eine Befreiungsermächtigung im Musterprotokoll fehlt. Bei Abberufung des ersten und Ernennung eines neuen Alleingeschäftsführers ist dieser demnach auch nicht automatisch von § 181 BGB befreit. Anders als vom OLG Stuttgart[434] und vom OLG Nürnberg[435] vertreten, erlischt andererseits die Befreiung des Gründungsgeschäftsführers mangels entsprechender Anhaltspunkte in Gesetz und Gesetzesmaterialien nicht bei der Bestellung weiterer Geschäftsführer.

196   Bei der **Versicherung** nach §§ 8 Abs. 2 S. 1, 7 Abs. 2 GmbHG müssen die Geschäftsführer angeben, welcher Gesellschafter welche **Einlage** geleistet hat.[436] Dabei bezieht sich die Prüfungspflicht des Gerichts im Fall von Bareinlagen nur auf die Mindestleistungen nach § 7 Abs. 2 GmbHG, dh ein Viertel des Nennbetrags jedes Geschäftsanteils und insgesamt mindestens die Hälfte des Mindeststammkapitals, also 12.500 EUR.[437] Ob Mehrleistungen auf das Stammkapital erbracht wurden, ist nicht zu prüfen, selbst wenn die Mehrleistung durch Satzung vorgeschrieben war.[438] Werden bei der Gründung einer GmbH von einem Gesellschafter mehrere Geschäftsanteile übernommen, muss die Versicherung des Geschäftsführers bei der Anmeldung der GmbH die Beurteilung zulassen, welcher **Betrag** auf die **einzelnen Geschäftsanteile** geleistet worden ist.[439] Maßgeblicher Zeitpunkt für die Beurteilung der Richtigkeit der Versicherung über die Leistung der Einlagen ist der **Zeitpunkt des Zugangs** beim Registergericht und nicht die Abgabe der Erklärung beim Notar.[440] Ggf. kann diesbezüglich folgende Klarstellung in die Registeranmeldung aufgenommen werden:[441]

197   **Formulierungsbeispiel: Versicherung Einzahlung Stammeinlage**

Für den Zeitpunkt des Zugangs der Versicherung beim Registergericht versichert (…).

198   Daneben ist die Versicherung zum **Nichtvorliegen der Bestellungshindernisse** in § 6 Abs. 2 S. 2, S. 3 GmbHG abzugeben (im Einzelnen → Rn. 289).[442] Die einzelnen Straftatbestände sind dabei nicht zwingend einzeln zu benennen, es genügt vielmehr die allgemeine (inhaltlich umfassendere) Versicherung, der Geschäftsführer sei „noch nie, weder im Inland noch im Ausland, wegen einer Straftat verurteilt" worden.[443] Im Falle einer

---

[432] Vgl. OLG Stuttgart MittBayNot 2009, 390; OLG Bremen NZG 2009, 1193; OLG Hamm NZG 2009, 1431 mAnm *Wachter;* OLG Rostock DNotZ 2011, 308; OLG Bremen NZG 2009, 1193; OLG Düsseldorf ZIP 2011, 2468; *Tebben* RNotZ 2008, 441 (443 f.); *Heckschen* DStR 2009, 166 (167).

[433] Zum Ganzen *Jeep/Kilian/Weiler* notar 2009, 357.

[434] GmbHR 2009, 827; hierzu *Jeep/Kilian/Weiler* notar 2009, 357.

[435] NZG 2016, 153.

[436] BayObLG DNotZ 1980, 646. Zu Praxisproblemen im Zusammenhang mit der Geschäftsführerversicherungen nach § 8 Abs. 2, Abs. 3 GmbHG zusammenfassend *Knaier* ZNotP 2017, 409.

[437] Der Einzahlungsanspruch verjährt in zehn Jahren von seiner Entstehung an, § 19 Abs. 6 GmbHG. Zur Verjährung des (statuarischen) Agios vgl. *Kaiser/Berbuer* GmbHR 2017, 732.

[438] OLG Stuttgart DNotZ 2012, 154; Roth/Altmeppen/*Roth* GmbHG § 8 Rn. 16.

[439] Vgl. OLG Hamm notar 2011, 255 mAnm *Weiler.*

[440] Dazu DNotI-Report 2003, 115.

[441] Dazu und zu weiteren Gestaltungsvorschlägen *Heidinger* Rpfleger 2003, 545.

[442] Zum Ganzen ausf. *Weiß* GmbHR 2013, 1076; vgl. zur Formulierung der Versicherung OLG München DNotZ 2009, 948, NZG 2009, 718 und NZG 2009, 719.

[443] BGH DNotZ 2010, 930; aA noch OLG München DNotZ 2009, 948; *Wachter* GmbHR 2009, 785 (786 f.). Dies gilt aber nur, wenn die globale Versicherung inhaltlich korrekt ist, vgl. OLG Oldenburg NZG 2019, 64.

Einzelaufzählung sollten die mit dem 51. Strafrechtsänderungsgesetz vom 11.4.2017[444] neu geschaffenen Straftatbestände Sportwettbetrug und Manipulation von berufssportlichen Wettbewerben in §§ 265c–265e StGB jedenfalls vorsorglich genannt werden, da sie durch den (unverändert gebliebenen) Verweis in § 6 Abs. 2 S. 2 Nr. 3 lit. e GmbHG auf „§§ 265b bis 266a StGB" ohne einen entsprechenden Willen des Gesetzgebers nunmehr vom Wortlaut der Norm umfasst werden.[445] Die Versicherung auf vergleichbare „Straftaten" im Ausland zu erstrecken, obschon der Gesetzeswortlaut (vermeintlich) weitergehend von vergleichbaren „Taten" im Ausland spricht, reicht aus.[446] Das Wort „versichern" muss iÜ nicht zwingend verwendet werden, wenn die gewählte Formulierung (zB „erklären", „angeben" und andere) hinreichend erkennen lässt, dass es sich um eine eigenverantwortliche Bekundung des Betroffenen handelt.[447] Bei Bestellung mehrerer Geschäftsführer ist die Versicherung allerdings von jedem von ihnen explizit für sich abzugeben, eine „Wir"-Formulierung kann als unklar und daher unzulässig angesehen werden.[448]

Nicht ausreichen dürfte hingegen der **pauschale Verweis** auf das Nichtvorliegen von „Ausschlussgründen der in § 6 GmbHG genannten Art", weil dies nicht gewährleistet, dass der Erklärende die einzelnen Ausschlussgründe gekannt und nach sorgfältiger Prüfung bewusst verneint hat.[449] **199**

Erforderlich ist ferner, dass die Versicherung des Geschäftsführers bei der Fünf-Jahres-frist auf den **Eintritt der Rechtskraft** einer erfolgten Verurteilung abstellt und nicht nur auf den Zeitpunkt der Verurteilung.[450] **200**

Ferner ist zu versichern, dass dem Geschäftsführer die Ausübung eines Berufs oder Gewerbes nicht durch Gericht oder Verwaltungsbehörde untersagt ist, vgl. § 8 Abs. 3 S. 1 GmbHG iVm § 6 Abs. 2 S. 2 Nr. 2 GmbHG. Liegt entgegen der entsprechenden Versicherung eine **Gewerbeuntersagung** auch nur hinsichtlich eines Unternehmensteilgegenstandes vor, führt dies zur Nichtigkeit der Geschäftsführerbestellung.[451] Die Versicherung darf iÜ nicht (entsprechend dem Gesetzeswortlaut) dahingehend eingeschränkt sein, dass keine Gewerbeuntersagung insoweit besteht, als „der Unternehmensgegenstand ganz oder teilweise mit dem Gegenstand des Verbots übereinstimmt", da diese einschränkende Formulierung eine für das Registergericht nicht nachprüfbare Wertung enthält.[452] **201**

Da § 8 Abs. 3 S. 1 GmbHG nicht auf § 6 Abs. 2 S. 2 Nr. 1 GmbHG verweist, muss sich die Versicherung nicht auf den fehlenden **Einwilligungsvorbehalt** (§ 1903 BGB) erstrecken (zur insoweit falschen Verweisung in § 66 Abs. 4 GmbHG für den Liquidator → Rn. 594). Ist der Geschäftsführer nicht einschlägig vorbestraft, ist auch die Versicherung, noch nicht in einer **Anstalt verwahrt** worden zu sein (vgl. § 6 Abs. 2 S. 2 GmbHG aE), entbehrlich, da die Verwahrung in einer Anstalt lediglich im Fall einer strafrechtlichen Verurteilung für die Dauer des Bestellungshindernisses maßgeblich ist. **202**

Der Geschäftsführer muss schließlich versichern, über die **Auskunftspflicht** nach § 53 Abs. 2 BZRG belehrt worden zu sein. Diese Belehrung kann gemäß § 8 Abs. 3 S. 2 GmbHG schriftlich vorgenommen werden, wobei hierfür auch im Ausland tätige Notare, **203**

---

[444] BGBl. 2017 I 815.
[445] Zu Recht gegen eine dadurch evtl. erfolgte „reflexhafte" Erweiterung der Katalogstraftaten OLG Hamm DNotZ 2019, 150 mAnm *Knaier;* DNotI-Report 2017, 73; *Melchior/Böhringer* GmbHR 2017, 1074 (1074f.); *Wachter* GmbHR 2018, 311; aA OLG Oldenburg DNotZ 2018, 540, das von einer dynamischen Verweisung auf die §§ 265b–266a StGB ausgeht und daher eine Verurteilung wegen dieser Straftaten als Bestellungshindernis ansieht.
[446] OLG München GmbHR 2014, 869 mAnm *Wachter.*
[447] OLG Karlsruhe NZG 2012, 598.
[448] So OLG Frankfurt a.M. DNotZ 2016, 554; OLG München GmbHR 2018, 807.
[449] So zu Recht OLG Karlsruhe NZG 2010, 557; OLG Schleswig NZG 2015, 232 (für den Liquidator); aA *Wachter* ZIP 2010, 1339 (1341); OLG Stuttgart GmbHR 2013, 91; OLG Hamm NZG 2011, 710, nach deren Ansicht eine pauschale Bezugnahme auf eine Straftat gemäß § 6 Abs. 2 S. 2 Nr. 3 GmbHG den Anforderungen an die Geschäftsführerversicherung genügt.
[450] BGH DNotZ 2011, 790 mAnm *Wohlrab;* vgl. auch OLG Oldenburg DNotI-Report 2016, 138.
[451] Siehe KG NZG 2012, 430 sowie Baumbach/Hueck/*Fastrich* GmbHG § 6 Rn. 17.
[452] OLG Frankfurt a.M. GmbHR 2015, 863 für den Fall der Bestellung eines Liquidators.

Vertreter eines vergleichbaren rechtsberatenden Berufs (also auch Rechtsanwälte) oder Konsularbeamte zuständig sind. Diese Regelung erleichtert das Verfahren, wenn sich Geschäftsführer im Ausland aufhalten.

204   Selbst wenn die Bestellung erst zu einem (wenige Tage später liegenden) **künftigen Zeitpunkt** wirksam wird, reicht es regelmäßig aus, die Versicherung schon am Tag der Beschlussfassung über die Bestellung eines Geschäftsführers abzugeben.[453] Nicht zulässig ist es indes, dass der Notar eine fehlende Versicherung des Geschäftsführers hinsichtlich einzelner Ausschlussgründe **nachträglich** in derselben Urkunde ohne erneute Unterschriftsbeglaubigung **ergänzt**.[454]

III. Formelle Fragen

205   Die Anmeldung hat in **öffentlich beglaubigter Form** zu erfolgen, § 12 Abs. 1 HGB, § 129 BGB, § 40 BeurkG. Sie wird elektronisch beim zuständigen Handelsregister eingereicht.

206   Als **Anlagen** sind der Anmeldung das Gründungsprotokoll samt Satzung und die Gesellschafterliste (§ 8 Abs. 1 Nr. 3 GmbHG; → Rn. 66)[455] beizufügen, im Falle der Verwendung eines Musterprotokolls nach § 2 Abs. 1a GmbHG nur dieses.

207   Ist für den Gegenstand der Gesellschaft eine **staatliche Genehmigung** erforderlich,[456] so muss die Genehmigung der GmbH erteilt werden, eine auf die Gesellschafter oder den Geschäftsführer persönlich lautende Genehmigung genügt nicht. Eine Vorlage der Genehmigung oder eines entsprechenden Vorbescheids ist grundsätzlich nicht erforderlich (näher → Rn. 58).

208   Sofern die Zulässigkeit der gewünschten Firmierung zweifelhaft ist, sollte im Vorfeld eine **Stellungnahme der IHK** eingeholt und der Anmeldung beigefügt werden, um Verzögerungen im Eintragungsverfahren vorzubeugen (→ Rn. 48).

209   Die Vorlage von **Einzahlungsnachweisen** in Form eines Kontoauszugs oder einer Bankbescheinigung kann gemäß § 8 Abs. 2 S. 2 GmbHG nur bei erheblichen Zweifeln an der ordnungsgemäßen Kapitalaufbringung verlangt werden kann. Im Hinblick auf den Strafbarkeitstatbestand des § 82 GmbHG sollte der Notar jedoch auf die Vorlage des Einzahlungsbelegs oder eine entsprechende Bestätigung durch die Geschäftsführung warten, bevor die Anmeldung an das Handelsregister weitergeleitet wird. Hierfür fällt eine Betreuungsgebühr gemäß Nr. 22200 Nr. 3 KV GNotKG aus dem Geschäftswert der Registeranmeldung (§§ 119 Abs. 1, 105 Abs. 1 S. 1 Nr. 1 GNotKG; regelmäßig 30.000 EUR, vgl. § 105 Abs. 1 S. 2 GNotKG) an.

IV. Prüfungskompetenz des Gerichts

210   Bei der Prüfung der Anmeldung hat das Registergericht nur eine **eingeschränkte Prüfungskompetenz** (§ 9c Abs. 2 GmbH). Im Falle von Unzulänglichkeiten der Satzung ist für das Eintragungsverfahren von wesentlicher Bedeutung, dass mangelhafte, fehlende oder nichtige Satzungsbestimmungen der Eintragung der Gesellschaft in das Handelsregister nicht entgegenstehen, wenn keine der in **§ 9c Abs. 2 GmbHG** genannten Voraussetzungen vorliegt. Danach darf das Gericht bei der Gründung der Gesellschaft – nicht dagegen bei der Satzungsänderung[457] – die Eintragung nur ablehnen, wenn der Mangel
– eintragungspflichtige Umstände betrifft (Nr. 1),
– Vorschriften verletzt, die ausschließlich oder überwiegend zum Schutze der Gläubiger der Gesellschaft oder sonst im öffentlichen Interesse gegeben sind (Nr. 2), oder
– die Nichtigkeit des Gesellschaftsvertrages zur Folge hat (Nr. 3).

---

[453] OLG Hamm MittBayNot 2010, 488.
[454] OLG München DNotZ 2011, 151.
[455] Ausf. zu den damit zusammenhängenden Fragestellungen *Omlor/Spies* MittBayNot 2011, 353.
[456] Dazu *Elsing* notar 2012, 68; *Gottwald* MittBayNot 2001, 164.
[457] Vgl. BayObLG MittBayNot 2002, 201; KG FGPrax 2006, 29 (30).

Nicht umfasst sind hingegen zB Verstöße gegen Vorschriften des GmbHG, die unentzieh- 211
bare Individual- oder Minderheitsrechte betreffen, wie sie etwa in den §§ 48, 51a, 50
Abs. 1, Abs. 2, 61 Abs. 2, 66 Abs. 2, Abs. 3 GmbHG enthalten sind. Derartige Satzungsbestimmungen sollen nicht die wirksame Entstehung der Kapitalgesellschaft durch Registereintragung hindern, sondern Gegenstand etwaiger Streitverfahren zwischen den Beteiligten bleiben.[458]

G. Sonderfall Sachgründung

I. Satzungsregelung

Der Gesellschaftsvertrag einer Sachgründung unterscheidet sich von dem einer Bargrün- 212
dung nur hinsichtlich der Regelung über das Stammkapital und die Geschäftsanteile.[459]
Insbesondere ist der Gegenstand der Sacheinlage zu definieren. Typische Gegenstände einer Sacheinlage sind Einzelunternehmen, Gesellschaftsanteile[460] oder Grundstücke, ggf.
auch geistiges Eigentum.[461] Dienstleistungen sind hingegen nicht sacheinlagefähig.[462]

Nicht zulässig ist eine Sachgründung bei Verwendung eines gesetzlichen Musterpro- 213
tokolls (vgl. Ziffer 3 der Musterprotokolle) sowie bei Errichtung einer haftungsbeschränkten Unternehmergesellschaft (vgl. § 5a Abs. 2 GmbHG).

Nach § 5 Abs. 4 GmbHG müssen der Gegenstand der Sacheinlage und der Nennbetrag 214
des Geschäftsanteils, auf den sich die Sacheinlage bezieht, im Gesellschaftsvertrag festgesetzt werden. Anders als bei der Aktiengesellschaft (§§ 27 Abs. 5, 26 Abs. 5 AktG: 30 Jahre) existiert zur **Löschung** der Festsetzungen keine ausdrückliche Regelung im GmbHG.
Nach wohl überwiegender Ansicht ist die Löschung in entsprechender Anwendung von
§ 9 Abs. 2 GmbHG frühestens **zehn Jahre nach Leistung** der Sacheinlage zulässig, da
ein länger dauerndes Informationsbedürfnis Dritter bei der GmbH nicht anzunehmen
ist.[463]

II. Einbringung eines Unternehmens

Die Einbringung eines Unternehmens als Sacheinlage erfolgt regelmäßig auf **Basis** einer 215
Einbringungsbilanz. Liegt die Einbringungsbilanz zum Zeitpunkt der Gründung noch
nicht vor, so kann auf eine noch zu erstellende Bilanz verwiesen werden.[464] Allerdings ist
in diesem Fall eine Vorabklärung beim Registergericht zu empfehlen. Zum Teil wird von
der Registerpraxis nämlich gefordert, die Bilanz der Gründungsurkunde als Anlage iSv § 9
Abs. 1 S. 2 BeurkG beizufügen. Folgt man dieser unrichtigen Auffassung, so müsste im
Falle einer späteren Bilanzerstellung ein entsprechender Urkundsnachtrag gefertigt werden.[465]

Die **steuerliche Rückbeziehung** bis zu acht Monaten nach § 20 Abs. 8 S. 3 Umw- 216
StG wird anerkannt, sofern innerhalb des Acht-Monats-Zeitraums sowohl der Einbringungsvertrag – bei Einbringung von Grundbesitz in notariell beurkundeter Form – abgeschlossen wird als auch das eingebrachte Betriebsvermögen auf die GmbH übergeht. Die
Rückbeziehungsmöglichkeit setzt somit nach dem eindeutigen Wortlaut der Vorschrift

---

[458] Siehe OLG München DNotZ 2010, 937; vgl. ferner Lutter/Hommelhoff/*Bayer* GmbHG § 9c Rn. 12.
[459] Vgl. zur Betriebseinbringung Widmann/Mayer/*D. Mayer* UmwR Bd. 8 Anh. 5 „Einbringung" Rn. 14 ff.
[460] Zu Anteilen an einer GmbH in Gründung als Einbringungsgegenstand DNotI-Report 2018, 9. Einlagefähig sind grds. auch Gesellschaftsanteile eines im Mehrheitsbesitz der Gesellschaft stehenden Unternehmens, vgl. OLG Jena NZG 2018, 391.
[461] Zu Letzterem *Maume* NZG 2017, 249 (251 f.).
[462] BGH DNotZ 2009, 766 – Qivive; siehe auch *Giedinghagen/Lakenberg* NZG 2009, 201.
[463] Vgl. Baumbach/Hueck/*Fastrich* GmbHG § 5 Rn. 49; MüKoGmbHG/*Schwandtner* GmbHG § 5 Rn. 220;
Scholz/*Veil* GmbHG § 5 Rn. 86.
[464] Vgl. Widmann/Mayer/*D. Mayer* UmwR Bd. 8 Anh. 5 „Einbringung" Rn. 95 f. mit Formulierungsvorschlägen; *Priester* BB 1980, 19.
[465] Ausf. Widmann/Mayer/*D. Mayer* UmwR Bd. 8 Anh. 5 „Einbringung" Rn. 95.

nicht voraus, dass der Sachgründungsvorgang innerhalb der Acht-Monats-Frist auch beim Handelsregister angemeldet wird. Bei Einbringung von Grundbesitz ist es ausreichend, wenn der Einbringungsvertrag bis zum Ablauf der Acht-Monats-Frist abgeschlossen und zumindest das wirtschaftliche Eigentum am eingebrachten Grundstück auf die Vor-GmbH übertragen wurde. Die Übertragung des wirtschaftlichen Eigentums erfolgt regelmäßig zu dem Zeitpunkt, zu dem nach dem Willen der Beteiligten und nach der tatsächlichen Durchführung Besitz, Gefahr, Nutzen und Lasten auf die übernehmende Vor-GmbH übergegangen sind.[466]

217   Werden **Einzelwirtschaftsgüter** aus einem Betriebsvermögen eingebracht, so führt dies in der Regel zu einer Gewinnrealisierung; daneben sind grunderwerb- und umsatzsteuerliche Folgen zu beachten.[467]

III. Gemischte Sacheinlage/Über-Wert-Sacheinlage

218   Soll ein den Betrag der Stammeinlage übersteigender Wert der Sacheinlage dem Gesellschafter als Darlehen gutgeschrieben werden (sog. gemischte Sacheinlage oder – zur besseren Abgrenzung von der Mischeinlage – Über-Wert-Sacheinlage), genügt eine Verweisung auf die Einbringungsbilanz; eine genaue Bezifferung in der Satzung ist nicht erforderlich.[468] Die Werthaltigkeit des eingebrachten Mehrbetrages unterliegt der Kontrolle durch das Registergericht jedenfalls dann, wenn der Betrag als Fremdkapital (= Darlehen) ausgewiesen und nicht in die Kapitalrücklage eingestellt wird.[469]

219   **Formulierungsbeispiel: Gemischte Sacheinlage**

🖚   Soweit sich aus der Bilanz des eingebrachten Unternehmens auf den 31.12.2018 ein höheres Kapitalkonto ergibt, wird der überschießende Betrag dem einbringenden Gesellschafter als Darlehen gutgeschrieben.

IV. Mischeinlage

220   Von der gemischten Sacheinlage abzugrenzen ist die sog. „Mischeinlage", bei welcher die Einlage zum Teil als Sacheinlage, zum Teil aber in bar geleistet wird. Es ist in diesem Fall nicht nur die Sacheinlage insgesamt zu erbringen (§ 7 Abs. 3 GmbHG), sondern auch auf den zu leistenden Barbetrag mindestens ein Viertel einzuzahlen (§ 7 Abs. 2 S. 1 GmbHG). Dies gilt selbst dann, wenn der objektive Wert der Sacheinlage mehr die Hälfte des Nominalbetrages des Geschäftsanteils ausmacht.[470] Auch bei Zweifeln über die Werthaltigkeit einer vorgesehenen Sacheinlage kann die Eintragung mittels Einzahlung eines Barbetrages bewirkt werden.[471]

V. Sachgründungsbericht

221   In jedem Fall von (offenen) Sacheinlagen ist die Erstellung eines Sachgründungsberichts erforderlich, in dem die Gesellschafter die für die Angemessenheit der Leistungen für Sacheinlagen wesentlichen Umstände darzulegen und beim Übergang eines Unternehmens die Jahresergebnisse der letzten beiden Geschäftsjahre anzugeben haben (vgl. § 5 Abs. 4 S. 2 GmbHG). Der Sachgründungsbericht ist von sämtlichen Gründungsgesellschaftern und nicht etwa vom Steuerberater oder den Geschäftsführern zu unterzeichnen.

---

[466] Einzelheiten bei Widmann/Mayer/*D. Mayer* UmwR Bd. 8 Anh. 5 „Einbringung" Rn. 106 ff.
[467] Einen steuerlichen Kurzüberblick findet man bei Widmann/Mayer/*D. Mayer* UmwR Bd. 8 Anh. 5 „Einbringung" Rn. 202 ff.
[468] LG München I MittBayNot 2004, 291 und ausf. Widmann/Mayer/*D. Mayer* UmwR Bd. 8 Anh. 5 „Einbringung" Rn. 22 ff.; aA OLG Stuttgart BB 1982, 397.
[469] Dazu ausf. Widmann/Mayer/*D. Mayer* UmwR Bd. 8 Anh. 5 „Einbringung" Rn. 28.
[470] Vgl. OLG Celle GmbHR 2016, 288 mAnm *Wachter* sowie *Sammet* NZG 2016, 344.
[471] Siehe OLG Naumburg MittBayNot 2019, 72.

VI. Werthaltigkeitskontrolle

Die Werthaltigkeitskontrolle bei Sacheinlagen ist – parallel zur geltenden Rechtslage bei **222** Aktiengesellschaften – auf die Prüfung zu beschränken, ob eine „nicht unwesentliche" Überbewertung vorliegt (§ 9c Abs. 1 S. 2 GmbHG). Dennoch sind gemäß § 8 Abs. 1 Nr. 5 GmbHG der Registeranmeldung Unterlagen darüber beizufügen, dass der Wert der Sacheinlagen den Nennwert der dafür übernommenen Geschäftsanteile erreicht (→ Rn. 232).[472] Ggf. ist die Einbringungsbilanz, der zugleich die Funktion einer Wertnachweisunterlage iSv § 8 Abs. 1 Nr. 5 GmbHG zukommt, mit einer Bescheinigung betreffend die Richtigkeit der Wertansätze zu versehen („Aktiva sind nicht über- und Passiva nicht unterbewertet").

VII. Stufengründung, Sachagio

Will man die bei einer Sachgründung mit der Erstellung von Sachgründungsbericht, Ein- **223** bringungsbilanz oder Werthaltigkeitsbescheinigung verbundenen Verzögerungen vermeiden, so kann man eine **Stufengründung** vornehmen. Dabei wird zunächst eine zeitnah im Register eingetragene Bargründung durchgeführt. Anschließend wird der Einlagegegenstand idR im Wege einer Kapitalerhöhung durch Sacheinlage in die GmbH eingebracht.[473] Die Einbringung von Betrieben, Teilbetrieben oder Mitunternehmeranteilen in eine GmbH kann nämlich gemäß **§ 20 UmwStG** grds. nur dann ohne oder unter nur teilweiser Aufdeckung stiller Reserven erfolgen, wenn der Einbringende als Gegenleistung neue Anteile an der GmbH erhält, sei es im Rahmen einer Sachgründung oder einer Sachkapitalerhöhung.

Eine Fortführung der Buchwerte ist allerdings auch dann möglich, wenn bei einer Bar- **224** gründung oder Barkapitalerhöhung der Gesellschafter zusätzlich zu der Bareinlage eine Verpflichtung übernimmt, als Aufgeld (agio) einen Betrieb, Teilbetrieb oder Mitunternehmeranteil in die Kapitalrücklage der GmbH gemäß § 272 Abs. 2 Nr. 1 HGB einzubringen (sog. **Sachagio**).[474] Dies stellt regelmäßig den im Vergleich zur Stufengründung einfacheren Weg dar, allerdings ist wohl eine ausdrückliche „Verknüpfungsabrede" zwischen Bareinlage und Sachagio erforderlich.[475] Ferner ist nach Auffassung zahlreicher Registergerichte zum Schutz der ordnungsgemäßen Kapitalaufbringung mittels Werthaltigkeitsbescheinigung nachzuweisen, dass der als „Aufgeld" eingebrachte Gegenstand keinen negativen Wert hat.[476]

Praxishinweis Steuern:

Eine gänzlich unabhängig von einer Kapitalerhöhung als sog. **„verdeckte Einlage"** erfolgende Einbringung erweist sich hingegen steuerlich regelmäßig als nachteilig. Sie wird seitens des Einbringenden der Veräußerung gleichgestellt (vgl. §§ 6 Abs. 6, 17, 20, 23 EStG), erfüllt aber nicht die Voraussetzungen für eine Buchwertfortführung nach § 20 UmwStG. Darüber hinaus kann eine verdeckte Einlage (ebenso wie eine inkongruente offene Einlage) zur Fiktion einer steuerpflichtigen Schenkung des einbringenden Gesellschafters an die Mitgesellschafter führen (§ 7 Abs. 8 ErbStG).

---

[472] Zu den Prüfungspflichten des Registergerichts bei Einbringung von Grundstücken vgl. BayObLG DNotZ 1995, 232; zu den Anforderungen an die einzureichenden Unterlagen vgl. auch LG Freiburg GmbHR 2009, 1106 mAnm *Wachter*.

[473] Ausf. Vertragsmuster bei Widmann/Mayer/*D. Mayer* UmwR Bd. 8 Anh. 4 Mustersatz 30; vgl. ferner Widmann/Mayer/*D. Mayer* UmwR Bd. 8 Anh. 5 „Einbringung" Rn. 316 ff.

[474] Vgl. BFH NZG 2011, 118; *Heidinger/Knaier* FS 25 Jahre DNotI 2018, 467; *Lubberich* DNotZ 2016, 164; Widmann/Mayer/*D. Mayer* UmwR Bd. 8 Anh. 5 „Einbringung" Rn. 29.1 ff.

[475] Vgl. hierzu Widmann/Mayer/*D. Mayer* UmwR Bd. 8 Anh. 5 „Einbringung" Rn. 29.4.

[476] Näher Widmann/Mayer/*D. Mayer* UmwR Bd. 8 Anh. 5 „Einbringung" Rn. 216.

VIII. Verdeckte Sacheinlage

225 Die Beachtung der Sacheinlagevorschriften wird von der Praxis vielfach als lästig, zeitraubend und kostenintensiv angesehen. Zahlreich sind deshalb die Versuche, diese Vorschriften dadurch zu umgehen, dass zwar formal Bareinlagen vereinbart werden, der Gesellschaft letztlich aber die aufgrund einer vorherigen Absprache stattdessen zugedachten Vermögensgegenstände im Rahmen entgeltlicher Verträge zugeführt werden oder die Kapitalaufbringung insbes. bei Kapitalerhöhungsvorgängen durch Verrechnung der Einlageforderung der Gesellschaft mit Gesellschafterforderungen oder in sonstiger Weise gefährdet wird.[477]

226 Nach der in **§ 19 Abs. 4 GmbHG** enthaltenen Legaldefinition liegt eine verdeckte Sacheinlage vor, wenn eine Geldeinlage aufgrund einer im Zusammenhang mit der Übernahme der Geldeinlage getroffenen Abrede bei wirtschaftlicher Betrachtung vollständig oder teilweise als Sacheinlage zu bewerten ist.[478] Bei einem engen zeitlichen Zusammenhang zwischen Gründung und Einbringung wird eine derartige Abrede zu vermuten sein.[479]

227 Ist eines der Tatbestandsmerkmale nicht erfüllt, liegt keine verdeckte Sacheinlage vor und die Bareinlage ist nicht zu beanstanden. Dies gilt insbes. im Hinblick auf **nicht sacheinlagefähige Gegenstände** wie zB Dienstleistungen.[480] Auch wenn mit der Bareinlage ein Darlehen abgelöst wird, für dessen Rückzahlung sich der **Inferent verbürgt** hat, leistet er nicht verdeckt eine Sacheinlage, da der künftige Regressanspruch nicht sacheinlagefähig ist.[481]

228 Auf der **Rechtsfolgenseite** befreit eine verdeckte Sacheinlage den Gesellschafter zwar nicht von seiner Einlageverpflichtung, die Verträge über die Sacheinlage und die Rechtshandlungen zu ihrer Ausführung sind jedoch wirksam. Der Wert des eingebrachten Vermögensgegenstandes im Zeitpunkt der Anmeldung der Gesellschaft zur Eintragung im Handelsregister oder im Zeitpunkt seiner Überlassung an die Gesellschaft, falls diese später erfolgt, wird auf die fortbestehende Geldeinlagepflicht des Gesellschafters automatisch angerechnet, ohne dass hierfür eine Willenserklärung einer Partei erforderlich wäre (sog. **„Anrechnungslösung"**).[482] Hieran ändert auch eine vorsätzliche Umgehung der Sacheinlagevorschriften nichts. Allerdings trägt der Gesellschafter die **Beweislast** für die Werthaltigkeit des Vermögensgegenstandes (§ 19 Abs. 4 S. 5 GmbHG), weshalb ihm dringend zu empfehlen ist, entsprechende Nachweise dauerhaft vorzuhalten. Im Übrigen kann eine verdeckte Sacheinlage zu einer Strafbarkeit der Geschäftsführer wegen falscher Versicherung nach § 82 GmbHG führen.[483] Der beurkundende Notar sollte dieses Risiko im Rahmen seiner **Belehrung** deutlich machen.

229 § 19 Abs. 4 GmbHG beansprucht bereits Geltung für Einlageleistungen, die vor Inkrafttreten des MoMiG bewirkt wurden, es sei denn, es wurde hierüber schon vor diesem Zeitpunkt ein Urteil gefällt oder ein Vergleich abgeschlossen (**§ 3 Abs. 4 EGGmbHG;** diese unechte Rückwirkung ist nach Ansicht des BGH verfassungsgemäß[484]).

230 Eine sog. **verdeckte gemischte Sacheinlage** liegt vor, wenn von der Gesellschaft aus dem Gesellschaftsvermögen über den Nominalbetrag der Bareinlage hinaus eine Gegen-

---

[477] Siehe zB zur verdeckten Sacheinlage bei Einbringung von Gewinnausschüttungsansprüchen bei der Kapitalerhöhung einer KGaA OLG Dresden NZG 2017, 985.

[478] Dazu unter anderem *Blasche* GmbHR 2010, 288; *Rezori* RNotZ 2011, 125; zur Rechtslage vor MoMiG siehe BGH ZIP 2003, 1540. Zur Abgrenzung vom in → Rn. 241 erläuterten sog. „Hin- und Herzahlen" vgl. unter anderem *Hermanns* DNotZ 2011, 325.

[479] Vgl. zum zeitlichen Zusammenhang BGH DB 1996, 877.

[480] BGH DNotZ 2009, 766 – Qivive; vgl. auch *Bayer/Lieder* NZG 2010, 86.

[481] Zur Tilgung eines vom Ehegatten des Inferenten gewährten Darlehens mit der Bareinlage vgl. BGH NZG 2011, 667.

[482] Zur dogmatischen Einordnung *Sernetz* ZIP 2010, 2173; zu den Rechtsfolgen verdeckter Sacheinlagen in verschiedenen Fallkonstellationen *Müller* NZG 2011, 761.

[483] Vgl. hierzu *Bormann/Urlichs* GmbHR 2008, 119 (120); *Winter* FS Priester 2007, 867 (874).

[484] Vgl. DNotZ 2010, 922; hierzu *Haas/Vogel* NZG 2010, 1081.

leistung für die Einlage des Sachgegenstandes erbracht wird. Die Anrechnung des Wertes der verdeckt eingelegten Sache auf die fortbestehende Bareinlageverpflichtung nach § 19 Abs. 4 S. 3 GmbHG darf in diesem Fall nicht zu Lasten des übrigen Gesellschaftsvermögens gehen. Daher ist **vor einer Anrechnung** von dem tatsächlichen Wert der eingelegten Sache der Betrag **abzuziehen,** der von der Gesellschaft aus dem Gesellschaftsvermögen über den Nominalbetrag der Bareinlage hinaus als **Gegenleistung** aufgewendet worden ist.[485]

Da die Einlage ausdrücklich in Geld erbracht werden muss, ist bei Verwendung der **Musterprotokolle** nach § 2 Abs. 1a GmbHG – wie sich aus deren Ziffer 3 ergibt – eine Sacheinlage ebenso unzulässig wie bei einer **haftungsbeschränkten Unternehmergesellschaft** (siehe § 5a Abs. 2 GmbHG). Noch nicht endgültig geklärt ist, ob im Falle einer verdeckten Sacheinlage bei Gründung unter Verwendung des Musterprotokolls und/oder Errichtung einer UG die Anrechnungslösung gelten soll oder ob die Einlageverpflichtung in bar unvermindert fortbesteht. Richtigerweise ist eine Anrechnung in beiden Fällen abzulehnen, da eine offene Sacheinlage nicht strenger behandelt werden darf als eine verdeckte Sacheinlage.[486] Jedenfalls bei der vereinfachten Gründung wird § 19 Abs. 4 GmbHG jedoch mehrheitlich für anwendbar gehalten.[487] Dem Notar ist zu empfehlen, im Hinblick auf dieses Risiko eine Belehrung in die Urkunde aufzunehmen (→ Rn. 19). **231**

IX. Registeranmeldung

Bei der Vereinbarung von Sacheinlagen sind die den Festsetzungen zugrunde liegenden oder zu ihrer Ausführung geschlossenen **Verträge,** der **Sachgründungsbericht** und schließlich **Nachweise** über die **Werthaltigkeit** der Sacheinlage vorzulegen (§ 8 Abs. 1 Nr. 4, Nr. 5 GmbHG). Die Geschäftsführer haben zu **versichern,** dass die Sacheinlagen so an die Gesellschaft bewirkt sind, dass sie endgültig zur freien Verfügung der Geschäftsführer stehen (§§ 8 Abs. 2, 7 Abs. 3 GmbHG). **232**

H. Kapitalaufbringung und -erhaltung bei Bargründung

Kapitalaufbringung und -erhaltung werden – quasi als Gegenleistung für die Haftungsbeschränkung auf das Stammkapital – in den §§ 7–9, 19, 30f. GmbHG geschützt. Im Einzelnen sind hierbei folgende Problemkreise von Interesse: **233**

I. Leistungserbringung bei Bargründung

Die Eintragung der GmbH darf erst erfolgen, wenn die Einlagen entsprechend § 7 Abs. 2 GmbHG geleistet wurden. Dabei sind im Hinblick auf den Zeitpunkt der Erbringung der Einlageleistungen vier Verfahrensabschnitte zu unterscheiden: **234**
(1) vor Errichtung der notariellen Gründungsurkunde (Vorgründungsgesellschaft in der Rechtsform einer GbR bzw. oHG),
(2) nach Gründung aber vor Registeranmeldung (Vor-GmbH = GmbH i.G.),
(3) nach Anmeldung aber vor Eintragung (weiterhin Vor-GmbH) und
(4) nach Eintragung (GmbH).

Leistungen vor Gründung der Gesellschaft an die so genannte **Vorgründungsgesellschaft** befreien nicht von der Einlageverpflichtung,[488] da die Vorgründungsgesellschaft mit der späteren GmbH nicht identisch ist und somit – anders als bei der Vor-GmbH – ein automatischer Vermögensübergang ausscheidet. Einer Aufrechnung mit der gegen die Vorgründungsgesellschaft gerichteten Bereicherungsforderung (§ 812 Abs. 2 S. 2 Alt. 2 **235**

---

[485] BGH DNotZ 2010, 922 „AdCoCom“; hierzu *Pentz* GmbHR 2010, 673; *Stiller/Redeker* ZIP 2010, 865.
[486] So für die UG unter anderem Baumbach/Hueck/*Fastrich* GmbHG § 5a Rn. 12 mwN; aA sind zB MHLS/*J. Schmidt* GmbHG § 5a Rn. 11; *Wansleben/Niggemann* NZG 2012, 1412.
[487] Vgl. nur Baumbach/Hueck/*Fastrich* GmbHG § 2 Rn. 17; Roth/Altmeppen/*Roth* GmbHG § 2 Rn. 54.
[488] Vgl. BGH GmbHR 1998, 633.

BGB, „Untauglicher Tilgungsversuch") gegen die nach wie vor offene Einlageforderung der GmbH steht § 19 Abs. 2 S. 2 GmbHG entgegen.[489] Werden – wie in der Praxis häufig – die Einlagen bereits vor dem Notartermin zur Gründung der GmbH auf ein Konto mit der unrichtigen Bezeichnung GmbH i.G. eingezahlt, befinden sie sich aber zum Zeitpunkt der Gründung unangetastet auf diesem Konto, so ist von einer konkludenten Übereignung auf die Vor-GmbH auszugehen.[490]

236   Nach der Gründung müssen die Gesellschafter die vereinbarten Einlagen so einzahlen, dass sie zur **freien Verfügung** der Geschäftsführer stehen. Die Einzahlung sollte grds. unter eindeutiger Kennzeichnung im Überweisungsvermerk direkt von den Gesellschaftern auf ein Konto der Gesellschaft erfolgen. Dabei kann auch die Einzahlung auf ein Sperrkonto genügen, wenn dieses mit Eintragung der GmbH zur Verfügung der Geschäftsführung steht.[491] Die Aushändigung von Bargeld kann uU ebenfalls ausreichen, allerdings stellt sich das Problem der Nachweisbarkeit.[492] Dispositionen über die Einlageleistung vor der Anmeldung der Gesellschaft zum Handelsregister sollten tunlichst unterlassen werden. Dies gilt auch für eine Leistung an einen Gesellschafter, die wirtschaftlich einer Rückzahlung der Einlage entspricht und nicht als verdeckte Sacheinlage zu beurteilen ist, obschon diese Fälle des sog. **Hin- und Herzahlen** nunmehr in den Grenzen des § 19 Abs. 5 GmbHG ausdrücklich zugelassen sind (hierzu im Einzelnen → Rn. 241 ff.).

237   Entgegen der früheren oberlandesgerichtlichen Rechtsprechung[493] besteht **keine Bar-Depot-Pflicht.** Die Versicherung der Geschäftsführer bezüglich der freien Verfügbarkeit der Einlagen bezieht sich dementsprechend nicht auf das gegenständliche Vorhandensein der Mindesteinlagen im Zeitpunkt der Anmeldung, sondern lediglich auf deren wertmäßiges Vorhandensein.[494] Es kommt somit darauf an, ob bilanziell ein Aktivtausch vorliegt. Ein solcher ist zwar auch im Falle der Tilgung bestehender Verbindlichkeiten anzunehmen, nicht aber etwa bei der Zahlung von Mieten, Gehältern etc, da keine Gegenleistung erfolgt, die bilanziell zum Ausdruck kommt. Dem Notar ist in diesem Zusammenhang anzuraten, die Anmeldung der Gesellschaft möglichst schnell zu betreiben.[495]

238   Nach der Anmeldung ist der Kapitalaufbringungsvorgang prinzipiell abgeschlossen. Vor der Eintragung sind Transaktionen über die erbrachten Einlagen allerdings insoweit weiterhin haftungsschädlich, als dem Gesellschaftsvermögen kein entsprechender Gegenwert zufließt. Ist das Stammkapital vor der Eintragung nämlich bereits ganz oder teilweise bilanziell verbraucht, so greift die vom BGH entwickelte **Unterbilanz- bzw. Vorbelastungshaftung** (→ Rn. 19), um die versprochene Kapitalaufbringung bis zum Zeitpunkt der Eintragung der GmbH zu sichern. Dabei haften die Gesellschafter anteilig (prorarisch) aber unbeschränkt der GmbH gegenüber (Innenhaftung) für die Differenz zwischen dem Stammkapital (abzüglich satzungsmäßig von der Gesellschaft zu tragender Gründungskosten) und dem Wert des Gesellschaftsvermögens. Die Ausfallhaftung des § 24 GmbHG kommt auch hier zur Anwendung. Soweit die Verluste das Stammkapital übersteigen, geht die Haftung auf vollen Verlustausgleich.[496]

239   **Nach** der **Eintragung** der Gesellschaft können Verfügungen über die Einlageleistungen – soweit nicht die Kapitalerhaltungsregeln §§ 30 ff. GmbHG entgegenstehen – nur noch über die Grundsätze der verdeckten Sacheinlage haftungsschädlich sein (dazu → Rn. 225 ff.).

---

[489] OLG Köln EWiR 1989, 171.
[490] Vgl. *D. Mayer* FS Schippel 1996, 473; *Kanzleiter* DNotZ 1994, 700; Gutachten des DNotI zu § 7 GmbHG Nr. 27798; aA OLG Stuttgart DNotZ 1994, 695.
[491] Siehe DNotI-Gutachten Nr. 164915 mwN.
[492] Siehe nur OLG Jena GmbHR 2017, 754; OLG München ZIP 2016, 2361.
[493] Vgl. nur BayObLG DB 1988, 850.
[494] So zutr. BGH NJW 1992, 3300.
[495] Ausf. hierzu *Lindemeier* RNotZ 2003, 503 und *D. Mayer* FS Schippel 1996, 473.
[496] Grundlegend BGH NJW 1981, 1373; näher Baumbach/Hueck/*Fastrich* GmbHG § 11 Rn. 61 ff.; *D. Mayer* MittBayNot 1989, 128.

Dem Registergericht gegenüber genügt die **Versicherung über die endgültig freie** 240
Verfügbarkeit der Einlageleistung. Zu einer weitergehenden Nachforschung, insbes. zur
Vorlage von Einzahlungsbelegen ist es gemäß § 8 Abs. 2 S. 2 GmbHG nur berechtigt,
wenn erhebliche Zweifel an der Richtigkeit der Versicherung bestehen.[497] Bareinlagen,
welche die Gesellschafter über die bei der Gründung versprochenen Mindesteinlagen hinaus erbringen („freiwillige Mehrleistungen"), haben iÜ stets Erfüllungswirkung.[498]

II. Leistungen an Gesellschafter – Kapitalaufbringung („Hin- und Herzahlen")

In den Fällen des sog. **„Hin- und Herzahlens"** fließt die auf den Geschäftsanteil bezahl- 241
te Summe aufgrund einer vor oder bei der Einzahlung getroffenen Abrede direkt oder
indirekt an den Gesellschafter zurück, klassischerweise als Darlehen. Im Gegensatz zur
verdeckten Sacheinlage verbleibt der GmbH also kein Gegenstand, sondern eine Forderung.

Ebenso wie die verdeckte Sacheinlage (§ 19 Abs. 4 GmbHG) ist auch die Fallgruppe 242
des Hin- und Herzahlens im Gesetz geregelt (§ 19 Abs. 5 GmbHG).[499] Sofern in dem
Vorgang keine verdeckte Sacheinlage zu erblicken ist, tritt danach **Erfüllungswirkung**
(nur) ein, **wenn** (nicht „soweit"!) die Zahlung an die Gesellschafter durch einen Rückzahlungsanspruch gedeckt ist, der (i) vollwertig und (ii) jederzeit fällig ist oder zumindest
durch Kündigung seitens der Gesellschaft fällig gestellt werden kann. Ist dies nicht der
Fall, bleibt die Einlageschuld in voller Höhe bestehen **(Alles-oder-Nichts-Prinzip)**.
Sind die Voraussetzungen des § 19 Abs. 5 GmbHG nicht eingehalten, kann die Einlageschuld jedoch (wie vor Inkrafttreten des MoMiG) mit einer späteren Zahlung erfüllt werden.[500]

Die insoweit bestehende **Ungleichbehandlung mit** der Anrechnungslösung bei der 243
verdeckten Sacheinlage begründet der Gesetzgeber mit der Tatsache, dass anders als bei
der verdeckten Sacheinlage kein tatsächlicher Mittelzufluss erfolgt, sondern nur eine neue
schuldrechtliche Forderung begründet wird. Es ist eine streng bilanzielle Betrachtungsweise anzulegen: Die Erfüllung der Einlageschuld kann nur dann angenommen werden,
wenn die Einlagenrückgewähr durch einen sowohl voll- als auch gleichwertigen Gegen-
leistungs- oder Rückgewähranspruch gegen den Gesellschafter gedeckt ist und damit ein
reiner Aktivtausch vorliegt. Demgegenüber hätte es wenig Sinn ergeben, eine teilweise
Erfüllung anzunehmen und allein hinsichtlich der Differenz den ursprünglichen Einlageanspruch aufrecht zu erhalten, den der Gesellschafter wegen mangelnder Solvenz auch
nicht wird erfüllen können. In diesen Fällen sollte vielmehr schon das „Herzahlen" von
vornherein vollständig unterbleiben.[501]

Bei der Bezahlung künftiger **Dienstleistungen** mit Einlagemitteln liegt kein der Erfül- 244
lung der Einlageschuld entgegenstehendes Hin- und Herzahlen vor, sofern der Inferent
die Einlagen nicht für die Vergütung seiner Dienstleistung „reserviert" hat.[502]

Die Regelung beansprucht Geltung auch für vor Inkrafttreten des MoMiG bewirkte 245
Einlageleistungen, wenn hierüber nicht schon vorher ein Urteil gefällt oder ein Vergleich
abgeschlossen wurde **(§ 3 Abs. 4 EGGmbHG)**.[503]

Für die **Unternehmergesellschaft** ist die Anwendbarkeit von § 19 Abs. 5 GmbHG 246
nach zutreffender überwiegender Auffassung zu bejahen (näher hierzu → Rn. 272). Bei

---

[497] Vgl. schon *Böhringer* Rpfleger 2002, 551.
[498] BGH DB 1989, 217.
[499] Hierzu unter anderem *Blasche* GmbHR 2010, 288; *Rezori* RNotZ 2011, 125 (129 ff.); zur Abgrenzung
von verdeckter Sacheinlage und Hin- und Herzahlen vgl. unter anderem *Hermanns* DNotZ 2011, 325;
zur Rechtslage vor MoMiG vgl. nur BGH DNotZ 2006, 218 und DNotZ 2006, 536. Zum umgekehrten Fall des „Her- und Hinzahlens" vgl. DNotI-Gutachten Nr. 167948.
[500] Vgl. *Wicke* GmbHG § 19 Rn. 38.
[501] Vgl. *Gesell* BB 2007, 2241 (2246 f.).
[502] BGH DNotZ 2009, 766 – Qivive.
[503] Vgl. OLG Koblenz MittBayNot 2011, 330.

der Gründung mit Musterprotokoll ist § 19 Abs. 5 GmbHG nach hM uneingeschränkt anwendbar.[504]

247   Das Hin- und Herzahlen ist gemäß § 19 Abs. 5 S. 2 GmbHG in der Anmeldung offen zu legen, damit der Registerrichter prüfen kann, ob die Voraussetzungen einer Erfüllungswirkung gegeben sind.[505] Hierzu wird er sich ggf. den Darlehensvertrag vorlegen lassen und einen **Bonitätsnachweis** für die Vollwertigkeit des Rückgewähranspruchs verlangen müssen. Als solcher kann uU auch eine positive Bewertung des Rückgewährschuldners durch eine anerkannte Ratingagentur in Betracht kommen.[506] Offen gelassen hat der Gesetzgeber allerdings die Folgen einer fehlenden **Offenlegung.** Die höchstrichterliche Rechtsprechung nimmt jedoch zu Recht an, dass nur im Falle einer ausdrücklichen Offenlegung des Hin- und Herzahlens von einer wirksamen Aufbringung des Stammkapitals auszugehen ist.[507] Eine Strafbewehrung besteht nicht. Allerdings sind Schadensersatzansprüche gegen den Geschäftsführer denkbar, wobei der Nachweis der Kausalität im Einzelfall schwierig werden dürfte.

248   Problematisch ist die Handhabung von Altfällen, in denen eine Offenlegung naturgemäß nicht stattgefunden hat. Dementsprechend schlagen Teile des Schrifttums die **Heilung** einer versäumten Offenlegung durch eine spätere Registeranmeldung vor, weil der Gesellschafter – zumindest in Altfällen – ansonsten schutzlos gestellt würde.[508]

249   Die gesetzliche Zulassung des Hin- und Herzahlens hat zur Folge, dass die Leistung in diesen Fällen als zur endgültigen freien Verfügung der Geschäftsführer erfolgt anzusehen ist, sofern die Voraussetzungen des § 19 Abs. 5 GmbHG erfüllt sind.[509] Die **Versicherung der Geschäftsführer** ist somit korrekt, falls der Rückzahlungsanspruch vollwertig und liquide ist. Insofern besteht für die Geschäftsführer bei Abgabe der Versicherung ein hohes persönliches Risiko, da ihnen die Strafbarkeit gemäß § 82 Abs. 1 Nr. 1 GmbHG droht, wenn sie – zumindest mit bedingtem Vorsatz – die Versicherung abgeben, obwohl der Rückzahlungsanspruch zB nur zu 95 % vollwertig ist.[510] Allerdings ist die Vollwertigkeit wohl lediglich dann als nicht gegeben anzusehen, wenn die Einbringlichkeit der Forderung von Anfang an zweifelhaft ist.[511]

250   Nicht endgültig geklärt ist die Frage der **Beweislast** für die Vollwertigkeit. Anders als in § 19 Abs. 4 GmbHG enthält § 19 Abs. 5 GmbHG bewusst keine Beweislastregel, weshalb eine analoge Anwendung mangels planwidriger Regelungslücke ausscheiden dürfte. Es verbleibt somit bei den allgemeinen Grundsätzen, wonach die Beweislast für die Leistung der Bareinlage und – im Falle eines von der Gesellschaft nachzuweisenden erfüllungshindernden Rückflusses – die ggf. dennoch bestehende Erfüllungswirkung der Gesellschafter bzw. Insolvenzverwalter trägt, da der Geschäftsführer die Leistung ja als Erfüllung der Einlagepflicht angenommen hat (§ 363 BGB).[512] Dennoch sollte der Geschäftsführer schon wegen des soeben dargestellten Strafbarkeitsrisikos das Vorliegen der Voraussetzungen des § 19 Abs. 5 GmbHG dauerhaft dokumentieren.

---

[504] So zu Recht unter anderem *Heckschen* DStR 2009, 166 (167).

[505] Formulierungsvorschlag bei *Wälzholz* MittBayNot 2008, 425 (431).

[506] Hierzu OLG München GmbHR 2011, 422.

[507] Vgl. BGH DNotZ 2009, 766 – Qivive; NZG 2009, 944 – Cash Pool II; OLG Stuttgart DNotZ 2012, 224 für eine AG; *Wälzholz* MittBayNot 2008, 425 (431).

[508] Siehe nur *Herrler* GmbHR 2010, 785 (791); *Henkel* EWiR 2012, 99 (100); aA offenbar OLG München GmbHR 2012, 1299, OLG Stuttgart DNotZ 2012, 224 sowie *Roth* NJW 2009, 3397 (3399); zu Heilungsmöglichkeiten bei unterlassener Offenlegung vgl. *Herrler* DStR 2011, 2300 sowie DNotI-Gutachten Nr. 98537 und Nr. 117850.

[509] Vgl. BT-Drs. 16/9737, 56.

[510] Hierzu *Gesell* BB 2007, 2241 (2246); aA *Bormann/Urlichs* GmbHR 2008, 119 (120), die davon ausgehen, dass die Rückzahlung gesetzlich legitimiert sei und daher nicht von § 82 GmbHG erfasst werde.

[511] So *Büchel* GmbHR 2007, 1065 (1067).

[512] Vgl. hierzu Baumbach/Hueck/*Fastrich* GmbHG § 19 Rn. 81; *Büchel* GmbHR 2007, 1065 (1067 f.); Scholz/*Veil* GmbHG § 19 Rn. 184.

§ 19 Abs. 5 GmbHG bereitet insbes. der Kapitalaufbringung im sog. **„Cash-Pool"** eine 251 gesetzliche Grundlage.[513] Darunter versteht man die wirtschaftlich sinnvolle, früher im Lichte der Kapitalaufbringung und -erhaltung höchst problematische Praxis der Zusammenfassung von Liquiditätsüberschüssen im Rahmen der zentralen Konzernfinanzierung mittels Darlehensbeziehungen der beteiligten Konzerngesellschaften „upstream" und „downstream", dh von der Tochter an die Mutter und umgekehrt. Praktisch erfolgt dies durch einen sofortigen Rückfluss der geleisteten Einlage durch Umbuchung auf ein Zentralkonto im Konzern.[514]

Zu den wesentlichen Fragen der Kapitalaufbringung im Cash-Pool hat der BGH in 252 seiner Entscheidung **„Cash-Pool II"** Stellung genommen.[515] Danach liegt eine **verdeckte Sacheinlage** immer dann vor, **wenn** der **Saldo** auf dem vom Inferenten geführten **Zentralkonto** zu Lasten der Gesellschaft im Zeitpunkt der Weiterleitung des Einlagebetrages **negativ** ist. Die Bareinlage, die auf das Quellkonto gezahlt wird, fließt am Ende des Arbeitstages automatisch zurück an das Zentralkonto und begleicht den negativen Saldo. Wirtschaftlich betrachtet wird die Gesellschaft dadurch von der Verbindlichkeit aus der Cash-Pool Vereinbarung bzw. dem daraus resultierenden Darlehensrückzahlungsanspruch der das Zentralkonto führenden Inferentin befreit, erhält aber keine Bareinlage. Mit dem Verzicht des Inferenten auf die Darlehensrückzahlung wird der Gesellschaft vielmehr ein Sachwert zugeführt. Ein Fall des **Hin- und Herzahlens** gemäß § 19 Abs. 5 GmbHG im Cash-Pool liegt demgegenüber vor, **wenn** das **Zentralkonto** bei Weiterleitung der Einlage **ausgeglichen oder** zugunsten der Gesellschaft **positiv** ist, sie also ein Darlehen gewährt. Leistet nun der über das Zentralkonto verfügungsbefugte Inferent in das Quellkonto und fließt abends die überschüssige Liquidität zurück an das Zentralkonto, handelt es sich um den klassischen Fall des Hin- und Herzahlens. **Übersteigt** die **Einlageleistung** hingegen den **negativen Saldo** zulasten der Gesellschaft auf dem Zentralkonto, liegt eine **Mischkonstellation** vor. Der Vorgang ist teilweise als verdeckte Sacheinlage und teilweise als Hin- und Herzahlen zu beurteilen.[516] Demnach ist der einheitliche Vorgang einer Einzahlung der Stammeinlage im Cash-Pool nach Auffassung des BGH teilbar.[517]

Möglich erscheint entgegen der Rechtsprechung vor Inkrafttreten des MoMiG[518] auch 253 eine darlehensweise **Weitergabe** der **Stammeinlage** einer **Komplementär-GmbH** an die Kommanditgesellschaft. Sofern es sich dabei wirtschaftlich um eine Einlagenrückgewähr an den Gesellschafter der Komplementär-GmbH handelt, ist es für die Vollwertigkeit der Darlehensforderung maßgebend, dass diese seitens der Komplementär-GmbH durchsetzbar ist und die KG zudem alle fälligen Verpflichtungen erfüllen kann.[519]

Kein Fall des Hin- und Herzahlens iSv § 19 Abs. 5 GmbHG liegt vor, wenn der Ge- 254 sellschafter zB im Rahmen einer Kapitalerhöhung einen Einlagebetrag an die Gesellschaft überweist verbunden mit der Anweisung, den Betrag zur Tilgung einer Forderung dieses Gesellschafters zu verwenden. Es handelt sich dabei vielmehr um eine verdeckte Sacheinlage in Form des Hin- und Herzahlens (**„verdeckt verdeckte Sacheinlage"**), da wirtschaftlich die Forderung des Gesellschafters eingelegt wird.[520]

---

[513] Hierzu umfassend *Altmeppen* NZG 2010, 441 und *Neumann* GmbHR 2016, 1016; zu Pflichten und Haftungsrisiken der Geschäftsleitung beim Cash Pooling *Klein* ZIP 2017, 258; ein praxisorientiertes Prüfungsschema zur Kapitalaufbringung in einem physischen Cash-Pooling-System unter Anwendung von § 19 Abs. 5 GmbHG bieten *Kupjetz/Peter* GmbHR 2012, 498.

[514] Ausf. zum Cash-Pool *D. Mayer* FS Priester 2007, 445; zum Cash-Pooling nach MoMiG vgl. nur *Eusani* GmbHR 2009, 795.

[515] BGH DNotZ 2009, 941.

[516] BGH DNotZ 2009, 766 Rn. 15 – Qivive.

[517] So unter anderem schon *Bormann/Urlichs* DStR 2009, 641 (645).

[518] Vgl. BGH DNotZ 2008, 545.

[519] *Theiselmann* GmbHR 2008, 521 (523); vgl. auch DNotI-Gutachten Nr. 98537; MHdB GesR II/*Gummert* § 54 Rn. 10 ff.; Scholz/*Verse* GmbHG § 30 Rn. 134.

[520] Vgl. BGH NZG 2012, 1067; *Bormann* GmbHR 2012, 1069; *Priester* DStR 2010, 494 (500).

255 Eine wirksame Kapitalaufbringung durch Hin- und Herzahlen mit Erfüllungswirkung schützt die **Geschäftsführer** allerdings nicht davor, später im Rahmen der Kapitalerhaltung gemäß **§ 43 GmbHG** persönlich in **Haftung** genommen zu werden. Die Geschäftsführer sind nämlich im Rahmen ihrer allgemeinen Sorgfaltspflicht verpflichtet, die Bonität des kreditnehmenden Gesellschafters zu beobachten und jedenfalls dann unverzüglich Rückgewähr oder Sicherheitsleistung zu fordern, wenn Anhaltspunkte für eine wesentliche Verschlechterung der Vermögensverhältnisse oder der Werthaltigkeit einer Sicherheit bestehen.[521]

III. Leistungen an Gesellschafter – Kapitalerhaltung

256 Neben der Sicherung der Kapitalaufbringung wird der Gläubigerschutz bei der GmbH im Wesentlichen durch die Kapitalerhaltungsvorschriften der **§§ 30, 31 GmbHG** verwirklicht. Sie verbieten im Grundsatz die Auszahlung des zur Erhaltung des Stammkapitals erforderlichen Vermögens an die Gesellschafter.[522] Das Stammkapital bleibt erhalten, wenn in der Bilanz zu Buchwerten die Aktiva nach Abzug der Schulden mindestens die Stammkapitalziffer erreichen. Ist dies nicht der Fall liegt eine Unterbilanz vor und Ausschüttungen an die Gesellschafter dürfen nach der gesetzlichen Grundregel des § 30 Abs. 1 GmbHG erst wieder erfolgen, wenn das Stammkapital aufgefüllt ist. Diesen Grundsatz einschränkend stellt § 30 Abs. 1 S. 2 GmbHG im Hinblick auf Leistungen an Gesellschafter für Zwecke der Kapitalerhaltung eine rein bilanzielle Betrachtungsweise an.

257 **Wertungsmäßig** liegt die Vorschrift damit **auf einer Linie** mit dem **Hin- und Herzahlen** bei der Kapitalaufbringung in § 19 Abs. 5 GmbHG.[523] Nach dem Wortlaut der Vorschriften richtet sich die Abgrenzung zwischen § 19 Abs. 5 GmbHG und § 30 Abs. 1 S. 2 GmbHG danach, ob die Abrede über die Rückzahlung vor Leistung der Einlage (dann Hin- und Herzahlen iSv § 19 Abs. 5 GmbHG) oder danach getroffen wurde.[524] Problematisch ist dies im Hinblick darauf, dass § 30 Abs. 1 S. 2 GmbHG die weniger strenge Vorschrift ist, da eine zulässige Rückzahlung hier nicht von der Fälligkeit bzw. jederzeitigen Kündbarkeit der zugrunde liegenden Vereinbarung abhängt. Insofern wäre denkbar, bei einer im engen zeitlichen Zusammenhang mit der Einzahlung erfolgten Rückzahlung ohne vorherige Offenlegung der entsprechenden Abrede nach § 19 Abs. 5 S. 2 GmbHG eine Vorabsprache zu vermuten und folglich eine wirksame Kapitalaufbringung mangels Offenlegung zu verneinen. In diesem Fall wäre auch eine Anwendung der §§ 30 ff. GmbHG ausgeschlossen, da diese wirksam aufgebrachtes Stammkapital voraussetzen.[525]

258 Nach § 30 Abs. 1 S. 2 GmbHG gilt die Auszahlungsbeschränkung des § 30 Abs. 1 GmbHG nicht bei Leistungen, die bei Bestehen eines Beherrschungs- und Gewinnabführungsvertrages (hierzu → Rn. 409 ff.) erfolgen oder durch einen vollwertigen Gegenleistungs- oder Rückgewähranspruch gegen den Gesellschafter gedeckt sind, also lediglich ein Aktivtausch vorgenommen wird **(Vollwertigkeits- und Deckungsgebot)**.[526] Nicht nur über das Vorliegen einer Unterbilanz, sondern auch über die Abgrenzung des Auszahlungstatbestandes entscheidet somit eine bilanzielle Betrachtungsweise. Auch Leistungen an Dritte (wie zB andere Konzernunternehmen) auf Veranlassung des herrschenden Unternehmens sind umfasst.

259 Vor dem Hintergrund dieser Neuregelung kehrt die Rechtsprechung nunmehr in Abkehr von den im „November-Urteil" aufgestellten Grundsätzen auch für Altfälle vor

---

[521] Vgl. BGH DNotZ 2009, 465 („MPS"); Roth/Altmeppen/*Altmeppen* GmbHG § 30 Rn. 131 ff.; *Bormann* GmbHR 2007, 897 (903).

[522] Hierzu ausf. *Porzelt* GmbHR 2016, 627.

[523] Zum Ganzen unter anderem *Rothley/Weinberger* NZG 2010, 1001; *K. Schmidt* GmbHR 2007, 1072.

[524] Vgl. *Bormann* GmbHR 2007, 897 (902).

[525] Vgl. *Wälzholz* MittBayNot 2008, 425 (432).

[526] Zu den Anforderungen an Vollwertigkeit und Deckung in § 30 Abs. 1 S. 2 GmbHG ausf. *Rothley/Weinberger* NZG 2010, 1001; zur Rechtslage vor MoMiG vgl. BGH GmbHR 2004, 302 – November.

Inkrafttreten des MoMiG zu einer **bilanziellen Betrachtungsweise** zurück.[527] Ein **Darlehen an einen Gesellschafter** ist somit nach neuem Recht zulässig, wenn der Rückzahlungsanspruch im Zeitpunkt der Darlehensgewährung bei objektiver ex-ante Prognose werthaltig erscheint. Sinn und Zweck dieser Regelung ist es in erster Linie, den Gesellschaften alltägliche und wirtschaftlich sinnvolle Leistungsbeziehungen mit ihren Gesellschaftern – vor allem im Konzern – zu ermöglichen und damit insbes. das wirtschaftlich sinnvolle sog. „**Cash-Pooling**" für den Bereich der Kapitalerhaltung zuzulassen (vgl. für die Kapitalaufbringung → Rn. 251).

Darüber hinaus wirkt sich die Neuregelung und die damit verbundene bilanzielle Betrachtungsweise auch auf die Beurteilung von **Upstream-Sicherheiten,** dh die Besicherung der Forderung eines Dritten gegen einen Gesellschafter durch die Gesellschaft aus.[528] So liegt eine verbotene Auszahlung iSv § 30 Abs. 1 S. 1 GmbHG zu Lasten des zur Erhaltung des Stammkapitals erforderlichen Vermögens mit der Bestellung einer dinglichen Sicherheit für einen Darlehensrückzahlungsanspruch eines Sicherungsnehmers gegen den Gesellschafter vor, wenn (i) der Gesellschafter nicht voraussichtlich zur Rückzahlung in der Lage ist und (ii) eine Unterbilanz entsteht oder vertieft wird.[529] Damit und nicht erst mit der Verwertung der Sicherheit beginnt auch die Verjährung der Erstattungsansprüche der Gesellschaft nach § 31 Abs. 5 S. 2 GmbHG.[530]   **260**

Bei einem Austauschvertrag mit dem Gesellschafter ist das **Deckungsgebot** zu beachten, dh der Zahlungsanspruch gegen den Gesellschafter muss nicht nur gemessen am Buchwert vollwertig sein, sondern auch wertmäßig, dh nach Marktwerten und nicht nach Abschreibungswerten, den geleisteten Gegenstand decken (Berücksichtigung stiller Reserven).[531] Ist die Leistung der Gesellschaft im Vergleich zu derjenigen des Gesellschafters unangemessen hoch (Fall der verdeckten Gewinnausschüttung), liegt bei bestehender Unterbilanz nach wie vor ein Verstoß gegen § 30 Abs. 1 S. 1 GmbHG vor, obschon sich die bilanzielle Situation möglicherweise nicht verändert. Im Ergebnis ist der Vermögenswert bei der Frage, ob eine Unterbilanz besteht, nur mit dem Bilanzwert anzusetzen. Steht demnach eine Unterbilanz fest, darf die Veräußerung an den Gesellschafter nur zum (höheren) Verkehrswert erfolgen.[532]   **261**

Beispiel:

Die A-GmbH ist Eigentümerin eines bebauten Grundstücks, das mit einem Buchwert von 1 Mio. EUR in der Bilanz steht, tatsächlich aber einen Verkehrswert von 10 Mio. EUR hat. Es besteht eine Unterbilanz. Verkauft die Gesellschaft nun dem Gesellschafter B das Grundstück für 1 Mio. EUR, verstößt dies gegen das Deckungsgebot, obwohl bilanziell kein Vermögensverlust eintritt.

Der Geschäftsleiter der darlehensgebenden GmbH ist im Übrigen zur Vermeidung einer **Haftung nach § 43 GmbHG** verpflichtet, die Bonität des Kreditnehmers unter Kontrolle zu halten und unverzüglich Rückgewähr oder Sicherheitsleistung zu fordern, wenn daran Zweifel bestehen.[533]   **262**

Der Anspruch aus **§ 31 Abs. 1 GmbHG** ist auf Rückzahlung bzw. Rückgabe des verbotswidrig weggegebenen Vermögensgegenstandes gerichtet. Tritt nach Weggabe eine   **263**

---

[527] Vgl. für die Aktiengesellschaft BGH DB 2009, 106; vgl. ferner BGH NZG 2009, 107 – MPS; hierzu *Mülbert/Leuschner* NZG 2009, 281.

[528] Ausf. hierzu zuletzt *Verse* GmbHR 2018, 113.

[529] Vgl. unter anderem *Heerma/Bergmann* ZIP 2017, 1261; *K. Schmidt* EWiR 2017, 585. Gleiches gilt auch für die Aktiengesellschaft, vgl. BGH ZIP 2017, 472 und NZG 2017, 344; dazu *Kiefner/Bochum* NZG 2017, 1292.

[530] BGH ZIP 2017, 971 Rn. 13.

[531] Siehe *Rothley/Weinberger* NZG 2010, 1001 (1003).

[532] Vgl. *Drygala/Kremer* ZIP 2007, 1289 (1293 f.); *Kallmeyer* DB 2007, 2755 (2757); *Wicke* GmbHG § 30 Rn. 13.

[533] Ausf. *Roth/Altmeppen/Altmeppen* GmbHG § 30 Rn. 131 ff.; vgl. ferner zum Parallelproblem bei der Aktiengesellschaft BGH NZG 2009, 107 – MPS.

Wertminderung ein, hat der betroffene Gesellschafter diese zusätzlich in Geld auszugleichen.[534]

IV. Gesellschafterdarlehen und Kapitalerhaltung („Eigenkapitalersatzrecht")

264 Im Rahmen des MoMiG wurde das sog. Eigenkapitalersatzrecht dereguliert und die Lösung der Problematik in das Insolvenzrecht verschoben.[535] **§ 30 Abs. 1 S. 3 GmbHG** stellt nunmehr klar, dass Gesellschafterdarlehen nicht wie haftendes Eigenkapital zu behandeln sind. Die Beschränkung des § 30 Abs. 1 S. 1 GmbHG ist auf die Rückgewähr eines Gesellschafterdarlehens und Forderungen aus entsprechenden Rechtshandlungen nicht mehr anzuwenden.

265 Nach § 39 Abs. 1 Nr. 5 InsO ist **jedes Gesellschafterdarlehen** nunmehr ebenso wie Forderungen aus entsprechenden Rechtshandlungen (zB die Forderung auf Rückgewähr der Einlage eines atypisch stillen Gesellschafters)[536] mit Eintritt der Insolvenz **nachrangig**.[537] Der nach Insolvenzeintritt angeordnete Nachrang von Gesellschafterdarlehen und gleichgestellten Forderungen wird auch im Vorfeld der Insolvenz durchgesetzt, indem **Rückzahlungen** der Gesellschaft auf Forderungen dieser Art, die **innerhalb eines Jahres vor Antragstellung** erfolgt sind, gemäß § 135 InsO der **Anfechtung** unterliegen. Zeitlich früher liegende Tilgungen sind hingegen unschädlich.

266 Die Anfechtbarkeit besteht auch dann, wenn der Gesellschafter innerhalb eines Jahres vor Antragstellung den Rückzahlungsanspruch an einen Dritten abgetreten hat, dem gegenüber die Gesellschaft tilgt; ansonsten könnte der für ein Gesellschafterdarlehen durch § 39 Abs. 1 Nr. 5 InsO angeordnete Nachrang ohne weiteres dadurch unterlaufen werden, dass der Gesellschafter als Darlehensgeber seine Beteiligung an der Gesellschaft aufgibt oder die **Darlehensforderung** an einen Nichtgesellschafter **abtritt**.[538] Möglicherweise gilt dies auch dann, wenn der Darlehensgeber **gleichzeitig** seine **Geschäftsanteile** an den Dritten überträgt.[539] Außerhalb eines Insolvenzverfahrens – also insbes. in Fällen der Masselosigkeit – empfiehlt es sich für den Gläubiger, zur Befriedigung seiner Forderungen die Anfechtungsmöglichkeit der §§ 6 Abs. 1, 6a AnfG zu nutzen. Die **kapitalersetzende Nutzungsüberlassung** regelt § 135 Abs. 3 InsO.[540]

267 § 39 Abs. 4 S. 2 InsO erklärt § 39 Abs. 1 Nr. 5 InsO allerdings für nicht anwendbar, wenn ein Gläubiger bei drohender oder eingetretener Zahlungsunfähigkeit oder bei Überschuldung Anteile zum Zweck der Sanierung erwirbt. Dieses **Sanierungsprivileg** bleibt bis zur „nachhaltigen Sanierung" bestehen, dh es schützt den Gesellschafter nur bis zu dem Zeitpunkt, in dem die bei Anteilserwerb und Darlehensgewährung bestehende Schieflage überwunden ist. Gemäß § 39 Abs. 5 InsO gilt § 39 Abs. 1 Nr. 5 InsO außerdem nicht für den nicht geschäftsführenden Gesellschafter, der mit 10 % oder weniger am Haftkapital beteiligt ist **(Kleinbeteiligtenprivileg)**. Nach hM müssen die beiden Tatbestandsvoraussetzungen dieses Privilegs während der gesamten Dauer des Darlehensverhältnisses gegeben sein.[541]

268 Aus unter § 39 Abs. 1 Nr. 5 InsO fallenden Forderungen, für die ein Gesellschafter eine Sicherheit bestellt oder für die er sich verbürgt hat, kann sich ein Gläubiger gemäß

---

[534] Vgl. BGH DNotZ 2008, 787.
[535] Zu den bis zum Inkrafttreten des MoMiG materiell wie Eigenkapital behandelten sog. eigenkapitalersetzenden Gesellschafterdarlehen vgl. etwa BGH BB 2006, 2710; zum Ganzen ausf. *Dahl/Schmitz* NZG 2009, 325; *Gehrlein* BB 2008, 846; *K. Schmidt* ZIP Beilage zu Heft 39/2010, 15.
[536] Vgl. OLG Köln ZIP 2011, 2208.
[537] Zur Behandlung von Darlehensrückzahlungsansprüchen ausgeschiedener Gesellschafter vgl. BGH GmbHR 2012, 206 mAnm *Bormann*.
[538] BGH ZIP 2013, 582.
[539] Vgl. zu Risiken und möglichen Vorkehrungen im Rahmen der Geschäftsanteilsabtretung *Heckschen/Kreusslein* RNotZ 2016, 351 (356 ff.) sowie *Mairose* RNotZ 2015, 9 mwN; vgl. ferner BGH GmbHR 2012, 206 mAnm *Bormann*.
[540] Hierzu BGH GmbHR 2015, 420; *K. Schmidt* NJW 2015, 1057.
[541] So unter anderem *Tettinger* NZI 2010, 248 mwN.

§ 44a InsO nur anteilsmäßig aus der Insolvenzmasse befriedigen, soweit er bei der Inanspruchnahme der Sicherheit oder des Bürgen ausgefallen ist. Derartige **gesellschafterbesicherte Darlehensansprüche** erleiden somit einen Nachrang, weil die Bestellung der Sicherheit durch den Gesellschafter für ein Fremddarlehen wirtschaftlich einer unmittelbaren Darlehensgewährung durch ihn an die Gesellschaft entspricht.

Ergänzend entlastet **§ 19 Abs. 2 S. 2 InsO** die Überschuldungsbilanz, indem er vor- **269** schreibt, dass bei der Beurteilung, ob die Gesellschaft überschuldet ist, Forderungen auf Rückgewähr von Gesellschafterdarlehen, für die gemäß § 39 Abs. 2 InsO zwischen Gläubiger und Schuldner der Nachrang im Insolvenzverfahren hinter den in § 39 Abs. 1 Nr. 1–5 InsO bezeichneten Forderungen vereinbart worden ist, nicht bei den Verbindlichkeiten nach Satz 1 zu berücksichtigen sind.[542] Auf die Charakterisierung und den mit der Gewährung verfolgten Zweck kommt es nicht an. Nach der vom Gesetzgeber geäußerten Erwartung muss dabei ein **ausdrücklicher Rangrücktritt**[543] hinter die Insolvenzgläubiger iSd § 39 Abs. 1 Nr. 1–5 InsO erfolgen, da § 39 Abs. 2 InsO lediglich eine Auslegungsregel enthält. Dies verhindert die Überschuldung und damit alsbaldige Insolvenzreife insbes. von niedrig kapitalisierten Unternehmergesellschaften, die jedenfalls im Gründungsstadium, wenn zwar Kosten für Personal, Miete und Sachmittel anfallen, aber kaum Gewinne erwirtschaftet werden, in aller Regel nur mit Gesellschafterdarlehen überlebensfähig bleiben.

V. Einpersonen-GmbH

Die Kapitalaufbringung bei der Einpersonen-GmbH wurde durch das MoMiG erheblich **270** erleichtert. § 7 Abs. 2 S. 3 GmbHG aF wurde aufgehoben mit der Folge, dass die Anforderungen für Einpersonen- und Mehrpersonen-GmbH identisch sind. Nunmehr **genügt** daher auch bei der Einpersonen-GmbH gemäß §§ 7 Abs. 2 S. 2, 5 Abs. 1 GmbHG die **Einzahlung der Hälfte des Mindeststammkapitals,** ohne dass die Bestellung einer Sicherheit für den restlichen Teil der Einlageverpflichtung erforderlich wäre.

I. Sonderfall Unternehmergesellschaft (haftungsbeschränkt)

Die mit Inkrafttreten des MoMiG neu eingeführte haftungsbeschränkte Unternehmerge- **271** sellschaft (UG) ist keine eigene Rechtsform, sondern eine **Unterform der GmbH.**[544] Wesentlicher Unterschied zur „normalen" GmbH ist, dass bei der UG das Mindeststammkapital nach § 5 Abs. 1 GmbHG unterschritten werden kann und somit die Übernahme eines Geschäftsanteils von 1 EUR genügt (§ 5a Abs. 1 GmbHG). Zur Kennzeichnung dieser geringen Kapitalausstattung muss die **Firma** abweichend von der Firmierungsregel des § 4 GmbHG die Bezeichnung „Unternehmergesellschaft (haftungsbeschränkt)" oder „UG (haftungsbeschränkt)" enthalten (→ Rn. 46). Nach Ansicht des BGH[545] greift die Rechtsscheinshaftung analog § 179 BGB ein, wenn für eine Unternehmergesellschaft (haftungsbeschränkt) mit dem unrichtigen Rechtsformzusatz „GmbH" gehandelt wird. In diesem Fall haftet der Handelnde dem auf den Rechtsschein vertrauenden Vertragspartner persönlich. Anders für die Verwendung der unvollständigen Bezeichnung „UG" das LG Düsseldorf.[546]

Um zumindest die Ausstattung mit dem ggf. minimalen Stammkapital zu sichern ist – **272** entgegen dem Halbeinzahlungsgrundsatz des § 7 Abs. 2 S. 2 GmbHG – eine **Volleinzah-**

---

[542] Hierzu unter anderem *Gehrlein* BB 2008, 846.

[543] Vgl. hierzu Muster und Anmerkungen in BeckFormB GmbHR/*Ruegenberg* K. II.

[544] Vgl. hierzu *Gasteyer* NZG 2009, 1364; zur UG aus notarieller Sicht umfassend *Seebach* RNotZ 2013, 261; kapitalmarktorientierte Unternehmergesellschaften untersuchen *Bayer/Hoffmann* GmbHR 2018, R80; zum Brexit als Stresstest für die Wettbewerbsfähigkeit der UG *Atta* GmbHR 2017, 567.

[545] DNotZ 2013, 54; hierzu *Miras* NZG 2012, 1095; *Weiler* notar 2012, 291. Allg. zum Thema Rechtsformzusatz und Haftungsbeschränkung *Beurskens* NZG 2016, 681.

[546] GmbHR 2014, 33; hierzu *Beck* GmbHR 2014, 402.

lung zwingend. Vor diesem Hintergrund wird die Anwendbarkeit von § 19 Abs. 5 GmbHG bei der UG bezweifelt, da § 5a Abs. 2 GmbHG auch eine Mindestliquidität gewährleisten solle.[547] Die zu befürwortende hM argumentiert hingegen mit Wortlaut, systematischer Stellung sowie Sinn und Zweck des § 19 Abs. 5 GmbHG, aus denen keine Beschränkungen für dessen Anwendbarkeit auf die UG ersichtlich seien.[548]

273   **Sacheinlagen** sind gemäß § 5a Abs. 2 S. 2 GmbHG **unzulässig.** Dementsprechend ist zB die Neugründung einer Unternehmergesellschaft (haftungsbeschränkt) durch Abspaltung nicht möglich.[549] Nicht gehindert ist dadurch allerdings die Einbringung eines Unternehmens in Wege einer verdeckten Einlage auch schon vor Eintragung.[550] Die Regeln über die Anrechnung verdeckter Sacheinlagen (§ 19 Abs. 4 S. 2–5 GmbHG) sind richtigerweise teleologisch zu reduzieren und auf die UG nicht anzuwenden, da eine verdeckte Sacheinlage nicht weniger streng behandelt werden kann als die offene, aber verbotene Sacheinlage. Es erfolgt demnach keine Anrechnung des Wertes der Sacheinlage, der Einzahlungsanspruch bleibt vielmehr entsprechend der Grundregel in § 19 Abs. 4 S. 1 GmbHG in voller Höhe bestehen.[551]

274   Das in § 5a Abs. 2 S. 2 GmbHG verankerte Verbot von Sacheinlagen ist auch im Rahmen von **Kapitalerhöhungen** bei der UG zu beachten, was sich aus einem Umkehrschluss zu § 5a Abs. 5 Hs. 1 GmbHG ableiten lässt (ausf. → Rn. 390 ff.). Dies gilt nach dem Sinn und Zweck von § 5a Abs. 5 GmbHG nur dann nicht, wenn mit der Kapitalerhöhung das Mindeststammkapital von 25.000 EUR nach § 5 Abs. 1 GmbHG erreicht wird.[552]

275   Darüber hinaus zwingt der Gesetzgeber die Gesellschafter einer UG in der Bilanz eines jeden Jahresabschlusses eine **gesetzliche Rücklage** zu bilden, in die ein Viertel des um einen Verlustvortrag aus dem Vorjahr geminderten Jahresüberschusses einzustellen ist (§ 5a Abs. 3 S. 1 GmbHG).[553] Diese Rücklage muss zur Stärkung der Kapitaldecke (vgl. § 5a Abs. 3 S. 2 GmbHG) in der Gesellschaft verbleiben.[554]

276   Hat die Gesellschaft aus ihren eigenen Erträgen oder weiteren Einlagen eine Rücklage von 25.000 EUR geschaffen, so soll sie – so die Idee des Gesetzgebers – ihr **Stammkapital** aus Gesellschaftsmitteln **erhöhen** und dadurch in eine reguläre GmbH überführt werden. Dieser Weg ist aufwändig, da im Rahmen der Kapitalerhöhung unter anderem gemäß §§ 57e Abs. 1, 57f Abs. 2 GmbHG (unabhängig von der Größe der Gesellschaft) eine geprüfte, maximal acht Monate alte Bilanz vorzulegen ist. Alternativ kann der „step-up" zur vollwertigen GmbH durch Erhöhung des Stammkapitals auf mindestens 25.000 EUR auch im Wege einer Barkapitalerhöhung oder einer Sachkapitalerhöhung stattfinden (→ Rn. 390 ff.; zur Kapitalerhöhung aus Gesellschaftsmitteln iÜ → Rn. 372 ff.). Die Rücklagenpflicht besteht ebenso wie die anderen Beschränkungen des § 5a Abs. 1–3 GmbHG so lange fort, bis das Stammkapital auf 25.000 EUR erhöht wurde. Dadurch wird die Gesellschaft zu einer **vollwertigen GmbH** (§ 5a Abs. 5 GmbHG; zum möglichen Wechsel der Firmierung → Rn. 46).

---

[547] So *Wicke* GmbHG § 5a Rn. 7.

[548] So unter anderem *Heckschen* DStR 2009, 166 (171); *Herrler* DNotZ 2008, 903 (915); vgl. ferner DNotI-Report 2014, 161.

[549] BGH DNotZ 2012, 70; hierzu unter anderem *Berninger* GmbHR 2011, 953.

[550] OLG Karlsruhe NZG 2014, 622.

[551] So zu Recht unter anderem *Bormann* GmbHR 2007, 897 (901); *König/Bormann* DNotZ 2008, 652 (656 f.); *Heckschen* DStR 2009, 166 (171); *Wicke* GmbHG § 5a Rn. 8; aA unter anderem *Herrler* DNotZ 2008, 903 (914); *Wälzholz* MittBayNot 2008, 425 (426 f.); *Wansleben/Niggemann* NZG 2012, 1412; zur verdeckten Sacheinlage auch → Rn. 225 ff.

[552] Vgl. BGH ZIP 2011, 955; hierzu unter anderem *Gößl* MittBayNot 2011, 438; so auch die hM, vgl. unter anderem *Berninger* GmbHR 2010, 63 sowie *Wicke* GmbHG § 5a Rn. 7 jeweils mwN.

[553] Ausf. zu dieser gesetzlichen Rücklage *Müller* ZGR 2012, 81.

[554] Zu Umgehungsmöglichkeiten der Thesaurierungsverpflichtung vgl. *Kessel* GmbHR 2016, 199 sowie *Peetz* GmbHR 2012, 1160.

Angesichts der zwingend zu bildenden gesetzlichen Rücklage wurde die Zulässigkeit ei- 277 ner Verwendung der **UG als Komplementärin** einer Kommanditgesellschaft ohne Beteiligung an deren Vermögen mit dem Argument bestritten, bei einer Komplementär-UG ohne Beteiligung am Gewinn sei die Bildung der gesetzlichen Rücklage a priori ausgeschlossen, da sie schon aus rechtlichen Gründen dauerhaft keine Gewinne erwirtschaften könne.[555] Die hM will demgegenüber die UG zu Recht als Komplementärin zulassen, da das Gesetz zwar eine Verpflichtung zur Rücklagenbildung, nicht aber ein Gebot zur Erwirtschaftung von Gewinnen enthalte.[556] Dabei ist jedenfalls in der Firma kenntlich zu machen, dass alleiniger persönlich haftender Gesellschafter eine UG (haftungsbeschränkt) ist.[557] Nachdem § 19 Abs. 5 S. 1 GmbHG (dazu → Rn. 241 ff.) ohnehin eine sofortige Weiterreichung des Stammkapitals der Komplementärin an die KG als Darlehen ermöglichen dürfte, wird der vorsichtige Berater allerdings uU bis zur Klärung dieser Frage von einem Rückgriff auf die UG als Komplementär-Gesellschaft Abstand nehmen.

In bestimmten Bereichen kann die UG möglicherweise nicht als taugliche Rechtsform 278 eingesetzt werden. Entgegen der Vorinstanz[558] hat der BGH jedoch entschieden, dass auch eine UG zur **Verwalterin einer Wohnungseigentümergemeinschaft** bestellt werden kann.[559]

§§ 30, 31 GmbHG gelten mangels anderweitiger Regelungen auch für die UG. Ob die 279 Regeln über die **Kapitalerhaltung** auf die gesetzliche Rücklage nach § 5a Abs. 3 S. 1 GmbHG anwendbar sind, ist hingegen streitig.[560]

Praktische Probleme können sich bei einer Unternehmergesellschaft mit niedrigem 280 Stammkapital („1 EUR-UG") im Hinblick auf die **Insolvenzantragspflicht** der Geschäftsführer ergeben, da die Gesellschaft zumindest in denjenigen Fällen, in denen die Gründungskosten das Stammkapital vollständig aufbrauchen, im Prinzip von Beginn an überschuldet ist.

Einschränkungen ergeben sich für die UG im Hinblick auf **Maßnahmen nach dem** 281 **Umwandlungsgesetz**.[561] Zum einen kann eine UG nicht als neuer Rechtsträger aus einer Verschmelzung oder Spaltung zur Neugründung hervorgehen, da es sich hierbei um eine Sachgründung handeln würde.[562] Zum anderen kann die UG grundsätzlich nicht als übernehmender Rechtsträger an einer Verschmelzung oder Spaltung zur Aufnahme beteiligt sein, wenn eine Kapitalerhöhung erforderlich ist. Jede Kapitalerhöhung bei einer übernehmenden Gesellschaft zur Schaffung der den Gesellschaftern des übertragenden Rechtsträgers aufgrund der in § 20 Abs. 1 Nr. 3 S. 1 UmwG niedergelegten Anteilsgewährpflicht zu gewährenden Geschäftsanteile ist nämlich zwingend Sachkapitalerhöhung. Etwas anders gilt nur, wenn durch die Sachkapitalerhöhung mindestens ein Stammkapital von 25.000 EUR erreicht wird. Das Verbot von § 5a Abs. 5 GmbHG ist in diesem Fall nicht mehr anwendbar und die bisherige UG kann (ggf. trotz Beibehaltung ihrer Firma, § 5a Abs. 5 Hs. 2 GmbHG) übernehmender Rechtsträger der Umwandlung sein (näher → Rn. 274).[563] Findet die Verschmelzung oder Spaltung aus einem der in § 54 UmwG

---

[555] So unter anderem *Wachter* Stbg 2008, 554 (556 f.); *Veil* ZGR 2009, 641; wesentliches Argument: Der Verzicht auf das Mindeststammkapital bei der UG werde erst durch die im Gläubigerinteresse eingeführte gesetzliche Rücklagenbildung legitimiert. Zum Ganzen *Römermann/Passarge* ZIP 2009, 1497; *Wicke* GmbHG § 5a Rn. 19.
[556] Vgl. nur Scholz/*H.P. Westermann* GmbHG § 5a Rn. 40; *Stenzel* NZG 2009, 168 (169 f.).
[557] Vgl. KG NZG 2009, 1159.
[558] LG Karlsruhe NZG 2011, 1275.
[559] BGH NZG 2012, 1059; einschränkend LG Frankfurt a.M. NZG 2014, 826 für eine Großanlage.
[560] Dafür die wohl hM, vgl. nur MHLS/*J. Schmidt* GmbHG § 5a Rn. 23 mwN; dagegen unter anderem Scholz/*H.P. Westermann* GmbHG § 5a Rn. 28.
[561] Näher zum Ganzen Scholz/*H.P. Westermann* GmbHG § 5a Rn. 35 ff.; *Meister* NZG 2008, 767; *Tettinger* Der Konzern 2008, 75.
[562] Vgl. BGH DNotZ 2012, 70.
[563] Vgl. BGH ZIP 2011, 955.

(iVm § 125 S. 1 UmwG) genannten Gründe ohne eine Kapitalerhöhung statt, kommt das Verbot von Sacheinlagen gemäß § 5a Abs. 2 S. 2 GmbHG ohnehin nicht zum Tragen.

282   Ist gemäß **§ 139 UmwG** im Rahmen der Durchführung einer Spaltung zur Vermeidung einer Unterbilanz beim übertragenden Rechtsträger eine **Kapitalherabsetzung erforderlich,** muss nach § 58 Abs. 2 S. 1 GmbHG zwingend das Mindeststammkapital von 25.000 EUR gewahrt bleiben. Da dies bei einer UG per definitionem ausgeschlossen ist, kann sie im Anwendungsbereich von § 139 UmwG nicht als übertragender Rechtsträger an einer Abspaltung oder Ausgliederung beteiligt sein.

283   Darüber hinaus steht sie auch als Zielrechtsträger eines **Formwechsels** nicht zur Verfügung, da sich der Formwechsel im Lichte des in § 197 UmwG enthaltenen Verweises auf die Gründungsvorschriften der neuen Rechtsform als Sachgründung darstellt, welche bei der UG nach § 5a Abs. 2 S. 2 GmbHG ausdrücklich ausgeschlossen ist.

J. Kosten

284   Die Kosten für die Gründung einer GmbH sind in der Relation niedrig. **Gesellschaftsvertrag:** 2,0-Gebühr Nr. 21100 KV GNotKG. Feststellung des Gesellschaftsvertrags bei Einpersonen-GmbH: 1,0-Gebühr Nr. 21200 KV GNotKG. Geschäftswert ist das Stammkapital, mindestens 30.000 EUR (Ausnahme: Verwendung des Musterprotokolls; § 105 Abs. 6 GNotKG). Bei Einbringung eines Handelsgeschäfts mit allen Aktiva und Passiva: die Aktivseite der Bilanz; bei Einbringung von Grundbesitz ist die Auflassung gegenstandsgleich. Der Höchstwert für die Beurkundung von Gesellschaftsverträgen beträgt 10.000.000 EUR (§ 107 GNotKG).

285   **Bestellung der Geschäftsführer** durch beurkundeten Beschluss der Gesellschafter: 2,0-Gebühr Nr. 21100 KV GNotKG; Geschäftswert: 1% des Stammkapitals, mindestens 30.000 EUR (§ 105 Abs. 4 Nr. 1 GNotKG). Bestellung im Gesellschaftsvertrag ist gegenstandsgleich und nicht besonders zu bewerten.

286   **Anmeldung zum Handelsregister:** 0,5-Gebühr Nr. 21201 Ziff. 5 KV GNotKG. Geschäftswert ist das Stammkapital. Die Anmeldung der Geschäftsführer ist nicht besonders zu bewerten. Die Anfertigung der mit der Anmeldung vorzulegenden Liste der Gesellschafter ist Vollzugstätigkeit (Vorb. 2.2.1.1 Abs. 1 Ziff. 3 KV GNotKG); umstritten ist, ob es sich um Vollzugstätigkeit zur Gründung (dann bei der Mehrpersonen-GmbH 0,5-Gebühr Nr. 22110, 22113 KV GNotKG)[564] oder zur Anmeldung (dann 0,3-Gebühr Nr. 22111, 22113 KV GNotKG)[565] handelt. Die nach § 8 Abs. 3 GmbHG vorzunehmende Belehrung ist gebührenfreies Nebengeschäft, wenn der Notar die Anmeldung entworfen hat.[566] Der Höchstwert der Handelsregisteranmeldung beträgt – auch bei mehreren angemeldeten Tatsachen – 1.000.000 EUR (§ 106 GNotKG).

287   **Satzungsänderung der GmbH vor Eintragung** erfolgt durch Nachtrag zur Gründungsurkunde: 2,0-Gebühr Nr. 21100 KV GNotKG aus einem Bruchteil des Stammkapitals (je nach Umfang und Bedeutung der Änderung); eine Handelsregisteranmeldung ist nicht erforderlich (→ Rn. 32).

---

[564] So Korintenberg/*Tiedtke* GNotKG KV Nr. 22113 Rn. 5.
[565] So OLG Nürnberg JurBüro 2018, 418.
[566] OLG Celle DNotZ 1991, 415.

2. Teil. Veränderungen in der Geschäftsführung

A. Bestellung von Geschäftsführern

I. Voraussetzungen

Voraussetzung für die Bestellung zum Geschäftsführer ist, dass es sich um eine natürliche, **288** unbeschränkt geschäftsfähige Person handelt (§ 6 Abs. 2 S. 1 GmbHG).[567] Der Geschäftsführer muss jedoch nicht gleichzeitig Gesellschafter sein; **Fremdorganschaft** ist nach § 6 Abs. 3 S. 1 GmbHG zulässig.

Darüber hinaus darf keiner der folgenden **Ausschlussgründe** nach § 6 Abs. 2 S. 2 **289** oder S. 3 GmbHG vorliegen:
- Betreuter mit Einwilligungsvorbehalt (Nr. 1);
- gerichtliches oder behördliches Berufs- oder Gewerbeausübungsverbot, sofern der Unternehmensgegenstand zumindest teilweise mit dem Gegenstand des Verbots übereinstimmt (Nr. 2);
- bei rechtskräftiger Verurteilung (Nr. 3) wegen Insolvenzverschleppung (lit. a), einer Insolvenzstraftat (lit. b), falschen Angaben nach § 82 GmbHG oder § 399 AktG (lit. c), unrichtigen Darstellungen nach § 400 AktG, § 331 HGB, § 313 UmwG oder § 17 PublG (lit. d), einem Betrugs- oder Untreuedelikt bei einer Freiheitsstrafe von mind. einem Jahr (lit. e) oder bei einer Verurteilung im Ausland wegen eines vergleichbaren Delikts (§ 6 Abs. 2 S. 3 GmbHG). Der Ausschluss gilt fünf Jahre ab Rechtskraft des Urteils.

Tritt einer der Ausschlussgründe nachträglich ein, ist der Geschäftsführer im Handelsregis- **289a** ter von Amts wegen zu löschen (§ 395 Abs. 1 FamFG).[568]

Gesellschafter, die vorsätzlich oder grob fahrlässig einer Person, die nicht Geschäftsfüh- **290** rer sein kann, die Führung der Geschäfte überlassen, haften der Gesellschaft solidarisch für den Schaden durch Obliegenheitsverletzungen dieser Person gegenüber der Gesellschaft (§ 6 Abs. 5 GmbHG).

Ausländer können aus Sicht des Gesellschaftsrechts nach hM ohne Beschränkung zu **291** Geschäftsführern bestellt werden, auch wenn sie im Ausland wohnen.[569] Nach überwiegender Auffassung ist das Registergericht nicht befugt, die Vorlage einer Aufenthaltsgenehmigung zu verlangen.[570] Zur Belehrung eines im Ausland wohnenden Geschäftsführers, dessen Anmeldung von einem ausländischen Notar beglaubigt wird, vgl. § 8 Abs. 3 S. 2 GmbHG;[571] → § 28 Rn. 285.

II. Bestellungsbeschluss

Zuständig für die Bestellung von Geschäftsführern ist die Gesellschafterversammlung, **292** welche hierüber einen (nicht beurkundungspflichtigen) Beschluss fasst (§§ 6 Abs. 3 S. 2, 46 Nr. 3 GmbHG). Stimmberechtigt ist dabei gemäß § 16 Abs. 1 S. 1 GmbHG nur derjenige, der in der zum Handelsregister aufgenommenen Gesellschafterliste nach § 40 GmbHG eingetragen ist (**Legitimationswirkung der Gesellschafterliste;** ausf. → Rn. 531 ff.[572]). Der Bestellungsbeschluss ist der Registeranmeldung als einfache elektronische Aufzeichnung beizufügen. Dabei ist umstritten, ob der Notar selbst das pdf-

---

[567] Zum Ganzen vgl. Hauschild/Kallrath/Wachter/*Stucke* NotarHdB § 16 Rn. 411 ff.
[568] Vgl. zB KG NZG 2019, 31.
[569] Siehe nur OLG Frankfurt a.M. NZG 2001, 757; OLG Zweibrücken NZG 2001, 857; Baumbach/Hueck/*Fastrich* GmbHG § 6 Rn. 9; aA zB Scholz/*U.H. Schneider/S.H. Schneider* GmbHG § 6 Rn. 19.
[570] Selbst festgestellte fehlende Einreisemöglichkeit hindert Bestellung nicht, vgl. unter anderem OLG Düsseldorf RNotZ 2009, 607 mAnm *Lohr;* OLG München DNotZ 2010, 156; OLG Zweibrücken GmbHR 2010, 1260; Lutter/Hommelhoff/*Kleindiek* GmbHG § 6 Rn. 15; vgl. zum Ganzen DNotI-Gutachten Nr. 160110 und → § 28 Rn. 284 mit zahlreichen Nachweisen.
[571] MVHdB I GesR/*Böhm/Frowein* Form. IV.54.
[572] Siehe ferner *D. Mayer* ZIP 2009, 1037 (1039 ff.).

Dokument durch Scannen der Urschrift erstellen muss oder ob es ausreicht, wenn die Beteiligten dem Notar das Dokument bereits als pdf zur Verfügung stellen.[573] Ob der Beschluss ordnungsgemäß, dh insbes. unter korrekter Ladung von nicht erschienenen Gesellschaftern, zustande gekommen ist, wird vom Registergericht geprüft.[574]

293   Die Organstellung **beginnt** mit der Beschlussfassung und Mitteilung derselben an den Geschäftsführer; die Eintragung im Handelsregister hat lediglich deklaratorische Wirkung.

294   Ein **Stellvertreterzusatz** kann ebenso wenig in das Handelsregister eingetragen werden[575] wie die Bezeichnung eines Geschäftsführers als **„Sprecher der Geschäftsführung".**[576] Die **Befristung** einer Geschäftsführerbestellung ist wohl ebenfalls nicht eintragungsfähig.[577]

295   Zu beachten ist, dass sich das **Organmitglied einer Muttergesellschaft,** welches bei dieser nicht von den Beschränkungen des § 181 BGB befreit ist, nach verbreiteter Auffassung bei der Tochter-GmbH nicht zum Geschäftsführer bestellen, geschweige denn Befreiung von den Beschränkungen des § 181 BGB erteilen kann.[578]

296   Wegen der Regelung des **§ 112 AktG** kommt diese Auffassung insbesondere zu dem Schluss, dass sich das Vorstandsmitglied einer Aktiengesellschaft bei einer Tochter-GmbH nicht zum Geschäftsführer bestellen kann.[579] Nach anderer Ansicht[580] fällt die Bestellung eines Vorstandes als Geschäftsführer der Tochter-GmbH durch den Vorstand der Mutter-AG nicht in den Anwendungsbereich des § 112 AktG. Demnach wäre der Vorstand als Organ und nicht der Aufsichtsrat für die Geschäftsführerbestellung bei der Tochter-GmbH zuständig. Der persönlich betroffene Vorstand selbst kann bei der Beschlussfassung nach hM mangels Befreiungsmöglichkeit von § 181 Alt. 1 BGB jedoch nicht mitwirken.[581]

> **Praxishinweis:**
>
> Aufgrund der uneinheitlichen Rechtsprechung empfiehlt es sich, den Aufsichtsrat jedenfalls vorsorglich mitwirken zu lassen.

III. Vertretungsbefugnis

297   Im Bestellungsbeschluss ist die **besondere Vertretungsbefugnis** der einzelnen Geschäftsführer anzugeben.[582] Sie kann der allgemeinen Satzungsregelung entsprechen oder hiervon abweichen, sofern die Satzung eine solche einzelfallbezogene Regelung der Vertretungsbefugnis erlaubt (ausf. → Rn. 100 ff.). Die besondere Vertretungsbefugnis eines Geschäftsführers ist allerdings dann nicht eintragungsfähig, wenn sie abweichend von der abstrakten Vertretungsbefugnis mittels Gesellschafterbeschluss beschränkt wurde (zB zwin-

---

[573] Näher und mwN DNotI-Report 2018, 25.
[574] Siehe KG NZG 2016, 836.
[575] BGH GmbHR 1998, 181.
[576] OLG München DNotZ 2012, 557.
[577] DNotI-Report 2009, 113.
[578] Zum Ganzen ausf. *Blath* GmbHR 2018, 345; DNotI-Report 2012, 189; vgl. ferner BayObLG DNotZ 2001, 887; *Ising* NZG 2011, 841; krit. *Schemmann* NZG 2008, 89 (90 ff.); zur Problematik von Insichgeschäften im Gesellschaftsrecht allg. *Auktor* NZG 2006, 334; *Hauschild* ZIP 2014, 954; *Suttmann* MittBayNot 2011, 1.
[579] Vgl. insbes. LG Berlin NJW-RR 1997, 1534; *Blath* GmbHR 2018, 345 (353). Zuletzt zu § 112 AktG BGH ZIP 2019, 564.
[580] Siehe OLG München DNotZ 2012, 793 mwN aus Rspr. und Lit.
[581] Vgl. *Krafka/Kühn* RegisterR Rn. 1301, 1582; aA OLG München DNotZ 2012, 793; zum Ganzen ausf. *Cramer* NZG 2012, 765.
[582] Demgegenüber ist unter der „konkreten" Vertretungsbefugnis zu verstehen, ob der Geschäftsführer im Falle der gesetzlichen Grundregel als alleiniger Geschäftsführer einzeln oder als einer von mehreren Geschäftsführern gemeinsam mit einem anderen Geschäftsführer oder Prokuristen vertritt. Vgl. zu den Begrifflichkeiten ausf. *Jeep/Kilian/Weiler* notar 2009, 357 (358 f.).

gende Gesamtvertretung, auch wenn einziger Geschäftsführer[583]). Soll einem Geschäftsführer Befreiung von § 181 BGB erteilt werden, so bedarf dies ebenfalls einer satzungsmäßigen Grundlage.[584] Die Befreiung von den Beschränkungen des § 181 BGB kann ebenso wie die Erteilung von Einzelvertretungsbefugnis beim Minderheitsgesellschafter die Frage entscheiden, ob er sozialversicherungspflichtig beschäftigt ist oder nicht (→ Rn. 304).[585] Klarzustellen ist, ob von den Beschränkungen des § 181 BGB insgesamt oder nur von einer der beiden Alternativen (Selbstkontrahieren und Mehrfachvertretung) befreit werden soll.[586]

Neben der organschaftlichen Vertretung ist grds. eine **rechtsgeschäftliche Vertretung** 298 der GmbH möglich. Eine umfassende Übertragung der organschaftlichen Vertretungsmacht durch den Geschäftsführer ist jedoch ausgeschlossen. Im Einzelfall kann eine notariell beurkundete Generalvollmacht, in welcher der Geschäftsführer einen Dritten zur Vornahme sämtlicher Erklärungen und Rechtshandlungen ermächtigt hat, die ihm in seiner Eigenschaft als Geschäftsführer zustehen, als **Generalhandlungsvollmacht** iSd § 54 HGB ausgelegt werden.[587] Durch einen Geschäftsführer im Namen der Gesellschaft wirksam erteilte Vollmachten haben iÜ Bestand, auch wenn sich die personelle Zusammensetzung der Vertretungsorgane später ändert.[588]

IV. Registeranmeldung

Ein neu bestellter Geschäftsführer kann seine eigene Anmeldung bereits unterzeichnen, 299 auch wenn er zu diesem Zeitpunkt ausweislich des Bestellungsbeschlusses noch nicht Geschäftsführer ist; **maßgeblich** ist die **Absendung an das Registergericht.**[589] Er muss aufgrund der abzugebenden **Versicherung,** dass keine Ausschlussgründe nach § 6 Abs. 2 S. 2 oder S. 3 GmbHG vorliegen, die Registeranmeldung **höchstpersönlich** unterzeichnen. Sofern die Versicherung in einem gesonderten Dokument abgegeben wird, ist dieses zu beglaubigen (§ 12 HGB).

Gemäß § 53 Abs. 2 BZRG muss der Notar über die unbeschränkte Auskunftspflicht 300 des Geschäftsführers gegenüber dem Registergericht belehren. Diese **Belehrung** kann auch gesondert schriftlich, durch einen anderen Notar oder einen im Ausland bestellten Notar, einen Vertreter eines vergleichbaren rechtsberatenden Berufs (zB Rechtsanwalt) oder einen Konsularbeamten erfolgen (§ 8 Abs. 3 S. 2 GmbHG). Sie ist der Registeranmeldung beizufügen.

Sofern der neu bestellte Geschäftsführer nicht einzelvertretungsberechtigt ist, muss die 301 Anmeldung durch mindestens einen **weiteren Geschäftsführer** vorgenommen werden. Die Anmeldung durch einen Prokuristen reicht nicht aus.[590]

Die **Kosten** für die Anmeldung von Veränderungen in der Geschäftsführung belaufen 302 sich auf eine 0,5-Gebühr, Nr. 21201 KV GNotKG. Die Anmeldung mehrerer Veränderungen in den vertretungsberechtigten Personen (zB Bestellung oder Abberufung mehre-

---

[583] Siehe OLG München MittBayNot 2017, 617.

[584] Vgl. OLG Nürnberg MittBayNot 2010, 404; ausf. zum Ganzen *Baetzgen* RNotZ 2005, 193 (205 f.); *Blasche/König* NZG 2012, 812. Zum Missbrauch der Vertretungsmacht bei Vornahme eines Insichgeschäfts durch einen nicht von den Beschränkungen des § 181 BGB befreiten Geschäftsführer vgl. BGH NZG 2018, 221.

[585] Vgl. *Grimm* DB 2012, 175 (176 f.).

[586] Vgl. OLG Nürnberg NZG 2015, 886, wonach eine Befreiung von „der Beschränkung" des § 181 BGB unklar und daher nicht eintragungsfähig ist.

[587] BGH DNotZ 2003, 147; zu organvertretenden Generalvollmachten vgl. *Schippers* DNotZ 2009, 353 mit Formulierungsbeispiel.

[588] Siehe nur OLG Düsseldorf NZG 2018, 381; OLG Hamm GmbHR 2012, 903. Allg. zur Vollmachtserteilung durch den Geschäftsführer ausf. DNotI-Report 2019, 54.

[589] Str., wie hier *Krafka/Kühn* RegisterR Rn. 79; MüKoHGB/*Krafka* HGB § 12 Rn. 6; OLG Zweibrücken NZG 2015, 319; nach aA ist Unterzeichnung beim Notar maßgeblich, vgl. BayObLG NZG 2004, 421 (für Abberufung); OLG Brandenburg NotBZ 2013, 475 (für Abberufung); OLG Düsseldorf DNotZ 2000, 529 mit ablehnender Anm. *Kallrath*.

[590] Vgl. OLG Düsseldorf ZIP 2012, 969.

rer Prokuristen und Geschäftsführer) führt zu einer entsprechenden Mehrzahl von (zu addierenden) Anmeldungen.[591] Der Geschäftswert beträgt jeweils 30.000 EUR (§ 105 Abs. 4 Nr. 1 GNotKG). Der Geschäftswert von Anmeldungen ohne wirtschaftliche Bedeutung (zB Änderung des Namens eines Geschäftsführers wegen Verehelichung) beträgt 5.000 EUR (§ 105 Abs. 5 GNotKG).

V. Exkurs: Geschäftsführerdienstvertrag

303   Von der Organstellung zu unterscheiden ist die arbeits- bzw. **dienstvertragliche Seite** der Beschäftigung („Trennungstheorie"). Üblicherweise wird diese in einem gesonderten Anstellungsvertrag geregelt, der übliche arbeitsrechtliche Gesichtspunkte wie Gehalt, Urlaub etc enthält[592] und für dessen Abschluss in Ermangelung abweichender Satzungsbestimmungen die Gesellschafterversammlung zuständig ist.[593]

304   Eine insofern häufig gestellte Frage ist die nach der Sozialversicherungspflicht eines Geschäftsführers. Hier gilt folgendes:[594]
   – Ein geschäftsführender Gesellschafter ist grundsätzlich **sozialversicherungsfrei,** wenn er bestimmenden Einfluss auf die Entscheidungen der Gesellschaft ausüben kann, dh insbesondere bei einer Mehrheitsbeteiligung oder bei Vorliegen einer (gesellschaftsvertraglich vereinbarten) Sperrminorität.[595] Er muss im Ergebnis in der Lage sein, nicht genehme Weisungen jederzeit abzuwenden.[596]
   – Ein Fremdgeschäftsführer ist grundsätzlich **sozialversicherungspflichtig,**[597] es sei denn, es liegen ausnahmsweise besondere Umstände vor, die eine Weisungsgebundenheit des Geschäftsführers entfallen lassen, wie etwa eine familiäre Verbundenheit mit dem Gesellschafter[598] oder ein maßgebender Einfluss des Geschäftsführers auf die Alleingesellschafterin aufgrund eines Treuhandvertrages.[599]
   – Bei Zweifeln über die Sozialversicherungspflicht kann nach § 7a Abs. 1 SGB IV eine verbindliche Statusauskunft bei der Deutschen Rentenversicherung Bund eingeholt werden.

---

[591] BGH Rpfleger 2003, 266.
[592] Näher zB MHLS/*Lenz* GmbHG § 35 Rn. 118 ff.
[593] Siehe nur BGH NZG 2018, 1073.
[594] Zum Ganzen *Grimm* DB 2012, 175; *Heckschen* NotBZ 2016, 121; *Peetz* GmbHR 2017, 230; *ders.* notar 2018, 150; zur Sozialversicherungsfreiheit von Geschäftsführern in Familiengesellschaften vgl. auch *Bross* DB 2014, 2651; zur Sozialversicherungspflicht von Gesellschafter-Geschäftsführern einer GmbH & Co. KG vgl. DNotI-Gutachten Nr. 162298 v. 15. 3. 2018 (nv).
[595] Vgl. nur BSG GmbHR 2016, 528; LSG Baden-Württemberg NZG 2017, 61 (Ls. zu zwei Urt.); DNotI-Report 2015, 92 mwN. Vgl. aber LSG Berlin-Brandenburg GmbHR 2016, 164, wonach ein mit 50% beteiligter Gesellschafter der Sozialversicherungspflicht unterliegt, wenn er nur Prokurist, ein Mitgesellschafter aber alleiniger Geschäftsführer ist. Die Sozialversicherungspflicht eines geschäftsführenden Minderheitsgesellschafters mit einem Gesellschaftsanteil von 10% wurde vom LSG Rheinland-Pfalz DB 2016, 2169, bejaht, da zwar zu seinen Gunsten im Gesellschaftsvertrag eine Stimmbindung vereinbart, diese aber kündbar war. Ein dem Minderheitsgesellschafter-Geschäftsführer einer GmbH in einem Anstellungsvertrag mit der GmbH eingeräumtes Veto-Recht gegen mehrheitlich gefasste Beschlüsse der Gesellschafterversammlung rechtfertigt ebenfalls nicht die Annahme seines sozialversicherungsrechtlichen Status als Selbstständiger, vgl. BSG GmbHR 2016, 533. Schließlich verfügt auch ein Minderheitsgesellschafter einer GmbH, der bei dieser – ohne deren Geschäftsführer zu sein – als leitender Angestellter tätig ist, selbst nach auf ihn erfolgter rechtsgeschäftlicher Übertragung der Mehrheitsstimmrechte nicht über eine Stellung in der Gesellschafterversammlung, die ihn im Sinne des Sozialversicherungsrechts zu einem Selbstständigen macht, vgl. BSG GmbHR 2016, 537. Alternative: Formwechsel in eine Aktiengesellschaft, deren Vorstand immer sozialversicherungsfrei ist.
[596] LSG Sachsen-Anhalt NZG 2017, 309.
[597] Vgl. BSG MittBayNot 2019, 176.
[598] Siehe BSG GmbHR 2000, 618 (620).
[599] Vgl. LSG Schleswig-Holstein DStR 2017, 2237.

B. Beendigung der Geschäftsführerstellung

Gängigste Variante der Beendigung der Geschäftsführerstellung ist die **Abberufung** durch 305 (nicht beurkundungsbedürftigen) Gesellschafterbeschluss, der dem Registergericht im Rahmen der Anmeldung der Abberufung mit vorzulegen ist.[600] Auch die Abberufung eines nicht voreingetragenen Geschäftsführers ist gemäß § 39 Abs. 1 GmbHG anzumelden, die Voreintragung des Abberufenen als Geschäftsführer ist hingegen nicht erforderlich.[601] Für die Anmeldebefugnis kommt es allein auf den Zeitpunkt der Abgabe der Erklärung (= Übersendung an das Registergericht) an, so dass der ausscheidende Geschäftsführer noch selbst anmelden kann (bzw. bei Gesamtvertretung anmelden muss), wenn das Datum der Beendigung seiner Organstellung in der Zukunft liegt.[602]

Neben der Abberufung durch die Gesellschafterversammlung endet die Geschäftsführ- 306 erstellung auch durch die **Niederlegung des Amtes,** die eines wichtigen Grundes nicht bedarf.[603] Es handelt sich hierbei um eine formfreie empfangsbedürftige Willenserklärung, die mit Zugang bei demjenigen Gesellschaftsorgan wirksam wird, das für die Bestellung der Geschäftsführer zuständig ist, also regelmäßig der Gesellschafterversammlung.[604] Zugang bei einem Gesellschafter[605] per Fax[606] reicht aus. Der Zugang muss allerdings – ebenso wie die Niederlegung selbst – dem Handelsregister gegenüber nachgewiesen werden.[607] Die Amtsniederlegung kann aufschiebend bedingt auf Eintragung im Handelsregister erklärt werden, so dass der scheidende Geschäftsführer sein Ausscheiden noch selbst anmelden kann.[608] Nach wirksamer Niederlegung ist er nämlich nicht mehr befugt, sein Ausscheiden anzumelden.[609] Nicht zulässig ist die Anmeldung der Niederlegung durch einen Prokuristen.[610]

Bei der **Einpersonen-GmbH** ist zu beachten, dass sich der geschäftsführende Gesell- 307 schafter nicht ohne Weiteres von der damit zusammenhängenden Verantwortung lösen kann. So ist der Beschluss des alleinigen Gesellschafters einer GmbH über seine eigene Abberufung als alleiniger Geschäftsführer regelmäßig **rechtsmissbräuchlich** und daher unwirksam, wenn er nicht zugleich einen neuen Geschäftsführer bestellt.[611] Entsprechendes gilt für eine Amtsniederlegung selbst dann, wenn der Geschäftsführer einer GmbH betroffen ist, der gleichzeitig Alleingesellschafter und Geschäftsführer einer Gesellschaft ist, die sämtliche Gesellschaftsanteile an der GmbH hält.[612]

Hat der abberufene Geschäftsführer eine **Registervollmacht** erteilt, bleibt diese trotz 308 seines Ausscheidens aus der Organstellung grundsätzlich wirksam.[613]

---

[600] Zur gerichtlichen Überprüfung eines Beschlusses über die Abberufung vgl. BGH NZG 2017, 700.
[601] Vgl. OLG Köln ZIP 2015, 1831.
[602] Vgl. *Krafka/Kühn* RegisterR Rn. 79; anders BayObLG 2004, 421 und OLG Brandenburg NotBZ 2013, 475 (Unterzeichnung der Anmeldung beim Notar).
[603] BGH ZIP 1993, 430.
[604] Statt vieler Scholz/*U.H. Schneider/S.H. Schneider* GmbHG § 38 Rn. 91; zum richtigen Adressaten der Niederlegung ausf. *Stenzel/Lühr* NZG 2015, 743.
[605] Vgl. nur BGH DNotZ 2002, 302; DB 2011, 1798.
[606] Siehe BGH DB 2011, 1798.
[607] Vgl. zB OLG Jena GmbHR 2011, 31: Eingang auf der Poststelle der Alleingesellschafterin genügt; OLG Hamm GmbHR 2010, 1092: elektronisch beglaubigte Abschrift des Einschreiben-Rückscheins genügt.
[608] Siehe BGH DB 2011, 1798; OLG Hamm MittBayNot 2013, 403; *Wachter* GmbHR 2001, 1129 (1135) mwN.
[609] OLG Bamberg DNotZ 2013, 155.
[610] Vgl. OLG Düsseldorf GmbHR 2012, 690; kritisch hierzu *Renaud* GmbHR 2012, 1128.
[611] OLG Düsseldorf NZG 2015, 1158; OLG Frankfurt a.M. ZIP 2015, 478; OLG München DB 2011, 760; anders OLG Bamberg NZG 2017, 1260 für die Amtsniederlegung durch einen Fremdgeschäftsführer und OLG Dresden NZG 2015, 391 für einen unter Betreuung stehenden Gesellschafter.
[612] Siehe OLG München DNotZ 2012, 795.
[613] Vgl. OLG Hamm GmbHR 2012, 903.

3. Teil. Satzungsänderung

A. Checkliste

309 | Checkliste Satzungsänderung:
(1) Vollversammlungsbeschluss
   (a) Änderung eines „echten" Satzungsbestandteils?
       Nicht bei: Änderung einer Bestimmung über das Geschäftsführergehalt, Tantiemen etc; Bestellung und Abberufung von Geschäftsführern; Auflösung der Gesellschaft, es sei denn, in der Satzung ist eine feste Zeitdauer bestimmt.
   (b) Feststellung der Beteiligungsverhältnisse (aktuelle Gesellschafterliste, Vorurkunden, Beteiligtenangaben).
   (c) Mehrheitsverhältnisse
       (aa) 75 % der abgegebenen Stimmen (Prüfung der Satzung, ob weitere Erfordernisse bestehen).
       (bb) Zustimmung aller Gesellschafter bei:
            – Leistungsvermehrung, zB Einführung von Nachschusspflichten, Wettbewerbsverboten, Wiederanlagepflichten („Schütt-aus-hol-zurück-Verfahren");
            – Abtretungsbeschränkungen (Begründung, Aufhebung; → Rn. 89 ff.);
            – Einräumung von Erwerbs- bzw. Vorkaufsrechten (→ Rn. 94);
            – nachträgliche Zulassung der Einziehung von Geschäftsanteilen (→ Rn. 131 ff.);
            – Einführung oder Modifizierung von Abfindungsregelungen (→ Rn. 157 ff.);
            – Schaffung von Vorzugsgeschäftsanteilen;
            – Änderungen des Gesellschaftsvertrages vor Eintragung (Vor-GmbH).
   (d) Vertretung bei der Stimmabgabe
       (aa) Textform der Vollmacht (§ 47 Abs. 3 GmbHG).
       (bb) Enthält die Vollmacht eine Befreiung von § 181 BGB?[614]
       (cc) Nachträgliche Genehmigung der Stimmabgabe (→ Rn. 314).
       (dd) Feststellung, ob ein Stimmrechtsausschluss vorliegt (§ 47 Abs. 4 GmbHG), insbes. bei Maßnahmen gegen einen Gesellschafter aus wichtigem Grund.[615]
   (e) Beachtung von Registersperren (→ Rn. 335 f.).
   (f) Erfordernis einer behördlichen Erlaubnis/Genehmigung bei Änderung des Unternehmensgegenstandes?
   (g) Zustimmung des Finanzamtes bei einer Änderung des Geschäftsjahres; eine rückwirkende Änderung ist unzulässig (→ Rn. 61).
   (h) Streichung überholter Satzungsbestandteile (zB hinsichtlich der Übernehmer der Stammeinlagen, Gründungskosten, Festsetzungen von Sacheinlagen; → Rn. 338).
   (i) Evtl. vollständige Neufassung der Satzung (→ Rn. 311).
(2) Mehrheitsbeschluss
   Gleiche Erfordernisse wie bei (1), aber zusätzlich Prüfung (anhand der Satzung der Gesellschaft) von Form, Frist und Inhalt der Einberufung sowie der Beschlussfähigkeit.[616]

---

[614] Dazu BGH NJW 1991, 691; DNotZ 1989, 26.
[615] Hierzu Baumbach/Hueck/ *Zöllner* GmbHG § 47 Rn. 76 ff.
[616] Dazu BayObLG DB 1991, 2329.

(3) Besonderheiten bei einer Kapitalerhöhung

(a) Für Stimmrechtsvollmachten gilt das Formerfordernis des § 2 Abs. 2 GmbHG analog, wenn die Übernahmeerklärung von der Vollmacht umfasst sein soll (→ Rn. 348).

(b) Einlagegegenstand

(aa) Bareinlagen

– Leistung der Einlagen (→ Rn. 349 ff.);
– Prüfung, ob die Einlagen vorgeleistet wurden (→ Rn. 353 ff.) und tatsächlich in bar erbracht werden (→ Rn. 357 ff.);
– Zustimmung aller vom Bezugsrecht ausgeschlossenen Gesellschafter (→ Rn. 344);
– Festlegung der Gewinnabgrenzung;
– ggf. Kartellrecht;
– Festsetzung eines Höchst- und Mindestbetrags, wenn Übernahme im vereinbarten Umfang nicht gesichert (→ Rn. 384 f.);[617]

(bb) Sacheinlagen

– Wertnachweis in Anlehnung an § 5 Abs. 4 S. 2 GmbHG erforderlich.

(c) Übernahmeerklärung (notariell zu beglaubigen oder zu beurkunden, § 55 Abs. 1 GmbHG; regelmäßig in Urkunde über Kapitalerhöhungsbeschluss enthalten)

(d) Liste der Übernehmer (von allen Geschäftsführern zu unterzeichnen und mit der Registeranmeldung vorzulegen, § 57 Abs. 3 Nr. 2 GmbHG;

(e) Anzeigepflichten:

– Nach § 54 EStDV ist dem nach § 20 AO zuständigen Finanzamt (Körperschaftsteuerstelle) eine beglaubigte Abschrift der Kapitalerhöhungs- bzw. -herabsetzungsurkunde zu übersenden (vgl. auch § 54 Abs. 3 EStDV);
– bei Vorhandensein von Grundbesitz ggf. Anzeige an das Finanzamt (Grunderwerbsteuerstelle) nach § 18 Abs. 2 S. 2 GrEStG, da durch eine Verschiebung der Beteiligungsquoten ein grunderwerbsteuerbarer Tatbestand vorliegen kann.

B. Gesellschafterbeschluss

I. Form, Beurkundungstechnik

Satzungsänderungen sind gemäß **§ 53 Abs. 2 GmbHG** beurkundungspflichtig. Der sat- **310** zungsändernde Beschluss kann in der Form der §§ 8 ff. BeurkG (Beurkundung von Willenserklärungen)[618] oder der §§ 36 ff. BeurkG (Tatsachenbeurkundung)[619] beurkundet werden.[620] Letzteres empfiehlt sich insbes. bei einer vollständigen Satzungsneufassung. Die Satzung kann dann der Niederschrift als nichtbeurkundungspflichtige Anlage beigefügt werden, ohne dass selbstverständlich die Pflicht zur Prüfung des Inhalts entfällt. Werden in einer Gesellschafterversammlung jedoch gleichzeitig rechtsgeschäftliche Erklärungen abgegeben, die beurkundet werden sollen (wie etwa die Übernahmeerklärung bei einer Kapitalerhöhung oder Verzichtserklärungen bei Umwandlungsvorgängen), sind stets die Vorschriften über die Beurkundung von Willenserklärungen einzuhalten.

Bei einer vollständigen **Satzungsneufassung** ist zu beachten, dass das Registergericht **311** zu einer uneingeschränkten Überprüfung auch derjenigen Satzungsbestandteile befugt ist,

---

[617] Dazu MVHdB I GesR/*Böhm/Frowein* Form. IV.85.
[618] Vgl. MVHdB I GesR/*Böhm/Frowein* Form. IV.84.
[619] Dazu *Winkler* BeurkG Vor § 36 Rn. 2 f.; auch bei Einpersonen-GmbH ausreichend, vgl. OLG Celle NZG 2017, 422.
[620] Zu beiden Beurkundungstechniken bei einer Satzungsänderung ausf. *Grotheer* RNotZ 2015, 4; *Nordholz/Hupka* DNotZ 2018, 404.

die unverändert aus der „Altsatzung" übernommen wurden.[621] Die für die Erstanmeldung vorgesehenen und in § 9c Abs. 2 GmbHG festgehaltenen Prüfungsbeschränkungen gelten für die Anmeldung einer Satzungsänderung nicht (hierzu → Rn. 210 f.).[622]

II. Inhaltliche Fragen

312 Zunächst ist die Frage zu stellen, wer Gesellschafterbeschlüsse berechtigterweise fassen kann. Dabei ist zu beachten, dass gemäß **§ 16 Abs. 1 S. 1 GmbHG** im Verhältnis zur Gesellschaft nur derjenige als Gesellschafter gilt, der in der zum Handelsregister aufgenommenen, dh in den online einsehbaren Registerordner eingestellten (§ 9 Abs. 1 HRV) Gesellschafterliste nach § 40 GmbHG eingetragen ist. Damit ist die Liste **alleinige Legitimationsbasis** für die Ausübung von Gesellschafterrechten (ausf. zu den damit verbundenen Problemen → Rn. 531 ff.).[623]

313 Bei **Stimmrechtsvollmachten** – die gemäß § 47 Abs. 3 GmbHG der Textform bedürfen – ist zu prüfen, ob sie eine Befreiung von den Beschränkungen des § 181 BGB enthalten.[624]

314 Bei einer **nachträglichen Genehmigung der Stimmabgabe,** durch einen abwesenden Gesellschafter (die auch bei einer Einpersonen-GmbH zulässig ist[625]), ist in die Urkunde die Zustimmung aller anwesenden Gesellschafter zu diesem Verfahren aufzunehmen.[626]

315 **Bedingte Beschlüsse** sind in der Regel unwirksam.[627] Zulässig sind dagegen Rechtsbedingungen, also zB das Abhängigmachen der Änderung von einer erforderlichen staatlichen Genehmigung. Ferner sind Bedingungen zulässig, wenn dem Registergericht der Eintritt der Bedingungen in öffentlich beglaubigter Form nachgewiesen werden kann. Dies ist stets der Fall, wenn der Beschluss unter der aufschiebenden Bedingung einer vorausgehenden sonstigen Registereintragung (zB Eintragung einer vorausgehenden Verschmelzung, einer sonstigen Satzungsänderung oder einer Kapitalmaßnahme) steht.[628] Der Notar kann überdies angewiesen werden, die Anmeldung des Beschlusses erst bei Vorliegen bestimmter Voraussetzungen zum Handelsregister einzureichen.

316 Sind neben **minderjährigen Kindern** die Eltern bzw. ein Elternteil an der GmbH beteiligt, ist wegen §§ 1629 Abs. 2, 1795 Abs. 2 BGB ein Ergänzungspfleger zu bestellen, und zwar für jedes Kind ein eigener Pfleger;[629] eine familiengerichtliche Genehmigung ist nicht erforderlich (anders bei der Übernahme einer neuen Stammeinlage im Rahmen einer Kapitalerhöhung; zu Minderjährigen iÜ → Rn. 10 f.).

C. Satzungsbescheinigung

317 Gemäß **§ 54 Abs. 1 S. 2 GmbHG** hat der Notar der Anmeldung der Satzungsänderung den vollständigen Wortlaut des Gesellschaftsvertrags beizufügen und diesen mit der Be-

---

[621] Vgl. OLG München DNotZ 2006, 222; BayObLG GmbHR 1979, 15 (17); KG GmbHR 2005, 1612; aA mit guten Gründen *Priester* GmbHR 2007, 296.
[622] Vgl. BayObLG BB 2001, 1916; KG GmbHR 2005, 1612.
[623] Ausf. hierzu *D. Mayer* ZIP 2009, 1037 (1039 ff.).
[624] Vgl. BGH NJW 1991, 691; DNotZ 1989, 26; *Bärwaldt/Günzel* GmbHR 2002, 1112. Siehe aber OLG Nürnberg GmbHR 2018, 1966, wonach § 181 BGB nach seinem Normzweck auf Beschlüsse, die im Rahmen des Gesellschaftsvertrages über Maßnahmen der Geschäftsführung und sonstige gemeinsame Angelegenheiten gefasst werden, nicht anzuwenden ist.
[625] Siehe OLG München GmbHR 2011, 91.
[626] Vgl. BayObLG MittBayNot 1989, 99.
[627] Zu den Ausnahmen vgl. Scholz/*Priester* GmbHG § 53 Rn. 185 f.; siehe ferner Widmann/Mayer/ *D. Mayer* UmwG § 5 Rn. 235.4 ff. für den Fall der Kettenumwandlung; umfassend zum Thema *Göppel*, Bedingte GmbH-Gesellschafterbeschlüsse, 2008.
[628] Vgl. zum Ganzen Scholz/*Priester* GmbHG § 53 Rn. 185 f.
[629] Scholz/*Priester* GmbHG § 53 Rn. 103; vgl. ferner OLG München NZG 2010, 862. Zulässig soll hingegen nach OLG Nürnberg MittBayNot 2018, 333 eine Mehrfachvertretung von Minderjährigen bei einem Gesellschafterbeschluss durch die Mutter als gesetzliche Vertreterin sein.

scheinigung zu versehen, dass die geänderten Bestimmungen des Gesellschaftsvertrags mit dem satzungsändernden Beschluss und die unveränderten Bestimmungen mit dem zuletzt zum Handelsregister eingereichten vollständigen Wortlaut des Gesellschaftsvertrags übereinstimmen.

Eine solche Bescheinigung ist bei der **Satzungsneufassung** jedoch nach Ansicht einiger Obergerichte jedenfalls dann nicht erforderlich, wenn dem notariell beurkundeten Gesellschafterbeschluss die neu gefasste Satzung als Anlage beigefügt und nach den Vorschriften der Beurkundung von Willenserklärungen wirksam beurkundet wurde.[630] **318**

D. Registeranmeldung

Betrifft die Satzungsänderung einen in § 10 Abs. 1 S. 1 GmbHG genannten Regelungsgegenstand (Firma, Sitz, Gegenstand, Stammkapital usw), ist der Inhalt der Änderung **schlagwortartig** zu kennzeichnen.[631] Bei einer Änderung des Unternehmensgegenstandes sind etwa erforderliche öffentlich-rechtliche Genehmigungen zu beachten, nach der Aufhebung von § 8 Abs. 1 Nr. 6 GmbHG aF ist deren Vorlage jedoch nicht mehr erforderlich.[632] **319**

Obschon keine Satzungsänderung ist auch jede **Änderung** der inländischen **Geschäftsanschrift** anmelde- und eintragungspflichtig (→ Rn. 193). Zuständig sind die Geschäftsführer in vertretungsberechtigter Zahl, ggf. bei unechter Gesamtvertretung unter Mitwirkung eines Prokuristen. Ein Prokurist alleine soll hingegen nach der Rechtsprechung hierzu nicht befugt sein.[633] **320**

Das Registergericht wird regelmäßig die **Gesellschaftereigenschaft** der beschließenden Gesellschafter anhand der (ggf. vom Notar bescheinigten) zuletzt im Handelsregister aufgenommenen Liste der Gesellschafter nach §§ 40 Abs. 1 S. 2 GmbHG prüfen, nachdem gemäß § 16 Abs. 1 GmbHG im Verhältnis zur Gesellschaft nur als Gesellschafter gilt, wer in der Liste eingetragen ist.[634] **321**

Grundsätzlich hat die Anmeldung durch **Geschäftsführer in vertretungsberechtigter Zahl** zu erfolgen, vgl. § 78 GmbHG. Die Anmeldung wird nach allgemeinen zivilrechtlichen Grundsätzen **wirksam mit Zugang** beim Registergericht.[635] Bei einem Wechsel in der Geschäftsführung zwischen der Unterzeichnung der Anmeldung beim Notar und dem Eingang beim Registergericht ist hinsichtlich der Vertretungsbefugnis auf den Zeitpunkt der Abgabe der Erklärung abzustellen.[636] Alternativ kann der **Notar** die Anmeldung selbst auf Basis von **§ 378 Abs. 2 FamFG** vornehmen, da bei der schlichten Satzungsänderung keine höchstpersönlichen Erklärungen durch die Geschäftsführer abzugeben sind.[637] **322**

---

[630] Vgl. OLG Hamm NotBZ 2011, 372; OLG Zweibrücken Rpfleger 2002, 155; OLG Celle DNotZ 1982, 493; aA unter anderem OLG Jena NZG 2016, 152, OLG Schleswig DNotZ 1973, 482 und *Krafka/Kühn* RegisterR Rn. 1023, wonach die Notarbescheinigung auch bei vollständiger Satzungsneufassung vorzulegen ist.

[631] Vgl. DNotI-Report 2002, 172; *Krafka/Kühn* RegisterR Rn. 1019; *Krafka* NZG 2019, 81 (82f.); BGH DNotZ 1988, 182; BayObLG DNotZ 1986, 52; OLG Düsseldorf MittBayNot 1999, 198; OLG Hamm RNotZ 2002, 55.

[632] Anders zur alten Rechtslage BayObLG DNotZ 1980, 676.

[633] So uE unzutreffend OLG Karlsruhe NZG 2014, 1346 und KG NZG 2016, 1031; aA *Krafka/Kühn* RegisterR Rn. 342 mit dem Argument, es handele sich nicht um einen die Grundlagen der Gesellschaft berührenden Vorgang; vgl. ferner – für einen Handlungsbevollmächtigten – KG NZG 2014, 150.

[634] Zur Legitimationswirkung ausf. → Rn. 531 ff.; zur Rechtslage unter Geltung von § 16 Abs. 1 GmbHG aF vgl. DNotI-Report 2003, 195.

[635] Vgl. *Krafka/Kühn* RegisterR Rn. 79.

[636] Vgl. BayObLG ZIP 2003, 2361; LG München MittBayNot 2004, 462.

[637] Hierzu *Ising* NZG 2012, 289; *Streicher* GmbHR 2016, 686. Dies gilt selbst dann, wenn keine Organmitglieder vorhanden sind, vgl. *Heinze* NZG 2018, 1170.

E. Sonstige Fragen

I. Änderung des Musterprotokolls

323 Der Gesetzgeber hat bewusst davon abgesehen, für Änderungen des im Musterprotokoll enthaltenen Gesellschaftsvertrags Ausnahmebestimmungen vorzusehen. Es gelten daher die **allgemeinen Bestimmungen des GmbH-Rechts.**[638] Satzungsänderungen sind somit beurkundungspflichtig, erfordern einen Gesellschafterbeschluss mit einer Mehrheit von 75 % der abgegebenen Stimmen (§ 53 Abs. 2 GmbHG) und werden erst mit Eintragung im Handelsregister wirksam (§ 54 Abs. 3 GmbHG).[639]

324 Die Vorlage des vollständigen Satzungswortlauts mit notarieller Bescheinigung gemäß **§ 54 Abs. 1 S. 2 GmbHG** ist ebenfalls erforderlich, selbst wenn der ursprüngliche Gesellschaftsvertrag auf dem gesetzlichen Musterprotokoll beruht. Dies gilt auch, wenn lediglich die im Musterprotokoll vorgesehenen (Mindest-)Bestimmungen geändert werden.[640] Das Registergericht kann hingegen nicht verlangen, dass der Gesellschaftsvertrag insgesamt neu gefasst wird.[641] Dies ist schon deshalb richtig, weil der Gesetzgeber ausweislich des Wortlauts von § 105 Abs. 6 S. 1 Nr. 2 GNotKG eine privilegierte Änderung des Musterprotokolls ermöglichen wollte. Danach gelten die Mindestgeschäftswerte der §§ 105 Abs. 1 S. 2, Abs. 4 Nr. 1, 108 Abs. 1 GNotKG nicht für Änderungen des Gesellschaftsvertrags, wenn man sich weiterhin in der Systematik des Musterprotokolls bewegt.

325 Zu beachten ist dabei, dass nach zutreffender Ansicht[642] die geänderten Bestimmungen zwingend **vom Wortlaut des Musterprotokolls abweichen** müssen, wenn sonst inhaltlich Falsches geregelt würde. Die sonstigen, durch die Satzungsänderung nicht berührten Regelungen des Musterprotokolls sind dagegen unverändert zu übernehmen.[643]

326 So ist nach einer Satzungsänderung (zB in Form einer Umfirmierung oder Sitzverlegung) **Ziffer 1** des Musterprotokolls („Die Erschienenen *errichten hiermit* nach § 2 Abs. 1a GmbHG eine Gesellschaft mit beschränkter Haftung ...") offensichtlich nicht mehr zutreffend. Es ist somit eine den tatsächlichen Gegebenheiten entsprechende Fassung zu wählen.

327 Formulierungsbeispiel: Satzungsänderung Musterprotokoll – Firma
Die Firma der Gesellschaft lautet *** *[neue Firma]*. Sie hat ihren Sitz in *** *[neuer Sitz]*.

328 Ähnliches muss im Falle einer Kapitalerhöhung bezüglich **Ziffer 3** des Musterprotokolls gelten, die nach Änderung zB lauten könnte:[644]

329 Formulierungsbeispiel: Satzungsänderung Musterprotokoll – Kapitalerhöhung
Das Stammkapital der Gesellschaft beträgt *** *[neues Stammkapital]* EUR.

330 Schließlich ist **Ziffer 5** des Musterprotokolls sprachlich anzupassen, wenn die Gesellschaft ihr Stammkapital auf einen Betrag unter 300 EUR, dh beispielsweise von 2 EUR auf 10 EUR erhöht, da ansonsten nach dem Wortlaut des Musterprotokolls der Eindruck entstünde, die Gesellschaft hätte Gründungskosten in Höhe von 10 EUR getragen.[645]

---

[638] Zu Änderungen der einzelnen Ziffern des Musterprotokolls nach Eintragung der Gesellschaft umfassend *Melchior* notar 2010, 305 sowie DNotI-Report 2010, 217.
[639] Vgl. *Wachter* EWiR 2010, 185.
[640] OLG München NZG 2010, 35; aA *Wälzholz* GmbHR 2008, 841 (843).
[641] OLG Düsseldorf NZG 2010, 719.
[642] Vgl. nur OLG München GmbHR 2010, 312 mAnm *Kallweit* sowie OLG Karlsruhe MittBayNot 2018, 372. Zusammenfassend *Seebach* notar 2019, 62.
[643] Siehe *Wachter* EWiR 2010, 185 (186).
[644] Vgl. hierzu OLG München DNotZ 2010, 939.
[645] Siehe OLG München ZIP 2010, 2096.

> **Formulierungsbeispiel: Satzungsänderung Musterprotokoll – Gründungskosten bei** **331**
> **Kapitalerhöhung** **Ü**
> Die mit ihrer Gründung verbundenen Kosten hat die Gesellschaft bis zu einem Höchst-
> betrag von 2 EUR getragen.

Die Regelungen in **Ziffer 6** (Abschriften der Urkunde) und **Ziffer 7** (Hinweise des **332** Notars) des Musterprotokolls sind nicht Inhalt des Gesellschaftsvertrags und brauchen daher nicht in die Satzungsbescheinigung aufgenommen zu werden.[646]

Wegen der geschilderten praktischen Schwierigkeiten sollte der erste satzungsändernde **333** Beschluss bei einer im vereinfachten Verfahren gegründeten GmbH oder UG zum Anlass genommen werden, eine **Satzungsneufassung** vorzunehmen und das streitanfällige Musterprotokoll ganz aufzuheben. Hinzuweisen ist allerdings darauf, dass bei einer im vereinfachten Verfahren mittels Musterprotokoll gegründeten GmbH gemäß § 105 Abs. 6 GNotKG der in § 105 Abs. 1, Abs. 4 Nr. 1 GNotKG geregelte Mindestwert bei einer Satzungsänderung nur dann nicht gilt, wenn sie sich im Rahmen des Musterprotokolls hält (zB Sitzverlegung, Änderung der Firma). Wird mit der beschlossenen Satzungsänderung das gesetzliche Musterprotokoll verlassen (zB Einfügung einer Vinkulierungsklausel) ist sowohl bei der UG (haftungsbeschränkt) als auch bei der GmbH der Mindestwert von 30.000 EUR maßgebend.[647]

II. Änderungen vor Eintragung der Gesellschaft

Bei einer Änderung der Satzung vor Eintragung der Gesellschaft ist die Zustimmung aller **334** Gesellschafter erforderlich (→ Rn. 32).

III. Registersperren

Bei Gesellschaften, die vor dem 1.1.1986 im Handelsregister eingetragen wurden, ist die **335** Registersperre des Art. 12 § 7 Abs. 2 GmbHGÄndG zu beachten. Danach kann eine Änderung des Gesellschaftsvertrages nur eingetragen werden, wenn gleichzeitig eine Neuregelung über die Ergebnisverwendung getroffen wird.[648] Die Registersperre greift nur, wenn die Gesellschafter bisher kraft Gesetzes (§ 29 GmbHG aF) einen Anspruch auf Vollausschüttung hatten und dieser nicht zur Disposition der Mehrheit stand.[649]

Bei GmbHs, die vor dem 1.1.1999 zur Eintragung in das Handelsregister angemeldet **336** wurden, sieht § 1 Abs. 1 S. 4 EGGmbHG eine weitere Registersperre vor. Demnach darf eine Kapitaländerung nach dem 31.12.2001 nur nach vorheriger Euro-Umstellung und Glättung eingetragen werden.[650]

IV. Aufhebung einer Satzungsänderung

Eine Aufhebung satzungsändernder Beschlüsse vor ihrer Eintragung kann nach hM mit **337** einfacher Mehrheit und formloser Beschlussfassung erfolgen (str.).[651] Sicherheitshalber sollten jedoch zumindest hinsichtlich der Mehrheitserfordernisse die gleichen Anforderungen wie an den aufzuhebenden Beschluss gestellt werden.

---

[646] So auch *Wachter* EWiR 2010, 531 (532).
[647] *Notarkasse* Streifzug GNotKG Rn. 1525 ff.
[648] Vgl. BGH DNotZ 1989, 383.
[649] Siehe zum Ganzen *Hepting* BB 1989, 393; *ders.* BB 1988, 1561.
[650] Einzelheiten bei *Kopp/Heidinger*, Notar und Euro, 1999, S. 12.
[651] Vgl. Scholz/*Priester* GmbHG § 53 Rn. 188.

V. Satzungsbereinigung, Fassungsänderungen

338 Ist ein bestimmter Satzungsbestandteil überholt (zB Aufnahme der Gründungsgesellschafter, → Rn. 64; Übernahme der Gründungskosten, → Rn. 186 ff.; Festlegung von Sacheinlagen, → Rn. 212 ff.), so stellt dessen Streichung **keine materielle Satzungsänderung** dar. § 53 GmbHG ist hier nach einer starken Ansicht nicht anwendbar; es genügt vielmehr die einfache Mehrheit der abgegebenen Stimmen.[652] Aus der Funktion und dem Publizitätsprinzip des Handelsregisters folgt jedoch, dass auch solche Änderungen angemeldet werden müssen.[653]

339   Zu **Änderungen der Fassung** und insbesondere zur Anpassung der Satzung an die infolge der Ausnutzung von genehmigtem Kapital gemäß § 55a GmbHG geänderte Stammkapitalziffer kann die Satzung analog § 179 Abs. 1 S. 2 AktG die Geschäftsführer ermächtigen.[654]

VI. Satzungsdurchbrechung

340 Satzungsdurchbrechungen sind Gesellschafterbeschlüsse, die eine von der Satzung abweichende Regelung treffen, die Satzung selbst aber unverändert lassen wollen.[655] Gemeinhin wird zwischen punktuellen und zustandsbegründenden Satzungsdurchbrechungen unterschieden. Unwirksam ist ein derartiger Beschluss ohne Einhaltung der Formalien einer regulären Satzungsänderung jedenfalls dann, wenn er **zustandsbegründend** wirken, dh einen der Satzung widersprechenden Zustand auf nicht nur kurze Dauer schaffen soll.[656] Die wohl überwiegende Auffassung fordert weitergehend, dass der satzungsdurchbrechende Beschluss auch dann mit satzungsändernder Mehrheit gefasst, notariell beurkundet und in das Handelsregister eingetragen werden muss, wenn sich der Beschluss auf eine **„punktuelle"** Abweichung von der Satzung, dh auf einen konkreten Einzelfall beschränkt und sich die Wirkung des Beschlusses somit in der betreffenden Maßnahme erschöpft.[657] Regelmäßig von der Satzungsregelung abweichende Beschlüsse hinsichtlich der Ergebnisverwendung sind daher ohne Einhaltung der §§ 53, 54 GmbHG auch dann unwirksam, wenn sich die Gesellschafter der Abweichung von den statuarischen Gewinnverwendungsregelungen nicht bewusst gewesen sein sollten. Der eine solche Durchbrechung bestätigende Gesellschafterbeschluss ist beurkundungspflichtig und bedarf der Eintragung im Handelsregister.[658]

341   Vor diesem Hintergrund empfiehlt sich die Aufnahme von **Öffnungsklauseln** in die Satzung in Bereichen, in denen häufig von einer grundsätzlichen Satzungsregelung abweichende Einzelfallregelungen gewünscht werden wie insbesondere beim Wettbewerbsverbot (→ Rn. 81) und bei der Gewinnverwendung (→ Rn. 126 ff.).

342   Der BGH hält es im Einzelfall für möglich, einen (formnichtigen), nicht auf den Einzelfall beschränkten und einstimmig gefassten satzungsdurchbrechenden Gesellschafterbeschluss, der keine organisationsrechtlichen Regelungen zum Gegenstand hat, im Wege der Auslegung oder **Umdeutung** zumindest als **schuldrechtliche Nebenabrede** aufrecht zu erhalten, wobei diese dann nur die Beteiligten selbst, nicht aber Rechtsnachfolger bindet.[659]

---

[652] Zum Ganzen ausf. MHLS/*Hoffmann* GmbHG § 53 Rn. 23 ff.
[653] Dazu Lutter/Hommelhoff/*Bayer* GmbHG § 53 Rn. 35.
[654] Vgl. OLG München ZIP 2012, 330; Ring/Grziwotz/*Herrler* GmbHG § 55a Rn. 2, 10.
[655] Grundlegend *Priester* ZHR 151 (1987), 40; zum Ganzen auch DNotI-Report 2014, 1; *Leuschner* ZHR 180 (2016), 422.
[656] Vgl. nur BGH DNotZ 1994, 313; OLG Köln NZG 2019, 306; OLG Frankfurt a.M. NZG 2019, 307.
[657] Vgl. nur MHLS/*Hoffmann* GmbHG § 53 Rn. 35 mit zahlreichen Nachweisen auch zur Gegenmeinung.
[658] OLG Dresden GmbHR 2012, 213.
[659] BGH DNotZ 2011, 135; dazu *Noack* NZG 2010, 1017; *Leitzen* RNotZ 2010, 566; *Suppliet* NotBZ 2011, 37.

VIII. Kosten

Die Satzungsänderung der GmbH erfolgt durch Beschluss der Gesellschafter, wofür eine **343** 2,0-Gebühr Nr. 21100 KV GNotKG aus dem Wert des § 105 Abs. 4 Nr. 1 GNotKG anfällt. Bei Änderungen des Stammkapitals ist grundsätzlich der Erhöhungsbetrag maßgeblich (§ 105 Abs. 1 Nr. 3 GNotKG); der Mindestwert beträgt stets 30.000 EUR (§ 108 Abs. 1 S. 2, 105 Abs. 1 S. 2 GNotKG). Der Höchstwert von Beschlüssen, gleich ob unbestimmten oder bestimmten Geldwerts, beträgt 5.000.000 EUR (§ 108 Abs. 5 GNotKG). Übernahmeerklärungen auf das erhöhte Stammkapital sind gemäß Nr. 21.200 KV GNotKG gesondert zu bewerten mit einer 1,0-Gebühr aus dem Gesamtbetrag der übernommenen Stammeinlagen. Die Werte mehrerer Erklärungen in einer Urkunde werden nach Maßgabe von §§ 35 Abs. 1, 109 ff. GNotKG zusammengerechnet; Registeranmeldungen (0,5-Gebühr Nr. 21201 KV GNotKG) sind stets ein besonderer Beurkundungsgegenstand (§ 111 Nr. 3 GNotKG). Die Fertigung des neuen Wortlauts des Gesellschaftsvertrags (§ 54 GmbHG) im Zusammenhang mit einer Satzungsänderung ist gebührenfrei (Vorb. 2.1 Abs. 2 Nr. 4 KV GNotKG); eine Betreuungsgebühr wegen der Zusammenstellung der neuen Satzung kann nicht erhoben werden.[660] Der Geschäftswert der Registeranmeldung entspricht dem des Beschlusses (§ 105 Abs. 4 Nr. 1 GNotKG). Der Geschäftswert von Anmeldungen ohne wirtschaftliche Bedeutung (zB Änderung des Sitzes der Gesellschaft wegen Eingemeindung) beträgt 5.000 EUR (§ 105 Abs. 5 GNotKG).

4. Teil. Kapitalmaßnahmen

A. Kapitalerhöhung

> **Muster: Kapitalerhöhungsbeschluss mit Bar- und Sachkapitalerhöhung**
> Siehe hierzu das Gesamtmuster → Rn. 761.

I. Bezugsrecht

Bei der GmbH besteht ein ungeschriebenes gesetzliches Bezugsrecht der Altgesellschafter **344** zur Übernahme der neuen Geschäftsanteile. Ein Bezugsrechtsausschluss ist nur unter engen Voraussetzungen zulässig.[661] Da ein unter Verletzung des Bezugsrechts gefasster Kapitalerhöhungsbeschluss in entsprechender Anwendung von § 243 Abs. 1 AktG anfechtbar ist, sollte der Notar stets die Zustimmung ausgeschlossener Gesellschafter einholen oder jedenfalls mit großer Sorgfalt die Zulässigkeit des Bezugsrechtsausschlusses prüfen.

II. Nennwerterhöhung, Übernahme von Geschäftsanteilen

Entgegen dem Gesetzeswortlaut (vgl. § 55 Abs. 3 GmbHG) kann eine Kapitalerhöhung **345** nicht nur durch **Übernahme eines neuen Geschäftsanteils,** sondern auch durch Erhöhung des Nennwerts der bestehenden Geschäftsanteile erfolgen, wenn der Inhaber zu den Gründern gehört oder der Anteil voll geleistet ist.[662] Die **Aufstockung** der Nennwerte muss ausdrücklich in den Kapitalerhöhungsbeschluss aufgenommen werden.[663] Der Aufstockungsbetrag muss – ebenso wie der aufgestockte Geschäftsanteil – auf volle Euro lauten (§§ 5 Abs. 2 S. 1, 55 Abs. 4 S. 1 GmbHG) und zu einem Viertel einbezahlt werden (§§ 56a, 7 Abs. 2 S. 1 GmbHG).[664]

---

[660] Anders noch LG Düsseldorf RNotZ 2004, 103 unter Geltung der alten Rechtslage: Gebühr aus § 147 Abs. 2 KostO; verneinend OLG Stuttgart ZNotP 2003, 78.
[661] Vgl. Baumbach/Hueck/*Zöllner/Fastrich* GmbHG § 55 Rn. 25 ff.
[662] Ausf. zur GmbH-Kapitalerhöhung *Saß* RNotZ 2016, 213.
[663] BGH WM 1987, 1102.
[664] Vgl. hierzu BGH DNotZ 2013, 949 mAnm *Komo.*

346 Wie bei der Gründung ist auch bei der Kapitalerhöhung die **Übernahme mehrerer Geschäftsanteile** durch einen Übernehmer zulässig, obschon dies vereinzelt in Zweifel gezogen wird, weil § 55 Abs. 4 GmbHG nach seinem Wortlaut nur im Hinblick auf die Bestimmungen über die Nennbeträge der Geschäftsanteile auf § 5 Abs. 2 GmbHG verweist. Daraus ist gefolgert worden, dass sich diese Verweisung nicht auf § 5 Abs. 2 S. 2 GmbHG bezieht, der die Anzahl der Geschäftsanteile bei der Gründung thematisiert.[665]

III. Übernahmeerklärung

347 Unabhängig davon, ob ein neu gebildeter Geschäftsanteil von einem Gesellschafter bzw. von einem Dritten übernommen oder ob ein bestehender Geschäftsanteil aufgestockt wird, muss der Übernehmer des Erhöhungsbetrages eine notariell zu beglaubigende oder zu beurkundende **Übernahmeerklärung** abgeben (§ 55 Abs. 1 GmbHG). Regelmäßig ist diese als einseitige Erklärung in der Urkunde über den Kapitalerhöhungsbeschluss enthalten, sie kann aber auch gesondert abgegeben werden.

348 Die Übernahmeerklärung ist notariell zu **beglaubigen oder** zu **beurkunden.** Bei einer Sachkapitalerhöhung muss die Übernahmeerklärung nach zutreffender Ansicht zwingend beurkundet werden, wenn die Verpflichtung zur Übertragung des Einlagegegenstandes aufgrund allgemeiner Formvorschriften wie § 311b Abs. 1 BGB oder § 15 Abs. 4 GmbHG nur zu notarieller Urkunde erfolgen kann.[666] Aus Kostengründen sollten in diesen Fällen der Einbringungsvertrag und der Übernahmevertrag in einer Urkunde zusammengefasst werden. Andererseits unterliegt die Übernahmeerklärung selbst dann nicht der Beurkundungspflicht des § 15 Abs. 4 GmbHG, wenn sie Teil eines umfassenden, formbedürftigen Vertragswerks ist; eine Beglaubigung reicht in diesem Fall aus.[667] Wird eine Kapitalerhöhung im Handelsregister trotz Formunwirksamkeit der Übernahmeerklärung eingetragen, ist ein etwaiger Formmangel iÜ mit Rücksicht auf den Schutz des Vertrauens des Geschäftsverkehrs auf die ungeschmälerte Erhaltung der im Register eingetragenen Kapitalgrundlage als geheilt anzusehen.[668] Zu beachten ist schließlich, dass die **Vollmacht** zur Unterzeichnung der Übernahmeerklärung entgegen § 167 Abs. 2 BGB in entsprechender Anwendung von § 2 Abs. 2 GmbHG notariell beglaubigt oder beurkundet sein muss.[669]

IV. Kapitalaufbringung

349 **1. Erbringung der Einlage, Hin- und Herzahlen, Differenzhaftung.** Für die Kapitalaufbringung ist entscheidend, ob die Einlage nach dem Kapitalerhöhungsbeschluss in den **uneingeschränkten Verfügungsbereich der Geschäftsführer** gelangt und nicht an den Einleger zurückgeflossen ist. Bei der Anmeldung einer Barkapitalerhöhung haben daher sämtliche (§ 78 GmbHG) Geschäftsführer zu **versichern,** dass der Einlagebetrag für die Zwecke der Gesellschaft zur endgültig freien Verfügung der Geschäftsführung eingezahlt ist.[670] Die Darlegungs- und Beweislast für die Einzahlung trägt der betroffene Gesellschafter.[671] Über den Gesetzeswortlaut des § 57 Abs. 2 S. 1 GmbHG hinaus hat sich die Erklärung grds. auf die Tatsache zu erstrecken, dass die zur freien Verfügung eingezahlten

---

[665] Vgl. *Meister* NZG 2008, 767 (769); für die hM siehe nur *Wicke* GmbHG § 5 Rn. 6, § 55 Rn. 9.
[666] Siehe BeckFormB GmbHR/*Pfisterer* Form. J.IV.2. Anm. 5.
[667] Vgl. OLG Frankfurt a.M. NZG 2015, 875.
[668] Siehe BGH DNotZ 2018, 534.
[669] AllgM, vgl. nur Baumbach/Hueck/*Zöllner/Fastrich* GmbHG § 55 Rn. 32.
[670] Vgl. BGH DNotZ 2002, 808 unter Aufgabe der bisherigen Rspr.; *Heidinger* GmbHR 2002, 1045; *Kamanabrou* NZG 2002, 702.
[671] Vgl. OLG Jena ZIP 2013, 1378. Einen Nachweis über die Einzahlung kann das Gericht gemäß §§ 8 Abs. 2 S. 2, 57 Abs. 2 S. 2 GmbHG nur verlangen, wenn es erhebliche Zweifel an der Versicherung der Geschäftsführer hat.

Betrage **auch in der Folgezeit nicht an den Einleger zurückgezahlt** wurden.[672] Diese Abweichung vom ausdrücklichen Gesetzeswortlaut resultiert daraus, dass für den BGH der Zeitpunkt des Kapitalerhöhungsbeschlusses die maßgebliche Zäsur im Kapitalaufbringungssystem darstellt.[673] Der eingezahlte Betrag muss nach der Fassung des Beschlusses zur endgültig freien Verfügung geleistet sein, sich aber zum Zeitpunkt der Anmeldung nicht mehr in der Verfügung der Geschäftsführer befinden, darf also verbraucht sein. Nur eine Rückzahlung an den Einleger ist nicht zulässig, es sei denn, die Voraussetzungen des § 19 Abs. 5 GmbHG werden eingehalten.[674]

Gemäß § 56a GmbHG ist die Regelung zum **„Hin- und Herzahlen"** (§ 19 Abs. 5 **350** GmbHG; ausf. → Rn. 241 ff.) für die Leistung der Einlagen bei einer Kapitalerhöhung entsprechend anwendbar.[675] Daher tritt im Falle einer sofortigen Rückgewähr des Einlagebetrages an den Gesellschafter Erfüllungswirkung (nur) ein, wenn die Zahlung an die Gesellschafter durch einen Rückzahlungsanspruch gedeckt ist, der (i) vollwertig und (ii) jederzeit fällig ist oder zumindest durch Kündigung seitens der Gesellschaft fällig gestellt werden kann. Ist dies nicht der Fall, bleibt die Einlageschuld in voller Höhe bestehen (**Alles-oder-Nichts-Prinzip**; zu Verwendung von Gesellschafterforderungen als Einlageleistung → Rn. 357 ff.).

Die Grundsätze der **Differenzhaftung** der Gründer sind auf die Sachkapitalerhöhung **351** anwendbar (vgl. §§ 56 Abs. 2, 9 Abs. 1 GmbHG).[676] Bei einer Bareinlage müssen die neuen Stammeinlagen hingegen nur zum Zeitpunkt der Anmeldung gedeckt sein. Anders als bei der Gründung ist auch nicht mehr erforderlich, dass sie noch wertmäßig im Vermögen der Gesellschaft vorhanden sind.[677] Der Rechtsverkehr kann hier nur darauf vertrauen, dass der Gesellschaft tatsächlich Werte in Höhe des Nennbetrags der Kapitalerhöhung zugeflossen sind. Damit entfallen auch die damit korrespondierenden Belehrungspflichten des Notars.

2. Einzahlung auf ein debitorisches Bankkonto. Die freie Verfügbarkeit ist nicht da- **352** durch beeinträchtigt, dass die Einzahlungen auf ein debitorisches Bankkonto geleistet werden, wenn aufgrund der eingeräumten Kreditlinie die Verfügung über die Mittel nicht beschränkt ist.[678] Gleiches gilt, wenn das Kreditinstitut der Gesellschaft mit Rücksicht auf die Kapitalerhöhung auf einem anderen Konto einen Kredit zur Verfügung stellt, der den Einlagebetrag erreicht oder übersteigt.[679] Voreinzahlungen auf die Einlageleistung (dazu → Rn. 353 ff.) auf ein debitorisches Konto haben dagegen keine schuldtilgende Wirkung.[680] Im Einzelfall kann es sich empfehlen, das Einlagekonto bei einem anderen Geldinstitut einzurichten oder eine Bestätigung der Empfangsbank einzuholen, wonach der überwiesene Betrag zur freien Verfügung der Geschäftsführung gehalten wird.[681]

3. Vorleistungen auf die Einlageschuld vor Beschlussfassung. Soll eine **Voreinzah- 353** **lung** auf eine bevorstehende Barkapitalerhöhung erfolgen, so hat diese nach der Rechtsprechung des BGH – von denkbaren Einschränkungen aus Sanierungsgründen abgesehen (→ Rn. 354) – nur dann schuldtilgende Wirkung, wenn der eingezahlte Betrag im Zeit-

[672] BGH DNotZ 2002, 808.
[673] BGH DNotZ 2004, 867.
[674] BeckFormB GmbHR/*Gutheil* Form. J.I.6. Anm. 4.
[675] Hierzu *Herrler* DNotZ 2008, 903 (905 ff.).
[676] Bei der Verschmelzung von GmbHs im Wege der Aufnahme mit Kapitalerhöhung beim übernehmenden Rechtsträger trifft die Gesellschafter der beteiligten Rechtsträger im Fall der Überbewertung des Vermögens des übertragenden Rechtsträgers mangels gesetzlicher Grundlage jedoch keine Differenzhaftung, vgl. BGH DNotZ 2019, 224.
[677] Vgl. nur *Saß* RNotZ 2016, 123 (128) mwN.
[678] BGH DNotZ 1991, 828 mAnm *Gehling*.
[679] BGH DNotZ 2002, 808.
[680] BGH NZG 2008, 512 (514); DNotZ 2004, 867 mAnm *Kanzleiter*; OLG Celle ZIP 2010, 2298.
[681] *Priester* DB 1987, 1478.

punkt des Erhöhungsbeschlusses als solcher, dh nicht lediglich wertmäßig[682] noch im Vermögen der Gesellschaft vorhanden ist.[683] Diese Voraussetzung ist erfüllt, wenn sich die geschuldete Summe entweder in der Kasse der Gesellschaft befindet oder der Gesellschafter auf ein Konto der Gesellschaft einzahlt und dieses anschließend und fortdauernd bis zur Fassung des Kapitalerhöhungsbeschlusses ein Guthaben in entsprechender Höhe ausweist.

354   Nach einer Grundlagenentscheidung des BGH[684] können Voreinzahlungen daneben ausnahmsweise unter engen Voraussetzungen als wirksame Erfüllung der später übernommenen Einlageschuld anerkannt werden, wenn (i) die Beschlussfassung über die Kapitalerhöhung im Anschluss an die Voreinzahlung mit aller gebotenen Beschleunigung nachgeholt wird, (ii) ein **akuter Sanierungsfall** vorliegt, (iii) andere Maßnahmen nicht in Betracht kommen und (iv) die Rettung der sanierungsfähigen Gesellschaft scheitern würde, falls die übliche Reihenfolge der Durchführung der Kapitalerhöhungsmaßnahme beachtet werden müsste. Im Interesse des Gläubigerschutzes muss ferner (v) der Gesellschafter mit Sanierungswillen handeln, (vi) die Gesellschaft (nach der pflichtgemäßen Einschätzung eines objektiven Dritten) sanierungsfähig und (vii) die Voreinzahlung zur durchgreifenden Sanierung der Gesellschaft geeignet sein. Schon um einer nachträglichen Umwidmung von zu anderen Zwecken geleisteten Zahlungen vorzubeugen, muss die Voreinzahlung schließlich (viii) eindeutig und für Dritte erkennbar mit dem Tilgungszweck der Kapitalerhöhung verbunden werden, so dass die damit bezweckte Erfüllung der künftigen Einlageschuld außer Zweifel steht. Insofern empfiehlt es sich dringend, auf dem entsprechenden Überweisungsträger den Verwendungszweck „Kapitalerhöhung" oÄ anzugeben.

355   Im Rahmen von **Sachkapitalerhöhungen** können Gegenstände und Sachwerte, deren Besitz einer GmbH bereits vor dem Kapitalerhöhungsbeschluss überlassen worden ist, nur dann als Sacheinlage eingebracht werden, wenn sie zumindest im Zeitpunkt des Kapitalerhöhungsbeschlusses noch gegenständlich im Gesellschaftsvermögen vorhanden sind.[685]

356   Der Notar muss sich jedenfalls bei der Beurkundung eines Barkapitalerhöhungsbeschlusses regelmäßig darüber vergewissern, ob eine Voreinzahlung an die Gesellschaft erfolgt ist und gegebenenfalls über die Voraussetzungen einer Zahlung auf eine künftige Einlageschuld aufklären. Kommt er dieser Nachforschungs- und Hinweispflicht nicht nach, haftet er für den daraus entstehenden Schaden.[686]

357   **4. Verwendung von Gesellschafterforderungen.** Forderungen von Gesellschaftern gegen die GmbH, die bereits vor dem Kapitalerhöhungsbeschluss entstanden waren, sind – gleichgültig worauf sie gerichtet sind – niemals Bar-, sondern stets **Sacheinlage,** so dass die Vorschriften über die Sachkapitalerhöhung (einschließlich der Erbringung eines Nachweises über die Werthaltigkeit der Forderung) einzuhalten sind.[687] Für die Umwandlung von Gläubigerforderungen in Stammkapital gelten hinsichtlich der Anforderungen an die Werthaltigkeit keine Besonderheiten **(„Dept-Equity-Swap").**[688] Zu beachten ist ferner das Risiko einer **Differenzhaftung,** über das der Notar zu belehren hat (→ Rn. 19).[689]

---

[682] So aber noch BGH GmbHR 1993, 225.
[683] Ständige Rspr., vgl. nur BGH NZG 2008, 512 (514) sowie OLG Celle EWiR 2010, 743 mAnm *Wachter;* zum Ganzen ferner *Ehlke* ZIP 2007, 749; *Wicke* GmbHG § 56a Rn. 5.
[684] DNotZ 2007, 138; siehe auch OLG Nürnberg ZIP 2010, 2300.
[685] Vgl. BGH DNotZ 2001, 154 und dazu *Heidinger* DNotZ 2001, 341.
[686] BGH DNotZ 2008, 841; DNotZ 1996, 572; zum Ganzen mit Formulierungsbeispiel *Herrler* ZNotP 2009, 13.
[687] Dazu BGH DB 1996, 876.
[688] Hierzu ausf. *Priester* DB 2010, 1445; *Ekkenga* DB 2012, 331; aA *Cahn/Simon/Theiselmann* DB 2010, 1629: stets Ansatz der Forderung mit ihrem Nennwert.
[689] Siehe BGH GmbHR 2007, 1331 mAnm *Wachter* sowie *Herrler* ZNotP 2009, 13.

Wird aufgrund einer Vorabsprache die aufgrund des Barkapitalerhöhungsbeschlusses samt **358**
Übernahmeerklärung entstandene Einlageschuld mit einer solchen Forderung verrechnet,
liegt eine **verdeckte Sacheinlage** vor. Auf die zeitliche Reihenfolge der Zahlungen
kommt es dabei nicht an. Daher ist eine verdeckte Sacheinlage einer Altforderung des
Gesellschafters sowohl dann anzunehmen, wenn erst die geschuldete Bareinlage eingezahlt
und sodann zur Tilgung der Gesellschafterforderung zurückgezahlt wird, als auch dann,
wenn in umgekehrter Reihenfolge erst die Gesellschafterforderung getilgt und der erhaltene Betrag sodann ganz oder teilweise als Bareinlage zurückgezahlt wird.[690] Keine verdeckte Sacheinlage ist hingegen anzunehmen bei absprachegemäßer Verwendung einer
Bareinlage der Muttergesellschaft zum Erwerb des Unternehmens einer Schwestergesellschaft.[691] Die verdeckte Sacheinlage führt zwar nicht zur Befreiung des Gesellschafters
von seiner Einlageverpflichtung, gemäß §§ 19 Abs. 4, 56 Abs. 2 GmbHG wird jedoch der
Wert des Vermögensgegenstandes im Zeitpunkt der Registeranmeldung mit Eintragung
der Kapitalerhöhung auf die Einlageschuld angerechnet.[692] Gläubiger der eingebrachten
Forderung und Einlageschuldner müssen nicht zwingend personenidentisch sein, eine
wirtschaftliche Zurechnung genügt (zB bei Treuhandverhältnissen, Leistung an nahen
Angehörigen).[693]

Bei nach dem Kapitalerhöhungsbeschluss entstandenen Forderungen dürfte das Gleiche **359**
gelten, wenn bereits zum **Zeitpunkt** des Erhöhungsbeschlusses eine entsprechende Verrechnungsabrede bestand.[694] Für eine solche Verwendungsabrede spricht eine Vermutung,
wenn die Verrechnung in einem engen zeitlichen Zusammenhang mit dem Kapitalerhöhungsbeschluss vorgenommen worden ist, wobei eine Frist von sechs Monaten eine Orientierung bieten kann.[695]

Fehlt es an einer solchen **Vorabsprache** über die Verrechnung und liegt damit keine **360**
verdeckte Sacheinlage vor, so ist eine Verrechnung der Einlageschuld gegen Neuforde-
rungen des Gesellschafters (auf Gewinnauszahlung) im Einvernehmen mit der Gesellschaft
wirksam, wenn die Gesellschafterforderung fällig, liquide und vollwertig ist.[696]

Diese Regeln sind im Prinzip auch zu beachten, wenn bei einer GmbH das sog. **361**
„Schütt-Aus-Hol-Zurück-Verfahren" durchgeführt wird. Dabei sollen stehen gelassene Gesellschafterforderungen oder ausgezahlte Gewinne bei Barkapitalerhöhungen Verwendung finden.[697] Sinnvoll ist ein derartiges Verfahren immer dann, wenn die Ausschüttung steuerlich günstiger ist als die – unmittelbare – Thesaurierung, wie es bis zum Jahr
2000 unter Geltung des KStG 1976 der Fall war.

Der BGH[698] hat eine Kapitalerhöhung unter Verwendung der **Gewinnauszahlungs-** **362**
ansprüche ohne Einhaltung der Sacheinlagevorschriften zugelassen, wenn diese an den
für die Kapitalerhöhung aus Gesellschaftsmitteln (§ 57c GmbHG) geltenden Regeln ausgerichtet wird.[699] Der Vorteil dieses vom BGH eröffneten Weges gegenüber der Kapitalerhöhung durch Sacheinlagen liegt darin, dass kein Werthaltigkeitsgutachten (§§ 57a, 9c
Abs. 1 GmbHG) erforderlich ist.[700] Der Nachteil besteht darin, dass eine aktuelle testierte
Bilanz erforderlich ist (vgl. §§ 57e Abs. 1, 57f Abs. 1 S. 2 GmbHG). Für die Praxis erscheint es deshalb nach wie vor empfehlenswert, den Weg über die Kapitalerhöhung
durch Sacheinlagen zu wählen. Der Notar hat den Beteiligten – mit Hinweis auf den

---

[690] BGH DNotZ 2016, 549; hierzu *Lubberich* DNotZ 2016, 811; *Wicke* DStR 2016, 1115.
[691] BGH GmbHR 2007, 433.
[692] Näher *Herrler* DNotZ 2008, 903 (904).
[693] Vgl. BGH GmbHR 1994, 394.
[694] Zur Rechtslage vor Inkrafttreten des MoMiG ausf. BGH DNotZ 1997, 485 und DNotZ 2003, 207.
[695] Vgl. BGH DNotZ 2003, 207 mAnm *Priester*; BGH DNotZ 1997, 480.
[696] BGH MittBayNot 1994, 344; DNotZ 2003, 207 mAnm *Priester*.
[697] BGH DNotZ 1991, 843; hierzu *Crezelius* ZIP 1991, 499; zusammenfassend *Semetz* ZIP 1995, 173 und
Bergmann/Schürle DNotZ 1992, 144 (148).
[698] Vgl. DNotZ 1998, 152.
[699] Einzelheiten dazu bei Widmann/Mayer/*D. Mayer* UmwR Bd. 8 Anh. 5 „Einbringung" Rn. 392ff.
[700] Zu den Einzelheiten vgl. *Lutter/Zöllner* ZGR 1996, 164.

möglichen Sonderweg bei einer Kapitalerhöhung aus Gesellschaftsmitteln – diesen Weg zu weisen.[701]

363   Gegenüber dem Registergericht ist der **Wertnachweis** zur Vollwertigkeit der im Wege der Sacheinlage eingebrachten Forderung zu führen. Dies gilt unabhängig davon, ob das Darlehen vor Inkrafttreten des MoMiG als „eigenkapitalersetzendes Darlehen" (ausf. → Rn. 264 ff.) beurteilt worden wäre oder nicht. Mit anderen Worten ändert sich an der Verwendungsfähigkeit solcher Gesellschafterforderungen auch dann nichts, wenn über das Vermögen der Gesellschaft innerhalb der Jahresfrist des § 135 Abs. 1 Nr. 2 InsO das Insolvenzverfahren eröffnet wird. Entscheidend ist, dass aus Gründen des Schutzes der Gesellschaft und ihrer Gläubiger der wirkliche Wert des Darlehens einer registergerichtlichen Kontrolle unterliegt.

364   **Formulierungsbeispiel: Darlehen als Sacheinlage**

Ω   Die Gesellschafter A und B sind Gläubiger aus Darlehensforderungen gegen die Gesellschaft in Höhe von jeweils 37.500 EUR, die aus einem Darlehensvertrag mit der Gesellschaft vom *** resultieren und fällig sind. Ausweislich ihrer Bilanz zum 31.12.2018 hat die Gesellschaft einen Kapitalverlust in Höhe von 25.000 EUR erlitten, der zu einem entsprechenden Wertverlust auch der Darlehen geführt hat. Im Hinblick hierauf verzichtet jeder der Gesellschafter hiermit auf einen Forderungsbetrag von je 12.500 EUR. Damit ist die Bilanz der Gesellschaft iSd § 30 GmbHG ausgeglichen. Sodann übernehmen die Gesellschafter A und B je einen Geschäftsanteil im Nennbetrag von 25.000 EUR und bringen auf diesen je einen weiteren Teil ihrer Gesellschafterdarlehen in Höhe von je 25.000 EUR ein mit der Folge, dass die Darlehensforderungen infolge Konfusion erlöschen. Die entsprechenden Zahlen und insbesondere die Vollwertigkeit der Darlehensforderungen nach Ausgleich der Bilanz sind durch den Wirtschaftsprüfer bestätigt.

365   Soweit der Gesellschafter einer GmbH demgegenüber einen Betrag, den ihm die Gesellschaft im Rahmen der **Rückzahlung** eines **„eigenkapitalersetzenden Darlehens"** zur Verfügung gestellt hat, umgehend zur Erfüllung einer „Einlageschuld" aus einer Kapitalerhöhung an die Gesellschaft zurückzahlt, leistet er nicht die geschuldete Einlage, sondern erfüllt seine Erstattungspflicht nach § 31 Abs. 1 GmbHG.[702]

366   **5. „Umbuchung" von Rücklagen in Stammkapital.** Wird eine Kapitalerhöhung durch Bareinlagen beschlossen und werden anschließend ohne Beachtung der Vorschriften über die Kapitalerhöhung aus Gesellschaftsmitteln vorhandene offene Rücklagen nach Auflösung und Begründung einer entsprechenden Auszahlungsforderung mit der offenen Bareinlageverpflichtung aus der Barkapitalerhöhung verrechnet, so kann eine Tilgungswirkung nur eintreten, wenn die Vorschriften über die Sachkapitalerhöhung beachtet wurden, da sonst das Erfordernis einer testierten Bilanz nach §§ 57e, 57f GmbHG umgangen werden könnte.[703]

367   **6. Kapitalerhöhung mit gemischter Sacheinlage/Über-Wert-Sacheinlage.** Gemischte Sacheinlagen bzw. – besser – Über-Wert-Sacheinlagen liegen vor, wenn der vom Gesellschafter zu leistende Vermögensgegenstand nur zu einem Teil auf die Stammeinlage angerechnet und ihm der überschießende Teil in Geld oder anderen Vermögenswerten vergütet werden soll.[704] Praxiswichtig ist dies vor allen Dingen bei der Einbringung von Unternehmen, da hier meist über die Stammeinlage hinausgehende Beträge des Kapital-

---

[701] Vgl. insbes. BGH DNotZ 1990, 437; GmbHR 1993, 300; Formulierungsbeispiel bei Lutter/Hommelhoff/*Bayer* GmbHG § 56 Rn. 18.

[702] BGH DNotZ 2009, 635 unter Aufgabe von BGH DNotZ 2001, 406.

[703] Ausf. *Priester* GmbHR 1998, 861 und Scholz/*Priester* GmbHG § 56 Rn. 17.

[704] Vgl. ausf. Scholz/*Veil* GmbHG § 5 Rn. 81 ff.

kontos dem Einbringenden als Darlehen etc gutgeschrieben werden sollen. Die **Werthaltigkeit** des eingebrachten **Mehrbetrags** unterliegt der Kontrolle durch das Registergericht jedenfalls dann, wenn der Betrag als Fremdkapital ausgewiesen und nicht in die Kapitalrücklage eingestellt wird (dazu bereits → Rn. 218).

7. Wechsel von der Sachkapitalerhöhung zur Bareinlage. Wird eine Sachkapitalerhö- 368 hung beschlossen, kann der zu einer Sacheinlage verpflichtete Gesellschafter seine Stammeinlage nicht nach Belieben durch eine Bareinlage erbringen.[705]

8. Wechselseitige Beteiligung

Beispiel: 369

Die A-GmbH und die B-GmbH mit je einem Stammkapital von 1 Mio. EUR, die bisher nicht aneinander beteiligt sind, wollen ihr Kapital um je eine weitere Mio. EUR erhöhen. Es wird vereinbart, dass die A-GmbH den vollen Erhöhungsbetrag bei der B-GmbH und die B-GmbH den vollen Erhöhungsbetrag bei der A-GmbH übernehmen soll. Nach ordnungsgemäßem Beschluss der Kapitalerhöhung übernimmt die A-GmbH den neuen Geschäftsanteil von 1 Mio. EUR bei der B-GmbH und leistet eine Bareinlage iHv 1 Mio. EUR. Unmittelbar im Anschluss daran verfährt die B-GmbH bei der A-GmbH genauso.

Offensichtlich bewirken die vorgenannten Transaktionen bei den beiden Gesellschaften keinen Vermögenszuwachs von insgesamt 2 Mio. EUR. Solche Gestaltungen führen deshalb zu einer Gefährdung der realen Kapitalaufbringung und damit zu einer Gefährdung der Gläubiger. Es besteht deshalb Einigkeit, dass eine mittelbare Selbstbeteiligung nur eingeschränkt zulässig ist und – jedenfalls – § 33 GmbHG (Einschränkung beim Erwerb eigener Anteile) aus Kapitalschutzgründen entsprechend Anwendung finden muss.[706]

V. Einbringungsgeborene Anteile

Machte eine Gesellschaft vor Neufassung des UmwStG durch das am 13.12.2006 in 370 Kraft getretene SEStEG bei einer Unternehmenseinbringung im Rahmen der Gründung oder Umwandlung von dem Recht zur Buchwertfortführung nach § 20 Abs. 1 S. 2 UmwStG aF Gebrauch, erhielten die Anteile der Gesellschafter den besonderen steuerlichen Status so genannter „einbringungsgeborener Anteile" (vgl. § 21 Abs. 1 UmwStG aF). Für die Veräußerung solcher Anteile galt bis zum Inkrafttreten des SEStEG nach der Einbringung eine siebenjährige Sperrfrist. § 21 UmwStG nF ersetzt dieses Vorgehen durch das Konzept der nachträglichen Besteuerung des Einbringungsvorgangs. Nach § 22 Abs. 1 UmwStG nF wird die Einbringung von Betrieben, Teilbetrieben oder Mitunternehmeranteilen unter dem gemeinen Wert nunmehr rückwirkend der Besteuerung unterworfen, wenn die dafür enthaltenen Anteile innerhalb von sieben Jahren verkauft werden.[707]

Allerdings ist mit diesem Konzeptwechsel das bisherige Verfahren nicht obsolet gewor- 371 den. Für „alt-einbringungsgeborene" Anteile gelten vielmehr die bisherigen Vorschriften auch künftig weiter, und zwar (i) § 8b Abs. 4 KStG und § 3 Nr. 40 S. 3 EStG bis zum Ende einer im Zeitpunkt des Inkrafttretens des SEStEG bereits laufenden Siebenjahresfrist und (ii) die Veräußerungsersatztatbestände des § 21 Abs. 2 UmwStG dauerhaft. Zu letzterer Alternative ist zu beachten, dass es in dem in §§ 20 Abs. 3 S. 4, 21 Abs. 2 S. 6 UmwStG geregelten Fall der Einbringung alt-einbringungsgeborener Anteile sogar im zeitli-

---

[705] DNotI-Report 1997, 203; Widmann/Mayer/*D. Mayer* UmwR Bd. 8 Anh. 5 „Einbringung" Rn. 405 ff.
[706] Einzelheiten hierzu bei Widmann/Mayer/*D. Mayer* UmwR Bd. 8 Anh. 5 „Einbringung" Rn. 399 ff. sowie im Gutachten des DNotI zu § 33 GmbHG Nr. 24621; ferner → Rn. 36 zum ähnlich gelagerten Fall der „Kaskadengründung"; zum Erwerb eigener Geschäftsanteile → Rn. 511.
[707] Hierzu *Schönherr/Lemaitre* GmbHR 2007, 4599.

chen Anwendungsbereich des neu gefassten UmwStG in Folge der Infizierung zur Entstehung zusätzlicher alt-einbringungsgeborener Anteile kommen kann.[708]

VI. Kapitalerhöhung aus Gesellschaftsmitteln

372   Die Kapitalerhöhung aus Gesellschaftsmitteln zeichnet sich dadurch aus, dass der GmbH kein frisches Kapital von außen zugeführt, sondern lediglich Kapital- oder Gewinnrücklagen in haftendes Kapital umgewandelt werden.[709] Das sehr formalisierte Verfahren ist in §§ 57c–57o GmbHG geregelt. Dabei ist insbes. zu beachten, dass dem Beschluss eine **Bilanz** zugrunde zu legen ist, deren **Stichtag maximal acht Monate vor der Anmeldung** des Beschlusses zur Eintragung im Handelsregister liegt (§§ 57e Abs. 1, 57f Abs. 1 S. 2 GmbHG). Falls die Jahresbilanz aufgrund Fristablauf nicht mehr verwendet werden kann, ist eine Zwischenbilanz zu erstellen (§ 57f Abs. 1 GmbHG).

373   Die zugrunde gelegte Bilanz muss nach dem Gesetzeswortlaut mit einem uneingeschränkten **Bestätigungsvermerk** des Abschlussprüfers versehen sein (§§ 57e Abs. 1, 57f Abs. 2 GmbHG). Dies gilt jedoch nur, wenn die Gesellschaft prüfungspflichtig iSv §§ 267 Abs. 1, 316 Abs. 1 HGB ist, dh nicht bei kleinen Kapitalgesellschaften. Dort wird der Umfang der Prüfung durch § 57f Abs. 2 S. 1 GmbHG iVm § 57f Abs. 1 GmbHG bestimmt und begrenzt, weshalb lediglich zu prüfen ist, ob die Bilanz den Vorschriften über die Gliederung der Jahresbilanz und die Wertansätze in der Jahresbilanz entspricht.[710] Die Prüfung kann bei kleinen Kapitalgesellschaften iÜ durch einen vereidigten Buchprüfer vorgenommen werden.[711] Ferner ist die Bilanz und – im Fall des § 57f Abs. 1 GmbHG – auch die letzte Jahresbilanz der Registeranmeldung als Anlage beizufügen (§ 57i Abs. 1 GmbH). Die in Stammkapital umzuwandelnden Kapital- und Gewinnrücklagen müssen in der Bilanz selbst oder zumindest im letzten Gewinnverwendungsbeschluss als Zuführung zu diesen Rücklagen ausgewiesen sein (§ 57d Abs. 1 GmbHG). Wird die Kapitalerhöhung beschlossen, ohne dass ein geprüfter und mit Bestätigungsvermerk versehener Abschluss vorliegt, ist der betreffende Beschluss nichtig. Die Heilung einer solchen fehlgeschlagenen Kapitalerhöhung aus Gesellschaftsmitteln ist nur durch Neuvornahme mit ex-nunc-Wirkung möglich.[712]

374   Nach dem **Grundsatz der Verhältniswahrung** wachsen die neuen Geschäftsanteile den Gesellschaftern zwingend im Verhältnis ihrer bisherigen Geschäftsanteile zu (§ 57j GmbHG). Eine nicht-verhältniswahrende Kapitalerhöhung aus Gesellschaftsmitteln ist somit nicht möglich.

375   Im Rahmen der Registeranmeldung haben sämtliche Geschäftsführer die **Versicherung** abzugeben, dass nach ihrer Kenntnis seit dem Stichtag der Bilanz keine Vermögensminderung eingetreten ist, die der Kapitalerhöhung entgegenstünde, wenn sie am Tag der Anmeldung beschlossen worden wäre (§ 57 Abs. 1 S. 2 GmbHG).

376   Eine Barkapitalerhöhung kann iÜ mit einer Erhöhung aus Gesellschaftsmitteln in einem Beschluss **kombiniert** werden, wenn sämtliche Gesellschafter mitwirken und die Voraussetzungen beider Kapitalerhöhungen kumulativ eingehalten werden.[713]

Praxishinweis Steuern:

Steuerlich führt eine Kapitalerhöhung aus Gesellschaftsmitteln gemäß § 1 KapErhStG nicht zu einem steuerpflichtigen Zufluss beim Anteilseigner; vielmehr werden die An-

---

[708] Zum Ganzen *Dötsch/Pung* DB 2007, 2763.
[709] Zur Kapitalerhöhung aus Gesellschaftsmitteln vgl. das Muster im MVHdB I GesR/*Böhm/Frowein* Form. IV.92.; zu den Folgen des MoMiG für die Kapitalerhöhung aus Gesellschaftsmitteln vgl. *Schemmann* NZG 2009, 241.
[710] OLG Hamm DB 2010, 2096.
[711] OLG Jena GmbHR 2016, 291 mAnm *Heinze*.
[712] OLG Jena GmbHR 2016, 291 mAnm *Heinze*.
[713] OLG Düsseldorf ZIP 1986, 437.

schaffungskosten der Altanteile auf die Neuanteile verteilt. Im Falle der erneuten Kapitalherabsetzung oder Auflösung der Gesellschaft wird die Rückzahlung der frei werdenden Mittel beim Gesellschafter jedoch als Dividende versteuert, soweit für die Kapitalerhöhung aus Gesellschaftsmitteln nicht aus Einlagen stammende Rücklagen verwendet worden sind (vgl. § 28 Abs. 1 KStG).

VII. Verbindung von Kapitalerhöhung und Kapitalherabsetzung

Weist die GmbH eine Unterbilanz auf und benötigt sie gleichzeitig neues Kapital, können 377 Kapitalerhöhung und Kapitalherabsetzung miteinander verbunden werden (**„Kapitalschnitt"**). Maßgeblich sind die §§ 58a–58f GmbHG als Sondervorschriften für eine vereinfachte Kapitalherabsetzung zum Verlustausgleich.[714]

VIII. Belehrungen

Die Anforderungen an die notariellen Belehrungen im Zusammenhang mit Kapitalerhö- 378 hungen sind erheblich. So sollte die Urkunde Hinweise auf die Haftung der alten und neuen Gesellschafter (die Übernehmer haften auch für die nicht erbrachten Stammeinlagen der früheren Gesellschafter und umgekehrt) sowie das Wirksamwerden der Kapitalerhöhung (§ 54 Abs. 3 GmbHG) enthalten. Ferner wird eine Aufklärungspflicht des Notars im Hinblick auf die Differenzhaftung bei der Kapitalerhöhung mit Sacheinlagen[715], die mit einer Voreinzahlung zusammenhängenden Risiken (näher → Rn. 353 ff.)[716] sowie die Problematik der Verrechnung von Gesellschafterforderungen[717] angenommen. Nach der zu weitgehenden Ansicht des OLG Naumburg ist der Notar überdies verpflichtet, jeden Urkundsbeteiligten über die Bedeutung des Begriffs „Bareinlage" eindringlich aufzuklären, weil häufig Fehlvorstellungen über den Inhalt einer solchen Bareinlageverpflichtung bestünden.[718]

IX. Registeranmeldung

Im Rahmen der Kapitalerhöhung einer **Einpersonen–GmbH,** bei der die neue Stamm- 379 einlage vor Anmeldung nicht voll geleistet wird, muss seit Inkrafttreten des MoMiG und der damit verbundenen Streichung von § 7 Abs. 2 S. 3 GmbHG aF sowie Änderung von § 56a GmbHG keine Sicherheit mehr gestellt werden.

Die Kapitalerhöhung ist von **sämtlichen Geschäftsführern** (§ 78 GmbHG) anzumel- 380 den.[719] Eine Bevollmächtigung ist hinsichtlich der nach § 57 Abs. 2 GmbHG abzugebenden Versicherungen unzulässig.[720]

Da eine Kapitalerhöhung eine Veränderung des Umfangs der Beteiligung iSv § 40 381 Abs. 1 S. 1 GmbHG beinhaltet, an der ein Notar unmittelbar mitwirkt iSv § 40 Abs. 2 S. 1 GmbHG,[721] hat dieser unverzüglich nach deren Wirksamwerden durch Eintragung im Handelsregister (§ 54 Abs. 3 GmbHG) eine aktualisierte, bescheinigte **Gesellschafterliste** einzureichen (→ Rn. 563 f.).

---

[714] Hierzu → Rn. 407 f. sowie das Muster im MVHdB I GesR/*Böhm/Frowein* Form. IV.100.
[715] BGH DNotZ 2008, 376.
[716] Vgl. BGH NZG 2008, 512.
[717] OLG Schleswig RNotZ 2007, 115.
[718] OLG Naumburg NZG 2010, 585; im dort entschiedenen Fall hatten die Gesellschafter lediglich eine Darlehensverbindlichkeit in Eigenkapital umgebucht und waren mit ihrer Behauptung erfolgreich, dass sie im Falle einer ordnungsgemäßen Belehrung durch den Notar über die Bedeutung einer Bareinlageverpflichtung die Beurkundung nicht vorgenommen hätten.
[719] Zur Frage, bis wann die Kapitalerhöhung (in Ermangelung einer diesbezüglichen Festsetzung im Beschluss) durchzuführen ist vgl. DNotI-Gutachten Nr. 161238 vom 30.7.2018.
[720] BayObLG NJW 1987, 136.
[721] Siehe nur OLG München DNotZ 2011, 63.

382 Eine von „den Anmeldenden", dh gemäß § 78 GmbHG von sämtlichen Geschäftsführern unterzeichnete **Liste der Übernehmer** ist demgegenüber gemäß § 57 Abs. 3 Nr. 2 GmbHG bereits mit der Anmeldung vorzulegen.

X. Fehlerhafte Kapitalerhöhungen

383 Bei Beschlussmängeln hat die analoge Anwendung der §§ 241 ff. AktG grundsätzlich die rückwirkende Nichtigkeit des Beschlusses und damit das Erfordernis der **Rückabwicklung** der Kapitalerhöhung zur Folge. Möglicherweise kann durch Eintragung (evtl. verbunden mit Zeitablauf) analog § 242 AktG Heilung eintreten. Soweit dies nicht der Fall ist, führt die Eintragung in entsprechender Anwendung der Grundsätze über die fehlerhafte Gesellschaft zum vorläufigen Bestand der Kapitalerhöhung bis zur rechtskräftigen Entscheidung über die Nichtigkeit. Als alternative Heilungsmöglichkeit ist auch ein „Reparaturbeschluss" in Erwägung zu ziehen.[722]

XI. Barkapitalerhöhung um einen Höchstbetrag („Bis-zu-Kapitalerhöhung")

384 Die Erhöhung des Stammkapitals kann innerhalb eines Mindest- und Höchstbetrags oder bis zu einem Höchstbetrag erfolgen, wobei nach überwiegender Ansicht die Festsetzung einer Frist erforderlich ist, innerhalb derer der endgültige Erhöhungsbetrag angemeldet werden muss (maximal sechs Monate).[723] Eine Ausübung in mehreren Tranchen ist nach hM nicht zulässig.[724]

385 Im Rahmen der Beschlussfassung kann der genaue Satzungswortlaut zur Höhe des endgültigen Stammkapitals noch nicht festgelegt werden, da die zukünftige Stammkapitalziffer noch unbekannt ist. Spätestens zum Zeitpunkt der Anmeldung der Barkapitalerhöhung muss aber der **endgültige Satzungstext** zur Stammkapitalziffer fixiert werden, da sich der Betrag des Stammkapitals zweifelsfrei aus dem Inhalt des Gesellschaftsvertrags ergeben muss. Der sicherste Weg besteht darin, im Rahmen eines Urkundsnachtrags zur Barkapitalerhöhung den endgültigen Erhöhungsbetrag zu konkretisieren und die Satzung insoweit zu ändern. Hierzu kann der Geschäftsführung, einem Gesellschafter oder einem sonstigen Beteiligten Vollmacht erteilt werden. Daneben soll auch eine Ermächtigung der Geschäftsführung möglich sein, den entsprechenden Abschnitt des Gesellschaftsvertrags betreffend das Stammkapital neu zu fassen.[725]

XII. Einfluss von Insolvenzeröffnung oder Auflösung

386 Kommt es infolge zwischenzeitlicher Insolvenz oder infolge unvorhergesehener Auflösung einer GmbH nicht mehr zur Eintragung der Kapitalerhöhung, besteht der Anspruch der Gesellschaft auf Einzahlung der versprochenen Einlagen fort.[726] Jedenfalls wenn die Kapitalerhöhung gerade im Hinblick auf eine bevorstehende Insolvenzeröffnung zu Sanierungszwecken oder zumindest in Kenntnis der gefährdeten wirtschaftlichen Lage der Gesellschaft beschlossen wurde, ist eine Aufhebung des Beschlusses ausgeschlossen.[727] Zweckmäßigerweise sollte deshalb in geeigneten Fällen folgende Regelung in die Kapitalerhöhungsurkunde aufgenommen werden:

---

[722] Zu den Rechtsfolgen fehlerhafter Kapitalerhöhungen bei der GmbH und den entsprechenden Heilungsmöglichkeiten siehe ausf. DNotI-Report 2011, 84; *Temme* RNotZ 2004, 1; siehe ferner Baumbach/ Hueck/*Zöllner/Fastrich* GmbHG § 57 Rn. 27 ff.

[723] Hauschild/Kallrath/Wachter/*Leitzen* NotarHdB § 16 Rn. 491 mwN; Scholz/*Priester* GmbHG § 55 Rn. 19; aA *Göppel,* Bedingte GmbH-Gesellschafterbeschlüsse, 2008, S. 177 ff.

[724] Siehe OLG München NZG 2009, 1274 für die AG; *Priester* NZG 2010, 81; aA *Göppel* aaO S. 179 ff.

[725] Vgl. hierzu das Gutachten des DNotI zu § 53 GmbHG Nr. 38989 sowie *Göppel* aaO S. 182 ff.

[726] Ausf. zur Aktiengesellschaft *Götze* ZIP 2002, 2204.

[727] BGH DB 1995, 208.

> **Formulierungsbeispiel: Auflösend bedingte Kapitalerhöhung** 387
> Die Übernahme erfolgt unter der auflösenden Bedingung, dass die Kapitalerhöhung bis ☝
> spätestens zum *** im Handelsregister eingetragen ist.

Die Aufnahme sonstiger Bedingungen ist nur stark eingeschränkt zulässig;[728] dies gilt 388
insbes. für eine auflösende Bedingung dahingehend, dass der Kapitalerhöhungsbeschluss
mit Eröffnung des Insolvenzverfahrens unwirksam werden soll.[729]

XIII. Genehmigtes Kapital

Wie schon bei der Gründung kann genehmigtes Kapital auch im Wege einer **Satzungs-** 389
änderung gemäß § 55a Abs. 2 GmbHG geschaffen werden (ausf. → Rn. 72 ff.).[730] Die
Ermächtigung darf für höchstens fünf Jahre erteilt werden und der Nennbetrag des ge-
nehmigten Kapitals darf die Hälfte des Stammkapitals nicht übersteigen. Das genehmigte
Kapital entsteht mit Eintragung der Satzungsänderung im Handelsregister (§ 54 Abs. 3
GmbHG).

XIV. Kapitalerhöhung bei der Unternehmergesellschaft

Bei der haftungsbeschränkten Unternehmergesellschaft gemäß § 5a GmbHG (hierzu ausf. 390
→ Rn. 271 ff.) dient die Kapitalerhöhung **auf** ein Stammkapital von **mindestens**
25.000 EUR der Überführung in eine „normale" GmbH. Zu einer solchen Herauf-
fung steht neben einer Kapitalerhöhung aus Gesellschaftsmitteln auch die Erhöhung des
Stammkapitals gegen Einlagen zur Verfügung, um das Mindeststammkapital einer GmbH
gemäß § 5 Abs. 1 GmbHG zu erreichen. In Folge der Kapitalerhöhung auf 25.000 EUR
finden gemäß § 5a Abs. 5 GmbHG die Beschränkungen des § 5a Abs. 1–4 GmbHG keine Anwendung mehr.[731] Strukturell stellt der Übergang von der UG zur Voll-GmbH
durch Kapitalerhöhung keinen Fall der Gründung eines Rechtsträgers dar, weil das
Rechtssubjekt bereits existiert. Daher können die mit der Kapitalerhöhung verbundenen
Kosten nicht als „Gründungsaufwand" auf die GmbH abgewälzt werden.[732]

Nach Inkrafttreten des MoMiG war heftig umstritten, ob die Beschränkungen des § 5a 391
Abs. 2 S. 1 GmbHG **(Gebot der Volleinzahlung)** und des § 5a Abs. 2 S. 2 GmbHG
(Verbot von Sacheinlagen) auch für solche Kapitalerhöhungen bei der Unternehmer-
gesellschaft Anwendung finden, aufgrund derer das Mindeststammkapital des § 5 Abs. 1
GmbHG erreicht oder überschritten wird.[733] Nach der strengeren Ansicht entfallen die
Beschränkungen des § 5a GmbHG erst nach Wirksamwerden der Kapitalerhöhung auf
mindestens 25.000 EUR durch Eintragung der damit verbundenen Satzungsänderung im
Handelsregister.[734] Gegen diese Auffassung wurde vor allem vorgebracht, dass danach die
Gesellschaft im Fall der „Heraufstufung" schlechter stünde als im Fall der Neugründung
als vollwertige GmbH, im Rahmen derer eine Sacheinlage oder eine teilweise Einzahlung
der Bareinlage ohne weiteres möglich wären.[735]

Letztgenannter Ansicht ist die Rechtsprechung mittlerweile gefolgt. Im Hinblick auf 392
die Frage der **Zulässigkeit von Sacheinlagen** hat der BGH[736] entschieden, dass das
Sacheinlagenverbot nach § 5a Abs. 2 S. 2 GmbHG für eine den Betrag des Mindestkapi-

---

[728] Vgl. Scholz/*Priester* GmbHG § 55 Rn. 85.
[729] Siehe BGH DB 1995, 208 sowie die Nachweise bei *Götze* ZIP 2002, 2204.
[730] Hauschild/Kallrath/Wachter/*Leitzen* NotarHdB § 16 Rn. 545 ff. sowie *Lieder* DNotZ 2010, 655.
[731] Zum Ganzen *Herrler* DNotZ 2008, 903 (913 f.); *Lange* NJW 2010, 3686; *Lohr* GmbH-StB 2018, 129; *Ries/Schulte* NZG 2018, 571 (mit Formulierungsbeispiel).
[732] Vgl. OLG Celle NZG 2018, 261.
[733] Zusammenfassend DNotI-Report 2015, 10.
[734] Vgl. nur *Heckschen* DStR 2009, 166 (170 f.).
[735] So unter anderem Roth/Altmeppen/*Roth* GmbHG § 5a Rn. 34, 16; *Schäfer* ZIP 2011, 53 (56 f.).
[736] DNotZ 2011, 705 mAnm *Heinze*.

tals nach § 5 Abs. 1 GmbHG erreichende oder übersteigende Erhöhung des Stammkapitals einer Unternehmergesellschaft nicht gilt.[737] Diese liberale Ansicht ist von der obergerichtlichen Rechtsprechung mittlerweile auch für die Frage der Volleinzahlungspflicht bestätigt worden.[738] Danach ist eine **Teileinzahlung** bei der Barkapitalerhöhung auf mindestens 25.000 EUR **zulässig,** vorausgesetzt, das erhöhte Stammkapital ist – in entsprechender Anwendung von § 7 Abs. 2 S. 2 GmbHG – wenigstens in Höhe von 12.500,00 EUR eingezahlt und steht zur freien Verfügung der Geschäftsführer.

393   Anstelle einer effektiven Kapitalerhöhung kann die Überführung einer UG in eine GmbH auch durch eine **Kapitalerhöhung aus Gesellschaftsmitteln** nach §§ 57c ff. GmbHG erfolgen. Dabei ist ein Rückgriff auf die nach § 5a Abs. 3 S. 1 GmbHG zu bildende gesetzliche Rücklage möglich. Eine Pflicht zur vollständigen Umwandlung der Rücklage in Stammkapital besteht nicht, dh der nicht für die Erhöhung auf 25.000 EUR erforderliche Teil der Rücklage kann ausgeschüttet werden.[739] Bei der Entscheidung über den Weg der Kapitalerhöhung sind allerdings die hohen Kosten der gemäß § 57f Abs. 2 S. 1 GmbHG für die Kapitalerhöhung aus Gesellschaftsmitteln erforderlichen testierten Bilanz in Erwägung zu ziehen.

394   Wird das Stammkapital der UG hingegen auf einen Betrag von weniger als 25.000 EUR erhöht, sind die für die UG geltenden Sonderregeln des § 5a GmbHG zu beachten. Sacheinlagen oder die nur teilweise Einzahlung einer Bareinlage sind dann ausgeschlossen.[740]

XV. Umstellung auf den Euro

395   Nach § 1 Abs. 1 S. 1 EGGmbHG können am 1.1.1999 bereits bestehende oder zumindest zum Handelsregister angemeldete GmbHs die DM-Bezeichnung von Stammkapital und Geschäftsanteilen ebenso wie die bisherige Nennbetragsstückelung beibehalten. Vor Kapitaländerungen müssen nach § 1 Abs. 1 S. 4 EGGmbHG die Nennbeträge von Stammkapital und Geschäftsanteilen aber auf einen glatten Euro-Betrag umgestellt werden (Registersperre → Rn. 336).

396   Bei der **Umstellung** auf den Euro ist die rein rechnerische Umstellung von DM-Beträgen auf (krumme) Euro-Beträge sowie die mit Kapitalmaßnahmen verbundene Anpassung **(Glättung)** zu unterscheiden.[741]

397   Für die **rein rechnerische Umstellung** sind Verfahrenserleichterungen vorgesehen. So reicht für den nicht notariell zu beurkundenden Umstellungsbeschluss einfache Mehrheit aus (§ 1 Abs. 3 S. 1 EGGmbHG). Auch ein vollständiger neuer Wortlaut der Satzung sowie die Notarbescheinigung sind entbehrlich (§ 1 Abs. 3 S. 2 EGGmbHG). Es handelt sich um eine schlichte Umrechnung, welche die Höhe des Stammkapitals unverändert lässt. Die rein rechnerische Umstellung kann formlos, also ohne öffentliche Beglaubigung zum Handelsregister angemeldet werden, eine Bekanntmachung der Eintragung erfolgt nicht (vgl. Art. 45 EGHGB).

398   Erst bei einer **Änderung des Stammkapitals** im Wege einer Kapitalerhöhung oder Kapitalherabsetzung ergibt sich ein **Zwang,** das Stammkapital und den Nennbetrag der

---

[737] Zu der Entscheidung unter anderem Baumbach/Hueck/*Fastrich* GmbHG § 5a Rn. 33; *Gößl* MittBayNot 2011, 438; *Lieder/Hoffmann* GmbHR 2011, 561; die Neugründung einer Unternehmergesellschaft bspw. durch Abspaltung verstößt hingegen – wie BGH DB 2011, 1263 klargestellt hat – nach wie vor gegen das Sacheinlagenverbot nach § 5a Abs. 2 S. 2 GmbHG; zur Zulässigkeit einer Sachkapitalerhöhung in Gestalt von genehmigtem Kapital vgl. DNotI-Report 2013, 1.

[738] OLG Celle NZG 2017, 1222; OLG Hamm GmbHR 2011, 655; OLG Stuttgart DNotZ 2012, 228; OLG München NZG 2012, 104; anders noch OLG München DNotZ 2011, 313.

[739] Siehe nur Scholz/*H.P. Westermann* GmbHG § 5a Rn. 31 mwN.

[740] Vgl. § 5a Abs. 2 S. 2 GmbHG; Umkehrschluss zu § 5a Abs. 5 Hs. 1 GmbHG; aA aber *Hennrichs* NZG 2009, 1161 (1162f.), der Sachkapitalerhöhungen bei der Unternehmergesellschaft in jedem Fall für zulässig hält.

[741] Dazu DNotI-Report 2018, 161; *Bachter* NotBZ 1999, 137 (mit zahlreichen Mustern und Kostenberechnungen); *Kopp/Heidinger,* Notar und Euro, 1999.

Geschäftsanteile an die neuen Euro-Beträge anzupassen.[742] Hierzu stehen **vier Wege** zur Verfügung:

– Ordentliche Kapitalerhöhung durch Ausgabe neuer Anteile bzw. Nennwertaufstockung;
– Kapitalerhöhung aus Gesellschaftsmitteln;
– ordentliche Kapitalherabsetzung (mit Sperrjahrproblematik);
– „privilegierte" ordentliche Kapitalherabsetzung (§ 1 Abs. 3 S. 3 Hs. 2 EGGmbHG).

Ordentliche Kapitalerhöhung: Die Kapitalerhöhung gegen Einlagen nach den allge- 399 meinen Regeln des GmbH-Gesetzes ist der in der Praxis wohl am meisten verbreitete Weg der Euro-Glättung (§ 1 Abs. 3 S. 3 Hs. 1 EGGmbHG).[743] Sollen dabei glatte Euro-Beträge sowohl für das Stammkapital als auch für die einzelnen Geschäftsanteile entstehen, müssen die vorhandenen rechtlichen Instrumentarien des GmbH-Gesetzes verwendet werden.

Die alleinige Gewährung neuer Anteile zur Glättung der „schiefen" Euro-Beträge ver- 400 bietet sich, da der Nennbetrag jedes (neu gewährten) Geschäftsanteils auf volle Euro lauten muss (§ 5 Abs. 2 S. 1 GmbHG). Insofern ist regelmäßig eine **Aufstockung der Nennbeträge** erforderlich, welche zwar bei der Kapitalerhöhung gegen Einlagen nicht ausdrücklich im GmbH-Gesetz vorgesehen ist, von der Rechtsprechung jedoch anerkannt wird.[744] Kommt es bei einer Kapitalerhöhung gegen Einlagen durch Aufstockung zu einer Quotenverschiebung, so ist dies – anders als bei der Kapitalerhöhung aus Gesellschaftsmitteln (vgl. § 57j GmbHG) – unproblematisch zulässig, sofern die Zustimmung aller Gesellschafter vorliegt.[745]

Kapitalerhöhung aus Gesellschaftsmitteln: Ein weiteres Instrument des GmbH- 401 Gesetzes zur Glättung ist die Kapitalerhöhung aus Gesellschaftsmitteln nach §§ 57c ff. GmbHG. Sie setzt umwandlungsfähige Rücklagen voraus (§ 57d GmbHG) und ist gemäß § 57h Abs. 1 S. 1 GmbHG auch in Form einer Erhöhung des Nennbetrags der bestehenden Geschäftsanteile möglich (→ Rn. 345 f.). Zu berücksichtigen ist, dass die Gesellschafter anteilig im Verhältnis ihrer bisherigen Beteiligung an der Kapitalerhöhung teilnehmen (§ 57j GmbHG).[746]

Kombinationsmodell: Da zum Zweck der Anpassung auch die Vorschriften über die 402 ordentliche Kapitalerhöhung zur Verfügung stehen, haben die Gesellschafter die Möglichkeit, die beiden Varianten (Kapitalerhöhung aus Gesellschaftsmitteln und ordentliche Kapitalerhöhung) zu kombinieren. Mit einem Teil des Erhöhungsbetrags kann ein glatter Euro-Betrag herbeigeführt, der andere Teil anschließend zur Bildung neuer Geschäftsanteile verwendet werden.

Kapitalherabsetzung: Bei der Kapitalherabsetzung darf der Mindestnennbetrag des 403 Stammkapitals nach § 5 Abs. 1 GmbHG nicht unterschritten werden (§ 58 Abs. 2 S. 1 GmbHG). Mit der Herabsetzung des Stammkapitals werden die Nennbeträge der Geschäftsanteile automatisch anteilig angepasst.[747] Sie müssen auf volle Euro lauten (§ 5 Abs. 2 GmbHG). Da allerdings die Gläubigerschutzvorschriften des § 58 Abs. 1 GmbHG zu beachten sind, dh insbes. das Gläubigeraufgebotsverfahren (§ 58 Abs. 1 Nr. 1 GmbHG) und das Sperrjahr (§ 58 Abs. 1 Nr. 3 GmbHG) eingehalten werden müssen, ist das Instrument der Kapitalherabsetzung zur Euro-Glättung nicht sonderlich attraktiv. Eine Verfahrenserleichterung besteht nur, wenn gleichzeitig mit der Kapitalherabsetzung eine Barka-

---

[742] Ausf. *Seibert* WM 1997, 1610.

[743] Dazu *Kopp* MittBayNot 1999, 161.

[744] Vgl. *Heidinger* GmbHR 2000, 414; *Kopp/Heidinger* aaO S. 22.

[745] *Seibert* ZGR 1998, 7; *Kopp/Heidinger* aaO S. 22; Formulierungsvorschläge für eine Barkapitalerhöhung durch Nennwertaufstockung finden sich bei *Kopp/Heidinger* aaO S. 69 ff.; *Kopp* MittBayNot 1999, 161 (163); *Waldner* ZNotP 1998, 490.

[746] Vgl. dazu *Schick/Trapp* GmbHR 1998, 209 (213); Formulierungsvorschlag bei *Kopp/Schuck,* Der Euro in der notariellen Praxis, 2. Aufl. 2000, S. 30; *Kopp/Heidinger* aaO S. 65 ff.

[747] *Scholz/Priester* GmbHG § 58 Rn. 24.

pitalerhöhung erfolgt und die Bareinlage vor der Anmeldung der Kapitalmaßnahmen zum Handelsregister in voller Höhe geleistet ist (§ 1 Abs. 3 S. 3 Hs. 2 EGGmbHG). Voraussetzung ist allerdings, dass das Stammkapital durch die Kapitalerhöhung mindestens auf den früheren Betrag angehoben wird.[748]

XVI. Kosten

404 Hinsichtlich der Kosten einer Kapitalerhöhung ist insbesondere folgendes zu beachten:
- **Kapitalerhöhungs- oder -herabsetzungsbeschluss:** 2,0-Gebühr Nr. 21100 KV GNotKG. Geschäftswert ist grundsätzlich der Erhöhungs- bzw. -herabsetzungsbetrag. Wird eine Kapitalerhöhung bei einer GmbH aber dadurch durchgeführt, dass neben der Erhöhung des Stammkapitals auf Grund eines zwischen den Gesellschaftern vorher oder gleichzeitig geschlossenen weiteren Vertrags eine **zusätzliche Einzahlung** in die freie Kapitalrücklage der Antragstellerin gemäß § 272 Abs. 2 Nr. 4 HGB zu leisten ist, so bestimmt sich der Geschäftswert für die notarielle Beurkundung des Gesellschafterbeschlusses über die Kapitalerhöhung nicht nur nach dem in das Handelsregister einzutragenden Erhöhungsbetrag, also in Höhe der Stammkapitalerhöhung; vielmehr ist zu diesem Betrag der auf Grund des weiteren Vertrags einzuzahlende Betrag zu addieren.[749] Der Mindestwert von 30.000 EUR und der Höchstwert von 5.000.000 EUR sind auch hier zu beachten.
- **Handelsregisteranmeldung:** 0,5-Gebühr Nr. 21201 Ziff. 5 KV GNotKG. Geschäftswert ist stets der Erhöhungs- bzw. Herabsetzungsbetrag.
- Bei der **Euro-Glättung** ist eine Kostenprivilegierung vorgesehen.[750] Diese betrifft allerdings nicht den Beschluss, sondern lediglich die Beglaubigung der Handelsregisteranmeldung sowie die Gerichtskosten. Für die Eintragung darf allerdings nur der halbe Geschäftswert angesetzt werden (Art. 45 Abs. 2 EGHGB), sofern mit der Kapitalmaßnahme die Anpassung auf den nächst höheren oder niedrigeren glatten Euro-Betrag angestrebt wird.
- Die **Übernahmeerklärungen** auf das erhöhte Stammkapital sind gesondert zu bewerten: 1,0-Gebühr Nr. 21200 KV GNotKG aus dem Gesamtbetrag der übernommenen Stammeinlagen (Beglaubigung ausreichend).

B. Kapitalherabsetzung

I. Ordentliche Kapitalherabsetzung

405 Die ordentliche Kapitalherabsetzung ist in § 58 GmbHG geregelt.[751] Aus Gründen des **Gläubigerschutzes** muss ein Herabsetzungsbeschluss zunächst in den Gesellschaftsblättern bekannt gemacht worden sein verbunden mit der Aufforderung an die Gläubiger, sich bei der Gesellschaft zu melden. Gläubiger, die sich daraufhin melden oder der Herabsetzung nicht zustimmen, sind wegen der erhobenen Ansprüche zu befriedigen oder sicherzustellen (vgl. § 58 Abs. 1 Nr. 1, Nr. 2 GmbHG). Die Anmeldung zum Handelsregister kann erst nach Ablauf eines Jahres seit der Bekanntmachung erfolgen (**„Sperrjahr"**, § 58 Abs. 1 Nr. 3 GmbHG).

406 Da § 58 Abs. 2 S. 1 GmbHG auf § 5 Abs. 1 GmbHG verweist, ist eine Herabsetzung unter das Mindeststammkapital iHv 25.000 EUR und damit die „Umwandlung" einer GmbH in eine haftungsbeschränkte Unternehmergesellschaft im Wege einer Kapitalher-

---

[748] Formulierungsbeispiel hierfür bei *Kopp/Heidinger* aaO S. 73 ff.
[749] OLG München NZG 2018, 429; aA für den Fall, dass die Verpflichtung nur gegenüber den Gesellschaftern eingegangen wird, *Notarkasse* Streifzug GNotKG Rn. 1339 und *Strauß* MittBayNot 2018, 488.
[750] Dazu *Bachter* NotBZ 1999, 137.
[751] Checklisten und Muster bei Hauschild/Kallrath/Wachter/*Leitzen* NotarHdB § 16 Rn. 556 ff.; vgl. ferner das Muster zur ordentlichen Kapitalherabsetzung im MVHdB I GesR/*Böhm/Frowein* Form. IV.98. und IV.99.

absetzung nicht denkbar, es sei denn, sie erfolgt als **„Kapitalschnitt"** mit gleichzeitiger Kapitalerhöhung über die Schwelle von 25.000 EUR (→ Rn. 377).

II. Vereinfachte Kapitalherabsetzung

Eine Kapitalherabsetzung, die zum **Ausgleich von Wertminderungen** oder der De- 407 ckung sonstiger Verluste dienen soll, kann als vereinfachte Kapitalherabsetzung nach §§ 58a ff. GmbHG durchgeführt werden.[752] Der Sache nach geht es um die Beseitigung einer Unterbilanz, wobei jedoch vorab ein Teil der Kapital- und Gewinnrücklagen aufzulösen ist (§ 58a Abs. 2 GmbHG). Die vereinfachte Kapitalherabsetzung ist demnach zulässig, wenn die Aktiva aufgrund von Verlusten nach Abzug von Verbindlichkeiten, Rückstellungen, Rechnungsabgrenzungsposten (§ 266 Abs. 3D HGB), Sonderposten mit Rücklagenanteil (§§ 273, 247 Abs. 3 HGB) sowie der Rücklage für eigene Anteile (§§ 272 Abs. 4, 266 Abs. 3A III Nr. 3 HGB) einen Betrag in Höhe des neuen (= herabgesetzten) Stammkapitals + 10% nicht überschreiten.[753]

Aus **formeller** Sicht ist zu beachten, dass der Beschluss über die Feststellung des Jah- 408 resabschlusses zugleich mit dem Beschluss über die Kapitalherabsetzung gefasst werden soll (§ 58e Abs. 2 GmbHG) und dass die Beschlüsse nichtig sind, wenn der Beschluss über die Kapitalherabsetzung nicht **binnen drei Monaten** nach Beschlussfassung in das Handelsregister **eingetragen** worden ist (§ 58e Abs. 3 S. 1 GmbHG).

5. Teil. Unternehmensverträge

A. Abschluss

Das Recht des GmbH-Konzerns ist – anders als im Aktienrecht – **nicht gesetzlich kodi-** 409 **fiziert.** Voraussetzungen und Grenzen einer vertraglichen Konzernierung sind dementsprechend nach wie vor streitig.[754]

Da Unternehmensverträge in das Grundgefüge der beherrschten, zur Gewinnabfüh- 410 rung, zur Verpachtung oder zur Betriebsüberlassung verpflichteten Gesellschaft eingreifen, kommen sie in der Wirkung einer Änderung der Satzung gleich, indem sie insbes. den Gesellschaftszweck am Konzerninteresse ausrichten. Der Abschluss solcher Verträge erfordert daher auf Seiten der **abhängigen Gesellschaft** zur Wirksamkeit einen **Beschluss,** der nach wohl überwiegender Ansicht[755] **einstimmig** gefasst werden muss und (analog § 53 GmbHG) der **notariellen Beurkundung** bedarf.[756] Aus Rechtssicherheitsgründen sollte beim Zustimmungsbeschluss der abhängigen Gesellschaft darüber hinaus die **Zustimmung sämtlicher nicht anwesender Gesellschafter** eingeholt werden (Argument: Eingriff in den Unternehmenszweck).[757] Der Unternehmensvertrag ist der Niederschrift über den Zustimmungsbeschluss beizufügen.[758] Der beigefügte Vertrag ist dabei lediglich Identifizierungsbehelf und muss nicht mitbeurkundet werden.[759]

---

[752] Ausführlich zur vereinfachten Kapitalherabsetzung *Fabis* MittRhNotK 1999, 169; vgl. ferner das Muster im MVHdB I GesR/*Böhm*/*Frowein* Form. IV.100.; zum sog. Kapitalschnitt als Verbindung von vereinfachter Kapitalherabsetzung und effektiver Kapitalerhöhung → Rn. 377.

[753] Vgl. Baumbach/Hueck/*Zöllner*/*Haas* GmbHG § 58a Rn. 7.

[754] Zum Ganzen Baumbach/Hueck/*Beurskens* Anh. KonzernR Rn. 1 ff.; *Beck* GmbHR 2014, 1075; grundlegend BGH DNotZ 1989, 102 – Supermarkt; vgl. ferner BGH DNotZ 1993, 176 zum Gewinnabführungsvertrag zwischen AG und GmbH.

[755] Vgl. nur MHLS/*Servatius* Syst. Darst. 4 Rn. 67 ff. mit zahlreichen Nachweisen auch zur Gegenmeinung.

[756] Zu Beurkundungspflichten im Zusammenhang mit Unternehmensverträgen ausf. *Beck* DNotZ 2013, 90 und *Hermanns* RNotZ 2015, 632.

[757] Vgl. Baumbach/Hueck/*Beurskens* Anh. KonzernR Rn. 106.

[758] BGH DNotZ 1993, 176.

[759] Unechte Bezugnahme, vgl. DNotI-Report 2016, 1.

411 Des Weiteren bedarf der Vertrag zur Wirksamkeit der **Eintragung im Handelsregister** der abhängigen Gesellschaft. Der Beschluss nebst Vertrag als Anlage ist der Anmeldung zum Handelsregister beizufügen.[760] Hingegen ist eine Eintragung im Handelsregister der herrschenden Gesellschaft nicht erforderlich, nach manchen auch nicht zulässig.[761] Ein mit einer Personengesellschaft als beherrschter Gesellschaft abgeschlossener Ergebnisabführungsvertrag ist auch bei der abhängigen Gesellschaft nicht eintragungsfähig.[762]

412 Der ebenfalls erforderliche und – in Anlehnung an § 293 Abs. 2 AktG – mit Dreiviertelmehrheit zu fassende **Zustimmungsbeschluss** der Gesellschafterversammlung der herrschenden GmbH ist nicht beurkundungspflichtig.[763]

413 Auch beim **Unternehmensvertrag** selbst reicht **Schriftform** aus, es sei denn, dieser enthält Umtausch- oder Abfindungsangebote hinsichtlich der Geschäftsanteile außenstehender Gesellschafter. Der Abschluss des Unternehmensvertrags kann weder für die herrschende noch für die abhängige Gesellschaft allein durch Prokuristen erfolgen, unechte Gesamtvertretung zusammen mit einem Geschäftsführer ist dagegen zulässig. Zudem sind die Beschränkungen des § 181 BGB zu beachten.[764]

414 **Teilgewinnabführungsverträge** der GmbH sind nicht eintragungsfähig,[765] auch nicht im Falle einer stillen Beteiligung.[766] In der gesellschaftsrechtlichen Literatur wird demgegenüber zum Teil angenommen, auch eine stille Beteiligung an einer GmbH stelle einen Teilgewinnabführungsvertrag iSv § 292 AktG analog dar und müsse zu ihrer Wirksamkeit im Handelsregister eingetragen werden.[767]

415 In Unternehmensverträgen bestimmen die Beteiligten häufig, dass den Vereinbarungen **Rückwirkung** für die Vergangenheit zukommen soll. Beim Gewinnabführungsvertrag können die Rechtswirkungen des Vertrages zumindest auf den Beginn des Geschäftsjahres, in welchem er zur Eintragung in das Handelsregister gelangt, vorverlegt werden. Das herrschende Unternehmen muss die Ausgleichszahlung, die es nach § 304 Abs. 1 AktG zu erbringen hat, in diesem Fall auch für den Zeitraum der Rückwirkung übernehmen.[768] Dagegen kann bei einem Beherrschungsvertrag keine Rückwirkung auf einen Zeitpunkt vor Eintragung des Vertrages vorgesehen werden.[769]

416 §§ 293a–293g AktG sind auf abhängige GmbHs nicht entsprechend anwendbar, dh insbes. ist **kein Bericht** über den Unternehmensvertrag und **keine Prüfung** desselben erforderlich (hM).[770]

> **Praxishinweis Steuern:**
> Ihre wichtigste Bedeutung erlangen Unternehmensverträge in der Form von (Beherrschungs- und) Gewinnabführungsverträgen durch das **Steuerrecht**, da sie eine körperschaftsteuerliche Organschaft gemäß §§ 14 ff. KStG iVm § 17 KStG herstellen können.[771] Die Organschaft führt körperschaftsteuerlich dazu, dass das (separat ermittelte!) Einkommen der Organgesellschaft dem Organträger zugerechnet wird, wodurch insbe-

---

[760] BGH DNotZ 1993, 176.
[761] So zB AG Erfurt AG 1997, 275; vgl. aber OLG Celle GmbHR 2014, 1047 sowie *Priester* GmbHR 2015, 169 mwN, der mit guten Gründen für eine Eintragungsfähigkeit plädiert.
[762] Vgl. OLG München ZIP 2011, 526.
[763] Siehe BGH DNotZ 1989, 102 (107) – Supermarkt; MHdB GesR III/*Kiefner* § 70 Rn. 10.
[764] Vgl. hierzu Gutachten des DNotI Nr. 141734.
[765] BayObLG GmbHR 2003, 534.
[766] Vgl. OLG München DNotZ 2011, 949; KG NZG 2014, 668.
[767] Vgl. die Nachweise im Gutachten des DNotI Nr. 39472, insbes. *Weigl* GmbHR 2002, 778.
[768] BGH ZIP 1993, 751; zur Anwendbarkeit von §§ 304, 305 AktG auf Beherrschungs- und Gewinnabführungsverträge mit einer abhängigen GmbH vgl. DNotI-Report 2017, 115.
[769] Vgl. OLG Hamburg DB 1989, 2214.
[770] Vgl. Baumbach/Hueck/*Beurskens* Anh. KonzernR Rn. 104 mwN.
[771] Zu den Voraussetzungen für die Anerkennung einer steuerlichen Organschaft vgl. zusammenfassend *Kinzl* AG 2010, 447; zu aktuelleren Praxisproblemen *Burwitz* NZG 2012, 934.

sondere Gewinne und Verluste der einzelnen Gesellschaften im Organkreis miteinander verrechnet werden können.

Aus Sicht der Vertragsgestaltung wesentliche Voraussetzungen hierfür sind:[772]
- zivilrechtliche Wirksamkeit des Gewinnabführungsvertrages, dh insbesondere Eintragung in das Handelsregister der Organgesellschaft;
- finanzielle Eingliederung (§ 14 Abs. 1 S. 1 Nr. 1 KStG), dh die Mehrheit der Stimmrechte an der Organgesellschaft befindet sich seit Beginn des Wirtschaftsjahres ununterbrochen – mittelbar oder unmittelbar – in der Hand des Organträgers; beachte: eine organisatorische Eingliederung ist nicht mehr erforderlich, weshalb der Abschluss eines Beherrschungsvertrages in der Mutter-Tochter-Konstellation nicht zwingend notwendig ist;[773]
- Abschluss auf mindestens fünf Jahre (bei der Bemessung der Frist kommt es auf Zeit- und nicht auf Wirtschaftsjahre an, abzustellen ist damit auf eine taggenaue Berechnung ab Wirksamwerden des Organschaftsvertrages);[774]
- Durchführung während der gesamten Geltungsdauer (§ 14 Abs. 1 S. 1 Nr. 3 KStG);[775] wegen der steuerlichen Rückbeziehung der Kündigung auf den Beginn des Geschäftsjahres gemäß § 14 Abs. 1 S. 1 Nr. 3 S. 3 KStG ist im Vertrag regelmäßig eine Kündigung nur zum Ende des Geschäftsjahres vorzusehen; damit nicht jeder noch so geringe Fehler in den Jahresabschlüssen der Organgesellschaft zu einer „Nichtdurchführung" des Gewinnabführungsvertrages und damit zum Zusammenbrechen der Organschaft führt, sieht § 14 Abs. 1 S. 1 Nr. 3 S. 4 KStG gewisse Erleichterungen vor;

für eine GmbH als Organgesellschaft zusätzlich:
- Abführung des Gewinns maximal in Höhe des in § 301 AktG genannten Betrages (§ 17 Abs. 1 S. 2 Nr. 1 KStG);
- ausdrückliche Vereinbarung einer Verlustübernahme entsprechend § 302 AktG in seiner jeweils gültigen Fassung (§ 17 Abs. 1 S. 2 Nr. 2 KStG; daher besser „Ergebnisabführungsvertrag" als „Gewinnabführungsvertrag").[776]

Für den **Notar** bestehen nach zutreffender Ansicht weder eine Beratungs- noch eine 417 inhaltliche Prüfungspflicht hinsichtlich des privatschriftlich abgeschlossenen Unternehmensvertrages.[777] Angesichts der häufigen Probleme bei der steuerlichen Anerkennung von Unternehmensverträgen sollte allerdings sicherheitshalber in den Beschluss ein Hinweis aufgenommen werden, dass eine steuerliche Beratung durch den Notar nicht erfolgt ist.

B. Beendigung und Änderung

Strittig ist, ob die **Beendigung** eines Unternehmensvertrags (einvernehmliche Vertrags- 418 aufhebung bzw. ordentliche oder außerordentliche Kündigung) als actus contrarius zum Abschluss des Vertrages den gleichen Wirksamkeitsvoraussetzungen wie der Vertragsschluss unterliegt.[778] Die obergerichtliche Rechtsprechung hat dies zum Teil verneint und die

---

[772] Hierzu zusammenfassend *Mühl/Wagenseil* NZG 2009, 1253.
[773] Vgl. *Simon/Leuering* NJW-Spezial 2006, 363 (364).
[774] Vgl. BFH NZG 2011, 596; *Olbing* NZG 2011, 773.
[775] Vgl. hierzu nur BFH GmbHR 2008, 778. Eine tatsächliche fünfjährige Dauer der Organschaft ist hingegen nicht in jedem Fall erforderlich, siehe BFH NZG 2018, 437; dazu *Altrichter-Herzberg* GmbHR 2018, 296.
[776] Zu den mit der dynamischen Verweisung einhergehenden Problemen vgl. *Stangl/Brühl* DB 2013, 538; *Wagner* DNotZ 2014, 802. Zu Risiken aufgrund fehlenden dynamischen Verweises in Altverträgen *Walter* GmbHR 2016, 975.
[777] *Wachter* RNotZ 2010, 422 (425).
[778] Dazu ausf. *Göhmann/Winnen* RNotZ 2015, 53; *Wicke* GmbHR 2017, 686; DNotI-Report 2009, 17; zur Beendigung des Beherrschungs- und Gewinnabführungsvertrages in der M&A-Transaktion *Deilmann* NZG 2015, 460.

Auffassung vertreten, dass weder die Zustimmung der Gesellschafter der Ober- noch der Untergesellschaft vorliegen müssen.[779] Begründet wurde dieses Ergebnis mit einer analogen Anwendung des § 296 AktG.

419   Der BGH hat inzwischen klargestellt, dass mit der Beendigung des Beherrschungs- und Gewinnabführungsvertrags grds. ein **Eingriff in die Organisationsstruktur** der Gesellschaft verbunden ist.[780] Ebenso wie der Abschluss eines Unternehmensvertrags keinen rein schuldrechtlichen Charakter habe, sondern als gesellschaftsrechtlicher Organisationsvertrag den rechtlichen Status der beherrschten Gesellschaft ändere, hätten auch die Aufhebung und die Kündigung nicht nur schuldrechtliche Wirkungen. So stehe das Weisungsrecht gegenüber den Geschäftsführern nach der Kündigung wieder der Gesellschafterversammlung statt dem herrschenden Unternehmen zu und die Ausrichtung des Gesellschaftszwecks am Konzerninteresse entfalle. Die Gesellschafter erlangten wieder das Gewinnbezugsrecht, die abhängige Gesellschaft verliere andererseits ihren Verlustausgleichsanspruch und ein Minderheitsgesellschafter einen ihm gegebenenfalls eingeräumten Ausgleichsanspruch. Dass die Gesellschaft mit der Kündigung zum satzungsgemäßen Normalzustand zurückkehre, lässt diese innergesellschaftlichen Auswirkungen nicht entfallen und den Eingriff nicht schwächer als den Abschluss des Beherrschungs- und Gewinnabführungsvertrags erscheinen. Dementsprechend ist für die Beendigung eines Beherrschungs- und Gewinnabführungsvertrages ein **Beschluss bei der beherrschten Gesellschaft erforderlich.** Zwar betraf die Entscheidung des BGH die ordentliche Kündigung eines Beherrschungs- und Gewinnabführungsvertrags. Nach den Entscheidungsgründen bestehen allerdings keine Anhaltspunkte dafür, dass eine außerordentliche Kündigung oder eine einvernehmlichen Aufhebung anders zu behandeln wären.[781]

420   Offengelassen hat der BGH, welche **Mehrheit** für diesen Beschluss erforderlich ist. Vergegenwärtigt man sich, dass die Rückkehr der beherrschten Gesellschaft zum satzungsmäßigen Normalzustand den in der Beendigung liegenden Eingriff in die organisatorische Struktur – wie es der erkennende Senat formuliert – „nicht schwächer als den Abschluss des Beherrschungs- und Gewinnabführungsvertrages erscheinen" lässt und nimmt man den insoweit vom BGH deutlich betonten **Actus-contrarius-Gedanken** ernst, spricht Einiges dafür, von einem **beurkundungspflichtigen Beschluss** auszugehen.[782]

421   Zusätzlich sollte in Reaktion auf die BGH-Entscheidung – sofern nicht eine Kündigung seitens der abhängigen Gesellschaft vorliegt – auch auf der Ebene der **herrschenden Gesellschaft** ein Zustimmungsbeschluss eingeholt werden, der allerdings – soweit es sich bei der herrschenden Gesellschaft nicht um eine Aktiengesellschaft handelt – keiner notariellen Beurkundung bedarf.[783] Die Beendigung des Unternehmensvertrags ist zum Handelsregister **anzumelden.** Dabei ist das Registergericht berechtigt zu prüfen, ob eine zur Eintragung angemeldete Vertragsbeendigung (zB durch außerordentliche Kündigung) rechtswirksam erfolgt ist (zB Vorliegen eines Kündigungsgrundes; → Rn. 424).[784] Analog § 298 AktG hat die **Eintragung** in das Handelsregister bei einer Vertragsbeendigung lediglich **deklaratorische Bedeutung.**[785]

422   Problematisch ist die Entscheidung insbesondere für **Altfälle,** in denen – entgegen entsprechender Empfehlungen in der Literatur[786] – kein formgerechter Aufhebungsbeschluss

---

[779] OLG Karlsruhe DNotZ 1994, 690; OLG Frankfurt a.M. DNotZ 1994, 685.
[780] BGH GmbHR 2011, 922; hierzu unter anderem *Beck* DNotZ 2013, 90 (94 ff.); *Veith/Schmid* DB 2012, 728.
[781] So auch *Müller-Eising/Schmitt* NZG 2011, 1100 (1101); ohne Differenzierung auch *Teiselmann* BB 2011, 2819 (2821).
[782] So auch *Müller-Eising/Schmitt* NZG 2011, 1100 (1101).
[783] Vgl. im Einzelnen *Peters/Hecker* DStR 2012, 86 (89).
[784] Siehe OLG München DNotZ 2009, 474.
[785] Vgl. BGH NJW 1992, 505; *Müller-Eising/Schmitt* NZG 2011, 1100 (1101).
[786] Siehe 5. Aufl. Kap. D I. Rn. 117.

bei der Untergesellschaft gefasst wurde. Aus Gründen der Rechtssicherheit sollte ein solcher Beschluss – soweit möglich – nachgeholt werden.[787]

Im Übrigen ist zu beachten, dass entsprechend § 296 Abs. 1 S. 1 AktG eine **Beendigung** des Unternehmensvertrages **nur zum Ende eines Geschäftsjahres** zulässig ist und **nicht rückwirkend** erfolgen kann.[788] Der Zustimmungsbeschluss der beteiligten Gesellschaften kann jedoch nach dem Beendigungszeitpunkt gefasst werden, solange jedenfalls der Aufhebungsvertrag rechtzeitig geschlossen wird.[789]   423

Eine **steuerlich unschädliche vorzeitige Beendigung** erfordert – unabhängig von der Form der Beendigung[790] – das Vorliegen eines **wichtigen Grundes** (§ 14 Abs. 1 S. 1 Nr. 3 S. 2 KStG).[791] Eine außerordentliche Kündigung aus wichtigem Grund ist damit jederzeit zulässig, die Beendigung der finanziellen Eingliederung sollte im Vertrag jedoch explizit als wichtiger Grund benannt sein.[792] Die Veräußerung einer Organbeteiligung im Konzern ist ansonsten jedenfalls nach Ansicht des FG Niedersachsen[793] nicht ausreichend.[794] Die bloße Behauptung des Alleingesellschafter-Geschäftsführers bzw. -Liquidators und Organträgers, die Verluste der Organgesellschaft seien existenzbedrohend, berechtigt den Organträger ebenso wenig zur außerordentlichen Kündigung des Ergebnisabführungsvertrags wie die Auflösung der beherrschten GmbH, wenn er als alleiniger Gesellschafter selbst die Auflösung beschlossen hat.[795] Eine außerordentliche Kündigung kann iÜ nur innerhalb angemessener Frist nach Kenntnis des Kündigungsgrundes erfolgen, was bei einer erst nach zehn Monaten abgegebenen Erklärung nicht der Fall ist.[796]   424

Zivilrechtlich erfordert auch die **Änderung** von Unternehmensverträgen die Einhaltung der gesetzlich vorgesehenen Formalien.[797] Aus steuerlicher Sicht bedarf die Änderung eines zwischen zwei GmbHs bestehenden Beherrschungs- und Ergebnisabführungsvertrages zu ihrer Anerkennung im Rahmen der körperschaftsteuerlichen Organschaft jedenfalls der Eintragung in das Handelsregister sowie der Zustimmung der Gesellschafterversammlung der beherrschten Gesellschaft.[798]   425

---

[787] So auch AG Hamburg GmbHR 2013, 311 für eine AG; *Göhmann/Winnen* RNotZ 2015, 53 (59) mwN.
[788] § 296 Abs. 1 S. 2 AktG analog; vgl. nur BGH DNotZ 2015, 712; hierzu *Angerer* ZGR 2016, 609; *Liebscher/Feige* DB 2015, 2072, *Wittgens/Fischer* DB 2015, 2315; DNotI-Report 2016, 112; zu den Alternativgestaltungen auflösende Bedingung oder unterjähriger Abrechnungszeitraum *Walter* GmbHR 2015, 965; MHLS/*Servatius* Syst. Darst. 4 Rn. 192 mwN; dagegen für einen Betriebspachtvertrag OLG Zweibrücken ZIP 2014, 1020 sowie *Priester* NZG 2012, 641, der die Anwendbarkeit des § 296 Abs. 1 S. 1 AktG auf die GmbH grds. ablehnt.
[789] OLG München GmbHR 2015, 368 mAnm *Wachter*.
[790] Vgl. FG Berlin-Brandenburg GmbHR 2012, 413; *Walter* GmbHR 2012, 670.
[791] Ausf. hierzu *Heurung/Engel/Müller-Thomczik* GmbHR 2012, 1227; *Burwitz* NZG 2013, 91.
[792] Vgl. zum Ganzen MHdB GesR III/*Kiefner* § 70 Rn. 37; *Paschos/Goslar* Der Konzern 2006, 479.
[793] NZG 2012, 1119.
[794] Zu den Risiken aus der Beendigung von Unternehmensverträgen beim Verkauf der Untergesellschaft vgl. *Goldschmidt/Laeger* NZG 2012; 1201.
[795] Vgl. OLG München NZG 2011, 867.
[796] Vgl. OLG München NZG 2011, 1183.
[797] Vgl. BGH ZIP 2013, 19 in Sachen HSH Nordbank zur Änderung eines Teilgewinnabführungsvertrages bei einer Aktiengesellschaft; zur unterjährigen Änderung vgl. DNotI-Report 2016, 159.
[798] BFH NZG 2009, 277.

6. Teil. Verfügungen über Geschäftsanteile

A. Allgemeines

I. Typische Fallgruppen

426 (1) Verkauf und Abtretung von Geschäftsanteilen;[799]
(2) Verkauf und Abtretung sämtlicher Geschäftsanteile oder einer qualifizierten Mehrheit (Unternehmenskauf);[800]
(3) Schenkung von Geschäftsanteilen;[801]
(4) Verpfändung und Sicherungsabtretung von Geschäftsanteilen (→ Rn. 512 ff.);[802]
(5) Nießbrauch an GmbH-Geschäftsanteilen (→ Rn. 525 ff.).[803]

Muster: Geschäftsanteilskauf- und Abtretungsvertrag
Siehe hierzu das Gesamtmuster → Rn. 762.

II. Checkliste

427 **Checkliste Verfügungen über Geschäftsanteile:**
(1) Überprüfung der Satzung der Gesellschaft in ihrer aktuellen Fassung
(2) Exakte Bestimmung des Vertragsgegenstandes (→ Rn. 428 ff.; Bezeichnung nach Nummer des Geschäftsanteils und Nennbetrag; Berücksichtigung zwischenzeitlicher, im Register noch nicht vollzogener Kapitalerhöhungen; rechtliche Selbständigkeit mehrerer Geschäftsanteile, § 15 Abs. 2 GmbHG; Feststellung der Volleinzahlung)
(3) Klärung der Eigentumsverhältnisse mit Hilfe von Vorurkunden und durch Einsicht in die zuletzt im Handelsregister aufgenommene Gesellschafterliste (gutgläubiger Erwerb möglich?, Widerspruch zugeordnet?, vgl. § 16 Abs. 3 GmbHG und → Rn. 468 ff.)
(4) Abtretungsbeschränkungen (→ Rn. 447 ff.)
(5) Vorkaufs- und Erwerbsrechte anderer Gesellschafter oder dritter Personen (→ Rn. 467)
(6) Veräußerer/Erwerber
   a) Güterstand (§ 1365 BGB!) und Staatsangehörigkeit (→ Rn. 442)
   b) Mitwirkung Minderjähriger (Ergänzungspfleger; familiengerichtliche Genehmigung; → Rn. 443 f.)
(7) Kartellrecht (§§ 35 ff. GWB); werden sämtliche Anteile einer GmbH veräußert, ist ggf. ein vorhandener Wirtschaftsausschuss zu unterrichten (§ 106 BetrVG)[804]
(8) Einreichung einer aktualisierten und bescheinigten Gesellschafterliste beim Registergericht (§ 40 GmbHG und ausf. → Rn. 530 ff.)
(9) Steuern
   a) Einkommensteuer (wesentliche Beteiligung § 17 EStG; Abgeltungsteuer § 20 EStG; Spekulationsgeschäft § 23 EStG)
   b) Grunderwerbsteuer bei inländischem Grundbesitz (Vereinigung von mindestens 95 % der Anteile in einer Hand, § 1 Abs. 3 bzw. Abs. 3a GrEStG)

---

[799] MVHdB I GesR/*Böhm/Frowein* Form. IV.65. und IV.66.; vgl. ferner Hauschild/Kallrath/Wachter/*Kallrath* NotarHdB § 16 Rn. 582 ff.
[800] MVHdB I GesR/*Böhm/Frowein* Form. IV.71.
[801] Vgl. *Weber/Lohr* GmbH-StB 2002, 182 ff. mit entsprechenden Widerrufsklauseln.
[802] Siehe ferner MVHdB I GesR/*Böhm/Frowein* Form. IV.72. bzw. IV.73.
[803] Vgl. auch MVHdB I GesR/*Böhm/Frowein* Form. IV.74.; *Bary* RNotZ 2014, 401; *Frank* MittBayNot 2010, 96.
[804] Vgl. BAG DB 1991, 1176.

> c) Anzeigepflichten gegenüber dem Finanzamt:
>   (aa) § 18 Abs. 2 S. 2 GrEStG: bei vorhandenem Grundbesitz;
>   (bb) § 54 EStDV: Übersendungspflicht der Urkunde betreffend eine Verfügung
>   über GmbH-Geschäftsanteile; zuständig ist das nach § 20 AO bezeichnete
>   Finanzamt (vgl. auch § 54 Abs. 3 EStDV).

III. Vertragsgegenstand

1. Bestimmtheitsgrundsatz. Vertragsgegenständliche Geschäftsanteile müssen in der die **428** Verfügung enthaltenden Urkunde hinreichend bestimmt werden, und zwar am besten durch Bezeichnung der betroffenen Gesellschaft und des Gesellschafters sowie durch Angabe der in der Gesellschafterliste gemäß § 8 Abs. 1 S. 3 GmbHG zwingend enthaltenen **Nummern der Geschäftsanteile** (die auch in der Gründungsurkunde aufgeführt werden sollten, → Rn. 67) sowie ergänzend des Nennbetrags. Eine Angabe der quotenmäßigen Beteiligung am Stammkapital genügt dem sachenrechtlichen Bestimmtheitsgrundsatz nicht.[805]

Vor der Abtretung vorgenommene Veränderungen in Bezug auf den vertragsgegen- **429** ständlichen Geschäftsanteil (zB eine Kapitalerhöhung aber auch eine Teilung oder eine Zusammenlegung) sind zu berücksichtigen, auch wenn sie noch nicht registerrechtlich vollzogen sind (vgl. § 54 Abs. 3 GmbHG). Ggf. ist der Vertragsgegenstand durch Auslegung zu bestimmen.[806]

2. Künftiger Geschäftsanteil. Eine Verfügung über einen künftigen Geschäftsanteil **430** kann zB im Umwandlungsrecht eine Rolle spielen. So sind wegen des so genannten Identitätsgrundsatzes beim Formwechsel in die GmbH die Anteilseigner des Zielrechtsträgers automatisch dieselben wie beim Ausgangsrechtsträger. Sollen Anteilseigner ausscheiden oder hinzukommen, muss dies folglich in aller Regel vor oder – durch aufschiebend bedingte Abtretung eines künftigen Geschäftsanteils – nach der Umwandlung geschehen.[807] Als weiteres Beispiel ist die Ausgliederung des Unternehmens eines Einzelkaufmanns in die Rechtsform der GmbH nach §§ 152 ff. UmwG iVm §§ 123 ff. UmwG – soweit es sich um eine Ausgliederung zur Neugründung einer GmbH handelt – nur bei alleiniger Beteiligung des bisherigen Einzelkaufmanns als Gesellschafter (Einpersonen-GmbH) möglich. Sollen die Ehefrau oder sonstige Beteiligte später in die GmbH aufgenommen werden, können die nach Eintragung der Umwandlung im Handelsregister entstehenden Geschäftsanteile schon vorher aufschiebend bedingt auf diesen Zeitpunkt als künftige Geschäftsanteile abgetreten werden.[808]

Beispiel:

Bei der A-GmbH sind die Gesellschafter A und B zu je 50 % beteiligt. Im Zuge einer Abspaltung des Teilbetriebs „Maschinenbau" auf eine hierdurch neu gegründete GmbH soll der Investor C Gesellschafter der neu gegründeten GmbH werden. Hierzu muss C entweder bereits am Ausgangsunternehmen beteiligt werden oder die Gesellschafter A bzw. B müssen ihm einen Teil ihrer Geschäftsanteile an der nach den Abspaltungsvorgängen entstehenden neuen GmbH aufschiebend bedingt auf den Zeitpunkt des Wirksamwerdens der Spaltung abtreten.[809]

---

[805] Zu den Problemen mangelnder Bestimmtheit vor Einführung der Nummerierung vgl. nur BGH ZIP 2010, 1446.

[806] Vgl. BGH DB 1987, 1135.

[807] Vgl. Widmann/Mayer/*D. Mayer* UmwG § 5 Rn. 57 ff. sowie § 152 Rn. 81 ff.; *Priester* DB 1997, 560; anders BGH NZG 2005, 722 für den Beitritt einer Komplementär-Gesellschaft im Rahmen des Formwechsels in eine Kapitalgesellschaft & Co. KG.

[808] Dazu Widmann/Mayer/*D. Mayer* UmwG § 152 Rn. 81 f.; zur Veräußerung und Belastung künftiger Geschäftsanteile *Fröhlich/Primaczenko* NZG 2016, 133.

[809] Widmann/Mayer/*D. Mayer* UmwG § 126 Rn. 102 ff.

431 Zu unterscheiden von der Verfügung über einen künftigen Geschäftsanteil ist die Verfügung über einen Anteil an einer **Vor-GmbH.** Da die GmbH und damit auch die Geschäftsanteile erst mit Eintragung im Handelsregister entstehen, ist eine solche Verfügung von Anfang an unwirksam.[810] Möglich bleibt in diesem Stadium ein Gesellschafterwechsel durch Änderung des Gesellschaftsvertrages (unter Mitwirkung aller Gesellschafter und Vorlage einer Satzungsbescheinigung nach § 54 Abs. 1 S. 2 GmbHG analog; → Rn. 32)[811] oder eine auf die Eintragung der Gesellschaft bedingte Abtretung des künftig entstehenden Anteils.[812]

432 **3. Teilgeschäftsanteil.** Mit Inkrafttreten des MoMiG ist das Genehmigungserfordernis nach § 17 Abs. 1 GmbHG aF, wonach eine Veräußerung von Teilgeschäftsanteilen nur mit Genehmigung der Gesellschaft möglich war, ersatzlos entfallen. **§ 46 Nr. 4 GmbHG** stellt jedoch klar, dass die Teilung (ebenso wie die Zusammenlegung und die Einziehung) von Geschäftsanteilen eines **zustimmenden Gesellschafterbeschlusses** bedarf, der formfrei und mit einfacher Stimmenmehrheit gefasst werden kann. Anders als bei einer Zusammenlegung von Geschäftsanteilen (hierzu → Rn. 438 ff.) ist die Wirksamkeit der Teilung auch nicht von einer Volleinzahlung der zu teilenden Geschäftsanteile abhängig.[813] Nachdem der Gesetzgeber die Entscheidung für die Teilung jetzt den Gesellschaftern zuweist, geht die überwiegende Ansicht davon aus, dass das Fehlen oder die Unwirksamkeit eines entsprechenden Gesellschafterbeschlusses grds. auch für das Außenverhältnis von Bedeutung ist, dh es liegt dann keine wirksame Teilung vor.[814] Fehlt es aber an einer wirksamen Teilung, so sind auch keine entsprechenden Teilgeschäftsanteile entstanden.[815] Allerdings ist nach Auffassung des BGH[816] bei Veräußerung von Teilgeschäftsanteilen mit Zustimmung der Gesellschafter von einer konkludenten Teilung auszugehen, soweit der Gesellschaftsvertrag keine gegenteilige Regelung enthält. Ein expliziter „Teilungsbeschluss" ist in dieser Konstellation nicht erforderlich. Zur Bestimmtheit der Teilung genügt es, wenn in der Zustimmungserklärung auf die Teilungserklärung im Veräußerungs- oder Abtretungsvertrag Bezug genommen wird; in dem Gesellschafterbeschluss selbst müssen in diesem Fall der konkrete zu teilende Geschäftsanteil, die Zahl der neuen Geschäftsanteile und ihre Nennbeträge nicht ausdrücklich enthalten sein. In jedem Fall müssen die entstehenden Geschäftsanteile **durch ganze Euro teilbar** sein, vgl. § 5 Abs. 2 S. 1 GmbHG.[817]

433 Darüber hinaus ist für die Teilung von Geschäftsanteilen nach zutreffender Ansicht die **Zustimmung des betroffenen Gesellschafters** erforderlich, da die Teilung einen Eingriff in eine Eigentumsposition des Gesellschafters darstellt.[818]

434 Auch eine Teilung ohne Veräußerung **(Vorratsteilung)** ist zulässig.[819] Damit lassen sich unter anderem die neuralgischen Fälle der Vereinbarungstreuhand (→ Rn. 515)[820] und der Verpfändung von Teilen von Geschäftsanteilen vernünftig lösen.

---

[810] Vgl. BGH GmbHR 2005, 354; OLG Jena GmbHR 2013, 145.
[811] Vgl. OLG Jena NZG 2014, 902.
[812] Siehe nur BGH GmbHR 2005, 354.
[813] Vgl. DNotI-Report 2012, 69.
[814] Vgl. hierzu DNotI-Report 2013, 157; *D. Mayer* DNotZ 2008, 403 (425) sowie *Scholz/K. Schmidt* GmbHG § 46 Rn. 65; aA *Irringer/Münstermann* GmbHR 2010, 617, welche die Befugnis für die Teilung beim jeweiligen Gesellschafter sehen und dem nach § 46 Nr. 4 GmbHG zu fassenden Beschluss lediglich für das Innenverhältnis Bedeutung zumessen.
[815] Siehe auch BGH ZIP 2005, 1824 zur Rechtslage vor MoMiG.
[816] NZG 2014, 184.
[817] Zur Teilung von alten DM-Geschäftsanteilen vgl. DNotI-Report 2015, 188.
[818] Vgl. unter anderem *D. Mayer* DNotZ 2008, 403 (425 f.); *Wälzholz* MittBayNot 2008, 425 (433); *Irringer/Münstermann* GmbHR 2010, 617 (619 f.); aA entsprechend der begründungslosen Feststellung im Regierungsentwurf zum MoMiG (BT-Drs. 16/6140, 45) unter anderem *Wicke* GmbHG § 46 Rn. 9 und *Scholz/K. Schmidt* GmbHG § 46 Rn. 65 (anders aber *Scholz/K. Schmidt* GmbHG § 46 Rn. 66 für die Zusammenlegung).
[819] Anders zur Rechtslage vor Inkrafttreten des MoMiG noch OLG Frankfurt a.M. DB 1977, 2180.

Abweichungen von diesen **dispositiven** gesetzlichen Regelungen durch die Satzung sind 435
möglich und angesichts der noch nicht endgültig geklärten Verortung des § 46 Nr. 4
GmbHG im Innen- oder Außenverhältnis auch ratsam (vgl. § 45 Abs. 2 GmbHG; ausf.
→ Rn. 97).[821] Bedarf es nach den Regeln der Satzung keines Gesellschafterbeschlusses, ist
die Teilung durch eine schriftliche Erklärung des teilenden Gesellschafters zu dokumentieren. Dies ist schon deshalb erforderlich, weil Änderungen der Gesellschafterliste nur auf
Nachweis erfolgen (§ 40 Abs. 1 S. 2 GmbHG).[822]

Mit Wirksamwerden der (nicht beurkundungspflichtigen) Teilung haben gemäß § 40 436
Abs. 1 GmbHG die Geschäftsführer eine **aktualisierte Gesellschafterliste** beim Handelsregister einzureichen. Probleme verursacht dies bei einer direkt folgenden Abtretung,
da der Notar nach § 40 Abs. 2 GmbH grds. auf die zuletzt beim Handelsregister aufgenommene Gesellschafterliste aufsetzen muss. Eine Bezugnahme auf die „noch aufzunehmende" Liste nach Teilung verbunden mit einer zeitlich gestuften Einreichung der beiden
Listen erscheint jedoch aus Praktikabilitätsgesichtspunkten möglich.[823] Ggf. kann der **Teilungsbeschluss** auch in die **Urkunde** aufgenommen werden (zur Nummerierung nach
Teilung → Rn. 544).[824]

Vermeiden lassen sich die mit der Teilung verbundenen Probleme, wenn **alle Ge-** 437
schäftsanteile einen **Nennbetrag** von **1 EUR** haben; eine Teilung wird dann obsolet
(zu Für und Wider einer generellen Aufteilung des Stammkapitals in Geschäftsanteile zu
je 1 EUR → Rn. 66).

4. Zusammenlegung von Geschäftsanteilen. Nach der Rechtsprechung vor Inkraft- 438
treten des MoMiG setzte die Zusammenlegung voraus, dass die **Einlagen** auf diese Anteile **voll geleistet** sind und **keine Nachschusspflicht** besteht oder eine Inanspruchnahme eines Rechtsvorgängers wegen § 22 Abs. 3 GmbHG ausgeschlossen ist. Hintergrund
dieser Anforderung war, bei nicht voll eingezahlten Anteilen den Rückgriff auf die
Rechtsvorgänger zu sichern.[825] Darüber hinaus dürfen die zusammenzulegenden Anteile
keine unterschiedlichen Rechte vermitteln bzw. Pflichten begründen, es sei denn im
Zuge der Zusammenlegung wird (ggf. durch Satzungsänderung) klargestellt, wie insoweit
die Ausstattung des durch die Vereinigung entstehenden Geschäftsanteils beschaffen sein
soll.[826]

In § 46 Nr. 4 GmbHG wird nunmehr klargestellt, dass die Zusammenlegung von Ge- 439
schäftsanteilen eines **Gesellschafterbeschlusses** bedarf. Aufgrund der Dispositivität der
Vorschrift (§ 45 Abs. 2 GmbHG) sind hiervon abweichende Regelungen zulässig (vgl. insoweit zur Teilung → Rn. 97). Allerdings ist fraglich, wie weit diese Satzungsautonomie
reicht. Da § 22 Abs. 4 GmbHG der Kapitalaufbringung dient, ist die Vorschrift zwingend
(vgl. § 25 GmbHG) und stellt eine für den Gläubigerschutz gebotene Schranke der Satzungsautonomie dar. Somit sind die vorstehend geschilderten Einschränkungen bei der
Zusammenlegung von Geschäftsanteilen weiterhin zu berücksichtigen.[827]

---

[820] Zu Einzelheiten insbes. zur Stimmrechtsausübung aus einem Teil des Geschäftsanteils vgl. Gutachten des DNotI zu § 47 GmbHG Nr. 40219 und Nr. 28797.

[821] Formulierungsvorschläge zB bei *Irringer/Münstermann* GmbHR 2010, 617 (623 f.).

[822] Hierzu *D. Mayer* DNotZ 2008, 403 (426).

[823] Vgl. *D. Mayer* MittBayNot 2014, 114 (125 f.) für Kettenabtretungen.

[824] Zum Ganzen *Förl* RNotZ 2008, 409 (415).

[825] Vgl. BGH WM 1964, 944; Baumbauch/Hueck/*Zöllner/Noack* GmbHG § 46 Rn. 32 sowie das Muster im MVHdB I GesR/*Böhm/Frowein* Form. IV.70.

[826] Siehe Baumbauch/Hueck/*Zöllner/Noack* GmbHG § 46 Rn. 32.

[827] So zu Recht *D. Mayer,* 6. Gesellschaftsrechtliche Jahresarbeitstagung des DAI 2008, S. 56; dem folgend *Apfelbaum* notar 2008, 160 (172); aA ist unter anderem MHLS/*Römermann* GmbHG § 46 Rn. 180a unter Bezugnahme auf BT-Drs. 16/6140, 45; vgl. ferner Hauschild/Kallrath/Wachter/*Hauschild/Kallrath* NotarHdB § 16 Rn. 300.

440 Für eine Zusammenlegung von Geschäftsanteilen bedarf es (trotz gegenteiliger Feststellung in der Begründung zum Regierungsentwurf zum MoMiG)[828] bei fehlender Satzungsregelung schon deswegen der **Zustimmung des Betroffenen,** weil sie in sein Eigentum eingreift indem sie zB eine getrennte Veräußerung vorerst unmöglich macht (str).[829]

441 Nach der Zusammenlegung ist für den entstehenden Anteil in der **Gesellschafterliste** die **nächste freie Ziffer** als neue, bisher nicht verwendete Nummer zu vergeben (näher → Rn. 545).[830]

IV. Vertragspartner

442 **1. Güterstand und Staatsangehörigkeit.** Da sich im Hinblick auf den Güterstand des Veräußerers (insbes. §§ 1419, 1365 BGB) und seine Staatsangehörigkeit (Zustimmungspflicht des Ehegatten bei Erwerb; Möglichkeit eines Alleinerwerbs) Probleme ergeben können, sollte der **Urkundseingang** Angaben hierüber enthalten (→ Rn. 8, 9).

443 **2. Minderjährige.** Erfolgt eine Verfügung, dh insbes. eine Abtretung durch oder an einen Elternteil, ist ein **Ergänzungspfleger** zu bestellen (§§ 1629 Abs. 2, 1795 Abs. 2, 1909 BGB).[831] Anders als bei der Gründung (→ Rn. 10) reicht bei einer Übertragung von Geschäftsanteilen unter Beteiligung mehrerer Kinder regelmäßig die Bestellung eines gemeinsamen Ergänzungspflegers aus, da Vertragsbeziehungen nur zwischen den Eltern und dem Kind und nicht zwischen den Kindern untereinander bestehen (kein Fall des § 181 BGB).[832]

444 Für den Erwerb oder die Veräußerung von Geschäftsanteilen durch Minderjährige ist insbes. dann eine **familiengerichtliche Genehmigung** erforderlich, wenn dieser Vorgang dem Kauf/Verkauf eines Unternehmens gleichkommt (**§ 1822 Nr. 3 BGB**). Nach herrschender Meinung in Rechtsprechung und Literatur stehen insofern Veräußerung und Erwerb eines erheblichen Geschäftsanteils an einer nicht lediglich vermögensverwaltenden GmbH der Veräußerung bzw. dem Erwerb eines Erwerbsgeschäfts gleich, wenn sich die Beteiligung des Minderjährigen nach den konkreten Umständen, insbesondere nach Struktur und Art der GmbH und dem Grad der Beteiligung des Minderjährigen, wirtschaftlich nicht als reine Kapitalinvestition, sondern als Beteiligung an dem von der GmbH betriebenen Erwerbsgeschäft darstellt, wenn also den Minderjährigen ein Unternehmensrisiko trifft. Gemessen an der Rechtsprechung des BGH[833] ist danach entscheidend, ob der Minderjährige mehr als 50 % der Anteile an der GmbH hält.[834] Der Erwerb eines Geschäftsanteils bedarf iÜ einer familiengerichtlichen Genehmigung nach **§ 1822 Nr. 10 BGB,** wenn die Gefahr einer Haftung für rückständige Einlageverpflichtungen (§ 16 Abs. 2 GmbHG) oder einer Ausfallhaftung (§§ 24, 31 Abs. 3 GmbHG) besteht.[835] Auch bei der Schenkung eines Geschäftsanteils sollte, schon um die steuerliche Anerkennung nicht zu gefährden, idR eine familiengerichtliche Genehmigung eingeholt werden.

445 **3. Verfügungsbefugnis.** Die Verfügungsbefugnis des Verfügenden ist, soweit möglich, vom Notar zu prüfen (durch Heranziehung der aktuellen Gesellschafterliste und etwaiger Vorurkunden). In der Urkunde sollte vermerkt werden, dass der geschilderte Sachverhalt

---

[828] BT-Drs. 16/6140, 45.
[829] Vgl. nur Baumbach/Hueck/Zöllner/Noack GmbHG § 46 Rn. 32a; Roth/Altmeppen/Roth GmbHG § 46 Rn. 16c; Scholz/K. Schmidt GmbHG § 46 Rn. 66; Scholz/Seibt GmbHG § 15 Rn. 46 mwN; aA MHLS/Römermann GmbHG § 46 Rn. 180a; Wicke GmbHG § 46 Rn. 12.
[830] Siehe Wicke MittBayNot 2010, 283 (284).
[831] Vgl. Bürger RNotZ 2006, 156.
[832] So für eine Kommanditgesellschaft zu Recht OLG München NZG 2010, 862.
[833] BGH DNotZ 2004, 152.
[834] OLG Schleswig FamRZ 2018, 106.
[835] Vgl. BGH DB 1989, 918.

auf den Angaben der Beteiligten, der zuletzt beim Gericht eingereichten Gesellschafterliste und ggf. konkreten weiteren Dokumenten beruht. Sorgfältige Vertragspartner werden die Gesellschafterstellung des Verfügenden vorab ebenfalls untersuchen, ggf. im Rahmen einer umfassenden **Due-Diligence**-Prüfung.

Seit Inkrafttreten des MoMiG hat in diesem Zusammenhang die Bedeutung der **Ge-** 446 **sellschafterliste** erheblich zugenommen. Insbesondere hat sich die Transparenz des Gesellschafterkreises deutlich verbessert. So ist die Liste nunmehr nicht nur alleinige Legitimationsbasis für die Ausübung von Gesellschafterrechten (vgl. § 16 Abs. 1 GmbHG sowie → Rn. 531 ff.), sondern durch die verstärkte Einbeziehung des Notars in die Erstellung der Liste gemäß § 40 Abs. 2 GmbHG (→ Rn. 551 ff.) besteht darüber hinaus eine deutlich verbesserte **Richtigkeitsgewähr,** auch wenn die Voreintragung in der bisherigen Gesellschafterliste weiterhin keine materiell-rechtliche Voraussetzung für eine wirksame Geschäftsanteilsabtretung ist.[836]

V. Verfügungsbeschränkungen

Bei jeder Verfügung über Geschäftsanteile hat sich der Notar durch **Einsicht in die ak-** 447 **tuelle Satzung** zu vergewissern, ob darin eine Vinkulierungsbestimmung enthalten ist, wonach die Abtretung oder sonstige Verfügung einer Genehmigung der Gesellschaft, einer Mehrheit der Gesellschafter oder aller Gesellschafter bedarf (näher → Rn. 89 ff.).

Im Außenverhältnis wird im Falle der **Zustimmungspflicht der Gesellschaft** die 448 Genehmigung durch den/die vertretungsbefugten Geschäftsführer erteilt. Im Innenverhältnis ist jedoch ein Beschluss der Gesellschafter erforderlich, wenn die Satzung dem Vertretungsorgan nicht die alleinige Entscheidungsbefugnis zuweist.[837] Hat der Erwerber eines Geschäftsanteils diese Bindung im Innenverhältnis gekannt oder hätte er sie erkennen müssen und wurde die Zustimmung der Gesellschafterversammlung nicht eingeholt, liegt ein Missbrauch der Vertretungsmacht vor.[838] Da insoweit ein Verkehrsschutz über die uneingeschränkte Vertretungsmacht des Geschäftsführers nach außen gemäß § 37 Abs. 2 GmbHG zweifelhaft ist, sollte stets ein entsprechender Gesellschafterbeschluss eingeholt und zu Beweiszwecken der Urkunde beigefügt werden.

Dagegen ist beim **Einpersonen-Geschäftsführer/Gesellschafter** und bei einer **Ver-** 449 **fügung zugunsten eines Mitgesellschafters** einer Zweipersonen-GmbH keine besondere Zustimmung und Erklärung des Geschäftsführers erforderlich.[839] Bei einer mehrgliedrigen GmbH ist zumindest von einer stillschweigenden Zustimmung aller Gesellschafter bzw. der Gesellschafterversammlung (auch ohne ausdrückliche Beschlussfassung) auszugehen, wenn sämtliche Gesellschafter an der Urkunde mitwirken.[840] Da eine vorherige Zustimmung (Einwilligung) bis zur Vornahme des Rechtsgeschäfts jederzeit widerrufen werden kann (§ 183 BGB), sollte sie unwiderruflich erteilt werden.

B. Übertragung von Geschäftsanteilen

I. Form

Sowohl die dingliche Abtretung als auch die schuldrechtliche Verpflichtung zur Abtretung 450 von Geschäftsanteilen (insbesondere durch Schenkung oder Kauf) bedürfen der **notariellen Beurkundung** (§ 15 Abs. 3, Abs. 4 S. 1 GmbHG). Dazu gehören auch im Rahmen von sog. „Finanzierungsrunden" abgeschlossene Beteiligungsvereinbarungen, sofern sie – wie üblich – Ankaufsrechte und Verkaufsangebote in Form von Call- bzw. Put-Optionen

---

[836] Für eine weitere Stärkung der Gesellschafterliste de lege ferenda durch Einführung einer generellen Beglaubigungspflicht plädiert zu Recht *Bayer* notar 2012, 267.

[837] Vgl. BGH DNotZ 1989, 19.

[838] OLG Hamburg DB 1992, 1628 – Abtretung an einen Mitgesellschafter.

[839] BGH BB 1988, 1618 und DB 1991, 1218.

[840] Vgl. DNotI-Report 2003, 185 mit Ergänzung DNotI-Report 2004, 45.

und/oder Vesting-Regelungen, Mitverkaufspflichten (drag along), Mitverkaufsrechte (tag along) oder ähnliche Vereinbarungen enthalten, welche (wenn auch nur mittelbar) eine Verpflichtung zur Übertragung von Geschäftsanteilen begründen.[841] Auf die zum Teil polemisch geführte Diskussion zum Sinn dieses Formerfordernisses[842] sind weder die Rechtsprechung noch der Gesetzgeber eingegangen.

451   Das Formerfordernis des § 15 Abs. 4 S. 1 GmbHG erstreckt sich auf alle **Nebenabreden und ergänzenden Verträge** zu einer (Verpflichtung zur) Anteilsabtretung, die eine rechtliche Einheit bilden. Dies ist dann der Fall, wenn die Vertragsparteien den Willen haben, die Abreden in der Weise miteinander zu verknüpfen, dass sie miteinander „stehen und fallen" sollen **(wechselseitige Abhängigkeit).**[843] Auch wenn die Abreden bzw. Verträge (wie zB eine Anteilsabtretung, ein Geschäftsführeranstellungsvertrag, ein Lizenzvertrag) nicht wechselseitig voneinander abhängig sind, besteht dennoch eine Gesamtbeurkundungspflicht, wenn das beurkundungspflichtige Geschäft von der an sich nicht beurkundungspflichtigen Vereinbarung (auch nur einseitig) abhängig ist, dh die Nebenabrede für die Parteien zwingend Teil der Gesamtvereinbarung ist und das beurkundungspflichtige Geschäft nur gelten soll, wenn auch die unbedingt abgeschlossenen anderen Absprachen gelingen **(einseitige Abhängigkeit).**[844] Eine eigentlich nicht beurkundungsbedürftige Abrede kann selbst dann der Beurkundungspflicht unterliegen, wenn sie gesondert vor der Anteilsabtretung geschlossen wird und die **Parteien nicht identisch** sind mit denjenigen der Anteilsabtretung. Voraussetzung ist, dass die Parteien der eigentlich nicht beurkundungsbedürftigen Abrede übereinstimmend davon ausgegangen sind, dass die Geschäftsanteilsabtretung nach dem Willen deren Parteien von dieser Abrede abhängig ist.[845] Die Übernahmeerklärung nach § 55 Abs. 1 GmbHG hingegen unterliegt uU auch dann nicht den Formvorschriften des § 15 Abs. 4 GmbHG, wenn sie Teil eines umfassenden, formbedürftigen Vertragswerks ist.[846]

452   An der Gesamtbeurkundungspflicht ändert auch eine Aufspaltung der Vereinbarungen in **mehrere Dokumente bzw. Urkunden** nichts. Die von den Vertragsparteien gewollte Abhängigkeit eines Vertrages von einem anderen muss vom Urkundsnotar in der Urkunde zum Ausdruck gebracht werden, wenn diese **Verknüpfungsabrede** einen wesentlichen Bestandteil der vertraglichen Übereinkunft darstellt, wenn also ein rechtlicher und nicht bloß wirtschaftlicher Zusammenhang besteht.[847] In diesem Fall ist in den jeweiligen Urkunden wechselseitig aufeinander zu verweisen und der rechtliche Zusammenhang in allen Dokumenten deutlich zu machen, zB ein Bedingungszusammenhang oder das Vorliegen eines einheitlichen Rechtsgeschäfts iSv § 139 BGB.[848]

453   Die Nichtbeachtung der Form des § 15 Abs. 4 S. 1 GmbHG für das schuldrechtliche Rechtsgeschäft führt zur Nichtigkeit des Verpflichtungsvertrages, kann jedoch gemäß § 15 Abs. 4 S. 2 GmbHG durch **formgerechte Abtretung** (§ 15 Abs. 3 GmbHG) **geheilt** werden. Eine solche Heilung tritt auch dann ein, wenn das in derselben Urkunde enthal-

---

[841] Zu Formfragen bei Finanzierungsrunden vgl. *Tholen/Weiß* GmbHR 2016, 915.

[842] Vgl. nur *Heidenhain* ZIP 2001, 721 mit zutreffender Replik von *Kanzleiter* ZIP 2001, 2105 und *Walz/Fembacher* NZG 2003, 1134.

[843] Vgl. BGH ZNotP 2010, 483; GmbHR 2001, 815; zum Grundstückskauf BGH DB 2004, 2692; zum Ganzen *Stoppel* GmbHR 2010, 225; *Wiesbrock* DB 2002, 2311 (2314f.); siehe in diesem Kontext auch BGH DNotZ 2017, 73 zur Wirksamkeit einer Geschäftsanteilsabtretung bei gleichzeitig formunwirksam abgeschlossener Treuhandabrede aufgrund fehlenden Einheitlichkeitswillens sowie BGH DNotZ 2017, 295 zur Beurkundungspflicht einer Vereinbarungstreuhand an einem Kommanditanteil, wenn gleichzeitig ein Treuhandvertrag über den Geschäftsanteil an der Komplementär-GmbH geschlossen wird.

[844] Vgl. für § 311b Abs. 1 S. 1 BGB BGH ZNotP 2010, 483; NZBau 2002, 502; NJW 2001, 226; NJW 2000, 951; BVerwG DNotZ 2010, 549 mit instruktiver Anm. von *Grziwotz*.

[845] So BGH ZNotP 2010, 483 für einen Bauvertrag, der im Vorfeld eines Grundstückskaufvertrages abgeschlossen wurde; vgl. auch schon BGH DNotZ 2009, 619.

[846] So OLG Frankfurt a.M. NZG 2015, 875.

[847] Vgl. BGH NJW-RR 2003, 1565; NJW 2000, 2017; DNotZ 2000, 635.

[848] Siehe nur *Hermanns* DNotZ 2013, 9 (14); MüKoBGB/*Kanzleiter* BGB § 311b Rn. 55 für den Grundstückskauf; aA *Leutner/Stenzel* NZG 2012, 1406.

tene Verpflichtungsgeschäft nicht wirksam beurkundet wurde (zB wegen Nichtverlesens einer beurkundungspflichtigen Anlage). Nur wenn für das dingliche Erfüllungsgeschäft bestimmte Nebenabreden, zB über Befristungen oder Bedingungen oder sonstige Übertragungsmodalitäten, nicht rechtswirksam beurkundet wurden, greift die Heilungswirkung nicht.[849] Gelegentlich werden deshalb Kaufverträge über Geschäftsanteile bewusst formunwirksam geschlossen, wenn zB auf Wunsch der Beteiligten in der notariellen Abtretungsurkunde auf eine außerhalb der Urkunde erfolgte Kaufpreiszahlung verwiesen oder im Kaufvertrag ein unrealistischer Kaufpreis angegeben ist, um Notarkosten zu sparen. Auch wird im Rahmen des Verkaufs einer **GmbH & Co. KG** mitunter empfohlen, **lediglich** die **Anteilsabtretung** bzgl. der GmbH zu beurkunden, nicht aber die als Nebenabreden ebenfalls beurkundungspflichtigen Vereinbarungen über Kauf und Abtretung der Kommanditanteile.[850] Zwar werden auch in diesen Fällen die von den Parteien formlos getroffenen Vereinbarungen durch die formwirksame Beurkundung der Abtretung geheilt,[851] die **Heilung** wirkt aber immer **nur ex nunc** und heilt nur Mängel der Form, nicht dagegen materielle Mängel des obligatorischen Vertrages. Darüber hinaus ist zu beachten, dass an der Beurkundung der Abtretung alle Parteien der unwirksamen schuldrechtlichen Vorvereinbarung beteiligt sein müssen, dh nicht nur Veräußerer und Erwerber des Geschäftsanteils, sondern auch alle anderen Beteiligten wie zB Garantiegeber, Bürgen und anderen.[852]

Erfolgt in einem formunwirksamen Anteilskaufvertrag die **Abtretung aufschiebend** 454 **bedingt** durch die vollständige Zahlung des Kaufpreises und fällt diese oder eine sonstige Bedingung aus oder werden Abtretungsbeschränkungen nicht beachtet, tritt grundsätzlich überhaupt **keine Heilung** des formnichtigen Anteilskaufvertrages ein.[853] Anders liegen die Dinge, wenn die Beteiligten anschließend außerhalb der Urkunde auf die Einhaltung der Bedingung verzichtet haben.[854] Im Übrigen heilt eine formwirksame Abtretung nach § 15 Abs. 3 GmbHG nur denjenigen formnichtigen Verpflichtungsvertrag, in dessen Erfüllung sie vorgenommen wird. Diese Voraussetzung ist dann nicht erfüllt, wenn der Geschäftsanteil im notariellen Vertrag an andere Personen oder zu anderen Bedingungen abgetreten wird, als an die in dem formnichtigen privatschriftlichen Verpflichtungsvertrag bezeichneten Personen bzw. zu den dort bezeichneten Bedingungen.[855] Im Fall mehrerer aufeinander folgender Anteilskäufe heilt die Abtretung des Anteils des Erstverkäufers an den Letztkäufer auch die dazwischen liegenden formunwirksamen Kaufverträge, wenn die Abtretung an den Letztkäufer mit Zustimmung des Erstkäufers erfolgt.[856] Scheitert die Heilung, so entstehen aus dem obligatorischen Vertrag keinerlei Ansprüche, auch nicht aus § 311 Abs. 2, Abs. 3 BGB ("culpa in contrahendo").[857] Da im privatschriftlichen Kaufvertrag auch keine Zwangsvollstreckungsunterwerfung aufgenommen werden kann, muss der Veräußerer den tatsächlich vereinbarten Kaufpreis ggf. vor Gericht einklagen.

Änderungen und Ergänzungen des Verpflichtungsgeschäfts, die **nach Wirksam-** 455 **werden** der Abtretung vereinbart werden, sind formfrei möglich.[858] Sofern der Vertrag

---

[849] OLG Frankfurt a.M. DB 2012, 739.

[850] *Binz/Rosenbauer* NZG 2015, 1136: „Praktikermethode".

[851] BGH NJW 1983, 1843; DB 1994, 2387.

[852] Zu Recht *Stoppel* GmbHR 2010, 225 (228 f.).

[853] Vgl. dazu auch BGH MittBayNot 1989, 165.

[854] BGH DB 1994, 2387 – der spätere Verzicht führt aber nicht zur rückwirkenden Heilung des Kaufvertrags; dieser wird vielmehr nur ex nunc mit Zugang der Verzichtserklärung wirksam, BGH DB 1998, 1223.

[855] BGH GmbHR 2001, 815.

[856] BGH GmbHR 2001, 815.

[857] Vgl. *Kapp* DB 1989, 1224; zu beachten ist allerdings, dass nach § 39 Abs. 2 Nr. 1 AO das wirtschaftliche Eigentum an einem Kapitalgesellschaftsanteil auch bei zivilrechtlich unwirksamer Abtretung auf den Erwerber übergehen kann, vgl. BFH GmbHR 2012, 808.

[858] Ausf. zum Ganzen *Böttcher* NotBZ 2011, 118; vgl. ferner Scholz/*Seibt* GmbHG § 15 Rn. 98 aE sowie DNotI-Gutachten Nr. 152278. Vgl. auch die ständige Rechtsprechung zum Grundstückskauf, bei dem

hingegen vor Wirksamkeit der Anteilsübertragung geändert werden soll, was insbes. bei Unternehmenskäufen immer wieder vorkommt, hängt die Beurkundungspflicht nach zutreffender stRspr des BGH[859] und hM[860] davon ab, ob die Änderung nach Einschätzung der Parteien wesentliche Bestandteile des Vertrages betrifft. Aus Gründen der Vorsicht wird man daher regelmäßig eine Beurkundung vornehmen, sofern der zu ändernde Punkt nicht völlig unwesentlich ist.[861]

456   Der Versuch, die in § 15 Abs. 3, Abs. 4 S. 1 GmbHG enthaltenen Formerfordernisse durch **antizipierte Satzungsklauseln**[862] zu erfüllen, muss daran scheitern, dass derartige antizipierte Abtretungsklauseln nicht den Anforderungen des Bestimmtheitsgrundsatzes (dazu → Rn. 428 f.) genügen und damit ihrerseits gegen den Formzweck von § 15 Abs. 3, Abs. 4 S. 1 GmbHG verstoßen.[863]

457   Auch die an sich formfreie Verpflichtung zur Übertragung des Anteils an einer Personengesellschaft kann ausnahmsweise der notariellen Beurkundung unterliegen, wenn die Errichtung der Gesellschaft dazu dient, die Formvorschrift des § 15 Abs. 4 GmbHG zu **umgehen.**[864]

458   Zurückhaltend sollte der sorgsame Notar bezüglich Beurkundungen der Übertragung von Anteilen an einer **ausländischen Kapitalgesellschaft** sein, sofern er die materiellen und formellen Vorgaben des betreffenden Rechtskreises nicht hinreichend kennt.[865]

459   Was demgegenüber die **Auslandsbeurkundung** der Geschäftsanteilsabtretung einer deutschen GmbH betrifft, so muss deren Zulässigkeit spätestens seit Inkrafttreten des MoMiG durch die Einführung der notariell bescheinigten Liste gemäß § 40 Abs. 2 GmbHG im Ergebnis (wieder) als äußerst fraglich eingestuft werden.[866] Zu unterscheiden ist zwischen dem Abschluss des schuldrechtlichen Verpflichtungsgeschäfts und der dinglichen Abtretung der Geschäftsanteile:

– Zunächst bestimmt sich das auf den **schuldrechtlichen Anteilskaufvertrag** anwendbare *materielle Recht* nach Art. 3 ff Rom I-VO[867] *(Schuldvertragsstatut bzw. Geschäftsstatut).* Danach können die Parteien das anwendbare Recht frei wählen (Grundsatz der Parteiautonomie).[868] Für die Ermittlung der auf den Anteilskaufvertrag anwendbaren *Formvorschriften* findet iÜ eine Sonderanknüpfung nach **Art. 11 Rom I-VO** statt. Der schuldrechtliche Anteilskaufvertrag muss die Formvorschriften des Geschäftsstatuts oder *alternativ* die Formvorschriften des Rechts am Ort des Vertragsschlusses (Ortsform) erfüllen.[869] Ist *Schuldvertragsstatut* das deutsche Recht, muss der Anteilskaufvertrag gemäß § 15 Abs. 4 GmbHG notariell beurkundet werden. Die alternativ ausreichende *Ortsform* kann weniger streng sein. In der Praxis sollte ein Anteilskaufvertrag im Zweifel beurkundet werden, auch wenn das Schuldvertragsstatut oder das Ortsrecht eine

---

Änderungen nach bindender und formgerechter Auflassung formfrei möglich sind, vgl. BGH DNotZ 2019, 183.

[859] Vgl. nur BGH DNotZ 1990, 122.

[860] Siehe stellvertretend *Böttcher* NotBZ 2011, 118 sowie MHLS/*Ebbing* GmbHG § 15 Rn. 92 mit zahlreichen Nachweisen.

[861] Zum Ganzen *Liese* GmbHR 2010, 1256.

[862] Gestaltungsvorschläge bei *Kleinert/Blöse/v. Xylander* GmbHR 2003, 1230.

[863] Überzeugend *Barth* GmbHR 2004, 383.

[864] BGH NZG 2008, 377 zur GbR; hierzu *Wertenbruch* NZG 2008, 454.

[865] Hierzu *Wrede* GmbHR 1995, 365. Vgl. auch BGH NZG 2005, 41 zur Beurkundungspflicht eines deutschem Orts- und Geschäftsrecht unterliegenden Treuhandvertrages über einen Geschäftsanteil an einer polnischen GmbH.

[866] Zum Ganzen ausf. *Albers* GmbHR 2011, 1078; *Bayer* GmbHR 2013, 897; *ders.* DNotZ 2009, 887; *Braun* DNotZ 2009, 585; *Herrler* GmbHR 2014, 225; *König/Götte/Bormann* NZG 2009, 881; *Süß* DNotZ 2011, 414; vor dem Hintergrund der Anzeigepflichten des § 54 Abs. 1 EStDV auch *Heinze* NZG 2017, 371.

[867] VO EG Nr. 593/2008.

[868] Vgl. MHLS/*Ebbing* GmbHG § 15 Rn. 97; MüKoBGB/*Spellenberg* Rom I-VO Art. 11 Rn. 65 ff.

[869] HM, siehe nur Lutter/*Hommelhoff/Bayer* GmbHG § 15 Rn. 27 ff.; MHLS/*Ebbing* GmbHG § 15 Rn. 97; *Roth/Altmeppen/Altmeppen* GmbHG § 15 Rn. 90; aA zB MüKoBGB/*Kindler* IntGesR Rn. 536 (für Anwendbarkeit des Gesellschaftsstatuts).

weniger strenge Form zulassen, um Rechtsunsicherheiten und Auseinandersetzungen mit den Registergerichten im Zusammenhang mit der Einreichung einer aktualisierten Gesellschafterliste (§ 40 GmbHG) zu vermeiden.[870]

– Bezüglich der **dinglichen Abtretung** von GmbH-Geschäftsanteilen ist *Geschäftsstatut* hingegen nach ganz hM zwingend das (deutsche) **Gesellschaftsstatut,** weshalb stets eine Beurkundungspflicht nach § 15 Abs. 3 GmbHG besteht.[871] Damit stellt sich die Folgefrage, ob die erforderliche Form des § 15 Abs. 3 bzw. Abs. 4 GmbHG auch mittels Beurkundung vor einem ausländischen Notar eingehalten werden kann, dh mit anderen Worten, ob sich die deutsche durch eine ausländische Beurkundung ersetzen lässt **(Substitution).**

Vor Inkrafttreten des MoMiG ging man diesbezüglich mit der Rechtsprechung des BGH[872] und des OLG Frankfurt a.M.[873] überwiegend davon aus, dass zur Abtretung von Geschäftsanteilen einer GmbH als nicht statusrelevantem Geschäft die notarielle Beurkundung durch einen Notar in Zürich–Altstadt, Zug bzw. Basel-Stadt genügt, da in diesem Fall **Urkundsperson und Urkundsverfahren** der Stellung des inländischen Notars und dem Verfahren nach dem BeurkG **gleichwertig** seien.[874] Der **BGH**[875] hält auch **nach Inkrafttreten des MoMiG** an diesen beiden Kriterien für eine wirksame Substitution bei einer Beurkundung im Ausland fest. Gleichzeitig lässt es der II. Zivilsenat aber ausdrücklich offen, ob nach Inkrafttreten des MoMiG und der Reform des Schweizer Obligationenrechts von 2008 heute noch die Gleichwertigkeit einer Beurkundung in Basel anzunehmen ist.[876] Auf Ebene der **Instanzgerichte** wird die Frage unterschiedlich beurteilt. Das LG Frankfurt a.M. bezweifelt, ob unter Geltung des MoMiG Auslandsbeurkundungen noch als wirksam anerkannt werden können.[877] Auch das AG Berlin-Charlottenburg sah in einem Gründungsfall (→ Rn. 35) jedenfalls das Beurkundungsverfahren bei einem Notar in Bern insbes. mangels Verlesungspflicht und wegen Unverzichtbarkeit der Belehrungs- und Prüfungspflicht gemäß § 17 Abs. 1 BeurkG als nicht gleichwertig an.[878] Demgegenüber hat das Kammergericht als Folgeinstanz trotz fehlender gesetzlicher Verlesungspflicht entschieden, dass eine Beurkundung der Gründung einer deutschen GmbH durch einen Schweizer Notar mit Amtssitz im Kanton Bern jedenfalls dann die Anforderungen nach § 2 Abs. 1 GmbHG erfüllt, wenn die Niederschrift in Gegenwart des Notars den Beteiligten tatsächlich vorgelesen, von ihnen genehmigt und eigenhändig unterschrieben worden ist.[879] Auch das OLG Düsseldorf ist der Auffassung, dass ein in Basel residierender Schweizer Notar die Abtretung von Geschäftsanteilen einer deutschen GmbH wirksam beurkunden kann.[880]

Im Hinblick auf die **herausgehobene Stellung der Gesellschafterliste** nach § 40 GmbHG und die deutliche Betonung der **materiellen Richtigkeitsgewähr** als **Zweck**

460

461

---

[870] So zu Recht MHLS/*Ebbing* GmbHG § 15 Rn. 97.

[871] So unter anderem *Bayer* GmbHR 2013, 897 (904 ff.); *ders.* DNotZ 2009, 887 (889 ff.) mit zahlreichen Nachweisen auch zur Gegenansicht, welche die Ortsform genügen lassen will; vgl. ferner MüKoBGB/ *Spellenberg* EGBGB Art. 11 Rn. 101.

[872] DNotZ 1981, 451 für eine Beurkundung vor einem Züricher Notar.

[873] GmbHR 2005, 764 für eine Beurkundung vor einem Baseler Notar.

[874] Siehe unter anderem MüKoBGB/*Spellenberg* EGBGB Art. 11 Rn. 86 ff.; Palandt/*Thorn* EGBGB Art. 11 Rn. 10.

[875] DNotZ 2014, 457.

[876] Vgl. hierzu *Hermanns* RNotZ 2014, 229; *Herrler* GmbHR 2014, 225; *Lieder/Ritter* notar 2014, 187; *Müller* NJW 2014, 1994 mit instruktiver Darstellung der Beurkundungsverfahren verschiedener Schweizer Kantone; *Seebach* DNotZ 2014, 413 (420 ff.).

[877] LG Frankfurt a.M. DNotZ 2009, 949; hierzu unter anderem *Mauch* EWiR 2010, 79.

[878] AG Berlin-Charlottenburg GmbHR 2016, 223; hierzu *Becker* NotBZ 2016, 321 (322 ff.) mit detaillierter Untersuchung der Gleichwertigkeit Berner Notare.

[879] KG DNotZ 2019, 134 mit kritischer Anm. *Diehn.* Die Entscheidung ist in der Literatur äußerst kritisch aufgenommen worden, → Rn. 35 und die dortigen Nachweise. Siehe ergänzend KG DNotZ 2019, 141 mit kritischer Anm. *Diehn* zur Auslandsbeurkundung einer Verschmelzung nach dem UmwG.

[880] OLG Düsseldorf DNotZ 2011, 447.

der **Beurkundungspflicht**[881] erscheint die Gleichwertigkeit einer Auslandsbeurkundung zumindest äußerst fraglich.[882] Der vom Gesetzgeber mit dem MoMiG bezweckte Schutz der Beteiligten, der Gesellschaft und etwaiger (gutgläubiger) Dritter hat Bedeutung insbes. vor dem Hintergrund der Zulassung eines gutgläubigen Erwerbs auf Basis der Gesellschafterliste (§ 16 Abs. 3 GmbHG) und der Installierung der Gesellschafterliste als alleinige Legitimationsbasis für die Ausübung von Gesellschafterrechten (§ 16 Abs. 1 GmbHG).[883] Aufgrund der unklaren Rechtslage und der damit verbundenen Risiken werden derzeit so gut wie keine Transaktionen im Ausland beurkundet.

II. Vollmacht

462   Das Formerfordernis des § 15 GmbHG gilt für die Erklärungen beider Vertragsparteien.[884] Wird eine der Parteien bei der Beurkundung vertreten, so bedarf die **Vollmacht** zur Abtretung eines Geschäftsanteils jedoch keiner Form (**§ 167 Abs. 2 BGB**).[885] Dies soll auch für unwiderrufliche Vollmachten gelten.[886] Eine Blankovollmacht ist nach hM hingegen unzulässig.[887] Problematisch ist die privatschriftliche Vollmacht zum einen deshalb, weil der **Notar** im Zuge der mittels Vollmacht vereinbarten Anteilsabtretung eine **neue Gesellschafterliste** erstellen muss. Insofern ist es jedenfalls ratsam, dass der Notar im Vorfeld kommuniziert, welche Nachweise er im Hinblick auf die Person des Unterzeichners sowie – wenn der Beteiligte keine natürliche Person ist – Existenz und Vertretung des Vollmachtgebers verlangt. Zum anderen ist zu beachten, dass eine vollstreckbare Ausfertigung aufgrund einer in der Urkunde enthaltenen **Zwangsvollstreckungserklärung** hinsichtlich des Kaufpreises nur erteilt werden darf, wenn die Bevollmächtigung durch öffentlich beglaubigte Urkunde nachgewiesen ist.[888]

III. Verfügungsbeschränkungen

463   Vor jeder Abtretung von Geschäftsanteilen ist die Satzung der Gesellschaft auf etwaige Verfügungsbeschränkungen (Vinkulierung) zu überprüfen (ausf. → Rn. 89 ff. und → Rn. 447 ff.).

464   Ist ein GmbH-Geschäftsanteil **Nachlassbestandteil** und verfügt der Erbe lediglich mittelbar über den Anteil durch Veräußerung seines Erbanteils, geht eine Abtretungsbeschränkung ins Leere (siehe schon → Rn. 96).[889]

465   Erfolgt eine Anteilsübereignung zur **Erbauseinandersetzung,** Umsetzung einer **Teilungsanordnung, Vermächtniserfüllung** oder in sonstiger Weise zur Verwirklichung des Erblasserwillens, ist im Wege der **Auslegung** zu ermitteln, ob vorhandene satzungsmäßige Abtretungsbeschränkungen zu beachten sind. Nach einer Ansicht ist im Zweifel anzunehmen, dass sich die Vinkulierungsklausel nicht auf derartige Abtretungen bezieht.[890] Danach bedarf – vorbehaltlich einer ausdrücklich abweichenden Satzungsregelung – die Übertragung des Geschäftsanteils aus dem Gesamthandsvermögen der Miterben auf den Begünstigten idR keiner Zustimmung. Nach wohl hM gilt eine Vinkulierungs-

---

[881] Vgl. Begr. RegE MoMiG BT-Drs. 16/6140, 44; *Braun* DNotZ 2009, 585 (589 f.); *Saenger/Scheuch* BB 2008, 65 (67) mwN.
[882] Zusammenfassend *Beckmann/Fabricius* GWR 2016, 375.
[883] Vgl. *Bayer* DNotZ 2009, 887 (894).
[884] BGH ZIP 2007, 1155.
[885] Siehe BGH DNotZ 1954, 403 und das Muster im MVHdB I GesR/*Böhm/Frowein* Form. IV.78.
[886] Siehe nur Baumbach/Hueck/*Fastrich* GmbHG § 15 Rn. 23; Lutter/Hommelhoff/*Bayer* GmbHG § 15 Rn. 40; Roth/Altmeppen/*Altmeppen* GmbHG § 15 Rn. 88; Scholz/*Seibt* GmbHG § 15 Rn. 96.
[887] Vgl. unter anderem Baumbach/Hueck/*Fastrich* GmbHG § 15 Rn. 23; Roth/Altmeppen/*Altmeppen* GmbHG § 15 Rn. 88; Scholz/*Seibt* GmbHG § 15 Rn. 95 mwN auch aus der Rspr.
[888] Siehe BGH DNotZ 2005, 132; DNotZ 2007, 33.
[889] Vgl. BGH GmbHR 1985, 151.
[890] So zB OLG Düsseldorf (6. Zivilsenat) GmbHR 1990, 504 (507 f.). Eingehend zum Ganzen Roth/Altmeppen/*Altmeppen* GmbHG § 15 Rn. 32 ff.

klausel hingegen im Zweifel auch für den Fall der Abtretung zur Umsetzung des Erblasserwillens, soweit diese Fälle vom Anwendungsbereich einer Vinkulierungsklausel nicht ausdrücklich ausgenommen sind (so aber im Gesamtmuster GmbH-Gründung (Satzung) → Rn. 759 § 6 Abs. 1 aE).[891] Dies soll selbst dann gelten, wenn die Satzung die freie Vererblichkeit von Geschäftsanteilen vorsieht.[892] Allerdings wird jedenfalls für diesen Fall ein Anspruch auf Zustimmung angenommen.[893] Zur Satzungsgestaltung bereits → Rn. 96.

Ist eine erforderliche Zustimmung nicht zu erreichen und soll der Erwerber wirtschaftlich so gestellt werden, als ob er die Gesellschaftsbeteiligung erworben hätte, kann **alternativ** auf eine typische oder atypische **Unterbeteiligung** ausgewichen werden, sofern die Vinkulierungsklausel in der Satzung nicht auch derartige mittelbare Unternehmensbeteiligungen unter einen Zustimmungsvorbehalt stellt.[894] **466**

IV. Vorkaufs- und Ankaufsrechte

Sind in der Satzung Vorkaufs- bzw. Ankaufsrechte für Mitgesellschafter vorgesehen (hierzu → Rn. 94) und erfolgt die Abtretung nicht unter Mitwirkung sämtlicher Gesellschafter, ist durch Einholung entsprechender Negativverklärungen sicherzustellen, dass von diesen Erwerbsrechten kein Gebrauch gemacht wird. Darüber hinaus empfiehlt es sich die Beteiligten zu befragen, ob diesbezügliche schuldrechtliche Vereinbarungen bestehen und ggf. auf deren Einhaltung hinzuwirken. **467**

V. Gutgläubiger Erwerb

Seit Inkrafttreten des MoMiG lässt § 16 Abs. 3 GmbHG den gutgläubigen Erwerb eines Geschäftsanteils vom Nichtberechtigten zu, wenn der Veräußerer in der im Handelsregister aufgenommenen Gesellschafterliste als Rechtsinhaber eingetragen ist.[895] Im Einzelnen gilt es hierbei folgendes zu beachten: **468**

Rechtsscheinträger kann nur eine den Anforderungen des § 40 GmbHG entsprechende **Gesellschafterliste** sein, wobei irrelevant ist, ob diese von einem Geschäftsführer oder – als bescheinigte Liste nach § 40 Abs. 2 GmbHG – vom Notar eingereicht wurde.[896] Fehlen einzelne Angaben, dürfte dies dem gutgläubigen Erwerb dann nicht entgegenstehen, wenn der Rechteinhaber zweifelsfrei identifizierbar bleibt. Der Erwerb muss ferner durch Rechtsgeschäft im Sinne eines Verkehrsgeschäfts erfolgt sein, dh auf beiden Seiten des Rechtsgeschäfts darf nicht dieselbe Person stehen.[897] **469**

Zu beachten sind die Grenzen der Gutglaubenswirkung. Bereits aus dem Wortlaut von § 16 Abs. 3 S. 1 GmbHG („vom Nichtberechtigten") wird deutlich, dass sich der gutgläubige Erwerb **nur auf die Rechtsinhaberschaft** des Veräußerers bezieht.[898] Nicht geschützt wird hingegen insbes. der gute Glaube an **470**
– die Existenz tatsächlich nicht bestehender Anteile;
– die freie Übertragbarkeit des Geschäftsanteils, dh das Fehlen oder Nichteingreifen von Vinkulierungsbestimmungen (→ Rn. 447 ff.);[899]

[891] Siehe nur OLG Düsseldorf (7. Zivilsenat) DB 1987, 526; Baumbach/Hueck/*Fastrich* GmbHG § 15 Rn. 11; MHLS/*Ebbing* GmbHG § 15 Rn. 18 mwN; Rowedder/Schmidt-Leithoff/*Görner* GmbHG § 15 Rn. 132 mwN.
[892] OLG Düsseldorf DB 1987, 526.
[893] *Roth*/Altmeppen/*Altmeppen* GmbHG § 15 Rn. 35.
[894] Dazu MVHdB I GesR/*Seyfarth* Form. IX.4., IX.8. und IX.9.
[895] Zum Ganzen unter anderem *Bayer* notar 2012, 267; *Bohrer* DStR 2007, 995; *Götze/Bressler* NZG 2007, 894; *Link* RNotZ 2009, 193 (215 ff.); *D. Mayer* DNotZ 2008, 403 (415 ff.); *Vossius* DB 2007, 2299.
[896] Zur Gesellschafterliste als Rechtsscheinträger *Bednarz* BB 2008, 1854.
[897] Vgl. *Vossius* DB 2007, 2299 (2300).
[898] Hierzu *D. Mayer* DNotZ 2008, 403 (417 f.); *Herrler* ZIP 2011, 615, jeweils mwN sowie BGH DB 2011, 2481.
[899] Vgl. insoweit BGH DB 2011, 2481 (in einem obiter dictum).

– die Verfügungsbefugnis des Veräußerers, dh das Nichtvorliegen von Verfügungsbeschränkungen wie zB einer Testamentsvollstreckung;[900]
– die Lastenfreiheit des übertragenen Geschäftsanteils;[901]
– die Erfüllung der Einlagepflicht.

Für die Due Diligence-Praxis hat die Einführung des gutgläubigen Erwerbs aufgrund dieser engen Grenzen so gut wie keine Erleichterungen gebracht; die Erwerbskette (sog. Chain of Titel) wird in der Praxis wie bisher lückenlos geprüft.[902]

471   Ist der Gutglaubenstatbestand des § 16 Abs. 3 S. 1 GmbHG erfüllt, scheitert ein Erwerb vom Nichtberechtigten gleichwohl, wenn einer der folgenden **Ausschlussgründe** vorliegt:[903]

– die Gesellschafterliste ist hinsichtlich des Geschäftsanteils weniger als drei Jahre unrichtig und die Unrichtigkeit ist dem Berechtigten nicht zuzurechnen (§ 16 Abs. 3 S. 2 GmbHG; → Rn. 472);
– dem Erwerber ist die fehlende Berechtigung des Veräußerers bekannt oder infolge grober Fahrlässigkeit unbekannt (§ 16 Abs. 3 S. 3 GmbHG; → Rn. 473);
– der Gesellschafterliste ist hinsichtlich des Geschäftsanteils ein Widerspruch zugeordnet (§ 16 Abs. 3 S. 3, 4 GmbHG; → Rn. 474 ff.).

472   Die **Drei-Jahres-Frist** beginnt mit Aufnahme der Liste in das Handelsregister, dh ihrer Einstellung in den online abrufbaren Registerordner. Wird eine ursprünglich richtig aufgenommene Liste erst später unrichtig, kommt es auf diesen Moment an. Wird die Liste „mehrfach" unrichtig, ist für Beginn und Ablauf der Frist ausschließlich die erstmalige Unrichtigkeit entscheidend.[904] Ein gutgläubiger Erwerb innerhalb der ersten drei Jahre seit Unrichtigkeit setzt voraus, dass die Fehlerhaftigkeit der Liste dem Berechtigten zuzurechnen ist. Eine Zurechenbarkeit in diesem Sinne ist anzunehmen, wenn der Berechtigte die Unrichtigkeit (mit-)veranlasst oder zumindest (mit-) zu verantworten hat.[905] Das ist jedenfalls immer dann zu bejahen, wenn der wahre Berechtigte an der vermeintlichen „Veränderung" der Gesellschafterstellung mitgewirkt hat, also etwa bei einer Anteilsabtretung. Nach Ablauf der Drei-Jahres-Frist spielt die Frage der Zurechenbarkeit hingegen keine Rolle mehr, weil die schutzwürdigen Interessen des wahren Berechtigten durch die gesetzliche Regelung ausreichend berücksichtigt sind.[906]

473   Von der Frage der Zurechenbarkeit des durch die Gesellschafterliste gesetzten Rechtsscheins streng zu trennen ist die Frage, ob der Erwerber die Unrichtigkeit der Liste kennt oder grob fahrlässig nicht kennt. Insoweit gelten die allgemeinen Grundsätze, wie sie zu §§ 892, 932 BGB entwickelt wurden. Schwierigkeiten bereitet dabei, dass § 16 Abs. 3 S. 3 GmbHG keine Aussage zum maßgeblichen Zeitpunkt für die **Gutgläubigkeit** trifft. Diese Frage ist insbes. im Rahmen aufschiebend bedingter Anteilsabtretungen interessant. Liegt der Bedingungseintritt in den Händen der Parteien, so ist der Zeitpunkt des Bedingungseintritts maßgeblich, dh der gute Glaube des Erwerbers muss zB bis zur Kaufpreiszahlung andauern. Haben die Parteien dagegen keinen Einfluss auf den Bedingungseintritt (zB bei Fehlen fusionskontrollrechtlicher Genehmigungen oder sonstiger Genehmigungen Dritter), dürfte es auf die Antragstellung bzw. Anforderung der Genehmigung ankom-

---

[900] Vgl. BGH DB 2011, 2481 sowie BGH NZG 2015, 519, der unter anderem mangels der Möglichkeit der Überwindung einer Verfügungsbeschränkung durch gutgläubigen Erwerb die Eintragungsfähigkeit eines Testamentsvollstreckervermerks verneint; anders für das Handelsregister bezüglich eines Kommanditanteils BGH DB 2012, 682.
[901] Siehe das obiter dictum in BGH DB 2011, 2481; insofern ist fraglich, welche Auswirkung die Eintragung einer Belastung in der Liste, wie sie zB vom LG Aachen NZG 2009, 1157 für zulässig gehalten wird, haben soll.
[902] Vgl. *Paefgen/Wallisch* NZG 2016, 801.
[903] Ausf. dazu *D. Mayer* DNotZ 2008, 403 (420 ff.).
[904] *Götze/Bressler* NZG 2007, 894 (897).
[905] *Götze/Bressler* NZG 2007, 894 (897).
[906] Vgl. *D. Mayer* DNotZ 2008, 403 (420 f.).

men.[907] Im Übrigen ist für die Praktikabilität der Regelung entscheidend, welche Anforderungen im Rahmen des Erwerbs von GmbH-Geschäftsanteilen mit Blick auf die „grob fahrlässige Unkenntnis" gestellt werden. Dabei stellt sich insbes. die Frage, ob das Unterlassen einer Due-Diligence-Prüfung bereits zur grob fahrlässigen Unkenntnis des Erwerbers führt.[908] Dies wird man jedoch nur dann annehmen können, wenn konkrete Verdachtsmomente vorliegen, aus denen sich Zweifel an der Inhaberschaft des Veräußerers ergeben.[909]

Der gutgläubige Erwerb ist darüber hinaus ausgeschlossen, wenn der Liste ein **Wider-** **spruch** zugeordnet ist (§ 16 Abs. 3 S. 3 GmbHG).[910] Der Widerspruch beseitigt nicht die Möglichkeit des tatsächlichen Anteilsinhabers zur Anteilsveräußerung, sondern schließt lediglich den gutgläubigen Erwerb aus. Auch die Legitimation gegenüber der Gesellschaft nach § 16 Abs. 1 GmbHG (→ Rn. 531 ff.) wird durch einen Widerspruch nicht beseitigt.[911] Die **Zuordnung** erfolgt durch einstweilige Verfügung oder Bewilligung desjenigen, gegen dessen Berechtigung sich der Widerspruch richtet (§ 16 Abs. 3 S. 4 GmbHG).[912] Bei dem Widerspruch ist im Regelfall auch derjenige zu bezeichnen, zu dessen Gunsten der Widerspruch zugeordnet werden soll, da andernfalls Streit darüber entstehen kann, wer zur Bewilligung der Löschung berechtigt ist.[913] Eine Gefährdung des Rechts des Widersprechenden muss nicht glaubhaft gemacht werden (§ 16 Abs. 3 S. 5 GmbHG).[914] Technisch bedeutet „Zuordnung", dass der elektronisch eingereichte Widerspruch mit dem entsprechenden Dokument der Gesellschafterliste im Registerordner nach § 9 HRV verbunden wird.[915]

474

Formulierungsbeispiel: Bewilligung Widerspruch   475

A bewilligt und beantragt zu Gunsten des B die Zuordnung eines Widerspruchs zu dem in der Gesellschafterliste der X GmbH (eingetragen im Handelsregister des Amtsgerichts Y unter HRB 1234) vom 1.6.2019 aufgeführten Geschäftsanteil Nr. 1.

Die **Löschung des Widerspruchs** gegen eine Gesellschafterliste ist als „actus contrarius" zur Zuordnungsmöglichkeit des § 16 Abs. 3 S. 4 GmbHG (durch einstweilige Verfügung oder Bewilligung des Listengesellschafters) zulässig; ein „einfacherer Weg" durch Einreichung einer neuen Gesellschafterliste besteht nicht.[916] Wird der Widerspruch nicht gelöscht und wird zu einem späteren Zeitpunkt eine neue Liste eingereicht, so ist dieser Liste der bestehende Widerspruch in derselben Art und Weise wie der ursprünglichen Liste technisch zuzuordnen (**Fortführung des Widerspruchs**). Nur so wird der Zweck des Widerspruchs erreicht, den von einer unrichtigen Gesellschafterliste ausgehenden Rechtsschein zu zerstören bzw. den durch Widerspruch begünstigten Dritten zu schützen.[917]

476

Besondere Probleme im Hinblick auf den gutgläubigen Erwerb schien die **Absicherung des Erwerbers** bei **aufschiebend bedingten Abtretungen** zu verursachen.[918]

477

---

[907] So *D. Mayer* DNotZ 2008, 403 (421 f.) und *Götze/Bressler* NZG 2007, 894 (899).
[908] Dazu ausf. *Müller* GmbHR 2006, 953 (956).
[909] *D. Mayer* DNotZ 2008, 403 (422); *Götze/Bressler* NZG 2007, 894 (898); zweifelnd *Harbarth* ZIP 2008, 57 (60).
[910] Hierzu unter anderem *Bernauer/Bernauer* GmbHR 2016, 621.
[911] Vgl. Begr. RegE, BT-Drs. 16/6140, 39 und *Harbarth* ZIP 2008, 57 (60).
[912] Zu Zuständigkeitsfragen siehe OLG Celle NZG 2017, 1030.
[913] Vgl. unter anderem *Hasselmann* NZG 2010, 207 (209); *Weigl* MittBayNot 2009, 116 (119).
[914] Hierzu KG ZIP 2010, 2047; aA OLG Nürnberg ZIP 2014, 1881, wonach die Zuordnung im Wege der einstweiligen Verfügung das Vorliegen eines Verfügungsgrundes voraussetzt und § 16 Abs. 3 S. 5 GmbHG nur vom Erfordernis der Glaubhaftmachung dieses Verfügungsgrundes befreit.
[915] *Vossius* DB 2007, 2299 (2303).
[916] KG DNotZ 2013, 796.
[917] Siehe *Hasselmann* NZG 2010, 207 (210).
[918] Ausf. hierzu *D. Mayer/Färber* GmbHR 2011, 785 (791 f.); *D. Mayer* ZIP 2009, 1037 (1049 ff.); *Weigl* MittBayNot 2009, 116; *ders.* NZG 2009, 1173.

Umstritten war insbes. die Konstellation, dass der Verkäufer eines Geschäftsanteils diesen aufschiebend bedingt auf Kaufpreiszahlung an den Käufer 1 abtritt und anschließend denselben Geschäftsanteil (noch vor Bedingungseintritt) nochmals unbedingt an den Käufer 2 überträgt. Ein Teil der Literatur geht davon aus, dass bei einer solchen aufschiebend bedingten Geschäftsanteilsabtretung ein gutgläubiger Erwerb vom „noch-berechtigten" Veräußerer durch den Zweiterwerber möglich ist.[919] Nach der zu befürwortenden und vom BGH[920] bestätigten Gegenansicht ist der Ersterwerber vor derartigen beeinträchtigenden Verfügungen in der Schwebezeit hingegen durch § 161 Abs. 3 BGB geschützt, weil § 16 Abs. 3 GmbHG aufgrund der engen **Grenzen der Legitimationswirkung** der Gesellschafterliste weder direkt noch analog Anwendung findet.[921] Die Rechtsscheinwirkungen des § 16 Abs. 3 GmbHG können nämlich nur so weit gehen, wie die Gesellschafterliste als Rechtsscheinträger den für den Rechtsverkehr maßgeblichen Vertrauenstatbestand begründen kann. Die Gesellschafterliste ist aber nicht geeignet, einen Rechtsschein dafür zu setzen, dass der in der Liste eingetragene Inhaber des Geschäftsanteils über diesen nicht bereits aufschiebend bedingt verfügt hat.

478   Die im Vorfeld der Entscheidung des BGH diskutierten **Schutzmechanismen**[922] wie insbesondere die sog. „Widerspruchslösung"; das „Zwei-Listen-Modell"[923] oder die „vertragliche Doppelbedingung"[924] sind damit (vorerst, bis zu einer etwaigen Annäherung der Gesellschafterliste an das Grundbuch, bspw. durch Eintragbarkeit einer „Vormerkung") obsolet.

VI. Gewinnabgrenzung

479 Mangels abweichender Regelung stehen auf die veräußerten Geschäftsanteile entfallenden Gewinne Verkäufer und Käufer nach § 101 Nr. 2 Hs. 2 BGB zeitanteilig zu. In aller Regel finden sich daher in den Geschäftsanteilsabtretungsverträgen auf ein Geschäftsjahresende Bezug nehmende Abgrenzungsklauseln (vgl. das Gesamtmuster Geschäftsanteilskauf- und -abtretungsvertrag → Rn. 762 unter Ziffer II.). Zu warnen ist dabei vor der **unscharfen Formel** „der Geschäftsanteil wird mit Gewinnbezugsrecht ab ... veräußert". Offen bleibt dann insbesondere, ob damit nur der Gewinn des laufenden Geschäftsjahrs oder auch die unter die Gesellschafter noch nicht verteilten Gewinne vorangegangener Geschäftsjahre erfasst werden sollen.[925]

480   Problematisch ist ferner, dass nach **§ 20 Abs. 5 EStG** für Zwecke der Einkommensteuer der ausgeschüttete Gewinn unabhängig von der zivilrechtlichen Vereinbarung demjenigen zugerechnet wird, der im Zeitpunkt des Gewinnverteilungsbeschlusses Gesellschafter war.[926]

Praxishinweis Steuern:

Insofern besteht bei vielen Anteilskaufverträgen das Risiko einer doppelten steuerlichen Erfassung in der Weise, dass die auf die verkauften Anteile ausgeschüttete Dividende

---

[919] So zB Lutter/Hommelhoff/*Bayer* GmbHG § 16 Rn. 63 ff. mit zahlreichen weiteren Nachweisen; MüKoGmbHG/*Heidinger* GmbHG § 16 Rn. 298; *Herrler* ZIP 2011, 615 (616); *Vossius* DB 2007, 2299 (2301); *Heckschen* MoMiG Rn. 576.

[920] DNotZ 2011, 943; vgl. hierzu *Bayer* GmbHR 2011, 1254; *Brandes* GmbHR 2012, 545; *Herrler* NZG 2011, 1321; *Wicke* GmbHG § 16 Rn. 20a.

[921] So unter anderem OLG Hamburg ZIP 2010, 2097; OLG München DNotZ 2011, 453; *D. Mayer* ZIP 2009, 1037 (1050); *D. Mayer/Färber* GmbHR 2011, 785 (791 f.); *Weigl* MittBayNot 2009, 116 (117 f.); Baumbach/Hueck/*Fastrich* GmbHG § 16 Rn. 29a.

[922] Zum Ganzen *Begemann/Grunow* DNotZ 2011, 403.

[923] Hierzu unter anderem *D. Mayer* ZIP 2009, 1037 (1039).

[924] Vgl. *D. Mayer* ZIP 2009, 1037 (1049 ff.).

[925] Zum Ganzen BGH NZG 2004, 912; *Mildner* NZG 2004, 1025; zur sachgerechten Gewinnabgrenzung vgl. MVHdB I GesR/*Böhm/Frowein* Form. IV.65. mAnm 8.

[926] Hierzu *Mildner* NZG 2004, 1025 (1030 ff.).

> sowohl beim Erwerber des Anteils – als Inhaber zur Zeit des Gewinnverteilungsbeschlusses – als auch beim Veräußerer – als Teil der Gegenleistung für die Veräußerung nach §§ 17, 20 Abs. 2 EStG – berücksichtigt wird.[927] Diese doppelte Erfassung wird erst bei der Weiterveräußerung des Anteils ausgeglichen, da die an den Erstverkäufer weitergeleitete Dividende die Anschaffungskosten des Ersterwerbers erhöht.

Ist der Gewinnverteilungsbeschluss für gemäß der zivilrechtlichen Vereinbarung noch **481** dem Veräußerer zustehende Gewinne im Zeitpunkt der Beurkundung der Anteilsübertragung noch nicht gefasst, sollte die Anteilsabtretung daher aufschiebend bedingt auf den Zeitpunkt des Gewinnverteilungsbeschlusses erfolgen.[928] Alternativ kommen eine Zuordnung des Gewinns für das laufende Geschäftsjahr beim Erwerber unter gleichzeitiger Vereinbarung einer Abschlagsdividende oder eine Vorab-Gewinnausschüttung[929] in Betracht.[930]

VII. Mängelhaftung

Der Kauf von GmbH-Geschäftsanteilen ist ein Rechtskauf.[931] Nach § 453 Abs. 1 BGB **482** iVm § 433 Abs. 1 BGB hat der Verkäufer für den **rechtlichen Bestand** des verkauften Geschäftsanteils einzustehen, nach § 453 Abs. 1 BGB iVm § 435 BGB muss er dem Käufer den Geschäftsanteil **frei von Rechten Dritter** verschaffen. Besteht der Geschäftsanteil nicht oder ist dieser mit Rechten Dritter belastet, kann der Käufer nur unter den Voraussetzungen der §§ 437 Nr. 3, 440, 280 ff. BGB Schadensersatz verlangen oder gemäß §§ 437 Nr. 2, 440, 323, 326 Abs. 5 BGB vom Kaufvertrag zurücktreten. Um nicht den Unwägbarkeiten der gesetzlichen Haftungssystematik ausgeliefert und auf den Nachweis eines Verschuldens des Verkäufers angewiesen zu sein, wird allerdings in aller Regel die gesetzliche Gewährleistung ausgeschlossen und stattdessen vom Verkäufer ein **selbständiges Garantieversprechen** gemäß § 311 Abs. 1 BGB abgegeben bezogen darauf, dass
– der Verkäufer Inhaber des Geschäftsanteils ist und nicht anderweitig über diesen verfügt hat;
– keine Rechte Dritter an dem Geschäftsanteil bestehen;
– die Angaben über die Leistung der Stammeinlagen richtig sind;
– seit der letzten im Handelsregister eingetragenen Satzungsänderung keine Änderungen der Satzung beschlossen wurden.[932]
Überdies sind – unter gleichzeitigem Ausschluss der gesetzlichen Regeln – der Beginn und die Dauer der **Verjährung** von Mängelansprüchen zu regeln.[933]

VIII. Belehrungen

Hingewiesen werden sollte im Rahmen einer Geschäftsanteilsabtretung jedenfalls auf die **483** **Ausfallhaftung** für rückständige „Einlageverpflichtungen" nach § 16 Abs. 2 GmbHG.[934] Erfasst sind davon nach hM trotz des engen Wortlauts neben der Haftung für die Einlage auch die Haftung für Nachschüsse und Nebenleistungsverpflichtungen sowie alle Ein-

---

[927] Dazu *Weber* GmbHR 1995, 494.
[928] Vgl. dazu *Schuck* DStR 1996, 371; *Wichmann* DStR 1996, 576; zur Gewinnverteilung bei fehlender Regelung im Abtretungsvertrag vgl. BGH DB 1995, 619.
[929] Siehe BFH MittBayNot 2019, 204 mAnm *Wachter* MittBayNot 2019, 116.
[930] Weitere Gestaltungsempfehlungen und Formulierungsbeispiele zu Vereinbarungen über den Gewinn des laufenden Geschäftsjahrs bei der Veräußerung von GmbH-Anteilen finden sich bei *Gondert/Behrens* GmbHR 1997, 682.
[931] Zum Ganzen ausf. *Scholz/Seibt* GmbHG § 15 Rn. 136 ff.
[932] Weitere Formulierungshinweise finden sich bei *Wälzholz/Bülow* MittBayNot 2001, 509 und *Wälzholz* DStR 2002, 500.
[933] Dazu ebenfalls *Wälzholz* DStR 2002, 500 (504).
[934] Ausf. zu den Haftungsrisiken beim Erwerb von GmbH-Geschäftsanteilen allg. *Battke* GmbHR 2014, 747; zur Erwerberhaftung nach § 16 Abs. 2 GmbHG aus notarieller Sicht *Tröder/Kämper* notar 2016, 39.

standspflichten iSd Kapitalaufbringung und Kapitalerhaltung, dh unter anderem die *Haftung aus* §§ 24, 31 GmbHG[935], die Haftung aus §§ 22, 9 GmbHG und aus Unterbilanz.[936] Dies gilt auch im Rahmen der wirtschaftlichen Neugründung (→ Rn. 501).[937]

484 Darüber hinaus empfiehlt sich ein **Hinweis** auf die Problematik der **wirtschaftlichen Neugründung** beim Erwerb einer Vorrats- oder Mantel-GmbH (dazu → Rn. 494 ff.). Schließlich sollte der Notar die Vertragsparteien bei jeder Anteilsabtretung auf die möglichen Folgen einer materiell **unrichtigen Gesellschafterliste** hinweisen, insbes. auf die Unwirksamkeit von Gesellschafterhandlungen des (noch) nicht eingetragenen Erwerbers nach § 16 Abs. 1 S. 1 GmbHG und die Gefahr eines gutgläubigen Erwerbs vom (noch) eingetragenen Veräußerer nach § 16 Abs. 3 GmbH.[938]

IX. Steuern

485 Es ist zu beachten, dass nach § 1 Abs. 3 GrEStG bzw. § 1 Abs. 3a GrEStG **Grunderwerbsteuer** anfällt, wenn sich Grundstücke im Gesellschaftsvermögen befinden und die Übertragung zur Vereinigung von mindestens 95 % der Anteile in einer Hand führt. Bemessungsgrundlage ist der Grundbesitzwert nach § 138 BewG. Bei Vorhandensein inländischen Grundbesitzes hat der Notar den Abschluss des Kaufvertrages der Grunderwerbsteuerstelle anzuzeigen (§ 18 Abs. 2 S. 2 GrEStG).

486 Wird der Geschäftsanteil im Privatvermögen gehalten, unterliegt der **Veräußerungsgewinn** in den meisten Fällen ebenfalls der Besteuerung: Liegt eine wesentliche Beteiligung vor (mind. 1 %), so ergibt sich die Steuerpflicht aus §§ 17, 3 Nr. 40 EStG (Teileinkünfteverfahren); gleiches gilt (unabhängig von der Höhe der Beteiligung) für Anteile, die aus einem Einbringungsvorgang nach §§ 20, 21 UmwStG hervorgegangen sind, vgl. § 17 Abs. 6 EStG. Ist die 1 %-Schwelle nicht erreicht, so gilt für die nach 2008 erworbenen Anteile die Abgeltungsteuer nach §§ 20 Abs. 2 S. 1 Nr. 1, 32d EStG. Bei Spekulationsgeschäften greifen die §§ 22 Nr. 2, 23 Abs. 1 S. 1 Nr. 2 EStG ein. Nur für (nicht wesentliche, nicht einbringungsverbundene) vor 2009 erworbene Anteile im Privatvermögen kommt noch eine steuerfreie Veräußerung in Betracht.

487 Gehört die Beteiligung zum **Betriebsvermögen eines Einzelunternehmens** oder einer Mitunternehmerschaft, so führt die Veräußerung zu gewerblichen Einkünften.[939]

488 Werden **Anteile durch andere Kapitalgesellschaften gehalten,** führt § 8b Abs. 2 KStG im Regelfall zur Steuerfreiheit des Veräußerungsgewinns, bis auf einen Gewinnanteil von 5 %, der als nicht abzugsfähige Betriebsausgabe angesehen wird. Dies gilt – zumindest nach derzeitigem Recht – auch für Veräußerungsgewinne aus Beteiligungen, deren Dividenden als „Streubesitzdividenden" steuerpflichtig sind, vgl. § 8b Abs. 4 KStG.

489 **Gewerbesteuerlich** ist die Anteilsveräußerung dann (weitgehend) befreit, wenn eine Beteiligungsschwelle von 15 % erreicht wird, vgl. §§ 8 Nr. 5, 9 Nr. 2a GewStG.

490 Daneben ist zu beachten, dass die Veräußerung von Anteilen nach § 8c KStG zum Untergang körperschaftsteuerliche **Verlustvorträge** und nach § 10a GewStG zum Wegfall gewerbesteuerlicher Fehlbeträge führen und daher steuerliche Nachteile für die Gesellschaft und die Mitgesellschafter mit sich bringen kann. Eine eingehende steuerliche Prüfung ist daher Grundvoraussetzung jeder Geschäftsanteilsübertragung; der Notar sollte zumindest in der Urkunde – besser schon im Vorfeld der Beurkundung – darauf hinwirken, dass die Beteiligten entsprechenden Rat einholen.

---

[935] Dazu OLG Köln ZIP 2011, 863.
[936] Vgl. BGH NJW 2012, 1875 (1879); *Götze/Bressler* NZG 2007, 984; Lutter/Hommelhoff/*Bayer* GmbHG § 16 Rn. 55 f.; *D. Mayer* DNotZ 2008, 403 (406); *MHLS/Ebbing* GmbHG § 16 Rn. 137 mwN; MüKoGmbHG/*Heidinger* GmbHG § 16 Rn. 188 ff.; Roth/Altmeppen/*Altmeppen* GmbHG § 16 Rn. 27 f.; Scholz/*Seibt* GmbHG § 16 Rn. 52; *Wicke* GmbHG § 16 Rn. 12.
[937] Vgl. BGH GmbHR 2014, 317 Rn. 18.
[938] So zutr. *Götze/Bressler* NZG 2007, 894 (896).
[939] Vgl. zB BFH NZG 2008, 518.

X. Unternehmenskauf

Bei der Veräußerung eines oder mehrerer Geschäftsanteile, die zusammen dafür sorgen, **491** dass der Käufer aufgrund des Erwerbs seinen unternehmerischen Willen in der Gesellschaft rechtlich und tatsächlich umfassend durchsetzen kann, dh eine beherrschende Stellung und damit die unternehmerische Leitungsmacht und Verfügungsbefugnis über das Unternehmen erlangt, handelt es sich faktisch um einen Unternehmenskauf (in Form eines sog. „Share Deal").[940] In diesem Fall sind die Grundsätze über die Sachmängelhaftung im Kaufrecht anzuwenden, dh es entsteht eine Haftung für die Beschaffenheit des Unternehmens selbst.[941] Dabei entspricht es der Praxis, den Verkäufer im Rahmen des Kaufvertrags **selbständige Garantieversprechen** zu bestimmten Eigenschaften oder Kennzahlen des Unternehmens abgeben zu lassen bei gleichzeitigem Ausschluss der gesetzlichen Mängelhaftung (→ Rn. 482). Die Rechtsfolgen werden dann durch vereinbarte Haftungsbegrenzung- bzw. Haftungsfreizeichnungsklauseln individuell angepasst.[942]

Im Hinblick auf die **Einführung des gutgläubigen Erwerbs** von Geschäftsanteilen **492** (ausf. → Rn. 468 ff.) sollten trotz des damit verbundenen Ziels der Entlastung der Due-Diligence-Praxis aufgrund der Grenzen des gutgläubigen Erwerbs keine Einschränkungen bei den von Verkäufern abgegebenen Garantien zur Rechtsinhaberschaft des Anteils und zu den Rechten an ihm vorgenommen werden.[943]

Bei der Vertragsgestaltung sind eine ganze Reihe von **Besonderheiten** zu beachten, **493** die im Wesentlichen auf dem Bestreben der Beteiligten beruhen, den rechtlichen und wirtschaftlichen Bestand des veräußerten Unternehmens zu erfassen und festzustellen (Zusicherungen, Mängelhaftungsfragen, Bilanzanpassungen, Wettbewerbsverbote, kartellrechtliche Fragen[944], steuerliche Gesichtspunkte).[945]

XI. Kauf einer Vorrats- oder Mantel-GmbH/Wirtschaftliche Neugründung

Besonderheiten sind zu beachten beim Erwerb von „Vorrats-Gesellschaften" und beim **494** sog. „Mantelkauf".[946] Die **Vorrats-GmbH** ist eine nur zur Weiterveräußerung zunächst „auf Vorrat" gegründete Gesellschaft, die noch nie unternehmerisch tätig war (üblicher Unternehmensgegenstand: „Verwaltung des eigenen Vermögens"). Sie wird typischerweise von gewerblichen Anbietern errichtet und gehandelt (zB von der DNotV GmbH, Blitz, Foratis) und findet ihren Markt bei denjenigen Gründern, denen für eine Neugründung keine Zeit bleibt, zB weil ein „Vehikel" für einen Unternehmenskauf oÄ benötigt wird. Eine **Mantelgesellschaft** ist demgegenüber eine existente, früher am Markt tätige, jetzt aber unternehmens- und oft auch vermögenslose Gesellschaft.[947]

---

[940] Vgl. zum Ganzen umfassend Ring/Grziwotz/*Weiler* Teil 2.2; BeckFormB M&A sowie → § 25. Abzugrenzen davon ist der sog. **„Asset Deal"**, also die Veräußerung der wesentlichen Vermögensgegenstände durch die GmbH selbst. In diesem Zusammenhang stellen sich die interessanten Fragen einer Beurkundungspflicht (i) des Unternehmenskaufvertrages auf Basis von § 311b Abs. 3 BGB (siehe hierzu unter anderem OLG Hamm NZG 2010, 1189; *Böttcher/Grewe* NZG 2005, 950; *Eickelberg/Mühlen* NJW 2011, 2476; *Heckschen* NZG 2006, 772; *Müller* NZG 2007, 201; *Werner* GmbHR 2008, 1135) und (ii) des zustimmenden Gesellschafterbeschlusses der GmbH-Gesellschafter analog § 179a AktG wegen Veräußerung des gesamten Vermögens (eine Beurkundungspflicht ablehnend nunmehr BGH NZG 2019, 505; vgl. aber auch Baumbach/Hueck/*Zöllner*/*Noack* GmbHG § 37 Rn. 11; *Decker* NZG 2018, 447; *Eschwey* Mitt-BayNot 2018, 299; Lutter/Hommelhoff/*Kleindiek* GmbHG § 37 Rn. 11; *Goette* DStR 1995, 425 (426): „allgemein für das Gesellschaftsrecht geltender Gedanke"). Zum Ganzen ferner → § 25 Rn. 14 ff.

[941] Vgl. zuletzt BGH DNotZ 2019, 125 sowie Ring/Grziwotz/*Weiler* Teil 2.2 Rn. 29.

[942] Siehe unter anderem *Seibt/Raschke/Reiche* NZG 2002, 256; Formulierungsbeispiel zu Garantien in Unternehmenskaufverträgen finden sich bei *Lohr* GmbH-StB 2003, 234.

[943] Siehe unter anderem *Götze/Bressler* NZG 2007, 894 (899); *Stenzel* BB 2012, 337.

[944] Zu den Auswirkungen eines Kartellverbots auf eine Geschäftsanteilsabtretung siehe *K. Schmidt* GmbHR 2015, 505.

[945] → § 25 sowie Hauschild/Kallrath/*Wachter* NotarHdB §§ 23 f.

[946] Zum Ganzen ausf. *Rohles-Puderbach* RNotZ 2006, 274 sowie – mit Hinweisen zum Erwerb durch ausländische Beteiligte – *Schmitz* notar 2018, 203.

[947] Siehe die Nachweise bei *Heidinger/Meyding* NZG 2003, 112.

495   Beide Erscheinungsformen werden regelmäßig dadurch zu wirtschaftlichem Leben erweckt, dass ihre Anteile an einen Dritten veräußert werden, der im Regelfall eine Satzungsänderung vornimmt (Firma, Unternehmensgegenstand etc), die Geschäftsführung
auswechselt und möglicherweise den Gesellschaftssitz verlegt. Eine solche „Aktivierung"
stellt nach Auffassung des BGH sowohl beim Kauf einer auf Vorrat gegründeten GmbH[948]
als auch bei einer Mantelverwendung[949] eine **wirtschaftliche Neugründung** dar.[950]

496   Eine vergleichbare Konstellation ist die **Wiederbelebung einer inaktiven GmbH**
ohne Veräußerung, zB in Form der Reaktivierung einer Konzerngesellschaft durch Zuführung neuen Kapitals, Änderung der Firma und des Gegenstandes des Unternehmens
etc.[951] Eine wirtschaftliche Neugründung kommt hier allerdings nur in Betracht, wenn
die Gesellschaft vorher eine „leere Hülse" ist, also kein aktives Unternehmen betreibt, an
das die Fortführung des Geschäftsbetriebs – sei es auch unter wesentlicher Umgestaltung,
Einschränkung oder Erweiterung seines Tätigkeitsgebiets – in irgendeiner wirtschaftlich
gewichtbaren Weise anknüpfen kann. Eine **Unternehmenslosigkeit** in diesem Sinne
liegt dann nicht vor, wenn die Gesellschaft nach Gründung und Eintragung konkrete Aktivitäten zur Planung und Vorbereitung der Aufnahme ihrer nach außen gerichteten Geschäftstätigkeit im Rahmen des statutarischen Unternehmensgegenstandes entfaltet[952] oder
noch mit der Abwicklung ihres alten Geschäftsbetriebs befasst ist.[953] Auch im **Liquidationsstadium** kann es somit zu einer wirtschaftlichen Neugründung kommen, wenn es
sich um den leeren Mantel einer Abwicklungsgesellschaft handelt, der für eine neue Geschäftstätigkeit verwendet wird.[954]

497   Zusammenfassend ergibt sich aus der Rechtsprechung des BGH, dass eine wirtschaftliche Neugründung ausscheidet, solange der Aufbau, das operative Geschäft, die Zerschlagung oder Restrukturierung des Unternehmens aktiv betrieben wird. Diese **kontinuierli-
che Aktivität** der Gesellschaft sollte – unabhängig von der im Ernstfall maßgeblichen
Beweislast – nachprüfbar dokumentieren, wer die Haftung wegen wirtschaftlicher Neugründung vermeiden will.[955]

498   Liegt eine wirtschaftliche Neugründung vor, verlangt die Rechtsprechung von den Beteiligten:
- die **Offenlegung** der wirtschaftlichen Neugründung gegenüber dem Registergericht
und
- eine erneute **Versicherung** sämtlicher Geschäftsführer gemäß §§ 8 Abs. 2, 7 Abs. 2,
Abs. 3 GmbHG, dass die auf die Geschäftsanteile zu erbringenden Leistungen bewirkt
sind und der Gegenstand dieser Leistungen sich – weiterhin oder jedenfalls wieder – in
ihrer freien Verfügung befindet.

499   Die **Offenlegung** erfolgt im Rahmen der **Registeranmeldung,** in der im Regelfall
auch die Auswechslung der Geschäftsführung und die entsprechenden Satzungsänderungen angemeldet werden. Ist aktuell keine dieser Maßnahmen geplant, so hat die Offenlegung im Rahmen der Registeranmeldung betreffend die Versicherung über die Einlageleistungen zu erfolgen.[956] Im Hinblick auf die neuere Rechtsprechung des BGH zur
wirtschaftlichen Neugründung[957] dürfte allerdings auch eine sogenannte „isolierte Offenlegung" etwa durch einfache Faxmitteilung zeitnah zum Beurkundungsvorgang zulässig

---

[948] Vgl. BGH DNotZ 2003, 443.
[949] Vgl. BGH DNotZ 2003, 951.
[950] Zum Ganzen DNotI-Report 2011, 1; *Bachmann* NGZ 2011, 441; *Heinze* GmbHR 2011, 962; *Theusin-
ger/Andrä* ZIP 2014, 1916; *von Proff* NotBZ 2017, 171; *Winnen* RNotZ 2013, 389; zur wirtschaftlichen
Neugründung bei der AG vgl. DNotI-Report 2012, 93.
[951] Kritisch *Bänvaldt/Balda* GmbHR 2004, 350.
[952] BGH DB 2010, 607.
[953] KG ZIP 2012, 1863.
[954] BGH DNotZ 2014, 384.
[955] *K. Schmidt* DB 2014, 701 (703).
[956] Siehe unter anderem BGH DNotZ 2003, 951; OLG München NZG 2010, 544.
[957] BGH DNotZ 2013, 43.

sein, denn damit tritt die wirtschaftliche Neugründung erstmals nach außen in Erscheinung.

Flankierend zur Offenlegungspflicht und zur Geschäftsführerversicherung erklärt der BGH[958] die Grundsätze der **Unterbilanzhaftung** (Verpflichtung der Gesellschafter, eine am Tag der Offenlegung der wirtschaftlichen Neugründung bestehende Unterbilanz oder gar Überschuldung zu beseitigen) im Falle einer wirtschaftlichen Neugründung für entsprechend anwendbar.[959] Der Umfang der Unterbilanzhaftung ist selbst bei einer unterlassenen Offenlegung abhängig von der **Deckungslücke** zwischen Gesellschaftsvermögen und Stammkapitalziffer **im Zeitpunkt der wirtschaftlichen Neugründung**.[960] Maßgeblich ist der Zeitpunkt, in dem die wirtschaftliche Neugründung erstmals nach außen in Erscheinung tritt, sei es durch entsprechende Offenlegung gegenüber dem Registergericht (etwa im Rahmen einer Satzungsneufassung bzw. Auswechslung der Organe) oder durch die Aufnahme der (neuen) wirtschaftlichen Tätigkeit.[961] Somit kommt eine Unterbilanzhaftung wegen unterlassener Offenlegung der wirtschaftlichen Neugründung einer Vorrats-GmbH insbes. dann nicht in Betracht, wenn das statutarische Stammkapital der Gesellschaft vollständig eingezahlt und bei Aufnahme der neuen Geschäftstätigkeit noch unverbraucht vorhanden ist.[962] Demnach dürfte die Unterbilanzhaftung beim Erwerb echter Vorratsgesellschaften kein Thema mehr sein, sofern diese zum Zeitpunkt des Erwerbs noch keine Verbindlichkeiten eingegangen sind. Bei Mantelgesellschaften hingegen besteht weiter das Risiko der vollen Haftung für Altverbindlichkeiten zuzüglich des nominellen Stammkapitals. 500

Zu beachten ist, dass die Verpflichtung des Gesellschafters, eine zum Zeitpunkt einer wirtschaftlichen Neugründung bestehende Unterbilanz auszugleichen, eine auf den Geschäftsanteil rückständige Leistung darstellt, die auch jeden späteren **Erwerber eines Geschäftsanteils** der betroffenen GmbH treffen kann.[963] Die Haftung entnahmen BGH und OLG München § 16 Abs. 3 GmbHG aF. Auch die nach ihrem Wortlaut engere Fassung des § 16 Abs. 2 GmbHG nF („Einlageverpflichtung"; → Rn. 483) schützt den Erwerber nach hM[964] nicht, selbst wenn er die offenen Einlagen nachzahlt. Ein Erwerber von Geschäftsanteilen sollte sich daher zumindest in Verdachtsfällen zusätzlich garantieren lassen, dass eine wirtschaftliche Neugründung der GmbH nicht erfolgt ist bzw. alle wirtschaftlichen Neugründungen ordnungsgemäß offen gelegt wurden.[965] 501

Neben der Unterbilanzhaftung hält der BGH[966] auch die **Handelndenhaftung** nach § 11 Abs. 2 GmbHG im Falle einer wirtschaftlichen Neugründung für entsprechend anwendbar. Allerdings hat der BGH[967] hierzu inzwischen klargestellt, dass eine Haftung der handelnden Personen analog § 11 Abs. 2 GmbHG nur dann in Betracht kommt, wenn die Geschäfte vor Offenlegung der wirtschaftlichen Neugründung aufgenommen worden sind und dem nicht alle Gesellschafter zugestimmt haben.[968] 502

---

[958] DNotZ 2003, 951.

[959] Ausf. zur Haftungsthematik bei wirtschaftlichen Neugründungen *Hüffer* NZG 2011, 1257; *Peetz* GmbHR 2011, 178. Zu ungelösten Problemen auf der Rechtsfolgenseite *Berkefeld* GmbHR 2018, 337.

[960] BGH DNotZ 2013, 43 entgegen der Vorinstanz OLG München NZG 2010, 544; hierzu unter anderem *Bachmann* NZG 2012, 579; *Gottschalk* DStR 2012, 1458; *Horn* DB 2012, 1255; *Jeep* NZG 2012, 1209; *Podewils* GmbHR 2012, 1175; siehe auch OLG Düsseldorf DNotZ 2013, 70.

[961] BGH DNotZ 2013, 43.

[962] Vgl. KG ZIP 2010, 582; *K. Schmidt* ZIP 2010, 857 (860).

[963] BGH NJW 2012, 1875; OLG München NZG 2010, 544 (546 f.); *Peetz* GmbHR 2011, 178; *Podewils* GmbHR 2010, 684; *K. Schmidt* ZIP 2010, 857.

[964] Vgl. nur Baumbach/Hueck/*Fastrich* GmbHG § 16 Rn. 23.

[965] *Apfelbaum* MittBayNot 2010, 328 (331).

[966] DNotZ 2003, 951.

[967] DNotZ 2012, 151.

[968] Generell gegen eine Anwendung von § 11 Abs. 2 GmbHG unter anderem *Berkefeld* GmbHR 2018, 337 (344) mwN.

503 Versichert der **Geschäftsführer** bei der Offenlegung der wirtschaftlichen Neugründung der Wahrheit zuwider, dass sich das Stammkapital endgültig in seiner freien Verfügung befindet, **haftet** er der Gesellschaft iÜ **analog § 9a Abs. 1 GmbHG.**[969]

504 Insbesondere bei der Verwendung eines bereits am Markt tätig gewesenen GmbH-Mantels entstehen insgesamt betrachtet uU **existenzgefährdende Haftungsrisiken,** auf die der Notar hinzuweisen hat und die letztlich diese Erscheinungsform des Anteilserwerbs als praxisuntauglich qualifizieren.[970] In jedem Fall sollte die Offenlegung der wirtschaftlichen Neugründung beim Registergericht möglichst schnell erfolgen.

505 Weiterhin ungeklärt ist die Frage, ob bei einer wirtschaftlichen Neugründung die **Sacheinlagevorschriften** und dabei insbesondere § 19 Abs. 4 GmbHG (Regelung der verdeckten Sacheinlage) sowie **§ 19 Abs. 5 GmbHG,** dh die Regelung zum Hin- und Herzahlen, Anwendung finden.[971]

506 Wurde die **Offenlegung** trotz wirtschaftlicher Neugründung **unterlassen,** können sich die Risiken für die Gesellschafter evtl. durch eine **Verschmelzung** der betroffenen Gesellschaft beseitigen lassen. Es spricht vieles dafür, dass im Zuge der Verschmelzung das „Unterbilanzhaftungsrisiko" nicht auf die übernehmende Gesellschaft übergeht. Etwas anderes gilt hingegen, wenn ein Haftungsanspruch bereits entstanden ist; dieser dürfte ohne weiteres im Wege der Gesamtrechtsnachfolge auf die übernehmende Gesellschaft übergehen.[972]

507 **Für den** beurkundenden **Notar** ist der Erwerb einer Vorrats-GmbH in der Regel leicht **erkennbar.** Auf eine Mantelverwendung wird er schließen können, wenn für die Anteile an einer GmbH lediglich ein symbolischer Kaufpreis bezahlt wird und die Anteilsübertragung zudem mit einer Änderung von Firma, Sitz und Unternehmensgegenstand etc und einer Geschäftsführerneubestellung einhergeht. Auf die damit verbundenen Pflichten und Haftungsgefahren sollte der Notar im Rahmen einer derartigen GmbH-Anteilsabtretung **hinweisen.**[973]

508 Ist bei der Verwendung von Mantelgesellschaften das Stammkapital – wie zumeist – weitgehend oder vollständig aufgebraucht, sind dem Gesellschaftsvermögen entsprechende Einlagen zuzuführen, bis nach einer Ansicht[974] die Mindesteinlagen (vgl. § 7 Abs. 2 GmbHG), nach anderer, auch vom BGH geteilter Ansicht[975] **das gesamte Stammkapital** (wertmäßig) vorhanden ist. Der BGH führt hierzu aus, dass die mit der Offenlegung der Mantelverwendung gegenüber dem Registergericht zu verbindende **Versicherung** gemäß § 8 Abs. 2 GmbHG am satzungsmäßigen Stammkapital auszurichten ist, so dass im Zeitpunkt der Offenlegung die Gesellschaft noch ein Mindestvermögen in Höhe der statutarischen Stammkapitalziffer besitzen muss, von dem sich ein Viertel – wenigstens aber 12.500 EUR – wertmäßig in der freien Verfügung der Geschäftsführung zu befinden hat.[976] Da eine erneute Einzahlung auf die bereits bei der Gründung übernommenen Einlagen aus dogmatischen Gründen ausscheidet, muss dem Gesellschaftsvermögen der fehlende Betrag über freiwillige „Nachschüsse" der Gesellschafter zufließen. Die „Auffüllung" des Stammkapitals durch eine Darlehensgewährung scheidet aus.[977] Ist das Stammkapital bei der Gründung nur zur Hälfte einbezahlt worden, ist hinsichtlich der noch offenen Einlage ein entsprechender Zahlungsanspruch der Gesellschaft gegen die

---

[969] BGH DNotZ 2012, 151; zu dieser Entscheidung und umfassend zur Haftung des Geschäftsführers bei wirtschaftlichen Neugründungen *Hüffer* NZG 2011, 1257.

[970] Ausf. *Peetz* GmbHR 2011, 178.

[971] Hierzu ausf. *Göhmann* RNotZ 2011, 290; *Apfelbaum* notar 2011, 279 (281).

[972] Vgl. ausf. DNotI-Report 2011, 49.

[973] Formulierungsvorschläge bei *Fembacher* MittBayNot 2004, 135 f.; *Schubert* NotBZ 2003, 383.

[974] Siehe zB *K. Schmidt* GesR § 4 III.3.d; *Priester* DB 1983, 2291 (2295 f.).

[975] Siehe zB BGH DNotZ 2003, 951 (955); OLG Nürnberg MittBayNot 2011, 417 (420); Baumbach/Hueck/*Fastrich* GmbHG § 3 Rn. 13b mwN.

[976] BGH DNotZ 2003, 951 (955).

[977] Vgl. dazu auch OLG Jena MittBayNot 2005, 60 und *K. Schmidt* NJW 2004, 1345 (1347).

Gesellschafter ausreichend. Die Versicherung hat sich in diesem Fall auch auf das Bestehen eines solchen Anspruchs zu beziehen.[978]

Hinsichtlich der **Kosten** der wirtschaftlichen Neugründung ist zu beachten, dass nach 509 Ansicht des OLG Stuttgart[979] in einem aktienrechtlichen Fall diese Kosten von der Gesellschaft übernommen und die entsprechende Satzungsergänzung in das Handelsregister eingetragen werden kann, wenn bei der ursprünglichen (Vorrats-)Gründung der Gründungsaufwand ausschließlich von den Gründern getragen wurde.[980]

Formulierungsbeispiel: Gründungskosten wirtschaftliche Neugründung 509a

Die Gesellschaft trägt die mit der wirtschaftlichen Neugründung verbundenen Kosten bis zu einem Gesamtbetrag von 2.000 EUR.

Die Verwendung von Mantelgesellschaften hat wegen des Wegfalls steuerlicher Vorteile 510 (→ § 29 Rn. 298 ff.) **kaum mehr Praxisrelevanz.**[981] Auch das Bedürfnis nach dem Erwerb von Vorratsgesellschaften ist aufgrund der mit dem MoMiG verbundenen Erleichterung und Beschleunigung der Neugründung von GmbHs weiter zurückgegangen.

XII. Erwerb eigener Anteile

Eigene Geschäftsanteile kann die GmbH nur erwerben, wenn die Einlagen auf diese voll- 511 ständig geleistet sind (§ 33 Abs. 1 GmbHG) und die Gesellschaft im Zeitpunkt des Erwerbs eine fiktive Rücklage für den Erwerb bilden könnte, ohne das Stammkapital oder eine nach dem Gesellschaftsvertrag zu bildende Rücklage anzugreifen, die Gegenleistung also aus ungebundenem Vermögen geleistet werden kann (§ 33 Abs. 2 GmbHG).[982] Der maßgebliche Zeitpunkt der Rücklagendeckung beim Erwerb eigener Anteile ist umstritten. Nach einer Ansicht ist erst die Erfüllung der Gegenleistung bei Kaufpreisfälligkeit maßgeblich.[983] Nach aA muss schon *bei Abschluss des Kausalgeschäfts* – bei Meidung seiner endgültigen Nichtigkeit, § 33 Abs. 2 S. 3 GmbHG – genügend Masse vorhanden sein, um die Bildung der fiktiven Rücklage zu ermöglichen.[984] Der *BGH* stellt jedenfalls (auch) auf den Auszahlungszeitpunkt ab, wobei Frage der weiteren Maßgeblichkeit des Zeitpunkts des Vertragsschlusses offengelassen wurde.[985] Aufgrund der drohenden Nichtigkeitsfolge und mangels hinreichender Prüfungsmöglichkeit durch den Notar sollte eine Erklärung der Geschäftsführung in die Urkunde aufgenommen werden, ausweislich derer die Voraussetzungen des § 33 GmbHG für den Erwerb eigener Anteile vorliegen, etwa wie folgt:

Formulierungsbeispiel: Sachverhalt bei Erwerb eigener Geschäftsanteile 511a

Nach § 33 Abs. 1 GmbHG kann die Gesellschaft eigene Geschäftsanteile, auf welche die Einlagen noch nicht vollständig geleistet sind, nicht erwerben oder als Pfand nehmen. Auch vor diesem Hintergrund wird vom nachstehend näher bezeichneten Veräußerer erklärt, dass die Stammeinlagen auf sämtliche vorgenannten Geschäftsanteile vollständig erbracht sind.

---

[978] Näher DNotI-Gutachten Nr. 152891 v. 13.2.2017.
[979] GmbHR 2012, 1301 mAnm *Oppenländer.*
[980] Zum Ganzen ferner *Wachter* GmbHR 2016, 791.
[981] Siehe *K. Schmidt* ZIP 2010, 857: „Das Massengeschäft mit GmbH-Mänteln ist tot".
[982] Zum Ganzen ausf. *Lieder* RNotZ 2014, 57.
[983] Siehe zB *Priester* GmbHR 2013, 1121; Roth/Altmeppen/*Altmeppen* GmbHG § 33 Rn. 19 ff.
[984] Vgl. unter anderem OLG Rostock NZG 2013, 543 (545); Lutter/Hommelhoff/*Lutter/Hommelhoff* GmbHG § 33 Rn. 17; Baumbach/Hueck/*Fastrich* GmbHG § 33 Rn. 14 jeweils mwN. Zu den besonderen Problemen bei Ratenzahlung bzw. Vereinbarung eines Earn-out vgl. Roth/Altmeppen/*Altmeppen* GmbHG § 33 Rn. 21.
[985] BGH NJW 1998, 3121 (3122).

Gemäß § 33 Abs. 2 GmbHG darf die Gesellschaft voll einbezahlte eigene Geschäftsanteile darüber hinaus nur erwerben, sofern sie im Zeitpunkt des Erwerbs eine Rücklage in Höhe der Aufwendungen für den Erwerb bilden könnte, ohne das Stammkapital oder eine nach dem Gesellschaftsvertrag zu bildende Rücklage zu mindern, die nicht zur Zahlung an die Gesellschafter verwandt werden darf. Bei einem Verstoß hiergegen ist das schuldrechtliche Geschäft über einen verbotswidrigen Erwerb nichtig. Vor diesem Hintergrund erklären die anwesenden Geschäftsführer der Gesellschaft, dass heute und bei Fälligkeit der vereinbarten Gegenleistung die rechtlichen Voraussetzungen für den Erwerb eigener Anteile vorliegen (werden).

C. Sicherungsabtretung/Verpfändung

I. Grundlagen

512 Geschäftsanteile können als Sicherheit für eine Verbindlichkeit verpfändet oder abgetreten werden.[986] Neben den unterschiedlichen zivilrechtlichen Folgen ist insbes. zu beachten, dass eine Sicherungsabtretung ggf. der Grunderwerbsteuer unterliegt und überdies den Sicherungsnehmer mit allen Verpflichtungen aus der Gesellschafterstellung belastet. In der Regel ist daher die **Verpfändung** als Sicherungsmittel **vorzuziehen.**[987]

II. Form

513 Verpfändung (§ 1274 Abs. 1 S. 1 BGB, § 15 Abs. 3 GmbHG) und Sicherungsabtretung (§ 15 Abs. 3 GmbHG) bedürfen der **notariellen Beurkundung.** Zur Erfüllung dieses Formerfordernisses wird bei der Verpfändung von Geschäftsanteilen regelmäßig der gesamte Pfandvertrag beurkundet, der neben der – wegen des Verweises von § 1274 Abs. 1 S. 1 BGB ausschließlich auf § 15 Abs. 3 GmbHG nach hM allein beurkundungspflichtigen – dinglichen Pfandrechtsbestellung auch eine Vielzahl von schuldrechtlichen Verpflichtungen zwischen Pfandgläubiger und Verpfänder enthält.[988] Jedenfalls beurkundungspflichtig sind alle das Pfandrecht selbst betreffenden **Nebenabreden.**[989] Zur Vermeidung des Risikos einer Formnichtigkeit des Pfandvertrages wird teilweise empfohlen, auch den der Verpfändung zugrunde liegenden Darlehensvertrag zu beurkunden.[990] In jedem Fall ist es erforderlich, die gesicherte Forderung hinreichend genau zu bezeichnen, da es sich bei der Verpfändung um ein akzessorisches Sicherungsrecht handelt.[991]

III. Verfügungsbeschränkungen

514 Als Belastung des Geschäftsanteils unterliegt auch die Verpfändung einer in der Satzung verankerten Verfügungsbeschränkung (zu Vinkulierungsklauseln ausf. → Rn. 89 ff.).[992] Fehlt eine solche, ist der Geschäftsanteil ohne weitere Voraussetzungen verpfändbar (vgl. § 15 Abs. 1 GmbHG).

---

[986] Vertragsmuster im MVHdB I GesR/*Böhm/Frowein* Form. IV.72. und IV.73.; ausf. zum Gesellschaftsanteil als Mittel der Kreditsicherung *Hermanns* RNotZ 2012, 490.

[987] Vgl. hierzu Hauschild/Kallrath/Wachter/*Kallrath* NotarHdB § 16 Rn. 655 ff.; *Reymann* DNotZ 2005, 425; *Sieger/Hasselbach* GmbHR 1999, 633; *Kolkmann* MittRhNotK 1992, 1; *Rodewald* GmbHR 1995, 418. Zur Verwertung verpfändeter GmbH-Geschäftsanteile ausf. *Vogelmann/Körner* DNotZ 2018, 485.

[988] Vgl. *Hermanns* RNotZ 2012, 490 (491) mwN auch zur Gegenansicht, die das Verpflichtungsgeschäft ebenfalls der Beurkundungspflicht unterwerfen will.

[989] Scholz/*Seibt* GmbHG § 15 Rn. 174; vgl. auch *Hermanns* RNotZ 2012, 490 (492); *Mertens* ZIP 1998, 1787 (1788); zur Beurkundungspflicht in Bezug auf Nebenabreden → Rn. 451.

[990] Dazu *Reymann* DNotZ 2005, 425 (428); *Seel* GmbHR 2004, 180.

[991] *Bruns* GmbHR 2006, 587 (588); *Heidenhain* GmbHR 1996, 275 (276); BeckFormB GmbHR/*Gerber* D.V.1. Anm. 3.

[992] *Reymann* DNotZ 2005, 425 (427).

D. Treuhandverträge

I. Grundlagen

Im Hinblick auf die Art der Erlangung der Treuhänderstellung sind drei Konstellationen 515 zu unterscheiden:[993] Zum einen kann der Treugeber den zuvor von ihm selbst gehaltenen Geschäftsanteil auf den Treuhänder übertragen und diesen zugleich verpflichten, den Geschäftsanteil zwar im eigenen Namen, aber für Rechnung des Treugebers zu halten (sog. **Übertragungstreuhand**). Alternativ kann der Treuhänder den Geschäftsanteil nicht vom Treugeber, sondern lediglich in dessen Auftrag von einem Dritten erwerben (sog. **Erwerbstreuhand**). Unter die Erwerbstreuhand fällt dabei der Erwerb bereits existierender Geschäftsanteile ebenso wie die Verpflichtung, sich im Auftrag des Treugebers an einer Gesellschaftsgründung (**Gründungstreuhand**[994]) oder Kapitalerhöhung zu beteiligen und im Zuge dessen erst zu schaffende Geschäftsanteile zu übernehmen. Ist der Treuhänder bereits Gesellschafter, so kann er sich schließlich gegenüber dem Treugeber verpflichten, den bislang im eigenen Namen und für eigene Rechnung gehaltenen Geschäftsanteil zukünftig für den Treugeber zu halten (sog. **Vereinbarungstreuhand**). Die dingliche Zuordnung des Geschäftsanteils wechselt im zuletzt genannten Fall nicht.[995]

Gegenstand der Treuhand sind ein oder mehrere Geschäftsanteile, die hinreichend genau zu bestimmen sind. Die Begründung von Treuhandverhältnissen an Teilen von GmbH-Geschäftsanteilen (sog. „**Quotentreuhand**") ist zulässig,[996] aber nur in den Fällen praxisrelevant, in denen eine Vorratsteilung am Fehlen eines entsprechenden Zustimmungsbeschlusses der Gesellschafterversammlung oder anderen, satzungsmäßig aufgestellten Hürden scheitert (→ Rn. 432ff.). Mit einer vorherigen Teilung lässt sich somit der mit erheblichen Problemen verbundene Fall der Vereinbarungstreuhand an Teilgeschäftsanteilen vernünftig lösen.[997]

II. Form

Ob die Begründung einer Treuhandstellung an einem GmbH-Geschäftsanteil nach § 15 517 **Abs. 3, Abs. 4 GmbHG** beurkundungspflichtig ist, hängt sowohl von der Art der Erlangung der Treuhänderstellung (→ Rn. 515) als auch von der konkreten Ausgestaltung des Treuhandverhältnisses ab.[998] Betrifft der Treuhandvertrag einen erst künftig mit Gründung der Gesellschaft entstehenden Geschäftsanteil, bedarf der Treuhandvertrag grds. nicht der notariellen Form, wenn er vor der Gründung geschlossen wird.[999] Die Begründung eines Treuhandverhältnisses durch Übertragung der Treugeberstellung auf einen Dritten und wegen § 15 Abs. 4 GmbHG auch die Vereinbarungstreuhand (Verpflichtung, den Geschäftsanteil künftig für einen Treugeber zu halten)[1000] sind in jedem Fall beurkundungspflichtig, da sie zumindest inzident zur Abtretung der Anteile nach Beendigung des Treuhandverhältnisses verpflichten.[1001]

Auch die **Abtretung der Rückübertragungsansprüche** aus einem Treuhandvertrag 518 ist formbedürftig (§ 15 Abs. 3 GmbHG), wenn hiermit ein Treugeberwechsel verbunden ist; keiner Form bedarf dagegen die Abtretung des Anspruchs des Treugebers gegen den

---

[993] Zur Treuhand im Gesellschaftsrecht umfassend *Gebke* GmbHR 2014, 1128; *Hermanns* notar 2014, 283.

[994] Vgl. hierzu das Vertragsmuster im MVHdB I GesR/*Seyfarth* Form. IX.10–12.

[995] Musterformulierungen hierzu bei *Langenfeld* GmbH-StB 2000, 23.

[996] Siehe zB KG ZIP 2014, 1023.

[997] Vgl. hierzu *Elsing* ZNotP 2008, 151.

[998] Zum Ganzen *Grage* RNotZ 2005, 251 (252ff.); *Schulz* GmbHR 2001, 282; *Werner* GmbHR 2006, 1248 (1250ff.). Vgl. auch BGH DNotZ 2017, 73 zur Wirksamkeit einer Geschäftsanteilsabtretung bei gleichzeitig formunwirksam abgeschlossener Treuhandabrede; hierzu DNotI-Report 2016, 177; *Hupka* NZG 2017, 55; *Vossius* NotBZ 2017, 25.

[999] HM, vgl. BGH DNotZ 2006, 774; DStR 1999, 861; anders aber, wenn Rückabtretung im Treuhandvertrag enthalten, sogleich → Rn. 522.

[1000] Vgl. BGH DB 2017, 56; DStR 1999, 861.

[1001] Siehe zusammenfassend *Schulz* GmbHR 2001, 282.

bisherigen Treuhänder auf Übertragung eines Geschäftsanteils auf einen neuen Treuhänder.[1002]

III. Verfügungsbeschränkungen

519 Bei der Auflösung einer Gründungstreuhand und der damit verbundenen Abtretung der Anteile an den Treugeber muss geprüft werden, ob die Satzung die Übertragung von Geschäftsanteilen an die **Zustimmung** der Gesellschaft und/oder der Gesellschafterversammlung koppelt (→ Rn. 89 ff.). Wird die Gründungstreuhand notariell beurkundet, so sollte unverzüglich eine etwa erforderliche Zustimmung für die in Ausführung des Treuhandverhältnisses erforderliche Übertragung des Geschäftsanteils bzw. für eine aufschiebend bedingte Abtretung eingeholt werden. Andernfalls kann der Treugeber nicht sichergehen, dass er Gesellschafter wird. Darüber hinaus ist zu beachten, dass nicht nur die Abtretung bei Auflösung der Treuhand, sondern nach Auffassung des BGH **schon der Treuhandvertrag selbst** unwirksam ist, wenn er ohne eine nach dem Gesellschaftsvertrag erforderliche Zustimmung abgeschlossen wird (str.).[1003] Aber selbst ohne explizite Ausweitung einer Vinkulierungsklausel auf Treuhandverhältnisse ist denkbar, dass eine Auslegung der Klausel die Anwendbarkeit des Zustimmungserfordernisses auch auf die Treuhandabrede ergibt. Angesichts der bestehenden Rechtsunsicherheiten ist aus kautelarjuristischer Sicht in jedem Fall eine klare und eindeutige Formulierung der Vinkulierungsklausel angezeigt (vgl. das Gesamtmuster GmbH-Gründung (Satzung) → Rn. 759 § 6 Abs. 1 S. 2).[1004]

520 Daneben sind sonstige **Abtretungsbeschränkungen** zu beachten (zB Vorkaufs- und Ankaufsrechte; → Rn. 94); jede Abtretung der Anteile vom Treuhänder an den Treugeber oder einen Dritten unterliegt diesen Beschränkungen.

IV. Effektiver Schutz des Treugebers

521 Ein effektiver Schutz des Treugebers kann nur erreicht werden, wenn der Treuhandvertrag für den Fall des Eintritts bestimmter Ereignisse (zB Tod des Treuhänders, Kündigung des Treuhandvertrages, vertragswidrige Abtretung des Anteils durch den Treuhänder, Eröffnung des Insolvenzverfahrens über das Vermögen des Treuhänders) die **aufschiebend bedingte Übertragung** des Treuguts (Geschäftsanteil) auf den Treugeber vorsieht.[1005] Dem Treugeber steht bei Einzelzwangsvollstreckungsmaßnahmen von Gläubigern des Treuhänders und bei einer Insolvenz des Treuhänders die Drittwiderspruchsklage nach § 771 ZPO und das Aussonderungsrecht nach § 47 InsO nämlich nur zu, wenn das Treugut unmittelbar aus dem Vermögen des Treugebers auf den Treuhänder übertragen worden ist.[1006] Diese Voraussetzungen sind bei der Erwerbs- und der Vereinbarungstreuhand nicht gegeben, da der Treuhänder hier einen Geschäftsanteil ohne Durchgangserwerb beim Treugeber bekommt bzw. diesen schon vorher hält. Durch eine aufschiebend bedingte Übertragung des Geschäftsanteils auf den Treugeber kann diesem Risiko erfolgreich begegnet werden (vgl. § 161 Abs. 1 S. 2 BGB).

522 Die vorgeschlagene Gestaltung führt zwar zur Beurkundungspflicht der Gründungstreuhand,[1007] ist aber aus Sicherheitsgründen unabdingbar. Zusätzlich sollte im Treuhandvertrag der Treuhänder dem Treugeber unter Befreiung von den Beschränkungen des

---

[1002] BGH DNotZ 1956, 52.
[1003] Vgl. BGH NZG 2006, 627; dazu *Tebben* GmbHR 2007, 63.
[1004] Ausf. hierzu *Grage* RNotZ 2005, 251 (255 ff.).
[1005] Vgl. *Hegmanns* ZIP 1989, 900; *Schaub* DStR 1996, 65 und die Vertragsgestaltung im MVHdB I GesR/ *Seyfarth* Form. IX.10–12; zur Stärkung der Stellung des Treugebers im Innenverhältnis zB durch Stimmrechtsübertragung vgl. *Walch* NZG 2015, 1259; zur (un-)einheitlichen Stimmrechtsausübung in der Gesellschafterversammlung *Schauf* GmbHR 2015, 799.
[1006] Vgl. BGH NJW 1993, 2622; zum Ganzen *Grage* RNotZ 2005, 251 (264).
[1007] Vgl. Roth/Altmeppen/*Altmeppen* GmbHG § 15 Rn. 81.

§ 181 BGB eine **Vollmacht** zur Durchführung der Abtretung an sich oder einen neuen Treuhänder erteilen. Daneben gehört eine **Verpflichtung** des Treuhänders **zur Abtretung** der Anteile an einen Dritten auf Weisung des Treugebers zum Standardinhalt eines guten Treuhandvertrages. Ergänzend lässt sich der Treugeber durch ein im Rahmen des Treuhandvertrages zu beurkundendes unwiderrufliches **Angebot** seitens des Treuhänders auf Abtretung der treuhänderisch gehaltenen Geschäftsanteile an den Treugeber oder einen von ihm zu benennenden Dritten schützen. Diese weiteren Optionen erweitern den Handlungsspielraum des Treugebers. Eine etwa erforderliche **Zustimmung** zur (bedingten) Abtretung ist bereits bei Abschluss des Treuhandvertrages einzuholen. Nur dann ist im Zeitpunkt des Bedingungseintritts bzw. der späteren Abtretung sichergestellt, dass der Treugeber oder ein von ihm benannter Dritter tatsächlich Gesellschafter werden kann.

V. Belehrungen

Der Notar sollte insbes. darauf hinweisen, dass der Treugeber neben dem Treuhänder für **523** die Ansprüche der Gesellschaft aus §§ 19, 24, 30, 31 GmbHG **haftbar** ist (siehe auch § 9a Abs. 4 GmbHG für die Gründungshaftung). Darüber hinaus empfiehlt sich ein Hinweis auf die Meldepflicht von Treuhandkonstellationen zum **Transparenzregister,** sofern der Treugeber wirtschaftlich Berechtigter iSv § 3 Abs. 1, Abs. 2 GwG ist. Die Mitteilungsfiktion gemäß § 20 Abs. 2 GwG durch Einstellen der Gesellschafterliste als elektronisch im Handelsregister abrufbares Dokument hilft hier nicht.

Formulierungsbeispiel: Hinweis Transparenzregister bei Treuhand   **523a**

Der Notar hat ferner darauf hingewiesen, dass eine GmbH nach den Vorschriften des Geldwäschegesetzes (GwG) Angaben zu den wirtschaftlich Berechtigten einzuholen, aufzubewahren, auf aktuellem Stand zu halten und der registerführenden Stelle unverzüglich zur Eintragung in das Transparenzregister mitzuteilen hat, sofern diese sich – wie im Falle einer Treuhandschaft – nicht aus der im Handelsregister hinterlegten Gesellschafterliste ergeben. Wirtschaftlicher Berechtigter im Sinne des GwG ist, wer entweder mehr als 25 % der Anteile an einer Gesellschaft hält oder mehr als 25 % der Stimmen kontrolliert. Auch eine Kombination der Stimmrechte aus Anteilsbesitz und/oder Treuhandkonstruktionen oder auch Stimmbindungsverträge können zu der bußgeldbewährten Meldepflicht führen, wenn insgesamt mehr als 25 % der Stimmrechte kontrolliert werden.

VI. Steuern

Übernimmt der Treuhänder mindestens 95 % der Anteile und gehört zum Vermögen der **524** GmbH ein Grundstück, löst die Rückübertragung der Anteile an den Treugeber Grunderwerbsteuer aus.[1008]

E. Nießbrauch

I. Grundlagen

Die Einräumung eines Nießbrauchs an GmbH-Geschäftsanteilen als dingliche Belastung **525** der Mitgliedschaft ist auf Basis von §§ 1068 ff. BGB zulässig.[1009] Häufigster Anwendungsfall ist die Übertragung von Geschäftsanteilen im Wege der vorweggenommenen Erbfolge unter Vorbehalt der Nutzungen. Dem Nießbrauchsberechtigten gebühren nach der ge-

---

[1008] Siehe § 1 Abs. 3 Nr. 1 GrEStG und BFH BStBl. II 1980, 357.
[1009] Zum Ganzen ausf. *Bary* RNotZ 2014, 401 und *Scholz/Seibt* GmbHG § 15 Rn. 212 ff.; siehe ferner *Hauschild/Kallrath/Wachter/Kallrath* NotarHdB § 16 Rn. 663 ff.; *Frank* MittBayNot 2010, 96; *Wachter* GmbH-StB 1999, 172; Formulierungsbeispiele bei *Wachter* NotBZ 2000, 33 und NotBZ 2000, 78.

setzlichen Regelung die Nutzungen des Geschäftsanteils, dh die ausgeschütteten Gewinne. Auch Surrogate des Geschäftsanteils wie etwa der Anteil am Liquidationserlös unterliegen dem Nießbrauch.

II. Form

526   Die Bestellung des Nießbrauchs erfolgt gemäß § 1069 BGB nach den für die Abtretung des Geschäftsanteils geltenden Vorschriften, dh sie ist nach § 15 Abs. 3 GmbHG beurkundungspflichtig. Die Beteiligten können den Nießbrauch durch Vertrag allerdings formlos aufheben, der Nießbraucher auch durch einseitige Erklärung gegenüber dem Anteilseigner (§§ 1072, 1068 Abs. 2, 1064 BGB). Der Nießbrauch erlischt iÜ mit dem Tod des Nießbrauchers, §§ 1068 Abs. 2, 1061 S. 1 BGB.

III. Verfügungsbeschränkungen

527   Nachdem Anteile an Kapitalgesellschaften grundsätzlich frei übertragbar sind (vgl. § 15 Abs. 1 GmbHG), steht § 1069 Abs. 2 BGB der Bestellung eines Nießbrauchs regelmäßig nicht entgegen. Zu beachten sind jedoch etwaige Vinkulierungsklauseln in der Satzung (→ Rn. 89 ff.), welche ggf. für die Übertragung und die Belastung von Anteilen unterschiedlich ausgestaltet sein können.

IV. Kapitalerhöhung

528   Nicht zu den Nutzungen gehört das Bezugsrecht bei Kapitalerhöhungen, welches dem Gesellschafter zusteht. Dementsprechend erstreckt sich der Nießbrauch bei einer Kapitalerhöhung gegen Einlagen – anders als bei einer Kapitalerhöhung aus Gesellschaftsmitteln – nicht automatisch auf die hinzuerworbenen Anteile des Bestellers.[1010] Die Nießbrauchsvereinbarung sollte daher die Ansprüche des Nießbrauchsberechtigten bei einer Kapitalerhöhung regeln. Dabei kann dem Nießbrauchsberechtigten zB ein allgemeiner Anspruch auf Einräumung des Nießbrauchs an neu entstehenden Geschäftsanteilen eingeräumt werden.[1011]

V. Verwaltungsrechte

529   Die mit dem Geschäftsanteil verbundenen Verwaltungsrechte und insbesondere das Stimmrecht stehen nach ganz überwiegender Auffassung allein dem Gesellschafter zu.[1012] Dementsprechend ist regelmäßig eine schuldrechtliche Vereinbarung zur Sicherstellung der Mitwirkungsmöglichkeit des Nießbrauchers insbes. durch Gewährung von Informationsrechten und – sofern die Satzung der Gesellschaft dies zulässt – einer unwiderruflichen Stimmrechtsvollmacht angezeigt. Parallel kann vereinbart werden, dass der Gesellschafter sein (ihm nicht entziehbares) Stimmrecht nur noch nach Weisung durch den Nießbrauchsberechtigten ausüben darf.[1013]

[1010] Siehe nur Lutter/Hommelhoff/*Bayer* GmbHG § 15 Rn. 115; MHLS/*Ebbing* GmbHG § 15 Rn. 197.
[1011] Näher Hauschild/Kallrath/Wachter/*Kallrath* NotarHdB § 16 Rn. 664.
[1012] Siehe Hauschild/Kallrath/Wachter/*Kallrath* NotarHdB § 16 Rn. 666 mit zahlreichen Nachweisen auch zur Gegenansicht.
[1013] Formulierungsbeispiele bei *Wachter* NotBZ 2000, 33 und Hauschild/Kallrath/Wachter/*Kallrath* NotarHdB § 16 Rn. 666.

7. Teil. Liste der Gesellschafter

A. Inhalt

Gemäß § 8 Abs. 1 Nr. 3 GmbHG ist bei der Erstanmeldung der GmbH im normalen **530** Verfahren eine von den Anmeldenden, dh allen (siehe § 78 GmbHG) Geschäftsführern unterschriebene Liste der Gesellschafter einzureichen.[1014] Bei der Gründung im vereinfachten Verfahren gilt das Musterprotokoll hingegen zugleich als Gesellschafterliste, so dass keine gesonderte Liste erforderlich ist, § 2 Abs. 1a S. 4 GmbHG (→ Rn. 21). Der (Mindest-)Inhalt der Liste ergibt sich aus § 40 Abs. 1 GmbHG, wonach Name, Vorname, Geburtsdatum und Wohnort der **Gesellschafter** sowie die Nennbeträge und die laufenden Nummern (→ Rn. 543) der von einem jeden derselben übernommenen **Geschäftsanteile** ersichtlich sein müssen. Ist ein Gesellschafter selbst eine Gesellschaft, so sind nach § 40 Abs. 1 S. 2 GmbHG bei eingetragenen Gesellschaften in die Liste deren Firma, Satzungssitz, zuständiges Register und Registernummer aufzunehmen, bei nicht eingetragenen Gesellschaften (dh insbes. der GbR) deren jeweilige Gesellschafter unter einer zusammenfassenden Bezeichnung mit Name, Vorname, Geburtsdatum und Wohnort. Im Zuge der Umsetzung der Vierten EU-Geldwäscherichtlinie sind seit 26. 6. 2017 ferner die durch den jeweiligen Nennbetrag eines jeden[1015] Geschäftsanteils vermittelte jeweilige **prozentuale Beteiligung** am Stammkapital sowie – falls ein Gesellschafter mehrere Geschäftsanteile hält – der Gesamtumfang der Beteiligung am Stammkapital als Prozentsatz gesondert anzugeben.[1016] Das gilt nicht für mit Musterprotokoll gegründete Gesellschaften, bei denen nach dem ausdrücklichen Willen des Gesetzgebers gemäß § 2 Abs. 1a S. 4 GmbHG das Musterprotokoll die Gesellschafterliste ersetzt.[1017]

§ 40 Abs. 4 und Abs. 5 GmbHG sehen jeweils eine Verordnungsermächtigung vor. **530a** Dies betrifft zum einen eine Rechtsverordnung zu näheren Bestimmungen zur Ausgestaltung der Gesellschafterliste („Muster-Gesellschafterliste") und zum anderen eine Rechtsverordnung der Bundesländer zur Übermittlung der Angaben in der Gesellschafterliste in strukturierter maschinenlesbarer Form an das Handelsregister. Aus der auf Basis von § 40 Abs. 4 GmbHG erlassenen **Verordnung über die Ausgestaltung der Gesellschafterliste („GesLV")**[1018] lassen sich im Wesentlichen folgende Ergebnisse für den Inhalt der Liste ableiten:
– § 1 GesLV beinhaltet Hinweise zur **Nummerierung** der Anteile insbes. nach Veränderungen (ausf. → Rn. 543).

[1014] Zur Gesellschafterliste ausf. Hauschild/Kallrath/Wachter/*Leitzen* NotarHdB § 16 Rn. 667 ff.; zu aktuellen Praxisfragen der Gesellschafterliste vgl. unter anderem *Blasche* RNotZ 2014, 34; *Damm* BWNotZ 2017, 2; *Eickelberg/Ries* NZG 2015, 1103; *Löbbe* GmbHR 2016, 141; *D. Mayer* MittBayNot 2014, 24 und MittBayNot 2014, 114; *Reymann* FS 25 Jahre DNotI 2018, 567; *P. Schaub* GmbHR 2017, 727; *Wegener* notar 2017, 299. Zu freiwilligen Zusatzangaben vgl. zusammenfassend *Kalbfleisch/Glock* GmbHR 2015, 847.

[1015] Dies gilt nach dem eindeutigen Gesetzeswortlaut auch bei 1-EUR-Geschäftsanteilen, die ja zwingend alle denselben prozentualen Anteil am Stammkapital vermitteln, vgl. OLG München NZG 2018, 63.

[1016] Vgl. Art. 14 des Gesetzes zur Umsetzung der Vierten EU-GeldwäscheRL, zur Ausführung der EU-GeldtransferVO und zur Neuorganisation der Zentralstelle für Finanztransaktionsuntersuchungen, BGBl. 2017 I 1822. Diese Vorgaben gelten auch dann, wenn eine neue Gesellschafterliste zwar vor Wirksamwerden der Gesetzesänderung dem Handelsregister vorgelegt, dort aber erst nach Inkrafttreten aufgenommen wurde, vgl. BGH NZG 2018, 1023. Zur Berücksichtigung **eigener Anteile** bei der Berechnung der prozentualen Beteiligung DNotI-Report 2017, 131. Bei Geschäftsanteilen, die mehreren Gesellschaftern in gesamthänderischer Verbundenheit zustehen, ist sowohl für den einzelnen Geschäftsanteil als auch für den Gesamtumfang der prozentualen Beteiligung der Umfang der Beteiligung der **Gesamthandsgemeinschaft** anzugeben und nicht die Beteiligung des jeweiligen Gesellschafters, vgl. BR-Drs. 105/18, 12 und DNotI-Report 2018, 105 (108).

[1017] DNotI-Report 2017, 129.

[1018] BGBl. 2018 I 870, in Kraft getreten am 1. 7. 2018 und einzuhalten für alle nach dem 1. 7. 2018, 0:00 Uhr, eingetretenen Veränderungen iSv § 40 Abs. 1 S. 1 GmbHG. Hierzu unter anderem DNotI-Report 2018, 105; *Freier* notar 2018, 292; *Szalai* GWR 2018, 250; kritisch *Miller* NJW 2018, 2518.

– § 2 GesLV enthält Regelungen zu der sog. **Veränderungsspalte** (ausf. → Rn. 539).
– Nach § 3 GesLV **entfallen** bei einer Veränderung, die zur Vergabe einer neuen Nummer führt, die bisherige Nummer und die **bisherigen Angaben,** die in der Gesellschafterliste in Verbindung mit der bisherigen Nummer eintragen waren.
– § 4 GesLV enthält schließlich eine Reihe von Hinweisen zum Umgang mit den nunmehr zwingend aufzunehmenden **Prozentangaben:**
  – Die Angaben zur prozentualen Beteiligung eines Anteils am Stammkapital und zum Gesamtumfang der prozentualen Beteiligung eines Gesellschafters dürfen nach dem kaufmännischen Prinzip sinnvoll bis auf eine Dezimalstelle nach dem Komma **gerundet** werden (Abs. 1 S. 1). Alternativ können die Nachkommastellen ohne Rundung bis auf eine Dezimalstelle weggelassen werden (Abs. 1 S. 3). Eine Abrundung oder ein Weglassen von Nachkommastellen mit dem Ergebnis 0,0 Prozent, 25,0 Prozent oder 50,0 Prozent ist nicht zulässig (Abs. 1 S. 2).[1019]
  – Der **Gesamtumfang** der prozentualen Beteiligung eines Gesellschafters ist vor der Rundung oder dem Weglassen von Nachkommastellen zu errechnen (Abs. 2 S. 1). Für die anschließende Rundung bzw. das Weglassen von Nachkommastellen gilt Abs. 1 entsprechend.
  – Die **Gesamtsumme** der Prozentangaben muss – aufgrund der zugelassenen Rundungen bzw. des Weglassens von Nachkommastellen – nicht 100 ergeben (Abs. 3).
  – Beträgt der Anteil des Nennbetrags eines einzelnen Geschäftsanteils und/oder der addierten Nennbeträge der Geschäftsanteile eines Gesellschafters weniger als 1,0 Prozent des Stammkapitals, genügt diese Angabe (Abs. 4).[1020] Mit dieser für die Praxis sehr hilfreichen Regelung wird zum Ausdruck gebracht, dass die **Angabe „< 1%"** den Informationserfordernissen des GwG hinreichend Rechnung trägt.
  – Die Prozentangaben zu den einzelnen Anteilen sind in einer **separaten Spalte** aufzuführen. Die Prozentangaben zum Gesamtumfang der Beteiligung sind in einer weiteren gesonderten Spalte oder in einer an die Gesellschafterliste anschließenden separaten Zeile aufzuführen (Abs. 5).

B. Bedeutung

I. Legitimationsbasis für die Gesellschafter

531 Gemäß **§ 16 Abs. 1 S. 1 GmbHG** gilt im Verhältnis zur Gesellschaft nur derjenige als Gesellschafter, der in der zum Handelsregister aufgenommenen (= Einstellung der Liste in den online einsehbaren Registerordner, § 9 Abs. 1 HRV) Gesellschafterliste nach § 40 GmbHG eingetragen ist. Damit ist die Liste **alleinige Legitimationsbasis** für die Ausübung von Gesellschafterrechten.[1021] Dies ist selbst dann anzunehmen, wenn ein Gesellschafter aufgrund Eigenkündigung nach der Satzung als ausgeschieden gilt, aber weiter in

---

[1019] Vor Inkrafttreten der GesLV wurde die Zulässigkeit von Rundungen in der Lit. unterschiedlich beurteilt, vgl. *Wicke* DB 2017, 2528. Teils wurde eine Rundung auf eine Stelle hinter dem Komma für zulässig gehalten (*Seibert/Bochmann/Cziupka* GmbHR 2017, 241), teils – unter Hinweis auf Üblichkeit im kaufmännischen Geschäftsverkehr und auf § 3 Abs. 4 S. 2 EGAktG – eine Rundung auf zwei Stellen hinter dem Komma (*Wachter* GmbHR 2017, 1177 (1190); *Leuering/Rubner* NJW-Spezial 2017, 433; *Wegener* notar 2017, 299 (305)), teils – unter Hinweis auf die Darstellungsmöglichkeiten bei handelsüblichen Taschenrechnern – eine Rundung auf sechs Stellen nach dem Komma (*Böhringer* BWNotZ 2017, 61 (63)), teils wurde jede Rundung für unzulässig gehalten (*Melchior* NotBZ 2017, 281 (282)).
[1020] Das OLG Nürnberg (NZG 2018, 61 mAnm *Engel* NZG 2018, 175) sah es vor Inkrafttreten der GesLV noch als nicht ausreichend an, bei Minimalbeteiligungen eine Angabe von „< 1%" aufzunehmen.
[1021] Vgl. OLG Frankfurt a.M. GmbHR 2017, 868; OLG Hamm NZG 2014, 783; OLG Zweibrücken NZG 2012, 471; *Heidinger* GmbHR 2017, 872; *D. Mayer* ZIP 2009, 1037 (1039 ff.). Anders *Menkel* NZG 2018, 891 für eine sich direkt an eine Einziehung anschließende Kapitalerhöhung. Zusammenfassend zu Gesellschafterversammlungen bei „problematischer" Gesellschafterliste *Gutfried* notar 2018, 228. Kritisch *Maier-Reimer* FS Marsch-Barner 2018, 335 („Entrechtung durch Gesellschafterliste?").

der Gesellschafterliste vermerkt ist[1022] oder Geschäftsanteile eingezogen wurden, die Einziehung aber nicht in der Liste abgebildet ist.[1023] Auch ein **Erbe** kann Gesellschafterrechte grds. erst geltend machen, wenn er in die Gesellschafterliste eingetragen ist.[1024] Bei unbekannten Erben kann (insbes. auch als tauglicher Ladungsadressat für die Einberufung von Gesellschafterversammlungen) ein Nachlasspfleger bestellt werden, wobei umstritten ist, ob der Nachlasspfleger anstelle des Verstorbenen und/oder im Rahmen eines ergänzenden Vermerks in die Liste aufgenommen werden kann.[1025] Betreffend die Eingliederungsvoraussetzungen für eine steuerliche **Organschaft** wird andererseits davon ausgegangen, dass dem Gesellschafter schon im Moment des Erwerbs des Anteils die Stimmrechte aus dem Anteil „zustehen" iSv § 14 Abs. 1 S. 1 Nr. 1 KStG.[1026]

Ausnahmsweise eröffnet § 16 Abs. 1 S. 2 GmbHG dem Erwerber jedoch die Möglichkeit, bereits **vor Aufnahme der Liste** in das Handelsregister unmittelbar nach Wirksamwerden des Erwerbs Rechtshandlungen in Bezug auf das Gesellschaftsverhältnis vorzunehmen. Derartige Rechtshandlungen sind zunächst schwebend unwirksam. Sie werden wirksam, wenn die Liste unverzüglich nach Vornahme der Rechtshandlung in das Handelsregister aufgenommen wird. Eine verspätete Aufnahme macht die Rechtshandlungen allerdings endgültig unwirksam. Ergänzend sollte daher dem Erwerber der Geschäftsanteile vom Veräußerer im Rahmen der Anteilsabtretung eine weitgehende (Stimmrechts-) **Vollmacht** erteilt werden. § 16 Abs. 1 S. 2 GmbHG vermag nach richtiger Auffassung auch beim **Tod des Alleingesellschafter-Geschäftsführers** zu helfen: Der Erbe fasst den Beschluss über seine Bestellung zum Alleingeschäftsführer und reicht anschließend unverzüglich die korrigierte Gesellschafterliste ein (näher zur Korrektur der Liste bei Ableben eines Gesellschafters → Rn. 549).[1027] **532**

Wird die Anteilsabtretung wie üblich **erst später wirksam** – etwa wenn noch der Eintritt von Bedingungen (zB die vollständige Bezahlung des Kaufpreises oder eine fusionskontrollrechtliche Freigabe) aussteht oder die Abtretung der Geschäftsanteile an weitere, noch nicht erfüllte Voraussetzungen (zB bei Vinkulierung des Geschäftsanteils, § 15 Abs. 5 GmbHG) geknüpft ist – so sollte der Erwerber mit der Beschlussfassung zuwarten, bis die Anteilsabtretung wirksam geworden ist oder den Veräußerer an der Beschlussfassung mitwirken lassen. Praktisch lässt sich dieses Problem ggf. über eine Stimmrechtsvollmacht lösen. Ansonsten ergeben sich komplizierte Fragen im Hinblick auf eine mögliche **rückwirkende Wirksamkeit der Stimmabgabe**, wenn die Liste unverzüglich nach vollzogener Anteilsabtretung beim Register eingereicht wird.[1028] Die Sonderregelung in § 16 Abs. 1 S. 2 GmbHG führt somit nur dann zu einer wirklichen Erleichterung, wenn ausnahmsweise die Anteilsabtretung mit Beurkundung sofort wirksam wird.[1029] **533**

Nach zutreffender Ansicht ist § 16 Abs. 1 S. 2 GmbHG auch in denjenigen Fällen (zumindest analog) anzuwenden, in denen die Geschäftsführer eine **fehlerhafte Liste unmittelbar vor Beschlussfassung** durch Einreichung einer neuen Liste korrigieren oder kein Erwerb iSv § 16 Abs. 1 S. 2 GmbHG vorliegt (zB bei vorangegangener Einziehung). Für die Anwendung der Vorschrift kommt es nach ihrem Wortlaut nur darauf an, dass *nach Vornahme der Rechtshandlung* (zB der Stimmabgabe in der Gesellschafterversammlung) keine schuldhafte Verzögerung eintritt. Dagegen stellt § 16 Abs. 1 S. 2 GmbHG nicht darauf ab, ob auch der Anteilserwerb unmittelbar zeitlich vorausgegangen ist. Andernfalls **534**

[1022] OLG Düsseldorf NZG 2017, 264.
[1023] BGH NZG 2019, 269. Dazu *Foerster* NZG 2019, 464.
[1024] OLG Naumburg GmbHR 2017, 86 mAnm *Werner.*
[1025] Näher dazu Lutter/Hommelhoff/*Bayer* GmbHG § 51 Rn. 10; *Lange* NJW 2016, 1852 (1853 f.), der für die Eintragung der unbekannten Erben in die Gesellschafterliste plädiert; *Werner* GmbHR 2014, 357.
[1026] Vgl. *Stadler/Bindl* GmbHR 2010, 412.
[1027] Siehe nur Baumbach/Hueck/*Fastrich* GmbHG § 16 Rn. 17; *Ising* NZG 2010, 812 (815); MHLS/*Ebbing* GmbHG § 16 Rn. 97, 128 mwN.
[1028] Ausf. zur Mitwirkung des Anteilserwerbers bei Gesellschafterbeschlüssen vor Aufnahme der korrigierten Liste *Nolting* GmbHR 2010, 584.
[1029] Zum Ganzen *D. Mayer* DNotZ 2008, 403 (405).

müsste in diesen Fällen zunächst abgewartet werden, bis die neue Liste im Handelsregister aufgenommen ist, was insbes. bei Fristbindungen wie zB im Umwandlungsrecht (vgl. § 17 Abs. 2 S. 4 UmwG) nicht zumutbar wäre.[1030]

535   Sofern seit Inkrafttreten des MoMiG am 1. 11. 2008 noch keine Veränderung erfolgt ist, welche die Einreichung einer neuen Liste erfordert hätte, ist nach Ansicht einiger Instanzgerichte mangels **Übergangsregelung** allein die alte Rechtslage vor Inkrafttreten des MoMiG maßgeblich.[1031] Die Rechtsprechung argumentiert, es könne nicht angenommen werden, dass der Gesetzgeber mit Inkrafttreten des MoMiG Gesellschaftern, die nach § 16 Abs. 1 GmbHG aF ordnungsgemäß bei der Gesellschaft angemeldet waren, aber nicht in einer eingereichten alten Liste aufgenommen sind, die ihnen zustehenden Gesellschafterrechte entziehen wollte. Diese Auffassung ist mit der hM in der Literatur abzulehnen, weicht sie doch das Listensystem auf, mindert Rechtssicherheit und Transparenz und widerspricht dem Willen des Gesetzgebers, mit einem strengen Listenprinzip für die Frage der Legitimationswirkung im Sinne der Rechtssicherheit allein auf den Listeninhalt abzustellen.[1032]

536   Um Unwägbarkeiten zB im Hinblick auf die nach § 16 Abs. 1 S. 2 GmbHG erforderliche „unverzügliche Aufnahme" der Liste in das Handelsregister zu vermeiden, empfiehlt es sich, den **Veräußerer** sicherheitshalber an der **Beschlussfassung mitwirken zu lassen,** sofern keine Vertraulichkeitsgesichtspunkte entgegenstehen. Notfalls kann uU auch eine Umdeutung helfen: Verpflichtet beispielsweise der Alleingesellschafter einer GmbH bei der aufschiebend bedingten Abtretung seiner Anteile den Erwerber, einen Geschäftsführerwechsel zu beschließen, ist darin die Erteilung einer Stimmrechtsvollmacht zu sehen und die entsprechende Beschlussfassung des Erwerbers in eine solche im Namen des Veräußerers umzudeuten.[1033]

II. Rechtsscheinträger für den gutgläubigen Erwerb

537 Seit Inkrafttreten des MoMiG lässt § 16 Abs. 3 GmbHG den gutgläubigen Erwerb eines Geschäftsanteils vom Nichtberechtigten zu, wenn der Veräußerer in der im Handelsregister aufgenommenen Gesellschafterliste als Rechtsinhaber eingetragen ist (→ Rn. 468 ff.).[1034] **Rechtsscheinträger** kann dabei nur eine den Anforderungen des § 40 GmbHG entsprechende **Gesellschafterliste** sein, wobei irrelevant ist, ob diese von einem Geschäftsführer oder – als bescheinigte Liste nach § 40 Abs. 2 GmbHG – vom Notar eingereicht wurde.[1035]

III. Mitteilungsfiktion nach Geldwäschegesetz

537a Nach § 20 Abs. 2 GwG gilt die sich aus § 20 Abs. 1 GwG ergebende Pflicht zur Meldung der Angaben zum wirtschaftlichen Berechtigten einer juristischen Person des Privatrechts bzw. einer eingetragenen Personengesellschaft als erfüllt, wenn sich die Angaben aus anderen öffentlichen Registern wie etwa dem Handelsregister ergeben (sog. **Mitteilungsfiktion**).[1036] Die GmbH-Gesellschafterliste nach §§ 8 Abs. 1 Nr. 3, 40 GmbHG ist gemäß

[1030] Grundlegend *D. Mayer* ZIP 2009, 1037 (1041 f.); *ders.* MittBayNot 2014, 24 (30); dem folgend unter anderem Henssler/Strohn/*Verse* GmbHG § 16 Rn. 11a; Ring/Grziwotz/*Westphal* GmbHG § 16 Rn. 7; *Wicke* GmbHG § 16 Rn. 11a.

[1031] Siehe unter anderem OLG Dresden ZIP 2017, 80; LG München I NZG 2010, 394.

[1032] Vgl. zB *Heidinger* GmbHR 2017, 273; Lutter/Hommelhoff/*Bayer* GmbHG § 16 Rn. 107 f.; MüKoGmbHG/*Heidinger* GmbHG § 16 Rn. 115 ff.; *Saenger/Sandhaus* DNotZ 2012, 346; *Schodder* EWiR 2017, 201.

[1033] BGH NZG 2008, 468.

[1034] Vgl. zum Ganzen *D. Mayer* DNotZ 2008, 403 (415 ff.).

[1035] Zur Gesellschafterliste als Rechtsscheinträger *Bednarz* BB 2008, 1854.

[1036] Die Mitteilungsfunktion bewirkt jedoch lediglich eine Befreiung von der Mitteilungspflicht und ändert nichts an der Dokumentationspflicht gemäß § 20 Abs. 1 S. 1 GwG, vgl. *P. Schaub* GmbHR 2017, 727. Näher hierzu ferner DNotI-Report 2017, 179; *Elsing* notar 2018, 71 (74); *Longrée/Pesch* NZG 2017, 1081 (1085 ff.); *Melchior* NotBZ 2017, 281; *Szalai* GWR 2018, 250. Zu Mitteilungspflichten ggü. dem Transparenzregister im Rahmen der Unternehmensnachfolge *Frese* ZEV 2017, 695.

§ 22 Abs. 1 Nr. 4 GwG ein elektronisch abrufbares Dokument, an welches diese Mitteilungsfiktion geknüpft wird. Bei einer GmbH mit ausschließlich natürlichen Personen ist daher idR keine Meldung zum Transparenzregister erforderlich. Es genügt vielmehr, wenn die aktuelle Gesellschafterliste elektronisch im Handelsregister abrufbar ist.[1037] Dies gilt auch bei einer über mehrere Konzernunternehmen gestuft bestehende Beteiligung einer wirtschaftlich berechtigten natürlichen Person; hier muss man sich ggf. durch mehrere Gesellschafterlisten „durchhangeln".[1038] Demgegenüber besteht eine Mitteilungspflicht trotz Einreichung der Liste, wenn ein nicht aus der Liste ersichtlicher Beteiligter zB aufgrund eines Treuhandverhältnisses (→ Rn. 523) oder einer Stimmbindungsvereinbarung Kontrolle iSv § 3 Abs. 2 GwG auszuüben vermag und damit wirtschaftlich Berechtigter im Sinne des GwG ist.

C. Aktualisierung nach Veränderungen

I. Eintragungspflichtige Veränderungen

Nach jeder Veränderung in den Personen der Gesellschafter oder des Umfangs ihrer Beteiligung ist nach § 40 Abs. 1, Abs. 2 GmbHG unverzüglich eine korrigierte Gesellschafterliste zum Handelsregister einzureichen.[1039] Bei Kettenabtretungen und ähnlichen Sachverhalten ist somit **für jede** einzelne **Veränderung eine neue Liste** einzureichen.[1040] Nach Ansicht des OLG Köln gilt das grds. selbst dann, wenn Teilungsbeschluss und (unbedingte) Abtretung eines dadurch entstandenen Teilgeschäftsanteils in derselben Urkunde enthalten sind.[1041] Ist eine Aktiengesellschaft Gesellschafterin einer GmbH, ist ab bestimmten Beteiligungsquoten daneben eine Anzeige nach § 21 AktG erforderlich.[1042]   538

Inhaltlich besteht darüber hinaus ein gewisser Gestaltungsspielraum. Zusätzliche Angaben wie etwa Informationen zur Herkunft der Anteile sind zulässig.[1043] So hat das OLG Jena bereits kurz nach Inkrafttreten des MoMiG ausdrücklich klargestellt, dass das Gesetz eine „**Veränderungsspalte**" zwar nicht vorsehe, andererseits aber auch nicht verbiete.[1044] Sinnvoll sind nähere Angaben insbes. in denjenigen Fällen, in denen die Entwicklung des Gesellschafterkreises ansonsten intransparent würde. Nach § 2 GesLV sollte die Gesellschafterliste daher nunmehr im Lichte dieses Transparenzgedankens eine Veränderungsspalte enthalten, in der Veränderungen iSv § 40 Abs. 1 S. 1 GmbHG aufgeführt werden. Hierzu zählen insbes. Teilung, Zusammenlegung und Einziehung von Geschäftsanteilen, Kapitalerhöhungen (mit Ausgabe neuer oder Aufstockung bestehender Geschäftsanteile), Kapitalherabsetzungen sowie Anteilsübergänge. Nach § 2 Abs. 3 GesLV *sollen* derartige Maßnahmen in die Veränderungsspalte eingetragen werden, sonstige Veränderungen *können* vermerkt werden (§ 2 Abs. 4 GesLV). Die Formulierung „sollte" drückt hierbei zwar   539

[1037] Es ist nicht erforderlich, dass diese auch bereits gemäß § 40 Abs. 1 GmbHG die jeweilige prozentuale Beteiligung am Stammkapital ausweist, vgl. BVA-FAQs, Abschnitt „Angaben zum wirtschaftlichen Berechtigten", Frage 7.

[1038] Siehe DNotI-Report 2017, 179; BVA-FAQs, Abschnitt „Angaben zum wirtschaftlichen Berechtigten", Frage 9.

[1039] Zu einreichungspflichtigen Veränderungen der Beteiligungsverhältnisse umfassend *Bayer* GmbHR 2012, 1; zu den Problemen der Regelung *Wicke* DB 2011, 1037; *D. Mayer* ZIP 2009, 1037 ff.; *Hasselmann* NZG 2009, 409 ff.; NZG 2009, 449 ff. und NZG 2009, 486 ff.; *Link* RNotZ 2009, 193 (194 ff.).

[1040] Vgl. LG München I GmbHR 2010, 151 mAnm *Wachter*; D. Mayer MittBayNot 2014, 114 (125 f.); *Hasselmann* NZG 2009, 449 (450) mwN; DNotI-Report 2011, 25; DNotI-Report 2018, 105 (106) mwN.

[1041] OLG Köln DNotZ 2014, 387 mAnm *Heinemann*; hierzu *Berninger* GmbHR 2014, 449; aA *Peetz* GmbHR 2014, 1289, der eine Zusammenfassung mehrerer Veränderungen in einer Liste gestatten will.

[1042] Näher zu § 21 AktG *Grimm/Wenzel* AG 2012, 274; *Leitzen* MittBayNot 2012, 183; zum Verhältnis der beiden Publizitätsvorschriften § 40 GmbHG und § 21 AktG vgl. *Wachter* GmbHR 2011, 1084.

[1043] Hierzu schon *D. Mayer* ZIP 2009, 1037.

[1044] OLG Jena ZIP 2010, 831; so wohl auch BGH GmbHR 2011, 943; vor Inkrafttreten der GesLV plädierten für die Aufnahme einer Veränderungsspalte unter anderem Baumbach/Hueck/*Noack* GmbHG § 40 Rn. 13a; *Ising* NotBZ 2012, 369; MHLS/*Terlau* GmbHG § 40 Rn. 11; kritisch unter anderem Rowedder/Schmidt-Leithoff/*Görner* GmbHG § 40 Rn. 7.

keine Pflicht aus, das Ermessen des Listenerstellers wird jedoch in eine bestimmte Richtung gelenkt. Nur im Fall einer Bereinigungsliste gemäß § 1 Abs. 4 GesLV (dazu sogleich → Rn. 543) ist zwingend eine Veränderungsspalte beizufügen, in der die Erstellung der Bereinigungsliste und die bisherige Nummerierung (vor Bereinigung) vermerkt werden (§ 2 Abs. 2 GesLV).[1045]

540   Ob es sich um eine **Veränderung** aufgrund **Einzelrechtsnachfolge** (Abtretung, Versteigerung, Kaduzierung), um eine **Gesamtrechtsnachfolge** (Erbfolge, Verschmelzung, Spaltung, Anwachsung, Begründung einer Gütergemeinschaft) oder um eine Veränderung ohne Rechtsnachfolge (zB Zusammenlegung oder Teilung von Geschäftsanteilen, Formwechsel eines Gesellschafters, Kapitalmaßnahmen, Aufstockung aufgrund von Einziehungsvorgängen) handelt, ist unerheblich.[1046] Unter „Veränderungen in den Personen der Gesellschafter" iSv § 40 Abs. 1 GmbHG und § 16 Abs. 1 S. 1 GmbHG sind nach hM aber auch bloße Veränderungen der **Bezeichnung eines Gesellschafters** ohne Änderung seiner Identität (zB durch Eheschließung bei einer natürlichen Person oder Umfirmierung bei einer Gesellschaft) oder **Änderungen von Wohnort** bzw. **Sitz** (nicht aber der nicht in die Liste eintragungspflichtigen Adresse) eines Gesellschafters zu verstehen.[1047] Ebenso sind die Gesellschafter einer **GbR** in der Gesellschafterliste gemäß § 40 Abs. 1 S. 2 Alt. 2 GmbHG namentlich zu bezeichnen;[1048] das gilt auch bei einer Veränderung in den Personen der Gesellschafter der GbR (näher sogleich → Rn. 570).

II. Nicht eintragungsfähige Veränderungen

541   Veränderungen, die weder die Person des Inhabers noch den Umfang der Beteiligung betreffen, dh insbes. **Belastungen** von Geschäftsanteilen durch Begründung eines Nießbrauchs, durch Verpfändung oder durch Pfändung, werden dagegen nicht erfasst und sind aus der Liste nicht ersichtlich.[1049] Demgegenüber hält das LG Aachen[1050] einen Nießbrauch für eintragungsfähig.[1051]

542   Auch die Eintragung eines **Testamentsvollstreckervermerks** in der Gesellschafterliste ist jedenfalls nach Ansicht der Rechtsprechung **nicht zulässig,** da es an einer ausreichenden rechtlichen Grundlage fehlt.[1052] Mangels Eintragungspflicht ist im Sinne des Transparenzgedankens auch die Eintragungsfähigkeit von **Verfügungsbeschränkungen** generell abzulehnen. Erwerber könnten ansonsten bei einem Schweigen der Liste irrtümlich auf die Verfügungsbefugnis des Gesellschafters vertrauen, was dem Grundsatz der Registerklarheit zuwider liefe.[1053] Darüber hinaus können de lege lata Verfügungsbeschränkungen ohnehin nicht mittels gutgläubigen Erwerbs nach § 16 Abs. 3 GmbHG überwunden werden.

III. Nummerierung

543   Zu der vorher in Einzelheiten umstrittenen Frage der richtigen Nummerierung der Geschäftsanteile insbes. im Falle von Veränderungen im Zuschnitt der Anteile äußert sich **§ 1**

[1045] Vgl. BR-Drs. 105/18, 10 sowie DNotI-Report 2018, 105 (109).
[1046] Zu den verschiedenen Fallgruppen vgl. *Vossius* DB 2007, 2299.
[1047] Vgl. zB Baumbach/Hueck/*Noack* GmbHG § 40 Rn. 6; Roth/Altmeppen/*Altmeppen* GmbHG § 40 Rn. 6; *Bayer* GmbHR 2012, 1 (2) mwN; OLG Hamm NZG 2011, 1395 zu einer Firmenänderung; aA zB *Ising* NZG 2010, 812 (816).
[1048] So bereits OLG Hamm GmbHR 2016, 1090.
[1049] Zum Ganzen *D. Mayer* DNotZ 2008, 403 (417).
[1050] NZG 2009, 1157.
[1051] Wie auch die überwiegende Rspr. die Eintragung des Nießbrauchs an einem Kommanditanteil im Handelsregister für zulässig erachtet, vgl. OLG Stuttgart DNotZ 2013, 793 und OLG Oldenburg ZIP 2015, 1173; aA OLG München NZG 2016, 1064.
[1052] BGH DNotZ 2015, 456; OLG Köln NZG 2014, 1272; OLG München NZG 2012, 391; ebenso *Wachter* DB 2009, 159; aA zB *Beutel* NZG 2014, 646.
[1053] Vgl. *Schmaltz* jurisPR-HaGesR 1/2012 Anm. 5.

GesLV. In der Gesellschafterliste sind die Geschäftsanteile nach § 1 Abs. 1 S. 1 GesLV mit ganzen arabischen Zahlen[1054] oder in dezimaler Gliederung[1055] fortlaufend und in eindeutiger Zuordnung zu den Anteilsinhabern zu nummerieren. Die numerische Zuordnung von Geschäftsanteilen kann dabei für jeden Anteilsinhaber zusammengefasst werden (S. 2), solange die Nummerierung insgesamt fortlaufend ist.[1056] Die Sortierung der Gesellschafterliste kann sowohl nach Anteilsinhabern als auch nach Geschäftsanteilen erfolgen (S. 3). Einmal vergebene Nummern sind beizubehalten, insbes. nach Anteilsabtretungen (**Nummerierungskontinuität,** § 1 Abs. 2 S. 1 GesLV).[1057] Eine Umnummerierung widerspricht regelmäßig dem Sinn und Zweck des § 40 GmbH, die Transparenz der Beteiligungsverhältnisse möglichst umfassend zu gewährleisten.[1058] Eine Änderung der Nummern ist dementsprechend nur in den in der GesLV genannten Fällen zulässig (§ 1 Abs. 2 S. 2 GesLV). Gemäß § 1 Abs. 4 GesLV dürfen die Geschäftsanteile in einer **Bereinigungsliste** (nur dann) vollständig neu nummeriert werden, wenn die Nummerierung in der bisherigen Gesellschafterliste zB aufgrund zahlreicher Teilungen unübersichtlich geworden ist.[1059] Der Verordnungsgeber geht dabei davon aus, dass die Liste nur anlässlich einer Veränderung nach § 40 Abs. 1 GmbHG und der damit verbundenen Listeneinreichung bereinigt werden darf. Die Regelung in § 1 Abs. 4 GesLV ändert auch nichts an der Kompetenzverteilung für die Listenerstellung und -einreichung, weshalb Geschäftsführer (nur) außerhalb der notariellen Mitwirkung eine Bereinigung der Gesellschafterliste vornehmen können.[1060]

Die **Teilung** eines Geschäftsanteils (dazu → Rn. 97, 432 ff.) führt zwingend zur Vergabe neuer Nummern in der Gesellschafterliste (§ 1 Abs. 3 S. 1 GesLV). Es muss grds. jeweils die **nächste freie ganze arabische Zahl** vergeben werden (§ 1 Abs. 3 S. 2 GesLV). Nach § 1 Abs. 2 S. 1 GesLV darf die für den geteilten Geschäftsanteil bisher vergebene Nummer dabei nicht erneut für einen der durch Teilung neu entstehenden Geschäftsanteile vergeben werden.[1061] Dies entspricht der bisher schon weit verbreiteten Praxis, für alle neu entstandenen Teilgeschäftsanteile bislang freie Nummern zu vergeben.[1062] Die bisherige Nummer bleibt bei dieser Vorgehensweise frei, wodurch die Nummerierung nicht mehr fortlaufend iSv § 1 Abs. 1 S. 1 GesLV ist. Vor diesem Hintergrund erlaubt § 1 Abs. 3 S. 3 GesLV die Vergabe von sog. **Abschnittsnummern** als mögliche Alternative. Wird zB der Anteil Nr. 5 in zwei Anteile geteilt, könnten diese in Übereinstimmung mit DIN 4121 als 5.1 und 5.2 bezeichnet werden.[1063]

544

[1054] Eine Bezeichnung von Geschäftsanteilen unter Verwendung von Buchstaben (zB 5a und 5b nach einer Teilung von Anteil Nr. 5) scheidet somit aus, vgl. DNotI-Report 2018, 105 (107) unter Verweis auf BR-Drs. 105/18, 7.

[1055] Abschnittsnummern wie zB 5.1 und 5.2, näher hierzu → Rn. 544 aE.

[1056] Vgl. BR-Drs. 105/18, 7.

[1057] Siehe auch schon OLG Bamberg DNotZ 2010, 871; LG Augsburg NZG 2009, 1032.

[1058] Siehe BT-Drs. 16/6140, 89. Jdf. vor Inkrafttreten der GesLV war eine Umnummerierung nach Ansicht des BGH grds. zulässig, solange die Transparenz der Beteiligungsverhältnisse darunter nicht leidet und jeder Geschäftsanteil durch die Angabe der bisherigen Nummerierung zweifelsfrei zu identifizieren bleibt, vgl. BGH DNotZ 2011, 940; hierzu *Herrler* NZG 2011, 536; auch *Wachter* GmbHR 2010, 596 betont den Ermessensspielraum des Notars.

[1059] Der von § 40 Abs. 1 bzw. Abs. 2 GmbHG jeweils zur Erstellung und Einreichung der Liste Berufene hat hier einen weitgehenden Ermessensspielraum, vgl. DNotI-Report 2018, 105 (109) mwN.

[1060] BR-Drs. 105/18, 9. Vgl. hierzu DNotI-Report 2018, 105 (109).

[1061] Hierzu DNotI-Report 2018, 105 (107). Wenn also bspw. Anteil Nr. 1 geteilt wird, darf keiner der entstehenden Teilgeschäftsanteile mit der alten Nr. 1 nummeriert werden, sondern es müssen zB die Nr. 4 und Nr. 5 vergeben werden, während die Nr. 1 leer bleibt.

[1062] Vgl. nur *Wachter* ZNotP 2008, 378 (385); Heckschen/Heidinger/*Heidinger* Kap. 13 Rn. 403; *Heckschen* MoMiG Rn. 469; *Götze/Bressler* NZG 2007, 894 (895); DNotI-Report 2010, 147 (148). Anders noch *Wachter* NZG 2009, 1001 (1004); LG Stendal NZG 2010, 393.

[1063] Vgl. OLG Jena DNotZ 2010, 873; kritisch *Melchior* NotBZ 2010, 213 (215) mit dem Argument, es handle sich bei dieser Kennzeichnung nicht um eine ganze natürliche Zahl, wie vom Gesetz vorgegeben.

545 Eine neue Nummer ist gemäß § 1 Abs. 3 S. 1 GesLV auch dann zu vergeben, wenn Geschäftsanteile **zusammengelegt** werden. Es muss jeweils die nächste freie ganze arabische Zahl vergeben werden (§ 1 Abs. 3 S. 2 GesLV). Die nicht mehr gebrauchte(n) Nummer(n) bleiben leer. Die von § 1 Abs. 1 S. 1 GesLV geforderte „fortlaufende" Nummerierung kann damit zwangsläufig nicht (mehr) eingehalten werden.[1064]

D. Adressaten der Einreichungspflicht

I. Geschäftsführer

546 **Adressaten der Einreichungspflicht** sind die **Geschäftsführer** (§ 40 Abs. 1 GmbHG).[1065] Dabei handelt es sich um eine höchstpersönliche Verpflichtung, so dass die Gesellschafterliste von einem Prokuristen weder alleine noch im Rahmen unechter Gesamtvertretung unterschrieben werden kann.[1066] Anders als bei der „Gründungsgesellschafterliste" nach § 8 Abs. 1 Nr. 3 GmbHG (dazu → Rn. 206), die von sämtlichen Geschäftsführern der Gesellschaft zu unterzeichnen ist, reicht bei der geänderten Gesellschafterliste mangels Erwähnung des § 40 Abs. 1 GmbHG in § 78 GmbHG die Unterzeichnung durch Geschäftsführer **in vertretungsberechtigter Zahl** aus.[1067]

547 Zur Einreichung verpflichtet sind die Geschäftsführer nur **auf Mitteilung und Nachweis** (§ 40 Abs. 1 S. 2 GmbHG). Was den Nachweis betrifft, lässt sich an die Regelung des § 16 Abs. 1 GmbHG aF (Anmeldung der Anteilsabtretung bei der Gesellschaft) ebenso anknüpfen wie an die Anforderungen des § 67 Abs. 3 AktG.[1068] Da Geschäftsführer, welche die ihnen nach § 40 Abs. 1 GmbHG obliegende Pflicht verletzen, gemäß § 40 Abs. 3 GmbHG gesamtschuldnerisch für den daraus entstandenen Schaden **haften,** sollten sie den Nachweis betreffend große Sorgfalt walten lassen.

548 Über den Wortlaut des § 40 Abs. 1 GmbHG hinaus sind die Geschäftsführer befugt, für die **Berichtigung** technischer Defizite zu sorgen sowie eine inhaltliche Korrektur der Gesellschafterliste herbeizuführen, jedenfalls sofern diese mit Billigung der Gesellschafter erfolgt.[1069] Noch nicht geklärt ist, ob die Gesellschafter zur Listenkorrektur Weisungen erteilen dürfen.[1070] Die Zuständigkeit der Geschäftsführer erstreckt sich nach Auffassung des BGH[1071] auch auf die Korrektur einer unrichtigen, vom Notar nach § 40 Abs. 2 S. 1 GmbHG eingereichten Gesellschafterliste.[1072] Daneben ist nach dem klaren Wortlaut der Ausgangsentscheidung (vgl. Rn. 35: „nicht für eine ausschließliche Korrekturzuständigkeit des Notars") weiterhin eine eigene Korrekturzuständigkeit des Notars für „seine" unrichtige Liste anzunehmen.[1073] Soweit der BGH weitergehend von einer generellen parallelen Einreichungszuständigkeit ausgehen sollte, ist dies mit der gesetzlichen Konzeption einer alternativen Zuständigkeit („anstelle") nicht vereinbar und aufgrund der damit einhergehenden Risiken (Gefahr divergierender Gesellschafterlisten; Verlust der Transparenz; un-

---

[1064] Vgl. hierzu schon MHLS/*Terlau* GmbHG § 40 Rn. 9.
[1065] Zur Zuständigkeitskonkurrenz zwischen Geschäftsführer und Notar ausf. *Löbbe* GmbHR 2012, 7.
[1066] OLG Jena NZG 2011, 909; Lutter/Hommelhoff/*Bayer* GmbHG § 40 Rn. 47; *Damm* BWNotZ 2017, 2 (4); *Eickelberg/Ries* NZG 2015, 1103; de lege ferenda für eine Unterschriftsbeglaubigung der Unterzeichnung zur Vermeidung von Identitätstäuschungen *Bayer* GmbHR 2015, 529 (531); Lutter/Hommelhoff/ *Bayer* GmbHG § 40 Rn. 37.
[1067] HM, vgl. Ulmer/Habersack/Löbbe/*Paefgen* GmbHG § 40 Rn. 28; Scholz/*Seibt* GmbHG § 40 Rn. 32 f.; Lutter/Hommelhoff/*Bayer* GmbHG § 40 Rn. 47; OLG Jena NZG 2011, 909 (910); aA *Hasselmann* NZG 2009, 486 (487); *Schmidt* NotBZ 2013, 13.
[1068] Näher *D. Mayer* DNotZ 2008, 403 (412 f.).
[1069] Vgl. OLG München DNotZ 2012, 475; Baumbach/Hueck/*Noack* GmbHG § 40 Rn. 38, 40.
[1070] Dagegen Lutter/Hommelhoff/*Bayer* GmbHG § 40 Rn. 47, 68; MüKoGmbHG/*Heidinger* GmbHG § 40 Rn. 120; ausdrücklich offen gelassen von BGH GmbHR 2017, 519 Rn. 16 mAnm *Lieder*.
[1071] BGH NZG 2014, 184 = GmbHR 2014, 198 mAnm *Bayer;* hierzu unter anderem *Lieder* NZG 2014, 329; bestätigt im Kostenbeschluss BGH GmbHR 2017, 519 mAnm *Lieder*.
[1072] AA mit guten Gründen unter anderem MüKoGmbHG/*Heidinger* GmbHG § 40 Rn. 125 ff.
[1073] So auch LG Berlin notar 2016, 125; zum Ganzen DNotI-Report 2014, 22.

klare Haftungsverhältnisse) abzulehnen.[1074] Folglich spricht das OLG Rostock dem Geschäftsführer zu Recht die Befugnis zur Listenkorrektur ab, soweit er – anstelle des Notars – eigenmächtig die Wirksamkeit einer Anteilsübertragung feststellt und daraufhin unter Verstoß gegen die Zuständigkeitsordnung nach § 40 Abs. 1 und Abs. 2 GmbHG eine neue Gesellschafterliste zum Handelsregister einreicht.[1075] Die Berechtigung eines Geschäftsführers zur Einreichung einer geänderten Gesellschafterliste ist vielmehr auf solche Fälle zu begrenzen, in denen es sich um eine echte (Fehler-)Korrektur einer vom Notar eingereichten Liste handelt.[1076] Daneben ist § 1 Abs. 4 GesLV zu beachten, wonach die Liste vollständig neu gefasst werden darf, wenn die Nummerierung der Anteile in der bisherigen Gesellschafterliste zB aufgrund zahlreicher Teilungen unübersichtlich geworden ist (näher → Rn. 543).

Der aktuelle Geschäftsführer einer GmbH ist unter anderem dann zur Einreichung einer Gesellschafterliste beim Handelsregister verpflichtet, wenn die zu Grunde liegende **Abtretung** der Gesellschaftsanteile **vor** Inkrafttreten des **MoMiG** erfolgt ist. Ferner sind die Geschäftsführer und nicht der Notar zur Einreichung einer neuen Liste zuständig, wenn ein **Gesellschafter verstirbt.** Eine Mitwirkung des Notars liegt selbst dann nicht vor, wenn er das der Erbfolge zugrunde liegende Testament beurkundet hat.[1077] Die Geschäftsführer werden als Nachweis einen Erbschein oder eine notarielle letztwillige Verfügung mit Eröffnungsniederschrift fordern können. | 549

Kommen die Geschäftsführer zu dem Ergebnis, dass eine von einem Gesellschafter geltend gemachte Veränderung (noch) nicht eingetreten ist, kommt grds. die **Erzwingung der neuen Liste** mittels einstweiliger Verfügung in Betracht. Haben die Geschäftsführer auf Basis ihrer Prüfung aber bereits eine geänderte Liste eingereicht, deren Inhalt nach Auffassung eines Gesellschafters falsch ist, kann die gerügte Eintragung bei Widerspruch des Betroffenen nicht gelöscht werden (§ 67 Abs. 5 S. 2 AktG analog). Es gibt somit keinen Anspruch auf nochmalige Änderung der Liste aus § 40 Abs. 1 GmbHG. Den berechtigten Interessen der übrigen Gesellschafter kann in einem solchen Fall durch Anordnung der **Zuordnung eines Widerspruchs** Rechnung getragen werden.[1078] Insbesondere kann somit die Einreichung einer von einem Verfügungskläger für richtig gehaltenen Gesellschafterliste nicht im vorläufigen Rechtsschutzverfahren erzwungen werden.[1079] Auch die Löschung einer einmal in den Registerordner aufgenommenen Gesellschafterliste kommt nicht in Betracht.[1080] | 550

II. Notar

Hat ein **Notar** an Veränderungen im Gesellschafterbestand mitgewirkt, hat er die aktualisierte Liste anstelle der Geschäftsführer einzureichen, § 40 Abs. 2 S. 1 GmbHG. Eine **Mitwirkung** liegt dabei nicht nur bei der Beurkundung einer Anteilsabtretung vor, sondern auch bei sonstigen Gesellschafterbeschlüssen, zB der Beurkundung eines Kapitalerhöhungs- bzw. Kapitalherabsetzungsbeschlusses. Für eine Mitwirkung reicht aber auch aus, dass der Notar ein von ihm beglaubigtes oder rein privatschriftliches Dokument erstellt. Eine Beglaubigung unter einem Fremdentwurf (zB unter einem Gesellschafterbeschluss oder einer Handelsregisteranmeldung) ist dagegen keine Mitwirkung, da den Notar insoweit nur eingeschränkte Prüfungspflichten treffen.[1081] | 551

[1074] Krit. auch *Herrler* GmbHR 2014, 225; *Tebben* DB 2014, 585.
[1075] OLG Rostock GmbHR 2017, 523 mAnm *Bayer.*
[1076] Siehe OLG Rostock GmbHR 2017, 523 (Rn. 27 der Entscheidungsgründe).
[1077] Siehe nur *Lange* GmbHR 2012, 986 (987 f.) mwN; zur Gesellschafterliste im Erbfall vgl. außerdem *Tröder* notar 2011, 378.
[1078] Vgl. OLG München NZG 2015, 1272.
[1079] KG GmbHR 2016, 416; zum Rechtsschutz gegen die Gesellschafterliste vgl. iÜ ausf. *Lieder* GmbHR 2016, 189 (Hauptsacheverfahren) und GmbHR 2016, 271 (einstweiliger Rechtsschutz).
[1080] KG DB 2016, 1686.
[1081] Zutr. *Vossius* DB 2007, 2299 (2303 f.).

552 Haben **mehrere Notare** an der Veränderung mitgewirkt, kann es fraglich sein, welcher Notar für die Einreichung der Liste zuständig ist. Diese Frage stellt sich zB, wenn im Rahmen einer Kapitalerhöhung ein Notar den Beschluss beurkundet, ein anderer aber die Registeranmeldung vorbereitet und beglaubigt hat.[1082] Tritt die Veränderung aufgrund **Angebot und Annahme** einer Geschäftsanteilsabtretung ein, die von unterschiedlichen Notaren beurkundet wurden, gilt Folgendes: Zuständig ist der Annahmenotar, wenn die Veränderung iSd § 40 Abs. 2 S. 1 GmbHG allein durch die Beurkundung der Annahmeurkunde herbeigeführt wird, dh keine weiteren Bedingungen in der Angebotsurkunde enthalten sind. Sind dagegen in der Angebotsurkunde Bedingungen vereinbart (zB Kaufpreiszahlung, Kartellrechtsvorbehalt, etc), ist der **Angebotsnotar** für die Listenerstellung zuständig, denn nur er kann den Eintritt der für die Rechtswirksamkeit der Abtretung vereinbarten Bedingungen prüfen.[1083] Das Registergericht kann jedenfalls eine durch den Angebotsnotar eingereichte Liste nicht zurückweisen.[1084]

553 Hat die Beurkundung der Anteilsabtretung im Ausland stattgefunden, darf das Registergericht – unabhängig von der Wirksamkeit der Beurkundung im Ausland (hierzu → Rn. 459 ff.) – aufgrund des lediglich formellen Prüfungsrechts die Aufnahme einer von einem **ausländischen Notar** bescheinigten und beim deutschen Handelsregister eingereichten Gesellschafterliste grundsätzlich nicht ablehnen. Eine Ausnahme gilt nur dann, wenn die **Unrichtigkeit der Gesellschafterliste** für das Registergericht ohne weiteres **feststeht,** weil der beurkundende ausländische Notar dem deutschen Notar offensichtlich nicht gleichwertig ist.[1085]

554 Umstritten ist, ob der Notar auch in Fällen einer lediglich **„mittelbaren Mitwirkung"** an Veränderungen iSd § 40 Abs. 1 GmbHG für die Einreichung der aktualisierten Liste zuständig ist.[1086] Abstrakt betrachtet werden dabei **zwei Kriterien** diskutiert: die **Finalität** der notariellen Tätigkeit für die Veränderung und eine für die Wirksamkeitsprüfung gemäß § 40 Abs. 2 S. 1 GmbHG hinreichende **Information** des Notars.[1087]

555 In diesem Zusammenhang hat das OLG Hamm[1088] zu Recht entschieden, dass der Rechtsbegriff der „Mitwirkung" auch die mittelbare Beteiligung des Notars an den Veränderungen in den Personen der Gesellschafter oder im Umfang ihrer Beteiligung erfasst.[1089] Im entschiedenen Fall gehörte zum Vermögen einer zu verschmelzenden Gesellschaft unter anderem die Beteiligung an einer „T-GmbH". Der Notar beurkundete den Verschmelzungsvertrag und die Verschmelzungsbeschlüsse, durch welche die X-GmbH, zu deren Vermögen die T-GmbH gehört, auf die Y-GmbH verschmolzen wird und damit die Anteile an der T-GmbH im Wege der **Gesamtrechtsnachfolge** auf den aufnehmenden Rechtsträger übergehen. Im Hinblick auf die Veränderung des Gesellschafters der T-GmbH liege zwar eine nur mittelbare Mitwirkung des Notars vor, weil sich der Gesellschafterbestand der beteiligten GmbH durch die Verschmelzung geändert hat. Der Senat sieht aber keinen Grund, hier abweichend von dem umfassenden Wortlaut des § 40 Abs. 2 GmbHG von der Pflicht des Notars zur Erstellung der Gesellschafterliste abzusehen (str.).[1090]

[1082] Hierzu *Heckschen* NotBZ 2010, 151 (152).

[1083] *D. Mayer* ZIP 2009, 1037 (1044).

[1084] Vgl. OLG München DNotZ 2013, 75.

[1085] BGH DNotZ 2014, 457; krit. hierzu unter anderem: *Herrler* GmbHR 2014, 225; *Hermanns* RNotZ 2014, 229 und *Seebach* DNotZ 2014, 413 (418 f.); siehe auch OLG Düsseldorf DNotZ 2011, 447; aA waren unter anderem noch OLG München NZG 2013, 340; Lutter/Hommelhoff/*Bayer* GmbHG § 40 Rn. 30; Roth/Altmeppen/*Altmeppen* GmbHG § 40 Rn. 21; *Hasselmann* NZG 2013, 325; *Wicke* DB 2013, 1099.

[1086] Zum Ganzen *Heilmeier* NZG 2012, 217; *Löbbe* GmbHR 2012, 7 (11 ff.); *D. Mayer* DNotZ 2008, 403 (408); *Roth* RNotZ 2014, 470.

[1087] Siehe *Omlor* EWiR 2010, 251 (252).

[1088] 15. Zivilsenat; DNotZ 2010, 214 mAnm *Ising.*

[1089] Vgl. hierzu auch DNotI-Report 2010, 18 sowie *Ries* NZG 2010, 135.

[1090] AA unter anderem *Berninger* DStR 2010, 1292.

Es ist daher in jedem Fall ratsam, zum Nachvollzug von umwandlungsbedingten Ände-　556
rungen der Gesellschafterstruktur von Drittgesellschaften in die Muster von Umwandlungsverträgen einen entsprechenden **Merkposten** einzubauen, wie er hinsichtlich der
Anzeigepflicht an das Finanzamt (Grunderwerbsteuerstelle) beim Übergang von Grundbesitz schon üblich ist.

Formulierungsbeispiel: Änderung der Gesellschafterstruktur durch Umwandlung　557

Die Erschienenen erklären, dass zum Vermögen der übertragenden Gesellschaft weder　◊
Grundbesitz noch Beteiligungen an Gesellschaften mit beschränkter Haftung oder sonstigen Handelsgesellschaften gehören.

Dagegen hat das OLG Hamm[1091] die Auffassung vertreten, die Beurkundung einer **Fir-**　558
menänderung hinsichtlich eines GmbH-Gesellschafters reiche nicht aus, den Notar gemäß § 40 Abs. 2 GmbHG zur Einreichung einer entsprechend geänderte Gesellschafterliste für die an der Beurkundung nicht beteiligte (Tochter-)GmbH zu verpflichten. Es
spreche viel dafür, dass die Veränderung des Gesellschafterbestandes **finaler Gegenstand**
der notariellen Tätigkeit und nicht nur deren Folge sein muss.[1092] Denn die notwendige Abgrenzung der – ausschließlichen – Zuständigkeit zwischen Geschäftsführern und
Notar für die – sanktionsbewehrte – Einreichungspflicht nach § 40 GmbHG für diese
Fälle der „mittelbaren" Mitwirkung erfordere **eindeutige, objektiv prüfbare Kriteri-**
en.[1093] Zumindest Praktikabilitätserwägungen sprechen aber dafür, dass der Notar im Falle
einer Sitzverlegung oder Firmenänderung neue Gesellschafterlisten von Tochter-GmbHs
erstellt.[1094] Die bloß mittelbare Mitwirkung durch Beurkundung der abzubildenden Änderungen sollte ihn hierzu jedenfalls ermächtigen.

Unabhängig davon, ob man das Kriterium der Finalität für entscheidend hält, ist jeden-　559
falls die Ansicht desselben Senats des OLG Hamm in einer weiteren Entscheidung[1095]
nicht nachvollziehbar, wonach selbst die Beurkundung einer **Anteilsabtretung** durch
den Notar nur eine mittelbare, keine Einreichungspflicht auslösende Mitwirkung sei,
wenn ein vollmachtloser Vertreter **vorbehaltlich Genehmigung** für einen der Beteiligten auftritt. Die eintretende Veränderung ist auch in diesen Fällen finaler Gegenstand und
direkte Folge der notariellen Urkunde. Die Auffassung des 27. Zivilsenats, der Notar sei
nicht verpflichtet, Umstände wie etwa den Eintritt von Bedingungen oder die Erteilung
von Genehmigungen zu überwachen, die nach seiner Beurkundungstätigkeit erfolgen,
geht fehl, da die Überwachung der Wirksamkeit der beurkundeten Abtretung nicht nur
wegen der neuen Gesellschafterliste Kern der notariellen Aufgaben im Rahmen von § 15
Abs. 3 GmbHG ist. Andernfalls müsste man eine die Einreichungszuständigkeit des Notars
auslösende, unmittelbare Mitwirkung auch in Fällen ablehnen, in denen etwa aufgrund
einer Vinkulierungsklausel oder wegen § 1365 BGB Zustimmungserklärungen zum Wirksamwerden der Abtretung erforderlich sind oder die Abtretung unter einer aufschiebenden Bedingung (zB der Kaufpreiszahlung) steht.

Fraglich bleibt indes, wie man in der Praxis verfahren soll, solange die **Zuständigkeit**　560
für die Erstellung der Liste **noch nicht höchstrichterlich geklärt** ist. Dabei ist – trotz
der generellen Zuständigkeit der Geschäftsführer zur Korrektur fehlerhafter Gesellschafterlisten[1096] – mit der Gesetzesbegründung[1097] und dem OLG München[1098] nach wie vor
von der Prämisse auszugehen, dass die Zuständigkeit des Notars gemäß § 40 Abs. 2

[1091] 27. Zivilsenat; DNotZ 2012, 382 mAnm *Ising*.
[1092] So auch Baumbach/Hueck/*Noack* GmbHG § 40 Rn. 56; *Wachter* ZNotP 2008, 378 (389).
[1093] Zustimmend *Goetze/Zimmermann* notar 2012, 63.
[1094] So zu Recht unter anderem *Terbrack* NotBZ 2014, 455.
[1095] DNotZ 2014, 539 mit ablehnender Anm. *Wachter*.
[1096] Vgl. BGH NZG 2014, 184.
[1097] BT-Drs. 16/6140, 43 ff.
[1098] DNotZ 2009, 637.

GmbHG die Zuständigkeit des Geschäftsführers verdrängt, also jeweils nur einer von beiden zuständig sein kann. Diese alternative Zuständigkeit hindert die sicherheitsbewußten Beteiligten jedoch nicht daran, die Gesellschafterliste **sowohl** von den **Geschäftsführern** (in vertretungsberechtigter Zahl) **als auch** dem **Notar** unterzeichnen zu lassen (dieses Vorgehen ist zulässig).[1099] In diesem Fall wird die Liste unabhängig davon, welche Auffassung man zur Auslegung des § 40 Abs. 2 GmbHG vertritt, jedenfalls von einer der verpflichteten Personen unterschrieben.

561   Der Notar ist schließlich berechtigt, auch nach Einreichung und Aufnahme der Liste offenbare Unrichtigkeiten gemäß § 44a Abs. 2 BeurkG zu korrigieren. Die Urschrift der entsprechend berichtigten Gesellschafterliste bleibt dabei gemäß § 45 Abs. 1 BeurkG in Verwahrung des Notars. Die **Berichtigung** erfolgt durch Einreichung einer elektronisch beglaubigten Abschrift der berichtigten Gesellschafterliste beim Handelsregister. Hierfür reicht nicht aus, dass bei dem insoweit einzureichenden elektronischen Dokument die Berichtigung allein im Text der Urkunde vorgenommen wird; vielmehr muss auch die elektronisch beglaubigte Abschrift der berichtigten Gesellschafterliste einen Berichtigungsvermerk gemäß § 44a Abs. 2 BeurkG enthalten, der Umstand und Zeitpunkt der Berichtigung erkennen lässt.[1100] Darüber hinaus ist es – unabhängig von den vorgenannten Zuständigkeitsfragen – **Daueraufgabe der Geschäftsführung,** die Gesellschafterlisten ständig zu überwachen und diese ggf. durch Einreichung einer neuen Gesellschafterliste zu korrigieren bzw. den Notar über eine erforderliche Korrektur der Liste zu informieren.[1101]

E. Zeitpunkt der Einreichung – Prüfungsumfang des Notars

I. Einführung

562   Die Einreichung der Liste durch den Notar erfolgt nach dem klaren Wortlaut des § 40 Abs. 2 S. 1 GmbHG erst **nach Wirksamwerden der Veränderung,** weshalb dem Notar insoweit eine Prüfungspflicht auferlegt ist.

II. Kapitalmaßnahmen

563   Da eine Kapitalerhöhung ebenso wie eine Kapitalherabsetzung zweifellos eine Veränderung des Umfangs der Beteiligung iSv § 40 Abs. 1 S. 1 GmbHG beinhaltet, an der ein Notar unmittelbar mitwirkt iSv § 40 Abs. 2 S. 1 GmbHG,[1102] hat dieser unverzüglich nach deren Wirksamwerden eine aktualisierte, bescheinigte Gesellschafterliste einzureichen. Da die Kapitalmaßnahme als Satzungsänderung jedoch erst mit Eintragung im Handelsregister wirksam wird (§ 54 Abs. 3 GmbHG), stellt sich die Frage des richtigen Einreichungszeitpunktes. Nach dem Gesetzeswortlaut darf der Notar die neue Liste nicht schon zusammen mit der Anmeldung der Kapitalerhöhung, sondern **erst nach** deren **Eintragung** vorlegen. Nach Ansicht des LG Düsseldorf fällt für die Überprüfung der richtigen Eintragung der Kapitalmaßnahme vor Einreichung der aktualisierten Gesellschafterliste eine Betreuungsgebühr nach Nr. 22200 KV GNotKG an.[1103]

564   Aus **Vereinfachungsgründen** wird zum Teil vertreten, die Gesellschafterliste schon am Tag der Kapitalerhöhungsbeschlusses zu erstellen und **zusammen mit der Anmeldung** an das Registergericht zu übermitteln, sofern sichergestellt ist, dass das Gericht die neue Liste erst mit Eintragung der Kapitalerhöhung in den online abrufbaren Registerord-

---

[1099] Vgl. OLG Hamm DNotZ 2010, 792.

[1100] OLG Nürnberg NZG 2018, 312; dazu *Lieder/Cziupka* GmbHR 2018, 231.

[1101] Vgl. die Nachweise bei OLG Frankfurt a.M. GmbHR 2011, 823 (826); *Liebscher/Götte* DStR 2010, 2038 (2041).

[1102] Siehe nur OLG München GmbHR 2010, 921.

[1103] Siehe LG Düsseldorf RNotZ 2018, 115; aA zB Korintenberg/*Tiedtke* GNotKG KV Nr. 22200 Rn. 33; *Notarkasse* Streifzug GNotKG Rn. 1365 ff.

ner einstellt.[1104] Mit dem klaren Wortlaut des Gesetzes ist diese Ansicht jedoch abzulehnen.[1105] Allenfalls kommt in Betracht, die Liste am Tag der Beurkundung zu erstellen sowie zu bescheinigen und dann nach Eintragung der Kapitalerhöhung beim Registergericht einzureichen.[1106]

III. Anteilsabtretung

Während bei Kapitalmaßnahmen das Wirksamwerden der Veränderung unproblematisch **565** feststellbar ist, kann diese Prüfung bei Anteilsabtretungen im Einzelfall erhebliche Schwierigkeiten bereiten. Dies gilt zB bei der Vereinbarung von aufschiebenden Bedingungen, deren Eintritt der Notar nicht mit Gewissheit feststellen kann. Wie hoch der notwendige Grad der Überzeugungsbildung des Notars ist, wurde vom Gesetzgeber nicht festgelegt. Im Ergebnis besteht Einigkeit darüber, dass der Notar im Zeitpunkt der Einreichung nach seinem pflichtgemäßen Ermessen **keinen Zweifel** an der materiell-rechtlichen Wirksamkeit der Geschäftsanteilsabtretung haben darf.[1107] In der Praxis problematisch sind in diesem Zusammenhang insbesondere die **Existenz** und die wirksamen **Vertretung** der Beteiligten, welche schon aufgrund § 17 Abs. 1 BeurkG vom Notar genau zu prüfen sind.[1108]

Beispiel:

Im Termin zur Beurkundung eines GmbH-Unternehmenskaufvertrages erklärt der anwaltliche Vertreter der erwerbenden Private-Equity-Gesellschaft, dass aus steuerlichen Gründen eine Tochtergesellschaft mit Sitz auf den Cayman Islands als Käufer auftreten soll. Er legt eine entsprechende unleserlich unterzeichnete Faxvollmacht vor.

Die dargestellte Konstellation ist in der Praxis nicht selten. Unter Geltung von § 40 **566** Abs. 2 GmbHG ist es Aufgabe des Notars zu prüfen, ob eine Anteilsabtretung wirksam wird. Dies beinhaltet selbstverständlich auch die Prüfung der Existenz der Parteien und deren wirksame Vertretung, wobei dem Notar in diesem Zusammenhang ein Ermessensspielraum hinsichtlich der verlangten Nachweise verbleibt. Nicht generell fordern können wird man wohl eine Beglaubigung von Vollmachten, wo das Gesetz gemäß § 167 Abs. 2 BGB für die Vollmacht keine Form anordnet.[1109] Jedenfalls ist es zweckmäßig, bereits im Rahmen der Beurkundung auf bestehende Zweifel und auf die aus Sicht des Notars erforderlichen Nachweise hinzuweisen, um spätere Unklarheiten zu vermeiden.[1110]

Formulierungsbeispiel: Einreichung der Gesellschafterliste – Existenz- und **567**
Vertretungsnachweis ()
Der Notar hat darauf hingewiesen, dass er die notarbescheinigte Gesellschafterliste nach § 40 Abs. 2 GmbHG erst zum Handelsregister einreichen wird, wenn ihm die per Fax vorab übersandte Vollmacht des Veräußerers verbunden mit *** als Existenz- und Vertretungsnachweis in Urschrift vorgelegt wird. Die Vertragsparteien erklären sich mit dieser Verfahrensweise ausdrücklich einverstanden.

[1104] So unter anderem Ring/Grziwotz/*Herrler* GmbHG § 57 Rn. 12; *Herrler* DNotZ 2008, 903 (910); *Krafka/Kühn* RegisterR Rn. 1051a; *Wicke* GmbHG § 40 Rn. 14.
[1105] Wie hier LG Augsburg 16.2.2009 – 1 HK T 323/09, zitiert nach *Wachter* GmbHR 2009, 785 (794); *D. Mayer* ZIP 2009, 1037 (1048); Scholz/*Priester* GmbHG § 57 Rn. 17.
[1106] So OLG Jena DB 2010, 2044.
[1107] Vgl. die Begr. RegE, BT-Drs. 16/6140, 44; *Wachter* ZNotP 2008, 378 (390).
[1108] Siehe nur BGH DB 2018, 572.
[1109] Ausf. hierzu *Hauschild* ZIP 2012, 660, der den weiten Ermessensspielraum der Notare betont.
[1110] Vgl. ausf. *D. Mayer* ZIP 2009, 1037 (1047 f.).

> **Praxishinweis:**
>
> Am Rande sei bemerkt, dass eine **vollstreckbare Ausfertigung** aufgrund einer in der Urkunde enthaltenen Zwangsvollstreckungsunterwerfung des Käufers hinsichtlich des Kaufpreises nur erteilt werden darf, wenn die Bevollmächtigung durch öffentlich beglaubigte Urkunde nachgewiesen ist.[1111]

568   Ist oder wird Gesellschafter der GmbH eine **Gesellschaft bürgerlichen Rechts,** wird neben der Frage der Vertretungsberechtigung regelmäßig zu prüfen sein, ob die Gesellschaft existiert und wer deren Gesellschafter sind. Letzteres ist durch die Eintragung von Name, Vorname, Geburtsdatum und Wohnort aller GbR-Gesellschafter in die GmbH-Gesellschafterliste nach § 40 Abs. 1 S. 2 Alt. 2 GmbHG grds. hinreichend dokumentiert. Die Prüfungspflicht gilt iÜ sowohl in Fällen, in denen eine GbR im Rahmen einer Kapitalerhöhung einen Geschäftsanteil übernimmt als auch bei Veräußerung oder Erwerb eines Geschäftsanteils durch eine GbR im Wege einer Anteilsabtretung. Dabei reicht jedenfalls im Grundbuchverkehr zum Nachweis einer von der gesetzlichen Gesamtvertretung abweichenden Vertretungsregelung die Vorlage eines (auch notariell beurkundeten) Gesellschaftsvertrages nicht aus, da ihm kein gesetzlich anerkannter Rechtsschein zukommt, dass die dort vereinbarte Vertretungsregelung noch unverändert gilt.[1112] Helfen kann hier eine hinreichend nachgewiesene Bevollmächtigung des Handelnden durch die Mitgesellschafter. Ergänzend wäre es denkbar, hinsichtlich Existenz, Gesellschafterkreis und Vertretungsrecht eine eidesstattliche Versicherung der handelnden Gesellschafter in die Urkunde aufzunehmen. Der Notar wird hier kaum strengere Nachweise erwarten können, als die Rechtsprechung für den Grundstücksverkehr verlangt. Nach Auffassung des BGH reicht es für die Eintragung des Eigentumswechsels auf eine ein Grundstück erwerbende GbR aus, wenn die GbR und ihre Gesellschafter in der notariellen Auflassungsverhandlung benannt werden und die für die GbR Handelnden erklären, dass sie deren alleinige Gesellschafter sind.[1113] Weiterer Nachweise der Existenz, der Identität und der Vertretungsverhältnisse dieser GbR bedarf es gegenüber dem Grundbuchamt nicht.

569   Jedenfalls kann für den Fall, dass eine GbR alleinige Gesellschafterin einer GmbH ist, die Anmeldung der Bestellung eines Geschäftsführers nicht mit der Begründung zurückgewiesen werden, zum Nachweis der Wirksamkeit des zugrunde liegenden Gesellschafterbeschlusses müsse der **Gesellschaftsvertrag der GbR** in notariell beurkundeter Form vorgelegt werden. Solange nach der Sachlage keine konkreten Zweifel angebracht sind, ist ein privatschriftlicher Gesellschaftsvertrag ausreichend, der auch die Vertretungsbefugnis erkennen lässt.[1114]

570   Nachdem die Gesellschafter einer GbR gemäß § 40 Abs. 1 S. 2 Alt. 2 GmbHG in der Gesellschafterliste namentlich zu bezeichnen sind, besteht auch bei einem **Gesellschafterwechsel in der GbR** die Pflicht zur Einreichung einer neuen Gesellschafterliste, selbst wenn sich der Gesellschafterbestand der GmbH nicht geändert hat.[1115] Dies gilt unabhängig von der noch nicht abschließend geklärten Frage, wie man die Eintragung der Gesellschafter in der Gesellschafterliste dogmatisch deutet.[1116]

571   Auch die Prüfung der Frage, ob der Erwerber den Anteil tatsächlich zum **Alleineigentum** erwirbt, kann erhebliche Probleme verursachen:

[1111] Siehe BGH DNotZ 2005, 132; DNotZ 2007, 33.
[1112] Vgl. OLG München ZIP 2011, 2107; siehe ferner KG NotBZ 2011, 292.
[1113] BGH ZIP 2011, 1003; vgl. hierzu unter anderem *Böttcher* notar 2010, 222; *Krüger* NZG 2010, 801.
[1114] Vgl. OLG Hamm GmbHR 2011, 29.
[1115] Vgl. *Scheuch* GmbHR 2014, 568.
[1116] Hierzu DNotI-Report 2011, 73.

Beispiel:

Ein russischer Staatsangehöriger erwirbt einen Geschäftsanteil. Ist er nach russischem (Güter-)Recht verheiratet und hat keinen Ehevertrag abgeschlossen, erwirbt er den Geschäftsanteil gemeinsam mit seiner Frau in Errungenschaftsgemeinschaft nach dem Recht der Russischen Föderation, dem gesetzlichen Güterstand in Russland.

Ebenso wie bei Verträgen über Grundbesitz muss der Notar unter Geltung von § 40 **572** Abs. 2 GmbHG bei gesellschaftsrechtlichen Vorgängen mit Auswirkungen auf die Gesellschafterliste wie insbes. Geschäftsanteilsabtretungen oder Kapitalerhöhungen prüfen, in welchem **Güterstand** die Beteiligten verheiratet sind. Wie im Immobilienrecht ist ggf. der Abschluss eines Ehevertrages anzuregen oder eine Rechtswahl zu beurkunden.

Ist die Wirksamkeit der Geschäftsanteilsabtretung **aufschiebend bedingt** auf Kauf- **573** preiszahlung oder besteht eine sonstige aufschiebende Bedingung, sollte zur Vermeidung von Zweifelsfällen in jeden Abtretungsvertrag eine **Verpflichtung** von Veräußerer und Erwerber aufgenommen werden, den **Notar** über das Wirksamwerden der Veränderungen im Gesellschafterbestand **zu informieren.** Dieses Vorgehen entspricht in etwa der bei Grundstückskäufen üblichen Vorlagesperre im Hinblick auf die Auflassung bis zur Bestätigung der Kaufpreiszahlung durch den Verkäufer. Auf diese Bestätigungen durch die Vertragsparteien darf sich der Notar verlassen. Eine Pflicht zu weiteren Ermittlungen besteht nicht, außer der Notar hat einen hierfür gesondert erteilten Auftrag angenommen (§ 24 Abs. 1 BNotO). Das Risiko, dass die Vertragsparteien fälschlicherweise vom Eintritt der entsprechenden Bedingungen ausgehen bzw. auf nicht verzichtbare Bedingungen verzichten, fällt allein in deren Sphäre.[1117] Um Rechtssicherheit hinsichtlich des Wirksamwerdens der Abtretung zu erreichen ist es ferner denkbar, die Abtretung jedenfalls mit Zugang der Mitteilung des Veräußerers oder des Zahlungsnachweises des Käufers als eingetreten gelten zu lassen (siehe auch das Gesamtmuster Geschäftsanteilskauf- und -abtretungsvertrag → Rn. 762 unter Ziffer IV.).

Formulierungsbeispiel: Einreichung der Gesellschafterliste – Nachweis der **574**
Kaufpreiszahlung ❶

Die Abtretung ist aufschiebend bedingt auf die vollständige Erfüllung der Gegenleistung. Erwerber und Veräußerer verpflichten sich wechselseitig, den Notar unverzüglich vom Eintritt der Bedingung schriftlich zu unterrichten.

Der Notar wird die korrigierte Gesellschafterliste nach § 40 Abs. 2 GmbHG erst dann zum Handelsregister einreichen und eine Abschrift der Liste erst dann an die Gesellschaft übermitteln, wenn ihm die vorstehende Mitteilung des Veräußerers zugegangen ist oder der Erwerber die Kaufpreiszahlung durch Bankbestätigung hinreichend nachgewiesen hat. Die Vertragsbeteiligten erklären sich mit dieser Verfahrensweise ausdrücklich einverstanden.

Bei Unternehmenskaufverträgen kommt als geeigneter Nachweis auch die Vorlage des **575** **Closing Memorandum** in Betracht.[1118]

Wenn die Parteien die Abtretung unter einer **auflösenden Bedingung** oder mit einer **576** Rückübertragungsklausel vereinbart haben, muss und darf der Notar nicht zuwarten, da die Liste unverzüglich und ohne Rücksicht auf etwaige später eintretende Unwirksamkeitsgründe einzureichen ist (§ 40 Abs. 2 S. 1 GmbHG). Irrelevant ist demnach zB auch eine Untersagung nach § 31 Abs. 3 AWG, welche die Wirkung einer auflösenden Bedingung hat.[1119] Damit ist der Notar zugleich davon entlastet, zu prüfen, ob die Wirksamkeit

---

[1117] D. *Mayer* DNotZ 2008, 403 (409); vgl. ferner *Götze/Bressler* NZG 2007, 894 (895 f.).
[1118] *Schockenhoff/Höder* ZIP 2006, 1841 (1846); *Götze/Bressler* NZG 2007, 894 (896).
[1119] Näher hierzu *Hasselbrink* GmbHR 2010, 512.

der Abtretung nachträglich entfällt oder gar verpflichtet, eine korrigierte Gesellschafterliste einzureichen, wenn er von einer späteren Unwirksamkeit erfährt.[1120]

577   Auch bei der **treuhänderischen Abtretung** gelten für die Einreichung der korrigierten Gesellschafterliste die allgemeinen Regeln. Nur wenn die neue Liste ordnungsgemäß im Handelsregister aufgenommen wurde, ist der Erwerber im Verhältnis zur Gesellschaft Gesellschafter mit allen Rechten und Pflichten (vgl. § 16 Abs. 1 S. 1 GmbHG; dazu → Rn. 531 ff.).

578   Ein **Problemfall** ist insoweit die in vielen **Treuhandverträgen** enthaltene, aufschiebend auf die Kündigung des Treuhandvertrages, die Insolvenz des Treuhänders oder eine vertragswidrige Verfügung des Treuhänders über den treuhänderisch gehaltenen Geschäftsanteil **bedingte Abtretung** des Geschäftsanteils vom Treuhänder an den Treugeber. Hier wirkt der Notar mit, indem er den Treuhandvertrag und die darin enthaltene, aufschiebend bedingte Abtretung beurkundet.[1121] Von der Kündigung oder einer Insolvenz des Treuhänders, die Jahre später erfolgen kann, wird der Notar aber ohne weitere Vorkehrungen keine Kenntnis erlangen. Da derzeit noch nicht geklärt ist, ob in diesen Fällen tatsächlich eine Mitwirkung des Notars iSv § 40 Abs. 2 GmbHG vorliegt und damit eine Pflicht des Notars zur Einreichung einer bescheinigten Liste besteht, sollte in den Treuhandvertrag eine Pflicht der Beteiligten aufgenommen werden, den Notar unverzüglich über den Eintritt einer derartigen aufschiebenden Bedingung unter Übersendung hinreichender Nachweise zu informieren. Im praktisch häufigsten Fall der Kündigung kann das durch Übersendung einer Kopie der Kündigungserklärung samt Zugangsnachweis erfolgen.

579   **Formulierungsbeispiel: Einreichung der Gesellschafterliste – Treuhandvertrag**

Die Beteiligten verpflichten sich, dem beurkundenden Notar eine nach dieser Ziffer IV. erfolgte Abtretung der treuhänderisch gehaltenen Geschäftsanteile an den Treugeber unverzüglich nach Wirksamwerden der Abtretung unter Vorlage tauglicher Nachweise wie zB einer Kopie der Kündigungserklärung samt Zugangsnachweis vorzulegen. Der Notar hat darauf hingewiesen, dass er eine korrigierte Gesellschafterliste erst beim Registergericht vorlegen kann, wenn ihm die Abtretung hinreichend nachgewiesen ist.

F. Notarbescheinigung

580   Die vom Notar einzureichende Gesellschafterliste ist mit einer **Bescheinigung** zu versehen, dass (i) die geänderten Eintragungen den Veränderungen entsprechen, an denen er mitgewirkt hat, und (ii) die übrigen Eintragungen mit dem Inhalt der zuletzt im Handelsregister aufgenommenen Liste übereinstimmen (§ 40 Abs. 2 S. 2 GmbHG). Die Bescheinigung – die auf einen Vorschlag von *D. Mayer* zurückgeht[1122] – lehnt sich an die Satzungsbescheinigung nach § 54 Abs. 1 S. 2 GmbHG an. Sie erhöht zusammen mit der Kompetenzerweiterung des Notars bei der Gesellschafterliste die Richtigkeitsgewähr in Bezug auf den Gesellschafterbestand.[1123] Die Bescheinigung ist auch zu erteilen, wenn an eine vor dem 1. 11. 2008, dh dem Inkrafttreten des MoMiG eingereichte Liste angeknüpft wird.[1124] Eine gesonderte Unterzeichnung von Liste und Bescheinigung ist nicht erforderlich, wenn sie in einem Dokument verbunden sind.[1125]

[1120] Vgl. Baumbach/Hueck/*Noack* GmbHG § 40 Rn. 61.
[1121] AA OLG Brandenburg NZG 2013, 507; LG Neuruppin GmbHR 2012, 1007 mAnm *Peetz,* die von einer Zuständigkeit des Geschäftsführers ausgehen.
[1122] Vgl. *Grunewald* ZIP 2006, 685 Fn. 7.
[1123] Zum Ganzen *D. Mayer* DNotZ 2008, 403 (410 f.); eine Musterformulierung findet sich bei *Vossius* DB 2007, 2299 (2304).
[1124] OLG München DNotZ 2009, 637.
[1125] LG Dresden NotBZ 2009, 285; anders OLG München DNotZ 2009, 637 für den Fall, dass es sich um getrennte Dokumente handelt.

Wie sich aus dem Zusammenspiel von § 40 Abs. 2 S. 1 und S. 2 GmbHG ergibt, trifft **581** den Notar bei der Erstellung der Bescheinigung nur eine **eingeschränkte Prüfungspflicht.** Zunächst einmal kann er sich auf den **Inhalt der aktuellen Gesellschafterliste** verlassen und hat diese nur aufgrund der „Veränderung", an der er „mitgewirkt" hat, fortzuschreiben.[1126] Selbst wenn Zweifel im Hinblick auf die Richtigkeit der bisher beim Handelsregister aufgenommenen Liste bestehen, ist es nicht Aufgabe des Notars, für die Richtigkeit der Liste zu sorgen oder die Erstellung der neuen Liste mit Notarbescheinigung bis zur Klärung zurückzustellen.[1127] Ihm obliegt also im Wesentlichen nur die Pflicht zur **Prüfung, ob und wann die „Veränderung" wirksam geworden ist.**[1128] Fallen dem Notar Falscheinträge auf, ist es dennoch angezeigt, vor Erstellung der Bescheinigung die Gesellschaft zur Berichtigung durch Einreichung einer neuen Liste zu veranlassen (dazu → Rn. 548). Mit der daran anknüpfenden Anteilsabtretung sollte dann idR zugewartet werden, bis diese Liste im Handelsregister aufgenommen ist, dh in den online abrufbaren Registerordner eingestellt wurde. Nur an eine solche aufgenommene Liste darf der Notar nämlich mit seiner Bescheinigung nach dem Wortlaut des § 40 Abs. 2 S. 2 GmbHG anknüpfen. Die Bezugnahme auf eine „noch aufzunehmende" Korrekturliste erscheint aus Praktikabilitätsgründen jedoch ebenfalls zulässig und wird von den Registergerichten nicht beanstandet.[1129] Alternativ kann die Korrektur durch die Geschäftsführer auch zeitlich nachgelagert im Anschluss an die „Notarliste" erfolgen, sofern die fehlerhaften Bestandteile von der Beurkundung nicht betroffen sind.

Die vom Gesetzeswortlaut vorgesehene **Anknüpfung an das Aufnahmedatum** soll **582** dann nicht gelten, wenn die zuletzt in den Registerordner aufgenommene Liste zeitlich gesehen nicht die aktuellste ist.[1130] Der an relevanten Veränderungen mitwirkende Notar soll in diesem Fall an die Liste mit dem aktuellsten Stichtag anschließen müssen, um den Gesetzeszweck der Transparenz des Gesellschaftsbestands zu erreichen. Diese Auffassung des OLG München entspricht nicht den gesetzlichen Vorgaben.[1131] Sie ist iÜ schon deshalb unrichtig, weil das vom OLG München zugrunde gelegte Erstellungsdatum keine Aussage darüber trifft, zu welchem Zeitpunkt die Veränderung in der Person der Gesellschafter bzw. des Umfangs ihrer Beteiligung iSd § 40 Abs. 1 S. 1 GmbHG wirksam geworden ist. Es ist deshalb keineswegs Amtspflicht des Notars, an die „aktuellste" Gesellschafterliste anzuknüpfen, denn das Gesetz kennt den Begriff der „aktuellen Gesellschafterliste" nicht. Nach dem eindeutigen Wortlaut des § 40 Abs. 2 S. 2 GmbHG kommt es ausschließlich auf den Inhalt der zuletzt im Handelsregister aufgenommenen Gesellschafterliste an. Handelt es sich – wie im Fall des OLG München – um „auf der Hand liegende technische Defizite im Registerordner" ist das Registergericht verpflichtet, die aktuellste Gesellschafterliste als zuletzt aufgenommene Gesellschafterliste in den Registerordner aufzunehmen. Nur so kann der Notar seinen gesetzlichen Verpflichtungen nachkommen.

Die Notarbescheinigung bei Einreichung der Gesellschafterliste muss nicht wortgenau, **583** aber ihrem Sinngehalt nach dem Gesetzestext des § 40 Abs. 2 S. 2 GmbHG entsprechen.[1132] Der Notar kann demnach Veränderungen des Wortlauts vornehmen, um **Auslegungszweifel** in Bezug auf den Inhalt seiner Bescheinigung zu **vermeiden.**

Werden bei einer im vereinfachten Verfahren **mit Musterprotokoll gegründeten** **584** **GmbH** erstmals Geschäftsanteile abgetreten, existiert keine Liste, auf der man aufsetzen

---

[1126] *Vossius* DB 2007, 2299 (2304); siehe auch DNotI–Report 2010, 53.

[1127] Vgl. *Wachter* ZNotP 2008, 378 (391) sowie DNotI-Gutachten Nr. 89448.

[1128] Zur Frage der Durchsetzbarkeit der Einreichung einer geänderten Gesellschafterliste mittels § 15 BNotO vgl. OLG Düsseldorf NZG 2018, 782.

[1129] Zur gestuften Einreichung bei mehreren hintereinander folgenden Veränderungen bereits *D. Mayer* Mitt-BayNot 2014, 114 (125 f.) für Kettenabtretungen.

[1130] So jdf. OLG München DNotZ 2012, 469.

[1131] So auch *Omlor* DStR 2012, 306.

[1132] OLG Stuttgart NZG 2011, 752.

kann, da das Musterprotokoll zugleich als Gesellschafterliste gilt (vgl. § 2 Abs. 1a S. 4 GmbHG). In diesem Fall hat der die Anteilsabtretung beurkundende Notar eine (erstmalige) gesonderte Gesellschafterliste zu erstellen und in der Bescheinigung auf den Inhalt des Musterprotokolls Bezug zu nehmen. Eine Anpassung der (dadurch inhaltlich falsch werdenden) Ziffer 3 des Musterprotokolls ist nicht erforderlich.[1133]

G. Einreichung und Prüfung durch das Registergericht

585 **Adressat** der Übermittlung ist das **Registergericht.** Eine Abschrift der Liste hat der Notar zugleich an die Gesellschaft zu übermitteln (§ 40 Abs. 2 S. 1 GmbHG). Hierfür reicht es aus, dass er die Liste an die im Handelsregister eingetragene Geschäftsanschrift der Gesellschaft übersendet (§ 35 Abs. 2 S. 3 GmbHG).

586   Hinsichtlich der **Form** der zum Handelsregister einzureichenden Liste genügt für die durch die Geschäftsführer unterzeichnete Liste nach § 12 Abs. 2 S. 2 Hs. 1 HGB eine einfache elektronische Aufzeichnung. Eine einfache Fotokopie dient insofern als Grundlage für den gutgläubigen Erwerb.[1134] Bei der Notarbescheinigung iSd § 40 Abs. 2 S. 2 GmbHG handelt es sich hingegen um eine in der Form des Vermerks (§ 39 BeurkG) errichtete öffentliche Urkunde,[1135] deren Übermittlung gemäß § 12 Abs. 2 S. 2 Hs. 2 HGB die Einreichung eines digital signierten Dokumentes iSd § 39a BeurkG erfordert.[1136] Nach LG Trier[1137] genügt dem eine in der Form des § 39a BeurkG vorgelegte „Leseabschrift", da die Einreichung einer die Unterschrift des Notars und dessen Dienstsiegel bildlich zeigenden Urkunde nicht gesetzlich vorgeschrieben sei. Gegen Zwischenverfügungen und Zurückweisungen von Listen ist der Notar nach § 382 Abs. 4 FamFG analog beschwerdeberechtigt.[1138]

587   Das Registergericht darf die Liste grundsätzlich nur in formeller Hinsicht prüfen und eine gewisse Plausibilitätskontrolle vornehmen.[1139] Zu der **formalen Prüfungspflicht** gehört auch die Frage, ob die zuständigen Personen die Gesellschafterliste unterschrieben haben.[1140] Unter diesem Gesichtspunkt kann eine Gesellschafterliste aber nur dann zurückgewiesen werden, wenn ohne weiteres sicher feststeht, dass eine unzuständige Person (Notar bzw. Geschäftsführer) die Liste unterzeichnet hat.[1141]

588   Das Registergericht trifft grundsätzlich **keine inhaltliche Prüfungspflicht** hinsichtlich einer eingereichten Gesellschafterliste.[1142] Allerdings kann es die Aufnahme der Gesellschafterliste zum Registerordner dann verweigern, wenn es sichere Kenntnis von der inhaltlichen Unrichtigkeit der eingereichten Liste hat, weil nur so vermieden werden kann, dass ein falscher Anschein erweckt wird.[1143] Das Registergericht ist jedoch nicht berechtigt, die Aufnahme einer Gesellschafterliste zum Handelsregister davon abhängig zu machen, dass die der neuen Liste zu Grunde liegenden Übertragungsakte gegenüber dem Registergericht offenbart werden.[1144] Auch darf das Registergericht nach einer Entschei-

---

[1133] Zum Ganzen DNotI-Report 2012, 61.
[1134] Insoweit zu Recht kritisch *Peetz* GmbHR 2006, 852 (860).
[1135] Vgl. *Tebben* RNotZ 2008, 441 (458); Baumbach/Hueck/*Noack* GmbHG § 40 Rn. 63.
[1136] So unter anderem OLG Jena DNotZ 2010, 793; LG Gera RNotZ 2010, 67; *Krafka/Kühn* RegisterR Rn. 1103b.
[1137] NotBZ 2009, 423.
[1138] Siehe OLG Frankfurt a.M. GmbHR 2011, 198; KG NZG 2012, 315.
[1139] Vgl. BGH ZIP 2014, 317; OLG München ZIP 2009, 1911; OLG Bamberg DNotZ 2010, 871; OLG Jena ZIP 2010, 831. Zum Prüfungsrecht bei fehlenden oder fehlerhaften Prozentangaben vgl. *Cramer* NZG 2018, 721.
[1140] Vgl. KG NZG 2019, 314.
[1141] Vgl. OLG Frankfurt a.M. GmbHR 2011, 198.
[1142] Siehe nur BGH ZIP 2014, 317.
[1143] Siehe OLG Frankfurt a.M. GmbHR 2011, 198; OLG Jena ZIP 2010, 831; OLG München ZIP 2009, 1911; Lutter/Hommelhoff/*Bayer* GmbHG § 40 Rn. 44; *D. Mayer* ZIP 2009, 1037 (1039); *Wachter* ZNotP 2008, 378 (386).
[1144] So zu Recht OLG Frankfurt a.M. GmbHR 2011, 198.

dung des OLG Hamburg das Verfahren über die Einstellung einer geänderten Gesellschafterliste grds. nicht bis zur gerichtlichen Entscheidung über die Wirksamkeit der Änderung (hier: Einziehung) aussetzen.[1145]

Werden zur gleichen Zeit Veränderungen im Gesellschafterkreis beurkundet, die von unterschiedlichen Notaren betreut werden, besteht die Gefahr, dass jeder Notar eine neue Gesellschafterliste zum Handelsregister einreicht, welche die jeweils andere Veränderung noch nicht berücksichtigt hat (**„sich kreuzende Gesellschafterlisten"**). Da eine inhaltliche Prüfungspflicht des Registergerichts nicht besteht, obliegt es in solchen Fällen den Geschäftsführern im Rahmen ihrer allgemeinen Sorgfaltspflichten, für eine Berichtigung der Gesellschafterliste zu sorgen.[1146] **589**

Kommt der Notar seinen Pflichten aus § 40 Abs. 2 GmbHG nicht nach, so besteht keine Schadensersatzhaftung nach § 40 Abs. 3 GmbHG, da die Vorschrift nach ihrem eindeutigen Wortlaut nur die Geschäftsführer erfasst. Allerdings handelt es sich bei den in § 40 Abs. 2 GmbHG begründeten Pflichten des Notars um **Amtspflichten,** deren schuldhafte Verletzung nach § 19 BNotO zu Schadensersatzpflichten führen kann.[1147] **590**

8. Teil. Liquidation

A. Reguläre Liquidation

Der **Auflösungsbeschluss**[1148] ist nur dann notariell zu beurkunden, wenn die Satzung die Zeitdauer der Gesellschaft bestimmt oder wenn die Auflösung erst nach Ablauf längerer Zeit wirksam werden soll (im Einzelnen str.).[1149] Liegt keine Vollversammlung vor, ist zu prüfen, ob die Satzung für den Auflösungsbeschluss besondere Mehrheitsverhältnisse vorschreibt. Der Auflösungszeitpunkt ist dabei exakt festzulegen, da er für die steuerliche Gewinnermittlung maßgeblich ist (vgl. § 11 KStG). Der Auflösungsbeschluss sollte ferner eine Bestimmung über die Verwahrung von Büchern und Schriften der Gesellschaft enthalten (vgl. § 74 Abs. 2 S. 2 GmbHG).[1150] **591**

Darüber hinaus sind die Liquidatoren und deren **Vertretungsbefugnis** festzulegen. Die Satzungsvorschriften über die Vertretung der Geschäftsführer gelten dabei im Falle der Liquidation nach ganz hM und Rechtsprechung nicht automatisch für die Liquidatoren fort, sondern müssen – falls gewünscht – ausdrücklich für anwendbar erklärt werden. Der in § 66 Abs. 1 GmbHG statuierte Grundsatz der Amtskontinuität besagt nur, dass die Geschäftsführer mangels abweichender Regelung ihr Amt für die Gesellschaft – wenn auch mit verändertem Zweck – weiterführen. Dass auch ihre bisherige Vertretungsmacht als Geschäftsführer im Sinne einer Kompetenzkontinuität unverändert fortbestehen würde, ergibt sich aus § 66 Abs. 1 GmbHG nicht.[1151] Mangels abweichender Regelung gilt § 68 Abs. 1 S. 2 GmbHG, wonach alle Liquidatoren gemeinsam vertreten. Eine Abweichung hiervon dergestalt, dass einzelnen Liquidatoren auch ohne satzungsmäßige Grundlage durch einfachen Gesellschafterbeschluss Einzelvertretungsmacht erteilt wird, ist jedoch zulässig.[1152] Die Befreiung eines Liquidators von den Beschränkungen § 181 BGB ist **592**

[1145] OLG Hamburg NZG 2015, 72.

[1146] Zutr. *Götze/Bressler* NZG 2007, 894 (896).

[1147] Vgl. Baumbach/Hueck/*Noack* GmbHG § 40 Rn. 72; *D. Mayer* DNotZ 2008, 403 (414 f.).

[1148] Muster im MVHdB I GesR/*Burmeister/Schmidt-Hern* Form. IV.111.

[1149] Vgl. DNotI-Gutachten Nr. 27117.

[1150] Zur Liquidation der Vor-GmbH, der UG, der Freiberufler-GmbH und der gemeinnützigen GmbH vgl. *Passarge* NZG 2010, 646; umfassend zur Liquidation Hauschild/Kallrath/Wachter/*Gores* NotarHdB § 16 Rn. 709 ff.

[1151] Vgl. BGH DNotZ 2009, 300; siehe ferner OLG Köln NZG 2016, 1314; OLG Düsseldorf ZIP 2016, 2270; OLG Frankfurt a.M. NZG 2013, 71; OLG Hamm RNotZ 2010, 544; Lutter/Hommelhoff/*Kleindiek* GmbHG § 68 Rn. 4.

[1152] HM, siehe nur MHLS/*Nerlich* GmbHG § 68 Rn. 8; Lutter/Hommelhoff/*Kleindiek* GmbHG § 68 Rn. 2; Scholz/*K. Schmidt* GmbHG § 68 Rn. 5.

hingegen nach hM nur möglich, wenn dies ausdrücklich in der Satzung vorgesehen ist.[1153] Bei einer mit Musterprotokoll gegründeten GmbH ist zur Befreiung des Liquidators ein satzungsändernder Gesellschafterbeschluss erforderlich.[1154]

---

593 | **Praxishinweis Steuern:**
Bei einer im Privatvermögen gehaltenen Beteiligung (vgl. §§ 17 Abs. 4 S. 1, 20 Abs. 2 S. 2 EStG) führt die Auflösung zu einer **Einkommensteuerpflicht**. Der Liquidationsgewinn der GmbH unterliegt der Gewerbesteuer (§ 16 GewStDV). Eine beglaubigte Abschrift des Auflösungsbeschlusses ist nach § 54 EStDV dem nach § 20 AO zuständigen Finanzamt zuzuleiten.

---

594   Darüber hinaus sind Auflösung und Erlöschen der Gesellschaft zum Handelsregister **anzumelden.**[1155] Die Anmeldung kann bereits vor der Bekanntmachung in den Gesellschaftsblättern (→ Rn. 595) erfolgen.[1156] Anmeldepflichtig sind entgegen dem Wortlaut des § 67 Abs. 1 GmbHG die neu bestellten Liquidatoren und nicht die ehemaligen Geschäftsführer, es sei denn, der Auflösungsbeschluss erfolgt durch Satzungsänderung und wird deshalb erst mit der Eintragung wirksam (vgl. § 54 Abs. 3 GmbHG). Im Zusammenhang mit der Auflösung der GmbH ist gemäß § 67 Abs. 1 GmbHG auch die „abstrakte", dh die generell für ein mehrköpfiges Organ geltende **Vertretungsregelung** anzumelden, selbst wenn nur ein Liquidator bestellt ist.[1157] Ferner sind die **Versicherungen** der Liquidatoren nach §§ 67 Abs. 3, 66 Abs. 4, 8 Abs. 3 S. 2 GmbHG abzugeben; eine durch den Liquidator in seiner Eigenschaft als Geschäftsführer abgegebene Versicherung ersetzt die spätere Abgabe als Liquidator nicht.[1158] Wie ein Geschäftsführer braucht auch der Liquidator dabei nicht zu versichern, dass er nicht unter Betreuung mit Einwilligungsvorbehalt iSv § 6 Abs. 2 S. 2 Nr. 1 GmbHG steht.[1159]

595   Bei der **Anmeldung des Erlöschens** nach Ablauf des Sperrjahres nach **Bekanntmachung** der Auflösung in den Gesellschaftsblättern (vgl. §§ 73 Abs. 1, 65 Abs. 2 GmbHG iVm § 12 GmbHG) gemäß § 73 Abs. 1 GmbHG ist das Belegexemplar des Bundesanzeigers und ggf. weiterer in der Satzung festgelegter Veröffentlichungsmedien über die Bekanntmachung der Auflösung und das Gläubigeraufgebot vorzulegen. Eine schuldhafte Verzögerung der Veröffentlichung macht die Liquidatoren schadensersatzpflichtig (§§ 43 Abs. 1, 71 Abs. 4 GmbHG). Aus Praktibilitätsgründen kann die Anmeldung des Erlöschens iÜ bereits in einem Termin mit der Anmeldung der Auflösung unterzeichnet werden verbunden mit einer Treuhandauflage an den Notar, die Anmeldung des Erlöschens erst beim Handelsregister einzureichen, wenn das Sperrjahr abgelaufen und der Liquidator dem Notar die Beendigung der Liquidation bestätigt hat.

596   **Vor Ablauf des Sperrjahres** ist eine Anmeldung des Erlöschens nur möglich, wenn verteilungsfähiges Vermögen nicht (mehr) vorhanden ist und eine Verteilung an die Ge-

---

[1153] Siehe OLG Düsseldorf ZIP 2016, 2270; OLG Hamm RNotZ 2010, 544; BayObLG GmbHR 1985, 392 (393); aA Scholz/*K. Schmidt* GmbHG § 68 Rn. 5a sowie OLG Zweibrücken GmbHR 2011, 1209, wonach die satzungsgemäße Ermächtigung der Gesellschafter, den oder die Geschäftsführer von den Beschränkungen des § 181 BGB zu befreien, regelmäßig dahingehend auszulegen ist, dass sie auch als Ermächtigung ausreicht, den oder die Liquidatoren durch Gesellschaftsbeschluss von den Beschränkungen des § 181 BGB zu befreien.
[1154] OLG Frankfurt a.M. NZG 2013, 71; zum Ganzen *H. Schmidt* NotBZ 2012, 161; *Stuppi* notar 2012, 66.
[1155] Muster im MVHdB I GesR/*Burmeister/Schmidt-Hern* Form. IV.112. und IV.114.; zum Geschäftswert der Anmeldung BGH DNotZ 2017, 229.
[1156] Siehe nur Scholz/*K. Schmidt* GmbHG § 65 Rn. 15; DNotI-Report 2017, 10 (11).
[1157] BGH DNotZ 2008, 75.
[1158] OLG Schleswig NZG 2015, 232; BayObLG MittBayNot 1982, 257; zum Inhalt der Versicherung → Rn. 198; zur Versicherung durch juristische Personen als Abwickler von Kapitalgesellschaften vgl. *Kühn* NZG 2012, 731.
[1159] Zutr. OLG München DNotZ 2009, 868.

sellschafter daher nicht in Betracht kommt.[1160] Der Liquidator hat dem Registergericht die Vermögenslosigkeit zu versichern, ggf. unter näherer Darstellung der tatsächlichen Verhältnisse. Regelmäßig genügt die Versicherung, dass (i) Vermögen der Gesellschaft nicht vorhanden ist, (ii) keine Zahlungen auf Geschäftsanteile ausstehen, (iii) Ansprüche und Forderungen von dritter Seite einschließlich der Steuerbehörden nicht bestehen, (iv) keine gerichtlichen Rechtsstreitigkeiten anhängig sind, an welchen die Gesellschaft beteiligt sei, und (v) ein Fall der Zahlungsunfähigkeit oder Überschuldung nicht vorliegt. Jedenfalls wenn daran begründete Zweifel bestehen, hat das Registergericht das Recht und die Pflicht zur weiteren Prüfung (§ 26 FamFG).[1161] Eine Löschung der Gesellschaft vor Abschluss der noch laufenden Steuerverfahren ist ausgeschlossen,[1162] jedenfalls wenn der Gesellschaft noch Steuerrückzahlungsansprüche zustehen und damit verteilungsfähiges Vermögen vorhanden ist.[1163]

Der für die Liquidation geltende **Geschäftswert** ergibt sich aus §§ 108 Abs. 1, 105 **597** Abs. 4 Nr. 1 GNotKG. Es ist stets der Mindestgeschäftswert iHv 30.000 EUR maßgebend, selbst wenn die Gesellschaft mit Musterprotokoll errichtet wurde.[1164]

B. Nachtragsliquidation

Stellt sich nach Löschung der GmbH im Handelsregister heraus, dass trotz Vermögenslo- **598** sigkeit der Gesellschaft noch ein **Bedürfnis für Abwicklungsmaßnahmen** besteht (zB Erfordernis grundbuchmäßiger Erklärungen), ist entsprechend § 273 Abs. 4 S. 1 AktG ein Nachtragsliquidator zu bestellen.[1165] Die Bestellung erfolgt nicht durch Gesellschafterbeschluss, sondern auf Antrag eines Beteiligten durch das Registergericht.[1166]

Der durch das Gericht bestellte Nachtragsliquidator hat die nach §§ 67 Abs. 3, 66 **599** Abs. 4, 8 Abs. 3 S. 2 GmbHG abzugebenden **Versicherungen** beim Registergericht einzureichen.

Eine Nachtragsliquidation ist auch erforderlich, wenn sich nach der Löschung im Han- **600** delsregister herausstellt, dass **noch Gesellschaftsvermögen vorhanden** ist. Sie kann jedoch nicht durch einen Gesellschaftsgläubiger erzwungen werden, es sei denn, dieser wurde ordnungswidrig übergangen, insbes. unter Verstoß gegen das Sperrjahr (§ 73 GmbHG). Sofern die Gesellschaft durch Löschung wegen Vermögenslosigkeit aufgelöst wurde, sind die Liquidatoren gemäß § 66 Abs. 5 GmbHG auf Antrag eines Beteiligten durch das Gericht zu ernennen.[1167]

9. Teil. Die GmbH in Krise und Insolvenz

Schrifttum:
Baumbach/Hueck, GmbHG, 21. Aufl. 2017; *Bork*, Einführung in das Insolvenzrecht, 8. Aufl. 2017; *Bork/Schäfer*, GmbHG, 3. Aufl. 2015; *Braun*, InsO, 7. Aufl. 2017; *Brünkmans/Thole*, Handbuch Insolvenzplan, 2016; *Fleischer/Goette*, Münchener Kommentar GmbHG, 3. Aufl. 2018 (zit.: MüKoGmbHG); *Heckschen/*

[1160] Siehe OLG Jena ZIP 2016, 25; OLG Hamm GmbHR 2017, 930; kritisch OLG Celle NZG 2018, 1425.
[1161] Vgl. OLG Hamm GmbHR 2017, 930; OLG Köln NZG 2005, 83; Baumbach/Hueck/*Haas* GmbHG § 74 Rn. 2.
[1162] Siehe zB OLG Hamm NZG 2015, 1159.
[1163] Vgl. OLG Jena ZIP 2016, 25.
[1164] Vgl. OLG Köln MittBayNot 2017, 526; *Notarkasse* Streifzug GNotKG Rn. 1546.
[1165] Vgl. KG NZG 2018, 1426; OLG Frankfurt a.M. NZG 2015, 626; BayObLG GmbHR 2002, 1077; grundlegend BGH WM 1970, 520. Siehe zum Ganzen ferner DNotI-Report 2018, 73.
[1166] Hierzu zB OLG Düsseldorf NZG 2015, 865; siehe ferner MHLS/*Nerlich* GmbHG § 60 Rn. 11 ff. sowie Muster und Anmerkungen in MVHdB I GesR/*Burmeister/Schmidt-Hern* Form. IV.117. und BeckFormB GmbHR/*Baumeister* Form. M.III.
[1167] Zur Abgrenzung der Bestellung nach § 66 Abs. 5 GmbHG von der Nachtragsliquidation analog § 273 Abs. 4 AktG vgl. DNotI-Gutachten Nr. 157635 (nicht veröffentlicht).

Heidinger, Die GmbH in der Gestaltungs- und Beratungspraxis, 4. Aufl. 2018; *Kayser/Thole,* Insolvenzordnung, 9. Aufl. 2018; *Kirchhof/Stürner/Eidenmüller,* Münchener Kommentar InsO, 3. Aufl. 2013 ff. (zit.: MüKoInsO); *Kübler,* Handbuch Restrukturierung in der Insolvenz (HRI), 2. Aufl. 2015; *Lutter/Hommelhoff,* GmbH-Gesetz, 19. Aufl. 2016; *Michalski/Heidinger/Leible/Schmidt,* GmbHG, 3. Aufl. 2017 (zit.: MHLS); *Rendels/Zabel,* Insolvenzplan, 2. Aufl. 2015; *Reul/Heckschen/Wienberg,* Insolvenzrecht in der Gestaltungspraxis, 2. Aufl. 2018; *Rowedder/Schmidt-Leithoff,* GmbHG, 6. Aufl. 2017; *K. Schmidt,* Insolvenzordnung, 19. Aufl. 2016; *Scholz,* GmbHG, 11. Aufl. 2012 ff.; *Schulz,* Der Dept Equity Swap in der Insolvenz, Diss. 2015; *Thole,* Gesellschaftsrechtliche Maßnahmen in der Insolvenz, 2. Aufl. 2015; *Uhlenbruck,* InsO, 15. Aufl. 2019; *Ulbrich,* Die Abschaffung des Eigenkapitalersatzrechts der GmbH, Diss. 2011; *Ulmer/Habersack/Löbbe,* GmbHG Großkommentar, 2. Aufl. 2013 ff.; *Wachter,* Praxis des Handels- und Gesellschaftsrechts, 4. Aufl. 2018.

A. Einführung

601   Das Insolvenzrecht ist eine komplexe und – besonderes seit 1999 und auch noch aktuell – stark im Wandel befindliche[1168] Materie. Insbesondere die durch die ESUG-Reform[1169] verstärkte (und an vielen Stellen lückenhafte) Verzahnung von Gesellschafts- und Insolvenzrecht hat zahlreiche ungelöste Rechtsfragen zurückgelassen.[1170] Die insolvenzrechtlichen Aspekte des Gesellschaftsrechts treten typischerweise in der Insolvenz der Gesellschaft oder ihrer Gesellschafter zutage, also wenn es für das Unternehmen häufig bereits zu spät ist. Viele insolvenzinduzierten Probleme lassen sich jedoch von einem vorausschauenden Notar (oder einem anderweitigen Berater) antizipieren und vermeiden – jedenfalls aber lassen sich deren Auswirkungen abmildern.

602   In der Endphase des Gesetzgebungsverfahrens befindet sich aktuell der am 27. 3. 2019 vom EU-Parlament beschlossene Vorschlag für eine Richtlinie über präventive Restrukturierungsrahmen, die zweite Chance und Maßnahmen zur Steigerung der Effizienz von Restrukturierungs-, Insolvenz- und Entschuldungsverfahren [...][1171]. Es steht zu erwarten, dass hierdurch die strikte Trennung des deutschen Rechts zwischen Insolvenz und vorinsolvenzlichem Bereich aufgeweicht werden wird. Neben die zwei Möglichkeiten des geltenden Rechts, der konsensbasierten außergerichtlichen Restrukturierung und der vereinfachten Unternehmenssanierung im Insolvenz(eröffnungs[1172])verfahren (sowohl im Regelinsolvenzverfahren als auch in der Planrestrukturierung nach §§ 217 ff. InsO) wird eine weitere Option treten, der vom RL-Entwurf so bezeichnete „präventive Restrukturierungsrahmen" (Art. 4 ff. RL-E). Das hierdurch einzuführende vorinsolvenzliche Restrukturierungsverfahren wird zwar außerhalb eines formellen Insolvenzverfahrens stattfinden. Dennoch wird der Restrukturierungsrahmen einige der Insolvenz vergleichbare Wirkungen entfalten, die (rechtzeitige!) Reaktionen der gesellschaftsrechtlichen Gestaltungspraxis notwendig machen werden; → Rn. 717 ff. und → Rn. 729.

603   Der vorliegende Kurzaufriss dient der Sensibilisierung des Notars für insolvenzrechtliche Aspekte der Beratungs- und Gestaltungspraxis der GmbH und versteht sich als Überblick über die von Notaren zu beachtenden Problemfelder und Beraterfallen. Für viele Detailfragen finden sich weiterführende Nachweise.

[1168] Zur Gesetzesentwicklung der InsO instruktiv *Bork* Rn. 8 ff.; zur Anfechtungsreform *Thole* ZIP 2017, 401.

[1169] Gesetz zur weiteren Erleichterung der Sanierung von Unternehmen v. 7. 11. 2011, BGBl. I 2582.

[1170] Noch komplexer werden die auftretenden Rechtsfragen, wenn noch weitere Rechtsgebiete in die Schnittstellenbetrachtung einbezogen werden, beispielsweise zusätzlich zum Insolvenzrecht und zum allgemeinen Gesellschaftsrecht das Umwandlungsrecht; hierzu grundlegend *Madaus* ZIP 2012, 2133 ff.; Kübler/*Madaus* HRI § 33; Reul/Heckschen/Wienberg/*Heckschen* InsR § 4 Rn. 501 ff.

[1171] Vorschlag für eine Richtlinie des Europäischen Parlaments und des Rates über präventive Restrukturierungsrahmen, die zweite Chance und Maßnahmen zur Steigerung der Effizienz von Restrukturierungs-, Insolvenz- und Entschuldungsverfahren und zur Änderung der Richtlinie 2012/30/EU, COM(2016) 723 final v. 22. 11. 2016. Im Rahmen der Umsetzung der Richtlinie will die Bundesregierung auch die Ergebnisse der ESUG-Evaluierung (abrufbar unter https://www.bmjv.de/SharedDocs/Artikel/DE/2018/101018_Bericht_ESUG.html) berücksichtigen.

[1172] Vgl. insbesondere das Schutzschirmverfahren gemäß § 270a InsO.

B. Wirkungen der Eröffnung des Insolvenzverfahrens für die GmbH

I. Wichtige allgemeine Verfahrenswirkungen im Überblick

Wurde auf Antrag des Schuldners[1173] oder eines Gläubigers (§ 13 InsO) das Insolvenzverfahren über das Vermögen des Schuldners gemäß § 27 InsO eröffnet,[1174] treten in diesem Moment die Wirkungen des Insolvenzverfahrens nach §§ 80 ff. InsO ein. Fehlt es in dem Eröffnungsbeschluss an einer Angabe der Stunde der Eröffnung, so gilt als Zeitpunkt der Eröffnung gemäß § 27 Abs. 3 InsO die Mittagsstunde des Tages, an dem der Beschluss erlassen worden ist. **604**

Gemäß § 80 Abs. 1 InsO geht durch die Eröffnung des Insolvenzverfahrens das Recht des Schuldners, das zur Insolvenzmasse gehörende Vermögen zu verwalten und über dieses zu verfügen, auf den Insolvenzverwalter über („Beschlagnahme" oder „Insolvenzbeschlag"). Der Schuldner verliert damit sein Recht, über das massezugehörige Vermögen zu verfügen, es zu verwalten und darüber Prozesse zu führen.[1175] **605**

Die Beschlagnahme erfasst (nur) die Insolvenzmasse.[1176] Gegenstände, die nicht zur Insolvenzmasse gehören, bleiben von § 80 Abs. 1 InsO unberührt. Die Insolvenzmasse umfasst gemäß § 35 Abs. 1 InsO das gesamte Vermögen, das dem Schuldner zur Zeit der Eröffnung des Verfahrens gehört und das er während des Verfahrens erlangt. Unpfändbare Gegenstände gehören gemäß § 36 Abs. 1 InsO nicht zur Insolvenzmasse.[1177] **606**

Hat der Schuldner nach Eröffnung des Insolvenzverfahrens über einen Gegenstand der Insolvenzmasse verfügt, so ist diese Verfügung gemäß § 81 Abs. 1 S. 1 InsO unwirksam. Jedoch bleiben die §§ 892, 893 BGB gemäß § 81 Abs. 1 S. 2 InsO unberührt. Ein gutgläubiger Erwerb bleibt insoweit möglich.[1178] Ein gutgläubiger Erwerb massezugehöriger beweglicher Sachen vom Schuldner ist dagegen ausgeschlossen. Möglich ist ein gutgläubiger Erwerb dagegen, wenn der Schuldner einem Dritten eine Sache übergeben hat und dieser anschließend als Nichtberechtigter verfügt.[1179] Auf diese Konstellation findet § 81 InsO keine Anwendung. Entsprechendes gilt, wenn der Schuldner als Nichtberechtigter über einen Gegenstand verfügt, der nicht zur Insolvenzmasse gehört.[1180] **607**

Ist nach der Eröffnung des Insolvenzverfahrens zur Erfüllung einer Verbindlichkeit an den Schuldner geleistet worden, obwohl die Verbindlichkeit zur Insolvenzmasse zu erfüllen war, so wird der Leistende gemäß § 82 S. 1 InsO befreit, wenn er zur Zeit der Leistung die Eröffnung des Verfahrens nicht kannte.[1181] Hat er vor öffentlicher Bekanntmachung der Eröffnung des Insolvenzverfahrens geleistet, spricht gemäß § 82 S. 2 InsO eine Vermutung dafür, dass er die Eröffnung nicht kannte. **608**

Den Insolvenzgläubigern ist die Insolvenzmasse mit Eröffnung des Insolvenzverfahrens[1182] „zur gemeinschaftlichen Befriedigung haftungsrechtlich zugewiesen".[1183] Dies lässt sich bereits aus § 1 S. 1 InsO schließen, wonach das Insolvenzverfahren der gemeinschaftlichen Befriedigung der Insolvenzgläubiger dient. Konsequenterweise gilt ab Verfahrenseröffnung das Vollstreckungsverbot des § 89 InsO. Das Vollstreckungsverbot gilt sowohl **609**

[1173] Zur Insolvenzantragspflicht Wachter/*Heckschen*/*Strnad* Kap. 10 Rn. 478 ff.
[1174] Voraussetzungen sind das Vorliegen eines Insolvenzgrundes (Zahlungsunfähigkeit, § 17 InsO; Überschuldung, § 18 InsO; nur bei Eigenantrag: drohende Zahlungsunfähigkeit gemäß § 19 InsO) und ausreichend Masse zur Deckung der Verfahrenskosten.
[1175] *Bork* Rn. 150; MüKoInsO/*Ott*/*Vuia* InsO § 80 Rn. 1.
[1176] *Bork* Rn. 141; Braun/*Kroth* InsO § 80 Rn. 6; MüKoInsO/*Ott*/*Vuia* InsO § 80 Rn. 1.
[1177] *Bork* Rn. 146; Braun/*Kroth* InsO § 80 Rn. 8.
[1178] Hierzu *Bork* Rn. 162 ff.
[1179] MüKoInsO/*Ott*/*Vuia* InsO § 81 Rn. 24.
[1180] MüKoInsO/*Ott*/*Vuia* InsO § 81 Rn. 24.
[1181] Hierzu *Bork* Rn. 171 ff.
[1182] Oder bereits vorher, je nachdem, welche vorläufigen Maßnahmen gemäß § 21 InsO das Insolvenzgericht im Eröffnungsverfahren anordnet, „um bis zur Entscheidung über den Antrag eine den Gläubigern nachteilige Veränderung in der Vermögenslage des Schuldners zu verhüten" (§ 21 Abs. 1 S. 1 InsO).
[1183] *Bork* Rn. 153.

hinsichtlich der Insolvenzmasse, als auch bezüglich des freien Vermögens des Schuldners.[1184] Die Gesamtvollstreckung suspendiert die Einzelzwangsvollstreckung.

610   Im Zusammenhang mit dem Vollstreckungsverbot des § 89 InsO ist auch die Vorschrift des § 88 InsO zu lesen. Diese, als Rückschlagsperre[1185] bezeichnete, Norm ordnet in Abs. 1 an, dass eine Sicherung an einem massezugehörigen Gegenstand mit Eröffnung des Verfahrens unwirksam wird, wenn ein Insolvenzgläubiger diese Sicherung im letzten Monat vor dem Eröffnungsantrag oder nach diesem Antrag durch Zwangsvollstreckung erlangt hat.

611   Soweit dem Insolvenzverwalter gemäß §§ 165ff. InsO ein Verwertungsrecht für mit Absonderungsrechten (§§ 49ff. InsO) belastete Gegenstände der Insolvenzmasse zusteht, sind die Inhaber der Absonderungsrechte an der Verwertung gehindert. Der Verwalter verwertet die betreffenden Gegenstände und kehrt anschließend den Erlös (abzüglich Feststellungs- und Verwertungspauschale, § 171 InsO) an den Gläubiger aus. Auf diese Weise soll die Realisierung von Fortführungswerten (insbesondere durch Gesamtveräußerung) ermöglicht und ein Auseinanderfallen des Schuldnerunternehmens durch den Zugriff der Sicherungsgläubiger vermieden werden.[1186]

612   Lediglich Aussonderungsberechtigte können ihre Rechte gemäß § 48 InsO unbeschadet des Insolvenzverfahrens nach den Gesetzen außerhalb der Insolvenzordnung geltend machen. Im Unterschied zu Absonderungsberechtigten haben die Aussonderungsberechtigten einen Anspruch auf Massegegenstände und nicht auf den diesen innewohnenden Wert.

613   Das Schicksal „schwebender" Geschäfte ist in den §§ 103ff. InsO geregelt. § 103 InsO zeigt als Grundsatznorm den Sinn dieses Abschnitts: Ist ein gegenseitiger Vertrag zur Zeit der Eröffnung des Insolvenzverfahrens vom Schuldner und vom anderen Teil nicht vollständig erfüllt, so kann der Insolvenzverwalter anstelle des Schuldners den Vertrag erfüllen und die Erfüllung vom anderen Teil verlangen (§ 103 Abs. 1 InsO).[1187] Auf diese Weise soll der Insolvenzverwalter die Möglichkeit erhalten, günstige Verträge zur Masse zu ziehen, und ungünstige Verträge nicht erfüllen zu müssen.

614   In den §§ 104ff. InsO sind Sondervorschriften für einzelne Vertragsarten geregelt.

II. Ausgewählte Wirkungen der Insolvenz der GmbH

615   Die GmbH wird gemäß § 60 Abs. 1 Nr. 4 GmbHG mit Eröffnung des Verfahrens (§ 27 InsO) aufgelöst.[1188] Sie wird liquidiert.[1189] Der Geschäftsführer einer GmbH verliert zwar mit Verfahrenseröffnung nicht seine Vertretungsmacht gemäß § 35 Abs. 1 GmbHG. Sein Amt endet mit Verfahrenseröffnung nicht. Allerdings verliert die vertretene GmbH nach Maßgabe des § 80 Abs. 1 InsO ihre Verwaltungs- und Verfügungsbefugnis über das massezugehörige Vermögen, weswegen der Geschäftsführer die Gesellschaft in den von § 80 Abs. 1 InsO erfassten Bereichen nicht mehr vertreten kann. In den Bereichen, die von der Beschlagnahme nicht erfasst werden, bleibt die Verwaltungs- und Verfügungsbefugnis der GmbH dagegen erhalten und damit auch die Möglichkeit des Geschäftsführers, die GmbH wirksam zu vertreten.

[1184] BGH NZI 2014, 998 (999); *Bork* Rn. 153.
[1185] Hierzu aktuell *Keller* ZIP 2018, 2156.
[1186] BGHZ 207, 23 Rn. 22 = NZI 2016, 21; BT-Drs. 12/2443, 178; zur Verwertung der sog. Doppeltreuhand *Weitbrecht* NZI 2017, 553ff.
[1187] Lehnt der Verwalter die Erfüllung dagegen ab, so kann der andere Teil eine Forderung wegen der Nichterfüllung nur als Insolvenzgläubige geltend machen (§ 103 Abs. 2 S. 1 InsO). Er erhält dann allerdings nur eine Quote.
[1188] *Scholz/Bitter* GmbHG Vor § 64 Rn. 117ff.; zur Fortsetzung der GmbH vgl. *Scholz/Bitter* GmbHG Vor § 64 Rn. 179ff.
[1189] *Bork* Rn. 158; dort mwN auch zur umstrittenen Frage, ob das Insolvenzverfahren zumindest auch ein gesellschaftsrechtliches Liquidationsverfahren darstellt.

Die Willensbildung innerhalb der Gesellschaft obliegt weiterhin grundsätzlich den Gesell- 616
schaftern.[1190] Sie sind weiterhin zuständig für die Abberufung und Bestellung der Geschäftsführer und insbesondere zur Durchführung von Satzungsänderungen. Sie sind auch
weiterhin weisungsbefugt gegenüber dem Geschäftsführer – freilich nur im Rahmen dessen durch das Insolvenzverfahren deutlich eingeschränkten Kompetenzbereich.

1. Firmenänderung. Die Firma fällt als Teil der Insolvenzmasse unter § 80 Abs. 1 617
InsO.[1191] Der Insolvenzverwalter ist berechtigt, die Firma der insolventen Gesellschaft zu
verwerten.[1192] Geschieht dies, bedarf es einer Ersatzfirma für die dann noch abzuwickeln-
de Gesellschaft. Die Eintragung einer sog. Ersatzfirma[1193] im Handelsregister durch den
Insolvenzverwalter im Zuge der Gesamtveräußerung des Schuldnerunternehmens (übertragende Sanierung) samt der Firma der GmbH bedarf einer Änderung der Satzung der
Gesellschaft.[1194]

Das OLG München hat explizit offengelassen, ob der Verwalter selbst zur Änderung 618
der Satzung berechtigt ist.[1195] Wäre dies zu verneinen, so bedürfte es eines satzungsändernden Beschlusses. Bei diesem wären die Gesellschafter allerdings aus der Treuepflicht
gebunden.[1196] Die Entscheidung des OLG München wurde vom Kammergericht bestätigt
und fortgeführt. Das Gericht führt aus, dass ein für eine Aktiengesellschaft bestellter Insolvenzverwalter befugt ist, das Handelsgeschäft der Gesellschaft mit ihrer Firma zu veräußern. Die dadurch notwendige Änderung der Firma kann durch den Insolvenzverwalter
bewirkt werden. Hierzu hat er die aktienrechtlichen Anforderungen an eine Satzungsänderung einzuhalten.[1197] Auch das OLG Hamm hat sich dieser Rechtsauffassung angeschlossen.[1198] Die Befugnis zur Bildung der Ersatzfirma folge aus § 80 InsO, jedenfalls aber
als Annexkompetenz zum Verwertungsrecht.[1199]

Praxishinweis:

Nach der Auffassung des Kammergerichts muss also der Insolvenzverwalter beim Notar
einen Beschluss zur Satzungsänderung fassen. Diesen Beschluss muss er dann beim
Handelsregister anmelden. Es empfiehlt sich, dass der Insolvenzverwalter vorab den Gesellschaftern die Möglichkeit zur Kenntnisnahme einräumt, da er den bisherigen Fir-
mennamen durch einen neuen ersetzt.

---

2. Geschäftsjahr. Der Insolvenzverwalter ist befugt, den mit der Eröffnung des Insol- 619
venzverfahrens neu beginnenden Geschäftsjahresrhythmus zu ändern.[1200] Das kann geschehen durch eine Anmeldung zur Eintragung im Handelsregister, aber auch durch eine
sonstige Mitteilung an das Registergericht.[1201] Die Abweichung muss nach außen erkenn-

---

[1190] Heckschen/Heidinger/*Heckschen* Kap. 19 Rn. 129.
[1191] AllgA, BGHZ 85, 221 Rn. 6 ff. = NJW 1983, 755; KG NZG 2017, 1113 (1114); Schmidt/*Büteröwe*
InsO § 35 Rn. 23; MüKoInsO/*Ott/Vuia* InsO § 80 Rn. 57; *Cziupka/Kraack* AG 2018, 525; Reul/
Heckschen/Wienberg/*Heckschen* InsR § 4 Rn. 28 mwN.
[1192] AllgA, BGHZ 85, 221 Rn. 6 ff. = NJW 1983, 755; KG NZG 2017, 1113 (1114); *Cziupka/Kraack* AG
2018, 525.
[1193] Vgl. hierzu die Darstellung von *Priester* DNotZ 2016, 892 ff.; aktuell *Cziupka/Kraack* AG 2018, 525.
[1194] OLG München NZG 2016, 837 (838) (rechtskräftig) = EWiR 2016, 553 mAnm *Schultze*.
[1195] OLG München NZG 2016, 837 (838).
[1196] KG NZG 2017, 1113 (1114) (nicht rechtskräftig, Az: BGH II ZB 21/17) = EWiR 2017, 751 mAnm
Illert.
[1197] KG NZG 2017, 1113 (1114) = EWiR 2017, 751 mAnm *Illert;* die Entscheidung steht nicht im Widerspruch zu BGH NZG 2015, 157.
[1198] OLG Hamm ZIP 2018, 596 (597); hierzu ausf. *Cziupka/Kraack* AG 2018, 525.
[1199] OLG Hamm ZIP 2018, 596 (597).
[1200] BGH NZG 2015, 157; bestätigt durch BGH NZI 2017, 630 (631).
[1201] BGH NZG 2015, 157 (158).

bar werden und innerhalb des ersten laufenden Geschäftsjahres nach Verfahrenseröffnung erfolgen.[1202]

620   Die Entscheidung des Insolvenzverwalters, zum satzungsmäßigen Geschäfsjahr der Gesellschaft zurückzukehren, muss durch eine Anmeldung zur Eintragung im Handelsregister oder durch eine sonstige Mitteilung an das Registergericht jedenfalls noch während des ersten laufenden Geschäftsjahrs nach außen erkennbar werden.[1203]

621   **3. Zuständigkeit des Insolvenzverwalters und des Geschäftsführers.** Mit der Eröffnung des Insolvenzverfahrens geht zwar die Verwaltungs- und Verfügungsbefugnis über das Vermögen der Schuldner-Gesellschaft auf den Verwalter über (§ 80 Abs. 1 InsO). Die Organe der Gesellschaft und die organschaftliche Stellung des Geschäftsführers der GmbH bleiben davon allerdings unberührt. Es muss zwischen der vermögensrechtlichen und der nichtvermögensrechtlichen Sphäre differenziert werden.[1204] In der nichtvermögensrechtlichen Sphäre bleiben die gesellschafts- und registerrechtlichen Pflichten beim Geschäftsführer oder bei den Gesellschaftern.[1205] Dies ist vor dem Hintergrund des Charakters des Insolvenzverfahrens als Verfahren über die Verwertung des Schuldner*vermögens* (§ 1 S. 1 InsO) schlüssig.

622   Auch nach der Eröffnung des Insolvenzverfahrens über das Vermögen einer UG (haftungsbeschränkt) hat der Geschäftsführer eine Änderung der Vertretungsverhältnisse oder der Gesellschaftsanschrift der Gesellschaft zum Handelsregister anzumelden.[1206]

623   Soweit in der Satzung nichts anderes geregelt ist, kann der Geschäftsführer einer GmbH grundsätzlich sein Amt auch ohne einen wichtigen Grund mit körperschaftsrechtlicher Wirkung jederzeit fristlos beenden. Die Amtsniederlegung ist allerdings rechtsmissbräuchlich, wenn es sich bei dem sein Amt niederlegenden Geschäftsführer um den einzigen handelt, dieser zugleich alleiniger Gesellschafter ist und er davon absieht, einen neuen Geschäftsführer zu bestellen.[1207]

624   Die Amtsniederlegung durch einen Fremd-Geschäftsführer, der weder unmittelbar noch mittelbar Beteiligter der Gesellschaft ist, bleibt selbst dann wirksam, wenn diese in der wirtschaftlichen Krise oder Insolvenz erklärt wird und zur Führungslosigkeit der GmbH führt.[1208] Es liegt dann an den Gesellschaftern, die Führungslosigkeit durch Bestellung eines neuen Geschäftsführers zu beenden.[1209]

625   **4. Kapitalmaßnahmen in Krise und Insolvenz der GmbH.** Kapitalmaßnahmen können für die GmbH im Vorfeld der Insolvenz Sanierungswirkungen entfalten. Dies gilt in erster Linie für die Kapitalerhöhung, die notwendigerweise frisches Eigenkapital in die Gesellschaft bringt. Aber auch die Kapitalherabsetzung kann als Teil eines Kapitalschnitts (vereinfachte Kapitalherabsetzung gemäß §§ 58 a ff. GmbH kombiniert mit einer Kapitalerhöhung) Gegenstand eines Sanierungskonzepts sein. Der Kapitalschnitt hat in der Praxis insbesondere zur Umsetzung der Umwandlung von Eigen- in Fremdkapital (Dept-Equity-Swap[1210]) Bedeutung. Hierbei werden im Rahmen der auf die vereinfachte Kapitalherabsetzung (häufig auf Null) folgenden Kapitalerhöhung Forderungen gegen die Gesellschaft als Sacheinlage eingebracht.[1211]

[1202] BGH NZG 2015, 157 (158); NZI 2017, 630 (631).
[1203] BGH NZG 2015, 157 (158); NZI 2017, 630 (631).
[1204] OLG Hamm NZI 2017, 403.
[1205] OLG Hamm NZI 2017, 403.
[1206] OLG Hamm NZI 2017, 403.
[1207] OLG Bamberg MittBayNot 2018, 176 (rechtskräftig).
[1208] OLG Bamberg MittBayNot 2018, 176 (Anschluss an OLG Düsseldorf GWR 2015, 453).
[1209] OLG Bamberg MittBayNot 2018, 176.
[1210] Umfassend hierzu *Schulz,* Der Dept Equity Swap in der Insolvenz, 2015; überblicksartig *Rendels/Zabel* Rn. 244 ff.
[1211] Vgl. *Rendels/Zabel* Rn. 86

Die Befugnis der Gesellschafter zur Durchführung von Kapitalerhöhungen bleibt durch 626
die Eröffnung des Insolvenzverfahrens unberührt.[1212]

Kapitalmaßnahmen können seit Inkrafttreten des ESUG[1213] gemäß §§ 217 S. 2, 225a 627
InsO zum Gegenstand eines Insolvenzplans gemacht werden. Dies gilt gerade auch für
den Dept-Equity-Swap,[1214] den der Gesetzgeber ausweislich des Wortlauts von § 225a
Abs. 2 InsO bei der ESUG-Reform ganz besonders im Blick hatte.[1215] Dies hat insbesondere für Fälle Bedeutung, in denen sich Gesellschafter (zumindest mit Sperrminorität) im
Vorfeld der Eröffnung des Insolvenzverfahrens über das Vermögen der GmbH gegen Kapitalmaßnahmen geweigert haben. Im Insolvenzplanverfahren gemäß §§ 217 ff. InsO können die obstruierenden Gesellschafter dann grundsätzlich von den anderen Gesellschaftern
in der Gruppe der Anteilseigner gemäß §§ 222 Abs. 1 S. 2 Nr. 4, 225a InsO unter den
Voraussetzungen des § 244 InsO überstimmt werden. Auch wenn sich in der Gruppe der
Anteilseigner keine Mehrheit gemäß § 244 InsO erzielen lässt, kann die fehlende Zustimmung der Gesellschafter gemäß § 245 InsO ersetzt werden. Zu den Mehrheitserfordernissen des Planverfahrens → Rn. 630 ff.

5. Umwandlung in Krise und Insolvenz der GmbH. Neben Kapitalmaßnahmen kann 628
auch die Umwandlung einer krisengeschüttelten oder sogar bereits insolventen GmbH
Sanierungswirkungen entfalten.[1216] Im Zusammenhang mit Umwandlungen nach dem
Umwandlungsgesetz unter Beteiligung einer GmbH im Krisenumfeld und Insolvenzkontext[1217] drohen allerdings auch Komplikationen. Es muss jedenfalls differenziert werden
zwischen
– dem Zeitraum vor dem Insolvenzantrag,
– dem Zeitraum nach Stellung des Insolvenzantrags,
– dem Zeitraum nach Eröffnung des Insolvenzverfahrens und
– Umwandlungsmaßnahmen als Gegenstand eines Insolvenzplans (§§ 217 S. 2, 225a
  Abs. 1 InsO).[1218]
Hierzu ausführlich → § 24 Rn. 128 ff., → § 24 Rn. 183.   629

6. Die abweichenden Mehrheitserfordernisse des Insolvenzplanverfahrens (§§ 243 ff. 630
InsO). Wie bereits erwähnt (→ Rn. 627) können seit der ESUG-Reform von 2011 gemäß
§§ 217 S. 2, 225 InsO gesellschaftsrechtliche Maßnahmen (beispielsweise Fortführungsbe-
schlüsse, Kapitalmaßnahmen, Umwandlungsbeschlüsse, Share Deals)[1219] zum Gegenstand eines Insolvenzplans gemacht werden. Die zentrale Modifikation der Willensbildung in der
GmbH durch das Insolvenzplanverfahren besteht in der Suspendierung der gesellschaftsrechtlichen Mehrheitserfordernisse im Rahmen des Zustandekommens des Insolvenzplans
zugunsten der insolvenzrechtlichen Vorschriften über die Planabstimmung.[1220]

Die Abstimmung über den Insolvenzplan (§§ 243 ff. InsO) erfolgt gruppenbezogen. 631
Gemäß § 222 Abs. 1 S. 1 InsO sind bei der Festlegung der Rechte der Beteiligten im
Insolvenzplan Gruppen zu bilden, soweit Beteiligte mit unterschiedlicher Rechtsstellung
betroffen sind. Die Gesellschafter sind einer eigenen Gruppe zuzuordnen, wenn ihre Ge-

---

[1212] Reul/Heckschen/Wienberg/*Heckschen* InsR § 4 Rn. 88; vgl. auch MüKoInsO/*Ott/Vuia* InsO § 80
Rn. 112b.
[1213] Gesetz zur weiteren Erleichterung der Sanierung von Unternehmen v. 7.11.2011, BGBl. I 2582.
[1214] Umfassend hierzu *Schulz*, Der Dept Equity Swap in der Insolvenz, 2015; ausf. auch Reul/Heckschen/
Wienberg/*Heckschen* InsR § 4 Rn. 411 ff.
[1215] Vgl. BT-Drs. 17/5712, 18 (30 f.).
[1216] Zu einzelnen Sanierungswirkungen der Umwandlung Kübler/*Madaus* HRI § 33 Rn. 12 ff.
[1217] Reul/Heckschen/Wienberg/*Heckschen* InsR § 4 Rn. 501 ff.
[1218] Hierzu ausf. Kübler/*Madaus* HRI § 33; Brünkmans/Thole/*Brünkmans* § 31 Rn. 480 ff.
[1219] Umfassend Brünkmans/Thole/*Brünkmans* § 31; *Thole* Rn. 209 ff.
[1220] Zum Ablauf des Planverfahrens Brünkmans/Thole/*Laroche* § 14, § 15, § 16 und Brünkmans/Thole/
Thole § 17, § 18, § 19.

schäftsanteile in den Plan einbezogen werden (§ 222 Abs. 1 S. 2 Nr. 4 InsO).[1221] Möglich sind auch mehrere Untergruppen der Anteilsinhaber.[1222] Jede Gruppe der stimmberechtigten Beteiligten stimmt nach § 243 InsO gesondert über den Insolvenzplan ab. Zur Annahme des Insolvenzplans ist erforderlich, dass in jeder Gruppe die Mehrheit der abstimmenden Beteiligten dem Plan zustimmt (§ 244 Abs. 1 Nr. 1 InsO) und die Summe der Ansprüche der zustimmenden Gläubiger mehr als die Hälfte der Summe der Ansprüche der abstimmenden Gläubiger beträgt (§ 244 Abs. 1 Nr. 2 InsO). Für Gesellschafter der Schuldnergesellschaft gilt § 244 Abs. 1 Nr. 2 InsO entsprechend mit der Maßgabe, dass es auf die Summe ihrer Beteiligungen ankommt.

632   Unabhängig davon, welche Mehrheitsanforderungen die Satzung der GmbH vorsieht, muss also von Seiten der Gesellschafter dem Plan nur eine einfache Mehrheit der Gesellschafter zustimmen, die zusammen mehr als die Hälfte des Stammkapitals auf sich vereint. Dem widersprechenden Teil der Gesellschafter bleibt nur der Rechtsschutz der §§ 251, 253 InsO.[1223]

633   Auch dann, wenn die Gruppe der Gesellschafter nicht zustimmt, kann ihre Zustimmung gemäß § 245 InsO unter bestimmten Voraussetzungen ersetzt werden (sog. Obstruktionsverbot). Neben weiteren Einzelheiten ist besonders das Schlechterstellungsverbot des § 245 Abs. 1 Nr. 1 InsO zu beachten. Das Obstruktionsverbot setzt voraus, dass die Angehörigen der obstruierenden Gruppe durch den Plan voraussichtlich nicht schlechter gestellt werden, als sie ohne den Plan stünden. Bei einer insolventen GmbH ist das Schlechterstellungsverbot im Hinblick auf die Gruppe der Anteilseigner häufig gewahrt, weil die Geschäftsanteile aufgrund der Insolvenz keinen wirtschaftlichen Wert mehr repräsentieren – oder nur noch einen sehr geringen.

634   Im Ergebnis ist es möglich, im Insolvenzplanverfahren gesellschaftsrechtliche Beschlüsse entgegen den gesetzlichen oder statutarischen Mehrheitsanforderungen – im Extremfall sogar ohne die Zustimmung eines einzigen Gesellschafters – zum Gegenstand eines Insolvenzplans zu machen.

C. Gestaltung der Satzung mit Rücksicht auf die Insolvenz des GmbH-Gesellschafters (im Überblick)

I. Gesellschafterrechte

635 GmbH-Geschäftsanteile gehören zur Masse und damit zu den der Beschlagnahme nach § 80 Abs. 1 InsO unterliegenden Vermögensgegenständen.[1224]

636   Gemäß § 22 Abs. 1 S. 1 InsO geht bereits im Eröffnungsverfahren die Verwaltungs- und Verfügungsbefugnis des Schuldners über massezugehörige Gegenstände auf den starken vorläufigen Insolvenzverwalter über. Für diesen gilt also Entsprechendes wie nach Verfahrenseröffnung für den Insolvenzverwalter. Wird ein vorläufiger Insolvenzverwalter bestellt, ohne dass dem Schuldner ein allgemeines Verfügungsverbot auferlegt wird, so bestimmt das Gericht gemäß § 22 Abs. 2 S. 1 InsO die Pflichten des vorläufigen (schwachen) Insolvenzverwalters. Dies kann als „Weniger" zu § 22 Abs. 1 S. 1 InsO auch einzelne Mitgliedschaftsrechte des Schuldners umfassen.

637   Zu den Gesellschafterrechten zählen Vermögensrechte, Verwaltungsrechte (Teilnahmerecht, Stimmrecht, Zustimmungsrecht in besonderen Fällen), das Auskunfts- und Informationsrecht nach § 51a GmbHG, Anfechtungsrechte sowie Vorkaufs-, Ankaufs- oder Mitverkaufsrechte.

638   Die Beschlagnahme ermöglicht die gemeinschaftliche Gläubigerbefriedigung als Hauptverfahrensziel der Insolvenzordnung (§ 1 S. 1 InsO). Die Beschlagnahme kann daher nur

---

[1221] MüKoInsO/*Eidenmüller* InsO § 222 Rn. 69.
[1222] MüKoInsO/*Eidenmüller* InsO § 222 Rn. 73.
[1223] Vgl. hierzu *Madaus* NZI 2012, 597.
[1224] BGHZ 190, 45 Rn. 7 = NZG 2011, 902 = EWiR 2011, 563 mAnm *Bungert/Meyer*.

so weit reichen, wie die vermögensrechtliche Sphäre des Schuldners betroffen ist. Ist sie dies nicht, bringt die Beschlagnahme des betreffenden Rechts keinen Zuwachs der Masse und fördert damit nicht die Gläubigerbefriedigung. Die Mitgliedschaftsrechte, die aus dem GmbH-Anteil fließen, gehören damit nur insoweit zur Masse und unterliegen damit der Beschlagnahme gemäß § 80 Abs. 1 InsO, wie die vermögensrechtliche Sphäre des Schuldners betroffen ist. Folgerichtig hat der BGH anerkannt, dass das Stimmrecht in der Gesellschafterversammlung als Teil des gemäß § 80 Abs. 1 InsO übergehenden Verwaltungsrechts vom Insolvenzverwalter ausgeübt wird, jedenfalls soweit der Beschlussgegenstand die Vermögenssphäre betrifft.[1225] Entsprechend ist er auch zur Erhebung der Anfechtungsklage berechtigt.[1226] Auch die Auskunfts- und Informationsrechte gemäß § 51a GmbHG unterfallen der Wirkung des § 80 Abs. 1 InsO.[1227]

Es bleiben einige Streitpunkte und Unsicherheiten, auf welche die Gestaltungspraxis **639** reagieren muss. Strittig ist das **Teilnahmerecht des Insolvenzverwalters.**[1228] Daher ist es sicherheitshalber zu empfehlen, in der Satzung zu regeln, dass neben dem Insolvenzverwalter immer der (insolvente) Gesellschafter zu laden ist.

Auch die genaue **Reichweite des Stimmrechts des Verwalters** ist in der Literatur **640** umstritten.[1229] Als präventive Gestaltungsmöglichkeit, um den (grundsätzlich gemäß § 1 S. 1 InsO an die Interessen der Gläubiger des insolventen Gesellschafters gebundenen) Insolvenzverwalter aus der Willensbildung innerhalb der (gesunden) GmbH herauszuhalten ist es für die Praxis zu empfehlen, das Stimmrecht in der Satzung für den Zeitraum der Insolvenz seines Inhabers ruhen zu lassen.[1230] Nach hM ist diese Gestaltung zulässig.[1231]

Auch im Übrigen kann die Satzung die Mitgliedschaftsrechte des Gesellschafters wäh- **641** rend eines Insolvenzverfahrens über dessen Vermögen ruhen lassen.[1232] Um jeglichen Einwänden unter dem Aspekt der Gläubigerbenachteiligung (§ 138 BGB) zu begegnen, kann das Ruhen der Mitgliedschaftsrechte sicherheitshalber in weiteren Fällen angeordnet werden.[1233]

Grenzen ergeben sich darüber hinaus aus den allgemeinen Regeln. **Unverzichtbare** **642** **Mitgliedschaftsrechte** können in der Satzung nicht eingeschränkt werden.[1234] Dies sind namentlich das Teilnahme- und Rederecht in der Gesellschafterversammlung, die Rechte nach § 50 GmbHG, das Anfechtungsrecht, das Auskunfts- und Einsichtsrecht sowie Recht zum Austritt aus wichtigem Grund.[1235] Das Zustimmungsrecht kann dem Gesellschafter (und damit dem Insolvenzverwalter) für den Fall der Insolvenz nicht entzogen werden.[1236] Nach hM gelten Stimmverbote auch für die Stimmrechtsausübung durch den Insolvenzverwalter.[1237] Umstritten – und von der hM differenziert beurteilt – ist die Abdingbarkeit des Stimmverbots gemäß § 47 Abs. 4 GmbHG.[1238]

[1225] BGHZ 190, 45 Rn. 7 = NZG 2011, 902.
[1226] BGHZ 190, 45 Rn. 7 = NZG 2011, 902; Baumbach/Hueck/*Zöllner/Noack* GmbHG Anh. § 47 Rn. 81 ff., 139.
[1227] Baumbach/Hueck/*Zöllner/Noack* GmbHG § 51a Rn. 39.
[1228] Hierzu Reul/Heckschen/Wienberg/*Heckschen* InsR § 4 Rn. 199 ff.
[1229] Hierzu Reul/Heckschen/Wienberg/*Heckschen* InsR § 4 Rn. 211.
[1230] Hierzu Reul/Heckschen/Wienberg/*Heckschen* InsR § 4 Rn. 213 und in Rn. 214 ff. zur umstrittenen (und auch ansonsten fehleranfälligeren) Möglichkeit, Geschäftsanteile durch eine auf die Eröffnung des Insolvenzverfahrens eines Gesellschafters bedingte Satzungsänderung (temporär) stimmrechtslos auszugestalten.
[1231] DNotI-Report 2014, 89 (90); *Heckschen* ZIP 2010, 1319 (1332); Scholz/*Seibt* GmbHG § 15 Rn. 254; Lutter/Hommelhoff/*Bayer* GmbHG § 15 Rn. 102.
[1232] Lutter/Hommelhoff/*Bayer* GmbHG § 15 Rn. 102; MHLS/*Ebbing* GmbHG § 15 Rn. 250; Ulmer/Habersack/Löbbe/*Löbbe* GmbHG § 15 Rn. 339; aA Rowedder/Schmidt-Leithoff/*Görner* GmbHG § 15 Rn. 165.
[1233] Reul/Heckschen/Wienberg/*Heckschen* InsR § 4 Rn. 221 mit Formulierungsbeispiel.
[1234] Lutter/Hommelhoff/*Bayer* GmbHG § 14 Rn. 16 mwN.
[1235] Lutter/Hommelhoff/*Bayer* GmbHG § 14 Rn. 17 mwN.
[1236] *Bergmann* ZInsO 2004, 225 (229); aA wohl Lutter/Hommelhoff/*Bayer* GmbHG § 14 Rn. 16 iVm § 15 Rn. 102.
[1237] *Bergmann* ZInsO 2004, 225 (229); Scholz/*K. Schmidt* GmbHG § 47 Rn. 157.

643   An den Stellen, an denen das Gesetz eine Ausweitung der Rechte zugunsten der Gesellschafter zulässt, kann erwogen werden, Privilegien in dem Zeitraum nicht zu gewähren, in dem ein Gesellschafter ein Insolvenzverfahren durchläuft.

644   Sieht die Satzung Vorkaufs- oder Ankaufsrechte vor, so gehen diese ebenfalls gemäß § 80 Abs. 1 InsO auf den Insolvenzverwalter über. Allerdings kann die Satzung (als Minus zur Einziehung im Insolvenzfall) regeln, dass dem ein Insolvenzverfahren durchlaufenden Gesellschafter (und damit dem Insolvenzverwalter) derartige Rechte nicht zustehen sollen.[1239] Von Mitverkaufpflichten sollte der Insolvenzverwalter dagegen nicht befreit werden.[1240]

II. Vermögensrechte

645   Die Vermögensrechte (Gewinn- und Liquidationsanteil, Bezugsrecht[1241]) unterfallen ebenfalls dem Insolvenzbeschlag.[1242] Entsprechendes gilt für Vorzugsrechte. Von einem allgemeinen Ausschluss von Vermögensrechten für die Insolvenz eines Gesellschafters ist zwar abzuraten[1243] (Gläubigerbenachteiligung, § 138 BGB; Insolvenzanfechtung nach §§ 129 ff. InsO). Allerdings ist es möglich, Vermögensrechte für den Fall zu beschränken, dass ein Gesellschafter ein Insolvenzverfahren durchläuft *und* er seinen vermögensrechtlichen Verpflichtungen nicht mehr nachkommt.[1244] Auf die daraus entstehenden Forderungen der GmbH gegen den insolventen Gesellschafter erhält die GmbH nur eine Insolvenzquote. Dann ist es grundsätzlich auch gerechtfertigt, die Vermögensrechte des Gesellschafters zu kürzen.[1245]

646   Die Einschränkung vermögensrechtlicher Sonderrechte für den Insolvenzfall ist insbesondere dann denkbar, wenn die Sonderstellung durch persönliche Eigenschaften oder Fähigkeiten des betreffenden Gesellschafters gerechtfertigt wird. Diese fallen für die Gesellschaft während des Insolvenzbeschlags weg. Um dem Verdacht der Gläubigerbenachteiligung vorzubeugen, kann die Einschränkung auch hier sicherheitshalber neben der Insolvenz für weitere Fälle vorgesehen werden.[1246]

III. Höchstpersönliche Rechte

647   Höchstpersönliche Gesellschafterrechte werden vom Insolvenzbeschlag des § 80 Abs. 1 InsO nicht erfasst.[1247] Der Aspekt der Gläubigerbenachteiligung, der die Überlegungen zur insolvenzrechtlichen Zulässigkeit von statutarischen Beschränkungen der Rechte der Gesellschafter für den Fall ihrer Insolvenz prägt, kann folglich nicht herangezogen werden, um den Ausschluss höchstpersönlicher Rechte für den Insolvenzfall in Zweifel zu ziehen.[1248]

[1238] Lutter/Hommelhoff/*Bayer* GmbHG § 47 Rn. 37 mwN.

[1239] Reul/Heckschen/Wienberg/*Heckschen* InsR § 4 Rn. 237 ff. mit Formulierungsbeispiel.

[1240] Reul/Heckschen/Wienberg/*Heckschen* InsR § 4 Rn. 238.

[1241] Lutter/Hommelhoff/*Bayer* GmbHG § 14 Rn. 16.

[1242] MüKoGmbHG/*Reichert/Weller* GmbHG § 15 Rn. 554.

[1243] Reul/Heckschen/Wienberg/*Heckschen* InsR § 4 Rn. 241.

[1244] Reul/Heckschen/Wienberg/*Heckschen* InsR § 4 Rn. 241 ff. mit Formulierungsbeispiel.

[1245] Uhlenbruck/*Hirte* InsO § 11 Rn. 57.

[1246] Reul/Heckschen/Wienberg/*Heckschen* InsR § 4 Rn. 247.

[1247] Bork/Schäfer/*Brandes* GmbHG § 15 Rn. 77; Rowedder/Schmidt-Leithoff/*Görner* GmbHG § 15 Rn. 166; MüKoGmbHG/*Reichert/Weller* GmbHG § 15 Rn. 554.

[1248] Formulierungsbeispiel für den Ausschluss des Sonderrechts zur Geschäftsführung bei Reul/Heckschen/Wienberg/*Heckschen* InsR § 4 Rn. 252.

IV. Mitgliedschaftsentzug anlässlich Insolvenz

1. Einführung: Unsicherheit bezüglich Vinkulierungsklauseln. Nach der (richtiger- 648
weise abzulehnenden[1249]) noch hM entfalten Vinkulierungsklauseln in der Insolvenz keine
Wirkung.[1250] Das bedeutet, dass der Insolvenzverwalter trotz statutarischer Abtretungsbeschränkung (§ 15 Abs. 5 GmbHG) frei über einen der Beschlagnahme gemäß § 80 Abs. 1
InsO unterliegenden Geschäftsanteil verfügen kann. Hinsichtlich des Meinungsstreits über
die Wirkung von Vinkulierungsklauseln in der Insolvenz zeichnet sich zwar ein allmähli-
cher Wechsel der hM ab.[1251] Berater müssen jedoch weiterhin von der insolvenzbedingten
Wirkungslosigkeit von Klauseln iSd § 15 Abs. 5 GmbHG ausgehen und anderweitige
Vorkehrungen treffen, durch die den Zwecken der Anteilsvinkulierungen vergleichbare
Wirkungen herbeigeführt werden.

2. Kautelarjuristische Reaktionen (insbesondere Einziehung, Zwangsabtretung, 649
Ausschluss, Abfindung). Einer etwaigen Wirkungslosigkeit von Vinkulierungsklauseln
in der Gesellschaftsinsolvenz sollte durch alternative Satzungsgestaltungen begegnet
werden. Gestaltungsmittel sind in diesem Zusammenhang insbesondere Einziehungsrege-
lungen[1252] und Zwangsabtretungen. Ausführlich zu den dann, zur Vermeidung der Abfindung zum Verkehrswert, ebenfalls in die Satzung aufzunehmenden Abfindungsregelungen[1253] → Rn. 157 ff. Zum Zusammenspiel zwischen Abfindungszahlung und dem
Auszahlungsverbot des § 30 GmbHG → Rn. 660 ff.

D. Ansprüche des Insolvenzverwalters zur Mehrung der (Ist-)Masse

Gemäß § 1 S. 1 InsO dient das Insolvenzverfahren dazu, die Gläubiger eines Schuldners 650
gemeinschaftlich zu befriedigen, indem das Vermögen des Schuldners und der Erlös verteilt oder in einem Insolvenzplan eine abweichende Regelung insbesondere zum Erhalt
des Unternehmens getroffen wird. Nach der Eröffnung des Insolvenzverfahrens hat der
Insolvenzverwalter daher gemäß § 148 Abs. 1 InsO das gesamte zur Insolvenzmasse (§ 35
InsO) gehörende Vermögen sofort in Besitz und Verwaltung zu nehmen. Der Insolvenzverwalter ist an die Verfahrensziele des § 1 S. 1 InsO gebunden. Um die Gläubigerbefriedigung in bestmöglicher Weise zu verwirklichen obliegt es ihm daher, die von ihm im
Moment der Verfahrenseröffnung vorgefundene „Ist-Masse" durch Geltendmachung von
Ansprüchen der Gesellschaft zu maximieren. Die dadurch entstehende „Soll-Masse" ist
das Haftungsvermögen, welches den Insolvenzgläubigern im Rahmen der Verteilung
(§§ 187 ff. InsO) zur Verfügung steht.[1254]

Die wichtigsten Instrumente der Massemehrung sind der Einzug offener Forderungen 651
gegen Vertragspartner,[1255] die Geltendmachung bestehender Ansprüche der Gesellschaft

---

[1249] Ausführlich *Heckschen* FS 25 Jahre DNotI 2018, 453 (461 ff.); *Heckschen/Weitbrecht* NZG 2019, 721.
[1250] Vgl. nur BGHZ 65, 22 (24 f.) = NJW 1975, 1835; BGHZ 32, 152 = NJW 1960, 1293; *K. Schmidt*
GmbHR 2011, 1289 (1294 f.); *Vallener* GmbHR 2004, 642 (649); Baumbach/Hueck/*Fastrich* GmbHG
§ 15 Rn. 64; MüKoGmbHG/*Reichert/Weller* GmbHG § 15 Rn. 558; *Bergmann* ZInsO 2004, 225 (226);
Ulmer/Habersack/*Löbbe/Löbbe* GmbHG § 15 Rn. 328 und Rn. 338; MHLS/*Ebbing* GmbHG § 15
Rn. 251; MüKoInsO/*Görg/Janssen* InsO § 159 Rn. 22; Uhlenbruck/*Zipperer* InsO § 159 Rn. 35.
[1251] *Blasche* RNotZ 2013, 515 (520); *Skauradszun* NZG 2012, 1244 (1284); *Liebscher/Lübke* ZIP 2004,
241 ff.; Lutter/Hommelhoff/*Bayer* GmbHG § 15 Rn. 100; Heckschen/Heidinger/*Heckschen* Kap. 4
Rn. 384; *Heckschen* FS 25 Jahre DNotI 2018, 453 (461 ff.); für die AG *Bork* FS Henckel 1995, 23 (38 f.).
[1252] Hierzu ausf. Heckschen/Heidinger/*Heckschen* Kap. 4 Rn. 536 ff.
[1253] Ausf. und aktuell zur Heilung unwirksamer Abfindungsklauseln *Heckschen* FS Bergmann 2019, 259 ff.
[1254] *Bork* Rn. 227.
[1255] Die erfolgreiche (gerichtliche oder außergerichtliche) Geltendmachung von Forderungen kann als Massemehrung betrachtet werden, *Bork* Rn. 229, obwohl diese Ansprüche bereits im Moment der Verfahrenseröffnung bestehen und damit streng genommen bereits zur „Ist-Masse" gehören.

gegen ihre Gesellschafter und Geschäftsführer[1256] sowie die Insolvenzanfechtung nach §§ 129 ff. InsO.[1257]

---

652 | Checkliste: Denkbare Ansprüche gegen Gesellschafter und Geschäftsführer

(1) Ansprüche aus **Verletzung der Kapitalerhaltungsvorschriften, §§ 30, 31 GmbHG**
(2) Ansprüche aus **§ 64 GmbHG**
(3) **Existenzvernichtungshaftung gemäß § 826 BGB**
(4) Ansprüche aus **Insolvenzanfechtung, §§ 129 ff. InsO**
   (a) § 130 InsO (kongruente Deckung)
   (b) § 131 InsO (inkongruente Deckung)
   (c) § 132 InsO (unmittelbar nachteilige Handlung)
   (d) § 133 InsO (Vorsatzanfechtung)
   (e) § 134 InsO (Anfechtung unentgeltlicher Leistung)
   (f) **§ 135 InsO (Gesellschafterdarlehen)**
      aa) Besicherung durch die Gesellschaft, § 135 Abs. 1 Nr. 1 InsO
      bb) Befriedigung des Rückforderungsanspruchs, § 135 Abs. 1 Nr. 2 InsO
      cc) Befriedigung einer durch Gesellschafter besicherten Darlehensforderung (oder dieser wirtschaftlich entsprechenden Forderung) eines Dritten gegen die Gesellschaft, § 135 Abs. 2 InsO
   (g) § 136 InsO (stille Gesellschaft)
(5) Weitere Ansprüche **gegen die Gesellschafter**
   (a) Ansprüche bei nicht erfolgter Eintragung der GmbH
      aa) Persönliche Haftung der Mitglieder der Vorgründungsgesellschaft
      bb) Verlustdeckungshaftung bei Insolvenz der Vor-GmbH
   (b) Ansprüche anlässlich fehlerhafter Kapitalaufbringung
      aa) Offene Einlageansprüche (beachte: § 16 Abs. 2 GmbHG)
      bb) Hin- und Herzahlen (§ 19 Abs. 5 GmbHG)
      cc) Verdeckte Sachgründung (§ 19 Abs. 4 GmbHG)
      dd) Voreinzahlung der Einlage (bei Gründung und Kapitalerhöhung)
      ee) Differenzhaftung bei Überbewertung der Sacheinlage, § 9 Abs. 1 S. 1 GmbHG
   (c) Ansprüche bei wirtschaftlicher Neugründung
   (d) Verletzung der Insolvenzantragsstellungspflicht (§ 15a InsO) bei Führungslosigkeit
(6) Weitere Ansprüche **gegen die Geschäftsführer**
   (a) Ansprüche aus § 43 Abs. 2 GmbHG in der Kapitalaufbringungsphase
   (b) Haftung bei Versicherung nach § 8 Abs. 2 GmbHG
   (c) Haftung nach § 826 BGB
   (d) Haftung der Geschäftsleitung in Eigenverwaltung analog §§ 60, 61 InsO
   (e) Verletzung der Insolvenzantragsstellungspflicht (§ 15a InsO)
   (f) Firmenbestattung
   (g) § 69 AO

I. Ansprüche bei Verletzung der Kapitalerhaltungsvorschriften, §§ 30, 31 GmbHG

653 Das zur Erhaltung des Stammkapitals erforderliche Vermögen der GmbH darf an die Gesellschafter gemäß § 30 Abs. 1 S. 1 GmbHG nicht ausgezahlt werden (hierzu bereits

---

[1256] Auch die optimale Verwertung von Absonderungsgut durch den Insolvenzverwalter (§§ 165 ff. InsO) bewirkt aufgrund der Einbehaltung der Feststellungs- (pauschal 4 % des Verwertungserlöses, § 171 Abs. 1 InsO) und Verwertungspauschale (pauschal 5 %, § 171 Abs. 2 S. 1 InsO, es sei denn, der tatsächliche Erlös war höher, § 171 Abs. 2 S. 2 InsO) eine Mehrung der „Ist-Masse".

[1257] Anfechtungsansprüche können freilich auch gegen Gesellschafter oder Geschäftsführer gerichtet sein.

→ Rn. 256 ff.).[1258] Zahlungen, welche entgegen des Auszahlungsverbots des § 30 GmbHG geleistet wurden, müssen der Gesellschaft gemäß § 31 Abs. 1 GmbHG erstattet werden. Die Vorschriften sollen als Ausdruck des für das Recht der GmbH zentralen Grundsatzes der (nominellen[1259]) Kapitalerhaltung (und als Legitimation der Haftungsbeschränkung gemäß § 13 Abs. 2 GmbHG) dafür sorgen, dass den Gläubigern der Gesellschaft jedenfalls deren Stammkapital als Haftungsmasse zur Verfügung steht. Zu den Einzelheiten der Voraussetzungen des § 30 Abs. 1 GmbHG → Rn. 256 ff.

Besondere Vorsicht ist im Zusammenhang mit der Bestellung von Sicherheiten für **654** Forderungen eines Gesellschafters gegen Dritte oder für Forderungen Dritter gegen einen Gesellschafter durch die Gesellschaft (Upstream-Sicherheiten) geboten.[1260] Hierzu → Rn. 260.

Der II. Zivilsenat des BGH hat im Jahr 2017 zunächst für die AG klargestellt, dass **655** bereits die Sicherheitenbestellung für einen Darlehensrückzahlungsanspruch eines Dritten gegen einen Aktionär den Tatbestand des § 57 Abs. 1 AktG erfüllt und nicht erst die Verwertung der Sicherheit.[1261] Es ist unschädlich, dass sich die Sicherheitenbestellung gemäß § 251 S. 1 HGB nicht unmittelbar in der Handelsbilanz auswirkt. Die Gegenleistung iSd § 57 Abs. 1 S. 3 AktG ist der Freistellungsanspruch der Gesellschaft gegen den Gesellschafter.[1262] Vollwertig ist dieser Anspruch, wenn nach vernünftiger kaufmännischer Beurteilung im Zeitpunkt der Besicherung ein Ausfall für den Anspruch auf Darlehensrückzahlung unwahrscheinlich ist (Aktiventausch).[1263] Diese Grundsätze für die AG hat der II. Zivilsenat, ebenfalls im Jahr 2017, auf die GmbH übertragen.[1264]

Praxishinweis:

Dies wird in der Praxis insbesondere bei Unternehmenstransaktionen in Form des Anteilskaufs relevant (Share Deal), die häufig durch Upstream-Sicherheiten finanziert werden. Durch die Sicherheitenbestellung droht der Geschäftsführer, in eine Haftung gemäß § 43 Abs. 2, Abs. 3 GmbHG zu geraten. Auch an eine Strafbarkeit gemäß § 266 StGB ist zu denken.[1265] Hierauf müssen der Notar und sonstige Berater hinweisen.

Ist die Erstattung von dem Empfänger nicht zu erlangen, so haften gemäß § 31 Abs. 3 **656** S. 1 GmbHG für den zu erstattenden Betrag, soweit er zur Befriedigung der Gesellschaftsgläubiger erforderlich ist, die übrigen Gesellschafter nach Verhältnis ihrer Geschäftsanteile. Für die in den Fällen von § 31 Abs. 3 GmbHG geleistete Erstattung einer Zahlung sind den Gesellschaftern gemäß § 31 Abs. 6 S. 1 GmbHG die Geschäftsführer, welchen in betreff der geleisteten Zahlung ein Verschulden zur Last fällt, solidarisch zum Ersatz verpflichtet. § 43 Abs. 1–4 GmbHG findet gemäß § 31 Abs. 6 S. 2 GmbHG entsprechende Anwendung.

Die Neufassung der §§ 39, 135 InsO (→ Rn. 685 ff.) durch das MoMiG markieren **657** eine bewusste Abkehr des deutschen Gesetzgebers vom alten Eigenkapitalersatzrecht[1266] und eine rein insolvenzrechtliche Neukonzeption der Behandlung von Gesellschafterdar-

---

[1258] Ausf. Reul/Heckschen/Wienberg/*Heckschen* InsR § 4 Rn. 861 ff.
[1259] Vgl. MüKoGmbHG/*Ekkenga* GmbHG § 30 Rn. 11 ff.
[1260] Vgl. zum Streitstand ausf. MüKoGmbHG/*Ekkenga* GmbHG § 30 Rn. 137 ff.; Reul/Heckschen/Wienberg/*Heckschen* InsR § 4 Rn. 869 ff.
[1261] BGHZ 213, 224 Rn. 15 = NZG 2017, 344.
[1262] BGHZ 213, 224 Rn. 14 = NZG 2017, 344.
[1263] BGHZ 213, 224 Rn. 14 = NZG 2017, 344.
[1264] BGHZ 214, 258 Rn. 13 = NZG 2017, 658.
[1265] Das OLG Hamm hat 2017 entschieden, dass eine verbotswidrige Auszahlung gemäß § 30 Abs. 1 GmbHG auch dann vorliegen kann, wenn sich der Geschäftsführer wegen der gleichen Auszahlung gemäß § 266 StGB strafbar macht, OLG Hamm NZG 2017, 741.
[1266] Ausf. hierzu Lutter/Hommelhoff/*Kleindiek* GmbHG Anh. § 64 Rn. 102 ff.; *Ulbrich,* Die Abschaffung des Eigenkapitalersatzrechts der GmbH, Diss. 2011; *Blöse* GmbHR 2019, 1151.

lehen (und Sicherheiten). Dies kommt in § 30 Abs. 1 S. 3 GmbHG dadurch zum Ausdruck, dass dort angeordnet ist, dass das Auszahlungsverbot des § 30 Abs. 1 S. 1 GmbHG
auf die Rückgewähr eines Gesellschafterdarlehens und Leistungen auf Forderungen aus
Rechtshandlungen, die einem Gesellschafterdarlehen wirtschaftlich entsprechen, keine
Anwendung findet. Nach altem Recht war eine analoge Anwendung von § 30 Abs. 1
GmbHG aF auf die Rückzahlung eigenkapitalersetzender Darlehen nach den Rechtspre-
chungsregeln möglich.[1267]

658   Geschäftsführer sind gemäß § 43 S. 1 GmbHG insbesondere dann der Gesellschaft gemäß § 43 Abs. 3 S. 1 GmbHG zum Schadensersatz verpflichtet, wenn den Bestimmungen
des § 30 GmbHG zuwider Zahlungen aus dem zur Erhaltung des Stammkapitals erforderlichen Vermögen der Gesellschaft gemacht worden sind.

659   Gerade im Insolvenzkontext hat § 43 Abs. 3 S. 2 GmbHG Bedeutung. Danach wird
die Verpflichtung der Geschäftsführer nach § 43 Abs. 3 S. 1 GmbHG nicht dadurch aufgehoben, dass dieselben in Befolgung eines Beschlusses der Gesellschafter gehandelt haben, wenn der Ersatz zur Befriedigung der Gläubiger der Gesellschaft erforderlich ist. Im
Falle drohender Zahlungsunfähigkeit oder in einem späteren Krisenstadium ist dieses Kriterium regelmäßig erfüllt.

660   Auch im Zusammenhang mit der Zahlung von Einziehungsentgelt im Falle der Gesellschafterinsolvenz muss § 30 GmbHG gemäß § 34 Abs. 3 GmbHG beachtet werden. Die
Gesellschaft ist auch bei Vorliegen eines wirksamen Einziehungsbeschlusses gemäß § 30
Abs. 1 GmbHG an der Auszahlung der Abfindung gehindert, soweit sie nicht aus dem
freien Vermögen geleistet werden kann.[1268] Das Bestehen stiller Reserven ist hierfür nicht
relevant.[1269]

661   Ein Einziehungsbeschluss ist nach der Rechtsprechung des BGH gemäß § 241 Nr. 3
AktG analog nichtig, wenn „bereits bei Beschlussfassung feststeht, dass das Einziehungsentgelt nicht aus freiem, die Stammkapitalziffer nicht beeinträchtigenden Vermögen der
Gesellschaft gezahlt werden kann".[1270] Der BGH hat jüngst klargestellt, dass dies auch
dann gilt, wenn die Gesellschaft über stille Reserven verfügt, deren Auflösung ihr die
Bezahlung des Einziehungsentgelts ermöglichen würde.[1271] Dies gilt es bei der Planung
des Mitgliedschaftsentzugs im Falle der Gesellschafterinsolvenz zu berücksichtigen.

662   Ist der Beschluss wirksam, können die verbleibenden Gesellschafter (die den Einziehungsbeschluss gefasst haben) dem ausgeschiedenen Gesellschafter anteilig für die Zahlung
der Abfindung haften, wenn die Auszahlung dieser der Gesellschafft gemäß § 30 GmbHG
(iVm § 34 Abs. 3 GmbHG) verboten ist.[1272] Dieser Anspruch folgt nach der Rechtsprechung des BGH daraus, dass es der Billigkeit entspricht, die Gesellschafter zum Ausgleich
des Mehrwerts für den Abfindungsanspruch persönlich haften zu lassen, wenn
– die Gesellschafter dem ausgeschiedenen Gesellschafter seine Abfindung unter dem berechtigten Verweis auf die Kapitalbindung der Gesellschaft gemäß § 30 GmbHG vorenthalten,
– andererseits aber nicht dafür sorgen, dass die Abfindung auf aus dem ungebundenen
  Vermögen der Gesellschaft geleistet werden kann, oder die Gesellschaft fortsetzen und
  sie nicht aufzulösen, weil sie darin einen wirtschaftlichen Vorteil und einen Mehrwert
  für ihren Anteil erkennen.[1273]

663   Ist ein Gesellschafter ausgeschieden, weil über sein Vermögen das Insolvenzverfahren eröffnet wurde, kann der Anspruch gegen die verbleibenden Gesellschafter zweifelhaft sein,

---

[1267] Lutter/Hommelhoff/*Kleindiek* GmbHG Anh. § 64 Rn. 115 ff.
[1268] BGH NZG 2018, 1069 (1070) mVa BGHZ 210, 186 Rn. 22 = NZG 2016, 742.
[1269] BGH NZG 2018, 1069 (1070).
[1270] BGHZ 192, 236 Rn. 7 = NZG 2012, 259; BGHZ 210, 186 Rn. 13 = NZG 2016, 742.
[1271] BGH NZG 2018, 1069 (1070).
[1272] BGHZ 192, 236 Rn. 21 = NZG 2012, 259; BGHZ 210, 186 Rn. 13 = NJW-RR 2016, 801.
[1273] BGHZ 210, 186 Rn. 23 = NZG 2016, 742

wenn auch die Gesellschaft formell oder materiell insolvent ist (Doppelinsolvenz).[1274] Führt die Verfahrenseröffnung zur Auflösung der Gesellschaft gemäß § 60 Abs. 1 Nr. 4 GmbHG, dann scheidet eine „treuwidrige Fortsetzung der Gesellschaft", durch welche die Haftung der übrigen Gesellschafter nach den Grundsätzen von BGHZ 192, 236 begründet wird,[1275] aus.[1276]

II. Ansprüche aus § 64 GmbHG

Die Geschäftsführer sind der Gesellschaft gemäß § 64 S. 1 GmbHG zum Ersatz von Zah- 664
lungen verpflichtet, die nach Eintritt der Zahlungsunfähigkeit[1277] der Gesellschaft oder nach Feststellung ihrer Überschuldung geleistet werden. § 64 S. 1 InsO enthält eine antizipierte Massesicherungspflicht. Hieraus wird ihre Bedeutung im Insolvenzkontext ersichtlich. Die Vorschrift ist entsprechend auf faktische Geschäftsführer anwendbar.[1278]

Die Ersatzpflicht des § 64 S. 1 GmbHG gilt gemäß § 64 S. 2 GmbHG nicht für Zah- 665
lungen, die auch nach diesem Zeitpunkt mit der Sorgfalt eines ordentlichen Geschäftsmanns vereinbar sind.

§ 64 S. 1 GmbHG gilt nach § 64 S. 3 GmbHG auch für Zahlungen an Gesellschafter, 666
soweit diese zur Zahlungsunfähigkeit der Gesellschaft führen mussten. Dies gilt nicht, wenn dies auch bei Beachtung der in § 64 S. 2 GmbHG bezeichneten Sorgfalt nicht erkennbar war.

Auf den Ersatzanspruch finden die Regelungen in § 43 Abs. 3 und Abs. 4 GmbHG 667
entsprechende Anwendung (§ 64 S. 4 GmbHG).

III. Existenzvernichtungshaftung gemäß § 826 BGB

Die Existenzvernichtungshaftung ist als reine Innenhaftung gemäß § 826 BGB ausgestal- 668
tet[1279] und begründet einen Anspruch der GmbH gegen einen Gesellschafter.[1280] Ein solcher Anspruch liegt vor, wenn der Gesellschafter auf die Zweckbindung des Gesellschaftsvermögens keine angemessene Rücksicht nimmt, indem er der Gesellschaft durch offene oder verdeckte Entnahmen ohne angemessenen Ausgleich Vermögenswerte entzieht, die sie zur Erfüllung ihrer Verbindlichkeiten benötigt, und sie dadurch in die Insolvenz führt oder eine bereits bestehende Insolvenz vertieft.[1281]

Umstritten ist die Frage, ob auch dann die Voraussetzungen der Existenzvernichtungs- 669
haftung vorliegen, wenn zwar kein Vermögen unmittelbar der Gesellschaft entnommen wird, die Verbindlichkeiten der Gesellschaft jedoch erhöht werden. Nach Ansicht des OLG Dresden ist dies zu verneinen und fehlt es an einer tatsächlichen Vermögensentnahme, wenn im Zuge einer Verschmelzung durch Übertragung von Passiva die Insolvenz der aufnehmenden Gesellschaft verursacht wird.[1282] Anders entschied der BGH als Revisionsinstanz und bejahte die Möglichkeit einer Existenzvernichtungshaftung.[1283]

Ein Anspruch aus § 826 BGB wegen existenzvernichtenden Eingriffs kann insbesonde- 670
re neben einem Anspruch aus §§ 143 Abs. 1, 133 InsO (Vorsatzanfechtung) bestehen.[1284]

[1274] BGHZ 210, 186 Rn. 26 = NZG 2016, 742.
[1275] BGHZ 192, 236 Rn. 21 = NZG 2012, 259.
[1276] BGHZ 210, 186 Rn. 26 = NZG 2016, 742.
[1277] Zur Feststellung der Zahlungsunfähigkeit BGH NZI 2018, 204.
[1278] BGH NZG 2005, 816; Heckschen/Heidinger/*Heckschen* Kap. 19 Rn. 60.
[1279] Ausführlich Heckschen/Heidinger/*Heckschen* Kap. 17 Rn. 24 ff.
[1280] BGH NZG 2005, 214 (215); BGHZ 173, 246 Rn. 19 – Trihotel = NZI 2007, 603; NZI 2008, 238; BGHZ 193, 96 Rn. 13 = NZI 2012, 517; NZG 2013, 827 (829).
[1281] BGH NZG 2013, 827 (829).
[1282] OLG Dresden NotBZ 2018, 350; hierzu *Heckschen* NotBZ 2018, 352.
[1283] BGH NZI 2019, 289 = EWiR 2019, 101 mAnm *Heckschen;* ausf. dazu *Heckschen* NZG 2019, 561; *Priester* ZIP 2019, 646.
[1284] BGH NZG 2013, 827 (828 ff.).

IV. Ansprüche aus Insolvenzanfechtung, §§ 129 ff. InsO

671 **1. Einführung.** Die praktische Relevanz der Insolvenzanfechtung nach §§ 129 ff. InsO kann nicht unterschätzt werden. Sinn der Insolvenzanfechtung ist es, zum Zwecke der Wiederherstellung des Schuldnervermögens als ungerechtfertigt anzusehende Vermögensverschiebungen rückgängig zu machen.[1285]

672 Rechtshandlungen, die vor der Eröffnung des Insolvenzverfahrens vorgenommen worden sind und die Insolvenzgläubiger benachteiligen, kann der Insolvenzverwalter gemäß § 129 Abs. 1 InsO nach Maßgabe der §§ 130–146 InsO anfechten.[1286] Was durch die anfechtbare Handlung aus dem Vermögen des Schuldners veräußert, weggegeben oder aufgegeben ist, muss gemäß § 143 Abs. 2 S. 1 InsO zur Insolvenzmasse zurückgewährt werden. Die Insolvenzanfechtung nach §§ 129 ff. InsO bewirkt also keine (relative oder absolute Unwirksamkeit), sondern einen schuldrechtlichen Anspruch.[1287] Der Insolvenzverwalter ist zur Geltendmachung des Anspruchs berechtigt.[1288]

673 Auch wenn Anfechtungsansprüche seit der Reform von 2017[1289] durch die Rechtsprechung erfreulicherweise insgesamt eine tendenziell restriktivere Behandlung erfahren als vorher, handelt es sich bei der Insolvenzanfechtung gemäß §§ 129 ff. InsO nach wie vor um das effizienteste und stets mit Hochdruck eingesetzte Mittel des Insolvenzverwalters zur Mehrung der Masse. Umgekehrt gewendet handelt es sich im Krisenkontext bei Anfechtungsrisiken um eine von Beratern stets zu beachtende Materie. Übersieht der Notar beispielsweise, dass eine Maßnahme nach §§ 129 ff. InsO anfechtbar ist, kann dies Haftungsansprüche begründen. Auch (Sanierungs-)Berater selbst sahen sich in der Vergangenheit Anfechtungsprozessen über vor der Insolvenz an sie gezahlte Honorare ausgesetzt, wenn die (vorinsolvenzliche) Sanierung gescheitert war.

674 Systematisch betrachtet handelt es sich bei § 129 Abs. 1 InsO um die Grundnorm, deren Voraussetzungen (Rechtshandlung vor Eröffnung des Verfahrens; Gläubigerbenachteiligung[1290]) für das Bestehen eines Anfechtungsanspruchs nach § 143 Abs. 1 InsO stets erfüllt sein müssen. Die einzelnen Anfechtungstatbestände regeln die §§ 130–136 InsO.

---

675 | **Checkliste: Anfechtungstatbestände der §§ 130 ff. InsO**

(1) **§ 130 InsO (kongruente Deckung):** Rechtshandlung, die Insolvenzgläubiger Sicherung oder Befriedigung gewährt oder ermöglicht hat,
Kritischer Zeitraum:[1291] Drei Monate vor Eröffnungsantrag, wenn
  (a) zur Zeit der Handlung (§ 129 InsO) der Schuldner zahlungsunfähig war und wenn Gläubiger Zahlungsunfähigkeit kannte oder
  (b) wenn sie nach Eröffnungsantrag erfolgte und wenn Gläubiger Zahlungsunfähigkeit oder Eröffnungsantrag kannte
(2) **§ 131 InsO (inkongruente Deckung):** Rechtshandlung, die
  (a) Insolvenzgläubiger Sicherung oder Befriedigung gewährt oder ermöglicht hat
  (b) die er nicht oder nicht in der Art oder nicht zu der Zeit zu beanspruchen hatte

---

[1285] BGH NZI 2015, 937 (940).
[1286] Eine Unterlassung steht einer Rechtshandlung gemäß § 129 Abs. 2 InsO gleich.
[1287] BGH NZI 2014, 1057 (1058); NZI 2011, 486 (487).
[1288] Dieser kann einen Dritten als gewillkürter Prozessstandschafter zur Geltendmachung des Anspruchs aus § 143 Abs. 1 InsO ermächtigen, BGH NJW 1987, 2018.
[1289] Gesetz zur Verbesserung der Rechtssicherheit bei Anfechtungen nach der Insolvenzordnung und nach dem Anfechtungsgesetz v. 29.3.2017, BGBl. I 654, in Kraft getreten am 5.4.2017.
[1290] Insolvenzgläubiger sind nach der Legaldefinition des § 38 InsO die „persönlichen Gläubiger, die einen zur Zeit der Eröffnung des Insolvenzverfahrens begründeten Vermögensanspruch gegen den Schuldner haben".
[1291] Kritisch ist der Zeitraum, in dem eine Rechtshandlung vorgenommen worden sein muss, damit eine Anfechtung nach dem entsprechenden Anfechtungstatbestand anfechtbar sein *kann*. Innerhalb der jeweiligen Tatbestände werden teilweise weitere Abstufungen vorgenommen.

(c) Anfechtbar, wenn Handlung im
   aa) letzten Monat vor Eröffnungsantrag oder danach (Nr. 1)
   bb) zweiten oder dritten Monat vor Eröffnungsantrag, wenn Schuldner zu diesem Zeitpunkt zahlungsunfähig (Nr. 2)
   cc) zweiten oder dritten Monat vor Eröffnungsantrag, wenn Gläubiger zu diesem Zeitpunkt bekannt war, dass Insolvenzgläubiger benachteiligt werden
(3) § 132 InsO (unmittelbare Benachteiligung): Rechtsgeschäft des Schuldners, das Insolvenzgläubiger unmittelbar benachteiligt,
  (a) innerhalb der letzten drei Monate vor Eröffnungsantrag, wenn zur Zeit des Rechtsgeschäfts Schuldner zahlungsunfähig und anderer Teil Zahlungsunfähigkeit kannte oder
  (b) nach Eröffnungsantrag und anderer Teil kannte
   aa) Zahlungsunfähigkeit oder
   bb) Eröffnungsantrag
(4) § 133 InsO (Vorsatzanfechtung):
  (a) Rechtshandlung zehn Jahre vor Eröffnungsantrag oder nach dem Antrag, wenn
   aa) Vorsatz des Schuldners, Gläubiger zu benachteiligen
   bb) anderer Teil wusste, dass Zahlungsunfähigkeit droht und dass Handlung die Gläubiger benachteiligte Vermutung (§ 133 Abs. 1 S. 2 InsO): Kenntnis vermutet, wenn anderer Teil weiß, dass Zahlungsunfähigkeit drohte und dass die Handlung Gläubiger benachteiligte
  (b) Reduktion der Zehn-Jahres-Frist auf vier Jahre (§ 133 Abs. 2 InsO): Sicherungsgewährung oder Befriedigung des anderen Teils
   aa) Vermutung (§ 133 Abs. 1 S. 2 iVm Abs. 3 S. 1 InsO): Kenntnis vermutet, wenn anderer Teil Zahlungsunfähigkeit kannte und dass die Handlung Gläubiger benachteiligte
   bb) Bei Zahlungsvereinbarung oder sonstiger Zahlungserleichterung (§ 133 Abs. 3 S. 2 InsO): Vermutung, dass Gläubiger Zahlungsunfähigkeit nicht kannte
  (c) Anfechtbar ist entgeltlicher Vertrag mit nahestehender Person (§ 138 InsO), der Insolvenzgläubiger unmittelbar benachteiligt (§ 133 Abs. 4 InsO)
  Anfechtung ausgeschlossen, wenn
   aa) Vertrag früher als zwei Jahre vor Eröffnungsantrag geschlossen, oder
   bb) anderem Teil bei Vertragsschluss kein Gläubigerbenachteiligungsvorsatz des Schuldners bekannt war
(5) § 134 InsO (unentgeltliche Leistung): Vier Jahre vor Eröffnungsantrag
  Keine Anfechtung bei gebräuchlichem Gelegenheitsgeschenk
(6) § 135 InsO (Gesellschafterdarlehen): Anfechtbar ist eine Rechtshandlung
  (a) die für Gesellschafterforderung auf Rückgewähr eines Darlehens iSd § 39 Abs. 1 Nr. 5 InsO oder für gleichgestellte Forderung Sicherung gewährt hat (§ 135 Abs. 1 InsO), wenn
   aa) Handlung in den letzten zehn Jahren vor Eröffnungsantrag oder danach vorgenommen worden ist (Nr. 1), oder
   bb) Befriedigung gewährt hat, wenn Handlung im letzten Jahr vor Eröffnungsantrag oder danach vorgenommen worden ist (Nr. 2)
  (b) mit der eine Gesellschaft einem Dritten für eine Forderung auf Rückgewähr eines Darlehens innerhalb Frist gemäß § 135 Abs. 1 Nr. 2 InsO Befriedigung gewährt hat (§ 135 Abs. 2 Hs. 1 InsO), wenn
   aa) ein Gesellschafter für Forderung Sicherheit bestellt hatte, oder
   bb) als Bürge haftete
   cc) § 135 Abs. 2 Hs. 1 InsO gilt sinngemäß für Leistungen auf Forderungen, die Darlehen wirtschaftlich entsprechen (§ 135 Abs. 2 Hs. 2 InsO)
  (c) § 39 Abs. 4 und Abs. 5 InsO gelten entsprechend (§ 135 Abs. 4 InsO)

> **(7) § 136 InsO (Stille Gesellschaft):** Anfechtbar ist eine Rechtshandlung, durch die einem stillen Gesellschafter die Einlage ganz oder teilweise zurückgewährt oder sein Anteil an dem entstandenen Verlust ganz oder teilweise erlassen wird (§ 136 Abs. 1 S. 1 InsO), wenn die zugrundeliegende Vereinbarung im letzten Jahr vor dem Eröffnungsantrag (über das Vermögen des Inhabers des Handelsgeschäfts) oder danach getroffen worden ist.
> Dies gilt auch dann, wenn im Zusammenhang mit Vereinbarung die stille Gesellschaft aufgelöst worden ist (§ 136 Abs. 1 S. 2 InsO).
> Die Anfechtung ist ausgeschlossen, wenn der Eröffnungsgrund erst nach Vereinbarung eingetreten ist (§ 136 Abs. 2 InsO).

676   Mehrere Anfechtungstatbestände sehen Vermutungsregeln zulasten „nahestehender Personen" vor, um dem Insolvenzverwalter die Geltendmachung von Anfechtungsansprüchen zu erleichtern. Dies sind bei der GmbH insbesondere die Geschäftsführer (§ 138 Abs. 2 Nr. 1 InsO) und Personen, die zum Geschäftsführer in einer besonderen persönlichen Verbindung stehen (§ 138 Abs. 2 Nr. 3 iVm Abs. 1 InsO). Ist der Schuldner eine juristische Person, steht ihm eine andere juristische Person nahe, wenn der Geschäftsführer des Schuldners zugleich Geschäftsführer des Anfechtungsgegners ist oder wenn zwischen den personenverschiedenen Geschäftsführern ein Näheverhältnis iSd § 138 Abs. 1 Nr. 1–3 InsO besteht.[1292]

677   Ein Näheverhältnis kann dazu führen, dass eine Forderung aus einer Rechtshandlung eines Dritten einem Gesellschafterdarlehen wirtschaftlich entspricht. Sie ist es jedoch nicht allein aufgrund dieses Umstandes.[1293] Ein erster Anschein für eine wirtschaftliche Gleichstellung wird nicht allein dadurch begründet, dass eine nahestehende Person ein ungesichertes Darlehen gewährt.[1294]

678   Einen in der Praxis bewährten Anfechtungsschutz bietet das sog. Bargeschäftsprivileg des § 142 InsO. Eine Leistung des Schuldners, für die unmittelbar eine gleichwertige Gegenleistung in sein Vermögen gelangt, ist gemäß § 142 Abs. 1 InsO nur anfechtbar, wenn die Voraussetzungen des § 133 Abs. 1–3 InsO gegeben sind und der andere Teil erkannt hat, dass der Schuldner unlauter handelte. Einzelheiten und Legaldefinitionen regelt § 142 Abs. 2 InsO. Insbesondere ist der Austausch von Leistung und Gegenleistung nach § 142 Abs. 2 S. 1 InsO unmittelbar, wenn er nach Art der ausgetauschten Leistung und unter Berücksichtigung der Gepflogenheiten des Geschäftsverkehrs in einem engen zeitlichen Zusammenhang erfolgt.

679   Die Darlegungs- und Beweislast für die Voraussetzungen des § 142 Abs. 1 InsO trägt der Anfechtungsgegner.[1295] Macht der Insolvenzverwalter daraufhin geltend, dass der Schuldner nicht mit einem Nutzen für die Gläubiger habe rechnen dürfen, weil er fortwährend nicht rentabel gearbeitet und daher auch mit der gemäß § 142 InsO erlangten Leistung weiterhin Verluste gemacht, so muss er dies darlegen und (erforderlichenfalls) beweisen.[1296]

680   Im gesellschaftsrechtlichen Kontext muss beachtet werden, dass § 142 InsO auch auf die Rückzahlung eines Gesellschafterdarlehens (§ 135 Abs. 1 InsO) Anwendung findet.[1297] Dies ist der Fall, wenn der Darlehensgläubiger im (unmittelbaren) Austausch eine gleichwertige Sicherheit aufgibt.[1298] Der BGH hat jüngst entschieden, dass das Beschäftigungsprivileg keine Anwendung auf die Anfechtung der Besicherung eines Gesellschafterdarlehens findet.[1299]

[1292] BGH NZI 2017, 358 (359).
[1293] BGHZ 188, 363 Rn. 11 = NZI 2011, 257.
[1294] BGHZ 188, 363 Rn. 12 ff. = NZI 2011, 257.
[1295] BGH ZIP 2018, 2124 (2125).
[1296] BGH ZIP 2018, 2124 (2125).
[1297] OLG Karlsruhe ZIP 2018, 1987 (1989).
[1298] OLG Karlsruhe ZIP 2018, 1987 (1989).
[1299] BGH ZIP 2019, 666 = EWiR 2019, 241 mAnm *Bork*.

Das Bargeschäftsprivileg ist auch für Berater das entscheidende Mittel, um anfechtungsfest **681** Honorare für krisennahe Beratung empfangen zu können.[1300] Dies kann natürlich auch für den in einer krisennahen Situation (beispielsweise über mögliche Strukturmaßnahmen) beratenden Notar relevant werden.

In der Doppelinsolvenz sowohl von GmbH als auch eines Gesellschafters werfen An- **682** sprüche der Mutter gegen die Tochter Probleme auf. Will der Insolvenzverwalter der Mutter Ansprüche gegen die ebenfalls insolvente Tochter geltend machen, so wird der Verwalter der Tochter dem Verwalter der Mutter den Nachrang der Forderungen der Mutter gemäß § 39 Abs. 1 Nr. 5 InsO entgegenhalten. Er wird seinerseits prüfen, ob er Ansprüche aus §§ 143, 135 Abs. 1 Nr. 2 InsO geltend machen kann. Dies ist denkbar, wenn die Tochter nachrangige Ansprüche vor Eröffnung des Verfahrens befriedigt hat.[1301] Es stellt sich nun die Frage, ob und unter welchen Voraussetzungen der Verwalter der Mutter den Nachrang des Anspruchs der Mutter gegen die Tochter im Wege der Insolvenzanfechtung angreifen kann und dieses Verteidigungsmittel des Verwalters der Tochter somit zu Fall bringen kann.

Zur Beantwortung dieser Frage ist zwischen dem Nachrang von Anfang an und dem **683** durch Stehenlassen einer Forderung entstehenden Nachrang zu unterscheiden.
– Für den **nachträglichen** Nachrang durch Stehenlassen wird von der hM vertreten, dass dieser der Anfechtung gemäß § 134 InsO[1302] unterliegt.[1303]
– Die Entscheidung des BGH vom 13.10.2016 hat für die Praxis klargestellt, dass der **anfängliche** Nachrang eines Darlehens nicht als unentgeltliche Leistung gemäß § 134 InsO anfechtbar ist. Im ersten Leitsatz führt der Senat aus, dass die Auszahlung eines Gesellschafterdarlehens an die Gesellschaft in der Insolvenz des Gesellschafters nicht im Wege der Schenkungsanfechtung gemäß § 134 InsO anfechtbar sei.[1304] Im zweiten Leitsatz heißt es:

„Der Insolvenzverwalter über das Vermögen eines Gesellschafters, welcher der Gesellschaft ein Darlehen gewährt hat, kann dem Nachrangeinwand des Insolvenzverwalters über das Vermögen der Gesellschaft nicht den Gegeneinwand entgegenhalten, die Gewährung eines Gesellschafterdarlehens sei als unentgeltliche Leistung anfechtbar."[1305]

Eine Ausnahme soll in Fällen gelten, in denen eine Rückzahlung des Darlehens von **684** den Parteien nicht bezweckt oder dies für tatsächlich ausgeschlossen gehalten wird.[1306] Über die Möglichkeit der Vorsatzanfechtung des anfänglichen Nachrangs, insbesondere gemäß § 133 Abs. 4 InsO hat die Entscheidung des BGH aus 2016 dagegen keine Aussage getroffen.[1307]

2. Ausgewählte Einzelfragen zu anfechtungsbegründenden Gesellschafterfremd- 685 finanzierungen. Die in → Rn. 657 erwähnte rein insolvenzrechtliche Neukonzeption des alten Eigenkapitalersatzrechts besteht einerseits in der Nachrangwirkung des § 39 Abs. 1 Nr. 5 InsO und anderseits in der Insolvenzanfechtung gemäß § 135 InsO.[1308] Gemäß § 39 Abs. 1 Nr. 5 InsO treten Forderungen auf Rückgewähr eines Gesellschafterdarlehens oder darlehensgleichen Rechtshandlungen hinter alle übrigen Insolvenzforderungen zurück. Sie werden folglich nur bedient, wenn alle anderen ranghöheren Gläubiger vollständig befriedigt worden sind. § 135 InsO ermöglicht die Rückabwicklung von Be-

---

[1300] Vgl. hierzu Heckschen/Heidinger/*Heckschen* Kap. 19 Rn. 186 ff.
[1301] *Jacoby* ZIP 2018, 505.
[1302] Aktuell zur Anfechtung nach § 134 InsO *Kayser* ZIP 2019, 293.
[1303] *Bork* NZI 2018, 1 (4); Kayser/Thole/*Thole* InsO § 134 Rn. 19; Scholz/*Bitter* GmbHG Anh. § 64 Rn. 179; *Jacoby* ZIP 2018, 505 ff.; aA *Bangha-Szabo* NZI 2017, 27 (28); *Haas* ZIP 2017, 545 (554).
[1304] BGHZ 212, 272 = NZG 2017, 66.
[1305] BGHZ 212, 272 = NZG 2017, 66.
[1306] BGHZ 212, 272 Rn. 14 = NZG 2017, 66; *Jacoby* ZIP 2018, 505 (508).
[1307] Ausf. *Jacoby* ZIP 2018, 505 ff.
[1308] NZG 2015, 924 (924 f.).

friedigungen von Forderungen iSd § 39 Abs. 5 InsO (§ 135 Abs. 1 Nr. 2 InsO) sowie der Gewährungen von Sicherungen für solche Forderungen (§ 135 Abs. 1 Nr. 1 InsO).

686   Auf die Qualifizierung eines Gesellschafterdarlehens als „Eigenkapitalersatz" kommt es nicht mehr an. Dementsprechend ist die Krise der Gesellschaft – die Voraussetzung eines eigenkapitalersetzenden Darlehens war – keine allgemeine Voraussetzung der Rechtsfolgen der Gesellschafterfremdfinanzierung mehr. Für §§ 39 Abs. 1 Nr. 5, 135 Abs. 1 und Abs. 2 InsO kommt es auf die Krise der Gesellschaft nicht an.[1309]

687   Mit Wegfall des alten Eigenkapitalersatzrechts besteht auch kein Anspruch des Insolvenzverwalters gegen einen Gesellschafter mehr, ein von diesem der Gesellschaft überlassenen Wirtschaftsgut unentgeltlich zu nutzen.[1310] Nach Verfahrenseröffnung begründete Mieten sind auch keine nachrangigen Forderungen gemäß § 39 Abs. 1 Nr. 5 InsO, sondern Masseverbindlichkeiten (§§ 55 Abs. 1 Nr. 2, 108 Abs. 1 S. 1 InsO).[1311] Die Zahlung eines vertraglichen Nutzungsentgelts kann daher gemäß § 135 Abs. 1 Nr. 2 InsO nicht als Befriedigung einer Forderung auf Rückgewähr eines Darlehens angefochten werden.[1312] Unberührt bleibt die Anfechtung gemäß § 135 Abs. 1 Nr. 2 InsO wegen Befriedigung einer darlehensgleichen Forderung.[1313]

688   Grundsätzlich besteht in einer auf Kosten der Gesellschaft erlangten Befreiung des Gesellschafters von seiner Sicherung zwar in der Regel eine Gläubigerbenachteiligung (§ 129 InsO) und eine Anfechtung gemäß § 135 Abs. 2 InsO ist möglich. An einer Gläubigerbenachteiligung fehlt es nach dem OLG Frankfurt a.M. jedoch, wenn der Darlehensgeber keinen Anspruch aus der Sicherheit gegen den Gesellschafter hat, den er nach Insolvenzeröffnung gemäß § 44a InsO geltend machen kann und der vor Insolvenzeröffnung eine Verpflichtung zur Freistellung nicht auslöst.[1314] Dies folgt daraus, dass in diesem Fall der Darlehensgeber allein den Schuldner aus dem Darlehen in Anspruch nehmen kann.[1315]

689   Der IX. Zivilsenat hatte 2017 Gelegenheit, zur Insolvenzanfechtung bei Tilgung eines durch Gesellschaft und Gesellschafter doppelt besicherten Gesellschafterdarlehens durch die Gesellschaft Stellung zu nehmen (Doppelsicherheit). Insbesondere ging es in dieser Entscheidung um die Frage, worin die Gläubigerbenachteiligung iSd § 129 InsO besteht. Wenn eine Gesellschaft ein von ihr selbst und ihrem Gesellschafter besichertes Darlehen gegenüber dem Darlehensgeber befriedige, bestehe die Gläubigerbenachteiligung bei der Anfechtung der Befreiung des Gesellschafters von seiner Sicherung laut dem Senat im Abfluss der Mittel aus dem Gesellschaftsvermögen.[1316] Dies folge daraus, dass der Gesellschafter im Verhältnis zur Gesellschaft verpflichtet sei, die von ihm besicherte Verbindlichkeit vorrangig zu befriedigen.[1317]

690   Probleme im Zusammenhang mit der Anfechtung gemäß § 135 InsO werfen auch Eigenkapitalausschüttungen sowie das Stehenlassen von Gewinnvorträgen auf. Die zentrale Frage lautet: Findet § 135 Abs. 1 Nr. 2 InsO auf Eigenkapitalausschüttungen Anwendung, die nach Maßgabe des Gesellschaftsrechts zulässig waren?[1318] Zu diesem Problemkomplex existiert neben einem uneinheitlichen Meinungsbild unter einigen Obergerichten keine höchstrichterliche Entscheidung.

691   Im Jahr 2013 hat das OLG Koblenz hierzu eine Entscheidung getroffen. Danach werde durch die Ausschüttung von Gewinnvorträgen durch einen Alleingesellschafter-Geschäftsführer eine Forderung aus einer Rechtshandlung zurückgewährt, die einem Gesellschafterdarlehen wirtschaftlich entspreche (§ 39 Abs. 1 Nr. 5 InsO), mit der Konsequenz der

---

[1309] BGHZ 196, 220 Rn. 10 = NZI 2013, 308; NZG 2015, 924 (924 f.).
[1310] BGHZ 204, 83 Rn. 38 = NZI 2015, 331.
[1311] BGHZ 204, 83 Rn. 33 = NZI 2015, 331.
[1312] BGHZ 204, 83 Rn. 65 ff. = NZI 2015, 331.
[1313] BGHZ 204, 83 Rn. 65 ff. = NZI 2015, 331.
[1314] OLG Frankfurt a.M. ZIP 2016, 733 (734 f.); hierzu *Thole* ZIP 2017, 1742.
[1315] OLG Frankfurt a.M. ZIP 2016, 733 (734 f.).
[1316] BGH NZI 2017, 760 (761 f.) im Anschluss an BGHZ 192, 9 = NZI 2012, 19.
[1317] BGH NZI 2017, 760 (761 f.).
[1318] Ausf. hierzu *Priester* GmbHR 2017, 1245; *Wünschmann* NZG 2017, 51; *Kruth* DStR 2017, 2126.

Anfechtbarkeit gemäß § 135 Abs. 1 Nr. 2 InsO.[1319] Maßgeblich sei eine wirtschaftliche Betrachtung.[1320]

Zwei Jahre später hat sich das LG Hamburg der Argumentation des OLG Koblenz dem **692** Grunde nach angeschlossen. Dort ging es allerdings nicht um einen Alleingesellschafter-Geschäftsführer. Das LG Hamburg stellte fest, ein Darlehen setze voraus, dass die Gesellschafter der Gesellschaft einen Betrag zur finanziellen Unterstützung überlassen, wobei es keinen Unterschied mache, ob ein Gewinn zunächst ausgeschüttet und dann der Gesellschaft als Darlehen zur Verfügung gestellt werde oder die Summe direkt in der Gesellschaft verbleibe.[1321] Bei dem Stehenlassen einer Forderung sei jedoch nur dann von einem Darlehen auszugehen, wenn dieser Betrag bewusst zum Zwecke der Finanzierung in der Gesellschaft belassen werde.[1322] Für einen Minderheitsgesellschafter könne die Gleichstellung mit Vortrags von Gewinnen mit einer Darlehensgewährung nicht gelten, weil dieser nicht die Möglichkeit habe, eine Ausschüttung gegen die weiteren Gesellschafter durchzusetzen.[1323]

Auf einem anderen Kurs bewegt sich das OLG Schleswig, das mit Entscheidung vom **693** 8.2.2017 feststellte, dass eine Anfechtung nach § 135 Abs. 1 Nr. 2 InsO ausscheide, wenn ein Kommanditist Gelder aus dem Vermögen der Gesellschaft entnehme und die Entnahmen durch ein Guthaben auf einem Kapitalkonto gedeckt seien, wenn das Guthaben eine Beteiligung am Eigenkapital ausweise und damit keine Forderung des Gesellschafters darstelle.[1324] Gegen die Anwendung des § 135 InsO spreche, dass sich der Gesetzgeber bewusst für eine insolvenzanfechtungsrechtliche Lösung der Gesellschafterfremdfinanzierung entschieden habe und damit gegen eine Ausweitung des Eigenkapitalschutzes.[1325]

Mangels höchstrichterlicher Rechtsprechung zu diesem Themenkomplex ist in der Be- **694** ratungspraxis Vorsicht geboten. Zur Lösung der auftretenden Rechtsfragen dürfte zu differenzieren sein, zwischen
– Ausschüttungen, die bilanziell aus der Kapital- oder Gewinnrücklage oder einem Gewinnvortrag herrühren[1326] und
– Ausschüttungen, deren gesellschaftsrechtliche Grundlage eine Kapitalherabsetzung ist.
Den Wirkungen der Gesellschafterfremdfinanzierung unterliegen gemäß §§ 39 Abs. 1 **695** Nr. 5, 135 Abs. 1 InsO auch Forderungen aus Rechtshandlungen, die einem Gesellschafterdarlehen wirtschaftlich entsprechen. Zu den darlehensgleichen Forderungen zählen grundsätzlich auch Darlehensforderungen von Unternehmen, die mit dem Gesellschafter horizontal oder vertikal verbunden sind.[1327] Der II. Senat hat mit Entscheidung vom 15.11.2018 klargestellt, dass die Darlehensforderung eines Unternehmens einem Gesellschafterdarlehen auch dann gleichzustellen sein kann, wenn ein an der darlehensgebundenen Gesellschaft lediglich mittelbar Beteiligter an der darlehensgewährenden Gesellschaft maßgeblich beteiligt ist.[1328]

Auch stille Beteiligungen können über § 136 InsO (zu den Tatbestandsvoraussetzungen **696** → Rn. 675) hinaus Anfechtungsrisiken bergen.[1329] Wenn ein Gesellschafter zusätzlich zu seiner Beteiligung als Gesellschafter eine (typische) stille Beteiligung übernommen hat, stellt der Anspruch auf Rückgewähr der stillen Einlage eine darlehensgleiche Forderung dar[1330] (wenn weder das Kleinbeteiligungsprivileg des § 39 Abs. 5 InsO noch das Sanie-

---

[1319] OLG Koblenz NZI 2014, 27.
[1320] OLG Koblenz NZI 2014, 27 (30).
[1321] LG Hamburg ZIP 2015, 1795 (1796).
[1322] LG Hamburg ZIP 2015, 1795 (1796).
[1323] LG Hamburg ZIP 2015, 1795 (1796).
[1324] OLG Schleswig NZI 2017, 452 (453).
[1325] OLG Schleswig NZI 2017, 452 (454).
[1326] Hierzu OLG Koblenz NZI 2014, 27.
[1327] BGHZ 196, 220 = NZG 2013, 469.
[1328] BGH NZI 2019, 169 = EWiR 2019, 81 mAnm *Bork*.
[1329] Ausf. *Bitter* ZIP 2019, 146 ff.
[1330] BGH NZI 2018, 71 f.; EWiR 2018, 181 mAnm *Keller*.

rungsprivileg des § 39 Abs. 4 S. 2 InsO eingreift). Es kommt dann nicht darauf an, ob es sich bei der stillen Beteiligung um eine typische (dann nicht darlehensgleich) oder atypische (dann darlehensgleich[1331] und folglich anfechtbar[1332]) handelt. Diese Differenzierung ist entscheidend, wenn der stille Gesellschafter nicht gleichzeitig eine Beteiligung als Gesellschafter innehat.

697   Für die Begründung der Darlehensgleichheit der stillen Beteiligung genügt eine mittelbare Beteiligung, wenn diese einer unmittelbaren Beteiligung gleichsteht.[1333] Die von einem mittelbaren Alleingesellschafter übernommene zusätzliche stille Einlage ist danach eine darlehensgleiche Leistung dieses Gesellschafters.[1334]

> **Praxishinweis:**
> Der Notar muss insbesondere bei Übertragung im Rahmen der Unternehmensnachfolge und bei Unternehmensverkäufen anraten, die Rückzahlung von Gesellschafterdarlehen, die Ausschüttung von thesaurierten Gewinnen und die Auflösung von stillen Gesellschaften ein Jahr vor Übergabe/Verkauf durchzuführen.

V. Weitere Ansprüche gegen die Gesellschafter (im Überblick)

698   **1. Ansprüche anlässlich fehlerhafter Kapitalaufbringung.** Die effektive Kapitalaufbringung dient der Absicherung des Stammkapitals als Haftungsfonds für die Gläubiger der Gesellschaft und legitimiert den Haftungsausschluss der Gesellschafter auch (und gerade) im Falle der Insuffizienz des Vermögens der GmbH. Die Ansprüche gegen die Gesellschafter, die aus fehlerhafter Kapitalaufbringung resultieren, haben für den Insolvenzverwalter daher besondere Bedeutung. An dieser Stelle seien insbesondere fortbestehende Einlageforderungen bei verdeckten Sacheinlagen (→ Rn. 225 ff.), unzulässiges Hin- und Herzahlen (→ Rn. 241 ff.) oder Voreinzahlungen (→ Rn. 353 ff.) sowie die individuelle Differenzhaftung gemäß § 9 Abs. 1 S. 1 GmbHG zu nennen. All diese Ansprüche gegen die Gesellschafter zieht der Insolvenzverwalter ein.

699   Das Hin- und Herzahlen bewirkt grundsätzlich keine Erfüllung der Einlageschuld, wenn kein vollwertiger und jederzeit fälliger Rückzahlungsanspruch der Gesellschaft besteht und das Hin- und Herzahlen nicht nach § 19 Abs. 5 S. 2 GmbHG gegenüber dem Handelsregister offengelegt wurde.[1335]

700   Es stellt sich insbesondere die Frage nach der Möglichkeit der nachträglichen Erfüllung der Einlageverpflichtung. Nach der ständigen Rechtsprechung vor Inkrafttreten des MoMiG war eine nachträgliche Erfüllung der Einlageverbindlichkeit durch spätere Leistung auch in den Fällen des Hin- und Herzahlens möglich, wenn sich die späteren Zuflüsse objektiv eindeutig, also zweifelsfrei der fortbestehenden Einlageverpflichtung zuordnen ließen. Auch nach dem MoMiG kann in den Fällen, in denen mit dem hergezahlten Geld eine „Darlehensschuld" des Inferenten gegen die Gesellschaft begründet wurde, in der späteren Rückzahlung des „Darlehens" eine Tilgung der Einlageschuld liegen.[1336] Der Gesellschafter hat dann in Höhe seiner Leistung die Einlageschuld getilgt.[1337]

701   Der typisch stille Gesellschafter ist bei Beendigung der Gesellschaft zur Zahlung seiner noch nicht erbrachten Einlageraten jedenfalls zu den vertraglichen Fälligkeitsterminen

---

[1331] Wenn der Stille aufgrund einer Gesamtbetrachtung nach dem Beteiligungsvertrag im Innenverhältnis einem Gesellschafter weitgehend angenähert ist, BGH NZI 2012, 860 (861) für die Kommanditgesellschaft.
[1332] BGH NZI 2012, 860 (861); Kayser/Thole/*Kleindiek* InsO § 39 Rn. 51.
[1333] BGH NZI 2018, 71 (71 f.).
[1334] BGH NZI 2018, 71 (72).
[1335] BGH BeckRS 2016, 114504.
[1336] BGH BeckRS 2016, 114504.
[1337] BGH BeckRS 2016, 114504.

verpflichtet, wenn seinen Einlagen nach den gesellschaftsvertraglichen Regelungen Eigenkapitalcharakter zukommt.[1338] Der Anspruch besteht nur, soweit seine Einlage zur Befriedigung der Gläubiger des Geschäftsinhabers benötigt wird.[1339] Nach Beendigung der stillen Gesellschaft hat der stille Gesellschafter rückständige Einlagen gemäß §§ 232 Abs. 2,
236 Abs. 2 HGB nur bis zur Höhe seines Verlustanteils zu erbringen.[1340] Dies gilt allerdings nicht, wenn die Einlage nach den getroffenen Vereinbarungen Eigenkapitalcharakter
für den Geschäftsinhaber haben. Ob dies der Fall ist, ist durch Auslegung zu ermitteln.[1341]

Der Eigenkapitalcharakter kann sich aus dem Verhältnis des beim Geschäftsinhaber ein- **702**
gelegten Kapitals zur stillen Einlage ergeben,[1342] aus gesellschaftsvertraglich vereinbarten
Mitwirkungsrechten der stillen Gesellschafter oder aus der Vereinbarung eines Rangrücktritts (§ 39 Abs. 1 Nr. 5 InsO) für Abfindungsansprüche der stillen Gesellschafter.[1343] Für
die Beurteilung des Eigenkapitalcharakters ist die Fälligkeit der Einlageansprüche unerheblich.[1344]

Erreicht der Wert einer Sacheinlage im Zeitpunkt der Anmeldung der Gesellschaft zur **703**
Eintragung in das Handelsregister nicht den Nennbetrag des dafür übernommenen Geschäftsanteils, hat der Gesellschafter gemäß § 9 Abs. 1 S. 1 GmbHG in Höhe des Fehlbe-
trags eine Einlage in Geld zu leisten. Die Differenzhaftung nach § 9 Abs. 1 S. 1 GmbHG
ist verschuldensunabhängig.[1345] § 9 Abs. 1 S. 1 GmbHG gilt gemäß § 254 Abs. 4 S. 2 InsO
nicht beim Dept-Equity-Swap (Umwandlung von Forderungen in Eigenkapital) im Insolvenzplan (§§ 217 S. 2, 225a Abs. 2 S. 1 InsO).

2. Ansprüche gegen die Gesellschafter bei wirtschaftlicher Neugründung. Zur **704**
wirtschaftlichen Neugründung und der daraus resultierenden Unterbilanzhaftung der Gesellschafter → Rn. 494 ff.[1346]

3. Verletzung der Insolvenzantragsstellungspflicht bei Führungslosigkeit (§ 15a **705**
Abs. 1, Abs. 3 InsO). Wird eine juristische Person zahlungsunfähig oder überschuldet,
haben die Mitglieder des Vertretungsorgans oder die Abwickler gemäß § 15a Abs. 1 InsO
ohne schuldhaftes Zögern, spätestens aber drei Wochen nach Eintritt der Zahlungsunfähigkeit oder Überschuldung, einen Eröffnungsantrag zu stellen. Im Falle der Führungslosigkeit einer GmbH ist gemäß § 15a Abs. 3 InsO auch jeder Gesellschafter zur Stellung
des Antrags verpflichtet, es sei denn, diese Person hat von der Zahlungsunfähigkeit und
der Überschuldung oder der Führungslosigkeit keine Kenntnis. An die Verletzung der Insolvenzantragspflicht knüpfen die Strafvorschriften des § 15a Abs. 4–6 InsO. § 15a InsO
ist ein Schutzgesetz iSd § 823 Abs. 2 BGB.[1347] Auch eine Haftung aus § 826 BGB kommt
in Betracht. Es ist beispielsweise an eine Haftung auf Ersatz des Insolvenzgeldes bei zu
spät gestelltem Insolvenzantrag zu denken.[1348]

4. Firmenbestattung. Strafbar (zB §§ 129, 259, 266, 283 StGB, § 15a Abs. 4 InsO) und **706**
auch darüber hinaus höchst haftungsträchtig (zB §§ 823 Abs. 2, 826 BGB, § 95 BNotO,
§§ 69, 34 AO) ist die unter dem Begriff der „Firmenbestattung" bekannte Praktik, die
Geschäftsanteile einer insolventen oder in einer insolvenznahen Krise befindlichen GmbH
auf einen „Bestatter" zu veräußern, der (gegen ein „Bestattungsentgelt") im Anschluss

---

[1338] BGH NZG 2017, 907 (908 f.).
[1339] BGH NZG 2017, 907 (908 f.).
[1340] BGH NZG 2017, 907 (908 f.).
[1341] BGH NZG 2017, 907 (908).
[1342] BGH NZG 2017, 907 (908); vom Senat bejaht im Falle von 500.000 EUR zu 150.000.000 EUR.
[1343] BGH NZG 2017, 907 (908).
[1344] BGH NZG 2017, 907 (909).
[1345] AllgA, vgl. MüKoGmbHG/*Schwandtner* GmbHG § 9 Rn. 19 mwN.
[1346] Ausf. hierzu auch Reul/Heckschen/Wienberg/*Heckschen* InsR § 4 Rn. 811 ff.
[1347] AllgA, Schmidt/*K. Schmidt/Herchen* InsO § 15a Rn. 33 mwN.
[1348] Vgl. für den Geschäftsführer die Entscheidungen BGH NZG 2010, 114 und BGH NZI 2008, 242.

daran (mehrmals) die Firma der Gesellschaft ändert, (mehrmals) ihren Sitz verlegt, im Zuge der Umzüge die Geschäftsunterlagen verliert und anschließend jegliche Geschäftstätigkeit einstellt.[1349] Schließlich wird Insolvenzantrag gestellt, der gemäß § 26 InsO mangels Masse abgewiesen wird.

VI. Weitere Haftung des Geschäftsführers (im Überblick)

707   **1. Ansprüche aus § 43 Abs. 2 GmbHG in der Kapitalaufbringungsphase.** Schadensersatzansprüche aus § 43 GmbHG im Zusammenhang mit der Verletzung der Vorschriften über die Kapitalerhaltung wurden bereits erwähnt (→ Rn. 658). Darüber hinaus haben die Geschäftsführer in den Angelegenheiten der Gesellschaft gemäß § 43 Abs. 1 GmbHG die Sorgfalt eines ordentlichen Geschäftsmannes anzuwenden. Geschäftsführer, welche ihre Obliegenheiten verletzen, haften der Gesellschaft gemäß § 43 Abs. 2 GmbHG solidarisch für den entstandenen Schaden. Schadensersatzansprüche gemäß § 43 Abs. 2 GmbHG drohen für den Geschäftsführer in der Kapitalaufbringungsphase. Verstößt er gegen seine Verpflichtung, die Kapitalaufbringung zu kontrollieren, haftet er hierfür der Gesellschaft.

708   Dies gilt zunächst, wenn im Falle des sog. Hin- und Herzahlens (hierzu → Rn. 241 ff.) eine der Voraussetzungen in § 19 Abs. 5 GmbHG nicht erfüllt ist und der Gesellschafter damit mangels Bareinlage nicht von seiner Einlageverpflichtung befreit wird. Aber auch wenn ein Gesellschafter gemäß § 19 Abs. 5 GmbHG von seiner Einlageverpflichtung befreit wird, muss der Geschäftsführer dennoch fortlaufend prüfen, ob die Vollwertigkeit und Deckung des Darlehensanspruchs gegen den betreffenden Gesellschafter weiterhin besteht. Fällt eine der Voraussetzungen des § 19 Abs. 5 GmbHG weg, muss der Geschäftsführer das Darlehen sofort zurückfordern. Andernfalls haftet er der Gesellschaft nach § 43 Abs. 2 GmbHG.

709   Entsprechendes gilt, wenn bei einer verdeckten Sacheinlage die Voraussetzungen des § 19 Abs. 4 GmbHG nicht erfüllt sind (hierzu ausführlich → Rn. 225 ff.).

710   Im Prozess gegen den Geschäftsführer muss die einen Anspruch nach § 43 Abs. 2 GmbHG verfolgende GmbH darlegen und beweisen, dass und inwieweit ihr durch ein möglicherweise pflichtwidriges Verhalten des Geschäftsführers in seinem Pflichtenkreis ein Schaden entstanden ist.[1350] Der Geschäftsführer hat darzulegen und erforderlichenfalls zu beweisen, dass er seinen Sorgfaltspflichten nachgekommen ist und dass ihn kein Verschulden trifft.[1351]

711   **2. Versicherung nach § 8 Abs. 2 GmbHG.** In der Anmeldung der Gesellschaft nach § 7 GmbHG ist gemäß § 8 Abs. 2 GmbHG die Versicherung abzugeben, dass die in § 7 Abs. 2 und Abs. 3 GmbHG bezeichneten Leistungen auf die Geschäftsanteile bewirkt sind und dass der Gegenstand der Leistungen sich endgültig in der freien Verfügung der Geschäftsführer befindet.

712   Hat der Geschäftsführer in der Versicherung falsche Angaben gemacht (beispielsweise, wenn die Voraussetzungen des § 19 Abs. 4 oder Abs. 5 GmbHG nicht erfüllt waren), sieht er sich mit der strafrechtlichen Haftung gemäß § 82 Abs. 1 Nr. 1 GmbHG konfrontiert.

713   **3. Haftung der Geschäftsleitung in Eigenverwaltung (§§ 60, 61 InsO analog).** In einer für die Sanierungspraxis höchst relevanten Entscheidung hat der IX. Zivilsenat jüngst zur analogen Anwendung der Vorschriften über die Haftung des Insolvenzverwalters auf die Geschäftsleitung einer in Eigenverwaltung (§§ 270 ff. InsO) befindlichen GmbH Stellung genommen und die analoge Anwendung von §§ 60, 61 InsO bejaht.[1352]

[1349] Ausf. Reul/Heckschen/Wienberg/*Heckschen* InsR § 4 Rn. 1112 ff.
[1350] BGHZ 197, 304 Rn. 22 = EWiR 2013, 775 mAnm *Weipert;* OLG Brandenburg GmbHR 2018, 578 (579).
[1351] BGHZ 197, 304 Rn. 22 = EWiR 2013, 775; OLG Brandenburg GmbHR 2018, 578 (579).
[1352] BGH NZI 2018, 519 (425) = EWiR 2018, 339 mAnm *Thole.*

4. Verletzung der Insolvenzantragsstellungspflicht (§ 15a Abs. 1 InsO). Die Ausführ- **714** rungen zur Haftung der Gesellschafter für Verletzungen ihrer Insolvenzantragpflicht bei Führungslosigkeit (→ Rn. 705) gelten für die Geschäftsführer (natürlich ohne die Voraussetzung der Führungslosigkeit) entsprechend.

5. Firmenbestattung. Die Ausführungen zu der Haftung der Gesellschafter (→ Rn. 706) **715** gelten grundsätzlich entsprechend.

6. § 69 AO. Der Geschäftsführer haftet gemäß §§ 69, 34 AO, § 35 Abs. 1 S. 1 GmbHG, **716** soweit Ansprüche aus dem Steuerschuldverhältnis infolge vorsätzlicher oder grob fahrlässiger Verletzung der ihm auferlegten Pflichten nicht oder nicht rechtzeitig festgesetzt oder erfüllt werden. Dabei kommt es nach dem BFH nicht darauf an, ob die Zahlung durch den Insolvenzverwalter hätte angefochten werden können.[1353]

E. Europäische Entwicklung

I. Aktueller Richtlinienvorschlag für eine „Sanierungsrichtlinie"

Auch der aktuell im Gesetzgebungsverfahren befindliche (und vom EU-Parlament am **717** 27. 3. 2019 beschlossene) Richtlinienvorschlag über präventive Restrukturierungsrahmen, die zweite Chance und Maßnahmen zur Steigerung der Effizienz von Restrukturierungs-, Insolvenz- und Entschuldungsverfahren […][1354] könnte sich – in noch ungewissem Ausmaß – auf die störfallorientierte Gestaltungspraxis auswirken. Eine Aufarbeitung der zu erwartenden Auswirkungen für die Gestaltungspraxis steht aus und soll im Folgenden geliefert werden. Im Folgenden werden einige Aspekte an der Schnittstelle zwischen dem Richtlinienvorschlag und der deutschen notariellen Gestaltungspraxis dargestellt, die in der bisherigen (von der Restrukturierungs- und Insolvenzszene dominierten) Diskussion um den Richtlinienvorschlag[1355] (wohl) keine Beachtung gefunden haben.

1. Der präventive Restrukturierungsrahmen (Art. 4 ff. RL-E) im Verhältnis zur **718** **Satzungsgestaltung (insbesondere Einziehungsklauseln) im Hinblick auf die** **Insolvenz des Gesellschafters.** Die unter → Rn. 635 ff. beschriebenen Gestaltungsmöglichkeiten der Satzung einer GmbH (insbesondere Einziehungsklauseln) im Hinblick auf die Insolvenz eines ihrer Gesellschafter müssen in Zukunft daraufhin überprüft werden, ob sie auch auf den Fall ausgeweitet werden sollten, dass der Gesellschafter ein präventives Restrukturierungsverfahren durchläuft. Dies gilt insbesondere im Hinblick auf Regelungen zum Mitgliedschaftsentzug aufgrund Insolvenz oder insolvenznaher Umstände. Insbesondere wenn der präventive Restrukturierungsrahmen Potenziale bieten sollte, das Insolvenzverfahren letztlich nur nach hinten zu verschieben,[1356] könnte die Gesellschaft ein Interesse daran haben, sich so früh wie möglich von ihrem Gesellschafter zu trennen und nicht erst in dessen Insolvenz. Auch eine etwaige Stigmatisierung eines Gesellschafters durch ein präventives Restrukturierungsverfahren könnte sich wertvernichtend auf die Gesellschaft auswirken. Schließlich könnte der Gesellschafter geneigt sein, sich wäh-

---

[1353] BFH GmbHR 2008, 386; ZIP 2007, 1856.
[1354] Vorschlag für eine Richtlinie des Europäischen Parlaments und des Rates über präventive Restrukturierungsrahmen, die zweite Chance und Maßnahmen zur Steigerung der Effizienz von Restrukturierungs-, Insolvenz- und Entschuldungsverfahren und zur Änderung der Richtlinie 2012/30/EU, COM(2016) 723 final v. 22. 11. 2016.
[1355] Exemplarisch genannt seien *Albrecht* ZInsO 2016, 2415; *Berger* ZInsO 2016, 2413; *Blankenburg* ZInsO 2017, 241; *Bork* ZIP 2017, 1441; *Burkard/Meißner/Rep* KSI 2017, 245; *Freitag* ZIP 2019, 541; *Frind* NZI 2018, 431; *Hölzle* ZIP 2017, 1307; *Jacobi* ZInsO 2017, 1 und ZInsO 2018, 597; *Kayser* ZIP 2017, 1393; *Klupsch/Schulz* EuZW 2017, 85; *Korch* ZHR 182 (2018), 440; *Madaus* NZI 2017, 329; *Madaus/Knauth* ZIP 2018, 149; *Mock* NZI 2016, 977; *Paulus* ZIP 2017, 910; *Schluck-Amend* KSI 2017, 21; *Strohrer* ZInsO 2018, 660; *Thole* ZIP 2017, 101.
[1356] Hierzu *Thole* ZIP 2017, 101 (112).

rend Restrukturierungsverhandlungen mit seinen Gläubigern über einen präventiven Restrukturierungsplan von deren Interessen leiten zu lassen. All dies könnte Gründe darstellen, Satzungsregelungen im Hinblick auf die Gesellschafterinsolvenz auch auf präventive Restrukturierungsverfahren auszuweiten.

719   Das „Herzstück" des Richtlinienvorschlags bildet der sog. „präventive Restrukturierungsrahmen" (Art. 4 ff. RL-E). Vorliegend interessieren insbesondere die Vorschriften über präventive Restrukturierungspläne (Art. 8 ff. RL-E) und Regelungen, welche die Verhandlung über diese Pläne erleichtern sollen (Art. 5 ff. RL-E). Die Bedeutung der Art. 4 ff. RL-E für das deutsche Recht ist so einfach wie einschneidend. Sie schaffen neben den Kategorien der „Insolvenz" und dem „außerinsolvenzlichen Bereich" eine weitere: Ein Restrukturierungsverfahren im Vorfeld der Insolvenz mit Wirkungen, die nach geltendem deutschem Recht nur innerhalb einer Insolvenz eintreten. Der präventive Restrukturierungsrahmen wird zwar ein „Weniger" im Vergleich zu den Instrumenten der Insolvenzordnung bereitstellen. Gleichwohl müssen seine Wirkungen künftig von der Gestaltungspraxis angemessen berücksichtigt werden, wenn sich diese mit insolvenzrechtlichen Fragestellungen beschäftigt.

720   Die Frage, ob das im Richtlinienentwurf vorgesehene präventive Restrukturierungsverfahren Auswirkungen auf die deutsche Gestaltungspraxis haben wird, lässt sich nur durch einen Blick auf das vorgesehene Instrumentarium dieses Verfahrens beantworten. Art. 2 Nr. 2 RL-E definiert „Restrukturierung" im Sinne des Vorschlags als

„die Änderung der Zusammensetzung, der Bedingungen oder der Struktur der Vermögenswerte und Verbindlichkeiten eines Schuldners oder jedes anderen Teils der Kapitalstruktur, einschließlich des Grund- beziehungsweise Stammkapitals, des Schuldners oder einer Kombination dieser Elemente, einschließlich des Verkaufs von Vermögenswerten oder Geschäftsbereichen mit dem Ziel, es dem Unternehmen zu ermöglichen, seine Tätigkeit ganz oder teilweise betroffen sind".

721   Eine derart weite Definition der Restrukturierung in Kombination mit der grundsätzlich vorgesehenen Möglichkeit, derartige Restrukturierungen bereits in einem präventiven Restrukturierungsplan (also nach deutschem Recht bereits im Vorfeld eines Insolvenzverfahrens) mit grundsätzlich möglicher Majorisierung ablehnender Gläubiger (Cram-down[1357]) oder ablehnender Gläubigerklassen (klassenübergreifender Cram-down[1358]) nach dem Vorbild des Insolvenzplanverfahrens der §§ 217 ff. InsO durchzuführen, wirft die Frage auf, ob die Richtlinie alle diese Maßnahmen bereits im Vorfeld der Insolvenz ermöglichen wird. Klar ist zum jetzigen Zeitpunkt, dass der Richtlinienentwurf den nationalen Gesetzgebern einen großen Umsetzungsspielraum lässt.[1359]

722   Auch wenn die Einzelheiten der Reichweite des präventiven Restrukturierungsplans nach Umsetzung ins deutsche Recht zum jetzigen Zeitpunkt ungewiss sind, wird er jedenfalls einige Elemente des Insolvenzplans nach den §§ 217 ff. InsO aufweisen:
– Einteilung der Beteiligten in Gruppen und gruppenbezogene Abstimmung über den Plan (Art. 9 RL-E);
– Cram-down (vgl. zur genauen Definition Art. 2 Nr. 7 RL-E): Bestätigung eines Restrukturierungsplans gegen den Widerstand einer Minderheit und Zwangswirkungen der Planbestätigung auch für diese Minderheit;
– Klassenübergreifender Cram-down (Art. 2 Nr. 8 RL-E, Art. 11 RL-E): Bestätigung eines Restrukturierungsplans trotz Ablehnung einer oder mehrerer Gruppen.

723   Die Verhandlungen über präventive Restrukturierungspläne können gemäß Art. 6 RL-E durch die Aussetzung von Durchsetzungsmaßnahmen begleitet werden. Aussetzungen von Durchsetzungshandlungen vor Stellung des Eröffnungsantrags sind im geltenden deutschen Recht nicht vorgesehen. Die Aussetzung von Vollstreckungshandlungen ist erst

---

[1357] Art. 2 Nr. 7 RL-E.
[1358] Art. 2 Nr. 9 RL-E.
[1359] Hierzu *Madaus* NZI 2017, 329 ff.

im Eröffnungsverfahren auf Anordnung des Gerichts möglich (§ 21 InsO) oder tritt jedenfalls mit Eröffnung des Verfahrens gemäß § 89 InsO ein.

Diese Rechtslage wird sich mit dem Moratorium gemäß Art. 6, 7 RL-E[1360] ändern. **724** Gemäß Art. 6 Abs. 1 RL-E stellen die Mitgliedstaaten sicher, dass Schuldner, die einen Restrukturierungsplan mit ihren Gläubigern aushandeln, eine Aussetzung einzelner Durchsetzungsmaßnahmen (in Extremfällen während eines Zeitraums von maximal zwölf Monaten, Art. 6 Abs. 4–7 RL-E) in Anspruch nehmen können, sofern und soweit eine solche Aussetzung zur Unterstützung der Verhandlungen über den Restrukturierungsplan notwendig sind. Dies schließt gemäß Art. 6 Abs. 2 S. 1 RL-E alle Arten von Gläubigern (auch durch Massegegenstände gesicherte Gläubiger[1361]) ein.

Die Eintrittsschwelle für ein präventives Restrukturierungsverfahren und damit auch **725** für die Beantragung eines Moratoriums ist gemäß Art. 4 Abs. 1 RL-E erreicht, wenn sich der Schuldner in „finanziellen Schwierigkeiten" befindet. Zum jetzigen Zeitpunkt ist unklar, wann dieses wenig präzise Kriterium erfüllt ist. Ein präventives Restrukturierungsverfahren ist jedenfalls ausgeschlossen, wenn der Schuldner bereits insolvent ist.[1362] Dann „droht" die Insolvenz des Schuldners nicht mehr iSd Art. 1 Abs. 1 RL-E. Ohne dass es vorliegend auf die Einzelheiten ankäme, steht die Gestaltungspraxis vor dem Problem, dass in Zukunft erhebliche Eingriffe in die Rechte der Gläubiger über das Moratorium der Art. 6, 7 RL-E und im Anschluss durch einen bestätigten Restrukturierungsplan bereits im Zeitpunkt „finanzieller Schwierigkeiten" droht.

Hieraus folgt die Frage, ob Klauseln, die an die „Insolvenz", oder an davor liegende **726** Kriterien anknüpfen, künftig auch auf präventive Restrukturierungsrahmen oder sogar auf den Bereich davor ausgeweitet werden sollten. Ist diese Frage zu bejahen, besteht bei der Vertragsgestaltung das erhebliche Problem, dass das Kriterium der „finanziellen Schwierigkeiten bei drohender Insolvenz", welches den Beginn des Zeitraums markiert, in dem ein präventives Restrukturierungsverfahren stattfinden kann, kaum zu fassen ist. In der Formulierung der Eintrittsschwelle liegt auch ein wiederholt geäußerter Kritikpunkt an der aktuellen Fassung des Entwurfs.[1363] Ob Anpassungen bestehender Klauseln im Hinblick auf präventive Restrukturierungsverfahren angezeigt sein werden, hängt vom jeweiligen Einzelfall und davon ab, wie sich das Verfahren letztlich in Folge der Umsetzung in nationales Recht genau gestalten wird.

In Deutschland ist die Durchführung eines Insolvenzverfahrens mit einem derartigen **727** Stigma behaftet, dass allein dieses häufig zu erheblicher Wertevernichtung führt. Bereits dies, unabhängig von insolvenzbedingten Modifikationen des materiellen Rechts, rechtfertigt eine vorausschauende Vertragsgestaltung im Hinblick auf die Insolvenz. Noch ist nicht absehbar, ob die Durchführung von Verhandlung über präventive Restrukturierungspläne und damit verbundene Aussetzungsmaßnahmen nach Art. 6, 7 RL-E ähnliche Effekte haben werden. Diese drohen jedenfalls dann, wenn sich das präventive Restrukturierungsverfahren zum „neuen Insolvenzeröffnungsverfahren"[1364] entwickeln wird. Dann würde es sich aufdrängen, dass präventive Restrukturierungsverfahren nach dem RL-Entwurf – sozusagen nur als notwendiges Durchgangsstadium zur „richtigen" Insolvenz – auch mit einem ähnlichen Stigma behaftet sein werden wie das „echte" Insolvenzverfahren.[1365] Aufgrund der Ungewissheiten ist eine frühzeitige Auseinandersetzung mit möglichen Reaktionen der Gestaltungspraxis angezeigt. Es ist nicht ausgeschlossen, dass die Nutzung eines präventiven Restrukturierungsrahmens nach dem RL-Entwurf (beispielsweise auch in Unternehmensverbindungen) vergleichbare Kettenreaktionen auslösen

---

[1360] Hierzu ausf. *Kayser* ZIP 2017, 1393 (1397 ff.).

[1361] Absonderungsberechtigte, §§ 49 ff. InsO.

[1362] *Thole* ZIP 2017, 101 (102).

[1363] Vgl. nur *Hölzle* ZIP 2017, 1307 (1310 f.); *Frind* NZI 2017, 431 (431 f.); *Thole* ZIP 2017, 101 (102 f.); etwas zurückhaltender („recht unbestimmt") *Müller* ZGR 2018, 56 (61).

[1364] *Thole* ZIP 2017, 101 (112).

[1365] Zur Stigma-Frage ebenfalls *Thole* ZIP 2017, 101 (112).

wird, wie die Eröffnung eines Insolvenzverfahrens nach geltendem Recht. Soll dies verhindert werden, müssen Klauseln, die auf die „Eröffnung eines Insolvenzverfahrens" oder vergleichbare Ereignisse abstellen, angepasst werden.

728 Wie groß der Anpassungsbedarf letztlich sein wird, lässt sich zum jetzigen Zeitpunkt noch nicht absehen. Insolvenzbezogene Klauseln, insbesondere über die Einziehung von Geschäftsanteilen, müssen in jedem Einzelfall dahin überprüft werden, ob sie auch auf das künftige präventive Restrukturierungsverfahren ausgeweitet werden sollten. Eine Anpassungsklausel kann einfach formuliert und bestehenden Klauseln unkompliziert angefügt werden:

729 **Formulierungsbeispiel: Ergänzung für Satzungsgestaltung (insbes. Einziehungs-**
klausel)
Entsprechendes gilt für die Vorlage eines Restrukturierungsplans oder die Beantragung von Maßnahmen, die auf einem präventiven Restrukturierungsrahmen nach den Vorschriften des Vorschlags für eine Richtlinie des Europäischen Parlaments und des Rates über präventive Restrukturierungsrahmen, die zweite Chance und Maßnahmen zur Steigerung der Effizienz von Restrukturierungs-, Insolvenz- und Entschuldungsverfahren und zur Änderung der Richtlinie 2012/30/EU beruhen (COM(2016) 723 final).

730 Nach Verabschiedung der Richtlinie und eines deutschen Umsetzungsgesetzes sollten derartige Klauseln umgehend erneut angepasst werden.

731 Soll dagegen nicht an die Vorlage eines Restrukturierungsplans oder die formale Beantragung von Aussetzungsmaßnahmen angeknüpft werden, sondern an Umstände in deren Vorfeld, treten im Rahmen der Vertragsgestaltung Probleme auf. Was sind Umstände im Vorfeld „finanzieller Schwierigkeiten"? Zum jetzigen Zeitpunkt bleibt die weitere Entwicklung abzuwarten. Der Notar sollte sich der anstehenden Probleme allerdings bewusst sein und diese mit seinen Klienten besprechen.

732 Nach aktuellem Stand wird die Anpassung gesellschafsrechtlicher Störfallregelungen durch die Richtlinie nicht ausgeschlossen. Der sogleich (→ Rn. 735 ff.) zu diskutierende Art. 7 Abs. 5 RL-E, der die Beendigung von Austauschverträgen (insbesondere Dauerlieferverträgen) aufgrund der Aufnahme von Verhandlungen über präventive Restrukturierungspläne zur Gewährleistung eines reibungslosen Geschäftsgangs trotz Restrukturierungsverhandlungen verhindern soll, findet nach dem aktuellen Richtlinientext keine Anwendung auf gesellschaftsrechtliche Störfallklauseln. Die Richtlinie lässt den nationalen Gesetzgebern gerade an der Schnittstelle zum Gesellschaftsrecht große Umsetzungsspielräume (hierzu → Rn. 751 ff.). Es steht daher nicht zu erwarten, dass der Richtlinientext in dieser Hinsicht noch angepasst werden wird.

733 **2. Lösungsklauseln im Anwendungsbereich des Richtlinienvorschlags.** Lösungsklauseln begründen für den Fall des Eintritts eines Ereignisses ein Gestaltungsrecht einer Vertragspartei, sich vom Vertrag zu lösen.[1366] Derartige Klauseln bereiten Schwierigkeiten, wenn sie Lösungsrechte im Zusammenhang mit insolvenzähnlichen Situationen begründen. Um die Thematik der Lösungsklauseln[1367] und die Auswirkungen des Richtlinienvorschlags auf das deutsche Recht zu skizzieren, muss zunächst zwischen insolvenzabhängigen und insolvenzunabhängigen Lösungsklauseln differenziert werden:
– **Insolvenzabhängige** Lösungsklauseln knüpfen das Gestaltungsrecht an die Insolvenz des Vertragspartners (Vorliegen eines Eröffnungsgrundes, Eröffnungsantrag, Verfahrenseröffnung).[1368] Die Zulässigkeit derartiger Klauseln ist insbesondere vor dem Hintergrund des § 119 InsO stark umstritten. Der BGH hat durch zwei verschiedene Senate

---

[1366] Vgl. MüKoInsO/*Huber* InsO § 119 Rn. 18.
[1367] Hierzu aktuell *Hoffmann* KTS 2018, 343 ff.
[1368] MüKoInsO/*Huber* InsO § 119 Rn. 18.

insbesondere in zwei Entscheidungen aus den Jahren 2012 (VII. Zivilsenat)[1369] und 2017 (IX. Zivilsenat)[1370] unterschiedliche Signale zur Wirksamkeit insolvenzbedingter Lösungsklauseln gesendet. Auch die Literatur ist sich uneins.[1371]

– **Insolvenzunabhängige** Lösungsklauseln dagegen knüpfen an Ereignisse im Vorfeld der – materiellen – Insolvenz (Vertragsverletzungen, insbesondere Verzug oder wesentliche Verschlechterung der Vermögenslage) und sind nach geltendem deutschen Recht grundsätzlich (vorbehaltlich des Eingreifens der Kündigungssperre des § 122 InsO[1372]) zulässig, wenn sie nicht an Vorschriften des AGB-Rechts scheitern.[1373] Mit derartigen insolvenzunabhängigen Klauseln konnte die Gestaltungspraxis (und kann es jedenfalls noch) auf die Unsicherheiten im Zusammenhang mit insolvenzabhängigen Lösungsklauseln reagieren.

In diese Systematik könnte durch den Richtlinienentwurf Bewegung kommen. Die **734** Kommission hat insolvenzbedingte Lösungsklauseln (im Entwurf als „Ipso-facto-Klauseln" bezeichnet[1374]) als Hindernis für die Sanierung im Wege eines vorinsolvenzlichen Restrukturierungsverfahrens identifiziert.

Für den Fall, dass die Aussetzung einzelner Durchsetzungsmaßnahmen gemäß Art. 6 **735** RL-E angeordnet wurde, müssen die Mitgliedstaaten gemäß Art. 7 Abs. 4 S. 1 RL-E sicherstellen, dass die Gläubiger während der Aussetzung in Bezug auf vor der Aussetzung entstandene Schulden weder Leistungen aus noch zu erfüllenden Verträgen verweigern noch diese Verträge kündigen, vorzeitig fällig stellen oder in sonstiger Weise zum Nachteil des Schuldners ändern dürfen.[1375] Die Mitgliedstaaten haben gemäß Art. 7 Abs. 4 S. 2 RL-E die Möglichkeit, die Wirkungen von Satz 1 auf Verträge zu beschränken, die für die Fortsetzung des täglichen Betriebs des Unternehmens erforderlich sind. Wurde also das Moratorium gemäß Art. 6 RL-E gewährt, können sich die Gläubiger betriebsnotwendiger Austauschverträge nicht von diesen Verträgen lösen.

Art. 7 Abs. 5 RL-E sieht darüber hinaus vor, dass die Mitgliedstaaten sicherstellen, dass **736** Gläubiger aufgrund einer Vertragsklausel, die entsprechende Maßnahmen vorsieht, nicht allein wegen der Aufnahme von Restrukturierungsverhandlungen durch den Schuldner, eines Antrags auf Aussetzung einzelner Durchsetzungsmaßnahmen, der Anordnung der Aussetzung als solcher oder eines ähnlichen Ereignisses im Zusammenhang mit der Aussetzung Leistungen aus noch zu erfüllenden Verträgen verweigern oder diese kündigen, vorzeitig fällig stellen oder in sonstiger Weise zum Nachteil des Schuldners ändern dürfen. Anders als in Art. 7 Abs. 4 S. 2 RL-E ist in § 7 Abs. 5 RL-E keine Möglichkeit der Mitgliedstaaten vorgesehen, die Unwirksamkeit von Lösungsklauseln auf wesentliche Verträge zu beschränken, die für die Fortsetzung des täglichen Betriebs des Unternehmens erforderlich sind. Auch im Übrigen ist die Intention hinter Art. 7 Abs. 5 RL-E eindeutig. Erwägungsgrund 21 zum RL-E ist an diesem Punkt unmissverständlich:

„Werden solche Klauseln geltend gemacht, wenn der Schuldner lediglich über einen Restrukturierungsplan verhandelt oder eine Aussetzung oder Durchsetzung beantragt, oder in Verbindung mit einem mit der Aussetzung zusammenhängenden Ereignis, könnte sich eine vorzeitige Kündigung negativ auf das Unternehmen auswirken. […] [Es] muss daher sichergestellt werden, dass die Gläubiger, für die die Aussetzung gilt, keine Ipso-facto-Klauseln geltend machen dürfen, die auf Verhandlungen über einen Restrukturierungsplan, auf eine Aussetzung oder auf mit der Aussetzung zusammenhängende Ereignisse Bezug nehmen."

[1369] BGHZ 195, 348 = NJW 2013, 1159.
[1370] BGHZ 210, 1 = DNotZ 2017, 57.
[1371] Aktuell *Hoffmann* KTS 2018, 343 (360 ff.) mwN.
[1372] Lösungsklauseln in AGB können darüber hinaus ebenfalls (materiell-rechtlich) unwirksam sein.
[1373] Vgl. hierzu MüKoInsO/*Huber* InsO § 119 Rn. 19.
[1374] COM(2017) 723 final, Erwägungsgrund 21.
[1375] Hierzu *Hoffmann* KTS 2018, 343 (367).

737 Die Gestaltungspraxis muss sich darauf einstellen, dass Art. 7 Abs. 5 RL-E künftig in Verträge schon zu einem weit im Vorfeld der Insolvenz liegenden Zeitpunkt eingreifen wird.[1376] *Jan Felix Hoffmann* formuliert treffend: „Letztlich würde diese problematische Regelung dazu führen, dass Vertragspartner ihre legitimen Gestaltungsinteressen in Lösungsrechten zum Ausdruck bringen müssen, die hinreichend abstrakt formuliert sind und nicht unter Art. 7 Abs. 5 fallen."[1377] Auch *Godehard Kayser* ist zuzustimmen, wenn er ausführt: „Würde der Vorschlag, wie im Entwurf vorgesehen, im deutschen Recht umgesetzt werden, ergäbe sich in Bezug auf vertragliche Lösungsklauseln ein geradezu wirrer Rechtszustand."[1378]

738 Die Gestaltungspraxis hat nun zwei Möglichkeiten:
1. Gestaltung von Lösungsklauseln, die ein Gestaltungsrecht erst bei Ereignissen vorsehen, welche in der Regel die Eintrittsschwelle der „finanziellen Schwierigkeiten bei drohender Insolvenz" des Art. 4 Abs. 1 RL-E für ein präventives Restrukturierungsverfahren überschreiten. Eine derartige Klausel könnte beispielsweise ein Lösungsrecht bei zweimaligem Lieferverzug vorsehen.[1379] Dann bleibt zu hoffen, dass kein präventives Restrukturierungsverfahren beantragt wird.
2. Anknüpfung an Ereignisse, die noch nicht unter Art. 4 Abs. 1 RL-E subsumiert werden können und daher zwingend aus dem Anwendungsbereich von Art. 7 Abs. 5 RL-E herausfallen.

739 Die erste Lösung weist das offensichtliche Problem auf, dass entsprechende Lösungsklauseln durch ein präventives Restrukturierungsverfahren umgangen werden können. Ob dies in der Praxis geschehen würde, kann zum jetzigen Zeitpunkt nicht vorhergesagt werden. Insbesondere ist vollkommen unklar, ob sich präventive Restrukturierungsverfahren für den Schuldner in ähnlicher Weise als kostenbehaftet erweisen werden, wie Insolvenzverfahren nach geltendem Recht. Wäre dies der Fall, würde sich ein Schuldner gut überlegen, zur Umgehung von Lösungsklauseln ein präventives Restrukturierungsverfahren zu durchlaufen.

740 Die zweite Lösung droht in ein Dilemma zu führen. Kriterien, die im Vorfeld des Anwendungsbereichs von Art. 7 Abs. 5 RL-E (also vor dem Bestehen „finanzieller Schwierigkeiten bei drohender Insolvenz") liegen, begründen nach der Interessenlage der Beteiligten womöglich gar kein Bedürfnis nach Vertragsauflösung. Welche Ereignisse sollen es sein, die nach der Interessenlage der Vertragspartner eine Lösung vom Vertrag rechtfertigen sollen, aber noch nicht die Schwelle des Art. 4 Abs. 1 RL-E überschreiten? Da aus diesem Grund auch Klauseln, die eigentlich Art. 7 Abs. 5 RL-E umgehen sollen, erst möglichst nahe des Krisenstadiums des Vertragspartners ausgelöst werden sollten, sind Lösungsklauseln unseres Erachtens künftig (sollte die Richtlinie in der vorliegenden Fassung von Art. 7 Abs. 5 kommen) regelmäßig mit dem Risiko behaftet, im Falle eines präventiven Restrukturierungsverfahrens unwirksam zu sein. Diese Gradwanderung zwischen Sinnhaftigkeit und drohender Unwirksamkeit wird die rechtssichere Gestaltung von Lösungsklauseln künftig erheblich erschweren.

741 Es bleibt festzuhalten, dass eine vorausschauende Gestaltung im Hinblick auf Art. 7 Abs. 5 RL-E keine absolute Sicherheit wird gewährleisten können. Dies liegt daran, dass Lösungsrechte für die Beteiligten erst dann Sinn ergeben, wenn Hinweise auf einen – wie auch immer konkret gearteten – Störfall bereits vorliegen. Vorher besteht kein Bedürfnis nach Vertragsauflösung. Dann aber wird der Schuldner regelmäßig auch in der Lage sein, „finanzielle Schwierigkeiten" begründen zu können. Wenn er dies kann, steht ihm aber wiederum die Möglichkeit offen, sich in ein präventives Restrukturierungsverfahren zu flüchten.

[1376] *Kayser* ZIP 2017, 1393 (1399).
[1377] *Hoffmann* KTS 2018, 343 (367) mVa *Thole* ZIP 2017, 101 (106).
[1378] *Kayser* ZIP 2017, 1393 (1399).
[1379] Liefert ein Schuldner zweimal trotz Fälligkeit nicht, wird er sich häufig auch in „finanziellen Schwierigkeiten" befinden und auch eine „drohende Insolvenz" wird man häufig annehmen können.

Im Hinblick auf die Auswirkungen in der Praxis muss jedoch festgehalten werden, dass 742
sich ein Vertragspartner gut überlegen wird, ob er wirklich ein präventives Restrukturierungsverfahren bereits dann durchlaufen will, wenn er sich „nur" in „finanziellen Schwierigkeiten" befindet und aufgrund dessen zwei Lieferungen nicht bezahlt. Wie oben beschrieben könnte sich ein derartiges Verfahren in ähnlicher Weise wertvernichtend
auswirken, wie es bei einer Insolvenz nach geltendem Recht regelmäßig der Fall ist. Es
dürften daher viele Fälle übrigbleiben, in denen eine Lösungsklausel, die auf den vorinsolvenzlichen Bereich abstellt, aktiviert werden wird, ohne dass der betroffene Schuldner ein
präventives Restrukturierungsverfahren beantragen wird.

Die vorstehenden Ausführungen zu Lösungsklauseln im Anwendungsbereich des Art. 7 743
Abs. 5 RL-E lassen sich nicht auf die Frage übertragen, wie insolvenzbedingte Lösungsklauseln in der Insolvenz behandelt werden. Art. 7 Abs. 5 RL-E gilt für das präventive
Restrukturierungsverfahren nach dem Richtlinienentwurf. Dieser lässt insoweit das nationale Recht unberührt. Lösungsklauseln werden in verschiedenen Mitgliedstaaten der Europäischen Union unterschiedlich behandelt.[1380] Für Insolvenzverfahren wird dies daher
unseres Erachtens – anders als für präventive Restrukturierungsverfahren – nach aktuellem
Stand dabeibleiben. Von den vorstehenden Ausführungen unberührt bleibt natürlich die
Möglichkeit des deutschen Gesetzgebers, sich im Zuge der Umsetzung der Richtlinie
auch mit insolvenzbedingten Lösungsklauseln zu beschäftigen.

3. Keine Probleme im Hinblick auf die Anpassung von Rückforderungsrechten. 744
Ebenso wenig, wie sich Art. 7 Abs. 5 RL-E nach aktuellem Stand auf statutarische Störfallklauseln auswirken wird, wird sich diese Vorschrift die Anpassung oder Vereinbarung
von Rückforderungsrechten an übertragenem Vermögen im Hinblick auf die Vorlage eines präventiven Restrukturierungsplans, die Beantragung der Aussetzung einzelner
Durchsetzungsmaßnahmen – oder ähnlicher im Zusammenhang mit dem neuen präventiven Restrukturierungsverfahren stehender Umstände – auswirken.

Das bedeutet für die Gestaltungspraxis, dass künftig geprüft werden muss, ob Rückfor- 745
derungsrechte[1381] für den Fall der Insolvenz (oder damit zusammenhängender Ereignisse)
auch auf die Ereignisse im Zusammenhang mit präventiven Restrukturierungsverfahren
vorverlagert werden müssen. Für ein Formulierungsbeispiel → Rn. 729.

4. Art. 7 Abs. 6 RL-E und die Innenhaftung des Geschäftsführers. Gemäß Art. 7 746
Abs. 6 RL-E stellen die Mitgliedstaaten sicher, dass der Schuldner durch nichts daran ge-
hindert wird, Ansprüche von oder Leistungspflichten gegenüber nicht betroffenen Gläubigern und nach Gewährung der Aussetzung entstandene und während der Aussetzung
entstehende Ansprüche betroffener Gläubiger im normalen Geschäftsgang zu erfüllen.
Hierdurch droht auf den ersten Blick die Innenhaftung des Geschäftsführers gemäß § 64
GmbHG ausgehöhlt zu werden.[1382] Allerdings dürften durch § 64 GmbHG sanktionierte
Leistungen an Gesellschafter nicht als Zahlungen im Rahmen des „normalen Geschäftsgangs" zu bewerten sein. Die Privilegierung des § 7 Abs. 6 RL-E dürfte daher nicht mit
§ 64 GmbHG in Konflikt geraten.

5. Erschwerung der Anfechtung von Beraterhonoraren? Gemäß Art. 17 Abs. 1 RL- 747
E stellen die Mitgliedstaaten sicher, dass Transaktionen, die vorgenommen werden, um
die Aushandlung eines von einer Justiz- oder Verwaltungsbehörde zu bestätigenden Restrukturierungsplans zu fördern, oder die mit solchen Verhandlungen in engem Zusam-

---

[1380] Umfassend hierzu *Piekenbrock* ZIP 2018, 1 ff.
[1381] Bei schenkweiser Übertragung von Grundstücken wird der Rückforderungsanspruch durch eine Rückauflassungsvormerkung gesichert, die gemäß § 106 InsO vom Insolvenzverwalter beachtet werden muss.
Rückforderungsrechte im Hinblick auf übertragene Geschäftsanteile können durch eine auflösende Bedingung (§ 158 Abs. 2 BGB) abgesichert werden.
[1382] *Kayser* ZIP 2017, 1393 (1399).

menhang stehen, in späteren Insolvenzverfahren nicht als die Gesamtheit der Gläubiger benachteiligende Handlung für nichtig, anfechtbar oder nicht durchsetzbar erklärt werden, es sei denn, die Transaktionen wurden in betrügerischer Absicht oder bösgläubig vorgenommen. Zu den in § 17 Abs. 1 RL-E genannten Transaktionen zählt gemäß Art. 17 Abs. 2 lit. b RL-E die Zahlung angemessener Gebühren und Kosten für die Inanspruchnahme professioneller Beratung im Zusammenhang mit einem Aspekt eines Restrukturierungsplans.

748   Im Zusammenhang mit der Anfechtung von Beraterhonoraren ist insbesondere an den Anfechtungstatbestand des § 133 InsO (Vorsatzanfechtung) zu denken, dessen Durchsetzung durch Art. 17 Abs. 1 RL-E gesperrt sein könnte, wenn der Schuldner im Zusammenhang mit einem präventiven Restrukturierungsverfahren Beratungsleistungen in Anspruch genommen und bezahlt hat und später ein Insolvenzverfahren durchläuft. § 133 Abs. 1 S. 1 InsO setzt Kenntnis des Gläubigerbenachteiligungsvorsatzes voraus. Damit ist dieser Tatbestand wohl nur anwendbar, wenn die Transaktion (Zahlung von Beraterhonoraren) bösgläubig iSd Art. 17 Abs. 1 RL-E vorgenommen wurde.[1383] Berät der Notar im Zusammenhang mit präventiven Restrukturierungsrahmen dürften folglich keine Erleichterungen hinsichtlich der Vorsatzanfechtung seiner Gebühren im Vergleich zur geltenden Rechtslage eingreifen.

749   Auch wenn die Einzelheiten noch nicht exakt zu prognostizieren sind, dürfte Art. 17 Abs. 1 InsO nach Umsetzung der Richtlinie grundsätzlich auch keinen Anwendungsbereich im Verhältnis zur Anfechtung nach § 130 InsO (kongruente Deckung: der Berater kann sein Honorar beanspruchen) haben. Der Anfechtungstatbestand des § 130 InsO setzt entweder Zahlungsunfähigkeit (§ 130 Abs. 1 S. 1 Nr. 1 InsO) oder einen bereits gestellten Antrag (§ 130 Abs. 1 S. 1 Nr. 2 InsO) voraus. Der Richtlinienentwurf adressiert gemäß Art. 1 Abs. 1 RL-E Schuldner in „finanziellen Schwierigkeiten bei einer drohenden Insolvenz". Das präventive Restrukturierungsverfahren zielt damit nicht auf Schuldner, die bereits (materiell) insolvent sind.[1384] Zahlungsunfähige Schuldner werden demnach keinen Zugang zu präventiven Restrukturierungsverfahren nach dem Richtlinienentwurf haben. Sie bleiben auf die Durchführung eines Insolvenzverfahrens verwiesen. Als gemäß § 133 InsO anfechtbare Zahlungen an Berater im Anwendungsbereich des Art. 17 Abs. 1 RL-E sind demnach nur solche Zahlungen überhaupt denkbar, die erfolgen, nachdem ein Schuldner während eines präventiven Restrukturierungsverfahrens zahlungsunfähig geworden ist. Eine Anfechtung wäre gemäß Art. 17 Abs. 1 RL-E jedenfalls dann ausgeschlossen, wenn die Zahlungen in betrügerischer Absicht oder bösgläubig vorgenommen wurden. Hinzu kommt, dass die Mitgliedstaaten gemäß Art. 7 Abs. 3 S. 1 RL-E Regelungen vorsehen können, nach denen die Suspendierung von Insolvenzantragspflichten (Art. 7 Abs. 1 RL-E) als Folge des Moratoriums gemäß Art. 6 RL-E nicht gilt, wenn der Schuldner „illiquid" wird und daher nicht in der Lage ist, seine während der Aussetzung fällig werdenden Schulden zu begleichen. Die Sperrwirkung des präventiven Restrukturierungsverfahrens greift also grundsätzlich nicht mehr ein, sobald der Schuldner zahlungsunfähig wird – und Zahlungen an Berater damit gemäß § 133 InsO kritisch werden. Ab diesem Zeitpunkt dürften Transaktionen aber auch nicht mehr den Tatbestand von Art. 17 Abs. 1 RL-E erfüllen. Der Schutzzweck dieser Vorschrift greift nicht ein, wenn feststeht, dass das präventive Restrukturierungsverfahren sein Ziel der Insolvenzvermeidung verfehlt hat und das Verfahren in ein (echtes) Insolvenzverfahren übergehen wird.[1385]

[1383] Ähnlich zu § 133 InsO, allerdings im Zusammenhang des Schutzes von Sanierungsfinanzierungen gemäß Art. 16 RL-E *Hölzle* ZIP 2017, 1307 (1312).

[1384] *Thole* ZIP 2017, 101 (102).

[1385] Eine Ausnahme kann erwogen werden, wenn ein Fall des Art. 7 Abs. 3 S. 2 RL-E vorliegt und das Insolvenzverfahren trotz Vorliegen der Voraussetzungen von Art. 7 Abs. 3 S. 1 RL-E („Illiquidität") aufgrund dennoch bestehender Erfolgswahrscheinlichkeiten der Restrukturierungsverhandlungen nach hinten verschoben wird. Derartige Fälle werden wohl äußerst selten sein. Liegt eine solche Konstellation

Im Zusammenhang mit der Anfechtung von Beraterhonoraren in Deutschland sind unse- 750
res Erachtens daher keine nennenswerten Auswirkungen zu erwarten.

6. Eingriff in Rechte der Anteilseigner bereits im präventiven Restrukturierungs- 751
rahmen? Ebenfalls wenig Grund zur Vorsicht besteht unseres Erachtens auch weiterhin
im vorinsolvenzlichen Bereich im Zusammenhang mit der Majorisierung obstruierender
Gesellschafter(gruppen) im Rahmen von gesellschaftsrechtlichen Strukturmaßnahmen.
Der Richtlinienentwurf stellt es zwar in Art. 12 Abs. 2 ins Belieben der nationalen Gesetzgeber, Eingriffe in die Rechte der Anteilseigner durch präventive Restrukturierungsrahmen zuzulassen. Wie in vielen anderen Bereichen des Entwurfs steht es also auch in
diesem Zusammenhang den nationalen Gesetzgebern offen, ob sie sich eher für „Ver-
gleichshilfen mit geringer Eingriffstiefe"[1386] oder für ein „Insolvenzplanverfahren vor der
Insolvenz"[1387] entscheiden.

Würde der deutsche Gesetzgeber diesen Umsetzungsspielraum ausschöpfen und sich 752
bei der Umsetzung der Richtlinie am Insolvenzplanverfahren der §§ 217 ff. InsO zumindest orientieren, so könnte dies eine §§ 217 S. 2, 225a InsO ähnliche Eingriffsbefugnis in
die Rechte der Anteilseigner bedeuten, die sich dann im Rahmen der Abstimmung
über die Annahme des präventiven Restrukturierungsrahmens (Art. 9 RL-E) in ihrer
Klasse (Art. 8 Abs. 2 RL-E, Art. 12 RL-E) grundsätzlich der Mehrheit würden beugen
müssen – oder sogar im Rahmen eines klassenübergreifenden Cram-down gemäß Art. 11
RL-E insgesamt von den übrigen Gläubigergruppen überstimmt werden könnten.[1388]
Diese Konzeption würde eine grundlegende Änderung der aktuellen Rechtslage bedeuten, nach der allenfalls nach Maßgabe der Sanieren-oder-Ausscheiden-Rechtsprechung
des BGH[1389] ausnahmsweise Zustimmungsverpflichtungen der Anteilseigner zu gesellschaftsrechtlichen Maßnahmen bestehen können, ansonsten aber erst in der formellen Insolvenz Majorisierungsmöglichkeiten auch gegenüber den Anteilseignern bestehen.

Es ist jedoch unseres Erachtens unwahrscheinlich, dass ein derartig weitreichendes vor- 753
insolvenzliches Restrukturierungsplanverfahren in Anlehnung an das Verfahren nach
§§ 217 ff. InsO mit den möglichen Plangegenständen des § 217 InsO in Deutschland
kommen wird. Der deutsche Gesetzgeber hat sich im Rahmen der ESUG-Reform bewusst für das als Insolvenzeröffnungsverfahren ausgestaltete und in ein echtes Eigenver-
waltungsverfahren nach §§ 270 ff. InsO mündendes Schutzschirmverfahren gemäß § 270b
InsO (mit anschließendem Insolvenzplanverfahren) entschieden. Der Einführung eines
vorinsolvenzlichen Sanierungsverfahrens mit Majorisierungsmöglichkeit hinsichtlich obstruierender Gläubiger(gruppen) und Anteilseigner nach anglo-amerikanischem Vorbild
hat er damit eine Absage erteilt. Auch im Zuge der ESUG-Evaluierung zeichnen sich
keine Bestrebungen des deutschen Gesetzgebers ab, von dieser Konzeption abzuwei-
chen.[1390] Aufgrund des aller Voraussicht nach vorhandenen Spielraums in der Umsetzung
des präventiven Restrukturierungsrahmens kann davon ausgegangen werden, dass die
Rechte der Anteilseigner von dessen Wirkungen, jedenfalls in Deutschland, verschont
bleiben werden. In dieser Hinsicht besteht daher wohl kein Bedarf zur Anpassung von
GmbH-Satzungen und/oder Verträgen mit GmbHs.

---

jedoch vor, kann darüber nachgedacht werden, ob Art. 17 Abs. 1 RL-E die Anfechtung einer Zahlung
an Berater ausnahmsweise sperrt.
[1386] *Madaus* NZI 2017, 329 (331).
[1387] *Madaus* NZI 2017, 329 (331).
[1388] Hierzu ausf. *Müller* ZGR 2018, 59 (70 ff.).
[1389] BGHZ 183, 1 = NZG 2009, 1347 – Sanieren oder Ausscheiden; NZG 2011, 885; NZG 2015, 995; zur
Frage der Übertragung auf die GmbH *Döge* ZIP 2018, 1220.
[1390] Vgl. hierzu auch die Rede des ehemaligen Bundesjustizministers Heiko Maas v. 30. 3. 2017 auf dem
14. Deutschen Insolvenzrechtstag, abrufbar unter https://www.bmjv.de/SharedDocs/Reden/DE/2017/03
302017_Insolvenzrechtstag.html.

754 **7. Zusammenfassung.** Die Reichweite der Auswirkungen des präventiven Restrukturierungsrahmens auf die notarielle Praxis in Deutschland ist insgesamt noch ungewiss. Es haben sich Themenbereiche gezeigt, die zwar auf den ersten Blick beachtenswerte, bei genauerer Betrachtung jedoch keine Neuerungen für die notarielle Praxis bringen werden. Auf der anderen Seite bestehen praktisch relevante Bereiche, in denen Auswirkungen zu erwarten sind. Diese sind in ihren Ausprägungen zwar noch ungewiss. Teilweise bieten diese jedoch das Potenzial, im Zeitraum vor und nach Umsetzung der Richtlinie erhebliche Anpassungsreaktionen in der gesellschaftsrechtlichen Gestaltungspraxis zu bewirken. Die Praxis sollte dies zur Kenntnis nehmen und in der Beratung und Vertragsgestaltung berücksichtigen.

755   Nach den vorliegend gewonnenen Erkenntnissen stehen in folgenden Bereichen keine nennenswerten Auswirkungen zu erwarten:
1. Vorinsolvenzliche Erleichterungen von Strukturmaßnahmen (einschließlich Umwandlungsmaßnahmen) vergleichbar den Regelungen des Insolvenzplanverfahrens nach §§ 217 ff. InsO (insbesondere Cram-Down obstruierender Anteilseigner).
2. Anfechtung von Beraterhonoraren.

756 Nach den hier gewonnenen Erkenntnissen drohen teils erhebliche Auswirkungen in folgenden Bereichen:
1. Alle vertraglichen Regelungen, die an die Insolvenz eines Beteiligten oder eines Gesellschafters anknüpfen, insbesondere Regelungen in GmbH-Satzungen betreffend die Insolvenz eines Gesellschafters. Solche Regelungen müssen daraufhin überprüft werden, ob die Interessenlage, die zu ihnen geführt hat, auch im Rahmen eines präventiven Restrukturierungsverfahrens nach der Konzeption des Richtlinienentwurfs gegeben sein wird.
2. Lösungsklauseln, die an den vorinsolvenzlichen Bereich anknüpfen, müssen auf ihre Vereinbarkeit mit Art. 7 Abs. 5 RL-E geprüft werden. Durch den Richtlinienentwurf in der aktuellen Fassung drohen insolvenzunabhängige Lösungsklauseln ihren Zweck zu verlieren. Insolvenzbedingte Lösungsklauseln scheinen dagegen vom Anwendungsbereich der Richtlinie ausgenommen zu sein. Art. 7 Abs. 5 RL-E gilt nur für das präventive Restrukturierungsverfahren, nicht für Insolvenzverfahren nach nationalem Recht.

II. Gleichstellung von Insolvenzverfahren mit Verfahren gemäß Art. 1 EuInsVO 2015

757 Im europäischen Kontext ist zu beachten, dass Gesamtverfahren iSv Art. 1 EuInsVO 2015[1391], (grundsätzlich und vorbehaltlich der jeweiligen nationalen Besonderheiten) ähnliche Wirkungen entfalten wie ein Verfahren nach der Insolvenzordnung. Dem sollte in der Vertragsgestaltung dadurch Rechnung getragen werden, dass festgelegt wird, dass solche Verfahren und Insolvenzverfahren nach der InsO gleichbehandelt werden.[1392]

[1391] Verordnung (EU) Nr. 2015/848; beziehungsweise der Vorgängerregelung Art. 1 der Verordnung (EG) Nr. 1346/2000 (EuInsVO 2000).
[1392] Vgl. Fuhrmann/Wälzholz/*Heckschen*, Formularbuch Gesellschaftsrecht, 3. Aufl. 2018, Kap. 21 Rn. 40.

10. Teil. Gesamtmuster

A. Gründung einer Mehrpersonen-GmbH

I. Gründungsprotokoll

UR-Nr. *** 758

○

notarieller Urkundseingang

I. Errichtung

Herr A und die B-GmbH errichten hiermit unter der Firma

AB-GmbH

eine Gesellschaft mit beschränkter Haftung mit dem Sitz in München und stellen die Satzung nach Maßgabe der dieser Urkunde beigefügten **Anlage**[1393] fest.

II. Erste Gesellschafterversammlung

Sodann halten die Gesellschafter unter Verzicht auf alle Vorschriften betreffend die Form und Frist der Einberufung die erste Gesellschafterversammlung ab und fassen folgenden

Beschluss:

Herr A, geboren am 1.1.1990, wohnhaft in München, wird zum Geschäftsführer bestellt. Er vertritt die Gesellschaft stets einzeln und ist von den Beschränkungen des § 181 BGB befreit, das heißt er ist berechtigt, die Gesellschaft bei Rechtsgeschäften mit sich im eigenen Namen oder mit sich als Vertreter eines Dritten zu vertreten.

III. Vollmacht

Frau *** und Herrn ***, Notarangestellte an der Notarstelle *** in München, wird jeweils einzeln und unter Befreiung von den Beschränkungen des § 181 BGB

Vollmacht

erteilt, bis zur Eintragung der Gesellschaft die Satzung abzuändern und alle Erklärungen abzugeben, Anmeldungen vorzunehmen und Anträge zu stellen, die zum Vollzug dieser Urkunde erforderlich und/oder zweckdienlich sind.

IV. Hinweise

Vom Notar wurde insbesondere auf Folgendes hingewiesen:
1. Die GmbH entsteht erst mit Eintragung im Handelsregister.
2. Die vor der Eintragung im Namen der Gesellschaft Handelnden haften persönlich und als Gesamtschuldner (Handelndenhaftung).
3. Soweit es nicht zur Eintragung der Gesellschaft kommt, greift eine unbeschränkte Verlustdeckungshaftung in Höhe der nicht vom Gesellschaftsvermögen gedeckten Verluste.
4. Zur Vermeidung einer unbeschränkten Unterbilanzhaftung darf der Wert des Gesellschaftsvermögens (zuzüglich des satzungsmäßig festgelegten Gründungsaufwands) im Zeitpunkt der Eintragung der Gesellschaft nicht niedriger sein als das nominelle Stammkapital.
5. Wenn Sacheinlagen statt Geldeinlagen vorgesehen sind, muss dies in die Satzung aufgenommen werden.
6. Gesellschafter und Geschäftsführer haften für die Richtigkeit der bei der Gründung gemachten Angaben. Falsche Angaben können strafbar sein – dies gilt auch für verdeckte Sacheinlagen.

[1393] Siehe hierzu das folgende Gesamtmuster einer Satzung → Rn. 759.

7. Jeder Gesellschafter haftet als Gesamtschuldner für die nicht einbezahlten Stammeinlagen der anderen Gesellschafter (Ausfallhaftung).
8. Soweit ein Gesellschafter im gesetzlichen Güterstand der Zugewinngemeinschaft lebt, unterliegen seine Geschäftsanteile im vollen Umfang den Vorschriften über den Zugewinnausgleich im Falle der Scheidung.
9. Etwa erforderliche behördliche Genehmigungen bzw. Erlaubnisse sind von den Beteiligten einzuholen, auch wenn das Registergericht deren Vorliegen nicht überprüft.
10. Rechnungen für Eintragungen in privaten Registern sollten nicht ungeprüft beglichen werden.
11. [*Falls UG:* Bei der Unternehmergesellschaft ist in der Jahresbilanz eine gesetzliche Rücklage zu bilden, in die ein Viertel des um einen Verlustvortrag aus dem Vorjahr geminderten Jahresüberschusses einzustellen ist. Erhöht die Gesellschaft ihr Stammkapital so, dass es EUR 25.000,– erreicht oder übersteigt, findet diese Beschränkung keine Anwendung mehr und die Gesellschaft darf die Bezeichnung GmbH in die Firma aufnehmen.]
12. [*Falls UG:* Angesichts des niedrigen Stammkapitals hat der Notar auch über die Risiken einer Überschuldung, Zahlungsunfähigkeit und/oder Insolvenzverschleppung belehrt.]
13. Sofern eine Aktiengesellschaft, KGaA oder deutschen SE unmittelbar oder mittelbar mehr als ein Viertel der Geschäftsanteile einer GmbH übernimmt, hat sie dies nach § 21 AktG der GmbH unverzüglich schriftlich mitzuteilen. Bis zur Mitteilung der Beteiligung ruhen die Rechte aus den betreffenden Geschäftsanteilen.

V. Kosten, Abschriften

Die Kosten dieser Urkunde und ihrer Durchführung trägt die Gesellschaft.

Von dieser Urkunde erhalten

beglaubigte Abschriften:
- die Gesellschaft;
- die Gesellschafter;
- das Amtsgericht – Registergericht –;
- das Finanzamt – Körperschaftsteuerstelle –;

einfache Abschrift:
- Herr Rechtsanwalt * * *

notarielle Schlussformel

II. Ausführliche Satzung

759   Anlage

SATZUNG

§ 1. Firma und Sitz

1. Die Firma der Gesellschaft lautet

AB-GmbH

2. Satzungssitz der Gesellschaft ist München.

§ 2. Gegenstand des Unternehmens

1. Gegenstand des Unternehmens ist der Handel mit * * *. Genehmigungspflichtige Tätigkeiten werden nicht ausgeübt.
2. Die Gesellschaft darf andere Unternehmen gleicher oder ähnlicher Art übernehmen, vertreten und sich an solchen Unternehmen beteiligen. Sie darf Zweigniederlassungen im In- und Ausland errichten sowie alle Geschäfte tätigen, die der Förderung ihres Unternehmenszwecks unmittelbar oder mittelbar dienlich erscheinen.

§ 3. Stammkapital und Stammeinlagen

1. Das Stammkapital beträgt

EUR 25.000

(in Worten: fünfundzwanzigtausend Euro).

2. Hiervon übernehmen als Gründungsgesellschafter
   a) Herr A 12.500 Geschäftsanteile mit einem Nennbetrag in Höhe von jeweils EUR 1 (Geschäftsanteile Nr. 1 bis 12.500), also insgesamt EUR 12.500;
   b) Die B-GmbH 12.500 Geschäftsanteile mit einem Nennbetrag in Höhe von jeweils EUR 1 (Geschäftsanteile Nr. 12.501 bis 25.000), also insgesamt EUR 12.500.

   Die Stammeinlage ist jeweils zur Hälfte, dh in Höhe von insgesamt EUR 12.500 sofort in bar zu erbringen. Der Rest wird nach Anforderung durch die Geschäftsführung auf Grundlage eines entsprechenden Gesellschafterbeschlusses fällig. [*Alt. (immer bei UG):* Die Stammeinlage ist in voller Höhe in bar sofort einzuzahlen.]

3. Die Geschäftsführung ist ermächtigt, das Stammkapital bis zum Ablauf von fünf Jahren nach dem Tage der Eintragung der Gesellschaft in das Handelsregister einmalig oder mehrfach um insgesamt bis zu EUR 12.500 gegen Bar- oder Sacheinlagen durch Ausgabe neuer Geschäftsanteile zu erhöhen (genehmigtes Kapital). Die neu zu schaffenden Geschäftsanteile sind den bei Ausnutzung des genehmigten Kapitals vorhandenen Gesellschaftern im Verhältnis ihrer Beteiligung anzubieten. Für ggf. bestehende Spitzenbeträge kann das Bezugsrecht ausgeschlossen werden. [*Alt.:* Das Bezugsrecht der Altgesellschafter ist ausgeschlossen.] [*Alt.:* Die Geschäftsführung wird ermächtigt, ohne vorherigen Bericht an die Gesellschafter das Bezugsrecht der Altgesellschafter auszuschließen.] [*Alt.:* Die Geschäftsführung wird ermächtigt, ohne vorherigen Bericht an die Gesellschafter das Bezugsrecht der Altgesellschafter auszuschließen
   a) im Rahmen einer Kapitalerhöhung gegen Sacheinlagen zum Zwecke der Gewährung von Geschäftsanteilen im Zusammenhang mit dem Erwerb von Unternehmen, Unternehmensteilen oder Beteiligungen an Unternehmen;
   b) wenn die Kapitalerhöhung gegen Bareinlagen erfolgt zur Aufnahme weiterer Gesellschafter, insbesondere Venture-Capital-Unternehmen, sofern sich diese verpflichten, neben der Leistung der Stammeinlage auf die neuen Geschäftsanteile ein Aufgeld von mindestens EUR *** pro 1-Euro-Geschäftsanteil zu zahlen.]

   Die Geschäftsführung wird ermächtigt, die weiteren Einzelheiten der Ausnutzung des genehmigten Kapitals (Ausgabebetrag etc) festzulegen und die Fassung der Satzung entsprechend dem Umfang der jeweiligen Ausnutzung des genehmigten Kapitals bzw. nach Ablauf der Ausübungsfrist zu ändern.

§ 4. Dauer der Gesellschaft, Geschäftsjahr

1. Die Gesellschaft ist auf unbestimmte Zeit errichtet.
2. Geschäftsjahr ist das Kalenderjahr.

§ 5. Geschäftsführung und Vertretung

1. Die Gesellschaft hat einen oder mehrere Geschäftsführer.
2. Ist nur ein Geschäftsführer bestellt, vertritt dieser die Gesellschaft allein. Sind mehrere Geschäftsführer bestellt, wird die Gesellschaft durch zwei Geschäftsführer gemeinschaftlich oder durch einen Geschäftsführer in Gemeinschaft mit einem Prokuristen vertreten.
3. Die Gesellschafterversammlung kann einzelnen, mehreren oder allen Geschäftsführern Einzelvertretungsbefugnis und/oder Befreiung vom Verbot des Selbstkontrahierens und/oder der Mehrfachvertretung erteilen.
4. Die Geschäftsführer bedürfen zu Handlungen, die über den gewöhnlichen Geschäftsgang hinausgehen, im Innenverhältnis der vorherigen Zustimmung durch die Gesellschafterversammlung. Dies gilt insbesondere für folgende Handlungen:

a) Erwerb, Veräußerung und Belastung von Grundstücken und grundstücksgleichen Rechten, Errichtung von Gebäuden oder Durchführung von Umbauten;

b) Abschluss, Änderung, Kündigung und sonstige Beendigung von Verträgen über wiederkehrende Leistungen mit einer Jahresbelastung im Einzelfall von mehr als EUR ***;

c) Abschluss, Änderung, Kündigung und sonstige Beendigung von Dienst- und Arbeitsverhältnissen mit einem Jahresbruttoentgelt von mehr als EUR ***;

d) Erwerb und Veräußerung von Unternehmen, Teilbetrieben und Beteiligungen sowie Neugründungen;

e) Abschluss, Änderung oder Beendigung von Verträgen über Wirtschaftsgüter des Anlagevermögens, soweit der Verkehrswert im Einzelfall EUR *** übersteigt;

f) Errichtung und Aufhebung von Zweigniederlassungen;

g) Aufnahme oder Gewährung von Darlehen und Übernahme von Schuldverpflichtungen und Bürgschaften;

h) Eingehung von Wechselverbindlichkeiten;

i) Bestellung und Abberufung von Prokuristen und Handlungsbevollmächtigten;

j) Führung von Aktivprozessen, soweit der Streitwert mehr als EUR *** ausmacht;

k) Rechtsgeschäfte jeder Art zwischen der Gesellschaft einerseits und einem Gesellschafter oder einem seiner Angehörigen im Sinne des § 15 AO andererseits sowie Rechtsgeschäfte zwischen der Gesellschaft und Handelsfirmen, die Gesellschaftern gehören oder an denen Gesellschafter beteiligt sind;

l) sonstige von der Gesellschafterversammlung festzulegende Handlungen.

5. Vorstehende Regelungen gelten entsprechend für Liquidatoren.

§ 6. Verfügung über Geschäftsanteile, Change-of-control

1. Jede Verfügung über Geschäftsanteile oder Teile von Geschäftsanteilen wie insbesondere Abtretung, Verpfändung oder Nießbrauchsbestellung bedarf der schriftlichen Zustimmung aller übrigen Gesellschafter. Dies gilt auch für die Einräumung einer Unterbeteiligung oder die Eingehung eines Treuhandverhältnisses, selbst wenn dabei keine dingliche Übertragung des Geschäftsanteils oder Teilgeschäftsanteils erfolgt. Eine Übertragung von Geschäftsanteilen im Wege der Gesamtrechtsnachfolge nach dem Umwandlungsgesetz erfordert im Innenverhältnis ebenfalls eine vorherige schriftliche Zustimmung aller übrigen Gesellschafter. Abweichend davon bedarf die Abtretung von Geschäftsanteilen im Rahmen der Erbauseinandersetzung oder zur Erfüllung von Vermächtnissen keiner Zustimmung.

2. Will ein Gesellschafter einen Geschäftsanteil abtreten, hat er ihn zunächst den übrigen Gesellschaftern zum Kauf anzubieten. Für die Ausübung dieses Ankaufsrechts gelten die gesetzlichen Bestimmungen über das Vorkaufsrecht sinngemäß, mit der Maßgabe, dass die Frist zur Ausübung des Ankaufsrechts zwei Monate beträgt, dass der Kaufpreis nach § 10 dieser Satzung zu ermitteln ist und dass mehreren ankaufsberechtigten Gesellschaftern das Ankaufsrecht im Verhältnis der Höhe ihrer Geschäftsanteile zusteht; dabei kommt der Verzicht eines oder einzelner Gesellschafter den übrigen Gesellschaftern zugute. Macht keiner der Gesellschafter von seinem Ankaufsrecht Gebrauch oder verzichten alle Gesellschafter auf ihr Ankaufsrecht, so ist der Geschäftsanteil der Gesellschaft selbst oder einem von ihr zu benennenden Dritten zum Kauf anzubieten; für dieses Ankaufsrecht gelten die vorstehenden Bestimmungen entsprechend. Erst wenn auch dieses Ankaufsrecht durch Fristablauf oder Verzicht erloschen ist, kann der Geschäftsanteil anderweitig abgetreten werden; in diesem Fall gilt die Zustimmung der übrigen Gesellschafter als erteilt.

3. Ein Change-of-control im Sinne dieser Satzung liegt vor, wenn sich die Beteiligungsverhältnisse an einem der Gesellschafter auf andere Weise als durch Erbfolge um mehr als 50 % im Vergleich zum heutigen Stand verändern. Ausgenommen hiervon sind Verfügungen zu Gunsten eines mit dem Gesellschafter oder dem Anteilsinhaber

des Gesellschafters verbundenen Unternehmens im Sinne von § 15 AktG. Jeder Gesellschafter ist verpflichtet, die übrigen Gesellschafter spätestens acht Wochen vor einem geplanten Change-of-control schriftlich hierüber zu informieren. Sollten nicht sämtliche Mitgesellschafter dem Change-of-control zustimmen, können diese innerhalb von sechs Monaten nach Kenntnis von dem Change-of-control beschließen, dass die betroffenen Geschäftsanteile nach Maßgabe des § 9 dieser Satzung (i) ganz oder geteilt an die Gesellschaft, an einen oder mehrere Gesellschafter oder an einen oder mehrere Dritte abzutreten sind oder (ii) eingezogen werden.

§ 7. Erbfolge

1. Soweit im Fall des Todes eines Gesellschafters Geschäftsanteile des verstorbenen Gesellschafters nicht innerhalb von drei Monaten nach dem Erbfall ausschließlich auf einen oder mehrere Mitgesellschafter, Ehegatten von Gesellschaftern oder Abkömmlinge von Gesellschaftern übergegangen sind, können die übrigen Gesellschafter innerhalb von weiteren drei Monaten beschließen, dass die betroffenen Geschäftsanteile des verstorbenen Gesellschafters nach Maßgabe des § 9 dieser Satzung (i) ganz oder geteilt an die Gesellschaft, an einen oder mehrere Gesellschafter oder an einen Dritten abzutreten sind oder (ii) eingezogen werden. Die Abfindung der Erben bemisst sich nach § 10 dieser Satzung.
2. Mehrere Erben oder Vermächtnisnehmer haben sich durch einen gemeinsamen Bevollmächtigten vertreten zu lassen, der zur Berufsverschwiegenheit verpflichtet sein muss, wenn er nicht selbst Gesellschafter ist. Die Gesellschafterrechte der Erben und Vermächtnisnehmer mit Ausnahme des Gewinnbezugsrechtes ruhen, solange der Bevollmächtigte nicht bestellt ist.

§ 8. Kündigung der Gesellschaft

1. Die Gesellschaft kann unter Einhaltung einer Kündigungsfrist von sechs Monaten zum Ende eines Geschäftsjahres gekündigt werden. Die Kündigung hat durch eingeschriebenen Brief an die Gesellschaft zu erfolgen.
2. Kündigt ein Gesellschafter, haben die übrigen Gesellschafter das Recht, vor Ablauf der Kündigungsfrist die Fortsetzung der Gesellschaft zu beschließen und in einem weiteren Beschluss festzulegen, dass die Geschäftsanteile des Kündigenden nach Maßgabe des § 9 dieser Satzung (i) ganz oder geteilt an die Gesellschaft, an einen oder mehrere Gesellschafter oder an einen oder mehrere Dritte abzutreten sind oder (ii) eingezogen werden. Kommt ein entsprechender Beschluss nicht zustande, sind die Geschäftsanteile des Kündigenden auf die verbleibenden Gesellschafter im Verhältnis der Höhe ihrer Geschäftsanteile zu übertragen. Die mit einer Übertragung verbundenen Kosten treffen den jeweiligen Erwerber. Die Abfindung des ausscheidenden Gesellschafters bemisst sich nach § 10 dieser Satzung.
3. Besteht die Gesellschaft im Zeitpunkt der Kündigung nur aus zwei Gesellschaftern, so hat der nicht kündigende Gesellschafter das Recht, vor Ablauf der Kündigungsfrist die Fortsetzung der Gesellschaft durch schriftliche Erklärung gegenüber der Gesellschaft in einer der vorbezeichneten Arten zu verlangen.
4. Wird vor Ablauf der Kündigungsfrist kein Fortsetzungsbeschluss im Sinne von Abs. 2 gefasst bzw. kein Fortsetzungsverlangen im Sinne von Abs. 3 gestellt, wird die Gesellschaft durch die Kündigung aufgelöst.

§ 9. Einziehung von Geschäftsanteilen

1. Mit Zustimmung des betroffenen Gesellschafters ist die Einziehung von Geschäftsanteilen jederzeit zulässig.
2. Die Zwangseinziehung von Geschäftsanteilen ist zulässig, wenn in der Person eines Gesellschafters ein wichtiger Grund vorliegt, insbesondere
a) ein Gesellschafter seine Gesellschafterpflichten grob verletzt hat,

   b) ein Change-of-control im Sinne von § 6 Abs. 4 ohne Zustimmung sämtlicher Mitgesellschafter vorliegt,

   c) über das Vermögen eines Gesellschafters das Insolvenzverfahren eröffnet, über einen Antrag auf Eröffnung nicht binnen zwei Monaten entschieden oder die Eröffnung mangels Masse abgelehnt wird, oder

   d) wenn die Zwangsvollstreckung in einen Geschäftsanteil betrieben und die Vollstreckungsmaßnahme nicht innerhalb von acht Wochen wieder aufgehoben wird.

3. Steht der Geschäftsanteil mehreren Berechtigten gemeinschaftlich zu, so genügt ein Verstoß von Seiten eines der Mitberechtigten.

4. Die Einziehung erfolgt gegen Abfindung nach § 10 dieser Satzung.

5. Die Einziehung erfolgt durch Beschluss der Gesellschafter mit einfacher Mehrheit. Im Falle der Zwangseinziehung hat der betroffene Gesellschafter kein Stimmrecht. Der Gesellschafter scheidet mit Bekanntgabe des Beschlusses an ihn aus der Gesellschaft aus. Gleichzeitig mit dem Einziehungsbeschluss ist sicherzustellen, dass auch nach der Einziehung die Summe der Nennbeträge aller Geschäftsanteile mit dem Stammkapital übereinstimmt.

6. Statt der Einziehung kann die Gesellschafterversammlung beschließen, dass Geschäftsanteile von der Gesellschaft erworben oder an die verbleibenden Gesellschafter oder an Dritte übertragen werden. Die vorstehenden Regelungen zur Einziehung gelten entsprechend. Die Vergütung für die abzutretenden Geschäftsanteile schuldet der Erwerber.

7. Die Gesellschaft kann für jeden Geschäftsanteil des betroffenen Gesellschafters gesondert beschließen, ob sie nach Abs. 5 oder Abs. 6 vorgeht, solange nur gleichzeitig über alle Anteile des betroffenen Gesellschafters entschieden wird.

§ 10. Abfindung

1. Ein aus der Gesellschaft ausscheidender Gesellschafter hat Anspruch auf Zahlung einer Abfindung, deren Höhe sich nach dem Wert seiner Geschäftsanteile richtet. Dieser ist im Wege der Ertragswertmethode zu bestimmen, wobei von dem ermittelten Wert ein Abschlag von 30 % vorzunehmen ist. Bewertungszeitpunkt ist der mit dem Ausscheiden zusammenfallende Bilanzstichtag, sonst der vorausgehende Bilanzstichtag. Änderungen des Jahresabschlusses, die sich nach dem Ausscheiden aufgrund einer Betriebsprüfung ergeben, bleiben ebenso unberücksichtigt wie ein nach dem maßgeblichen Bilanzstichtag noch entstandener Gewinn oder Verlust oder ein etwaiges Körperschaftsteuerguthaben.

2. Sofern sich die Beteiligten nicht über die Höhe der Abfindung einigen, erfolgt die Ermittlung des Abfindungsguthabens binnen sechs Monaten nach Ausscheiden des Gesellschafters durch den Abschlussprüfer – ersatzweise den Steuerberater – der Gesellschaft als Schiedsgutachter verbindlich für alle Beteiligten auf Kosten der Gesellschaft.

3. Das Abfindungsguthaben ist in vier gleichen Raten auszubezahlen. Die erste Rate ist zur Zahlung fällig innerhalb von einem Monat, nachdem über den Abfindungsbetrag Einigung erzielt bzw. dieser vom Schiedsgutachter festgelegt wurde. Die zweite Rate ist ein Jahr, die dritte Rate ist zwei Jahre und die vierte Rate ist drei Jahre nach dem Ausscheiden fällig. Das Abfindungsguthaben ist in seiner jeweiligen Höhe mit zwei Prozentpunkten über dem jeweils zu Beginn eines Kalenderjahres geltenden Basiszinssatz gemäß § 247 BGB zu verzinsen. Sicherheitsleistung kann nicht verlangt werden. Die Gesellschaft ist jederzeit berechtigt, noch nicht getilgte Abfindungsguthaben ganz oder teilweise vorzeitig auszuzahlen.

4. Soweit und solange eine Zahlung gegen die gesetzlichen Regeln der Kapitalerhaltung verstoßen würde, gelten Zahlungen auf den Hauptbetrag als zum vereinbarten Satz verzinslich gestundet, Zinszahlungen als unverzinslich gestundet.

§ 11. Gesellschafterversammlung und -beschlüsse

1. In jedem Geschäftsjahr findet eine ordentliche Gesellschafterversammlung statt. Außerordentliche Gesellschafterversammlungen können nach Bedarf einberufen werden.
2. Die Gesellschafterversammlung wird durch die Geschäftsführung einberufen; es genügt die Einberufung durch einen Geschäftsführer.
3. Alle Gesellschafter sind mittels eingeschriebenen Briefes oder durch Übergabe der Ladung gegen Empfangsbekenntnis zu laden. Die Ladung erfolgt mit einer Frist von zwei Wochen. Tagungsort, Tagungszeit und Tagesordnung sind in der Ladung mitzuteilen.
4. Die Gesellschafterversammlung findet am Sitz der Gesellschaft statt, wenn nicht alle Gesellschafter einvernehmlich einen anderen Tagungsort beschließen.
5. Ein Gesellschafter kann sich nur von einem anderen Gesellschafter oder von einem zur Berufsverschwiegenheit verpflichteten Dritten in der Gesellschafterversammlung vertreten oder begleiten lassen. Die Vollmacht zur Vertretung und Ausübung des Stimmrechts ist schriftlich zu erteilen.
6. Die Gesellschafterversammlung wählt aus ihrem Kreis einen Vorsitzenden. Dieser bestimmt nach Maßgabe der Tagesordnung den Ablauf, über welchen eine Niederschrift anzufertigen ist, die in Abschrift an jeden Gesellschafter zu übersenden ist.
7. Die Gesellschafterversammlung ist beschlussfähig, wenn mindestens 75% des Stammkapitals vertreten sind. Fehlt es daran, ist unverzüglich eine neue Versammlung mit gleicher Tagesordnung einzuberufen, die in jedem Fall beschlussfähig ist, sofern hierauf in der Ladung hingewiesen wird.
8. Mit Zustimmung aller Gesellschafter können Beschlüsse auch schriftlich, telefonisch, mittels elektronischer Medien oder in einer Kombination dieser Verfahren erfolgen, sofern nicht notarielle Beurkundung vorgeschrieben ist. In diesem Fall hat die Geschäftsführung das Abstimmungsergebnis unverzüglich schriftlich mitzuteilen.
9. Gesellschafterbeschlüsse werden mit einfacher Mehrheit der abgegebenen Stimmen gefasst, soweit nicht Satzung oder Gesetz zwingend eine andere Mehrheit vorschreiben. Jeder Euro eines Geschäftsanteils gewährt eine Stimme. Bei Stimmengleichheit gilt ein Antrag als abgelehnt.
10. Beschlüsse der Gesellschafterversammlung können nur binnen zwei Monaten nach Kenntniserlangung angefochten werden.

§ 12. Jahresabschluss und Gewinnverwendung

1. Die Geschäftsführung hat innerhalb der jeweils geltenden gesetzlichen Frist nach Ablauf jeden Geschäftsjahres den Jahresabschluss sowie gegebenenfalls den Lagebericht für das vergangene Geschäftsjahr aufzustellen.
2. Über die Verwendung des Jahresergebnisses beschließt die Gesellschafterversammlung.
3. Die Verteilung des auszuschüttenden Gewinns erfolgt grundsätzlich nach dem Verhältnis der Nennbeträge der Geschäftsanteile. Durch Beschluss der Gesellschafterversammlung kann mit Zustimmung aller dadurch benachteiligten Gesellschafter eine abweichende Gewinnverteilung festgesetzt werden.

§ 13. Wettbewerbsverbot

1. Kein Gesellschafter und kein Geschäftsführer darf der Gesellschaft während seiner Vertragszeit mittelbar oder unmittelbar, gelegentlich oder gewerbsmäßig, unter eigenem oder unter fremdem Namen, für eigene oder für fremde Rechnung im Geschäftszweig der Gesellschaft Konkurrenz machen oder sich als Mitunternehmer an einem Konkurrenzunternehmen beteiligen. Das Konkurrenzverbot gilt auch nach dem Ausscheiden aus der Gesellschaft auf die Dauer von zwei Jahren, soweit sich die Konkurrenzgeschäfte auf die ehemalige Kundschaft bzw. Mandate der Gesellschaft

beziehen. Eine Entschädigung hierfür ist nur zu leisten, soweit dies gesetzlich zwingend vorgeschrieben ist.

2. Ein Verstoß gegen das Wettbewerbsverbot stellt eine grobe Verletzung der Gesellschafterpflichten im Sinne von § 9 Abs. 2 lit. a dieser Satzung dar. Sonstige vertragliche oder gesetzliche Rechte bleiben bestehen.

3. Befreiungen vom Wettbewerbsverbot können von der Gesellschafterversammlung mit einfacher Mehrheit aller vorhandenen Stimmen beschlossen werden. Sie sind unwiderruflich, solange keine wesentliche Veränderung der zugrunde liegenden Umstände eintritt.

§ 14. Güterstand

1. Verheiratete Gesellschafter müssen mit ihrem Ehegatten formgerecht (a) Gütertrennung gemäß § 1414 BGB vereinbaren oder (b) durch Ehevertrag vereinbaren, dass ihre Beteiligung an der Gesellschaft im Scheidungsfall und im Fall des vorzeitigen Ausgleichs des Zugewinns nach mindestens dreijährigem Getrenntleben in jeder Hinsicht von einem Zugewinnausgleichsanspruch des anderen Ehegatten gemäß §§ 1372 ff. BGB ausgenommen und der Gesellschafter hinsichtlich seiner Geschäftsanteile von allen Einschränkungen seiner Verfügungsmacht gemäß §§ 1365 ff. BGB freigestellt ist.

2. Die Verpflichtung ist binnen dreier Monate zu erfüllen
   a) durch die verheirateten Gründungsgesellschafter gerechnet ab dem Tage der Beurkundung des Gesellschaftsvertrages,
   b) durch einen heiratenden Gesellschafter gerechnet ab dem Tage der standesamtlichen Eheschließung,
   c) durch einen in die Gesellschaft neu eintretenden, verheirateten Gesellschafter gerechnet ab dem Tage des ersten Erwerbes eines Geschäftsanteiles.

3. Können Gesellschafter die Erfüllung ihrer Verpflichtung gemäß Abs. 1 nicht innerhalb der Frist gemäß Abs. 2 durch Vorlage einer beglaubigten Abschrift der entsprechenden Urkunden bei der Gesellschaft nachweisen, ist diese berechtigt, alle Geschäftsanteile des säumigen Gesellschafters einzuziehen. Statt der Einziehung kann die Gesellschaft verlangen, dass die Anteile des säumigen Gesellschafters von der Gesellschaft erworben oder auf eine von ihr bezeichnete Person übertragen werden. Für die Abfindung gelten die Regelungen dieser Satzung.

4. Vorstehende Regelungen gelten entsprechend für Gesellschafter, die in eingetragener Lebenspartnerschaft leben bzw. eine solche eingehen.

§ 15. Beirat

1. Die Gesellschaft hat einen aus drei Mitgliedern bestehenden Beirat. Die Mitglieder des Beirats werden von der Gesellschafterversammlung mit einfacher Mehrheit auf unbestimmte Zeit bestellt. Die Gesellschafterversammlung bestellt ein Mitglied des Beirats zum Vorsitzenden des Beirats. Mitglieder der Geschäftsführung oder leitende Angestellte der Gesellschaft oder von verbundenen Unternehmen im Sinne der §§ 15 ff. AktG können nicht zu Mitgliedern des Beirats bestellt werden.

2. Der Beirat hat die Aufgabe, die Geschäftsführung zu überwachen und zu beraten, insbesondere in finanziellen Angelegenheiten und bei strategischen Entscheidungen. Die Gesellschafterversammlung kann den Beirat darüber hinaus mit Aufgaben betrauen, die in den Bereich der Gesellschafterversammlung fallen würden.

3. Der Beirat kann von der Geschäftsführung jederzeit Auskunft zur Lage der Gesellschaft verlangen und Einsicht in die Bücher nehmen. Auf Verlangen ist dem Beirat vierteljährlich über die wesentlichen Angelegenheiten der Gesellschaft schriftlich zu berichten.

4. Die Mitglieder des Beirats haben das Recht, an den Gesellschafterversammlungen teilzunehmen. Dem Vorsitzenden des Beirats und bei dessen Verhinderung seinem

Stellvertreter ist auf Verlangen das Wort in der Gesellschafterversammlung zu erteilen. Die Mitglieder des Beirats werden in der gleichen Form und Frist wie Gesellschafter zur Gesellschafterversammlung eingeladen. Der Beirat hat zu Vorgängen,
die der Beschlussfassung durch die Gesellschafterversammlung vorliegen, auf Verlangen der Geschäftsführung oder eines Gesellschafters eine Stellungnahme abzugeben.

5. Der Beirat tagt, so oft es die Mitglieder für erforderlich erachten, mindestens aber
einmal pro Geschäftshalbjahr.

6. Beschlüsse des Beirats werden im Regelfall in Sitzungen gefasst, die vom Vorsitzenden des Beirats und im Verhinderungsfall von seinem Stellvertreter geleitet werden.
Sind alle Beiratsmitglieder einverstanden, so kann eine Beschlussfassung auch in jeder anderen Form, zB telefonisch, per E-Mail oder Telefax erfolgen. Zulässig ist auch
eine Abstimmung, die teilweise in einer Versammlung und teilweise in schriftlicher
oder sonstiger fernkommunikativer Weise durchgeführt wird, sofern alle Beiratsmitglieder mit dem Verfahren im Einzelfall einverstanden sind.

7. Beschlüsse des Beirats werden mit einfacher Mehrheit der abgegebenen Stimmen
gefasst. Bei Stimmengleichheit gibt die Stimme des Beiratsvorsitzenden den Ausschlag.

8. Jedes Mitglied des Beirats erhält Ersatz seiner Aufwendungen sowie eine jährliche
Vergütung zuzüglich Mehrwertsteuer, die für alle Mitglieder einheitlich durch die
Gesellschafterversammlung festgelegt wird. Die Vergütung wird nach Ablauf eines
jeden Geschäftsjahres an die Mitglieder des Beirats ausgezahlt.

9. Die Gesellschafterversammlung kann dem Beirat eine Geschäftsordnung geben.

10. Auf den Beirat finden § 52 Abs. 1 GmbHG und die dort genannten aktienrechtlichen Bestimmungen keine Anwendung.

§ 16. Schiedsvereinbarung

1. Alle Streitigkeiten zwischen Gesellschaftern untereinander oder zwischen der Gesellschaft und ihren Gesellschaftern im Zusammenhang mit diesem Gesellschaftsvertrag
oder über seine Gültigkeit werden durch ein aus drei Schiedsrichtern bestehendes
Schiedsgericht nach der Schiedsgerichtsordnung (DIS-SchO) und den Ergänzenden
Regeln für gesellschaftsrechtliche Streitigkeiten (DIS-ERGeS) der Deutschen Institution für Schiedsgerichtsbarkeit e.V. (DIS) in ihrer jeweils gültigen Fassung unter Ausschluss des ordentlichen Rechtswegs endgültig entschieden. Dies gilt insbesondere
für Streitigkeiten über
– die Gültigkeit dieses Gesellschaftsvertrags oder einzelne seiner Bestimmungen,
– die Nichtigkeit, Wirksamkeit, Anfechtbarkeit oder das Zustandekommen von Gesellschafterbeschlüssen (Beschlussmängelstreitigkeiten) oder
– die Kündigung, den Ausschluss oder das sonstige Ausscheiden eines Gesellschafters.

2. Ort des schiedsrichterlichen Verfahrens ist der Sitz der Gesellschaft. Die Verfahrens-
sprache ist deutsch. Die Schiedsrichter haben das deutsche materielle Recht anzuwenden.

3. Die Wirkungen des Schiedsspruchs erstrecken sich auch auf die Gesellschafter, die
fristgemäß als Betroffene benannt werden, unabhängig davon, ob sie von der ihnen
eingeräumten Möglichkeit, dem schiedsrichterlichen Verfahren als Partei oder Neben-
intervenient beizutreten, Gebrauch gemacht haben (§ 11 DIS-ERGeS). Die fristgemäß
als Betroffene benannten Gesellschafter verpflichten sich, die Wirkungen eines nach
Maßgabe der Bestimmungen in den DIS-ERGeS ergangenen Schiedsspruchs anzuerkennen.

4. Ausgeschiedene Gesellschafter bleiben an diese Schiedsvereinbarung gebunden.

5. Die Gesellschaft hat gegenüber Klagen, die gegen sie vor einem staatlichen Gericht
anhängig gemacht werden und Streitigkeiten betreffen, die gemäß Abs. 1 der

Schiedsvereinbarung unterfallen, stets die Einrede der Schiedsvereinbarung zu erheben.

§ 17. Veröffentlichungen

Veröffentlichungen der Gesellschaft erfolgen im Bundesanzeiger.

§ 18. Schlussbestimmungen

1. Jeder Gesellschafter ist verpflichtet, jedwede Änderung in seiner Person oder im Umfang seiner Beteiligung unverzüglich der Gesellschaft mitzuteilen.

2. Die Nichtigkeit oder Anfechtbarkeit einzelner Bestimmungen dieser Satzung soll die Gültigkeit der übrigen Bestimmungen nicht berühren. Die ungültige Bestimmung ist durch eine wirksame Regelung zu ersetzen, die dem angestrebten wirtschaftlichen Zweck möglichst nahe kommt. Entsprechendes gilt für etwaige Lücken. Ergänzend gelten die gesetzlichen Bestimmungen.

§ 19. Gründungsaufwand

Den Gründungsaufwand (Notar-, Gerichts-, Veröffentlichungs- und Beratungskosten sowie Bankspesen) in Höhe von bis zu EUR 2.500,00 trägt die Gesellschaft; etwa darüber hinausgehende Gründungskosten tragen die Gesellschafter.

– Ende der Anlage –

B. Gründungsvollmacht

760

Vollmacht

Ʊ Hiermit bevollmächtigt Herr A, geboren am 1.1.1990, wohnhaft in 80333 München, Promenadeplatz 1, („Vollmachtgeber")

Herrn B
geboren am 1.9.1970
wonhhaft in 80333 München, Lenbachplatz 1
(„Bevollmächtigter")

zu folgenden Handlungen bzw. Erklärungen im Namen des Vollmachtgebers:

1. Der Bevollmächtigte ist zur Abgabe bzw. Entgegennahme aller Erklärungen und Vornahme aller Handlungen ermächtigt, die er im Zusammenhang mit der Errichtung und/oder dem Erwerb einer Gesellschaft mit beschränkter Haftung erforderlich und/oder zweckdienlich hält.

2. Der Bevollmächtigte ist insbesondere ermächtigt, im Namen des Vollmachtgebers den Gesellschaftsvertrag festzustellen, Geschäftsanteile in beliebiger Anzahl und zu einem beliebigen Nennbetrag mit oder ohne Aufgeld zu übernehmen, Geschäftsführer (ggf. unter Erteilung von Einzelvertretungsmacht und Befreiung von den Beschränkungen des § 181 BGB) zu bestellen und abzuberufen, alle durch die Gründung der GmbH entstehenden Steuern und Kosten von der GmbH übernehmen zu lassen sowie etwa erforderliche Genehmigungen und/oder Negativzeugnisse einzuholen.

3. Der Bevollmächtigte ist ferner ermächtigt, den Vollmachtgeber in Gesellschafterversammlungen zu vertreten, ein- oder mehrfach Kapitalerhöhungen bei der GmbH zu beschließen und weitere Geschäftsanteile mit oder ohne Aufgeld zu übernehmen und/oder andere zur Übernahme zuzulassen, die Satzung der GmbH zu ändern oder zu ergänzen, Treuhandverträge über Anteile an der GmbH abzuschließen, Anteile an der GmbH zu veräußern und/oder zu erwerben und Weisungen jeder Art gegenüber der Geschäftsführung zu erteilen.

4. Der Bevollmächtigte ist darüber hinaus ermächtigt, im Namen des Vollmachtgebers Anmeldungen und Anzeigen jeglicher Art zum Handelsregister der GmbH zu bewir-

ken; diese Vollmacht umfasst auch die Rücknahme, Änderung und Ergänzung von Anmeldungen und Anzeigen.

5. Der Bevollmächtigte ist schließlich zu sämtlichen sonstigen Maßnahmen und Erklärungen berechtigt, die er im Zusammenhang mit der Gesellschafts- und Finanzierungsstruktur der GmbH für notwendig und/oder zweckdienlich hält. Hierzu gehört auch der Abschluss von Gesellschaftervereinbarungen, Beteiligungsverträgen, Darlehensverträgen, Verträgen über die Bestelung von Sicherheiten wie etwa die Verpfändung von Geschäftsanteilen uä.

Der Bevollmächtigte ist zur umfassenden Vertretung in diesen Angelegenheiten berechtigt, dh er kann sämtliche Erklärungen abgeben und entgegennehmen sowie Handlungen vornehmen, die er im Zusammenhang mit den vorstehenden Maßnahmen für erforderlich und/oder zweckdienlich hält. Im Zweifel ist die Vollmacht weit auszulegen. Er ist einzelvertragungsberechtigt, von den Beschränkungen des § 181 BGB befreit und berechtigt, Untervollmacht in gleichem Umfang zu erteilen.

München, den ***

Unterschrift

Beglaubigungsvermerk

C. Kapitalerhöhungsbeschluss mit Bar- und Sachkapitalerhöhung

UR-Nr. *** 761

notarieller Urkundseingang

Die Anwesenden baten den Notar, folgenden Beschluss der Gesellschafterversammlung der

AB-GmbH
mit dem Sitz in München
- Amtsgericht München, HRB 112233 -
(Anschrift: 80333 München, Promenadeplatz 1)
– nachfolgend auch „GmbH" genannt –

zu beurkunden.

I. Sachverhalt

Nach Angabe der Anwesenden ist im Handelsregister des Amtsgerichts München unter HRB 112233 vorgenannte GmbH eingetragen.

Das Stammkapital der GmbH beträgt EUR 25.000 und verteilt sich Angabe gemäß und ausweislich der zuletzt im Handelsregister aufgenommenen Gesellschafterliste wie folgt:
- Herr A, geboren am 1.1.1990, wohnhaft in München, hält 12.500 Geschäftsanteile im Nennbetrag von je EUR 1, das heißt insgesamt EUR 12.500 (Geschäftsanteile Nr. 1–12.500)
- die B-GmbH mit dem Sitz in München hält 12.500 Geschäftsanteile im Nennbetrag von je EUR 1, das heißt insgesamt EUR 12.500 (Geschäftsanteile Nr. 12.501–25.000).

Das Stammkapital ist heute somit in voller Höhe vertreten. Die Stammeinlagen sind nach Angabe der Anwesenden vollständig einbezahlt.

II. Gesellschafterbeschluss

Unter Verzicht auf alle abdingbaren Vorschriften über die Einberufung und Ankündigung, wie sie Gesetz und Satzung vorsehen, halten die alleinigen Gesellschafter der GmbH hiermit eine

Gesellschafterversammlung

der GmbH ab, und beschließen was folgt:

1. Das Stammkapital der Gesellschaft wird von EUR 25.000 um EUR 1.000 auf EUR 26.000 erhöht.
2. Die Kapitalerhöhung erfolgt durch Neubildung von 1.000 neuen Geschäftsanteilen zu nominal je EUR 1 (Geschäftsanteile Nr. 25.001–26.000).
3. Zur Übernahme der neuen 1.000 Geschäftsanteile zu nominal je EUR 1 (Geschäftsanteile Nr. 25.001–26.000) wird Herr A, geboren am 1.1.1990, wohnhaft in München (nachstehend „**Übernehmer**") zugelassen.
4. Die neuen Geschäftsanteile nehmen am Gewinn und Verlust der Gesellschaft ab 1.1.2019 teil.
5. Die zur Erhöhung des Stammkapitals zu übernehmenden Geschäftsanteile werden zum Nennwert ausgegeben und die auf sie entfallende Stammeinlage ist sofort in bar zu leisten. [*Ggf. ergänzend schuldrechliches Aufgeld:* Zusätzlich verpflichtet sich der Übernehmer gegenüber den übrigen Gesellschaftern, nicht aber gegenüber der Gesellschaft, eine Zuzahlung in die freie Kapitalrücklage der Gesellschaft gemäß § 272 Abs. 2 Nr. 4 HGB in Höhe von EUR 1.000.000 (in Worten: eine Million Euro) zu leisten. Die Zuzahlung in vorgenannter Höhe ist innerhalb von zehn Tagen ab heute zur Zahlung fällig.]
[*Alternativ: Sachkapitalerhöhung:* Die Stammeinlage auf die zur Erhöhung des Stammkapitals zu übernehmenden Geschäftsanteile ist nicht in bar zu erbringen, sondern durch Sacheinbringung nach näherer Maßgabe in Ziffer IV.]
6. § 3 der Satzung der GmbH wird wie folgt neu gefasst:

„**§ 3. Stammkapital**
Das Stammkapital beträgt
EUR 26.000
(in Worten: sechsundzwanzigtausend Euro)."

Weitere Beschlüsse werden nicht gefasst. Damit ist die Gesellschafterversammlung beendet.

III. Übernahmeerklärung

Der Übernehmer erklärt sodann: Auf das erhöhte Stammkapital übernehme ich 1.000 Geschäftsanteile im Nennbetrag von je EUR 1 den Bedingungen des Kapitalerhöhungsbeschlusses.

[ggf., falls Sachkapitalerhöhung:

IV. Sacheinbringung

1. Einbringung
a) Herr A – nachfolgend auch der „**Gesellschafter**" genannt –, ist alleiniger Inhaber des im Handelsregister des Amtsgerichts München unter HRA 12345 eingetragenen Einzelunternehmens mit der Bezeichnung A Handel e.K. in München – nachfolgend auch „**Einzelunternehmen**" oder „**Unternehmen**" genannt –.
b) Der Gesellschafter bringt sämtliche Aktiva und Passiva und alle sonstigen Vermögensgegenstände des Betriebsvermögens des Einzelunternehmens in die GmbH zum Alleineigentum ein. Die Einbringung erfolgt in Vollzug der Bestimmungen in Ziffer II. 5. dieser Urkunde.
[*Alt. 1: Bilanz ist schon erstellt:* Die Übertragung des Einzelunternehmens erfolgt mit schuldrechlicher Wirkung zum 1.1.2019, 00:00 Uhr („**Stichtag**") und mit sofortiger dinglicher Wirkung auf Grundlage der auf den 31.12.2018 erstellten Einbringungsbilanz. Die Einbringung umfasst alle darin enthaltenen Aktiva und Passiva sowie sämtliche bei dem Einzelunternehmen bestehende nicht bilanzierungspflichtige

bzw. nicht bilanzierungsfähige Vermögensgegenstände, Vertragsverhältnisse, Beteiligungen und Grundstücke, die immateriellen Wirtschaftsgüter, die nicht entgeltlich erworbene Firma sowie die öffentlich rechtlichen Rechtspositionen. Ein bis zum Stichtag erzielter Gewinn gebührt noch dem Gesellschafter. Die Einbringungsbilanz ist dieser Urkunde als **Anlage 1** beigefügt. Auf die Anlage wird verwiesen; sie wurde den Beteiligten zur Kenntnisnahme und Unterzeichnung vorgelegt. Auf das Vorlesen der Anlage wurde ausdrücklich verzichtet.]

[*Alt. 2: Bilanz ist noch nicht erstellt:* Die Übertragung des Einzelunternehmens erfolgt mit schuldrechtlicher Wirkung zum 1.1.2019, 00:00 Uhr („**Stichtag**") und mit sofortiger dinglicher Wirkung auf Grundlage der noch zu erstellenden Bilanz zum 31.12.2018. Die Einbringung umfasst alle darin enthaltenen Aktiva und Passiva sowie sämtliche bei dem Einzelunternehmen bestehende nicht bilanzierungspflichtige bzw. nicht bilanzierungsfähige Vermögensgegenstände, Vertragsverhältnisse, Beteiligungen und Grundstücke, die immateriellen Wirtschaftsgüter, die nicht entgeltlich erworbene Firma sowie die öffentlich rechtlichen Rechtspositionen. Der Steuerberater der Gesellschaft, Herr S, Promenadeplatz 2, 80333 München, wird auf Grundlage eines ihm von den Vertragsparteien hiermit eingeräumten Bestimmungsrechts gemäß § 315 BGB ermächtigt, im Rahmen der zu erstellenden Bilanz eine Konkretisierung der von der Einbringung erfassten Aktiva und Passiva vorzunehmen.]

c) Die Einbringung des Einzelunternehmens erfolgt als Sacheinlage gegen Übernahme von 1.000 Geschäftsanteilen an der GmbH im Nominalwert von je EUR 1, insgesamt also EUR 1.000. Der Wert der Sacheinlage wird entsprechend dem Buchwert des eingebrachten Betriebsvermögens mit EUR 20.000 festgesetzt. Soweit der sonach festgesetzte Wert der Sacheinlage den Nennwert der Stammeinlage übersteigt, wird der Mehrbetrag in die Rücklagen der Gesellschaft eingestellt. [*Alt.:* … der Gesellschaft als Darlehen gewährt; das Gesellschafterdarlehen wird auf der Grundlage eines gesondert abzuschließenden privatschriftlichen Darlehensvertrags vereinbart. Das Gesellschafterdarlehen ist ab dem heutigen Tag mit 2 % p.a. über dem jeweiligen Basiszinssatz gemäß § 247 BGB zu verzinsen.]

2. Einigung über den Eigentumsübergang

a) Der Gesellschafter und die GmbH, letztere vertreten durch ihren Geschäftsführer Herrn A, der von den Beschränkungen des § 181 BGB befreit ist, sind sich darüber einig, dass das Eigentum an allen Aktiven und Passiven des vorbezeichneten Einzelunternehmens einschließlich sämtlicher Gegenstände des Betriebsvermögens vom Gesellschafter mit sofortiger dinglicher Wirkung auf die GmbH übergeht. Übertragen werden insbesondere auch alle dem Betriebsvermögen zugehörigen, nicht bilanzierungsfähigen bzw. -pflichtigen Vermögensgegenstände, die immateriellen Wirtschaftsgüter, die nicht entgeltlich erworbene Firma, sowie die Vertragsverhältnisse und die öffentlich rechtlichen Rechtspositionen.

b) Sämtliche bestehende Rechte und Forderungen werden an die Gesellschaft abgetreten. Die Gesellschaft nimmt die Abtretung an.

c) Die GmbH tritt anstelle des Gesellschafters in sämtliche betriebliche Dauerschuldverhältnisse ein. Mit dem Betriebsübergang gehen somit auch alle Rechte und Pflichten aus Arbeitsverhältnissen gemäß § 613a BGB endgültig auf die GmbH über. Die Arbeitnehmer wurden vor dem Betriebsübergang gemäß § 613a Abs. 5 BGB über den Betriebsübergang informiert. [*Alt.:* Derzeit bestehen keine Arbeitsverhältnisse.]

Die Vertragspartner werden sich bemühen, die Vertragsverhältnisse durch Vereinbarung mit den Gläubigern schuldbefreiend auf die GmbH überzuleiten. Soweit dies nicht möglich oder nicht tunlich ist, wird der Gesellschafter die Vertragsverhältnisse ordnungsgemäß nach Weisung und für Rechnung der GmbH erfüllen, beenden oder abwickeln.

d) Die GmbH übernimmt sämtliche betrieblichen Verbindlichkeiten des Gesellschafters in persönlicher Haftung mit schuldbefreiender Wirkung. Auf die Bestimmungen der §§ 414 ff. BGB wurde in diesem Zusammenhang hingewiesen. Die befreienden Schuldübernahmen werden die Vertragsteile den Gläubigern selbst mitteilen.

e) Behördliche Erlaubnisse und Genehmigungen, sonstige öffentliche Rechtsverhältnisse oder Mitgliedschaften in Verbänden, die den Geschäftsbetrieb betreffen, überträgt der Gesellschafter ebenfalls auf die GmbH.

f) Die Gesellschaft verpflichtet sich, den Gesellschafter von Gewährleistungsansprüchen für ausgeführte Aufträge sowie etwaige Verbindlichkeiten aus Erfüllungsbürgschaften freizustellen. Die GmbH verpflichtet sich weiter, den Gesellschafter von allen Verpflichtungen und Verbindlichkeiten aus Vereinbarungen mit Kunden und Lieferanten freizustellen.

3. Besitz, Nutzung, Lasten, Gefahr

Auf das Erfordernis der Einzelübertragung und insbesondere der Besitzeinräumung für den dinglichen Rechtsübergang wurden die Vertragsteile hingewiesen. Soweit es zum Vermögensübergang noch der Übertragung des Besitzes bedarf, sind sich die Vertragsparteien darin einig, dass der Besitz aller übertragenen Vermögensgegenstände ebenso wie Nutzen, Lasten und Gefahr mit sofortiger Wirkung auf die GmbH übergeht. Soweit diese Einigung zur Besitzverschaffung nicht ausreichen sollte, erfolgt die Übernahme der tatsächlichen Sachherrschaft so bald wie möglich. Soweit sich Vermögensgegenstände im Besitz von Dritten befinden, wird die Übergabe dadurch ersetzt, dass die Herausgabeansprüche hiermit von dem Gesellschafter an die GmbH abgetreten werden. Diese nimmt die Abtretung ausdrücklich an.

4. Mängelhaftung

Der Gesellschafter haftet nur für ungehinderten Besitz- und Eigentumsübergang. Eine weitere Mängelhaftung und Gewährleistung wird nicht übernommen, ausgenommen Ansprüche aufgrund vorsätzlichen Verhaltens oder Arglist.

5. Sonstiges

Sollte die Abtretung der Rechte und die Übernahme der Verbindlichkeiten nicht wirksam oder möglich sein, so haben sich die Parteien wirtschaftlich so zu stellen, als ob die Abtretung bzw. Übernahme wirksam wäre. Rein vorsorglich wird dem Gesellschafter ein Bestimmungsrecht gemäß § 315 BGB für den Fall eingeräumt, dass es hinsichtlich des Umfangs des eingebrachten Unternehmens zu Zweifelsfragen kommt. Sonderbetriebsvermögen besteht nicht. Die Gesellschaft hat keinen Grundbesitz. [*Alt: Auflassung etwa vorhandenen Grundbesitzes.*]

V. Vollzug

Der Notar wird beauftragt, den Vollzug dieser Urkunde zu veranlassen.

VI. Hinweise

Der Notar wies darauf hin,

– dass der Beschluss über die Satzungsänderung erst mit Eintragung in das Handelsregister wirksam wird;

– alle Gesellschafter für die volle Einzahlung aller Stammeinlagen haften;

– [*bei Barkapitalerhöhung:* die heute beschlossene Barkapitalerhöhung die bare Einzahlung der Erhöhungsbeträge erfordert;

– die Einzahlung der neuen Stammeinlagen die Einlageschuld grundsätzlich nur dann erfüllt, wenn die Einzahlung nach der heutigen Beschlussfassung erfolgt; hierzu erklären die Beteiligten, dass keine Voreinzahlung stattgefunden hat.]

VII. Kosten, Abschriften

Die Kosten dieser Urkunde und ihrer Durchführung trägt die GmbH.

Die Gesellschaft hat nach Angabe keinen Grundbesitz und ist auch nicht – direkt oder indirekt – an Gesellschaften beteiligt, zu deren Vermögen Grundbesitz gehört.

Von dieser Urkunde erhalten

beglaubigte Abschriften:
– die Gesellschafter;
– die GmbH;
– das Registergericht;
– das Finanzamt – Körperschaftsteuerstelle;

einfache Abschrift:
– [ggf.: Finanzamt – Grunderwerbsteuerstelle – unter Hinweis auf Grundbesitz in ***, vorgetragen im Grundbuch des Amtsgerichts *** von ***, Blatt ***;]
– Herr Rechtsanwalt/Steuerberater ***

notarielle Schlussformel

D. Geschäftsanteilskauf- und -abtretungsvertrag

UR-Nr. *** 762

notarieller Urkundseingang

Auf Ansuchen beurkunde ich gemäß den abgegebenen Erklärungen, was folgt:

I. Sachstand

Am Stammkapital der Gesellschaft in Firma

AB-GmbH
mit dem Sitz in München
– Amtsgericht München, HRB 112233 –
(Anschrift: 80333 München, Promenadeplatz 1)
– nachfolgend auch kurz „GmbH" genannt –

zu insgesamt EUR 25.000

ist nach Angabe sowie ausweislich der zuletzt beim Handelsregister aufgenommenen Gesellschafterliste vom 1.7.2019, UR-Nr. *** des Notars *** in München, unter anderem die AB-GmbH mit 12.500 Geschäftsanteilen mit Nr. 12.501–25.000 zu nominal je EUR 1, insgesamt also EUR 12.500 beteiligt. Die vorgenannten Geschäftsanteile Nr. 12.501–25.000 werden nachfolgend zusammenfassend auch als die „Geschäftsanteile" bezeichnet.

Die Einlagen auf die vorbezeichneten Geschäftsanteile sind nach Angabe in voller Höhe erbracht. Eine Rückzahlung der Einlagen an die Gesellschafter oder diesen nahestehende Personen ist weder offen noch verdeckt erfolgt.

Ein Widerspruch ist der Liste der Gesellschafter im Handelsregister nicht zugeordnet.

Der aktuelle Wortlaut der Satzung ist in der Urkunde des Notars *** in München vom 1.3.2019, UR-Nr. *** enthalten. Satzungsändernde Beschlüsse der Gesellschafter sind seitdem nicht gefasst worden. Neben der Satzung bestehen zwischen den Gesellschaftern keinerlei weitere Vereinbarungen.

Die Gesellschaft ist weder zahlungsunfähig noch überschuldet. Die Gesellschaft droht auch nicht zahlungsunfähig zu werden.

Der Veräußerer hat für Verbindlichkeiten der Gesellschaft keine Sicherheiten geleistet, der Gesellschaft keine Gegenstände zum Gebrauch oder zur Ausübung überlassen und keine Forderungen gegen die Gesellschaft aus Darlehen oder Rechtshandlungen, die einem Darlehen wirtschaftlich entsprechen. Für solche Forderungen hat die Gesellschaft in der Vergangenheit auch keine Befriedigung oder Sicherung gewährt.

Die Gesellschaft hat nach Angabe keinen Grundbesitz und ist auch nicht – direkt oder indirekt – an Gesellschaften beteiligt, zu deren Vermögen Grundbesitz gehört.

II. Verkauf

Die Gesellschaft in Firma AB-GmbH mit Sitz in München

– nachstehend als der „Veräußerer" bezeichnet –

verkauft

hiermit die vorstehend näher definierten Geschäftsanteile Nr. 12.501–25.000

an

Herrn A

– nachstehend als der „Erwerber" bezeichnet –

mit allen Rechten und Pflichten und dem Gewinnbezugsrecht ab dem Beginn des laufenden Geschäftsjahres einschließlich etwaiger Guthaben aus bisher nicht ausgeschütteten Gewinnen vorangegangener Geschäftsjahre.

Von der vollständigen Kaufpreiszahlung soll der Beginn des Gewinnbezugsrechts ausdrücklich nicht abhängig sein.

III. Kaufpreis

Der Kaufpreis beträgt

EUR 100.000
– in Worten: einhunderttausend Euro –

und ist innerhalb von zehn Tagen ab heute zur Zahlung fällig auf das folgende Konto des Veräußerers: ***.

Wegen dieser Zahlungsverpflichtung unterwirft sich der Erwerber der sofortigen Zwangsvollstreckung aus dieser Urkunde. Vollstreckbare Ausfertigung kann jederzeit ohne Nachweis der die Vollstreckbarkeit begründenden Tatsachen erteilt werden.

IV. Abtretung

Der Veräußerer tritt die Geschäftsanteile Nr. 12.501–25.000 mit dem Gewinnbezugsrecht ab dem vereinbarten Zeitpunkt an den Erwerber ab.

Die Abtretung ist aufschiebend bedingt auf die vollständige Erfüllung der Gegenleistung. Erwerber und Veräußerer verpflichten sich wechselseitig, den Notar unverzüglich vom Eintritt der Bedingung schriftlich zu unterrichten.

Der Notar wird die korrigierte Gesellschafterliste nach § 40 Abs. 2 GmbHG erst dann zum Handelsregister einreichen und eine Abschrift der Liste erst dann an die Gesellschaft übermitteln, wenn ihm die vorstehende Mitteilung des Veräußerers zugegangen ist oder der Erwerber die Kaufpreiszahlung durch Bankbestätigung hinreichend nachgewiesen hat. Die Vertragsbeteiligten erklären sich mit dieser Verfahrensweise ausdrücklich einverstanden.

Der Erwerber nimmt vorstehende Abtretung hiermit ausdrücklich an.

V. Zustimmungs- und Verzichtserklärungen

Zu vorstehender Geschäftsanteilsabtretung ist nach § 6 Abs. 1 der Satzung die Zustimmung aller Gesellschafter erforderlich. Die Beteiligten stimmen hiermit in ihrer Eigenschaft als die alleinigen Gesellschafter der Gesellschaft der vorstehenden Abtretung zu.

Auf etwaige Vorkaufs- oder Ankaufsrechte wird vorsorglich verzichtet.

VI. Garantie, Verjährung

Der Veräußerer garantiert dem Erwerber im Wege eines selbständigen Garantieversprechens, dass

– die Angaben in Abschnitt I. vollständig und richtig sind,
– die Geschäftsanteile in seiner alleinigen Berechtigung stehen und nicht mit Rechten Dritter belastet sind,
– die in Abschnitt I. genannten Einlagen auf die Geschäftsanteile mit schuldbefreiender Wirkung geleistet worden sind, und
– keine Nachschuss-, Nebenleistungs- oder Erstattungspflichten bestehen.

Ansprüche des Erwerbers hieraus verjähren in fünf Jahren ab heute.

Jede weitere Haftung des Veräußerers wird hiermit ausdrücklich ausgeschlossen, insbesondere eine solche für Wert und Ertragsfähigkeit der Gesellschaft oder für Umfang und Eigenschaften der zum Vermögen der Gesellschaft gehörenden Gegenstände.

VII. Weitere Vereinbarungen

Weitere Vereinbarungen zwischen den Vertragsteilen im Zusammenhang mit der heutigen Geschäftsanteilsabtretung bestehen nicht.

VIII. Wirksamkeit und Vollzug

Sollten Teile dieses Vertrages unwirksam sein oder eine Lücke enthalten, wird dessen Wirksamkeit im Übrigen nicht berührt. Anstelle der unwirksamen bzw. fehlenden Bestimmung haben die Vertragsteile eine Regelung zu treffen, die Sinn und Zweck der unwirksamen bzw. fehlenden Bestimmung am nächsten kommt.

Die Beteiligten beauftragen und ermächtigen den Notar, Anmeldungen, Listen und sonstige zum Vollzug geeignete Erklärungen abzugeben und Handlungen vorzunehmen, erforderliche Genehmigungen unter Entwurfsübersendung einzuholen und entgegenzunehmen sowie zur uneingeschränkten Vertretung in allen zum Vollzug erforderlichen oder zweckdienlichen Erklärungen.

Genehmigungen sollen mit ihrem Eingang beim Notar allen Vertragsteilen gegenüber als mitgeteilt gelten und rechtswirksam sein.

IX. Hinweise

Die Beteiligten wurden vom Notar insbesondere über folgende Punkte belehrt:

– Mit der Beurkundung der Geschäftsanteilsabtretung ist keine Gewähr des Notars für die Berechtigung des Veräußerers und die Lastenfreiheit der Geschäftsanteile verbunden.
– Im Verhältnis zur Gesellschaft gilt der Erwerber erst als Inhaber eines Geschäftsanteils, wenn er als solcher in der im Handelsregister aufgenommenen Gesellschafterliste eingetragen ist.
– Für zum Zeitpunkt der Aufnahme der korrigierten Gesellschafterliste offene Einlageverpflichtungen haftet der Erwerber neben dem Veräußerer.
– Alle Vertragsteile haften gesamtschuldnerisch für die aufgrund dieses Vertrages anfallenden Kosten und Steuern.
– Alle Vereinbarungen müssen vollständig und richtig in der Urkunde angegeben werden.
– Der Notar hat weder eine wirtschaftliche oder steuerliche Beratung vorgenommen, noch wurde eine solche von ihm verlangt.
– [*ggf.:* Das „Ingangsetzen" einer so genannten „Vorrats"- oder „Mantel"-GmbH ist als wirtschaftliche Neugründung zu werten. Deshalb haben sämtliche Geschäftsführer der Gesellschaft zur Vermeidung von Haftungsrisiken im Rahmen der Anmeldung zum Registergericht (Organwechsel, Satzungsänderung) oder durch gesonderte Offenlegungserklärung gegenüber dem Registergericht zu versichern, dass die in § 7

Abs. 2 und Abs. 3 GmbHG bezeichneten Leistungen auf die Stammeinlagen bewirkt sind und dass der Gegenstand der Leistungen sich – weiterhin oder jedenfalls wieder – in ihrer freien Verfügung befindet.]
– [*ggf.:* Nach § 21 AktG sind sowohl der unmittelbare oder mittelbare Besitz von mehr als einem Viertel der Anteile und der Besitz einer Mehrheitsbeteiligung an einer GmbH durch eine Aktiengesellschaft, KGaA oder deutsche SE als auch der Wegfall einer solchen Beteiligung der Gesellschaft mitzuteilen. Bis zur Mitteilung der Beteiligung ruhen die Rechte aus den betreffenden Geschäftsanteilen.]

X. Kosten, Abschriften

Die Kosten dieser Urkunde trägt der Erwerber.

Von dieser Urkunde erhalten

beglaubigte Abschriften:
– die Vertragsteile,
– die Gesellschaft,
– das Finanzamt – Körperschaftsteuerstelle –.

Zur Anzeige an das Finanzamt erklärt der Veräußerer, in Deutschland unbeschränkt steuerpflichtig zu sein. [*Alt.:* Zur Anzeige an das Finanzamt erklärt der Veräußerer, bisher zu keinem Zeitpunkt in Deutschland unbeschränkt steuerpflichtig gewesen zu sein.] [*Alt.:* Zur Anzeige an das Finanzamt erklärt der Veräußerer, nicht mehr in Deutschland unbeschränkt steuerpflichtig gewesen zu sein. Bei Beendigung der zuletzt bestehenden unbeschränkten Steuerpflicht in Deutschland sei für seine Besteuerung das Finanzamt *** zuständig gewesen.]

einfache Abschriften:
– [*ggf.:* Finanzamt – Grunderwerbsteuerstelle – unter Hinweis auf Grundbesitz in ***, vorgetragen im Grundbuch des Amtsgerichts *** von ***, Blatt ***,]
– Herr Rechtsanwalt/Steuerberater ***

Die Gesellschaft, die Gesellschafter und die beteiligten Berater erhalten nach Wirksamkeit der Abtretung ferner eine einfache Abschrift der neuen Gesellschafterliste samt Bescheinigung des Notars.

notarielle Schlussformel

§ 23. Aktiengesellschaft

Übersicht

Schrifttum:

Kommentare, Handbücher und Monographien: *Büchel/von Rechenberg,* Handbuch des Fachanwalts für Handels- und Gesellschaftsrecht, 2009; *Drinhausen/Eckstein,* Beck'sches Handbuch der AG, 3. Aufl. 2018 (zit.: BeckHdB AG); *Grigoleit,* AktG, 2019; *Hauschild/Kallrath/Wachter,* Notarhandbuch Gesellschafts- und Unternehmensrecht, 2. Aufl. 2017; *Heckschen,* Das MoMiG in der notariellen Praxis, 2009; *Heckschen/Heidinger,* Die GmbH in der Gestaltungs- und Beratungspraxis, 4. Aufl. 2018; *Heidel,* Aktienrecht und Kapitalmarktrecht, 4. Aufl. 2014; *Henssler/Strohn,* Gesellschaftsrecht, 4. Aufl. 2019; *Hopt/Wiedemann,* AktG, Großkommentar, 4. Aufl. 2013ff. und 5. Aufl. 2015ff. (zit.: GK-AktG); *Frodermann/Jannott,* Handbuch des Aktienrechts, 9. Aufl. 2017; *Hölters,* AktG, 3. Aufl. 2017; *Hüffer/Koch,* Aktiengesetz, 13. Aufl. 2018; *Kremer/Bachmann/Lutter/von Werder,* Deutscher Corporate Governance Kodex, 7. Aufl. 2018 (zit.: KBLW); *Reul,* Die Rolle des Notars in der Hauptversammlung heute und in Zukunft – ungelöste Fragen, 2003; *Schüppen/Schaub,* Münchener Anwaltshandbuch Aktienrecht, 3. Aufl. 2018 (zit.: MAH AktR); *Semler/Volhard/Reichert,* Arbeitshandbuch für die Hauptversammlung, 4. Aufl. 2018; *Spindler/Stilz,* AktG, 4. Aufl. 2019; *Zöllner/Noack,* Kölner Kommentar zum AktG, 3. Aufl. 2008ff. (zit.: KK-AktG).

Aufsätze: *Arnold/Gärtner,* Beschränkung des Frage- und Rederechts der Aktionäre – ist eine Anpassung wirklich sinnvoll?, GWR 2010, 288; *Barthen/Staab,* § 179a AktG und dessen Anwendungsbereich im Spannungsfeld zwischen Gesellschaftsrecht und Insolvenz, ZInsO 2018, 833; *Bauer/Arnold,* Der „richtige Zeitpunkt" für die Erstbestellung von Vorstandsmitgliedern, DB 2007, 1571; *Bayer/Hoffmann/Sawada,* Beschlussmängelklagen, Freigabeverfahren und Berufskläger, ZIP 2012, 897; *Bayer/Schmidt,* Die Reform der Kapitalaufbringung bei der Aktiengesellschaft durch das ARUG, ZGR 2009, 805; *Bayer/Möller,* Beschlussmängelklagen de lege lata und de lege ferenda, NZG 2018, 801; *Behme,* Die Berücksichtigung ausländischer Arbeitnehmer für die Berechnung der Schwellenwerte im Recht der Unternehmensmitbestimmung, AG 2018, 1; *Bungert/Leyendecker-Langner,* Hauptversammlungen im Ausland, BB 2015, 268; *Bungert/Wansleben,* Vertragliche Verpflichtung einer Aktiengesellschaft zur Nichtdurchführung von Kapitalerhöhungen, ZIP 2013, 1841; *Cichy/Heins,* Tracking Stocks: Ein Gestaltungsmitte für deutsche Unternehmen (nicht nur) bei Börsengängen, AG 2010, ; *Cyrus,* Neue Entwicklungen in der D&O-Versicherung, NZG 2018, 7; *Deilmann,* Beschlussfassung im Aufsichtsrat: Beschlussfähigkeit und Mehrheitserfordernisse, BB 2012, 2191; *ders.,* Die Beendigung des Beherrschungs- und/oder Gewinnabführungsvertrags in der M&A-Transaktion, NZG 2015, 460; *Drygala,* Wandelanleihen mit Wandlungsrecht des Anleiheschuldners nach dem Entwurf für eine Aktienrechtsnovelle 2011, WM 2011, 1637; *Evers/Fett,* Der Versand der Mitteilung nach § 125 AktG, NZG 2012, 530; *Faßbender,* Die Hauptversammlung der Aktiengesellschaft aus notarieller Sicht, RNotZ 2009, 425; *Flick,* Die Niederschrift einer Hauptversammlung einer nicht börsennotierten AG, NJW 2010, 20; *Florstedt,* Die umgekehrte Wandelschuldverschreibung, ZHR 2016, 152; *Fuhrmann,* Die Blockabstimmung in der Hauptversammlung, ZIP 2004, 2081; *Geibel*, Verdeckte gemischte Sacheinlage im Fall einer „übertragenden Sanierung", ZJS 2008, 317; *Görg*, Zur Zulässigkeit der Änderung von Hauptversammlungsniederschriften, MittBayNot 2007, 382; *Grobe*, Die Geschlechterquote für Aufsichtsrat und Vorstand, AG 2015, 289; *Habersack*, Vorstands- und Aufsichtsratsvergütung – Grundsatz- und Anwendungsfragen im Lichte der Aktionärsrechterichtlinie, NZG 2018, 127; *Habersack/Stilz*, Zur Reform des Beschlussmängelrechts, ZGR 2010, 710; *Harbarth*, SPE 2.0 – Die rechtspolitische Perspektive, GmbHR 2018, 657; *Heckschen*, Auslandsbeurkundung bei Verschmelzungen, GWR 2018, 393; *ders.*, Die Gründung der GmbH im Ausland, DB 2018, 685; *Heckschen/Kreußlein*, Fehler und Berichtigungsmöglichkeiten der notariellen Niederschrift über die Hauptversammlung einer AG, NZG 2018, 401; *Heidinger*, Die wirtschaftliche Neugründung: Grenzen der analogen Anwendung des Gründungsrechts, ZGR 2005, 101; *Herrler*, Berichtigungsmöglichkeiten bei fehlenden Pflichtangaben in der Hauptversammlungsniederschrift, NJW 2018, 585; *ders.*, Anforderungen an den satzungsmäßigen Versammlungsort – Hauptversammlung im Ausland?, ZGR 2015, 918; *Hoffmann-Becking*, Der Aufsichtsrat der AG und sein Vorsitzender in der Hauptversammlung – Einige bekannte und weniger bekannte Aspekte, NZG 2017, 281; *Hoppe*, Zustimmungspflichten der Hauptversammlung bei der Ausgabe von Phantom Stocks und anderen virtuellen Beteiligungsformen, NZG 2018, 811; *ders.*, Hauptversammlungssaison 2017: Rechte und Pflichten des Versammlungsleiters bei Wahlentscheidungen der Hauptversammlung, NZG 2017, 361; *Junker/Schmidt-Pfitzner*, Quoten und Zielgrößen für Frauen (und Männer) in Führungspositionen, NZG 2015, 929; *Kiesel/Neises/Plewa/Poneleit/Rolfes/Wurster*, Das Firmenrecht in der IHK-Praxis – Klassische Probleme bei der Suche nach dem Unternehmensnamen, DNotZ 2015, 740; *Klöhn*, Delisting – Zehn Jahre später, NZG 2012, 1041; *Klormann/Schnorbus*, Erkrankung eines Vorstandsmitglieds – Grundlagern und Gestaltungen in der Praxis, Teil I, WM 2018, 1078 und Teil II, WM 2018, 1113; *Knapp*, Die Hauptversammlung der Europäischen Aktiengesellschaft (SE) Besonderheiten bei Vorbereitung und Durchführung, DStR 2012, 2392; *Koch*, Empfiehlt sich eine Reform des Beschlussmängelrechts im Gesellschaftsrecht?, NJW-Beilage 2018, 50; *Kocher/Heydel*, Aktienrechtlicher Squeeze out: Zeitpunkt des Anteilsbesitzerfordernisses und Möglichkeit eines Bestätigungsbeschlusses, BB 2012, 401; *Kornblum, Bundesweite Rechtstatsachen zum Unternehmens- und Gesellschaftsrecht (Stand 1.1.2018)*, GmbHR 2018, 669; *Kraack/Steiner*, Der Widerspruch gegen die Gesamterfüllung der festen Geschlechterquote im Aufsichtsrat, ZIP 2018, 49; *Kuthe*, BB-Gesetzgebungsreport: Die Fortsetzung der Aktienrechtsreform durch den Entwurf eines Gesetzes zur Unternehmensintegrität und Modernisierung des Anfechtungsrechts, BB 2004, 449; *Lehmann*, Aktuelle Rechtsprechung des Bundesgerichtshofs zur D&O-Versicherung und Folgerungen für die Praxis, r+s 2018, 6; *Leitzen*, Die Protokollierung des Abstimmungsergebnisses in der Hauptversammlung der börsennotierten AG bei verkürzter Beschlussfeststellung, ZIP 2010, 1065; *ders.*, Mitteilungspflichten nach § 21 AktG und die notarielle Praxis im Gesellschaftsrecht, MittBayNot 2012, 183; *Linnerz*, Ort, Terminierung und Dauer von Hauptversammlungen, NZG 2006, 208; *Lubberich*, Beschlussmängelrecht auf dem Prüfstand: Anforderungen an das Hauptversammlungsprotokoll und Berichtung nach „Entäußerung", DNotZ 2018, 324; *Maaß*, Der Hauptversammlungsnotar – Straftäter von Urkundsdelikten?, ZNotP 2007, 326; *Mense/Klie*, Update zur Frauenquote – Wie die Besetzungsziele für Aufsichtsrat, Geschäftsleitung und Führungsebenen in der Praxis umzusetzen sind, GWR 2015, 441, *Möhlenkamp/Harder*, Die umgekehrte Wandelschuldverschreibung (CoCo-Bonds) – ein neues Sanierungsinstrument?, ZIP 2016, 1093; *Mohamed*, Die Sprachverwirrung in der ausländisch geprägten Hauptversammlung von AG oder SE, NZG 2015, 1263; *Mutter*, Aktienrecht im Aufbruch? (M)ein Prolog zur Umsetzung der Reform der Aktionärsrichtlinie und dem Juristentag in Leipzig, AG 2018, R4; *ders.*, Neuer Stolperstein bei der Anmeldung von Vorstandsmitgliedern: Sportwettenbetrug, AG 2018, R6; *Nodoushani*, Contingent Convertible Bonds, WM 2016, 589; *ders.*, CoCo Bonds in Deutschland, ZBB 2011, 143; *Ott*, Die Hauptversammlung einer Einpersonen-Aktiengesellschaft, RNotZ 2014, 423; *Ott/Goette*, Zur Frage der Berücksichtigung von im Ausland beschäftigten Arbeitnehmern bei Ermittlung der mitbestimmungsrechtlichen Schwellenwerte, NZG 2018, 281; *Perwein*, Übergabe der Aktienurkunde als Wirksamkeitsvoraussetzung bei der Abtretung von Namensaktien kleiner Publikums-Aktiengesellschaften, AG 2012, 611; *Petersen/Habbe*, Squeeze-Out mit Eintragung im Handelsregister bestandskräftig?, NZG 2010, 1091; *Priester*, Neufestsetzung der Amtszeit von Vorstandsmitgliedern, ZIP 2012, 1781; *Reger/Schilha*, Aktienrechtlicher Aktionärsschutz bei Delisting und Downgrading, NZG 2012, 3066; *dies.*, Neues zur Hauptversammlungsniederschrift – Protokollierung der Abstimmung und nachträgliche Protokollberichtigung, AG 2018, 65; *Reichert*, Reformbedarf im Aktienrecht, AG 2016, 677; *Reiserer/Biesinger/Christ/Bollacher*, Die Umwandlung der deutschen AG in die europäische SE mit monistischem Leitungssystem am Beispiel einer betriebsratslosen Gesellschaft, Teil I, DStR 2018, 1185 und Teil II, DStR 2018, 1236; *Reul*, Die virtuelle Hauptversammlung im Aktienrecht, notar 2012, 76; *Roeckl-Schmidt/Stoll*, Auswirkungen der späteren Fertigstellung der notariellen Niederschrift auf die Wirksamkeit von Beschlüssen der Hauptversammlung, AG 2012, 225; *Rose*, Anträge auf Abwahl des durch die Satzung bestimmten Versammlungsleiters, NZG 2007, 241; *Schaefer/Steiner/Link*, Die wirtschaftliche Neugründung bei Verwendung von Börsenmänteln und ihre registerrechtlichen Voraussetzungen, DStR 2016, 1166; *Scheel*, Befristete und bedingte Handelsregistereintragungen bei Umstrukturierungen von Kapitalgesellschaften, DB 2004, 2355; *Schmitz*, Erwerb einer Vorratsgesellschaft, insbesondere durch ausländische Beteiligte, notar 2018, 203; *Schockenhoff*, Vorstände im Visier aktivistischer Aktionäre – Auswechslung und Vergütungsreduzierung auf Verlangen von Aktionären und Investoren?, ZIP 2017, 1785; *Scholderer/von Werder*, Dissens im Aufsichtsrat, ZGR 2017, 865; *Schrader/Felsmann*, Die Abberufung von Vorstandsmitgliedern wegen Vertrauensentzug, GWR 2017, 393; *Seibert*, Frauenförderung durch Gesellschaftsrecht – Die Entstehung des Frauenfördergesetzes, NZG 2016, 16; *Sigel/Schäfer*, Die Hauptversammlung der Aktiengesellschaft aus notarieller Sicht, BB 2005, 2137; *Simons,* Die Online-Abstimmung in der Hauptversammlung, NZG 2017, 567; *Simons/Fromholzer,* Die Festlegung von Zielgrößen für den Frauenanteil in Aufsichtsrat, Geschäftsleitung und Führungspositionen, AG 2015, 457; *Stenzel,* Grundlagen von Managementbeteiligungen an AG und GmbH, Teil II, DStR 2018, 139; *Stephan/Strenger,* Die Zuständigkeit der Hauptversammlung bei Strukturveränderungen – ein anlassbedingter Vorschlag, AG 2017, 346; *Streit,* Delisting Light – Die Problematik der Vereinfachung des freiwilligen Rückzugs von der Frankfurter Wertpapierbörse, ZIP 2002, 1279; *Teichmann,* Die elektronische Gründung von Kapitalgesellschaften, GmbHR 2018, 1; *ders.,* SPE 2.0 – Die inhaltliche Konzeption, GmbHR 2018, 713; *Terbrack,* Kapitalherabsetzende Maßnahmen bei Aktiengesellschaften, RNotZ, 2003, 89; *ders.,* L'etat c'est moi – oder: Von der trügerischen Allherrlichkeit des Alleinaktionärs bei Hauptversammlungen, RNotZ 2012, 221; *Theusinger/Guntermann,* Wann vertritt der Aufsichtsrat die AG? – Neues vom BGH zu § 112 AktG, AG 2017, 798; *Verhoeven,* Der besondere Vertreter nach § 147 AktG: Erwacht ein schlafender Riese?, ZIP 2008, 245; *Vossius,* Squeeze-out – Checklisten für die Beschlussfassung und Durchführung, ZIP 2002, 511; *Wachter,* Beschränkung des Frage- und Rederechts von Aktionären, DB 2010, 829; *ders.,* Neues zum Europäischen Gesellschaftsrecht: Digitalisierung im GmbH-Recht (I), GmbH-StB 2018, 214; *Weber/Roeschen/Fischer,* Zielgrößen für den Frauenanteil im Vorstand und in den beiden Führungsebenen unterhalb des Vorstands im DAX30, MDAX, SDAX und TecDAX, DB 2018, 1167; *Wehrhahn,* Wandelschuldverschreibungen nach der Aktienrechtsnovelle 2016, GWR 2016, 133; *Wicke,* Amtsbeendigung des Hauptversammlungsleiters, NZG 2018, 161; *Wighardt/Berger,* Angemessenheit von Vorstandsvergütungen und Beschränkung der steuerlichen Absetzbarkeit, NZG 2017, 1370; *Winter,* Upstream-Finanzierung nach dem MoMiG-Regierungsentwurf – Rückkehr zum bilanziellen Denken, DStR 2007, 1484.

1. Teil. Allgemeines

A. Neuere Entwicklungen im Aktienrecht

1 Die Entwicklung des deutschen Aktienrechts hin zur Orientierung am Typ der börsennotierten Publikumsgesellschaft hatte aus Gründen der Verkehrsfähigkeit der Aktie den Grundsatz der Satzungsstrenge, § 23 Abs. 5 AktG, zur Folge. Die Konsequenz dessen war die **untergeordnete Bedeutung** der Aktiengesellschaft (AG) **in der notariellen Praxis,** da der Mittelstand wegen der Beschneidung der Gestaltungschancen die Rechtsform der AG weitgehend mied.

2   Ende der neunziger Jahre führte zwischenzeitlich die generelle positive Entwicklung an den Börsen und hier insbesondere der Börsenerfolg von Aktien wie der T-Aktie sowie vor allem Erleichterungen durch das Gesetz über die sog. „kleine Aktiengesellschaft" im Bereich der Regelungen zur Mitbestimmung zu einem verstärkten Gang in die AG. Teils wurde der Weg des Formwechsels (zum Formwechsel → § 24 Rn. 184 ff.), teils der Weg durch Neugründung eingeschlagen. Spätestens seit 2008/2009 und der seinerzeitigen Wirtschaftskrise sind die Zahlen für die AG deutlich rückläufig. Die zahlreichen und fast ständigen Änderungen des AktG haben den Beteiligten unter anderem aufgezeigt, dass es sich um eine extrem beratungsbedürftige Rechtsform handelt.

3   In der Folge werden insbesondere der Vergleich mit der GmbH und die überaus intensive und für den Praktiker und die Gesellschaft nur noch schwer nachvollziehbare Entwicklungen im Aktienrecht dargestellt. Die Zahl der Aktiengesellschaften ist weiter leicht rückläufig. Zum 1. 1. 2018 waren 14.823 AGs in den Handelsregistern gemeldet[1] (im Vergleich zum 1. 1. 2014 mit etwas über 16.000[2]). Gerade weil die AG den Notar mit gesellschaftsrechtlichen Fragestellungen seltener als die GmbH beschäftigt, sind die Haftungsgefahren für den Notar eher größer, da es sich häufig nicht um Routinevorgänge handelt. Fehler lösen aber hier nicht selten deutlich höhere Schäden (zB unwirksame Hauptversammlung) aus. Darüber hinaus berühren gesellschaftsrechtliche Fragestellungen auch häufig anderweitige Beurkundungen insbesondere im Immobilienrecht (zB Fragen der Vertretung).

4   Die Rechtsentwicklung des Aktiengesetzes wurde in den letzten 10 Jahren durch nachfolgende Gesetze zentral geprägt:

---

[1] *Kornblum* GmbHR 2018, 669 ff.
[2] *Kornblum* GmbHR 2014, 694 ff.

– Gesetz zur Modernisierung des GmbH-Rechts und zur Bekämpfung von Missbräuchen 5
(MoMiG) vom 23.10.2008:[3]

- Der **Sitz der Gesellschaft** hat „im Inland" zu liegen. Die Regelung des § 5 Abs. 2 AktG aF, wonach die Satzung in der Regel den Ort, wo die Gesellschaft einen Betrieb hat, oder, wo sich die Geschäftsleitung befindet oder die Verwaltung geführt wird, als Sitz zu bestimmen hat, wurde ersatzlos gestrichen. Dies hat zur Folge, dass zwar ein deutscher Satzungssitz zwingend gegeben sein muss, es der AG aber gestattet ist, einen Verwaltungssitz im Ausland einzunehmen. Die bis zum Inkrafttreten des MoMiG herrschende Meinung, welche von der Unzulässigkeit derartiger Auslandsgründungen ausging und Beschlüsse zu grenzüberschreitenden Sitzverlegungen als Auflösungsbeschluss iSd § 262 Abs. 1 Nr. 2 AktG interpretierte, wurde damit obsolet.[4]
- Des Weiteren fiel im Rahmen der **Einpersonengründung** die Verpflichtung des Gründers gemäß § 36 Abs. 2 S. 2 AktG aF ersatzlos weg, eine Sicherheit für den eingeforderten Betrag übersteigenden Teil zu bestellen (dazu → Rn. 50).
- Umfangreiche Änderungen erfuhr § 37 AktG bezüglich des Inhalts der Anmeldung der Gesellschaft zum Handelsregister (dazu → Rn. 58 ff.). Hiermit in Zusammenhang stehen Veränderungen der Inhabilitätsvorschriften des § 76 Abs. 3 AktG.
- Durch § 39 Abs. 1 S. 2 AktG nF ist die Eintragung im Handelsregister der inländischen Anschriften der für die Gesellschaft empfangsberechtigten Personen (§ 78 Abs. 2 AktG) erforderlich geworden. Dies gilt sowohl für die AG als auch für Zweigniederlassungen.
- Die zentrale Vorschrift der Vermögensbindung, § 57 Abs. 1 AktG, wurde geändert. Der in § 57 Abs. 1 AktG nF neu eingefügte S. 3 Hs. 1 nimmt „Leistungen, die bei Bestehen eines Beherrschungs- oder Gewinnabführungsvertrages (§ 291 AktG) erfolgen", aus dem Anwendungsbereich des § 57 Abs. 1 S. 1 AktG aus.[5] Gleiches gilt gemäß § 57 Abs. 1 S. 3 Hs. 2 AktG nF für Leistungen, die „durch einen vollwertigen Gegenleistungs- oder Erstattungsanspruch gegen den Aktionär gedeckt sind". Der Gesetzgeber bezweckt mit dieser Änderung die Beseitigung der in der gesellschaftsrechtlichen Praxis durch das Urteil des BGH vom 24.11.2003 aufgetretenen Unsicherheit im Hinblick auf die Zulässigkeit aufsteigender Darlehen (Up-stream Loans) und die Einbeziehung von Kapitalgesellschaften in Cash Pools.[6] Darüber hinaus wurde in § 57 Abs. 1 AktG nF die Bestimmung, dass „Satz 1 zudem nicht auf die Rückgewähr eines Aktionärsdarlehens und Leistungen auf Forderungen aus Rechtshandlungen anzuwenden ist, die einem Aktionärsdarlehen wirtschaftlich entsprechen", eingefügt. Diese Änderung bezweckt die Abschaffung der gesellschaftsrechtlichen Regelung des Eigenkapitalersatzes zugunsten einer rein insolvenzrechtlichen Behandlung der Frage.[7]
- § 71a Abs. 1 AktG wurde an den geänderten § 57 Abs. 1 AktG nF angepasst.
- In § 76 Abs. 3 AktG werden die einschlägigen Strafrechtsnormen dahingehend ausgeweitet, dass nunmehr auch die Verwirklichung der Tatbestände von §§ 263–264a, §§ 265–266a StGB und vergleichbare Tatbestände im Ausland zum Ausschluss bei Vorstandsposten für die Dauer von fünf Jahren führen.
- Eine weitere wichtige Änderung betrifft die Vertretungsregeln einer AG. § 78 Abs. 1 AktG, wonach nunmehr eine Gesellschaft für den Fall, dass sie keinen Vorstand hat (Führungslosigkeit), bezüglich der Abgabe von Willenserklärungen ihr gegenüber oder der Zustellung von Schriftstücken, auch durch den Aufsichtsrat vertreten wird. § 78 Abs. 2 AktG wird um einen weiteren Satz ergänzt, der die Abgabe von Wil-

---

[3] BGBl. I 2026.
[4] Vgl. zum Ganzen *Franz/Laeger* BB 2008, 678; *Flesner* NZG 2006, 641.
[5] Vgl. hierzu *Winter* DStR 2007, 1484 (1489 f.).
[6] *Möller* Der Konzern 2008, 1 (4).
[7] *Möller* Der Konzern 2008, 1 (4) und zur Neuregelung *Habersack* ZIP 2007, 2145.

lenserklärungen gegenüber der Gesellschaft nicht nur an Vorstandsmitglieder, sondern auch an die im Handelsregister eingetragene Geschäftsanschrift sowie die in § 39 Abs. 1 S. 2 AktG empfangsberechtigten Personen ermöglicht.

- Für die AG haben auch die durch das MoMiG beschlossenen Änderungen in der Insolvenzordnung Auswirkungen.[8] Hervorzuheben sind die in § 15a InsO aufgenommenen Antragsrechte und -pflichten für Aufsichtsräte bei führungslosen Gesellschaften sowie die aus § 39 Abs. 5 InsO folgende Herabsetzung des Kleinbeteiligtenprivilegs auf Aktionäre mit einer Beteiligung von bis zu 10%.

6 – Bilanzrechtsmodernisierungsgesetz **(BilMoG)** vom 25. 5. 2009:[9]

- Mindestens ein unabhängiges Mitglied des Aufsichtsrats von kapitalmarktorientierten Gesellschaften muss über Sachverstand in den Bereichen Rechnungslegung oder Abschlussprüfung verfügen.

7 – Aktionärsrechterichtlinie **(ARUG)** vom 30. 7. 2009,[10] zur Umsetzung der RL 2006/68/EG und RL 2007/36/EG:

- Sacheinlagen können ohne externe Gründungsprüfung eingebracht werden (§ 33a AktG), wenn es sich um Wertpapiere, die auf einem geregelten Markt gehandelt werden oder andere Vermögensgegenstände, die durch einen anerkannten und unabhängigen Gutachter bewertet wurden, handelt. Entsprechende vereinfachte Sacheinlagen sind auch bei der Nachgründung (§ 52 Abs. 4 S. 2 AktG), der Kapitalerhöhung (§ 183a AktG), dem bedingten Kapital (§ 194 Abs. 5 AktG) und dem genehmigten Kapital (§ 205 Abs. 5 S. 2 AktG) möglich.
- Die Regelung der verdeckten Sacheinlage in der GmbH wurde für die AG übernommen (§ 27 Abs. 3 AktG nF).
- Informations- und Teilnahmerechte des Aktionärs werden gestärkt: § 118 AktG erlaubt nun Satzungsbestimmungen für die Onlineteilnahme an HVs (§ 118 Abs. 1 S. 2 AktG) und für eine Stimmabgabe ohne Teilnahme an der HV (§ 118 Abs. 2 AktG). Die Form der Stimmrechtsvollmacht wird auf die Textform (§ 126b BGB) vereinfacht (§ 134 Abs. 3 S. 3 AktG). Das Vollmachtstimmrecht der Banken wird dereguliert. Der Aktionär kann sein Stimmrecht entweder gemäß den Vorschlägen der Bank oder der Verwaltung der Gesellschaft ausüben lassen oder die Vollmacht an einen Vertreter weiterleiten lassen, § 135 Abs. 1 AktG. Neben der Veröffentlichung im Bundesanzeiger soll § 121 Abs. 4a AktG die Veröffentlichung der Einberufung der HV durch Informationsdienstleister in der EU vorschreiben. Daneben müssen börsennotierte Gesellschaften Einberufungsunterlagen auf ihrer Internetseite veröffentlichen, § 124a AktG.
- Vereinheitlichung der Fristberechnung im Vorfeld der HV (insbesondere § 121 Abs. 7 AktG).
- Das Freigabeverfahren nach § 246a AktG soll durch eine weitere Modifizierung die in Erscheinung getretenen missbräuchlichen Aktionärsklagen verhindern. Der Beschleunigung dienen die Zuständigkeit des OLG in erster und letzter Instanz sowie prozessuale Erleichterungen. Der neu gefasste Absatz sieht dann drei voneinander unabhängig zu prüfende Voraussetzungen vor, bei deren jeweiligem Vorliegen die Freigabe erklärt wird:
  - Die Klage ist unzulässig oder offensichtlich unbegründet.
  - Der Anfechtungskläger hält weniger als 1.000 EUR Nennbetrag an der Gesellschaft.
  - Das alsbaldige Wirksamwerden des HV-Beschlusses erscheint vorrangig, weil die vom Antragsteller dargelegten wesentlichen Nachteile für die Gesellschaft und ihre Aktionäre nach freier Überzeugung des Gerichts die Nachteile für den Antrags-

---

[8] Vgl. dazu auch die Übersicht bei *Heckschen* MoMiG Rn. 819.
[9] BGBl. I 1102.
[10] BGBl. I 2479.

gegner überwiegen und der Eintragung nicht die Schwere der geltend gemachten Rechtsverletzung entgegensteht.

– Gesetz zur Angemessenheit der Vorstandsvergütung **(VorstAG)** vom 31. 7. 2009:[11] 8

• Bestimmungen zur Angemessenheit und Nachhaltigkeit von Vorstandsvergütungen, erleichterte Herabsetzung der Vergütung (§ 87 AktG).

• Einführung eines zwingenden Selbstbehalts für Managerversicherungen (§ 93 Abs. 2 S. 3 AktG).[12]

• § 120 Abs. 4 AktG eröffnet der HV einer börsennotierten Gesellschaft die Möglichkeit einer rechtsfolgenlosen Billigung der Vorstandsvergütung.

• Stärkung der handelsrechtlichen Publizität von Vorstandsbezügen (§ 285 Nr. 9a HGB).

• Zweijährige Karenzzeit von ehemaligen Vorstandsmitgliedern vor Aufsichtsratstätigkeit, wenn diese nicht mit 25 % der Stimmrechte vorgeschlagen werden (§ 100 Abs. 2 Nr. 4 AktG).

– Gesetz zur Änderung des Aktiengesetzes **(Aktienrechtsnovelle 2016)**[13] vom 22. 12. 9
2015.[14] Das Gesetz basiert auf den früheren Entwürfen zu einer Aktienrechtsnovelle 2011, 2012, 2014 und dem aufgrund der Diskontinuität des Bundestages gescheiterten VorstKoG:[15]

• Wandelanleihen mit einem Wandlungsrecht der Gesellschaft (Pflichtwandelanleihen) werden gesetzlich geregelt (§ 192 Abs. 1 AktG), ebenso hierfür geschaffenes bedingtes Kapital (§ 192 Abs. 2 Nr. 1 AktG). Die Beschränkung des genehmigten Kapitals auf 50 % des Grundkapitals gilt nicht für Pflichtwandlungen im Krisenfall (§ 192 Abs. 3 S. 3 AktG-E), weitere Ausnahmen für Kreditinstitute (§ 192 Abs. 3 S. 4 AktG). Der Umtausch gilt auch bei Pflichtwandelanleihen nicht als Sacheinlage, sondern erfolgt zum Nennwert (§ 194 Abs. 1 S. 2 AktG). Daraus ergibt sich die Möglichkeit des „debt-to-equity-swap" – Anlegen der Beteiligung der Gläubiger „auf Vorrat" und Vollzug (Umtausch) im Falle einer wirtschaftlichen Notsituation.

• Einführung von Vorzugsaktien ohne zwingend nachzahlbaren Vorzug (alternativ Mehr- oder Zusatzdividende) und damit Schaffung der Möglichkeit, regulatorisches Kernkapital zu bilden (Änderung des § 139 AktG mit Auswirkungen hinsichtlich des Auflebens des Stimmrechts: Änderung des § 140 Abs. 2 AktG) Außerdem kann bei Vorzugsaktien in Zukunft der Vorzug in einem auf die Aktie vorweg entfallenden Gewinnanteil (Vorabdividende) oder in einem erhöhten Gewinnanteil (Mehrdividende) bestehen.

• Inhaberaktien sind nur noch zulässig für börsennotierte Gesellschaften (§ 10 Abs. 1 S. 2 Nr. 1 AktG) oder wenn der Anspruch auf Einzelverbriefung ausgeschlossen ist und die Sammelurkunde in einem Wertpapierdepot hinterlegt wird (§ 10 Abs. 1 S. 2 Nr. 2 AktG.

• § 24 AktG – Anspruch des Aktionärs auf Umwandlung seiner Namensaktien in Inhaberaktien und umgekehrt – wird vor dem Hintergrund des § 10 Abs. 1 S. 2 AktG ersatzlos gestrichen.

• Aktienregisterführung unabhängig von Verbriefung durch klarstellende Änderung des § 67 Abs. 1 S. 1 AktG. Mit Inkrafttreten werden die Aktionärsverzeichnisse automatisch zu Aktienregistern.

---

[11] BGBl. I 2509.
[12] Aktuelle Rechtsprechung des BGH zur D&O-Versicherung und Folgerungen für die Praxis *Lehmann* r+s 2018, 6; *Cyrus* NZG 2018, 7.
[13] *Bayer/Schmidt* BB 2017, 2114; *Wandt/Ihrig* BB 2016, 6; *Götze* NZG 2016, 48; *Daghles* GWR 2016, 45; *Paschos/Goslar* NJW 2016, 359; *Petrikowski* DB 2015, 2998.
[14] BGBl. I 2565.
[15] BT-Drs. 17/8989 und BT-Drs. 17/14214.

- Minderheitsaktionäre, die die Einberufung einer HV verlangen, müssen nachweisen, dass sie bereits 90 Tage vor dem Verlangen die Aktien (mindestens 5 %) gehalten haben, und diese bis zur Entscheidung des Vorstands über den Antrag halten (§ 122 Abs. 1 S. 3 AktG nF).
- Der Anspruch auf den zur Verteilung zur Verfügung stehenden Bilanzgewinn wird erst am dritten auf den Hauptversammlungsbeschluss folgenden Geschäftstag fällig, wobei in dem Hauptversammlungsbeschluss oder in der Satzung eine noch spätere Fälligkeit festgelegt werden kann, § 58 Abs. 4 S. 2 AktG.
- Die Größe des Aufsichtsrats ist flexibilisiert worden. Der Grundsatz der Teilbarkeit durch drei gilt künftig nur noch dann, wenn dies mitbestimmungsrechtlich erforderlich ist, § 95 S. 3 AktG nF, also für den nach dem Drittelbeteiligungsgesetz zu bildenden Aufsichtsrat, § 4 Abs. 1 DrittelbG. Damit werden zB Vierer, Fünfer- oder Siebener-Aufsichtsräte zulässig.
- Aufhebung des § 25 S. 2 AktG mit der Folge, dass nach § 25 S. 1 AktG künftig allein der elektronische Bundesanzeiger für Bekanntmachungen der Gesellschaft maßgeblich ist.
- Klarstellung, dass eine Berichtspflicht von Aufsichtsräten gegenüber Gebietskörperschaften durch Gesetz, Rechtsverordnung, Gesellschaftssatzung oder Rechtsgeschäft begründet werden kann (§ 394 S. 3 AktG).
- Streichung der Pflicht zur Mitteilung des Termins zur mündlichen Verhandlung (§ 246 Abs. 4 AktG) im Rahmen der Bekanntmachung erhobener Anfechtungsklagen im Bundesanzeiger.
- Nicht umgesetzt wurde die noch im Referentenentwurf 2014 vorgesehene Einführung eines Nachweisstichtages (Record Date) für die Ausübung der Rechte aus Namensaktien. Des Weiteren wurde die relative Befristung von Nichtigkeitsklagen abgelehnt.

10 – Novelle des Geldwäschegesetzes – Einführung des sog. **Transparenzregisters**[16] aufgrund Umsetzung der Vierten EU-Geldwäscherichtlinie:[17]
- Mit dem Ziel der Verhinderung von Geldwäsche und der Terrorismusfinanzierung werden ab dem 1.10.2017 mithilfe des neuen elektronischen Transparenzregisters Angaben zu den wirtschaftlich Berechtigten von juristischen Personen und eingetragenen Personengesellschaften (§ 20 Abs. 1 GwG) sowie Trusts und nicht rechtsfähigen Stiftungen (§ 21 Abs. 1 und Abs. 2 GwG) transparent und öffentlich zugänglich gemacht. Auf diese Weise soll es Terroristen und sonstigen Kriminellen erschwert werden, das globale Finanzsystem zum Zwecke der Geldwäsche und Terrorismusfinanzierung zu missbrauchen, indem diese ihre Identität hinter einem undurchsichtigen Netz von Gesellschaftsstrukturen (insbesondere durch Briefkasten-Gesellschaften) verbergen. Den jeweiligen gesetzlichen Vertretern der Vereinigungen werden daher bestimmte Pflichten, insbesondere Mitteilungspflichten über ihre „wirtschaftlich Berechtigten" an das Transparenzregister, auferlegt. Daher müssen nahezu sämtliche Personenvereinigungen in Deutschland zeitnah prüfen, ob Handlungsbedarf besteht, denn auch in der Praxis übliche Gestaltungen können Mitteilungspflichten auslösen.

11 – Am 17.5.2017 wurde die Richtlinie zur Änderung der Richtlinie 2007/36/EG im Hinblick auf die Förderung der langfristigen Mitwirkung der Aktionäre („2. ARRL")[18] verabschiedet. Die Umsetzungsfrist endete bereits am 10.6.2019. Die Bundesregierung

---

[16] BGBl. 2017 I 1822.
[17] RL (EU) 2015/849 des Europäischen Parlaments und des Rates v. 20.5.2015 zur Verhinderung der Nutzung des Finanzsystems zum Zwecke der Geldwäsche und der Terrorismusfinanzierung, zur Änderung der VO (EU) Nr. 648/2012 des Europäischen Parlaments und des Rates und zur Aufhebung der RL 2005/60/EG des Europäischen Parlaments und des Rates und der RL 2006/70/EG der Kommission, ABl. 2015 L 141, 73.
[18] RL (EU) 2017/828.

hat am 20.3.2019 einen Entwurf eines Gesetzes zur Umsetzung der 2. ARRL („ARUG II") veröffentlicht.[19]

- Die vier Kernpunkte der 2. ARRL, wobei sich entsprechende Regelungen im ARUG II finden, sollen dabei sein:

  1. Mitspracherechte der Aktionäre bei der Vergütung von Aufsichtsrat und Vorstand („say-on-pay") – §§ 87a, 120a, 133, 162 AktG-E;
  2. Geschäfte mit der Gesellschaft nahestehenden Unternehmen und Personen („related-party-transactions") – §§ 111a ff. AktG-E;
  3. bessere Identifikation und Information von Aktionären („know-your-shareholder") – §§ 67a ff.,[20] 125 AktG-E;
  4. Verbesserung der Transparenz bei institutionellen Anlegern, Vermögensverwaltern und Stimmrechtsberatern – §§ 134a ff. AktG-E.

– Das Business Registers Interconnection Systems **(BRIS)** auf Grundlage der in der Gesellschaftsrechts-Richtlinie enthaltenen BRIS-Richtlinie (RL 2012/17/EU)[21] sowie die **BRIS-VO** (Durchführungs-Verordnung (EU) 2015/884) ist freigeschaltet worden: 12

  - Infolge dessen ist es möglich, online wesentliche Informationen von Unternehmen aus derzeit 24 Mitgliedstaaten der EU zu erhalten.[22]

Schon seit Jahrzehnten in der Diskussion steht die Frage einer **Reform des aktienrecht-** 13 **lichen Beschlussmängelrechts.**[23] Waren früher das Hauptproblem die räuberischen Aktionäre, die durch zwei grundlegende Reformen 2005[24] und 2009[25] in ihre Schranken verwiesen wurden,[26] so wird zur Zeit genau das Gegenteil bemängelt. Auch redlichen Aktionären sei es zur Zeit fast unmöglich, gegen strukturändernde Beschlüsse im Klageverfahren vorzugehen.[27] Keine Einigkeit besteht jedoch darüber, in welche Richtung diese Reform gehen soll.[28]

Nachdem das Projekt einer neuen supranationalen Rechtsform, einer **Societas Privata** 14 **Europaea, SPE** und auch die der harmonisierten Einpersonen-Kapitalgesellschaften unter dem Begriff **Societas Unius Personae, SUP** gescheitert sind, hat die Frage einer supranationalen kleinen Kapitalgesellschaft neuen Aufwind bekommen. Eine französisch-deutsch-spanische Arbeitsgruppe erarbeitet derzeit unter dem Dach der Association Henri Capitant einen Regelungsvorschlag für die Einführung einer **Société Européenne Simplifiée, SES.**[29]

Am 25.4.2018 hat die EU-Kommission zwei **Richtlinienentwürfe zur grenzüber-** 15 **schreitenden Mobilität** von Unternehmen[30] **und zur Digitalisierung** des europäischen Gesellschaftsrechts veröffentlicht.[31] Die neuen Regelungen sollen – dann in allen europäischen Staaten – die digitale Gründung von Kapitalgesellschaften ermöglichen. Durch die

---

[19] Abrufbar unter https://www.bmjv.de/SharedDocs/Gesetzgebungsverfahren/DE/Aktionaersrechterichtlinie_II.html (zuletzt eingesehen am 3.6.2019).

[20] Zum Datenschutz s. *Zetzsche* AG 2019, 233 (238).

[21] RL 2012/17/EU des Europäischen Parlaments und des Rates v. 13.6.2012 zur Änderung der RL 89/666/EWG des Rates sowie der Richtlinien 2005/56/EG und 2009/101/EG des Europäischen Parlaments und des Rates in Bezug auf die Verknüpfung von Zentral-, Handels- und Gesellschaftsregistern, ABl. 2012 L 156, 1.

[22] *Kumpan/Pauschinger* EuZW 2018, 353 (356).

[23] *Niemeier* ZIP 2008, 1148 (1150); *DAV* NZG 2008, 534 (543); *Bayer/Hoffmann/Sawada* ZIP 2012, 897; *Habersack/Stilz* ZGR 2010, 710.

[24] BGBl. I 2802 – UMAG.

[25] BGBl. I 2479 – ARUG.

[26] *Bayer/Hoffmann* AG 2017, 155.

[27] *Habersack/Stilz* ZGR 2010, 710.

[28] Hierzu ausführlich *Koch* NJW-Beilage 2018, 50; *Bayer/Möller* NZG 2018, 801.

[29] *Teichmann* GmbHR 2018, 713; *Harbarth* GmbHR 2018, 657.

[30] *Kraft/Noack* DB 2018, 1577.

[31] COM(2018) 239 final. Der Richtlinienentwurf und die übrigen Teile des Pakets einschließlich des im Vorspann erwähnten Videos der Kommission sind abrufbar unter https://ec.europa.eu/info/publications/company-law-package_en (zuletzt eingesehen am 25.2.2019). *Wachter* GmbHR-StB 2018, 214; *Teichmann* GmbHR 2018, 1.

Möglichkeit eine Kapitalgesellschaft online zu gründen, entfällt die persönliche Anwesenheit bei einem Register oder Notar. Ziel ist, den Gründungsprozess kostengünstiger und schneller durchzuführen und die Transparenz über europaweit vernetzte Register zu verbessern. In einigen Mitgliedsstaaten ist eine digitale Gründung schon heute möglich (Dänemark, Frankreich, Spanien). Derzeit testet Österreich ein Verfahren, dass bei der Gründung einer Einpersonengesellschaft das Erscheinen vor einem Notar nicht mehr notwendig macht. Die erforderliche Identitätsprüfung wird stattdessen von der das Geschäftskonto einrichtenden Bank geprüft, die die Anmeldung dem Register übermittelt.[32] Art. 13f Abs. 1 S. 2 RL-E iVm Anhang I GesRL führt allerdings ausschließlich AGs nationaler Prägung auf, weswegen die Mitgliedstaaten AGs von der Online-Gründung ausnehmen können.

B. Motivlage; wirtschaftliche Bedeutung

16   Eine ganz wesentliche Bedeutung hat die AG als **Kapitalsammelstelle** für Investoren, die sich in beschränktem und zum Teil kurzfristigem Umfang kapitalmäßig engagieren wollen. Nur die AG, die SE und die KGaA können sich durch die Ausgabe von Aktien über die Wertpapierbörse finanzieren. Dieser Weg der Eigenkapitalfinanzierung steht der GmbH nicht offen. Dies hat Bedeutung vor dem Hintergrund der im internationalen Vergleich geringen Eigenkapitalausstattung deutscher Unternehmen.

17   Die AG war vor allem – aber nicht zwingend – die **Organisationsform für Großunternehmen.** Die Höhe des bis Ende der neunziger Jahre in den wenigen AGs angelegten Grundkapitals spiegelt dies wieder. Heute wird sie häufig als Alternative zur GmbH diskutiert.

18   Von den **Erscheinungsformen** her unterscheidet man Publikumsgesellschaften für ein weites Anlegerfeld, Familiengesellschaften, Einmannaktiengesellschaften und majorisierte AGs. Diese Kategorisierung ist für die Wahl des richtigen Vertragsmusters von Bedeutung.

19   Charakteristisch für die AG ist die weitgehende **Verselbstständigung** des Unternehmens gegenüber den Anteilseignern. Die Stellung des Vorstandes ist beispielsweise gegenüber der Geschäftsführung der GmbH deutlich ausgebaut. Er leitet die Gesellschaft unter eigener Verantwortung, § 76 Abs. 1 AktG. Die Befugnisse des Managements und der Anteilseigner sind streng getrennt. Letztere können nur mittelbar über die Wahl des Aufsichtsrates die Besetzung des Vorstandes und dessen Geschäftsführung bestimmen. Ebenso besteht eine strenge Funktionstrennung zwischen Aufsichtsrat und Vorstand, welche insbesondere durch die gesetzliche Regelung des § 111 Abs. 4 S. 1 AktG deutlich wird.

20   Grundsätzlich ist die Beteiligung (Aktie) leichter verfügbar als eine Beteiligung an einer GmbH. Zwar ist die **Übertragbarkeit** der Anteile mangels anders lautender Satzungsregelung bei der GmbH wie der AG zustimmungsfrei möglich, allerdings bestehen wichtige Unterschiede bei den formellen Anforderungen. So ist bei der GmbH notarielle Beurkundung erforderlich, § 15 Abs. 3 GmbHG, bei der AG erfolgt die Übertragung von Inhaberaktien durch deren Übereignung, von Namensaktien durch Indossament, § 68 Abs. 1 AktG.[33] Dadurch ist der Umlauf der Aktie flexibler und auch kostengünstiger.[34] Die Übertragung von Namensaktien kann aber auch durch Abtretung des verbrieften Rechts gemäß §§ 398, 413 BGB erfolgen, was der Gesetzgeber durch die Klarstellung in § 68 Abs. 1 S. 1 AktG zum Ausdruck gebracht hat. Die Übertragung von Namensaktien kann außerhalb der Möglichkeit der Vinkulierung nach § 68 Abs. 2 AktG nicht an eine be-

---

[32] Ausführlich und auch kritisch hierzu *Knaier* NZG 2018, 576; *Noack* DB 2018, 1324; *J. Schmidt* Der Konzern 2018, 229; *Böhm* EuZW 2018, 435; *Bormann/Stelmaszczyk* ZIP 2018, 764; *Lieder* NZG 2018, 1081.
[33] Zur Problematik von einzelverbrieften Namensaktien *Perwein* AG 2012, 611.
[34] Vgl. hierzu *Ziegenhain/Helms* WM 1998, 1417.

stimmte andere Form gebunden werden. Eine solche Einschränkung würde dem Grundsatz der freien Übertragbarkeit von Aktien zuwiderlaufen.[35]

Enthält die Satzung eine **Vinkulierungsklausel,**[36] wird die Zustimmung zur Übertragung der Aktien vom Vorstand erteilt, § 68 Abs. 2 S. 2 AktG. Die Satzung kann bestimmen, dass der Aufsichtsrat oder die HV[37] über die Erteilung der Zustimmung beschließen muss.[38] **21**

Damit die AG gerade als Organisationsform für **Publikumsgesellschaften** geeignet bleibt, schreibt das Gesetz bereits im Wesentlichen den Inhalt der Satzung vor (Übersichtlichkeit), § 23 Abs. 3, Abs. 4 AktG. **Gestaltungsspielräume** für die Gesellschaft oder den Notar bestehen **nur in geringem Umfang,** da der Grundsatz gilt: Was nicht ausdrücklich erlaubt ist, ist verboten (§ 23 Abs. 5 AktG = **Grundsatz der Satzungsstrenge** als Grundlage für die Verkehrsfähigkeit der Aktie). **22**

Nach der Neufassung des § 3 Abs. 2 AktG durch das KonTraG zählen AGs, die im sog. Neuen Markt gehandelt werden, nicht zu den börsennotierten, so dass auch sie die Deregulierungen des KonTraG in Anspruch nehmen konnten.[39] Die Regelung des § 3 Abs. 2 AktG können seit dem 24. 3. 2003 auch AGs, die im Neuen-Markt-Nachfolger TecDAX notiert sind, für sich in Anspruch nehmen. **23**

Folgende **Gesichtspunkte** sind oftmals entscheidend dafür, dass anstatt der AG die **GmbH als Organisationsform** gewählt wird: **24**
- Die **Gründung der GmbH** ist einfacher und verursacht weniger Kosten; es wird kein dreiköpfiger Aufsichtsrat benötigt (vgl. aber zur Europäischen Aktiengesellschaft → Rn. 657).
- Ein Freiraum für **individuelle Gestaltungsformen** besteht bei der AG nur sehr eingeschränkt.
- Die Möglichkeiten einer jederzeitigen unmittelbaren Einflussnahme eines Alleingesellschafters sind beschränkt (kein **unmittelbares Weisungsrecht**). Bei der GmbH sind die Gesellschafter dagegen nicht nur für die Bestimmung der Geschäftspolitik und die Entscheidung über außergewöhnliche Geschäftsführungsmaßnahmen zuständig, sie können den Geschäftsführern auch hinsichtlich der laufenden Geschäfte Weisungen erteilen, § 37 Abs. 1 GmbHG.
- Der **Ausschluss durch Einziehung** (etwa bei Beendigung der Mitarbeit in der Gesellschaft) ist nur in den engen Grenzen des § 55 AktG möglich.
- Satzungsmäßig korporative Vorkaufs- und Erwerbsrechte können nicht vereinbart werden.

Das früher als Kritikpunkt angeführte – und wenig überzeugende – Argument, die **Organisationsstruktur** der AG sei **schwerfälliger** als die der GmbH, da alle Gesellschafterbeschlüsse = Hauptversammlungsbeschlüsse stets beurkundungsbedürftig sind, ist unter dem Gesichtspunkt der neuen Entwicklungen im Aktienrecht **teilweise zu revidieren.** **25**

Erleichtert wurden zum Teil die Hauptversammlungsbeschlüsse von **nicht börsennotierten AGs,** da der Notar nur dann noch erforderlich ist, wenn Beschlüsse gefasst werden, die von Gesetzes wegen einer 3/4- oder größeren Mehrheit bedürfen (§ 130 Abs. 1 S. 3 AktG). Ansonsten genügt ein von dem Vorsitzenden des Aufsichtsrates unterzeichnetes privatschriftliches Protokoll(→ Rn. 433).[40] Die Niederschrift einer HV ist dann sogar teilbar in notariell beurkundungspflichtige und nur vom Aufsichtsrat zu unterzeichnende **26**

---

[35] BGH ZIP 2004, 2093 (2094); *Goette* DStR 2005, 603 (607); zu den Übertragungsformen im Einzelnen samt Musterformulierung s. *Mirow* NZG 2008, 52.

[36] Vgl. dazu ausf. *Heckschen* AG 2019, 420–422.

[37] Zur gesetzlichen Zuständigkeit der HV für die Zustimmung zur Übertragung vinkulierter Namensaktien auf künftigen Mehrheitsaktionär, *Bayer* FS Hüffer 2010, 35.

[38] Dazu *Hirte* FS Kollhosser 2004, 217.

[39] AA *Claussen* DB 1998, 177: Im Neuen Markt gehandelte Aktiengesellschaften waren zwar nicht börsennotiert, sollten aber nach dem Willen des Gesetzgebers dennoch nicht von den Deregulierungen des KonTraG profitieren können.

[40] Kritisch dazu *Heckschen* DNotZ 1995, 275; vgl. auch *Ziegenhain/Helms* WM 1998, 1417.

Abschnitte.[41] Eine mögliche **Doppelprotokollierung** ist unschädlich, da eine Mehrfachbeurkundung der HV nicht verboten ist.[42]

> **Praxishinweis:**
>
> In der Praxis ist allerdings zu beachten, dass insbesondere die **Protokolle**, die von juristisch nicht vorgebildeten Versammlungsleitern sog. „kleiner Aktiengesellschaften" verfasst werden, an einer Vielzahl von Mängeln leiden. Der Notar, der die nächste HV begleitet, sollte die Protokolle der Vorjahre daher kritisch begutachten und insbesondere auf die ordnungsgemäße Unterschrift achten. Auch bei der **Ein-Mann-AG** führt das Fehlen der nach § 130 Abs. 1 AktG nötigen Unterschrift des Notars bzw. des Aufsichtsratsvorsitzenden zur Nichtigkeit nach § 241 Nr. 2 AktG.[43]

27   Die Wahl der Rechtsform – AG oder GmbH – wurde lange Zeit vor allem durch die mitbestimmungsrechtlichen Regelungen beeinflusst, da der Aufsichtsrat der AG stets zu einem Drittel Arbeitnehmervertreter besetzt sein musste. Der AG zum Durchbruch verholfen hat das Deregulierungsgesetz vom 2.8.1994, mit dem die AG der GmbH gleichgestellt wurde, wenn sie weniger als 500 Arbeitnehmer beschäftigt. Das **Erfordernis der Eindrittelbeteiligung der Arbeitnehmer im Aufsichtsrat entfällt** für die ab dem 10.8.1994 im Handelsregister eingetragenen Neugesellschaften gemäß § 129 Abs. 1 BetrVG (1972) iVm § 76 Abs. 6 BetrVG (1952) nF.[44]

C. Schwerpunkte notarieller Mitwirkung

28   Entsprechend der Einbeziehung in der Praxis konzentriert sich die Darstellung auf die Mitwirkung des Notars bei
– der Gründung der Gesellschaft (→ Rn. 36 ff.),
– der Durchführung der HV (→ Rn. 294 ff.) und
– der Durchführung von Kapitalmaßnahmen (→ Rn. 442 ff.).
29   Bei der Gründung der Gesellschaft ist zu berücksichtigen, dass die AG nur teilweise durch Neugründungen nach §§ 23 ff. AktG entsteht. In der Mehrzahl der Fälle entsteht die AG durch **Umwandlung** eines bereits in einer anderen Gesellschaftsform existierenden Unternehmens in eine AG (allgemein zur Gründung einer AG → Rn. 36 ff.).

D. Kostenrecht

30   Für die **Gründung der Gesellschaft** (Gründungsvertrag einschließlich des Beschlusses zur Feststellung der Satzung) gelten die §§ 97 Abs. 1, 107 Abs. 1, Abs. 2 GNotKG. Es ist eine 2,0-Gebühr Nr. 21100 KV GNotKG in Ansatz zu bringen;[45] bei der Einmann-Gesellschaft hingegen fällt nur eine 1,0-Gebühr Nr. 21200 KV GNotKG an.
31   Der **Geschäftswert** richtet sich gemäß § 107 Abs. 1 S. 1 GNotKG nach dem Grundkapital zuzüglich eines etwaigen genehmigten Kapitals. Werden die Aktien mit einem **Aufgeld** ausgegeben, so ist dieses dem Grundkapital hinzuzurechnen. Die Höhe ist auf 10 Mio. EUR begrenzt. Die **Bestellung des ersten Aufsichtsrates** und des **Abschlussprüfers** erfolgt jeweils durch Beschluss, dessen Geschäftswert nach §§ 108 Abs. 1 S. 1, 105 Abs. 4 Nr. 1 GNotKG ermittelt wird. Der Gründungsvorgang sowie die Bestellung des Aufsichtsrates/der Abschlussprüfer sind verschiedene Beurkundungsgegenstände

---

[41] BGH AG 2015, 633; AG 2015, 669; GWR 2015, 339 *(Flick).*
[42] BGH AG 2015, 633; AG 2015, 669; GWR 2015, 339 *(Flick).*
[43] OLG Stuttgart AG 2015, 282; EWiR 2015, 143 *(Wachter).*
[44] Vgl. *Ziegenhain/Helms* WM 1998, 1417.
[45] S. zur Neugründung *Diehn* Notarkostenberechnungen Rn. 1410 ff., 1415.

(§ 110 Nr. 1 GNotKG). Nach § 109 Abs. 2 S. 1 Nr. 4 lit. d GNotKG sind – wenn keine Einzelwahlen stattfinden – mehrere Wahlen untereinander derselbe Gegenstand. Dies gilt auch für die entsprechenden Beschlüsse. Der Geschäftswert richtet sich für die Wahlen (unbestimmter Geldwert) nach §§ 108 Abs. 1 S. 1, 105 Abs. 4 Nr. 1 GNotKG. Für die Erstellung der Liste der Aufsichtsratsmitglieder fällt ebenfalls eine Entwurfsgebühr an, da diese Tätigkeit nicht in der Vollzugstätigkeit enthalten ist. Der Geschäftswert bestimmt sich nach § 36 Abs. 1 GNotKG. Dabei kann ein Teilwert von 20 % aus dem Wert einer fiktiven Handelsregisteranmeldung der Aufsichtsratsmitglieder angesetzt werden. Beim Gründungsbericht wird der Geschäftswert ebenfalls nach § 36 Abs. 1 GNotKG bestimmt.

Die **Gründungsprüfung** ist ebenfalls ein selbständiges Geschäft (1,0-Gebühr 32 Nr. 25206 KV GNotKG, mindestens 1.000 EUR) aus dem Grundkapital.

Bei der **Registeranmeldung** fällt eine 0,5-Gebühr Nr. 21201 Ziff. 5 KV GNotKG für 33 eine Erstanmeldung an. Der Geschäftswert bemisst sich nach § 105 Abs. 1 S. 1 Nr. 1 GNotKG. Eine weitere Gebühr fällt für den Vollzug und die Erstellung der XML-Struktur-daten (Geschäftswert nach § 112 GNotKG) an (Nr. 22114 KV GNotKG). Die Übermittlung der Liste der Aufsichtsratsmitglieder ist Bestandteil der Handelsregisteranmeldung.

Kostenschuldner sind nach §§ 29, 30 GNotKG bei der Gründung die Gründer. Im 34 Innenverhältnis können die Kosten aber gemäß § 26 Abs. 2 AktG von der AG übernommen werden.

Bei einer **Kapitalerhöhung/-herabsetzung** sind der Beschluss darüber und die not- 35 wendigen Satzungsänderungen ein einheitlicher Beurkundungsgegenstand gemäß § 109 Abs. 2 S. 1 Nr. 4 lit. d GNotKG. Der Höchstgeschäftswert für Beschlüsse beträgt 5.000.000 EUR (§ 108 Abs. 5 GNotKG). Der Geschäftswert der Handelsregisteranmeldung der Kapitalerhöhung ergibt sich aus § 105 Abs. 1 S. 1 Nr. 4 lit. a GNotKG. Die Durchführungsanmeldung ist ein gesonderter Beurkundungsgegenstand; ihr Geschäftswert bestimmt sich nach § 105 Abs. 4 Nr. 1 GNotKG. Werden die Anmeldung der Kapitaler-höhung und ihre Durchführung in einer Anmeldung miteinander verbunden, liegt derselbe Gegenstand iSd § 109 GNotKG vor. Die Anmeldung des Kapitalerhöhungsbeschlusses umfasst die Anmeldung der entsprechenden Satzungsänderung. Der Höchstwert von Handelsregisteranmeldungen beträgt nach § 106 GNotKG 1.000.000 EUR. Dieser gilt auch dann, wenn mehrere Anmeldungen zusammengefasst werden (zB Kapitalerhöhung und Durchführung).

2. Teil. Ablaufplan Gründung

A. Normalfall

I. Checkliste zur Gründung der AG

Checkliste: Gründung der AG	36
– Gründungsprotokoll mit Satzungsfeststellung	
– Wahl des ersten Aufsichtsrates	
– Bestellung der Abschlussprüfer	
– Wahl des Aufsichtsratsvorsitzenden	
– Wahl des Vorstands durch den Aufsichtsrat	
– Gründungsbericht	
– Gründungsprüfungsbericht des Vorstandes	
– Gründungsprüfungsbericht des Aufsichtsrates	
– Leistung der Einlage	
– Registeranmeldung	
– Registereintragung	

37   Der **Ablauf bei der Neugründung** von AGs soll in der Folge dargestellt werden, da dieser eine Struktur für jedweden Gründungs- oder Umwandlungsvorgang darstellt.

38   In der Praxis ist die Entstehung einer AG aus **Umwandlungsvorgängen** und aus sog. **Mantel- bzw. Vorratsaktiengesellschaften** nicht selten. Bei letzterem Vorgang ist die AG allerdings im rechtlichen Sinne bereits mit Gründung der **Vorrats-/Mantel-AG** entstanden. Der Unterschied zwischen einer Vorrats- und einer Mantel-AG besteht darin, dass die Vorrats-AG nur zu dem Zweck gegründet worden ist, dass bei Verwendung ohne Zeitverlust sofort ein Rechtsträger mit den entsprechenden Haftungsbeschränkungen zur Verfügung steht. Von einer **Mantel-AG** hingegen wird gesprochen, wenn die AG früher einmal unternehmerisch tätig war, dann aber ihren Geschäftsbetrieb eingestellt hat und nur noch der Rechtsträger übrig und im Handelsregister eingetragen ist.[46] Der Reiz eines „gebrauchten" Mantels lag oft in ihren hohen, steuerlich nutzbar zu machenden Verlustvorträgen. Dieser Vorteil ist aber wegen § 8c KStG nicht mehr gegeben. Bei der **Vorratsgründung** wird zwischen offener und verdeckter Vorratsgründung unterschieden. Die offene Vorratsgründung, bei der als Unternehmensgegenstand der Zweck als Vorratsgesellschaft (→ Rn. 95) angegeben wird, wird seit der Entscheidung des BGH[47] allgemein als zulässig erachtet. Wird der Zweck der Vorhaltung eines „fertigen" Rechtsträgers dagegen verschwiegen, führt der fiktive Inhalt der Satzung dagegen zu ihrer Gesamtnichtigkeit und insgesamt zur Nichtigkeit der Gesellschaftsgründung.[48]

39   Nach hM sind auf die Übernahme einer Vorrats- oder Mantel-AG die Vorschriften über die Gründung einer AG analog anzuwenden.[49] Der BGH hat für die Vorrats-GmbH[50] und die Mantel-GmbH[51] entschieden, dass eine erneute Prüfung durch das Handelsregister bei Aufnahme des tatsächlichen Geschäftsbetriebes stattzufinden habe.[52] Die Geschäftsführer haben entsprechend § 8 Abs. 2 GmbHG die Versicherung abzugeben, dass die Leistungen auf die Einlagen gemäß § 7 Abs. 2 und Abs. 3 GmbHG bewirkt sind und sich zu ihrer freien Verfügung befinden. Nach Ansicht des BGH[53] stellt die Verwendung einer Vorrats- oder einer Mantelgesellschaft eine **„wirtschaftliche Neugründung"** dar. **Indizien** für eine solche wirtschaftliche Neugründung sind nach BGH: Erweiterung des Unternehmensgegenstandes, Neufassung der Firma, Verlegung des Gesellschaftssitzes und/ oder Wechsel von Organmitgliedern.[54] Bis zu dem Zeitpunkt, zu dem die in dieser Weise neu gegründete Gesellschaft diesen Vorgang dem Handelsregister gegenüber offen lege und das Vertretungsorgan versichere, dass das satzungsmäßige Kapital vorhanden sei, greife zu Lasten der Erwerber der Vorrats- bzw. Mantelgesellschaft die **Unterbilanzhaftung**.[55] Diese strenge Haftung hat der BGH jedoch zuletzt wieder eingeschränkt.[56] Die Haftung reiche nur soweit, wie eine Unterbilanz zum Zeitpunkt der wirtschaftlichen Neugründung, nicht bei deren Offenlegung, besteht. Die wirtschaftliche Neugründung liege in dem Moment vor, wo der Wille wieder unternehmerisch tätig zu sein in irgendeiner Weise nach außen trete.[57] Für das Nichtvorliegen oder die begrenzte Höhe der Unterbilanz tragen aber die Erwerber die Darlegungs- und Beweislast. Um ein Haftungsrisiko zu vermeiden bedeutet dies für die Praxis, dass das Vertretungsorgan sofort nach dem Erwerb der Vorrats-/Mantel-AG bzw. der Wiederaufnahme einer unternehmerischen Tätigkeit

---

[46] *Hüffer/Koch* AktG § 23 Rn. 25.
[47] BGHZ 117, 323 (330 f.).
[48] MüKoAktG/*Pentz* AktG § 23 Rn. 91.
[49] Vgl. *Hüffer/Koch* AktG § 23 Rn. 25 ff., auch ausführlich dazu *Grooterhorst* NZG 2001, 145; *Gerber* Rpfleger 2004, 469.
[50] GmbHR 2003, 227.
[51] NJW 2003, 3198.
[52] Ausführlich zur diesem Thema Heckschen/Heidinger/*Heckschen/Kreußlein* Kap. 3 Rn. 171 ff.
[53] ZIP 2003, 1698.
[54] BGH GmbHR 2003, 227; *Schaefer/Steiner/Link* DStR 2016, 1166.
[55] BGH BB 2010, 791; OLG München NZG 2010, 544; OLG Düsseldorf DNotZ 2013, 70.
[56] BGHZ 192, 341.
[57] Vgl. BGHZ 192, 341.

einer ruhenden Gesellschaft dem Handelsregister am eingetragenen Sitz der Vorrats-/ Mantel-AG die **wirtschaftliche Neugründung** offen legt und die **Versicherung** zum Erhalt des Grundkapitals abgeben muss, bevor eine weitere unternehmerische Tätigkeit entwickelt wird.[58] Es wird in der Literatur aber diskutiert, wer diese Erklärung abgeben muss, nur der Vorstand und der Aufsichtsrat oder alle „Gründer" und Vorstand und Aufsichtsrat. Weiter wird gefragt, wer „Gründer" in diesem Sinne sei.[59] Die Beteiligung von Aktionären an der Vorratsgründung oder der Mantelverwendung ist aber systemfremd. Ausreichend ist die **Beteiligung der Verwaltung,** also des Vorstands und des Aufsichtsrats. Zur freien Verfügung des Vorstandes steht das Grundkapital auch bei der wirtschaftlichen Neugründung nicht, wenn dieser eine Investitionsplan des Kapitalgebers ohne eigenen Handlungsspielraum umzusetzen hat.[60] Der **Käufer der Vorrats-AG** sollte darauf achten, dass das Grundkapital ungemindert (Ausnahme: historische Gründungskosten) zur Verfügung steht. Es wird vorgeschlagen, den Nachweis der Kapitalaufbringung durch Vorlage einer geprüften Stichtagsbilanz bezogen auf den Zeitpunkt unmittelbar vor der beabsichtigten Geschäftsaufnahme zu erbringen.[61] Die Rechtsprechung ist der Auffassung, dass die **Kosten der wirtschaftlichen Neugründung** die Gesellschaft dann tragen könne, wenn diese nicht die **Kosten der historischen Gründung getragen habe,**[62] nicht jedoch historische Gründungskosten und die Kosten der wirtschaftlichen Neugründung kumulativ.[63] Der Erwerb von Mantel-AGs ist mit **unkalkulierbaren Risiken** verbunden, wenn sich die Historie und eventuelle Haftungsgefahren aus der Vergangenheit nicht lückenlos klären lassen. Die Abgrenzung der Mantelgesellschaft als sog. „unternehmenslose" Gesellschaft von einer Gesellschaft, die nur kurzfristig (die exakte Dauer ist bislang ungeklärt) nicht tätig war, ist offen. Eine gestreckte Gründungsphase führt jedoch noch nicht zu einer wirtschaftlichen Neugründung.[64] Solange die Gesellschaft in der Abwicklung ist und die Abwicklung betreibt, liegt keine Mantelgesellschaft vor.[65]

Auch wenn es in den letzten Jahren einige **Gründungserleichterungen** gegeben hat, 40 von denen man annehmen sollte, dass sie die Nachfrage nach Vorrats- und Mantel-AGs senken, bleibt diese Form in der Praxis weiter gefragt.[66] Interessant ist der Erwerb einer Vorrats-AG insbesondere für ausländische Beteiligte und hier vor allem ausländische Gesellschaften, denen der Nachweis über ihre Existenz und Vertretung zu aufwändig ist.[67] Es bedarf idR nur einer **schriftlichen Vollmacht.** Zu beurkunden ist die Vollmacht allenfalls dann, wenn der Kaufpreis für die Vorrats-AG nicht vor Beurkundung gezahlt wurde und eine sofortige Zwangsvollstreckung gewünscht ist. Demgegenüber ist im Rahmen der „normalen" Gründung stets eine notariell beglaubigte und ggf. mit Legalisation oder Apostille versehene Vollmacht vorzulegen. Zur Mantel- und Vorratsgründung → § 22 Rn. 34, 494 ff.

Für die **Berechnung der Zweijahresfrist** gemäß § 52 Abs. 1 AktG **(Nachgrün-** 41 **dung)** dürfte es nicht auf die Gründung, sondern auf die Aufnahme der tatsächlichen Geschäftstätigkeit ankommen.[68]

---

[58] Vgl. dazu *Heckschen/Heidinger* § 2 Rn. 121; *Heidinger* ZGR 2005, 101.
[59] *Schaefer/Steiner/Link* DStR 2016, 1166 (1167).
[60] LG München I NZG 2012, 1384.
[61] *Schaefer/Steiner/Link* DStR 2016, 1166 (1169).
[62] OLG Stuttgart NZG 2013, 259; *Winnen* RNotZ 2013, 389 (405).
[63] OLG Jena NZG 2004, 1114.
[64] BGH DStR 2010, 763; *Lieder* DStR 2011, 137.
[65] BGH NZG 2014, 264; KG DStR 2012, 1817.
[66] *Hüffer/Koch* AktG § 23 Rn. 25a; *Winnen* RNotZ 2013, 389 (390 f.).
[67] *Schmitz* notar 2018, 203.
[68] Das muss aus BGH DNotZ 2003, 951 gefolgert werden.

II. Reguläre Gründung

42 **1. Schritt 1: Gründungsprotokoll mit Feststellung der Satzung. Hinsichtlich der Gründerzahl** ist mit dem Gesetz für die kleine AG und zur Deregulierung des Aktienrechts vom 2. 8. 1994 eine wesentliche Neuregelung erfolgt, da gemäß § 2 AktG seit dem auch eine Einmann-Gründung der AG möglich ist (Feststellung der Satzung durch nur eine Person als einseitiges Rechtsgeschäft). Damit entfällt die Notwendigkeit, Strohmänner als Gründungshelfer heranzuziehen. Bei mehreren Personen erfolgt die **Satzungsfeststellung** durch Vertrag, sonst durch Erklärung des Gründers. Vertretung durch notariell beglaubigte Vollmacht ist möglich, § 23 Abs. 1 S. 2 AktG, Gründer ist dann der Vertretene. Es ist zu beachten, dass es sich bei dem Formerfordernis der notariellen Beglaubigung nicht um eine bloße Ordnungsvorschrift,[69] sondern um eine **Wirksamkeitsvoraussetzung** handelt.[70] Im Falle der **Nichtigkeit der Vollmacht** infolge Formmangels ist abweichend von § 182 Abs. 2 BGB eine Genehmigung des Vertretenen ebenfalls in notariell beglaubigter Form vorzulegen.[71] Wird ein Mitgründer bevollmächtigt, muss von § 181 BGB befreit werden. Liegt eine Einmann-Gründung vor, so ist eine Genehmigung der ohne entsprechende Vollmacht abgegebenen Errichtungserklärung (dh die einseitige, nicht empfangsbedürftige Erklärung des Einmann-Gründers) ausgeschlossen, da es sich entsprechend § 180 BGB um ein einseitiges, nicht genehmigungsfähiges Rechtsgeschäft handelt[72] Die Einmann-Gründung muss hier, ggf. mit formwirksamer Vollmacht, wiederholt werden.

43 Die **Satzung** – mit den Mindestangaben nach § 23 Abs. 2 AktG – wird sinnvollerweise als Anlage zur Urkunde genommen. Außerdem müssen die **Aktien** durch die Gründer **gegen Einlage übernommen** werden. Die Zusammenfassung von Satzung und Übernahmeerklärung in der Gründungsurkunde ist zweckmäßig, sie wird zum Teil unter Verweis auf § 23 AktG als zwingend erforderlich angesehen. Soll die festgestellte **Satzung im Gründungsstadium** geändert werden, ist entgegen § 179 AktG **Einstimmigkeit** erforderlich. Es ist zu beachten, dass die Gründungsaktionäre der AG der Mitteilungspflicht nach § 20 Abs. 1 AktG nachkommen müssen (→ Rn. 527).[73]

> **Muster: Satzung einer (kleinen) AG**
> Siehe hierzu das Gesamtmuster → Rn. 681.

44 In das Gründungsprotokoll sollte eine umfassende **Registervollmacht,** die auch vom Registergericht verlangte Satzungsänderungen ermöglicht, aufgenommen werden.[74] Die Bevollmächtigung von Notariatsangestellten ist wegen etwaiger Haftungsgefahren problematisch.

> **Muster: Registervollmacht**
> Siehe hierzu das Gesamtmuster eines Gründungsprotokolls → Rn. 680, dort Ziff. VII.

45 Strittig ist, ob die **Gründung und Satzungsfeststellung im Ausland** erfolgen kann.[75] Nach überwiegender Ansicht gilt der deutsche Beurkundungszwang, wenn die

---

[69] Vgl. KK-AktG/*Arnold* AktG § 23 Rn. 45.
[70] Vgl. *Hüffer/Koch* AktG § 23 Rn. 12; MüKoAktG/*Pentz* AktG § 23 Rn. 15.
[71] *Hüffer/Koch* AktG § 23 Rn. 12.
[72] KG GmbHR 2012, 569.
[73] BGH DNotZ 2006, 779.
[74] Sog. Reparaturvollmacht; zur Möglichkeit der Vertretung bei Satzungsänderungen vor Eintragung und bei der Anmeldung: *Krafka/Kühn* RegisterR Rn. 972, 1314.
[75] Vgl. zuletzt für die GmbH-Gründung KG NZG 2018, 304; ablehnend die Vorinstanz des AG Charlottenburg DNotI-Report 2016, 38; die Entscheidung des KG wird in der Literatur überwiegend abgelehnt,

Gesellschaft ihren Sitz in Deutschland haben soll.[76] Nach dieser Ansicht ist auf **Gründungs- und Strukturvorgänge** das **sog. Geschäftsrecht** gemäß § 23 Abs. 1 S. 1 AktG anzuwenden,[77] mithin ist das **Ortsrecht** nicht einschlägig. Weitergehend wird teilweise bei derartigen Vorgängen auch eine **Gleichwertigkeit einer notariellen Beurkundung im Ausland** generell verneint und die Rechtsfolge von § 125 BGB abgeleitet.[78] Nur die Beurkundung durch den deutschen Notar mit den entsprechenden Rechtskenntnissen stelle sicher, dass die Beurkundung eine materielle Richtigkeitsgewähr biete. Der Gesetzgeber habe sich hier bewusst für die Beurkundung und nicht die Beglaubigung als formelle Voraussetzung entschieden.[79] Dem wird entgegengehalten, dass es bei einer Beurkundung durch einen ausländischen Notar lediglich auf die Vergleichbarkeit der Funktion des Notars im ausländischen Recht im Vergleich zum deutschen Recht ankomme. Dieses sei in Österreich und, kantonsabhängig, in der Schweiz jedenfalls gegeben.[80] Der **BGH** hat die Frage der **Gleichwertigkeit** der Auslandsbeurkundung bei der Übertragung von GmbH-Anteilen durch einen **Baseler Notar**[81] offengelassen. Für die Beurkundung nach § 130 Abs. 1 AktG[82] hat er die Beurkundung einer HV im Ausland mit dem Argument für möglich gehalten, dass hier die Protokollierung von Tatsachen im Rahmen von §§ 36 ff. BeurkG die Mitwirkung des deutschen Notars nicht als zwingend erachtet. Zuletzt hat das KG entschieden, dass die Beurkundung der Gründung einer deutschen GmbH durch einen Schweizer Notar mit Amtssitz im Kanton Bern jedenfalls dann die Anforderungen nach § 2 Abs. 1 GmbHG erfüllt und im Eintragungsverfahren durch das Registergericht nicht beanstandet werden kann, wenn die Niederschrift in Gegenwart des Notars den Beteiligten vorgelesen, von ihnen genehmigt und eigenhändig unterschrieben worden ist.[83] Diese Entscheidung wird in der Literatur fast einhellig abgelehnt.[84] Das **KG** ging in **unzutreffender Weise** davon aus, dass der Notar in Bern über **ausländisches Recht zu belehren** habe und insoweit auch **hafte.** Dies ist aber nach fast einhelliger Auffassung in der Schweizer Kommentarliteratur nicht der Fall.[85] Inzwischen hat das KG seine Auffassung nochmals bekräftigt.[86] Auf die selbst von Vertretern, die grundsätzlich der Auslandsbeurkundung offen gegenüber stehen, vertretene Ansicht, dass dann, wenn keine Haftung und keine Belehrungspflicht entsteht, die Auslandsbeurkundung nicht gleichwertig sein könne, geht das KG in seinen aktuellen Entscheidungen überhaupt nicht ein.[87] Das KG lässt es auch ausreichen, dass das **Verfahrensrecht im Ausland** die **Verlesung** der Urkunde nur optional vorsieht. Die Auffassung des KG vom Gang des Registerverfahrens und der Funktion des Notars im Rahmen dieses Verfahrens ist wenig überzeugend. Das KG legt der **materiellen Richtigkeitsgewähr** notarieller Beurkundung nur ein geringes Gewicht bei, da letztlich die Eintragung durch den Registerrichter entscheidend sei. Dabei übersieht es aber, dass das in Deutschland praktizierte Verfahren nur funk-

---

vgl. etwa *Heckschen* DB 2018, 685; *Cziupka* EWiR 2018, 137; *Wicke* GmbHR 2018, 376; *Lieder* ZIP 2018, 805.

[76] GK-AktG/*Röricht* AktG § 23 Rn. 48; MüKoAktG/*Pentz* AktG § 23 Rn. 30.

[77] MüKoAktG/*Pentz* AktG § 23 Rn. 30; *Hüffer/Koch* AktG § 23 Rn. 10.

[78] Hölters/*Solveen* AktG § 23 Rn. 12 mwN.

[79] AG Kiel MittBayNot 1997, 116; *Goette* FS Boujong 1996, 131 (141 f.); LG Augsburg NJW-RR 1997, 420.

[80] BGH NZG 2014, 219; NJW 1982, 1160; *Hüffer/Koch* AktG § 23 Rn. 11; MüKoAktG/*Pentz* AktG § 23 Rn. 33 ff.; so bejahend zB in Frankreich, Österreich.

[81] BGH NJW 2014, 2026; *Weller* ZGR 2014, 865.

[82] BGH NJW 2015, 336; *Hüffer/Koch* AktG § 130 Rn. 16.

[83] KG NZG 2018, 304.

[84] *Heckschen* DB 2018, 685; Heckschen/Heidinger/*Heckschen* § 2 Rn. 11 ff.; *Cziupka* EWiR 2018, 137; *Wicke* GmbHR 2018, 376; *Lieder* ZIP 2018, 805.

[85] Vgl. *Mooser*, Le droit notarial en Suisse, 2. Aufl. 2014, Rn. 219a; vgl. auch *Heckschen* DB 2018, 685 und GWR 2018, 393; *Weber* MittBayNot 2018, 215; *Cramer* DStR 2018, 746; *Lieder* ZIP 2018, 805; *Schulte* NotBZ 2018, 329.

[86] KG NZG 2018, 1195.

[87] *Heckschen* GWR 2018, 393.

tionieren kann, wenn der Notar eine **Filterfunktion** ausübt, die ua dadurch zum Ausdruck kommt, dass die ganz überwiegende Zahl der Registeranmeldungen entsprechend dem vom Notar übermittelten Datensatz eingetragen wird und nur in seltenen Fällen Zwischenverfügungen ergehen. Es übersieht auch, dass nicht nur der Notar bei der Registeranmeldung Fehler machen kann, sondern auch das Registergericht und diese dann häufig vom Notar gegenkontrolliert und beseitigt werden.[88]

46   Von der **Satzungsfeststellung im Ausland** abzugrenzen ist die Frage nach der Möglichkeit eines (zusätzlichen) Verwaltungssitzes der Gesellschaft im Ausland. Seit der Streichung des § 5 Abs. 2 AktG im Zuge des MoMiG ist dies nach hM möglich (zu dieser Problematik → Rn. 89).

> **Muster: Gründungsprotokoll mit Satzung**
>
> Siehe hierzu die Gesamtmuster → Rn. 680 und → Rn. 681.

47   **2. Schritt 2: Bestellung von Aufsichtsrat/Vorstand/Abschlussprüfer.** Die Gründer haben ebenfalls den **ersten Aufsichtsrat und Abschlussprüfer** zu bestellen, § 30 Abs. 1 AktG; ohne Aufsichtsrat ist die Eintragung nicht möglich, §§ 36, 37 AktG. Der Vorstand wird vom Aufsichtsrat gewählt, nachdem sich dieser konstituiert hat, § 30 Abs. 4 AktG. Eine **notarielle Beurkundung** ist hierfür – im Gegensatz zur Bestellung des Aufsichtsrates (§ 30 Abs. 1 AktG) – **nicht erforderlich.** Die Niederschrift des Beschlusses genügt, § 107 Abs. 2 AktG. Das AktG steht auch einer Bestellung von Ausländern zu Vorstandsmitgliedern nicht entgegen. Gemäß § 30 Abs. 3 S. 1 AktG ist die Amtszeit der Mitglieder des ersten Aufsichtsrates auf die Zeit bis zur Beendigung der HV begrenzt, die über die Entlastung für das erste Voll- oder Rumpfgeschäftsjahr beschließt.[89]

> **Muster: Wahlen innerhalb des ersten Aufsichtsrats und Bestellung des ersten Vorstands**
>
> Siehe hierzu das Gesamtmuster → Rn. 682.

48   Die **Bestellung des Abschlussprüfers** für das erste Rumpf-/Vollgeschäftsjahr erfolgt durch die Gründer und muss notariell beurkundet werden, § 30 Abs. 1 AktG. Die Bestellung des Abschlussprüfers kann unterbleiben, soweit eine Prüfungspflicht für das Geschäftsjahr auszuschließen ist.[90] Sie ist keine Eintragungsvoraussetzung.[91]

> **Muster: Im Gründungsprotokoll enthaltene Bestellungen des Aufsichtsrats und Abschlussprüfers**
>
> Siehe hierzu das Gesamtmuster → Rn. 680, dort Ziff. IV und Ziff. V.

49   **3. Schritt 3: Gründungsbericht.** Die Gründer (nicht die Vorstandsmitglieder) haben einen **Gründungsbericht** zu erstatten und zu unterzeichnen, dessen Inhalt sich aus § 32 Abs. 2 AktG ergibt und der Grundlage der Gründungsprüfung ist, die grundsätzlich vom Vorstand und Aufsichtsrat (§ 33 Abs. 1 AktG) durchzuführen ist. Der Prüfungsvorgang soll eine ordnungsgemäße Gründung und Erleichterung für das Registergericht im Gründungsverfahren sicherstellen. Eine **Vertretung des Gründers** durch einen Bevollmächtigten ist nicht zulässig. Eine Unterschriftsbeglaubigung ist bei der Unterzeichnung nicht

---

[88] *Heckschen* GmbHR 2018, 1093.

[89] Zu den Folgen einer unterbliebenen Wiederwahl DNotI-Report 2008, 137.

[90] Str., Spindler/Stilz/*Gerber* AktG § 30 Rn. 20; Hölters/*Solveen* AktG § 30 Rn. 13; MHdB GesR IV/*Hoffmann-Becking* § 3 Rn. 23.

[91] Spindler/Stilz/*Gerber* AktG § 30 Rn. 20; Henssler/Strohn/*Wardenbach* AktG § 30 Rn. 12; *Hüffer/Koch* AktG § 30 Rn. 10; MüKoAktG/*Pentz* AktG § 30 Rn. 47.

erforderlich.[92] Ein fehlender Gründungsbericht oder die fehlende Mitwirkung aller Gründer ist ein Eintragungshindernis nach § 38 Abs. 2 S. 1 AktG.

> **Muster: Gründungsbericht**
> Siehe hierzu das Gesamtmuster → Rn. 683.

4. Schritt 4: Leistung der Einlage. Zur Handelsregistereintragung muss die erforderli- 50 che Bareinlage gemäß der §§ 36 Abs. 2, 36a AktG von den Gründern erbracht worden sein. Die **Zahlung hat auf ein Konto der Gesellschaft** oder des Vorstandes zu erfolgen, § 54 Abs. 3 S. 1 AktG. Die **Anmeldung zur Eintragung in das Handelsregister** darf erst erfolgen, wenn auf jede Aktie der eingeforderte Betrag ordnungsgemäß eingezahlt worden ist **und zur freien Verfügung des Vorstands** steht. Dies ist nicht der Fall, wenn der Vorstand nur mit Zustimmung eines Dritten (etwa Aufsichtsrat, Aktionär) über die Einlage verfügen kann.[93] Ob **Absprachen über die Verwendung** der einbezahlten Gelder die freie Verfügung des Vorstands iSd § 36 Abs. 2 S. 1 AktG hindern, ist umstritten und noch nicht endgültig geklärt. Allgemein heißt es lediglich, dass solche Absprachen nicht per se unzulässig sind, soweit jedenfalls keine Rückzahlung der Einlage an die Gründer in Frage steht, also eine verdeckte Sacheinlage anzunehmen ist und die Gründer auf die Verwendung der Einlage auch nicht faktisch Einfluss nehmen können.[94] Aufgrund der insoweit unklaren Rechtslage sollten derartige Verwendungsabreden aus Vorsichtsgründen tunlichst vermieden werden (zum Hin- und Herzahlen → Rn. 62 f.). Als Mindestbetrag muss bei einer Bareinlage 1/4 des geringsten Ausgabebetrages eingezahlt werden. Absolutes Minimum bei der Gründung einer AG mit einem Grundkapital von 50.000 EUR ist also ein Betrag von 12.500 EUR. Neben dem **Grundkapital** bzw. dem hierauf einzuzahlenden **Mindestbetrag** muss das **Aufgeld** eingezahlt sein, und zwar in voller Höhe, § 36a Abs. 1 AktG. Bei Einmanngründungen und der Identität von Alleingesellschafter und Vorstand gilt die Einlage als nicht erbracht, wenn der Einlagenschuldner die Zahlung auf ein auf ihn lautendes Konto vornimmt, es sei denn, bei diesem handelt es sich um ein für die Gesellschaft geführtes frei verfügbares Treuhandkonto.[95] Eine Sicherheitsleistung durch den Gründer einer Einmann-Gesellschaft ist nicht zu erbringen.

5. Schritt 5: Gründungsprüfungsbericht des Vorstandes und des Aufsichtsrates. 51 Auch dieser Bericht ist **privatschriftlich** zu erstatten und von sämtlichen Mitgliedern des Vorstands und des Aufsichtsrats persönlich zu unterzeichnen, § 34 Abs. 2 S. 1 AktG. Es ist wiederzugeben, auf der Basis welcher Unterlagen die Gründungsprüfung erfolgt ist.

> **Muster: Gründungsprüfungsbericht des ersten Vorstands und ersten Aufsichtsrats**
> Siehe hierzu das Gesamtmuster → Rn. 684.

Grundsätzlich erfolgt die **Prüfung des von den Gründern zu erstattenden Grün-** 52 **dungsberichtes** durch Vorstand und Aufsichtsrat, § 33 Abs. 1 AktG. Da Mitglieder dieser Organe in der Praxis häufig selbst in irgendeiner Form an der Gründung beteiligt sind und dadurch eine objektive und unabhängige Prüfung der Gründung nicht mehr gewährleistet ist, schreibt § 33 Abs. 2 Nr. 1–4 AktG in den Fällen eine **externe Gründungsprüfung** vor, die von einem **gerichtlich bestellten Gründungsprüfer** durchzuführen ist. Alternativ zu den (externen) Gründungsprüfern kann in den Fällen des § 33 Abs. 2 Nr. 1 und Nr. 2 AktG auch der **Notar** die Prüfung vornehmen. Dies wird insbesondere

---

[92] Formulierungsbeispiel: MVHdB I GesR/*Favoccia* Form. V. 5.
[93] OLG München ZIP 2007, 371; ausf. *Hüffer/Koch* AktG § 36 Rn. 8.
[94] BGH DNotZ 2007, 708.
[95] DNotI-Report 2006, 53 (54).

dann relevant, wenn einer der Gründer auch Vorstands- oder Aufsichtsratsmitglied wird. Gehört eine Gesellschaft zu den Gründern, so sind deren vertretungsberechtigten Organe oder Personen Gründer iSv § 33 Abs. 2 Nr. 1 AktG.[96] Maßgeblicher Zeitpunkt ist die Registereintragung. Im Gegensatz zur früheren Gesetzeslage muss der Bericht nicht mehr bei der **Industrie- und Handelskammer** hinterlegt werden. Die **Vereinfachung der Bargründung** durch die Neufassung des § 33 Abs. 3 AktG ist aus wirtschaftlicher Sicht begrüßenswert, vermeidet sie doch zusätzlichen Zeitaufwand durch die Bestellung der Gründungsprüfer.[97] Ebenso ist das Vertrauen des Gesetzgebers in die Prüfungskompetenz der Notare gerechtfertigt.

53   Einen noch weiteren Schritt wollte der Gesetzgeber mit einer völligen Abschaffung der **Gründungsprüfung durch externe Prüfer** jedoch nicht gehen. Dem vielfach eingewandten Argument, dass der ohnehin mit dem Fall betraute Registerrichter eine Manipulation ebenso aufdecken könne wie externe Prüfer, ist der Gesetzgeber nicht gefolgt.

54   Für den Notar ergeben sich durch diese Regelung aber auch Probleme. Wird er auch als Prüfer tätig, muss er in aller Regel eigene **Nachforschungen** anstellen, um etwaige **Scheingründungen** oder faule Gründungen aufzudecken. Aber auch die Frage, ob die Bareinlagen erbracht worden sind, wenn dies zum Zeitpunkt der Prüfung der Fall sein sollte, müsste der Notar dann nach hM klären.[98]

55   **Formulierungsbeispiel: Externer Prüfungsbericht**
Notarieller aktienrechtlicher Prüfungsbericht
über die Gründung der Aktiengesellschaft

in Firma: ***
mit dem Sitz in ***

A. Prüfungsauftrag
I. Die oben genannte Aktiengesellschaft hat mich gemäß § 33 Abs. 3 AktG am *** mit der Prüfung der Gründung der Gesellschaft beauftragt. Die Prüfung erfolgt, da laut Gründungsprotokoll der Gesellschaft gemäß meiner Urkunde vom *** (UR-Nr. *** des unterzeichnenden Notars)
   – Mitglieder des Vorstandes zu den Gründern gehören,
   – Mitglieder des Vorstandes zugleich Mitglieder eines Verwaltungsorgans eines der Gründer sind, nämlich ***.
II. Bei der Prüfung haben mir folgende Unterlagen vorgelegen:
   1. die notarielle Urkunde vom *** über die Gründung der *** Aktiengesellschaft. Feststellung der Satzung. Übernahme der Aktien, Bestellung des ersten Aufsichtsrates und Bestellung des Abschlussprüfers (Urkunde des Notars *** in ***, UR-Nr. ***),
   2. die Niederschrift über die Bestellung des Vorstandes durch Beschluss des Aufsichtsrats in seiner konstituierenden Sitzung vom ***,
   3. die Bescheinigung der *** Bank in *** über die Einzahlung von *** EUR auf das Konto der Gesellschaft und die Bestätigung der Bank, dass der eingezahlte Betrag endgültig zur freien Verfügung des Vorstandes steht,
   4. der Gründungsbericht der Gründer vom ***,
   5. der Gründungsprüfungsbericht der Mitglieder des Vorstandes und des Aufsichtsrates vom ***.

---

[96] Hölters/Solveen AktG § 33 Rn. 7.
[97] So auch die amtl. Begründung, BT-Drs. 14/8769.
[98] Hüffer/Koch AktG § 34 Rn. 3; MüKoAktG/Pentz AktG § 34 Rn. 12; Heckschen NotBZ 2002, 429 (430); Papmehl MittBayNot 2003, 187.

B. Prüfungsergebnis

I. Die Gesellschaft ist laut Gründungsprotokoll vom *** errichtet worden. Als Gründer haben sich beteiligt:
a) ***,
b) ***,
c) ***.

Das Grundkapital der Gesellschaft beträgt *** EUR und ist in *** auf den Namen/Inhaber lautenden (Stück-)Aktien im (rechnerischen) Nennbetrag von *** eingeteilt. Die Gründer haben alle Aktien gegen Bareinlagen übernommen. Die Einlagen sind gemäß Bankbescheinigung auf ein Konto der Gesellschaft bei der *** Bank in *** eingezahlt worden und stehen endgültig zur freien Verfügung des Vorstandes der Gesellschaft. Zu Mitgliedern des ersten Aufsichtsrates wurden bestellt:
a) ***,
b) ***,
c) ***.

Sie haben laut Niederschrift über die konstituierende Sitzung vom *** das Amt angenommen und die Herren/Damen *** zum Vorstand bestellt.

II. Der Hergang der Gründung entspricht nach meinen Feststellungen den gesetzlichen Vorschriften. Die Angaben der Gründer im Gründungsbericht insbesondere über die Übernahme der Aktien, die Einlagen auf das Grundkapital sowie die Festsetzungen von Sondervorteilen und Gründungsaufwand sind richtig und vollständig. Weder ein Mitglied des Vorstandes noch des Aufsichtsrates hat sich nach den mir vorliegenden Unterlagen einen besonderen Vorteil oder für die Gründung oder ihre Vorbereitung eine Entschädigung oder Belohnung ausbedungen.

C. Bestätigungsvermerk

Aufgrund meiner Prüfung erteile ich folgenden Bestätigungsvermerk:

Nach dem abschließenden Ergebnis meiner pflichtgemäßen Prüfung aufgrund der mir vorgelegten Urkunden, Bücher und Schriften sowie der mir erteilten Aufklärungen und Nachweise bestätige ich, dass die Angaben der Gründer im Gründungsbericht richtig und vollständig sind. Dies gilt insbesondere für die Angaben über die Übernahme der Aktien, über die Einlagen auf das Grundkapital sowie über die Festsetzungen von Sondervorteilen und Gründungsaufwand.

Ort, Unterschrift

Das Formulierungsbeispiel lässt erkennen, dass den Notar ein **erheblicher Prüfungs- und Zeitaufwand** erwartet, will er den Prüfungsauftrag gewissenhaft erfüllen. Der hohe Zeitaufwand wird häufig mit den Interessen der Mandanten in Konflikt stehen, die eine schnelle Eintragung erwarten. 56

Die Bundesnotarkammer hat in einer Stellungnahme darauf hingewiesen, dass es sich bei der Gründungsprüfung um eine sonstige Maßnahme iSd § 24 Abs. 1 BNotO handelt. Eine solche **Tätigkeit** darf der **Notar deshalb auch ablehnen.** Auch der Wortlaut des § 33 Abs. 3 AktG spricht von „vornehmen kann". 57

6. Schritt 6: Registeranmeldung. Es sind beizufügen: 58
– **Gründungsprotokoll** mit Feststellung der Satzung, Übernahmeerklärung, Bestellung der Aufsichtsratsmitglieder und des Abschlussprüfers;
– **Protokoll** der Aufsichtsratssitzung über die **Bestellung des Vorstandes** im Original oder in beglaubigter Abschrift;
– **Liste der Aufsichtsratsmitglieder** mit Angaben nach § 37 Abs. 4 Nr. 3a AktG (Name, ausgeübter Beruf, Wohnort);
– **Gründungsbericht;**

- **Gründungsprüfungsbericht** von Vorstand und Aufsichtsrat, ggf. zusätzlich externer Gründungsprüfungsbericht;
- **Einzahlungsbestätigung** für das Grundkapital, ggf. durch eine Bestätigung des kontoführenden Kreditinstituts, § 37 Abs. 1 S. 3 AktG;
- **Aufstellung der Gründungskosten;**
- ggf. **staatliche Genehmigungen** sind nach Inkrafttreten des MoMiG grundsätzlich nicht mehr vorzulegen.[99]

59 Die Anmeldung hat durch alle Gründer und die Mitglieder von Vorstand und Aufsichtsrat zu erfolgen, § 36 Abs. 1 AktG. Deren Unterschriften sind jeweils notariell zu beglaubigen, § 12 Abs. 1 HGB.

60 Da es weiterhin strittig ist, ob bei der **Erstanmeldung** eine **Vertretung** zulässig ist – auch bei gesonderter **Registervollmacht** –, sollte diese vermieden werden. Gemäß § 37 Abs. 2 S. 2 AktG hat **jedes Vorstandsmitglied persönlich zu erklären,** dass **keine Umstände** vorliegen, die einer **Bestellung entgegenstehen,** und es über seine **unbeschränkte Auskunftspflicht** belehrt wurde. Zu diesen Umständen zählen auch Verurteilungen wegen Insolvenzverschleppung sowie Verurteilungen zu einer Freiheitsstrafe von mindestens einem Jahr wegen Kreditbetruges, Untreue oder Vorenthaltens oder Veruntreuens von Arbeitsentgelt (§§ 263–264a und 265b–266a StGB), § 76 Abs. 3 S. 2 Nr. 3 AktG. Die Versicherung ist durch das Inkrafttreten des **51. Strafrechtsänderungsgesetzes** am 12. 4. 2017 auf die §§ 265c–265d StGB (Sportwettbetrug, Manipulation von berufssportlichen Wettbewerben, Besonders schwere Fälle des Sportwettbetrugs und der Manipulation von berufssportlichen Wettbewerben) erweitert worden.[100] Nicht erwähnt werden muss § 265e StGB, da es sich dabei nur um eine Strafzumessungsregel handelt.[101] Der BGH[102] hat entschieden, dass es in jedem Fall ausreichend ist, wenn die Vorstandsmitglieder versichern, dass sie **überhaupt nicht (im In- und Ausland) vorbestraft** sind. Dies kann den Umfang der Registeranmeldung deutlich minimieren. Gemäß § 76 Abs. 3 S. 3 AktG führen auch solche Umstände zur Amtsunfähigkeit, die auf einer Verurteilung im Ausland wegen mit § 76 Abs. 3 S. 2 Nr. 3 AktG vergleichbaren Taten beruhen. Diese Versicherung gemäß § 37 Abs. 2 S. 1 AktG kann auch in getrennter Erklärung enthalten sein, sie ist in jedem Falle – auch wenn man ansonsten eine Vertretung für zulässig erachtet – persönlich abzugeben. Die Belehrung über die unbeschränkte Auskunftspflicht des Vorstandsmitglieds iSv § 53 Abs. 2 BZRG kann nach § 37 Abs. 2 S. 2 AktG kraft ausdrücklicher Regelung „schriftlich vorgenommen werden", und zwar auch „durch einen Notar oder einen im Ausland bestellten Notar, durch einen Vertreter eines vergleichbaren rechtsberatenden Berufs oder einen Konsularbeamten". Dies hat zur Folge, dass – entgegen der bis zum Inkrafttreten des MoMiG hM – die **Belehrung von Vorstandsmitgliedern durch ausländische Notare zulässig** ist. Auch die Belehrung durch ausländische Rechtsanwälte soll zulässig sein.[103] Die Belehrung muss aber nicht zwangsweise durch den Notar erfolgen, der die Beglaubigungen vornimmt. Sie ist durch das Registergericht möglich.

61 Nach § 37 Abs. 4 Nr. 3a AktG ist eine **Liste der Aufsichtsratsmitglieder** mit Name, ausgeübtem Beruf und Wohnort mit der Anmeldung einzureichen und bei Veränderungen in der Person nachzureichen.

---

99 Zusammenstellung s. *Hüffer/Koch* AktG § 37 Rn. 14; dazu und zu den Ausnahmen s. Heckschen/Heidinger/*Heckschen* Kap. 2 Rn. 77 ff.

100 *Mutter* AG 2018, R6; ein Überblick über die aktuelle Rspr. zu den Inhabilitätsgründen findet sich bei *Melchior* GmbHR 2017, 404 (Anm. zu OLG Naumburg 3. 2. 2017 – 5 Wx 2/17); OLG Oldenburg NZG 2018, 264; aA OLG Hamm NZG 2019, 29.

101 OLG Oldenburg NZG 2018, 264; zur Versicherung bei der GmbH *Knaier/Pfleger* Rpfleger 2018, 357.

102 DNotZ 2010, 930.

103 MoMiG RegE S. 84.

Muster: Neuanmeldung einer AG zum Handelsregister
Siehe hierzu das Gesamtmuster → Rn. 685.

Nach § 27 Abs. 4 AktG kann die Erfüllungswirkung dann entfallen, wenn ein Fall des **62** „**Hin- und Herzahlens**" vorliegt, wenn die AG dem Gesellschafter die Einlage zurückgewährt, aber zugleich keine verdeckte Sacheinlage vorliegt. Das ist vor allem dann der Fall, wenn dem Gesellschafter kurz nach der Einzahlung ein Darlehen gewährt wird. Ein Anwendungsfall dieser Vorschrift ist insbesondere die Beteiligung der AG an einem **Cash-Pool-System** im Konzern. Im Rahmen von Kapitalerhöhungen bestehender Gesellschaften ist vom Anwendungsbereich des § 27 Abs. 4 AktG auch der umgekehrt Fall des Her- und Hinzahlens erfasst, bei dem der Gesellschafter vor der Zahlung des übernommenen Einlagebetrages von der AG ein Darlehen gewährt wird.[104] Auf die schuldrechtliche Bewertung des Vorganges kommt es nicht an. Entscheidend ist, dass bei wirtschaftlicher Betrachtung eine **Rückzahlung der Einlage** vorliegt und damit das Grundkapital nicht ordnungsgemäß aufgebracht ist. Eine Rückzahlung in diesem Sinne liegt aber dann nicht vor, wenn die Gesellschaft für den Mittelentzug ein werthaltiges und aktivierbares Äquivalent erhalten hat, im Rahmen der Darlehensgewährung an den Gesellschafter also einen vollwertigen und jederzeit fälligen bzw. fällig zu stellenden Rückgewähranspruch. Zur Sicherstellung der Vollwertigkeit der Forderung hat die Leitung der Gesellschaft die Solvenz des Inferenten zu überwachen und im Zweifelsfall den Rückzahlungsanspruch geltend zu machen, die Kündigung muss fristlos und insbesondere auch ohne Angabe von Gründen möglich sein.[105] Selbst wenn diese Voraussetzungen vorliegen, liegt trotz Rückzahlung der Einlage eine schuldbefreiende Leistung des Gesellschafters nur dann vor, wenn dieser Vorgang dem Registergericht auch **offengelegt** wurde.[106] Die Leistung oder ihre Vereinbarung ist dem Handelsregister anzuzeigen, damit dieses die **Erfüllungswirkung** prüfen kann, §§ 27 Abs. 4 S. 2, 37 AktG.[107] Ob bei unterbliebener Offenlegung eine Heilung möglich ist, ist unklar. Diese ist jedenfalls nicht eintragungsfähig.[108] Wurde die Offenlegung unterlassen, so entwickelt die Zahlung **keine Tilgungswirkung**. Eine **nachträgliche Offenlegung** geht nach zutreffender Ansicht in die Leere. Es bleibt dann als Lösung nur die nochmalige Zahlung, das Hoffen auf eine Verjährung der Einlageforderung oder (später) ggf. eine Kapitalherabsetzung zur Befreiung von der Einlageschuld.

Kein Hin- und Herzahlen liegt bei **Vergütung von Dienstleistungen** vor, soweit **63** die Einlage nicht für die Vergütung des Inferenten reserviert ist und die tatsächlich erbrachte Leistung für die Gesellschaft darüber hinaus nicht unbrauchbar und drittüblich vergütet ist.[109] Eine **verdeckte Sacheinlage** liegt auch dann vor, wenn die Einlage auf ein zum **Cash-Pool** gehöriges Konto der Gesellschaft eingezahlt wird, das Zentralkonto der Gesellschaft im Cash-Pool jedoch negativ ist, da in diesem Fall nur eine Befreiung von einer Verbindlichkeit gegenüber dem Cash-Pool eintritt.

B. Sachgründung

Es gelten im Wesentlichen die zur GmbH dargestellten Grundsätze (→ § 22 Rn. 212 ff.). **64** **Dienstleistungen** sind auch weiterhin **nicht sacheinlagefähig**.[110] Der BGH will jedoch § 27 Abs. 4 AktG insoweit entsprechend anwenden, als er bei Dienstleistungen, die bei

---

[104] OLG Schleswig FGPrax 2012, 214.
[105] BGH DNotZ 2009, 465 und DNotZ 2009, 941 mAnm *Priester*.
[106] BGH DNotZ 2009, 941 mAnm *Priester; Heckschen* DStR 2009, 166.
[107] OLG Stuttgart DNotZ 2012, 224.
[108] OLG München DStR 2012, 2450.
[109] BGH DNotZ 2010, 456 mAnm *Priester*.
[110] BGH NJW 2010, 1747.

der Gründung vereinbart werden, prüft, ob das Entgelt für die vom Aktionär zu erbringende Dienstleistung für diese Zahlung reserviert oder völlig unangemessen ist. Sollte dies der Fall sein, ist die Einlage nicht wirksam aufgebracht.[111] Wurde bei der Gründung vereinbart, dass Dienstleistungsverträge mit Gründern abgeschlossen werden und die Vereinbarung vor Eintragung abgeschlossen, so kann dies grundsätzlich eine **Unterbilanzhaftung** auslösen.

65   Besonders zu beachten ist § 27 Abs. 5 AktG iVm § 26 Abs. 5 AktG. Danach dürfen die **Festlegungen zur Sacheinlage** aus der Satzung erst **dreißig Jahre** nach der Gründung und fünf Jahre nach Abwicklung der Rechtsverhältnisse herausgenommen werden. Sinnvollerweise werden daher nur die zwingend nach § 27 Abs. 1 AktG festzulegenden Punkte in der Satzung niedergelegt und die weiteren Abreden in einer Anlage gefasst. Dies gilt insbesondere für etwa einzubringende Grundstücke. Der **Einbringungsvertrag** wird als Anlage zur Urkunde genommen. Dies ist schon aus kostenrechtlichen Gründen geboten, eine getrennte Beurkundung widerspricht dem Grundsatz, dass die kostengünstigste Beurkundungsform zu wählen ist. Es ist andererseits darauf zu achten, dass die Gegenstände der Sacheinlage entsprechend § 27 Abs. 1 AktG hinreichend bestimmt sind, da ansonsten die Vereinbarung über die Sacheinlage unwirksam ist.

66   Im Übrigen gelten für die **Sachgründung** § 31 Abs. 1 AktG (Besetzung des Aufsichtsrats bei Einbringung eines Unternehmens oder Unternehmensteils), § 32 Abs. 2 AktG (erweiterter Gründungsbericht) und § 33 Abs. 2 Nr. 4 AktG (Prüfung durch vom Gericht bestellte (externe) Gründungsprüfer).

67   Durch das ARUG wurde eine **vereinfachte Sachgründung** eingeführt (§ 33a AktG). Voraussetzung ist, dass **Gegenstand der Sacheinlage** Güter sind, die auf einem geregelten Markt gehandelt werden und diese mit dem gewichteten Durchschnittspreis der letzten drei Monate eingebracht werden. Entsprechendes gilt, wenn der Vermögensgegenstand bereits innerhalb von sechs Monaten vor Einbringung von einem Sachverständigen bewertet wurde und er mit diesem Wert eingebracht wird. Die vereinfachte Sachgründung ist jedoch ausgeschlossen, wenn besondere Umstände vorliegen, die die Bewertung in Frage stellen (§ 33a Abs. 2 AktG). Bei Vorliegen der Voraussetzungen kann auf die **externe Gründungsprüfung** verzichtet werden. Auch **der Prüfbericht von Vorstand und Aufsichtsrat** kann von Angaben zur Werthaltigkeit der Sacheinlage absehen (§ 34 Abs. 2 S. 3 AktG). Die vereinfachte Sachgründung ist aber in der Anmeldung zu erklären. Ihr Gegenstand ist zu beschreiben, dessen Wert, die Quelle der Bewertung sowie die angewandte Bewertungsmethode müssen angegeben werden (§ 37a Abs. 1 AktG), die Unterlagen oder Gutachten, aus denen sich der Wert ergibt sind der Anmeldung beizufügen (§ 37a Abs. 3 AktG). Die Anmeldenden müssen das Nichtvorliegen von Umständen iSv § 33a Abs. 2 AktG strafbewehrt versichern (§ 37a Abs. 2 AktG). Die **registergerichtliche Kontrolle** ist auf die Voraussetzungen des § 37a AktG sowie auf offenbare und erhebliche Überbewertungen beschränkt (§ 38 Abs. 3 AktG).[112] Dies gilt nach Ansicht des KG auch dann, wenn sich die Mitarbeiter des Gutachters im Wesentlichen auf die Angaben des Vorstands und des Gründers verlassen und substantiierte Prognoseszenarien zugrunde gelegt werden. Das Registergericht hat **keinen Anspruch auf eine umfassende Prüfung** der Bewertung bei tatsächlicher oder bloß vermeintlicher **Unschlüssigkeit.** Der Gesetzgeber habe es offenbar hingenommen, dass auch solche Gutachten Grundlage der Eintragung einer Sachgründung oder Sachkapitalerhöhung werden können. Das Registergericht bleibe darauf beschränkt, die Auswahl des Sachverständigen zu prüfen. Die Aktionäre seien insoweit geschützt, als sie eine Prüfung nach § 183a Abs. 3 AktG erreichen oder Nichtigkeits- oder Anfechtungsklage gegen den Hauptversammlungsbeschluss erheben können.[113]

---

[111] BGH NJW 2010, 1747.
[112] KG NZG 2016, 620.
[113] KG NZG 2016, 620.

Für weitere **qualifizierte Gründungen,** das heißt Gründungen, bei denen für die Kapi- 68
talaufbringung besondere Risikotatbestände unterstellt werden, gelten **weitere Restrik-**
tionen:
– Einräumung von Sondervorteilen (§ 26 AktG);
– Vergütungszusagen für Gründungsaufwand (§ 26 AktG);
– Sachübernahme (§ 27 AktG, → Rn. 70).
Zu beachten ist § 31 Abs. 5 AktG, wodurch das Verfahren zur **Bestellung des Auf-** 69
sichtsrats bei Sachgründungen insoweit vereinfacht wurde, als dass eine doppelte Wahl
der Arbeitnehmervertreter vermieden wird.

C. Sachübernahme

Von der Sacheinlage unterscheidet das AktG im Gegensatz zum GmbHG die **Sachüber-** 70
nahme. Als Sachübernahme bezeichnet § 27 Abs. 1 AktG eine Abrede, wonach die Gesellschaft vorhandene oder herzustellende Anlagen oder andere Vermögensgegenstände übernehmen soll. Der Unterschied gegenüber der Sacheinlage besteht darin, dass der
Vermögensgegenstand hier nicht als Einlageleistung auf die Gesellschaft übertragen, sondern
aufgrund von Vorabsprachen spätestens zum Zeitpunkt der Satzungsfeststellung von ihr erworben wird. Der Leistende erhält also **keine Mitgliedschaftsrechte** für die Sachleistung.
Ist er ein Aktionär, so gerät die Sachübernahme in Konflikt mit dem Verbot der „verschleierten (oder verdeckten) Sacheinlage" (→ Rn. 73 ff.). Aber auch **Sachübernahmeverein-**
barungen mit Dritten gefährden die Kapitalaufbringung. Deshalb zwingt § 27 Abs. 1 S. 1
AktG zu ihrer „Entschleierung". Für die Sachübernahme gelten § 31 Abs. 1 AktG (Beset-
zung des Aufsichtsrats bei Einbringung eines Unternehmens), § 32 Abs. 2 AktG (erweiterter
Gründungsbericht) und § 33 Abs. 2 Nr. 4 AktG (Prüfung durch vom Gericht bestellte
Gründungsprüfer). Auch im Falle der Sachübernahme muss in der Satzung nach § 27 Abs. 1
AktG über den notwendigen Inhalt des § 23 AktG hinaus zusätzliche Festsetzungen aufge-
nommen werden, nämlich der Gegenstand der Sachübernahme, die Person, von der die
Gesellschaft den Gegenstand erwirbt und die zu gewährende Vergütung.

D. Mischeinlage und gemischte Sacheinlage

Neben der reinen Bar- und Sachgründung kann auch durch deren Kombination eine 71
Einlagenleistung erfolgen, die sog. **Mischeinlage.** Hierbei erbringt der Gründer auf eine
Aktie eine Bar- und Sacheinlage mit der Anwendung der hierfür jeweils vorgesehenen
Gründungsvorschriften (→ Rn. 36 ff.). Davon abzugrenzen ist die **gemischte Sacheinla-**
ge, welche im Kern aus einer Sacheinlage und einer Sachübernahme besteht. Der Gründer erbringt also eine Sacheinlage, die den Betrag der übernommenen Aktien übersteigt.
In Höhe des Einlagebetrages erhält der Gesellschafter Mitgliedschaftsrechte, in Höhe des
übersteigenden Teils erhält er einen Entgeltanspruch, der auch in eine Darlehensforderung
umgewandelt werden kann. Die hM behandelt die gemischte Sacheinlage rechtlich als
einheitliche Sacheinlage (→ Rn. 64 ff.) und nimmt keine weiteren Unterscheidungen, zB
nach der **Teilbarkeit der Leistung,** vor.[114] Für die Sachgründung hat sich der BGH dem
zumindest für den Fall einer nach Parteivereinbarung unteilbaren Leistung angeschlossen.[115] In der Satzung ist darauf zu achten, dass neben dem Gegenstand der Sacheinlage/
Sachübernahme und der Angabe der leistenden Person auch die Gegenleistung für die
Sachübernahme aufgenommen wird. Soweit **Nebenabsprachen** bestehen, die sich auf
die Werthaltigkeit des geleisteten Gegenstandes oder Gegenleistungsanspruches auswirken,
sind auch diese mit aufzunehmen.[116]

---

[114] MüKoAktG/*Pentz* AktG § 27 Rn. 68.
[115] DNotZ 2012, 623.
[116] MüKoAktG/*Pentz* AktG § 27 Rn. 69.

E. Verdeckte Sachgründung

72 Immer wieder sind in der Vergangenheit in Literatur und Rechtsprechung Fälle **verdeckter Sachgründung** aufgetreten.[117] Durch das ARUG hat der Gesetzgeber die Regelungen des MoMiG für die GmbH auch im Aktienrecht übernommen, § 27 Abs. 3 AktG. Eine verdeckte Sachgründung liegt immer dann vor, wenn zunächst eine Bargründung vorgenommen und eingetragen wird, die Barmittel aber dann aufgrund von Vorabsprachen mit zeitlichem und sachlichem Zusammenhang zum Erwerb entsprechender Gegenstände vom Aktionär verwendet werden. Im Falle einer Einmann-Gründung genügt schon ein entsprechendes **Vorhaben des Gründers**.[118] Die Rechtsprechung nimmt seit jeher unter Ausformung des Grundsatzes der realen Kapitalaufbringung in Verbindung mit den gesetzlichen Sacheinlagevorschriften an, dass diejenigen Vorschriften (Bar-/Sachgründung) zur Anwendung kommen, die ihrer wirtschaftlichen Bedeutung nach dem Lebenssachverhalt objektiv zu Grunde liegen. Führt dieser im Ergebnis zu einer **Umgehung der Sacheinlagevorschriften,** so liegt eine verdeckte Sacheinlage vor.

73   Zur Beurteilung des Vorliegens einer **verdeckten Sacheinlage** stellt die Rechtsprechung darauf ab, ob zwischen der Leistung der Einlage und späterem Rechtsgeschäft ein **zeitlicher und sachlicher Zusammenhang** besteht (ausführlich auch die Ausführungen zur GmbH → § 22 Rn. 225 ff.). Dafür werden verschiedene **Indizien** herangezogen: fehlende Vertretbarkeit der Sache, die Sache war bereits zum Zeitpunkt der Einzahlungsverpflichtung Teil des Vermögens des Einlagenschuldners, Gleichheit von Einlageschuld und Wert der zu übertragenden Sache. Der zeitliche Rahmen ist bisher nicht festgelegt worden, wird aber verbreitet mit zumindest sechs Monaten angegeben.[119] Eine **Umgehungsabsicht** in Form eines subjektiven Tatbestandes ist **nicht erforderlich.** In diesem Zusammenhang zu beachten ist, dass zu Gunsten üblicher Umsatzgeschäfte der Gesellschaft im Rahmen ihrer Geschäftstätigkeit die Vermutungswirkung der oben genannten Indizien nicht greift, weil dieses Geschäft auch mit jedem Dritten hätte geschlossen werden können, mithin zunächst als unverdächtig zu bewerten ist. Kann allerdings nachgewiesen werden, dass bei der Gründung eine verdeckte Sachgründung verabredet wurde, so ist es nicht entscheidend, wann Geld gegen Sachwerte an den Aktionär zurückfließt. Selbst wenn dies deutlich später als nach sechs Monaten erfolgt, liegt eine verdeckte Sachgründung vor.

74   In der Vergangenheit leitete die Rechtsprechung aus dem Verstoß gegen § 36 Abs. 2 AktG und § 27 Abs. 1 AktG als Rechtsfolge die **Unwirksamkeit der verdeckten Sacheinlage** ab. Der Einlageschuldner hatte seine Einlageverpflichtung aus § 36 Abs. 1 S. 2 AktG bisher nicht erfüllt, mithin bestand die Einlageverbindlichkeit fort. Ihm stand im Gegenzug aber wegen der Unwirksamkeit des schuldrechtlichen und dinglichen Rechtsgeschäfts ein Herausgabe- oder ggf. Bereicherungsanspruch zu. Im Insolvenzfall musste der Inferent daher seine Einlage erneut leisten, selbst wenn er anfänglich eine werthaltige Sache eingebracht hatte. Daher hat der Gesetzgeber durch das **ARUG** die Rechtsfolge in Anlehnung an das GmbHG neu geregelt (§ 27 Abs. 3 AktG). Die Rechtsgeschäfte werden nun als **wirksam anerkannt** (§ 27 Abs. 3 S. 2 AktG), die Einlageforderung bleibt aber dennoch bestehen (§ 27 Abs. 3 S. 1 AktG). Der tatsächliche Wert, für den der Inferent darlegungs- und beweispflichtig ist, wird aber auf die Einlageforderung angerechnet (§ 27 Abs. 3 S. 3, S. 5 AktG). Die Neuregelung findet auch rückwirkend Anwendung (§ 20 Abs. 7 EGAktG). Trotz der Änderung bleibt die zivil- und strafrechtliche Verantwortlichkeit der Beteiligten (§§ 46–49, 399 AktG) bestehen.

---

[117] BGH NJW 2007, 3425 – Lurgi; BGH ZJS 2008, 317 – Rheinmöve.
[118] BGH DNotZ 2008, 547.
[119] OLG Köln NZG 1999, 459; MüKoAktG/*Pentz* AktG § 27 Rn. 96.

Die **Vorschriften über die Nachgründung** (§§ 52f. AktG) und die Regelung der ver- 75
deckten Sacheinlage stehen nebeneinander.[120]

> **Praxishinweis:**
> Den Notar trifft die Pflicht, bei Vorliegen entsprechender Anhaltspunkte für die Verein-
> barung einer verdeckten Einlage die Gründer über die bestehende Rechtslage zu beleh-
> ren, § 17 BeurkG. Andernfalls setzt er sich der Gefahr von Schadenersatzansprüchen
> aus.[121]

F. Gründerhaftung

Bei der Gründung einer AG wird die Gesellschaft im Zeitraum vor der notariellen Beur- 76
kundung der Satzung als **Vorgründungsgesellschaft** bezeichnet. Die Vorgründungsgesellschaft entsteht, wenn die Gründer Vorbereitungshandlungen mit Blick auf die Gründung der AG treffen. Ein Anspruch auf Mitwirkung an der Gründung und Teilnahme an
der Satzungsfeststellung besteht indes nur, wenn ein beurkundeter Vorvertrag zur **gemeinsamen Errichtung der AG vorliegt, der** bereits die notwendigen Eckdaten beinhaltet. Ohne die **Einhaltung der Formvorschrift** liefen die **Warnfunktion und die
Beweisfunktion** der notariellen Beurkundung leer. In allen anderen Fällen liegt nur eine
sog. **fehlerhafte Vorgründungsgesellschaft** vor, die aber an der für die Haftung der
Gründer maßgeblichen gesellschaftsrechtlichen Einordnung als GbR oder OHG nichts
ändert.[122] Zur Geschäftsführung und Vertretung sind mangels abweichender Regelungen
bei Vorliegen einer BGB-Gesellschaft sämtliche Gesellschafter gemeinschaftlich, §§ 709,
714 BGB, bei Vorliegen einer OHG jeder Gesellschafter allein, §§ 114, 115, 125, 126
HGB, berufen. Werden die Vorgründer in der Phase bis zur notariellen Gründung der
AG selbst geschäftlich tätig, haften sie nach den Regeln der BGB-Gesellschaft – bzw. bei
Erfüllung der §§ 105, 123 Abs. 2 HGB der OHG – unbeschränkt persönlich.[123]

Mit der Beurkundung der Gründung der AG liegt bis zur Eintragung derselben im 77
Handelsregister eine sog. **Vor-AG** vor. Sie ist zwar noch keine AG, jedoch eine **Gesamthandsgesellschaft eigener Art** mit **eigener Rechts- und Grundbuchfähigkeit,**
auf die die Vorschriften der AG sinngemäß Anwendung finden, soweit diese nicht die
HR-Eintragung voraussetzen.[124]

Die Vor-AG entsteht als noch nicht eingetragene AG mit deren Errichtung. Nach § 41 78
Abs. 1 S. 1 AktG besteht zwar in diesem Stadium die AG „als solche nicht", aber das
bedeutet entgegen dem historischen Ursprung dieser Regelung nicht, dass die AG als Verband noch inexistent wäre. Sie unterliegt bereits dem Aktienrecht, soweit dieses nicht die
Eintragung voraussetzt. Der **Vorstand der Vor-AG** ist zB an die **Weisungen der Gründer** gebunden.[125] Die in § 1 S. 4 SGB XI normierte Befreiung von der Rentenversiche-
rungspflicht für den Vorstand greift noch nicht.[126] Als **Auflösungsgrund** hat der BGH[127]
bei der Vor-AG auch die Kündigung eines Gesellschafters aus wichtigem Grund (zB Mitgesellschafter ist zur Einlagenleistung nicht imstande) analog § 723 Abs. 1 S. 2, S. 3 Nr. 1
BGB anerkannt. Wird der Anmeldung rechtskräftig zurückgewiesen oder scheitert die

---

[120] BGHZ 110, 47; BGH NJW 2007, 3425 – Lurgi; *Bayer/Lieder* GWR 2010, 3; kritisch Spindler/Stilz/
Katzenstein AktG § 27 Rn. 114ff.; aA zur Rechtslage vor ARUG MüKoAktG/*Pentz* AktG § 27
Rn. 107.
[121] MüKoAktG/*Pentz* AktG § 27 Rn. 103.
[122] MHdB GesR IV/*Hoffmann-Becking* § 3 Rn. 28; MüKoAktG/*Pentz* AktG § 41 Rn. 14.
[123] BGH ZIP 1984, 950.
[124] BGH NJW 2007, 589; *Hüffer/Koch* AktG § 41 Rn. 4.
[125] BGH NZG 2007, 20.
[126] BSG NZG 2007, 32.
[127] BGH NZG 2007, 20.

Eintragung aus anderen Gründen, wird die Vorgesellschaft analog § 726 BGB aufgelöst.[128] Die Abwicklungsmodalitäten richten sich aber nach § 265 Abs. 1 AktG (Vorstandszuständigkeit). Sie ist **werdende juristische Person** und kann als solche Trägerin von Rechten und Pflichten sein.[129] Sie ist **wechselrechtsfähig, grundbuchfähig** und **parteifähig.** Sie wird durch den Vorstand vertreten und kann auf diese Weise nicht nur gründungsnotwendige Geschäfte eingehen. All das gilt auch in dem Fall der Einpersonen-Gründung. Jedenfalls bei der Sachgründung mit Einbringung eines Unternehmens sowie sonst bei Einverständnis der Gründer ist auch die Vertretungsmacht des Vorstands schon im Gründungsstadium unbeschränkt. Richtig scheint sogar eine **allgemein unbeschränkte und unbeschränkbare Vertretungsmacht** nach §§ 78, 82 AktG,[130] die hM allerdings beschränkt bei Bargründungen, soweit nicht in der Gründungsurkunde anders geregelt, die Vertretungsmacht des Vorstandes auf solche Rechtsgeschäfte, die für die Herbeiführung der Handelsregistereintragung erforderlich sind.[131]

79   Ob im Aktienrecht im Zeitraum der **Vor-AG** das **Vorbelastungsverbot** gilt, das die Unversehrtheit des Grundkapitals bis zur Eintragung der AG im Handelsregister sicherstellen will und deshalb die Begründung von Verbindlichkeiten über diejenigen, die für die Eintragung erforderlich sind untersagt, hat der BGH – anders als zur GmbH – noch nicht abschließend geklärt.[132] Die hM in der Literatur[133] und die Tendenz in der Rechtsprechung[134] gehen aber für die AG davon aus, dass das Vorbelastungsverbot durch das aus **Unterbilanz- und Verlustdeckungshaftung der Gründer** bestehende Haftungskonzept ersetzt wurde.

80   Kommt es zur Eintragung der AG, haften die Gründer der AG auf eine bestehende **Unterbilanz** zum Eintragungszeitpunkt **(Unterbilanzhaftung).** Im Übrigen verbleibt es aber beim Konzept der Haftungsbeschränkung. Erfolgt letztlich keine Eintragung der Gesellschaft, ist dafür kein Raum. Die Gründer haften für die Verluste der Gesellschaft grundsätzlich wie Gesellschafter einer Personengesellschaft, also nach § 128 HGB analog persönlich und unbeschränkt. Die Tatsache, dass mit der Vor-AG bereits eine juristische Person sui generis besteht, bleibt jedoch nicht unberücksichtigt. Vielmehr ist die Haftung nur als **proratarische**[135] ausgestaltet, und zwar nur gegenüber der Vor-AG, also gerade nicht gegenüber den Gläubigern unmittelbar nach außen, sondern als reine Innenhaftung.[136] Von dem Grundsatz der Innenhaftung wird allerdings eine Ausnahme gemacht, wenn die Vor-AG vermögenslos ist, aber auch wenn sie nur einen Gläubiger besitzt. Dasselbe gilt bei Vorliegen einer **Einpersonengesellschaft,** da in Ermangelung einer Gesellschaftermehrheit personengesellschaftliche Grundsätzlich per definitionem ausscheiden. Mit **Aufgabe der Eintragungsabsicht** oder endgültigem Scheitern der Eintragung geht das Vermögen der Vor-AG ipso iure auf den Alleingesellschafter übergeht.[137] Der Zeitpunkt der Aufgabe der Eintragungsabsicht ist bei einer Einpersonengesellschaft noch schwieriger zu bestimmen als bei einer Mehrpersonengesellschaft, da es einem gemeinsamen und notwendig – jedenfalls konkludent – kommunizierten Willen auf Beendigung der Vor-AG fehlt. Es handelt sich vielmehr um ein reines Internum, weshalb es zur wirksamen Beendigung der Vor-AG und der Gesamtrechtsnachfolge (auf den Alleingesellschafter) eines nach außen tretenden Anknüpfungspunktes bedarf. Solange es an einem

---

[128] *Hüffer/Koch* AktG § 41 Rn. 13; iErg auch MüKoAktG/*Pentz* AktG § 41 Rn. 46.
[129] BGH NJW 1992, 1824.
[130] MüKoAktG/*Pentz* AktG § 41 Rn. 34.
[131] *Hüffer/Koch* AktG § 41 Rn. 11; Hölters/*Solveen* AktG § 41 Rn. 10.
[132] Seibert/Kiem/Schüppen/*Zimmermann,* Handbuch der kleinen AG, 5. Aufl. 2018, Rn. 166.
[133] *Hüffer/Koch* AktG § 41 Rn. 12; MHdB GesR IV/*Hoffmann-Becking* § 3 Rn. 33 ff.; *Wiedemann* ZIP 1997, 2029.
[134] LG Heidelberg ZIP 1997, 2045.
[135] Str., vgl. BAG NJW 1997, 1053 einerseits und andererseits BAG NJW 1998, 628.
[136] BGHZ 134, 333; BGH ZIP 1996, 590; bestätigt für die Vorgenossenschaft: BGH ZIP 2002, 353.
[137] OLG München RNotZ 2017, 680.

solchen Verhalten fehlt, das die Aufgabe der Eintragungsabsicht dem Rechtsverkehr kundtut, wird statt des Alleingesellschafters die Vor-AG berechtigt und verpflichtet.[138]

Im Rahmen der **Verlustdeckungshaftung** sehen sich die einzelnen Gründer der Vor- 81 AG zudem **keiner Ausfallhaftung** ausgesetzt, wie sie nach ganz hM bei der Haftung im Stadium der Vor-GmbH Anwendung findet.[139] Eine § 24 GmbHG vergleichbare Norm, die Grundlage einer Analogiebildung sein kann, kennt das AktG nicht.[140] Ob dies angesichts der mit der GmbH vergleichbaren personalistischen Struktur bei der kleinen AG in Zukunft durch die Rechtsprechung weiterhin so gesehen wird, erscheint fraglich.[141] Einigkeit besteht jedoch darüber, dass der Anspruch auf verhältnismäßigen Ausgleich der Unterbilanz in fünf Jahren nach Eintragung der AG im Handelsregister verjährt.

Bestand bereits bei der Beurkundung und damit bei Gründung/Errichtung der Vor-AG 82 **keine Eintragungsabsicht** (sog. unechte Vor-AG), gibt es **keinen Grund,** den Gründern eine **Haftungsbeschränkung** zu gewähren. Beabsichtigt war die Gründung einer Personengesellschaft, weshalb das entsprechende Haftungskonzept greift, dh eine unbeschränkte und unmittelbare persönliche Außenhaftung.[142] War der Wille der Gründer bei der Beurkundung dagegen zunächst auf eine Eintragung der AG gerichtet, greift die verschärfte Haftung nach dem Modell der Personengesellschaften erst mit Beendigung der Vor-AG ein, wenn also die Eintragung bestandskräftig abgelehnt oder die Gründungsabsicht aufgegeben wurde. Wird die Vor-AG auf diese Art, dh nicht durch Eintragung der AG beendet, ist sie **unverzüglich abzuwickeln.** Eine Fortsetzung der geschäftlichen Aktivitäten führt in jedem Fall zur Anwendung des **verschärften Haftungsmodells** einer Personengesellschaft. Die verschärfte Haftung greift dann sogar umfassend und nicht lediglich auf die Zeit nach Aufgabe oder Scheitern der Gründungsabsicht ein. Den Grund für den nachträglichen Wegfall des begünstigten Haftungskonzeptes sieht der BGH darin, dass nach außen kaum feststellbar ist, wann die Eintragungsabsicht aufgegeben wurde.[143] Der BGH[144] verlangt in diesen Fällen einen sofortigen **Stopp aller geschäftlichen Aktivitäten** und die **Liquidation der Vorgesellschaft.** Nur geringfügige Verzögerungen oder kurze Untätigkeit führen zur Anwendung des Haftungskonzeptes nach personengesellschaftsrechtlichen Grundsätzen. Die Unwissenheit einzelner Gründer von der Aufgabe der Eintragungsabsicht oder der Unmöglichkeit der Eintragung, ändert hieran nichts.[145]

Neben die **Haftung der Gründer** kann die **unbeschränkte Außenhaftung des** 83 **Vorstandes** treten. Die Mitglieder des Vorstandes – nicht die Gründer – können nach § 41 Abs. 1 AktG als Gesamtschuldner für das haften, wofür die Gesellschaft auch haftet. Voraussetzung ist, dass sie vor Eintragung der AG in deren Namen gehandelt haben. Die Haftung erlischt mit Eintragung im Handelsregister. Haben die Gründer ihr Einverständnis zum Handeln des Vorstands gegeben, kann er bei diesen **Regress** nehmen.[146] Allerdings trägt der Vorstand das Risiko, dass einer der Gründer ausfällt, soweit auch hier von

---

[138] OLG München RNotZ 2017, 680.
[139] Scholz/*K. Schmidt* GmbHG § 11 Rn. 79, 91; Baumbach/Hueck/*Fastrich* GmbHG § 11 Rn. 25; MHLS/*Michalski* GmbHG § 11 Rn. 24: „ist unklar".
[140] Sehr str., verneinend: LG Heidelberg ZIP 1997, 2045; OLG Karlsruhe ZIP 1998, 1961; Seibert/Kiem/Schüppen/*Zimmermann,* Handbuch der kleinen AG, 5. Aufl. 2008, Rn. 173; *Wiedemann* ZIP 1997, 2920; aA *Reiff* EWiR 1998, 51; MüKoAktG/*Pentz* AktG § 41 Rn. 116; *K. Schmidt* GesR § 27 II. 3. c; zur Situation der GmbH vgl. jetzt *Heckschen/Heidinger* § 3 Rn. 21 ff.
[141] *Heidinger* GmbHR 2003, 189 (195).
[142] OLG Stuttgart NZG 2001, 86.
[143] BGH NZG 2003, 79; aA für unbeschränkte, proratarische Innenhaftung noch die Vorinstanz: OLG Bremen ZIP 2000, 2201 (2203 ff.); zust. *Münnich* EWiR 2000, 1015 f.; abl. *Baumann/Müller* NZG 2001, 218 f.; *K. Schmidt* GmbHR 2001, 27; krit. zum BGH-Ansatz auch *Peetz* GmbHR 2003, 933.
[144] *Röhricht* bei der 2. Gesellschaftsrechtlichen Jahresarbeitstagung des DAI 2003 in Wiesbaden unter Berufung auf BGHZ 152, 290 = ZIP 2002, 2309 mAnm *Drygala* = GmbHR 2003, 97 mAnm *K. Schmidt; Robrecht* GmbHR 2003, 1121.
[145] OLG Koblenz OLGR 2001, 183 f.; FG Berlin GmbH-StB 2000, 269 (Ls.).
[146] OLG Karlsruhe ZIP 1998, 1961 (1964); LG Heidelberg ZIP 1997, 2045 (2048); *Hüffer/Koch* AktG § 41 Rn. 26.

einer Haftung der Gründer nach dem Verhältnis ihrer durch Aktienübernahme begründeten Einlagepflichten ausgegangen[147] und nicht die subsidiäre Haftung nach § 24 GmbHG befürwortet wird.

84   Soweit die Satzung der AG noch nicht festgestellt ist, kommt eine **Haftung nach § 179 Abs. 1 BGB** in Betracht. Im Sinne dieser Vorschrift ist derjenige Vertreter, der ohne rechtsgeschäftliche oder gesetzliche Vertretungsmacht im Namen eines Dritten tätig wird. Die Vorschrift ist entsprechend anzuwenden, wenn jemand im Namen einer nicht existenten (juristischen) Person Vereinbarungen trifft.[148]

3. Teil. Satzungsgestaltung und ausgewählte Probleme

85   Anders als bei der GmbH ist der **Satzungsinhalt** bei der AG im Wesentlichen vorbestimmt und es besteht materiell **wenig Gestaltungsspielraum**, § 23 Abs. 5 S. 1 AktG. Zunächst diktiert das Gesetz gewisse Mindestangaben. Zu beachten ist jedoch, dass der Gesetzgeber in den vergangenen Jahren den AGs gesetzliche Optionen eröffnet hat, die nur durch entsprechende Satzungsgestaltung ausgenutzt werden können.

---

86 | Checkliste: Bestehen von Gestaltungsfreiheiten
   | – § 10 Abs. 1 S. 2 AktG: Wahl zwischen Namens- oder Inhaberaktien, wenn die AG börsennotiert ist, oder der Anspruch auf Einzelverbriefung ausgeschlossen ist nach § 10 Abs. 1 S. 1 Nr. 2 AktG
   | – § 10 Abs. 5 AktG: Ausschluss des Anspruchs auf Einzelverbriefung
   | – § 58 Abs. 2 S. 1, S. 2, Abs. 3 S. 2 AktG: Höhe der Einstellung vom Jahresüberschuss in Gewinnrücklagen, Gewinnverwendung
   | – § 60 Abs. 3 AktG: Andere Art der Gewinnverteilung
   | – § 63 Abs. 1 S. 2 AktG: Bekanntmachung der Einzahlungsaufforderungen
   | – § 77 Abs. 1 S. 2, 78 Abs. 2, Abs. 3 AktG: Geschäftsführung/Vertretung der Gesellschaft
   | – Diverse Beschlussmehrheiten:
   | – § 52 Abs. 5 S. 3 AktG (bei Nachgründungen)
   | – § 179 Abs. 2 S. 2, S. 3 AktG (bei Satzungsänderungen)
   | – § 179a Abs. 1 S. 1 AktG iVm § 179 Abs. 2 S. 2, S. 3 AktG (bei Übertragung des gesamten Gesellschaftsvermögens)
   | – § 182 Abs. 1 S. 2, S. 3 AktG (bei Kapitalerhöhung gegen Einlagen)
   | – § 186 Abs. 3 S. 3 AktG (beim Bezugsrechtsausschluss)
   | – § 193 Abs. 1 S. 2 AktG (beim bedingten Kapital)
   | – § 202 Abs. 2 S. 3 AktG (beim genehmigten Kapital)
   | – § 221 Abs. 1 S. 3 AktG (bei Ausgabe von Wandel- und Gewinnschuldverschreibungen)
   | – § 222 Abs. 1 S. 2 AktG (bei Kapitalherabsetzungen)
   | – § 229 Abs. 3 AktG (bei vereinfachter Kapitalherabsetzung)
   | – § 237 Abs. 4 S. 3 AktG (bei Kapitalherabsetzung durch Einziehung)
   | – § 262 Abs. 1 Nr. 2 AktG (beim Auflösungsbeschluss)
   | – § 293 Abs. 1 S. 3, Abs. 2 S. 2 AktG (bei Zustimmung zum Unternehmensvertrag)
   | – § 319 Abs. 2 S. 3 AktG (bei Eingliederung)
   | – § 320 Abs. 1 S. 3 AktG iVm § 319 Abs. 2 S. 3 AktG (bei Eingliederung durch Mehrheitsbeschluss)

---

[147] BGH NJW 1997, 1507; LG Heidelberg AG 1998, 197 (198); kritisch insoweit *Hüffer/Koch* AktG § 41 Rn. 9b; *Jäger* NZG 1999, 573 (574); aA *Heidinger* GmbHR 2003, 189 (195).
[148] BAG ZIP 2006, 1672.

- § 95 S. 2 AktG: Zahl der Aufsichtsratsmitglieder
- § 103 Abs. 1 S. 3 AktG: Abberufung von Aufsichtsratsmitgliedern
- § 108 Abs. 2 S. 1, Abs. 4 AktG: Beschlussfähigkeit und Beschlussverfahren des Aufsichtsrats
- § 109 Abs. 3 AktG: Teilnahme an Sitzungen des Aufsichtsrates und Ausschüssen
- § 111 Abs. 4 S. 2 AktG: Zustimmung des Aufsichtsrats zu bestimmten Arten von Geschäften
- § 121 Abs. 4 AktG: Form der Einberufung der Hauptverhandlung
- § 121 Abs. 5 AktG: Ort der Hauptverhandlung
- § 122 Abs. 1 S. 2 AktG: Einberufung einer Hauptverhandlung durch ein Minderheitsverlangen
- § 123 Abs. 2, Abs. 3, Abs. 4 S. 3 AktG: Teilnahmerecht/Stimmrechtsausübung bei HVs
- § 133 AktG: Allgemeines Mehrheitserfordernis für Beschlussfassungen und Wahlen
- § 134 Abs. 1 S. 2–4, Abs. 2 S. 3, Abs. 3 S. 3, Abs. 4 AktG: Stimmkraftbeschränkung, Beginn des Stimmrechts sowie Form von Stimmrechtsvollmacht und Stimmrechtsausübung
- § 135 Abs. 5 S. 4 AktG: Nachweis des Stimmrechts
- § 140 Abs. 3 AktG: Bestimmung der Rechte von Vorzugsaktionären
- § 150 Abs. 2 AktG: Rücklagenbildung
- § 202 Abs. 2 S. 3 AktG: Ermächtigung bei genehmigtem Kapital, Arbeitnehmeraktien
- § 203 Abs. 3 S. 2 AktG: Ausgabe neuer Aktien
- § 300 Nr. 1 AktG: gesetzliche Rücklage bei Gewinnabführungsverträgen

A. Firma und Sitz der Gesellschaft

Seit In-Kraft-Treten des HRefG ist das **Entlehnungsgebot abgeschafft,** seitdem sind 87 also auch **Phantasiebezeichnungen** und **Personenfirmen** unproblematisch **zulässig,** vorausgesetzt, sie sind zur Kennzeichnung geeignet, besitzen Unterscheidungskraft und sind nicht geeignet, über die geschäftlichen Verhältnisse der Gesellschaft zu täuschen.[149] Die Oberlandesgerichte verfolgen seitdem eine liberale Linie in ihren Urteilen zur Firmierung.[150] Die Firma muss die Bezeichnung „Aktiengesellschaft" oder eine allgemein verständliche Abkürzung („AG") enthalten. Das **Abkürzungsverbot** in Satzung und Handelsregister ist infolge des HRefG **entfallen.** Grundsätzlich ist daher jede Firma eintragungsfähig, die **Unterscheidungskraft** besitzt, die Haftungsverhältnisse offenlegt und die Art der Gesellschaftsform erkennbar macht. Die Namenszeichnung der vertretungsberechtigten Personen braucht bei Firmenänderungen nicht wiederholt zu werden.[151]

> Praxishinweis:
> Insgesamt gesehen empfiehlt sich folgender **Prüfungskatalog:**
> - Ist die **Firmenbildung** nach § 4 AktG iVm § 18 Abs. 1 HGB **zulässig?**
> - Führt die Firmenbildung zur **Täuschung des Rechtsverkehrs** (§ 18 Abs. 2 HGB)?
> - **Unterscheidet** sich die Firma deutlich von anderen bereits in derselben Gemeinde bestehenden Firmen (§ 30 HGB); besteht **Verwechslungsgefahr** mit sonstigen Unternehmen (UWG, markenrechtlicher Schutz)?

---

[149] Vgl. eingehend zur möglichen Firmierung *Kiesel/Neises/Plewa/Poneleit/Rolfes/Wurster* DNotZ 2015, 740; *Clausnitzer* DNotZ 2010, 345; aber auch MHLS/*Mock* GmbHG § 4 Rn. 13 ff.; MüKoGmbHG/*Heinze* GmbHG § 4 Rn. 5 ff.

[150] OLG Düsseldorf NZG 2017, 350; OLG München NZG 2013, 108; OLG Jena NZG 2010, 1354; OLG Dresden NZG 2010, 1237.

[151] *Priester* DNotZ 1998, 691.

88   Hat das Registergericht Zweifel an der **Zulässigkeit der Firma,** wird die örtlich zuständige **Industrie- und Handelskammer** angehört (§ 23 S. 2 HRV). Daher sollte regelmäßig, aber zumindest in Zweifelsfällen schon vor der Gründung eine **Stellungnahme der IHK eingeholt** werden, die beim Registergericht bei der Anmeldung mit
vorgelegt wird. Die auftragsgemäße Einholung der IHK-Stellungnahme ist nach der Vorbemerkung 2.2.1.1. Abs. 1 S. 2 Nr. 1 GNotKG Vollzugstätigkeit (Anforderung einer Erklärung nach öffentlich-rechtlichen Vorschriften).[152]

Praxishinweis:

Außerdem ist es empfehlenswert, die Firma auch in **markenrechtlicher Hinsicht** zu
prüfen. Markenrecherchen können über folgende Online-Datenbanken durchgeführt
werden:
– http://register.dpma.de/DPMAregister/marke/uebersicht (Deutsches Patent- und Markenamt, München);
– http://oami.europa.eu/ohimportal/en (Amt der EU für die Eintragung von Marken
  und Geschmacksmustern, Alicante);
– http://www.wipo.int/madrid/en/monitor/ (World Intellectual Property Organization,
  Genf).

---

89   Durch das MoMiG wurde § 5 AktG neu gefasst und auch für die AG die **Unabhängigkeit des Satzungs- vom Verwaltungssitz** festgelegt. Als **Satzungssitz** kann nun
ohne Rücksicht auf den Ort der Verwaltung oder eines Betriebes **jeder Ort im Inland**
gewählt werden. Dies eröffnet der Gesellschaft die Möglichkeit, über den Satzungssitz das
zuständige Registergericht zu wählen, was insbesondere eine **einheitliche Zuständigkeit
für Konzerngesellschaften** ermöglicht. Der Satzungssitz hat darüber hinaus auch in anderen Zusammenhängen Bedeutung für die **örtliche Zuständigkeit von Gerichten,**
etwa den **allgemeinen Gerichtsstand** nach § 17 Abs. 1 S. 2 ZPO iVm § 5 AktG, den
**ausschließlichen Gerichtsstand für Anfechtungs- und Nichtigkeits- und Auflö-
sungsklagen** (§§ 246 Abs. 3 S. 1, 249 Abs. 1 S. 1, 251 Abs. 3, 254 Abs. 1 S. 2, 255
Abs. 3, 257 Abs. 2 S. 1, 275 Abs. 4 S. 1, 396 Abs. 1 S. 2 AktG) und das zuständige **Insolvenzgericht** nach § 3 Abs. 1 S. 2 InsO.[153] Die HV soll vorbehaltlich einer Satzungsregelung am Sitz stattfinden, § 121 Abs. 5 AktG. Inwieweit der Gesetzgeber durch die Neufassung des § 5 AktG auch die Möglichkeit eröffnet hat, den **Verwaltungssitz im
Ausland zu begründen** (oder dorthin zu verlegen), ist ebenso wie bei der GmbH
(→ § 22 Rn. 50) strittig.[154] Die hM[155] ist der Auffassung, dass die Regelung des MoMiG
in Verbindung mit der Gesetzesbegründung[156] festlege, dass der Verwaltungssitz auch im
Ausland liegen kann. Berücksichtigt man weiterhin, dass nach der Rechtsprechung des
EuGH in der Rechtssache „Polbud"[157] eine **Sitzverlegung ohne Verlegung des Verwaltungssitzes** von einem Staat der EU/EWR in einen anderen Staat auch dann möglich ist, wenn der Zielstaat keinen Verwaltungssitz im eigenen Hoheitsgebiet fordert, so
kann auch nach Deutschland gewechselt werden, ohne hier einen Verwaltungssitz zu installieren. Die Rechtsprechung des EuGH erlaubt also jetzt sich Rechtformen in ganz Europa auszusuchen, ohne in irgendeiner Weise im Zielstaat verwaltungs- oder unternehme-

---

[152] *Diehn* Notarkostenberechnungen Rn. 1162.
[153] Hölters/*Solveen* AktG § 5 Rn. 11.
[154] Zust. *Heckschen* MoMiG Rn. 355; *Leitzen* NZG 2009, 728; *Hüffer/Koch* AktG § 5 Rn. 3 mwN; abl. *Flesner* NZG 2006, 641.
[155] *Hüffer/Koch* AktG § 5 Rn. 1.
[156] Begründung RegE, BT-Drs. 16/6140, 29.
[157] EuGH NZG 2017, 1308 mAnm *Wachter* – „Polbud".

rische Tätigkeit zu entwickeln.[158] Es ist zu bezweifeln, dass die deutsche AG angesichts ihrer Regelungsdichte zu einer begehrten Rechtsform wird.

Ein **Doppelsitz,** dh eine Satzung bestimmt zwei Orte als Gesellschaftssitz, kann aus- 90 nahmsweise zulässig sein.[159] Ein solcher Ausnahmefall soll etwa im Fall der **Verschmelzung** vorliegen, wenn die zu verschmelzenden Gesellschaften jeweils an ihrem Sitz intensiv tätig sind, mit der jeweiligen Region stark verbunden und in gleichem Maße alteingesessen und am Markt eingeführt sind. Anhaltspunkte hierfür seien eine in etwa gleiche Größe der Unternehmen im Hinblick auf Umsatz und Mitarbeiterzahl sowie das Vorhaben, die Geschäftstätigkeit auch nach der Verschmelzung auf das Gebiet, in welchem die bisherigen Gesellschaften ihren Sitz hatten, zu beschränken.[160] Doppelsitze sind nicht grundsätzlich verboten, die Grenze bildet allein das **allgemeine Missbrauchsverbot.** Probleme des Registerrechts, des Minderheiten- und Gläubigerschutzes lassen sich durch eine analoge Anwendung des § 19 UmwG und die konsequente Anwendung des Schlechterstellungsprinzips lösen.

B. Gegenstand des Unternehmens

Es gelten die allgemeinen Grundsätze. Der **Unternehmensgegenstand** muss hinrei- 91 chend konkretisiert sein (unzulässig zB „Handel mit Waren aller Art"). Der Vorstand ist verpflichtet, den in der Satzung bestimmten Unternehmensgegenstand auch auszufüllen. Daraus folgt, dass eine nicht nur vorübergehende Aufgabe eines Tätigkeitsbereiches nur nach entsprechender Satzungsänderung zulässig ist.[161] Nicht immer ist jedoch klar erkennbar, ob eine **Unterschreitung des statutarischen Tätigkeitsbereiches** vorliegt. Eine **Mitwirkungspflicht der HV** ist auch dann gegeben, wenn die Veräußerung eines Unternehmensbereiches nicht zu einer Unterschreitung des Unternehmensgegenstandes führt, jedoch ein eigenständiger Geschäftszweig aufgegeben wird, der nach Struktur und Wert ein **Kernbereich des Unternehmens** ist.[162]

Darüber hinaus ist § 23 Abs. 3 Nr. 2 Hs. 2 AktG zu beachten. Die **zwingende Anga-** 92 **be des Unternehmensgegenstandes** in der Satzung hat exakt und individuell nach der Verkehrsübung des jeweiligen Geschäftszweiges zu erfolgen, um bei der Eintragung ins Handelsregister eine **hinreichende Nachprüfbarkeit durch das Registergericht,** die **Öffentlichkeit** oder die **Geschäftsführer** selbst zu gewährleisten. Die exakte **Ausformulierung des Unternehmensgegenstandes** hat aus verschiedenen Gründen große Bedeutung:
- Der Unternehmensgegenstand bestimmt unter den Gesellschaftern, in welchen **Tätigkeitsfeld** die Gesellschaft sich bewegen soll und darf und in welchem nicht. Ohne **Satzungsänderung** mit zumindest mit einer Mehrheit von 3/4 des vertretenen Grundkapitals kann gemäß § 179 Abs. 2 AktG dieser Gegenstand nicht geändert werden.
- Im Innenverhältnis begrenzt der Unternehmensgegenstand die **Geschäftsführungsbefugnis** des Vorstandes, § 82 Abs. 2 AktG. Ein Organ, das Geschäfte betreibt, die vom Unternehmenszweck nicht gedeckt sind, handelt pflichtwidrig[163] und macht sich ggf. schadenersatzpflichtig.
- Die Formulierung des Unternehmensgegenstandes, die auch in Spalte 2 Unterspalte c des elektronischen Handelsregisters eingetragen wird, hat **Außenwirkung** und gibt dem **Geschäftsverkehr** eine erste Information, in welchem Gebiet die Gesellschaft sich betätigt.

---

[158] EuGH NZG 2017, 1308 (1313f.) mAnm *Wachter* – „Polbud".
[159] BayObLG DB 1985, 1280; LG Essen ZIP 2001, 1632; vgl. dazu *Pluskat* WM 2004, 601.
[160] *Notthoff* WiB 1996, 773; weitergehend mit überzeugender Begründung *Katschinski* ZIP 1997, 620.
[161] OLG Köln RNotZ 2009, 548.
[162] *Lutter/Leinekugel* ZIP 1998, 225.
[163] BGH NZG 2013, 293; OLG Düsseldorf NZG 2010, 306.

– Bildet die Gesellschaft eine **Sachfirma,** so ist diese aus dem **Unternehmensgegenstand** abzuleiten.

93 Zu beachten ist, dass der Unternehmensgegenstand auch mittelbar über eine **Unternehmensbeteiligung** ausgeübt werden kann.[164]

94   Die Anforderungen hinsichtlich des Maßes der **Individualisierung des Unternehmensgegenstandes** werden zunehmend strenger gehandhabt. So wird vielfach gefordert, dass jedenfalls der **Schwerpunkt der Geschäftätigkeit** aus dem Gesellschaftsvertrag ersichtlich sein muss. Allerdings dürfen keine überzogenen Anforderungen gestellt werden, um die Möglichkeiten der Gesellschaft, flexibel auf Marktgegebenheiten zu reagieren, nicht über Gebühr einzuschränken.[165] Bei der Frage, ob der Unternehmensgegenstand hinreichend konkretisiert ist, sind bei einem mehrgliedrigen Unternehmensgegenstand die gesamten Angaben zum Unternehmensgegenstand mit zu berücksichtigen und nicht einzelne Bestandteile isoliert voneinander zu betrachten. In Zweifelsfällen empfiehlt es sich, das Registergericht schon bei der Festlegung des Unternehmensgegenstandes mit einzubinden. Nach Auffassung des OLG Düsseldorf[166] schließt auch die Vielfalt der unternehmerischen Tätigkeit eine **Individualisierung** nicht aus, wenn der Schwerpunkt der Tätigkeit für die beteiligten Wirtschaftskreise ohne weiteres erkennbar gemacht werden kann. Bloße **Leerformeln** wie „Handeln mit Waren" oder „Erledigung von Dienstleistungen" aber auch „Handel und Vertrieb von Verbrauchs- und Konsumgütern, soweit der Handel nicht einer besonderen Erlaubnis bedarf" sind unzureichend und können nicht ins Handelsregister eingetragen werden.[167] Hingegen ist die Bezeichnung „Verwaltung von Vermögen und die Beteiligung an anderen Unternehmen" gerade noch zulässig, sofern eine weitere Präzisierung nicht möglich erscheint.[168] An den hinreichend konkretisierten Geschäftsgegenstand dürfen Zusätze wie „und verwandte Geschäfte" angehängt werden, soweit diese lediglich einen Auffangtatbestand schaffen und erkennbar auf den Hauptgegenstand Bezug nehmen.[169]

95   Eine Besonderheit hinsichtlich des Unternehmensgegenstandes ergibt sich ferner bei den **Vorratsgesellschaften** (dazu → Rn. 38). Der Unternehmensgegenstand „Halten und Verwalten des Grundkapitals" ist als solcher anzugeben, da nur die sog. offene Vorratsgründung zulässig ist, bei der ausdrücklich klargestellt wird, dass die Gesellschaft erst zukünftig der Aufnahme eines Geschäftsbetriebes dient. Verdeckte Vorratsgründungen mit einem fiktiven Unternehmensgegenstand sind hingegen als Scheingeschäft gemäß § 117 BGB nichtig.[170]

96   Aus beratungstechnischer Sicht ist der Unternehmensgegenstand darauf zu überprüfen, ob diese Tätigkeit **behördlicher Genehmigungen** bedarf.[171] Das registerrechtliche Eintragungsverfahren ist grundsätzlich vom verwaltungsrechtlichen Genehmigungsverfahren abgekoppelt worden Beschränkungen des Unternehmensgegenstandes folgen ganz allgemein aus §§ 134, 138 BGB und zum Teil für freie Berufe aus standesrechtlichen Regelungen.[172] Eine AG kann als Rechtsanwaltsgesellschaft zugelassen werden. Der satzungsmäßige Unternehmensgegenstand muss in entsprechender Anwendung des § 59c Abs. 1 BRAO die Beratung und Vertretung in Rechtsangelegenheiten sein.[173] Einschränkungen, die das Registerverfahren insbesondere im Bank- und Finanzrecht zu berücksichtigen hat, ergeben sich zB aus KWG.[174]

---

[164] OLG Köln RNotZ 2009, 548.
[165] Vgl. ausf. *Blasche* DB 2011, 517.
[166] RNotZ 2011, 117.
[167] BayObLG NZG 2003, 482.
[168] OLG Düsseldorf RNotZ 2011, 117.
[169] *Hüffer/Koch* AktG § 23 Rn. 24.
[170] *Hüffer/Koch* AktG § 23 Rn. 25.
[171] Vgl. *Heckschen/Heidinger* § 2 Rn. 87 ff.
[172] Vgl. hierzu *Hüffer/Koch* AktG § 23 Rn. 23.
[173] Vgl. BGH NJW 2005, 1568 (1571); dazu auch *Passarge* NJW 2005, 1835 (1836).
[174] MAH AktR/*Voß* § 7 Rn. 19; Heckschen/Heidinger/*Heckschen* § 2 Rn. 79.

C. Grundkapital

Das Grundkapital muss gemäß § 7 AktG mindestens 50.000 EUR betragen. Bei Gesell- 97
schaften mit besonderem Gegenstand ist es zwingend höher:[175]
– Versicherungs- und Bausparkassenunternehmen (zB § 2 Abs. 1 Nr. 1 BausparkG iVm
  §§ 10, 33 Abs. 1 Nr. 1 KWG);
– Kapitalverwaltungsgesellschaften, § 25 Abs. 1 Nr. 1 lit. a und lit. b KAGB –
  300.000 EUR bei internen und 125.000 EUR bei externen Kapitalverwaltungsgesellschaften;
– Unternehmensbeteiligungsgesellschaften (mindestens 1 Mio. EUR, § 2 Abs. 4 UBGG);
– REIT-AGs (Real-Estate-Investment-Trust = Immobilien-AG mit börsennotierten Anteilen; mindestens 15 Mio. EUR, § 4 REITG).

Nach dem **Euro-Einführungsgesetz** verlangt § 6 AktG iVm §§ 1 ff. EGAktG, dass das 98
Grundkapital für nach dem 1.1.2002 gegründete AGs auf Euro lautet. Bei bestehenden
AGs ist eine Umstellung auf Euro nur dann erforderlich, wenn die AG Kapitalmaßnahmen beschließt (§ 1 Abs. 2 S. 3 Hs. 2 EGAktG). Das in Euro ausgedrückte Grundkapital
darf ohne weiteres auf ganze Cent gerundet werden, da es ein zu verbuchender Betrag
iSv Art. 5 VO (EG) Nr. 1103/97 ist.[176] Da die **Umstellung des Nennwertes** des
Grundkapitals auf den Euro lediglich ein Zwischenschritt zur Umstellung der Aktien-
nennbeträge ist, sind AGs, die von der im StückAG eingeräumten Möglichkeit Gebrauch
machen und zu nennwertlosen Aktien übergehen, nicht verpflichtet, den Nennbetrag ihres Grundkapitals auf Euro umzustellen; dies gilt auch für börsennotierte Gesellschaften.[177]
Bei der Umstellung handelt es sich um eine bloße Fassungsänderung der Satzung, zu der
der Aufsichtsrat ermächtigt werden kann.[178]

D. Art der Beteiligung; Aktien

I. Nennbetragsaktie

Nach § 8 Abs. 1 AktG existieren zwei unterschiedliche Arten von Aktien. **Nennbetrags-** 99
aktien lauten nach § 8 Abs. 2 AktG auf den Nennbetrag, dh auf den mit der jeweiligen
Aktie übernommenen Anteil am Grundkapital.

II. Stückaktie

Stückaktien verbriefen dagegen eine (gleiche) **quotale Berechtigung** am Grundkapital 100
in Abhängigkeit von der Anzahl der ausgegebenen Aktien und der Höhe des Grundkapitals, § 8 Abs. 3, Abs. 4 AktG. Folglich ist nach § 23 Abs. 2 Nr. 2 AktG bei Nennbetragsaktien der jeweilige Nennbetrag und bei Stückaktien die Zahl der ausgegebenen Aktien
in der Gründungsurkunde anzugeben. Im Übrigen sind Ausgabebetrag und, wenn mehrere Gattungen bestehen, die Gattung der Aktien, die jeder Gründer übernimmt, anzugeben.

Der auf einzelne Stückaktien entfallende anteilige Betrag am Grundkapital, § 8 Abs. 3 101
S. 3 AktG, muss nicht bezeichnet werden.[179] Es ist ausreichend, die **Summe der Nenn-**
beträge (bei Stückaktien die Aktienzahl) und **Summe der Ausgabebeträge** für **jeden**
einzelnen Gründer anzugeben. Es wird jedoch teilweise empfohlen zur Einhaltung des
Verbots der Unterpariemission, § 9 Abs. 1 AktG, und der Beachtung der Grenze des

---

[175] Vgl. Spindler/Stilz/*Drescher* AktG § 7 Rn. 2.
[176] Zu diesbezüglichen Beschlussvorschlägen vgl. *Schröer* ZIP 1998, 529.
[177] Vgl. *Schröer* ZIP 1998, 306.
[178] Vgl. *Ihrig/Streit* NZG 1998, 201. Vgl. zur Umstellung auf den Euro insgesamt auch *Kopp* BB 1998, 701
mit Formulierungsvorschlägen für die zu fassenden Beschlüsse sowie *Steffan/Schmidt* DB 1998, 559; *Heidinger* DNotZ 2000, 661.
[179] Hölters/*Solveen* AktG § 23 Rn. 17.

§ 8 Abs. 3 S. 3 AktG. Der Ausgabebetrag muss bei Nennbetrags- und auch bei Stückaktien angegeben werden, selbst wenn kein Aufgeld vereinbart wurde.[180]

102   Es können allerdings weitere Angaben erforderlich werden, wenn zB **Aktien mit unterschiedlichen Nenn- und/oder Ausgabebeträgen** ausgegeben werden und verschiedener Gattungen durch einen Gründer gezeichnet werden.[181] In einem solchen Fall muss angegeben werden, wie viele Aktien unterschiedlicher Art jeder Gründer übernimmt.[182]

III. Namens- und/oder Inhaberaktien

103   Werden **Namens- und Inhaberaktien** ausgegeben, muss aufgeführt werden, welcher Gründer welche Aktie in welcher Anzahl zeichnet.[183]

104   Die Aktien einer AG lauten gemäß § 10 Abs. 1 S. 1 AktG im Regelfall auf den **Namen.** Sie können gemäß § 10 Abs. 1 S. 2 AktG auch auf den **Inhaber** lauten, wenn die Gesellschaft börsennotiert ist oder der **Anspruch auf Einzelverbriefung** ausgeschlossen ist und die **Sammelurkunde** hinterlegt wird. Zu dieser Möglichkeit muss die Satzung Angaben machen, § 23 Abs. 3 Nr. 5 AktG.[184] Im Gegensatz zu Stück- und Nennbetragsaktien können diese Aktien auch nebeneinander bestehen. Soweit der Ausgabebetrag auf die Aktien noch nicht vollständig geleistet wurde, sind allerdings zwingend Namensaktien auszugeben, § 10 Abs. 1 S. 3 AktG. Der Grund dafür liegt darin begründet, dass die Gesellschaft die Schuldner problemlos erkennen können soll.

105   **Inhaberaktien** sind Inhaberpapiere. Für sie gelten die **wertpapierrechtlichen Grundsätze** der §§ 793 ff. BGB entsprechend. Das bedeutet, dass das Recht aus dem Papier (mitgliedschaftliche Stellung) dem Recht an dem Papier (Eigentümerstellung) folgt.

106   Demgegenüber lauten **Namensaktien** auf den Namen ihres Inhabers. Es handelt sich um ein **geborenes Orderpapier,** für das ebenfalls die entsprechenden wertpapierrechtlichen Vorschriften gelten. Die AG kann einen Umschreibungsstopp für Namensaktien vorsehen. Gilt der **Umschreibungsstopp** nur für den Zeitraum zwischen Ablauf der Anmeldefrist und HV, ist die Hauptversammlungseinladung weder wegen der Bestimmung eines Umschreibungsstopps noch wegen der Aufforderung zur zeitnahen Stellung eines Umschreibungsantrags nichtig oder anfechtbar. Das Interesse der AG an einer ordnungsgemäßen Hauptversammlungsvorbereitung hat Vorrang vor dem Interesse eines Erwerbers an einer zügigen Eintragung im Aktienregister.[185]

IV. Aufgeld; Agio

107   Aktien dürfen gemäß § 9 Abs. 1 AktG nicht unter ihrem Nennbetrag (bei Stückaktien rechnerischer Nennbetrag) ausgegeben werden. Dieser Betrag stellt insoweit den **geringsten Ausgabebetrag** dar. Im Gegensatz dazu darf ein höherer Betrag als Gegenleistung für die Ausgabe der Aktien verlangt werden.

108   Von Bedeutung ist dieser höhere Ausgabebetrag im Hinblick auf die Pflicht zur Leistung der Einlage. **§ 36a Abs. 1 AktG** schreibt vor, dass der Mehrbetrag voll geleistet wird. Dies gilt sowohl bei der **Gründung der Gesellschaft** als auch bei einer **Kapitalerhöhung.** Die **Höhe des Aufgeldes** muss nicht für alle Aktien gleich hoch sein. Unterschiedliche Höhe von Aufgeld kommen in der Praxis vor, wenn mehrere Personen als Gründer bei der Gründung einer AG mitgewirkt haben, der Wert ihrer Mitwirkung bei der Gründung aber unterschiedlich eingeschätzt wird. Soweit Aktien gegen einen hö-

---

[180] Hölters/*Solveen* AktG § 23 Rn. 17.

[181] *Hüffer/Koch* AktG § 23 Rn. 18.

[182] *Hüffer/Koch* AktG § 23 Rn. 18; MüKoAktG/*Pentz* AktG § 23 Rn. 59; Hölters/*Solveen* AktG § 23 Rn. 17.

[183] *Hüffer/Koch* AktG § 23 Rn. 18; MüKoAktG/*Pentz* AktG § 23 Rn. 61.

[184] *Hüffer/Koch* AktG § 23 Rn. 30.

[185] BGH NZG 2009, 1270; *Goette* GWR 2009, 459.

heren Betrag als ihren (rechnerischen) Nennwert ausgegeben werden, **muss** die **Satzung** die **Höhe des Agios angeben,** § 23 Abs. 2 Nr. 2 AktG.[186]

Ob bloße **schuldrechtliche Zuzahlungspflichten** bzw. **Finanzierungsvereinba-** 109 **rungen** („Investors agreement" oder „schuldrechtliches Agio"), bei denen eine sofortige vollständige Leistungspflicht nicht gilt, anstelle eines Agios auch bei der Gründung vereinbart werden können, ist unklar, dürfte aber ähnlich wie bei der Kapitalerhöhung zu bejahen sein.[187] Egal ob ein Übernehmer auf die schuldrechtliche Vereinbarung eines „Investors agreement" leistet oder nicht wird er vollberechtigter stimmberechtigter Aktionär, wenn er den auf die Aktie festgelegten Ausgabebetrag zahlt.

V. Vinkulierte Namensaktien (§ 68 Abs. 2 AktG)

Wie die Gesellschafter einer GmbH können die Aktionäre das Interesse haben die Zu- 109a sammensetzung des Aktionärskreises zu kontrollieren und dadurch unerwünschte **Über-fremdungen** der Gesellschaft möglichst zu verhindern. Das AktG erkennt dieses Interesse an und ermöglicht die Vinkulierung von Namensaktien. Gemäß § 68 Abs. 2 S. 1 AktG kann die Satzung die Veräußerung von Namensaktien an die Zustimmung der Gesellschaft binden. Während § 15 Abs. 5 GmbHG den Gesellschaftern bei der Gestaltung von Vinkulierungsklauseln weitestgehende Freiheit gewährt (→ § 22 Rn. 89 ff.), müssen bei der Gestaltung der AG-Satzung die engen durch § 68 Abs. 2 AktG gesteckten Grenzen beachtet werden (Grundsatz der Satzungsstrenge, § 23 Abs. 5 AktG). So kann der Veräußerungsvorbehalt nur in der Zustimmung der Gesellschaft bestehen und auch der Kreis der die **Zustimmung erteilenden Personen** ist in § 68 Abs. 2 S. 2 und S. 3 AktG mit **Vorstand, Aufsichtsrat** und **Hauptversammlung** abschließend festgelegt. Auch kann die Satzung nach hM **nicht festlegen,** dass in bestimmten Fällen die Zustimmung **versagt werden muss.**[188] Sie kann lediglich **Gründe bestimmen,** bei deren Vorliegen die Zustimmung **versagt werden darf,** § 68 Abs. 2 S. 3 AktG. Die Vinkulierung wirkt grundsätzlich nur **dinglich**[189] und führt bei Nichtbeachtung zur Unwirksamkeit der Verfügung. Das schuldrechtliche Grundgeschäft der Verfügung bleibt dagegen unberührt.[190] Nach ganz hM erfasst die Veräußerungsbeschränkung aber auch **Treuhandverträge.**[191] Darüber hinaus ist der Schutz durch Vinkulierung jedoch äußerst lückenhaft. So wirkt sie zB grundsätzlich[192] nicht gegenüber §§ 20 Abs. 1 Nr. 1, 131 Abs. 1 Nr. 1 UmwG.[193] Vinkulierungsklauseln müssen daher stets von statutarischen Begleitregelungen, insbesondere Einziehungsklauseln, flankiert werden.

Nach einem jüngeren Urteil des LG München I[194] darf die Satzung **keine kumulative** 109b **Zustimmung durch HV und Vorstand** für Vinkulierungen von Namensaktien in der Satzung enthalten. Ein Beschluss der HV über die Zustimmung zu einer entsprechenden Satzungsänderung sei gemäß § 241 Nr. 3 AktG nichtig. Der Inhalt verstoße gegen die Grundprinzipien des Aktienrechts. Grundsätzlich seien Aktien nämlich frei übertragbar. § 68 Abs. 2 AktG lasse nur das **Zustimmungserfordernis eines Organs** zu und § 180 Abs. 2 AktG sehe vor, dass bei einem Beschluss über eine solche Satzungsänderung alle Aktionäre zustimmen müssen, was vorliegend nicht der Fall war.

---

[186] WürzNotar-HdB/*Reul* Teil 5 Kap. 4 Rn. 190 ff.
[187] *Hüffer/Koch* AktG § 54 Rn. 8; WürzNotar-HdB/*Reul* Teil 5 Kap. 4 Rn. 194.
[188] MüKoAktG/*Bayer* AktG § 68 Rn. 62; *Hüffer/Koch* AktG § 68 Rn. 14; Spindler/Stilz/*Cahn* AktG § 68 Rn. 53; *H.P. Westermann* FS Huber 2006, 997 (999 f.); aA KK-AktG/*Lutter/Drygala* AktG § 68 Rn. 70.
[189] HM, MüKoAktG/*Bayer* AktG § 68 Rn. 38 mwN.
[190] Spindler/Stilz/*Cahn* AktG § 68 Rn. 31; MüKoAktG/*Bayer* AktG § 68 Rn. 38.
[191] MüKoAktG/*Bayer* AktG § 68 Rn. 116 ff.
[192] Beachte bei Umwandlungsmaßnahmen aber § 13 Abs. 2 UmwG (iVm §§ 125, 177, 178 UmwG) und § 193 Abs. 2 UmwG, wenn die Übertragung von Anteilen von der Genehmigung einzelner Anteilsinhaber abhängig ist.
[193] Ausf. dazu *Heckschen/Weitbrecht* NZG 2019, 721 ff.
[194] LG München I ZIP 2017, 1326.

VI. Tracking stocks; Spartenaktien

110 Auf der Suche nach attraktiven Finanzierungsmodellen kann dem Notar im Rahmen der Frage der Gewinnverwendung auch der Wunsch nach der Umsetzung eines *tracking stocks-Modells* begegnen.[195] Grundsätzlich schüttet eine AG „nur" ihren **Jahresüberschuss** nach §§ 58, 60 AktG aus. Um weitere Anleger und somit Kapital zu gewinnen, kann es im Interesse der Gesellschaft liegen, dass für neue Anteilseigner nur der Überschuss eines interessanteren, weil **gewinnbringenden Geschäftsfeldes** berücksichtigt wird.[196]

111 *Tracking stocks* gewähren wie Aktien **unmittelbare Beteiligungs-** und damit **Mitgliedschaftsrechte.** Der Berechtigte wird Aktionär. Seine vermögensmäßigen Rechte beziehen sich aber nur auf einen bestimmten Geschäftsbereich *(stock unit).* Je nach *stock unit* unterscheidet man zwei Arten. Sog. *subsidiary tracking stocks* beziehen sich auf Tochtergesellschaften des Emittenten.[197] Bei den deutlich häufiger vorkommenden *divisional tracking stocks* findet eine derartige gesellschaftsrechtliche Aufspaltung nicht statt.[198] Die *tracked unit* besteht vielmehr aus einer fest definierten (rechtlich unselbständigen) Gruppe wirtschaftlich verbundener Aktiva der Emittentin.

112 Diese **Art der Gewinnbeteiligung** ist insbesondere bei größeren Unternehmen anzutreffen, die ihre Mitarbeiter durch eine virtuelle Beteiligungen motivieren möchten und eine solche **Motivationsförderung** am ehesten wirkt, je mehr Einfluss der beteiligte Mitarbeiter auf die Wertentwicklung in seinem Bereich ausüben kann. Ebenso entfällt für den Mitarbeiter die Gefahr, dass es aufgrund einer schlechteren Entwicklung in anderen Sparten des Unternehmens zu einer Verwässerung der Wertsteigerung seiner eigenen Sparte kommt.[199] Teilweise muss der Mitarbeiter für diese **virtuellen Anteile** einen „Kaufpreis" zahlen, der zB in einem Teil seines festen oder variablen Gehalts bestehen kann. Damit bekommen diese virtuellen Anteile den Charakter eines partiarischen Darlehens.[200]

113 *Tracking stock-Abreden* über eine Beteiligung am Gewinn sind **nicht** als **Teilgewinnabführungsverträge** iSv § 292 Abs. 1 Nr. 2 AktG einzustufen. Sie müssen der HV nicht zur Zustimmung vorgelegt, § 293 Abs. 1 S. 1 AktG, und **nicht im Handelsregister eingetragen** werden, § 294 AktG. § 292 Abs. 2 AktG regelt, dass Verträge über Gewinnbeteiligungen mit Mitgliedern von Vorstand und Aufsichtsrat oder mit einzelnen Arbeitnehmern der Gesellschaft sowie eine Abrede über eine Gewinnbeteiligung im Rahmen von Verträgen des laufenden Geschäftsverkehrs oder Lizenzverträgen keine Teilgewinnabführungsverträge sind. Dies bedeutet, dass Mitarbeiter und Managerbeteiligungen bei individueller Beteiligungsabrede regelmäßig keine Teilgewinnabführungsverträge sind. **Betriebsvereinbarungen** zugunsten der gesamten Belegschaft oder nach generellen Kriterien umschriebenen Belegschaftsgruppen werden von diesem Befreiungstatbestand nicht erfasst.[201] **Virtueller Beteiligungen** müssen sorgsam gestaltet werden, damit sie nicht in den Anwendungsbereich von Teilgewinnabführungsverträgen fallen.[202]

---

[195] BeckHdB AG/*Berberich/Haaf* § 11 Rn. 143 ff.; WürzNotar-HdB/*Reul* Teil 5 Kap. 4 Rn. 227 f.
[196] Zur Zulässigkeit solcher Modelle *Brauer* AG 1993, 324; *Müller* WiB 1997, 57; *Sieger/Hasselbach* BB 1999, 1277; *Fuchs* ZGR 2003, 167; *Tonner* IStR 2002, 317; *Cichy/Heins* AG 2010, 181.
[197] *Böhm* BWNotZ 2002, 73 ff.
[198] *Heckschen/Glombik* GmbHR 2013, 1009 (1011).
[199] *Hoppe* NZG 2018, 811 (812); *Stenzel* DStR 2018, 139 (142).
[200] *Stenzel* DStR 2018, 139 (142).
[201] *Hüffer/Koch* AktG § 292 Rn. 27.
[202] *Stenzel* DStR 2018, 139 (142).

E. Satzungsregelung zum Vorstand

I. Zahl der Vorstandsmitglieder

Der Vorstand kann aus einer oder mehreren Personen bestehen, § 76 Abs. 2 S. 1 AktG. **114**
Die Satzung hat die **Zahl der Vorstandsmitglieder** oder der Grundsatz, nach dem diese
Zahl festgelegt wird, zu bestimmen, § 23 Abs. 3 Nr. 6 AktG (dazu → Rn. 161 f.). Hat die
AG ein Grundkapital von mehr als drei Millionen Euro, so sieht das Gesetz mindestens
zwei Vorstandsmitglieder vor, sofern die Satzung nicht etwas anderes bestimmt.[203] Es gibt
keine Höchstzahl an Vorstandsmitgliedern. Diese ergibt sich nur aus den Grenzen
praktikabler Zusammenarbeit.[204]

Der Vorstand muss in der Satzung und im Rechtsverkehr als solches bezeichnet wer- **115**
den. **Nicht zulässig** sind Bezeichnungen wie **„Verwaltungsrat", „Präsidium"** oder
„board of directors".[205] Anders ist dies unternehmensintern. Hier können abweichende
Bezeichnungen verwendet werden.[206]

II. Vertretung der Gesellschaft

Die Vertretung der Gesellschaft durch den Vorstand ist in § 78 Abs. 2 und Abs. 3 AktG **116**
geregelt. Der **Grundsatz der gemeinschaftlichen Vertretung** ist dispositiv, §§ 77
Abs. 1 S. 2, 78 Abs. 2 AktG. Daher sollte bei der Vertretungsregelung auf die Möglichkeit
einer **unechten Gesamtvertretung** hingewirkt werden (Vertretung durch Vorstand gemeinsam mit einem Prokuristen). Die Frage einer Beschränkung der Vertretungsmacht des
Vorstandes bzw. seiner Mitglieder gegenüber Dritten bei der Vornahme von Insichgeschäften ist nicht in der 1. Gesellschaftsrechtlichen Richtlinie der EWG[207] angesprochen
und daher vom nationalen Gesetzgeber zu regeln,[208] so dass § 181 BGB hier Anwendung
findet. Eine Befreiung des Vorstandes oder einzelner seiner Mitglieder von den Beschränkungen des § 181 BGB ist nur hinsichtlich der sog. **Mehrfachvertretung** (§ 181 Alt. 2
BGB), nicht aber hinsichtlich des Selbstkontrahierens (§ 181 Alt. 1 BGB) möglich. Zur
ordnungsgemäßen Vertretung ausführlich → Rn. 171 ff.

Die Satzung kann **Einzelvertretungsbefugnis** nur eines bestimmten (zB Vorsitzender **117**
des Vorstands), jedes oder auf Grundlage eines Beschlusses des Aufsichtsrates (bzw. eines
bestimmten Ausschusses, § 107 Abs. 3 AktG)[209] bestimmten Vorstandsmitglieds vorsehen
(§ 78 Abs. 3 AktG). Anders als der Gesellschafterversammlung einer GmbH kann der HV
der AG keine Beschlusskompetenz über die Erteilung der Alleinvertretungsbefugnis erteilt
werden.[210] In der Praxis wird **Einzelvertretungsbefugnis** nur selten erteilt. Häufig ordnet die Satzung eine modifizierte (gemeinsam mit einem oder mehreren, aber nicht allen
Vorstandsmitgliedern) bzw. halbseitige (ein Vorstandsmitglied mit Alleinvertretungsmacht,
die übrigen nur gemeinschaftlich) und/oder unechte Gesamtvertretung (gemeinsam mit
einem Prokuristen) an. Der Wegfall oder die Verhinderung eines Vorstandsmitglieds wirkt
sich in diesen Fällen selbst dann nicht aus, wenn die Satzung eine bestimmte Anzahl von
Vorstandsmitgliedern festgelegt hat und diese Zahl unterschritten wird.[211] Bei der **unechten Gesamtvertretung** besteht die Besonderheit, dass durch ihre Anordnung nicht die
alleinige Vertretungsberechtigung des Vorstandes (§ 76 Abs. 1 S. 1 AktG) beeinträchtigt
wird, dh die wirksame Vertretungsbefugnis weder des Alleinvorstandes noch des Gesamt-

---

[203] *Hüffer/Koch* AktG § 76 Rn. 55.
[204] GK-AktG/*Kort* AktG § 76 Rn. 239.
[205] MüKoAktG/*Spindler* AktG § 76 Rn. 8.
[206] *Hüffer/Koch* AktG § 76 Rn. 6.
[207] 68/151/EGG v. 9. 3. 1968.
[208] EuGH WM 1998, 865.
[209] MüKoAktG/*Habersack* AktG § 107 Rn. 93 sowie MüKoAktG/*Spindler* AktG § 78 Rn. 57.
[210] MüKoAktG/*Spindler* AktG § 78 Rn. 56.
[211] MüKoAktG/*Spindler* AktG § 78 Rn. 43.

vorstandes an die Mitwirkung eines Prokuristen gebunden werden kann.[212] Handelt also das alleinige Vorstandsmitglied oder handeln alle Vorstandsmitglieder, ist die Vertretung jeweils wirksam, auch wenn der Prokurist nicht mitgewirkt hat.

118   Die **Satzung einer Rechtsanwalts-AG** muss an die Anforderungen des § 59f Abs. 1 BRAO analog angepasst werden. Danach müssen die Mitglieder des Vorstands mehrheitlich Rechtsanwälte sein.[213] Zweckmäßig sind folgende weitere Regelungen:
– Bestimmungen zur Geschäftsordnung für den Vorstand (Zuständigkeit),
– Erlaubnis zum Beteiligungserwerb.

F. Satzungsregelung zum Aufsichtsrat

I. Zahl der Aufsichtsratsmitglieder

119   In der Satzung wird die **Anzahl der Aufsichtsräte** festgeschrieben. Der Aufsichtsrat muss nach § 95 S. 1 AktG aus mindestens drei Mitgliedern bestehen. Die Satzung kann eine bestimmte höhere Zahl festsetzen. Die Zahl muss nur noch durch drei teilbar sein, wenn dies zur **Erfüllung mitbestimmungsrechtlicher Vorgaben** erforderlich ist. Die Höchstzahl der Aufsichtsratsmitglieder beträgt bei Gesellschaften mit einem Grundkapital

– bis zu   1.500.000 EUR neun,
– von mehr als   1.500.000 EUR fünfzehn,
– von mehr als   10.000.000 EUR einundzwanzig.

120   Der Gesetzgeber hat somit die Option eröffnet, eine Zahl von Aufsichtsratsmitgliedern festzulegen, die nicht durch drei teilbar ist. Um die **Beschlussfähigkeit des Aufsichtsrats** zu sichern, empfiehlt sich eine Zahl von sechs Mitgliedern, da so die nur teilweise satzungsdispositiven Anforderungen aus § 108 Abs. 2 S. 2, S. 3 AktG auch bei Teilnahme von nur drei Mitgliedern gewahrt sind.[214] Die genaue Zusammensetzung bestimmt sich dann nach § 96 AktG. Es ist allerdings auf die nun umzusetzende **Frauenquote** aus § 96 Abs. 2 AktG für börsennotierte AGs hinzuweisen (→ Rn. 168).[215]

II. Weitere Regelungen

121   Es werden in der Satzung häufig weitere Regelungen zum Aufsichtsrat getroffen, so zur **Amtszeit**, **Vergütung**, **Versicherung** und **Vorsitz** und **Stellvertretung**.

Praxishinweis:

Weitere sinnvolle Regelungen in der Satzung zum Aufsichtsrat behandeln folgende Fragenkomplexe:
– Wahl des Vorsitzenden und Stellvertreters,
– Regelungen zur Beschlussfähigkeit und zur Art der Beschlussfassung,
– Teilnahmerecht Dritter,
– Ersatzwahl,
– Entsendungsrecht,
– Anforderungen an Mitglieder (persönliche Eignung),
– Ausschüsse (große praktische Bedeutung, vor allem Personalausschuss, Kreditausschuss, Bilanzausschuss).

---

[212] Spindler/Stilz/*Fleischer* AktG § 78 Rn. 38; *Hüffer/Koch* AktG § 78 Rn. 16.
[213] Vgl. BGH NJW 2005, 1568 (1571); krit. dazu *Passarge* NJW 2005, 1835 (1837).
[214] Zum Ganzen: *Deilmann* BB 2012, 2191.
[215] *Steiner/Kraack* ZIP 2018, 49; *Mense/Klie* GWR 2016, 111.

Möglich ist die satzungsmäßige Verankerung der Wahl von Ersatzmitgliedern, unzuläs- 122
sig ist die Wahl eines Stellvertreters (§ 101 Abs. 3 AktG). Sinnvoll ist es, dem Aufsichtsrat
das Recht einzuräumen, bloße **Fassungsänderungen** der Satzung zu beschließen.

Formulierungsbeispiel: Fassungsänderungen bei Satzung 123

Änderungen der Satzung, die nur die Fassung betreffen, darf der Aufsichtsrat beschlie- ◑
ßen.

III. Zustimmungskatalog durch Aufsichtsrat

Nach § 111 Abs. 4 S. 2 AktG hat die Satzung eine Regelung zu enthalten, in der festge- 124
legt ist, dass bestimmte Arten von Geschäften nur mit **Zustimmung des Aufsichtsrates**
vorgenommen werden dürfen.[216] Dies bedeutet nach einem jüngst ergangenen Urteil des
BGH,[217] dass die Zustimmung, vorbehaltlich der Übertragung der Zustimmungsentschei-
dung auf einen **Ausschuss,** nur durch ausdrücklichen Beschluss des Aufsichtsrats erteilt
werden und nicht durch eine Entscheidung des Aufsichtsratsvorsitzenden ersetzt werden
kann. Die Vorschrift stärkt die **Kontrollfunktion des Aufsichtsrates** gegenüber dem
Vorstand. Als Blockademittel soll die Vorschrift dagegen nicht fungieren. Zwar wird der
Vorstand in seinen Kompetenzen eingeschränkt, auf der anderen Seite erhält der Vorstand
durch das Feedback des Aufsichtsrates einen Blick auf die Problematik aus einer anderen
Perspektive.[218] So können die Zustimmungsvorbehalte eine vertrauensvolle Zusammenarbeit herbeiführen, die an die Zusammenarbeit der Mitglieder eines Boards (nach deutschem Terminus Verwaltungsrat) als einem **Kollegialorgan** erinnert.

Praxishinweis:
Der Notar wird die Gesellschaft auf die möglichen Alternativen zu der gesetzlichen
Grundvorstellung hinweisen und sollte (zumindest bei AGs mit großem Streubesitz) zu
einer der drei folgenden Alternativen raten.

Die Regelung über die **Zustimmungsgeschäfte** kann auch in der **Geschäftsord-** 125
nung des Aufsichtsrates, in einer durch den Aufsichtsrat beschlossenen **Geschäftsord-**
nung des Vorstandes[219] oder durch einen gesonderten Beschluss des Aufsichtsrates im-
plementiert werden. Die gewählte Möglichkeit sollte sich in der Satzung wiederfinden,
damit die Wahrnehmung der Pflicht des Aufsichtsrates aus § 111 Abs. 4 S. 2 AktG deutlich und die Art der Umsetzung dargestellt wird. Von welcher Möglichkeit Gebrauch gemacht wird, hängt entscheidend von der Größe der Gesellschaft bzw. des Aktionärskreises
ab.
Es besteht ferner die Möglichkeit, die Regelungen zu kombinieren. So kann in der 126
Satzung bereits ein fester **Kern zustimmungspflichtiger** Geschäfte festgelegt werden.
Für andere Geschäfte, die nicht so „unantastbar" für die Gesellschaft erscheinen, kann
eine der drei einfacheren Möglichkeiten vorgesehen werden.

Formulierungsbeispiel: Errichtung der Vorstandsgeschäftsordnung durch 127
Aufsichtsrat bei börsennotierter AG ◑

Der Aufsichtsrat gibt dem Vorstand in den Grenzen zwingender gesetzlicher Vorschriften und den Regelungen dieser Satzung eine Geschäftsordnung. In der Geschäftsord-

---

[216] Vgl. dazu mit Formulierungsbeispielen Hirte/*Heckschen* Kap. 3 Rn. 45 ff. sowie *Mayer* MittBayNot 2003,
96.
[217] BGH NZG 2018, 1189 = EWiR 2018, 645 *(Priester)*; ausf. hierzu *Weißhaupt* ZIP 2019, 202.
[218] So auch *Lieder* DB 2005, 2251.
[219] *Lieder* DB 2005, 2251 (2252).

> nung hat der Aufsichtsrat Arten von Geschäften zu bestimmen, die der Zustimmung des
> Aufsichtsrates bedürfen. Zu diesen Geschäften zählen insbesondere
> – Geschäfte, die die Vermögens- und Finanz- oder Ertragslage der Gesellschaft grund-
>   legend verändern;
> – die Gründung, Auflösung, Erwerb oder Veräußerung von Unternehmensteilen, die
>   eine vom Aufsichtsrat in der Geschäftsordnung näher zu bestimmende Wertgrenze
>   überschreiten.

128   Die Erteilung einer **widerruflichen Zustimmung im Voraus** durch den Aufsichtsrat
ist zulässig. Die Zustimmung kann für einen bestimmten Kreis von Geschäften bzw. mit
der Maßgabe, dass das einzelne Geschäft bestimmte Vorgaben erfüllt, erteilt werden.

129   Dem Notar kommt die Aufgabe zu, einen **auf die Gesellschaft zugeschnittenen
Katalog** zu erarbeiten. Der DCGK empfiehlt unter Punkt 3.3, dass die Satzung für
grundlegende Geschäfte einen Zustimmungsvorbehalt zugunsten des Aufsichtsrates gegenüber dem Vorstand enthalten soll.[220] Dazu sollen Maßnahmen gehören, die grundlegend
die **Finanz- oder Ertragslage** des Unternehmens verändern. Detaillierte Vorschläge sind
im Kodex nicht enthalten.

130   Nach diesen Ausführungen können in der Satzung Geschäfte des nachfolgenden Katalogs – stets unter Beachtung der wirtschaftlichen Bedeutung des Geschäfts – von der Zustimmung des Aufsichtsrats abhängig gemacht werden:

---

131 | **Checkliste: Katalog der zustimmungsbedürftigen Geschäfte**
– **Beteiligungsangelegenheiten:**
  • Erwerb und Veräußerung von Unternehmensbeteiligungen
  • Ausübung bestimmter Gesellschafterrechte in Beteiligungsunternehmen
– **Finanzgeschäfte:**
  • Aufnahme und Gewährung von Darlehen (uU in Verbindung mit Wertgrenze)
  • Bürgschaftsübernahmen
  • Eingehung von Wechselverbindlichkeiten und von offenen Terminpositionen
– **Geschäftätigkeit:**
  • Geschäftsbetriebsstilllegung
  • Eröffnung und Schließung von Filialen oder Zweigniederlassungen
  • Betriebsveräußerung oder Veräußerung wesentlicher Bestandteile
  • Abschluss von Betriebspachtverträgen
  • Wesentliche Einschränkung des Geschäftsbetriebes
– **Grundstücksangelegenheiten:**
  • Erwerb, Veräußerung, Belastung von Grundstücken und grundstücksgleichen Rech-
    ten
  • Errichtung, Umbau und Abriss von Gebäuden auf eigenen und fremden Grundstü-
    cken
– **Personalsachen:**
  • Einstellung und Entlassung näher bestimmter Arbeitnehmer
  • Veränderung der Arbeitsbedingungen näher bestimmter Arbeitnehmer
  • Pensionszusagen
  • Gewinnbeteiligungen
  • Erteilung und Widerruf von Prokura und Handlungsvollmacht
  • Beitritt bzw. Austritt aus einem Arbeitgeberverband
– **Sonstige Geschäfte:**
  • Abschluss, Beendigung von Franchiseverträgen

---

[220] Vgl. zum Ganzen KBLW/*Lutter* Teil 3 Rn. 517 ff.

- Abschluss, Beendigung von Lizenzverträgen
- Eingehung und Beendigung von Ausschließlichkeitsbindungen bei Einkauf oder Vertrieb
- Geschäfte oberhalb bestimmter Wertgrenzen
- Abschluss und Beendigung von langjährigen Dauerschuldverhältnisses
- Geschäft mit Gesellschaftern, Aufsichtsratsmitgliedern und Geschäftsführern, deren Angehörigen oder Unternehmen, an denen diese Personen maßgeblich beteiligt sind.

G. Satzungsregelung zur Hauptversammlung

I. Ort

Nach **§ 121 Abs. 5 AktG** kann die Satzung den Ort der HV bestimmen. Unzulässig ist **132** allerdings eine Bestimmung in der Satzung, die dem Einberufenden die **freie Wahl des Versammlungsortes** überlässt oder die die HV **ermächtigt,** den Ort der nächsten HV zu bestimmen.[221] An einem Ort, der weder durch die Satzung der Gesellschaft noch durch § 121 Abs. 5 AktG für die HV vorgesehen ist, darf die HV nur ausnahmsweise stattfinden, wenn ihre Durchführung an einem an sich dafür bestimmten Ort nicht möglich ist, etwa weil **kein geeigneter Versammlungsraum** zur Verfügung steht[222] oder ein anderer Grund von einigem Gewicht vorliegt.[223] In der Regel sind in der Satzung entweder mehrere Orte genannt, unter denen der Einberufende auswählen darf. Zulässig ist es auch, den Ort der HV durch geografische oder sonstige Vorgaben allgemein zu definieren.[224]

Nach Auffassung des BGH[225] kann die Satzung auch einen **Versammlungsort im 133 Ausland festlegen,** da der Wortlaut von § 121 Abs. 5 AktG keine Einschränkung kennt. Einzig Zweckmäßigkeitsbetrachtungen sind ausschlaggebend. Ohne eine Regelung in der Satzung kann nur eine Vollversammlung im Ausland abgehalten werden.[226] Auch das **Beurkundungserfordernis** des § 130 Abs. 1 S. 1 AktG steht dem nach Auffassung des BGH nicht grundsätzlich entgegen. Der II. Zivilsenat begründet dies damit, dass nicht jede HV zu beurkunden sei (§ 130 Abs. 1 S. 3 AktG). Wenn in den verbleibenden Fällen kein Konsularbeamter zur Beurkundung bereit ist, genügt die Beurkundung durch einen **ausländischen Notar,** wenn sie der deutschen Beurkundung **gleichwertig** ist. Die Beurkundung dient vorrangig dem Zweck der Beweissicherung, dem auch eine unabhängige ausländische Urkundsperson, deren Stellung mit der eines deutschen Notars vergleichbar ist, genügen kann.[227]

II. Weitere Regelungen

Sinnvolle Regelungen in der Satzung sind solche zu: **134**
- Teilnahmerecht bei Namens- und Inhaberaktien,
- Möglichkeiten einer Stellvertretung,
- Ausübungen des Stimmrechts,
- Bestimmungen zur Person des Versammlungsleiters,

---

[221] *Hüffer/Koch* AktG § 121 Rn. 13; MüKoAktG/*Kubis* AktG § 121 Rn. 90; BGH DNotZ 1994, 615.
[222] *Butzke,* Die Hauptversammlung der Aktiengesellschaft, 5. Aufl. 2011, B Rn. 12.
[223] OLG Bremen BeckRS 2014, 14081.
[224] *Butzke,* Die Hauptversammlung der Aktiengesellschaft, 5. Aufl. 2011, B Rn. 10; MüKoAktG/*Kubis* AktG § 121 Rn. 90.
[225] BGH NZG 2015, 18.
[226] *Hüffer/Koch* AktG § 121 Rn. 15.
[227] MüKoAktG/*Kubis* AktG § 121 Rn. 92; *Mohamed* NZG 2015, 1263 zur Sprachenverwirrung in der ausländisch geprägten HV von AG oder SE.

– Abstimmungsverfahren,
– Zuständigkeit der HV, § 119 Abs. 1 Alt. 2 AktG.

135 Anzutreffen sind Bestimmungen, mit denen der **Kreis der Einberufungsberechtigten** erweitert wird. Praktisch hilfreich und sinnvoll sind diese Regelungen nicht; sie können unnötige Kosten in beträchtlichem Umfang auslösen.

136 Sind als Anteilsscheine einer AG nur **Namensaktien** ausgegeben und die technischen Voraussetzungen gegeben, sollten in die Satzung unbedingt **andere Einberufungsmöglichkeiten** als per eingeschriebenem Brief aufgenommen werden, allein schon wegen der hohen Kosten einer Einberufung auf Papier. Um nicht Einberufungsmängel bereits in der Satzung anzulegen, sollten aber alternative Einberufungsmöglichkeiten vorgesehen werden, denn es ist immer noch nicht selbstverständlich, dass sämtliche Aktionäre über eine E-Mail-Adresse verfügen. Die Formulierung in der Satzung könnte lauten:

137 **Formulierungsbeispiel: Einberufung der Hauptversammlung**

Die namentlich bekannten Aktionäre werden per Einschreiben (Einwurf oder Übergabe) einberufen; ist von den Aktionären auch eine E-Mail-Adresse bekannt, so kann die Einberufung per E-Mail erfolgen. Der Text der Einberufung wird auch auf der Homepage der Gesellschaft veröffentlicht.

138 Zum Ablauf und den Einzelheiten der HV → Rn. 266 ff.

H. Form der Bekanntmachung

139 Nach § 25 AktG ist der **Bundesanzeiger,** den es nur noch in elektronischer Form gibt, zwingend das **Pflicht-Gesellschaftsblatt.** Damit bietet er eine allgemein zugängliche Quelle für Informationen über die AG.[228] Die Bekanntmachungssprache ist deutsch. Der Bundesanzeiger wird von der Bundesanzeiger Verlag GmbH mit Sitz in Köln betrieben und vom Bundesministerium der Justiz und für Verbraucherschutz herausgegeben. Die Web-Adresse ist www.bundesanzeiger.de.

140 In der Satzung niedergeschriebene **Gesellschaftsblätter** beziehen sich idR auf die freiwilligen Bekanntmachungen iSd § 23 Abs. 4 AktG, nicht aber auf die Pflichtbekanntmachung des § 25 AktG.[229] In Satzungen sind Pflichtbekanntmachungen (zB nach §§ 20 Abs. 4, 64 Abs. 2, 97 Abs. 1, 106, 121 Abs. 4, 325 Abs. 1, Abs. 2 AktG) daher in der Regel nicht erfasst. Für **Pflichtbekanntmachungen reicht** die Veröffentlichung im **Bundesanzeiger aus.**[230]

141 Durch das ARUG wurde außerdem die **Internetseite der börsennotierten Gesellschaft** als Informationsquelle zur Vorbereitung auf die HV aufgewertet. Es müssen alsbald nach der Einberufung die in § 124a AktG aufgelisteten Informationen zugänglich gemacht und in der Einberufung hierauf hingewiesen werden, § 121 Abs. 3 S. 3 Nr. 4 AktG. Auch kann die **Einberufung zur HV** auf bestimmte **Erläuterungen** verzichten, wenn diese **auf der Homepage verfügbar** sind und darauf hingewiesen wird, § 121 Abs. 3 S. 3 Nr. 3 AktG. Eine Veröffentlichung im Bundesanzeiger ersetzt dies jedoch nur in den ausdrücklich normierten Fällen, etwa § 121 Abs. 3 S. 3 Nr. 3 AktG.

Praxishinweis:
Wird der Notar mit einer Satzungsänderung einer Gesellschaft betraut, sollte er im Hinblick auf den über diese Frage geführten Streit in der Literatur auf eine Klarstellung der

---

[228] MüKoAktG/*Pentz* AktG § 25 Rn. 6.
[229] Zur Unterscheidung *Hüffer/Koch* AktG § 23 Rn. 32.
[230] *Groß* DB 2003, 867; *Oppermann* ZIP 2003, 793 (795); DNotI-Report 2003, 89 (90).

Satzung drängen, und aus Kostengründen nur die Veröffentlichung im Bundesanzeiger in der Satzung verankern.

I. Verwendung des Jahresüberschusses

Ist der Notar mit der Satzungsgestaltung einer börsennotierten AG betraut, hat er seine 142 Mandanten auf die Möglichkeit gemäß § 58 Abs. 2 S. 2 AktG hinzuweisen. Vorstand und Aufsichtsrat können ermächtigt werden, nicht nur einen kleineren, sondern auch einen größeren als den **hälftigen Teil des Jahresüberschusses** in andere **Gewinnrücklagen** einzustellen. Dies wird in der Praxis häufig genutzt. Es ist strittig, wie eine wirksame Klausel formuliert werden soll. Eine Ansicht in der Literatur geht davon aus, dass es ausreiche, den **Wortlaut des Gesetzes zu wiederholen,**[231] die andere Ansicht meint, es sei eine genaue **Obergrenze** aufzunehmen.[232] Diese Ansicht ist vorzugswürdig, da nur durch klare Angaben der Aktionär weiß, worauf er sich einlässt.[233] Der Notar kann dabei auf das Formular für nicht börsennotierte AGs zurückgreifen.

Nach § 58 Abs. 5 AktG kann die Satzung auch **Sachausschüttungen** vorsehen. Der 143 Notar hat mit den Gründern zu erforschen, ob eine solche Satzungsregelung sinnvoll ist. Das kann insbesondere dann der Fall sein, wenn die Gesellschaft Anlagevermögen in Form von Wertpapieren hält. Gerade bei börsennotierten Anteilen bestehen keine Bedenken, da diese vom Aktionär ohne Probleme wieder veräußert werden können. Sachausschüttungen sollten nicht vorgesehen werden, wenn es sich um Aktien von nicht **börsennotierten Familienaktiengesellschaften** handelt, oder wenn eine große Anzahl der Aktionäre aus den Ausschüttungen ihren Lebensunterhalt bestreitet. In diesen Fällen besteht für die Aktionäre ein schutzwürdiges Vertrauen auf die „gewöhnliche" Barzahlung.[234]

J. Sonstige Bestimmungen

Weiterhin sind Regelungen üblich zu 144
– Geschäftsjahr und
– Gründungsaufwand, sofern von der Gesellschaft zu tragen (dann zwingend).
In der Satzung können die **Vermögensrechte der Aktionäre** bzw. einer Gruppe von 145 Aktionären beschränkt werden, sowohl hinsichtlich des **Dividendenanspruchs** als auch bezüglich des Anspruchs auf den **Liquidationserlös**.[235] Das LG Frankfurt a.M.[236] hat **betreffend die Vermögensrechte** in einem der wenigen Urteile zu § 254 AktG festgestellt, dass ein Beschluss, der eine vollständige **Thesaurierung des Bilanzgewinns** vorsieht, dem Grundsatz, dass den Aktionären bei ausreichendem Bilanzgewinn ein Anspruch auf Dividende zusteht, nicht gerecht werde und daher gemäß § 254 Abs. 1 AktG anfechtbar sei. § 254 AktG solle dem Aktionär eine Mindestdividende von 4% sichern, falls nicht das Gesetz, die Satzung oder die wirtschaftliche und finanzielle Lage der Gesellschaft eine Erhöhung der Rücklage zu Lasten der Ausschüttung und damit eine Unterschreitung des Mindestsatzes fordern. Würde diese **Mindestrendite** nunmehr noch unter den Irrtumsvorbehalt des § 93 Abs. 1 S. 2 AktG (business judgement rule) gestellt, bestünde die Gefahr, dass der gesetzliche Minimalschutz vollends leerliefe und eine Rechtsdurchsetzung der Aktionäre nahezu ausgeschlossen wäre.

---

[231] KK-AktG/*Drygala* AktG § 58 Rn. 48.
[232] MüKoAktG/*Bayer* AktG § 58 Rn. 46 mwN; *Hüffer/Koch* AktG § 58 Rn. 11.
[233] *Hüffer/Koch* AktG § 58 Rn. 11.
[234] Dass das Vertrauen auf Barauszahlung nicht unbeachtet bleiben kann, findet sich auch in der amtl. Begründung, BT-Drs. 14/8769; so auch *Müller* NZG 2002, 752 (757).
[235] Vgl. hierzu am Beispiel Fußball-AG: *Sethe* ZHR 162 (1998), 474.
[236] LG Frankfurt a.M. 15.12.2016 – 3-05 O 154/16 = EWiR 2017, 557 *(Hartmann)*.

4. Teil. Nachgründung

146 Um eine **Aushöhlung der Kapitalaufbringungsgrundsätze,** die durch die Vorschriften zur Sachgründung gewährleistet werden sollen, zu verhindern, schreibt § 52 AktG vor, dass jegliche schuldrechtliche Verträge, die die Gesellschaft zum Erwerb von Anlagen oder anderer Vermögensgegenstände in einem Zeitraum von zwei Jahren seit Eintragung mit den Gründern oder mit Aktionären abschließt, die mehr als 10% des Grundkapitals repräsentieren und die Vergütungen umfassen, die 10% des Grundkapitals übersteigen, der Zustimmung der HV unterliegen und im Handelsregister einzutragen sind.[237] Der Grundsatz der **realen Kapitalaufbringung** findet sich zwar nicht explizit im Gesetz, ergibt sich aber aus einer Vielzahl von Vorschriften im Aktienrecht. Sinn und Zweck ist es eine tatsächliche und endgültige Aufbringung des Grundkapitals der AG zu gewährleisten, die im Gegenzug den Aktionären den Ausschluss ihrer persönlichen Haftung garantiert und der Gesellschaftsform der AG eine besondere Seriosität gewährt.[238]

147   Die **Nachgründungsvorschrift** gilt auch für **Sachkapitalerhöhungen** innerhalb der ersten zwei Jahre. Steht der Vertrag unter einer Bedingung oder Befristung, ist nicht auf deren Eintritt, sondern auf den **Zeitpunkt des Vertragsschlusses** abzustellen, um eine Umgehung der Nachgründungsvorschriften zu verhindern. Auch wenn die Leistung aus dem Vertrag erst nach Ablauf der Zweijahresfrist erbracht wird, unterliegt er der Nachgründung.[239] Die Vorschrift hat eine **erhebliche praktische Bedeutung,** da man (ebenso wie bei der GmbH) der Gesellschaft oft raten wird, von einer Sachgründung abzusehen, um die unproblematische Bargründung mit einem Mindestkapital so schnell als möglich durchführen zu können. Es ist dann ein Haftungsträger vorhanden, und die oft zeitaufwendige Einbringung von Sachwerten lässt sich ohne die ständig drohende Haftung im Gründungsstadium durchführen.

Praxishinweis:

Zu beachten ist in der Praxis zur Nachgründung:

- Der Nachgründungsvertrag ist – soweit nicht notarielle Beurkundung (§ 311b BGB) erforderlich ist – schriftlich zu fassen.
- Der Aufsichtsrat hat den Vertrag zu prüfen und einen Nachgründungsbericht zu erstatten. Gemäß § 34 AktG ist eine Nachgründungsprüfung erforderlich, hiervon kann nach § 52 Abs. 4 S. 3 AktG unter den Voraussetzungen des § 33a AktG abgesehen werden (vereinfachte Nachgründung).
- Die HV muss dem Vertrag zustimmen.
- Probleme der kombinierten Bar- und Sachgründung, → Rn. 71.

---

148   **Überschneidet** sich der Anwendungsbereich von **verdeckter Sacheinlage und Nachgründung,** ist die strengere Rechtsfolge des § 52 Abs. 1 AktG vorrangig.[240]

149   Die **Nachgründung** ist zur **Eintragung in das Handelsregister** anzumelden, der Anmeldung sind als Anlage beizufügen: der **Nachgründungsvertrag,** der **Nachgründungsbericht** des Aufsichtsrats und der **Bericht des Gründungsprüfers** und der **Hauptversammlungsbeschluss.** Für die vereinfachte Nachgründung gilt § 37a AktG entsprechend. Gegebenenfalls sind zusätzlich die **Bestimmungen zur Sachkapitalerhöhung** zu beachten. Bis zum Abschluss des Nachgründungsverfahrens hat der Vertragspartner der AG grundsätzlich kein Widerrufsrecht, es sei denn, die Gesellschaft hatte zwi-

---

[237] Kritisch zur Nachgründung und für eine eingeschränkte Anwendung von § 52 AktG *Bröcker* ZIP 1999, 1029; vgl. zur Nachgründung auch *Knott* BB 1999, 806.
[238] Spindler/Stilz/*Katzenstein* AktG § 27 Rn. 2.
[239] MüKoAktG/*Pentz* AktG § 52 Rn. 20; Hölters/*Solveen* AktG § 52 Rn. 8; *Diekmann* ZIP 1996, 2149.
[240] *Lieder* ZIP 2010, 964.

schenzeitlich Gelegenheit, die Nachgründung im Rahmen einer ordentlichen HV durchzuführen.[241]

Ob auch **Dienstverträge mit Vorstandsmitgliedern** den Vorschriften der Nachgründung unterfallen, ist umstritten. Nach einer älteren Ansicht[242] wird die Anwendung des § 52 Abs. 1 AktG auf Dienstverträge mit der Begründung abgelehnt, dass es der Gesetzgeber bei der Umsetzung der Kapitalrichtlinie versäumt habe, Dienstverträge in § 52 Abs. 1 AktG als Nachgründung zu qualifizieren. Vorzugswürdiger erscheint das von *Pentz*[243] eingewandte Argument, dass sowohl hinter § 27 AktG wie auch § 52 AktG der Gläubiger- und Aktionärsschutz stehe und deshalb Dienstverträge ebenfalls § 52 Abs. 1 AktG unterfallen. Es stünde in einem gravierenden Widerspruch, die Schutzvorschriften auf einbringungsfähige Gegenstände, die 10% des Grundkapitals übersteigen, anzuwenden, aber Gegenstände, wie Dienstverträge, die nicht einmal einlagefähig sind, aus diesem Schutz auszunehmen.[244] 150

Nicht der Nachgründung unterliegt der Erwerb von Vermögensgegenständen, der **satzungsmäßig zum Unternehmensgegenstand** gehört. Dies gilt auch für den Erwerb von Roh- und Hilfsstoffen, selbst wenn dieser nicht ausdrücklich in der Satzung als Unternehmensgegenstand genannt ist. Da die Nachgründung sehr aufwendig ist, empfiehlt sich daher die Ausstattung der AG mit einem höheren Grundkapital oder eine entsprechend **weite Definition des Unternehmensgegenstandes.**[245] § 52 AktG ist auch beim Formwechsel in eine AG anzuwenden.[246] 151

5. Teil. Die Organe der AG

A. Vorstand

I. Rechtsstellung

Der Vorstand ist ein **notwendiges Organ** der AG, § 76–78 AktG, ohne das die AG nicht wirksam gegründet werden kann. Er leitet als Kollegialorgan die AG unter eigener Verantwortung, §§ 77 Abs. 1, 78 Abs. 1, 76 Abs. 1 AktG. Er bestimmt somit die **Richtlinien der Geschäftspolitik.**[247] Auch die einzelnen Vorstandsmitglieder haben nach hM **Organqualität.**[248] Die Kenntnis der einzelnen Vorstandsmitglieder wird der AG zugerechnet. 152

II. Geschäftsführung durch den Vorstand

Der Vorstand ist das Geschäftsführungs- und Vertretungsorgan der AG. Nach § 76 Abs. 1 AktG hat der Vorstand die Gesellschaft **unter eigener Verantwortung** zu leiten, wobei ihm nach der sog. *„business judgement rule"* ein **unternehmerischer Ermessensspielraum** zusteht.[249] Diese ist auch in § 93 Abs. 1 S. 2 AktG gesetzlich festgeschrieben. Diese Leitungsmacht ist, jedenfalls in seinem Kernbereich, unveräußerlich.[250] Sie findet ihre Grenzen im **Unternehmensgegenstand,** wie er in der Satzung niedergelegt ist.[251] Im 153

---

[241] *Diekmann* ZIP 1996, 2153.
[242] KK-AktG/*Kraft* AktG § 52 Rn. 7; Geßler/*Eckhardt* AktG § 52 Rn. 8.
[243] MüKoAktG/*Pentz* AktG § 52 Rn. 17.
[244] Auch GK-AktG/*Priester* AktG § 52 Rn. 44; *Hüffer*/*Koch* AktG § 52 Rn. 4.
[245] *Diekmann* ZIP 1996, 2149.
[246] Vgl. hierzu *Martens* ZGR 1999, 548.
[247] BeckHdB AG/*Berberich*/*Haaf* § 6 Rn. 2 ff.; WürzNotar-HdB/*Reul* Teil 5 Kap. 4 Rn. 229.
[248] *Hüffer*/*Koch* AktG § 76 Rn. 7; KK-AktG/*Mertens*/*Cahn* AktG § 76 Rn. 80; Heidel/*Oltmanns* AktG § 76 Rn. 10; MüKoAktG/*Spindler* AktG § 76 Rn. 10; aA Hölters/*Weber* AktG § 76 Rn. 5; s. aber auch *Frels* ZHR 122 (1959), 173 (181).
[249] BGHZ NJW 1997, 1926.
[250] *Hüffer*/*Koch* AktG § 76 Rn. 41 f.
[251] BGH NZG 2013, 293.

Gegensatz zum Geschäftsführer einer GmbH ist der Vorstand nicht an Weisungen der Kapitaleigner gebunden. Die HV kann die Eigenverantwortlichkeit des Vorstands bei der Unternehmensführung nicht durch die Satzung begrenzen und nicht für einzelne Geschäftsbereiche entziehen.[252] Zwar steht es den Anteilseignern zu, den Unternehmensgegenstand in der Satzung zu ändern, und somit Einfluss auf den Rahmen der Unternehmensleitungen zu nehmen. Es ist ihnen aber nicht möglich, den Vorstand in der Satzung zu konkreten Maßnahmen zu verpflichten. Das gilt auch für Verpflichtungen zur Unterlassung von Maßnahmen.[253] Für ein unternehmerisches Ermessens ist jedoch, erst dann Raum, wenn die Entscheidungsgrundlagen sorgfältig ermittelt worden sind und das Für und Wider verschiedener Vorgehensweisen abgewogen wurde.[254]

154   Der **Umfang der Geschäftsführungsaufgaben** entzieht sich gleichfalls einer abschließenden Definition. Erfasst sind **Einzelmaßnahmen** ebenso wie die **Gesamtleitung des Unternehmens.** Das Gesetz nennt besonders: die **Vorbereitung und Ausführung von Hauptversammlungsbeschlüssen** (§ 83 AktG), die **Führung der Handelsbücher** (§ 91 AktG), die **Aufstellung des Jahresabschlusses** und des **Lageberichts** (§ 264 Abs. 1 HGB). Erfasst werden auch Grundlagengeschäfte, die der Vorstand aber nur mit Zustimmung der HV vornehmen kann.[255]

155   Eine Zuweisung von Kompetenzbereichen in einem mehrköpfigen Vorstand sieht das AktG nicht vor. Das Gesetz spricht aber an mehreren Stellen davon, dass sich der Vorstand eine **Geschäftsordnung** geben kann. Sie regelt die Arbeit des Vorstands und legt häufig **Ressortzuständigkeiten** einzelner Vorstandsmitglieder sowie die dem Gesamtvorstand vorbehaltenen Angelegenheiten, aber auch die erforderliche **Beschlussmehrheit bei Vorstandsbeschlüssen** (Einstimmigkeit oder Mehrheitsbeschluss) fest.[256] Die Festlegung einer Ressortzuständigkeit entbindet die einzelnen Vorstandsmitglieder nicht vollständig von ihrer **Gesamtverantwortung** und damit von der Haftung für Pflichtverletzungen, die in einem fremden Ressort begangen wurden, da sich Geschäftsbereich und Haftungsbereich nicht decken.[257] Es kommt zu einer **abgeschwächten Überwachungspflicht** in den Geschäftsbereichen der übrigen Vorstandsmitglieder.[258] Es besteht weiterhin eine allgemeine Aufsichtspflicht, sich in der Krise der AG oder bei Verdachtsmomenten auch andere Geschäftsbereiche zu kontrollieren.[259]

156   Der Aufsichtsrat kann bei einem Mehrpersonenvorstand ein Mitglied zum **Vorsitzenden** benennen, § 84 Abs. 2 AktG. Die **spezialgesetzlichen Soft Rule-Regelungen DCGK** des Ziff. 4.2.1 sehen jedoch für börsennotierte AGs vor, dass der Vorstand nicht nur aus mehreren Personen bestehen, sondern zwingend auch einen Vorsitzenden oder Sprecher haben soll.

III. Persönliche Voraussetzungen

157   Mitglied des Vorstands kann nur eine **natürliche, unbeschränkt geschäftsfähige Person** sein. Die Staatsangehörigkeit spielt keine Rolle.[260] Spätestens seit Streichung des § 5 Abs. 2 AktG, der es der deutschen AG erlaubt, ihren Sitz ins Ausland zu verlegen, sind Fragen zu ausländerrechtlichen Gesichtspunkten – ständige Einreisemöglichkeit – obsolet.

---

[252] OLG Stuttgart NZG 2006, 790.
[253] OLG Stuttgart NZG 2006, 790; AG 2006, 727.
[254] BGH AG 2009, 117; ZIP 2008, 1675.
[255] BGHZ 83, 122 – Holzmüller und BGHZ 153, 47 – Gelatine.
[256] Hölters/*Weber* AktG § 76 Rn. 63.
[257] MüKoAktG/*Spindler* AktG § 77 Rn. 56.
[258] BGH NJW 1986, 54 (55); NJW 1995, 2850 (2851); NJW 1997, 130; LG München I NZG 2014, 345 (347); MüKoAktG/*Spindler* AktG § 93 Rn. 114; *Fleischer* NZG 2003, 449 (452 ff.); *Löbbe/Fischbach* AG 2014, 717; *Nietsch* ZIP 2013, 1449 (1451 ff.).
[259] MüKoAktG/*Spindler* AktG § 93 Rn. 114 f. mwN.
[260] *Fleischer/Thüsing*, Handbuch des Vorstandsrechts, 2006, § 4 Rn. 11; *Erdmann* NZG 2002, 503; zur GmbH *Bohlscheid* RNotZ 2005, 505.

Fraglich ist nur, ob etwaige Einreiseprobleme des Vorstands im Interesse der AG liegen. Der Aufsichtsrat ist in seiner **Personalkompetenz** aber frei.[261]

Das Vorstandsmitglied muss nicht Aktionär sein. Bei der AG gilt der Grundsatz der **Fremdorganschaft.** 158

§ 76 Abs. 3 AktG regelt die **Ausschlussgründe für Vorstandsmitglieder.** Diese sind: 159 **Betreuung** (§ 1903 BGB); Vorliegen eines **Berufsverbots; Verurteilung aufgrund Insolvenzverschleppung;** Verurteilung wegen **Insolvenzstraftaten** nach den §§ 283– 283d StGB; Verurteilung wegen allgemeiner **Vermögensdelikte** nach §§ 263–264a, §§ 265b–266a StGB. Der Katalog der Inhabilitätsgründe enthält ebenfalls die Verwirklichung von Straftatbeständen aus dem AktG und anderen gesellschaftsrechtlichen Gesetzen (§§ 399, 400 AktG; § 331 HGB; § 313 UmwG; § 17 PublG und § 82 GmbHG). Zur Erweiterung der Inhabilitätsgründe durch das 51. Strafrechtsänderungsgesetz → Rn. 60.

Gemäß § 105 Abs. 1 AktG kann ein **Vorstand nicht gleichzeitig Aufsichtsrat** sein. 160 Nicht ausgeschlossen sind Personen, die bereits Mandate in derselben Unternehmensgruppe – etwa bei Mutter- oder Tochtergesellschaften – innehaben. Nach § 105 Abs. 2 AktG können Aufsichtsräte befristet auf fünf Jahre zu Stellvertretern von fehlenden oder verhinderten Vorständen bestellt werden. Solange müssen sie ihre Tätigkeit als Aufsichtsratsmitglied aber ruhen lassen.

IV. Bestellung

Nach § 23 Abs. 3 Nr. 6 AktG ist entweder die Zahl der Mitglieder des Vorstandes in der 161 Satzung oder die Regel, nach denen diese Zahl festgelegt wird, festzuschreiben. Von der Festlegung einer **bestimmten Anzahl der Vorstandsmitglieder** nach § 23 Abs. 3 Nr. 6 Alt. 1 AktG sollte abgeraten werden. Die Gegebenheiten, die eine **Aufstockung** (zB Erweiterung der Geschäftsbereiche, Umstrukturierung innerhalb des Unternehmens) oder **Reduzierung** (zB Veräußerung oder Abspaltung/Ausgliederung von Unternehmensbereichen) der Vorstandsmitglieder erforderlich werden lassen, können bei der Gründung selten abgeschätzt werden. Die Entscheidung über die Veränderung der Anzahl Vorstandsmitglieder wird häufig situationsbedingt vom Aufsichtsrat getroffen.[262]

Praxishinweis:

Schreibt die Satzung die Anzahl der Vorstandsmitglieder von vornherein fest, ist eine **Satzungsänderung** nicht selten unvermeidlich, will man keine Vorstände ohne tatsächlichen Leitungsbereich beschäftigen. Es ist nach § 23 Abs. 3 Nr. 6 Alt. 2 AktG ausreichend, wenn die Satzung **lediglich Mindest- und Höchstzahlen** angibt[263] und die konkrete Festlegung etwa der HV überträgt.[264] Es muss ebenfalls die Anzahl der stellvertretenden Vorstandsmitglieder, die im Gegensatz zur häufig anzutreffenden Ansicht echte Vorstandsmitglieder mit allen Rechten und Pflichten sind (§ 94 AktG), angegeben werden.

Die **Bestellung der Vorstandsmitglieder** erfolgt nach § 84 Abs. 1 AktG **durch** 162 den **Aufsichtsrat.** Vorstandsmitglieder können bis zu einer Dauer von **fünf Jahren** bestellt werden.[265] Eine aufschiebend befristete Bestellung soll nach hM nur dann zulässig

---

[261] Hölters/*Weber* AktG § 76 Rn. 70.
[262] BGH NZG 2002, 817 (818); OLG Stuttgart AG 2009, 124.
[263] Vgl. LG Köln DB 1998, 1855; *Hüffer/Koch* AktG § 23 Rn. 31.
[264] Hölters/*Weber* AktG § 76 Rn. 62; KK-AktG/*Mertens/Cahn* AktG § 76 Rn. 105; Spindler/Stilz/*Fleischer* AktG § 76 Rn. 111.
[265] Da in der Praxis die Höchst-Bestellungsdauer eher die Regel-Bestellungsdauer geworden ist, empfiehlt der Deutsche Corporate Governance Kodex in Ziff. 5.1.2 S. 5 DCGK, dass bei Erstbestellungen die maximal mögliche Bestellungsdauer von fünf Jahren nicht die Regel sein „sollte"; Spindler/Stilz/*Fleischer* AktG § 84 Rn. 14.

sein, wenn die aufschiebende Befristung den Zeitraum von einem Jahr nicht überschreitet.[266] Die hM entnimmt dies aus dem Kontext zu § 84 Abs. 1 S. 3 AktG. Hier ist festgelegt, dass eine Bindung den Zeitraum von sechs Jahren nicht überschreiten darf. Gegen diese Auffassung wurde zurecht eingewandt, dass es nicht überzeugend sei, warum man nicht die Bestelldauer so verteilen dürfe, dass zum Beispiel ein Vorstandsmitglied aufschiebend befristet auf zwei Jahre und dann mit einer Bestelldauer von drei Jahren gewählt wird.[267]

163   Nicht unproblematisch ist auch die in der Praxis übliche **vorzeitige Aufhebung** der noch mehr als ein Jahr dauernden Bestellung **und** die **gleichzeitige Wiederbestellung** für weitere zB fünf Jahre, da hierin eine gesetzwidrige Umgehung von § 84 Abs. 1 S. 3 AktG gesehen werden könnte.[268] Der BGH hält diese Praxis jedoch für uneingeschränkt zulässig und mit dem Schutzzweck des § 84 Abs. 1 S. 3 AktG für vereinbar. Die Gesellschaft sei lediglich vor einer mehr als fünf Jahre währenden Bindung an den Vorstand zu schützen.[269] Davon unabhängig „soll" eine solche **vorzeitige Wiederbestellung** nach Ziff. 5.1.2. II 2 DCGK nur bei Vorliegen besonderer Umstände erfolgen.

164   Bei der Besetzung der Organe ist **§ 6 Abs. 3 AGG** zu beachten. Dies bestätigt der BGH mit Urteil vom 23. 4. 2012.[270] Der Senat räumt für den Zugang und den beruflichen Aufstieg Schutz vor Benachteiligung entsprechend dem Regelungszweck des AGG ein.[271]

165   Wird ein Vorstandsmitglied bestellt, obwohl die **zulässige Höchstzahl** bereits **erreicht** ist, ist der Bestellungsakt unwirksam. Das Handelsregister darf die Bestellung als **unzulässige Satzungsdurchbrechung** auch nicht eintragen. Es kann aber die Situation eintreten, dass der Vorstand aufgrund von Niederlegung, Abberufung oder Todesfall plötzlich **unterbesetzt** ist. Handlungen des Vorstandes, die er als Gesamtorgan vornehmen muss, etwa die Einberufung einer HV oder Beschlussvorlagen iSd § 124 Abs. 3 S. 1 AktG oder die Fälle der §§ 90–91 AktG (Bericht an Aufsichtsrat, Organisation, Buchführung, Verlust, Überschuldung oder Zahlungsunfähigkeit), sind dann unwirksam.[272] Anders kann sich die Lage darstellen, soweit die Satzung bestimmt, dass der Aufsichtsrat die Anzahl der Vorstandsmitglieder bestimmen kann. Die **Handlungsunfähigkeit** des Vorstandes wird in der Regel auch dann gegeben sein, wenn er als Kollegialorgan handeln muss. Hat sich jedoch der Aufsichtsrat bereits mit der Problematik befasst und für die Zukunft bereits ein neues Vorstandsmitglied bestellt, so muss die Auseinandersetzung mit der Problematik dahingehend verstanden werden, dass der Vorstand in der Zwischenzeit eine geringere Anzahl von Mitgliedern haben soll.[273]

166   Das Gesetz für die **gleichberechtigte Teilhabe von Frauen und Männern an Führungspositionen** in der Privatwirtschaft und im öffentlichen Dienst vom 24. 4. 2015 **(FüPoG)**[274] hat Auswirkungen auf die Zusammensetzung des Vorstands. Nach § 76 Abs. 4 AktG, der für börsennotierte oder mitbestimmte AGs gilt, legt der Vorstand für den **Frauenanteil** in den beiden Führungsebenen unterhalb des Vorstands Zielgrößen fest. Liegt der Frauenanteil bei Festlegung der Zielgrößen unter 30%, so dürfen die Zielgrößen den jeweils erreichten Anteil nicht mehr unterschreiten. Gleichzeitig sind Fristen zur Erreichung der Zielgrößen festzulegen. Die Fristen dürfen jeweils nicht länger als fünf Jahre sein.

---

[266] MVHdB GesR IV/*Wiesner* § 20 Rn. 16; MüKoAktG/*Spindler* § 84 Rn. 42.

[267] *Bauer/Arnold* DB 2007, 1571 (1572).

[268] Ausführlicher: *Fleischer* AG 2006, 429 (436).

[269] Kritisch dazu: *Priester* ZIP 2012, 1781.

[270] BGH NZG 2012, 777; hierzu *Bauer/Arnold* NZG 2012, 921; *Stenslik/Zahn* DStR 2012, 1865.

[271] Umstritten sind der Umfang des Benachteiligungsschutzes und die Rechtsfolgen bei Verstößen. Vgl. *Krause* AG 2007 392; *Bauer/Arnold* AG 2007, 807 und NZG 2012, 921; *Stenslik/Zahn* DStR 2012, 1865.

[272] BGH NJW 2002, 1128; LG Heilbronn AG 2000, 373; LG Dresden NZG 1999, 171.

[273] Schlussfolgerungen aus BGH NJW 2002, 1128 und ZIP 2002, 216; dazu auch *Henze* BB 2002, 893 (896).

[274] BGBl. I 642; ausf. *Weber/Roeschen/Fischer* DB 2018, 1167.

§ 76 Abs. 4 AktG zählt die relevanten **Formen der Mitbestimmung** nicht einzeln auf. **167** Dies bedeutet, dass hierbei nicht nur das **Mitbestimmungsgesetz, Montanmitbestimmungsgesetz** oder das **Mitbestimmungsergänzungsgesetz** gilt, sondern auch drittelparitätisch mitbestimmte Gesellschaften unter den Anwendungsbereich fallen. Eine **freiwillige Arbeitnehmervertretung** im Aufsichtsrat reicht nicht aus. AGs in der Rechtsform ausländischen Rechts werden vom Anwendungsbereich des § 76 Abs. 4 AktG nicht umfasst, auch wenn sie in Deutschland börsennotiert sind.[275]

Der Gesetzgeber hat **keine Sanktionen** für den Fall der **Nichterreichung der Zielgrößen** eingeführt. Er hat sich erhofft, dass durch die mit den Berichts- und Veröffentlichungspflichten verbundene Transparenz und Öffentlichkeitswirkung ausreichend Druck auf die AGs ausgeübt wird, sich „ambitionierte **Zielgrößen** zu setzen, die einer paritätischen Besetzung nahekommen".[276] Wird die **Frauenquote** nicht erreicht, muss der Vorstand dies zwar nachvollziehbar darlegen. Die Unterschreitung stellt jedoch **keine Pflichtverletzung** dar, die eine Haftung nach § 93 Abs. 2 AktG begründet. Nur eine Verletzung der Berichtspflichten nach § 289a Abs. 1 Nr. 6 HGB kann zu einer Sanktionierung nach §§ 331 ff. HGB führen. Es liegt eine Pflichtverletzung vor, wenn überhaupt keine Zielgrößen festgesetzt werden.[277]

V. Fehlerhafte Bestellung

Kommt es zu einer **fehlerhaften Bestellung eines Vorstandsmitglieds,** zB durch **fehlerhaften Aufsichtsratsbeschluss** oder dem **Vorliegen von Inhabilitätsgründen,** sind zwei Fragen zu unterscheiden: Die rechtliche Beziehung zur AG selbst und das Handeln gegenüber Dritten.

– **Gegenüber Dritten** haftet ein Vorstandsmitglied, das nicht ordnungsgemäß bestellt oder wiederbestellt wurde, unmittelbar aus der Organstellung und aus seiner durch die Bestellung begründete Rechtsverhältnis zur Gesellschaft.[278] Anders sind Handlungen von Vorstandsmitgliedern kraft Rechtsscheins zu behandeln. Diese haften nach allgemeinen Grundsätzen. Für nicht mehr tätige Organmitglieder und Scheinorgane gilt § 15 Abs. 1 und Abs. 3 HGB mit Ausnahme von Geschäftsunfähigen.[279]

– In **Beziehung zur AG** müssen die einzelnen Handlungen gesondert betrachtet werden. Stellt ein Nicht-Vorstand den Jahresabschluss fest, ist dieser gemäß § 256 Abs. 2 AktG nichtig, sofern nicht mehr als sechs Monate seit Bekanntmachung im Bundesanzeiger verstrichen sind, § 256 Abs. 6 AktG.

Kommt es zu einer Einberufung der HV, so zählt nur die Eintragung im Handelsregister, **170** § 121 Abs. 2 S. 2 AktG. Die Einberufung ist damit – unabhängig von gutem Glauben – gültig.[280]

VI. Ordnungsgemäße Vertretung

1. Mitwirkung aller Vorstandsmitglieder bei echter Gesamtvertretung. Hat die AG **171** einen **mehrköpfigen Vorstand** und sieht die Satzung keine abweichenden Bestimmungen vor, so bedarf es zur wirksamen Vertretung stets der **Mitwirkungen aller Vorstandsmitglieder.** Wirken nicht alle Mitglieder des Vorstands an dem Rechtsgeschäft bzw. der Handlung mit, bei der die AG vertreten werden soll, so ist es bzw. ist die Hand-

---

[275] Hölters/*Weber* AktG § 76 Rn. 83; *Junker/Schmidt-Pfitzner* NZG 2015, 929 (928); *Röder/Arnold* NZA 2015, 1281 (1283); *Fromholzer/Simons* AG 2015, 458; *Grobe* AG 2015, 289, (290 f.).

[276] Begründung RegE, BT-Drs. 18/3784, 119.

[277] Hölters/*Weber* AktG § 76 Rn. 91; *Hüffer/Koch* AktG § 76 Rn. 74; *Fromholzer/Simons* AG 2015, 457 (466).

[278] *Hüffer/Koch* AktG § 84 Rn. 13 und § 93 Rn. 37; MüKoAktG/*Spindler* AktG § 84 Rn. 242.

[279] Ausf. MüKoAktG/*Spindler* AktG § 84 Rn. 243 ff.

[280] MüKoAktG/*Spindler* AktG § 84 Rn. 248.

lung noch nicht wirksam vorgenommen, dh schwebend unwirksam.[281] Eine gleichzeitige und gemeinsame Mitwirkung ist aber nicht erforderlich. Es ist auch eine getrennte und zeitlich versetze Zustimmung möglich.[282] Die Vorstandsmitglieder geben dann jeweils Teilerklärungen ab. Das Rechtsgeschäft ist erst dann wirksam, wenn alle Teilerklärungen in der für das Rechtsgeschäft bestimmten Form vorliegen.[283] Bis zur Abgabe der letzten Teilerklärung ist ein Widerruf der Erklärung jederzeit zulässig.[284]

172   Nach hM muss die **Teilerklärung** der übrigen, nachträglich zustimmenden Vorstandsmitglieder nicht zwingend gegenüber dem Geschäftspartner abgegeben werden. Sie kann – sogar bei formdürftigen Rechtsgeschäften – nach § 182 Abs. 2 BGB auch formlos gegenüber dem handelnden Vorstandsmitglied erteilt werden.[285] In Grundbuchsachen muss jedoch der Nachweis der ordnungsgemäßen Vertretung in der Form des § 29 Abs. 1 GBO erbracht werden, weshalb die jeweiligen Teilerklärungen wenigstens unterschriftsbeglaubigt sein müssen.[286] Nimmt eine AG an einer GmbH-Geschäftsanteilsveräußerung oder als Gesellschafter an einer Satzungsänderung einer GmbH (die nach §§ 6 ff. BeurkG beurkundet wird) teil, braucht der Notar die übrigen Vorstandsmitglieder nicht zur Unterschriftsbeglaubigung ihrer Genehmigungserklärung aufzufordern. Er muss jedoch die Genehmigungserklärungen zur Urkunde nehmen (§ 12 Abs. 1 S. 1 BeurkG), damit sich das Handelsregister im Rahmen seiner materiellen Prüfungskompetenz davon überzeugen kann, dass die AG ordnungsgemäß vertreten und damit ihre Stimme wirksam abgegeben wurde, mithin also ein wirksamer Beschluss gefasst worden ist. Wird die **Beurkundung als Tatsachenprotokoll** (in der Gesellschafterversammlung einer GmbH oder der HV einer AG) vorgenommen, genügt die Feststellung des Versammlungsleiters, die AG werde ordnungsgemäß vertreten. Einer Vollmacht in notarieller Form bedarf es aber, wenn die AG als Gesellschafter an einem **Umwandlungsvorgang** teilnimmt, in dessen Zuge eine Kapitalgesellschaft neu gegründet wird oder eine Formwechsel in eine Kapitalgesellschaft vorliegt (§ 2 Abs. 2 GmbHG, § 23 Abs. 1 S. 2 AktG, § 197 S. 1 UmwG).[287]

173   Probleme ergeben sich, wenn auch nur ein Vorstandsmitglied bei eilbedürftigen Entscheidungen verhindert, jedenfalls nicht zugegen ist. Die **Vertretungsbefugnis der übrigen Vorstandsmitglieder** erweitert sich nicht entsprechend. Vielmehr muss der Aufsichtsrat oder das Gericht ein neues Vorstandsmitglied bestellen. Bis dahin kann die AG nicht wirksam vertreten werden.[288] Bei **Wegfall** (Tod, Abberufung, Niederlegung) **eines Vorstandsmitglieds** kann die AG nur dann wirksam vertreten werden, wenn die in der Satzung vorgesehene Anzahl der Vorstandsmitglieder nicht unterschritten wird.[289] Aus diesem Grund ist die Festlegung einer bestimmten Zahl in der Satzung nicht anzuraten (dazu bereits → Rn. 114, 119). Dem Grundbuchamt ist der Nachweis des Wegfalls eines Vorstandsmitglieds in öffentlicher Form zu erbringen (§ 29 Abs. 1 GBO). Im Todesfall muss eine Sterbeurkunde vorgelegt werden. Im Regelfall wird es aber einfacher und schneller sein, zuvor dem Handelsregister den Wegfall anzuzeigen und das weggefallene Vorstandsmitglied auszuwechseln.

174 **2. Ermächtigung.** Die nur gesamtvertretungsberechtigten oder gemeinschaftlich vertretungsberechtigten Mitglieder des Vorstands können sich **untereinander auch Einzelvertretungsberechtigung erteilen,** indem sie sich zur Vornahme bestimmter Geschäfte

---

[281] MüKoAktG/*Spindler* AktG § 78 Rn. 75.
[282] *Hüffer/Koch* AktG § 78 Rn. 12; MüKoAktG/*Spindler* AktG § 78 Rn. 58.
[283] MüKoAktG/*Spindler* AktG § 78 Rn. 60; MHdB GesR IV/*Wiesner* § 23 Rn. 15.
[284] MüKoAktG/*Spindler* AktG § 78 Rn. 60; MHdB GesR IV/*Wiesner* § 23 Rn. 15.
[285] MüKoAktG/*Spindler* AktG § 78 Rn. 58 f.; MHdB GesR IV/*Wiesner* § 23 Rn. 15.
[286] KG BeckRS 2013, 22158.
[287] Dazu *Heckschen* NZG 2017, 721 (723 ff.).
[288] MüKoAktG/*Spindler* AktG § 78 Rn. 32; Spindler/Stilz/*Fleischer* AktG § 78 Rn. 25; MHdB GesR IV/*Wiesner* § 23 Rn. 13.
[289] Spindler/Stilz/*Fleischer* AktG § 78 Rn. 25; MüKoAktG/*Spindler* AktG § 78 Rn. 32; MHdB GesR IV/*Wiesner* § 23 Rn. 13.

oder bestimmter Arten von Geschäften ermächtigen (§ 78 Abs. 4 AktG). Es handelt sich nicht um eine rechtsgeschäftlich erteilte **Untervollmacht,** sondern **organschaftliche Alleinvertretung.**[290] Hieran müssen nicht zwingend alle Vorstandsmitglieder mitwirken, sondern – auch unter Einschluss des Ermächtigten – nur eine vertretungsberechtigte Anzahl.[291] § 167 Abs. 2 BGB ist entsprechend anzuwenden, sodass die Ermächtigung grundsätzlich formfrei möglich ist, in besonderen Fällen, etwa bei Nachweis gegenüber dem Grundbuchamt (§ 29 Abs. 1 GBO) aber der öffentlichen Form bedarf.

Die **Ermächtigung** muss die **Schranken ihrer Berechtigung** erkennen lassen. Eine 175 **Generalermächtigung** ist **nichtig.**[292] Das verlangt eine konkrete Bezeichnung des vorzunehmenden Rechtsgeschäfts oder Art des Rechtsgeschäfts, wobei nach hM weder auf Wertgrenzen (zB: jedes Rechtsgeschäft bis zu einem Kaufpreis von 3 Mio. EUR) oder die Ressortverteilung (zB: jedes Rechtsgeschäft im Bereich Vertrieb/Entwicklung) abgestellt werden darf.[293]

Es ist streitig, ob § 54 Abs. 2 HGB Anwendung findet, sodass eine **Veräußerung und** 176 **Belastung von Grundstücken** (auch durch Erteilung einer Belastungsvollmacht!) nur zulässig wäre, wenn eine ausdrückliche Ermächtigung vorgelegt wird.[294]

3. Rechtsgeschäftliche Bevollmächtigung. Denkbar ist auch eine **Vertretung durch** 177 **einen Dritten,** etwa in Form einer (normalen) **Vollmacht** gemäß § 164 BGB, **Prokura** (§ 48 HGB) oder **Handlungsvollmacht** (§ 54 HGB). Vorstandsmitglieder selbst können nur ermächtigt, nicht zusätzlich auch rechtsgeschäftlich bevollmächtigt werden.[295]

Das Handeln eines Vorstandsmitglieds wird häufig an die Mitwirkung eines **Prokuris-** 178 **ten** geknüpft (unechte Gesamtvertretung). Zulässig ist es auch, das Handeln des Prokuristen an die Mitwirkung eines Vorstandsmitglieds zu binden.[296] In diesen Fällen gelten für den Prokuristen nicht die Schranken des § 49 Abs. 1 HGB („Betrieb eines Handelsgewerbes mit sich bringt") und § 49 Abs. 2 HGB (Veräußerung und Belastung von Grundstücken),[297] die bei alleinigem Auftreten des Prokuristen im Rechtsverkehr trotz § 50 Abs. 1 HGB bindend sind.[298] Der Prokurist kann auch für eine AG handeln, die selbst kein Handelsgewerbe iSd §§ 3, 49 Abs. 1 HGB betreibt, also etwa nur vermögensverwaltend tätig ist. In diesem Fall darf der Prokurist alle Arten von Geschäften und Rechtshandlungen vornehmen, die der Betrieb eines Unternehmens der vorliegenden Art mit sich bringt,[299] bei eine grundstücksverwaltenden AG also etwa die Eintragung/Löschung von Beschränkungen und Belastungen beantragen oder bewilligen. Die Prokura erteilt und meldet der Vorstand in vertretungsberechtigter Zahl beim Handelsregister zur Eintragung an. Für die Wirksamkeit des Bestellungsaktes können im Innenverhältnis zwar Beschränkungen bestehen, insbesondere die Zustimmung des Aufsichtsrates nach § 111 Abs. 4 S. 2 AktG erforderlich sein. Die **Satzung** kann sogar **konkrete Beschränkungen** bezüglich der Anzahl und Person der Prokuristen und des Umfangs ihrer Vertretungsmacht enthalten. Weder ist der Eintritt der Bedingung dem Handelsregister nachzuweisen, noch gelten die Beschränkungen gegenüber Dritten.[300] Zu § 111 Abs. 4 AktG unten → Rn. 182 f.

---

[290] BGH NJW 1975, 1117 Rn. 11 (zur GmbH); Spindler/Stilz/*Fleischer* AktG § 78 Rn. 42.

[291] Spindler/Stilz/*Fleischer* AktG § 78 Rn. 43; MüKoAktG/*Spindler* AktG § 78 Rn. 65.

[292] BGH ZIP 1986, 501 Rn. 15; WM 1961, 80 Rn. 18 (jeweils für die GmbH); MüKoAktG/*Spindler* AktG § 78 Rn. 68.

[293] MüKoAktG/*Spindler* AktG § 78 Rn. 68.

[294] So MüKoAktG/*Spindler* AktG § 78 Rn. 68; aA Bürgers/Körber/*Bürgers/Israel,* 4. Aufl. 2017, AktG § 78 Rn. 20.

[295] MüKoAktG/*Spindler* AktG § 78 Rn. 106.

[296] BGH WM 1974, 480 Rn. 9.

[297] BGH WM 1974, 480 Rn. 9.

[298] EBJS/*Weber* HGB § 50 Rn. 3.

[299] MüKoAktG/*Spindler* AktG § 78 Rn. 108; Spindler/Stilz/*Fleischer* AktG § 78 Rn. 49.

[300] MüKoAktG/*Spindler* AktG § 78 Rn. 109 f.

179 Der Vorstand kann einem Dritten aber auch eine **Generalvollmacht** erteilen, die weder im Handelsregister einzutragen ist noch eine sachliche Beschränkung wie in § 49 HGB kennt. Nach früher vertretener Auffassung des BGH konnte eine Vollmacht zwar nicht umfassend in erteilt werden.[301] Eine Generalvollmacht wird heute aber überwiegend dann als zulässig anerkannt, wenn sie die organschaftliche Vertretung nicht verdrängt und nicht unwiderruflich ist.[302]

180 **4. Schranken der unbeschränkten Vertretungsbefugnis.** Die Vertretungsmacht der Vorstandsmitglieder ist nach außen im Grundsatz nicht beschränkbar (§ 82 Abs. 1 AktG). Die im **Innenverhältnis** geltenden Schranken sind jedoch zu beachten (§ 82 Abs. 2 AktG). Werden diese Schranken überschritten, handelt der Vorstand **pflichtwidrig** und macht sich gegenüber der AG ggf. **schadenersatzpflichtig.** Erkennt der Notar dies, sollte er die für die AG Erschienenen darauf hinweisen. Dies ergibt aus seiner Pflicht zur Belehrung über die rechtliche Tragweite des Rechtsgeschäfts (§ 17 Abs. 1 BeurkG iVm § 6 Abs. 2 BeurkG).

181 Darüber hinaus räumt das Gesetz dem **Aufsichtsrat** oder der **HV** beim Abschluss von Verträgen **Zustimmungsvorbehalte** ein. Der Notar muss diese kennen, da von ihnen die Wirksamkeit der Vertretung durch den Vorstand und damit des Rechtsgeschäfts abhängen kann. Die fehlende oder fehlerhafte Prüfung der Vertretungsbefugnis eines Beteiligten ist haftungsrelevant.[303]

182 § 111 Abs. 4 S. 2 AktG verlangt vom **Aufsichtsrat,** einen **Katalog zustimmungspflichtiger Geschäfte** zu bestimmen. Verweigert der Aufsichtsrat die Zustimmung zu einer Maßnahme des Vorstandes, kann dieser die Zustimmung durch einen Beschluss der HV **nach § 111 Abs. 4 S. 3 AktG** ersetzen lassen.[304] Nach hM soll der Vorstand sogar dazu in der Lage sein, einen Ersetzungsbeschluss durch die HV fassen zu lassen, ohne zuvor versucht zu haben, die Zustimmung des Aufsichtsrates zu der ins Auge gefassten Maßnahme einzuholen.[305] Bei einer Ein-Mann-AG, bei der zwischen Vorstand und Aktionär Identität besteht, oder einer AG mit kleinem Aktionärskreis kann der zwingend beurkundungsbedürftige Beschluss (§ 130 Abs. 1 S. 3 AktG iVm § 111 Abs. 4 S. 4 AktG) der HV in die Urkunde (etwa den Immobilienkaufvertrag) aufgenommen werden.

183 Bei eilbedürftig(er)en Maßnahmen wird die Einberufung einer HV aber regelmäßig unpraktikabel sein, sodass sich für den Vorstand und den Notar die Frage stellt, ob er auch ohne die **Zustimmung des Aufsichtsrates** oder **Ersetzung der HV** die AG wirksam vertreten kann. Nach einer aktuellen Entscheidung des BGH beschränkt § 111 Abs. 4 S. 2 AktG nicht die Vertretungsbefugnis im Außenverhältnis, sondern stellt lediglich eine **interne Schranke** dar.[306] Der Notar sollte den Vorstand aber darauf hinweisen, dass er pflichtwidrig handelt und sich ggf. schadenersatzpflichtig macht sowie zur Rückgängigmachung verpflichtet ist.[307] Auch können weder der Zustimmungsbeschluss des Aufsichtsrates noch der Ersetzungsbeschluss der HV nachträglich durch eine Genehmigung eingeholt werden.[308]

---

[301] BGH ZIP 1986, 501; NJW 1977, 199 (jeweils für die GmbH).
[302] Spindler/Stilz/*Fleischer* AktG § 78 Rn. 52; *Hüffer/Koch* AktG § 78 Rn. 10; MüKoAktG/*Spindler* AktG § 78 Rn. 115.
[303] BGH NJW-RR 2018, 443 Rn. 11.
[304] Schmidt/Lutter/*Drygala*, 3. Aufl. 2015, AktG § 111 Rn. 62; vgl. auch KK-AktG/*Mertens/Cahn* AktG § 111 Rn. 89.
[305] MüKoAktG/*Kubis* AktG § 119 Rn. 24 (Erst-recht-Schluss); Hölters/*Drinhausen* AktG § 119 Rn. 12; Spindler/Stilz/*Hoffmann* AktG § 119 Rn. 14; GK-AktG/*Mülbert* AktG § 119 Rn. 41.
[306] BGH NZG 2018, 1189 Rn. 17.
[307] *Hüffer/Koch* AktG § 111 Rn. 49; Spindler/Stilz/*Spindler* AktG § 111 Rn. 75; MüKoAktG/*Habersack* AktG § 111 Rn. 129.
[308] BGH NZG 2018, 1189 Rn. 17 nur für die unzulässige Genehmigung des Aufsichtsrates. Ob und welchen Voraussetzungen ein Handeln in Eilfällen ohne Zustimmung zulässig ist, ließ der BGH in Rn. 18 ausdrücklich offen.

Ein weiterer Zustimmungsvorbehalt findet sich in § 179a Abs. 1 S. 1 AktG. Ein Vertrag **184** über die Veräußerung des ganzen Vermögens der AG bedarf zu seiner Wirksamkeit der Zustimmung der HV (dazu → Rn. 310 ff.).

5. Mehrfachvertretung durch Vorstandsmitglieder. Vertritt ein Vorstandsmitglied zu- **185** gleich den Vertragspartner, liegt (grundsätzlich, zur Ausnahme unten → Rn. 188) kein Fall des § 112 AktG vor, da die AG nicht „gegenüber" einem Vorstandsmitglied, sondern einer anderen Gesellschaft vertreten wird.[309] **Insichgeschäfte** in Gestalt der Mehrfachvertretung iSd § 181 Var. 2 BGB sind grundsätzlich unzulässig, und zwar auch dann, wenn die AG nur über ein Vorstandsmitglied verfügt, das zugleich Alleinaktionär ist.[310] Bei Gesamtvertretung muss der Vorstand – unter Ausschluss des betroffenen und für den Vertragspartner auftretenden Vorstandmitglieds – insgesamt noch vertretungsbefugt sein. Ist das bei echter Gesamtvertretung nicht der Fall, so wird die AG nicht wirksam vertreten.[311] Ein zur Gesamtvertretung berechtigtes Vorstandsmitglied soll aber, wenn er nach § 181 Var. 2 BGB von der Vertretung ausgeschlossen ist, ein anderes, ebenfalls nur gesamtvertretungsberechtigtes Vorstandsmitglied zur Vertretung (gemäß § 78 Abs. 4 AktG) **ermächtigen** können.[312]

Die Satzung kann die Vorstandsmitglieder von der Beschränkung des § 181 Var. 2 BGB **186** befreien (analog § 78 Abs. 3 S. 1 AktG).[313] Eine solche **Befreiung** kann auch der Aufsichtsrat aussprechen. Er benötigt dafür aber analog § 78 Abs. 3 S. 2 AktG eine **Satzungsermächtigung**, sofern es sich um eine generelle Gestattung handelt.[314] Die Befreiung ist im Handelsregister einzutragen.[315] Bei der Anmeldung ist auf die Formulierung zu achten. Eine **pauschale Befreiung** von den Beschränkungen des § 181 BGB ist **unzulässig** (§ 112 AktG) und wird von den Registergerichten häufig beanstandet.[316] Eine nicht im Handelsregister einzutragende Befreiung von der Beschränkung des § 181 Var. 2 BGB im Einzelfall soll der Aufsichtsrat dagegen auch ohne Satzungsgrundlage erteilen können.[317] Auch hier stellt sich aber das Problem, die Befreiung vom Verbot der Mehrfachvertretung etwa dem Grundbuchamt formgerecht (§ 29 Abs. 1 S. 1 GBO) nachzuweisen. Eine Gestattung durch Beschluss der HV oder aufgrund Weisung des Alleinaktionärs ist unwirksam.[318]

Ein **Verstoß gegen § 181 Var. 2 BGB** führt nicht zur endgültigen Nichtigkeit des **187** Rechtsgeschäftes. Vielmehr ist es bis zur Genehmigung **schwebend unwirksam**. Der Aufsichtsrat ist für die Erteilung der Genehmigung nach § 112 AktG ausschließlich zuständig.[319] Erforderlich ist grundsätzlich eine doppelte Genehmigung, sofern dem Vorstandsmitglied die Mehrfachvertretung in der anderen Gesellschaft nicht bereits gestattet war.[320]

Eine besondere Konstellation liegt vor, wenn das Vorstandsmitglied nicht nur **organ-** **188** **schaftlicher Vertreter** des Vertragspartners ist, sondern auch dessen **alleiniger Anteilsinhaber**. Das OLG Saarbrücken und das LG Koblenz bejahten in einem Fall, in dem das Vorstandsmitglied der einer AG nicht nur Vorstandsmitglied der anderen AG, sondern auch deren Alleinaktionär war, aufgrund der **wirtschaftlichen Identität** eine analoge

---

309 MüKoAktG/*Spindler* AktG § 78 Rn. 122.
310 *Hüffer/Koch* AktG § 78 Rn. 6.
311 MüKoAktG/*Spindler* AktG § 78 Rn. 124.
312 BGH NJW 1975, 1117 Rn. 10 f.
313 *Hüffer/Koch* AktG § 78 Rn. 7.
314 *Hüffer/Koch* AktG § 78 Rn. 7.
315 Spindler/Stilz/*Fleischer* AktG § 78 Rn. 12.
316 *Hüffer/Koch* AktG § 78 Rn. 7; MüKoAktG/*Spindler* AktG § 78 Rn. 128.
317 *Hüffer/Koch* AktG § 78 Rn. 7; wohl aA Spindler/Stilz/*Fleischer* AktG § 78 Rn. 12.
318 MüKoAktG/*Spindler* AktG § 78 Rn. 128.
319 MüKoAktG/*Spindler* AktG § 78 Rn. 132.
320 MüKoAktG/*Spindler* AktG § 78 Rn. 132.

Anwendung des § 112 AktG.[321] In der Literatur wird darüber hinaus vertreten, dass § 112 AktG nicht nur bei einer Ein-Personengesellschaft analoge Anwendung findet, sondern auch eine maßgebliche Beteiligung an der AG hierfür ausreiche.[322]

189 **6. Besonderheiten bei Unternehmensbeteiligungen. Vertretungsverbote** sind auch dann zu beachten, wenn ein Mitglied des Vorstandes zum Geschäftsleiter einer Tochtergesellschaft bestellt und diese Tatsache dem Handelsregister zur Eintragung angemeldet werden soll. Nach Ansicht des OLG München ist § 112 AktG nicht anzuwenden, wenn ein **Vorstandsmitglied zum Geschäftsführer** (für einen Liquidator gilt nichts anderes) einer **Tochter-GmbH** bestellt wird bzw. sich hierzu als Vertreter der AG in der Gesellschafterversammlung selbst bestellt.[323] Es liegt aber zugleich ein Anwendungsfall des § 181 Var. 1 BGB vor.[324] Nach wohl hM wird § 181 Var. 1 BGB hier nicht durch § 112 AktG verdrängt.[325] Eine Befreiung von der Beschränkung des § 181 Var. 1 BGB ist möglich.[326] Es ist jedoch fraglich, ob die Befreiung des Vorstandsmitgliedes von § 181 Var. 1 BGB eintragungsfähig ist oder nur eine Befreiung im Einzelfall stattfinden kann.[327]

190 **7. Vertretung des Vorstandes durch Vertragspartner.** Der Vorstand kann nicht von den Beschränkungen des § 181 Var. 1 BGB befreit werden. Dem steht schon § 112 AktG entgegen[328] (→ Rn. 186). Es stellt sich daher die Frage, ob er sich bei einem Rechtsgeschäft mit einem Dritten durch diesen vertreten lassen kann. Das Problem tritt nur auf, wenn Vertragspartner eine natürliche Person ist. Handelt es sich um eine juristische Person, liegt ein Fall des § 181 Var. 2 BGB vor, von dessen Beschränkungen wirksam befreit werden kann. Das KG hält in einem Fall, der ein Grundstück betrifft, eine **Befreiung vom Verbot des Selbstkontrahierens** durch einen selbst davon nicht befreiten Vertreter für zulässig, wenn er selbst das Rechtsgeschäft hätte abschließen können. Entscheidend sei, ob es sich um ein Insichgeschäft des Geschäftsleiters handele. Sei das nicht der Fall, spreche nichts gegen eine Befreiung des Dritten vom Verbot des Insichgeschäfts.[329] Eine Entscheidung eines Gerichts zu einer AG liegt jedoch nicht vor. Sicherheitshalber sollte dieser Weg deshalb vermieden werden.

191 **8. Eigengeschäfte des Vorstandsmitglieds.** § 88 Abs. 1 S. 1 AktG verbietet es Vorstandsmitgliedern, insbesondere ohne Einwilligung des Aufsichtsrats im Geschäftszweig der Gesellschaft für eigene oder fremde Rechnung Geschäfte zu machen. Es ist dem Vorstand ferner untersagt, den Vollzug bereits von der Gesellschaft abgeschlossener Verträge durch Abwicklung auf eigene Rechnung oder in sonstiger Weise zu beeinträchtigen oder zu vereiteln. Nach der sog. **Geschäftschancenlehre** darf der Vorstand auch keine Geschäfte an sich ziehen, die in den Geschäftsbereich der Gesellschaft fallen und dieser aufgrund bestimmter konkreter Umstände bereits zugeordnet sind.[330] Ein Verstoß gegen diese Verpflichtung macht ein beurkundetes Rechtsgeschäft zwar nicht unwirksam. Die AG kann aber Schadenersatz verlangen. Der Notar sollte deshalb auf einen möglichen Konflikt hinweisen, wenn er ihm bekannt wird. Das kann etwa der Fall sein, wenn er zu-

---

[321] OLG Saarbrücken NZG 2014, 343 Rn. 35; NZG 2012, 1348; LG Koblenz ZNotP 2002, 322; aA OLG München BeckRS 2009, 6226 Rn. 11; offen lassend für Ein-Personen-Gesellschaften aber OLG München NZG 2012, 706 Rn. 46.
[322] MüKoAktG/*Spindler* AktG § 78 Rn. 122.
[323] OLG München NZG 2012, 710; so bereits LG Nürnberg-Fürth AG 2001, 152.
[324] BayObLG GmbHR 2001, 72.
[325] Dazu *Cramer* NZG 2012, 765 (768).
[326] OLG München NZG 2012, 710; so bereits LG Nürnberg-Fürth AG 2001, 152; *Cramer* NZG 2012, 765 (768).
[327] So *Scheemann* NZG 2008, 89 (92).
[328] MüKoAktG/*Spindler* AktG § 78 Rn. 121.
[329] KG FGPrax 2011, 55 Rn. 14.
[330] BGH NZG 2017, 627; GmbHR 2013, 259 für den geschäftsführenden Gesellschafter einer GbR.

nächst einen Vertragsentwurf zum Verkauf einer Immobilie an eine Immobilien-AG fertigt, später das Vorstandsmitglied selbst kaufen will. Daran ändert es auch nichts, wenn das Vorstandsmitglied beim Austausch der Käufer abberufen wurde oder sein Amt (sofern wirksam) niedergelegt hat, wenn er den Abschluss des Kaufvertrages schuldhaft hinausgezögert hat.[331] Grundsätzlich endet aber das Wettbewerbsverbot mit dem Ausscheiden aus dem Amt. Es kann zwar ein nachvertragliches Wettbewerbsverbot vereinbart sein. Auch das gilt aber nicht grenzenlos und darf in der Regel nicht für einen längeren Zeitraum als für zwei Jahre vereinbart werden.[332]

§ 88 Abs. 1 S. 1 AktG untersagt ferner das Betreiben eines Handelsgewerbes. Unerwähnt ist der in der Praxis durchaus nichts seltene Fall, dass das Vorstandsmitglied an einem anderen (Konkurrenz-)**Unternehmen beteiligt** ist. Hält er an der anderen Gesellschaft eine Mehrheitsbeteiligung oder beherrscht sie auf andere Weise, etwa als deren Geschäftsführer/Vorstand, macht er aber ebenfalls entgegen § 88 Abs. 1 S. 1 AktG Geschäfte auf eigene Rechnung.[333] Eine bloß kapitalistische Minderheitsbeteiligung schadet demgegenüber nicht.[334] **192**

Nach § 88 Abs. 1 S. 2 dürfen Mitglieder des Vorstandes ohne Zustimmung weder Vorstand noch Geschäftsführer einer anderen Handelsgesellschaft sein. **193**

9. Ausübung der Stimmrechte in mitbestimmter Tochter-AG. § 32 Abs. 1 Mit- **194**
bestG sieht für die Ausübung bestimmter Rechte als Aktionär/Gesellschafter in einer **Tochter-Gesellschaft** (Beteiligung von mindestens 25%) durch den Vorstand der Mutter-AG ein Zustimmungserfordernis des Aufsichtsrates der Mutter-AG vor, wenn sowohl Ober- als auch Untergesellschaft dem MitbestG unterliegen. Dies betrifft **Beschlüsse in der Untergesellschaft** über den **Widerruf der Bestellung** oder die **Entlastung der Verwaltungsträger** sowie über die **Auflösung oder Umwandlung der Untergesellschaft,** den **Abschluss von Unternehmensverträgen** (§§ 291, 292 AktG), über ihre **Fortsetzung nach** ihrer **Auflösung** oder über die **Übertragung ihres Vermögens.** Nach hM handelt es sich um eine echte Beschränkung der Vertretungsmacht des Vorstands.[335] Der Vorstand kann sein Stimmrecht in der Haupt- bzw. Gesellschafterversammlung der Untergesellschaft ohne entsprechenden Aufsichtsratsbeschluss nicht wirksam ausüben.[336] Hierauf sollte der Notar den Versammlungsleiter in der HV hinweisen und dies ggf. in seiner Versammlungsniederschrift vermerken.

VII. Anmeldung zum Handelsregister

Änderungen im Vorstand und bei der Vertretungsbefugnis seiner Mitglieder sind gemäß **195** § 81 AktG zum **Handelsregister** anzumelden. Zuständig hierfür ist der Vorstand in **vertretungsberechtigter Zahl.**[337] Ausgeschiedene Vorstandsmitglieder können das **eigene Ausscheiden nicht anmelden.** Zulässig ist aber die Anmeldung des Ausscheidens, wenn das **Ausscheiden** aus dem Vorstand erst **zum Zeitpunkt der Eintragung** im Handelsregister wirksam werden soll. Zur aufschiebend bedingten Amtsniederlegung → Rn. 210. Eine **zukünftige Bestellung** ist nicht eintragungsfähig.[338]

---

[331] BGH GmbHR 1986, 42 Rn. 8.
[332] BGH GmbHR 2015, 308 Rn. 11; MüKoAktG/*Spindler* AktG § 88 Rn. 50.
[333] MüKoAktG/*Spindler* AktG § 88 Rn. 21.
[334] OLG Stuttgart ZIP 2017, 868.
[335] BeckHdB AG/*Kolb* § 7 Rn. 116; MHdB GesR IV/*Hoffmann-Becking* § 29 Rn. 66.
[336] MHdB GesR IV/*Hoffmann-Becking* § 29 Rn. 66.
[337] *Hüffer/Koch* AktG § 81 Rn. 5.
[338] OLG Düsseldorf DNotZ 2000, 529 mAnm *Kallrath.*

VIII. Anstellungsvertrag

196 Von der **organschaftlichen Bestellung** ist die **dienstvertragliche Ebene** zu unterscheiden. Für diese ist zu beachten, dass regelmäßig auch die AGB-Kontrolle auf den als Geschäftsbesorgungsvertrag zu qualifizierenden Vertrag (§§ 611 ff. BGB iVm § 675 BGB) Anwendung findet.[339] So kann zwar die nicht rechtzeitige und vollständige Auskunft des Vorstandsmitglieds über seine Nebentätigkeiten einen Verstoß gegen das **Gebot der unbedingten Offenheit** gegenüber dem Aufsichtsrat darstellen und die **Abberufung dieses Vorstandsmitglieds** nach § 84 Abs. 3 AktG rechtfertigen. Das bedeutet jedoch nicht, dass auch eine darauf gestützte **fristlose Kündigung des Vorstandsdienstvertrags** nach § 626 Abs. 1 BGB (sog. Trennungstheorie) zulässig ist.[340] Für die Abberufung oder Kündigung des Dienstverhältnisses eines Vorstandsmitgliedes ist der Aufsichtsrat zuständig.[341] Es handelt sich hierbei um eine empfangsbedürftige Willenserklärung des Aufsichtsrates, die erst mit Zugang bei dem entsprechenden Organ wirksam wird. Der Aufsichtsrat kann sich für die Überbringung der Erklärung an das Organmitglied eines Mittlers bedienen. Dogmatisch bieten sich hierbei zwei Möglichkeiten an: Zum einen kann ein Beschluss über die Abberufung oder Kündigung gefasst und ein Mitglied für die Übermittlung der Erklärung bevollmächtigt werden. Dieses überbringt dann als **Stellvertreter** die Abberufung oder Kündigung im Namen der Gesellschaft. Andererseits kann der Aufsichtsrat auch selbst die Abberufung oder Kündigung erklären und diese durch **Boten** übermitteln.

IX. Haftung des Vorstands

197 Der Vorstand unterliegt nach § 93 Abs. 2 AktG einer strengen Haftung. Diese Haftung beruht auf der **Organstellung,** nicht auf dem Dienstvertrag.[342] Dessen Fehlen oder Nichtigkeit befreit ein Vorstandsmitglied ebenso wenig von der gesetzlich begründeten Verantwortlichkeit wie eine **Fehlerhaftigkeit der Bestellung** (sog. faktisches Organ). Die **Sorgfaltspflichten** ergeben sich aus § 93 Abs. 1 S. 1 AktG. Haftungsrelevant ist vor allem die Pflicht des Vorstands, bei **Verlust der Hälfte des Grundkapitals** unverzüglich eine **außerordentliche HV** einzuberufen (§ 92 Abs. 1 AktG).[343] In der Krise muss der Vorstand geeignete Maßnahmen ergreifen, um eine drohende Insolvenz abzuwenden. Können Insolvenzeröffnungsgründe (Zahlungsunfähigkeit, § 17 InsO, und Überschuldung, § 19 InsO) nicht kurzfristig beseitigt werden, hat er nach § 15a Abs. 1 AktG die Eröffnung eines Insolvenzverfahrens zu beantragen. Mit Vorliegen eines Eröffnungsgrundes unterliegt er nach § 92 Abs. 2 AktG einem **Auszahlungsverbot.**

198   Die **AG** ist für das Vorliegen einer Pflichtverletzung **darlegungs- und beweisbelastet.** Das Verschulden ist damit indiziert. Will sich das Vorstandsmitglied exkulpieren, so trifft es nach § 93 Abs. 2 S. 2 AktG die **Beweislast.** Dabei kann sich der Vorstand auch auf den Einwand pflichtgemäßen Alternativverhaltens berufen. Dies gilt nicht nur dann, wenn der Aufsichtsrat zur Zustimmung des Geschäfts verpflichtet gewesen wäre. Der Vorstand kann sich nicht auf ein rechtmäßiges Alternativverhalten berufen, wenn der Aufsichtsrat aus ex ante-Sicht pflichtwidrig gewesen wäre – zB bei Verstoß gegen Gesetz oder Satzung.[344] Die Vorstandsmitglieder sind der Gesellschaft zum Ersatz des aus der Pflichtverletzung entstehenden Schadens als Gesamtschuldner verpflichtet (§ 93 Abs. 2 S. 2 AktG). Kein Vorstandsmitglied kann auf das **Mitverschulden** eines anderen verweisen. Eine **Haftungsbeschränkung** wie bei Arbeitnehmern wird – im Gegensatz zum Ver-

---

[339] Zur Vertiefung: *Bauer/Arnold* ZIP 2006, 2337.
[340] Vgl. OLG München BeckRS 2012, 13795.
[341] OLG Düsseldorf BeckRS 2012, 11650; dazu *Knapp* DStR 2013, 865 (868).
[342] KK-AktG/*Mertens/Cahn* AktG § 93 Rn. 4.
[343] *W. Müller* ZGR 1985, 191.
[344] BGH NJW-Spezial 2018, 656 (657).

einsrecht – nicht anerkannt.[345] Allerdings tritt die Ersatzpflicht nicht ein, wenn die Handlung des Vorstands auf einem **gesetzmäßigen Beschluss** der HV beruht (§ 93 Abs. 4 S. 1 AktG). Eine – auch vorherige – Billigung durch den Aufsichtsrat genügt nicht für den Haftungsausschluss (§ 93 Abs. 4 S. 2 AktG).[346] Ist der Ersatzanspruch einmal entstanden, so kann die Gesellschaft nur unter den in § 93 Abs. 4 S. 3, S. 4 AktG genannten Voraussetzungen – nicht etwa durch bloße Entlastung (vgl. § 120 Abs. 2 S. 2 AktG) – auf ihn verzichten oder sich etwa (auch im Rahmen eines Schiedsgutachtens)[347] über ihn vergleichen.

§ 91 Abs. 2 AktG verpflichtet den Vorstand, geeignete Maßnahmen zu treffen, insbesondere ein **Überwachungssystem** einzurichten, das ihn in die Lage versetzt, das Unternehmen gefährdende Entwicklungen zu erkennen.[348] Bei erkannten Gefahren ist der Vorstand verpflichtet, Krisenabwehrmaßnahmen einzuleiten, darüber hinaus sogar eine **außerordentliche HV** einzuberufen, wenn eine Unterbilanz in Höhe des halben Grundkapitals entstanden ist (§ 92 Abs. 1 AktG). Bei Unternehmen, die umweltrechtliche Bestimmungen beachten müssen, kommt ein Umweltmanagementsystem hinzu.[349]   **199**

Die Mitglieder des Vorstandes sind außerdem verpflichtet, für die Rechtmäßigkeit des Handels der Gesellschaft nach außen zu sorgen, dass also die Gesellschaft im Rechtsverkehr die geltenden Gesetze einhält **(Legalitätspflicht)**. Tiefere rechtliche Kenntnisse, insbesondere in speziellen Rechtsmaterien (vor allem öffentlich-rechtliche Pflichten, etwa Umwelt- oder Abfallrecht) besitzen die Mitglieder des Vorstandes in der Regel nicht. Dies birgt ein enormes Haftungsrisiko. Die Rechtsprechung erwartet von den Mitgliedern des Vorstandes in diesen Fällen, die erforderliche Sachkunde von einem sachverständigen, also **fachlich qualifizierten Berufsträger** einzuholen. Handelt der Vorstand nach der erteilten Empfehlung, ist sein Handeln selbst dann nicht pflichtwidrig, wenn der Rat objektiv falsch war. Um der Gefahr von Gefälligkeitsgutachten vorzubeugen, verlangt die Rechtsprechung, dass der Sachverständige unabhängig ist. Die **unternehmenseigene Rechtsabteilung** dürfte dieses Kriterium nicht erfüllen.[350] Ferner muss dem Sachverständigen die Möglichkeit zur umfassenden Bewertung anhand einer ausführlichen Sachverhaltsdarstellung gegeben werden. Der Vorstand darf der Empfehlung auch dann noch nicht ohne weiteres folgen, sondern muss den erteilten Rechtsrat auf Plausibilität prüfen.[351]   **200**

Neben der Haftung nach § 93 AktG kann auch eine **unmittelbare Außenhaftung** des Vorstandes nach allgemeinen Vorschriften – vornehmlich dem **Deliktsrecht** – bestehen.[352] Bei börsennotierten Gesellschaften spielt hier neben § 826 BGB in Form der kapitalmarktrechtlichen Informationshaftung wegen unterlassener oder fehlerhafter **Ad-hoc-Mitteilungen**[353] insbesondere § 823 BGB eine maßgebliche Rolle: Der wohl prominenteste Fall der unmittelbaren Außenhaftung ist der Fall **Kirch/Deutsche Bank.**[354] Entscheidend ist in dem BGH Urteil folgender Satz, dessen Konsequenzen für die Unternehmenspraxis angesichts der auch vom Gesetzgeber permanent verschärften Managerhaftung bis heute nicht vollständig geklärt sind. Er lautet: **201**

---

[345] KK-AktG/*Mertens/Cahn* AktG § 93 Rn. 8 mwN.
[346] BGH NZG 2018, 1189; EWiR 2018, 645 *(Priester)*; *Weißhaupt* ZIP 2019, 202.
[347] OLG München AG 2017, 631.
[348] MHdB GesR IV/*Wiesner* § 25 Rn. 9f.
[349] MHdB GesR IV/*Wiesner* § 25 Rn. 8.
[350] So etwa *Fleischer* ZIP 2009, 1397 (1403); *Schneider* DB 2011, 99 (102); *Selter* AG 2012, 11 (14).
[351] BGH NZG 2011, 1271; GWR 2011, 518 *(Primaczenko)*.
[352] Eine Übersicht zur Außen- und Innenhaftung findet sich in: *Buchta* DB 2006, 1939.
[353] Vgl. zB das Grundsatzurteil zur Haftung für unterbliebene Ad-hoc-Mitteilungen aus § 37b WpHG: BGH NZG 2012, 263; ZIP 2005, 1270; *Goette* DStR 2005, 1330, *Schäfer* NZG 2005, *985.*
[354] BGH NJW 2006, 830; zusammenfassender Überblick bei *Kort* NJW 2006, 1098; *Möllers/Beutel* NZG 2006, 338.

„Es geht nicht an, anzunehmen, Pflichten seien nur an den Unternehmensträger, nicht aber an das Organ adressiert, gleichzeitig aber die Möglichkeit einer eigenen deliktsrechtlichen Haftung des Organs mit dem Argument zu leugnen, dessen Verhalten sei Handeln der juristischen Person selbst, so dass das Organ seinem Unternehmen gar nicht selbständig gegenübertrete."[355]

202   Der BGH durchbricht damit die grundsätzliche Haftungstrennung zwischen AG und Vorstand und betont stattdessen die Einheit der Rechtsordnung. Was der juristischen Person aufgrund der vertraglichen Treuepflicht untersagt sei, sei zwangsläufig auch dem oder den für sie handelnden Organen verboten.[356]

203   Aus der **Organstellung** und aus dem **Anstellungsverhältnis** erwachsen eine besondere **Interessenverwahrungs- und Treuepflicht** der Vorstandsmitglieder. Sie müssen dazu etwa alles unterlassen, was der Gesellschaft Schaden zufügt, **Geschäftsgeheimnisse** wahren[357] und Geschäftschancen der Gesellschaft respektieren *(Corporate-Opportunities-Regel).*[358] Sie haben ihre Tätigkeit mit der **Sorgfalt eines ordentlichen und gewissenhaften Geschäftsleiters** auszuüben (§ 93 Abs. 1 S. 1 AktG). Niemand kann sicher sein, dass sich eine unternehmerische Entscheidung im Nachhinein als falsch herausstellt oder sich bestimmte unternehmerische Erwartungen nicht erfüllen und sich Investitionen als Verlustgeschäft entpuppen. In diesen Fällen handelt der Vorstand nicht zwingend pflichtwidrig. Er ist in seiner Entscheidungsfindung weitgehend frei und genießt einen sehr **weiten Ermessensspielraum,** der erst dann überschritten ist, wenn bei einer ex-ante-Betrachtung der Gesellschaft mit hoher Wahrscheinlichkeit Schaden droht oder die Risiken angesichts des zu erwartenden unternehmerischen Erfolgs unvertretbar erscheinen. Es wird allerdings vom Vorstand erwartet, bei seiner Entscheidungsfindung das Wohl der Gesellschaft im Auge zu behalten. Ferner hat er seine unternehmerische Entscheidung auf Basis einer angemessenen Informationsgrundlage zu treffen, die eine derartige Risiko-Nutzen-Analyse erlaubt, § 93 Abs. 1 S. 2 AktG (sog. *business judgement rule*). Die bewusste Überschreitung des unternehmerischen Ermessensspielraums hat nicht nur zivilrechtliche Konsequenzen, sondern auch strafrechtliche Relevanz, da häufig zugleich der **Tatbestand des § 266 StGB** erfüllt ist.[359]

204   Nach **§ 93 Abs. 1 S. 3 AktG** haben die Vorstandsmitglieder **Stillschweigen über vertrauliche Angaben und Geheimnisse** zu bewahren. Weder Satzung noch Geschäftsordnung können das Schweigegebot mildern oder verschärfen.[360] **Nach § 88 AktG** unterliegen sie einem **Wettbewerbsverbot,** das ihnen untersagt, ohne Einwilligung des Aufsichtsrats ein Handelsgewerbe zu betreiben oder im Geschäftszweig der Gesellschaft für eigene oder für fremde Rechnung Geschäfte zu machen oder Vorstand, Geschäftsführer oder persönlich haftender Gesellschafter einer anderen Handelsgesellschaft zu sein.[361] Verstößt ein Vorstandsmitglied gegen dieses Verbot, so kann die Gesellschaft nach § 88 Abs. 2 AktG Schadensersatz fordern oder verlangen, dass die Geschäfte als für Rechnung der Gesellschaft eingegangen abgerechnet werden (sog. „Eintrittsgeld"). Zu den Treupflichten des Vorstands gehört auch das **Verbot, Geschäftschancen der Gesellschaft an sich zu ziehen** (sog. Geschäftschancenlehre).

X. Abberufung

205 Die **Abberufung des Vorstands** ist ausschließlich Sache des Aufsichtsrates als Kollegialorgan (§ 84 Abs. 3 AktG).[362] Das AGG findet keine Anwendung.[363] Die Abberufung ist

---

[355] BGH NJW 2006, 830 (843) mwN.
[356] BGH NJW 2006, 830 (843).
[357] *Stoffels* ZHR 165 (2001), 293.
[358] MHdB GesR IV/*Wiesner* § 21 Rn. 12.
[359] BGH NZG 2017, 116.
[360] MüKoAktG/*Spindler* AktG § 93 Rn. 130 f.
[361] Dazu BGH NJW 2001, 2476.
[362] OLG München NZG 2014, 66 Rn. 16.

nicht nach Belieben, sondern nur aus **wichtigem Grund** zugelassen.[364] Die Bestimmung ist in doppelter Richtung zwingend: Das Abberufungsrecht des Aufsichtsrates darf weder ausgedehnt noch eingeschränkt[365] werden, weil sonst entweder die Autonomie des Vorstands oder die Kontrolltätigkeit des Aufsichtsrats gefährdet würde.[366] Als Hauptbeispiele für den **wichtigen Abberufungsgrund** nennt § 84 Abs. 3 S. 2 AktG: Die **grobe Pflichtverletzung, die Unfähigkeit zur ordnungsmäßigen Geschäftsführung**[367] und den **Vertrauensentzug durch die HV,**[368] es sei denn, dass das Vertrauen aus offenbar unsachlichen Gründen entzogen worden ist.[369] Der Hauptversammlungsbeschluss über die Abberufung ist nicht zwingend unsachlich oder willkürlich, wenn sich die Gründe als nicht zutreffend erweisen, da weder eine Pflichtverletzung noch ein Verschulden des Vorstands, sondern nur der Vertrauensentzug Voraussetzung sind. Außerdem sind eine Anhörung des Vorstandes und die Begründung des Beschlusses nicht Wirksamkeitsvoraussetzung.[370] Auch außerhalb der Person des Vorstandes liegende Umstände können eine Abberufung rechtfertigen, zB wenn eine Bank die für das Überleben der AG unverzichtbare Verlängerung der Kreditlinie von der Abberufung des Vorstandes abhängig macht und keine Alternative zur Abwendung der Insolvenz besteht.[371] Die „Außensteuerung" durch Dritte sei in Kauf zu nehmen, wenn anderenfalls die Existenz des Unternehmens gefährdet sei. Die bewusste Nichtbedienung der fälligen Rate eines Darlehens kann einen wichtigen Grund zur Abberufung darstellen. Entsprechendes gilt für den Abschluss eines die AG bindenden Prozessvergleichs durch den Vorstand unter Verstoß gegen die sich für ihn aus § 111 Abs. 4 S. 2 AktG ergebende Bindung.[372] Keinen wichtigen Grund stellt es jedoch dar, wenn der Aufsichtsrat zur besseren Kommunikation eines unternehmensweiten Personalabbaus auch Vorstandsposten einkürzen will.[373]

Hält das betroffene Vorstandsmitglied seine Abberufung für unrechtmäßig, so kann es 206 auf **Feststellung der Unwirksamkeit** klagen. Diese „Feststellungsklage" funktioniert dann aber nur wie eine Anfechtungsklage: Der Widerruf der Bestellung ist wirksam, bis seine Unwirksamkeit rechtskräftig festgestellt ist, so dass sich das betroffene Vorstandsmitglied vorerst aller Tätigkeit im Vorstandsamt enthalten muss (vgl. § 84 Abs. 3 S. 4 AktG).

XI. Amtsniederlegung

Von der Abberufung des Vorstands ist die **Niederlegung des Amtes** zu unterscheiden. 207 Ob auch ihre Wirksamkeit davon abhängt, dass ein wichtiger Grund vorliegt, ist umstritten, wird aber von der hM verneint, da eine Pflicht zur Amtsführung als wenig sinnvoll erachtet wird.[374] Deshalb wird eine vorzeitige Beendigung des Vorstandsamts in der Praxis besser einvernehmlich herbeigeführt. Im Streitfall ist aber die Amtsniederlegung, wenn sich der Vorstand jedenfalls auf einen nach seiner Auffassung wichtigen Grund beruft, wirksam,[375] mag sie auch objektiv ungerechtfertigt und sogar pflichtwidrig sein. Das OLG Hamburg urteilte für den Fall der Amtsniederlegung des Alleinvorstands einer AG, dass

---

[363] BGH NZG 2012, 777.

[364] *Schrader/Felsmann* GWR 2017, 393 (394).

[365] Vgl. BGHZ 8, 349; BGH WM 1955, 1222; KG JW 1939, 492.

[366] MüKoAktG/*Spindler* AktG § 84 Rn. 120.

[367] Vgl. hierzu auch die Bedeutung der wirtschaftlichen Ordnung des privaten Bereichs des Vorstandsmitgliedes: OLG Köln BeckRS 2008, 1839.

[368] *Schrader/Felsmann* GWR 2017, 393.

[369] Beweislast trage das Vorstandsmitglied: OLG Celle ZIP 2016, 1773.

[370] BGH NZG 2017, 261; kritisch: *Knapp* DStR 2017, 555 (557).

[371] OLG München NZG 2006, 313; Besprechung in *Fleischer* DStR 2006, 1507; bestätigt durch BGH AG 2007, 158.

[372] OLG Stuttgart AG 2013, 599.

[373] OLG Frankfurt a.M. ZIP 2015, 519.

[374] *Hüffer/Koch* AktG § 84 Rn. 45; MüKoAktG/*Spindler* AktG § 84 Rn. 157; *Grigoleit/Vedder* AktG § 84 Rn. 44; *Schockenhoff/Culmann* ZIP 2015, 297 (302); *Schockenhoff* ZIP 2017, 1785 (1792); für wichtigen Grund: GK-AktG/*Kort* AktG § 84 Rn. 224; *Hölters/Weber* AktG § 84 Rn. 86.

[375] So für die GmbH BGHZ 121, 257 (261 f.); BGH NJW 1995, 2850.

diese auch dann nicht zur **Handlungsunfähigkeit der Gesellschaft** führe, wenn nur noch ein Aufsichtsratsmitglied verblieben sei. Sowohl dieses Mitglied als auch jeder Aktionär könne die gerichtliche Ergänzung des Aufsichtsrats gemäß § 104 Abs. 1 S. 1 AktG beantragen und der Aufsichtsrat sodann einen neuen Vorstand bestellen.[376]

208   Die Amtsniederlegung, aber auch die Abberufung von Vorständen wird zuletzt in der Literatur häufiger vor dem Hintergrund der Einflussnahme von aktivistischen Aktionären, die auf die Auswechslung von Vorständen drängen, diskutiert.[377] Beispiele aus der Praxis sind nicht nur im Ausland zu finden: 2017 die Amtsniederlegung von Klaus Kleinfeld als CEO des US-amerikanischen Aluminium-Konzerns Arconic. In Deutschland sind es zB Hartmut Retzlaff bei Stada und Heinrich Hiesinger bei Thyssenkrupp jeweils auf Druck des Hedge-Fonds Elliott.[378]

209   Die Amtsniederlegung ist **gegenüber dem Aufsichtsrat zu erklären.** Der **Zugang** bei einem Aufsichtsratsmitglied ist ausreichend,[379] muss aber dem Handelsregister **nachgewiesen** werden.

210   Formulierungsbeispiel: Amtsniederlegung Vorstand

♟   An den
Aufsichtsrat der ***-AG

Niederlegung meines Amtes

Sehr geehrte ***,

Hiermit lege ich – aufschiebend bedingt mit dem Eingang der entsprechenden Handelsregisteranmeldung beim Handelsregister – mein Amt als Vorstand der ***-AG nieder.

B. Aufsichtsrat

I. Aufgaben

211   **Die Hauptaufgabe** des Aufsichtsrats besteht darin, die Tätigkeit des Vorstandes zu **kontrollieren** und zu **überwachen,** § 111 AktG.[380] Der Aufsichtsrat hat das Recht und nach Lage des Falls auch die Pflicht, Schadensersatzprozesse gegen den Vorstand zu führen.[381] Die **Intensität der Überwachungspflicht** kann sich mit der **wirtschaftlichen Lage** ändern. Gerät das Unternehmen in wirtschaftliche Schwierigkeiten oder gar eine Krise muss die Kontroll- bzw. Überwachungstätigkeit durch den Aufsichtsrat intensiviert werden. Aus dieser Lage kann sich die Pflicht ergeben, eine Sitzung des Aufsichtsrates einzuberufen.

212   Der Aufsichtsrat **bestellt und beruft den Vorstand ab,** § 84 AktG, und vertritt die Gesellschaft gegenüber Vorstandsmitgliedern gerichtlich und außergerichtlich, § 112 AktG.[382]

213   Nach § 78 AktG ist der Aufsichtsrat für den Fall der **Führungslosigkeit** für Zustellungen von Willenserklärungen und Schriftstücken an die Gesellschaft zuständig. In einem solchen Fall trifft jeden der Aufsichtsratsmitglieder gemäß § 15a Abs. 3 InsO auch eine erweiterte Insolvenzantragspflicht.

---

[376] So auch OLG Hamburg NZG 2016, 1070.
[377] Ausführlich *Schockenhoff* ZIP 2017, 1785.
[378] *Schockenhoff* ZIP 2017, 1785.
[379] *Hüffer/Koch* AktG § 84 Rn. 44.
[380] *Werder/Scholderer* ZGR 2017, 865.
[381] BGH NJW 1997, 1926.
[382] *Guntermann/Theusinger* AG 2017, 798; dies gilt auch für die Vertretung der AG gegenüber der Witwe eines ehemaligen Vorstandsmitgliedes im Streit um eine Versorgungszusage: BGH ZIP 2006, 48; ebenfalls bei Prozessen gegen ausgeschiedene Vorstandsmitglieder: BGH ZIP 2009, 717. Für eine Ausweitung der Vertretungsbefugnis des Aufsichtsrates (§ 112 AktG) auch gegenüber Gesellschaften, an denen ein Vorstandsmitglied wesentlich/maßgeblich beteiligt ist, vgl. *Schunder/Weber* NZG 2007, 801.

Zwar ist der Vorstand zur Geschäftsführung der AG berufen, es bestehen im Innenverhältnis aber **Zustimmungsvorbehalte zu bestimmten Geschäftsführungsmaßnahmen,** § 111 Abs. 4 S. 2 AktG, die durch die Satzung oder den Aufsichtsrat präzisiert werden müssen.[383] 214

Weitere Aufgaben sind: 215
– die Gründungsprüfung (§ 33 Abs. 1 AktG);
– die Erteilung des Prüfungsauftrags an den Abschlussprüfer (§ 111 Abs. 2 S. 3 AktG);
– die Zustimmung zur Kreditgewährungen an Vorstandsmitglieder, Prokuristen usw (§§ 89, 115 AktG);
– die Prüfung des Jahresabschlusses, des Lageberichtes und des Vorschlags für die Gewinnverwendung (§ 171 AktG);
– die Feststellung des Jahresabschlusses (§ 172 AktG) und die Bildung von Gewinnrücklagen (§ 58 Abs. 2 AktG).

Im Rahmen der Durchführung der HV bestehen für den Aufsichtsrat weitere Aufgaben.[384] So hat er gemäß § 111 Abs. 3 AktG eine HV einzuberufen, wenn das Wohl der Gesellschaft es fordert. Für den Beschluss genügt die einfache Mehrheit. Der Aufsichtsrat hat gemäß § 118 Abs. 3 AktG eine **Teilnahmepflicht** an der HV. Er formuliert **Beschlussvorschläge** zu den Tagesordnungspunkten der HV, § 124 Abs. 3 AktG. 216

Bedeutung hat auch die **Berichtspflicht des Aufsichtsrats** an die HV, § 171 Abs. 2 AktG. In der Literatur wird darüber diskutiert, wie umfangreich dieser Bericht zu sein hat. Abgewogen werden muss zwischen einer nicht nur formelhaften, sondern ausführlichen, **aussagekräftigen Berichterstattung** mit **Transparenz** zur **Überwachungsarbeit** des Aufsichtsrats einerseits und der Beschränkung auf die Beschreibung der Mittel, mit welchen der Vorstand überwacht wurde **(Vertraulichkeitsgebot)** andererseits.[385] 217

Mittel zur Erfüllung seiner Aufgaben ist das **Informationsrecht,** das dem Aufsichtsrat gegenüber dem Vorstand zusteht. Nach § 90 AktG obliegt dem Vorstand eine Berichtspflicht gegenüber dem Aufsichtsrat, insbesondere über die Finanz-, Investitions- und Personalplanung der Gesellschaft. Zwar hat gemäß § 90 Abs. 4 S. 2 AktG die Unterrichtung „möglichst rechtzeitig" zu erfolgen. Konkrete Fristen nennt das Gesetz jedoch nicht. 218

Des Weiteren besteht nach § 111 Abs. 2 AktG ein **Einsichtsrecht** des Aufsichtsrats. Dieser kann die Bücher, Schriften und Vermögensgegenstände de Gesellschaft einsehen und prüfen, hierzu einzelne Aufsichtsratmitglieder beauftragen oder Einzelaufträge[386] an Sachverständige vergeben. 219

Die **Verschwiegenheitspflicht** der Aufsichtsratmitglieder ergibt sich aus § 116 AktG. Danach haben Aufsichtsratmitglieder über vertrauliche Angaben und Geheimnisse der Gesellschaft, namentlich **Betriebs- oder Geschäftsgeheimnisse,** die ihnen durch ihre Amtstätigkeit bekannt geworden sind, Stillschweigen zu bewahren. Die Verschwiegenheitspflicht ist nach § 404 AktG strafbewehrt. 220

II. Zusammensetzung

Zwingend zu beachten sind Besonderheiten, wenn es sich um mitbestimmte Gesellschaften handelt. Hinsichtlich der Besetzung des Aufsichtsrats ist zunächst festzustellen, ob und welchen **Mitbestimmungsregelungen** das Unternehmen unterliegt. Zu unterscheiden ist zwischen den Unternehmen, die vom Mitbestimmungsgesetz 1976 (MitbestG) erfasst werden, das heißt Unternehmen mit einer Arbeitnehmerzahl ab 2.000. Hier wird der Aufsichtsrat **paritätisch besetzt.** Das Montanmitbestimmungsgesetz (MontanMitbestG), das im Wesentlichen für Unternehmen der Montanindustrie ab 1.000 Arbeitnehmern An- 221

---

[383] *Hüffer/Koch* AktG § 111 Rn. 35 ff.
[384] *Hoffmann-Becking* NZG 2017, 281.
[385] Ausf. hierzu MüKoAktG/*Hennrichs/Pöschke* AktG § 171 Rn. 181 ff.; *Drygala* AG 2007, 381; *Lutter* AG 2008, 1; OLG Stuttgart DStR 2006, 578.
[386] BGH NJW 1983, 991.

wendung findet, sieht ebenfalls eine paritätische Besetzung vor, wobei ein sog. „neutraler Mann" hinzutritt. Die Maximalgröße des Aufsichtsrats nach § 7 Abs. 1 MitbestG darf auch dann nicht überschritten werden, wenn die überzähligen Mitglieder nur beratende Funktion und kein Stimmrecht haben.[387] Liegen weder die Voraussetzungen des MitbestG noch des MontanMitbestG vor, so regelt das **Drittelbeteiligungsgesetz (DrittelbG)** die Mitbestimmung für AGs, die 500 bis zu 2.000 Arbeitnehmer beschäftigen. Das DrittelbG belässt es bei der − ggf. − satzungsmäßigen Bestimmung der Gesamtzahl der Aufsichtsrats-mitglieder, § 95 AktG, und bestimmt gemäß § 4 Abs. 1 DrittelbG, dass hiervon zu einem Drittel Arbeitnehmervertreter angehören müssen.

III. Persönliche Voraussetzungen

222   Ein Aufsichtsrat darf **maximal zehn Aufsichtsratsmandate** wahrnehmen. Nach § 100 Abs. 2 S. 3 AktG sind die Mandate doppelt zu zählen, bei welchen das Mitglied zum Vor-sitzenden gewählt wurde. Die Höchstzahl der Aufsichtsratsmandate ist aber nach verbrei-teter Ansicht damit weiterhin zu hoch.[388] Bei börsennotierten Gesellschaften ist ein Wechsel von Vorständen in den Aufsichtsrat erst nach **zweijähriger Karenzzeit** oder auf **Vorschlag von Aktionären mit 25 % Stimmenanteil** zulässig, § 100 Abs. 2 S. 1 Nr. 4 AktG. Bei kapitalmarktorientierten AGs muss darüber hinaus ein Aufsichtsratsmitglied über Sachverstand im Rechnungswesen oder in der Abschlussprüfung verfügen und dar-über hinaus unabhängig sein.[389]

223   Ein **Zusammenfall von Aufsichtsratsmandat und Generalhandlungsvollmacht** für die Gesellschaft iSd § 54 Abs. 1 Alt. 1 HGB verstößt gegen § 105 AktG und dessen Trennungsgebot.[390] Auftretende Überschneidungen sind grundsätzlich nach dem Priori-tätsgrundsatz zu Lasten des späteren Rechtsverhältnisses (zB Erteilung einer Prokura) zu lösen.[391]

IV. Bestellung

224   Die Kandidaten für Aufsichtsratsämter sind nach §§ 124 Abs. 3 S. 3, 125 Abs. 1 S. 3 AktG mit dem ausgeübten Beruf in der Bekanntmachung der Tagesordnung und der Mitteilung an die Aktionäre vorzustellen. Es sind **Angaben über Mitgliedschaften in anderen Aufsichtsräten** zu machen, letztere jedoch aus Kostengründen nicht in der Bekanntma-chung nach § 124 AktG, sondern in der Mitteilung gemäß § 125 AktG.

225   Der **Aufsichtsrat einer Rechtsanwalts-AG** muss den Anforderungen aus §§ 59a f. BRAO analog genügen.[392] Die Satzung ist entsprechend auszugestalten. Andernfalls kann der Gesellschaft ihre berufsrechtliche Zulassung verweigert werden. Die Rechtsanwalts-AG ist in Deutschland aber sehr selten. Zum Stichtag 1.1.2018 zählte die BRAK in ihrer kleinen Mitgliederstatistik nur noch 23 Rechtsanwalts-AGs (2017 noch 25) bei einer Ge-samtmitgliederzahl von 165.857 Rechtsanwälten.[393]

226   Die **Amtszeit** der Aufsichtsratsmitglieder ist in § 102 AktG geregelt. Sie beträgt maxi-mal fünf Jahre, § 102 AktG. Besonderheiten gelten für den ersten Aufsichtsrat, § 30 Abs. 3 AktG.[394] Dieser darf nur bis zum Ablauf der HV, die über die Entlastung für das erste Geschäftsjahr beschließt − also maximal für 20 Monate − bestellt werden. Für den Fall des Ausscheidens eines Aufsichtsratsmitglieds während der laufenden Amtsperiode

---

[387] BGH DStR 2012, 762.
[388] Vgl. insgesamt *Claussen* DB 1998, 177; *Deckert* NZG 1998, 710; *Lingemann/Wasmann* BB 1998, 853; *Zimmer* NJW 1998, 3521 (3523).
[389] Dazu *Diekmann/Bidmon* NZG 2009, 1087.
[390] MüKoAktG/*Habersack* AktG § 105 Rn. 11 ff.
[391] BGH NJW 1967, 801 (802).
[392] BGH NJW 2005, 1568 (1571); krit. dazu *Passarge* NJW 2005, 1835 (1837).
[393] Quelle: https://www.brak.de/w/files/04_fuer_journalisten/statistiken/2018/mitglieder_klein_01-01-2018_cd.pdf, zuletzt abgerufen am 15.5.2019, Rechtsanwalts−GmbHs: 848; Rechtsanwalts−UGs: 9.
[394] DNotI-Report 2008, 137.

kann die Wahl von Ersatzaufsichtsratsmitgliedern vorgesehen werden, §§ 101 Abs. 3 S. 2–4, 102 Abs. 2 AktG.

Besondere Vorschriften bestehen, wenn sich die Zusammensetzung des Aufsichtsrats 227 ändert, sei es, dass Mitglieder ausscheiden, sei es, dass das sich das mitbestimmungsrechtliche Statut der Gesellschaft ändert. In diesen Fällen ist vor einer Neuwahl des Aufsichtsrats ein **Statusverfahren** nach §§ 96 ff. AktG durchzuführen.

Die Bestellung der Aufsichtsratsmitglieder erfolgt durch **Wahl**. Sie ist unterschiedlich 228 geregelt, je nachdem, ob es sich um **Vertreter der Anteilseigner** oder der **Arbeitnehmer** handelt. Die Anteilseignervertreter werden nach § 101 Abs. 1 AktG von der HV gewählt, und zwar für eine begrenzte Amtszeit (§ 102 AktG).[395] Mit der Tagesordnung der HV sind Angaben über die Aufsichtsratskandidaten bekannt zu geben (§§ 124, 125 AktG).[396] Die Satzung kann nach § 133 Abs. 2 AktG vom Erfordernis einer einfachen Mehrheit abweichen, zB auch eine qualifizierte Mehrheit vorschreiben.[397] **Einzelwahl** und **Simultanwahl** sind zulässig.[398]

Nach hM[399] ist grundsätzlich auch eine **Global-, Block- oder Listenwahl** möglich, 229 in der mehrere Aufsichtsratsmitglieder nur zusammen gewählt oder abgelehnt werden können. Da Ziff. 5.4.3 S. 1 DCGK aber eine Einzelwahl empfiehlt, kommt dies in börsennotierten Gesellschaften so gut wie gar nicht vor. Des Weiteren besteht nach BGH eine hohe Anfechtungsgefahr.[400]

Sollen doch **Blockwahlen** durchgeführt werden, sollte dies in einer entsprechenden 230 **Satzungsregelung** festgeschrieben werden. Möglich ist auch eine Klausel, die den Versammlungsleiter zur Anordnung einer Blockwahl berechtigt. Blockwahlen darf der Versammlungsleiter aber auch aufgrund seiner **Leitungsbefugnis** ansetzen. Wichtig ist, dass der Versammlungsleiter die Wahlmodalitäten erläutert und erklärt, dass derjenige gegen den Vorschlag zu stimmen hat, der nur einen Kandidaten nicht wählen möchte. Wird die Liste abgelehnt, liegt hierin ein konkludenter **Antrag auf Einzelabstimmung,** die nach der Listenwahl folgen muss.[401] Strittig ist weiterhin, ob es ausreichend[402] ist, dass ein Aktionär die Einzelwahl fordert. Höchstrichterliche Rechtsprechung liegt hierzu nicht vor. Es wird vertreten, dass die **verfahrensleitende Anordnung** des Versammlungsleiters zur Blockwahl nur durch einen Mehrheitsbeschluss der HV überwunden werden kann.[403]

Wichtig ist, dass eine Globalwahl aufgrund ihres Risikos ausgeschlossen werden sollte, 231 wenn die AG dem Anwendungsbereich der **Geschlechterquote iSd § 96 Abs. 2 AktG** unterfällt. Gemäß der Regierungsbegründung[404] ist im Fall der **Blockwahl** die gesamte Wahl hinsichtlich des überrepräsentierten Geschlechts (Frauen oder Männer) nichtig, wenn sie nicht zur Erfüllung der Mindestquote führt. Der dem unterrepräsentierten Geschlecht angehörige Kandidat ist hingegen wirksam gewählt, auch wenn er oder mehrere noch nicht zum Erreichen der gesetzmäßigen Quote führen. Einzelwahl ist daher vorzugswürdig.

---

[395] Vgl. zu auftretenden Problemen mit der Höchstdauer von vier Jahren nach § 102 AktG DNotI-Gutachten Nr. 77362.

[396] Für den Fall der Anfechtung der Bestellung durch einen Aktionär wird zur Überwindung der rechtlichen Unsicherheit für die gefassten Beschlüsse des Aufsichtsrates die Anwendung von § 104 AktG analog und der erneuten Bestellung durch das Registergericht vorgeschlagen: *Kocher* NZG 2007, 372.

[397] Näher BGHZ 76, 181 = NJW 1980, 1465.

[398] *Hüffer/Koch* AktG § 101 Rn. 6.

[399] BGHZ NJW 2009, 2207; MüKoAktG/*Habersack* AktG § 101 Rn. 21; *Hüffer/Koch* AktG § 101 Rn. 6.; GK-AktG/*Hopt/Roth* AktG § 101 Rn. 44; KK-AktG/*Mertens/Cahn* AktG § 101 Rn. 16; ausf. Übersicht bei *Bollweg*, Die Wahl des Aufsichtsrats, 1997, S. 186 ff.

[400] BGH NZG 2013, 456.

[401] MüKoAktG/*Habersack* AktG § 101 Rn. 22.

[402] LG München I NZG 2006, 626; Spindler/Stilz/*Spindler* AktG § 101 Rn. 36; Grigoleit/*Grigoleit/Tomasic* AktG § 101 Rn. 15; *Fuhrmann* ZIP 2004, 2081 (2085); *Roth/Wörle* ZGR 2004, 565 (576).

[403] *Hüffer/Koch* AktG § 101 Rn. 7; MüKoAktG/*Habersack* AktG § 101 Rn. 23.

[404] BT-Drs. 18/3784, 122.

232 Die Satzung kann Aktionären ein sog. **Entsendungsrecht** einräumen (§ 101 Abs. 2 AktG), dies allerdings höchstens für ein Drittel der Aktionärsvertreter. Die Entsendung begründet kein gebundenes Mandat und die entsandten Mitglieder sind nicht weisungsgebunden.[405] Die Bestellung bedarf der ausdrücklichen oder konkludenten Annahme des Amtes durch das Aufsichtsratsmitglied.

233 § 107 Abs. 1 AktG geht von einem **Vorsitzenden** und einem **Stellvertreter** aus. Die Satzung kann dabei gemäß § 107 Abs. 1 AktG Regelungen für die Wahl des Vorsitzenden und der Stellvertreter enthalten.

234 Die **Wahl der Arbeitnehmervertreter** ist sehr viel komplizierter geregelt als die Wahl der Aktionärsvertreter. Einzelheiten, die hier nicht dargestellt werden sollen, ergeben sich aus den §§ 6 MontanMitbestG, §§ 4 ff. DrittelbG, §§ 9 ff. MitbestG.[406] Jüngst hat der EuGH ein Urteil von erheblicher Bedeutung für multinationale Unternehmen gefällt, welches die **Unionsrechtskonformität der deutschen Mitbestimmungsvorschriften** bestätigt.[407] Der EuGH entschied, dass es nicht gegen EU-Recht verstoße, dass nur Arbeitnehmern in inländischen Betrieben das **aktive und passive Wahlrecht** bei den Wahlen zum Aufsichtsrat zustehe. Das gleiche gelte für den Verlust des Aufsichtsratsmandates bei Wechsel in einen anderen Mitgliedstaat. Zunächst sei Art. 18 AEUV subsidiär gegenüber den besonderen **Diskriminierungsverboten** und da Art. 45 AEUV einschlägig sei, käme er nicht zur Anwendung. Art. 45 AEUV sei aber nicht auf Arbeitnehmer anwendbar, die nie von ihrer Freizügigkeit Gebrauch gemacht haben oder machen wollen. Daher prüfe das Gericht nur, ob gegen Art. 45 AEUV verstoßen werde, weil Arbeitnehmer in inländischen Betrieben bei einem Wechsel in einen anderen Mitgliedstaat ihr aktives und passives Wahlrecht sowie ggf. ihr Aufsichtsratsmandat verlieren würden. Durch die Freizügigkeit soll die Ausübung beruflicher Tätigkeiten im gesamten Unionsgebiet erleichtert werden. Art. 45 AEUV stehe daher Maßnahmen entgegen, die geeignet seien, die Ausübung der Freizügigkeit zu behindern oder weniger attraktiv zu machen. Dagegen schütze das Unionsrecht nicht davor, dass ein Umzug in sozialer Hinsicht neutral sei. Es gebe zwischen den Systemen und Rechtsvorschriften der Mitgliedstaaten Unterschiede, die Vor- und Nachteile für einzelne Personen bergen können. Es könne sich deshalb nicht auf die Arbeitsbedingungen aus dem Herkunftsmitgliedstaat berufen werden. Zudem fehlten Harmonisierungs- oder Koordinierungsmaßnahmen auf Unionsebene in diesem Bereich. Diese Entscheidung hat Bedeutung für die grenzüberschreitende Verschmelzung und für die Möglichkeit, eine europäische AG bilden zu können. Hätte der EuGH anders entschieden, so wäre in fast allen **grenzüberschreitenden Vorgängen** ein Verfahren zur Beteiligung der Arbeitnehmer betreffend der Mitbestimmung durchzuführen gewesen.

235 *Schilha*[408] ist außerdem der Meinung, dass aus der Entscheidung folgt, dass die Arbeitnehmer, die im EU-Ausland beschäftigt sind, auch nicht bei den **Schwellenwerten** mitzählen dürften. Das OLG Frankfurt a.M.[409] hatte ein Verfahren ausgesetzt, weil es davon ausgegangen war, dass der EuGH diese Frage auch beantworte. Daher bleibt abzuwarten, wie das Gericht in der Sache entscheidet.

236 Der **DCGK** in seiner 2007 neu eingeführten Ziff. 5.3.3 empfiehlt die Bildung von **Nominierungsausschüssen,** um hierdurch einerseits eine geordnete Nachfolge herbeizuführen, andererseits aber auch systemwidrige Defizite, insbesondere die Beeinflussung einer Nominierung durch den Vorstand, einzudämmen.[410]

---

[405] BGHZ 36, 296 (306).
[406] Weitere Probleme ergeben sich bei der Besetzung des neuen Aufsichtsrates nach der Verschmelzung mit einem mitbestimmten Unternehmen (vgl. hierzu *Heither* DB 2008, 109; *Wulff/Buchner* ZIP 2007, 314) als auch beim Wechsel des Mitbestimmungsstatuts (vgl. *Schnitker/Grau* NZG 2007, 486).
[407] EuGH NZG 2017, 1000; *Ott/Goette* NZG 2018, 281; *Behme* AG 2018, 1.
[408] *Schilha* EWiR 2017, 489 (490).
[409] OLG Frankfurt a.M. ZIP 2016, 2223.
[410] *Meder* ZIP 2007, 1538 (1543).

Problematisch war und ist zum Teil immer noch die **Berücksichtigung** von **Leiharbeit-** 237
nehmern in der Mitbestimmung. Nach § 14 Abs. 1 und Abs. 2 AÜG gelten Leiharbeiter
als dem Verleihbetrieb zugeordnet und haben kein passives Wahlrecht im Einsatzbetrieb.
Anders ist dies aber nach § 7 S. 2 BetrVG, wonach sie bei einem Einsatz von mehr als
drei Monaten das aktive Wahlrecht im Einsatzbetrieb haben. Die Frage ihrer Berücksichtigung bei arbeitsrechtlichen Schwellenwerten war gesetzlich nicht geregelt. Das BAG
hatte zu Berechnung des für das Wahlverfahren maßgeblichen **Schwellenwerts** des § 9
Abs. 1 und Abs. 2 MitbestG festgestellt, dass Leiharbeitnehmer mitgezählt werden müssen.[411] § 14 Abs. 2 S. 5 AÜG regelt nun, dass soweit Bestimmungen des MitbestG, des
MontanMitbestG, des DrittelbG, des Gesetzes über die Mitbestimmung der Arbeitnehmer
bei einer grenzüberschreitenden Verschmelzung, des SE- und des SCE-Beteiligungsgeset-
zes oder der auf Grund der jeweiligen Gesetze erlassenen Wahlordnungen eine bestimmte
Anzahl oder einen bestimmten Anteil von Arbeitnehmern voraussetzen, sind Leiharbeitnehmer auch im Entleiherunternehmen zu berücksichtigen. Gemäß § 14 Abs. 2 S.
6 AÜG gilt dies aber nur, wenn ihre Einsatzdauer sechs Monate übersteigt.

Wird die Wahl eines Aufsichtsratsmitglieds für nichtig erklärt oder die **Nichtigkeit** 238
festgestellt, ist dieses für die Stimmabgabe und Beschlussfassung als Nichtmitglied zu behandeln. Bei einer Klage gegen die Wahl eines Aufsichtsratsmitglieds entfällt das Rechtsschutzbedürfnis mit der Beendigung des Amtes, wenn das Urteil keinen Einfluss auf die
Rechtsbeziehungen der Gesellschaft, der Aktionäre, des Vorstands oder Aufsichtsrats haben kann, etwa weil die Beschlussfähigkeit oder das Zustandekommen von Aufsichtsrats-
beschlüssen nicht von der Stimme des Aufsichtsratsmitglieds abhängt, gegen dessen Wahl
geklagt wird.[412]

§ 104 AktG regelt den Fall der **Bestellung** von Aufsichtsräten **durch das Gericht.** Ist 239
der Aufsichtsrat nicht in ausreichender Anzahl besetzt, so hat ihn das Gericht auf Antrag
des Vorstands, eines Aufsichtsratsmitglieds oder eines Aktionärs auf diese Zahl zu ergänzen. Der Vorstand ist verpflichtet, den Antrag unverzüglich zu stellen, es sei denn, dass
die rechtzeitige Ergänzung vor der nächsten Aufsichtsratssitzung zu erwarten ist. § 104
Abs. 2 AktG bestimmt, dass das Gericht den Aufsichtsrat auf Antrag auf die Zahl zu ergänzen hat, die durch Gesetz oder Satzung festgelegt sind, wenn dem Aufsichtsrat länger
als drei Monate weniger Mitglieder angehören. In dringenden Fällen hat das Gericht auf
Antrag den Aufsichtsrat auch vor Ablauf der Frist zu ergänzen.

Das OLG Frankfurt a.M.[413] entschied nun, dass die **gerichtliche Bestellung** eines 240
Mitglieds des Aufsichtsrats grundsätzlich bis zum nächsten regulären Bestellungstermin befristet werden soll, also der nächsten HV für die Aktionäre oder die nächste Belegschafts-
wahl für die Arbeitnehmervertreter. Dies sei nötig, um die Gefahr einer dauerhaften Entmündigung des eigentlich für die Aufsichtsratswahl zuständigen Organs zu vermeiden. In
jedem Fall erlösche die gerichtliche Bestellung aber mit Behebung des Mangels, auch vor
Ablauf einer Befristung oder mit Ablauf der HV, die über die Entlastung für das vierte
Geschäftsjahr nach dem Beginn der Amtszeit beschließt, wobei das Geschäftsjahr, in dem
die Amtszeit beginnt, nicht mitgerechnet werde.

Spiegelbildlich zur Bestellung durch Gericht kann ein Aufsichtsratsmitglied gemäß 241
§ 103 Abs. 3 AktG auch als ultima ratio **durch das Gericht abberufen** werden. Zur
Frage, ob ein wichtiger Grund zur Abberufung vorliegt ist entscheidend, dass das weitere
Verbleiben des betreffenden Aufsichtsratsmitglieds im Amt die Funktionsfähigkeit des
Aufsichtsrats nicht unerheblich beeinträchtigt oder eine sonstige Schädigung der Gesell-
schaft erwarten lässt, und so für die Gesellschaft unzumutbar ist. Entsprechend § 84 Abs. 3
S. 2 AktG und unter Berücksichtigung der besonderen Umstände des jeweiligen Einzel-

---

[411] BGH NZA 2016, 559.
[412] BGH NZG 2013, 456.
[413] OLG Frankfurt a.M. GWR 2018, 112.

falls ist dies bei grober Pflichtverletzung des Aufsichtsratmitglieds oder Unfähigkeit zur ordnungsmäßigen Wahrnehmung der Aufsichtsrataufgaben regelmäßig zu bejahen.[414]

V. Vertretung der AG gegenüber dem Vorstand

242 Bei **Rechtsgeschäften zwischen Vorstand und AG** ist nach § 112 AktG der Aufsichtsrat zur Vertretung der AG berufen. Eine **Befreiung vom Verbot des Insichgeschäfts** – vergleichbar der in § 181 Var. 1 BGB geregelten Konstellation – ist nicht möglich.[415] Zweck der Vorschrift ist die Gewährleistung einer unbefangenen Vertretung der Gesellschaft, die von sachfremden Erwägungen unbeeinflusst ist und sachdienliche Gesellschaftsbelange wahrt.[416] Der Anwendungsbereich des § 112 AktG ist nur dann erfüllt, wenn die AG „gegenüber" einem Vorstandsmitglied vertreten werden muss. Das ist dann nicht der Fall, wenn Gesellschaft und Vorstandsmitglied im Rahmen eines Vertrags keine gegenläufigen, sondern parallele Willenserklärungen gegenüber einem Dritten abgeben.[417] Zulässig dürfte es daher auch sein, wenn die AG und ein Vorstandsmitglied als Gesellschafter an einer anderen Gesellschaft beteiligt sind und das Vorstandsmitglied auch im Namen der AG abstimmt. Unzulässig ist die Vertretung des Vorstandes jedoch, wenn die Gesellschaft erst noch gegründet werden muss oder der Gesellschaftsvertrag geändert werden soll. In den Fällen, in denen erst eine Grundlage einer Zusammenarbeit gefunden oder neu bestimmt werden muss, sucht jeder Beteiligte regelmäßig innerhalb der so zu schaffenden Vertragsordnung eine möglichst starke Rechtsstellung zu sichern.[418]

243   Der Anwendungsbereich des § 112 AktG erfasst auch die **Liquidationsgesellschaft** und damit Rechtsgeschäfte mit dem Abwickler der AG. Dasselbe gilt jedoch nicht für die Nachtragsliquidation, bei der das Gericht den Liquidator bestimmt.[419]

244   Das Vertretungsverbot findet auf **amtierende Vorstandsmitglieder** Anwendung, auf wirksam wie unwirksam bestellte, nicht jedoch auf überhaupt nicht zum Vorstand bestellte, sondern nur faktische Geschäftsleiter.[420] Ein Vertretungsverbot des Vorstandes besteht nicht nur bei Geschäften mit amtierenden Vorstandsmitgliedern, sondern auch ihnen bzw. einem von ihnen nahe stehenden Dritten, zumeist Angehörige.[421] Gleiches gilt, wenn das Rechtsgeschäft nicht mit einem Vorstandsmitglied persönlich abgeschlossen wird, sondern mit einer Gesellschaft, auf die das Vorstandsmitglied einen maßgeblichen Einfluss besitzt.[422] Dies hat der BGH jüngst bestätigt für den Fall einer Gesellschaft, deren einziger Gesellschafter das Vorstandsmitglied war.[423]

245   Das Vertretungsverbot kann auch bei Geschäften mit **ausgeschiedenen** (und sogar **künftigen) Mitgliedern des Vorstandes** oder etwa dem Geschäftsleiter der Rechtsvorgängerin eingreifen, selbst wenn der Rechtsvorgänger (vor einer Umwandlung) nicht einmal über einen Aufsichtsrat verfügte.[424] Der Aufsichtsrat ist sogar dann zur Vertretung berufen, wenn das betreffende Vorstandsmitglied in den Aufsichtsrat gewechselt ist.[425]

246   Der Aufsichtsrat ist aber nur dann anstelle des Vorstandes organschaftlicher Vertreter, wenn die für die Anwendung des § 112 AktG erforderliche **abstrakte Gefahr der Beeinträchtigung von Gesellschaftsbelangen** anzunehmen ist. Nach Ansicht des BAG ist das immer dann typisierend anzunehmen, wenn das Verhalten der amtierenden Vorstands-

---

[414] OLG München NZG 2018, 1389.
[415] *Hüffer/Koch* AktG § 112 Rn. 1.
[416] Zuletzt BGH ZIP 2018, 2117 Rn. 45.
[417] BGH ZIP 2017, 1902 Rn. 34.
[418] BGH NJW 1976, 49 Rn. 12.
[419] OLG Köln NZG 2002, 1062 Rn. 5.
[420] MüKoAktG/*Habersack* AktG § 112 Rn. 10.
[421] Vgl. BGH NZG 2007, 31.
[422] OLG München AG 2018, 758 Rn. 59.
[423] BGH NZG 2019, 420; *Jenne/Miller* ZIP 2019, 1052.
[424] BGH GmbHR 2004, 182 Rn. 6.
[425] BGH ZIP 2005, 348 Rn. 6; Spindler/Stilz/*Spindler* AktG § 112 Rn. 18 („rechtspolitisch ein wenig befriedigender Zustand").

mitglieder von der Vorstellung beeinflusst werden kann, eines Tages in eine ähnliche Situation zu geraten wie das ehemalige Organmitglied.[426] Irrelevant für die Bewertung ist der Umstand, ob mit der Rückkehr dieses Vorstandsmitgliedes in den Vorstand gerechnet werden muss oder ob wegen Veränderungen im Vorstand persönliche Kontakte des ausgeschiedenen Vorstandsmitglieds zu dem jetzt amtierenden Vorstand weniger von Bedeutung sind.[427]

Keine Anwendung findet die Vorschrift aber bei **neutralen Geschäften,** bei denen 247
das ehemalige/künftige Vorstandsmitglied der Gesellschaft wie ein gewöhnlicher Dritter gegenübersteht und keine Vergünstigung mit Blick auf die Amtstätigkeit erhält.[428] Bei entsprechendem Verdacht (Verkauf eines Grundstücks unter Wert) sollte der Notar aber darauf hinweisen.

Vertritt der Aufsichtsrat die Gesellschaft gegenüber dem Vorstand, so muss die Willens- 248
bildung gemäß § 108 Abs. 1 AktG durch **Beschluss des gesamten Aufsichtsrats** erfolgen.[429] Nach einer Entscheidung des OLG München[430] muss der Aufsichtsrat, wenn er das Aushandeln eines Vertrags einem seiner Mitglieder überlässt, wenigstens über das Verhandlungsergebnis einen Beschluss fassen. Einzelne Aufsichtsratsmitglieder können nur als **Erklärungs-, nicht aber als Willensvertreter** tätig werden. Entsprechende Aufsichtsratsbeschlüsse können daher nicht stillschweigend gefasst werden. Liege allerdings ein ausdrücklich gefasster Beschluss vor, so kann seine Auslegung dazu führen, dass ein über den ausdrücklichen Beschlusswortlaut hinausgehender Erklärungsinhalt zu berücksichtigen ist.

Für den Fall, dass in der Sache auch ein **Ausschuss** beschließen kann, kann ihm auch 249
die Vertretung übertragen werden, § 107 Abs. 3 AktG. Der Aufsichtsrat besitzt insofern die volle Organisationsautonomie in jeglichen Fragen der Bildung und Besetzung der Ausschüsse, wodurch er Beschlüssen der HV und der Satzung entzogen ist.[431] Die Vertretungsübertragung gilt nach wohl überwiegender Ansicht nicht für ein Mitglied des Aufsichtsrates oder den Aufsichtsratsvorsitzenden. Wird ihm die Vornahme des Geschäfts übertragen, so fungiert er nur als Erklärungsvertreter, nicht aber als Willensvertreter.[432]

Es soll nach Ansicht des OLG Stuttgart[433] allenfalls möglich sein, ein Mitglied des Auf- 250
sichtsrates durch die Geschäftsordnung als **Erklärungsberechtigten** handeln zu lassen, der die Willensbildung innerhalb des Aufsichtsrates nach außen nur vollzieht.[434] Die Erklärung des in Erscheinung tretenden Aufsichtsratsmitglieds kann einen Beschluss des Aufsichtsrates aber nicht ersetzen.[435] Aus § 112 AktG folge, dass der Aufsichtsrat aufgrund seiner gesetzlichen Vertretungsmacht **keinen Dritten zu seiner Vertretung** und damit zur Vertretung der AG bevollmächtigen kann. Dieser Ansicht, ein einzelnes Aufsichtsratsmitglied könne allenfalls Erklärungs-, nicht aber Willensvertreter sein, hat sich zuletzt das OLG München angeschlossen.[436] In Eilfällen kann ein Aufsichtsmitglied aber einen Dritten mit der vollmachtlosen Vertretung beauftragen, die durch Beschluss des Aufsichtsrates nachgenehmigt werden kann.[437]

Mängel bei der Beschlussfassung des Aufsichtsrates sollen nicht auf dessen Vertre- 251
tungsmacht im Außenverhältnis durchschlagen. Entsprechend den Grundsätzen zum Miss-

---

[426] BAG NZG 2017, 69 Rn. 54.
[427] BAG NZG 2002, 392.
[428] MüKoAktG/*Habersack* AktG § 112 Rn. 15.
[429] So die hM; *Hüffer/Koch* AktG § 112 Rn. 7; MHdB GesR IV/*Wiesner* § 23 Rn. 7; KK-AktG/*Mertens* AktG § 112 Rn. 22.
[430] OLG München NZG 2015, 706; kritisch *Schuhknecht* GWR 2015, 231.
[431] *Hüffer/Koch* AktG § 107 Rn. 18 ff.; MüKoAktG/*Habersack* AktG § 107 Rn. 95.
[432] Vgl. *Hüffer/Koch* AktG § 112 Rn. 8; MHdB GesR IV/*Wiesner* § 23 Rn. 7; BGHZ 12, 327 (334 ff.); BGHZ 41, 282 (285); OLG Zweibrücken AG 2010, 918; aA *Leuering* NZG 2004, 120 (122 f.); KK-AktG/*Mertens* AktG § 112 Rn. 28; *Werner* ZGR 1989, 369 (387 f.).
[433] OLG Stuttgart BB 1992, 1669 Rn. 28.
[434] BGH NZG 2008, 471 Rn. 11; OLG Düsseldorf NZG 2004, 141 Rn. 22.
[435] BGH ZIP 2013, 1274 Rn. 22; BGH NZG 2008, 471 Rn. 11.
[436] OLG München ZIP 2015, 870 Rn. 28.
[437] BGH ZIP 2013, 1274 Rn. 23.

brauch der Vertretungsmacht entfällt die Vertretungsbefugnis nur, wenn dem Vorstand als Vertragspartner der Mangel erkennbar war.[438]

252   Es ist umstritten, welche **Rechtsfolgen** sich für den Vertragsschluss ergeben, wenn diese Vorgaben nicht eingehalten werden. Der BGH[439] – und zuletzt auch das BAG[440] – hat die Frage, ob die Zuweisung des Vertretungsrechts in § 112 AktG ein gesetzliches Verbot iSd § 134 BGB darstellt und das Geschäft damit nichtig[441] ist oder ob es sich dabei allein um eine Vertretungsregelung handelt mit der Folge, dass ein dagegen verstoßendes Handeln nach § 177 BGB von dem Aufsichtsrat **genehmigt** werden kann,[442] bislang ausdrücklich offen gelassen. Bei Zweifeln oder wenn nur ein Mitglied des Aufsichtsrates die AG zu vertreten beabsichtigt, sollte der Notar daher immer darauf drängen, zuvor einen entsprechenden Beschluss (Zustimmung zum Geschäft und Genehmigung des Handelns als Erklärungsberechtigter, sofern laut Geschäftsordnung zulässig) des Aufsichtsrates zu fassen und protokollieren zu lassen. Bei Grundstücksgeschäften sollte das Protokoll unterschriftsbeglaubigt und der Urkunde als Anlage beigefügt werden, um den Nachweis des ggf. wirksamkeitsrelevanten Umstandes in öffentlicher Form (§ 29 Abs. 1 S. 1 GBO) führen zu können. Von einer vollmachtlosen Vertretung der AG mit Nachgenehmigung der einzelnen Mitglieder des Aufsichtsrates sollte abgesehen werden.

253   Ähnliche Probleme ergeben sich auch bei einer **KGaA.** Nach § 278 Abs. 2 AktG iVm §§ 161 Abs. 2, 125, 170 HGB sind die Komplementäre zur Vertretung der Gesellschaft berufen. Wird die Gesellschaft gegenüber den Komplementären vertreten, dann ist auch hier der Aufsichtsrat zur Vertretung berufen (§§ 278 Abs. 3, 112 AktG).[443]

VI. Sitzungen des Aufsichtsrats

254   Der Aufsichtsrat einer **börsennotierten AG** muss gemäß § 110 Abs. 3 AktG **zweimal pro Kalenderhalbjahr** zusammentreten. In der **nichtbörsennotierten AG** kann der Aufsichtsrat die Zahl durch Beschluss mit einfacher Mehrheit auf **eine Sitzung pro Kalenderhalbjahr** absenken.[444]

255   Gesetzliche Bestimmungen über die **Modalitäten der Einberufung** bestehen nicht. Entsprechende Satzungsregelungen über die Form der Einberufung und die Einberufungsfrist sind daher empfehlenswert.[445] Ebenso sollte dabei von der Möglichkeit des § 108 Abs. 4 AktG Gebrauch gemacht werden, wonach qua Satzung oder Geschäftsordnung eine schriftliche, fernmündliche oder andere vergleichbare Form der Beschlussfassung, wie insbesondere eine Videokonferenz, von vornherein für zulässig erklärt werden kann.[446]

VII. Beschlussfassung des Aufsichtsrats

256   Die Beschlussfassung des Aufsichtsrates ist in § 108 Abs. 2 und Abs. 3 AktG geregelt und satzungsdispositiv. **Beschlussfähig** ist der Aufsichtsrat jedoch nur, wenn mindestens drei Mitglieder an der Beschlussfassung teilnehmen.[447] Dies kann insbesondere bei kleinen AGs, die nur drei Aufsichtsratsmitglieder haben, problematisch werden, wenn ein Mitglied des Aufsichtsrates ausscheidet und kein Ersatzmitglied bestellt ist.[448] Ein dreiköpfiger

[438] *Cahn* FS Hofmann-Becking 2013, 247 (275 ff.); Spindler/Stilz/*Spindler* AktG § 112 Rn. 44.
[439] BGH NZG 2005, 276 Rn. 12; ebenso zuletzt OLG München AG 2018, 758 Rn. 59.
[440] BAG NZG 2017, 69 Rn. 84 ff.
[441] So OLG Brandenburg DStR 2015, 1877 Rn. 47; OLG Frankfurt a.M. BeckRS 2008, 09147; OLG Stuttgart BB 1992, 1669 Rn. 29; OLG Hamburg AG 1986, 259.
[442] OLG Celle NotBZ 2002, 266 Rn. 3 ff.; OLG Karlsruhe WM 1996, 161 Rn. 91 ff. (obiter dictum).
[443] BGH ZIP 2005, 348 Rn. 6.
[444] *Hüffer/Koch* AktG § 110 Rn. 10.
[445] *Hüffer/Koch* AktG § 110 Rn. 3.
[446] *Wagner* NZG 2002, 57; so auch *Miettinen/Villeda* AG 2007, 346, aber mit Unterscheidungen nach konstituierenden Sitzungen, Wiederwahlsitzungen und Bilanzsitzungen.
[447] Vgl. zu Rechtsfolgen einer Beschlussunfähigkeit: *Fortun/Knies* DB 2007, 1451.
[448] Dazu *Fortun/Knies* DB 2007, 1451; Schmidt/Lutter/*Drygala*, 3. Aufl. 2015, AktG § 108 Rn. 9.

Aufsichtsrat ist nicht nach § 108 Abs. 2 S. 3 AktG beschlussunfähig, wenn ein Mitglied des Aufsichtsrates nach § 34 BGB einem **Stimmrechtsausschluss** unterliegt.[449] Ist ein Mitglied analog § 34 BGB vom Stimmrecht ausgeschlossen, muss das betroffene Mitglied teilnehmen und sich der Stimme enthalten.[450] Ferner muss mindestens die Hälfte der Mitglieder, aus denen der Aufsichtsrat nach Gesetz oder Satzung insgesamt zu bestehen hat (sog. Sollstärke), an der Beschlussfassung teilnehmen.[451]

Das OLG München[452] entschied, dass sich aus §§ 93 Abs. 1 S. 2, 116 S. 1 AktG nicht 257 der Umkehrschluss ziehen lasse, ein vom Aufsichtsrat auf unzureichender Informationsgrundlage gefasster Beschluss sei in jedem Fall nichtig, auch wenn der gefasste Beschluss inhaltlich nicht zu beanstanden sei.

Gemäß § 107 Abs. 2 AktG muss über die Sitzungen des Aufsichtsrats eine **Nieder-** 258 **schrift** gefertigt werden, die vom Vorsitzenden zu unterzeichnen ist. Eigenhändig abfassen muss er sie aber nicht. Dies kann durch einen **Protokollführer** geschehen. Die Niederschrift muss nicht unbedingt in der Sitzung abgefasst werden, sofern dies nicht in der Satzung vorgesehen wird. **Einfache Schriftform** reicht aus. § 107 Abs. 2 S. 2 AktG enthält die Anforderungen an den Inhalt der Niederschrift (Ort, Tag, Teilnehmer, Tagesordnung, wesentliche Inhalt der Verhandlungen und Beschlüsse). Die gängige Praxis der Ergebnisprotokollierung und der möglichen Beschlussfassung im Umlaufverfahren werden auch durch das Urteil des BAG vom 20. 9. 2016[453] nicht in Frage gestellt.[454]

VIII. Haftung

Die Aufsichtsratsmitglieder haften nach §§ 116 S. 1, 93 AktG insbesondere für die 259 **pflichtgemäße Überwachung des Vorstandes.** Wichtig ist hierbei, dass alle Aufsichtsratsmitglieder hierbei gleich zu behandeln sind, Arbeitnehmervertreter wie Repräsentanten der Aktionäre.[455] Der Umfang dieser Pflicht ist einzelfallabhängig. Dabei ist eine Überwachung aller Einzelheiten grundsätzlich weder erforderlich noch zulässig; gemäß §§ 100 Abs. 2, 110 Abs. 3 AktG ist das Aufsichtsratsamt ein **Nebenamt.** In der Krise und bei Anhaltspunkten für Pflichtverletzungen ist eine intensivere Überwachung hingegen geboten.[456] Den Aufsichtsrat trifft auch eine Vermögensbetreuungspflicht bezüglich der Abrechnung und Auszahlung von Vergütungen. Bei Kenntnis von bevorstehenden **satzungswidrigen Zahlungen** haben sie einen Aufsichtsratsbeschluss herbeizuführen, der den Vorstand zu rechtmäßigem Verhalten anhält.[457]

Die **Geltendmachung von Schadensersatzansprüchen** der Gesellschaft gegenüber 260 Aufsichtsratsmitgliedern obliegt grundsätzlich dem Vorstand, der hierzu durch Beschluss der HV nach § 147 Abs. 1 S. 1 AktG verpflichtet werden kann. Das Quorum für die Geltendmachung von Schadensersatzansprüchen gegen Aufsichtsräte durch eine Aktionärsminderheit beträgt grundsätzlich 10% des Grundkapitals, nach § 147 Abs. 2 S. 2 AktG besteht jedoch auch für eine Minderheit, welche am Grundkapital einen anteiligen Betrag iHv 1 Mio. EUR erreicht, die Möglichkeit, zur Geltendmachung derartiger Ansprüche einen besonderen Vertreter zu bestellen.[458]

---

[449] BGH NZG 2007, 516 (517); ausführlich bereits *Priester* AG 2007, 190.
[450] Eine Stimmenthaltung gilt trotzdem als Teilnahme, vgl. BGH AG 1995, 368; NZG 2007, 516 (517); *Priester* AG 2007, 190; **aA** *Hüffer,* 12. Aufl. 2016, AktG § 108 Rn. 11.
[451] *Deilmann* BB 2012, 2191 (2192).
[452] OLG München AG 2017, 750.
[453] BAG NZG 2017, 69.
[454] *Hersch* NZG 2017, 854.
[455] MüKoAktG/*Habersack* AktG § 116 Rn. 12f.
[456] BGH NZG 2013, 339; OLG Stuttgart ZIP 2012, 625 und ZIP 2012, 1965; zur Verfolgungspflicht: *Casper* ZHR 176 (2012), 617f.; MüKoAktG/*Habersack* AktG § 116 Rn. 17ff., 37.
[457] OLG Braunschweig NZG 2012, 1196; MüKoAktG/*Habersack* AktG § 116 Rn. 33.
[458] Vgl. hierzu *Verhoeven* ZIP 2008, 245; zum „Verjährungskarussell" im Organhaftungsrecht BGH NZG 2018, 1301.

IX. Verträge mit Aufsichtsratsmitgliedern

261 Bei **Verträgen mit Aufsichtsratsmitgliedern,** die nicht die Aufsichtsratstätigkeit iSd § 111 AktG zum Gegenstand haben, ist zusätzlich § 114 AktG einschlägig. In dieser Sondervorschrift wird für **Dienst- oder Werkverträge** „höherer Art" zusätzlich zur üblichen Vertretung des Vorstandes gegenüber dem Aufsichtsrat auch noch die Zustimmung des Aufsichtsrates vorgeschrieben, wobei nicht entscheidend ist, ob die Verträge vor oder nach Amtsantritt geschlossen werden.[459]

262　In der notariellen Praxis spielt diese Norm kaum eine Rolle. Die Anwendung von § 115 AktG ist dagegen wahrscheinlicher. Nach dieser Vorschrift bedarf die **Kreditgewährung an ein Mitglied des Aufsichtsrates** der Zustimmung des Aufsichtsrates (§ 115 Abs. 1 S. 1 AktG). Gleiches gilt für nahestehende Dritte (§ 115 Abs. 2 AktG). Vom Kreditbegriff ist nicht nur die Darlehensgewährung, sondern jegliche Form der Überlassung von Kaufkraft umfasst, folglich auch eine Kaufpreisstundung.[460] Wird das Rechtsgeschäft ohne die vorherige Zustimmung geschlossen, ist es jedoch nicht unwirksam. Der Kredit ist vielmehr zurück zu gewähren (bei einer Kaufpreisstundung also der Kaufpreis sofort zu zahlen), wenn der Aufsichtsrat den Vertrag nicht genehmigt (§ 115 Abs. 2 AktG). Die Beteiligten können die Wirksamkeit des Kaufvertrages allerdings von dieser Genehmigung abhängig machen (§ 161 Abs. 1 BGB).

263　Bis zu der Zustimmung des Aufsichtsrates ist der Vertrag schwebend unwirksam, daher darf der Vorstand bis dahin **keine Vergütung für geleistete Dienste** zahlen.[461] Zu beachten ist der **Stimmrechtsausschluss** des betroffenen Aufsichtsratsmitglieds bei der Abstimmung.[462] Der Anwendungsbereich des § 114 AktG erstreckt sich dabei aber auch auf Verträge mit Unternehmen, an denen das Aufsichtsratsmitglied beteiligt ist und dem nicht nur ganz geringfügige Leistungen zufließen.[463]

X. Abberufung

264 Die **Abberufung der Aufsichtsratsmitglieder** ist in § 103 AktG, § 12 DrittelbG, § 23 MitbestG, § 11 MontanMitbestG 1951, § 10 MitbestErgG geregelt. Die Abberufung kann **jederzeit mit qualifizierter Mehrheit** geschehen (§ 103 Abs. 1 AktG). Die Satzung kann dies anders regeln (§ 103 Abs. 1 S. 3 AktG), darf aber hierbei keine Unterschiede zwischen den Aufsichtsratsmitgliedern machen.[464] Entsandte Mitglieder können jederzeit durch andere ersetzt werden (§ 103 Abs. 2 AktG). Im Vergleich mit der Rechtslage beim Vorstand können also die Mitglieder des Aufsichtsrats unter relativ einfachen Voraussetzungen abberufen werden. Das hängt damit zusammen, dass die Aufsichtsratsmitglieder im Gegensatz zu der selbstverantwortlich handelnden Unternehmensverwaltung als Repräsentanten ihrer Wähler bestellt sind und deren Vertrauen genießen müssen. Daneben ist eine Abberufung auch nach § 103 Abs. 3 AktG möglich, wenn ein wichtiger Grund für eine Abberufung besteht.[465]

265　Eine Klausel in der Satzung/Geschäftsordnung eines Aufsichtsrates, wonach nach Ausscheiden eines Aufsichtsratsmitgliedes alle Unterlagen mit Bezug zu Angelegenheiten der Gesellschaft zurückzugeben sind und ein Zurückbehaltungsrecht verwehrt ist, ist wirksam.[466]

---

[459] BGH NJW 1991, 1830; *Hüffer/Koch* AktG § 114 Rn. 8 f.
[460] MüKoAktG/*Habersack* AktG § 115 Rn. 7 mit Verweis auf die Ausführungen bei MüKoAktG/*Spindler* AktG § 89 Rn. 10.
[461] BGH NZG 2012, 1064.
[462] BGH NZG 2007, 516 (517).
[463] *Knapp* DStR 2008, 1045 (1048); BGH NZG 2012, 1064; OLG Frankfurt a.M. NZG 2006, 29.
[464] BGHZ 99, 211 = NJW 1987, 902 – Heidelberger Zement.
[465] Vgl. OLG Frankfurt a.M. BeckRS 2008, 1743.
[466] OLG Düsseldorf NZG 2007, 632.

C. Hauptversammlung

I. Einberufung

1. Zuständigkeit. Die HV wird **durch den Vorstand** einberufen (§ 121 Abs. 2 **266** AktG).[467] Die **Einberufung zur HV** ist detailliert in den §§ 121 ff. AktG geregelt. Mit dem Gesetz zur Änderung des Aktiengesetzes (Aktienrechtsnovelle 2016) sind einige Vorschriften auch bei der Bekanntmachung der Einberufung der HV technisch geändert worden. Nach § 121 Abs. 4a AktG ist die Zuleitung der Einberufung zur **europaweiten Veröffentlichung** dann nicht erforderlich, wenn die betreffende Gesellschaft entweder nur Namensaktien ausgegeben oder die HV mit eingeschriebenem Brief einberufen hat. Beide Alternativen stellen sicher, dass die Aktionäre über die Einberufung der HV informiert werden. Entweder erfolgt die Benachrichtigung beim Vorliegen von Namensaktien durch den Vorstand gemäß § 125 Abs. 2 S. 1 AktG. Alternativ kann der Vorstand den Aktionären die Einberufung mittels eingeschriebenen Briefs unmittelbar mitteilen.[468]

Die Zuständigkeit für die Einberufung der Hautversammlung beinhaltet grundsätzlich **267** auch die Zuständigkeit, die HV **zu vertagen, zu verschieben** bzw. **abzusetzen.** Nach Auffassung des BGH kann die Einberufung der HV grundsätzlich von dem Organ, das die Versammlung einberufen hat, wieder zurückgenommen werden. Dies gilt auch, wenn die HV vom Vorstand auf Grund eines Verlangens von Minderheitsaktionären einberufen worden ist. Die HV kann vom Vorstand dann nicht mehr wirksam abgesagt werden, wenn sich die am Versammlungsort erschienenen Aktionäre nach dem in der Einberufung für den Beginn der HV angegebenen Zeitpunkt im Versammlungsraum eingefunden haben.[469]

Problematisch ist die Frage, ob die HV nach der **Beendigung** wiedereröffnet werden **268** kann. Dies kommt allenfalls in Betracht, wenn der Versammlungsleiter zB rechtserhebliche Feststellungen vergessen hat und kein Aktionär den Versammlungsraum verlassen hat. Die **Wiedereröffnung** erfolgt durch Beschluss der HV mit einfacher Mehrheit.[470]

Die Einberufung zur HV muss nach § 123 Abs. 1 AktG **mindestens 30 Tage** vor dem **269** Tag der HV erfolgen, der Tag der Einberufung ist nicht mitzuzählen. Die **Frist** berechnet sich ausschließlich nach **aktienrechtlichen Regelungen,** § 121 Abs. 7 S. 3 AktG (vgl. zu den Änderungen durch ARUG auch → Rn. 7).[471]

§ 25 AktG bestimmt den – nur noch elektronischen – Bundesanzeiger, als Gesell- **270** schaftsblatt (näher → Rn. 139 f.). Die Neufassung **erleichtert** die **Fristberechnung,** da der Bundesanzeiger tagggleich erscheint und nicht mehr die Erscheinungstage der Papierversion berücksichtigt werden müssen. Bei dem neuen Medium beträgt die Bearbeitungszeit von der Aufgabe bis zum Erscheinen der Veröffentlichung im besten Fall 1,5 Tage, wenn der Text bis 14:00 Uhr des Aufgabetages elektronisch abgesandt worden ist.

2. Inhalt. Die Einberufung muss **mindestens** Angaben zur **Firma** und zum **Sitz** der **271** Gesellschaft, zur **Zeit,** zum **Ort** sowie zur **Tagesordnung** enthalten.

Bei **börsennotierten Gesellschaften** sind in der Einberufung darüber hinaus noch die **272** Informationen nach § 121 Abs. 3 S. 3 AktG anzugeben. Hingewiesen werden muss auf

---

[467] Für den Fall der Beschlussunfähigkeit von Vorstand und Aufsichtsrat ist zur Wiederherstellung der Beschlussfähigkeit des Vorstandes nach § 85 AktG ein Notvorstand gerichtlich zu bestellen. Dies ist vorrangig vor der denkbaren Alternative der gerichtlichen Bestellung eines Aufsichtsratsmitgliedes (§ 104 AktG) zur Wiederherstellung der Beschlussfähigkeit des Aufsichtsrates und der damit ermöglichten Bestellung eines Vorstandes nach § 84 Abs. 1 AktG: vgl. OLG Celle NJW 1964, 112 (113); MüKoAktG/*Spindler* AktG § 85 Rn. 6. Vgl. zum Ganzen DNotI-Report 2006, 24.

[468] *Mense/Klie* GWR 2016, 111 (114); *Paschos/Goslar* NJW 2016, 359 (362).

[469] BGH NZG 2015, 1227; s. zu dem Thema ausführlich *Lieder* NZG 2016, 81; *Cziupka/Kraack* DNotZ 2016, 15; *Schüppen/Tretter* ZIP 2015, 2097.

[470] WürzNotar-HdB/*Reul* Teil 5 Kap. 4 Rn. 419.

[471] Zur Terminplanung nach dem ARUG insgesamt *Höreth/Linnerz* GWR 2010, 155.

die Voraussetzungen für Teilnahme und Stimmrechtsausübung, also eine gegebenenfalls erforderliche Anmeldung und zum Nachweis der Aktionärsstellung zum Stichtag. Die Möglichkeit der Stimmabgabe durch einen Bevollmächtigten ist unter Hinweis auf Formulare und elektronische Übermittlung aufzuzeigen. Soweit diese Möglichkeiten vorgesehen sind, muss auch auf eine Teilnahme im Wege **elektronischer Kommunikation** (§ 118 Abs. 1 S. 2 AktG), sowie auf die **Briefwahl** (§ 118 Abs. 2 AktG) hingewiesen werden. Außerdem müssen die Aktionärsrechte aus §§ 122 Abs. 2, 126 Abs. 1, 127, 131 Abs. 1 AktG dargestellt werden. Wird auf Erläuterungen dieser Rechte auf **der Internetseite der Gesellschaft** verwiesen, so genügt die Angabe der Fristen. Auf der Internetseite der börsennotierten Gesellschaft sind alsbald nach der Einberufung die Informationen nach § 124a AktG bereitzustellen. Auf diese Internetseite ist in der Einberufung hinzuweisen, § 121 Abs. 3 S. 3 Nr. 4 AktG.

273   Gemäß § 121 Abs. 4 AktG ist die erleichterte **Einberufung namentlich bekannter Aktionäre durch eingeschriebenen Brief** möglich, sofern die Satzung nichts anderes bestimmt. Ausreichend ist hier nach hM auch ein Einwurf-Einschreiben,[472] auch wenn dies – mit Ausnahme eines Urteils des BGH[473] zu § 21 Abs. 1 S. 2 GmbHG – noch nicht höchstrichterlich bestätigt ist.[474] Problematisch ist nach wie vor die Auslegung des Begriffs **„namentlich bekannt"**, da selbst bei Namensaktien der Aktionär der Gesellschaft nicht immer namentlich bekannt ist, insbesondere bei solchen Aktien, die zum Börsenhandel zugelassen sind und deshalb blanko indossiert wurden. Dieser Begriff ist deshalb wohl so auszulegen, dass nur solche Aktionäre gemeint sind, die im **Aktienregister** (früher „Aktienbuch") eingetragen sind. Ebenso besteht die Gefahr, dass nicht alle Aktionäre mit der Einladung erreicht werden, wenn auch nur eine Inhaberaktie ausgegeben worden ist. Für **Inhaberaktien** sieht die bestehende Gesetzeslage nach wie vor **keine Meldepflicht** für die Übertragung vor. Damit wäre die Einberufung uU fehlerhaft und der Hauptversammlungsbeschluss gemäß § 241 Nr. 1 AktG nichtig, wenn auch Heilung nach § 242 Abs. 2 AktG möglich sein soll.

274   Seit der Aktienrechtsnovelle 2016 ist die **Namensaktie** die Regel, die Inhaberaktie die Ausnahme, wenn die AG börsennotiert oder der Anspruch auf Einzelverbriefung ausgeschlossen ist, § 10 AktG. Altgesellschaften kommen allerdings in den Genuss einer Übergangsregelung, sofern ihre Satzung vor dem 31. 12. 2015 durch notarielle Beurkundung festgestellt wurde und deren Aktien auf Inhaber lauten.

275   Mit der Ermöglichung der Führung des **Aktienregisters in elektronischer Form** (§ 67 AktG) durch das NaStraG[475] kann die Aktualisierung der Liste der Aktionäre in der Regel so schnell erfolgen, dass der Gesellschaft die Aktionäre tatsächlich bekannt sind. Schließlich wird beim Handel mit Namensaktien heute kaum noch eine Aktie physisch bewegt, sondern nur noch Datensätze über den Wechsel der Inhaber ausgetauscht.[476] Nach der weiteren Änderung des § 121 Abs. 4 AktG durch das FormAnpG ist die Einberufung namentlich bekannter Aktionäre nun auch per E-Mail möglich, wenn dies die Satzung vorsieht.[477] In der Kombination von Einberufung per E-Mail, dem elektronisch geführtem Aktienregister und dem Einstellen der Bekanntmachung in den elektronischen Bundesanzeiger (§ 121 Abs. 3 AktG iVm § 25 S. 1 AktG) ist der Weg frei für die annähernd **vollautomatisierte Einberufung** zur HV.[478]

---

[472] *Hüffer/Koch* AktG § 121 Rn. 11f mwN; WürzNotar-HdB/*Reul* Teil 5 Kap. 4 Rn. 353; *Lieder/Bialluch* NZG 2017, 9 (15).

[473] BGH NZG 2016, 1417.

[474] *Lieder/Bialluch* NZG 2017, 9 (15).

[475] *Hüffer/Koch* AktG § 64 Rn. 4; in der RegBegr NaStraG BT-Drs. 14/4051, 10 zu § 65 AktG nennt der Gesetzgeber das „Aktienbuch", nun Aktienregister, eine elektronisch geführte Datenbank, die von Gesellschaften mittels der online von den Wertpapiersammelbanken übermittelten Daten laufend aktualisiert und nicht mehr in Papierform vorgehalten wird.

[476] Zu den Problemen bei der Abtretung einzelverbriefter Namensaktien *Perwein* AG 2012, 611.

[477] *Mayer* MittBayNot 2003, 96 (102); *Noack* NZG 2003, 241 (243).

[478] *Evers/Fett* NZG 2012, 530.

In der **Satzung** der Gesellschaft kann auch der **Anspruch auf Weiterleitung der Mit-** 276 **teilungen** über die Einberufung auf die **elektronische Form** beschränkt werden, § 128 Abs. 1 S. 2 AktG.

II. Dauer der Hauptversammlung

In der jüngeren Vergangenheit hatte sich das Erfordernis **zweitätiger HVs** herausgebil- 277 det.[479] Dies entspricht nicht dem gesetzlichen Leitbild. Es darf aber wegen Inhalts oder großen Umfangs der Tagesordnung auf zwei Tage einberufen werden, wenn sich absehen lässt, dass die HV nicht an einem Tag in zumutbarer Weise durchgeführt werden kann.[480] Von Gesetzes wegen besteht keine Notwendigkeit, eine HV in zwei Tagen abzuhalten. Um jedoch jegliche rechtliche Bedenken zu vermeiden, insbesondere die Nichtigkeitsfolge nach § 241 Abs. 1 AktG, wie von Instanzgerichten teilweise vertreten wird,[481] sollte die HV entweder vor Mitternacht geschlossen oder auf zwei Tage angelegt werden,[482] auch wenn dies in der Literatur als überflüssig erachtet wird.[483] Sofern die Tagesordnung schon an einem Tag abgearbeitet werden konnte, kann die HV schon an Tag 1 beendet werden. Hierauf muss in der Einladung nicht hingewiesen werden.[484] Im Schrifttum besteht überwiegend Einigkeit, dass an allen **Sonntagen** und **bundeseinheitlichen Feiertagen** keine HVs angesetzt werden sollen,[485] da die Wertung des § 121 Abs. 7 S. 2 AktG nicht übertragbar sei.[486] In besonderen Fällen kann davon eine Ausnahme gemacht werden, wenn wichtige Gründe vorliegen.[487] Mit Rücksicht auf die Möglichkeiten zur **Beschränkung des Rederechts** (§ 131 Abs. 2 S. 2 AktG) und zur **Auskunftsverweigerung** (§ 131 Abs. 3 S. 1 Nr. 7 AktG) ist jedoch ein Rückgang zweitägiger HVs seit 2007 zu beobachten.[488] Eine **angemessene Versammlungsdauer** wird regelmäßig mit **zwölf bis 14 Stunden pro Tag** bemessen.[489]

Börsennotierte Gesellschaften müssen nach § 121 Abs. 4a AktG die Einberufung 278 darüber hinaus geeigneten Medien zur **unionsweiten Veröffentlichung** zuleiten, es sei denn sie haben ausschließlich Namensaktien ausgegeben und die Einberufungsform nach § 121 Abs. 4 S. 2, S. 3 AktG gewählt.[490] Ein Verstoß gegen diese Vorschrift stellt **keinen Beschlussmangel** (§ 243 Abs. 3 Nr. 2 AktG), aber eine Ordnungswidrigkeit (§ 405 Abs. 3a Nr. 1 AktG) dar.

Auch, wenn in der Satzung andere Einberufungsmöglichkeiten als der eingeschriebene 279 Brief zugelassen sind, zB per E-Mail (→ Rn. 136 f.), bergen diese **alternativen Einberufungsmöglichkeiten** Gefahren, denn bei einem Einschreiben lässt sich zumindest nachforschen, ob der Einschreibebrief empfangen worden ist. Mit einer E-Mail lässt sich dieser Nachweis nicht so leicht führen. Wird bei einer elektronisch versandten Einladung per

---

[479] Hoechst AG 2004; Lindner KGaA 2005; T-Online AG 2005; AVA AG 2005; Mobilcom AG 2005; Freenet AG 2005; Commerzbank 2009.

[480] *Hüffer/Koch* AktG § 121 Rn. 17a.

[481] Vgl. *Hüffer/Koch* AktG § 121 Rn. 17; Henssler/Strohn/*Liebscher* AktG § 121 Rn. 27; LG Düsseldorf ZIP 2007, 1859 = EWiR 2007, 419 mAnm *Wilsing/Siebmann;* LG Mainz NZG 2005, 819; *Linnerz* NZG 2006, 208 (210); *Marx* AG 1991, 77 (90).

[482] So LG Düsseldorf ZIP 2007, 1859 sowie LG Mainz NZG 2005, 819 für den Fall umstrittener und komplexer TOPs.

[483] Spindler/Stilz/*Rieckers* AktG § 121 Rn. 80; *Hüffer/Koch* AktG § 121 Rn. 17.

[484] Spindler/Stilz/*Rieckers* AktG § 121 Rn. 80.

[485] Hölters/*Drinhausen* AktG § 121 Rn. 21; MHdB GesR IV/*Bungert* § 36 Rn. 48; GK-AktG/*Werner* AktG § 121 Rn. 53; Spindler/Stilz/*Rieckers* AktG § 121 Rn. 79; *Linnerz* NZG 2006, 208 (209 f.); ebenso LG Darmstadt BB 1981, 72 (zur GmbH).

[486] Spindler/Stilz/*Rieckers* AktG § 121 Rn. 79; *Hüffer/Koch* AktG § 121 Rn. 17.

[487] *Hüffer/Koch* AktG § 121 Rn. 17, 25; Semler/Volhard/*Reichert/Balke* HV-HdB § 4 Rn. 106 jeweils für den Fall eines überschaubaren Aktionärskreises sowie KK-AG/*Noack/Zetzsche* AktG § 121 Rn. 68 für eine dringende Beschlussfassung.

[488] *Nagel/Ziegenhahn* WM 2010, 1005.

[489] Spindler/Stilz/*Rieckers* AktG § 121 Rn. 80 mwN.

[490] *Hüffer/Koch* AktG § 121 Rn. 11i.

E-Mail eine automatische Bestätigung angefordert und empfangen, so könnte dies als Nachweis gelten. Welche Beweiskraft einer solchen Bestätigungs-E-Mail vor Gericht zukommt, bleibt allerdings abzuwarten. Neben der erleichterten Einberufung bleibt die Veröffentlichung in den Gesellschaftsblättern ebenfalls zulässig.[491]

280   Ist die erleichterte Einberufung möglich, so ändern sich die **Einberufungsfristen** nicht. Die Frist wird von der HV 30 Tage rückwärts zum Tag der Absendung des letzten Einberufungsschreibens bzw. der letzten Einberufungs-E-Mail gezählt, wobei weder der Tag der Versammlung noch der Tag der Einberufung mit gezählt werden, §§ 121 Abs. 7, 123 Abs. 1 AktG.[492]

281   Sind laut Satzung der Gesellschaft **Inhaberaktien ausgegeben,** ist den Beteiligten hinsichtlich der weiten Einberufungsmöglichkeiten Vorsicht anzuraten, gegebenenfalls ist besser darauf hinzuarbeiten, die Möglichkeit des § 121 Abs. 4 AktG in der Satzung auszuschließen.

282   Nach dem durch die Aktienrechtsnovelle 2016 eingefügten § 122 Abs. 1 S. 3 AktG ist das **Verlangen einer Minderheit** nach Einberufung einer HV nur dann zu berücksichtigen ist, wenn diese nachweisen, dass sie mindestens 90 Tage vor dem Tag des Verlangens Inhaber der Aktien waren und dass sie die Aktien bis zur Entscheidung des Vorstands über den Antrag halten.[493] Es sollte daher schon bei Einreichen des Verlangens auf Einberufung der HV ein Nachweis über den Aktienbesitz beigefügt werden, außer bei Namensaktien, § 67 Abs. 2 S. 1 AktG.[494]

283   In der Einberufung zur HV selbst ist die **Tagesordnung** bekannt zu machen, § 121 Abs. 3 S. 2 AktG, nicht mehr nur bei Einberufung. In der Tagesordnung muss der **vorgesehene Ablauf** der HV, dh die Versammlungs- bzw. Beschlussgegenstände in entsprechender Reihenfolge in Kürze dargestellt werden.[495] Besonders zu beachten ist § 124 Abs. 2 AktG. Steht die **Wahl von Aufsichtsratsmitgliedern** auf der Tagesordnung, so ist in der Bekanntmachung anzugeben, nach welchen gesetzlichen Vorschriften sich der Aufsichtsrat zusammensetzt; ist die HV an Wahlvorschläge gebunden, so ist auch dies anzugeben. Sollen **Satzungsänderungen** beschlossen, **Sonderprüfer** bestellt oder einem **Vertrag** seitens der HV zugestimmt werden, so ist die vorgeschlagene Satzungsänderung insgesamt, der Sonderprüfer samt Namensvorschlag (wegen § 124 Abs. 3 S. 1 AktG) bzw. der Vertrag in seinem wesentlichen Inhalt bekannt zu machen.[496] Das gilt auch für **Unternehmenskaufverträge,** zu denen die Zustimmung der HV eingeholt werden soll, obwohl das Gesetz oder die Satzung kein solches Zustimmungserfordernis enthält.[497] Von der Einberufung der HV an ist der Vertrag, über den abgestimmt werden soll, in den Geschäftsräumen der AG und dann auch in der HV selbst zur Einsicht auszulegen oder sonst zugänglich zu machen. Dies gilt auch, wenn der Vorstand nach § 119 Abs. 2 AktG eine Frage der Geschäftsführung nicht selbst entscheidet, sondern einen Beschluss der HV hierüber herbeiführen will.[498] Nach § 124a AktG müssen börsennotierte Gesellschaften alsbald nach der Einberufung der HV die Unterlagen über die **Internetseite der Gesellschaft** zugänglich machen. Die Pflichten zur Auslegung von Unterlagen (und zur Erteilung von Abschriften) entfallen, wenn diese von der Einberufung der HV an auf der Internetseite der AG zugänglich gemacht werden, §§ 52 Abs. 2 S. 4, 179a Abs. 2 S. 3, 327c Abs. 5 AktG. Dies gibt der AG eine weitere Möglichkeit, ihre Informationspflichten ge-

---

[491] *Hüffer/Koch* AktG § 121 Rn. 11b.

[492] *Hüffer/Koch* AktG § 121 Rn. 24.

[493] *Hüffer/Koch* AktG § 122 Rn. 3.

[494] MüKoAktG/*Kubis* AktG § 122 Rn. 9.

[495] Vgl. *Hüffer/Koch* AktG § 121 Rn. 9.

[496] Zur Bestellung von Sonderprüfern DNotI-Gutachten Nr. 70689; vgl. ausführlich zur Vorlage von Verträgen an die HV *Deilmann/Messerschmidt* NZG 2004, 977.

[497] OLG Schleswig NZG 2006, 951; OLG München NJW-RR 1997, 544; LG München I ZIP 2008, 555; LG Frankfurt a.M. ZIP 2005, 579.

[498] OLG Frankfurt a.M. DB 1999, 1004 mAnm *Schuppen* EWiR § 119 AktG 1/99; OLG München DB 1996, 1172.

genüber den Aktionären zu erfüllen. Eine Verpflichtung zur Veröffentlichung besteht nicht, außer § 124a AktG.[499]

Vorstand und Aufsichtsrat haben für jeden zu fassenden Beschluss einen **Beschlussvorschlag** zu machen, § 124 Abs. 3 AktG.[500] Entsprechendes gilt für **Umwandlungsbeschlüsse,** so dass sowohl der vorgeschlagene Umwandlungsbeschluss, als auch die vorgeschlagene neue Satzung im Wortlaut, bekannt gemacht werden müssen.[501] Die Informationspflichten im Zusammenhang mit der Zustimmung zu einem Unternehmensvertrag sind gemäß §§ 293a–293g AktG denen bei der Verschmelzung angepasst.[502] **284**

Checkliste: Zustimmungsbedürftige Verträge **285**

Zu den zustimmungsbedürftigen Verträgen, die ihrem wesentlichen Inhalt nach und den Entscheidungsvorschlägen, die ihrem Wortlaut nach bekannt gemacht werden müssen, gehören:
- Abschluss eines Unternehmensvertrages (Beherrschungs- und Gewinnabführungsvertrag), § 293 Abs. 1 AktG
- Änderung eines Unternehmensvertrages, § 295 Abs. 1 S. 1 AktG
- Verschmelzungsverträge, §§ 13, 60 ff. UmwG
- Verträge zur Übertragung des Vermögens nach AktG oder UmwG, § 179a Abs. 1 AktG, §§ 174 ff. UmwG
- Vertrag über eine Nachgründung, § 52 Abs. 1 S. 1 AktG
- Verzicht und Vergleich auf/über Ersatzansprüche der Gesellschaft, §§ 50 S. 1, 53, 93 Abs. 4 S. 3, 116, 117 Abs. 4, 309 Abs. 3 S. 1, 310 Abs. 4, 317 Abs. 4, 318 Abs. 4 AktG
- Fragen der Geschäftsführung gemäß § 119 Abs. 2 AktG, die Bekanntmachungspflicht besteht auch für Entscheidungen, bei denen dem Vorstand Ermessensspielraum verbleibt
- Beschlüsse über Kapitalmaßnahmen, §§ 182 ff. AktG
- Beschluss über einen Bezugsrechtsausschluss, § 186 Abs. 3 und Abs. 4 AktG
- Beschluss über genehmigtes Kapital, § 202 AktG
- Beschluss über bedingtes Kapital, § 192 AktG
- Beschluss über Kapitalherabsetzung, § 222 AktG
- Beschluss über die Auflösung der Gesellschaft, § 262 Abs. 1 Nr. 2 AktG
- Beschluss über Satzungsänderungen/Verträge mit Zustimmungsvorbehalt der HV, § 124 Abs. 2 S. 2 AktG
- Beschluss über die Antragstellung zum Delisting
- Beschlüsse über Strukturmaßnahmen nach der „Holzmüller"-Entscheidung

---

Der DCGK forderte in Punkt 2.3.1 bereits vor dem ARUG, dass die dem Aktionär zur Verfügung zu stellenden Unterlagen nicht nur ausgelegt und Abschriften bereitgehalten werden müssen, sondern der Inhalt auch auf der **Website der Gesellschaft** zusammen mit der Tagesordnung dargestellt wird. Dies ist durch § 124a S. 1 Nr. 3 AktG nun gesetzlich geregelt. Durch Anpassung der jeweiligen Vorschriften (etwa § 52 Abs. 2 S. 4 AktG) ist die ausschließliche Bereitstellung dieser Unterlagen auf einer Website ausreichend.[503] **286**

An die vorgenannten Regelungen lehnt sich die Regelung der §§ 327c, 327d AktG an, der „en detail" beschreibt, welche Anforderungen an die Bekanntmachung und an die **287**

---

[499] *Hüffer/Koch* AktG § 327c Rn. 6.
[500] Zu den Hauptversammlungspflichten des Aufsichtsrats *Linnerz* Der Aufsichtsrat 2012, 18.
[501] LG Hanau EWiR § 124 AktG 1/96 mAnm *Dreher.*
[502] Vgl. hierzu im Einzelnen *Altmeppen* ZIP 1998, 1853.
[503] *Drinhausen/Keinath* BB 2010, 3.

auszulegenden Unterlagen gestellt werden, wenn auf der HV der **Ausschluss von Aktionären** beschlossen werden soll (**Squeeze-out**).

III. Einberufungsmängel

288 **Einberufungsmängel** können im **Einzelfall zur Nichtigkeit** der gefassten Beschlüsse führen (§ 241 Nr. 1 AktG). Ein nach § 121 Abs. 6 AktG erheblicher Widerspruch gegen Einberufungsmängel kann jedoch lediglich bis spätestens vor Bekanntgabe des Beschlussergebnisses durch den Versammlungsleiter erhoben werden.[504]

289 § 121 Abs. 6 AktG erklärt alle Einberufungsmängel dann für **unbeachtlich,** wenn alle Aktionäre erschienen oder vertreten sind und keiner der Beschlussfassung widerspricht. Das Vertrauen auf diese Option kann problematisch sein. Der Notar hat eher auf eine ordnungsgemäße Einberufung hinzuwirken, damit nicht einem einzelnen Aktionär ein **Erpressungspotential** eröffnet wird. Bei der Beurkundung der HV sollte der Verzicht auf die Einhaltung der Form- bzw. Fristvorschrift aufgenommen sowie festgestellt werden, dass kein Widerspruch erfolgt ist.

290 Es ist nicht völlig unumstritten, wie weit die Prüfungspflichten des Notars hinsichtlich etwaiger **Einberufungsmängel** gehen, wenn er nicht den ausdrücklichen Auftrag zur Prüfung der Einberufungsvoraussetzungen erhalten hat.[505] Ergibt jedoch die Prüfung Einberufungsmängel, sind diese kein Grund, die Beurkundung abzulehnen (ausführlich → Rn. 353).[506] Einberufungsmängel ziehen in der Regel nur die Anfechtbarkeit, nicht aber die Nichtigkeit des Beschlusses nach sich.[507]

291 Gemäß § 124 Abs. 1 S. 1 AktG iVm § 122 Abs. 2 AktG muss das Verlangen eines Aktionärs (Minderheits- oder Mehrheitsaktionärs) auf **Ergänzung der Tagesordnung** unverzüglich nach seinem Zugang gemäß § 124 Abs. 1 S. 1 AktG iVm § 122 Abs. 2 AktG veröffentlicht werden. Dies findet keine zeitliche Grenze in dem Zeitpunkt des sog. Record-dates, sondern muss bloß unverzüglich, also ohne schuldhaftes Zögern, nach dessen Zugang bekannt gemacht werden. Die Aktionärsrichtlinie kann nicht herangezogen werden, weil diese nur auf börsennotierte Gesellschaften Anwendung findet. Bei börsennotierten Gesellschaften gilt schon ein wesentlich früherer Zeitpunkt für den Zugang von Ergänzungsverlangen (30 Tage statt der 24 Tage gemäß § 122 Abs. 2 S. 3 AktG). Somit ist bei börsennotierten Unternehmen eine Prüfung des Ergänzungsverlangens und die rechtzeitige Veröffentlichung (zwei Tage) gewährleistet.[508] Die Entscheidung stellt eine Erleichterung für die Praxis dar, denn nach dem anders lautenden landgerichtlichen Urteil[509] war zu befürchten, dass Ergänzungsverlangen bei nicht börsennotierten Unternehmen kaum rechtzeitig bekanntgemacht werden können und somit zur Anfechtbarkeit der Beschlüsse führen. Im Übrigen bestätigte das OLG, dass auch Hauptaktionäre die Rechte aus § 122 AktG geltend machen können.

292 Das OLG München hat jüngst entschieden, dass die **Ermächtigung nach § 122 AktG** weder durch die **Eröffnung des Insolvenzverfahrens** noch durch die **Regelung zur Eigenverwaltung** in § 276a InsO generell ausgeschlossen ist. Die HV behält in insolvenzfreien oder insolvenzzweckfreien Bereichen ihre Kompetenzen. Darunter falle auch die **Einberufung einer HV auf Verlangen einer Minderheit.** Dies ist mit dem Insolvenzverfahren und mit § 276a InsO vereinbar, wenn die HV über masseunabhängige oder masseneutrale Maßnahmen beschließen soll. Es könne nicht entgegen gehalten wer-

---

[504] OLG Stuttgart NZG 2013, 1151.
[505] Vgl. hierzu *Sigel/Schäfer* BB 2005, 2137 (2138).
[506] *Hüffer/Koch* AktG § 130 Rn. 30 ff.
[507] Vgl. zu den Auswirkungen einer marginal fehlerhaften Datumsangabe DNotI-Gutachten Nr. 57908 oder DNotI-Report 2005, 131 (132).
[508] OLG Frankfurt a.M. ZIP 2017, 1714.
[509] LG Frankfurt a.M. AG 2017, 366.

den, dass eine HV Kosten auslöst.[510] Das Urteil wird in der Literatur mit Blick auf die Gefährdung des nicht-konsensualen Debt-to-Equity-Swaps stark kritisiert.[511]

Checkliste: Prüfung der Einberufungsvoraussetzungen   293

(1) Wahrung der Einberufungsfristen und der Veröffentlichungsform
(2) Umfang der Veröffentlichung (§ 124 Abs. 2 AktG)
(3) Übereinstimmung der Einberufungsformalitäten oder der Wahl des Versammlungsortes mit etwaigen Bestimmungen der Satzung
(4) Wahrung der Bekanntmachungsform
(5) Vorhandensein von Beschlussvorschlägen

IV. Durchführung der Hauptversammlung

1. Teilnahme an der Hauptversammlung. Das **Teilnahmerecht** an der HV ist eines 294 der wichtigsten Aktionärsrechte. Es kann in der Satzung **weder ausgeschlossen noch beschränkt** werden. Die Möglichkeit zur Teilnahme an der HV konnte vor dem UMAG jedoch von der Hinterlegung der Aktien oder der Anmeldung zur HV abhängig gemacht werden, § 123 Abs. 2 S. 1 AktG aF. Bei **börsennotierten Gesellschaften** führte dies zu erheblichen Schwierigkeiten beim Aktienhandel. Nach § 123 Abs. 2 S. 1 AktG kann die Satzung die Teilnahme an der HV sowohl für Inhaber- als auch für Namensaktien nur noch von der Anmeldung der Aktionäre an der Versammlung abhängig machen. Im Fall des satzungsmäßigen Anmeldeerfordernisses ist für die Einberufungsfrist § 123 Abs. 2 S. 5 AktG zu beachten, wonach sich die Einberufungsfrist um die Anmeldefrist verlängert.

Den Aktionären sollen in jedem Fall 30 Tage zur Verfügung stehen, um über die Teil 295 nahme an der HV zu entscheiden.[512] Dies bedeutet im Ergebnis, dass die HV regelmäßig spätestens **37 Tage** vorher einberufen werden muss.[513] § 123 Abs. 2 S. 3 AktG sieht vor, dass die Satzung eine kürzere Anmeldefrist bestimmen oder den Vorstand zu Bestimmung einer solchen ermächtigen darf.[514] Diese **Frist** muss **in Kalendertagen** angegeben werden. Enthält die Satzung noch Werktage, so muss dies geändert werden.[515] Wird eine solche Bestimmung nicht festgesetzt, gilt die Sechs-Tage-Frist. Da der **Zugangstag** nicht gezählt wird, muss die Anmeldung am siebten Tag vor der HV erfolgt sein. Die Sechstagesfrist stellt jeweils die längste mögliche Frist dar, die in der Satzung verkürzt werden kann. Da § 193 BGB nicht anwendbar ist, kommt es auf einen Feiertag am letzten Anmeldungstag nicht an.[516]

Teilnahmeberechtigt sind **alle Aktionäre, unabhängig von** einem **Stimmrecht,** 296 einem **Stimmverbot** oder der **Volleinzahlung.** Anders nur, wenn der Aktionär überhaupt keine Rechte geltend machen kann, etwa wegen § 20 Abs. 7 AktG.[517] Die Übersendung von **Eintrittskarten** an Aktionäre, die ihre Teilnahmeberechtigung nachweisen, stellt keine Einschränkung des Teilnahmerechts dar, wenn Voraussetzung der Versendung lediglich die in der Satzung bestimmte Teilnahmeberechtigung ist.[518] Einem Vertreter darf jedoch die Teilnahme an der HV nicht verweigert werden, nur weil er die dem Aktionär

---

[510] OLG München NZI 2018, 538 mAnm *Sax; Göb/Nebel* NZI 2018, 556 (560).
[511] So *Sax* NZI 2018, 538 (541 f.).
[512] Vgl. *Hüffer/Koch* AktG § 123 Rn. 7.
[513] MüKoAktG/*Kubis* AktG § 123 Rn. 15.
[514] MüKoAktG/*Kubis* AktG § 123 Rn. 13.
[515] *Hüffer/Koch* AktG § 123 Rn. 7.
[516] MüKoAktG/*Kubis* AktG § 123 Rn. 12.
[517] *Hüffer/Koch* AktG § 118 Rn. 12.
[518] OLG München NZG 2009, 506.

übersandte Eintrittskarte nicht vorlegen kann.[519] Ein Saalverweis ist zulässig, wenn ein Störer trotz Ordnungsrufs sein Verhalten fortsetzt.[520]

297   Auch **faktisch** darf ein Aktionär nicht von der Teilnahme an der HV ausgeschlossen werden. Für **Sicherheitskontrollen** zu HVs gilt folglich auch der **Verhältnismäßigkeitsgrundsatz,**[521] so dass bei deren Verletzung eine Anfechtbarkeit möglich ist.[522] Wird bei einer HV ein Präsenzbereich außerhalb des Versammlungsraumes festgelegt und der Ablauf der HV nicht mittels Lautsprecher in den gesamten Präsenzbereich übertragen, verletzt dies das Teilnahmerecht der Aktionäre und gefährdet insbesondere eine Beschlussergebnisermittlung nach dem Substraktionsverfahren.[523] Eine unzumutbare Erschwerung der Teilnahme durch mangelnde sanitäre Einrichtungen, Bestuhlung, Klimatisierung sowie Verpflegung im Versammlungssaal kann in Extremfällen das Teilnahmerecht beeinträchtigen.[524]

298   Vor der Geltendmachung einer **Verletzung von Informationsrechten mit** der Begründung, die Akustik im Versammlungssaal sei mangelhaft oder die Ausführungen des Vorstands seien akustisch unverständlich, muss der Aktionär zunächst von seinem Fragerecht Gebrauch machen, um die behaupteten Informationsmängel zu beheben.[525]

299   HVs werden immer noch als **Präsenzveranstaltung** durchgeführt. Dies hat sich auch nach Einführung der Online-Teilnahme (§ 118 Abs. 1 S. 2 AktG) nicht geändert. Die Satzung kann nun vorsehen, dass Aktionäre ihre Rechte ohne Anwesenheit in der HV im Wege elektronischer Kommunikation ausüben können.[526] Diese **Online-Teilnahme** ist eine „echte" Teilnahme an der HV, der Aktionär ist daher, etwa für erforderliche Mehrheiten, als erschienen anzusehen. Die Regelung sieht ausdrücklich eine mögliche Beschränkung der Rechte bei der Online-Teilnahme vor.[527] Empfehlenswert ist es, lediglich eine Ermächtigung des Vorstands zu regeln, so dass dieser neben technischen Details auch den **Umfang der Online-Teilnahme** bestimmen kann. Eine Beschränkung oder ein Ausschluss des Rede- und Fragerechts ist anzuraten (dazu allgemein → Rn. 381 f.).

300   **Onlineteilnehmer** haben an der HV im Rechtssinne „teilgenommen".[528] Insofern sind sie auch zur Beschlussanfechtung gemäß § 245 AktG befugt. Allerdings normiert § 243 Abs. 3 Nr. 3 AktG, dass der Onlineaktionär eine Anfechtungsklage nicht darauf stützen kann, dass er seine Rechte aufgrund einer **technischen Störung** nicht wahrnehmen konnte, es sei denn, die Gesellschaft ist Vorsatz oder grobe Fahrlässigkeit vorzuwerfen.[529]

301   Neben der Online-Teilnahme ist in § 118 Abs. 2 AktG die Möglichkeit der Stimmausübung ohne Teilnahme („**Briefwahl**") geschaffen worden. Auch hier muss zunächst die **Satzung** dieses Vorgehen erlauben oder den Vorstand dazu ermächtigen. Entgegen der gesetzlichen Bezeichnung sind nicht nur **Wahlen,** sondern **jede Art der Stimmabgabe** erfasst. Neben schriftlicher und elektronischer Abstimmung ist auch die Übermittlung in Textform zulässig, solange die Identität des Aktionärs klar ist.[530]

302   Angesichts von global tätigen AGs ist auch die Möglichkeit einer teilweisen (Internet-) Übertragung der HV in § 118 Abs. 4 AktG ausdrücklich im Gesetz vorgesehen. Die Art und Weise kann in der Satzung oder Geschäftsordnung geregelt oder der Vorstand oder

---

[519] OLG München NZG 2000, 553.
[520] OLG Bremen NZG 2007, 468.
[521] OLG Frankfurt a.M. ZIP 2007, 629.
[522] MüKoAktG/*Kubis* AktG § 119 Rn. 122.
[523] LG München I AG 2011, 263; aA MüKoAktG/*Kubis* AktG § 118 Rn. 70 Fn. 160.
[524] MüKoAktG/*Kubis* AktG § 118 Rn. 77.
[525] OLG München ZIP 2013, 931.
[526] *Simons* NZG 2017, 567.
[527] Einzelheiten strittig; ausführlich *Reul* notar 2012, 76; MüKoAktG/*Kubis* AktG § 131 Rn. 29.
[528] So zumindest GesE ARUG, BT-Drs. 16/11642, 26 f.
[529] Zu den Einzelheiten der virtuellen HV *Reul* notar 2012, 76.
[530] *Hüffer/Koch* AktG § 118 Rn. 17.

der Versammlungsleiter hierzu ermächtigt werden. Bei der in der Begründung zum Gesetzentwurf beispielhaft genannten Möglichkeit der Übertragung nur an Aktionäre mit vorheriger **Übermittlung eines Zugangscodes** und eines **Passwortes,** sollte der Gesellschaft aber der damit verbundene, hohe technische Aufwand bewusst sein. Aus diesem Grund sollte der Notar darauf dringen, dass diese Art der Übertragung der HV nicht in der Satzung festgeschrieben, sondern allenfalls die **Option** für eine derartige HV eingeräumt wird. Nach der gesetzgeberischen Klarstellung kann ein Aktionär jedenfalls nicht mehr unter Berufung auf sein **Recht auf informationelle Selbstbestimmung** die Übertragung seiner Rede verhindern. Möchte er sein Bild nicht übertragen sehen, kann er auf die Rede verzichten oder sich eines Vertreters bedienen.[531]

2. Sprache. Bei einem immer internationaler werdendem Aktionärs- und Managerkreis 303 kann der Bedarf entstehen, die HV einer AG in einer **Fremdsprache** durchzuführen. Das Gesetz gibt zur Zulässigkeit keine Auskunft, die Literatur spricht sich einhellig dafür aus.[532] Nach dem Sinn und Zweck der HV, unter anderem weitreichende Entscheidungen zu treffen, muss jedoch gewährleistet sein, dass alle Teilnehmer der verwendeten Sprache mächtig sind. Daher müssen alle Teilnehmer der Verwendung einer Fremdsprache zustimmen. Andernfalls kann ein vereidigter Dolmetscher hinzugezogen werden. Zulässig ist auch die Abfassung des Hauptversammlungsprotokolls in einer Fremdsprache, jedoch muss zum Handelsregister eine beglaubigte Übersetzung eingereicht werden.[533]

3. Frage- und Rederecht. Zu den Aktionärsrechten auf der HV zählt auch das vom 304 Stimmrecht unabhängige **Frage- und Rederecht.** Das Fragerecht ist jedoch auch nach Ablauf der Umsetzungsfrist der Aktionärsrechterichtlinie (RL 2007/36/EG) auf solche Themen beschränkt, die zur sachgemäßen Beurteilung eines Gegenstandes der Tagesordnung erforderlich sind.[534] Eine Verletzung dieser Rechte kann die **Anfechtbarkeit von Beschlüssen** zur Folge haben. Ob eine Frage beantwortet wurde, ist objektiv zu bestimmen, auf die Meinung des Fragestellers dazu kommt es nicht an.[535] Daher ist es für die Anfechtbarkeit grundsätzlich auch unbeachtlich, ob auf Nachfrage des Versammlungsleiters die Frage als unbeantwortet gerügt wird. Eine Ausnahme könnte höchstens gelten, falls die Beantwortung noch offener Fragen tatsächlich beabsichtigt ist und der Aktionär die unzureichende Beantwortung bereits erkennt.

Der Versammlungsleiter ist **nicht** verpflichtet, **Wortmeldungen** nach der **Reihenfol-** 305 **ge ihres Eingangs** zu berücksichtigen, sondern kann eine zweckmäßige Reihenfolge vorsehen. Er hat jedoch das Gleichbehandlungsgebot (§ 53a AktG) zu beachten. Der Hauptversammlungsleiter muss alle Aktionäre, die vor Schließung der Rednerliste eine Meldung abgegeben haben, zu Wort kommen lassen, ggf. beschränkt auf eine bestimmte Redezeit.[536] Er kann missliebige Aktionäre auch nicht grundlos am Ende der Rednerliste platzieren, wenn dadurch deren Rederecht beschränkt würde.[537]

Jedem Aktionär ist gemäß § 131 Abs. 1 AktG auf Verlangen in der HV vom Vorstand 306 **Auskunft über Angelegenheiten der Gesellschaft** zu geben, „soweit sie zur sachgemäßen Beurteilung des Gegenstands der Tagesordnung erforderlich" ist. Art. 9 Abs. 1 RL 2007/36/EG (Aktionärsrechterichtlinie), nach dessen Wortlaut Aktionäre das umfassender formulierte Recht haben, „Fragen zu Punkten auf der Tagesordnung der HV zu stellen",

---

[531] *Noack* NZG 2003, 241 (245); insgesamt dazu auch Hirte/*Heckschen* Kap. 3 Rn. 25 ff.
[532] Vgl. MHdB GesR IV/*Semler* § 36 Rn. 50; WürzNotar-HdB/*Reul* Teil 5 Kap. 4 Rn. 423; *Mohamed* NZG 2015, 1263 zur Sprachverwirrung in der ausländisch geprägten HV von AG oder SE.
[533] Vgl. DNotI-Report 2003, 81 (82).
[534] OLG Frankfurt a.M. EWiR 2013, 67 mAnm *Widder/Klabun;* OLG Stuttgart ZIP 2012, 970; aA *Kersting* ZIP 2009, 2317.
[535] OLG Köln NZG 2011, 1150.
[536] LG Frankfurt a.M. ZIP 2013, 578.
[537] OLG München BB 2011, 3021 mAnm *Wandt;* MüKoAktG/*Kubis* AktG § 119 Rn. 144.

hat aber auf die Auslegung des Tatbestandsmerkmal der „Erforderlichkeit" in § 131 Abs. 1 AktG sowohl nach der Rechtsprechung des OLG Stuttgart[538] als auch des OLG Frankfurt a.M.[539] keinen Einfluss, da nach Art. 9 Abs. 2 RL 2007/36/EG dieses umfassendere Auskunftsrecht nur vorbehaltlich mitgliedstaatlicher Maßnahmen zur Gewährleistung des ordnungsgemäßen Ablaufs der HV gilt.

307   Das **Frage- und Rederecht** kann jedoch nach § 131 Abs. 2 S. 2 AktG **eingeschränkt** werden. Dies dient der **Missbrauchsprävention**. Neben einer allgemeinen Ermächtigung ist auch eine konkrete Ausgestaltung von **Redezeiten, Höchstdauer der Versammlung** und einen **Debattenschluss** zu bestimmter Uhrzeit zulässig.[540] Der BGH betont neben dem Leitbild der eintägigen HV insofern auch das Ermessen des Versammlungsleiters. Dieser habe unter Beachtung von Sachdienlichkeit, Verhältnismäßigkeit und Gleichbehandlung der Aktionäre zu letztendlich, auch bei konkreten Vorgaben, zu entscheiden. Eine Beschränkung ohne Rücksicht auf konkrete Umstände stellt eine unzulässige Beschränkung der Aktionärsrechte dar.[541] Ob detaillierte Regelungen anzuraten sind, ist strittig.[542] Da der BGH jedoch die besondere Legitimation der auf eine Aktionärsentscheidung gestützten Maßnahme betont, scheint eine **Satzungsregelung** zumindest von Grundlinien empfehlenswert. Eine **Beschränkung des Auskunftsrechts** kommt erst in Betracht, wenn **Redezeitbegrenzungen nicht mehr möglich** sind.[543]

308   Wird einem Aktionär eine **Auskunft verweigert**, so kann er nach § 131 Abs. 5 AktG verlangen, dass seine Frage und der Grund, aus dem die Auskunft verweigert worden ist, in die **notarielle Niederschrift aufgenommen** werden. Die **Beweiskraft der notariellen Niederschrift** erstreckt sich – entsprechend dem Wortlaut der Norm – nicht nur darauf, dass die Auskunft verweigert, sondern auch darauf, dass die betreffende Frage gestellt wurde.[544]

309   Auch die **audiovisuelle Zuschaltung von Aufsichtsratsmitgliedern** ist im Wege der Einfügung des S. 2 in § 118 Abs. 3 AktG ermöglicht worden und gehört mittlerweile zur alltäglichen Praxis. Die letztere Möglichkeit ist jedoch kein Freibrief für die Aufsichtsratsmitglieder, der HV fernzubleiben, vielmehr müssen die Fälle, in denen eine solche Möglichkeit gegeben sein soll, in der **Satzung** festgeschrieben sein.[545]

V. Übertragung des ganzen Vermögens, § 179a AktG; „Holzmüller"/„Gelatine"

310   **1. § 179a AktG.** Verpflichtet sich die AG zur Übertragung ihres **ganzen Vermögens**, so ist dafür ein Beschluss der HV erforderlich, der einer 3/4-Mehrheit bedarf, §§ 179a Abs. 1, 179 Abs. 2 AktG (zu § 179a AktG und zur Frage seiner analogen Anwendung → § 25 Rn. 14 ff.). Daneben bedarf es der einfachen Stimmenmehrheit, also der Mehrheit der abgegebenen Stimmen, da § 133 AktG nicht durch § 179 Abs. 2 S. 1 AktG verdrängt wird, sondern selbständig neben diesen tritt.[546] Der Hauptversammlungsbeschluss ist gemäß § 130 Abs. 1 AktG zu beurkunden,[547] ebenso ein Kaufvertrag nach § 311b Abs. 2 BGB.[548]

---

[538] ZIP 2012, 970; dazu *Ehmann* GWR 2012, 157; krit. *Vosberg/Klawa* EWiR 2012, 649.
[539] NZG 2013, 23.
[540] BGHZ 184, 239; dazu *Goette* DStR 2010, 2579; OLG Frankfurt a.M. NZG 2009, 1066; OLG München BB 2011, 3021 mAnm *Wandt*.
[541] LG München I NJOZ 2011, 1333.
[542] Abl. *Arnold/Gärtner* GWR 2010, 288; zust. *Wachter* DB 2010, 829.
[543] MüKoAktG/*Kubis* AktG § 119 Rn. 171.
[544] OLG Frankfurt a.M. NZG 2013, 23.
[545] *Hirte/Hirte* Kap. 1 Rn. 58; *Linnerz* Der Aufsichtsrat 2012, 18.
[546] MüKoAktG/*Stein* AktG § 179 Rn. 85; zu § 179a AktG im Spannungsfeld zwischen Gesellschaftsrecht und Insolvenz *Barthen/Staab* ZInsO 2018, 833.
[547] Vgl. *Hoffmann-Becking* ZIP 1995, 1 (7); *Hüffer/Koch* AktG § 130 Rn. 2.
[548] OLG Hamm GWR 2010, 402.

Entgegen dem Wortlaut der Gesetzesfassung ist der Anwendungsbereich des § 179a Abs. 1 **311** AktG nicht erst eröffnet, wenn die AG tatsächlich ihr Vermögen als Ganzes veräußert, sondern bereits dann, wenn sie mit den verbleibenden Vermögensgegenständen den Unternehmensgegenstand nicht mehr ausfüllen kann.[549] Dabei kommt dem Merkmal des **Ausfüllens des Unternehmensgegenstandes** eine so große Bedeutung zu, dass auch beim Zurückbleiben von wesentlichen Vermögensgegenständen der Anwendungsbereich des § 179a Abs. 1 AktG eröffnet ist, wenn die Gesellschaft den Unternehmensgegenstand nicht mehr verwirklichen kann. Diese Grundsätze gelten auch für die KGaA.[550]

Bei Fehlen eines entsprechenden Beschlusses führt dies zur **schwebenden Unwirk-** **312** **samkeit** des schuldrechtlichen Teils des Vertrages und bei Versagung der Zustimmung zur endgültigen Unwirksamkeit desselben.[551] Die hM wendet § 179a AktG auch in der Liquidationsphase der AG an.[552]

Checkliste: § 179a AktG **313**

(1) Anwendungsbereich eröffnet, wenn Vorgang nicht unter das UmwG fällt

(2) Gegenstand: Ein abgeschlossener/noch abzuschließender schuldrechtlicher Vertrag zur Übertragung des ganzen Vermögens

(3) Begriff des ganzen Vermögens: Das ganze Gesellschaftsvermögen fast vollständig nach objektiven Maßstäben

(4) Entscheidung nach quantitativen und qualitativen Maßstäben

(5) Auslegen zur Einsicht in Geschäftsräumen der Gesellschaft, § 179a Abs. 2 S. 1 AktG oder Zugänglichmachen über Internetseite der AG, § 179a Abs. 2 S. 3 AktG

(6) Abschriftenerteilung auf Verlangen, § 179a Abs. 2 S. 2 AktG

(7) Durchführung der HV

(8) Zugänglichmachen des vollständigen Vertrags(-entwurfs) in der HV, § 179a Abs. 2 S. 4 AktG

(9) Erläuterung des Vertrags durch den Vorstand, § 179a Abs. 2 S. 5 AktG

(10) Beschluss mit qualifizierter Mehrheit; Kapitalmehrheit des § 179 Abs. 2 S. 1 AktG und einfache Stimmenmehrheit, § 133 Abs. 1 AktG

(11) Stimmrecht: Jeder Aktionär, der auch sonst stimmberechtigt ist, insbesondere auch Mehrheitsaktionär, der das Gesellschaftsvermögen übernimmt

(12) Vertrag als Anlage zur Niederschrift der HV, § 179a Abs. 2 S. 6 AktG

(13) Übertragungsvertrag notariell beurkundungsbedürftig

(14) Beurkundung des Vertragsentwurfs nach Zustimmungsbeschluss der HV; Notar muss lückenlose Übereinstimmung des Vertrages mit Inhalt des Zustimmungsbeschlusses prüfen!

(15) Anwendbarkeit des § 179a AktG auch in der Liquidationsphase!

---

2. Faktische Satzungsänderung; „Holzmüller"/„Gelatine". Ist der Anwendungsbe- **314** reich des § 179a AktG nicht eröffnet, ist zunächst zu prüfen, ob eine sog. faktische Satzungsänderung vorliegt. Dies ist dann der Fall, wenn nach der Veräußerung ein Teil des Satzungsgegenstands nicht mehr wahrgenommen werden kann (zB Gegenstand ist Tief- und Hochbau; die Tiefbausparte wird verkauft). Verläuft auch diese Prüfung negativ, kann möglicherweise ein **ungeschriebenes Zustimmungserfordernis** aus den Grundsätzen der **„Holzmüller"-Entscheidung** erwachsen,[553] welches das grundsätzliche Vorlageer-

---

[549] HM, vgl. BGH NJW 1982, 1703; *Hüffer/Koch* AktG § 179a Rn. 5; MüKoAktG/*Stein* AktG § 179a Rn. 19; krit. hierzu *Bredthauer* NZG 2008, 816; zur sog. Satzungsunterschreitung infolge Verkaufs von Unternehmensteilen vgl. OLG Köln RNotZ 2009, 548.

[550] OLG Stuttgart DB 2003, 1944 (1947).

[551] *Hüffer/Koch* AktG § 179a Rn. 13; MüKoAktG/*Stein* AktG § 179a Rn. 35.

[552] So ausdrücklich BGH AG 2019, 420–422 mAnm *Heckschen*.

[553] BGH NJW 1982, 1703.

messen des Vorstandes aus § 119 Abs. 2 AktG auf null reduziert. Danach bedürfen Maßnahmen der Geschäftsführung, die mit einem wesentlichen Eingriff in die Mitgliedsrechte und die Vermögensinteressen der Aktionäre verbunden sind, auch dann der Zustimmung durch die HV, wenn dies nicht ausdrücklich im Gesetz oder in der Satzung bestimmt ist.

315   Umstritten war infolge der „Holzmüller"-Entscheidung zum einen, wann ein solch wesentlicher Eingriff anzunehmen ist, zum anderen stellte sich die Frage, mit welcher Mehrheit ein ggf. erforderlicher **Hauptversammlungsbeschluss** zu fassen ist. In den sog. „Gelatine"-Urteilen[554] hat der BGH seine „Holzmüller"-Rechtsprechung präzisiert und weiterentwickelt. Als Kernaussagen der „Gelatine"-Urteile lassen sich die folgenden Punkte ausmachen:

– **Ungeschriebene Zuständigkeiten** der HV im Aktienrecht müssen die **absolute Ausnahme** bleiben.
– **Erwerb oder Veräußerung** von Unternehmen oder Unternehmensteilen oder auch für die Gesellschaft wichtige Vermögensteile an Dritte ist grundsätzlich nicht erfasst.[555]
– **Qualitative und quantitative Voraussetzungen** müssen kumulativ vorliegen.[556]
– Als qualitatives Kriterium muss eine **Beeinträchtigung der mitgliedschaftlichen Position** der Gesellschafter entsprechend den gesetzlich geregelten HV-Zustimmungspflichten gegeben sein.
– Die wirtschaftliche Bedeutung der Maßnahme als **quantitatives Kriterium** muss in etwa die Ausmaße wie in der „Holzmüller"-Entscheidung (rund 80% des Gesamtkonzerns) ausmachen.[557] Die Parameter (Bilanzsumme, Umsatz, Ertrag, Vermögenswert, Bilanzsumme, Eigenkapital) sind im Einzelfall zu bestimmen und an der vorgenannten Grenze zu messen.
– Beschlüsse der HV in „Holzmüller"-Fällen bedürfen einer **3/4-Mehrheit** des vertretenen Grundkapitals.

316 Soll die Zustimmung der HV zu einer Strukturmaßnahme nach den „Holzmüller"- bzw. „Gelatine"-Grundsätzen herbeigeführt werden oder verfolgt der Vorstand die Erfüllung eines vertraglich zugesicherten Zustimmungsvorbehalts der HV,[558] muss der wesentliche Inhalt des Vertrages gemäß § 124 Abs. 2 S. 2 AktG bereits in der Einladung zur HV bekannt gemacht werden.[559] Unklar ist, ob darüber hinaus in analoger Anwendung von § 186 Abs. 4 S. 1 AktG ein schriftlicher Bericht über die Gründe der intendierten Maßnahme vom Vorstand abgegeben werden muss und etwaige Verträge/Entwürfe während der HV auszulegen sind.[560]

317   Für **Grundlagenbeschlüsse** der genannten Art ist aus Sicherheitsgründen unbedingt zu einer **notariellen Beurkundung** zu raten.[561] Dies dürfte sich auch aus den Gelatine-Urteilen des BGH ergeben. Danach werden die Notwendigkeit eines Beschlusses und die dafür erforderliche Mehrheit aus der entsprechenden Regelung für Satzungsänderungen hergeleitet. Dann sind die Beschlüsse aber ebenso wie Beschlüsse zu **Satzungsände-**

---

[554] BGH ZIP 2004, 993 und ZIP 2004, 1001; bestätigt in OLG Hamm AG 2008, 421.
[555] Für Beteiligungsveräußerung BGH NZG 2007, 234; so auch die Vorinstanz OLG Stuttgart AG 2005, 693; OLG Hamm AG 2008, 421 – Arcandor; für Beteiligungserwerb mit Konzernöffnungsklausel OLG Frankfurt a.M. AG 2008, 862; NZG 2001, 62; OLG Köln AG 2009, 416.
[556] Zustimmend: *Kort* AG 2006, 272 (274); OLG Stuttgart AG 2005, 693 (695); aA OLG Schleswig ZIP 2006, 421, das ausschließlich anhand des wirtschaftlichen Umfanges der Transaktion auf das Vorliegen eines Holzmüllerfalles schloss; unklar auch nach DNotI-Report 2008, 73 (75) für einen Verlustübernahmevertrag.
[557] OLG Hamm AG 2008, 421 – Arcandor; vgl. auch die Besprechungen von *Fleischer* NJW 2004, 2335; *Götze* NZG 2004, 585; *Kort* AG 2006, 272; *Simon* DStR 2004, 1482.
[558] HM: BGH AG 2001, 261 – Altana/Milupa.
[559] LG Frankfurt a.M. ZIP 2005, 579; MüKoAktG/*Kubis* AktG § 124 Rn. 24.
[560] *Kort* AG 2006, 272.
[561] Sehr umstritten; dafür MAH AktR *Binge/Thölke* § 25 Rn. 90; *Blanke* BB 1994, 1505 (1509f.); *Heckschen* DNotZ 1995, 275 (284); dagegen: *Ammon/Görlitz*, Die Kleine AG, 1995, S. 65f.; *Hüffer/Koch* AktG § 130 Rn. 14c; *Kindler* NJW 1994, 3041 (3045).

rungen zu beurkunden. § 130 Abs. 1 S. 3 AktG ist nicht anwendbar.[562] Im Falle einer Satzungsunterschreitung (Unternehmensgegenstand) durch den Verkauf von Unternehmensteilen einer AG ist grundsätzlich vor der Durchführung des Verkaufs eine Satzungsänderung durchzuführen.[563] Eine Nachholung der Satzungsänderung (Heilung) ist nur in Ausnahmefällen in möglich.

Nach der Rechtsprechung des BGH in seiner sog. „Macrotron I"-Entscheidung[564] bedurfte – im Einklang mit dem wohl überwiegenden Teil der Literatur[565] – auch die Antragstellung zum **Delisting** eines Hauptversammlungsbeschlusses.[566] Dieser war notariell zu beurkunden, was sich bereits im Umkehrschluss aus § 130 Abs. 1 AktG ergab, da nur börsennotierte AGs delistet werden können. Für den Beschluss war nach der vorgenannten Entscheidung eine einfache Mehrheit ausreichend. Der BGH ging davon aus, dass mit dem Wegfall des Marktes für die Aktie gravierende Nachteile für den Anteilsinhaber einhergehen. Einen Vorstandsbericht iSd § 186 Abs. 4 S. 3 AktG hielt der BGH ebenfalls für nicht notwendig, lediglich die Einzelheiten des Delistings müssten entsprechend § 124 Abs. 2 AktG angegeben werden. In seiner Entscheidung zum Delisting hatte der BGH darüber hinaus festgelegt, dass der Vorstand den Antrag auf Widerruf der Zulassung zur Börsennotierung nur stellen dürfe, wenn die Gesellschaft (soweit nach § 71 AktG zulässig) oder der Hauptaktionär den Anteilseignern ein angemessenes Barabfindungsangebot gemacht hat.

318

Das **BVerfG**[567] stellte klar, dass die Rechtsprechung des BGH, wonach im Fall des **319** **freiwilligen Delisting** als Ausgleich ein Pflichtangebot an die Minderheitsaktionäre erforderlich ist, welches auch in einem Spruchverfahren gerichtlich überprüft werden kann, die Grenzen richterlicher Rechtsfortbildung wahrt. Es führte jedoch aus, dass entgegen der Annahme des BGH der **Widerruf der Börsenzulassung** für den regulierten Markt auf Antrag des Unternehmens grundsätzlich nicht den Schutzbereich des Eigentumsgrundrechts des Aktionärs berühre. Dies hatte jedoch angesichts der zwischenzeitlichen Entwicklung im Gesellschaftsrecht – insbesondere im Umwandlungsrecht – wohl keine gravierenden Auswirkungen.[568] Denn mittlerweile sieht § 29 UmwG eine Pflicht zur Abgabe eines Abfindungsangebots vor, wenn eine börsennotierte Gesellschaft auf eine nicht börsennotierte Gesellschaft verschmolzen wird. Eine analoge Anwendung unter anderem dieser Norm[569] hat das BVerfG in seiner Entscheidung als zulässige richterliche Rechtsfortbildung anerkannt.

Vor dem Hintergrund dieser BVerfG-Rechtsprechung hat der BGH mit Beschluss vom **320** 8. 11. 2013[570] seine bisherige Macrotron I-Rechtsprechung aufgegeben. Nunmehr bedarf der Rückzug einer börsennotierten AG von der Börse (**reguläres Delisting**) keines Beschlusses der HV und keines Pflichtangebots der AG oder des Großaktionärs über den Kauf der Aktien der Minderheitsaktionäre mehr. Denn nach der aktuellen Auffassung des BGH führt der **Widerruf der Zulassung vom regulierten Markt** gemäß § 39 Abs. 2 BörsG nicht zu einer Beeinträchtigung des Aktieneigentums in seinem vermögensrechtlichen und mitgliedschaftlichen Element. Die Qualifizierung des **Delistings als Strukturmaßnahme** und die damit verbundene Mitwirkungspflicht der HV lehnt der BGH ebenfalls ab. Durch den Widerruf der Börsennotierung werde keine entscheidende Veränderung in der **Organisationsstruktur** oder in der **Beteiligungsstruktur** herbeigeführt. Im Übrigen sei[571] der

---

[562] Ausführlich zu dieser Thematik *Goette* DStR 2005, 603.
[563] OLG Köln AG 2009, 416.
[564] ZIP 2003, 387 (389); bestätigend BGH NZG 2010, 618.
[565] Vgl. nur DNotI-Report 2002, 25 mwN.
[566] Gegen die Notwendigkeit eines solchen *Streit* ZIP 2002, 1279 (1287); allg. dazu *Geyrhalter/Gänßler* NZG 2003, 313; *Pfüller/Anders* NZG 2003, 459.
[567] NZG 2012, 826.
[568] *Klöhn* NZG 2012, 1041; *Reger/Schilha* NZG 2012, 3066.
[569] KG ZIP 2007, 2352.
[570] NJW 2014, 146 – Macrotron II.
[571] Entgegen der Auffassung des BGH in seiner Macrotron I-Entscheidung, ZIP 2003, 387 (389).

Schutz der Minderheitsaktionäre nach § 39 Abs. 2 S. 2 BörsG ausreichend gewahrt. Die Anleger hätten zudem nach den einzelnen Börsenordnungen genug Zeit, ihre Anteile nach Bekanntwerden des Delistings zu veräußern und so die Möglichkeit, über das Deinvestment denselben Zustand wie bei einer Barabfindung herzustellen.

321   Im Bereich der geschriebenen wie der ungeschriebenen Hauptversammlungszuständigkeiten ist ein **Verzicht auf die HV nicht möglich.** An dem Zustimmungserfordernis durch die HV ändert sich auch dann nichts, wenn die Zustimmung nach § 164 HGB wirksam auf den Aufsichtsrat übertragen ist. Der Kernbereich der Mitgliedschaft ist auch bei der KGaA nicht einschränkbar.[572] Auch eine „Vor-Ordnung" im Rahmen der Satzung ist zweifelhaft: Im Bereich der gesetzlich geregelten Zuständigkeiten wäre sie nach § 241 Nr. 3 AktG nichtig, im Falle der ungeschriebenen Hauptversammlungskompetenzen wäre sie zwar zulässig, würde jedoch mangels Bestimmtheit weder von der späteren Zustimmung der HV zu der konkreten Maßnahme entbinden, noch das Mehrheitserfordernis absenken. Möglich ist die „Vor-Ordnung" durch aufschiebend bedingte Beschlüsse, praktisch hilfreich sind diese jedoch nur selten. Echte Ermächtigungsbeschlüsse, die dem Vorstand einen Spielraum geben, sind im Rahmen der gesetzlichen Hauptversammlungszuständigkeiten wegen § 23 Abs. 5 AktG, § 1 Abs. 3 UmwG nicht möglich. Anders liegt es bei den ungeschriebenen Zuständigkeiten; hier ist grundsätzlich eine bis zur nächsten ordentlichen HV befristete **„Vor-Ordnung" durch Ermächtigungsbeschluss** möglich, wenn die Strukturmaßnahme, zu der der Vorstand ermächtigt werden soll, wenigstens in ihren Grundzügen feststeht. Die Erfordernisse hinsichtlich der Vorbereitung orientieren sich an dem Strukturbeschluss selbst, der Ermächtigungsbeschluss bedarf einer 3/4-Mehrheit.[573]

322   Die Regelung des § 130 Abs. 1 S. 3 AktG, die in den dort genannten Fällen die HV von der notariellen Beurkundung freistellt, ist kritisch zu beurteilen. Schon deshalb, weil die **Kosten** für die kleine AG nicht so sehr ins Gewicht fallen, dass es gerechtfertigt ist, die Interessen der Beweissicherung und Streitvermeidung preiszugeben.

323   Wenn eine **Satzung** eine Beurkundung aller Beschlüsse vorsieht, ist diese Regelung maßgeblich und eine Beurkundung zwingend erforderlich, solange die Satzung nicht geändert ist.

324   Ist keine Beurkundung mehr erforderlich, hat der Versammlungsleiter das Protokoll auszufertigen und persönlich zu unterschreiben. Allerdings trifft ihn bezüglich der sonstigen Erfordernisse hinsichtlich der Aufstellung des Versammlungsprotokolls aus Gründen der Rechtssicherheit **keine Erleichterung** gegenüber dem Notar.

325   Um zu verhindern, dass die gesamte HV als Beurkundung von Willenserklärungen abgehalten werden muss, weil zB in den Fällen des § 285 Abs. 3 AktG die **Zustimmung der persönlich haftenden Gesellschafter** erforderlich ist, wird diese Zustimmung regelmäßig außerhalb, dh entweder vor oder nach der HV – in entsprechender notarieller Form – aufgenommen und der notariellen Niederschrift der HV im Anschluss als Anhang beigefügt, § 285 Abs. 3 S. 2 AktG. Gemäß der dargestellten hM zum Zeitpunkt des Abschlusses der Niederschrift (→ Rn. 413 f.) sollte dies auch weiterhin möglich sein.[574]

VI. Der Notar in der Hauptversammlung

326   Zur **originären Amtstätigkeit** eines Notars gehört die **Beurkundung von Versammlungsbeschlüssen** (§ 20 Abs. 1 S. 2 BNotO). Wird der Notar mit der Beurkundung einer HV beauftragt, handelt er also als Träger eines öffentlichen Amtes und in Ausübung amtlicher Tätigkeit. Es handelt sich jedoch für die meisten Notare um keine alltägliche Angelegenheit. Der Notar wird zwar regelmäßig mit der Beurkundung von Gesellschafterversammlungen einer GmbH betraut, etwa zum Zwecke der Satzungsänderung oder

---

[572] Vgl. wiederum OLG Stuttgart DB 2003, 1944.
[573] *Lutter/Leinekugel* ZIP 1998, 805.
[574] DNotI-Gutachten Nr. 68171.

Kapitalerhöhung, ggf. auch Umwandlung. Der Teilnehmerkreis ist regelmäßig überschaubar (häufig nur ein bis vier Teilnehmer), weshalb die weit überwiegende Zahl der Notare die Beurkundung hier ausschließlich nach den Vorschriften der §§ 6 ff. BeurkG vornimmt. Besondere Vorschriften über die Vornahme der Beurkundung kennt das GmbHG selbst auch nicht. Die AG ist dagegen als **Publikumsgesellschaft** konzipiert. Die HV hat häufig eine wenigstens zweistellige Teilnehmerzahl, sodass der Notar sinnvollerweise ein **Tatsachenprotokoll** errichtet. Zudem enthält das AktG mit § 130 AktG eine Bestimmung, die den Inhalt des Protokolls ausdrücklich regelt (→ Rn. 401 ff.). Gerade für den Notar, der nicht bereits häufiger eine HV beurkundet hat, stellt sich die Wahrnehmung dieses Beurkundungsauftrages als Herausforderung dar. Die weit überwiegende Anzahl seiner Pflichten lässt sich nicht unmittelbar dem Gesetz entnehmen, folglich bedarf es für den Notar, der diese Aufgabe nicht ständig wahrnimmt, der sorgfältigen Vorbereitung.

1. Protokollierungspflicht. Gemäß § 130 Abs. 1 S. 1 AktG ist grundsätzlich jeder Beschluss zu beurkunden und damit die **Teilnahme eines Notars** an der HV **zwingend.** Andernfalls sind die gefassten **Beschlüsse nichtig** bzw. können **nicht wirksam** werden (§ 241 Nr. 2 AktG). Die Beurkundung ist **konstitutives Element** eines Hauptversammlungsbeschlusses der AG.[575]   327

Nur ausnahmsweise kann auf eine Beurkundung verzichtet werden, wenn die **AG nicht börsennotiert** ist und in der HV **kein Beschluss** gefasst werden muss, **für den das Gesetz eine Dreiviertel- oder größere Mehrheit** vorsieht, also vor allem bei Satzungsänderung oder Beschlüssen, die sich auf den Unternehmensgegenstand und -zweck auswirken (dazu → Rn. 26). Eine HV kann damit auch nur teilweise beurkundungsbedürftig sein.[576] Grundsätzlich ist also bei einer nichtbörsennotierten Gesellschaft jeder Beschluss beurkundungsbedürftig, für den das Gesetz eine qualifizierte Kapitalmehrheit vorsieht (**Satzungsänderung,** § 179 Abs. 2 AktG; **Kapitalmaßnahmen,** §§ 182 ff., 221, 222 ff. AktG; **Auflösung der Gesellschaft,** § 262 AktG; **konzernrechtliche Entscheidungen** wie Unternehmensverträge und Eingliederungen, §§ 293, 319 AktG; jegliche **Umwandlungsbeschlüsse,** § 65 UmwG, wobei bei den zuletzt genannten Beschlüssen § 62 UmwG als einschränkende Vorschrift Geltung finden würde).   328

a) Ungeschriebene Dreiviertelmehrheit. Verpflichtet sich die AG zur **Übertragung ihres ganzen Vermögens,** so ist dafür ein Beschluss der HV erforderlich, der einer 3/4-Mehrheit bedarf, §§ 179a Abs. 1, 179 Abs. 2 AktG. Daneben bedarf es der einfachen Stimmenmehrheit, also der Mehrheit der abgegebenen Stimmen, da § 133 AktG nicht durch § 179 Abs. 2 S. 1 AktG verdrängt wird, sondern selbständig neben diesen tritt.[577] Der Hauptversammlungsbeschluss ist gemäß § 130 Abs. 1 AktG zu beurkunden,[578] ebenso ein Kaufvertrag nach § 311b Abs. 2 BGB.[579] Zu § 179a AktG → Rn. 310 ff. Zur **faktischen Satzungsänderung** und der „Holzmüller"-Entscheidung (→ Rn. 314 ff.).   329

b) Rückausnahme. Von dem **Erfordernis einer 3/4-Stimmenmehrheit** gemäß § 103 Abs. 1 S. 2 AktG sind – nach einer Entscheidung des OLG Karlsruhe[580] – auch Beschlüsse über die Abberufung von Aufsichtsratsmitgliedern erfasst. Gleichwohl unterfällt ein solcher Beschluss nicht § 130 Abs. 1 S. 3 AktG. Er bezieht sich nur auf Bestimmungen, die eine **3/4-Kapitalmehrheit** voraussetzen. Dies ergibt sich zwar nicht aus dem   330

---

[575] GK-AktG/*Mülbert* AktG § 130 Rn. 73.
[576] BGH ZIP 2015, 1429 Rn. 12; OLG Düsseldorf RNotZ 2002, 60.
[577] MüKoAktG/*Stein* AktG § 179 Rn. 85; zu § 179a AktG im Spannungsfeld zwischen Gesellschaftsrecht und Insolvenz *Barthen/Staab* ZInsO 2018, 833.
[578] Vgl. *Hoffmann-Becking* ZIP 1995, 1 (7); *Hüffer/Koch* AktG § 130 Rn. 2.
[579] OLG Hamm GWR 2010, 402.
[580] OLG Karlsruhe NZG 2013, 1261.

Wortlaut der Bestimmung, aber aus der Gesetzesbegründung.[581] Die Formerleichterung soll nämlich nicht für Grundlagenbeschlüsse gelten, die, wie etwa § 179 Abs. 2 S. 1 AktG oder § 182 Abs. 1 S. 1 AktG zeigen, an das bei der Beschlussfassung vertretene Grundkapital anknüpfen. In diesem Zusammenhang stellt das OLG Karlsruhe[582] zudem klar, dass in dem Fall, dass der Aufsichtsratsvorsitzende die HV nicht leitet, es nach dem Sinn und Zweck der Vorschrift – entgegen dem ausdrücklichen Wortlaut des § 130 Abs. 1 S. 3 AktG – genügt, wenn der Versammlungsleiter die Niederschrift unterzeichnet. Schreibt lediglich die Satzung für bestimmte Beschlüsse eine 3/4-Mehrheit in vorgenanntem Sinn vor, so bedingt dies keine Beurkundungspflicht. Es steht aber natürlich der Gesellschaft frei, durch die Satzung für weitere oder alle Beschlüsse die notarielle Niederschrift zwingend vorzuschreiben.

331 **c) Kein Verzicht auf die Hauptversammlung.** Im Bereich der geschriebenen wie der ungeschriebenen Hauptversammlungszuständigkeiten ist ein **Verzicht auf die HV nicht möglich.** An dem Zustimmungserfordernis durch die HV ändert sich auch dann nichts, wenn die Zustimmung nach § 164 HGB wirksam auf den Aufsichtsrat übertragen ist. Der Kernbereich der Mitgliedschaft ist auch bei der KGaA nicht einschränkbar.[583] Auch eine „Vor-Ordnung" im Rahmen der Satzung ist **zweifelhaft:** Im Bereich der gesetzlich geregelten Zuständigkeiten wäre sie nach § 241 Nr. 3 AktG nichtig, im Falle der **ungeschriebenen Hauptversammlungskompetenzen** wäre sie zwar zulässig, würde jedoch mangels Bestimmtheit weder von der späteren Zustimmung der HV zu der konkreten Maßnahme entbinden, noch das Mehrheitserfordernis absenken. Möglich ist die „Vor-Ordnung" durch aufschiebend bedingte Beschlüsse, praktisch hilfreich sind diese jedoch nur selten. Echte **Ermächtigungsbeschlüsse,** die dem Vorstand einen Spielraum geben, sind im Rahmen der gesetzlichen Hauptversammlungszuständigkeiten mit Rücksicht auf § 23 Abs. 5 AktG, § 1 Abs. 3 UmwG nicht möglich. Anders liegt es bei den ungeschriebenen Zuständigkeiten; hier ist grundsätzlich eine bis zur nächsten ordentlichen HV befristete „Vor-Ordnung" durch Ermächtigungsbeschluss möglich, wenn die Strukturmaßnahme, zu der der Vorstand ermächtigt werden soll, wenigstens in ihren Grundzügen feststeht. Die Erfordernisse hinsichtlich der Vorbereitung orientieren sich an dem Strukturbeschluss selbst, der Ermächtigungsbeschluss bedarf einer 3/4-Mehrheit.[584]

332 **2. Wiedergabe der Wahrnehmungen des Notars.** Besteht ein Beurkundungszwang, hat der Notar über seine **Wahrnehmungen** zu den in § 130 Abs. 2 AktG genannten Punkten ein **Tatsachenprotokoll** (§§ 36, 37 BeurkG) zu errichten,[585] das die gefassten Beschlüsse und ihr Zustandekommen ausführlich, nachvollziehbar und justiziabel beschreibt (zu den Anforderungen und den Inhalt eines Protokolls → Rn. 404 ff.). Anders als bei einer Beurkundung von Willenserklärungen hat der Notar den Inhalt der Urkunde nicht in der Hand. Er kann den Verlauf der HV nur bedingt voraussehen. Das zwingt ihn zu einer sorgfältigen Vorbereitung und Planung der HV, die in ihrem Ablauf auch bereits – vor allem anhand der Tagesordnung – grob skizziert werden kann, um auf die unvorhergesehenen Ereignisse besser reagieren zu können. Er muss sich bereits im Vorfeld der Versammlung darüber Gedanken machen, welche **Tatsachen** nicht nur allgemein, sondern in Bezug auf die konkrete Gesellschaft und Beschlussfassung – auch aktien- und beurkundungsrechtlicher Sicht – **relevant** und damit zwingend in das Protokoll **aufzunehmen sind.** Der Notar sollte sich ferner darauf einstellen, einer streitigen Versammlung mit ggf. hitziger Debatte beizuwohnen. Das verlangt nicht nur eine besondere Aufmerk-

---

581 BT-Drs. 12/6721, 9.
582 NZG 2013, 1261; so schon *Hoffmann-Becking* ZIP 1995, 1 (7) und *Hölters/Deilmann/Buchta* Die kleine AG S. 108.
583 Vgl. wiederum OLG Stuttgart DB 2003, 1944.
584 *Lutter/Leinekugel* ZIP 1998, 805.
585 BGH NZG 2017, 1374 Rn. 26; NZG 2009, 342 Rn. 11.

samkeit bei der Protokollierung, sondern auch vertiefte Kenntnisse rund um die ordnungsgemäße Willensbildung, um situationsabhängig entscheiden zu können, welche Tatsachen in das Protokoll aufzunehmen sind. In der Praxis ist es üblich für bestimmte Krisenszenarien bereits vorgefertigte **Protokollbausteine** vorsorglich bereit zu halten.

Beispiele:
- Abbruch der HV
- Einlassverweigerung
- Entzug des Rederechts
- (Androhung eines) Saalverweises
- Antrag auf Abberufung des Versammlungsleiters
- Unterbrechung der HV
- Rüge unbeantworteter Frage
- Widerspruch
- Änderung der Tagesordnung
- Antrag auf Bestellung eines Sonderprüfers

a) Betreuungspflicht. Der Aufgabenkreis des Notars in der HV beschränkt sich jedoch 333 nicht lediglich darauf, die gefassten Beschlüsse zu protokollieren. Der Notar ist **nicht lediglich Sekretär oder Stenograph** der Gesellschaft.[586] Der historische Gesetzgeber implementierte die Teilnahmepflicht eines Notars im Aktienrecht vor allem deshalb, damit Gesetz und Statut bei der Beschlussfassung sorgfältiger beachtet werden und um einen geordneten, die Teilnehmerrechte wahrenden Verfahrensablauf zu gewährleisten.[587] Das soll zwar nach derzeitiger Auffassung des II. Zivilsenats des BGH nicht der Hauptzweck des notariellen Protokolls sein, weshalb auch ein ausländischer, nicht mit dem deutschen Gesellschaftsrecht vertrauter Notar jedenfalls im Grundsatz eine Beurkundung nach § 130 Abs. 1 S. 1 AktG vornehmen dürfe.[588] Nichtsdestotrotz tritt der Notar in der HV als unabhängiger und unparteilicher Amtsträger in Erscheinung. Er unterliegt in dieser Funktion uneingeschränkt den gesetzlichen Vorgaben der BNotO und ist damit gehalten, die an ihn berechtigterweise gestellten Erwartungen nicht zu enttäuschen und in allen ihm zugewiesenen Bereichen den Rechtsfrieden zu sichern und für Klarheit der Rechtsverhältnisse zu sorgen.[589]

Den Notar trifft bei der Protokollerrichtung zwar **keine umfassende Prüf- und Belehrungspflicht** nach § 17 BeurkG.[590] Es ist aber andererseits mit dem Amtsverständnis 334 und der Rolle des Notars nicht vereinbar, derartige Rechtsverstöße schweigend geschehen und die HV sehenden Auges einen fehlerhaften und ggf. wiederholungsbedürftigen Beschluss fassen zu lassen.[591] Es besteht deshalb weitgehend Einigkeit, dass sich der Notar jedenfalls offenkundigen Verstößen gegen Gesetz und Satzung oder Fehlern, die bereits bei summarischer Prüfung der Rechtslage einfach festzustellen sind, nicht verschließen kann oder sie ignorieren darf.[592] Deshalb hat der Notar die Beteiligten – im Vorfeld den Vorstand und während der HV den Versammlungsleiter – im Rahmen der **Evidenzkontrolle** auf festgestellte Verstöße hinzuweisen.[593]

---

[586] *Priester* DNotZ 2001, 661 (669); MüKoAktG/*Kubis* AktG § 130 Rn. 12 ff.
[587] *Priester* DNotZ 2001, 661 (663); *Krieger* ZIP 2002, 1597 (1599); MüKoAktG/*Kubis* AktG § 130 Rn. 1
[588] BGH NZG 2015, 18.
[589] OLG Düsseldorf NZG 2003, 816 Rn. 73; LG Berlin ZIP 2013, 2464 Rn. 21; Spindler/Stilz/*Wicke* AktG § 130 Rn. 28 mit Verweis auf Schippel/*Kanzleiter* BNotO § 14 Rn. 7; MüKoAktG/*Kubis* AktG § 130 Rn. 34; *Hüffer/Koch* AktG § 130 Rn. 12; *Faßbender* RNotZ 2009, 425 (430).
[590] BGH NZG 2015, 18; MüKoAktG/*Kubis* AktG § 130 Rn. 34; *Hüffer/Koch* AktG § 130 Rn. 12.
[591] Spindler/Stilz/*Wicke* AktG § 130 Rn. 28 ff.
[592] OLG Düsseldorf NZG 2003, 816 Rn. 73; MüKoAktG/*Kubis* AktG § 130 Rn. 34; *Hüffer/Koch* AktG § 130 Rn. 12.
[593] Semler/Volhard/Reichert/*Pöschke/Vogel* HV-HdB § 13 Rn. 28; *Hüffer/Koch* AktG § 130 Rn. 12.

335 Der Notar darf sich nicht darauf zurückziehen, nur zufällig erkannte Fehler im Rahmen der Evidenzkontrolle auf ihre Rechtmäßigkeit zu überprüfen. Zwar muss der Notar nicht intensiv nach potentiellen Mängeln suchen,[594] dennoch sollte er das Gerüst der HV darauf überprüfen, ob eine wirksame Beschlussfassung überhaupt möglich ist und ob der Versammlungsleiter bzw. die Verwaltung Vorkehrungen für Ereignisse getroffen hat, die eine wirksame Beschlussfassung infrage stellen können und deren Eintritt nicht unwahrscheinlich ist. Insoweit trifft ihn in engen Grenzen auch eine Pflicht, auf einen **ordnungsgemäßen Verlauf der HV hinzuwirken.**[595] Stellt er einen Verstoß fest, sollte er auf die Rechtslage aufmerksam machen und Ratschläge und Verbesserungsmöglichkeiten aufzeigen. Da der Notar innerhalb seiner Amtstätigkeit handelt (§ 24 BNotO), wird **dadurch kein eigenständiger Geschäftsbesorgungsvertrag** (dazu → Rn. 338, 353) begründet.[596]

336 **Verletzt der Notar seine Hinweis- und Hinwirkungspflichten,** ergeben sich daraus keine aktienrechtlichen Folgen. Der Beschluss ist insbesondere nicht wegen fehlerhafter Protokollierung nach § 241 Nr. 2 AktG nichtig.[597] Der Notar haftet aber ggf. nach § 19 BNotO.[598]

337 Grundsätzlich ist es aber **nicht die Aufgabe** des Notars, den **Versammlungsleiter zu ersetzen** oder auf derselben Stufe die HV zu begleiten. Allein den Versammlungsleiter trifft im Außenverhältnis die Verantwortung für die ordnungsgemäße Durchführung der Hauptverhandlung.[599]

338 **b) Neutralitätspflicht.** Der Notar ist **kein Interessenvertreter,** also weder Berater der Gesellschaft noch Anwalt der Aktionäre.[600] Auch bei der Beurkundung einer HV im Auftrag der AG (bzw. des Vorstandes; Ausnahme § 122 AktG) tritt er gemäß § 14 Abs. 1 BNotO als **Träger eines öffentlichen Amtes** auf und ist damit zur **Neutralität** verpflichtet.[601] Der Eindruck der Parteilichkeit ist zu vermeiden.[602] Gleichwohl muss er auf einen ordnungsgemäßen Verlauf der Versammlung hinwirken. Hat der Versammlungsleiter keine juristischen Kenntnisse oder Beratung, ist vom Notar eine stärkere Überwachung der Rechtmäßigkeit seines Handels zu erwarten.[603] Das kann ein schwieriger Spagat sein. Einerseits steht er in **engem Kontakt** mit **dem Versammlungsleiter** und soll ihm Ratschläge und Hinweise erteilen. Häufig kommuniziert er (gerade im Vorfeld der HV zur Informationsbeschaffung) mit der Verwaltung der AG. Andererseits ist er in der HV den Aktionären und ihren Fragen (im Rahmen der Protokollierung eines Widerspruchs oder verweigerter Auskünfte) unmittelbar ausgesetzt. Dem Notar ist der Kontakt weder mit der einen noch der anderer Seite untersagt.[604] Er sollte sich aber darauf beschränken, grundsätzlich nur Fragen formeller, nicht aber inhaltlicher Art, vor allem zu den einzelnen Beschlussgegenständen zu beantworten und generell keine Einschätzung bzw. **Bewertung zur Rechtslage** abzugeben, die mit Blick auf ein späteres Klageverfahren von Relevanz sein könnte. Er kann Fragen des Versammlungsleiters zur Rechtmäßigkeit seines Handelns beantworten; mit Blick auf die Zweckmäßigkeit seines Handelns sollte er sich

---

[594] *Faßbender* RNotZ 2009, 425 (430).
[595] Semler/Volhard/Reichert/*Pöschke/Vogel* AktG § 13 Rn. 28; vorsichtiger *Priester* DNotZ 2001, 661 (669).
[596] JurisPK-BGB/*Hönn* BGB § 675 Rn. 55; Palandt/*Sprau* BGB § 675 Rn. 30.
[597] OLG Düsseldorf RNotZ 2003, 328 Rn. 71ff.; OLG Stuttgart NZG 2005, 432 Rn. 70; MüKoAktG/*Kubis* AktG § 130 Rn. 34; *Hüffer/Koch* AktG § 130 Rn. 12.
[598] OLG Stuttgart NZG 2005, 432 Rn. 70.
[599] Vgl. OLG Düsseldorf AG 2003, 510 (512); ausführlich DNotI-Gutachten Nr. 40258.
[600] *Priester* DNotZ 2001, 661 (669).
[601] OLG München DNotZ 2011, 142 Rn. 20.
[602] Semler/Volhard/Reichert/*Pöschke/Vogel* HV-HdB § 13 Rn. 34.
[603] Hauschild/Kallrath/Wachter/*Haupt* Notar-HdB GesR § 14 Rn. 316.
[604] Vgl. den Fall OLG München DNotZ 2011, 142.

jedoch unbedingt zurückhalten.[605] Der beurkundende Notar und auch Vorstandsmitglieder können nicht Versammlungsleiter sein.[606]

c) Auslandsbeurkundung. Ein deutscher Notar darf eine HV im Ausland nicht beurkunden, § 2 Abs. 1 BeurkG. Denkbar ist hier eine Beurkundung durch deutsche **Konsularbeamte.**[607] Grundsätzlich kann auch ein **ausländischer Notar** die HV beurkunden.[608] Die Beurkundung der HV richtet sich nach hM nicht nach der Ortsform, also dem Recht des Staates, in dem die Beurkundung vorgenommen wird, da Art. 11 Abs. 1 Var. 2 EGBGB auf gesellschaftsrechtliche Vorgänge nicht anwendbar ist.[609] Maßgeblich ist vielmehr die Geschäftsform (Art. 11 Abs. 1 Var. 1 EGBGB). Ob das Wirksamkeitserfordernis der notariellen Beurkundung in § 130 Abs. 1 S. 1 AktG erfüllt ist, richtet sich danach, ob der im Ausland vorgenommene und gesetzlich vorgeschriebene Beurkundungsvorgang auch aus Perspektive des deutschen Beurkundungsrechts alle Wesensmerkmale einer notariellen Beurkundung erfüllt, dh einem deutschen Beurkundungsvorgang **gleichwertig** – nicht gleich[610] – ist.   **339**

Der BGH ließ die Frage zuletzt ausdrücklich offen, macht aber die **Gleichwertigkeit des Beurkundungsvorgangs** zur Voraussetzung der Wirksamkeit eines Hauptversammlungsprotokolls.[611] Von Gleichwertigkeit darf ausgegangen werden, wenn die **ausländische Urkundsperson** nach Vorbildung und Stellung im Rechtsleben eine dem deutschen Notar entsprechende Funktion ausübt und für die Urkunde ein **Verfahrensrecht** zu beachten hat, das den tragenden Grundsätzen des deutschen Beurkundungsrechts entspricht.[612] In der Rechtsprechung wird nur die Beurkundung durch einen in Basel residierenden Notar[613] und einen österreichischen Notar[614] als der durch einen deutschen Notar gleichwertig empfunden. Das KG[615] erkannte zuletzt sogar die Gleichwertigkeit bei einem in Bern residierenden Notar an, offenbar ohne sich eingehend mit dem dort geltenden Beurkundungsrecht auseinandergesetzt zu haben, das weit von einer Gleichwertigkeit entfernt ist.[616]   **340**

Bei der **Frage der Gleichwertigkeit** der Beurkundung bezieht sich der BGH allerdings nicht umfassend auf das im Ausland geltende Beurkundungsrecht. Er begnügt sich vielmehr damit, dass das Beurkundungsrecht mit Blick auf die jeweils mit der Beurkundung verfolgten Zwecke gleichwertig ist.[617] Bei der Beurkundung einer HV sieht er den Zweck der Beurkundung in erster Linie darin, Rechtssicherheit und Transparenz zu gewährleisten, damit keine Unklarheiten über Annahme oder Ablehnung von Anträgen und die gestellten Anträge selbst besteht; ferner ist sie ein Instrument der Beweissicherung. Diese Zwecke könne auch eine unabhängige ausländische Urkundsperson erfüllen, deren Stellung mit der eines deutschen Notars vergleichbar ist.[618] Es sei zwar weithin anerkannt, dass der Notar die Einhaltung von Gesetz und Statut gewährleiste. Dies sei aber nicht Hauptzweck der Beurkundung, weshalb der Notar nicht zwingend Kenntnis vom deut-   **341**

---

[605] Hauschild/Kallrath/Wachter/*Haupt* Notar-HdB GesR § 14 Rn. 316.
[606] KG NZG 2011, 305 Rn. 33.
[607] BGH NZG 2015, 18 Rn. 16.
[608] BGH NZG 2015, 18.
[609] *Hüffer/Koch* AktG § 121 Rn. 16; *Herrler* NJW 2018, 1787.
[610] *Herrler* NJW 2018, 1787; *Cziupka* EWiR 2018, 137.
[611] BGH NZG 2015, 18 Rn. 16.
[612] BGH NZG 2015, 18 Rn. 16.
[613] BGH ZIP 2014, 317; KG NZG 2018, 1195; OLG Düsseldorf NZG 2011, 388; OLG München GmbHR 1998, 46; OLG Frankfurt a.M. NZG 2005, 820; zweifelnd LG Frankfurt a.M. GmbHR 2010, 96.
[614] LG Kiel NotBZ 1997, 139.
[615] KG GmbHR 2018, 376; abl. *Heckschen* DB 2018, 685; Heckschen/Heidinger/*Heckschen* § 2 Rn. 11 ff.; *Cziupka* EWiR 2018, 137; *Wicke* GmbHR 2018, 376; *Lieder* ZIP 2018, 805.
[616] Insoweit krit. *Heckschen* DB 2018, 685 (688 f.).
[617] BGH NZG 2015, 18 Rn. 17.
[618] BGH NZG 2015, 18 Rn. 17.

schen Aktienrecht haben müsse. Für die **Ordnungsmäßigkeit der HV** sei **nicht** der **Notar,** sondern vielmehr der **Versammlungsleiter verantwortlich.** Der Gesetzgeber selbst habe dies durch die Einführung des § 130 Abs. 1 S. 3 AktG zum Ausdruck gebracht. Leitungs-, Aufsichts- oder Eingriffsbefugnisse habe er dem Notar nicht zuerkannt und die Beurkundung auf einzelne Tatsachen des äußeren Ablaufs der Versammlung beschränkt.[619]

342   Von einer Beurkundung der HV einer deutschen AG im Ausland kann trotzdem nur dringend abgeraten werden. Der Notar muss – entgegen der in dem betreffenden Rechtsstreit nicht entscheidungserheblichen Aussagen des BGH – mit dem deutschen Aktienrecht und den Grundsätzen der Willensbildung in Kapitalgesellschaften nach deutschem Recht, insbesondere dem Beschlussmängelrecht, sehr vertraut sein und auch die aktuelle Rechtsprechung im Blick haben, um seiner Rolle nur ansatzweise gerecht werden können. Meines Erachtens verkennt der BGH hier die in § 130 Abs. 1 AktG angelegte Rolle des Notars in der HV einer AG. Der Beurkundungszwang entspringt einem besonders hohen Bedürfnis des historischen Gesetzgebers nach **Rechtssicherheit** bei dieser Gesellschaftsform, die als Organisationsform für Großunternehmen mit gesamtwirtschaftlicher Bedeutung eingeführt wurde, bei der eine Versammlung der Anteilseigner schon aufgrund des häufig sehr großen Anteilseignerkreises nicht ohne weiteres wiederholt werden kann und bei der Beschlussmängel schon aufgrund des Kapitalmarktbezuges zu großen Verwerfungen führen können. Seine Aufgabe besteht deshalb gerade nicht nur in der bloß passiven Protokollierung der Abstimmungsergebnisse, zumal allein diese Aufgabe schon sehr fehleranfällig ist und eine Kenntnis des deutschen Aktienrechts erforderlich macht (dazu → Rn. 339 ff.). Er soll vielmehr die Einhaltung von Gesetz und Satzung sicherstellen und in dieser Funktion dem Versammlungsleiter Hinweise erteilen, wie der ordnungsgemäße Ablauf der HV sichergestellt und wirksame Beschlüsse herbeigeführt werden können. Das Protokoll soll den Nachweis dafür erbringen, ob Beschlüsse zustande gekommen sind oder nicht. Zudem soll es den Aktionären die Klageerhebung (Darlegungs- und Beweislast) erleichtern.[620] Dazu muss er streitauslösende bzw. wirksamkeitsrelevante Tatsachen im Protokoll festhalten, was ohne tiefe Kenntnis des deutschen Aktienrechts kaum möglich ist. Es handelt sich zwar insoweit nur um eine beurkundungsrechtliche und nicht um aktienrechtliche Verpflichtung (dazu → Rn. 357 ff.). Konsequenterweise muss aber auch dieser Gesichtspunkt bei der Frage der Gleichwertigkeit des ausländischen Beurkundungsverfahrens eine Rolle spielen. Andernfalls wird das Hauptversammlungsprotokoll erheblich entwertet. Die teilweise **geringeren Beurkundungskosten** werden durch **erhebliche Anfechtungsgefahr** überkompensiert. Der Vorstand sollte auch beachten, dass Protokollmängel nicht immer sofort, sondern – wenn überhaupt – erst Jahr später erkannt werden. Nach deutschen Recht ist eine Berichtigung ohne weiteres möglich (dazu → Rn. 423 ff.). Ob dies für das ausländische Recht der Fall ist, muss von Fall zu Fall beurteilt werden. Sind eintragungspflichtige Tatsachen (von einem deutschen Notar) zum Handelsregister anzumelden und lehnt das Registergericht die Eintragung aufgrund von Protokollmängeln ab, entsteht zwischen den Notaren ein erheblicher Koordinierungsbedarf.

343 **3. Vorbereitung des Notars auf die Hauptversammlung. a) Reichweite des Beurkundungsauftrags. aa) Inhaltliche Mitwirkung an der Vorbereitung.** Wird der Notar mit der Beurkundung einer HV beauftragt, so umfasst der Beurkundungsauftrag nur die Protokollierung der wesentlichen Ergebnisse der HV.

344 **(1) Zustandekommen eines gesonderten Beratungsvertrages.** Gerade bei kleineren Gesellschaften tritt der Vorstand nicht selten mit der Bitte an den Notar heran, ihm Hilfestellung bei der Einberufung oder der Formulierung weitreichender Beschlüsse zu geben.

---

[619] BGH NZG 2015, 18 (19) mwN.
[620] Zur Funktion des notariellen Protokolls auch *Heckschen/Kreußlein* NZG 2018, 401 ff.

Eine einseitige Beratung in der HV ist dem Notar aufgrund seiner Neutralitätsverpflichtung untersagt (§ 14 Abs. 1 S. 2 BNotO). Im Vorfeld der Versammlung kann der Notar entsprechend tätig werden, ohne diese Pflicht zu verletzen.[621] Ihn trifft über die Evidenzkontrolle hinaus aber **keine Pflicht,** die Gesellschaft im Vorfeld der HV entsprechend zu beraten.[622] Die Beratung ist nicht Teil der Amtstätigkeit des Notars und findet auf Grundlage eines **gesonderten Beratungsvertrages** statt.[623] Ein Vertragsverhältnis kommt aber nicht erst mit ausdrücklicher Vereinbarung, sondern kann auch konkludent zustande kommen, etwa wenn sich der Notar auf Fragen der Gesellschaft einlässt und ihr konkrete Anregungen und Gestaltungsvorschläge erteilt.[624] Angesichts der schwerwiegenden Folgen drohender Beschlussnichtigkeit und einer möglichen Wiederholung der HV sollte der Notar hier mit äußerster Zurückhaltung reagieren. Es besteht ein erhebliches **Haftungspotential** (Haftung nach § 280 BGB, nicht nach § 19 BNotO), das sich der Notar jedenfalls vergüten lassen sollte.[625] Es ist dringend anzuraten, auf entsprechende Anfragen stets mit einer ausdrücklichen Klarstellung und Begrenzung des Beurkundungsauftrags zu antworten. Der Grat zwischen Evidenzkontrolle und Hinwirkungspflicht im Rahmen der Amtstätigkeit auf der einen und gesonderter Beratungstätigkeit auf der anderen Seite ist schmal. Grundsätzlich lässt sich aber sagen, der Notar handelt innerhalb seines originären Aufgabenkreises immer dann, wenn er nur prüfend tätig wird und mit Blick auf nur einzelne Aspekte der HV nach erfolgter Beanstandung reaktiv Anregungen – allein mit dem Ziel der Rechtmäßigkeit des Beschlusses im beanstandeten Bereich – gibt. Je umfassender die Ratschläge sind, desto eher wird man von der Begründung eines eigenständigen Beratungsvertrages ausgehen müssen.

(2) Kündigung eines gesonderten Beratungsvertrages. Hat der Notar durch entspre- 345 chende Ratschläge die **Grenze zum gesonderten Auftragsverhältnis** unbemerkt überschritten oder bestehen Zweifel, ob sich die erteilten Hinweise noch im Rahmen der Evidenzkontrolle halten oder bereits ein gesonderter Beratungsvertrag zustande gekommen ist, sollte er darüber nachdenken, ob er trotz des hohes Haftungsrisikos die Beratung fortführt bzw. die Gesellschaft nicht anderweitige Beratung veranlassen sollte.

Die Verweisung auf die Einholung anderweitig qualifizierten Rechtsrats (Rechtsanwalt) 346 ist als Kündigung des Beratungsvertrages aufzufassen (§§ 675 Abs. 1, 671 Abs. 2 BGB bzw. § 627 BGB).

Gerade mit Blick auf Beschlüsse, die aus gesellschafts- oder steuerrechtlichen Gründen 347 vor Ablauf eines bestimmten Datums (zumeist 31.8. oder 31.12.) zu fassen sind und eine besonders intensive Vorbereitung benötigen, kann aber dennoch, vor allem mit Blick auf die 30-Tage-Frist des § 123 Abs. 1 AktG bei zu später Reaktion des Notars eine Kündigung zur Unzeit vorliegen (§ 627 Abs. 2 BGB). Davon dürfte auszugehen sein, wenn einem (alternativ beauftragten) Rechtsanwalt die Einarbeitung innerhalb der verbleibenden Zeit nicht mehr möglich ist.

Beispiel:
Kündigung des Beratungs- bzw. Auskunftsvertrages bezüglich einer am 31.8. zu beschließenden Verschmelzung am 30.7.; abzüglich der 30 Tage Einberufungsfrist hätte die Gesellschaft nur bis zum Ablauf des 1.8. Zeit, einen zur Übernahme des Mandats bereiten bzw. fähigen Anwalt zu finden.

---

[621] MüKoAktG/*Wicke* AktG § 130 Rn. 34.
[622] *Priester* DNotZ 2001, 661 (669); *Faßbender* RNotZ 2009, 425 (431).
[623] MüKoAktG/*Kubis* AktG § 130 Rn. 34; *Priester* DNotZ 2001, 661 (669); *Faßbender* RNotZ 2009, 425 (431).
[624] Semler/Volhard/Reichert/*Pöschke/Vogel* HV-HdB § 13 Rn. 27.
[625] *Priester* DNotZ 2001, 661 (669); *Faßbender* RNotZ 2009, 425 (431).

348 **bb) Hinweispflicht auf fehlende oder nur teilweise Beurkundungsbedürftigkeit.**
Wird der Notar von der AG mit der Beurkundung der HV beauftragt, wird er grundsätzlich davon ausgehen, die Beurkundung auch ohne weiteres vornehmen zu können. Eine
Entscheidung des OLG Düsseldorf legt allerdings nahe, die Gesellschaft darüber aufzuklären, dass eine HV nicht stets, sondern nur dann notariell protokolliert werden muss, wenn
es das Gesetz ausdrücklich nach § 130 Abs. 1 S. 2 oder S. 3 AktG vorschreibt.[626] Auch
angesichts der Entscheidung des II. Zivilsenats vom 19.5.2015, wonach auch eine **gemischte HV,** dh eine Beurkundung bloß des unter § 130 Abs. 1 S. 3 AktG fallenden,
nicht aber des übrigen Teils zulässig ist,[627] muss der Notar darauf hinweisen, dass ggf.
nicht die gesamte, sondern nur einzelne Beschlüsse zu beurkunden sind. Den Beteiligten
sollte bewusst gemacht werden, dass den durch den Verzicht auf eine notarielle Beurkundung eingesparten Notarkosten häufig hohe finanzielle Aufwendungen gegenüberstehen,
wenn die privatschriftliche Hauptversammlungsniederschrift an Mängeln leidet und gefasste Beschlüsse deshalb nichtig sind (vgl. § 241 Nr. 2 AktG). Die Folgen einer mangelhaften Niederschrift werden in der Praxis oft unterschätzt.

349 **b) Protokollplanung und Informationsbeschaffung.** Vom Notar wird in erster Linie
die Fertigung eines Hauptversammlungsprotokolls erwartet. Um dies gewährleisten zu
können, sollte er keineswegs unvorbereitet in die HV gehen. Er muss während des Verlaufs stets auf der Höhe des Geschehens sein und die zu protokollierenden Beschlussgegenstände, Abstimmungsergebnisse, Beschlussfeststellungen, Auskunftsverlangen, Minder-
heitsanträge und Widersprüche richtig einordnen können. Zugleich muss er in der Lage
sein, die von ihm verlangte **Evidenzkontrolle** zu leisten, Verstöße nicht nur gegen das
Gesetz, sondern auch gegen Satzungsbestimmungen erkennen zu können. Dies erfordert
eine umfassende Kenntnis der Gesellschaft und dem geplanten Verlauf der HV. Ein weiteres Argument für eine sorgfältige Protokollplanung ist, einem Notarvertreter oder anderem Notar bei Ausfall (Krankheit, Tod) des beauftragten Notars die kurzfristige Übernahme Protokollierung der HV zu ermöglichen.

350 Durch **Einsicht in das Handelsregister** und den **Dokumentenordner** verschafft
sich der Notar einen Überblick über die Personen des Vorstands und des Aufsichtsrats und
erhält Einblick in die Satzung der Gesellschaft. Er kann in einer ersten Einschätzung beurteilen, ob bestimmte Aktionäre **Stimmverboten** (Stichwort Entlastungsschlüsse) unterliegen, ob mit Blick auf § 134 Abs. 2 S. 3 und S. 4 AktG möglicherweise eine **unterschiedliche Stimmgewichtung** im Kreis der Aktionäre vorliegt, die HV von den
richtigen Personen einberufen wurde oder ob besondere, vom Gesetz abweichende Anforderungen an die Einberufung der HV bestehen. Er erfährt ferner, ob für die **Beschlussfähigkeit** der HV eine bestimmte Anzahl Aktien vertreten sein muss, bei bestimmten Beschlussgegenständen eine vom Gesetz abweichende Mehrheit erforderlich ist
(§ 133 AktG) und wer Versammlungsleiter ist (häufig – aber nicht zwingend – der Aufsichtsratsvorsitzende) bzw. wie der Versammlungsleiter zu ermitteln ist.[628] Macht die Satzung von der durch das ARUG eingeführten Möglichkeit einer **Online-Teilnahme** Gebrauch (§ 118 Abs. 1 S. 2 AktG), muss sich der Notar vorab informieren, ob den online
teilnehmenden Aktionären alle oder nur bestimmte Rechte (etwa keine Einlegung eines
Widerspruchs auf elektronischem Wege möglich) zustehen und wie diese Rechte ausgeübt
werden können.[629] Es empfiehlt sich auch die **Hauptversammlungsprotokolle aus der
Vergangenheit** anzusehen, um ein Gefühl für den typischen Ablauf der Versammlung bei
der bestimmten Gesellschaft zu gewinnen.

---

[626] OLG Düsseldorf RNotZ 2002, 60.
[627] BGH ZIP 2015, 1429 Rn. 12.
[628] *Faßbender* RNotZ 2009, 425 (435).
[629] Zur Zulässigkeit von Beschränkungen Semler/Volhard/Reichert/*Bärwaldt* HV-HdB § 8 Rn. 10ff.

Die ganz hM hält den Notar im Rahmen der **Evidenzkontrolle** für verpflichtet, die 351
Ordnungsmäßigkeit der Einberufung der HV **summarisch zu überprüfen.**[630] Hierzu
muss er **Einblick in den Bundesanzeiger** (§ 25 AktG) nehmen. Der Ausdruck ist ohnehin als Beleg über die Einberufung der Versammlung als Anlage zum Protokoll zu nehmen (§ 130 Abs. 3 AktG). Relevante Prüfungspunkte sind hier die Einhaltung der Einberufungsfrist und der in § 121 Abs. 3 AktG aufgelisteten Inhalte. Insbesondere müssen –
sofern die Satzung eine Online-Teilnahme gestattet – die **Online-Teilnahmebedingun-
gen** erläutert werden (§ 121 Abs. 3 S. 3 Nr. 1 AktG). Bei nicht börsennotierten AGs
reicht auch ein Hinweis auf der **Internetseite.**[631] Bei offensichtlichen, jedenfalls aber vermuteten Fehlern der Einberufung hat der Notar den Vorstand als Einberufungsorgan zu
informieren.[632] Fehler, die zur Anfechtbarkeit oder sogar zur Nichtigkeit des Beschlusses
führen, berechtigen nicht zur Ablehnung der Beurkundung.[633]

Anhand der **Tagesordnung,** die der Einberufung beigefügt ist, kann er einen **ersten** 352
Entwurf der Niederschrift erstellen, in den er die relevanten und die während der Versammlung zu erfassenden Daten (Beginn und Ende der Versammlung, Anwesenheit von
Organmitgliedern, Aktionärsfragen, Minderheitsverlangen etc) in einem mit Lücken versehenen Text erkennbar macht.[634] Das erlaubt ihm, sich bei der Versammlung bezüglich
der zu fassenden Beschlüsse auf das Wesentliche zu konzentrieren, nämlich die jeweiligen
Abstimmungsergebnisse, Beschlussfeststellungen und zu protokollierenden Widersprüche.[635] Der Notar muss ohnehin prüfen, ob die tatsächliche Abhandlung der HV der in
der Einberufung beigefügten Tagesordnung entspricht.[636]

Auf **evidente Fehler** hat der Notar nicht nur die Einberufung, sondern auch die zu 353
fassenden (und aus der Tagesordnung ersichtlichen) **Beschlüsse** zu prüfen.[637] Stellt der
Notar Fehler fest, kann von ihm mehr als ein Hinweis darauf (besonders bei eintragungspflichtigen Beschlüssen, § 378 Abs. 3 FamFG) und ggf. Verweis auf die Einholung anderweitig qualifizierten Rechtsrats nicht verlangt werden.[638] Die Erwartungshaltung sieht insbesondere bei kleineren AGs aber häufig anders aus. Nimmt der Notar jedoch aktiv auf
den Wortlaut oder den Inhalt der Beschlüsse Einfluss, droht die Grenze zum enorm haf-
tungsträchtigen Beratungsvertrag überschritten zu werden (→ Rn. 344 ff., 380).[639] Davon
wird aber nur dann auszugehen sein, wenn der Notar den Beschluss selbstständig (um)
schreibt. Bloß allgemeine Hinweise, in denen der Notar darstellt, welche Merkmale einen
rechtmäßigen Beschluss im Vergleich zu dem vorgeschlagenen Beschluss kennzeichnen,
bewegen sich im Rahmen seiner Amtstätigkeit (zum Hinwirken auf einen rechtmäßigen
Hauptversammlungsverlauf → Rn. 333 ff.). Eine andere Frage ist es, ob der Notar die Beurkundung bei erkannten und nach entsprechendem Hinweis seitens des Vorstands bewusst forcierten Mängeln ablehnen sollte. Der II. Zivilsenat des BGH[640] steht hier auf
dem Standpunkt, dass der Notar allein bei **erkennbar sittenwidrigen Beschlüssen,** die
eine unerlaubte oder unredliche Zielrichtung haben, die Beurkundung versagen darf (§ 4
BeurkG und § 14 Abs. 2 BNotO). Er dürfe nicht anstelle des nach §§ 245 ff. AktG berufenen Richters die Mangelhaftigkeit von Beschlüssen feststellen und die Beurkundung
deshalb ablehnen.

Neben Einsichten in die relevanten Register und Bekanntmachungsblätter wird sich 354
der Notar häufig mit der **Verwaltung** und dem **Versammlungsleiter** über den Ablauf

---

[630] MüKoAktG/*Wicke* AktG § 130 Rn. 34; *Faßbender* RNotZ 2009, 425 (434) Fn. 94 mwN.
[631] Semler/Volhard/Reichert/*Bänvaldt* HV-HdB § 7 Rn. 82.
[632] MüKoAktG/*Wicke* AktG § 130 Rn. 35; *Faßbender* RNotZ 2009, 425 (434).
[633] *Faßbender* RNotZ 2009, 425 (434).
[634] *Faßbender* RNotZ 2009, 425 (435).
[635] *Faßbender* RNotZ 2009, 425 (435).
[636] MüKoAktG/*Kubis* AktG § 130 Rn. 35.
[637] LG Berlin ZIP 2013, 2464.
[638] *Faßbender* RNotZ 2009, 425 (435).
[639] Vgl. *Faßbender* RNotZ 2009, 425 (435).
[640] BGH NZG 2015, 18 Rn. 18 aE.

der Versammlung und zu erwartende Schwierigkeiten austauschen. Das ist zulässig und verletzt nicht die **Neutralitätspflicht** des Notars.[641]

355 **c) Nach §§ 6 ff. BeurkG beurkundungsbedürftige Willenserklärungen.** Es kann erforderlich werden, bei der Beurkundung einer HV auch eine Willenserklärung nach den §§ 6 ff. BeurkG zu beurkunden, insbesondere im Rahmen einer Umwandlungsmaßnahme nach dem UmwG. Der **Verzicht auf einen Umwandlungsbericht** (§ 8 Abs. 3 S. 1 UmwG), eine **Verschmelzungsprüfung** (§ 9 Abs. 3 UmwG) oder die **Klageerhebung** (§ 16 Abs. 2 S. 2 UmwG) ist zwingend als Willenserklärung zu beurkunden und kann nicht durch Tatsachenprotokoll, gleichwohl aber in derselben Urkunde (etwa als Anlage) mit diesem aufgenommen werden.[642] § 285 Abs. 3 S. 2 AktG gestattet dies sogar ausdrücklich.

356 Diese Vorgehensweise empfiehlt sich bereits aus kostenrechtlichen Gründen, da nach Ansicht des OLG Hamm dann **Gegenstandsgleichheit** gemäß § 109 Abs. 1 GNotKG mit dem Vertrag vorliegt.[643] Die Anwendung einzelner Vorschriften der – strengeren – Vorschriften der §§ 6 ff. BeurkG ist dem Notar bei der Erstellung eines Tatsachenprotokolls ohnehin nicht verboten und kann sich etwa bei der Aufnahme von Widersprüchen anbieten, um bei Unklarheiten die Identität des widersprechenden Aktionärs zu prüfen.[644]

357 **4. Aufgaben des Notars während der Hauptversammlung.** Hauptaufgabe des Notars in der HV ist die Erstellung des Protokolls. Hierzu muss er alle relevanten Informationen ermitteln (ggf. durch Hilfspersonen), dh insbesondere die vom Gesetz vorgegebenen Umstände, von deren ordnungsgemäßer Aufnahme die Wirksamkeit der Beschlüsse nach § 241 Nr. 2 AktG abhängt. Darüber hinaus wird diskutiert, ob und welche sonstigen, beschlusserheblichen Umstände, die mit Blick auf die Rechtmäßigkeit der Beschlussfassung bedeutsam sind und im Rahmen einer Anfechtungs-/Nichtigkeitsklage die Unwirksamkeit eines Beschlusses begründen könnten oder eben ausschließen, von dem Notar ins Protokoll aufgenommen werden sollten.[645] Hierbei handelt es sich allerdings nur um eine beurkundungsrechtliche Pflicht.[646] Der Notar ist gehalten, sich einen Eindruck vom Gesamtbild der HV zu machen und zu prüfen, ob die getroffenen organisatorischen Vorkehrungen ein tragfähiges Gerüst für das Zustandekommen wirksamer Beschlüsse bieten. Je nach Größe und Komplexität sollte er hierfür ein gewisses Zeitfenster vor Beginn der HV einplanen und ggf. den beauftragten **Hauptversammlungsdienstleiter** kontaktieren oder auch an der **Generalprobe** der HV teilnehmen.

358 **a) Rundgang vor Beginn der Hauptversammlung. aa) Präsenzerfassung und Teilnehmerverzeichnis.** Wurde die HV ordnungsgemäß eingeladen, hängt die Wirksamkeit eines Beschlusses unter anderem davon ab, dass
– die HV beschlussfähig ist (ggf. also in Abhängigkeit einer bestimmten Präsenz);
– sichergestellt ist, dass nur Aktionäre oder deren Vertreter bzw. von den Aktionären ermächtigte Dritte an der Abstimmung teilnehmen;
– kein von der Abstimmung ausgeschlossener Aktionär (§ 136 Abs. 1 AktG) sich an der Abstimmung beteiligt;
– kein Aktionär ohne wichtigen Grund von der HV ausgeschlossen wird und
– die Anzahl der vertretenen Stimmen genau bekannt ist, sofern nach der Subtraktionsmethode abgestimmt wird.

---

[641] *Faßbender* RNotZ 2009, 425 (434).
[642] Semler/Stengel/*Gehling* UmwG § 8 Rn. 71.
[643] OLG Hamm NZG 2002, 396 noch zu § 44 KostO.
[644] OLG München RNotZ 2010, 275 Rn. 23; Widmann/Mayer/*Heckschen* UmwG § 13 Rn. 222.
[645] Semler/Volhard/Reichert/*Pöschke/Vogel* HV-HdB § 13 Rn. 37.
[646] MüKoAktG/*Kubis* AktG § 130 Rn. 71.

Diese Informationen lassen sich dem „in der Versammlung" zu erstellenden **Teilnehmer-** 359 **verzeichnis** (§ 129 Abs. 1 S. 2 AktG) entnehmen, das vor der ersten Beschlussfassung auszulegen ist (§ 129 Abs. 4 S. 1 AktG). Um eine sichere Erfassung der Teilnehmer und vertretenen Aktien zu gewährleisten, hat die Gesellschaft entsprechende **Einlasskontrollen** durchzuführen und hierbei vor allem die Eigenschaft und Identität der Aktionäre oder ihrer Vertreter sowie deren Legitimationsnachweis (nach § 134 Abs. 3 S. 3 AktG wenigstens Textform bzw. bei Börsennotierung E-Mail) und ggf. die ordnungsgemäße Anmeldung (§ 123 Abs. 2 AktG) zu prüfen.[647]

Der Notar hat weder an der **Erstellung des Teilnehmerverzeichnisses** mitzuwirken 360 noch es auf inhaltliche Richtigkeit zu überprüfen.[648] Er soll es lediglich auf evidente Mängel prüfen und in diesem Zusammenhang kontrollieren, ob die von der Gesellschaft zur **Präsenzerfassung** getroffenen Vorkehrungen jedenfalls grundsätzlich eine vollständige sowie richtige Erfassung der Aktionäre ermöglichen (Einlasskontrolle) und keine weiteren Zutrittsmöglichkeiten zum Versammlungslokal existieren („persönliche Inaugenscheinnahme der organisatorischen Ablaufprozesse").[649] Das Teilnehmerverzeichnis muss jederzeit die aktuelle Präsenz in der HV wiedergeben, also auch nachträglich erscheinende und vorzeitig abreisende Aktionäre (Ausgangskontrolle) in einem sog. Nachtragsverzeichnis aufführen, und zwar unabhängig davon, ob das Teilnehmerverzeichnis auch der Ermittlung der Mehrheitsverhältnisse dient, wie das bei einer Auszählung nach der Subtraktionsmethode der Fall ist.[650] Der Notar muss – was während der Beurkundung ohnehin schlicht unmöglich ist – weder selbst die **Erfassung durchgehend beaufsichtigen** noch hierzu einen Mitarbeiter oder zweiten Notar/-assessor abstellen. Es genügt auch hier, wenn er sich davon überzeugt, dass die für die Präsenzerfassung verantwortliche Person sich ihrer Aufgaben bewusst ist.

bb) Besonderheiten bei Online-Teilnahme. Die Satzung kann auch eine **Online-** 361 **Teilnahme/Stimmabgabe gemäß § 118 Abs. 1 S. 2 AktG** zulassen. Es muss den online teilnehmenden Aktionären dann selbstverständlich möglich sein, die Versammlung in Bild und Ton mitzuverfolgen.[651] Anders als Briefwähler sind auch diese Aktionäre in das **Teilnehmerverzeichnis als anwesende Aktionäre aufzunehmen.**[652] Nicht selten regelt die Satzung in diesen Fällen auch die Art und Weise der Ausübung der Aktionärsrechte. Da es sich bei der Online-Teilnahme um eine Ausnahme von dem Präsenzerfordernis handelt, dürfen die online teilnehmenden Aktionäre gegenüber den persönlich in der Versammlung erschienenen Aktionären bei der Ausübung ihrer Rechte nicht bessergestellt werden. Eine Stimmabgabe muss synchron zur Abstimmung im Versammlungssaal erfolgen[653] und die online gestellten Fragen und Antworten des Vorstandes sollen über ein Terminal/Monitor offen für alle Erschienenen einsehbar sein.[654]

Der Notar wird nur selten dazu in der Lage sein, die Umsetzung der Online-Teilnah- 362 me und Stimmabgabe auf kommunikationstechnischer Seite vollständig nachvollziehen zu können. Ob eine permanente Live-Übertragung möglich störungsfrei und sicher mittels der verwandten Hard- und Software möglich ist, kann er kaum überprüfen. Das ist auch nicht nötig. Es genügt, wenn dem Notar plausibel dargestellt wird (etwa durch beispielhafte Vorführung), unter welchen Umständen die (gewährten) Aktionärsrechte gewahrt

---

[647] MüKoAktG/*Kubis* AktG § 119 Rn. 129; Semler/Volhard/Reichert/*Bänwaldt* HV-HdB § 8 Rn. 71.

[648] MüKoAktG/*Kubis* AktG § 129 Rn. 17; Spindler/Stilz/*Wicke* AktG § 130 Rn. 22.

[649] MüKoAktG/*Kubis* AktG § 129 Rn. 17 und § 130 Rn. 36; Spindler/Stilz/*Wicke* AktG § 130 Rn. 22 („muss sich … generelles Bild von der Ordnungsmäßigkeit des Verfahrensgangs verschaffen"); *Faßbender* RNotZ 2009, 425 (435 f.).

[650] Spindler/Stilz/*Wicke* AktG § 129 Rn. 24; MüKoAktG/*Kubis* AktG § 129 Rn. 17 und § 130 Rn. 38; *Hüffer/Koch* AktG § 129 Rn. 10.

[651] Spindler/Stilz/*Hoffmann* AktG § 118 Rn. 38.

[652] Semler/Volhard/Reichert/*Bänwaldt* HV-HdB § 8 Rn. 9.

[653] Semler/Volhard/Reichert/*Bänwaldt* HV-HdB § 7 Rn. 94.

[654] Semler/Volhard/Reichert/*Bänwaldt* HV-HdB § 8 Rn. 11.

und ausgeübt werden können, wenn die Satzung die Online-HV zulässt (**summarische Rechtmäßigkeitskontrolle**).[655] Er muss sich zudem vergewissern, dass eine Teilnahme nur dem Aktionär bzw. nur einer Person möglich ist, die (berechtigter- oder ohne Verschulden der AG unberechtigterweise) im Besitz des **Zugangscodes zur Interseite** ist, ein gewisses Maß an Schutz vor Zugriffen Dritter (Stichwort: Hacker) besteht und dass die AG vorbeugende Maßnahmen zur raschen Behebung von technischen Störungen getroffen hat. Derlei technische Störungen berechtigten ohnehin nur zur Anfechtung, wenn der AG wenigstens grobe Fahrlässigkeit vorzuwerfen ist (§ 243 Abs. 3 Nr. 1 AktG). Davon wird man jedenfalls ausgehen dürfen, wenn die Interseite der AG nicht während der Versammlung von einem Programmierer, Kommunikationselektroniker, Fernmeldetechniker oder Systeminformatiker betreut wird, der bei plötzlichen Störungen einen tauglichen Versuch unternehmen kann, die Verbindung wiederherzustellen.

363   Auch der Notar sollte zu den online teilnehmenden Aktionären eine Verbindung haben und dazu in der Lage sein, die **Art und Weise der Ausübung der Aktionärsrechte** in das Protokoll aufzunehmen. Steht dem online teilnehmenden Aktionär das Recht zu, nicht nur an der Abstimmung teilzunehmen, sondern auch einen **Widerspruch** zu erheben, dann ist dies zwingend. Der Notar muss darauf bestehen, dem Geschehen auf der Internetseite zugeschaltet zu werden und es am Beurkundungstisch auf einem Monitor nachzuverfolgen.[656] Er muss sich dann auch davon überzeugen, dass die technische Betreuung und Überwachung seiner Zuschaltung permanent gewährleistet ist. Treten hierbei technische Probleme auf, greift § 243 Abs. 3 AktG nicht. Es liegt dann ein Beurkundungsfehler iSd § 241 Nr. 2 AktG vor und der jeweilige Beschluss ist nichtig.[657]

364   **cc) Besonderheiten bei Briefwahl.** Nach § 118 Abs. 1 S. 2 AktG kann die AG ihre Aktionäre auch im Wege der **Briefwahl** abstimmen lassen. Eine bestimmte Form schreibt das Gesetz nicht vor. Eine Stimmabgabe in Textform ist daher auch auf elektronischem Wege (E-Mail) oder über eine zugangsbeschränkte Internetseite möglich. Die Abstimmung muss nicht zwingend vor der HV, sondern kann auch währenddessen und sogar in Echtzeit mit der Präsenzabstimmung erfolgen.[658] Anders als bei der Online-Teilnahme (dazu → Rn. 361 ff.) nimmt der Briefwähler nicht an der Versammlung teil, ist also **Außenstehender** und muss **nicht in das Teilnehmerverzeichnis** aufgenommen werden. Es ist nicht erforderlich, die HV in Bild und Ton zu übertragen.[659] Der Notar muss sich auch bei der Briefwahl davon überzeugen, dass eine ordnungsgemäße Stimmabgabe ggf. technisch möglich ist und bereits abgegebene Stimmen bei der Stimmauszählung Berücksichtigung finden. Diese Tatsache hat er – jedenfalls aus beurkundungsrechtlicher Perspektive – in das Protokoll aufzunehmen.[660]

365   **dd) Prüfung der EDV-Erfassung der Stimmabgabe.** Werden zur **Auszählung** der abgegebenen Stimmen EDV-Systeme eingesetzt oder erfolgt bereits die Stimmabgabe in der Präsenzhauptversammlung durch elektronische Medien, beispielsweise Tablets, muss der Notar aus aktienrechtlicher Sicht, dh mit Blick auf § 241 Nr. 2 AktG, zwar nicht die Abstimmung und Stimmauszählung als solche überwachen.[661] Aus beurkundungsrechtlicher Perspektive ist er aber dazu verpflichtet, sich wenigstens von der **Funktionsfähigkeit der EDV-Systeme** zu überzeugen,[662] da technische Störungen anders als bei der

---

[655] Vgl. *Simons* NZG 2017, 567 (572); *Reul* S. 47; in diese Richtung auch *Zetsche/Fleischhauer,* Die virtuelle Hauptversammlung, 2002, Rn. 231.

[656] Vgl. *Beck* RNotZ 2014, 160 (165).

[657] *Beck* RNotZ 2014, 160 (165 f.).

[658] Spindler/Stilz/*Hoffmann* AktG § 118 Rn. 42.

[659] Spindler/Stilz/*Hoffmann* AktG § 118 Rn. 42.

[660] *Herrler* NJW 2018, 585 (586).

[661] BGH NZG 2009, 342 Rn. 16; OLG Düsseldorf NZG 2003, 816 Rn. 49.

[662] MAH AktR/*Bohnet* § 26 Rn. 40.

Online-Teilnahme mit Blick auf die Anfechtungsklage nicht irrelevant sind. Von § 243 Abs. 3 Nr. 1 AktG werden sie nicht erfasst. Er sollte deshalb einen **Probelauf der EDV-Geräte** veranlassen.[663] Verwenden die Aktionäre Tablets zur Stimmabgabe, muss er diese stichprobenartig darauf testen, ob sie – je nach Art der Abstimmung – an verschiedenen Punkten des Versammlungslokals eine stabile Verbindung zum Netzwerk bzw. Zentralrechner (Stichwort: stabiles W-LAN) haben oder die Speicherung der Abstimmungsergebnisse funktioniert. Wird nur ein Tablet verwandt oder teilen sich mehrere Aktionäre ein Tablet, muss der Notar sich davon überzeugen, dass die das Tablet verwaltende Hilfsperson (kein Aktionär) weiß, wie sie sich bei der Abstimmung verhalten soll: Vorlage des Identitätsnachweises, Öffnung der aktionärsspezifischen Eingabemaske auf dem Tablet, Abnahme und Weitergabe des Tablets an den nächsten Aktionär.[664]

ee) Weitere organisatorische Vorkehrungen. Der Notar sollte ferner darauf hinwirken, dass alle Aktionäre in der Versammlung von ihrem **Rede- und Auskunftsrecht** Gebrauch machen können und gerade bei großem Plenum auch die technischen Voraussetzungen (Rednerpult, kabelloses Mikrofon, Lautsprecheranlage etc) hierfür vorliegen und auch funktionieren.[665] **366**

Versammlungssprache ist grundsätzlich **deutsch**.[666] Ist der Versammlungsleiter der deutschen Sprache nicht mächtig, muss ein vereidigter Dolmetscher eine **Simultan-Übersetzung** vornehmen.[667] Probleme ergeben sich, wenn Redebeiträge in einer Fremdsprache zugelassen werden. Die übrigen Aktionäre verstehen das Auskunftsbegehren und – wenn die Antwort ebenfalls in der Fremdsprache erteilt wird – die Antwort nicht (zwangsläufig). Das verletzt das Auskunftsrecht der übrigen Aktionäre. Der Notar muss darauf achten, dass auch insoweit eine Simultanübersetzung angeboten wird.[668] **367**

Schließlich sollte der Notar auch dafür sorgen, dass er in der HV von den Aktionären wahrgenommen wird, damit diese ihren Widerspruch zu Protokoll erheben oder verweigerte Auskünfte und Minderheitsverlangen protokollieren lassen können.[669] Hierzu sollte der Versammlungsleiter gebeten werden, den Notar bei der Begrüßung vorzustellen und in diesem Zusammenhang die Protokollierungsrechte der Aktionäre in groben Zügen erläutern. Soll er den Versammlungsleiter überwachen bzw. den Versammlungsleiter betreuen und ihn auf eine ordnungsgemäße Durchführung der HV hinweisen, sollte zwischen ihnen keine allzu große räumliche Distanz bestehen.[670] **368**

b) Feststellung des richtigen Versammlungsleiters. aa) Geborener und gekorener Versammlungsleiter. Der Notar hat darauf zu achten, dass der **zuständige Versammlungsleiter** tätig wird.[671] Der Versammlungsleiter steht in der Regel aufgrund **Satzungsregelung** fest (sog. **geborener Versammlungsleiter**; meist ist dies der Aufsichtsratsvorsitzende). Ist der Versammlungsleiter verhindert – bzw. hat er sein Amt niedergelegt oder wurde sogar abgewählt – und sieht die Satzung keinen Ersatz vor oder fehlt eine Bestimmung über die Person des Versammlungsleiters gänzlich, ist er durch die HV zu wählen **(gekorener Versammlungsleiter).** Der Notar muss darauf achten, dass bereits dieser Beschluss durch die richtige Person geleitet wird, nach hM durch den Vorstand als Einberufungsorgan.[672] Das Tätigwerden durch eine nicht legitimierte Person, also die faktische **369**

---

[663] *Faßbender* RNotZ 2009, 425 (439).
[664] Hierzu *Simons* NZG 2017, 567 (572).
[665] MüKoAktG/*Kubis* AktG § 118 Rn. 77.
[666] *Hüffer/Koch* AktG § 118 Rn. 20.
[667] OLG Hamburg NZG 2001, 513 Rn. 88.
[668] MüKoAktG/*Kubis* AktG § 118 Rn. 77.
[669] MüKoAktG/*Kubis* AktG § 130 Rn. 39.
[670] Spindler/Stilz/*Wicke* AktG § 130 Rn. 23a.
[671] MüKoAktG/*Kubis* AktG § 130 Rn. 37; *Faßbender* RNotZ 2009, 425 (435).
[672] MüKoAktG/*Kubis* AktG § 119 Rn. 111 mwN; Spindler/Stilz/*Wicke* AktG Anh. Leitung der HV Rn. 3.

Übernahme der Versammlungsleitung, führt zur **Anfechtbarkeit aller Beschlüsse**.[673]
Teilweise wird sogar Nichtigkeit angenommen.[674] Hier ist vom Notar ausnahmsweise ein
Einschreiten zu verlangen. Er sollte sich an den Vorstand und ggf. an die HV wenden und
auf die Konsequenzen für die Beschlussfassung hinweisen und auffordern, eine ordnungsgemäße Wahl des Versammlungsleiters durchzuführen.

370 **bb) Gerichtliche Ermächtigung.** Wird die HV kraft **gerichtlicher Ermächtigung**
durch eine Aktionärsminderheit einberufen, kann das **Gericht einen Versammlungsleiter** bestellen, § 122 Abs. 3 S. 2 AktG. Es liegt im Ermessen des Gerichts, wen es zum
Versammlungsleiter bestimmt: den geborenen Versammlungsleiter oder eine andere Person. In die Ermessensentscheidung hat es aber einzubeziehen, ob der geborene Versammlungsleiter eine unparteiische Leitung gewährleisten kann.[675]

371 Es ist strittig, ob das **Gericht auch einen Versammlungsleiter** bestimmen kann,
wenn der Vorstand dem Verlangen nach Einberufung oder Ergänzung der Tagesordnung
entsprochen hat. Dies wird teilweise abgelehnt,[676] oder jedenfalls nur dann zugelassen,
wenn **Leitungsmängel** mit großer Wahrscheinlichkeit zu erwarten sind, weil der Vorstand nur unter dem Druck der sonst zu erwartenden Ermächtigung dem Verlangen nach-
gegeben hat.[677] Andere Ansichten differenzieren danach, ob der Vorstand dem Minderheitsverlangen gefolgt ist, bevor die Minderheitsaktionäre den Ermächtigungsantrag
gestellt haben, dann gebe es kein Bestimmungsrecht.[678]

372 Kommt es zu einer Einberufung aufgrund gerichtlicher Ermächtigung und hat das Gericht konkrete Anhaltspunkte dafür, dass der **geborene** Versammlungsleiter keine unparteiische Leitung gewährleisten kann, ist ein **neutraler Versammlungsleiter** für die gesamte HV zu bestimmen. Bei einer bloßen Ergänzung der Tagesordnung, darf das Gericht
den neutralen Versammlungsleiter nur für diesen zusätzlichen Tagesordnungspunkt bestimmen, wenn ansonsten von einer ordnungsgemäßen Leitung ausgegangen werden
kann. Dies muss das Gericht ebenfalls tun, wenn die konkreten Anhaltspunkte gegen eine
unbefangene Versammlungsleitung nur im Hinblick auf den zusätzlichen Tagesordnungspunkt bestehen.[679] In der Literatur wird dies als **„Patchwork-Hauptversammlungslei-
tung"** bezeichnet und auch als zulässig erachtet. Diese greife weniger in die Selbstorgani-
sation der HV ein, als wenn für alle Tagesordnungspunkte ein anderer Versammlungsleiter
als der ursprünglich gewählte bestimmt werde. In der Praxis sollte der reguläre Versammlungsleiter die Debatte und Beschlussfassung zu den möglichen TOPs leiten. Sollte er sich
dann weigern, die Versammlungsleitung – vorübergehend – an einen anderen zu übertragen, so könne man dies als Amtsniederlegung werten.[680]

373 **cc) Umgang mit Abberufungsanträgen.** Zunehmend praxisrelevant und problematisch für den ordnungsgemäßen Ablauf einer HV sind Anträge auf **Abberufung des Versammlungsleiters.** Die HV läuft hier Gefahr, entweder durch eine Ablehnung des Antrages keinen ordnungsgemäßen Versammlungsleiter mehr zu haben oder ihn – trotz
Nichtvorliegens eines wichtigen Grundes – auszutauschen, was im ersten Fall wegen Ver-

---

[673] MüKoAktG/*Kubis* AktG § 119 Rn. 111 mwN; Spindler/Stilz/*Wicke* AktG Anh. Leitung der HV Rn. 3.
[674] GK-AktG/*Mülbert* AktG Vorb. §§ 118–147 Rn. 78.
[675] OLG Hamburg AG 2012, 294 (295); OLG Köln NZG 2015, 1118 – Strabag; *Hoffmann-Becking* NZG
2017, 281 (283).
[676] *Hüffer/Koch* AktG § 122 Rn. 11; GK-AktG/*Mülbert* AktG § 122 Rn. 91.
[677] *Hüffer/Koch* AktG § 122 Rn. 11; MüKoAktG/*Kubis* AktG § 122 Rn. 60a; *Hoffmann-Becking* NZG 2017,
281 (283).
[678] *Hoffmann-Becking* NZG 2017, 281 (283).
[679] So OLG Hamburg AG 2012, 294 (295); OLG Köln NZG 2015, 1118 Rn. 12; pro Ermessensbindung
KK-AktG/*Noack/Zetzsche* AktG § 122 Rn. 104; Grigoleit/*Herrler* AktG § 122 Rn. 15; Spindler/Stilz/
Rieckers AktG § 122 Rn. 56; *Hoffmann-Becking* NZG 2017, 281 (283).
[680] *Theusinger/Schilha* NZG 2016, 56, (59).

stoßes gegen § 130 Abs. 2 AktG die Nichtigkeit nach § 241 Nr. 1 AktG und im zweiten die Anfechtbarkeit aller folgenden Beschlüsse zur Folge hat.[681]

Die Meinungen bezüglich der Abberufung des Versammlungsleiters sind kontrovers. 374 Die hM geht aber von der **Zulässigkeit einer Abberufung des Versammlungsleiters** aus, soweit ein Aktionär einen diesbezüglichen Antrag stellt und hierfür ein wichtiger Grund vorliegt, der schlüssig dargelegt wird.[682] Dies soll sowohl für den durch die Satzung bestellten Versammlungsleiter als auch dann gelten, wenn die Satzung keine Festlegungen trifft.[683] Nur durch einen geeigneten, für einen ordnungsgemäßen Verlauf sorgenden Versammlungsleiter könne die Rechtmäßigkeit der HV gewährleistet werden. Diskutiert wird, mit welcher Mehrheit dieser zu wählen ist.[684] Schwierig ist jedoch einerseits, was unter einem wichtigen Grund zu verstehen ist (grob pflichtwidriges Verhalten zB die Nichtzulassung zweifellos legitimierter Aktionäre, die grundlose Nichtzulassung erstmals gestellter Fragen, die Nichtberücksichtigung von Stimmen ohne Hinweis für Stimmverbote, offensichtlich falsche Ergebnisfeststellungen).[685] Sowohl Pflichtverletzungen bei der Leitung der HV als auch außerhalb der HV liegende Umstände können relevant sein. Bei Letzterem kann wohl nur der Umstand einen wichtigen Grund darstellen, welcher eine sachgerechte Durchführung der HV durch den Versammlungsleiter unmöglich macht (zB substantiierte strafrechtliche Vorwürfe zu Lasten der AG; nicht jedoch jeder beliebige strafrechtliche Vorwurf).[686] Ein jüngeres Urteil des OLG Köln[687] erweitert den Kreis der wichtigen Gründe zur Abwahl des Versammlungsleiters. Das Gericht sieht einen offenbareren und schwereren Leitungsfehler des Versammlungsleiters, wenn er die HV zu einem Tagesordnungspunkt leitet, der die Geltendmachung von Schadensersatzansprüchen gegen ihn selbst betrifft. In der Literatur wurde das Urteil überwiegend abgelehnt.[688]

Es wird diskutiert, ob der wichtige Grund zur Abwahl des Versammlungsleiters materi- 375 ell vorliegen muss[689] oder ob es ausreichend ist, dass er behauptet und schlüssig vorgetragen wird.[690] Gegen die Abberufung gibt es keine Rechtsschutzmöglichkeit.[691] Praxisrelevant ist vor allem die Frage, ob die Beschlüsse einer HV, die von einem unwirksam bestellten Versammlungsleiter geleitet wurde, nichtig oder nur anfechtbar sind.[692]

Für den **gerichtlich bestellten Versammlungsleiter** geht die hM davon aus, dass 376 dieser nicht abberufen werden kann.[693] Seine Person ist im Rahmen des gerichtlichen Bestellungsverfahrens geprüft und für tauglich befunden worden. Es kommt hier wohl selten zu einer Situation, die eine Abberufung angemessen erscheinen ließ.

---

[681] Zur Vertiefung und Übersicht des Streitstandes: *Butzke* ZIP 2005, 1164; *Rose* NZG 2007, 241.

[682] OLG Köln NZG 2017, 1344 (1348); OLG Stuttgart BeckRS 2015, 14340; *Hoppe* NZG 2017, 361 (362); *Wicke* NZG 2018, 161 (162); *Butzke* ZIP 2005, 1164 (1166); LG Köln AG 2005, 696 (701); *Martens,* Leitfaden für die Leitung einer Hauptversammlung einer AG, 2003, S. 47; OLG Frankfurt a.M. NJOZ 2006, 870 (876); OLG Hamburg NZG 2001, 513 (516); *v. Falkenhausen/Kocher* BB 2005, 1068 (1069).

[683] LG Frankfurt a.M. AG 2005, 892 (893); *Rose* NZG 2007, 241 (242 f.).

[684] Satzungsändernde Mehrheit: *Martens,* Leitfaden für die Leitung der Hauptversammlung einer Aktiengesellschaft, 3. Aufl. 2003, S. 47; einfache Mehrheit: *Rose* NZG 2007, 241 (244); *v. Falkenhausen/Kocher* BB 2005, 1068 (1069); Drei-Viertel-Kapitalmehrheit: *Wicke* NZG 2018, 161 (162); *Grigoleit/Herrler* AktG § 129 Rn. 28; *Bürgers/Körber/Reger,* 4. Aufl. 2017, AktG § 129 Rn. 38b; *Henssler/Strohn/Liebscher* AktG § 129 Rn. 24.

[685] *Hoppe* NZG 2017, 361 (362); Spindler/Stilz/*Wicke* Anh. Leitung der HV Rn. 4 mwN; *Schatz/Stein* NJW-Spezial, 335.

[686] So auch *Rose* NZG 2007, 244.

[687] OLG Köln NZG 2017, 1344; Revision beim BGH anhängig unter dem Az. II ZR 94/17.

[688] *Kocher/Lönner* ZIP 2016, 653 (657); *Schatz/Stein* NJW-Spezial 2016, 335; *Hoppe* NZG 2017, 361.

[689] *Butzke* ZIP 2005, 1164 (1168); *Rose* NZG 2007, 241 (245).

[690] So LG Frankfurt a.M. AG 2005, 892 (893).

[691] MüKoAktG/*Kubis* AktG § 119 Rn. 115.

[692] *Ek,* Praxisleitfaden für die Hauptversammlung, 3. Aufl. 2018, § 11 Rn. 380; MüKoAktG/*Kubis* AktG § 119 Rn. 115 mwN; *Priester* DNotZ 2006, 403 (412 f.).

[693] *Wilsing/v. der Linden* ZIP 2010, 2321 (2327) mwN; *Austmann* FS Hoffmann-Becking 2013, 45 (59); *Hölters/Drinhausen* AktG Anh. § 129 Rn. 4; *Wicke* NZG 2018, 161 (163).

> **Praxishinweis:**
>
> Dem Versammlungsleiter ist im Ergebnis in Abhängigkeit vom Vorliegen eines wichtigen Grundes und zur Wahrung des sichersten Weges zu empfehlen:
> (1) unschlüssige Abberufungsanträge ohne Abstimmung abzuweisen;
> (2) schlüssige Abberufungsanträge, die die Eignung als Versammlungsleiter ernsthaft in Frage stellen, jedoch objektiv nicht zutreffen, zur Abstimmung zu stellen und für den Abberufungsfall – absichernd – die Niederlegung des Amtes als Versammlungsleiter zu erklären, um jegliche Zweifel an der Rechtmäßigkeit der Bestellung eines Nachfolgers auszuräumen und
> (3) bei Schlüssigkeit und objektiv gegebenem wichtigen Grund sofort das Amt niederzulegen.

377 **dd) Amtsniederlegung.** Der Versammlungsleiter kann sein **Amt jederzeit niederlegen.** Ein wichtiger Grund muss für die Niederlegung nicht bestehen. Der Versammlungsleiter kann das Amt auch bereits vor dem Beginn der Versammlung niederlegen, dann können die Satzungsregelungen für diesen Fall eingreifen.[694]

378 **c) Funktion des Notars in der Aktionärsdebatte. aa) Aufnahme verweigerter Auskünfte.** Aktionäre haben nach § 131 Abs. 1 S. 1 AktG das Recht, **Auskunft zu den einzelnen Tagesordnungspunkten** zu verlangen. Der Vorstand darf die Beantwortung der Frage nur aus den in § 131 Abs. 3 S. 1 AktG genannten Gründen verweigern. Der Notar hat nur endgültig oder – durch Übergehen der Frage jedenfalls – de facto verweigerte Auskünfte zu protokollieren. Beantwortete Fragen und deren Antworten muss er grundsätzlich nicht aufnehmen.[695] Sinnvoll kann aber die Aufnahme einer – aus Sicht des Aktionärs – unzureichend beantworteten Frage sein. Um Missbräuchen vorzubeugen, sollte der Notar dies aber von einer **Plausibilisierung** des Aktionärs abhängig machen.[696] Die (unzureichende) Antwort braucht nicht aufgenommen zu werden.

379 Er sollte die **Fragen wörtlich** und nicht sinngemäß aufnehmen.[697] Dazu kann er sich diverser Hilfsmittel bedienen, zB Tonbandaufnahmen anfertigen. Es ist zweckmäßig, sich mit dem Versammlungsleiter insoweit abzustimmen, dass er die Aktionäre zur Aufnahme der Fragen direkt an den Notar verweist.[698] Der Notar kann seinerseits vom Aktionär verlangen, die Fragen ggf. unter Zuhilfenahme des von der Verwaltung zu stellenden Versammlungspersonals **schriftlich einzureichen,** wenn es sich um einen ganzen **Fragenkatalog** handelt und eine Protokollierung der Fragen angesichts der laufenden HV nicht möglich erscheint.[699]

380 Kann der Notar nicht prüfen, ob eine Frage tatsächlich gestellt wurde, sollte er dies daher ebenfalls ins Protokoll aufnehmen.[700] Das OLG Köln[701] stellt in seiner kontrovers beurteilten Entscheidung fest, dass es nicht **treuwidrig** sei, eine **Beschlussanfechtungsklage** auf einen Verstoß gegen § 131 AktG zu stützen, wenn der Aufsichtsratsvorsitzende in der HV dazu aufgefordert hatte, unbeantwortet gebliebene Fragen dem beurkundenden Notar mitzuteilen, dies aber nicht geschehen ist. Der Vorstand, der die Beantwortung einer Frage ausdrücklich ablehnt, könne nicht im Glauben sein, dass alle Fragen beantwortet sind. Ein Hinweis auf die Möglichkeit der notariellen Protokollierung unbeant-

---

694 LG München ZIP 2007, 2170.
695 *Faßbender* RNotZ 2009, 425 (438).
696 *Faßbender* RNotZ 2009, 425 (439).
697 MüKoAktG/*Kubis* AktG § 131 Rn. 168; *Faßbender* RNotZ 2009, 425 (437).
698 *Faßbender* RNotZ 2009, 425 (438).
699 *Priester* DNotZ 2001, 661 (666); *Hüffer/Koch* AktG § 131 Rn. 77; *Faßbender* RNotZ 2009, 425 (438); aA MüKoAktG/*Kubis* AktG § 118 Rn. 75.
700 OLG Frankfurt a.M. EWiR 2013, 67 mAnm *Widder/Klabun*; *Reger* NZG 2013, 48.
701 ZIP 2011, 2102.

worteter Fragen lasse in der Regel nicht erkennen, dass der Vorstand zur Beantwortung der Fragen bereit ist. Eine **Verwirkung des Anfechtungsrechts** sei daher nur dann anzunehmen, wenn der Aktionär eine Nachfrage in der HV trotz eines Hinweises des Vorstands bewusst unterlässt, seine subjektive Bösgläubigkeit also feststeht.

bb) Beschränkung des Rederechts. Der Notar sollte in der Aussprache auch darauf 381 achten, dass kein **Aktionär mit Auskunfts- oder Redewunsch** (ggf. bewusst) übersehen wird.[702] Das Rederecht gehört zu den **Kernrechten des Aktionärs** und gibt ihm die Möglichkeit, sich zu den Gegenständen der Tagesordnung und Angelegenheiten der Gesellschaft (§ 118 Abs. 1 S. 1 AktG) zu äußern und entsprechend Gehör zu verschaffen, um Einfluss auf das Stimmverhalten der übrigen Aktionäre zu nehmen.

Gerade bei einer AG mit großem Aktionärskreis ist eine HV in angemessener Zeit 382 nur dann zu bewältigen, wenn Redebeiträge nicht endlos sind, sondern zeitlich beschränkt werden. Grundsätzlich darf der Versammlungsleiter einem Aktionär etwa das **Wort entziehen** bzw. in die Rede eingreifen, wenn sich die Ausführungen auf einen bereits abgehandelten und beschlossenen Tagesordnungspunkt beziehen, der Redebeitrag sich inhaltlich in einer bloßen **Wiederholung** eines Vorredners erschöpft oder thematisch **außerhalb der Tagesordnung** liegende Fragen betrifft.[703] Darüber hinaus kann (und sollte auch) die Satzung den Versammlungsleiter ermächtigen, das **Rederecht des Aktionärs angemessen (zeitlich) zu beschränken** (§ 131 Abs. 2 S. 2 AktG). Erhebliches Streitpotential bietet die Frage der Angemessenheit der Beschränkung. Es ist anerkannt, dass der Versammlungsleiter seine Anordnungen am **Gebot der Sachdienlichkeit** zu orientieren sowie das **Gleichbehandlungsgebot** und das **Verhältnismäßigkeitsprinzip** zu wahren hat.[704] Eine Verletzung bzw. rechtswidrige Beschränkung des Rederechts kann zur **Beschlussanfechtung** führen.[705] Der Notar sollte entsprechende Eingriffe des Versammlungsleiters – insbesondere bei erkenn- und hörbaren Unmut der Aktionäre – in das Protokoll aufnehmen. Er sollte gleichzeitig versuchen, den Versammlungsleiter hier entsprechend zu sensibilisieren und auf die Gefahren hinzuweisen.

cc) Ordnungsmaßnahmen. Eine HV kann auch einen sehr hitzigen Verlauf nehmen. 383 Der Versammlungsleiter ist dann zur **Störungsabwehr** berufen und zum Schutz der Teilnahmerechte der übrigen Aktionäre auch aufgerufen, Ordnungsmaßnahmen von der Beschränkung der Redezeit bis hin zum **Saalverweis** auszusprechen.[706] Da dies uU einen zur Anfechtbarkeit führenden Beschlussmangel darstellen kann,[707] sollte der Notar – aus beurkundungsrechtlicher Perspektive – solche Maßnahmen im **Protokoll** aufnehmen. Gleichzeitig sollte der Notar den Versammlungsleiter bei besonders einschneidenden Maßnahmen wie dem Saalverweis auf die mögliche – wenn auch unwahrscheinliche – Konsequenz einer erfolgreichen Beschlussanfechtung hinweisen und ihn an die Wahrung des **Verhältnismäßigkeitsgrundsatzes** – ggf. erst einmal nur temporärer Ausschluss zur „Abkühlung" (15 Minuten), idealerweise nicht während der Abstimmung – erinnern.[708]

d) Überwachung der Beschlussanträge. aa) Wortlaut. Der Notar sollte den **Wort-** 384 **laut der Beschlussanträge** (bzw. der Vorschläge, § 124 Abs. 3 AktG) bereits im Vorfeld prüfen und auf etwaige Mängel des Wortlauts oder des Inhalts im Rahmen seiner Evidenzkontrolle hinweisen. Hat er dies nicht getan, ist jedenfalls vor der Beschlussfassung

---

[702] Semler/Volhard/Reichert/*Pöschke/Vogel* HV-HdB § 13 Rn. 28.
[703] MüKoAktG/*Kubis* AktG § 131 Rn. 75.
[704] BGH ZIP 2010, 575 Rn. 16.
[705] MüKoAktG/*Kubis* AktG § 118 Rn. 79.
[706] BGHZ 44, 245.
[707] *Wicke* NZG 2007, 771.
[708] *Faßbender* RNotZ 2009, 425 (436).

bzw. der eigentlichen Abstimmung der richtige Zeitpunkt, entsprechende Bedenken gegenüber dem Versammlungsleiter anzumelden. Er muss darauf hinwirken, dass ein Beschluss so formuliert ist, dass er mit JA angenommen oder mit NEIN abgelehnt werden kann. Zwar ist die Verwaltung verpflichtet, nur über fehlerfreie Beschlussvorlagen abstimmen zu lassen.[709] Eine Anpassung des fehlerhaften Wortlautes in der HV ist in engen Grenzen ohne Anfechtungsrisiko möglich, wenn damit keine inhaltliche Änderung einhergeht. Eine inhaltliche Änderung ist nur zulässig, wenn zwischen Bekanntmachung und HV neue, diese inhaltliche Anpassung notwendig machende Tatsachen eingetreten sind.[710] Das Recht der Aktionäre zur sachgerechten Vorbereitung auf die HV darf nicht verletzt werden.[711] Relevant wird die Prüfungspflicht des Notars insbesondere, wenn Gegenanträge (§ 126 Abs. 1 AktG) gestellt, aber vorher nicht vollständig artikuliert und ausformuliert werden, was sie auch nicht müssen.[712]

385   **bb) Reihenfolge der Beschlussanträge.** Der Versammlungsleiter kann die Reihenfolge der zur Abstimmung gestellten Beschlussanträge nach seinem freien Ermessen festlegen.[713] So kann er bei der Wahl der Mitglieder zum Aufsichtsrat anordnen, als Erstes den Vorschlag zur Abstimmung stellen, dem er die größten Erfolgsaussichten einräumt.[714] Dies ist insbesondere deshalb interessant, weil es in den letzten Jahren häufiger zu **Kampfabstimmungen** über die **Aufsichtsratsposten** gekommen ist, da aktivistische Aktionäre vermehrt eigene Kandidaten aufstellen.[715] Er kann ebenso festlegen, bestimmte Abstimmungen nur in gebündelter Form vorzunehmen, was sich insbesondere bei Beschlussgegenständen anbietet, die in einem sachlichen Zusammenhang stehen. Zulässig sind **Blockabstimmungen** (auch **Sammelabstimmungen**) immer dann, wenn dem Aktionär die Möglichkeit erhalten bleibt, zu den einzelnen Beschlussgegenständen unterschiedlich abstimmen zu können. Möchte der Aktionär über die Beschlussgegenstände unterschiedlich abstimmen und ist nur eine einheitliche Stimmabgabe vorgesehen, so muss der Aktionär gegen den gesamten Beschlussgegenstand stimmen. Die Modalitäten der gebündelten Abstimmung sind vom Verhandlungsleiter **eindringlich und ausführlich zu erläutern.**[716] Er muss insbesondere darauf hinweisen, dass der Aktionär, der sich gegen einen Teil der Beschlussgegenstände wendet, gegen alle Beschlussgegenstände stimmen muss. Soweit ein Aktionär einen Antrag zur Geschäftsordnung dahin gehend stellt, dass er die Einzelabstimmung fordert, muss der Versammlungsleiter nach wohl hM zunächst über den Geschäftsordnungsantrag abstimmen lassen.[717] Um die Beweisführung in einem späteren Rechtsstreit zu erleichtern, **sollte die Erläuterung unbedingt in das Protokoll aufgenommen** werden. Gemeinsame Abstimmungen über verschiedene Tagesordnungspunkte sind problematisch und sollten vermieden werden.

386   Meist sieht die Satzung auch entsprechende **Satzungsbestimmungen** vor, die letztlich aber nur verhindern sollen, dass die HV eigenständig eine bestimmte Reihenfolge bestimmt.[718] Besteht ausnahmsweise eine gesetzliche Pflicht (etwa nach §§ 137, 120 Abs. 1 S. 2 AktG; Verfahrens- sind vor Sachanträgen zu behandeln, Antrag auf Abwahl des Ver-

---

[709] MüKoAktG/*Kubis* AktG § 124 Rn. 52.
[710] MüKoAktG/*Kubis* AktG § 124 Rn. 62.
[711] MüKoAktG/*Kubis* AktG § 124 Rn. 53.
[712] MüKoAktG/*Kubis* AktG § 126 Rn. 8.
[713] LG Hamburg AG 1996, 233; Semler/Volhard/Reichert/*Pickert* HV-HdB § 9 Rn. 277.
[714] LG München I ZIP 2016, 973; *Hoppe* NZG 2017, 361 (365).
[715] *Leuering/Rubner* NJW-Spezial 2010, 335 mit Verweis auf die HV von Infineon Technologies AG im Jahre 2010; aber auch bei Stada Arzneimittel AG am 26.8.2016; ausführlich hierzu *Hoppe* NZG 2017, 361 (365f.).
[716] Schlussfolgerung aus BGH DNotI-Report 2003, 157; NZG 2003, 1023; vgl. für die Global- oder Listenwahl der Aufsichtsratsmitglieder *Hüffer/Koch* AktG § 101 Rn. 6; ausführlich auch *Fuhrmann* ZIP 2004, 2081.
[717] Vgl. wiederum *Fuhrmann* ZIP 2004, 2081 (2084) mwN.
[718] Semler/Volhard/Reichert/*Pickert* HV-HdB § 9 Rn. 277.

sammlungsleiters), eine bestimmte Reihenfolge einzuhalten, soll der Notar den Versammlungsleiter ggf. darauf hinweisen.[719]

e) Überwachung der Abstimmung. aa) Beachtung von Stimmverboten. Grundsätzlich obliegt es dem Versammlungsleiter, anhand des Teilnehmerverzeichnisses Aktionäre zu identifizieren, die einem **Stimmverbot** unterliegen, und sie von der Abstimmung auszuschließen. Der Notar soll dies in seinem Protokoll vermerken. Ihn trifft insoweit **keine aktive Nachforschungspflicht.** Allerdings soll er einem sich aufdrängenden Verdacht im Rahmen seiner **Evidenzkontrolle** nachgehen müssen und den Versammlungsleiter darauf hinweisen, etwa wenn Fragen zu Mitteilungspflichten nach §§ 33ff. WpHG nicht beantwortet werden.[720] Der Notar sollte mit dem Versammlungsleiter auch erörtern, ob und welche Maßnahmen getroffen wurden, um **Stimmverbote zu Entlastungsbeschlüssen** der Organmitglieder aufzudecken. Häufig besteht ein Anlass zur Aufklärung komplexer Beteiligungsstrukturen nur, wenn ein Aktionär mit umfangreichem Aktienbesitz beteiligt ist und Mitglieder des Aufsichtsrates aus dessen Umfeld kommen. Eine entsprechende Untersuchung sollte der Notar bereits im Vorfeld bei der Verwaltung veranlasst haben. Kann nicht mit abschließender Sicherheit geklärt werden, ob ein Stimmverbot besteht, sollte der betreffende Aktionär von der Abstimmung nicht ausgeschlossen werden.[721] Bewahrheitet sich der Verdacht, ist die abgegebene Stimme nichtig und der Beschluss damit anfechtbar.[722] Der Notar sollte deshalb darauf hinwirken, dass festgestellt wird, dass der Beschluss auch ohne die potentiell befangene Stimme gefasst worden ist. **387**

bb) Maßnahmen zur Ermittlung unterschiedlicher Stimmkraft. Die **Stimmkraft einer Nennbetragsaktie** richtet sich nach der quotalen Höhe der Beteiligung am Grundkapital (§ 134 Abs. 1 AktG). Ein Euro einer Aktie gewährt also eine Stimme. Das Stimmrecht beginnt grundsätzlich mit der vollständigen Leistung der Einlage (§ 134 Abs. 2 S. 1 AktG). Die Satzung kann aber nach § 134 Abs. 2 S. 3 AktG anordnen, dass das Stimmrecht bereits mit Zahlung der Mindesteinlage entsteht. Die Stimmkraft darüber hinaus eingezahlter Aktien kann bis auf das Vierfache (bei Volleinzahlung) anwachsen. Sieht die Satzung diese Möglichkeit vor (was der Notar bereits im Vorfeld der HV durch Einsicht in die Satzung in Erfahrung gebracht hat), muss sich der Notar davon überzeugen, dass die AG die **unterschiedliche Stimmkraft** ihrer Aktionäre kennt und in der Abstimmung auch zuordnen kann. **388**

cc) Stimmauszählung und Beschlussfeststellung. Es besteht keine Pflicht des Notars, die **Auszählung der Stimmabgabe** zu beaufsichtigen.[723] Der Notar darf sich grundsätzlich auf das vom Versammlungsleiter festgestellte Beschlussergebnis verlassen.[724] Gleichwohl ist er nach wie vor dazu verpflichtet, auf evidente Verstöße aufmerksam zu machen und sie zu protokollieren. Überwacht er ausnahmsweise doch die Stimmenauszählung, sollte er dies wegen des Beweiswertes seines Protokolls als öffentliche Urkunde (§ 415 ZPO) ausdrücklich festhalten und große Sorgfalt walten lassen.[725] **389**

In diesem Zusammenhang ist streitig, wie sich der Notar zu verhalten hat, wenn der **Versammlungsleiter** ein **offensichtlich falsches Abstimmungsergebnis** oder einen nicht zustande gekommenen Beschluss feststellt. Es besteht weder aus aktien- noch aus beurkundungsrechtlicher Sicht ein Zwang zur Aufnahme solcher Umstände ins Protokoll. **390**

---

[719] *Faßbender* RNotZ 2009, 425 (436).
[720] MüKoAktG/*Kubis* AktG § 130 Rn. 53.
[721] *Hüffer/Koch* AktG § 136 Rn. 24; MüKoAktG/*Arnold* AktG § 136 Rn. 57.
[722] BGH NZG 2006, 191 Rn. 24.
[723] BGH NZG 2009, 342 Rn. 16; OLG Stuttgart NZG 2004, 822; OLG Düsseldorf NZG 2003, 816.
[724] Henssler/Strohn/*Liebscher* AktG § 130 Rn. 18; *Hüffer/Koch* AktG § 130 Rn. 21; Grigoleit/*Herrler* AktG § 130 Rn. 33.
[725] Hauschild/Kallrath/Wachter/*Haupt* Notar-HdB GesR § 14 Rn. 329.

Es wird nur aufgenommen, dass der Versammlungsleiter ein bestimmtes (wenn auch fehlerhaftes) Ergebnis festgestellt hat.[726] Ein Beweis über die **Richtigkeit des Beschlussergebnisses** iSv § 415 ZPO ist damit gerade nicht verbunden. Der Beschluss bzw. die Beschlussfeststellung ist in diesen Fällen anfechtbar.[727] Das OLG Stuttgart sieht den Notar nur in der Pflicht, seine „Bedenken zu erörtern, ggf. eine Belehrung zu erteilen".[728] Andererseits kann es durchaus zweckmäßig sein, diesen Umstand in die Urkunde aufzunehmen. Allein der Versammlungsleiter ist in der Pflicht, eine ordnungsgemäße Versammlung zu gewährleisten. Letztlich bewirkt ein an die HV gerichteter Appell auch nichts, da diese rechtlich kaum dazu imstande ist, rechtmäßige Verhältnisse zu schaffen.[729] Sie kann allenfalls eine **Wiederholung der Beschlussfassung** oder die **Abberufung des Versammlungsleiters** verlangen. Mit der Protokollierung des abweichenden Beschlussergebnisses ist den Aktionären auch mehr geholfen, da sie in diesem Fall neben der Anfechtung des unrichtig festgestellten Beschlusses auch die Feststellung des richtigen Beschlusses auf gerichtlichem Wege herbeiführen können.[730]

391 **dd) Feststellungen des Versammlungsleiters.** Der Versammlungsleiter hat die in § 130 Abs. 2 AktG geforderten und vom Notar zu protokollierenden Feststellungen zu treffen und dem Notar zum Zwecke der **Aufnahme in das Protokoll** zu übermitteln. Hat der Versammlungsleiter die Feststellungen nicht getroffen, so können sie nicht in das Protokoll aufgenommen werden. Das Protokoll – als Bericht des Notars über seine in der HV getroffenen Wahrnehmungen – ist dann zwar formell richtig, aber materiell unrichtig. Der Beschluss ist damit unwirksam (§ 241 Nr. 2 AktG). Das liegt zwar in erster Linie im Verantwortungsbereich des Versammlungsleiters. Allerdings trifft den Notar eine **Pflicht,** den Versammlungsleiter **auf (offensichtlich) fehlende Feststellungen hinzuweisen.**

392 **f) Widerspruch gegen Beschlüsse.** Der Notar muss einen **Widerspruch** eines Aktionärs gegen einen gefassten Beschluss **protokollieren.** Andernfalls kann der Aktionär keine **Anfechtungsklage** erheben (§ 245 Nr. 1 AktG). Nicht selten werden sich opponierende Aktionäre bereits vor der Beschlussfassung mit ihrem Protokollierungswunsch an ihn wenden. Ein Widerspruch kann nach einem obiter dictum des II. Zivilsenats bereits **vor der Beschlussfassung** erklärt werden.[731] Der Notar sollte bereits dann einen Widerspruch protokollieren, wenn der Aktionär zum Ausdruck bringt, mit dem Beschluss oder mit allen Beschlüssen nicht einverstanden zu sein.[732] Ein nach § 121 Abs. 6 AktG erheblicher **Widerspruch wegen Einberufungsmängeln** kann nur bis spätestens **vor Bekanntgabe des Beschlussergebnisses** durch den Versammlungsleiter erhoben werden.[733] Die Motive und Beweggründe des Aktionärs für die Erhebung des Widerspruchs sind irrelevant und haben nur für die Klagebegründung Bedeutung.[734]

393 **Angefochtene Beschlüsse** können, um die Unsicherheit hinsichtlich ihrer Gültigkeit zu beseitigen, auch nach geraumer Zeit noch **bestätigt** werden, soweit der ursprüngliche Beschluss nicht nichtig ist.[735] Voraussetzung ist nur, dass über die Anfechtung des Ausgangsbeschlusses noch nicht rechtskräftig entschieden bzw. die Anfechtungsfrist noch nicht abgelaufen ist. Ein **Bestätigungsbeschluss** ist nicht deshalb unwirksam, weil bei der Beschlussfassung §§ 293a ff. AktG nicht beachtet wurden. Eine Verletzung der allge-

---

[726] *Heckschen/Kreußlein* NZG 2018, 401 (404).
[727] BGH NJW 1980, 1465 Rn. 26; OLG Stuttgart NZG 2005, 432 Rn. 67; OLG Stuttgart NZG 2004, 822 Rn. 8.
[728] OLG Stuttgart NZG 2005, 432 Rn. 70.
[729] *Faßbender* RNotZ 2009, 425 (430).
[730] Zur Kombination von Anfechtungs- und Feststellungsklage BGH NJW 1980, 1465 Rn. 27 ff.
[731] BGH NZG 2007, 907 Rn. 8.
[732] OLG Jena NZG 2006, 467; aA LG Frankfurt a.M. DB 2005, 603.
[733] OLG Stuttgart NZG 2013, 1151.
[734] Spindler/Stilz/*Wicke* AktG § 130 Rn. 10.
[735] BGH DNotZ 2013, 60.

meinen Auskunftspflicht vor Fassung des Bestätigungsbeschlusses führt nicht zu dessen Unwirksamkeit, da nur solche Fragen zu beantworten sind, die einen objektiv denkenden Aktionär in die Lage versetzen, über eine Beseitigung einer möglichen Anfechtbarkeit des Ausgangsbeschlusses zu entscheiden.[736]

Es gibt **Ausnahmen,** in denen auf die Erklärung des **Widerspruchs verzichtet** wer- 394 den kann. Dies ist zB der Fall, wenn ein Aktionär **unberechtigt aus dem Saal verwiesen** wird, so dass er keine Möglichkeit hat, den Widerspruch einzulegen.[737] Gleiches gilt, wenn die Einlegung des Widerspruchs durch abrupte Schließung der HV ohne Zulassung weiterer Wortmeldungen verhindert worden ist.[738] Erforderlich ist aber, dass der Widerspruch der Gesellschaft alsbald zur Kenntnis gebracht wird. Unterlässt der Aktionär den Widerspruch, weil eine vom Notar zugesagte Aufforderung dazu unterblieb, so kann er sich gegenüber der Gesellschaft darauf nicht berufen.[739]

g) Fertigung eines Protokollentwurfs. Der Notar sollte im eigenen Interesse bereits in 395 der HV einen sorgfältig vorbereiteten und nachvollziehbaren **Protokollentwurf** gefertigt haben, der ihm ohne weitere Mühen die Erstellung einer Reinschrift erlaubt. Es muss immer mitbedacht werden, dass zwischen dem Tag der HV und der Fertigung der Reinfassung des Protokolls unter Berücksichtigung des laufenden Urkundsgeschäfts gewisse Zeit (→ Rn. 398) vergeht. Gerade bei komplexen Versammlungen kann die Erstellung der Reinschrift einen zweistelligen Stundenaufwand in Anspruch nehmen. Die Anfertigung von nachvollziehbaren Mitschriften hat aber vor allem deshalb Bedeutung, weil der anwesende Notar an der Erstellung des Protokolls gehindert sein kann (Krankheit, Tod). Der Notarvertreter/Notariatsverwalter sollte in die Lage versetzt werden, **anhand der Mitschriften** ein Protokoll einzureichen. Hierzu sollte der Entwurf auch unterschrieben werden.[740]

5. Nachbereitung der Hauptversammlung durch den Notar. Der Sinn der notariell 396 beglaubigten Niederschrift besteht nach der Konzeption des § 130 AktG in der beweiskräftigen Feststellung des „Ob" und des „Wie" der in der HV zu fassenden Beschlüsse. **Grundsätzlich** ist jeder Hauptversammlungsbeschluss durch eine über die Verhandlung notariell aufgenommene Niederschrift **zu beurkunden** (s. aber → Rn. 26, 348, 433). Es soll eine öffentliche Urkunde entstehen, die die in § 130 AktG vorgesehenen Vorgänge **festhält,** so wie der Notar sie wahrgenommen hat. Demgemäß kann die notarielle Beurkundung aber nicht Beweis darüber erbringen, ob die protokollierten Vorgänge rechtmäßig sind. Das Vertrauen, welches das Amt des Notars in der Öffentlichkeit genießt, erzeugt aber eine erhebliche Beweiskraft zugunsten der notariellen Niederschrift.[741] Diese findet jedoch ihre Grenzen dort, wo die Beweiswirkung von Tatsachenbeurkundungen endet. Anders als bei der Beurkundung von Willenserklärungen, die auch die Vollständigkeit des Beurkundeten implizieren (negative Beweiskraft), gilt dies grundsätzlich nicht für Tatsachenbeurkundungen.[742] Die notarielle Hauptversammlungsniederschrift trifft daher keine negative Beweiskraft.

Nach der Versammlung hat der Notar die Niederschrift zu erstellen. Aus beurkun- 397 dungsrechtlicher Sicht handelt es sich um ein **Tatsachenprotokoll** (§§ 36 ff. BeurkG)[743] in Gestalt eines **Beschluss- bzw. Ergebnisprotokolls.**[744] Für eine detaillierte Wiederga-

---

[736] OLG München DB 1997, 1912.
[737] BGH NJW 1966, 43.
[738] MüKoAktG/*Hüffer/Schäfer* AktG § 245 Rn. 33; *Noack* AG 1989, 78 (81).
[739] Vgl. OLG München EWiR 2010, 507 mit zustimmend Anm. *Heckschen.*
[740] *Winkler* BeurkG § 44a Rn. 36; Semler/Volhard/Reichert/*Pöschke/Vogel* HV-HdB § 13 Rn. 63.
[741] Vgl. dazu *Reul* S. 9.
[742] Vertiefend dazu: DNotI-Gutachten Nr. 62911; Zöller/*Geimer* ZPO § 415 Rn. 5.
[743] BGH NZG 2017, 1374 Rn. 26; NZG 2009, 342 Rn. 11.
[744] BGH DNotZ 1995, 551 Rn. 15; Semler/Volhard/Reichert/*Pöschke/Vogel* HV-HdB § 13 Rn. 37.

be eignet sich das notarielle Hauptversammlungsprotokoll nicht. Ein **Wortprotokoll** führt in der Regel die Gesellschaft selbst. Wird ein stenographisches Wortprotokoll oder ein Tonbandprotokoll aufgenommen, stehen dem Aktionär gegen Erstattung der Selbstkosten eine Abschrift oder Teile des Protokolls bzw. der Aufzeichnung zu, die seine Fragen und Redebeiträge und die von den Vorstandsmitgliedern hierauf gegebenen Antworten und dazu abgegebene Stellungnahmen enthält, nicht jedoch eine vollständige Abschrift des Protokolls bzw. der Aufzeichnung.[745]

398 Das AktG sieht keinen unmittelbaren **Zeitrahmen** für die Erstellung der notariellen Niederschrift vor. Wenn aber nach § 130 Abs. 4 AktG der Vorstand verpflichtet ist, das Protokoll unverzüglich, also nach § 121 Abs. 1 S. 1 BGB ohne schuldhaftes Zögern, zum Handelsregister einzureichen, dann muss diese Zeitvorgabe auch für den Notar gelten.[746] In einfachen Fällen, werden als Zeitfenster zwei bis drei Wochen, bei größeren HVs sechs bis acht Wochen genannt.[747]

399 Es bestehen keine Bedenken gegen die Erstellung von **Tonband- und Videoaufnahmen** oder der Verwendung eines **Diktiergerätes.**[748]

400 Der Notar kann sich **Hilfspersonen** bei der Erfassung der relevanten Tatsachen bedienen.[749] Er muss sie zur Aufnahme in das Protokoll nicht persönlich unmittelbar wahrgenommen haben. Es liegt in seiner alleinigen Verantwortung, ob er den Angaben vertraut und sie sich zu Eigen macht.[750]

401 **6. Die notarielle Niederschrift. a) Zwingender Protokollinhalt.** Der zwingende Inhalt der notariellen Niederschrift ergibt sich aus § 130 Abs. 2 AktG. Enthält das Protokoll die dort genannten Angaben nicht, ist der jeweilige **Beschluss** schwebend **nichtig,** § 241 Nr. 2 AktG.[751] Darüber hinaus hat der Notar aus beurkundungsrechtlicher Perspektive alle weiteren Tatsachen in das Protokoll aufzunehmen, die eine Relevanz für eine etwaige Anfechtungs- oder **Nichtigkeitsklage** haben können, also das Vorliegen bestimmter die Wirksamkeit und Bestandskraft betreffender Tatsachen gemäß § 415 ZPO beweisen.[752] Fehlen sie in der Niederschrift hemmt das aber nicht die Wirksamkeit des Beschlusses.

402 | Checkliste: Gliederung Hauptversammlungsprotokoll

- Angabe des Versammlungsorts und des Versammlungsdatums
- Betroffene Gesellschaft
- Auflistung von Vorstand und Aufsichtsrat sowie Darlegung, wer von diesem Organ anwesend ist
- Verweis auf das Teilnehmerverzeichnis
- ggf., soweit die Satzung keine Bestimmungen enthält, Festhalten der Wahl des Versammlungsleiters
- Protokollierung von dessen Darlegungen zur Einhaltung der Einberufungsvorschriften und des Hinweises auf die Art und Weise der Abstimmung
- Festhalten der Beschlüsse zu den einzelnen Tagesordnungspunkten; wiederzugeben ist die Art und Weise der Beschlussfassung, das Abstimmungsergebnis *und* die Feststellung des Versammlungsleiters zu den jeweiligen Beschlüssen; bei börsennotierten

---

[745] *Brandes* WM 1997, 2281.
[746] MüKoAktG/*Kubis* AktG § 130 Rn. 76.
[747] Spindler/Stilz/*Wicke* AktG § 130 Rn. 61.
[748] Problematisch kann das nur sein, wenn die Gesellschaft selbst entsprechende Mitschnitte macht, Semler/Volhard/*Pöschke/Vogel* HV-HdB § 13 Rn. 98 ff.
[749] BGH NZG 2009, 342 Rn. 9.
[750] *Drescher* FS 25 Jahre DNotI 2018, 443 (444).
[751] BGH ZIP 2009, 460 Rn. 14.
[752] Semler/Volhard/Reichert/*Pöschke/Vogel* HV-HdB § 13 Rn. 37.

> Gesellschaften zusätzlich Angaben nach § 130 Abs. 2 S. 2 AktG, Ausnahme § 130 Abs. 2 S. 3 AktG
> – Festhalten etwaiger Auskunftsverweigerungen, Redeverbote, Widersprüche
> – Schlussfeststellungen

Formulierungsbeispiel: Schlussfeststellungen Hauptversammlungsprotokoll   **403**

Über den Verlauf der Versammlung wird von mir, dem unterzeichnenden Notar, ausdrücklich festgestellt:
– Die Tagesordnung und die sonstigen vom Vorsitzenden genannten Unterlagen lagen während der gesamten Dauer der Hauptversammlung aus.
– Das [*ggf.:* vom Vorsitzenden unterzeichnete] Teilnehmerverzeichnis ist vor der ersten Abstimmung ausgelegt worden und lag während der verbleibenden Dauer der Hauptversammlung aus.
– Alle Abstimmungen erfolgten in der festgelegten Abstimmungsform.
– Die Ergebnisse der Abstimmungen und die Feststellungen über die Beschlussfassungen wurden von dem Vorsitzenden festgestellt und bekannt gegeben.
– Um die Aufnahme von Fragen in die Niederschrift wurde nicht ersucht.
– Ein Widerspruch zur Niederschrift wurde von keinem Aktionär oder Aktionärsvertreter erhoben.

Nachdem sich – auch auf ausdrückliche Nachfrage des Vorsitzenden hin – kein Teilnehmer mehr zu Wort meldete, schloss der Vorsitzende die Versammlung um *** Uhr.

aa) Formalia des § 130 Abs. 2 S. 1 AktG. Die Niederschrift muss neben dem (bei Ver- **404** wechslungsgefahr auch Vor-)**Namen**[753] des (wahrnehmenden) **Notars** (zum Problem des Ersatznotars → Rn. 416 ff.) den **Ort der Versammlung** genau bezeichnen. Hier sollte sich der Notar nicht lediglich auf die Angabe der politischen Gemeinde beschränken. Sinn dieser Angabe ist nachvollziehen zu können, ob die HV auch am in der Einberufung genannten **Versammlungsort** stattgefunden hat und alle Aktionäre an der Versammlung teilnehmen konnten.[754] Dieser Schluss lässt sich dann nicht ziehen, wenn nur der Name der Stadt (Berlin) oder des Bezirkes (Charlottenburg-Wilmersdorf/Westend) und nicht auch die konkrete Anschrift angegeben ist (in den Räumen des ICC, Messedamm 22 in 14057 Berlin). Es würde aber auch genügen, wenn der Notar nur bestätigt, dass der Ort der HV derjenige ist, der in der Einberufung genannt ist, die der Niederschrift als Anlage beigefügt (§ 130 Abs. 3 AktG) und damit deren Bestandteil ist (§ 37 Abs. 1 S. 2 und S. 3 BeurkG).

Ähnliches gilt für die Angabe der **Zeit der Versammlung.** Hier ist nicht nur das ka- **405** lendarische Datum anzugeben, sondern auch zu welcher Uhrzeit die Versammlung begonnen hat.[755] Bei mehrtägigen Versammlungen sollte auch angegeben werden, an welchem Tag welche Beschlüsse gefasst wurden.[756] Die Angabe von (genauem) Ort und Zeit verlangt ohnehin § 37 Abs. 2 BeurkG. Es ist auch der Tag der Errichtung des Tatsachenprotokolls aufzunehmen. Fehlt diese Angabe, berührt das die Wirksamkeit der gefassten Beschlüsse (§ 241 Nr. 2 AktG) aber nicht.[757] Wird das Protokoll später errichtet, stellt sich die Frage, mit welcher **Urkundenrollennummer** es zu versehen ist. Das LG Frankfurt a.M. (Strafkammer) hat sich jedenfalls nicht daran gestört, dass der Notar eine Urkundenrollennummer bereits am Tage der Versammlung „reserviert" hatte.[758] Dafür spricht, dass

---

[753] Spindler/Stilz/*Wicke* AktG § 130 Rn. 44.
[754] MüKoAktG/*Kubis* AktG § 130 Rn. 44; aA Spindler/Stilz/*Wicke* AktG § 130 Rn. 43; *Hüffer/Koch* AktG § 130 Rn. 15.
[755] MüKoAktG/*Kubis* AktG § 130 Rn. 45.
[756] *Hüffer/Koch* AktG § 130 Rn. 15; MüKoAktG/*Kubis* AktG § 130 Rn. 45.
[757] BGH ZIP 2009, 460 Rn. 14.
[758] LG Frankfurt a.M. RNotZ 2008, 172.

die Beurkundung als solche bereits in der HV stattfindet, auch wenn der Notar seine Wahrnehmungen dort noch nicht entäußerungsreif verschriftlicht. Meines Erachtens sollte die Urkundenrollennummer bei Abschluss des Protokolls vergeben werden.

406 **bb) Materielle Angaben des § 130 Abs. 2 S. 1 AktG.** Die Niederschrift muss alle Beschlüsse enthalten, die in der Versammlung gefasst worden sind. Das beinhaltet nicht nur die **Sach- und Wahlbeschlüsse,** sondern auch **Verfahrens- oder Geschäftsordnungsbeschlüsse.**[759] Ausnahmen gelten für nicht börsennotierte Gesellschaften. Der Notar muss hier grundsätzlich nur solche Beschlüsse protokollieren, die eine Dreiviertelmehrheit verlangen. Er ist aber nicht daran gehindert, die gesamte Versammlung zu protokollieren, sofern dies von Seiten der Gesellschaft gewünscht wird (→ Rn. 348). Aus der Niederschrift muss zweifelsfrei hervorgehen, worüber abgestimmt wurde. Es ist deshalb üblich und empfehlenswert, in der Niederschrift den Wortlaut des gefassten Beschlusses wiederzugeben, sofern dort nicht bereits zuvor der zur Abstimmung gestellte Beschlussvorschlag wörtlich festgehalten wurde. Die wörtliche Wiedergabe des Beschlussvorschlags kann ersetzt werden durch eine **Bezugnahme auf die Beschlussvorlage,** welche in der als Beleg über die Einberufung der HV dem Protokoll als Anlage beigefügten Einladung wiedergegeben ist.[760]

407 **(1) Art der Abstimmung.** Der **Abstimmungsvorgang** ist nachvollziehbar zu beschreiben. Darzustellen ist der äußere (tatsächliche und wahrnehmbare) Vorgang der Abstimmung. Der Notar darf sich nicht darauf beschränken anzugeben, wie das Abstimmungsergebnis ermittelt wurde (Ermittlung der Ja- und Nein-Stimmen, Subtraktionsverfahren oder Additionsverfahren, Einsatz von Stimmzählern oder EDV).[761] Er muss auch die **praktizierte Stimmabgabe** ausführlich **beschreiben,** ob also die Abstimmung mithilfe von (EDV-)Stimmkarten, durch Handzeichen, durch Aufstehen oder durch Zu- oder Aufruf und damit offen oder geheim erfolgte.[762] Es genügt nicht festzustellen, dass die Abstimmung in der vom Versammlungsleiter bestimmten Form erfolgt ist, weil dadurch offenbleibt, welche Form der Versammlungsleiter konkret bestimmte und wie die Aktionäre ihre Stimme und damit ihre Willenserklärung abgegeben haben.[763] Nicht anzugeben ist dagegen der Rechtsgrund der Abstimmung.[764] Allein das Gericht hat zu ermitteln, ob das Abstimmungsverfahren auf Grundlage von Satzung oder Gesetz gewählt werden durfte.[765]

408 **(2) Ergebnis der Abstimmung.** Unter dem Ergebnis der Abstimmung ist zunächst das **zahlenmäßige Abstimmungsergebnis** zu verstehen. Der Notar hat also die abgegebenen Ja- und Nein-Stimmen und bei Verwendung der **Subtraktionsmethode** auch der Enthaltungen zu notieren.[766] Verlangt wird grundsätzlich eine ziffernmäßige Angabe. Hat sich der Notar vorab davon überzeugt, dass alle Aktien dieselbe Stimmkraft besitzen, ist die Verwendung von Prozentangaben zulässig.[767] Es klarzustellen, worauf sich die Pro-

---

[759] Hauschild/Kallrath/Wachter/*Haupt* Notar-HdB GesR § 14 Rn. 344.
[760] OLG Frankfurt a.M. MittBayNot 2011, 165.
[761] Zum zwingenden Protokollinhalt OLG Düsseldorf NZG 2003, 816 Rn. 57; OLG Oldenburg NZG 2003, 691 Rn. 6; LG München I NZG 2012, 1310 Rn. 55; MüKoAktG/*Kubis* AktG § 130 Rn. 52; *Hüffer/Koch* AktG § 130 Rn. 17; KK-AktG/*Noack/Zetzsche* AktG § 130 Rn. 158; aA Spindler/Stilz/ *Wicke* AktG § 130 Rn. 46; GK-AktG/*Mülbert* AktG § 130 Rn. 98.
[762] BGH NZG 2017, 1374 Rn. 22; RGZ 75, 259 (268); OLG Düsseldorf NZG 2003, 816; OLG Oldenburg NZG 2003, 691; LG München I NZG 2012, 1310; MüKoAktG/*Kubis* AktG § 130 Rn. 51; *Hüffer/ Koch* AktG § 130 Rn. 17; Spindler/Stilz/*Wicke* AktG § 130 Rn. 45; KK-AktG/*Noack/Zetzsche* AktG § 130 Rn. 158; GK-AktG/*Mülbert* AktG § 130 Rn. 97.
[763] BGH NZG 2017, 1374 Rn. 22 f.
[764] BGH NZG 2017, 1374 Rn. 44.
[765] *Heckschen/Kreußlein* NZG 2018, 401 (404).
[766] BGH NZG 2017, 1374 Rn. 51 ff.
[767] *Heckschen/Kreußlein* NZG 2018, 401 (406).

zentangaben beziehen – auf die Zahl der an der Abstimmung teilnehmenden stimmberechtigten Aktien oder auf das Verhältnis der abgegebenen Ja- und Nein-Stimmen.[768] Hat
die Satzung aber von der Möglichkeit Gebrauch gemacht, das Stimmrecht bereits mit
Einzahlung der Mindesteinlage beginnen zu lassen (§ 134 Abs. 2 S. 3 AktG), sollte stets
eine ziffernmäßige Erfassung der Stimmen vorgenommen werden.[769] Das Ergebnis der
Abstimmung umfasst ferner das rechtliche Ergebnis der Abstimmung und damit die vom
Versammlungsleiter mitgeteilte Tatsache, ob ein Beschlussantrag nach Auszählung der abgegebenen Stimmen angenommen (und ggf. mit welchem Inhalt) oder abgelehnt wurde.[770]

(3) Feststellung des Versammlungsleiters über die Beschlussfassung. Zuletzt ist an- | 409
zugeben, ob der Versammlungsleiter das rechtliche Ergebnis der Abstimmung in der HV
verkündet, also den Versammlungsteilnehmern mitgeteilt hat, ob der Beschluss angenommen wurde oder nicht.[771] Es handelt sich dabei wie bei der ordnungsgemäßen Protokollierung um ein konstitutives Beschlussmerkmal. Der Beschlussvorschlag muss grundsätzlich im
Wortlaut aufgenommen werden. Wurde er angenommen, reicht eine Bezugnahme auf die
Tagesordnung.[772] Ist die Gesellschaft börsennotiert, sind ferner die im Katalog des § 130
Abs. 2 S. 2 AktG zusätzlich verlangten Angaben aufzunehmen. Verlangt kein Aktionär derartig umfassende Feststellungen, kann sich der Versammlungsleiter auf die Angabe des rechtlichen Beschlussergebnisses beschränken, also dass die Mehrheit (nicht) erreicht wurde
(§ 130 Abs. 3 S. 3 AktG); das notarielle Protokoll muss grundsätzlich aber darüber hinaus
das Abstimmungsergebnis zahlenmäßig wiedergeben.

cc) Weitere vom AktG geforderte Inhalte. In das Protokoll ist der **Widerspruch ei-** | 410
nes Aktionärs gegen den bzw. die gefassten Beschlüsse aufzunehmen (dazu bereits
→ Rn. 392 ff.) – etwa in den Fällen des § 245 Abs. 1 AktG (Voraussetzung zur Erhebung
der Anfechtungsklage), § 132 Abs. 2 S. 1 AktG (Voraussetzung für Auskunftserzwingungsverfahren), §§ 50, 93 Abs. 4 S. 3, 116 AktG (Widerspruch gegen Verzicht oder Vergleich
über Ersatzansprüche gegen Organe), §§ 302 Abs. 3 S. 3, 309 Abs. 3 S. 1, 310 Abs. 4, 317
Abs. 4, 323 Abs. 1 S. 2 AktG (Widerspruch gegen Verzicht oder Vergleich über Ersatzansprüche gegen Organe im Konzern), § 318 Abs. 3 S. 2 AktG (Wahl des Abschlussprüfers),
§ 29 Abs. 1 UmwG (ggf. iVm § 125 UmwG) bzw. § 122i Abs. 1 UmwG (Widerspruch
gegen Umwandlungsbeschluss des übertragenden Rechtsträgers), § 207 Abs. 1 UmwG
(Widerspruch gegen Formwechsel). Ferner sind verweigerte Auskunftsverlangen (§ 131
Abs. 5 AktG) zu protokollieren.

Jedes **Verlangen einer Minderheit** ist gemäß § 120 Abs. 1 S. 2 AktG (Einzelentlas- | 411
tung), nach § 137 AktG (Wahlvorschläge) und nach § 147 Abs. 1 AktG (Geltendmachung
von Regressansprüchen) in die Niederschrift aufzunehmen. Wichtig ist, dass nicht nur die
Beschlüsse zu Tagesordnungspunkten in das Protokoll aufzunehmen sind, sondern auch
verfahrensleitende Entscheidungen, Geschäftsordnungsbeschlüsse und Ordnungsmaßnahmen.

b) Sonstige Pflichtangaben. Neben dem vom AktG geforderten Inhalt, muss der Notar | 412
alle für die **Wirksamkeit** und das **Zustandekommen relevanten Angaben** in dem
Protokoll aufnehmen, letztlich also alle Aspekte, die im Rahmen einer etwaigen Anfech-
tungs- oder Nichtigkeitsklage relevant werden könnten. Da der Notar nicht sicher beur-

---

[768] BGH NZG 2017, 1374 Rn. 57 ff.; *Heckschen/Kreußlein* NZG 2018, 401 (406).
[769] BGH NZG 2017, 1374 Rn. 57 ff.
[770] MüKoAktG/*Kubis* AktG § 130 Rn. 56; *Hüffer/Koch* AktG § 130 Rn. 19; *Hölters/Drinhausen* AktG § 130
Rn. 32; *Henssler/Strohn/Liebscher* AktG § 130 Rn. 18; *Grigoleit/Herrler* AktG § 130 Rn. 33; *Spindler/
Stilz/Wicke* AktG § 130 Rn. 51; KK-AktG/*Noack/Zetzsche* AktG § 130 Rn. 169.
[771] MüKoAktG/*Kubis* AktG § 130 Rn. 61.
[772] *Spindler/Stilz/Wicke* AktG § 130 Rn. 52; MüKoAktG/*Kubis* AktG § 130 Rn. 61.

teilen kann, welche Handlung oder Tatsache für ein Beschlussmängelverfahren relevant ist, er andererseits aber auch kein Wortlaut-, sondern nur Ergebnisprotokoll anfertigen soll, wird man nur die Aufnahme solcher Tatsachen verlangen können, deren Relevanz evident ist.[773] Demnach muss der Notar alle Tatsachen angeben, die er im Rahmen seiner Evidenzkontrolle festgestellt hat, unabhängig vom Ergebnis seiner Prüfung. Verletzt der Notar diese Pflicht, ist der Beschluss nicht nichtig iSv § 241 Nr. 2 AktG. Er macht sich aber ggf. wegen einer **Amtspflichtverletzung** schadenersatzpflichtig.[774] Ein Schaden kommt nur durch die im Rahmen einer gerichtlichen Beweisaufnahme entstehenden Kosten in Betracht. In Vorbereitung auf eine Beschlussmängelklage stets relevant sind Geschäftsordnungsmaßnahmen des Vorsitzenden, die das Teilnahme-, Rede-, Auskunfts- oder Stimmrecht berühren, die Feststellung von Stimmverboten und vom Versammlungsleiter ignorierte Anträge.[775] Lässt die Satzung gemäß § 134 Abs. 2 S. 3 AktG das Stimmrecht bereits mit Einzahlung der Mindesteinlage beginnen, so muss außerdem festgehalten werden, welche Maßnahmen zur Ermittlung der unterschiedlichen Stimmkraft der Aktien unternommen wurden.[776]

413   **c) Anlagen zur Niederschrift.** Der Niederschrift sind als Anlage die **Einberufungsbelege** beizufügen (§ 130 Abs. 3 AktG). Es genügt hierfür grundsätzlich ein **Ausdruck aus dem Bundesanzeiger** (§ 25 AktG).[777] Ist die Versammlung mittels eingeschriebenem Brief einzuberufen (§ 121 Abs. 4 S. 2 AktG), genügt eine Kopie des Einladungsschreibens mitsamt den Einberufungsbelegen.[778] Es ist nicht nötig und angesichts der **Datenschutzbestimmungen**[779] – bei einer börsennotierten AG gilt zudem § 48 Abs. 1 Nr. 3 AktG – wohl auch nicht anzuraten, ein **Teilnehmerverzeichnis** der im Handelsregister öffentlich einsehbaren Niederschrift beizufügen.[780]

414   Daneben können auch weitere Dokumente als Anlage mit der Niederschrift, deren Bestandteil sie durch ordnungsgemäße Verweisung werden (§ 37 Abs. 1 S. 2 BeurkG), verbunden werden. So können etwa die **Redebeiträge der Aktionäre** (sofern relevant) und die **verweigerten Auskunftsersuche** (ggf. mitsamt der als ungenügend empfundenen Antworten) in die Anlagen zur Niederschrift verschoben werden, um die Lesbarkeit und Übersichtlichkeit der Niederschrift zu wahren. Dadurch wird jedoch die Chronologie der Urkunde unterbrochen. Ferner muss bedacht werden, dass dies sogar die Nachvollziehbarkeit der gesamten Versammlung erschweren kann, wenn ein Dritter (ggf. der Richter) jeweils zwei Dokumente, die zudem miteinander verbunden sind, studieren muss. Üblich ist es aber, **Widersprüche,** während der Versammlung beurkundete Willenserklärungen, ggf. sogar Verträge nach dem UmwG (es genügt hier aber ein Verweis auf die Urkundenrollennummer des Notars, um sie zum Bestandteil der Urkunde zu machen, § 13a BeurkG analog)[781] als Anlage zur Niederschrift zu nehmen. Die Verbindung als Anlage erfolgt gemäß § 44 BeurkG und § 30 Abs. 2 DONot durch Heftfaden bzw. Schnur und ist am Schluss zu siegeln.

415   **d) Kosten.** Die Gesellschaft trägt die Kosten der Beurkundung, und zwar auch dann, wenn die HV berechtigterweise auf **Verlangen der Minderheit** einberufen wird (§ 122 Abs. 5 AktG). Gemäß Nr. 21110 KV GNotKG ist eine 2,0-Gebühr anzusetzen. Der **Geschäftswert** des Beschlusses richtet sich nach seinem Geldwert (§§ 108 Abs. 1, 105

---

[773] *Faßbender* RNotZ 2009, 425 (445).
[774] BGH NZG 2009, 342 Rn. 16; OLG Düsseldorf MittBayNot 2003, 399 Rn. 51 ff.
[775] Spindler/Stilz/*Wicke* AktG § 130 Rn. 13; *Hüffer/Koch* AktG § 130 Rn. 5; MüKoAktG/*Kubis* AktG § 130 Rn. 71; *Faßbender* RNotZ 2009, 425 (445).
[776] Spindler/Stilz/*Wicke* AktG § 130 Rn. 46; GK-AktG/*Mülbert* AktG § 130 Rn. 98.
[777] Spindler/Stilz/*Wicke* AktG § 130 Rn. 57; *Hüffer/Koch* AktG § 130 Rn. 10.
[778] Spindler/Stilz/*Wicke* AktG § 130 Rn. 57; *Hüffer/Koch* AktG § 130 Rn. 10.
[779] Zum Datenschutz und HV *Zetzsche* AG 2019, 233.
[780] *Hüffer/Koch* AktG § 130 Rn. 10.
[781] Spindler/Stilz/*Wicke* AktG § 130 Rn. 59.

Abs. 1 GNotKG). Hat er keinen Geldwert, muss ein Geschäftswert von wenigstens 30.000 EUR, grundsätzlich aber 1% des Grundkapitals als Geschäftswert angesetzt werden (§§ 108 Abs. 1, 105 Abs. 4 GNotKG). Jeder Beschluss bildet gemäß § 86 Abs. 2 GNotKG einen separaten Beurkundungsgegenstand. Die Werte sind gemäß § 35 Abs. 1 GNotKG zusammenzurechnen. Der Geschäftswert ist auf 5 Mio. EUR begrenzt (§ 108 Abs. 5 GNotKG). Berät der Notar noch zusätzlich bei der Einberufung der Versammlung, kann er eine Gebühr erheben.

> **Muster: Protokoll einer außerordentlichen Hauptversammlung**
>
> Siehe hierzu das Gesamtmuster → Rn. 686 über eine außerordentliche HV zur Kapitalerhöhung gegen Bareinlagen mit unmittelbarem Bezugsrecht der Aktionäre.

7. Erstellung des Protokolls durch anderen (Ersatz)Notar. Probleme ergeben sich, 416 wenn der beurkundende Notar nach der HV daran gehindert ist, ein Protokoll zu errichten, etwa infolge Todes oder Krankheit. Ein **Tatsachenprotokoll** kann grundsätzlich nur von dem anwesenden Notar erstellt und unterschrieben werden. Ein Notarvertreter, Notariatsverwalter, Amtsnachfolger oder anderer Notar kann **kein Zeugnis über die Wahrnehmungen eines anderen Notars** in einer vergangenen HV abgeben. Nur wenn der andere Hoheitsträger auch in der HV anwesend war, ist es überhaupt denkbar, dass dieser ein eigenes Protokoll errichtet und sich die Mitschriften des eigentlich beauftragten Notars zu Eigen macht.

a) Erstellung eines eigenen Protokolls. Die Erstellung eines Versammlungsprotokolls 417 durch einen anderen Hoheitsträger setzt voraus, dass dieser die HV auch selbst hätte beurkunden können. Er muss dazu zunächst einmal während der HV Träger hoheitlicher Befugnisse gewesen sein. Der (wenn auch ständige) Vertreter des anwesenden Notars scheidet damit als Beurkundungsperson aus. Eine andere Person, die selbst (noch) nicht Notar ist, kann die Beurkundung nur dann vornehmen, wenn Amtsverschiedenheit vorliegt.

Ein Hoheitsträger darf die HV nicht protokollieren, wenn er daran als Aktionär teil- 418 nimmt (§ 3 BeurkG).[782] Nimmt er in sonstiger Funktion (ggf. sogar als Ersatz-Notar) an der HV teil, hindert ihn seine Aktionärseigenschaft an der Beurkundung nur dann, wenn er den Katalogtatbestand des § 3 Abs. 1 S. 1 Nr. 9 BeurkG erfüllt und mit fünf vom Hundert der Stimmrechte oder mit einem anteiligen Betrag des Haftkapitals von mehr als 2.500 EUR beteiligt ist. Ein Verstoß gegen ein **Mitwirkungsverbot** führt aber nach hM nicht zur aktienrechtlichen Unwirksamkeit des Protokolls[783] und mangels Relevanz des Fehlers auch nicht zur Anfechtbarkeit der Beschlüsse.[784]

Die **andere Beurkundungsperson** müsste ferner die HV auch aus notarieller Sicht 419 begleitet haben, also die Feststellungen des Versammlungsleiters wahrgenommen und insbesondere auch Widersprüche, verweigerte Auskünfte und Minderheitsverlangen aufgenommen haben. Daran wird es häufig fehlen, wenn die AG den Ausfall des Notars nicht ausnahmsweise vorausgesehen und für diesen Fall dem beurkundenden Notar gleich einen **Ersatz** zur Seite gestellt hat. Er muss in der HV nicht zwingend selbst Mitschriften machen. Es genügt, wenn er neben dem eigentlich beurkundenden Notar sitzt, alle Wahrnehmungen auch selbst treffen kann und das Protokoll aus seiner Erinnerung heraus errichtet. Es spricht nichts dagegen, dass der Notar sich zur Stütze der Aufzeichnungen des anderen Notars bedient. Es ist sinnvoll, dass sich beide Notare bezüglich der aufzunehmenden Informationen abstimmen.

---

[782] *Faßbender* RNotZ 2009, 425 (432).
[783] OLG Frankfurt a.M. NZG 2008, 78 Rn. 40; Spindler/Stilz/*Wicke* AktG § 130 Rn. 21; Semler/Volhard/ Reichert/*Pöschke/Vogel* HV-HdB § 13 Rn. 21.
[784] Spindler/Stilz/*Wicke* AktG § 130 Rn. 21; *Hüffer/Koch* AktG § 130 Rn. 10.

420   **b) Bearbeitung eines fremden Protokolls.** Eine andere Frage ist es, ob ein zu einem späteren Zeitpunkt amtsgleicher, aber personenverschiedener Träger hoheitlicher Befugnisse, also ein Notarvertreter, Notariatsverwalter oder Amtsnachfolger, ein bereits erstelltes Protokoll für den ursprünglich beurkundenden Notar einreichen kann. Das wird für zulässig gehalten, wenn der beurkundende Notar das Protokoll **bereits unterschrieben** hat.[785] Dies gilt auch, wenn es sich beurkundungsrechtlich (zunächst) nur um einen Entwurf handelt, der bis zur Entäußerung (Erteilung von Ausfertigungen und Abschriften) jederzeit vernichtet werden kann.[786] Der Amtsnachfolger ist nicht daran gehindert, das Protokoll einzureichen und es selbst zu entäußern. Er kann es aber **selbst nicht in Reinschrift bringen** oder in Mitschriften enthaltene Tatsachen lückenfüllend eingetragen.

421   **c) Prüfung der Niederschrift.** Die Niederschrift gilt erst dann als erstellt, wenn der Notar sie entäußert hat, hiervon also Ausfertigungen und Abschriften an die AG übermittelt hat.[787] Vorher handelt es sich lediglich um einen Entwurf, den der Notar jederzeit wieder ändern oder sogar vernichten kann.[788] Hat der Notar das Protokoll fertig gestellt, kann es sich empfehlen, dem Vorstand und/oder dem Versammlungsleiter den Entwurf zur Stellungnahme vorab zuzuleiten. Der Beurkundung liegt kein Geschäftsbesorgungsvertrag mit werkvertraglichen Elementen zugrunde, der eine Abnahme erforderlich macht. Eine Überprüfung des Entwurfs durch Verwaltung/Versammlungsleiter kann aber sinnvoll sein, um Tatsachen herauszufiltern, die falsch aufgenommen bzw. abgetippt wurden (Zahlendreher) oder schlicht vergessen wurden. Die Anwendung des Vier-Augen-Prinzips kann hier einer **Protokollberichtigung** und dem Problem vorbeugen, das unrichtige Abschriften bereits in Umlauf sind und – auch nach der Berichtigung – einen unrichtigen Schein im Rechtsverkehr setzen.[789]

422   **d) Einreichung der Niederschrift beim Handelsregister.** Nach der Entäußerung ist der Vorstand (in vertretungsberechtigter Zahl) verpflichtet, eine öffentlich beglaubigte Abschrift des Protokolls beim **Handelsregister** in **elektronisch beglaubigter Form** (§ 12 Abs. 2 HGB) einzureichen. Der Notar hat im Beglaubigungsvermerk die Eintragungsfähigkeit (§ 378 Abs. 3 FamFG) nur dann zu bestätigen, wenn zugleich eine Satzungsänderung angemeldet wird.

423   **8. Berichtigung des Protokolls.** Stellt sich nach der Entäußerung des Protokolls heraus, dass die Niederschrift unrichtig ist, steht der Notar vor der Frage, wie der Mangel behoben werden kann. Ein **fehlerhaftes Protokoll** hemmt die Wirksamkeit der gefassten Beschlüsse bzw. des jeweils fehlerhaft protokollierten Beschlusses (§ 241 Nr. 2 AktG). Für die Kosten der Wiederholung der HV haftet der Notar.[790]

424   **a) Unrichtigkeit des Protokolls.** Ein Hauptversammlungsprotokoll ist nicht nur dann unrichtig, wenn es **Schreib- und Rechenfehler** enthält. Von Unrichtigkeit ist auch dann zu sprechen, wenn der Bericht des Notars über seine Wahrnehmungen in der HV nicht mit dem schriftlich bezeugten Urkundeninhalt übereinstimmt.[791] Das ist dann der Fall, wenn Wahrnehmungen in der Urkunde nicht, nur unvollständig oder sogar sinnentstellt wiedergegeben oder Wahrnehmungen bezeugt werden, die nicht oder nicht so stattgefunden haben.[792] Hierzu zählen insbesondere **Auslassungen** und **Unvollständigkei-**

---

[785] *Kanzleiter* DNotZ 2007, 804 (811).
[786] BGH ZIP 2009, 460 Rn. 9.
[787] BGH ZIP 2009, 460 Rn. 9.
[788] BGH ZIP 2009, 460 Rn. 9.
[789] Dazu *Heckschen/Kreußlein* NZG 2018, 401 (412).
[790] MüKoAktG/*Kubis* AktG § 130 Rn. 95.
[791] *Heckschen/Kreußlein* NZG 2018, 401 (407 f.); so auch *Drescher* FS 25 Jahre DNotI 2018, 443 (449).
[792] *Heckschen/Kreußlein* NZG 2018, 401 (407 f.).

ten.[793] Richtig ist das Protokoll dagegen, wenn alle Tatsachen aufgenommen, die von § 130 Abs. 2 AktG verlangten Feststellungen vom Versammlungsleiter aber nicht gemacht worden sind und deshalb im Protokoll fehlen.[794] An der aktienrechtlichen Konsequenz ändert sich nichts: der Beschluss ist nach § 241 Nr. 1 AktG nichtig. Der Notar muss den Versammlungsleiter auf das Fehlen zwingend erforderlicher Tatsachen hinweisen, sonst verletzt er seine Amtspflicht (§ 19 BNotO). Das Protokoll ist auch dann nicht unrichtig – und der Beschluss wirksam – wenn sich die geforderten Angaben zwar nicht in der Urkunde selbst, jedoch in ihren Anlagen wiederfinden, die Bestandteil der Niederschrift sind.[795] Es kommt nicht darauf an, dass die Niederschrift jedermann sofort verständlich ist und die geforderten Informationen stringent aufbereitet werden. Für die **Wirksamkeit** des Beschlusses ist noch nicht einmal entscheidend, dass die Informationen ausdrücklich genannt sind, sofern sie überhaupt – auch stillschweigend – im Protokoll enthalten sind.[796] Betreffen diese Unklarheiten jedoch eintragungspflichtige Beschlüsse, ist zu berücksichtigen, dass dies das Eintragungsverfahren erheblich verzögern kann und Nachfragen bzw. Aufklärungsverfügungen des Registergerichts provoziert.

Für die Frage der **Unwirksamkeit des Beschlusses** aufgrund einer Unrichtigkeit des Protokolls ist nur die aktienrechtliche Perspektive maßgeblich, da sich § 241 Nr. 2 AktG allein auf § 130 AktG und die dort geforderten zwingenden Protokollangaben bezieht. Andere, nicht aus aktienrechtlicher Sicht zwingend in das Protokoll aufzunehmende Informationen hemmen die Wirksamkeit des Beschlusses nicht. Allerdings ist der **Notar** auch abseits der aktienrechtlichen Vorschriften dazu verpflichtet, dass eine unter seiner Verantwortung entstandene unrichtige Urkunde berichtigt wird und nicht weiterhin im Rechtsverkehr einen falschen Schein hervorruft. 425

b) Berichtigungsmöglichkeiten. aa) Erstellung einer Nachtragsurkunde iSd § 44a Abs. 2 S. 3 BeurkG. § 44a Abs. 2 BeurkG erlaubt dem Notar das Protokoll zu **berichtigen.** Diese Vorschrift ist – was bislang streitig war[797] – nach der Entscheidung des II. Zivilsenats des BGH auch auf die notarielle Niederschrift über die HV einer AG anwendbar.[798] Eine Berichtigung **offensichtlicher Unrichtigkeiten** kann durch **Nachtragsvermerk** erfolgen (§ 44a Abs. 2 S. 1 AktG); andere Unrichtigkeiten verlangen die Erstellung einer Änderungs- bzw. Nachtragsurkunde (§ 44a Abs. 4 S. 3 AktG). Es ist nach wie vor ungeklärt, wann eine Unrichtigkeit offensichtlich iSd § 44a Abs. 2 S. 1 BeurkG ist und ob auch inhaltliche Mängel erfasst sind.[799] Das OLG Köln vertritt die Ansicht, dass der sachliche Inhalt und der Erklärungsinhalt der Urkunde nur durch Nachtragsurkunde verändert werden dürfen.[800] Der Notar sollte dieser Unsicherheit aus dem Wege gehen und zur Herbeiführung wirksamer Beschlüsse stets eine **Nachtragsurkunde** aufnehmen.[801] Aufgrund der strengeren Anforderungen ist sie immer, also auch dann zulässig, wenn nur eine offensichtliche Unrichtigkeit vorliegt.[802] 426

bb) Zeitliche Grenzen der Protokollberichtigung. Der BGH hat in seiner Entscheidung vom 10.10.2017 dem Notar zwar gestattet, seine Niederschrift auch noch nach der Entäußerung zu korrigieren, jedoch zahlreiche relevante Fragen bezüglich des **Zeitpunktes der Fehlerkorrektur** ausdrücklich offengelassen. Fraglich ist zum einen, ob der No- 427

---

[793] BGH NZG 2017, 1374 Rn. 29; BFH NotBZ 2013, 301; OLG München BeckRS 2017, 125909; OLG München DNotZ 2012, 379.
[794] *Heckschen/Kreußlein* NZG 2018, 401 (408); so auch *Drescher* FS 25 Jahre DNotI 2018, 443 (449).
[795] Vgl. BGH NZG 2017, 1374 Rn. 50; hierzu *Heckschen/Kreußlein* NZG 2018, 401 (406).
[796] *Heckschen/Kreußlein* NZG 2018, 401 (406).
[797] Darstellung des Streitstandes bei *Heckschen/Kreußlein* NZG 2018, 401 (410).
[798] BGH NZG 2017, 1374 Rn. 35 ff.
[799] Dazu *Heckschen/Kreußlein* NZG 2018, 401 (408 f.).
[800] OLG Köln NZG 2010, 1352 Rn. 20.
[801] *Heckschen/Kreußlein* NZG 2018, 401 (416).
[802] BGH NZG 2017, 1374 Rn. 32.

tar seine Niederschrift auch noch dann berichtigen kann, wenn ein Aktionär bereits **Klage erhoben** hat. Das ist zu bejahen. Die Interessen des klagenden Aktionärs werden durch die Grundsätze zur **Erledigung** (Wegfall des Feststellungsinteresses bei einer Nichtigkeitsklage) ausreichend gewahrt.[803] Ohnehin wird er vor Klageerhebung gehalten sein, die Unrichtigkeit gegenüber dem Vorstand zu rügen und eine entsprechende Berichtigung durch den Notar zu verlangen, sofern er nicht die Beschlüsse auch aus anderen Gründen angreift.[804] Der Notar muss die **Nachtragsurkunde** jedenfalls unverzüglich zum Handelsregister einreichen.[805] Eine **Protokollberichtigung** kommt jedoch dann nicht mehr in Betracht, wenn ein Gericht die Unrichtigkeit **rechtskräftig festgestellt** hat.[806] Es ist fraglich, ob eine Protokollberichtigung auch noch dann in Betracht kommt, wenn das Protokoll inhaltliche Fehler enthält und ein eintragungspflichtiger Beschluss im Handelsregister bereits eingetragen wurde. Beispielhaft zu nennen ist hier eine Kapitalerhöhung in Höhe von 100.000 EUR statt von 10.000 EUR. Der Beschluss gilt dann zwar unter den Voraussetzungen des § 242 Abs. 1 AktG als geheilt, was den Interessen der Gesellschaft und der Übernehmer aber nicht unbedingt gerecht wird. Eine **Berichtigung** wird man auch hier zulassen müssen.[807] Das Handelsregister muss dann seinerseits korrigiert werden, da es iSd § 17 Abs. 1 HRegV offensichtlich unrichtig ist.[808] Die Heilung wirkt hier jedoch nicht ex tunc,[809] sondern nur ex nunc.[810]

428 **cc) Protokollberichtigung durch andere Person.** Eine **Berichtigung** des Protokolls durch einen **Notarvertreter, Notariatsverwalter** oder **Amtsnachfolger** ist nur in **engen Grenzen** möglich, da **keine eigenen Wahrnehmungen** ergänzt werden können. Allenfalls **offensichtliche Unrichtigkeiten** (§ 44a Abs. 2 S. 1 BeurkG) wie Schreib- und Rechenfehler oder Klarstellungen bzw. Verdeutlichungen (ggf. sogar ein Protokoll in Reinschrift) sind im Rahmen eines Nachtragsvermerks zulässig, wenn die Aussage als solche bereits unzweifelhaft im Protokoll enthalten ist, aber nicht klar genug zum Vorschein kommt. Einfügungen und Ergänzungen haben sich auf Tatsachen zu beschränken, deren Grundlage nicht zwingend die Wahrnehmung des beurkundenden Notars sein muss, also Handelsregisternummer oder Firma.[811]

VII. Arten von Kapital- und Stimmenmehrheiten

429 Das Gesetz unterscheidet zwischen der **Anteils-/Kapitalmehrheit** und der **Stimmenmehrheit**. Erstere ist die Mehrheit eines Aktionärs am Grundkapital der AG, § 16 Abs. 1 AktG. Rücklagen jedweder Art bleiben hierbei generell unberücksichtigt. Bei Letzterer wiederum handelt es sich um die aus den gehaltenen Aktien resultierende Zusammenfassung der Stimmrechte, § 16 Abs. 3 AktG. An verschiedenen Stellen fordert das Gesetz für die Beschlussfassung nicht nur eine einfache, sondern eine qualifizierte 3/4-Kapital- (zB §§ 179 Abs. 2, 182 ff., 221, 222, 262, 293, 319 AktG) oder auch Stimmenmehrheit (§§ 103 Abs. 1, 111 Abs. 4 AktG). Zwar laufen Kapital- und Stimmenmehrheit regelmäßig gleich, jedoch können Divergenzen daraus entstehen, dass Teile der Aktien aus stimmrechtslosen Vorzugsaktien bestehen (§§ 12 Abs. 1 S. 2, 139 Abs. 1 AktG) oder die Einlageleistung noch nicht komplett erbracht wurde (§ 134 Abs. 2 AktG).

---

[803] *Heckschen/Kreußlein* NZG 2018, 401 (411); so auch *Drescher* FS 25 Jahre DNotI 2018, 443 (448).
[804] *Heckschen/Kreußlein* NZG 2018, 401 (412).
[805] *Heckschen/Kreußlein* NZG 2018, 401 (412 f.).
[806] *Heckschen/Kreußlein* NZG 2018, 401 (414).
[807] *Heckschen/Kreußlein* NZG 2018, 401 (413); so auch *Drescher* FS DNotI 25 Jahre DNotI 2018, 443 (447 f.).
[808] *Drescher* FS 25 Jahre DNotI 2018, 443 (447 f.).
[809] Zur Rückwirkung *Heckschen/Kreußlein* NZG 2018, 401 (414).
[810] *Heckschen/Kreußlein* NZG 2018, 401 (413).
[811] *Peterßen* RNotZ 2008, 181 (211).

VIII. Hauptversammlungen bei Einmann-Gesellschaften

Die HV bei einer **Einmann-Gesellschaft** ist eine **Vollversammlung**. Neben der ge- **430** setzlichen Befreiung von den Vorschriften §§ 121–128 AktG (vgl. § 121 Abs. 6 AktG) hält die hM auch die Erstellung eines **Teilnehmerverzeichnisses** (§ 129 Abs. 1 AktG), die Feststellung der Art und das Ergebnis der Abstimmung gemäß § 130 Abs. 2 AktG sowie die Bestimmung eines Versammlungsleiters für entbehrlich.[812] Schließlich kann die HV, jedenfalls wenn der einzige Aktionär eine natürliche Person ist, auch **ohne einen Vorsitzenden** durchgeführt werden, soweit nicht die Satzung einen solchen zwingend bestimmt und diesem somit ein Teilnahmerecht einräumt.[813] Dem Mandanten ist von einer solchen Vorgehensweise abzuraten, da in diesem Fall der Notar die Feststellung über die Alleininhaberschaft des Einmann-Aktionärs treffen müsste.[814] In Konzernsituationen wird die Frage des Versammlungsleiters teilweise anders gesehen. Dieser sei hier notwendig, um die in der HV nicht immer einfach festzustellende ordnungsgemäße Vertretung des alleinigen Aktionärs zu prüfen, die zwingende Voraussetzung für die ordnungsgemäße Beschlussfassung ist.[815] Die Einberufung einer HV ad hoc und/oder deren Abhaltung im Ausland ist nicht mit den gleichen Problemen wie bei einer „normalen" AG behaftet.

Das **Teilnahmerecht** für Vorstand und Aufsichtsrat besteht auch bei der Einmann-Ge- **431** sellschaft.[816] Die Niederschrift über die HV sollte den Hinweis darauf enthalten, dass Vorstand und Aufsichtsrat über die HV unter Beifügung der Tagesordnung mit dem Hinweis unterrichtet wurden, dass ihnen die Teilnahme freisteht. Es wird in der Literatur nämlich teilweise vertreten, dass dem Vorstand ein Anfechtungsrecht zusteht, wenn der Alleinaktionär ohne Wissen der Verwaltung Beschlüsse fasst, mit denen diese nicht einverstanden ist.[817] Beispielhaft erwähnt wird hier ein Beschluss über die Entlastung des Vorstands, zu dem dieser keine Stellung nehmen konnte.[818] Für die **Protokollierung** gilt § 130 Abs. 1 S. 3 AktG.

In der Einmann-AG gelten die Stimmverbote des § 136 AktG nach BGH „grundsätz- **432** lich" nicht.[819] Eine Konstellation, in der es doch zu einem Stimmverbot kommen könnte, bleibt daher denkbar.[820] Soweit der Alleinaktionär über seine Entlastung als Aufsichtsrats- oder alternativ als Vorstandsmitglied zu befinden hätte, ist ein Stimmverbot entbehrlich.

Das privatschriftliche Hauptversammlungsprotokoll ist – soweit einer bestimmt wur- **433** de – vom Versammlungsleiter, andernfalls vom Alleinaktionär zu unterschreiben.[821]

Bei Strukturbeschlüssen sieht das Gesetz – außer der in diesem Fall stets erforderlichen **434** Mitwirkung des Notars, § 130 Abs. 1 AktG – in der Regel die Vorlage eines ausführlichen Vorstandsberichts vor. Von dieser Pflicht entbindet das UmwG ausdrücklich, wenn die Gesellschaft nur einen Aktionär hat, im Falle der Verschmelzung (§ 8 Abs. 3 S. 1 UmwG), der Spaltung (§ 127 S. 2 UmwG) und des Formwechsels (§ 192 Abs. 2 S. 1 UmwG).

---

[812] *Terbrack* RNotZ 2012, 221; *Faßbender* RNotZ 2009, 425 (450); DNotI-Report 2003, 27.
[813] OLG Köln DNotZ 2008, 789 mit ablehnender Anm. *Wicke;* ebenfalls ablehnend *Terbrack* RNotZ 2012, 221.
[814] Ausführlich dazu DNotI-Report 2003, 27 mwN.
[815] *Ott* RNotZ 2014, 423 (426).
[816] *Faßbender* RNotZ 2009, 425 (450).
[817] *Bachmann* NZG 2001, 961 (967); *Faßbender* RNotZ 2009, 425 (450); *Than* FS Hadding 2004, 698.
[818] *Bachmann* NZG 2001, 961 (967) mwN.
[819] BGH NJW 1989, 295.
[820] Ausf. *Ott* RNotZ 2014, 423 (428 ff.).
[821] OLG Köln DNotZ 2008, 789 mAnm *Wicke*.

6. Teil. Einzelne Satzungsänderungen

A. Allgemeines

435 Gemäß § 179 AktG bedarf **jede Änderung der Satzung,** das heißt grundsätzlich auch reine **Fassungsänderungen** des Wortlauts ohne materiell-rechtliche Auswirkung, des **Beschlusses der HV.** Die Befugnis zur Fassungsänderung kann allerdings nach § 179 Abs. 1 S. 2 AktG im Einzelfall oder auch generell[822] an den Aufsichtsrat **weiterdelegiert** werden. Hierzu ist keine Satzungsänderung, sondern lediglich ein Beschluss mit satzungsändernder Mehrheit erforderlich. Sonderregelungen für sog. **satzungsdurchbrechende Beschlüsse,** das heißt Beschlüsse, die nur für einen Einzelfall, nicht aber generell von der Satzung abweichen, gibt es nicht.[823] Das bedeutet, dass jeweils eine Satzungsänderung durchzuführen ist bzw. für satzungsdurchbrechende Beschlüsse eine satzungsändernde Mehrheit erforderlich ist.[824] Die **Satzungsdurchbrechung** muss bewusst beschlossen werden. Satzungsänderungen bedürfen einer Mehrheit von 3/4 des bei der Beschlussfassung vertretenen Grundkapitals und der einfachen Mehrheit der abgegebenen Stimmen. Die Satzung kann eine **höhere Mehrheit** vorsehen, aber auch die **einfache Kapitalmehrheit** ausreichen lassen, sofern das Gesetz dies nicht ausdrücklich anders vorsieht (Hauptanwendungsfall: Kapitalmaßnahmen, §§ 182 ff. AktG). Fassungsänderungen bedürfen nicht der notariellen Beurkundung, sondern eines bloßen Aufsichtsratsbeschlusses, der allerdings anzumelden ist.

436   Bei der **Anmeldung** ist auch eine **unechte Gesamtvertretung** zulässig. Eine Mitwirkung des Aufsichtsratsvorsitzenden ist bei der Anmeldung von Satzungsänderungen, soweit sie nicht Kapitalmaßnahmen betreffen, nicht erforderlich.

B. Sitzverlegung

437 Ein Beschluss der HV über eine **Sitzverlegung** kann anfechtbar sein, wenn er in ganz engem Zusammenhang mit der geplanten Zusammenführung der AG mit einem anderen Unternehmen steht und über diese Zusammenführung unvollständige Auskünfte erteilt werden.[825] Wenn ein Doppelsitz vorliegt, kann eine Anfechtungsklage auch bei dem LG erhoben werden, das für den Sitz zuständig ist, der nicht Verwaltungssitz der AG ist.[826]

438   Für parallele Verfahren hat das zur Folge, dass ein der **Anfechtungs-/Nichtigkeitsklage** stattgebendes Urteil des einen Gerichts auch das Verfahren vor dem anderen Gericht beendet, ein klageabweisendes Urteil wirkt jedoch nur inter partes. Wird jedoch gegen das stattgebende Urteil Berufung eingelegt, hat das Berufungsgericht bei seiner Entscheidung auch die vom anderen Gericht angeführten Gründe zu berücksichtigen. Zu einer Aussetzung des Verfahrens vor dem einen Gericht besteht keine Veranlassung, da die Entscheidungen nicht voneinander abhängen.[827] In Verfahren der freiwilligen Gerichtsbarkeit nach § 375 Nr. 3 FamFG ist gemäß den allgemeinen Bestimmung des § 2 Abs. 1 FamFG das Amtsgericht ausschließlich zuständig, welches zuerst mit der Sache befasst war.

439   Problematisch ist auch der Fall einer Sitzverlegung unter einer **aufschiebenden Befristung.** Es handelt sich um eine Satzungsänderung, die bis zu einem oder ab einem bestimmten Zeitpunkt wirksam sein soll. Die registerrechtliche Literatur erachtet dies unter Verweis auf den Status des Registers für unzulässig. Hiernach können immer nur solche Tatsachen und Rechtsverhältnisse eingetragen werden, die **bereits eingetreten**

---

[822] Str., wie hier *Hüffer/Koch* AktG § 179 Rn. 11.
[823] *Krieger* AG 2006, 355 (357).
[824] Zur Satzungsdurchbrechung vgl. *Hüffer/Koch* AktG § 179 Rn. 7 f.
[825] LG Berlin WM 1994, 1246.
[826] Str., wie hier LG Berlin WM 1994, 1246; aA *Hüffer/Koch* AktG § 246 Rn. 37.
[827] LG Bonn WM 1994, 1933.

sind.[828] Demgegenüber verweist die Kommentarliteratur zum AktG auf eine Entscheidung des KG aus dem Jahre 1904,[829] in welcher auf das Fehlen entsprechender Verbotsgesetze abgestellt wird.[830] Dem ist jedenfalls dann zu folgen, wenn die Handelsregistereintragung – wie bei einer Satzungsänderung – konstitutiv gemäß § 181 Abs. 3 AktG und nicht nur deklaratorisch wirkt. Die beiden aufgeführten Positionen stehen gemäß der getroffenen Unterscheidung dann auch nicht im Widerspruch. In konsequenter Verfolgung dieser Argumentation sollte dies auch für die Handelsregistereintragung am zukünftigen Sitz der Gesellschaft, welche nach § 45 Abs. 2 S. 5 AktG für das Wirksamwerden der Sitzverlagerung maßgeblich ist, gelten.

Durch das MoMiG und die Streichung von § 5 Abs. 2 AktG aF soll es ausweislich der **440** Regierungsbegründung nun auch deutschen Gesellschaften möglich sein, neben dem inländischen Satzungssitz einen **abweichenden Verwaltungssitz im In-/Ausland zu begründen.**[831] Damit wird die durch den EuGH in seinen Entscheidungen „Überseering"[832] und „Inspire Art"[833] geschaffene Freiheit für EU-Auslandsgesellschaften, einen Verwaltungssitz zB in Deutschland zu gründen, umgekehrt auch für deutsche AGs geschaffen.

Mit dem Urteil in der Rechtssache „Polbud"[834] wurde durch den EuGH die **Sitzver-** **441** **legung** innerhalb Europas in einer äußerst liberalen Art ermöglicht (vgl. auch → Rn. 89) Jeder Rechtsträger, der sich auf die Niederlassungsfreiheit berufen kann (also auch die AG), kann innerhalb der EU/EWR seinen Satzungssitz in der Weise verlagern, dass er die Rechtsform, die ein anderer Mitgliedstaat eröffnet, annimmt. Er kann eine vergleichbare Rechtsform **(homogene Sitzverlegung),** oder eine nicht vergleichbare Rechtsform **(heterogene Sitzverlegung)** annehmen. Die deutsche AG kann also die Rechtsform einer österreichischen AG oder auch einer GmbH nach österreichischem Recht aussuchen. Den **Verwaltungssitz** muss der Rechtsträge nur dann in den Zielstaat verlegen, wenn dies der Zielstaat verlangt. So kann zB die Gesellschaft mit Sitz in Polen ihren Satzungssitz nach Deutschland verlegen, ohne hier einen Verwaltungssitz zu begründen, da Deutschland den Verwaltungssitz im Ausland zulässt. Weiterhin kann die AG mit Sitz in Deutschland zB nach Malta wechseln und eine dortige Rechtsform annehmen, ihren Verwaltungssitz aber in Deutschland belassen.

C. Kapitalerhöhung

I. Einführung; Motivation

Bei Kapitalerhöhungen ist zunächst zu unterscheiden: Bei der sog. **effektiven Kapitaler-** **442** **höhung** erfolgt die Erhöhung des Grundkapitals durch Zuführung neuer Geldmittel oder Sacheinlagen. Die Kapitalerhöhung gegen Einlagen (Normalfall), kann durch die Schaffung **genehmigten Kapitals** und den Beschluss zur **bedingten Kapitalerhöhung** vorbereitet werden. Daneben tritt die bloß **nominelle Kapitalerhöhung,** bei der die Kapitalerhöhung aus Gesellschaftsmitteln (Rücklagen) durchgeführt wird. Die Kapitalerhöhung stellt einen gesondert in §§ 182 ff. AktG geregelten Fall der **Satzungsänderung** dar, da sich in allen Fällen das in der Satzung ausgewiesene Grundkapital (§ 23 Abs. 3 Nr. 3 AktG) ändert.

---

[828] Für den Fall der Eintragung eines zukünftigen GmbH-Geschäftsführers *Krafka/Kühn* RegisterR Rn. 2007; *Waldner* ZNotP 2000, 188 (189); für den Fall der Aufhebung eines Beherrschungs- und Gewinnabführungsvertrages vor Ablauf des vereinbarten Termins: BayObLG DB 2003, 761.
[829] KGJ 28A, 216 (224); beispielhaft nur *Hüffer/Koch* AktG § 179 Rn. 25.
[830] *Hüffer/Koch* AktG § 179 Rn. 25; *Scheel* DB 2004, 2355; MüKoAktG/*Stein* AktG § 179 Rn. 47.
[831] Krit. dazu *Flesner* NZG 2006, 641.
[832] NZG 2002, 1164.
[833] NZG 2003, 1064.
[834] EuGH NZG 2017, 1308 mAnm *Wachter* = GmbHR 2017, 1261 mAnm *Bochmann/Cziupka* – Polbud.

443   Der Erhöhungsbetrag muss im Kapitalerhöhungsbeschluss nicht zwingend als absolute Zahl genannt werden. Der Beschluss ist auch dann hinreichend bestimmt, wenn der Erhöhungsbetrag sich durch eine Rechenoperation ermitteln lässt (zB das Dreifache des bisherigen Grundkapitals) bzw. nur **Mindest- und Höchstgrenzen** angegeben werden und dem Vorstand bei dessen Umsetzung kein weiteres Ermessen mehr eingeräumt wird.[835] Auf die Bestimmung einer **Durchführungsfrist** kann nach richtiger Auffassung verzichtet werden.[836] Die Kapitalerhöhung muss unverzüglich durchgeführt werden. Die Kapitalerhöhung **bis zum Höchstbetrag** kann, auch wenn keine Durchführungsfrist bestimmt ist, nicht zeitlich unbegrenzt und in mehreren Tranchen durchgeführt werden.[837]

444   Die Eintragung der Kapitalerhöhung im Handelsregister wird durch das Registergericht abgelehnt, wenn das bisherige **Grundkapital nicht vollständig einbezahlt** worden ist, § 182 Abs. 4 AktG. Dies gilt nicht, soweit nur ein verhältnismäßig unerheblicher Einlagenrückstand von ca. 4–5 % bei 250.000 EUR bzw. 1 % bei höherem Grundkapital besteht.[838]

445   Bei der Einberufung einer entsprechenden HV ist daran zu denken, dass nicht nur der **Beschluss** zur Kapitalerhöhung als Tagesordnungspunkt angekündigt, sondern auch der Beschluss zur entsprechenden **Änderung der Satzung** im Wortlaut wiedergegeben wird, soweit die Befugnis zur Fassungsänderung nicht auf den Aufsichtsrat übertragen wird.[839] Bei der HV sind somit zwei Beschlüsse zu fassen.

446   Existieren **mehrere stimmberechtigte Aktiengattungen,** sind gemäß § 182 Abs. 2 AktG Sonderbeschlüsse der Aktionäre jeder Gattung erforderlich, selbst wenn der Beschluss der HV einstimmig gefasst wurde. Existieren neben den Stammaktien nur stimmrechtslose Vorzugsaktien (§§ 139 ff. AktG), muss kein Sonderbeschlusses der Stammaktionäre gefasst werden.[840] Soll aber das **Bezugsrecht der Vorzugsaktionäre ausgeschlossen** werden, ist eine gesonderte Versammlung der Vorzugsaktionäre nach § 138 AktG erforderlich.[841]

447   Es steht im freien Ermessen der HV, zu welchem Ausgabekurs sie die neuen Aktien ausgibt, solange der geringste Ausgabebetrag (§ 9 Abs. 1 AktG) eingehalten wird.[842] Die Festlegung eines Mindestbetrages der Erhöhung ist, im Gegensatz zu einem Höchstbetrag, nicht erforderlich.[843] Gemäß § 186 Abs. 3 S. 4 AktG ist zur besseren Ausnutzung dieser Finanzierungsquelle ein **erleichterter Bezugsrechtsausschluss** zulässig. Die Tatbestandsvoraussetzungen ergeben sich aus dem Gesetz:
– Gesellschaft, deren Aktien börsennotiert sind;
– Kapitalerhöhung gegen Bareinlagen;
– Kapitalerhöhung nicht mehr als 10 vom Hundert des Grundkapitals;
– Ausgabebetrag nicht wesentlich niedriger als Börsenpreis, wobei die Literatur ca. 3–5 % annimmt.

448   Offen bleibt die Frage, wie häufig ein **erleichterter Bezugsrechtsausschluss** vollzogen werden kann. Die Literatur geht davon aus, dass eine jährliche Durchführung als unbedenklich anzusehen sei.[844]

449   Ein **allgemeiner Bezugsrechtsausschluss** mittels Satzungsregelung ist nicht möglich, sondern nur im Einzelfall zulässig (§ 186 Abs. 3 S. 1 AktG). Er bedarf einer sachlichen Rechtfertigung oder aber der Zustimmung aller Aktionäre. Eine Rechtfertigung liegt vor,

---

[835] *Hüffer/Koch* AktG § 182 Rn. 12; KG AG 2010, 497; *Linnerz* EWiR 2007, 193.
[836] OLG München NZG 2009, 1274; *Albrecht/Lange* BB 2010, 142; aA LG Hamburg AG 1995, 92; *Hüffer/Koch* AktG § 182 Rn. 14.
[837] OLG München NZG 2009, 1274.
[838] *Hüffer/Koch* AktG § 182 Rn. 28; MHdB GesR IV/*Krieger* § 56 Rn. 3.
[839] *Hüffer/Koch* AktG § 182 Rn. 15.
[840] *Hüffer/Koch* AktG § 182 Rn. 19.
[841] *Harrer/Grabowski* DZWiR 1995, 10 (15).
[842] OLG Hamburg AG 2000, 326; LG München I ZIP 2010, 1995; *Hüffer/Koch* AktG § 182 Rn. 22.
[843] LG Hamburg AG 1999, 239.
[844] MHdB GesR IV/*Krieger* § 56 Rn. 76.

wenn der Ausschluss im Interesse der Gesellschaft und zur Erreichung eines Zwecks geeignet und erforderlich sowie verhältnismäßig ist.[845] In Abhängigkeit vom Einzelfall wurde dies bejaht zur **Bedienung von Wandel- und Optionsanleihen,** zur **Ausgabe von Belegschaftsaktien,** zur **Erleichterung einer Kooperation** mit einem anderen Unternehmen, zur **Sanierung,** wenn der Investor hierzu nur mit einer Mehrheitsbeteiligung bereit ist oder zur Erweiterung des Aktionärskreises durch Gewinnung zB ausländischer Aktionäre, soweit die neuen Aktien breit gestreut werden und der Ausgabekurs an den Börsenkurs angelehnt wird.[846] Er muss aus einer auf den Zeitpunkt der Beschlussfassung bezogenen Beurteilung unter gebührender Berücksichtigung der für die vom Bezug ausgeschlossenen Aktionäre eintretenden Folgen durch sachliche Gründe gerechtfertigt sein. Unzulässig sind Vorratsbeschlüsse dergestalt, dass der Vorstand ermächtigt ist, das Grundkapital innerhalb von fünf Jahren um insgesamt knapp 50 % zu erhöhen und hierbei, wenn die einzelne Erhöhung 10 % des Grundkapitals nicht übersteigt und der Ausgabepreis den Börsenkurs nicht wesentlich unterschreitet, das Bezugsrecht der Aktionäre auszuschließen.[847]

450 Offen bleibt aber, wie häufig sich der Vorstand dieser Methode bedienen darf; der Gesetzgeber vertraut hier wohl auf eine Missbrauchskontrolle durch die Rechtsprechung.[848] Bei großen Gesellschaften mit einer Vielzahl von Aktionären wird diesen in der Regel ein **mittelbares Bezugsrecht** eingeräumt. Die Aktien werden zunächst von einer Bank oder einem Bankenkonsortium übernommen, das die Verpflichtung eingeht, die neuen Aktien den Aktionären anzubieten, § 186 Abs. 5 AktG.

451 **Formulierungsbeispiel: Mittelbares Bezugsrecht** ◐

Das Grundkapital der Gesellschaft wird gegen Bareinlage erhöht von 100.000 EUR um 100.000 EUR auf 200.000 EUR durch Ausgabe von 100.000 auf den Inhaber lautenden Aktien im Nennbetrag von 1 EUR. Die neuen Aktien werden zum Betrag von 1,20 EUR je Aktie ausgegeben. Die Aktien sind ab *** gewinnberechtigt. Den Aktionären steht ein mittelbares Bezugsrecht zu. Die Aktien werden von der ***-Bank mit der Verpflichtung übernommen, sie den Aktionären im Verhältnis 1 : 1 zum Preis von 1,20 EUR je Aktie anzubieten. Die Annahme des Bezugsangebotes kann nur innerhalb von vier Wochen seit Bekanntmachung des Angebots erfolgen. Der Vorstand ist ermächtigt, mit Zustimmung des Aufsichtsrats weitere Einzelheiten der Kapitalerhöhung und ihrer Durchführung festzusetzen.

452 Um **Kapitalerhöhungen mit Bezugsrecht** im Vergleich zu **Kapitalerhöhungen mit Bezugsrechtsausschluss** attraktiver zu machen, ist es gemäß § 186 Abs. 2 S. 1 AktG ausreichend, wenn der Vorstand anstatt des konkreten Ausgabebetrages die Grundlagen für seine Berechnung angibt. Macht der Vorstand von dieser Möglichkeit Gebrauch, so muss er spätestens drei Tage vor Ablauf der Bezugsfrist den Ausgabebetrag festsetzen und bekannt machen. Dadurch vermindert sich das Kursrisiko für Kapitalerhöhungen mit Bezugsrecht von ca. drei Wochen auf minimal drei Tage. Mit den drei Tagen sind Kalendertage gemeint, so dass die risikobehaftete Zeit nicht wieder durch die Hintertür verlängert wird.

Muster: Aufforderung zur Ausübung des unmittelbaren Bezugsrechts der Aktionäre bei Barkapitalerhöhung

Siehe hierzu das Gesamtmuster → Rn. 688.

---

[845] *Goette* DStR 2006, 139 (141 f.); *Hüffer/Koch* AktG § 186 Rn. 25; KK-AktG/*Lutter* AktG § 186 Rn. 26.
[846] BGHZ 83, 319 (323); BGHZ 144, 290 (292); BGH WM 1994, 635; vgl. auch den Katalog bei *Hüffer/Koch* AktG § 186 Rn. 29 f.
[847] OLG München BB 1996, 2162.
[848] Vgl. LG München I ZIP 1996, 76.

Muster: Bezugsanmeldung und Zuteilungsantrag nach Kapitalerhöhungsbeschluss
Siehe hierzu das Gesamtmuster → Rn. 689.

II. Kapitalerhöhung gegen Bareinlagen

453 Die **Kapitalerhöhung** gestaltet sich **zweigliedrig.** Zunächst ist der Beschluss zu fassen und sodann die Kapitalerhöhung iSv § 188 AktG durchzuführen. Der beurkundende Notar ist verpflichtet, die Beteiligten darüber aufzuklären, dass die Pflicht zur Leistung einer Bareinlage nur erfüllt wird, wenn im Zusammenhang mit der Kapitalerhöhung der Geldbetrag in bar eingezahlt wird und nicht etwa durch **Verrechnung** mit einer evtl. sogar wertlosen **Darlehensforderung** des Gesellschafters gegen die Gesellschaft. Ein Verzicht auf diese Forderung ist nur im Wege der Sacheinlage möglich, die bei Wertlosigkeit der Forderung ebenfalls zu einer Zahlungspflicht führt. Verletzt der Notar diese Hinweispflicht, macht er sich ggf. schadensersatzpflichtig.[849] Insoweit können zwei Anmeldungen erfolgen; in der Praxis fasst man jedoch beide Anmeldungen zusammen. Die Kapitalerhöhung haben der **Vorstand in vertretungsberechtigter Zahl** und der **Vorsitzende des Aufsichtsrats anzumelden.**

Muster: Anmeldung des Beschlusses über die Kapitalerhöhung mit Bareinlagen, ihrer Durchführung und der Änderung der Satzung nach §§ 184, 188, 181 AktG
Siehe hierzu das Gesamtmuster → Rn. 687.

454   Bei Zusammenfassung der Anmeldungen ist als Anlage zudem der Hauptversammlungsbeschluss, der vollständige neue Wortlaut der Satzung mit Notarbescheinigung, die Zweitschrift des Zeichnungsscheins, das vom Vorstand unterschriebene Verzeichnis der Zeichner, die Auflistung der der Gesellschaft entstandenen Kosten und die Bestätigung der Einzahlung beizufügen.[850]

Muster: Zeichnungsschein bei Kapitalerhöhung gegen Bareinlagen
Siehe hierzu das Gesamtmuster → Rn. 690.

Muster: Verzeichnis der Zeichner
Siehe hierzu das Gesamtmuster → Rn. 691.

Muster: Einzahlungsquittung und Bestätigung des Kreditinstituts
Siehe hierzu das Gesamtmuster → Rn. 692.

455   **Voreinzahlungen** auf eine intendierte Kapitalerhöhung wirken grundsätzlich nur dann schuldbefreiend, wenn diese im Zeitpunkt der Beschlussfassung noch zweifelsfrei im Gesellschaftsvermögen vorhanden sind.[851] Bei der Voreinzahlung reicht, anders als sonst, eine wertgleiche Deckung durch Einzahlung auf ein debitorisches Konto grundsätzlich auch dann nicht, wenn die Bank die Verfügung über den Einlagebetrag zulässt.[852] Ausnahmen gelten höchstens in akuten Sanierungsfällen wenn die Voreinzahlung zur Sanierung zwingend erforderlich ist, die Kapitalerhöhung schnellstmöglich durchgeführt und dabei die

---

[849] Für den Fall einer Kapitalerhöhung bei einer GmbH BGH NJW 1996, 524 (525).
[850] *Hüffer/Koch* AktG § 188 Rn. 12 ff.
[851] BGH NZG 2012, 1067; GmbHR 2006, 1328.
[852] BGH ZIP 2006, 2214; NZG 2004, 515.

Voreinzahlung offengelegt wird.[853] Das OLG Celle[854] sieht in seiner Entscheidung zwei mögliche Fallkonstellationen, in denen die Voreinzahlungen auf die Stammeinlageerhöhung die erst später entstehende Stammeinlageforderung dennoch erfüllen können:
– der eingezahlte Betrag als solcher muss, nicht nur wertmäßig, im Zeitpunkt der Beschlussfassung noch im Gesellschaftsvermögen vorhanden sein (bar in der Kasse oder als Guthaben auf dem Konto) bzw.
– in sog. Sanierungsfällen, also Situationen, in denen die Rettung einer sanierungsbedürftigen Gesellschaft scheitern würde, falls die Kapitalaufbringungsregeln beachtet werden müssten.

Im **Sanierungsfall** müssen jedoch die Voreinzahlung und die darauffolgende Kapitalerhö- **456** hung in engem zeitlichem Zusammenhang miteinander stehen. Es muss für Dritte klar erkennbar sein, dass mit der Zahlung die künftige Einlagepflicht aus der Kapitalerhöhung getilgt werden soll (Transparenz des Vorganges).[855] Beim nachfolgenden Kapitalerhöhungsbeschluss muss der in der Vergangenheit liegende Zahlungszeitpunkt angegeben und die Voreinzahlung bei der Handelsregisteranmeldung offengelegt werden.

Praxishinweis:

Diese Voraussetzungen, die auch schon der BGH[856] aufstellte, werden in der Praxis praktisch nie zu erfüllen sein. Aufgrund der erheblichen Gefahr für die Aktionäre muss der Notar in der Regel auch ohne Anhaltspunkte nachfragen, ob Vorleistungen getätigt wurden und ggf. auf deren mangelnde Tilgungswirkung hinweisen.[857]

Hinsichtlich der **einzureichenden Unterlagen** verweist § 188 Abs. 2 S. 1 AktG auf **457** die §§ 36 Abs. 2, 36a AktG und § 37 Abs. 1 AktG. Es wird jedoch nicht auf § 38 AktG, der das Prüfungsrecht des Registergerichts bei Anmeldung der Errichtung der AG regelt, verwiesen. Hier liegt wohl ein Versehen des Gesetzgebers vor. Aus den §§ 182 ff. AktG ergibt sich ebenfalls kein Prüfungsrecht. Es ist aber unwahrscheinlich, dass für eine Kapitalerhöhung einer AG kein Prüfungsrecht des Registergerichts bestehen soll, wohingegen für den Fall der GmbH, bei der die Kapitalschutzvorschriften erheblich liberaler sind, über die Verweisung von § 57a GmbHG auf § 9c GmbHG ein solches **Prüfungsrecht** besteht. Ein Prüfungsrecht des Registergerichts besteht daher auch bei Kapitalerhöhungen von AGs analog § 38 AktG. Diese Prüfungsbefugnis reicht jedoch nicht so weit, dass ohne Vorliegen konkreter Anhaltspunkte weitere Unterlagen, die die Richtigkeit der gemachten Angaben beweisen und über den Umfang der gesetzlich vorgeschriebenen Unterlagen hinausgehen, angefordert werden dürfen.[858]

Muster: Kapitalerhöhung gegen Bareinlagen

Siehe hierzu das Gesamtmuster des Protokolls einer außerordentlichen HV zur Kapitalerhöhung gegen Bareinlagen nach § 182 AktG mit unmittelbarem Bezugsrecht der Aktionäre → Rn. 686.

III. Kapitalerhöhung gegen Sacheinlagen

Es gelten die Grundsätze, die für die **Sachgründung** aufgestellt sind. Die beabsichtigte **458** **Kapitalerhöhung mittels Sacheinlagen** ist mit den Angaben nach § 183 Abs. 1 S. 1

---

[853] BGH GmbHR 2006, 1328.
[854] ZIP 2010, 2298.
[855] BGH GmbHR 2006, 1328.
[856] GmbHR 2006, 1328.
[857] BGH WM 2008, 1318 mAnm *Wachter*.
[858] KG DB 1998, 1400.

AktG in der Einberufung der HV bekanntzumachen, der Beschluss selbst muss diese Angaben ebenfalls enthalten. Verstöße gegen diese Pflichten, etwa eine unvollständige oder unpräzise Bezeichnung der Einlagegegenstände, führen auch nach der Neufassung von § 183 Abs. 2 AktG zu einem Eintragungshindernis und zur Anfechtbarkeit des Beschlusses.[859] Dies entfällt nach Eintragung der Durchführung. Die Kapitalerhöhung wird dann jedoch als Barkapitalerhöhung wirksam. Der Wert der Sacheinlage wird analog § 27 Abs. 3 AktG auf die Einlageschuld angerechnet.[860] Ist Gegenstand der Sachkapitalerhöhung ein **Grundstück** oder ein **GmbH-Geschäftsanteil**, so muss der **Zeichnungsvertrag notariell beurkundet** werden.[861]

459   Bei einer **Sachkapitalerhöhung** ist ein **Ausschluss des Bezugsrechts** dann zulässig, wenn es der Gesellschaft ohne den Ausschluss nicht möglich wäre, eine Sacheinlage, die benötigt wird, zu erhalten. Neben den oben erwähnten Unterlagen sind dem Handelsregister entsprechend § 188 Abs. 3 AktG der **Prüfungsbericht** und die **Einbringungsverträge** einzureichen.

460   Wenn bei einer Kapitalerhöhung gegen Sacheinlagen **Sachgesamtheiten,** etwa ein Unternehmen, eingebracht werden sollen, muss sich aus dem Kapitalerhöhungsbeschluss ausdrücklich ergeben, ob und ggf. welche Bestandteile dieser Sachgesamtheit nicht mit eingebracht werden sollen.

461   Sind bei einer **gemischten Sacheinlage** für die Einlagenerhöhung als auch für die als Darlehen gewährte Vergütung bestimmte Beträge festgelegt, kann bei einer Prüfung der Werthaltigkeit das Darlehen nicht ohne weiteres zugunsten des Einlageanteils gekürzt werden.[862]

462   Die durch das ARUG eingeführte Möglichkeit zur **vereinfachten Sachgründung** besteht nach § 183a AktG auch für die **Sachkapitalerhöhung.** Unter den Voraussetzungen des § 33a AktG kann auf die Prüfung nach § 183 Abs. 3 AktG verzichtet werden. Zum Schutz von Minderheiten muss jedoch das Datum des Kapitalerhöhungsbeschlusses sowie Angaben nach § 37a Abs. 1, Abs. 2 AktG bekannt gemacht werden. Die Eintragung und nach hM sogar die Anmeldung der Durchführung darf erst vier Wochen nach Bekanntmachung erfolgen, § 183a Abs. 2 AktG.[863] In dieser Zeit kann auf Antrag einer Minderheit von 5 % des Grundkapitals unter den Voraussetzungen des § 33a Abs. 2 AktG eine Neubewertung nach allgemeinen Regeln angeordnet werden, § 183a Abs. 3 AktG.

463   Wie bei der Gründung einer AG gelten auch bei einer Kapitalerhöhung die unter → Rn. 72 ff. getroffenen Aussagen zur verdeckten Sacheinlage und zum Hin- und Herzahlen (→ Rn. 62 f.). Auch das Verhältnis der verdeckten Sachkapitalerhöhung zur Nachgründung entspricht dem der verdeckten Sachgründung.

IV. Genehmigtes Kapital

464   Einen der wenigen Ausnahmefälle, bei denen die HV in bestimmtem Umfang Zuständigkeiten an den Vorstand delegieren darf, legt § 202 AktG fest. Die HV kann den **Vorstand ermächtigen,** innerhalb einer bestimmten Frist das Grundkapital um einen bestimmten Betrag, höchstens die Hälfte des Grundkapitals bei Beschlussfassung, durch **Ausgabe neuer Aktien** gegen Einlage zu erhöhen. Dieses Institut wird in der Praxis sehr häufig benutzt, um dem Vorstand eine Möglichkeit zu geben, rasch und flexibel auf **günstige Kapitalmarktsituationen** zu reagieren. Im Ergebnis handelt es sich um einen gesetzlichen Vorratsbeschluss zur Kapitalerhöhung. Soll eine Kapitalerhöhung aus genehmigtem **Kapital** auch gegen Sacheinlage möglich sein, so muss der Ermächtigungsbeschluss dies vorsehen. Es gelten dann die weiteren Voraussetzungen des § 205 AktG.

---

[859] *Hüffer/Koch* AktG § 183 Rn. 13.
[860] *Hüffer/Koch* AktG § 183 Rn. 15a.
[861] *Kley* RNotZ 2003, 17.
[862] OLG Düsseldorf MittBayNot 1996, 228.
[863] *Hüffer/Koch* AktG § 183a Rn. 5; *Bayer/Schmidt* ZGR 2009, 805.

Der **Ausschluss des Bezugsrechts** ist nur bei einer besonderen sachlichen Rechtferti- 465
gung möglich (→ Rn. 447 ff.). § 186 Abs. 3 S. 4 AktG regelt einen erleichterten Bezugsrechtsausschluss. Insgesamt steht es der Gesellschaft frei, die 50%-Grenze des § 202 Abs. 3
S. 1 AktG voll auszuschöpfen und sich im Rahmen dieser 50% bis zu 10% eine Kapitalerhöhung unter **Bezugsrechtsausschluss** nach § 186 Abs. 3 S. 4 AktG vorab genehmigen zu lassen. Anderer Ansicht ist das OLG München mit der Begründung, dass die 10%-
Grenze des § 186 Abs. 3 S. 4 AktG nicht nur für die einzelne Kapitalerhöhung gelte, sondern auch die Beschlusskompetenz im Rahmen der genehmigten Kapitalerhöhung gemäß
§§ 202 ff. AktG einschränke. Die Ermächtigung des Vorstandes dürfe nicht weiter gehen
als die Kompetenz der HV, die bei einem Beschluss an die Grenze des § 186 Abs. 3 S. 4
AktG gebunden ist.[864] Bemessungsgrundlage für die Obergrenze von 10% ist das tatsächliche Grundkapital, das sich aus den Gesellschaftsbüchern ergibt.[865]

Das Bezugsrecht kann im **Beschluss** selbst ausgeschlossen werden oder diese Entschei- 466
dung auf den Vorstand **delegiert** werden.

Geleitet von der Erwägung, dass die Möglichkeiten des Bezugsrechtsausschlusses bei 467
genehmigtem Kapital jedenfalls für den Fall des **Erwerbs von Beteiligungen** gegen
Ausgabe von Stammaktien nach der bisherigen Rechtsprechung zu unflexibel und daher
nicht praktikabel waren, ist der BGH der Auffassung, dass es genügt, wenn der **Ermächtigungsbeschluss** die vorgesehene Maßnahme in abstrakter Form so genau beschreibt,
dass zum einen der Vorstand während des Ermächtigungszeitraums genau erkennen kann,
ob die vorgesehene Maßnahme von der Ermächtigung gedeckt ist, und dass zweitens
auch nachträglich eine Kontrolle möglich ist, ob der Vorstand seine Befugnisse nicht
überschritten hat.[866]

Checkliste: Bezugsrechtsausschluss bei genehmigtem Kapital 468

– Die Maßnahme, zu der der Vorstand ermächtigt werden soll, muss allgemein beschrieben sein und so der HV bekannt gegeben werden.
– Die Maßnahme muss im Interesse der Gesellschaft liegen.
– Bei Ausnutzung des genehmigten Kapitals hat der Vorstand im Rahmen seines unternehmerischen Ermessens zu prüfen, ob die spezifischen Einzelumstände, die der HV
 mitgeteilt wurden bzw. die abstrakte Umschreibung des Vorhabens vorliegen und somit den Bezugsrechtsausschluss rechtfertigen.[867]

Um die notwendige Flexibilität zu erhalten, stellt der BGH beim Erfordernis der sach- 469
lichen Rechtfertigung nicht auf den Zeitpunkt der Beschlussfassung, sondern den der
Ausnutzung ab.[868] Er hat es als ausreichend angesehen, wenn der Vorstand nach dem Vollzug dem kontrollberechtigten Aufsichtsrat hierzu Bericht erstattet.[869] Darüber hinaus hat
der Vorstand in der folgenden HV Bericht zu erstatten und diesbezügliche Fragen auch in
Hinblick auf neue Kapitalia zu beantworten.[870] Unterlässt er dies, sind nach Auffassung
des OLG Frankfurt a.M. neben der Entlastung auch nachfolgende Beschlüsse über ein
neues genehmigtes Kapital anfechtbar.[871] Begründet wird dies mit der Relevanz der ordnungsgemäßen Durchführung früherer genehmigter Kapitalia für die Entscheidung der
Aktionäre über ein neues genehmigtes Kapital. Dies überzeugt jedoch nicht. Zum einen

---

[864] OLG München WM 1996, 1910.
[865] *Trapp* AG 1997, 115 (116).
[866] BGH DNotZ 1998, 958.
[867] *Bungert* NJW 1998, 488.
[868] BGHZ 136, 133 (136 ff.).
[869] BGHZ 136, 133 (140); bestätigt durch BGHZ 164, 241; vgl. *Kossmann* NZG 2012, 1129.
[870] OLG München ZIP 2009, 1667.
[871] NZG 2011, 1029; zust. *Litzenberger* NZG 2011, 1019; abl. *Klie* DStR 2013, 530; *Niggemann/Wansleben*
 AG 2013, 269.

genügt eine Anfechtbarkeit der Entlastungsbeschlüsse zur Sanktionierung mangelhafter Berichte, vor allem aber findet eine Anfechtbarkeit zukünftiger Beschlüsse keine Grundlage in der Rechtsprechung des BGH,[872] sondern läuft deren Ziel einer flexiblen Nutzung des genehmigten Kapitals durch entstehende Unsicherheiten sogar entgegen.[873] Der Vorstand hat den Ermächtigungsbeschluss zum Handelsregister anzumelden.

470   Es können **mehrere genehmigte Kapitalia** getrennt beschlossen werden, solange die Obergrenze von 50% insgesamt eingehalten wird. Üblich ist ein „Genehmigtes Kapital I" als Barkapitalerhöhung mit Bezugsrecht und „Genehmigtes Kapital II" mit der Möglichkeit des Bezugsrechtsausschluss und der Sachkapitalerhöhung.[874]

471   Die Ausnutzung der Ermächtigung erfolgt dann entweder in einem oder in mehreren Schritten durch **Vorstandsbeschluss;** die Mitwirkung des Aufsichtsrats besteht in seiner Zustimmung und in der Festlegung der Einzelheiten gemäß § 204 AktG. Zweckmäßigerweise ermächtigt die HV den Aufsichtsrat, auch die entsprechende Neufassung des Satzungswortlauts zu beschließen. Nach Zeichnung der neuen Aktien und Erbringung der Mindesteinlagen erfolgt die Anmeldung wiederum durch Vorstand und Aufsichtsratsvorsitzenden.

V. Bedingte Kapitalerhöhung

472   Nach §§ 192 Abs. 2 Nr. 3, 193 Abs. 2 Nr. 4 AktG ist eine **bedingte Kapitalerhöhung zur Gewährung von Bezugsrechten** an die **Arbeitnehmer** und **Geschäftsleitungen** zulässig. Diese Möglichkeit hat der Gesetzgeber mit dem KonTraG in das Gesetz eingefügt. Unabhängig von der Art der Beschaffung der Aktien für solche (variablen) Vergütungsprogramme hält der BGH die Gewährung von Aktienoptionen an **Aufsichtsratsmitglieder** für unzulässig.[875] Die Grundsätze dieser Entscheidung dürften auch auf andere Arten erfolgsabhängiger Vergütungen von Aufsichtsratsmitgliedern übertragbar sein.[876]

473 | Checkliste: Zweckbedingtes Kapital
– Zur **Ausgabe von Wandelschuldverschreibungen** und anschließender Gewährung von Aktien im Tausch[877]
– Zur Vorbereitung beim **Zusammenschluss** mehrerer Unternehmen
– Zur **Gewährung von Bezugsrechten an Arbeitnehmer** gegen Einlage von Forderungen

474   Auch wenn die Zwecke für eine bedingte Kapitalerhöhung im Gesetz abschließend geregelt sind, wird davon ausgegangen, dass ein bedingtes Kapital auch für Fälle möglich ist, die den aufgeführten „hinreichend ähnlich" sind. Die wird mit dem Hinweis auf die Gesetzesformulierung „Soll" begründet.[878] Hierunter fallen zB **Pflichtwandelanleihen** und **CoCo-Bonds** (dazu → Rn. 479 ff.), **Optionsanleihen ausländischer Tochtergesellschaften** und **Optionsrechte** ohne Optionsanleihe.[879]

475   Für einen Hauptversammlungsbeschluss, durch den der Vorstand zu einem Bezugsrechtsausschluss bei der Ausgabe von Wandelschuldverschreibungen (§ 221 AktG) im Zusammenhang mit einer bedingten Kapitalerhöhung (§ 192 AktG) ermächtigt wird, gelten die gleichen Grundsätze wie für eine Ermächtigung zum Bezugsrechtsausschluss im Rah-

[872] AG 1997, 465; AG 2006, 36.
[873] Vgl. *Klie* DStR 2013, 530; *Niggemann/Wansleben* AG 2013, 269.
[874] *Hüffer/Koch* AktG § 202 Rn. 5.
[875] *Lenenbach* EWiR 2004, 413.
[876] Vgl. *Goette* DStR 2005, 561.
[877] Vgl. hierzu ausführlich *Kallmeyer* AG 1999, 97.
[878] Semler/Volhard/Reichert/*Schröer/Heusel* HV-HdB § 23 Rn. 66.
[879] Semler/Volhard/Reichert/*Schröer/Heusel* HV-HdB § 23 Rn. 67 ff.

men eines genehmigten Kapitals iSv § 203 Abs. 2 AktG, auch § 186 Abs. 3 S. 4 AktG findet Anwendung.[880]

Wie auch bei einer **genehmigten Kapitalerhöhung** darf das Grundkapital auch hier **476** grundsätzlich nur um 50% (10% für Mitarbeiterbeteiligung) erhöht werden. Als **maßstäbliches Grundkapital** ist auf das zum **Zeitpunkt der Beschlussfassung** im Handelsregister eingetragene Grundkapital abzustellen. Anders ist dies beim genehmigten Kapital, bei dem der Zeitpunkt der Eintragung des genehmigten Kapitals im Handelsregister ausschlaggebend ist.

Überschreitet der von der HV einer AG beschlossene Nennbetrag des bedingten Kapi- **477** tals den gesetzlich zulässigen Höchstbetrag, führt dies zur **Gesamtnichtigkeit des die bedingte Kapitalerhöhung** betreffenden Teils des Beschlusses. In diesem Fall ist auch die Eintragung einer bedingten Kapitalerhöhung in Höhe des gesetzlich zulässigen Betrags trotz eines entsprechenden Antrags der Gesellschaft nicht zulässig.[881]

Kapitalerhöhungen auf Grundlage **verfristeter Zeichnungsscheine** können endgültig **478** nicht eingetragen werden. Denn bei den jeweils gemäß § 185 Abs. 1 S. 3 Nr. 4 AktG festgelegten Zeitpunkten, an denen die Zeichnungen unverbindlich werden, handelt es sich um auflösende Rechtsbedingungen mit einer Zeitbestimmung; Zeichnungsscheine werden daher mit Verfristung endgültig unverbindlich.[882]

VI. Wandelschuldverschreibung und umgekehrte Wandelschuldverschreibung

In § 221 AktG sind **Wandel- und Gewinnschuldverschreibungen** legaldefiniert. Solche **479** sind wichtige Instrumente der **Fremdkapitalbeschaffung**.[883] Diese **hybriden/mezzanine,** vielseitigen Finanzinstrumente *(equity linked notes)* wurden gerade in der letzten Finanzkrise und im Mittelstand rege nachgefragt.[884] Ende 2015 wurde das Volumen der außerbörslichen ausgegebenen Schuldscheine auf ca. 69 Mrd. EUR[885], das der **Contingent Convertible Bonds (CoCo-Bonds)** auf insgesamt 120 Mrd. EUR geschätzt. Das Emissionsvolumen für CoCo-Bonds für deutsche Banken soll ca 10 Mrd. EUR betragen.[886]

Wandelschuldverschreibungen sind Anleihen, die dem Gläubiger für eine bestimm- **480** te **Wandlungsfrist** das Recht verbrieft, seinen Anspruch auf Rückzahlung des Nennbetrags gegen eine bestimmte Zahl Aktien einzutauschen, § 221 Abs. 1 Fall 1 AktG. Der Wandlungspreis liegt idR über dem Börsenpreis der Aktie.[887] Für die Gläubiger ist die Wandelschuldverschreibung interessant, da sie neben dem sicheren **Verzinsungs- und Rückzahlungsanspruch** *(downward protection)* auch die Chance haben, an **Kursgewinnen** zu partizipieren aber an Kursverlusten nicht teilnehmen, da sie – ohne Pflichtwandlung – durch den Rückzahlungsanspruch zum Nennwert abgesichert sind.[888] Für die Gesellschaft ist die **Wandelanleihe** reizvoll, da ihre Verzinsung unterhalb des Marktzinses liegt und es zu einer 100% Einzahlung kommt.

Das durch die **Wandelschuldverschreibung** begründete **Umtauschrecht** ist nach **481** hM eine **Ersetzungsbefugnis** – facultas alternativa – und kein Tauschvertrag, § 480 BGB, und keine Wahlschuld, § 262 BGB.[889] Zur Erfüllung des Wandlungsrechts dient das **bedingte Kapital**.[890]

---

[880] BGH NZG 2007, 907 im Anschluss an BGH NZG 2006, 229.
[881] OLG München NZG 2012, 350.
[882] OLG Stuttgart AG 2012, 422.
[883] WürzNotar-HdB/*Reul* Teil 5 Kap. 4 Rn. 579.
[884] *Broichhausen* NZG 2012, 86.
[885] *Möhlenkamp/Harder* ZIP 2016, 1093; FAZ v. 6.2.2016, S. 30.
[886] *Möhlenkamp/Harder* ZIP 2016, 1093; *Nodoushani* WM 2016, 589 (590); Börsen-Zeitung v. 4.6.2014, S. B4.
[887] *Bader* AG 2014, 472 (473).
[888] KK-AktG/*Florstedt* AktG § 221 Rn. 60ff.; *Bader* AG 2014, 472 (475ff.).
[889] *Habersack* FS Nobbe 2009, 539 (547f.); *Hüffer/Koch* AktG § 221 Rn. 4; Hölters/*Haberstock/Greitemann* AktG § 221 Rn. 10; *Wehrhahn* GWR 2016, 133 (134).
[890] WürzNotar-HdB/*Reul* Teil 5 Kap. 4 Rn. 578.

482 Durch die Aktienrechtsnovelle 2016 sind nun auch sog. **umgekehrte Wandelschuld-verschreibungen** in § 221 Abs. 1 AktG geregelt. Es bietet sich nunmehr eine weitere Möglichkeit der Gesellschaftsfinanzierung. Finanzinstituten wird die Schaffung von **zusätzlichem Kernkapital erleichtert.** Zuvor wurde dies trotz der fehlenden ausdrücklichen Regelung durch eine Verpflichtung des Gläubigers bei Zeichnung, sein Wandlungsrecht nach Maßgabe einer Entscheidung der Gesellschaft auszuüben, erreicht. Bei umgekehrten Wandelschuldverschreibungen steht das **Umtauschrecht** nicht dem Gläubiger zu, sondern der **Gesellschaft.** Den Gläubiger trifft eine **Umtauschpflicht.**[891] Der Umtausch der Wandelschuldverschreibung ist keine Sacheinlage, § 194 Abs. 1 S. 2 AktG, was die diesbezüglichen Prüfungserfordernisse entfallen lässt.[892]

483 Umgekehrte Wandelanleihen bieten der AG die Möglichkeit eines **Debt-Equity-Swaps auf Vorrat.** Dieser soll im Notfall geräusch- und problemlos vollzogen werden können.[893] Sie sind damit ein **Sanierungsinstrument.** Die Gesetzesbegründung formuliert dies so:

„Der Vorteil einer solchen ‚umgekehrten' Wandelanleihe ist, dass eine Beteiligung der Gläubiger an der Gesellschaft (sog. ‚debt-to-equity-swap') für eine künftige Notsituation, also gleichsam ‚auf Vorrat', angelegt und bei Eintreten der Notsituation problemlos vollzogen werden kann. Besonders für Kredit- und Finanzdienstleistungsinstitute kann sich eine solche Konstruktion anbieten, da eine Insolvenz leichter abgewendet werden könnte und weniger Druck auf den Staat entstünde, mit Mitteln der Steuerzahler zu rekapitalisieren."[894]

484 Eine besondere Variante der normalen Wandelanleihe ist die umgekehrte Wandelanleihe mit einer Wandelungspflicht, die sog. **Pflichtwandelanleihe** *(mandatory convertible bonds).* Bei der Pflichtwandelanleihe ist die Wandlung in Aktien spätestens zum Laufzeitende verpflichtend. Diese sind ebenfalls als Wandelschuldverschreibungen zu behandeln mit dem Unterschied, dass die Rückzahlung in Aktien zu erfolgen hat und eine Bezugspflicht bestimmt ist.[895]

485 **Bedingte Pflichtwandelanleihen, sog. CoCo-Bonds/Anleihen** *(contigent convertible bonds)* sind **nachrangige Schuldverschreibungen** mit langer Laufzeit, bei denen die Wandlung bei einem bestimmten vordefinierten Ereignis *(trigger event)* automatisch erfolgt.[896] Kommt es nicht zu dem trigger event läuft die Anleihe bis sie am Ende der Laufzeit getilgt wird. CoCo-Anleihen eignen sich insbesondere für Schuldner mit **unterdurchschnittlicher Bonität** und dienen somit der Erfüllung aufsichtsrechtlicher Anforderungen an **die Eigenkapitalausstattung von Banken.** In diesem Fall ist der trigger event zB das Unterschreiten einer bestimmten Eigenkapitalquote. CoCo-Anleihen können ebenfalls gemäß § 192 Abs. 2 Nr. 1 AktG durch ein bedingtes Kapital unterlegt werden.[897]

486 **Wandelschuldverschreibungen** in ihren unterschiedlichen Ausprägungen sind nur auf eine schuldrechtliche Kapitalüberlassung zwischen AG und Gläubiger ausgerichtet, also auf **Fremdkapitalfinanzierung.** Die Rechte des Dritten auf Verzinsung und Rückzahlung werden aber oft mit mitgliedschaftlichen Rechten verknüpft und bei Wandlung durch Aktien ersetzt. Auch wenn damit der Kern dieses Finanzierungsinstruments schuldrechtlich ist, besteht die **Gefahr der Verwässerung** der mitgliedschaftliche Rechte der Altaktionäre. Es muss daher zu deren Schutz ein Hauptversammlungsbeschluss herbeigeführt werden, § 221 Abs. 1 S. 1 Abs. 3 AktG.[898]

---

[891] RegBegr. BT-Drs. 18/4349, 29.
[892] Semler/Volhard/Reichert/*Schröer/Heusel* HV-HdB § 23 Rn. 62; *Wehrhahn* GWR 2016, 133.
[893] So noch RegE BT-Drs. 17/8989, 17; Zweifel hieran *Drygala* WM 2011, 1637 (1638).
[894] *Haag/Peters* WM 2015, 2303 (2304); *Möhlenkamp/Harder* ZIP 2016, 1093 (1095).
[895] Semler/Volhard/Reichert/*Schröer/Heusel* HV-HdB § 23 Rn. 72.
[896] *Nodoushani* WM 2016, 589 (590ff.); *ders.* ZBB 2011, 143 (144ff.); KK-AktG/*Florstedt* AktG § 221 Rn. 54f., 281ff. und 395ff.
[897] Semler/Volhard/Reichert/*Schröer/Heusel* HV-HdB § 23 Rn. 73.
[898] *Hüffer/Koch* AktG § 221 Rn. 1; KK-AktG/*Florstedt* AktG § 221 Rn. 3ff.; MüKoAktG/*Habersack* AktG § 221 Rn. 2.

§ 221 Abs. 1 S. 2–4 AktG regeln die **Beschlusserfordernisse.** Erforderlich sind mindes- 487
tens drei Viertel des bei der Beschlussfassung vertretenen Grundkapitals. Eine geringere
oder größere Kapitalmehrheit kann durch die Satzung festgelegt werden. Die **Satzung**
muss § 221 AktG erwähnen. Es reicht nicht aus, eine Satzungsbestimmung für reguläre
Kapitalerhöhungen zu treffen, sofern es nicht konkrete objektive Anhaltspunkte gibt, dass
auch § 221 AktG erfasst werden sollte.[899] Die notwendige **einfache Stimmenmehrheit**
gemäß § 133 Abs. 1 Hs. 2 AktG ist ausdrücklich nicht abdingbar. Die **Kapitalmehrheit**
wird nach den gleichen Grundsätzen wie bei § 179 Abs. 2 S. 1 AktG berechnet, bezogen
auf das Kapital, das bei der Beschlussfassung mit ja oder nein gestimmt hat ohne Stimmenthaltungen oder das Kapital, das nicht mitgestimmt hat.[900]

Nach § 221 Abs. 2 AktG kann die **Ermächtigung zur Ausgabe von Wandel-** 488
schuldverschreibungen höchstens für **fünf Jahre** erteilt werden. Auf Wandelschuldverschreibungen, Gewinnschuldverschreibungen und Genussrechte haben die Aktionäre ein
Bezugsrecht, § 221 Abs. 4 S. 1 AktG.

VII. Kapitalerhöhung aus Gesellschaftsmitteln

Die Gesellschaft kann **Kapitalrücklagen** und **Gewinnrücklagen** in Grundkapital um- 489
wandeln. Zu beachten ist allerdings, dass dies gemäß § 208 AktG nur zulässig ist, wenn
diese Rücklagen 10% des Grundkapitals übersteigen und in der **letzten** Jahresbilanz bereits als solche ausgewiesen wurden. Zu beachten ist weiterhin § 209 Abs. 1 AktG. Bei
der **Kapitalerhöhung aus Gesellschaftsmitteln** ist eine **testierte Bilanz** vorzulegen,
die zum Zeitpunkt der Registeranmeldung nicht älter als **acht Monate** sein darf, und die
die oben genannten Rücklagen, oder aber auch einen entsprechenden Jahresüberschuss,
ausweist. Andernfalls muss die Gesellschaft eine **Sonderbilanz** nach § 209 Abs. 2 AktG
aufstellen.[901] In der Handelsregisteranmeldung ist weiter zu erklären, dass nach Kenntnis
von Vorstand und Aufsichtsratsvorsitzendem keine Umstände vorliegen, aus denen sich
eine **Vermögensminderung** ergibt, die der Kapitalerhöhung entgegensteht.[902]

Auch eine Kapitalerhöhung im Wege des „**Schütt-aus-hol-zurück"-Verfahrens** ist 490
nach den Grundsätzen der **Kapitalerhöhung aus Gesellschaftsmitteln** und nicht als
Kapitalerhöhung gegen Sacheinlage zu behandeln, wenn die Durchführung im „Schütt-
aus-hol-zurück"-Verfahren gegenüber dem Registergericht offen gelegt wird.[903] Die Anwendung der Regeln über die **verdeckte Sacheinlage** kommt jedoch dann in Betracht,
wenn die Gewinnansprüche der Anteilsinhaber mit der Einlagepflicht verrechnet werden
oder wenn die Wiedereinzahlung effektiv ausgeschütteter Gewinne mit den Anteilsinhabern verabredet ist. Ausschüttungen in ungewöhnlicher Höhe oder Gewinnausschüttungen, die trotz Insolvenznähe, Krise oder zeitweiliger Illiquidität der Gesellschaft und in
zeitlichem Zusammenhang mit einer ihnen ungefähr entsprechenden Kapitalerhöhung
erfolgen, begründen ebenfalls die Anwendung der Sacheinlageregeln. Andererseits unterliegen normale Gewinnausschüttungen, die in gesunden wirtschaftlichen Verhältnissen
vorgenommen werden, auch wenn sie in zeitlichem Zusammenhang mit einer Kapitalerhöhung erfolgen, nicht den Regeln über die verdeckte Sacheinlage.[904] Dieses Verfahren
hat durch **Änderungen im Steuerrecht** an Bedeutung erheblich verloren, da heute the-
saurierte Gewinne in der Gesellschaft keiner höheren Belastung mehr unterliegen. Die
Gewinnausschüttung führt aber zu einer definitiven Belastung mit Kapitalertragsteuer.
Eine Kapitalerhöhung aus Gesellschaftsmitteln kann bei Berücksichtigung der sonstigen

---

[899] MüKoAktG/*Habersack* AktG § 221 Rn. 144; *Hüffer/Koch* AktG § 221 Rn. 15.
[900] *Hüffer/Koch* AktG § 221 Rn. 14f.
[901] DNotI-Gutachten Nr. 65741.
[902] Zur Heilung verdeckter Kapitalerhöhungen aus Gesellschaftsmitteln vgl. *Priester* GmbHR 1998, 861.
[903] BGH NJW 1997, 2514; vgl. hierzu eingehend *Steiner* BWNotZ 1998, 49 mit Formulierungsvorschlägen
    für Gesellschafterbeschluss und Handelsregisteranmeldung.
[904] *Lutter/Zöllner* ZGR 1996, 164.

Voraussetzungen auch durch Umwandlung einer in die Kapitalrücklage eingestellten Sacheinlage erfolgen.[905] Dies stellt keine verdeckte Sacheinlage dar.

491   Das BAG[906] hat zuletzt die in der Literatur hoch umstrittene Frage geklärt, ob § 216 Abs. 3 S. 1 AktG auch bei regulären, dh **effektiven Kapitalerhöhungen** oder bei **Kapitalerhöhungen aus genehmigtem oder bedingtem Kapital** anwendbar ist, wenn diese Kapitalerhöhung zu einer Verwässerung der Rechte aus vertraglichen Beziehungen zwischen der AG und Dritten führen (sog. **„Kapitalerhöhung unter Wert")**.[907] Das BAG geht davon aus, dass § 216 Abs. 3 S. 3 AktG weder direkt noch analog anwendbar ist, wenn die AG eine effektive Kapitalerhöhung, die mit einer Erhöhung des gezeichneten Kapitals verbunden ist, vornimmt. In diesem Fall würden der AG neue Mittel zugeführt, daher sei kein Raum für eine analoge Anwendung. Diese Entscheidung muss insbesondere bei der Gestaltung von **Vergütungsprogrammen** beachtet werden. Wird die Vergütung von der Aktienkursentwicklung oder der Höhe der Dividende abhängig gemacht, sind Regelungen für die verschiedenen Formen von Kapitalerhöhung und Kapitalherabsetzungen in Vergütungsprogrammen sinnvoll, damit eine angemessene und interessengerechte Anpassung des Vergütungsprogramms durchgeführt werden kann.[908]

D. Kapitalherabsetzung

I. Einführung; Motivation

492   Die **Kapitalherabsetzung** kann dazu dienen, nicht benötigte, überflüssige **Kapitalbeträge an die Aktionäre zurückzuzahlen, Liquidität** eines zuvor gebundenen Vermögens freizusetzen oder eine **Unterbilanz** zu beseitigen (zu den Einzelheiten vgl. §§ 222 f. AktG). Zu unterscheiden sind die ordentliche Kapitalherabsetzung (§§ 222 ff. AktG) und die vereinfachte Kapitalherabsetzung (§§ 229 f. AktG).

493   In Kombination mit einer gleichzeitig beschlossenen Kapitalerhöhung wird sie häufig als **Sanierungsmaßnahme** (sog. **„Kapitalschnitt")** eingesetzt. Es kann auch eine Herabsetzung bis auf null erfolgen, wenn durch die gleichzeitig beschlossene Barkapitalerhöhung der Mindestnennbetrag nach § 7 AktG wieder erreicht wird, § 228 Abs. 1 AktG. Der Zweck der Kapitalherabsetzung muss im Beschluss angegeben werden (§ 222 Abs. 3 AktG), eine sachliche Rechtfertigung ist grundsätzlich nicht erforderlich.[909] Eine Kapitalherabsetzung mit anschließender Kapitalerhöhung gegen Sacheinlage unter Bezugsrechtsausschluss für die freien Aktionäre einer sanierungsbedürftigen AG ist jedoch unzulässig, wenn diese Maßnahmen lediglich die Voraussetzungen für eine **Eingliederung** der AG in die Mehrheitsaktionärin durch Erhöhung der Beteiligung von 75% auf über 90% schaffen soll und die erforderliche Kapitalzufuhr erst danach erfolgen soll.[910]

494   Die Kapitalherabsetzung ist eine **Satzungsänderung,** die von der HV mit 3/4-Mehrheit des vertretenen Grundkapitals zu beschließen ist. Zulässig ist eine Satzungsbestimmung, die größere Mehrheiten vorsieht, nicht aber eine solche, die geringere Mehrheiten festlegt.[911]

495   Der **Kapitalherabsetzungsbeschluss** ist anfechtbar, wenn der angegebene Zweck nicht erreichbar ist. Wird die Rückzahlung eines Teils des Grundkapitals bezweckt, hängt deren Erreichbarkeit nicht davon ab, ob im Zeitpunkt der Beschlussfassung die hierfür erforderlichen Mittel flüssig sind. Es genügt, wenn die Mittel, zB durch Veräußerung von nicht betriebsnotwendigem Vermögen aufgebracht werden können.[912] Ein bestehendes

---

[905] OLG Hamm FGPrax 2008, 120.
[906] BAG ZIP 2018, 1969.
[907] Zum Meinungsstand in der Lit. *Hüffer/Koch* AktG § 216 Rn. 19.
[908] Anm. *Arnold* ArbRAktuell 2018, 336.
[909] BGHZ 128, 71.
[910] LG München I WM 1995, 715.
[911] *Hüffer/Koch* AktG § 222 Rn. 10.
[912] LG Hannover WM 1995, 2098; ausführlich zu diesem Thema *Terbrack* RNotZ 2003, 89.

genehmigtes oder bedingtes Kapital wird von der Kapitalherabsetzung nicht berührt, auch wenn die Grenzen der §§ 192 Abs. 3 S. 1, 202 Abs. 3 S. 1 AktG überschritten werden. Da § 202 Abs. 3 S. 1 AktG auf das Grundkapital bei Beschlussfassung abstellt, soll dies auch bei einer Herabsetzung durch späteren Beschluss in der gleichen HV gelten.[913]

Nach § 237 Abs. 3 Nr. 3 AktG können **Stückaktien** eingezogen werden, ohne das **496** Kapital herabzusetzen, wenn die HV darüber entsprechend beschließt und sich der Anteil am Grundkapital der verbleibenden Stückaktien entsprechend erhöht. Dabei ist darauf zu achten, dass der Beschluss der HV die Unterlassung der Kapitalherabsetzung ausdrücklich enthält, andernfalls bleibt es bei dem Regelfall der Kapitalherabsetzung.

II. Ordentliche Kapitalherabsetzung

Zwingender Inhalt des Herabsetzungsbeschlusses ist: **497**
– **Bezeichnung des Herabsetzungsbetrages;** Benennung einer bestimmbaren Höchstgrenze ist zulässig;
– **Zweck der Herabsetzung** (§ 222 Abs. 3 AktG);
– **Art der Durchführung** (§ 222 Abs. 4 AktG).

Die **Anmeldung** hat durch den **Vorstand** in vertretungsberechtigter Zahl und den **Vor-** **498** **sitzenden des Aufsichtsrates** zu erfolgen. Ihr sind als Anlagen das Beschlussprotokoll und der vollständige Wortlaut der Satzung mit Notarbescheinigung beizufügen. Anders als bei der GmbH wird die Herabsetzung mit der Eintragung wirksam. Gläubiger können nach § 225 AktG Sicherheit verlangen.

Gemäß § 227 AktG und entsprechenden Regelungen zu Kapitalerhöhungen ist die Ka- **499** pitalherabsetzung **zweiaktig** und besteht zusätzlich aus der **Durchführung der Kapitalherabsetzung** in der Regel durch die Herabsetzung der Nennbeträge der einzelnen Aktien. In der Praxis werden meist beide Schritte miteinander verbunden.

III. Vereinfachte Kapitalherabsetzung

Sie stellt den in der Praxis häufigen Fall der Herabsetzung zu **Sanierungszwecken**[914] dar **500** und ist hierzu besonders geeignet, da **keine Pflicht zur Sicherheitsleistung** besteht. Gemäß § 234 AktG kann der Kapitalherabsetzung mit bilanzieller Rückwirkung erfolgen. Dies kann insbesondere auch mit der gleichzeitigen Kapitalerhöhung nach Herabsetzung unter den mindesten Betrag des Grundkapitals verbunden werden, § 235 AktG. Zu beachten ist, dass etwa **vorhandene Rücklagen** zunächst aufzulösen sind und ein **Gewinnvortrag** nicht vorhanden sein darf. Ein derartiger Kapitalherabsetzungsbeschluss bedarf ebenfalls **keiner sachlichen Rechtfertigung,** ist jedoch nur zu **Sanierungszwecken** des § 229 Abs. 1 S. 1 AktG zulässig.[915] Eine Verbindung mit einem Beschluss über eine Kapitalerhöhung gegen Einlagen ist nicht erforderlich, wenn die Kapitalherabsetzung im Insolvenzverfahren erfolgt und wenn durch die Kapitalherabsetzung eine Überschuldung oder Unterbilanz nicht vollständig beseitigt wird und auch eine Kapitalerhöhung auf absehbare Zeit nicht zu einer erfolgreichen Sanierung führen würde.[916] Nach § 229 Abs. 3 AktG iVm § 228 Abs. 2 AktG muss die Kapitalherabsetzung binnen **sechs Monaten nach der Beschlussfassung** in das Handelsregister **eingetragen sein.** Soll die vereinfachte Kapitalherabsetzung rückwirkend geschehen, so muss die Eintragung binnen drei Monaten erfolgen, §§ 234 Abs. 3 S. 1, 235 Abs. 2 S. 1 AktG. Die bloße Registeranmeldung ist nicht ausreichend.

---

[913] *Weiler* NZG 2009, 46.
[914] *Hüffer/Koch* AktG § 222 Rn. 4.
[915] Vgl. zur vereinfachten Kapitalherabsetzung ausführlich *Fabis* MittRhNotK 1999, 169.
[916] BGH NJW 1998, 2054.

7. Teil. Weitere aktienrechtliche Beurkundungen

A. Bestellung; Abberufung; Amtsniederlegung; Änderung der Vertretungsbefugnis

501 Bei der **Bestellung von Vorstandsmitgliedern** sind jeweils ihr Name, das Geburtsdatum und der Wohnort des Anzumeldenden anzugeben. Anzumelden ist die Vertretungsbefugnis des Vorstandsmitglieds.

502 Das EHUG hat die Verpflichtung zur Zeichnung der Unterschrift der Vertretungsorgane und Prokuristen ersatzlos gestrichen.

503 Wichtig ist, dass die Anmeldung, die vom Vorstand in vertretungsberechtigter Zahl zu erfolgen hat, auch von dem neuen Vorstandsmitglied selbst vorgenommen werden kann, da sie rein deklaratorischen Charakter hat. Das bedeutet, dass es bei entsprechender Satzungsgestaltung ausreicht, dass das neue Vorstandsmitglied die Anmeldung unterzeichnet. Der Anmeldung ist das Protokoll der Aufsichtsratssitzung, mit dem die Bestellung zum Vorstand belegt wird, beizufügen. Zur Amtsniederlegung → Rn. 207 ff.

504 **Formulierungsbeispiel: Amtsniederlegung/Widerruf und Bestellung eines neuen**
Ü **Vorstandsmitglieds**

Niederschrift über eine Aufsichtsratssitzung der AG in Firma ***, nachfolgend „Gesellschaft"

Am heutigen Tag fand eine Aufsichtsratssitzung der Gesellschaft in den Geschäftsräumen am Sitz der Gesellschaft statt. Der Vorsitzende stellte zunächst die ordnungsgemäße Einladung und die vollständige Anwesenheit der Mitglieder fest. Die mit der Einladung bekannt gemachte Tagesordnung wurde wie folgt erledigt:

Der Aufsichtsrat hat in offener [*Alt.:* geheimer] Abstimmung einstimmig [*Alt.:* mit *** Ja-Stimmen bei *** Enthaltungen und *** Nein-Stimmen] beschlossen:

1. Herr/Frau *** [*Titel, Vorname, Name, Geburtsdatum, Wohnort*] hat gegenüber dem Aufsichtsrat der AG gemäß dem als Anlage im Original beigefügten Schreiben sein/ihr Amt als Vorstandsmitglied niedergelegt.
[*Alt.:* Die Bestellung von Herrn/Frau *** [*Titel, Vorname, Name, Geburtsdatum, Wohnort*] zum Vorstandsmitglied der Gesellschaft wird mit sofortiger Wirkung widerrufen. [*ggf.:* Gleichzeitig wird der mit ihm/ihr geschlossene Anstellungsvertrag fristlos aus wichtigem Grund gekündigt.]]
2. Herr/Frau *** [*Titel, Vorname, Name, Geburtsdatum, Wohnort*] wird für die Dauer von *** Jahren zum Vorstandsmitglied bestellt. Das neue Vorstandsmitglied ist gemäß Satzung und Beschluss des Aufsichtsrates gemeinschaftlich mit einem anderen Vorstandsmitglied oder mit einem Prokuristen [*Alt.:* allein] zur Vertretung der Gesellschaft befugt. Der neue Vorstand ist befugt, im Namen der Gesellschaft mit sich als Vertreter eines Dritten Rechtsgeschäfte vornehmen (Befreiung von § 181 Alt. 2 BGB).

Die dem Aufsichtsrat vorliegenden Anstellungsverträge werden genehmigt. Der Vorsitzende des Aufsichtsrates wird ermächtigt, den Anstellungsvertrag im Namen des Aufsichtsrates mit jedem Vorstandsmitglied abzuschließen.

Ort, Datum
Der Vorsitzende des Aufsichtsrates

Formulierungsbeispiel: Anmeldung der Veränderung im Vorstand einer AG 505
(§ 81 Abs. 1 AktG)

Amtsgericht
Registergericht

HRB ***
AG in Firma ***

Die gemeinsam zur Vertretung berechtigten Mitglieder des Vorstands der AG melden zur Eintragung in das Handelsregister an:

I. Inhalt der Anmeldung

Herr/Frau *** *[Titel, Vorname, Name, Geburtsdatum, Wohnort]* hat gegenüber dem Aufsichtsrat der AG gemäß dem als Anlage beigefügten Schreiben sein/ihr Amt als Vorstandsmitglied niedergelegt.

[Alt.: Die Bestellung von Herrn/Frau *** *[Titel, Vorname, Name, Geburtsdatum, Wohnort]* ist vom Aufsichtsrat der AG gemäß der als Anlage beigefügten Niederschrift über die entsprechende Sitzung des Aufsichtsrates mit sofortiger Wirkung *[Alt.:* mit Wirkung zum ***] widerrufen worden.]

Herr/Frau *** *[Titel, Vorname, Name, Geburtsdatum, Wohnort]* ist vom Aufsichtsrat der AG gemäß der als Anlage beigefügten Niederschrift über die entsprechende Sitzung des Aufsichtsrates zum weiteren Vorstandsmitglied bestellt worden. Demgemäß ist er/sie gemeinschaftlich mit einem anderen Vorstandsmitglied oder mit einem Prokuristen *[Alt.:* allein] zur Vertretung der Gesellschaft befugt. Er/Sie ist befugt, im Namen der Gesellschaft mit sich als Vertreter eines Dritten Rechtsgeschäfte vorzunehmen (Befreiung von § 181 Alt. 2 BGB).

II. Anlage zur Handelsregisteranmeldung

Notariell beglaubigte Abschrift der Niederschrift über die Sitzung des Aufsichtsrates vom ***.

III. Ergänzende Erklärungen und Versicherung zur Anmeldung

Jedes neu bestellte Vorstandsmitglied erklärt:
- ***
- *** *[siehe die Versicherung bei Anmeldung der AG, → Rn. 685.]*

Endet das Amt durch **Amtsniederlegung**,[917] so ist der Registeranmeldung das Nie- 506 derlegungsschreiben mit Empfangsbestätigung eines Aufsichtsratsmitglieds beizufügen (→ Rn. 207 ff.). Bei der An- oder Abmeldung von Prokuren bedarf es nicht der Beifügung weiterer Unterlagen.[918] Ist das Vorstandsmitglied einzelvertretungsberechtigt, so ist ihm anzuraten die Amtsniederlegung auf den Zeitpunkt zu erklären, in dem die entsprechende Registeranmeldung beim Handelsregister eingeht. Nur so kann er selbst sein Ausscheiden anmelden.[919]

B. Zweigniederlassungen

Gemäß § 3 AktG iVm § 13 Abs. 1, Abs. 2 HGB hat die **Anmeldung** der Errichtung 507 einer Zweigniederlassung allein bei dem Registergericht der inländischen Hauptniederlassung zu erfolgen. Die Mitglieder des **Vorstandes** haben die Anmeldung in **vertretungsberechtigter Anzahl** vorzunehmen. Eine **unechte Gesamtvertretung** ist zulässig,

---

[917] BGH NJW 1993, 1198.
[918] Zu den formellen Anforderungen an die Abberufung von Vorstandsmitgliedern *Schockenhoff/Topff* DB 2005, 539.
[919] Vgl. zur GmbH OLG Bamberg NZG 2012, 1106.

nicht hingegen die Vertretung durch einen Prokuristen allein. Eine Zweigniederlassung wird definiert als räumlich getrennter Teil eines Unternehmens, der unter Leitung des Unternehmens dauerhaft und vor allem selbständig Geschäfte abschließt und die dafür erforderliche Organisation in sachlicher und personeller Hinsicht aufweist. Indes kann diese Definition nur noch für inländische Gesellschaften gelten (ausländische Gesellschaften → Rn. 511).

508   In der Regel wird die **Firma** der Zweigniederlassung durch den Namen des Unternehmens unter **Zusatz** „Zweigniederlassung Ortsname" gebildet. Dies ist jedoch **nicht zwingend.** Erforderlich ist lediglich, dass die Firma der Hauptniederlassung in der Firma der Zweigniederlassung enthalten ist und ein Zusatz vorhanden ist, der den Charakter als Zweigniederlassung zum Ausdruck bringt. Zu beachten ist, dass teilweise die Ansicht vertreten wird, dass von der Regel abweichende Firmierungen von der HV beschlossen werden müssen. Ein Zusatz, wie oben zitiert, ist in jedem Falle sinnvoll, da nur auf diese Weise sichergestellt werden kann, dass zukünftig die Erteilung einer Prokura auf die Zweigniederlassung beschränkt möglich ist.

509   In der Anmeldung ist nur noch der **Ort der Zweigniederlassung** samt **inländischer Geschäftsanschrift** (§ 13 Abs. 1 S. 1 HGB) und der Zusatz der Zweigniederlassung anzugeben, falls der Firma der Zweigniederlassung ein solcher beigefügt wird. Entbehrlich ist indes die Einreichung bislang erforderlicher Unterlagen, da diese beim Gericht der Hauptsache ohnehin verfügbar sind.[920]

Praxishinweis:

Die Prokura, nicht aber die Vertretungsmacht der Vorstandsmitglieder, kann auf einzelne Zweigniederlassungen beschränkt werden.

Steuerlich ist zu beachten, dass entsprechend § 12 S. 2 Nr. 2 AO die Zweigniederlassung als Betriebsstätte gilt und jede Gemeinde, in der sich eine Betriebsstätte befindet, nach §§ 28 ff. GewStG in die Erhebung der Gewerbesteuer eingebunden wird. Die Errichtung der Zweigniederlassung ist der Gemeinde und dem zuständigen Finanzamt anzuzeigen.

---

510   Die **Anmeldung der Aufhebung** der Niederlassung erfolgt gemäß § 13 Abs. 3 HGB nur beim Gericht der Hauptniederlassung.

C. Zweigniederlassungen ausländischer Gesellschaften

511   Die Anmeldung von **Zweigniederlassungen ausländischer Gesellschaften** richtet sich nach den §§ 13d ff. HGB. Diese Regelungen sind vom EHUG weitestgehend unberührt geblieben. Die oben genannte Definition der Zweigniederlassung ist für ausländische Gesellschaften allerdings nicht mehr zu halten, zumindest wenn der (Haupt-)Sitz des Unternehmens in einem Mitgliedstaat der Europäische Union oder des EWR belegen ist. Die nationalen Gerichte folgen in dieser Sache den Vorgaben des EuGH.[921] In **europarechtskonformer Anwendung** müssen die §§ 13d, 13e, 13f HGB entgegen ihrem Wortlaut ausgelegt werden. Auf das Merkmal des Bestehens einer **Hauptniederlassung** kann es nach der Rechtsprechung des EuGH[922] nicht ankommen. Das hat das OLG Zweibrücken unter Berufung auf das „Centros"-Urteil ausdrücklich klargestellt.[923] Entscheidend ist dann allein der Gründungsort. Das gilt auch für den Fall, dass die Gesellschaft in einem

---

[920] Vgl. *Apfelbaum* DNotZ 2007, 166 (168).
[921] NZG 2002, 1164 – Überseering; NJW 1999, 2027 – Centros; ZIP 2003, 1885 – Inspire Art.
[922] Vgl. NJW 1999, 2027 Rn. 14, 17, 21, 29 – Centros und ZIP 2003, 1885 Rn. 95–98 – Inspire Art.
[923] NZG 2003, 537 (538).

Mitgliedsstaat mit dem Ziel gegründet worden ist, die Gründungsvorschriften in Deutschland zu umgehen und eine Geschäftstätigkeit nur hier aufrechtzuerhalten.[924]

Grundsätzlich ändert sich durch die vorgenannte Rechtsprechung nichts an den Vorschriften über den **Inhalt der Anmeldung** der AG bzw. einer Zweigniederlassung: Es sind Angaben über den Inhalt der Satzung oder des entsprechenden Organisationsstatuts der Gesellschaft entsprechend § 23 Abs. 3 AktG zu machen. Insbesondere sind die Vertretungsbefugnisse der Mitglieder des Vorstandes oder des entsprechenden Organs anzugeben.   512

Es ist kaum noch umstritten, dass der **Gegenstand der Hauptniederlassung** nicht anzugeben ist. Dies wurde teilweise aus § 13f Abs. 2 HGB iVm § 23 Abs. 3 AktG hergeleitet[925] und vereinzelt von Gerichten verlangt.[926] Dem ist jedoch entgegenzuhalten, dass im Rahmen des Tätigwerdens in Deutschland lediglich der Gegenstand der Zweigniederlassung von Relevanz ist. Die Angabe des vollen Unternehmensgegenstandes der ausländischen Gesellschaft hätte in diesem Zusammenhang eine verwirrende Wirkung, was dem Gedanken der Publizität widerspräche.   513

Die Anmeldung muss durch den Vorstand in vertretungsberechtigter Anzahl erfolgen. Ebenso ist unechte Gesamtvertretung zulässig. Einer **Versicherung entsprechend** § 37 Abs. 2 AktG seitens der Vorstandsmitglieder der Gesellschaft ist nunmehr vorgesehen, da diese Vorschrift im Verweis des § 13f Abs. 2 S. 2 HGB auch auf den zweiten Absatz verweist.   514

Zusätzlich muss nach § 13e Abs. 2 HGB eine **inländische Geschäftsanschrift** einer empfangsberechtigten Person eingetragen werden, um die Zustellung insbesondere für Gläubiger der Gesellschaft zu erleichtern.   515

Gesellschaften aus Nicht-EU/EWR-Ländern können sich nicht auf die Regelungen der europäischen Verträge berufen. Hier bleibt grundsätzlich der **Ort des effektiven Verwaltungssitzes** entscheidend.[927] In diesen Fällen ist aber zu untersuchen, ob bi- oder multilaterale Abkommen bestehen, die Regelungen über die gegenseitige Anerkennung von Gesellschaften enthalten. Im Verhältnis zu den USA ist der Freundschafts-, Handels- und Schifffahrtsvertrag[928] zu beachten. Im Hinblick auf **US-amerikanische Gesellschaften** findet daher bei der Beurteilung ihrer Rechts- und Parteifähigkeit die Gründungstheorie Anwendung. Eine in den USA gegründete Gesellschaft ist in Deutschland mithin als rechts- und parteifähig anzusehen, auch wenn sie ihren tatsächlichen (effektiven) Verwaltungssitz in Deutschland hat.[929]   516

Der Anmeldung sind **beizufügen:**   517
– öffentlich beglaubigte Abschrift der Satzung bzw. das entsprechende Organisationsstatut;
– gerichtliche Bekanntmachung über die Gründung der Gesellschaft;
– Nachweis über das Bestehen der Gesellschaft.

8. Teil. Besonderheiten der Einmann-AG

Neben den schon genannten Veränderungen durch die Möglichkeit der Gründung einer AG durch nur eine Person nach dem „Gesetz für kleine Aktiengesellschaften und zur Deregulierung des Aktienrechts"[930] gibt es noch eine weitere sich daraus ergebende Folge. So ist gemäß § 42 AktG bei Einmann-Gründung und bei nachträglichem Entstehen einer   518

---

[924] EuGH ZIP 2003, 1885 Rn. 95–98 – Inspire Art; OLG Zweibrücken NZG 2003, 537 (538); BayObLG ZIP 2003, 389 (399).
[925] Vgl. *Wachter* GmbHR 2003, 1254 (1255).
[926] OLG Jena GmbHR 1999, 822.
[927] *Hüffer/Koch* AktG Anh. § 45 HGB § 13d Rn. 2.
[928] BGBl. 1956 II 487.
[929] BGH ZIP 2003, 720.
[930] BGBl. 1994 I 1961.

Einmann-AG im Wege der Anteilsvereinigung dies durch Anmeldung beim Registergericht **zu publizieren.** Hierbei sind Name, Vorname, Geburtsdatum und Wohnort für natürliche Personen bzw. Firma oder Name sowie Sitz oder Hauptniederlassung für Gesellschaften anzugeben.

519 Alleiniger Aktionär iSd § 42 AktG ist auch, wer neben der AG selbst einziger Aktionär ist. Es ist aber keine Handelsregistereintragung nötig, vielmehr besteht **nur** eine **Anzeigepflicht,** welche privatschriftlich möglich ist und keine notarielle Beurkundung erfordert. Fraglich ist, wer diese Anzeige vorzunehmen hat. Eine Ansicht geht vom Vorstand in vertretungsberechtigter Zahl aus, wofür wohl die Systematik des Gesellschaftsrechts und die Entstehungsgeschichte sprechen.[931] Der Aktionär könne nur als Bevollmächtigter handeln.[932] Nach aA kann der Aktionär selbst die Anzeige vornehmen.[933] Dafür spricht, dass der Vorstand nicht automatisch Kenntnis von der Anteilsvereinigung auf eine Person erlangt. Daher trifft den Alleinaktionär eine Anzeigepflicht. Um Fehlinformationen zu vermeiden, ist auch das Ende der Einmann-AG durch Hinzutreten weiterer Aktionäre anzumelden.[934]

520 Bei der Leitung der AG ergeben sich keine Abweichungen bei der Einmann-AG. Insbesondere kann der Alleinaktionär die Kompetenzverteilung nicht verändern (§ 23 Abs. 5 AktG). Auch in der Einmann-AG leitet der Vorstand die Gesellschaft unter eigener Verantwortung. Im Gegensatz zum GmbH-Recht besteht nicht die Möglichkeit, im Wege einer Satzungsregelung Weisungsrechte für die Anteilseigner gegenüber dem Vorstand festzuschreiben.[935]

521 Ist der Alleinaktionär eine natürliche Person, kann er sich zum Vorstandsmitglied (auch Alleinvorstand, § 76 Abs. 2 AktG) oder alternativ (§ 105 AktG) zum Aufsichtsratsmitglied bestellen. Ist er eine juristische Person, so ist § 100 Abs. 2 AktG zu beachten. Es gibt keine Sonderregelungen bezüglich des Aufsichtsrats. Die Höchstzahl der Aufsichtsratsmitglieder hängt von der Höhe des Grundkapitals ab, nicht von der Anzahl der Aktionäre, § 95 AktG. Zur HV bei der Einmann-AG → Rn. 430.

522 Besonderheiten bestehen auch hinsichtlich der Leistung der Bareinlage bei Gründung einer Einmann-AG, wenn der alleinige Aktionär zugleich zum alleinigen Vorstand der Gesellschaft bestellt wird. Für eine schuldtilgende Leistung der Einlage bei einer Einpersonengesellschaft kommt es darauf an, dass die Einlageleistung aus dem Herrschaftsbereich des Einlegers ausgesondert wird. Dies kann dadurch bewirkt werden, dass zum Zwecke der Erbringung der Einlageleistung ein neues Konto auf den Namen der Vor-Gesellschaft eröffnet wird, auf das dann die Bareinlage eingezahlt werden kann (§ 54 Abs. 3 S. 1 Alt. 1 AktG). Einzahlungen auf ein Konto des Vorstandes nach § 54 Abs. 3 S. 1 Alt. 2 AktG haben dagegen nur dann schuldtilgende Wirkung, wenn der Vorstand vom Einlageschuldner personenverschieden ist.[936]

---

[931] MüKoAktG/*Pentz* AktG § 42 Rn. 22; *Hüffer/Koch* AktG § 42 Rn. 5.
[932] KK-AktG/*M. Arnold* AktG § 42 Rn. 14; MüKoAktG/*Pentz* AktG § 42 Rn. 23; *Hölters/Solveen* AktG § 42 Rn. 5.
[933] *Spindler/Stilz/Gerber* AktG § 42 Rn. 9; *Lutter* AG 1994, 429 (435); *Heckschen* DNotZ 1995, 275 (279); *Bachmann* NZG 2001, 961 (964).
[934] GK-AktG/*Ehricke* AktG § 42 Rn. 64 unter Verweis auf § 40 Abs. 2 GmbHG; *Hüffer/Koch* AktG § 42 Rn. 5; aA *Spindler/Stilz/Gerber* AktG § 42 Rn. 5; MüKoAktG/*Pentz* AktG § 42 Rn. 20; *Bayer/Hoffmann* AG 2016, R79 (R81 f.), allerdings mit entsprechendem Änderungsvorschlag de lege ferenda nach österreichischem Vorbild des § 35 Abs. 3 öAktG.
[935] *Böcker* RNotZ 2002, 130 (134 f.).
[936] Vgl. dazu ausführlich DNotI-Report 2006, 53.

9. Teil. Unternehmensverträge im Konzern

A. Einführung

Während das Aktiengesetz detaillierte Regelungen zu den sog. „Unternehmensverträgen" 523 vorsieht, fehlen diese im GmbH-Gesetz. Unternehmensverträge spielen bei beiden Gesellschaftsformen eine ganz erhebliche Rolle, dies gilt insbesondere für den sog. **Beherrschungs- und Gewinnabführungsvertrag.**[937] Der Gewinn- (oder auch Ergebnis-)abführungsvertrag wird vor allem aus steuerlichen Überlegungen abgeschlossen, § 14 KStG. Die **fünfjährige Mindestlaufzeit** des Gewinnabführungsvertrages bemisst sich gemäß § 14 KStG nach Zeitjahren.[938] Mit dem Gewinnabführungsvertrag verpflichtet sich ein Unternehmer, seine sämtlichen **Gewinne** an ein anderes Unternehmen abzuführen, das gleichzeitig verpflichtet ist, die **Verluste** zu übernehmen. Auf diese Weise wird im sog. Vertragskonzern eine unmittelbare Verrechnung möglich, die sich steuermindernd auswirken kann.

Es ist zu beachten, dass **außenstehenden Aktionären** des gewinnabführenden Unter- 524 nehmens grundsätzlich ein **Ausgleich** für die ausfallende Dividende in Form einer wiederkehrenden Geldleistung zu gewähren ist, § 304 Abs. 1 AktG. Weder nichtig, noch anfechtbar ist dabei ein Null-Ausgleich, wenn es sich um eine chronisch defizitäre AG handelt.[939]

Anders als ein **Beherrschungsvertrag** kann ein **Ergebnis- oder Gewinnabfüh-** 525 **rungsvertrag** auch **rückwirkend** für den Beginn des Geschäftsjahres abgeschlossen werden, da hier nicht wie beim Beherrschungsvertrag die Gefahr besteht, dass ursprünglich rechtmäßige Handlungen nachträglich unrechtmäßig werden können.[940]

Neben dem in § 291 AktG geregelten Beherrschungs- und/oder Gewinnabführungs- 526 vertrag regelt das Aktiengesetz noch die sog. **Gewinngemeinschaft** (§ 292 Abs. 1 Nr. 1 AktG), den **Teilgewinnabführungsvertrag** (§ 292 Abs. 1 Nr. 2 AktG) und den **Betriebspacht-/Betriebsüberlassungsvertrag** (§ 292 Abs. 1 Nr. 3 AktG).

Seit der Änderung des GWB besteht gemäß § 39 GWB eine Anmeldepflicht und nicht 527 mehr nur eine Anzeigepflicht. Ein Zusammenschluss darf erst nach erteilter **kartellrechtlicher Genehmigung** vollzogen werden. Die Anmeldung muss unter Vorlage der in § 39 Abs. 3 GWB bezeichneten Unterlagen zum **Bundeskartellamt** erfolgen. Soweit eine Unternehmensverbindung durch Beteiligungserwerb entsteht, trifft ein Unternehmen, das 1/4 der Aktien einer AG mit Sitz im Inland erwirbt, gemäß § 20 Abs. 1 AktG eine Mitteilungspflicht gegenüber der Gesellschaft. Die betroffene Gesellschaft hat das Bestehen einer solchen Beteiligung in den Geschäftsblättern bekannt zu machen, sofern ihr das Bestehen der Beteiligung gemäß § 20 Abs. 1 AktG mitgeteilt worden ist (§ 20 Abs. 6 AktG). Die Mitteilungspflicht nach § 20 Abs. 1 AktG gilt bereits für die Gründungsaktionäre.[941] Ein unter Verletzung der Mitteilungspflicht stimmlos gefasster Hauptversammlungsbeschluss (§ 20 Abs. 7 AktG) ist anfechtbar.[942] Für die Zeit der Verletzung der Mitteilungspflicht ruhen alle aus der Aktie folgenden Mitgliedschaftsrechte, auch jene nach § 245 Nr. 1, Nr. 2 AktG. Erwirbt eine inländische AG (auch: KGaA, SE) 1/4 der Anteile einer inländischen Kapitalgesellschaft, so ist sie dieser zur unverzüglichen Mitteilung verpflichtet, bei Erwerb einer Mehrheitsbeteiligung (§ 16 Abs. 1 AktG) besteht diese Pflicht gegenüber jeder Art von inländischem Unternehmen (§ 21 Abs. 1, Abs. 2 AktG). Die Beteiligungshöhe bestimmt sich nach § 16 AktG. Unterbleibt die **Mitteilung, so ruhen alle Rechte** aus Anteilen, die der Gesellschaft nach § 16 Abs. 4 AktG zuzurechnen sind

---

[937] Zu Unternehmensverträgen in der notariellen Praxis *Boor* RNotZ 2017, 65.
[938] BFH NZG 2011, 596.
[939] BGH DNotZ 2006, 701.
[940] LG Kassel AG 1997, 239.
[941] BGH NZG 2006, 505; auch bei Formwechsel in eine AG: OLG Düsseldorf BeckRS 2014, 04838.
[942] OLG Dresden ZIP 2005, 573.

(§ 21 Abs. 4 AktG). Der Notar sollte daher auf die Mitteilungspflicht hinweisen und etwa vor einer Beurkundung von Beschlüssen ggf. auf die Nachholung hinwirken.[943]

528   **Entherrschungsverträge** sind keine Unternehmensverträge iSv § 292ff. AktG.[944] Sie dienen zur Widerlegung der gesetzlichen Vermutung aus § 17 Abs. 2 AktG, wonach bei in Mehrheitsbesitz stehenden Unternehmen die Abhängigkeit vom Mehrheitseigner vermutet wird und somit zur Vermeidung der Rechtsfolgen, die das Gesetz an die Abhängigkeit knüpft (etwa §§ 311ff., 16 Abs. 4 AktG). Wesentlicher Inhalt ist die Verpflichtung des Mehrheitseigners, bei Wahl und Abwahl von Aufsichtsratsmitgliedern der AG weniger Stimmen auszuüben, als für die Hauptversammlungsmehrheit erforderlich. Ebenso muss er sich zum Verzicht auf andere Maßnahmen der Beherrschung verpflichten, etwa eine personelle Verflechtung auflösen oder bei der GmbH auf die Wahl und Abberufung von Geschäftsführern sowie auf Weisungsbeschlüsse verzichten. Zur Widerlegung der Vermutung ist außerdem die Schriftform erforderlich, die Laufzeit des Vertrages muss mindestens fünf Jahre betragen und bis über die nächste Aufsichtsratswahl hinaus reichen.[945] Aus Seiten des Mehrheitseigners muss eine kapitalistische, nichtunternehmerische Beteiligung vom Unternehmensgegenstand umfasst sein. Hierfür ist ggf. eine Satzungsänderung erforderlich.

B. Vorbereitung zum Abschluss eines Unternehmensvertrages

529   Der Abschluss eines Unternehmensvertrages bedarf bei einer AG der **Zustimmung durch die HV** der beherrschten und der herrschenden Gesellschaft, jeweils mit **3/4 Kapital- und einfacher Stimmenmehrheit.** Die Beschlüsse sind daher nach § 130 Abs. 1 S. 3 AktG zu beurkunden. Im Vorfeld der über die Beschlussfassung befindenden HV bestehen besondere **Bekanntmachungsvorschriften** (§ 124 Abs. 2 S. 2 AktG). Nach dieser Vorschrift ist der Vertrag seinem wesentlichen Inhalt nach bekannt zu machen.[946] Dem Hauptversammlungsprotokoll ist der Unternehmensvertrag als **Anlage** beizufügen. Für die GmbH gilt Entsprechendes. Bei ihr ist die Gesellschafterversammlung für die Zustimmung zuständig.[947]

530   Für beteiligte AGs ist zu beachten, dass durch das Umwandlungsbereinigungsgesetz umfangreiche Informations- und Schutzrechte zu Gunsten der Anteilsinhaber bestehen.[948] Sie entsprechen den für Umwandlungsvorgänge geltenden Regelungen (→ § 24 Rn. 13, 56ff.). Es besteht eine **Berichtspflicht** (§ 293a AktG), eine **Prüfung** ist durchzuführen (§§ 293b–293e AktG), gesteigerte **Informationspflichten vor der Beschlussfassung** (§§ 293f–293g AktG) sind zu beachten. Eine **Vertragsprüfung** kann unterbleiben, wenn alle außenstehenden Aktionäre auf einen Ausgleichsanspruch verzichten.[949] Nach bisher hM sollen diese Regelungen für die abhängige **GmbH** nicht gelten, und zwar unabhängig davon, ob es sich um eine herrschende GmbH oder eine AG handelt.[950] Das Bestehen eines Beherrschungs- und Gewinnabführungsvertrages ist bei der **beherrschten** (nicht aber bei der herrschenden) **Gesellschaft** zur Eintragung in das Handelsregister **anzumelden.** Eine **Eintragung des Unternehmensvertrages** in das **Register der herrschenden Gesellschaft** ist **unzulässig,** da sie nicht vorgesehen ist und auch kein dringendes Bedürfnis für eine derartige Eintragung besteht.[951] Ist allerdings eine Eintragung erfolgt, so muss diese nicht in jedem Fall gelöscht werden.[952]

---

[943] Ausf. *Leitzen* MittBayNot 2012, 183.
[944] Dazu ausf. MüKoAktG/*Bayer* AktG § 17 Rn. 99ff.
[945] *Hüffer/Koch* AktG § 17 Rn. 22; MüKoAktG/*Bayer* AktG § 17 Rn. 102.
[946] Zum Veröffentlichungsumfang vgl. *Heckschen* DB 1989, 1273.
[947] Grundlegend BGH DNotZ 1989, 102 mAnm *Baum.*
[948] Eingeführt durch das UmwBerG BGBl. I 3210.
[949] OLG Hamburg DStR 2011, 326.
[950] So Baumbach/Hueck/*Zöllner* GmbH-KonzernR Rn. 58; *Hüffer/Koch* AktG § 293a Rn. 5f.; aA *Lutter/Hommelhoff* GmbHG Anh. § 13 Rn. 59; *Heunbeck* BB 1995, 1893.
[951] AG Erfurt GmbHR 1997, 75; aA jedoch *Heckschen* DB 1989, 29.

C. Abschluss von Unternehmensverträgen

Die **Haupt- bzw. Gesellschafterversammlung** ist für die Beschlussfassung über die 531 Zustimmung zu einem Unternehmensvertrag zuständig. Der Abschluss von Unternehmensverträgen, sei es zwischen AGs oder zwischen GmbHs oder aber auch zwischen einer GmbH und einer AG, bedarf nur der Schriftform, § 293 Abs. 3 AktG. Es handelt jeweils die Geschäftsführung/der Vorstand in vertretungsberechtigter Zahl. Auch die Vertretung durch Prokuristen (§ 49 Abs. 1 HGB) ist zulässig. Stets ist zu prüfen, ob die Satzung, die Geschäftsordnung oder ein Aufsichtsratsbeschluss einen **Zustimmungsvorbehalt für den Aufsichtsrat** nach § 111 Abs. 4 S. 2 AktG vorsehen. Dieser entfaltet jedoch keine Außenwirkung.[953] Auch Austauschverträge können als Unternehmensverträge anzusehen sein, wenn die Leistung des einen Vertragsteils in der Abführung eines Teils seines Gewinns besteht. Untergrenzen bestehen hierbei nicht.[954]

Stimmverbote gemäß § 47 Abs. 4 GmbHG, die sich nicht auf Satzungsfragen erstre- 532 cken, werden von dem Beherrschungsvertrag verdrängt, da ein Stimmverbot mit dem Wesen eines Beherrschungsvertrages nicht vereinbar wäre.[955] Das Weisungsrecht, welches durch den Unternehmensvertrag übertragen wurde, ist durch die gesetzlich zwingenden Beschlusszuständigkeiten der Gesellschafterversammlung, insbesondere Satzungsänderungen, begrenzt.

Ist eine GmbH abhängige Gesellschaft, so ist nach hM die **Zustimmung aller Gesell-** 533 **schafter** erforderlich, weil der Gesellschaftszweck betroffen ist.[956]

Ein **Zustimmungsbeschluss** zu einem Beherrschungs- und Gewinnabführungsvertrag 534 ist **anfechtbar,** wenn ein Business Combination Agreement (BCA), das mit dem Beherrschungs- und Gewinnabführungsvertrag eng verknüpft ist, Verstöße gegen die aktienrechtliche Kompetenzordnung enthält.[957] Im entschiedenen Fall verstieß eine Verpflichtung des Vorstands, ohne Zustimmung des Bieters weder ein genehmigtes Kapital auszunutzen noch eigene Aktien zu veräußern oder zu erwerben, gegen die aktienrechtliche Kompetenzordnung und den Grundsatz der eigenverantwortlichen Leitung einer AG durch den Vorstand. Mit der Aufgabenverteilung zwischen dem Vorstand und einem Aktionär sei eine solche Bestimmung unvereinbar (unzulässige Selbstbindung des Vorstands).

Ein vermeintlicher Fehler eines Satzungstextes einer notariellen Niederschrift über die 535 Beschlussfassung eines Gewinnabführungsvertrages kann nach Auffassung des BGH[958] – wenn überhaupt – nur bei **offensichtlichen Fehlern** rückwirkend über § 44a Abs. 2 BeurkG korrigiert werden. Der BGH stellt zudem klar, dass der aus § 133 BGB abzuleitende und grundsätzlich auch auf formbedürftige Verträge anzuwendende Grundsatz „falsa demonstratio non nocet", nach dem ohne Rücksicht auf einen abweichenden Wortlaut das von den Vertragschließenden tatsächlich Gemeinte als Inhalt des Vertrags gilt, im Bereich der objektivierten Auslegung korporationsrechtlicher Vereinbarungen nicht uneingeschränkt angewendet werden kann. Findet sich nämlich im Vertrag und in den allgemein zugänglichen Unterlagen kein eindeutiger Beleg für den dem Wortlaut entgegenstehenden subjektiven Willen der Vertragsparteien, ist kein Raum für dessen Berücksichtigung. Der Hinweis in einer Präambel, dass die Gründung einer steuerlichen Organschaft in Gemäßheit der §§ 14, 17 KStG 1999 gewollt war, reicht für den zwingenden Schluss nicht aus.

---

[952] OLG Celle NZG 2015, 644.
[953] *Hüffer/Koch* AktG § 111 Rn. 19.
[954] KG DStR 1999, 2133 mAnm *Hergeth*.
[955] OLG Stuttgart GmbHR 1998, 943.
[956] Baumbach/Hueck/*Zöllner* GmbH-KonzernR Rn. 54; aA *Lutter/Hommelhoff* GmbHG Anh. § 13 Rn. 65.
[957] LG München I NZG 2012, 1152; dazu *Bungerst/Wansleben* ZIP 2013, 1841.
[958] NotBZ 2013, 301.

D. Angaben bei der Anmeldung zum Handelsregister

536 | **Checkliste: Anmeldung Unternehmensvertrag**
Anzumelden sind:
- Das Bestehen des Unternehmensvertrages und die Namen der Beteiligten
- Das Datum des Abschlusses des Vertrages und des Zustimmungsbeschlusses der beherrschten Gesellschaft sowie die Tatsache der Zustimmung durch die herrschende Gesellschaft
- Die Art des Unternehmensvertrags

Der Handelsregisteranmeldung sind **beizufügen**:
- Der Unternehmensvertrag
- Der notariell beurkundete Zustimmungsbeschluss der beherrschten Gesellschaft
- Der Zustimmungsbeschluss der herrschenden Gesellschaft

537   Hinsichtlich der **Art des Unternehmensvertrages** trifft den Notar eine selbständige Prüfungspflicht. Er ist an die Bezeichnung seitens der Unternehmen nicht gebunden. Bei Teilgewinnabführungsverträgen ist die Höhe des abzuführenden Gewinns anzugeben.

538   Ein **Freigabeverfahren gemäß § 246a AktG** kann auch dann durchgeführt werden, wenn die Eintragung des Beherrschungs- und Gewinnabführungsvertrags im Handelsregister schon erfolgt ist, da ein berechtigtes Interesse der Gesellschaft an der Bestandskraft dieser Eintragung besteht.[959] Ist ein kommunales Unternehmen ohne eigene Rechtspersönlichkeit herrschendes Unternehmen und ist kommunalrechtlich für die Übernahme einer fremden Schuld die Genehmigung der Kommunalaufsicht erforderlich, so ist für die Eintragung eines Gewinnabführungsvertrages in das Handelsregister die Genehmigung erforderlich.[960]

E. Steuerliche Aspekte

539   Mit dem Abschluss eines Gewinnabführungsvertrages iSd § 291 Abs. 1 AktG können unter entsprechender Beachtung der steuerrechtlichen Vorschriften gleichfalls auch steuerliche Folgen herbeigeführt werden, wobei die körperschafts- und gewerbesteuerlichen Voraussetzungen für eine Organschaft im Gegensatz zu den umsatzsteuerlichen gleichlaufen, vgl. §§ 14–19 KStG, § 2 Abs. 2 S. 2 GewStG, § 2 Abs. 2 Nr. 2 UStG. Aus steuerrechtlicher Sicht sind für (Aktien-)Gesellschaften die körperschafts- und gewerbesteuerliche Organschaft von besonderer Bedeutung. Dabei wird hierdurch keine Aussage über die Art und Weise der Gewinnermittlung getroffen, sondern darüber, wer die Gewinne zu versteuern hat. Damit wird verhindert, dass Gewinne doppelt versteuert werden und eine Besteuerung nur beim Organträger und nicht bei der Organgesellschaft vorgenommen wird.

540 | **Checkliste: Körperschaftsteuerrechtliche Anerkennung als Organschaft, § 14 Abs. 1 S. 1 Nr. 3 KStG, R 14.5 KStR 2015**
- Zivilrechtliche Wirksamkeit des Vertragsabschlusses
- Finanzielle Eingliederung der Organgesellschaft in den Organträger
- Organträger ist entweder eine natürliche Person oder körperschaftsteuerpflichtig oder eine gewerblich *tätige* Personengesellschaft
- Die Beteiligung an der Organgesellschaft ist einer inländischen Betriebsstätte zuzurechnen

---

[959] OLG Düsseldorf NJOZ 2010, 1028.
[960] OLG München NZG 2009, 1031.

- Eintragung in das Handelsregister
- Abschluss über mindestens fünf Zeitjahre
- Tatsächliche Durchführung während der gesamten Dauer
- Beachtung des § 293 Abs. 1 AktG (Zustimmung durch die HV)

Soweit es an einer dieser **Voraussetzungen mangelt,** zB Fehlen der notariell beur- 541
kundeten Zustimmung der Gesellschafterversammlung oder der Eintragung im Handelsregister, kann **keine steuerrechtliche Organschaft anerkannt** werden, selbst dann
nicht, wenn die Vertragsparteien den Vertrag als wirksam behandelt und durchgeführt haben; weder § 41 Abs. 1 S. 1 AO noch die Grundsätze über die **fehlerhafte Gesellschaft**
sind anwendbar. Die Nichtbeanstandung der Unwirksamkeit der Organschaft durch die
Finanzverwaltung für eine Übergangszeit findet zudem dann nicht mehr statt, wenn sich
einer der Beteiligten auf die Unwirksamkeit des Gewinnabführungsvertrages beruft.[961] Im
Falle einer solchen **„verunglückten" Organschaft** werden die getätigten Gewinnabführungen regelmäßig als verdeckte Gewinnausschüttungen gewertet und besteuert.[962]

Praxishinweis Steuern:

Bei einer Organschaft anderer Gesellschaften als AG, KGaA und SE muss die Verlust-
übernahmeverpflichtung durch einen dynamischen Verweis auf die Vorschriften des
§ 302 AktG in seiner jeweils gültigen Fassung vereinbart werden (§ 17 Abs. 1 S. 2 Nr. 2
KStG). Diese Bestimmung existiert deshalb, weil im GmbH-Vertragskonzern eine Ver-
lustübernahmepflicht gesetzlich nicht geregelt ist.[963] Die Möglichkeit der steuerwirksa-
men Reparatur von Altverträgen bestand nur bis zum 31.12.2014.[964] Die steuerlich gewünschte Organschaft kann auch daran scheitern, dass – neben der Verweisung auf die
gesetzlichen Vorschriften – im Unternehmensvertrag weitere Regelungen enthalten
sind, die inhaltlich von §§ 301, 302 AktG abweichen.[965]

Die **Nutzung vorhandener Verlustabzugspotentiale** durch die Organgesellschaft ist 542
nach Begründung der körperschaftssteuerlichen Organschaft nach § 15 Nr. 1 KStG nicht
mehr möglich. Diese **vororganschaftlichen Verluste** werden steuerlich eingefroren.
Hierbei ist jedoch zu beachten, dass aktienrechtlich dem Gewinnabführungsvertrag und
seiner steuerlichen Anerkennung Grenzen gesetzt sind. Gemäß §§ 300 f. AktG sind zunächst Altverluste und gesetzliche Rücklagen der abführenden Gesellschaft (zumindest
teilweise) auszugleichen, bevor der gesamte Gewinn abgeführt werden kann. Der Abschluss eines Gewinnabführungsvertrages kann daher vom Eintritt der Bedingung abhängig gemacht werden, dass der Verlustvortrag der Organgesellschaft nach § 10d EStG vollständig durch Gewinne der Organgesellschaft ausgeglichen ist. Die Bedingung darf sich
aber nur auf den Gewinnabführungsteil des Unternehmensvertrages beziehen. Soll auch
der Beherrschungsteil der Bedingung unterliegen, ist der Eintragungsantrag zurückzuweisen, da in diesem Fall der Registerpublizität erhöhtes Gewicht zukommt. Eintragungsfähig
sind hingegen unter dieser Bedingung stehende reine Gewinnabführungsverträge und
Unternehmensverträge, bei denen lediglich der Gewinnabführungsteil unter der genannten Bedingung steht.[966]

---

[961] BFH AG 1998, 491.
[962] BFH/NV 2008, 614.
[963] Gleichwohl wendet die Rechtsprechung § 302 AktG analog an, ohne dass es dafür auf eine Regelung im
Vertrag ankommt, vgl. BGH DStR 1999, 1998.
[964] Vgl. dazu *Mayer/Wiese* DStR 2013, 629 mit Formulierungsbeispielen.
[965] Vgl. *Brühl/Weiss* DStR 2018, 2368 zur Möglichkeit der Verlustverrechnung mit Kapitalrücklagen.
[966] *Grashoff* BB 1997, 1647.

543 Ein Gewinnabführungsvertrag kann aus handelsrechtlicher Sicht **Rückwirkung** auf vergangene Geschäftsjahre entfalten, soweit die Jahresabschlüsse noch nicht festgestellt sind. Aus steuerrechtlicher Sicht ist eine Rückwirkung nicht mehr zulässig. Der Gewinnabführungsvertrag muss daher bis zum Ende des Veranlagungszeitraumes, für den er erstmals gelten soll, in das Handelsregister der Organgesellschaft eingetragen sein.

Praxishinweis Steuern:

Handelt es sich beim Organträger um eine Kapitalgesellschaft, so ist die Mehrfachbesteuerung der Gewinne auf jeder Beteiligungsstufe zwar bereits nach § 8b KStG weitgehend ausgeschlossen. Die Organschaft vermeidet in diesem Fall jedoch die Definitivbelastung eines 5 %-Anteils auf jeder Beteiligungsstufe gemäß § 8b Abs. 5 KStG. Der wichtigste steuerliche Vorteil der Organschaft besteht jedoch in der Möglichkeit der Verlustverrechnung der im Organkreis befindlichen Gesellschaften.

Gewerbesteuerlich führt die Organschaft dazu, dass die Organgesellschaft als Betriebsstätte des Organträgers behandelt wird (§ 2 Abs. 2 S. 2 GewStG), dh an deren Sitz wird nicht mehr der Ertrag der Organgesellschaft, sondern ein Zerlegungsanteil des Konzernergebnisses der Gewerbesteuer unterworfen.

Ist der Organträger eine natürliche Person oder eine gewerblich tätige Personengesellschaft, so wird durch die Organschaft die Doppelbelastung der Gewinne auf Körperschafts- und Gesellschafterebene vermieden und wiederum die Verlustverrechnungsmöglichkeit geschaffen.

F. Änderung und Aufhebung von Unternehmensverträgen

544 Grundsätzlich bedarf die **Änderung eines Unternehmensvertrages** der **Zustimmung der HV.** Wenn das herrschende Unternehmen mit einer dritten Gesellschaft als aufnehmendem Rechtsträger **verschmolzen** wird, geht kraft Gesamtrechtsnachfolge auch der Beherrschungs- und Gewinnabführungsvertrag auf den aufnehmenden Rechtsträger über.[967] Anders urteilte das OLG Karlsruhe für den Fall, dass der aufnehmende Rechtsträger zwar nicht Partei des Unternehmensvertrages ist, aber demselben Konzern angehört. In diesem Fall habe die Verschmelzung die Beendigung des Unternehmensvertrages zur Folge, da die Verschmelzung das Erlöschen der übertragenden Gesellschaft und damit einer Partei des Unternehmensvertrages bewirkt.[968]

545   In **Konzernkonstellationen** stellt sich die Frage, inwieweit **Zustimmungserfordernisse bei Umstrukturierungen** und damit einhergehenden **Änderungen der Unternehmensverträge** bestehen.

Beispiel:

Eine Muttergesellschaft (AG) hat mit einer ihrer beiden 100 %-igen Tochtergesellschaften mbH einen Beherrschungs- und Gewinnabführungsvertrag abgeschlossen. Die durch Unternehmensvertrag abhängige Tochtergesellschaft soll zur Enkelgesellschaft werden. Die zweite Tochtergesellschaft (die neue Mutter der Enkelin) soll in den Unternehmensvertrag anstelle der Muttergesellschaft eintreten. Als verpflichtete Gesellschaft ist bei der Enkelgesellschaft ein Zustimmungsbeschluss der Gesellschafterversammlung gemäß §§ 295 Abs. 1 S. 2, 293 Abs. 1 S. 1 AktG notwendig. Für die begünstigte Gesellschaft ist ebenfalls ein Zustimmungsbeschluss notwendig.

546   Anders als bei der GmbH (ausführlich hierzu → § 22 Rn. 418 ff.) handelt es sich bei der **Aufhebung von Unternehmensverträgen** bei der AG um bloße **Geschäftsfüh-**

---

[967] LG Bonn GmbHR 1996, 774; LG München I ZIP 2011, 1511; *Hüffer/Koch* AktG § 295 Rn. 6.
[968] OLG Karlsruhe WM 1994, 2023.

rungsmaßnahmen.[969] In der Literatur wird dies kritisiert, da gerade auch die Aufhebung des Unternehmensvertrags die Interessen der Aktionäre berührt.[970] Auf Grund der klaren gesetzlichen Regelung ist die Notwendigkeit eines Zustimmungsbeschluss nicht im Wege der Rechtsfortbildung zu begründen. Bei AGs ist nach § 296 Abs. 2 AktG ein Sonderbeschluss von außenstehenden Aktionären erforderlich, soweit diesen ein Ausgleich zusteht.

Veräußert das herrschende Unternehmen seine Anteile an der abhängigen GmbH, stellt **547** dies allein noch keinen wichtigen Grund iSd § 14 Abs. 1 Nr. 3 KStG für eine – die Durchführung der steuerlichen Organschaft unberührt lassende – **Kündigung des Unternehmensvertrages** dar. Ein solcher liegt nur dann vor, wenn außerdem eine vertragliche Aufhebung oder eine ordentliche Kündigung weder möglich noch zumutbar ist. Einen wichtigen Grund iSd § 14 Abs. 1 Nr. 3 KStG stellt nach der Entscheidung des FG Niedersachsen[971] nur der Eintritt einer nicht vorhersehbaren Vertragsstörung, die so gewichtig ist, dass sie zivilrechtlich ein Lösen vom Gewinnabführungsvertrag auch gegen den Willen der anderen Vertragspartei rechtfertige, dar. Vor diesem Hintergrund ist auch die Veräußerung der Organgesellschaft innerhalb des Konzerns kein wichtiger Grund. Andernfalls läge die Einhaltung der Mindestlaufzeit des Gewinnabführungsvertrages von fünf Jahren in der Hand der beteiligten Gesellschaften.[972] Nach hM ist es aber möglich, die **Anteilsveräußerung vertraglich als wichtigen** Grund für eine fristlose Kündigung zu vereinbaren.[973]

Die **außerordentliche Kündigung** eines Unternehmensvertrags kann nur innerhalb **548** angemessener Frist nach Kenntnis des Kündigungsgrundes erfolgen.[974] Das Registergericht hat die Wirksamkeit der zur Eintragung angemeldeten außerordentlichen Kündigung eines Unternehmensvertrages zu prüfen, wenn Anhaltspunkte dafür vorliegen, dass ein Kündigungsgrund nicht gegeben ist.[975]

§ 303 AktG konstituiert eine Regelung zum **Gläubigerschutz** bei Beendigung eines **549** Beherrschungs- oder Gewinnabführungsvertrags. Endet der Organschaftsvertrag und damit auch die Verlustübernahme, kann dies die Lebensfähigkeit der Gesellschaft berühren. Da das beherrschte Unternehmen auf die Interessen des herrschenden Unternehmens ausgerichtet war, kann uU die wirtschaftliche Eigenständigkeit Schwierigkeiten hervorrufen.[976] § 303 Abs. 1 AktG enthält daher für Gläubiger, deren Forderungen noch aus der Zeit des Beherrschungs- oder Gewinnabführungsvertrags stammen, die Möglichkeit, von dem anderen Vertragsteil **Sicherheitsleistung** verlangen. Nach § 303 Abs. 3 AktG ist auch eine Bürgschaft des anderen Vertragsteils möglich. Problematisch sind in diesem Fall Dauerschuldverhältnisse wie Miete oder Pacht, bei denen es uU zu einer sehr langen **Nachhaftung** kommen kann.[977] Der BGH hat hierzu entschieden, dass das ehemals herrschende Unternehmen keine unzumutbar lange Endloshaftung in Kauf nehmen muss. Die Nachhaftungsregeln in §§ 26, 160 HGB und § 327 Abs. 4 AktG sind auf Ansprüche, die vor Ablauf von **fünf Jahren** nach der Bekanntmachung fällig werden, begrenzt.[978]

---

[969] MüKoAktG/*Altmeppen* AktG § 296 Rn. 8; Emmerich/Habersack/*Emmerich* AktG § 296 Rn. 8; *Hüffer/Koch* AktG § 296 Rn. 5; Spindler/Stilz/*Veil* AktG § 296 Rn. 9.
[970] So MüKoAktG/*Altmeppen* AktG § 296 Rn. 8; Spindler/Stilz/*Veil* AktG § 296 Rn. 9.
[971] GmbHR 2012, 917.
[972] FG Niedersachsen GmbHR 2012, 917; OLG Düsseldorf WM 1994, 2090; anders OLG Hamburg EWiR § 297 AktG 1/99: Der Kündigungsgrund könne auch so bestimmt werden, dass ihn das herrschende Unternehmen selbst herbeiführen kann; krit. hierzu *Wilhelm* EWiR § 297 AktG 1/99.
[973] *Hüffer/Koch* AktG § 297 Rn. 8 mwN.
[974] OLG München NZG 2011, 1183.
[975] OLG München DNotZ 2009, 474.
[976] BGH NJW 1986, 188; NZG 2014, 1340; *Hüffer/Koch* AktG § 303 Rn. 1; MüKoAktG/*Altmeppen* AktG § 303 Rn. 2; teilw. anders *K. Schmidt* BB 1985, 2074 (2079).
[977] *Deilmann* NZG 2015, 460 (466).
[978] BGH NZG 2014, 1340.

550 Der BFH[979] hat zuletzt eine Grundsatzentscheidung zur **Organschaft in der Insolvenz** getroffen: Mit der Insolvenzeröffnung über das Vermögen des Organträgers endet die Organschaft. Unabhängig von den Verhältnissen beim Organträger endet die Organschaft jedenfalls mit der **Insolvenzeröffnung** bei der Organgesellschaft. Die bisherige Rechtsprechung, dass bereits die Bestellung eines vorläufigen Insolvenzverwalters bei der Organgesellschaft regelmäßig zum Ende der Organschaft führt, wird bestätigt. Die Bestellung eines Sachwalters im Rahmen der Eigenverwaltung nach §§ 270 ff. InsO in den Insolvenzverfahren des bisherigen Organträgers und der bisherigen Organgesellschaft ändert hieran nichts. Damit überträgt der BFH die für das Regelinsolvenzverfahren geltenden Grundsätze auch auf Fälle der Eigenverwaltung.

10. Teil. Stille Gesellschaft

551 Für den Bereich der AG ist weitestgehend unstreitig, dass **stille Beteiligungen** als „andere Unternehmensverträge" iSd § 292 Abs. 1 Nr. 2 AktG **(Teilgewinnabführungsvertrag)** zu qualifizieren und folglich **ein notariell beurkundeter Zustimmungsbeschluss der HV** der Anteilseigner und die Eintragung im Handelsregister erforderlich sind, § 294 Abs. 1 AktG.[980] Der BGH[981] hat dies wiederholt festgestellt. Danach stellte die Begründung eines als stille Beteiligung einzuordnenden Rechtsverhältnisses nicht ein Genussrecht zur Begründung eines Bezugsrechts dar, sondern einen **Unternehmensvertrag** iSd § 292 Abs. 1 Nr. 2 AktG. Zum anderen ist auch für die **GmbH** nach ganz überwiegender Auffassung der Abschluss von Beherrschungs- und Gewinnabführungsverträgen im Register der abhängigen Gesellschaft eintragungspflichtig.[982]

552 Leistet eine AG abweichend von den vertraglichen Regelungen an den stillen Gesellschafter eine **Sonderzahlung** oder verzichtet auf die vertragliche Verlustzuweisung, stellt dies eine Änderung des Unternehmensvertrages dar, so dass hierfür die Formvorschriften einzuhalten sind. Dies ist auch dann der Fall, wenn es sich nur um einen einmaligen Vorgang handelt und dies den stillen Gesellschafter von einer möglichen Beendigung der stillen Gesellschaft abhalten soll. Entscheidend ist, ob die Parteien eine Änderung der vertraglichen Pflichten vornehmen, nicht aber ob sie dies im Wege der Vertragsänderung oder in einer eigenständigen Vereinbarung tun wollen und ob die Änderungen wesentlich oder unwesentlich sind.[983]

553 Angesichts drohender **Unwirksamkeit der Beteiligung** in zivil- und steuerrechtlicher Hinsicht ist trotz eines hohen Aufwandes zur Eintragung (des schriftlichen Vertrages nebst notariellem zustimmenden Gesellschafterbeschluss in qualifizierter Mehrheit) auch von Teilgewinnabführungsverträgen bei der GmbH zu raten, obwohl die hM diese Verträge weder für eintragungspflichtig noch eintragungsfähig hält.[984] Das gilt unabhängig von der Höhe der Beteiligung jedenfalls in all den Fällen, in denen der Vertrag Zustimmungserfordernisse aufstellt.[985] Nach dem BayObLG ist nach einer wertenden Betrachtung zu beurteilen, inwieweit die Auswirkungen eines solchen Vertrages sich denen einer Satzungsänderung derart annähern, dass eine Eintragungspflicht, da gesetzlich nicht geregelt, gefordert werden kann. Für reine Austauschverträge mit der GmbH sieht das BayObLG jedenfalls keine Eintragungspflicht. Erst wenn die Regelungen des Vertrages dem Vertrags-

---

[979] BFH NZI 2017, 360 mAnm *de Weerth* = DStR 2017, 599 mAnm *Heuermann*.
[980] Vgl. nur *Blaurock,* Handbuch Stille Gesellschaft, 3. Aufl. 2003, Rn. 7.22 ff.
[981] NZG 2003, 1023; NZG 2013, 53.
[982] Baumbach/Hueck/ *Zöllner* GmbH-KonzernR Rn. 52.
[983] BGH ZIP 2013, 19 – HSH Nordbank mAnm *Derleder* EWiR 2013, 39.
[984] Henssler/Strohn/ *Verse* GmbHG Anh. § 13 Rn. 122.
[985] Sehr umstritten, dafür: Rowedder/Schmidt-Leithoff/ *Koppensteiner* GmbHG Anh. § 52 Rn. 67; Scholz/ *Emmerich* GmbHG Anh. § 13 KonzernR Rn. 213; Scholz/ *Priester/Veil* GmbHG § 53 Rn. 164; Hachenburg/ *Ulmer* GmbHG § 53 Rn. 160; aA *Blaurock,* Handbuch Stille Gesellschaft, 3. Aufl. 2003, Rn. 7.34.

partner Einfluss auf das Geschäft der GmbH gewähren, könnte eine Eintragungspflicht in Betracht kommen.[986] Demgegenüber lehnt das LG Darmstadt die analoge Anwendung der Vorschriften des AktG ab. Anders als in der AG verfügen die GmbH-Gesellschafter über umfassende Kompetenzen hinsichtlich der Geschäftsführung und Auskunfts- und Einsichtsrechte, so dass die Interessenlage nicht vergleichbar sei. Nur Verträge, die die Struktur der Gesellschaft verändern oder den Kernbereich der Mitgliedschaft betreffen, seien von der Vertretungsmacht der Geschäftsführer nicht mehr gedeckt und unterfielen den §§ 53, 54 GmbHG.[987]

Checkliste: Ablauf Gründung stille Gesellschaft   554
(1) Abschluss des Vertrags über eine stille Beteiligung
(2) Beschluss der Gesellschafterversammlung der abführenden Gesellschaft (Inhaber) in notarieller Form mit qualifizierter Mehrheit
(3) Auf Seiten des Stillen reicht die Vertretungsmacht des Vertretungsorgans, also in der Regel des Geschäftsführers; ein Gesellschafterbeschluss ist nicht erforderlich
(4) Eintragung der stillen Beteiligung im Handelsregister der Inhaber (sehr umstritten)

---

11. Teil. Eingliederung

A. Allgemeines; Grundtypen

Die **Eingliederung** stellt neben der **Verschmelzung** die intensivste Form der Unternehmensverbindung dar. Sie entspricht in ihren Auswirkungen wirtschaftlich denen der Verschmelzung (§§ 2 ff. UmwG)[988] mit dem entscheidenden rechtlichen Unterschied, dass die eingegliederte Gesellschaft **als juristische Person bestehen bleibt** und **Minderheitsaktionäre** ausscheiden müssen und Aktionäre der Hauptgesellschaft werden oder eine Barabfindung erhalten. Die Interessenlage der beteiligten Personen ist somit mit der bei der Verschmelzung vergleichbar, so dass man mit den Änderungen der §§ 319 ff. AktG durch Art. 6 Nr. 10–12 UmwBerG bemüht war, die Schutzvorschriften denen des Verschmelzungsrechts anzupassen.   555

Die **Eingliederung** ist nur zulässig **zwischen AGs mit Sitz im Inland.** Die Hauptgesellschaft erlangt nach erfolgter Eingliederung ein **unbegrenztes Weisungsrecht** gegenüber der Tochtergesellschaft, diese bleibt aber erhalten; zwischen ihr und der Hauptgesellschaft entsteht ein Konzernverhältnis, § 18 Abs. 1 S. 2 AktG. Die Eingliederung erfordert keinen Vertrag, daher ist auch die Mitwirkung des Vorstandes der eingegliederten Gesellschaft nicht nötig. Es ist nur auf Seiten des einzugliedernden Unternehmens ein **Eingliederungsbeschluss** der HV notwendig und bei der zukünftigen Hauptgesellschaft ein **Zustimmungsbeschluss** der HV. Gemäß § 319 Abs. 1 S. 2 AktG bzw. § 319 Abs. 2 S. 4 iVm Abs. 1 S. 2 AktG sind dabei die Normen über Satzungsänderungen nicht anwendbar. Man unterscheidet zwei Grundtypen der Eingliederung einer AG: Einmal ist die Eingliederung gemäß § 319 AktG möglich, wenn es sich bei der einzugliedernden Gesellschaft um eine 100%-ige Tochtergesellschaft handelt, dh alle Aktien der einzugliedernden AG sich in den Händen der zukünftigen Hauptgesellschaft befinden.   556

Des Weiteren ist gemäß § 320 AktG **Eingliederung durch Mehrheitsbeschluss** möglich, nämlich dann, wenn 95 % des Grundkapitals der einzugliedernden AG in Händen der zukünftigen Gesellschaft sind. Dies stellt eine Variante der Grundform des § 319   557

---

[986] BayObLG ZIP 2003, 845 (847); ebenso für die typisch stille Gesellschaft OLG München DNotZ 2011, 949; KG NZG 2014, 668.
[987] LG Darmstadt ZIP 2005, 402.
[988] KK-AktG/*Koppensteiner* AktG Vorb. § 319 Rn. 3.

AktG dar. Kennzeichnung dieser Eingliederung ist, dass die Minderheitsaktionäre ihre Mitgliedschaft verlieren (§ 320a AktG) und dafür durch eine angemessene Abfindung entschädigt werden müssen. Nach § 320b AktG sind grundsätzlich Aktien der Hauptgesellschaft zu gewähren. Ist diese bereits ihrerseits eingegliedert, führte dies zur Ausgliederung und dann erneuten Eingliederung. Um das zu vermeiden, sind bei **Eingliederung einer Enkelgesellschaft** in die bereits eingegliederte Tochtergesellschaft Aktien der Muttergesellschaft zu gewähren.[989] Der Inhaber eines Optionsscheines kann bei Optionsausübung nach Eingliederung nicht mehr Aktien der eingegliederten AG verlangen, sondern nur noch Abfindung mit Aktien der Hauptgesellschaft.[990]

558   Hinsichtlich des Umtauschs der Aktien sind nach § 320b AktG die **Grundsätze des Verschmelzungsrechts** entsprechend anzuwenden. Auch hier sind bare Zuzahlungen zur Vereinfachung des Umtauschverhältnisses zulässig, dürfen jedoch – wie im Fall der Verschmelzung – 10% des Gesamtnennbetrages der gewährten Aktien nicht übersteigen. Die im Verschmelzungsrecht angewandte Methode des Ausgleichs von Aktienspitzen durch Zusammenlegung, Umtausch und nachfolgende Verwertung für Rechnung der Aktionäre des übertragenden Unternehmens, die die Aktienspitzen eingereicht haben, ist auch im Recht der Eingliederung hinsichtlich der außenstehenden Aktionäre der eingegliederten AG zulässig.[991]

B. Ablauf der Eingliederung

I. Eingliederung einer 100%-igen Tochtergesellschaft

559 Vor dem der Eingliederung zustimmenden Hauptversammlungsbeschluss sind folgende Informationspflichten zu beachten:
– **Offenlegung** (§ 319 Abs. 3 AktG),
– **Bericht** (§ 319 Abs. 3 Nr. 3 AktG),
– **Auskunft** (§ 319 Abs. 3 AktG).

560 Die Eingliederung einer 100%-igen Tochtergesellschaft erfordert sodann einen **Hauptversammlungsbeschluss** der einzugliedernden AG, § 319 Abs. 1 AktG. Dabei sind gemäß § 319 Abs. 1 S. 2 AktG die Formvorschriften für Satzungsänderungen nicht anzuwenden und gemäß § 130 Abs. 1 S. 3 AktG ist eine Beurkundung nur erforderlich, wenn es sich um eine börsennotierte Gesellschaft handelt.

561 Trotz des § 130 Abs. 1 S. 3 AktG ist auch bei einer nicht börsennotierten AG für den Beschluss der Hauptgesellschaft, auf die eingegliedert wird, die **notarielle Beurkundung** erforderlich, da § 319 Abs. 2 S. 2 AktG für den Zustimmungsbeschluss eine Mehrheit von 3/4 des bei der Beschlussfassung vertretenen Grundkapitals vorschreibt.

562 In der Neufassung des § 319 Abs. 3 AktG wurden die **Informationsrechte der Aktionäre** der neuen Hauptgesellschaft mit Blick auf die Haftung nach § 322 AktG gegenüber dem gemäß § 319 Abs. 3 S. 4 AktG bestehenden Auskunftsrecht erweitert.

563 Der Vorstand der künftigen Hauptgesellschaft muss einen **Eingliederungsbericht** erstatten. Dieses Erfordernis folgt der Regelung in § 293a AktG für Unternehmensverträge und § 8 UmwG für die Verschmelzung.[992] Inhaltlich ist in diesem Bericht die Eingliederung darzulegen, sind Vor- und Nachteile anderer Möglichkeiten anzusprechen.

564 Die **Anmeldung der Eingliederung** und der Firma der Hauptgesellschaft zur Eintragung ins Handelsregister erfolgt durch den Vorstand der einzugliedernden AG bei dem für diese zuständigen Registergericht, § 319 Abs. 4 S. 1 AktG. Der Anmeldung sind die Niederschriften der Hauptversammlungsbeschlüsse und deren Anlagen in Ausfertigung oder beglaubigter Abschrift beizufügen.

---

[989] BGH NZG 1999, 260 mAnm *Richter*.
[990] BGH WM 1998, 654 mAnm *Müller* WuB II A. § 320 AktG 1/99.
[991] *Vetter* AG 1997, 13.
[992] Zum Verschmelzungsbericht BGH NZG 2007, 714.

Der Vorstand hat gegenüber dem Registergericht eine Negativerklärung gemäß § 319 **565**
Abs. 5 S. 1 AktG abzugeben. Bei ihrem Fehlen besteht gemäß § 319 Abs. 5 S. 2 Hs. 1
AktG eine ausdrückliche Registersperre, die jedoch durch Freigabeverfahren nach § 319
Abs. 6 AktG überwunden werden kann.

II. Eingliederung durch Mehrheitsbeschluss

Gemäß obigen Ausführungen stellt die **Eingliederungsmöglichkeit durch Mehrheits-** **566**
beschluss nur eine Variante der Grundform der Eingliederung nach § 319 AktG dar.
Dementsprechend ist auch hier kein Vertrag nötig, es sind ebenfalls nur Eingliederungs-
und Zustimmungsbeschluss der HV notwendig.

Eine Ergänzung zu der Eingliederungsmöglichkeit des § 319 AktG findet sich in den **567**
§§ 320 ff. AktG zum Schutz der Minderheitsaktionäre, die ihre Beteiligung verlieren. So
sind die **Informationsrechte** gemäß § 320 Abs. 4 AktG sowie die **Anforderungen an
den Eingliederungsbericht** gemäß § 320 Abs. 4 S. 2 AktG zur Bewertung der Abfindungsansprüche erweitert. Zum Schutz der Aktionäre der Hauptgesellschaft ist in dem
Bericht auch auf eine Verwässerung ihrer Beteiligung einzugehen. Anmeldepflicht und
Negativerklärung entsprechen den Regelungen in § 319 AktG.

Eine Besonderheit gilt bei der **Einberufung der HV** über den Eingliederungsbe- **568**
schluss. Gemäß § 320 Abs. 2 Nr. 2 AktG ist ein **konkretes Abfindungsangebot** anzugeben. Außerdem ist gemäß § 320 Abs. 3 AktG eine Eingliederungsprüfung notwendig.
Nach § 320 Abs. 3 S. 1 AktG kann die Prüfung einer Eingliederung wie die Verschmelzungsprüfung für alle beteiligten Gesellschaften durch einen einzigen Prüfer durchgeführt
werden.

12. Teil. Squeeze-out

A. Einführung; Rechtfertigung

Seit dem 1. 1. 2002 enthält das Aktiengesetz in den §§ 327a ff. AktG Regelungen zum **569**
sog. **Squeeze-out,** der den Ausschluss von Minderheitsaktionären ermöglicht. Nach
§ 327a AktG kann die HV einer AG oder KGaA auf Verlangen des Aktionärs, der mindestens **95 % der Aktien** am Grundkapital hält (Hauptaktionär) die Übertragung der Aktien der Minderheitsaktionäre verlangen. Im Gegenzug muss er eine angemessene Barabfindung gewähren.[993] Durch die Neuregelung in § 62 Abs. 5 UmwG ermöglicht es der
Gesetzgeber seit 2011 dem Mehrheitsaktionär, auch dann schon einen Squeeze-out vorzunehmen, wenn er lediglich 90 % der Aktien hält und den Squeeze-out in eine Verschmelzung einbettet (dazu → § 24 Rn. 125 ff.). Die wirtschaftliche Bedeutung dieses aktienrechtlichen Instruments ist hoch, genießt der Alleinaktionär doch einige Vorteile:
– In der HV müssen die Versammlungsformalien nicht beachtet werden, da der Alleinak-
 tionär automatisch das Vollversammlungsprivileg für sich in Anspruch nehmen kann.
– In der Vorbereitungsphase müssen die Einberufungs- und Informationsformalien nicht
 eingehalten werden.
– Da keine Minderheit vorhanden ist, sind Regelungen zum Minderheitenschutz unbe-
 achtlich.
– Anfechtungsklagen von Aktionären stehen nicht zu befürchten.
– Einberufungs- und Auskunftsverlangen sowie die Einhaltung der Vorschriften zum
 Schutz von Minderheiten lösen Kosten aus. Diese entfallen nach einem Squeeze-out.
Eine **sachliche Rechtfertigung** ist für den Ausschluss nicht erforderlich, er darf lediglich **570**
nicht **rechtsmissbräuchlich** genutzt werden.[994] Ein Squeeze-out ist daher auch während

---

[993] Zur Frage der Angemessenheit *Rühland* NZG 2001, 448 (450); LG München I BeckRS 2013, 18342.
[994] Zum Rechtsmissbrauch OLG Köln ZIP 2017, 2468; GWR 2018, 30 *(Görisch)*; EWiR 2018, 139 *(Goslar)*.

der Liquidation der Gesellschaft noch zulässig, um den Verwaltungs- und Kostenaufwand zu senken.[995] Allein darin, dass ein Mehrheitsaktionär das Ziel verfolgt, sich weniger verbliebener Minderheitsaktionäre zu entledigen, liegt kein Rechtsmissbrauch – vielmehr die Nutzung rechtlicher Möglichkeiten – vor.[996] Der Squeeze-out folgt einem formalen Prinzip, das bereits die sachliche Rechtfertigung in sich trägt. Ein Rechtsmissbrauch kann sich allein in Relation zur gesetzgeberischen Zielsetzung beurteilen.[997] Das Rechtsinstitut ist so attraktiv, dass die Gesellschaften teils durch Formwechsel/Umwandlung in die Rechtsform der AG sich den Zugang zu der Möglichkeit des Squeeze-out, der nur bei der AG möglich ist, schaffen. Das OLG Hamburg stellte in seiner Entscheidung jedoch klar, dass im Zusammenhang mit dem Squeeze-out stehende vorherige Formumwandlung der übernehmenden Gesellschaft in eine AG sowie die vorherige Durchführung einer Kapitalerhöhung aus genehmigtem Kapital bei der übertragenden Gesellschaft nicht rechtsmissbräuchlich sind.[998] Ein Beschluss des OLG Köln[999] befasst sich mit der **Rechtsmissbräuchlichkeit des Squeeze outs,** durch den auch das Amt des im zu entscheidenden Fall eingesetzten besonderen Vertreters (§ 147 Abs. 2 AktG) zur Geltendmachung von konzernrechtlichen Ersatzansprüchen gegen die ehemalige Hauptaktionärin erloschen war. Der enge zeitliche und sachliche Zusammenhang zwischen einem Streit um die Ersatzansprüche und dem Ausschluss der Antragsgegner sei nach Auffassung des OLG Köln ein beweiskräftiges Indiz dafür, dass es Ziel gewesen sei, die Rechtsverfolgung des besonderen Vertreters zu vereiteln. Zwar könnten die vertretungsberechtigten Organe der Antragstellerin den vom besonderen Vertreter angestrengten Rechtsstreit fortsetzen, dies sei jedoch unrealistisch. Damit hätte die damalige Hauptaktionärin der Antragstellerin die Möglichkeit die Durchsetzung gegen sie gerichteter Ersatzansprüche zu verhindern. Auch das legitime Interesse an der Verschmelzung helfe über den Umstands- und Zeitmoment nicht hinweg.

571   Zu beachten ist, dass ein Squeeze-out dann anfechtbar ist, wenn im Wege der Kapitalerhöhung gerade erst neue Aktionäre aufgenommen wurden, die nun aber wieder ausgeschlossen werden sollen. Gemäß dem Grundsatz venire contra factum proprium wird ein solcher Ausschluss als **rechtsmissbräuchlich** eingestuft.[1000] Ein Rechtsmissbrauch durch die Nutzung des Instituts des Squeeze-Out kommt jedoch nur in seltenen Ausnahmefällen in Betracht. Der BGH konnte selbst in einer Durchführung des Squeeze-Out mit Hilfe darlehenshalber überlassener Aktien[1001] grundsätzlich keinen Rechtsmissbrauch erkennen. Im konkreten Fall hatten mehrere Gesellschafter durch eine Wertpapierleihe so viele Aktien in die Hand eines Aktionärs gelegt, dass dieser 95 % hielt. Das Ziel war ausschließlich die Squeeze-Out. Im Anschluss an dessen Durchführung sollte die Leihe beendet werden. Der BGH[1002] sah hierin, im Gegensatz zur Vorinstanz,[1003] keine missbräuchliche Gestaltung.

572   Der BGH[1004] hat entschieden, dass der klagende Aktionär zur Fortführung einer aktienrechtlichen Anfechtungsklage analog § 265 Abs. 2 ZPO nicht nur bei freiwilliger nachträglicher Aufgabe seiner Aktionärsstellung durch Veräußerung seiner Aktien, sondern erst recht im Falle des „zwangsweisen" Verlustes seiner Rechtsposition durch Squeeze-out befugt ist. Ein zur Verfahrensfortsetzung erforderliches rechtliches Interesse besteht auch nach Erlöschen der Mitgliedschaft, soweit der Ausgang des Anfechtungsverfahrens recht-

---

[995] BGH ZIP 2006, 2080.
[996] OLG Hamburg DStR 2012, 1466.
[997] OLG Hamburg DStR 2012, 1466.
[998] AA MüKoAktG/*Grunewald* AktG § 327a Rn. 25 mwN.
[999] OLG Köln ZIP 2017, 2468; GWR 2018, 30 *(Görisch)*; EWiR 2018, 139 *(Goslar)*.
[1000] MüKoAktG/*Grunewald* AktG § 327a Rn. 28.
[1001] Sog. Wertpapieranleihe, BGH NZG 2009, 585.
[1002] NZG 2009, 585.
[1003] OLG München NZG 2007, 192.
[1004] NZG 2007, 26; NZG 2011, 669.

▸ich erhebliche Auswirkungen auf die als Vermögensausgleich zu gewährende angemesse-
▸ne Barabfindung haben kann.

Bei dem **Barabfindungsangebot** ist zu beachten, dass es einen absoluten Betrag ent- 573
halten muss. Soweit es sich nur durch für spätere Zeit vorgesehene Abzüge oder Auf-
schläge berechnen lässt, liegt darin ein Verstoß gegen das Stichtagsprinzip.[1005]

Nach § 327c Abs. 3 Nr. 2 AktG sind die **Jahresabschlüsse** und **Geschäftsberichte** 574
für die **letzten drei Geschäftsjahre** auszulegen. Nach OLG Hamburg[1006] bezieht sich
die Vorschrift auf festgestellte Jahresabschlüsse iSd § 172 Abs. 1 AktG nicht aber auf solche, die vom Vorstand bereits aufgestellt, aber vom Aufsichtsrat noch nicht gebilligt worden sind.

Gegen die Zulässigkeit des Squeeze-out bestehen keine verfassungsrechtlichen Beden- 575
ken. Das BVerfG[1007] hat die Zulässigkeit des Ausschlusses von Minderheitsaktionären aus
einer AG als mit Art. 14 Abs. 1 S. 1 GG vereinbar angesehen. Weitere Ausschlussverfahren sind zwischenzeitlich mit dem übernahmerechtlichen Squeeze-Out (§§ 39a−39c
WpÜG) sowie dem verschmelzungsrechtlichen Squeeze-Out (§ 62 Abs. 5 UmwG) eingeführt worden.

B. Motivlage

Das Motiv für die Durchführung eines sog. Squeeze-out findet sich in dem Bestreben 576
nach **Kostensenkung**. Die mit dem geringen Streubesitz einhergehenden Informationspflichten werden als unverhältnismäßig hoch angesehen. Der Ablauf eines Squeeze-out
kann in drei Phasen eingeteilt werden: Vorbereitungsphase, Beschlussphase und Vollzugsphase.

C. Vorbereitungsphase

In der **Vorbereitungsphase** wird der Grundsatzbeschluss durch den Hauptaktionär 577
gefasst, ein Squeeze-out durchzuführen. Das Verlangen wird gegenüber dem Vorstand geäußert und sollte möglichst schriftlich erfolgen. Es wird bereits mit dem Zugang an ein
Vorstandsmitglied wirksam und verpflichtet den Vorstand trotz dessen grundsätzlicher
Weisungsunabhängigkeit zur **unverzüglichen Einberufung der HV**.[1008] Die Feststellung, ob der Hauptaktionär 95 % des Grundkapitals hält, erfolgt nach den Vorgaben des
§ 16 Abs. 2, Abs. 4 AktG. Die Beteiligungshöhe muss nicht erst bei Beschlussfassung, sondern bereits zum Zeitpunkt des Verlangens gegeben sein.[1009] Der Wirksamkeit eines
Squeeze-out-Verlangens steht es zB nicht entgegen, wenn der Hauptaktionär seine Aktien
verpfändet hat, weil die Mitgliedschaft durch die Verpfändung nicht auf den Pfandgläubiger übergeht, sondern beim Hauptaktionär verbleibt.[1010] Erlangt der Hauptaktionär das erforderliche Quorum von 95 % durch eine rechtsmissbräuchliche Gestaltung, ist ein hierauf
basierender Squeeze-out-Beschluss nichtig, weil dadurch Vorschriften verletzt werden, die
dem öffentlichen Interesse, nämlich der Wahrung der Verfassungsmäßigkeit des Verfahrens
dienen. Die lediglich formale Übertragung von Aktien auf den Darlehensnehmer im
Rahmen einer sog. **Wertpapierleihe** ist aber nicht als Rechtsmissbrauch anzusehen, selbst
wenn Bezugsrechte und die geleisteten Barausschüttungen dem Darlehensgeber neben
dem Darlehensentgelt zustehen sollen, und somit der wesentliche wirtschaftliche Wert der
Aktie beim Darlehensgeber verbleibt.[1011] Grundsätzlich kommt es aber auf die dingliche

---

[1005] OLG Hamburg NZG 2003, 539 (543).
[1006] NZG 2003, 539 (542).
[1007] NZG 2007, 587.
[1008] *Hüffer/Koch* AktG § 327a Rn. 8.
[1009] BGH NZG 2011, 669; aA *Kocher/Heydel* BB 2012, 401.
[1010] OLG München ZIP 2009, 416 (420).
[1011] BGH NZG 2009, 585; aA in der Vorinstanz OLG München NZG 2007, 192.

Berechtigung an den Aktien an, sodass diese Rechtsprechung als Ausnahme von der Regel zu verstehen ist und dementsprechend restriktiv auszulegen ist.[1012] Mit der **Einberufung zur HV** sind zusätzlich die in § 327c Abs. 1 AktG genannten Angaben zu machen. Insbesondere ist die Höhe der Barabfindung anzugeben, § 327c Abs. 1 Nr. 2 AktG. Die in § 327c Abs. 3 AktG genannten Unterlagen sind von der Einberufung an in den Geschäftsräumen auszulegen und zur Einsicht für die Aktionäre bereitzuhalten. Abschriften sind dem Aktionär unentgeltlich zur Verfügung zu stellen. Die Aufzählung der Unterlagen in § 327c Abs. 3 AktG ist abschließend. Es kann nicht verlangt werden, dass der Konzernabschluss nebst Lagebericht ausgelegt wird. Sofern der Hauptaktionär eine juristische Person ist, müssen die Mitglieder des Vorstandes oder der Geschäftsführung den Übertragungsbericht in vertretungsberechtigter Anzahl unterschreiben.[1013] Die nach § 327c Abs. 3 Nr. 2 AktG auszulegenden Jahresabschlüsse müssen festgestellte Jahresabschlüsse sein. Das folgt aus der parallelen Ausgestaltung der §§ 175 Abs. 2 S. 1, 327c AktG.[1014]

578   Der Hauptaktionär muss dem Vorstand vor der Einberufung eine **Garantieerklärung (Aval)** eines Kreditinstitutes übermitteln, dass die Abfindung bei Übergang der Aktien auf den Hauptaktionär tatsächlich gezahlt wird.[1015] Ein Verstoß gegen die Vorschrift entzieht dem Vorstand aber nicht die Kompetenz zur Einberufung nach § 121 Abs. 2 S. 1 AktG mit der Folge der Nichtigkeit nach § 241 Nr. 1 AktG. Vielmehr ist es iSd § 327b Abs. 3 AktG als ausreichend anzusehen, wenn die Garantieerklärung bis zur HV nachgereicht wird.[1016]

D. Hauptversammlung

579   Erst die **HV beschließt** den Ausschluss der Minderheitsgesellschafter gegen eine angemessene Barabfindung, das Verlangen dazu allein reicht nicht aus. Jedoch muss das erforderliche Quorum von 95% des Hauptaktionärs am Tag der HV noch gegeben sein. Unerheblich ist jedoch, ob die Mehrheit von 95% noch zum Zeitpunkt der Anmeldung besteht.[1017] Eine zum Zeitpunkt der HV vorliegende **Ermächtigung zur Schaffung eines genehmigten Kapitals,** die dazu führen könnte, dass die Beteiligung des Mehrheitsaktionärs unter 95% sinkt, ist unerheblich, solange diese Ermächtigung noch nicht ausgeübt ist.[1018] Für die Beschlussfassung reicht die **einfache Mehrheit** nach § 133 Abs. 1 AktG aus. Aus § 327a AktG ergibt sich kein größeres Mehrheitserfordernis.[1019] Da durch den Übertragungsbeschluss der Vorzug von Vorzugsaktien nicht automatisch entfällt, ist grundsätzlich kein Beschluss nach § 141 Abs. 1 AktG erforderlich.[1020] In der HV hat der Hauptaktionär einen **schriftlichen Bericht** zu erstatten. Dieser Bericht hat Erläuterungen zur Bemessung der **angemessenen Abfindung** zu machen, sowie die Voraussetzungen für den Ausschluss darzulegen.[1021] Gemäß § 327d S. 2 AktG kann der Vorstand dem Hauptaktionär Gelegenheit zur mündlichen Erläuterung der Barabfindung geben. Der Beschluss muss den Betrag der angemessenen Abfindung enthalten. Die Abfindung muss aus den wirtschaftlichen Verhältnissen an diesem Stichtag resultieren. Wird die Abfindungshöhe jedoch ein Börsenwert zu Grunde gelegt, so ist auf den **gewichteten Durchschnittskurs vor Bekanntmachung der Strukturmaßnahme** abzustellen und dieser

---

[1012] Zum rechtsmissbräuchlichen Squeeze-out s. *Lieder/Stange* Der Konzern 2008, 617.
[1013] OLG Düsseldorf DB 2005, 713 (716).
[1014] OLG Hamburg NZG 2003, 539 (542).
[1015] OLG Düsseldorf AG 2010, 711.
[1016] *Krieger* BB 2002, 53 (58); aA *Hüffer/Koch* AktG § 327b Rn. 11.
[1017] OLG München ZIP 2009, 416 (420); Schmidt/Lutter/*Schnorbus*, 2008, AktG § 327 Rn. 15a mwN.
[1018] OLG München ZIP 2009, 416 (420).
[1019] *Hüffer/Koch* AktG § 327a Rn. 14; OLG Düsseldorf DB 2005, 713 (715); aA *Grunewald* ZIP 2002, 18 (19); *Vetter* AG 2002, 176 (186).
[1020] Vgl. wiederum OLG Düsseldorf DB 2005, 713 (716).
[1021] BGH ZIP 2006, 2080.

ggf. anzupassen.[1022] Eine nachträgliche Minderung durch nachträglich eingetretene Ereignisse ist unzulässig, dies würde auch dem Stichtagsprinzip widersprechen. Allenfalls können bereits angelegte Ereignisse berücksichtigt werden;[1023] das dürfte aber nicht die genaue Angabe der Abfindungshöhe hindern. Zur Niederschrift sollten der Übertragungsbericht und der Übertragungsprüfbericht als Anlage hinzugefügt werden. Es ist strittig, ob der Hauptversammlungsbeschluss der notariellen Beurkundung bedarf.[1024]

E. Vollzugsphase

Der Beschluss ist dem Handelsregister zur Eintragung anzumelden. Neben den gewöhnlichen Anlagen sind der Niederschrift der **Übertragungsbericht** und der **Übertragungsprüfbericht** beizufügen. Das zuständige Register ist das des Sitzes der Gesellschaft, nicht das Register, welches für den Hauptaktionär zuständig ist. Der Vorstand hat dem Registergericht gegenüber zu erklären, dass eine Klage gegen den Beschluss rechtskräftig abgewiesen worden, zurückgenommen oder nicht fristgerecht erhoben worden ist; die Erklärung kann durch ein **Freigabeverfahren** nach §§ 327e Abs. 2, 319 Abs. 6 AktG ersetzt werden.[1025] Erfolgt die Eintragung, gehen gemäß § 327e Abs. 3 AktG die Aktien auf den Mehrheitsaktionär über. Sind die Aktien physisch noch beim ausgeschlossenen Aktionär vorhanden, so verkörpern sie nicht mehr das Mitgliedschaftsrecht, sondern nur noch den vollen Anspruch auf die Barabfindung einschließlich einer etwaigen Differenz zwischen der vom Hauptaktionär festgelegten und der in einem nachfolgenden Spruchverfahren ermittelten (höheren) Barabfindung. Die Verbriefung des Anspruchs auf Barabfindung endet gemäß § 327e Abs. 3 S. 2 AktG mit der Aushändigung der Aktienurkunde an den Hauptaktionär, die jedenfalls dann angenommen werden kann, wenn die Aktienurkunde dem Hauptaktionär zum Zweck der „Einlösung" – im Hinblick auf die bereits gewährte oder im Gegenzug zu gewährende Barabfindung – übergeben wird. In diesem Fall kann eine Aushändigung iSv § 327e Abs. 3 S. 2 AktG auch dann anzunehmen sein, wenn der Hauptaktionär die ihm übergebene Aktie in eindeutig entwerteter Form zurückgibt.[1026]

580

F. Checkliste

Checkliste: Squeeze-out	
(1)	Interne Entscheidung des Hauptaktionärs für einen Squeeze-out
(2)	Feststellung, ob die 95 %-ige Mehrheit gemäß § 327a Abs. 1 und Abs. 2 AktG erreicht ist (Beurteilung nach § 16 Abs. 2 und Abs. 4 AktG)
(3)	Verlangen nach Durchführung eines Squeeze-out
(4)	Prüfung der zulässigen Rechtsform des Hauptaktionärs
(5)	Sicherstellung der Barabfindung durch Garantieerklärung eines Kreditinstituts
(6)	Grunderwerbsteuerliche Auswirkungen beachten (§ 1 Abs. 3 GrEStG)
(7)	Wertermittlung der Gesellschaft
(8)	Ggf. Kündigung von Unternehmensverträgen
(9)	Antrag auf Prüferbestellung, § 327b Abs. 2 S. 3 AktG
(10)	Bestellung des Prüfers durch das zuständige Landgericht
(11)	Erstellung des Übertragungsberichts
(12)	Vorbereitung der Unterlagen, die ab Einberufung ausgelegt werden müssen
(13)	Übermittlung des Avals nach § 327b Abs. 3 AktG

581

[1022] BGH NJW 2010, 2657.
[1023] OLG Hamburg NZG 2003, 539 (540).
[1024] Vgl. für eine notarielle Beurkundungspflicht DNotI-Gutachten Nr. 31299; auch *Vossius* ZIP 2002, 511 (514) geht davon aus; aA *Hüffer/Koch* AktG § 327e Rn. 2.
[1025] *Petersen/Habbe* NZG 2010, 1091.
[1026] BGH NZG 2017, 341.

(14) Bei Anwendbarkeit des § 15 WpHG Veröffentlichung von Ad-hoc-Mitteilungen

(15) Einberufung

(16) Auslegen der nach § 327c Abs. 3 AktG vorbereiteten Unterlagen in den Geschäftsräumen, ggf. Erteilung von Abschriften an die Aktionäre

(17) Ggf. Anpassen der Bewertung der Gesellschaft, soweit sich der Wert zwischen Einberufung und HV ändert

(18) Durchführung der HV

(19) Auslegen der in § 327c Abs. 3 AktG bezeichneten Unterlagen (§ 327d Abs. 1 AktG); auch die Garantieerklärung des Kreditinstituts sollte ausgelegt werden

(20) Ggf. Erteilung des Wortes an den Hauptaktionär zur Erläuterung der Barabfindung durch den Vorstand

(21) Soweit sich der Wert der Gesellschaft geändert hat, Anpassung der Barabfindung

(22) Niederschrift

(23) Anmeldung des Übertragungsbeschlusses zur Eintragung in das Handelsregister (§ 327e Abs. 1 AktG)

(24) Erklärung des Vorstandes über Anfechtungs- und Nichtigkeitsklagen nach §§ 327e Abs. 2, 319 Abs. 5, Abs. 6 AktG

(25) Ggf. Anstrengung des Freigabeverfahrens, §§ 327e Abs. 2, 319 Abs. 5, Abs. 6 AktG, durch den Vorstand

(26) Eintragung des Übertragungsbeschlusses durch den Registerrichter

(27) Zahlung der Barabfindung an ausgeschlossene Minderheitsaktionäre nach Nachweis der Aktionärsstellung, Übergabe bzw. Besitz- und Eigentumsverschaffung an effektiven Stücken

(28) Bekanntmachung an ausgeschlossene Aktionäre mit Androhung der Hinterlegung der Barabfindung analog § 214 AktG durch Veröffentlichung in den Gesellschaftsblättern

(29) Nach Ablauf eines Jahres: Dreimalige Veröffentlichung der Hinterlegungsandrohung in den Gesellschaftsblättern

(30) Hinterlegung des noch nicht an ausgeschlossene Aktionäre ausbezahlten Teils der Barabfindung unter Verzicht auf die Rücknahme nach den Vorschriften des BGB (§§ 372 ff. BGB)

582   Da mit dem Ausschluss der Minderheitsaktionäre der Streubesitz von Aktien verloren geht, ist ggf. ein Antrag auf Delisting zu stellen.[1027]

13. Teil. Die Europäische (Aktien-)Gesellschaft (Societas Europaea, SE)

Schrifttum:

Kommentare, Handbücher und Monographien: *Baums/Cahn*, Die europäische Aktiengesellschaft, 2004; *Baums/Ulmer*, Unternehmens-Mitbestimmung der Arbeitnehmer im Recht der EU-Mitgliedstaaten, 2004; *Brandt*, Die Hauptversammlung der Europäischen Aktiengesellschaft (SE), 2004; *Eidenmüller*, Ausländische Kapitalgesellschaften im deutschen Recht, 2004; *Fleischhauer/Preuß*, Handelsregisterrecht, 2010; *Freier*, Die Gründung einer SE als Vorratsgesellschaft, 2016; *Grundmann*, Europäisches Gesellschaftsrecht, 2011; *Habersack/Drinhausen*, SE-Recht, 2. Aufl. 2016; *Heckschen* in Widmann/Mayer, Umwandlungsrecht, Anh. 14, 177. EL (Stand 5/2019); *Jannott/Frodermann*, Handbuch der Europäischen Aktiengesellschaft, 2. Aufl. 2014; *Kalss/Hügel*, Europäische Aktiengesellschaft, 2004; *Lambach*, Die Beteiligung der Arbeitnehmer in der Europäischen Gesellschaft (SE), 2004; *Lutter*, Umwandlungsgesetz, 5. Aufl. 2014; *Lutter/Bayer/J. Schmidt*, Europäisches Unternehmens- und Kapitalmarktrecht, 6. Aufl. 2018; *Lutter/Hommelhoff*, Die Europäische Gesellschaft, 2005; *Lutter/Hommelhoff/Teichmann*, SE-Kommentar, 2. Aufl. 2015; *Mahi*, Die Europäische Aktiengesellschaft Societas Europaea – SE, 2004; *Manz/Mayer/Schröder*, Europäische Aktiengesellschaft SE, 3. Aufl. 2019; *Oplustil/Teichmann*, The European Company – all over Europe – A state-by-state account of the introduction of the European Company, 2004; *Ruhwinkel*, Gründung einer Europäischen Aktienge-

---

[1027] Vgl. Formulierungsvorschläge bei *Vossius* ZIP 2002, 511 (515).

sellschaft (SE) durch Verschmelzung oder durch Anteilstausch, 2004; *Scheifele*, Die Gründung der Europäischen Aktiengesellschaft (SE), 2004; *Schwarz*, SE-VO, 2006; *Theisen/Wenz*, Die Europäische Aktiengesellschaft, 2005.

Aufsätze: *Blanquet*, Das Statut der Europäischen Aktiengesellschaft (Societas Europaea „SE"), ZGR 31, 20; *Brandi*, Die Europäische Aktiengesellschaft im deutschen und internationalen Konzernrecht, NZG 2003, 889; *Brändle/Noll*, Die Societas Europaea – Droht ein Wettkampf der Führungssysteme?, AnwBl. 2004, 9; *Bunz*, Die Hauptversammlung der monistischen SE, AG 2018, 466; *Deilmann/Häferer*, Kein Schutz des Status Quo bei der Gründung der dualistischen SE durch Umwandlung, NZA 2017, 607; *Eder*, Die monistisch verfasste Societas Europaea – Überlegungen zur Umsetzung eines CEO-Models, NZG 2004, 544; *Eidenmüller*, Mobilität und Restrukturierung von Unternehmen im Binnenmarkt, JZ 2004, 24; *Endres*, Europa-AG und Steuern: das Flaggschiff ist da, es fehlt nur das Segel, RIW 2004, 735; *Enriques*, Schweigen ist Gold: Die Europäische Aktiengesellschaft als Katalysator für regulative Arbitrage im Gesellschaftsrecht, ZGR 2004, 735; *Fleischer*, Das Recht der internationalen Wirtschaft und die Europäische Aktiengesellschaft, RIW 2004, 9; *Forst*, Unterliegen Organwalter der Societas Europaea mit Sitz in Deutschland der Sozialversicherungspflicht?, NZS 2012, 801; *Habersack*, Das Konzernrecht der deutschen „SE", ZGR 32 (2003), 724; *ders.*, Das Mitbestimmungsstatut der SE: „Ist" oder „Soll"?, AG 2018, 823; *Heckschen*, Die Europäische AG aus notarieller Sicht, DNotZ 2003, 251; *ders.*, Die SE als Option für den Mittelstand, FS Westermann 2008, 999; *Hoffmann-Becking*, Organe: Strukturen und Verantwortlichkeiten insbesondere im monistischen System, ZGR 2004, 355; *Hopt*, Europäisches Gesellschaftsrecht und deutsche Unternehmensverfassung, ZIP 2005, 461; *Horn*, Die Europa-AG im Kontext des deutschen und europäischen Gesellschaftsrechts, DB 2005, 147; *Hügel*, Grenzüberschreitende Umgründungen, Sitzverlegung und Wegzug im Lichte der Änderung der Fusionsrichtlinie und der neueren EuGH-Judikatur, FS Wiesner 2004, 177; *Ihrig/Wagner*, Das Gesetz zur Einführung der Europäischen Gesellschaft (SEEG) auf der Zielgeraden, BB 2004, 1749; *Kallmeyer*, Die Beteiligung der Arbeitnehmer in der Europäischen Gesellschaft, ZIP 2004, 1442; *Kalss/Zollner*, Der Weg aus der SE, RdW 2004, 587; *Kämmerer/Veil*, Paritätische Arbeitnehmermitbestimmung in der monistischen Societas Europaea – ein verfassungsrechtlicher Irrweg?, ZIP 2005, 369; *Klein*, Die Europäische Aktiengesellschaft „À la francaise", RIW 2004, 435; *Kübler*, Leitungsstrukturen der Aktiengesellschaft und die Umsetzung des SE-Statuts, ZHR 167 (2003), 222; *Löw/Stolzenberg*, Arbeitnehmerbeteiligungsverfahren bei der SE-Gründung – Potenzielle Fehler und praktische Folgen, NZA 2016, 1489; *Luke*, Vorrats-SE ohne Arbeitnehmerbeteiligung?, NZA 2013, 941; *Nagel*, Die Europäische Aktiengesellschaft (SE) in Deutschland – der Regierungsentwurf zum SE-Einführungsgesetz, NZG 2004, 833; *ders.*, Ist die Europäische Aktiengesellschaft (SE) attraktiv?, DB 2004, 1299; *Paefgen*, Umwandlung, europäische Grundfreiheiten und Kollisionsrecht, GmbHR 2004, 463; *Reichert/Weller*, Geschäftsanteilsübertragung mit Auslandsberührung, DStR 2005, 219; *Rieble*, Tendenz-SE, AG 2014, 224; *Teichmann*, Gestaltungsfreiheit im monistischen Leitungssystem der Europäischen Aktiengesellschaft, BB 2004, 53; *ders.*, Austrittsrecht und Pflichtangebot bei Gründung einer Europäischen Aktiengesellschaft, AG 2004, 67; *Ulmer*, Gläubigerschutz bei Scheinauslandsgesellschaften, NJW 2004, 1201; *Wagner*, Die Bestimmung des auf die SE anwendbaren Rechts, NZG 2002, 985; *Werner*, Die Societas Europaea und die Kommanditgesellschaft auf Aktien – Alternativen zur Aktiengesellschaft, NWB 2016, 868; *Westermann*, Die GmbH in der nationalen und internationalen Konkurrenz der Rechtsformen, GmbHR 2005, 4; *Wiesner*, Mitbestimmungsexport durch grenzüberschreitende Fusion, ZIP 2004, 243; *Windbichler*, Arbeitnehmerinteressen im und gegenüber dem Unternehmen, AG 2004, 190; *Winter/Marx/De Decker*, Mitbestimmungsrechtliche Aspekte der SE & Co. KG, NZA 2016, 334.

A. Einführung

Nach langen Verhandlungen hatte der zuständige EU-Ministerrat die Verordnung über das Statut der Europäischen (Aktien-)Gesellschaft (SE-VO) im Dezember 2001 verabschiedet.[1028] Nach ersten Ideen, die bis auf das Jahr 1959 zurückgehen, ist die Verordnung als sekundäres Gemeinschaftsrecht am 8. 10. 2004 (Art. 70 SE-VO) in der Bundesrepublik Deutschland und den übrigen Mitgliedstaaten der Europäischen Union in Kraft getreten. Daneben kann eine Europäische (Aktien-)Gesellschaft auch in den **Mitgliedstaaten des EWR** gegründet werden. Das EWR-Abkommen wurde entsprechend ergänzt. Dem deutschen Gesetzgeber oblag es, Regelungsaufträge und Regelungsmöglichkeiten, die die **SE-VO** enthält, in einem nationalen Begleitgesetz umzusetzen. Dies ist durch das Gesetz zur Ausführung der Verordnung (EG) Nr. 2157/2001 des Rates vom 8. 10. 2001 über das Statut der Europäischen Gesellschaft (SE) (SE-Ausführungsgesetz – **SEAG**) geschehen.

583

Aus Sicht des deutschen Gesellschaftsrechts gingen mit dem Inkrafttreten dieser Gesetze zwei wesentliche Neuerungen einher. Zum einen wurde durch Art. 43–45 SE-VO die Möglichkeit eröffnet, auch in Deutschland die „Verwaltung" einer SE nach dem, aus

584

[1028] Verordnung (EG) Nr. 2157/2001, ABl. 2001 L 294, 10.

dem angelsächsischen Rechtsraum bekannten, monistischen System auszugestalten, ohne die strikte Trennung von Vorstand und Aufsichtsrat. Außerdem wurde die Gründung einer **Holding-SE** möglich. Eine solche Gründungsvariante war dem deutschen Recht bis zu diesem Zeitpunkt unbekannt. In der Diskussion um das Umwandlungsgesetz 1994 wurde die Einführung einer solchen Möglichkeit in Betracht gezogen, eine Umsetzung im Gesetz war jedoch nicht erfolgt.[1029]

585   Zum 1.1.2018 sind in Deutschland **496 SEs** eingetragen.[1030] Dies ist eine Steigerung von 18,9% zum Vorjahr. Damit hat die SE einmal mehr die höchsten Zuwachsraten aller im Handelsregister eingetragenen Unternehmens- und Gesellschaftsformen.[1031]

Beispiele für SEs:

Die wohl erste SE ist die Holding der österreichischen Strabag-Gruppe, die bereits Ende 2004 gegründet wurde. Unter den Unternehmen, die die Rechtsform der SE nutzen, finden sich zwischenzeitlich große Namen, wie die AIRBUS SE, Allianz SE, ARAG SE, Porsche Automobil Holding SE, Bayer, E.ON, Bertelsmann, Bilfinger, BASF SE, SAP Deutschland SE Co. KG, MAN Diesel SE, Deichmann SE, Plansee SE, Puma SE, Deutsche Wohnen, ProSieben-Sat1 Media, Zalando; VOLKSWAGEN BUS & TRUCK als TRATON SE, Toyota Europe, Goldman Sachs Bank Europe SE; das TecDax-Unternehmen Evotec und das Lieferdienst-Start-up Delivery Hero. Auch viele Mittelständler sind vertreten, zB unitedprint.com; WAREMA Renkhoff SE, Xing, MLP und der Werkzeughersteller Hoffmann.

586   Interessant ist ein Überblick über die Verbreitung der SE in Europa, die zeigt, dass trotz der insgesamt zum Stichtag 4.4.2018 mehr als 3.014 eingetragenen SEs diese Gesellschaftsform kein Selbstläufer ist. Es kann in vier EU-Mitgliedsstaaten eine signifikante Zahl an SEs verzeichnet werden: Luxemburg 33, Großbritannien und Frankreich jeweils knapp 40, in der Slowakei 145, in Deutschland 496. Auf Platz eins steht unerreicht die Tschechische Republik, in deren Handelsregistern mittlerweile mehr als 2.100 SEs eingetragen sind. Auffällig ist aber, dass in nahezu allen Mitgliedstaaten – auch Deutschland – die eingetragenen SEs hälftig **Vorratsgesellschaften** sind. In der Tschechischen Republik sind sogar lediglich ca. 5% der Gesellschaften als „normale" aktive SEs einzuordnen.

587   Die Seite der worker-participation bietet eine Übersicht über bereits gegründete SEs sowie eine Liste der Gesellschaften, die gerade in der Umstrukturierung sind.[1032] Die Liste hat zwar keinen Anspruch auf Vollständigkeit, bietet aber eine gute erste Orientierung.

B. Einsatzmöglichkeiten

588   Entschließen sich die Klienten zur Gründung einer Kapitalgesellschaft, dann ist ihnen vom Notar der Unterschied zwischen den alternativen Möglichkeiten zu erläutern. Seit der Einführung der Europäischen (Aktien-)Gesellschaft hat der Notar den Beteiligten auch die **Vor- und Nachteile dieser Rechtsform** darzulegen. [1033]

[1029] Vgl. Widmann/Mayer/*Heckschen* UmwG Anh. 14 Rn. 271.
[1030] *Kornblum* GmbHR 2018, 669; vgl. zu weiteren Rechtstatsachen auch *Lutter/Bayer/Schmidt* § 45 Rn. 45.9.
[1031] *Kornblum* GmbHR 2018, 669.
[1032] Abrufbar unter: http://ecdb.worker-participation.eu.
[1033] Ausf. zur SE als Rechtsform für den Mittelstand *Heckschen* FS Westermann 2008, 999.

Checkliste: Gesichtspunkte für Gründung einer SE 589
- **Vereinheitlichung** der Gesellschaftsstrukturen für Unternehmen, die europaweit agieren
- Die SE kann ihren **Satzungssitz** innerhalb der Mitgliedstaaten auf sicherer rechtlicher Grundlage verlegen
- **Wahlmöglichkeit des Leitungssystems** zwischen dem dualistischen Leitungssystem (mit Aufsichtsrat und Vorstand) und dem monistischen Leitungssystem (mit einem Verwaltungsrat), auch noch nach Gründung
- **Flexiblere Organisationsstrukturen** über Einführung des monistischen Leitungssystems (auch für überwiegend national geprägte Gesellschaften)
- Größere **Gestaltungsfreiheit bei der Ausgestaltung der Rechte** von HV und Leitungsorganen über das **monistische System**
- Möglichkeit der Schaffung **schlanker Führungsstrukturen** durch einen Verwaltungsrat mit nur einem Mitglied (zusätzlich ist ein externer geschäftsführender Direktor zu bestellen)
- Vermeidung von Verwaltungsvorgängen im **monistischen Leitungssystem,** da keine Berichts- und Begründungspflichten auf Seiten des Vorstandes bestehen
- Der Gründer/Allein-/Mehrheitsaktionär kann über den nur mit einer weiteren Person besetzten Verwaltungsrat die Gesellschaft besser kontrollieren und ist einer auch nur kurzfristigen „Verselbständigung" des Aufsichtsrates nicht ausgeliefert
- Im monistischen System erfolgt der **Informationsaustausch** schneller, da er innerhalb eines Organs erfolgt
- Möglichkeit, **grenzüberschreitende Umstrukturierungen** durchzuführen durch Verschmelzung, Gründung einer Holding-SE oder Gründung einer Tochter-SE
- Vermeidung von Hilfskonstruktionen (Anteilstausch) für Zusammenschlüsse über die Grenzen hinweg
- Mittel für den **Zusammenschluss unter „Gleichen"** bei transnationalen Unternehmenszusammenschlüssen
- Die Gesellschaft kann durch den Zusatz „SE" ihre **internationale Identität verdeutlichen**
- Die Rechtsform ist **europaweit bekannt** und kann gegenüber nationalen Gesellschaften **Marketing- und Seriositätsvorteile** bieten (bedeutsam insbesondere für Unternehmen aus kleineren Mitgliedsstaaten oder den neuen Beitrittsstaaten)
- Die SE unterliegt **keiner Mitbestimmung,** auch wenn sie nach Gründung die entsprechende Beschäftigungszahl nach DrittelbG/MitbestG überschreitet
- Möglichkeit des sog. **opt-out aus der unternehmerischen Mitbestimmung** durch Gründung einer arbeitnehmerlosen Vorrats-SE[1034]

Eine grenzüberschreitende Umstrukturierung nach den Regelungen der SE-VO mit 590 dem Ziel, eine Europäische Gesellschaft zu errichten, bietet auch immer die Chance, **nationale Empfindlichkeiten zu vermeiden** oder wenigstens **zu vermindern.** Durch die Rechtsformwahl der SE geben die Gründungsgesellschaften ihre nationale Rechtsform und damit auch ein Stück nationaler Identität auf.[1035] Durch die gemeinsame Gründung einer Europäischen Gesellschaft erscheint ein Zusammenschluss von Gesellschaften eher als „Zusammenschluss unter Gleichen" denn als Übernahme einer Gesellschaft durch eine andere.[1036] Ein Zusammenschluss unter Gleichen kann die Integration der Gesellschaften

---

[1034] Ausf. *Luke* NZA 2013, 941; zur Gründung einer Vorrats-SE *Freier,* Die Gründung einer SE als Vorratsgesellschaft, 2016.
[1035] *Redeker* AG-Report 2006, R343 (R346).
[1036] *Kallmeyer* AG 2003, 197 (200).

erleichtern, stärkt sie doch das Vertrauen des Managements und der Mitarbeiter der sich zusammenschließenden Gesellschaften.

591   Die **Unternehmensmitbestimmung** in den Organen der SE ist gemäß § 47 Abs. 1 Nr. 1 SEBG abschließend im SEBG geregelt.[1037] Das MitbestG und das DrittelbG sind nicht anwendbar.[1038] Das SEBG kombiniert stattdessen eine **Verhandlungslösung** mit gesetzlichen **Auffangregelungen:** Die Mitbestimmung der Arbeitnehmer der SE kann gemäß § 21 SEBG zum Inhalt einer Vereinbarung zwischen den Leitungen (§ 2 Abs. 5 SEBG) und dem **besonderen Verhandlungsgremium** (§§ 4 f. SEBG) gemacht werden. Das SEBG stellt damit die Mitbestimmung der Arbeitnehmer zur Disposition der Beteiligten. Diese Dispositivität ist ein Grund für die Beliebtheit der SE bei kleinen und mittleren Unternehmen (KMU), weil eine Vereinbarung über die Beteiligung der Arbeitnehmer in der Europäischen Gesellschaft wegen der geringen Mitarbeiterzahl relativ einfach zu erreichen ist.[1039]

592   Die für die SE bestehenden **Auffangregeln über die Mitbestimmung** kraft Gesetzes der §§ 34 ff. SEBG greifen nur ein, wenn
– im Rahmen der SE-Gründung durch das besondere Verhandlungsgremium (§§ 4 ff. SEBG) keine Vereinbarung über die Arbeitnehmerbeteiligung gemäß § 21 SEBG geschlossen wurde oder
– die Vereinbarung die Anwendung der §§ 34 ff. SEBG festlegt.[1040]

593   In diesem Fall bestimmen die Regelungen der §§ 34 Abs. 1 Nr. 2, Nr. 3, 35 Abs. 1 SEBG (für die Gründung durch **Verschmelzung, Gründung** einer **Holding-** oder **Tochter-SE**), dass die Arbeitnehmer das Recht haben, einen Teil der Mitglieder des Aufsichts- oder Verwaltungsorgans zu wählen, zu bestellen oder ihre Bestellung zu empfehlen oder abzulehnen. Im Falle der Gründung durch Umwandlung bleibt jedoch gemäß § 35 Abs. 1 SEBG die Regelung zur Mitbestimmung erhalten, die in der Gesellschaft vor der Umwandlung in eine SE (gemäß Art. 2 Abs. 3 SE-VO, § 34 Abs. 1 Nr. 1 SEBG) bestanden hat.

594   Es ist umstritten, ob es für § 35 Abs. 1 SEBG auf den tatsächlich praktizierten **Ist-Zustand der Ausgangsgesellschaft** ankommen soll, oder auf den **rechtlichen Soll-Zustand.**[1041] Zweimal hatte das LG Frankfurt a.M. zu dieser Frage entschieden, dass ersterer maßgeblich sei.[1042] Der Aufsichtsrat einer Gesellschaft nach Umwandlung in eine SE setze sich nach den zuletzt angewandten gesetzlichen Vorschriften zusammen, es solle also nicht auf die abstrakte Rechtslage ankommen, sondern auf die tatsächliche Handhabung.[1043] Im Rahmen der Subsumtion unter § 35 Abs. 1 SEBG seien die tatsächlichen Verhältnisse im Zeitpunkt der Umwandlung maßgeblich, nicht ob nach den Vorgaben des MitbestG ein Aufsichtsrat hätte gebildet werden müssen. Dem schloss sich zuletzt auch das LG München an,[1044] nicht so das OLG Frankfurt a.M.[1045] Bei § 35 Abs. 1 SEBG sei auf den rechtlich gebotenen Soll-Zustand abzustellen und nicht auf den praktizierten Ist-Zustand zum Zeitpunkt der Umwandlung der Gesellschaft von einer AG in eine SE.[1046]

595   Das Mitbestimmungsstatut der SE nach §§ 34, 35 SEBG ist grundsätzlich[1047] veränderungsfest (sog. „Zementierungseffekt").[1048] Das vereinbarte oder gesetzlich über § 34 ff.

[1037] OLG Frankfurt a.M. ZIP 2018, 1874 (1875); MüKoAktG/*Jacobs* SEBG § 47 Rn. 7; Lutter/Hommelhoff/*Teichmann*/*Teichmann* SEBG § 47 Rn. 6.
[1038] OLG Frankfurt a.M. ZIP 2018, 1874 (1875).
[1039] Zu den potentiellen Fehlern *Löw/Stolzenberg* NZA 2016, 1489; zu den Folgen der Beendigung einer Beteiligungsvereinbarung *Forst* EuZW 2011, 333.
[1040] *Habersack* AG 2018, 823.
[1041] Ausf. aktuell *Habersack* AG 2018, 823.
[1042] LG Frankfurt a.M. ZIP 2018, 932 = EWiR 2018, 333 *(Behme)*.
[1043] LG Frankfurt a.M. ZIP 2018, 932 = EWiR 2018, 333 *(Behme)*.
[1044] LG München I ZIP 2018, 1546.
[1045] OLG Frankfurt a.M. ZIP 2018, 1874 = EWiR 2018, 615 *(Schaper)*.
[1046] OLG Frankfurt a.M. ZIP 2018, 1874 = EWiR 2018, 615 *(Schaper)*.
[1047] Vorbehaltlich struktureller Änderungen nach § 18 Abs. 3 SEBG.

SEBG festgeschriebene **Mitbestimmungsniveau** kann dadurch **dauerhaft konserviert** werden, was gerade für kleine und mittelständische Unternehmen ohne Mitbestimmungsregime Anreiz bei der Rechtsformwahl sein sollte.[1049] Hierin liegt kein Missbrauch der Rechtsform iSd § 43 SEBG.[1050] Unternehmen mit mehr als 2.000 Mitarbeitern können hiervon nur eingeschränkt profitieren. Überschreitet aber ein kleines oder mittelständisches Unternehmen nach Gründung bzw. Umwandlung in eine SE die nationalen Schwellenwerte (500 bzw. 2.000 Mitarbeiter) ist dies grundsätzlich unbeachtlich und führt nicht zur Neuverhandlungspflicht nach § 18 Abs. 3 SEBG.[1051] Das soll selbst dann gelten, wenn die SE über Mehrheitsbeteiligungen Tochtergesellschaften erwirbt (Share Deal) oder weitere Betriebe zukauft (Asset Deal) und sich die Gesellschaftsstruktur nicht in gründungsähnlicher Weise verändert.[1052] Einigkeit besteht aber dahin, dass die Verschmelzung der SE mit einer anderen Gesellschaft[1053] genauso von § 18 Abs. 3 SEBG erfasst ist, wie die Verschmelzung mit einer Gesellschaft, die mitbestimmt ist oder bei der ein höheres Mitbestimmungsniveau als in der SE besteht.[1054] Weil das Unterlassen von Nachverhandlungen bei „strukturellen Änderungen" binnen Jahresfrist nach Gründung der SE die Vermutung des Rechtsformmissbrauchs in sich trägt, sollte hier sensibel vorgegangen werden. Regelmäßig wird hierfür aber ein zielgerichtetes Entziehen oder Vorenthalten von Arbeitnehmerrechten verlangt. Rechtfertigen andere sachliche Gründe das Vorgehen und stellt sich das Einwirken auf Arbeitnehmerrechte als bloßer Rechtsreflex dar, soll die gesetzliche Vermutung widerlegt sein.[1055]

Es soll in Fällen der **SE-Gründung durch Verschmelzung** oder **Gründung einer Holding- bzw. Tochter SE** ferner möglich sein, das **Mitbestimmungsniveau** in großen Gründungsgesellschaften von paritätischer Mitbestimmung auf Drittelbeteiligung **zu reduzieren**.[1056] Einschränkungen ergeben sich aus § 18 Abs. 3 SEBG bei Verwendung einer **Vorrats-SE**. Soweit in den Gründungsgesellschaften keine Arbeitnehmer beschäftigt sind, braucht eine Vereinbarung über die Beteiligung der Arbeitnehmer zwar überhaupt nicht abgeschlossen zu werden.[1057] Art. 12 Abs. 2 SE-VO, der zur Eintragung in das Handelsregister den Abschluss einer Beteiligungsvereinbarung fordert, ist insoweit teleologisch zu reduzieren.[1058] Nach herrschender[1059] und auch vom OLG Düsseldorf[1060] bestätigter Auffassung lebt diese Verpflichtung aber bei Aktivierung der SE und Ausstattung mit einem Unternehmen[1061] mitsamt Arbeitnehmern in analoger Anwendung des § 18 Abs. 3 SEBG wieder auf. Eine teleologische Reduktion des Art. 12 Abs. 2 SE-VO kommt darüber hinaus auch dann in Betracht, wenn die Gründungsgesellschaften Arbeitnehmer beschäftigen, aber keine Unternehmensmitbestimmung besteht und auch sonst sich nicht aus grenzüberschreitenden Gründen die Unterrichtung und Anhörung der Arbeitnehmer

596

[1048] *Habersack* Der Konzern 2006, 105 (107); Habersack/Drinhausen/*Hohenstatt/Müller-Bonanni* SEBG § 35 Rn. 10 mwN.

[1049] Dazu *Ege/Grzimek/Schwarzfischer* DB 2011, 1205.

[1050] *Drinhausen/Keinath* BB 2011, 2699 (2701 ff.).

[1051] *Nikoleyczik/Führ* DStR 2010, 1743 (1748); MüKoAktG/*Jacobs* SEBG § 18 Rn. 12, 19; *Ziegler/Gey* BB 2009, 1750 (1756 f.); *Rieble* BB 2006, 2018 (2022).

[1052] *Ege/Grzimek/Schwarzfischer* DB 2011, 1208 f.; *Nikoleyczik/Führ* DStR 2010, 1743 (1748); *Ziegler/Gey* BB 2009, 1750 (1756 f.); MüKoAktG/*Jacobs* SEBG § 18 Rn. 12; aA *Nagel* ZIP 2011, 2047 (2049 f.).

[1053] Dazu *Nagel* ZIP 2011, 2047 (2048 f.).

[1054] *Ziegler/Gey* BB 2009, 1750 (1756); MüKoAktG/*Jacobs* SEBG § 18 Rn. 16; *Rieble* BB 2006, 2018 (2022).

[1055] *Drinhausen/Keinath* BB 2011, 2699 (2700).

[1056] *Ege/Grzimek/Schwarzfischer* DB 2011, 1205 (1206).

[1057] Vgl. wiederum *Seibt* ZIP 2005, 2248 (2250); auch Jannott/Frodermann/*Kienast* Kap. 13 Rn. 210 ff.

[1058] *Ege/Grzimek/Schwarzfischer* DB 2011, 1205 (1209).

[1059] *Bungert/Gotsche* ZIP 2013, 649 (652); *Ege/Grzimek/Schwarzfischer* DB 2011, 1205 (1209); *Forst* NZG 2009, 687 (690 ff.).

[1060] OLG Düsseldorf ZIP 2009, 918 (auch für die Tochter-SE).

[1061] Ausf. zur Aktivierung einer Vorrats- Gesellschaft Heckschen/Heidinger/*Heckschen/Kreußlein* § 3 Rn. 197 ff.

vermittels des SE-Betriebsrats gebietet.[1062] Ist nur eine der beteiligten Gründungsgesellschaften mitbestimmt, findet § 12 Abs. 2 SE-VO Anwendung.[1063]

C. Systematik der SE-VO

597 Nachdem die Europäische Kommission von den Ambitionen abgerückt war, allumfängliche Regelungen zur SE-VO zu treffen, ist diese nun geprägt von **Ermächtigungen und Verpflichtungen an die nationalen Gesetzgeber,** eigene Vorschriften zu schaffen,[1064] sowie von direkten Verweisen auf die nationalen Rechtsordnungen und die Satzungen der SE. Die in der Verordnung enthaltene abgestufte Verweisungssystematik macht aus ihr eine „**unvollständige**" oder „**hinkende**" **Verordnung.**[1065] Der allgemeine Teil der SE-VO enthält die zentrale Verweisungsnorm des Art. 9 SE-VO für die bereits entstandene SE.[1066] Der europäische Verordnungsgeber hat mit dieser Verweisungsnorm auf seine eigene Rechtsetzungskompetenz verzichtet. Das zur Lückenfüllung heranzuziehende Recht bleibt nationales Recht, das jeweils in seiner aktuellen Fassung zur Anwendung gelangt. Bei Art. 9 Abs. 1 lit. c SE-VO handelt es sich daher um einen sog. dynamischen Verweis.[1067]

598 Nach der Reihenfolge des Art. 9 SE-VO sind zunächst die Vorschriften der SE-VO zu beachten. Soweit diese keine Regelungen für bestimmte Sachverhalte bereithalten, ist die Satzung der SE maßgeblich, soweit die SE-VO Regelungen in der Satzung ausdrücklich zulässt. Eine weitere Stufe abwärts in der Hierarchie folgen dispositive Regelungen der SE-VO, die von Satzungsbestimmungen, aber nicht von nationalen Rechtsvorschriften verdrängt werden (zB Art. 46 Abs. 2 SE-VO). Sind Bereiche nicht von der SE-VO geregelt und auch nicht durch die Satzung der SE, wo dies möglich wäre, ist auf die zwingenden Vorschriften des nationalen Ausführungsgesetzes (SEAG) zurückzugreifen. Darunter folgen die Regelungen, die Inhalt der Vereinbarung über die Beteiligung der Arbeitnehmer geworden sind. Für den Fall, dass keine Vereinbarung erzielt worden sein sollte, kommt die Auffangregelung der Richtlinie zum Tragen, die den Arbeitnehmern die größtmögliche Mitbestimmung erhält. Es folgen die nationalen Gesetze des Sitzstaates über die AG. Soweit die nationalen Vorschriften die Möglichkeit eröffnen, kommen Regelungen in der Satzung der SE zur Anwendung, gefolgt von dispositiven nationalen Regelungen zur AG, die von Satzungsbestimmungen verdrängt werden können.[1068]

599 Vorrangig finden noch die spezielleren Verweisungsnormen des Art. 15 SE-VO auf alle Gründungsvarianten und Art. 18 SE-VO für die Gründung durch Verschmelzung Anwendung.[1069]

600 | **Checkliste: Rangfolge der Normen**
(1) SE-VO
(2) Soweit zulässig: Satzung der SE
(3) Dispositive Regelungen der SE-VO
(4) Nationales Ausführungsgesetz (SEAG)
(5) Vereinbarung über die Beteiligung der Arbeitnehmer
(6) Auffangregelung der Arbeitnehmerrichtlinie (SE-RL)
(7) Nationales Gesellschaftsrecht

[1062] *Schubert* RdA 2012, 146 (154 f.).
[1063] *Schubert* RdA 2012, 146 (147 ff.).
[1064] *Bayer/Lutter/Schmidt* § 45 Rn. 45.14.
[1065] Kalss/Hügel/*Kalss/Greda* AT Rn. 10; zur Systematik ausf. Widmann/Mayer/*Heckschen* UmwG Anh. 14 Rn. 38 ff.
[1066] Ausführlich zu der Verweisungsnorm des Art. 9 SE-VO *Casper* FS Ulmer 2003, 51 (65 ff.).
[1067] *Casper* FS Ulmer 2003, 51 (65); *Brandt/Scheifele* DStR 2002, 547.
[1068] Vgl. dazu *Kübler* ZHR 2003, 222 (224); *Schwarz* SE-VO Art. 9 Rn. 11 ff.
[1069] Vgl. unter anderem *Brandt/Scheifele* DStR 2002, 547; *Kersting* DB 2001, 2079 (2080); *Wagner* NZG 2002, 985.

(8) Satzung der SE
(9) Dispositives Aktienrecht der Mitgliedstaaten

Diese **komplizierten Verweisungsketten** machen es für den Rechtsanwender im 601
Rahmen des Gründungsverfahrens schwierig, die jeweils anzuwendenden Vorschriften zu
bestimmen.[1070] Somit ist die SE ist nicht in sämtlichen Mitgliedstaaten „gleich". Da die
SE-VO von Verweisungen in die nationalen Rechtsordnungen geprägt ist, werden Europäische Gesellschaften immer in erheblichem Umfang **nationale Eigenarten** haben. Zu
einem Teil bleiben sie weiterhin nationale AGs.[1071] Die Anzahl verschiedenartiger SEs
wird daher in Zukunft jeweils der Anzahl der Mitgliedstaaten der EU/des EWR entsprechen.

D. Gründungsmöglichkeiten (Art. 2 SE-VO)

Die SE-VO sieht fünf Möglichkeiten der Gründung einer SE vor (vier originäre und eine 602
abgeleitete), die jeweils als Anknüpfungspunkt den Sitz mindestens zweier Gesellschaften
in mindestens zwei verschiedenen Mitgliedsstaaten gemeinsam haben (Mehrstaatlichkeitserfordernis). Bei der Gründung durch eine SE gemäß Art. 3 Abs. 2 SE-VO ist das aber
nur mittelbar der Fall.

Eine SE kann entstehen durch 603
a) **Verschmelzung** von AGs, Art. 2 Abs. 1 SE-VO;
b) **Gründung einer Holding-SE,** Art. 2 Abs. 2 SE-VO;
c) **Gründung einer Tochter-SE,** Art. 2 Abs. 3 SE-VO;
d) **Umwandlung,** Art. 2 Abs. 4 SE-VO;
e) **Gründung einer SE durch eine bereits existierende SE,** Art. 3 Abs. 2 SE-VO
(abgeleitete Gründungsmöglichkeit).
Diese fünf Gründungsmöglichkeiten sind als abschließend zu verstehen (numerus clausus 604
der Gründungsmöglichkeiten gemäß Art. 2 SE-VO).[1072]

E. Mitwirkung des Notars

In welchem Umfang der Notar bei der Gründung einer SE eingebunden werden muss, 605
ergibt sich nicht direkt aus der SE-VO. In Deutschland sind bisher (zum 1.1.2018) 496
SE angesiedelt.[1073] Darunter sind keineswegs nur Großunternehmen, sondern auch viele
Mittelständler. Der Klient, der über den Weg in die AG nachdenkt, sollte die SE mitberücksichtigen. Die Gesellschaftsform bietet insbesondere durch ihr **flexibles Leitungssystem,** durch ihre **Sonderregelungen zur Mitbestimmung** und ihrer **Internationa-
lität** viele Vorteile (→ Rn. 588). Die komplizierte Rechtsanwendung und die damit
verbundenen Beratungskosten gelten nur für die Gründung. Sie haben allerdings dazu geführt, dass eher große Gesellschaften von der Möglichkeit der Gründung einer SE Gebrauch gemacht haben.[1074]

Ist der Notar mit der Gründung einer SE mit Sitz in Deutschland und der Ausgestal- 606
tung der Satzung befasst, so sind bei der Beantwortung von Rechtsfragen zunächst die

---

[1070] Vgl. zum Ganzen *Heckschen* DNotZ 2003, 251 (253); *Widmann/Mayer/Heckschen* UmwG Anh. 14
Rn. 38 ff.
[1071] *Hommelhoff* AG 2001, 279 (285); *Lutter* BB 2002, 1 (2); *Thoma/Leuering* NJW 2002, 1449 (1450); *Hopt*
EuZW 2002, 1; *Lutter/Bayer/Schmidt* § 45 Rn. 45.22; *Ulmer* spricht von der nationalen AG im Europäischen Gewand, FAZ v. 21.3.2001, 30; ähnlich *Lutter* AG 1990, 413 (414).
[1072] Habersack/Drinhausen/*Habersack* SE-VO Art. 2 Rn. 1 ff.; *Lutter/Bayer/Schmidt* § 45 Rn. 45.29. Wid-
mann/Mayer/*Heckschen* UmwG Anh. 14 Rn. 131.1.
[1073] *Kornblum* GmbHR 2018, 669;
[1074] Dazu Widmann/Mayer/*Heckschen* UmwG Anh. 14 Rn. 20.

Vorschriften der SE-VO heranzuziehen. Art. 9 Abs. 1 SE-VO gibt darüber hinaus die große **Kaskade** der subsidiär anzuwenden Vorschriften an. Nachrangig anzuwenden sind:
– die Satzung der SE, soweit die SE-VO einen Spielraum für Satzungsgestaltungen ausdrücklich eröffnet;
– die nationalen Ausführungsvorschriften zur SE-VO;
– die nationalen Vorschriften über die AGs;
– die Satzungen der SE für den Fall, dass die nationalen Regelungen einen Spielraum für die Satzungsgestaltung eröffnen.

607 In den Vorschriften über die SE-VO ist dem nationalen Gesetzgeber in den Art. 8 Abs. 8, 25 Abs. 2, 26 Abs. 1 SE-VO ausdrücklich die Möglichkeit eingeräumt, den **Notar mit zusätzlichen Aufgaben** bei der Gründung einer SE zu betrauen. In § 4 SEAG hat der Gesetzgeber die Zuständigkeit für die **Rechtmäßigkeitskontrolle** unter die Eintragung der Europäischen Aktiengesellschaft aber richtigerweise dem Registergericht zugewiesen.

608   In anderen Vorschriften, wie zB Art. 15 SE-VO, wird auf die nationalen Regelungen verwiesen, so dass der Notar seine gewohnten Funktionen wahrnimmt. Insgesamt sind die Zuständigkeiten des Notars über die Verweisungen der SE-VO in das nationale Recht abzuleiten.

F. Gründung der SE

I. Das Gebot der Mehrstaatlichkeit

609 Allen Gründungstatbeständen ist gemeinsam, dass sie ein über die Gründungsgesellschaften (Art. 2 Abs. 1, Abs. 2 lit. a, Abs. 3 lit. a SE-VO) selbst oder über deren Tochtergesellschaften (Art. 2 Abs. 2 lit. b, Abs. 3 lit. b, Abs. 4 SE-VO) vermitteltes, **grenzüberschreitendes Element** aufweisen.[1075] Dieses Gebot der Mehrstaatlichkeit wird bei den verschiedenen Gründungsvarianten unterschiedlich gewährleistet.[1076]

610 | **Checkliste: Mehrstaatlichkeit bei den Gründungsvarianten**
– Bei der **Gründung durch Verschmelzung** müssen gemäß Art. 2 Abs. 1 SE-VO zumindest zwei der Gründungsgesellschaften dem Recht unterschiedlicher Mitgliedstaaten unterliegen.[1077]
– Im Rahmen der **Gründung einer Holding-SE** kann der mehrstaatliche Bezug entweder wie bei Art. 2 Abs. 1 SE-VO hergestellt werden, oder dadurch, dass mindestens zwei Gründungsgesellschaften seit mindestens zwei Jahren eine dem Recht eines anderen Mitgliedstaats unterliegende Tochtergesellschaft oder eine Zweigniederlassung in einem anderen Mitgliedstaat haben (Art. 2 Abs. 2 lit. a SE-VO).
– Art. 2 Abs. 3 SE-VO **(Gründung einer Tochter-SE)** folgt demselben Schema wie Art. 2 Abs. 2 SE-VO.
– Die **SE-Gründung durch Umwandlung** setzt gemäß Art. 2 Abs. 4 SE-VO voraus, dass die Ausgangs-AG seit mindestens zwei Jahren eine dem Recht eines anderen Mitgliedstaats unterliegende Tochtergesellschaft hat.
– Im Rahmen der **abgeleiteten Gründung** (Art. 3 Abs. 2 SE-VO) wirkt das Mehrstaatlichkeitsprinzip nur mittelbar über die Gründung der Mutter-SE (bei Kettengründungen über die Gründung der ersten SE, die nicht nach Art. 3 Abs. 2 SE-VO gegründet

---

[1075] *Lutter/Bayer/Schmidt* § 45 Rn. 45.32; KK-AktG/*Veil* SE-VO Art. 2 Rn. 4.
[1076] KK-AktG/*Veil* SE-VO Art. 2 Rn. 4.
[1077] Der High Court of Justice London hat jüngst entschieden, dass es für Art. 2 Abs. 1 SE-VO nicht darauf ankommt, ob die Gesellschaft auch einer tatsächlichen wirtschaftlichen Tätigkeit nachgeht, Entscheidung abrufbar unter http://www.bailii.org/ew/cases/EWHC/Ch/2018/1445.html, zuletzt abgerufen am 15.5.2019.

wurde), → Rn. 649. Die europäische Komponente wird hier über die Rechtsform der Gründungsgesellschaft gewährleistet.

II. Die einzelnen Gründungsmöglichkeiten

1. Gründung durch Verschmelzung (Art. 2 Abs. 1 SE-VO). Bei der Gründung einer 611 SE durch Verschmelzung haben die beteiligten Gesellschaften gemäß Art. 20 SE-VO einen **Verschmelzungsplan** (engerer Begriff als Verschmelzungsvertrag[1078]) aufzustellen. Dieser muss bei allen beteiligten Gesellschaften den gleichen Wortlaut haben.[1079] Ansonsten könnte er nicht als Beschlussgrundlage dienen. Auch wenn in Art. 20 SE-VO nicht von einem Gleichlaut gesprochen wird, so stellt Art. 26 Abs. 3 SE-VO diese Anforderung auf.[1080] Aus der Systematik der SE-VO lässt sich überdies ebenfalls herleiten, dass es sich um **gleich lautende Verschmelzungspläne** handeln muss. Wie bei der Verschmelzung ist auch bei der Gründung einer Holding-SE die Aufstellung eines Plans gefordert, der dann zum Beschlussgegenstand wird (vgl. Art. 26 Abs. 3, 33 Abs. 5 SE-VO). Bei der Gründung der Holding ist der Gleichlaut explizit angeordnet, während er bei der Verschmelzung vorausgesetzt wird, obwohl die Gründungsabläufe dogmatisch parallel ausgestaltet sind. Daher wird es sich bei der Formulierung des Art. 20 SE-VO um ein redaktionelles Versehen handeln.

Die **Verschmelzung zur Neugründung der SE** ist ein in der Praxis immer wieder 612 anzutreffender Gründungsvorgang. Gibt es ansonsten keine Anknüpfungspunkte für die geforderte Mehrstaatlichkeit, so lässt sich diese insbesondere dadurch herstellen, dass man zB in Österreich eine AG zunächst gründet und diese dann auf die deutsche AG zur Gründung einer SE verschmilzt.

Art. 20 Abs. 1 SE-VO legt den **Mindestinhalt des Verschmelzungsplans** fest. Die 613 Parteien können dem Verschmelzungsplan gemäß Art. 20 Abs. 2 SE-VO weitere Punkte hinzufügen.

a) Firma und Sitz der beteiligten Gesellschaften und der SE (Art. 20 Abs. 1 lit. a 614 **SE-VO).** Der Verschmelzungsplan muss die Firma und den Sitz der sich verschmelzenden Gesellschaften sowie die für die SE vorgesehene Firma und ihren geplanten Sitz enthalten. Der **Firma** der SE ist gemäß Art. 11 Abs. 1 SE-VO der Zusatz „SE" voran- oder nachzustellen. Nach Art. 7 SE-VO müssen der **Sitz** und die Hauptverwaltung in demselben Mitgliedstaat liegen. Der deutsche Gesetzgeber hat daneben von der Ermächtigung in Art. 7 SE-VO Gebrauch gemacht und in § 2 SEAG vorgeschrieben, dass als Sitz der SE der Ort bestimmt werden muss, an dem sich die Hauptverwaltung befindet.

In der Literatur besteht Einigkeit darüber, dass die SE im Falle der Verschmelzung zur 615 Neugründung ihren **Sitz innerhalb der EU/des EWR** frei wählen kann – auch in Mitgliedstaaten, zu denen die Gründungsgesellschaften keinen Bezug haben. Die Vorschriften zur Verschmelzung enthalten an keiner Stelle die Aussage, dass der Sitz irgendeinen Bezug zu den Sitzstaaten der Gründungsgesellschaften haben muss. Daraus zieht die hM[1081] den Schluss, dass zumindest bei der Verschmelzung zur Neugründung die SE ihren Sitz auch in einem dritten Staat haben kann. Dagegen ist fraglich, ob dies auch für den Fall der Verschmelzung zur Aufnahme gilt. Dafür wird angeführt, dass Art. 20 SE-VO keine Einschränkung der Sitzwahl enthalte, ganz im Gegensatz zu Art. 37 Abs. 3 SE-VO, der aus-

---

[1078] *Heckschen* DNotZ 2003, 251 (257); *Hirte* NZG 2002, 1 (3).
[1079] Str. vgl. KK-AktG/*Maul* SE-VO Art. 20 Rn. 13 mwN.
[1080] Vgl. *Heckschen* DNotZ 2003, 251 (257); *Hirte* NZG 2002, 1 (3).
[1081] Manz/Mayer/Schröder/*Schröder* SE-VO Art. 8 Rn. 14; Jannott/Frodermann/*Jannott* Kap. 3 Rn. 5; dagegen hält *Schwarz* die freie Sitzwahl auch bei der Verschmelzung durch Aufnahme für zulässig, da die Verschmelzungsvorschriften eine gleichzeitige Sitzverlegung im Gegensatz zu Art. 37 Abs. 3 SE-VO nicht ausdrücklich untersagen: *Schwarz* SE-VO Art. 20 Rn. 21.

drücklich anordnet, dass eine Sitzverlegung im Zuge der Umwandlung nicht möglich ist. Der Verordnung könne daher eine solche Beschränkung nicht entnommen werden.[1082] Es ist jedoch zu berücksichtigen, dass die aufnehmende Gesellschaft ihren Satzungssitz bereits in einem Mitgliedstaat hat.[1083] Die Verschmelzung zur Aufnahme mit Änderung des **Satzungssitzes** käme einem Zweischritt gleich, der aus Verschmelzung und Sitzverlegung besteht. Für die Sitzverlegungen ist aber das Verfahren nach Art. 8 SE-VO vorgesehen. Die Verschmelzung zur Neugründung der SE ist ein in der Praxis immer wieder anzutreffender Gründungsvorgang. Gibt es ansonsten keine Anknüpfungspunkte für die geforderte Mehrstaatlichkeit, so lässt sich diese insbesondere dadurch herstellen, dass man zB in Österreich eine AG zunächst gründet und diese dann auf die deutsche AG zur Gründung der SE verschmilzt.

616 **b) Umtauschverhältnis (Art. 20 Abs. 1 lit. b SE-VO).** Der Verschmelzungsplan muss das **Umtauschverhältnis der Anteile** und ggf. die Höhe der Ausgleichsleistung angeben. Der Ausgleich kann nur in bar erfolgen.

617 **c) Einzelheiten der Übertragung der Aktien (Art. 20 Abs. 1 lit. c SE-VO).** Der Verschmelzungsplan muss die **Einzelheiten der Übertragung der Aktien** enthalten. Diese Einzelheiten ergeben sich über den Verweis in Art. 18 SE-VO[1084] aus dem Recht des Mitgliedstaates, dessen Recht die betroffene Gesellschaft unterliegt. Im deutschen Recht sieht § 71 Abs. 1 UmwG für den Aktientausch die Bestellung eines **Treuhänders** vor. Der Treuhänder hat die Aufgabe, die Anteile und baren Ausgleichsleistungen vom Zielrechtsträger entgegenzunehmen und gegen Übertragung der Anteile an den Ausgangsrechtsträgern an die entsprechenden Anteilseigner auszugeben. Über Art. 18 SE-VO ist somit auch die Treuhänderbestellung in den Verschmelzungsplan aufzunehmen.[1085]

618 **d) Stichtagsregelungen (Art. 20 Abs. 1 lit. d, lit. e SE-VO).** Bei nationalen Verschmelzungen wird in dem Verschmelzungsvertrag in der Regel ein **variabler Stichtag** vereinbart.[1086] Insbesondere, wenn Komplikationen bei der Verschmelzung erwartet werden, ist besonderes Augenmerk darauf zu richten, dass ein variabler Stichtag vereinbart wird.[1087] Dies gilt sowohl für den Verschmelzungsstichtag als auch für den Stichtag des Beginns der Gewinnberechtigung.

619 **e) Sonderrechte (Art. 20 Abs. 1 lit. f SE-VO).** Der Verschmelzungsplan muss auch die Rechte nennen, welche die SE den mit Sonderrechten ausgestatteten Aktionären der Gründungsgesellschaften und den Inhabern anderer Wertpapiere als Aktien gewährt, oder die für diese Personen vorgeschlagenen Maßnahmen.

620 **f) Satzung der SE (Art. 20 Abs. 1 lit. h SE-VO).** Der Verschmelzungsplan muss die **Satzung der SE** enthalten. Diese Vorschrift stellt eine Abweichung zu Art. 5 der 3. RL dar, der diese Anordnung nicht enthält. Die HVs aller beteiligten Gründungsgesellschaften entscheiden mit dem Zustimmungsbeschluss zum Verschmelzungsplan auch über die Satzung.

621 **g) Abfindungsangebot.** In Art. 24 Abs. 2 SE-VO findet sich die Ermächtigung an die nationalen Gesetzgeber, Regelungen zum Schutz von Minderheitsaktionären zu erlassen. Der deutsche Gesetzgeber hat auf dieser Grundlage in § 7 SEAG die Pflicht für ein Ab-

---

[1082] *Schwarz* SE-VO Art. 20 Rn. 21; *Scheifele* Gründung der SE S. 153 f., 400.
[1083] Schmitt/Hörtnagl/Stratz/*Hörtnagl* UmwG § 1 Rn. 42 f.
[1084] *Scheifele* Gründung der SE S. 158; Theisen/Wenz/*Neun* Europäische Aktiengesellschaft S. 89.
[1085] *Schwarz* SE-VO Art. 20 Rn. 30.
[1086] Vgl. zur Zulässigkeit BGH ZIP 2013, 358; es genügt Bestimmbarkeit, OLG Bremen ZIP 2016, 1480.
[1087] Widmann/Mayer/*Mayer* UmwG § 5 Rn. 146, 164; Schmitt/Hörtnagl/Stratz/*Stratz* UmwG § 5 Rn. 79.

findungsangebot aufgenommen. Danach ist den Anteilseignern einer übertragenden Gesellschaft, die gegen den Zustimmungsbeschluss Widerspruch zu Protokoll erklärt haben, die Übernahme ihrer Aktien gegen eine angemessene **Barabfindung** anzubieten, wenn die SE ihren Sitz im Ausland haben soll. Das Abfindungsangebot einer Gründungsgesellschaft deutschen Rechts muss daher **in den Verschmelzungsplan aufgenommen** werden.[1088]

h) Anerkennung des Spruchverfahrens. Die Verordnung erkennt in Art. 25 Abs. 3 S. 1 SE-VO das Instrument des Spruchverfahrens an. § 6 Abs. 4 SEAG verweist für die **Überprüfung (Verbesserung) des Umtauschverhältnisses** ebenso auf das Spruchverfahren wie § 7 Abs. 7 SEAG für die Überprüfung der Abfindungshöhe von ausscheidenden Aktionären. Die Anfechtung des Beschlusses ist somit nicht möglich. **622**

Aktionäre von Gründungsgesellschaften, die einer Rechtsordnung unterliegen, die das Instrument des Spruchverfahrens nicht kennt, müssen der Anwendung des Spruchverfahrens zur Verbesserung des Umtauschverhältnisses bzw. zur Anpassung der Höhe der Barabfindung zustimmen. Andernfalls bleibt nur die Möglichkeit der Anfechtung des Zustimmungsbeschlusses. **623**

i) Verschmelzungsbericht. Auch bei der Verschmelzung zur einer Europäischen Gesellschaft besteht die Verpflichtung zur Erstellung eines **Verschmelzungsberichts.** Durch den Verweis auf das nationale Recht ist es den Anteilseignern einer deutschen Gründungsgesellschaft gemäß Art. 18 SE-VO iVm § 8 Abs. 3 UmwG auch möglich, auf den Verschmelzungsbericht zu verzichten.[1089] **624**

j) Offenlegung des Verschmelzungsplans. Gemäß Art. 21 SE-VO müssen bestimmte Angaben zu den Gründungsgesellschaften und der zukünftigen SE gemacht werden. Art. 21 SE-VO ordnet selbst keine **Offenlegung des Verschmelzungsplans** an,[1090] sodass sich über die Verweisungsvorschrift des Art. 18 SE-VO weitere Offenlegungspflichten aus dem nationalen Recht ergeben. Über **§ 61 UmwG** ist danach der Verschmelzungsplan oder sein Entwurf vor der Einberufung zur HV zum **Handelsregister einzureichen.**[1091] Das Handelsregister macht sodann einen Hinweis auf die Einreichung bekannt. **625**

In der SE-VO gibt es keine Vorschrift, welche die **Beurkundungspflicht des Verschmelzungsplans** vorsieht und auch das Ausführungsgesetz statuiert diese Anforderung nicht. Art. 18 SE-VO ordnet bei Gründung durch Verschmelzung für den Fall offener Regelungsbereiche die **Anwendung nationaler Vorschriften** an. Nachdem der Verschmelzungsplan nicht nur als unverbindlicher Entwurf angesehen werden kann, sondern als Grundlage für den Verschmelzungsbeschluss dient, ist es folgerichtig, im Einklang mit **§ 6 UmwG** die **Notwendigkeit der notariellen Beurkundung** anzunehmen.[1092] Zur Problematik der Auslandsbeurkundung[1093] → Rn. 45, 339 ff. **626**

Für diese Annahme spricht auch das in Deutschland bewährte Prinzip der zweistufigen Prüfung von Strukturbeschlüssen. Der Notar begleitet das Verfahren und stellt die Rechtmäßigkeit sicher. Zum Abschluss des Verfahrens überprüft das Registergericht erneut die Rechtmäßigkeit. Art. 18 SE-VO ließe dem nationalen Gesetzgeber zwar einen Spielraum, um von dieser bewährten Verfahrensweise abzurücken. Das Ausführungsgesetz ist aber geprägt von den Bestrebungen einen Gleichlauf mit dem nationalen Recht herzustellen. Für **627**

[1088] *Schwarz* SE-VO Art. 20 Rn. 47.
[1089] Lutter/Hommelhoff/*Bayer* Europäische Gesellschaft S. 40.
[1090] Lutter/Hommelhoff/*Bayer* Europäische Gesellschaft S. 40; *Schwarz* SE-VO Art. 21 Rn. 24.
[1091] *Neye/Teichmann* AG 2003, 169 (173); Theisen/Wenz/*Teichmann* Europäische Aktiengesellschaft S. 583.
[1092] Widmann/Mayer/*Heckschen* UmwG Anh. 14 Rn. 198 mwN.
[1093] Ausf. *Lieder* ZIP 2018, 805; *Heckschen* DB 2018, 685.

die Annahme, dass keine notarielle Beurkundung erforderlich sein könnte, ist daher kein Raum.

628   Der in einer HV zu fassende **Zustimmungsbeschluss der Anteilseigner** gemäß Art. 23 Abs. 1 SE-VO ist ebenfalls vom Notar zu beurkunden. Die Verweise in Art. 18, 9 Abs. 1 S. 1 lit. c sublit. ii SE-VO ordnen wiederum die Anwendung des nationalen Rechts an. Die **Beurkundungspflicht** folgt daher aus § 130 AktG bzw. § 13 UmwG.[1094] Notariell zu beglaubigen ist die Anmeldung der durch Verschmelzung gegründeten SE zum Handelsregister gemäß § 12 Abs. 1 HGB. Dies folgt aus den Verweisen der Art. 18 und 15 SE-VO.

629   Die **Kosten** für die **Beurkundung des Verschmelzungsplans** bemessen sich nach Nr. 21100 KV GNotKG, wonach eine 2,0 Gebühr für die Beurkundung erhoben wird. Der Geschäftswert bemisst sich nach § 97 Abs. 3 GNotKG, da es sich bei dem Verschmelzungsplan um einen Austauschvertrag handelt. Dies scheint auf den ersten Blick der Darstellung zu widersprechen, dass dem Verschmelzungsplan gerade das schuldrechtliche Element des Verschmelzungsvertrages fehlt. Der Begriff Austauschverträge iSd § 97 Abs. 3 GNotKG ist auch im neuen GNotKG nicht im Sinne des Zivilrechts zu verstehen, sondern im Sinne des Gebührenrechts.[1095] Die Leistung einer oder mehrerer Partner werden dabei nur um die Leistung der anderen willen erbracht. Das ist auch bei einem Verschmelzungsplan der Fall, da eine einseitige Leistungserbringung nicht erfolgt. Sowohl bei der Verschmelzung zur Aufnahme, wie auch bei der Verschmelzung zur Neugründung erfolgt die Bestimmung des Geschäftswertes nach § 97 Abs. 3 GNotKG.[1096] Gemäß § 107 Abs. 1 GNotKG beträgt der Mindestgeschäftswert 30.000,00 EUR, wohingegen der Höchstbetrag – abweichend von § 35 Abs. 2 GNotKG – auf 10 Mio. EUR gedeckelt ist.

630   Wenn der Notar die **Anmeldung** entworfen hat, erhält er gemäß Nr. 21201 Nr. 5, 24102 KV GNotKG eine 0,5 Gebühr für die Unterschriftsbeglaubigung der Anmeldung. Für die Bestimmung des Geschäftswerts wiederum ist § 105 Abs. 4 Nr. 1 GNotKG maßgeblich. Der Geschäftswert ist durch § 106 S. 1 GNotKG auf einen Höchstwert von 1 Mio. EUR begrenzt. **Gerichtskosten:** Nach § 58 GNotKG iVm der HRegGebV betragen die Kosten 240 EUR bei der Gründung durch Verschmelzung zur Aufnahme (Nr. 2403 GV HRegGebV). Bei einer Verschmelzung zur Neugründung beträgt die Gebühr dagegen nach Nr. 2105 GV HRegGebV 660 EUR, da es sich um eine Ersteintragung handelt. **Bekanntmachungskosten:** Das Gericht hat die Eintragungen in das Handelsregister gemäß § 10 Abs. 1 HGB in dem von der Landesjustizverwaltung bestimmten elektronischen Informations- und Kommunikationssystem in der zeitlichen Folge ihrer Eintragung nach Tagen geordnet bekannt zu machen. Soweit nicht ein Gesetz etwas anderes vorschreibt, werden die Eintragungen ihrem ganzen Inhalt nach veröffentlicht; hierfür werden keine Kosten (mehr) erhoben. Jedoch können Kosten für die Veröffentlichung im Amtsblatt der Europäischen Union anfallen.

631   Der Notar hat gemäß § 378 Abs. 3 FamFG einen Vermerk aufzunehmen, wonach er die Anmeldung auf Eintragungsfähigkeit geprüft hat.[1097]

632   **2. Gründung einer Holding-SE (Art. 2 Abs. 2 SE-VO).** In Art. 2 Abs. 2 SE-VO nennt die SE-VO die Gründung einer **Holding-SE.** Es handelt sich um eine seltene Gründungsart.[1098] Im Gegensatz zur Gründung durch Verschmelzung können an der Gründung einer Holding-SE **auch GmbHs als Gründungsgesellschaften** teilnehmen (Art. 2 Abs. 2 SE-VO iVm Anh. II zur SE-VO). Der mehrstaatliche Bezug kann durch die Gründungsgesellschaften selbst, also dadurch, dass mindestens zwei von ihnen dem Recht verschiedener Mitgliedstaaten unterliegen, herbeigeführt werden. Er kann aber

---

[1094] Ausführlich dazu *Heckschen* DNotZ 2003, 251 (259).
[1095] OLG Hamm FamRZ 2017, 471; Korintenberg/*Bengel* GNotKG § 97 Rn. 17, 68.
[1096] Widmann/Mayer/*Heckschen* UmwG § 6 Rn. 100.
[1097] Vgl. hierzu *Diehn/Rachlitz* DNotZ 2017, 487.
[1098] Vgl. ausf. dazu Widmann/Mayer/*Heckschen* UmwG Anh. 14 Rn. 270 ff.

auch dadurch hergestellt werden, dass mindestens zwei der Gründungsgesellschaften seit mindestens zwei Jahren eine dem Recht eines anderen Mitgliedstaates unterliegende Tochtergesellschaft oder eine Zweigniederlassung in einem anderen Mitgliedstaat haben. Die Gründung einer Holding als Strukturmaßnahme ist in den Mitgliedstaaten der EU weitgehend unbekannt. Nur das luxemburgische Recht kennt entsprechende Regelungen.[1099]

Bei der Entstehung der **SE durch Gründung einer Holding**[1100] bringen die Anteils- **633** eigner der Gründungsgesellschaften einen im Gründungsplan festgelegten Prozentsatz ihrer Anteile in die Holding-SE ein. Der Prozentsatz muss von jeder Gründungsgesellschaft mehr als 50% der Stimmrechtsanteile betragen, muss aber nicht bei beiden Gründungsgesellschaften gleich hoch sein, Art. 32 Abs. 2a SE-VO.[1101] Es fällt auf, dass sich in dem Abschnitt über die Gründung einer Holding-SE lediglich drei Artikel finden. Insbesondere **fehlt** eine **spezielle Verweisungsnorm in das nationale Recht** wie bei den anderen Gründungsvarianten. Die allgemein für Gründungen anzuwendende Verweisungsnorm des Art. 15 SE-VO hilft in diesem Fall nicht weiter. Nachdem diese Norm das nationale Recht des Staates für anwendbar erklärt, in dessen Hoheitsgebiet die SE in der Zukunft ihren Sitz begründet, müsste das Recht dieses Mitgliedstaates auch für die Beschlussherbeiführung in den Mitgliedstaaten der anderen Gründungsmitglieder angewendet werden. Diese Konsequenz ist mit dem Sinn und Zweck der Vereinheitlichung der Rechtsordnung unvereinbar.

Wird die Gründung einer Holding-SE angestrebt, müssen die Leitungsorgane der be- **634** teiligten Gesellschaften gemäß Art. 32 Abs. 2 S. 1 SE-VO einen **gleich lautenden Gründungsplan** erstellen. Der vergleichbaren Systematik zwischen Verschmelzung und Gründung einer Holding, und insbesondere angesichts des Verweises in Art. 32 Abs. 2 SE-VO auf den gesamten Art. 20 SE-VO, ist davon auszugehen, dass sich Verschmelzungs- und Gründungsplan von der Konzeption her entsprechen. Für den Gründungsplan besteht daher eine **Beurkundungspflicht,** die aus §§ 6, 125 UmwG folgt.[1102]

Der Gründungsplan muss die **Quote von Anteilen** enthalten, die die Anteilsinhaber **635** der Gründungsgesellschaften mindestens einbringen müssen, damit die Holding-SE gegründet werden kann. Die Mindesteinbringungsquote beträgt 50%. Die Quote kann für die einzelnen Gründungsgesellschaften in verschiedener Höhe festgelegt werden.

Art. 34 SE-VO enthält eine Ermächtigung an die Mitgliedstaaten, Regelungen zum **636** **Schutz der die SE-Gründung ablehnenden Minderheitsgesellschafter** zu erlassen. Der deutsche Gesetzgeber hat davon in § 9 Abs. 1 SEAG Gebrauch gemacht. Danach ist den Aktionären einer Gründungsgesellschaft in der Rechtsform der AG, die gegen den Zustimmungsbeschluss Widerspruch zu Protokoll erklären, der Erwerb ihrer Anteile gegen eine **angemessene Barabfindung** anzubieten. Diese Verpflichtung besteht nur, soweit die Holding ihren Sitz im Ausland haben soll oder selbst eine abhängige Gesellschaft iSv § 17 AktG ist. Von diesem Minderheitenschutz werden GmbH-Gesellschafter nicht erfasst, da der Gesellschaftsvertrag einer GmbH entsprechende Schutzvorschriften enthalten kann.[1103]

Gerade für die Herleitung der **Beurkundungspflicht des Gründungsplans** einer **637** Holding-SE bestehen unterschiedliche Lösungsansätze.[1104] Anregungen, im Ausführungsgesetz eine Klarstellung zu treffen, ist der nationale Gesetzgeber nicht gefolgt. Im Zweifel muss diese Rechtsfrage von der Rechtsprechung geklärt werden.[1105]

[1099] *Schwarz* SE-VO Vorb. Art. 32–34 Rn. 1.

[1100] Zum Begriff der Holding Lutter/Bayer/*Lutter,* Holding-Handbuch, 5. Aufl. 2015, S. 10 ff.

[1101] Vgl. auch *Kersting* DB 2001, 2079 (2083).

[1102] So auch *Teichmann* ZGR 2003, 367 (388); zur weiteren Herleitungsmöglichkeiten vgl. *Heckschen* DNotZ 2003, 251 (261).

[1103] *Ihrig/Wagner* BB 2004, 1749 (1752); Heckschen/Heidinger/*Heckschen* § 4 Rn. 605 ff.

[1104] Dazu Widmann/Mayer/*Heckschen* UmwG Anh. 14 Rn. 200 ff.

[1105] Kritisch zu diesen Tendenzen *Micklitz* EWS 12/2002.

638 **Kosten:** Die Kosten für die Beurkundung des Gründungsplans bemessen sich nach Nr. 21100 KV GNotKG, wonach vom Notar eine 2,0 Gebühr für die Beurkundung erhoben wird. Da es sich bei dem Gründungsplan wie auch bei dem Verschmelzungsplan um eine einseitige Erklärung handelt, ist hinsichtlich des Geschäftswertes die Regelung des § 97 Abs. 1 GNotKG anwendbar.

639 Über die allgemeine Verweisungsnorm des Art. 15 Abs. 1 SE-VO ist die **Satzung** der Holding-SE gemäß § 23 Abs. 1 S. 1 AktG beurkundungsbedürftig.

640 Die **HVs der Anteilseigner haben der Gründung der gemeinsamen Holding-SE** gemäß Art. 32 Abs. 6 SE-VO zuzustimmen. Weitere Angaben enthält die SE-Verordnung nicht, auch nicht zum Mehrheitserfordernis. Der nationale Gesetzgeber hat in § 10 SEAG das Mehrheitserfordernis festgelegt und damit Unsicherheiten im Hinblick auf diese Frage beseitigt.[1106] Die Vorschrift sieht eine 3/4-Mehrheit des bei der Beschlussfassung vertretenen Grundkapitals vor bzw. bei einer GmbH 3/4 der abgegebenen Stimmen.

641 Auch bei der Gründung einer Holding-SE muss die **Beteiligung der Arbeitnehmer** geregelt werden. Ohne eine Vereinbarung über die Beteiligung der Arbeitnehmer (oder, ohne dass ein Beschluss nach Art. 3 Abs. 6 der SE-RL gefasst worden wäre) kann die SE gemäß Art. 12 Abs. 2 SE-VO unabhängig von der Gründungsform nicht eingetragen werden. Soweit die Beteiligung der Arbeitnehmer noch nicht festgelegt ist, stehen nicht alle Bedingungen der Gründung der Holding-SE fest.[1107] Die HVs der Gründungsgesellschaften können sich daher die Genehmigung der Eintragung der SE vorbehalten. Wie bei der Gründung durch Verschmelzung liegt die Kompetenz für die Genehmigung wiederum bei der HV. Nach hier vertretener Auffassung muss die HV die Genehmigung mit einer Mehrheit von 3/4 des bei der HV vertretenen Grundkapitals beschließen.[1108] Das Mehrheits- und das Formerfordernis entsprechen dem des Zustimmungsbeschlusses.

642 Die Gesellschafter und Aktionäre haben gemäß Art. 33 Abs. 1 SE-VO innerhalb von drei Monaten zu erklären, ob sie ihre Anteile in die Holding-SE einbringen. Diese Entscheidung steht allen Anteilseignern zu, auch denen, die nicht für die Gründung gestimmt haben. Umgekehrt besteht für die Anteilseigner, die dem Gründungsplan zugestimmt haben, keine Verpflichtung, die Anteile einzubringen.[1109] Die Einbringungsfrist beginnt in dem Zeitpunkt zu laufen, in dem der Gründungsplan endgültig feststeht. Die Einbringungserklärung hat rechtsverbindlichen Charakter. Nur eine rechtsverbindliche Erklärung kann die Rechtsfolge des Art. 33 Abs. 2 SE-VO herbeiführen.[1110]

643 Soweit die Bedingungen für die Gründung der SE vollständig erfüllt sind, muss jede der Gründungsgesellschaften diese Tatsache gemäß den aufgrund von Art. 3 der 1. RL[1111] erlassenen Vorschriften offenlegen. Dadurch erhalten die Aktionäre der Gründungsgesellschaften Kenntnis davon, dass die Bedingungen für die Gründung der Europäischen Gesellschaft erfüllt sind. **Mit der Offenlegung** wird eine **einmonatige Nachfrist** in Gang gesetzt.[1112] In dieser Zeit haben Anteilseigner, die sich während der ersten Einbringungsphase nicht für die Einbringung ihrer Anteile entschieden haben, eine weitere Gelegenheit, die Anteile einzubringen. Die Frist beginnt erst zu laufen, wenn auch die letzte der Gründungsgesellschaften ihrer Offenlegungspflicht nachgekommen ist. Diese Nachfrist wird auch als **Zaunkönigsregelung** bezeichnet.[1113]

644 **3. Gründung einer Tochter-SE (Art. 2 Abs. 3 SE-VO).** Der Abschnitt über die Gründung einer **Tochter-SE** begnügt sich mit zwei Artikeln. Art. 36 SE-VO verweist dabei

---

[1106] Vgl. Widmann/Mayer/*Heckschen* UmwG Anh. 14 Rn. 311 ff.

[1107] *Löw/Stolzenberg* NZA 2016, 1489.

[1108] Widmann/Mayer/*Heckschen* UmwG Anh. 14 Rn. 313, 311.

[1109] *Scheifele* Gründung der SE S. 358; *Schwarz* SE-VO Art. 33 Rn. 7.

[1110] *Heckschen* DNotZ 2003, 251 (262); *Teichmann* ZGR 2002, 383 (383).

[1111] RL 69/151/EWG v. 9.3.1968, ABl. L 65, 8.

[1112] *Schwarz* SE-VO Art. 33 Rn. 17, 23.

[1113] Spindler/Stilz/*Eberspächer* SE-VO Art. 33 Rn. 11 f.

auf die nationalen Rechtsvorschriften. Es ergeben sich für die an der Gründung einer Tochter-SE teilnehmenden Gründungsgesellschaften keine besonderen Probleme, da das nationale Gründungsrecht Anwendung findet. Es gelten also die **allgemeinen Gründungsvorschriften des deutschen Aktiengesetzes,** soweit nicht Regelungen für die künftige SE Anwendung finden.[1114]

Daher ergeben sich für den Notar die aus dem nationalen Aktienrecht bekannten Aufgaben. Es ist zu befürchten, dass durch die Gründung einer Tochter-SE mit nachträglicher Einzelrechtsübertragung von Vermögensgegenständen die strengen **Gründungsvorschriften bei der Verschmelzung umgangen werden.**[1115] Werden in der Folge einer Tochter-SE-Gründung Vermögensgegenstände in die Tochter-SE eingebracht, sind die Vorschriften der §§ 179, 179a AktG sowie die Grundsätze der „**Holzmüller**"–[1116] und „**Gelatine**"-**Entscheidungen**[1117] des BGH zu beachten[1118] (→ Rn. 314 ff.). 645

4. Gründung durch Umwandlung (Art. 2 Abs. 4 SE-V). Eine der meist genutzten Gründungsarten ist die **Gründung durch Umwandlung.**[1119] Dafür ist es ist aber erforderlich, dass die Gesellschaft seit **zwei Jahren eine Tochtergesellschaft im EU-Ausland/EWR** hat (Art. 2 Abs. 4 SE-VO).[1120] 646

Bei der Gründung durch Umwandlung hat das Leitungsorgan einen **Umwandlungsplan** zu erstellen, der auf den ersten Blick dem Verschmelzungs- oder Gründungsplan zu entsprechen scheint. Im Gegensatz zur Gründung einer Holding-SE fehlt aber ein dem Art. 32 Abs. 2 SE-VO entsprechender Verweis auf Art. 20 SE-VO. Ob der Umwandlungsplan **beurkundungsbedürftig** ist, bleibt unklar und kann vom deutschen Gesetzgeber nicht festgelegt werden.[1121] 647

Der **Zustimmungsbeschluss zur Umwandlung** ist gemäß Art. 37 Abs. 7 SE-VO iVm § 65 Abs. 1 S. 1 UmwG analog mit einer 3/4-Mehrheit zu fassen und gemäß Art. 15 SE-VO iVm § 130 AktG beurkundungspflichtig. 648

5. Abgeleitete Gründung (Art. 3 Abs. 2 SE-VO). Eine SE kann gemäß Art. 3 Abs. 2 SE-VO selbst eine oder mehrere **Tochtergesellschaften gründen.**[1122] Der **abgeleiteten (oder sekundären**[1123]**) Gründung** (oder Ausgründung[1124]) der SE steht nicht entgegen, dass die Mutter auch nach Art. 3 Abs. 2 SE-VO gegründet wurde.[1125] Für die abgeleitete Gründung einer SE verweist Art. 3 Abs. 2 S. 1 SE-VO iVm Art. 15 Abs. 1 SE-VO auf die nationalen Rechtsvorschriften, womit in Deutschland das Aktiengesetz Anwendung findet und der Notar seine gewohnten Aufgaben wahrnimmt. 649

Der **Sitz der Tochter** muss sich nicht im selben Mitgliedstaat wie der Sitz der Mutter befinden.[1126] Er darf es aber.[1127] Es besteht daher **kein spezifisches Mehrstaatlichkeitserfordernis** für die konkrete SE-Gründung gemäß Art. 3 Abs. 2 SE-VO.[1128] Das Mehrstaatlichkeitsprinzip wird hier also nur über das Mehrstaatlichkeitserfordernis im Rahmen 650

[1114] Lutter/Hommelhoff/*Bayer* Europäische Gesellschaft S. 58.
[1115] Vgl. dazu *Heckschen* DNotZ 2003, 251 (263); *Teichmann* ZGR 2002, 383 (438).
[1116] BGHZ 83, 122.
[1117] BGH NZG 2004, 571 und NZG 2004, 575.
[1118] Dazu Widmann/Mayer/*Heckschen* UmwG Anh. 14 Rn. 341 ff., 231 ff.
[1119] Hierzu aktuell *Reiserer/Biesinger/Christ/Bollacher* DStR 2018, 1185 (Teil I) und DStR 2018, 1238 (Teil II).
[1120] Vgl. ausf. Widmann/Mayer/*Heckschen* UmwG Anh. 14 Rn. 371 ff.
[1121] Vgl. Widmann/Mayer/*Heckschen* UmwG Anh. 14 Rn. 379 ff.
[1122] Hierzu *Lutter/Bayer/Schmidt* § 45 Rn. 45.71 ff.
[1123] *Lutter/Bayer/Schmidt* § 45 Rn. 45.71; Widmann/Mayer/*Heckschen* UmwG Anh. 14 Rn. 399.
[1124] MüKoAktG/*Oechsler/Mihaylova* SE-VO Art. 3 Rn. 4; Habersack/Drinhausen/*Habersack* SE-VO Art. 3 Rn. 7.
[1125] *Lutter/Bayer/Schmidt* § 45 Rn. 45.71.
[1126] *Lutter/Bayer/Schmidt* § 45 Rn. 45.71.
[1127] MüKoAktG/*Oechsler/Mihaylova* SE-VO Art. 3 Rn. 5; *Lutter/Bayer/Schmidt* § 45 Rn. 45.71 mwN.
[1128] *Lutter/Bayer/Schmidt* § 45 Rn. 45.32.

der Gründung der Mutter vermittelt – bzw. im Falle einer Kettengründung über Art. 3 Abs. 2 SE-VO, demjenigen bei der Gründung der ersten SE, die nicht nach Art. 3 Abs. 2 SE-VO gegründet wurde.

651   Art. 3 Abs. 1 SE-VO regelt eine **Einpersonen-Gründung.**[1129] Die abgeleitete Gründung gemäß Art. 3 Abs. 2 SE-VO ist unter Beteiligung nur eines Gründungsgesellschafters auch dann zulässig, wenn das nationale Recht des jeweiligen Mitgliedstaates keine Gründungen von AGs mit nur einem Gesellschafter zulässt.[1130]

652   Das Gründungsverfahren richtet sich gemäß Art. 15 Abs. 1 SE-VO nach dem Recht des Mitgliedstaats, in dem die neu zu gründende SE ihren Sitz hat.[1131] Daher ist für eine Tochter-SE mit Sitz in Deutschland jedenfalls eine Gründung nach §§ 23 ff. AktG möglich. Nach richtiger herrschender Ansicht gilt dies auch für eine **Gründung im Wege der Ausgliederung** gemäß § 123 Abs. 3 Nr. 2 UmwG.[1132] In der Praxis werden derartige durch Eigengründung entstehende SEs auch als Vorratsgesellschaften (dazu → Rn. 38)[1133] im Ausland angeboten.

III. Eintragungsverfahren

653   Das Eintragungsverfahren der Europäischen Gesellschaft hat der Verordnungsgeber in den Art. 25, 26 SE-VO geregelt. In einem ersten Schritt muss die in einem Mitgliedstaat zuständige Behörde (in Deutschland ist dies gemäß §§ 3, 4 SEAG das Handelsregister) eine **Bescheinigung** ausstellen, aus der zweifelsfrei hervorgeht, dass die der Verschmelzung vorangehenden Rechtshandlungen und Formalitäten eingehalten bzw. durchgeführt wurden (Art. 25 Abs. 2 SE-VO). In einem zweiten Schritt wird die Gründung der SE bei der zuständigen Behörde des Sitzstaates der SE zur Eintragung angemeldet.

654   Die zuständige Behörde, in Deutschland wiederum das **Handelsregister,** prüft die **Rechtmäßigkeit der Verschmelzung** im Hinblick auf die Durchführung der Verschmelzung und die Gründung der SE. Gemäß Art. 26 Abs. 2 SE-VO legt jede der sich verschmelzenden Gesellschaften der zuständigen Behörde die Rechtmäßigkeitsbescheinigung, die die zuständigen Behörden der Sitzstaaten der Gründungsgesellschaften ausgestellt haben, innerhalb von sechs Monaten nach ihrer Ausstellung, nebst einer Ausfertigung des Verschmelzungsplans, dem zugestimmt worden ist, vor.

655   Wenn die Prüfung durch das Registergericht zu einem positiven Ergebnis gelangt, wird die SE über den Verweis in Art. 12 Abs. 1 SE-VO nach den nationalen Vorschriften eingetragen. Die Eintragung wird nach § 10 HGB[1134] bekanntgemacht. Die **Eintragung der SE** ist daneben gemäß Art. 14 Abs. 1 SE-VO zu Informationszwecken im **Amtsblatt der EU** bekanntzumachen.[1135]

656   Die SE erwirbt gemäß Art. 16 SE-VO mit ihrer **Eintragung in das zuständige Handelsregister** Rechtspersönlichkeit. Die Rechtsfolgen der Verschmelzung richten sich nach Art. 29 SE-VO. Bei einer Verschmelzung zur Aufnahme nimmt die aufnehmende Gesellschaft mit der Eintragung in das Handelsregister gemäß Art. 29 Abs. 1 lit. d SE-VO die Rechtsform der SE an. Bei der Verschmelzung zur Neugründung entsteht die neue Gesellschaft als Europäische Gesellschaft (SE).[1136]

[1129] Habersack/Drinhausen/*Habersack* SE-VO Art. 3 Rn. 8.

[1130] MüKoAktG/*Oechsler/Mihaylova* SE-VO Art. 3 Rn. 4; *Lutter/Bayer/Schmidt* § 45 Rn. 45.72.

[1131] Spindler/Stilz/*Casper* SE-VO Art. 2, 3 Rn. 18; *Lutter/Bayer/Schmidt* § 45 Rn. 45.73.

[1132] MüKoAktG/*Oechsler/Mihaylova* SE-VO Art. 3 Rn. 6 mwN; *Lutter/Bayer/Schmidt* § 45 Rn. 45.73; aA *Hirte* NZG 2002, 1 (4).

[1133] KK-AktG/*Maul* SE-VO Art. 3 Rn. 26 ff.; ausf. zur Gründung einer SE als Vorratsgesellschaft auch *Freier*, Die Gründung einer SE als Vorratsgesellschaft, 2016.

[1134] In der Fassung des Gesetzes über elektronische Handelsregister und Genossenschaftsregister sowie das Unternehmensregister (EHUG) v. 10. 11. 2006, BGBl. I 2553.

[1135] Lutter/Hommelhoff/*Kleindiek* Europäische Gesellschaft S. 109.

[1136] Vgl. Lutter/Hommelhoff/*Bayer* Europäische Gesellschaft S. 44.

IV. Satzungsgestaltungen für das monistische System

Die Satzung einer SE mit **monistisch ausgestaltetem Leitungsorgan**[1137] muss gemäß **657** Art. 43 Abs. 2 SE-VO die Anzahl der Verwaltungsratsmitglieder enthalten. In § 23 SEAG hat der nationale Gesetzgeber eine Mindestanzahl von **drei Verwaltungsratsmitgliedern** vorgesehen. Bei Gesellschaften mit einem Grundkapital von weniger als 3 Mio. EUR kann die Satzung aber vorsehen, dass die Gesellschaft weniger als drei Verwaltungsratsmitglieder haben kann. Daneben schreibt § 40 Abs. 2 S. 1 SEAG vor, dass die Gesellschaft mindestens einen geschäftsführenden Direktor haben muss. Mitglieder des Verwaltungsrates können zu **geschäftsführenden Direktoren** bestellt werden, sofern die Mehrheit der Mitglieder des Verwaltungsrates weiterhin aus nicht geschäftsführenden Direktoren besteht. Aus diesen beiden Vorschriften ergibt sich, dass die Gesellschaft an der Spitze mindestens mit zwei Personen besetzt sein muss, einem Verwaltungsratsmitglied und einem externen geschäftsführenden Direktor. Die geringe Anzahl stellt einen echten Vorteil gegenüber einer nationalen AG dar, bei der die Spitze der Gesellschaft mindestens aus drei Aufsichtsratsmitgliedern (§ 95 AktG) und einem Vorstandsmitglied (§ 76 Abs. 2 AktG) bestehen muss.

Bei der Satzungsgestaltung ist auf eine Besonderheit bei einer SE mit monistischem **658** Leitungssystem hinzuweisen. Mit der Änderung des § 111 Abs. 4 AktG[1138] ist die Verpflichtung zur Festlegung **zustimmungsbedürftiger Geschäfte** des Vorstands in das Aktiengesetz aufgenommen worden.[1139] Die zustimmungsbedürftigen Geschäfte werden entweder direkt **in der Satzung** verankert oder aber **durch den Aufsichtsrat** bestimmt. Der Praxis wird regelmäßig empfohlen, die Festlegung zustimmungsbedürftiger Geschäfte dem Aufsichtsrat zu überlassen.[1140]

Art. 48 Abs. 1 SE-VO sieht dagegen im Grundsatz vor, dass in der **Satzung** Arten von **659** Geschäften aufgeführt werden müssen, für die im dualistischen System der Aufsichtsrat dem Vorstand seine Zustimmung erteilen muss und im monistischen System ein **ausdrücklicher Beschluss des Verwaltungsrates** erforderlich ist. Die Vorschrift eröffnet in Art. 48 Abs. 1 Abs. 2 SE-VO den Mitgliedstaaten die Möglichkeit, bei Einrichtung eines dualistischen Systems dem Aufsichtsrat die Zuständigkeit zuzuordnen, zustimmungsbedürftige Geschäfte festzulegen und von seiner Zustimmung abhängig zu machen.

Bei einer SE mit einem Verwaltungsrat **muss** die Satzung einen Katalog **zustim- 660 mungsbedürftiger Geschäfte** enthalten. Dies wird in der Praxis teilweise übersehen.

Bei Europäischen Gesellschaften, die ein monistisches Leitungssystem nach Art. 43 ff. **661** SE-VO haben, besteht **keine strikte Trennung zwischen der Geschäftsführung** der Gesellschaft **und** ihrer **Überwachung**. Das Verwaltungsorgan der SE übernimmt somit die Überwachung der Geschäftsführung selbst.[1141] Der deutsche Gesetzgeber hat von der Regelungsermächtigung des Art. 43 Abs. 1 SE-VO Gebrauch gemacht und in § 40 SEAG vorgesehen, dass der Verwaltungsrat zwingend einen oder mehrere **geschäftsführende Direktoren** bestellt. Die geschäftsführenden Direktoren müssen nicht gleichzeitig Mitglieder des Verwaltungsrates sein. Zu geschäftsführenden Direktoren dürfen allerdings auch Mitglieder des Verwaltungsrates bestellt werden. Immerhin lässt dies der deutsche Gesetzgeber nach § 40 Abs. 1 S. 2 SEAG nur zu, sofern die Mehrheit des Verwaltungsrates weiterhin aus nicht geschäftsführenden Direktoren besteht.[1142] Aber auch daraus ergibt sich keine zwingende Trennung zwischen den geschäftsführenden und nicht geschäftsführenden Mitgliedern, so dass auch geschäftsführende Mitglieder an der Überwachung teil-

---

[1137] Allg. dazu *Kallmeyer* ZIP 2003, 1531.
[1138] Durch das TransPuG v. 19. 7. 2002, BGBl. I 2681.
[1139] *Hüffer/Koch* AktG § 111 Rn. 16 f.
[1140] Hirte/*Heckschen* Kap. 3 Rn. 45 ff.
[1141] *Schwarz* SE-VO Art. 43 Rn. 12.
[1142] Widmann/Mayer/*Heckschen* UmwG Anh. 14 Rn. 476 ff.

nehmen. Daher obliegt die Überwachung der Geschäfte immer noch dem gesamten Verwaltungsrat und nicht nur den nicht geschäftsführenden Mitgliedern.[1143]

662   Für die **Genehmigung zustimmungsbedürftiger Geschäfte** ist ein **Beschluss des Verwaltungsrates** notwendig. Gerade für große Gesellschaften, bei denen das Kapital von der Leitung der Gesellschaft entkoppelt ist, ist die Gefahr größer, dass das gesamte Organ in die laufenden Geschäfte eingreift und die Trennung zwischen Kontrolle und Geschäftsführung verwischt wird. Daher ist darauf zu achten, dass der Katalog nicht zu weit gefasst wird und nur Geschäfte enthält, die von grundlegender Bedeutung für die Gesellschaft sind. Für kleine und mittlere Unternehmen stellt ein Verwaltungsrat ohne die strikte Trennung von Kontroll- und Leitungsfunktion – wie nach dem AktG – indes einen großen Vorteil dar.

663   Soweit die Satzung **einer SE mit monistischem Leitungssystem** keine zustimmungsbedürftigen Geschäfte enthält, verstößt die Satzung gegen zwingende Vorschriften der SE-VO und die Gesellschaft ist **nicht eintragungsfähig.**[1144] Es ist fraglich, welche Auswirkungen dieser Fehler hat. Bei der zweistufigen Rechtmäßigkeitsprüfung der Gründung durch Verschmelzung hat das Registergericht (oder die zuständige Behörde) des Sitzstaates der Gründungsgesellschaften die Frage, ob die Satzung den Anforderungen der SE-VO entspricht, nicht zu prüfen. Der Prüfungsumfang beschränkt sich nach Art. 25 SE-VO auf die Frage, ob nach dem Recht des Sitzstaates alle Rechtshandlungen und Formalitäten eingehalten worden sind.[1145] Nur darauf bezieht sich dann auch die Bescheinigung, die die zuständige Behörde nach Art. 25 Abs. 2 SE-VO ausstellt. Eine andere Auslegung würde nur dazu führen, dass einige Punkte von den zuständigen Behörden in dem Staat, in dem die Gründungsgesellschaft ihren Sitz hat und in dem Staat, in dem die SE ihren Sitz haben soll, doppelt geprüft werden. Dies aber widerspräche der Konzeption der zweistufigen Rechtmäßigkeitsprüfung im Sinne eines arbeitsteiligen Modells,[1146] das dem Eintragungsverfahren der SE bei einer Verschmelzung zu Grunde liegt.[1147] Allenfalls könnte man bei offensichtlichen Ungereimtheiten in der Phase vor der ersten Prüfungsstufe auch der für die Eintragung der SE zuständigen Behörde die Kompetenz zugestehen, die Eintragung zu versagen.

G. Zustimmungsbedürftige Geschäfte beim dualistischen Leitungssystem

664   Der deutsche Gesetzgeber hat von der Option in § 19 SEAG Gebrauch gemacht. Die Satzung einer SE mit Sitz in Deutschland hat entsprechend § 111 Abs. 4 S. 2 AktG einen **Katalog zustimmungsbedürftiger Geschäfte** zu enthalten oder der Aufsichtsrat muss diese aufstellen.[1148] Der Vorstand muss aber die laufenden Geschäfte in eigener Verantwortung nach Art. 39 Abs. 1 SE-VO führen können. Der Aufsichtsrat darf nicht durch einen zu extensiven Katalog von zustimmungsbedürftigen Geschäften in die laufenden Geschäfte eingebunden werden.

H. Hauptversammlung (Art. 52 ff. SE-VO)

665   Die HV bildet das **Basisorgan**[1149] der SE, unabhängig davon, ob die SE mit einem monistischen oder dualistischen System ausgestattet ist. Art. 52–60 SE-VO enthalten Regelungen zur HV. Die Verordnung statuiert, dass die HV für die in der SE-VO vorgese-

---

[1143] *Schwarz* SE-VO Art. 43 Rn. 12.
[1144] *Schwarz* SE-VO Art. 48 Rn. 41.
[1145] Lutter/Hommelhoff/*Kleindiek* Europäische Gesellschaft S. 108.
[1146] Vgl. Lutter/Hommelhoff/*Kleindiek* Europäische Gesellschaft S. 108.
[1147] Zum Kontrollumfang auf der zweiten Stufe *Schwarz* SE-VO Art. 26 Rn. 17.
[1148] *Schwarz* SE-VO Art. 48 Rn. 31; Jannott/Frodermann/*Frodermann* Kap. 5 Rn. 255; vgl. Erwägungsgrund 14 der SE-VO.
[1149] „Grundorgan" nach *Lutter* BB 2002, 1 (4).

henen Angelegenheiten und darüber hinaus für Angelegenheiten zuständig ist, die ihr in der **Richtlinie zur Beteiligung der Arbeitnehmer** zugewiesen sind. Im Übrigen ist das deutsche Aktienrecht nach dem Verweis in Art. 9 Abs. 1 lit. c SE-VO für eine SE mit Sitz in der Bundesrepublik maßgeblich, soweit nicht andere Vorschriften aus der Kaskade des Art. 9 SE-VO (→ Rn. 597 f.) greifen.[1150]

Die **Einberufung der HV** richtet sich nach Art. 54 SE-VO. Abweichend von der **666** Acht-Monats-Frist des § 175 Abs. 1 S. 2 AktG schreibt Art. 54 Abs. 1 SE-VO vor, dass die HV mindestens **einmal im Kalenderjahr** und **innerhalb von sechs Monaten nach dem Schluss des Geschäftsjahres** stattzufinden hat. Zur Einberufung berechtigt sind alle je nach gewähltem Aufbau zuständigen Organe der Gesellschaft sowie die zuständigen Behörden der Mitgliedstaaten. Daneben können auch die (Minderheits-)Aktionäre die Einberufung einer HV beantragen. Nach Art. 55 Abs. 1 SE-VO müssen diese mindestens 10 % des gezeichneten Kapitals repräsentieren. Der nationale Gesetzgeber hat aber von der Ermächtigung in Art. 55 Abs. 1 SE-VO Gebrauch gemacht und den Schwellenwert im Gleichlauf mit § 122 Abs. 1 AktG auf 5 % des Grundkapitals herabgesetzt (vgl. § 50 Abs. 1 SEAG). Die Aktienrechtsnovelle 2016 hat § 121 Abs. 1 S. 3 AktG um das Erfordernis ergänzt, dass der antragstellende Aktionär bereits 90 Tage vor seinem Verlangen Aktionär sein muss. Ein solches Erfordernis findet sich in Art. 50 SEAG nicht, sodass diese Voraussetzung bei der SE nicht anzuwenden ist. Art. 56 SE-VO sieht zugunsten von Minderheitsgesellschaftern die Möglichkeit vor, auf deren Verlangen ergänzende Tagesordnungspunkte in die Einberufung mitaufzunehmen. In Ermangelung eines expliziten Verfahrens zur Rechtsdurchsetzung wird die Durchführung eines registerrechtlichen Verfahrens in analoger Anwendung von Art. 55 Abs. 3 SE-VO iVm § 122 Abs. 2, Abs. 3 AktG für möglich gehalten.[1151]

Nach deutschem Recht sind HVs einer AG in Deutschland bei börsennotierten AGs **667** immer zu beurkunden, von nicht börsennotierten AGs dann, wenn Beschlüsse gefasst werden sollen, für die das Gesetz eine 3/4-Mehrheit vorsieht. Zu fordern ist allerdings eine **generelle Beurkundungspflicht der HV einer SE.** Der nationale Gesetzgeber hat mit dem Gesetz für kleine AGs Formerleichterungen eingeführt, um die AG attraktiver zu machen gerade – wie der Name sagt – für kleine Gesellschaften. Die SE ist aber mit einem Mindestgrundkapital von 120.000 EUR das genaue Gegenteil einer kleinen Gesellschaft. In Verbindung mit der erheblich verkomplizierten Rechtsanwendung ist die Erleichterung für eine nicht börsennotierte SE nicht zu rechtfertigen und somit die Beurkundung zu fordern. Der Gesetzgeber hat entsprechende Klarstellungen nicht in das Ausführungsgesetz eingefügt. In der Praxis wird die HV der SE nur dann beurkundet, wenn dies auch bei einer AG erforderlich wäre.

Der BGH hat die Auffassung vertreten, das Protokoll der HV einer SE mit Sitz in **668** Deutschland könne auch bei Durchführung der **HV im Ausland** durch einen ausländischen Notar aufgenommen werden.[1152]

I. Die Zweigniederlassung der SE

Die SE kann wie die deutsche AG **Zweigniederlassungen** errichten und unterhalten.[1153] **669** Die Zweigniederlassung ist gemäß § 13 HGB beim Handelsregister der Hauptniederlassung anzumelden. Bei dualistischen SE ist die Anmeldung nach § 13 Abs. 2 S. 2 HGB vom Vorstand vorzunehmen. Bei monistischer Führungsstruktur ist gemäß § 40 Abs. 2

[1150] Zu den Besonderheiten *Knapp* DStR 2012, 2392.
[1151] *Knapp* DStR 2012, 2392; Lutter/Hommelhoff/Teichmann/*Spindler* SE-VO Art. 56 Rn. 21; Manz/ Mayer/Schröder/*Mayer* SE-VO Art. 56 Rn. 13.
[1152] BGH ZIP 2014, 2494.
[1153] Hierzu Widmann/Mayer/*Heckschen* UmwG Anh. 14 Rn. 510 ff.

S. 3 SEAG der geschäftsführende Direktor zuständig. Für deutsche Zweigniederlassungen ausländischer SE gelten die §§ 13d ff. HGB.[1154]

J. Die SE als Komplementärin

670 Die Möglichkeit der Verwendung einer SE als in der Haftung unbeschränkte Komplementärin hat die Bertelsmann **SE & Co. KGaA** aufgezeigt. Als echte Alternative gegenüber der GmbH & Co. KG bietet sich aus deutscher Perspektive die Verwendung einer SE als Komplementärin einer KG zur **Umgehung der Regelungen zur Mitbestimmung** an. Zwar ist das OLG Düsseldorf der Ansicht, dass bei Aktivierung der Gesellschaft das Arbeitnehmerverfahren in analoger Anwendung der Gründungsregeln nachzuholen ist.[1155] Der Erwerb der Aktien durch die Kommanditisten führt dieses Ergebnis jedoch nicht schon herbei.[1156] Auch der Einsatz als Komplementärin einer KG mit mehr als 2.000 Mitarbeitern führt nicht zur Anwendung der Mitbestimmung in der SE.[1157]

671 Insgesamt wird in der Literatur die GmbH & Co. KGaA und auch die SE & Co. KGaA[1158] als moderne Rechtsform für mittelständische Familienunternehmen verstanden, da sie Flexibilität und Vorteile einer Personenhandelsgesellschaft zB bei der Freiheit der Satzungsgestaltung, und Vorzüge der Kapitalgesellschaft – in Gestalt von Haftungsbeschränkung, Börsenfähigkeit und Anwendbarkeit des steuerlichen Trennungsprinzips – vereint.[1159] Betont wird auch der Ausschluss der Mitbestimmung.[1160] Darüber hinaus bietet sie interessante Möglichkeiten für die Unternehmensnachfolge. Als ein Beispiel sei genannt, dass Erben als Kommanditaktionäre mit eingeschränkten Entscheidungsbefugnissen am Unternehmen beteiligt werden können.[1161]

K. (Grenzüberschreitende rechtsformwahrende) Sitzverlegung der SE (Art. 8 SE-VO)

672 Nach Art. 8 Abs. 1 SE-VO kann der **Sitz** der SE **in einen anderen Mitgliedstaat verlegt** werden (Art. 8 Abs. 1 S. 1 SE-VO), ohne dass es hierdurch zur Auflösung der SE oder zur Gründung einer neuen juristischen Person kommt (Art. 8 Abs. 1 S. 2 SE-VO). Hierbei handelt es sich um eine grenzüberschreitende[1162] identitätswahrende Sitzverlegung.[1163] Das genaue Verfahren regelt Art. 8 Abs. 2–13 SE-VO.

673 Die **Möglichkeit der Sitzverlegung** gemäß Art. 8 SE-VO ist einer der zentralen Vorteile der SE und war ein wichtiger Schritt zur Verwirklichung des europäischen Binnenmarktes.[1164] Während der grenzüberschreitende Formwechsel nationaler Rechtsformen erst im Laufe von vielen Jahren mühsam durch die Judikatur des EuGH konturiert wurde und sich die rechtssichere Umsetzung der Vorgaben des EuGH nach wie vor schwierig gestaltet,[1165] bietet Art. 8 SE-VO einen vergleichsweise sicheren Rechtsrahmen.

[1154] Widmann/Mayer/*Heckschen* UmwG Anh. 14 Rn. 513 ff.

[1155] OLG Düsseldorf ZIP 2009, 918; hierzu auch *Forst* NZG 2009, 687 (690 ff.).

[1156] *Sigle* FS Hommelhoff 2012, 1123 (1125).

[1157] *Sigle* FS Hommelhoff 2012, 1123 (1125 ff.).

[1158] *Werner* NWB 2016, 3868; zur Umwandlung in SE & Co. KG *Winter/Marx/De Decker* NZA 2016, 334.

[1159] *Kruse/Domning/Frechen* DStR 2017, 2440.

[1160] *Werner* NWB 2016, 3868.

[1161] *Kruse/Domning/Frechen* DStR 2017, 2440 (2442); *Fett/Stütz* NZG 2017, 1121 (1123 f.).

[1162] Für die innerdeutsche Sitzverlegung gilt gemäß Art. 9 Abs. 1 lit. c SE-VO § 45 AktG.

[1163] *Lutter/Bayer/Schmidt* § 45 Rn. 45.170; ausf. zum Verfahren der Sitzverlegung der SE Widmann/Mayer/*Heckschen* UmwG Anh. 14 Rn. 407 ff.

[1164] *Wenz* AG 2003, 185 (194).

[1165] Ausf. *Teichmann/Knaier* GmbHR 2017, 1314 im Nachgang der Entscheidung des EuGH in der Rechtssache Polbud (EuGH NZG 2017,1308).

L. Die SE als Beteiligte von Umwandlungsmaßnahmen

Die SE kann zunächst selbst Beteiligte der Gründungsmöglichkeiten von Art. 2 SE-VO 674
sein (bei Art. 3 Abs. 2 SE-VO muss sie es). Weiterhin kann die SE – als AG, Art. 3, 9
Abs. 1 lit. c SE-VO – Beteiligte von Maßnahmen nach dem UmwG 1994 sein, soweit
die SE-VO keine abschließenden Regelungen enthält.

Art. 66 SE-VO regelt den Formwechsel einer SE in eine nationale AG. Diese Vor- 675
schrift wird von der herrschenden Meinung als **Mindestnorm zur Renationalisierung**
der SE verstanden, die keine Sperrwirkung gegenüber anderen Umwandlungsmöglichkeiten entfaltet.[1166] Weitere Umwandlungsmöglichkeiten bleiben von der Vorschrift unberührt.[1167]

Auch an **grenzüberschreitenden Umwandlungen** kann die SE **wie nationale** 676
Rechtsformen beteiligt sein, soweit die SE-VO keine abschließenden Regelungen enthält. Zwar kann eine bestehende SE daher Beteiligte von grenzüberschreitenden Verschmelzungen nach §§ 122a ff. UmwG sein. Eine grenzüberschreitende Verschmelzung
zur Neugründung ist dagegen nach der herrschenden Meinung nicht möglich.[1168] Art. 2
Abs. 1 SE-VO ist insoweit als abschließend zu verstehen.

Zur grenzüberschreitenden Verschmelzung von Kapitalgesellschaften und die Umset- 677
zung der Verschmelzungsrichtlinie RL 2017/1132/EU ausf. → § 24 Rn. 138 ff.

M. Resümee und Ausblick

Insbesondere für den Mittelstand ist die SE eine in aller Regel der AG **vorzuziehende** 678
Alternative. Bisher findet dies in der Praxis immer noch zu wenig Berücksichtigung.
Denn abgesehen von dem schwerfälligen Gründungsverfahren bietet die SE vor allem mit
ihrer Möglichkeit, ein **monistisches System** mit einem Verwaltungsrat einzurichten, mit
ihrem **supranationalen Image** und dem **Schutz vor** der **Mitbestimmung** entscheidende Vorteile gegenüber einer AG. In der Praxis kann das komplizierte Gründungsverfahren auch durch den Kauf einer Vorrats-SE umgangen werden.

Der Brexit wird auch für im Vereinigten Königreich ansässige SEs Probleme berei- 679
ten.[1169] Durch den Austritt Großbritanniens aus der EU würde für die dort ansässigen SEs
der durch Art. 54 AEUV garantierte **Schutz der Niederlassungsfreiheit** wegfallen. Da
in England traditionell die Gründungstheorie Anwendung findet, würde „britischen" SEs
nach nationalem (britischen) Recht wohl zwar nicht per se die Rechtsfähigkeit abgesprochen werden. Die konkreten Auswirkungen des Brexits sind allerdings noch nicht absehbar. Das Companies House weigert sich in europarechtswidriger Weise, grenzüberschreitende Formwechsel einzutragen.[1170] Für englische Gesellschaften könnte es einen Weg aus
dem UK heraus darstellen, gemäß Art. 2 Abs. 1 SE-VO eine SE zu gründen und dann
den Sitz der SE zu verlegen.[1171] In einem aktuell vom High Court of Justice London
entschiedenen Fall wurde (in Vorbereitung auf den Brexit) jedenfalls die erwähnte Gründung einer SE durchgeführt.[1172] Die Gründungsgesellschaften für eine in England zu
gründende SE waren dort eine englische PLC und eine luxemburgische SA.

[1166] *Lutter/Bayer/Schmidt* § 45 Rn. 45.180 mwN; ausf. Widmann/Mayer/*Heckschen* UmwG Anh. 14
Rn. 55 ff., 528.2 mwN.

[1167] Zu den Umwandlungsmöglichkeiten ausf. Widmann/Mayer/*Heckschen* UmwG Anh. 14 Rn. 55, 528.2
mwN; *Lutter/Bayer/Schmidt* § 45 Rn. 45.176 ff.

[1168] Widmann/Mayer/*Heckschen* UmwG Anh. 14 Rn. 55 ff., 528.2 mwN.

[1169] Zu den Problemen der SE im Zusammenhang mit dem Brexit *Heckschen* NotBZ 2017, 401; Widmann/
Mayer/*Heckschen* UmwG Anh. 14 Rn. 67.1.

[1170] *J. Schmidt* GmbHR 2018, R292 (R293); *Heckschen* NotBZ 2017, 401 (404).

[1171] Hierzu *Heckschen* NotBZ 2017, 401 (405 f.).

[1172] Entscheidung abrufbar unter http://www.bailii.org/ew/cases/EWHC/Ch/2018/1445.html, zuletzt abgerufen am 15.5.2019.

14. Teil. Gesamtmuster

A. Gründung einer AG

I. Gründungsprotokoll (Bargründung)

680

UR-Nr. ***

🔔 Verhandelt zu *** in der Geschäftsstelle des Notars,
am ***

Vor

***

Notar mit dem Amtssitz in ***

erschienen:
1. Herr ***,
    geboren am ***,
    Anschrift: ***,
    ausgewiesen durch amtlichen Lichtbildausweis,
2. Frau ***,
    geboren am ***,
    Anschrift: ***,
    ausgewiesen durch amtlichen Lichtbildausweis.

Die Erschienenen erklärten:

Gründungsprotokoll einer Aktiengesellschaft (Bargründung)

I. Errichtung

Wir errichten eine Aktiengesellschaft unter der Firma *** mit dem Sitz in ***.

II. Satzung

Wir stellen die Satzung gemäß Anlage[1173] zu dieser Urkunde hiermit fest.

III. Gründer

Das Grundkapital der Gesellschaft beträgt *** EUR (in Worten: *** Euro). Es wird eingeteilt in *** *[Anzahl]* Aktien im Nennbetrag von je *** EUR (mindestens 1). *[Alt.:* Es wird eingeteilt in *** *[Anzahl]* Stückaktien zum Ausgabebetrag von je *** EUR (mindestens 1).

Als Gründer übernehmen wir von dem insgesamt vorgenannten Grundkapital folgende Beträge
(1) der Erschienene zu 1)
    *** Aktien im Nennbetrag zu je *** EUR
    [Alt.: Stückaktien zum Ausgabebetrag von je *** EUR]
    also insgesamt *** EUR,
(2) die Erschienene zu 2)
    *** Aktien im Nennbetrag zu je *** EUR
    [Alt.: Stückaktien zum Ausgabebetrag von je *** EUR]
    also insgesamt *** EUR.

Die Aktien werden zum Nennbetrag ausgegeben. *[Alt.:* Die Aktien sind Stückaktien.]

Die Einlagen sind in bar zu leisten und sofort in voller Höhe *[Alt.:* in Höhe von jeweils *** *[zB:* 50] % zahlungsfällig.

IV. Aufsichtsrat

Zu Mitgliedern des ersten Aufsichtsrates bestellen wir die Herren

---

[1173] S. hierzu das nachfolgende Gesamtmuster → Rn. 681.

(1) *** [Name, Vorname, Geburtsdatum, Beruf, Wohnort]
(2) *** [Name, Vorname, Geburtsdatum, Beruf, Wohnort]
(3) *** [Name, Vorname, Geburtsdatum, Beruf, Wohnort]

und zwar für die Zeit bis zur Beendigung der Hauptversammlung, die über die Entlastung des Aufsichtsrates für das am 31.12. des Jahres der Gründung endenden Rumpfgeschäftsjahr beschließt.

V. Abschlussprüfer

Die Wirtschaftsprüfungsgesellschaft in Firma *** wird zum Abschlussprüfer für das am 31.12.*** endende Rumpfgeschäftsjahr bestellt.

VI. Gründungsprüfer

Ich/Wir schlagen folgenden Wirtschaftsprüfer [*Alt.:* folgende Wirtschaftsprüfungsgesellschaft] als Gründungsprüfer gem. § 33 Abs. 2, 3 AktG vor: ***.

VII. Vollmacht

Die Herren Notare *** und *** – beide mit Amtssitz in *** – werden hiermit bevollmächtigt, alles zu erklären, was zur Eintragung der Aktiengesellschaft in das Handelsregister erforderlich oder zweckmäßig ist, ggf. auch die Satzung abzuändern. Die Vollmacht ist jederzeit widerruflich. Jeder Bevollmächtigte darf allein und auch für alle Gesellschafter gleichzeitig handeln. Dem Handelsregister gegenüber ist die Vollmacht unbeschränkt.

VIII. Hinweise des Notars

Der Notar gab den Erschienenen folgende Hinweise und Aufklärungen:

(1) Die Gesellschaft entsteht als Aktiengesellschaft erst mit ihrer Eintragung in das Handelsregister. Mit dem Abschluss der Satzung entsteht jedoch eine Vorgesellschaft, für die bereits wirksam gehandelt werden kann und deren Rechtsnachfolger die AG ist. Die Vorstände, die vor Eintragung der Gesellschaft handeln, haften in manchen Fällen für Schäden jedoch persönlich.

(2) Zahlungen auf die Einlage, die vor der heutigen Beurkundung der Satzung vorgenommen wurden, haben keine tilgende Wirkung und sind daher zu vermeiden.

(3) Sind Sacheinlagen statt Geldeinlagen vorgesehen, so muss dies in der Satzung aufgenommen werden.

(4) Die Einlageverpflichtung des Aktionärs entfällt nicht, wenn in unmittelbaren zeitlichen oder sachlichen Zusammenhang mit der Gründung Gegenstände im Eigentum eines Aktionärs, einer ihm nahestehenden Person oder eines von ihm beherrschten Unternehmens an die Gesellschaft verkauft werden oder eine andere Gestaltung gewählt wird, durch die es zu einem Rückfluss der Bareinlage an den Aktionär kommt. Die sog. verdeckten Sacheinlagen führen dazu, dass die Einlage auf die Aktien nochmals bar erbracht werden muss, unter Anrechnung des Wertes des verdeckt eingebrachten Gegenstandes.

(5) Sind Geldeinlagen vereinbart und sollen diese zeitlich unmittelbar nach der Gründung an den Aktionär wieder ausgezahlt werden, muss dieser auf die Bareinlageverpflichtung nur dann nicht nochmals leisten, wenn gegen ihn stattdessen ein vollwertiger und für die Gesellschaft sofort fälliger Rückgewähranspruch besteht. Die Vereinbarung zwischen dem Aktionär und der Gesellschaft ist bei der Anmeldung anzugeben. Ist der Anspruch nicht vollständig vollwertig, so ist die Einlage gänzlich nicht erbracht und der Vorstand macht sich strafbar.

(6) Der Wert des Gesellschaftsvermögens darf im Zeitpunkt der Handelsregistereintragung der Gesellschaft nicht niedriger sein als das Grundkapital und jeder Aktionär ist verpflichtet, den Fehlbetrag zu erbringen und zwar ohne Beschränkung auf die Höhe der übernommenen Einlage.

(7) Die Einlagen müssen sich im Zeitpunkt des Eingangs der Registeranmeldung bei Gericht in der freien, uneingeschränkten Verfügung des Vorstandes befinden und dürfen – mit Ausnahme der satzungsmäßigen Übernahme der Gründungskosten – auch nicht durch die Eingehung von Verbindlichkeiten angetastet sein; eine – auch werterhaltende – Verwendung der Einlagen danach, jedoch vor Handelsregistereintragung der Gesellschaft, ist nach hM dem Handelsregister nachzumelden.

(8) Wer falsche Angaben bei der Errichtung der Gesellschaft macht oder die Gesellschaft durch Einlagen oder Gründungsaufwand vorsätzlich oder grob fahrlässig schädigt, haftet unter anderem auf Schadensersatz; falsche Angaben bei der Eintragung der Gesellschaft in das Handelsregister sind mit Freiheitsstrafe bis zu drei Jahren oder Geldstrafe bedroht.

(9) Wer ohne vertragliche Grundlage eine abhängige AG leitet und die Eigeninteressen der AG verletzt, haftet für den Ausgleich des eingetretenen Nachteils gemäß den Regeln zum existenzvernichtenden Eingriff. Dies kann dazu führen, dass ein Aktionär, der sich außerhalb der Gesellschaft an weiteren Unternehmen beteiligt, ansonsten freiberuflich oder unternehmerisch tätig ist, für die Schulden der Gesellschaft persönlich und unbeschränkt haftet.

(10) Der Notar wies darauf hin, dass bei Identität zwischen Gründern einerseits und Vorstand und/oder Aufsichtsrat andererseits eine externe Gründungsprüfung entsprechend § 33 AktG durchzuführen ist. Der externe Gründungsprüfer wird durch das zuständige Registergericht ernannt.

(11) Vor Vorliegen des Gründungsberichtes der Gründer sowie des Gründungsprüfungsberichtes von Vorstand und Aufsichtsrat sowie ggf. des externen Gründungsprüfers kann eine Eintragung ins Handelsregister nicht erfolgen.

(12) Der Notar erläuterte die Regelung des § 52 AktG und wies insbesondere darauf hin, dass solche Verträge unwirksam sind, die innerhalb eines Zeitraumes von zwei Jahren seit Eintragung der Gesellschaft mit Gründern abgeschlossen werden und den zehnten Teil des Grundkapitals übersteigende Vergütungsregelungen enthalten. Solche Verträge bedürfen der Zustimmung der Hauptversammlung und Eintragung im Handelsregister.

– – –

Diese Niederschrift nebst Anlage wurde von dem Notar vorgelesen, genehmigt und wie folgt eigenhändig unterschrieben:

II. Satzung (kleine AG)

681

§ 1. Firma, Sitz und Geschäftsjahr

(1) Die Gesellschaft führt die Firma
*** Aktiengesellschaft
(2) Sie hat ihren Sitz in ***.
(3) Geschäftsjahr ist das Kalenderjahr. Die Zeit von der Errichtung der Gesellschaft bis zum 31.12.*** bildet ein Rumpfgeschäftsjahr.

§ 2. Gegenstand des Unternehmens

(1) Gegenstand des Unternehmens ist ***.
(2) Die Gesellschaft ist zu allen Geschäften und Maßnahmen berechtigt, die geeignet erscheinen, dem Gegenstand des Unternehmens zu dienen. Sie kann für diesen Zweck auch andere Unternehmen im In- und Ausland gründen, erwerben, veräußern und sich an ihnen beteiligen sowie Zweigniederlassungen errichten. Sie kann ihren Betrieb ganz oder teilweise in verbundene Unternehmen ausgliedern.

§ 3. Bekanntmachungen

Bekanntmachungen der Gesellschaft erfolgen ausschließlich im elektronischen Bundesanzeiger.

§ 4. Gerichtsstand

Ausschließlicher Gerichtsstand für alle Streitigkeiten der Gesellschaft und ihrer Organe mit ihren Aktionären als solchen ist der Sitz der Gesellschaft gemäß § 1 Abs. 2.

§ 5. Höhe und Einteilung des Grundkapitals

(1) Das Grundkapital der Gesellschaft beträgt *** EUR (in Worten: *** Euro) und ist eingeteilt in *** auf den Inhaber [*Alt.:* den Namen] lautende nennbetragslose Stückaktien [*Alt:* Aktien im Nennbetrag von *** EUR] je Aktie.

(2) Dies gilt auch für junge Aktien aus einer künftigen Kapitalerhöhung, sofern der Erhöhungsbeschluss keine abweichende Bestimmung enthält. Bei einer Kapitalerhöhung kann die Gewinnbeteiligung neuer Aktien abweichend von § 60 Abs. 2 AktG bestimmt werden.

(3) Die Aktien dürfen nur mit Zustimmung der Gesellschaft übertragen werden, welche durch den Vorstand erteilt wird. Über die Erteilung der Zustimmung beschließt der Aufsichtsrat [*Alt.:* die Hauptversammlung] mit einfacher Mehrheit.

(4) Die Form der Aktienurkunden und der Gewinnanteils- und Erneuerungsscheine wird vom Vorstand bestimmt. Der Anspruch auf Einzelverbriefung ist ausgeschlossen.

§ 6. Genehmigtes Kapital
Mitarbeiterbeteiligung

(1) Der Vorstand ist ermächtigt, mit Zustimmung des Aufsichtsrates das Grundkapital der Gesellschaft bis zum Ablauf des fünften Jahres nach Eintragung der Gesellschaft im Handelsregister durch Ausgabe von *** Aktien gegen Sach- oder Bareinlagen einmal oder mehrmals, insgesamt jedoch höchstens um *** EUR *[50 % des Grundkapitals nach § 4 Abs. 1]* auf *** EUR Grundkapital nach § 4 Abs. 1 zu erhöhen. Der Vorstand entscheidet mit Zustimmung des Aufsichtsrates über einen Ausschluss des Bezugsrechtes. Der Aufsichtsrat ist ermächtigt, die Fassung der Satzung entsprechend dem Umfang der Kapitalerhöhung aus genehmigten Kapital zu ändern.

(2) Der Vorstand kann die Kapitalerhöhung – neben der Nutzung zur Finanzierung der Gesellschaft – in Höhe eines Anteils von bis zu *** EUR *[10 % des Grundkapitals nach § 4 Abs. 1]* auch dazu nutzen, Arbeitnehmern und/oder der Geschäftsführung der Gesellschaft Bezugsrechte einzuräumen (vgl. § 192 Abs. 2 Nr. 3 AktG).

§ 7. Vorstand

(1) Der Vorstand der Gesellschaft besteht aus einer oder mehreren Personen. Ein Alleinvorstand ist auch im Fall des § 76 Abs. 2 S. 2 AktG zulässig. Die Zahl der Vorstandsmitglieder bestimmt der Aufsichtsrat.

(2) Die Vorstandsmitglieder werden vom Aufsichtsrat bestellt. Es können stellvertretende Vorstandsmitglieder bestellt werden. Der Aufsichtsrat kann einen Vorsitzenden des Vorstands sowie einen stellvertretenden Vorsitzenden des Vorstands ernennen. Der Vorstand wird vom Aufsichtsrat auf die Dauer von höchstens fünf Jahren bestellt.

(3) Der Vorstand kann sich durch einstimmigen Beschluss aller Vorstandsmitglieder eine Geschäftsordnung geben, die auch die Geschäftsverteilung unter mehreren Vorstandsmitgliedern regeln kann. Die Geschäftsordnung und Geschäftsverteilung bedürfen der Zustimmung des Aufsichtsrats, falls nicht der Aufsichtsrat eine Geschäftsordnung für den Vorstand erlässt.

§ 8. Zustimmungsvorbehalte

Außer in den gesetzlich vorgesehenen Fällen darf der Vorstand folgende Geschäfte nur mit der Zustimmung des Aufsichtsrats vornehmen:

a) Investitionsvorhaben, deren Umfang im Einzelfall mehr als 10 % des Grundkapitals beträgt;
b) Gründung, Erwerb oder Veräußerung von Unternehmen sowie Erwerb, Veräußerung oder Belastung von Beteiligungen an Unternehmen;
c) Abschluss von Unternehmensverträgen und Verträgen nach dem Umwandlungsgesetz, Eingliederungen sowie Beschlussfassung über derartige Maßnahmen bei Beteiligungsgesellschaften;
d) Ausgabe von Schuldverschreibungen;
e) Abschluss, Änderung oder Beendigung von Miet- oder Pachtverträgen, die eine Laufzeit von mehr als fünf Jahren oder einen Miet- oder Pachtzins von jährlich mehr als 10.000,00 EUR vorsehen;
f) Abschluss von Anstellungsverträgen mit Mitarbeitern, die ein Jahresgehalt von mehr als 50.000,00 EUR vorsehen;
g) sämtliche Geschäfte, deren Umfang im Einzelfall den Betrag von 50.000,00 EUR übersteigt oder die die Vermögens-, Finanz- oder Ertragslage der Gesellschaft oder deren Risikoexposition grundlegend verändern.

Der Aufsichtsrat kann in der Geschäftsordnung für den Vorstand oder in einem gesonderten Beschluss anordnen, dass bestimmte weitere Geschäfte seiner vorherigen Zustimmung bedürfen.

§ 9. Vertretung der Gesellschaft

Die Gesellschaft wird durch zwei Vorstandsmitglieder oder durch ein Vorstandsmitglied in Gemeinschaft mit einem Prokuristen gesetzlich vertreten. Ist nur ein Vorstandsmitglied bestellt, vertritt es die Gesellschaft allein. Der Aufsichtsrat kann bestimmen, dass Vorstandsmitglieder einzelvertretungsbefugt sind. Der Aufsichtsrat kann Vorstandsmitgliedern gestatten, im Namen der Gesellschaft mit sich als Vertreter eines Dritten Rechtsgeschäfte vorzunehmen.

§ 10. Aufsichtsrat

(1) Der Aufsichtsrat besteht aus drei Mitgliedern.
(2) Die Aufsichtsratsmitglieder werden für die Zeit bis zur Beendigung der Hauptversammlung gewählt, die über die Entlastung des Aufsichtsrats für das vierte Geschäftsjahr nach dem Beginn der Amtszeit beschließt. Das Geschäftsjahr, in dem die Amtszeit beginnt, wird nicht mitgerechnet. Die Hauptversammlung kann für von den Aktionären gewählte Mitgliedern bei der Wahl eine kürzere Amtszeit bestimmen. Die Wahl des Nachfolgers eines vor Ablauf der Amtszeit ausgeschiedenen Mitglieds erfolgt, soweit die Hauptversammlung die Amtszeit des Nachfolgers nicht abweichend bestimmt, für den Rest der Amtszeit des ausgeschiedenen Mitglieds.
(3) Jedes Mitglied des Aufsichtsrats kann sein Amt durch eine an den Vorsitzenden des Aufsichtsrats oder an den Vorstand zu richtende schriftliche Erklärung unter Einhaltung einer Frist von zwei Wochen niederlegen. Aus wichtigem Grund kann eine Niederlegung auch mit sofortiger Wirkung erfolgen.
(4) Jedes Mitglied des Aufsichtsrats erhält nach Abschluss des Geschäftsjahres eine angemessene Vergütung, die durch Beschluss der Hauptversammlung festgestellt wird. Darüber hinaus werden den Aufsichtsratsmitgliedern die von ihnen getätigten baren Auslagen sowie die Mehrwertsteuer erstattet, soweit die Mitglieder des Aufsichtsrats berechtigt sind, die Mehrwertsteuer der Gesellschaft gesondert in Rechnung zu stellen.
(5) Die Mitglieder des Aufsichtsrates werden in eine im Interesse der Gesellschaft von dieser in angemessener Höhe unterhaltenen D & O-Versicherung für Organe einbezogen. Beiträge, die für eine D & O-Versicherung anfallen, deren Schutz sich auf die Mitglieder des Aufsichtsrates erstreckt, werden inklusive der anfallenden Versicherungssteuer von der Gesellschaft getragen.

§ 11. Vorsitzender und Stellvertreter

(1) Der Aufsichtsrat wählt im Anschluss an die Hauptversammlung, in der die Aufsichtsratsmitglieder gewählt worden sind, in einer ohne besondere Einberufung stattfindenden Sitzung aus seiner Mitte einen Vorsitzenden und einen Stellvertreter. Die Amtszeit des Vorsitzenden und des Stellvertreters entspricht, soweit bei der Wahl nicht eine kürzere Amtszeit bestimmt wird, ihrer Amtszeit als Mitglieder des Aufsichtsrats.

(2) Scheidet der Vorsitzende oder der Stellvertreter vor Ablauf der Amtszeit aus seinem Amt aus, so hat der Aufsichtsrat eine Neuwahl für die restliche Amtszeit des Ausgeschiedenen vorzunehmen.

§ 12. Einberufung und Beschlussfassung

(1) Die Sitzungen des Aufsichtsrats werden durch den Vorsitzenden mit einer Frist von vierzehn Tagen unter Mitteilung der Gegenstände der Tagesordnung schriftlich einberufen. Bei der Berechnung der Frist werden der Tag der Absendung der Einladung und der Tag der Sitzung nicht mitgerechnet. In dringenden Fällen kann der Vorsitzende die Frist abkürzen und mündlich, fernmündlich, per Telefax oder per E-Mail einberufen.

(2) Der Aufsichtsrat ist beschlussfähig, wenn alle Mitglieder an der Beschlussfassung teilnehmen. Die Beschlüsse bedürfen der Mehrheit der abgegebenen Stimmen.

(3) Abwesende Aufsichtsratsmitglieder können dadurch an der Beschlussfassung teilnehmen, dass sie durch andere Aufsichtsratsmitglieder schriftliche Stimmabgaben unter Bezugnahme auf die einzelnen Punkte der anstehenden Tagesordnung überreichen lassen.

(4) Außerhalb von Sitzungen sind Beschlussfassungen durch schriftliche, telefonische, per Telefax oder per E-Mail übermittelte Stimmabgaben zulässig [*ggf.:* wenn nicht ein Mitglied innerhalb der vom Vorsitzenden zu bestimmenden Frist der Art der Abstimmung widerspricht].

(5) Der Vorsitzende des Aufsichtsrats ist ermächtigt, im Namen des Aufsichtsrats die zur Durchführung der Beschlüsse des Aufsichtsrats erforderlichen Willenserklärungen abzugeben.

§ 13. Geschäftsordnung und Änderung der Satzungsfassung

(1) Im Rahmen der zwingenden gesetzlichen Vorschriften und der Bestimmungen dieser Satzung gibt sich der Aufsichtsrat eine Geschäftsordnung.

(2) Der Aufsichtsrat ist ermächtigt, Änderungen der Satzung zu beschließen, die nur deren Fassung betreffen.

§ 14. Ort und Teilnahmerecht an der Hauptversammlung

(1) Die Hauptversammlung findet am Sitz der Gesellschaft oder einer Gemeinde im Umkreis von 50 km, die mehr als 50.000 Einwohner hat, oder einem deutschen Börsenplatz statt.

(2) [*Alt. 1 bei Namensaktien:* Zur Teilnahme an der Hauptversammlung und zur Ausübung des Stimmrechts sind alle Aktionäre berechtigt, die mindestens sechs Tage vor der Hauptversammlung im Aktienregister eingetragen sind und sich nicht später als am sechsten Tag vor der Versammlung bei der Gesellschaft schriftlich angemeldet haben. Umschreibungen im Aktienregister finden innerhalb der letzten sechs Tage vor der Hauptversammlung nicht statt.]
[*Alt. 2 bei Inhaberaktien:* Zur Teilnahme an der Hauptversammlung und zur Ausübung des Stimmrechts sind diejenigen Aktionäre berechtigt, die sich zur Hauptversammlung angemeldet und ihre Berechtigung zur Teilnahme an der Hauptversammlung und zur Ausübung des Stimmrechts nachgewiesen haben. Die Anmeldung und der Nachweis der Berechtigung müssen der Gesellschaft unter der in der Einberufung hierfür mitgeteilten Adresse spätestens sechs Tage vor der Hauptversammlung

zugehen. Der Tag der Hauptversammlung und der Tag des Zugangs sind für die Fristberechnung nicht mitzurechnen.]

(3) Als Nachweis für die Berechtigung zur Teilnahme und zur Ausübung des Stimmrechts ist eine in Textform erstellte Bescheinigung über den Anteilsbesitz durch das depotführende Institut zu erbringen. Der Nachweis muss sich auf den Beginn des einundzwanzigsten Tages vor der Hauptversammlung beziehen. Die Anmeldung und der Berechtigungsnachweis müssen in deutscher oder englischer Sprache erfolgen.

(4) Im Verhältnis zur Gesellschaft gilt für die Teilnahme an der Hauptversammlung und die Ausübung des Stimmrechts als Aktionär nur, wer den Nachweis gemäß vorstehendem Absatz erbracht hat. Die Gesellschaft ist berechtigt, bei Zweifeln an der Richtigkeit oder Echtheit des Nachweises einen geeigneten weiteren Nachweis zu verlangen. Bestehen auch an diesem Zweifel, kann die Gesellschaft die Berechtigung des Aktionärs zur Teilnahme an der Hauptversammlung und zur Ausübung des Stimmrechts zurückweisen.

§ 15. Vorsitz und Beschlussfassung

(1) Den Vorsitz in der Hauptversammlung führt der Vorsitzende des Aufsichtsrats, im Falle seiner Verhinderung ein von ihm bestimmter Stellvertreter aus dem Kreise der Aufsichtsratsmitglieder oder ein anderes Mitglied des Aufsichtsrats. Wenn diese den Vorsitz nicht übernehmen, wird der Versammlungsleiter unter Leitung eines Aufsichtsratsmitglieds durch die Hauptversammlung gewählt.

(2) Der Versammlungsleiter bestimmt die Reihenfolge, in der die Gegenstände der Tagesordnung verhandelt werden, sowie die Art und Reihenfolge der Abstimmungen.

(3) Der Vorsitzende kann das Frage- und Rederecht des Aktionärs zeitlich angemessen beschränken. Er kann insbesondere zu Beginn der Hauptversammlung oder während ihres Verlaufs einen zeitlichen Rahmen für den ganzen Hauptversammlungsverlauf, für die Generaldebatte oder für die Aussprache zu einzelnen Tagesordnungspunkten und/oder für einzelne Rede- oder Fragebeiträge festsetzen.

(4) Jede Aktie [*Alt. bei Nennbetragsaktien:* je *** EUR einer Aktie] gewährt in der Hauptversammlung eine Stimme. Das Stimmrecht beginnt, wenn auf die Aktien die gesetzliche Mindesteinlage geleistet ist.

(5) Die Beschlüsse der Hauptversammlung werden, soweit nicht zwingende gesetzliche Vorschriften entgegenstehen, mit einfacher Mehrheit der abgegebenen Stimmen und, sofern das Gesetz außer Stimmenmehrheit eine Kapitalmehrheit vorschreibt, mit der einfachen Mehrheit des bei der Beschlussfassung vertretenen Grundkapitals gefasst.

(6) Über Verhandlungen in der Hauptversammlung wird – soweit nicht gesetzlich die notarielle Beurkundung vorgesehen ist – ein vom Vorsitzenden des Aufsichtsrates zu unterzeichnendes Protokoll aufgenommen. Beschlüsse, für die das Gesetz eine Dreiviertel- oder größere Mehrheit vorschreibt, sind notariell zu beurkunden.

§ 16. Jahresabschluss und ordentliche Hauptversammlung

(1) Der Vorstand hat innerhalb der gesetzlich vorgeschriebenen Fristen den Jahresabschluss und – soweit hierzu eine gesetzliche Pflicht besteht – den Lagebericht für das vergangene Geschäftsjahr aufzustellen und dem Aufsichtsrat vorzulegen. Zugleich hat der Vorstand dem Aufsichtsrat den Vorschlag vorzulegen, den er der Hauptversammlung für die Verwendung des Bilanzgewinns machen will. Der Aufsichtsrat hat den Jahresabschluss, den Lagebericht und den Vorschlag für die Verwendung des Bilanzgewinns zu prüfen. Billigt der Aufsichtsrat den Jahresabschluss, ist dieser festgestellt.

(2) Der Aufsichtsrat kann die Feststellung des Jahresabschlusses der Hauptversammlung überlassen. In diesem Fall hat der Vorstand nach Eingang des Berichts des Aufsichts-

rats unverzüglich die ordentliche Hauptversammlung einzuberufen, die innerhalb der ersten acht Monate eines jeden Geschäftsjahres stattzufinden hat. Sie beschließt darüber hinaus über die Entlastung des Vorstands und des Aufsichtsrats sowie über die Verwendung des Bilanzgewinns.

(3) Stellen Vorstand und Aufsichtsrat den Jahresabschluss fest, sind sie ermächtigt, den Jahresüberschuss, der nach Abzug der in die gesetzliche Rücklage einzustellenden Beträge und eines Verlustvortrages verbleibt, bis zur Hälfte in andere Gewinnrücklagen einzustellen.

(4) [*ggf.:* Im Rahmen der Gewinnverwendung kann die Hauptversammlung auch eine Sachdividende beschließen. Ausschüttungsfähig sind jedoch nur fungible Werte, die börsennotiert im Sinne des § 3 Abs. 2 AktG sind.]

§ 17. Einziehung von Aktien

(1) Die Einziehung von Aktien mit Zustimmung eines Aktionärs ist jederzeit gestattet. Die zwangsweise Einziehung von Aktien ohne Zustimmung des Aktionärs ist gestattet, wenn

a) über das Vermögen des Aktionärs das Insolvenzverfahren eröffnet oder die Eröffnung mangels Masse abgelehnt wird oder wenn der Aktionär die Richtigkeit seines Vermögensverzeichnisses an Eides statt zu versichern hat;

b) die Aktien des Aktionärs von dessen Gläubigern gepfändet werden und der Pfändungsbeschluss nicht binnen zwei Monaten nach Zugang aufgehoben wird;

c) in der Person des Aktionärs ein wichtiger Grund, insbesondere in Form schweren gesellschaftsschädigenden Verhaltens, besteht;

d) die Aktien durch Erbfolge auf andere Personen als Ehegatten oder Abkömmlinge des Aktionärs übergehen und nicht innerhalb von sechs Monaten nach dem Tod des Aktionärs auf diesen Personenkreis oder einen anderen im Todesfall bereits existenten Aktionär übertragen werden;

e) die Aktien von einem Aktionär im Wege der Gesamtrechtsnachfolge auf ein Unternehmen übergehen, das im Übergangszeitpunkt den Aktionär weder kontrolliert hat noch von diesem kontrolliert worden ist noch von demselben Unternehmen wie dieser kontrolliert worden ist oder wenn ein Aktionär unter die Kontrolle eines gegenüber dem Zeitpunkt dieser Satzungsfeststellung anderen Unternehmens gerät. Als Kontrolltatbestände gelten die Sachverhalte, die gemäß § 290 HGB in seiner jeweiligen Fassung zur Aufstellung eines Konzernabschlusses verpflichten;

f) vinkulierte Namensaktien kraft Gesamtrechtsnachfolge auf eine dritte Person übergehen;

g) die Zustimmung zur Abtretung von vinkulierten Namensaktien durch die Gesellschaft rechtmäßig verweigert wurde.

(2) Stehen Aktien mehreren Mitberechtigten ungeteilt zu, ist die Einziehung zulässig, wenn deren Voraussetzungen nur in der Form eines Mitberechtigten vorliegen.

(3) Über die Einziehung entscheidet die Hauptversammlung durch Beschluss. Der Vorstand hat die Einziehung dem betroffenen Aktionär gegenüber durch Einschreiben zu erklären. Ab dem Zugang der Erklärung des Vorstandes ruht das Stimmrecht des betroffenen Aktionärs.

(4) Die Einziehung der Aktien erfolgt gegen Zahlung einer angemessenen Vergütung. Die Einziehungsvergütung ist in vier gleich großen Teilbeträgen zu zahlen. Der erste Teilbetrag ist drei Monate nach Erklärung der Einziehung gemäß Abs. 3 S. 2 zu zahlen. Die folgenden Teilbeträge sind jeweils ein Jahr nach Fälligkeit des vorausgegangenen Teilbetrages zur Zahlung fällig. Ausstehende Einziehungsvergütungen sind ab Fälligkeit jeweils p.a. mit dem um zwei Prozentpunkte erhöhten jeweils gültigen Basiszinssatz zu verzinsen. Die Gesellschaft ist berechtigt, Zahlungen vor Fälligkeit zu leisten. Zwingende gesetzliche Vorschriften bleiben unberührt.

(5) Sofern und soweit die Zahlung einer Einziehungsvergütung gegen § 62 AktG verstoßen würde, gelten Zahlungen auf den Hauptbetrag als zum gemäß Abs. 4 bestimmten Satz verzinslich. Zinszahlungen sind unverzinslich gestundet.

§ 18. Gründungskosten

Die Gesellschaft trägt die mit der Gründung verbundenen Gerichts- und Notarkosten einschließlich der Kosten der Veröffentlichung bis zu einem Gesamtbetrag von *** EUR zuzüglich gesetzlicher Mehrwertsteuer.

III. Wahlen innerhalb des ersten Aufsichtsrats und Bestellung des ersten Vorstands[1174]

682   **Niederschrift über eine Aufsichtsratssitzung**

♫ Am *** fand eine Aufsichtsratssitzung der Aktiengesellschaft in Firma *** in *** statt.

Laut Gründungsprotokoll vom *** sind die Herren/Damen
a) *** *[Name, Vorname, Geburtsdatum, Beruf, Wohnort]*
b) *** *[Name, Vorname, Geburtsdatum, Beruf, Wohnort]*
c) *** *[Name, Vorname, Geburtsdatum, Beruf, Wohnort]*

zu Mitgliedern des Aufsichtsrates der Gesellschaft bestellt worden. Sie nehmen die Bestellung an, treten zu einer Sitzung zusammen und fassen einstimmig folgende Beschlüsse:
(1) Zum Vorsitzenden des Aufsichtsrates wird Herr ***, zu seiner Stellvertreterin Frau *** gewählt. Die Genannten nehmen die Wahl an.
(2) Die Herren/Damen
    a) ***
    b) ***
    werden für die Dauer bis zur Beendigung der Hauptversammlung, die über die Entlastung für das erste Voll- oder Rumpf- oder Geschäftsjahr beschließt, zu Vorstandsmitgliedern bestellt. *[ggf.:* Sie vertreten die Gesellschaft jeweils stets einzeln und werden von den Beschränkungen des § 181 Alt. 2 BGB befreit.] Die dem Aufsichtsrat vorliegenden Anstellungsverträge werden genehmigt. Der Vorsitzende des Aufsichtsrates wird ermächtigt, den Anstellungsvertrag im Namen des Aufsichtsrates mit jedem Vorstandsmitglied abzuschließen.

Ort, Unterschrift Vorsitzender des Aufsichtsrates

IV. Gründungsbericht

683   **Gründungsbericht**

♫ Wir, die unterzeichneten Gründer der *** AG in ***, erstatten über den Hergang der Gründung den folgenden Bericht:
(1) Die Satzung der Gesellschaft wurde gemäß Gründungsprotokoll vom *** festgestellt (UR-Nr. *** des Notars *** in ***).
(2) Als Gründer haben sich beteiligt:
    a) ***
    b) ***
    c) ***
(3) Das Grundkapital der Gesellschaft beträgt *** EUR. Die Gründer haben die ausgegebenen Aktien zum Nennbetrag übernommen.

[1174] Bereits im Gründungsprotokoll enthaltene Bestellungen des Aufsichtsrats und Abschlussprüfers finden sich im Gesamtmuster → Rn. 680, dort Ziff. IV und Ziff. V.

Sie haben hierauf ausschließlich bare Einlagen in voller Höhe der Nennbeträge auf das Konto der Gesellschaft bei der *** Bank in *** geleistet. Diese Einlagen stehen laut Bescheinigung der vorgenannten Bank endgültig zur freien Verfügung des Vorstandes.

(4) Die Gründer haben zu Mitgliedern des ersten Aufsichtsrates die Herren
   a) ***
   b) ***
   c) ***
   bestellt. Diese haben zum Vorsitzenden des Aufsichtsrates Herrn ***, zu seinem Stellvertreter Herrn *** gewählt.

(5) Der Aufsichtsrat hat durch Beschluss vom *** die Herren *** zu Vorstandsmitgliedern bestellt.

(6) Bei der Gründung wurden keine Aktien für Rechnung eines Mitgliedes des Vorstandes oder Aufsichtsrates übernommen. Weder ein Mitglied des Vorstandes noch ein Mitglied des Aufsichtsrates hat sich einen besonderen Vorteil, eine Entschädigung oder Belohnung für die Gründung oder ihre Vorbereitung ausbedungen.

(7) Die Gesellschaft hat in § *** der Satzung die Gründungskosten in einer geschätzten Höhe von *** EUR übernommen.

Ort, Datum

V. Gründungsprüfungsbericht[1175]

Gründungsprüfungsbericht

684

Wir, die unterzeichneten Mitglieder des ersten Vorstands und des ersten Aufsichtsrats der *** AG in ***, haben den Hergang der Gründung geprüft. Dabei haben uns vorgelegen:

(1) die notarielle Urkunde vom *** über die Gründung der *** AG. Feststellung der Satzung. Übernahme der Aktien, Bestellung des ersten Aufsichtsrats und Bestellung des Abschlussprüfers (UR-Nr. *** des Notars *** in ***),

(2) die Niederschrift über die Bestellung des Vorstands durch den Aufsichtsrat vom ***,

(3) die Bescheinigung der *** Bank in *** über die Einzahlung von *** EUR auf das Konto der Gesellschaft und die Bestätigung der Bank, dass der eingezahlte Betrag endgültig zur freien Verfügung des Vorstands steht,

(4) schließlich der Gründungsbericht vom ***.

Nach unseren Feststellungen entspricht der Hergang der Gründung den gesetzlichen Vorschriften. Die Angabe der Gründer über die Übernahme der Aktien, die Einlage auf das Grundkapital, Sondervorteile und Gründungsaufwand sind richtig und vollständig.

Gegen den Ansatz der Gründungskosten bestehen keine Einwendungen.

Ort, Datum

[1175] S. hierzu auch das Formulierungsbeispiel eines externen Prüfungsberichts des Notars → Rn. 55.

VI. Neuanmeldung zum Handelsregister

685   Amtsgericht ***
Ω   Registergericht

Neuanmeldung einer Aktiengesellschaft

I. Gesellschaft

Wir, die unterzeichneten Gründer, Mitglieder des Vorstandes und Aufsichtsrates melden hiermit die

*** Aktiengesellschaft

mit dem Sitz in *** zur Eintragung in das Handelsregister an.

Die Geschäftsräume befinden sich in: ***.

Als inländische Geschäftsadresse wird angegeben: ***.

II. Organe

Gründer der Gesellschaft sind:
1. Herr/Frau ***
   Wohnort: ***
2. ***

Mitglieder des Aufsichtsrates sind:
1. Herr/Frau ***
   geboren am ***
   Wohnort: ***
   ausgeübter Beruf: ***
2. ***

Mitglieder des Vorstandes sind:
1. Herr/Frau
   geboren am ***
   Wohnort: ***
   Art und Umfang der Vertretungsbefugnis: ***
2. ***

III. Grundkapital

Das Grundkapital der Gesellschaft beträgt EUR *** und ist eingeteilt in *** auf den Namen/Inhaber lautende Aktien.

Die Aktien lauten auf einen Nennbetrag von EUR *** je Aktie. [*Alt.:* Die Aktien sind nennbetragslose Stückaktien.]

Die Aktien wurden zu einem Betrag von EUR *** je Aktie ausgegeben.

Auf jede Aktie ist der Ausgabebetrag in voller Höhe [*Alt.:* in Höhe von EUR ***] auf das Konto Nr. *** der Gesellschaft bei der *** Bank vom Vorstand eingefordert worden.

Der Gründer zu *** hat auf die von ihm übernommenen Aktien einen Betrag von EUR *** je Aktie bei der oben genannten Bank auf das oben genannte Konto überwiesen, also einen Gesamtbetrag von EUR *** und damit die geforderte Leistung erbracht.

Der Gründer zu *** hat auf die von ihm übernommenen Aktien einen Betrag von EUR *** je Aktie bei der oben genannten Bank auf das oben genannte Konto überwiesen, also einen Gesamtbetrag von EUR *** und damit die geforderte Leistung erbracht.

Der Gesamtbetrag der von den Gründern zu erbringenden Leistungen von EUR *** steht abzüglich der bei der Gründung angefallenen Gebühren in Höhe von EUR ***, die satzungsgemäß von der Gesellschaft bezahlt werden, endgültig zur freien Verfügung des Vorstandes.

IV. Vertretung

Die Gesellschaft wird durch zwei Mitglieder des Vorstandes oder ein Mitglied des Vorstandes in Gemeinschaft mit einem Prokuristen vertreten. Der Aufsichtsrat kann jedem Vorstandsmitglied die Befugnis zur Alleinvertretung erteilen [*ggf.:* und von den Beschränkungen des § 181 BGB befreien, soweit dem nicht § 112 AktG entgegensteht.] Die bestellten Vorstandsmitglieder *** vertreten die Gesellschaft gemeinschaftlich oder jeweils in Gemeinschaft mit einem Prokuristen. [*ggf.:* *** vertreten die Gesellschaft jeweils stets einzeln und sind von den Beschränkungen des § 181 Alt. 2 BGB befreit.] Sie zeichnen ihre Unterschriften wie unter dieser Anmeldung.

V. Externe Gründungsprüfung

[*ggf., insbesondere, wenn Gründer zugleich Aufsichtsrats- oder Vorstandsmitglieder der AG oder bei Sacheinlagen:* Da Gründer unserer Gesellschaft zugleich Vorstands- bzw. Aufsichtsratsmitglieder sind, ist gemäß § 33 AktG eine Prüfung durch einen oder mehrere Gründungsprüfer erforderlich. Wir regen an, nach Anhörung der Handelskammer Herrn Wirtschaftsprüfer *** zum Gründungsprüfer zu bestellen.]

VI. Anlagen zur Handelsregisteranmeldung

Wir überreichen in der Anlage
– Gründungsprotokoll vom *** (UR-Nr. ***) des Notars *** mit Amtssitz in *** mit der Feststellung der Satzung, der Übernahme der Aktien durch die Gründer, der Errichtung der Gesellschaft und der Bestellung der Mitglieder des ersten Aufsichtsrates;
– Niederschrift vom *** über die Bestellung des ersten Vorstands durch den Aufsichtsrat (§§ 107 Abs. 1, 30 Abs. 4 AktG);
– Gründungsbericht der Gründer (§ 32 AktG);
– Gründungsprüfungsbericht der Mitglieder des Vorstandes und des Aufsichtsrates (§§ 33, 34 AktG);
– Einzahlungsbestätigung der Bank (§§ 37 Abs. 1 S. 3, 54 Abs. 3 AktG);
– Nachweis über die gezahlten Gründungskosten (§ 37 Abs. 4 Nr. 2 AktG).

VII. Ergänzende Erklärungen und Versicherungen zur Anmeldung

Nach Belehrung durch den beglaubigenden Notar über die unbeschränkte Auskunftspflicht gegenüber dem Gericht gemäß § 53 des Gesetzes über das Zentralregister und das Erziehungsregister und die Strafbarkeit einer falschen Versicherung (§ 399 Abs. 1 Nr. 6 AktG), versichert jeder der unterzeichnenden Vorstandsmitglieder für sich:
(1) Es liegen keine Umstände vor, aufgrund derer ich als Vorstand nach § 76 Abs. 3 S. 2 Nr. 2 und Nr. 3 sowie S. 3 AktG) von dem Amt als Vorstand ausgeschlossen wäre:
 a) Ich stehe nicht unter Betreuung und unterliege bei der Besorgung meiner Vermögensangelegenheiten weder ganz noch teilweise einem Einwilligungsvorbehalt (§ 1903 BGB).
 b) Mir ist weder durch gerichtliches Urteil noch durch vollziehbare Entscheidung einer Verwaltungsbehörde die Ausübung eines Berufes, Berufszweiges, Gewerbes oder Gewerbezweiges untersagt.
 c) Es erfolgte keine Verurteilung wegen einer oder mehrerer vorsätzlich begangener, nachfolgend aufgeführter Straftaten:
  aa) wegen des Unterlassens der Stellung des Antrags auf Eröffnung des Insolvenzverfahrens Insolvenzverschleppung);
  bb) wegen Insolvenzstraftaten nach den §§ 283 bis 283d des Strafgesetzbuchs (Bankrott, besonders schwerer Fall des Bankrotts, Verletzung der Buchführungspflicht, Gläubigerbegünstigung, Schuldnerbegünstigung);
  cc) wegen falscher Angaben nach § 82 GmbHG oder § 399 AktG;

dd) wegen unrichtiger Darstellung nach § 400 AktG, § 331 HGB, § 313 UmwG oder § 17 PublG;

ee) wegen Vermögensdelikten gemäß §§ 263 bis 264a (Betrug, Computerbetrug, Subventionsbetrug, Kapitalanlagebetrug), den §§ 265b bis 266a (Kreditbetrug, Sportwettbetrug, Manipulation von berufssportlichen Wettbewerben, Besonders schwere Fälle des Sportwettbetrugs und der Manipulation von berufssportlichen Wettbewerben, Untreue, Vorenthalten und Veruntreuen von Arbeitsentgelt) des Strafgesetzbuches zu mindestens einem Jahr Freiheitsstrafe.

Mir ist bekannt, dass dieser Ausschluss für die Dauer von fünf Jahren seit der Rechtskraft des Urteils gilt, wobei die Zeit nicht eingerechnet wird, in welcher ich auf behördliche Anordnung in einer Anstalt verwahrt worden bin.

Darüber hinaus bin ich auch im Ausland nicht wegen einer Tat verurteilt worden, die mit den vorgenannten Taten vergleichbar ist.

(2) Ich bin von dem beglaubigenden Notar über meine unbeschränkte Auskunftspflicht gegenüber dem Registergericht belehrt worden.

VIII. Vollmacht

Jeder Unterzeichner erklärt:

Ich bevollmächtige den Notar *** sowie die Notariatsangestellten *** – alle *** –, alle Erklärungen abzugeben und entgegenzunehmen sowie Anmeldungen zum Handelsregister vorzunehmen, auch etwaige Änderungen der Satzung, die im Zuge der Eintragung der hier angemeldeten und aus den dieser Anmeldung beigefügten Unterlagen ersichtlichen Tatsachen in das Handelsregister erforderlich oder zweckmäßig sind. Die Vollmacht ist jederzeit widerruflich. Dem Handelsregister gegenüber ist die Vollmacht unbeschränkt.

Ort, Datum

Persönliche Unterschriften der Gründer

Persönliche Unterschriften der Aufsichtsratsmitglieder

Persönliche Unterschriften der Vorstandsmitglieder

B. Kapitalerhöhung gegen Bareinlagen

I. Kapitalerhöhungsbeschluss in außerordentlicher Hauptversammlung

686   UR-Nr. ***

Ö

Kapitalerhöhung gegen Bareinlagen nach § 182 AktG
mit unmittelbaren Bezugsrecht der Aktionäre

Ort, Datum

Auf Ersuchen des Vorstandes der

*** Aktiengesellschaft
mit dem Sitz in ***
(nachfolgend „die Aktiengesellschaft")

begab sich der unterzeichnende Notar

***

mit dem Amtssitz in ***

in ***

um dort folgende notarielle Niederschrift über die

außerordentliche Hauptversammlung

der Gesellschaft und die Beschlüsse der Aktionäre aufzunehmen.

Der Notar traf dort an:

(1) Vom **Aufsichtsrat** der Gesellschaft, bestehend aus den Herren
  a) ***
     – Vorsitzender –
  b) ***
     – stellv. Vorsitzender –
  c) ***
  d) ***
  e) ***
  f) ***
  g) ***
     – sämtliche Mitglieder –.

(2) Vom **Vorstand** der Gesellschaft, bestehend aus den Herren
  a) ***
     – Vorsitzender –
  b) ***
  c) ***
  d) ***
  – sämtliche Mitglieder –.

(3) Die in dem Teilnehmerverzeichnis nebst Nachträgen verzeichneten Aktionäre und Aktionärsvertreter, die ihre Berechtigung zur Teilnahme an der Hauptversammlung und zur Ausübung des Stimmrechts im Sinne von Satzung und Einladung ordnungsgemäß nachgewiesen haben.

Der Vorsitzende des Aufsichtsrates, Herr ***, übernahm den Vorsitz und eröffnete die Hauptversammlung um *** Uhr. Er stellte das Teilnehmerverzeichnis, das vor der ersten Abstimmung zur Einsicht ausgelegt war, als richtig fest und unterzeichnete es. Der Vorsitzende stellte weiter fest, dass gemäß dem Teilnehmerverzeichnis in der außerordentlichen Hauptversammlung das gesamte Aktienkapital vertreten war und dass es daher für die Beschlussfähigkeit der Versammlung einer förmlichen Einberufung nicht bedurfte. Sämtliche Erschienenen verzichteten daraufhin auf die Einhaltung der gesetzlichen und satzungsmäßigen Form- und Fristvorschriften für die Einberufung und Durchführung der Hauptversammlung und erkannten die Beschlussfähigkeit der außerordentlichen Hauptversammlung an.

Der Vorsitzende verkündete sodann folgende

Tagesordnung

1. Erhöhung des Grundkapitals der Gesellschaft gegen Bareinlagen,
2. Änderung von § *** Abs. *** der Satzung zur Anpassung an die Kapitalerhöhung.

Der Vorsitzende stellte fest, dass die Aktionäre und die Mitglieder des Aufsichtsrats durch Schreiben des Vorstands über die Tagesordnung und über die Beschlussvorschläge des Vorstands unterrichtet worden sind und dass sich der Aufsichtsrat den Beschlussvorschlägen des Vorstands angeschlossen hat.

Sodann wurde die Tagesordnung wie folgt erledigt:

<u>Zu **Punkt** 1 der Tagesordnung:</u>

Nach längerer Aussprache stellte der Vorsitzende den mit der Tagesordnung bekanntgemachten Vorschlag der Verwaltung zur Abstimmung:

„1) das Grundkapital der Gesellschaft wird gegen Bareinlagen von *** EUR um ***
   EUR auf *** EUR erhöht durch Ausgabe von *** auf den Namen [*Alt.:* Inhaber]
   lautenden Stückaktien mit einem rechnerischen Nennbetrag (Grundkapital geteilt
   durch Anzahl der Aktien) [*Alt.:* Aktien im Nennbetrag von je *** EUR (Gesamtnennbetrag *** EUR)] zum Ausgabebetrag von *** EUR je Aktie (Gesamtausgabebetrag *** EUR).

2) Das gesetzliche Bezugsrecht der Aktionäre wird nicht ausgeschlossen.
   Den Aktionären werden die neuen Aktien im Verhältnis *** : 1 zum Preis von ***
   EUR je Aktie angeboten. Die Frist für die Annahme des Bezugsangebotes endet
   vier Wochen nach der Bekanntmachung des Bezugsangebotes.
   Die neuen Aktien sind ab 1.7.*** gewinnberechtigt.

3) Der Vorstand wird ermächtigt, weitere Einzelheiten der Kapitalerhöhung und ihrer
   Durchführung festzusetzen. Dazu gehört auch die Festlegung der Bedingungen, zu
   denen nach Ablauf der für die Aktionäre geltenden Bezugsfrist Aktionäre über ihr
   Bezugsrecht hinaus und Dritte die nicht gezeichneten neuen Aktien ihrerseits zu
   den Bedingungen des Kapitalerhöhungsbeschlusses zeichnen und beziehen können.

4) Der Beschluss über die Erhöhung des Grundkapitals wird ungültig, wenn nicht bis
   zum Ablauf des *** neue Aktien im Gesamtnennbetrag von mindestens *** EUR
   gezeichnet sind."

Bei einer Präsenz von *** Stimmen ergab die Abstimmung ***.

Der Vorsitzende gab das Ergebnis der Abstimmung bekannt und stellte fest, dass die
Hauptversammlung die von Vorstand und Aufsichtsrat vorgeschlagene Kapitalerhöhung
beschlossen hat.

Zu Punkt 2 der Tagesordnung:

Der Vorsitzende stellte sodann den mit der Tagesordnung bekanntgemachten Vorschlag
der Verwaltung zur Abstimmung:

„§ *** Abs. *** der Satzung wird wie folgt neu gefasst:

Das Grundkapital der Gesellschaft beträgt *** EUR und ist eingeteilt in *** Stückaktien [*Alt.:* Aktien im Nennbetrag von je *** EUR]. Die Aktien lauten auf den Namen
[*Alt.:* Inhaber].

[*Alt.:* Der Aufsichtsrat wird ermächtigt, die Fassung des § *** Abs. *** der Satzung
(Grundkapital) entsprechend der Durchführung der Kapitalerhöhung zu ändern.]"

Bei einer Präsenz von *** Stimmen ergab die Abstimmung ***.

Der Vorsitzende gab das Ergebnis der Abstimmung bekannt und stellte fest, dass die
Hauptversammlung die von Vorstand und Aufsichtsrat vorgeschlagene Kapitalerhöhung
beschlossen hat.

Sämtliche vorstehenden Beschlüsse wurden einstimmig gefasst und von dem Vorsitzenden in ihrem Inhalt und mit dem Abstimmungsergebnis nach jeder einzelnen Beschlussfassung verkündet.

Nach Erledigung der Tagesordnung schloss der Vorsitzende die Hauptversammlung um
*** Uhr.

Diese Niederschrift wurde vom Notar aufgenommen und von ihm eigenhändig wie
folgt unterschrieben:

Ort, Datum

Unterschrift Notar

II. Anmeldung des Beschlusses

Amtsgericht ***   687
Registergericht   ()

HRB ***

*** Aktiengesellschaft (nachfolgend „die Aktiengesellschaft")

<u>hier: Kapitalerhöhung durch Bareinlagen</u>

Die gemeinsam zur Vertretung berechtigten Mitglieder des Vorstands und der Vorsitzende des Aufsichtsrats der Aktiengesellschaft melden zur Eintragung in das Handelsregister an:

I. Inhalt der Anmeldung

Die Hauptversammlung hat am *** eine Erhöhung des Grundkapitals der Aktiengesellschaft von *** EUR um *** EUR auf *** EUR gegen Bareinlagen beschlossen.

II. Anlage zur Handelsregisteranmeldung

Niederschrift über die Hauptversammlung der Gesellschaft vom *** mit dem Beschluss über die Erhöhung des Grundkapitals.

III. Ergänzende Erklärungen und Versicherung zur Anmeldung

Wir versichern, dass keine Einlagen auf das bisherige Grundkapital ausstehen.

IV. Vollmacht

Jeder Unterzeichner erklärt:

Ich bevollmächtige Herrn/Frau *** alle Erklärungen abzugeben und entgegenzunehmen sowie Anmeldungen zum Handelsregister vorzunehmen, auch etwaige Änderungen der Satzung, die im Zuge der Eintragung der hier angemeldeten und aus den dieser Anmeldung beigefügten Unterlagen ersichtlichen Tatsachen in das Handelsregister erforderlich oder zweckmäßig sind. Die Vollmacht ist jederzeit widerruflich. Jeder Bevollmächtigte darf allein handeln. Dem Handelsregister gegenüber ist die Vollmacht unbeschränkt.

Jeder Unterzeichner gab seine Zustimmung, dass der Notar eine Kopie seines amtlichen Lichtbildausweises zur Akte nimmt.

Ort, Datum

Unterschrift Vorstandsmitglieder der Aktiengesellschaft in vertretungsberechtigter Anzahl

Unterschrift Vorsitzender des Aufsichtsrates der Aktiengesellschaft

III. Aufforderung der Aktionäre zur Ausübung des unmittelbaren Bezugsrechts

***-Aktiengesellschaft *[Absender]*   *Ort, Datum*   688

An alle unsere   ()
Aktionäre

Bezugsaufforderung

Die außerordentliche Hauptversammlung unserer Gesellschaft vom *** hat beschlossen, das Grundkapital von *** EUR um bis zu *** EUR auf bis zu *** EUR durch Ausgabe von bis zu *** Stück neuer auf den Namen *[Alt.:* Inhaber] lautenden Stückaktien mit einem rechnerischen Nennwert (Grundkapital durch Anzahl der Stückaktien) *[Alt.:* Aktien mit einem Nennwert] von je *** EUR zu erhöhen. Der Ausgabebetrag für die neuen Aktien beträgt *** EUR je Aktie mit einem rechnerischen Nennwert (Grundkapital durch Anzahl der Stückaktien) *[Alt.:* Nennwert] von *** EUR (*** %). Die neuen Aktien sind ab *** gewinnberechtigt.

Die neuen Stückaktien [*Alt.:* Aktien] werden den Aktionären im Verhältnis *** [*zB:* 2 : 1] zum unmittelbaren Bezug angeboten. Auf alte Stückaktien mit einem rechnerischen Nennwert (Grundkapital durch Anzahl der Stückaktien) [*Alt.:* Nennwert] von *** [*zB:* 200,-] EUR kann also jeder Aktionär nominal *** [*zB:* 100,-] EUR neue Aktien zum Ausgabebetrag von *** EUR börsenumsatzsteuerfrei zeichnen und beziehen.

Der Beschluss über die Erhöhung des Grundkapitals ist in das Handelsregister eingetragen worden.

Zur Vermeidung des Ausschlusses fordern wir unsere Aktionäre auf, ihr Bezugsrecht auf die neuen Aktien in der Zeit

vom *** bis *** einschließlich

bei der Gesellschaftskasse der Aktiengesellschaft selbst abzugeben.

Nach Ablauf der Bezugsfrist von den Aktionären nicht gezeichnete Aktien können bis

zum *** einschließlich

von Aktionären über ihr Bezugsrecht hinaus und Dritten zu den genannten Ausgabebedingungen gezeichnet und bezogen werden. Zeichnungen und Bezugserklärungen von Aktionären werden vor solchen von Dritten berücksichtigt. Zeichnungen und Bezugserklärungen von Aktionären und von Dritten werden untereinander jeweils in der zeitlichen Reihenfolge der Zeichnung berücksichtigt. Der Vorstand wird bis zum *** mitteilen, wer nach den genannten Kriterien Bezugsberechtigter ist. Die Ausübung des Bezugsrechts erfolgt gegen Einreichung des Gewinnanteilsscheines Nr. *** jeder Aktie des Bezugsberechtigten oder sonstigem Nachweis der Aktionärsstellung des Ausübenden.

Sofern nicht bis zum *** einschließlich bei der Gesellschaftskasse Zeichnungsscheine über neue Aktien im Gesamtnennbetrag von mindestens *** EUR eingegangen sind, wird der Beschluss über die Erhöhung des Grundkapitals ungültig.

Ort, Datum

Unterschrift Vorstand

IV. Bezugsanmeldung und Zuteilungsantrag

689 Aktionär *** [*Absender*]   *Ort, Datum*

An die

Aktiengesellschaft in Firma ***

Bezugsanmeldung und Zuteilungsantrag nach Kapitalerhöhungsbeschluss

Sehr geehrte Damen und Herren,

als Anlagen überreiche ich

(1) Gewinnanteilsscheine Nr. *** laut Nummernverzeichnis (siehe Rückseite) zu insgesamt alten Stückaktien mit einem rechnerischen Nennwert von *** EUR [*Alt.:* Aktien mit einem Nennwert von *** EUR].

(2) Zeichnungsschein in doppelter Ausfertigung, ausweislich dessen ich zu den im Zeichnungsschein genannten Bezugsbedingungen *** Stück neue Aktien der Gesellschaft mit einem (rechnerischen) Nennwert von *** EUR zum Ausgabebetrag von *** EUR (Ausgabekurs: *** %) zeichne und übernehme.

Den Gegenwert der von mir gezeichneten Aktien von *** EUR werde ich bis zum *** auf das Konto der Gesellschaft bei der ***-Bank IBAN *** BIC *** überweisen.

Die neuen Aktien bitte ich nach Erscheinen mir [*Alt.:* meiner Bank *** zu Gunsten meines Depots IBAN ***] auszuhändigen.

Mit freundlichem Gruß

Unterschrift

V. Zeichnungsschein

Die außerordentliche Hauptversammlung der *** AG mit Sitz in *** hat am *** die Erhöhung des Grundkapitals der Gesellschaft von *** EUR um *** EUR auf *** EUR beschlossen. Die Erhöhung erfolgt durch Ausgabe von bis zu *** Stück neuer auf den Inhaber [*Alt.:* Namen] lautenden (Stück-)Aktien im Nennbetrag von je *** EUR. Die Aktien werden zum Ausgabebetrag von *** EUR je Aktie (Gesamtausgabebetrag *** EUR), also zum Kurs von *** % ausgegeben. Die neuen Aktien sind ab *** gewinnberechtigt.

690

Mit der fristgemäßen Bezugsanmeldung ist der Bezugspreis in voller Höhe des Ausgabebetrages in bar zu leisten.

Hiermit

zeichne und übernehme

ich nach Maßgabe der Bezugsbedingungen die mir auf meine alten Aktien im Verhältnis *** : 1 zustehenden

nominal *** EUR
(in Worten: *** Euro)

*** neue auf den Inhaber [*Alt.:* Namen] lautenden (Stück-)Aktien mit einem (rechnerischen) Nennbetrag von je *** EUR zum Ausgabebetrag von *** EUR je Aktie, also zum Gesamtausgabebetrag von *** EUR.

Diesen Betrag habe ich auf ein Konto der Aktiengesellschaft eingezahlt.

Die Zeichnung wird unverbindlich, wenn die Durchführung der Kapitalerhöhung nicht bis zwölf Monate nach dem Tag des Erhöhungsbeschlusses in das Handelsregister eingetragen worden ist.

Ort, Datum

Unterschrift Aktionär

VI. Verzeichnis der Zeichner

Verzeichnis der Zeichner
der
Aktiengesellschaft in Firma ***

691

Name der Aktionäre und (Wohn-)Sitz	Anzahl und (rechnerischer) Nennbetrag der gezeichneten Aktien	Geleistete Bareinlagen (§ 188 Abs. 3 Nr. 1 AktG)

Ort, Datum

Unterschrift der Vorstandsmitglieder in vertretungsberechtigter Anzahl

VII. Einzahlungsquittung und Bestätigung des Kreditinstituts

692 *** Bank *[Absender]*   *Ort, Datum*

 An die
*** Aktiengesellschaft

Sehr geehrte Damen und Herren,

hiermit wird gegenüber der Gesellschaft zur Weiterleitung an das Handelsregister ge-
mäß §§ 188 Abs. 2, 37 Abs. 1, 54 Abs. 3 AktG bestätigt, dass bei uns ein Sonderkonto
„Kapitalerhöhung" auf den Namen der Aktiengesellschaft in Firma *** mit Sitz in ***
(Amtsgericht ***, HRB ***) errichtet wurde.

Auf dieses Konto haben eingezahlt:

(1) *** *[Name, Vorname]* EUR *** am ***
(2) *** *[Name, Vorname]* EUR *** am ***
(3) *** *[Name, Vorname]* EUR *** am ***

Alle Einzahlungen erfolgten nach Kapitalerhöhungsbeschluss und Zeichnung durch die
jeweiligen (neuen) Aktionäre. Insgesamt ist auf das Konto der Aktiengesellschaft somit
eingezahlt worden ein Betrag von *** EUR.

Kapitalerhöhungskosten sind bisher nicht angefallen.

Es wird versichert, dass der genannte Betrag von *** EUR endgültig zur freien Verfügung des Vorstandes der Aktiengesellschaft steht.

Mit freundlichem Gruß

Unterschriften der Bank

VIII. Anmeldung des Beschlusses, der Durchführung der Kapitalerhöhung und der Änderung der Satzung

693 Amtsgericht ***
 Registergericht

HRB ***

*** Aktiengesellschaft (nachfolgend „die Aktiengesellschaft")

<u>hier: Kapitalerhöhung durch Bareinlagen</u>

Die gemeinsam zur Vertretung berechtigten Mitglieder des Vorstands und der Vorsitzende des Aufsichtsrats der Aktiengesellschaft melden zur Eintragung in das Handelsregister an:

I. Inhalt der Anmeldung

(1) Die Hauptversammlung hat am *** eine Erhöhung des Grundkapitals der Aktiengesellschaft von *** EUR um *** EUR auf *** EUR gegen Bareinlagen beschlossen.
(2) Die Erhöhung des Grundkapitals ist durchgeführt.
(3) § *** Abs. *** der Satzung ist in Anpassung an die Kapitalerhöhung geändert worden.

II. Anlage zur Handelsregisteranmeldung

(1) Ausfertigung der Niederschrift über die Hauptversammlung der Gesellschaft vom
*** mit

a) dem Beschluss über die Erhöhung des Grundkapitals,
b) dem Beschluss über die Satzungsänderung;
(2) Bescheinigung der Bank über die Einzahlung auf ein endgültig zur freien Verfügung des Vorstandes stehendes Konto der Aktiengesellschaft;
(3) Zweitschrift des Zeichnungsscheins;
(4) vom Vorstand unterschriebenes Verzeichnis der Zeichner;
(5) Berechnung der für die Gesellschaft durch die Ausgabe der neuen Aktien entstehenden Kosten;
(6) vollständiger Wortlaut der geänderten Satzung mit der Bescheinigung des Notars nach § 181 AktG.

III. Ergänzende Erklärungen und Versicherung zur Anmeldung

Wir versichern, dass keine Einlagen auf das bisherige Grundkapital ausstehen.

Wir erklären zur Durchführung der Kapitalerhöhung:

Die *** neuen auf den Namen [*Alt.:* Inhaber] lautenden (Stück-)Aktien zu einem rechnerischen Nennwert (anteiliger Betrag des Grundkapitals) [*Alt.:* Aktien im Nennbetrag von je *** EUR (Gesamtnennbetrag *** EUR)] sind zum Gesamtausgabebetrag von *** EUR (*** %) von *** gezeichnet worden. Auf jede gezeichnete Aktie sind *** EUR, das heißt ein Viertel des jeweiligen Ausgabebetrages – insgesamt also *** EUR [*ggf.:* zuzüglich des Aufgeldes je Aktie von *** EUR, insgesamt also *** EUR] – eingezahlt worden. Die Zahlung erfolgte durch Gutschrift auf ein endgültig zur freien Verfügung des Vorstandes stehendes Konto der Aktiengesellschaft bei der *** Bank.

IV. Vollmacht

Jeder Unterzeichner erklärt:

Ich bevollmächtige Herrn/Frau ***, alle Erklärungen abzugeben und entgegenzunehmen sowie Anmeldungen zum Handelsregister vorzunehmen, auch etwaige Änderungen der Satzung, die im Zuge der Eintragung der hier angemeldeten und aus den dieser Anmeldung beigefügten Unterlagen ersichtlichen Tatsachen in das Handelsregister erforderlich oder zweckmäßig sind. Die Vollmacht ist jederzeit widerruflich. Jeder Bevollmächtigte darf allein handeln. Dem Handelsregister gegenüber ist die Vollmacht unbeschränkt.

Jeder Unterzeichner gab seine Zustimmung, dass der Notar eine Kopie seines amtlichen Lichtbildausweises zur Akte nimmt.

Ort, Datum

Unterschriften Vorstandsmitglieder der Aktiengesellschaft in vertretungsberechtigter Anzahl

Unterschriften Vorsitzender des Aufsichtsrates der Aktiengesellschaft

§ 24. Umwandlung

Übersicht

Anhang: Tabellarische Übersicht

Schrifttum:

Kommentare, Handbücher und Monographien: *Dauner-Lieb/Simon*, Kölner Kommentar zum UmwG, 2009 (zit.: KK/*Bearbeiter*); *Habersack*, Europäisches Gesellschaftsrecht, 4. Aufl. 2011; *Habersack/Wicke*, Kommentar zum Umwandlungsgesetz, 2019; *Heckschen/Heidinger*, Die GmbH in der Gestaltungs- und Beratungspraxis, 4. Aufl. 2018; *Heckschen/Simon*, Umwandlungsrecht – Gestaltungsschwerpunkte in der Praxis, 2003; *Henssler/Strohn*, Gesellschaftsrecht, 4. Aufl. 2019; *Hüffer/Koch*, Aktiengesetz, 13. Aufl. 2018; *Kallmeyer*, Umwandlungsgesetz, 6. Aufl. 2017; *Katschinski*, Die Verschmelzung von Vereinen, 1999; *Limmer*, Handbuch der Unternehmensumwandlung, 5. Aufl. 2016; *Lutter*, UmwG, 5. Aufl. 2014; *Sagasser/Bula/Brünger*, Umwandlungen – Verschmelzung, Spaltung, Formwechsel Vermögensübertragung, 5. Aufl. 2017; *Schmitt/Hörtnagl/Stratz*, UmwG/UmwStG, 8. Aufl. 2018; *Semler/Stengel*, Umwandlungsgesetz, 4. Aufl. 2017.

Aufsätze: *Bayer/Schmidt*, Das Vale-Urteil des EuGH: Die endgültige Bestätigung der Niederlassungsfreiheit als „Formwechselfreiheit", ZIP 2012, 1481; *Bermel/Müller*, Vinkulierte Namensaktien und Verschmelzung, NZG 1998, 331; *Blasche*, Schlussbilanz und 8-Monats-Frist des § 17 Abs. 2 S. 4 UmwG, RNotZ 2014, 464; *Bungert*, Ausgliederung durch Einzelrechtsübertragung und analoge Anwendung des Umwandlungsgesetzes, NZG 1998, 367; *ders.*, Die Übertragung beschränkt persönlicher Dienstbarkeiten bei der Spaltung, BB 1997, 897; *ders./Wettich*, Der neue verschmelzungsspezifische Squeeze-out nach § 62 Abs. 5 UmwG nF, DB 2011, 1500; *Diekmann*, Die Nachgründung der Aktiengesellschaft, ZIP 1996, 2149; *Fisch*, Der Übergang ausländischen Vermögens bei Verschmelzungen und Spaltungen – Eine Analyse aus Sicht der Praxis, NZG 2016, 448; *Goslar/Mense*, Der umwandlungsrechtliche Squeeze-out als neues Gestaltungsmittel für die Praxis, GWR 2011, 275; *Heckschen*, Das Umwandlungsrecht unter Berücksichtigung registerrechtlicher Problembereiche, Rpfleger 1999, 357; *ders.*, Umwandlungsrecht und Insolvenz, FS Widmann 2000, 31; *ders.*, Grundstücksflächen in der Umwandlung, NotBZ 2008, 192; *ders.*, Die Pflicht zur Anteilsgewährung im Umwandlungsrecht, DB 2008, 1363; *ders.*, Kapitalerhaltung und Down-Stream-Merger, GmbHR 2008, 802; *ders.*, Die Umwandlung in der Krise und zur Bewältigung der Krise, ZInsO 2008, 824; *ders.*, Identität der Anteilseigner beim Formwechsel, DB 2008, 2122; *ders.*, Die Novelle des Umwandlungsgesetzes – Erleichterungen für Verschmelzung und Squeeze-out, NJW 2011, 2390; *ders.*, Inhalt und Umfang der Gesamtrechtsnachfolge – sog. Vertrauensstellungen und Mitgliedschaften, GmbHR 2014, 626; *ders.*, Öffentlich-rechtliche Rechtspositionen im Rahmen von Umwandlungen, ZIP 2014, 1605; *ders.*, Umstrukturierungen unter Beteiligung der öffentlichen Hand in private Rechtsformen und umgekehrt, GmbHR 2018, 779; *ders.*, Differenzhaftung und existenzvernichtender Eingriff bei der Verschmelzung in der Krise, NZG 2019, 561; *Heckschen/Strnad*, Aktuelles zum grenzüberschreitenden Formwechsel und seiner praktischen Umsetzung, notar 2018, 83; *Heermann*, Auswirkungen einer Behebbarkeit oder nachträglichen Korrektur von gerügten Verfahrensmängeln auf das Unbedenklichkeitsverfahren nach § 16 Abs. 3 UmwG, ZIP 1999, 1861; *Hegemann*, Die Komplementär GmbH bei der Verschmelzung von zwei GmbH & Co. KG, GmbHR 2009, 702; *Hjort*, Der notwendige Inhalt eines Verschmelzungsvertrages aus arbeitsrechtlicher Sicht, NJW 1999, 750; *Kallmeyer*, Der Ein- und Austritt der Komplementär-GmbH einer GmbH & Co. KG bei Verschmelzung, Spaltung und Formwechsel nach dem UmwG 1995, GmbHR 1996, 80; *Kiem*, Die schwebende Umwandlung, ZIP 1999, 173; *Körner/Rodewald*, Bedingungen, Befristungen, Rücktritts- und Kündigungsrechte in Verschmelzungs- und Spaltungsverträgen, BB 1999, 853; *Krause*, Wie lang ist ein Monat? – Fristberechnung am Beispiel des § 5 III UmwG, NJW 1999, 1448; *Krause-Ablaß/Link*, Fortbestand, Zusammensetzung und Kompetenzen des Aufsichtsrates nach Umwandlung einer AG in eine GmbH, GmbHR 2005, 731; *Lepper*, Die Ausgliederung kommunaler Unternehmen in der notariellen Praxis, RNotZ 2006, 313; *Lorenz/Pospiech*, Ein Jahr Freigabeverfahren nach dem ARUG, BB 2010, 2515; *Martens*, Nachgründungskontrolle beim Formwechsel einer GmbH in eine AG, ZGR 1999, 548; *Melchior*, Die Beteiligung von Betriebsräten an Umwandlungsvorgängen aus Sicht des Handelsregisters, GmbHR 1996, 833; *K.J. Müller*, Die Zuleitung des Verschmelzungsvertrages an den Betriebsrat nach § 5 Abs. 3 Umwandlungsgesetz, DB 1997, 713; *Müller-Eising/Bert*, § 5 Abs. 3 UmwG: Eine Norm, eine Frist, drei Termine, DB 1996, 1398; *Neye/Kraft*, Neuigkeiten beim Umwandlungsrecht, NZG 2011, 681; *Schöne/Arens,* Die Erosion des umwandlungsrechtlichen Versammlungszwangs durch das Europäische Gesellschaftsrecht, WM 2012, 381; *Wachter,* Umwandlung insolventer Gesellschaften, NZG 2015, 858.

A. Die Systematik des Umwandlungsgesetzes

I. Allgemeines

1 Die **Umstrukturierung von Unternehmen** war nach dem bis zum 1.1.1995 geltenden Recht zum Teil spezialgesetzlich geregelt als Verschmelzung oder aber auch formwechselnde oder formwahrende Umwandlung. Daneben waren stets für Unternehmensumstrukturierungen auch die allgemeinen über das Zivil- und Gesellschaftsrecht eröffneten Wege gangbar. Dies ist auch heute möglich. Die Umstrukturierungen durch Einzelrechtsnachfolge werden vom UmwG nicht erfasst und sind weiterhin eröffnet. Die besonderen zwingenden Vorschriften des UmwG müssen hierbei nicht eingehalten werden.[1] Grundsätzlich hat das Unternehmen die freie Wahl, welchen Umstrukturierungsweg es einschlägt. Es kann sich der Wege über das Umwandlungsgesetz bedienen, muss dies aber nicht.[2] Die Vorteile der Gesamtrechtsnachfolge und des hier möglichen Mehrheitsbeschlusses sind gegen die Nachteile, die insbesondere mit den Informationspflichten zugunsten der Minderheitsgesellschafter verbunden sind, abzuwägen.[3]

2 **Beispiel:**

Will das Unternehmen A das Unternehmen B sich wirtschaftlich zu eigen machen, so kann es versuchen, sämtliche Anteile zu erwerben und gegebenenfalls die Unternehmensverbindung durch einen Unternehmensvertrag intensivieren. Auch ist es denkbar, dass den Anteilsinhabern als Gegenleistung nicht Geld, sondern eine Beteiligung an dem übernahmewilligen Unternehmen gewährt wird, die zuvor durch eine Kapitalerhöhung geschaffen wird. Wirtschaftlich kann die Unternehmensübernahme auch durch einen Erwerb aller Aktiva und Passiva im Wege der Einzelrechtsübertragung herbeigeführt werden. Daneben besteht die Möglichkeit der Verschmelzung auf das übernahmewillige Unternehmen unter Gewährung von Anteilen des übernahmewilligen Unternehmens. Bei dieser Umstrukturierung stellt das Gesetz sämtliche Vorzüge einer Gesamtrechtsnachfolge zur Verfügung.

3 Das UmwG 1994 fasst die bis 1995 auf eine Vielzahl von Einzelgesetzen verteilten Umwandlungs- und Verschmelzungsmöglichkeiten in **einem** Gesetz zusammen und erweitert diese erheblich. Den schon bis 1994 bekannten Rechtsinstituten der Verschmelzung und Umwandlung fügt das Gesetz die **Spaltung** hinzu. Der Kreis der an einer Umwandlung beteiligungsfähigen Unternehmen (das Gesetz spricht von **Rechtsträgern**) ist erheblich erweitert (vgl. dazu die im Anhang wiedergegebenen Übersichten). Für die einzelnen Rechtsträger ergeben sich darüber hinaus wesentlich mehr Möglichkeiten zu Umstrukturierungsmaßnahmen unter Ausnutzung der generell vorgesehenen Gesamtrechtsnachfolge.

4 Das Gesetz ist nach dem Beispiel des BGB in einen allgemeinen Teil und besondere Teile aufgeteilt, wobei diese besonderen Teile wiederum gleichartig untergliedert sind. Die das gesamte Gesetz bestimmende und wichtige **Grundsatzbestimmung** findet sich in § 1 UmwG, der die verschiedenen Umwandlungsmöglichkeiten beschreibt. Als Oberbegriff für die genannten Umstrukturierungsmaßnahmen dient der Begriff der **„Umwandlung"**, dh beispielsweise, dass die Verschmelzung ein Unterfall der Umwandlung

---

[1] LG Hamburg DB 1997, 6; zust. *Heckschen* DB 1998, 1385; vgl. auch *Trölitzsch* DStR 1999, 764; für eine analoge Anwendung der Vorschriften des UmwG über Vertrag, Bericht, Prüfung und Prüfungsbericht auf übertragende Auflösungen gem. § 179a AktG *Lutter/Leinekugel* ZIP 1999, 261 sowie LG Karlsruhe ZIP 1998, 385.

[2] BVerfG DB 2000, 1905.

[3] Vgl. auch OLG Frankfurt a.M. DB 2003, 872.

ist. Nach Vorbild des § 23 Abs. 5 AktG legt § 1 Abs. 3 UmwG einen so genannten **Numerus clausus** der Umwandlungsmöglichkeiten und ein **Analogieverbot** fest. Bei der Anwendung des Gesetzes ist also zu berücksichtigen, dass das, was nicht erlaubt ist, grundsätzlich verboten ist. Der Wortlaut schießt weit über das Ziel des Gesetzgebers, der im Wesentlichen eine Herabsetzung der Beschlussmehrheiten für die Zustimmungsbeschlüsse zu den einzelnen Umwandlungsmaßnahmen verhindern wollte, hinaus. Eine Auslegung des Gesetzes nach den allgemein geltenden Grundsätzen ist weiterhin möglich.[4] Das Gesetz untersagt damit auch nicht, Umstrukturierungsmaßnahmen auf anderen zivilrechtlichen/gesellschaftsrechtlichen Wegen vorzunehmen. Bei jeder Umstrukturierungsmaßnahme ist daher die Kontrollprüfung anzustellen, ob auf andere Weise ein wirtschaftlich gleiches Ergebnis eventuell unkomplizierter, schneller und kostensparender sowie – durch den Steuerberater oder Wirtschaftsprüfer zu prüfen – steuerlich gleichartig und besser zu erzielen ist. Insoweit sind bei der Beteiligung von Personengesellschaften insbesondere Anwachsungsmodelle zu prüfen. Diese führen ebenfalls zur Gesamtrechtsnachfolge. Der Rechtsformwechsel zwischen Personengesellschaften ist im UmwG nicht geregelt, aber dennoch zulässig.[5]

§ 1 Abs. 1 UmwG legt fest, dass an einer Umwandlung nur Rechtsträger mit **Sitz im** 5 **Inland** beteiligungsfähig sind.[6] Grenzüberschreitende Umwandlungen regelt § 1 UmwG nicht. Nach hM handelt es sich um eine sog. autolimitierende Norm.[7] Dies bedeutet, dass der Gesetzgeber sich bei Schaffung des § 1 UmwG bewusst einer Regelung enthalten hat und damit Umwandlungen aus dem Anwendungsbereich der Norm insoweit ausgenommen sind, als sie grenzüberschreitenden Charakter haben. Die hM folgerte daraus, dass grenzüberschreitende Umwandlungen generell unzulässig seien.[8] Der EuGH[9] hat jedoch entschieden, dass die Niederlassungsfreiheit gemäß Art. 49, 54 AEUV (ehemals Art. 43, 48 EGV) jedenfalls eine Hineinverschmelzung nach Deutschland aus einem anderen Land der EU/des EWR zwingend gebiete. Auch wenn im konkreten Fall nur die Hineinverschmelzung einer Kapitalgesellschaft nach Deutschland zu beurteilen war, folgt nach hM bereits aus diesem Urteil des EuGH, dass insgesamt alle Rechtsträger, die sich auf die Niederlassungsfreiheit berufen können, über die Grenze hinaus verschmelzungsfähig sind. Dies soll nach dieser überwiegenden Meinung wohl sowohl für Hinein- als auch für Hinausverschmelzungen gelten. Unter Berufung auf die Entscheidung des EuGH können sich dann jedoch Gesellschaften jedweder Rechtsform nicht nur über die Grenze hinweg verschmelzen, sondern zumindest nach hM wohl auch Spaltungsvorgänge vollziehen.[10] Aus den weiteren Entscheidungen des EuGH[11] folgt, dass auch der grenzüberschreitende Formwechsel zulässig ist. Nach einer aktuellen Entscheidung des EuGH („Polbud") ist diese grenzüberschreitende Sitzverlegung dann von der Niederlassungsfreiheit gedeckt, wenn im Zielstaat kein Verwaltungssitz begründet werden soll und der Zielstaat dies nach seinem Recht nicht fordert.[12] Etwa zeitgleich mit der Entscheidung des EuGH in der Rechtssache „Sevic" befand sich die sog. Internationale Verschmelzungsrichtlinie[13] (nun Teil der Richtlinie (EU) 2017/1132) im Verfahren der Verabschiedung durch die EU. Die

---

[4] Vgl. zB OLG Dresden NotBZ 2015, 313 mAnm *Heckschen* zur Auslegung einer Verschmelzung in eine Vermögensübertragung.
[5] OLG Hamm ZIP 2019, 661 (662).
[6] Vgl. dazu Widmann/Mayer/*Heckschen* UmwG § 1 Rn. 18, 96 ff.
[7] Vgl. dazu Widmann/Mayer/*Heckschen* UmwG § 1 Rn. 107 ff.
[8] Vgl. zum Streitstand vor dem Urteil des EuGH Widmann/Mayer/*Heckschen* UmwG § 1 Rn. 239.
[9] NZG 2006, 112 – Sevic.
[10] Vgl. dazu Widmann/Mayer/*Heckschen* UmwG Vor § 122a ff. Rn. 96.
[11] ZIP 2009, 24 mAnm *Knof/Mock* = GmbHR 2009, 86 mAnm *Meilicke* – Cartesio; EuZW 2012, 621 mAnm *Behrens* = NJW 2012, 2715 – VALE; dazu *Bayer/Schmidt* ZIP 2012, 1481; EuGH NJW 2017, 3639 – Polbud; *Kieninger* NJW 2017, 3624; *Heckschen/Strnad* notar 2018, 83 und notar 2017, 390.
[12] DNotI–Report 2017, 175; NZG 2017, 1308 mAnm *Wachter*.
[13] RL 2005/56/EG v. 26.10.2005, ABl. 2005 L 310, 1 ff. – Richtlinie über die Verschmelzung von Kapitalgesellschaften aus verschiedenen Mitgliedstaaten.

Verschmelzungsrichtlinie ist am 15. 12. 2005 in Kraft getreten. Der deutsche Gesetzgeber hat sie im Rahmen des Zweiten Gesetzes zur Änderung des Umwandlungsgesetzes[14] umgesetzt. Die §§ 122a ff. UmwG regeln nunmehr die grenzüberschreitende Verschmelzung, → Rn. 138. Die Verschmelzungsrichtlinie ist von allen Mitgliedsstaaten umgesetzt.

6   Gesetzessystematisch ist zu den §§ 122a ff. UmwG anzumerken, dass diese Spezialregelungen zum Verschmelzungsrecht enthalten und keine vollständige Verweisung auf die vorhergehenden Bücher des UmwG enthalten. Die Grundstruktur entspricht jedoch der nachfolgend dargestellten Gliederung des Umwandlungsrechts für nationale Umwandlungsvorgänge.

7   In der Folge regelt das Gesetz in vier großen Blöcken die einzelnen **Umwandlungsarten:**
(1) Verschmelzung zur
    – Aufnahme
    – Neugründung
(2) Spaltung mit folgenden Untergruppen
    – Abspaltung zur Neugründung
    – Abspaltung zur Aufnahme
    – Aufspaltung zur Neugründung
    – Aufspaltung zur Aufnahme
    – Ausgliederung zur Neugründung
    – Ausgliederung zur Aufnahme
(3) Vermögensübertragung
    – Vollübertragung und Teilübertragung
(4) Formwechsel.

8   Das **Verschmelzungsrecht** enthält sowohl in seinem Allgemeinen Teil, der für alle beteiligungsfähigen Rechtsträger gilt, wie aber auch in dem Besonderen Teil für die verschiedenen betroffenen Rechtsträger Regelungen, die über § 125 UmwG auch auf die Spaltung und über § 176 UmwG auch auf die Vollübertragung im Rahmen der Vermögensübertragung Anwendung finden. Eingeschränkte Anwendung finden sie ebenfalls für die Teilübertragung im Rahmen der Vermögensübertragung über § 177 UmwG. Die Regelungen für den Formwechsel nehmen zum Teil wörtlich Bestimmungen des Allgemeinen und Besonderen Teils des Verschmelzungsrechts auf, wiederholen diese jedoch.

9   Teilweise wurde es als kennzeichnend für alle Umwandlungsmaßnahmen angesehen, dass grundsätzlich an dem/den Ausgangsrechtsträger(n) dieselben Anteilseigner beteiligt sind wie beim Zielrechtsträger. Die Umwandlung (Verschmelzung, Spaltung, Formwechsel) konnte mit Ausnahme der ausdrücklich vom Gesetz zugelassenen Fälle (insbesondere der Verzicht der Anteilseigner, jedenfalls wenn die übernehmende Gesellschaft eine GmbH oder AG ist,[15] §§ 54 Abs. 1 S. 3, 68 Abs. 1 S. 3 UmwG und der verschmelzungsrechtliche Squeeze-out nach § 62 Abs. 5 UmwG, daneben zB § 126 Abs. 1 Nr. 10 UmwG „Spaltung zu Null"[16]) nicht dazu genutzt werden, einzelne Anteilsinhaber ausscheiden oder neu eintreten zu lassen. Grundsätzlich ist jedem Anteilsinhaber des Ausgangsrechtsträgers ein (neuer oder erhöhter) Anteil am Zielrechtsträger zu gewähren.
    Kennzeichen von Verschmelzungsvorgängen ist der liquidationslose Untergang des Ausgangsrechtsträgers und die Gesamtrechtsnachfolge des Zielrechtsträgers. Partiell ist dies auch bei Spaltungen der Fall. Im Anschluss an die Umwandlung sind Grundbuch oder entsprechende Register nur zu berichtigen.

---

[14] BGBl. 2007 I 542.
[15] Str. analoge Anwendbarkeit bei Personengesellschaften, befürwortend: *Heckschen* GWR 2010, 101 (102); *Priester* ZIP 2013, 2033 (2034); *Wicke* ZGR 2017, 527 (530); Semler/Stengel/*Schröer* UmwG § 126 Rn. 29; KK-UmwG/*Simon* UmwG §126 Rn. 29; ablehnend: *Farian/Furs* ZIP 2016, 1298 (1299 f.); Widmann/Mayer/*Mayer* UmwG § 54 Rn. 10.
[16] Dazu beispielsweise LG Konstanz ZIP 1998, 1226; LG Essen ZIP 2002, 893.

Das UmwG hat seit 1995 zahlreiche Änderungen erfahren. Diese haben für die Praxis 10 unter anderem folgende Veränderungen gebracht:
(1) Gesetz zur Änderung des Umwandlungsgesetzes, des Partnerschaftsgesetzes und anderer Gesetze:[17]
  - Aufnahme der Partnerschaft in den Kreis der umwandlungsfähigen Rechtsträger, damit auch mittelbar Öffnung des Umwandlungsmöglichkeiten für Freiberufler-GbR.
  - Möglichkeit zur gesellschaftsvertraglichen Herabsetzung der erforderlichen Beschlussmehrheit in Personengesellschaften auf drei Viertel der abgegebenen Stimmen, §§ 43 Abs. 2 S. 2, 217 Abs. 1 S. 3 UmwG.
  - Änderungen in § 29 UmwG zur Erweiterung der Abfindungspflichten sowie in §§ 126, 139 UmwG zur nicht verhältniswahrenden Spaltung.
(2) Zweites Gesetz zur Änderung des Umwandlungsgesetzes:[18]
  - Einführung der Regelungen zur grenzüberschreitenden Verschmelzung, §§ 122a–122l UmwG.
  - Entscheidung über Freigabebeschluss (§ 16 UmwG) soll im Regelfall innerhalb von drei Monaten nach Antragstellung ergehen, klarstellender Ausschluss der Rechtsbeschwerde gegen Freigabebeschluss.
  - Wird die Verschmelzung in den Registern aller beteiligter Rechtsträger am selben Tag eingetragen, ist beim übertragenden Rechtsträger der Vermerk des Wirksamwerdens der Verschmelzung erst mit Eintragung beim übernehmenden Rechtsträger entbehrlich.
  - Verpflichtendes Abfindungsangebot an der Verschmelzung widersprechende Anteilseigner (§ 29 Abs. 1 S. 1 UmwG) auf Verschmelzung einer börsennotierten AG auf eine nicht börsennotierte AG ausgeweitet.
  - Neufassung von § 35 UmwG, Bezeichnung unbekannter Aktionäre unter Sammelvermerk mit dem auf sie entfallenden Teil des Grundkapitals und den auf sie nach der Verschmelzung entfallenden Anteilen zulässig, soweit deren Anteile am übertragenden Rechtsträger 5% nicht überschreiten.
  - Nach Änderung von §§ 44, 48 UmwG ist das Prüfungsbegehren innerhalb von einer Woche nach Übersendung des Verschmelzungsvertrages und des Verschmelzungsberichts an die Gesellschafter geltend zu machen.
  - Ausnahme von der Pflicht zur Anteilsgewährung, falls alle Anteilsinhaber des übertragenden Rechtsträgers hierauf verzichten (§§ 54 Abs. 1 S. 3, 68 Abs. 1 S. 3 UmwG). Der Verzicht ist notariell zu beurkunden.
  - Neufassung § 105 UmwG: Genossenschaftliche Prüfungsverbände können nun zur Neugründung miteinander verschmolzen werden, auf einen genossenschaftlichen Prüfungsverband kann ein rechtsfähiger Verein verschmolzen werden, wenn dieser die Voraussetzungen des § 63b Abs. 2 S. 1 GenG erfüllt und die zur Verleihung des Prüfungsrechts zuständige oberste Landesbehörde zustimmt.
  - Lockerung des Spaltungsverbots in § 141 UmwG, die Ausgliederung zur Neugründung ist nun zulässig, da in diesem Fall der übertragende Rechtsträger die Anteile am neuen Rechtsträger erhält. Die Ausgliederung zur Aufnahme bleibt unzulässig.
  - Streichung der §§ 132, 192 Abs. 2 aF UmwG.
(3) ARUG:[19]
  - Erleichterungen für das Freigabeverfahren, § 16 Abs. 3 UmwG. Neufassung der Interessenabwägungsklausel und Einführung einer Mindestbeteiligung von 1.000 EUR, verfahrensrechtlich erst- und letztinstanzliche Zuständigkeit des OLG, Vertretervollmacht für Anfechtungsprozess erstreckt sich auf das Freigabeverfahren, Zustellungen

[17] BGBl. 1998 I 1878.
[18] BGBl. 2007 I 542.
[19] BGBl. 2009 I 2479.

an den Kläger selbst entbehrlich, Recht auf frühe Akteneinsicht, falls sich Klagezustellung wegen fehlender Einzahlung des Prozesskostenzuschusses verzögert.
- Genehmigungsurkunde auch bei Anmeldung der Umwandlung entbehrlich (§§ 17 Abs. 1, 199 UmwG), Anpassung an das Gründungsrecht nach MoMiG.
- Erleichterungen in Hinblick auf die Durchführung der Gesellschafterversammlung oder Hauptversammlung, die Gesellschaften können erforderliche Unterlagen nun anstelle der Auslegung und Abschriftenerteilung auf ihrer Internetseite zugänglich machen und auch der Versammlung elektronisch bereitstellen (für die Verschmelzung §§ 62 Abs. 3 S. 7, 63 Abs. 4, 64 Abs. 1 S. 1 UmwG; für den Formwechsel §§ 230 Abs. 2, 232 Abs. 1, 239 Abs. 1 UmwG).

(4) Drittes Gesetz zur Änderung des Umwandlungsgesetzes:[20]
- Streichung § 52 Abs. 2 UmwG, Gesellschafterliste nun erst nach Wirksamkeit der Umwandlung durch den Notar einzureichen, nicht bereits vorher durch den Geschäftsführer.
- Erleichterung der Informationspflichten der Gesellschaft durch Option, Unterlagen elektronisch zu übermitteln (§ 63 Abs. 3 UmwG).
- Verzicht auf Anteilseignerversammlung beim übertragenden Kapitalgesellschaft, wenn übernehmender Rechtsträger AG ist und diese 100% der Anteile hält (§ 62 Abs. 4 UmwG).
- Einführung des verschmelzungsrechtlichen Squeeze-outs ab einer Beteiligung von 90% (§ 62 Abs. 5 UmwG).
- Verzichtsmöglichkeit auf Zwischenbilanz bei AG (63 Abs. 2 UmwG).
- Einführung einer Nachberichtpflicht für Verschmelzungen unter Beteiligung von AG, KGaA und SE (§ 64 Abs. 1 S. 2 UmwG), ebenso für Spaltung (§ 125 UmwG), Vermögensübertragung (§ 176 Abs. 1 UmwG) und Teilübertragung (§ 177 Abs. 1 UmwG).
- Sacheinlageprüfung und Verschmelzungsprüfung durch gleichen Prüfer zulässig (§ 69 Abs. 1 UmwG), ebenso Identität von Verschmelzungs- und Gründungsprüfer (§ 75 Abs. 1 S. 2 UmwG).
- Verhältniswahrende Spaltung zur Neugründung erleichtert, Verschmelzungsbericht und Prüfung entbehrlich, Pflichten nach § 63 Abs. 1 Nr. 3–5 UmwG nicht einzuhalten (§ 143 UmwG).
- Elektronische Übermittlung des Umwandlungsberichts nach § 230 Abs. 2 S. 2 UmwG möglich.

(5) Viertes Gesetz zur Änderung des Umwandlungsgesetzes:[21]
Aus Anlass des sog. Brexit wurden die §§ 122a ff. UmwG angepasst und ergänzt. Dabei stellen die folgenden Punkte die wesentlichsten Neuerungen dar:
- Bei einer grenzüberschreitenden Hineinverschmelzung sind nun Personenhandelsgesellschaften als übernehmende oder neue Gesellschaften beteiligungsfähig (§§ 122a Abs. 2 S. 2, 122b Abs. 1 Nr. 2 UmwG).
- Der neue § 122 m UmwG ermöglicht übertragenden UK-Gesellschaften unter bestimmten Voraussetzungen über den Zeitpunkt des Brexit hinaus die Verschmelzung auf eine deutsche Gesellschaft.

10a Auch auf internationaler Ebene kam es zu vielerlei Änderungen, die das Umwandlungsrecht betreffen. Inzwischen wurden die folgenden Richtlinien:
- Spaltungsrichtlinie (82/891/EWG)
- Zweigniederlassungsrichtlinie (89/666/EWG)
- Richtlinie über grenzüberschreitende Verschmelzungen (2005/56/EG)
- Publizitätsrichtlinie (2009/101/EG)

---

[20] BGBl. 2011 I 1338.
[21] BGBl. 2018 I 2694.

– Verschmelzungsrichtlinie (2011/35/EU)
– Kapitalrichtlinie (2012/30/EU)
in der Richtlinie über bestimmte Aspekte des Gesellschaftsrechts (2017/1132/EU) zusammengefasst. Die Richtlinien zur Verschmelzung, Spaltung und zur grenzüberschreitenden Verschmelzung von Kapitalgesellschaften wurden jedoch lediglich überführt und inhaltlich nicht geändert. Am 25. 4. 2018 veröffentlichte die EU-Kommission bereits einen neuen Richtlinienentwurf zur Änderung der Richtlinie über bestimmte Aspekte des Gesellschaftsrechts (2017/1132/EU). Das sog. Company Law Package beinhaltet zum einen Änderungen zum Gründungsverfahren von Gesellschaften und sieht die sog. digitale Gesellschaftsgründung vor.[22] Der andere Teil des Vorschlags soll die Verbesserung der grenzüberschreitenden Mobilität herbeiführen.[23] Dazu sollen die Vorschriften zur grenzüberschreitenden Verschmelzung umfassend novelliert und entsprechende Regelungen für Spaltungen und Formwechsel geschaffen werden.

II. Prüfungs-Checkliste

Der **Aufbau des Gesetzes** in einen Allgemeinen Teil und in jeweils untergliederte allgemeine und besondere Teile – so genanntes **Baukasten- oder Schubkastensystem** – zwingt zu einer Prüfungsreihenfolge, die wie folgt lautet: **11**

Checkliste Prüfungsreihenfolge: **11a**
(1) Ist der beabsichtigte Umwandlungsvorgang durch § 1 UmwG eröffnet?
(2) Sind die für die Beteiligung am Umwandlungsvorgang vorgesehenen Rechtsträger nach dem Allgemeinen Teil des für den jeweiligen Umwandlungsvorgang geltenden Abschnittes des Umwandlungsgesetzes beteiligungsfähig?
(3) Sofern Verschmelzung oder Spaltung geplant ist: Soll es sich um eine Verschmelzung/Spaltung zur Aufnahme durch einen bestehenden Rechtsträger oder zur Neugründung handeln? Sind die in Betracht kommenden Rechtsträger sowohl als übertragender als auch als aufnehmender Rechtsträger beteiligungsfähig? Bei der Verschmelzung zur Neugründung ist zu prüfen, ob die Ausgangsrechtsträger als übertragende Rechtsträger beteiligungsfähig sind und die neue Unternehmensform als Rechtsträger im Umwandlungsgesetz vorgesehen ist.
(4) Welche Vorschriften sieht der Allgemeine Teil des Umwandlungsgesetzes für die Umwandlungsform vor? Bei der Spaltung ist zusätzlich zu prüfen: Welche allgemeinen Vorschriften des Verschmelzungsrechts finden über § 125 UmwG Anwendung?
(5) Welche Vorschriften sieht der Besondere Teil für jeden der als übertragender oder aufnehmender oder neu gegründeter Rechtsträger vorgesehenen Beteiligten vor?

III. Umwandlungsphasen

Nach einem weiteren Prinzip des Umwandlungsgesetzes wird der Umwandlungsvorgang in **drei verschiedene Phasen** zerlegt: **12**
– Vorbereitungsphase
– Beschlussphase
– Durchführungsphase (Anmeldung und Eintragung).

1. Vorbereitungsphase. Bei der Auslegung der Vorschriften, die die Vorbereitung der Umwandlung betreffen, ist zu berücksichtigen, dass der **Schutz der Anteilseigner** und **13**

---

[22] COM(2018) 239 final, 2018/0113 (COD); einen umfassenden Überblick hierzu bieten *Knaier* GmbHR 2018, 560; *Noack* DB 2018, 1324; *Schmidt* Der Konzern 2018, 229; *Wachter* GmbH-StB 2018, 214.
[23] COM(2018) 241 final, 2018/0114 (COD); einen umfassenden Überblick hierzu bieten *Knaier* GmbHR 2018, 607; *Noack* AG 2018, 780; *Schmidt* Der Konzern 2018, 229 und Der Konzern 2018, 273.

insbesondere von Minderheitsgesellschaftern dem Gesetzgeber in besonderem Umfang wichtig erscheint. Kennzeichen dieser Phase sind die umfangreichen **Berichtspflichten**[24] im Rahmen des so genannten Verschmelzungsberichts, der grundsätzlich für alle Rechtsträger und als Spaltungsbericht bzw. Bericht über den Formwechsel für alle Umwandlungsformen zu erstellen ist. Der Schutz wird jeweils nach den Bestimmungen, die für den einzelnen Rechtsträger gelten, im Bereich von Verschmelzungs- und Spaltungsmaßnahmen durch eine **Verschmelzungs-/Spaltungsprüfung,** verstärkt. Insoweit ist zu beachten, dass zwar die §§ 9–12 UmwG das Institut der **Verschmelzungsprüfung** regeln, dieses jedoch nur dann für den einzelnen Rechtsträger gilt, wenn der Besondere Teil dies festlegt.

14   Die Berichts- und Prüfungspflichten werden begleitet von Vorschriften des Besonderen Teils, die die **Einberufungs- und Informationsvorschriften** im Vorfeld der Versammlung der Anteilseigner für beinahe alle Rechtsträger gegenüber den ohnehin aus den allgemeinen Gesetzen geltenden Grundsätzen erweitern (vgl. beispielsweise §§ 47, 49 UmwG für die GmbH). Die Rechtsträger sind verpflichtet, die Unterlagen, die die Verschmelzung betreffen, **offen zu legen.** Dies wird jeweils im Besonderen Teil bestimmt (vgl. beispielsweise § 49 Abs. 2 UmwG). Für Rechtsträger, die im besonderen Maße der **Publizität** verpflichtet sind (AG, KGaA, VVaG), sieht das Gesetz darüber hinaus noch die Bekanntmachung der bevorstehenden Verschmelzung einen Monat vor der Beschlussfassung der Anteilseigner vor (vgl. § 61 UmwG).

15   Erst am Ende des Gesetzgebungsverfahrens 1994 wurden in das Gesetz – systemfremde – Bestimmungen zum **Schutz der Arbeitnehmer und Arbeitnehmervertretungen** eingeführt.[25] Für die Vorbereitungsphase ist insbesondere § 5 Abs. 3 UmwG zu beachten, der eine Unterrichtung des Betriebsrates – sofern vorhanden – einen Monat vor Beschlussfassung der Anteilseigner vorsieht. Auf die Einhaltung der Monatsfrist kann der Betriebsrat verzichten.[26] Ungeklärt ist, ob der Betriebsrat gänzlich auf eine Zuleitung verzichten kann.[27] Der Praxis ist daher von diesem Weg abzuraten.

16   Einen Teil der Vorbereitungsphase stellt auch für die Verschmelzung und Spaltung die Aufstellung eines **Verschmelzungsvertrages bzw. Spaltungsvertrages oder -planes** dar. Der Gesetzgeber stellt es den Gesellschaften frei, zunächst nur einen **schriftlichen Entwurf** anzufertigen und die Beurkundung erst nach der Zustimmung der Anteilseigner vorzunehmen, um Kosten zu sparen. Außerdem sind in §§ 106, 111 BetrVG einzelne Aufklärungs- und Auskunftspflichten bezeichnet.

17   **2. Beschlussphase.** Für die Beschlussfassung der Anteilseigner ist mit wenigen Ausnahmen (sog. Bagatellverschmelzung auf die AG entsprechend § 62 Abs. 1–3 UmwG; die Verschmelzung der 100%-igen Tochterkapitalgesellschaft auf die Mutter-AG, § 62 Abs. 4 UmwG; die Verschmelzung auf den Alleingesellschafter gemäß §§ 120–122 UmwG sowie bei der grenzüberschreitenden Verschmelzung gemäß § 122g Abs. 2 UmwG) für alle Umwandlungsarten und alle denkbaren beteiligten Rechtsträger ein Beschluss der Anteilseigner vorgesehen. Dieser bedarf der **notariellen Form.** Der Gesetzgeber legt somit insbesondere für die Genossenschaft die notariellen Mitwirkungspflichten mit Hinweis auf die materielle Richtigkeitsgewähr notarieller Beurkundungen fest. In zahlreichen Fällen, die nachstehend erläutert sind, sind über die Beschlussfassung mit der für die einzelnen Rechtsträger gesondert vorgeschriebenen Mehrheit hinaus **Zustimmungserklärungen einzelner** besonders betroffener Anteilseigner vorgesehen. Auch diese müssen notariell beurkundet werden. Beispielsweise müssen nach §§ 51 Abs. 1 S. 1 und S. 3, 125 UmwG

[24] Vgl. dazu zuletzt LG Mannheim ZIP 2014, 970; *Teichmann* NZG 2019, 241.
[25] Für eine weite Auslegung dieser Informationsvorschrift *Hjort* NJW 1999, 750.
[26] LG Stuttgart GmbHR 2000, 622; OLG Naumburg NZG 2004, 734.
[27] Zust. Habersack/Wicke/*Wicke* UmwG § 5 Rn. 153; Semler/Stengel/*Schröer* UmwG § 5 Rn. 146; Widmann/Mayer/*Mayer* UmwG § 5 Rn. 266; *Stohlmeier* BB 1999, 1394 (1396 f.); aA OLG Naumburg NZG 2004, 734; Kallmeyer/*Willemsen* UmwG § 5 Rn. 77b.

alle bzw. alle anwesenden Gesellschafter des übertragenden Rechtsträgers der Verschmelzung bzw. Spaltung zustimmen, wenn bei der übernehmenden GmbH nicht alle Einlagen voll eingezahlt wurden. Für die sog. Beschlussphase sind sowohl bei der Vorbereitung als auch bei der Durchführung neben den Regelungen des UmwG, die Festlegungen des für den Rechtsträger geltenden Gesetze (zB GmbHG, AktG) sowie insbesondere die Festlegungen in den Gesellschaftsverträgen der betroffenen Rechtsträger zu berücksichtigen.

3. Durchführungsphase. Die Durchführungsphase ist durch die **Anmeldung** bei den 18 verschiedenen Rechtsträgern und die **Eintragung** im Handelsregister geprägt.[28] Für das gesamte Umwandlungsverfahren ist stets § 17 Abs. 2 UmwG zu beachten. Nach § 17 Abs. 2 UmwG ist bei der Verschmelzung und der Spaltung eine Schlussbilanz des übertragenden Rechtsträgers vorzulegen, die auf einen Stichtag aufgestellt sein muss, der nicht mehr als **acht Monate** vor der Anmeldung liegen darf. Bei dieser Achtmonatsfrist handelt es sich um eine Ausschlussfrist. Deshalb darf die Vorschrift des § 17 Abs. 2 S. 4 UmwG nicht zu weit ausgelegt werden. Da in der genannten Vorschrift nur von *einem* Registergericht die Rede ist und hiermit systematisch nur das Registergericht des übertragenden Rechtsträgers gemeint sein kann, ist es wegen des Ausschlusscharakters der Frist unzulässig, diese Frist im Wege der Auslegung auch auf das Registergericht des übernehmenden Rechtsträgers auszudehnen.[29] Dies ist insbesondere daran zu erkennen, dass dem Registergericht des übernehmenden Rechtsträgers die Bilanz gar nicht vorgelegt werden muss, so dass es das Alter dieser Bilanz gar nicht eigenständig prüfen kann bzw. muss. In Ermangelung eines eigenhändigen Prüfungsrechts kann die Anmeldung beim Register des übernehmenden Rechtsträgers auch nicht vom Alter der Bilanz abhängig gemacht werden.[30]

Ungeklärt ist die Frage, ob die Beteiligten und der Notar die Frist auch dann gewahrt 19 haben, wenn sie zwar zu einem Zeitpunkt anmelden, der noch innerhalb der Frist liegt, die Anmeldung aber unvollständig oder fehlerhaft ist. Pointiert lautet somit die Frage: Sind Anmeldungen von Umwandlungsvorgängen einer Zwischenverfügung zugänglich oder müssen sie bei Fehlern/Lücken sofort zurückgewiesen werden?

Teilweise wird gefordert, dass zumindest die Verschmelzung/Spaltung beschlossen sein muss, also die Vorlage von Verschmelzungs-/Spaltungsbeschluss und -vertrag für eine fristgerechte Anmeldung zwingend erforderlich ist.[31] Die Anmeldung müsse das Gericht zumindest in die Lage versetzen, eine Prüfung der Umwandlung vornehmen zu können. Andere sehen weitergehend jedwede formgerechte Anmeldung als fristwahrend an und gestatten die Nachreichung aller Unterlagen.[32]

Strenger war ein Instanzgericht[33], das verlangt hat, dass die Anmeldung einschließlich der Anlagen eine zeitnahe Eintragung ermöglichen und der Vertrag die gemäß § 5 Abs. 1 Nr. 2–5 UmwG erforderlichen Angaben enthalten muss.[34] Fehlt es daran, soll die Anmeldung ohne weitere Zwischenverfügung zurückgewiesen werden können.

Diese Ansicht dürfte aber zu weit greifen. Sinn und Zweck der Frist gemäß § 17 Abs. 2 S. 4 UmwG werden allgemein darin gesehen, dass insbesondere die Gläubiger durch Einblick in eine aktuelle Bilanz die Möglichkeit erhalten, sich über die Vermögensverhältnisse der übertragenden Gesellschaft ein Bild zu machen.[35] Die Gläubiger können

---

[28] Zu den rechtlichen Problemen während des Schwebezustandes bis zur Eintragung vgl. *Kiem* ZIP 1999, 173.

[29] BayObLG MittBayNot 1999, 304; LG Frankfurt a.M. GmbHR 1996, 542.

[30] *Bartovics* GmbHR 1996, 514 (515).

[31] OLG Brandenburg GmbHR 2018, 523; Lutter/*Bork* UmwG § 17 Rn. 6; *Heckschen* Rpfleger 1999, 357; Widmann/Mayer/*Widmann* UmwG § 24 Rn. 68; *Weiler* MittBayNot 2006, 377 (379).

[32] OLG Schleswig DNotZ 2007, 957; zust. *Weiler* DNotZ 2007, 888 (892).

[33] LG Dresden NotBZ 1997, 37.

[34] KG DB 1998, 2511; LG Dresden NotBZ 1997, 138.

[35] LG Dresden NotBZ 1997, 138; Widmann/Mayer/*Widmann* UmwG § 24 Rn. 38; Lutter/*Bork* UmwG § 17 Rn. 4.

dann beispielsweise ihre Entscheidung, ob sie unter Berufung auf § 22 UmwG Sicherheitsleistung verlangen unter anderem von der Aussage dieser Bilanz abhängig machen.

Es ist jedoch zu berücksichtigen, dass der Gesetzgeber selber diese Frist relativiert hat. Aus § 16 Abs. 2 UmwG ergibt sich nach ganz hM, dass die Frist auch gewahrt werden kann, wenn noch nicht alle Eintragungsvoraussetzungen vorliegen. Wurde nämlich Anfechtungsklage erhoben und kann daher das Vertretungsorgan keine Negativerklärung abgeben, so verbleibt dem Rechtsträger die Möglichkeit, über einen Beschluss des Prozessgerichtes gemäß § 16 Abs. 3 UmwG diesen Punkt zu überwinden. Einer Anmeldung des Vorganges steht dies jedoch nicht im Wege, obwohl das Beschlussverfahren durchaus einige Monate in Anspruch nehmen kann. Insoweit nimmt der Gesetzgeber durchaus Verzögerungen des Eintragungsverfahrens in Kauf und relativiert damit selbst die Möglichkeit der Gläubiger, Einsicht in eine möglichst aktuelle Bilanz nehmen zu können.

Festzuhalten ist demnach, dass nach dem Wortlaut des § 17 Abs. 2 UmwG bereits die Anmeldung allein die Frist wahrt. Allerdings muss die Anmeldung nach § 12 Abs. 1 S. 1 HGB in öffentlich beglaubigter Form beim Registergericht eingereicht werden. Eine per Telefax und nicht elektronisch fristgerecht eingereichte Anmeldung ist formunwirksam und daher nicht geeignet, die Frist nach § 17 Abs. 2 S. 4 UmwG zu wahren. Eine Heilung dieses Mangels durch die spätere (nach Fristablauf!) Nachreichung der formgerechten Anmeldung nebst Unterlagen ist nicht möglich. Vielmehr ist eine solche Anmeldung verfristet. Die Eintragung der Verschmelzung ist somit abzulehnen.[36] Abweichendes kann nur dann gelten, wenn eine elektronische Übermittlung aus technischen Gründen unmöglich ist.

20 Beim Formwechsel gilt keine entsprechende Vorschrift; hier ergibt sich aber dieser Zeitdruck aus §§ 9, 25 S. 2 UmwStG, der eine Rückbeziehung nur innerhalb des gleichen Zeitraumes bei entsprechend fristgerechter Anmeldung zulässt.

21 Verschmelzungsverfahren waren und sind – allerdings in abnehmendem Umfang – vor allem deswegen Gegenstand zahlreicher gerichtlicher Entscheidungen,[37] weil sich **Anfechtungskläger** die in § 16 Abs. 2 UmwG vorgesehene **Registersperre** zunutze gemacht haben. Der Gesetzgeber hat für alle Umwandlungsformen und alle beteiligten Rechtsträger vorgeschrieben, dass die Vertretungsorgane bei der Anmeldung versichern müssen, dass keine Klagen gegen die Wirksamkeit des entsprechenden Umwandlungsbeschlusses anhängig sind. Nur bei Vorliegen einer derartigen Negativerklärung darf eingetragen werden. Rechtsmissbräuchlichen Anfechtungsklägern wird in begrenztem Umfang durch das in § 16 Abs. 3 UmwG vorgesehene und durch das ARUG reformierte Beschlussverfahren der Boden entzogen. Danach kann das erst- und letztinstanzlich zuständige OLG in den dort genannten Fällen beschließen, dass ausnahmsweise eine Anfechtungsklage der Eintragung nicht entgegensteht. Das Gericht muss in diesem Freigabeverfahren innerhalb einer Frist von drei Monaten nach Antragstellung entscheiden, § 16 Abs. 3 S. 5 UmwG. Verzögerungen muss das Gericht durch unanfechtbaren Beschluss begründen. Eine Eintragung gemäß § 16 Abs. 3 UmwG ist auch dann möglich, wenn zwar die Anfechtungsklage nicht unzulässig oder offensichtlich unbegründet ist, aber das alsbaldige Wirksamwerden der Verschmelzung vorrangig erscheint, etwa weil der gerügte Formmangel in der nächsten Hauptversammlung behebbar ist. Gemäß § 16 Abs. 3 S. 3 Nr. 2 UmwG hat eine Freigabe auch dann zu erfolgen, wenn der Kläger nicht binnen einer Woche nach Zustellung des Antrags nachgewiesen hat, dass er seit Bekanntmachung der Einberufung einen anteiligen Betrag von mindestens 1.000 EUR hält. Eine Zusammenlegung des Anteilsbesitzes mehrerer Kläger zur Erreichung dieses Mindestquorums soll nicht möglich sein.[38] Das Quorum ist auf alle beteiligungsfähigen Gesellschaften anzu-

---

[36] OLG Schleswig DNotZ 2007, 957; zust. *Weiler* DNotZ 2007, 888 (890); *Blasche* RNotZ 2014, 464 (468); aA OLG Jena NZG 2003, 43 (44); Henssler/Strohn/*Heidinger* UmwG § 17 Rn. 22; Widmann/Mayer/ *Fronhöfer* UmwG § 17 Rn. 99.

[37] Vgl. dazu insbesondere den Nachweis bei *Heckschen* DB 1998, 1385.

[38] Henssler/Strohn/*Heidinger* UmwG § 16 Rn. 20 mwN.

wenden, wobei es für die AG, KGaA und SE geschaffen wurde.[39] Die Rechtsprechung zu § 16 Abs. 3 UmwG ist uneinheitlich.

Zu beachten ist, dass die erforderliche Negativerklärung erst nach Ablauf der Frist für **22** die Erhebung einer Klage gegen die Wirksamkeit des Umwandlungsbeschlusses (§ 14 Abs. 1 UmwG) abgegeben werden kann. Vorher darf die Umwandlung nicht eingetragen werden.[40] Es wird sogar vertreten, dass selbst nach Ablauf der einmonatigen Klagefrist nicht sofort eingetragen werden darf.[41] Das Registergericht müsse noch zwei Wochen warten, da mit einer Klagezustellung gemäß § 167 ZPO noch gerechnet werden muss. Der BGH hat die Frage bisher ausdrücklich offen gelassen.[42] Trägt der Rechtspfleger dennoch **vor Fristablauf** Umwandlungsmaßnahme ein, liegt darin eine **schuldhafte Amtspflichtverletzung.** Gegen die Eintragung der Umwandlung ist jedoch nicht die Beschwerde oder die Rechtspflegererinnerung, sondern allein das Amtslöschungsverfahren nach § 398 FamFG mit dem Ziel der Beseitigung der eingetretenen Wirkungen für die Zukunft und ggf. die Amtshaftungsklage statthafter Rechtsbehelf. Der Verstoß gegen Verfahrensvorschriften, wie zum Beispiel die Nichtbeachtung der Registersperre, führt dabei aber aufgrund des umfassenden Bestandsschutzes nach §§ 20 Abs. 2, 202 Abs. 3 UmwG nicht zu einer Amtslöschung. Eine solche kommt lediglich bei gravierenden Fehlern in Betracht, welche zur Nichtigkeit der gesamten Verschmelzung führen, wie etwa der Beteiligung eines nicht verschmelzungsfähigen Rechtsträgers.[43] Diese Rechtsschutzbeschränkung ist aus Gründen der Rechtssicherheit geboten. Die Aktionäre müssen hingegen bei einer unzulässigen Eintragung alle ihnen gegebenen und zumutbaren Möglichkeiten gegen die Umwandlungseintragung ausschöpfen, insbesondere trifft sie die Obliegenheit, das Registergericht selbst über die von ihnen eingereichte Anfechtungsklage zu informieren.

Aktionäre können wegen einer vorzeitigen Eintragung der Umwandlung nur dann **23** **Vermögensnachteile** geltend machen, wenn auch die von den Klägern erhobene Anfechtungsklage sachlich begründet wäre.[44] Allein der Verlust einer rechtlichen oder tatsächlichen Position, deren Erhalt der Geschädigte aber nicht beanspruchen kann, ist kein ersatzfähiger Schaden. Ebenso ist auch die Tatsache, dass die Anfechtungsklage aufschiebende Wirkung gehabt hätte, rechtlich nicht schutzwürdig. Darüber hinaus kann sich ein Mitverschulden der Aktionäre ergeben, wenn sie die Anfechtungsklage erst gegen Ende der Anfechtungsfrist einlegen und das Registergericht nicht darüber informieren.

Bei der **Reihenfolge** der Eintragung ist die Eintragung der Verschmelzung beim auf- **24** nehmenden oder neuentstehenden Rechtsträger entscheidend. Dagegen ist bei der Spaltung die Eintragung beim übertragenden Rechtsträger maßgeblich.

Parallel zur Neufassung des Umwandlungsrechts hatte der Gesetzgeber auch das **Umwandlungssteuerrecht** neu geregelt und dabei in weitem Umfang dafür Sorge getragen, dass nicht nur von der Personengesellschaft in die Kapitalgesellschaft, sondern auch von der Kapitalgesellschaft in die Personengesellschaft **steuerneutral** gewechselt werden kann. Der Umwandlungssteuererlass 2011[45] präzisiert diese Regelungen aus Sicht der Finanzverwaltung.[46]

---

[39] Schmitt/Hörtnagl/Stratz/*Stratz* UmwG § 16 Rn. 74.
[40] BGH AG 2006, 934; OLG Hamm BeckRS 2014, 11853.
[41] OLG Hamm NZG 2006, 274; OLG Hamburg NZG 2003, 981; Schmitt/Hörtnagl/Stratz/*Stratz* UmwG § 16 Rn. 23; Widmann/Mayer/*Fronhöfer* UmwG § 16 Rn. 73; aA Habersack/Wicke/*Rieckers/Cloppenburg* UmwG § 16 Rn. 33.
[42] BGH NJW 2007, 224 (225).
[43] BGH ZIP 2001, 2006; Semler/Stengel/*Leonard* UmwG § 20 Rn. 89.
[44] BGH AG 2006, 934 (936).
[45] BStBl. I 2011, 1314.
[46] Vgl. dazu *Schaflitzel/Götz* DB-Beil. 2012, 25; *Beutel* SteuK 2012, 1; *Sommer* SteuK 2012, 43.

IV. Mitwirkungspflichten des Notars

25 Das UmwG weitet durch die Einbeziehung einiger Fälle, bei denen bis 1994 eine notarielle Mitwirkung nicht erforderlich war (zB Mitgliederversammlung der Genossenschaft und Verschmelzungsvertrag zwischen Genossenschaften), sowie durch die **Ausweitung** der Umwandlungsfälle insgesamt die notariellen Mitwirkungspflichten aus, wie im Anhang unter II. ersichtlich. Für den Notar ist seinerseits zu beachten, dass seine Mitwirkungspflichten gegenüber dem Staat durch die Anzeigepflicht gemäß § 54 EStDV an das Finanzamt, das für die Gesellschaft zuständig ist, ausgeweitet wurden. Bei Vorhandensein von Grundbesitz ist die Grunderwerbsteuerstelle zu informieren (§ 18 GrEStG).

B. Verschmelzung

I. Allgemeines

26 Bei der Verschmelzung ist zu unterscheiden zwischen der **Verschmelzung durch Aufnahme,** bei der eine bereits bestehende Gesellschaft eine oder mehrere übertragende Gesellschaften aufnimmt, und der **Verschmelzung durch Neugründung,** bei der mehrere (mindestens zwei) untergehende Gesellschaften ihr Vermögen auf eine gleichzeitig mit der Wirksamkeit der Verschmelzung entstehende neu gegründete Gesellschaft übertragen. Die Zahl der verschmelzungsfähigen Rechtsträger ist durch das Umwandlungsgesetz erweitert, wobei jedoch insbesondere die BGB-Gesellschaft und die Erbengemeinschaft nicht in den Kreis der verschmelzungsfähigen Rechtsträger aufgenommen worden sind. BGB-Gesellschaften können jedoch über den Umweg des § 105 Abs. 2 HGB alle Umwandlungsmöglichkeiten nutzen, die das UmwG für die OHG bereithält.[47] In § 3 Abs. 1 Nr. 1 UmwG, der über die Verweisung in § 124 UmwG auch für die Spaltung gilt, ist auch die Partnerschaftsgesellschaft ausdrücklich genannt. Da die PartGmbB eine Sonderform der PartG ist, kann sie wie diese umgewandelt werden. Im Verschmelzungsrecht sind im Unterabschnitt in den §§ 45a–45e UmwG die Regelungen zur Partnerschaftsgesellschaft enthalten.

27   Unter der sich aus dem PartGG ergebenden Voraussetzung, dass die PartG nur natürlichen Personen offen steht, die sich zur Ausübung eines freien Berufes zusammengeschlossen haben, ermöglicht die Regelung, dass PartG mit Personenhandelsgesellschaften, Kapitalgesellschaften, Genossenschaften und PartG entweder zur Aufnahme oder auch zur Neugründung verschmolzen werden können. Die PartG kann in diesen Fallgruppen auch übernehmender bzw. neuer Rechtsträger sein. So bietet das UmwG beispielsweise der Rechtsanwalts-GbR über den Weg in die Partnerschaft auch den Zugang zur GmbH (vgl. dazu §§ 59c ff. BRAO) im Wege der Gesamtrechtsnachfolge. Außerdem wird die Verschmelzung ermöglicht, wenn übertragender Rechtsträger ein wirtschaftlicher oder eingetragener Verein ist. Die gleichen Möglichkeiten sind hinsichtlich der Spaltung vorgesehen. Die Ausgliederung ist nicht möglich, da in diesem Fall die Anteile an der neuen Gesellschaft auf den übertragenden Rechtsträger übergingen und dies bei der PartG nicht zulässig ist.[48]

28   Aus § 2 Nr. 1 UmwG ergibt sich, dass auch mehrere Gesellschaften im Wege der Verschmelzung auf einen Rechtsträger übertragen werden können. Es können als übertragender Rechtsträger auch aufgelöste Rechtsträger beteiligt sein (§ 3 Abs. 3 UmwG), wobei es jedoch möglich sein muss, diese noch fortzusetzen, dh es darf mit der Verteilung des Vermögens nicht begonnen worden sein.[49] Die Verschmelzung unter Beteiligung eines überschuldeten übertragenden Rechtsträgers war häufig nicht unmittelbar möglich, weil der

---

[47] Vgl. *Schöne* ZAP Fach 15, 267 (276).
[48] Vgl. *Neye* ZIP 1997, 722; DB 1998, 1649 und ZAP Fach 15, 257.
[49] OLG Naumburg GmbHR 1998, 382; OLG Schleswig NotBZ 2014, 357: keine Fortsetzung nach Schlussverteilung in der Insolvenz.

Nominalbetrag einer beim aufnehmenden Rechtsträger vorzunehmenden Kapitalerhöhung infolge des Fehlkapitals nicht erreicht werden konnte.[50] Übernimmt jedoch der Zielrechtsträger zuvor alle Geschäftsanteile des Krisenunternehmens, so darf bei der dann vorliegenden Verschmelzung der Tochter auf die Mutter gemäß § 54 Abs. 1 S. 1 Nr. 1 UmwG keine Kapitalerhöhung durchgeführt werden. Auf diese Weise kann auch das in der Krise befindliche Unternehmen verschmolzen werden, Gläubigerschutzgesichtspunkte stehen der Verschmelzung auf den Alleingesellschafter grundsätzlich nicht entgegen.[51] Entgegen der Ansicht des OLG Frankfurt a.M.[52] können Rechtsträger mit negativem Vermögen dann an der Verschmelzung als übertragende Rechtsträger beteiligt sein, wenn die Summe der übertragenen Nettovermögen den Kapitalerhöhungsbetrag erreicht.[53] Der umgekehrte Fall der Verschmelzung der gesunden Gesellschaft auf die überschuldete ist zwar möglich, jedoch behalten die Anteilsinhaber des übernehmenden Rechtsträgers mehr an Gewinn- und Stimmrechten, als ihnen aufgrund der Überschuldung ihrer Gesellschaft zustünde. Einfacher wäre der Weg, dass der aufnehmende Rechtsträger zunächst alle Anteile des überschuldeten Rechtsträgers erwirbt, damit die Voraussetzungen des § 54 Abs. 1 Nr. 1 UmwG herbeigeführt werden, so dass eine Kapitalerhöhung nicht zu erfolgen hat.[54] Mit der Änderung des Umwandlungsgesetzes durch das Zweite Gesetz zur Änderung des Umwandlungsgesetzes[55] wurden die Umwandlungsmöglichkeiten für in der Krise befindliche Rechtsträger deutlich ausgeweitet. Wesentlich ist nun, dass für den Fall, dass der Zielrechtsträger eine Kapitalgesellschaft ist, dort auf eine Anteilsgewährung zugunsten der Anteilsinhaber jedweder übertragender Rechtsträger verzichtet werden kann (§§ 54 Abs. 1 S. 3, 68 Abs. 1 S. 3 UmwG). Ist aber eine Kapitalerhöhung als Vorstufe für die Anteilsgewährung nicht erforderlich, so sind die vorstehend genannten Einschränkungen nicht zu beachten. Es kommt lediglich darauf an, dass die Anteilsinhaber des/der übertragenden Rechtsträger(s) in notarieller Urkunde sämtlich auf die Anteilsgewährung beim aufnehmenden Rechtsträger verzichten. Damit wird jeder Rechtsträger passiv umwandlungsfähig und ist somit als übertragender Rechtsträger für Umwandlungsvorgänge geeignet, soweit das Insolvenzverfahren noch nicht eröffnet ist.[56] Dieses Ergebnis wird allerdings in der Literatur kritisch gesehen, da durch diese Umwandlungsvorgänge Minderheitsgesellschafter des aufnehmenden Rechtsträgers durch die Verschmelzung eines überschuldeten Rechtsträgers auf ihre Gesellschaft beeinträchtigt werden könnten.[57] Wird auf eine Anteilsgewähr verzichtet, so besteht allerdings das Risiko, dass eine Buchwertfortführung nicht möglich ist und die stillen Reserven besteuert werden (§ 20 UmwStG); dies gilt, wenn übertragender Rechtsträger keine Kapitalgesellschaft ist (vgl. insoweit § 11 ff. UmwStG).

Streitig ist, ob ein in Liquidation befindlicher Rechtsträger auch aufnehmender Rechts- **29** träger sein kann, ohne dass vorher die Fortsetzung beschlossen werden muss. Eine Fortsetzung und damit die Beteiligung an der Verschmelzung als aufnehmender Rechtsträger ist jedoch nicht möglich, wenn die Auflösung die zwingende gesetzliche Folge einer Ablehnung der Insolvenzeröffnung mangels Masse ist.[58]

Zu beachten sind berufs- und standesrechtliche Besonderheiten, so darf etwa eine Steu- **30** erberater-GmbH nicht mit einer ein Handelsgewerbe betreibenden Gesellschaft verschmolzen werden. Ein gleichwohl geschlossener Verschmelzungsvertrag ist nach § 134

---

[50] *Heckschen* DB 1998, 1385.
[51] OLG Stuttgart NZG 2006, 159.
[52] DNotZ 1999, 154.
[53] *Mayer* DB 1998, 913; *Heckschen/Simon* § 3 Rn. 92.
[54] *Heckschen/Simon* § 3 Rn. 93.
[55] BGBl. 2007 I 542.
[56] Vgl. dazu *Heckschen* ZInsO 2008, 824.
[57] Vgl. dazu *Weiler* NZG 2008, 527 sowie *Mayer/Weiler* DB 2007, 1235 (1239); zu Grenzen für derartige Verschmelzungsvorgänge vgl. *Heckschen* ZInsO 2008, 824 sowie *Weiler* NZG 2008, 527.
[58] KG DNotZ 1999, 148 mAnm *Limmer* und *Heckschen* DB 2005, 2675; vgl. BayObLG DNotZ 1999, 145; OLG Brandenburg ZIP 2015, 929; aA *Wächter* NZG 2015, 858.

BGB nichtig. Dies gilt auch dann, wenn die Gesellschafter der Steuerberater-GmbH den Beschluss gefasst haben, das Handelsgewerbe der übertragenden GmbH nicht fortzuführen.[59]

31   Die Verschmelzung von Vorgesellschaften von Kapitalgesellschaften ist zwar nach hM nicht möglich, jedoch können der Verschmelzungsvertrag geschlossen und die Zustimmungsbeschlüsse gefasst werden, bevor die Gesellschaft im Handelsregister eingetragen wird.[60]

32   Eine Übersicht zur Verschmelzung und eine Checkliste zum Ablauf des Verschmelzungsverfahrens sind in den Anlagen abgedruckt. Wenn die übertragende Gesellschaft als herrschendes Unternehmen mit einer dritten Gesellschaft einen Beherrschungs- und Gewinnabführungsvertrag abgeschlossen hat, geht dieser auf die aufnehmende Gesellschaft als dann herrschendes Unternehmen über.[61] Im Fall der Verschmelzung zur Aufnahme durch eine AG sind die Nachgründungsvorschriften des § 52 AktG zu beachten, wenn der Verschmelzungsvertrag in den ersten zwei Jahren nach Eintragung der aufnehmenden AG in das Register geschlossen wird. Eine Verschmelzung zur Neugründung ist nur zulässig, wenn alle übertragenden AGs bereits seit zwei Jahren im Register eingetragen sind.[62]

33   Zu den Verbindlichkeiten, die gemäß § 20 Abs. 1 Nr. 1 UmwG auf den aufnehmenden/neugegründeten Rechtsträger übergehen, gehört auch ein etwa bestehender Firmentarifvertrag; § 324 UmwG, § 613a Abs. 1 S. 2 BGB sind insoweit daneben nicht anwendbar.[63]

34   Geht ein Arbeitsverhältnis in Fällen der Verschmelzung auf den neuen Rechtsträger als Gesamtrechtsnachfolger über und erlischt der bisherige Rechtsträger, so besteht kein Widerspruchsrecht nach § 613a Abs. 6 BGB.[64] Zwar regelt § 324 UmwG die Anwendbarkeit von § 613a Abs. 6 BGB, dessen Anwendungsbereich ist jedoch teleologisch zu reduzieren, wenn der bisherige Rechtsträger durch gesellschaftsrechtliche Umstrukturierungen erlischt. In diesem Fall geht das Widerspruchsrecht ins Leere, da das Arbeitsverhältnis nicht mit dem alten Arbeitgeber fortgesetzt werden kann. Wird dennoch ein Widerspruch erklärt, entfaltet dieser keine Rechtsfolgen. Der Arbeitnehmer kann stattdessen das Arbeitsverhältnis außerordentlich kündigen, § 626 BGB.

35   Lassen sich die an der Verschmelzung beteiligten Rechtsträger von einem Steuerberater über die steuerlich günstigste Art der Verschmelzung beraten, haftet der Steuerberater der aufnehmenden Gesellschaft für den Steuerschaden, der infolge schuldhaft fehlerhafter Beratung entstanden ist.[65] Eine solche Haftung tritt auch dann ein, wenn die mangelhafte steuerliche Beratung im Rahmen der Durchführung eines Auftrages erfolgt, der wegen Verstoßes gegen das Rechtsberatungsgesetz unwirksam ist.[66]

36   Sollen zwei Gesellschaften, von denen mindestens eine Grundbesitz hält, verschmolzen werden, so führt eine Verschmelzung zur Aufnahme auf die Gesellschaft mit dem höheren Grundbesitz zur Einsparung von Grunderwerbsteuer im Vergleich zu einer Verschmelzung auf die Gesellschaft mit dem niedrigeren Grundvermögen bzw. einer Verschmelzung zur Neugründung.[67]

---

[59] OLG Hamm NJW 1997, 666; ablehnend hierzu *Neye* EWiR § 19 UmwG 1/97.
[60] *Heckschen* DB 1998, 1385 mwN.
[61] LG Bonn GmbHR 1996, 774.
[62] *Diekmann* ZIP 1996, 2149.
[63] BAG ZIP 1998, 2180.
[64] BAG NZA 2008, 815.
[65] BGH WM 1997, 333.
[66] BGH GmbHR 1999, 1196.
[67] *Fleischer* DStR 1996, 1390.

II. Verschmelzungsvertrag

1. Wesen des Vertrages, Abschlusskompetenz. Der Verschmelzungsvertrag ist ein **or-** 37 **ganisationsrechtlicher Vertrag,** den die Vertretungsorgane der beteiligten Rechtsträger abschließen. Der besondere Charakter des Vertrages rechtfertigt es, dass die **Abschluss-kompetenz** der Vertretungsorgane beschränkt ist. Der Abschluss steht grds. unter dem **Zustimmungsvorbehalt** der Anteilseigner (Ausnahme: §§ 62 Abs. 4 sowie Abs. 1–3, 122g Abs. 2 UmwG). Bis zur Erteilung der Zustimmung durch alle beteiligten Rechtsträger und Abgabe eventuell erforderlicher Zustimmungserklärungen einzelner Anteilseigner ist der Vertrag schwebend unwirksam. Prokuristen haben keine Abschlusskompetenz, es sei denn, sie handeln in so genannter unechter Gesamtvertretung mit einem anderen Vertretungsorgan gemeinsam.[68] Die Vertretungsorgane können auch Vollmacht zum Abschluss des Vertrages erteilen.[69] Nach bisher hM ist die Vollmacht nur dann beglaubigungsbedürftig, wenn es sich um eine Verschmelzung zur Neugründung einer Kapitalgesellschaft handelt.[70] Das Handeln vollmachtloser Vertreter ist zulässig. Als mögliche Verbotsnorm ist § 181 BGB zu beachten. Eine gleichzeitige Anwesenheit der Beteiligten schreibt das Gesetz nicht vor; die **Sukzessivbeurkundung** ist daher möglich.

2. Form. Der Verschmelzungsvertrag ist einschließlich aller Nebenabreden zu beurkun- 38 den (§ 6 UmwG), daher gilt gleiches für jede Änderung des beurkundeten Vertrages. Entsprechend § 4 UmwG reicht es jedoch für die Zwecke der Vorabinformation der Anteilseigner und Arbeitnehmervertretungen sowie auch des Verschmelzungsprüfers aus, dass diesen ein **Entwurf des Verschmelzungsvertrages** vorgelegt wird. Dieser bedarf lediglich der Schriftform. Der später zu beurkundende Vertrag muss wortgleich mit dem Entwurf übereinstimmen. Bei Abweichungen ist ansonsten grundsätzlich das gesamte Verfahren zur Vorabinformation der Anteilseigner und auch die Verschmelzungsprüfung zu wiederholen. Hinsichtlich der Arbeitnehmervertretungen sollen geringfügige **Abweichungen** keiner erneuten Zuleitung bedürfen. Hier erscheint jedoch äußerste Zurückhaltung angezeigt. Abweichungen sind nur in den Grenzen des § 44a BeurkG möglich, wenn es sich um **offensichtliche Schreibfehler** handelt. Wenn nämlich der Notar die Urkunde hinsichtlich offensichtlicher Schreibfehler berichtigen darf, so können dies die Beteiligten hinsichtlich des Entwurfs ebenfalls.

Der Gesetzgeber hat die Frage, ob die **Beurkundung auch im Ausland** stattfinden 39 kann, nicht geregelt. Die Zulässigkeit derartiger Beurkundungen ist äußerst umstritten. Es entspricht ganz hM, dass für die Beurkundung das so genannte **Geschäftsrecht** maßgeblich ist und somit die am jeweiligen Ort der Beurkundung vorgesehene Form nicht ausreichend ist.[71] In dem Entwurf eines neuen Art. 10 EGBGB-E[72] wollte der deutsche Gesetzgeber die Anwendung des Gründungsrechts kodifizieren. Gesellschaften, Vereine und juristische Personen des Privatrechts, die noch nicht in ein öffentliches Register eingetragen sind, sollten dem Recht des Staates, in dem sie organisiert sind, unterliegen. Danach wäre also stets eine notarielle Beurkundung durchzuführen gewesen, wenn dies nach dem Umwandlungsgesetz gefordert ist. Der Referentenentwurf wird allerdings leider derzeit nicht weiter verfolgt, ob und wann ein europäischer Rechtsakt („Rom VII") kommt, bleibt abzuwarten. Inwieweit die Beurkundung im Ausland der deutschen Beurkundung

---

[68] Vgl. Widmann/Mayer/*Heckschen* UmwG § 6 Rn. 38; Widmann/Mayer/*Mayer* UmwG § 4 Rn. 35 mwN.

[69] Vgl. hierzu *Melchior* GmbHR 1999, 520.

[70] Zu den Bedenken vgl. Widmann/Mayer/*Heckschen* UmwG § 6 Rn. 42–46.

[71] KG MittBayNot 2018, 276 (277); AG Charlottenburg ZIP 2016, 770f.; *Heckschen* DB 2018, 685 (687) mwN.

[72] Referentenentwurf eines Gesetzes zum Internationalen Privatrecht der Gesellschaften, Vereine und juristischen Personen; vgl. hierzu *Rotheimer* NZG 2008, 181.

gleichwertig sein kann, wird sehr unterschiedlich beantwortet.[73] Gerade die vom Gesetzgeber als Sinn der Beurkundung im Rahmen von Umwandlungsverfahren herausgestellte so genannte **materielle Richtigkeitsgewähr** spricht dafür, dass grundsätzlich eine Beurkundung im Ausland der Beurkundung vor dem deutschen Notar nicht gleichwertig sein kann.[74] Darüber hinaus ist zu berücksichtigen, dass nur der deutsche Notar den vom Gesetzgeber festgelegten Mitteilungspflichten nach § 54 EStDV unterliegt.[75] Das KG hat die Auffassung vertreten, dass eine Verschmelzung deutscher GmbHs auch im Kanton Basel wirksam beurkundet werden kann.[76]

40   Zum Beurkundungsverfahren gilt Folgendes: Für die Beurkundung gelten die §§ 8 ff. BeurkG. Eine **Beurkundung in Form eines Tatsachenprotokolls** gemäß §§ 36 ff. BeurkG ist **unwirksam**. Die Urkunde ist vollständig nebst etwa in Bezug genommener Anlagen zu verlesen. Die Bilanz ist keine verlesungspflichtige Anlage, da sie die Erklärungen der Beteiligten nicht ersetzt.

41   Sofern die Beteiligten zunächst nur einen **Entwurf des Verschmelzungsvertrages** aufstellen, ist zu beachten, dass dieser schriftlich aufzusetzen ist, dh auch der Unterzeichnung bedarf.

42   **3. Vertragsgestaltung.** Das Gesetz schreibt in § 5 UmwG einen Katalog zwingender Angaben vor. Es empfiehlt sich bei der Vertragsgestaltung genau diesem **Katalog** zu folgen und in einem zweiten Teil der Urkunde weitere Vereinbarungen, die die Beteiligten im rechtlichen Zusammenhang mit der Verschmelzung getroffen haben, aufzunehmen. Gerade Verschmelzungs- und Spaltungsverträge sollten klar strukturiert und formuliert sein, um dem Handelsregister die Prüfung zu erleichtern. Dennoch sind auch sie auslegungsfähig.[77]

42a   **Checkliste zum Inhalt des Verschmelzungsvertrages:**
   - Name, Firma, Sitz der beteiligten Rechtsträger
   - Klarstellung, dass es sich um eine Verschmelzung handelt, dh Übertragung aller Aktiva und Passiva gegen Gewährung von Anteilen/Mitgliedschaften unter Ausschluss der Liquidation
   - Bestimmung des Umtauschverhältnisses, sofern Anteilstausch durchzuführen ist
   - Einzelheiten für die Übertragung der Anteile/Erwerb der Mitgliedschaft
   - Stichtag für die Berechtigung am Bilanzgewinn
   - Verschmelzungsstichtag, der Zeitpunkt, von dem die Handlungen des übertragenden Rechtsträgers als in Rechnung des übernehmenden Rechtsträgers vorgenommen gelten
   - Sonderrechte, die einzelnen Anteilsinhabern eingeräumt werden
   - Vorteile für sonstige Beteiligte (Abschlussprüfer, Organmitglieder)
   - Folgen der Verschmelzung für die Arbeitnehmer und ihre Vertretungen
   - fakultative Regelungen, zB Bedingungen für die Wirksamkeit, flexible Stichtage, Rücktrittsrechte, im Zusammenhang mit der Verschmelzung durchzuführende Sat-

---

[73] Vgl. dazu Widmann/Mayer/*Heckschen* UmwG § 6 Rn. 57 ff; aktuell verneint das AG Charlottenburg ZIP 2016, 770 für den Kanton Bern die Gleichwertigkeit, während das KG MittBayNot 2018, 276 als Rechtsmittelinstanz die Gleichwertigkeit bejaht.
[74] Auf diesen Aspekt geht nur das AG Charlottenburg ein, das KG jedoch nicht.
[75] Auf diesen Aspekt geht das KG nicht ein im Gegensatz zum AG Charlottenburg; vgl. zum Gesamtkomplex ausführlich Widmann/Mayer/*Heckschen* UmwG § 6 Rn. 56–73; *Heckschen* DB 2018, 685; *Cramer* DStR 2018, 746; *Cziupka* EWiR 2018, 137; *Hermanns* RNotZ 2018, 271 f.; *Herrler* NJW 2018, 1787; *Lieder* ZIP 2018, 814 und ZIP 2018, 1517; *Schulte* NotBZ 2018, 329; *Stelmaszczyk* GWR 2018, 103; *Szalai* GWR 2018, 137; *Weber* MittBayNot 2018, 215; *Wicke* GmbHR 2018, 376.
[76] KG ZIP 2018, 1878; abl. *Heckschen* GWR 2018, 393; *Diehn* DNotZ 2019, 141; *Heinze* DStR 2018, 2536; *Lieder* EWiR 2018, 743; *Schulte* NotBZ 2019, 98; *Tebben* GmbHR 2018, 1190.
[77] KG DB 2004, 2096; Semler/Stengel/*Schröer* UmwG § 5 Rn. 4.

zungsänderungen beim aufnehmenden Rechtsträger, Gewährung von Organstellungen bei übernehmendem Rechtsträger
- bei Verschmelzung zur Neugründung: Satzung/Statut des neuen Rechtsträgers

Werden mehrere beteiligungsidentische Schwestergesellschaften auf eine dritte Gesell- **43** schaft zur Aufnahme verschmolzen, so ist es ausreichend, wenn dem Anteilsinhaber aller übertragenden Rechtsträger ein einheitlicher Anteil am aufnehmenden Rechtsträger gewährt wird. Die Ausweisung jeweils eines Anteils für die einzelnen übertragenden Rechtsträger ist in diesem Sonderfall nicht erforderlich.[78] Auch eine Kapitalerhöhung ist nicht erforderlich.[79]

Das Gesetz verlangt **Angaben zu den Mitgliedschaften** beim übernehmenden **44** Rechtsträger. Für den Fall der Mischverschmelzung, der Verschmelzung einer börsennotierten auf eine nicht börsennotierte AG oder der Verschmelzung auf einen Rechtsträger, bei dem die Anteile vinkuliert sind, ist ein **Abfindungsangebot** zu unterbreiten. Auf diese Angaben kann aber allerdings bereits im Vorfeld durch notarielle Erklärungen durch die Anteilseigner verzichtet werden. Die Vorschriften über den Abfindungsanspruch, insbesondere § 29 UmwG, finden keine entsprechende Anwendung auf den Fall der Veräußerung des gesamten Vermögens einer Gesellschaft und deren Auflösung. Außenstehende Anteilsinhaber sind hiergegen durch die Möglichkeit der Anfechtungsklage geschützt.[80]

Gemäß § 5 Abs. 1 Nr. 5 UmwG ist als Inhalt des Verschmelzungsvertrags auch der **45** Zeitpunkt anzugeben, von dem an die Anteilsrechte/Mitgliedschaften einen **Anspruch auf einen Anteil am Bilanzgewinn** gewähren. Dies kann zwar der im Außenverhältnis für das Wirksamwerden der Verschmelzung maßgebliche Tag der Eintragung der Verschmelzung beim übertragenden Rechtsträger sein. Allerdings kann die Eintragung sich erheblich verzögern, der Zeitpunkt der Gewinnberechtigung ist von den Parteien nur bedingt steuerbar.[81] Empfehlenswert ist daher, einen im Innenverhältnis abweichenden Stichtag zu wählen. Dies kann zum einen ein **fixer Stichtag** sein. So kann beispielsweise der Beginn des Geschäftsjahres des übernehmenden Rechtsträgers, das auf den Stichtag der letzten Jahresbilanz des übertragenden Rechtsträgers folgt, als nach § 5 Abs. 1 Nr. 5 UmwG maßgeblicher Zeitpunkt gewählt werden, sofern beide Rechtsträger ein identisches Geschäftsjahr haben. Bei unterschiedlichen Geschäftsjahren können die Rechtsträger auch einen unterjährigen Beginn vereinbaren, um eine nahtlose Fortführung der Gewinnberechtigung für die Anteilseigner des übertragenden Rechtsträgers zu ermöglichen. Daneben kann auch ein rückwirkender Beginn der Gewinnberechtigung gewählt werden. Auch ein künftiger Stichtag, mit der Folge, dass die Anteilsinhaber des übertragenden Rechtsträgers für eine Zwischenzeit ohne Gewinnanteilsanspruch sind, soll zulässig sein.[82]

Daneben ist es auch zulässig, einen **variablen Beginn** der Gewinnberechtigung gemäß **46** § 5 Abs. 1 Nr. 5 UmwG festzulegen. Die Festlegung solcher variabler Zeitpunkte ist insbesondere dann empfehlenswert, wenn aufgrund von Anfechtungsklagen mit erheblichen Eintragungsverzögerungen zu rechnen ist. Die Beteiligten können etwa vereinbaren, dass sich der Beginn der Gewinnberechtigung um ein Jahr verschiebt, sofern die Verschmelzung nicht bis zur nächsten turnusmäßigen Beschlussfassung über die Gewinnverteilung beim übertragenden Rechtsträger ins Handelsregister des übernehmenden Rechtsträgers eingetragen worden ist. Eine solche Klausel hat der BGH[83] für wirksam erachtet. Im zugrunde liegenden Sachverhalt beanspruchten die Aktionäre des übertragenden Rechtsträ-

---

[78] *Heckschen* DB 1998, 1385, aA OLG Frankfurt a.M. DNotZ 1999, 154.
[79] LG München I BB 1998, 2331; zust. *Baumann* BB 1998, 2321; anders KG BB 1999, 16; vgl. auch *Trölitzsch* DStR 1999, 764.
[80] BayObLG ZIP 1998, 2002.
[81] Semler/Stengel/*Schröer* UmwG § 5 Rn. 42.
[82] Kallmeyer/*Marsch-Barner* UmwG § 5 Rn. 28; Semler/Stengel/*Schröer* UmwG § 5 Rn. 46.
[83] ZIP 2013, 358.

gers vom übernehmenden Rechtsträger einen dem Umtauschverhältnis entsprechenden Teil der an dessen Aktionäre ausgeschütteten Dividende für ein Geschäftsjahr, für das sie aufgrund der Vereinbarung eines variablen Zeitpunkts der Gewinnberechtigung im Verschmelzungsvertrag nicht gewinnbezugsberechtigt waren, weil sich die Eintragung der Verschmelzung verzögert hatte. Der BGH stellte fest, dass die variable Gewinnbezugsregelung weder gegen § 5 Abs. 1 Nr. 5 UmwG verstößt, da der Beginn für die Beteiligten frei wählbar ist, noch die Anteilsinhaber des übertragenden Rechtsträger unangemessen benachteiligt. Vielmehr beeinträchtige ein fixer Termin für die Gewinnbezugsberechtigung die Anteilsinhaber des übernehmenden Rechtsträgers, wenn sie die Anteilsinhaber des übertragenden Rechtsträgers am Gewinn ihrer Gesellschaft beteiligen müssen, ohne dass ihnen der Wert und der Bilanzgewinn des übertragenden Rechtsträgers zugutekommen. Dies könne zwar durch Vereinbarung auch eines fixen Verschmelzungsstichtages gemäß § 5 Abs. 1 Nr. 6 UmwG vermieden werden. Allerdings würde dies uU wiederum eine Benachteiligung der Anteilsinhaber des übertragenden Rechtsträgers mit sich bringen. Daneben sei es auch nicht aus Gründen der Wahrung der Verschmelzungswertrelation erforderlich, dass das Gewinnbezugsrecht in dem Jahr des Bewertungsstichtags entsteht. Denn auch wenn es aufgrund der Ausschüttung zu einer Veränderung der rechnerisch der Verschmelzungswertrelation zugrunde liegenden Hilfsgrößen der Unternehmensbewertung zwischen Beschluss und Eintragung kommt, bedeutet dies noch nicht, dass das vereinbarte Umtauschverhältnis keine volle wirtschaftliche Entschädigung für den Verlust des Anteils ist. Die Wertermittlung muss für die beteiligten Rechtsträger zu einem wegen § 5 Abs. 1 Nr. 3 UmwG bestimmten Bewertungsstichtag erfolgen. Dieser Unternehmensbewertung liegen auch Prognosen zugrunde, die ihrer Natur nach mit Unsicherheiten behaftet sind. Wenn nun einzelne, bei der Unternehmensbewertung zugrunde liegende Hilfsgrößen nicht wie prognostiziert eintreten, folgt hieraus noch nicht die Unrichtigkeit der Unternehmensbewertung und damit zwingend die Unangemessenheit des Umtauschverhältnisses.[84]

47   Der Verschmelzungsvertrag muss gemäß § 5 Abs. 1 Nr. 6 UmwG auch den Zeitpunkt benennen, von dem an die Handlungen des Ausgangsrechtsträgers als für Rechnung des Zielrechtsträgers als vorgenommen gelten **(Verschmelzungsstichtag)**. Nach dem OLG Bremen[85] muss der Verschmelzungsstichtag nicht datumsmäßig konkret benannt werden, sondern sich zweifelsfrei bestimmen lassen. Durch die Regelung wird eine Abgrenzung der Rechnungslegung vorgenommen. Der übernehmende Rechtsträger ist ab dem Zeitpunkt an, von dem die Geschäfte des übertragenden Rechtsträgers als für Rechnung des übernehmenden Rechtsträgers vorgenommen gelten, Rechnungslegungspflichtig für diese Geschäfte.[86]

Der Verschmelzungsstichtag kann von den Vertragsbeteiligten frei bestimmt werden. In der Praxis richtet er sich meist am Schluss des letzten Geschäftsjahrs des übertragenden Rechtsträgers aus. Es ist noch nicht endgültig geklärt, in welchem Verhältnis Verschmelzungsstichtag und Schlussbilanzstichtag stehen. In der Literatur gehen die Ansichten auseinander und auch die Rechtsprechung hat diese Frage bisher noch nicht entschieden.[87] Steuerlich ist der Übertragungsstichtag der Tag der Schlussbilanz. Der Stichtag der (handelsrechtlichen wie steuerrechtlichen) Schlussbilanz muss dabei zwingend auf den dem Verschmelzungsstichtag vorangehenden Tag fallen (zB Schlussbilanz 31.12., Verschmelzungsstichtag 1.1.).[88]

48   Eine begrüßenswerte Ansicht in der Literatur geht davon aus, dass eine Verknüpfung zwischen dem handelsrechtlichen Stichtag der Schlussbilanz und dem Verschmelzungs-

---

[84] Vgl. im Einzelnen BGH ZIP 2013, 358; *Vossius* NotBZ 2013, 133.
[85] ZIP 2016, 1480.
[86] Widmann/Mayer/*Mayer* UmwG § 5 Rn. 152 f.
[87] OLG Frankfurt a.M. GmbHR 2006, 382.
[88] Semler/Stengel/*Schröer* UmwG § 5 Rn. 57; Schmitt/Hörtnagl/Stratz/*Stratz* UmwG § 5 Rn. 75.

stichtag zwar zweckmäßig und üblich, aber nicht zwingend sei.[89] Es bestehe keine zivil-rechtliche Bindung zwischen Verschmelzungsstichtag und Schlussbilanz. Dies werde vor allem durch die Sonderregelung für Genossenschaften in § 80 Abs. 2 UmwG deutlich. Dort sei geregelt, dass der Stichtag der Schlussbilanz im Verschmelzungsvertrag gesondert anzugeben sei, was bei einer Identität vom Verschmelzungsstichtag und Stichtag der Schlussbilanz nicht notwendig sei. Eine andere Ansicht geht davon aus, dass gemäß § 17 Abs. 2 UmwG der Verschmelzungsstichtag jedenfalls zeitlich vor, aber auch nach dem Stichtag der Schlussbilanz liegen könne.[90]

Es gibt in der Lehre aber auch eine starke Meinung, die davon ausgeht, dass der Ver-schmelzungsstichtag mit dem Stichtag der Schlussbilanz übereinstimmen müsse, weil der Termin im Innenverhältnis der Rechtsträger die Überleitung der Rechnungslegung be-treffe.[91] Insoweit wird auch vertreten, dass das Auseinanderfallen beider Stichtage ein Ein-tragungshindernis sei, das vom Registerrichter zu beachten sei.[92]

Im Ergebnis ist aber darauf hinzuweisen, dass Abweichungen von der Regel (Schlussbi-lanz 31. 12., Verschmelzungsstichtag 1. 1.) steuerrechtliche Auswirkungen haben können. Zwar mag das Handelsregister eine (handelsrechtliche) Schlussbilanz zum 31. 12. für eine Verschmelzung zum 2. 1. genügen lassen. Die Finanzverwaltung wird aber nach dem Um-wandlungssteuererlass aufgrund der zum 31. 12. erstellten Schlussbilanz den 31. 12. auch als steuerlichen Übertragungsstichtag annehmen.

Offen ist, ob auch eine aufschiebende Bedingung im Verschmelzungsvertrag (sog. **Vor-** **ratsverschmelzung**) möglich ist. Der Verschmelzungsvertrag wird erst mit Eintritt der Bedingung wirksam, auch die Anmeldung bzw. Eintragung der Verschmelzung kann erst nach Bedingungseintritt, mithin eine geraume Zeit nach Abschluss des Verschmelzungs-vertrages und der Zustimmungsbeschlüsse erfolgen. Die Rechtslage hinsichtlich der Wirk-samkeit einer solchen „Vorratsverschmelzung" ist noch nicht geklärt. Für deren Zulässig-keit sprechen allerdings verschiedene vergleichbare, von der hM als zulässig erachtete Konstellationen, in denen es auch zu Verzögerungen der Anmeldung bzw. der Eintragung kommen kann. So sind zukünftige oder variable Stichtage nach herrschender Meinung möglich. Für die Zulässigkeit einer „Vorratsverschmelzung" spricht schließlich die Syste-matik des Umwandlungsgesetzes selbst. Denn der gesetzlichen Systematik ist immanent, dass sich die Eintragung einer Verschmelzung erheblich verzögern kann, wenn die Zu-stimmungsbeschlüsse angefochten werden. Auch in diesen Fällen kommt es zu einer zeit-lichen Diskrepanz zwischen dem Informationsstand im Zeitpunkt der Beschlussfassung und dem Zeitpunkt der Eintragung. Diese zeitliche Diskrepanz und die hiermit einherge-hende Gefahr, dass sich die wirtschaftliche Situation der beteiligten Rechtsträger erheblich ändert, nimmt das Gesetz hin. **49**

Im Verschmelzungsvertrag sind von den beteiligten Rechtsträgern gewährte **Sonder-** **vorteile** für einzelne Anteilseigner oder bestimmte Dritte zu erwähnen. Dies gilt zB dann, wenn einem Vorstand im Rahmen der Verschmelzung eine Abfindung für den Ver-zicht auf ein Aktienoptionsprogramm gewährt wird,[93] nicht aber für Abreden zwischen den Anteilseignern. Erfasst sind sämtliche Sondervorteile, auch wenn sie nicht anlässlich der Verschmelzung eingeräumt werden. Werden keine Sondervorteile gewährt, so ist eine Negativerklärung, anders als von manchen Registern gefordert, nicht erforderlich.[94] **50**

---

[89] Habersack/Wicke/*Wicke* UmwG § 5 Rn. 66 ff.; Henssler/Strohn/*Heidinger* UmwG § 5 Rn. 22; Wid-mann/Mayer/*Mayer* UmwG § 5 Rn. 158 f.; Widmann/Mayer/*Widmann* UmwG § 24 Rn. 64.
[90] Kallmeyer/*Lanfermann* UmwG § 5 Rn. 34a; *Müller* WPg 1996, 857.
[91] Semler/Stengel/*Schröer* UmwG § 5 Rn. 54; Lutter/*Drygalla* UmwG § 5 Rn. 74; OLG Frankfurt a.M. GmbHR 2006, 382.
[92] Budde/Förschle/Winkeljohann/*Budde/Zerwas*, Sonderbilanzen, H Rn. 42.
[93] OLG Hamburg ZIP 2004, 906.
[94] OLG Frankfurt a.M. NZG 2011, 1278; Semler/Stengel/*Schröer* UmwG § 5 Rn. 69.

51 Besondere Probleme wirft in der Praxis § 5 Abs. 1 Nr. 9 UmwG[95] auf. Die Regelung ist unsystematisch in letzter Sekunde im Gesetzgebungsverfahren im Jahr 1994 in das Gesetz eingefügt worden und hat keinen Vereinbarungscharakter, so dass sie als **Informationsvorschrift** im Rahmen des Verschmelzungsvertrages deplatziert wirkt. Man wird davon ausgehen müssen, dass entgegen einer in der Rechtsprechung vertretenen Auffassung auch bei Fehlen von Betriebsräten bei allen beteiligten Rechtsträgern Mindestangaben zu diesem Punkt im Verschmelzungsvertrag gemacht werden müssen und ansonsten das Handelsregister ein Zurückweisungsrecht hat.[96] Entbehrlich ist die Angabe allenfalls, wenn kein beteiligter Rechtsträger über Arbeitnehmer oder eine Arbeitnehmervertretung (etwa Konzernbetriebsrat) verfügt, dies sollte dann im Vertrag erwähnt werden. Keinesfalls ausreichend ist es, wenn darauf verwiesen wird, dass sich die Folgen der Verschmelzung nach den Vorschriften des UmwG und § 613a BGB richten. Selbst wenn die Verschmelzung nach Ansicht der beteiligten Rechtsträger keine Nachteile für die Arbeitnehmer zur Folge hat, kann auf die Angaben gemäß § 5 Abs. 1 Nr. 9 UmwG nicht verzichtet werden; es sind Angaben zu den Folgen, nicht nur zu den Nachteilen der Verschmelzung zu machen.[97]

Die Angaben sollten folgende Punkte positiv oder verneinend behandeln:
– Auswirkungen der Verschmelzung auf bestehende Tarifverträge,
– Auswirkungen auf Betriebsvereinbarungen,
– Auswirkungen auf Mitbestimmungsrechte und Kündigungsschutz,
– Auswirkungen auf bestimmte Betriebsteile (Schließung, Verlegung, organisationsrechtliche Maßnahmen),
– Auswirkungen für Betriebsräte, Gesamtbetriebsräte, Konzernbetriebsräte, Sprecherausschüsse.

52 Die Rechtsfolgen **fehlender oder ungenügender Angaben** sind umstritten.[98] Zur Nichtigkeit des Verschmelzungsbeschlusses führen solche Mängel jedoch nie. Enthält der Verschmelzungsvertrag die gesetzlich geforderten Mindestangaben nicht oder ist unvollständig, begründet dies allerdings ein Anfechtungsrecht. Das Erfordernis eines Abfindungsangebotes gemäß § 29 Abs. 1 S. 2 UmwG betrifft alle Fälle, bei denen einzelne Anteilsinhaber nicht frei über ihre Anteile verfügen können.[99]

53 Der Verschmelzungsvertrag muss alle Abreden enthalten, die die Beteiligten im rechtlichen Zusammenhang mit der Verschmelzung treffen. Der Verschmelzungsvertrag muss jedoch keine sog. Negativerklärungen zu Umständen enthalten, die durch die Verschmelzung nicht ausgelöst werden bzw. einschlägig sind.[100] Es empfiehlt sich zwar, den Katalog des § 5 UmwG im Verschmelzungsvertrag einzeln und ggf. auch mit Negativerklärungen abzuhandeln (zB „Es werden keine Sondervorteile gemäß § 5 Abs. 1 Nr. 7 UmwG gewährt."). Dies erleichtert dem Handelsregister die Prüfung. Zwingend ist dies nicht. Es ist also stets zu untersuchen, ob bestimmte Vereinbarungen mit der Verschmelzung **stehen und fallen** sollen. Ist beispielsweise parallel ein weiterer Verschmelzungsvorgang auf den gleichen Rechtsträger geplant, so ist zu untersuchen, ob er in der vorgenannten rechtlichen Einheit steht. Ist dies der Fall, so ist ein einheitlicher Verschmelzungsvertrag abzuschließen. Soll zB die Verschmelzung nur stattfinden, wenn der übertragende Rechtsträger zuvor ein (mit Altlasten behaftetes) Grundstück verkauft oder andere Umstände eintreten oder nicht, so ist dies in den Vertrag aufzunehmen. Stimmt ein Anteilseigner nur zu,

---

[95] Zu den arbeitsrechtlichen Problemen im Zusammenhang mit Umwandlungen im Allgemeinen vgl. *Hausch* RNotZ 2007, 308 und RNotZ 2007, 396; *Dzida/Schramm* NZG 2008, 521.
[96] OLG Düsseldorf DB 1998, 1399; Semler/Stengel/*Simon* UmwG § 5 Rn. 93; aA LG Stuttgart WiB 1996, 994.
[97] OLG Düsseldorf DB 1998, 1399.
[98] Vgl. dazu Widmann/Mayer/*Mayer* UmwG § 5 Rn. 203ff. und *Hjort* NJW 1999, 750 sowie *Trölitzsch* DStR 1999, 764; großzügig insoweit LG Essen ZIP 2002, 893.
[99] Vgl. *Neye* DB 1998, 1649 – vinkulierte Anteile.
[100] OLG Frankfurt a.M. ZIP 2011, 2408.

wenn ihm beim Zielrechtsträger ein Arbeitsvertrag/Beratervertrag zu bestimmten Konditionen gewährt wird, ist dies mit aufzunehmen und zumindest der wesentliche Inhalt dieses Vertrages ist Gegenstand des Verschmelzungsvertrags.

Änderungen des Verschmelzungsvertrages bedürfen zu ihrer Wirksamkeit der Beurkundung, gleichgültig, ob es sich um wesentliche, unwesentliche oder bloße sprachliche Neufassungen handelt. Lediglich offensichtliche Schreibfehler können ohne Aufstellung einer Änderungsurkunde berichtigt werden (vgl. § 44a Abs. 2 BeurkG). Liegen bereits die Zustimmungen der Anteilseigner zur Verschmelzung vor, so ist bei Änderungen nach der Zustimmung erneut das gesamte Verfahren zur Vorabinformation zu durchlaufen und ein neuer Zustimmungsbeschluss einzuholen. Wird die Änderung vor der Einholung eines Zustimmungsbeschlusses vorgenommen, so kann die Änderung auch zunächst nur in privatschriftlicher Form erfolgen. 54

Die **Aufhebung des Verschmelzungsvertrages** kann von den Vertretungsorganen vor Wirksamkeit des Verschmelzungsvertrages, dh bis zum Vorliegen des letzten erforderlichen Zustimmungsbeschlusses, schriftlich vereinbart werden. Nach diesem Zeitpunkt ist die Aufhebung zu beurkunden. Auch Bedingungen, Befristungen, Rücktritts- und Kündigungsrechte können vereinbart werden.[101] 55

> **Muster: Verschmelzung von zwei GmbHs**
> Siehe hierzu das Gesamtmuster → Rn. 230 mit Verschmelzungsbeschlüssen und Verschmelzungsvertrag.

III. Verschmelzungsbericht

Den Verschmelzungsbericht stellen die **Vertretungsorgane** der beteiligten Rechtsträger auf. Es kann auch ein **gemeinsamer Verschmelzungsbericht** erstellt werden. Aufstellung und Prüfung des Verschmelzungsberichts sind nicht Aufgabe des Notars. Unzureichende Verschmelzungsberichte führen jedoch in der Regel dazu, dass der Zustimmungsbeschluss anfechtbar wird.[102] Da es sich um ein Instrument der Vorabinformation der Gesellschafter zum Zwecke der sachgerechten Vorbereitung auf die Versammlung der Anteilseigner handelt, sind Fehler auch durch spätere Informationen und Auskünfte in der Regel nicht auszugleichen. Nur Fehler, die für den Beschluss nach objektiver Sichtweise nicht relevant werden, bleiben unbeachtet.[103] Der Bericht muss den Anteilseignern eine **Plausibilitätskontrolle** für das vorgeschlagene Umtauschverhältnis ermöglichen. Es ist die wirtschaftliche Zweckmäßigkeit der Verschmelzung zu erläutern, bei umstrittener Rechtslage sind die Risiken für die Anteilseigner anschaulich und transparent zu beschreiben und es sind Angaben zu verbundenen Unternehmen zu machen. Auf eine Erläuterung des Umtauschverhältnisses kann auch bei der Verschmelzung beteiligungsidentischer Schwestergesellschaften nicht verzichtet werden.[104] Der BGH[105] hat es offen gelassen, ob der Bericht von allen Vertretungsorganen zu unterzeichnen ist oder ob die Unterzeichnung von Vertretungsorganen mit vertretungsberechtigter Anzahl ausreicht. Jedenfalls kann ein derartiger etwaiger Fehler eine Anfechtungsklage nicht begründen.[106] Aus Gründen der Rechtssicherheit sollten daher trotzdem alle Vertretungsorgane den Bericht unter- 56

---

[101] *Körner/Rodewald* BB 1999, 853; Widmann/Mayer/*Mayer* UmwG § 5 Rn. 231, 233.
[102] Widmann/Mayer/*Mayer* UmwG § 8 Rn. 68; Schmitt/Hörtnagl/Stratz/*Stratz* UmwG § 8 Rn. 40; *Heckschen* DB 1998, 1385.
[103] Vgl. dazu Widmann/Mayer/*Heckschen* UmwG § 13 Rn. 163 ff.
[104] OLG Frankfurt a.M. ZIP 2012, 766; zu Inhalt und Zweck des Verschmelzungsberichts vgl. OLG Düsseldorf ZIP 1999, 793; OLG Hamm ZIP 1999, 798; LG Essen AG 1999, 329; KG AG 1999, 126; OLG Düsseldorf DB 2002, 781; OLG Frankfurt a.M. NJOZ 2006, 870 (884); OLG Saarbrücken NZG 2011, 358; OLG Frankfurt a.M. GWR 2012, 180 mAnm *Schult/Nikoleyczik*.
[105] NZG 2007, 714.
[106] Ebenso KG ZIP 2005, 167.

zeichnen. Für die AG, die KGaA und die SE besteht zusätzlich eine Nachberichtspflicht. Diese zusätzliche Pflicht wurde mit dem 3. UmwGÄndG eingeführt.[107] Der Bericht ist mündlich in der Hauptversammlung zu erstatten und muss Angaben dazu enthalten, ob und wie sich das Vermögen der Gesellschaft gegenüber dem Zeitpunkt der Vertragsformulierung wesentlich verändert hat (§ 64 Abs. 1 S. 2 UmwG). Auf den Bericht und ggf. auch auf den Nachbericht kann gemäß § 8 Abs. 3 UmwG durch notarielle Erklärung **verzichtet** werden, wobei dann jedoch alle Anteilseigner verzichten müssen. Ein Verzicht lediglich der Anteilsinhaber, die an der Versammlung teilgenommen haben, ist nicht ausreichend.[108] Die Verzichtserklärung ist keine höchstpersönliche Erklärung. Eine Stellvertretung ist zulässig. Eine Vollmacht bedarf nach hM keiner notariellen Beglaubigung. Der Verzicht ist entbehrlich, wenn der übernehmende Rechtsträger alle Anteile am übertragenden Rechtsträger hält (§ 8 Abs. 3 S. 1 UmwG). Wird ein Bestätigungsbeschluss gefasst, ist der Bericht nicht zu aktualisieren.[109]

IV. Verschmelzungsprüfung

57   Die Verschmelzungsprüfung ist in den §§ 9–12 UmwG grundsätzlich geregelt, jedoch nicht für alle Rechtsträger zwingend vorgeschrieben. Auch auf sie kann aus den oben genannten Gründen verzichtet werden. Sie ist entbehrlich, wenn alle Anteile des übertragenden Rechtsträgers beim übernehmenden Rechtsträger liegen. Der Bericht gibt lediglich das **Ergebnis der Verschmelzungsprüfung** wieder und hat mit einem in § 12 Abs. 2 UmwG festgelegten Testat zu enden.

58   Die Verschmelzungsprüfer müssen angeben, nach welchen Methoden das Umtauschverhältnis ermittelt wurde, aus welchen Gründen die Methoden angemessen sind und welches Umtauschverhältnis bzw. welcher Gegenwert sich bei Anwendung mehrerer Methoden ergeben würde. Es ist darzulegen, welches Gewicht den verschiedenen Methoden beigemessen wurde und welche besonderen Schwierigkeiten bei der Bewertung der Rechtsträger auftraten.[110] Eingebürgert hat sich die Bewertung nach der sog. Ertragswertmethode. Nach der Rechtsprechung des BVerfG bestehen gegen das Ertragswertverfahren grundsätzlich keine verfassungsrechtlichen Bedenken. Besteht jedoch ein Börsenkurs, so darf dieser bei der Unternehmensbewertung nicht außer Betracht bleiben, vielmehr bildet er die Mindestgröße des Ertragswertes.[111] Allerdings sei jedenfalls bei der Verschmelzung zweier Rechtsträger, die in etwa gleich stark sind und bei denen kein beherrschender Einfluss auf den anderen besteht, das Ertragswertverfahren zulässig und verfassungsgemäß. Der Börsenkurs muss hier nicht als Untergrenze berücksichtigt werden.[112] Ebenso stellt die Börsenwertrelation keine Untergrenze für das Umtauschverhältnis zugunsten der Aktionäre einer abhängigen Gesellschaft dar.[113] Nach den IDW Standards S 1[114] ist auch bei der Unternehmensbewertung ein für die Unternehmensanteile bestehender Börsenkurs, zumindest zur Plausibilitätskontrolle heranzuziehen. Bei bestimmten Unternehmensbewertungen (zur Ermittlung der Abfindung und Ausgleichs gemäß §§ 304, 305, 320b, 327a f. AktG) stellt der Börsenkurs nach den IDW S 1 die Untergrenze für den Ertragswert dar, es sei denn der Börsenkurs entspricht nicht dem Verkehrswert der Aktie (zB bei fehlender Marktgängigkeit oder Manipulation des Börsenkurses).

59   Jedes Unternehmen muss bei der Ermittlung des Unternehmenswertes gesondert bewertet werden, wobei der Ertragswert aus Sicht des Stichtages zu prognostizieren ist. Im

---

[107] Vgl. *Heckschen* NJW 2011, 2390.
[108] OLG Bamberg ZIP 2013, 219 für die Verschmelzung zweier Vereine.
[109] OLG Karlsruhe AG 1999, 470.
[110] *Heurung* DB 1997, 837; Semler/Stengel/*Zeidler* UmwG § 12 Rn. 8–11; Widmann/Mayer/*Mayer* UmwG § 12 Rn. 17 ff.; vgl. auch OLG Frankfurt a.M. ZIP 2000, 1928; LG Dortmund NZG 2002, 343.
[111] BVerfG NJW 1999, 3769 (3771); BGH NZG 2001, 603; BVerfG NZG 2012, 907 (909).
[112] BayObLG ZIP 2003, 253, ablehnend *Weiler/Meyer* NZG 2003, 669.
[113] BVerfG NZG 2011, 235; OLG Stuttgart NJOZ 2007, 4728.
[114] Stand 18.10.2005, WPg 2005, 1303 (1306).

Wege der Einführung der IDW ES 1 nF durch das Institut der Wirtschaftsprüfer ist nicht mehr vom Grundsatz der Vollausschüttung auszugehen,[115] sondern es sind zwei Phasen zu unterscheiden, die Detailplanungsphase und die Rentenphase/ewige Rente.[116] Durch diese Methode werden die Unternehmenswerte in der Regel niedriger sein, als bei der bisherigen Vollausschüttung.[117]

Nach dem Stichtag eintretende Entwicklungen dürfen dann berücksichtigt werden, **60** wenn sie in den Verhältnissen am Stichtag bereits angelegt waren. Da die Bewertung auf der Fiktion beruht, dass das Unternehmen selbständig weitergeführt worden wäre, dürfen Verbundeffekte nicht berücksichtigt werden.[118]

Die Verschmelzungsprüfer werden vom jeweiligen Vertretungsorgan der beteiligten **61** Rechtsträger oder auf Antrag vom Gericht bestellt. Die gerichtliche Bestellung nach § 10 Abs. 1 UmwG hat den Vorteil, dass der Verschmelzungsprüfer in einem sich etwa anschließenden Spruchstellenverfahren als gerichtlicher Sachverständiger auftreten kann und auf diese Weise Zeit und Kosten eingespart werden können.[119] Die Verschmelzungsprüfung kann auch (teilweise) parallel zur Erstellung des Verschmelzungsberichts erfolgen.[120] Auch muss der Verschmelzungsprüfer keine eigenständige unabhängige Bewertungsprüfung vornehmen; vielmehr ergänzen sich Verschmelzungsbericht und Verschmelzungsprüfbericht bei der Information der Anteilseigner.[121] Die Ausführungen zum Verzicht auf den Verschmelzungsbericht gelten sinngemäß auch für die Verschmelzungsprüfung und den Prüfungsbericht. Ein Verstoß gegen die Pflicht zur Vorlage des Prüfungsberichts führt zur Anfechtbarkeit des Umwandlungsbeschlusses.[122] Hat eine Wirtschaftsprüfungsgesellschaft im Auftrage des Vorstandes ein Verschmelzungswertgutachten erstellt und die Verschmelzungswertrelation errechnet, ist sie nicht „per se" für die Zukunft als Abschlussprüfer ausgeschlossen. Etwas anderes gilt dann, wenn die Besorgnis der Befangenheit für die zukünftige Abschlussprüfung daraus folgt, dass bei der Erstellung des Verschmelzungswertgutachtens möglicherweise gravierende Fehler geschehen sind.[123] Eine Verschmelzungsprüfung ist nur durchzuführen, wenn dies im Besonderen Teil des UmwG für den betreffenden Rechtsträger festgelegt ist. Dies ist bei der AG und dem wirtschaftlichen Verein der Fall. Bei der Personenhandelsgesellschaft, Partnerschaft, GmbH und dem eingetragenen Verein erfolgt sie nur auf Verlangen der Anteilseigner. Bei der Personenhandelsgesellschaft, Partnerschaft und GmbH können die Anteilseigner dieses Verlangen nur binnen einer Woche seit Zugang der Einladung zur Anteilseignerversammlung stellen. Für den Verein fehlt es an einer entsprechenden Regelung. Dennoch ist allgemein der Praxis zu empfehlen, die Problematik bereits vorab mit den Anteilseignern zu klären, wenn deren Anzahl überblickbar ist. Verzichtserklärungen sind in notarieller Form einzuholen (§ 9 Abs. 3 UmwG iVm § 8 Abs. 3 S. 2 UmwG). Der Verschmelzungsprüfer kann zugleich Prüfer der Sacheinlage (§ 69 Abs. 1 S. 4 UmwG) oder Gründungsprüfer (§ 75 Abs. 1 S. 2 UmwG) sein.

V. Zuleitung an den Betriebsrat

Soweit ein Betriebsrat vorhanden ist, ist der Verschmelzungsvertrag oder sein Entwurf **62** diesem zuzuleiten. Gerade wenn im Übrigen die Gesellschafter – wie in der Praxis häufig – auf alle Rechte der Vorabinformation verzichten, bedeutet diese Verpflichtung zur Zuleitung eine **Verzögerung des Verschmelzungsverfahrens** um einen Monat, da der

---

[115] OLG Karlsruhe AG 1998, 288.
[116] IDW ES 1 idF 2007 Tz. 5.3.
[117] Schmitt/Hörtnagl/Stratz/*Stratz* UmwG § 5 Rn. 43.
[118] OLG Celle DB 1998, 2006.
[119] Vgl. etwa OLG Düsseldorf NZG 2006, 758; LG Mannheim DB 2002, 889.
[120] OLG Hamburg BB 2008, 2199.
[121] OLG Hamburg BB 2008, 2199.
[122] LG Heidelberg DB 1996, 1768; *Heckschen* DB 1998, 1385.
[123] BGH ZIP 2003, 290.

Vertrag einen Monat vor der Beschlussfassung dem Betriebsrat vorgelegt werden muss. Besteht ein örtlicher Betriebsrat, ein Gesamtbetriebsrat und ein Konzernbetriebsrat, so sollte der Entwurf an alle zugeleitet werden.[124]

63   Zu beachten ist, dass nur durch die Zuleitung vollständiger und wirksamer Verträge/ Vertragsentwürfe der Informationsanspruch des Betriebsrates erfüllt wird. Auch wenn einzelne Bestandteile des Vertrages fehlen bzw. unwirksam sind, die die Interessen der Arbeitnehmer nicht tangieren, ist die Zuleitungspflicht nicht erfüllt.[125] Ein nach erfolgter Zuleitung abgeänderter Vertragsentwurf muss dem Betriebsrat erneut fristgemäß zugeleitet werden,[126] wenn sich bei den im Entwurf enthaltenen Angaben über arbeitsrechtliche Folgen der Verschmelzung tatsächlich etwas ändert und die Änderungen mehr als nur geringfügige sachliche Auswirkungen haben[127] oder aber die Änderung Bedeutung für die Rechtsstellung der Arbeitnehmer haben. Aus einer Verletzung der erneuten Zuleitungspflicht erwächst dem Betriebsrat jedoch nicht die Möglichkeit, klageweise die Nichtigkeit des Umwandlungsbeschlusses feststellen zu lassen, da er nicht parteifähig ist.[128] Enthält der Verschmelzungsvertrag keine Angaben zu den arbeitsrechtlichen Folgen, so ist die Verschmelzung nicht einzutragen, unabhängig davon, ob die Folgen für die Arbeitnehmer nachteilig, vorteilhaft oder insoweit neutral sind, da ausdrücklich die Angabe der arbeitsrechtlichen Folgen, nicht nur der Nachteile, verlangt wird. Unzureichend ist auch die bloße Verweisung auf die Vorschriften des UmwG und des § 613a BGB.[129] Die Gefahr fehlerhafter oder unzureichender Information des Betriebsrates besteht vor allem darin, dass das Handelsregister dies bemerkt oder vom Betriebsrat darauf aufmerksam gemacht wird und deswegen die Eintragung der Umwandlung ablehnt.

64   Umstritten ist, wie die Frist des § 5 Abs. 3 UmwG zu berechnen ist. Offensichtlich ist die analoge Anwendung der §§ 187 ff. BGB auf diese „Rückwärtsfrist" unstreitig.[130] Dennoch kommen verschiedene Autoren zu drei unterschiedlichen Ergebnissen, je nachdem, ob der Tag der Zuleitung bzw. der Tag der Versammlung oder beide Tage oder keiner von ihnen als „Ereignistag" iSd § 187 Abs. 1 BGB bei der Fristberechnung nicht mitgezählt wird.

Da es sich hier um eine „Rückwärtsfrist" handelt, ist der für den Fristbeginn entscheidende „Ereignistag" der Tag der Versammlung. Die Frist beginnt gemäß § 187 Abs. 1 BGB analog am Tag vor der Versammlung. Der letzte Tag der Frist ist daher der Tag des Vormonats, der seiner Zahl nach dem Tag vor der Versammlung entspricht. Die Frist endet gemäß § 188 Abs. 2 BGB mit dem Ablauf ihres letzten Tages. § 188 Abs. 2 BGB ist hier jedoch nur entsprechend, also spiegelbildlich anzuwenden, da es sich um eine „Rückgewährfrist" handelt.[131] Dem Ende eines Tages für eine „Vorwärtsfrist" entspricht der Beginn des Tages bei der „Rückwärtsfrist". Die Zuleitung muss daher spätestens einen Tag vorher, das ist der Tag, der nach seiner Zahl dem Tag vor der Versammlung entspricht, bewirkt werden.[132]

Da es sich um eine „Rückwärtsfrist" handelt, ist § 193 BGB auf den Tag der Zuleitung und nur auf diesen entsprechend anwendbar. Fällt dieser Tag auf einen Sonnabend, Sonntag oder Feiertag, ist die Zuleitung am vorhergehenden Werktag zu bewirken. Hierbei kommt es nur auf die Feiertagsregelung in dem Bundesland an, in dem der Betriebsrat seinen Sitz hat.[133]

---

[124] Vgl. Widmann/Mayer/*Mayer* UmwG § 5 Rn. 253.
[125] OLG Naumburg NZG 2004, 734; großzügiger insoweit LG Essen EWiR 2002, 637 mAnm *Kiem*.
[126] *Melchior* GmbHR 1996, 833.
[127] *Müller* DB 1997, 713.
[128] OLG Naumburg DB 1997, 466.
[129] OLG Düsseldorf ZIP 1998, 1190.
[130] *Müller-Eising/Bert* DB 1996, 1398 mwN.
[131] *Krause* NJW 1999, 1448.
[132] Im Ergebnis ebenso *Müller-Eising/Bert* DB 1996, 1398 (1400).
[133] *Müller-Eising/Bert* DB 1996, 1398 (1400).

Umstritten ist die Reichweite der Angaben zu den Folgen der Verschmelzung für die Ar- 65 beitnehmer. Richtigerweise sind die Angaben auf die unmittelbaren Folgen der Verschmelzung zu beschränken; weitergehende Angaben würden wegen § 111 BetrVG in weitem Umfang zu einer Doppelinformation führen und außerdem würde die Unklarheit, inwieweit auch die mittelbaren Folgen anzugeben sind, zu einem hohen Maß an Rechtsunsicherheit führen.[134]

Der Betriebsrat kann auf die Einhaltung der Frist verzichten.[135] Offen ist allerdings, ob 66 der Betriebsrat auch gänzlich auf die Zuleitung verzichten kann.[136] Derzeit sollte dieser Weg nicht eingeschlagen werden.

VI. Hinweis auf die Verschmelzung in den Bekanntmachungsorganen

Bei der AG, der SE, der KGaA und dem VVaG ist einen Monat vor Beschlussfassung der 67 Anteilseigner der Verschmelzungsvertrag oder sein Entwurf dem Handelsregister einzureichen und von dort aus **bekannt zu machen** (§§ 61, 78, 104 UmwG). Es ist ungeklärt, ob und in welcher Form die Anteilseigner auf eine Einreichung verzichten können. Teilweise wird vertreten, dass die Einreichung auch dem Gläubigerschutz diene.[137] Das überzeugt nicht. Jedenfalls ist es ausreichend, wenn der Verschmelzungsvertrag bei einer Universalversammlung erst kurz vor der Versammlung eingereicht wird.[138]

VII. Einberufung und Offenlegung

Bei allen Rechtsträgern ist vorgesehen, dass bei der **Einberufung** der Versammlung der 68 Anteilseigner diesen ein Entwurf des Verschmelzungsvertrages und der Verschmelzungsbericht mit zu übersenden sind (vgl. beispielsweise § 42 UmwG). Parallel dazu erhalten die Anteilseigner über so genannte Offenlegungsregeln ein Einsichtsrecht in die für die Verschmelzung wesentlichen Unterlagen, soweit dies der Besondere Teil des Verschmelzungsrechts für den einzelnen Rechtsträger vorsieht (vgl. beispielsweise § 63 UmwG für die AG). Für die AG, KGaA und SE besteht seit ARUG die Möglichkeit, die Unterlagen auf ihrer Internetseite zugänglich zu machen, § 63 Abs. 4 UmwG. Ladungsmängel berechtigen grundsätzlich zur Anfechtung von gefassten Beschlüssen, es sei denn, der Beschluss wäre offensichtlich bei ordnungsgemäßer Einladung ebenso zustande gekommen, was nur der Fall ist, wenn der von dem Mangel betroffene Anteilsinhaber unter keinem Aspekt das Beschlussergebnis hätte beeinflussen können.[139] Liegt zum Zeitpunkt der Einberufung bereits der Verschmelzungsprüfbericht vor, so wird vertreten, dass auch dieser Bericht mit zu übersenden ist.[140]

VIII. Ablauf der Beschlussfassung

Neben der Beurkundung des Verschmelzungsvertrages und der späteren Betreibung des 69 Registervollzugs ist die Beurkundung des Zustimmungsbeschlusses der Anteilseigner ein **Kerngebiet notarieller Tätigkeit** im Rahmen von Umwandlungsvorgängen. Häufig werden die Rechtsträger gemeinsam mit dem Zustimmungsbeschluss die Verzichtserklärung einzelner Anteilsinhaber auf Vorabinformationsrechte (Verschmelzungsbericht, Verschmelzungsprüfungsbericht) verlangen. Bei der Planung des Umwandlungsvorganges

---

[134] *Drygala* ZIP 1996, 1365; zu Formulierungsbeispielen vgl. Widmann/Mayer/*Mayer* Anh. 4 Rn. M 60 ff.

[135] Vgl. hierzu *Stohlmeier* BB 1999, 1394; OLG Naumburg NZG 2004, 734; LG Stuttgart GmbHR 2000, 622.

[136] Zust. Semler/Stengel/*Schröer* UmwG § 5 Rn. 146; abl. OLG Naumburg NZG 2004, 734.

[137] Widmann/Mayer/*Rieger* UmwG § 61 Rn. 10.1.

[138] Widmann/Mayer/*Rieger* UmwG § 61 Rn. 7.1; Semler/Stengel/*Diekmann* UmwG § 61 Rn. 15.

[139] BGH NJW 1998, 684.

[140] Habersack/Wicke/*v. Hinden* UmwG § 47 Rn. 8; Semler/Stengel/*Reichert* UmwG § 47 Rn. 8; Kallmeyer/*Kocher* UmwG § 47 Rn. 1; aA Widmann/Mayer/*Mayer* UmwG § 47 Rn. 4; Widmann/Mayer/*Heckschen* UmwG § 122g Rn. 52.

sollte darauf hingewiesen werden, dass diese gemeinsame Beurkundung von Beschluss und Verzicht nur dann empfehlenswert ist, wenn mit an Sicherheit grenzender Wahrscheinlichkeit feststeht, dass der Anteilsinhaber auch auf diese Rechte verzichten wird. Verlangt nämlich zu diesem letztmöglichen Zeitpunkt der Anteilsinhaber nun wider Erwarten doch die Erstellung eines Verschmelzungsberichts oder eine Verschmelzungsprüfung, so wird der Zeitablauf häufig so gestört werden, dass der gesamte Umwandlungsvorgang in Gefahr gerät. Angesichts des § 17 Abs. 2 UmwG wird dann die letzte Jahresbilanz häufig nicht mehr als Schlussbilanz dem Verschmelzungsvertrag zugrunde gelegt werden können.

70 **1. Einberufung/Vorbereitung.** Eine Verschmelzung wird zwar erst mit ihrer Eintragung im Handelsregister des übernehmenden Rechtsträgers gemäß § 20 UmwG wirksam, doch ergeben sich schon vor diesem Zeitpunkt gewisse Vorwirkungen, welche die Rechte und Pflichten der beteiligten Rechtsträger nicht unmaßgeblich beeinflussen können.[141] In der Zeit der Vorbereitung einer Verschmelzung, die nicht nur innerhalb eines Konzerns durchgeführt wird, werden vor allem Informationen zwischen den beteiligten Gesellschaften ausgetauscht. Mit der Aufnahme der Verhandlungen über die Durchführung einer Verschmelzung entsteht zwischen den beteiligten Rechtsträgern ein vorvertragliches Schuldverhältnis iSd § 311 Abs. 2 Nr. 1 BGB, welches ihnen Rücksichtnahmeobliegenheiten gegenüber der jeweils anderen Partei auferlegt.

Welche Vorabinformation in welcher Form den Anteilseignern zu übermitteln ist, legt das UmwG nicht abschließend oder vollständig fest. Auch die Formalien der Einberufung (und späteren Durchführung) der Versammlung der Anteilseigner werden nicht komplett geregelt. Vielmehr ergänzt das UmwG die durch Gesetz und/oder Gesellschaftsvertrag/ Satzung für den einzelnen Rechtsträger geltenden Anforderungen. Diese müssen stets neben dem UmwG beachtet werden.

70a Checkliste zur Prüfungsreihenfolge bei Vorbereitung der Versammlung der Anteilseigner:
(1) Vorschriften des Allgemeinen Teils des UmwG
(2) Vorschriften des Besonderen Teils des UmwG, zB §§ 46 ff. UmwG für die GmbH
(3) Vorschriften in den Spezialgesetzen für den betroffenen Rechtsträger, zB GmbHG
(4) Vorschriften in den Gesellschaftsverträgen/Satzungen des jeweils betroffenen Rechtsträgers, zB Verlängerung der Einberufungsfrist

71 **2. Beschlussfassung.** Hinsichtlich des **Ablaufs der Versammlung** der Anteilseigner sind sowohl die Vorschriften des Allgemeinen Teils des für den jeweiligen Rechtsträger geltenden Rechts zu beachten wie auch die Vorschriften des Besonderen Teils des Umwandlungsgesetzes. So sieht das Gesetz zum Teil weitere Auskunftsverpflichtungen (vgl. beispielsweise § 64 UmwG) und Informationsverpflichtungen (vgl. § 83 UmwG) vor. Sofern beim übernehmenden Rechtsträger eine Kapitalerhöhung zur Schaffung der Anteile durchzuführen ist, die den Anteilsinhabern des übertragenden Rechtsträgers gewährt werden sollen, wird diese in der Regel gemeinsam und logisch vor dem Zustimmungsbeschluss zur Verschmelzung gefasst. Die Beschlussmehrheiten ergeben sich aus den Regelungen des Besonderen Teils. Im Grundsatz gilt, dass der Beschluss mit einer qualifizierten Mehrheit von 3/4 des in der Versammlung repräsentierten Grundkapitals gefasst werden muss. Bei Personengesellschaften müssen alle Gesellschafter zustimmen, § 43 Abs. 1 UmwG. Der Verschmelzungsbeschluss eines übernehmenden Vereins bedarf in Abweichung von § 103 UmwG (3/4-Mehrheit der abgegebenen Stimmen) gemäß § 33 Abs. 1 S. 2 BGB der Zustimmung aller Vereinsmitglieder, sofern im Zuge der Verschmelzung

---

[141] Dazu *Austmann/Frost* ZHR 169, 431.

dessen Zweck tatsächlich geändert oder wesentlich erweitert werden soll.[142] Bei dem Verschmelzungsbeschluss eines übertragenden Vereins sind § 33 Abs. 1 S. 2 BGB, § 275 UmwG nicht anwendbar und es ist nicht stets eine Zustimmung sämtlicher Vereinsmitglieder notwendig.[143] Gemäß § 103 UmwG ist eine Mehrheit von drei Vierteln der abgegebenen Stimmen ausreichend.[144] Nach hM gilt eine etwa für Satzungs-/Vertragsänderungen vorgesehene höhere Mehrheit auch für die Zustimmung zur Verschmelzung.[145] Besonders zu beachten ist, dass eine beim übertragenden Rechtsträger für die Auflösung vorgesehene Mehrheit nach hM[146] auch für den Zustimmungsbeschluss zur Umwandlung zu berücksichtigen ist. Die Anteilseigner können ihre Zuständigkeit zur Zustimmung nicht an andere wie zB das Vertretungsorgan delegieren.[147] Neben den Vorschriften des UmwG können sich insbesondere aus Gesellschaftsverträgen bzw. Satzungen der betroffenen Rechtsträger strengere Mehrheitserfordernisse, Zustimmungspflichten für bestimmte Anteilseigner, Vetorechte und Mindestanforderungen an das Quorum der Anteilseigner ergeben.

Eine bestimmte **Reihenfolge,** nach der die Zustimmungsbeschlüsse bei den verschiedenen Rechtsträgern zu fassen sind, legt das Gesetz nicht fest. Die zu beachtenden **Beschlussmehrheiten** und etwa vorgesehene Zustimmungspflichten einzelner Gesellschafter ergeben sich aus dem im Anhang abgedruckten Schema. Rechtsträgerübergreifend und für die Verschmelzung wie auch Spaltungsvorgänge gelten folgende Grundsätze: 72
– Der **Beschluss** muss in einer Versammlung der Anteilseigner gefasst werden, Umlaufbeschlüsse sind unzulässig.
– Eine **Versammlung** liegt bereits dann vor, wenn auch nur einer der Anteilseigner anwesend ist.
– Ein **Mindestquorum** legt das Gesetz nicht fest, kann sich aber aus Gesellschafterverträgen/Satzungen ergeben.
– Der **Beschlussfassung** muss ein vollständiger schriftlicher Vertrag zugrunde liegen.
– Ein **Beschluss** ist nur in folgenden Ausnahmefällen nicht erforderlich: Nach §§ 62 Abs. 1 S. 1, 78 UmwG bedarf es bei der AG und der KGaA bei dem übertragenden Rechtsträger keiner Zustimmung, wenn der übernehmende Rechtsträger 9/10 des Kapitals des übertragenden Rechtsträgers hält. Bei der Verschmelzung auf den Alleingesellschafter bedarf es aus der Natur der Sache heraus keiner Zustimmung durch die natürliche Person, die aufnehmender Rechtsträger ist.[148] Bei der grenzüberschreitenden Verschmelzung kann es gemäß § 122g Abs. 2 UmwG entbehrlich sein. Gemäß § 62 Abs. 4 UmwG bedarf es keines Zustimmungsbeschlusses beim übertragenden Rechtsträger, wenn der aufnehmende Rechtsträger eine AG ist und diese 100% der Aktien/ Geschäftsanteile an der übertragenden Kapitalgesellschaft hält.[149]

Es ist auch möglich, der Versammlung alternative Entwürfe[150] zur Entscheidung vorzulegen. Inwieweit bei der Beschlussfassung eine **Vertretung durch Dritte** zulässig ist, richtet sich nach den für den jeweiligen Rechtsträger geltenden Grundsätzen. 73
– **Personengesellschaft:** Vertretung ist nur zulässig, wenn diese der Gesellschaftsvertrag vorsieht. Die Gesellschafter können aus Treuegesichtspunkten heraus jedoch verpflichtet sein, die Vertretung auch darüber hinaus zuzulassen.

---

[142] Semler/Stengel/*Katschinski* UmwG § 103 Rn. 18; Widmann/Mayer/*Vossius* UmwG § 99 Rn. 100.
[143] So aber Semler/Stengel/*Katschinski* UmwG § 103 Rn. 17.
[144] OLG Hamm NZG 2013, 388; Widmann/Mayer/*Vossius* UmwG § 103 Rn. 21; Lutter/*Henrichs* UmwG § 103 Rn. 11.
[145] Differenzierend hierzu Widmann/Mayer/*Heckschen* UmwG § 13 Rn. 70ff. mwN.
[146] OLG Stuttgart NotBZ 2012, 98; Widmann/Mayer/*Heckschen* UmwG § 13 Rn. 71.1; Lutter/*Grunewald* UmwG § 65 Rn. 6; Schmitt/Hörtnagl/*Stratz* UmwG § 50 Rn. 7 und § 65 Rn. 12; aA Widmann/ Mayer/*Rieger* UmwG § 65 Rn. 9; Semler/Stengel/*Diekmann* UmwG § 65 Rn. 15.
[147] Widmann/Mayer/*Heckschen* UmwG § 13 Rn. 42.
[148] LG Dresden DB 1997, 88; vgl. auch *Heckschen* DB 1998, 1385; LG Dortmund GmbHR 1997, 175.
[149] Vgl. *Heckschen* NJW 2011, 2390.
[150] Widmann/Mayer/*Heckschen* UmwG § 13 Rn. 53.3ff.

– **GmbH,** § 47 Abs. 3 GmbHG; **AG,** § 134 Abs. 3 S. 1 AktG: Der Vertreter bedarf gemäß § 134 Abs. 3 S. 3 AktG einer Vollmacht in Textform, sofern die Satzung oder ggf. Einberufung keine andere Form vorsieht. Für die Vollmachtserteilung durch einen GmbH-Gesellschafter reicht gemäß § 47 Abs. 3 GmbHG ebenfalls grundsätzlich die Textform aus, dh die eigenhändige Unterschrift ist nicht erforderlich. Das eröffnet die Möglichkeit einer Vollmachtserteilung per E-Mail oder Fax.[151] Die hM sieht in dem Formerfordernis eine Wirksamkeitsvoraussetzung für die Gültigkeit der Stimmabgabe, lässt aber für die GmbH Ausnahmen zu, soweit alle anderen Anteilseigner von der Vollmacht Kenntnis erlangt und keinen Widerspruch erhoben haben.[152] Die Gegenmeinung spricht der Einhaltung der Form nur eine Legitimationswirkung gegenüber den anderen Anteilseignern zu.[153]

– **Genossenschaft:** Eine Stimmrechtsvollmacht ist gemäß § 43 Abs. 5 GenG zulässig. Der Bevollmächtigte kann jedoch nicht mehr als zwei Genossen vertreten.

– **Verein:** Eine Stimmrechtsvollmacht kann nur erteilt werden, wenn die Satzung die Bevollmächtigung ausdrücklich zulässt.

Stets ist § 181 BGB zu beachten, der nur bei der AG, KGaA keine Anwendung finden soll. Auch der Beschluss ist ein Rechtsgeschäft iSd § 181 BGB.

74   Sofern der Zustimmungsbeschluss eine Verschmelzung zur Neugründung betrifft, ist die Vollmacht zu beglaubigen, wenn der neu entstehende Rechtsträger eine GmbH, AG oder KGaA sein soll (vgl. § 2 Abs. 2 GmbHG, § 23 Abs. 1 S. 2 AktG). Mit Rücksicht auf § 13 Abs. 3 S. 1 UmwG wird gefordert, dass zumindest die Vollmacht der Gesellschafter, deren Zustimmungserklärung einzeln erforderlich ist, zu beglaubigen ist.[154]

75   Die **Mitwirkung Dritter** kann nach Maßgabe von § 1365 BGB (Ehegatte) erforderlich sein. Bei Minderjährigen soll eine Genehmigung des Familiengerichts nicht erforderlich sein, soweit es sich nicht um eine Verschmelzung durch Neugründung handelt.[155] Die Frage, in welchen Fällen die Anteilsinhaber einer Konzernmutter einer Verschmelzung der Tochter auf eine konzernfremde dritte Gesellschaft zustimmen müssen, ist nicht geklärt. Solange die Tochtergesellschaft nicht einen wesentlichen Teil des Betriebsvermögens ausmacht, wird eine Zustimmungsbedürftigkeit vom OLG Köln[156] verneint. Jedoch würde in entsprechender Anwendung der „Holzmüller"/„Gelatine"-Grundsätze des BGH[157] der Zustimmungsbeschluss wegen Fehlens einer notwendigen Zustimmung im Außenverhältnis nicht unwirksam. Vielmehr hätte ein solcher Mangel nur Schadensersatzansprüche zur Folge.

76   Sind die **Beteiligungen vinkuliert,** dh ist die Abtretung der Beteiligung von der Zustimmung anderer Gesellschafter abhängig, so ist die Zustimmung dieser Gesellschafter in notarieller Form einzuholen. Stimmen diese Gesellschafter im Rahmen des Verschmelzungsbeschlusses mit den anderen Gesellschaftern zu, so ist ihre Zustimmung auf jeden Fall ausdrücklich kenntlich zu machen. Nach hM gilt diese Zustimmungspflicht auch, wenn der Abtretung nicht nur einzelne, sondern alle Gesellschafter zustimmen müssen oder die Zustimmung nicht von den Gesellschaftern, sondern von der Gesellschaft zu erteilen ist, dort jedoch eine Einstimmigkeit nach dem Gesellschaftsvertrag erforderlich ist.[158] Zu weiteren **Zustimmungserfordernissen** im Anhang. Das Gesetz sieht nur in einzelnen, genau bestimmten Fällen eine Zustimmungspflicht vor, wenn sich durch den

---

[151] MHLS/*Römermann* GmbHG § 47 Rn. 407; *Hüffer*/*Koch* AktG § 134 Rn. 22a.

[152] BGH NJW 1968, 743; LG Berlin GmbHR 1996, 50; KG NZG 2000, 787; Lutter/Hommelhoff/*Bayer* GmbHG § 47 Rn. 25.

[153] Scholz/*Schmidt* GmbHG § 47 Rn. 85; Rowedder/Schmidt-Leithoff/*Koppensteiner*/*Gruber* GmbHG § 47 Rn. 46.

[154] Vgl. dazu näher Widmann/Mayer/*Heckschen* UmwG § 13 Rn. 113–114.

[155] Vgl. dazu ausführlich Widmann/Mayer/*Heckschen* UmwG § 13 Rn. 138–141.1.

[156] ZIP 1993, 110.

[157] DB 1982, 795; NZG 2004, 571 und NZG 2004, 575; vgl. dazu Heckschen/Heidinger/*Heckschen* Kap. 8 Rn. 234 ff.

[158] Vgl. Semler/Stengel/*Gehling* UmwG § 13 Rn. 38; Widmann/Mayer/*Heckschen* UmwG § 13 Rn. 166.

Umwandlungsvorgang die Rechtsposition eines Gesellschafters verschlechtert. Das Erfordernis einer gesonderten Zustimmung derjenigen Anteilsinhaber, deren Rechtsposition durch die Umwandlung verschlechtert wird, ist abgesehen von den gesetzlich geregelten Fällen völlig ungeklärt, aber wohl zu verneinen.[159] Es handelt sich um eine eindeutige Entscheidung des Gesetzgebers, die zu respektieren ist. Nach heute hM und entgegen der Gesetzgebungsgeschichte und dem Willen des Gesetzgebers steht dem Einzelnen jedoch ein Vetorecht gegen die Umwandlungsmaßnahme sowie ein Kündigungsrecht oder das Recht zum Ausscheiden gegen Abfindung zu, wenn beispielsweise der Gesellschafter dadurch benachteiligt wird, dass die aufnehmende Gesellschaft ein **Wettbewerbsverbot** in ihrer Satzung verankert hat, das bisher aufgrund der Satzung des übertragenden Rechtsträgers nicht galt.[160] Soweit Zustimmungserklärungen einzuholen sind, sind diese notariell zu beurkunden, §§ 8 ff. BeurkG. Vgl. auch die Checkliste zur Beschlussfassung vor einer Verschmelzung im Anhang.

Ladungsmängel gelten grundsätzlich für einen in der Versammlung der Anteilseigner 77 gefassten Beschluss als relevant. Anderes gilt nur, wenn bei vernünftiger Beurteilung unter keinen Umständen in Betracht kommt, dass der von dem Mangel betroffene Gesellschafter das Ergebnis der Beschlussfassung hätte beeinflussen können.[161] Gleiches gilt, wenn der mit den Ladungsbestimmungen verfolgte Zweck („Dispositionsschutz" des Gesellschafters) nicht verletzt wird.[162] Im Übrigen begründen unter anderem die folgenden Mängel die Anfechtbarkeit des Verschmelzungsbeschlusses: formelle Gesetzesverstöße im Bereich der Beschlussvorbereitung, fehlende Angabe des Wortlautes des Beschlusses und der Satzung der neuen Gesellschaft (bei Umwandlung zur Neugründung), fehlendes oder fehlerhaftes Barabfindungsangebot, Unvollständigkeit des Verschmelzungsvertrages, Beschluss bzgl. Umwandlung zur Aufnahme auf einen erst kurz zuvor eingetragenen Rechtsträger anstelle von Umwandlung zur Neugründung,[163] Mängel des Verschmelzungsberichts, auch wenn sie sich auf das Umtauschverhältnis beziehen,[164] die Höhe der Barabfindung wird nicht nachvollziehbar erläutert,[165] fehlende Angaben zu Rückstellungen für anhängige Rechtsstreitigkeiten und deren Prozessrisiko,[166] gravierende Mängel des Prüfberichts,[167] Fehlerhafte Bekanntmachung der Tagesordnung,[168] Verletzungen des Auskunftsrechtes des Aktionärs,[169] Zugänglichmachung von Unterlagen nur in einer von der Versammlungssprache abweichenden Sprache.[170] Teilanfechtbarkeit ist gegeben, wenn die Bekanntmachung eines klarstellenden Zusatzes, der nicht nur unbedeutende Nebensächlichkeiten betrifft, verspätet nachgeschoben wird. Kein Anfechtungsgrund liegt darin, dass § 5 Abs. 3 UmwG oder § 5 Abs. 1 Nr. 9 UmwG verletzt wurde oder der Vertrag an anderen, für die Umwandlung nur unwesentlichen Mängeln leidet.[171] Eine materielle Beschlusskontrolle findet sowohl hinsichtlich des übertragenden als auch des übernehmenden Rechtsträgers nach hM nur in Ausnahmefällen statt.[172]

---

[159] *Heckschen* DB 1998, 1385 mwN.
[160] Semler/Stengel/*Gehling* UmwG § 13 Rn. 44 mwN; aA Widmann/Mayer/*Heckschen* UmwG § 13 Rn. 184 ff.
[161] BGH WM 1998, 75; NZG 2005, 77; OLG Brandenburg BeckRS 2012, 15690; OLG Stuttgart AG 2008, 464; vgl. auch *Heckschen* DB 1998, 1385.
[162] BGH NZG 2014, 621.
[163] OLG Stuttgart DB 1997, 217.
[164] LG Darmstadt AG 2006, 128.
[165] KG DB 1999, 86.
[166] OLG Frankfurt a.M. ZIP 2006, 370.
[167] OLG Hamm ZIP 2005, 1457.
[168] BGH ZIP 2006, 227.
[169] BGH NJW 2005, 828; BayObLG DB 2003, 439; OLG Hamburg NZG 2005, 218, OLG Saarbrücken AG 2005, 366.
[170] OLG Schleswig AG 2006, 120.
[171] Eine umfassende Übersicht über Nichtigkeits- und Anfechtungsgründe findet sich bei Widmann/Mayer/*Heckschen* UmwG § 13 Rn. 163.3 ff.
[172] Vgl. hierzu ausführlich Widmann/Mayer/*Heckschen* UmwG § 13 Rn. 163.11 ff.

78 Der Zustimmungsbeschluss hat nicht zur Folge, dass die Anteilseigner ihre Mitgliedschaftsrechte bis zur Eintragung nicht mehr übertragen können. Bis zur Wirksamkeit der Verschmelzung bleibt auch den Anteilsinhabern des übertragenden Rechtsträgers dieses Recht erhalten.[173]

79 3. Beurkundungsverfahren. Für die **Beurkundungen des Protokolls** über den Verschmelzungsbeschluss kann sowohl das Verfahren nach §§ 8 ff. BeurkG wie aber auch nach §§ 36 ff. BeurkG eingeschlagen werden. Zu beachten ist allerdings, dass nur für den Zustimmungsbeschluss als solchen die Form eines Tatsachenprotokolls gemäß §§ 36 ff. BeurkG ausreichend ist. Werden zusätzlich Verzichtserklärungen (Verzicht auf Verschmelzungsbericht, Verschmelzungsprüfung, Abfindungsangebot) aufgenommen, so ist zumindest für diese Verzichtserklärungen das Verfahren nach §§ 8 ff. BeurkG einzuschlagen. Es ist unklar, ob auf die Beifügung des Verschmelzungsvertrages zur Urkunde, die den Zustimmungsbeschluss enthält, bei einer Verweisung gemäß § 13a BeurkG verzichtet werden kann.[174] Dem Protokoll sollte daher sicherheitshalber der Verschmelzungsvertrag als „Anlage" beigefügt werden. Es handelt sich jedoch nicht um eine verlesungspflichtige Anlage iSd § 13a BeurkG. Gleiches gilt für – unnötigerweise – etwa zur Urkunde genommene Bilanzen. Auch diese ersetzen die Erklärungen der Beteiligten nicht. **Mehrere Zustimmungsbeschlüsse** können in einer Urkunde zusammengefasst werden. Dies bietet sich an, wenn die Gesellschafter identisch sind oder es sich um Tochterunternehmen handelt.[175]

Muster: Verschmelzung von zwei GmbHs

Siehe hierzu das Gesamtmuster → Rn. 230 mit Verschmelzungsbeschlüssen und Verschmelzungsvertrag.

---

80 4. Heilung. Gemäß § 20 Abs. 1 Nr. 4 UmwG werden mit der Eintragung der Verschmelzung in das Register **Mängel bei der notariellen Beurkundung** des Verschmelzungsvertrages, der Zustimmungsbeschlüsse sowie der Verzichtserklärungen einzelner Anteilsinhaber geheilt. Die Konsequenz hieraus ist, dass aus einer unvollständigen oder gar fehlerhaften Beurkundung oder aber auch aus der unzulässiger Weise erfolgten Beurkundung durch einen ausländischen Notar keine Einwendungen gegen die Verschmelzung hergeleitet werden können.[176] Gleiches gilt auch für den eher unwahrscheinlichen Fall, dass die notarielle Beurkundung gänzlich fehlt.[177] Somit werden auch mündliche Nebenabreden sowie nichtbeurkundete Änderungen und Ergänzungen des Vertrages nach Eintragung der Verschmelzung wirksam. Dies gilt aber nur, soweit diese den Anteilsinhabern zur Beschlussfassung bekannt waren, da anderenfalls die Verschmelzung unter Umständen zu ganz anderen Bedingungen durchgeführt werden könnte, als dies von den jeweiligen Entscheidungsträgern vorgesehen war.[178]

Entsprechend seinem Wortlaut findet § 20 Abs. 1 Nr. 4 UmwG nur auf Beurkundungsmängel Anwendung. Alle anderen Mängel – beispielsweise Fehler bei der Einberufung der Hauptversammlung oder bei der Abstimmung – sind nach § 20 Abs. 2 UmwG zu beurteilen. Nach dem OLG Frankfurt a.M. erstreckt sich die Bestandskraft aus § 20 Abs. 2 UmwG auch auf eine verschmelzungsbedingte Kapitalerhöhung.[179]

---

[173] Vgl. BayObLG MittBayNot 2004, 198 für den Fall des Formwechsels.
[174] Vgl. DNotI-Gutachten Nr. 110311 v. 12. 8. 2011, abrufbar unter http://www.dnoti.de/gutachten.
[175] → § 30 Rn. 19; s. aber BGH NJW-RR 2018, 103.
[176] Lutter/*Grunewald* UmwG § 20 Rn. 67; Semler/Stengel/*Leonard* UmwG § 20 Rn. 82.
[177] AA Widmann/Mayer/*Vossius* UmwG § 20 Rn. 370.
[178] Widmann/Mayer/*Vossius* UmwG § 20 Rn. 369; Lutter/*Grunewald* UmwG § 20 Rn. 68.
[179] NZG 2012, 596.

5. Klagen gegen den Umwandlungsbeschluss. Im Verfahren auf Feststellung der 81
Nichtigkeit eines Umwandlungsbeschlusses ist der Betriebsrat nicht parteifähig; eine derartige Klage des Betriebsrates ist daher als unzulässig abzuweisen. Anders verhält es sich
mit einem evtl. vorhandenen Arbeitnehmervertreter im Aufsichtsrat; dieser ist nach § 249
Abs. 1 AktG iVm § 246 AktG anfechtungs- und klagebefugt.[180] Die Umwandlung kann
seitens der Anteilsinhaber des übertragenden Rechtsträgers nicht mit dem Argument angegriffen werden, das Umtauschverhältnis oder die Barabfindung sei falsch berechnet,
§ 14 UmwG.

IX. Registeranmeldung

1. Übertragender Rechtsträger

Checkliste Anlagen zur Registeranmeldung: 82
– Verschmelzungsvertrag in beglaubigter Form oder Ausfertigung
– Beschlüsse der Anteilseigner die Zustimmung zur Verschmelzung betreffend ebenfalls
  in beglaubigter Form oder Ausfertigung
– etwa erforderliche Zustimmungserklärungen einzelner Anteilseigner
– etwa abgegebene Verzichtserklärungen einzelner Anteilseigner betreffend den Ver-
  zicht auf Verschmelzungsbericht/Verschmelzungsprüfung sowie in den Fällen des
  § 29 UmwG auf Abgabe eines Abfindungsangebots
– Verschmelzungsbericht
– Verschmelzungsprüfungsbericht
– Nachweis über die rechtzeitige Zuleitung des Verschmelzungsvertrages oder seines
  Entwurfes an den zuständigen Betriebsrat
– Schlussbilanz des übertragenden Rechtsträgers, die nicht auf einen mehr als acht Mo-
  nate zurückliegenden Stichtag aufgestellt ist
– Nachweis über die durchgeführte Kapitalerhöhung bei der übernehmenden Gesell-
  schaft (vgl. § 66 UmwG für die AG)
– Erklärungen zum Eintritt etwa vereinbarter Bedingungen
– Übernahmeerklärung des Treuhänders (nur bei AG, § 71 Abs. 1 S. 2 UmwG)
– Negativerklärung entsprechend § 16 Abs. 2 UmwG

Die Nichteinhaltung der Achtmonatsfrist ist ein äußerst praxisrelevantes Problem. Für
die beteiligten Notare kann die Nichteinhaltung der Frist mit erheblichen Regressforde-
rungen verbunden sein; → Rn. 18 f. Für die Praxis stellt es eine Erleichterung dar, dass
die Registeranmeldung für die Vertretungsorgane des übertragenden Rechtsträgers auch
von den Vertretungsorganen des übernehmenden Rechtsträgers abgegeben werden können, § 16 Abs. 1 S. 2 UmwG. Soweit im Rahmen der Registeranmeldung keine höchstpersönlichen Erklärungen abzugeben sind, kann auch der Notar gemäß § 378 Abs. 2
FamFG die Registeranmeldung abgeben. Die Mitwirkung des Geschäftsführers ist dann
gänzlich unnötig. Dies betrifft unter anderem den sehr praxisrelevanten Fall der Verschmelzung, bei der eine Kapitalerhöhung nicht erforderlich ist und alle Anteilseigner der
Verschmelzung zugestimmt haben. Eine Negativerklärung gemäß § 16 Abs. 2 UmwG ist
dann entbehrlich. Häufig findet eine Umwandlungsmaßnahme in den Ferienmonaten
Juli/August statt, da die Achtmonatsfrist des § 17 Abs. 2 S. 4 UmwG weitgehend ausgenutzt werden soll. Die Geschäftsführer sind dann nicht selten nur schwer verfügbar.

Eine **Negativerklärung** ist entbehrlich, wenn die Gesellschafter sämtlich auf Klage 83
gegen die Wirksamkeit des Verschmelzungsbeschlusses verzichtet oder sämtlich der Umwandlung zugestimmt haben. Dieser Verzicht kann in das Protokoll der Zustimmung zur

---

[180] OLG Naumburg DB 1998, 251.

Verschmelzung aufgenommen werden. Besteht kein Betriebsrat, so sollte eine dahin gehende **Erklärung** abgegeben werden. Ist den Gesellschaftern die Abgabe der Negativerklärung nicht möglich, da Anfechtungsklage erhoben worden ist, können sie über ein **Beschlussverfahren** gemäß § 16 Abs. 3 UmwG feststellen lassen, dass eine etwa erhobene Klage der Eintragung nicht entgegensteht.[181] Das Verfahren wurde durch eine Vielfalt gesetzgeberischer Maßnahmen erweitert und gestrafft.[182] Der Beschluss kann unter vier Voraussetzungen ergehen:

- wenn die Anfechtungsklage unzulässig[183] oder
- offensichtlich unbegründet ist (§ 16 Abs. 3 S. 3 Nr. 1 UmwG) oder
- der Kläger nicht binnen einer Woche nach Zustellung des Antrags durch Urkunden nachgewiesen hat, dass er seit Bekanntmachung der Einberufung eine anteiligen Betrag von mindestens 1.000 EUR hält (§ 16 Abs. 3 S. 3 Nr. 2 UmwG) oder
- das alsbaldige Wirksamwerden der Verschmelzung vorrangig erscheint, weil die vom Antragsteller dargelegten wesentlichen Nachteile für die an der Verschmelzung beteiligten Rechtsträger und ihre Anteilsinhaber nach freier Überzeugung des Gerichts die Nachteile für den Antragsgegner überwiegen, es sei denn es liegt eine besondere Schwere des Rechtsverstoßes vor (§ 16 Abs. 3 S. 3 Nr. 3 UmwG).

84 Wann eine Klage **offensichtlich unbegründet** ist, ist durch Auslegung zu ermitteln. Es ist nicht entscheidend, welcher Prüfungsaufwand erforderlich ist, um die Unbegründetheit festzustellen, sondern das Maß an Sicherheit, mit der sich die Unbegründetheit im Eilverfahren feststellen lässt, wobei alle auftretenden Rechtsfragen vollumfänglich zu klären sind.[184] Es genügt, wenn das Gericht nach einer umfassenden rechtlichen Prüfung nach seiner freien Überzeugung zu dem Ergebnis kommt, dass die Klage mit hoher Wahrscheinlichkeit unbegründet ist.[185]

Die Klage ist auch dann offensichtlich unbegründet, wenn sie rechtsmissbräuchlich erhoben wurde.[186] Dies ist etwa dann der Fall, wenn der Kläger die Gesellschaft durch die Anfechtungsklage zum Nachgeben in einem gegen die Gesellschaft geführten Schadensersatzprozess zwingen will.[187] Es kann insbesondere dann im Rahmen des Verfahrens **Rechtsmissbrauch** eingewendet werden, wenn der klagende Anteilseigner sich über die Ausnutzung dieser Blockademöglichkeit Vorteile verschaffen will, die ihm nicht zustehen.[188] Dagegen darf einem Aktionär nicht bereits deshalb eine rechtsmissbräuchliche Ausübung seines Rechts vorgeworfen werden, weil er Minderheitsaktionär ist oder weil er etwa vor Klageerhebung eine gewisse Zeit hat verstreichen lassen.[189]

85 Die früher anzutreffende rechtsmissbräuchliche Klageerhebung beim Erwerb der Aktien der beklagten Gesellschaft nach Verabschiedung der streitgegenständlichen Beschlüsse[190] ist mittlerweile selbständig in § 16 Abs. 3 S. 3 Nr. 2 UmwG geregelt. Neben einem späten Erwerb führt auch ein **Bagatellanteil** von weniger als 1.000 EUR an der Gesellschaft zur Freigabe. Maßgeblich ist, dass der anteilige Betrag von mindestens 1.000 EUR tatsächlich gehalten wird. Bei Namensaktien ist § 67 Abs. 2 AktG nicht anwendbar, sodass

[181] Sog. Freigabeverfahren, vgl. Widmann/Mayer/*Fronhöfer* UmwG § 16 Rn. 99 ff.; *Trölitzsch* DStR 1999, 764; *Heermann* ZIP 1999, 1861.
[182] Dazu *Lorenz/Pospiech* BB 2010, 2515.
[183] Beispiele bei Habersack/Wicke/*Rieckers/Cloppenburg* UmwG § 16 Rn. 46.
[184] OLG München AG 2010, 170.
[185] OLG Stuttgart AG 2008, 464.
[186] OLG Frankfurt a.M. WuB II N. § 16 UmwG 1.96.
[187] OLG Frankfurt a.M. WuB II N. § 16 UmwG 1.96.
[188] BGHZ 107, 296; vgl. zu dieser Problematik auch OLG Düsseldorf ZIP 1999, 793; OLG Hamm ZIP 1999, 798 in der Sache Thyssen/Krupp sowie *Henze* ZIP 2002, 97 (100 f.).
[189] EuGH AG 2000, 470; zur Schadensersatzpflicht des Aktionärs bei rechtsmissbräuchlicher Anfechtungsklage vgl. OLG Frankfurt a.M. NZG 2009, 222 mAnm *Peters,* wonach es für eine schadensersatzbegründende verwerfliche Gesinnung des Aktionärs ausreicht, wenn sich diese anhand von äußeren Umständen bestimmen lässt (geringe Beteiligung, Bereitwilligkeit zum Vergleich, Anzahl der früheren durch Vergleich beendeten Verfahren usw).
[190] OLG Düsseldorf DB 2001, 321.

es auf den Eintragungszeitpunkt im Aktienregister nicht ankommt.[191] Bei der Nachweisfrist handelt es sich um eine gesetzliche Frist, so dass eine Verlängerung durch das Gericht nicht in Betracht kommt.[192] Umstritten ist, ob der Nachweis auch zu erbringen ist, wenn ein hinreichender Anteil zwischen den Parteien unstreitig ist.[193]

Auch die Freigabe nach **Interessenabwägung** (§ 16 Abs. 3 S. 3 Nr. 3 UmwG) wurde **86** durch das ARUG neu gefasst. Abgewogen wird das wirtschaftliche Interesse des klagenden Aktionärs mit dem der Gesellschaft und der anderen Aktionäre am alsbaldigen Wirksamwerden. Als wesentlicher Nachteil iSd Vorschrift gilt insbesondere die Vereitelung erheblicher Vorteile, die durch die Verschmelzung erzielt werden sollen.[194] Die Interessenabwägung kann auch dann zu Gunsten der Gesellschaft ausgehen, wenn die Anfechtungsklage voraussichtlich begründet ist.[195] Ob ein vorrangiges Vollzugsinteresse nur bei zügigem Betreiben des Freigabeverfahrens anzunehmen ist[196] oder ob dies auch noch oder sogar gerade nach längerem Abwarten gegeben sein kann[197], ist umstritten und wird wohl nur anhand der Umstände des Einzelfalls zu beantworten sein. Unabhängig von der Interessenabwägung ist eine Freigabe jedoch ausgeschlossen, wenn ein **besonders schwerer Rechtsverstoß** vorliegt. Dies ist etwa bei einem Beschluss unter Verstoß gegen grundlegende Strukturprinzipien der Gesellschaft gegeben, dessen Eintragung und Durchführung ohne Prüfung im Hauptsacheverfahren für die Rechtsordnung nicht hinzunehmen wäre.[198] Ebenso bei einem Verstoß gegen elementare Gesellschafterrechte, der durch Schadenersatz allein nicht angemessen zu kompensieren wäre.[199] Ausscheiden soll dies etwa bei heilbaren Formmängeln.

Neben den materiellen Freigabevoraussetzungen wurde auch das Verfahren durch das **87** ARUG modifiziert. Erst- und letztinstanzlich ist nun das OLG zuständig. Die Bevollmächtigung für das Hauptsacheverfahren gilt nun auch für das Freigabeverfahren, so dass Zustellungsprobleme vermieden werden.

2. Übernehmender Rechtsträger

Checkliste Anlagen zur Registeranmeldung: **88**
- Verschmelzungsvertrag in beglaubigter Form oder Ausfertigung
- Zustimmungsbeschlüsse aller Gesellschaften in beglaubigter Form oder Ausfertigung
- Nachweis der Eintragung der Verschmelzung bei der übertragenden Gesellschaft (§ 19 Abs. 1 S. 1 UmwG)
- Negativerklärungen nach § 16 UmwG
- Erklärungen zum Eintritt etwaiger Bedingungen
- bei Änderung der Firma des übernehmenden Rechtsträgers zweckmäßig Stellungnahme der Industrie- und Handelskammer entsprechend HRV
- Anzeige des Treuhänders gemäß § 71 Abs. 1 S. 2 UmwG über den Erhalt der Aktien und baren Zuzahlung (nur bei AG; kann auch separat erfolgen)

Einer separaten Einreichung des Verschmelzungsvertrages bedarf es nicht, wenn die **89** Verschmelzungsbeschlüsse dem Vertragsschluss zeitlich nachfolgen und der Vertrag den

---

[191] OLG München NZG 2013, 622.
[192] OLG München AG 2010, 170.
[193] Zust. KG NZG 2011, 305; abl. OLG Frankfurt a.M. NZG 2010, 824; OLG Nürnberg GWR 2010, 498.
[194] OLG Hamm ZIP 2014, 125; AG 2011, 624.
[195] OLG Bremen AG 2009, 412.
[196] So OLG München GWR 2010, 13 mAnm *Lorenz/Gullo*.
[197] So OLG Frankfurt a.M. NZG 2010, 824.
[198] KG AG 2010, 494.
[199] Semler/Stengel/*Schwanna* UmwG § 16 Rn. 41a ff.

Beschlüssen in der nach § 17 UmwG vorgeschriebenen Form beigefügt ist. Ist die Abschrift des Vertrages mit der Ausfertigung der Beschlüsse durch Schnur und Prägesiegel verbunden, bedarf es keiner separaten Beglaubigung der Abschrift des Vertrages. Der Ausfertigungsvermerk hat insoweit auch Beglaubigungsfunktion hinsichtlich der Abschrift des Vertrages.[200]

90   Wird auf eine GmbH verschmolzen, so ist **nach** Wirksamwerden der Verschmelzung eine neue Liste nach § 40 Abs. 2 GmbHG durch den Notar mit entsprechender notarieller Bescheinigung elektronisch zu übermitteln. Teilweise wird vertreten, dass die aktualisierte Gesellschafterliste bereits zusammen mit der Handelsregisteranmeldung der Verschmelzung unter dem Hinweis, dass die Veränderung im Gesellschafterkreis erst mit Wirksamwerden der Verschmelzung eintrete und die Gesellschafterliste deshalb erst mit Eintragung der Verschmelzung in das Register aufzunehmen sei, eingereicht werden könne.[201] Der Wortlaut des § 40 Abs. 2 GmbHG spricht jedoch bereits klar gegen die Zulässigkeit dieses Weges („unverzüglich *nach* deren Wirksamwerden"). Auch aus weiteren Gründen ist davon abzuraten.[202] Praktisch entstehen andere Probleme, denn die Verschmelzung wird erst später wirksam (durch Eintragung der Kapitalerhöhung) und die Gesellschafterliste würde auf einen zukünftigen, ungewissen Zeitpunkt datiert. Der Kooperationswille der Registergerichte ist zudem sehr fraglich, da diese später zu prüfen hätten, wann die Wirksamkeit der Verschmelzung eingetreten ist. Zuletzt ist die Vorgehensweise wegen dem damit verbundenen Haftungsrisiko abzulehnen.[203] Hat die Verschmelzung mittelbar eine Anteilsveränderung bei zB Enkelgesellschaften zur Folge, so ist unklar, ob auch hier der Notar oder aber der Geschäftsführer gemäß § 40 Abs. 1 GmbHG die neue Gesellschafterliste vorzulegen hat.[204]

91   **3. Neu gegründeter Rechtsträger.** Bei der Verschmelzung zur Neugründung sind zusätzlich sämtliche **Gründungsvoraussetzungen** zu beachten und entsprechende Unterlagen beizufügen.

X. Eintragung

92   Es erfolgt zunächst – soweit erforderlich – die **Eintragung einer Kapitalerhöhung** beim übernehmenden Rechtsträger, sodann die Eintragung der Verschmelzung bei dem/den übertragenden Rechtsträger(n) mit dem Vermerk, dass die Verschmelzung erst wirksam wird, wenn sie bei dem aufnehmenden Rechtsträger ebenfalls eingetragen ist. Wirksam wird die Verschmelzung, wenn sie bei dem aufnehmenden oder neu errichteten Rechtsträger eingetragen ist. Im Rahmen des Eintragungsverfahrens steht dem Registerrichter nicht das Recht zu, das **Umtauschverhältnis zu überprüfen.** Er ist aber berechtigt, im Rahmen der Eintragung der Kapitalerhöhung zu überprüfen, ob das zu übertragende Unternehmen seinem Wert nach den Erhöhungsbetrag deckt.

    Eine Anfechtungsklage von Anteilseignern des übertragenden Rechtsträgers gegen den Umwandlungsbeschluss kann gemäß § 14 Abs. 2 UmwG nicht auf ein fehlerhaft bemessenes Umtauschverhältnis gestützt werden. Ob die Verweisung auf das Spruchverfahren vom Gesetzgeber auf die Anteilseigner des übernehmenden Rechtsträgers ausgeweitet wird, bleibt abzuwarten.

93   Die Rechtsfolgen und der Wirksamkeitszeitpunkt der Verschmelzung ergeben sich aus § 20 UmwG. Die Verschmelzung wird mit Eintragung beim übernehmenden/neu gegründeten Rechtsträger wirksam. Zu diesem Zeitpunkt tritt die für die Verschmelzung

---

[200] OLG Karlsruhe NJW-RR 1998, 903.
[201] LG Düsseldorf RNotZ 2019, 110; bestätigt durch OLG Düsseldorf BeckRS 2018, 27582; Habersack/Wicke/*v. Hinden* UmwG § 52 Rn. 22.
[202] Widmann/Mayer/*Mayer* UmwG § 52 Rn. 10.
[203] *Schriftleitung* RNotZ 2019, 110.
[204] Für Pflicht des Notars OLG Hamm NZG 2010, 113; zum Streitstand BeckOK GmbHG/*Heilmeier* § 40 Rn. 111 ff.

kennzeichnende **Gesamtrechtsnachfolge** ein, dh alle Aktiva und Passiva gehen ohne weiteres auf den übernehmenden/neu gegründeten Rechtsträger über. Die Gesamtrechtsnachfolge ist das Kernstück der Verschmelzung. Auf sie zielt der Umwandlungsvorgang ab. Der Gesetzgeber wollte durch sie den Unternehmen die Freiheit geben, sich geänderten Rahmenbedingungen anzupassen.[205] Andererseits sichert die Gesamtrechtsnachfolge, die grundsätzlich dazu führt, dass alle Rechtspositionen eines Rechtsträgers übergehen, auch die Interessen der Gläubiger, denen ohne ihre Zustimmung ein anderer Vertragspartner aufgezwungen wird. Dies lässt sich nur rechtfertigen, wenn auf diesen neuen Vertragspartner sämtliche Vermögenswerte übergehen. Es ist allerdings zu berücksichtigen, dass Rechtsprechung und Lehre in zahlreichen Fällen Ausnahmen vorsehen und sich damit in Widerspruch zum Wortlaut des § 20 UmwG und zum Willen des Gesetzgebers begeben.[206] Ausnahmen sollen unter anderem für folgende Rechtspositionen gelten:
– öffentlich-rechtliche personalbezogene Erlaubnisse,
– Position in Vergabeverfahren,[207]
– Mitgliedschaft in Vereinen und Personengesellschaften.[208]
Für die Berater stellt sich somit bei jeder Umwandlung die Aufgabe, detailliert zu prüfen, inwieweit die einzelnen Rechtspositionen unstreitig auf den Zielrechtsträger übergehen. Darüber hinaus ist zu prüfen, ob Verträge, die die beteiligten Rechtsträger abgeschlossen haben, für den Fall der Umwandlung Sonderkündigungs-/Rücktrittsrechte gewähren. Der Notar sollte die Beteiligten im Vorfeld auf diese Problematik hinweisen und auch insoweit eine Kontrolle der bestehenden Verträge und Rechtspositionen anregen.

Die Gesamtrechtsnachfolge bedeutet insbesondere, dass Register und Grundbücher nur zu berichtigen sind. Bei Grundbesitz ist daher keine Auflassung erforderlich. Dem Grundbuchamt ist allerdings neben dem Nachweis über die Wirksamkeit der Verschmelzung (durch beglaubigten Handelsregisterauszug oder eine Notarbescheinigung gemäß § 21 BNotO) die grunderwerbsteuerliche Unbedenklichkeitsbescheinigung (§ 22 GrEStG) des Finanzamtes vorzulegen. Die Verschmelzung löst grundsätzlich gemäß § 1 Abs. 1 Nr. 3 GrEStG bei Vorhandensein von Grundbesitz beim übertragenden Rechtsträger Grunderwerbsteuer aus. Dies ist bei der Konzeption des Vorganges zu berücksichtigen. Der Notar muss insoweit seine Anzeigepflicht nach § 18 GrEStG beachten. Es sollte daher so wenig Grundbesitz wie möglich „bewegt" werden und möglichst der Rechtsträger übertragender Rechtsträger sein, der am wenigsten Grundbesitz hat. Zu berücksichtigen ist weiterhin, dass Verschmelzungsvorgänge zu mittelbaren Anteilsvereinigungen nach § 1 Abs. 2a, Abs. 3 GrEStG führen können.

Problematischer kann sich die Abwicklung bei Auslandsvermögen darstellen, da nicht **94** alle Rechtsordnungen die Gesamtrechtsnachfolge kennen.[209] In den EU-Staaten kann hier Art. 105 bzw. Art. 131 der RL 2017/1132/EU helfen. Außerhalb der EU ist nicht selten noch eine Einzelübertragung erforderlich, die man im Verschmelzungsvertrag mit regeln und vor Wirksamwerden der Verschmelzung vollziehen sollte.[210]

Die Gesamtrechtsnachfolge kann nie zu einem gutgläubigen Erwerb beim aufnehmen- **95** den Rechtsträger führen.[211] Es gehen grundsätzlich alle vorhandenen Aktiva und Passiva über einschließlich aller Verträge, ohne dass die Beteiligten die Möglichkeit hätten, einzelne Vermögenswerte herauszunehmen. Sollen einzelne Gegenstände nicht erfasst sein, so müssen sie vor Wirksamwerden der Verschmelzung auf Dritte übertragen werden.

---

[205] Vgl. ausf. *Heckschen* GmbHR 2014, 626.
[206] Vgl. *Heckschen* GmbHR 2014, 626; *ders.* ZIP 2014, 1605.
[207] Vgl. OLG Düsseldorf 25.5.2005 – VII-Verg 8/05; ebenso OLG Düsseldorf 11.10.2006 – VII-Verg 34/06.
[208] Ausf. *Heckschen* GmbHR 2014, 626.
[209] Vgl. Widmann/Mayer/*Vossius* UmwG § 20 Rn. 33–51.
[210] Vgl. ausf. *Fisch* NZG 2016, 448.
[211] Widmann/Mayer/*Vossius* UmwG § 20 Rn. 27 ff.

Inwieweit die Verschmelzung dem Vertragspartner ein Sonderkündigungsrecht gibt, ist im Einzelfall zu untersuchen (sog. „change of control"-Klausel). Eine Sonderregelung entfällt nach § 21 UmwG. Die Rechtsprechung hat jedoch auch in Fällen, in denen ein Sonderkündigungsrecht nicht ausdrücklich eingeräumt worden war, teilweise ein solches Recht anerkannt.[212] Das ist insbesondere der Fall, wenn die Gesamtrechtsnachfolge mit einer vertraglichen Inhaltsänderung iSv § 399 BGB verbunden ist, die nach Aufhebung des § 132 UmwG aF dem Vertragsübergang nicht im Wege steht.[213] Die **Stellung als Wohnungsverwalter** geht entgegen einer lange in der Rechtsprechung überwiegend vertretenen Auffassung ebenfalls im Wege der Gesamtrechtsnachfolge über.[214] Zu beachten ist, dass den Gläubigern ein Anspruch auf Sicherheitsleistung zustehen kann.[215] Auf Arbeitsverhältnisse findet **§ 613a BGB** unmittelbare Anwendung, jedoch steht dem Arbeitnehmer kein Widerspruchsrecht nach § 613a Abs. 6 BGB zu. Ein dennoch erklärter Widerspruch entfaltet keine Rechtsfolgen.[216] Das OLG Köln beschränkt bei der Verschmelzung einer OHG auf eine GmbH die Haftung des OHG Gesellschafters für **Bankverbindlichkeiten** auf die Höhe des Tagessaldos zum Zeitpunkt des Wirksamwerdens der Verschmelzung sowie auf den niedrigsten sich in der Folgezeit bis zur Kündigung ergebenden Rechnungsabschluss.[217] Es gelten daher die gleichen Rechtsfolgen wie beim Austritt persönlich haftender Gesellschafter.

96   Der übernehmende Rechtsträger tritt nach § 246 ZPO ohne Unterbrechung in bestehende **Prozessrechtsverhältnisse** ein,[218] er wird entsprechend § 86 ZPO durch den bisherigen Prozessbevollmächtigten vertreten. Dies gilt auch bei einseitigen Auskunftserzwingungsverfahren[219] und Anfechtungsklagen gegen Beschlüsse eines erloschenen Rechtsträgers.[220] Wenn ausnahmsweise keine anwaltliche Vertretung erfolgt, gilt § 239 Abs. 1 ZPO.[221] Zur Geltendmachung von Verpflichtungen, die den übernehmenden Rechtsträger unmittelbar aus dem Verschmelzungsvertrag gegenüber den übertragenden Rechtsträger treffen, wird letzterer als fortbestehend fingiert. Prozessführungsbefugt und aktivlegitimiert ist in diesen Fällen ein besonderer Vertreter gemäß § 26 UmwG.[222]

97   Bei der Wirkung auf **Unternehmensverträge** ist zu differenzieren. Solche zwischen den verschmelzenden Unternehmen erlöschen durch Konfusion.[223] Wird das herrschende Unternehmen auf einen dritten Rechtsträger verschmolzen, so geht der Unternehmensvertrag mit über.[224] Der Austausch einer Vertragspartei durch Gesamtrechtsnachfolge ist nach ganz hM keine Vertragsänderung iSd § 295 AktG,[225] die Handelsregistereintragung ist daher nicht konstitutiv. Gleiches gilt für die partielle Gesamtrechtsnachfolge bei der Spaltung.[226] Bei einer Verschmelzung des abhängigen Unternehmens endet der Unternehmensvertrag dagegen nach hM, da die Fortsetzung dem herrschenden Unternehmen aufgrund der geänderten Rahmenbedingungen nicht zumutbar erscheint.[227]

---

[212] So beispielsweise OLG Karlsruhe DB 2001, 1548 für den Kreditvertrag; im Ergebnis verneint bei BGH NJW 2002, 2168; OLG Karlsruhe RNotZ 2008, 628 (Pachtvertrag); ebenso BGH NZG 2010, 314 bei Formwechsel; zu Kreditverträgen vgl. *Eusani* WM 2004, 866.

[213] BGHZ 206, 332; BGHZ 212, 90; dazu *Heckschen* GmbHR 2017, 953 (955 ff.).

[214] BGH NZG 2014, 637 = BB 2014, 462 mAnm *Heckschen;* anders noch OLG München GWR 2014, 238 mAnm *Heckschen;* LG Frankfurt a.M. NJW-RR 2012, 1483; OLG Köln OLGR 2004, 49; BayObLG NJW-RR 2002, 732.

[215] BAG ZIP 1997, 289.

[216] BAG NZA 2008, 815.

[217] DB 2002, 35.

[218] BGH DB 2004, 125.

[219] LG München I DB 1999, 629.

[220] LG München I DB 1999, 628.

[221] *Stöber* NZG 2006, 574.

[222] OLG Frankfurt a.M. ZIP 2007, 331.

[223] *Müller* DB 2002, 157.

[224] LG Bonn GmbHR 1996, 774.

[225] BGH WM 1974, 713; LG München I ZIP 2011, 1511; *Hüffer/Koch* AktG § 295 Rn. 6.

[226] Widmann/Mayer/*Vossius* UmwG § 131 Rn. 157 mwN.

[227] *Müller* BB 2002, 157.

Ebenfalls nicht erfasst sind **personenbezogene öffentlich-rechtliche Erlaubnisse** im Falle nicht identitätswahrender Umwandlungen.[228]

Für einen Unterlassungsanspruch wegen eines **Wettbewerbsverstoßes** des Rechtsvorgängers haftet der übernehmende Rechtsträger grundsätzlich nicht wegen Wiederholungsgefahr, sondern nur im Falle einer eigenen Erstbegehungsgefahr. Die bloße Tatsache des Unternehmensübergangs und der Fortführung des Betriebs selbst mit identischem Personal reicht dafür nicht aus; allerdings sind die Umstände des Einzelfalles maßgebend.[229] So kann nach OLG Hamburg eine Erstbegehungsgefahr gegeben sein, wenn sich der Wettbewerbsschuldner durch die Umwandlungsmaßnahme lediglich seiner Haftung entziehen will.[230] Hat ausschließlich der Rechtsvorgänger gegen ein ihn betreffendes **gerichtliches Verbot** zuwidergehandelt, so sind Vollstreckungsmaßnahmen iSd § 890 ZPO gegen den Rechtsnachfolger ausgeschlossen.[231] Demgegenüber verlangen vertragliche begründete Unterlassungsverpflichtungen nicht das Vorliegen einer Wiederholungs- bzw. Erstbegehungsgefahr, weshalb sie auf den Rechtsnachfolger übergehen. Sie beschränken sich nicht bloß auf die zum übertragenen Vermögen gehörenden Geschäftsbereiche, sondern umfassen das gesamte Unternehmen.[232]

Die Universalsukzession des § 20 Abs. 1 Nr. 1 UmwG erweitert nicht den Umfang einer von dem Rechtsvorgänger getroffenen Verfügung oder der ihr zugrunde liegenden Verpflichtung. Hat der Ausgangsrechtsträger einer Verschmelzung sämtliche „gegenwärtigen und künftigen Ansprüche aus dem Geschäftsverkehr" im Wege der Globalzession abgetreten, sind von dieser formularmäßigen Vorausabtretung nicht die im Betrieb des Gesamtrechtsnachfolgers begründeten Forderungen umfasst.[233] **98**

XI. Besonderheiten bei einzelnen Rechtsträgern

1. Personenhandelsgesellschaft. Hinsichtlich des **Inhalts des Verschmelzungsvertrages** ist § 40 UmwG zu beachten. Ist aufnehmender oder neugegründeter Rechtsträger eine Personenhandelsgesellschaft, so muss im Verschmelzungsvertrag bestimmt werden, welche Stellung (Kommanditist/Komplementär) die Anteilseigner des übertragenden Rechtsträgers erhalten. Die Zuweisung einer Stellung als Komplementär ist nur mit Zustimmung desjenigen, der bisher nicht persönlich unbeschränkt haftet, möglich. Bei der Abstimmung über den Verschmelzungsvertrag bedarf es grundsätzlich der Zustimmung aller Gesellschafter, es sei denn, der Gesellschaftsvertrag sieht expressis verbis für Verschmelzungen (oder aber für Umwandlungen allgemein) eine abweichende Mehrheit vor. Bei sog. Publikumspersonengesellschaften deckt jedoch eine einfache Mehrheitsklausel auch den Verschmelzungsfall.[234] Als Mindestquorum für einen Mehrheitsentscheid sieht § 43 Abs. 2 S. 2 UmwG eine 3/4-Mehrheit der abgegebenen Stimmen vor. Eine im Gesellschaftsvertrag niedriger angegebene Schwelle ist gemäß § 134 BGB nichtig. Die Statuierung eines Mehrheitsbeschlusses ohne die Angabe irgendeiner Schwelle ist wegen Unbestimmtheit ebenfalls nicht ausreichend. Sieht der Gesellschaftsvertrag entsprechend § 43 Abs. 2 UmwG eine Mehrheitsentscheidung vor, so kann jeder Gesellschafter verlangen, dass der Verschmelzungsvertrag bzw. sein Entwurf nach den §§ 9–12 UmwG überprüft wird, § 44 UmwG. Der Gesellschafter kann die Prüfung innerhalb einer Frist von einer Woche seit Erhalt des Verschmelzungsvertrages bzw. Entwurfes und des Verschmelzungsberichts (§ 42 UmwG) verlangen. Die Kosten für das Überprüfungsverfahren trägt die **99**

---

[228] BFH BB 2012, 687 zur stromsteuerlichen Erlaubnis nach § 9 Abs. 3 StromStG; Semler/Stengel/*Leonard* UmwG § 20 Rn. 67 ff.
[229] BGH ZIP 2013, 171.
[230] AG 2007, 868.
[231] OLG Köln NZG 2009, 477.
[232] OLG Karlsruhe GRUR-RR 2014, 362.
[233] BGH DB 2008, 49.
[234] Kallmeyer/*Zimmermann* UmwG § 43 Rn. 9.

Gesellschaft, § 44 S. 2 UmwG. Auch bei Personenhandelsgesellschaften ist jedem Anteilseigner des Ausgangsrechtsträgers grundsätzlich eine Mitgliedschaft am Zielrechtsträger einzuräumen. Strittig ist, ob dies auch für eine Komplementär-GmbH einer KG gilt,[235] wenn diese am Vermögen der Gesellschaft nicht beteiligt ist. Ist der aufnehmende Rechtsträger ebenfalls eine Personenhandelsgesellschaft, so kann dort allerdings keine zweite Beteiligung eingeräumt, sondern lediglich die Kommanditeinlage erhöht werden („Verbot der Mehrfachbeteiligung" bei Personengesellschaften). Unzulässig soll die Verschmelzung der Komplementär-GmbH einer Einmann-GmbH & Co.KG auf die KG, die dies zum Erlöschen der KG und damit des übernehmenden Rechtsträgers führen würde, sein.[236] Gerade bei Personengesellschaften ist stets zu prüfen, ob der Weg über die Umwandlung oder An- und Abwachsungsmodelle vorteilhafter sind. Dies muss dann in der Registeranmeldung deutlich werden.[237]

99a **2. Partnerschaftsgesellschaft.** Nach Einführung der Partnerschaftsgesellschaft mit beschränkter Berufshaftung[238] (PartG mbB) wurde diese als Zielrechtsträger für Umwandlungsvorgänge interessant.[239] Die PartG mbB ist eine Rechtsformvariante der klassischen PartG[240] und unterscheidet sich von dieser nur durch die abweichende Namenswahl mit dem Zusatz „mbB" oder „mit beschränkter Berufshaftung" und durch die abweichende spezifischen Berufshaftpflichtversicherung der Partnerschaftsgesellschaft (§ 8 Abs. 4 PartG). Die PartG mbB ist folglich wie die klassische PartG umwandlungsfähiger Rechtsträger. Sie kann daher – wie diese – übernehmender oder neuer Rechtsträger einer Verschmelzung oder Spaltung oder Rechtsträger neuer Rechtsform bei einem Formwechsel sein (§§ 3 Abs. 1 Nr. 1, 124, 191 Abs. 2 Nr. 2 UmwG).

Eine Verschmelzung auf eine PartG ist nach § 45a UmwG nur möglich, wenn im Zeitpunkt ihres Wirksamwerdens alle Anteilsinhaber des übertragenden Rechtsträgers natürliche Personen sind, die einen Freien Beruf ausüben (§ 1 Abs. 1 und Abs. 2 PartGG). In dem Verschmelzungsvertrag muss der Partnerschaftsvertrag des neuen Rechtsträgers enthalten sein oder festgestellt werden (§ 37 UmwG).

Nach § 45b Abs. 1 UmwG (wiederholt § 3 Abs. 2 Nr. 2 PartGG) ist im Verschmelzungsvertrag als Mindestinhalt Name, Vorname, ausgeübter Beruf und Wohnort für jeden Anteilsinhaber des übertragenden Rechtsträgers anzugeben. Gleiches gilt für den Gegenstand der PartG (§ 3 Abs. 2 Nr. 3 PartGG), der in § 45b Abs. 1 UmwG aber nicht extra zu erwähnen war, da er bei der Verschmelzung durch Aufnahme bereits beschrieben und bei der Verschmelzung durch Neugründung gemäß §§ 36 Abs. 2, 37 UmwG ohnehin aufzuführen ist.[241] Name und Sitz der PartG (§ 3 Abs. 2 Nr. 1 PartGG) werden als allgemeiner Inhalt des Verschmelzungsvertrages von § 5 Abs. 1 Nr. 1 UmwG, der von § 45b Abs. 1 UmwG nur ergänzt wird, erfasst.

Ein Verschmelzungsbericht ist für die an der Verschmelzung beteiligte PartG nur dann erforderlich, wenn ein Partner gemäß § 6 Abs. 2 PartGG (Führung sonstiger Geschäfte) von der Geschäftsführung ausgeschlossen ist. Der betreffende Partner ist entsprechend § 42 UmwG zu unterrichten (§ 45c S. 1 UmwG).

Der Verschmelzungsbeschluss der Gesellschafterversammlung bedarf der Zustimmung aller anwesenden Partner. Auch die nicht erschienenen Partner müssen zustimmen (§ 45d Abs. 1 UmwG). Nach § 45d Abs. 2 UmwG kann im Partnerschaftsvertrag auch eine Mehrheitsentscheidung der Partner bestimmt werden, wobei diese mindestens eine 3/4-

[235] Dazu *Hegemann* GmbHR 2009, 702.
[236] OLG Hamm DNotZ 2011, 230 mit zustimmender Anm. *Gößl;* zu Recht kritisch DNotI-Report 2011, 81; *Nelißen* NZG 2010, 1291.
[237] OLG Frankfurt a.M. DB 2003, 2327.
[238] BGBl. 2013 I 2386; *Lieder* NotBZ 2014, 81 und NotBZ 2014, 128.
[239] Ausführlich dazu *Heckschen* NotBZ 2018, 81.
[240] OLG Nürnberg NZG 2014, 422.
[241] Vgl. Schmitt/Hörtnagl/*Stratz* UmwG § 45e Rn. 8

Stimmenmehrheit vorsehen muss (§ 45d Abs. 2 UmwG). In dem Fall, dass der Partner-schaftsvertrag eine solche Mehrheitsumwandlung (§ 45d Abs. 2 UmwG) vorsieht, können Minderheitsgesellschafter die Verschmelzung nicht durch Ausübung ihres Stimmrechts verhindern. Daher findet nach § 45e S. 2 UmwG § 44 UmwG entsprechend Anwen-dung, der bei Verlangen zur Durchführung der Verschmelzungsprüfung nach §§ 9–12 UmwG zwingt.

Auf die grds. unbeschränkt persönliche Haftung der Partner nach § 8 Abs. 1 PartGG hat die Verschmelzung als solche keinen Einfluss. Wird jedoch eine Partnerschaftsgesell-schaft als übertragender Rechtsträger auf einen Rechtsträger anderer Rechtsform, dessen Anteilsinhaber nicht persönlich haften, verschmolzen, kommt es zur entsprechenden An-wendung der Nachhaftungsregelung des § 45 UmwG. Danach wird Haftung durch die Ausschlussfrist zeitlich auf die Dauer von fünf Jahren begrenzt. Diese Norm geht als spe-zialgesetzliche Regelung der nahezu inhaltsgleichen Vorschrift des § 10 Abs. 2 PartGG iVm § 160 HGB vor und findet auch bei einer Haftungskonzentration (§ 8 Abs. 2 Part-GG) oder einer summenmäßig beschränkten Haftung (§ 8 Abs. 3 PartGG) entsprechend Anwendung.

3. GmbH. Für die **Gestaltung des Verschmelzungsvertrages** ist § 46 UmwG zu be- **100** achten. Die Geschäftsanteile, die den Anteilseignern des übertragenden Rechtsträgers zu gewähren sind, müssen genau bezeichnet werden. Im Rahmen der Verschmelzung ist es nach der Änderung des GmbHG durch das MoMiG auch möglich, Geschäftsanteile von lediglich 1 EUR zu bilden und zu gewähren. Auf die besonderen Informationspflichten nach §§ 47, 49 UmwG kann einvernehmlich verzichtet werden. Eine **Verschmelzungs-prüfung** findet nur auf Verlangen eines Gesellschafters statt. Dieses muss der Gesellschafter binnen einer Woche seit Zugang der Einladung und der in § 47 UmwG genannten Unter-lagen stellen, § 48 UmwG. Es ist sinnvoll, schon früher zu klären, ob ein solches Verlangen gestellt wird. Die Erklärung, mit der schriftlich bestätigt wird, dass der Gesellschafter keine Verschmelzungsprüfung wünscht, bedarf keiner notariellen Beurkundung, da es nicht eine Verzichtserklärung, sondern „ein Nichtverlangen" ist. Der Verschmelzungsbeschluss ist in einer Versammlung zu fassen, eine kombinierte Beschlussfassung ist unzulässig.[242] §§ 50, 51 UmwG sehen **Zustimmungspflichten einzelner Gesellschafter** für genau bestimmte Fälle der Verschlechterung der Rechtsposition des Gesellschafters vor:
– Beeinträchtigung von Minderheitsrechten,
– Beeinträchtigung von Rechten in der Geschäftsführung oder bei der Bestellung von Geschäftsführern oder eines Vorschlagsrechts für die Geschäftsführung,
– nicht voll eingezahlte Geschäftsanteile beim übernehmenden Rechtsträger,
– nicht voll eingezahlte Geschäftsanteile beim übertragenden Rechtsträger,
– nicht voll eingezahlte Geschäftsanteile bei einer übertragenden GmbH.

Im Fall der Verschmelzung der Tochtergesellschaft auf die Muttergesellschaft ist nach **101** §§ 54 Abs. 1 S. 1 Nr. 1, 68 Abs. 1 S. 1 Nr. 1 UmwG eine Kapitalerhöhung bei der über-nehmenden Konzernmutter verboten.

Bei Verschmelzung der Muttergesellschaft auf die Tochtergesellschaft besteht nach §§ 54 Abs. 1 S. 2 Nr. 2, 68 Abs. 1 S. 2 Nr. 2 UmwG ein Wahlrecht, wenn die Anteile an der Tochtergesellschaft voll eingezahlt sind. Die Anteile der Muttergesellschaft an der Tochter gehen ohne einen Durchgangserwerb bei der Tochtergesellschaft unmittelbar auf die Anteilsinhaber der Muttergesellschaft über.[243] Eine starke Auffassung in der Literatur sieht beim sog. down-stream merger § 30 GmbHG und § 57 AktG (Einlagenrückgewähr) berührt, wenn die Tochtergesellschaft durch die Übernahme der Verbindlichkeiten der

---

[242] Widmann/Mayer/*Heckschen* UmwG § 13 Rn. 41; Semler/Stengel/*Gehling* UmwG § 13 Rn. 14; aA *Schö-ne/Arens* WM 2012, 381.
[243] Widmann/Mayer/*Mayer* UmwG § 5 Rn. 38; Schmitt/Hörtnagl/*Stratz* UmwG § 54 Rn. 11; Semler/Stengel/*Reichert* UmwG § 54 Rn. 16; ausf. zur Konzernverschmelzung → Rn. 114 ff.

Muttergesellschaft in die Unterbilanz gerät.[244] Der Notar sollte auf diese Problematik hinweisen und Maßnahmen zur Beseitigung der Unterbilanz (Leistung in die Rücklage, ggf. Forderungsverzicht der Gesellschafter) anregen (dazu ausf. → Rn. 117ff.). Mit dem 2. UmwBerG hat der Gesetzgeber die Möglichkeit eröffnet, bei der Verschmelzung auf eine Kapitalgesellschaft eine Anteilsgewähr – und somit auch eine vorherige Kapitalerhöhung – an die Anteilseigner des übertragenden Rechtsträgers zu unterlassen. Dies gilt generell – nicht nur bei der Verschmelzung von Schwestergesellschaften, wenn alle Anteilseigner der/des Ausgangsrechtsträgers auf die Anteilsgewähr in notariell beurkundeten Erklärungen verzichten. Unklar ist, ob dies erst recht gilt, wenn die Zielgesellschaft eine Personengesellschaft ist.[245] Es ist jedoch stets zu beachten, dass dies entsprechend § 20 UmwStG die Buchwertfortführung gefährden kann. Es ist somit unproblematisch möglich, auch überschuldete Rechtsträger zu verschmelzen, solange das Insolvenzverfahren nicht eröffnet ist.[246] Dies scheiterte in der Vergangenheit an dem Gebot der Kapitalerhöhung, die ihrerseits mangels Werthaltigkeit des übertragenden Rechtsträgers nicht durchführbar war. Der Gläubigerschutz richtet sich in beiden Fällen nach § 22 UmwG.

102   Durch die Verschmelzung von Kapitalgesellschaften zur Aufnahme wie zur Neugründung werden Spielräume bei der Gestaltung der Höhe des Stammkapitals geschaffen. Im Ergebnis kann auf diese Art und Weise eine Kapitalherabsetzung erreicht werden, ohne dass die Vorschriften der §§ 58, 58a GmbHG beachtet werden müssen. Dies ist insbesondere in den Fällen interessant, in denen ein Stammkapital in der bestehenden Höhe nicht mehr benötigt wird, die Voraussetzungen des § 58a GmbHG jedoch nicht vorliegen. Im Fall der Verschmelzung der Mutter- auf die Tochtergesellschaft ist dies nach geltender Rechtslage ohne weiteres möglich. Es wird jedoch gefordert, dass das auf diese Weise freie Kapital einer zeitlichen Ausschüttungssperre (analog § 58 GmbHG, § 225 AktG) unterliegen soll.[247] Nach hM sind die Rechtsträger bei der Entscheidung, in welchem Umfang sie eine Kapitalerhöhung beim aufnehmenden Rechtsträger durchführen, völlig frei.[248] Ist also nach §§ 54, 53 UmwG eine Kapitalerhöhung notwendig oder gewollt, so kann das Kapital auch lediglich um 1 EUR erhöht werden.

103   Der Gesetzgeber hat das Dritte Gesetz zur Änderung des Umwandlungsgesetzes leider nicht zum Anlass genommen, den Streit über die Frage, wer nach einer Verschmelzung die Gesellschafterliste der von einer Verschmelzung mittelbar betroffenen Gesellschaft einzureichen hat, zu klären. Überzeugend hat das OLG Hamm[249] dargelegt, dass dies ebenfalls der Notar und nicht der Geschäftsführer zu veranlassen hat.

104   **4. Unternehmergesellschaft (haftungsbeschränkt). a) Die Verschmelzung auf die UG (haftungsbeschränkt).** Bei der Verschmelzung auf die UG (haftungsbeschränkt) sind das Sacheinlagenverbot sowie das Bargründungsgebot gemäß § 5a Abs. 2 GmbHG zu beachten.[250]

105   **(1) Die Verschmelzung durch Aufnahme.** Da nach dem Wortlaut des § 5a Abs. 2 S. 2 GmbHG und nach dem Willen des Gesetzgebers bei der UG (haftungsbeschränkt) keine Sacheinlagen zulässig sind, auch nicht nach der Gründungsphase,[251] verstößt eine Verschmelzung mit Kapitalerhöhung gegen das Sacheinlagenverbot. Dies gilt nicht, wenn das Stammkapital durch die Sacheinlage auf über 25.000 EUR erhöht wird, da die UG (haf-

---

[244] Widmann/Mayer/*Mayer* UmwG § 5 Rn. 40.1; Lutter/*Priester* UmwG § 24 Rn. 62, str., aA *Enneking/Heckschen* DB 2006, 1099 (1100).

[245] *Heckschen* DNotZ 2007, 440 (451); ablehnend: Widmann/Mayer/*Mayer* UmwG Einf. Rn. 37.

[246] Vgl. *Heckschen/Simon* § 3 Rn. 88 ff.; *Heckschen* DB 2005, 2283.

[247] Vgl. hierzu Semler/Stengel/*Seulen* UmwG § 22 Rn. 24 f.; *Naraschewski* GmbHR 1998, 356 (360).

[248] Widmann/Mayer/*Mayer* UmwG § 54 Rn. 10.2.

[249] NZG 2010, 113; dazu *Heckschen* NotBZ 2010, 150.

[250] Vgl. auch *Lutz* notar 2014, 210.

[251] *Seibert* GmbHR 2007, 673 (676); *Freitag/Riemenschneider* ZIP 2007, 1485 (1491).

tungsbeschränkt) erst nach Eintragung des Kapitalerhöhungsbeschlusses zur GmbH erstarkt.[252]

Ist für die Verschmelzung hingegen keine Kapitalerhöhung erforderlich, kann auch die UG (haftungsbeschränkt) als eine Unterart der GmbH aufnehmender Rechtsträger sein, da in diesem Fall das Sacheinlageverbot nicht eingreift. Diese „schlichte" Vermögenszufuhr ist auch bei der UG (haftungsbeschränkt) ebenso wie bei jeder anderen Kapitalgesellschaft möglich und kann dazu genutzt werden, um Rücklagen zu bilden, vgl. § 5a Abs. 3 GmbHG.

Demzufolge kann beim *downstream merger* (Verschmelzung der Mutter auf die Tochter) das Grund- bzw. Stammkapital der Muttergesellschaft bei einer Verschmelzung auf eine UG (haftungsbeschränkt) auf bis zu 1 EUR herabgesetzt werden. Da ohne Kapitalerhöhung auch nicht das Sacheinlageverbot tangiert wird, kann auch die UG (haftungsbeschränkt) beim *downstream* oder *sidestep merger* aufnehmender Rechtsträger sein.

(2) Die Verschmelzung durch Neugründung. Bei der Verschmelzung durch Neu- 106 gründung handelt es sich um eine Sachgründung.[253] Bei der Verschmelzung zur Neugründung einer UG (haftungsbeschränkt) gilt auch das Sacheinlageverbot gemäß § 5a Abs. 2 S. 2 GmbHG.[254] Eine Verschmelzung zur Neugründung einer UG (haftungsbeschränkt) ist daher ausgeschlossen.[255]

b) Die Verschmelzung einer UG (haftungsbeschränkt). Bei der Verschmelzung einer 107 UG (haftungsbeschränkt) auf einen anderen Rechtsträger ergeben sich keine Unterschiede zur Verschmelzung einer normalen GmbH als übertragender Rechtsträger; es gelten die §§ 46 ff. UmwG. Die Verschmelzung auf den Alleingesellschafter nach §§ 120 ff. UmwG ist ein Weg zur schnellen Liquidation einer UG (haftungsbeschränkt).

5. Aktiengesellschaft. Bei der Aktiengesellschaft ist darauf zu achten, dass gemäß § 63 108 Abs. 1 Nr. 3 UmwG eine Zwischenbilanz zu erstellen ist, wenn sich der letzte Jahresabschluss auf ein Jahr bezieht, das mehr als sechs Monate vor Abschluss des Verschmelzungsvertrages abgelaufen ist. Wird eine Halbjahresfinanzbericht gemäß § 115 WpHG veröffentlicht, so kann dieser an die Stelle der Zwischenbilanz treten, § 63 Abs. 2 S. 7 UmwG. Diese Zwischenbilanz muss seit der Einberufung zugänglich gemacht werden. Der Jahresabschluss des vergangenen Jahres muss jedoch dann nicht zugänglich gemacht werden, wenn er noch nicht aufgestellt sein musste.[256]

Der Verschmelzungsvertrag oder sein Entwurf ist einen Monat vor der Hauptversamm- 109 lung dem **Handelsregister einzureichen.** Es ist strittig, ob auf die Einreichung verzichtet werden kann.[257] Jedenfalls soweit eine Universalversammlung stattfindet, reicht es auch, wenn erst unmittelbar vorher eine Einreichung beim Handelsregister erfolgt.[258] Bei der AG/KGaA/SE ist stets ein Verschmelzungsbericht zu erstellen und eine Verschmelzungsprüfung mit anschließender Berichterstattung durchzuführen, wenn darauf nicht gemäß §§ 8 Abs. 3, 9 Abs. 3 UmwG verzichtet wird. In der Hauptversammlung ist entsprechend der Regelung des 3. UmwÄndG, § 64 Abs. 1 S. 2 UmwG, eine mündliche Nachberichterstattung durchzuführen.[259] Für so genannte Bagatellverschmelzungen bedarf

---

[252] BGH NZG 2011, 664; OLG München NZG 2012, 104; OLG Stuttgart NZG 2012, 22; OLG Hamm RNotZ 2011, 439; *Lieder/Hoffmann* GmbHR 2011, R193.
[253] BGH NZG 2011, 666 (zur Abspaltung zur Neugründung); *Lieder/Hoffmann* GmbHR 2011, R193; *Schmitt/Hörtnagl/Stratz/Stratz* UmwG § 56 Rn. 5.
[254] BGH NJW 2011, 1883 zur Neugründung durch Abspaltung.
[255] So auch *Wachter* GmbHR 2007, R209 (R210).
[256] OLG Frankfurt a.M. DB 2003, 872; OLG Hamburg ZIP 2003, 1344.
[257] Ablehnend Widmann/Mayer/*Rieger* UmwG § 61 Rn. 10.1; aA: Lutter/*Grunewald* UmwG § 61 Rn. 4; Semler/Stengel/*Diekmann* UmwG § 61 Rn. 17; Kallmeyer/*Marsch-Barner* UmwG § 61 Rn. 1.
[258] Widmann/Mayer/*Rieger* UmwG § 61 Rn. 7.1; Semler/Stengel/*Diekmann* UmwG § 61 Rn. 15.
[259] Vgl. dazu *Heckschen* NJW 2011, 2390.

es unter den Voraussetzungen des § 62 Abs. 1, Abs. 2 UmwG keiner Hauptversammlung des übernehmenden Rechtsträgers, wenn nicht eine 5%-Minderheit dies verlangt. Bei der Verschmelzung einer 100%-igen Tochterkapitalgesellschaft auf die Mutter-AG ist ein Beschluss nach § 62 Abs. 4 S. 1 UmwG ebenfalls entbehrlich (→ Rn. 124). Es ist darauf zu achten, dass bei Vorhandensein verschiedener Aktiengattungen **Sonderbeschlüsse** gefasst werden. Der Umwandlungsbeschluss ist jedoch neben etwa notwendigen Sonderbeschlüssen erforderlich.[260] Soweit die Satzung dies zulässt, ist die Briefwahl (§ 118 Abs. 2 AktG) auch bei Umwandlungsbeschlüssen zulässig.[261] Andererseits ersetzt auch der gemeinsame Beschluss aller Aktiengattungen nicht die Sonderbeschlüsse.[262] Da vinkulierte Namensaktien keine eigene Aktiengattung bilden, führt die Vinkulierung eines Teils der Aktien allein nicht dazu, dass Sonderbeschlüsse gemäß § 65 Abs. 2 UmwG erforderlich sind.[263] Auch hier gilt, dass nach § 68 UmwG auf eine Anteilsgewähr und die dazu erforderliche Kapitalerhöhung verzichtet werden kann, wenn alle Anteilseigner des übertragenden Rechtsträgers ihrerseits auf die Gewährung von Anteilen verzichten.[264] Sind Aktien zu gewähren, so müssen diese zunächst auf einen Treuhänder übertragen werden.

110   Bei der Verschmelzung auf eine KGaA, bei der der Komplementär am Vermögen beteiligt ist, sind §§ 3, 9 UmwG iVm § 46 Abs. 5 UmwG analog anzuwenden, um der besonderen steuerlichen Situation des vermögensbeteiligten Komplementärs Rechnung tragen zu können. Auch bei der KGaA als Zielrechtsträger kann nun auf eine Anteilsgewähr verzichtet werden, § 68 Abs. 1 S. 3 iVm § 78 UmwG.

111 **6. Genossenschaft.** Hinsichtlich des **Inhalts des Verschmelzungsvertrages** ist § 80 UmwG zu beachten. Bei der Bestimmung der Anzahl der den Genossen einer übertragenden Genossenschaft zu gewährenden Rechten kann von der gesetzlichen Regel, dass die Geschäftsguthaben zugrunde zu legen sind, abgewichen werden. Dadurch ist auch eine Berücksichtigung der unterschiedlichen inneren Werte der Geschäftsguthaben möglich.[265] Es ist darüber hinaus ein Gutachten des Prüfungsverbandes einzuholen; dieses muss in der Generalversammlung verlesen werden, § 83 Abs. 2 UmwG. Das Gutachten muss der Anmeldung beigefügt werden, § 86 UmwG. Obwohl das Gesetz dies nicht ausdrücklich regelt, muss auch bei der Verschmelzung einer 100%-igen Tochter auf eine Genossenschaft keine Anteilsgewährung durchgeführt werden. Dies ergibt sich unmittelbar aus § 20 Abs. 1 Nr. 3 UmwG. Eine Vertretung bei der Beschlussfassung setzt das GenG enge Grenzen; ein Genosse kann stets nur maximal zwei weitere Genossen vertreten, § 43 Abs. 5 S. 3 GenG. Nach überwiegender Auffassung kann bei der Verschmelzung unter Beteiligung von Genossenschaften nicht auf einen zukünftigen Stichtag verschoben werden.[266]

112 **7. Verschmelzung rechtsfähiger Vereine.** Eingetragene Vereine können durch Verschmelzung keine Rechtsträger anderer Rechtsform aufnehmen und nicht durch Verschmelzung anderer Rechtsträger neu gegründet werden, § 99 Abs. 2 UmwG. Die Bekanntmachungsvorschrift des § 104 Abs. 1 S. 1 UmwG ist gemäß ihrem Regelungszweck auf wirtschaftliche Vereine beschränkt. Es sollen nur die Vereine erfasst werden, die in keinem Register eingetragen sind, was für Idealvereine (Vereinsregister) nicht zutrifft.[267]

---

[260] LG Hamburg AG 1996, 281.
[261] *Schöne/Arens* WM 2012, 381.
[262] Vgl. *Heckschen* DB 1999, 1385.
[263] *Bermel/Müller* NZG 1998, 331.
[264] *Heckschen* DNotZ 2007, 444 (450).
[265] Vgl. *Neye* DB 1998, 1649 und ZAP Fach 15, 257.
[266] *Heidinger* NotBZ 2002, 86; Lutter/*Bayer* UmwG § 80 Rn. 27; Widmann/Mayer/*Fronhöfer* UmwG § 80 Rn. 64 f.; aA Semler/Stengel/*Scholderer* UmwG § 80 Rn. 48.
[267] Ausf. mit Vertragsmuster zur Vereinsverschmelzung *Katschinski*, Verschmelzung von Vereinen, 1999.

8. Verschmelzung einer Kapitalgesellschaft mit dem Vermögen ihres Alleingesell- 113
schafters. Die Verschmelzung einer Kapitalgesellschaft ist auch mit dem Vermögen eines
nicht in das Handelsregister eintragungsfähigen Alleingesellschafters zulässig.[268] Maßgeblicher Zeitpunkt für das Eintreten der Verschmelzungswirkungen ist in diesem Fall die Eintragung im Register des übertragenden Rechtsträgers (§ 122 Abs. 2 UmwG), soweit eine
Eintragung beim Zielrechtsträger (Alleingesellschafter) nicht in Betracht kommt. Der
durch die Verschmelzung erfolgende Untergang der Anteile an der übertragenden Gesellschaft kann nicht wieder rückgängig gemacht werden, indem der ehemalige Alleingesellschafter das Gesellschaftsvermögen in eine neu gegründete Kapitalgesellschaft einbringt.[269]
Diese Verschmelzungsmaßnahme kommt häufig alternativ zu einem Liquidationsverfahren
in Betracht, wenn bei der Ausgangs-GmbH keine Haftungsrisiken vorhanden sind.[270] Sie
führt dann ohne Einhaltung des Sperrjahres schnell zur Beendigung. Auch als Maßnahme
zur Beendigung einer Krise und der Vermeidung einer Insolvenz ist sie zulässig,[271] soweit
bei der GmbH das Insolvenzverfahren nicht eröffnet wurde. Die Vermeidung der Insolvenz wird allerdings mit der Übernahme der Verbindlichkeiten der Ausgangsgesellschaft
„erkauft". Eine Strafbarkeit wegen Verletzung der Insolvenzantragspflicht lässt sich auf
diese Weise nicht mehr rückwirkend beseitigen. Die Maßnahme kann darüber hinaus
dann nach §§ 283 ff. StGB („Beiseiteschaffen") strafbar sein, wenn der aufnehmende Alleingesellschafter die Krise nicht beendet/beenden kann[272] und es dann doch zur Eröffnung des Insolvenzverfahrens kommt.[273]

XII. Verschmelzung im Konzern

Die große Mehrzahl der Umwandlungsfälle betrifft Konzernkonstellationen. Gerade in- 114
nerhalb von Großunternehmen mit Konzernstrukturen findet eine große Zahl von
Umstrukturierungsmaßnahmen statt. Dieser Tatsache trägt das Umwandlungsrecht durch
zahlreiche Ausnahmen vom gewöhnlichen Verschmelzungsablauf Rechnung. Schutzregelungen zugunsten von Minderheiten haben in Konzernkonstellationen keine Geltung. So
sind der Verschmelzungsbericht (§ 8 Abs. 3 S. 1 Alt. 2 UmwG), die Verschmelzungsprüfung (§ 9 Abs. 3 UmwG) und der Prüfungsbericht (§ 12 Abs. 3 UmwG) nicht erforderlich. Das gilt jedoch nur, soweit sich sämtliche Anteile in der Hand des übernehmenden
Rechtsträgers befinden. Im Übrigen gestattet das Gesetz jedoch den Verzicht auf derartige, den außenstehenden Anteilseigner schützende Regelungen wie den Verschmelzungsbericht und/oder die Verschmelzungsprüfung. Für andere Schutzregelungen wie das Barabfindungsangebot lässt die Lehre ebenfalls einen Verzicht zu.[274]

1. Kapitalerhöhungsverbote und -gebote. Eng mit dem Dogma der Anteilsgewäh- 115
rungspflicht verbunden sind die **Kapitalerhöhungsverbote** und -gebote. Die §§ 54, 68
UmwG regeln Fallgruppen, in denen eine Kapitalerhöhung im Zuge der Umwandlung
unzulässig ist. Eine Kapitalerhöhung darf nach §§ 54 Abs. 1 S. 1 Nr. 1, Nr. 2, 68 Abs. 1
S. 1 Nr. 1, Nr. 2 UmwG nicht stattfinden, wenn der aufnehmende Rechtsträger alle Anteile des übertragenden Rechtsträgers hält (up-stream-merger) oder der übertragende
Rechtsträger eigene Anteile hält. Dadurch soll vermieden werden, dass durch die Verschmelzung eigene Anteile des übernehmenden Rechtsträgers entstehen.[275] Folglich ist
auch der Anspruch auf Umtausch/Gewährung von Anteilen nach § 20 Abs. 1 Nr. 3
UmwG ausgeschlossen. Der Verschmelzungsvertrag muss dann folglich keine Angaben zur

---

[268] BGH NJW 1998, 2536.
[269] OLG München GmbHR 1996, 776.
[270] Dazu auch Widmann/Mayer/*Heckschen* UmwG § 120 Rn. 7 ff.
[271] OLG Stuttgart DNotZ 2006, 302; LG Leipzig DB 2006, 885.
[272] Ausf. zur Verschmelzung in der Krise → Rn. 128 ff.
[273] *Heckschen* DB 2005, 2283 (2288).
[274] Widmann/Mayer/*Wälzholz* UmwG § 29 Rn. 53 f.
[275] Vgl. *Ihrig* ZHR 60 (1996), 317.

Anteilsgewährung und zum Umtauschverhältnis machen. Ebenfalls ausgeschlossen ist eine Kapitalerhöhung, wenn der übertragende Rechtsträger Anteile am aufnehmenden Rechtsträger hält, die noch nicht voll eingezahlt sind. Hier besteht jedoch eine Anteilsgewährungspflicht. Um diesen Zielkonflikt zu lösen, müssen diese Anteile durch Verkauf oder Einzahlung beseitigt werden. Andernfalls würden sich Gläubiger und Schuldner des Einlageanspruchs in der aufnehmenden Gesellschaft vereinigen und entgegen der Kapitalerhaltungsgrundsätze erlöschen.

116   Ein **Kapitalerhöhungswahlrecht** besteht, wenn die aufnehmende Gesellschaft eigene Anteile oder der übertragende Rechtsträger voll eingezahlte Anteile an der aufnehmenden Gesellschaft hält (down-stream-merger, §§ 54 Abs. 1 S. 2, 68 Abs. 1 S. 2 UmwG), da die Anteilsgewährung dann aus diesen Anteilen erfolgen kann. Dieses Wahlrecht kann jedoch zu einem **Kapitalerhöhungsgebot** erstarken, soweit diese Anteile nicht ausreichen um alle Anteilseigner des übertragenden Rechtsträgers gemäß dem festgesetzten Umtauschverhältnis zu beteiligen.[276] Die Anteile müssen eine angemessene Gegenleistung für den Verlust der Beteiligung am übertragenden Rechtsträger sein, was etwa bei einer Verpfändung oder anderen Rechten Dritter nicht der Fall ist.[277]

117   Nach wohl hM kann die **Übernahme von Schulden** der Muttergesellschaft durch die Tochtergesellschaft beim **down-stream-merger** deren Kapitalerhaltungsregeln verletzen.[278] Gerät eine **GmbH** in Folge der Verschmelzung in eine Unterbilanz, könnte eine verbotene Einlagenrückgewähr vorliegen.[279] Zwar erfolgt nach hL § 20 Abs. 1 Nr. 3 UmwG ein „Direkterwerb" der Anteile an der Tochtergesellschaft durch die Gesellschafter der Mutter, eine Leistung der Tochter an ihre Gesellschafter findet also nicht statt.[280] Die Übertragung negativen Vermögens sei jedoch „wirtschaftlich" als unzulässige Rückzahlung an die Anteilseigner der übertragenden Gesellschaft aus dem Gesellschaftsvermögen der aufnehmenden Gesellschaft anzusehen, wenn diese dadurch in die Unterbilanz fällt. Von dem Rückzahlungsverbot des § 30 GmbHG sind nach hM weitgehend Leistungen aller Art erfasst, nicht nur Geldzahlungen. Die Übertragung negativen Vermögens könnte daher eine solche Auszahlung darstellen, da die Tochtergesellschaft keine adäquate Gegenleistung für die Übernahme der Schulden der Muttergesellschaft erhält. Mit dem Eintritt der Unterbilanz oder der Überschuldung greife der Verbotstatbestand des § 30 GmbHG ein. Auch läge hierin eine Umgehung der Grundsätze einer regulären Liquidation.[281] Richtigerweise kann jedoch weder in der Gewährung von Geschäftsanteilen noch in der Befreiung von Verbindlichkeiten der Mutter eine Rückzahlung iSd § 30 Abs. 1 GmbHG gesehen werden.[282] Aufgrund des Direkterwerbs der Beteiligung an der Tochtergesellschaft fehlt es an einer „Auszahlung" der übernehmenden Gesellschaft, diese leistet selbst nichts an den Gesellschafter. Der Anteilstausch findet nur auf Gesellschafterebene statt.[283] Auch wirtschaftlich bleiben die Schulden nach der Verschmelzung den neuen Anteilseignern der übernehmenden Gesellschaft zugeordnet. Im Saldo findet keine wirtschaftliche Begünstigung der Gesellschafter statt. Auch bei einer zweifellos zulässigen Verschmelzung in umgekehrter Richtung ergibt sich im Vergleich kein Unterschied für die Anteilseigner.[284] Dem wird jedoch entgegengehalten, dass die Muttergesellschaft im Gan-

---

[276] Widmann/Mayer/*Mayer* UmwG § 5 Rn. 38; Kallmeyer/*Kallmeyer* UmwG § 54 Rn. 15; vgl. zur steuerlichen Betrachtung des down-stream-mergers *Rödder/Wochinger* DStR 2006, 684; *Mayer/Weiler* DB 2007, 1235; *Haritz/von Wolff* GmbHR 2006, 340.

[277] Str., wie hier Kallmeyer/*Kallmeyer* UmwG § 54 Rn. 12; aA Widmann/Mayer/*Mayer* UmwG § 5 Rn. 40.2.

[278] Widmann/Mayer/*Mayer* UmwG § 5 Rn. 40.1; Semler/Stengel/*Moszka* UmwG § 24 Rn. 48.

[279] Lutter/*Priester* UmwG § 24 Rn. 62.

[280] Semler/Stengel/*Reichert* UmwG § 54 Rn. 16 mwN.

[281] Vgl. Widmann/Mayer/*Mayer* UmwG § 5 Rn. 40.1.

[282] Ausf. dazu *Heckschen/Enneking* DB 2006, 1099 (1100).

[283] Widmann/Mayer/*Mayer* UmwG § 5 Rn. 37; Lutter/*Winter* UmwG § 54 Rn. 15.

[284] *Hügel*, Verschmelzung und Einbringung, Rn. 629, 645.

zen der Tochter gegenüberstünde, dabei müssten Leistung und Gegenleitung in einem angemessenen Verhältnis stehen.[285]

In Anbetracht der starken Literaturmeinung, die einen Verstoß gegen §§ 30, 31 GmbHG annimmt, sollten daher eine mögliche Unterbilanz der aufnehmenden Gesellschaft geprüft und ggf. Maßnahmen getroffen werden, um den Anwendungsbereich der §§ 30, 31 GmbHG von vornherein ausschließen. Verbleibt nach der Verschmelzung ein freies Eigenkapital oberhalb der Stammkapitalziffer, so kann ein down-stream-merger ohne Bedenken durchgeführt werden.

Verstöße gegen die Kapitalerhaltungsvorschriften in der GmbH können auf unter- **118** schiedlichen Wegen abgewendet werden. Bilanziell kann eine Aufdeckung stiller Reserven erfolgen oder das Stammkapital herabgesetzt werden. Ebenso kann eine Unterbilanz durch direkte Zahlungen der Gesellschafter der Muttergesellschaft an die Tochtergesellschaft abgewendet werden,[286] zum gleichen Ergebnis führt auch ein Verzicht der Anteilseigner der Mutter- auf Gesellschafterdarlehen gegenüber der Tochtergesellschaft. Die Tochtergesellschaft erhält dann in Form der Zahlung oder des Verzichts eine äquivalente Gegenleistung für die Übernahme der Verbindlichkeiten.[287] Auch eine Zahlung in die Rücklage der Muttergesellschaft kann ein taugliches Gegengewicht zu den Verbindlichkeiten bilden und so eine Unterbilanz nach Verschmelzung abwenden.

Für die **Aktiengesellschaft** stellt § 57 AktG das Äquivalenzgebot auf, wonach einer **119** Leistung an die Aktionäre eine angemessene Gegenleistung gegenüberstehen muss. Dies ist nicht der Fall, wenn durch die Verschmelzung per saldo negatives Vermögen übertragen wird, der Übertragung der Anteile an der Tochtergesellschaft zugunsten der Aktionäre der Muttergesellschaft also keine angemessene Gegenleistung gegenübersteht.[288] Es wird vertreten, dass § 57 AktG nur den Entzug von Haftungssubstrat verhindern soll,[289] dem wird jedoch die gleiche Begründung entgegengehalten wie bei der GmbH. Nach anderer Auffassung ist eine Verschmelzung niemals möglich, wenn die Muttergesellschaft mehr Verbindlichkeiten als Aktivvermögen aufweist, es käme dann nur ein Formwechsel der Tochtergesellschaft in eine GmbH in Frage, die die oben dargestellten Gestaltungsmöglichkeiten bietet.[290] Ebenso wird vertreten, dass zwar eine Aufdeckung von Rücklagen wegen §§ 58–60 AktG im Gegensatz zur GmbH nicht möglich sei, jedoch die Anteile der Aktionäre nur in dem Maße umzutauschen, das sich unter Berücksichtigung der tatsächlichen Werte der verschmelzenden Gesellschaften ergibt.[291] Die Anteilseigner der Muttergesellschaft können der Tochtergesellschaft aber auch eine angemessene Gegenleistung zukommen lassen.[292]

Es lässt sich feststellen, dass der Wortlaut des § 30 GmbHG und des § 57 AktG keinen **120** eindeutigen und zwingenden Hinweis auf einen Verstoß des down-stream-mergers gegen die Regelungen des Eigenkapitalersatzes geben. In Anbetracht des derzeitigen Meinungsstandes und der drohenden Haftung der Gesellschafter ist aber zu Kompensationsregelungen zu raten, wenn die Zielgesellschaft durch den down-stream-merger in die Unterbilanz gerät.

Mit der Verschmelzung von Schwestergesellschaften (side-step-merger) strebt die Mut- **121** tergesellschaft oft Einsparungen an, die sich infolge von Synergieeffekten einstellen sollen. Um bei derartigen Verschmelzungen die Kosten einer Kapitalerhöhung zu vermeiden, ist durch das Zweite Gesetz zur Änderung des Umwandlungsgesetzes[293] eine Ausnahme von

---

[285] *Sauer* öNotZ 1995, 169.
[286] Sagasser/Bula/Brünger/*Bula*/*Thees* Umwandlungen § 10 Rn. 167.
[287] Widmann/Mayer/*Mayer* UmwG § 5 Rn. 40.1.
[288] Schmidt/Lutter/*Fleischer* AktG § 57 Rn. 11 ff.; Semler/Stengel/*Schröer* UmwG § 5 Rn. 135.
[289] *Bock* GmbHR 2005, 1027.
[290] *Mertens* AG 2005, 785.
[291] Widmann/Mayer/*Mayer* UmwG § 5 Rn. 40.1.
[292] *Sauer* öNotZ 1995, 169.
[293] BGBl. 2007 I 542.

der Pflicht zur Anteilsgewährung zugelassen, wenn alle Anteilseigner des übertragenden Rechtsträgers auf die Anteilsgewährung verzichten, §§ 54 Abs. 1 S. 3, 68 Abs. 1 S. 3 UmwG. Die Verzichtserklärungen sind notariell zu beurkunden. Die Verschmelzung von Enkelgesellschaften auf die Muttergesellschaften wird nach hM über §§ 54 Abs. 2 S. 1, 68 Abs. 2 S. 1 UmwG der Tochter-Mutter-Verschmelzung gleichgestellt. Jedenfalls lässt sich eine Kapitalerhöhung durch den Verzicht auf die Anteilsgewährung (§§ 54 Abs. 1 S. 3, 68 Abs. 1 S. 3 UmwG) vermeiden. Bei Aktiengesellschaften sind die aktienrechtlichen Mitteilungspflichten zu beachten. Ist die Enkelgesellschaft eine AG, so ist die abhängige Gesellschaft nach § 20 Abs. 1 AktG von der Mehrheitsbeteiligung (§ 16 Abs. 1 AktG) zu unterrichten. Diese Vorschriften gelten auch in Konzernkonstellationen, wenn mehrstufige Abhängigkeitsverhältnisse bestehen. Die Tochtergesellschaft ist von dieser Pflicht nicht befreit, auch wenn die Muttergesellschaft der Enkelgesellschaft diese Mitteilung schon gemacht hat.[294] Unterbleibt die Mitteilung, so könnte die Tochtergesellschaft ihre Rechte aus den Aktien nach § 20 Abs. 7 AktG nicht ausüben, ein dennoch mit deren Stimmen gefasster Umwandlungsbeschluss wäre anfechtbar.

122   **2. Erleichterungen der Konzernverschmelzung.** Für Verschmelzungen innerhalb von Konzernen bestimmt das Gesetz eine Reihe von Erleichterungen, die durch das 3. UmwGÄndG noch ausgebaut wurden. So können die Anteilseigner auf die Zwischenbilanz durch notariell beurkundete Erklärung verzichten, § 63 Abs. 2 S. 5 UmwG.

123   Es bedarf unter den Voraussetzungen des § 62 Abs. 1, Abs. 2 UmwG keiner Hauptversammlung einer übernehmenden Aktiengesellschaft, wenn nicht eine 5 %-Minderheit dies verlangt. Ein vollständiger Verzicht wurde zwar teils gefordert, dem ist der Gesetzgeber jedoch zu Recht nicht nachgekommen. Die Verschmelzung stellt keine Geschäftsführungsmaßnahme sondern einen organisationsrechtlichen Vertrag dar, als solchem müssen ihm die Anteilseigner grundsätzlich zustimmen. Unklar ist jedoch, zu welchem Zeitpunkt die Beteiligungsschwelle von 9/10-tel der Anteile gemäß § 62 Abs. 1 UmwG erfüllt sein muss. Teilweise wird auf den Zeitpunkt der Beschlussfassung beim übertragenden Rechtsträger abgestellt.[295] Die überwiegende Literatur spricht sich dagegen für den Zeitpunkt der Eintragung[296] aus.

124   Bei der Verschmelzung einer **100 %-igen Tochterkapitalgesellschaft** auf die Mutter-AG ist ein Beschluss der übertragenden Gesellschaft nach § 62 Abs. 4 S. 1 UmwG ebenfalls entbehrlich. Zusammen mit der Möglichkeit des § 62 Abs. 1 UmwG könnte die Verschmelzung zu einer Geschäftsführungsmaßnahme werden. Praktisch wird dies jedoch selten geschehen, da die Verschmelzung sehr frühzeitig geplant werden müsste, um die Veröffentlichungs- und Informationspflichten (§§ 62 Abs. 2, 3 UmwG) zu erfüllen. Wie bei der Beteiligungsschwelle von § 62 Abs. 1 UmwG ist ungeklärt, zu welchem Zeitpunkt die Beteiligung von 100 % vorliegen muss. Man wird daher dazu raten müssen, den dinglichen Anteilsbesitz an 100 % der Anteile zu dem Zeitpunkt herzustellen, zu dem das Verschmelzungsverfahren formell eingeleitet wird. Dies wird häufig der Moment der Unterzeichnung des Vertragsentwurfs, der der Offenlegung nach § 61 Abs. 1 UmwG vorausgeht, sein.[297] Wie die Veröffentlichungspflichten aus § 62 Abs. 2 UmwG tritt auch für die Zuleitung an den Betriebsrat (§ 5 Abs. 3 UmwG) an die Stelle der Anteilseignerversammlung der Abschluss des Verschmelzungsvertrages, § 62 Abs. 4 S. 3, S. 4 UmwG.

125   **3. Verschmelzungsrechtlicher Squeeze-out nach § 62 Abs. 5 UmwG.** Ebenfalls durch das 3. UmwGÄndG wurde der **verschmelzungsrechtliche Squeeze-out** einge-

---

[294] BGH NJW 2000, 3647.
[295] OLG Karlsruhe ZIP 1991, 1145; Schmitt/Hörtnagl/Stratz/*Stratz* UmwG § 62 Rn. 7.
[296] Henssler/Strohn/*Junker* UmwG § 62 Rn. 6; Semler/Stengel/*Diekmann* UmwG § 62 Rn. 20; Widmann/ Mayer/*Rieger* UmwG § 62 Rn. 24; Kallmeyer/*Marsch-Barner* UmwG § 62 Rn. 9.
[297] AA Widmann/Mayer/*Rieger* UmwG § 62 Rn. 63; Kallmeyer/*Marsch-Barner* UmwG § 62 Rn. 27.

führt.[298] Hierbei handelt es sich um einen nach § 62 Abs. 5 UmwG modifizierten aktien-rechtlichen Squeeze out. Wesentlicher Unterschied ist die Absenkung des Schwellenwertes auf 90% des Grundkapitals, wobei dieser Anteil jedoch vom übernehmenden Rechtsträger selbst gehalten werden muss, eine Zurechnung erfolgt im Gegensatz zu § 327a AktG nicht. Übernehmender und übertragender Rechtsträger müssen jeweils Aktiengesellschaften, KGaA oder SE sein. Der Verschmelzungsvertrag muss den Ausschluss bereits ankündigen. Der Squeeze-out-Beschluss muss innerhalb von drei Monaten nach Beurkundung des Vertrages erfolgen. Hierbei sind die Berichtspflichten und weiteren Voraussetzungen nach §§ 327a ff. AktG zu erfüllen, die Informationspflichten nach § 62 Abs. 3 UmwG sind nach Vertragsschluss für einen Monat zu erfüllen. Für die Verschmelzung ist dann nach § 62 Abs. 4 S. 2 UmwG kein weiterer Beschluss des übertragenden Rechtsträgers mehr erforderlich. Der Beschluss des übernehmenden Rechtsträgers kann nach § 62 Abs. 1, Abs. 2 UmwG entbehrlich sein. Die Durchführung der Verschmelzung ist Bedingung für die Wirksamkeit des Squeeze-outs, diese Bedingung ist im Handelsregister einzutragen (§ 62 Abs. 5 S. 7 UmwG). Auch wenn nach dem Gesetzeswortlaut der Ausschluss erst gleichzeitig mit der Verschmelzung wirksam wird, nicht bereits eine logische Sekunde zuvor,[299] finden dennoch die Regelungen zu Mutter-Tochter-Verschmelzungen Anwendung. Im Verschmelzungsvertrag sind daher Regelungen zu den ausgeschlossenen Minderheitsgesellschaftern nach § 5 Abs. 2 UmwG entbehrlich, ebenso sind Verschmelzungsbericht und -prüfung nicht erforderlich, §§ 8 Abs. 3, 9 Abs. 3 UmwG.[300]

Da der Gesetzgeber die Einführung des § 62 Abs. 5 UmwG nicht genutzt hat, um die **126** Schwellenwerte für Squeeze-outs einheitlich auf 90% des Grundkapitals abzusenken, wird diskutiert, ob deshalb eine besondere, über die formalen Voraussetzungen hinausgehende, sachliche Rechtfertigung für den verschmelzungsrechtlichen Squeeze-out abzuleiten ist. Dies ist abzulehnen, die Grenze bleibt ein rechtsmissbräuchliches Verhalten des übernehmenden Rechtsträgers, dessen Voraussetzungen jedoch sehr eng zu ziehen sind (→ § 23 Rn. 570 f.). Der während des Gesetzgebungsverfahrens diskutierte Fall eines Squeeze-outs ohne nachfolgende Verschmelzung wurde durch § 62 Abs. 5 S. 7 UmwG ausgeschlossen. Daneben werden die Holdingbildung und der Formwechsels zur Ermöglichung des Squeeze-outs diskutiert. Die Holdingbildung (Ausgliederung der Anteile aus der Mutter auf eine Tochter mit nachfolgender Verschmelzung der AG auf diese Tochter) wird von manchen als nicht den Zielen des Gesetzes entsprechend abgelehnt.[301] Nach der Rechtsprechung des BGH zur Wertpapierleihe,[302] die im Gesetzgebungsverfahren hätte berücksichtigt werden können, und dem Schweigen des Gesetzes zu den Zielen des Squeeze-outs lässt sich dies nicht halten.[303] Eine Vereinfachung von Konzernstrukturen als Voraussetzung findet im Gesetz keine Stütze. Bis zu einer höchstrichterlichen Klärung ist jedoch sicherheitshalber anzuraten, derartige Maßnahmen nicht im unmittelbaren zeitlichen Zusammenhang durchzuführen. Auch ein Formwechsel in die AG mit anschließendem Squeeze-out scheint unter diesen Umständen nicht rechtsmissbräuchlich, sondern als Nutzung der vom Gesetzgeber bereitgestellten Möglichkeiten.[304] Soweit die Rechtsprechung Gestaltungen zur Herbeiführung einer Situation, die den Verschmelzungsrechtlichen Squeeze-out ermöglicht (Formwechsel in AG, „Umhängen" von Beteiligungen, Holdingbildung) zu beurteilen hatte, hat sie diese nicht als rechtsmissbräuchlich angesehen und die neue Rechtslage als verfassungsgemäß beurteilt.[305] Die Maßnahmen können auch

---

[298] Dazu *Bungert/Wettich* DB 2011, 1500; *Neye/Kraft* NZG 2011, 681.
[299] So *Neye/Kraft* NZG 2011, 681 (683).
[300] *Bungert/Wettich* DB 2011, 1500.
[301] *Wagner* DStR 2010, 1629 (1634).
[302] NZG 2009, 585.
[303] *Heckschen* NJW 2011, 2390 (2393); *Goslar/Mense* GWR 2011, 275; *Bungert/Wettich* DB 2011, 1500.
[304] *Goslar/Mense* GWR 2011, 275; *Wagner* DStR 2010, 1629, OLG Hamburg NZG 2012, 944.
[305] OLG Hamburg NZG 2012, 944.

mit einer Wertpapierleihe kombiniert werden, um für die Dauer des Verfahrens 90 % der Anteile in der Hand einer AG zu bündeln.[306]

127   Das Verfahren gestaltet sich wie folgt:[307]
   – Übertragungsverlangen durch den Hauptaktionär[308] (ggf. ad-hoc-Mitteilung) und Vorbereitung des Ausschlusses durch den Hauptaktionär.
   – Abschluss eines notariellen Verschmelzungsvertrages. Dieser muss neben den üblichen Bestimmungen nach § 5 UmwG auch die Aussage enthalten, dass im Zusammenhang mit der Verschmelzung ein Ausschluss der Minderheitsaktionäre der übertragenden Gesellschaft im Wege des Squeeze-out gemäß § 62 Abs. 5 S. 2 UmwG erfolgen soll. In den Verschmelzungsvertrag sollte als weitere Bedingung aufgenommen werden, dass auch die Verschmelzung nur wirksam werden soll, wenn der Squeeze-out wirksam wird. Dies entspricht in der Regel dem Willen der Beteiligten. Darüber hinaus wird so gewährleistet, dass es sich schlussendlich um eine Verschmelzung der Tochter- auf die Muttergesellschaft handelt. Ein Verschmelzungsbericht, eine Verschmelzungsprüfung und Angaben zum Umtauschverhältnis sind nicht notwendig.
   – Durchführung des Squeeze-out im Wege des Beschlusses, der binnen drei Monaten seit Beurkundung des Verschmelzungsvertrages zu fassen ist. Im Rahmen des Squeeze-out sind die entsprechenden Berichte gemäß § 327c AktG zu erstellen und die Voraussetzungen gemäß § 327a f. AktG einzuhalten.
   – In der weiteren Durchführung der Verschmelzung nach dem Squeeze-out sind Verschmelzungsbericht und Verschmelzungsprüfung entbehrlich (§ 62 Abs. 4 S. 1, S. 2 UmwG iVm §§ 8 Abs. 3 S. 1, 9 Abs. 3 UmwG), auch ein Verschmelzungsbeschluss auf Seiten des übertragenden Rechtsträgers ist nicht erforderlich, § 62 Abs. 4 S. 2 UmwG. Auf Seiten des übernehmenden Rechtsträgers kann ein Beschluss nach § 62 Abs. 1 UmwG entbehrlich sein.
   – Durchführung der Verschmelzung als Bedingung des Squeeze-out.

XIII. Verschmelzung in der Krise

128   **1. Überschuldete Rechtsträger.** Umwandlungs- und Umstrukturierungsmaßnahmen werden nicht nur von „gesunden" Unternehmen genutzt, vielmehr werden solche Maßnahmen auch von Unternehmen in der Krise oder zur lautlosen Liquidation eingesetzt.[309] Zu der in der kautelarjuristischen Praxis häufigen Frage, inwieweit überschuldete Rechtsträger an einer Verschmelzung beteiligt sein können, sind bislang nur wenige gerichtliche Entscheidungen ergangen.[310] Das Problem liegt in der Regel im Fehlen werthaltigen Vermögens der überschuldeten Gesellschaft, weshalb eine Verschmelzung mit Kapitalerhöhung ausscheidet. Die Frage ist anhand der Gesetzessystematik des UmwG und durch Unterscheidung zwischen verschiedenen Verschmelzungsmöglichkeiten zu beantworten.

129   Soll eine überschuldete auf eine „gesunde" Gesellschaft verschmolzen werden, ist die Hürde der Anteilsgewährungspflicht[311] durch die Möglichkeit des Verzichts (§§ 54 Abs. 1 S. 3, 68 Abs. 1 S. 3 UmwG) regelmäßig ausgeräumt.[312] Auch bei der Konzernverschmelzung ist eine Kapitalerhöhung nach §§ 54 Abs. 1 S. 1 Nr. 1, 68 Abs. 1 S. 1 Nr. 1 UmwG nicht erforderlich (dazu → Rn. 115 ff.). Das Verschmelzungsrecht sieht keinen Grundsatz vor, dass nur positives Vermögen verschmolzen werden kann.[313] Es ist daher davon auszu-

---

[306] Vgl. BGH NZG 2009, 585.
[307] Vgl. *Bungert/Wettich* DB 2011, 1500.
[308] Nicht erforderlich nach Semler/Stengel/*Diekmann* UmwG § 62 Rn. 32 g.
[309] *Heckschen* ZInsO 2008, 824.
[310] OLG Frankfurt a.M. DB 1998, 917; OLG Stuttgart DB 2005, 2681; LG Leipzig DB 2008, 885.
[311] Dazu *Heckschen* DB 2008, 1363.
[312] Vgl. *Baßler* GmbHR 2007, 1252.
[313] Vgl. DNotI, Gutachten des Deutschen Notarinstituts zum Umwandlungsrecht 1996/97, Band IV, Nr. 20 S. 148 f.; *Heckschen* DB 1998, 1385.

gehen, dass eine Mutter-Tochter-Verschmelzung auch ohne Kapitalerhöhung bzw. -herabsetzung möglich ist, zumal die Kapitalerhöhung mit Anteilstausch gemäß § 54 Abs. 1 S. 1 Nr. 1 UmwG sogar verboten ist.[314] Eine solche Konzernverschmelzung kann erfolgen, indem der später aufnehmende Rechtsträger zunächst alle Anteile an der überschuldeten, übertragenden Gesellschaft erwirbt und so die Voraussetzungen des § 54 Abs. 1 S. 1 Nr. 1 UmwG herbeiführt (zur Problematik des down-stream-merger → Rn. 117 ff.).

Nach Auffassung des BGH[315] kann aus der Verschmelzung einer überschuldeten, zahlungsunfähigen Gesellschaft auf eine vorher „gesunde", danach aber ihrerseits in der Krise befindlichen Gesellschaft ein Anspruch aus § 826 BGB wegen existenzvernichtendem Eingriff hergeleitet werden.

Wird beim übernehmenden Rechtsträger eine Kapitalerhöhung durchgeführt, so stellt **130** sich die Frage der **Differenzhaftung,** falls der übertragende Rechtsträger überbewertet wurde. Für die Aktiengesellschaft und nunmehr auch für die GmbH hat die Rechtsprechung eine solche Differenzhaftung abgelehnt,[316] da es an einer rechtlichen Grundlage fehlt. Die Vorschriften der §§ 188 Abs. 2 S. 1, 36a Abs. 2 S. 3 AktG für die Kapitalerhöhung einer AG seien nach § 69 Abs. 1 S. 1 UmwG nicht anwendbar. Auch enthalte keiner der für die Durchführung der Verschmelzung erforderlichen Beschlüsse eine Einlageverpflichtung der Anteilseigner, der für die Differenzhaftung jedoch erforderlich sei. Auch träfe eine Differenzhaftung möglicherweise Aktionäre, die sich an der Beschlussfassung nicht beteiligt oder gegen die Verschmelzung gestimmt haben, was dem Aktienrecht jedoch fremd sei.

In der Literatur wird die Haftung der Anteilseigner des übertragenden Rechtsträgers dagegen zum Teil bejaht.[317] Die Kapitalerhöhung bei der Verschmelzung sei notwendigerweise eine Sachkapitalerhöhung, aus Gründen des Gläubigerschutzes sei eine Differenzhaftung erforderlich wenn der Wert der Einlage den Nennbetrag der Geschäftsanteile bzw. den geringsten Ausgabebetrag der Aktien nicht erreiche. Das der übertragende Rechtsträger und nicht die Anteilseigner die Einlage schuldet, könne dem nicht entgegengehalten werden, da letztere die Anteile am übernehmenden Rechtsträger erhalten. Rechtliche Grundlage der Haftung soll die entsprechende Anwendung von § 56 Abs. 2 GmbHG iVm § 9 Abs. 1 GmbHG sein. Diese Haftung sei „konstruktionsbedingt", da der übertragende Rechtsträger mit der Eintragung ins Handelsregister erlösche.[318] Diese Ansicht verkennt jedoch, dass es an der klaren gesetzlichen Anordnung der Haftung fehlt. Auch der Untergang des übertragenden Rechtsträgers rechtfertigt eine Haftung seiner Anteilseigner nicht, für die Verschmelzung zur Neugründung ordnet § 36 Abs. 2 S. 2 UmwG sogar an, dass allein die übertragenden Rechtsträger als Gründer anzusehen sind. Nur diese träfe daher die Gründerhaftung gemäß § 46 AktG, nicht aber ihre Anteilseigner. Jedenfalls müsste eine Differenzhaftung wie beim Formwechsel auf diejenigen Anteilseigner beschränkt sein, die der Verschmelzung zustimmen (vgl. §§ 219 Abs. 2 Hs. 1, 245 Abs. 1 Hs. 1 UmwG). Dies gilt für die verschuldensabhängige Gründerhaftung und müsste dann erst recht für die verschuldensunabhängige Differenzhaftung gelten.[319] Für die GmbH wird dagegen der Vergleich zur normalen Barkapitalerhöhung vorgebracht, bei der nach hM ein Beschluss mit 3/4-Mehrheit ausreicht, auch wenn die alten Gesellschafter für Fehlbeträge bei den neuen Geschäftsanteilen haften.

---

[314] DNotI, Gutachten des Deutschen Notarinstituts zum Umwandlungsrecht 1996/97, Band IV, Nr. 20 S. 149.

[315] NotBZ 2019, 135 mAnm *Heckschen.*

[316] BGH NZG 2007, 513; NotBZ 2019, 135 mAnm *Heckschen;* ausf. auch *Heckschen* NZG 2019, 561.

[317] *Thoß* NZG 2006, 376; *Wälzholz* AG 2006, 469; Kallmeyer/ *Kocher* UmwG § 55 Rn. 13; Schmitt/Hörtnagl/Stratz/ *Stratz* UmwG § 55 Rn. 5; Widmann/Mayer/ *Mayer* UmwG § 55 Rn. 80.

[318] *Thoß* NZG 2006, 376.

[319] *Thoß* NZG 2006, 376; aA Semler/Stengel/ *Reichert* UmwG § 55 Rn. 11; Widmann/Mayer/ *Mayer* UmwG § 55 Rn. 82.

131 Sind Minderheitsgesellschafter am aufnehmenden Rechtsträgers beteiligt, so kann ein Verschmelzungsvertrag wegen Verstoßes gegen die gesellschaftsrechtliche Treuepflicht und/oder wegen Sittenwidrigkeit nichtig sein, wenn den Anteilseignern des übertragenden Rechtsträgers unverhältnismäßige Vorteile zu Lasten der Anteilseigner des übernehmenden Rechtsträgers eingeräumt werden.[320] Dies muss im umgekehrten Fall der Verschmelzung einer gesunden Gesellschaft auf eine überschuldete Gesellschaft ebenso gelten. Vom Registergericht ist dies jedoch nicht zu prüfen.[321] Lediglich bei positiver Kenntnis des Registergerichts von der Insolvenz der übertragenden Gesellschaft oder der Insolvenz der aufnehmenden Gesellschaft durch die Verschmelzung, etwa durch eine Schutzschrift, kann dieses eine Eintragung ablehnen, wenn hier eine strafbare Handlung iSd § 283 StGB vorliegt.[322]

132 Auch die **Verschmelzung auf den Alleingesellschafter** nach § 120 UmwG steht der überschuldeten GmbH offen.[323] Zum Teil wurde diese Möglichkeit in der Literatur unter Verweis auf § 152 S. 2 UmwG, der die Ausgliederung im Fall des überschuldeten Einzelkaufmanns verbietet, verneint. Begründet wurde dies weiter mit Nachteilen für die Gläubiger des Alleingesellschafters und für die Gesellschaft, die um die Vorteile des Insolvenzverfahrens gebracht wird, sowie mit einer Umgehung der Insolvenzantragspflicht.[324] Auch eine Entscheidung des BayObLG,[325] das die Verschmelzung einer aufgelösten und überschuldeten GmbH als unzulässig ansieht, wird zur Begründung herangezogen. Nach der hM steht die Überschuldung der Verschmelzung auf den Alleingesellschafter jedoch nicht entgegen.[326] Zu Recht wird betont, dass § 120 UmwG keine derartige Einschränkung enthält. Der Gesetzgeber hat die Fälle, in denen eine Umwandlung wegen Überschuldung ausgeschlossen sein soll, ausdrücklich geregelt, etwa in § 152 S. 2 UmwG. In allen anderen Fällen wollte der Gesetzgeber die sanierende Verschmelzung gerade nicht ausschließen.[327] Der Schutz der Gläubiger wird über § 22 UmwG und die haftungs- und strafrechtlichen Konsequenzen der Insolvenzverschleppung realisiert. Ein darüber hinausgehender Schutz ist gesetzlich nicht vorgesehen und kann vom Registergericht auch nicht geleistet werden.[328] Nachteile für die Gläubiger des Alleingesellschafters sind als allgemeines Geschäftsrisiko hinzunehmen. Ein Schuldner ist nicht verpflichtet, sein Vermögen für den Zugriff der Gläubiger zu erhalten, er kann durchaus Geschäfte tätigen, die für ihn ungünstig sind. Die Gläubiger werden durch die Regeln der Kapitalerhaltung und bei Privatpersonen über die Anfechtungsregeln nach Anfechtungsgesetz und InsO geschützt. Auch dem Beschluss des BayObLG[329] kann nichts Gegenteiliges entnommen werden. Es befasste sich mit der Frage, ob eine durch Gesellschafterbeschluss aufgelöste, überschuldete Gesellschaft fortgesetzt werden könne und damit verschmelzungsfähiger Rechtsträger nach § 3 Abs. 3 UmwG sein kann. Zur Frage der Verschmelzung bei Überschuldung nach § 120 UmwG hat sich das Gericht nicht geäußert. Das Gericht erkennt auch die regelmäßigen Vorteile für die Gesellschaftsgläubiger, denen nach der Verschmelzung eine größere Haftungsmasse zur Verfügung steht.[330]

---

[320] LG Mühlhausen DB 1996, 1967.
[321] OLG Naumburg NJW-RR 1998, 178; *Heckschen* NotBZ 2018, 352 f.
[322] Widmann/Mayer/*Mayer* UmwG § 55 Rn. 83.13.
[323] *Heckschen* ZInsO 2008, 824.
[324] Lutter/*Karollus* UmwG § 120 Rn. 21.
[325] DNotZ 1999, 145 mAnm *Limmer*.
[326] OLG Stuttgart ZIP 2005, 2066; LG Leipzig DB 2006, 885; Widmann/Mayer/*Heckschen* UmwG § 120 Rn. 8.6 ff.; Kallmeyer/*Marsch-Barner* UmwG § 120 Rn. 2; Schmitt/Hörtnagl/Stratz/*Stratz* UmwG § 120 Rn. 4; Semler/Stengel/*Seulen* UmwG § 120 Rn. 13.
[327] Widmann/Mayer/*Heckschen* UmwG § 120 Rn. 8.8; OLG Stuttgart ZIP 2005, 2066; LG Leipzig DB 2006, 885.
[328] OLG Stuttgart ZIP 2005, 2066.
[329] DNotZ 1999, 145 mAnm *Limmer*.
[330] Widmann/Mayer/*Heckschen* UmwG § 120 Rn. 8.6; *Heckschen* ZInsO 2008, 824.

Gleiches gilt im umgekehrten Fall einer Verschmelzung auf den überschuldeten Alleinge-sellschafter. Es ist zwar zuzugeben, dass der nachgelagerte Gläubigerschutz nach § 22 UmwG hier nur unvollständig gewährleistet ist. Da die Sicherheitsleistung dem gesunden Ausgangsrechtsträger nicht mehr möglich ist, wird in Anlehnung an den Fall des § 152 S. 2 UmwG teils eine Unzulässigkeit dieser Verschmelzungsvariante angenommen.[331] Dem ist aber wiederum entgegenzuhalten, dass der Gesetzgeber auch in dieser Hinsicht gerade keine Schranken gegen die Verschmelzung aufgestellt hat, obwohl ihm das Problem in Hinblick auf §§ 152, 154, 160 Abs. 2 UmwG wohl bekannt ist. Eine derartige Begren-zung der Umwandlungsmöglichkeiten ist daher nicht zulässig und verstößt gegen das Analogieverbot, § 1 Abs. 2 UmwG.[332]

Dringend zu beachten sind die Insolvenzstraftatbestände, insbes. §§ 283ff. StGB und **133** § 15a Abs. 4 InsO.[333] Es stellt sich zunächst die Frage, ob eine Verschmelzung eines in der Krise befindlichen Unternehmens auf ein drittes Unternehmen oder die Aufspaltung eines solchen Unternehmens ein Beiseiteschaffen von Vermögensbestandteilen im Sinne von § 283 Abs. 1 Nr. 1 bzw. § 288 Abs. 1 StGB darstellt. Dies kann bei sanierenden Ver-schmelzungen der Fall sein, wenn der Gläubigerzugriff erheblich erschwert wird,[334] etwa bei bereits titulierten Forderungen. Wenn durch die Umstrukturierungsmaßnahme die Krise der Gesellschaft beseitigt werden soll, besteht auch die Gefahr einer Strafbarkeit we-gen Insolvenzverschleppung, wenn bei Zahlungsunfähigkeit oder Überschuldung der An-trag auf Eröffnung des Insolvenzverfahrens nicht gestellt wird, § 15a Abs. 1, 4 InsO. Der Antrag ist spätestens drei Wochen nach Eintritt der Zahlungsunfähigkeit oder Überschul-dung zu stellen. Wird die Krise nicht innerhalb dieser Frist beseitigt oder zeigt sich bereits vor Ablauf der Frist die Erfolglosigkeit der Sanierung, so ist die Eröffnung des Insolvenz-verfahrens zu beantragen. Die kurze Frist macht deutlich, dass in der Praxis Sanierungs-maßnahmen bereits im Vorfeld der Krise begonnen oder nach Eröffnung des Insolvenz-verfahrens im Insolvenzplanverfahren erfolgen sollten. Der Notar sollte diese mögliche Strafbarkeit bei der Prüfung der Zulässigkeit eines Verschmelzungs-/Umwandlungsvor-gangs mit berücksichtigen. Drängt sich zB anhand der Bilanz des übertragenden Rechts-trägers auf, dass dieser in der Krise ist, sollte auf eine mögliche Strafbarkeit des Vorgangs hingewiesen werden. Diese kann dann vorliegen, wenn die Verschmelzung nicht dazu führt, dass die Krise beseitigt wird. Die Bilanz des aufnehmenden Rechtsträgers gibt Auf-schluss darüber, ob dieser in der Lage ist, das Krisenunternehmen auf sich zu verschmel-zen ohne seinerseits in die Krise zu geraten oder dort zu verbleiben.[335]

2. Rechtsträger in Insolvenz. Die InsO schließt die Sanierung im Vorfeld des Insol- **134** venzverfahrens nicht aus. § 19 Abs. 2 S. 2 InsO setzt eine negative Fortführungsprognose des Unternehmens voraus. Die geplante Sanierung durch Umstrukturierung kann diese Fortführung überwiegend wahrscheinlich erscheinen lassen, so dass der Insolvenzgrund entfällt.[336] Im Zeitraum zwischen Antragstellung auf Eröffnung des Insolvenzverfahrens und der Verfahrenseröffnung selbst sind Umwandlungsmaßnahmen zulässig.[337] Es sind hierbei die Vorschriften der InsO bereits zu beachten, um eine spätere Anfechtbarkeit bspw. nach §§ 132, 133 InsO oder dem Anfechtungsgesetz zu vermeiden. Auch sind dringend strafrechtliche Aspekte zu beachten.

---

[331] Kallmeyer/*Marsch-Barner* UmwG § 120 Rn. 3; Semler/Stengel/ *Seulen* UmwG § 120 Rn. 26.
[332] Widmann/Mayer/*Heckschen* UmwG § 1 Rn. 397ff., 406.
[333] Vgl. dazu *Heckschen* NotBZ 1999, 41 und MittRhNotK 1999, 11.
[334] Vgl. Schönke/Schröder/*Heine/Schuster* StGB § 283 Rn. 4.
[335] Ausf. zu strafrechtlichen Aspekten Reul/Heckschen/Wienberg/*Heckschen*, Insolvenzrecht in der Gestal-tungspraxis, 2. Aufl. 2018, § 4 Rn. 619ff.
[336] Kübler/Prütting/*Pape* InsO § 19 Rn. 16ff.
[337] *Heckschen* ZInsO 2008, 824; DB 2005, 2675 und FS Widmann 2000, 31.

135 Nach Eröffnung des Insolvenzverfahrens und bis zur Beendigung des Verfahrens ist die Beteiligung an Umwandlungsmaßnahmen dagegen nach hM ausgeschlossen.[338] Dies ist zwar weder im Umwandlungsgesetz noch in der Insolvenzordnung ausdrücklich geregelt, der Vorrang des sog. Konkursbeschlags war jedoch schon unter der Konkursordnung anerkannt. Das UmwG selbst lässt nur in § 3 Abs. 3 UmwG Rückschlüsse auf das Verhältnis zur InsO zu. Die Beteiligung an einer Umwandlung als übertragender Rechtsträger ist danach zulässig, wenn auch die Fortsetzung beschlossen werden könnte. Dies ist im Regelinsolvenzverfahren nur dann möglich, wenn das Insolvenzverfahren auf Antrag des Schuldners eingestellt wurde. Während des eröffneten Regelinsolvenzverfahrens sind Umwandlungsmaßnahmen daher nicht möglich.

136 Anders als im Regelinsolvenzverfahren können jedoch im **Insolvenzplanverfahren** sanierende Umwandlungsmaßnahmen organisiert und verpflichtend vorbereitet werden. Mit Inkrafttreten des Gesetzes zur Erleichterung der Sanierung von Unternehmen zum 1. 3. 2012[339] sind zahlreiche Änderungen der Insolvenzordnung vorgenommen wurden, die nunmehr Umwandlungsmaßnahmen eines insolventen Rechtsträgers im Rahmen eines Insolvenzplans möglich werden lassen. Diese betreffen vor allem die Möglichkeit der Einbeziehung der Anteilsrechte der am Schuldner beteiligten Personen in den Insolvenzplan gemäß § 225a Abs. 1 InsO und der Regelung der Fortsetzung der Gesellschaft innerhalb des Insolvenzplans gemäß § 225a Abs. 3 InsO. Damit wurden wesentliche Hemmnisse beseitigt, die bisher einer verpflichtenden Organisation und Durchführung von Umwandlungsmaßnahmen entgegenstanden. Die notwendige Beteiligung eines nicht in Insolvenz befindlichen Dritten bedingt es allerdings, dass das Umwandlungsvorhaben nicht gänzlich im Rahmen des Planverfahrens erfolgen kann, sondern der Zustimmungsbeschluss des Dritten, an der Insolvenz nicht beteiligten Rechtsträgers, notariell zu beurkunden ist.[340] Nach hM kann jedoch der Verschmelzungsvertrag Bestandteil des Insolvenzplans sein.[341]

137 Im Einzelnen ist bei der Umwandlung im Rahmen eines Insolvenzplans folgende Vorgehensweise zu beachten:[342]
(1) Zunächst ist in einem ersten – insolvenzrechtlichen – Schritt ein Insolvenzplan aufzustellen. Der Insolvenzplan muss unter anderem sowohl den Entwurf des Verschmelzungs- bzw. Spaltungsvertrags als auch die maßgeblichen Beschlüsse zur Umwandlungsmaßnahme des insolventen Rechtsträgers enthalten (Fortsetzungs- und Zustimmungsbeschluss, §§ 217 S. 2, 225a, 254a Abs. 2 InsO) und als Bedingung vorsehen, dass die Anteilsinhaber des nicht insolventen Rechtsträgers dem Entwurf des Verschmelzungs- bzw. Spaltungsvertrags zustimmen. Über diesen Insolvenzplan stimmen sodann die Gesellschaftsgläubiger, ggf. die Anteilsinhaber und der Schuldner ab (§§ 243, 222 InsO).
(2) In einem zweiten – umwandlungsrechtlichen – Schritt stimmen die Anteilsinhaber des nicht insolventen Rechtsträgers über den Entwurf des Verschmelzungs- bzw. Spaltungsvertrags ab. Dieser Zustimmungsbeschluss ist unter die aufschiebende Bedingung der Bestätigung des Insolvenzplans zu stellen.[343]
(3) In einem dritten – insolvenzrechtlichen – Schritt wird der Insolvenzplan durch das Insolvenzgericht bestätigt und das Insolvenzverfahren aufgehoben. Damit ist die Umwandlungsfähigkeit der Gesellschaft wiederhergestellt. Da alle maßgeblichen Beschlüs-

---

[338] Lutter/*Lutter/Drygala* UmwG § 3 Rn. 17; Widmann/Mayer/*Fronhöfer* UmwG § 3 Rn. 55; Widmann/Mayer/*Heckschen* UmwG § 13 Rn. 149.4; OLG Brandenburg ZIP 2015, 929.
[339] ESUG, BGBl. 2011 I 2582.
[340] Hierzu Widmann/Mayer/*Heckschen* UmwG § 13 Rn. 149.6; aA *Madaus* ZIP 2012, 2133, der auch die notarielle Beurkundung durch die Planbestätigung als ersetzt ansieht.
[341] Dazu Kallmeyer/*Kocher* UmwG Anh. II Rn. 41.
[342] Zur Problematik der Beurkundungsbedürftigkeit der Umwandlung im Rahmen eines Insolvenzplanverfahrens vgl. Widmann/Mayer/*Heckschen* UmwG § 13 Rn. 149.6.
[343] *Limmer* HdB-Unternehmensumwandlung Teil 5 Rn. 107; *Blasche* GWR 2010, 441.

se des insolventen Rechtsträgers im Insolvenzplan bereits enthalten und mit dessen Bestätigung wirksam geworden sind (§ 254 InsO), ist ein erneuter Zustimmungsbeschluss nicht erforderlich.

(4) Sodann schließen die an der Umwandlungsmaßnahme beteiligten Gesellschaften in einem vierten – umwandlungsrechtlichen – Schritt den notariell zu beurkundenden Verschmelzungs- bzw. Spaltungsvertrag.

(5) Anschließend ist in einem fünften Schritt die Umwandlung anzumelden.

XIV. Grenzüberschreitende Verschmelzung von Kapitalgesellschaften

1. Problem der grenzüberschreitenden Verschmelzung/Historische Entwicklung. 138
Eine zentrale Rolle in der Diskussion über die Vereinbarkeit des deutschen Umwandlungsrechts mit den europarechtlichen Vorgaben nahm früher die Regelung des § 1 Abs. 1 UmwG ein. Aus dieser Vorschrift folgt, dass an einer Umwandlung nur Rechtsträger mit *Sitz im Inland* beteiligt werden können. Nicht eindeutig beantwortet werden kann die Frage, ob es sich dabei um den Verwaltungs- oder den Satzungssitz des Unternehmens handelt. Der Gesetzgeber ging wohl bei Schaffung der Norm vom statutarischen Sitz aus und konnte angesichts der seinerzeit noch ganz einhellig vertretenen Sitztheorie auch davon ausgehen, dass sich der Verwaltungssitz eines Unternehmens mit Satzungssitz in Deutschland ebenfalls in Deutschland befindet, zumal ein Auseinanderfallen von Satzungs- und Verwaltungssitz automatisch zur Auflösung der Gesellschaft führte. Teilweise wurde eine derartige Gesellschaft in der Rechtsprechung auch als „nullum" bezeichnet.[344] Umwandlungsfälle über die Grenze hinweg wollte der deutsche Gesetzgeber seinerzeit nicht in den Anwendungsbereich des Umwandlungsgesetzes aufnehmen, um den Bemühungen der EU in Bezug auf eine Rechtsvereinheitlichung nicht vorzugreifen.[345]

Auch der EuGH hatte sich bereits auf Vorlage des LG Koblenz[346] in der Rechtssache SEVIC Systems Aktiengesellschaft mit der Frage zu befassen, ob § 1 Abs. 1 UmwG mit der Niederlassungsfreiheit vereinbar ist. In dem zu Grunde liegenden Fall sollte die Security Vision mit Satzungssitz in einem Mitgliedstaat der Europäischen Union auf die SEVIC Systems AG mit Sitz in Deutschland (herein-)verschmolzen werden. Das Registergericht hatte den Antrag auf Eintragung in das Handelsregister unter Hinweis auf § 1 Abs. 1 Nr. 1 UmwG abgelehnt. Der EuGH[347] sah in der genannten Vorschrift des deutschen Umwandlungsgesetzes einen Verstoß gegen die Niederlassungsfreiheit. Er hält die Art. 43, 48 EGV (heute Art. 49, 54 AEUV) für anwendbar, da hierunter alle Maßnahmen fallen, die den Zugang zu einem anderen Mitgliedstaat als dem Sitzmitgliedstaat und die Ausübung einer wirtschaftlichen Tätigkeit in jenem Staat dadurch ermöglichen oder auch nur erleichtern, dass sie die tatsächliche Teilnahme der betroffenen Wirtschaftsbeteiligten am Wirtschaftsleben des letztgenannten Mitgliedstaats unter denselben Bedingungen gestatten, die für die inländischen Wirtschaftsbeteiligten gelten. Grenzüberschreitende Verschmelzungen entsprächen den Zusammenarbeits- und Umgestaltungsbedürfnissen von Gesellschaften mit Sitz in verschiedenen Mitgliedstaaten und stellten wichtige Modalitäten der Ausübung der Niederlassungsfreiheit dar.[348] Die unterschiedliche Behandlung inländischer und ausländischer Gesellschaften durch das deutsche Umwandlungsgesetz sieht der EuGH als eine unzulässige Beschränkung der Niederlassungsfreiheit an.[349]

Eine Rechtfertigung der Beschränkung schließt der Gerichtshof aus.[350] Es könne zwar hilfreich sein, wenn es – wie in der Verschmelzungsrichtlinie vorgesehen – gemeinschaft-

---

[344] AG Hamburg ZIP 2003, 1008 (1009).
[345] *Schmahl* WuB 2004, 55.
[346] NZG 2003, 1124.
[347] EuZW 2006, 81.
[348] Vgl. hierzu auch *Kraft/Bron* IStR 2006, 26 (27 f.); *Teichmann* ZIP 2006, 355 (356).
[349] *Kraft/Bron* IStR 2006, 26 (28) stellen insbesondere auf die entstehenden steuerlichen Nachteile ab.
[350] Vgl. hierzu auch *Kraft/Bron* IStR 2006, 26 (28 ff.).

liche Harmonisierungsvorschriften gäbe, jedoch sei dies nicht Vorbedingung für die Durchführung der Niederlassungsfreiheit. Als Rechtfertigungsgründe kämen grundsätzlich zwingende Allgemeininteressen wie der Schutz der Interessen von Gläubigern, Minderheitsgesellschaftern und Arbeitnehmern sowie die Wahrung der Wirksamkeit der Steueraufsicht und der Lauterkeit des Handelsverkehrs in Betracht. Allerdings gehe der generelle Ausschluss von Rechtsträgern mit einem Satzungssitz in einem anderen Mitgliedstaat von Teilnahmen an Umwandlungen über das hinaus, was zum Schutz dieser Allgemeininteressen erforderlich sei.

Mit seiner Entscheidung in Sachen SEVIC hat der EuGH jedoch letztlich nur der Umsetzung der Richtlinie 2005/56/EG des Europäischen Parlaments und des Rates vom 26.10.2005 über die Verschmelzung von Kapitalgesellschaften aus verschiedenen Mitgliedstaaten[351] zumindest teilweise vorgegriffen. Durch die Richtlinie wird es Kapitalgesellschaften aus verschiedenen Mitgliedstaaten nunmehr ermöglicht, miteinander zu verschmelzen.

139 **2. Umsetzung der Verschmelzungsrichtlinie vom 26.10.2005 (jetzt kodifiziert durch RL 2017/1132/EU) – Die Regelungen im Überblick.** Der deutsche Gesetzgeber ist seiner Verpflichtung zur Umsetzung der Richtlinie über die Verschmelzung von Kapitalgesellschaften aus verschiedenen Mitgliedstaaten[352] mit Einfügung der §§ 122a–122l UmwG nachgekommen.[353] Diese Vorschriften wurden nunmehr durch das Vierte Gesetz zur Änderung des Umwandlungsgesetzes modifiziert.[354] Ziel des Gesetzes ist es, den vom Brexit und dessen negativen Folgen betroffenen Gesellschaften, vor allem der private company limited by shares (Ltd.), eine weitere kostengünstigere Umwandlungsmöglichkeit zu gewähren. Dazu wurden die §§ 122a ff. UmwG um Vorschriften über die Hineinverschmelzung von Kapitalgesellschaften auf Personengesellschaften ergänzt.

140 **a) Grenzüberschreitende Verschmelzung, §§ 122a, 122m UmwG.** Nach der Definition des § 122a Abs. 1 UmwG liegt eine grenzüberschreitende Verschmelzung vor, wenn mindestens eine der beteiligten Gesellschaften dem Recht eines anderen Mitgliedstaates der Europäischen Union oder eines anderen Vertragsstaates des Abkommens über den Europäischen Wirtschaftsraum unterliegt.[355] Somit sind rein nationale Verschmelzungen oder Verschmelzungen mit Kapitalgesellschaften aus Drittstaaten nicht erfasst.[356] Eine Ausnahme hiervon bildet der durch das 4. UmwGÄndG eingefügte § 122m UmwG. Danach fällt eine Verschmelzung einer Gesellschaft des Vereinigten Königreichs auf eine deutsche Gesellschaft unter folgenden Voraussetzungen auch nach dem Brexit, also wenn das Vereinigte Königreich kein Mitglied der EU, sondern ein Drittstaat wäre, in den Anwendungsbereich:
– Vorliegen eines Verschmelzungsplans (§ 122c Abs. 4 UmwG), der vor dem Ausscheiden des Vereinigten Königreichs aus der EU **oder** vor dem Ablauf eines Übergangszeitraums, in welchem das Vereinigte Königreich in Deutschland weiterhin als Mitgliedstaat der EU gelten würde, notariell beurkundet wurde **und**
– die Verschmelzung unverzüglich (spätestens aber zwei Jahre nach diesem Zeitpunkt) mit den erforderlichen Unterlagen zur Registereintragung angemeldet wird.

141 **b) Verschmelzungsfähige Rechtsträger, § 122b UmwG.** Als verschmelzungsfähige Rechtsträger bestimmt § 122b Abs. 1 Nr. 1 UmwG die Kapitalgesellschaften, wie sie sich aus Art. 2 Nr. 1 RL 2005/56/EG (Art. 119 Nr. 1 RL 2017/1132/EU) ergeben. Es han-

---

[351] ABl. 2005 L 310, 1.
[352] ABl. 2005 L 310, 1.
[353] Vgl. *Frenzel*, Grenzüberschreitende Verschmelzungen von Kapitalgesellschaften, 2008, S. 11; *Heckschen* DNotZ 2007, 444.
[354] BGBl. 2018 I 2694.
[355] Kritik: *Handelsrechtsausschuss DAV* NZG 2006, 737 (740).
[356] *Müller* NZG 2006, 286.

delt sich dabei um die Rechtsformen der GmbH, der AG, der KGaA und der SE mit Sitz in Deutschland. Personenhandelsgesellschaften sind jetzt als übernehmende/neue Gesellschaften, soweit sie in der Regel nicht mehr als 500 Arbeitnehmer beschäftigen, beteiligungsfähig (§ 122b Abs. 1 Nr. 2 UmwG). Ausdrücklich ausgeschlossen von grenzüberschreitenden Verschmelzungen werden nach § 122b Abs. 2 UmwG Genossenschaften und Kapitalsammelgesellschaften.

c) Verschmelzungsplan, §§ 122c, 122d UmwG. Abweichend vom innerdeutschen 142 Verschmelzungsrecht wird bei der grenzüberschreitenden Verschmelzung kein Verschmelzungsvertrag, sondern ein gemeinsamer Verschmelzungsplan zugrunde gelegt.[357]
Der Verschmelzungsplan ist gemäß § 122c Abs. 4 UmwG notariell zu beurkunden. Damit ist die Beurkundung durch einen deutschen Notar gemeint. Die Frage der Anerkennung von Beurkundungen im Ausland richtet sich nach den allgemeinen Regeln.[358]
Bezüglich des Inhalts des Verschmelzungsplans hat der deutsche Gesetzgeber in § 122c Abs. 2 UmwG die Angaben geregelt, so dass insofern § 5 Abs. 1 UmwG verdrängt ist. Die in Abs. 2 aufgeführten Angaben sind nicht abschließend und können von den beteiligten Gesellschaften einvernehmlich ergänzt werden.
§ 122d UmwG sieht Regelungen in Bezug auf die Bekanntmachung des Verschmelzungsplanes vor.

d) Verschmelzungsbericht, § 122e UmwG. § 122e UmwG sieht entsprechend § 8 143 UmwG einen Verschmelzungsbericht vor. Dieser ist auch den Anteilseignern und Arbeitnehmervertretungen und – falls solche nicht vorhanden sind – den Arbeitnehmern zugänglich zu machen.[359] Ein Verzicht, wie ihn § 8 Abs. 3 UmwG vorsieht, ist lediglich möglich, wenn als übernehmende/neue Gesellschaft eine Personenhandelsgesellschaft beteiligt ist.

e) Verschmelzungsprüfung, § 122f UmwG. In § 122f UmwG wird die Verschmel- 144 zungsprüfung geregelt. Demnach muss der Verschmelzungsplan durch einen oder mehrere Sachverständige geprüft werden. Der diesbezügliche Prüfungsbericht muss der Gesellschafterversammlung spätestens einen Monat vor dem Beschluss über die Zustimmung vorliegen.

f) Zustimmung der Anteilseigner, § 122g UmwG. Auch bei der grenzüberschreiten- 145 den Verschmelzung ist die Zustimmung der Anteilseigner erforderlich.[360] Nach der in § 122a Abs. 2 UmwG enthaltenen Verweisung richtet sich die Beschlussfassung grundsätzlich nach den bereits bekannten Bestimmungen der §§ 13, 43, 50, 56, 65, 73, 78 UmwG. Allerdings ist der Zustimmungsbeschluss dann entbehrlich, wenn sich alle Anteile der übertragenden Gesellschaft in der Hand der übernehmenden Gesellschaft befinden, § 122g Abs. 2 UmwG.

g) Abfindungsangebot im Verschmelzungsplan, § 122i UmwG. § 122i UmwG be- 146 fasst sich mit der Abfindung von Anteilsinhabern, die der Verschmelzung nicht zustimmen. Grundlage der Regelung war Art. 4 Abs. 2 S. 2 RL 2005/56/EG (Art. 121 Abs. 2 S. 2 RL 2017/1132/EU).

h) Schutz der Gläubiger der übertragenden Gesellschaft, § 122j UmwG. Bezüglich 147 des Schutzes von Gläubigern einer übertragenden Gesellschaft treffen die §§ 122j und

---

[357] *Vetter* AG 2006, 613 (617).
[358] *Vetter* AG 2006, 613 (617).
[359] Vgl. dazu Widmann/Mayer/*Mayer* UmwG § 122e Rn. 11.
[360] Art. 9 RL 2005/56/EG.

122k UmwG Regelungen, die sich als ausgesprochen streng darstellen. Den Gläubigern der übertragenden Gesellschaft ist nach § 122j Abs. 1 UmwG Sicherheit zu leisten, wenn diese ihren Anspruch binnen zwei Monaten nach Bekanntgabe des Verschmelzungsplanes oder seines Entwurfes angemeldet und glaubhaft gemacht haben, dass die Erfüllung ihrer Forderung durch die Verschmelzung gefährdet wird. Ziel dieser Regelung ist es, den Gläubigern in Abweichung zu § 22 UmwG schon vor Eintragung der Verschmelzung einen Anspruch auf Sicherheitsleistung zu geben. Eine Sicherheitsleistung nach § 122j UmwG hat nur dann zu erfolgen, wenn der übernehmende Rechtsträger nicht deutschem Recht unterliegt.

148 **i) Verschmelzungsbescheinigung, § 122k UmwG.** Nach § 122k Abs. 1 S. 3 UmwG haben die Vertretungsorgane der übertragenden Gesellschaft eine Versicherung abzugeben, wonach den Gläubigern, die nach § 122j Abs. 1 UmwG einen Anspruch auf Sicherheitsleistung haben, entsprechende Sicherheit geleistet wurde. Eine falsche Versicherung wird in § 314a UmwG unter Strafe gestellt. Dies wird als Verstoß gegen Art. 49, 54 AEUV angesehen.[361]

Auch die in § 122k Abs. 2 UmwG vorgesehene Rechtmäßigkeitsprüfung wird als nicht ausreichende Umsetzung der Verschmelzungsrichtlinie betrachtet, da für den Fall, dass die aufnehmende Gesellschaft eine deutsche Gesellschaft ist, nur ein einstufiges Prüfungsverfahren vorgesehen ist, während die Richtlinie ein zweistufiges verlangt. Außerdem wird der Inhalt der Verschmelzungsbescheinigung mit der Fiktion nach § 122k Abs. 2 S. 2 UmwG als nicht ausreichend betrachtet.[362]

149 **3. Ablaufplan einer grenzüberschreitenden Verschmelzung nach dem UmwG. a) Beginn.** Vor einer Verschmelzung steht die Entscheidung der Geschäftsleitung zu, eine Verschmelzung – Möglichkeit der Herein-, Herausverschmelzung oder Verschmelzung durch Neugründung – mit einer anderen Gesellschaft vorzunehmen.

150 **b) Vorbereitungsphase. (1) Verschmelzungsplan.** Die Vorbereitungsphase beginnt mit der Erstellung eines gemeinsamen Verschmelzungsplans durch die Vertretungsorgane der beteiligten Gesellschaften. Der Mindestinhalt richtet sich nach § 122c Abs. 2 Nr. 1–13 UmwG. Bei Hinausverschmelzungen ist zudem zu beachten, dass der Verschmelzungsplan gemäß § 122i UmwG ein Abfindungsangebot an die Anteilsinhaber beinhaltet.

Der Verschmelzungsplan muss als notwendige Angabe neben dem für die Rechnungslegung maßgeblichen Verschmelzungsstichtag (§ 122c Abs. 2 Nr. 6 UmwG) auch den Stichtag der Bilanzen der an der Verschmelzung beteiligten Gesellschaften, die zur Festlegung der Bedingungen der Verschmelzung verwendet werden (§ 122c Abs. 2 Nr. 12 UmwG), enthalten. Ungeklärt ist, in welchem Verhältnis Verschmelzungsstichtag (§ 122c Abs. 2 Nr. 6 UmwG) und der nach § 122c Abs. 2 Nr. 12 UmwG anzugebende Bilanzstichtag stehen. Aus der von der hM aufgestellten Prämisse, dass die nach § 17 Abs. 2 UmwG beizufügende Schlussbilanz auf den Tag vor dem Verschmelzungsstichtag datieren muss (hierzu → Rn. 48), fordern einige Stimmen in der Literatur, dass auch der nach § 122c Abs. 2 Nr. 12 UmwG anzugebende Bilanzstichtag der Tag vor dem Verschmelzungsstichtag zu sein hat.[363] Eine andere Auffassung in der Literatur[364] verweist auf den unterschiedlichen Sinn und Zweck der Verpflichtung der Beifügung der Schlussbilanz nach § 17 UmwG im Vergleich zu der Benennung des Stichtags nach § 122c Abs. 2 Nr. 12 UmwG. Während § 17 Abs. 2 UmwG dem Schutz der Gläubiger und Sicherung der Kapitalaufbringung dienen soll, orientiere sich § 122c Abs. 2 Nr. 12 UmwG vielmehr

---

[361] *Haritz/v. Wolff* GmbHR 2006, 340 (343); vgl. hierzu auch *Müller* NZG 2006, 286 (289).
[362] *Haritz/v. Wolff* GmbHR 2006, 340 (343 f.).
[363] Schmitt/Hörtnagl/Stratz/*Hörtnagel* UmwG § 122c Rn. 22, 34; Henssler/Strohn/*Polley* UmwG § 122c Rn. 17.
[364] *Bormann/Trautmann* KSzW 2013, 70 (73 f.).

am Schutz der Gesellschafter. Unterstellt man, dass die Stichtage zwingend aufeinander-
folgen müssen, würde der Angabe nach § 122c Abs. 2 Nr. 12 UmwG außerdem keine
eigenständige Funktion zukommen. Daher spräche auch die Systematik des § 122c Abs. 2
UmwG und des Art. 5 S. 2 lit. 1 der Verschmelzungs-Richtlinie (Art. 122 S. 2 lit. 1 RL
2017/1132/EU) dafür, dass der nach § 122c Abs. 2 Nr. 12 UmwG anzugebende Stichtag
nicht auf den Tag vor dem Verschmelzungsstichtag zu datieren habe. Dies habe praktisch
mehr Flexibilität bei der Durchführung einer grenzüberschreitenden Verschmelzung zur
Konsequenz. Insbesondere müsse nicht zugewartet werden, bis die maßgebliche Bilanz
zum Tag vor dem Verschmelzungsstichtag vorliegt.[365]

(2) Beurkundung. Nach § 122c Abs. 4 UmwG ist eine notarielle Beurkundung des Ver- 150a
schmelzungsplans notwendig.

(3) Registergericht. Der Verschmelzungsplan bzw. sein Entwurf ist beim Registergericht 150b
unter Mitteilung der bekanntzumachenden Angaben einen Monat vor der Versammlung
der Anteilsinhaber, die über den Verschmelzungsplan beschließen soll, einzureichen.

(4) Verschmelzungsbericht. Zugleich – ebenfalls einen Monat vor der Versammlung 150c
der Anteilsinhaber zur Abstimmung zum Verschmelzungsplan – ist der Verschmelzungsbericht gemäß § 122e UmwG den Anteilsinhabern und dem zuständigen Betriebsrat bzw.
den Arbeitnehmern zugänglich zu machen.[366]
  Ebenfalls muss dann auch der Verschmelzungsprüfungsbericht vorliegen. Schließlich ist
ab diesem Zeitpunkt die Gesellschafterversammlung vorzubereiten, §§ 13, 42, 47, 49 ff.,
63 ff. UmwG, §§ 121 ff. AktG, §§ 47 ff. GmbHG.

(5) Bekanntmachung. Der Verschmelzungsplan bzw. sein Entwurf ist durch das Regis- 150d
tergericht gemäß § 10 HGB unverzüglich nach Einreichung des Verschmelzungsplans bei
Gericht bekanntzumachen. Dabei sind die Angaben gemäß § 122d S. 2 Nr. 1–4 UmwG
durch das Registergericht mit bekanntzumachen.

c) Beschlussphase. (1) Gesellschafterversammlung. In der Beschlussphase der Ver- 151
schmelzung ist die Gesellschafterversammlung abzuhalten, die über den Verschmelzungsplan abzustimmen hat.

(2) Zustimmung nach §§ 13, 122g UmwG. Die Gesellschafter geben ihre Zustim- 151a
mung nach § 122g Abs. 1 UmwG zum Verschmelzungsplan. Hinsichtlich der Arbeitnehmermitbestimmung können sie gemäß § 122g Abs. 1 Hs. 2 UmwG unter Vorbehalt entscheiden, wobei eine spätere Entscheidung der Gesellschafter in dieser Frage notwendig
sein kann. Der Beschluss ist bei der Verschmelzung einer 100%-Tochter- auf die Muttergesellschaft entbehrlich.

d) Zwischenverfahren. (1) Gläubigerrechte gemäß § 122j UmwG. Sofern der über- 152
nehmende oder neue Rechtsträger nicht deutschem Recht unterliegt, können die Gläubiger der übertragenden Gesellschaft innerhalb von zwei Monaten nach Veröffentlichung
des Verschmelzungsplans oder seines Entwurfes ihre Ansprüche gegen die übertragende
Gesellschaft, die vor oder bis zu 15 Tage nach Offenlegung des Verschmelzungsplans entstanden sind, anmelden.

(2) Sicherheitsleistung oder Befriedigung. Die angemeldeten Gläubigerrechte sind zu 152a
befriedigen. Soweit sie nicht Befriedigung erlangen können, ist Sicherheit zu leisten.

---

[365] Vgl. hierzu näher *Bormann/Trautmann* KSzW 2013, 70 (72).
[366] Zu den erforderlichen arbeitsrechtlichen Pflichtangaben *Dzida/Schramm* NZG 2008, 521.

153 e) Kontrollphase. In der Kontrollphase, dh in dem Abschnitt, in dem die Verschmelzung durch das Gericht zu prüfen ist, wird im UmwG zwischen der Herein- und Hinausverschmelzung bzw. Verschmelzung zur Neugründung unterschieden.

Die Verschmelzungsrichtlinie sah ein zweistufiges Kontrollverfahren vor. Dieses sieht in der ersten Stufe vor, dass durch ein Gericht, Notar oder eine sonstige zuständige Behörde die Rechtmäßigkeit der grenzüberschreitenden Verschmelzung für die sich verschmelzenden Gesellschaften hinsichtlich des innerstaatlichen Rechts überprüft wird, Art. 10 RL 2005/56/EG (Art. 127 RL 2017/1132/EU).

Daran schließt sich die zweite Stufe der Kontrolle an, die nach Art. 11 RL 2005/56/EG (Art. 128 RL 2017/1132/EU) die Rechtmäßigkeitsprüfung der grenzüberschreitenden Verschmelzung für die Verfahrensabschnitte kontrolliert, welche die Durchführung der grenzüberschreitenden Verschmelzung und ggf. die Gründung einer neuen, aus der grenzüberschreitenden Verschmelzung hervorgehenden Gesellschaft betreffen.

Der deutsche Gesetzgeber hat dagegen lediglich für Hinausverschmelzungen deutscher Gesellschaften und Neugründungen durch Verschmelzung ein zweistufiges Kontrollverfahren in § 122k UmwG vorgesehen, was teilweise als richtlinienwidrig kritisiert wird.[367]

153a (1) Verfahren bei Hereinverschmelzung. In den Fällen der Hereinverschmelzung, in denen die übertragende Gesellschaft keine deutsche Gesellschaft ist und lediglich die übernehmende Gesellschaft eine solche ist, wird nach § 122k Abs. 1 UmwG ausschließlich von der übertragenden Gesellschaft eine Verschmelzungsbescheinigung gefordert. Für die deutsche übernehmende Gesellschaft ist eine Rechtmäßigkeitsbescheinigung nicht notwendig. Demnach ist nach § 122k Abs. 1 UmwG nur eine Mitteilung der übertragenden Gesellschaft an das deutsche Registergericht vorgesehen. Durch die übernehmende Gesellschaft ist eine Mitteilung für die Eintragung der Verschmelzung ins deutsche Register nicht vorgesehen.

Anders als bei der Hinausverschmelzung muss bei Hereinverschmelzungen der Handelsregisteranmeldung keine Schlussbilanz des übertragenden Rechtsträgers beigefügt werden. Eine solche Vorlagepflicht von Vertretungsorganen ausländischer Gesellschaften fällt nicht in die Regelungskompetenz des Gesetzgebers. Der deutsche Gesetzgeber ist allein zur Regelung der Anmeldungen bei deutschen Handelsregistern berufen. Von der Möglichkeit der Vorlagepflicht der Bilanz durch den aufnehmenden deutschen Rechtsträger, hat der Gesetzgeber mit der Regelung in § 122l Abs. 1 S. 3 UmwG explizit abgesehen.[368]

Die Mitglieder des Vertretungsorgans haben bei der Anmeldung zur Eintragung eine Versicherung abzugeben, dass allen Gläubigern, die nach § 122j UmwG einen Anspruch auf Sicherheitsleistung haben, eine angemessene Sicherheit geleistet wurde.

Mit der Eintragung der Verschmelzung am Sitz der Gesellschaft wird diese wirksam gemäß § 20 UmwG.

153b (2) Verfahren der Verschmelzung bei Hinausverschmelzungen. Bei der Hinausverschmelzung ist die Verschmelzungsprüfung zweistufig angelegt, § 120k Abs. 1, Abs. 2 UmwG. Auf erster Stufe wird vom Registergericht geprüft, ob für die übertragende deutsche Gesellschaft die Voraussetzungen für die grenzüberschreitende Verschmelzung vorliegen. Dabei werden die Rechtmäßigkeit des Verschmelzungsplans sowie dessen Veröffentlichung, der Verschmelzungsbericht der deutschen Gesellschaft und die Verschmelzungsprüfung kontrolliert. Des Weiteren wird die Einhaltung der Einsichts- und Beteiligungsrechte der Aktionäre und Arbeitnehmervertretungen und der Schutzvorschriften zu Gunsten der Minderheitengesellschafter, das Vorliegen eines wirksamen, nicht angefochtenen Verschmelzungsbeschlusses sowie die Einholung einer Versicherung des Vertretungsorgans der Gesellschaft, dass den Gläubigern gemäß § 122j UmwG angemessene Sicher-

---

[367] *Louven* ZIP 2006, 2021 (2027).
[368] *Bormann/Trautmann* KSzW 2013, 70 (71 f.).

heit geleistet wurde, gefordert.[369] Außerdem muss der Handelsregisteranmeldung die Schlussbilanz des übertragenden Rechtsträgers beigefügt werden, § 122k Abs. 1 S. 2 UmwG iVm § 17 Abs. 2 UmwG. Zur Frage, ob die der Handelsregisteranmeldung beizufügende Schlussbilanz auf den Tag vor dem Verschmelzungsstichtag zu datieren ist, → Rn. 47f. Nach einer positiven Prüfung erteilt das Registergericht unverzüglich eine Rechtmäßigkeitsbescheinigung nach § 122k Abs. 2 S. 1 UmwG.

Auf der zweiten Stufe der Kontrollprüfung wird die Rechtmäßigkeit der Verschmelzung durch das Registergericht am Sitz der zu gründenden Gesellschaft überprüft. Für die Eintragung ist die Vorlage der Verschmelzungsbescheinigungen aller übertragenden Gesellschaften notwendig, § 122l Abs. 1 S. 2 UmwG. Das Gericht muss sicherstellen, dass ggf. eine Vereinbarung zur Mitbestimmung getroffen wurde und die Gesellschaften einem gemeinsamen Verschmelzungsplan zugestimmt haben.

(3) Verfahren der Hineinverschmelzung zur Neugründung. Bei einer Verschmelzung zur Neugründung wird wie bei einer Hinausverschmelzung eine zweistufige Kontrolle des Verschmelzungsverfahrens vorgenommen. Auch hier prüft das Registergericht auf der ersten Stufe, ob für die übertragende Gesellschaft die Voraussetzungen für die Verschmelzung vorliegen. Der Umfang bemisst sich nach den gleichen Vorgaben (→ Rn. 153b).   **153c**

Auf der zweiten Stufe wird wiederum die Verschmelzung selbst geprüft. Zusätzlich wird – da es sich um eine Neugründung handelt – eine Gründungsprüfung durch das Registergericht vorgenommen.[370]

f) Ablaufplan grenzüberschreitender Verschmelzungen im Überblick. (1) Kurzüberblick
– Entscheidung zur grenzüberschreitenden Verschmelzung   **154**
– Gemeinsamer Verschmelzungsplan, § 122c UmwG
– Bekanntmachung des Verschmelzungsplans, § 122d UmwG
– Erstellung des Verschmelzungsberichts, § 122e UmwG
– Verschmelzungsprüfung, § 122f UmwG
– Zustimmung der Gesellschafter, § 122g UmwG
– Rechtmäßigkeitskontrolle, §§ 122k, 122l UmwG
– Eintragung der Verschmelzung/neuen Gesellschaft

(2) Verfahrensabschnitte. Einigung der potentiellen Verschmelzungspartner auf grenzüberschreitendes Zusammengehen   **154a**

(a) Vorbereitungsphase
– Aufstellen eines gemeinsamen Verschmelzungsplans/abschließenden Entwurfs
– Erstellen eines (gemeinsamen) Verschmelzungsberichts
– Auslegung des Verschmelzungsberichts (= Zugänglichmachen an Anteilseigner und Arbeitnehmervertreter bzw. Arbeitnehmer)
– Ggf. Verzicht auf Sachverständigenbericht – andernfalls:
– Bestellung der (Verschmelzungs-)Prüfer
– Erstellung des schriftlichen Prüfungsberichts
– Ggf. Korrektur des Umtauschverhältnisses und der Barabfindung
– Ggf. Nachgründungsprüfung und entsprechende Korrektur des Verschmelzungsplans
– Ggf. Aufstellen einer Zwischenbilanz, § 122a Abs. 2 UmwG iVm § 63 Abs. 1 Nr. 3, Abs. 2 UmwG
– Ggf. Notarielle Beurkundung des Verschmelzungsplans

---

[369] *Louven* ZIP 2006, 2021 (2027f.).
[370] *Louven* ZIP 2006, 2021 (2028).

- Einreichung des Verschmelzungsplans/Entwurfs beim Registergericht
- Hinweisbekanntmachung durch Registergericht
- Einleitung und Durchführung eines Verfahrens zur Aushandlung der Arbeitnehmermitbestimmung
- Ggf. Sicherheitsleistungen
- Ggf. Vorbereitung der Kapitalerhöhung bei der aufnehmenden Gesellschaft
- Einberufung der Gesellschafterversammlung

(b) Beschlussphase
- Durchführung der Gesellschafterversammlung
- Ggf. Kapitalerhöhungsbeschluss
- Zustimmungsbeschluss zum Verschmelzungsplan
- Ggf. Zustimmungsvorbehalt über die Vereinbarung zur Beteiligung der Arbeitnehmer
- Ggf. Zustimmung der ausländischen Gesellschaft zum Spruchverfahren
- Ggf. Zustimmung der ausländischen Gesellschaft zum Austritts gegen angemessene Barabfindung
- Widerspruch ausscheidungswilliger Gesellschafter zur Niederschrift
- Ggf. Genehmigung der Vereinbarung über Arbeitnehmerbeteiligung
- Notarielle Beurkundung des Beschlusses und – sofern noch nicht erfolgt – des Verschmelzungsplans

(c) Vollzugsphase. Ein- bzw. zweistufige Rechtmäßigkeitskontrolle und Eintragung/ Offenlegung

	Hereinverschmelzung zur Aufnahme	Hereinverschmelzung zur Neugründung	Herausverschmelzung Aufnahme/Neugründ…
1. STUFE		Anmeldung der Verschmelzung zum Handelsregister durch Vertretungsorgan der **übertragenden deutschen** Gesellschaft	Anmeldung der Verschmelzung zum Handelsregiste… durch Vertretungsorgan … **übertragenden deutsch…** Gesellschaft
		Versicherung bzgl. Sicherheitsleistung	**Versicherung** bzgl. Sicherheitsleistung
		Prüfung des Vorliegens der Voraussetzungen für grenzüberschreitende Verschmelzung	**Prüfung** des Vorliegens … Voraussetzungen für gre… überschreitende Verschm… zung
		Ausstellung der Verschmelzungsbescheinigung	Ausstellung der Verschme… zungsbescheinigung
2. STUFE	**Anmeldung** der **Verschmelzung** zur Eintragung in das Handelsregister am Sitz der **übernehmenden** Gesellschaft unter Vorlage der ausländischen Verschmelzungsbescheinigungen, des gemeinsamen Verschmelzungsplans und ggf. der Vereinbarung über Arbeitnehmerbeteiligung durch Vertretungsorgan der **übernehmenden** Gesellschaft	**Anmeldung** der **neuen Gesellschaft** zur Eintragung in das Handelsregister am Sitz der **neuen** Gesellschaft unter Vorlage aller Verschmelzungsbescheinigungen, des gemeinsamen Verschmelzungsplans und ggf. der Vereinbarung über Arbeitnehmerbeteiligung durch Vertretungsorgane **aller beteiligten** Gesellschaften	**Vorlage** der Verschmelzu… bescheinigung zusammen … Verschmelzungsplan bei z… ständiger ausländischer S… durch Vertretungsorgan d… übertragenden deutscher Gesellschaft

Hereinverschmelzung zur Aufnahme	Hereinverschmelzung zur Neugründung	Herausverschmelzung zur Aufnahme/Neugründung
Eintragung der Verschmelzung	**Eintragung** der neuen Gesellschaft	**Offenlegung** der Verschmelzung nach den Vorschriften des jeweiligen Mitgliedstaates
Mitteilung des Tags der Eintragung der Verschmelzung an zuständige ausländische Stelle	**Mitteilung** des Tags der Eintragung der neuen Gesellschaft an zuständige ausländische Stelle und ggf. an Register der übertragenden deutschen Gesellschaft	**Mitteilung** der zuständigen ausländischen Stelle an Register der übertragenden deutschen Gesellschaft, dass Verschmelzung wirksam
Vermerk über Wirksamwerden der Verschmelzung durch zuständige ausländische Stelle	**Vermerk** über Wirksamwerden der Verschmelzung durch Registergericht der übertragenden deutschen Gesellschaft	**Vermerk** über Wirksamwerden der Verschmelzung durch Registergericht der übertragenden deutschen Gesellschaft
Übermittlung der aufbewahrten elektronischen Dokumente von zuständiger ausländischer Stelle an Handelsregister	Ggf. **Übermittlung** der aufbewahrten elektronischen Dokumente an Handelsregister, in dem neue Gesellschaft eingetragen ist	**Übermittlung** der aufbewahrten elektronischen Dokumente an ausländisches Register, in dem übernehmende oder neue Gesellschaft eingetragen ist

C. Spaltung

I. Allgemeines

Mit dem Umwandlungsgesetz wurde die **Spaltung,** die bis 1995 nur für Treuhandunter- 155 nehmen eröffnet war und im Übrigen über komplizierte Umwege vollzogen werden musste, eingeführt. Zu unterscheiden ist zwischen der **Abspaltung, Aufspaltung** und **Ausgliederung.** Bei Abspaltung und Aufspaltung werden die Anteile, die am aufnehmenden bzw. am neu entstehenden Rechtsträger zu gewähren sind, den Anteilsinhabern des abspaltenden/aufspaltenden Unternehmens übertragen. Bei der Ausgliederung erhält diese Anteile der übertragende Rechtsträger. Nicht zulässig ist die so genannte verschmelzende Spaltung, bei der gleichzeitig mehrere Rechtsträger jeweils einen Teil ihres Vermögens auf einen dritten (neugegründeten oder bestehenden) übertragen. Ausgangsrechtsträger kann immer nur ein einziger Rechtsträger sein, während Zielrechtsträger auch mehrere Rechtsträger sein können (zB Abspaltung zur Aufnahme/Neugründung auf vier verschiedene Rechtsträger). Es ist zu beachten, dass die Regelungen zur Verschmelzung grundsätzlich über § 125 UmwG Anwendung finden. Für Ausgliederungen sind jedoch gemäß § 125 S. 2 UmwG die Vorschriften über die Verschmelzungsprüfung (§§ 9–12 UmwG) nicht anwendbar.

Bei Spaltungen nach dem UmwG sind, wie bei Ausgliederungen durch Einzelrechtsübertragung, die zu übertragenden Vermögensgegenstände genau zu bezeichnen, wobei nach § 14 BeurkG die Vorlesungspflicht für Anlagenverzeichnisse entfällt. Sie müssen lediglich Seite für Seite unterzeichnet werden. Da die Spaltung insoweit nicht weniger Aufwand erfordert als die Einzelrechtsübertragung, ist stets zu prüfen, ob die Anwendung der Spaltungsvorschriften des UmwG im konkreten Fall Vorteile gegenüber der Ausgliederung durch Einzelrechtsübertragung bietet. Genehmigungen, die für die Einzelübertragung erforderlich sind, müssen bei der Spaltung nicht eingeholt werden. Anders als bei der Spaltung bedarf es eines Zustimmungsbeschlusses der jeweiligen Anteilseigner im Fall der Einzelrechtsübertragung nur in den Grenzen der „Holzmüller"-[371] sowie der „Gelati-

---

[371] BGH DB 1982, 795.

ne"-Rechtsprechung.[372] Auf der Seite der Passiva sind die Regelungen des UmwG vorteilhafter, da die Übertragung von Verbindlichkeiten nicht der Zustimmung der Gläubiger bedarf. Im Ergebnis spricht die durch § 131 UmwG angeordnete sog. „partielle Gesamtrechtsnachfolge" und der durch sie ermöglichte Übergang aller Vermögensverhältnisse häufig für die Spaltung. Zu beachten ist allerdings die durch § 133 UmwG angeordnete fünfjährige gesamtschuldnerische Haftung der an einer Spaltung/Ausgliederung beteiligten Rechtsträger.

Gehen bei der Spaltung Grundstücke im Wege der Sonderrechtsnachfolge über, so unterliegt die Abspaltung wie die Aufspaltung grds. der Grunderwerbsteuer. Wenn wenigstens einer der Teilbetriebe des spaltenden Unternehmens über Grundbesitz verfügt, ist die Abspaltung, und zwar des Teilbetriebes ohne bzw. mit dem geringeren Grundvermögen, grunderwerbsteuerlich günstiger als die Aufspaltung, da bei der Abspaltung nur ein Erwerbsvorgang stattfindet. Auch hier gilt der Grundsatz, dass die Rechtsträger möglichst so umstrukturiert werden, dass so wenig Grundbesitz wie möglich bewegt wird.

156   Als Grundfall legt das Gesetz die **Spaltung zur Aufnahme** durch einen bestehenden Rechtsträger zugrunde. Auf diesem Fall beruht auch die Checkliste zum Ablauf eines Spaltungsverfahrens im Anhang (IV. 2.). In der Praxis dürften vor allem die **Spaltung zur Neugründung** und die Aufspaltung neben der Ausgliederung aus dem Vermögen eines Einzelkaufmanns und aus Kommunalvermögen von besonderer Bedeutung sein. Die Spaltung kann trotz § 325 UmwG dem Zweck dienen, Mitbestimmungsvorschriften aus dem Weg zu gehen, Publizitätspflichten nach dem BiRiLiG zu vermeiden und verfeindete Gesellschafterstämme zu trennen. Sie ist zur Vorbereitung von Erbauseinandersetzungen und zur Schaffung selbständiger Teilbetriebe bestimmt und geeignet. Ziel kann es ebenfalls sein, Teile aus dem Unternehmen herauszutrennen, um sie dann im Anschluss zu verkaufen/privatisieren.

Die insbesondere zur Trennung von Gesellschafterstämmen vorgenommene nichtverhältniswahrende Abspaltung kann auch als sog. „Spaltung zu Null" durchgeführt werden.[373] Hier erhalten einzelne Anteilsinhaber des übertragenden Rechtsträgers keine Anteile bzw. Mitgliedschaften am übernehmenden Rechtsträger ohne eine Kompensation durch entsprechend höhere Beteiligungen am übertragenden Rechtsträger. Es ist allerdings unzulässig, den Gesellschaftern, die bei der sog. „Spaltung zu Null" keine Anteile am Zielrechtsträger erhalten, anderweitig, zB durch Geldzahlung, seitens der Gesellschaft eine Kompensation zu gewähren. Die Gegenleistung muss bei einer Spaltung genauso wie bei der Verschmelzung in Mitgliedschaftsrechten am Zielrechtsträger bestehen. Eine Ausnahme besteht nur bei sog. **baren Zuzahlungen,** die gemäß § 54 Abs. 4 UmwG bis zu 10 % zulässig sind. Das OLG München[374] hält bei der Ausgliederung auch eine Darlehensgewährung des Zielrechtsträgers an die Anteilseigner des Ausgangsrechtsträgers für möglich, da § 54 Abs. 4 UmwG auf Ausgliederungen keine Anwendung findet. Dem liegt die irrige Annahme zugrunde, § 54 Abs. 4 UmwG beschränke die Möglichkeit, bare Zuzahlungen zu gewähren. Im Gegenteil lässt er sie vielmehr zu. Die reine Kompensation mit Geldleistungen oder auch Vermögenswerten ist nur im Rahmen einer Voll- bzw. Teilübertragung nach §§ 174 ff. UmwG möglich. Ansonsten handelt es sich um eine nach § 1 Abs. 2 UmwG unzulässige Mischung von Umwandlungsarten (Spaltung und Teilübertragung), die das Gesetz nicht eröffnet.[375] Es ist allerdings zulässig, die Kompensation durch einen Gesellschafter zu gewähren. Es ist ungeklärt, ob bei der Spaltung zu Null auch Anteilseigner des Ausgangrechtsträgers ausscheiden können (zB um nur Anteilseigner des Zielrechtsträgers zu werden).[376] Der Praxis ist anzuraten den Weg so lang nicht einzuschlagen, wie er von der Rechtsprechung nicht bestätigt ist.

---

[372] BGH NZG 2004, 571 und NZG 2004, 575.
[373] OLG München MittBayNot 2013, 495; LG Essen NZG 2002, 736; LG Konstanz ZIP 1998, 1226.
[374] NZG 2012, 229.
[375] Widmann/Mayer/*Heckschen* UmwG § 174 Rn. 8.
[376] Ausf. *Heckschen* GmbHR 2015, 897.

Die Ausgliederung, bei der die Anteile am aufnehmenden oder neu gegründeten Rechts-   157
träger dem Ausgangsrechtsträger gewährt werden, kann jedoch mit der Abspaltung kombiniert werden, bei der die Anteile den Gesellschaftern des Ausgangsrechtsträgers zu gewähren sind. Ablauf und Struktur des Spaltungsverfahrens sind in weitem Umfang dem
Verschmelzungsverfahren nachgebildet. Die Darstellung beschränkt sich daher auf die Besonderheiten.

Eine Übersicht zu Spaltungsmöglichkeiten und den geltenden Vorschriften sowie eine
Checkliste zum Ablauf des Spaltungsverfahrens sind im Anhang abgedruckt.

II. Spaltungsplan, Spaltungsvertrag

Der Kern notarieller Mitwirkungen im Rahmen der Spaltung besteht in der **Beurkun-**   158
dung des Spaltungsplans oder -vertrages. Soweit es sich um eine Spaltung zur Aufnahme durch einen bestehenden Rechtsträger handelt, schließen die Beteiligten einen
Spaltungsvertrag. Es gelten die zum Abschluss des Verschmelzungsvertrages hinsichtlich
der Vertretung der Beteiligten (→ Rn. 37), Beurkundungsform und vom Grundsatz her
die zum Beurkundungsverfahren bei der Verschmelzung dargelegten Grundsätze. Bei der
Spaltung zur Neugründung wird lediglich ein Spaltungsplan von dem übertragenden
Rechtsträger aufgestellt (§ 136 UmwG). Für die Urkundskonzeption sollte wiederum
nach den gesetzlichen Vorgaben gearbeitet werden. Die Urkunde sollte entsprechend
§ 126 UmwG gegliedert sein und fakultative Regelungen sich gegebenenfalls in einem
zweiten Teil anschließen. Der Geschäftswert der Beurkundung richtet sich gemäß §§ 97
Abs. 1, 38 GNotKG nach dem auf den neu gegründeten bzw. aufnehmenden Rechtsträger übergehenden Aktivvermögen, wobei § 107 Abs. 1 GNotKG zu beachten ist.

Checkliste zum Spaltungsplan/Spaltungsvertrag: 159
- Name oder Firma und Sitz der an der Spaltung beteiligten Rechtsträger
- Kennzeichnung als Spaltungsvorgang
- Partielle Gesamtrechtsnachfolge gegen Anteilsgewährung
- Umtauschverhältnis
- Einzelheiten für die Übertragung der Anteile
- Zeitpunkt der Gewinnberechtigung
- Spaltungsstichtage
- Sonderrechte
- Sondervorteile
- Kennzeichnung des abzutrennenden Aktiv- und Passivvermögens
- Aufteilung der Anteile
- Folgen der Spaltung für Arbeitnehmer und ihre Vertretungen

Bei der **Spaltung zur Neugründung** ist zusätzlich der Gesellschaftsvertrag des neu zu   160
gründenden Rechtsträgers gemäß §§ 125, 137 UmwG beizufügen. Wie bei der Verschmelzung ist jedweder Gesellschaftsvertrag/Satzung/Statut einer neu gegründeten Gesellschaft zu beurkunden (auch Personengesellschaft).

Eine wesentliche Bestimmung findet sich in § 126 Nr. 9 UmwG. Es sind die zu über-   161
tragenden Aktiva und Passiva genau zu bezeichnen. Diese bei der Verschmelzung wegen
der dort eintretenden Gesamtrechtsnachfolge entbehrliche Bestimmung birgt in hohem
Maße **Regressgefahren.** Bei der partiellen Gesamtrechtsnachfolge muss für alle Beteiligten, aber auch für Dritte, die möglicherweise später an dem neu gegründeten Rechtsträger beteiligt werden, und für den gesamten Rechtsverkehr klar sein, welches Vermögen
auf welchen Rechtsträger übergeht bzw. bei welchem Rechtsträger verbleiben soll. Dies
ist insbesondere deshalb erforderlich, weil § 126 Abs. 1 Nr. 9 UmwG die Vermögensverteilung nicht einschränkt und somit zumindest theoretisch auch eine Übertragung ledig-

lich der Passiva ermöglicht.[377] Bei jeder Bezeichnung von Gegenständen des Aktiv- und Passivvermögens ist zu überprüfen, ob aufgrund dieser Bezeichnung eine **Bestimmbarkeit des Vermögensgegenstandes** gegeben ist. Auf die Grundsätze, die die Rechtsprechung zu Unternehmensübertragungen im Wege des so genannten „Asset Deals" sowie bei der Sicherungsübereignung von Warenbeständen aufgestellt hat, kann Bezug genommen werden. Vorsicht ist bei der Übernahme der in der Literatur vertretenen Ansicht geboten, dass bei der Übertragung von Teilbetrieben die **Bezugnahme auf eine Bilanz** des betreffenden Teilbetriebes ausreichend sein soll.[378] Sog. „All-Klauseln" (= alle Gegenstände des Betriebsteils sollen erfasst werden) sind zulässig.[379] Gemäß § 126 Abs. 2 UmwG sind Gegenstände, die nach allgemeinen Bestimmungen besonders zu kennzeichnen sind, auch im Rahmen der Spaltung dementsprechend zu bezeichnen. Dies gilt also insbesondere für Grundbesitz (§ 28 GBO) und Rechten daran.[380] Wird Grundbesitz versehentlich nicht in der Form des § 28 GBO bezeichnet oder ist dies bis zur Eintragung der Spaltung nicht möglich, weil die Teilflächen nicht vermessen und festgeschrieben sind, so geht nach Ansicht des BGH[381] das Eigentum nicht mit Wirksamwerden der Spaltung über, sondern erst mit entsprechender Eintragung der vermessenen Teilfläche im Grundbuch.[382] Der BGH lässt nur da eine Ausnahme zu, wo vor Eintragung der Spaltung die Flächen unter Bezugnahme auf einen Veränderungsnachweis bezeichnet wurden. Es ist unklar, ob nach dieser Entscheidung im Nachgang der Spaltung eine Auflassung oder – dies erscheint zutreffend – lediglich eine Identitätserklärung abzugeben und dem Grundbuch vorzulegen ist. Nach Ansicht des KG kann eine fehlerhafte Bezeichnung nachträglich nicht mehr geheilt werden. Ein Rechtsübergang kommt nicht zustande, weshalb auch ein Grundbuchberichtigungsverfahren mangels Grundbuchunrichtigkeit erfolglos bleibt. Die Situation soll insbesondere nicht mit der Rechtsprechung des BGH zu noch nicht vermessenen Teilflächen vergleichbar sein.[383] Wurde Grundbesitz im Spaltungsplan/-vertrag entsprechend § 28 GBO bezeichnet, bedarf es zur Grundbuchberichtigung keiner Auflassung, da die Spaltung einen Fall der partiellen Gesamtrechtsnachfolge darstellt.[384] Das Grundbuchamt kann den Antrag auf Berichtigung nicht deshalb zurückweisen, weil die dem Abspaltungs- und Übernahmevertrag beigefügten Vollmachten nicht der Form des § 29 GBO entsprechen. Aus § 131 Abs. 1 Nr. 4 UmwG ergibt sich, dass die materiellrechtliche Wirksamkeit der Spaltung im Grundbucheintragungsverfahren nicht zu überprüfen ist.[385]

162   Der übertragende Rechtsträger ist in der Aufteilung des Vermögens grundsätzlich frei. Voraussetzung einer steuerrechtlich neutralen Spaltung ist jedoch gemäß § 15 Abs. 1 UmwStG, dass ein Teilbetrieb, ein Mitunternehmeranteil oder eine 100 %-ige Beteiligung an einer Kapitalgesellschaft übergeht bzw. beim übertragenden Rechtsträger verbleibt. Die Aufteilungsfreiheit wird durch die Kapitalaufbringungs- und -erhaltungsvorschriften (dazu → Rn. 115 ff., 163) sowie § 613a BGB beschränkt. Bei der Ausgliederung kann auch das gesamte Vermögen (sog. „Totalausgliederung") übertragen und auf diese Weise der übertragende Rechtsträger zur reinen Holding werden. Bei der Ausgliederung ist es nach § 152 S. 1 UmwG auch zulässig, dass ein eingetragener Kaufmann Teile seines Privatvermögens ausgliedert.[386] Die steuerrechtliche Trennung zwischen Privat- und Unternehmensvermögen wird vom Zivilrecht nicht nachvollzogen. Es steht somit dem eingetragenen Kaufmann frei, welche Teile seines (privaten und/oder unternehmerischen)

---

[377] *Nagl* DB 1996, 1221 (1223).
[378] Vgl. *Priester* DNotZ 1995, 427 (445).
[379] BGH NotBZ 2003, 471.
[380] KG DB 2014, 2282; OLG Schleswig NJW-RR 2010, 592.
[381] BGH NZG 2008, 436.
[382] Vgl. *Heckschen* NotBZ 2008, 193.
[383] KG DB 2014, 2282.
[384] LG Ellwangen Rpfleger 1996, 154; vgl. auch *Heckschen* DB 1998, 1385.
[385] OLG Hamm 10.7.2014 – 15 W 189/14.
[386] OLG Brandenburg ZIP 2013, 2361.

Vermögens er ausgliedern möchte. Durch die Ausgliederungserklärung trifft der Einzelkaufmann die Entscheidung, dass die Gegenstände, die ursprünglich dem Privatvermögen zugeordnet waren, künftig unternehmerischen Zwecken dienen sollen. Die grundbuchmäßige Form nach § 29 Abs. 1 S. 1 GBO kann durch notariellen Ausgliederungsvertrag nachgewiesen werden.

Bei der **Konzeption des Spaltungsvorgangs und des Spaltungsplans/-vertrages** 163
bzw. der Ausgliederung ist zu beachten, dass einerseits etwa neu gegründete Rechtsträger durch die ihnen zugewiesenen Vermögenswerte eine hinreichende Kapitaldeckung entsprechend den für den Rechtsträger geltenden Bestimmungen (zB GmbH: Mindeststammkapital 25.000 EUR) erhalten. Andererseits müssen auch die **Kapitalerhaltungsvorschriften** für den Ausgangsrechtsträger beachtet werden. Dies setzt, soweit nicht eine Kapitalherabsetzung einerseits oder eine Kapitalzufuhr aus anderen Mitteln andererseits möglich ist, der Zuweisung der Aktiva und Passiva Grenzen. Der Spaltungsplan/-vertrag hat die Anteile zu bezeichnen, die den Anteilseignern des übertragenden Rechtsträgers als Kompensation für das durch die Spaltung übertragene Vermögen des Ausgangsrechtsträgers zu gewähren sind. Im Spaltungsrecht ist hier nicht nur eine quotenverschiebende Anteilsgewährung (vgl. § 128 S. 1 UmwG), sondern auch die sog. Spaltung zu Null, bei der einzelnen Anteilsinhabern kein Anteil am Zielrechtsträger gewährt wird, möglich.[387] Darüber hinaus kann der Spaltungsplan/-vertrag vorsehen, dass auch einzelne Anteilsinhaber beim Ausgangsrechtsträger ausscheiden.[388] Es ist sogar möglich, dass einzelne Anteilsinhaber nach der Spaltung an keinem der beteiligten Rechtsträger mehr Anteile halten. Letztlich verweist § 125 UmwG für die Spaltung (nicht jedoch für die Ausgliederung) auch auf die §§ 54 Abs. 1 S. 3, 68 Abs. 1 S. 3 UmwG, so dass bei Verzicht der Anteilsinhaber des Ausgangsrechtsträgers, beim Zielrechtsträger auf eine Anteilsgewährung und die dazu erforderliche Kapitalerhöhung verzichtet werden kann.

In jedem Falle sollten **Auffangvorschriften,** die die Behandlung vergessener oder 164
nach Aufstellung des Spaltungsplans veräußerter Aktiva regeln, in die Urkunde aufgenommen werden.[389] Hinsichtlich der Zuordnung von Verbindlichkeiten ist zu beachten, dass eine **Verbindlichkeit** (Bürgschaft, Leasingvertrag) grundsätzlich nicht aufgeteilt werden kann. Die Verbindlichkeit muss einem der Rechtsträger zugeordnet werden, wenn nicht vorher mit dem Gläubiger eine anderweitige Regelung getroffen wird.[390]

Da sich die im Zuge der Spaltung erworbene Mitgliedschaft deutlich von der bisherigen unterscheiden kann, muss der Spaltungsvertrag Angaben über die Mitgliedschaft im übernehmenden Rechtsträger enthalten. Wenn sämtliche Anteilseigner des übertragenden Rechtsträgers inhaltlich die gleiche Rechtsstellung am übernehmenden Rechtsträger erhalten, genügt eine Bezugnahme auf die jeweiligen Gesellschaftsverträge und deren Beifügung als Anlage. Wenn aber Mitgliedschaften mit unterschiedlicher Rechtsstellung eingeräumt werden sollen, ist deren Zuordnung zu den einzelnen Gesellschaftern/Gesellschaftergruppen erforderlich.

Im **fakultativen Teil** des Spaltungsplans/-vertrages können sich neben den oben ge- 165
nannten Auffangregelungen bereits Bestimmungen zur Änderung der Satzung bei einem aufnehmenden Rechtsträger oder zur Bestimmung der Geschäftsführung bei einem neugegründeten Rechtsträger finden. Die Vereinbarung von Bedingungen, Befristungen, insbesondere zur Lösung der Problematik, die durch mögliche Anfechtungsklagen und die durch sie ausgelöste Registersperre entstehen kann, ist ebenso wie bei der Verschmelzung sinnvoll.

Für die **Aufhebung und Änderung** des Spaltungsplans/-vertrages gelten die oben ge- 166
nannten Grundsätze (→ Rn. 54 f.).

---

[387] Vgl. OLG München NZG 2013, 951; LG Essen ZIP 2002, 893; LG Konstanz ZIP 1998, 1226.
[388] Semler/Stengel/*Schröer* UmwG § 128 Rn. 6.
[389] Vgl. dazu LAG Düsseldorf BB 2003, 1344.
[390] Zur Ausgliederung von Versorgungsverbindlichkeiten vgl. BAG GmbHR 2008, 1326.

III. Verfahren bis zur Beschlussfassung

167 Auch bei der Spaltung ist gemäß § 127 UmwG ein **Spaltungsbericht** anzufertigen. Die weiteren Pflichten zur Vorabinformation und zur Prüfung des Spaltungsvorgangs ergeben sich über § 125 UmwG aus dem Verschmelzungsrecht. Zu beachten ist, dass für die Ausgliederung Einschränkungen gelten (dazu → Rn. 176 ff.). Wenn alle Anteilsinhaber aller beteiligten Rechtsträger darauf verzichten, ist die Erstattung des Spaltungs-/Ausgliederungsberichts nicht erforderlich (§§ 127 S. 2, 8 Abs. 3 S. 1 Alt. 1 UmwG). Für die verhältniswahrende Spaltung gelten die Erleichterungen des § 143 UmwG, Spaltungsbericht und Prüfung sowie die Auslage der Dokumente sind entbehrlich. Die in § 143 UmwG aF geregelte Unterrichtungspflicht (sog. „Nachbericht") besteht über §§ 125, 64 Abs. 1 UmwG fort. Ebenso ist bei entsprechendem Verzicht die Spaltungsprüfung und die Erstattung des Prüfungsberichts entbehrlich (§§ 125 S. 1, 9 Abs. 3, 8 Abs. 3 S. 1 Alt. 1 bzw. 125 S. 1, 12 Abs. 3, 8 Abs. 3 S. 1 Alt. 1 UmwG).

IV. Spaltungsbeschluss

168 Für den **Spaltungsbeschluss** gilt ebenfalls, dass dieser stets der notariellen Beurkundung bedarf. Über § 125 UmwG sind die Regelungen des Verschmelzungsrechts entsprechend anzuwenden. Für den Beschluss ist eine Dreiviertelmehrheit erforderlich §§ 50 Abs. 1, 56, 65 Abs. 1, 73, 84, 96, 103 UmwG. Nach § 43 Abs. 1 UmwG ist bei Personengesellschaften Einstimmigkeit erforderlich, sofern nicht der Gesellschaftsvertrag entsprechende Mehrheitsklauseln vorsieht. Zu beachten ist § 128 UmwG. Die **nicht verhältniswahrende Spaltung,** die insbesondere zur Trennung verfeindeter Familienstämme besondere Bedeutung hat, ist nur möglich, wenn sämtliche Anteilsinhaber der Spaltung zustimmen. Notarielle Zustimmungserklärungen der Anteilseigner des Ausgangsrechtsträgers sind auch erforderlich, wenn auf eine Anteilsgewährung beim Zielrechtsträger (Kapitalgesellschaft) entsprechend §§ 125, 54, 68 UmwG verzichtet worden ist.

169 Spaltungsbeschluss und Spaltungsvertrag können unmittelbar nacheinander beurkundet werden, wenn zuvor die **Pflichten zur Vorabinformation** der Anteilsinhaber eingehalten und entsprechend § 126 Abs. 3 UmwG den Arbeitnehmervertretungen der Spaltungsplan/-vertrag oder Entwurf rechtzeitig zugestellt wurden und bei der Aktiengesellschaft gemäß §§ 125, 61 UmwG die Einreichung beim Handelsregister erfolgt war. Der Spaltungsplan/-vertrag ist gemäß §§ 8 ff. BeurkG zu beurkunden. Die Zustimmungsbeschlüsse können entweder nach §§ 8 ff. BeurkG oder §§ 36 ff. BeurkG notariell aufgenommen werden. Hinsichtlich der Zustimmungserklärungen einzelner Anteilsinhaber sind wiederum die §§ 8 ff. BeurkG anzuwenden.

Wenn **separate Zustimmungsbeschlüsse** der Inhaber mehrerer Aktiengattungen erforderlich sind, ist zu beachten, dass diese den Beschluss der Hauptversammlung nicht ersetzen, sondern zusätzlich gefasst werden müssen. Fehlt der Beschluss der Hauptversammlung, wird die Spaltung nicht wirksam und die Zustimmungsbeschlüsse der Inhaber der einzelnen Aktiengattungen sind gegenstandslos.[391] Der Beschluss muss zwingend in einer notariell zu beurkundenden Versammlung gefasst werden; eine Beschlussfassung im schriftlichen Umlaufverfahren ist nicht zulässig.

V. Registeranmeldung, Eintragung und Wirkung

170 **1. Spaltung zur Aufnahme.** Die Vertretungsorgane jedes beteiligten Rechtsträgers haben die Spaltung zur Eintragung in das Register des Sitzes des jeweiligen Rechtsträgers anzumelden, wobei die Anmeldung gemäß § 129 UmwG entsprechend § 16 Abs. 1 S. 2 UmwG für die Verschmelzung auch durch die **Vertretungsorgane des übernehmen-**

---

[391] LG Hamburg AG 1996, 281.

den Rechtsträgers erfolgen kann und es dann einer Mitwirkung durch die Organe des übertragenden Rechtsträgers nicht bedarf.

> **Checkliste Anlagen zur Registeranmeldung der beteiligten Rechtsträger:** 171
>
> Der Anmeldung sind entsprechend §§ 125, 17 UmwG beim **übertragenden Rechtsträger** beizufügen:
> - Spaltungsvertrag in beglaubigter Form oder Ausfertigung
> - Zustimmungsbeschlüsse
> - etwa erforderliche Zustimmungserklärungen einzelner Anteilsinhaber
> - etwa abgegebene Verzichtserklärungen einzelner Anteilsinhaber betreffend den Verzicht auf Spaltungsbericht, Spaltungsprüfung
> - Spaltungsbericht
> - Spaltungsprüfungsbericht – soweit erforderlich
> - Nachweis über die rechtzeitige Zuleitung des Spaltungsvertrages oder des Entwurfs an den zuständigen Betriebsrat
> - Schlussbilanz des übertragenden Rechtsträgers, die nicht auf einen mehr als acht Monate zurückliegenden Stichtag aufgestellt ist
> - Nachweis über etwa durchgeführte Kapitalerhöhungen beim übernehmenden Rechtsträger – soweit erforderlich
> - Erklärung zum Eintritt etwa vereinbarter Bedingungen
> - Negativerklärung
> - Nachweis über die Eintragung beim übernehmenden Rechtsträger
> - soweit eine GmbH als übertragender Rechtsträger beteiligt ist: Erklärung gemäß § 140 UmwG, dass die Voraussetzungen für die Gründung dieser Gesellschaft unter Berücksichtigung der Abspaltung noch vorliegen (Kapitalerhaltung).

Um missbräuchlichen Anfechtungsklagen zu begegnen, kann nach §§ 125, 16 Abs. 3 UmwG ein Verfahren beim Prozessgericht durchgeführt werden, mit dem Ziel, dass eine Spaltung trotz Anfechtungsklage eingetragen werden kann, wenn das Gericht die Klage als unzulässig bzw. offensichtlich unbegründet ansieht oder wenn der Kläger nicht eine Mindestbeteiligung von 1.000 EUR nachweist oder eine vom Gericht vorgenommene Interessenabwägung die Eintragung als vorrangig erscheinen lässt. Durch die Eintragung ins Handelsregister wird die Spaltung unumkehrbar wirksam. Weder eine begründete Klage noch ein erneuter Beschluss der Anteilseigner können eine Rückabwicklung herbeiführen, denn nach § 16 Abs. 3 S. 10 Hs. 2 UmwG ist Schadensersatz durch Naturalrestitution ausgeschlossen.

Beim **aufnehmenden Rechtsträger** muss gemäß § 17 UmwG die Schlussbilanz des übertragenden Rechtsträgers nicht eingereicht werden. Im Falle der Aufspaltung wird durch die Verweisung in § 125 UmwG § 18 UmwG für anwendbar erklärt, so dass die für die Verschmelzung unter → Rn. 48 erörterten Grundsätze auch hier gelten. Dagegen ist in den Fällen der Abspaltung und der Ausgliederung § 18 UmwG nicht anwendbar. Vielmehr bleibt im Fall der Abspaltung die Firma beim übertragenden Rechtsträger.

Vorkaufsrechte werden durch eine Spaltung nicht ausgelöst, da es sich nicht um einen 172 Kauf handelt. Beschränkte persönliche Dienstbarkeiten gehen nach § 131 UmwG, §§ 1092 Abs. 2, 1059a Nr. 1 BGB im Wege der partiellen Gesamtrechtsnachfolge über. Einer behördlichen Feststellungserklärung nach § 1059a Nr. 2 BGB bedarf es nicht, da hier nicht eine Übertragung, sondern der Übergang kraft Gesetzes in Rede steht. Auch § 1092 Abs. 3 BGB ändert hieran nichts. Weiterhin sind jedoch alle betroffenen beschränkten persönlichen Dienstbarkeiten in einer Anlage zum Spaltungsvertrag/-plan gemäß § 28 GBO aufzulisten (§ 126 Abs. 2 S. 2 UmwG) und für alle Dienstbarkeiten sind Grundbuchberichtigungsanträge zu stellen.[392]

173   Hinsichtlich der **Eintragung** gilt gemäß § 130 UmwG, dass diese zunächst beim übernehmenden Rechtsträger zu erfolgen hat und sodann beim übertragenden Rechtsträger. Die Spaltung wird wirksam mit Eintragung beim Ausgangsrechtsträger.

174   **2. Spaltung zur Neugründung.** Bei der Spaltung zur Neugründung sind gemäß § 137 UmwG die neuen Gesellschaften anzumelden, wobei die Anmeldung durch die Vertretungsorgane der übertragenden Gesellschaft erfolgt. Daneben sind sämtliche **Gründungsvorschriften** zu beachten, dh insbesondere, dass die Vertretungsorgane der neugegründeten Gesellschaften die nach dem für den jeweiligen Rechtsträger geltenden Recht abzugebenden Erklärungen zu leisten haben. Nach zutreffender Auffassung bedarf es keiner Versicherung hinsichtlich der Aufbringung des Stammkapitals, soweit eine GmbH, oder des Grundkapitals, soweit eine Aktiengesellschaft betroffen ist.[393]

174a   **3. Aufspaltung.** Bei der Aufspaltung erlischt der übertragende Rechtsträger mit Eintragung und Wirksamwerden der Spaltung, § 131 Abs. 1 Nr. 2 UmwG. Da bei der Aufspaltung sämtliche Vermögenswerte eines Rechtsträgers bewegt werden und dies in der Regel hohe Kosten und Steuerrisiken auslöst, wird man diesen Weg grds. nicht einschlagen, sondern die Abspaltung wählen. Der Schutz der Gläubiger, die insbesondere durch eine Zuordnung der Verbindlichkeiten an einen bonitätsmäßig schlechteren Rechtsträger benachteiligt sein könnten, wird durch eine gesamtschuldnerische Haftung[394] aller beteiligten Rechtsträger für Verbindlichkeiten, die vor dem Wirksamwerden der Spaltung begründet worden sind, und ein **Recht auf Sicherheitsleistung** berücksichtigt (§ 133 Abs. 1 S. 1, S. 2 UmwG). Die §§ 25 ff. HGB sind anzuwenden. Eine **Begrenzung der Haftungsansprüche** erfolgt jedoch über § 133 Abs. 3 UmwG. Diese Begrenzung kann ebenfalls ein Motiv für Spaltungsmaßnahmen sein, da die Verbindlichkeiten, die dem betroffenen Rechtsträger im Spaltungsplan nicht zugeteilt wurden, nach fünf Jahren ihm gegenüber nicht mehr geltend gemacht werden können.

175   **4. Wirkungen.** Grundsätzlich tritt mit der Eintragung der Spaltung beim übertragenden Rechtsträger die sog. „**partielle Gesamtrechtsnachfolge**" gemäß § 131 Abs. 1 Nr. 2 UmwG ein. Im Unterschied zur Verschmelzung findet eine Gesamtrechtsnachfolge nicht hinsichtlich des gesamten Vermögens sondern nur partiell, dh hinsichtlich des im Spaltungsvertrag zugeordneten Teils, statt. Allerdings gilt die Übertragbarkeit bzw. Zuordnung von Vermögensteilen des übertragenden Rechtsträgers nicht unbeschränkt.

175a   Nach hM ist die Beteiligung eines persönlich haftenden Gesellschafters an einer Personengesellschaft (GbR, OHG, KG) nicht übertragbar im Rahmen der (partiellen) Gesamtrechtsnachfolge, da diese als höchstpersönlich qualifiziert wird.[395] Ein Übergang im Rahmen einer Spaltung komme nur in Betracht, sofern der Gesellschaftsvertrag die Übertragbarkeit vorsieht.[396] Für die Übertragbarkeit des Kommanditanteils bzw. des Anteils eines stillen Gesellschafters bedarf es dagegen keiner satzungsrechtlichen Gestaltung; dieser ist frei übertragbar. Dies gilt allerdings nicht, sofern die Satzung dies ausdrücklich vorsieht. Anteile an Kapitalgesellschaften sind auch trotz Vinkulierungsregelungen frei übertragbar und können bei der Spaltung auf den übernehmenden Rechtsträger überge-

---

[392] *Bungert* BB 1997, 897.
[393] Zur Gründungsphase *Wilken* DStR 1999, 677.
[394] Str., aA akzessorische Haftung; zum Streitstand Semler/Stengel/*Maier-Reimer/Seulen* UmwG § 133 Rn. 30 ff. mwN.
[395] Krit. dazu *Heckschen* GmbHR 2014, 626 (636).
[396] Semler/Stengel/*Schröer* UmwG § 131 Rn. 26; Henssler/Strohn/*Wardenbach* UmwG § 131 Rn. 7; Schmitt/Hörtnagl/Stratz/*Hörtnagl* UmwG § 131 Rn. 38.

hen. Vinkulierungen beziehen sich nur auf den einzelnen Geschäftsanteil, stehen jedoch einer Gesamtrechtsnachfolge nicht im Wege.[397]

Nach dem Willen des Gesetzgebers sollen nur höchstpersönliche Rechte und Pflichten **175b** nicht ohne weiteres übertragbar sein.[398] So sollte nach hM aufgrund der Personengebundenheit des **Wohnungsverwalteramtes** eine Rechtsnachfolge in das Verwalteramt ausscheiden.[399] Diese Ansicht ist unzutreffend[400] und auf Basis einer Entscheidung des BGH zur Verschmelzung[401] nicht mehr aufrechtzuerhalten. Problematisch sind daher Fälle, in denen sich die Identität des zum Verwalter bestellten Rechtsträgers ändert. Die Identität des Rechtsträgers ist ohnehin nicht betroffen, wenn der zum Verwalter bestellte Rechtsträger bei der Spaltungsmaßnahme aufnehmender Rechtsträger ist.

Es ist zu beachten, dass nach Auffassung eines Teils der Rechtsprechung und Literatur **175c** die mit der Eintragung beim Ausgangsrechtsträger eintretende partielle Gesamtrechtsnachfolge nur sehr eingeschränkt gilt (vgl. bereits → Rn. 93 ff.). Insbesondere öffentlich-rechtliche Rechtspositionen,[402] aber auch Prozessrechtsverhältnisse (→ Rn. 96) sollen nach dieser unzutreffenden Auffassung, die die Ziele des Gesetzgebers und die Regierungsbegründung zur Streichung von § 132 UmwG außer Acht lässt,[403] nicht von der (partiellen) Gesamtrechtsnachfolge erfasst sein.

Nach Ansicht des BFH[404] können auch **Steuerverbindlichkeiten** bei Ausgliederung **175d** und Abspaltung nicht beliebig zugeordnet werden. Die partielle Gesamtrechtsnachfolge bei Spaltungsmaßnahmen sei keine Gesamtrechtsnachfolge im Sinne des insoweit spezielleren § 45 AO; das Steuerschuldverhältnis bleibe daher beim übertragenden Rechtsträger.[405] Ungeklärt ist noch, ob dies auch für Fälle der Aufspaltung, die das Erlöschen des übertragenden Rechtsträgers zur Folge haben, gilt.[406] Diese Rechtsprechung lässt auch eine Entscheidung des BVerwG unberücksichtigt. Das BVerwG[407] hatte zutreffend darauf hingewiesen, dass von der partiellen Gesamtrechtsnachfolge nur höchstpersönliche Rechte ausgeschlossen sind. Solche können aber nur natürlichen Personen zustehen.

Immaterialgüterrechte (Patente, Marken, Gebrauchs- und Geschmacksmuster) sind **175e** ebenso wie urheberrechtliche Verwertungsrechte als Vermögensrechte ohne weiteres übertragbar. Nicht übertragbar ist dagegen das Urheberrecht an sich. Aufgrund seines persönlichkeitsrechtlichen Gehaltes ist es an die Person des Urhebers gebunden. Bei einer Ausgliederung vom Einzelkaufmann verbleibt es daher beim Urheber.

Auch **öffentlich-rechtliche Rechtspositionen** sind übertragbar. Rechtspositionen, **175f** die sachlich mit Vermögensgegenständen verbunden sind, gehen auch gemeinsam mit dem Vermögensgegenstand über (zB Baugenehmigung mit Grundstück). Dagegen sollen personenbezogene Erlaubnisse wie zB nach § 2 GaststättenG (Gaststättenerlaubnis), § 1 HandwerksO (Betrieb eines selbständigen zulassungspflichtigen Handwerks) § 34c GewO (Makler, Bauträger, Baubetreuer) oder auch die stromsteuerrechtliche Erlaubnis gemäß § 9 Abs. 3 StromStG[408] nicht übertragbar sein.[409] Zu den weiteren Beschränkungen der partiellen Gesamtrechtsnachfolge vgl. im Übrigen die Ausführungen zur Beschränkung der Gesamtrechtsnachfolge bei der Verschmelzung, → Rn. 93 ff.

---

[397] OLG Hamm NJW-Spezial 2014, 401; Schmitt/Hörtnagl/Stratz/*Hörtnagl* UmwG § 131 Rn. 38, 40.
[398] Begründung Regierungsentwurf, BT-Drs. 16/2919, 19.
[399] Zuletzt OLG München GWR 2014, 238 mAnm *Heckschen.*
[400] Vgl. *Heckschen* GmbHR 2014, 626 (628).
[401] BGH NZG 2014, 637.
[402] Vgl. dazu ausf. *Heckschen* ZIP 2014, 1605.
[403] Vgl. ausf. *Heckschen* GmbHR 2014, 626; *ders.* ZIP 2014, 1605.
[404] BFH NZG 2010, 518.
[405] AA *Leitzen* DStR 2009, 1853.
[406] *Walter* SteuK 2010, 79.
[407] NVwZ 2006, 928.
[408] Vgl. hierzu BFH BB 2012, 687.
[409] Weitere Beispiele bei Schmitt/Hörtnagl/Stratz/*Hörtnagl* UmwG § 131 Rn. 69; krit. *Heckschen* ZIP 2014, 1605.

VI. Besonderheiten bei der Ausgliederung

176 **1. Allgemeines.** Im Gegensatz zur Abspaltung werden bei der Ausgliederung die Anteile am aufnehmenden oder neu gegründeten Rechtsträger nicht den Anteilsinhabern des Ausgangsrechtsträgers, sondern dem **Ausgangsrechtsträger** selbst gewährt. Die Ausgliederung bietet sich daher für die Einführung von so genannten **Holding-Strukturen** an. Grundsätzlich gelten für Ausgliederungen die für die Spaltung geltenden Regeln und über § 125 UmwG die Regelungen des Verschmelzungsrechts. Auch bei der Ausgliederung ist immer die Parallelüberlegung anzustellen, ob die Einzelübertragung einen schnelleren und mit Rücksicht auf etwaige Minderheiten unkomplizierteren Weg darstellt. Zu berücksichtigen ist, dass bei Ausgliederungsmaßnahmen stets ein Zustimmungsbeschluss der Anteilseigner einzuholen ist, wenn diese nach dem Umwandlungsgesetz durchgeführt werden. Bei der Ausgliederung im Wege der Einzelübertragung gilt dies nur nach Maßgabe der Grundsätze des so genannten „Holzmüller“-Urteils[410] sowie der „Gelatine“-Entscheidungen.[411] Ein weiterer Vorteil der Einzelrechtsnachfolge ist die überschaubare Haftungssituation.[412] Demgegenüber hat die Ausgliederung nach dem UmwG mit der partiellen Gesamtrechtsnachfolge den automatischen Übergang von Vertragsverhältnissen zur Folge, die bei der Einzelrechtsnachfolge nur unter Beachtung der §§ 414, 416 BGB übergehen können. Die Entscheidung zwischen beiden Wegen steht dem Unternehmen frei, sie ist von den Anteilsinhabern und den Gerichten zu respektieren, einer besonderen sachlichen Rechtfertigung bedarf es nicht.[413] Nach Ansicht des LG Karlsruhe sind die Vorschriften des UmwG zum Schutz der Anteilsinhaber, insbesondere zum Spaltungsbericht auf Ausgliederungen durch Einzelrechtsübertragungen, entsprechend anwendbar.[414] Eine Prüfung der Ausgliederung findet entsprechend § 125 UmwG nicht statt. Für den Ausgliederungsplan/-vertrag (auch **Ausgliederungserklärung** genannt) sind die §§ 126 Abs. 1 S. 3, 4, 7, 109 UmwG nicht anwendbar. Der Ausgliederungsbeschluss kann auch unter eine Bedingung gestellt werden.[415] Im Gegensatz zum Recht der Verschmelzung kann eine Anfechtungsklage gegen den Ausgliederungsbeschluss auch auf das Argument gestützt werden, dass die dem übertragenden Rechtsträger gewährten Anteile am übernehmenden Rechtsträger keine angemessene Gegenleistung darstellen. Das materielle Klageverbot des § 14 Abs. 2 UmwG gilt im Falle der Ausgliederung zur Aufnahme nach § 123 Abs. 3 Nr. 1 UmwG nicht.[416]

§ 324 UmwG stellt mit seiner Verweisung auf § 613a BGB sicher, dass es auch im Rahmen der Ausgliederung bei der Zuordnung der Arbeitsverhältnisse zu den Betriebsmitteln bleibt und schränkt insoweit die in §§ 126, 131, 135 UmwG gewährte Dispositionsfreiheit ein. Die dem auszugliedernden Betriebsteil zugeordneten Arbeitsverhältnisse folgen daher diesem, auch wenn sie im Spaltungsplan nicht der übernehmenden Gesellschaft zugeordnet waren. Ebenso kann der Spaltungsplan nicht die Überleitung von Arbeitsverhältnissen bestimmen, die nicht dem auszugliedernden Betriebsteil zugeordnet sind.[417]

177 **2. Ausgliederung vom Einzelkaufmann.** Der Weg vom Einzelkaufmann in die Kapitalgesellschaft stellt einen in der Praxis sehr häufigen Fall der Ausgliederung dar. Dieser Umwandlungsweg kann sowohl zur **Ausgliederung zur Aufnahme wie zur Neu-**

---

[410] BGH ZIP 1982, 568.
[411] BGH NZG 2004, 571 und NZG 2004, 575.
[412] Vgl. zur Ausgliederung durch Einzelrechtsnachfolge *Heckschen/Simon* § 7 Rn. 98 ff.
[413] LG Hamburg AG 1999, 239.
[414] LG Karlsruhe AG 1998, 99; abl. *Heckschen* DB 1998, 1385; LG Hamburg DB 1997, 516; *Bungert* NZG 1998, 367.
[415] LG Hamburg AG 1999, 239.
[416] OLG Stuttgart DB 2003, 33; aA Semler/Stengel/*Schwanna* UmwG § 125 Rn. 9.
[417] *Buchner* GmbHR 1997, 377.

gründung eingeschlagen werden. Die Ausgliederung ist nur dem eingetragenen Einzelkaufmann eröffnet, wobei es jedoch ausreichend ist, dass die Eintragung des Einzelkaufmanns beantragt ist und eine logische Sekunde vor der Wirksamkeit der Ausgliederung eingetragen wird.

Ein besonderer Problemfall stellt dabei die Eintragung eines **Pflegedienstes** dar, da die   **177a** Registergerichte teilweise der Ansicht sind, dass es sich um eine nichteintragungsfähige freiberufliche Tätigkeit handele. Allerdings kann auch eine freiberufliche Tätigkeit in einer Art und Weise ausgeübt werden, sodass nach außen ein gewerbliches Unternehmen unter Zurücktreten der geistigen, kreativen oder wissenschaftlichen Betätigung vorliegt. Nach Auffassung des BGH[418] entscheidet dann die Verkehrsauffassung entsprechend dem Gesamtbild der Tätigkeit. Außerdem ist im Steuerrecht grundsätzlich jeder ambulante Pflegedienst gewerbesteuerpflichtig.[419] Seit 1994 ist dies sogar gesetzlich normiert in § 3 Nr. 20 GewStG.[420] Ein ambulanter Pflegedienst muss danach, wenn er nicht die Voraussetzung des Befreiungstatbestands erfüllt, Gewerbesteuer zahlen und eben keine Einkommensteuer wegen freiberuflicher Tätigkeit nach § 18 Abs. 1 Nr. 1 oder Nr. 3 EStG. Folglich betreiben ambulante Pflegedienste nach Steuerrecht immer ein Gewerbe. Streng genommen ist jedoch nicht auf die steuerrechtliche Einordnung abzustellen, denn entscheidend ist allein der handelsrechtliche Gewerbebegriff. Doch die zugrundeliegende Argumentation kann durchaus mit herangezogen werden. Auch von den Finanzgerichten wird angebracht, dass eine grundsätzlich freiberufliche zur gewerblichen Tätigkeit wird, wenn die Entwicklung der Personal- und Patientenzahlen dazu führen, dass die höchstpersönliche individuelle Arbeitsleistung am Patienten durch die Betriebsinhaber nicht mehr geleistet werde.[421]

Die Ausgliederung ist nur möglich, wenn die Verbindlichkeiten des Einzelkaufmanns   **177b** sein Vermögen nicht übersteigen, § 152 S. 2 UmwG. Dabei ist nicht auf das auszugliedernde Vermögen abzustellen, sondern auf das Gesamtvermögen des Einzelkaufmanns. Bei der Ausgliederung zur Neugründung bedarf es keiner Beschlussfassungen, da sich die Zustimmung des Einzelkaufmanns aus der Natur der Sache ergibt. Bei der Ausgliederung zur Aufnahme ist nur der Zustimmungsbeschluss beim aufnehmenden Rechtsträger erforderlich. Die Übernahme der Firma des Einzelunternehmens durch die Kapitalgesellschaft ist trotz der §§ 125, 18 UmwG möglich, wenn das Unternehmen des Einzelkaufmanns mit der Ausgliederung erlischt.[422] Bei der Anmeldung des neuen Rechtsträgers ist ein Sachgründungsbericht beizufügen; hingegen ist es nicht erforderlich, eine auf einen höchstens acht Monate vor der Anmeldung liegenden Stichtag aufgestellte Schlussbilanz des übertragenden Rechtsträgers vorzulegen;[423] diese ist nur beim Registergericht des übertragenden Rechtsträgers nötig. Übersteigt der Wert des ausgegliederten Vermögens den Nennbetrag der Geschäftsanteile an einer aufnehmenden GmbH, so kann die Differenz der GmbH als Darlehen zur Verfügung gestellt werden, § 54 Abs. 4 UmwG gilt für die Ausgliederung nicht.[424] Es wird allerdings berichtet, dass die Finanzverwaltung bei Vereinbarung eines solchen Darlehens zusätzlich fordert, dass die Darlehensbedingungen in der Urkunde Niederschlag finden (Zinssatz, Fälligkeit, Besicherung). Eine Ausgliederung zur Neugründung einer Personengesellschaft ist nicht möglich. Eine Personengesellschaft muss aus zwei Personen bestehen, beim Ausgliederungsvorgang kann aber kein neuer Gesellschafter aufgenommen werden. Diese in der Praxis wichtige Fallkonstellation ist nur durch eine Aus-

---

[418] BGHZ 33, 321 (336).
[419] FG Berlin DStRE 2002, 1182.
[420] BFH Beschl. v. 5.9.2011 – VIII B 135/10, BeckRS 2011, 96635.
[421] FG Berlin DStRE 2002, 1182.
[422] LG Hagen GmbHR 1996, 127.
[423] BayObLG ZIP 1999, 968.
[424] OLG München NZG 2012, 229; aA Widmann/Mayer/*Heckschen* UmwG § 1 Rn. 406.9; *Häfele*, Vermischung von Umwandlungsarten, 2018.

gliederung zur Aufnahme auf eine vorher gegründete Personenhandelsgesellschaft zu realisieren.

> **Muster: Ausgliederung aus dem Vermögen eines Einzelkaufmanns auf eine neu gegründete GmbH**
>
> Siehe hierzu die Gesamtmuster → Rn. 231 (Ausgliederungserklärung) und → Rn. 232 (Sachgründungsbericht).

178   **3. Ausgliederung aus dem Vermögen von Gebietskörperschaften.** Von großer praktischer Bedeutung ist angesichts des **Privatisierungsprozesses** im öffentlichen Bereich die Ausgliederung aus dem Vermögen von Gebietskörperschaften.[425] Diese wird häufig als erster Schritt zur Privatisierung eingeschlagen, zum Teil wird sie aber auch nur einer besseren Organisation und Führung der verschiedenen Regie-/Eigenbetriebe der Kommunen dienen. Die §§ 168 ff. UmwG folgen grundsätzlich den Regelungen der Ausgliederung vom Einzelkaufmann. Die Umwandlungsmöglichkeiten sind ausgeweitet gegenüber dem bisherigen Recht, da nunmehr auch die Ausgliederung zur Aufnahme durch eine Personenhandelsgesellschaft, eine Kapitalgesellschaft oder eine eingetragene Genossenschaft möglich ist. Die OHG scheidet jedoch als aufnehmender Rechtsträger aus, weil der Betrieb eines öffentlichen Unternehmens durch einen Rechtsträger, bei welchem die Gebietskörperschaft unbeschränkt persönlich haftet, nach öffentlichem Recht unzulässig ist.[426] Deshalb bleibt bei den Personenhandelsgesellschaften als tauglicher übernehmender Rechtsträger lediglich die Kommanditgesellschaft übrig, wobei die Gebietskörperschaft allerdings nicht die Stellung eines persönlich haftenden Komplementärs innehaben darf.[427] Soll die Ausgliederung zur Neugründung durchgeführt werden, kann nur *eine* Kapitalgesellschaft oder *eine* eingetragene Genossenschaft neuer Rechtsträger sein. Folglich ist eine Kombination von Ausgliederung zur Aufnahme und Neugründung (§ 123 Abs. 4 UmwG) nicht möglich. Umgekehrt zur bisherigen Rechtslage ist diese Umwandlungsmaßnahme möglich, wenn sie nicht durch Landes- oder Bundesrecht untersagt ist (bisher musste sie durch entsprechende Regelungen eröffnet sein).

Streitig ist, ob bspw. zwei Regiebetriebe unterschiedlicher Gemeinden zur Neugründung gleichzeitig auf einen Zielrechtsträger ausgegliedert werden können („verschmelzende Ausgliederung").[428] Nach hM ist eine verschmelzende Spaltung ausgeschlossen. Meines Erachtens spricht jedoch nichts gegen die Zulässigkeit.

179   Zulässig ist die Ausgliederung nur, soweit es sich bei dem auszugliedernden Vermögen um ein **Unternehmen** handelt.[429] Nach nun überwiegender Ansicht ist hier ein sog. funktioneller Unternehmensbegriff zu verwenden.[430] Dies bedeutet, dass das Unternehmen als in sich funktionell arbeitsfähige Einheit zu übertragen ist. Dabei ist es aber umwandlungsrechtlich zulässig, nicht betriebsnotwendiges Vermögen oder an das Unternehmen zu verpachtende Grundstücke zurückzubehalten.[431] Steuerrechtlich kann dies aber einer Buchwertfortführung gemäß § 20 Abs. 1 und Abs. 2 UmwStG 2006 entgegenstehen, wenn es sich bei dem zurückbehaltenen Vermögen um eine funktional wesentliche Betriebsgrundlage handelt und der (Teil-)Betrieb daher nicht als wirtschaftliche Einheit eingebracht werden kann.[432] Einzelne Vermögensgegenstände sind im Gegensatz zum

---

[425] Vgl. hierzu Widmann/Mayer/*Heckschen* UmwG § 168 Rn. 53 ff.; *Heckschen* GmbHR 2018, 779.

[426] DNotI-Report 2015, 123 f. (speziell für § 103 Abs. 1 Nr. 4 GO Baden-Württemberg); Widmann/Mayer/ *Heckschen* UmwG § 168 Rn. 92.

[427] Widmann/Mayer/ *Heckschen* UmwG § 168 Rn. 92; Lutter/*H. Schmidt* UmwG § 168 Rn. 15.

[428] Einzelheiten hierzu *Heckschen* GmbHR 2018, 779 (783 ff.).

[429] Vgl. *Steuck* NJW 1995, 2887.

[430] Semler/Stengel/*Perlitt*/*Krebs* UmwG § 168 Rn. 29; Schmitt/Hörtnagl/Stratz/*Hörtnagl* UmwG § 168 Rn. 3 f.; *Leppner* RNotZ 2006, 313 (317).

[431] Semler/Stengel/*Perlitt*/*Krebs* UmwG § 168 Rn. 31; *Leppner* RNotZ 2006, 313 (318).

[432] Vgl. hierzu näher Blümich/*Nitzschke* UmwStG 2006 § 20 Rn. 38 ff., 46.

sonst geltenden Spaltungsrecht nicht ausgliederungsfähig.[433] Problematisch sind arbeitsrechtliche Fragen, insbesondere wenn in diesem Teilbetrieb/Unternehmen **Beamte** tätig sind, da das privatisierte Unternehmen nicht dienstherrenfähig ist. § 613a Abs. 1 S. 1 BGB (iVm § 324 UmwG) findet zudem auf Beamtenverhältnisse keine Anwendung, weil zu ihrem Dienstherren eben kein Arbeitsverhältnis, sondern ein „öffentlich-rechtliches Dienst- und Treueverhältnis" nach Art. 33 Abs. 4 GG, § 2 Abs. 1 BRRG besteht. Das UmwG bietet hierfür keine Lösung, weshalb auf eines der folgenden Alternativmodelle zurückgegriffen werden muss. Der Beamte kann auf seinen Antrag entlassen und mit ihm ein privates Arbeitsverhältnis begründet werden (Entlassungsmodell). Oder dem Beamten wird auf Antrag Sonderurlaub gewährt und ein privates Arbeitsverhältnis begründet (Sonderurlaubsmodell). Weitere Alternativen sind die Dienstleistungsüberlassung an den privaten auszugliedernden Rechtsträger (Dienstüberlassungsmodell) oder die Zuweisung der Dienstleistung an den privaten Rechtsträger (Zuweisungsmodell)[434].

Vom Ablauf her ist zunächst ein **Ausgliederungsplan** oder ein **Ausgliederungsvertrag** (bei Ausgliederung zur Aufnahme) aufzustellen. Stellvertretung ist dabei zulässig.[435] Zur Bezeichnung des auszugliedernden Vermögens sind die oben genannten Grundsätze zu berücksichtigen (→ Rn. 161).   180

Ein Ausgliederungsbericht und eine Ausgliederungsprüfung sind nicht vorgesehen. Ein **Ausgliederungsbeschluss** ist erforderlich, wenn dies die jeweiligen einschlägigen Gemeinde- oder Landkreisordnungen vorschreiben. Nach überwiegender Meinung bedarf der Ausgliederungsbeschluss dann keiner notariellen Beurkundung.[436] Zu berücksichtigen ist, dass an die Stelle des Betriebsrates die Personalvertretung tritt.   181

Bei der **Registeranmeldung** ist eine Erklärung nach § 16 Abs. 2 UmwG nach zutreffender Ansicht nicht erforderlich.[437] Bei der Satzung einer etwa neu gegründeten Kapitalgesellschaft ist es unzulässig, den Gemeinderat als Gesellschafterversammlung einzusetzen.[438]   182

VII. Spaltung und Ausgliederung in der Krise

Eine Spaltung oder Ausgliederung kann im Rahmen eines Insolvenzplanes gemäß § 225a InsO auch bei aufgelösten Gesellschaften durchgeführt werden. In der Krise stellt die Ausgliederung oder Abspaltung fortführungswürdiger Betriebe bzw. sanierungsfähiger Unternehmensteile gegenüber dem Asset Deal wegen ihrer (partiellen) Gesamtrechtsnachfolge eine vorteilhafte Alternative dar.[439] Die §§ 133, 140 UmwG könnten hierbei allerdings Hindernisse darstellen. Zum einen müsste die übernehmende oder neugegründete Gesellschaft infolge der unmittelbar eintretenden Überschuldung aufgrund der Nachhaftungsvorschrift des § 133 UmwG sogleich einen Insolvenzantrag stellen. Aus diesem Grund wird der § 133 UmwG vermehrt teleologisch im Insolvenzplanverfahren reduziert.[440] So könne auch ein hoher Veräußerungserlös für die Altgläubiger erzielt werden. Der BGH lehnt mit ähnlicher Begründung die Haftung nach § 25 Abs. 1 HGB bei einer   182a

---

[433] Widmann/Mayer/*Heckschen* UmwG § 168 Rn. 126 ff.; Semler/Stengel/*Perlitt/Krebs* UmwG § 168 Rn. 31, 33; *Schindhelm/Stein* DB 1999, 1375 (1377).
[434] Gemäß § 123a Abs. 2 BRRG kann dem Beamten eine seinem Amt entsprechende Tätigkeit auch ohne seine Zustimmung zugewiesen werden, wenn seine Dienststelle ganz oder teilweise in eine öffentlich-rechtlich organisierte Einrichtung ohne Dienstherreneigenschaft oder eine privatrechtlich organisierte Einrichtung der öffentlichen Hand umgewandelt und dringende öffentliche Interessen dies erfordern.
[435] Vgl. DNotI-Report 1995, 182.
[436] DNotI-Report 1995, 184.
[437] DNotI-Report 1995, 184.
[438] Vgl. OLG Karlsruhe Rpfleger 1996, 161.
[439] Kallmeyer/*Kocher* UmwG Anh. II Rn. 5 f.; *Wachter* NZG 2015, 858.
[440] *Becker* ZInsO 2013, 1885 (1890 f.); *Kahlert/Gehrke* DStR 2013, 975 (977 f.); *Simon/Brünkmans* ZIP 2014, 657 (664 f.); *Brünkmans* ZInsO 2014, 2533 (2542 f., 2552); Kallmeyer/*Kocher* UmwG Anh. II Rn. 30; Schmidt/*Spliedt* InsO § 225a Rn. 49.

Veräußerung durch den Insolvenzverwalter.[441] Der Praxis wird wegen der ungeklärten Rechtslage allerdings angeraten, entweder eine Entschuldung des übertragenden Rechtsträgers vorzunehmen[442] oder einen Verzicht auf die Haftung im Insolvenzplan vorzusehen.[443] Zum anderen wäre nach § 140 UmwG der Insolvenzverwalter verpflichtet, dem Register zu versichern, dass das Stammkapital der übertragenden Gesellschaft gedeckt sei und durch die Spaltung keine Unterbilanz eintrete. Diese Erklärung kann der Insolvenzverwalter natürlich nicht abgeben. Wenn keine Fortsetzung der Gesellschaft vorgesehen ist, sei diese Erklärung entbehrlich.[444] Im Falle der Fortsetzung ist die Vorgehensweise umstritten. Eine Ansicht meint, eine Kapitalherabsetzung gemäß § 139 UmwG müsse durchgeführt werden.[445] Andere schlagen vor, zu erklären, dass sich die Unterbilanz nicht vertiefe.[446] Eine solche Erklärung soll wohl ausreichen, weil die Regelung ansonsten „Spaltungsblocker"[447] sei, da sie zur Aufdeckung stiller Reserven zwänge.

VIII. Spaltung und Ausgliederung über die Grenze hinweg

183 Das UmwG enthält nur Regelungen zur grenzüberschreitenden Verschmelzung, nicht aber zur Spaltung/Ausgliederung über die Grenze hinweg. Nach hM folgt aus der „Sevic"-Entscheidung des EuGH, dass die Niederlassungsfreiheit auch solche Vorgänge erlaubt.[448] Es steht allerdings noch kein geordnetes Verfahren zur Verfügung. Eine Neuregelung, die den Vorschriften zur grenzüberschreitenden Verschmelzung entsprechende Regelungen für Spaltungen vorsieht, ist im sog. Company Law Package geplant (→ Rn. 10a). In der Praxis wird derzeit häufig zunächst der betroffene Teilbetrieb nach nationalen Vorschriften abgespalten oder ausgegliedert und dann in der Folge grenzüberschreitend verschmolzen.

D. Formwechsel

I. Allgemeines

184 Unter dem Begriff des Formwechsels sind die früher als Umwandlung bekannten Umstrukturierungsmaßnahmen der so genannten **formwechselnden Umwandlung** und der **übertragenden Umwandlung** zusammengefasst. Als Formwechsel werden auch Tatbestände erfasst, bei denen von einer Gesellschaftsform in die andere Gesellschaftsform umgewandelt wird, wobei es jedoch bei diesen früher als übertragende Umwandlung bekannten Sachverhalten weiterhin dabei bleibt, dass die Konsequenzen aus der angeblichen **Identität** des Ausgangs- und des Zielrechtsträgers vom Gesetzgeber nur teilweise gezogen werden. Jedoch darf das Grundbuchamt zur Grundbuchberichtigung infolge eines Formwechsels einer Personengesellschaft in eine Kapitalgesellschaft und umgekehrt gerade wegen der Rechtsträgeridentität nicht die Vorlage einer steuerlichen Unbedenklichkeitsbescheinigung in der Form des § 29 GBO verlangen.[449] Es sind jedoch die für die neue Rechtsform geltenden Gründungsvorschriften zu beachten, soweit nicht das UmwG ausdrücklich Ausnahmen vorsieht. Bedeutsam ist dies beispielsweise beim Formwechsel der GmbH in die AG. Gemäß § 197 S. 2 UmwG gelten hier die §§ 30 Abs. 1–3, 31 AktG nicht. Der erste Aufsichtsrat kann nicht nur für die verkürzte Periode gemäß § 30 Abs. 3 S. 1 AktG bestellt werden. Die Mitglieder des Aufsichtsrates müssen gemäß § 246 Abs. 1

---

[441] BGH NZG 2014, 511 (513) mwN.
[442] Kallmeyer/*Kocher* UmwG Anh. II Rn. 32.
[443] *Becker* ZInsO 2013, 1885 (1891 f.); *Simon/Brünkmans* ZIP 2014, 657 (665); *Brünkmans* ZInsO 2014, 2533 (2552 f.); Schmidt/*Spliedt* InsO § 225a Rn. 49.
[444] Kallmeyer/*Kocher* UmwG Anh. II Rn. 87.
[445] Kallmeyer/*Kocher* UmwG Anh. II Rn. 87.
[446] *Hölzle/Kahlert* ZIP 2017, 510 (511 f.).
[447] So *Stindt* NZG 2017, 174.
[448] Vgl. NJW 2006, 425; Sagasser/Bula/Brünger/*Sagasser* Umwandlungen § 18 Rn. 201 mwN.
[449] LG Dresden DB 1998, 1807.

UmwG die Registeranmeldung nicht unterschreiben. Der BFH[450] stellt fest, dass keine ernstlichen Zweifel daran bestehen, dass der Formwechsel einer Kapitalgesellschaft in eine Personengesellschaft nicht der Grunderwerbsteuer unterliegt. Das Grunderwerbsteuerrecht müsse mangels ausdrücklich anders lautender Vorschriften den zivilrechtlichen Vorgaben des Umwandlungsrechts folgen.

Das Recht des Formwechsels wird von folgenden **Grundsätzen** beherrscht:

– Es kann nur **ein Rechtsträger** beteiligt sein.
– Von der Identität der Anteilsverhältnisse kann nur mit Zustimmung der Anteilsinhaber abgewichen werden (nicht verhältniswahrender Formwechsel).
– Die aus dem Verschmelzungs- und Spaltungsrecht bekannten Institutionen zur **Vorabinformation** der Anteilsinhaber (Bericht, Übersendung eines Beschlussentwurfes etc) wurden im Recht des Formwechsels entsprechend übernommen.[451]

Beim Formwechsel kann ausnahmsweise auch eine **GbR als Zielrechtsträger**/neuer **185** Rechtsträger beteiligt sein, § 191 Abs. 2 Nr. 1 UmwG.[452] Ausgangsrechtsträger kann sie nur über den Umweg in die OHG (§ 105 Abs. 2 HGB) sein. Im Rahmen der Vorbereitung des Formwechsels ist zu beachten, dass an die Stelle des Verschmelzungsvertrages/Spaltungsplans/Spaltungsvertrages hier der **Entwurf des Formwechselbeschlusses** tritt. Bei der Aufstellung des Berichts zum Formwechsel ist keine Vermögensaufstellung mehr erforderlich, da durch das 2. UmwBerG dieses Erfordernis gestrichen wurde. Stets ist zu prüfen, inwieweit auch auf das in § 207 UmwG grundsätzlich vorgesehene **Abfindungsangebot** verzichtet werden kann. Diesen Verzicht sieht das Gesetz zwar nicht vor, er ist aber, da das Abfindungsangebot ausschließlich im Anteilseigeninteresse liegt, zulässig.[453]

Auch die Partnerschaftsgesellschaft ist in den Kreis der formwechselfähigen Rechtsträger einbezogen worden. § 191 UmwG wurde entsprechend ergänzt. Eine formwechselnde Partnerschaftsgesellschaft kann sich in eine Kapitalgesellschaft oder e.G. umwandeln. Der Formwechsel in die PartG ist für Kapitalgesellschaften, deren Gesellschafter Freiberufler sind, möglich (§§ 225a–225c UmwG).[454] Über den Formwechsel kann somit eine Freiberufler-GbR zunächst in eine Partnerschaft und sodann in eine Kapitalgesellschaft umgewandelt werden.[455]

Im Unterschied zur Verschmelzung ist die Vorlage des Umwandlungsprüfungsberichts im Fall des Formwechsels nicht erforderlich. § 8 Abs. 1 S. 1 UmwG ist nicht anwendbar, da § 192 Abs. 1 S. 2 UmwG nur auf § 8 Abs. 1 S. 2–4, Abs. 2 UmwG verweist. Für eine entsprechende Anwendung besteht kein Bedarf, da eine Regelungslücke nicht vorliegt.[456]

Wie aus der Übersicht im Anhang V. erkennbar ist, sind die **Möglichkeiten des 186 Formwechsels** erweitert gegenüber dem Rechtszustand vor 1995. Wesentlich ist dabei, dass die Umwandlung einer Kapitalgesellschaft in eine GmbH & Co. KG im Wege des Formwechsels möglich ist. Die früher nach § 192 Abs. 2 UmwG aF erforderliche Vermögensübersicht muss seit dem Inkrafttreten des 2. ÄndUmwG[457] nicht mehr erstellt werden.[458] Zu den Möglichkeiten des Formwechsels und den geltenden Vorschriften siehe Anhang V.

Inwieweit beim Formwechsel auch Anteilsinhaber beitreten oder ausscheiden können **187** ist unklar. Der BGH[459] hat in einem obiter dictum im Rahmen des Formwechsels einer AG in eine GmbH & Co. KG den Beitritt der Komplementär-GmbH im Zuge des

---

[450] BFH ZIP 1997, 144.
[451] Zum Inhalt des Formwechselberichts vgl. zuletzt LG Mannheim ZIP 2014, 970.
[452] Zu § 228 Abs. 2 UmwG vgl. *Bärwaldt/Schabacker* NJW 1999, 623.
[453] Widmann/Mayer/*Wälzholz* UmwG § 207 Rn. 34.
[454] *Neye* ZIP 1997, 722; DB 1998, 1649 und ZAP Fach 15, 257.
[455] Zur Rechtsformwahl für Freiberufler vgl. *Heckschen/Bretschneider* NotBZ 2013, 81.
[456] LG Berlin DB 1997, 969.
[457] BGBl. 2007 I 542.
[458] Dazu *Heckschen* DNotZ 2007, 444.
[459] BGH NZG 2005, 722.

Formwechsels für zulässig erklärt. Die Reichweite dieser Entscheidung ist strittig.[460] Das KG[461] bestätigte, dass beim Formwechsel einer KG in eine GmbH der persönlich haftende Gesellschafter mit Wirksamwerden des Formwechsels ausscheiden könne. Der aus den §§ 194 Abs. 1 Nr. 3, 202 Abs. 1 Nr. 2 S. 1 UmwG hergeleitete Grundsatz der Kontinuität der Mitgliedschaft solle lediglich einen unfreiwilligen Ausschluss von Gesellschaftern verhindern, stehe dagegen einem freiwilligen Ein- und Austritt von Gesellschaftern nicht entgegen. Die Entscheidung ist begrüßenswert[462] und entspricht auch der überwiegenden Registerpraxis. Da aber noch nicht alle Registergerichte diese praxisgerechte Lösung anerkennen, sollte die Vorgehensweise im Vorfeld mit dem zuständigen Registergericht abgestimmt werden.

II. Beschluss zum Formwechsel

188 Kernstück des Verfahrens zum Formwechsel ist der **Umwandlungsbeschluss,** der bei Vorhandensein von Arbeitnehmervertretungen auch diesen einen Monat vor Beschlussfassung zuzuleiten ist, § 194 Abs. 2 UmwG. Im Falle der Umwandlung einer börsennotierten AG in eine GmbH muss sowohl der Text des Umwandlungsbeschlusses als auch der neuen Satzung auf der Einladung zur Hauptversammlung im Wortlaut mitgeteilt werden.[463]

Grundsätzlich bedarf ein Umwandlungsbeschluss keiner sachlichen Rechtfertigung. Zum Teil, wird jedoch vertreten, dass ein Rechtsformwechsel verbunden mit einem Squeeze-out gesetzeswidrig sei, wenn dabei die Umwandlung allein dem Ausschluss der Minderheit diene.[464] Ein solcher Gesetzesverstoß ist jedoch abzulehnen. Der Mehrheitsgesellschafter macht nur von einer ihm im Gesetz eingeräumten Berechtigung Gebrauch, worin kein Gesetzesverstoß bestehen kann. Die Minderheitengesellschafter werden in diesem Fall ausreichend durch die gesetzlichen Regelungen zur finanziellen Abfindung geschützt.[465]

189 Der **zwingende Inhalt** des Umwandlungsbeschlusses ergibt sich aus § 194 Abs. 1 UmwG und den Sondervorschriften der §§ 214 ff. UmwG.

190 | Checkliste zum Umwandlungsbeschluss:
– Rechtsform
– Firma und Sitz
– Angaben zur Beteiligung am neuen Rechtsträger
– Sonderrechte
– Abfindungsangebot
– Folgen des Formwechsels für Arbeitnehmer und ihre Vertretungen
– Satzung/Vertrag/Statut des neuen Rechtsträgers entsprechend §§ 218 Abs. 1, 243, 253 Abs. 1, 263 Abs. 1, 276 Abs. 1, 185 Abs. 1, 294 Abs. 1, 302 UmwG

Mit dem Umwandlungsbeschluss ist auch die Satzung des Zielrechtsträgers zu beschließen. Hierbei sind auch alle notwendigen Anpassungen an die neue Rechtsform vorzunehmen. Es können jedoch auch alle weiteren, für erforderlich und zweckmäßig gehaltenen Änderungen beschlossen werden.

---

[460] *Baßler* GmbHR 2007, 1252; *Simon/Leuering* NJW-Spezial 2005, 459; siehe dazu auch die Diskussion über die „Beteiligung beim Formwechsel" im Jahrbuch der Fachanwälte für Steuerrecht 2007/2008, S. 305–310 sowie *Heckschen* DB 2008, 2122.
[461] KG ZIP 2019, 176.
[462] Vgl. auch *Heckschen* DB 2008, 2122.
[463] LG Hanau GmbHR 1996, 373.
[464] *Habersack* ZIP 2001, 1230 (1234f.); MüKoAktG/*Grunewald* AktG § 327a Rn. 18, 20; weitere Nachweise bei OLG Stuttgart AG 2008, 464 (465).
[465] So auch Lutter/*Decker* UmwG § 195 Rn. 23; *Pluskat* NZG 2007, 725; *Fröde* NZG 2007, 730 (731f.).

Ist die Zielgesellschaft eine Personenhandelsgesellschaft, so muss der Personengesell- 191
schaftsvertrag als Anlage aufgenommen werden und ist mit zu beurkunden, §§ 243 Abs. 1
S. 1, 218 Abs. 1 UmwG. Für das **Beurkundungsverfahren** stehen sowohl die §§ 8 ff.
BeurkG wie auch §§ 36 ff. BeurkG zur Verfügung. Die für den Beschluss zum Formwechsel erforderlichen Mehrheiten ergeben sich aus dem Besonderen Teil für jeden
Rechtsträger gesondert (vgl. dazu auch die Übersicht im Anhang). Auch hier sind Zustimmungserfordernisse einzelner Gesellschafter zu beachten. Für den Inhalt und den Ablauf der Versammlung enthalten die Vorschriften des Besonderen Teils für die meisten
Rechtsträger besondere Regelungen (§ 217 Abs. 1 UmwG für OHG und KG, §§ 232
Abs. 1, 139 Abs. 1, 151 Abs. 2 UmwG für die GmbH, §§ 232, 239, 251 Abs. 2 UmwG
für die AG und KGaA, § 261 UmwG für die e.G., §§ 274 Abs. 2, 283 Abs. 2, 239
UmwG für den Verein, §§ 292 Abs. 2, 239 UmwG für den VVaG. Seit der Änderung des
§ 217 Abs. 1 S. 3 UmwG ist es möglich, im Gesellschaftsvertrag festzulegen, dass hinsichtlich der Beschlussmehrheiten auf die Anzahl der abgegebenen Stimmen abzustellen ist.[466]
Bei Umwandlung einer AG in eine GmbH & Co. KG sind die Aktionäre, die Kommanditisten werden sollen, grundsätzlich namentlich zu bezeichnen. Lediglich soweit die Aktionäre unbekannt bleiben, genügt ihre Bezeichnung unter Angabe der Nummer ihrer
Aktienurkunde.[467]

III. Anmeldung/Eintragung

Die Anmeldung hat grundsätzlich gemäß § 198 UmwG bei dem **Register des Aus-** 192
gangsrechtsträgers zu erfolgen. Soweit sich die Art des für den Ausgangsrechtsträger
maßgebenden Registers ändert oder infolge Sitzverlegung die Zuständigkeit eines anderen
Registergerichts begründet ist, muss auch dort eine Anmeldung vorgenommen werden.
Der Formwechsel wird dann wirksam mit Eintragung bei dem Zielrechtsträger. Das Registergericht prüft hierbei auch, ob die Gesellschaft ordnungsgemäß errichtet und angemeldet ist. Die Prüfung erstreckt sich auch auf die Frage der Verfügbarkeit der gesetzlich
vorgeschriebenen Mindesteinlage.[468] Die Eintragung einer fortbestehenden Prokura darf
nicht von einer Anmeldung abhängig gemacht werden.[469] Eine andere Art eines Registers
stellt beispielsweise das Genossenschaftsregister gegenüber dem Handelsregister A/B, nicht
aber das Handelsregister A gegenüber Handelsregister B dar. Eine Schlussbilanz ist bei der
Anmeldung des Formwechsels, anders als bei Spaltung und Verschmelzung nicht vorzulegen, Fristbindungen gemäß § 17 Abs. 2 UmwG bestehen nicht. Steuerrechtlich ist jedoch
zu beachten, dass eine Rückbeziehung des Formwechsels auf einen acht Monate zurückliegenden Zeitpunkt nur möglich ist, wenn die Bilanz bei Einreichung nicht älter als acht
Monate ist.[470] Bedeutung hat dies vor allem beim Wechsel von der Personen- in die Kapitalgesellschaft und umgekehrt. Man sollte sich nicht darauf verlassen, dass die Finanzverwaltung die Rechtsprechung zum UmwG 1969, die geringfügige Fristüberschreitungen
tolerierte, anerkennt.[471]

Checkliste Anlagen zur Registeranmeldung: 193
Beizufügen sind:
– Niederschrift über den Umwandlungsbeschluss in Ausfertigung oder beglaubigter
  Abschrift

---

[466] *Neye* DB 1998, 1649.
[467] BayObLG ZIP 1996, 1467.
[468] LG München GmbHR 1996, 128 (129); vgl. hierzu auch Semler/Stengel/*Schwanna* UmwG § 198
Rn. 16; Lutter/*Decher* UmwG § 198 Rn. 25.
[469] OLG Köln DNotZ 1996, 700; Lutter/*Decher* UmwG § 202 Rn. 45; Semler/Stengel/*Kübler* UmwG
§ 202 Rn. 10.
[470] Lutter/*Decher* UmwG § 192 Rn. 65.
[471] *Heckschen* DB 1998, 1385.

– etwa nach dem Gesetz erforderliche Zustimmungen einzelner Anteilsinhaber
– Umwandlungsbericht oder entsprechende Verzichtserklärungen
– Nachweis über die fristgemäße Zuleitung des Entwurfs des Umwandlungsbeschlusses an den Betriebsrat

Besonderheiten finden sich in den Regelungen für die einzelnen Rechtsträger (§§ 246 Abs. 3, 265, 278, 223, 253 Abs. 1, 254 Abs. 1, 259, 265 S. 2 UmwG).

194   Weiterhin sind jeweils die entsprechenden Unterlagen, die für die **Gründung des Zielrechtsträgers** nach allgemeinem Recht vorzulegen sind, mit einzureichen. Nach § 220 Abs. 1 UmwG ist beim Formwechsel in eine Kapitalgesellschaft der Nachweis zu erbringen, dass der Nennbetrag des Grund- bzw. Stammkapitals durch das Vermögen des formwechselnden Rechtsträgers gedeckt ist. Nicht erforderlich ist, dass dieser Nachweis nach den Regeln über den Jahresabschluss zu erbringen ist, vielmehr genügt ein gesondert aufgestellter Vermögensstatus, in dem das Reinvermögen nach Zeitwerten bewertet wird.

Wenn eine Personengesellschaft ein Handelsgeschäft weiterführt, kann sie bei der Firmenbildung den bisher geführten Namen einer natürlichen Person weiter verwenden, wenn das Registergericht den diesbezüglichen Antrag genehmigt. Dieser Antrag sollte bereits während der Vorbereitung des Formwechsels gestellt werden. Wenn diese natürliche Person an der Personengesellschaft nicht mehr beteiligt ist, ist zur Weiterverwendung ihres Namens die ausdrückliche Einwilligung erforderlich.[472]

IV. Einzelfälle

195   **1. Formwechsel von GmbH in GmbH & Co. KG.** Der spätere Komplementär kann auch erst im Rahmen des Formwechsels beitreten.[473] Nach § 108 HGB, §§ 219 Abs. 2, 222 Abs. 2 UmwG muss die beitretende GmbH die neue Gesellschaft mit zum Handelsregister anmelden.[474] Da Ausgangs- und Zielrechtsträger identisch sind, kommt eine beim Ausgangsrechtsträger bestehende Prokura durch den Formwechsel nicht automatisch zum Erlöschen. Sie besteht vielmehr beim Zielrechtsträger fort.[475] Die Bestellung des Geschäftsführers der Ausgangs-GmbH erlischt hingegen, es bedarf ggf. einer Neubestellung. Der Formwechsel einer GmbH in eine GmbH & Co. KG ist auch dann auf den Umwandlungsstichtag zurückzubeziehen, wenn die Komplementär-GmbH erst zeitgleich mit dem Umwandlungsbeschluss errichtet wird. Der Gesellschaftsvertrag der zukünftigen KG muss die Interessen von Minderheitsgesellschaftern angemessen berücksichtigen.[476] Nach Ansicht des BGH[477] kann der Mehrheitsgesellschafter des Ausgangsrechtsträgers mit der zum Formwechsel ausreichenden Beschlussmehrheit den künftigen Komplementär bestimmen.[478]

Da eine Kapitalgesellschaft von Freiberuflern gerade kein Gewerbe betreibt, ist ihr der Formwechsel in die Rechtsform der Personenhandelsgesellschaft – auch in Form der GmbH & Co. KG – verwehrt.[479]

195a   **2. Formwechsel von AG in GmbH & Co. KG.** Auch die Umwandlung einer AG in eine GmbH & Co. KG ist nach dem Umwandlungsrecht möglich. Nach § 233 Abs. 2 S. 1 UmwG ist hierfür eine Dreiviertelmehrheit des bei der Beschlussfassung vertretenen Grundkapitals erforderlich. Der Beschluss muss nach § 234 Nr. 2 UmwG die Kommandi-

---

[472] *Kögel* GmbHR 1996, 168 (174).
[473] BGH DNotZ 2005, 864.
[474] *Kallmeyer* GmbHR 1996, 80 (82).
[475] OLG Köln DNotZ 1996, 700.
[476] OLG Düsseldorf ZIP 2003, 1749.
[477] BGH DNotZ 2005, 864.
[478] Vgl. dazu *Heckschen* DB 2008, 2122.
[479] KG NZG 2013, 1313.

tisten sowie den Betrag der Einlage eines jeden von ihnen nennen. Die in der Einladung zur Hauptversammlung angegebene Komplementärgesellschaft muss mit der später beschlossenen Komplementärin identisch sein. Ein Verstoß hiergegen macht den Beschluss anfechtbar.[480]

Probleme bei der namentlichen Nennung der Kommanditisten tauchen insbesondere bei börsennotierten AGs auf, da die Namen der Aktionäre hier meist unbekannt sind. Hierfür bietet § 213 UmwG iVm § 35 UmwG eine gewisse Erleichterung an: Die unbekannten Aktionäre sind im Umwandlungsbeschluss durch die Angabe des insgesamt auf sie entfallenden Teils des Grundkapitals der Gesellschaft und der auf sie nach dem Formwechsel entfallenden Anteile zu bezeichnen als Kommanditisten zu benennen. Die Bezeichnung in dieser Form ist nur zulässig für Anteilsinhaber, deren Anteile **zusammen** 5 % des Grundkapitals der übertragenden Gesellschaft nicht übersteigen. Die der Gesellschaft bekannten Aktionäre müssen jedoch namentlich aufgeführt werden. Die Gesellschaft muss nicht im Einzelnen darlegen, welche Ermittlungsbemühungen sie unternommen hat und dass diese erfolglos waren. Die AG sollte aber bereits im Vorfeld der Beschlussfassung ihre Aktionäre ermitteln, jedenfalls wenn der hiermit verbundene Aufwand nicht unverhältnismäßig hoch ist. Angemessen und wohl auch ausreichend ist es, wenn die Gesellschaft in der im Bundesanzeiger veröffentlichten Einladung zur Hauptversammlung die Aktionäre auffordert, ihre Namen, Anschriften und Aktiennummern mitzuteilen. Die daraufhin noch unbekannt gebliebenen Aktionäre können im Umwandlungsbeschluss mit ihren Aktiennummern bezeichnet werden. Wenn diese Personen später bekannt werden, ist die diesbezügliche Eintragung entsprechend zu korrigieren. Bis die Identität der Anteilsinhaber geklärt ist, kann das Stimmrecht aus den betreffenden Anteilen nicht ausgeübt werden. Die Angabe der Kommanditisten im Umwandlungsbeschluss ist zwingend; fehlt sie, so ist der Beschluss unwirksam.[481] Da Anmeldungen zum Handelsregister durch sämtliche Gesellschafter erfolgen, sollte bei Existenz von unbekannten Kommanditisten dringend eine Handelsregistervollmacht in den Gesellschaftsvertrag der KG aufgenommen werden.[482]

3. Formwechsel von GmbH in Partnerschaftsgesellschaft mit beschränkter 195b **Berufshaftung (PartG mbB).** Bei einem Formwechsel einer Kapitalgesellschaft in eine Partnerschaftsgesellschaft (mit beschränkter Berufshaftung) ist nach § 228 Abs. 2 UmwG erforderlich, dass zum Zeitpunkt des Wirksamwerdens alle Anteilsinhaber des formwechselnden Rechtsträgers natürliche Personen sind, die einen freien Beruf iSd § 1 Abs. 1 und Abs. 2 PartGG ausüben.

Sofern nicht alle Anteilsinhaber durch notariell beurkundete Erklärungen auf die Erstattung eines Umwandlungsberichtes verzichten (§ 192 Abs. 2 UmwG), muss das Vertretungsorgan des formwechselnden Rechtsträgers nach § 192 Abs. 1 UmwG einen ausführlichen Umwandlungsbericht erstatten. Dieser muss den Formwechsel und insbesondere die künftige Beteiligung der Anteilsinhaber an der Partnerschaft rechtlich und wirtschaftlich erläutern und begründen sowie den Entwurf des Umwandlungsbeschlusses enthalten.

Eine Bewertung des formwechselnden Rechtsträgers findet nicht statt, weil den Anteilseignern wegen des Einstimmigkeitserfordernisses für die Beschlussfassung (§ 233 Abs. 1 UmwG) kein Abfindungsangebot nach § 207 UmwG zu unterbreiten ist.

Für den Formwechsel ist nach § 193 Abs. 1 UmwG ein einstimmiger Beschluss der Anteilsinhaber erforderlich. Auch die nicht erschienenen Anteilsinhaber müssen zustimmen (§ 233 Abs. 1 UmwG). Der Beschluss und die Zustimmungserklärung der nicht erschienenen Anteilsinhaber bedürfen nach § 193 Abs. 3 UmwG notarieller Beurkundung.

---

[480] LG Wiesbaden NZG 1999, 177.
[481] BayObLG DB 1996, 1814 (1815).
[482] Zulässig gemäß OLG Schleswig NZG 2003, 830.

In dem Umwandlungsbeschluss müssen nach §§ 194 Abs. 1, 243 UmwG mindestens bestimmt werden:
– dass der neue Rechtsträger durch den Formwechsel die Rechtsform einer PartG mbB erlangen soll,
– der Name der Partnerschaft einschließlich des erforderlichen Zusatzes nach § 8 Abs. 4 PartGG,
– der Sitz der Partnerschaft,
– die künftigen Beteiligungsverhältnisse,
– evtl. Sonderrechte,
– der Partnerschaftsvertrag,
– die Folgen des Formwechsels für die Arbeitnehmer und ihre Vertretungen sowie die insoweit vorgesehenen Maßnahmen.

Die PartG mbB ist zur Eintragung in das Handelsregister der formwechselnden GmbH sowie zur Eintragung in das Partnerschaftsregister anzumelden (§ 198 Abs. 2 S. 2–5 UmwG). Der Anmeldung sind gemäß § 199 UmwG außer den sonst erforderlichen Unterlagen, also insbesondere der Versicherungsbescheinigung nach § 113 Abs. 2 VVG, in Ausfertigung oder öffentlich beglaubigter Abschrift beizufügen:
– die Niederschrift des Umwandlungsbeschlusses,
– die Zustimmungserklärung nicht erschienener Anteilsinhaber,
– der Umwandlungsbericht oder die Erklärungen über den Verzicht auf seine Erstattung,
– der Nachweis über die fristgerechte Zuleitung des Entwurfs des Umwandlungsbeschlusses an den zuständigen Betriebsrat.

Mit der Eintragung im Partnerschaftsregister besteht der formwechselnde Rechtsträger als PartG mbB weiter (§ 202 Abs. 1 und Abs. 2 UmwG). Die Anteilsinhaber werden Partner der Partnerschaft. Eventuelle Mängel der notariellen Beurkundung des Umwandlungsbeschlusses und ggf. erforderlicher Zustimmungs- oder Verzichtserklärungen werden geheilt.

196 **4. Formwechsel einer Kapitalgesellschaft in eine GbR.** Bei einem Formwechsel einer Kapitalgesellschaft in eine GbR muss weder die GbR noch ihre Gesellschafter im Handelsregister eingetragen werden, dies ergebe sich aus § 235 UmwG.[483] Werden die Gesellschafter trotzdem eingetragen, scheidet eine Haftung nach § 15 Abs. 3 HGB aus, da sich um eine eintragungsfähige, nicht -pflichtige Tatsache handelt und den Gläubigern verbleibt lediglich die Möglichkeit, Ansprüche aus allgemeinen Rechtsscheingrundsätzen geltend zu machen. Von der Literatur[484] wird die Entscheidung des BGH mE zu Recht kritisiert. Die Gläubiger werden stark beeinträchtigt, denn mangels Registereintragung der GbR und deren Gesellschafter können sie ihre Rechte schlecht durchsetzen.

197 **5. Formwechsel zwischen Kapitalgesellschaften.** Hat die formwechselnde GmbH ein Stammkapital, das unter dem Mindestgrundkapital einer AG liegt, so muss vor dem Formwechsel eine Kapitalerhöhung durchgeführt werden. Die Kapitalerhöhung kann nicht mit sondern nur vor dem Formwechsel der GmbH/UG (haftungsbeschränkt) in die AG durchgeführt werden.[485]

Die Anmeldung des Formwechsels erfolgt gemäß § 246 Abs. 1 UmwG nur durch das Vertretungsorgan des Ausgangsrechtsträgers. Beim Formwechsel in die AG muss also zB der Aufsichtsrat nicht mitanmelden.

Fehlerquellen beim Formwechsel:
– Beim Formwechsel in eine Aktiengesellschaft ist immer auch das Gründungsrecht der Aktiengesellschaft anwendbar, § 197 S. 1 UmwG.

---

[483] BGH ZIP 2017, 14.
[484] *Markworth* NJW 2017, 559; *Vossius* NotBZ 2017, 141; aA *Bürger/Heyer* DB 2016, 1002.
[485] Zu einer evtl. erforderlichen Nachgründung nach einem Formwechsel in eine AG vgl. *Martens* ZGR 1999, 548.

– Beim Formwechsel handelt es sich um eine identitätswahrende Umwandlung. Soll die Beteiligungsquote eines Anteilseigners geändert werden, muss seine Zustimmung in notariell beurkundeter Form erfolgen. Alternativ kann sie bereits mit dem einstimmig gefassten Formwechselbeschluss vorliegen.[486]

– Der Steuerberater/Wirtschaftsprüfer, der an der Aufstellung des letzten Jahresabschlusses mitgewirkt hat, kann entgegen den Wünschen aus der Praxis wohl nicht zum Abschlussprüfer bestellt werden, § 319 Abs. 3 Nr. 2 HGB, § 197 UmwG, §§ 33 Abs. 5, 143 Abs. 2 AktG.

– Das Kapital beim Ausgangsrechtsträger muss identisch sein mit dem Grundkapital des Zielrechtsträgers und bei einer AG als Zielrechtsträger mindestens 50.000 EUR betragen. Das Grundkapital ist auf Euro umzustellen, sofern noch nicht geschehen.

– Auch beim Formwechsel ist der Entwurf des formwechselnden Beschlusses dem Betriebsrat einen Monat vor der Beschlussfassung zuzuleiten. Bestehen innerhalb eines Konzerns mehrere Betriebsräte, so sollte bei Zweifeln über die Zuständigkeit der Entwurf an jeden Betriebsrat zugeleitet werden.

– Auf das grundsätzlich abzugebende Barabfindungsangebot kann verzichtet werden. Bestehen Unklarheiten über einen solchen Verzicht, sollte dieser vorab eingeholt und notariell beurkundet werden.

– Die Amtszeit des ersten Aufsichtsrats der „neuen" AG ist nicht bis zum Ende der Hauptversammlung, die über das erste Voll- oder Rumpfgeschäftsjahr beschließt, begrenzt, da § 30 Abs. 3 S. 1 AktG gemäß § 197 S. 2 UmwG keine Anwendung findet.

– Die Zustimmung einzelner Anteilsinhaber zum Umwandlungsbeschluss ist ggf. einzuholen gemäß § 193 Abs. 2 UmwG.

– Beim Formwechsel einer GmbH in eine AG ist die im Rahmen einer historischen Sachgründung erfolgte Festsetzung im GmbH-Gesellschaftsvertrag in die Satzung der AG zu übernehmen (§ 243 Abs. 1 S. 2 UmwG). Keiner Festsetzung in der Satzung bedürfen dagegen die anlässlich früherer Kapitalerhöhungen geleisteten Sacheinlagen.[487]

– Da die Gründungsvorschriften des Zielrechtsträgers zu beachten sind, bedarf eine Vollmacht zur Stimmrechtsausübung betreffs des Formwechsels in eine Kapitalgesellschaft der notariellen Beglaubigung, § 2 Abs. 2 GmbHG, § 23 Abs. 1 S. 2 AktG.

Trotz der Tatsache, dass der Formwechsel identitätswahrend erfolgt, rechtfertigt der **198** Formwechsel einer Rechtsanwalts-GmbH in eine AG den Widerruf der berufsrechtlichen Zulassung. Grundsätzlich begegnet die Zulassung einer AG als Rechtsanwaltsgesellschaft aber keinen Bedenken, soweit sie die berufsrechtlichen Voraussetzungen erfüllt.[488]

6. Formwechsel von der GmbH in die UG (haftungsbeschränkt). Ein Formwechsel **199** iSd §§ 190 ff. UmwG in die UG (haftungsbeschränkt) ist unzulässig.[489] Der Formwechsel einer GmbH in eine UG (haftungsbeschränkt) ist schon deswegen ausgeschlossen, weil die §§ 190 ff. UmwG nur den Formwechsel in einen Rechtsträger anderer Rechtsform vorsehen, nicht aber innerhalb einer Rechtsform. Die UG (haftungsbeschränkt) ist aber eine Sonderform der GmbH. Eine Kapitalherabsetzung der GmbH auf ein Stammkapital unter 25.000 EUR gemäß §§ 58 ff. GmbHG ist ausgeschlossen. Von der UG (haftungsbeschränkt) kann nur durch Kapitalerhöhung in die GmbH „gewechselt" werden.

7. Formwechsel von Personen(handels)gesellschaften in GmbH. Ist Ausgangsrechts- **200** träger eine KG, so ist ein **Umwandlungsbericht** zu erstellen, wenn die Kommanditisten auf diesen nicht verzichten. Der Gesellschaftsvertrag der formwechselnden Personenhandelsgesellschaft kann eine **Mehrheitsentscheidung** entsprechend § 217 Abs. 1 S. 2, S. 3

---

[486] Schmitt/Hörtnagl/Stratz/*Stratz* UmwG § 202 Rn. 7; *Lutter/Decher* UmwG § 202 Rn. 15.

[487] Lutter/*Decher* UmwG § 197 Rn. 18; für den umgekehrten Fall des Formwechsels einer AG in eine GmbH Widmann/Mayer/*Mayer* UmwG § 197 Rn. 43.

[488] BGH NJW 2005, 1568, dazu auch *Passarge* NJW 2005, 1835.

[489] Zu dieser Problematik *Heckschen,* Das MoMiG in der notariellen Praxis, Rn. 229 ff.

UmwG vorsehen, und entsprechend dem Bestimmtheitsgrundsatz muss die Klausel den Fall des Formwechsels, zumindest aber den Fall der Umwandlung ausdrücklich regeln.

200a Ein praxisrelevantes Sonderproblem stellt hier die Umwandlung eines in Form einer GbR betriebenen **Pflegedienstes** dar. Damit dieser in eine GmbH umgewandelt werden kann, ist dessen Voreintragung als OHG notwendig. Hier haben die Registergerichte das kongruente Problem wie bei Voreintragung des Einzelkaufmannes (→ Rn. 177a).

201 Für den Zielrechtsträger, die GmbH, gelten sämtliche Gründungsvorschriften der §§ 1–12 GmbHG.[490] Gründer der GmbH sind die Gesellschafter des formwechselnden Rechtsträgers, wobei bei einer Mehrheitsentscheidung nur diejenigen Gesellschafter, die für den Formwechsel gestimmt haben, Gründer sind (§ 219 S. 2 UmwG). Im Protokoll sind diese daher aufzuführen. Die Anmeldung des Formwechsels erfolgt durch alle künftigen Geschäftsführer der GmbH, einer Mitwirkung der Gesellschafter der Personenhandelsgesellschaft bedarf es nicht (§ 222 Abs. 1 UmwG).[491]

> **Muster: Formwechsel einer OHG in eine GmbH**
> Siehe hierzu das Gesamtmuster → Rn. 233.

202 **8. Formwechsel von e.G.** Hinsichtlich des Abfindungsanspruches und dessen Prüfung verweist § 208 UmwG auf § 30 UmwG, so dass der Abfindungsanspruch an sich durch Wirtschaftsprüfer zu prüfen wäre, wohingegen die Prüfung ansonsten durch das Gutachten des Prüfungsverbandes ersetzt wird. Dies gilt nach § 270 Abs. 2 UmwG seit dem 1. 8. 1998 auch für das Abfindungsangebot. Da diese Prüfung auch im Gläubigerinteresse durchgeführt wird, kann auf sie nicht verzichtet werden. Die notwendige Mindestbeteiligung eines Genossen an der aus dem Formwechsel hervorgegangenen AG wurde durch Änderung von § 258 Abs. 2 UmwG an den Mindestbetrag von einer vollen Aktie angepasst. § 263 Abs. 2 S. 2 UmwG wurde ebenfalls entsprechend geändert, so dass Teilrechte an GmbH-Geschäftsanteilen nicht mehr und an Aktien nur im Fall freier Spitzen möglich sind.[492]

203 **9. Formwechsel/Sitzverlegung über die Grenze.** Der Formwechsel über die nationalen Grenzen hinweg ist vom UmwG nicht geregelt. Auch europarechtliche Vorgaben fehlen bisher.[493] Zunächst hat der EuGH in der Rechtssache „Cartesio"[494] entschieden, dass es nicht gegen europäisches Recht verstößt, wenn Nationalstaaten es verbieten, Satzungs- und Verwaltungssitzstaat auseinanderfallen zu lassen. In der Rechtssache „Vale"[495] ist er nun der Auffassung, dass die gleichzeitige Verlegung von Satzungs- und Verwaltungssitz von einem Land der EU/EWR in ein anderes von der Niederlassungsfreiheit gedeckt sei. Der identitätswahrende Formwechsel („Sitzverlegung über die Grenze") ist somit nach europäischem Recht zulässig, das Verfahren aber ungeregelt.

203a Nach der Entscheidung des EuGH hat der Zuzugsstaat die grenzüberschreitende Umwandlung zuzulassen, wenn eine entsprechende innerstaatliche Umwandlung nach dem nationalen Recht des Zuzugsstaates zulässig wäre. Als wohl erstes deutsches Gericht entschied das OLG Nürnberg, dass die grenzüberschreitende Umwandlung im Sinne eines identitätswahrenden Formwechsels einer ausländischen Kapitalgesellschaft in eine inländische rechtlich zulässig ist.[496] Bemerkenswert dabei ist, dass dasselbe OLG kurz vor der

---

[490] Zu Kapitalaufbringung und Kapitalfestsetzung vgl. *Timmermans* DB 1999, 948.
[491] Zur Firmierung vgl. OLG Frankfurt a.M. DB 1999, 733; EWiR § 11 PartGG 1/99.
[492] Vgl. *Neye* DB 1998, 1649.
[493] S. hierzu neuer Vorschlag der EU-Kommission v. 25.4.2018, COM(2018) 239 final; 2018/0113 (COD).
[494] BGH NZG 2009, 61.
[495] EuGH NZG 2012, 871.
[496] ZIP 2014, 128 mAnm *Bungert/Raet*.

Entscheidung des EuGH in Sachen „Vale" in einem sachlich ähnlich gelagerten Fall[497] den grenzüberschreitenden Formwechsel mit der Begründung ablehnte, dass der derzeitige nationale und gemeinschaftsrechtliche Rechtsrahmen eine grenzüberschreitende Sitzverlegung nicht zulasse. Unter dem Eindruck der „Vale" Entscheidung des EuGH konnte das OLG Nürnberg seine Rechtsprechung nicht mehr aufrechterhalten und bejahte den identitätswahrenden Formwechsel. Bemerkenswert an der Entscheidung des OLG ist dabei auch, dass die Gesellschaft in dem zugrunde liegenden Fall im Zeitpunkt der Antragsstellung beim deutschen Register bereits im Register ihres Gründungsstaates gelöscht war und somit die notwendige Kontinuität des Rechtsträgers nicht gegeben war. Hieran ließ das OLG Nürnberg die Eintragung im deutschen Register allerdings nicht scheitern. Es dürfte damit dem Umstand Rechnung getragen haben, dass mit dem grenzüberschreitenden Formwechsel immer auch die Verlegung des Satzungssitzes einhergeht, so dass auch zwei nationale Register tätig werden müssen. Grenzüberschreitende Umwandlungen und die damit einhergehende sukzessive Anwendung zweier Rechtsordnungen bergen dabei gerade das Problem der mangelnden Abstimmung der Registerverfahren der beteiligten Staaten in sich. Dies macht umso mehr die Notwendigkeit einer auf gemeinschaftsrechtlicher Ebene erlassenen Richtlinie deutlich.[498] Zudem kam es dem OLG Nürnberg auch nicht auf die Überprüfung der ebenfalls vom EuGH seit seiner Entscheidung in Sachen „Vale" geforderten tatsächlichen wirtschaftlichen Tätigkeit im Aufnahmestaat an. Dies ist auf Grund eines Vergleiches mit reinen Inlandssachverhalten nicht zu beanstanden. Für die Umwandlung deutscher Gesellschaften kommt es nach § 1 Abs. 1 UmwG lediglich auf den Satzungssitz im Inland an. Da deutsche Gesellschaften nach der Neufassung von § 4a GmbHG zudem ihren Verwaltungssitz sowohl im In- als auch im Ausland haben können, kommt es bei Inlandssachverhalten nicht auf eine tatsächliche wirtschaftliche Tätigkeit in Deutschland an. Aus deutscher Sicht kann daher eine wirtschaftliche Tätigkeit im Inland keine Voraussetzung beim grenzüberschreitenden „Herein-Formwechsel" sein.[499] Dies wurde jüngst durch den EuGH bestätigt, der dies sogar nicht als missbräuchlich ansah, wenn die Verlegung des satzungsmäßigen oder tatsächlichen Sitzes einer Gesellschaft lediglich deshalb erfolge, weil die Rechtsvorschriften günstiger seien.[500]

Besonders problematisch wird der **„Brexit",** der Austritt Großbritanniens aus der EU   203b für die britischen Gesellschaften in Deutschland. Zwar sind die genauen Auswirkungen immer noch nicht ganz klar, die Wahrscheinlichkeit, dass es zu einem „harten Brexit" kommt, ist allerdings sehr hoch.[501] Dann entfällt, sobald das Vereinigte Königreich aus der Europäischen Union austritt, die Rechtsprechung des EuGH über die Niederlassungsfreiheit und das Vereinigte Königreich wird in Deutschland als Drittstaat angesehen. Als Konsequenz findet die Sitztheorie nach der Rechtsprechung des BGH („Trabrennbahn",[502] „Singapur Ltd."[503]) auf diese Drittstaaten Anwendung. Dies bedeutet für Gesellschaften mit Satzungssitz im Vereinigten Königreich und mit Verwaltungssitz in Deutschland, dass sie je nach Geschäftsart als OHG oder GbR angesehen werden und die Gesellschafter damit einer unbeschränkten persönlichen Haftung unterliegen. Ob es einen Bestandsschutz für betroffene Gesellschaften gibt, ist umstritten.[504] Die besseren Argumente sprechen jedoch dagegen. Aus den vorgenannten Gründen sollten deshalb die betroffenen Gesellschaften frühzeitig handeln. Derzeit stehen den Gesellschaften doch nur zwei sehr aufwendige, dafür gesetzlich geregelte Optionen offen. Zum einen eine grenzüberschrei-

---

[497] OLG Nürnberg ZIP 2012, 572.
[498] Aktuell dazu der Richtlinienentwurf der EU v. 25.4.2018, COM(2018) 241 final, 2018/0114 (COD); einen umfassenden Überblick hierzu bei *Schmidt* Der Konzern 2018, 229 und Der Konzern 2018, 273.
[499] *Schaper* ZIP 2014, 128 mwN.
[500] EuGH NZG 2017, 1308 – Polbud.
[501] *Weller/Thomale/Benz* NJW 2016, 2378 (2380); *Teichmann/Knaier* IWRZ 2016, 243 (244).
[502] BGH NJW 2009, 289.
[503] BGH ZIP 2009, 2385.
[504] Dafür zB Widmann/Mayer/ *Vossius* Aktuelles: UK-Gesellschaften im „Brexit" Rn. 11 f.

tende Verschmelzung, zum anderen die Liquidation im Vereinigten Königreich und die Einbringung des Vermögens ggf. im Wege einer Sachgründung in eine deutsche Gesellschaft. Der besten Variante, einer grenzüberschreitenden Sitzverlegung, die nach der europäischen Rechtsprechung (→ Rn. 203a) zulässig ist, steht derzeit das Companies House mit seiner eklatant europarechtswidrigen Auffassung[505] entgegen.

E. Kosten

I. Allgemeines

204 Der Notar hat den für den Mandanten kostengünstigsten Weg zu wählen. Den Notar trifft eine Hinweispflicht auf einen kostengünstigeren Weg aber nur dann, wenn für die Erreichung des vom Mandanten gewünschten Zieles zwei Wege offen stehen, die exakt zum selben Ergebnis führen. In keinem Fall muss der Notar auf rechtlich andere Möglichkeiten hinweisen, etwa darauf, dass statt der vom Mandanten gewünschten Verschmelzung einer GmbH auf eine AG kostengünstiger die Verschmelzung der AG auf die GmbH beurkundet werden könnte.[506]

II. Verschmelzungsvertrag, Spaltungsvertrag, Spaltungsplan

205 Für die **Beurkundung des Verschmelzungsvertrages bzw. des Spaltungsvertrages** erhält der Notar eine 2,0-Gebühr Nr. 21100 KV GNotKG. Wird lediglich der **Spaltungsplan** als einseitige Erklärung des Vertretungsorgans des übertragenden Rechtsträgers beurkundet, so fällt eine 1,0-Gebühr Nr. 21200 KV GNotKG an. Der Geschäftswert bemisst sich grundsätzlich nach dem Aktivwert des übertragenden Unternehmens, wobei ein Abzug der Verbindlichkeiten ausscheidet (§ 38 GNotKG). Es handelt sich um einen Austauschvertrag gemäß § 97 Abs. 3 GNotKG. Dies gilt allerdings nicht, wenn der übernehmende Rechtsträger alle Anteile des übertragenden Rechtsträgers hält, da dann die Gegenleistung fehlt. In diesem Fall gilt § 97 Abs. 1 GNotKG.[507] Werden mehrere Rechtsträger übertragen, so sind die Werte ebenso zu addieren wie bei der Verschmelzung zur Neugründung. Die Summe sämtlicher auf die neu gegründete Gesellschaft übertragender Rechtsträger ist maßgeblich (Wertbeschränkung auf 10 Mio. EUR gemäß § 107 Abs. 1 S. 1 GNotKG, die auch für Personengesellschaften und eingetragene Genossenschaften gilt). Die Höchstwertvorschrift gilt jedoch nicht für die Einbringung eines Vermögensgegenstandes in eine KG durch Einzelübertragung, auch wenn dies einer Gründung der KG oder einem Vertrag nach dem UmwG wirtschaftlich gleichkommt.[508] Hier gilt allerdings die Höchstwertvorschrift des § 35 Abs. 2 GNotKG, nach der der Höchstwert 60 Mio. EUR beträgt.[509]

III. Zustimmungsbeschluss, Formwechselbeschluss, Zustimmungserklärungen

206 Für die Beurkundung des **Zustimmungsbeschlusses** fällt eine 2,0-Gebühr Nr. 21100 KV GNotKG an; auch hier beträgt der Höchstwert 10 Mio. EUR. Der Wert des Zustimmungsbeschlusses ergibt sich aus dem Wert des Verschmelzungsvertrages. Werden Zustimmungsbeschlüsse mehrerer Rechtsträger in einer Urkunde zusammengefasst, so sind sie gemäß § 109 Abs. 2 Nr. 4g GNotKG gegenstandsgleich. Dieses Verfahren bietet sich bei einem identischen Anteilseignerkreis oder bei Mutter-Tochter-Verschmelzungen an. Maßgeblich ist jeweils der Wert des Aktivvermögens des übertragenden bzw. formwechselnden Rechtsträgers, bei Abspaltung und Ausgliederung der Wert des übergehenden

---

[505] Schreiben des Companies House v. 8.2.2017, abrufbar unter https://www.heckschen-vandeloo.de/recht sprechung.html (letzter Abruf: 17.5.2019); s. dazu auch Widmann/Mayer/*Heckschen* UmwG Vor §§122a ff. Rn. 100.11.
[506] OLG Rostock NotBZ 2003, 243.
[507] BayObLG NZG 1999, 894 mAnm *Schaub*.
[508] BayObLG DB 1998, 2410.
[509] Zur Geschäftswertberechnung bei Kettenverschmelzungen vgl. OLG Düsseldorf NJW-RR 1999, 399.

Vermögens. Beim **Formwechsel** gibt es keinen zugrundeliegenden Vertrag oder Plan; es fällt lediglich eine 2,0 Gebühr Nr. 21100 KV GNotKG an.

Für die **Zustimmungserklärungen** einzelner Anteilsinhaber zu einem Verschmel- 207
zungs- oder Spaltungsvertrag fällt eine 1,0-Gebühr Nr. 21200 KV GNotKG an. Der Geschäftswert ermittelt sich aus einem gemäß § 36 GNotKG anzusetzenden Prozentsatz. Ein Ansatz bis zu 30% des Wertes des Verschmelzungsvertrages erscheint als angemessen (str.). Zustimmungserklärungen zum Zustimmungsbeschluss sind nicht gegenstandsgleich (§ 110 Nr. 1 GNotKG), auch nicht solche zum Verschmelzungsvertrag. Verzichtserklärungen (auf Erstattung des Verschmelzungsberichts, auf Unterbreitung eines Barabfindungsangebots, auf Gewährung von Anteilen am übernehmenden Rechtsträger) sind nach § 109 Abs. 1 GNotKG regelmäßig gegenstandsgleich; dies gilt allerdings nicht für den Verzicht auf Anfechtung des Verschmelzungsbeschlusses. Auch hier ist der Geschäftswert nach § 36 GNotKG zu ermitteln. Für die Registeranmeldungen gelten keine Besonderheiten.

Die an der Verschmelzung beteiligten Rechtsträger können die Kosten der Verschmel- 208
zung frei zuordnen, da die Verschmelzung bürgerlich-rechtlich als Veräußerungsvorgang gewertet wird und daher insoweit der Privatautonomie unterliegt. Einer freien Zuordnung der Kosten stehen keine zwingenden gesetzlichen Regeln entgegen.

Für die Grundbuchberichtigung nach Formwechsel einer Kapitalgesellschaft in eine 209
Personengesellschaft fällt nach dem GNotKG keine Gebühr an; es handelt sich um eine gebührenfreie Namensberichtigung, da dieser Fall in Nr. 14160 KV GNotKG nicht genannt ist.

F. Steuern

I. Regelungsbereich und Aufbau des UmwStG

Die ertragsteuerlichen Folgen von Umwandlungen sind überwiegend im UmwStG vom 210
7. 12. 2006 (mit zahlreichen anschließenden Änderungen) geregelt. Dieses Gesetz ermöglicht in vielen Fällen eine steuerneutrale Umstrukturierung.

Der **Anwendungsbereich** des UmwStG geht über das UmwG hinaus, weil steuerlich 211
auch solche Umstrukturierungen erfasst werden, die keine „echte" Umwandlung sind, insbesondere Einbringungsvorgänge. Einzelne Umwandlungsfälle finden im UmwStG keine Erwähnung, da sie steuerlich irrelevant sind, dies gilt insbesondere für den Formwechsel einer Kapitalgesellschaft in eine andere Kapitalgesellschaft. In personeller Hinsicht setzt die Anwendung des Gesetzes bis auf wenige Ausnahmen voraus, dass die beteiligten Rechtsträger ihren Sitz im EU-/EWR-Raum haben. Details regelt § 1 Abs. 2 UmwStG (für die §§ 3–19) und § 1 Abs. 4 UmwStG (für die §§ 20–25).

Auch der **Aufbau** des UmwStG unterscheidet sich deutlich vom UmwG: 212

Rechtsträger	Ziel: Kapitalgesellschaft	Ziel: Personenunternehmen
Ausgang: Kapitalgesellschaft	§§ 11–14 UmwStG (Verschmelzung) § 15 UmwStG (Ab-/Aufspaltung) § 19 UmwStG (Gewerbesteuer) §§ 20–23 UmwStG (Sacheinlage; Ausgliederung)	§§ 3–8 UmwStG (Verschmelzung) § 16 UmwStG (Ab-/Aufspaltung) § 18 UmwStG (Gewerbesteuer) § 9 UmwStG (Formwechsel) § 24 UmwStG (Einbringung, Ausgliederung)
Ausgang: Personenunternehmen	§§ 20–23 UmwStG (Sacheinlage, Verschmelzung, Spaltung) § 25 UmwStG (Formwechsel)	§ 24 UmwStG (Einbringung, Verschmelzung, Spaltung, und andere)

Die Finanzverwaltung hat ihre Auffassung zur Gesetzesanwendung in einem BMF-Schreiben vom 11.11.2011[510] niedergelegt (nachstehend UmwSt-AE).

II. Ertragsteuerliche Rückwirkung

213 Für die notarielle Praxis von enormer Bedeutung sind die Vorschriften, die eine steuerliche Rückwirkung der Umwandlung ermöglichen. **Verschmelzungen** und **Spaltungen** können damit auf den Stichtag der der Umwandlung zugrunde liegenden Bilanz zurückbezogen werden (§ 2 Abs. 1 UmwStG).

214 Soweit es im Umwandlungsrecht keine Übertragungsbilanz gibt, also beim **Formwechsel,** gilt steuerlich: Für den Formwechsel einer Kapital- in eine Personengesellschaft regelt § 9 S. 3 UmwStG, dass die steuerliche Übertragungsbilanz auf einen Stichtag aufgestellt werden kann, der bis zu acht Monate vor dem Tag der Anmeldung des Formwechsels liegt. Der Formwechsel einer Personen- in eine Kapitalgesellschaft ist steuerlich eine Einbringung nach §§ 25, 20 UmwStG, hinsichtlich des Stichtages ist er jedoch dem gegenläufigen Formwechsel gleichgestellt, vgl. §§ 25 S. 2, 9 S. 3 UmwStG.

215 Für **Einbringungsvorgänge, die keine Umwandlung sind,** gibt es entsprechende Rückwirkungsnormen in §§ 20 Abs. 6 S. 3, 24 Abs. 4 UmwStG. Danach kann die Einbringung in eine **Kapitalgesellschaft** auf einen Stichtag zurückbezogen werden, der bis zu acht Monate vor dem Abschluss des Einbringungsvertrages und der Erfüllung der Einbringungsverpflichtung liegt; auf den Zeitpunkt der Eintragung der Kapitalerhöhung kommt es also nicht an. Bei der Einbringung eines Personenunternehmens in ein anderes Personenunternehmen, die nicht als Gesamtrechtsnachfolge nach dem UmwG gestaltet ist, kommt eine Rückwirkung nicht in Betracht. Der Begriff der „Gesamtrechtsnachfolge" wird hier restriktiv interpretiert, so dass grundsätzlich ein Anwachsungsvorgang einer Einzelrechtsnachfolge gleichgestellt wird.[511] Aus der betreffenden Äußerung im UmwSt-AE wird zum Teil geschlossen, dass auch eine sog. erweiterte Anwachsung (also die Einbringung sämtlicher Anteile einer Personengesellschaft in eine andere Gesellschaft oder das Ausscheiden des vorletzten Gesellschafters aus einer Personengesellschaft) nicht als rückwirkungsfähig angesehen wird. Die Rechtslage ist insoweit allerdings umstritten.[512] Für die restriktive Auffassung der Finanzverwaltung spricht zwar der formale Wortlaut des § 1 Abs. 3 UmwStG, wonach unter anderem § 24 UmwStG nur auf bestimmte Umwandlungsfälle und die „Einzelrechtsnachfolge" anwendbar ist. Dass der Gesetzgeber mit dieser Aufzählung bezweckt hat, die zivilrechtlich anerkannte[513] „erweiterte Anwachsung" zur Einzelrechtsnachfolge umzudeklarieren[514] oder aber sie ganz aus dem Anwendungsbereich des § 24 UmwStG ausschließen wollte, erscheint allerdings konstruiert.

216 Die Rückwirkung beschränkt sich auf die ertragsteuerliche und gewerbesteuerlichen Folgen bei den beteiligten Rechtsträgern. Sie gilt insbesondere nicht für die Umsatzsteuer, so dass für die Umstellung der Rechnungsstellung der Tag der zivilrechtlichen Wirksamkeit der Umwandlung maßgeblich ist. Die Rückwirkung umfasst auch nicht die Schenkungsteuer, so dass beispielsweise die Anwendung des § 13b Abs. 1 Nr. 2 ErbStG (Privilegierung der betrieblichen Beteiligung ohne 25%-Hürde) nicht durch einen nachträglichen Formwechsel einer Kapitalgesellschaft in eine Personengesellschaft erreicht werden kann.

III. Buchwertfortführung

217 Nach der heutigen Gesetzesfassung führt eine Umwandlung im Regelfall zu einer steuerpflichtigen Aufdeckung von stillen Reserven, da in der jeweiligen Schlussbilanz des über-

---

[510] BStBl. 2011 I 1314.
[511] Vgl. Tz. 24.06 UmwSt-AE.
[512] Vgl. Schmitt/Hörtnagl/Stratz/*Schmitt* UmwStG § 24 Rn. 151.
[513] Etwa BGH NJW 1968, 1964.
[514] In diesem Sinne wohl Rödder/Herlinghaus/van Lishaut/*Rasche* UmwStG § 24 UmwStG Rn. 9.

tragenden Rechtsträgers alle Wirtschaftsgüter mit dem gemeinen Wert anzusetzen sind. Das Gesetz lässt jedoch vielfach den Ansatz des bisherigen Buchwertes oder eines Zwischenwertes zu, wenn es sich um eine „echte" Umstrukturierung handelt und das Besteuerungsrecht der Bundesrepublik hinsichtlich der Wirtschaftsgüter nicht verloren geht oder beschränkt wird.

1. Verschmelzung von Kapitalgesellschaften. Für den praktisch wichtigsten Fall der 218 Verschmelzung zweier Kapitalgesellschaften findet sich die Möglichkeit der Buchwertfortführung in § 11 Abs. 2 UmwStG. Danach ist (neben dem gesicherten Besteuerungsrecht) Voraussetzung, dass für die Verschmelzung entweder keine Gegenleistung gewährt wird oder eine solche in Gesellschafterrechten besteht. Zuzahlungen führen also zu einer anteiligen („soweit") Aufdeckung der stillen Reserven. Die Buchwertfortführung setzt gemäß §§ 11 Abs. 3, 3 Abs. 2 S. 2 UmwStG einen Antrag an das Finanzamt der übertragenden Gesellschaft voraus, der spätestens bei Abgabe der Schlussbilanz an das Finanzamt zu stellen ist. Eine Erklärung hierüber im Verschmelzungsvertrag ist nicht erforderlich, aber üblich, da es für die übernehmende Gesellschaft von Bedeutung ist, wie die übertragende Gesellschaft ihr diesbezügliches Wahlrecht ausüben wird.

Die übernehmende Gesellschaft ist gemäß § 12 UmwStG an diese Werte gebunden 219 und tritt auch ansonsten in die steuerliche Rechtsstellung der übertragenden Gesellschaft ein. Eine wichtige Ausnahme besteht hier für steuerliche Verlustvorträge und sog. Zinsvorträge nach § 4h Abs. 1 EStG der übertragenden Gesellschaft: Diese gehen – soweit sie nicht durch die Aufdeckung stiller Reserven bei Durchführung der Verschmelzung genutzt werden – endgültig unter (§§ 12 Abs. 3, 4 Abs. 2 S. 2 UmwStG). Im praktisch wichtigen Fall des upstream-merger treten in der Bilanz des übernehmenden Rechtsträgers die Wirtschaftsgüter des übertragenden Rechtsträgers an die Stelle der bisherigen Beteiligung. Das sich daraus ergebende Übernahmeergebnis (häufig ein Übernahmeverlust) wird steuerlich nicht berücksichtigt; ein etwaiger Übernahmegewinn ist nach § 12 Abs. 2 S. 2 UmwStG, § 8b Abs. 3 KStG de facto zu 5% steuerpflichtig.

Gemäß § 13 UmwStG ist die Verschmelzung auch für die Gesellschafter der übertra- 220 genden Gesellschaft steuerneutral, wenn das deutsche Besteuerungsrecht nicht eingeschränkt wird. In diesem Fall werden die gewährten Anteile an der übernehmenden Gesellschaft auf Antrag mit dem Buchwert/Anschaffungskosten der vormaligen Anteile an der übertragenden Gesellschaft fortgesetzt; auch sonstige steuerliche Eigenschaften der vormaligen Anteile (zB Sperrfristen nach § 22 UmwStG) gehen auf die neuen Anteile über. Die Ausübung dieses Wahlrechtes der Anteilseigner ist unabhängig davon, wie die übertragende Gesellschaft ihr Wahlrecht nach § 11 UmwStG ausgeübt hat.

2. Spaltung von Kapitalgesellschaften. Die unter → Rn. 218 ff. genannten Grundsätze 221 lassen sich weitgehend auf die Spaltung von Kapitalgesellschaften übertragen, allerdings ist das gestalterische Missbrauchspotential bei einer Spaltung wesentlich größer als bei einer Verschmelzung. Deshalb verlangt § 15 Abs. 1 S. 2 UmwStG für eine Buchwertfortführung ergänzend, dass durch die Spaltung ein Teilbetrieb auf jeden neuen/aufnehmenden Rechtsträger übergeht und – bei der Abspaltung – auch ein solcher bei der übertragenden Gesellschaft verbleibt. Als Teilbetrieb gelten auch Mitunternehmeranteile und 100%-Anteile an Kapitalgesellschaften (sog. fiktive Teilbetriebe), sofern diese Beteiligungen nicht innerhalb der letzten drei Jahre vor dem steuerlichen Übertragungsstichtag durch Übertragung von Wirtschaftsgütern, die kein Teilbetrieb sind, erworben oder aufgestockt worden sind (§ 15 Abs. 1 S. 3, Abs. 2 S. 1 UmwStG). Ferner sieht § 15 Abs. 2 S. 2–5 UmwStG Vorbesitzfristen und Haltefristen vor, die verhindern sollen, dass die Spaltung als Gestaltungsmittel zur steuerfreien Veräußerung von Anteilen und Vermögensgegenständen verwendet wird.

Grundsätzlich sind Verbindlichkeiten keine betriebswesentlichen Wirtschaftsgüter, inso- 222 fern sind die Beteiligten in der Zuordnung zu einem Teilbetrieb frei. Eine wichtige Ausnahme bilden Pensionslasten: Diese sind bei laufenden Arbeitsverhältnissen von dem Rechtsträger zu übernehmen, der auch das Arbeitsverhältnis übernimmt.[515] Die Zuordnung von Wirtschaftsgütern und Verbindlichkeiten zu fiktiven Teilbetrieben ist nach Auffassung der Finanzverwaltung nur noch möglich, soweit diese in unmittelbarem Zusammenhang mit der Beteiligung stehen.[516] Ob diese Differenzierung den gesetzlichen Grundlagen entspricht, ist allerdings höchst umstritten.[517] *Schwedhelm*[518] weist darauf hin, dass aufgrund dieser Erlasslage eine Spaltung mit fiktiven Teilbetrieben nicht mehr ohne Einholung einer verbindlichen Auskunft in Angriff genommen werden kann.

223   **3. Einbringung in Kapitalgesellschaften und Ausgliederung.** Auch die Einbringung in eine Kapitalgesellschaft ist zu Buchwerten nach § 20 Abs. 1, Abs. 2 UmwStG möglich, wenn ein Betrieb/Teilbetrieb oder ein Mitunternehmeranteil übertragen wird, der Einbringende hierfür neue Anteile erhält, das deutsche Besteuerungsrecht nicht eingeschränkt wird und die eingebrachten Aktiva die übernommenen Verbindlichkeiten/Rückstellungen übersteigen. Die Gewährung neuer Anteile für das eingebrachte Vermögen ist zwingend, so dass beispielsweise eine verschleierte Sachgründung nicht nur zivilrechtlich und strafrechtlich, sondern auch steuerrechtlich gefährlich ist. Werden neben den gewährten Gesellschaftsanteilen sonstige Gegenleistungen, insbesondere also Zuzahlungen, gewährt, so führen diese oberhalb eines Sockelbetrages von 25 % des Buchwertes des eingebrachten Betriebsvermögens[519] zu einer anteiligen Aufdeckung der stillen Reserven.

224   Sofern ein Betrieb oder Teilbetrieb eingebracht wird, muss die Einbringung alle funktional wesentlichen Teile des Betriebsvermögens einschließlich des etwaigen Sonderbetriebsvermögens umfassen. Diese Gegenstände müssen auf die Zielgesellschaft übergehen, eine bloße Nutzungsüberlassung ist nicht ausreichend.[520] Inwiefern es zulässig ist, im Vorfeld der Einbringung wesentliche Einzelwirtschaftsgüter auf andere Gesellschaften auszulagern (zB nach § 6 Abs. 5 S. 3 EStG), ist noch immer nicht geklärt.[521] Das vom BMF herangezogene Referenzverfahren I R 80/12 liegt allerdings seit nunmehr sechs Jahren (aus anderen Gründen) dem BVerfG unter dem Az. 2 BvL 8/13 vor.[522]

225   Anders als bei der Abspaltung kommt es bei der Ausgliederung/Sacheinlage nicht darauf an, dass auch beim Ausgangsrechtsträger ein Teilbetrieb verbleibt. So kann die Ausgliederung gut verwendet werden, um das operative Geschäft von nicht betriebsnotwendigem Anlagevermögen zu trennen.

226   Gemäß § 22 Abs. 1 UmwStG unterliegen die im Gegenzug für die Sacheinlage gewährten Anteile einer Nachversteuerung während eines Sieben-Jahres-Zeitraums. Kommt es in dieser Zeit zu einer Veräußerung oder gleichgestellten Vorgängen, wird nachträglich ein abschmelzender Teil des Veräußerungserlöses als Einbringungsgewinn I nachversteuert, dh die Einbringung wird nachträglich als (teil)entgeltlicher Vorgang behandelt und entsprechend versteuert. Im gleichen Umfang werden die Anschaffungskosten der für die Einbringung gewährten Anteile erhöht, so dass der ggf. ebenfalls der Steuer unterliegende Veräußerungsgewinn reduziert wird. Eine Veräußerung wird auch (fiktiv) angenommen, wenn nicht bis jeweils zum 31. 5. innerhalb der Kontrollfrist jährlich nachgewiesen wird, dass die aus der Einbringung hervorgegangenen Anteile nicht veräußert worden sind. Hierzu fordert die Finanzverwaltung eine Erklärung des Einbringenden, dass ihm die An-

---

[515] Vgl. Tz. 15.10 UmwSt-AE.
[516] Tz. 15.11 UmwSt-AE.
[517] Vgl. *Schmitt* DStR 2011, 1108 (1109).
[518] GmbH-StB 2012, 249.
[519] Bzw. bei kleineren Einbringungen: 500.000 EUR, nicht jedoch mehr als der Buchwert des eingebrachten Betriebsvermögens.
[520] Tz. 20.06 UmwSt-AE.
[521] Vgl. BMF-Schreiben DStR 2013, 2002; danach ergangene Rechtsprechung, insbesondere: BFH DStR 2016, 1518; DStR 2018, 1014.
[522] Vgl. Vorlagebeschluss des BFH v. 10.4.2013, DStR 2013, 2158.

teile noch gehören und eine Bestätigung der Gesellschaft hierüber oder die Vorlage einer aktuellen Gesellschafterliste.[523]

IV. Schenkungsteuer

Spätestens die mit Gesetz vom 7.11.2012 angefügte Bestimmung des § 7 Abs. 8 S. 2 **227** ErbStG führt dazu, dass Umwandlungen, insbesondere Verschmelzungen, auch bei Einschaltung von Kapitalgesellschaften Schenkungsteuer auslösen können. Das Gesetz fingiert danach bei mittelbar eintretenden Vermögensverschiebungen eine Schenkung der benachteiligten Gesellschafter an die bevorzugten Gesellschafter. Allerdings ist hierfür nicht nur eine mittelbare Bereicherung einzelner Gesellschafter durch vom Verkehrswert abweichende Umtauschverhältnisse erforderlich, sondern auch ein subjektives Element (Bereicherungsabsicht). Stammt das Vermögen von einer natürlichen Person, wird auf dieses subjektive Element erstaunlicherweise verzichtet.[524]

V. Grunderwerbsteuer

Sofern durch eine Umwandlung Immobilien auf andere Rechtsträger übergehen (zum **228** Formwechsel → Rn. 184 ff.), sind diese Vorgänge grunderwerbsteuerpflichtig nach § 1 Abs. 1 Nr. 3 GrEStG; gleiches gilt ggf. beim Übergang von Beteiligungen an grundstückshaltenden Gesellschaften (→ Rn. 93). Als Bemessungsgrundlage dienen gemäß § 8 Abs. 2 S. 1 Nr. 2 GrEStG die Bedarfswerte gemäß § 138 Abs. 2–4 BewG. Soweit Personengesellschaften betroffen sind, gelten ggf. die Befreiungsnormen der §§ 5, 6 GrEStG; im Bereich der Kapitalgesellschaften kommt insbesondere die durch das Gesetz vom 22.12.2009 eingeführte Befreiung nach § 6a GrEStG in Betracht.[525] Allerdings gilt diese Norm nur bei Umwandlungen/Einbringungen im Konzern und setzt weiterhin voraus, dass die Beteiligungsverhältnisse innerhalb von fünf Jahren vor und nach der Transaktion weitgehend unverändert bleiben. Die Details zur Anwendung dieser Norm sind in vielen Fragen noch nicht hinreichend geklärt, da die restriktive Verwaltungsauffassung zu zahlreichen Streitfragen geführt hat, die nunmehr dem BFH vorliegen.[526] Auf Einzelrechtsübertragungen, die fälschlich als Umwandlung bezeichnet und eingetragen werden, ist die Norm nicht anwendbar.[527]

VI. Zusammenfassung

Die steuerlichen Folgen einer Umwandlung sind vielgestaltig und ohne genaue Kenntnis **229** der Vorgeschichte der beteiligten Rechtsträger sowie des Beteiligungsbestandes kaum zu erfassen. Die vorstehende Darstellung greift nur einige typische Aspekte heraus und kann unter gar keinen Umständen als ausreichend angesehen werden, um die steuerliche Lage zu beurteilen. Sofern die Umwandlung nicht ohnehin von einem steuerlichen Berater erdacht wurde, ist es unumgänglich, einen solchen bereits in der Frühphase in die Strukturierung einzubeziehen. Die enge Verzahnung zwischen zivilrechtlicher und steuerlicher Gestaltung führt jedoch dazu, dass dem Notar zumindest die grundlegende Funktionsweise der maßgeblichen steuerlichen Bestimmungen bekannt sein sollte. In Zweifelsfällen wird der besonnene Berater ohnehin die Einholung einer verbindlichen Auskunft der zuständigen Finanzbehörde empfehlen.

---

[523] Vgl. Tz. 22.30 UmwSt-AE.

[524] Vgl. Daragan/Halaczinsky/Riedel/*Griesel* ErbStG § 7 Rn. 207; zu einschränkenden Auslegungsmöglichkeiten, insbesondere in Sanierungsfällen, Kapp/Ebeling/*Geck* ErbStG § 7 Rn. 233.

[525] Die Ausnahmeregelung stellt keinen Verstoß gegen die EU-Beihilfevorschriften dar, vgl. EuGH Urt. v. 19.12.2018 – C-374/17, IStR 2019, 70 – FA B/A-Brauerei.

[526] Zu Einzelheiten aus Sicht der Verwaltung vgl. Oberste Finanzbehörden der Länder, gleichlautender Erlass v. 19.6.2012, DStR 2012, 1556; anhängige Verfahren beim BFH: II R 50/13, II R 36/14, II R 58/14, II R 62/14, II R 63/14 , II R 53/15, II R 56/15.

[527] BFH DStR 2018, 2636.

G. Gesamtmuster

I. Verschmelzung von zwei GmbHs
(Verschmelzungsbeschlüsse und Verschmelzungsvertrag)

230

U

UR-Nr. ***

Verhandelt zu ***, in der Geschäftsstelle des Notars
am ***

Vor dem unterzeichnenden Notar

***
Notar mit Amtssitz in ***

erschien:

Herr/Frau ***, geboren am ***
wohnhaft in ***.

Der/Die Erschienene wies sich durch Vorlage seines/ihres amtlichen Lichtbildausweises aus und gab seine/ihre Zustimmung, dass der Notar eine Kopie des Lichtbildausweises zur Akte nimmt.

TEIL 1.
VERSCHMELZUNGSBESCHLÜSSE‹

Der/Die Erschienene ließ folgende

Verschmelzungsbeschlüsse

beurkunden und erklärte:

I. Verschmelzungsbeschluss der übertragenden Gesellschaft

Ausweislich der letzten in den elektronischen Dokumentenordner des Handelsregisters *** aufgenommenen Gesellschafterliste, welche der Notar am *** eingesehen hat, bin ich der alleinige Gesellschafter der GmbH in Firma

B-GmbH
mit Sitz in ***, Amtsgericht ***, HRB ***
und einem eingetragenen Stammkapital von *** EUR
Geschäftsanschrift ***

– nachstehend „die Gesellschaft" genannt –.

Unter Verzicht auf alle gesetzlichen und gesellschaftsvertraglichen Formen und Fristen halte ich hiermit eine Gesellschafterversammlung ab und beschließe was folgt:

1. Zustimmung

Dem Verschmelzungsvertrag zwischen der A-GmbH und der B-GmbH vom *** (UR-Nr. *** des Notars ***), der in TEIL 2 dieser Urkunde enthalten ist, wird hiermit zugestimmt.

2. Anfechtungsverzicht

Ich verzichte hiermit ausdrücklich auf Klageerhebung gegen die Wirksamkeit dieses Verschmelzungsbeschlusses.

3. Weitere Verzichtserklärungen

Ich verzichte darüber hinaus auf die Erstellung eines Verschmelzungsberichtes gemäß § 8 Abs. 3 UmwG und auf die Prüfung der Verschmelzung gemäß § 9 Abs. 3 UmwG iVm § 8 Abs. 3 UmwG. Der Beteiligte weist den Notar an, diese Verzichtserklärungen der übertragenden Gesellschaft und der aufnehmenden Gesellschaft zuzuleiten. Darüber hinaus wird auf die Einhaltung der Vorschriften der §§ 47, 49 UmwG verzichtet.

Damit ist die Gesellschafterversammlung beendet.

II. Verschmelzungsbeschluss der aufnehmenden Gesellschaft

Die übertragende Gesellschaft ist ausweislich der letzten in den elektronischen Dokumentenordner des Handelsregisters *** aufgenommenen Gesellschafterliste, welche der Notar am *** eingesehen hat, die alleinige Gesellschafterin der GmbH in Firma

A-GmbH
(aufnehmende Gesellschaft)
mit Sitz in ***, Amtsgericht ***, HRB ***

und einem eingetragenen Stammkapital von *** EUR, welches voll eingezahlt ist.

Geschäftsanschrift ***

– nachstehend „die Gesellschaft" genannt –.

Unter Verzicht auf alle gesetzlichen und gesellschaftsvertraglichen Formen und Fristen hält der Erschienene hiermit eine Gesellschafterversammlung der Gesellschaft ab und beschließt einstimmig was folgt:

1. Dem Verschmelzungsvertrag zwischen der A-GmbH und der B-GmbH mit dem Sitz in *** vom *** (UR-Nr. *** des Notars ***), der in TEIL 2 dieser Urkunde enthalten ist, wird hiermit zugestimmt.
2. Die Geschäftsführung der Gesellschaft bleibt unverändert.
3. Der von der übertragenden Gesellschaft gehaltene Geschäftsanteil Nr. *** der aufnehmenden Gesellschaft geht ohne Durchgangserwerb auf die bisherigen Gesellschafter der übertragenden Gesellschaft als Gegenleistung für die Übertragung des Vermögens der übertragenden Gesellschaft im Wege der Verschmelzung über. Im Übrigen wird ausdrücklich auf eine weitergehende Anteilsgewähr verzichtet.
4. Ich verzichte hiermit ausdrücklich auf Klageerhebung gegen die Wirksamkeit dieses Verschmelzungsbeschlusses.
5. Ich verzichte darüber hinaus auf die Erstellung eines Verschmelzungsberichtes gemäß § 8 Abs. 3 UmwG und auf die Prüfung der Verschmelzung gemäß § 9 Abs. 3 UmwG iVm § 8 Abs. 3 UmwG. Rein vorsorglich wird auf einen Verschmelzungsprüfungsbericht verzichtet. Der Notar wird angewiesen, diese Verzichtserklärungen der übertragenden Gesellschaft und der aufnehmenden Gesellschaft zuzuleiten. Darüber hinaus wird auf die Einhaltung der Vorschriften der §§ 47, 49 UmwG verzichtet.

Damit ist die Gesellschafterversammlung beendet.

III. Hinweise des Notars und Vollmacht

Der Notar belehrte den Erschienenen über die Unwiderruflichkeit der Verzichtserklärungen und deren Wirkung und darüber, dass durch diese Erklärungen die Ausübung von Gesellschafterrechten bei der bevorstehenden Verschmelzung beeinträchtigt werden kann.

Der Notar *** sowie die Notariatsangestellten *** – alle geschäftsansässig: *** – werden hiermit bevollmächtigt, alle Erklärungen abzugeben und entgegenzunehmen, die zur Durchführung der in dieser Urkunde niedergelegten Beschlüsse erforderlich oder zweckmäßig sind. Die Bevollmächtigten sind auch zu materiell-rechtlichen Änderungen dieser Urkunde befugt. Die Bevollmächtigten sollen im Innenverhältnis bei materiell-rechtlichen Änderungen eine Zustimmung der Vollmachtgeber in Textform (schriftlich, Fax oder Mail) einholen. Die Vollmacht ist jederzeit widerruflich. Jeder Bevollmächtigte darf allein handeln. Dem Handelsregister gegenüber ist die Vollmacht unbeschränkt.

IV. Kosten

Die Kosten dieser Urkunde trägt die aufnehmende Gesellschaft.

TEIL 2.
VERSCHMELZUNGSVERTRAG
über die Übertragung des Vermögens der Muttergesellschaft auf die Tochtergesellschaft ohne Kapitalerhöhung

1. Herr ***, geboren am ***
   geschäftsansässig: ***

   hier handelnd nicht im eigenen Namen, sondern als alleinvertretungsberechtigter Geschäftsführer für die

   A GmbH
   mit Sitz in ***
   Amtsgericht ***, HRB ***
   Geschäftsanschrift ***
   – Vertretungsbescheinigung erfolgt gesondert –

   die Vertretene zu 1) nachfolgend **„aufnehmende Gesellschaft"** genannt –

2. a) Herr ***, geboren am ***
      geschäftsansässig: ***

   b) Herr ***, geboren am ***
      geschäftsansässig: ***

   hier handelnd nicht im eigenen Namen, sondern als gemeinsam vertretungsberechtigte Geschäftsführer für die

   B GmbH
   mit Sitz in ***
   Amtsgericht ***, HRB ***
   Geschäftsanschrift: ***
   – Vertretungsbescheinigung erfolgt gesondert –

   die Vertretene zu 2) nachfolgend „übertragende Gesellschaft" genannt –

ließen folgenden

Verschmelzungsvertrag
zwischen der aufnehmenden Gesellschaft
und der übertragenden Gesellschaft

beurkunden und erklärten:

§ 1. Beteiligte Gesellschaften

(1) An dieser Verschmelzung durch Aufnahme sind beteiligt die GmbH in Firma A-GmbH als aufnehmende Gesellschaft und die GmbH in Firma B-GmbH als übertragende Gesellschaft.

(2) Alleingesellschafterin der aufnehmenden Gesellschaft, deren Stammkapital in Höhe von *** EUR voll eingezahlt ist, ist ausweislich der letzten in den elektronischen Dokumentenordner des Handelsregisters *** aufgenommenen Gesellschafterliste, welche der Notar am *** eingesehen hat, die übertragende Gesellschaft. Alleiniger Gesellschafter der übertragenden Gesellschaft mit einem voll eingezahlten Stammkapital in Höhe von *** EUR ist ausweislich der letzten in den elektronischen Dokumentenordner des Handelsregisters *** aufgenommenen Gesellschafterliste, welche der Notar am *** eingesehen hat: Herr/Frau ***.

§ 2. Vermögensübertragung

(1) Die übertragende Gesellschaft überträgt hiermit mit allen Rechten und Pflichten unter Auflösung ohne Abwicklung gemäß den §§ 2 Nr. 1, 4 ff., 46 ff. UmwG ihr Vermögen als Ganzes auf die aufnehmende Gesellschaft.

(2) Die übertragende Gesellschaft ist Alleingesellschafterin der aufnehmenden Gesellschaft. Die Gesellschaftsanteile der aufnehmenden Gesellschaft sind vollständig eingezahlt. Eine Kapitalerhöhung der aufnehmenden Gesellschaft ist entbehrlich (§ 54 Abs. 1 S. 2 Nr. 2 UmwG).

(3) Auf den Alleingesellschafter der übertragenden Gesellschaft geht mit Wirksamwerden der Verschmelzung ein Geschäftsanteil im Nennbetrag von *** EUR (in Worten: *** Euro) ohne Durchgangserwerb über. Der Geschäftsanteil gewährt einen Anspruch auf den Bilanzgewinn für das gesamte am 1. Januar 20*** begonnene laufende Geschäftsjahr der aufnehmenden Gesellschaft.

§ 3. Bilanzstichtag/Buchwertfortführung

(1) Der Verschmelzung liegt die [*ggf.:* mit dem uneingeschränkten Bestätigungsvermerk des Wirtschaftsprüfers versehene] Bilanz der übertragenden Gesellschaft zum 31.12. 20*** als Schlussbilanz zu Grunde.

(2) Die aufnehmende Gesellschaft wird die auf sie übergegangenen Vermögensgegenstände und Verbindlichkeiten in ihrer Bilanz mit den Werten ansetzen, mit denen diese Vermögensgegenstände und Verbindlichkeiten in der Schlussbilanz der übertragenden Gesellschaft angesetzt sind (§ 24 UmwG). Die aufnehmende Gesellschaft hat die steuerlichen Buchwerte der übertragenden Gesellschaft fortzuführen. Auf die Erforderlichkeit eines Antrages beim Finanzamt gemäß §§ 15, 11 Abs. 2 UmwStG für die Buchwertfortführung in der Steuerbilanz wurde vom beurkundenden Notar ausdrücklich hingewiesen.

(3) Ändern sich bei der übertragenden Gesellschaft aufgrund einer steuerlichen Außenprüfung oder anderer bindender Anordnungen der Finanz-verwaltung für Zeiträume bis zum Verschmelzungsstichtag die steuerlichen Wertansätze der übergehenden Aktiva und Passiva, so wird die aufnehmende Gesellschaft in ihrer Steuerbilanz die geänderten Wertansätze fortführen.

§ 4. Verschmelzungsstichtag

Die Übernahme des Vermögens der übertragenden Gesellschaft erfolgt im Innenverhältnis mit Wirkung zum Ablauf des Bilanzstichtages gemäß § 3 (31.12.20***, 24.00 Uhr). Vom 1.1.20***, 0.00 Uhr an bis zum Erlöschen der übertragenden Gesellschaft gemäß § 20 Abs. 1 Nr. 2 S. 1 UmwG gelten alle Handlungen und Geschäfte der übertragenden Gesellschaft als für Rechnung der aufnehmenden Gesellschaft vorgenommen.

§ 5. Keine besonderen Rechte und Vorteile

(1) Besondere Rechte im Sinne von § 5 Abs. 1 Nr. 7 UmwG bestanden bei der übertragenden Gesellschaft nicht. Einzelnen Anteilsinhabern werden im Rahmen der Verschmelzung keine besonderen Rechte gewährt.

(2) Keinem Mitglied eines Vertretungsorgans oder Aufsichtsorgans der an der Verschmelzung beteiligten Rechtsträger, keinem geschäftsführenden Gesellschafter, keinem Abschlussprüfer oder Verschmelzungsprüfer werden besondere Vorteile gewährt (§ 5 Abs. 1 Nr. 8 UmwG).

§ 6. Verschmelzungsfolgen für Arbeitnehmer und ihre Vertretungen

(1) Feststellungen

Die übertragende Gesellschaft beschäftigt keine Arbeitnehmer. Ein Betriebsrat besteht nicht. Die aufnehmende Gesellschaft beschäftigt *** Arbeitnehmer; es bestehen Betriebsvereinbarungen. Ein Firmentarifvertrag/Verbandstarifvertrag besteht nicht. Ein Betriebsrat besteht nicht. Das DrittelbG ist bei der aufnehmenden Gesellschaft nicht anwendbar (Unternehmensmitbestimmung im Aufsichtsrat).

Die aufnehmende Gesellschaft wird mit Wirksamwerden der Verschmelzung neuer Arbeitgeber der zu diesem Zeitpunkt bei der übertragenden Gesellschaft beschäftigten Arbeitnehmer. Gemäß § 324 UmwG findet auf die Verschmelzung § 613a Abs. 1 und Abs. 4–6 BGB Anwendung; die Verschmelzung führt zum Betriebsübergang gemäß § 613a BGB. Jedoch verfügen die Arbeitnehmer entgegen § 613a Abs. 6 BGB nicht über ein Widerspruchsrecht, da die übertragende Gesellschaft durch die Verschmelzung als Rechtsträger ohne Abwicklung aufgelöst wird und erlischt. Allerdings steht dem Arbeitnehmer wegen des Erlöschens seines bisherigen Arbeitgebers ein wichtiger Grund zur außerordentlichen Kündigung seines Arbeitsverhältnisses iSd § 626 Abs. 1 BGB allein wegen seiner durch Art. 2 Abs. 1 GG und Art. 12 Abs. 1 GG gewährleisteten Vertrags- und Berufsfreiheit zu.

Die Folgen der Umwandlung für die Arbeitnehmer der beteiligten Gesellschaften und ihre Vertretungen ergeben sich aus §§ 20 Abs. 1 Nr. 1 und Nr. 2, 321 ff., 324 UmwG sowie aus § 613a Abs. 1 und Abs. 4 BGB bzw. aus den allgemeinen Rechtsvorschriften.

(2) Individualvertragliche Arbeitsverhältnisse
    a) Übertragende Gesellschaft
       Die Verschmelzung hat keine Auswirkungen.
    b) Aufnehmende Gesellschaft
       Bei der aufnehmenden Gesellschaft ändert sich nichts, da diese als „Zielrechtsträger" bestehen bleibt.

(3) Betriebsvereinbarungen/Tarifverträge
    a) Übertragende Gesellschaft
       Es ergeben sich keine Veränderungen.
    b) Aufnehmende Gesellschaft
       Bei der aufnehmenden Gesellschaft ändert sich nichts, da diese als „Zielrechtsträger" bestehen bleibt; jedenfalls gelten die Regelungen nach Abs. 3 Buchst. a entsprechend.

(4) Weder die übertragende Gesellschaft noch die übernehmende Gesellschaft gehören einem Arbeitgeberverband an, und es besteht auch keine Tarifbindung. Ein Beitritt der übernehmenden Gesellschaft zu einem Arbeitgeberverband ist nach der Verschmelzung nicht geplant.

(5) Versorgungsverpflichtungen der übertragenden Gesellschaft gegenüber ausgeschiedenen Arbeitnehmern gehen auf die übernehmende Gesellschaft über.

§ 7. Firma; Geschäftsführung; Bedingung Verschmelzungsbericht und -prüfung

(1) Die Firma der aufnehmenden Gesellschaft wird ohne Änderung fortgeführt.

(2) Die Geschäftsführung in der aufnehmenden Gesellschaft ändert sich nicht, insbesondere wird kein Geschäftsführer der übertragenden Gesellschaft in die Geschäftsführung der aufnehmenden Gesellschaft berufen.

(3) Auf die Erstellung eines Verschmelzungsberichts wurde gemäß § 8 Abs. 3 S. 1 Alt. 1 UmwG verzichtet. Auf eine Verschmelzungsprüfung wurde gemäß § 9 Abs. 3 UmwG iVm § 8 Abs. 3 S. 1 Alt. 1 UmwG verzichtet.

§ 8. Auswirkungen der Verschmelzung auf Grundbuchverhältnisse

(1) Die übertragende Gesellschaft verfügt über folgenden Grundbesitz: AG ***, Grundbuch von ***, Blatt ***, Flurstück ***.

(2) Der Notar wies darauf hin, dass mit der Eintragung der Verschmelzung in das Handelsregister des Sitzes der aufnehmenden Gesellschaft das Vermögen der übertragenden Gesellschaft einschließlich der Verbindlichkeiten auf die aufnehmende Gesellschaft übergeht und die übertragende Gesellschaft erlischt. Dies hat zur Folge, dass die Grundbücher unrichtig werden, in denen die übertragende Gesellschaft als Eigentümerin von Grundstücken/Gebäuden bzw. als Inhaberin beschränkter dinglicher Rechte an Grundstücken/Gebäuden eingetragen ist. Soweit die übertragende Gesellschaft im Grundbuch als Inhaberin solcher beschränkter dinglicher Rechte ausgewiesen ist, die im Wege der Vermögensübertragung gemäß § 5 Abs. 1 Nr. 2

UmwG nicht mitübertragen werden können, erlöschen diese mit Eintragung der Verschmelzung in das Handelsregister des Sitzes der aufnehmenden Gesellschaft.

Der Notar wies weiter darauf hin, dass der Nachweis der Unrichtigkeit gegenüber dem Grundbuchamt durch Vorlage eines beglaubigten, die Eintragung der Verschmelzung enthaltenen Handelsregisterauszugs der aufnehmenden Gesellschaft erbracht werden kann. Schließlich wies der Notar noch darauf hin, dass dem Grundbuchamt die steuerliche Unbedenklichkeitsbescheinigung des Finanzamtes vorzulegen ist.

(3) Die Berichtigung des Grundbuches nach Wirksamkeit der Verschmelzung wird hiermit beantragt.

§ 9. Beteiligungen an anderen GmbHs

[*Alt. 1:* Auf Nachfrage erklärten die Beteiligten, dass die übertragende Gesellschaft keine Geschäftsanteile an einer Gesellschaft mit beschränkter Haftung hält.]

[*Alt. 2:* Auf Nachfrage erklärten die Beteiligten, dass die übertragende Gesellschaft folgende Geschäftsanteile an einer Gesellschaft mit beschränkter Haftung hält:

a) den Geschäftsanteil Nr. *** im Nennbetrag von *** EUR an der *** GmbH,
b) den Geschäftsanteil Nr. *** im Nennbetrag von *** EUR an der *** GmbH.

Der Notar wies darauf hin, dass mit Wirksamkeit der Verschmelzung unverzüglich eine neue Gesellschafterliste beim Handelsregister der GmbHs, an denen die hier übertragende Gesellschaft beteiligt war, einzureichen ist (§ 40 GmbHG). Es ist derzeit strittig, ob diese Liste von dem die Verschmelzung beurkundenden Notar oder von dem Geschäftsführer der mittelbar durch die Verschmelzung betroffenen GmbH eingereicht werden muss. Der amtierende Notar rät dazu, eine sowohl durch ihn als auch durch den Geschäftsführer unterzeichnete Gesellschafterliste zu erstellen. Er wird ausdrücklich beauftragt, diese Liste beim zuständigen Handelsregister einzureichen.]

§ 10. Zweigniederlassungen

Die übertragende Gesellschaft hat keine Zweigniederlassungen.

§ 11. Kosten; Steuern

(1) Die durch diesen Vertrag und seinen Vollzug entstehenden Kosten trägt die aufnehmende Gesellschaft. Falls die Verschmelzung nicht wirksam werden sollte, haben die beteiligten Gesellschaften die Notarkosten je zur Hälfte zu tragen.

(2) Die Gesellschaft verfügt nach Angabe über Grundbesitz. Die Gesellschaft ist nicht an grundstückshaltenden Gesellschaften (unmittelbar oder mittelbar) beteiligt. Der Notar hat darauf hingewiesen, dass bei Vorliegen von Grundbesitz im Sinne von Satz 1 die Vereinigung von mindestens 95 % der Anteile in der Hand des Käufers oder mit ihm verbundener Unternehmen der Grunderwerbsteuer unterliegt.

(3) Eine steuerliche Beratung ist durch den Notar ausdrücklich nicht erfolgt.

§ 12. Hinweise des Notars

(1) Der Notar wies die Erschienenen darauf hin, dass

a) die Verschmelzung gemäß § 17 Abs. 2 S. 4 UmwG nur eingetragen werden darf, wenn sie binnen acht Monaten nach dem Stichtag der bei der Anmeldung einzureichenden Schlussbilanz der übertragenden Gesellschaft zum Handelsregister angemeldet worden ist;

b) falls ein beteiligter Rechtsträger einen Betriebsrat hat, diesem gemäß § 5 Abs. 3 UmwG einen Monat vor der Zustimmung der Gesellschafterversammlungen zum Verschmelzungsvertrag der Entwurf des Verschmelzungsvertrages/beurkundete Verschmelzungsvertrag zugeleitet werden muss. Der zuständige Betriebsrat/Gesamtbetriebsrat kann jedoch auf die Einhaltung der Monatsfrist verzichten;

c) die Verschmelzung gemäß §§ 19, 53 UmwG erst nach Eintragung der Verschmelzung in das Handelsregister der übertragenden Gesellschaft und durch Eintragung der Verschmelzung in das Handelsregister der aufnehmenden Gesellschaft wirksam wird;

d) in dem Fall, dass die übertragende Gesellschaft Grundstücke besitzt, die Verschmelzung der Grunderwerbsteuer unterliegt;

e) Gläubiger gemäß § 22 UmwG Sicherheiten verlangen können;

f) durch die Verschmelzung Grunderwerbsteuer ausgelöst werden kann.

(2) Der Notar wies die Erschienenen weiterhin darauf hin, dass er weder eine steuerliche noch eine kartellrechtliche Überprüfung der Verschmelzung vorgenommen habe. Die Erschienenen erklärten, dass eine entsprechende steuerliche und kartellrechtliche Prüfung durch die Parteien selbst bzw. durch ihre entsprechenden Berater durchgeführt worden sei.

§ 13. Vollmachten

Der Notar *** sowie die Notariatsangestellten *** – alle geschäftsansässig: *** – werden hiermit bevollmächtigt, alle Erklärungen abzugeben und entgegenzunehmen, die zur Durchführung dieses Vertrages erforderlich oder zweckmäßig sind. Die Bevollmächtigten sind auch zu materiell-rechtlichen Änderungen dieser Urkunde befugt. Die Bevollmächtigten sollen im Innenverhältnis bei materiell-rechtlichen Änderungen eine Zustimmung der Vollmachtgeber in Textform (schriftlich, Fax oder Mail) einholen. Die Vollmacht ist jederzeit widerruflich. Jeder Bevollmächtigte darf allein handeln. Dem Handelsregister gegenüber ist die Vollmacht unbeschränkt.

Der Notar *** – geschäftsansässig: *** – wird darüber hinaus von allen Beteiligten bevollmächtigt – und zwar je einzeln und befreit von den Beschränkungen des § 181 BGB – sie im Grundbuchverfahren uneingeschränkt zu vertreten sowie Anträge zu stellen, einzuschränken, zu trennen und zurückzunehmen.

– – –

Diese Niederschrift wurde den Erschienenen vom Notar vorgelesen, von ihnen genehmigt und wie folgt von ihnen und dem Notar unterschrieben:

II. Ausgliederung aus dem Vermögen eines Einzelkaufmanns auf eine neu gegründete GmbH

1. Ausgliederungserklärung

231

UR-Nr. ***

Verhandelt zu *** in der Geschäftsstelle des Notars
am ***

Vor

***

Notar mit dem Amtssitz in ***

erschien:

Herr/Frau ***
geboren am ***
wohnhaft: ***

hier handelnd für das einzelkaufmännische Unternehmen unter der Firma ***
Geschäftsanschrift: ***
Amtsgericht ***, HRA ***

– nachfolgend auch „der Einzelkaufmann" genannt –.

Der/Die Erschienene wies sich aus durch Vorlage seines/ihres amtlichen Lichtbildausweises und gab seine/ihre Zustimmung, dass der Notar eine Kopie des Lichtbildausweises zur Akte nimmt.

Der/Die Erschienene gab folgendes zur Beurkundung:

Ausgliederung aus dem Vermögen eines Einzelkaufmanns auf eine neu gegründete GmbH
Ausgliederungserklärung

I. Vorbemerkung und Ausgliederung

(1) Im Handelsregister des Amtsgerichts *** ist unter HRA *** der/die Erschienene mit seinem/ihrem Unternehmen unter der Firma *** eingetragen. Mit der nachstehenden Ausgliederung soll das gesamte Unternehmen mit allen Aktiven und Passiven auf eine dadurch neu gegründete Gesellschaft mit beschränkter Haftung ausgegliedert werden (§§ 152, 158 ff.; 123 ff. UmwG).

(2) Als übertragender Rechtsträger ist an der Ausgliederung der Einzelkaufmann beteiligt.

(3) Durch Ausgliederung des einzelkaufmännischen Unternehmens zur Neugründung entsteht die Gesellschaft in Firma

*** GmbH

mit dem Sitz in ***, Geschäftsanschrift: *** (nachfolgend auch „**aufnehmende Gesellschaft**" genannt). Deren alleinige Gesellschafterin wird durch diese Urkunde der Einzelkaufmann.

(4) Demgemäß gliedert der Einzelkaufmann von seinem Vermögen das in Abs. 1 genannte einzelkaufmännische Unternehmen aus zur Neugründung durch Übertragung dieses einzelkaufmännischen Unternehmens auf die von dem Einzelkaufmann dadurch gegründete aufnehmende Gesellschaft gegen Gewährung von Anteilen der aufnehmenden Gesellschaft an den Einzelkaufmann (§§ 152, 158 ff., 123 Abs. 2 Nr. 2 UmwG).

II. Vermögensübertragung

(1) Firma und Sitz der aufnehmenden Gesellschaft ergeben sich aus Abschnitt I. Abs. 3.

(2) Der dieser Urkunde als <u>Anlage 1</u> beigefügte Gesellschaftsvertrag wird hiermit für die aufnehmende Gesellschaft festgestellt. Die Anlage wurde mitverlesen und bildet einen wesentlichen Bestandteil dieser Urkunde.

(3) Der Einzelkaufmann überträgt unbeschadet der Regelung des Abs. 4 die in der <u>Anlage 2</u> aufgeführten Gegenstände seines Aktiv- und Passivvermögens, also sämtliche Aktiven und Passiven des einzelkaufmännischen Unternehmens, jeweils als Gesamtheit mit allen Rechten und Pflichten auf die durch die Ausgliederung entstehende aufnehmende Gesellschaft, und zwar gegen Gewährung eines Geschäftsanteils an der aufnehmenden Gesellschaft. Die Ausgliederung erfolgt in Anwendung der §§ 152, 158 ff., 123 ff. UmwG.

(4) Auf die aufnehmende Gesellschaft übertragen werden alle Aktiven und Passiven des Einzelunternehmens, die in dessen Bilanz zum *** – Anlage 2 – abgebildet sowie die dem Einzelunternehmen zuzuordnenden nicht bilanzierten Vermögensgegenstände und Rechtsstellungen, im Einzelnen:
- die in der <u>Anlage 3</u> aufgeführten bilanzierten immateriellen Vermögensgegenstände;
- der in <u>Anlage 4</u> aufgeführte Grundbesitz einschließlich aufstehenden Gebäuden;
- die in <u>Anlage 5</u> aufgeführten Gegenstände des sonstigen Sachanlagevermögens, insbesondere Bauten auf fremden Grundstücken, technische Anlagen und Maschinen und das weitere Sachanlagevermögen der Betriebs- und Geschäftsausstattung;

- die in <u>Anlage 6</u> aufgeführten Finanz- und Beteiligungsanlagen;
- sämtliche zum Ausgliederungsstichtag zugeordneten Debitoren (Schuldner) gemäß Debitorenliste – <u>Anlage 7</u>;
- die in <u>Anlage 8</u> aufgeführten Gegenstände des sonstigen Umlaufvermögens, insbesondere Bestände an fertigen und unfertigen Erzeugnissen, Waren und Vorräten;
- sämtliche dem Einzelunternehmen zuzuordnenden liquiden Mittel, insbesondere Bankguthaben und Kassenbestände gemäß Auflistung in <u>Anlage 9</u>;
- die dem Einzelunternehmen zuzuordnenden Posten der aktiven Rechnungsabgrenzung gemäß Einzelaufstellung in <u>Anlage 10</u>, welche für die übertragende Gesellschaft in deren Jahresabschluss zum 31.12.20*** (Anlage 1) kumulativ mit *** EUR ausgewiesen sind;
- die sonstigen Vermögensgegenstände des Anlage- und Umlaufvermögens gemäß Inventar und allgemeiner Beschreibung nach <u>Anlage 11</u>;
- bilanzlose Vermögensgegenstände, soweit sie nicht bilanzierungspflichtig oder bilanzierungsfähig sind;
- sämtliche dem Einzelunternehmen zuzuordnenden Kreditoren (Gläubiger) gemäß <u>Anlage 12</u> – Kreditorenliste – und Rückstellungen gemäß Einzelaufstellung in <u>Anlage 13</u>;
- alle dem Einzelunternehmen bis zum Ausgliederungsstichtag zuzurechnenden Steuern, Steuererstattungsansprüche aus Geschäftsvorfällen vorangegangener Veranlagungszeiträume, soweit die ihnen zugrundeliegenden Geschäftsvorfälle dem Teilbetrieb wirtschaftlich zugerechnet werden sowie alle in der Ausgliederungsbilanz noch nicht erfassten, gleichwohl aber bis zum Ausgliederungsstichtag zu erwartenden Steuer(nach)forderungen bzw. Steuerminderungen und/oder Erstattungsansprüche gemäß Einzelaufstellung in <u>Anlage 14</u> – Steuern;
- alle dem übertragenden Einzelunternehmen zuzuordnenden Verträge aus Lieferungen und Leistungen gemäß Aufstellung in <u>Anlage 15</u> – Verträge LuL;
- alle dem Einzelunternehmen zuzuordnenden sonstigen Verträge, insbesondere Miet-, Pacht-, Leasing-, Darlehensverträge, Betriebsführungsverträge, Konzessionsverträge, Angebote und sonstigen Verträge gemäß <u>Anlage 16</u> – sonstige Verträge

(5) **Nicht** mitübertragen wird der in der Anlage 4 näher bezeichnete, von dem Einzelkaufmann lediglich angepachtete und deshalb nicht zum Betriebsvermögen des einzelkaufmännischen Unternehmens gehörende Grundbesitz mit Aufbauten. Rückwirkend zum Umwandlungsstichtag hat die aufnehmende GmbH mit dem Einzelkaufmann den in <u>Anlage 4a</u> beigefügten Pachtvertrag über den dort näher bezeichneten Grundbesitz mit Aufbauten abgeschlossen. [*Alt.:* Mitübertragen sind auch die in der Anlage 4 näher bezeichneten zum Betriebsvermögen des einzelkaufmännischen Unternehmens gehörenden Grundstücke.]

III. Festsetzung des Stammkapitals; Gewährung von Anteilen; Umtauschverhältnis; Bilanzgewinn; Stichtag; Einschränkung

(1) Das Stammkapital der neuen Gesellschaft beträgt *** EUR (in Worten: *** Euro).
(2) Als Gegenleistung für die in Abschnitt II. vorgenommene Vermögensübertragung des einzelkaufmännischen Unternehmens erhält der Einzelkaufmann den Geschäftsanteil Nr. *** im Nennbetrag von *** EUR an der aufnehmenden Gesellschaft. Die Einlage auf den Geschäftsanteil ist durch die Übertragung sämtlicher Aktiven und Passiven des bisherigen einzelkaufmännischen Unternehmens auf die aufnehmende GmbH erbracht.
Die Vermögensübertragung erfolgt zu Buchwerten. Übersteigt der Wert des auf die aufnehmende Gesellschaft übertragenen Vermögens den Nennbetrag des Stammkapitals der Gesellschaft, wird dieser Betrag in die Rücklage der aufnehmenden Gesell-

schaft gestellt.

Bare Zuzahlungen sind nicht zu leisten.

(3) Der Ausgliederung durch Neugründung liegt die Bilanz des übertragenden Einzelkaufmanns zum 31.12.20***, 24.00 Uhr [*Alt.:* 1.1.20***, 0.00 Uhr] ("Stichtag") als Schlussbilanz zugrunde.

(4) Die Übernahme des Vermögens des einzelkaufmännischen Unternehmens erfolgt im Innenverhältnis mit Wirkung zum Ablauf des Stichtages gemäß Abs. 3. Von diesem Zeitpunkt (nächster Tag 0.00 Uhr) an bis zur Eintragung der Ausgliederung im Handelsregister der aufnehmenden Gesellschaft gelten alle Handlungen und Geschäfte des einzelkaufmännischen Unternehmens als für Rechnung der aufnehmenden Gesellschaft vorgenommen.

(5) Die dem Einzelkaufmann gewährten Geschäftsanteile an der aufnehmenden Gesellschaft sind ab dem Stichtag gemäß Abs. 3 gewinnberechtigt.

(6) Die aufnehmende Gesellschaft wird die auf sie übergegangenen Vermögensgegenstände und Verbindlichkeiten in ihrer Bilanz mit den Werten ansetzen, mit denen diese Vermögensgegenstände und Verbindlichkeiten in der Schlussbilanz des übertragenden Einzelunternehmens angesetzt sind (§ 125 UmwG iVm § 24 UmwG). Die aufnehmende Gesellschaft hat die steuerlichen Buchwerte der übertragenden Gesellschaft fortzuführen. Auf die Erforderlichkeit eines Antrages beim Finanzamt gemäß §§ 15, 11 Abs. 2 UmwStG für die Buchwertfortführung in der Steuerbilanz wurde vom beurkundenden Notar ausdrücklich hingewiesen.

Ändern sich bei dem übertragenden Einzelunternehmen aufgrund einer steuerlichen Außenprüfung oder anderer bindender Anordnungen der Finanzverwaltung für Zeiträume bis zum Ausgliederungsstichtag die steuerlichen Wertansätze der übergehenden Aktiva und Passiva, so wird die übernehmende Gesellschaft in ihrer Steuerbilanz die geänderten Wertansätze fortführen.

IV. Keine besonderen Rechte und Vorteile

Keinem Mitglied eines Vertretungsorgans oder Aufsichtsorgans der an der Ausgliederung durch Neugründung beteiligten Rechtsträger, keinem geschäftsführenden Gesellschafter, keinem Abschlussprüfer oder Ausgliederungsprüfer werden besondere Vorteile gewährt (§§ 152, 158 ff. UmwG iVm § 126 Abs. 1 Nr. 7 und Nr. 8 UmwG).

V. Ausgliederungsfolgen für Arbeitnehmer und ihre Vertretungen; Betriebsrat

(1) Die neue Gesellschaft tritt unbeschadet der Vorschrift des § 613a BGB mit Wirkung ab dem 1.1.20*** in alle Arbeits-, Dienst- und Ausbildungsverträge mit den Arbeitern, Angestellten und Auszubildenden des einzelkaufmännischen Unternehmens ein, die am 31.12.20*** im einzelkaufmännischen Unternehmen beschäftigt sind. Die Namen der zu übernehmenden Arbeiter, Angestellten und Auszubildenden ergeben sich aus <u>Anlage 17</u>.

(2) Für die Arbeitnehmer gilt § 613a BGB. Dies bedeutet insbesondere: Gemäß § 613a Abs. 1 S. 2 BGB gelten die Bestimmungen des bestehenden Tarifvertrages fort und dürfen vor Ablauf eines Jahres nicht verändert werden. Entsprechendes gilt für bestehende Unternehmensvereinbarungen. Den betroffenen Arbeitnehmern steht nach der Rechtsprechung des BAG zu § 613a BGB ein Widerspruchsrecht zu.

(3) Ein Betriebsrat ist nicht vorhanden.

VI. Geschäftsführung; Ausgliederungsbericht und -prüfung Steuern; Kosten; Salvatorische Klausel

(1) Der Einzelkaufmann hält als Gründungsgesellschafter der aufnehmenden Gesellschaft unter Verzicht auf alle gesetzlichen und/oder satzungsmäßigen Formen und Fristen eine Gesellschafterversammlung der aufnehmenden Gesellschaft ab und beschließt einstimmig was folgt:

Zum ersten Geschäftsführer der aufnehmenden Gesellschaft wird bestellt:
a) *** *[Name, Vorname, Geburtsdatum, Wohnort],*
b) *** *[Name, Vorname, Geburtsdatum, Wohnort].*

Der Geschäftsführer vertritt die Gesellschaft stets einzeln, auch wenn weitere Geschäftsführer bestellt sind und ist von den Beschränkungen des § 181 BGB befreit.
(2) Die Gesellschaft verfügt nach Angabe über *[ggf.:* keinen] Grundbesitz. Die Gesellschaft ist *[ggf.:* nicht] an grundstückshaltenden Gesellschaften (unmittelbar oder mittelbar) beteiligt. Der Notar hat darauf hingewiesen, dass bei Vorliegen von Grundbesitz im Sinne von Satz 1 die Vereinigung von mindestens 95 % der Anteile in der Hand des Käufers oder mit ihm verbundener Unternehmen der Grunderwerbsteuer unterliegt.
(3) Eine steuerliche Beratung ist durch den Notar ausdrücklich nicht erfolgt.
(4) Die durch diesen Vertrag und seine Ausführung entstehenden Kosten trägt die aufnehmende Gesellschaft. Falls die Ausgliederung nicht wirksam werden sollte, werden die Kosten dieses Vertrages von dem Einzelkaufmann getragen.
(5) § 139 BGB gilt nicht. An die Stelle unwirksamer oder undurchführbarer Bestimmungen treten vielmehr solche, die den mit den unwirksamen oder undurchführbaren Bestimmungen verfolgten wirtschaftlichen Zwecken in zulässiger Weise am nächsten kommen.

VII. Verzichtserklärungen

(1) Auf die Klage gegen die etwaige Unwirksamkeit des Ausgliederungsbeschlusses wird hiermit ausdrücklich verzichtet
(2) Die Beteiligten weisen den Notar an, diese Verzichtserklärungen der aufnehmenden Gesellschaft zuzuleiten.

VIII. Hinweise

(1) Der Notar hat insbesondere darüber belehrt bzw. darauf hingewiesen,
a) dass die Ausgliederung erst mit der Eintragung der neuen Gesellschaft und Löschung des einzelkaufmännischen Unternehmens im Handelsregister wirksam wird;
b) dass bei Eintragung der neu entstehenden Gesellschaft im Handelsregister der Wert des Gesellschaftsvermögens nicht niedriger sein darf als das ausgewiesene Stammkapital und dass der Gesellschafter und der Einzelkaufmann – mit Ausnahme des übernommenen Gründungsaufwands – für einen etwa bestehenden Fehlbetrag haften;
c) dass durch den Übergang der Verbindlichkeiten auf die neue Gesellschaft der Einzelkaufmann von der Haftung für die Verbindlichkeiten nicht befreit wird;
d) auf die Wirkungen der Eintragung nach § 131 UmwG und auf die Haftungsvorschrift des § 133 UmwG;
e) auf eine eventuelle Schadenersatzpflicht nach § 25 UmwG.
(2) Der Notar belehrte die Erschienenen über die Unwiderruflichkeit der Verzichtserklärungen nach Abschnitt VII. und deren Wirkung und darüber, dass durch diese Erklärungen die Ausübung von Gesellschafterrechten bei der bevorstehenden Ausgliederung beeinträchtigt werden kann.
(3) Der Notar wies auch darauf hin, dass für den Vollzug der Ausgliederung ein Ausgliederungsbericht gemäß §§ 158, 153 UmwG nicht erforderlich ist. Ebenso entfällt gemäß § 125 S. 2 UmwG eine Ausgliederungsprüfung.

IX. Verweisung

Auf Anlage 2 wird verwiesen. Auf Verlesen wird verzichtet. Die Anlage ist bekannt und unterschrieben (§ 14 BeurkG).

X. Abwicklung

Der Notar *** sowie die Notariatsangestellten *** werden hiermit bevollmächtigt, alle Erklärungen abzugeben, die zur Eintragung der übernehmenden Gesellschaft in das Handelsregister erforderlich oder zweckmäßig sind, ggf. auch die Ausgliederungserklärung oder den Gesellschaftsvertrag abzuändern. Die Vollmacht ist jederzeit widerruflich. Jeder Bevollmächtigte darf allein und auch für alle Gesellschafter gleichzeitig handeln. Dem Handelsregister gegenüber ist die Vollmacht unbeschränkt.

Der Notar *** wird von allen bevollmächtigt – und zwar je einzeln und befreit von § 181 BGB –, sie im Grundbuchverfahren uneingeschränkt zu vertreten, die Auflassung zu erklären sowie Anträge zu stellen, einzuschränken, zu trennen und zurückzunehmen.

– – –

Diese Niederschrift samt Anlagen wurde dem Erschienenen in Gegenwart des Notars vorgelesen, von ihm genehmigt und wie folgt eigenhändig unterschrieben:

2. Sachgründungsbericht

Herr/Frau *** (nachfolgend „**Einzelkaufmann**") ist der alleinige Gesellschafter der durch Ausgliederung des einzelkaufmännischen Unternehmens „***" (nachstehend „**einzelkaufmännisches Unternehmen**") entstehenden Gesellschaft in Firma „*** GmbH" mit Sitz in *** (nachstehend „**aufnehmende Gesellschaft**"). Die Anmeldung der GmbH zum Handelsregister ist erfolgt. Der Einzelkaufmann erstattet hiermit folgenden

Sachgründungsbericht:

Der Einzelkaufmann leistet die von ihm übernommene Einlage auf den Geschäftsanteil Nr. *** auf das Stammkapital der aufnehmenden Gesellschaft in Höhe von *** EUR (in Worten: *** EUR) in voller Höhe durch Übertragung seines einzelkaufmännischen Unternehmens mit allen Gegenständen des Aktiv- und Passivvermögens (Abschnitt III. der Ausgliederungserklärung).

Die Geschäftsräume des einzelkaufmännischen Unternehmens befinden sich im Hause.

Das einzelkaufmännische Unternehmen wurde unter Berücksichtigung der Teilwerte des Aktiv- und Passivvermögens wie nachfolgend dargelegt bewertet. Die Bewertungen wurden unter Berücksichtigung des Vorsichtsprinzips vorgenommen:

Hinsichtlich der Einzelbewertungen sowie der weiteren Gegenstände des Aktiv- und Passivvermögens verweise ich auf die der Ausgliederungserklärung beigefügte Vermögensaufstellung sowie die Ausgliederungsbilanz, deren Angaben ich mir ohne Vorbehalt zu eigen mache.

Die Verbindlichkeiten wurden mit ihren Rückzahlungsbeträgen angesetzt.

Die Bewertung des einzelkaufmännischen Unternehmens erfolgt nach Substanzwerten zu Teilwerten. Der Ertragswert wurde nicht berücksichtigt. Die Jahresergebnisse der letzten beiden Geschäftsjahre *** und *** beliefen sich auf *** und ***.

Zur Lage und zum Geschäftsverlauf des Unternehmens ist auszuführen, dass ***.

Die *** Wirtschafts- und Steuerberatungsgesellschaft *** hat am *** bescheinigt, dass der Wert des Einzelunternehmens mit *** EUR zutreffend aus dem vorliegenden Sachverständigengutachten und sonstigen Bewertungsunterlagen abgeleitet wurde. Die Darlegungen der Wirtschaftsprüfungsgesellschaft macht sich der Einzelkaufmann zu eigen.

Die Geschäftsführung hat hinsichtlich der Erbringung der Einlageverpflichtungen die nach § 8 Abs. 2 GmbHG vorgeschriebenen Versicherungen geleistet.

232

Bis zum heutigen Tag sind in der Vermögenslage der Gesellschaft keine Verschlechterungen eingetreten, die dazu führen würden, dass das Stammkapital nicht mehr in voller Höhe zur Verfügung steht.

Bei der Gründung wurden keine Geschäftsanteile für Rechnung der Geschäftsführung übernommen. Die Geschäftsführung hat sich weiterhin keine besonderen Vorteile und keine Entschädigung oder Belohnung für die Gründung oder ihre Vorbereitung ausbedungen.

Die Gesellschaft hat den Gründungsaufwand bis zur Höhe von *** EUR übernommen.

Aufgrund der vorgenannten Fakten stelle ich fest, dass der Wert des eingebrachten Vermögens auch unter Berücksichtigung der Verbindlichkeiten auf jeden Fall den Betrag der Stammeinlage von insgesamt *** EUR erreicht, auf den sich die Sacheinlage bezieht.

Ort, Datum
Unterschrift Einzelkaufmann

III. Formwechsel einer OHG in eine GmbH

233
☝

notarieller Urkundseingang

Die Erschienenen ließen einen

FORMWECHSEL
einer offenen Handelsgesellschaft (OHG)
in eine GmbH

beurkunden und erklärten:

I. Feststellungen

(1) **Gesellschaftsverhältnisse**
Wir sind die sämtlichen Gesellschafter der im Handelsregister des Amtsgerichtes *** unter HRA *** eingetragenen Gesellschaft unter der Firma

*** OHG

mit dem Sitz in *** (nachstehend „OHG" genannt).
Laut Gesellschaftsvertrag bestehen feste und variable Kapitalkonten. [*Alt.:* Den Gesellschaftern wurde anheimgestellt, den Saldo ihrer variablen Kapitalkonten glattzustellen, so dass der Gesamtsaldo von festen und variablen Kapitalkonten den Saldo des festen Kapitalkontos zum nachstehenden wirtschaftlichen Stichtag des Formwechsels mindestens erreicht.]

(2) **Grundbesitz**
Die Gesellschaft verfügt über keinen Grundbesitz.

(3) Die Gesellschafter beabsichtigen, die OHG nach den Vorschriften der §§ 190 ff. UmwG iVm §§ 214 ff. UmwG in die Rechtsform einer GmbH umzuwandeln.

II. Formwechsel der OHG in GmbH (Umwandlungsbeschluss)

Die Gesellschafter der OHG verzichten hierdurch ausdrücklich auf die Einhaltung aller gesetzlichen und satzungsmäßigen Form- und Fristvorschriften für die Einberufung einer Gesellschafterversammlung und die Ankündigung des Formwechsels als Gegenstand der Beschlussfassung (§ 216 UmwG) und beschließen einstimmig was folgt:

(1) Die Gesellschaft wird durch Formwechsel in eine Gesellschaft mit beschränkter Haftung umgewandelt. Im Verhältnis unter den Gesellschaftern sowie zwischen den Gesellschaftern und der Gesellschaft erfolgt die Rechtsänderung zum ***. Für den Zielrechtsträger (GmbH) gilt die als Anlage beigefügte Satzung. Auf diese wird verwiesen. Sie ist mitverlesen.

(2) Die Firma des neuen Rechtsträgers lautet:

*** GmbH.

Sitz des neuen Rechtsträgers ist ***.

An die Stelle der bisherigen gesamthänderischen Beteiligung der Gesellschafter an der Gesellschaft treten Geschäftsanteile.

Das Verhältnis der Einlagen auf die Geschäftsanteile der GmbH entspricht den bisherigen Beteiligungsquoten bei der OHG.

Am neuen Rechtsträger sind A mit dem Geschäftsanteil Nr. *** im Nennbetrag von *** EUR, B mit dem Geschäftsanteil Nr. *** im Nennbetrag von *** EUR sowie C mit dem Geschäftsanteil Nr. *** im Nennbetrag von *** EUR beteiligt.

(3) Positive variable Kapitalkonten werden als Darlehensforderung des betreffenden Gesellschafters gegen die Gesellschaft behandelt. [*Alt.:* Sollte sich wider Erwarten eine Differenz zwischen dem Nominalwert und dem sich nach den zugrunde gelegten Bewertungsmaßstäben ergebenden Wert des Geschäftsanteils eines Gesellschafters ergeben, so wird diese in die Kapitalrücklage eingestellt.]

(4) Rechte nach § 194 Abs. 1 Nr. 5 UmwG werden in der GmbH nicht eingeräumt.

(5) Für die Arbeitnehmer der Gesellschaft sind aufgrund des Formwechsels keine Maßnahmen vorgesehen. Mit Wirksamkeit des Formwechsels beschränkt sich die Haftung des Rechtsträgers, vorbehaltlich der Nachhaftung der Gesellschafter, auch im Verhältnis zu deren Arbeitnehmern auf das Gesellschaftsvermögen.

Auf die Arbeitnehmer der OHG und ihre Vertretungen wirkt sich der Formwechsel wie folgt aus:

a) Die Rechte und Pflichten der Arbeitnehmer aus den bestehenden Arbeitsverträgen bleiben unberührt. § 613a BGB ist auf den Formwechsel nicht anzuwenden.

b) Die Direktionsbefugnisse des Arbeitgebers werden nach dem Formwechsel von den geschäftsführenden Gesellschaftern Herrn *** und Frau *** in ihrer künftigen Eigenschaft als Geschäftsführer der GmbH ausgeübt.

c) Betriebsvereinbarungen und Tarifverträge bestehen nicht.

(6) Zu Geschäftsführern werden bestellt:

Herr/Frau *** *[Name, Vorname, Geburtsdatum, Wohnort]*
Herr/Frau *** *[Name, Vorname, Geburtsdatum, Wohnort]*

mit steter Einzelvertretungsmacht, auch wenn weitere Geschäftsführer bestellt sind und der Erlaubnis, mit sich im eigenen Namen und für Dritte Rechtsgeschäfte mit der GmbH vorzunehmen (Befreiung von § 181 BGB).

Damit ist die Gesellschafterversammlung beendet.

III. Zustimmungs- und Verzichtserklärungen

Soweit zu diesem Beschluss Zustimmungen der Beteiligten erforderlich sind, werden diese hiermit erteilt.

Sämtliche Gesellschafter der Offenen Handelsgesellschaft und der GmbH verzichten hierdurch auf die Erstattung eines Umwandlungsberichts (§ 192 UmwG), auf ein Abfindungsangebot (§ 207 UmwG) sowie auf eine Anfechtungs- oder Nichtigkeitsklage gegen die Wirksamkeit des vorstehenden Umwandlungsbeschlusses (§ 16 Abs. 2 S. 2 UmwG).

IV. Abwicklung und Kosten; Steuern

(1) Der Notar wird mit dem Vollzug dieser Urkunde beauftragt. Genehmigungserklärungen werden mit Eingang bei ihm für alle Beteiligten wirksam.

(2) Die Kosten dieser Urkunde und ihres Vollzugs trägt die Gesellschaft.

(3) Die Gesellschaft verfügt nach Angabe über keinen Grundbesitz. Die Gesellschaft ist nicht an grundstückshaltenden Gesellschaften (unmittelbar oder mittelbar) beteiligt.

Der Notar hat darauf hingewiesen, dass bei Vorliegen von Grundbesitz im Sinne von Satz 1 die Vereinigung von mindestens 95 % der Anteile in der Hand des Käufers oder mit ihm verbundener Unternehmen der Grunderwerbsteuer unterliegt.

(4) Eine steuerliche Beratung ist durch den Notar ausdrücklich nicht erfolgt.

V. Hinweise des Notars

Der Notar weist hiermit auf folgendes hin:

A. Zum Formwechsel

(1) Der Formwechsel wird erst mit Eintragung in das Handelsregister wirksam.

(2) Die geschäftsführungsbefugten Gesellschafter der OHG sind bei Verletzung ihrer Sorgfaltspflicht gesamtschuldnerisch verpflichtet, der OHG, ihren Gesellschaftern und Gläubigern allen Schaden zu ersetzen, den diese durch den Formwechsel erleiden.

(3) Rechte Dritter an den Gesellschaftsanteilen an der OHG bestehen an den künftigen GmbH-Anteilen fort.

(4) Wenn bei Eintragung der GmbH im Handelsregister der Wert des Gesellschaftsvermögens (zuzüglich des Aufwandes für den Formwechsel) niedriger ist als das Stammkapital, ist jeder Gesellschafter zur Leistung eines insoweit bestehenden Fehlbetrages verpflichtet. Dabei haftet jeder Gesellschafter auch für die Vollwertigkeit der den anderen Gesellschaftern zugerechneten Geschäftsanteile. Solange das Stammkapital nicht voll gedeckt ist, besteht ein Eintragungshindernis.

(5) Das Registergericht wird die Eintragung des Formwechsels bekannt machen. Darin werden die Gläubiger der OHG auf folgendes Recht hingewiesen: Wenn sie binnen sechs Monaten nach der Bekanntmachung ihren Anspruch nach Grund und Höhe gegenüber der GmbH schriftlich anmelden und glaubhaft machen, dass die Erfüllung ihrer Forderung durch den Formwechsel gefährdet wird, können sie Sicherheitsleistung verlangen, sofern sie nicht schon die Befriedigung ihrer Forderung beanspruchen können.

(6) Soweit in der OHG Sonderrechte zugunsten Dritter bestanden, wie zB stille Beteiligungen und Ähnliches, sind diesen Dritten vergleichbare Rechte in der GmbH einzuräumen.

B. Zur Abwicklung

Auf die formwechselnde OHG lautende Rechtstitel müssen nach Wirksamkeit des Formwechsels – ebenso wie Grundbücher – berichtigt werden. In Verfahren, zB Rechtsstreitigkeiten, an denen die formwechselnde OHG beteiligt ist, muss der Formwechsel mitgeteilt werden.

VI. Vollmachten

Der Notar *** sowie die Notariatsangestellten *** – alle geschäftsansässig: *** – werden hiermit bevollmächtigt, alles zu erklären, was zur Eintragung der hier beschlossenen Tatsachen in das Handelsregister erforderlich oder zweckmäßig ist, ggf. auch den Gesellschaftsvertrag abzuändern. Die Bevollmächtigten sind auch zu materiell-rechtlichen Änderungen dieser Urkunde gemäß dem Willen der Vertragsparteien befugt. Die Bevollmächtigten sollen bei materiell-rechtlichen Änderungen vorher im Zusammenwirken mit den Vollmachtgebern eine in Textform (schriftlich, Fax oder Mail) abzugebende Zustimmungserklärung einholen. Die Vollmacht ist jederzeit widerruflich. Jeder Bevollmächtigte darf allein und auch für alle Gesellschafter gleichzeitig handeln. Dem Handelsregister gegenüber ist die Vollmacht unbeschränkt.

Diese Niederschrift nebst Anlage wurde den Erschienenen in Gegenwart des Notars vorgelesen, von ihnen genehmigt und sodann von ihnen und dem Notar wie folgt unterzeichnet.

Anlage 1

Auszug aus dem
Gesellschaftsvertrag der GmbH

(1) Die Einlagen auf die Geschäftsanteile werden in voller Höhe dadurch geleistet, dass
   a) die Gesellschafter das Vermögen der zwischen ihnen bisher bestehenden OHG in Firma *** im Wege der formwechselnden Umwandlung gemäß §§ 194, 214 ff. UmwG auf die Gesellschaft übertragen,
   b) das nach Abzug der Schulden verbleibende (freie) Vermögen der OHG dem Nennbetrag des Stammkapitals der GmbH entspricht und
   c) die Anteile der Gesellschafter der OHG am freien Vermögen dieser OHG ihren vorbezeichneten Geschäftsanteilen entsprechen.

Anhang: Tabellarische Übersichten[1]

§§ ohne Benennung sind solche des UmwG

I. Systematik des Umwandlungsgesetzes

1. Zustimmungserfordernisse bei den einzelnen Umwandlungsarten

I. Verschmelzung			1. Allgemeine Zustimmungserfordernisse		
	Aufnahme	Neugründung	Zustimmungsgrund	Zustimmender	Mehrheit
Allgemeine Vorschrift	§ 13 Abs. 1	§ 36 Abs. 1	Zustimmung zum Verschmelzungsvertrag (Verschmelzungsbeschluss)	Anteilsinhaber der beteiligten Rechtsträger	–
OHG, KG	§ 43 Abs. 1	§ 43 Abs. 1	Zustimmung zum Verschmelzungsvertrag (Verschmelzungsbeschluss)	Versammlung der Anteilseigner	einstimmig (Ausnahme § 43 Abs. 2)
Partnerschaft	§ 45d	§ 45d	Zustimmung zum Verschmelzungsvertrag (Verschmelzungsbeschluss)	Versammlung der Anteilseigner	einstimmig (Ausnahme § 45d Abs. 2)
GmbH	§ 50 Abs. 1	§ 56 Abs. 1	Zustimmung zum Verschmelzungsvertrag (Verschmelzungsbeschluss)	Gesellschafterversammlung	75 % der abgegebenen Stimmen
AG	§ 65 Abs. 1	§ 73	Zustimmung zum Verschmelzungsvertrag (Verschmelzungsbeschluss)	Hauptversammlung	75 % des vertr. Grundkapitals; mind. einf. Stimmenmehrheit, § 133 Abs. 1 AktG
KGaA	§§ 78, 65 Abs. 1	§§ 78, 73	Zustimmung zum Verschmelzungsvertrag (Verschmelzungsbeschluss)	Hauptversammlung	75 % des vertr. Grundkapitals; mind. einf. Stimmenmehrheit, § 133 Abs. 1 AktG
e.G.	§ 84	§ 96	Zustimmung zum Verschmelzungsvertrag (Verschmelzungsbeschluss)	Generalversammlung	75 % der abgegebenen Stimmen
e.V.	§ 103	§ 103	Zustimmung zum Verschmelzungsvertrag (Verschmelzungsbeschluss)	Mitgliederversammlung	75 % der erschienenen Mitglieder

[1] Vgl. dazu auch die Übersichten bei Widmann/Mayer/*Vossius* UmwG § 191 Rn. 20–23.

I. Verschmelzung

1. Allgemeine Zustimmungserfordernisse

	Aufnahme	Neugründung	Zustimmungsgrund	Zustimmender	Mehrheit
g. PV. (genossenschaftl. Prüfungsverband)	§§ 106, 103	§§ 106, 103	Zustimmung zum Verschmelzungsvertrag (Verschmelzungsbeschluss)	Mitgliederversammlung	75 % der erschienenen Mitglieder
VVaG	§ 112 Abs. 3	§ 114	Zustimmung zum Verschmelzungsvertrag (Verschmelzungsbeschluss)	oberste Vertretung	75 % der abgegebenen Stimmen

I. Verschmelzung

2. Besondere Zustimmungserfordernisse

	Aufnahme	Neugründung	Zustimmungsgrund	Zustimmender	Mehrheit
Allgemeine Vorschrift	§ 13 Abs. 2	§ 36 Abs. 1	Genehmigungsbedürftigkeit bei Anteilsvinkulierung	betroffene Anteilsinhaber	–
	§ 13 Abs. 2 in entspr. Anwendung		keine Gewährung gleicher Zahl an Geschäftsanteilen, vgl. § 13 UmwG	betroffene Anteilsinhaber	–
OHG, KG	§ 40 Abs. 2		Übernahme persönlich unbeschränkter Haftung der Kommanditisten des übertragenden Rechtsträgers	betroffene Anteilsinhaber	–
GmbH	§ 50 Abs. 2	§ 56	Beschränkung von Minderheits-/Sonderrechten von Gesellschaftern des übertragenden Gesellschafters	betroffene Anteilsinhaber	–
	§ 51 Abs. 1 S. 1		Nicht voll geleistete Einlagen beim übernehmenden Rechtsträger	Anteilsinhaber der übertragenden Gesellschaft	–
	§ 51 Abs. 1 S. 3		Nicht voll geleistete Einlagen beim übertragenden Rechtsträger	Anteilsinhaber der übernehmenden Gesellschaft (str.)	alle anwesenden Anteilsinhaber

2. Besondere Zustimmungserfordernisse

I. Verschmelzung	Aufnahme	Neugründung	Zustimmungsgrund	Zustimmender	Mehrheit
	§ 51 Abs. 2		Abw. Neuwertfeststellung bei Verschmelzung von AG auf GmbH	jeder Aktionär	–
		§ 59	Zustimmung zum Gesellschaftsvertrag der neuen Gesellschaft, Bestellung der Aufsichtsratsmitglieder	Anteilsinhaber der übertragenden Rechtsträger	75 % der abgegebenen Stimmen
GmbH	§ 54 Abs. 1 S. 3		Verzicht auf Anteilsgewährung	Anteilsinhaber der übertragenden Rechtsträger	alle Anteilseigner
AG	§ 65 Abs. 2		Sonderbeschlüsse bei verschiedenen Aktiengattungen	Anteilsinhaber jeder betroffenen Gattung	75 % des vertretenen Grundkapitals mindestens einfache Stimmenmehrheit, § 133 Abs. 1 AktG
AG	§ 68 Abs. 1 S. 3		Verzicht auf Anteilsgewährung	Anteilsinhaber der übertragenden Rechtsträger	alle Anteilsinhaber
		§ 76 Abs. 2	Zustimmung zur Satzung der neuen Gesellschaft und zur Bestellung der Aufsichtsratsmitglieder	Anteilsinhaber der übertragenden Rechtsträger	75 % des vertretenen Grundkapitals mindestens einfache Stimmenmehrheit, § 133 Abs. 1 AktG
KGaA		§§ 78, 76 Abs. 2	Zustimmung zur Satzung der neuen Gesellschaft und zur Bestellung der Aufsichtsratsmitglieder	Anteilsinhaber der übertragenden Rechtsträger	75 % des vertretenen Grundkapitals mindestens einfache Stimmenmehrheit, § 133 Abs. 1 AktG
		§ 78 S. 3	Zustimmung zum Verschmelzungsbeschluss	persönlich haftende Gesellschafter	–
e.G.		§ 98	Zustimmung zum Statut der neuen Gesellschaft, zur Bestellung der Vorstands- und Aufsichtsratsmitglieder	Anteilsinhaber des übertragenden Rechtsträgers	–

2. Besondere Zustimmungserfordernisse

I. Verschmelzung	Aufnahme	Neugründung	Zustimmungsgrund	Zustimmender	Mehrheit
e.V., g. PV., VVaG	§ 116 Abs. 1		Zustimmung zur Satzung des neuen Rechtsträgers und Bestellung der Aufsichtsratsmitglieder	übertragende Vereine	–

II. Zustimmungserfordernisse bei Spaltung

	Aufnahme	Neugründung	Zustimmungsgrund	Zustimmender	Mehrheit
Allgemeine Zustimmungserfordernisse	§ 125 iVm entsprechender Anwendung der Verschmelzungsnormen	§ 125 iVm entsprechender Anwendung der Verschmelzungsnormen			
Sonderfälle	§ 125 iVm entsprechender Anwendung der Verschmelzungsnormen				
	§ 128		Zustimmung bei abweichenden Beteiligungsverhältnissen	Anteilsinhaber des übertragenden Rechtsträgers	einstimmig
		§ 135	Zustimmung bei abweichenden Beteiligungsverhältnissen	Anteilsinhaber des übertragenden Rechtsträgers	einstimmig

III. Zustimmungserfordernisse bei Vermögensübertragung

	Vollübertragung	Teilübertragung
von Kapitalgesellschaft auf öffentlich-rechtliche Körperschaft	§ 176 iVm Vorschriften über Verschmelzung durch Aufnahme	§ 177 iVm Vorschriften über Aufspaltung, Abspaltung oder Ausgliederung durch Aufnahme

III. Zustimmungserfordernisse bei Vermögensübertragung

	Vollübertragung	Teilübertragung
von VersicherungsAG auf VVaG oder öffentlich-rechtliches Versicherungsunternehmen	§ 178 iVm Vorschriften über Verschmelzung durch Aufnahme	§ 179 iVm Vorschriften über Aufspaltung, Abspaltung oder Ausgliederung durch Aufnahme
von VVaG auf VersicherungsAG oder öffentlich-rechtliches Versicherungsunternehmen	§ 180 iVm Vorschriften über Verschmelzung durch Aufnahme	§ 181 iVm Vorschriften über Aufspaltung, Abspaltung oder Ausgliederung durch Aufnahme
von öffentlich-rechtlichem Versicherungsunternehmen auf VersicherungsAG oder VVaG	§ 188 iVm Vorschriften über Verschmelzung durch Aufnahme	§ 189 iVm Vorschriften über Aufspaltung, Abspaltung oder Ausgliederung durch Aufnahme
Sonderfälle	§ 180 Abs. 3; unentziehbares Recht auf den Abwicklungsüberschuss	

IV. Allgemeine Zustimmungserfordernisse bei Formwechsel

	§§	Zustimmungsgrund	Zustimmender	Mehrheit
Allgemeine Vorschrift	§ 193 Abs. 1	Zustimmung zum Formwechsel (Umwandlungsprozess)	Anteilsinhaber des formwechselnden Rechtsträgers	–
	nicht ausdrücklich geregelt: Anhaltspunkt § 194 Abs. 1 Nr. 4	quotenverschiebender, nicht verhältniswahrender Formwechsel	Anteilsinhaber des formwechselnden Rechtsträgers	einstimmig
OHG, KG in GmbH, AG, KGaA, e.G.	§ 217	Zustimmung zum Formwechsel	Gesellschafterversammlung	einstimmig (Ausnahme: § 217 Abs. 1 S. 2, 3, Abs. 2)
PartG in GmbH, AG, KGaA, e.G.	§§ 225c, 217	Zustimmung zum Formwechsel	Gesellschafterversammlung	einstimmig (Ausnahme: § 217 Abs. 1 S. 2, 3, Abs. 2)

IV. Allgemeine Zustimmungserfordernisse bei Formwechsel

	§§	Zustimmungsgrund	Zustimmender	Mehrheit
GmbH, AG, KGaA, GbR in OHG, KG (allg.), Partnerschaft	§ 233	Zustimmung zum Formwechsel	Gesellschafter- bzw. Hauptversammlung	abhängig von Gesellschaftsform
GmbH, AG, KGaA in GmbH, AG, KGaA (allg.)	§ 240	Zustimmung zum Formwechsel	Gesellschafter- bzw. Hauptversammlung	abhängig von Gesellschaftsform
GmbH in AG, KGaA	§ 241	Zustimmung zum Formwechsel bei abweichendem Nennbetrag	betroffene Gesellschafter	–
GmbH, AG, KGaA in e.G.	§ 252	Zustimmung zum Formwechsel	Gesellschafter- bzw. Hauptversammlung	bei Nachschusspflicht: einstimmig im Übrigen: 75 % der abgegebenen Stimmen (GmbH) oder des vertretenen Grundkapitals (AG, KGaA; hierbei mindestens einfache Stimmenmehrheit, § 133 Abs. 1 AktG)
e.G. in GmbH, AG, KGaA	§ 262	Zustimmung zum Formwechsel	Generalversammlung	75 % der ab gegebenen Stimmen (bei Widerspruch: 90 %)
e.V. in GmbH, AG, KGaA	§ 275	Zustimmung zum Formwechsel	Mitgliederversammlung	bei Zweckänderung: einstimmig im Übrigen: 75 % der erschienenen Mitglieder
e.V. in e.G.	§ 284	Zustimmung zum Formwechsel		bei Zweckänderung: einstimmig im Übrigen: 75 % der erschienenen Mitglieder
VVaG in AG	§ 293	Zustimmung zum Formwechsel	oberste Vertretung	75 % der abgegebenen Stimmen
Körperschaft des öffentlich-rechtlichen Rechts in GmbH, AG, KGaA	öffentlich-rechtliche Normen maßgeblich			

	§§	IV. Allgemeine Zustimmungserfordernisse bei Formwechsel		
		Zustimmungsgrund	Zustimmender	Mehrheit
	§ 193 Abs. 2	Genehmigungsbedürftigkeit bei Anteilsvinkulierung	betroffene Anteilsinhaber	–
OHG, KG in KGaA	§ 221 S. 2	Satzung der KGaA	beitretende Komplementäre	–
Partnerschaft in KGaA	§§ 225c, 221 S. 2	Satzung der KGaA	beitretende Komplementäre	–
KGaA in OHG, KG, Partnerschaft, GbR	§ 233 Abs. 3	Zustimmung zum Formwechsel	persönlich haftende Gesellschafter	ausnahmsweise Mehrheit der persönlich haftenden Gesellschafter, § 233 Abs. 3 S. 2
GmbH in AG, KGaA	§ 241	abweichende Festsetzung des Nennbetrages der Aktien	betroffene Gesellschafter	–
AG, KGaA in GmbH	§ 242	abweichende Festsetzung des Nennbetrages der Geschäftsanteile	betroffene Gesellschafter	–
öffentlich-rechtliche Körperschaft in KGaA	§ 303 Abs. 2	Zustimmung zum Formwechsel	persönlich haftende Gesellschafter	–

2. Verzichtserklärungen bei den einzelnen Umwandlungsarten

I. Verschmelzung

	Verschmelzungsbericht	Verschmelzungsprüfung	Prüfungsbericht	Klage gegen Verschmelzungsbeschluss	Prüfung der Angemessenheit der Barabfindung
Allgemeine Vorschriften	§ 8 Abs. 3	§§ 9 Abs. 3, 8 Abs. 3	§§ 12 Abs. 3, 9 Abs. 3	§ 16 Abs. 2 S. 2	§§ 30 Abs. 2 S. 2, 12 Abs. 3, 8 Abs. 3

I. Verschmelzung

	Verschmelzungsbericht	Verschmelzungsprüfung	Prüfungsbericht	Klage gegen Verschmelzungsbeschluss	Prüfung der Angemessenheit der Barabfindung
OHG, KG		§§ 44 S. 1, 9 Abs. 3	§§ 44 S. 1, 12 Abs. 3		
PartG		§§ 45e S. 2, 45d Abs. 2, 44, 9 Abs. 3	§§ 45e S. 2, 45d Abs. 2, 44, 12 Abs. 3		
GmbH (Aufnahme)		§§ 48 S. 1, 9 Abs. 3	§§ 48 S. 1, 12 Abs. 3		
GmbH (Neugründung)		§§ 56, 48 S. 1, 9 Abs. 3	§§ 56, 48 S. 1, 12 Abs. 3		
AG (Aufnahme)		§§ 60 Abs. 1, 9 Abs. 3	§§ 60 Abs. 1, 12 Abs. 3		
AG (Neugründung)		§§ 73 Abs. 1, 60 Abs. 1, 9 Abs. 3	§§ 73 Abs. 1, 60 Abs. 1, 12 Abs. 3		
KGaA (Aufnahme)		§§ 78 S. 1, 60 Abs. 1, 9 Abs. 3	§§ 78 S. 1, 60 Abs. 1, 12 Abs. 3		
KGaA (Neugründung)		§§ 78 S. 1, 73 Abs. 1, 60 Abs. 1, 9 Abs. 3	§§ 78 S. 1, 73 Abs. 1, 60 Abs. 1, 12 Abs. 3		
e.V.		§§ 100 S. 1, 9 Abs. 3	§§ 100 S. 1, 12 Abs. 3		

II. Spaltung

Verschmelzungsbericht	Verschmelzungsprüfung	Prüfungsbericht	Klage gegen Verschmelzungsbeschluss	Prüfung der Angemessenheit der Barabfindung
wie Verschmelzung	wie Verschmelzung mit Ausnahme der §§ 9 Abs. 3 und 12 Abs. 3 bei Ausgliederung (§ 125 S. 2), dazu § 8 Abs. 3 bei verhältniswahrender Spaltung von AG (§ 143)			

III. Formwechsel

	Umwandlungsbericht	Umwandlungsprüfung	Abfindungsangebot	Klage gegen Umwandlungsbeschluss	Prüfung der Angemessenheit der Barabfindung
Allgemeine Vorschriften	§ 192 Abs. 3	–	nicht ausdrücklich geregelt; Verzicht zulässig, da Abfindung ausschließlich im Gesellschafterinteresse	§§ 198 Abs. 3, 16 Abs. 2 S. 2	§§ 208, 30 Abs. 2 S. 2

IV. Vermögensübertragung

	Übertragungsbericht	Prüfungsbericht	Klage gegen Übertragungsbeschluss	Prüfung der Angemessenheit der Barabfindung
von Kapitalgesellschaft auf öffentlich-rechtliche Körperschaft	§ 176 iVm Vorschriften über Verschmelzung durch Aufnahme		§ 177 iVm Vorschriften über Aufspaltung, Abspaltung oder Ausgliederung durch Aufnahme	
von VersicherungsAG auf VVaG oder öffentlich-rechtliches Versicherungsunternehmen	§ 178 iVm Vorschriften über Verschmelzung durch Aufnahme		§ 179 iVm Vorschriften über Aufspaltung, Abspaltung oder Ausgliederung durch Aufnahme	

| von VVaG auf VersicherungsAG oder öffentlich-rechtliches Versicherungsunternehmen | § 180 iVm Vorschriften über Verschmelzung durch Aufnahme | § 181 iVm Vorschriften über Aufspaltung, Abspaltung oder Ausgliederung durch Aufnahme | |
| von öffentlich-rechtlichem Versicherungsunternehmen auf VersicherungsAG oder VVaG | § 188 iVm Vorschriften über Verschmelzung durch Aufnahme | § 189 iVm Vorschriften über Aufspaltung, Abspaltung oder Ausgliederung durch Aufnahme | |

3. Firmenbildung bei Verschmelzung und Formwechsel

I. Grundnormen bei Verschmelzung

Aufnahme: § 18 Abs. 2	Neugründung: § 36	Firma des übernehmenden Rechtsträgers mit Namen eines Anteilsinhabers (natürliche Person) des übertragenden Rechtsträgers	betroffene Anteilsinhaber, dessen Erben

II. Grundnorm bei Formwechsel

§ 200 Abs. 3	Firma nach Formwechsel enthält Namen eines Anteilsinhabers des formwechselnden Rechtsträgers	betroffene Anteilsinhaber

II. Notarielle Mitwirkung und Beurkundung

I. Verschmelzung

Gegenstand	Formpflicht und gesetzliche Grundlage	Beurkundungsverfahren
Vertrag	§ 6 (bei Neugründung für alle Rechtsträger Beurkundungspflicht von Gesellschaftsvertrag/Satzung/Statut, § 37)	Beurkundung gemäß §§ 8 ff. BeurkG
Verschmelzungsbeschluss	§ 13 Abs. 3	Beurkundung gemäß §§ 36 ff. bzw. §§ 8 ff. BeurkG
Zustimmungserklärungen	§§ 13 Abs. 2 und 3, 40 Abs. 2, 50 Abs. 2, 51, 59, 65 Abs. 2, 76 Abs. 2, 78, 98, 116	Beurkundung gemäß §§ 8 ff. BeurkG
Verzichtserklärungen	§§ 8 Abs. 3, 9 Abs. 3, 12 Abs. 3, 54 Abs. 1 S. 3, 68 Abs. 1 S. 3	Beurkundung gemäß §§ 8 ff. BeurkG

I. Verschmelzung

Gegenstand	Formpflicht und gesetzliche Grundlage	Beurkundungsverfahren
Ausschlagung	Schriftform, § 91	
Handelsregisteranmeldung	§§ 16 iVm § 12 HGB, § 157 GenG, § 77 BGB	notarielle Beglaubigung
Änderung	§ 6	Beurkundung gemäß §§ 8 ff. BeurkG
Aufhebung	nach Zustimmung stets Beurkundung entsprechend § 6	Beurkundung gemäß §§ 8 ff. BeurkG

II. Spaltung

Gegenstand	Formpflicht und gesetzliche Grundlage	Beurkundungsverfahren
Vertrag	§§ 125, 6	Beurkundung gemäß §§ 8 ff. BeurkG
Spaltungsplan	§§ 136, 125, 6	Beurkundung gemäß §§ 8 ff. BeurkG
Spaltungsbeschluss	§§ 125, 13 Abs. 3	Beurkundung gemäß §§ 36 ff. bzw. §§ 8 ff. BeurkG
Zustimmungserklärungen	§§ 125, 13 Abs. 3	Beurkundung gemäß §§ 8 ff. BeurkG
Verzichtserklärungen	§§ 127, 8 Abs. 3	Beurkundung gemäß §§ 8 ff. BeurkG
Handelsregisteranmeldung	§§ 125, 16 iVm § 12 HGB, § 157 GenG, § 77 BGB	notarielle Beglaubigung
Änderung	§§ 125, 6	Beurkundung gemäß §§ 8 ff. BeurkG
Aufhebung	nach Zustimmung stets Beurkundung entsprechend §§ 125, 6	Beurkundung gemäß §§ 8 ff. BeurkG

III. Vermögensübertragung

generelle Anwendung der Vorschriften über Verschmelzung und Spaltung, §§ 176, 177; damit auch Formerfordernisse wie oben

IV. Formwechsel

Gegenstand	Formpflicht und gesetzliche Grundlage	Beurkundungsverfahren
Beschluss	§ 193 Abs. 3	Beurkundung gemäß §§ 36 ff. bzw. 8 ff. BeurkG
Zustimmungserklärungen	§ 193 Abs. 3; etwa §§ 217, 221, 233 Abs. 1, 240 Abs. 2, 241, 242, 252 Abs. 1, 262 Abs. 2, 275, 284	Beurkundung gemäß §§ 36 ff. BeurkG
Verzichtserklärungen	§§ 192 Abs. 2	Beurkundung gemäß §§ 8 ff. BeurkG
Handelsregisteranmeldung	§ 198 iVm § 12 HGB, § 157 GenG, § 77 BGB	notarielle Beglaubigung
Änderung	nach Umwandlungsbeschluss stets neue Beurkundung erforderlich	Beurkundung gemäß §§ 36 ff. bzw. §§ 8 ff. BeurkG
Aufhebung	nach Umwandlungsbeschluss stets neue Beurkundung erforderlich	Beurkundung gemäß §§ 36 ff. bzw. §§ 8 ff. BeurkG

V. Vertretung/Vollmacht

Verschmelzungsvertrag Spaltungsplan Spaltungsvertrag	grundsätzlich formfreie Vertretung (hM; aA: § 2 Abs. 2 GmbHG ist vom Grundgedanken und Zweck zu übertragen, damit auch hier notarielle Form nötig)
Bei Neugründung/ Kapitalerhöhung	Einhaltung der Form (§§ 2 Abs. 2 GmbHG; 23 Abs. 1 S. 2; 280 Abs. 1 S. 3 AktG) auch nötig (str.).
Verschmelzungsbeschluss Spaltungsbeschluss Beschluss zum Formwechsel	hM: Über die für die jeweilige Rechtsform vorgeschriebene Form hinaus gelten keine besonderen Formvorschriften; aA: notarielle Beglaubigung

III. Verschmelzung

1. Möglichkeiten und Phasen der Verschmelzung

I. Allgemeine Vorschriften bei Verschmelzung durch Aufnahme

Vorgang	Übernehmender oder neuer Rechtsträger									
	OHG/ KG	PartG	GmbH	AG	KGaA	e.G.	e.V./wirtsch. Verein	g. PV.	VVaG	nat. Person
Verschmelzungsvertrag §§ 4–7, 37	§ 40	§ 45b	§ 46	wie vor allg.	wie vor AG	§ 80	wie vor allg.	wie vor allg.	§ 110	§§ 121, 6
Verschmelzungsbericht § 8	nur, wenn § 41	nur, wenn § 45c	grds. erforderlich	wie vor allg.	wie vor AG	wie vor allg.	wie vor allg.	wie vor allg.	wie vor allg.	./.
Verschmelzungsprüfung §§ 9–12	nur, wenn § 44	nur, wenn § 45d Abs. 2	nur, wenn § 48	§ 60	wie vor AG	§ 81	§ 100	./.	wie vor allg.	./.
Verschmelzungsbeschluss § 13	§ 43	§ 45d	§ 50	§ 65	§ 78	§ 84	§ 103	§§ 100, 103	§ 112 Abs. 3	§§ 121, 50, 65
Registeranmeldung § 17	wie vor	wie vor	§ 52	wie vor allg.	wie vor AG	§ 86	wie vor allg.	wie vor allg.	wie vor allg.	wie vor
Registervollzug § 19	wie vor	wie vor	§§ 53–55	§§ 66–69	wie vor AG	wie vor allg.	§ 104 allg.	wie vor allg.	wie vor allg.	str.

II. Besondere Vorschriften einzelner Rechtsformen

Übertragender Rechtsträger	Übernehmender oder neuer Rechtsträger									
	OHG/KG	PartG	GmbH	AG	KGaA	e.G.	e.V./wirtsch. Verein	g. PV.	VVaG	nat. Person
OHG/KG	§§ 39–45	§§ 45a–45e, 39–45	§§ 39–45, 46–59	§§ 39–45, 60–77	§§ 39–78	§§ 39–45, 79–98	unzulässig	unzulässig	unzulässig	unzulässig
PartG	§§ 45a–45e, 39–45	§§ 45a–45e	§§ 45a–45e, 46–59	§§ 45a–45e, 60–77	§§ 45a–45e, 78	§§ 45a–45e, 79–98	unzulässig	unzulässig	unzulässig	unzulässig
GmbH	§§ 39–49, 46–59	§§ 45a–45e, 46–59	§§ 46–59	§§ 46–59, 60–77	§§ 46–59, 78	§§ 46–59, 79–98	unzulässig	unzulässig	unzulässig	§§ 120–122 iVm §§ 46–59
AG	§§ 39–45, 60–77	§§ 45a–45e, 60–77	§§ 46–59, 60–77	§§ 60–77	§§ 60–77, 78	§§ 60–77, 79–98	unzulässig	unzulässig	unzulässig	§§ 120–122 iVm §§ 60–77
KGaA	§§ 39–45, 78	§ 45a–45e, 78	§§ 46–59, 78	§§ 60–77, 78	§ 78	§§ 78–98	unzulässig	unzulässig	unzulässig	§§ 20–122 iVm § 78
e.G.	§§ 39–45, 79–98	§§ 45a–45e, 79–98	§§ 46–59, 79–98	§§ 60–77, 79–98	§§ 78, 79–98	§§ 78–98	unzulässig	unzulässig	unzulässig	unzulässig
eingetragener/ wirtschaftlicher Verein	§§ 39–45, 99–104a	§§ 45a–45e, 99–104a	§§ 46–59, 99–104a	§§ 60–77, 99–104a	§§ 78, 99–104a	§§ 79–104a	§§ 99–104a	unzulässig	unzulässig	unzulässig
g. PV.	unzulässig	unzulässig	unzulässig	unzulässig	unzulässig	unzulässig	unzulässig	§§ 105–108, nur zur Aufn.	unzulässig	unzulässig

II. Besondere Vorschriften einzelner Rechtsformen

Übertragender Rechtsträger	Übernehmender oder neuer Rechtsträger									
	OHG/KG	PartG	GmbH	AG	KGaA	e.G.	e.V./wirtsch. Verein	g. PV.	VVaG	nat. Person
VVaG	unzulässig	unzulässig	unzulässig	§§ 60–77, 109–119, nur Vers.-AG	unzulässig	unzulässig	unzulässig	unzulässig	§§ 109–119	unzulässig

2. Checkliste zum Ablauf des Verschmelzungsverfahrens

Einzelne Schritte	Allgemein	OHG/KG	PartG	GmbH	AG	e.G.
(1) Aufstellung der Schlussbilanzen						
Erstellung des Verschmelzungsvertrags (-entwurfs)	§§ 4, 5, 37	§ 40	§ 45b	§ 46	wie allg.	§ 80
(2) Erstellung der Verschmelzungsberichte	§ 8	§ 41	§ 45c	wie allg.	wie allg.	wie allg.
(3) Beauftragung der Verschmelzungsprüfer	§§ 9, 10	§ 44	§ 45e S. 2 iVm § 44	§ 48		§ 81 u. wie allg.
(4) Zuleitung des Verschmelzungsvertrages an den Betriebsrat	§ 5 Abs. 3	wie allg.	wie allg.	wie allg.	wie allg.	wie allg.
(5) Hinweis auf die Verschmelzung in den Bekanntmachungsorganen	–	–	–	–	§ 61	–
Einberufung der Versammlung der Anteilseigner	–	Gesellschaftsvertrag	Gesellschaftsvertrag	§§ 4–9 ff. GmbHG	§§ 121 ff. AktG	§ 44 GenG

Einzelne Schritte	Allgemein	OHG/KG	PartG	GmbH	AG	e.G.
(6) Offenlegung	–	–	–	§ 40 Abs. 2	§ 63	–
(7) Beschluss zur Kapitalerhöhung	–	–	–	§ 55	§ 69	–
(8) Vorbereitung der Zustimmungsbeschlüsse	–	§ 42	§ 45c S. 2	§§ 47, 49	§ 63	§ 82
(9) Zustimmungsbeschlüsse	§ 13	§ 43	§ 45d	§ 50	§ 65	§ 84
– aufnehmender Rechtsträger	wie allg.	–	–	–	ggf. § 62 Abs. 1, 2	–
– übertragender Rechtsträger	wie allg.	–	–	ggf. § 62 Abs. 4	ggf. § 62 Abs. 4	–
(12) Beurkundung des Verschmelzungsvertrages	§ 6	wie allg.	wie allg.	wie allg.	wie allg.	wie allg.
(13) Anmeldung der Kapitalerhöhung	–	–	–	§ 55	§ 69	–
(14) Eintragung der Kapitalerhöhung	–	–	–	§ 53	§ 66	–
(15) Übergabe von Aktien und ggf. baren Zuzahlungen an Treuhänder	–	–	–	–	§ 71	–
(16) Anmeldung der Verschmelzung beim übertragenden Rechtsträger	§§ 16, 38	wie allg.	wie allg.	§ 52	wie allg.	§ 86
(17) Anmeldung beim übernehmenden Rechtsträger	§§ 16	wie allg.	wie allg.	§ 52	wie allg.	§ 86
(18) Eintragung der Verschmelzung beim übertragenden Rechtsträger	§ 19 Abs. 1	wie allg.	wie allg.	wie allg.	wie allg.	wie allg.

Einzelne Schritte	Allgemein	OHG/KG	PartG	GmbH	AG	e.G.
(19) Eintragung bei übernehmender Gesellschaft	§§ 19 Abs. 1, 20	wie allg.	wie allg.	wie allg.	wie allg.	wie allg.
(20) Veröffentlichung	§ 19 Abs. 3	wie allg.	wie allg.	wie allg.	wie allg.	wie allg.
– übertragender Rechtsträger	§ 19 Abs. 3	wie allg.	wie allg.	wie allg.	wie allg.	wie allg.
– übertragender Rechtsträger	§ 19 Abs. 3	wie allg.	wie allg.	wie allg.	wie allg.	wie allg.
(21) Mitteilung vom Handelsregister der übertragenden Gesellschaft(en) an Handelsregister des übernehmenden Rechtsträgers und Übersendung der Akten	§ 19 Abs. 3	wie allg.	wie allg.	wie allg.	wie allg.	wie allg.
(22) ggf. Aktienübergabe vom Treuhänder an Anteilsinhaber	–	–	–	–	§ 71	–
(23) evtl. Spruchstellen verfahren	§ 34	wie allg.	wie allg.	wie allg.	wie allg.	wie allg.
(24) evtl. Sicherheitsleistung	§ 22	wie allg.	wie allg.	wie allg.	wie allg.	wie allg.

3. Checkliste zur Beschlussfassung vor einer Verschmelzung

Rechtsträger	Vorbereitung der Anteilsinhaberversammlung: (1) Form der Einberufung (2) Einberufungsfrist (3) Unterrichtung der Anteilsinhaber	(1) Durchführung der Anteilsinhaberversammlung (2) Beschlussmehrheiten	Zustimmungserfordernisse in Sonderfällen (besonders betroffene Anteilsinhaber)
OHG/KG	(1)Gesellschaftsvertrag (GV)	(1)GV	–§ 13 Abs. 3 iVm § 13 Abs. 3 S. 1
	(2)GV	(2)–§ 43 Abs. 1 (einstimmiger Beschluss, einschließlich nicht erschienener Gesellschafter)	–§ 40 Abs. 3 iVm § 13 Abs. 3 S. 1
		–§ 43 Abs. 2 S. 1 u. 2 iVm GV (3/4-Mehrheit der Stimmen der Gesellschafter)	
	(3)§ 42		
PartG	(1)GV	(1)GV	
	(2)GV	(2)–§ 45d Abs. 1 (einstimmiger Beschluss, einschließlich nicht erschienener Gesellschafter)	–§ 40 Abs. 2 iVm § 13 Abs. 3 S. 1
	(3)§ 45c S. 2	–	
GmbH	(1)GV oder §§ 51 Abs. 1 S. 1 GmbHG	(1)GV	–§ 13 Abs. 2 iVm § 13 Abs. 3 S. 1
	49 Abs. 1 GmbHG (durch Geschäftsführer mittels eingeschriebenem Brief)		–§ 50 Abs. 2 iVm § 13 Abs. 3 S. 1

Rechtsträger	Vorbereitung der Anteilsinhaberversammlung: (1) Form der Einberufung (2) Einberufungsfrist (3) Unterrichtung der Anteilsinhaber	Durchführung der Anteilsinhaberversammlung (1) Durchführung der Anteilsinhaberversammlung (2) Beschlussmehrheiten	Zustimmungserfordernisse in Sonderfällen (besonders betroffene Anteilsinhaber)
			–§ 51 Abs. 1 (mehrere Fälle)
	(2)GV oder § 51 Abs. 1 S. 2 GmbHG (mindestens 1 Woche)	(2)–§ 50 Abs. 1 S. 1 (3/4-Mehrheit der Stimmen der Gesellschafter)	–§ 51 Abs. 2 iVm § 13 Abs. 3 S. 1
	(3)§§ 47, 49	–§ 50 Abs. 1 S. 2 iVm GV (größere Mehrheit und weitere Erfordernisse bestimmbar)	
AG	(1)§ 121 Abs. 2 S. 1, Abs. 3, Abs. 4, Abs. 4a AktG (durch Vorstand: Bekanntmachung in Gesellschaftsblättern oder mittels eingeschriebenem Brief, ggf. europäische Medien)	(1)–§ 64 Abs. 1 S. 1, S. 4 (Auslegung der in § 63 Abs. 1 bezeichneten Unterlagen)	
		–§ 64 Abs. 1 S. 2 (Erläuterung des Verschmelzungsvertrages und späterer Veränderungen durch Vorstand)	–§ 13 Abs. 2 iVm § 13 Abs. 3 S. 1
	(2)§ 123 Abs. 1 AktG (mindestens 30 Tage)	–§ 64 Abs. 2 (Auskunftsrecht der Aktionäre)	–§ 65 Abs. 2 (Zustimmung bei mehreren Gattungen von Aktionären)
		(2)–§ 65 Abs. 1 S. 1 (3/4 des bei Beschlussfassung vertretenen Grundkapitals)	–§ 62 (Vorbereitung und Durchführung des Verschmelzungsbeschlusses bei Konzernverschmelzungen)

Rechtsträger	Vorbereitung der Anteilsinhaberversammlung: (1) Form der Einberufung (2) Einberufungsfrist (3) Unterrichtung der Anteilsinhaber	(1) Durchführung der Anteilsinhaberversammlung (2) Beschlussmehrheiten	Zustimmungserfordernisse in Sonderfällen (besonders betroffene Anteilsinhaber)
	(3)§ 124 Abs. 2 S. 3 AktG § 63	–§ 65 Abs. 1 S. 2 iVm Satzung (größere Kapitalmehrheit und weitere Erfordernisse bestimmbar)	
KGaA	(1)§§ 278 Abs. 3, 283 Nr. 6 AktG iVm § 78 S. 1 u. 2 (wie AG)	(1)§ 78 S. 1 u. 2 (wie AG)	–§ 13 Abs. 2 iVm § 13 Abs. 3 S. 1
	(2)§§ 278 Abs. 3, 283 Nr. 6 AktG iVm § 78 S. 1 u. 2 (wie AG)	(2)§ 78 S. 1 u. 2 (wie AG)	–§ 78 S. 1 u. 2 (wie AG)
	(3)§ 124 Abs. 2 S. 3, § 63 AktG		–§ 78 S. 3 (Zustimmung persönlich haftender Gesellschafter)
e.G.	(1)Statut iVm §§ 44 Abs. 1, 46 Abs. 1 S. 1 GenG (durch Vorstand in der durch Satzung bestimmten Weise)	(1)–§ 83 Abs. 1 S. 1 (Auslegung bestimmter Unterlagen)	–§ 13 Abs. 2 iVm § 13 Abs. 3 S. 1
		–§ 83 Abs. 1 S. 2 (Erläuterung des Verschmelzungsvertrags durch Vorstand)	
		–§ 83 Abs. 1 S. 3 iVm § 64 Abs. 2 (Auskunftsrecht der Genossen)	
		–§ 83 Abs. 2 S. 1 (Verlesung des Prüfungsgutachtens)	
		–§ 84 Abs. 2 S. 2 (Teilnahmerecht des Prüfungsverbandes)	

Rechtsträger	Vorbereitung der Anteilsinhaberversammlung: (1) Form der Einberufung (2) Einberufungsfrist (3) Unterrichtung der Anteilsinhaber	(1) Durchführung der Anteilsinhaberversammlung (2) Beschlussmehrheiten	Zustimmungserfordernisse in Sonderfällen (besonders betroffene Anteilsinhaber)
	(2)§ 46 Abs. 1 GenG (mindestens 2 Wochen)	(2)-§ 84 S. 1 (3/4-Mehrheit der abgegebenen Stimmen)	
	(3)§ 82 Abs. 1 S. 1, Abs. 3	-§ 84 S. 2 iVm Satzung (größere Mehrheit und weitere Erfordernisse bestimmbar)	
e.V.	(1)Satzung	(1)§ 102 mit Verweis auf § 64	
	(2)Satzung	-§ 103 S. 1 (3/4-Mehrheit der erschienenen Mitglieder)	-§ 13 Abs. 2 iVm § 13 Abs. 3 S. 1
	(3)§ 101 Abs. 1 S. 1	-§ 103 iVm Satzung (größere Mehrheit und weitere Erfordernisse bestimmbar)	
g. PV.	(1)§ 63b Abs. 1 GenG iVm Satzung	(1)§ 106 iVm § 102	
	(2)§ 63b GenG iVm Satzung	§ 106 iVm § 103	-§ 13 Abs. 2 iVm § 13 Abs. 3 S. 1
		-§ 103 S. 2 iVm Satzung (größere Mehrheit und weitere Erfordernisse bestimmbar)	
	(3)§ 106 iVm § 101		
VVaG	(1)§ 191 VAG iVm § 121 Abs. 2 S. 1, Abs. 3, Abs. 4 AktG	(1)§ 112 Abs. 2	

Rechtsträger	Vorbereitung der Anteilsinhaberversammlung: (1) Form der Einberufung (2) Einberufungsfrist (3) Unterrichtung der Anteilsinhaber	(1) Durchführung der Anteilsinhaberversammlung (2) Beschlussmehrheiten	Zustimmungserfordernisse in Sonderfällen (besonders betroffene Anteilsinhaber)
	(2)§ 191 S. 1 VAG iVm § 123 Abs. 1 AktG	(2)–§ 112 Abs. 3 S. 1 (3/4-Mehrheit der abgegebenen Stimmen)	–§ 13 Abs. 2 iVm § 13 Abs. 3 S. 1
	(3)–§ 191 VAG iVm § 124 Abs. 2 S. 3 AktG	–§ 112 Abs. 3 S. 2 iVm Satzung (größere Mehrheit und weitere Erfordernisse bestimmbar)	
	–§ 112 Abs. 1		

IV. Spaltung

1. Möglichkeiten und Phasen der Spaltung

I. Allgemeine Vorschriften

Vorgang	Übernehmender oder neuer Rechtsträger							
	OHG/KG	PartG	GmbH	AG/ KGaA	e.G.	e.V./ wirtsch. Verein	g. PV.	VVaG
Spaltungsplan/-vertrag § 126	wie vor	wie vor	wie vor	wie vor	wie vor	wie vor	wie vor	wie vor
Spaltungsbericht §§ 127, 8	wie vor	wie vor	wie vor	wie vor, Ausn. § 143	wie vor	wie vor	wie vor	wie vor
Spaltungsprüfung §§ 9–12 (Ausnahmen vgl. § 125)	wie vor	wie vor	wie vor	wie vor, Ausn. § 143	wie vor	wie vor	wie vor	wie vor
Spaltungsbeschluss §§ 125, 13, 128	wie vor	wie vor	wie vor	wie vor	wie vor	wie vor	wie vor	wie vor

I. Allgemeine Vorschriften

Vorgang	Übernehmender oder neuer Rechtsträger							
	OHG/KG	PartG	GmbH	AG/KGaA	e.G.	e.V./ wirtsch. Verein	g. PV.	VVaG
Registeranmeldung §§ 125, 17, 129	wie vor	wie vor	§ 140	§ 146	§ 148	wie vor	wie vor	wie vor
Registervollzug § 130			wie vor	wie vor	wie vor	wie vor	wie vor	wie vor

II. Besondere Vorschriften einzelner Rechtsformen

Übertragender Rechtsträger	Übernehmender oder neuer Rechtsträger							
	OHG/KG	PartG	GmbH	AG/ KGaA	e.G.	e.V./ wirtsch. Verein	g. PV.	VVaG
OHG/KG	keine Spezial-vor-schriften	keine Spezial-vor-schriften	§§ 138–140	§§ 141–146	§§ 147, 148	unzulässig	unzulässig	unzulässig
PartG	keine Spezialvor-schriften	wie vor	§§ 138–140	§§ 141–146	§§ 147, 148	unzulässig	wie vor	wie vor
GmbH	§§ 138–140	§§ 133–140	§§ 138–140	§§ 138–140, 141–146	§§ 138–140, 147, 148	unzulässig	unzulässig	unzulässig
AG/KGaA	§§ 141–146	§§ 141–146	§§ 138–140, 141–146	§§ 141–146	§§ 141–146, 147, 148	unzulässig	unzulässig	unzulässig
e.G.	§§ 147, 148	§§ 147–148	§§ 138–140, 147, 148	§§ 141–146, 147, 148	§§ 147, 148	unzulässig	unzulässig	unzulässig
eingetr./wirtschaftl. Verein	keine Spezial-vor-schriften	keine Spezial-vor-schriften	§§ 138–140	§§ 141–146	§§ 147, 148	§ 149	unzulässig	unzulässig

II. Besondere Vorschriften einzelner Rechtsformen

Übertragender Rechtsträger	Übernehmender oder neuer Rechtsträger							
	OHG/KG	PartG	GmbH	AG/KGaA	e.G.	e.V./wirtsch. Verein	g. PV.	VVaG
Genossenschaftlicher Prüfungsverband	unzulässig	unzulässig	§§ 138–140, 151, nur Ausgliederung	§§ 141–146, 150, nur Ausgliederung	unzulässig	unzulässig	§ 150, nur zur Aufnahme	unzulässig
VVaG	unzulässig	unzulässig	§§ 138–140, 151, nur Ausgliederung	§§ 141–146, 151, nur Vers.-AG, nur Auf-/Abspaltung	unzulässig	unzulässig	unzulässig	§ 151, Aufspaltung/Abspaltung
eingetr. Einzelkaufmann	§§ 152–157, nur Ausgliederung zur Aufnahme	unzulässig	§§ 138–140, 152–160, nur Ausgliederung	§§ 141–146, 152–160, nur Ausgliederung	§§ 147, 148, 152–157, nur Ausgliederung zur Aufnahme	unzulässig	unzulässig	unzulässig
Stiftung	§§ 161–167, nur Ausgliederung zur Aufnahme	unzulässig	§§ 138–140, 161–167, nur Ausgliederung	§§ 141–146, 161–167, nur Ausgliederung	unzulässig	unzulässig	unzulässig	unzulässig
Gebietskörperschaft	§§ 168–173, nur Ausgliederung zur Aufnahme	unzulässig	§§ 138–140, 168–176, nur Ausgliederung	§§ 141–146, 168–173, nur Ausgliederung	§§ 147, 148, 168–173, nur Ausgliederung	unzulässig	unzulässig	unzulässig

2. Checkliste zum Ablauf des Spaltungsverfahrens

Einzelne Schritte	Allgemein	OHG/KG	PartG	GmbH	AG	e.G.
(1) Ausstellung der Schlussbilanzen	§§ 126, 136					
(2) Erstellung des Spaltungsplans/-vertrags(-entwurfs)		wie allg.	wie allg.	wie allg.	wie allg.	wie allg.

Einzelne Schritte	Allgemein	OHG/KG	PartG	GmbH	AG	e.G.
(3) Erstellung der Spaltungsberichte	§ 127	wie allg.	wie allg.	wie allg.	wie allg.	wie allg.
(4) Beauftragung der Spaltungsprüfer	§§ 125 S. 2, 9–12	wie allg.	wie allg.	wie allg.	wie allg.	wie allg.
(5) Zuleitung des Spaltungsplans/-vertrags(-entwurfs) an den Betriebsrat	§§ 125, 55 Abs. 3	wie allg.	wie allg.	wie allg.	wie allg.	wie allg.
(6) Hinweis auf die Spaltung in den Bekanntmachungsorganen	–	–	–	–	§§ 125, 61	–
(7) Einberufung der Versammlung der Anteilseigner	§ 125	GV	GV	§§ 49 ff. GmbHG	§§ 121 ff. AktG	§ 44 ff. GenG
(8) Offenlegung	–	–	–	§§ 125, 49	§§ 125, 63	–
(9) Beschluss zur Kapitalerhöhung (nur Abspaltung zur Aufnahme)	–	–	–	§§ 125, 55	§§ 125, 69	–
(10) Vorbereitung der Zustimmungsbeschlüsse	–	–	–	§§ 49 ff. GmbHG	§§ 121 ff. AktG	§§ 44 ff. GenG
(11) Zustimmungsbeschlüsse	§§ 125, 128, 13	§§ 125, 43	§§ 125, 45d	§§ 125, 50	§§ 125, 69	§§ 125, 84
– aufnehmender Rechtsträger	wie allg.	wie allg.	wie allg.	wie allg.	wie allg.	wie allg.
– übertragender Rechtsträger	wie allg.	wie allg.	wie allg.	wie allg.	wie allg.	wie allg.
(12) Beurkundung des Spaltungsvertrages – soweit nicht bereits geschehen –	§§ 125, 6	wie allg.	wie allg.	wie allg.	wie allg.	wie allg.
(13) Anmeldung der Kapitalerhöhung (nur Abspaltung zur Aufnahme)	wie allg.	–	–	–	–	–
(14) Eintragung der Kapitalerhöhung (nur Abspaltung zur Aufnahme)	wie allg.	–	–	–	–	–

Einzelne Schritte	Allgemein	OHG/KG	PartG	GmbH	AG	e.G.
(15) Übergabe von Aktien und ggf. baren Zuzahlungen an Treuhänder	–	–	–	–	§ 125 S. 1	–
(16) Anmeldung bei übernehmendem Rechtsträger	§ 129	–	–	–	–	–
(17) Anmeldung der Spaltung bei übertragendem Rechtsträger	§ 129	–	–	§ 140	§ 146	§ 148
(18) Eintragung der Spaltung bei übertragendem Rechtsträger	§ 130	wie allg.	wie allg.	wie allg.	wie allg.	wie allg.
(19) Eintragung bei übernehmendem Rechtsträger	§§ 130, 137	wie allg.	wie allg.	wie allg.	wie allg.	wie allg.
(20) Veröffentlichung	§ 130	wie allg.	wie allg.	wie allg.	wie allg.	wie allg.
– übertragender Rechtsträger	wie allg.	–	–	–	–	–
– übertragender Rechtsträger	wie allg.	–	–	–	–	–
(21) Mitteilung vom Handelsregister des übertragenden Rechtsträgers an Handelsregister des übernehmenden Rechtsträgers und Übersendung der Akten	wie allg.	–	–	–	–	–
(22) ggf. Aktienübergabe vom Treuhänder an Anteilsinhaber	–	–	–	–	§ 125 S. 1	–
(23) evtl. Spruchstellenverfahren	wie allg.	–	–	–	–	–
(24) evtl. Sicherheitsleistung	§ 133 Abs. 1 S. 2	–	–	–	–	–

Heckschen

V. Möglichkeiten und Rechtsgrundlagen des Formwechsels

I. Allgemeine Vorschriften

Formwechselnder Rechtsträger	Rechtsträger in neuer Rechtsform						
	OHG/KG	PartG	GbR	GmbH	AG	KGaA	e.G.
Umwandlungsfähige Rechtsträger § 191	§ 191 Abs. 2 Nr. 2 Alt. 1	§ 191 Abs. 2 Nr. 2 Alt. 2	§ 191 Abs. 2 Nr. 1	§ 191 Abs. 2 Nr. 3	§ 191 Abs. 2 Nr. 3	§ 191 Abs. 2 Nr. 3	§ 191 Abs. 2 Nr. 4
Umwandlungsbericht § 192	§ 215	§ 225b	wie vor allg.	wie vor allg.	wie vor allg.	wie vor allg.	wie vor allg.
Umwandlungsbeschluss §§ 193–194	§§ 217–218	§§ 225c, 217, 218	wie vor allg.	§§ 233, 234, 240–243	wie GmbH	wie GmbH	§§ 252–253
Registeranmeldung §§ 198–199	§§ 222–223	§§ 225c, 222, 223	§ 235	§ 246	wie GmbH	wie GmbH	§ 254
Registervollzug §§ 201–202	wie vor allg.	wie vor allg.	§ 235 entspr.	wie vor allg.	wie vor allg.	wie vor allg.	wie vor allg.

II. Besondere Vorschriften einzelner Rechtsformen

Formwechselnder Rechtsträger	Rechtsträger in neuer Rechtsform						
	OHG/KG	PartG	GbR	GmbH	AG	KGaA	e.G.
OHG/KG		unzulässig	unzulässig	§§ 214–225	wie vor	wie vor	wie vor
PartG	unzulässig		unzulässig	§§ 225a ff., 214 Abs. 2, 217–225	wie vor	wie vor	wie vor
GmbH	§§ 226, 228–237	§§ 226, 228–237	§§ 226, 228–237		§§ 226, 238–250	§§ 226, 238–250	§§ 226, 251–257
AG	§§ 226, 228–237	§§ 226, 228–237	§§ 226, 228–237	-		§§ 226, 238–250	§§ 226, 251–257

Heckschen

II. Besondere Vorschriften einzelner Rechtsformen

Formwechselnder Rechtsträger	Rechtsträger in neuer Rechtsform						
	OHG/KG	PartG	GbR	GmbH	AG	KGaA	e.G.
KGaA	§§ 226, 228–237	§§ 226, 228–237	§§ 226–237	§§ 226, 227, 238–250	§§ 226, 227, 238–250		§§ 226, 227, 251–257
e.G.	unzulässig	unzulässig	unzulässig	§§ 258–271	§§ 258–271	§§ 258–271	
eingetr./wirtschaftl. Verein	unzulässig	unzulässig	unzulässig	§§ 272–282	§§ 272–282	§§ 272–282	§§ 272, 283–290
VVaG	unzulässig	unzulässig	unzulässig	unzulässig	§§ 291–300; nur größere VVaG	unzulässig	unzulässig
Körperschaft/Anstalt des öffentlichen Rechts	unzulässig	unzulässig	unzulässig	§§ 301–304	§§ 301–304	unzulässig	unzulässig

Heckschen

§ 25. Unternehmenskauf

Übersicht

Schrifttum:

Kommentare, Handbücher und Monographien: *Baumbach/Hopt,* Handelsgesetzbuch, 38. Aufl. 2018; *Baumbach/Hueck,* GmbHG, 21. Aufl. 2017; *Beisel/Klumpp,* Der Unternehmenskauf, 7. Aufl. 2016; *Diem,* Akquisitionsfinanzierungen, 3. Aufl. 2013; *Heckschen/Heidinger,* Die GmbH in der Gestaltungs- und Beratungspraxis, 4. Aufl. 2018; *Hettler/Stratz/Hörtnagl,* Beck'sches Mandats-Handbuch Unternehmenskauf, 2. Aufl. 2013; *Hölters,* Handbuch Unternehmenskauf, 9. Aufl. 2019; *Holzapfel/Pöllath,* Unternehmenskauf in Recht und Praxis, 15. Aufl. 2017; *Hüffer/Koch,* Aktiengesetz, 13. Aufl. 2018; *Kiem,* Kaufpreisregelungen beim Unternehmenskauf, 2. Aufl. 2018; *Oetker,* HGB, 5. Aufl. 2017; *Picot,* Unternehmenskauf und Restrukturierung, 4. Aufl. 2013; *Reul/Heckschen/Wienberg,* Insolvenzrecht in der Gestaltungspraxis, 2. Aufl. 2018; *Rödder/Hötzel/Mueller-Thuns,* Unternehmenskauf – Unternehmensverkauf, 2003; *K. Schmidt,* Handelsrecht, 6. Aufl. 2014; *ders.,* Gesellschaftsrecht, 4. Aufl. 2013; *Schmidt/Lutter,* AktG, 3. Aufl. 2015; *Semler/Volhard,* Arbeitshandbuch für Unternehmensübernahmen, 2001/2003; *Spindler/Stilz,* AktG, 4. Aufl. 2019.

Aufsätze: *Altmeppen,* Der Verzicht des Gläubigers auf eine Gesellschaftersicherheit und der „Richtigkeitsgedanke" im Recht der Gesellschafterdarlehen, ZIP 2016, 2089; *Bayer/Lieder/Hoffmann,* Übertragung des gesamten Gesellschaftsvermögens nach § 179a AktG – Eine rechtstatsächliche Umschau mit Würdigung, AG 2017, 717; *Beck/Klar,* Asset Deal versus Share Deal – Eine Gesamtbetrachtung unter expliziter Berücksichtigung des Risikoaspekts, DB 2007, 2819; *Broichmann/Makos,* Rücktritt vom Unternehmenskaufvertrag unter Berufung auf eine Material Adverse Change-Klausel: Handlungsoptionen des Verkäufers – Ein rechtlicher Ablaufplan im Fall eines MAC-Szenarios – DB 2018, 2801; *Burmeister/Schmidt-Hern,* Beurkundungsbedürftigkeit des Zustimmungsbeschlusses bei einer Veräußerung des gesamten Vermögens einer Personengesellschaft?, NZG 2016, 580; *Decker,* Beurkundungspflicht des Zustimmungsbeschlusses bei der Übertragung des gesamten Vermögens einer GmbH?, NZG 2018, 447; *Eickelberg/Mühlen,* Versteckte Vorgaben für Unternehmenskaufverträge mit einer GmbH als Veräußerin – Fragestellungen in Hinblick auf § 311b III BGB und § 179a AktG, NJW 2011, 2476; *Eschwey,* Der wundersame Aufstieg des § 179a AktG – ein Stolperstein auch beim Grundstückskaufvertrag, MittBayNot 2018, 299; *Fink/Chilevych,* Anwendbarkeit und Anforderungen des § 179a AktG bei Personengesellschaften – Eine einzige Grauzone?, NZG 2017, 1254; *Geyrhalter/Zirngibl/Strehle,* Haftungsrisiken aus dem Scheitern von Vertragsverhandlungen bei M&A-Transaktionen, DStR 2006, 1559; *Gubitz/Hüttinger,* Unternehmenskauf: Einfluss von Liquidationspräferenzen auf die Garantiehaftung, NZG 2018, 370; *Heckschen,* Die Formbedürftigkeit der Veräußerung des gesamten Vermögens im Wege des „asset deal", NZG 2006, 772; *Heckschen/Kreusslein,* Gesellschafterdarlehen und -sicherheiten in der Krise – Risiken und Gestaltungsempfehlungen vor dem Hintergrund aktueller Rechtsprechung, RNotZ 2016, 351; *Heer,* Sorgfaltspflichten der Geschäftsleitung vor dem Hintergrund beschränkter Verkäuferhaftung in Unternehmenskaufverträgen, GWR 2018, 125; *Hermanns,* Beurkundungspflichten, Beurkundungsverfahren und Beurkundungsmängel unter besonderer Berücksichtigung des Unternehmenskaufvertrages, DNotZ 2013, 9; *Hilgard,* Earn-out-Klauseln beim Unternehmenskauf, BB 2010, 2912; *Hübner,* Schadensersatz wegen Täuschung beim Unternehmenskauf, BB 2010, 1483; *Kästle/Haller,* Schieds- oder Schiedsgutachterverfahren zur Feststellung eines Material Adverse Change (MAC) beim Unternehmenskauf, NZG 2016, 926; *Kiefner/Bochum,* Aufsteigende Sicherheiten bei GmbH und AG im Lichte der neuen Rechtsprechung des BGH zur Kapitalerhaltung, NZG 2017, 1292; *Kleissler,* Die Bilanzgarantie: Eine Betrachtung von Tatbestand und Rechtsfolgen nach einem Urteil des OLG Frankfurt a.M., NZG 2017, 531; *Leitzen,* Die analoge Anwendung von § 179a AktG auf Gesellschaften mit beschränkter Haftung und Personengesellschaften in der Praxis, NZG 2012, 491; *Leyendecker/Mackensen,* Beurkundung des Equity Commitment Letter beim Unternehmenskauf, NZG 2012, 129; *Mellert,* Selbständige Garantien beim Unternehmenskauf, BB 2011, 1667; *Möller,* Offenlegungen und Aufklärungspflichten beim Unternehmenskauf, NZG 2012, 841; *Morshäuser,* Die Formvorschrift des § 311b Abs. 3 BGB bei Unternehmenskäufen, WM 2007, 337; *Nordholtz/Hupka,* Die Kapitalerhaltung nach §§ 30 f. GmbHG bei dinglichen Upstream-Sicherheiten – zugleich Anmerkung zu BGH v. 21.3.2017 Az. II ZR 93/16, DStR 2017, 1999; *Paefgen/Wallisch,* Die Schutzfunktion der Gesellschafterliste beim GmbH-Anteilserwerb, NZG 2016, 801; *Redeker,* Die Verkäuferhaftung beim Unternehmens- und Grundstückskauf, NJW 2012, 2471; *Reinhard/Schützler,* Anfechtungsrisiko für den Unternehmensverkäufer aus der Veräußerung von Gesellschafterdarlehen, ZIP 2013, 1898; *Rubner/Pospiech,* Übertragung des gesamten oder des wesentlichen Vermögens der GmbH, NJW-Spezial 2018, 79; *Rübenstahl/Loy,* Strafbarkeit wegen Betrugs (§ 263 StGB) bei dem Erwerb von Gesellschaftsanteilen, NZG 2018, 528; *Schaefer/Wind/Mager,* Beendigung und Begründung von Organschaften beim Unternehmenskauf, DStR 2013, 2399; *Schindler,* Die Aufklärungspflichten des Verkäufers beim Unternehmenskauf, KSzW 2016, 62; *Schmidt-Hern/Behme,* Mehrerlösklauseln in Unternehmenskaufverträgen, NZG 2012, 81; *Schulz/Sommer,* Bilanzgarantien in der M&A-Praxis, NZG 2018, 50; *Stoppel,* Die Formbedürftigkeit von Vollzugsprotokollen im Rahmen des Erwerbs von Geschäftsanteilen, GmbHR 2012, 828; *Weber,* Gesamtvermögensgeschäft und Gesellschafterbeschluss: Eine Studie des § 179a AktG am Beispiel von Grundstücksgeschäften, DNotZ 2018, 96; *ders.,* Beurkundungspflichten nach § 311b Abs. 1 BGB bei zusammengesetzten Verträgen – Versuch einer Systematisierung und Typisierung, RNotZ 2016, 377; *Weißhaupt,* Geschäftsleiter der Zielgesellschaft als „Diener zweier Herren" des Unternehmenskaufvertrags?, ZIP 2016, 2447; *Weitnauer,* Zur entsprechenden Anwendung von § 179a AktG außerhalb des Aktienrechts, GWR 2018, 1; *Werner,* Earn-Out-Klauseln – Kaufpreisanpassung beim Unternehmenskauf, DStR 2012, 1662; *Widder/Feigen,* Zum Verhältnis von § 179a I 1 AktG (analog) und § 311b III BGB bei der Beurkundungsbedürftigkeit von Anteilskaufverträgen, NZG 2018, 972; *von Woedtke,* „Augen auf" beim GmbH-Kauf! – Vorvertragliche Aufklärungspflichten und Wissenszurechnung im Lichte aktueller Rechtsprechung, GmbHR 2017, 505.

A. Einführung

Im allgemeinen Sprachgebrauch wird der Begriff **Unternehmen** für eine Vielzahl von **1** wirtschaftlichen Betätigungen benutzt. Trotz oder gerade wegen der weiten Nutzung existiert keine einheitliche Definition für diesen Begriff in der deutschen Rechtswissenschaft.[1] Die fehlende einheitliche Definition führt zu unterschiedlichen Interpretationen des Begriffs. Dieser muss jeweils im Lichte des Rechtgebietes und des Gesetzeszwecks beurteilt werden, was im Ergebnis zu unterschiedlichen, sachlich aber richtigen Ergebnissen führt.

Für den Bereich des Unternehmenskaufs kann der **Unternehmensbegriff** als Zusam- **2** menfassung der persönlichen und sachlichen Mittel einschließlich der zugehörigen Güter und Werte einer organisatorisch-ökonomischen Einheit angesehen werden, die einem einheitlichen wirtschaftlichen Zweck dienen und am Markt auftritt. Neben Sachen, Personen, Forderungen und Verbindlichkeiten gehören zu dieser Einheit beispielsweise auch Patent-, Marken-, Namens- und Lizenzrechte sowie Geschäftsgeheimnisse, Erfahrungen, der geschäftliche Ruf und Kredit, Kundenstamm, Marktanteile, Know-how und zukünftige Geschäftsaussichten.[2] Auch **freiberufliche Praxen** sind Unternehmen.[3]

Rechtssubjekt ist jedoch nicht die organisatorisch-wirtschaftliche Einheit, sondern der **3** dahinterstehende **Unternehmensträger.** Dieser ist Eigentümer der dem Unternehmen zugeordneten Sachen usw. Unternehmensträger kann jede natürliche oder juristische Per-

---

[1] Vgl. Baumbach/Hopt/*Hopt* HGB Einl. vor § 1 Rn. 31 ff.; zum handelsrechtlichen Unternehmensbegriff *K. Schmidt* HandelsR § 3 I.

[2] Baumbach/Hopt/*Hopt* HGB Einl. vor § 1 Rn. 34; Hölters/*Weber* HdB Unternehmenskauf Rn. 9.1; *K. Schmidt* HandelsR § 4 I.

[3] Beisel/Klumpp/*Beisel* Unternehmenskauf § 4 Rn. 50 ff.; Hölters/*Röhling* HdB Unternehmenskauf Rn. 7.47.

son des privaten und öffentlichen Rechts sein sowie Personenvereinigungen oder Handelsgesellschaften, die keine juristischen Personen sind.

4   Abweichend davon ist eine **stille Gesellschaft** (§§ 230 ff. HGB) nicht Unternehmensträger, da gemäß § 230 Abs. 1 HGB die Vermögenseinlage des stillen Gesellschafters in das Vermögen des Geschäftsinhabers übergeht. Lediglich der Geschäftsinhaber als der Unternehmensträger wird aus Geschäften berechtigt und verpflichtet (§ 230 Abs. 2 HGB).

5   Im BGB ist seit der Schuldrechtsreform eindeutig geregelt, dass die Regelungen über den Kauf von Sachen auch bei dem **Kauf sonstiger Wirtschaftsgüter** Anwendung finden, vgl. § 453 Abs. 1 BGB. Diese Sprachregelung umfasst auch Unternehmen als organisatorisch-wirtschaftliche Einheit.[4] Keine Hilfestellung bietet diese Regelung bei der Frage, ob die Parteien das Unternehmen als Ganzes übertragen wollen. Bei der Interpretation von Unternehmenskaufverträgen finden die allgemeinen Auslegungsregeln der §§ 133, 157 BGB Anwendung. Bei Zweifeln ist der wahre Wille der Parteien zu erforschen, ob sie den Kern des Unternehmens übertragen wollen und dieser als Einheit mit Geschäftsbetrieb auch unter neuer Ägide weitergeführt werden kann.

B. Möglichkeiten des Unternehmenskaufs

6   Unter den Begriff Unternehmenskauf fallen sowohl der sog. „Asset Deal" als auch der „Share Deal". Zwischen den beiden Varianten bestehen gravierende Unterschiede.
–   Bei einem **Asset Deal** werden (sämtliche) Vermögensgegenstände (engl. assets) des Unternehmens verkauft und im Wege der Einzelrechtsnachfolge auf den Erwerber übertragen. Ein Asset Deal liegt auch dann vor, wenn zu den Aktiva des Unternehmens unter anderem Anteile an anderen Unternehmen gehören.
–   Bei einem **Share Deal** werden die Beteiligungsrechte am Unternehmensträger verkauft und übertragen. Die Zuordnung der einzelnen Vermögensgegenstände zum Unternehmensträger wird nicht verändert. Präziser ausgedrückt ist der Share Deal ein Beteiligungskauf.

Praxishinweis Steuern:

In steuerlicher Weise unterscheiden sich beide Formen des Unternehmenskaufs insbesondere bei Kapitalgesellschaften erheblich.

Beim **Asset Deal** und diesem gleichgestellt beim Verkauf von Mitunternehmeranteilen führt der Unterschiedsbetrag zwischen dem Veräußerungserlös und dem (saldierten) Buchwert der veräußerten Wirtschaftsgüter zu **gewerblichen Gewinnen**, die steuerpflichtig sind und ggf. mit vorhandenen **Verlustvorträgen** verrechnet werden können. Die Steuerpflicht richtet sich nach denselben Prinzipien wie die Besteuerung laufender Einkünfte, dh bei Kapitalgesellschaften ist die Gesellschaft selbst Schuldner der Körperschaft- und Gewerbesteuer, während bei Mitunternehmerschaften die Gewerbesteuerpflicht die Mitunternehmerschaft, die Einkommensteuer hingegen die einzelnen Mitunternehmer trifft. In Einzelfällen kann hierfür der ermäßigte Steuersatz nach § 34 Abs. 3 EStG oder zumindest die Progressionsmilderung nach § 34 Abs. 1 EStG erlangt werden. Auf Erwerberseite führt dies zu einem **step up**, dh die **Buchwerte** können bis zur Höhe des **Teilwertes der einzelnen Wirtschaftsgüter** heraufgesetzt werden, was zu erhöhter AfA in den Folgejahren führt. Übersteigt der Anschaffungspreis die Teilwerte der erworbenen Wirtschaftsgüter, ist der Differenzbetrag als Geschäftswert zu aktivieren und auf die Dauer von 15 Jahren abzuschreiben. Grunderwerbsteuerlich erfüllt der Asset Deal idR den Tatbestand des § 1 Abs. 1 GrEStG. Umsatzsteuerlich wird häufig eine Geschäftsveräußerung im Ganzen gemäß § 1 Abs. 1a UStG vorliegen, mit der Folge, dass die Transaktion

---

[4] MüKoBGB/*Westermann* BGB § 453 Rn. 1 ff.; 37; BeckOK BGB/*Faust* BGB § 453 Rn. 23, 25 ff.

selbst nicht steuerbar ist, während der Erwerber umsatzsteuerlich in die Rechtsstellung des Veräußerers (zB hinsichtlich laufender Vorsteuerberichtigungszeiträume) eintritt.

Demgegenüber unterliegt der Verkauf von Anteilen an Kapitalgesellschaften (**Share Deal**) sehr differenzierten steuerlichen Folgen, die von der Person des Veräußerers, vom Umfang der Beteiligung und von der Vorgeschichte der Anteile abhängig sind (vgl. insbesondere §§ 15, 17, 20 Abs. 2, 23, 32d, 34 EStG, § 8b KStG, § 22 UmwStG). Auf Erwerberseite entstehen **Anschaffungskosten**, mit denen die erworbene Beteiligung eingebucht wird. Eine **planmäßige Abschreibung** ist hierbei nicht möglich. Steuerliche Verlustvorträge der verkauften Gesellschaft gehen uU nach § 8c KStG, § 10a GewStG unter. Erwirbt eine Kapitalgesellschaft die Beteiligung, so kann sie ihren Finanzierungsaufwand steuerlich geltend machen; anderenfalls wird dieser Abzug durch das Teileinkünfte- oder Abgeltungssteuerverfahren ganz oder teilweise ausgeschlossen. Auch der Share Deal kann Grunderwerbsteuer auslösen, insbesondere nach §§ 1 Abs. 2a, Abs. 3, Abs. 3a und 5 Abs. 3 GrEStG. Umsatzsteuerlich handelt es sich bei einem Share Deal nicht automatisch um eine Geschäftsveräußerung im Ganzen, sondern evtl. um eine steuerbefreite Lieferung von Gesellschaftsanteilen (§ 4 Nr. 8 lit. f UStG).[5] Eine Geschäftsveräußerung im Ganzen kann angenommen werden, wenn das Geschäft einer sog. Funktionsholding als solches veräußert wird, also einschl. der zugehörigen Dienstleistungs- und Beratungsverträge, wobei in der genauen Grenzziehung noch Unsicherheiten bestehen.[6] Liegt eine steuerbefreite Lieferung von Gesellschaftsanteilen vor, so schließt dies regelmäßig den Vorsteuerabzug für die mit der Veräußerung zusammenhängenden Leistungen (zB Beratungsleistungen) aus. Es besteht jedoch – ähnlich wie bei Grundstückskaufverträgen – die Möglichkeit eines Verzichts auf die Steuerbefreiung gemäß § 9 Abs. 1 UStG.[7]

Für den Zeitraum 1.1.2008 bis 31.12.2015 hat das BVerfG[8] den Untergang von Verlustvorträgen bei Minderheitsgesellschafterwechsel nach § 8c S. 1 KStG – Übertragung von mehr als 25 % und bis zu 50 % der Anteile in fünf Jahren – für verfassungswidrig erklärt. Der Gesetzgeber wurde verpflichtet, bis spätestens zum 31.12.2018 rückwirkend zum 1.1.2008 eine Neuregelung zu treffen. Des Weiteren ist ein Verfahren beim BVerfG[9] anhängig, das sich aufgrund eines Vorlagebeschlusses des FG Hamburg[10] mit der Verfassungswidrigkeit von § 8c S. 2 KStG aF – jetzt § 8c Abs. 1 KStG – befasst.

In dem Gesetz zur Vermeidung von Umsatzsteuerausfällen beim Handel mit Waren im Internet und zur Änderung weiterer steuerlicher Vorschriften v. 11.12.2018[11] wurde das KStG insoweit geändert, dass der quotale Verlustuntergang aufgehoben ist. Die Regelung des bisherigen S. 1 entfällt damit, was Folgeänderungen in den §§ 8a und 8d KStG auslöst. Abgesehen von der Streichung des quotalen Verlustuntergangs erfolgt keine Änderung des § 8c KStG.[12]

Diese gewichtigen steuerlichen Unterschiede werden regelmäßig auch Auswirkungen auf die Kaufpreisbildung haben.

---

[5] Vgl. UStAE 1.5 Abs. 9; Bunjes/*Geist* UStG § 1 Rn. 135.
[6] EuGH DStR 2009, 2311; BFH DStR 2011, 454; vgl. *Grünwald* DStR 2012, 437; *Wäger* DStR 2011, 433.
[7] Diese setzt aus hier voraus, dass der Erwerber Unternehmer im umsatzsteuerlichen Sinne ist und die Beteiligung seinem Unternehmen zuordnet.
[8] BVerfG NZG 2017, 828 mAnm *Hasbach*.
[9] Az. BVerfG 2 BvL 19/17.
[10] FG Hamburg DStR 2017, 2377 (Az. BVerfG 2 BvL 19/17).
[11] BGBl. I 2338.
[12] *Korn* DStR 2019, 1 (9 f.).

C. Bedeutung und Ablauf des Unternehmenskaufs in der notariellen Praxis

I. Notarielle Form

7   Der Unternehmenskauf hat in der notariellen Praxis eine erhebliche Bedeutung, da beim Asset Deal sehr häufig die Formvorschriften des § 311b Abs. 1 BGB[13] und – seltener – § 311b Abs. 3 BGB und beim Share Deal § 15 Abs. 3 und Abs. 4 GmbHG eine Beurkundung erforderlich machen. Gerade Deutschland ist zurzeit ein **Verkäufermarkt** sowohl für operative Gesellschaften als auch für Immobilien. Investoren aus aller Welt betrachten Deutschland als „safe harbour". Der Markttrend wird dabei von einer Kombination aus begrenztem Angebot verfügbarer Investitionsobjekte und Investitionsdruck von **strategischen Investoren** und **Finanzinvestoren** getragen.[14] Da die Finanzierungsbedingungen vor dem Hintergrund der lockeren Geldpolitik der EZB günstig sind, werden Unternehmenskäufe Notariate auch weiterhin beschäftigen. Unternehmensverkäufe weisen je nach wirtschaftlicher Bedeutung unterschiedliche Abläufe auf. Komplexe und wirtschaftlich bedeutsame Verkäufe sind in den letzten Jahrzehnten immer häufiger einem Ablauf und einer Vertragsstruktur gefolgt, die aus dem angloamerikanischen Rechtskreis[15] stammt und sich wie folgt darstellt:

7a   **Checkliste: Ablauf des Unternehmenskaufs**

(1) Vorüberlegungen

(2) ggf. interne Due Diligence durch Veräußerer

(3) Beginn des Verkaufsprozesses

(4) Vorauswahl der Bieter

(5) Risikoprüfung (sog. Due Diligence) durch die Bieter

(6) Auswahl des Käufers

(7) Vorvereinbarungen (zB sog. Vertraulichkeitsvereinbarungen, Letter of Intent, dazu auch → Rn. 70, zT mit sog. Break-up Fees)

(8) Durchführung einer Sorgfältigkeitsprüfung

(9) Verhandlungen des Unternehmenskaufvertrages im Einzelnen

(10) Vertragsunterzeichnung (sog. Signing)

(11) Eintritt der aufschiebenden Bedingungen und Durchführung der notwendigen Kapitalmaßnahmen (sog. Post-Signing)

(12) Dingliche Übertragung der Geschäftsanteile (sog. Closing)

(13) Unternehmensintegration und Abwicklung der treuhänderischen Hinterlegungen (sog. Post-Closing)

---

8   Bei diesem Ablauf wird nicht selten übersehen, dass schon bei Vereinbarung eines sog. **Letter of Intent (LoI),** die notarielle Form zu wahren ist, weil insbesondere sog. **Break-up Fees (Vertragsstrafen)** den Zwang zum Abschluss des Vertrages auslösen.[16] Eine in einem Letter of Intent enthaltene **Kostenerstattungsklausel** bezüglich der im Falle des Scheiterns tatsächlich angefallenen angemessenen Kosten einer Due-Diligence-Prüfung[17] ist vor diesem Hintergrund jedoch nicht beurkundungsbedürftig. Hingegen

---

[13] *Weber* RNotZ 2016, 377.

[14] *Heer* GWR 2018, 125.

[15] *Kiem* Unternehmenskauf Glossar der wichtigsten (englischen) Fachbegriffe; *Hanke/Socher,* Sechs Aufsätze zu Fachbegriffen aus M&A und Corporate Finance, NJW 2010, 664; NJW 2010, 829; NJW 2010, 1261; NJW 2010, 1435; NJW 2010, 1576; NJW 2010, 2024; ein Glossar der englischen Rechts- und Wirtschaftsbegriffe bei einem Unternehmenskauf findet sich auch bei Hettler/Stratz/Hörtnagl/*Stratz/Hettler* Unternehmenskauf § 1 Rn. 20.

[16] Ausführlich *Geyrhalter/Zirngibl/Strehle* DStR 2006, 1559 (1560); *Hilgard* BB 2008, 286; *Bergjan/Schwarz* GWR 2013, 4; EWiR 2013, 347 *(Linnerz/Jungclaus); Louven/Mehrbrey* NZG 2014, 131; *Wicke* MittBayNot 2014, 13 (15); e contrario OLG München BeckRS 2012, 19757.

[17] OLG München ZIP 2013, 23.

muss die Vereinbarung sog. Break-up Fees, die bei Nichtdurchführen von Maßnahmen nach dem Umwandlungsgesetz fällig werden sollen, gemäß § 13 Abs. 3 UmwG beurkundet werden.[18] Darüber hinaus ist ebenfalls zu beachten, dass Vereinbarungen in sog. **Vollzugsprotokollen** im Rahmen des **Closing** nicht nur dann zu beurkunden sind, wenn hier erst die Auflassung oder die Abtretung erklärt wird. Beurkundungsbedürftig kann das Vollzugsprotokoll auch dann sein, wenn hier die auflösenden oder aufschiebenden Bedingungen des Vertrages vereinbart werden oder auf den Eintritt von Bedingungen verzichtet wird.[19]

II. Datenraum als Bestandteil einer Beurkundung

Bevor ein Interessent ein Unternehmen kauft, wird er sich idR über dieses informieren wollen. Der Käufer möchte möglichst viele Informationen erlangen, welche der Verkäufer ihm in den meisten Fällen auch zur Verfügung stellen wird, um etwaige spätere **Gewährleistungsansprüche** zu vermeiden. Das, was dem Käufer bekannt ist, kann er zu einem späteren Zeitpunkt nicht bemängeln. Die jeweils wichtigen Informationen werden im Rahmen der **Due Diligence** in einem **Datenraum** zur Verfügung gestellt. Es ist üblich, die betroffenen Informationen auf einem **elektronischen Datenträger** zu speichern. Dies ist insofern problematisch, als dass elektronische Datenträger (zB CD-ROM, DVD, USB-Stick, Diskette) nicht **Bestandteil einer Niederschrift** und somit auch nicht **Anlage** gemäß § 9 Abs. 1 S. 2 BeurkG sein können,[20] da sie nicht verlesungsfähig sind. Laut Definition sind Urkunden schriftlich verkörperte Gedankenäußerungen.[21] Für die Beurkundung ist es zwingend und maßgeblich, dass alles, was Bestandteil der Niederschrift ist, im beurkundungsrechtlichen Sinne verlesen werden kann (§ 13 Abs. 1 S. 1 BeurkG).[22] Der Inhalt von Anlagen, auf welche in der Urkunde verwiesen wird und welche dieser beigefügt sind, gehören gemäß § 9 Abs. 1 S. 2 BeurkG zur Urkunde. Dafür müssen sie jedoch die gleichen Voraussetzungen erfüllen, wie die Urkunde selbst. Viele gespeicherte Dokumente kann man grundsätzlich ausdrucken, jedoch ist es wohl kaum realisierbar, die Dokumente mit allen im Datenraum zur Verfügung gestellten Informationen zu verlesen. Natürlich könnte man auch Texte, welche auf einem elektronischen Datenträger gespeichert sind, vom Bildschirm verlesen. Diese wären jedoch nicht Bestandteil der Niederschrift,[23] da sie dieser nicht beigefügt werden.

Bei Verweisen auf Anlagen ist, je nachdem, ob die Anlage bzw. Teile davon selbst **Bestandteil der Willenserklärungen** der beteiligten Parteien werden sollen, zwischen der **echten und der unechten Verweisung** zu unterscheiden. Das maßgebliche Kriterium ist der Bezug zur Erklärung der Parteien. Um eine **echte Verweisung** handelt es sich, wenn man sich auf relevante Ausführungen in der Anlage (zB beispielhafte Formulierungen für Klauseln und Regelungen) bezieht. Diese Anlage kann nicht in Form eines **elektronischen Datenträgers** erfolgen, da sie beurkundungsbedürftig ist.[24] Unechte Verweisungen (auch Bezugnahmen) sind Verweisungen, die „nicht den Inhalt der rechtserheblichen Erklärung (die dann vollständig in der [...] Niederschrift selbst enthalten ist und auch sein muss) erweitern, einschränken oder sonst wie verändern, sondern diese lediglich erläutern, belegen, verdeutlichen oder Beweiserleichterungen bieten sollen."[25] Die Anlage ist in diesem Fall nicht beurkundungsbedürftig. Die Unterscheidung zwischen echter und unechter Verweisung kann sich in der Praxis jedoch als durchaus schwierig

8a

8b

---

[18] Vgl. LG Paderborn NZG 2000, 899; auch *Bergjan/Schwarz* GWR 2013, 4.
[19] Vgl. dazu *Stoppel* GmbHR 2012, 828.
[20] DNotI-Gutachten Nr. 11507 v. 16.5.2008, S. 13.
[21] BGHZ 65, 300 (301).
[22] *Müller* NJW 2015, 3271 (3272); *Winkler* BeurkG § 13 Rn. 2 und § 14 Rn. 1.
[23] *Lerch*, Beurkundungsgesetz, 5. Aufl. 2016, BeurkG § 13 Rn. 24.
[24] *Müller* NJW 2015, 3271 (3272); BeckOK BGB/*Gehrlein* BGB § 311b Rn. 30.
[25] *Müller* NJW 2015, 3271 (3272).

erweisen. Im Zweifelsfall sollte von einer **echten Verweisung** ausgegangen und beurkundet werden.[26]

8c   Bei einer **unechten Verweisung** müsste die gesamte rechtserhebliche Erklärung, welche sich auf dem elektronischen Datenträger befindet, Inhalt der Niederschrift sein, da etwa die CD-ROM an sich nicht beurkundungsfähig ist. Zu **Beweiszwecken** kann also die Möglichkeit der unechten Verweisung genutzt werden. Die Parteien könnten den Datenträger etwa jeweils auf Übereinstimmung prüfen und in einem Umschlag versiegelt mit der Urkunde verbinden lassen.[27] Die Beteiligten könnten auch übereinstimmend erklären, dass sich alle Informationen, welche dem Käufer im Datenraum zugänglich waren, auf dem beigefügten **Datenträger** befinden[28] (etwa ein Bestandsverzeichnis aller auf dem elektronischen Datenträger enthaltenen Informationen). Die Verweisung auf elektronische Datenträger ist zwar zulässig, der gespeicherte Inhalt ist dann jedoch nicht Bestandteil der Niederschrift.[29] Problematisch wird dieses Vorgehen, sobald **weitere Ausfertigungen** oder **beglaubigte Abschriften** ausgestellt werden sollen und die Urschrift eine CD-ROM als unechte Anlage enthält. Es sollte dem Notar überlassen werden, ob er unechte Anlagen mit der Ausfertigung oder beglaubigten Abschrift verbindet oder nicht. Auch wenn keine Pflicht hierzu besteht, werden idR auch unechte Anlagen in Ausfertigungen oder beglaubigten Abschriften aufgenommen, damit diese vollständig der Urschrift entsprechen.[30]

8d   Soll die als Anlage beigefügte CD-ROM auch in Ausfertigungen und beglaubigten Abschriften enthalten sein, müsste man diese kopieren. Schwierigkeiten bereitet die Tatsache, dass der Notar die vollständige Übereinstimmung zwischen Original und Kopie prüfen und gewährleisten müsste. Bei elektronischen Datenträgern ist dies schwierig, da nicht zwangsläufig alle Zeichen sichtbar sind und für die Gewährleistung der Vollständigkeit ein höheres **IT-Wissen** benötigt wird. Zudem dürfte der elektronische Datenträger nicht nachträglich verändert werden können. Dieses Problem wirkt sich auch auf den in der Literatur teilweise vertretenen Vorschlag, die CD-ROM in einem Umschlag zu versiegeln und mit der Niederschrift fest zu verbinden, aus.[31] Zum einen müssten die technischen Hürden und zum anderen das Problem der Öffnung durch die Beteiligten überwunden werden.[32]

8e   Problematisch ist sowohl der Fall einer **Ausfertigung ohne Anfügen des Datenträgers** als auch die **Verbindung eines versiegelten Umschlags mit der Niederschrift**. Wird bei Ausfertigungen und beglaubigten Abschriften auf diese Anlage verzichtet, hätten die Parteien keine Möglichkeit zur Einsichtnahme. Gerade dies soll aber durch einen **elektronischen Datenträger mit Beweisfunktion** gewährleistet werden. Der Zugang zu Abschriften, Ausfertigungen und zur Urschrift wird durch § 51 Abs. 3 BeurkG gewährleistet. Jedoch müsste man jede Einsicht beim betroffenen Notar beantragen, um die Daten einsehen zu können (sofern sich keine Kopie des Datenträgers in der Ausfertigung befindet). Noch schwieriger wird es bei einem versiegelten Umschlag. Um Einsicht zu erhalten, müsste das Siegel gebrochen werden, was wiederum die Beweiskraft der Urkunde außer Kraft setzen würde.[33]

8f   Eine Möglichkeit der Problemlösung bietet die **Aufbewahrung** des elektronischen Datenträgers durch den Notar. Die Parteien können dem Notar auch mehrere identische Kopien zur Verwahrung überlassen. Von der Identität müssen sie sich jedoch vorher selbst

---

[26] *Müller* NJW 2015, 3271, 3272.
[27] *Müller* NJW 2015, 3271 (3272); Eylmann/Vaasen/*Limmer* BeurkG § 9 Rn. 21.
[28] *Hermanns* DNotZ 2013, 9 (19); *ders.* ZIP 2006, 2296 (2301).
[29] Eylmann/Vaasen/*Limmer* BeurkG § 9 Rn. 21 und § 37 Rn. 7.
[30] *Müller* NJW 2015, 3271 (3273).
[31] DNotI-Gutachten Nr. 72778 v. 5. 1. 2007, 2.
[32] *Müller* NJW 2015, 3271 (3274).
[33] *Müller* NJW 2015, 3271 (3274).

überzeugen. Bei diesem Vorgang handelt es sich um ein sog. **Verwahrungsgeschäft.**[34] Da elektronische Datenträger weder Geld, noch Wertpapiere oder Kostbarkeiten darstellen, wird statt § 23 BNotO oftmals § 24 BNotO angewandt.[35] Die **Verwahrungsanweisung** sollte sich allerdings an § 57 Abs. 2 Nr. 2 BeurkG orientieren. Es empfiehlt sich, sowohl den Gegenstand, die Dauer und die Bedingungen der Aufbewahrung als auch die Bedingungen der Herausgabe und der Vernichtung des verwahrten Gegenstandes zu regeln.[36] Zudem sollten die **Lagerbedingungen von Datenträgern** beachtet werden, um eine hohe Lebensdauer zu gewährleisten und Datenverlust zu verhindern (etwa Qualität des Datenträgers, Schutz vor Kratzern und starkem Licht, richtige Temperatur und bei magnetischen Datenträgern auch Schutz vor Magnetfeldern).

Formulierungsbeispiel: Vereinbarung zum Datenraum

8g

Dem Käufer sind Kopien derjenigen Unterlagen und Informationen (physisch oder digital) übergeben worden, die auf der DVD gespeichert sind, die dem Notar heute von beiden Vertragsparteien zu Beweiszwecken zur elfjährigen Verwahrung übergeben worden sind. Der Käufer hat sich durch heutige Einsicht in die dem Notar übergebene DVD davon überzeugt, dass sie ausschließlich die ihm übergebenen Unterlagen wiedergibt. Die auf der DVD befindlichen Dokumente gelten damit ebenfalls als dem Käufer bekannt. Der Verkäufer übernimmt für die Vollständigkeit der gespeicherten Unterlagen keine Gewähr. Nach Ablauf der Verwahrungsfrist hat der Notar sein Exemplar dem Käufer zu übergeben. Jede Vertragspartei ist berechtigt, die bei dem Notar in Verwahrung genommene DVD im Beisein des Notars jederzeit auf eigene Kosten im Notariat einzusehen und hiervon Kopien zu ziehen. Der Notar wies darauf hin, dass er selbst weder für den Inhalt der DVD, noch dafür einstehen kann, dass sie im Zeitraum der Verwahrung nicht beschädigt oder aus anderem Grund unleserlich wird.

D. Asset Deal

I. (Kauf-)Vertrag zur Übertragung des Unternehmens

Das Risiko des Asset Deals liegt vor allem in möglichen Ungenauigkeiten und Unvollständigkeiten bei der **Beschreibung der zu übertragenden Vermögenswerte,** denn das erworbene Unternehmen wird erheblich an Wert einbüßen, wenn wichtige Gegenstände „vergessen" wurden. Bei ausreichender Genauigkeit gestaltet sich das Vertragswerk beim Asset Deal recht umfangreich. Der Erwerber erlangt dadurch aber auch ein genaues Bild von den zu erwerbenden Vermögensgegenständen. Sind die Vermögensgegenstände hinreichend genau bestimmt, besteht auch nicht die Gefahr, gegen den **sachenrechtlichen Bestimmtheitsgrundsatz** zu verstoßen. Vorteil des Asset Deals ist die Option bestimmte Gegenstände, etwa Verbindlichkeiten, gerade nicht zu erwerben sowie die grundsätzliche Möglichkeit des gutgläubigen Erwerbs von Sachen.[37] Beim Kauf von freiberuflichen Praxen ist bei **beruflicher Verschwiegenheit** für den Einbezug von Patienten- oder Mandantenkartei wegen § 203 StGB sowie den Vorschriften des BDSG zwingend die Zustimmung der Betroffenen erforderlich.[38]

9

Muster: Asset Deal

Siehe hierzu das Gesamtmuster eines Unternehmenskaufvertrags → Rn. 117.

---

[34] *Müller* NJW 2015, 3271 (3274).
[35] *Müller* NJW 2015, 3271 (3274); Eylmann/Vaasen/*Hertel* BeurkG § 54e Rn. 22 Fn. 36.
[36] *Müller* NJW 2015, 3271 (3275); DNotI-Gutachten Nr. 11507 v. 16. 5. 2008, S. 13.
[37] Zu ausgewählten Fragen des Asset Deals Hölters/*Weber* HdB Unternehmenskauf Rn. 9.91 ff.
[38] BGH NJW 1992, 737 – Arztpraxis; NJW 2001, 2462 – Rechtsanwalt; NJW 1996, 2087; OLG Hamm NJW 2012, 1743 – Steuerberater; dazu insgesamt *Römermann* NJW 2012, 1698.

10   Gemäß § 311b Abs. 1 BGB müssen Verpflichtungsverträge zur Übertragung eines Grundstückes notariell beurkundet werden. Die **Formbedürftigkeit** eines Verpflichtungsvertrages zur **Übertragung eines Grundstückes** kann sich allerdings auf andere Verträge auswirken, wenn die Geschäfte nach dem Willen der Parteien eine **rechtliche Einheit**
bilden, mithin die Geschäfte miteinander stehen und fallen sollen.[39] Bei nur **einseitiger
Abhängigkeit** kommt es entscheidend auf die Richtung an. Soll das Grundstücksgeschäft
von dem an sich formfreien Geschäft abhängen, so unterfällt auch das formfreie bzw. das
ganze Geschäft dem Beurkundungserfordernis des § 311b Abs. 1 BGB.[40] Bei umgekehrter
Abhängigkeit jedoch wirkt sich die Formbedürftigkeit des Grundstücksgeschäfts in der
Regel nicht auf das formfreie Geschäft aus. Gerade weil das Grundstücksgeschäft nicht
von einer Bedingung des anderen Geschäfts abhängt, sind die Geschäfte separat zu betrachten. Durch die Trennung der Geschäfte besteht kein Grund, auch das formfreie Geschäft der Warnfunktion, die eine notarielle Aufklärung beinhaltet, zu unterwerfen.[41] Die
gleichen Grundsätze gelten, wenn zu den Assets des Unternehmens **Geschäftsanteile einer GmbH** gehören.[42] In der Praxis löst jedoch § 311b BGB häufig die Beurkundungsbedürftigkeit aller Vereinbarungen aus, da der Erwerber das Grundstück sowie das Restvermögen erwerben will, die Immobilie jedoch nur ganz selten von nur untergeordneter
Bedeutung ist, dass die übrigen Vereinbarungen in keiner rechtlichen Einheit mit dieser
Erwerbs- oder Veräußerungsverpflichtung des Grundstücks stehen. Es ist dann nicht
ausreichend, wenn lediglich der Grundstückskaufvertrag beurkundet wird.[43] Auch die Beurkundung der Vereinbarungen in getrennten Urkunden genügt nicht, wenn die Vereinbarung, dass die Geschäfte miteinander verknüpft sind, keinen Eingang in den Grundstückskaufvertrag findet.

11   Stellen die Vermögensgegenstände das **gesamte Vermögen**[44] oder einen Bruchteil des
Vermögens des Verkäufers dar, so ist der Vertrag gemäß § 311b Abs. 3 BGB notariell zu
beurkunden. Dies gilt auch für juristische Personen.[45] Sind die zu übertragenden Gegenstände im Vertrag einzeln aufgeführt, wie bei einem Asset Deal üblich, oder handelt es
sich um ein Sondervermögen (insbes. Unternehmen) einer natürlichen Person, soll nach
der hM[46] die Formvorschrift nicht gelten. Dies wird damit begründet, dass sich der Versprechende eine Vorstellung über den Umfang seiner Verpflichtung machen kann.[47] Im
Rahmen des nach § 179a AktG zustimmungsbedürftigen Vertrags einer AG über die Veräußerung ihres ganzen Gesellschaftsvermögens ist jedoch die Anwendbarkeit des § 311b
Abs. 3 BGB anerkannt, ohne dass danach differenziert wird, ob die einzelnen Gegenstände im Vertrag aufgezählt werden. Ließe sich die Beurkundungspflicht des Verpflichtungsgeschäftes durch einfache Einzelaufzählung der Vermögensgegenstände umgehen, so hätte
sich der Gesetzgeber mit dem Umwandlungsbereinigungsgesetz 1994 einen glatten Missgriff erlaubt, da er auf eine Beurkundungspflicht in § 361 AktG aF mit der Begründung
verzichtet hat, dass sich dieses Erfordernis bereits aus dem gleichlautenden § 311 BGB aF
ergebe.[48] In der Literatur wird vertreten, die Formvorschrift sei auch für die Veräußerung
des Vermögens von Personengesellschaften nicht anwendbar. Letztlich folgt die Beurkun-

---

[39] So der BGH in st. Rspr. (NJW 2001, 226; NJW–RR 1993, 1421); *Weber* RNotZ 2016, 377.
[40] BGH DNotZ 2000, 635; NJW–RR 2009, 953; WM 2010, 1817; OLG Oldenburg BeckRS 2007, 14595;
MüKoBGB/*Kanzleiter* BGB § 311b Rn. 53f; *Weber* RNotZ 2016, 377 (379f.).
[41] BGH NJW 2000, 951 (952); NJW 2001, 226; DNotZ 2002, 944; KG BeckRS 2009, 28276; OLG Celle
BeckRS 2008, 02602; *Hermanns* DNotZ 2013, 9 (14f.).
[42] MHLS/*Ebbing* GmbHG § 15 Rn. 89ff.; MüKoGmbHG/*Reichert/Weller* GmbHG § 15 Rn. 106f.
[43] BGHZ 101, 393.
[44] Zum Vermögensbegriff *Widder/Feigen* NZG 2018, 972 (974ff.); *Hüren* RNotZ 2014, 77 (94ff.); *Heckschen*
NZG 2006, 772 (774); *Morshäuser* WM 2007, 337 (338); *Bredthauer* NZG 2008, 816.
[45] OLG Hamm NZG 2010, 1189; *Hüffer/Koch* AktG § 179a Rn. 16; MüKoBGB/*Kanzleiter* BGB § 311b
Rn. 104; *Hermanns* DNotZ 2013, 9; *Eickelberg/Mühlen* NJW 2011, 2476.
[46] BGH ZIP 1990, 1544; NJW 1957, 1514; OLG Hamm NZG 2010, 1189 (1190); MüKoBGB/*Kanzleiter*
BGB § 311b Rn. 104.
[47] *Eickelberg/Mühlen* NJW 2011, 2476.
[48] Vgl. BT-Drs. 12/6699, 177.

dungsbedürftigkeit derartiger Vereinbarungen häufig daraus, dass sie neben einer Aufzählung des Gesamtvermögens auch eine sog. „Catch-All-Klausel" bzw. „All-Formel" enthalten.[49] Diese werden in den Übertragungsverträgen aufgenommen, um sicherzugehen, dass alle Aktiva des Unternehmens übertragen werden, dh das all das mitverkauft wird, was wirtschaftlich zum Unternehmen gehört.[50]

Für den Notar bedeutet dies, dass bei der **Veräußerung** des gesamten Vermögens oder   12 eines bedeutenden Bruchteils **durch eine juristische Person unbedingt die Beurkundung** des Asset Deals erfolgen sollte. Wo genau die Grenze der Anwendbarkeit des § 311b Abs. 3 BGB im Hinblick auf den Bruchteil eines Vermögens liegt, kann generell nicht gesagt werden.[51]

Aber auch im Hinblick auf **natürliche Personen und Personengesellschaften** sollte   13 der Notar auf eine Beurkundung hinwirken. Es ist nicht einsichtig, bei dem **Beurkundungserfordernis** zwischen juristischer und natürlicher Person bzw. Personengesellschaft zu unterscheiden. Dies gilt vor allem für die Richtung der Unterscheidung. Bei einer juristischen Person kann eher als bei natürlichen Personen oder Personengesellschaften ein professionelles Management angenommen werden, das sich über die Tragweite des Verpflichtungsgeschäfts im Klaren ist. Nimmt man die Beurkundungsbedürftigkeit für juristische Personen an, so muss die Warnfunktion und der Schutz vor Übereilung, die eine notarielle Beurkundung beinhaltet, gerade auch für (oft im Geschäftsleben unerfahrenere) natürliche Personen und Personengesellschaften dringend gefordert werden.

II. Verpflichtung zur Übertragung des ganzen Gesellschaftsvermögens, § 179a AktG

Bei einer AG kann neben der (möglicherweise) einzuhaltenden Form des Verpflichtungs-   14 geschäfts ein **Zustimmungsbeschluss der Hauptversammlung** notwendig sein, § 179a AktG. Nach § 179a AktG bedarf ein Vertrag, durch den sich eine Aktiengesellschaft zur Übertragung des ganzen Gesellschaftsvermögens verpflichtet, ohne dass die Übertragung unter die Vorschriften des Umwandlungsgesetzes fällt, auch eines Beschlusses der Hauptversammlung, wenn damit nicht ohnehin eine Änderung des Unternehmensgegenstandes verbunden ist. Die Vorschrift bezweckt neben dem materiellen Schutz der Bestands- und Vermögensinteressen der Gesellschafter auch die Dispositionsfreiheit der Aktionäre, insbesondere den Schutz vor unangemessener Vertragsgestaltung. Siehe zur AG auch → § 23 Rn. 310 ff.

Aus dem Schutzzweck ergibt sich, dass ein Hauptversammlungsbeschluss nicht nur   14a dann erforderlich ist, wenn Vertragsgegenstand das Gesellschaftsvermögen im Ganzen ist (vgl. auch § 311b Abs. 3 BGB), sondern auch dann, wenn sich die Gesellschaft zur Übertragung von Einzelgegenständen verpflichtet, die das **wesentliche Gesellschaftsvermögen** bilden.[52] Vor diesem Hintergrund spielt § 179a AktG in der Praxis insbesondere bei Veräußerungen von Ein-Objekt-Gesellschaften eine Rolle.[53] In der Anwendungspraxis in den Hauptversammlungen ist daher festzustellen, dass die entsprechenden Zustimmungsbeschlüsse rein prophylaktisch – vor und sogar nach der Veräußerung – eingeholt werden.[54]

Der BGH stellte in seiner Entscheidung aus dem Jahr 1995[55] jedoch klar, dass er den   14b Abschluss entsprechender Verträge nur unter denjenigen Voraussetzungen für Grundlagen-

---

[49] *Heckschen* NZG 2006, 772 (775 ff.).
[50] *Morshäuser* WM 2007, 337 (343); aA *Müller* NZG 2006, 201 (205); *Böttcher/Grewe* NZG 2005, 950 (954).
[51] Vgl. zur gesamten Thematik ausführlich DNotI-Gutachten Nr. 37953.
[52] Vgl. auch BGH NZG 2003, 532.
[53] *Wagner/Herzog* NotBZ 2016, 332 zur sicheren Gestaltung von Immobilienkaufverträgen über das ganze Gesellschaftsvermögen; *Weber* DNotZ 2018, 96 (113 f.).
[54] So die empirische Untersuchung von *Bayer/Lieder/Hoffmann* AG 2017, 717 ff.
[55] BGH NJW 1995, 596.

geschäfte, die über eine gewöhnliche Vertragsänderung hinausgehen, für wirksam hält.[56] Auf dieser Linie liegt auch die Rechtsprechung der Instanzgerichte.

14c **1. § 179a AktG in der Liquidation.** § 179a AktG gilt deshalb neben der Hauptanwendung bei der werbenden Gesellschaft nach hM auch im **Liquidationsstadium** (§ 179a Abs. 3 AktG).[57] Dies erscheint nicht ohne weiteres zwingend, da in dieser Phase die Gesellschaft gerade darauf ausgerichtet ist, ihr Vermögen zu veräußern. Die hM ist jedoch der Auffassung, dass § 179a AktG die Aktionäre auch vor dem „wie" der Veräußerung schütze. Im Abwicklungsstadium hat der Aktionär vor allem seine Vermögensinteressen im Blick, also das vorgesehene Entgelt. Des Weiteren haben die Aktionäre noch die Chance, im Rahmen ihres Zustimmungsvorbehalts die Fortsetzung der Gesellschaft zu beschließen.[58]

14d   Dagegen ist § 179a AktG nach überwiegender Meinung **nicht in der Insolvenz** anwendbar, da hier die Kontrolle gemäß §§ 69, 160 InsO durch den Gläubigerausschuss erfolgt.[59]

14e **2. Anwendbarkeit auf sog. Projektgesellschaften.** Umstritten ist die Lage bei der Veräußerung einer Immobilie durch eine **Ein-Objekt-Gesellschaft/Projektgesellschaft/ „special purpose vehicle".**[60] Diskutiert wird dies bei der Frage der Schutzbedürftigkeit der Gesellschafter. Bei Projektgesellschaften, deren Unternehmensgegenstand nur die Veräußerung des gesamten Vermögens der Gesellschaft in mehr oder weniger kurzer Zeit umfasst, wird argumentiert, dass die Gründungsgesellschafter aber auch später hinzutretende Anteilseigner nicht schutzwürdig seien. Jeder Gesellschafter wisse, worauf er sich beim Beitritt einlasse, da die Gesellschaft im Endeffekt ihr gesamtes Vermögen übertrage und zur Erfüllung des Unternehmensgegenstands übertragen müsse.[61] Ein zusätzlicher Gesellschafterbeschluss sei somit entbehrlich.[62] Dem wird entgegengehalten, dass die Gesellschafter vor einer Veräußerung des ganzen Vermögens zu schützen seien und daher ein Mitspracherecht am Vertrag haben müssten.[63]

14f   Strittig wird die Anwendung des § 179a AktG bei Gesellschaften diskutiert, deren Unternehmensgegenstand in der Satzung mit der „Verwaltung eigenen Vermögens" bezeichnet ist, obwohl es sich tatsächlich um Ein-Objekt-Gesellschaften handelt. In der Literatur wird im Fall der Eintragung des **Unternehmensgegenstands** (vgl. § 24 Abs. 4 HRV) die Anwendung allgemeiner Rechtsscheinsgrundsätze erwogen. Dritte seien damit davor geschützt, dass ihnen gegenüber Einwendungen aus einem unrichtig eingetragenen Unternehmensgegenstand entgegengehalten werden könnten.[64] In Zweifelsfällen empfiehlt sich die Mitwirkung aller Gesellschafter oder die offene Erörterung dieser Fragen mit al-

---

[56] Zustimmend die überwiegende Literatur: MüKoHGB/*K. Schmidt* HGB § 126 Rn. 13; zusammenfassend DNotI-Gutachten Nr. 108787; krit. etwa *Bredthauer* NZG 2008, 816.

[57] MüKoAktG/*Stein* AktG § 179a Rn. 13; *Hüffer/Koch* AktG § 179a Rn. 24; Schmidt/Lutter/*Seibt* AktG § 179a Rn. 3; Spindler/Stilz/*Holzborn* AktG § 179a Rn. 11; *Noack* ZIP 2002, 1873 (1878).

[58] MüKoAktG/*Stein* AktG § 179a Rn. 13.

[59] *Hüffer/Koch* AktG § 179a Rn. 24; Schmidt/Lutter/*Seibt* AktG § 179a Rn. 3; MüKoAktG/*Stein* AktG § 179a Rn. 13; differenzierend zwischen Zerschlagung und Umstrukturierung *K. Schmidt* AG 2006, 597 (602 f.); danach differenzierend, ob AG überschuldet oder nicht, *Maesch,* Corporate Governance in der insolventen Aktiengesellschaft, 2005, S. 215 f.; vgl. auch *Westpfahl/Janjuah* ZIP 2008, 1 (25 f.).

[60] Ausf. *Eschwey* MittBayNot 2018, 299. Anwendbar: *Fink/Chilevych* NZG 2017, 1254 (1255); *Hüren* RNotZ 2014, 77 (81); *Leitzen* NZG 2012, 491 (494); in dieser Richtung auch LG Düsseldorf NZG 2017, 1260; differenzierend *Decker* NZG 2018, 447 (450); ablehnend *Weber* DNotZ 2018, 96 (114 f.); *Zintl/Singbartl* GWR 2015, 375 (376 f.); *Bredthauer* NZG 2008, 816 (818).

[61] *Zintl/Singbartl* GWR 2015, 375 (376 f.); *Bredthauer* NZG 2008, 816 (818); *Weber* DNotZ 2018, 96 (115).

[62] Ausführlich *Zintl/Singbartl* GWR 2015, 375 (376 f.).

[63] *Fink/Chilevych* NZG 2017, 1254 (1255); *Hüren* RNotZ 2014, 77 (81); *Leitzen* NZG 2012, 491 (494); in dieser Richtung auch LG Düsseldorf NZG 2017, 1260.

[64] *Leitzen* NZG 2012, 491 (494).

len Beteiligten.[65] Richtig ist aber, dass § 179a AktG unabhängig von der Rechtsform auch auf **Objektgesellschaften** anzuwenden ist.

3. Keine analoge Anwendbarkeit des § 179a AktG. In Rechtsprechung und Literatur 14g wurde bis Anfang 2019 ganz überwiegend angenommen, dass § 179a AktG einen Rechtsgedanken widerspiegele, der auch für andere Gesellschaftsformen als die der Aktiengesellschaften anwendbar sei.[66] Der **BGH** hatte bereits mit Urteil aus dem Jahr **1995**[67] die Anwendbarkeit der Vorgängervorschrift (§ 361 UmwG) auf die **GmbH & Co. KG** bestätigt. Dieses Urteil war zu Recht dahingehend interpretiert worden, dass es in einem obiter dictum auch die Anwendung auf die GmbH befürworte. Strittig war in der Literatur, wie weit die Analogie zum Aktiengesetz gehen solle, insbesondere die Frage, ob das Verfahren, die Mehrheiten und die Beurkundungsform sich ebenfalls nach dem Aktienrecht richten.[68]

Die analoge **Anwendbarkeit auf die GmbH** war ganz hM.[69] Kürzlich hat sich der II. 14h Zivilsenat aber zur Frage der Anwendbarkeit von § 179a AktG auf die GmbH positioniert und mit seinem Urteil der hM in der Literatur widersprochen. Der **II. Zivilsenat**[70] ist der Ansicht, dass § 179a AktG grundsätzlich **nicht auf die GmbH analog** angewendet werden könne. Es fehle insoweit an einer vergleichbaren Interessenlage. Dem Schutz des Rechtsverkehrs sei Vorrang vor dem Schutz der Minderheitsgesellschafter einzuräumen.[71] Die Gesellschafter einer GmbH hätten eine wesentlich stärkere Einflussmöglichkeit auf die Geschäftsführung als die Aktionäre einer Aktiengesellschaft. Die Gesellschafter bestellen den Geschäftsführer und haben auch die Befugnis, ihn wieder abzuberufen sowie zu kündigen. Ihnen stehe auch das Weisungsrecht an den Geschäftsführer und ein umfassendes Prüfungs- und Überwachungsrecht zu. Im Aktienrecht können die Aktionäre dagegen nur sehr beschränkt Einfluss auf die Geschäftsführung nehmen. Darüber hinaus haben die Aktionäre nur ein eingeschränktes Fragerecht in der Hauptversammlung und können weder schriftliche Auskunft verlangen noch in die Vertragsunterlagen Einsicht nehmen. Den GmbH-Gesellschaftern stehe demgegenüber ein individuelles umfassendes Informationsrecht zu. Die GmbH-Gesellschafter seien somit weniger schutzbedürftig.

Außerdem stehen den Gesellschaftern andere Instrumente vor Alleingängen der Ge- 14i schäftsführung zur Seite. Bei besonders **bedeutsamen Geschäften,** wie der Verpflichtung zur Übertragung des ganzen Gesellschaftsvermögens, müsse der Geschäftsführer selbst ohne entsprechende gesellschaftsvertragliche Regelung gemäß **§ 49 Abs. 2 GmbHG** einen **Zustimmungsbeschluss der Gesellschafterversammlung** herbeiführen. Hierdurch sei auch der **Minderheitsgesellschafter geschützt,** da er einen solchen Beschluss **gerichtlich überprüfen** lassen könne.[72]

Grundsätzlich habe ein Verstoß dagegen zwar nicht die gleiche Wirkung wie bei 14j § 179a AktG, aber bei einem **Missbrauch der Vertretungsmacht** könne der Vertragspartner, wenn er davon wisse oder es sich ihm hätte aufdrängen müssen, keine **vertraglichen Rechte** oder **Einwendungen** aus dem Geschäft geltend machen. In diesem Fall sei die Willenserklärung des Geschäftsführers unwirksam. Zu prüfen sei dies anhand der Umstände des **Einzelfalles.** In der Regel müsse sich dem Vertragspartner bei der Übertragung des gesamten Unternehmens oder – wie im vorliegenden Fall – einer Immobilie, die das wesentliche Betriebsvermögen darstelle, aufdrängen, dass der Geschäftsführer ohne

---

[65] So *Leitzen* NZG 2012, 491 (494); s. auch OLG Düsseldorf NZG 2016, 589.
[66] S. nur *Rubner/Pospiech* NJW-Spezial 2018, 79; *Decker* NZG 2018, 447; *Weber* DNotZ 2018, 96; *Weitnauer* GWR 2018, 1; *Eschwey* MittBayNot 2018, 299.
[67] BGH NJW 1995, 596.
[68] MüKoGmbHG/*Harbarth* GmbHG § 53 Rn. 229.
[69] Baumbach/Hueck/*Zöllner/Noack* GmbHG § 53 Rn. 26 Fn. 28; Ulmer/Habersack/Löbbe/*Ulmer/Casper* GmbHG § 53 Rn. 43; *Rubner/Pospiech* NJW-Spezial 2018, 79; *Weber* DNotZ 2018, 96 (120 ff.).
[70] BGH NZG 2019, 505.
[71] Krit. dazu *Heckschen* AG 2019, 420–422.
[72] *Eschwey* MittBayNot 2018, 299 (310).

Zustimmungsbeschluss seine Vertretungsmacht überschreite. Es reiche insoweit nicht aus, wenn sich der Vertragspartner darauf berufe, nichts von der fehlenden Zustimmung gewusst zu haben. In diesen Fällen obliege dem Vertragspartner eine **Erkundigungspflicht.** Der gute Glaube könne zudem zerstört werden, wenn der Vertragspartner erfahren würde, dass die Gesellschafter nicht mit dem Geschäft einverstanden seien. Sei dem Vertragspartner im Ergebnis nichts vorzuwerfen, bliebe immer noch die Möglichkeit, **Schadenersatzansprüche gegen den Geschäftsführer** geltend zu machen.

14k   Mit dieser Entscheidung gibt der II. Zivilsenat seine Rechtsprechung zur analogen Anwendung des § 179a AktG auf, ohne dies auszusprechen. Der **Schutz der Gesellschafter** einer **GmbH,** die nicht an der Geschäftsführung beteiligt sind, wird **massiv eingeschränkt.** Dies ist im Vergleich zur Aktiengesellschaft nicht unbedenklich, da dort immerhin der Aufsichtsrat den Vorstand kontrolliert und eigentlich das Interesse der Gesellschafter an den Vermögenswerten der Gesellschaft deutlich höher ist als das der Aktionäre, die eigentlich nur kapitalistisch beteiligt sind. Der Schutz vor Alleingängen der Geschäftsführer wird massiv eingeschränkt.

14l   In der Literatur wird diese Entscheidung jedoch überwiegend begrüßt.[73] Hiermit seien eine Erleichterung von Transaktionen und eine Verringerung der Beurkundungskosten zu erwarten. Auch werde das Risiko minimiert, dass sich weit zurückliegende Übertragungen als unwirksam erwiesen, was in der Eigentumsprüfung einer Due Diligence häufig aufgedeckt wurde.[74]

14m   In der Praxis sollte zur Vorsicht nun immer, wenn ein Gesamtvermögensgeschäft ansatzweise in Betracht kommt, ein Beschluss der Gesellschafterversammlung vorgelegt werden. Für den Zustimmungsbeschluss genügt nunmehr wohl grundsätzlich eine einfache Mehrheit, sofern die Satzung nichts anderes vorsieht, und der Beschluss ist nicht beurkundungsbedürftig. Der II. Zivilsenat hat zwar offengelassen, welche Form und Mehrheit für den Zustimmungsbeschluss erforderlich sind. Da er dessen Notwendigkeit aber aus **§ 49 Abs. 2 GmbHG** und nicht aus **§§ 53 ff. GmbHG** zieht, spricht dies für eine **privatschriftliche Form** und **einfache Mehrheit.**[75]

14n   **Formulierungsbeispiel: Zustimmungsbeschluss bei außergewöhnlichen Geschäften/ Verfügungen über das wesentliche Vermögen der Gesellschaft**

Die Erschienenen, H und HB sind die sämtlichen Gesellschafter der AB GmbH. H hält den Geschäftsanteil mit der Nummer 1 im Nennwert von 12.500 EUR. HB hält den Geschäftsanteil mit der Nummer 2 im Nennwert von 12.500 EUR. Der Handelsregisterauszug und die aktuelle Liste der Gesellschafter sind dieser Urkunde als Belege beigefügt.

Die AB GmbH beabsichtigt, ihr wesentliches Vermögen im Rahmen eines so genannten Asset Deals entsprechend dem als Beleg zu dieser Urkunde beigefügten Entwurf zu veräußern.

Dies vorausgeschickt, beschließen die Erschienenen unter Verzicht auf alle Form- und Fristvorschriften folgendes:
1. Dem als Beleg zu dieser Urkunde beigefügten Vertrag, mit dem das wesentliche Vermögen der Gesellschaft veräußert wird, das wiederum im Wesentlichen aus den dort aufgeführten Immobilien besteht, wird hiermit zugestimmt.
2. Auf eine Anfechtung des Beschlusses wird hiermit verzichtet. Höchstvorsorglich wird darauf verzichtet, dass der als Entwurf beigefügte Vertrag der Einberufung der Gesellschafterversammlung beizufügen und in den Geschäftsräumen der Gesellschaft

[73] *Schulze/Schlütter-Lückel* jurisPR-HaGesR 4/2019 Anm. 1; *Krämer* GmbH-StB 2019, 130; BGH GmbHR 2019, 528 mAnm *Ulrich;* GWR 2019, 145 *(Breschendorf);* EWiR 2019, 263 *(Bungert);* BB 2019, 1100 mAnm *Pfeiffer.*
[74] *Schulze/Schlütter-Lückel* jurisPR-HaGesR 4/2019 Anm. 1.
[75] *Schulze/Schlütter-Lückel* jurisPR-HaGesR 4/2019 Anm. 1.

> auszulegen war. Es wird umfassend auf jedwede weitere Informations- und Aus-
> kunftspflicht verzichtet.
>
> Die Beteiligten erklären hiermit die Gesellschafterversammlung für beendet.
>
> Die Kosten dieser Urkunde trägt die Gesellschaft.

Offen bleibt nach dieser Entscheidung des BGH die Frage der **analogen Anwendbar-** **14o**
keit des § 179a auf Personengesellschaften. Eine Ansicht in der Literatur hat dies mit
teilweise ähnlichen Argumenten, wie die vom BGH zur GmbH ausgeführten, schon immer verneint.[76] Wenn man dem Senat folgt, ist eine analoge Anwendbarkeit nun zu verneinen. Es müsste erst recht gelten, dass der besondere Schutz zu § 179a AktG der der
AG noch wesensfremderen Personengesellschaft nicht zu gewähren ist.[77] Dem Senat liegt
derzeit unter dem Az. II ZR 413/17 eine Revision zu einer Entscheidung des OLG Düsseldorf[78] vor, bei der unter anderem über die Anwendung des § 179a AktG auf eine Personengesellschaft zu entscheiden ist. Bei Publikumspersonengesellschaften ist jedoch nicht
selten die Struktur derjenigen einer AG angepasst und die Einwirkungsmöglichkeiten des
Gesellschafters derjenigen eines Aktionärs vergleichbar. Inwieweit § 179a AktG auf Vereine, Genossenschaften und andere Rechtsformen anwendbar ist, bleibt weiterhin offen.

Unproblematisch sind die Fälle personalistisch strukturierter Gesellschaften ohne gesell- **14p**
schaftsrechtliche Regelungen zur Abfassung von Beschlüssen. Insbesondere **GbRs,** deren
Unternehmensgegenstand der Erwerb und die Verwaltung von eigenem Vermögen ist,
verfügen häufig nicht über einen Gesellschaftsvertrag mit Regelungen zur Beschlussfassung. In diesem Fall gilt § 709 BGB, dh sämtliche Entscheidungen in der Gesellschaft sind
nicht nur einstimmig, sondern mit Zustimmung aller Gesellschafter zu treffen. Für OHG
und KG gilt Entsprechendes gemäß §§ 116 Abs. 2, 119 Abs. 1, 160 Abs. 2 HGB für „ungewöhnliche Geschäfte" iSd § 116 Abs. 2 HGB, wobei diese Vorschrift jedoch nur die
Notwendigkeit der Beschlussfassung im Innenverhältnis regelt und die Vertretungsmacht
unberührt lässt.[79]

Die hier in den Anwendungsbereich des § 179a AktG analog fallenden **„Grundlagen-** **14q**
geschäfte" – dh bei Verpflichtungsverträgen hinsichtlich des gesamten Vermögens – sind
aber von noch anderer Qualität als die „ungewöhnlichen Geschäfte" iSd § 116 Abs. 2
HGB und die „außergewöhnlichen Geschäfte" iSd § 164 Abs. 2 HGB.[80] Das Fehlen der
Zustimmung hat auch Auswirkungen auf das Außenverhältnis.[81]

Die **Zustimmungserklärungen** müssen nicht zwingend in einer Gesellschafterver- **14r**
sammlung abgegeben werden.[82] Sie bedürfen auch nach hM dann keiner besonderen
Form, wenn der Vertrag, über den beschlossen werden soll, formbedürftig ist.[83]

III. Übertragung des Unternehmens

Da das Unternehmen in seiner organisatorisch-ökonomischen Einheit nicht übertragen **15**
werden kann, sind die zu übertragenden Wirtschaftsgüter in dem Unternehmenskaufvertrag **genau zu bezeichnen.** Der Aufwand für die Erstellung solcher Verzeichnisse ist in
der Regel sehr hoch, dennoch zeigt sich in der Praxis, dass Ungenauigkeiten bei der Auf-

---

[76] Baumbach/Hopt/*Roth* HGB § 126 Rn. 3; *Fink/Chilevych* NZG 2017, 1254 mwN; *Weber* DNotZ 2018,
96 (122 f.) *Grunewald* JZ 1995, 577; *Kirsch* EWiR 1995, 483; *Hadding* FS Lutter 2000, 851; *Bredthauer*
NZG 2008, 816; *Bredol/Natterer* ZIP 2015, 1419; *Eschwey* MittBayNot 2018, 299 (309 ff.).
[77] BGH GmbHR 2019, 528 (528) mAnm *Ulrich*.
[78] OLG Düsseldorf v. 23. 11. 2017 – 6 U 225/16, ZIP 2018, 72.
[79] Oetker/*Lieder* HGB § 116 Rn. 19 f.
[80] Baumbach/Hopt/*Roth* HGB § 164 Rn. 2 ff.; s. auch zur KG aA OLG Stuttgart NZG 2003, 778.
[81] BGH NJW 1995, 596; Hauschild/Kallrath/Wachter/*Hessler/Berkefeld* Notar-HdB GesR § 14 Rn. 4.
[82] Ganz hM, statt aller MüKoHGB/*Enzinger* HGB § 119 Rn. 40.
[83] MüKoHGB/*Enzinger* HGB § 119 Rn. 40; Baumbach/Hopt/*Roth* HGB § 119 Rn. 27.

stellung oft in Streitigkeiten münden. Daher ist eindringlich zu empfehlen, bei diesem Teil des Vertragswerkes äußerste Sorgfalt walten zu lassen.

16　　Soweit die Gegenstände für die Bilanz in ein **Inventarverzeichnis** aufgenommen worden sind, kann auf dieses zurückgegriffen werden. Der bloße **Verweis auf die Bilanz mit Inventarverzeichnis** birgt jedoch die Gefahr, dass Gegenstände, die übertragen werden sollen, nicht erwähnt werden. Viele Gegenstände werden nicht von der **Bilanzierungspflicht** erfasst, so beispielsweise geringwertige Wirtschaftsgüter iSd § 6 Abs. 2 EStG. Auf der anderen Seite erfasst die Bilanz häufig Vermögenswerte, die gar nicht im Eigentum des Unternehmens, sondern eines der Unternehmer stehen. So muss **Sonderbetriebsvermögen** explizit übertragen werden, da es im Eigentum eines Gesellschafters steht. In aller Regel ist von den Parteien aber die Übertragung und Vergütung auch solcher Wirtschaftsgüter gewollt. Diese sind daher separat aufzuführen.

17　　Quantifizierungen zur Bestimmung der zu übertragenden Vermögensgegenstände, wie 100 Stück von 1.000 Stück auf dem Gelände befindlichen Kfz reichen nicht aus.[84] Vielmehr ist eine weitere Beschreibung zur genauen Identifizierung nötig. Hierbei kann auf sog. **All-Formeln** wie zB „alle grünen Kfz" zurückgegriffen werden.[85] Auch die Bezeichnung eines künftigen Bestandes ist zulässig.

18　　Bei fast jedem Unternehmenskauf werden sich **unter Eigentumsvorbehalt stehende oder sicherungsübereignete Wirtschaftsgüter** unter dem zu übertragenden Vermögen befinden. Ein Eigentumserwerb dieser Wirtschaftsgüter durch den Käufer nach den Vorschriften des gutgläubigen Erwerbs (§ 932 BGB) findet in der Regel nicht statt. Zwar trifft den Erwerber keine Nachforschungspflicht über mögliche Sicherungsrechte,[86] dennoch kann bei einem Unternehmenskäufer gewöhnlich von einem überdurchschnittlich gut informierten Käufer ausgegangen werden, der von diesen Rechten Kenntnis hat oder grob fahrlässig nicht hat. Es sollten daher ausdrücklich die Anwartschaftsrechte übertragen werden, bei Forderungen der Rückgewähranspruch.

19　　Sollen **Patente** oder sonstige gewerbliche Schutzrechte an den Erwerber übergehen, so hat der Notar zu beachten, dass diese häufig nicht dem Rechtsträger des Zielunternehmens, sondern den bisherigen Eigentümern oder einem von mehreren Gesellschaftern zugeordnet sind. Für die Übertragung der Patente ist demnach eine gesonderte Vereinbarung mit dem Inhaber gemäß § 15 Abs. 1 S. 2 PatG erforderlich. Das Recht an einer Marke ist nach § 27 Abs. 1 MarkenG ebenfalls übertragbar, wobei Abs. 2 eine Zweifelsfallregelung dahingehend enthält, dass die Marke mit dem Geschäftsbetrieb übergeht, zu dem sie gehört.

20　　Möchte der Erwerber die **Firma** des Zielunternehmens übernehmen, muss er gemäß § 22 Abs. 1 HGB das dazugehörige Handelsgeschäft erwerben und fortführen und gemäß § 22 Abs. 1 HGB aE die ausdrückliche Zustimmung des bisherigen Geschäftsinhabers einholen. Je nach Rechtsform ist die Zustimmung des dafür zuständigen Organs einzuholen. Bei Kapitalgesellschaften ist das Einverständnis des Vorstandes bzw. des Geschäftsführers notwendig, die aber der Zustimmung der Anteilseigner bedürfen. Bei Personengesellschaften ist gemäß § 24 Abs. 2 HGB zusätzlich die Zustimmung des namensgebenden Gesellschafters notwendig.[87] § 23 HGB sieht zum Schutz des Publikumsverkehrs ein Verbot der separaten Veräußerung von Handelsgeschäft und Firma vor, damit ein Auseinanderfallen dieser Einheit verhindert wird.

21　　Dem Erwerber wird es in der Regel auch auf die Übernahme der **immateriellen Werte** des Unternehmens ankommen. Bereits ohne ausdrückliche Regelung trifft den Verkäufer die Pflicht, den Käufer so in die **Organisationsstrukturen des Unternehmens** einzuführen, dass der Erwerber das Unternehmen so weiterführen kann, wie es der

---

[84] MüKoBGB/*Oechsler* BGB Anh. §§ 929–936 Rn. 7.

[85] Vgl. BGH NJW 1994, 133; MüKoBGB/*Oechsler* BGB Anh. §§ 929–936 Rn. 7.

[86] MüKoBGB/*Oechsler* BGB Anh. §§ 929–936 Rn. 7; Beisel/Klumpp/*Beisel* Unternehmenskauf § 4 Rn. 45.

[87] Baumbach/Hopt/*Hopt* HGB § 22 Rn. 9; *K. Schmidt* HandelsR § 12 III 2.

Veräußerer selbst betrieben hat. Inwieweit den Veräußerer damit auch die Pflicht trifft, den Nachfolger im Kundenkreis bekanntzumachen und einzuführen, ergibt sich aus dem Einzelfall und sollte zwecks Klarstellung in den Kaufvertrag aufgenommen werden. Übernimmt der Käufer den Kundenstamm, so ergibt sich bereits daraus ein beschränktes Wettbewerbsverbot.[88] Zur Klarstellung sollte in dem Vertrag die zeitliche, räumliche und ggf. sachliche Erstreckung des Verbots festgehalten werden, wobei auf die Grenzen der Zulässigkeit solcher Verbote zu achten ist.[89]

IV. „Closing"; Stichtag für die Übertragung

Das werbende Unternehmen als organisatorisch-ökonomische Einheit verändert sich in 22 einem dynamischen Wirtschaftsleben fortlaufend. Ständig werden Wirtschaftsgüter gekauft und verkauft, Forderungen entstehen und erlöschen. Der Unternehmenswert ist daher ständigen Schwankungen unterworfen. Aufgrund dieser Wertschwankungen ist es üblich und anzuraten, einen Stichtag für den Übergang auf den Erwerber festzulegen. Dieser Stichtag wird als „Closing" bezeichnet.[90] Durch die Einzelrechtsnachfolge der einzelnen Vermögensgegenstände kann es zu **auseinanderfallenden Übertragungszeitpunkten** kommen. Gerade im Hinblick auf den Gefahrübergang gemäß § 446 BGB sollte ein solcher Zeitpunkt festgelegt werden. Der Veräußerer hat die Gesamtheit der mit dem Unternehmen verbundenen Vermögenswerte zu diesem Zeitpunkt in der vertraglich vereinbarten Beschaffenheit zu übergeben.

Der Zeitpunkt des Closings sollte möglichst genau bestimmt werden, da es dem Erwerber möglich sein muss, den Wert des Unternehmens zu bestimmen und eine Erfolgskontrolle dahingehend durchzuführen, ob das Unternehmen in dem vereinbarten Zustand übertragen wird. Fallen Vertragsschluss und Übertragungszeitpunkt auseinander, so besteht die Gefahr, dass sich der Unternehmenswert verändert. Das ist im Bereich der normalen Wertschwankungen, denen das Unternehmen durch seine gewöhnliche werbende Tätigkeit unterliegt, meist unerheblich. Für **außergewöhnliche Geschäfte und Entnahmen** sollten die Parteien einen **Zustimmungsvorbehalt** zugunsten des Erwerbers in den Vertrag aufnehmen.[91]

Zunehmende Verbreitung finden auch sog. **„Material Adverse Change"-Klauseln** 24 **(MAC-Klauseln).**[92] Bei Eintritt bestimmter Umstände sehen diese eine Herabsetzung des Kaufpreises, Schadensersatzansprüche oder ein Rücktrittsrecht vom Kaufvertrag vor. Nicht selten wird der Kaufvertrag auch unter die Bedingung des Nichteintritts einer näher bestimmten Verschlechterung des Unternehmens gestellt. Eine häufig anzutreffende Ausprägung der MAC-Klausel ist die **„Business MAC"**, die dem Verkäufer eine Reaktion auf negative Entwicklungen in dem zu erwerbenden Geschäftsbetrieb zwischen Kaufvertragsunterzeichnung und Vollzug ermöglichen soll.[93] Eher selten kommt die **„Market MAC"**, die auch **negative Veränderung im Marktumfeld** des veräußerten Unternehmens erfasst, vor.

Eine der wichtigsten Vereinbarungen betrifft das Verhalten des Verkäufers im Zeitraum 25 zwischen dem Vertragsschluss (sog. **Signing**) und der Übertragung des Unternehmens (sog. **Closing**). Zweck der entsprechenden Klausel (sog. **Covenants**) ist die Vermeidung wesentlicher Veränderungen im Unternehmen zwischen Signing und Closing, die wirtschaftlich den Käufer treffen. Die Regelung dient also zum einen der Sicherstellung, dass der Verkäufer die Geschäfte des veräußerten Unternehmens bis zum Zeitpunkt der Über-

---

[88] Beisel/Klumpp/*Beisel* Unternehmenskauf § 12 Rn. 57 und § 4 Rn. 55.
[89] Beisel/Klumpp/*Beisel* Unternehmenskauf § 12 Rn. 56 ff.
[90] Zur Begriffsbestimmung Hölters/*Weber* HdB Unternehmenskauf Rn. 9.110 f, 9.113.
[91] Holzapfel/Pöllath/*Engelhardt/v. Maltzahn* Unternehmenskauf Rn. 1216.
[92] Ausführlich zu MAC-Klauseln *Kästle/Haller* NZG 2016, 926; Beisel/Klumpp/*Beisel* Unternehmenskauf § 9 Rn. 144; *Jansen* GWR 2009, 361; *Kuntz* DStR 2009, 377; *Lappe/Schmitt* DB 2007, 153; *Picot/Duggal* DB 2003, 2635.
[93] *Jansen* GWR 2009, 361.

tragung mit der Sorgfalt eines ordentlichen Kaufmanns und entsprechend der gewöhnlichen Praxis weiterführt und folglich Maßnahmen, die den Wert oder die Struktur des Unternehmens verändern (zB Umstrukturierungen, Umwandlungsmaßnahmen, Änderungen des Gesellschaftsvertrages, Gewinnausschüttungen, Abschluss von Unternehmensverträgen, Neubestellung oder Abberufung von Organmitgliedern), unterlässt. Zum anderen betrifft sie die Pflicht zur Einholung der Zustimmung Dritter zur Vertragsüberleitung, die Einholung oder Verlängerung von erforderlichen Genehmigungen oder das Herbeiführen der Vollzugsvoraussetzungen.[94]

> **Muster: Asset Deal**
> Siehe hierzu das Gesamtmuster eines Unternehmenskaufvertrags → Rn. 117.

E. Share Deal

26 Ein Share Deal setzt voraus, dass **übertragbare Beteiligungsrechte** vorhanden sind. Dies ist häufig nicht der Fall. Handelt es sich bei dem zu übernehmenden Unternehmen um einen **Einzelkaufmann,** so ist die Veräußerung notwendigerweise im Wege des Asset Deals zu vollziehen. Auch wenn der Unternehmensträger eine **juristische Person des öffentlichen Rechts,** ein **Verein** oder eine **Stiftung** ist, kann der Käufer die Beteiligungsrechte – aufgrund der rechtlichen Besonderheit des Unternehmensträgers – nicht (direkt) erwerben. Der Verkauf ist hier ebenfalls nur im **Wege der Einzelrechtsnachfolge** möglich. Allerdings kann der Verkäufer zuvor eine (neue) Gesellschaft gründen, in die er das zu verkaufende Unternehmen einbringt und dann die Beteiligungsrechte an dieser Gesellschaft veräußern oder durch **Umwandlung** in der Form der Ausgliederung gemäß § 152 UmwG bzw. § 168 UmwG den Rechtsträger in Rechtsformen transformieren, die einem Share Deal zugänglich sind.

> **Muster: Ausgliederung vom Einzelkaufmann**
> Siehe hierzu das Gesamtmuster → § 24 Rn. 231.

27   Ein Share Deal ist zudem nicht ohne weiteres durchführbar, wenn der Unternehmensträger mehrere Unternehmen betreibt, von denen nur ein Unternehmen bzw. Betrieb oder Teilbetrieb veräußert werden soll. Auch hier muss entweder der Verkauf im Wege des Asset Deal erfolgen oder es muss zunächst das zu verkaufende Unternehmen oder der (Teil-)Betrieb **ausgegliedert** und in eine eigene Gesellschaft eingebracht werden. Auch der umgekehrte Weg ist möglich: der Verkäufer gliedert diejenigen Unternehmen und Betriebe aus, die er behalten will und überträgt anschließend die Beteiligungsrechte an der um die ausgegliederten Teile verminderten Ursprungsgesellschaft an den Käufer.

28   Bei einem Share Deal liegt ein **reiner Rechtskauf**[95] gemäß §§ 433 Abs. 1 S. 2, 453 Abs. 1 BGB vor, da die Anteile am Unternehmensträger veräußert werden, die ein Beteiligungsrecht darstellen. Die dingliche Übertragung erfolgt durch Abtretung gemäß §§ 398, 413 BGB – die einzige Ausnahme stellen Inhaberaktien einer AG dar, deren Zuordnung zum Eigentümer durch Übertragung gemäß §§ 929 ff. BGB geändert wird.[96] Die Übertragung der einzelnen Vermögensgegenstände des Unternehmens wie beim Asset Deal ist beim Share Deal nicht nötig. Dennoch kommt es dem Erwerber entscheidend darauf an, welche Vermögenswerte dem zu übertragenden Rechtsträger zuzuordnen sind. So können etwa gewerbliche Schutzrechte oder Betriebsgrundstücke nicht dem Rechts-

---

[94] Vgl. auch Hettler/Stratz/Hörtnagl/*Lips* Unternehmenskauf § 3 Rn. 104.
[95] BGH NZG 2018, 1305; EWiR 2018, 679 *(Bochmann/Cziupka)*.
[96] Hölters/*Solveen* AktG § 10 Rn. 14.

träger, sondern einzelnen Gesellschaftern zustehen (→ Rn. 19). Die Anlagen zur Urkunde sollten daher ähnlich umfangreich sein wie beim Asset Deal.

In der Konsequenz des Rechtskaufs ist ein **gutgläubiger Erwerb** bei Personengesell- 29 schaften nicht möglich. Inhaberaktien können nach den sachenrechtlichen Grundsätzen gemäß §§ 932 ff. BGB gutgläubig erworben werden. Der gutgläubige Erwerb einer **Namensaktie** ist gemäß Art. 16 Abs. 2 WG iVm § 68 Abs. 1 S. 2 AktG bei Bestehen einer lückenlosen Indossantenkette möglich. Durch das MoMiG ist der gutgläubige Erwerb von **GmbH-Geschäftsanteilen** ermöglicht worden, wenn der Veräußerer als Inhaber des Geschäftsanteils in die Gesellschafterliste eingetragen ist, es sei denn die Liste ist weniger als drei Jahre unrichtig und die Unrichtigkeit ist dem Veräußerer nicht zuzurechnen (§ 16 Abs. 3 GmbHG). Dieser gutgläubige Erwerb schützt den Käufer aber lediglich bei dem Erwerb aus den Händen eines Nichtberechtigten, die genannten Vorschriften helfen aber nicht über das Nichtbestehen des Beteiligungsrechts hinweg. Ist der Anteilskauf – wie regelmäßig – unter einer aufschiebenden Bedingung abgeschlossen, so besteht zwischen Vertragsschluss und Eintritt der aufschiebenden Bedingung trotz der Regelung des § 161 Abs. 3 BGB kein Risiko für einen gutgläubigen Erwerb durch Dritte.[97] Regelmäßig fällt es dem Erwerber schwer, absolute Sicherheit über die Rechtsinhaberschaft zu erlangen. Um größtmögliche Sicherheit zu erreichen, sollte sich der Erwerber trotz § 16 Abs. 3 GmbHG **sämtliche Vorerwerbsfälle** zurück bis zur Gesellschaftsgründung nachweisen lassen.[98] Die **Prüfung der Erwerbskette (Chain of Title)** ist damit wesentlicher Bestandteil der gesellschaftsrechtlichen Due Diligence und gerade bei älteren Gesellschaften kostenintensiv und zeitaufwändig.[99]

Ein Share Deal ist **ausnahmsweise** als **Sachkauf** zu behandeln, wenn der Käufer 30 **sämtliche Anteile** erwirbt oder die Mehrheit der Anteile. Wo die Grenze im Einzelfall zu ziehen ist, ist nicht endgültig geklärt. Nach der ständigen Rechtsprechung des BGH ist zunächst der Erwerb sämtlicher Beteiligungsrechte an einer Gesellschaft dem Erwerb des von dieser Gesellschaft gehaltenen Unternehmens gleichzusetzen.[100] Dies wird auch auf Fälle erstreckt, in denen nicht alle Anteile verkauft werden, aber die beim Verkäufer oder Dritten verbleibenden Anteile so geringfügig sind, dass sie die Verfügungsbefugnis des Erwerbers über das Unternehmen nicht entscheidend beeinträchtigen, sofern der Wille der Parteien auf den Kauf des Unternehmens als Ganzes gerichtet ist.[101] Nach Auffassung des BGH schließt die Nicht-Übernahme von Gesellschaftsanteilen in Höhe der Beteiligungsquote von 0,2 % bzw. 0,25 % einen Sachkauf nicht aus.[102] Ungeklärt ist jedoch die genaue Grenzziehung, ab welcher Erwerbsquote ein Sachkauf vorliegt. Das OLG München hält für entscheidend, ob die satzungsändernde Mehrheit erreicht ist, wendet also eine Grenze von 75 % (§ 53 Abs. 2 GmbHG) an.[103]

Der BGH[104] hat im Jahr 2018 entschieden, dass kein Erwerb sämtlicher oder nahezu 30a sämtlicher Anteile an dem Unternehmen vorliege, wenn ein Käufer, der bereits 50 % der Mitgliedschaftsrechte an einer GmbH hält, weitere 50 % der Geschäftsanteile dieser Gesellschaft hinzuwirbt. Dafür müsse der Käufer nicht nur sämtliche oder nahezu sämtliche Geschäftsanteile erwerben, sondern sich der Erwerb sowohl **nach Vorstellung der Parteien** als auch **objektiv bei wirtschaftlicher Betrachtung als Kauf des Unter-**

---

[97] BGH NZG 2011, 1268.
[98] Hölters/*Weber* HdB Unternehmenskauf Rn. 9.130 ff.
[99] Ausführlich hierzu *Paefgen/Wallisch* NZG 2016, 801 (802 f.).
[100] ZB WM 1970, 819 (820 f.).
[101] RGZ 120, 283 (286 ff.); RGZ 122, 378 (380 f.) und RGZ 126, 13 (16) für Grundstücksgesellschaften; BGH NJW 1969, 184; NJW 1976, 236 (237); 40 % der GmbH-Anteile nicht ausreichend: BGH NJW 2001, 2163 (2164); 60 % der GmbH-Anteile nicht ausreichend: BGH NJW 1980, 2408; NZG 2018, 1305.
[102] WM 1970, 819 (820 f.).
[103] DB 1998, 1321; ebenso *Schröcker* ZGR 2005, 63 (67 f.); *Weitnauer* NJW 2002, 2511 (2515); auch OLG München NJW 1967, 1326 (1327): 80 % ausreichend.
[104] BGH NZG 2018, 1305; EWiR 2018, 679 (*Bochmann/Cziupka*).

nehmens selbst darstellen. Maßgeblich sei allein der Kaufgegenstand, der im vorliegenden Fall lediglich die Geschäftsanteile waren. Irrelevant sei, ob der Kläger nun Alleingesellschafter sei. Diese Auslegung sei auch kein leerer Formalismus, denn bei einem Anteilserwerb werde gerade kein unmittelbares Recht an dem betriebenen Unternehmen
erworben. Der Käufer erhalte lediglich Gesellschafterbefugnisse, durch die er mittelbar auf
das Unternehmen einwirken könne. Bei juristischen Personen entspreche dies dem
Grundsatz der vermögensrechtlichen Verselbstständigung.

I. Besonderheiten

31 Bei der Übertragung der Gesellschafterstellung bzw. der Gesellschafteranteile sind sowohl
bei den Personen- als auch bei den Kapitalgesellschaften Besonderheiten zu berücksichtigen.

32 **1. Personengesellschaft.** Bei Personengesellschaften werden für jeden Gesellschafter
neben einem festen **Kapital- oder Einlagekonto,** das im Wesentlichen die Beteiligung
am Vermögen, am Ertrag und an der Willensbildung der Gesellschaft repräsentiert, häufig weitere **variable Gesellschafterkonten** geführt. So werden zudem regelmäßig Ge-
winn- und Verlust- sowie Rücklagekonten und in einigen Fällen auch zusätzliche **Dar-
lehens-, Verrechnungs- oder Privatkonten** angelegt, auf denen Zahlungen gebucht
werden, die über die reine Gesellschafterstellung hinausgehen. Beim Verkauf der Anteile
ist es deshalb besonders wichtig, genau festzustellen, welche Gesellschafterkonten (bzw.
welche darin verkörperten Rechte) auf den Käufer mit übergehen sollen. Zwingend mit
der Übertragung des Anteils ist der Übergang des entsprechenden festen Kapital- bzw.
Einlagekontos verbunden. Bezüglich der variablen Gesellschafterkonten können die
Parteien Abweichendes vereinbaren. Trifft der Unternehmenskaufvertrag jedoch keine
abweichende Regelung, so gehen nach der Rechtsprechung im Zweifel auch die mit
den variablen Gesellschafterkonten des Veräußerers verbundenen Rechte und Pflichten
in dem Umfang über, den sie bei der Abtretung haben und soweit sie in der dem Unternehmenskauf zugrunde liegenden Buchführung des Unternehmens bereits berücksichtigt wurden.[105] Sollen also Ansprüche bzw. Verpflichtungen beim Verkäufer verbleiben, so ist dies ebenso ausdrücklich zu vereinbaren wie gegebenenfalls die positiven
bzw. negativen Salden auf den einzelnen Konten auszuzahlen bzw. auszugleichen sind.
Häufig stehen Immobilien „der Gesellschaft" nicht in deren Eigentum, sondern im Eigentum der Gesellschafter, sind aber in der Bilanz im Sonderbetriebsvermögen abgebildet. Sie müssen dann gesondert übertragen werden. Dies führt regelmäßig zur Beurkundungsbedürftigkeit der gesamten Transaktion.

33 **2. Kapitalgesellschaft.** Werden GmbH-Anteile oder Aktien, die **noch nicht (voll) eingezahlt** sind bzw. bei denen eine **Einlagenrückgewähr** oder eine **verschleierte Sacheinlage** stattgefunden hat, veräußert, dann haften für den Zahlungsanspruch der Gesellschaft sowohl Veräußerer als auch Erwerber, § 16 Abs. 2 GmbHG. Lediglich im
Innenverhältnis der Vertragsparteien haftet gemäß § 435 Abs. 1 BGB der Verkäufer, denn
zum rechtlichen Bestand eines Gesellschaftsrechts gehört, dass dieses frei ist von Einlage-
rückständen.[106] Eine abweichende Regelung bedarf daher einer ausdrücklichen Regelung
der Beteiligten im Vertragswerk. Die Haftung gegenüber der GmbH wurde durch das
MoMiG zu Gunsten der Gesellschafter modifiziert: Eine Einlagenrückgewähr, die vor der
Einlage getroffen wird, steht danach der Erfüllung der Einlageschuld nicht entgegen,
wenn sie durch einen vollwertigen Gegenleistungs- oder Rückgewähranspruch gedeckt
ist (§ 8 Abs. 2 S. 2 GmbHG). Für verdeckte Sacheinlagen ist anstelle der vollständigen
Nichtigkeit der Einlageleistung eine Differenzhaftung in Höhe der Differenz des tatsächli-

---

[105] Vgl. BGH DB 1988, 281; Hölters/*Weber* HdB Unternehmenskauf Rn. 9.117.
[106] Baumbach/Hueck/*Fastrich* GmbHG § 15 Rn. 6 und § 16 Rn. 25.

chen Wertes der Sacheinlage zur tatsächlich geschuldeten Geldeinlage getreten (§ 19 Abs. 4 GmbHG). Eine spätere Einlagenrückgewähr ist nach § 30 Abs. 1 S. 2 Alt. 2 GmbHG zulässig, wenn sie durch einen vollwertigen Gegenleistungs- oder Rückgewähranspruch gedeckt wird, bei Verstoß gilt § 31 GmbHG. Ob der Erwerber nur nach § 31 Abs. 3 GmbHG anteilig[107] oder auch nach §§ 31 Abs. 1, 16 Abs. 2 GmbHG[108] haftet, ist umstritten. Das OLG Köln hat sich letztgenannter Ansicht angeschlossen.[109] Ob der BGH dem folgen wird, bleibt abzuwarten; jedoch hat er den Erstattungsanspruch aus § 31 GmbHG als mit dem Einlagenanspruch funktional vergleichbar erklärt.[110] Erwerber sollten daher verstärkt darauf achten, ob sie nach Erwerb eines Geschäftsanteils in der Vergangenheit begründeten Ansprüchen gemäß §§ 31 Abs. 1, 16 Abs. 2 GmbHG ausgesetzt sein könnten. Darüber hinaus ist im Rahmen der Due-Diligence-Prüfung darauf zu achten, ob Unterbilanzhaftungsansprüche aus einer wirtschaftlichen Neugründung bestehen.[111]

3. Gewinnbezug. Mit der Gesellschafterstellung sind **Gewinnbezugsrechte** verbunden. 34 Die aus diesem Recht resultierenden Gewinnanteile stellen Rechtsfrüchte iSd § 99 Abs. 2 BGB dar, die nach § 101 Nr. 2 BGB – soweit nicht etwas anderes vereinbart ist – Veräußerer und Erwerber je zeitanteilig in Bezug auf das Geschäftsjahr nach der Dauer ihrer Beteiligung zustehen **(zeitanteilige Beteiligung).** Bei der Berechnung der Gewinnbeteiligung ist von Gesetzes wegen aber nicht auf den bis zur Übertragung des Unternehmens tatsächlich bereits erwirtschafteten Gewinn abzustellen, sondern auf den Gesamtgewinn des betreffenden Geschäftsjahres, der dann insgesamt zeitanteilig aufgeteilt wird. Diese zeitanteilige Beteiligung gilt ebenfalls beim Erwerb von Beteiligungen an Kapitalgesellschaften,[112] wobei der Gewinnanspruch erst mit dem Gewinnverteilungsbeschluss der Gesellschafter (§ 46 Nr. 1 GmbHG) bzw. dem Gewinnverwendungsbeschluss der Hauptversammlung (§ 174 Abs. 1 AktG) entsteht. Die gesetzliche Regelung birgt, falls die Übertragung nicht mit dem Ende eines Geschäftsjahres zusammenfällt – für den Verkäufer ein erhebliches Risiko, da er auf den Rest des Geschäftsjahres ab Übergang keinen Einfluss mehr hat. Bei Kapitalgesellschaften kommt noch hinzu, dass er auch keinen Einfluss auf den Gewinnverteilungs- bzw. Gewinnverwendungsbeschluss ausüben kann. Regelmäßig liegt es daher im Interesse des Verkäufers, seine **Gewinnbeteiligung abweichend von § 101 Nr. 2 BGB zu regeln.** Deshalb wird häufig anstelle der zeitanteiligen Gewinnverteilung eine Regelung getroffen, bei der dem Veräußerer die bis zum Übergang der Beteiligung erwirtschafteten Gewinne verbleiben sollen. Diese Stichtagsbeteiligung schützt den Verkäufer vor den Ungewissheiten eines ohne sein Mitwirken gefassten Gewinnverteilungs- bzw. Gewinnverwendungsbeschlusses und sichert ihm den während seiner Beteiligung bereits erwirtschafteten Gewinn. Zur Ermittlung und Abgrenzung des wirtschaftlichen Ergebnisses zum Übergangsstichtag wäre eine Stichtagsabrechnung bzw. eine Zwischenbilanz auf den Stichtag zu fertigen. Im Kaufvertrag kann diese Gewinnverteilung verabredet werden, etwa durch einen Vorbehalt des Gewinnbezugsrechts zugunsten des ausscheidenden Gesellschafters. Dies schränkt die Anteilserwerber in seinem Entscheidungsspielraum zur Gewinnverwendung insoweit ein. Rechtstechnisch handelt es sich um eine Rückabtretung des Anspruchs auf anteilige Gewinnausschüttung. Dieser entsteht zwar erst mit Feststellung des Jahresabschlusses und Beschluss über die Gewinnverwendung, ist jedoch bereits im Voraus abtretbar. Bei vertragswidriger Abstimmung des Käufers haftet dieser schuldrechtlich auf Schadenersatz wegen Pflichtverletzung.[113] Alter-

---

[107] Baumbach/Hueck/*Fastrich* GmbHG § 31 Rn. 8 mwN.
[108] BeckOK GmbHG/*Schmolke* GmbHG § 31 Rn. 14 ff.
[109] NZI 2011, 376.
[110] NZG 2000, 883 und NZG 2000, 888.
[111] BGH ZIP 2012, 817; Anm. *Kröger* GWR 2012, 201; ausführlich *Ulmer* ZIP 2012, 1265 (1270).
[112] BeckOK BGB/*Fritzsche* BGB § 101 Rn. 6.
[113] BGH NZG 2004, 912.

nativ kommt auch eine Kaufpreisanpassung in Abhängigkeit vom (Zwischen-) Bilanzergebnis, jedoch unabhängig von der konkreten Gewinnverwendung in Betracht.[114]

35 **4. Variabler Kaufpreis/Earn Out.** Wenn das Geschäft des Unternehmens sehr unbeständig oder personenabhängig ist oder die Preisvorstellungen von Verkäufer und Erwerber weit auseinanderliegen, eröffnen **Earn-Out-Regelungen** in dieser Situation die Möglichkeit, trotz unterschiedlicher Vorstellungen vom Wert des Unternehmens zu einem Vertragsabschluss zu gelangen.[115] Der zu zahlende Kaufpreis wird in einen fixen und einen variablen Bestandteil unterteilt, dessen Auszahlung davon abhängt, ob im Hinblick auf das Unternehmen bestimmte im Vertrag festgelegte Bedingungen in der Zukunft tatsächlich eintreten. Die Vereinbarung eines **variablen Kaufpreises (Earn out)** führt dazu, dass der Kaufpreis ganz oder in der Regel teilweise von zukünftigen Ergebnissen der erworbenen Gesellschaft abhängig ist.[116] Der Earn out entspricht einer Art Zusatzvergütung für den Verkäufer, zu der sich der Erwerber nicht fest verpflichten kann oder will. Nicht selten wird ein stufenweiser Beteiligungserwerb vereinbart, dh bei einem Share deal erwirbt der Käufer zB zunächst einen gewissen Prozentsatz der Anteile; der Erwerb weiterer Anteile wird von der zukünftigen Entwicklung der Gesellschaft abhängig gemacht.[117]

35a   Für den Verkäufer birgt ein Earn out den entscheidenden **Nachteil,** dass er die zukünftigen Ergebnisse der veräußerten Gesellschaft meist weder kontrollieren noch beeinflussen kann.[118] Der Käufer hingegen wird in der Regel Einflussnahmemöglichkeiten auf das von ihm erworbene Unternehmen haben. Insbesondere bei dem Erwerb einer GmbH kann der Erwerber durch sein Weisungsrecht gegenüber der Geschäftsführung bestimmte Maßnahmen zur Ergebnisverlagerung veranlassen. Earn out-Regelungen bieten sich daher nur an, wenn der Verkäufer weiterhin in der Geschäftsführung tätig bleibt und dies auch für einen bestimmten Zeitpunkt vertraglich abgesichert ist.[119] Im Unternehmenskaufvertrag ist also zu vereinbaren, dass der mit dem Verkäufer geschlossene **Geschäftsführeranstellungsvertrag** eine Mindestlaufzeit hat, dem Geschäftsführer weiterhin eine Einzelvertretungsberechtigung verbleibt bzw. keine sonstigen Änderungen in der Geschäftsführungsstruktur innerhalb eines bestimmten Zeitraumes, für den die Earn out-Regelungen anwendbar sind, eintreten. Wenn die **Einflussmöglichkeiten des Verkäufers** auf diese Weise sichergestellt werden, haben Earn out-Regelungen aber für den Käufer den Nachteil, dass der Geschäftsführer (der Verkäufer) uU betriebswirtschaftlich sinnvolle Maßnahmen allein deshalb unterlassen wird, um eine Kaufpreiserhöhung durch zusätzlichen Earn out zu erreichen.

35b   Aufgrund dieser Unsicherheit für beide Seiten bietet sich ein Earn out meist nur an, wenn die **Kaufpreisvorstellungen** von Verkäufer und Käufer infolge unternehmensspezifischer Umstände erheblich voneinander abweichen[120] oder beide Parteien davon ausgehen, dass bestimmte eingeleitete Maßnahmen (zB Sanierungsmaßnahmen oder Einführung eines neuen Produkts) erst in Zukunft Erfolge aufweisen können, aber mit erheblichen Risiken behaftet sind.

35c   Earn-Out-Klauseln können in drei verschiedenen Gestaltungsvarianten auftreten:
      (1) **Klassische Earn Out-Klauseln**
          Der Unternehmenskauf selbst erfolgt in einem Schritt. Der Kaufpreis wird hingegen
          in zwei Bestandteile – einen festen und einen flexiblen – zerlegt.[121] Faktisch erfolgt

---

[114] Dazu Hölters/*Weber* HdB Unternehmenskauf Rn. 9.148 ff.
[115] Kiem/*Koenig* Unternehmenskauf § 14; *Werner* DStR 2012, 1662; *Braunschweig* DB 2010, 713; Holzapfel/Pöllath/*Bergjan* Unternehmenskauf Rn. 829 ff.
[116] Vgl. dazu *Meyding/Grau* NZG 2011, 41 (42).
[117] Vgl. *Meissner* GmbHR 2005, 752, auch zu der dabei meist erforderlichen Teilung von GmbH-Geschäftsanteilen nach § 17 GmbHG.
[118] Vgl. dazu *Meyding/Grau* NZG 2011, 41 (42).
[119] *Meissner* GmbHR 2005, 752.
[120] Vgl. dazu *Meyding/Grau* NZG 2011, 41 (42).
[121] Vgl. *Meyding/Grau* NZG 2011, 41 (43).

hinsichtlich des flexiblen Kaufpreisbestandteils – der in der Regel durch einen Min-
dest- oder Höchstbetrag[122] begrenzt wird – eine Ratenzahlungsvereinbarung bzw.
Stundung.

(2) **Symmetrische Earn Out-Klauseln**
Dazu wird zwischen Veräußerer und Erwerber im Hinblick auf eine avisierte zukünftige Unternehmensentwicklung ein Kaufpreis vereinbart. Entwickelt sich die Zielgesellschaft so erfolgreich, wie von Verkäuferseite dargestellt bzw. wie erwartet, verbleibt
es beim vereinbarten Kaufpreis. Bleibt die tatsächliche Entwicklung hinter der vereinbarten zurück, wird ein bestimmter Betrag an den Käufer zurückerstattet. Es handelt
sich also rechtlich um eine Garantie im Hinblick auf die Vermögens- bzw. Ergebnis-
entwicklung des Zielunternehmens.[123]

(3) **Earn Out-Klauseln nach dem Optionsmodell**[124]
In diesem Fall erwirbt der Käufer zunächst einen gewissen Prozentsatz an Anteilen an
der Zielgesellschaft (erste Erwerbsstufe). Zusätzlich wird eine Option – Angebot, das
der Käufer durch einfache Willenserklärung annehmen kann – auf den zukünftigen
Kauf der restlichen Anteile vereinbart (zweite Erwerbsstufe).[125] Dadurch, dass mit Zugang des Angebots ein Widerruf nicht mehr möglich ist, erhält der Käufer bereits eine
gesicherte Rechtsposition. Es bietet sich an dem Verkäufer spiegelbildlich ein Andien-
recht einzuräumen.[126]

Auch in der Lehre wird darauf hingewiesen, dass Earn–out-Klauseln enorm **streitanfällig** 36
sind. Typischerweise versucht der Erwerber, durch Gestaltungen im Rahmen der Bilanzierung, aber auch durch Gestaltung der Unternehmensführung den Anfall von weiteren
Kaufpreiszahlungen zu verhindern.[127]

Es ist zu beachten, dass der Kaufpreis im Ergebnis auch durch in den Kaufvertrag auf- 36a
genommene Gewährleistungs- bzw. Garantieregelungen beeinflusst wird und daher
grundsätzlich für eine Verkäuferhaftung kein Raum ist, wenn gleichzeitig eine Kaufpreisanpassung vorgenommen werden soll. Es muss daher vermieden werden, dass ein und
dasselbe **Risiko** im Fall seiner Realisierung sowohl **Garantie- bzw. Gewährleistungsansprüche** auslöst als auch zu einer Reduktion des Kaufpreises nach der Earn Out-Regelung führt. Tritt der Garantiefall ein, schuldet der Verkäufer dem Käufer einen bestimmten Betrag. Im Fall einer Earn Out-Regelung ist die Sachlage genau umgekehrt. Wird
eine bestimmte vertraglich definierte betriebswirtschaftliche Kennziffer erreicht, ist es der
Käufer, der einen Zusatzkaufpreis an den Verkäufer bezahlen muss. Verkäuferhaftung und
Kaufpreisanpassung werden jedoch in der Vertragspraxis nicht immer klar abgegrenzt.[128]

In der Praxis treten häufig von den Earn Out-Klauseln abzugrenzende ähnliche 36b
Rechtsinstitute auf.[129] So werden in der Vertragspraxis häufig auch Klauseln verwendet,
die eine Anpassung des Kaufpreises in Abhängigkeit von einer auf den Zeitpunkt des
Vollzugs des Unternehmenskaufs („Closing") aufgestellten **Stichtagsbilanz** vorsehen.
Dadurch wird sichergestellt, dass Veränderungen zwischen der Unterzeichnung („Sig-
ning") und dem Vollzug („Closing") des Unternehmenskaufvertrages, die den Wert des
Unternehmens berühren, im Rahmen der Bemessung des Kaufpreises berücksichtigt werden. In diesem Fall wird an einen in der Vergangenheit liegenden Zustand angeknüpft –
den Zeitpunkt der Unternehmensbewertung. Im Gegensatz dazu berücksichtigen Earn
Out-Klauseln zukünftige Entwicklungen.

---

[122] Kriterium zur Berechnung sind in der Regel zu erwartende Gewinne bzw. Umsatzerlöse.
[123] Vgl. *Wessels* ZIP 2004, 1237 (1242).
[124] Vgl. dazu *Meyding/Grau* NZG 2011, 41 (43).
[125] Dazu *Bruski* BB-Spezial 7/2005, 19 (28).
[126] *Weiser* M&A Review 2004, 512.
[127] *Werner* DStR 2012, 1662 (1667); *Hilgard* BB 2011, 2812; *v. Braunschweig* DB 2010, 713; *ders.* DB 2002, 1817; *Baums* DB 1993, 1273.
[128] *Werner* DStR 2012, 1662.
[129] *Werner* DStR 2012, 1662.

36c Im Venture-Capital-Bereich sind vor allem Vereinbarungen von **Meilensteinen** („Milestones") beliebt.[130] Werden diese erreicht, entsteht ein Anspruch auf eine weitere Kaufpreiszahlung. Der Unterschied zu Earn Out-Regelungen liegt dabei darin, dass die Meilensteine typischerweise nicht an die Entwicklung von Unternehmensdaten anknüpfen, die an betriebswirtschaftlichen Kennzahlen gemessen werden, sondern an sonstige wertbildende Faktoren, zB der Entwicklungsstand eines bestimmten Produktes.[131]

37 Ebenso kann aber auch an den Erlös einer späteren Weiterveräußerung des Unternehmens angeknüpft werden (sog. **„Mehrerlösklausel"** oder **„Besserungsschein"**).[132] Um Manipulationsmöglichkeiten und Streit zu vermeiden, sind derartige Klauseln in der Regel äußerst komplex und beschränken den Erwerber in seiner unternehmerischen Freiheit. Zu empfehlen sind derartige Klauseln daher in der Regel nicht. Eine ertragsabhängige Kaufpreisreduzierung ist ein Fall der Ertragsgarantie (→ Rn. 72 ff.).

38 Alternativ kann der Kaufpreis auch auf einer **„Debt free/Cash free"**-Basis vereinbart werden. In diesem Fall werden von dem vereinbarten Kaufpreis die Nettofinanzverbindlichkeiten abgezogen. Jedoch sind sich Verkäufer und Käufer häufig über die Ermittlung der Nettofinanzverbindlichkeiten nicht einig. Um mögliche Missverständnisse und Streitigkeiten zwischen den Vertragsparteien zu vermeiden, ist anzuraten, die Debt free/Cash free-Basis im Unternehmenskaufvertrag eindeutig zu definieren.[133] Da es in der Praxis nicht möglich ist, sämtliche Fälle einer Beeinflussung der Liquidität bzw. Cash des Unternehmens zu erfassen, empfiehlt sich die Ergänzung der Cash Free-Klauseln um **Past-Practice-Klauseln,** die den Verkäufer verpflichten, das Unternehmen zwischen der Unterzeichnung des Unternehmenskaufvertrages und dem Closing genauso weiterzuführen, wie er dies in der Vergangenheit getan hat (sog. Covenants; → Rn. 25).

39 Im Gegensatz dazu definiert das **„Locked-Box"**-Modell einen festen Kaufpreis.[134] In diesem Fall gehen die Vertragsparteien davon aus, dass es seit dem letzten Bilanzstichtag keine wesentlichen Änderungen außerhalb des gewöhnlichen Geschäfts gegeben hat.[135] Der Vertrag enthält häufig weitere Regelungen, die den zulässigen **„Mittelabfluss"** im Vergleich zum letzten Bilanzstichtag definieren sowie die Art und Weise, wie der Unternehmensverkäufer die Geschäfte seit dem letzten Bilanzstichtag zu führen hat; nämlich in gleicher Weise wie bisher. Dieses Locked-Box-Verfahren vermeidet die mit der Kaufpreisermittlung zum Closing verbundenen Schwierigkeiten, denen mit diversen bilanz- oder vermögensbezogenen Kaufpreismechanismen (sog. Net-Debt-Kaufpreisanpassungsmodell[136]) Rechnung getragen wird. Eine Anpassung des Kaufpreises an Wertentwicklungen nach dem Stichtag erfolgt beim Locked-box-Modell nicht mehr. Es wird jedoch eine Verzinsung des ermittelten Kaufpreises zwischen dem maßgebenden Bewertungsstichtag und dem Closing vereinbart. Dabei soll die Zinskomponente vorrangig dem Umstand Rechnung tragen, dass der Kaufpreis nach den Wertverhältnissen zu einem in der Vergangenheit liegenden Stichtag berechnet worden ist.

39a **5. Kaufpreisfinanzierung über das Vermögen der Gesellschaft.** In den letzten Jahrzehnten sind unter Beteiligung von Private-Equity-Investoren die Zahlen der sog. **Leveraged-Buyout-Transaktionen (LBOs),** der fremd(kapital)finanzierten Übernahmen, gestiegen. Der Begriff „leveraged finance" weist auf einen hohen Fremdfinanzierungsan-

---

[130] *Geyrhalter/Zirngibl* FS Spiegelberger 2009, 667 (671 f.); Holzapfel/Pöllath/*Pupeter* Unternehmenskauf Rn. 431.
[131] *Werner* DStR 2012, 1662 f.
[132] *Schmidt-Hern/Behme* NZG 2012, 81.
[133] Holzapfel/Pöllath/*Bergjan* Unternehmenskauf Rn. 814 ff.; Hölters/*Weber* HdB Unternehmenskauf Rn. 9.174; ausführlich *Hilgard* DB 2007, 559.
[134] Ausführlich Kiem/*Kiem* Unternehmenskauf § 6; FG Düsseldorf BeckRS 2011, 96595; *Schönhaar* GWR 2014, 273 (275 f.).
[135] Kiem/*Kiem* Unternehmenskauf § 6 Rn. 7 ff.
[136] S. hierzu Kiem/*Koesling* Unternehmenskauf § 7.

teil hin (60–75 %[137]), der einen Hebel-Effekt (leverage) zur Folge hat. Der geringe Einsatz von Eigenmitteln lässt eine hohe – für den Investor attraktive – **Eigenkapitalrentabilität** erwarten, solange die Gesamtkapitalrentabilität höher ist als die Fremdkapitalzinsen. Wesentlich ist dafür aber auch, dass der Unternehmenskauf unter Einsatz des Vermögens des zu erwerbenden Unternehmens (Target/Zielgesellschaft) erfolgt. Die Zielgesellschaft muss dafür natürlich einen ausreichend hohen freien Cash-Flow erwirtschaften, mit dem die Verbindlichkeiten getilgt werden. Kaufpreisfinanzierungen über das Vermögen der Gesellschaft sind nicht nur bei Privat-Equity-Investoren anzutreffen.[138]

Da der Erwerber/die Erwerbergesellschaft oft erst für den Erwerb der Zielgesellschaft   **39b** gegründet und idR kein ausreichendes Eigenvermögen hat, verlangen Kreditgeber Sicherheiten, die über die Vorauspfändung und Vorausabtretung etwaiger Gewährleistungsansprüche gegen den Verkäufer hinausgehen.[139] In der Praxis haben sich zwei Grundmodelle entwickelt – das Darlehens- und das Sicherheitenmodell.
– Beim **Darlehensmodell** gewährt die Zielgesellschaft dem Erwerber ein Darlehen, das sie ggf. über eine eigene Verbindlichkeit refinanzieren muss.[140]
– Beim **Sicherheitenmodell** nimmt der Erwerber ein eigenes Darlehen auf, das durch Sicherheiten (Bürgschaft, Grundschuld etc) der Zielgesellschaft abgesichert wird.[141]
In beiden Fällen kann der Fremdkapitalgeber auf das **Vermögen der Zielgesellschaft**   **39c** **zugreifen,** da er nun zum Gesellschaftsgläubiger geworden ist.[142]

Sowohl das Darlehens- als auch das Sicherheitenmodell der Finanzierung der Zielge-   **39d** sellschaft sind für den Unternehmenskäufer, den Unternehmensverkäufer und auch die Geschäftsführung der Zielgesellschaft riskant. LBO-Transaktionen sind regelmäßig darauf angelegt, eine Haftung der hinter der idR Erwerbergesellschaft stehenden Investoren zu vermeiden, während die **Haftungsrisiken für den Verkäufer** oft nicht diskutiert werden. Diese sind aber durchaus vorhanden, insbesondere, wenn die Zielgesellschaft zeitnah insolvent wird und der Insolvenzverwalter neben dem aktuellen Gesellschafter gerne auch noch den ehemaligen Gesellschafter heranziehen möchte.[143]

Gesellschaftsrechtlich ist die Problemstellung unter dem Aspekt der **Stammkapitaler-**   **39e** **haltung** (§§ 30, 31 GmbHG, § 57 Abs. 1 S. 1 AktG), steuerrechtlich unter dem Aspekt der **verdeckten Gewinnausschüttung** zu untersuchen.[144] Wird das zur Erhaltung des Stammkapitals erforderliche Vermögen der Gesellschaft an einen Gesellschafter zurückgezahlt (zB gesellschaftsrechtliche verdeckte Gewinnausschüttung bei Unterbilanz), muss der empfangende Gesellschafter diese Zahlungen erstatten (§§ 30 Abs. 1 S. 1, 31 GmbHG; dazu ausführlich → § 22 Rn. 256 ff.). Voraussetzungen für eine verbotene Auszahlung iSd § 30 Abs. 1 S. 1 GmbHG ist ein Vermögenstransfer (Auszahlung) von der Gesellschaft an einen Gesellschafter, durch die eine Unterbilanz entsteht oder vertieft wird.[145]

Der Wortlaut des § 30 GmbHG ist zu eng. Daher versteht man unter **Auszahlung**   **39f** iSd § 30 GmbHG einhellig nicht nur das Auskehren von Barmitteln, sondern unter Berücksichtigung von Sinn und Zweck des § 30 GmbHG jede **Verringerung des Gesellschaftsvermögens.**[146] Unter den Begriff der Auszahlung fallen daher auch Beeinträchtigungen der freien Verfügbarkeit des Gesellschaftsvermögens zugunsten von Gesellschaftern durch Stundungen, Darlehen und auch grundsätzlich jede **Besicherung**

---

[137] Vgl. *Diem* Akquisitionsfinanzierungen § 1 Rn. 5; *Mittendorf,* Praxishandbuch Akquisitionsfinanzierung, 2007, S. 13.
[138] Ausf. zu LBOs Hölters/*Gröger* HdB Unternehmenskauf Rn. 5.299.
[139] *Ester* GmbHR 2004, 105 (106); *Picot* Unternehmenskauf Teil I Rn. 156.
[140] *Tcherveniachki,* Kapitalgesellschaften und Private Equity Fonds, 2007, S. 272.
[141] So schon *Pyszka* DStR 1997, 1562 (1565).
[142] *Picot* Unternehmenskauf Teil I Rn. 166; *Diem* Akquisitionsfinanzierungen § 49 Rn. 2 ff.
[143] *Link* ZIP 2007, 1397; *Pyszka* DStR 1997, 1562 (1565) mwN.
[144] AA Hölters/*Gröger* HdB Unternehmenskauf Rn. 5.307.
[145] Ausführlich Heckschen/Heidinger/*Heidinger/Berkefeld* Kap. 16 Rn. 1 ff.
[146] Heckschen/Heidinger/*Heidinger/Berkefeld* § 16 Rn. 58 ff.; MHLS/*Heidinger* GmbHG § 30 Rn. 59; BGH ZIP 2019, 114.

zugunsten eines Gesellschafters,[147] insbesondere die Besicherung einer Forderung des Gesellschafters gegen einen Dritten.[148] Nach § 31 Abs. 1 GmbHG müssen der Gesellschaft Zahlungen, die unter Verstoß gegen § 30 GmbHG geleistet wurden, erstattet werden. Nach § 31 Abs. 5 S. 1 GmbHG **verjähren** die Ansprüche der Gesellschaft gegen den begünstigten Gesellschafter in **zehn Jahren,** gegen die **subsidiär haftenden Mitgesellschafter** in **fünf Jahren.** Die Verjährung beginnt grundsätzlich mit der Leistung (§ 31 Abs. 5 S. 2 GmbHG), endet gegenüber dem begünstigten Gesellschafter allerdings nicht vor Ablauf von sechs Monaten nach Eröffnung des Insolvenzverfahrens über das Vermögen der GmbH (§ 31 Abs. 5 S. 3 GmbHG).

39g   In der Literatur wird die Frage der Zulässigkeit der Finanzierung des Kaufpreises durch die Zielgesellschaft kontrovers diskutiert. Eine weitverbreitete Auffassung im Schrifttum sieht die **Gewährung von Darlehen oder die Besicherung** grundsätzlich als verboten an.[149] Es liege nicht im Interesse der Zielgesellschaft ihren eigenen Erwerb zu finanzieren oder zu besichern. Eine andere Auffassung lehnt dieses strikte Verbot ab. Gebe es einen gesicherten Rückgriffsanspruch, ggf. auch gegen Dritte, liege eine Unterbilanz nicht vor, wenn die Auskehrung durch einen vollwertigen Rückgewähranspruch gedeckt sei (s. § 30 Abs. 1 S. 2 Alt. 2 GmbHG, § 57 Abs. 1 S. 3 Alt. 2 AktG). Letztlich sei es immer eine Frage des Einzelfalls, ob ein **vollwertiger Rückgewährungsanspruch** bestehe. Es könne aber die LBO-Finanzierungspraxis nicht per se als unzulässig erklärt werden.[150]

39h   Eine wichtige Frage in diesem Bereich ist vom **BGH**[151] aktuell entschieden worden. Eine verbotene Auszahlung iSv § 30 Abs. 1 S. 1 GmbHG liegt zu Lasten des zur Erhaltung des Stammkapitals erforderlichen Vermögens mit der **Bestellung einer dinglichen Sicherheit** für einen Darlehensrückzahlungsanspruch eines Sicherungsnehmers gegen den Gesellschafter vor, wenn der Gesellschafter voraussichtlich nicht zur Rückzahlung in der Lage ist und zudem eine Unterbilanz entsteht oder vertieft wird. Schon zu diesem Zeitpunkt und nicht erst mit der Verwertung der Sicherheit beginnt die Verjährung der Erstattungsansprüche der Gesellschaft nach § 31 Abs. 5 S. 2 GmbHG.[152] Das heißt also, es muss zum **Zeitpunkt der Bestellung der Sicherheit** beurteilt werden, ob es sehr wahrscheinlich ist, dass der Erwerber zum entsprechenden Zeitpunkt auch zahlen kann. Gerade bei nicht ausreichend kapitalisierten Erwerbergesellschaften besteht das Risiko, dass dies nicht möglich ist. Die Besicherung verstößt dann eindeutig gegen § 30 GmbHG.

39i   Es ist auch darauf hinzuweisen, dass die Bestellung einer Sicherheit oder die Gewährung eines Kredits für die Erwerbergesellschaft auch für den **Geschäftsführer der Zielgesellschaft riskant** ist, **§ 43 Abs. 3 GmbHG.** Im Besonderen ist dies der Fall, wenn der Geschäftsführer auch Gesellschafter der Zielgesellschaft ist und die Veräußerung damit in seinem eigenen Interesse liegt. Er kann sich zwar von den Gesellschaftern zur **Sicherheitenstellung** anweisen lassen. Inwieweit trotz einer solchen Anweisung ein derartiges Handeln möglicherweise sogar strafrechtlich relevant ist (§ 266 StGB), ist derzeit nicht vollständig geklärt.[153] Vorsätzliche Verstöße gegen § 30 GmbHG werden jedoch stets eine

---

[147] MHLS/*Heidinger* GmbHG § 30 Rn. 89, 110; Baumbach/Hueck/*Fastrich* GmbHG § 30 Rn. 34; *Sotiropoulos,* Kredite und Kreditsicherheiten der GmbH zugunsten ihrer Gesellschafter und nahe stehender Dritter, 1995, S. 96 ff.; *Steinbeck* WM 1999, 885 (887).
[148] MHLS/*Heidinger* GmbHG § 30 Rn. 88; OLG München GmbHR 1998, 986; KG NZG 2000, 479 mAnm *Kleindiek.*
[149] Für das Verbot der Darlehensgewährung *Otto* DB 1989, 1389 (1392); *Winter* DStR 2007, 1484 (1486); *Riegger* ZGR 2008, 233 (238 f.); *Söhner* ZIP 2011, 2085 (2087).
[150] Beisel/Klumpp/*Beisel* Unternehmenskauf § 13 Rn. 19; *Käpplinger* NZG 2010, 1411 (1412 f.).
[151] BGH RNotZ 2018, 54.
[152] Hierzu ausf. *Nordholtz/Hupka* DStR 2017, 1999; *Kiefner/Bochum* NZG 2017, 1292; *Wilhelm/Hoffmann* DB 2018, 1387; MAH AktR/*Schlösser/Schüppen* § 21 Rn. 49 ff.; MAH GmbHR/*Römermann* § 20 Rn. 276.
[153] Vgl. dazu zuletzt OLG Hamm NZG 2017, 741.

Straftat nach § 266 StGB sowohl für die Handelnden wir auch für die begleitenden Berater (Anstifter/Gehilfen) nach sich ziehen.[154]

Im Interesse der Gesellschaft kann die Sicherheitenbestellung nur liegen, wenn sie eine **39j** **Gegenleistung** für die Zurverfügungstellung der Sicherung erhält (zB im Sinne einer Provision). Für die Sicherheit ist eine übliche Avalprovision in Höhe der normalerweise verlangten 1% bis 2,5% (mehr nach Risiko) an die Gesellschaft zu zahlen. Weiterhin muss bei der Stellung der Sicherheit oder der Gewährung des Darlehens seitens des Veräußerers geprüft und dokumentiert werden, dass der Erwerber dafür Gewähr bietet, dass die eingetragene Sicherheit wahrscheinlich nicht in Anspruch genommen wird, und der besicherte Kredit zurückgezahlt werden kann. Die Geschäftsführung muss dann in der Folge die Situation des Anteilserwerbers beobachten und ggf. von diesem Sicherheiten verlangen, um den **Freistellungs- bzw. Rückgriffsanspruch** abzusichern. Unterlässt die Geschäftsführung dies, so macht sie sich schadensersatzpflichtig, der Anwendungsbereich des § 30 GmbHG ist jedoch nicht mehr eröffnet.

II. (Kauf-)Vertrag über die Übertragung der Anteile am Unternehmensträger

Ausdrückliche **Formerfordernisse** zur Übertragung von Geschäftsanteilen bestehen aus- **40** schließlich bei der Übertragung von **GmbH-Geschäftsanteilen** (vgl. § 15 Abs. 3 GmbHG – Verpflichtungsgeschäft und § 15 Abs. 4 S. 1 GmbHG – Verfügungsgeschäft). Aufgrund der Regelung durch das MoMiG sind bei der Geschäftsanteilsübertragung Besonderheiten zu beachten (Einzelheiten hierzu → § 22 Rn. 450 ff.).

Kostenrechtlich besteht ein Vorteil des Share Deals bei Personengesellschaften grund- **41** sätzlich darin, dass keine Beurkundungspflicht nach § 311b Abs. 1 BGB ausgelöst wird, da bei der Übertragung von Mitgliedschaftsrechten Grundstücke – soweit vorhanden – mit dem Mitgliedschaftsrecht „transportiert" werden, nicht aber Gegenstand der Verpflichtungsvereinbarungen sind.[155] Jedoch kann § 311b Abs. 1 BGB einen Beurkundungszwang auslösen, soweit sich die rechtliche Vertragsgestaltung aufgrund der wirtschaftlichen Umstände als reine **Umgehung** der für Grundstücksgeschäfte eigentlich vorgeschriebenen Formerfordernisse der §§ 311b Abs. 1, 873, 925 BGB darstellt. Dies wird jedoch nur in Einzelfällen der Fall sein. Der BGH deutet eine solche Möglichkeit für den Fall an, dass die Gesellschaft die Möglichkeit der Übertragung der Gesellschaftsanteile bewusst nutzt, um sich die **grundstücksrechtlichen Formvorschriften** zu ersparen.[156] Ohne das Umgehungsbewusstsein sei aber die Anwendung der Formvorschriften selbst dann unpraktikabel, wenn praktisch das gesamte Gesellschaftsvermögen aus dem Grundstücksbesitz besteht.[157]

Soll neben Mitgliedschaftsrechten **Grundbesitz** übertragen werden, so kann die Form- **42** vorschrift des § 311b Abs. 1 BGB auch auf die Übertragung der Mitgliedschaft durchschlagen. Das richtet sich wie beim Asset Deal danach, ob ein **einheitliches Geschäft** vorliegt (dazu näher → Rn. 10).[158] In der Praxis ist dies häufig der Fall, da das Betriebsgrundstück mitgekauft werden soll, dieses aber nicht im Eigentum der Gesellschaft steht (so zB bei Personengesellschaften in Sonderbetriebsvermögen). Hier bedingt immer die Formbedürftigkeit des Grundstückgeschäfts die Beurkundungspflicht des Anteilsübertragungsvertrages und führt auch dort zur Formpflicht sowie zur Aufnahme von Verknüpfungsklauseln.

Gemäß § 15 Abs. 4 S. 1 GmbHG bedarf der Vertrag, mit dem die **Pflicht zur Abtre-** **43** **tung der GmbH-Geschäftsanteile** begründet wird, der notariellen Beurkundung; mit

---

[154] BGH NStZ 2009, 153; Beisel/Klumpp/*Beisel* Unternehmenskauf § 13 Rn. 24.
[155] BGH NJW 1983, 1110.
[156] Vgl. BGH NJW 1983, 1110 (1111).
[157] Vgl. wiederum BGH NJW 1983, 1110 (1111); MüKoBGB/*Schäfer* BGB § 705 Rn. 36; *Ulmer/Löbbe* DNotZ 1998, 711 (729 ff.); *K. Schmidt* GesR § 45 III 3 a.
[158] *Weber* RNotZ 2016, 377.

dieser Regelung wird die Verkehrsfähigkeit von GmbH-Anteilen bewusst eingeschränkt. **Nebenabreden** müssen beurkundet werden.[159] In der Folge sind alle weiteren Verträge zu beurkunden, die von dem Verpflichtungsvertrag zur Abtretung abhängen. Von der Beurkundungspflicht nicht umfasst sind jedoch Abreden, welche die Äquivalenzbeziehung zwischen Kaufsache und Gegenleistung nicht betreffen. Dies sind insbesondere reine Finanzierungsvereinbarungen zwischen Käufer und Dritten, auch wenn der Verkäufer in die Vereinbarung einbezogen wird.[160]

44   Um Notarkosten zu sparen, kommt es in der Praxis nicht selten vor, dass lediglich ein formloser Verpflichtungsvertrag zur Abtretung der GmbH-Geschäftsanteile abgeschlossen wird. Lassen die Parteien in der Folge den Abtretungsvertrag ordnungsgemäß beurkunden, so wird das **Verpflichtungsgeschäft** zwar gemäß § 15 Abs. 4 S. 2 GmbHG **geheilt**, dies jedoch erst mit Wirksamkeit der Abtretung. Die **Heilungswirkung** der Übertragung erfasst zwar grundsätzlich auch die im Verpflichtungsgeschäft enthaltenen Nebenabreden. Eine Heilung scheidet aber aus, insoweit die formnichtige und die formgültige Vereinbarung inhaltlich unvereinbar sind, zB bei einem Garantieausschluss im notariellen Vertrag und einer Freistellungsverpflichtung im schriftlichen Vertrag.[161] Gefährlich ist dieser Weg vor allem, wenn die Abtretung unter Bedingungen steht. Erlangt der Notar von einer solchen Absicht Kenntnis, so hat er die Parteien auf die Gefahren einer solchen Vorgehensweise hinzuweisen. Ohne die Beurkundung des schuldrechtlichen Vertrages haben die Parteien keinen Anspruch auf Übertragung der Geschäftsanteile und bei Unwirksamkeit der Beurkundung keinen Anspruch auf Neuvornahme. Der letztere Fall kann auch für den allgemeinen Rechtsverkehr unangenehme Folgen haben, denn bei weiterer Veräußerung besteht ein Gutglaubensschutz in Hinblick auf die Rechtsinhaberschaft nur in den engen Grenzen des § 16 Abs. 3 GmbHG. Werden Verpflichtungs- und Verfügungsgeschäft in einer Urkunde zusammengefasst, so führt die Formunwirksamkeit des Verpflichtungsgeschäfts grundsätzlich nicht zur Formunwirksamkeit der Abtretungsvereinbarungen.[162]

45   Bei einem Share Deal ist nach hM (→ Rn. 41) die Formvorschrift des § 311b Abs. 3 BGB nicht anwendbar. Eine Aktie oder ein KG-Anteil stellen immer einen Gegenstand im rechtlichen Sinne dar. Werden diese wie üblich im Vertrag aufgeführt, schiede danach die Anwendbarkeit des § 311b Abs. 3 BGB aus. Wie beim Asset Deal sollte der Notar aber jedenfalls für juristische Personen – der Rechtsprechung des Reichsgerichts folgend – auf die **Beurkundung des Vertrages** dringen. Nach denselben Grundsätzen wie beim Asset Deal kann die Zustimmung der Hauptversammlung oder der Gesellschafter erforderlich sein (→ Rn. 14ff. und → § 23 Rn. 310ff.). Wird eine Satzungsänderung oder eine Umwandlungsmaßnahme im Vertrag bereits bindend vereinbart, kommt eine Beurkundungspflicht nach § 53 Abs. 2 S. 1 GmbHG, § 130 Abs. 1 S. 1 AktG iVm § 179 Abs. 2 S. 1 AktG oder §§ 6, 13 Abs. 3 S. 1 UmwG in Betracht.[163]

45a   Es ist weiterhin strittig, inwieweit ein Share Deal über GmbH-Geschäftsanteile auch im **Ausland** – insbesondere der Schweiz – beurkundet werden kann.[164] Der BGH[165] hat lediglich entschieden, dass der Notar in Basel jedenfalls nicht offensichtlich für die Einreichung der Gesellschafterliste unzuständig sei (Prüfungsreichweite des Registergerichts). Eine von ihm vorgenommene Beurkundung eines GmbH-Geschäftsanteilskaufs sei nicht offensichtlich unwirksam,[166] die von ihm eingereichte Liste daher im Register aufzunehmen.

---

[159] BGH ZIP 2001, 1536.
[160] *Leyendecker/Mackensen* NZG 2012, 129; differenzierend *Hermanns* DNotZ 2013, 9 (16).
[161] OLG Hamburg ZIP 2007, 1008.
[162] OLG Frankfurt a.M. NZG 2012, 466; zust. *Hermanns* DNotZ 2013, 9 (20).
[163] *Hermanns* DNotZ 2013, 9.
[164] Vgl. dazu *Bayer* GmbHR 2013, 897ff.
[165] DNotZ 2014, 457.
[166] Dazu auch *Mense/Klie* GWR 2014, 83; *Heckschen* BB 2014, 466; *ders.* DB 2018, 685.

III. Übertragung der Anteile des Unternehmensträgers

Die Vorzüge des Share Deals liegen in der Einfachheit des dinglichen Vollzugs des Ge- **46** schäftes. In dieser Einfachheit liegt aber auch das erhöhte Risiko, denn für den Erwerber ist es oft schwierig festzustellen, was sich hinter den Zielbeteiligungen verbirgt und wie das davon getragene Unternehmen (wirtschaftlich) beschaffen ist. Der Erwerber übernimmt alle Vermögenswerte, Verbindlichkeiten und Verträge. Daher hat der Notar bei der Vertragsgestaltung auf eine **genaue Beschreibung** des durch die Anteile getragenen Unternehmens hinzuwirken, die grundsätzlich derjenigen bei einem Asset Deal entspricht. Damit die Beschaffenheitsbeschreibungen nicht leere Versprechungen bleiben, sind diese mit hohen **Verkäufergarantien** zu verknüpfen. Daher wirken sich die Erleichterungen beim Vollzug des dinglichen Geschäfts, die der Share Deal gegenüber dem Asset Deal bietet, beim Umfang der Vertragsgestaltung kaum aus.

Der an einer Anteilsveräußerung mitwirkende Notar hat unverzüglich nach Wirksam- **47** keit des dinglichen Rechtsgeschäfts eine neue **Gesellschafterliste** beim Handelsregister einzureichen (§ 40 Abs. 2 GmbHG). Bei einer Beurkundung im Ausland besteht die Zuständigkeit zur Einreichung der Gesellschafterliste weiterhin beim Geschäftsführer und parallel dazu ebenfalls beim ausländischen Notar, soweit dieser bereits die wirksame Beurkundung der Anteilsübertragung (gleichwertig zum deutschen Notar) vornehmen konnte. Die Einreichungskompetenz soll sich als Annex seiner Beurkundungskompetenz ergeben.[167] Bei einer bedingten Abtretung von Geschäftsanteilen sind **Vollzugsprotokolle** üblich. Die Parteien bestätigen einander den Eintritt aller Bedingungen und die Vornahme der damit in Zusammenhang stehenden Handlungen. Solche Protokolle sind formfrei möglich, soweit sie rein deklaratorischen Charakter haben. Soll dagegen der Inhalt der Abtretung oder der Bedingungen modifiziert werden, so ist eine erneute Beurkundung erforderlich. Ausnahmen lässt die Rechtsprechung nur für den Verzicht des durch die Bedingung Begünstigten zu,[168] der im Einzelfall schwer zu bestimmen sein kann. Möglich ist es jedoch, den Verzicht einer oder beider Parteien als Alternativbedingung der Abtretung zu vereinbaren.[169]

Eine Beurkundungsbedürftigkeit des Unternehmenskaufvertrages kann sich auch daraus **48** ergeben, dass der Vertrag verbindliche Vereinbarungen enthält, die dazu verpflichten, **umwandlungsrechtliche Maßnahmen** vorzunehmen.[170] Anderenfalls könnte auf Erfüllung eines solchen Vorvertrages geklagt werden, ohne dass die Formerfordernisse gewahrt werden. Abzugrenzen sind die verbindlichen Vereinbarungen von bloßen rechtsunverbindlichen Absichtserklärungen, bestimmte Umwandlungsmaßnahmen vorzunehmen.[171]

Umstritten ist, ob rechtlich bindende Vereinbarungen, spätere **Satzungsänderungen** **49** vorzunehmen, beurkundungsbedürftig sind.[172] Die Verabredung, keine Satzungsänderungen oder keine Umwandlungen durchzuführen, kann formfrei vereinbart werden.[173] Eine solche Vereinbarung ist beim Share Deal sinnvoll, bei dem die Geschäftsanteile aufschiebend bedingt an den Erwerber abgetreten werden. Da hier der Veräußerer bis zum Bedingungseintritt meist Alleingesellschafter ist, könnte er anderenfalls Satzungs- und Strukturänderungen bei der Gesellschaft beschließen.

Die Abtretung von Anteilen an Personengesellschaften kann nach den allgemeinen Vor- **50** schriften gemäß §§ 398, 413 BGB formfrei erfolgen. Grundsätzlich können auch die Kommanditanteile einer GmbH & Co. KG formlos abgetreten werden.[174] Der Berater hat jedoch zu erforschen, ob der Anteilskauf der KG-Anteile **untrennbar** mit dem **Erwerb**

---

[167] BGH DNotZ 2014, 457.
[168] BGH DNotZ 1999, 420 (424).
[169] Dazu *Stoppel* GmbHR 2012, 828.
[170] Widmann/Mayer/*Heckschen* UmwG § 13 Rn. 231.1.
[171] *Hermanns* ZIP 2006, 2296 (2298).
[172] Dafür Lutter/Hommelhoff/*Bayer* GmbHG § 53 Rn. 40; dagegen *Priester* ZIP 1987, 280 (285).
[173] So auch *Hermanns* ZIP 2006, 2296 (2298).
[174] *Kraft* DB 2006, 711.

der GmbH-Anteile verbunden ist. In der Praxis besteht eine solche Verknüpfung regelmäßig. Dann soll die Abtretung der Anteile an der einen Gesellschaft nicht ohne die Abtretung der Anteile an der anderen Gesellschaft erfolgen. Der gesamte Abtretungsvertrag unterfällt dann der Beurkundungspflicht aus § 15 Abs. 3 und Abs. 4 S. 1 GmbHG.[175] Wird die Form nicht eingehalten, wirkt die Heilung des Verpflichtungsgeschäfts über die GmbH-Anteile nach § 15 Abs. 4 S. 2 GmbHG auch auf die Kommanditanteile (str.). Wird das Verpflichtungsgeschäft nicht geheilt, ist gemäß §§ 125 S. 1, 139 BGB das gesamte Geschäft nichtig. Bei der **Einheits-KG,** die nach dem BGH eine zulässige Konstruktion darstellt,[176] hält die KG die Geschäftsanteile der KG. Wird hier ein Share Deal vereinbart, werden die GmbH-Anteile nur „mittelbar" betroffen. Zu veräußern sind ausschließlich die Kommanditanteile. Eine Beurkundung ist nicht erforderlich.

IV. Gesellschafterdarlehen

51 Im Rahmen der Veräußerung eines Gesellschaftsanteils ist es üblich, dass etwaige bestehende **Gesellschafterdarlehen des Veräußerers** vor Übertragung der Beteiligung **zurückgewährt** werden. In der Regel will der Veräußerer sein gesamtes Engagement im zu veräußernden Unternehmen beenden, und auch der Erwerber hat ein Interesse daran, frei über die Finanzierungsstruktur seiner Gesellschaft zu entscheiden. Nach Inkrafttreten des MoMiG hat jedoch der – bisher beim Nichtbestehen einer Krise der Gesellschaft unproblematische – Vorgang der Darlehensrückführung für den Veräußerer die nachteilige Folge, dass im Falle eines **Insolvenzeröffnungsantrags** über das Vermögen der Gesellschaft innerhalb eines Jahres nach Rückzahlung des Gesellschafterdarlehens die erhaltenen Rückzahlungen der Insolvenzanfechtung nach § 135 Abs. 1 Nr. 2 InsO unterliegen. Dies kann auch nicht dadurch vermieden werden, dass der Veräußerer das Gesellschafterdarlehen zunächst stehen lässt und die Rückzahlung durch die Gesellschaft erst nach wirksamer Übertragung seiner Beteiligung auf den Erwerber erfolgt.[177] Daher müssen andere Gestaltungsmöglichkeiten erwogen werden.[178]

51a **1. Gestaltungsmöglichkeiten.** Es sollten Maßnahmen ins Auge gefasst werden, die eine Anfechtung von Tilgungsleistungen auf ein gemeinsam mit dem Geschäftsanteil abgetretenes Darlehen auch gegenüber dem Altgesellschafter ausschließen. Am sichersten, zugleich aber unpraktikabelsten wäre es für den (Alt- bzw. Noch-)Gesellschafter, sich das Darlehen zurückzahlen zu lassen und mit dem Verkauf **ein Jahr abzuwarten.**[179] Denkbar sind auch **schuldrechtliche Lösungen,** bei denen sich der Neugesellschafter und Neugläubiger des Darlehensrückzahlungsanspruches dazu verpflichtet, keine Tilgungsleistungen an sich zu verlangen bzw. zuzulassen. Eine Zuwiderhandlung begründet allerdings lediglich einen Anspruch auf Schadenersatz gegen den Neugesellschafter. Der Altgesellschafter sollte sich auf eine solche Zusage nur bei ausreichender Bonität oder der Stellung von Sicherheiten, etwa eine Bankbürgschaft oder eine Garantieerklärung für einen Zeitraum von einem Jahr nach Anteilsübertragung, einlassen.[180]

51b **a) Bedingungslösung.** Sollen Darlehen und Geschäftsanteil gemeinsam verkauft werden, können dem Altgesellschafter gegenüber anfechtbare Tilgungsleistungen auch dadurch verhindert werden, dass der **Rückzahlungsanspruch** dinglich erst nach Ablauf der Jahresfrist auf den Erwerber übergeht. Das kann durch eine **aufschiebend befristete**

---

[175] So auch KG BeckRS 2009, 89555.
[176] DStR 2007, 1640.
[177] Zuletzt BGH NJW 2013, 2282.
[178] *Heckschen/Kreußlein* RNotZ 2016, 351 (356); *Altmeppen* ZIP 2016, 2089.
[179] *Heckschen* MoMiG Rn. 700; Heckschen/Heidinger/*Heckschen* Kap. 19 Rn. 221; *Mairose* RNotZ 2015, 9 (11); *Schniepp/Hensel* BB 2015, 777 (781).
[180] *Primozic* NJW 2016, 679 (681); *Lauster* WM 2013, 2155 (2159); *Mairose* RNotZ 2015, 9 (15).

Abtretung gemäß §§ 158, 163 BGB erreicht werden.[181] Der Altgesellschafter hält den Geschäftsanteil treuhänderisch für den Neugesellschafter. Tilgungsleistungen werden auf Rechnung des Neugesellschafters angenommen, der damit auch das wirtschaftliche Risiko des Forderungsausfalls trägt. Man wird den Käufer eines Darlehensrückzahlungsanspruches davon überzeugen müssen, dass er den Kaufpreis für das Darlehen an den Verkäufer zahlt, sich aber gleichzeitig dem Risiko aussetzt, dass der Verkäufer während der Schwebezeit vertragswidrig Tilgungsleistungen an sich selbst veranlasst.

Zahlt die Gesellschaft während der Jahresfrist an den dinglich immer noch forderungs- **51c** berechtigten Altgesellschafter, ist jedenfalls fraglich, ob diese Leistungen an den Zedenten schuldbefreiende Wirkung haben. Sofern kein Fall des § 407 BGB vorliegt, wird dies unter Hinweis auf die hM[182] zu § 161 BGB, wonach die Vorschrift auch bei aufschiebend bedingter Zession anwendbar sei, abgelehnt.[183] Eine überzeugende Begründung fehlt indes. § 161 Abs. 1 BGB findet ausdrücklich nur auf die Verfügung von Gegenständen Anwendung. Der im Gegensatz dazu für Rechte geltende § 161 Abs. 2 BGB ist wiederum nur dann anwendbar, wenn eine auflösende Bedingung vereinbart ist. Entschließt man sich dazu, eine Forderung **aufschiebend befristet abzutreten,** dann ist iSd § 163 Alt. 1 BGB ein Anfangstermin bestimmt worden, weshalb § 161 Abs. 2 BGB gerade nicht anwendbar ist. Dass nun § 161 Abs. 1 BGB trotz seines ausdrücklichen Wortlauts nicht nur auf Gegenstände, sondern als allgemeiner Rechtsgedanke auch auf bedingt abgetretene Forderungen oder bedingt übertragene Rechte anzuwenden sei, ist zwar eine häufig wiederholte Behauptung.[184] Woraus sich dieser ergeben soll, bleibt allerdings offen.

Nachgedacht werden könnte dann aber immer noch daran, dass Alt- und Neugesell- **51d** schafter vereinbaren, den Rückzahlungsanspruch zunächst unbedingt und unbefristet auf den Neugesellschafter zu übertragen, diesen sodann an den Altgesellschafter unter einer **auflösenden Befristung zurück zu übertragen.** In diesem Fall ist § 161 Abs. 1 BGB ohne jeden dogmatischen Zweifel gemäß § 161 Abs. 2 BGB iVm § 163 Alt. 2 BGB anwendbar. Letztlich ist für die Anwendung von § 161 Abs. 1 BGB aber überhaupt nicht klar, worin die die Abtretung vereitelnde Verfügung des Zedenten gesehen werden soll, die Tatbestandsvoraussetzung des § 161 Abs. 1 BGB ist. Verlangt der Gläubiger einer Forderung Erfüllung derselben, dann erlischt diese. Diese gesetzlich angeordnete Rechtsfolge stellt aber keine Verfügung über die Forderung dar. Wäre dem so, dann hätte es weder der Verweisung in § 362 Abs. 2 BGB auf § 185 BGB bedurft noch eines gesonderten zweiten Absatzes in § 816 BGB, da die Konstellation bereits von § 816 Abs. 1 BGB erfasst wäre.[185]

b) Verpfändung des Darlehensrückzahlungsanspruchs. Vorgeschlagen wird auch, **51e** den Darlehensrückzahlungsanspruch zwar an den Neugesellschafter zu übertragen, diesen aber zugleich an den Altgesellschafter auflösend befristet zu verpfänden.[186] Der Gesellschaft sollte die Verpfändung angezeigt werden, da nach § 1275 BGB die Vorschriften der §§ 404 ff. BGB Anwendung finden, um eine schuldbefreiende Leistung an den Neugesellschafter gemäß § 407 Abs. 1 BGB zu verhindern. Dann kann die Gesellschaft gemäß § 1281 S. 1 BGB nur an den Altgesellschafter und den Neugläubiger gemeinschaftlich leisten.

Auch zur **Bestellung eines Pfandrechts an einem Recht** bedarf es aber einer auf **51f** Geldleistung gerichteten Forderung, die durch das Pfandrecht abgesichert wird. Denkbar

---

[181] So der Lösungsvorschlag von *Primozic* NJW 2016, 679 (681).
[182] OLG München MittBayNot 2016, 228; BGH NJW 1956, 790 Rn. 16; MüKoBGB/*Westermann* BGB § 161 Rn. 10; Staudinger/*Bork* BGB § 161 Rn. 5.
[183] *Primozic* NJW 2016, 679 (681).
[184] OLG München MittBayNot 2016, 228; BGH NJW 1956, 790; MüKoBGB/*Westermann* BGB § 161 Rn. 10; Staudinger/*Bork* BGB § 161 Rn. 5.
[185] MüKoBGB/*Fetzner* BGB § 362 Rn. 8; aA KG OLGZ 1978, 67.
[186] Vgl. *Primozic* NJW 2016, 679 (681).

ist daher, dass die Parteien schuldrechtlich miteinander vereinbaren, dass der Neugesellschafter den an ihn abgetretenen Darlehensrückzahlungsanspruch bis zum Ablauf eines
Jahres nicht gegenüber der Gesellschaft geltend machen darf. Dieser Unterlassungsanspruch muss strafbewehrt sein, also iSv § 1228 S. 2 BGB in eine Geldforderung übergehen können.[187] Es muss mit der Einforderung von Tilgungsleistungen ein Anspruch auf
Geldleistung in Höhe der jeweiligen Tilgungsleistungen ausgelöst werden. Dieser Lösung
werden schwerwiegende dogmatische Bedenken entgegengehalten. Die gesicherte und
die gepfändete Geldforderung sind zwar nicht identisch, sie hängen in ihrem Bestehen
aber in bedenklicher Weise voneinander ab. Die gesicherte Forderung, die Unterlassung
der Geltendmachung oder Einziehung der Darlehensforderung, bezieht sich auf die gepfändete Forderung, die Darlehensforderung. §§ 1274 ff. BGB gehen aber von der **Verschiedenheit von gesicherter und verpfändeter Forderung** aus. Darüber hinaus entsteht die eigentlich besicherte Geldzahlungspflicht erst dann, wenn die zu sichernde
Forderung bereits erloschen ist, die Pfändung damit also leerläuft.

51g   Möglich bliebe aber, den Kaufpreiszahlungsanspruch für den Darlehensrückzahlungsanspruch zu **stunden** und entsprechend **abzusichern.** Auch in diesem Fall würde der Altgesellschafter in die unbefriedigende Situation geraten, den vollen Kaufpreis für die Abtretung von Darlehensrückzahlungsanspruch und Geschäftsanteil erst nach einem Jahr zu
erlangen. Sicherer und komfortabler für den Altgesellschafter ist es daher, wenn ein Bankkonto des Erwerbers zugunsten des Altgesellschafters über einen entsprechenden Betrag
verpfändet wird.[188]

51h   **c) Treuhandlösung.** Die sicherste und zugleich bequemste Lösung dürfte wohl darin
liegen, mit der Abtretung zu vereinbaren, dass der Neugesellschafter sich das Darlehen
zurückbezahlen lässt, die Valuta auf ein **Treuhand- oder Notaranderkonto** zur Einzahlung angewiesen wird.[189] Der Käufer erlangt dann erst nach Ablauf der Jahresfrist unmittelbaren Zugriff auf das mit dem Gesellschafterdarlehen verbundene Vermögen. Eine Inanspruchnahme neben dem Neugesellschafter muss der Altgesellschafter dann nicht
fürchten.

51i   **d) Auflösung des Gesellschafterdarlehens – Debt-to-Equity-Swap.** Die Anfechtung
lässt sich auch dadurch vermeiden, dass der Darlehensanspruch vor Abtretung des Geschäftsanteils **in die Rücklagen** gemäß § 272 Abs. 2 Nr. 4 HGB **eingelegt,** also **an die
Gesellschaft abgetreten** wird. Der Darlehensrückzahlungsanspruch erlischt dadurch infolge Konfusion. Anschließend werden die Anteile, da sich mit der Einbringung das Eigenkapital der Gesellschaft erhöht, zu einem entsprechend höheren Preis verkauft.[190] Geht
man den Weg der Einbringung des Darlehensrückzahlungsanspruches in die Kapitalrücklage, dann sollten **Auszahlungen aus der Kapitalreserve** an den Verkäufer unterlassen
werden. Es ist noch nicht abschließend geklärt, ob sie auch innerhalb der Jahresfrist des
§ 135 Abs. 1 Nr. 2 InsO als einer der Rückzahlung eines Gesellschafterdarlehens vergleichbaren Handlung anfechtbar sind.[191] Es ist auch nicht völlig auszuschließen, dass der
IX. Zivilsenat das zitierte Urteil auf diese Fallkonstellation überträgt und der Verkäufer
auch von der Anfechtung und damit der gesamtschuldnerischen Haftung bedroht
ist, wenn der Erwerber entsprechende Auszahlungen binnen Jahresfrist aus der Kapital-

---

[187] Zur Zulässigkeit MüKoBGB/*Damrau* BGB § 1204 Rn. 17; BeckOK BGB/*Sosnitza* BGB § 1204 Rn. 15.
[188] *Lauster* WM 2013, 2155 (2159).
[189] Diesen Vorschlag haben der *Verfasser* und *Heidinger* seit 2012 bereits auf vielen Vortragsveranstaltungen
referiert.
[190] *Mairose* RNotZ 2015, 9 (15); *Lauster* WM 2013, 2155 (2160); *Reinhard/Schützler* ZIP 2013, 1898
(1902 f.); *Greven* BB 2014, 2309 (2312); *Schniepp/Hensel* BB 2014, 777 (781).
[191] Goette/Habersack/*Habersack,* Das MoMiG in Wissenschaft und Praxis, 2009, Rn. 5.35; Goette/Haber-
sack/*Vetter,* Das MoMiG in Wissenschaft und Praxis, 2009, Rn. 4.118 ff.; Bunnemann/Zirngibl/*Desch,*
Die Gesellschaft mit beschränkter Haftung in der Praxis, 2. Aufl. 2011, § 8 Rn. 61.

rücklage erhält, nicht aber der Verkäufer.[192] Es wird daher vorgeschlagen, vertraglich zu vereinbaren, dass innerhalb eines Jahres nach Veräußerung des/der Geschäftsanteile keine entsprechenden Auszahlungen an den Erwerben vorgenommen werden dürfen, also die Kapitalrücklage nicht in dieser Höhe aufgelöst werden darf.[193] Auch dieser Vorschlag führt aber bei Verstößen zu Schadenersatzansprüchen, deren Realisierung von der Bonität des Erwerbers abhängt.

Ebenso kann der Verkäufer gegenüber der Gesellschaft den **Verzicht auf die Tilgung**   51j **des Darlehens** erklären, gleichzeitig den Geschäftsanteil zu einem **erhöhten Preis** veräußern **(Einbringungslösung)**.[194]

Die Einbringungslösung birgt aber **steuerliche Unsicherheiten,** wenn die einge-   51k brachte Darlehensforderung nicht werthaltig ist. Dann entsteht ein außerordentlicher Ertrag in Höhe des nicht werthaltigen Teils der eingebrachten Forderung, der regelmäßig als Gewinn zu besteuern ist.[195] Ist die Forderung hingegen werthaltig, erfolgt sie steuerneutral.[196]

Es wird außerdem darauf hingewiesen, dass diese Gestaltung über das Erlöschen der   51l Darlehensforderung dem Interesse des Neugesellschafters zuwiderlaufen kann, wenn dieser mit der Darlehensforderung den Kaufpreis refinanzieren und die **Finanzierungskosten** steuerlich geltend machen wolle.[197]

e) Fremdtilgungsmodell. Vorgeschlagen wird auch, der Käufer könne das Darlehen ge-   51m genüber dem Verkäufer gemäß § 267 BGB tilgen und in diesem Sinne gemäß § 362 BGB den **Darlehensrückzahlungsanspruch** erfüllen.[198] Im Gegenzug erhält der Käufer einen Anspruch gegen die Gesellschaft.[199] Es ist allerdings zweifelhaft, ob dieser Weg anders zu bewerten ist, als die vom BGH entschiedene Konstellation, wenn der Käufer seinen Rückgriffsanspruch gegen die Gesellschaft durchsetzt. Denn auch hier findet zunächst eine Aufspaltung der Stellung als Darlehensgeber und Gesellschafter statt. Es wird eingewandt, dass der Regressanspruch wie ein abgetretenes Gesellschafterdarlehen der Verstrickung gemäß §§ 404, 412 BGB analog unterliege.[200] Jedenfalls die „wirtschaftliche Betrachtungsweise" des BGH, mit der er einer „unerschöpflichen Gestaltungsfantasie" begegnen wollte, wird gegen dieses Modell sprechen.[201]

Im Übrigen kann sich auch die Frage stellen, ob der Neugesellschafter überhaupt auf   51n eine bestehende Schuld der Gesellschaft gegenüber dem Altgesellschafter leistet, wenn dessen Anspruch jedenfalls potentiell verstrickt und der Anfechtung durch den Insolvenzverwalter ausgesetzt und damit eigentlich wertlos ist. Verneint man dies, dann erlangt die Gesellschaft nichts, weshalb ein Rückgriffsanspruch gegen diese nicht besteht und geleistete Mittel vom Verwalter kondiziert werden können.[202]

f) Vermeidung der Gläubigerbenachteiligung. Eine Lösung soll auch darin bestehen,   51o dass der Neugesellschafter in Höhe des Darlehensrückzahlungsanspruches **Barmittel in die freie Kapitalrücklage** der Gesellschaft einlegt, die zweckgebunden ist und nur zur

---

[192] Bunnemann/Zirngibl/*Desch,* Die Gesellschaft mit beschränkter Haftung in der Praxis, 2. Aufl. 2011, § 8 Rn. 61 mwN.
[193] *Mairose* RNotZ 2015, 9 (16).
[194] *V. Woedtke* GmbHR 2014, 1018 (1023); *Mairose* RNotZ 2015, 9 (15); *Greven* BB 2014, 2309 (2312).
[195] *Greven* BB 2014, 2309 (2312 f.); *Schniepp/Hensel* BB 2015, 777 (782).
[196] *Bauer/Farian* GmbHR 2015, 230 (234); *Lauster* WM 2013, 2155 (2160).
[197] *Schniepp/Hensel* BB 2015, 777 (782).
[198] *Greven* BB 2014, 2309 (2314) mit Verweis auf *Kästle/Oberbracht,* Unternehmenskauf – Share Purchase Agreement, 2. Aufl. 2010, S. 51.
[199] Vgl. nur MüKoBGB/*Krüger* BGB § 267 Rn. 21.
[200] *Greven* BB 2014, 2309 (2313).
[201] *Greven* BB 2014, 2309 (2313).
[202] Vgl. MüKoBGB/*Krüger* BGB § 267 Rn. 22.

Rückzahlung des Darlehensrückzahlungsanspruches erfolgen dürfe.[203] In diesem Fall liege zwar eine Rückzahlung an den Altgesellschafter vor, die allerdings mangels Gläubigerbenachteiligung gemäß § 129 Abs. 1 InsO nicht zur Anfechtung führen könne.[204] Die Befriedigung erfolge nämlich aus Mitteln der Gesellschaft, die ihr ausschließlich zum Zwecke der Befriedigung des Altgesellschafters zweckgebundenen zur Verfügung worden sind, weshalb es bei Rückzahlung nicht zur Minderung des Gesellschaftervermögens komme.[205]

51p **2. Der darlehensgebende Noch-Nicht-Gesellschafter.** Ebenfalls interessant ist die Frage, wie das **Darlehen eines Dritten** zu behandeln ist, der selbst noch kein Gesellschafter ist. Der BGH[206] führt aus, dass die Anfechtung von Gesellschafterhilfen lediglich voraussetzt, dass ein Gesellschafter innerhalb der jeweiligen Anfechtungsfristen eine Befriedigung für ein Darlehen erlangt hat. Es komme nicht darauf an, ob diese innerhalb der Anfechtungsfrist getroffen wurde. Auch gegenüber einem Gesellschafter, der der Gesellschaft ein Darlehen gewährt hat, bevor er Gesellschafter wurde, kann demnach eine Rückzahlung innerhalb der Jahresfrist des § 135 Abs. 1 Nr. 2 InsO angefochten werden. Zur Begründung verweist der BGH auf die Literatur.[207] Insbesondere *Altmeppen*[208] argumentiert, dass bereits nach altem Eigenkapitalersatz der künftige Gesellschafter von der Haftung betroffen war, wenn für ihn der Grundsatz des „Stehenlassen in der Krise" einschlägig war. Das Urteil wird in der Literatur zwar kritisiert,[209] es ist indes dem Darlehensgeber, der auch eine Beteiligung an der Gesellschaft ins Auge fasst, dringend anzuraten, das Darlehen vor Erwerb zu kündigen.

51q **3. Wirtschaftlich dem Gesellschafterdarlehen vergleichbare Rechtshandlungen.** **a) Stehenlassen von Gesellschafterforderungen.** Zur Fallgruppe der Forderungen aus Rechtshandlungen eines Gesellschafters, die einem Darlehen **wirtschaftlich entsprechen,** gehören vor allem auch **stehengelassene Forderungen** des Gesellschafters aus Austauschgeschäften. Es macht keinen Unterschied, ob sich der Gesellschafter eine ihm zustehende Forderung zunächst auszahlen lässt und der Gesellschaft anschließend ein Darlehen gewährt oder der Gesellschafter auf die Auszahlung verzichtet und die Forderung direkt in der Gesellschaft verbleibt oder er diese stundet. Auf den Rechtsgrund der ursprünglichen Forderung kommt es nicht an. Als nachrangig und damit anfechtbar wurden in der Rechtsprechung bereits ursprünglich aus Nutzungsentgeltforderungen, aus Miet- und Pachtverträgen, Kaufpreis- oder Lohn- und Urlaubsabgeltungsforderungen (aus arbeitsvertraglichen Verhältnissen mit der Gesellschaft) folgende Ansprüche anerkannt, die „stehen gelassen" werden.[210]

51r **b) Gewinnthesaurierung.** In der Rechtsprechung[211] wird auch der nicht **ausgeschüttete und in die Gewinnrücklage** eingestellte oder als **Gewinnvortrag** verwendete Jahresüberschuss in einer Einpersonen-Gesellschaft einem Gesellschafterdarlehen gleichgestellt, da die Gesellschafter dadurch vorübergehend bereits vorhandene Mittel der Gesellschaft bis zum nächsten Ergebnisverwendungsbeschluss belassen und in diesem Sinne „stehenlassen". Vor der Beschlussfassung über die Gewinnverwendung bestehe, wenn auch kein der Höhe nach bestimmbares Gläubigerrecht, so doch immerhin ein mitglieds-

---

[203] *Schniepp/Hensel* BB 2015, 777 (781).
[204] *Schniepp/Hensel* BB 2015, 777 (781).
[205] *Schniepp/Hensel* BB 2015, 777 (781).
[206] BGH ZIP 2014, 584.
[207] *Altmeppen* NJW 2008, 3601 (3603); *Gehrlein* BB 2008, 846 (850); *Dahl/Schmitz* NZG 2009, 325 (326); *Saenger/Inhester/Kolmann,* 3. Aufl. 2016, GmbHG Anh. § 30 Rn. 74.
[208] *Altmeppen* NJW 2008, 3601 (3603).
[209] *Heckschen/Kreußlein* RNotZ 2016, 351 (358).
[210] *Heckschen/Kreußlein* RNotZ 2016, 351 (360) mwN.
[211] OLG Koblenz ZIP 2013, 2325; LG Hamburg ZIP 2015, 1795; aA OLG Schleswig ZIP 2017, 622; *Heckschen/Kreußlein* RNotZ 2016, 351 (361) mwN.

rechtlicher Anspruch gemäß § 29 GmbHG auf den Gewinn. Das OLG Koblenz erkennt zwar, dass dieser Anspruch grundsätzlich nur im Rahmen des ordnungsgemäß festgestellten Bilanzgewinns und nur insoweit besteht, als dieser Gewinn nicht durch Gesetz, Satzung oder durch Beschluss der Gesellschafterversammlung von der Verteilung ausgeschlossen ist. Das **LG Hamburg**[212] hatte sich in einer späteren Entscheidung den Ausführungen des OLG Koblenz im Wesentlichen angeschlossen. Es sei nicht zweifelhaft, dass es keinen Unterschied machen könne, ob ein Gewinn zunächst ausgeschüttet wird und dann der Gesellschaft als Darlehen zur Verfügung gestellt wird oder die Summe direkt in der Gesellschaft verbleibt. Zusätzlich müsse eine **bewusste Finanzierungsentscheidung** der Gesellschafter vorliegen, an der es jedenfalls dann fehlte, wenn sich die Gesellschafter in einer Mehrpersonengesellschaft schon nicht darüber einigen können, ob Gewinne überhaupt ausgeschüttet werden sollen und ein Gewinnverwendungsbeschluss nicht gefasst wird.

Anders könne das ausnahmsweise dann sein, wenn es sich um eine Einpersonen-Gesellschaft handele, bei der es keiner Beschlussfassung bedarf. Im Übrigen könne gegenüber einem Minderheitsgesellschafter nur dann von einer bewussten Finanzierungsentscheidung ausgegangen werden, wenn dieser die Möglichkeit besitze, eine Ausschüttung vornehmen zu lassen, etwa hinsichtlich einer Thesaurierung durch Sonderrechte verhinderungsbefugt sei. In diesem Fall, wenn also die Möglichkeit besteht, aber nicht genutzt wird, kann von einer einem Darlehen vergleichbaren Rechtshandlung ausgegangen werden. Nur diese Interpretation entspreche dem Zweck des § 135 Abs. 1 Nr. 2 InsO, der (nur) verhindern soll, dass die in § 39 Abs. 1 Nr. 5 InsO angeordnete Nachrangigkeit umgangen wird und der Gesellschafter das mit einer Darlehensgewährung verbundene Risiko auf die Gemeinschaft der Gesellschaftsgläubiger abwälzt. **51s**

Vor dem Hintergrund der bisweilen recht gläubigerfreundlichen Interpretation der §§ 39 Abs. 1 Nr. 5, 135 Abs. 1 Nr. 2 InsO ist nicht auszuschließen, dass der IX. Zivilsenat des BGH der Ansicht des OLG Koblenz jedenfalls in Fällen einer Einpersonen-Gesellschaft und möglicherweise auch darüber hinaus folgt. Die Auflösung von Rücklagen vor dem Verkauf und die Ausschüttung an die Gesellschafter (Verkäufer) ist nach der geschilderten Rechtsprechung nicht risikolos und der Notar sollte diese Risiken kennen und darauf hinweisen. Deutlich risikoärmer ist es, wenn man die Gewinnrücklagen mehr als ein Jahr vor dem Verkauf auflöst und Ausschüttungen nicht mehr in den Jahreszeitraum fallen. Auch der Verkauf inklusive der Rücklagen ist ungefährlicher als das geschilderte Modell. **51t**

c) (Atypisch) Stille Gesellschaft. Ansprüche aus einer **stillen Gesellschaft** werden nach hM in Rechtsprechung und Literatur[213] **Darlehen** gleichgestellt, wenn der Gesellschafter zusätzlich zu seiner Beteiligung als Gesellschafter eine **stille Beteiligung** übernommen hat. Sie sind mit dem Gesellschafterdarlehen wirtschaftlich vergleichbare Rechtshandlungen iSd § 135 Abs. 1 InsO. Dies hat der BGH zuletzt noch einmal bestätigt.[214] **51u**

Seit Inkrafttreten des MoMiG gehen die herrschende Lehre und der IX. Zivilsenat des BGH davon aus, dass das Gesellschafterdarlehensrecht auf die Einlage bei der atypischen stillen Gesellschaft angewendet werden kann.[215] Für die Frage, ob die Einlage des **atypischen Stillen** dem Gesellschafterdarlehensrecht unterliegt, muss im Einzelfall geprüft werden, wieweit die **gesellschaftsrechtlichen Befugnisse** des atypischen stillen Gesellschafters ausgedehnt sind. Das Gesellschafterdarlehensrecht greift unter anderem dann ein, wenn der Stille am Ergebnis, dem Vermögen und den stillen Reserven des Unternehmens **51v**

---

[212] LG Hamburg ZIP 2015, 1795.
[213] MüKoInsO/*Ehricke* InsO § 39 Rn. 44; Staub/*Habarth* HGB § 236 Rn. 33; K. Schmidt/*K. Schmidt* InsO § 136 Rn. 5.
[214] BGH NZG 2018, 109.
[215] BGH DStR 2012, 2137; DStR 2017, 2005.

beteiligt ist und die Geschäftsführung für bedeutende Maßnahmen die Zustimmung des Stillen benötigt.[216] Der BGH hat dafür eine rechtsformspezifische Lösung gefunden.[217] Erfasste man in der GmbH & Co. KG den Stillen nicht, der aber Rechte ähnlich des Kommanditisten hat, wäre ein Anreiz zur Umgehung dadurch geschaffen, indem man Außen-KGs in Innen-KGs umgewandelt.[218]

Praxishinweis Steuern:

Steuerlich ist in diesem Fall darauf zu achten, dass der Forderungserlass wirksam wird, bevor die Verlustvorträge nach § 8c KStG untergehen. Der BFH[219] hat hier entgegen der früheren Verwaltungsansicht entschieden, dass unterjährige Gewinne, die noch vor dem schädlichen Beteiligungserwerb angefallen sind, noch mit dem Verlustvortrag des Vorjahres verrechnet werden können. Alternativ kann der Verkäufer vor Unternehmensübertragung werthaltige Darlehensforderungen verdeckt in die Gesellschaft einlegen und so in die Kapitalrücklage einstellen, dies entspricht den rechtlichen Folgen des Erlasses, ist aber für das zu veräußernde Unternehmen steuerlich neutral. Nicht (mehr) werthaltige Forderungen sind hingegen steuerlich kein tauglicher Gegenstand einer verdeckten Einlage.[220]

V. Schiedsgerichtsklausel in Unternehmenskaufverträgen

52 Die in Unternehmenskaufverträgen häufig anzutreffenden Schiedsvereinbarungen sind als solche grundsätzlich **nicht beurkundungsbedürftig** (§ 1040 Abs. 1 S. 2 ZPO), auch nicht, wenn sie freiwillig in den Text eines beurkundungsbedürftigen Vertrages aufgenommen werden.[221] Nur, wenn die Schiedsvereinbarung nach dem beiderseitigen Parteiwillen **„Bestandteil des Hauptvertrages"** wird, gilt dessen Formerfordernis. Schiedsordnungen hingegen sind nie beurkundungsbedürftig. Auch bei schriftlicher Schiedsvereinbarung muss die in Bezug genommene Verfahrensordnung weder per Text in der Urkunde enthalten noch mit ihr körperlich verbunden sein.[222]

VI. Erwerb einer Immobilien-GmbH

52a **1. Allgemeines.** In der Praxis hat der Fall der Veräußerung einer **immobilienhaltenden Gesellschaft** große Relevanz. Der deutsche Immobilienmarkt boomt seit etwa 2005 unaufhörlich. „Betongold" ist gerade auch für ausländische Investoren von größter Relevanz. Zwar haben viele Unternehmenskäufe einen Immobilienbezug durch zB Produktstätten im Eigenbesitz der Gesellschaft. Hauptthema ist hier aber der Erwerb des Knowhows, der Produktionswerkzeuge etc. Beim Erwerb einer Immobiliengesellschaft sind Ziel des Kaufs die Grundstücke mit oder ohne (vermietete/verpachtete) Gebäude, und damit der Miet- oder Pachtzins.[223] Ferner geht es um mögliche Projektentwicklungsgewinne oder solche aus dem von der Erwerbergesellschaft angebotenen Facility Management.[224]

---

[216] MüKoInsO/*Ehricke* InsO § 39 Rn. 44 mwN; *Rümker* FS Stimpel 1985, 673 (693 f.); *Schön* ZGR 1990, 220 (225); K. Schmidt/*K. Schmidt* InsO § 136 Rn. 5; OLG Hamm ZIP 1993, 1321; *Hess/Obermüller*, Die Rechtsstellung der Verfahrensbeteiligten nach der Insolvenzordnung, 1996, Rn. 1284.
[217] BGH DStR 2012, 2137.
[218] Scholz/*Bitter* GmbHG Anh. § 64 Rn. 226.
[219] NZG 2012, 359.
[220] Vgl. BFH DStRE 2012, 1105.
[221] BGH BeckRS 2014, 16618.
[222] BGH NZG 2014, 1155.
[223] Ausf. Hölters/*Franz/Vocke* HdB Unternehmenskauf Rn. 15.34 ff.
[224] Ausf. Hölters/*Franz/Vocke* HdB Unternehmenskauf Rn. 15.3 ff.

> **Muster: Share Deal**
>
> Siehe hierzu das Gesamtmuster des Verkaufs und der Abtretung von Geschäftsanteilen an einer Immobilien-GmbH → Rn. 118.

Der Erwerb einer **Immobilien-GmbH** ist in erster Linie ein Anteilskauf- und Übertragungsvertrag, der aber in bestimmten Punkten vom Standardkaufvertrag abweicht. So werden häufig mehrere Käufer beteiligt sein, um die **95 % Schwelle**[225] der Anteile für die Grunderwerbssteuer zu unterschreiten. 52b

Beim Erwerb von Immobiliengesellschaften hat die **Käufer-Due Diligence** einen besonderen Stellenwert. In einer **technischen und kaufmännischen Due Diligence** werden die Erträge aus den Objekten von allen Seiten beleuchtet, insbesondere wie sicher die Rendite aus Miete und Pacht in Zukunft sein werden, anstehende **Erhaltungsmaßnahmen** etc.[226] In der Due Diligence werden regelmäßig auch bauplanungs- und bauordnungsrechtliche Fragen untersucht, da diese sich auf die zukünftige Nutzung auswirken.[227] Nicht außer Acht gelassen werden sollten auch Fragen des Architektenrechts. Bei bebauten Grundstücken muss zur Erweiterung oder Sanierung ggf. die Zustimmung des Architekten eingeholt werden, sofern nicht das Nutzungsrecht an den Plänen des **Architekten** unwiderruflich auf den Auftraggeber übertragen wurde.[228] Im Ergebnis spiegelt sich die Due Diligence in den im Kaufvertrag aufgenommen Haftungs- und Garantieregelungen. 52c

2. Beurkundungspflicht. Der Erwerb der Geschäftsanteile einer Immobilien-GmbH ist beurkundungspflichtig, § 15 Abs. 3 GmbHG. Sollen neben dem Anteilskauf- und übertragungsvertrag noch weitere Verträge abgeschlossen werden, zB **Mietverträge** oder **Serviceverträge,** die für den Erwerb entscheidend sind und stellen diese eine **Nebenabrede** zu dem Anteilskaufvertrag dar, müssen sie auch notariell beurkundet werden. 52d

3. Immobilienbezogener Vertragsinhalt. a) Kaufgegenstand. Neben den Anteilen, die verkauft werden, ggf. mit vorheriger Teilung, muss das **Immobilienvermögen genau bezeichnet** werden. Aufgeführt werden die grundbuchrechtlichen Belastungen in Abteilungen II und III des Grundbuchs. Der Vertrag regelt, ob diese durch den Verkäufer abgelöst oder durch den Erwerber übernommen werden. 52e

Regelmäßig haben die Target-Gesellschaften den Erwerb des Grundvermögens selbst fremdfinanziert. Für den Käufer stellt sich damit die Frage, ob die Gesellschaft die **bestehende Finanzierung fortführen** soll, oder mit der Bank des Erwerbers zu anderen Konditionen **neue Finanzierungen** aufgenommen werden sollen. Dies ist in der Praxis den Hauptfall. Sollte der Erwerber die bestehende Finanzierung weiterlaufen lassen wollen, muss deren Vertragsinhalt genau geprüft werden. Die kreditgebende Bank kann sich für **Change of Control-Fälle** ein **Sonderkündigungsrecht** vorbehalten haben, da sie ein Interesse daran hat zu wissen, wer als Gesellschafter hinter ihrem Vertragspartner steht.[229] Sollen die bestehenden Verpflichtungen abgelöst und die hierfür eingetragenen Grundschulden gelöscht werden, muss dies ebenfalls mit der Bank besprochen werden. Daher sollte in jedem Fall im Vorfeld des Vertragsschlusses Kontakt zur Bank aufgenom- 52f

---

[225] Im Juni 2018 wurde in einer Finanzministerkonferenz eine Grunderwerbsteuerreform im Bereich des „Share Deals" beschlossen. Eckpunkte: Absenkung der relevanten Beteiligungshöhe in § 1 Abs. 2a, Abs. 3 und Abs. 3a GrEStG auf 90%, Verlängerung der Haltefristen auf zehn Jahre, Steuerbarkeit von Gesellschafterwechseln bei Kapitalgesellschaften nach dem Vorbild des § 1 Abs. 2a GrEStG; s. hierzu *Broemel/Mörwald* DStR 2018, 1521.

[226] Ausf. Hölters/*Franz/Vocke* HdB Unternehmenskauf Rn. 15.6 ff.

[227] Ausf. Hölters/*Franz/Vocke* HdB Unternehmenskauf Rn. 15.68 ff.

[228] Ausf. Hölters/*Franz/Vocke* HdB Unternehmenskauf Rn. 15.100.

[229] Hölters/*Franz/Vocke* HdB Unternehmenskauf Rn. 15.94.

men werden, egal wie mit den Finanzierungen und Grundschulden verfahren werden soll.

52g **b) Kaufpreis; Gegenleistung.** Will der Käufer die bestehenden **Finanzierungsverträge** übernehmen und ist dies mit der Bank abgeklärt, so können die noch valutierenden Beträge mit dem (Netto-) Kaufpreis verrechnet werden.[230] Der häufigere Fall wird aber die **Ablösung der bestehenden Finanzierungen** und die **Löschung der hierfür bestellten Grundpfandrechte** sein. Die Gegenleistung für den Erwerb der Geschäftsanteile an der Immobilien-GmbH umfasst in diesem Fall die Summe, mit der die Gesellschaft in die Lage versetzt werden soll, die Finanzierung und die damit verbundenen Grundpfandrechte abzulösen. Die hierfür notwendigen Ablösebeträge und Löschungskosten stellt der Käufer der Gesellschaft in diesem Fall **darlehensweise** zur Verfügung. Der nach der Ablösung verbleibende Restbetrag der Gegenleistung steht dem Verkäufer im Ergebnis als Kaufpreis zu. Die Gegenleistung wird im Regelfall auf ein **Notaranderkonto** gezahlt.

52h   Es ist sinnvoll, dass sich der Verkäufer verpflichtet, die Target-Gesellschaft zu veranlassen, die der Bank der Gesellschaft ausgereichten Darlehen, die nach Versicherung des Verkäufers den Hinterlegungsbetrag nicht übersteigen, zurückzuführen und die Löschung der am gesellschaftseigenen Grundbesitz eingetragenen Grundschulden unter Tragung der Kosten herbeizuführen. Die Gesellschaft als Vertragsbeteiligte sollte der **Löschung der Grundschulden** schon im Vertrag zustimmen. Soweit die grundpfandrechthaltende Bank für die Lastenfreistellung des gesellschaftseigenen Grundbesitzes Ablösebeträge verlangt, sollte geregelt werden, dass der Kaufpreis nur durch ihre Erfüllung bezahlt wird, ohne dass die Bank aber ein eigenes Forderungsrecht erwirbt.

52i **c) Übertragungsstichtag.** Beim Asset Deal wird der **Übertragungsstichtag** zwecks **Übergangs der Mieteinnahmen** und Nebenkostenvorauszahlungen praktischerweise zum Monatsletzten gewählt. Dies ist beim Share Deal ebenfalls sinnvoll, wenn eine Vollzugstags/Zwischenbilanz erstellt wird zur Berechnung des Kaufpreises.[231]

52j **d) Haftung; Rechts- und Sachmängel; Garantien.** Neben den Standardversicherungen betreffend der Geschäftsanteile und des Jahresabschlusses werden idR Garantien zum Grundbuchbestand in den Vertrag aufgenommen. Diese beziehen sich auf das Eigentum der Gesellschaft am Grundstück, die Belastungen desselben und die Zusicherung, dass keine Ansprüche Dritter auf Übertragung bestehen. Entscheidend sind aber oft auch **Garantien zu den Mietverhältnissen,** da diese häufig der ausschlaggebende Grund für den Erwerb sind. Unter Umständen möchte der Erwerber ein Moratorium bezüglich der Mietverträge in den Vertrag aufnehmen, damit Neuabschlüssen schon durch ihn vorgenommen werden. Ein weiteres Thema sind **öffentlich-rechtliche Belange** wie **Altlasten, Denkmalschutz** und ggf. bestehende **Baugenehmigungen.**

52k **4. Kaufpreisfinanzierung über Target.** Hinzuweisen ist auch in diesem Zusammenhang darauf, dass eine **Finanzierung** des Kaufs der Target-Gesellschaft durch diese selbst vor dem Hintergrund des **§ 30 GmbHG** höchst problematisch ist (hierzu auch → § 25 Rn. 256 ff. und in diesem Kapitel → Rn. 39a ff.). Dies gilt auch für die Besicherung einer durch den Käufer aufgenommenen Finanzierung durch zB **Grundpfandrechte.**[232] Solche Bestellungen von Grundpfandrechten zur Finanzierung des Erwerbs der GmbH werden in der Praxis häufig vereinbart und in Verträge als Fälligkeitsvoraussetzung aufgenommen.[233] Es muss auf die dem Geschäftsführer der Target Gesellschaft drohende Haftung

---

[230] Hölters/*Franz/Vocke* HdB Unternehmenskauf Rn. 15.93.
[231] Hölters/*Franz/Vocke* HdB Unternehmenskauf Rn. 15.140 ff.
[232] BGH NZG 2017, 658.
[233] Hölters/*Franz/Vocke* HdB Unternehmenskauf Rn. 15.131.

nach § 43 Abs. 3 GmbHG hingewiesen werden.[234] Ebenfalls vorsichtig sollte man mit der **Abtretung von Mietzinsansprüchen** sein, die ebenfalls ein beliebtes Sicherungsmittel bei der Finanzierung von Immobilienkäufen sind.

F. Alternative Formen des Unternehmenskaufs bzw. der Unternehmensbeteiligung

Der Unternehmenserwerb kann aber neben dem klassischen Weg über einen Asset Deal   53
oder Share Deal auch alternativ durch bestimmte Misch- bzw. Zwischenformen erfolgen, die im Folgenden jedoch nur grob typisiert skizziert werden sollen.

I. Beitritt in Folge einer Kapitalerhöhung

Anteile an einer Kapital- oder Personengesellschaft können auch dadurch erworben wer-   54
den, dass der Erwerber neben den verbleibenden Altgesellschaftern als Neugesellschafter im Rahmen einer **Kapitalerhöhung** beitritt und ihm gegen Bar- und/oder Sacheinlage Anteile am entsprechend erhöhten Gesellschaftskapital gewährt werden.[235] Einem Unternehmenskauf kommt diese Form der Beteiligung jedoch nur gleich, wenn der Erwerber eine beherrschende Stellung erlangt, in der Regel also 75–90 % aller Anteile erhält.

In der Praxis handelt es sich angesichts der Liquidationssituation der Unternehmen und   55
der Finanzierungs(un)freudigkeit der Banken um eine nicht seltene Konstellation. Der **Unternehmenskauf durch Kapitalerhöhung** besteht im Wesentlichen aus drei Teilen:
1. Beteiligungsvereinbarung zwischen Altgesellschaftern und Erwerber, für die ähnlicher Regelungsbedarf besteht wie bei einem Beteiligungskauf;
2. Kapitalerhöhungsbeschluss und ggf. Satzungsanpassungen oder Änderung des Gesellschaftsvertrags;
3. Beitritts- bzw. Übernahmeerklärung des Erwerbers.

Praxishinweis:

Zu beachten ist, dass die Käufergesellschaft eine Kapitalerhöhung unter Ausschluss des Bezugsrechts der Altgesellschafter beschließen muss.

II. Unternehmenskauf durch Beteiligungstausch

Anders als beim klassischen Share Deal, bei dem der Veräußerer seine Anteile an den Er-   56
werber gegen Geld überträgt *(Share-for-money-deal)*, wird beim **Beteiligungstausch** als Gegenleistung für die übertragenen Gesellschaftsanteile ein Gesellschaftsanteil des Erwerbers übertragen *(Share-for-share-deal)*.[236] Dabei sind zwei Varianten möglich:
– Der Beteiligungstausch kann so gestaltet werden, dass Verkäufer und Käufer je wechselseitig an beiden Gesellschaften beteiligt werden.
– Alternativ kann die Käufergesellschaft im Tausch gegen eigene Anteile alle Anteile der Verkäufergesellschaft übernehmen mit der Folge, dass die Käufergesellschaft, an der nun sowohl Käufer und Verkäufer beteiligt sind, alleinige Inhaberin der Verkäufergesellschaft ist.

---

[234] *Nordholtz/Hupka* DStR 2017, 1999 (2002); *Kiefner/Bochum* NZG 2017, 1292 (1302 ff.); *Wilhelm/Hoffmann* DB 2018, 1387 (1389).
[235] zur Haftung der Gesellschaft für mangelhafte Anteile bei Kapitalerhöhungen *Schaefer/Grützediek* NZG 2006, 204; zum Einsatz von Aktien als Gegenleistung beim Unternehmenskauf *Wieneke* NZG 2004, 61.
[236] Holzapfel/Pöllath/*Engelhardt/v. Woedtke* Unternehmenskauf Rn. 10.

III. Unternehmenszusammenschluss, Verschmelzung

57 Auch eine **Verschmelzung** stellt letztlich eine Art des Unternehmenskaufs dar. Der Unterschied zum vorgenannten Share-for-share-deal besteht darin, dass bei einer Verschmelzung mindestens eine der beiden Gesellschaften untergeht (§§ 2 Nr. 1, 20 Abs. 1 Nr. 2 S. 1 UmwG). Im Fall einer Verschmelzung zur Neugründung (§§ 2 Nr. 2, 20 Abs. 1 Nr. 2 S. 1 UmwG) gehen sogar beide Gesellschaften unter und eine völlig neue Gesellschaft entsteht.[237]

IV. Joint Venture

58 Als echte Alternative zum tatsächlichem Unternehmenskauf in all seinen Varianten besteht auch die Möglichkeit, sich durch **Kooperations- oder Joint-Venture-Vereinbarungen** die Kapazitäten und Fähigkeiten von anderen Unternehmen nutzbar zu machen, ohne das Unternehmen kaufen zu müssen.[238]

V. Unternehmenserwerb durch öffentliche Übernahmen

59 Für den Erwerb **börsennotierter Gesellschaften** bieten sich auch **öffentliche Übernahmen** an.[239] Diese unterliegen dem **Wertpapiererwerbs- und Übernahmegesetz** (WpÜG). Das WpÜG findet Anwendung auf die öffentlichen Angebote zum Erwerb von Wertpapieren, die von einer Zielgesellschaft ausgegeben wurden und zum Handel an einem organisierten Markt zugelassen sind (§ 1 WpÜG). Zielgesellschaft kann nur eine AG, SE oder eine KGaA mit Sitz im Deutschland sein. Es gibt einfache öffentliche Angebote, Übernahmeangebote und Pflichtangebote.[240] Sind die Angebote mit der Verwaltung des Zielunternehmens abgestimmt, spricht man von „freundlichen Angeboten", andernfalls von „feindlichen Angeboten".

60   Die Übernahmeverfahren unterliegen der Aufsicht durch die Bundesanstalt für Finanzdienstleistungsaufsicht (§§ 4 ff. WpÜG).

G. Leistungsstörungen beim Unternehmenskauf

I. Allgemeines

61 § 453 BGB ordnet die entsprechende Anwendung der Gewährleistungsregelungen des Sachkaufs auf den Rechtskauf an. Die umstrittene Frage, ab welcher Erwerbsquote ein Anteilskauf zum Unternehmenskauf wird, ist damit jedoch nicht beantwortet.[241]

II. Voraussetzungen

62 Voraussetzung jeder Leistungsstörung ist eine **Pflichtverletzung** iSd § 280 Abs. 1 BGB. Die Mangelfreiheit einer Sache gehört nach § 433 Abs. 1 S. 2 BGB zu den Pflichten des Schuldners. In diesen Fällen gilt vorrangig das grundsätzlich verschuldensunabhängige Gewährleistungsrecht der §§ 434 ff. BGB. Beim Asset Deal kann das Unternehmen Sach- und/oder Rechtsmängel aufweisen. Beim Share Deal ist umstritten, ob **neben Rechtsmängeln auch Sachmängel** vorliegen können.[242]

---

[237] Holzapfel/Pöllath/*Engelhardt/v. Woedtke* Unternehmenskauf Rn. 10.

[238] Holzapfel/Pöllath/*Engelhardt/v. Woedtke* Unternehmenskauf Rn. 10.

[239] Vgl. dazu Holzapfel/Pöllath/*Horcher* Unternehmenskauf Rn. 1865 ff.; Hölters/*Müller-Michaels* HdB Unternehmenskauf Teil 13.

[240] Zur Abgrenzung vgl. Hölters/*Müller-Michaels* Unternehmenskauf Rn. 13.7.

[241] Zuletzt BGH NZG 2018, 1305; EWiR 2018, 679 (*Bochmann/Cziupka*); *Barnert* WM 2003, 416; *Gaul* ZHR 166 (2002), 35 (39).

[242] Abl. *Fischer* DStR 2004, 276 (279 f.); zust. OLG Köln ZIP 2009, 2064; *Knott* NZG 2002, 249; MüKoBGB/*Westermann* BGB § 453 Rn. 14; zur Mängelhaftung beim Unternehmenskauf ausführlich *Schmitz* RNotZ 2006, 561.

Der BGH[243] hat zuletzt entschieden, dass eine Haftung auch für Mängel des Unternehmens selbst sach- und interessengerecht ist, wenn im Grunde das „gesamte" Unternehmen verkauft wird, es sich bei dem betreffenden Anteilskauf also faktisch um einen Kauf des „ganzen" Gesellschaftsvermögens und damit wirtschaftlich betrachtet um einen Sachkauf handelt.[244] Der BGH führt aus, dass es – in Fortführung der dargestellten bisherigen Rechtsprechung des BGH – auch nach Inkrafttreten des Schuldrechtsmodernisierungsgesetzes dabei bleibt, dass bei einem Anteilskauf, der als solcher ein **Rechtskauf** gemäß § 453 Abs. 1 Alt. 1 BGB ist, im Fall von Mängeln des Unternehmens die Gewährleistungsrechte der §§ 434 ff. BGB (nur) dann anzuwenden sind, wenn der Käufer **sämtliche** oder **nahezu sämtliche Anteile** an einem Unternehmen erwirbt und sich der Anteilskauf damit sowohl nach der Vorstellung der Vertragsparteien als auch **objektiv** bei **wirtschaftlicher Betrachtungsweise** als Kauf des Unternehmens selbst und damit **als Sachkauf** darstellt.[245] **62a**

Der gekaufte Gegenstand hat einen **Sachmangel,** wenn er nicht die vereinbarte Beschaffenheit aufweist. Die Parteien vereinbaren (ausdrücklich oder konkludent) die Beschaffenheit einer Sache, die diese bei Gefahrenübergang haben soll **(subjektiver Fehler- und Eigenschaftsbegriff).** Angaben zu Umsatz- und Ertragszahlen, die für die Parteien von überaus wichtiger Bedeutung sind, stellten nach altem Schuldrecht keinen Fehler iSd § 459 BGB aF dar, da sie dem Unternehmen nicht unmittelbar anhaften. Überwiegend wird inhaltlich an diesem alten Fehler- und Eigenschaftsbegriff festgehalten.[246] Auch der BGH[247] sieht die Beschaffenheit als Fortführung des alten Eigenschaftsbegriffes aus § 459 Abs. 2 BGB aF, wobei die Unterschiede zwischen Fehler und zusicherbarer Eigenschaft im Gewährleistungsrecht eingeebnet werden sollten. Allerdings äußert er Zweifel, ob es sich dabei um körperliche Eigenschaften oder um der Sache dauerhaft anhaftende Umstände tatsächlicher, rechtlicher oder wirtschaftlicher Art handeln müsse.[248] **62b**

Falsche Umsatz- und Ertragsangaben unterfallen dem vorrangigen Gewährleistungsrecht.[249] Eine Haftung aus cic/vorvertraglicher Pflichtverletzung, §§ 311 Abs. 2, 241 Abs. 2 BGB, für falsche Angaben scheidet dagegen aus. Folge ist eine strenge Erfüllungshaftung des Verkäufers, wobei lediglich der Schadensersatzanspruch verschuldensabhängig ist. Der Verschuldensmaßstab kann auch vertraglich vereinbart werden. Diese Haftung ist auch interessengerecht. Die Parteien vereinbaren den Kaufpreis auf Grundlage der vereinbarten Beschaffenheit. Weicht die Beschaffenheit von der Vereinbarung ab, so kann sich der Verkäufer nicht darauf berufen, er habe dies nicht zu vertreten, die Anwendung des Gewährleistungsrechts führt lediglich zu einer Wiederherstellung des Äquivalenzverhältnisses und entsprechen denen des allgemeinen Leistungsstörungsrechts. **63**

Gewährleistungsbegründend können gemäß § 434 Abs. 1 S. 3 BGB auch **öffentliche Äußerungen** des Verkäufers, des Herstellers oder seines Gehilfen sein. Das gilt insbesondere dann, wenn diese in der **Werbung** gemacht worden sind. In diesem Bereich können auch Äußerungen auf Pressekonferenzen oder Unternehmenspräsentationen fallen, die in einem sachlichen und temporären Zusammenhang mit dem Unternehmenskauf stehen.[250] **64**

Gewährleistungsansprüche sind dann ausgeschlossen, wenn der Käufer von den Mängeln Kenntnis hat, § 442 BGB. Ist ein Mangel dem Käufer infolge grober Fahrlässigkeit unbekannt geblieben, kann er wegen dieses Mangels Rechte nur dann geltend machen, wenn der Verkäufer den Mangel **arglistig verschwiegen** oder eine **Beschaffen-** **65**

---

[243] BGH NZG 2018, 1305.
[244] BGH NZG 2018, 1305 Rn. 23; Vgl. *Grunewald* NZG 2003, 372; BeckOKBGB/*Faust* BGB § 453 Rn. 32.
[245] Vgl. hierzu bereits BGHZ 65, 246 = NJW 1976, 236 mwN (zu §§ 459 ff. BGB aF).
[246] Hölters/*Weber* HdB Unternehmenskauf Rn. 9.213 f.
[247] NJW 2011, 1217 (1218).
[248] So etwa *Ostendorf* JZ 2011, 822; dagegen *Redeker* NJW 2012, 2471.
[249] BGH NJW 2011, 1217; MüKoBGB/*Westermann* BGB § 453 Rn. 29 ff.; *Redeker* NJW 2012, 2471.
[250] *Knott* NZG 2002, 249 (251); *Seibt/Reiche* DStR 2002, 1135 (1139).

heitsgarantie gegeben hat. Grob fahrlässige Unkenntnis wird in der Praxis zu beweisen sein, soweit der Unternehmenskauf von professionellen Parteien unternommen wird. Bei kleinen Unternehmungen oder Praxen von Freiberuflern ist die Wahrscheinlichkeit aber ungleich höher, da sich hier eine sog. **Due Diligence als Verkehrssitte** noch nicht durchgesetzt hat.[251] Erlangt der Käufer vor Annahme der Sache Kenntnis von dem Mangel, hat das nach ersatzlosem Wegfall des § 464 BGB aF keine Auswirkungen mehr auf seine Gewährleistungsansprüche.[252] Durch eine **Offenlegung von Mängeln** gegenüber dem Käufer kann der Verkäufer seine Gewährleistungspflichten daher wirksam begrenzen. § 442 BGB ist dispositives Recht. Die Parteien können auch **Regeln zur Offenlegung** vereinbaren, um klar zu bestimmen, welche Umstände dem Käufer bekannt waren.[253] Mit Ausnahme der Haftung für Arglist ist vertraglich auch ein **Ausschluss des Gewährleistungsrechts** und ein **Ersatz durch Garantievereinbarungen** möglich (→ Rn. 72 ff.).

66   Ob ein Mangel an der **Beschaffenheit des Unternehmens** vorliegt, ist stets nach dem Unternehmen als Ganzes zu beurteilen. Stellt sich das Unternehmen insgesamt als funktionstauglich dar, liegt kein Mangel vor, auch wenn einzelne Gegenstände des Unternehmens möglicherweise einen Mangel aufweisen.[254] Kommt es dem Käufer gerade auf die Beschaffenheit einzelner Gegenstände an, sollten diese neben der Beschaffenheitsvereinbarung über das gesamte Unternehmen ausdrücklich zum Gegenstand einer Beschaffenheitsvereinbarung gemacht werden. Der BGH ist der Auffassung, dass der Umstand, dass ein Unternehmen überschuldet oder zahlungsunfähig ist, keinen Sachmangel darstellt.[255]

III. Rechtsfolge

67   Das Gewährleistungsrecht stellt das Recht zur **Nacherfüllung** in den Mittelpunkt, da dieses in der Regel sowohl den Käufer- wie auch Verkäuferinteressen am ehesten gerecht wird. Im Bereich des Unternehmenskaufs ist die Nacherfüllung aber regelmäßig unpraktikabel oder sogar unmöglich. Bei mangelnder Ertragsfähigkeit des Unternehmens kämen Nachschusspflichten oder die Ablösung von nachträglich bekannt gewordenen Verbindlichkeiten in Betracht. Da die Nacherfüllung nach der Intention des Gesetzgebers beiden Seiten am ehesten gerecht zu werden schien, hat der Verkäufer nicht nur die Pflicht, sondern auch das Recht zur Nacherfüllung. Auch das wird dem Käufer in den meisten Fällen ungelegen sein, da der Verkäufer erneut Einblick in das verkaufte Unternehmen erhielte. Der Käufer kann die Nacherfüllung gemäß §§ 437 Nr. 1, 439 BGB verweigern, wenn sie für ihn unzumutbar ist. Das wird bei Einblick in die Bücher der Fall sein, bei Ablösung von Forderungen wohl nicht.[256] Um diese Probleme zu vermeiden, sollten die nachbesserungsfähigen Mängel bei Vertragsschluss festgelegt, und die Nachbesserung ansonsten ausgeschlossen werden.[257]

68   Scheitert die Nacherfüllung, stehen dem Käufer die Rechte aus den §§ 280, 281 BGB bzw. § 284 BGB zu. Alternativ besteht die Möglichkeit des **Rücktritts**, die gemäß § 346 Abs. 2 S. 1 BGB beim Unternehmenskauf nicht der Natur der Sache nach ausgeschlossen ist. Da die Rückabwicklung eines Unternehmenskaufs aber mit erheblichen praktischen Schwierigkeiten verbunden ist, **sollte das Rücktrittsrecht des Käufers vertraglich ausgeschlossen** werden. Scheitert die Nacherfüllung, kann der Käufer durch einseitige Erklä-

---

[251] Hölters/*Weber* HdB Unternehmenskauf Rn. 9.56; das Bestehen einer Verkehrssitte verneinen *Loges* DB 1997, 965 (967); *Fleischer/Körber* BB 2001, 841 (846); *Schindler* KSzW 2016, 62; Beisel/Klumpp/*Beisel* Unternehmenskauf § 2 Rn. 8 ff.; Verkehrssitte bejahend *Böttcher* NZG 2005, 49; *ders.* ZGS 2007, 20; *Vischer* SJZ 2000, 229 (235).
[252] *Seibt/Reiche* DStR 2002, 1135 (1139).
[253] Dazu *Möller* NZG 2012, 841.
[254] OLG Köln ZIP 2009, 2064.
[255] BGH NZG 2018, 1305.
[256] Vgl. *Triebel/Hölzle* BB 2002, 526.
[257] *Seibt/Reiche* DStR 2002, 1135 (1140).

rung den Kaufpreis entsprechend mindern. Die **Minderung** wahrt die Relation zwischen Kaufpreis und objektivem Wert der Sache. Erträge, die mit dem Unternehmen in der Zwischenzeit erzielt worden sind, finden bei der Berechnung keine Berücksichtigung.

Gemäß §§ 437 Nr. 3, 440, 280 ff. BGB stehen dem Käufer bei Mangelhaftigkeit des **69** Unternehmens **Schadensersatzansprüche** zu. Nach den §§ 437 Nr. 3, 280 Abs. 1, Abs. 3, 281 BGB kann der Käufer Schadensersatz statt der Leistung verlangen. Ist der Rücktrittsanspruch vertraglich ausgeschlossen, verbleibt dem Käufer die Möglichkeit, als Schaden die Wertdifferenz zwischen mangelfreier und mangelhafter Ware geltend zu machen. Der Ersatzanspruch ist nicht dadurch ausgeschlossen, dass der Kaufpreis auch unter Berücksichtigung des Mangels noch angemessen erscheint oder bereits durch Unternehmensgewinne kompensiert ist.[258] Das Verschulden des Verkäufers (§ 280 BGB) wird gemäß § 280 Abs. 1 S. 2 BGB widerleglich vermutet.

Da der Käufer gemäß §§ 437 Nr. 3, 284 BGB **vergebliche Aufwendungen** ersetzt **70** verlangen kann, kann sich der Verkäufer mit erheblichen Forderungen nach dem Ersatz von Anwalts-, Wirtschaftsprüfer-, Beraterkosten etc konfrontiert sehen. Dem Verkäufer ist zu raten, dass er bereits im Vorfeld des Vertragsschlusses **Höchstgrenzen** für den Ersatz solcher Kosten festschreibt, etwa in einem **Letter of Intent**.[259] Soweit es sich dabei um eine reine Kostenerstattungsklausel – im Gegensatz zur Vereinbarung einer **Break-up Fee** – handelt, wonach nur die nachgewiesenen, angemessenen und tatsächlich entstandenen Kosten geltend gemacht werden können, kann diese formfrei vereinbart werden.[260]

IV. Eigenes Haftungssystem der Unternehmenskaufverträge

In der Praxis wird in Unternehmenskaufverträgen ein in sich abgeschlossenes Haftungs- **71** system des Verkäufers für die Risiken des zu veräußernden Unternehmens geregelt. In diesem Zusammenhang wird ein nahezu vollständiger Ausschluss aller dispositiven gesetzlichen Vorschriften vereinbart.[261] Insbesondere die Ansprüche aus den kaufrechtlichen Vorschriften über die Sach- und Rechtsmängelgewährleistung, quasi-vertragliche Ansprüche aus (positiver) Vertragsverletzung und vorvertraglicher Pflichtverletzung (cic) sowie die hieraus folgenden Gestaltungsrechte werden in Unternehmenskaufverträgen regelmäßig umfassend ausgeschlossen. Darüber hinaus enthalten Unternehmenskaufverträge regelmäßig zahlreiche haftungsbegrenzende Regelungen wie zB zur Kenntniszurechnung auf Käufer- und Verkäuferseite, zu Freigrenzen oder -beträgen oder zu Haftungshöchstbeträgen („Cap") und kurze Verjährungsfristen, die das Gesetzesrecht (so) nicht kennt.[262]

V. Garantie

In § 443 BGB ist seit dem 1.1.2002 die Garantie geregelt. Die Merkmale einer Sache, **72** die Inhalt einer Garantie werden sollen, entsprechen denen der Beschaffenheit aus § 434 BGB. Der Unterschied ist in der Art der Vereinbarung über die Beschaffenheit zu erblicken.

In der Praxis waren nach der Schuldrechtsreform große Unsicherheiten darüber ent- **73** standen, ob bei der Übernahme von **verschuldensunabhängigen Garantien** (§ 311 Abs. 1 BGB) angesichts des § 444 BGB nur noch die gesetzlichen Rechtsfolgen gelten sollen.

Der Gesetzgeber hat diese Problematik erkannt und § 444 BGB dahin gehend geän- **74** dert, dass ein **Haftungsausschluss** nunmehr nur eingreift, soweit keine Garantie übernommen wurde.[263]

---

[258] BGH NJW 1977, 1536 (1538).
[259] Formulierungsvorschläge bei *Seibt/Reiche* DStR 2002, 1135 (1140).
[260] OLG München BeckRS 2012, 19757.
[261] *Rödder/Hötzel/Müller-Thuns* Unternehmenskauf § 9 Rn. 127 f., 189.
[262] *Hasselbach/Ebbinghaus* DB 2012, 216 (217).
[263] Dazu *Weigl* DNotZ 2005, 246 (252 f.).

75 Die Parteien können durch Garantieregelungen auch das gesetzliche Gewährleistungsrecht ergänzen oder weitgehend ersetzen. Dies ist bei umfangreicheren Transaktionen üblich, an seine Stelle tritt ein von den Parteien verhandelter Katalog von selbständigen Garantien über bestimmte Umstände, etwa die Richtigkeit und Vollständigkeit der vorgelegten Bilanzen, das Bestehen der Gesellschafterstellung und bestimmter Rechte oder eine abschließende Liste der einen bestimmten Betrag übersteigenden Verbindlichkeiten, aber ggf. auch zukünftige Erträge.[264] Im Gegenzug wird die Haftung in zeitlicher und betragsmäßiger Hinsicht beschränkt sowie die dem Käufer bekannten, und damit von der Garantie ausgenommenen Umstände bestimmt.[265]

76 **Formulierungsbeispiel: Garantie**

Eine Garantie des Inhalts, dass bis zu einem Jahr nach Übernahme des Unternehmens summenmäßig beschränkt auf einen Betrag von *** EUR gehaftet wird, übernimmt der Verkäufer für folgende Angaben: ***.

76a **1. Bilanzgarantien.** Im Rahmen der Garantien kommt insbesondere der **Bilanzgarantie** bei M & A-Transaktionen große Bedeutung zu.[266] Dabei wird zwischen **objektiven oder harten und subjektiven Bilanzgarantien** oder **GoB-Garantie** (Garantie ordnungsgemäßer Buchführung) unterschieden.[267] Bei der objektiven Bilanzgarantie garantiert der Verkäufer, dass die Bilanz mit dem tatsächlichen Sachverhalt übereinstimmt. Der Verkäufer haftet in diesem Fall auch dann für einen unterlassenen Ausweis einer Verbindlichkeit, wenn er den Fehler bei der Bilanzerstellung nicht erkennen konnte.[268] Im Rahmen der GoB-Garantie oder der subjektiven Bilanzgarantie haftet der Verkäufer nur für die Aufstellung der Bilanz nach den Grundsätzen der ordnungsgemäßen Buchführung.[269]

76b Ein für die Praxis bedeutendes Urteil zu **harten Bilanzgarantien** hat das OLG Frankfurt a.M.[270] gefällt. Im zugrunde liegenden Fall wurde die Mehrheit der Geschäftsanteile einer GmbH verkauft. Das OLG stellte fest, dass in der Zusicherung, der Jahresabschluss stelle die Vermögens-, Finanz- und Ertragslage der Gesellschaft zutreffend dar, eine sog. **harte Bilanzgarantie** zu sehen sei, die kein begrenzendes subjektives Element enthalte. Der Erwerber sei auf Grund dieser Garantie so zu stellen, als habe er die tatsächliche ungünstigere Ertragslage der Gesellschaft gekannt und mit diesem Wissen einen geringeren Kaufpreis verhandeln können. Der zu ersetzende Schaden bestehe in der Differenz zwischen tatsächlichem und hypothetischem, angemessenem Kaufpreis. Eine „Bilanzauffüllung", für die sich das OLG München[271] ausgesprochen hatte, lehnte das OLG Frankfurt a.M. ab.[272]

76c In der Literatur wird das Urteil als für die Verkäuferseite zu weitgehend betrachtet.[273] Die überzeugende Literaturauffassung vertritt die Ansicht, dass der Verkäufer durch eine Bilanzgarantie ausschließlich garantiere, dass er die jeweiligen Vermögensgegenstände in Beachtung der einschlägigen Bilanzierungsvorschriften zutreffend angesetzt und bewertet habe.[274] Eine direkte Garantie hinsichtlich der tatsächlichen Umstände und Wertverhält-

---

[264] Dazu *Mellert* BB 2011, 1667.
[265] Dazu *Möller* NZG 2012, 841 und *Bisle* DStR 2013, 364.
[266] *Kleissler* NZG 2017, 531.
[267] *König/Gießelmann* GWR 2016, 155 (156); *Mehrbrey/Hofmeister* NZG 2016, 419; *Bergjan/Schäfer* DB 2016, 2587.
[268] Beisel/Klumpp/*Beisel* Unternehmenskauf § 16 Rn. 84.
[269] *König/Gießelmann* GWR 2016, 155 (156).
[270] OLG Frankfurt a.M. GmbHR 2016, 116 mAnm *Bormann/Trautmann*.
[271] OLG München BeckRS 2011, 7200; krit. *Hennrichs* NZG 2014, 1001.
[272] EWiR 2016, 371 *(Theusinger/Baumann)*.
[273] *Schulz/Sommer* NZG 2018, 50; *Kleissler* NZG 2017, 531 (535).
[274] *Schulz/Sommer* NZG 2018, 50 (51); *Henrichs* NZG 2014, 1001 (1002); *Wächter* BB 2016, 711 (712).

nisse des Unternehmens sei damit nicht beabsichtigt.[275] Das Gericht habe in seinem Urteil die Bilanzgarantie von ihrem logischen Anknüpfungspunkt – den gesetzlichen Bilanzierungsvorschriften – ohne konkreten Anhaltspunkt auf einen dahingehenden Parteiwillen losgelöst. Eine verständige Vertragspartei könne aus der Bilanzgarantie nicht mehr ableiten, als dass die **Bilanz entsprechend den gesetzlichen Vorschriften erstellt** worden sei. Auch die bloße Übernahme der Paraphrase des „True and fair View"-Prinzips („Der Jahresabschluss vermittelt unter Beachtung der Grundsätze ordnungsmäßiger Buchführung ein den tatsächlichen Verhältnissen entsprechendes Bild der Vermögens-, Finanz- und Ertragslage") gemäß 264 Abs. 2 S. 1 HGB könne keine „harte Bilanzgarantie" begründen. Das „True and fair View"-Prinzip sei eben Teil der allgemeinen Anforderungen bilanzrechtlicher Normen, ohne dabei Auswirkungen auf die Geltung des normativ subjektiven Fehlerbegriffs zu haben.[276] Dieser Halbsatz sei bloß eine rein deklaratorische, das Gesetz wiederholende Formel. Natürlich stehe es den Parteien aufgrund der Privatautonomie zu, eine weitgehende Garantie zu vereinbaren. Es müsse aber auf den objektiv verständigen Käufer abgestellt werden, der eine so **weitreichende Haftungsbereitschaft** des Verkäufers nur bei eindeutiger Regelung annehmen könne. Aus einer „Standardklausel" könne nicht im Wege der Auslegung ein allgemeiner Parteiwille entnommen werden. Ansonsten würden Bilanzgarantien zu allgemeinen Vermögensgarantien ausgeweitet.[277]

Auch wenn die Literatur die Auffassung des Gerichts nicht teilt, ist das Urteil in der **76d** Praxis zu beachten. Es muss also der Verkäufer dringend über die Reichweite der „**harten Bilanzgarantie**" aufgeklärt werden sowie besondere Sorgfalt auf die Verwendung von Bilanzgarantien verwendet werden.[278]

2. „Non-Reliance"-Klausel. Oftmals wird in Unternehmenskaufverträgen auch eine **77** sog. „**Non-Reliance"-Klausel** aufgenommen. Es handelt sich um Vertragsklauseln, in denen alle Umstände, die für das Entstehen des rechtsgeschäftlichen Entschlusses der einen Vertragspartei maßgeblich sind, ausdrücklich und einschränkend zum Gegenstand einer Garantieerklärung der anderen Vertragspartei gemacht werden, während gleichzeitig in den Vertrag eine weitere Erklärung des Käufers aufgenommen wird, dass
1. die im Vertrag aufgeführten Unterlagen den gesamten Vertrag beinhalten,
2. er (der Käufer) durch den Besitz dieser Informationen eine volle Aufklärung für seinen rechtsgeschäftlichen Entschluss erhalten hat, und
3. irgendein anderer nicht von den Garantien des Verkäufers gedeckter Umstand vom Käufer nicht ins Spiel gebracht werden darf, sondern in den Bereich seiner persönlichen Verantwortung fällt,
und zwar mit der schwerwiegenden Folge, dass die Anfechtung des Vertrags wegen Täuschung ausgeschlossen wird.[279] Zweck dieser Klausel ist die Aufhebung des für das Vorliegen des Täuschungstatbestands gemäß § 123 BGB notwendigen Kausalzusammenhangs zwischen dem irreführenden Verhalten des Verkäufers und der rechtsgeschäftlichen Entscheidung des Käufers und zwar in dem Sinne, dass der Käufer hierdurch ganz bewusst anerkennt, dass ein eventuell von dem Verkäufer verheimlichter Umstand keinesfalls in maßgeblicher Weise seinen Kaufentschluss hätte beeinflussen können.

Formulierungsbeispiel: „Non-Reliance"-Klausel **77a**
1. Die Transaktionsunterlagen stellen die gesamte Vereinbarung zwischen den Vertrags- **↻** parteien dar. Sie ersetzen alle vorangegangenen Vereinbarungen, die den Gegenstand dieses Vertrages betreffen, und geben das vollständige Vertragsverhältnis der

---

[275] *Wächter* BB 2016, 711 (712).
[276] Vgl. hierzu *Henrichs* NZG 2014, 1001 (1004).
[277] *Schulz/Sommer* NZG 2018, 50 (52).
[278] *Schulz/Sommer* NZG 2018, 50 (54).
[279] Vgl. ausführlich *Karampatzos* NZG 2012, 852.

Beteiligten wieder, das durch den Vertragsgegenstand begründet wird oder damit in Zusammenhang steht.

2. Demzufolge erklärt der Käufer und bestätigt, dass weder der Verkäufer noch einer seiner Berater eine Zusicherung gemacht hat, die nicht in den Transaktionsunterlagen schriftlich fixiert worden ist und dass man diesen Vertrag nicht im Vertrauen auf irgendeine Zusicherung abgeschlossen hat, mit Ausnahme derer, die in den Transaktionsunterlagen enthalten sind, und er nichts Gegenteiliges geltend machen wird. Um Zweifel zu vermeiden, erklärt sich der Käufer damit einverstanden, dass der Verkäufer und seine Berater gegenüber dem Käufer keinerlei Haftung für irgendeine Zusicherung übernehmen, mit Ausnahme für solche, die in den Transaktionsunterlagen enthalten sind. Im Hinblick auf alle Zusicherungen stehen dem Käufer nur solche Rechte und Rechtsmittel zur Verfügung, die in diesem Vertrag festgelegt sind.

77b   **3. Offenlegungen („Disclosures").** Das deutsche Kaufrecht wird zwar vom Grundsatz *caveat emptor* beherrscht, nach dem der Verkäufer den Käufer nicht über den Zustand der Kaufsache aufzuklären hat. Der Käufer muss sich selbst ein Bild über den Zustand der Sache machen. Er muss konkret nachfragen. Eine vorvertragliche Aufklärungspflicht wird nur ausnahmsweise angenommen, wenn diese nach Treu und Glauben und der Verkehrsauffassung redlicherweise zu erwarten war.[280] Bei Verhandlungen über den Verkauf von **GmbH-Geschäftsanteilen** trifft den Verkäufer aber im Hinblick auf die wirtschaftliche Tragweite des Geschäfts und die regelmäßig erschwerte Bewertung des Kaufobjekts eine **gesteigerte Aufklärungs- und Sorgfaltspflicht.**[281] Vor dem Hintergrund der bei größeren Transaktionen inzwischen fast regelmäßig durchgeführten Due Diligence sind Unternehmenskäufe dadurch gekennzeichnet, dass der Käufer die wirtschaftlichen, steuerlichen und rechtlichen Verhältnissen des Unternehmens untersucht. Die Frage verschiebt sich somit dahingehend, welche Informationen ein Käufer bei der Durchführung einer Due Diligence redlicherweise erwarten darf.[282] Die Offenlegungen des Verkäufers haben demnach Einfluss auf die Kenntnis des Käufers iSd § 442 Abs. 1 BGB und stellen ein bedeutsames Instrument zur Definition des Gewährleistungsumfangs dar.[283] In der Praxis haben sich verschiedene vertragliche Offenlegungskonzepte mit unterschiedlicher Verteilung von Risiko und Aufwand unter den Parteien entwickelt.[284]

77c   Das vereinbarte **Offenlegungskonzept** beinhaltet die Gesamtheit der Bestimmungen, die regeln, auf welche Weise der Verkäufer dem Käufer Umstände offenlegen muss, die eigentlich eine Verletzung der Garantien des Verkäufers darstellen, um seine Haftung wegen dieser **Garantieverletzung** auszuschließen. Die Offenlegungskonzepte der Praxis lassen sich ganz grob in drei Gruppen einteilen: einschränkende, großzügige und Kompromisskonzepte. Hauptunterschied ist die Verteilung von Risiko und Aufwand unter den Parteien.

77d   Das von den Verkäufern bevorzugte **großzügige Offenlegungskonzept** verweist auf alle die dem Käufer zur Verfügung gestellten Daten und Informationen (zB Teaser, Information Memorandum and Package, Management Präsentation, Datenraum, Q&A, Expert Sessions Finanzen, Steuern, Operations und Legal, der Unternehmenskaufvertrag), so dass alle darin enthaltenen Informationen als offengelegt gelten.[285]

77e   Bei den **beschränkenden Offenlegungskonzepten** müssen in der Regel gewisse Kriterien erfüllt sein, um die Haftung aus der Garantie auszuschließen. Diese Anforderun-

---

[280] *Schindler* KSzW 2016, 62; Hölters/*Weber* HdB Unternehmenskauf Rn. 9.240; st. Rspr. BGH NJW 2010, 858; NJW 2001, 2163.
[281] BGH NJW 2001, 2163.
[282] *Schindler* KSzW 2016, 62.
[283] Vgl. *Schindler* KSzW 2016, 62; *Möller* NZG 2012, 841.
[284] *Möller* NZG 2012, 841.
[285] *Möller* NZG 2012, 841.

gen lassen sich unter den Oberbegriffen: ausdrücklich, konkret, vollständig, spezifisch zusammenfassen.[286]

(1) Ausdrücklich bedeutet vor diesem Hintergrund, dass nur die Offenlegungen Einfluss auf die Kenntnis des Käufers haben, die deutlich erkennbar sind. Nicht hingegen konkludente, versteckte, verstreute Offenlegungen.

(2) Offenlegungen sind konkret, wenn sie die maßgeblichen Umstände des Einzelfalls nennen, statt abstrakt auf Problemkomplexe in bestimmten Bereichen zu verweisen.

(3) Vollständigkeit erfordert, dass der Verkäufer sämtliche Umstände offenlegt, die die Garantieverletzung ausmachen würden.

(4) Spezifische Offenlegungen beziehen sich nur auf bestimmte Garantien und wirken nicht gegen die übrigen Garantien.

Kompromisshalber belassen es die Parteien bei einer generellen/großzügigen Offenlegung des Datenraums (oder anderer umfangreicher Informationsquellen) mit lediglich abstrakt erhöhten Anforderungen an die Deutlichkeit der Offenlegung, indem sie eine Offenlegung in „angemessener Weise" vereinbaren. Es gelten „alle aus einer der folgenden Quellen ohne Weiteres ersichtlichen Umstände als im Sinne des vorstehenden Satzes in angemessener Weise offengelegt: (…)." **77f**

Das OLG Düsseldorf[287] entschied in einem Fall des **Management-Buy-Out,** dass das Wissen des **Geschäftsführers der Zielgesellschaft** dem Käufer grundsätzlich dann analog § 166 BGB zugerechnet werden könne, wenn dieser unter dem Aspekt der vorzeitig übergegangenen Loyalität und bei wirtschaftlicher Betrachtung schon dem **Lager des Käufers** zuzurechnen sei. Eine solche Wissenszurechnung könne aber im Unternehmenskaufvertrag ausgeschlossen werden. **77g**

Sofern der BGH das Urteil des OLG Düsseldorf bestätigt, ist für die Zukunft der M & A-Praxis darauf zu achten, dass im Unternehmenskaufvertrag eine **Kenntniszurechnung des bisherigen Managements** ausgeschlossen wird. Ansonsten läuft man Gefahr, dass in MBO Konstellationen der Schadenersatz der Käuferseite nicht durchsetzbar ist.[288] **77h**

VI. Sog. „Sandbagging"-Regelungen

Ebenso bedeutsam sind – in Deutschland eher seltene – sog. **„Sandbagging"**-Regelungen. Deren Inhalt besteht darin, dass der Käufer Ansprüche wegen Garantieverletzungen unabhängig davon geltend machen kann, ob er die Garantieverletzung kannte oder hätte kennen können – es sei denn, der Verkäufer hat den Umstand, aus dem eine Garantieverletzung folgt, auf die vertraglich vereinbarte Weise offengelegt. § 442 Abs. 1 BGB bestimmt zwar das Gegenteil, ist aber dispositiv.[289] Dies hat (für den Käufer) den Vorteil, dass sich die – gerade im deutschen Recht bei juristischen Personen und im Konzern schwierige – Kenntniszurechnungsproblematik erübrigt und bietet damit (beiden Seiten) größere Gewissheit über das Bestehen oder Nichtbestehen von Ansprüchen.[290] **78**

VII. AGB-Kontrolle

Unsicherheit und deutlich unterschiedliche Ansichten bestehen hinsichtlich der Frage, inwieweit auch Unternehmenskaufverträge der **AGB-Kontrolle** der §§ 305 ff. BGB unterliegen. Während ein Teil der Literatur es als fernliegend ansieht, dass komplexe – das dispositive Recht weitgehend verdrängende – Unternehmenskaufverträge, die das Ergebnis eines regelmäßig zeitintensiven Verhandlungsprozesses unter beiderseitiger Begleitung hoch spezialisierter Rechtsanwälte darstellen, als Allgemeine Geschäftsbedingungen iSv **78a**

---

[286] *Möller* NZG 2012, 841.
[287] OLG Düsseldorf NZG 2017, 152 (Clean Air Mobility/Masterflex); Nichtzulassungsbeschwerde beim BGH anhängig unter Az. VIII ZR 138/16; *Weißhaupt* ZIP 2016, 2447.
[288] *V. Woedtke* GmbHR 2017, 505; *Schwarzfischer* GWR 2016, 422; *Hoenig/Klingen* EWiR 2017, 9 (10).
[289] Vgl. BGH WM 1987, 986 (988).
[290] Vgl. *Möller* NZG 2012, 841.

§ 305 Abs. 1 BGB qualifiziert werden,[291] vertritt ein anderer Teil der Literatur die Auffassung, dass auf Grundlage der höchstrichterlichen Rechtsprechung ein Großteil der Unternehmenskaufverträge AGB-Charakter aufweist, auch wenn teleologische Erwägungen gegen eine Anwendbarkeit der Inhaltskontrolle auf Unternehmensverträge sprechen mögen.[292]

78b   Um dieses bestehende Risiko der Anwendbarkeit der AGB-Regelungen zu minimieren, werden folgende Strategien vorgeschlagen:[293]
- Dokumentation der Entwicklung des Vertrages während der gesamten Vertragsverhandlungen, insbesondere genaue Dokumentation des Aushandelns von „Paketlösungen";
- Klarstellungsregelung in einer separaten Vereinbarung oder als Präambel, dass sämtliche Regelungen des Vertrages ausgehandelt und zur Diskussion gestellt wurden;[294]
- Aufnahme einer Schiedsklausel mit Wahl der Anwendung der Vorschriften des deutschen Rechts unter Ausklammerung der §§ 305 ff. BGB (vgl. auch § 1051 Abs. 1 ZPO; § 23 Schiedsordnung der DIS; Art. 21 Abs. 1 S. 1 der ICC Rules 2012); möglich ist dies jedenfalls bei grenzüberschreitenden Transaktionen.[295] Zur Frage der Formbedürftigkeit von Schiedsvereinbarung und Schiedsordnung → Rn. 52.

78c   Zwar zielführend, aber im Ergebnis wenig praktikabel (Vervielfachung der Transaktionskosten; Verhandlungsnachteile; Schwierigkeiten der Rechtsdurchsetzung) ist die Flucht ins ausländische Recht (wegen Art. 3 Abs. 3 ROM I-VO nur bei grenzüberschreitenden Transaktionen möglich).

VIII. Culpa in contrahendo (cic)/„vorvertragliche Pflichtverletzung"

79   Der Anwendungsbereich der cic (**vorvertragliche Pflichtverletzung** gemäß §§ 280 ff., 311 Abs. 2, 241 Abs. 2 BGB) ist eröffnet bei ungerechtfertigtem Abbruch von Vertragsverhandlungen und der Missachtung von Geheimhaltungs- oder Aufklärungspflichten.[296] Der alleinige **Abbruch von Vertragsverhandlungen** begründet indes keine Ansprüche aus cic. Hinzutreten muss das Merkmal, dass der **Abbruch ungerechtfertigt** gewesen sein muss. Bei beurkundungspflichtigen Verträgen kommt dies nur bei besonders **schwerwiegenden Treuepflichtverstößen** in Betracht. Das Merkmal kann erfüllt sein, wenn einer der Verhandlungspartner seine Absicht, den Vertrag abzuschließen, aufgibt und den anderen Verhandlungspartner davon nicht oder nicht rechtzeitig unterrichtet. Eine Haftung nach cic besteht auch für das **Vortäuschen der Abschlussabsicht**.[297]

80   In diesem Zusammenhang kommt dem Inhalt eines **Letters of Intent** (LoI) besondere Bedeutung zu. Grundsätzlich entfaltet der LoI **keine rechtliche Bindungswirkung.** Konkretisiert aber der Aussteller des LoI seine Absicht und Verhandlungsposition derart, dass der Verhandlungspartner auf einen Vertragsabschluss vertrauen durfte, kommt ein Vertragsabbruch nur noch aus bestimmten Gründen in Betracht. Ein Abbruch der Vertragsverhandlungen ohne bestimmten Grund kann in einem solchen Fall zur Haftung aus § 311 Abs. 2 BGB führen.[298] Um Missverständnissen vorzubeugen, sollte ein ausdrücklicher Hinweis in den LoI aufgenommen werden, dass die Parteien dem Inhalt der Erklärung keinerlei rechtliche Bindungswirkung beimessen. Dann muss der LOI auch nicht, wie ein Vorvertrag, in der Form des Hauptvertrages abgefasst werden.

---

[291] Ausführlich *Kästle* NZG 2014, 288; *Kirchner/Giessen* BB 2015, 515; *Maier-Reimer/Niemeyer* NJW 2015, 1719.

[292] Vgl. dazu ausführlich *Wittuhn/Quecke* NZG 2014, 131.

[293] Vgl. dazu *Wittuhn/Quecke* NZG 2014, 131; *Kästle* NZG 2014, 288.

[294] Nur dann kein AGB-Charakter, wenn insgesamt Individualvereinbarung: Beisel/Klumpp/*Beisel* Unternehmenskauf § 1 Rn. 120.

[295] Unklar bei reinen Inlandssachverhalten; ausführlich dazu *Pfeiffer* NJW 2012, 1169.

[296] Vgl. dazu BGH DB 1996, 1916; *Gaul* ZHR 166 (2002), 35 (65); *Wertenbruch* ZIP 2004, 1525 (1529); *Geyrhalter/Zirngibl/Strehle* DStR 2006, 1559 (1560).

[297] *Wertenbruch* ZIP 2004, 1525 (1529).

[298] Vgl. MüKoBGB/*Busche* BGB Vor § 145 Rn. 58.

Neben der Absichtserklärung zum Abschluss eines Vertrages kann der LoI auch zur **Aus-** 81 **legung des späteren Hauptvertrages** Bedeutung erlangen. Um die Haftungsrisiken auszuschließen, ist bei der Aufsetzung eines LoI die Mitwirkung eines Notars dringend anzuraten.

Große Bedeutung hat die cic auch bei unwahrer oder unvollständiger Beantwortung 82 von Fragen und bei **Aufklärungspflichtverletzungen.** Bei schuldhafter Verletzung haftet der Verkäufer unbeschränkt, wegen des Vorrangs der Gewährleistung jedoch nach dem BGH nur bei arglistigem Verhalten,[299] welches jedoch widerlegbar vermutet wird.[300] Diese Haftung kann vertraglich nicht beschränkt werden (§ 276 Abs. 3 BGB), besteht jedoch ein Haftungsausschluss, so hat der Käufer den Vorsatz zu beweisen, um den Ausschluss zu überwinden. Die Voraussetzungen einer Aufklärungspflicht sind unscharf. Nach Auffassung des BGH besteht eine solche Pflicht hinsichtlich der Umstände, die den Vertragszweck des anderen vereiteln können und daher für seinen Entschluss von wesentlicher Bedeutung sind, sofern er die Aufklärung nach der Verkehrsauffassung erwarten konnte.[301] Die Aufklärung hat hinreichend deutlich zu erfolgen, in der Regel wird eine bloße Zugänglichkeit der Information für den Käufer nicht genügen.[302]

IX. Verjährungsfristen

Die **Verjährungsfrist für die Sachmängelgewährleistung** beträgt gemäß § 438 Abs. 1 83 Nr. 3 BGB grundsätzlich zwei Jahre. Der Lauf der Frist beginnt mit der Ablieferung bzw. Übergabe der Sache. Eine Erleichterung stellt § 203 BGB dar, der den **Ablauf der Verjährungsfrist hemmt,** solange **Verhandlungen** zwischen den Parteien über das Bestehen oder Nichtbestehen des Anspruchs laufen. Scheitern die Verhandlungen, soll die Frist in dem Moment wieder anlaufen, in dem nach Treu und Glauben der nächste Schritt zu erwarten gewesen wäre.[303] Die Verjährung tritt aber frühestens nach drei Monaten ein, § 203 S. 2 BGB. § 202 BGB lässt **vertragliche Regelungen über die Verjährung** in weitem Rahmen zu.

X. Die W(arranty) & I(ndemnity)-Versicherung

Ein weiteres Mittel zur Absicherung von Unternehmenskäufen sind die im angelsächsi- 83a schen Raum seit langer Zeit weit verbreiteten **W&I-Versicherungen.** Hierunter versteht man die Versicherung von Gewährleistungs- und Freistellungsansprüchen beim Unternehmenskauf. Schon seit einigen Jahren kommen diese auch in der deutschen M & A-Praxis zur Anwendung. Vor dem Hintergrund, dass Deutschland gegenwärtig ein Verkäufermarkt ist, bei dem die Verkäufer sich oft für ihre operative Gesellschaft – oder auch Immobilien – den Käufer aussuchen und sich einen „clean exit" sichern möchten, werden W & I-Versicherungen immer wichtiger.[304] Es gibt vermehrt spezialisierte Versicherer und Versicherungsmakler, die neue, maßgeschneiderte Versicherungslösungen anbieten.[305] Durch die steigende Konkurrenz sind auch die Versicherungsprämien von anfänglich zwischen 3 % und 5 % auf teilweise ab 0,65 % gesunken. Auch kleinere Transaktionen im Bereich von 15 – 40 Mio. EUR werden mit Mindestprämien von unterhalb von 50.000 EUR angeboten.[306] Da eine solche Versicherung sowohl Käufer- als auch Verkäuferseite nutzt, kann sie helfen, die bestehenden Interessengegensätze zu reduzieren. Die

---

[299] NJW 2009, 2120; NJW 2010, 858 (859).
[300] BGH NZG 2009, 828 (829).
[301] NZG 2002, 298 (300); OLG Brandenburg NotBZ 2011, 175; *Hübner* BB 2010, 1483 (1485).
[302] *Möller* NZG 2012, 841 (846).
[303] BeckOK BGB/*Spindler* BGB § 203 Rn. 7.
[304] *Heer* GWR 2018, 125.
[305] Ausführlich hierzu *Heer* GWR 2018, 125 (128); *Hoenig/Klingen* NZG 2016, 1244.
[306] *Heer* GWR 2018, 125 (128).

häufigere Käuferpolice deckt dabei **Ansprüche des Käufers** aus Garantieverletzungen des Verkäufers ab.

83b   Regelmäßig wird der zu ersetzende Schaden dabei in enger Anlehnung an den Unternehmenskaufvertrag definiert. Die Versicherung deckt grundsätzlich alle Ansprüche wegen **Garantieverletzungen** ab, die dem Käufer nach dem Unternehmenskaufvertrag zustehen oder zustehen würden, wenn bestimmte zu Gunsten des Verkäufers vereinbarte Haftungsbeschränkungen (insbesondere der Haftungshöchstbetrag) außer Acht gelassen werden. Der Versicherer verzichtet in der Regel auch darauf, den Verkäufer in Regress zu nehmen. Anders sieht dies bei Vorsatz oder ggf. auch Fahrlässigkeit aus.[307] Selbst bekannte Risiken können grundsätzlich versichert werden, so zB im Rahmen der Due Diligence erkannte Steuerrisiken, Risiken aus laufenden Rechtsstreitigkeiten oder Umweltrisiken. Voraussetzung ist allerdings, dass das Risiko quantifizierbar und die Eintrittswahrscheinlichkeit als eher gering einzuschätzen ist.[308]

83c   Der Abschluss einer W & I-Versicherung zur Risikominimierung sollte beim Abschluss eines Unternehmenskaufvertrags jedenfalls einmal erwogen werden. Geschäftsführer und Vorstände müssen dies insbesondere bei Verträgen mit wenig ausgeprägten Garantien unbedingt bei ihrer Risikoabwägung – auch zu ihrem eigenen Schutz – bedenken.[309]

XI. Liquidationspräferenzen

83d   Bei der Beteiligung an Start-Ups bestehen Venture Capital-Geber oft auf Regelungen, die als **Liquidationspräferenzen** bezeichnet werden.[310] Dies bedeutet, dass sich die Investoren ausbedingen, im Falle eines Exits (Verkauf oder Börsengang des Unternehmens) oder einer Liquidation der Gesellschaft die von ihnen investierte Summe, ggf. zuzüglich einer Verzinsung oder eines Faktors auf den eingesetzten Betrag, vorab zurückerhalten.[311] Diese Regelungen erfolgen vor dem Hintergrund, dass die Investition in Start-Ups risikoreich ist.[312]

83e   In der Regel enthalten die Verträge aber keine Regelungen zur **Liquidationspräferenzen** im Falle einer Haftung für Garantieverletzungen. Es sollte auch geregelt werden, in welchem Verhältnis die Gesellschafter des verkauften Unternehmens die wirtschaftlichen Konsequenzen von Garantieverletzungen im Innenverhältnis zu tragen haben. Der Vertrag sollte weiterhin Regeln enthalten, mit der die Liquidationspräferenz zwischen mehreren Erwerbern, insbesondere solchen aus unterschiedlichen Finanzierungsrunden, klargestellt wird. In der Regel erhalten diejenigen Gesellschafter, die zeitlich später investiert haben, den Betrag ihrer Investition im Sinne einer „last in, first out"-Logik vor den Investoren aus weiter zurückliegenden Finanzierungsrunden zurück.[313]

83f   Liquidationspräferenzen stellen schuldrechtliche **Erlösverteilungsabreden** zwischen den Gesellschaftern dar.[314] Es ist sinnvoll, die Möglichkeit zur **disquotalen Erlösverteilung** bereits in der **Satzung** der Gesellschaft vorzusehen. Sind Liquidationspräferenzen in der Satzung verankert, bietet ihre dingliche Wirkung gegenüber jedermann einen größeren Schutz, als bloße schuldrechtliche Liquidationspräferenzen, die nur die Gesellschafter untereinander binden.[315]

83g   Die wohl herrschende Ansicht in der Literatur geht davon aus, dass solche Vereinbarungen aufgrund ihres Charakters als Risikoprämie auch **steuerlich anzuerkennen** sei-

---

[307] *Hoenig/Klingen* NZG 2016, 1244 (1246).
[308] *Hoenig/Klingen* NZG 2016 1244, (1246).
[309] *Heer* GWR 2018, 125 (128).
[310] Ausführlich *Gubitz/Hüttinger* NZG 2018, 370.
[311] *Gubitz/Hüttinger* NZG 2018, 370.
[312] Baumbach/Hueck/*Fastrich* GmbHG § 3 Rn. 56 ff.; *Hüffer/Koch* AktG § 23 Rn. 45 ff.
[313] *Zirngibl/Kupsch* BB 2011, 579 (580).
[314] BFHE 202, 124 = DStRE 2003, 847.
[315] *Gubitz/Hüttinger* NZG 2018, 370.

en.[316] Es gab aber auch Stimmen in der Literatur, die ein schenkungssteuerliches Risiko sahen.[317]

Die folgenden Gestaltungen kommen für Beteiligungen an Start-Ups in Frage: **83h**
- Der Investor muss sich bei der **anrechenbaren (non-participating) Liquidationspräferenz** im Rahmen der Verteilung von Exit-Erlösen die vorab aufgrund seiner Liquidationspräferenz erhaltenen Beträge im Rahmen der nachfolgenden Verteilung nach dem Verhältnis der Kapitalanteile anrechnen lassen. Bei dieser Vereinbarung kommt es somit zu einem Aufholen (catch-up) der Mitgesellschafter. Die Liquidationspräferenz wirkt als reine *downside protection*, da sie ab einem bestimmten Veräußerungserlös ihre Wirkung verliert – wenn der dem Investor bei einer pro rata-Verteilung zustehende Betrag höher ist als der Betrag der Liquidationspräferenz.[318]
- Anders ist dies bei der **nicht anrechenbaren (participating) Liquidationspräferenz,** die immer ein upside zu Gunsten des Investors darstellt. Hier erhält der Investor den Betrag der Liquidationspräferenz vorab. Im Folgenden wird pro rata verteilt, ohne catch-up der Gründer. Je höher der Exit-Erlös ausfällt, desto geringer ist zwar die finanzielle Auswirkung der Liquidationspräferenz. Bei dieser Konstellation kommt es aber nie zu einer reinen pro rata-Verteilung, bei der die Gründer ihren prozentualen Anteil am Kapital der Gesellschaft vollständig erhalten – egal wie hoch der Ertrag.[319]

Es gibt **einfache und mehrfache Liquidationspräferenzen.** Bei der einfachen Liqui- **83i** dationspräferenz (1,0×) erhält der Investor als Vorabbetrag nur seine ursprüngliche Investition zurück. Es kann aber je nach Risiko des Investments ein bestimmter Faktor versehen werden, zB 1,5× oder 1,1× oder doppelte Liquidationspräferenz mit 2,0×.

Weiter ist zu entscheiden, ob die mehrfache Liquidationspräferenz anrechenbar oder **83j** nicht anrechenbar ausgestaltet ist. Insbesondere die nicht anrechenbare mehrfache Liquidationspräferenz führt zu einer deutlich **überproportionalen Beteiligung** des Investors am Exit-Erlös. Begründet kann dies dadurch sein, dass sich Gründer und Investor im Rahmen des Einstiegs auf eine besonders hohe Bewertung des Unternehmens geeinigt haben oder ein besonders riskantes Geschäftsmodell vorliegt.[320]

Bei **verzinslichen Liquidationspräferenzen** kommt zu der jeweiligen vereinbarten **83k** Präferenz noch eine jährliche Verzinsung hinzu. In der Regel kommt dies nur bei der einfachen (1,0×) Liquidationspräferenz vor (zB 1,0× Liquidationspräferenz + 5% p.a.). Diese Regelung trägt dem wirtschaftlichen Gedanken der Gegenleistung für Kapitalüberlassung Rechnung.[321]

H. Unternehmenskauf in Krise und Insolvenz

I. Asset Deal oder Share Deal

Beim Unternehmenskauf in der Krise[322] muss wegen der besonderen Risiken im Vorfeld **84** sorgfältig abgewogen werden. Unerlässlich ist dabei eine umfassende Due Diligence[323] und eine sorgfältige Vertragsgestaltung. Die zu beachtenden Fragen betreffen nicht nur das Insolvenzrecht, sondern auch gesellschafts-, arbeits- und steuerrechtliche Fragen. Vereinzelt muss der Unternehmenskauf auch kartellrechtlich überprüft werden.[324]

---

[316] So die mittlerweile ganz hA *Gubitz/Hüttinger* NZG 2018, 370.
[317] *Dunkmann/Schönhaar* GWR 2014, 361 (362).
[318] *Gubitz/Hüttinger* NZG 2018, 370; *Zirngibl/Kupsch* BB 2011, 579 (580).
[319] Jesch/Striegel/Boxberger/*Inhester,* Rechtshandbuch Private Equity, 2010, S. 254.
[320] *Gubitz/Hüttinger* NZG 2018, 370 (371).
[321] *Gubitz/Hüttinger* NZG 2018, 370 (371).
[322] Ausf. Reul/Heckschen/Wienberg/*Heckschen* InsR § 4 Rn. 1350 ff.; Hölters/*Buchta* HdB Unternehmenskauf Rn. 16.1 ff.
[323] Hölters/*Buchta* HdB Unternehmenskauf Rn. 16.43 ff.
[324] Dazu *Arends/Hofert-von Weiss* BB 2009, 1538.

85 Ob ein Unternehmenskauf im Zusammenhang mit einer Insolvenz im Wege eines Share
Deals bzw. als Asset Deal erfolgen soll, hängt davon ab, ob und in welchem Maß der
Erwerber die rechtliche und/oder wirtschaftliche Selbständigkeit des zu übernehmenden
Unternehmens bewahren will oder nicht.[325] In der Regel wird der Erwerber das Unter-
nehmen nur dann erwerben wollen, wenn die im Unternehmen liegenden Risiken und
Verbindlichkeiten klar identifiziert und reduziert oder ganz beseitigt wurden. In der Praxis
legen diese Gesichtspunkte häufig einen Asset Deal nahe.[326] In diesem Zusammenhang
hat sich der Begriff der sog. **„Übertragenden Sanierung"** herausgebildet. Maßgebend
sind daneben auch die steuerrechtlichen Voraussetzungen und Folgen der jeweiligen
Transaktionsform.

86 Soweit zum übertragenen Betriebsvermögen **Grundstücke oder Erbbaurechte** gehören, ist der entsprechende Kaufvertrag gemäß § 311b Abs. 1 BGB bzw. § 11 ErbbauRG
zu beurkunden.[327] Zu beachten ist, dass sich die Formbedürftigkeit dabei auf das Geschäft
im Ganzen, dh auch auf Abreden, die für sich genommen formlos getroffen werden
könnten, erstreckt, soweit sie mit dem Grundstückskaufvertrag ein einheitliches Geschäft
bilden, dh soweit die Grundstücksveräußerung und die übrigen auf die Übertragung des
Unternehmens gerichteten Vereinbarungen nach dem Willen der Parteien voneinander
abhängig sind und somit **„miteinander stehen oder fallen"**.[328]

87 Ein weiteres – hier nicht näher zu behandelndes Problem – ergibt sich, wenn ein Insolvenzschuldner in der Zeit vor Eröffnung eines Insolvenzverfahrens **EU-rechtswidrige
Beihilfen** erhalten hat.[329] Für den potenziellen Erwerber eines Unternehmens ist dann
regelmäßig von besonderer Bedeutung, dass er nicht seinerseits zur Rückforderung der
ursprünglich gewährten Beihilfen herangezogen wird. Dazu sind bei einer in diesem Stadium angestrebten Veräußerung eines Unternehmens verschiedenste Maßgaben der EU-
Kommission und des EuGH zu beachten. Eine besondere Praxis zB dergestalt, dass die
EU-Kommission eine Art **„comfort letter"** (Bestätigung der Nicht-Rückforderung)
herausgibt, hat sich bislang nicht entwickelt. Danach ist es für den Insolvenzverwalter erforderlich, die entsprechenden Vorgaben bei der Veräußerung eines Unternehmens genau
zu beachten.

II. Share Deal und (drohende) Insolvenz

88 Beim Share Deal wird das Unternehmen in seiner Gesamtheit, also inklusive seiner Verbindlichkeiten erworben. Problematisch ist deshalb bei Unternehmen in der Insolvenz in
erster Linie die Findung eines angemessenen Kaufpreises. Von maßgeblicher Bedeutung
ist deshalb hier die Durchführung einer Due Diligence-Prüfung.[330] Daneben haben die
Vereinbarungen über die Gewährleistung besondere Bedeutung.[331]

89 Die im Rahmen der GmbH-Reform aufgenommenen Regelungen über die **Anfechtbarkeit von Gesellschafterdarlehen** haben auch mittelbaren Einfluss auf die Veräußerung von GmbH-Anteilen im Wege des Share Deals. Hat der Verkäufer eines GmbH-
Anteils zuvor an die Gesellschaft ein Darlehen gewährt, besteht das Risiko, dass er bei

---

[325] Hölters/*Buchta* HdB Unternehmenskauf Rn. 16.34 ff.; *Semler/Volhard* UÜ-HdB § 2 Rn. 2 ff.
[326] Vgl. dazu auch *Classen* BB 2010, 2898 (2899).
[327] Hölters/*Weber* HdB Unternehmenskauf Rn. 9.94.
[328] Hölters/*Weber* HdB Unternehmenskauf Rn. 9.94.
[329] Dazu ausführlich *Ehrick* ZInsO 2005, 516; Hölters/*Buchta* HdB Unternehmenskauf Rn. 16.65 ff.
[330] Eine Checkliste für die Due Diligence-Prüfung in der Insolvenz findet sich beispielsweise bei Beck/
Depré/Depré, Praxis der Insolvenz, 3. Aufl. 2017, § 43 K Anh. A Rn. 233; *Fiebig/Undritz* MDR 2003,
254; s. zur Due Diligence-Prüfung auch *Rödder/Hötzel/Mueller-Thuns* Unternehmenskauf § 3 Rn. 32 ff.
Holzapfel/Pöllath Unternehmenskauf Rn. 685 ff.; *Semler/Volhard* UÜ-HdB § 5 Rn. 106 ff. und § 9
Rn. 58 ff.; *Menke* BB 2003, 1133.
[331] Vgl. dazu *Semler/Volhard* UÜ-HdB § 9 Rn. 1 ff.; *Rödder/Hötzel/Mueller-Thuns* Unternehmenskauf § 10;
zum Kauf aus Krise und Insolvenz auch *Holzapfel/Pöllath* Unternehmenskauf Rn. 2320 ff.

Veräußerung trotzdem neben dem Erwerber bei Darlehensrückzahlung und folgender Insolvenz haftet (dazu ausführlich→ Rn. 51 ff.).[332]

[Einstweilen frei]. 90–91

III. Asset Deal und (drohende) Insolvenz

Im Hinblick auf eine drohende Insolvenz ist der Erwerber grundsätzlich frei, darüber zu 92 entscheiden, ob er nur bestimmte Vermögenswerte von dem Rechtsträger des Unternehmens erwirbt oder ob er zugleich auch dessen Verbindlichkeiten übernimmt.[333] Der Vertragsfreiheit sind jedoch Grenzen gesetzt durch eine für bestimmte Fälle gesetzlich angeordnete Haftung des Erwerbers für **Verbindlichkeiten** des Veräußerers im unternehmerischen Bereich. In Betracht kommen hier vor allem § 613a BGB, § 25 HGB und/oder § 75 AO.

IV. Unternehmenserwerb noch vor Insolvenzantrag

Soll das Unternehmen noch vor dem Insolvenzantrag erworben werden, so gehen Erwer- 93 ber und Veräußerer erhebliche Risiken ein. Die im Insolvenzverfahren geltenden Ausschlüsse und Beschränkungen können nicht angewendet werden. Ebenso besteht die Gefahr, dass der Insolvenzverwalter den Unternehmenskauf gemäß **§§ 129 ff. InsO** anficht.[334] In der Krise, aber außerhalb eines Insolvenzverfahrens, sollte daher ein Unternehmenskauf nur nach sehr sorgfältiger Due Diligence erwogen werden.[335]

V. Firmenfortführung, § 25 HGB

Erwirbt der Käufer ein Handelsgeschäft und führt er es unter der bisherigen Firma, ggf. 94 mit einem Nachfolgezusatz, weiter, haftet er für alle **im Betrieb des Geschäfts begründeten Verbindlichkeiten** des früheren Inhabers, § 25 HGB. Erwerb ist hier die Unternehmensübertragung und Überlassung einschließlich Pacht, auch Pächterwechsel und dergleichen,[336] wenn das übernommene Geschäft ein Handelsgewerbe war.

Liegen die Voraussetzungen des § 25 HGB vor, haftet der Erwerber mit seinem gesam- 95 ten Vermögen. Die Haftung ist insbesondere nicht auf das übernommene Vermögen beschränkt. § 25 Abs. 2 HGB ermöglicht jedoch einen **Haftungsausschluss,** der in das Handelsregister eingetragen und bekannt gemacht oder dem Dritten mitgeteilt wird. Regelmäßig erfolgt die Eintragung bzw. Bekanntmachung zeitlich mit der Übernahme oder folgt ihr unverzüglich. Anderenfalls ist die Haftungsbeschränkung Gläubigern gegenüber unwirksam.[337] Die Eintragung eines Haftungsausschlusses ist auch beim Teilerwerb eines Handelsgeschäfts möglich.[338]

VI. Haftung für Betriebssteuern, § 75 AO

Der Übernehmer eines Unternehmens im Ganzen oder eines gesondert geführten Be- 96 triebs haftet mit dem übernommenen Vermögen für **betriebliche Steuern und Steuerabzugsbeträge** nach § 75 AO, die im letzten vor der Übernahme liegenden Kalender-

---

[332] *Heckschen/Kreußlein* RNotZ 2016, 351; BGH NJW 2013, 2282, danach soll auch der Rechtsvorgänger haften.

[333] *Menke* BB 2003, 1133.

[334] Ausführlich zur Frage der Anfechtung nach Inkrafttreten des Gesetzes zur Verbesserung der Rechtssicherheit bei Anfechtungen nach der Insolvenzordnung und nach dem Anfechtungsgesetz (Begr. RegE, BT-Drs. 18/7054) *Bressler* NZG 2018, 321; *Hölzle* DStR 2004, 1433; *Broom* ZRP 2010, 79 mit dem Vorschlag der Adaption innovativer Regelungen der italienischen Insolvenzordnung.

[335] Hölters/*Buchta* HdB Unternehmenskauf Rn. 16.43 ff.

[336] BGH MDR 1984, 646; OLG Hamm NJW-RR 1998, 611; *Scherer* DB 1996, 2321; *Leibner/Bruns* DStR 2002, 1689.

[337] OLG Stuttgart NZG 2010, 628; OLG München BeckRS 2010, 15899.

[338] OLG Zweibrücken NZG 2014, 496.

jahr entstanden sind.[339] Eine Kenntnis des Erwerbers von den Steuerschulden ist nicht erforderlich. Zivilrechtliches Eigentum muss bei dieser Haftungsvorschrift nicht unbedingt übergehen. Es genügt der Erwerb wirtschaftlichen Eigentums, § 39 AO.[340]

97   Für die Übereignung des Unternehmens im Ganzen als Voraussetzung für eine Haftung des Erwerbers ist erforderlich, dass die Gegenstände auf den Erwerber übergehen, die die wesentlichen Grundlagen des übereigneten Unternehmens waren oder die geeignet sind, die wesentlichen Grundlagen für den Betrieb des Erwerbers zu bilden, um diesen fortzuführen.[341] Andererseits wird vom BFH der Begriff des Unternehmens iSd **§ 75 AO** im Gleichklang mit der betreffenden Steuer ausgelegt, für die gehaftet wird. Dies ist besonders im Umsatzsteuerbereich von Bedeutung, so dass dort beispielsweise schon die Veräußerung eines vermieteten Gebäudes sich als Unternehmensveräußerung darstellen kann.[342]

98   Als Betriebssteuern iSd § 75 AO kommen vor allem die **Gewerbesteuer** und die **Umsatzsteuer** in Betracht, daneben aber auch Verbrauchssteuern, Versicherungssteuern und Steuerabzugsbeträge wie insbesondere die Lohnsteuer. Einkommen- und Körperschaftsteuer fallen dagegen nicht darunter.

VII. Übertragende Sanierung (Asset Deal) vor Eröffnung des Insolvenzverfahrens

99   Bei der Veräußerung von Unternehmen oder Unternehmensteilen nach Insolvenzeröffnung überwiegt in der Praxis die „**übertragende Sanierung**" in Gestalt des „**Asset Deal**"[343] auch als „in-court sale" bezeichnet. Dabei steht die Trennung des Unternehmens vom Unternehmensträger und dessen Verbindlichkeiten und der vornehmliche Erwerb der sanierungsfähigen und werthaltigen Teile (sog. „Cherry Picking") im Vordergrund. Nach der Übertragung wird der seines Unternehmens entledigte Unternehmensträger liquidiert.[344] Im Vergleich zu einem Erwerb außerhalb der Insolvenz bietet das Insolvenzverfahren dem (potentiellen) Erwerber auch neben der Aussicht auf einen erheblich reduzierten Kaufpreis (die Praxis zeigt, dass der Kaufpreis für ein insolventes Unternehmen in der Regel um ein Drittel, aber durchaus auch bis zu zwei Drittel, unter dem Kaufpreis für ein gleichwertiges intaktes Unternehmen liegt),[345] weitere zahlreiche Vorteile, gleichzeitig stellt es ihn jedoch auch vor besondere Probleme und Schwierigkeiten.

100   Die **übertragende Sanierung** ist allerdings erst nach der Eröffnung des Insolvenzverfahrens möglich. Seit Inkrafttreten des Gesetzes zur Vereinfachung des Insolvenzverfahrens (InsVerfVereinfG) hält die ganz hM in der Literatur eine Veräußerung durch den **vorläufigen Insolvenzverwalter** für unzulässig.[346] Der Gesetzgeber geht eindeutig von der Unzulässigkeit der übertragenden Sanierung vor dem Eröffnungsbeschluss aus. Dies ergibt sich aus der Beschränkung des § 22 Abs. 1 S. 2 Nr. 2 InsO, der die Alternativen der Fortführung oder der Stilllegung nennt, aber nicht von einer Veräußerung spricht. Der vorläufige Insolvenzverwalter hat die Aufgabe, die Masse zu sichern und die Voraussetzungen für die Eröffnung des Insolvenzverfahrens zu prüfen. Verwertungshandlungen liegen außerhalb seines Aufgabenbereichs. Der Kauf vom vorläufigen Insolvenzverwalter ist auch wirtschaftlich nicht sinnvoll. Sofern nur ein **schwacher vorläufiger Insolvenzverwalter** bestellt worden ist, sind Forderungen des Erwerbers aus dem Unternehmenskaufver-

---

[339] Beisel/Klumpp/*Beisel* Unternehmenskauf § 9 Rn. 69 ff.; Hölters/*Buchta* HdB Unternehmenskauf Rn. 16.60 ff.; *Heine* ZInsO 2003, 828; *Tipke/Kruse* AO § 75 Rn. 1 ff.; *Klein/Rüsken* AO § 75 Rn. 36 ff.

[340] BFH BStBl. II 1980, 258.

[341] Beisel/Klumpp/*Beisel* Unternehmenskauf § 9 Rn. 69 ff.; BFH/NV 1986, 381; BFH/NV 1988, 1; *Klein/Rüsken* AO § 75 Rn. 15 ff.

[342] Beisel/Klumpp/*Beisel* Unternehmenskauf § 9 Rn. 69 ff.; BFH BStBl. II 1993, 700.

[343] Reul/Heckschen/Wienberg/*Heckschen* InsR § 4 Rn. 1408 ff.; *Hölzle* DStR 2004, 1433; vgl. auch *Soudry/Schwenkel* GWR 2010, 366; *Morshäuser* NZG 2010, 881.

[344] *Hagenbusch/Oberle* NZI 2006, 618 (619).

[345] So *Abel/Kühnle* M&A Review 2009, 319.

[346] *Morhäuser/Falkner* NZG 2010, 881 (882); *Arends/Hofert-von Weiss* BB 2009, 1538; BGH NZI 2003, 259 (260); *Vallender* GmbHR 2004, 543 (544).

trag bloße ungesicherte Insolvenzforderungen.[347] Der Insolvenzverwalter kann darüber hinaus gemäß § 103 InsO die Erfüllung des Kaufvertrages nach Eröffnung des Insolvenzverfahrens ablehnen. Eine weitere Konsequenz beim Kauf vom vorläufigen Insolvenzverwalter ist der **Übergang von Arbeitnehmerverbindlichkeiten.** Anders als im eröffneten Insolvenzverfahren gelten die Einschränkungen des § 613a BGB hier nicht.[348] Sofern es jedoch auf einen zügigen Erwerb ankommt, kann der vorläufige Insolvenzverwalter dazu beitragen, die Verfahrenseröffnung zu beschleunigen. Die Zeit bis zur Eröffnung kann sinnvoll genutzt werden, indem zB die Due Diligence durchgeführt wird.

VIII. Übertragende Sanierung (Asset Deal) nach Verfahrenseröffnung

1. Vor Berichtstermin. Seit Inkrafttreten des Gesetzes zur Vereinfachung des Insolvenzverfahrens (InsVerfVereinfG) ist ausdrücklich in § 158 InsO geregelt, dass der Insolvenzverwalter vor der Betriebsveräußerung die **Zustimmung des Gläubigerausschusses** einholen muss, soweit er das Unternehmen vor dem Berichtstermin veräußern will. Es sind allerdings Situationen denkbar, in denen der Insolvenzverwalter das Unternehmen schon vor Bestellung des Gläubigerausschusses veräußern muss. Auch dann ist der Erwerb wirksam. § 164 InsO sieht vor, dass selbst bei einem bewussten Verstoß des Insolvenzverwalters gegen die Pflicht zur Beteiligung des Gläubigerausschusses, die Veräußerung wirksam ist. Unwirksamkeit ist nur dann gegeben, wenn der Insolvenzverwalter „evident insolvenzzweckwidrig" gehandelt hat.[349] 101

Der Insolvenzverwalter muss den Insolvenzschuldner vor der Beschlussfassung des Gläubigerausschusses, oder wenn ein solcher nicht bestellt ist, vor der Unternehmensveräußerung informieren, § 158 Abs. 2 S. 1 InsO. Daraufhin kann der Insolvenzschuldner beim Insolvenzgericht die **Untersagung der Unternehmensveräußerung** beantragen. Wenn die Veräußerung ohne eine erhebliche Verminderung der Insolvenzmasse bis zum Berichtstermin aufgeschoben werden kann, ist dem Antrag stattzugeben, § 158 Abs. 2 S. 2 InsO. In dem seltenen Fall, dass ein Gläubigerausschuss nicht bestellt ist, kann der Insolvenzverwalter über die Veräußerung nach freiem Ermessen entscheiden.[350] Es besteht kein Zustimmungsvorbehalt zugunsten des Insolvenzschuldners.[351] 102

2. Nach Berichtstermin. Bei einer übertragenden Sanierung nach dem Berichtstermin muss gemäß § 160 Abs. 2 Nr. 1 InsO die **Zustimmung des Gläubigerausschusses** oder der **Gläubigerversammlung** eingeholt werden. Besondere Zustimmungspflichten bestehen bei der Betriebsveräußerung an besonders Interessierte, § 162 InsO und der Betriebsveräußerung unter Wert, § 163 InsO. Verstößt der Insolvenzverwalter gegen die Mitwirkungsrechte des Gläubigerausschusses oder der Gläubigerversammlung, ist zwar die Unternehmensübertragung nicht unwirksam, der Insolvenzverwalter macht sich aber **persönlich haftbar.**[352] Auch bei der **Eigenverwaltung** sind Gläubigerausschuss oder Gläubigerversammlung gemäß § 267 InsO zu beteiligen.[353] 103

---

[347] *Morhäuser/Falkner* NZG 2010, 881 (882); *Menke* BB 2003, 1133 (1134).
[348] BAG NZA 2003, 318; NZA 1980, 1124; vgl. auch *Classen* BB 2010, 2898 (2901).
[349] MüKoInsO/*Görg/Janssen* InsO § 164 Rn. 6; Nerlich/Römermann/*Balthasar* InsO § 164 Rn. 3 ff.
[350] *Picot* Unternehmenskauf Rn. 230.
[351] MüKoInsO/*Görg/Janssen* InsO § 158 Rn. 24.
[352] *Binz/Hess,* Der Insolvenzverwalter: Rechtsstellung, Aufgaben, Haftung, 2004, Rn. 1204; vgl. auch *Classen* BB 2010, 2898 (2902).
[353] *Picot* Unternehmenskauf Rn. 232.

IX. Ausschluss der gesetzlichen Haftung beim Erwerb aus der Insolvenzmasse

104 Die **Haftung des Betriebsübernehmers** nach **§ 25 HGB, § 75 AO** besteht beim Erwerb vom Insolvenzverwalter nicht.[354] Während diese Rechtsfolge in § 75 Abs. 2 AO für das Steuerrecht ausdrücklich im Gesetz angeordnet ist, fehlt im HGB eine entsprechende Vorschrift. Wäre § 25 HGB anwendbar, so würden die Unternehmensgläubiger durch den Erwerber befriedigt. Dieser hält sich schadlos, in dem er den Kaufpreis für das Unternehmen entsprechend reduziert. Dies geht zu Lasten der übrigen Insolvenzgläubiger. Darin liegt ein Widerspruch zum Grundsatz der gleichmäßigen Befriedigung aller Insolvenzgläubiger. Nach allgemeiner Meinung ist § 25 HGB deshalb beim Erwerb des Unternehmens in der Insolvenz nicht anwendbar.[355]

X. Arbeitsrechtliche Aspekte

105 Der potenzielle Unternehmenserwerber ist bestrebt, lediglich die Anzahl Arbeitnehmer mit dem Betrieb zu übernehmen, die nach seinem **Fortführungskonzept** erforderlich sind, dh eine seinen Wünschen entsprechende **Auswahl unter den Arbeitnehmern** vorzunehmen. Bei diesen – für die Realisierung eines Unternehmensverkaufs unverzichtbaren – Personalanpassungsmaßnahmen sind jedoch die zwingenden Regelungen des § 613a BGB über den Eintritt des Betriebserwerbers in die Rechte und Pflichten aus den Arbeitsverhältnissen[356] und das Kündigungsverbot wegen eines Betriebsübergangs (§ 613a Abs. 4 S. 1 BGB) zu beachten.[357] Ausschließen kann man den Übergang der Arbeitsverhältnisse nur durch die Stilllegung des Betriebs vor Betriebsübergang. Ein **stillgelegter** Betrieb als solcher kann nicht mehr übergehen. An die Betriebsstilllegung sind jedoch strenge Anforderungen zu stellen. Sie erfordert die Einstellung in der ernstlichen Absicht, die Weiterverfolgung des bisherigen Betriebszwecks dauernd oder zumindest für eine wirtschaftlich nicht unerhebliche Zeit zu beenden. Daran fehlt es, solange sich der Betriebsinhaber mit Dritten in Verhandlungen hinsichtlich der Übernahme des Betriebes befindet.[358]

106 Beim Unternehmenskauf nach Insolvenzeröffnung hingegen steht darüber hinaus das gesamte insolvenzrechtliche Instrumentarium zur Unterstützung der Sanierung des Unternehmens – insbesondere die Erleichterungen hinsichtlich der Arbeitnehmerrestrukturierung – zur Verfügung, so zB **kostengünstigere und schnellere betriebsbedingte Kündigungen, Kündigung nachteiliger Betriebsvereinbarungen, beschleunigte Betriebsstilllegungen.**[359] Beim Unternehmenserwerb innerhalb des Insolvenzverfahrens findet § 613a BGB nur **eingeschränkt Anwendung.** Zwar gehen auf den Erwerber die Arbeitsverhältnisse mit allen Rechten und Pflichten über (§ 613a Abs. 1 BGB), der Unternehmenserwerber haftet aber – nach der Rechtsprechung des BAG[360] – gegenüber den Arbeitnehmern nicht für solche **Verbindlichkeiten,** die bereits **vor Verfahrenseröffnung** entstanden waren.[361] Im Umkehrschluss bedeutet dies, dass der Erwerber nur für

---

[354] Baumbach/Hopt/*Hopt* HGB § 25 Rn. 4 mwN; BGHZ 66, 217 (228); BGHZ 104, 151 (152); BGH NJW 1987, 1019 (1020); NJW 1992, 911; Staub/*Hüffer* HGB § 25 Rn. 60 ff.

[355] BAG DB 2007, 455; EBJS/*Reuschle* HGB § 25 Rn. 41; Baumbach/Hopt/*Hopt* HGB § 25 Rn. 4; BGH ZIP 1992, 398; BFH DStR 1983, 270; ZIP 1998, 1845; *Heine* ZInsO 2003, 828; *Rödder/Hötzel/Mueller-Thuns* Unternehmenskauf § 17 Rn. 26 ff.

[356] S. dazu ausf. Schaub/*Ahrendt*, Arbeitsrechts-HdB, 17. Aufl. 2017, §§ 117, 118; arbeitsrechtliche Aspekte des Unternehmenskaufs Holzapfel/*Pöllath* Unternehmenskauf Rn. 1513 ff.; Hölters/*von Steinau-Steinrück/Thees* HdB Unternehmenskauf Rn. 6.1 ff.

[357] BAG ZInsO 2004, 1325 für Urlaubsansprüche bei Betriebsübergang in der Insolvenz; s. auch *Tretow* ZInsO 2000, 309 mwN; *Sieger/Hasselbach* DB 1999, 430 (431); *Lemke* BB 2007, 1333; kritisch *Warmbein* DZWiR 2003, 11.

[358] BAG ZIP 1986, 100 (102); ZIP 1997, 122.

[359] Vgl. dazu in den Einzelheiten *Abel/Kühnle* M&A Review 2009, 319 (320); dazu *Merten* FS Bauer 2010, 755.

[360] Vgl. BAG NZA 1996, 432; NZA 1993, 20; NJW 1993, 2259.

[361] BAG ZIP 2010, 588.

solche Verbindlichkeiten haftet, die nach der Eröffnung des Insolvenzverfahrens entstanden sind,[362] also vor allem für Vergütungsansprüche für nach der Insolvenzeröffnung erbrachte Arbeitsleistungen.[363] Zum Schutz der Arbeitnehmer übernimmt jedoch der **Pensionssicherungsverein** sämtliche Pensionsverbindlichkeiten (einschließlich gesetzlich unverfallbarer Anwartschaften), die sich auf den Zeitraum vor Eröffnung des Insolvenzverfahrens beziehen; der Erwerber haftet aber auch insoweit nicht für die Verbindlichkeiten.[364]

Der Insolvenzverwalter kann die Beschäftigungsverhältnisse des zu veräußernden und **107** neu zu strukturierenden Unternehmens mit einer Frist von höchstens drei Monaten zum Monatsende (§ 113 Abs. 1 S. 2 InsO) – unabhängig von ansonsten gültigen gesetzlichen oder vereinbarten vertraglichen Kündigungsfristen – kündigen.[365] Die Kündigungen unterliegen den allgemeinen **Grundsätzen der Sozialauswahl.**[366]

Möglich ist ebenfalls eine **Veräußererkündigung auf Grund eines Erwerberkon-** **108** **zepts** nach §§ 125 ff. InsO. Darin ist eine Modifizierung des Kündigungsschutzes sowohl hinsichtlich vermuteter betriebsbedingter Kündigungsgründe als auch einer nur beschränkt arbeitsgerichtlich überprüfbaren Sozialauswahl – im Falle der Vereinbarung eines Interessenausgleiches mit Namensliste zwischen Insolvenzverwalter und Betriebsrat vereinbarten Interessenausgleich – geregelt. Gemäß § 128 Abs. 1 InsO gilt dies auch dann, wenn die geplante Betriebsänderung erst nach der Unternehmensveräußerung durch den Erwerber durchgeführt werden soll. Nach § 128 Abs. 2 InsO wird vermutet, dass eine Veräußererkündigung auf Grund eines Erwerberkonzeptes nicht gegen § 613a Abs. 4 BGB verstößt. Voraussetzung der Kündigungen auf Grund eines Erwerberkonzeptes ist jedoch, dass die Durchführung des Konzeptes im Zeitpunkt des Zugangs der Kündigungserklärung bereits greifbare Formen angenommen hat, mit der Konsequenz, dass als Folge der Verwirklichung des Konzepts ein **Arbeitskräfteüberhang** bis spätestens zum Ablauf der Kündigungsfrist entsteht. Es ist dabei unerheblich, ob das Konzept auch bei dem Veräußerer hätte durchgeführt werden können.[367] Es ist jedoch zu beachten, dass das den Kündigungen zugrundeliegende Erwerberkonzept nicht zur Zerstörung der alten betrieblichen Einheit führen darf, da ansonsten der Schutzbereich des § 613a BGB verlassen würde, und zwar mit der Folge, dass ohnehin ein Übergang der Arbeitsverhältnisse zum Erwerber ausschiede. Eine Kündigung des (Alt-) Arbeitgebers wäre dann nicht durch ein Erwerberkonzept gerechtfertigt.[368]

Alternativ können personelle Restrukturierungsmaßnahmen auch mit Hilfe einer sog. **109** **Transfergesellschaft** (auch Beschäftigungs- bzw. Qualifizierungsgesellschaften (BQG) oder Personalentwicklungsgesellschaft)[369] umgesetzt werden.[370]

I. Beherrschungs- und Gewinnabführungsverträge

Häufig besteht zwischen Verkäufer und zu veräußerndem Unternehmen ein **Beherr-** **110** **schungs- und Gewinnabführungsvertrag** (zB für die steuerliche Organschaft).[371] Die-

---

[362] BAG NZI 2003, 222.
[363] BAG NZA 2009, 432; NZA 2003, 318 (322).
[364] Vgl. BAG NZA-RR 2006, 373 (377).
[365] Vgl. *Merten* FS Bauer 2010, 755 (758); Uhlenbruck/*Zobel* InsO § 113 Rn. 77 ff.; *Wisskirchen/Bissels* BB 2009, 2142.
[366] Holzapfel/Pöllath/*Vorwerk* Unternehmenskauf Rn. 2393.
[367] BAG ZIP 2003, 1671; einschränkend aber außerhalb der Insolvenz: LAG Köln ZIP 2003, 2042, dazu *Mauer* EWiR 2004, 273.
[368] Vgl. *Commandeur/Kleinebrink* NJW 2008, 3467 (3472).
[369] Dazu etwa *Meyer* BB 2004, 420; *Lembke* BB 2004, 773; *Praß/Sämisch* ZInsO 2004, 1284; *Bichlmeier* DZWiR 2006, 239; *Krieger/Fischinger* NJW 2007, 2289.
[370] Vgl. *Kammel* NZI 2000, 102 (104); *Commandeur/Kleinebrink* NJW 2008, 3467; *Krieger/Fischinger* NJW 2007, 2289; *Morshäuser/Falkner* NZG 2010, 881.
[371] Zu Gewinnabführungs- und Beherrschungsverträgen in der notariellen Praxis *Boor* RNotZ 2017, 65.

ser muss spätestens bis zur Übertragung des Unternehmens **(Closing)** beendet werden.[372] In Betracht kommt eine **Kündigung** des Beherrschungs- und Gewinnabführungsvertrages aus wichtigem Grund (erst im Zeitpunkt des Übergangs der Geschäftsanteile möglich; § 297 Abs. 1 AktG), die ordentliche Kündigung nach Maßgabe des Vertrages oder ein Aufhebungsvertrag, der nach Ansicht der Rechtsprechung gemäß § 296 Abs. 1 AktG nur zum Ende eines Geschäftsjahres möglich und damit mit der Veräußerung wohl eher selten zu koordinieren ist.[373] Die Veräußerung einer Organgesellschaft innerhalb eines Konzerns ist jedoch kein wichtiger Grund iSv § 14 Abs. 1 S. 1 Nr. 3 S. 2 KStG für die vorzeitige – steuerrechtlich unbedenkliche – **Beendigung der Organschaft.**[374] Der konzernexterne unterjährige Verkauf der Organgesellschaft führt – ohne zusätzliche Maßnahmen – dazu, dass die finanzielle Eingliederung im gesamten Geschäfts-/Wirtschaftsjahr entfällt und damit auch die steuerlichen Wirkungen.[375] Vor diesem Hintergrund ist die rechtzeitige Umstellung des Geschäfts-/Wirtschaftsjahr (Satzungsänderung) bzw. **Bildung eines Rumpfgeschäftsjahres** zu empfehlen.[376]

110a   Bei der Kündigung des Beherrschungs- und Gewinnabführungsvertrages durch die abhängige Gesellschaft in der Rechtsform einer GmbH ist die Entscheidung über die Beendigung der Gesellschafterversammlung zugewiesen. Bei der entsprechenden Beschlussfassung unterliegt der herrschende Gesellschafter **keinem Stimmverbot.**[377] Eine ohne zustimmenden Gesellschafterbeschluss erklärte Kündigung ist nach herrschender Ansicht lediglich **schwebend unwirksam**[378] und kann daher durch einen nachträglichen Gesellschafterbeschluss ex tunc wirksam werden. Der Gesellschafterbeschluss über die Beendigung des Beherrschungs- und Gewinnabführungsvertrages bedarf in analoger Anwendung der §§ 53, 54 GmbHG der notariellen Beurkundung. Die **Eintragung** der Beendigung des Beherrschungs- und Gewinnabführungsvertrages im Handelsregister hat – im Gegensatz zur Eintragung des Abschlusses – nur **deklaratorische Wirkung.**[379] Etwaige Gewinnabführungs- und Verlustausgleichsansprüche sind auf Grundlage eines (ggf. zu prüfenden) Jahresabschlusses zum Ende des (Rumpf-) Geschäftsjahres auszugleichen – ggf. in Form einer Kaufpreisanpassung. Zu beachten ist auch die notwendige Freistellung des Verkäufers von der Verpflichtung zur Stellung von Sicherheiten gemäß § 303 Abs. 1 AktG.

110b   Kommt es zu einer unterjährigen Beendigung des Beherrschungs- und Gewinnabführungsvertrags, ist darauf zu achten, dass die **gesellschaftsrechtlichen und der steuerrechtlichen Folgen** auseinanderfallen.[380] Ab dem Kündigungszeitpunkt endet nach hM gesellschaftsrechtlich die Pflicht zur Gewinnabführung und Verlustübernahme.[381] Entfiele sie mit Wirkung zum letzten Abschlussstichtag könnte der Organträger kündigen, um der seit dem Beginn des letzten Geschäftsjahres eingetretenen Verlustausgleichpflicht zu entgehen.[382] Bei der unterjährigen Kündigung bleibt aus steuerrechtlicher Sicht die Pflicht zur Gewinnabführung oder Verlustübernahme bestehen. Die Organschaft wird aber, mindestens für das Jahr der Veräußerung, nicht anerkannt. Es ist daher darauf zu achten, dass

---

[372] Dazu *Schaefer/Wind/Mager* DStR 2013, 2399.
[373] OLG München GmbHR 2014, 535; NZG 2012, 590; Holzapfel/Pöllath/*Hörmann* Unternehmenskauf Rn. 2108.
[374] BFH DStR 2014, 643; BGH NZG 2011, 902 (903); OLG Oldenburg NZG 2000, 1138 (1140); OLG Düsseldorf ZIP 1994, 1602; *Müller/Donweiler,* Unterjährige Beendigung des Beherrschungs- und Gewinnabführungsvertrages beim Unternehmenskauf, FS Beuthien 2009, 183.
[375] *Schaefer/Wind/Mager* DStR 2013, 2399 (2400).
[376] *Boor* RNotZ 2017, 65 (81).
[377] BGH NZG 2011, 902.
[378] *Heckschen* MittRhNotK 1990, 269.
[379] OLG München NZG 2011, 1183; BGH NJW 1992, 505; BayObLG ZIP 2003, 798.
[380] *Schaefer/Wind* DStR 2013, 2399 (2403); Hölters/*Gröger* HdB Unternehmenskauf Rn. 5.96 ff.
[381] BGH NJW 1988, 1326 (1327 ff.); *Philippi/Neveling* BB 2003, 1685 (1691).
[382] MüKoAktG/*Altmeppen* AktG § 302 Rn. 25.

Gewinnabführungen steuerlich als **(verdeckte) Gewinnausschüttungen** und **Verlustausgleichszahlungen als (verdeckte) Einlagen** gewertet werden.[383]

Die Beendigung der Organschaft sollte im Kaufvertrag explizit geregelt werden. Hierbei ist an die Aufnahme einer **aufschiebenden Bedingung** für den Vollzug des Kaufvertrags auf die Beendigung und an Regelungen zu den Gewinn- und Verlustausgleichsansprüchen zu denken.[384] Ebenfalls zu erwägen ist, ob Freistellungen des Käufers bezüglich ggf. anfallender Steuern aufgenommen werden, die entstehen, wenn die Organschaft doch erst nach dem vereinbarten wirtschaftlichen Stichtag beendet wird.[385] Zugunsten des Verkäufers könnte eine Regelung sinnvoll sein, in der der Käufer sich verpflichtet, die vorliegenden Jahresabschlüsse nicht nachträglich zu ändern, da dies Verschiebungen in den Gewinn- oder Verlustausgleichszahlungen nach sich ziehen kann.[386]

110c

J. Checklisten zu Form- und Zustimmungserfordernissen

I. Asset Deal

Checkliste: Form- und Zustimmungserfordernisse beim Asset Deal

(1) Verpflichtungsgeschäft, Formerfordernisse
- Grundstücke, § 311b Abs. 1 BGB, § 11 ErbbauRG: Notarielle Beurkundung ggf. auch für die Nebengeschäfte.
- Verpflichtung zur Übertragung des **gesamten Vermögens oder eines Bruchteils,** § 311b Abs. 3 BGB: Notarielle Beurkundung; Anwendbarkeit soll nach wohl hM ausscheiden, wenn Gegenstände einzeln bezeichnet sind. Da die Thematik umstritten ist, sollte auf notarielle Beurkundung gedrungen werden, sowohl bei juristischen wie auch natürlichen Personen.
- Hält das Unternehmen **GmbH-Anteile,** § 15 Abs. 4 GmbHG: Notarielle Beurkundung.

(2) Verpflichtungsgeschäft, Zustimmungserfordernisse
- Bei **AG oder KGaA,** § 179a AktG: Zustimmung der HV nunmehr schon dann notwendig, wenn ohne das Vermögen der Unternehmensgegenstand nicht mehr betrieben werden kann. Unter dieser Schwelle nach den Grundsätzen der „Holzmüller"/„Gelatine"-Rechtsprechung, wonach grundlegende Strukturentscheidungen der Zustimmung der HV bedürfen.
- Bei **GmbH:** Nach BGH[387] bloßer interner Gesellschafterbeschluss nötig, keine analoge Anwendung des § 179a AktG; Vorlage des Beschlusses bei Transaktion; „Holzmüller"-/„Gelatine"-Grundsätze gelten mit Einschränkungen.
- Bei **OHG oder KG** wohl keine analoge Anwendung des § 179a AktG mehr; idR stellt die Veräußerung auch ein außergewöhnliches Geschäft dar, das gemäß § 116 HGB (iVm § 161 Abs. 2 HGB) der Zustimmung aller Gesellschafter bzw. Kommanditisten bedarf.
- Bei der **GbR** ist für den Umfang der Vertretungsmacht der Inhalt des Gesellschaftsvertrages maßgeblich. Im Zweifel reicht gemäß § 714 BGB die Vertretungsbefugnis so weit wie die Geschäftsführungsbefugnis. Diese ist wiederum begrenzt durch den nach außen erkennbaren Gesellschaftszweck. Ist die Unternehmensveräußerung im Gesellschaftsvertrag nicht geregelt, kommt es darauf an, ob die Veräußerung innerhalb des nach außen erkennbaren Gesellschaftszwecks liegt. In der Regel wird das nicht der Fall sein.

111

---

[383] Hölters/*Gröger* HdB Unternehmenskauf Rn. 5.96.
[384] Ausführlich Holzapfel/Pöllath/*Hörmann* Unternehmenskauf Rn. 2116 ff.
[385] Holzapfel/Pöllath/*Hörmann* Unternehmenskauf Rn. 2126.
[386] Holzapfel/Pöllath/*Hörmann* Unternehmenskauf Rn. 2124.
[387] BGH NJW 2019, 1512.

- Bei Beteiligung **Minderjähriger**, §§ 1821–1823 BGB: Zustimmung des Familiengerichts.
- Gehört zu dem veräußernden Unternehmen ein Grundstück oder ein Recht an einem Grundstück, dann ist die **familiengerichtliche Genehmigung** gemäß § 1821 Abs. 1 Nr. 4, Nr. 5 BGB erforderlich, wenn ein Minderjähriger auf Erwerber- oder Veräußererseite beteiligt ist.
- Ist auf der Erwerberseite ein Minderjähriger beteiligt, der im Zuge der Unternehmensübertragung Verbindlichkeiten, die in dem Unternehmen begründet worden sind, übernimmt, ist dies genehmigungspflichtig, § 1822 Nr. 10 BGB.
- Ein Vertrag mit Beteiligung von Minderjährigen, der auf den entgeltlichen Erwerb oder die Veräußerung eines Erwerbsgeschäfts gerichtet ist, ist nach § 1822 Nr. 3 BGB genehmigungsbedürftig.
- Verpflichtung des **Ehegatten**, über sein Vermögen im Ganzen zu verfügen, § 1365 Abs. 1 S. 1 BGB: Zustimmung des anderen Ehegatten.
- Bei **Praxen von Ärzten, RAen usw** wegen § 134 BGB iVm § 203 StGB: Zustimmung der Kunden notwendig; bei Abtretung von Rechtsanwaltsforderungen an Rechtsanwälte ist die Zustimmung nach § 49b Abs. 4 BRAO aber nicht mehr erforderlich.
- Bei Berechtigung Dritter an dem Gegenstand: Zustimmung der Dritten.
- Ggf. gemeindliches Vorkaufsrecht gemäß § 24 BauGB.
- Genehmigungserfordernis nach § 2 Abs. 1 GrdstVG: Genehmigung erfolgt durch die zuständige Landesbehörde.

(3) Vollzug, Formerfordernisse
- **Bewegliche Sachen**, § 929 S. 1 BGB: Übertragung durch Einigung und Übergabe.
- **Grundstücke**, §§ 873 Abs. 1, 925 Abs. 1 BGB: Einigungserklärung bei gleichzeitiger Anwesenheit vor einer zuständigen Stelle (Auflassung § 925 Abs. 1 BGB). Zuständige Stellen: Notar; im Ausland Konsularbeamte § 12 Nr. 1 KonsG iVm §§ 19, 24 KonsG.
- Soweit der neue Unternehmensinhaber die Firma nicht fortführt, die Haftung für frühere Geschäftsverbindlichkeiten aber entstehen soll, kann dies ohne vertragliche Abrede durch die handelsübliche Bekanntmachung nach § 25 Abs. 3 HGB herbeigeführt werden.
- Inhaberpapiere: Einigung und Übergabe nach § 929 S. 1 BGB.[388]
- Orderpapiere: Übertragung durch Übereignung der Urkunde oder durch Indossament, bei Letzterem spricht für den Inhaber die Vermutung des Art. 16 Abs. 1 WG.
- Rektapapiere: Rechtsübertragung nach §§ 398 ff. BGB, Abtretung, ggf. weitere Erfordernisse, vgl. §§ 792 Abs. 1 S. 3, 1154 Abs. 1 S. 1 BGB.
- Qualifizierte Legitimationspapiere: Rechtsübertragung nach §§ 398 ff. BGB. Da aber nur der Inhaber der Urkunde die daraus folgenden Rechte geltend machen kann, ist die Übergabe faktisch erforderlich.
- Patente: Abtretung, §§ 398 ff. BGB und Eintragung in das Patentregister, § 30 Abs. 3 PatG.
- Marken bei separater Übertragung durch Abtretung: §§ 398 ff. BGB oder nach § 27 Abs. 2 MarkenG, wenn sie zum übertragenen Geschäftsbetrieb gehören.
- Urheberrechte: Es können lediglich einfache oder ausschließliche Nutzungsrechte eingeräumt und dann gemäß §§ 398 ff. BGB übertragen werden.
- **Dingliche Rechte an Grundstücken**: Einigung und Eintragung, § 873 Abs. 1 BGB.
- Nicht verbriefte Hypotheken: Abtretung und Eintragung ins Grundbuch, §§ 1153 Abs. 1, 1154 Abs. 3 BGB iVm § 873 Abs. 1 BGB.

---

[388] BeckOK BGB/*Gehrlein* BGB § 793 Rn. 2 ff.; Hölters/*Solveen* AktG § 10 Rn. 14.

- Nicht verbriefte Grundschulden: Abtretung und Eintragung, §§ 1192 Abs. 1, 1154 Abs. 3 BGB iVm § 873 Abs. 1 BGB.
- Forderungen aufgrund Bankkonten, Depots sowie aus Versicherungsverträgen bedürfen ggf. Formalien, da diese wegen § 399 Alt. 2 BGB einzuhalten sind.
- Bei **Anwartschaftsrechten** sind dieselben Formvorschriften einzuhalten wie bei der Übertragung des Vollrechts.
- **Nießbrauch** an beweglichen Sachen; wenn sie zu einem von einer juristischen oder rechtsfähigen Personengesellschaft betriebenen Unternehmen gehören und der Nießbrauchserwerber gleichzeitig das Unternehmen erwirbt, ist das Nießbrauchsrecht übertragbar, § 1059a Abs. 1 Nr. 2 und Abs. 2 BGB.
- **Nießbrauch** an Rechten ist unter den gleichen Voraussetzungen (wie vor) zu übertragen, und zwar so, wie das betroffene Recht zu übertragen wäre.
- **Pfandrechte** gehen nach § 1250 BGB mit der Übertragung der abgesicherten Forderung über.
- Immaterielle Vermögenswerte, wie zB Kundenstamm, Know-how lassen sich rechtlich nicht einordnen. Die Übertragung erfolgt faktisch durch den Vollzug des Unternehmenskaufs.
- **Side Letters**[389] bedürfen in der Regel keiner bestimmten Form. Der Hauptvertrag wird oft durch Side Letters ergänzt, die zum Verständnis und zur richtigen Auslegung des Hauptvertrages dienen. Der Hauptvertrag enthält aber häufig eine Klausel, wonach Nebenabreden zu ihrer Wirksamkeit der Schriftform bedürfen, soweit sie über eine Klarstellungsfunktion hinausgehen.[390] Soweit der Kauf- und Übertragungsvertrag der notariellen Beurkundung bedarf, gilt dies nach der hM auch für die Nebenabreden. In diesem Fall müssen auch die Side Letters notariell beurkundet werden.
- **Beteiligungsverträge,** nach denen sich ein Investor zur Leistung der Einlage plus Agio verpflichtet, bedürfen in der Regel keiner Form. Verpflichten sich aber die Altgesellschafter bereits im Vorwege zum Beschluss einer neuen Satzung, die beispielsweise eine „Drag-Along-Klausel" enthält, wonach die übrigen Gesellschafter ihre Anteile veräußern müssen, wenn ein Gesellschafter dies tut, dann folgt das Beurkundungsbedürfnis aus § 15 Abs. 4 GmbHG.

(4) Vollzug, Zustimmungserfordernisse
- Bei **Firmenfortführung,** § 22 Abs. 1 HGB: Zustimmung des Vorgängers.
- Steht eine AG auf der Veräußererseite und hätte § 179a AktG Anwendung finden müssen, sind die Vollzugsgeschäfte bei fehlender Zustimmung der Gesellschafter zwar wirksam, aber nach Bereicherungsrecht rückabwickelbar.
- Rechtsformspezifische Zustimmungserfordernisse, die für den Abschluss des Verpflichtungsvertrages zu beachten sind, müssen auch beim Vollzugsgeschäft entsprechend eingehalten werden.
- Bei Beteiligung **Minderjähriger,** §§ 1821–1823 BGB: Wie beim Verpflichtungsgeschäft.
- Sind die Voraussetzungen des § 1365 Abs. 1 S. 1 BGB erfüllt, gilt für die Übertragung des Unternehmens § 1365 Abs. 1 S. 2 BGB, soweit der andere **Ehegatte** nicht bereits dem Verpflichtungsgeschäft zugestimmt hat. Zur Übertragung der Gegenstände muss der andere Ehegatte einwilligen.
- **Erbrechtliche Zustimmungserfordernisse** sind denkbar, wenn sich zum Unternehmen gehörende Gegenstände im Nachlass befinden.
- Der **Testamentsvollstrecker** unterliegt in der ihm nach § 2205 S. 2 BGB gewährten Verfügungsbefugnis ggf. Beschränkungen nach § 2208 Abs. 1 BGB.

---

[389] Dazu *Wiesbrock* DB 2002, 2311.
[390] BGH DB 2001, 1825; aA *Heidenhain* NJW 1999, 3073.

- Der **Nachlassverwalter** bedarf gemäß § 1975 BGB iVm § 1915 BGB iVm § 1822 Nr. 3 BGB der Genehmigung durch das Vormundschaftsgericht bei Veräußerung eines zum Nachlass gehörenden Anteils an der Personengesellschaft bzw. einer mehr als nur kapitalmäßigen Beteiligung an einer Kapitalgesellschaft.
- **Bundeskartellamt,** § 41 Abs. 1 GWB: Freigabe nach vorheriger Anmeldung durch die beteiligten Unternehmen.
- Genehmigungserfordernis nach § 2 Abs. 1 GrdstVG: Genehmigung erfolgt durch die zuständige Landesbehörde.
- Zustimmungserfordernis des **Insolvenzverwalters** (§§ 21 Abs. 2, 22 Abs. 1, 24 Abs. 1, 80, 81 InsO).

II. Share Deal

112 | **Checkliste: Form- und Zustimmungserfordernisse beim Share Deal**

(1) **Verpflichtungsgeschäft, Formerfordernisse**
- **Grundstücke,** § 311b Abs. 1 BGB grundsätzlich nicht anwendbar, Ausnahme nur bei bewusster Umgehung der Formvorschriften. Aber: Möglicherweise entsteht eine Beurkundungspflicht durch ein einheitliches Geschäft, mithin der bedingten Verknüpfung von Grundstücks- und Anteilsübertragungspflicht (nicht andersherum), dann notarielle Beurkundung.
- Verpflichtung zur Übertragung des **gesamten Vermögens oder eines Bruchteils,** § 311b Abs. 3 BGB: Notarielle Beurkundung Aber: Nicht anwendbar bei Einzelauflistung der Gegenstände, die dem Rechtsträger zugeordnet sind. Wie beim Asset Deal sollte wegen der Umstrittenheit auf Beurkundung gedrungen werden.
- Verpflichtung zur Übertragung von **GmbH-Anteilen,** § 15 Abs. 4 S. 1 GmbHG: Notarielle Beurkundung ebenso für alle Nebenabreden, von denen die Anteilsübertragung abhängen soll.
- Verpflichtung zur Übertragung von **KG-Anteilen:** Formfrei. Bei einer GmbH & Co. KG unterliegt die Verpflichtung zur Veräußerung der Kommanditanteile aber auch der Beurkundungspflicht, soweit die GmbH-Anteile nur mit diesen zusammen übertragen werden sollen oder wenn sie eine unselbstständige Nebenabrede darstellt.

(2) **Verpflichtungsgeschäft, Zustimmungserfordernisse**
- Für **AG, KGaA,** § 179a AktG: Zustimmung, wenn die Gesellschaftsanteile das Ganze oder wesentliches Vermögen der Gesellschaft ausmachen, als Folge der „Holzmüller"/„Gelatine"-Entscheidung bedürfen alle grundlegenden Strukturentscheidungen der Zustimmung der HV.
- Bei Beteiligung **Minderjähriger oder Betreuer,** §§ 1821–1823 BGB: Zustimmung des Familiengerichts.
- Verpflichtung zur Verfügung über das ganze Vermögen des Minderjährigen, § 1822 Nr. 1 BGB: Zustimmung des **Familiengerichts,** es sei denn die übertragenden Gegenstände sind konkret bezeichnet.
- Verpflichtung zum Erwerb eines Erwerbsgeschäfts, § 1822 Nr. 3 BGB: Zustimmung des Familiengerichts.
- Die Verpflichtung zur Veräußerung an einer Personengesellschaft, die ein Handelsgewerbe betreibt, ist immer als Veräußerung des Erwerbsgeschäftes iSd § 1822 Nr. 3 BGB anzusehen und deshalb genehmigungsbedürftig.
- Soweit der Minderjährige Aktien, GmbH-Anteile erwirbt oder veräußert, die nur eine kapitalmäßige Beteiligung darstellen, ist grundsätzlich keine Genehmigung erforderlich, aber vorsorglich dennoch empfehlenswert.

- Ist die GmbH noch nicht in das Handelsregister eingetragen, ist der Erwerb eines GmbH-Anteils durch den Minderjährigen nach § 1822 Nr. 3 BGB genehmigungspflichtig, wenn die Gesellschaft bereits einen auf Erwerb gerichteten Geschäftsbetrieb aufgenommen hat.
- Erwirbt der Minderjährige einen GmbH-Anteil und sind die Einlagen der übrigen Gesellschaft noch nicht erbracht, ist eine Genehmigung nach § 1822 Nr. 10 BGB erforderlich, wenn für den Mündel/Betreuten die Gefahr besteht, gemäß § 24 GmbHG in Anspruch genommen zu werden.
- Verpflichtung des **Ehegatten** über sein Vermögen im Ganzen zu verfügen, § 1365 Abs. 1 S. 1 BGB: Zustimmung des anderen Ehegatten notwendig.
- Übernahme eines bestehenden Handelsgeschäfts samt **Firma** unter Ausscheiden des namensgebenden Gesellschafters, § 24 Abs. 2 HGB: Zustimmung des namensgebenden Gesellschafters.
- Ggf. **Vinkulierungsklauseln.**

(3) Vollzug, Formerfordernisse
- Übertragung der **GmbH-Anteile,** § 15 Abs. 3 GmbHG: Notarielle Beurkundung.
- Bei einer **GmbH & Co. KG** kann auch die Abtretung der KG-Anteile beurkundungsbedürftig sein. Das ergibt sich daraus, dass bei einer GmbH & Co. KG typischerweise der Anteilskauf der KG-Anteile und der GmbH-Anteile untrennbar miteinander verbunden ist.[391]
- Nachweis der vollzogenen Übertragung gegenüber einem Geschäftsführer, § 16 Abs. 1 GmbHG: Formvorschriften ggf. in der Satzung niedergelegt.
- Einreichung der neuen Gesellschafterliste nach Wirksamkeit der Anteilsübertragung durch den Notar mit Notarbescheinigung gemäß § 40 Abs. 2 GmbHG.
- Formfreie Anteilsübertragung von Gesellschaftsanteilen der Personengesellschaft, § 398 BGB iVm § 413 BGB.
- Anmeldung des Gesellschafterwechsels und der Vertretungsverhältnisse zum Handelsregister bei OHG/KG, §§ 107 f. HGB (iVm § 161 Abs. 2) HGB.
- Anteilsübertragung und Beurkundung im **Ausland,** Art. 11 EGBGB, Gleichwertigkeit: Urkundsperson im Ausland muss einer einem deutschen Notar entsprechenden Tätigkeit nachgehen und die Grundsätze des deutschen Verfahrensrechts anwenden.
- Aktien: bei nicht verbrieften Aktienrechten erfolgt Abtretung gemäß § 398 BGB iVm § 413 BGB; bei verbrieften Aktien durch Einigung und Übergabe gemäß §§ 929 ff. BGB; Namenaktien ebenfalls durch Abtretung, sie können aber auch durch Indossament übertragen werden; Inhaberaktien durch Indossament; Aktien in Girosammelverwahrung: Übertragung durch Übereignung des Miteigentumsanteils, § 24 Abs. 2 DepotG.

(4) Vollzug, Zustimmungserfordernisse
- Scheidet der Gesellschafter, dessen Name in der Firma enthalten ist, aus, bedarf es zur **Firmenfortführung** der Einwilligung des Ausscheidenden, § 24 Abs. 2 HGB.
- **Vinkulierte Namensaktien oder GmbH-Anteile,** § 68 Abs. 2 AktG, § 15 Abs. 5 GmbHG: Zustimmung des Vorstandes/Geschäftsführers, aber die Satzung kann Abweichendes bestimmen.
- **GmbH:** Zustimmung zu **Teilung** § 46 Nr. 4 GmbHG.
- Anteile an **Personengesellschaften:** Nur mit Zustimmung aller Gesellschafter, § 719 Abs. 1 BGB (iVm §§ 105 Abs. 3, 161 Abs. 2 HGB).
- Bei Veräußerung einer geschäftswesentlichen Beteiligung an einer **stillen Gesellschaft:** Zustimmung des Stillen im Innenverhältnis.
- Unterbeteiligung an dem zu veräußernden Anteil: Zustimmung des Unterbeteiligten.

---

[391] Dazu *Wiesbrock* DB 2002, 2311 (2313).

– Bei Beteiligung **Minderjähriger oder Betreuter**, §§ 1821–1823 BGB: Zustimmung des Familiengerichts (s. o. beim Verpflichtungsgeschäft).
– Einwilligung des **Ehegatten** nach § 1365 Abs. 1 S. 2 BGB, wenn die Voraussetzungen des § 1365 Abs. 1 S. 1 BGB erfüllt sind.
– Der **Testamentsvollstrecker** unterliegt in seiner nach § 2205 S. 2 BGB gewährten Verfügungsbefugnis ggf. Beschränkungen nach § 2208 Abs. 1 BGB.
– Der **Nachlassverwalter** bedarf gemäß § 1975 BGB iVm § 1915 BGB iVm § 1822 Nr. 3 BGB der Genehmigung durch das Familiengericht bei Veräußerung eines zum Nachlass gehörenden Anteils an der Personengesellschaft, bzw. einer mehr als nur kapitalmäßigen Beteiligung an einer Kapitalgesellschaft.
– **Bundeskartellamt**, § 41 GWB: Zustimmung nach vorheriger Anmeldung durch die beteiligten Unternehmen.

K. Kosten

113 Die Entscheidung für eine der beiden Varianten basiert häufig auch auf Kostenüberlegungen. Die **Transaktionskosten** können im Einzelfall erheblich differieren, da insbesondere beim Asset Deal die für die Übertragung der einzelnen Vermögenswerte erforderlichen Formvorschriften eingehalten werden müssen. Bei einem Share Deal ist die dingliche Übertragung, bis auf die Übertragung von GmbH-Anteilen, formfrei möglich. Gerade für die Übertragung von Immobilien fallen für diese hohe Notar-, Grundbuch- und andere Kosten (Genehmigung nach GVO) an.

114   Beim Erwerb von GmbH-Anteilen richten sich die Notarkosten nach dem Geschäftswert, der anteilig nach dem zu übertragenden Anteil berechnet wird und sich nach dem Verkehrswert der GmbH richtet. Verbindlichkeiten schlagen sich in einem niedrigeren Verkehrswert der GmbH nieder und führen zu einem niedrigeren Geschäftswert, während bei der Übertragung der einzelnen Vermögensgegenstände nur die Aktiva bei der Gebührenberechnung Berücksichtigung finden.[392] Enthält der Share Deal zB Earn out, Milestones-Klauseln oder auch selbständige Garantieversprechen iSd § 311 BGB, so müssen diese bei der Berechnung der Notarkosten berücksichtigt werden.[393] Hinzuweisen ist in diesem Zusammenhang auf den Höchstwert von 60 Mio. EUR (§ 35 Abs. 2 GNotKG).

L. Beratungs-Checkliste

115 | **Checkliste: Unternehmenskauf**

(1) Vertragsbeteiligte: Bei Beteiligung von Konzernen auf Erwerber- oder Veräußererseite kann bereits die Feststellung des **richtigen** Vertragsbeteiligten aufwendig sein. Gleiches gilt, wenn Treuhandverhältnisse bestehen. Wird ein Asset Deal vereinbart, bereitet die Prüfung der Verfügungsbefugnis zum Teil Schwierigkeiten.

(2) Definition des Vertragsgegenstandes: Share Deal oder Asset Deal;[394] wenn Share Deal: genaue Beschreibung des gesellschaftsvertraglichen Status der Gesellschaft (Handelsregisterauszug, gültiger Gesellschaftsvertrag, sonstige gesellschaftsrechtlich relevanten Verbindungen, Unternehmensverträge etc); wenn Asset Deal: genaue Auflistung des zu übertragenden Vermögens; bei Grundstücken gilt § 28 GBO; Bestimmtheitsgrundsatz berücksichtigen.

---

[392] *Felix* RNotZ 2018, 306 (307).
[393] *Felix* RNotZ 2018, 306 (311).
[394] Dazu *Beck/Klar* DB 2007, 2819.

(3) Zeitpunkt des schuldrechtlichen Wirksamwerdens:
    (a) Beachtung von Zustimmungserfordernissen
    (b) Wirksamkeitsverbote (Kartellrecht)
    (c) Haftungstatbestände (zB § 176 Abs. 2 HGB)
    (d) Kaufpreis
    (e) genaue Festlegung
    (f) Anpassungsvorschriften
    (g) häufig: Kaufpreisermittlung erst nach Vertragsschluss
    (h) Verzinsung

(4) Hauptleistungspflichten des Veräußerers:
    (a) bei Share Deal:
        (aa) (ordnungsgemäße Gründung und ordnungsgemäßer Bestand der Gesellschaft
        (bb) alleinige und ausschließliche Verfügungsbefugnis des Veräußerers
        (cc) Einlagen voll geleistet
        (dd) keine verbotene Einlagenrückgewähr
        (ee) keine eigenkapitalersetzenden Darlehen
        (ff) Freiheit von Rechten Dritter
        (gg) keine gesellschaftsrechtlichen Drittbeziehungen (stille Gesellschaft, Treuhandverhältnisse etc)
        (hh) keine Unternehmensverträge
        (ii) Zustimmungserfordernisse eingehalten (Beirat, Gesellschaft, übrige Gesellschafter)
        (jj) Erklärung zu §§ 1365, 311b BGB
        (kk) Angaben zu Rechten und Pflichten der Gesellschaft
        (ll) Kontenlisten
        (mm) Patente, Warenzeichen, Gebrauchsmuster, Geschmacksmuster, Urheberrechte und sonstige gewerbliche Schutzrechte
        (nn) Auflistung sämtlicher öffentlich-rechtlicher Konzessionen
        (oo) Auflistung aller Grundstücks- und grundstücksgleichen Rechte
        (pp) Erklärung zu den Rechtsverhältnissen an den der Gesellschaft zustehenden Vermögensbestandteilen
        (qq) Erklärung zu Verbindlichkeiten
        (rr) Auflistung der Arbeitsverhältnisse (§ 613a BGB!), Prokuren, Handlungsvollmachten, Betriebsvereinbarungen, Tarifverträge, Beratungsverträge, Mietverträge, Factoringverträge, Leasingverträge, Lieferverträge, Lizenzverträge, sonstige Dauerschuldverhältnisse, Versicherungsverhältnisse
        (ss) Erklärung zur Einhaltung aller Steuerverpflichtungen und Verpflichtungen aus öffentlich-rechtlichen und privatrechtlichen Verhältnissen
        (tt) Lieferanten- und Abnehmerliste
        (uu) Auflistung sämtlicher streitiger Auseinandersetzungen mit Dritten (privat oder öffentlich)
        (vv) Auflistung aller Umstände, aus denen Prozessgefahren drohen können
        (ww) Erklärung zur Geschäftsentwicklung
        (xx) Altlasten
    (b) bei Asset Deal:
        (aa) Altlasten
        (bb) Darlegung eventueller Rechte Dritter
        (cc) Erklärung zum Umfang der Sachmängelhaftung; Beschrieb des Zustands des Vermögens
        (dd) Altlastenklausel.

    (ee) Im Übrigen sind die oben genannten Zusicherungen auf eine entsprechende Anwendung zu überprüfen.
(5) Nebenleistungspflichten des Veräußerers:
    (a) Informationspflichten
    (b) Wettbewerbsverbot
    (c) Überleitung von Geschäftsbeziehungen
    (d) Mitwirkung bei Rechtsstreitigkeiten/Erlangung von Genehmigungen
    (e) Rechtsfolgen bei Verstoß von Zusicherungen/Nebenleistungspflichten
    (f) Verjährung
(6) Weitere Leistungspflichten des Käufers:
    (a) Freistellungsverpflichtung
    (b) Besondere Verpflichtungen gegenüber Verkäufer (Beratervertrag etc)
(7) Steuerklausel:
    (a) Einfluss von Betriebsprüfungen
    (b) Mitwirkungspflichten und -rechte
(8) Kartellrechtsklausel:
    (a) Anzeigepflicht/Anmeldpflicht?
    (b) Vollzugsaufschub?
(9) Kosten:
    (a) Notar
    (b) Register
    (c) Berater
    (d) Provision
(10) Sonstiges:
    (a) Gerichtsstandsklausel
    (b) Schiedsklausel
    (c) Schriftformklausel
    (d) Zustellungsklausel
    (e) Unwirksamkeitsregelung
    (f) Anwendbares Recht
    (g) Vollzugsklausel
    (h) Vollmachten auf Vertragsbeteiligte bzw. Notar

M. Checkliste zu möglichen Anlagen zum Unternehmenskaufvertrag

116　Checkliste: Mögliche Anlagen zum Unternehmenskaufvertrag
(1) Vollmachten der Vertragsbeteiligten
(2) Handelsregisterauszüge der Vertragsbeteiligten
(3) Gesellschaftsvertrag der betroffenen Gesellschaft
(4) jedenfalls bei Share Deal: sämtliche Verträge seit Gründung der Gesellschaft sowie sämtliche Anteilsübertragungsverträge
(5) Verträge über stille Gesellschaften
(6) Unternehmensverträge
(7) Liste mit Prokuren und Handlungsvollmachten
(8) Zustimmungserklärungen Dritter
(9) Liste sämtlicher Bankkonten
(10) Liste aller der Gesellschaft zustehenden Patente und sonstigen Urheberrechte
(11) Liste sämtlicher Konzessionen und öffentlich-rechtlichen Genehmigungen
(12) Liste aller Grundstücke mit umfassender Grundbuchbeschreibung
(13) Lieferanten- und Arbeitnehmerliste
(14) Liste der Arbeitsverträge

(15) Liste der Betriebsvereinbarungen, Tarifverträge
(16) Auflistung sämtlicher Dauerschuldverhältnisse
(17) Bilanzen
(18) etwaige Bodengutachten
(19) bei Mietobjekten im Eigentum der Gesellschaft oder mitveräußerten Mietobjekten:
(20) Mieterliste
(21) Liste der Kautionen
(22) Liste anhängiger oder drohender Rechtsstreitigkeiten
(23) Auflistung der Verbindlichkeiten
(24) Auflistung des Anlagevermögens
(25) Auflistung des Umlaufvermögens

N. Gesamtmuster

I. Asset Deal (Unternehmenskaufvertrag)

UR-Nr. *** 117

Verhandelt zu *** in der Geschäftsstelle des Notars,
am ***

Vor

***
Notar mit dem Amtssitz in ***

erschienen:
1. ***
– nachfolgend als „Veräußerer" bezeichnet –
2. ***
– nachfolgend als „Erwerber" bezeichnet –
Die Erschienenen gaben folgendes zur Beurkundung:

Unternehmenskaufvertrag

I. Vorbemerkung

Der Veräußerer ist alleiniger Inhaber des unter der Firma „***" betriebenen Handelsgeschäftes – eingetragen im Handelsregister des Amtsgerichtes *** HRA/B ***. Dieses Handelsgeschäft soll auf den Erwerber übertragen und durch diesen fortgeführt werden. Dabei sind sich beide Vertragsparteien darüber einig, dass mit Abschluss dieses Kaufvertrages das gesamte Anlage- und Umlaufvermögen, Forderungen und sonstige Rechte, Verbindlichkeiten und sonstige Pflichten aus bestehenden Vertrags- und Rechtsverhältnissen des vorbezeichneten Handelsgeschäftes im Wege der Unternehmensveräußerung im Ganzen übertragen werden.

Die Parteien stellen klar, dass nur diejenigen Vermögensgegenstände verkauft und übertragen werden, die nachfolgend im Einzelnen bezeichnet werden, insbesondere Forderungen werden nicht mit verkauft und übertragen.

Dies vorausgeschickt, wird zwischen den Parteien folgendes vereinbart:

II. Grundbuchstand
Eigentumsverhältnisse

(1) Das Grundbuch des Amtsgerichts *** von *** wurde für Gemarkung ***, Blatt *** – Postanschrift: *** (Katasterauszug ist beigefügt) – am Tag der Beurkundung elektronisch eingesehen. Es ist danach folgender Grundbesitz eingetragen:

Bestand	Flurstück-Nr.	Größe in qm
***	***	***
***	***	***

Die Grundakten wurden nicht eingesehen.

(2) Als Eigentümer ist eingetragen: ***

(3) In Abteilung II und III des Grundbuches sind folgende Rechte vermerkt:
in Abteilung II: ***,
in Abteilung III: ***.

(4) Der Veräußerer versichert, soweit er im Güterstand der Zugewinngemeinschaft lebt, dass er nicht über sein Vermögen im Ganzen im Sinne des § 1365 BGB verfügt. [*Alt.:* Der Ehegatte des Veräußerers stimmt dem hier abgeschlossenen Vertrag zu.]

III. Kaufgegenstand

(1) Genannter Veräußerer verkauft dem dies annehmenden genannten Erwerber den in Abschnitt I dieser Urkunde aufgeführten Grundbesitz nebst Zubehör (§ 97 BGB). Mehrere Erwerber kaufen zu gleichen Miteigentumsanteilen. Der Erwerber kauft zum Alleineigentum.

(2) Mitverkauft und aufschiebend bedingt mit Zahlung des Kaufpreises übereignet ist das in der **Anlage** *** aufgeführte Anlage- und Umlaufvermögen **und** folgende, in der Anlage *** bislang nicht aufgeführte Maschine: ***.
[*ggf.:* Ferner übereignet sind solche Gegenstände, die nach Abschluss des Kaufvertrages mit vorheriger Zustimmung des Erwerbers angeschafft werden.]
Der Verkäufer schuldet auch insoweit lastenfreien Besitz- und Eigentumsübergang. Alle Ansprüche und Rechte wegen Sachmängeln bezüglich dieser Sachen werden ausgeschlossen, außer für den Fall der Arglist oder Vorsatz. Garantien werden nicht abgegeben. Rückabwicklungen wegen des Kaufs beweglicher Sachen lassen den Grundstückskaufvertrag unberührt.

(3) Mitverkauft und aufschiebend bedingt mit Zahlung des Kaufpreises übereignet sind ebenfalls die gesamten Warenbestände (Handelsware), soweit sie für Rechnung des Handelsgeschäftes beschafft worden und bei Besitzübergang im Geschäftsbetrieb vorhanden und/oder bei Lieferanten bestellt, aber noch nicht geliefert sind.
Der Erwerber erwirbt ferner die gesamten, bei Besitzübergang vorhandenen Werkzeuge, Reinigung- und Pflegemittel, Verpackungsmaterialien, Verkaufsprospekte und -unterlagen, sonstige Vertriebshilfen, Schutzanzüge und ähnliche Arbeitskleidung, alle Büromaterialien.

(4) Mitverkauft und aufschiebend bedingt mit Zahlung des Kaufpreises übereignet sind die zum veräußerten Handelsgeschäft gehörenden Geschäftsunterlagen, insbesondere auch sämtliche Kunden- und Lieferantenunterlagen, das Gebäude und die Technischen Anlagen und Maschinen betreffenden Unterlagen sowie Unterlagen über Dauerschuldverhältnisse, Schutzrechte und Internetdomains [*ggf.:* mit Ausnahme nachfolgend genannter Unterlagen: ***].
Hinsichtlich des Kunden- und Lieferantenstammes der Schuldnerin stellen die Parteien klar, dass der Veräußerer dem Erwerber alle vorhandenen Kunden- und Lieferantenunterlagen sowie alle zur Fortführung des Geschäftsbetriebes der Schuldnerin notwendigen Geschäftsunterlagen, (insbesondere Abrechnungen, Belege, Korrespondenz, Träger elektronischer Daten) im Original übergeben wird, wobei die Abholung, die Zusammenstellung und Übergabe vorstehender Unterlagen allein dem Erwerber obliegt, der dies mit den von ihm zu übernehmenden Mitarbeitern vollziehen kann.
Der Erwerber verpflichtet sich insoweit, die gesetzlichen Aufbewahrungspflichten zu beachten und dem Veräußerer uneingeschränkt Einsicht zu gewähren.

(5) Bestandteil des Kaufvertrages ist auch die Firmierung „***". Der Veräußerer wird diese Firma des Handelsgeschäftes ab Besitzübergang nicht mehr im Geschäftsverkehr benutzen.

Der Erwerber wird ab Besitzübergang den übernommenen Geschäftsbetrieb unter der Firma „***" fortführen, womit der Veräußerer sein Einverständnis erklärt.

(6) Weiterer Bestandteil des Kaufvertrages ist auch die Internetdomain www.***.

Die Domain ist in der Datenbank der DENIC e.G., Kaiserstraße 75–77, 60329 Frankfurt/Main (Vergabestelle) eingetragen. Der Veräußerer ist gemäß Registrierungsvertrag mit der Vergabestelle der im Register eingetragene materiell Berechtigte der Domain (Domaininhaber).

Der Veräußerer verkauft dem Erwerber sämtliche Rechte an der Domain. Der Veräußerer tritt dem Erwerber alle ihm gegenüber der Vergabestelle zustehenden Rechte bezüglich der Domain ab. Der Erwerber nimmt die Abtretung an. Der Veräußerer verpflichtet sich, sämtliche Erklärungen gegenüber der Vergabestelle oder gegenüber dem mit der Verwaltung beauftragten Provider abzugeben und alle Handlungen vorzunehmen bzw. für deren Durchführung durch seinen Provider zu sorgen, die zur Übertragung der Domain auf den Erwerber und zu seiner Eintragung als Domaininhaber nach den Bedingungen der vorgenannten Vergabestelle und den Vertragsbedingungen des Providers erforderlich sind.

Der Veräußerer gewährleistet, dass er eingetragener Domaininhaber ist, dass keine vertraglichen Rechte an der Nutzung der Domain eingeräumt sind und dass er über seine Rechtspositionen gegenüber der Vergabestelle vorbehaltlich Anforderungen der jeweiligen Vergabestelle frei verfügen kann.

(7) Weiterer Bestandteil des Kaufvertrages ist auch die durch den Veräußerer beim Deutschen Patent- und Markenamt (DPMA) unter der Nr. *** angemeldete Marke „***" für *** (nachfolgend „Marke" genannt). Der Veräußerer verpflichtet sich, dem Erwerber nach vollständiger Kaufpreiszahlung sämtliche in seinem Besitz befindlichen, die vorbezeichnete Marke betreffenden Unterlagen, insbesondere den Schriftverkehr mit dem DPMA, anderen Zeicheninhabern und sonstigen Dritten bezüglich des Rechtsbestandes der Marke zu übergeben. Der Veräußerer verpflichtet sich gegenüber dem Erwerber, jederzeit vollständige Auskünfte über Art und Umfang der Benutzung der Marke zu erteilen sowie entsprechende Beweismittel herauszugeben.

Nach vollständiger Kaufpreiszahlung wird der Veräußerer dem Erwerber einen von den Parteien einvernehmlich ausgefüllten und von beiden Parteien unterschriebene „Erklärung über die Übertragung des Rechts an einer Marke" (Formblatt *** des DPMA) übergeben. Diese wird der Erwerber unverzüglich beim DPMA einreichen. Der Veräußerer wird weder direkt noch indirekt den Rechtsbestand der Marke oder entsprechende Neuanmeldungen angreifen.

Dem Erwerber sind Registerstand und Benutzungslage der Marke bekannt. Dem Veräußerer sind keine Widersprüche oder Löschungsanträge gegen die Marke bekannt. Dem Veräußerer sind keine rechtshängigen oder durch außergerichtliche Abmahnung geltend gemachten Ansprüche Dritter gegen die Benutzung der Marke bekannt. Der Veräußerer hat weder Lizenzen noch Sicherungsrechte an der Marke gewährt. Im Übrigen ist jede Gewährleistung des Veräußerers für Rechtsmängel ausgeschlossen.

(8) [*ggf. bei Weiterführung in anderen Räumlichkeiten:* Der Veräußerer gestattet dem Erwerber, alle die den Geschäftsbetrieb des Unternehmens betreffenden elektronischen Daten auf das EDV-System des Erwerbers zu überspielen, soweit und sofern dies gesetzlich zulässig ist und dies insbesondere nicht gegen datenschutzrechtliche Vorschriften verstößt.]

(9) Der Erwerber übernimmt mit Wirkung zum Tag des Besitzübergangs im Wege der befreienden **Vertragsübernahme** die in **Anlage ***** aufgeführten Verträge (nachfolgend in diesem Paragraphen zusammen die „Vertragsverhältnisse genannt):

Der Veräußerer tritt hiermit mit Wirkung zum Tag des Besitzübergangs, aufschiebend bedingt durch die Zahlung des Kaufpreises an den dies annehmenden Erwerber alle Ansprüche aus den Vertragsverhältnissen ab. Zahlungen, die der Erwerber auf Forderungen erhält, die nicht abgetreten sind, leitet der Erwerber unverzüglich nach Erhalt an den Veräußerer weiter. Zahlungen, die der Veräußerer auf Forderungen erhält, die abgetreten wurden, leitet dieser unverzüglich nach Erhalt an den Erwerber weiter. Auf Verlangen der jeweils anderen Partei, sind der Erwerber bzw. der Veräußerer zur Auskunft über erhaltene Zahlungen verpflichtet.

Der Erwerber übernimmt im Innenverhältnis mit Wirkung zum Übergabetag alle Verpflichtungen des Veräußerers aus den Vertragsverhältnissen mit Ausnahme derjenigen Verpflichtungen, die sich auf vor dem Besitzübergang an die Schuldnerin erbrachte Lieferungen oder sonstige Leistungen beziehen. Der Erwerber stellt den Veräußerer bezüglich der übernommenen Verpflichtungen von jeglicher Inanspruchnahme frei. Umgekehrt ist der Veräußerer verpflichtet, den Erwerber von jeglicher Inanspruchnahme für nicht übernommene Verbindlichkeiten freizustellen. Der Veräußerer wird in enger Abstimmung mit dem Erwerber die jeweilige Drittpartei der Vertragsverhältnisse auffordern, der Übertragung der Vertragsverhältnisse auf den Erwerber zuzustimmen. Wenn eine derartige Zustimmung nicht erreicht werden kann oder nur in einer Art und Weise erreicht werden kann, die eine wesentliche Änderung des Vertragsverhältnisses zum Nachteil des Erwerbers mit sich brächte, führt, soweit der Erwerber keine abweichende Weisung erteilt oder eine Kündigung wünscht, der Veräußerer das Vertragsverhältnis für Rechnung des Erwerbers fort, wobei – sofern Veräußerer und Erwerber vor Fristablauf keine anderweitige Vereinbarung treffen – sich die Verpflichtung des Veräußerers zur Fortführung auf einen Zeitraum von längstens *** Monaten ab dem Übergabetag beschränkt. Darüber hinaus haftet der Veräußerer in keiner Weise, falls der Vertragsübergang wegen Nichterteilung der Zustimmung durch den dritten Vertragspartner scheitert.

Soweit sich aus diesem Vertrag nichts anderes ergibt, werden andere als die in der Anlage *** aufgeführten Verträge von dem Erwerber nicht übernommen (insgesamt „Nicht-Übernommene Verträge").

Der Veräußerer stellt den Erwerber von sämtlichen etwaigen Ansprüchen Dritter aus oder im Zusammenhang mit Nicht-Übernommenen Verträgen frei.

(10) Der Erwerber übernimmt keine Aktiv- oder Passivprozesse des Veräußerers; er wird den Veräußerer jedoch bei anhängigen oder künftigen Prozessen, die den Geschäftsbetrieb betreffen, nach besten Kräften unterstützen, insbesondere die erforderlichen Unterlagen und Informationen – soweit vorhanden – zur Verfügung stellen.

IV. Arbeitnehmer

(1) Die Parteien stimmen überein, dass die in **Anlage ***** aufgeführten Arbeitsverhältnisse inklusive Pensionskassenverträgen gemäß § 613a Abs. 1 BGB mit allen Rechten und Pflichten bei Besitzübergang auf den Erwerber übergehen; das Widerspruchsrecht gemäß § 613a Abs. 6 BGB bleibt unberührt.

(2) Der Veräußerer und der Erwerber werden gemeinsam die Übergehenden Arbeitnehmer umfassend gemäß § 613 a Abs. 5 BGB von dem bevorstehenden Betriebsübergang unterrichten und zur Zustimmung zum Betriebsübergang bzw. zum Verzicht auf ihr Widerrufsrecht auffordern. Der Veräußerer und der Erwerber werden den Inhalt der Informationsschreiben miteinander abstimmen und sich gegenseitig die für die Erstellung des Informationsschreibens erforderlichen Informationen zur Verfü-

gung stellen. Die Parteien werden sich gegenseitig darüber informieren, wann den Übergehenden Arbeitnehmern die Informationsschreiben zugestellt wurden und ob und wann die Arbeitnehmer die damit zusammenhängenden Erklärungen abgegeben haben.

(3) Im Innenverhältnis zum Veräußerer übernimmt der Erwerber sämtliche Verpflichtungen (einschließlich der Sozialversicherungsbeiträge, Lohnsteuern, etc) aus den übergehenden Arbeitsverhältnissen, soweit sie nicht ausschließlich die Zeit vor dem Besitzübergang betreffen. Lohn- und Gehaltskosten (einschließlich Sozialversicherung, Steuern, Arbeitgeberanteile) sind zwischen dem Veräußerer und dem Erwerber auf den Tag des Besitzübergangs abzugrenzen. Soweit die Löhne und Gehälter vor dem Tag des Besitzübergangs fällig sind, wird der Veräußerer diese abrechnen und an die Arbeitnehmer auszahlen. Der Erwerber wird dem Veräußerer diese Zahlungen jedoch zeitanteilig erstatten, soweit sie Zeiträume nach dem Tag des Besitzübergangs betreffen. Offene Urlaubsansprüche werden vom Erwerber übernommen.

(4) Veräußerer und Erwerber bestätigen, dass die Kosten für die Fortführung der Arbeitsverhältnisse bereits bei der Berechnung des Kaufpreises berücksichtigt wurden. Da der Erwerber das Handelsgeschäft wie bisher fortführen wird, gehen die Parteien davon aus, dass kein Arbeitnehmer dem Betriebsübergang widerspricht. Wenn und soweit in Anlage *** aufgeführten Arbeitsverhältnisse entgegen dieser Erwartung nicht auf den Erwerber übergehen, so wird der Erwerber den Veräußerer von sämtlichen Ansprüchen im Zusammenhang mit der Beendigung des Arbeitsverhältnisses des nicht übergehenden Arbeitnehmers bis zu einem Betrag von *** Bruttomonatsgehältern (einschließlich Arbeitgeberanteilen zur Sozial-versicherung/Rentenversicherung) pro widersprechenden Arbeitnehmer freistellen.

[*Alt. hinsichtlich Arbeitnehmern, deren Arbeitsverhältnisse durch den Veräußerer beendet werden sollen:* Dem Erwerber sind die bislang mit dem Veräußerer bestandenen Arbeitsverhältnisse gemäß Anlage *** bekannt. Die Arbeitsverhältnisse werden zum *** beendet. Sollten Arbeitnehmer nach Besitzübergang gleichwohl Ansprüche aus bisher mit dem Veräußerer bestehenden Arbeitsverhältnissen gegen den Erwerber geltend machen, hat ihn der Veräußerer uneingeschränkt und umfassend hiervon freizustellen. Der Erwerber ist auf Verlangen und Kosten des Veräußerers gemäß dessen Weisungen zur Abwehr etwaiger Ansprüche verpflichtet. Sollten solche Ansprüche gerichtlich bestätigt werden, hat der Veräußerer den Erwerber unverzüglich von allen finanziellen Folgen etwa übergehender Arbeitsverhältnisse freizustellen bzw. etwaige Arbeitgeberaufwendungen des Erwerbers unverzüglich zu ersetzen; der Erwerber bleibt zur Erklärung und Durchsetzung einer Kündigung gemäß den Weisungen des Veräußerers verpflichtet. Eine Minderung der zu erstattenden Aufwendungen im Hinblick auf Arbeitsleistungen, die solche Personen tatsächlich gegenüber dem Erwerber erbracht haben, tritt nicht ein. Auf Absicherung des Freistellungsanspruchs des Erwerbers, etwa durch Bankbürgschaft oder Einbehalt eines Kaufpreisteils, wird verzichtet.]

Der Notar hat die Parteien auf die Vorschrift des § 613a BGB und deren Auswirkungen hingewiesen.

V. Kaufpreis

(1) Der Kaufpreis beträgt *** EUR
(in Worten: *** Euro).

(2) Der Kaufpreis teilt sich auf die Kaufgegenstände wie folgt auf: ***.

(3) Die Parteien gehen davon aus, dass es sich bei dem vorliegenden Verkauf um eine Geschäftsveräußerung im Ganzen unter Unternehmern im Sinne des § 1 Abs. 1a UStG handelt. Die Parteien gehen daher davon aus, dass die Veräußerung der Vermögensgegenstände nicht umsatzsteuerbar ist. Im Kaufpreis ist daher auch keine

Umsatzsteuer enthalten.

Sollten die Finanzbehörden zur Auffassung gelangen, dass es sich entgegen der Annahme gemäß Abs. 3 bei der in diesem Vertrag geregelten Veräußerung ganz oder teilweise nicht um eine (nicht steuerbare) Geschäftsveräußerung im Ganzen im Sinne des § 1 Abs. 1a UStG handele, hat der Erwerber zuzüglich zum Kaufpreis bei Fälligkeit die gesetzliche Umsatzsteuer mit folgender Maßgabe an den Veräußerer zu zahlen:

a) **Grundstücks- und gebäudebezogener Teil des Kaufpreises:**

Der Erwerber ist Unternehmer im Sinne des Umsatzsteuergesetzes und erwirbt die verkauften Vermögensgegenstände für sein Unternehmen und ausschließlich in der Absicht, damit Umsätze zu erzielen, die den Vorsteuerabzug nicht ausschließen. Der Veräußerer verzichtet hiermit nach § 9 Abs. 1 und Abs. 2 UStG im Hinblick auf das Kaufgrundstück und die auf diesem befindlichen Gebäude und somit im Hinblick auf die Bestandteile des Kaufpreises gemäß Abschnitt * * * auf die Steuerbefreiung gemäß § 4 Nr. 9a UStG und optiert zur Umsatzsteuer. Im Hinblick auf § 13b UStG (in der ab dem 1.4.2004 geltenden Fassung), wonach nur der Erwerber Steuerschuldner der Umsatzsteuer ist, wird der Veräußerer dem Erwerber die Umsatzsteuer für die Bestandteile des Kaufpreises gemäß Abschnitt * * * nicht in Rechnung stellen und sie nicht vereinnahmen. Der Veräußerer wird dem Erwerber jedoch Rechnungen gemäß §§ 14, 14a UStG ausstellen, in der auf die Steuerschuldnerschaft des Leistungsempfängers hingewiesen wird. Die Pflicht zur Anmeldung und Zahlung anfallender Umsatzsteuer richtet sich allein nach den für den Erwerber einschlägigen steuerlichen Regelungen und ist dem Veräußerer nicht geschuldet. Die Steuernummer des Veräußerers lautet wie folgt: * * *.

b) **Nicht grundstücks- bzw. gebäudebezogener Teil des Kaufpreises**

Auf den Kaufpreis gemäß Abschnitt * * * ist vom Erwerber an den Veräußerer die hierauf entfallende gesetzliche Umsatzsteuer zu zahlen. Die sich hiernach ergebenden Beträge sind unverzüglich nach Rechnungsstellung durch den Veräußerer mit gesondert ausgewiesener Umsatzsteuer gemäß §§ 14, 14a UStG zur Zahlung vom Erwerber an den Veräußerer fällig, frühestens jedoch mit Fälligkeit des jeweiligen Kaufpreisbetrages (vgl. Abschnitt * * *).

VI. Kaufpreisfälligkeit

Der Kaufpreis wird fällig 14 Tage nach Zugang der Fälligkeitsmitteilung des Notars beim Erwerber. Der Notar wird beauftragt, die Fälligkeit per Einschreiben/Rückschein mitzuteilen, sobald der Vollzug des Kaufvertrages durch Vorliegen der nachgenannten Unterlagen beim Notar gesichert ist:

- Negativattest der Gemeinde hinsichtlich der Vorkaufsrechte gemäß
  - §§ 24 ff. BauGB,
  - Denkmalschutzgesetz;
- Negativattest des Bundeslandes hinsichtlich der Vorkaufsrechte gemäß * * * [*zB:* Denkmalschutzgesetz];
- Genehmigung nach Grundstücksverkehrsordnung und
  nach Grundstücksverkehrsgesetz und
  nach § 144 BauGB (Sanierungsgenehmigung) und
  nach § 90 SächsGemO (Genehmigung durch die Rechtsaufsichtsbehörde)
  auflagen- und bedingungsfrei oder entsprechender Negativatteste;
- alle Unterlagen auflagenfrei oder unter Auflagen, zu deren Erfüllung der Kaufpreis ausreicht, um den verkauften Grundbesitz von Rechten freizustellen, die im Grundbuch bereits vor oder gleichzeitig mit der Auflassungsvormerkung des Erwerbers eingetragen wurden und vom Erwerber nicht übernommen werden und

– Grundbuchnachricht über die Eintragung der Auflassungsvormerkung für den Erwerber im Grundbuch im Rang unmittelbar nach den in Abschnitt I dieser Urkunde aufgeführten Belastungen oder nach solchen Belastungen, deren Eintragung der Erwerber zugestimmt hat.

VII. Zahlungsweise

(1) Soweit eingetragene Gläubiger für die Lastenfreistellung Ablösebeträge verlangen oder erforderliche Genehmigungen mit den Veräußerer treffenden Zahlungsauflagen versehen sind, kann der Kaufpreis nur durch ihre Erfüllung bezahlt werden, ohne dass die Empfänger ein eigenes Forderungsrecht erwerben. Zur Überprüfung der geforderten Beträge nach Grund und Höhe sind weder Notar noch Erwerber berechtigt und verpflichtet.

Alle Rechte und Ansprüche, die mit den zu beseitigenden Belastungen zu tun haben, werden schon jetzt mit Wirkung ab Bezahlung des Kaufpreises auf den Erwerber übertragen. Zur Sicherstellung der Lastenfreistellung wird der Notar beauftragt und bevollmächtigt, die Unterlagen zur Lastenfreistellung einzuholen, für alle Vertragsteile auch nach § 875 Abs. 2 BGB entgegenzunehmen und zu verwenden.

(2) Der Kaufpreis ist, soweit er nicht zur Lastenfreistellung benötigt wird oder der Notar anderes anweist, bei Fälligkeit auf das Konto

IBAN ***
bei der ***
BIC ***
Kontoinhaber: ***
zu überweisen.

Der Veräußerer ist verpflichtet, dem Notar unverzüglich den Eingang des Kaufpreises schriftlich zu bestätigen.

VIII. Vollstreckungsunterwerfung

Der Erwerber – mehrere Erwerber je einzeln – unterwirft sich wegen seiner Verpflichtung zur Zahlung des Kaufpreises nebst Zinsen aus dieser Urkunde der sofortigen Zwangsvollstreckung. Gleiches gilt vom Veräußerer wegen der Verschaffung des mittelbaren Besitzes. Der Notar ist ermächtigt, vollstreckbare Ausfertigung dieser Urkunde dem Gläubiger ohne weitere Nachweise sofort zu erteilen, dem Veräußerer jedoch erst nach Eintritt der Fälligkeit gemäß Abschnitt IV. Hierin liegt keine Beweislastumkehr. Für Zwecke der Zwangsvollstreckung gelten die Zinsen ab drei Monate seit Beurkundungsdatum als geschuldet.

IX. Rechts- und Sachmängelhaftung

(1) Beschaffenheit und Garantie

    a) Die Vertragsparteien vereinbaren als Beschaffenheit des verkauften Grundstücks: Es handelt sich um ein Betriebsgrundstück, das mit *** bebaut ist.

    [*ggf.:* Die gewöhnlichen Instandhaltungsmaßnahmen sind regelmäßig [*Alt.:* nicht] erbracht worden. Es wurden zu keinem Zeitpunkt [*Alt.:* im Jahr ***] Modernisierungs- oder Sanierungsarbeiten am Gebäude vorgenommen. Wasser- und Elektroleitungen wurden bis heute nicht erneuert.]

    Der Veräußerer erklärt, nicht im Besitz eines (gültigen) Energieausweises zu sein. Der Erwerber verzichtet endgültig auf dessen Vorlage und Übergabe. Ihm ist bekannt, dass er künftigen Mietinteressenten auf Verlangen einen solchen Ausweis vorzulegen hat und dass ihn Nacherfüllungspflichten treffen können.

    b) Besondere Garantien werden nicht abgegeben.

(2) Rechtsmängel hinsichtlich des Grundstücks

    a) Der Veräußerer garantiert, dass das aufstehende Gebäude nach seiner Kenntnis bauaufsichtsrechtlich genehmigt ist, und er garantiert, dass es in der Denkmalschutzliste der Gemeinde *** als Einzeldenkmal oder Flächendenkmal [*ggf.:*

nicht] eingetragen ist. Baulasten sowie Dienstbarkeiten nach GBBerG werden vom Erwerber übernommen; solche sind dem Veräußerer jedoch nicht bekannt. Der Erwerber wurde darauf hingewiesen, dass er sich bei der Bauaufsichtsbehörde über Baulasten, behördlichen Altlastenverdacht und Baugenehmigung unterrichten kann.

b) Der Veräußerer haftet dafür, dass Besitz und Eigentum an dem Grundbesitz ungehindert übergehen und der Grundbesitz gegen Zahlung des Kaufpreises frei wird von grundbuchmäßigen Belastungen.

Alle in Abschnitt I. aufgeführten Belastungen in Abteilung II des Grundbuches übernimmt der Erwerber jedoch mit allen sich aus der Eintragungsbewilligung ergebenden Verpflichtungen.

Der Veräußerer verpflichtet sich, alle Rechte in Abteilung III und die sonstigen nicht übernommenen Belastungen unverzüglich zu beseitigen.

c) Der Veräußerer haftet dafür, dass keine Miet- oder Pachtverhältnisse bestehen und alle beendeten Miet- und Pachtverhältnisse – auch Untermiet- und -pachtverhältnisse – vollständig abgewickelt sind. Dem entgegenstehende Rechte und Pflichten treffen allein den Veräußerer. Der Veräußerer ist ab sofort nicht mehr berechtigt, Miet-, Pacht- oder sonstige Nutzungsverhältnisse ohne Zustimmung des Erwerbers zu begründen, aufzuheben oder zu verändern. Der Notar wies auf § 578 BGB iVm § 566 BGB hin.

(3) **Sachmängel hinsichtlich des Grundstücks**

Der Kaufgegenstand wird in dem Zustand geschuldet, in dem er sich heute befindet. Jegliche Ansprüche und Rechte des Erwerbers im Hinblick auf die Beschaffenheit oder Verwendbarkeit des Kaufgegenstandes sind in den Grenzen von Abs. 4 ausgeschlossen, insbesondere die Haftung für Sachmängel einschließlich diesbezüglicher Anfechtungs- und Leistungsverweigerungsrechte. Dies gilt auch für die Erfüllung der Anforderungen nach der EnEV.

Auf folgende Mängel weist der Veräußerer hin: ***.

Der Veräußerer haftet allerdings für vorsätzlich zu vertretende oder arglistig verschwiegene Mängel und für solche Mängel, die erst nach Besichtigung bzw. Vertragsschluss entstanden sind und die über die gewöhnliche Abnutzung hinausgehen; hierfür wird – außer bei Vorsatz – die Verjährung auf drei Monate ab Besitzübergang verkürzt.

(4) **Rechts- und Sachmängel hinsichtlich des Anlagevermögens und Umlaufvermögens**

a) Der Veräußerer versichert, dass sonstige Rechte Dritter an den Kaufgegenständen nicht bestehen.

b) Bei den verkauften Gegenständen des Anlagevermögens (Produktionsanlagen, Maschinen und Geräten einschließlich der sonstigen Betriebs- und Geschäftsausstattung) handelt es sich um gebrauchte Gegenstände, welche bereits mehrere Jahre alt sind, in ständiger Benutzung waren und einen den Parteien bekannten Abnutzungsgrad aufweisen. Der Erwerber hat diese Gegenstände besichtigt. Der Zustand ist ihm bekannt. Der Verkauf der Gegenstände in dem von dem Erwerber besichtigten Zustand ist vertragsgerecht.

c) Die verkauften Gegenstände des Umlaufvermögens (Waren- und Materialbestände, Fertig- und Halbfertigerzeugnisse) wurden von dem Erwerber ebenfalls besichtigt. Der Zustand ist ihm bekannt. Der Verkauf erfolgt wie besichtigt. Der Verkauf der Gegenstände in dem von dem Erwerber besichtigten Zustand ist vertragsgerecht.

d) Besondere Beschaffenheiten werden von der Verkäuferin nicht vereinbart, Garantien werden nicht abgegeben.

(5) Abtretung von Gewährleistungsansprüchen

Soweit dem Veräußerer noch unverjährte Ansprüche und Rechte bezüglich etwaiger Sachmängel zustehen, tritt er diese an den dies annehmenden Erwerber ab; für deren Durchsetzbarkeit haftet der Veräußerer nicht.

X. Erschließung

Der Veräußerer trägt sämtliche Erschließungsbeiträge nach § 127 Abs. 2 BauGB (zB für (Sammel-)straßen, Wege, Plätze, Parkflächen, Grün- und Umweltschutzanlagen im Anliegergebiet) sowie Anliegerbeiträge und Kostenerstattung nach Kommunalabgabengesetz und Gemeindesatzung (zB für Haus- und Grundstücksanschlüsse an Ver- und Entsorgungsleitungen bzw. -anlagen), soweit ihm bis heute Leistungsbescheide hierzu zugestellt wurden. Alle übrigen Kosten hat der Erwerber zu tragen. Rückerstattungsansprüche wegen Vorausleistungen werden an den Erwerber abgetreten und sind ggf. mit dessen Beitragsschuld zu verrechnen. Der Erwerber wurde auf die Möglichkeit hingewiesen, sich bei der Gemeinde über Nachforderungen zu erkundigen.

Der Veräußerer garantiert, dass sämtliche Erschließungslasten im obigen Sinne bezahlt sind, soweit ihm hierzu Bescheide bis heute zugestellt wurden.

XI. Besitzübergang

(1) Der Besitz und die Nutzungen, die Lasten, die Gefahr und die Verkehrssicherungspflicht des Kaufgegenstandes gehen auf den Erwerber mit vollständiger Kaufpreiszahlung über. Der Veräußerer tritt dem Erwerber – aufschiebend bedingt mit Kaufpreiszahlung – alle Ansprüche auf Schadenersatz oder Versicherungsleistungen ab, die ihm wegen eines ab Gefahrübergang eingetretenen Schadens zustehen sollten. Mit Besitzübergang ist der Veräußerer verpflichtet, dem Erwerber alle in seinem Besitz befindlichen das Kaufobjekt betreffenden Unterlagen (Einheitswertbescheid, Grundsteuer- und Umlagebescheide, bauliche Unterlagen, Versicherungspolicen etc) herauszugeben.

(2) Soweit Gebäude- und Betriebshaftpflichtversicherungen bestehen, gehen diese kraft Gesetzes auf den Erwerber über, der sie jedoch innerhalb eines Monats nach Eigentumsumschreibung kündigen kann. Ab Lastenübergang hat er die Prämien zu tragen und den Gefahrübergang anzuzeigen.

(3) Der Veräußerer bevollmächtigt den Erwerber, für das Kaufobjekt
  a) bei den zuständigen Ämtern Auskünfte einzuholen, die Akten einzusehen und Ablichtungen fertigen zu lassen;
  b) Bauvoranfragen, Bau-, Teilungs-, Genehmigungs- und Förderungsanträge aller Art zu stellen, zu ändern und zurückzunehmen;
  c) sämtliche Erklärungen abzugeben, die für die Erteilung einer Baugenehmigung erforderlich sind;
  d) den Kaufgegenstand bereits vor Besitzübergang für Zwecke des Aufmaßes und von Bodenuntersuchungen in Absprache mit dem Veräußerer zu betreten.
  Von dieser Vollmacht darf nur in der Weise Gebrauch gemacht werden, dass der Veräußerer von sämtlichen Kosten und jeder Haftung frei ist.

XII. Grundbucherklärungen

(1) Zur Sicherung des nur mit Zustimmung des Veräußerers abtretbaren oder verpfändbaren Anspruchs auf Übertragung des Eigentums bewilligt der Veräußerer und beantragen die Beteiligten die Eintragung einer nur mit Veräußererzustimmung abtretbaren oder verpfändbaren Vormerkung (§ 883 BGB) für den Erwerber zu Lasten des in Abschnitt I dieser Urkunde bezeichneten Grundbesitzes an nächstoffener Rangstelle. Der Erwerber bewilligt und beantragt, die Vormerkung bei der Eigentumsumschreibung wieder zu löschen, vorausgesetzt, dass nachrangig keine Eintragungen bestehen bleiben, denen er nicht zugestimmt hat.

(2) Die Vertragsparteien sind darüber einig, dass das Eigentum an dem verkauften Grundbesitz auf den Erwerber übergeht, und zwar im Beteiligungsverhältnis wie verkauft. Diese Einigung enthält keine Bewilligung zur Eigentumsumschreibung.

(3) Der Notar wird allseits angewiesen, die Eigentumsumschreibung bei dem Grundbuchamt erst zu bewilligen und zu beantragen, wenn die Zahlung der notariellen Urkunds- und Vollzugsgebühren sowie des Kaufpreises ohne Zinsen durch schriftliche Bestätigung des Veräußerers, eines im Grundbuch eingetragenen, abzulösenden Gläubigers oder einer Bank über die Durchführung des Überweisungsauftrages glaubhaft gemacht wurde.

(4) Veräußerer und Erwerber bewilligen und beantragen die Löschung aller bis zur Eigentumsumschreibung eingetragenen Rechte – soweit sie dazu berechtigt sind – in das Grundbuch einzutragen, und zwar auch, soweit nicht verkaufter Grundbesitz betroffen ist.

XIII. Wettbewerbsverbot

(1) Der Veräußerer verpflichtet sich auf die Dauer von *** Jahren ab dem Besitzübergang im bisherigen räumlichen und sachlichen Tätigkeitsbereich seines bisher betriebenen Handelsgeschäfts jeden Wettbewerb mit dem vom Erwerber betriebenen Handelsgeschäft sowie mit der Gesellschaft zu unterlassen, in die der Erwerber dieses Handelsgeschäft etwa einbringt. Insbesondere wird der Veräußerer nach dem Besitzübergang in diesem Tätigkeitsbereich weder selbst als Wettbewerber ein Handelsgeschäft betreiben, noch sich an Konkurrenzunternehmen unmittelbar oder mittelbar beteiligen, noch in die Dienste eines Konkurrenzunternehmens treten oder ein solches Unternehmen auf sonstige Weise unmittelbar oder mittelbar durch Rat und Tat fördern. Räumlicher Tätigkeitsbereich im Sinne dieses Wettbewerbsverbotes ist ***. Sachlicher Tätigkeitsbereich im Sinne dieses Wettbewerbsverbotes ist ***.

(2) Ausgenommen von diesem Wettbewerbsverbot ist der Erwerb von Aktien an börsennotierten Unternehmen zu Zwecken der reinen Kapitalanlage durch den Veräußerer bis zu einer Beteiligung von *** % am Grundkapital der betreffenden Gesellschaft.

(3) Die Einhaltung des Wettbewerbsverbotes durch den Veräußerer ist durch den Kaufpreis abgegolten.

(4) Für den Fall der Zuwiderhandlung gegen das vorstehende Wettbewerbsverbot hat der Veräußerer an den Erwerber eine Vertragsstrafe von *** EUR zu zahlen. Wird die Zuwiderhandlung trotz schriftlicher Abmahnung fortgesetzt, so ist für jeden weiteren begonnenen Monat der Zuwiderhandlung eine weitere Vertragsstrafe von *** EUR zu zahlen. Die Ansprüche des Erwerbers auf Ersatz etwa weitergehenden Schadens soweit auf Unterlassung künftigen verbotswidrigen Verhaltens bleiben unberührt.

XIV. Vertragsabwicklung

(1) Der Notar wird beauftragt und ermächtigt, alle zur Wirksamkeit und Durchführung des Vertrages erforderlichen privaten und behördlichen Genehmigungen, Erklärungen und Verzichte – bei Ausstehen von Genehmigungen von Urkundsbeteiligten bereits vor deren Vorliegen – einzuholen, Vertragsabschriften zu übersenden und entsprechende Entwürfe für die Erklärungen der Vertragsbeteiligten zu erstellen sowie nach Eigentumsumschreibung dem Erwerber und den Finanzierungsgläubigern des Erwerbers je einen unbeglaubigten Grundbuchauszug zu übersenden.

Nur Genehmigungen ohne Auflagen und Negativatteste werden für alle Beteiligten wirksam, wenn sie beim Notar eingehen. Alle anderen Bescheide sind den Beteiligten unmittelbar zuzustellen; Abschrift an den Notar wird erbeten.

Wird ein Vorkaufsrecht ausgeübt, so sind beide Vertragsteile zum Rücktritt vom Vertrag berechtigt; ein Anspruch auf Schadenersatz statt der Leistung oder Verzinsung bereits geleisteter Kaufpreisteile besteht in diesem Fall nicht. Der Veräußerer tritt alle aus der Ausübung des Vorkaufsrechtes gegen den Vor-Käufer entstehenden Ansprüche sicherungshalber an den Erwerber ab, der die Abtretung dem Vor-Käufer selbst anzeigen wird.

(2) Die Vertragsparteien bevollmächtigen den Notar ***, dessen Vertreter im Amt sowie die Notariatsangestellten *** – alle geschäftsansässig *** –, alle Erklärungen und Bewilligungen abzugeben und entgegenzunehmen, die zur Durchführung/Rückabwicklung dieses Vertrages notwendig oder zweckmäßig sind, insbesondere die Vormerkung zur Löschung zu bewilligen, die Eigentumsumschreibung auf den Erwerber zu bewilligen und zu beantragen sowie Änderungen der Urkunde und Rangbestimmungen vorzunehmen, Anträge zu stellen, einzuschränken, zu trennen und zurückzunehmen.

(3) Der Veräußerer ist verpflichtet, bei der Bestellung von Grundpfandrechten mitzuwirken. Aufgrund der zu vereinbarenden Sicherungsabrede darf der Gläubiger das Grundpfandrecht jedoch bis zur vollständigen Kaufpreiszahlung als Sicherheit nur verwerten oder behalten, soweit er tatsächlich mit Erfüllungswirkung auf die Kaufpreisschuld des Erwerbers geleistet hat. Die Finanzierungsgläubiger werden bereits hiermit unwiderruflich angewiesen, die auf diese Weise besicherten Kreditmittel bis zur vollständigen Zahlung des Kaufpreises nur hierfür zu verwenden. Es bleibt hingegen allein Sache des Erwerbers, dafür zu sorgen, dass etwa benötigte Finanzierungsmittel rechtzeitig zur Verfügung stehen.

(4) Der Veräußerer bevollmächtigt – dem Grundbuchamt gegenüber unbeschränkt – den Erwerber zu folgenden Rechtshandlungen: Das Vertragsobjekt darf ab sofort mit vollstreckbaren Grundpfandrechten (§ 800 ZPO) samt Zinsen und Nebenleistungen – alles in beliebiger Höhe – belastet werden. Der Veräußerer stimmt allen zur Rangbeschaffung geeigneten Erklärungen zu. Der Erwerber übernimmt in der Grundpfandrechtsbestellungsurkunde die persönlichen Zahlungsverpflichtungen und unterwirft sich insoweit der Zwangsvollstreckung, trägt die Kosten der Bestellung und Eintragung, und tritt mit seinen Rechten (Vormerkung) zurück.

(5) Die Vollmachten sind hinsichtlich der Vollmacht zur Bewilligung der Eigentumsumschreibung und der Löschung der Auflassungsvormerkung unwiderruflich und dem Grundbuchamt gegenüber unbeschränkt. Jeder Bevollmächtigte darf allein und für alle Beteiligten handeln. Untervollmacht an andere Notariatsangestellte kann erteilt werden. Die Vollmachten gelten nur bei Verwendung vor dem Notar, seinem Sozius oder deren amtlichen Vertretern. Sie sind unabhängig von der Wirksamkeit der heutigen Urkunde erteilt. Die Vollmachten erlöschen sechs Monate nach Eigentumsumschreibung.

(6) Im Innenverhältnis zwischen Vollmachtgeber und Bevollmächtigtem, das von Dritten, insbesondere vom Grundbuchamt, nicht zu prüfen ist, gilt rein schuldrechtlich:

a) Von der Vollmacht zur Löschung der Auflassungsvormerkung darf nur Gebrauch gemacht werden, wenn der Erwerber der Löschung nicht innerhalb von drei Wochen nach Absendung einer Löschungsankündigung des Notars an die ihm zuletzt bekannt gegebene Anschrift des Erwerbers widerspricht und nicht innerhalb weiterer drei Wochen eine einstweilige gerichtliche Verfügung gegen den Veräußerer erwirkt, die dem Notar den Gebrauch der Löschungsvollmacht untersagt.

b) Die Beteiligten erklären, über die rechtlichen und wirtschaftlichen Auswirkungen von Grundpfandrechtsbestellung, Vollstreckungsunterwerfung und Zweckerklärung informiert zu sein; darüber hinaus wurde vorab ein entsprechendes Merkblatt dem Erwerber vom Notar übergeben. Die Beurkundung durch Angestellte des Notars zur Beschleunigung der Grundbucheintragung nach schriftlichem Auftrag des Erwerbers wurde ausdrücklich gewollt.

XV. Kosten, Steuern
§ 139 BGB

(1) Die durch diese Urkunde entstehenden Notar-, Behörden- und Gerichtskosten ge-hen zu Lasten des Erwerbers. Die Vollzugsgebühr des Notars trägt der Erwerber, so-weit diese nicht ausschließlich durch die Lastenfreistellung veranlasst und daher wie die weiteren Kosten der Lastenfreistellung vom Veräußerer zu tragen ist.
Die Grunderwerbsteuer trägt der Erwerber.

(2) Zahlt der Erwerber die Grunderwerbsteuer oder Gerichtskosten nicht und wird der Veräußerer hierfür in Anspruch genommen, ist er zum Vertragsrücktritt berechtigt.

(3) Die Unwirksamkeit einer Vertragsbestimmung hat nicht die Unwirksamkeit des gan-zen Vertrages zur Folge. Die unwirksame Bestimmung ist vielmehr durch eine solche zu ersetzen, die ihr wirtschaftlich am nächsten kommt.

XVI. Hinweise

Der Notar wies auf folgendes hin:

- Das Eigentum geht erst mit Umschreibung im Grundbuch auf den Erwerber über, und diese erfolgt erst, wenn die Gemeinde bescheinigt hat, dass gesetzliche Vorkaufsrechte nicht bestehen bzw. nicht ausgeübt werden und wenn alle erforderlichen Genehmigun-gen (zB nach GVO, GrdstVG, § 144 BauGB) oder entsprechende Negativatteste und die Unbedenklichkeitsbescheinigung des Finanzamtes wegen der Grunderwerbsteuer dem Notar vorliegen.
- Es muss eine Genehmigung nach dem Grundstücksverkehrsgesetz eingeholt werden, welche uU versagt oder auch unter Auflagen oder Bedingungen erteilt werden kann und es kann ein Vorkaufsrecht nach § 4 RSiedlG bestehen und ausgeübt werden.
- Alle Vereinbarungen müssen beurkundet sein und bei einem Verstoß kann der Vertrag in seinem ganzen Inhalt unwirksam sein.
- Der im Grundbuch eingetragene Eigentümer haftet für die Rück-stände an öffentli-chen Lasten und Abgaben (wie zB für Erschließungsbeiträge und bei Wertausgleichs-pflicht nach BBodSchG).
- Nach § 23 EStG sind Gewinne aus der Veräußerung von Grundbesitz innerhalb von zehn Jahren und aus Betriebsvermögen zu versteuern. Eine steuerrechtliche Beratung erfolgt durch den Notar nicht, wird jedoch empfohlen, und zwar durch einen Steuer-berater.
- Jeder Urkundsbeteiligte haftet für alle Grundbuch- und Notarkosten sowie Steuern nach außen, den Gläubigern gegenüber in voller Höhe unabhängig von den vertragli-chen Vereinbarungen.

– – –

Diese Niederschrift wurde den Erschienenen in Gegenwart des Notars vorgelesen, von ihnen genehmigt und eigenhändig unterschrieben.

II. Share-Deal
(Verkauf und Abtretung von Geschäftsanteilen an einer Immobilien-GmbH)

118

UR-Nr. ***

Verhandelt zu *** in der Geschäftsstelle des Notars,
am ***

Vor

***

Notar mit dem Amtssitz in ***

erschienen:

1. Frau/Herr ***
geboren am ***
Anschrift: ***
ausgewiesen durch amtlichen Lichtbildausweis [*Alt.:* dem Notar von Person bekannt],

hier handelnd nicht für sich selbst, sondern als einzelvertretungsberechtigter und von den Beschränkungen des § 181 BGB befreiter Geschäftsführer der

*** GmbH
mit Sitz in ***
Geschäftsanschrift: ***
eingetragen im Handelsregister beim Amtsgericht ***
unter HRB ***

nachstehend auch „**Verkäufer**" genannt –

2. Frau/Herr ***
geboren am ***
Anschrift: ***
ausgewiesen durch amtlichen Lichtbildausweis [*Alt.:* dem Notar von Person bekannt],

hier handelnd nicht für sich selbst, sondern als einzelvertretungsberechtigter [*ggf.:* und von den Beschränkungen des § 181 BGB befreiter] Geschäftsführer der

*** GmbH
mit Sitz in ***
Geschäftsanschrift: ***
eingetragen im Handelsregister beim Amtsgericht
unter HRB ***

nachfolgend auch als „**Gesellschaft**" bezeichnet –

3. Frau/Herr ***
geboren am ***
Anschrift: ***
ausgewiesen durch amtlichen Lichtbildausweis,

hier nicht handelnd im eigenen Namen, sondern für ***

– nachfolgend auch als „**Käufer 1**" bezeichnet –

4. Frau/Herr ***
geboren am ***
Anschrift: ***
ausgewiesen durch amtlichen Lichtbildausweis,

hier nicht handelnd im eigenen Namen, sondern für ***

nachfolgend auch als „**Käufer 2**" bezeichnet –

nachstehend „Käufer 1" und „Käufer 2" gemeinsam auch nur „**Käufer**" bzw. „**der/die Käufer**" genannt –

Die Erschienenen ließen folgenden

**Verkauf und Abtretung von Geschäftsanteilen
an einer Immobilien GmbH**

beurkunden und erklärten:

I. Feststellungen

(1) **Gesellschaft**

Im Handelsregister des Amtsgerichts *** ist unter HRB *** die Gesellschaft mit Firma

*** GmbH

mit Sitz in *** mit einem eingetragenen Stammkapital in Höhe von EUR ***

im Folgenden „**die Gesellschaft**" genannt –

eingetragen.

(2) **Gesellschafter**

a) Gesellschafterliste

Alleiniger Gesellschafter der Gesellschaft ist laut der im Handelsregister aufgenommenen Gesellschafterliste vom *** der Verkäufer mit den Geschäftsanteilen Nr. *** von *** EUR und Nr. *** von *** EUR.

Feststellungen über Entstehung und Erwerb der vorgenannten Geschäftsanteile möchten die Beteiligten in dieser Urkunde nicht treffen.

Der Notar hat die Gesellschafterliste am Tag der Beurkundung elektronisch eingesehen; sie wird als **Beleg 1** der Urkunde beigefügt. Ein Widerspruch ist der Gesellschafterliste nicht zugeordnet.

Der Handelsregisterauszug der Gesellschaft ist als **Beleg 2** beigefügt.

Hinweis des Notars:

Zugunsten desjenigen, der einen Geschäftsanteil oder ein Recht daran erwirbt, gilt der Inhalt der Gesellschafterliste insoweit als richtig, als die den Geschäftsanteil betreffende Eintragung im Zeitpunkt des Erwerbs seit mindestens drei Jahren unrichtig in der Gesellschafterliste enthalten oder dem ausgewiesenen Anteilsinhaber die Unrichtigkeit zuzurechnen und kein Widerspruch zum Handelsregister eingereicht worden ist. Dies gilt nicht, wenn dem Erwerber die Unrichtigkeit bekannt oder grob fahrlässig unbekannt geblieben ist. Jeder Gesellschafter sollte daher die Gesellschafterliste mindestens alle drei Jahre auf ihre Richtigkeit und Vollständigkeit überprüfen.

b) Satzung und schuldrechtliche Vereinbarungen

Der aktuelle Wortlaut der Satzung ist dem Käufer bekannt; auf Beifügung wird verzichtet. Neben der Satzung der Gesellschaft bestehen zwischen den Gesellschaftern keinerlei weitere, zB schuldrechtliche, Vereinbarungen.

(3) **Rechtsverhältnisse zwischen Verkäufer und Gesellschaft**

Zwischen Verkäufer und Gesellschaft bestehen folgende Rechtsverhältnisse: ***.

Weitere Rechtsverhältnisse zwischen Verkäufer und Gesellschaft gibt es derzeit nicht.

Der Verkäufer hat darüber hinaus insbesondere

a) für Verbindlichkeiten der Gesellschaft keine Sicherheiten (zB Bürgschaft/Grundschuld etc) geleistet,

b) der Gesellschaft keine Gegenstände zum Gebrauch oder zur Ausübung überlassen,

c) keine Forderungen gegen die Gesellschaft aus Darlehen oder aus Rechtshandlungen, die einem Darlehen wirtschaftlich entsprechen und auch keine Sicherheit für Darlehen Dritter an die Gesellschaft zur Verfügung gestellt. Für solche Forderungen hat die Gesellschaft in der Vergangenheit auch keine Befriedigung oder Sicherung gewährt.

(4) **Grundbesitz der Gesellschaft**

Das Grundbuch des Amtsgerichts *** von *** wurde für Gemarkung ***, Blatt: *** – Postanschrift: *** (Katasterauszug ist beigefügt) – am Tag der Beurkundung elektronisch eingesehen. Die Gesellschaft ist danach dort als Eigentümer des folgenden Grundbesitzes eingetragen:

Bestand	Flurstück-Nr.	Größe in qm
***	***	***
***	***	***

Die Grundakten wurden nicht eingesehen.

Dieses Grundstück wird im Folgenden auch „gesellschaftseigener Grundbesitz" genannt.

Als Eigentümer ist die Gesellschaft eingetragen.

In Abteilung II und III des Grundbuches sind folgende Rechte vermerkt:

in Abteilung II: ***

in Abteilung III: ***.

Weiterer Grundbesitz oder Ansprüche auf Übereignung von Grundbesitz gehören nicht zum Vermögen der Gesellschaft.

(5) **Lastenfreistellung der Gesellschaft**

Sämtliche zwischen dem Verkäufer und der Gesellschaft gemäß Abs. 3 bestehenden Rechtsverhältnisse sowie die den in Abs. 4 näher beschriebenen Grundpfandrechten zugrundeliegenden Darlehensforderungen sollen im Rahmen der Abwicklung dieses Geschäftsanteilskaufvertrages gemäß den nachfolgenden näheren Bestimmungen abgelöst und die Grundpfandrechte im Grundbuch gelöscht werden. Die Gesellschaft stimmt als Grundstückseigentümer der Löschung hiermit zu.

II. Verkauf Geschäftsanteile

(1) **Verkauf**

Der Verkäufer verkauft den Geschäftsanteil Nr. *** an den Käufer 1. Der Käufer 1 nimmt das Kaufvertragsangebot hiermit an.

Der Verkäufer verkauft den Geschäftsanteil Nr. *** an den Käufer 2. Der Käufer 2 nimmt das Kaufvertragsangebot hiermit an.

(2) **Nebenrechte**

Mitverkauft sind jeweils alle Nebenrechte, insbesondere alle Ansprüche auf vergangenen, laufenden oder künftigen Gewinn, soweit Gewinnausschüttungen sich nicht spätestens aus dem Jahresabschluss per 31.12. des vergangenen Jahres ergeben. Der jeweilige Käufer nimmt auch das Kaufvertragsangebot über die Nebenrechte an.

III. Gegenleistung/Hinterlegung

(1) **Gegenleistung**

Als Gegenleistung für alle Geschäftsanteile hat der Käufer einen Betrag in Höhe von

EUR ***

– in Worten: Euro *** –

zu erbringen.

Davon entfallen

a) auf den Käufer 1   EUR ***

b) auf den Käufer 2   EUR ***.

Mit der Gegenleistung hat der Käufer zunächst die Gesellschaft in die Lage zu versetzen,

a) vorrangig die dem in Abt. III des vorbenannten Grundbuches eingetragenen Grundpfandrecht zugrundeliegenden Darlehen vollständig abzulösen und die Grundschulden im Grundbuch zu löschen und

b) zweitrangig etwaige in Abschnitt I. Abs. 3 beschriebene Forderungen des Verkäufers gegen die Gesellschaft abzulösen.

Die hierfür notwendigen Ablösebeträge stellt der Käufer der Gesellschaft darlehensweise zur Verfügung.

Ein danach verbleibender Restbetrag der vorbenannten Gegenleistung steht dem

Verkäufer als Kaufpreis zu.

Für den Fall, dass die Gegenleistung zur Ablösung des Gesellschafterdarlehens nicht ausreichen sollte, erlässt der Verkäufer der dies hiermit annehmenden Gesellschaft die Rückzahlung in der verbleibenden Höhe.

Hinweis des Notars:

Im Falle einer Insolvenz der Gesellschaft kann die Rückzahlung eines Gesellschafterdarlehens mit der Folge angefochten werden, dass der darlehensgebende Gesellschafter die zurückgezahlten Darlehensbeträge wieder einzuzahlen muss.

(2) **Hinterlegung**

Der Käufer hat bis zum *** [*Alt.:* hat bereits] einen Betrag in Höhe der Gegenleistung auf folgendem Notaranderkonto des amtierenden Notars zu hinterlegen [*Alt.:* hinterlegt] (der „Hinterlegungsbetrag"):

Bank: ***

IBAN: ***

BIC: ***

Hinterlegt er den Hinterlegungsbetrag nicht bis zu vorgenanntem Termin, kommt er ohne Mahnung in Verzug. Auf die gesetzlichen Verzugszinsen gemäß §§ 288, 247 BGB hat der Notar hingewiesen.

(3) **Lastenfreistellung**

Der Verkäufer verpflichtet sich, die Gesellschaft zu veranlassen, die von der in Abschnitt I. Abs. 4 aufgeführten Grundschuldgläubigerin („Bank") der Gesellschaft ausgereichten Darlehen, die nach Versicherung des Verkäufers den Hinterlegungsbetrag nicht übersteigen, zurückzuführen und die Löschung der am gesellschaftseigenen Grundbesitz eingetragenen Grundschulden unter Tragung der Kosten herbeizuführen.

[*Alt.:* Zur Sicherstellung der Lastenfreistellung wird der Notar beauftragt und bevollmächtigt, die Unterlagen zur Lastenfreistellung einzuholen, für alle Vertragsteile auch nach § 875 Abs. 2 BGB entgegenzunehmen und zu verwenden sowie die Ablöseforderungen zu erfragen. Zur Überprüfung der geforderten Beträge nach Grund und Höhe sind weder Notar noch Käufer berechtigt und verpflichtet.]

(4) **Hinterlegungs-/Auszahlungsanweisung**

Der Notar wird gebeten, den hinterlegten Betrag in täglich oder monatlich fälliges Festgeld anzulegen, wenn Verkäufer und Käufer ihn hierzu gemeinschaftlich schriftlich anweisen. Da das Anderkonto vornehmlich Sicherungszwecken der Beteiligten dient, ist der Notar zur Festgeldanlage jedoch in keinem Fall verpflichtet. Etwa anfallende Positiv-Zinsen stehen ab dem heutigen Tag dem Verkäufer, ansonsten dem Käufer zu; etwaige Negativ-Zinsen sind insgesamt vom Käufer zu übernehmen und für den Fall, dass sie vom Hinterlegungsbetrag abgezogen werden, dem Verkäufer zu erstatten.

Der Notar wird angewiesen, den hinterlegten Betrag auszukehren, sobald

a) ihm die Löschungsunterlagen für die in Abschnitt I. Abs. 4 näher beschriebenen Belastungen in Abt. III des gesellschaftseigenen Grundbesitzes grundbuchtauglich vorliegen, und zwar auflagenfrei oder unter solchen Auflagen vor, die aus dem Hinterlegungsbetrag erfüllbar sind,

b) er sich durch Grundbucheinsicht versichert hat, dass gegenüber den in Abschnitt I. Abs. 4 beschriebenen keine weiteren Belastungen im Grundbuch eingetragen wurden bzw. deren Eintragung beantragt ist
und

c) die die Käufer als neue Gesellschafter ausweisende Gesellschafterliste in den elektronischen Dokumentenordner des Handelsregisters *** aufgenommen wurde.

Soweit die Bank für die Lastenfreistellung des gesellschaftseigenen Grundbesitzes Ablösebeträge verlangt, ist der Hinterlegungsbetrag vom Notar vorrangig zu ihrer Erfüllung auszuzahlen, ohne dass die Bank ein eigenes Forderungsrecht erwirbt. Der danach verbleibende Restbetrag ist abzüglich der mit der Lastenfreistellung verbundenen Notar- und Gerichtskosten, die der Notar gemäß eigener bzw. Rechnungslegung des Gerichts aus dem Hinterlegungsbetrag entnehmen und aus dem Hinterlegungsbetrag direkt bezahlen soll, an den Verkäufer auf folgendes Konto auszukehren:

bei der ***
BIC: ***
IBAN: ***
Kontoinhaber: Verkäufer.

Die Beteiligten vereinbaren, dass von dieser Hinterlegungsvereinbarung abweichende Weisungen bezüglich des hinterlegten Betrages nur einvernehmlich erteilt werden können. Der Notar übernimmt Amtspflichten in Bezug auf die Durchführung der Hinterlegung nur gegenüber den Vertragsparteien.

(5) **Geldwäschebekämpfungsgesetz**
Nach Hinweis des Notars auf die Vorschriften des Geldwäschebekämpfungsgesetzes erklären die Vertragsbeteiligten: Wir handeln auf eigene Rechnung und nicht unter der Kontrolle oder auf Veranlassung eines Dritten.

(6) **Mehrere Käufer**
Käufer 1 und Käufer 2 haften aus diesem Vertrag, soweit sie daraus verpflichtet sind, als Teilschuldner, sind sie aus diesem Vertrag berechtigt, so als Teilgläubiger.

IV. Gewinnbezugsrecht/Übergangsstichtag/Jahresbilanz

(1) Der im laufenden Geschäftsjahr auf den verkauften Geschäftsanteil entfallende Gewinn steht dem Käufer ab dem *** („Übergangsstichtag") zu.
[*Alt.:* Der im laufenden Geschäftsjahr auf den verkauften Geschäftsanteil entfallende Gewinn steht dem Käufer ab dem Tag der Auszahlung des Hinterlegungsbetrages vom Notaranderkonto zeitanteilig („Übergangsstichtag") zu. Eine Abschlagsdividende an den Verkäufer soll nicht ausgeschüttet werden, der Käufer tritt seinen diesjährigen Gewinnanspruch an den dies annehmenden Verkäufer jedoch bereits jetzt in Höhe von ***/12 Anteil ab.]
Gewinne, die in vorangegangenen Geschäftsjahren erwirtschaftet worden sind, stehen dem Verkäufer zu. Der Verkäufer versichert, dass insofern keine Gewinnausschüttungen mehr ausstehen.
Hinweis des Notars:
Gemäß § 20 Abs. 5 EStG wird für Zwecke der Einkommensteuer der ausgeschüttete Gewinn demjenigen zugerechnet, der im Zeitpunkt des Gewinnverwendungsbeschlusses Gesellschafter war. Die Parteien erklären übereinstimmend, dass nach ihrer Kenntnis keine nicht vollzogenen Gewinnverwendungsbeschlüsse existieren.

(2) Der letzte durch die Gesellschafter festgestellte und von einem Wirtschaftsprüfer bestätigte Jahresabschluss zum 31.12.20*** (Bilanz nebst Gewinn- und Verlustrechnung und Lagebericht) der Gesellschaft – nachstehend das dort abgebildete Geschäftsjahr „vergangenes Geschäftsjahr" genannt – ist den Käufern inhaltlich bekannt.

(3) Der Jahresabschluss wird diesem Vertrag zu Beweissicherungszwecken als <u>Beleg 3</u> beigefügt. Das Ergebnis einer Betriebsprüfung ist auf den Vertrag ohne Einfluss. Auf eine Zwischenbilanz wird verzichtet.

V. Garantie

(1) Der Veräußerer garantiert in Form eines selbständigen Garantieversprechens gemäß § 311 Abs. 1 BGB, dass die nachfolgend abgegebenen Erklärungen, sofern nicht

nachstehend eingeschränkt, für die Gesellschaft auf den Tag der Beurkundung wahrheitsgemäß, vollständig und richtig abgegeben worden sind:

a) Die Gesellschaft ist ordnungsgemäß errichtet worden und besteht noch.

b) Es wurde weder ein Insolvenzverfahren über das Vermögen der Gesellschaft eröffnet noch droht ein Insolvenzverfahren noch sind Umstände bekannt, welche die Eröffnung und Beantragung eines solchen Verfahrens erfordern oder rechtfertigen könnten. Die Gesellschaft ist weder überschuldet noch zahlungsunfähig.

c) Die vorstehenden Angaben zur Darstellung der Verhältnisse der Gesellschaft sind richtig und vollständig.

d) Die Satzung in der Fassung vom *** ist weiterhin gültig. Der Käufer bestätigt, dass sie ihm ebenso wie die Tatsache bekannt ist, dass er in alle Bestimmungen des Gesellschaftsvertrages kraft Gesetzes eintritt.

e) Weitere Vereinbarungen zwischen der Gesellschaft und dem Verkäufer bzw. sonstigen Gesellschaftern (zB Stille Gesellschaft) bestehen nicht.

f) Weder nach dem Gesellschaftsvertrag noch aufgrund anderer Vereinbarungen bestehen Andienungs-, Vorkaufs-, Ankaufs- und Mitverkaufsrechte bezüglich der hier vertragsgegenständlichen Geschäftsanteile.

g) Die verkauften Geschäftsanteile sind voll und ohne Verstoß gegen das Verbot der verschleierten Sacheinlage einbezahlt bzw. erbracht worden und Rückzahlungen aus dem zur Erhaltung des Stammkapitals erforderlichen Vermögen sind nicht erfolgt.

Hinweis des Notars:

Der **Käufer** haftet gemäß § 16 Abs. 2 GmbHG für die zur Zeit der Aufnahme der neuen Gesellschafterliste in das Handelsregister auf den gekauften Geschäftsanteil **rückständigen** Einlageverpflichtungen als Gesamtschuldner – also in voller Höhe – neben dem weiterhaftenden Verkäufer. Dies gilt insbesondere auch für den Fall, dass die Einlage auf den Geschäftsanteil nicht ordnungsgemäß erbracht wurde, zB „Erfüllung" der geschuldeten Bareinlage durch eine verdeckte Sacheinlage. Der Käufer muss Leistungen erstatten, die dem Verkäufer entgegen dem Verbot des § 30 GmbHG von der Gesellschaft erbracht wurden.

Der Käufer haftet darüber hinaus in derselben Weise als Regressschuldner für Rückstände auf Geschäftsanteile der Mitgesellschafter (§ 24 GmbHG) und solche Erstattungsansprüche, die sich gegen die Mitgesellschafter des Verkäufers richten (§ 31 Abs. 3 GmbHG).

Der **Verkäufer** haftet seinerseits in den Fällen der §§ 22, 28 GmbHG (Ausschluss des Gesellschafters – Käufers – wegen Nichtzahlung der ausstehenden Einlage und bei Verletzung einer etwa im Gesellschaftsvertrag vereinbarten beschränkten Nachschusspflicht).

h) Die hier verkauften Geschäftsanteile sind entstanden und existieren heute, stellen nicht das ganze oder nahezu ganze Vermögen des Verkäufers dar, sie sind nicht verpfändet oder sonst wie mit Rechten Dritter belastet und der Verkäufer kann uneingeschränkt über sie verfügen; Abschluss und Erfüllung dieses Vertrages stehen nicht in Widerspruch zu irgendeiner vertraglichen oder sonstigen Bindung des Veräußerers oder der Gesellschaft.

Hinweis des Notars:

Ein **gutgläubig lastenfreier** Erwerb von Geschäftsanteilen ist nicht möglich, so dass der Käufer auf die Richtigkeit und Vollständigkeit der Angaben des Verkäufers angewiesen ist.

i) Es bestehen keinerlei weitere das Gesellschaftsverhältnis berührende Vereinbarungen oder Beschlüsse, insbesondere nicht auf Kapitalerhöhung, Ausscheiden oder Hinzutreten von Gesellschaftern, Einräumung von Unterbeteiligungen, Treuhandschaften, Beteiligungen am Gewinn, Umsatz oder Vermögen der Gesellschaft, bezüglich der Ausübung von Stimmrechten und Ähnliches.

(2) **Der Notar erläuterte die gesetzlichen Rechtsfolgen einer Garantie:**
Liegt die garantierte Eigenschaft nicht vor, so kann der Käufer zunächst Nacherfüllung, dann Herabsetzung des Kaufpreises (Minderung) oder Rücktritt erklären oder Schadensersatz verlangen, ohne dass es auf ein Verschulden des Verkäufers ankommt.
Die Vertragsparteien vereinbaren, dass insofern die Regelungen in nachfolgendem Abschnitt VI. Abs. 2 bis Abs. 7 entsprechend gelten.

(3) Die Verjährungsfrist für die Rechte aus der Garantie soll drei Jahre ab dem Ende des Jahres betragen, in dem der Käufer von dem Nichtvorliegen der garantierten Beschaffenheit Kenntnis erlangt oder ohne grobe Fahrlässigkeit erlangen müsste spätestens aber zehn Jahre nach der Übertragung der Geschäftsanteile.

VI. Beschaffenheitsvereinbarung und weitere Erklärungen

(1) Weiter erklärt der Verkäufer:

a) **Jahresabschluss**
   – Der diesem Vertrag als Beleg beigefügte Jahresabschluss der Gesellschaft für das vergangene Geschäftsjahr ist nach den gesetzlichen Vorschriften und unter Anwendung der allgemein anerkannten Grundsätze ordnungsgemäßer Buchführung und Bilanzierung sowie unter Wahrung der formellen und materiellen Bilanzkontinuität aufgestellt worden und vermittelt ein den tatsächlichen Verhältnissen entsprechendes Bild der Vermögens-, Finanz- und Ertragslage der Gesellschaft zum Bilanzstichtag.
   – Die Gesellschaft hatte am Bilanzstichtag für das vergangene Geschäftsjahr keine Verbindlichkeiten oder Eventualverbindlichkeiten oder drohende Verluste aus der späteren Erfüllung von Lieferungs- und Abnahmeverpflichtungen und ähnlichen schwebenden Geschäften als diejenigen, die in dem Jahresabschluss des vergangenen Geschäftsjahres der Gesellschaft ausgewiesen oder darin durch ausreichende Rückstellungen gedeckt sind.
   – Den Käufern sind keine den Verkäufern bekannten außergewöhnlichen Risiken oder sonstige Vorgänge außerhalb des gewöhnlichen Geschäftsbetriebes verschwiegen worden, die zur Beurteilung der Vermögens- und Ertragslage der Gesellschaft und deren vorhersehbarer künftiger Entwicklung von maßgeblicher Bedeutung sind.

b) **Aktiva**
   – Die Gesellschaft hat – ausgenommen die in Abschnitt I. Abs. 4 ausgewiesenen Grundstücksbelastungen – uneingeschränktes und unbelastetes Eigentum an den im als Beleg beigefügten Jahresabschluss der Gesellschaft erfassten Vermögensgegenständen.
   – Die Gesellschaft ist gegen die üblichen Risiken sachgerecht versichert; insbesondere sind folgende mit dem Betrieb der Gesellschaft verbundenen Risiken in ausreichender Höhe versichert:
     aa) ***
     bb) ***
     cc) ***

c) **Verbindlichkeiten**
   – Die Summe aller zum Übergangsstichtag bestehenden Verbindlichkeiten des Unternehmens – ausgenommen die gemäß vorstehenden Regelungen abzulösenden Darlehen der Bank und des Verkäufers – wird den Betrag von *** EUR nicht überschreiten.

d) **Steuern, sonstige Abgaben**
 – Seit dem 1.1. des laufenden Geschäftsjahres sind die Geschäfte der Gesellschaft im Rahmen des ordnungsgemäßen Geschäftsbetriebes und im Wesentlichen in der gleichen Weise wie vor dem genannten Datum geführt worden,
   insbesondere sind keine außergewöhnlich hohen Gehälter oder sonstige Vergütungen bezahlt worden und es haben sich keine wesentlich nachteiligen Änderungen hinsichtlich des Geschäftsbetriebes der Gesellschaft ergeben.
 – Die Gesellschaft hat alle für den Zeitraum bis zum *** nach den einschlägigen
   Gesetzen abzugebenden Steuererklärungen vorschriftsmäßig abgegeben oder
   wird sie rechtzeitig und vorschriftsmäßig abgeben.
 – Sämtliche Steuern und sonstige Abgaben (einschließlich Sozialversicherungsbeiträgen) der Gesellschaft, die den Zeitraum bis zum *** betreffen, sind abgeführt worden oder werden im Jahresabschluss des vergangenen Geschäftsjahres passiviert; ergibt eine Steuererhebung oder Steuerprüfung für
   Veranlagungszeiträume bis zum Übergangsstichtag einen vom Jahresabschluss
   der Gesellschaft abweichenden Steuermehr- oder Minderaufwand, so ist der
   Jahresabschluss des vergangenen Geschäftsjahres der Gesellschaft nachträglich
   entsprechend zu berichten.

e) **Gesellschaftseigener Grundbesitz**
 – Der in Abschnitt I. Abs. 4 genannte Grundbesitz steht zum Übergangsstichtag
   im Eigentum der Gesellschaft und es bestehen keine Ansprüche Dritter auf
   Übertragung dieses Grundbesitzes.
 – Der in Abschnitt I. Abs. 4 genannte Grundbesitz ist in Abt. II und III des
   Grundbuches mit Ausnahme der in Abschnitt I. Abs. 4 genannten Eintragungen zum Übergangsstichtag nicht belastet und es sind auch keine weiteren Belastungen bestellt oder durch behördliche oder gerichtliche Entscheidung angeordnet.
 – Die in vorstehendem Abschnitt I. Abs. 4 aufgeführten Grundpfandrechte werden gegen Ablösung der damit besicherten Darlehen gelöscht; für die Ablösung reicht der Hinterlegungsbetrag aus.
 – Der in vorstehendem Abschnitt I. Abs. 4 genannte Grundbesitz ist frei von
   Baulasten, im Grundbuch nicht eingetragenen Dienstbarkeiten und nachbarrechtlichen Beschränkungen und auch Erklärungen der Gesellschaft zur Eintragung in das Baulastenverzeichnis sind nicht abgegeben.
 – Der in vorstehendem Abschnitt I. Abs. 4 genannte Grundbesitz liegt nicht in
   einem förmlich festgelegten Sanierungs- oder Entwicklungsgebiet.
 – Hinsichtlich des gesellschaftseigenen Grundbesitzes einschließlich der aufstehenden Gebäude bestehen keine Miet- oder Pachtverhältnisse und etwaige
   beendete Miet- und/oder Pachtverhältnisse sind vollständig abgewickelt.
   [*Alt.:* Hinsichtlich des gesellschaftseigenen Grundbesitzes bestehen ausschließlich die in der dem Vertrag als **Anlage** *** beigefügten Mieterliste ausgewiesenen Mietverhältnisse und darüber hinaus keine weiteren Miet- oder Pachtträge. Ab dem heutigen Tage wird die Gesellschaft ohne schriftliche
   Zustimmung des Käufers keine Mietverträge für den gesellschaftseigenen
   Grundbesitz mehr abschließen bzw. bestehende Mietverträge abändern, aufheben oder kündigen. Bezüglich der bestehenden Mietverhältnisse ist – soweit
   in diesem Vertrag nicht ausdrücklich anders ausgewiesen – zum heutigen Tag
   der Beurkundung zutreffend, dass
   aa) die geschlossenen Mietverträge rechtswirksam bestehen, diese gegenüber
       den dem Käufer bereits in Kopie übergebenen Kopien der Verträge nicht
       abgeändert sind und es auch keine weiteren Anlagen und Pläne zu diesen
       Mietverträgen gibt;

bb) Mieter Kündigungen weder ausgesprochen noch angekündigt haben;

cc) keine Mietstreitigkeiten außergerichtlich oder gerichtlich geführt werden oder angekündigt sind;

dd) mit den Mietern in den Mietverträgen nicht enthaltene weitere vertragliche Vereinbarungen, zB Hauswartverträge nicht bestehen;

ee) keine Vorausverfügungen über Mietzinsansprüche, die nach dem Übergangsstichtag wirksam sind, keine rückzahlbaren Baukostenzuschüsse und sonstige rückzahlbare Vorschüsse von Mietern bestehen;

ff) die in den Mietverträgen vereinbarten Sicherheiten von den Mietern vollständig geleistet und noch nicht – auch nicht teilweise – in Anspruch genommen worden sind;

gg) die Nebenkostenabrechnungen für die vergangenen Kalenderjahre den Mietern vollständig und richtig erteilt worden sind und Rückforderungsansprüche der Mieter im Hinblick auf die pauschalen Nebenkostenvorauszahlungen für die vergangenen Kalenderjahre weder bestehen noch von Mietern geltend gemacht worden sind;

hh) von Mietern keine Mietminderungsansprüche oder Zurückbehaltungsansprüche geltend gemacht oder angekündigt sind;

ii) zum heutigen Tage der Beurkundung aufgrund der bestehenden Mietverhältnisse ein Mietertrag (Nettomieten ohne Mehrwertsteuer und ohne jegliche Nebenkosten und Betriebskosten) in Höhe von EUR *** (in Worten: *** Euro) p.a. tatsächlich und rechtlich zulässig erzielt wird.]

– Erschließungsbeiträge nach §§ 123 ff. BauGB und sonstige Beiträge und Abgaben nach dem jeweiligen Kommunalabgabengesetz des Landes und nach den entsprechenden Gemeindesatzungen sowie Kostenerstattungsansprüche sind, soweit bis heute Leistungsbescheide hierzu zugestellt wurden, voll bezahlt.

– Dem Verkäufer sind schädliche Bodenveränderungen im Sinne des § 2 Abs. 3 BBodSchG und/oder Altlasten im Sinne des § 2 Abs. 5 BBodSchG für Grundbesitz der Gesellschaft nicht bekannt.

– Der gesellschaftseigene Grundbesitz ist nicht Gegenstand behördlicher Anordnungen.

– Der Verkäufer hat bezüglich des gesellschaftseigenen Grundbesitzes keine Kenntnis von schädlichen Bodenveränderungen im Sinne des § 2 Abs. 3 BBodSchG und/oder sonstigen Altlasten, zB im Sinne des § 2 Abs. 5 BBodSchG. Der gesellschaftseigene Grundbesitz ist auch nicht Gegenstand eines Sanierungsplanes nach BBodSchG.

– Auf oder in dem in Abschnitt I. Abs. 4 genannten Grundbesitz befindet sich kein Kulturdenkmal im Sinne des Denkmalschutzgesetzes und der Grundbesitz ist auch nicht Umgebung eines Kulturdenkmals im Sinne des Denkmalschutzgesetz und er gehört nicht – auch nicht teilweise – zu einem Denkmalschutzgebiet, zu einem Grabungsschutzgebiet oder zu einem archäologischen Reservat.

– Der gesellschaftseigene Grundbesitz ist ausschließlich in Übereinstimmung mit erteilten Baugenehmigungen unter Beachtung der anerkannten Regeln der Technik und Baukunst und entsprechend den geltenden technischen Vorschriften bebaut. Es liegen keine Widerrufe, Rücknahmen, Widersprüche oder unerledigten behördlichen Auflagen zu den für die Bebauung und Benutzung der auf dem Grundbesitz befindlichen Gebäude erforderlichen öffentlich-rechtlichen Genehmigungen vor und solche sind auch nicht angedroht. Alle öffentlich-rechtlichen Vorschriften für die derzeitige Nutzung des gesellschaftseigenen Grundbesitzes sind eingehalten.

– Der Grundbesitz und die aufstehenden Gebäude befinden sich am Übergangsstichtag im gleichen Zustand wie am Besichtigungstag am ***. Im Übrigen
wird jedoch klargestellt, dass – unbeschadet der anderen Bestimmungen in diesem Vertrage – keinerlei Gewährleistung im Hinblick auf das Grundstück und
die aufstehenden Gebäude, für im Grundbuch eingetragene Flächenmaße, die
Bodenbeschaffenheit, die Gründungsfestigkeit sowie den baulichen Zustand
von Gebäuden und baulichen Anlagen und die Freiheit von offenen oder versteckten Sachmängeln auch an anderen Vermögensgegenständen der Gesellschaft übernommen wird.

(2) Sofern eine oder mehrere der vorstehenden Beschaffenheitsvereinbarungen ganz
oder teilweise unzutreffend sind, ist der Verkäufer auf Verlangen der Käufers verpflichtet, unverzüglich, spätestens jedoch innerhalb einer Frist von 14 Werktagen ab
Zugang des Verlangens den Zustand herzustellen, der bestehen würde, wenn die
Beschaffenheitsvereinbarungen zutreffend gewesen wären (Naturalrestitution). Sofern der Verkäufer den vertragsgemäßen Zustand nicht innerhalb der gesetzten Frist
herstellt oder dessen Herstellung nicht möglich ist, ist der Käufer berechtigt, von
dem Verkäufer Schadensersatz in Geld zu verlangen, der nach Wahl des Käufers an
die Gesellschaft oder an ihn zu leisten ist. Der zu ersetzende Schaden ist begrenzt
auf den der Gesellschaft oder dem Käufer tatsächlich entstandenen Schaden einschließlich von Folgeschäden, sofern sie adäquat kausal durch die Verletzung der Beschaffenheit verursacht und vom Schutzbereich der verletzten Beschaffenheitsvereinbarung umfasst sind.

(3) Im Falle einer Verletzung oder Nichterfüllung einer Beschaffenheitsvereinbarung ist
der Käufer verpflichtet, dem Verkäufer die Verletzung oder Nichterfüllung unverzüglich unter Angabe von Art und Umfang und der voraussichtlichen Schadenshöhe,
soweit diese zum Zeitpunkt der Anzeige feststellbar ist, anzuzeigen, (nachfolgend
der „Käuferanspruch"). Der Käufer wird dem Verkäufer in angemessenem Umfang
Gelegenheit geben, den behaupteten Käuferanspruch und die zugrunde liegenden
Umstände zu untersuchen und dem Verkäufer nach Aufforderung die zu diesem
Zweck notwendigen Unterlagen überlassen und, soweit erforderlich, Zutritt zum
Grundbesitz der Gesellschaft gewähren.

(4) Der Verkäufer ist nicht ersatzpflichtig für Käuferansprüche, oder irgendwelche anderen Ansprüche des Käufers aufgrund einer Regelung nach diesem Vertrag, soweit

a) der Käufer, oder nach dem Dinglichen Übertragungsstichtag die Gesellschaft, den
Käuferanspruch verursacht, mitverursacht oder den Käuferanspruch erhöht hat
oder der Obliegenheit zur Schadensminderung gemäß § 254 BGB nicht nachgekommen ist, wobei insofern die Einschränkung der Ersatzpflicht des Verkäufers
lediglich für denjenigen Teil eines Anspruches gilt, für den die vorbenannten Ausschlussgründe tatsächlich zutreffen;

b) der durch die Verletzung oder Unrichtigkeit einer Beschaffenheitsvereinbarung
entstandene Käuferanspruch durch einen Dritten zu begleichen ist, oder unter
Einsatz vernünftiger Anstrengungen durch einen Dritten zu begleichen wäre, insbesondere durch Inanspruchnahme einer Versicherung, die im Zeitpunkt des
dinglichen Übertragungsstichtages in Kraft war;

c) auf Grund des dem Käuferanspruch zu Grunde liegenden Sachverhalts eine entsprechende Abschreibung, Wertberichtigung oder Rückstellung in dem Jahresabschluss der Gesellschaft des vergangenen Geschäftsjahres vorgenommen worden ist;

d) sich der Käuferanspruch daraus ergibt, dass nach dem Unterzeichnungsstichtag
einschlägige Gesetze, Verordnungen oder sonstige öffentlich-rechtliche Vorschriften erlassen oder geändert werden, sofern das in Kraft treten oder die Änderungen nicht am Unterzeichnungsstichtag allgemein bekannt waren;

e) die Umstände, die zu einem Käuferanspruch führen, gleichzeitig einen zukünftigen Vorteil der Gesellschaft oder des Käufers begründen (einschließlich Steuerersparnisse, unterbliebene Verluste oder Wertsteigerungen von Vermögensgegenständen, wie zB Abzug neu für alt).

Der Verkäufer ist ebenfalls nicht ersatzpflichtig für Käuferansprüche oder sonstige Ansprüche nach diesem Vertrag, soweit die Umstände, die eine Verletzung einer Beschaffenheitsvereinbarung begründen, des Käufers am Unterzeichnungsstichtag positiv bekannt waren. Für die Kenntnis des Käufers kommt es allein auf die positive Kenntnis der folgenden Personen an: ***.

Der Käufer hatte vor Abschluss dieses Vertrages Gelegenheit, die Verhältnisse der Gesellschaft einer umfassenden Prüfung zu unterziehen. Insofern wird auf Abschnitt VII. Abs. 2 verwiesen.

(5) Der Käufer wird den Verkäufer sowie dessen Erfüllungsgehilfen unverzüglich schriftlich unterrichten, sofern die Gesellschaft oder der Käufer durch Dritte (einschließlich staatlicher Behörden) in Anspruch genommen oder eine entsprechende Inanspruchnahme angedroht wird oder die Gesellschaft bzw. der Käufer Gegenstand einer von öffentlicher Hand durchgeführten Untersuchung wird, die zu Ansprüchen gegen diese führen könnte (nachfolgend zusammen „Ansprüche Dritter"). Der Käufer wird dem Verkäufer sämtliche Informationen und Unterlagen, die nach vernünftiger Betrachtung im Zusammenhang mit Ansprüchen Dritter relevant sind, zuleiten und dem Verkäufer Gelegenheit geben, mit dem Käufer die Maßnahmen zu besprechen, die sie oder die Gesellschaft im Hinblick auf die Ansprüche Dritter anzuwenden oder zu unterlassen plant. Der Käufer verpflichtet sich, diejenigen Rechtsmittel und Maßnahmen zu ergreifen oder wird dafür Sorge tragen, dass diese von der Gesellschaft ergriffen werden, die wirtschaftlich sinnvoll und unter Berücksichtigung der geschäftlichen Interessen des Käufers oder der Gesellschaft zumutbar sind, um eine Haftung für Ansprüche Dritter zu vermeiden. Der Käufer wird Ansprüche Dritter, vollständig oder teilweise, nur nach vorheriger schriftlicher Zustimmung durch den Verkäufer erfüllen oder anerkennen oder dafür Sorge tragen, dass Ansprüche Dritter nur nach vorheriger schriftlicher Zustimmung durch den Verkäufer von der Gesellschaft erfüllt oder anerkannt werden. Die Zustimmung darf von dem Verkäufer nicht aus unbilligen Gründen verweigert werden, insbesondere dann nicht, wenn die Verteidigung der Ansprüche Dritter wirtschaftlich unbillig und unverhältnismäßig oder dem Käufer oder der Gesellschaft aus sonstigen Gründen nicht zumutbar wäre.

(6) Der Käufer ist nur berechtigt, Käuferansprüche gemäß diesem Abschnitt geltend zu machen, sofern

a) jeder einzelne Käuferanspruch einen Betrag von EUR *** (nachfolgend „De-Minimis Schwelle") übersteigt und

b) die einzelnen die De-Minimis Schwelle übersteigenden Beträge insgesamt den Betrag von EUR *** übersteigen (nachfolgend „Freibetrag").

Im Übrigen beschränkt sich die Haftung der Verkäufer, gleich aus welchem Rechtsgrund, auf *** % des Kaufpreises („Haftungscap").

(7) Neben den vorgenannten stehen dem Käufer – mit Ausnahme seiner durch diesen Vertrag begründeten Erfüllungsansprüche – keine weiteren Ansprüche zu. Ausgeschlossen sind insbesondere die gesetzlichen Gewährleistungsrechte des Käufers sowie etwaige Ansprüche wegen vorvertraglichen Pflichtverletzungen (culpa in contrahendo, § 311 Abs. 2 BGB), der Verletzung von Nebenpflichten gemäß § 241 Abs. 2 BGB (positive Vertragsverletzung; § 280 Abs. 1 BGB) oder wegen Störung der Geschäftsgrundlage (§ 313 BGB). Der Käufer ist weiterhin nicht berechtigt, aus anderen als den in diesem Vertrag abschließend geregelten Gründen vom Vertrag zurückzutreten oder diesen Vertrag in anderer Weise rückgängig zu machen.

(8) Rechte des Käufers hieraus verjähren in zwei Jahren, nachdem der Käufer von der Unrichtigkeit Kenntnis hatte, spätestens jedoch in zehn Jahren ab dem heutigen Tag.

VII. Ausschluss anderer Rechte/Kenntnis des Käufers

(1) Darüber hinausgehende Rechte des Käufers wegen Mängeln der verkauften Geschäftsanteile, des Unternehmens oder von Vermögensgegenständen des Unternehmens werden ausgeschlossen. Der Verkäufer hat also – soweit nicht vorstehend etwas anderes vereinbart ist – nicht einzustehen für Werthaltigkeit und Ertragsfähigkeit des Unternehmens, ebenso wenig für Umfang und Eigenschaften der zum Vermögen des Unternehmens gehörenden Gegenstände, insbesondere nicht für deren Freiheit von Rechts- und Sachmängeln.

(2) Der Käufer erklärt, vor Beurkundung hinreichend Gelegenheit gehabt zu haben, Einsichtnahme in Verträge und Unterlagen der Gesellschaft zu nehmen, Fragen an den Verkäufer zu richten, weitere Unterlagen anzufordern sowie alle Informationen einzuholen, um die wirtschaftlichen, technischen und rechtlichen Verhältnisse der Gesellschaft und der kaufgegenständlichen Geschäftsanteile feststellen zu können. Ihm wurde vom Verkäufer und der Gesellschaft Vollmacht erteilt, um sich bei Behörden, Steuerberatern und sonstigen Dritten über die näheren Umstände die Gesellschaft und das ihr gehörende Vermögen, insbesondere des gesellschaftseigenen Grundbesitzes, betreffend zu erkundigen, zB zu Baugrund, Baulasten, Baugenehmigungen und Altlasten, des Denkmalschutzes, aber auch hinsichtlich steuerlichen und sonstigen finanziellen Angelegenheiten.

Dem Käufer sind ferner vom Verkäufer die in der dem Kaufvertrag als **Anlage ***** beigefügten Liste aufgeführten Unterlagen und Informationen übergeben worden. Der Verkäufer versichert, dass ihm weitere Unterlagen und Informationen im Zusammenhang mit der Gesellschaft und dem gesellschaftseigenen Grundbesitz nicht vorliegen.

[ggf.: Die dem Käufer übergebenen Unterlagen sind auf der DVD gespeichert, die dem Notar heute von beiden Vertragsparteien zu Beweiszwecken zur Verwahrung für die nächsten *** Jahre übergeben worden sind. Der Käufer hat sich durch heutige Einsicht in die dem Notar übergebene DVD davon überzeugt, dass sie ausschließlich die ihm übergebenen Unterlagen wiedergibt. Die auf der DVD befindlichen Dokumente gelten damit als dem Käufer bekannt. Nach Ablauf der Verwahrungsfrist hat der Notar sein Exemplar dem Käufer zu übergeben. Jede Vertragspartei ist berechtigt, die bei dem Notar in Verwahrung genommene DVD im Beisein des Notars jederzeit auf eigene Kosten im Notariat einzusehen und hiervon Kopien zu ziehen. Der Notar wies darauf hin, dass er selbst weder für den Inhalt der DVD noch dafür einstehen kann, dass sie im Zeitraum der Verwahrung nicht beschädigt oder aus anderem Grund unleserlich wird. *[Alt.:* Die dem Käufer übergebenen Unterlagen sind in einer Bezugsurkunde (UR-Nr. *** des amtierenden Notars) zusammengefasst. Auf diese Urkunde wird hier verwiesen. Sie ist den Vertragsparteien vollinhaltlich bekannt und liegt bei der heutigen Beurkundung in Urschrift vor. Auf erneutes Verlesen oder Beifügen zur heutigen Niederschrift wird gemäß § 13a BeurkG verzichtet.]]

VIII. Abtretung/Zustimmungserfordernisse

(1) Der Verkäufer tritt hiermit den in Abschnitt I. Abs. 2 näher bezeichneten Geschäftsanteil Nr. *** an den Käufer 1 ab, der die Abtretung annimmt.

Der Verkäufer tritt hiermit den in Abschnitt I. Abs. 2 näher bezeichneten Geschäftsanteil Nr. *** an den Käufer 2 ab, der die Abtretung annimmt.

(2) Die Abtretungen sind aufschiebend bedingt mit vollständiger auflagenfreier Hinterlegung des Hinterlegungsbetrages auf dem Notaranderkonto und Vorliegen der diesbezüglichen Auszahlungsvoraussetzungen gemäß Abschnitt III. Abs. 4 Buchst. a)

und b). Der Notar wird gebeten, die Vertragsparteien über den Zeitpunkt des Vorliegens der Auszahlungsvoraussetzungen schriftlich zu informieren.

(3) **Zustimmungserfordernisse**

Nach dem Gesellschaftsvertrag ist zur Geschäftsanteilsabtretung die schriftliche Zustimmung aller übrigen Gesellschafter erforderlich. Solche sind nicht vorhanden. Der Zustimmung der Gesellschafterversammlung bzw. der Gesellschaft selbst bedarf es nicht.

(4) **Gesellschafterliste**

Der Notar ist gesetzlich verpflichtet, unmittelbar nach Wirksamkeit der Geschäftsanteilsabtretungen eine Liste der Gesellschafter, die die Veränderungen aus der vorliegenden Urkunde berücksichtigt, beim Handelsregister einzureichen und er muss diese Liste auch dem Geschäftsführer übermitteln. Der Notar soll eine Kopie der Liste auch an alle Beteiligten dieser Urkunde übermitteln.

IX. Vertragsabwicklung

(1) Der Notar wird beauftragt und ermächtigt, alle zur Wirksamkeit und Durchführung des Vertrages erforderlichen privaten und behördlichen Genehmigungen, Erklärungen und Verzichte – bei Ausstehen von Genehmigungen von Urkundsbeteiligten bereits vor deren Vorliegen – einzuholen, Vertragsabschriften zu übersenden und entsprechende Entwürfe für die Erklärungen der Vertragsbeteiligten zu erstellen.

Nur Genehmigungen ohne Auflagen und Negativatteste werden für alle Beteiligten wirksam, wenn sie beim Notar eingehen. Alle anderen Bescheide sind den Beteiligten unmittelbar zuzustellen; Abschrift an den Notar wird erbeten.

(2) Die Vertragsparteien bevollmächtigen die Notare *** oder deren Vertreter im Amt sowie die Notariatsangestellten ***, alle geschäftsansässig: ***, alle Erklärungen und Bewilligungen abzugeben und entgegenzunehmen, die zur Durchführung dieses Vertrages erforderlich oder zweckmäßig sind, Rangbestimmungen vorzunehmen, Anträge zu stellen, einzuschränken, zu trennen und zurückzunehmen. Die Bevollmächtigten sind auch zu materiell-rechtlichen Änderungen dieser Urkunde gemäß dem Willen der Vertragsparteien befugt. Die Bevollmächtigten sollen bei materiell-rechtlichen Änderungen vorher im Zusammenwirken mit den Vollmachtgebern eine in Textform (schriftlich, Fax oder Mail) abzugebende Zustimmungserklärung einholen. Dem Handelsregister und dem Grundbuchamt gegenüber ist die Vollmacht unbeschränkt.

(3) Untervollmacht an andere Notariatsangestellte kann erteilt werden. Die Vollmachten gelten nur bei Verwendung vor dem Notar, seinem Sozius oder deren amtlichen Vertretern. Jeder Bevollmächtigte darf allein und für alle Beteiligten handeln. Im Außenverhältnis, insbesondere im Grundbuchverkehr, ist seine Vollmacht unbeschränkt. Die Vollmachten sind unabhängig von der Erteilung öffentlich-rechtlicher Genehmigungen.

X. Kosten und Steuern, § 139 BGB, Hinweise

(1) Die durch diese Urkunde und ihren Vollzug sowie die Zahlungsabwicklung über Notaranderkonto entstehenden Notar-, Behörden- und Gerichtskosten gehen zu Lasten der Käufer. Der Verkäufer trägt jedoch diejenigen Kosten, die durch die Lastenfreistellung des gesellschaftseigenen Grundbesitzes bei Gericht sowie etwaige Treuhandauflagen abzulösender Gläubiger ausgelöst werden. [*ggf.:* Die Kosten seiner Vertretung trägt derjenige, der bei Beurkundung nicht anwesend war.]

(2) Die Gesellschaft verfügt nach Angabe über Grundbesitz. Die Gesellschaft ist jedoch nicht an grundstückshaltenden Gesellschaften unmittelbar oder mittelbar beteiligt. Der Notar hat darauf hingewiesen, dass bei Vorliegen von Grundbesitz im Sinne von Satz 1 die Vereinigung von mindestens 95 % der Anteile in der Hand des Käufers oder mit ihm verbundener Unternehmen der Grunderwerbsteuer unterliegt. Diese

trägt, soweit sie anfällt, der Käufer. Sollte der Anteilskauf Umsatzsteuer auslösen, so ist diese vom Käufer nach Rechnungslegung durch den Verkäufer zusätzlich zu zahlen.

(3) **Hinweise des Notars:**
Der Notar wies auf folgendes hin:
– Der Erwerber kann gemäß § 75 Abgabenordnung für betriebliche Steuern der GmbH haften, wenn er eine wesentliche Beteiligung an der GmbH erworben hat.
– Sollte eine Bestimmung dieses Vertrages ungültig sein oder werden, berührt dies die Wirksamkeit des Vertrages im Übrigen nicht. Die unwirksame Bestimmung ist durch eine Bestimmung zu ersetzen, die ihr wirtschaftlich am nächsten kommt. Entsprechendes gilt bei ungewollten Lücken dieses Vertrages.
– Der Notar wies darauf hin, dass der Käufer im Verhältnis zur Gesellschaft erst dann als Inhaber des Geschäftsanteils und damit als Gesellschafter gilt, wenn er in der im Handelsregister aufgenommenen Gesellschafterliste eingetragen ist, §§ 16 Abs. 1, 40 GmbHG.
Darüber hinaus wies der Notar darauf hin, dass bei jedweden Veränderungen, sowohl in der Person der Gesellschafter als auch bei den persönlichen Angaben (Name, Wohnort) als auch in der Stückelung ihrer Geschäftsanteile und bei jedweder Veränderung der Geschäftsanteile eine neue Liste der Gesellschafter durch den Geschäftsführer beim Handelsregister einzureichen ist, soweit nicht ein Notar an der Veränderung mitgewirkt hat. Nachdrücklich wies er auf die Gefahren des gutgläubigen Erwerbs eines Geschäftsanteils hin.
– Der Notar wird beauftragt, der Gesellschaft eine beglaubigte Abschrift dieser Urkunde zu übersenden.
– Der Verkäufer ist berechtigt, an steuerlichen Veranlagungen und Betriebsprüfungen selbst oder durch einen Steuerberater/Wirtschaftsprüfer teilzunehmen, soweit diese Zeiträume betreffen, die vor dem Übernahmestichtag liegen.

– – –

Diese Niederschrift wurde den Erschienenen vom Notar vorgelesen, von ihnen genehmigt und sodann von ihnen und dem Notar wie folgt eigenhändig unterschrieben:

§ 26. Handelsregisterverfahrensrecht

Übersicht

Schrifttum:

Kommentare, Handbücher und Monographien: *Arnold/Meyer-Stolte/Rellermeyer/Hintzen/Georg*, RPflG, 8. Aufl. 2015; *Baumbach/Hopt*, Handelsgesetzbuch, 38. Aufl. 2018; *Baumbach/Hueck*, GmbHG, 21. Aufl. 2017; *Bork/Jacoby/Schwab*, FamFG, 3. Aufl. 2018; *Bumiller/Harders/Schwamb*, FamFG, 12. Aufl. 2019; *Canaris*, Handelsrecht, 24. Aufl. 2006; *Ebenroth/Boujong/Jost/Strohn*, HGB, 4. Aufl. 2019 (zit.: EBJS); *Goette/Habersack*, Münchener Kommentar AktG, 4. Aufl. 2014 ff. (zit.: MüKoAktG); *Gustavus*, Handelsregisteranmeldungen, 9. Aufl. 2017; *Häublein/Hoffmann-Theinert*, BeckOK HGB, 22. Ed. (Stand: 15.10.2018); *Hüffer/Koch*, Aktiengesetz, 13. Aufl. 2018; *Keidel*, FamFG, 19. Aufl. 2017; *Koller/Kindler/Roth/Morck*, HGB, 9. Aufl. 2019 (zit.: KKRM); *Krafka*, Einführung in das Registerrecht, 2. Aufl. 2008; *Krafka*, Registerrecht, 11. Aufl. 2019; *Fleischhauer/Preuß*, Handelsregisterrecht, 3. Aufl. 2014; *Melchior/Schulte*, Handelsregisterverordnung, 2. Aufl. 2009; *Müther*, Das Handelsregister in der Praxis, 2. Aufl. 2007; *ders.*, Handelsrecht, 2005; *Prütting/Helms*, FamFG, 4. Aufl. 2018; *Ries*, Praxis- und Formularbuch zum Registerrecht, 3. Aufl. 2015; *Röhricht/Westphalen/Haas*, HGB, 5. Aufl. 2018; *K. Schmidt*, Münchener Kommentar HGB, 3. Aufl. 2010 ff./4. Aufl. 2016 ff. (zit.: MüKoHGB); *K. Schmidt*, Handelsrecht, 6. Aufl., 2014; *Schmidt-Kessel/Leutner/Müther*, Handelsregisterrecht, 2009; *Semmler/Stengel*, Umwandlungsgesetz, 4. Aufl. 2017; *Staub*, Handelsgesetzbuch, 5. Aufl. 2009 ff.

A. Grundlagen

I. Bedeutung der Register und der Eintragungen

1 **1. Die Funktionen.** Die wirtschaftlich bedeutendsten Unternehmensformen sind in Registern vermerkt. Dies betrifft die Kapitalgesellschaften wie die GmbH, die AG und die SE, aber auch den VVaG und die Personenhandelsgesellschaften wie die OHG und die KG, die EWIV sowie den Einzelkaufmann nach § 1 HGB und die juristischen Personen nach § 33 HGB, deren Eintragungen im Handelsregister erfolgen. Daneben stehen die Genossenschaft, die in das Genossenschaftsregister, und die Partnerschaftsgesellschaft, die in das Partnerschaftsregister einzutragen ist. Die Eintragungen dienen der Leichtigkeit und Sicherheit des Rechtsverkehrs. Dementsprechend soll etwa das Handelsregister durch die Eintragungen die Tatsachen und Rechtsverhältnisse der Kaufleute und Handelsgesellschaften offenbaren, die für den Rechtsverkehr von besonderer Bedeutung sind.[1] Dieser Zweck gilt aber auch für die anderen Register einschließlich des Vereinsregisters. Er wird unter dem Begriff **Publizitätsfunktion** zusammengefasst, der insofern eine besondere Bedeutung zukommt, als dass sie sowohl Einfluss auf die Bestimmung der eintragungsfähigen Tatsachen als auch auf den Umfang[2] und die Art und Weise der Prüfung durch die Registergerichte[3] hat. Die Publizitätsfunktion wird verstärkt durch die Bekanntmachung im elektronischen Bundesanzeiger, vgl. § 10 HGB.

Der Publizitätsfunktion stehen noch zwei weitere Grundsätze zur Seite, die sie jeweils **2** ergänzen und verstärken. Um die Leichtigkeit des Rechtsverkehrs zu erhöhen, wird die Bedeutung einer Registereintragung durch eine **Schutz- und Vertrauensfunktion** erhöht. Dies geschieht durch die Regelung in § 15 HGB (vgl. auch §§ 68, 70 BGB, § 29 GenG). So wird in § 15 Abs. 1 HGB das Vertrauen in die Vollständigkeit der Eintragung geschützt. Danach kann beispielsweise davon ausgegangen werden, dass ein eingetragener GmbH-Geschäftsführer noch nicht abberufen ist, solange dies nicht eingetragen ist – sog. negative Publizität.[4] Nach § 15 Abs. 3 HGB kann sich ein Dritter weiter auf eine Bekanntmachung einer Registereintragung berufen, auch wenn diese tatsächlich nicht richtig ist – sog. positive Publizität. Ergänzend zu diesen beiden gesetzlich geregelten Fällen gilt gewohnheitsrechtlich, dass derjenige, der eine unrichtige Eintragung veranlasst hat, diese auch gegen sich gelten lassen muss.[5] Darüber hinaus muss derjenige, der eine nicht von ihm veranlasste unrichtige Eintragung schuldhaft nicht beseitigen lässt, diese gegen sich gelten lassen, wenn ein Dritter ohne Fahrlässigkeit auf die Richtigkeit der Eintragung vertraut.[6]

Zu der Schutz- und Vertrauensfunktion tritt ergänzend eine **Kontrollfunktion.** Diese **3** wird in erster Linie durch die Registergerichte ausgeübt. Sie besteht darin, dass eine Eintragung nicht allein auf einer Anmeldung basiert, sondern eine Prüfung durch das Registergericht erfolgt. Diese kann nicht umfassend in der Weise sein, dass sich das Registergericht eine Überzeugung von der Richtigkeit des Eintragungsumstandes verschaffen müsste. Dies wäre mit der Notwendigkeit eines zügigen Eintragungsverfahrens nicht zu vereinbaren. Die Prüfung ist vielmehr auf eine Plausibilitätskontrolle beschränkt. Ergeben sich insoweit aber Vorbehalte, kann die Eintragung abgelehnt werden (im Einzelnen → Rn. 64 ff.). Die Kontrollfunktion wird dadurch unterstützt, dass bestimmte Vorgänge für ihre Wirksamkeit der Eintragung in das Register benötigen, sog. konstitutive Eintragungen (→ Rn. 15). Andere Eintragung geben nur die Vorgänge wieder, die ohne Eintragung wirksam sind, sog. deklaratorische Eintragungen (→ Rn. 15). Dass diese Umstände auch in das Register eingetragen werden, wird durch eine mit Zwangsgeld nach § 14 HGB durchsetzbare Anmeldepflicht erreicht. Ob der mit dem Gesetz zur Neuordnung der Aufbewahrung von Notariatsunterlagen und zur Einrichtung des Elektronischen Urkundenarchivs bei der Bundesnotarkammer sowie zur Änderung weiterer Gesetze vom 1.6.2017 eingeführte notarielle Prüfvermerk nach § 378 Abs. 3 S. 1 FamFG ebenfalls der Kontrollfunktion dient, mag zweifelhaft sein, weil er eine ohnehin schon bestehende Verpflichtung lediglich durch einen Vermerk offen legt und darüber hinaus die Prüfung des Registergerichts nicht einschränkt, dazu → Rn. 90. Faktisch dient er aber auch dazu, die Richtigkeit des Registers zu gewährleisten.

---

[1] BGH NJW 2015, 2116 (2118); NJW 1998, 1071; Baumbach/Hopt/*Hopt* HGB § 8 Rn. 1; EBJS/*Schaub* HGB § 8 Rn. 44; *Krafka* RegisterR Rn. 1.
[2] BGH NZG 2012, 385 (386); NJW 1998, 1071; NJW 1992, 1452 (1454).
[3] Schmidt-Kessel/Leutner/*Müther*/*Müther* HGB § 8 Rn. 119.
[4] Die Eintragung schützt aber nicht das Vertrauen in die Geschäftsfähigkeit eines Geschäftsführers, vgl. BGHZ 115, 78 (81) = NJW 1991, 2566.
[5] BGHZ 22, 235 (238) = NJW 1955, 985; RGZ 164, 115 (121); RGZ 145, 155 (158); RGZ 142, 98 (104); EBJS/*Gehrlein* HGB § 15 Rn. 24; MüKoHGB/*Krebs* HGB § 15 Rn. 101.
[6] RGZ 131, 12 (14); EBJS/*Gehrlein* HGB § 15 Rn. 24; MüKoHGB/*Krebs* HGB § 15 Rn. 101.

4 Das **Registerverfahrensrecht** muss diesen Funktionen gerecht werden. Die grundlegenden Regelungen finden sich im FamFG, vgl. dazu § 374 FamFG. Das sich daraus ergebende Verfahrensrecht zeichnet sich dadurch aus, dass anders als im Zivilprozess der Amtsermittlungsgrundsatz gilt (§ 26 FamFG). Dieser Grundsatz entspricht der Kontrollfunktion des Registergerichts. Er greift allerdings erst ein, soweit die Plausibilitätsprüfung eine weitere Kontrolle erfordert. Das Verfahrensrecht wird ergänzt durch die Vorschriften der Handelsregisterverordnung und entsprechenden Verordnungen für die anderen Register sowie die jeweiligen die Unternehmensform betreffenden Vorschriften, aus denen sich etwa ergibt, welche Umstände zum Register anzumelden und welche weiteren Unterlagen beizufügen sind. Das Registerverfahren wird, weil Ausnahmen und Abweichungen von den Vorschriften den Zwecken der Registerführung widersprechen können, als streng formalisiert bezeichnet.[7]

5 **2. Aufbau des Handelsregisters.** Der genaue Aufbau des Handelsregisters wird durch die Handelsregisterverordnung geregelt.[8] Für die anderen Register finden sich entsprechende Verordnungen. Das Handelsregister ist seit dem 1.1.2007 zwingend elektronisch zu führen, vgl. § 8 Abs. 1 HGB, § 7 HRV.[9] Das Handelsregister selbst besteht aus der Gesamtheit der Eintragungen in die hierfür vorgesehenen Registerblätter. Es ist dauernd aufzubewahren. Davon sind die einzureichenden Dokumente zu unterscheiden, die in die Registerordner aufzunehmen sind, vgl. dazu § 9 HRV. Diese sind nach § 9 Abs. 1 S. 1 HGB allgemein einsehbar. Daneben sind weitere Ordner für den weiteren Schriftverkehr und die weiteren Unterlagen zu führen, § 8 Abs. 1 S. 2 HRV. Für die Akteneinsicht gilt insoweit § 13 FamFG. Die Ordner stellen in ihrer Gesamtheit die Registerakten dar, § 8 HRV.

6 Das Handelsregister besteht nach § 3 HRV aus den Abteilungen A und B. Dabei werden die Einzelkaufleute, die juristischen Personen nach § 33 HGB sowie die Personenhandelsgesellschaften einschließlich der EWIV im Handelsregister **Abteilung A** geführt, die Aktiengesellschaften, die GmbH, die KGaA, die SE und Versicherungsvereine auf Gegenseitigkeit werden im Handelsregister **Abteilung B** geführt. Die Abteilungen unterscheiden sich durch ihren jeweiligen Inhalt, der auf die einzutragenden Unternehmensformen zugeschnitten ist. Dies bedeutet etwa, dass Änderungen der gesellschaftsvertraglichen Verhältnisse bei den Personenhandelsgesellschaften nicht selbst eingetragen werden, sondern nur insoweit aus dem Register ersichtlich sind, wie sie zu einer Veränderung der einzutragenden Umstände führen. Der genaue Inhalt der Eintragungen und der Aufbau des Registerblattes ergibt sich für die Abteilung A aus § 40 HRV und für die Abteilung B aus § 43 HRV.

7 **3. Eintragungsfähige Tatsachen und Rechtsverhältnisse. a) Grundsätze.** Dass nicht jeder beliebige Umstand in das jeweilige Register eingetragen werden kann, ergibt sich schon aus dem Zweck des Registers, nur die wesentlichen Umstände für den Rechtsverkehr zu verlautbaren. Die Übersichtlichkeit des Register muss gewährleistet und Missverständnisse vermieden werden.[10] Aber auch über die Frage, welches die wesentlichen Umstände sind, kann mehr oder weniger gestritten werden. Deshalb ist im Ausgangspunkt nur das eintragungsfähig, was nach dem Gesetz einzutragen ist. Dies wird im Gesetz regelmäßig mehr oder weniger deutlich angeordnet. Teilweise ergibt sich ausdrücklich, dass ein Umstand eingetragen sein muss. Dies gilt etwa für die inländische Geschäftsanschrift,

---

[7] OLG Frankfurt a.M. NJW-RR 2016, 360 (361); KG GmbHR 2012, 795; OLG Naumburg RNotZ 2002, 462; OLG Düsseldorf NJW 1987, 3208.
[8] Verordnung über die Führung des Handelsregisters (Handelsregisterverordnung – HRV) v. 12.8.1937, zuletzt geändert durch Gesetz v. 18.7.2017.
[9] Zu den (abgelaufenen) Übergangsvorschriften vgl. Schmidt-Kessel/Leutner/Müther/*Müther* HGB § 8 Rn. 5.
[10] BGH NJW 1998, 1071.

vgl. § 15a HGB, oder die Angaben zur GmbH nach § 10 Abs. 1 S. 1 GmbHG. Aber auch aus den im Gesetz zu findenden Anmeldetatbeständen ist auf eine Eintragungsfähigkeit zu schließen. So ist etwa die offene Handelsgesellschaft nach § 106 Abs. 1 HGB zur Eintragung in das Handelsregister anzumelden, nach § 39 Abs. 1 GmbHG ist jede Änderung in den Personen der Geschäftsführer sowie die Beendigung der Vertretungsbefugnis eines Geschäftsführers zur Eintragung in das Handelsregister anzumelden und nach § 16 Abs. 1 UmwG haben die Vertretungsorgane der an der Verschmelzung beteiligten Rechtsträger die Verschmelzung zur Eintragung in das Register anzumelden. Allein die Anordnung einer Einreichungspflicht lässt allerdings keinen Schluss auf eine Eintragung zu. Dies gilt etwa für die Liste über den Aufsichtsrat nach § 106 AktG oder die Gesellschafterliste nach § 40 GmbHG. Zur Feststellung einer Eintragungsfähigkeit kann schließlich auch die jeweilige Registerverordnung herangezogen werden, aus der sich der Aufbau des Registerblattes und der Inhalt der jeweiligen Eintragung ergibt, vgl. etwa §§ 40, 43 HRV. Die Beschränkung der eintragungsfähigen Umstände ist Ausdruck der sog. Registerstrenge.[11]

b) Erweiterungen. Über die nach den oben genannten Grundsätzen ermittelten eintra- **8** gungsfähigen Umstände hinaus, kommt eine Eintragung grundsätzlich nicht in Betracht. Eine Ausnahme ist aber dann zu machen, wenn besondere und gewichtige Gründe für eine Eintragungsfähigkeit sprechen. Insoweit ist allerdings aus den oben genannten Gründen Zurückhaltung zu üben.[12] Ein erhebliches Bedürfnis kann daher nur dann angenommen werden, wenn sich eine Eintragungsbedürftigkeit aus der Auslegung gesetzlicher Vorschriften herleiten lässt, ihr eine Analogiebildung zugrunde liegt, sie auf einer richterlichen Rechtsfortbildung beruht oder die Eintragungsfähigkeit gewohnheitsrechtlich anerkannt ist.[13] Ein wirtschaftliches oder rechtliches Interesse allein reicht nicht aus.[14]

Die vorgenannten Voraussetzungen sind wegen des vergleichbaren Eingriffs in die Un- **9** ternehmensstruktur angenommen worden bei der Frage, ob die Regelung des § 294 Abs. 2 AktG auch beim Abschluss eines Unternehmensvertrages nach § 291 AktG mit einer GmbH gilt, so dass er nach § 294 Abs. 1 AktG auch bei dieser als beherrschter Gesellschaft eingetragen werden muss.[15] Konsequenter Weise sind dann auch die weiter aktienrechtlich insoweit vorgesehenen Eintragungen vorzunehmen. Dies gilt etwa für die Beendigung eines Unternehmensvertrages.[16] Anders stellt sich die Sachlage in Bezug auf Personengesellschaften dar. Insoweit sind im Register A schon keine Eintragungen zur gesellschaftsvertraglichen Struktur vorgesehen.[17]

Anerkannt ist auch die Eintragungsfähigkeit eines Testamentsvollstreckervermerks im **10** Fall der Anordnung einer Dauertestamentsvollstreckung in Bezug auf eine Kommanditistenstellung.[18] Ein genereller Gleichlauf mit den Eintragungsmöglichkeiten im Grundbuch verbietet sich aber. Die Eintragungen dienen jeweils anderen Zwecken. Das Grundbuch soll Verfügungsbefugnisse bzw. Einschränkungen in Bezug auf das Grundstück offenlegen. Dieser Zweck gilt im Registerrecht nur eingeschränkt, so dass die Eintragung von Vor- und Nacherbenvermerken ausscheiden dürfte. Entsprechend kommt auch die Eintragung eines Nießbrauchs an einer Kommanditbeteiligung nicht in Betracht.[19] Diese Frage ist allerdings in der obergerichtlichen Rechtsprechung umstritten, ohne dass der BGH bisher

---

[11] BGH NJW 1992, 1452 (1453); OLG München RNotZ 2011, 365 (366); OLG Düsseldorf NJW 1987, 3208.
[12] BGH NZG 2012, 385 (386), NJW 1998, 1071; NJW 1992, 1452 (1454).
[13] Zum Gewohnheitsrecht: BGH NZG 2017, 734.
[14] OLG München NZG 2016, 1064.
[15] BGHZ 116, 37 (43) = NJW 1992, 505; BGHZ 105, 32 = NJW 1989, 295.
[16] OLG München NZG 2012, 590.
[17] OLG München RNotZ 2011, 365 (366).
[18] BGH NZG 2012, 385; dagegen KG NJW-RR 1996, 227. Vermerk soll auch nicht in eine Gesellschafterliste nach § 40 GmbHG gehören, OLG München NZG 2012, 391.
[19] OLG München NZG 2016, 1064.

Gelegenheit hatte, eine klärende Entscheidung zu treffen.[20] Als eintragungsfähig sieht der BGH weiter die Entscheidung des Insolvenzverwalters an, wieder zum von der Gesellschaft gewählten Geschäftsjahrverlauf zurückzukehren.[21]

11   Nicht als Ausnahme von den oben genannten Grundsätzen (→ Rn. 8) anzusehen ist die Eintragung der Befreiung des Vertretungsberechtigten von dem Verbot des § 181 BGB. Diese wird vom BGH aus der Tatsache abgeleitet, dass nach § 10 Abs. 1 S. 2 GmbHG die Vertretungsbefugnis der GmbH-Geschäftsführer in das Handelsregister einzutragen ist.[22] Dies gilt dann auch für alle weiteren Eintragungen hinsichtlich der Vertretungsbefugnis, wie bei den Personengesellschaften[23] oder beim Prokuristen.[24] Bei der Eintragung anderer Beschränkungen ist darauf zu achten, dass diese möglich (vgl. dazu § 37 Abs. 1 GmbHG) und ausreichend abstrakt gefasst sind. Eine namentliche Bezeichnung der gesetzlichen Vertreter einer Komplementärin im Register der KG kommt nicht in Betracht.[25] Allerdings sollen die gesetzlichen Vertreter und ihre Vertretungsbefugnis einer ausländischen Gesellschaft, die Komplementärin einer KG ist, in deren Register möglich sein.[26] Dies wird zu Recht angezweifelt.[27]

12   **c) Fehlende Eintragungsfähigkeit.** Zu verneinen ist die Eintragungsfähigkeit eines Stellvertreterzusatzes beim GmbH-Geschäftsführer[28] oder seine Stellung als Sprecher der Geschäftsführung.[29] Denn diese Zusätze ändern an der Vertretungsbefugnis nichts. Ebenso wenig eintragungsfähig ist eine Generalvollmacht,[30] eine Handlungsvollmacht nur insoweit, wie dies in den §§ 13e Abs. 2 S. 4 Nr. 3, 13f Abs. 3, 13g Abs. 3; 53 Abs. 2 Nr. 1 KWG vorgesehen ist.[31] Wandelt sich eine GmbH in eines Gesellschaft bürgerlichen Rechts um, ist die Eintragung der Gesellschafter der umgewandelten Gesellschaft nicht vorgesehen.[32] Dementsprechend scheidet auch eine Anwendung des § 15 Abs. 3 HGB wegen dieser Eintragung aus. Auch Hinweise zur güterrechtlichen Situation von eingetragenen Eheleuten gehören nicht in das Handelsregister.[33] Eintragungen zur Geschäftsfähigkeit, die über die Angabe des Geburtsdatums hinausgehen, kommen ebenfalls nicht in Betracht.[34]

13   Weiter nicht eintragungsfähig sind **zukünftige Umstände** und die Tatsache, dass die eingetragene Tatsache **auflösend bedingt** ist. Dies beruht darauf, dass allein die jetzigen Verhältnisse im Register wiederzugeben sind. Ein ungeborenes Kind kann aus diesem Grund nicht als Erwerber eines Kommanditanteils eingetragen werden.[35] Die Eintragung eines Geschäftsführers, der erst ab einem späteren Zeitpunkt ins Amt treten soll, scheidet aus.[36] Auch die Eintragung erst zukünftig wirksam werdender Satzungsänderungen kommt nicht in Betracht.[37] Dass ein Geschäftsführer nur befristet zum Geschäftsführer bestellt ist, kann nicht im Register vermerkt werden; erst mit dem Ende der Befristung ist

---

[20] Für die Eintragung: OLG Oldenburg NZG 2015, 643; OLG Stuttgart NZG 2013, 432.
[21] NZG 2015, 157; FGPrax 2017, 17; kritisch BeckOK HGB/*Müther* HGB § 8 Rn. 13a.
[22] BGHZ 87, 59 = NJW 1983, 1676; eingehend zu den Voraussetzungen: KG NZG 2006, 718.
[23] BayObLG NZG 2000, 684; NZG 2000, 138; OLG Hamburg DNotZ 1986, 571; BayObLGZ 1983, 858.
[24] BayObLGZ 1980, 195.
[25] BayObLG NZG 2000, 138.
[26] BayObLGZ 1986, 61 (72).
[27] MüKoHGB/*Krafka* HGB § 8 Rn. 53.
[28] BGH NJW 1998, 1071.
[29] OLG München NZG 2012, 429.
[30] OLG Hamburg NZG 2009, 957.
[31] BayObLG NJW 1973, 2162; LG Frankfurt a.M. WM 1979, 957.
[32] BGH NZG 2017, 104; OLG Bremen NZG 2015, 185.
[33] RGZ 63, 249.
[34] BGHZ 115, 78 (81) = NJW 1991, 2566; BGHZ 53, 210 (215) = NJW 1970, 806.
[35] OLG Celle NZG 2018, 303.
[36] OLG Düsseldorf DNotZ 2000, 529; BayObLG DNotZ 1993, 197.
[37] AA OLG München NZG 2010, 636.

das Ende der Geschäftsführerstellung nach § 39 Abs. 1 GmbHG anzumelden.[38] Die Möglichkeiten der Eintragung bedingter Kapitalerhöhungen bei der Aktiengesellschaft stellen insoweit eine Ausnahme dar. Diese entfalten allerdings auch bereits mit der Eintragung Rechtswirkungen.

d) Zweifelsfälle. Neben der Frage der Eintragung eines Vermerks des Bestehens eines 14 **Nießbrauchs** an einem Kommanditanteil (→ Rn. 10) sind auch die Auswirkungen der Entscheidung des BGH zur Eintragung eines **Testamentsvollstreckervermerks** unklar. Dies gilt insbesondere in Bezug auf ein einzelkaufmännisches Geschäft.[39] Insoweit wird die Eintragung eines Vermerks bisher auch dann verneint, wenn das Geschäft durch den Testamentsvollstrecker im Wege der sog. Treuhandlösung geführt wird.[40] Abgelehnt wird bisher auch die Eintragung einer Hauptniederlassung einer **ausländischen Gesellschaft.**[41] Demgegenüber wird aufgrund der Rechtsprechung des EuGH die Eintragung einer aus einem Formwechsel einer französischen GmbH entstehenden deutschen GmbH als möglich angesehen.[42] Entsprechend dürfte dann auch der Formwechsel einer deutschen GmbH in eine andere europäische Gesellschaft eintragungsfähig sein. Er führt dann zu einer Löschung der deutschen GmbH.

4. Bedeutung und Wirkung der Eintragung. a) Deklaratorische und konstitutive 15 **Eintragungen.** Bei den Eintragungen ist zwischen bekundenden bzw. deklaratorischen Eintragungen und den begründenden bzw. konstitutiven Eintragungen zu unterscheiden. Während die rechtsbekundenden Eintragungen nur Umstände wiedergeben, die bereits außerhalb des Registers wirksam geworden sind, bewirken die rechtsbegründenden Eintragungen erst die Wirksamkeit des eingetragenen Umstandes. Zu den rechtsbegründenden Eintragungen gehört etwa die Ersteintragung einer GmbH (vgl. § 11 Abs. 1 GmbHG), einer Aktiengesellschaft (§ 41 Abs. 1 S. 1 AktG), eines Kannkaufmanns nach den §§ 2, 3 HGB oder einer OHG nach § 105 Abs. 2 HGB. Ebenfalls rechtsbegründend sind die Eintragung der Änderung des Gesellschaftsvertrages einer GmbH (§ 54 Abs. 3 GmbHG) oder der Satzung einer Aktiengesellschaft (§ 181 Abs. 3 AktG) sowie Umwandlungsvorgänge nach dem UmwG (vgl. §§ 19 Abs. 1 S. 2, 130 Abs. 1 S. 2, 202 Abs. 1 Nr. 1, 202 Abs. 2 UmwG). Rechtsbekundende Eintragungen sind etwa die Bestellung oder Abberufung eines Geschäftsführers nach § 39 GmbHG, die Erteilung oder das Erlöschen einer Prokura, das Bestehen einer OHG nach § 105 Abs. 1 HGB, der Ein- und Austritt von Gesellschaftern bei den Personenhandelsgesellschaften oder die Eintragung eines Einzelkaufmannes nach § 1 Abs. 2 HGB.

b) Unmittelbare Wirkung. Die Eintragung einer eintragungsfähigen Tatsache wirkt un- 16 mittelbar. Sie wird mit ihrem Vollzug wirksam, vgl. § 8a Abs. 1 HGB sowie § 382 Abs. 1 S. 2 FamFG. Die Aufnahme in den hierzu bestimmten Datenspeicher mit auf Dauer unverändert in lesbarer Form wiedergabefähigem Inhalt bewirkt, dass der eingetragene Umstand Teil des elektronisch geführten Handelsregisters wird, vgl. § 48 S. 1 HRV. Sie kann deshalb nicht mit einem Rechtsmittel angegriffen werden (vgl. § 383 Abs. 3 FamFG), sondern nur mit Wirkung für die Zukunft nach Maßgabe des § 395 FamFG beseitigt werden. Die Löschung führt auch nicht zu einer Entfernung der Eintragung im Sinne einer endgültigen Beseitigung. Es erfolgt vielmehr die Eintragung eines Vermerks nach § 19 Abs. 1 HRV. Dieser Vermerk und die gelöschte Eintragung sind rot zu unterstreichen, weil sie bedeutungslos geworden sind, vgl. § 16 Abs. 1 HRV. Allein die Fehlerhaf-

---

[38] OLG München FGPrax 2007, 281 (283).
[39] Baumbach/Hopt/*Hopt* HGB § 1 Rn. 41; KKRM/*Roth* HGB § 1 Rn. 21.
[40] RGZ 132, 138 (142); MüKoHGB/*Schmidt* HGB § 1 Rn. 59 und § 177 Rn. 39.
[41] OLG Düsseldorf NJW-RR 2010, 107.
[42] KG NZG 2016, 834; vgl. auch OLG Nürnberg NZG 2014, 349.

tigkeit der Eintragung rechtfertigt dabei eine Löschung regelmäßig nicht. Der Eintragung kommt ein erheblicher Bestandsschutz zu (→ Rn. 127).

17 **c) Beweisrechtliche Bedeutung.** Das Registergericht hat zwar vor einer Eintragung die Rechtslage zu prüfen. Diese Prüfung ist aber in vielfacher Hinsicht eingeschränkt und in keinem Fall umfassend (→ Rn. 3, 64 ff.). Es fehlt auch an einer Vorschrift, die die Richtigkeit der Registereintragung anordnet, so dass die Veranlassung der Eintragung einer inhaltlich unrichtigen Tatsache keine mittelbare Falschbeurkundung nach § 271 StGB darstellt.[43] Dies bedeutet für die beweisrechtlichen Wirkungen der Eintragung, dass auf sie lediglich die Grundsätze des Beweises des ersten Anscheins anzuwenden sind. Von der Richtigkeit der Eintragung ist zunächst auszugehen, bis Umstände vorgetragen werden, die Zweifel an ihrer Richtigkeit wecken.[44] Etwas anderes kann allenfalls dann angenommen werden, wenn sich die zu beweisende Tatsache aus der Anmeldung und der aus ihr folgenden Eintragung selbst ergeben. Die Prokura muss etwa durch den Einzelkaufmann erteilt und von ihm auch angemeldet werden, sodass sich aus der Anmeldung und Eintragung wiederum ergibt, dass rechtsgeschäftlich Prokura erteilt worden ist.[45] Ergänzt werden die Wirkungen einer Eintragung bzw. ihr Fehlen durch die Regelungen in § 15 HGB (→ Rn. 2).

18 **d) Wirkungen fehlerhafter Eintragungen.** Wird ein Umstand eingetragen, der nach den oben genannten Umständen nicht eintragungsfähig ist, liegt eine Eintragung ohne Wirkungen vor.[46] Insbesondere gilt § 15 HGB nicht. Dies folgt daraus, dass die entsprechende Eintragung nicht nur fehlerhaft ist, sondern überhaupt nicht vorgesehen ist.[47] Ein nicht eintragungsfähiger Umstand ist nach § 395 FamFG von Amts wegen im Register zu löschen.[48]

II. Das Registergericht

19 **1. Zuständigkeiten. a) Sachliche und örtliche Zuständigkeit.** Die Regelung über die **sachliche Zuständigkeit** für die Registerführung findet sich in § 23a Abs. 1 S. 1 Nr. 2, Abs. 2 Nr. 3 GVG. Zuständig sind danach die Amtsgerichte. Sie ist ausschließlicher Natur, § 23a Abs. 1 S. 2 GVG. Dies folgt schon daraus, dass nur bei den jeweiligen Amtsgerichten tatsächlich eine Eintragung vollzogen werden kann. Durch ein Rechtsmittelgericht kann daher nur eine Anweisung auf Eintragung erfolgen, § 25 HRV.[49] Die genannte Zuständigkeit bezieht sich auf alle Registersachen, die in § 374 FamFG legal definiert sind, so dass auch die weiteren Register, wie das Genossenschaftsregister, das Partnerschaftsregister und das Vereinsregister bei den Amtsgerichten geführt werden.

20 Eine sachliche Zuständigkeit des Amtsgerichts besteht auch für die **unternehmensrechtlichen Verfahren nach § 375 FamFG** (→ Rn. 170). Sie weisen einen engen Bezug zur Registerführung auf, wie etwa die Verfahren auf gerichtliche Bestellung von Liquidatoren nach § 66 Abs. 2 GmbHG, auf Bestellung von Notgeschäftsführern entsprechend § 29 BGB oder eines gerichtlichen Gründungsprüfers nach § 33 Abs. 3 AktG. Andere Streitigkeiten, die ebenso in die Zuständigkeit der Amtsgerichte – Registergerichte – fallen könnten, wie etwa Verfahren wegen Streitigkeiten über die Zusammensetzung eines

---

[43] BGH ZIP 2016, 1724.
[44] Baumbach/Hopt/*Hopt* HGB § 9 Rn. 10; KKRM/*Roth* HGB § 9 Rn. 15; MüKoHGB/*Krafka* HGB § 9 Rn. 19.
[45] Dazu allgemein: BGH WM 1984, 1605 (1606); NJW-RR 1986, 28.
[46] Baumbach/Hopt/*Hopt* HGB § 8 Rn. 5.
[47] Baumbach/Hopt/*Hopt* HGB § 8 Rn. 5; Schmidt-Kessel/Leutner/Müther/*Müther* HGB § 8 Rn. 11.
[48] Bork/Jacoby/Schwab/*Müther* FamFG § 395 Rn. 10; Keidel/*Heinemann* FamFG § 395 Rn. 11.
[49] Bork/Jacoby/Schwab/*Müther* FamFG § 69 Rn. 9; Keidel/*Sternal* FamFG § 69 Rn. 10.

Aufsichtsrats nach § 98 AktG oder wegen der Bestellung von Sonderpüfern nach § 142 Abs. 2 AktG, fallen in die Zuständigkeit der Landgerichte (Kammern für Handelssachen).

Die **örtliche Zuständigkeit** knüpft ausschließlich an die (Haupt-)Niederlassung bzw. 21 an den Sitz an, vgl. § 377 FamFG. Besteht eine Eintragung, ist zunächst allein das Amtsgericht zuständig, bei dem diese Eintragung erfolgt ist. Eine Prüfung der tatsächlichen Lage des Sitzes erfolgt insoweit nicht. Anders ist die Sachlage, wenn es sich um eine Ersteintragung handelt, wozu auch eine Sitzverlegung gehört. Die Bedeutung dieser Prüfung hat allerdings für die Kapitalgesellschaft mit dem MoMiG erheblich abgenommen, weil hier der in der Satzung gewählte Sitz nicht mehr der tatsächliche Sitz sein muss. Für den Einzelkaufmann und die Personenhandelsgesellschaften gilt das allerdings nicht.

Nach § 376 Abs. 1 FamFG werden die Handelsregister und die Genossenschaftsregister 22 nicht mehr bei jedem Amtsgericht geführt, sondern nur noch bei den Amtsgerichten in deren Bezirk ein Landgericht seinen Sitz hat. Durch die **Ermächtigung in § 376 Abs. 2 FamFG** kann die Registerführung aber auch anderen und zusätzlichen Amtsgerichten übertragen werden. Dies gilt dann auch für die Führung der Partnerschaftsregister. Von dieser Ermächtigung ist reichlich und in sehr unterschiedlichem Umfang Gebrauch gemacht worden. Zuständig sind:

– In *Baden-Württemberg*: **Amtsgericht Freiburg im Breisgau** (Amtsgerichtsbezirke Bad Säckingen, Breisach am Rhein, Donaueschingen, Emmendingen, Ettenheim, Freiburg im Breisgau, Gengenbach, Kehl, Kenzingen, Konstanz, Lahr, Lörrach, Mühlheim, Oberkirch, Offenburg, Radolfzell, St.Blasien, Schönau im Schwarzwald, Schopf, Singen (Hohentwiel), Staufen im Breisgau, Stockach, Titisee-Neustadt, Überlingen, Villingen-Schwenningen, Waldkirch, Waldshut-Tiengen und Wolfach); **Amtsgericht Mannheim** (Amtsgerichtsgerichtsbezirke Achern, Adelsheim, Baden-Baden, Bretten, Bruchsal, Buchen (Odenwald), Bühl, Ettingen, Gernsbach, Heidelberg, Karlsruhe, Karlsruhe-Durlach, Maulbronn, Mannheim, Mosbach, Pforzheim, Philippsburg, Rastatt, Schwetzingen, Sinsheim, Tauberbischofsheim, Weinheim, Wertheim und Wiesloch); **Amtsgericht Stuttgart** (Amtsgerichtsbezirke Albstadt, Backnang, Bad Urach, Balingen, Besigheim, Böblingen, Brackenheim, Calw, Esslingen am Neckar, Freudenstadt, Hechingen, Heilbronn, Horb am Neckar, Kirchheim unter Teck, Künzelsau, Leonberg, Ludwigsburg, Marbach am Neckar, Münsingen, Nagold, Nürtingen, Oberndorf am Neckar, Öhringen, Reutlingen, Rottenburg am Neckar, Rottweil, Schorndorf, Schwäbisch Hall, Spaichingen, Stuttgart, Stuttgart-Bad Cannstatt, Tübingen, Tuttlingen, Vaihingen an der Enz und Waiblingen); **Amtsgericht Ulm** (Amtsgerichtsbezirke Aalen, Bad Mergentheim, Bad Saulgau, Bad Waldsee, Biberach an der Riß, Crailsheim, Ehingen (Donau), Ellwangen (Jagst), Geislingen an der Steige, Göppingen, Heidenheim an der Brenz, Langenburg, Leutkirch im Allgäu, Neresheim, Ravensburg, Riedlingen, Schwäbisch Gmünd, Sigmaringen, Tettnang, Ulm und Wangen im Allgäu).
– In *Bayern*: Es gilt § 376 Abs. 1 FamFG (Ausnahmen: **Amtsgericht München** für sich und Erding und Freising; **Amtsgericht Fürth** für sich und Erlangen und Neustadt an der Aisch; **Amtsgericht Straubing** für sich).
– In *Berlin*: **Amtsgericht Charlottenburg.**
– In *Brandenburg*: Es gilt § 376 Abs. 1 FamFG (zuständig daher **Amtsgerichte Cottbus, Frankfurt an der Oder, Neuruppin und Potsdam** im jeweiligen Landgerichtsbezirk).
– In *Bremen*: Es gilt § 376 Abs. 1 FamFG (zuständig daher: **Amtsgericht Bremen**).
– In *Hamburg*: Es gilt § 376 Abs. 1 FamFG (zuständig daher **Amtsgericht Hamburg**).
– In *Hessen*: Es gilt § 376 Abs. 1 FamFG für die Landgerichtsbezirke **Darmstadt, Frankfurt am Main, Fulda, Gießen, Kassel und Limburg an der Lahn.** Ansonsten: **Amtsgericht Bad Homburg v. d. Höhe** für sich; **Amtsgericht Bad Hersfeld** für sich; **Amtsgericht Eschwege** für sich; **Amtsgericht Friedberg (Hessen)** für sich und Büdingen; **Amtsgericht Fritzlar** für sich und Melsungen; **Amtsgericht König-**

stein im Taunus für sich; **Amtsgericht Korbach** für sich; **Amtsgericht Wetzlar** für sich und Dillenburg.

– In *Mecklenburg-Vorpommern:* Es gilt § 376 Abs. 1 FamFG (zuständig: Amtsgerichte **Schwerin, Rostock, Stralsund und Neubrandenburg**).

– In *Niedersachsen:* **Amtsgericht Aurich** (Amtsgerichtsbezirke Aurich, Emden, Leer (Ostfriesland), Norden und Wittmund); **Amtsgericht Braunschweig** (Amtsgerichtsbezirke Bad Gandersheim, Braunschweig, Clausthal-Zellerfeld, Goslar, Helmstedt, Salzgitter, Seesen, Wolfenbüttel und Wolfsburg); **Amtsgericht Göttingen** (Amtsgerichtsbezirke Duderstadt, Einbeck, Göttingen, Herzberg am Harz, Hann. Münden, Northeim und Osterode am Harz); **Amtsgericht Hannover** (Amtsgerichtsbezirke Burgwedel, Hameln, Hannover, Neustadt am Rübenberge, Springe und Wennigsen (Deister)); **Amtsgericht Hildesheim** (Amtsgerichtsbezirke Alfeld (Leine), Burgdorf, Elze, Gifhorn, Hildesheim, Holzminden, Lehrte und Peine); **Amtsgericht Lüneburg** (Amtsgerichtsbezirke Celle, Dannenberg (Elbe), Lüneburg, Soltau, Uelzen und Winsen (Luhe); **Amtsgericht Oldenburg** (Amtsgerichtsbezirke Brake (Unterweser), Cloppenburg, Delmenhorst, Jever, Nordenham, Oldenburg, Varel, Vechta, Westerstede, Wildeshausen und Wilhelmshaven); **Amtsgericht Osnabrück** (Amtsgerichtsbezirke Bad Iburg, Bersenbrück, Lingen (Ems), Meppen, Nordhorn, Osnabrück und Papenburg); **Amtsgericht Tostedt** (Amtsgerichtsbezirke Bremervörde, Buxtehude, Cuxhaven, Langen, Otterndorf, Stade, Tostedt und Zeven); **Amtsgericht Stadthagen** (Amtsgerichtsbezirke Bückeburg sowie Rinteln); **Amtsgericht Walsrode** (Amtsgerichtsbezirke Achim, Diepholz, Nienburg (Weser), Osterholz-Scharmbeck, Rotenburg (Wümme), Stolzenau, Sulingen, Syke, Verden (Aller) und Walsrode).

– In *Nordrhein-Westfalen:* Es gilt § 376 Abs. 1 FamFG (Ausnahmen: **Amtsgericht Neuss** für sich; **Amtsgericht Gütersloh** für sich und Halle (Westf.) und Rheda-Wiedenbrück; **Amtsgericht Bad Oeynhausen** für sich und Bünde, Herford, Lübbecke, Minden und Rahden; **Amtsgericht Hamm** für sich und Kamen und Unna; **Amtsgericht Gelsenkirchen** für sich und Bezirke Bottrop, Dorsten, Gladbeck und Marl; **Amtsgericht Iserlohn** für sich und Altena, Lüdenscheid, Meinerzhagen und Plettenberg; **Amtsgericht Coesfeld** für sich und Ahaus, Bocholt, Borken, Dülmen, Gronau (Westf.) und Lüdinghausen; **Amtsgericht Steinfurt** für sich und Ibbenbüren, Rheine, und Tecklenburg; **Amtsgericht Düren** für sich und Jülich und Schleiden; **Amtsgericht Siegburg** ist für sich und Königswinter und Waldbröl).

– In *Rheinland-Pfalz:* Amtsgerichte **Bad Kreuznach, Koblenz, Landau in der Pfalz, Ludwigshafen am Rhein, Mainz, Montabaur, Wittlich und Zweibrücken.**

– Im *Saarland:* Zuständig ist allein das **Amtsgericht Saarbrücken.**

– In *Sachsen:* Amtsgerichte **Chemnitz, Dresden, Leipzig,** wobei das Amtsgericht Chemnitz auch für den Landgerichtsbezirk Zwickau zuständig ist und das Amtsgericht Dresden für den Bezirk des Landgerichts Görlitz.

– In *Sachsen-Anhalt:* **Amtsgericht Stendal.**

– In *Schleswig-Holstein:* Es gilt § 376 Abs. 1 FamFG in den Landgerichtsbezirken **Kiel, Flensburg** und **Lübeck;** Ausnahme Landgerichtsbezirk Itzehoe (**Amtsgericht Pinneberg**).

– In *Thüringen:* **Amtsgericht Jena.**

23   Ein Sonderproblem stellen **Doppel- und Mehrfachsitze** dar, die nur bei Kapitalgesellschaften vorkommen. Damit sind nur mehrere Hauptsitze gemeint und nicht der Fall, dass neben einem Hauptsitz auch Zweigniederlassungen bestehen. Die Bildung mehrere Hauptsitze hat historische Ursachen.[50] Sie stellt sich damit als Ausnahme dar, weil grundsätzlich davon auszugehen ist, dass zulässiger Weise nur ein Hauptsitz gebildet werden kann. Zulässige mehrere Hauptsitze können sich deshalb allenfalls noch für juristische Personen nach § 33 HGB aufgrund gesetzlicher Anordnung ergeben. Bestehen mehrere

---

[50] *Krafka* RegisterR Rn. 355; Schmidt-Kessel/Leutner/Müther/*Müther* HGB § 8 Rn. 29.

Hauptsitze sind alle betroffenen Registergerichte örtlich zuständig, so dass Anmeldungen zu allen Gerichten einzureichen sind. Insoweit stellt sich die Frage nach der Wirksamkeit der Eintragungen. Da jedes einzelne Gericht zuständig ist, ist auch auf die jeweilige Eintragung abzustellen. Abweichungen können nur durch eine Kooperation zwischen den betroffenen Gerichten ausgeschlossen werden, die gesetzlich nicht geregelt ist.

Neben einer Hauptniederlassung können eine oder mehrere Zweigniederlassungen gegründet werden. Die Eintragungen zu den **Zweigniederlassungen** erfolgen – anders als nach früherem Recht – nicht beim Gericht des Sitzes der Zweigniederlassung, sondern beim Gericht der Hauptniederlassung. Die Zweigniederlassung wird auf dem Registerblatt der Hauptniederlassung vermerkt, § 13 Abs. 1 S. 1 HGB. Diese Zuständigkeit besteht dann natürlich auch bei Veränderungen oder bei der Aufhebung der Zweigniederlassung. Entsprechend gilt sie auch bei Eintragungen von Amts wegen. Eine Eintragung bei der Hauptniederlassung kommt dann nicht in Betracht, wenn ein **ausländisches Unternehmen** eine Zweigniederlassung in Deutschland begründen will. In diesem Fall ist das Gericht zuständig, in dessen Bezirk die Zweigniederlassung begründet werden soll, § 13d HGB. Bestehen mehrere Zweigniederlassungen, ist jedenfalls bei Kapitalgesellschaften durch die Gesellschaft eines der Gerichte als **zentrales Registergericht** zu bestimmen. Dies führt allerdings nicht dazu, dass entsprechend § 13 Abs. 2 HGB alle Eintragungen bei dem so bestimmten Registergericht erfolgen müssten. Es verbleibt bei der Eintragung bei jeder einzelnen Zweigniederlassung.[51] Lediglich die Verpflichtung zur Einreichung der Satzung bzw. des Gesellschaftsvertrages auch im Fall der Änderung besteht nur gegenüber dem gewählten Registergericht, so dass sie nur dort eingereicht werden müssen.

Bei **Sitzverlegungen** oder der Verlegung von Hauptniederlassungen bleibt für die entsprechende Anmeldung zunächst das bisher zuständige Gericht zuständig, § 13h Abs. 1 HGB. Führt die Verlegung nach § 376 FamFG zur Zuständigkeit eines anderen Registergerichts ist die Anmeldung nach § 13h Abs. 2 S. 1 und S. 2 FamFG unverzüglich unter Beifügung der gespeicherten Registerakte und der Registereintragungen an dieses Gericht weiterzuleiten. Nach bisheriger obergerichtlicher Rechtsprechung hat das Ausgangsgericht durch das funktionell zuständige Registerorgan noch die formellen Voraussetzungen der Anmeldung zu prüfen.[52] Das neu zuständige Gericht ist nur zur Prüfung der Anmeldung befugt, also insbesondere beschränkt auf die Frage der Sitzverlegung und eines Verstoßes der Firma gegen § 30 HGB. So kommt es bei der GmbH nach § 4a GmbHG aber anders als bei den Personenhandelsgesellschaften und dem Einzelkaufmann nicht auf eine tatsächliche Sitzbegründung an.[53] Ist die Gesellschaft aber aufgelöst, muss die Sitzverlegung nach § 69 Abs. 1 GmbHG der Liquidation dienen.[54] Eine Prüfung der bisherigen Eintragungen erfolgt nicht.[55] Insoweit kommt lediglich nach der Eintragung des Unternehmens eine Prüfung nach § 395 FamFG in Betracht.[56]

Eine Ausnahme von der nur formellen Prüfung der **Sitzverlegung** hat das OLG Frankfurt a.M. angenommen, wenn die Sitzverlegung im Zusammenhang mit einer **Verschmelzung** bei einem aufnehmenden Rechtsträger erfolgt.[57] Hier soll die (vorrangige) Kapitalerhöhung noch vom Ausgangsgericht zu bearbeiten sein, weil diese vorab und getrennt von der Verschmelzung erfolgen muss. Insoweit kommt es aber jeweils auf die Gestaltung des Verschmelzungsvorgangs und der Satzungsänderungen an. Denn immerhin ist es denkbar, dass es sich um getrennte Vorgänge handelt, so dass zunächst die Satzungsän-

24

25

26

---

[51] Zum Verstoß gegen europäisches Recht: Schmidt-Kessel/Leutner/Müther/*Schmidt-Kessel* HGB § 13e Rn. 73.
[52] OLG Frankfurt a.M. FGPrax 2005, 38; NJW-RR 2002, 1395; OLG Köln NZG 2005, 87. Kritisch: Schmidt-Kessel/Leutner/Müther/*Müther* HGB § 13h Rn. 10.
[53] OLG Köln BeckRS 2015, 11374.
[54] KG NZG 2018, 1197; BeckOK HGB/*Müther* HGB § 13h Rn. 11.
[55] OLG Köln BeckRS 2015, 11374; OLG München NZG 2011, 117.
[56] OLG Köln BeckRS 2015, 11374; OLG München NZG 2011, 117; BeckOK HGB/*Müther* HGB § 13h Rn. 12.
[57] OLG Frankfurt a.M. FGPrax 2005, 38.

derungen (Sitzverlegung und Kapitalerhöhung) und sodann die Verschmelzung eingetragen wird.

27 **b) Zuständigkeitsprüfung und -streitigkeiten.** Die **Prüfung der Zuständigkeit** hat von Amts wegen zu jedem Verfahrenszeitpunkt zu erfolgen. Die Zuständigkeiten sind ausschließlich (§ 23a Abs. 1 S. 2 GVG, § 377 Abs. 1 FamFG) und damit einer Vereinbarung oder rügelosen Einlassung nicht zugänglich.[58] Eine Überprüfung der sachlichen und örtlichen Zuständigkeit im Rechtsmittelverfahren erfolgt aber nach § 65 Abs. 4 FamFG nicht. Probleme ergeben sich in Registersachen wegen der sachlichen und örtlichen Zuständigkeit in der Regel nicht. Dies schließt es natürlich nicht aus, dass die Voraussetzungen einer tatsächlichen Begründung einer Niederlassung oder – soweit dies überhaupt erforderlich ist – einer Sitzbegründung geprüft werden. Wird eine Anmeldung beim falschen Gericht eingereicht, hat nach § 3 Abs. 1 S. 1 FamFG eine Verweisung an das zuständige Gericht von Amts wegen zu erfolgen. Zuvor sind die Beteiligten zu hören, § 3 Abs. 1 S. 2 FamFG.

28 Weil die Zuständigkeit in Registersachen und damit auch in den unternehmensrechtlichen Verfahren nach § 375 FamFG relativ sicher zu beurteilen ist, kommt es selten zu **Zuständigkeitsstreitigkeiten.** Allein wegen der nach der Rechtsprechung erforderlichen formellen Prüfung der Anmeldung einer Sitzverlegung bzw. Verlegung der Hauptniederlassung nach § 13h Abs. 2 HGB besteht mitunter Anlass zum Streit.[59] Insoweit ist die Sache nach § 5 FamFG dem gemeinsamen oberen Gericht bzw. nach § 5 Abs. 2 FamFG dem Oberlandesgericht des abgebenden Gerichts vorzulegen. Eine Vorlage an den BGH scheidet aus, vgl. § 5 Abs. 2 FamFG. Eine durch eine solche Vorlage zu erwartende Zeitverzögerung kann durch einen entsprechenden **Hinweis im notariellen Übersendungsschreiben** auf die Notwendigkeit dieser Prüfung durch das Ausgangsgericht begegnet werden. Der Hinweis sollte sich dabei auch darauf beziehen, dass die Prüfung durch das zuständige Registerorgan, also unter Umständen auch den Richter, aktenkundig gemacht wird.

29 **2. Organe der Registerführung. a) Richter, Rechtspfleger und Urkundsbeamter.** Die im Grundsatz bestehende Zuständigkeit des **Richters** in gerichtlichen Angelegenheiten wird auch in Registersachen teilweise durchbrochen. Nach dem RPflG sind mit Ausnahme der Vereinsregistersachen und Partnerschaftsregistersachen, die den Rechtspflegern voll übertragen sind (vgl. § 3 Nr. 1 lit. a RPflG), die Registersachen insoweit übertragen, wie sie nicht dem Richter vorbehalten sind (§ 3 Nr. 2 lit. d RPflG). Im Zweifel ist damit der Rechtspfleger zuständig.[60] Die genaue Abgrenzung findet sich in § 17 RPflG. Richterlich zu bearbeiten sind danach die Ersteintragungen und Satzungsänderungen bei den Kapitalgesellschaften einschließlich dem VVaG, Umwandlungsvorgänge und Eintragungen zu Unternehmensverträgen sowie Eintragungen von Amts wegen jeweils bezogen auf die Kapitalgesellschaften einschließlich dem VVaG mit Ausnahme der sog. Fassungsänderungen (vgl. dazu § 17 Nr. 1 lit. b RPflG). Auch wenn § 327e AktG in § 17 Nr. 1 RPflG nicht genannt wird, wird auch insoweit wegen der Nähe zur Eingliederung eine richterliche Zuständigkeit anzunehmen sein.[61] Wegen der unternehmensrechtlichen Verfahren ist der Richter befasst, soweit nicht in § 17 Nr. 2 RPflG Ausnahmen gemacht sind. Eine Ausnahme betrifft etwa die Bestellung von Liquidatoren oder Nachtragsliquidatoren.[62] Insoweit ist aber auch § 19 RPflG zu beachten. Danach sind die Landesregierungen er-

---

[58] Zur Wirksamkeit der Handlungen eines unzuständigen Gerichts vgl. Schmidt-Kessel/Leutner/Müther/*Müther* HGB § 8 Rn. 47.

[59] OLG Frankfurt a.M. FGPrax 2005, 38; NJW-RR 2002, 1395; OLG Köln NZG 2005, 87.

[60] Bork/Jacoby/Schwab/*Müther* FamFG vor § 376 Rn. 3; Keidel/*Heinemann* FamFG § 377 Rn. 22 *Krafka* RegisterR Rn. 21.

[61] Schmidt-Kessel/Leutner/Müther/*Müther* HGB § 8 Rn. 50.

[62] Vgl. aber zur alten Rechtslage OLG Düsseldorf FGPrax 2011, 158; OLG Schleswig FGPrax 2000, 83.

mächtigt, auch die in § 17 Nr. 1 RPflG genannten Registersachen auf den Rechtspfleger zu übertragen. Der richterliche Vorbehalt wegen der in § 17 Nr. 2 RPflG genannten unternehmensrechtlichen Verfahren bleibt demgegenüber bestehen. Von der Übertragungsmöglichkeiten haben bisher die Länder Baden-Württemberg, Bremen, Niedersachsen, Rheinland-Pfalz und Thüringen Gebrauch gemacht.[63]

Soweit danach nicht eine weitergehende Übertragung nach § 19 Abs. 1 S. 1 Nr. 6 **30** RPflG erfolgt ist, sind vom **Rechtspfleger** grundsätzlich die auf Eintragung in das Register A gerichteten Verfahren sowie die allein die Vertretung der Kapitalgesellschaften und des VVaG betreffenden Verfahren sowie Anmeldungen zur Auflösung der Gesellschaften zu bearbeiten. Dies trifft etwa auf die Anmeldungen nach § 39 GmbHG und § 81 AktG sowie § 53 Abs. 1 HGB zu. Hinzu kommen alle Aufgaben in Bezug auf die Genossenschaften und die Partnerschaftsgesellschaften. Besteht allerdings ein enger **Zusammenhang** mit einer Sache, für die eine richterliche Zuständigkeit besteht, ist nach § 6 RPflG insgesamt der Richter zuständig. Dies ist etwa der Fall, wenn in einer Anmeldung nach § 54 GmbHG auch die Anmeldung eines Geschäftsführerwechsels enthalten ist. Zu einer richterlichen Zuständigkeit kann es auch kommen, wenn der Rechtspfleger nach § 5 Abs. 1 RPflG zur Vorlage verpflichtet ist oder von der Vorlagemöglichkeit nach § 5 Abs. 2 RPflG Gebrauch macht. Die Vorlage ist allerdings nicht bindend. Der Richter kann die Sache – regelmäßig mit rechtlichen Hinweisen – nach § 5 Abs. 3 RPflG wieder zurückgeben.

Die Folgen eines **Verstoßes** gegen die dargestellte funktionelle Zuständigkeit ist unter- **31** schiedlich geregelt. Nimmt ein Richter ein Rechtspflegergeschäft vor, ist dieses nach § 8 Abs. 1 RPflG in vollem Umfang wirksam. Nimmt demgegenüber ein Rechtspfleger ein richterliches Geschäft vor, ist dieses nach § 8 Abs. 4 S. 1 RPflG unwirksam. Der Verstoß kann auch mit der Beschwerde geltend gemacht werden.[64] Fraglich sind die Auswirkungen einer zu Unrecht vom Rechtspfleger vorgenommenen Eintragung. Insoweit wird allgemein angenommen, dass die Eintragung nicht wirkungslos ist, aber nach § 395 FamFG gelöscht werden kann.[65] Dies wird aber nur gelten, soweit es sich nicht um eine deklaratorische Eintragung handelt, die zutreffend ist. Hier wird der Zuständigkeitsverstoß eine Löschung nicht rechtfertigen können. Zu beachten ist, dass eine nachträgliche richterliche Genehmigung des Handelns des Rechtspflegers nicht in Betracht kommt.[66]

Als dritte Personengruppe werden in Registersachen **Urkundsbeamten der Ge-** **32** **schäftsstelle** tätig (§ 153 GVG). Der Urkundsbeamte hat nach § 10 HRV die Einsicht in das Register und die eingereichten Dokumente zu ermöglichen. Er hat darüber zu entscheiden, inwieweit lediglich Auszüge aus Dokumenten in die Registerakten übernommen werden (§§ 8 Abs. 2 S. 3, 9 Abs. 3 S. 5 HRV). Soweit eine Eintragung nicht durch den Richter oder Rechtspfleger selbst vorgenommen, sondern diese verfügt wird, ist sie durch den Urkundsbeamten vorzunehmen, §§ 27 f. HRV. Er unterzeichnet darüber hinaus die Eintragungsmitteilungen, er hat Abschriften und Ausdrucke aus dem Register und dem Registerordner zu fertigen und deren Übermittlung zu besorgen. Weiter ist er für die Erteilung oder elektronische Übermittlung und Beglaubigung von Zeugnissen und Bescheinigungen nach § 9 Abs. 4 und Abs. 5 HGB zuständig. Schließlich hat er die Eintragung des Insolvenzvermerks nach § 32 HGB vorzunehmen. Für den Urkundsbeamten der Geschäftsstelle finden nach § 4 S. 2 HRV die §§ 5–8 RPflG entsprechende Anwendung. Dies führt zur Unwirksamkeit der Handlung, wenn der Urkundsbeamte richterliche oder Rechtspflegerzuständigkeiten verletzt.

---

[63] Arnold/Meyer-Stolte/*Hintzen* RPflG § 19 Rn. 15 ff.
[64] OLG Düsseldorf FGPrax 2011, 158.
[65] Arnold/Meyer-Stolte/*Hintzen* RPflG § 8 Rn. 22; BeckOK HGB/*Müther* HGB § 8 Rn. 20; MüKoHGB/ *Krafka* HGB § 8 Rn. 20a.
[66] BGH NJW 1959, 1042.

33 **b) Ausschließung und Ablehnung.** Der im Registerverfahren oder im unternehmensrechtlichen Verfahren tätige Richter kann nach § 6 Abs. 1 S. 1 FamFG iVm § 41 ZPO
oder auch nach § 6 Abs. 1 S. 2 FamFG von einer Tätigkeit ausgeschlossen sein. Insoweit
gelten in Bezug auf die **Ausschließung** im Registerverfahren keine Besonderheiten. Eine
Mitberechtigung bzw. Mitverpflichtung nach § 41 Nr. 1 ZPO besteht regelmäßig dann,
wenn der Richter Mitglied einer beteiligten Personengesellschaft ist.[67] Ob die Mitgliedschaft in einer juristischen Person ausreicht, ist unklar.[68] Tatsächlich sind die Registerverfahren regelmäßig nicht kontradiktorisch, sondern einseitig. In diesen Fällen muss die Regelung des § 41 Nr. 1 ZPO weit ausgelegt werden. Dies lässt es naheliegend erscheinen,
eine solche Mitgliedschaft als Ausschlussgrund anzusehen.

34   Auch bezüglich der **Ablehnung** wegen Befangenheit nach § 6 Abs. 1 S. 1 FamFG iVm
§ 42 Abs. 1 ZPO bestehen keine Besonderheiten. Wird allerdings die Mitgliedschaft in
einer beteiligten juristischen Person nicht als Ausschließungsgrund angesehen, wird die
betroffene Gerichtsperson in jedem Fall als hinweispflichtig anzusehen sein, um den Beteiligten Gelegenheit zur Ablehnung zu geben. Die Mitgliedschaft wird dabei regelmäßig
einen Grund darstellen, der ein Misstrauen in die Unparteilichkeit iSd § 42 Abs. 2 ZPO
rechtfertigt. Allenfalls geringfügigste Beteiligungen scheiden zur Annahme einer Befangenheit aus. Wird unter Verstoß gegen § 47 ZPO eine Eintragung vorgenommen, ist diese wirksam und eine Löschung nach § 395 FamFG nicht gerechtfertigt.[69] Das gilt jedenfalls dann, wenn die Ablehnung schließlich ohne Erfolg bleibt.

35   Die Vorschriften über die Ausschließung und Ablehnung finden nicht nur auf Richter
Anwendung. Nach § 10 S. 1 RPflG gelten sie vielmehr auch für **Rechtspfleger**.
Schließlich kann auch der **Urkundsbeamte** der Geschäftsstelle ausgeschlossen sein oder
abgelehnt werden, § 6 Abs. 1 S. 1 FamFG iVm § 49 ZPO.

III. Vorgehen und informelle Abstimmungen

36 **1. Abstimmung mit dem Registergericht.** Häufig entsteht das Bedürfnis nach der
zeitlichen Planbarkeit einer Handelsregistereintragung. Dies kann sich etwa bei der Kapitalerhöhung einer börsennotierten Aktiengesellschaft ergeben oder dann, wenn ein Unternehmenskauf ansteht, der mit Satzungsänderungen, Formwechseln oder Verschmelzungen verbunden ist oder aber die Aufhebung eines Unternehmensvertrages voraussetzt.
Um die Gefahr von Interventionen des Registergerichts etwa in der Form von Zwischenverfügungen zu verhindern oder jedenfalls zu minimieren oder um überhaupt eine Beschleunigung des Verfahrens zu erreichen, kommt eine vorherige Kontaktaufnahme mit
dem Registergericht in Betracht.

37   Dass eine **Kontaktaufnahme** mit dem Registergericht vor der Einleitung des Eintragungsverfahrens nicht unzulässig ist, liegt auf der Hand. Es fehlt aber an einer gesetzlichen
Regelung, die etwa das Registergericht verpflichten würde, eine vorherige Kontaktaufnahme zuzulassen. Ein Vorbescheidungsverfahren kommt deshalb nicht in Betracht.[70]
Dennoch besteht auch auf Seiten der Registergerichte ein grundsätzliches Interesse an einer vorherigen Abstimmung. Bei schwierigen und umfangreichen Vorgängen kann die
Arbeitslast besser geplant und verteilt werden. Notwendige Prüfungen der Rechtslage lassen sich sicherer und genauer durchführen. Gleichwohl bleiben Unwägbarkeiten, weil
jede Stellungnahme zu geplanten Anmeldungen lediglich unverbindliche Meinungsäußerungen darstellen. Die jeweilige Handhabung wird von Gericht zu Gericht unterschiedlich sein. Idealerweise fertigt die für das Verfahren zuständige Gerichtsperson einen Vermerk, der dann mit den vorliegenden Entwürfen zur Akte genommen wird. Dieser

---

[67] Verneinend: BGH NStZ 2006, 646; aA für eine Beteiligung als GmbH-Gesellschafter: Keidel/*Zimmer-mann* FamFG § 6 Rn. 10.
[68] Verneinend BGH NJW-RR 2003, 281; OLG Karlsruhe NJW-RR 1988, 1534.
[69] KG FGPrax 2009, 177.
[70] Vgl. dazu auch *Schulz* NJW 2016, 1483 (1485); Keidel/*Heinemann* FamFG § 382 Rn. 3a.

stünde auch jedem nachfolgenden Bearbeiter zur Verfügung. Er bleibt allerdings unverbindlich. Dies muss bei einem derartigen Vorgehen berücksichtigt werden.

2. Abstimmung mit berufsständischen Vereinigungen. In bestimmten Fragen kommt 38 auch eine Abstimmung mit der jeweils zuständigen Industrie- und Handelskammer in Betracht. Entgegen einer mitunter anzutreffenden Handhabung ist die **Industrie- und Handelskammer** allerdings nicht mit der Klärung von Rechtsfragen beauftragt. Insbesondere kann der Vollzug einer Anmeldung auch nicht von einer vom Anmelder einzureichenden positiven Stellungnahme der IHK abhängig gemacht werden.[71] Gleichwohl kommt ihr in Registerverfahren eine wichtige Stellung zu. So hat sie nach § 380 Abs. 1 FamFG an der Vermeidung unrichtiger Eintragungen mitzuwirken, für die Berichtigung und Vervollständigung der Register einschließlich der Löschungen zu sorgen und bei unzulässigen Firmengebrauch und Partnerschaftsnamen unterstützend tätig zu werden. Besondere Bedeutung kommt der IHK in **firmenrechtlichen Fragen** zu. Im Registerverfahren kann eine Stellungnahme durch das Gericht nach § 380 Abs. 2 S. 1 FamFG eingeholt werden. Aus einer solchen Stellungnahme kann sich ergeben, ob eine Firma gegen § 18 Abs. 2 HGB verstößt oder ob die Verwendung der Bezeichnung „Partners" als Zusammenschluss mehrerer Personen wirkt und deshalb gegen § 11 Abs. 1 S. 1 PartGG verstößt.[72] Denn die IHK gibt ihre Stellungnahme für die beteiligten Handelskreise ab.

Neben einer Nachfrage bei der IHK kommen auch Voranfragen bei den anderen in 39 § 380 Abs. 1 FamFG genannten berufsständischen Vereinigungen in Betracht. Insoweit gilt das Gleiche wie bei der IHK. Auch hier kann das Registergericht eine Anhörung durchführen, die dann auch vorab für die Beteiligten möglich sein muss und etwaige Eintragungshindernisse aufdecken kann. Über das Registerverfahren hinaus kommt eine Kontaktaufnahme insbesondere wegen **öffentlich-rechtlicher Fragen** (Unternehmensgegenstand bei Kapitalgesellschaften) in Frage. Diese Punkte spielen für das Registergericht wegen des Wegfalls der Genehmigungsnachweispflichten (zB § 8 Abs. 1 Nr. 6 GmbHG aF)[73] und des § 7 HGB keine Rolle mehr.[74] Eine Ausnahme gilt nach § 43 KWG für Tätigkeiten im Bereich des Kreditwesens. Hier ist dem Registergericht eine Erlaubnis nach § 32 KWG nachzuweisen (→ § 22 Rn. 58).

Eine weitere Bedeutung kommt den berufsständischen Organen in den **Eintragungs-** 40 **verfahren von Amts wegen** nach den §§ 393–395, 397–399 FamFG zu. Denn diesen ist hier ein Antragsrecht eingeräumt, so dass hierdurch eine beschwerdefähige Entscheidung des Registergerichts erzwungen werden kann. Alle weiteren Beteiligten können eine Einleitung eines entsprechenden Verfahrens nur anregen.

3. Abstimmung mit dem Finanzamt. Eine Abstimmung mit dem Finanzamt kommt 41 immer dann in Betracht, wenn die Gesellschaft als gemeinnützige Körperschaft Steuerbegünstigungen erhalten will (→ § 22 Rn. 5). Im Rahmen eines Anmeldeverfahrens kommt hier eine Beanstandung durch das Registergericht nur dann in Betracht, wenn die Gesellschaft eine Firma nach § 4 S. 2 GmbHG verwenden will. Denn die Bezeichnung weist aus, dass die Gesellschaft gemeinnützig tätig ist. Dies spielt im Rahmen der Prüfung der Zulässigkeit der Firma nach § 18 Abs. 2 HGB eine Rolle, so dass in einem derartigen Fall damit gerechnet werden muss, dass das Registergericht den entsprechenden Nachweis verlangt.

---

[71] KG NJW-RR 1997, 794.
[72] KG NZG 2018, 1235.
[73] Dazu noch OLG Frankfurt a.M. FGPrax 2005, 269; *Müther* Handelsregister § 6 Rn. 40.
[74] Zu § 7 HGB zuletzt BGH NZG 2017, 1226.

B. Eintragungen aufgrund von Anmeldungen

I. Die Anmeldung

42 **1. Bedeutung.** Für die notarielle Tätigkeit von besonderer Wichtigkeit sind die Eintragungen aufgrund von Anmeldungen. Dies ergibt sich zum einen aus § 12 Abs. 1 S. 1 HGB, der verlangt, dass Anmeldung elektronisch in öffentlich beglaubigter Form beim Registergericht eingereicht werden. Zum anderen folgt es aus § 378 Abs. 3 FamFG, der nach S. 1 in Handels- und Vereinsregisterverfahren seit dem 9.6.2017 eine durch einen Prüfervermerk dokumentierte notarielle Prüfung der Eintragungsfähigkeit der Anmeldung erfordert (→ Rn. 90). Ein solcher Vermerk ist auch in Güterrechtsregistersachen erforderlich. Nach § 378 Abs. 3 S. 2 FamFG sind Anmeldungen zum Handelsregister auch durch einen Notar einzureichen.

43   In vielen besonders gewichtigen Anmeldefällen ist zudem die notarielle Beurkundung notwendiger gesellschaftsrechtlicher Vorgänge erforderlich. Diese sind mit der Anmeldung dem Registergericht zu übermitteln. Dies gilt etwa für satzungsändernde Beschlüsse bei der GmbH und der AG, Umwandlungsbeschlüsse, Zustimmungsbeschlüsse oder Übernahmeerklärungen bei GmbH-Kapitalerhöhungen. Notarieller Beurkundung bedürfen auch der Abschluss eines GmbH-Gesellschaftsvertrages, die Gründung einer Aktiengesellschaft und der Abschluss von Umwandlungsverträgen.

44 **2. Rechtsnatur.** Die Anmeldung ist als Antrag nach § 23 FamFG anzusehen und damit eine **Verfahrenshandlung**. Sie unterliegt deren Regeln. Sie ist aus diesem Grund bedingungsfeindlich und kann auch nicht angefochten werden.[75] Sie kann selbst bei Bestehen einer Anmeldepflicht bis zu ihrer Vollziehung, also bis zur Eintragung, frei widerrufen werden. Dies ergibt sich aus dem System des Registerrechts, dass die Durchsetzung einer Anmeldepflicht mit dem Zwangsgeld vorsieht.[76] Es gelten wie bei anderen Verfahrenshandlungen die Vorschriften über Willenserklärungen entsprechend. Dies gilt etwa für die Notwendigkeit der Geschäftsfähigkeit bei Abgabe der Erklärung (§ 104 BGB) oder die Frage der Auslegung nach den §§ 133, 157 BGB (→ Rn. 52). Diese ist dabei auch für das Rechtsbeschwerdegericht frei möglich, weil es sich um eine Verfahrenshandlung handelt.[77] Demgegenüber sollen die Beschränkungen des § 181 BGB bei Anmeldungen keine Rolle spielen.[78] Dies lässt sich rechtfertigen, weil in der Anmeldung regelmäßig nur gleichgerichtete Erklärungen auf Eintragung enthalten sind.

45   Anerkannt ist darüber hinaus, dass Verfahrenshandlungen auch eine Doppelnatur zukommen kann.[79] Dies gilt dann aber auch für die Anmeldung.[80] Diese kann auch **materiell-rechtlich** wirken. So ist etwa mit der Anmeldung einer Prokura die materiell-rechtliche Vollmachterteilung verbunden. Spätestens die Anmeldung einer OHG führt zum Abschluss des Gesellschaftsvertrages.[81] Die Angaben in der Anmeldung können aber auch einfache materiell-rechtliche Folgen haben. Dies gilt etwa bei falschen Angaben nach den §§ 46, 48 AktG, § 9a GmbHG, die Haftungsfolgen auslösen.

46   Neben der Anmeldung bedarf es der Annahme eines weiteren **Vollzugsantrags** nicht. Das gilt allerdings dann nicht, wenn – wie nunmehr in Handelsregistersachen nach § 378 Abs. 3 S. 2 FamFG zwingend – die Anmeldung durch einen Dritten eingereicht wird. Der Notar kann insoweit selbst einen Vollzugsantrag stellen, dann ist er nach § 383 Abs. 1

---

[75] OLG Jena NotBZ 2017, 276; Baumbach/Hopt/*Hopt* HGB § 12 Rn. 2.
[76] BayObLG DNotZ 1993, 197; Staub/*Koch* HGB § 8 Rn. 22; Schmidt-Kessel/Leutner/Müther/*Müther* HGB § 12 Rn. 5.
[77] BGH NJW-RR 1996, 1210 (1211); BayObLG NJW-RR 2000, 990 (991); DNotZ 1982, 254 (256); Bork/Jacoby/Schwab/*Müther* FamFG § 72 Rn. 12; Keidel/*Meyer-Holz* FamFG § 74 Rn. 48.
[78] MüKoHGB/*Krafka* HGB § 12 Rn. 4.
[79] BGHZ 206, 219 Rn. 12 zum Prozessvergleich.
[80] BGH NJW-RR 1986, 28; WM 1984, 1605 (1606); aA BayObLG Rpfleger 1970, 288.
[81] BGH NJW-RR 1986, 28.

FamFG von der erfolgten Eintragung zu benachrichtigen. Der Notar kann aber auch als **Bote** agieren. Das wird angenommen, wenn er die Anmeldung „zum Vollzug", „zur weiteren Veranlassung" oder „mit der Bitte, den gestellten Anträgen zu entsprechen" einreicht.[82] Erfolgt die Einreichung als Bote, ist der Einreichende grundsätzlich nicht zur Rücknahme der Anmeldung befugt. Zu beachten ist, dass der Notar auch nach § 378 Abs. 2 FamFG zur Anmeldung bevollmächtigt sein kann (→ Rn. 61 f.).

Enthält eine Anmeldung mehrere Eintragungsgegenstände kommt auch ein **Teilvoll-** 47 **zug**[83] in Betracht, etwa weil sich hinsichtlich eines Eintragungsgegenstandes Eintragungshindernisse ergeben (→ Rn. 70). Ein solcher Teilvollzug muss ausdrücklich beantragt werden.[84] Er muss nicht mit der Einreichung der Anmeldung erklärt werden, sondern kann auch im Laufe des Eintragungsverfahrens beantragt werden. Verschiedene Eintragungsgegenstände liegen dabei vor, wenn etwa eine Anmeldung zur Vertretungsbefugnis mit Satzungsänderungen vorliegt; ebenso, wenn verschiedene Anmeldungen zur Vertretungsbefugnis erfolgen. Auch wenn verschiedene Änderungen der Satzung beschlossen und angemeldet worden sind, können einzelne Änderungen von der Eintragung ausgenommen werden. Dann ist allerdings auch § 54 Abs. 1 S. 2 GmbHG zu beachten und eine nur auf die einzutragenden Gegenstände bezogene Satzungsfassung einzureichen. Allerdings darf die Beschlussfassung der Gesellschafterversammlung dem nicht entgegenstehen. Das ist etwa der Fall, wenn eine Neufassung der Satzung beschlossen worden ist.

Mit der Anmeldung werden weiter die einzutragenden Tatsachen glaubhaft gemacht. 48 Die Anmeldung ist damit **Eintragungsgrundlage**. Dies hat Auswirkungen auf die Frage, inwieweit die grundsätzlich auch im Registerrecht geltende Amtsermittlungspflicht nach § 26 FamFG reicht. Zu der Frage des Prüfungsumfangs und der Ermittlungspflicht im Rahmen eines Anmeldeverfahrens → Rn. 65–68.

3. Inhalt der Anmeldung. Der Inhalt der jeweiligen Anmeldung ergibt sich aus dem 49 sog. **Anmeldetatbestand.** Ob ein Anmeldetatbestand gegeben ist, ergibt sich in der Regel ausdrücklich aus dem Gesetz. Beispiele hierfür sind die Erstanmeldung bei der GmbH nach § 7 Abs. 1 GmbHG oder bei der Aktiengesellschaft nach § 36 Abs. 1 AktG. Entsprechendes gilt für die Satzungsänderungen nach § 54 Abs. 1 S. 1 GmbHG oder § 181 Abs. 1 AktG und in Bezug auf die Vertretungsorgane nach § 39 Abs. 1 GmbHG oder § 81 Abs. 1 AktG. Die Anmeldefähigkeit steht im Zusammenhang mit der Eintragungsfähigkeit einer Tatsache (→ Rn. 7). Es sei denn, der einzutragende Umstand wäre von Amts wegen einzutragen. Dies müsste sich aber zumindest durch Auslegung aus dem Gesetz ergeben, weil die Eintragung von Amts wegen die Ausnahme darstellt (→ Rn. 108). Aus dem Anmeldetatbestand bzw. durch dessen Auslegung ergibt sich regelmäßig auch, wer zur Anmeldung verpflichtet ist. Eine Anmeldung iSd § 12 HGB liegt aber nur dann vor, wenn diese auf eine Eintragung in das Handelsregister abzielt. Nicht dem § 12 HGB unterfällt daher die Einreichung der Liste der Aufsichtsratsmitglieder nach § 106 AktG oder der Gesellschafterliste nach § 40 GmbHG. In diesen Fällen scheidet damit auch eine Löschung nach § 395 FamFG aus.[85] Einordnungsschwierigkeiten bereitet die Auffassung des BGH, eine Änderung des Geschäftsjahres sei im Rahmen einer Insolvenz in das Register einzutragen und hierzu reiche ein nicht unter § 12 HGB fallender Antrag des Insolvenzverwalters aus.[86]

Der jeweilige Anmeldetatbestand wird ergänzt um die Regelungen in der Handelsre- 50 gisterverordnung. Das gilt ebenso für die anderen Register und ihre Verordnungen. So ist etwa nach § 24 Abs. 1 HRV vorgeschrieben, dass mit der Anmeldung das Geburtsdatum der in das Register einzutragenden natürlichen Person anzugeben ist. In der Anmeldung

---

[82] BGH DNotZ 1964, 435.
[83] *Krafka* RegisterR Rn. 188 f.; *Müther* Handelsregister § 2 Rn. 33 f.
[84] BayObLG WM 1987, 502; *Gustavus* Handelsregisteranmeldungen Rn. 43.
[85] KG NZG 2016, 987.
[86] BGH NZG 2015, 157.

sind auch die Geschäftsanschrift und der Unternehmensgegenstand mitzuteilen, soweit sich dieser nicht aus der Firma ergibt (§ 24 Abs. 2–4 HRV). Fehlen die Angaben kann das Amtsgericht eine Zwischenverfügung erlassen (→ Rn. 69). Weiterhin sind die von der Rechtsprechung in bestimmten Fällen entwickelten Ergänzungen des Anmeldungsinhaltes zu berücksichtigen. Das betrifft etwa die Versicherung über Vorbelastungen bei der GmbH-Gründung,[87] die Einlagenversicherung bei der sog. wirtschaftlichen Neugründung[88] oder die Abfindungsversicherung beim Kommanditistenwechsel im Wege der Sonderrechtsnachfolge.[89]

51   Auch die Einführung des elektronischen Handelsregisters hat nichts daran geändert, dass der genaue **Wortlaut** einer Anmeldung gesetzlich nicht festgelegt ist.[90] Eine Verpflichtung, einen bestimmten Wortlaut zu wählen, damit dieser unmittelbar in das elektronische Register übernommen werden kann, existiert nicht.[91] Andererseits gibt er den Inhalt der Eintragung auch nicht zwingend vor. Das Registergericht darf in der Eintragung von dem Wortlaut der Anmeldung abweichen, soweit der Inhalt richtig wiedergegeben wird.[92] Zur Möglichkeit einer Fassungsbeschwerde → Rn. 83.

52   Die Anmeldung ist der **Auslegung** entsprechend §§ 133, 157 BGB zugänglich.[93] Der Inhalt der Anmeldung muss daher den Eintragungstatbestand nur der Sache nach wiedergeben. Da die Anmeldung aber die Grundlage der Eintragung ist, muss aus Gründen der Rechtssicherheit und zur Vermeidung von Unrichtigkeiten des Registers einen klaren und deutlichen Hinweis enthalten, was eingetragen werden soll. Angemeldet ist daher nur das, was sich der Anmeldung zweifelsfrei entnehmen lässt.[94] Soweit dies beachtet wird, kommt nachrangig der Grundsatz zum Tragen, dass eine Anmeldung im Zweifel so auszulegen ist, dass sie Erfolg hat.[95] In bestimmten Situationen wird aus einem bestimmten Anmeldetatbestand geschlossen, dass auch ein anderer Umstand angemeldet sein soll. Dies gilt etwa dann, wenn eine Auflösung und Liquidatorenbestellung angemeldet wird in Bezug auf das Erlöschen der Vertretungsbefugnis der Geschäftsführer.[96]

53   **4. Anmeldeberechtigte und Anmeldeverpflichtete.** Aus dem jeweiligen Anmeldetatbestand bzw. den insoweit heranzuziehenden Normen ergibt sich auch, wer zur jeweiligen Anmeldung berechtigt und verpflichtet ist. Bei dem Einzelkaufmann ist dies regelmäßig dieser selbst. Soll eine andere Person anmelden, muss diese dazu bevollmächtigt sein. Bei den Personenhandelsgesellschaften erfolgt die Anmeldung durch alle Gesellschafter, wenn nicht ausnahmsweise eine Anmeldung durch die vertretungsberechtigten Gesellschafter in vertretungsberechtigter Anzahl ausreicht (zB Prokuraerteilung bzw. Widerruf). Dementsprechend muss eine Beschwerde gegen eine Zurückweisungsentscheidung oder Zwischenverfügung auch durch alle Anmeldepflichtigen eingelegt werden.[97] Bei den Kapitalgesellschaften ist zu differenzieren: In bestimmten Fällen hat eine Anmeldung durch alle Mitglieder des vertretungsberechtigten Organs zu erfolgen. Dies ist ausdrücklich gesetzlich angeordnet (vgl. § 78 GmbHG und die in § 407 Abs. 2 AktG aufgeführten Fälle). Dass das Vertretungsorgan nach der Anmeldung aber vor der Eintragung ausscheidet, steht

[87] BGHZ 80, 129 (143).
[88] BGHZ 155, 318.
[89] BGH NJW-RR 2006, 107 mAnm *Müther* Rpfleger 2006, 129.
[90] *Krafka* RegisterR Rn. 76; Röhricht/Westphalen/Haas/*Ries* HGB § 12 Rn. 4; Schmidt-Kessel/Leutner/*Müther*/*Müther* HGB § 12 Rn. 13.
[91] OLG Nürnberg FGPrax 2015, 22.
[92] OLG Hamm FGPrax 2005, 38; OLG Köln FGPrax 2004, 88; KG FGPrax 2000, 248; *Krafka* RegisterR Rn. 76.
[93] KG NZG 2018, 1263.
[94] OLG Düsseldorf NZG 2014, 1066; Röhricht/Westphalen/Haas/*Ries* HGB § 12 Rn. 4; Schmidt-Kessel/Leutner/Müther/*Müther* HGB § 12 Rn. 13.
[95] BayObLG NJW-RR 2000, 990.
[96] BayObLG DNotz 1995, 219.
[97] KG NZG 2018, 1150; OLG Nürnberg Rpfleger 2018, 621.

der Wirksamkeit der Anmeldung nicht entgegen.[98] Das Gleiche gilt in Bezug auf eine spätere Änderung der Vertretungsbefugnis.[99] Teilweise ist ergänzend auch noch eine Anmeldung durch die Mitglieder des Aufsichtsrats erforderlich (§ 36 Abs. 1 AktG), teilweise durch den Vorsitzenden des Aufsichtsrates (§§ 184 Abs. 1, 188 Abs. 1, 195 Abs. 1, 203 Abs. 1 S. 1, 207 Abs. 2 S. 1, 223, 229 Abs. 3 AktG). Soweit eine Vertretung durch Organmitglieder in vertretungsberechtigter Anzahl zulässig ist, kommt auch eine Vertretung in Verbindung mit einem Prokuristen als organschaftliche Vertretung in Betracht, soweit dies nach der Satzung bzw. dem Gesellschaftsvertrag der Gesellschaft vorgesehen ist. Ansonsten wird der Prokurist aufgrund Vollmacht tätig und er kann nur in ihrem Umfang anmelden.[100]

Soweit die mit der Anmeldung herbeizuführende Eintragung nur deklaratorische Wir- 54 kung hat, ist der nach dem Anmeldetatbestand vorgesehene Anmelder nicht nur zur Anmeldung berechtigt, er ist hierzu auch verpflichtet. Denn in diesen Fällen kann die Anmeldung mit einem Zwangsgeld nach § 14 HGB durchgesetzt werden (→ Rn. 135). Das Zwangsgeld richtet sich dabei nicht an den jeweiligen Unternehmensträger, sondern an die zur Anmeldung verpflichtete Person.[101] Diese Person ist daher durch die Zwangsgeldandrohung oder -anordnung iSd § 59 Abs. 1 FamFG beeinträchtigt und zur Beschwerde befugt. Das Gleiche gilt allerdings für den Unternehmensträger (→ Rn. 144).[102]

II. Vertretung bei der Anmeldung

1. Gesetzliche Vertretung. Für den Nachweis, dass eine Person eine Anmeldung als ge- 55 setzlicher Vertreter vornimmt, sieht das Gesetz keine speziellen Regelungen vor. Insoweit ist das Bestehen der gesetzlichen Vertretung durch geeignete Unterlagen nachzuweisen. Dies kann bei Gesellschaftsorganen durch die Registereintragung, bei Eltern durch Personenstandsurkunden und bei Vertretern kraft Amtes durch Vorlage des Bestellungsbeschlusses erfolgen. Erforderlich ist jeweils, dass die eingeräumte Vertretungsbefugnis auch die Registeranmeldung erfasst. Bei der gesetzlichen Vertretung Minderjähriger oder Betreuter können sich wegen des der Anmeldung zugrundeliegenden Geschäfts Einschränkungen über § 1821 BGB oder §§ 181, 1795 BGB ergeben. Bei Vertretern kraft Amtes muss die Anmeldung im Zusammenhang mit dem Amt stehen. Das ist etwa zu verneinen bei einem Insolvenzverwalter, der sich gegen die Zurückweisung der Anmeldung einer Stammkapitalerhöhung wendet.[103] Auch ein Prokurist kann im Rahmen einer gesetzlichen Vertretung auftreten, wenn für die Gesellschaft eine unechte Gesamtvertretung vorgesehen ist (→ § 22 Rn. 100).

2. Rechtsgeschäftliche Vertretung. Die grundsätzliche **Zulässigkeit** einer Vertretung 56 bei der Anmeldung folgt aus § 12 Abs. 1 S. 2 HGB. Allerdings gelten für die Registerverfahren als Verfahren der freiwilligen Gerichtsbarkeit auch die Vorschriften aus dem FamFG. Insoweit findet sich eine allgemeine Vertretungsnorm in § 10 Abs. 2 FamFG. Diese Vorschrift wird allerdings durch § 378 Abs. 1 FamFG dahin modifiziert, dass die Regelung des § 10 Abs. 2 S. 2 FamFG, mit der die Vertretungsmöglichkeit durch andere Personen als Rechtsanwälte beschränkt wird, für die Eintragungserklärungen und die Entgegennahme von Verfügungen oder Eintragungsmitteilungen nicht gilt. Diese Bevollmächtigung zur Vertretung bei einer Anmeldung ist in Abweichung zu § 167 BGB hin-

---

[98] OLG Zweibrücken NZG 2015, 319.
[99] OLG Düsseldorf NZG 2018, 381.
[100] BGHZ 116, 190; KG NZG 2016, 1031; OLG Düsseldorf NZG 2012, 1223; Schmidt-Kessel/Leutner/ Müther/*Müther* HGB § 12 Rn. 27.
[101] BGHZ 25, 154; *Krafka* RegisterR Rn. 2363; Schmidt-Kessel/Leutner/Müther/*Müther* HGB § 8 Rn. 191.
[102] BGHZ 25, 154; BayObLG Rpfleger 2001, 31; NJW 1988, 2051.
[103] BayObLG NZG 2004, 582.

sichtlich der Vollmacht an eine bestimmte Form gebunden. Die entsprechende Vollmacht muss notariell beglaubigt sein (→ § 27 Rn. 181 f.).

57   Ausgeschlossen ist eine Vertretung, soweit in der Anmeldung **höchstpersönliche Erklärungen** abgegeben werden müssen. Als höchstpersönlich sind dabei alle Erklärungen anzusehen, die strafbewehrt sind oder besondere zivilrechtliche Folgen, wie etwa eine Schadensersatzpflicht, nach sich ziehen. Höchstpersönlicher Natur sind danach etwa die Erklärungen über die Leistung der Einlagen bei den Kapitalgesellschaften (§§ 8 Abs. 2, 57 Abs. 2 GmbHG, §§ 37 Abs. 1 S. 1, 188 Abs. 2 AktG), die Erklärungen nach den §§ 140, 146 UmwG oder die Angaben der Vertretungsorgane der Kapitalgesellschaften über das Fehlen von Inhabilitätsgründen (§ 8 Abs. 3 GmbHG, § 37 Abs. 2 S. 1 AktG). Streitig ist, ob die von der Rechtsprechung entwickelte sog. negative Abfindungsversicherung beim Kommanditistenwechsel im Wege der Einzelrechtsnachfolge[104] als höchstpersönliche Erklärung anzusehen ist.[105] Dies dürfte zu verneinen sein, weil die Erklärung weder strafbewehrt ist noch besondere zivilrechtliche Folgen für den Erklärenden hat.[106] Weil diese Erklärung allerdings gesetzlich nicht vorgesehen ist, bedarf sie nach überwiegender Ansicht nicht der Form des § 12 Abs. 1 S. 1 HGB.[107]

58   Die zur Vertretung erforderliche Vollmacht muss **keine Spezialvollmacht** sein. Da das Gesetz außer an die Form keine speziellen Anforderungen stellt, reicht jede Vollmacht aus, aus der sich die Berechtigung zur Vornahme von Handelsregisteranmeldungen ergibt.[108] Die Vollmacht ist dabei auch entsprechend allgemeinen Regeln der Auslegung zugänglich.[109] Wegen des Grundsatzes der Registerstrenge muss sich die Bevollmächtigung aber hinreichend deutlich ergeben. Insoweit gilt das Gleiche wie für die Anmeldung selbst (→ Rn. 52). Eine Auslegung über den Wortlaut hinaus, kommt nicht in Betracht.[110] Im Zweifel ist die Vollmacht eng auszulegen.[111] Als ausreichende Vollmacht kommt nach diesen Grundsätzen damit auch eine Generalvollmacht in Betracht. Dies muss allerdings ihrerseits zulässig sein. Das ist nicht der Fall, wenn sie durch einen GmbH-Geschäftsführer erteilt ist.[112] Wirksam erteilt werden kann sie aber durch einen persönlich haftenden Gesellschafter.[113] Mit entsprechendem Inhalt reicht auch eine Vorsorgevollmacht aus.[114]

59   Die **Prokura** genügt nur dann, wenn die Anmeldung den laufenden Geschäftsbetrieb eines Handelsgewerbes betrifft. Hierzu gehört aber nicht die Anmeldung der Änderung einer inländischen Geschäftsanschrift bei der GmbH.[115] Der Nachweis der erteilten Prokura muss im Übrigen nicht in der Form des § 12 Abs. 1 S. 2 HGB erfolgen. Denn die Prokura ist eine rechtsgeschäftliche Vollmacht mit gesetzlich festgelegtem Inhalt. Der Nachweis wird durch die Registereintragung geführt.

60   Die Vorlage der Vollmacht kann durch die Einreichung einer **notariellen Bescheinigung** nach § 21 Abs. 3 BNotO ersetzt werden (→ § 27 Rn. 223).[116] Der Notar muss die ihm vorgelegte Vollmacht geprüft haben. Ob diese auch öffentlich beglaubigt sein muss, sagt das Gesetz nicht. Dies ist aber zu fordern, weil die Regelung als Verfahrensvorschrift nur Verfahrenserleichterungen schaffen wollte und nicht das Beweismaß reduzieren.[117] Die Regelung gilt über § 5 Abs. 2 PartGG auch im Partnerschaftsregisterrecht. Die Be-

---

[104] Zur Notwendigkeit BGH NJW-RR 2006, 107.
[105] Bejahend KG FGPrax 2009, 177.
[106] Vgl. *Müther* Rpfleger 2006, 126; im Einzelnen KG NZG 2004, 809.
[107] KG FGPrax 2009, 177; *Krafka* RegisterR Rn. 750; vgl. auch BeckNotar-HdB/*Hermanns,* 6. Aufl. 2015, D II. Rn. 30.
[108] BGHZ 116, 190.
[109] *Krafka* RegisterR Rn. 114; BeckOK HGB/*Müther* HGB § 12 Rn. 15.
[110] OLG Schleswig NZG 2010, 957; OLG Frankfurt a.M. FGPrax 2010, 305.
[111] OLG Düsseldorf NZG 2013, 540; GmbHR 2014, 373.
[112] BGH NJW 1977, 199; NZG 2002, 813; vgl. auch → § 27 Rn. 114.
[113] OLG Frankfurt a.M. DB 2013, 2021; vgl. auch BGHZ 36, 292.
[114] OLG Frankfurt a.M. DB 2013, 2021; OLG Karlsruhe RNotZ 2013, 561.
[115] OLG Karlsruhe NJW-RR 2015, 94; KG FGPrax 2016, 213; anders noch KG NZG 2014, 150.
[116] OLG Düsseldorf NZG 2016, 665.
[117] Vgl. dazu auch OLG Bremen NZG 2014, 580.

scheinigung erfasst nicht die Befugnis, einen fehlenden Widerruf von Vollmachten zu bestätigen.[118]

3. Vertretung durch den Notar. Nach § 378 Abs. 2 FamFG gilt ein Notar als im Namen der eigentlich zur Anmeldung Verpflichteten zur Stellung eines Eintragungsantrags ermächtigt, wenn er die zu der Eintragung erforderlichen Erklärungen beurkundet hat.[119] Die Vorschrift gilt allein für die **Anmeldeverfahren** und nicht für die amtswegigen Verfahren.[120] Sie erfasst nur den **deutschen Notar** und die ihm nach den §§ 39, 56 ff. BNotO gleichstehenden Personen.[121] Aus der Regelung ergibt sich eine Vermutung, für die es aber nicht mehr als der Vorlage der Beurkundungsunterlagen bedarf.[122] Die Vermutung ist widerleglich, was aber nur einer entsprechenden Erklärung gegenüber dem Registergericht bedarf.[123] Die Beurkundung einer Verschmelzung einer Kommanditistin und einer anderen Gesellschaft begründet keine Vollmachtsvermutung für ein Handeln für die übrigen Gesellschafter der KG.[124] Ein Recht auf Antragstellung oder Beschwerde in eigenem Namen ergibt sich für den Notar aus der Regelung ebenfalls nicht.[125]

Als **zur Eintragung erforderliche Erklärung** kommt sowohl ein beurkundeter Gesellschaftsvertrag, ein Gesellschafterbeschluss (zB Zustimmungsbeschluss zu einem Unternehmensvertrag),[126] eine Satzungsänderung bei der GmbH,[127] aber auch die Anmeldung selbst in Betracht. Letzteres ist zwar streitig, aber zu bejahen.[128] Ob die Eintragung konstitutiv wirkt (→ Rn. 15), ist anders als bei § 129 FGG nunmehr unerheblich. Höchstpersönliche Erklärungen (→ Rn. 57), wie die Erklärungen nach §§ 6 Abs. 2, 8 Abs. 2 GmbHG, § 62 Abs. 3 S. 5 UmwG, §§ 140, 146 HGB kann auch der Notar nicht abgeben.[129] Legt der Notar Beschwerde ein, ohne dies ausdrücklich im Namen der Beschwerdeberechtigten zu tun, ist seine Erklärung als Beschwerdeeinlegung im Namen der jeweils Berechtigten auszulegen.[130] Zur Einlegung der Rechtsbeschwerde fehlt ihm allerdings die Postulationsfähigkeit, § 10 Abs. 4 FamFG.

4. Prüfung der Vertretung. Im Rahmen der **Anmeldeprüfung** hat das Registergericht das Vorhandensein einer noch wirksamen Vollmacht[131] und die Einhaltung der notwendigen Form bzw. das Vorliegen einer notariellen Bescheinigung nach § 12 Abs. 1 S. 3 HGB zu prüfen.[132] Dabei darf das Registergericht ohne konkrete Anhaltspunkte nicht von einem Widerruf der Vollmacht ausgehen.[133] Ein ausreichender Anhaltspunkt ist nicht schon dann gegeben, wenn das erteilende Vertretungsorgan mittlerweile ausgeschieden ist.[134] Auch die Veränderung der Vertretungsverhältnisse allein führt nicht zu einer Unwirksamkeit der Vollmacht.[135] Liegt dem Registergericht lediglich eine beglaubigte Abschrift der

61

62

63

---

[118] OLG München BeckRS 2016, 18653.
[119] Zu den Vorteilen: *Ising* NZG 2012, 289.
[120] KG NJW-RR 2004, 1555.
[121] Vgl. dazu BayObLGZ 1969, 92; BayObLGZ 1961, 23; Keidel/*Heinemann* FamFG § 378 Rn. 4.
[122] Keidel/*Heinemann* FamFG § 378 Rn. 9.
[123] Vgl. OLG Frankfurt a.M. NJW 1984, 620.
[124] OLG München NJW 2015, 1616.
[125] OLG Karlsruhe GmbHR 2011, 308; OLG Nürnberg FGPrax 2011, 194.
[126] Vgl. OLG Frankfurt a.M. BeckRS 2011, 20300.
[127] OLG Oldenburg NZG 2011, 1233.
[128] KG NJW 1959, 1086; BayObLGZ 1995, 195 (197); iE Schmidt-Kessel/Leutner/Müther/*Müther* HGB § 12 Rn. 34.
[129] Schmidt-Kessel/Leutner/Müther/*Müther* HGB § 12 Rn. 37; aA *Bumiller/Harders/Schwamb* FamFG § 378 Rn. 4.
[130] OLG Frankfurt a.M. DB 2013, 2021; KG FGPRax 2012, 171; OLG Zweibrücken FGPrax 2000, 208.
[131] OLG München NZG 2016, 1189; OLG Frankfurt a.M. NJW-RR 2014, 1503.
[132] Vgl. etwa OLG München NZG 2016, 1189; OLG Schleswig NJW-RR 2012, 1063; OLG Dresden NZG 2008, 265.
[133] BayObLG DB 1975, 1162.
[134] BayObLG BB 1974, 1089 (1090).
[135] OLG Düsseldorf NZG 2018, 381.

öffentlich beglaubigten Vollmacht vor, hat es von Amts wegen zu prüfen, ob es von einem Fortbestand der Vollmacht ausgehen darf.[136] Dies folgt aus § 172 Abs. 2 BGB. Zu prüfen ist auch, ob die Vollmacht inhaltlich zur Anmeldung berechtigt; zur Auslegung → Rn. 58. Zulässig ist dabei auch eine Kettenbevollmächtigung. Das Ausscheiden eines Kommanditisten und der Eintritt seiner Erben kann nicht mit Hilfe einer (postmortalen) Vollmacht des Verstorbenen angemeldet werden, weil nicht dieser, sondern die Erben anmeldepflichtig sind.[137]

III. Verfahrensgrundsätze

64 **1. Überblick.** Das Verfahren auf Eintragung in das Handelsregister wird im Wesentlichen geprägt durch die Prüfungspflicht und das Prüfungsrecht des Registergerichts, die dazu dienen, die Richtigkeit des Registers zu gewährleisten. Diese zunächst durchzuführende Prüfung führt entweder zu einer Eintragung, vgl. § 382 Abs. 1 S. 1 FamFG, zu einer Zwischenverfügung nach § 382 Abs. 4 S. 1 FamFG oder zu einer Zurückweisung des Eintragungsantrags. In der Gestaltung des Verfahrens ist das Gericht weitgehend frei, so dass theoretisch auch die Durchführung einer Erörterung nach § 32 Abs. 1 FamFG nicht ausgeschlossen ist. Im Übrigen gilt auch der Amtsermittlungsgrundsatz nach § 26 FamFG, der allerdings gerade im Anmeldeverfahren Modifikationen erfährt. Das Verfahren beginnt mit dem Eingang der Anmeldung. Die Anmeldung ist wesentliche Verfahrensvoraussetzung. Erfolgt trotz fehlender notwendiger Anmeldung eine Eintragung, kommt eine Löschung nach § 395 FamFG in Betracht (→ Rn. 124).

65 **2. Anmeldeprüfung.** Der Eintragung geht eine notwendige und nicht verzichtbare Prüfung der Eintragungsvoraussetzungen durch das Gericht voraus.[138] Diese ist auch durch die Einführung des notariellen Prüfvermerks weder erlassen noch eingeschränkt.[139] Der Prüfungspflicht steht in gleichem Umfang ein Prüfungsrecht gegenüber.[140] Sie besteht in gleichem Umfang bei deklaratorischen und konstitutiven Eintragungen.[141] Die Prüfung hat sich zunächst auf die formellen Erfordernisse der Anmeldung und sodann auf eine materielle Prüfung zu beziehen.

66   Die **Prüfung in formeller Hinsicht** bezieht sich auf die Verfahrensvoraussetzungen und darauf, ob die Anmeldung ihrem äußeren Anschein nach ordnungsgemäß und vollständig ist. Zu prüfen ist deshalb die örtliche und sachliche Zuständigkeit des Gerichts, die Berechtigung des Antragstellers bezüglich der Identität und Vertretungsbefugnis, die Form der Anmeldung, die Eintragungsfähigkeit der einzutragenden Tatsachen, die inhaltliche Vollständigkeit der Anmeldung und das Vorliegen der nach dem Gesetz vorgesehenen Unterlagen.[142] Bei einer vollständigen Satzungsneufassung ist etwa auch eine Satzung mit Bescheinigung nach § 54 Abs. 1 S. 2 GmbHG einzureichen.[143] Mit dem Inkrafttreten des § 378 Abs. 3 FamFG ist nunmehr auch zu prüfen, ob ein entsprechender Prüfvermerk durch den Notar erstellt worden ist.[144] Näher dazu → Rn. 90.

67   Die **materielle Prüfung** des Registergerichts betrifft die Rechtmäßigkeit des angemeldeten Umstands und die Richtigkeit der behaupteten Tatsachen. Zweckmäßigkeitserwägungen, etwa hinsichtlich der Gestaltung von Gesellschaftsverträgen, sind dabei nicht an-

---

[136] OLG Karlsruhe NJW-RR 2015, 420.
[137] OLG München MittBayNot 2017, 618; aA OLG Hamm FGPrax 2005, 39; *Krafka* RegisterR Rn. 114.
[138] Zur Herleitung: Baumbach/Hopt/*Hopt* HGB § 8 Rn. 7f.; BeckOK HGB/*Müther* HGB § 8 Rn. 35; MüKoHGB/*Krafka* HGB § 8 Rn. 57.
[139] Bork/Jacoby/Schwab/*Müther* FamFG § 378 Rn. 19.
[140] MüKoHGB/*Krafka* HGB § 8 Rn. 57; Schmidt-Kessel/Leutner/Müther/*Müther* HGB § 8 Rn. 110.
[141] OLG Hamm DNotZ 2001, 956; KG FGPrax 1997, 154; *Krafka* RegisterR Rn. 153.
[142] Baumbach/Hopt/*Hopt* HGB § 8 Rn. 7; KKRM/*Roth* HGB § 8 Rn. 22; MüKoHGB/*Krafka* HGB § 8 Rn. 57; Schmidt-Kessel/Leutner/Müther/*Müther* HGB § 8 Rn. 111.
[143] OLG Jena NZG 2016, 152.
[144] OLG Celle FGPrax 2018, 5; OLG Schleswig NJW 2017, 3603; jeweils zur GBO.

zustellen.[145] Auch die Einhaltung öffentlich-rechtlicher Vorschriften ist durch das Registergericht nach §7 HGB nicht zu prüfen.[146] Eine Ausnahme besteht insoweit nach §43 Abs. 1 KWG (→ §22 Rn. 58). Im Rahmen einer Rechtmäßigkeitsprüfung ist vielmehr festzustellen, ob die angemeldete Tatsache rechtlich tatsächlich besteht. Insoweit ist eine Art Schlüssigkeitsprüfung vorzunehmen. Dies schließt bei der Erstanmeldung einer KG die Prüfung ein, ob ein Handelsgewerbe vorliegt[147] oder die Voraussetzungen des §105 Abs. 2 HGB gegeben sind. Im Fall einer Satzungsänderung und einem Geschäftsführerwechsel kommt in bestimmten Fällen die Prüfung in Betracht, ob ein Fall einer sog. „Firmenbestattung" gegeben ist.[148] Die Anmeldung einer Satzungsänderung bei einer GmbH, setzt eine Wirksamkeit des ändernden Beschlusses voraus. Wegen §16 Abs. 1 GmbHG ist zu prüfen, ob die Handelnden als Gesellschafter in die Gesellschafterliste nach §40 GmbHG eingetragen sind,[149] ob der Gesellschafterbeschluss in der richtigen Form gefasst ist[150] und ob die nach dem Gesellschaftsvertrag erforderliche Mehrheit erreicht wird.[151] Im Rahmen der Schlüssigkeitsprüfung ist auch zu klären, ob eine Gesellschafterfähigkeit gegeben ist.[152] Eine Schlüssigkeit der Anmeldung ist wegen §296 Abs. 1 S. 1 AktG etwa zu verneinen, wenn die Beendigung eines Gewinnabführungs- und Beherrschungsvertrags zu einem anderen Zeitpunkt als dem Ende des Geschäftsjahres angemeldet wird.[153] Auch die Frage der Zulässigkeit der gewählten Firma nach den §§18, 19, 30 HGB ist in diesem Rahmen zu prüfen.[154] Dazu auch → Rn. 91.

Die **Richtigkeit der behaupteten Tatsachen** wird grundsätzlich nicht überprüft. **68** Eintragungsgrundlage ist, wie sich aus den jeweiligen Anmeldetatbeständen ergibt, die Anmeldung ergänzt durch die nach dem Gesetz vorzulegenden Unterlagen. Eine Prüfung der Richtigkeit der angemeldeten Tatsachen findet daher grundsätzlich nicht statt. Ermittlungen von Amts wegen scheiden insoweit aus. Die Prüfung ist aber dann erforderlich, wenn sich aufgrund konkreter Umstände Zweifel an den behaupteten Tatsachen ergeben.[155] Dann ist das Registergericht berechtigt und verpflichtet, unter Anwendung des Amtsermittlungsgrundsatzes im Wege des Freibeweisverfahrens die Richtigkeit der behaupteten Tatsache zu überprüfen. Das soll etwa der Fall sein, wenn es um das Bestehen einer ausländischen Gesellschaft geht.[156] Bei einer amerikanischen Gesellschaft soll dabei das Bestehen nicht durch die Gründungsurkunde nachgewiesen werden können, sondern durch ein certificate of good standing, das vom secretary der Gesellschaft auszustellen ist.[157]

3. Zwischenverfügung. Ergeben sich im Rahmen der Prüfung Beanstandungen, ist **69** durch das Gericht zu entscheiden, ob es sich um behebbare Hindernisse handelt. In diesem Fall hat das Gericht nach §382 Abs. 4 S. 2 FamFG eine Zwischenverfügung zu erlassen. Alternativ besteht die Möglichkeit, dass den Anmeldern die Beanstandungen im Rahmen einer formlosen Meinungsäußerung mitgeteilt werden. Dies scheidet in jedem Fall aus, wenn der Anmelder ein Interesse an einer Klärung der Berechtigung der Beanstandung im Beschwerdewege hat.

---

[145] BayObLG NJW-RR 1993, 494; OLG Köln NJW 1992, 1048.
[146] BGH NZG 2017, 1226.
[147] OLG Zweibrücken NZG 2013, 105; BGH NJW 2015, 61 (Steuerberatungs-KG); OLG Zweibrücken BeckRS 2016, 02585 (Konzerninkassogesellschaft).
[148] OLG Zweibrücken NZG 2013, 1113.
[149] OLG Bremen RNotZ 2012, 457; OLG Zweibrücken NZG 2012, 471; *Krafka* RegisterR Rn. 1028.
[150] BGH NZG 2015, 867; KG ZIP 2018, 323; DB 2018, 2236.
[151] KG NZG 2016, 836.
[152] OLG Celle NZG 2012, 667 (BGB-Gesellschaft Komplementär einer KG); OLG Celle NZG 2018, 303 (noch nicht geborenes Kind als Kommanditist).
[153] OLG München NZG 2012, 590.
[154] OLG München NZG 2013, 108; KG NZG 2013, 1153.
[155] OLG Düsseldorf NZG 2015, 1161; OLG Hamm NZG 2015, 1159; KG NZG 2016, 836 (837).
[156] OLG Köln NZG 2013, 754.
[157] OLG Köln FGPrax 2013, 74.

70   Die Zwischenverfügung kann sich nur auf **behebbare Hindernisse** beziehen. Die Aufforderung, eine Anmeldung zurückzunehmen, weil sie nicht eintragungsfähig ist, kann nicht mit einer Zwischenverfügung erfolgen.[158] Als behebbar ist in jedem Fall die Unvollständigkeit der Anmeldung anzusehen. Ist ein der Anmeldung zugrundeliegender Vertrag nicht nur schwebend unwirksam, sondern nichtig, ist die Anmeldung zurückzuweisen. Der Erlass einer Zwischenverfügung kommt nicht in Betracht bei satzungsändernden Beschlüssen. Allerdings sieht § 242 Abs. 2 S. 4 AktG bei Verstößen gegen die Ladungspflicht die Möglichkeit einer Heilung durch Genehmigung vor, die durch einfache elektronische Erklärung erfolgen kann.[159] Sind nicht alle geänderten Satzungsregeln zu beanstanden, kommt eine Behebung in Betracht. Ebenso, wenn nicht alle Anmeldepflichtigen mitgewirkt haben. Es kann aber auch gegebenenfalls ein Teilvollzug beantragt werden (→ Rn. 47).

71   Mit der Zwischenverfügung kann insbesondere auch ein **Kostenvorschuss** nach § 13 S. 1 GNotKG erfordert werden. Insoweit kommt aber auch in Betracht, dass der Notar ein Einstehen für die Zahlung zusagt (vgl. § 16 Nr. 3 GNotKG), so dass die Eintragung nicht von der Einzahlung abhängig ist. Welche Folgen die Nichtzahlung hat, ist umstritten. Insoweit dürfte es richtig sein, bei einer fehlenden Einzahlung die Anmeldung zurückzuweisen und nicht nur ein Ruhen des Verfahrens anzuordnen.[160]

72   Die Zwischenverfügung muss das jeweilige **Hindernis** und die **Beseitigungsmaßnahme** aufführen, soweit diese nicht auf der Hand liegt. Grundsätzlich sind alle Beanstandungen zu benennen. Das schließt es aber nicht aus, zu einem späteren Zeitpunkt weitere Beanstandungen in einer weiteren Zwischenverfügung zu beanstanden.[161] Es ist weiter eine **Frist** zu setzen, die angemessen sein muss und damit nicht unter einem Monat liegen sollte. Schließlich ist die Zwischenverfügung mit einer **Rechtsbehelfsbelehrung** zu versehen, weil sie nach § 382 Abs. 4 S. 2 FamFG mit der Beschwerde angreifbar ist. Ob die Zwischenverfügung in Beschlussform ergehen muss, ist in der Rechtsprechung umstritten.[162] Größere Bedeutung kommt dieser Frage allerdings nur dann zu, wenn man eine Bindung des Gerichts an die in einem Beschluss aufgeführten Hindernisse annimmt. Denn dann kann das Registergericht von der Beanstandung nur dann abrücken, wenn gegen die Zwischenverfügung ein Rechtsmittel eingelegt wird. Allein wegen der Nichteinhaltung der Form kann eine Beschwerde aber keinen Erfolg haben, weil das Beschwerdegericht nach § 65 Abs. 3 FamFG Tatsacheninstanz ist und den Formfehler beheben müsste.

73   Zu beachten bleibt, dass allein eine Rechtsbehelfsbelehrung nicht die Annahme rechtfertigt, es läge eine anfechtbare Zwischenverfügung vor. Es muss vielmehr nach dem äußeren Eindruck – von der Form – für einen objektiven Betrachter um eine Aufforderung zur Beseitigung von Hindernissen unter Fristsetzung gehen.[163] Dann kommt es auch nicht darauf an, ob das aufgezeigte Hindernis behebbar ist oder das erstinstanzliche Gericht dies nur annimmt.[164] Hat das Registergericht insofern zu Unrecht angenommen, eine Zwischenverfügung erlassen zu können, ist diese aufzuheben und die Sache an das Registergericht zurückzugeben. Hat das Registergericht durch eine Rechtsbehelfsbelehrung zu Unrecht den Eindruck erweckt, die Mitteilung sei beschwerdefähig, ist die dagegen eingelegt Beschwerde unzulässig, wegen der Kosten ist aber § 21 GNotKG anzuwenden.

---

[158] KG ZIP 2019, 123; BayObLG NJW-RR 1988, 869; Schmidt-Kessel/Leutner/*Müther* HGB § 8 Rn. 179.
[159] MüKoAktG/*Hüffer/Schäfer* AktG § 242 Rn. 16.
[160] KG ZIP 2018, 80 = GmbHR 2017, 1337 mAnm *Melchior,* ständige Rspr.
[161] Anders wohl *Krafka* RegisterR Rn. 166c.
[162] Für Beschlussform: OLG Düsseldorf NZG 2014, 109; NJW-RR 2012, 560; OLG Schleswig ZIP 2011, 662.
[163] OLG Düsseldorf Rpfleger 2018, 473; OLG München NZG 2013, 557.
[164] Bork/Jacoby/Schwab/*Müther* FamFG § 382 Rn. 8.

4. Aussetzung. Das Registergericht kann das **Eintragungsverfahren** nach Maßgabe der 74 §§ 21, 381 FamFG aussetzen, wenn ein wichtiger Grund gegeben ist. Das ist insbesondere der Fall, wenn die Entscheidung ganz oder zum Teil von dem Bestehen oder Nichtbestehen eines Rechtsverhältnisses abhängt, das streitig ist. Anders als nach § 21 Abs. 1 FamFG ist in den Eintragungsverfahren nicht erforderlich, dass der Streit über das Bestehen oder Nichtbestehen des Rechtsverhältnisses bereits rechtshängig ist. Dies ergibt sich aus § 381 S. 1 FamFG. In diesem Fall ist den Beteiligten eine Frist zur Erhebung der Klage zu setzen, § 381 S. 2 FamFG. Die Aussetzung erfolgt durch Beschluss.

Hauptanwendungsfälle der Aussetzung sind Gesellschafterbeschlüsse in Kapitalgesell- 75 schaften, über deren Wirksamkeit zwischen den Gesellschaftern gestritten wird.[165] Grundsätzlich hat das Registergericht die Wirksamkeit des für die Eintragung erforderlichen Beschlusses allerdings zunächst selbst zu prüfen. Ergibt sich dabei, dass der Beschluss nach Maßgabe des § 241 AktG nichtig ist, kommt eine Aussetzung nicht in Betracht. Die Anmeldung ist vielmehr zurückzuweisen. Das Gleiche gilt, wenn schon andere Gründe gegen die Eintragung sprechen. Hat das Gericht das Verfahren ausgesetzt, kann die Aussetzung in bestimmten Fällen (Beschlüsse über Maßnahmen der Kapitalbeschaffung, der Kapitalherabsetzung oder einen Unternehmensvertrag) durch eine **Freigabeentscheidung** nach § 246a AktG überwunden werden.

Besonderheiten gelten im **Umwandlungsrecht.** Dort ist Eintragungsvoraussetzung, 76 dass die Wirksamkeit eines Verschmelzungsbeschlusses nicht mit der Klage angefochten ist **(Negativerklärung).** Dies wird durch das Registergericht über die entsprechende Erklärung der Anmelder nach § 16 Abs. 2 S. 1 UmwG geprüft. Fehlt die Negativerklärung oder ergibt sich anderweit, dass ein entsprechendes Verfahren rechtshängig ist, ist das Verfahren auszusetzen.[166] Um dieses Eintragungshindernis zu überwinden, kann ein Beschluss nach § 16 Abs. 3 UmwG erwirkt werden. Die Regelung gilt auch für Spaltungen, § 125 S. 1 UmwG.[167] Entsprechendes gilt bei der Eingliederung nach § 319 Abs. 6 AktG und im Verfahren auf Ausschluss von Minderheitsaktionären (§ 327e Abs. 2 AktG).

Erfolgt eine Aussetzung, besteht die Möglichkeit gegen den Beschluss eine **sofortige** 77 **Beschwerde** nach § 21 Abs. 2 FamFG in Verbindung mit §§ 567ff. ZPO einzulegen. Die Beschwerde muss binnen einer Frist von zwei Wochen nach § 569 Abs. 1 S. 1 ZPO eingelegt werden. Die Beschwerde kann anders als nach dem FamFG auch beim Beschwerdegericht eingereicht werden, § 569 Abs. 1 S. 1 ZPO. Beschwerdebefugt ist insoweit der jeweils Beteiligte des Eintragungsverfahrens (→ Rn. 160).

Fraglich ist, ob ein vom Registergericht getroffener **Beschluss,** das Verfahren **nicht** 78 **auszusetzen,** mit der Beschwerde angefochten werden kann. Der BGH hat dies in Familiensachen wegen eines notwendigen Gleichlaufs mit den Vorschriften der ZPO bejaht.[168] Ob dies auch in den Eintragungsverfahren gilt, ist fraglich. Eine Gleichstellung mit den Verfahrensvorschriften in der ZPO ist nicht erforderlich, weil das Eintragungsverfahren kein Streitverfahren darstellt. Insoweit ist auch kaum vorstellbar, dass ein Beteiligter des Eintragungsverfahren auf Aussetzung dringt. Denn beteiligt am Verfahren ist jeweils nur der Unternehmensträger und – soweit es um eine deklaratorische Eintragung geht – die zur Anmeldung verpflichteten Personen. Dritte, wie etwa Gesellschafter einer Kapitalgesellschaft, sind vielmehr auf den Zivilrechtsweg zu verweisen.

IV. Beendigung des Verfahrens

1. Eintragung. Ergeben sich hinsichtlich der Anmeldung keine Beanstandungen oder 79 sind die in einer Zwischenverfügung mitgeteilten Eintragungshindernisse beseitigt oder

---

[165] Vgl. etwa KG NZG 2017, 583.
[166] Semmler/Stengel/*Schwanna* UmwG § 16 Rn. 19.
[167] Semmler/Stengel/*Schwanna* UmwG § 125 Rn. 11.
[168] BGH NJW 2012, 3784; Bork/Jacoby/Schwab/*Bartels/Elzer* HGB § 21 Rn. 36.

hat das Registergericht von der Annahme der Hindernisse Abstand genommen, gibt das Registergericht dem Eintragungsantrag nach § 382 Abs. 1 S. 1 FamFG durch **Eintragung als Endentscheidung** statt. Eine Endentscheidung durch Beschluss, wie sie allgemein nach § 38 Abs. 1 S. 1 FamFG vorgesehen ist, erfolgt nicht, vgl. § 38 Abs. 1 S. 2 FamFG.

80   Die **Eintragung** erfolgt unmittelbar durch den Richter oder Rechtspfleger, sie kann aber nach entsprechender Verfügung auf den Urkundsbeamten der Geschäftsstelle übertragen werden, vgl. § 27 Abs. 1 HRV. Nach § 27 Abs. 2 HRV hat der Richter oder Rechtspfleger in dem letzteren Fall aber den genauen Wortlaut und die Eintragungsstelle festzulegen. Eintragungen sind dabei deutlich, klar verständlich sowie in der Regel ohne Angaben von Gesetzesvorschriften und ausgeschrieben vorzunehmen, § 12 S. 1 HRV. Jede Eintragung ist dabei mit einer fortlaufenden Nummer zu versehen und durch einen Querstrich von nachfolgenden Eintragungen vorzunehmen, § 14 HRV. Dies bedeutet allerdings nicht, dass mehrere Eintragungsgegenstände einer Anmeldung unter mehreren Nummern eingetragen werden. Liegen mehrere trennbare Eintragungsgegenstände vor (zB Satzungsänderung und Geschäftsführerwechsel bei einer GmbH), kommt allerdings ein **Teilvollzug** in Betracht, der ausreichend deutlich zu beantragen ist (→ Rn. 47). Bei der Eintragung ist das Vollzugsdatum anzugeben, weiter ist sie mit der elektronischen Signatur der Eintragungsperson zu versehen, § 382 Abs. 2 FamFG.

81   Stellt die **Eintragung eine Löschung** oder eine Änderung des Inhalts einer bestehenden Eintragung dar, ist sie nicht an der Stelle der zu löschenden oder zu ändernden Eintragung zu vermerken, sondern unter einer neuen Nummer. Die Löschung führt auch nicht zu einer Entfernung der früheren Eintragung.[169] Die Löschung oder Änderung erfolgt vielmehr durch die Eintragung eines entsprechenden Vermerks, der ebenso wie die zu löschende frühere oder geänderte Eintragung in geeigneter Weise als gegenstandslos gekennzeichnet wird. Dies erfolgt in der Regelung durch rotes Unterstreichen. Die dieses Vorgehen regelnde Vorschrift findet sich in § 16 HRV. Die gegenstandslosen Eintragungen sind nur aus dem chronologischen Registerausdruck ersichtlich, vgl. dazu § 30a Abs. 4 HRV.

82   Die Eintragung wird mit ihrem **Vollzug** wirksam, § 382 Abs. 1 S. 2 FamFG, der den Anforderungen des § 8a Abs. 1 HGB genügen muss. Dies soll durch den Eintragenden im Übrigen auch nach § 27 Abs. 3 HRV überprüft werden. Die Eintragung ist nach § 383 Abs. 3 FamFG unanfechtbar. Dieser **Beschwerdeausschluss** bedeutet allerdings nicht, dass Schreibfehler oder andere Unrichtigkeiten nicht beseitigt werden können. Eine **Berichtigung** erfolgt nach § 17 HRV. Auf die Berichtigung besteht ein Anspruch, der auch im Rechtsmittelweg verfolgt werden kann.[170] Dies setzt eine Ablehnung der Berichtigung durch Beschluss voraus.

83   Neben der Berichtigung nach § 17 HRV kommt weiter eine sog. **Fassungsbeschwerde** in Betracht, von deren Zulässigkeit jedenfalls auch im Gesetzgebungsverfahren ausgegangen wird.[171] Danach kann die Art und Weise der Eintragung durch die Beteiligten beanstandet werden. Dies kommt in erster Linie dann in Betracht, wenn die vom Registergericht gewählte Fassung der Eintragung nicht dem entspricht, was die Beteiligten als richtige Eintragung ansehen.[172] Wesentliches Anwendungsgebiet ist die Schreibweise der eingetragenen Firma – wie etwa eine durchgehende Schreibweise in Großbuchstaben oder eine besondere grafische Gestaltung. Ebenso kann beanstandet werden, dass der Umfang einer Satzungsänderung sich nicht hinreichend deutlich aus dem Eintragungstext ergibt.[173] Zu beachten ist allerdings, dass die genaue Fassung der Eintragung grundsätzlich im Ermessen des Registergerichts liegt.

---

[169] Vgl. dazu BGH NJW 2015, 2116.
[170] BayObLG NJW-RR 1986, 1161; *Krafka* RegisterR Rn. 2443.
[171] BT-Drs. 16/6308, 286.
[172] *Krafka* RegisterR Rn. 2442; Bork/Jacoby/Schwab/*Müther* FamFG § 383 Rn. 8.
[173] OLG Düsseldorf NZG 2015, 202.

Die Eintragung ist nach § 10 S. 1 HGB in dem nach § 9 Abs. 1 S. 2 HGB bestimmten **84** elektronischen Informations- und Kommunikationssystem bekanntzumachen. Der Inhalt der **Bekanntmachung** wird durch § 10 S. 2 HGB bestimmt. Danach ist grundsätzlich der gesamte Inhalt der Eintragung bekanntzumachen. Ausnahmen sehen etwa § 162 Abs. 2 HGB und § 175 S. 2 HGB vor. Die Bekanntmachung ist etwa auch für § 15 HGB von Bedeutung, so dass sich eine Überprüfung der Bekanntmachung durch die Beteiligten empfiehlt. Weiterungen des Inhalts der Bekanntmachung sieht § 34 HRV in Bezug auf den Unternehmensgegenstand und die Lage der Geschäftsräume vor.

Die Eintragung ist darüber hinaus den Beteiligten mitzuteilen, § 383 Abs. 1 FamFG.[174] **85** Dadurch wird den Beteiligten eine Überprüfung der Eintragung ermöglicht. Soweit ein Notar den Eintragungsantrag nicht nur als Bote eingereicht hat, hat die **Mitteilung** an ihn zu erfolgen. Auf die Mitteilung kann durch die Beteiligten verzichtet werden.

2. Rücknahme und Widerruf. Der Eintragungsantrag kann jederzeit bis zum Vollzug **86** der Eintragung zurückgenommen werden.[175] Die **Rücknahmeerklärung** bedarf dabei nicht der Form des § 12 Abs. 1 S. 1 HGB.[176] Nimmt der Notar die Anmeldung zurück, ist § 24 Abs. 3 BNotO zu beachten.[177] Ob diese Erklärungen auch in Papierform eingereicht werden können, ist unklar.[178] Ist die Anmeldung trotz Rücknahme vollzogen worden, kommt die Einleitung eines Löschungsverfahrens nach § 395 FamFG in Betracht (→ Rn. 124). Ergibt sich aus der Erklärung bzw. aus den Umständen, dass lediglich ein zeitlicher Aufschub zur Beseitigung eines Vollzugshindernisses begehrt wird, reicht zur Wiederaufnahme des Verfahrens eine formlose Erklärung aus.[179]

Denkbar ist auch die Rücknahme der Anmeldung durch einen der mehreren notwen- **87** digen Anmelder. Sie wird als **Widerruf** bezeichnet. Das Bestehen einer Anmeldepflicht steht der Rücknahme oder dem Widerruf nicht entgegen.[180] Unter Umständen kann die (erneute) Anmeldung unter den Voraussetzungen des § 16 Abs. 1 HGB von den anderen Beteiligten erzwungen werden. Das Registergericht muss allerdings gegebenenfalls ein Zwangsgeldverfahren einleiten (→ Rn. 135).

Ist eine Rücknahme oder ein Widerruf erfolgt, bedeutet eine Wiederaufnahme des **88** Verfahrens eine **erneute Anmeldung**.[181] Diese muss wiederum den allgemeinen Anforderungen entsprechen. Es gilt uneingeschränkt § 12 Abs. 1 HGB.

3. Zurückweisung. Gibt das Registergericht dem Eintragungsantrag nicht durch Eintra- **89** gung statt, wird das Verfahren durch Zurückweisung beendet. Diese erfolgt nach § 38 Abs. 1 FamFG durch einen Beschluss, der nach § 39 FamFG mit einer Rechtsbehelfsbelehrung zu versehen ist und nach § 58 Abs. 1 FamFG mit der Beschwerde angefochten werden kann. Der Beschluss ist nach § 382 Abs. 1 FamFG iVm § 38 Abs. 3 S. 1 FamFG zu begründen. Die Entscheidung ist zuzustellen, um die Beschwerdefrist von einem Monat nach § 63 Abs. 1 FamFG in Lauf zu setzen.

V. Einzelne besondere Fallgestaltungen

1. Prüfvermerk. Nach dem seit dem 9.6.2017 geltenden § 378 Abs. 3 FamFG sind An- **90** meldung in Registersachen mit Ausnahme der Genossenschafts- und Partnerschaftsregis-

---

[174] BeckOK HGB/*Müther* HGB § 10 Rn. 10ff.
[175] OLG Düsseldorf Rpfleger 1989, 201; BeckOK HGB/*Müther* HGB § 12 Rn. 12; MüKoHGB/*Krafka* HGB § 12 Rn. 20.
[176] BeckOK HGB/*Müther* HGB § 12 Rn. 12; MüKoHGB/*Krafka* HGB § 12 Rn. 20.
[177] OLG Düsseldorf Rpfleger 1989, 201.
[178] So aber OLG Frankfurt a.M. NJW-RR 2013, 1052.
[179] BayObLGZ 1966, 337.
[180] BeckOK HGB/*Müther* HGB § 12 Rn. 12; MüKoHGB/*Krafka* HGB § 12 Rn. 20.
[181] BayObLGZ 1966, 337 (341); MüKoHGB/*Krafka* HGB § 12 Rn. 20.

tersachen durch den Notar auf ihre Eintragungsfähigkeit hin zu prüfen.[182] Ob diese Prüfung zu **dokumentieren** ist, sagt das Gesetz nicht. Zu der entsprechenden Vorschrift im Grundbuchrecht hat die Rechtsprechung allerdings bereits einen entsprechenden Vermerk verlangt.[183] Dies wird im Registerrecht ebenso Geltung haben.[184] Als Inhalt des Vermerks reicht der Hinweis auf die Prüfung aus. Eine **Einschränkung des Prüfungsrechts** des Registergerichts ist mit der Einführung der Notarprüfung nicht verbunden, sie soll vielmehr nur eine gesetzliche Fixierung einer ohnehin bereits bestehenden Notarpflicht darstellen. Die Prüfpflicht besteht auch, wenn die Anmeldung nicht durch den Notar entworfen worden ist. Das Fehlen des Vermerks wird als Eintragungshindernis anzusehen sein.[185] Aus einer fehlerhaften Prüfung ergibt sich keine Amtspflichtverletzung des Notars, weil die Prüfung nach dem Willen des Gesetzgebers allein im öffentlichen Interesse erfolgt. Bezüglich der Kosten gelten Nr. 22122, 22124 KV GNotKG.

91 **2. Firmenrecht.** Das Registergericht prüft bei einer Erstanmeldung oder Änderung insbesondere auch die gewählte Firma. Dieser muss Namensfunktion nach § 18 Abs. 1 HGB zukommen und sie darf nicht irreführend nach § 18 Abs. 2 HGB sein. Darüber hinaus muss sie den Rechtsformzusatz nach § 19 HGB enthalten und muss sich von anderen im selben Register eingetragenen Firmen hinreichend deutlich unterscheiden, § 30 HGB. Weiter ist zu prüfen, ob die gewählte Firma gegen gesetzliche Verbote, wie etwa § 11 Abs. 1 PartGG verstößt.[186] Die Prüfung einer etwaigen Irreführung nach § 18 Abs. 2 S. 2 HGB ist darauf beschränkt, ob die Irreführung ersichtlich ist. Damit sind ins einzeln gehende Beweisaufnahmen durch das Registergericht ausgeschlossen. Allerdings kann der Entscheider im Registergericht zu den angesprochenen Verkehrskreisen gehören und dies bei der Beurteilung einfließen lassen. Insoweit kommt aber auch die Einholung einer Stellungnahme der IHK in Betracht, die insoweit die notwendigen Tatsachengrundlagen vermitteln kann. Gerade wegen der Firmenwahl bietet sich eine vorherige Abstimmung mit der zuständigen Industrie- und Handelskammer an (→ Rn. 38).

92 **3. Der Einfluss von Insolvenzverfahren.** Die Eröffnung eines Insolvenzverfahrens ist von Amts wegen in das Register einzutragen (→ Rn. 109). Die Folgen der Eintragung auf andere Eintragungen sind ebenfalls von Amts wegen einzutragen, vgl. § 384 Abs. 2 FamFG. Die Eröffnung führt bei Gesellschaften zu einer Auflösung von Gesetzes wegen (zB nach § 60 Abs. 1 Nr. 3 GmbHG). Laufende Eintragungsverfahren werden durch die Insolvenzeröffnung – anders als im Zivilprozess – aber nicht unterbrochen.[187] Weder die Eröffnung noch vorläufige Maßnahmen beschränken die Beteiligten darin, vor dem Registergericht aufzutreten. Es ist lediglich zu prüfen, ob der Anmeldegegenstand im Zusammenhang mit der Ausübung der Rechte des Insolvenzverwalters zur Verwaltung und Verwertung der **Insolvenzmasse** steht.[188] Ist dies der Fall, ist er am Verfahren zu beteiligen. Diese Voraussetzungen sind nicht bei einem angemeldeten Wechsel in der Vertretungsbefugnis gegeben[189] und auch dann nicht, wenn es um die Anmeldung einer Kapitalerhöhung bei einer GmbH oder AG geht.[190]

93 Fraglich ist, inwieweit der Insolvenzverwalter an **Anmeldungen mitwirken** muss und inwieweit er selbst Anmeldungen vornehmen darf. Einigkeit besteht, dass eine Mitwirkung erforderlich ist bei der Anmeldung des Ausscheidens eines Gesellschafters aus einer

---

[182] Vgl. dazu *Diehn/Rachlitz* DNotZ 2017, 487; *Eickelberg/Böttcher* FGPrax 2017, 145; *Krafka* NZG 2017, 889; *Weber* RnotZ 2017, 427; *Zimmer* NJW 2017, 1909.
[183] OLG Celle NotBZ 2018, 63; OLG Schleswig FGPrax 2017, 210; siehe auch BT-Drs. 18/10607, 108.
[184] Vgl. OLG Düsseldorf FGPrax 2018, 192; NZG 2018, 755.
[185] Bork/Jacoby/Schwab/*Müther* FamFG § 378 Rn. 19.
[186] BGHZ 135, 257; KG ZIP 2018, 1975.
[187] OLG Köln FGPrax 2001, 214.
[188] BayObLG NZG 2004, 582.
[189] OLG Köln FGPrax 2001, 214.
[190] BayObLG NZG 2004, 582.

Personenhandelsgesellschaft.[191] Dies gilt auch dann, wenn es um eine Firmenänderung geht.[192] Streitig ist insoweit aber, wie eine wegen der Veräußerung durch den Insolvenzverwalter notwendige Firmenänderung vorzunehmen ist. Teilweise wird angenommen, dass der Insolvenzverwalter (allein) zur Anmeldung befugt ist, zuvor aber in Ausübung der Gesellschafterrechte einen entsprechenden förmlichen Beschluss zu fassen hat.[193] Wegen der Wirkungen der Insolvenzeröffnung auf das Geschäftsjahr – nach § 155 Abs. 2 S. 1 InsO beginnt mit diesem Zeitpunkt ein neues Geschäftsjahr – soll der Insolvenzverwalter zur Anmeldung der Rückkehr zum für den Insolvenzschuldner vorher geltenden Geschäftsjahresverlauf befugt sein, wobei aber auch eine andere Mitteilung an das Registergericht reiche.[194] Die Anmeldung oder Mitteilung müsse aber noch während des ersten durch die Insolvenzeröffnung laufenden Geschäftsjahres erfolgen.[195] Die Änderung soll dann in das Register eingetragen werden. Allerdings sieht das Registerrecht die Angabe des Geschäftsjahres als Eintragungsgegenstand eigentlich nicht vor. Der Insolvenzverwalter ist nicht verpflichtet, eine Änderung der inländischen Geschäftsanschrift zum Register anzumelden.[196] Die Eintragung des Insolvenzvermerkes reicht aus, etwaige Gläubiger auf einen Wechsel in der Zuständigkeit hinzuweisen.

94 Wird die **Eröffnung des Insolvenzverfahrens mangels Masse abgelehnt,** wird auch dies von Amts wegen in das Register eingetragen (zB § 65 Abs. 1 S. 3 GmbHG) und führt zur Auflösung der Gesellschaft. Soweit die Gesellschaft vermögenslos iSd § 394 FamFG ist, ist ein Löschungsverfahren durchzuführen (→ Rn. 117 ff.). Eine Fortsetzung der Gesellschaft ist in diesem Fall ausgeschlossen.[197] Das gilt auch, wenn das Insolvenzverfahren nach der Schlussverteilung aufgehoben worden ist.[198]

95 **4. Umwandlungsrecht.** Eine besondere Problematik des Umwandlungsrechts ergibt sich aus der Regelung des § 17 Abs. 2 S. 4 UmwG. Danach darf das Registergericht eine Verschmelzung nur dann eintragen, wenn die nach § 17 Abs. 2 S. 1 UmwG mit einzureichende Bilanz des übertragenden Rechtsträgers auf einen höchstens acht Monate vor der Anmeldung liegenden Stichtag aufgestellt worden ist. Das bedeutet, dass die Anmeldung innerhalb dieser Frist beim Registergericht eingehen muss.[199] Für die Fristberechnung gelten die §§ 186 ff. BGB.[200] Eine Fristüberschreitung ist ein Eintragungshindernis.[201] Dann aber ist fraglich, welchen Anforderungen die Anmeldung genügen muss und ob insoweit nachgebessert werden kann. Die Auffassung, nahezu jeder Fehler, wie auch die nicht formgerechte Anmeldung, könne nachträglich beseitigt werden, dürfte sicher nicht zutreffen.[202] Denn anderenfalls macht die durch das Gesetz vorgesehene Fristbindung keinen Sinn.

96 Insoweit hat das OLG Dresden eine fehlende Genehmigung der Aufsichtsbehörde bei der Vermögensübertragung von einer Kapitalgesellschaft auf eine sächsische Gemeinde als **nachreichbar** angesehen.[203] Dies müsste dann aber auch für eine fehlende Genehmigung nach § 242 Abs. 2 S. 4 AktG gelten. Das OLG Hamm hat es für unschädlich gehalten, dass eine namentliche Falschbezeichnung einer an der Verschmelzung beteiligten Gesell-

---

[191] BGH ZIP 1981, 181; OLG Düsseldorf DNotZ 1970, 306.
[192] OLG Karlsruhe NJW 1993, 1931.
[193] KG NZG 2017, 1113; die Rechtsbeschwerde ist beim BGH unter dem Az. II ZB 21/17 anhängig; OLG München NZG 2016, 837. Dazu auch *Hacker/von Lilien-Waldau* NZI 2017, 787; *Cziupka/Kraack* AG 2018, 525; *Illert/Hennen* EWiR 2017, 751.
[194] BGH NZG 2015, 157.
[195] BGH FGPrax 2017, 117.
[196] OLG Schleswig FGPrax 2010, 208.
[197] OLG Frankfurt a.M. GmbHR 2018, 808; KG NZG 2017, 307.
[198] BGH NZG 2015, 872; NZG 2003, 532.
[199] *Krafka* RegisterR Rn. 1177.
[200] OLG Köln MittBayNot 1999, 87; *Krafka* RegisterR Rn. 1178.
[201] OLG Köln MittBayNot 1999, 87; aA LG Frankfurt a.M. NZG 1998, 434.
[202] Vgl. dazu aber auch OLG Schleswig FGPRax 2007, 283; *Krafka* RegisterR Rn. 1177.
[203] NotBZ 2015, 313.

schaft mit der Zwischenverfügung beanstandet und nach Fristablauf beseitigt wird.[204] Ebenso soll die Bilanz nach § 17 Abs. 2 S. 1 UmwG nach Fristablauf nachgereicht werden können.[205] Das dürfte aber nur richtig sein, wenn diese bereits zuvor erstellt war und den beteiligten Gesellschafter die notwendigen Informationen zur Entscheidung über die Zustimmung zum Umwandlungsvorgang zugänglich waren. Hieraus kann abgeleitet werden, dass eine unvollständig eingereichte Anmeldung auch nach Ablauf der Frist nach § 17 Abs. 2 S. 2 UmwG durch die Nachreichung einzelner Unterlagen ergänzt werden kann.

97   Fehlt eine Bestimmung über eine Anteilsgewährung als Gegenleistung für die Vermögensübertragung und daraus folgend eine Kapitalerhöhung bei der übernehmenden Gesellschaft, können diese Maßnahmen nach Fristablauf **nicht mehr nachgeholt** werden.[206] Ebenso wenig kann ein Verschmelzungsvertrag nachgebessert werden, der nicht die Anforderungen nach § 5 Abs. 1 UmwG erfüllt.[207]

98   Ein weiterer Bereich des Umwandlungsrechts[208], der eine nähere Betrachtung verdient, ist der **grenzüberschreitende Formwechsel.** Denn insoweit fehlen konkrete Vorschriften, die festlegten, welche Voraussetzungen eingehalten werden müssen. Dass ein solcher Umwandlungsvorgang, gleichwohl zulässig ist, ergibt sich aus der Rechtsprechung des EuGH zur Auslegung der Art. 49, 54 AEUV.[209] Danach sind gesetzliche Regelungen unzulässig, die es einem Unternehmensträger anders als einem inländischen Rechtsträger einen umwandelnden Wechsel in einen inländischen Rechtsträger verbieten. Dies gilt auch dann, wenn der Unternehmensträger nur in rechtlicher Hinsicht, nicht in tatsächlicher Hinsicht den Sitz verlegen will.[210] Das Ganze gilt allerdings nur innerhalb der Europäischen Union. Jedoch sind die genauen Voraussetzungen im Übrigen weiter unklar. Als zulässig angesehen worden ist bisher der Wechsel einer deutschen GmbH in eine italienische S.r.l.[211] und der Wechsel einer französischen GmbH in eine deutsche GmbH.[212] Zu beachten bleibt dabei, dass bei einem Hereinwechseln in eine deutsche Rechtsform die §§ 190 ff. UmwG entsprechend anzuwenden sind und nicht die Sitzverlegungsvorschriften für die SE.[213]

99   **5. Nachweis der Rechtsnachfolge.** Nach § 12 Abs. 1 S. 4 HGB ist die Rechtsnachfolge eines Beteiligten durch öffentlichen Urkunden nachzuweisen. Der Nachweis ist durch **öffentliche Urkunden** nach § 415 ZPO zu erbringen. Auch ausländische öffentliche Urkunden kommen in Betracht. Sie bedürfen aber, soweit sie nicht aufgrund zwischenstaatlicher Vereinbarungen innerstaatlichen Urkunden gleichgestellt sind, der Legalisation (§ 438 Abs. 2 ZPO), weil dann die notwendige Vermutung ihrer Richtigkeit eingreift. Die Urkunde muss als Nachweis der Rechtsnachfolge geeignet sein. Dies gilt etwa für den Erbschein in Bezug auf die Erbenstellung. Insoweit ist anerkannt, dass hier auch § 35 Abs. 1 S. 2 GBO entsprechend anzuwenden ist.[214] Ein Nachweis durch öffentliche Urkunde ist nur erforderlich, soweit dies **tunlich** ist.[215] Dies ist nur selten nicht der Fall. Allein die Höhe der Kosten der Beschaffung der Urkunden stellt keinen ausreichenden

---

[204] OLG Hamm DNotZ 2006, 378.
[205] OLG Jena NZG 2003, 43; LG Frankfurt a.M. NZG 1998, 269.
[206] OLG Hamm NZG 2004, 1005; KG NZG 1999, 174.
[207] AG Duisburg GmbHR 1996, 372.
[208] Vgl. auch den Referentenentwurf zur 4. Änderung des Umwandlungsgesetzes, der Verschmelzungsmöglichkeiten in deutsche Gesellschaftsformen für vom Brexit betroffene Gesellschaften vorsieht.
[209] NZG 2012, 871 – Vale.
[210] EuGH NZG 2017, 1308 – Polbud.
[211] OLG Frankfurt a.M. NZG 2017, 423.
[212] KG NZG 2016, 834.
[213] KG NZG 2016, 834; aA wohl OLG Düsseldorf NZG 2017, 1354 wegen des Hinweises auf die Checkliste der Richterinnen und Richter des AG Charlottenburg GmbHR 2014, R311.
[214] KG NZG 2018, 1150; OLG München ZEV 2018, 469.
[215] OLG München MittBayNot 2016, 258.

Grund dar.[216] Anderes gilt dann, wenn die Beschaffung der Urkunden unmöglich oder aber besonders schwierig und mit langen Verzögerungen verbunden ist.[217]

Im Rahmen der **entsprechenden Anwendung des § 35 Abs. 1 S. 2 GBO** stellt sich 100 immer wieder die Frage, welche Unterlagen als geeigneter Nachweis ausreichen. Denn aus der Regelung des § 12 Abs. 1 S. 4 HGB ist zu schließen, dass sich der Nachweis der Rechtsnachfolge ohne weitere Ermittlungen aus den Unterlagen ergeben muss.[218] Das ist etwa dann nicht der Fall, wenn die Erbquote nicht aus dem Testament ersichtlich ist, weil sie sich aus dem Verhältnis des Wertes der zugewandten Gegenstände ergibt.[219] Auch konkrete Zweifel an der Testierfähigkeit erfordern die Vorlage eines Erbscheins.[220] Das gilt auch, wenn für die Erbenstellung die Wirksamkeit einer Ausschlagung nachgewiesen werden muss, jedenfalls dann, wenn die Ausschlagung wegen einer zuvor erfolgen Annahme unwirksam sein kann.[221] In diesen Fällen ist die Ermittlung der Tatsachen, die zur Beurteilung der Erbenstellung erforderlich sind, dem Nachlassgericht zu überlassen.

Die öffentlichen Urkunden sind als **elektronische Aufzeichnungen** mit einer Be- 101 scheinigung nach § 39a BeurkG einzureichen. Dann ist dem Registergericht allerdings noch nicht nachgewiesen, dass der Anmeldende die Ausfertigung des Erbscheins tatsächlich immer noch in Händen hält. Aus diesem Grunde kann das Registergericht wenigstens verlangen, dass die Ausfertigung dem Beglaubigenden vorgelegt wird und die elektronische Aufzeichnung zeitnah beim Registergericht eingereicht wird.

VI. Exkurs: Die Gesellschafterliste nach § 40 GmbHG

Der Gesellschafterliste kommt bei der GmbH wegen der Regelung in § 16 Abs. 1 S. 1 102 GmbHG und in § 16 Abs. 3 S. 1 GmbHG eine besondere **Bedeutung** zu (→ § 22 Rn. 530 ff.). Hat das Registergericht im Rahmen einer Anmeldung die Wirksamkeit eines Gesellschafterbeschlusses zu prüfen, hat es unabhängig von der materiellen Rechtslage von dem aus der Liste ersichtlichen Gesellschafterbestand auszugehen.[222] Die Liste ist zum Register einzureichen und von diesem in den Registerordner zu übernehmen, vgl. § 40 Abs. 2 S. 2 GmbHG. Es handelt sich nicht um eine Anmeldung zur Eintragung, so dass etwa auch eine Löschung einer aufgenommenen Liste nach § 395 FamFG ausscheidet.[223]

Zur Vermeidung eines gutgläubigen Erwerbs nach § 16 Abs. 3 S. 1 GmbHG kann der 103 Gesellschafterliste ein **Widerspruch** zugeordnet werden, der aufgrund einer Bewilligung oder einer einstweiligen Verfügung aufzunehmen ist, § 16 Abs. 3 S. 3 GmbHG. Die Dokumente (Bewilligung und einstweilige Verfügung) sind in elektronischer Form einzureichen für die § 12 Abs. 1 S. 1 HGB nicht gilt. Der Widerspruch verhindert lediglich den gutgläubigen Erwerb. Die Wirkungen des § 16 Abs. 1 S. 1 GmbHG werden nicht eingeschränkt.

Bezüglich der **Einreichung** einer neuen Gesellschafterliste hat das Registergericht 104 keine inhaltliche Prüfungspflicht, sondern nur ein **formales Prüfungsrecht**. Eine Zurückweisung einer Liste kommt daher nur dann in Betracht, wenn sie den formalen Anforderungen, die sich aus § 40 GmbHG und aus der seit dem 1.7.2018 geltenden Gesellschafterlistenverordnung vom 20.6.2018 (GesLV) ergeben, nicht genügt.[224] Wegen der Einzelheiten zu den formalen Anforderungen → § 22 Rn. 530. Eine Ablehnung ist nicht nur dann gerechtfertigt, wenn notwendige Angaben fehlen, sondern auch,

---

[216] OLG München ZEV 2018, 469; OLG Köln FGPrax 2005, 41.
[217] KG NZG 2018, 1150; MüKoHGB/*Krafka* HGB § 12 Rn. 39; Schmidt-Kessel/Leutner/Müther/*Müther* HGB § 12 Rn. 48.
[218] KG NZG 2018, 1150; OLG Düsseldorf NZG 2017, 1355; OLG Bremen NZG 2014, 671.
[219] KG NZG 2018, 1150.
[220] OLG Düsseldorf ZfIR 2018, 674.
[221] OLG Hamm ZEV 2017, 455.
[222] OLG Frankfurt a.M. ZIP 2017, 1273; OLG Hamm NZG 2014, 783.
[223] KG NZG 2016, 987.
[224] BGH NZG 2018, 1023 zugleich zur Übergangsregelung nach § 8 EGGmbHG; beachte auch § 5 GesVL.

wenn die Liste Zusätze enthält die nicht vorgesehen sind, wie einen Testamentsvollstreckervermerk.[225] Ebenso ist eine Liste zu beanstanden, aus der sich nicht ergibt, dass die Veränderung bereits eingetreten ist (Hinweis in der Liste: aufschiebend bedingt).[226] Zu prüfen ist auch, ob die Einreichung durch einen Berechtigten erfolgt.[227] Dies ist zu verneinen, wenn der Einreichende nicht als Geschäftsführer eingetragen ist.[228] Zur Einreichung einer Berichtigung der bereits aufgenommenen Liste nach § 44a Abs. 2 BeurkG bleibt der Notar befugt.[229] Eine Berechtigung zur Zurückweisung muss auch dann bestehen, wenn die Liste durch den Geschäftsführer eingereicht wird, aber eine Veränderung ausweist, die eine notarielle Beteiligung erfordert. Der Geschäftsführer wird aber als berechtigt angesehen, eine vom Notar eingereichte Liste zu berichtigen.[230] Insoweit muss aber dem betroffenen Beteiligten entsprechend § 67 Abs. 5 S. 1 AktG Gelegenheit zur Stellungnahme zu geben. § 67 Abs. 5 S. 2 AktG gilt insoweit aber nicht.

105   Ob das Registergericht über das formale Prüfungsrecht hinaus auch ein **inhaltliches Prüfungsrecht** hat, ist nicht abschließend geklärt. Sicher dürfte aber sein, dass das Gericht keine Nachweise verlangen kann, aus der sich die Richtigkeit der Listenangaben ergeben würde. Gleichwohl wird ein inhaltliches Beanstandungsrecht dann angenommen, wenn das Registergericht sicher weiß, dass die Liste unzutreffend ist.[231] Diese Einschränkung dürfte allgemeinen Grundsätzen entsprechen, nach denen ein Gericht offenkundige oder gerichtsbekannte Tatsachen entsprechend verwerten muss.

106   In der Praxis kommt der Frage, wie man den Wirkungen einer (angeblichen) **falschen Liste** entgegen treten kann, erheblich Bedeutung zu.[232] Klare Konturen haben sich insoweit noch nicht ergeben. Ist eine Liste aufgenommen, bindet diese. Einstweilige Verfügungen aus denen sich ergibt, dass die Liste jedenfalls vorübergehend nicht richtig ist, binden das Registergericht aufgrund des eingeschränkten Prüfungsrechts nicht. Sie können aber Bedeutung erlangen, wenn auf der Grundlage der neuen Liste Anmeldungen erfolgen, weil etwa das Stimmrecht aufgrund der einstweiligen Verfügung eingeschränkt ist.

107   Mittlerweile hat sich durchgesetzt, dass eine Beanstandung der zur Aufnahme in den Registerordner eingereichten Gesellschafterliste als **Hindernis iSd § 382 Abs. 4 S. 1 FamFG** anzusehen ist.[233] Das ist nicht ganz zwingend. Denn die Weigerung, eine Liste in den Registerordner aufzunehmen, könnte auch als Endentscheidung iSd § 58 Abs. 1 FamFG angesehen werden. Ein Unterschied ergibt sich daraus aber nicht. Denn auch eine Beanstandung nach § 382 Abs. 4 S. 1 FamFG ist nach S. 2 mit der **Beschwerde** angreifbar. Dabei wird auch der Notar als in eigenem Namen beschwerdeberechtigt angesehen, wenn eine von ihm wegen der Verpflichtung nach § 40 Abs. 2 S. 1 GmbHG eingereichte Liste beanstandet wird.[234] Beschwerdeberechtigt ist immer aber auch die Gesellschaft. Das Gleiche gilt für den Geschäftsführer, wenn dieser zur Einreichung verpflichtet ist, weil ihm im Fall der Säumnis ein Zwangsgeldverfahren droht (→ Rn. 136, 144).

[225] BGH NZG 2015, 519.
[226] BGHZ 191, 84.
[227] BGHZ 199, 270; NZG 2015, 519.
[228] KG FGPrax 2018, 202.
[229] OLG Nürnberg NZG 2018, 312.
[230] BGH GmbHR 2017, 519; NZG 2014, 184.
[231] OLG Frankfurt GmbHR 2011, 823.
[232] Vgl. etwa *Wolfer/Adams* GWR 2014, 339; *Dittert* NZG 2015, 221.
[233] KG NZG 2012, 315; OLG Frankfurt GmbHR 2011, 823.
[234] BGHZ 191, 84; NZG 2018, 1023; KG NZG 2012, 315.

C. Eintragungen von Amts wegen

I. Überblick

Eintragungen in das Handelsregister und auch in die anderen Register erfolgen regelmä- 108
ßig nur auf Antrag hin. Die Eintragung von Amts wegen stellt eine **Ausnahme** dar.
Amtswegige Verfahren und Eintragungen finden sich nur dort, wo eine Anmeldung nicht
oder nur unter hohem Aufwand zu erreichen ist, aber ein besonderes öffentliches Interesse eine möglichst zeitnahe Eintragung erforderlich macht.

Von Amts wegen einzutragen ist dabei die Eröffnung des Insolvenzverfahrens, vgl. § 32 109
Abs. 1 HGB, § 65 Abs. 1 S. 3 GmbHG, § 263 S. 3 AktG, § 102 GenG, § 2 Abs. 2 Part-
GG. Ebenso ist das Erlöschen einer Firma nach § 31 Abs. 2 HGB von Amts wegen einzutragen, § 393 FamFG. § 394 FamFG sieht die Löschung vermögensloser Kapitalgesellschaften, Genossenschaften und Kommanditgesellschaften ohne natürlicher Person als
Gesellschafter wegen Vermögenslosigkeit vor. Schließlich kommt die Löschung von Kapitalgesellschaften und Genossenschaften oder ihrer Beschlüsse als nichtig in Betracht,
§§ 397, 398 FamFG. In Fällen eines bestimmten Satzungsmangels kommt bei Kapitalgesellschaften auch die Eintragung ihrer Auflösung von Amts wegen in Betracht. Im Übrigen kann das Registergericht unrichtige Eintragungen nach § 395 FamFG von Amts
wegen löschen. Demgegenüber kommt die Bestellung (und Eintragung) eines Nachtragsliquidators für eine GmbH von Amts wegen nicht in Betracht.[235]

Die Verfahren nach §§ 393, 394 FamFG sind auch auf **Antrag** der berufsständischen 110
Organe (§ 380 Abs. 1 FamFG) einzuleiten. Das Verfahren auf Löschung wegen Vermögenslosigkeit nach § 394 FamFG zusätzlich auch auf Antrag der Finanzbehörden. Die Antragsteller sind in diesem Fall Beteiligte iSd § 7 FamFG. Im Übrigen sind Anträge in die-
sen Verfahren lediglich als **Anregung auf Tätigwerden** anzusehen, vgl. § 24 Abs. 1
FamFG. Das Registergericht ist auf solche Eingaben angewiesen, weil es nur so Kenntnis
über den maßgebenden Sachverhalt erlangen kann, vgl. dazu auch die Mitteilungs- und
Mitwirkungspflichten nach den §§ 379, 380 FamFG. Nach § 24 Abs. 2 FamFG ist der
Anregende bei einem berechtigten Interesse zu unterrichten, wenn das Verfahren von
Amts wegen nicht eingeleitet wird. Ein solches berechtigtes Interesse ist nach Auffassung
des Gesetzgebers etwa dann anzunehmen, wenn der Anregende im nachfolgenden Löschungsverfahren zu beteiligen wäre.[236] Das ist aber nur selten der Fall. Die Unterrichtung
ist grundsätzlich nicht mit der Beschwerde angreifbar.[237] Dies schließt es nicht aus, dass
das Registergericht durch Beschluss entscheidet, in dem es begründet, warum das Verfahren nicht eingeleitet wird oder die Voraussetzungen für die Eintragung nicht vorliegen.
Eine Verpflichtung zu einem solchen Vorgehen dürfte dann bestehen, wenn der Anregende deutlich macht, dass er eine Überprüfung der Entscheidung im Instanzenzug anstrebt.
Eine solche Entscheidung ist als Endentscheidung auch mit der Beschwerde anfechtbar.[238]
In der Regel fehlt es aber dem Anregenden an der notwendigen Beschwerdebefugnis
nach § 59 Abs. 1 FamFG (→ Rn. 161).[239] Zuzugestehen ist eine Beschwerdebefugnis einem Insolvenzverwalter, wenn durch eine Satzungsänderung bei der Gemeinschuldnerin
die als Vermögenswert anzusehende Firma geändert wird und die Gesellschaft ihre Steuer-
privilegierung verliert.[240]

Die **Eintragung** von Amts wegen erfolgt durch einen Vermerk. Das gilt auch in den 111
Fällen, in denen das Gesetz von einer Löschung spricht, § 19 Abs. 1 HRV. Die betroffene
Eintragung ist rot zu unterstreichen. Dies gilt dann auch für den Vermerk. Die Eintragung

---

[235] OLG Bremen NZG 2016, 626.
[236] BT-Drs. 16/6306, 186.
[237] OLG Bremen NZG 2016, 626; OLG Düsseldorf NZG 2010, 395.
[238] BGH NZG 2012, 169.
[239] Vgl. dazu etwa BGH NZG 2012, 169; allgemein Keidel/*Meyer-Holz* FamFG § 59 Rn. 86; Bork/Jacoby/
   Schwab/*Müther* FamFG § 59 Rn. 33.2.
[240] KG FGPrax 2014, 171.

selbst unterliegt den allgemeinen Grundsätzen (→ Rn. 16). Die Eintragung wirkt unmittelbar, §§ 384 Abs. 1, 382 Abs. 1 S. 2 FamFG, sie hat die Angaben nach § 382 Abs. 2 FamFG zu enthalten. Die Eintragung ist den Beteiligten formlos mitzuteilen, §§ 384 Abs. 1, 383 Abs. 1 FamFG. Wird mit der Eintragung von Amts wegen eine andere eingetragene Eintragung ebenfalls unrichtig, ist dies nach **§ 384 Abs. 2 FamFG** kenntlich zu machen. So sind etwa mit der Eintragung der Insolvenzeröffnung eingetragene Prokuren zu löschen, weil die entsprechenden Vollmachten nach § 117 Abs. 1 InsO erloschen sind. Wird von Amts wegen die Auflösung einer Kapitalgesellschaft eingetragen, ändern sich wegen § 68 Abs. 1 S. 2 GmbHG häufig auch die Vertretungsverhältnisse, soweit die Satzung nichts anderes anordnet.[241] Auch dies wäre nach § 384 Abs. 2 FamFG kenntlich zu machen.

II. Die einzelnen Verfahren

112 **1. Firmenlöschungsverfahren nach § 393 FamFG.** Grundsätzlich ist das Erlöschen einer Firma nach § 31 Abs. 2 S. 1 HGB anzumelden. Die Eintragung kann aber nach § 393 FamFG auch von Amts wegen erfolgen. Dies setzt voraus, dass es an der notwendigen Anmeldung fehlt und diese auch nicht, etwa mit Hilfe der Durchführung eines Zwangsgeldverfahrens nach § 14 HGB, § 388 FamFG erreicht werden kann, § 31 Abs. 2 S. 2 HGB. Das Verfahren ist damit nur hilfsweise in Betracht zu ziehen. Der **Anwendungsbereich** des § 393 FamFG bezieht sich auf den Einzelkaufmann, Personenhandelsgesellschaften, soweit nicht die Voraussetzungen des § 157 HGB vorliegen, und juristische Personen nach § 33 HGB sowie die Partnerschaft (§ 393 Abs. 6 FamFG) und Zweigniederlassungen. Für die Kapitalgesellschaften finden sich in § 273 Abs. 1 AktG, § 74 Abs. 1 GmbHG Sondervorschriften. Entsprechendes gilt für andere Gesellschaftsformen.[242] Im Fall der Ausgliederung des Handelsgeschäfts nach § 155 UmwG ist das Erlöschen von Amts wegen einzutragen. § 31 Abs. 2 HGB gilt nicht.

113 Ein **Erlöschen der Firma** liegt vor, wenn das Handelsgeschäft endgültig eingestellt worden ist.[243] Ebenso liegt ein Erlöschen vor, wenn das Handelsgeschäft ohne Firma veräußert worden ist. Das Versterben des Einzelkaufmanns führt allerdings zunächst nicht zu einer Einstellung des Handelsgeschäfts, weil die Erben eintreten. Das Erlöschen vollzieht sich außerhalb des Registers aufgrund tatsächlicher oder rechtlicher Umstände.

114 Aufgrund der **nachrangigen Stellung** des Verfahrens nach § 393 FamFG ist stets zunächst zu prüfen, ob die Durchführung eines Zwangsgeldverfahrens Erfolg verspricht. Das ist der Fall, wenn der Anmeldepflichtige unbekannten Aufenthalts oder sonst wie unerreichbar ist. Gleiches gilt, wenn sich das Zwangsgeldverfahren als wirkungslos erwiesen hat oder erweisen wird, weil der Verpflichtete mittellos ist und sich durch ein Zwangsgeldverfahren nicht beeindrucken lässt. Allein die Weigerung des Anmeldepflichtigen reicht nicht, ebenso wenig der Hinweis auf die anfallenden Kosten. Die Subsidiarität entfällt, wenn kein Anmeldepflichtiger vorhanden ist. Das ist der Fall, wenn der (ehemalige) Einzelkaufmann nach dem Erlöschen verstorben ist, weil die Anmeldepflicht nicht vererbt wird.[244] Ein Zwangsgeldverfahren kommt auch nicht in Betracht, wenn die Erben des Einzelkaufmanns die Erbschaft ausgeschlagen und dies absehbar auch für die noch nicht ermittelten Erben gelten wird.[245]

115 Das Registergericht hat im **Verfahren** nach § 393 FamFG zunächst zu ermitteln, ob die Firma tatsächlich erloschen ist. Es gilt § 26 FamFG. Das Erlöschen muss zur Überzeugung des Gerichts feststehen.[246] Ist dies der Fall, ist der jeweilige Beteiligte von der Lö-

---

[241] BGH NZG 2009, 72; Baumbach/Hueck/*Haas* GmbHG § 68 Rn. 2.
[242] Baumbach/Hopt/*Hopt* HGB § 31 Rn. 7.
[243] BayObLGZ 1983, 257; vgl. auch BayObLG NZG 2000, 641.
[244] MüKoHGB/*Kraft* HGB § 31 Rn. 16; Staub/*Burgard* HGB § 31 Rn. 36.
[245] Staub/*Burgard* HGB § 31 Rn. 36.
[246] *Bumiller/Harders/Schwamb* FamFG § 393 Rn. 2.

schungsabsicht in Kenntnis zu setzen und auf die Möglichkeit eines Widerspruchs hinzuweisen, § 393 Abs. 1 S. 2 FamFG. Das entsprechende Schreiben ist zuzustellen. Ist dies nicht möglich, ist eine Bekanntmachung im elektronischen Informations- und Kommunikationssystem nach § 10 HGB vorzunehmen, vgl. § 393 Abs. 2 FamFG.

Ist **Widerspruch** erhoben, der nach Maßgabe der allgemeinen Bestimmungen auch 116 elektronisch eingereicht werden kann (→ Rn. 162), ist über diesen durch den Rechtspfleger (§ 3 Nr. 2d RPflG) durch Beschluss zu entscheiden, § 393 Abs. 3 S. 1 FamFG. Unabhängig von der Frage, ob der Widerspruch zurückgewiesen wird oder die Löschung abgelehnt wird, ist das Rechtsmittel der Beschwerde gegeben, § 393 Abs. 3 S. 2 FamFG. Auch über einen verspäteten Widerspruch ist entsprechend zu entscheiden, weil die gesetzte Frist keine Ausschlussfrist ist. Wird Widerspruch erhoben, kommt eine Löschung erst in Betracht, wenn die Widerspruchszurückweisung rechtskräftig geworden ist.

2. Verfahren auf Löschung wegen Vermögenslosigkeit, § 394 FamFG. Eine Lö- 117 schung von Amts wegen oder auf Antrag der Finanzbehörden oder berufsständischen Organe wegen Vermögenslosigkeit kommt bei Kapitalgesellschaften, Genossenschaften und für Personenhandelsgesellschaften nach Maßgabe des § 394 Abs. 4 FamFG in Betracht. Durch die Vorschrift soll das Handelsregister zum **Schutz des Rechtsverkehrs** von vermögenslosen Gesellschaften bereinigt werden, weil durch die bestehende Eintragung der unzutreffende Eindruck erweckt wird, die Gesellschaft verfüge noch über Haftkapital und könne am Rechtsverkehr teilnehmen.[247] Sie verhindert darüber hinaus sog. Mantelverkäufe.[248]

Vermögenslosigkeit im Sinne der Vorschrift liegt vor, wenn die Gesellschaft über 118 keine Vermögenswerte verfügt, die für eine Gläubigerbefriedigung oder für eine Verteilung unter den Gesellschaftern in Betracht kommen.[249] Eine reine Überschuldung reicht daher nicht aus.[250] Überhaupt stehen notwendige Abwicklungsmaßnahmen einer Löschung entgegen, weil ansonsten unmittelbar nach der Löschung eine Nachtragsliquidation eingeleitet werden müsste.[251] Einigkeit besteht insoweit, dass die Prüfung besonders gewissenhaft zu erfolgen hat. Denn mit der Löschung verliert die Gesellschaft ihre gesetzlichen Vertreter, eine Neubestellung ist nicht möglich.[252] Eine positive Feststellung der Vermögenslosigkeit ist allerdings nicht möglich. Aus diesem Grund ist nur allen denkbaren Anhaltspunkten nachzugehen, aus denen sich Erkenntnisse für Vermögen oder fehlendes Vermögen ergeben. Dies schließt insbesondere eine Nachfrage bei den Finanzbehörden und eine Auskauft aus dem Schuldnerverzeichnis ein. Auch der Anhörung der Vertretungsorgane kommt, wenn sie erreichbar sind, besondere Bedeutung zu, weil davon auszugehen ist und erwartet werden kann, dass sie positive Angaben über Vermögen machen können und machen werden. Ergänzend sind die zuständigen Organe nach § 380 FamFG anzuhören (§ 394 Abs. 2 S. 3 FamFG). Relativ klar sind die Verhältnisse, wenn ein Antrag auf Eröffnung des Insolvenzverfahrens gestellt worden ist und dieser mangels Masse zurückgewiesen worden ist. In diesem Fall ist das regelmäßig erstellte Gutachten aus der Insolvenzakte beizuziehen.

Liegt ein Antrag eines Antragsberechtigten oder liegen sonst Erkenntnisse vor, die auf 119 eine Vermögenslosigkeit deuten, hat das Registergericht die **notwendigen Ermittlungen von Amts** wegen aufzunehmen. Mitunter stellen allerdings Finanzbehörden Löschungsanträge, um eine Löschung der Gesellschaft zu erreichen, die als Karteileiche angesehen wird. Hier werden fehlende Anhaltspunkte allein nicht für eine Löschung

---

[247] OLG Düsseldorf NZG 2014, 508; Baumbach/Hueck/*Haas* GmbHG Anh. § 77 Rn. 4; Keidel/*Heinemann* FamFG § 394 Rn. 1.
[248] Vgl. dazu BGHZ 155, 318.
[249] OLG Frankfurt a.M. NZG 2015, 759; OLG Karlsruhe NZG 2014, 1148.
[250] OLG Frankfurt a.M. NZG 2015, 759; OLG Karlsruhe NZG 2014, 1148.
[251] Vgl. mit Beispielen: Schmidt-Kessel/Leutner/*Müther* HGB § 8 Rn. 135.
[252] Vgl. dazu Baumbach/Hueck/*Haas* GmbHG § 70 Rn. 18f.; BGH NZG 2015, 952.

ausreichen, weil die Versäumung steuerlicher Pflichten allein kein Löschungsgrund ist. Reichen die Anhaltspunkte aus, ist den Vertretungsorganen die Löschungsabsicht bekannt zu geben und eine angemessene Frist zur Einlegung eines **Widerspruchs** zu setzen. Die Frist sollte regelmäßig nicht unter einem Monat liegen. Das Registergericht kann auch eine Bekanntmachung in den Organen nach § 10 HGB vorsehen. Diese Bekanntmachung ist vorzunehmen, wenn die Vertretungsorgane unbekannt sind oder über keinen inländischen Aufenthalt verfügen. Das Widerspruchsrecht steht unabhängig von der Art der Bekanntgabe allen zu, die ein berechtigtes Interesse an der Unterlassung der Löschung geltend machen können. Wegen der Behandlung eines Widerspruchs bzw. dem Vorgehen bei seinem Fehlen gilt dasselbe wie nach § 393 Abs. 3–5 FamFG, auf den durch § 394 Abs. 3 FamFG verwiesen wird. Die Eintragung besteht in einem Vermerk, der auf die Löschung wegen Vermögenslosigkeit hinweist, § 19 Abs. 2 HRV. Darüber hinaus werden alle Eintragungen gegenstandslos, so dass sämtliche Seiten des Registerblatts zu röten oder rot zu durchkreuzen sind, vgl. § 22 Abs. 1 HRV. Das Registerblatt bleibt aber weiterhin lesbar, § 22 Abs. 2 HRV.

120   Ist die Löschung vollzogen, stellt sich mitunter die Frage, ob die Gesellschaft wieder eingetragen werden kann. Dies wird häufig dann angestrebt, wenn sich nachträglich Vermögen herausstellt oder steuerlicher Verlustvorträge geltend gemacht werden sollen. Eine solche **„Wiedereintragung"** kommt nur unter den Voraussetzungen des § 395 Abs. 1 S. 1 FamFG in Betracht und erfolgt durch die Eintragung eines Vermerks nach § 395 Abs. 1 S. 2 FamFG. Allein zur Durchführung einer Nachtragsliquidation kommt eine Löschung der Löschung damit nicht in Betracht. Sie liegen aber auch nicht schon dann vor, wenn nachträglich Vermögen bekannt wird, denn hierfür sieht das Gesetz die Nachtragsliquidation vor.[253] Unrichtig ist die Eintragung aber dann, wenn die Gesellschaft nicht nur über Vermögen verfügt, sondern zum Löschungszeitpunkt auch noch als werbende Gesellschaft tätig war. Ob darüber hinaus Verfahrensfehler eine Löschung der Löschung rechtfertigen ist unklar. Angenommen wird dies etwa bei einer fehlenden Entscheidung über den rechtzeitig eingelegten Widerspruch,[254] eine fehlerhafte Anhörung des Geschäftsführers[255] oder eine unzureichende Ermittlung der Vermögenslosigkeit,[256] wozu auch eine fehlerhafte rechtliche Beurteilung der Vermögenslosigkeit gehören dürfte.

121   **3. Verfahren auf Löschung unrichtiger Eintragungen, § 395 FamFG.** Nach § 395 FamFG kann eine unrichtige Eintragung gelöscht werden, indem ein Vermerk über die Unrichtigkeit der Eintragung erfolgt, vgl. § 19 Abs. 1 HRV. Im Übrigen gilt hier wiederum § 16 HRV, so dass sowohl der Vermerk als auch die unrichtige Tatsache rot zu unterstreichen sind. Die Löschung einer eingetragenen Tatsache kommt wegen des erhöhten Bestandsschutzes nur in **Ausnahmefällen** in Betracht. Die Eintragung muss nicht nur unrichtig sein, sondern die Eintragung muss wegen einer wesentlichen Voraussetzung unzulässig sein. Ob eine Löschung erfolgt, steht darüber hinaus im Ermessen des Gerichts.

122   Die Regelung des § 395 FamFG bezieht sich auf **alle Eintragungen.** Es kommt damit nicht darauf an, ob die Eintragung aufgrund einer Anmeldung oder von Amts wegen erfolgt ist. Als Eintragung kommt auch die Eintragung des Vermerks über die Löschung wegen Vermögenslosigkeit in Betracht oder des Erlöschens der Firma nach § 157 HGB oder § 74 GmbHG.[257] Auch eine Löschung nach § 395 FamFG kann wiederum Gegenstand einer Löschung nach dieser Norm sein.[258] Dass die Eintragung zunächst richtig war

---

[253] KG AG 2016, 631.
[254] OLG Frankfurt a.M. BeckRS 2016, 14672.
[255] OLG Düsseldorf NZG 1998, 819.
[256] OLG Düsseldorf NZG 2017, 1109; Rpfleger 2017, 215; OLG Frankfurt a.M. Rpflger 1998, 348.
[257] OLG München NZG 2013, 188; Bork/Jacoby/Schwab/*Müther* FamFG § 395 Rn. 2; Keidel/*Heinemann* FamFG § 395 Rn. 4.
[258] KG RPfleger 2012, 550.

und erst durch andere Umstände unrichtig geworden ist, steht einer Löschung nach § 395 FamFG ebenfalls nicht entgegen.[259]

Die §§ 397, 398 FamFG beziehen sich ebenfalls auf unrichtige Eintragungen, nämlich 123 nichtige Gesellschaften und nichtige Beschlüsse. Sie gehen als **speziellere Vorschriften** dem § 395 FamFG vor.[260] Das Gleiche gilt für § 399 FamFG, nach dem ein Satzungsmangel bei einer AG, KGaA oder GmbH vorliegt und aus diesem Grund die Auflösung der Gesellschaft von Amts wegen in das Register einzutragen ist.[261] Ungeklärt ist das Verhältnis zum Zwangsgeldverfahren nach § 14 HGB, wenn die Eintragung auch aufgrund einer Anmeldung beseitigt werden könnte.[262] Als Beispiel kommt der Verlust der Geschäftsführerstellung durch eine Verurteilung iSd § 6 Abs. 2 Nr. 3 GmbHG in Betracht.[263] Sind weitere Geschäftsführer vorhanden, kann auch eine Anmeldung nach § 39 Abs. 1 GmbHG erfolgen. Der genaue Grund, der zum Ende der Geschäftsführerstellung führt, wird nicht eingetragen (es heißt vielmehr: E ist nicht mehr Geschäftsführer). Die Annahme eines Vorrangs des Verfahrens nach § 395 FamFG wird der Bedeutung des Registerzwangs nicht gerecht.[264] Die Beteiligten sind ebenfalls dazu verpflichtet, unrichtige Eintragungen zu beseitigen. Aus diesem Grund stehen die Verfahren gleichwertig neben einander.

Löschungsvoraussetzung ist das Fehlen einer wesentlichen Voraussetzung für die 124 Eintragung. Insoweit ist zwischen Mängeln sachlich-rechtlicher Art und verfahrensrechtlicher Art zu unterscheiden. **Sachlich-rechtlicher Art** ist ein Mangel, wenn die Eintragung unrichtig gewesen ist oder im Laufe der Zeit unrichtig geworden ist. Unrichtig ist beispielsweise die Eintragung einer gegen die Firmenbildungsvorschriften verstoßenden Firma sowie einer Person, die nach § 6 Abs. 2 GmbHG nicht Geschäftsführer sein kann. Ein Mangel sachlich-rechtlicher Art kommt nur bei deklaratorischen Eintragungen in Betracht, weil konstitutive Eintragungen ihre Wirksamkeit gerade durch die Eintragung erhalten. Liegt ein Mangel sachlich-rechtlicher Art vor, rechtfertigt dies in der Regel die Löschung, weil es insoweit immer an einer wesentlichen Voraussetzung der Eintragung fehlt. Das Gleiche gilt dann, wenn eine Eintragung erfolgt, die überhaupt nicht vorgesehen ist (→ Rn. 18). Ist die eingetragene Tatsache richtig, kommt eine Löschung wegen eines Verfahrensfehlers grundsätzlich nicht in Betracht, weil anderenfalls die Eintragung durch ein Zwangsgeldverfahren wieder erzwungen werden müsste. Ein **Mangel verfahrensrechtlicher Art** spielt deshalb bei den konstitutiven Eintragungen eine größere Rolle. Die Verletzung reiner Ordnungsvorschriften, wie die Form der Anmeldung oder das Fehlen bestimmter Unterlagen, rechtfertigen eine Löschung nach § 395 FamFG grundsätzlich nicht. Anderes gilt aber dann, wenn es überhaupt an einer Anmeldung fehlt oder nicht die richtigen Personen angemeldet haben. Zur Löschung einer Eintragung nach § 394 FamFG → Rn. 120.

Das Verfahren wird **von Amts wegen** eingeleitet. Etwaige Anträge sind als Anregung 125 nach § 24 Abs. 1 FamFG anzusehen, soweit nicht die Antragsbefugnis der berufsständischen Organe betroffen ist. Beschwerden gegen bereits erfolgte Eintragungen sind nach § 383 Abs. 3 FamFG unzulässig und in eine **Anregung** auf Einleitung eines Verfahrens nach § 395 FamFG umzudeuten. Derartige Eingaben sind jedenfalls dann, wenn der Beteiligte eine Verletzung eigener Rechte geltend macht und eine Einleitung des Verfahrens abgelehnt wird, sachlich zu bescheiden. Der entsprechende Beschluss ist mit der **Beschwerde** angreifbar, wobei sich im Beschwerdeverfahren immer die Frage nach der Beschwerdeberechtigung nach § 59 FamFG stellt (→ Rn. 161). Eine Löschung kommt nur

---

[259] KG FGPrax 2016, 115; *Bumiller/Harders/Schwamb* FamFG § 395 Rn. 11; *Keidel/Heinemann* FamFG § 395 Rn. 13.
[260] Bork/Jacoby/Schwab/*Müther* FamFG § 395 Rn. 3.1; *Keidel/Heinemann* FamFG § 395 Rn. 7.
[261] Bork/Jacoby/Schwab/*Müther* FamFG § 395 Rn. 3.1; *Keidel/Heinemann* FamFG § 395 Rn. 8.
[262] Bork/Jacoby/Schwab/*Müther* FamFG § 395 Rn. 3.2; *Keidel/Heinemann* FamFG § 395 Rn. 10a.
[263] KG NZG 2019, 31.
[264] Vgl. auch OLG Frankfurt a.M. ZIP 2017, 1273.

in Betracht, wenn die Unzulässigkeit der Eintragung nach Überprüfung aller hierfür maßgebenden Umstände ohne vernünftigen Zweifel zu bejahen ist.[265]

126   Nach § 395 Abs. 2 FamFG sind die Beteiligten vor einer Löschung zunächst **anzuhören.** Dies betrifft alle, deren Rechte durch eine Löschung beeinträchtigt werden könnten. Das ist zunächst immer der eingetragene Unternehmensträger. Aber auch alle anderen, deren Eintragung betroffen ist, wie den Gesellschafter bei der Personenhandelsgesellschaft oder den Geschäftsführer bei der GmbH. Mit der Anhörung sollen die Beteiligten veranlasst werden, alle gegen eine Löschung sprechenden Umstände im Wege des Widerspruchs geltend zu machen. In Bezug auf die Bekanntmachung gilt § 394 Abs. 2 S. 1 und S. 2 FamFG. Das weitere Verfahren richtet sich nach § 393 Abs. 3–5 FamFG, vgl. § 395 Abs. 3 FamFG (→ Rn. 116, 119).

127   Die Löschung steht im **Ermessen** des Gerichts. Im Rahmen der Ermessensabwägung ist zu berücksichtigen, dass das Löschungsverfahren ein selbständig ausgestaltetes Verfahren darstellt, dass nicht dazu dient, etwaige Fehler des Anmeldeverfahrens zu korrigieren. Den Eintragungen kommt vielmehr ein besonderer Bestandsschutz zu. Eine Löschung, die im Ermessen des Registergerichts steht, kommt in der Regel nur dann in Betracht, wenn Schädigungen Dritter zu befürchten sind oder öffentliche Interessen ein Löschung verlangen.[266] Dabei ist auch zu berücksichtigen, ob die Beteiligten auf den Prozessweg verwiesen werden können.[267]

128   **4. Verfahren auf Löschung wegen Nichtigkeit, §§ 397, 398 FamFG.** Die Regelungen der §§ 397, 398 FamFG betreffen die AG, die KGaA, die GmbH und die Genossenschaft. Während § 397 FamFG die Nichtigkeit der jeweiligen Gesellschaft erfasst, bezieht sich § 398 FamFG auf eingetragene Beschlüsse dieser Gesellschaftsformen. Die Eintragung der Nichtigkeit führt dabei nicht dazu, dass die Gesellschaften als nicht existent zu behandeln wären. Der Begriff der Nichtigkeit nimmt vielmehr auf die entsprechenden Regeln der Gesellschaftsform Bezug, wonach eine Nichtigkeit zu einer **Auflösung** der Gesellschaft führt (vgl. §§ 275, 276 AktG, §§ 75, 76 GmbHG, §§ 94, 95 GenG). Auch hier erfolgt die Eintragung eines entsprechenden Vermerks, vgl. § 19 Abs. 2 HRV.

129   Löschungsvoraussetzung nach **§ 397 FamFG** ist das Vorliegen der gesellschaftsrechtlich vorgesehenen Nichtigkeitsgründe. Das ist bei einer AG etwa der Fall, wenn eine Bestimmung über das Grundkapital fehlt oder die Regelung über den Unternehmensgegenstand nichtig ist. Nichtig ist dieser etwa dann, wenn er gar nicht ausgeübt werden soll, wie etwa bei einer verdeckten Vorratsgründung.[268] Von **§ 398 FamFG** werden alle Beschlüsse erfasst, die in das Handelsregister einzutragen sind, aber auch die, die nur ihren Wirkungen nach Grundlage einer Eintragung sind, wie etwa die Geschäftsführerbestellung.[269] Nichtig ist ein Beschluss dabei dann, wenn er gegen zwingende Regelungen des Gesetzes verstößt und seine Beseitigung im öffentlichen Interesse erforderlich erscheint. Nach der Rechtsprechung des BGH steht eine nichtige Regelung in der Ursprungssatzung einem satzungsändernden Beschluss gleich,[270] so dass auch insoweit eine Anwendung der Regelung des § 398 FamFG in Betracht kommt. Eine Heilung eines nichtigen Beschlusses nach § 242 Abs. 2 S. 1 AktG bindet das Registergericht nicht, § 242 Abs. 2 S. 3 AktG.

130   Die Löschung steht im **Ermessen** des Gerichts. Dabei kann auch berücksichtigt werden, dass eine Heilung der Nichtigkeit nach § 242 Abs. 2 S. 1 AktG eintreten kann. Das Verfahren richtet sich nach § 395 Abs. 2 und Abs. 3 FamFG sowie § 393 Abs. 3–5 FamFG. Danach hat zunächst eine Anhörung der Beteiligten stattzufinden. Diese können

---

[265] Bork/Jacoby/Schwab/*Müther* FamFG § 395 Rn. 14.1; Keidel/*Heinemann* FamFG § 395 Rn. 29.
[266] Bork/Jacoby/Schwab/*Müther* FamFG § 395 Rn. 14.1; Keidel/*Heinemann* FamFG § 395 Rn. 28.
[267] BayObLGZ 1991, 351 (353).
[268] BGHZ 117, 323; Baumbach/Hueck/*Fastrich* GmbHG § 3 Rn. 11a; *Hüffer/Koch* AktG § 23 Rn. 25.
[269] KG FGPrax 2013, 32 (33); OLG München FGPrax 2010, 145; Bork/Jacoby/Schwab/*Müther* FamFG § 395 Rn. 2; Keidel/*Heinemann* FamFG § 398 Rn. 11.
[270] BGHZ 144, 365 = NZG 2000, 1027.

im Wege des Widerspruchs Bedenken geltend machen. Im Übrigen ist bei Erhebung des Widerspruchs über diesen zu entscheiden (→ Rn. 116).

D. Zwangsgeldverfahren, Kosten und Rechtsmittel

I. Zwangs- und Ordnungsgeldverfahren

1. Überblick. Dem Registergericht stehen nach § 14 HGB Zwangsmöglichkeiten zur 131 Verfügung, um eine Einreichung von Anmeldungen oder von zum Register einzureichenden Unterlagen durchzusetzen. Das genaue Verfahren ist in den §§ 388–391 FamFG geregelt. § 388 FamFG sieht dabei weitere Fälle vor, in denen ein Zwangsgeld verhängt werden kann. Der Registerzwang spielt im Zusammenhang mit der Durchsetzung von Anmeldepflichten eine besondere Rolle. Durch ihn soll die Übereinstimmung der Sach- und Rechtslage mit dem Registerinhalt gewährleistet werden. Zu diesem Zweck ist auch eine Mitwirkungs- und Hinweispflicht der berufsständischen Organe nach § 380 Abs. 1 FamFG vorgesehen. Die Einleitung eines Verfahren steht nicht im Ermessen des Registergerichts, sondern stellt eine Pflicht dar. Die Untergrenze des Zwangsgeldes beträgt nach Art. 6 Abs. 1 EGStGB fünf Euro. Die Obergrenze beträgt nach § 14 S. 2 HGB 5.000 EUR. Ein solcher Rahmen gilt auch nach den §§ 37a Abs. 2 S. 2, 125a Abs. 2 HGB, § 407 Abs. 1 S. 2 AktG, § 79 Abs. 1 S. 2 GmbHG, § 316 Abs. 1 S. 2 UmwG und § 160 Abs. 1 S. 3 GenG. Im Fall des § 388 Abs. 2 FamFG gilt die Obergrenze nach Art. 6 Abs. 1 S. 1 EGStGB von 1.000 EUR.

Das Zwangsgeld hat **Beugecharakter,** so dass die Durchsetzung des Zwangsgeldes mit 132 der Vornahme der verlangten Handlung entfällt.[271] Dadurch unterscheidet sich das Zwangsgeld vom Ordnungsgeld, dass jedenfalls auch repressive Elemente enthält. Die Aufzählung der mit Zwangsgeld durchsetzbaren Pflichten ist grundsätzlich abschließend, so dass eine entsprechende Anwendung auf andere Fälle ausscheidet.[272] Dies schließt es aber nicht aus, auch Anmeldepflichten, die nicht gesetzlich angeordnet, sondern durch die Rechtsprechung entwickelt worden sind, mit dem Zwangsgeld durchzusetzen.[273]

Andere Arten von Zwangsmaßnahmen kennt das Gericht nicht. Aus diesem 133 Grund darf etwa die Eintragung eines Gegenstandes nicht davon abhängig gemacht werden, dass die Beteiligten eine andere Eintragungshandlung vornehmen.[274] Wird etwa durch eine Gegenstandsänderung bei der GmbH die Firma irreführend nach § 18 Abs. 2 HGB, ist die Änderung gleichwohl einzutragen. Dann aber ist durch das Registergericht zu prüfen, ob im Firmenmissbrauchsverfahren nach § 392 FamFG gegen die nunmehr zu beanstandende Firma vorzugehen ist.[275]

Streitig ist, in welchem Verhältnis das Zwangsgeldverfahren zum Löschungsverfahren 134 nach § 395 FamFG steht. Teilweise wird das **Konkurrenzverhältnis** dahin gelöst, dass dem Löschungsverfahren ein Vorrang eingeräumt wird.[276] Das ist aber nicht gerechtfertigt, weil beide Verfahren jeweils andere Voraussetzungen haben. Danach stehen beide Verfahren selbständig nebeneinander.[277]

2. Umfang des Registerzwangs. Ob eine mit Zwangsgeld bewehrte Pflicht vorliegt, ist 135 teilweise ausdrücklich geregelt, vgl. § 37a Abs. 4 HGB, § 79 Abs. 1 GmbHG, teilweise ist die Anwendung des Registerzwangs ausdrücklich ausgeschlossen, vgl. § 79 Abs. 2

---

[271] Bork/Jacoby/Schwab/*Müther* FamFG § 389 Rn. 3; Keidel/*Heinemann* FamFG § 389 Rn. 3.
[272] BayObLG NJW 1986, 140; Bork/Jacoby/Schwab/*Müther* FamFG § 388 Rn. 14; Keidel/*Heinemann* FamFG § 388 Rn. 6.
[273] Bork/Jacoby/Schwab/*Müther* FamFG § 388 Rn. 15.
[274] BGH NJW 1977, 1879; KG NotBZ 2016, 424; BayObLG NJW-RR 1997, 485.
[275] KG NotBZ 2016, 424.
[276] Staub/*Koch* HGB § 14 Rn. 10 f.
[277] Baumbach/Hopt/*Hopt* HGB § 14 Rn. 18; BeckOK HGB/*Müther* HGB § 14 Rn. 18.

GmbHG. Im Übrigen ist durch Auslegung zu ermitteln, ob eine Pflicht besteht oder nicht. Erfasst wird nur die öffentlich-rechtliche **Pflicht zur Anmeldung oder Einreichung,** nicht eine etwa aus dem Gesellschaftsverhältnis ergebende zivilrechtliche Pflicht. Eine solche Pflicht zur Anmeldung besteht immer dann, wenn es um eine deklaratorische Eintragung geht.[278] Das Zwangsgeld ist hier einzusetzen, um das Register richtig zu halten. Erfasst werden etwa die nach §§ 29, 31 HGB anzumeldenden Umstände beim Einzelkaufmann, nicht aber nach den §§ 2, 3 HGB. Bei der OHG erfasst der Registerzwang die Anmeldungen nach §§ 105 Abs. 1, 106, 107, 143 Abs. 1 und Abs. 2, 148, 157 HGB, bei der KG gilt nach § 161 Abs. 2 HGB Entsprechendes, wobei ergänzend § 162 Abs. 1 S. 2 und Abs. 3 HGB hinzutreten. Kein Registerzwang kann im Falle der Erhöhung oder Herabsetzung einer Kommanditeinlage ausgeübt werden, § 175 S. 3 HGB. Anmeldepflichten bestehen auch in Bezug auf Zweigniederlassungen nach den §§ 13, 13d–13g HGB und die Prokura. Bei der GmbH sind die Anmeldungen zu den Vertretungsorganen (§§ 39 Abs. 1, 67 Abs. 1 GmbHG) einschließlich der Befreiung von den Beschränkungen des § 181 BGB,[279] zur Auflösung (in der Regel),[280] zur Fortsetzung und zur Vollbeendigung anmeldepflichtig, weil die Eintragungen deklaratorischer Natur sind. Diese Anmeldepflichten bestehen auch bei der Aktiengesellschaft. Eine Ausnahme stellt die Fortsetzung dar, die nach § 407 Abs. 2 AktG nicht dem Registerzwang unterliegt. Weiter bestehen Pflichten in Bezug auf die Anmeldung der Ausgabe von Bezugsaktien bei der bedingten Kapitalerhöhung, die Anmeldung der Durchführung einer Kapitalerhöhung sowie das Ende einer Eingliederung. Auch die Beendigung eines Unternehmensvertrages nach § 298 AktG ist anmeldepflichtig.[281] Ein weiterer wichtiger Anwendungsfall ist die Anmeldung der Änderung der inländischen Geschäftsanschrift.[282] Ob Namensänderungen oder Änderungen des Wohnortes anmeldepflichtig sind und damit durch Zwangsgeld durchgesetzt werden können oder nach § 17 HRV zu berichtigen sind, ist umstritten.[283]

136   Als **Dokumente** iSd § 14 S. 1 HGB sind in erster Linie die Gesellschafterlisten nach § 40 GmbHG und die Liste über die Zusammensetzung des Aufsichtsrats nach § 106 AktG anzusehen. Daneben finden sich insbesondere bei der AG zahlreiche Einreichungspflichten, die sich etwa auf das Hauptversammlungsprotokoll nach § 130 Abs. 5 AktG oder ergangene Urteile beziehen (vgl. § 248 Abs. 1 S. 2 AktG, § 75 Abs. 2 GmbHG).[284] Zwangsgeldbewehrt ist weiter die Aufnahme von **Pflichtangaben** in die Geschäftsbriefe nach den §§ 37a, 125a, 177a HGB, die Handlungspflichten des Genossenschaftsvorstands nach § 45 Abs. 4 GenG, die Pflichten nach den §§ 407, 408 AktG, § 79 Abs. 1 GmbHG, § 316 UmwG und § 12 EWIV-AG. Die Vorlage eines Geschäftsbriefes, um die Prüfung nach § 35a Abs. 4 GmbHG vornehmen zu können, kann nicht mit einem Zwangsgeld erzwungen werden.[285]

137   **3. Adressaten.** Wer zur Anmeldung verpflichtet ist, ergibt sich aus den entsprechenden Anmeldetatbeständen und den hierzu getroffenen Regeln. Bei den **Kapitalgesellschaften** haben die Anmeldungen regelmäßig durch die Vertretungsorgane zu erfolgen. Das sind bei der GmbH die Geschäftsführer und bei der Aktiengesellschaft die Vorstände. Hat auch der Vorsitzende des Aufsichtsrats anzumelden, wie etwa nach § 184 Abs. 1 S. 1 AktG, ist das Zwangsgeld auch gegen ihn zu richten. Bei den **Personenhandelsgesellschaften** sind in der Regel alle Gesellschafter die anmeldepflichtigen Personen, auf eine

---

[278] MüKoHGB/*Krafka* HGB § 14 Rn. 2; BeckOK HGB/*Müther* HGB § 14 Rn. 3.
[279] Vgl. dazu KKRM/*Roth* HGB § 8 Rn. 8; Bork/Jacoby/Schwab/*Müther* FamFG § 388 Rn. 15.
[280] Vgl. dazu Baumbach/Hueck/*Haas* GmbHG § 60 Rn. 15.
[281] *Hüffer*/*Koch* AktG § 298 Rn. 2; MüKoAktG/*Altmeppen* AktG § 298 Rn. 8.
[282] KG FGPrax 2016, 214; OLG Düsseldorf NJW-RR 2015, 421.
[283] Für Pflicht: *Krafka* RegisterR Rn. 182; aA MüKoHGB/*Krafka* HGB § 14 Rn. 40; Schmidt-Kessel/Leutner/*Müther*/*Müther* HGB § 14 Rn. 8.
[284] Wegen weiterer Einzelheiten vgl. BeckOK HGB/*Müther* HGB § 14 Rn. 13 f.
[285] OLG Frankfurt a.M. GmbHR 2016, 366.

Vertretungsberechtigung kommt es dann nicht an (§ 108 S. 1 HGB). In den Fällen der §§ 31 Abs. 2 S. 1, 143 Abs. 2 HGB kann die Anmeldepflicht auch Rechtsnachfolger betreffen.

Die Zwangsgeldandrohung kann sich auch gegen einen **Notar** richten, wenn dieser 138 einer entsprechenden Pflicht unterliegt. Das ist nicht schon der Fall, soweit der Notar nach § 378 Abs. 2 FamFG befugt ist, Anträge zur Eintragung zu stellen. Denn insoweit handelt es sich lediglich um eine Vollmachtsvermutung.[286] Diese rechtsgeschäftliche eingeräumte Befugnis macht den Notar nicht zu einem Verpflichteten iSd § 14 HGB. Anderes gilt aber im Fall des § 40 Abs. 2 S. 1 GmbHG. Hat der Notar danach an Veränderungen in den Personen der Gesellschafter einer GmbH oder im Umfang ihrer Beteiligung mitgewirkt, hat er unverzüglich eine den gesetzlichen Anforderungen entsprechende Gesellschafterliste zum Register einzureichen. Diese hat eine Bescheinigung nach § 40 Abs. 2 S. 2 GmbHG zu enthalten. Aufgrund dieser zwangsbewehrten Verpflichtung wird dem Notar auch eine Beschwerdebefugnis gegen Entscheidungen des Registergerichts eingeräumt, wenn dieses die Liste nicht in den Registerordner aufnehmen will (→ Rn. 107).[287]

Ist jemand zur **rechtsgeschäftlichen Vertretung** eines Unternehmensträgers berechtigt, 139 für den eine Eintragung zu erfolgen hat, führt dies nicht dazu, dass auch gegen ihn Registerzwang ausgeübt werden kann.[288] Dementsprechend ist ein Prokurist auch im Fall des Vorliegens einer unechten Gesamtvertretung nicht Adressat eines Zwangsgeldes.[289] Ebenso wenig kann das Zwangsgeld gegen den Verfahrensbevollmächtigten oder den besonderen Vertreter einer Zweigniederlassung gerichtet werden. Mit dem Zwangsgeld sollen Handlungen durchgesetzt werden, so dass es sich nur gegen **natürliche Personen** richten kann.[290] Ist etwa als Liquidator einer Gesellschaft eine juristische Person eingesetzt worden, ist das Zwangsgeld gegen deren Vertretungsorgane zu richten. Anmeldepflichtig kann auch ein Insolvenzverwalter sein (→ Rn. 93).[291] Bei mehreren Verpflichteten ist das Zwangsgeld nur gegen die zu richten, die ihrer Anmeldepflicht nicht nachkommen.

4. Die Verfahrensregelungen. Für die Einleitung des Zwangsgeldverfahrens **zuständig** 140 ist das Gericht des Sitzes. Wegen der Eintragung einer Zweigniederlassung bei der Hauptniederlassung ist das Hauptniederlassungsgericht auch für Anmeldungen in Bezug auf die Zweigniederlassungen zuständig. Handelt es sich um die Zweigniederlassung einer ausländischen Gesellschaft ist das Zweigniederlassungsgericht für das Zwangsgeldverfahren zuständig. Funktionell zuständig ist beim Registergericht der Rechtspfleger, § 3 Nr. 2 lit. d RPflG iVm § 17 RPflG. Das Verfahren ist **von Amts wegen** einzuleiten. Das Gericht ist dabei zum Einschreiten verpflichtet, wenn es glaubhaft von einem Sachverhalt erfährt, der die Einleitung des Verfahrens rechtfertigt.[292] Für die Einleitung des Verfahrens bedarf es keiner sicheren Erkenntnis über das tatsächliche Bestehen der Verpflichtung.[293] Die genaue Klärung des Sachverhalts kann vielmehr dem Verfahren überlassen bleiben.[294]

Das Verfahren hat nach § 388 Abs. 1 FamFG mit einer **Zwangsgeldandrohung** zu 141 beginnen. Diese ist wegen der zu setzenden Frist zuzustellen. Die Androhung ist an den Anmeldepflichtigen zu richten (→ Rn. 137 f.), die vorzunehmende Handlung ist genau zu bezeichnen, es ist ein der Höhe nach bestimmtes Zwangsgeld anzudrohen und schließlich

---

[286] Baumbach/Hueck/*Noack* GmbHG § 40 Rn. 78; Rowedder/Schmidt-Leithoff/*Koppensteiner/Grube* GmbHG § 40 Rn. 10.

[287] BGH NJW 2011, 1809; NZG 2011, 1268.

[288] Bork/Jacoby/Schwab/*Müther* FamFG § 388 Rn. 20; Keidel/*Heinemann* FamFG § 388 Rn. 29.

[289] Allgemein BayObLGZ 1982, 198.

[290] Bork/Jacoby/Schwab/*Müther* FamFG § 388 Rn. 20; Keidel/*Heinemann* FamFG § 388 Rn. 28.

[291] Keidel/*Heinemann* FamFG § 388 Rn. 34.

[292] Bork/Jacoby/Schwab/*Müther* FamFG § 388 Rn. 18; Keidel/*Heinemann* FamFG § 388 Rn. 25; vgl. auch BayObLG GmbHR 2001, 984.

[293] Keidel/*Heinemann* FamFG § 388 Rn. 26.

[294] OLG Frankfurt a.M. DNotZ 1979, 620; Keidel/*Heinemann* FamFG § 388 Rn. 26.

ist eine konkrete Frist zu setzen, die auf Antrag verlängert werden kann. Zugleich ist auf die Einspruchsmöglichkeit hinzuweisen, § 39 FamFG. Fehlt es an einem dieser Erfordernisse darf eine Festsetzung des Zwangsgeldes nicht erfolgen, eine erfolgte Festsetzung ist aufzuheben.[295]

142   Wird innerhalb der gesetzten Einspruchsfrist **kein Einspruch** eingelegt und auch die Handlung nicht vorgenommen, ist das angedrohte Zwangsgeld festzusetzen, § 389 Abs. 1 FamFG. Zugleich ist ein erneutes Zwangsgeld anzudrohen. In Bezug auf die Androhung gilt das zuvor Gesagte. In dieser Weise – Androhung und Festsetzung mit erneuter Androhung – ist bis zu Erfüllung der Verpflichtung vorzugehen, § 389 Abs. 3 FamFG.

143   Wird **fristgerecht Einspruch** eingelegt, kommt es in der Regel zu einer mündlichen Erörterung, es sei denn, die Begründetheit des Einspruchs liegt auf der Hand, vgl. § 390 Abs. 1 FamFG. Ist der Einspruch begründet, ist die getroffene Entscheidung aufzuheben. Sind bereits mehre Festsetzungen von Zwangsgeld getroffen worden, können diese auch durch eine spätere Aufhebungsentscheidung mit aufgehoben werden, § 390 Abs. 6 FamFG. Dies steht im Ermessen des Registergerichts/Beschwerdegerichts und richtet sich danach, warum der Einspruch erst gegen spätere Androhungen erfolgt.[296] In Betracht kommt auch eine Herabsetzung des Zwangsgeldes.

144   Während in Bezug auf die Androhung der Rechtsbehelf des Einspruchs gegeben ist, kann gegen die Festsetzung und gegen die Einspruchsverwerfung **Beschwerde** eingelegt werden, vgl. § 391 Abs. 1 FamFG. Zu beachten ist allerdings, dass mit der Beschwerde gegen die Festsetzung grundsätzlich nur eine Überprüfung des vorangegangenen Verfahrens und der Grundlagen der Festsetzung erreicht werden kann. Die Frage, ob die der Androhung zugrunde liegende Verpflichtung besteht, ist nicht zu prüfen.[297] Hierzu ist zunächst ein Einspruchsverfahren durchzuführen. Eine Festsetzung ist aber dann von vornherein unzulässig, wenn eine mit Zwangsgeld durchsetzbare Verpflichtung in rechtlicher Hinsicht nicht gegeben ist.[298] Die Beschwerdeeinlegung gegen eine Festsetzung soll dabei immer dahin verstanden werden müssen, dass auch Einspruch gegen die Androhung eingelegt ist.[299] Dies erscheint möglich, kann aber wegen der ausdrücklichen Hinweise auf die Einspruchsmöglichkeit aber kein Regelsatz sein. Richtet sich die Beschwerde gegen eine Einspruchsverwerfung, die mit einer weiteren Festsetzung verbunden ist, ist für das Registergericht demgegenüber eine Prüfung im vollem Umfang möglich. In einem solchen Fall ist im Zweifel davon auszugehen, dass sich die Beschwerde gegen die Einspruchsverwerfung und die Festsetzung richtet. Beschwerdeberechtigt ist jeweils der von dem Zwangsgeld Bedrohte, darüber hinaus aber auch immer der jeweilige Unternehmensträger,[300] dem auch das Recht auf Einspruch einzuräumen ist.

145   **5. Ergänzend: Das Ordnungsgeldverfahren nach § 392 FamFG.** Nach § 392 Abs. 1 FamFG kann das Registergericht gegen denjenigen im Ordnungsgeldverfahren vorgehen, der eine ihm nicht zustehende Firma gebraucht. § 392 FamFG stellt eine Ausführungsvorschrift zu § 37 Abs. 1 HGB dar. Die Möglichkeiten Dritter nach § 37 Abs. 2 HGB vorzugehen, werden durch das Verfahren nicht beeinträchtigt. Das Ordnungsgeld hat anders als das Zwangsgeld auch repressiven Charakter.[301] Die Festsetzung erfordert daher auch ein Verschulden. Das bedeutet aber auch, dass ein festgesetztes Ordnungsgeld nicht allein deswegen aufgehoben werden kann, weil der Beteiligte später die Verpflichtung eingehalten hat.

---

[295] Bork/Jacoby/Schwab/*Müther* FamFG § 388 Rn. 24.
[296] Keidel/*Heinemann* FamFG § 390 Rn. 34.
[297] KG ZIP 2012, 1352; NJW-RR 1999, 1341; OLG Hamburg GmbHR 2011, 828.
[298] KGJ 42, 167; OLG Hamm OLGZ 1979, 1; Bork/Jacoby/Schwab/*Müther* FamFG § 391 Rn. 9; aA Prütting/Helms/*Holzer* FamFG § 391 Rn. 5.
[299] OLG Zweibrücken BeckRS 2012, 06084; Keidel/*Heinemann* FamFG § 390 Rn. 28.
[300] BayObLG Rpfleger 2002, 31; Rpfleger 1984, 105.
[301] BayObLG NJW 1999, 297.

Mit dem Verfahren soll keine Handlungspflicht, sondern ein **Unterlassen** durchgesetzt 146
werden. Ein **unbefugter Firmengebrauch** liegt dabei vor, wenn eine firmenmäßige
Verwendung einer Bezeichnung vorliegt und dadurch gegen die firmenrechtlichen Vorschriften verstoßen wird. Die Beschränkungen des § 18 Abs. 2 HGB gelten auch im Verfahren nach § 392 FamFG. Ein Verstoß gegen andere Vorschriften reicht nicht aus.[302] Auf
eine Eintragung der Bezeichnung im Register kommt es nicht an. Unbefugt ist beispielsweise die Verwendung einer Firma durch einen Nichtkaufmann oder die Verwendung
mehrerer Firmen durch einen Unternehmensträger.

Das Verfahren ist von Amts wegen einzuleiten. Von der Einleitung kann aber abgese- 147
hen werden, wenn überwiegende Interessen auf Seiten des Firmenführers gegen die
Durchführung des Verfahrens sprechen und das öffentliche Interesse an der Durchsetzung
der Unterlassungspflicht gering ist. Die Möglichkeit, die Firma nach § 395 FamFG im
Register zu löschen, steht dem Verfahren nicht entgegen.[303] Im Übrigen richtet sich die
Durchführung des Verfahrens nach den Vorschriften über das Zwangsgeldverfahren.

II. Kosten

1. Überblick. Kosten fallen im Eintragungsverfahren, im Zwangsgeldverfahren 148
(→ Rn. 150), aber auch im Rechtsmittelverfahren und in den unternehmensrechtlichen
Verfahren an. Zu den Kosten im Rechtsmittelverfahren → Rn. 167 f. Zu den Kosten in
den unternehmensrechtlichen Verfahren → Rn. 190 ff.

2. Eintragungsverfahren. Im **Eintragungsverfahren** fallen neben den Notarkosten, 149
die bei der Anfertigung und Einreichung der notwendigen Unterlagen entstehen (→ § 30
Rn. 1 ff.), Gerichtsgebühren und Auslagen nach der HRegGebVO an. Die Ermächti-
gungsnorm für diese Verordnung findet sich in § 58 GNotKG. Die Einzelheiten zu den
Gebühren sind der Anlage zu § 1 HRegGebVO zu entnehmen. Die anfallenden Kosten
bei einer Rücknahme oder einer Zurückweisung ergeben sich aus den §§ 3, 4 HReg-
GebVO. Zu den Auslagen zählen die Bekanntmachungskosten, die aber nicht erhoben
werden, soweit die Bekanntmachung in dem elektronischen Informations- und Bekannt-
machungssystem erfolgt (vgl. Nr. 31004 KV GNotKG). In den Löschungs- und Auflö-
sungsverfahren fallen grundsätzlich Kosten erst im Falle der Erhebung eines Widerspruches an, vgl. Nr. 13400 KV GNotKG. Insoweit wird eine Gebühr nach einem vom
Gericht festzusetzenden Geschäftswert fällig. Es handelt sich jeweils um vermögensrechtliche Verfahren, so dass § 36 Abs. 1 und Abs. 3 GNotKG anzuwenden sind. Im Zweifel ist
ein Wert von 5.000 EUR anzunehmen.

3. Zwangsgeldverfahren. Für die Festsetzung eines Zwangsgeldes entsteht eine Gebühr 150
nach Nr. 13320 KV GNotKG. Sie beträgt 100 EUR. Sie fällt bei jeder erneuten Festsetzung an. Der gleiche Betrag wird wegen der Verwerfung des Einspruchs fällig. Im Beschwerdeverfahren fallen 150 EUR an (Nr. 13320 KV GNotKG), eine Rücknahme reduziert die Gebühr auf die Hälfte. Wenn die Entscheidung bereits abgefasst, aber noch nicht
auf der Geschäftsstelle angekommen ist, reduziert sich die Gebühr nur auf 100 EUR. Im
Rechtsbeschwerdefahren betragen die entsprechenden Gebühren 200 EUR (Nr. 13330
KV GNotKG), 100 EUR und 150 EUR. Wegen der Festgebühren bedarf es einer Festsetzung des Geschäftswerts durch das Gericht nicht. Gegebenenfalls kann zur Festsetzung
für die Gebühren eines Verfahrensbevollmächtigten ein Antrag nach § 33 Abs. 1 RVG
gestellt werden.

---

[302] Keidel/*Heinemann* FamFG § 392 Rn. 13.
[303] Baumbach/Hopt/*Hopt* FamFG § 392 Rn. 7; Keidel/*Heinmann* FamFG § 392 Rn. 7.

III. Rechtsmittelverfahren

151 **1. Überblick.** Für die Rechtsmittel in Registersachen gelten die allgemeinen Verfahrensvorschriften des FamFG und damit die §§ 58 ff. FamFG. Rechtsmittel ist danach die **Beschwerde.** Teilweise sind andere Rechtsbehelfe vorgeschaltet, wie etwa der Einspruch nach § 389 FamFG im Zwangsgeldverfahren oder der Widerspruch in den Verfahren auf Eintragung von Amts wegen (vgl. §§ 393–395, 397–399 FamFG). Das Rechtsmittel der Beschwerde gilt auch wegen der Entscheidungen der Rechtspfleger. Die sog. Rechtspflegererinnerung nach § 11 Abs. 1 RPflG greift dann ein, wenn in der Hauptsache kein zulässiges Rechtsmittel gegeben ist, vgl. § 11 Abs. 2 RPflG. Das ist der Fall, wenn der Beschwerwert nach § 61 Abs. 1 FamFG nicht erreicht wird. Gegen die Beschwerdeentscheidung kommt grundsätzlich die Rechtsbeschwerde in Betracht, die in Registersachen aber jeweils durch das Beschwerdegericht zugelassen werden muss.

152 Das FamFG sieht als Rechtsmittel in sog. **Nebenverfahren** nicht die Möglichkeit einer Beschwerde nach § 58 FamFG vor, sondern die sofortige Beschwerde nach der Zivilprozessordnung vor. Dies ist insofern von Bedeutung, als dass die sofortige Beschwerde nach § 569 Abs. 1 ZPO binnen einer Frist von zwei Wochen einzulegen ist. Die Entscheidung wird auch nicht durch das Beschwerdegericht in der nach dem GVG vorgesehenen Besetzung getroffen, sondern durch den originären Einzelrichter, der allerdings die Sache auf den Senat übertragen kann (§ 568 ZPO). In Registersachen ist eine durch die sofortige Beschwerde anfechtbare Entscheidung die **Aussetzungsentscheidung** nach den §§ 21, 381 FamFG.

153 **2. Statthaftigkeit, § 58 FamFG.** Die Beschwerde nach § 58 Abs. 1 FamFG ist nur gegen **Endentscheidungen** gegeben. Endentscheidungen sind nach § 38 Abs. 1 S. 1 FamFG die Entscheidungen, durch der Verfahrensgegenstand ganz oder teilweise erledigt wird. Die Endentscheidung ergeht als Beschluss. Als Endentscheidung ist in Registersachen allerdings auch die **Eintragung** anzusehen. Diese erfolgt aber nicht auf der Grundlage eines Beschlusses und ist nach § 383 Abs. 3 FamFG auch nicht mit der Beschwerde angreifbar. Eine Ausnahme bildet insoweit aber die Fassungsbeschwerde; zu allem → Rn. 83. Soweit der Eintragungsantrag aber zurückzuweisen ist, ist diese Entscheidung durch einen **Zurückweisungsbeschluss** zu treffen. Er ist als Entscheidung iSd § 38 Abs. 1 S. 1 FamFG anzusehen.

154 Keine Endentscheidung stellt die **Zwischenverfügung** dar; zu dieser → Rn. 69 ff. Diese ist aufgrund der in § 382 Abs. 4 S. 2 FamFG vorgesehenen Ausnahme aber nach § 58 Abs. 2 FamFG ebenfalls mit der Beschwerde angreifbar. Sie ist dementsprechend mit einer Rechtsbehelfsbelehrung zu versehen, § 39 FamFG. Allein die Tatsache, dass ein vom Registergericht verfasstes Schreiben mit einer Rechtsbehelfsbelehrung verbunden ist, bedeutet aber nicht, dass eine anfechtbare Zwischenverfügung vorliegt. Allein die Rechtsbehelfsbelehrung macht das Schreiben nicht anfechtbar.[304] Es ist vielmehr danach zu fragen, ob nach dem äußeren Anschein eine Zwischenverfügung vorliegt.[305] Unter Anwendung dieser Kriterien kann ein Schreiben, das die Aufforderung zur Rücknahme der Anmeldung enthält, nicht als Zwischenverfügung angesehen werden und ist nicht mit der Beschwerde angreifbar.[306] Hier sollte darauf hingewirkt werden, dass das Registergericht alsbald eine Endentscheidung nach § 38 Abs. 1 S. 1 FamFG trifft.

155 Neben dem Zurückweisungsbeschluss und der Zwischenverfügung finden sich keine Maßnahmen des Registergerichts, die mit der Beschwerde nach dem FamFG angegriffen werden können. Teilweise fehlt den Maßnahmen die Außenwirkung, andere Maßnahmen erfüllen nicht die Anforderungen nach § 58 Abs. 1 und Abs. 2 FamFG, weil es sich nicht

---

[304] Bork/Jacoby/Schwab/*Müther* FamFG § 382 Rn. 8.
[305] OLG Düsseldorf Rpfleger 2018, 473; OLG München NZG 2013, 557.
[306] BayObLG NJW-RR 1988, 869; Schmidt-Kessel/Leutner/Müther/*Müther* HBG § 8 Rn. 179.

um Endentscheidungen handelt und eine Anfechtbarkeit auch nicht anderweitig angeordnet ist. Zur Aussetzung → Rn. 74 ff.

3. Beschwerdewert und Beschwerdefrist, §§ 61, 63 FamFG. Mit Ausnahme der Vereinsregistersachen sind Registersachen als vermögensrechtliche Angelegenheit anzusehen.[307] Aus diesem Grund muss jeweils der **Beschwerwert** von über 600 EUR erreicht werden, § 61 Abs. 1 FamFG. Dieser wird in Registersachen regelmäßig unproblematisch gegeben sein, ohne dass sich Rechtsprechung finden lassen würde, die insoweit Probleme sähe. Zweifel könnten sich allerdings dann ergeben, wenn eine UG mit einem niedrigeren Stammkapital als 600 EUR betroffen ist. Dies gilt jedenfalls bei der Ersteintragung. Im Übrigen wäre eine Prüfung von Amts wegen durch das Gericht erforderlich. Dem kann durch entsprechende Angaben in der Beschwerdeschrift vorgebeugt werden. Anders kann dies bei den Zwangsgeldverfahren sein, weil sich dort die Beschwer nach der Höhe des Zwangsgeldes richtet. Teilweise wird insoweit – entgegen den Gepflogenheiten in anderen Verfahrensgesetzen – der nachteiligen Kostenentscheidung eine weitere Beschwer entnommen und werden Kosten und Gebühren hinzugerechnet.[308] Erforderlich ist dies nicht, denn der Betroffene kann eine Rechtspflegererinnerung nach § 11 Abs. 1 RPflG einlegen (→ Rn. 151).

Die **Beschwerdefrist** beträgt nach § 63 Abs. 1 FamFG einen Monat. Sie beginnt mit 157 der Zustellung der Entscheidung. Sie wird mit dem Eingang der Beschwerdeschrift beim Ausgangsgericht gewahrt. Die Beschwerdeeinlegung beim Beschwerdegericht ist unwirksam, vgl. § 64 Abs. 1 S. 1 FamFG, insbesondere wird die Frist nicht gewahrt. Fehlt die Rechtsbehelfsbelehrung oder ist sie falsch, bedeutet dies nicht, dass die Frist nicht zu laufen beginnt. Dies rechtfertigt vielmehr die Wiedereinsetzung in den vorigen Stand nach § 17 Abs. 2 FamFG, die allerdings auch in anderen Fällen der Fristversäumnis in Betracht kommt. Zu beachten ist aber, dass das Fehlen des Verschuldens nur vermutet wird. Diese ist als widerlegt anzusehen, wenn von ausreichenden Rechtskenntnissen auf Seiten des Beteiligten ausgegangen werden kann. Dies wird bei der Vertretung durch einen Anwalt oder Notar regelmäßig der Fall sein.[309]

4. Beschwerdebefugnis, § 59 FamFG. Zum Ausschluss einer Popularbeschwerde fordert 158 § 59 Abs. 1 FamFG für die Zulässigkeit der Beschwerde, dass der Beschwerdeführer durch die angefochtene Entscheidung in seinen Rechten verletzt ist. Das ist nur der Fall, wenn der Beschwerdeführer unmittelbar in eigenen subjektiven Rechten tatsächlich beeinträchtigt ist.[310] Nicht ausreichend sind daher private, wie etwa wirtschaftliche, oder öffentliche Interessen oder eine nur mittelbare Beeinträchtigung.[311] In den sog. reinen Antragsverfahren ist zusätzlich die Stellung des Antrags durch den Beschwerdeführer erforderlich, § 59 Abs. 2 FamFG. Von dem Erfordernis der Beeinträchtigung in eigenen Rechten sieht das Gesetz Ausnahmen vor. So kann Behörden nach § 59 Abs. 3 FamFG im öffentlichen Interesse ein unabhängiges Beschwerderecht eingeräumt sein. Auch die berufsständischen Organe sind nach § 380 Abs. 4 S. 2 FamFG unter Umständen beschwerdeberechtigt.

Die Beschwerde kann unter den Voraussetzungen des § 10 FamFG auch durch einen 159 **Verfahrensbevollmächtigten** eingelegt werden. Im Rahmen des § 378 Abs. 2 FamFG gilt auch der Notar als befugt, Beschwerde einzulegen. Ein eigenes Beschwerderecht kommt dem Notar nicht zu. Zur Ausnahme → Rn. 107. Wichtig ist insoweit die Benennung des Beschwerdeführers, um die Prüfung der Voraussetzungen des § 59 FamFG zu ermöglichen. Dies erfolgt häufig nicht. Die Beschwerde ist allerdings wie jede Ver-

---

[307] Schmidt-Kessel/Leutner/Müther/*Müther* HGB § 8 Rn. 183.
[308] OLG Düsseldorf BeckRS 2013, 01017; Rpfleger 2012, 683; Keidel/*Heinemann* FamFG § 391 Rn. 6.
[309] Keidel/*Sternal* FamFG § 17 Rn. 37.
[310] OLG Frankfurt a.M. FamRZ 2012, 461; Keidel/*Meyer-Holz* FamFG § 59 Rn. 9.
[311] Keidel/*Meyer-Holz* FamFG § 59 Rn. 9.

fahrenshandlung auslegungsfähig. So ist im Rahmen des § 378 Abs. 2 FamFG davon auszugehen, dass der Notar die Beschwerde im Zweifel im Namen der Beteiligten eingelegt hat.[312]

160　　In den **Anmeldeverfahren** auf Eintragung wird beim **Einzelkaufmann** jeweils nur dieser durch die Zwischenverfügung oder die Zurückweisung beeinträchtigt. Beim Übergang eines Handelsgeschäfts ist auch der Erwerber beschwerdebefugt. Bei den Anmeldungen zu **Personenhandelsgesellschaften** und **Partnerschaftsgesellschaften** ist jeweils nicht die Gesellschaft, sondern sind die notwendigen Anmelder und zwar nur gemeinschaftlich beeinträchtigt.[313] Diese sind entsprechend auch im Rubrum der Entscheidung des Registergerichts als Beteiligte aufzuführen. Bei den Kapitalgesellschaften ist nach der Art der Eintragung zu unterscheiden. Geht es um konstitutive Eintragungen ist jeweils nur die Gesellschaft beeinträchtigt. Bei den deklaratorisch wirkenden Eintragungen sind jeweils die Anmelder zur Beschwerde befugt. Denn ihnen droht gegebenenfalls ein Zwangsgeld. Das gilt aber nicht für einen Geschäftsführer, der sich gegen die Anmeldung auf Eintragung weiterer Geschäftsführer wenden will.[314] Daneben ist auch die Gesellschaft beeinträchtigt, denn für sie soll die Eintragung erfolgen. Dies alles gilt für Gesellschafter einer Kapitalgesellschaft. Denn diese werden durch eine Zwischenverfügung oder die Zurückweisung einer Anmeldung allenfalls mittelbar beeinträchtigt. Zur Beschwerdebefugnis in **Zwangsgeldverfahren** → Rn. 144.

161　　In den **Verfahren auf Eintragungen von Amts** wegen ist jeweils immer der Unternehmensträger beschwerdebefugt, der auch regelmäßig zu beteiligen ist, wenn ein Dritter die Eintragung erstrebt. Beschwerdebefugt ist auch jeweils derjenige, der einen Antrag auf Einleitung des Verfahrens stellen konnte und gestellt hat. Im Verfahren nach § 393 FamFG ist auch ein etwaiger Rechtsnachfolger oder der Insolvenzverwalter beschwerdebefugt. Ob auch Dritte, wie Angestellte oder Geschäftspartner, beeinträchtigt sein können, ist streitig.[315] In den Verfahren nach § 394 FamFG können wegen der mit der Eintragung verbundenen Wirkungen demgegenüber auch Dritte, wie etwa Gesellschaftsgläubiger oder Gesellschafter, durch die beabsichtigte Eintragung beeinträchtigt werden. Eine unmittelbare Beeinträchtigung durch die Weigerung, ein solches Verfahren einzuleiten, wird bei ihnen aber nicht vorliegen. Anderes wird aber dann gelten, wenn es um subjektive Rechte wie ein Firmenrecht geht.[316] Soll eine unrichtige Eintragung nach § 395 FamFG gelöscht werden, wird auch derjenige beeinträchtigt sein, der durch die Eintragung ausgewiesen wird (zB Geschäftsführer einer GmbH,[317] Gesellschafter einer Personenhandelsgesellschaft). Ein Gesellschafter einer Kapitalgesellschaft ist jedenfalls dann beschwert, wenn er sich gegen die Löschung oder Auflösung der Gesellschaft wenden will.[318] Diese Grundsätze gelten auch bei den Verfahren nach den §§ 397–399 FamFG.

162　　**5. Beschwerdeinlegung und Verfahren.** Die Beschwerdeschrift, die den Anforderungen des § 64 Abs. 2 FamFG entsprechen muss, ist zwingend beim Registergericht einzulegen. Dies hat eine **Abhilfe** zu prüfen, die notwendige Voraussetzung für eine Entscheidung des Beschwerdegerichts ist. Welche Anforderungen an die Nichtabhilfentscheidung auch in formeller Hinsicht zu stellen sind, ist streitig.[319] Etwaige Fehler können aber durch das Beschwerdegericht beseitigt werden. Eine Begründung ist nicht erforderlich, sie sollte jedoch stets erfolgen, um das Beschwerdegericht auf die zu beanstandenden Punkte

---

[312] OLG Nürnberg FGPrax 2011, 194; OLG Hamm OLGZ 1983, 257 (258); KG OLGZ 1969, 501 (502).
[313] KG DNotZ 2006, 550 (551); Keidel/*Meyer-Holz* FamFG § 59 Rn. 26; *Krafka* RegisterR Rn. 2455; Bork/Jacoby/Schwab/*Müther* FamFG § 59 Rn. 33.1.
[314] KG WM 2017, 141 Rn. 30.
[315] Vgl. dazu Keidel/*Heinemann* FamFG § 393 Rn. 21.
[316] Keidel/*Heinemann* FamFG § 59 Rn. 86.
[317] KG NZG 2012, 340.
[318] OLG Hamm NZG 2001, 1040.
[319] Bork/Jacoby/Schwab/*Müther* FamFG § 68 Rn. 8.

und die hiergegen sprechenden Argumente ausdrücklich aufmerksam zu machen. Ob eine elektronische Einreichung möglich ist, richtet sich nach § 14 Abs. 2 FamFG. Danach kann die Beschwerde als elektronisches Dokument eingereicht werden, soweit die Anforderungen nach § 130a ZPO eingehalten sind. Mit dem 1. 1. 2022 wird diese Eingabeform nach dem dann geltenden § 14b FamFG für Rechtsanwälte, Notare, Behörden und juristische Personen des öffentlichen Rechts verpflichtend.[320]

Für das Beschwerdeverfahren besteht **kein Anwaltszwang.** Treten die Beteiligten **163** nicht selbst auf, können sie sich vertreten lassen. Insoweit ist aber § 10 FamFG zu beachten. Dieser wird in Registersachen durch § 378 Abs. 1 FamFG modifiziert. Ob diese Erweiterungen auch für das Beschwerdeverfahren gelten, ist bisher nicht entschieden. Der Wortlaut, der das Beschwerdeverfahren gerade nicht erwähnt, könnte dagegen sprechen.

Das Verfahren wird regelmäßig **schriftlich** durchgeführt. Dies schließt es nicht aus, **164** dass das Gericht in geeigneten Fällen einen Erörterungstermin nach Maßgabe des § 32 Abs. 1 S. 1 FamFG durchführt. Dies wird aber die Ausnahme bleiben. Ein Anspruch auf mündliche Erörterung besteht dabei nicht. Das Beschwerdegericht entscheidet in der nach dem GVG vorgesehenen Besetzung von drei Richtern. Es kann die Entscheidung nach Maßgabe des § 68 Abs. 4 FamFG aber auch auf den **Einzelrichter** übertragen. Das Beschwerdegericht ist **Tatsacheninstanz** (vgl. § 65 Abs. 3 FamFG), so dass gegebenenfalls einer Zwischenverfügung auch noch im Beschwerdeverfahren Genüge getan werden kann.

Das Beschwerdegericht hat zunächst die **Zulässigkeit** der Beschwerde zu prüfen. Fehlt **165** diese, ist die Beschwerde als unzulässig zu verwerfen, vgl. § 68 Abs. 2 S. 2 FamFG. Ist die Beschwerde zulässig, aber unbegründet, ist die Beschwerde zurückzuweisen. Ist die Beschwerde **teilweise begründet,** ist im Tenor der Umfang der Aufhebung deutlich zu machen (zB teilweise unberechtigte Annahme von behebbaren Eintragungshindernissen). Ist die Beschwerde **insgesamt begründet,** ist die angefochtene Entscheidung aufzuheben. Da das Beschwerdegericht die Sache in vollem Umfang zu überprüfen hat, § 69 Abs. 1 S. 1 FamFG, hat es bei einer Zurückweisung einer Anmeldung diese grundsätzlich vollständig auf ihre Eintragungsfähigkeit hin zu überprüfen und gegebenenfalls das Amtsgericht zur Eintragung anzuweisen. Dies folgt daraus, dass die Eintragung selbst nicht durch das Beschwerdegericht vorgenommen werden kann. Soweit sich behebbare Hindernisse ergeben, hat das Beschwerdegericht eine Zwischenverfügung zu erlassen. Dies erfolgt im Tenor der Beschwerdeentscheidung oder durch Anweisung an das Registergericht, eine bestimmte Zwischenverfügung zu erlassen. In Ausnahmefällen kommt die Aufforderung zur weiteren Prüfung an das Registergericht in Betracht. Das ist dann der Fall, wenn das Registergericht deutlich gemacht hat, dass es selbst keine vollständige Prüfung vorgenommen hat, vgl. dazu § 69 Abs. 1 S. 2 FamFG. Ist mit der Beschwerde eine Zwischenverfügung angefochten, darf das Beschwerdegericht nur die vom Registergericht geltend gemachten Beanstandungen prüfen. Denn nur in diesem Umfang ist die Sache beim Beschwerdegericht angefallen. In diesem Zusammenhang steht es dem Beschwerdegericht aber frei, zusätzliche Hinweise für das weitere Verfahren vor dem Amtsgericht zu geben. In diesen Fällen gilt allerdings die Bindung nach § 69 Abs. 1 S. 4 FamFG nicht.

Das Beschwerdegericht hat seine Entscheidung zu begründen. Dabei hat das Beschwer- **166** degericht auch immer zu prüfen, ob die **Rechtsbeschwerde** zuzulassen ist. Denn im Registerrecht kommt die Rechtsbeschwerde nur dann in Betracht, wenn diese nach Maßgabe des § 70 Abs. 2 FamFG zugelassen wird. Zur Einlegung ist der Notar nicht befugt, vgl. § 10 Abs. 4 FamFG. Die Nichtzulassung muss nicht in den Tenor aufgenommen werden. Ein Hinweis auf die Prüfung wird aber üblicher Weise in die Entscheidung aufgenommen. Eine Nichtzulassungsbeschwerde kennt das FamFG nicht.

---

[320] Gesetz zur Förderung des elektronischen Rechtsverkehrs mit den Gerichten, BGBl. 2013 I 3786 (3789).

167 **6. Kosten.** In Eintragungsverfahren fallen Gebühren im **Beschwerdeverfahren** nach Maßgabe Nr. 19112 KV GNotKG an. Die Höhe beträgt das 3,5-fache der Eintragungsgebühr nach der HRegGebV. Diese Gebühr hat nach § 22 Abs. 1 GNotKG der Beschwerdeführer von Gesetzes wegen zu tragen. Einer Kostenentscheidung bedarf es daher nicht. Hat die Beschwerde nur teilweise keinen Erfolg, ist für die Berechnung der Beschwerdegebühren der hierauf entfallende Gebührenteil maßgebend. Hat die Beschwerde Erfolg, fallen keine Gebühren an. Eine Kostenerstattungsanordnung wegen der außergerichtlichen Kosten ist in den Eintragungsverfahren nicht zu treffen. Es fehlt an einem Erstattungspflichtigen, das Registergericht bzw. das Land kommen hierfür nicht in Betracht.

168 Wird die Beschwerde zurückgenommen, reduzieren sich die Gerichtsgebühren. Erfolgt die Rücknahme vor Einreichung einer Begründung beträgt sie das 0,5-fache der Eintragungsgebühr, eine spätere **Rücknahme** führt zu einer Reduzierung auf das 1,5-fache. Da eine Festsetzung eines Geschäftswertes für die Gerichtsgebühren nicht notwendig ist, kommt die Festsetzung für eine anwaltliche Vertretung nur nach § 33 RVG in Betracht. Diese setzt einen entsprechenden Antrag voraus.

E. Unternehmensrechtliche Verfahren

I. Überblick

169 Keine Registersachen, aber mit diesen eng verbunden, sind die unternehmensrechtlichen Verfahren nach § 375 FamFG. Das zeigt sich etwa bei dem Verfahren nach § 375 Nr. 3 FamFG in Verbindung mit § 33 Abs. 3 AktG, bei dem es um die Bestellung externer Gründungsprüfer bei der Aktiengesellschaft geht. Denn diese Gründungsprüfung steht im Zusammenhang mit der Anmeldung der Aktiengesellschaft und geht der Eintragung unmittelbar voraus Da die unternehmensrechtlichen Verfahren **keine Registersachen** sind, gelten auch die §§ 378 ff. FamFG für diese Verfahren nicht. Das ist insbesondere wegen der Regelung in § 378 Abs. 2 FamFG auch für die notarielle Tätigkeit von Bedeutung. Insoweit gilt dann aber die allgemeine Regelung des § 11 S. 4 FamFG. Danach ist eine Bevollmächtigung von nicht von Amts wegen zu prüfen, wenn ein Rechtsanwalt oder Notar als Bevollmächtigter auftritt. Auch die Regelung des § 380 FamFG findet in diesen Verfahren keine Anwendung.[321] Dies schließt es gleichwohl nicht aus, dass die Hilfe der entsprechenden berufsständischen Organe in Anspruch genommen wird.[322]

170 Auch diese Verfahren fallen wegen der Verbundenheit mit den Registersachen in sachliche **Zuständigkeit** der Amtsgerichte, vgl. § 23a Abs. 2 Nr. 4 GVG. Für die örtliche Zuständigkeit gelten die §§ 376, 377 FamFG. Insoweit ist ein Gleichlauf mit der Registerzuständigkeit vorgesehen. Örtlich zuständig ist danach immer das Sitzgericht bzw. das Gericht der Hauptniederlassung (→ Rn. 21). Ist der Unternehmensträger noch nicht im Register eingetragen, ist das Gericht des Satzungssitzes zuständig. Ist eine Eintragung nicht mehr vorgesehen, kommt es gleichwohl auf den Satzungssitz an, weil nur dann hinreichende Klarheit über die Zuständigkeit besteht.[323] Die örtliche Zuständigkeit ist auch in Fällen mit Auslandsbezug maßgebend, § 105 FamFG. Für die funktionelle Zuständigkeit sind wiederum die §§ 3 Nr. 2 lit. c, 17 Nr. 2 RPflG maßgebend. Danach sind die Verfahren nach § 375 Nr. 1–6, Nr. 9–14 und Nr. 16 FamFG dem Richter zugewiesen, soweit sich in § 17 Nr. 2 lit. a–d RPflG keine Ausnahmen finden. Diese betreffen dabei die Personenhandelsgesellschaften und die Bestellung von Vertretungsorganen bei den Kapitalgesellschaften.

---

[321] AA OLG Hamm FGPrax 1996, 70.
[322] Vgl. dazu OLG Hamm FGPrax 1996, 70.
[323] Keidel/*Heinemann* FamFG § 375 Rn. 4; aA BayObLGZ 1965, 294 (299); *Bumiller/Harders/Schwamb* FamFG § 375 Rn. 5.

Die Zuständigkeit ist ausschließlich, § 377 Abs. 1 FamFG. Das bedeutet auch, dass es kei- 171
ne konkurrierende oder parallele Zuständigkeit der **Prozessgerichte** gibt.[324] Dies muss
dann aber auch für einstweilige Maßnahmen gelten.[325] Allerdings sieht das Gesetz an einigen Stellen auch einen ähnlichen zivilrechtlichen Anspruch vor, der im Klagewege geltend zu machen ist (vgl. §§ 166 Abs. 1, 233 Abs. 1 HGB). In diesen Fällen ist auch bei
einer Überschneidung der Ansprüche von einer **Doppelzuständigkeit** auszugehen.[326]

Neben den in § 375 FamFG aufgeführten Verfahren gibt es weitere Verfahren, die die- 172
sen ähnlich sind, wie etwa die Verfahren nach § 132 AktG, §§ 51a, 51b GmbHG, die auf
Auskunft gegen die Geschäftsführung gerichtet sind. Für diese Verfahren ist allerdings das
Landgericht zuständig. Gleiches gilt für das Verfahren auf Bestellung von Sonderprüfern
nach § 142 AktG und Entscheidungen nach § 260 AktG. Einen besonderen Unterneh-
mensbezug haben auch die Verfahren über die Zusammensetzung des Aufsichtsrates nach
§ 98 AktG und das gesellschaftsrechtliche Spruchverfahren. Auch hierfür sind die Landgerichte zuständig.

II. Die einzelnen Verfahren

1. Überblick und Auswahl. Eine Darstellung aller von § 375 FamFG erfassten Verfahren 173
würde den Rahmen dieses Beitrags sprengen, so dass hier nur die Verfahren aufgeführt
werden, die in der notariellen Praxis ein gewisses Gewicht haben dürften. Daher bleiben
unerwähnt die schifffahrtsrechtlichen Verfahren nach § 375 Nr. 2 FamFG, die Verfahren
auf Ermächtigung zur Einberufung einer Hauptversammlung bei der SE (§ 375 Nr. 4
FamFG) und bei der Europäischen Genossenschaft (§ 375 Nr. 8 FamFG), dazu aber auch
→ Rn. 181. Zu § 375 Nr. 5 FamFG → Rn. 182. Weiterhin in der notariellen Praxis selten haben eine Bedeutung die Verfahren nach dem Publizitätsgesetz (§ 375 Nr. 9
FamFG), die Verfahren nach § 375 Nr. 11–13 FamFG, die Kreditinstitute und andere
Unternehmen aus dem Finanzsektor betreffen, oder die Verfahren nach dem BörsenG
(§ 375 Nr. 14 FamFG). Das Gleiche gilt für die Verfahren nach dem Schuldverschrei-
bungsG (§ 375 Nr. 16 FamFG).

2. Verfahren betreffend Personenhandelsgesellschaften, § 375 Nr. 1 FamFG. Die 174
Verfahren nach § 375 Nr. 1 FamFG betreffen die **Bestellung von Liquidatoren** nach
§ 146 Abs. 2 HGB bei der OHG und der KG sowie die **Abberufung** aus wichtigem
Grund nach § 147 HGB. Insoweit handelt es sich um private Streitverfahren der freiwilligen Gerichtsbarkeit. Zur Einleitung ist ein Antrag notwendig.

Das gilt auch für das Verfahren auf Bestimmung eines **Verwahrers für die Bücher** 175
und Papiere einer aufgelösten OHG oder KG nach § 157 Abs. 2 HGB.[327] Der vorgesehene Verwahrer ist trotz der gerichtlichen Bestellung nicht zur Annahme des Amtes verpflichtet.[328] Eine besondere Eignung wird nicht vorausgesetzt, der Verwahrer darf aber
auch nicht offensichtlich ungeeignet sein.[329]

Weiterhin ist das Amtsgericht zuständig für die Anordnung der **Mitteilung einer Bi-** 176
lanz und eines Jahresabschluss sowie auf Vorlage der Bücher und Papiere einer Kommanditgesellschaft aus wichtigem Grund nach § 166 Abs. 3 HGB[330] und dem entsprechenden Anspruch des stillen Gesellschafters nach § 233 Abs. 3 HGB. Zum Verhältnis zu
den Ansprüchen nach §§ 166 Abs. 1, 233 Abs. 1 HGB → Rn. 171. Voraussetzung des
Verfahrens ist ein Antrag eines Kommanditisten bzw. stillen Gesellschafters. Auch inso-

---

[324] OLG Saarbrücken GmbHR 2011, 33 zum Verfahren nach § 51b GmbHG.
[325] OLG Frankfurt a.M. NJW-RR 1989, 98.
[326] BGHZ 201, 363 = NZG 2016, 1102; BGH NJW 1984, 2470.
[327] Röhricht/Westphalen/Haas/*Haas* HGB § 157 Rn. 10; Baumbach/Hopt/*Hopt* HGB § 157 Rn. 6.
[328] Baumbach/Hopt/*Hopt* HGB § 157 Rn. 6.
[329] OLG Düsseldorf FGPrax 2010, 304 zum Verfahren nach § 74 Abs. 2 GmbHG.
[330] Vgl. dazu BGH NZG 2016, 1102; BeckRS 2016, 15672.

weit handelt es sich um ein privatrechtliches Streitverfahren. Bei Vorliegen des wichtigen Grunds ist die Anordnung zwingend.[331] Für Kapitalgesellschaften finden sich vergleichbare Regelungen (§ 132 AktG, §§ 51a, 51b GmbHG), die ebenfalls ein Verfahren nach dem FamFG vorsehen. Zuständig ist aber das Landgericht. Dort findet sich im Übrigen auch ein Verweis auf eine Vollstreckung nach den Vorschriften der ZPO. Aus diesem Grund richtet sich die Vollstreckung der Anordnungen nach §§ 166 Abs. 3, 233 Abs. 3 HGB nach § 95 FamFG und nicht nach § 35 FamFG.

177　　Nach § 375 Nr. 1 FamFG ist auch die **Abschlussprüferbestellung** nach § 318 Abs. 3 HGB als unternehmensrechtliches Verfahren ausgestaltet.[332] Es gelten die gleichen Grundsätze wie bei den vorstehenden Verfahren. Ein Antrag ist notwendig und es handelt sich um privatrechtliche Streitverfahren. Möglich ist auch eine gerichtliche Vergütungsfestsetzung nach § 318 Abs. 5 HGB. Die Entscheidung ist mit der Beschwerde anfechtbar und nach den Vorschriften der ZPO zu vollstrecken.

178　　**3. Verfahren betreffend Aktiengesellschaften, § 375 Nr. 3 FamFG.** Als unternehmensrechtliches Verfahren ist weiter die Bestellung eines **externen Gründungsprüfers** nach § 33 Abs. 3 S. 2 AktG anzusehen. Die Vorschrift gilt auch bei der KGaA. Die Bestellung erfolgt nur auf Antrag, dem häufig ein Vorschlag für einen bestimmten Gründungsprüfer beigefügt ist. Allein dies Vorgehen steht einer Bestellung des vorgeschlagenen Prüfers durch das Gericht nicht entgegen und ermöglicht vorherige Absprachen mit dem zu bestellenden Prüfer über die zu zahlende Vergütung. Das Gericht hat auch bei Meinungsverschiedenheiten zwischen Gründern und Prüfer zu entscheiden, § 35 AktG, und kann auch die Vergütung des Prüfers festsetzen. Alle Verfahren sind als privatrechtliche Streitverfahren anzusehen und setzen einen Antrag voraus. Unter den Voraussetzungen des § 33a AktG bedarf es keiner externen Gründungsprüfung und dementsprechend keiner Bestellung.[333]

179　　§ 73 Abs. 1 S. 1 AktG betrifft das Verfahren auf gerichtliche Genehmigung der **Kraftloserklärung von Aktien.**[334] Die Genehmigungsentscheidung ist anders als eine ablehnende Entscheidung nicht anfechtbar, vgl. § 73 Abs. 1 S. 4 AktG. Von § 375 Nr. 3 FamFG wird weiter das Verfahren auf **Bestellung fehlender, aber erforderlicher Vorstandsmitglieder** nach § 85 Abs. 1 AktG erfasst. Vor einer Bestellung sind der Aufsichtsrat und etwaige weitere Vorstandsmitglieder der Gesellschaft anzuhören. Auch insoweit kommt eine gerichtliche Festsetzung der Vergütung und Auslagen in Betracht, § 85 Abs. 3 AktG. Die Rechtsbeschwerde ist insoweit allgemeinen Regeln entsprechend ausgeschlossen.

180　　Das Verfahren nach § 103 Abs. 3 S. 1 AktG betrifft die gerichtliche **Abberufung von Aufsichtsratsmitgliedern** aus wichtigem Grund. Nach § 104 Abs. 1 S. 1 AktG hat das Amtsgericht auf Antrag auch **fehlende Aufsichtsratsmitglieder zu bestellen,** soweit dies nötig ist.[335] Zu Aufsichtsräten nach dem MontanMitbestG vgl. § 375 Nr. 10 FamFG.[336]

181　　Auch das Verfahren auf **Ermächtigung einer Aktionärsminderheit zur Einberufung der Hauptversammlung** oder Bekanntmachung des Gegenstands der Beschlussfassung und Bestimmung des Vorsitzenden der Versammlung nach § 122 Abs. 3 S. 1 und S. 2 AktG ist als unternehmensrechtliches Verfahren mit amtsgerichtlicher Zuständigkeit aus-

---

[331] Zum wichtigen Grund: BGH NJW 1984, 2470; OLG München FGPrax 2010, 307; Baumbach/Hopt/*Hopt* HGB § 166 Rn. 9.
[332] BayObLG FGPrax 2002, 79; NJW-RR 1988, 163; OLG Hamm NJW-RR 1989, 1375.
[333] KG NZG 2016, 620.
[334] Zur Kraftloserklärung vgl. BGH NJW-RR 1990, 166; zur örtlichen Zuständigkeit vgl. OLG Frankfurt a.M. NZG 2016, 1340.
[335] OLG Hamm FGPrax 2011, 150; OLG Köln ZIP 2011, 522.
[336] BayObLGZ 1972, 38.

gestaltet.[337] Eine entsprechendes Verfahren ist bei der SE vorgesehen, vgl. dazu § 375 Nr. 4 FamFG.

Die Bezugnahme auf § 147 Abs. 2 S. 2 AktG erfasst die Verfahren auf **Bestellung ei-** 182 **nes besonderen Vertreters** zur Geltendmachung von Ersatzansprüchen der Gesellschaft aus der Gründung oder aus der Geschäftsführung.[338] Entsprechende Vorschriften finden sich – nun aber nicht nur für Aktiengesellschaften, sondern auch für jeden beteiligten Unternehmensträger – in §§ 26 Abs. 1, 206 S. 2 UmwG. Zu den Verfahren gehört jeweils auch das Verfahren auf Festsetzung der Vergütung und der Auslagen für den besonderen Vertreter. Bei der GmbH und bei Publikumsgesellschaften findet § 147 Abs. 2 S. 2 AktG entsprechende Anwendung.[339]

Im unternehmensrechtlichen Verfahren ist auch über die **Bestellung und Abberu-** 183 **fung von Abwicklern** zu entscheiden einschließlich der Entscheidung über die Festsetzung der Vergütung und der Auslagen, § 265 Abs. 3 und Abs. 4 AktG. Für KGaA gilt insoweit § 290 Abs. 2 AktG. Eine Bestellung kommt allerdings nicht in Betracht kommt, wenn es sich um eine Vor-AG handelt.[340] Entsprechend ist auch die Bestellung von Nachtragsliquidatoren nach § 273 Abs. 4 AktG den Amtsgerichten übertragen, die immer dann in Betracht kommt, wenn nach der Eintragung der Vollbeendigung der Gesellschaft sich weitere Abwicklungsmaßnahmen ergeben. Denn die ehemaligen Organe der Gesellschaft sind zur Bestellung neuer gesetzlicher Vertreter nicht mehr befugt. Für die KGaA findet sich die Regelung in § 290 Abs. 3 AktG. Die Nachtragsliquidation ist auf das notwendige Maß zu beschränken. Diese Beschränkung wird in den Bestellungsbeschluss aufgenommen und beschränkt die Vertretungsbefugnis. Ob und wann die Gesellschaft und der bestellte Nachtragsliquidator wieder in das Register einzutragen sind, ist streitig. In der Regel ist eine Eintragung nicht erforderlich und unterbleibt. Erfolgt eine Eintragung, gilt diese nur für die Nachtragsliquidation und bedeutet nicht, dass die Vollbeendigung aufgehoben ist. Auch hier wird die Vergütungsfestsetzung erfasst.

Von § 375 Nr. 3 FamFG werden weiter die Verfahren auf **Befreiung von der Prü-** 184 **fung des Jahresabschlusses** und des Lageberichts nach § 270 Abs. 3 AktG bei der AG und der KGaA erfasst. Das Amtsgericht hat auf Antrag auch den Ort zur **Aufbewahrung der Bücher und Schriften** zu bestimmen sowie über die Einsicht in die Unterlagen zu entscheiden, vgl. § 270 Abs. 2 und Abs. 3 AktG. Die Archivierung kann dabei auch bei einem privaten Archivierungsunternehmen erfolgen.[341]

4. Verfahren betreffend die GmbH, § 375 Nr. 6 FamFG. Ebenso wie bei der Aktien- 185 gesellschaft sind die Verfahren auf Bestellung und Abberufung von Liquidatoren als unternehmensrechtliche Verfahren ausgestaltet. Es gelten insoweit dieselben Regeln, → Rn. 183. Auch diese Verfahren sind als privatrechtliche Streitverfahren anzusehen. Die notwendigen Eintragungen erfolgen von Amts wegen, § 67 Abs. 4 GmbHG. Alle Verfahren sind Antragsverfahren, ein Vorgehen von Amts wegen kommt nicht in Betracht. Für den Fall, dass die Gesellschaft wegen Vermögenslosigkeit gelöscht worden ist (§ 394 FamFG, → Rn. 117 ff.), sieht § 66 Abs. 5 GmbHG die gerichtliche Bestellung eines Nachtragsliquidators vor. Damit sind aber nicht alle Fälle erfasst, in denen eine Nachtragsliquidation durchzuführen ist. Ist die GmbH aus anderen Gründen gelöscht worden, etwa nach § 74 Abs. 1 S. 2 GmbHG, wird wegen der Bestellung eines Nachtragsliquidators die Regelung des § 273 Abs. 4 AktG angewandt.[342] Der Nachtragsliquidator kann einen Vergütungsanspruch für seine Tätigkeit haben, der sich aber nicht gegen den Staat richtet, sondern

---

[337] Vgl. dazu BGH NZG 2017, 1374; OLG München FGPRax 2018, 167; OLG Frankfurt a.M. ZIP 2017, 1714.
[338] KG FGPrax 2012, 76; NZG 2005, 319; OLG Frankfurt a.M. NZG 2004, 95.
[339] Vgl. BGH NZG 2010, 1381.
[340] OLG Frankfurt a.M. NJW-RR 1996, 290.
[341] AG Jena Rpfleger 2009, 323.
[342] OLG Frankfurt a.M. NZG 2015, 626; KG FGPRax 2007, 185.

gegen die Gesellschaft. Ein zur Tätigkeit Bereiter wird in der Regel durch den Antragsteller benannt. Dieser kann insoweit auch die Vergütungsfrage klären. Mitunter wird eine Erklärung des zu Bestellenden verlangt, dass auf eine Erstattung von Gebühren und Auslagen gegenüber der Landeskasse verzichtet wird.[343] Teilweise wird angenommen, das Gericht könne wegen der Vergütung einen Vorschuss nach § 14 GNotKG verlangen.[344]

186   Weiterhin kann die Gesellschaft auf Antrag nach § 71 Abs. 3 GmbHG von der Prüfung des Jahresabschlusses und des Lageberichts befreit werden. Dies ist dann möglich, wenn die Verhältnisse überschaubar sind und eine Prüfung auch im Interesse der Gläubiger und Gesellschafter nicht erforderlich erscheint. Die Befreiung ist mit der Beschwerde angreifbar. Dies muss aber auch für die Ablehnung der Befreiung gelten. Wegen der Aufbewahrung der Bücher und Schriften der Gesellschaft nach dem Ende der Liquidation kann das Gericht einen Gesellschafter oder einen Dritten bestimmen, der für die Aufbewahrung sorgen soll, § 74 Abs. 2 S. 2 GmbHG. Das Gericht kann im Übrigen auch Gläubiger zur Einsicht in die Unterlagen ermächtigen, § 74 Abs. 3 S. 2 GmbHG. Die Entscheidungen des Gerichts setzen einen Antrag voraus.

187   Grundsätzlich kommt eine gerichtliche Bestellung von Geschäftsführern nicht in Betracht. Dies erweist sich in Notfällen, der einzige Geschäftsführer stirbt, die Gesellschafterversammlung kann zeitnah keine Neubestellung vornehmen, als misslich. In diesen Fällen kommt die Bestellung eines **Notgeschäftsführers** entsprechend § 29 BGB in Betracht, wenn ein Schaden droht.[345] Die Bestellung stellt eine Ausnahme dar. Kann die Vertretung durch andere Maßnahmen erreicht werden, gehen diese vor (zB Bestellung eines Prozesspflegers). Allein die Zerstrittenheit der Gesellschafter rechtfertigt die Bestellung eines Notgeschäftsführers in der Regel nicht, soweit nicht Dritte betroffen sind und die Maßnahmen zur internen Bestimmung noch nicht ausgeschöpft sind.[346] Im Falle des § 31 MitbestG findet auch bei der GmbH § 85 AktG Anwendung. Der zu Bestellende muss geeignet sein, entsprechende Versicherungen muss er aber nicht abgeben.[347] Eine Beschränkung der Aufgaben des Notgeschäftsführers kann wegen § 37 Abs. 2 GmbHG nur interne Wirkung haben.[348] Die Eintragung ist von Amts wegen vorzunehmen, ein Hinweis auf den Bestellungsgrund durch Benennung der gesetzlichen Grundlage erfolgt nicht, vgl. § 12 S. 1 HRV.[349] Der Notgeschäftsführer ist als Geschäftsführer in das Register einzutragen. Die Bestellung ist aufzuheben, sobald die Notlage beseitigt ist. In Anwendung der §§ 29, 48 BGB kommt auch die Bestellung eines **Notliquidators** in Betracht.[350] Die gerichtliche Bestellung nach § 66 Abs. 2 GmbHG hat aber Vorrang.

188   **5. Verfahren nach dem GenG und dem PartGG, § 375 Nr. 7 und Nr. 15 FamFG.**
Auch bei der Genossenschaft kommt die Ermächtigung zur Einberufung des Entscheidungsgremiums der Genossenschaft, der Generalversammlung, oder Ankündigung der Gegenstände der Beschlussfassung in Betracht (§ 45 Abs. 3 GenG). Das entsprechende Verfahren wird von § 375 Nr. 7 FamFG erfasst. Genannt werden weiter § 64b GenG (Bestellung eines Prüfverbandes), § 83 Abs. 3−5 GenG (gerichtliche Ernennung von Liquidatoren, ihre Abberufung und Bestellung von Nachtragsliquidatoren) sowie § 93 GenG (Bestimmung der Person, die die Bücher und Schriften der Gesellschaft nach dem Ende der Liquidation verwahrt).

189   In Bezug auf die **Partnerschaftsgesellschaft** kommt die gerichtliche Bestellung von Liquidatoren in Betracht (§ 10 PartGG iVm § 146 Abs. 2 HGB), die Abberufung eines

---

[343] Vgl. LG Berlin Beschl. v. 2. 5. 2003 − 102 T 95/02, nicht veröffentlicht.
[344] *Krafka* RegisterR Rn. 1256, zweifelhaft.
[345] Umfassend *Krafka* RegisterR Rn. 1254−1259.
[346] OLG Frankfurt a.M. NZG 2011, 1277.
[347] *Krafka* RegisterR Rn. 1258; *Müther* Handelsregister § 6 Rn. 108.
[348] BayObLG NJW-RR 1986, 523.
[349] AA *Krafka* RegisterR Rn. 1258.
[350] OLG München GmbHR 2005, 1431.

Liquidators durch das Gericht (§ 10 PartGG iVm § 147 HGB) und die Bestimmung der Person, die die Bücher und Schriften nach dem Ende der Liquidation aufbewahren soll (§ 10 PartGG iVm § 157 Abs. 2 HGB). Einer Regelung über die Informationsrechte, wie in § 375 Nr. 3 FamFG bei der Kommanditgesellschaft und der stillen Gesellschaft angegeben, bedurfte es wegen der Regelung in § 118 HGB, der nach § 6 Abs. 3 PartGG entsprechend gilt, nicht.

III. Kosten und Rechtsmittel

1. Kosten. In den oben genannten **unternehmensrechtlichen Verfahren** wird nach 190 Nr. 13500 KV GNotKG eine Gebühr in Höhe von 2,0 erhoben. Diese reduziert sich auf eine halbe Gebühr, soweit es nicht zu einer Endentscheidung kommt oder eine Rücknahme erfolgt und die Bekanntgabe der Endentscheidung noch nicht abgeschlossen ist, vgl. dazu den Wortlaut der Nr. 13504 KV GNotKG. Das Verfahren wegen der Vergütungsfestsetzung wird von der Verfahrensgebühr nach Nr. 13500 KV GNotKG erfasst. Die Gebühren fallen auch an, wenn der gestellte Antrag erfolglos ist.

Der **Geschäftswert** ist nach den allgemeinen Vorschriften zu bestimmen. Die hier be- 191 sprochenen Verfahrensgegenstände sind vermögensrechtlicher Natur, so dass § 36 Abs. 1 und Abs. 3 GNotKG anzuwenden ist. Für Verfahren, die sich auf die Ernennung und Abberufung von Personen beziehen, gilt die Spezialvorschrift des § 67 GNotKG. Von den dort genannten recht hohen Werten (zB Geschäftswert bei Kapitalgesellschaften 60.000 EUR) kann nach § 67 Abs. 3 GNotKG nur unter besonderen Umständen des Einzelfalles abgewichen werden.[351] Diese Konzeption erweist sich immer dann als problematisch, wenn sich der Aufgabenkreis einer zu ernennenden Person als geringwertiger darstellt, wie dies häufig im Rahmen einer Nachtragsliquidation vorkommt.[352] Eine grundsätzliche Orientierung an dem Wert des Aufgabenkreises lässt das Gesetz nicht zu. Es lässt sich nicht ausschließen, dass sich die Rechtsprechung gleichwohl in diese Richtung entwickelt.[353] Nach oben ergibt sich aus der Vorschrift eine Deckelung.[354] Werden mehrere Personen ernannt, liegt gleichwohl nur ein Verfahrensgegenstand vor, so dass keine Vervielfachung des Geschäftswertes notwendig ist.[355] Eine Erhöhung ist aber unter Berücksichtigung des § 67 Abs. 3 GNotKG nicht ausgeschlossen.[356]

Soweit sich an dem unternehmensrechtlichen Verfahren (rechtlich zulässig) mehrere be- 192 teiligen und sich das Verfahren als kontradiktorisch erweist, hat das Gericht nach § 81 FamFG in der Endentscheidung auch über eine Erstattung der außergerichtlichen Kosten zu entscheiden. In Bezug auf die Gerichtskosten ist zunächst der Antragsteller Kostenschuldner, § 22 Abs. 1 GNotKG. Wegen der Kosten im Rechtsmittelverfahren → Rn. 195.

2. Rechtsmittelverfahren. Auch in Bezug auf die unternehmensrechtlichen Verfahren 193 gelten die **allgemeinen Rechtsmittelvorschriften** des FamFG. Soweit die Möglichkeit der Beschwerde ohnehin nicht ausdrücklich angeordnet ist, vgl. etwa § 260 Abs. 3 S. 4 AktG sowie § 273 Abs. 5 AktG. Auch im Übrigen handelt es sich bei der jeweiligen Antragsstattgabe um eine Endentscheidung iSd § 58 Abs. 1 FamFG. Dies gilt auch dann, wenn ein Antrag abgelehnt wird. Auch insoweit hat das Gericht durch Beschluss nach § 38 Abs. 1 S. 1 FamFG zu entscheiden. Das gilt grundsätzlich auch dann, wenn das Gericht der Auffassung ist, dass dem Antragsteller eine Antragsbefugnis fehlt. Denn gerade

---

[351] Vgl. auch OLG Frankfurt a.M. ZIP 2015, 219.
[352] Vgl. KG FGPrax 2016, 90; OLG Frankfurt a.M. BeckRS 2016, 113190; OLG Dresden NotBZ 2016, 429.
[353] Vgl. OLG Frankfurt a.M. BeckRS 2016, 113190; OLG Dresden NotBZ 2016, 429; AG Charlottenburg NZG 2018, 948.
[354] Vgl. dazu OLG Dresden NZG 2016, 158.
[355] OLG München NZG 2018, 792.
[356] OLG München NZG 2018, 792.

diese Frage könnte dann im Rechtsmittelzug überprüft werden. Soweit eine Vergütungsfestsetzung vorgesehen ist, ist insoweit regelmäßig ebenfalls die Beschwerde gegeben, vgl.
§ 265 Abs. 4 S. 3 AktG. Die Rechtsbeschwerde ist in diesen Verfahren regelmäßig ausgeschlossen. Wegen der Beschwerdefrist gelten keine Besonderheiten. Da es sich um Verfahren mit einem vermögensrechtlichen Gegenstand handelt, muss eine Beschwer von mehr
als 600 EUR vorliegen. Dieser Wert wird regelmäßig erreicht.

194   Weiter muss die **Beschwerdebefugnis** nach § 59 FamFG gegeben sein. Gegen eine
Antragsablehnung kann im Übrigen nur der (erfolglose) Antragsteller vorgehen (vgl. § 59
Abs. 2 FamFG, → Rn. 158). Gegen eine Abberufung kann sich jeweils das abberufene
Organ, aber auch der Unternehmensträger wenden.[357] Gegen eine Bestellung kann sich
zum einen der Bestellte wenden,[358] aber auch der Unternehmensträger sowie derjenige,
dessen Bestimmungsrecht durch die Bestellung übergangen wird. Anders liegt der Fall bei
der Bestellung eines Nachtragsliquidators. Hier kommt einem Gesellschafter ein Beschwerderecht dann zu, wenn er geltend macht, der Nachtragsliquidator verstoße gegen
die Liquidationsregeln, etwa weil er Vermögen nicht an die Gesellschafter ausschütten
will.[359] Dem Gesellschafter, der lediglich seine Inanspruchnahme verhindern will, steht
eine Beschwerdebefugnis demgegenüber nicht zu.[360] Gegen die gerichtliche Bestellung
von Aufsichtsratsmitgliedern kann ein Aktionär vorgehen,[361] nicht aber der Insolvenzverwalter der Gesellschaft.[362] Für das weitere Verfahren, die Entscheidung des Beschwerdegerichts sowie die Möglichkeiten in Bezug auf die Rechtsbeschwerde gelten die allgemeinen Vorschriften (→ Rn. 162 ff.).

195   An **Kosten** fällt für das Beschwerdeverfahren eine Gebühr von 3,0 an, die sich auf eine
halbe Gebühr reduziert, wenn eine Rücknahme der Beschwerde vor der Einreichung einer Begründung der Beschwerde erfolgt, Nr. 13610, 13611 KV GNotKG. Erfolgt die
Rücknahme später, fällt eine volle Gebühr an, Nr. 13612 KV GNotKG. Im Rechtsbe-
schwerdeverfahren haben diese Gebühren eine Höhe von 4,0 bzw. 1,0 bzw. 2,0. Der Geschäftswert entspricht dem Wert des Ausgangsverfahrens. Der Geschäftswert kann vom
Rechtsmittelgericht von Amts wegen abgeändert werden, § 79 Abs. 2 S. 1 Nr. 2 GNot-
KG. Gegebenenfalls kommt in der Beschwerdeentscheidung auch die Anordnung der Erstattung der außergerichtlichen Kosten in Betracht.

---

[357] OLG Düsseldorf NZG 2016, 1068.
[358] KG NZG 2005, 934; OLGR 2000, 280.
[359] KG FGPrax 2006, 28.
[360] KG ZIP 1982, 59 (61).
[361] OLG Hamm FGPrax 2011, 150; OLG Schleswig NZG 2004, 669.
[362] KG AG 2005, 736.

Kapitel 5. Querschnittsthemen

§ 27. Vollmachten

Übersicht

Schrifttum:

Handbücher und Monographien: *Bengel/Reimann,* Handbuch der Testamentsvollstreckung, 6. Aufl. 2017; *Müller/Renner,* Betreuungsrecht und Vorsorgeverfügungen in der Praxis, 5. Aufl. 2017; *Münch,* Familienrecht in der Notar- und Gestaltungspraxis, 2. Aufl. 2016.

Aufsätze: *Amann,* Die Reichweite transmortaler und postmortaler Vollmachten unabhängig von Erbfolge und Testamentsvollstreckung, MittBayNot 2013, 367; *Basty,* Vollmachten zur Änderung von Teilungserklärung/Gemeinschaftsordnung, NotBZ 1999, 233; *Baetzgen,* Insichgeschäfte im Gesellschaftsrecht, RNotZ 2005, 193; *Becker,* Regelungen für das Spannungsverhältnis von Testamentsvollstreckung und General- bzw. Vorsorgevollmacht, ZEV 2018, 692; *Böttcher,* Vertretung bei der notariellen Beurkundung von Verbraucherverträgen, BWNotZ 2003, 49; *Bous,* Fortbestand und Rechtsschein der Untervollmacht trotz Wegfalls der Hauptvollmacht, RNotZ 2004, 483; *Brambring,* Sperrfrist für Beurkundungstermine, ZfIR 2002, 597; *Brenner,* Die Rechtsscheinhaftung des Vertretenen bei Aushändigung und Vorlage der Vollmacht im Sinne von § 172 Abs. 1 BGB, BWNotZ 2001, 186; *Bücken,* Rechtswahlklauseln in Vollmachten, RNotZ 2018, 213; *Glenk,* Unterschätzt, aber effizient – Trans- und postmortale Vollmachten, NJW 2017, 452; *Herrler,* Wertlosigkeit einer trans- bzw. postmortalen Vollmacht für den Alleinerben?, DNotZ 2017, 508; *v. Heynitz,* Belehrungen bei Vollmachten – auch für Bevollmächtigte?, MittBayNot 2003, 269; *Joussen,* Die Generalvollmacht im Handels- und Gesellschaftsrecht, WM 1994, 273; *Kanzleiter,* Formfreiheit der Vollmacht zum Abschluss eines Ehevertrags?, NJW 1999, 1612; *Keim,* Die Vollmacht über den Tod hinaus bei Vor- und Nacherbschaft, DNotZ 2008, 175; *ders.,* Widerruf wechselbezüglicher Verfügungen eines gemeinschaftlichen Testamentes auch gegenüber dem Bevollmächtigten des anderen Ehegatten?, ZEV 2010, 358; *Kesseler,* Vollmachten einer GbR in der Gesellschafterinsolvenz, NZI 2018, 680; *Kuhn,* Vollmacht und Genehmigung bei Grundstückskaufvertrag, RNotZ 2001, 305; *Langenfeld,* Die Vorsorgevollmacht des Unternehmers, ZEV 2005, 52; *Maaß,* Zulässigkeit der Bestellung von Finanzierungsgrundschulden durch Notariatsangestellte aufgrund einer Belastungsvollmacht in Verbraucherverträgen, insbesondere: Ist eine „gestaffelte" Vollmacht auf den Bürovorsteher zulässig?, ZNotP 2004, 216; *Melchior,* Vollmachten bei Umwandlungsvorgängen – Vertretungshindernisse und Interessenkollisionen, GmbHR 1999, 520; *Merkel,* Die Anordnung der Testamentsvollstreckung – Auswirkungen auf eine postmortale Bankvollmacht?, WM 1987, 1001; *Müller-von Münchow,* Rechtliche Vorgaben zu Inhalt und Form von Vollmachten, NotBZ 2010, 31; *Muschler,* Die vom Testamentsvollstrecker erteilte Vollmacht, ZEV 2008, 213; *Rösler,* Formbedürftigkeit der Vollmacht, NJW 1999, 1150; *Reymann,* Vorsorgevollmachten von Berufsträgern, ZEV 2005, 457; *ders.,* Vorsorgevollmachten von Berufsträgern: Gestaltungsoptimierung im Außenverhältnis, ZEV 2005, 514; *ders.,* Vorsorgevollmachten von Berufsträgern: Bestandssicherung, Dritteinflussabwehr und Kontrolle, ZEV 2006, 12; *Rudolph/Melchior,* Vollmachten zur Handelsregister-Anmeldung bei Personengesellschaften, NotBZ 2007, 350; *Schippers,* Vollmachtslose Vollmachtserteilung, DNotZ 1997, 683; *Schmidt,* Wirkung einer Erbschaftsausschlagung aufgrund Vorsorgevollmacht, insbesondere nach dem Tod des Vollmachtgebers, ZNotP 2008, 301; *Schmucker,* Bestellung von Finanzierungsgrundpfandrechten durch Vollzugsbevollmächtigte – ein Nachruf!, ZNotP 2003, 243; *Schütze,* Internationales Notarverfahrensrecht, DNotZ 1992, 66; *Sieghörtner,* Trans- und postmortale Vollmachten im deutsch-schweizerischen (Grundbuch-)Rechtsverkehr, ZEV 1999, 461; *Stiegeler,* Vollmachtsnachweise gegenüber dem Grundbuchamt, BWNotZ 1985, 129; *Weidlich,* Grundstücksverfügungen mittels Vollmachten über den Tod hinaus, ZEV 2016, 57; *ders.,* Das Verhältnis von Testamentsvollstreckung und Vollmacht über den Tod hinaus und seine Behandlung im Grundbuchverfahren, MittBayNot 2013, 196; *Wolf,* Der Nachweis der Untervollmacht bei Notar und Grundbuchamt, MittBayNot 1996, 266.

A. Grundsätze

I. Allgemeines

1. Grundlagen. a) Vertreter mit Vertretungsmacht. Die von einem Bevollmächtigten **1** für den Vertretenen abgegebene oder entgegengenommene Erklärung **rechtsgeschäftlicher, rechtsgeschäftsähnlicher** oder **verfahrensrechtlicher Art** entfaltet unmittelbare Wirkung für und gegen den Vertretenen (§ 164 Abs. 1 S. 1, Abs. 3 BGB = Zurechnung), wenn
– Vertretung zulässig ist,
– sie im fremden Namen erfolgt (Grundsatz der Offenkundigkeit oder Offenheit),
– die wirksam (insbesondere formgültig) erteilte Vollmacht beim Vertreterhandeln fortbesteht und
– der Umfang der Bevollmächtigung das konkrete Vertreterhandeln deckt.
Bei Bevollmächtigung von **Minderjährigen** oder **beschränkt Geschäftsfähigen** ist **2** § 165 BGB zu beachten.

Der Vertreter gibt im Rahmen der ihm erteilten **Vertretungsmacht** keine fremde **3** (dann ggf. Bote), sondern eine eigene Willenserklärung ab. Deshalb kommt es für die Auslegung, die Behandlung von Willensmängeln, die Kenntnisnahme oder das Kennenmüssen auf die Person des Vertreters, nicht auf die des Vertretenen an (**Grundsatz der Repräsentation;** § 166 Abs. 1 BGB).[1] Auf die Kenntnis einer anderen Person kommt es nur dann an, wenn sie auf das Vertreterhandeln steuernd eingewirkt hat (§ 166 Abs. 2 BGB).

Der **Grundsatz der Offenkundigkeit** (vgl. § 164 Abs. 2 BGB) ist Grundlage der Un- **4** terscheidung zwischen Vertreter- und Eigengeschäft. Kein Vertreterhandeln ist dasjenige unter fremdem Namen. Gleiches gilt für die mittelbare Stellvertretung des Treuhänders und des sog. Strohmanns. Ein Ausnahmefall vom Grundsatz der Offenkundigkeit ist das Handeln für den, den es angeht. **Unternehmensbezogene Rechtsgeschäfte** werden im Zweifel im Namen des Unternehmensinhabers vorgenommen.[2] Zur Wahrung der Offenkundigkeit sollen aus der notariellen Niederschrift über das Vertretergeschäft das Vertreterhandeln, der vertretene Beteiligte und das Vertretungsverhältnis wenigstens andeutungsweise hervorgehen, vgl. §§ 10, 12 BeurkG.[3] Es ist möglich, den Vertretenen in der Niederschrift zunächst nicht zu bestimmen und dies dem Vertreter zu überlassen.[4]

Bei **verfahrensrechtlichem Vertreterhandeln** (aktive Stellvertretung) muss die Ver- **5** tretungsmacht im Zeitpunkt des Wirksamwerdens der Erklärung vorliegen,[5] bei **rechtsgeschäftlichen Erklärungen** ist es umstritten, ob der Zeitpunkt der Abgabe oder des Zugangs maßgeblich ist. § 130 Abs. 1 S. 2 BGB ist jedenfalls anwendbar.[6] Eine **grundbuchliche Eintragungsbewilligung** wird wirksam und damit als Verfahrenshandlung bindend und unwiderruflich, wenn sie beim Grundbuchamt durch den Betroffenen oder

---

[1] BGH NJW 2000, 2272.
[2] BGH NJW 2000, 2984.
[3] BGH NJW 1996, 2792.
[4] BGH EWiR 1996, 445 mAnm *Brambring.*
[5] KG DNotZ 1972, 615 (617).
[6] MüKoBGB/*Schubert* BGB § 177 Rn. 19.

seinen Vertreter in Urschrift oder Ausfertigung eingereicht oder dem Begünstigten mit dem Willen zur Vorlage bei dem Grundbuchamt ausgehändigt worden ist.[7]

6   **Keine rechtsgeschäftliche Vertretung** – auch nicht durch einen **Vorsorgebevollmächtigten** (hierzu → § 16 Rn. 5) – ist möglich, wenn die Erklärung aufgrund gesetzlicher Anordnung oder der Sache nach nur **höchstpersönlich** vorgenommen werden kann oder **eingeschränkt höchstpersönliche Angelegenheiten** erfasst:
- § 1311 BGB (Eheschließung);
- § 1596 Abs. 4 BGB (Vaterschaftsanerkennung/Zustimmung);
- § 1600a Abs. 1 BGB (Anfechtung der Vaterschaft);
- § 1626c BGB (Sorgeerklärung);
- §§ 1746, 1747, 1749, 1750 Abs. 3 BGB (Einwilligungserklärung zur Adoption);
- §§ 2064, (2265), 2274 BGB (Testament, Erbvertrag, Verfügungen von Todes wegen);
- § 2282 Abs. 1 BGB (Anfechtung Erbvertrag);
- §§ 2347 Abs. 2 S. 1, 2351, 2352 S. 3 BGB (Erb- und Pflichtteils- und Zuwendungsverzichtsvertrag auf der Seite des Erblassers, einschließlich Aufhebung);
- § 48 Abs. 1 HGB (Prokuraerteilung);
- ggf. § 8 Abs. 1 Nr. 1a TPG (Organspende);
- § 18 Abs. 2 BNotO (Befreiung von der notariellen Verschwiegenheitspflicht).[8]

7   Ist der Vollmachtgeber – freiberuflicher – **Berufsträger,** ist Stellvertretung im **Kernbereich der Berufsausübung** aus berufsrechtlichen Gründen ausgeschlossen; hierher gehören beispielsweise Apotheker (§ 4 Abs. 2, Abs. 5 ApoG), Ärzte (§§ 5 S. 2, 3 Abs. 1 Nr. 3, 6 Abs. 1 Nr. 2 BÄO, § 95 Abs. 6 SGB V), Notare (§§ 25 Abs. 1, 39 BNotO), Rechtsanwälte (§ 14 Abs. 2 Nr. 3 BRAO), Steuerberater (§ 46 Abs. 2 Nr. 7 StBerG), Wirtschaftsprüfer (§ 20 Abs. 2 Nr. 4 WPO) etc. Die Erteilung einer (vorsorgenden) Vollmacht kann daher zulässigerweise nur den wirtschaftlichen Teilbereich der Kanzlei/Praxis bzw. des Büros erfassen.

8   Zudem sind im Rahmen der notariellen Praxis wichtige **Grenzfälle,** die vielfach den Anwendungsbereich von **Vorsorgevollmachten** betreffen, zu beachten:[9]
- Der **Widerruf wechselbezüglicher Verfügungen eines gemeinschaftlichen Testamentes** kann gegenüber dem Bevollmächtigten des anderen Ehegatten wirksam erklärt werden.[10] Die Widerrufserklärung bedarf der notariellen Beurkundung (vgl. §§ 2296 Abs. 2, 2271 Abs. 1 S. 1 BGB). Auch die Erklärung des **Rücktritts vom Erbvertrag** nach § 2296 Abs. 2 BGB kann gegenüber einem Bevollmächtigten des Vertragspartners zulässigerweise erfolgen.[11] Anders als der gesetzliche Vertreter (zB Betreuer) kann der Bevollmächtigte von den Beschränkungen des § 181 BGB befreit werden.
- Nach §§ 2272, 2256 Abs. 2 und Abs. 3 BGB kann ein **gemeinschaftliches Testament** nur von beiden testierfähigen Ehegatten **aus der amtlichen Verwahrung zurückgenommen** werden; eine Stellvertretung (§ 2256 Abs. 2 BGB „persönlich") ist nicht möglich.[12] Es verbleibt hingegen die Möglichkeit des Widerrufs, soweit einer der Ehegatten testierfähig ist.
- Die **besondere amtliche Verwahrung eines Testaments** (beim AG) kann auch aufgrund einer Vorsorgevollmacht verlangt werden, der Wortlaut des § 2248 BGB steht dem nicht entgegen.[13]

---

[7] KG FGPrax 2013, 56; BayObLG DNotZ 1994, 182 (183); OLG Frankfurt a.M. NJW-RR 1995, 785; *Demharter* GBO § 19 Rn. 21, 112; *Schöner/Stöber* GrundbuchR Rn. 107; vgl. auch OLG Hamm FGPrax 2004, 266.

[8] BGH DNotZ 2009, 876 Rn. 8.

[9] Zusf. *Müller/Renner* Rn. 125 ff.; *Müller-von Münchow* NotBZ 2010, 31 (33 f.).

[10] LG Leipzig FamRZ 2010, 403; zust. *Keim* ZEV 2010, 358 (360); DNotI-Report 2010, 49; BeckOK BGB/*Müller-Engels* BGB § 1896 Rn. 31.

[11] Vgl. *Müller/Renner* Rn. 192 f.

[12] OLG Hamm RNotZ 2013, 183.

[13] OLG München DNotZ 2012, 868.

- Für einen **geschäftsfähigen Erblasser** ist rechtsgeschäftliche Vertretung bei einem **Erb- und Pflichtteilsverzichtsvertrag** (§ 2346 BGB) als abstraktem erbrechtlichen Verfügungsgeschäft unter Lebenden auf den Todesfall ausgeschlossen.[14] Mit Wirkung für und gegen den **geschäftsunfähigen Erblasser** kann ein **Erb- bzw. Pflichtteilsverzichtsvertrag** allerdings durch einen **Betreuer** (mit dem Aufgabenkreis Erbverzicht, §§ 1896 Abs. 2, 1902 BGB), nicht hingegen durch einen **Vorsorgebevollmächtigten** abgeschlossen werden (§ 2347 Abs. 2 S. 2 BGB);[15] der betreuungsrechtliche Subsidiaritätsgrundsatz findet insoweit keine Anwendung.
- **Keine Höchstpersönlichkeit** gilt für die **Erbausschlagung** aufgrund einer Spezial-, General- bzw. Vorsorgevollmacht (§ 1945 Abs. 3 BGB).[16] Ergibt sich aus dem Grundverhältnis nichts anderes, gilt dies auch für **Ausschlagungserklärungen aufgrund post- bzw. transmortaler Bevollmächtigung.** Für eine untrennbare Verbindung der Ausschlagungsbefugnis mit der Erbenstellung finden sich im Gesetz keine hinreichenden Anhaltspunkte.[17] Im Rahmen wechselbezüglicher Bindung bei einem gemeinschaftlichen Testament soll allerdings nur der überlebende Ehegatte selbst zur Ausschlagung mit der in § 2271 Abs. 2 S. 1 BGB geregelten Wirkung berechtigt sein (str.).[18] Für den Bereich der **Vorsorgevollmachten** gilt: Ist die Bevollmächtigung zumindest **öffentlich beglaubigt** erfolgt (vgl. § 1945 Abs. 3 S. 1 BGB), berechtigt dies den Bevollmächtigten, mit Wirkung für und gegen den Betroffenen zur **Ausschlagung,** weil hierfür gewillkürte Vertretung als solche zulässig ist. Einer ausdrücklichen Benennung der Ausschlagungsbefugnis im Vollmachtstext bedarf es regelmäßig nicht, wenn der Wirkungsbereich „Vermögen" erfasst ist.[19]
- **Leistungsbestimmungsrechte** zur Ausübung durch den Beschwerten oder einen Dritten nach § 2156 BGB (Zweckvermächtnis), §§ 2151 Abs. 1, 2153 Abs. 3 BGB können durch einen Bevollmächtigten des Beschwerten ausgeübt werden, wenn der (nicht namentlich bezeichnete) Vertreter bereits von dem Erblasser in seiner Verfügung von Todes wegen als Dritter benannt worden ist (str.).[20]
- Die **Anordnung der Ausgleichung** von Zuwendungen nach § 2050 Abs. 3 BGB muss nicht höchstpersönlich erfolgen.[21]
- Nach dem insoweit eindeutigen Wortlaut des § 1411 Abs. 2 BGB kann für einen **geschäftsunfähigen Ehegatten** nur ein **Betreuer,** nicht aber ein Vorsorgebevollmächtigter, einen **Ehevertrag** mit den dort erwähnten, eingeschränkten Regelungsinhalten, abschließen;[22] der betreuungsrechtliche Subsidiaritätsgrundsatz findet keine Anwendung. Die Genehmigung des Betreuungsgerichts ist erforderlich (§ 1411 Abs. 2 S. 2 BGB).
- Ist die Höchstpersönlichkeit **vertraglich vorbehaltener Rückforderungsrechte** aus Übergabeverträgen nicht ausdrücklich geregelt, ist durch Auslegung zu ermitteln, ob Vertretung möglich ist. Im Zweifel ist nicht von Höchstpersönlichkeit auszugehen.[23]

Ungeklärt sind Fragen zur **Herausgabe von Ausfertigungen/Abschriften der vom** **9** **Vollmachtgeber errichteten Verfügungen von Todes wegen** durch den Notar an den Vorsorgebevollmächtigten.[24] Ein Betreuer könnte die Herausgabe nicht verlangen, weil seine Kenntnisnahme vom Inhalt letztwilliger Verfügungen des Betreuten keinen be-

---

[14] Vgl. OLG Düsseldorf ZEV 2011, 529 mAnm *Weidlich* = RNotZ 2011, 499 mAnm *Kesseler.*
[15] Vgl. BeckOK BGB/*Müller-Engels* BGB § 1896 Rn. 31 mwN.
[16] Verwirrend OLG Zweibrücken DNotZ 2008, 384 mit zutreffender und klarstellender Anm. von *Müller;* s. auch *Keim* ZErb 2008, 260; *Schmidt* ZNotP 2008, 301.
[17] AA OLG Zweibrücken DNotZ 2008, 384.
[18] MüKoBGB/*Musielak* BGB § 2271 Rn. 22; aA wohl *Zimmer* ZEV 2013, 307.
[19] Vgl. zur Einordnung der Ausschlagung BGH NJW 2016, 3032.
[20] Statt aller *Braun,* Nachlassplanung bei Problemkindern, 2. Aufl. 2018, § 1 Rn. 113 ff. mwN.
[21] DNotI-Report 2011, 43.
[22] BeckOGK/*Reetz* BGB § 1411 Rn. 21; *Palandt/Brudermüller BGB § 1411 Rn. 5.*
[23] *Müller/Renner* Rn. 127 ff.
[24] *Müller/Renner* Rn. 221.

treuungsrechtlichen Aufgabenkreis berührt. Beim **trans- oder postmortal Bevollmächtigten** kann die Interessenlage ab dem Tod des Vollmachtgebers hingegen anders zu bewerten sein. Zutreffend sollte eine Vorsorgevollmacht, die dem Umfang nach über die Grenzen betreuungsrechtlicher Wirkungskreise und über den Tod hinaus erteilt werden kann, zum Herausgaberecht Stellung nehmen.[25]

10   Ist der Vollmachtgeber in einem **Erbscheinsverfahren** (§§ 2354 Abs. 1 Nr. 3 und Nr. 5, 2356 Abs. 2 S. 1 BGB) selbst nicht mehr zur Abgabe der **eidesstattlichen Versicherung** in der Lage, kann sein **Vorsorgebevollmächtigter** die erforderlichen Erklärungen **als eigene Erklärung,** nicht jedoch für den Vertretenen abgeben.[26] Gleiches gilt für die Abgabe eidesstattlicher Versicherungen zur Erteilung eines **Testamentsvollstreckerzeugnisses.**

11   **Sonderregelungen** gelten nach §§ 1904, 1906, 1906a BGB für die Einwilligung, Nichteinwilligung oder den Abbruch ärztlicher Maßnahmen, sowie zu Erklärungen im Hinblick auf freiheitsentziehende oder -beschränkende Maßnahmen sowie ärztliche Zwangsbehandlungen (hierzu → § 16 Rn. 67 ff.). Höchstpersönlich hat allerdings die Errichtung einer **Patientenverfügung,** die für sich genommen keine Vertretungsmacht vermittelt, zu erfolgen (§ 1901a Abs. 1 BGB; → § 16 Rn. 159).

12   Die Pflicht zur Abgabe **höchstpersönlicher Versicherungen** bei bestimmten **Anmeldungen zum Handelsregister** ergibt sich aus §§ 8 Abs. 2, 57 Abs. 2 GmbHG, §§ 37 Abs. 2, 188 Abs. 2 AktG und § 16 Abs. 2 S. 1 UmwG und gilt wohl auch für die „Offenlegungserklärung der wirtschaftlichen Neugründung" bei Wiederverwendung eines GmbH-Mantels.[27] Höchstpersönlichkeit gilt jedoch nicht für die gewohnheitsrechtlich anerkannte *„negative Abfindungsversicherung"*[28] bei Sonderrechtsnachfolge in Kommanditanteile.[29] Keine Vertretung ist wohl möglich bei der Errichtung eines Pfändungsschutzkontos nach § 850k ZPO; Zweifel bestehen bei der Abgabe der Steuererklärung durch einen Bevollmächtigten.[30]

> **Praxishinweis Steuern:**
>
> Gemäß § 150 Abs. 3 AO können eigenhändig zu unterzeichnende Steuererklärungen nur dann durch einen Bevollmächtigten unterzeichnet werden, wenn der Steuerpflichtige selbst die Unterschrift aufgrund seines körperlichen oder geistigen Zustands oder wegen längerer Abwesenheit nicht leisten kann. Ein solches Hindernis liegt auch vor, wenn der (einzige) organschaftliche Vertreter einer juristischen Person verstorben ist.[31] Eine eigenhändige Steuererklärung iSv § 150 Abs. 3 AO verlangt insbesondere § 25 Abs. 3 EStG für die Einkommensteuererklärung (bei Zusammenveranlagung für beide Ehegatten).

13   Vertretung kann **rechtsgeschäftlich ausgeschlossen** („gewillkürte Höchstpersönlichkeit") oder beschränkt sein. Ein solcher Fall liegt vor, wenn Kreditinstitute mit Darlehensnehmern vereinbaren, dass die in Grundschuldbestellungsurkunden enthaltenen abstrakten Schuldanerkenntnisse und entsprechende Unterwerfungserklärungen nur persönlich abgeben werden dürfen[32] oder wenn in der Gemeinschaftsordnung der Wohnungseigentümer nur bestimmte Personen als Vertreter in der Eigentümerversammlung

[25] Vgl. DNotI-Report 2004, 112; *Müller/Renner* Rn. 412 mwN; *Münch,* Ehebezogene Rechtsgeschäfte, 4. Aufl. 2015, Rn. 2132.
[26] OLG Celle RNotZ 2018, 557 (str.); ebenso *Zimmer* ZEV 2013, 307 (310).
[27] Grundlegend BGHZ 155, 318 (324).
[28] Hierzu *BGH* NotBZ 2006, 20.
[29] Wie hier *Waldner* Rpfleger 2002, 156; aA *OLG Zweibrücken* MittRhNotK 2000, 440; *Rudolph/Melchior* NotBZ 2007, 350 (351 f.).
[30] *Münch/Renner* FamR § 16 Rn. 100 f. mwN.
[31] *FG Hamburg* EFG 2006, 1137.
[32] S. auch OLG Düsseldorf ZIP 1995, 1376; DNotI-Report 1995, 161 (163).

zugelassen werden.[33] Beurkundet der Notar rechtsgeschäftliche Erklärungen unter **Missachtung eines bestehenden Vertretungsverbots,** ist das Rechtsgeschäft insgesamt endgültig und **unheilbar nichtig,** auch eine Genehmigung scheidet aus.[34] Es bleibt lediglich die Möglichkeit der **Wiedervornahme.**

Unterwerfungserklärungen unter die sofortige Zwangsvollstreckung (§§ 794 Abs. 1 **14** Nr. 5, 800 ZPO) können im fremden Namen abgegeben werden, Vertretung und Vollmachtserteilung sind zulässig[35] und in der notariellen Praxis – beispielsweise als **Belastungsvollmacht zugunsten eines Grundstückskäufers** – weithin üblich (zur Belastungsvollmacht bei Grundstückskaufvertrag → § 1 Rn. 266 ff.). Vollmachten zur Abgabe einer Vollstreckungsunterwerfungserklärung unterliegen insoweit den **Regeln der Prozessvollmacht der §§ 78, 80 ff. ZPO** und nicht den materiell-rechtlichen Regelungen der §§ 164 ff. BGB;[36] die Rechtsscheingrundsätze der §§ 171–173 BGB gelten nicht, eine Genehmigung kann hingegen nach § 89 ZPO erteilt werden. Der den Personenkreis möglicher Vertreter einschränkende § 79 ZPO (ebenso § 10 FamFG) findet unter anderem bei notariellen Beurkundung von Unterwerfungserklärungen keine Anwendung, denn es liegt gerade kein gerichtliches Erkenntnisverfahren zugrunde.[37] Für das Beurkundungsverfahren gilt das Beurkundungsgesetz (§ 1 Abs. 1 BeurkG), nicht die ZPO oder das FamFG. Aber selbst bei unterstellter Anwendbarkeit des § 79 ZPO (§ 10 FamFG) wäre eine aufgrund Vollmacht beurkundete Unterwerfungserklärung wohl nach § 79 Abs. 3 S. 2 ZPO (bzw. § 10 FamFG) wirksam, wenn der Notar die Abgabe der Vertretererklärung nicht zurückweist.[38]

Berechtigt eine **Belastungsvollmacht** den Käufer auch dazu, im Namen des Verkäu- **15** fers und Noch-Eigentümers, **die Eintragung** des Grundpfandrechts und der Unterwerfung unter die sofortige Zwangsvollstreckung nach § 800 ZPO **zu bewilligen und zu beantragen,** werden solche Vertretererklärungen nicht gegenüber dem Notar als Erklärungsadressat, sondern gegenüber dem Grundbuchamt, also „dem Gericht" abgegeben. § 10 FamFG, der den Personenkreis zulässiger Vertreter einschränkt, ist allerdings im Zusammenhang mit der Erklärung der Bewilligung und der Antragstellung einschränkend dahingehend auszulegen, dass er gerade für grundbuchliche Eintragungsverfahren nicht anwendbar ist.[39]

Ein **Insolvenzverwalter,** der ausnahmsweise nicht im eigenen Namen, nämlich als **16** Partei Kraft Amts, sondern atypisch im Namen des Insolvenzschuldners eine diesen treffende Unterwerfungserklärung abgibt, kann sich nicht auf § 80 InsO berufen; er soll einer gesonderten Vollmacht des Insolvenzschuldners bedürfen.[40]

b) Vertreter ohne Vertretungsmacht. Beurkundet der Notar die **Erklärungen eines** **17** **Nichtberechtigten** bzw. **Vertreters ohne Vertretungsmacht** (Haftung: § 179 Abs. 3 S. 1 BGB; zu §§ 280 Abs. 1, 311a Abs. 2 BGB)[41] und hängt die Wirksamkeit des Vertrages deshalb von der **Genehmigung** (auch „Nachgenehmigung" genannt; vgl. auch → Rn. 138 f.) des vollmachtlos Vertretenen ab (§ 177 Abs. 1 BGB), ist dieser Umstand in die notarielle Niederschrift aufzunehmen. Als Vertreter ohne Vertretungsmacht kann selbst ein tatsächlich Bevollmächtigter auftreten und auf diese Weise die Wirksamkeit des Ver-

---

[33] BGH NJW 1993, 1329.
[34] BGH NJW 1971, 428 (429); MüKoBGB/*Schubert* BGB § 164 Rn. 102; Soergel/*Leptien* BGB Vor § 164 Rn. 84.
[35] Vgl. Zöller/*Stöber* ZPO § 794 Rn. 29 f.
[36] BGH DNotZ 1981, 738 und DNotZ 2003, 694; vgl. auch BGH NotBZ 2006, 241; aA *Wolfsteiner,* Die vollstreckbare Urkunde, 4. Aufl. 2019, Rn. 12.41.
[37] *Stöber* NotBZ 2008, 209 (212) noch zum FGG.
[38] Zutreffend LG Bielefeld RNotZ 2008, 609; aA LG Osnabrück ZfIR 2009, 33.
[39] Vgl. BNotK-Rundschreiben 26/2008, Teil A. Ziffer III. 2.; OLG München FGPrax 2012, 194; *Meyer/ Bormann* RNotZ 2009, 470 (472); s. auch → Rn. 201.
[40] OLG Hamm RNotZ 2013, 294.
[41] Vgl. OLG Celle RNotZ 2005, 301.

trages von der Genehmigung des Vertretenen abhängig machen.[42] Immer hat der Notar die Beteiligten über das Genehmigungserfordernis durch den Vertretenen und über die Folgen einer Genehmigungsverweigerung aufzuklären.[43] Kennt der andere Vertragsbeteiligte, zB durch die Aufnahme in die notarielle Niederschrift, den Mangel der Vertretungsmacht, verliert er sein **Widerrufsrecht** gemäß § 188 BGB. Ihm verbleibt das Recht, den vollmachtlos Vertretenen zur Erklärung über die Genehmigung aufzufordern (§ 177 Abs. 2 S. 1 BGB).

18 Sind mehrere Personen Vertragspartner des vollmachtlos Vertretenen, so müssen diese sämtlich an der Aufforderung nach § 177 Abs. 2 S. 1 BGB mitwirken, wenn sich aus deren Innenverhältnis nicht etwas anderes ergibt.[44] Wird die Genehmigung nicht binnen zwei Wochen seit Empfang der Aufforderung erklärt, gilt sie als verweigert (§ 177 Abs. 2 S. 2 BGB). Vereinbaren die Beteiligten, dass die Genehmigungserklärung mit ihrem Zugang beim Notar wirksam werden soll, ist dessen Aufforderung zur Abgabe der Genehmigung im Rahmen seiner Vollzugstätigkeit regelmäßig keine **Aufforderung nach § 177 Abs. 2 BGB**.[45] Dennoch sollte in der Urkunde klargestellt werden, dass der Vollzugsauftrag für den Notar bei vollmachtloser Vertretung eines Beteiligten nicht die Befugnis zur Aufforderung nach § 177 Abs. 2 BGB umfasst.

19 Die **Verweigerung der Genehmigung** kann nicht widerrufen werden,[46] es verbleiben die **Wiedervornahme** des endgültig unwirksam gewordenen Rechtsgeschäfts bzw. die **Bestätigung** des unwirksamen Rechtsgeschäfts durch alle Beteiligten in entsprechender Anwendung des § 141 Abs. 1 BGB.[47] Die Zulässigkeit der **Genehmigungserteilung unter Widerrufsvorbehalt oder unter einer Bedingung** wird überwiegend verneint, soweit es sich nicht um Potestativbedingungen handelt, deren Eintritt der Erklärungsempfänger in der Hand hat.[48] Die erteilte Genehmigung (Wirkung: § 184 Abs. 2 BGB) erfasst das Rechtsgeschäft im Ganzen, sofern sich nicht im Einzelfall aus dem Vertragsverhältnis ausnahmsweise etwas anderes ergibt.[49] Eine **nachträgliche Vollmachtserteilung** ist als Genehmigung anzusehen.[50]

20 Eine **vollmachtlose Vertretung ist ausgeschlossen bei einseitigen Rechtsgeschäften** und führt zur Nichtigkeitsfolge (§ 180 S. 1 BGB), wenn nicht ausnahmsweise ein Fall des § 180 S. 2 BGB vorliegt; eine **Genehmigung ist ausgeschlossen.** Unwirksam soll insbesondere die Gründung der **Ein-Personen-GmbH** durch einen vollmachtlosen Vertreter sein.[51] § 180 S. 1 BGB ist ebenso anwendbar auf **amtsempfangsbedürftige** einseitige Rechtsgeschäfte.[52] In Verträgen durch einen vollmachtlosen Vertreter zugleich erteilte Vollmachten (= einseitiges Rechtsgeschäfte) sind regelmäßig Fälle des § 180 S. 2 BGB und werden mit Genehmigung wirksam; dies betrifft auch Vollzugsvollmachten für die Angestellten des Notars. Auf **verfahrensrechtliche Anträge und Erklärungen,** die Vollstreckungsunterwerfung nach §§ 794 Abs. 1 Nr. 5, 800 ZPO (hier vorrangig § 89 ZPO) und **Bewilligungen** ist § 180 BGB nicht anwendbar.[53]

21 **2. Erteilung der Vollmacht.** Die **Vollmachtserteilung** ist ein einseitiges empfangsbedürftiges Rechtsgeschäft (vgl. § 168 S. 1 BGB), einer Annahme durch den Bevollmäch-

[42] BGH DNotZ 1968, 40.
[43] BGH DNotZ 1997, 62.
[44] BGH NJW 2004, 2382.
[45] BGH DNotZ 2000, 402; vgl. auch OLG Köln NJW 1995, 1499.
[46] MüKoBGB/*Bayreuther* BGB § 182 Rn. 28 mwN.
[47] BGH DNotZ 2000, 288.
[48] Vgl. MüKoBGB/*Schubert* BGB § 177 Rn. 34 mwN; *Schöner/Stöber* GrundbuchR Rn. 3550 mwN.
[49] Vgl. OLG Hamm DNotZ 2002, 266 für einen Unternehmenskauf in der Form eines asset deal.
[50] LG Potsdam NotBZ 2004, 38.
[51] OLG Frankfurt a.M. MittBayNot 2017, 508; LG Berlin GmbHR 1996, 123; vgl. auch MüKoBGB/*Schubert* BGB § 180 Rn. 3.
[52] MüKoBGB/*Schubert* BGB § 180 Rn. 8 mwN.
[53] Vgl. MüKoBGB/*Schubert* BGB § 180 Rn. 4 mwN.

tigten bedarf es nicht.[54] Die **erteilte Vollmacht,** die niemals verdrängend für den Vollmachtgeber wirkt, begründet als solche kein Schuldverhältnis. Sie ist **abstrakt** und deswegen von dem regelmäßig **zugrunde liegenden Rechtsverhältnis** (hierzu → Rn. 25 ff.) genau zu unterscheiden; man spricht zu recht vom „**Grundsatz der Abstraktion**".

3. Innen- und Außenvollmacht, besondere Form der Mitteilung. Die Vollmacht 22 kann von dem **geschäftsfähigen Vollmachtgeber** nach § 167 Abs. 1 Alt. 1 oder Alt. 2 BGB als **Innen-** oder **Außenvollmacht** erteilt werden; es überwiegen Innenvollmachten. Die **nach außen kundgegebene Innenvollmacht** („besondere Form der Mitteilung", §§ 171 Abs. 1, 172 BGB) steht der Außenvollmacht gleich.[55] Hierzu gehören vorgelegte Vollmachtsurkunden und in notariellen Niederschriften erteilte Vollmachten zur Abgabe rechtsgeschäftlicher oder verfahrensrechtlicher Vertretererklärungen durch Notarangestellte (**Angestelltenvollmacht;** vgl. auch → Rn. 198 ff.).[56]

4. Bedingung und Befristung. Das Wirksamwerden oder Erlöschen einer Vollmacht 23 kann durch den Vollmachtgeber bereits bei ihrer Erteilung und mit Wirkung im Außenverhältnis von kalendermäßig bestimmten **Anfangs-** und **Endterminen** oder **aufschiebenden** bzw. **auflösenden Bedingungen** abhängig gemacht werden. Im Grundbuchverfahren bedeutet dies, dass der Nachweis eines Bedingungseintritts ggf. in der **Form des § 29 GBO** geführt werden muss; das gelingt oftmals nicht.

Praxishinweis:

Vorzugswürdig ist es deshalb, schwierig nachzuweisende Bedingungen ausschließlich zu **Ausübungsbeschränkungen** der Vollmacht **im Innenverhältnis** zu machen (→ Rn. 47 ff.).

Nicht empfehlenswert ist eine Formulierung, nach der die Vollmacht mit dem Tod 24 des Vollmachtgebers erlischt; sie sollte vielmehr als transmortale Vollmacht (hierzu → Rn. 96 ff.) ausgestaltet sein. Im Zweifel könnte bei einer „Lebendbegrenzung" die Vorlage eines Lebensnachweises verlangt werden. Die Vollmacht, die „*mit Auflassung*" (richtigerweise: „*mit Vollzug der Auflassung*" oder „*mit Eigentumsumschreibung auf den Erwerber*") erlischt, umfasst im Zweifel die in der gleichen Urkunde abgegebenen Erklärungen, die nicht die Auflassung betreffen;[57] die Begrenzung greift demnach zu kurz.

5. Zugrunde liegendes Rechtsverhältnis (auch: Grundverhältnis bzw. 25 **Innenverhältnisabrede).** Typische, der Erteilung einer Vollmacht **zugrunde liegende Rechtsverhältnisse** sind **Auftrag** (§§ 662 ff. BGB), **Geschäftsbesorgung** (§§ 675 ff. BGB), **Dienstvertrag** (§§ 611 ff. BGB) oder ein **Typenkombinationsvertrag** aus den vorgenannten Verträgen.[58] Abgrenzungsprobleme können zwischen einem (grundsätzlich unentgeltlichen) Auftrag und einem bloßen **Gefälligkeitsverhältnis** ohne Rechtsbindungswillen entstehen; das gilt in besonderem Maße für das einer betreuungsrechtlich geprägten **Vorsorgevollmacht** zugrunde liegende Rechtsverhältnis (ausführlich → § 16 Rn. 40 ff.). Ein **Rechtsbindungswille** liegt nahe, wenn erkennbar ist, dass wesentliche Interessen wirtschaftlicher Art auf dem Spiel stehen. Ein besonderes Vertrauensverhältnis, insbesondere zwischen Ehegatten oder nahen Angehörigen, kann für ein **Gefälligkeitsverhältnis** ohne Rechtsbindungswillen sprechen (→ § 16 Rn. 40).[59] Der noch nicht voll-

---

[54] BGH NJW–RR 2007, 1202 (1203).
[55] Vgl. MüKoBGB/*Schubert* § 167 Rn. 64 und § 171 Rn. 3 ff.
[56] Vgl. MüKoBGB/*Schubert* § 171 Rn. 5.
[57] BayObLG Rpfleger 1986, 216; *Schöner/Stöber* GrundbuchR Rn. 3555.
[58] Ausführlich *Sauer* RNotZ 2009, 79.
[59] OLG Brandenburg ZEV 2013, 341.

zogene **Grundstückskaufvertrag** ist das zugrunde liegende Rechtsverhältnis für die in seinem Regelungszusammenhang erteilten Vollmachten. Insbesondere bei Vollmachtserteilung im Bereich von **Unternehmen** bzw. Gesellschaften kann das Grundverhältnis derart ausgestaltet werden, dass der Bevollmächtigte dauerhaft zur Vollmachtsausübung für den Geschäftsherrn bzw. den vertretenen Gesellschafter verpflichtet wird (ausführlich → Rn. 168 ff., zur unternehmensbezogenen (Vorsorge-)Vollmacht → § 16 Rn. 97 ff.).[60]

26 Die wirksame Erteilung einer **isolierten Vollmacht,** also ohne zugrunde liegendes Rechtsgeschäft, ist grundsätzlich möglich.[61] Auch das Handeln auf der Grundlage einer Untervollmacht zeigt, dass zwischen dem insoweit Bevollmächtigten und dem Vertretenen kein Erteilungsrechtsverhältnis bestehen muss.

27 Vollmacht und das der Erteilung zugrunde liegende Rechtsgeschäft können ausnahmsweise derart miteinander verbunden sein, dass neben einer möglichen **Fehleridentität** jeder andere Mangel des Grundgeschäfts (zB §§ 311b Abs. 1 S. 1, 125 BGB) nach § 139 BGB auch zur Nichtigkeit der abstrakten Vollmacht führt. War beispielsweise der umfassende **Geschäftsbesorgungsvertrag eines Baubetreuers** (im Rahmen der Abwicklung eines „Steuersparmodells") oder **Treuhänders** wegen Fehlens der erforderlichen Genehmigung nach § 134 BGB iVm Art. 1 Abs. 1 RBerG nichtig,[62] erstreckte sich die Nichtigkeitsfolge auch auf erteilte Vollmachten,[63] wobei jedoch eine Rechtsscheinhaftung bei Vorlage einer Vollmachtsausfertigung in Betracht kam.[64] Ist andererseits eine erteilte Vollmacht **teilweise unwirksam,** erstreckt sich die Unwirksamkeit zwar möglicherweise auf die gesamte Vollmacht (§ 139 BGB), jedoch nicht zwingend auf das zugrunde liegende Grundgeschäft.[65] Im Übrigen ist § 139 BGB abdingbar. Die Unwirksamkeit einer in **Allgemeinen Geschäftsbedingungen erteilten Vollmacht** nach § 307 Abs. 1 S. 1 BGB erstreckt sich regelmäßig nicht auf das zugrunde liegende Grundgeschäft. Eine solche unwirksame Vollmachtserteilung liegt beispielsweise vor, wenn in einem ansonsten wirksamen Bauträgervertrag dem durch den Bauträger bestimmten Erstverwalter eine Abnahmevollmacht für Gemeinschaftseigentum erteil wird.[66]

28 Problematisch sind die **einem Grundpfandgläubiger erteilten Verkaufsvollmachten** in der Krise des gesicherten Kreditverhältnisses. Vor Fälligkeit der gesicherten Forderungen kann in der Erteilung einer solchen Verwertungsvollmacht ein Verstoß gegen § 1149 BGB liegen. Möglicherweise können die Vollmachtserteilung, und vor allem die Bedingungen des zugrunde liegende Erteilungsgeschäfts, ein sittenwidrige Ausnutzen einer Zwangslage darstellen. Zudem dürfte das Erteilungsgeschäft samt der sachzusammenhängenden Abreden zur Kreditabwicklung regelmäßig beurkundungsbedürftig sein.[67]

29 Bedarf das der Vollmachtserteilung zugrunde liegende Rechtsgeschäft **öffentlich-rechtlicher Genehmigungen,** berührt dies die erteilte, abstrakte Vollmacht regelmäßig nicht. Die **rechtskräftige familien-/betreuungs- oder nachlassgerichtliche Genehmigung** (s. auch § 46 FamFG) eines Kaufvertrages, der eine Belastungsvollmacht aufgrund einer entsprechenden Mitwirkungspflicht des Verkäufers enthält, erstreckt sich nicht auf die eigentliche Grundschuldbestellung, also nicht auf das Vertretungsgeschäft;[68] die Grundschuldbestellung bedarf als Verfügung über ein Grundstück einer eigenständigen Genehmigung.

30 Wird eine **Vollmacht zusammen mit einem schwebend unwirksamen Grundgeschäft** erteilt, beispielsweise eine Belastungsvollmacht in einem schwebend unwirksa-

---

[60] Heckschen/Kreußlein NotBZ 2012, 321 (323) mwN.
[61] Vgl. LG Düsseldorf Rpfleger 1985, 358; OLG Brandenburg ZEV 2013, 341.
[62] Grundlegend BGHZ 145, 265; es gilt allerdings anstelle des RBerG seit dem 1. 7. 2008 das RDG, hierzu Klawikowski Rpfleger 2008, 404.
[63] BGH NotBZ 2006, 241; ZNotP 2004, 192; DNotZ 2002, 55; Hermanns DNotZ 2001, 6.
[64] BGH NJW 2002, 2325 und ZNotP 2003, 265.
[65] AA OLG Jena DNotI-Report 1995, 6.
[66] BGH DNotI-Report 2013, 158.
[67] Vgl. DNotI-Report 2008, 123.
[68] Vgl. Schöner/Stöber GrundbuchR Rn. 3688; OLG Zweibrücken DNotI-Report 2005, 24.

men Kaufvertrag, gilt für die Frage der Genehmigung der Vollmacht im Zweifel § 180 S. 2 BGB. Die ex tunc wirkende Genehmigung (zB des Kaufvertrages mit Vollmacht) erfasst über § 184 Abs. 1 BGB iVm § 89 Abs. 2 ZPO auch das aufgrund der Belastungsvollmacht bereits bestellte Grundpfandrecht, und zwar einschließlich Vollstreckungsunterwerfung nach den §§ 794 Abs. 1 Nr. 5, 800 ZPO.[69]

6. Rechtsscheinvollmacht. Ist eine behauptete Vollmacht nichtig, nicht erteilt, widerrufen, bereits aus einem anderen Grund erloschen oder dem Umfang nach unzureichend, haftet der Vertreter ggf. nach § 179 Abs. 1 BGB, wenn nicht die Voraussetzungen der **§§ 170–173 BGB** oder einer **Anscheins-** bzw. **Duldungsvollmacht** vorliegen („**Rechtsscheinvollmacht**"). Vollmachten und Vertreterhandeln bei Abgabe einer **Vollstreckungsunterwerfungserklärung** (§§ 794, 800 ZPO) sind demgegenüber nach den §§ 80 ff. ZPO zu beurteilen, Rechtsscheingrundsätze entsprechend den §§ 171–173 BGB sind nicht anwendbar.[70] **31**

Das Berufen auf die Nichtanwendbarkeit der Rechtsscheingrundsätze kann jedoch im Einzelfall treuwidrig sein, wenn der Vollmachtgeber schuldrechtlich wirksam (insoweit sind die §§ 170–173 BGB anwendbar) zur Abgabe der Vollstreckungsunterwerfungserklärung verpflichtet ist.[71] § 172 Abs. 1 BGB ist als **Rechtsscheingrundlage** wiederum anwendbar, wenn dem gutgläubigen Erklärungsempfänger die Urschrift oder eine Ausfertigung der unwirksamen Vollmachtsurkunde durch den vermeintlichen Vertreter vorgelegt wird. Bei **Bestellung einer Grundschuld** und der Abgabe typischer Nebenerklärungen hierzu (die Bank wirkt regelmäßig nicht mit) erfolgt der für die Anwendbarkeit der Rechtsscheingrundsätze ausreichende Nachweis der vorgelegten und erteilten Vollmacht in der notariellen Niederschrift durch die Bescheinigung des Notars (vgl. § 39 BeurkG; vgl. auch → Rn. 222) darüber, dass ihm die Urschrift oder eine Ausfertigung durch den Vertreter vorgelegt wurde. Die Urschrift, die Ausfertigung oder eine beglaubigte Abschrift der vorgelegten Vollmacht ist sodann der Niederschrift beizufügen (vgl. §§ 47, 49, 12 S. 1 BeurkG) und mit derselben durch Schnur und Siegel zu verbinden (vgl. § 49 Abs. 3 BeurkG); eine Ausfertigung der Niederschrift samt der verbundenen Vollmacht(-sabschrift) ist dem Geschäftsgegner zuzustellen.[72] Dieser (also die Bank) trägt das Risiko des Vollmachtswiderrufs in der Zeitspanne zwischen Vorlage der Vollmachtsurkunde vor dem Notar und des Zugangs der Ausfertigung.[73] Regelmäßig sehen die Grundschuldbestellungsformulare der Banken, Sparkassen und Versicherungen daher vor, dass der Notar für die Bank entgegennimmt. **32**

II. Inhalt und Umfang der Vollmacht

1. Allgemeines. Soweit Inhalt und Umfang der Vollmacht nicht durch das Gesetz bestimmt sind (→ Rn. 205 ff.), bestimmt sie der Vollmachtgeber rechtsgeschäftlich. Maßgeblich ist der **Vollmachtswortlaut.** Ein hiervon abweichender Wille des Vollmachtgebers ist nur beachtlich, wenn er positiv bekannt ist.[74] **33**

Bei Zweifeln über den Umfang gelten die Grundsätze der **Auslegung.** Geht es um **Vollmachten im Grundbuchverfahren,** sind diese nach den für Grundbucherklärungen maßgeblichen Regeln entsprechend § 133 BGB auszulegen, wobei jedoch zu beachten ist, dass der das Grundbuchverfahren beherrschende Bestimmtheitsgrundsatz und das grundsätzliche Erfordernis urkundlich belegter Eintragungsunterlagen der Auslegung **34**

---

[69] Ausführlich *Kuhn* RNotZ 2001, 305 (315); *Schöner/Stöber* GrundbuchR Rn. 3546; DNotI-Report 1995, 26 (31 ff.).
[70] BGH NotBZ 2006, 241 und ZNotP 2004, 192.
[71] BGH NotBZ 2006, 241; WM 2005, 1520.
[72] Zuletzt BGH NotBZ 2006, 241 mwN.
[73] BGHZ 102, 60 (65).
[74] LG Köln MittRhNotK 1957, 734.

durch das Grundbuchamt Grenzen setzen.[75] Die Auslegung muss zu einem zweifelsfreien und eindeutigen Ergebnis führen. Hierbei ist, wie bei Grundbucheintragungen selbst, auf **Wortlaut und Sinn der Erklärung** abzustellen, wie er sich für einen unbefangenen Betrachter als nächstliegende Bedeutung der Erklärung ergibt.[76]

35   Führt die Auslegung zu keinem eindeutigen Ergebnis, so ist, wenn der behauptete Umfang der Vollmacht nicht nachgewiesen ist, von dem geringeren, eindeutig festgestellten Umfang auszugehen.[77] Im Einzelfall kann eine unwirksame in eine wirksame Vollmacht umgedeutet werden;[78] ggf. ist das Einholen einer **Vollmachtsbestätigung** erforderlich. Typisierungen und **Auslegungshilfen** zum Vollmachtsumfang ergeben sich aus der Einteilung in General-, Spezial-, Art- und Gattungsvollmachten. In der **Liquidation** einer juristischen Person beschränkt sich der Umfang erteilter Vollmachten jedenfalls auf den Liquidationszweck.

36   **2. Zweifelhafter Vollmachtsumfang (Einzelfälle).** Zweifel am Umfang der Vollmacht ergeben sich in der Praxis zumeist aus deren inhaltlich unzureichender Formulierung:

37   Die **Vollmacht zur Grundstücksveräußerung** umfasst zwar idR die Befugnis zur Abgabe grundbuchmäßiger Vollzugserklärungen, nicht jedoch zur Belastung mit Finanzierungsgrundpfandrechten im Namen des Verkäufers. Das gilt auch für umfassende Verkaufsvollmacht.[79] Die Formulierung „*Grundbesitz zu veräußern, den Kaufpreis in Empfang zu nehmen, die Auflassung zu erklären und entgegenzunehmen sowie die erforderlichen Eintragungen und Löschungen im Grundbuch zu bewilligen und zu beantragen*" oder die Klausel „*die erforderlichen Erklärungen abzugeben*" reichen ebenfalls nicht aus.[80] Wird hingegen ein Bürgermeister durch einen Ratsbeschluss ermächtigt, ein bestimmtes Grundstücksgeschäft „*zu protokollieren*", soll davon üblicherweise auch eine zweckgebundene Finanzierungsvollmacht erfasst sein.[81]

38   **Formulierungsbeispiel: Vollmacht zur Grundstücksveräußerung**

Ü   Der/Die Erschienene erklärte:

§ 1. Vorbemerkung

(1) Im Grundbuch des Amtsgerichts Köln von *** Blatt *** bin ich, der erschienene ***, als Eigentümer des dort verzeichneten Grundbesitzes Gemarkung *** Flur ***, Flurstück ***, Gebäude- und Freifläche, ***, groß *** Ar, als Alleineigentümer eingetragen.

(2) Ich beabsichtige, den vorbezeichneten Grundbesitz zu verkaufen.

§ 2. Veräußerungsvollmacht

(1) Ich erteile deshalb hiermit
***
– nachstehend auch „Bevollmächtigter" genannt –,

Vollmacht

mich in allen Angelegenheiten, die den Verkauf des in § 1 Abs. 1 dieser Urkunde näher bezeichneten Grundbesitzes betreffen, gerichtlich und außergerichtlich umfassend zu vertreten, die Vertragsbedingungen zu vereinbaren, den Kaufpreis entgegenzunehmen, die Kaufpreisforderungen an Dritte abzutreten, die Auflas-

---

[75] Vgl. *Demharter* GBO § 19 Rn. 75, 28; OLG München NotBZ 2012, 472; OLG Hamm FGPrax 2005, 241.

[76] Vgl. BGHZ 113, 374 (378).

[77] BayObLG DNotZ 1997, 470.

[78] BayObLG Rpfleger 1996, 332; *Schöner/Stöber* GrundbuchR Rn. 3580.

[79] OLG Oldenburg MittBayNot 2003, 291; OLG Frankfurt a.M. BeckRS 2011, 25313.

[80] OLG Frankfurt a.M. BeckRS 2011, 25313; OLG Jena DNotI-Report 1995, 6; LG Oldenburg MittBayNot 2003, 291 mit ablehnender Anm. *Peter/Roemer;* ebenfalls aA LG Köln MittRhNotK 1977, 78.

[81] OLG München DNotZ 2012, 535.

sungserklärungen sowie alle zur Durchführung des Vertrages erforderlichen oder zweckdienlichen Erklärungen und Bewilligungen abzugeben und entgegenzunehmen und alle hierzu erforderlichen Rechtshandlungen vorzunehmen.

Der Bevollmächtigte ist insbesondere auch berechtigt, die im Zuge der Abwicklung des Kaufvertrages mit abzulösenden Grundpfandrechtsgläubigern zu verhandeln und die erforderlichen und zweckdienlichen Erklärungen abzugeben und für mich entgegenzunehmen sowie alle erforderlichen Rechtshandlungen vorzunehmen.

(2) Der Bevollmächtigte ist ferner berechtigt, den vorbezeichneten Grundbesitz mit dinglichen Rechten jeder Art, insbesondere mit Grundpfandrechten, zu belasten, Rangänderungen zuzustimmen sowie Löschungen zu bewilligen und hierzu gegenüber den Gläubigern und Berechtigten sowie gegenüber dem Grundbuchamt alle erforderlichen oder zweckdienlichen Erklärungen und Bewilligungen abzugeben und entgegenzunehmen und mich dinglich der sofortigen Zwangsvollstreckung zu unterwerfen.

(3) Der Bevollmächtigte ist berechtigt, Rechtsgeschäfte mit sich im eigenen Namen oder als Vertreter eines Dritten vorzunehmen (Befreiung von den Beschränkungen des § 181 BGB).

Der Bevollmächtigte ist auch berechtigt, Untervollmacht zu erteilen und den Unterbevollmächtigten ebenfalls von den Beschränkungen des § 181 BGB zu befreien.

(4) Die Vollmacht ist widerruflich erteilt und soll durch meinen Tod nicht erlöschen.

(5) Der Notar hat mich über die Wirkungen und den Vertrauenscharakter der Vollmachtserteilung belehrt. Er hat mich insbesondere darauf hingewiesen, dass mich der Bevollmächtigte Dritten gegenüber so lange wirksam vertreten kann, wie er eine Ausfertigung dieser Vollmachtsurkunde in Händen hat.

(6) Dem Bevollmächtigten können beliebig viele Ausfertigungen dieser Urkunde erteilt werden.

(7) Sollte eine Bestimmung in dieser Urkunde unwirksam sein oder werden, so bleiben die übrigen Bestimmungen hiervon unberührt.

Eine **Belastungsvollmacht**[82] „*Grundpfandrechte bis zur Kaufpreishöhe*" zu bestellen, sollte nach alledem „auslegungsfest" um eine Bestimmung zu Grundschuldzinsen und Nebenleistungen, am besten jeweils als Höchstbetrag, erweitert werden.[83] Während die Belastungsvollmacht mit der Berechtigung „*alle banküblichen Erklärungen abzugeben*" auch zur Erklärung der Unterwerfung nach § 800 ZPO genügen soll,[84] reicht sie für die Abgabe eines persönlichen Schuldanerkenntnisses (mit Vollstreckungsunterwerfung) nicht aus. Im Einzelfall kann eine Belastungsvollmacht ohne genauere Angaben auf die Bestellung von Grundpfandrechten in Höhe des Kaufpreises beschränkt sein.[85] Ob eine dem Käufer erteilte Belastungsvollmacht ohne genauere Angaben zur Ausnutzung eines bei einem vorrangigen Recht eingetragenen Rangvorbehalts ausreicht, ist ebenfalls eine – vermeidbare – Frage des Einzelfalls.[86] Ist die Belastungsvollmacht nicht nur im Innen-, sondern – vermeidbar – im *Außenverhältnis* durch das (vorherige) Zustandekommen der Sicherungsabrede mit dem Grundpfandrechtsgläubiger beschränkt, gilt die Besonderheit, dass die Vertretungsmacht des Käufers bereits bei und für die Abgabe der Eintragungsbewilligung (§ 19 GBO) vom Zustandekommen der bestimmten Sicherungsabrede abhängt und dem Grundbuchamt somit das Zustandekommen der bestimmten Sicherungsabrede in der Form des § 29 Abs. 1 GBO nachzuweisen ist. Bei der – richtigerweise – im *Innenverhält-*

39

---

[82] Zusammenfassend BeckOK GBO/*Reetz* GBO Vertretungsmacht Rn. 102 ff.
[83] Vgl. BayObLG Rpfleger 1987, 357; s. auch OLG Düsseldorf Rpfleger 1988, 357.
[84] *Schöner/Stöber* GrundbuchR Rn. 3555 Fn. 10.
[85] OLG Düsseldorf FGPrax 2000, 55; LG Koblenz RNotZ 2003, 613.
[86] Zum Rangwechsel: OLG Düsseldorf Rpfleger 1999, 124.

nis wirkenden Pflicht zum Abschluss einer vorher bestimmten, einschränkenden Sicherungsabrede prüft das Grundbuchamt dies hingegen nicht.[87]

40   Eine **Vorsorgevollmacht** (hierzu → § 16 Rn. 82 ff.), die den Anforderungen des § 29 Abs. 1 GBO genügt und nach ihrem eindeutigen Wortlaut zu *„allen Rechtshandlungen"* berechtigt, erfasst auch die Veräußerung von Grundbesitz einschließlich erforderlicher Grundbucherklärungen.[88]

41   Die **Auflassungsvollmacht** an den Käufer ermächtigt nicht zur Auflassung an dessen Sonderrechtsnachfolger oder zur Bestandteilszuschreibung.[89]

42   Die Vollmacht *„in allen persönlichen und vermögensrechtlichen Angelegenheiten im Zusammenhang mit dem Erwerb einer Immobilie (…) soweit dies gesetzlich zulässig ist gerichtlich und außergerichtlich zu vertreten"* soll wiederum zu Grundbucherklärungen, die zur **Rückabwicklung des Erwerbsgeschäftes** erforderlich sind, ausreichen.[90]

43   Eine **Vollmacht zur Dienstbarkeitsbestellung** (allg. zu Grundstücksbelastungen) berechtigt nicht auch zur Erklärung oder Zustimmung von Rangänderungen;[91] für eine weit und generalisierend gefasste Vollzugsvollmacht soll hingegen etwas anderes gelten.[92]

44   Die weithin **übliche Vollzugsvollmacht,** *„die Auflassung zu erklären sowie alle Erklärungen abzugeben und entgegenzunehmen, die zum Vollzug im Grundbuch erforderlich oder zweckdienlich sind",* reicht nicht zu Bestandteilszuschreibung oder Flurstücksverschmelzung.[93]

45   Eine **Vollmacht zur** *„Messungsanerkennung, Auflassung und zum grundbuchamtlichen Vollzug"* ist nur dann ausreichend bestimmt, wenn nach Vermessung lediglich geringfügige Abweichungen in Größe oder Lage der vermessenen Grundstücksfläche vorliegen.[94] Die **Abmarkungsvollmacht** umfasst nur die Befugnis, die katastermäßige Verselbständigung der vermessenen Teilflächen durch Zerlegung des ursprünglichen Flurstücks zu bewirken, nicht jedoch, die Auflassung zu erklären.[95]

46   Eine dem Veräußerer erteilte **Vollmacht zur Änderung der Teilungserklärung** soll, soweit *„Sondereigentum des Käufers und die ihm zur alleinigen Nutzung zugewiesenen Teile des Gemeinschaftseigentums nicht unmittelbar betroffen sind",* dem Bestimmtheitsgrundsatz genügen.[96] Die dem teilenden Eigentümer erteilte Vollmacht, die Teilungserklärung *„im Rahmen bauaufsichtlicher Genehmigungen"* ändern zu können, genügt zu Ausbaumaßnahmen, zur Unterteilung und zur Umwandlung von Teil- in Wohnungseigentum,[97] möglicherweise jedoch nicht zur Umwandlung von Sonder- in Gemeinschaftseigentum.[98]

47   **3. Beschränkung im Innenverhältnis; Missbrauch.** Die Praxis gestaltet Vollmachten häufig derart, dass sie im Außenverhältnis, insbesondere gegenüber dem Erklärungsgegner, dem Registergericht und dem Grundbuchamt unbeschränkt erteilt sind, im Innenverhältnis, zwischen Vollmachtgeber und Bevollmächtigtem, jedoch Beschränkungen unterliegen.[99] Das rechtliche **„Können"** geht im Ergebnis weiter als das rechtliche **„Dürfen".** Abreden zum Innenverhältnis sind Teil des der Vollmachtserteilung zugrunde liegenden Rechtsverhältnisses (zB Auftrag, Kaufvertrag, Bauträgervertrag). Ist die Rechtsposition des Vollmachtgebers ausreichend durch die Innenverhältnisabrede geschützt, stellt

[87] BGH DNotZ 2016, 853; s. auch BeckOK GBO/*Reetz* GBO Vertretungsmacht Rn. 105a mwN.
[88] OLG München NJW–RR 2010, 747.
[89] BayObLG Rpfleger 1996, 332.
[90] OLG Zweibrücken NotBZ 2012, 278.
[91] BayObLG DNotZ 1997, 475 mAnm *Brambring.*
[92] OLG Düsseldorf RNotZ 2003, 520.
[93] BayObLG MittRhNotK 1996, 218.
[94] BayObLG DNotZ 1989, 373 (375).
[95] BayObLG DNotZ 1988, 586.
[96] BayObLG DNotZ 1995, 610 und DNotZ 1995, 612 mAnm *Röll;* anders wiederum BayObLG DNotZ 1997, 473 mAnm *Brambring.*
[97] KG DNotI–Report 1995, 170.
[98] OLG München Rpfleger 2007, 459.
[99] Vgl. *Basty* NotBZ 1999, 233 (236) mwN.

diese Art der Vollmachtsgestaltung – auch bei Änderungsvollmachten zu Teilungserklärungen – keinen Verstoß gegen die §§ 308 Nr. 4, 307 Abs. 1, Abs. 2 Nr. 2, 305c Abs. 1 BGB dar.[100] Eine derart in Außen- und Innenverhältnis gegliederte Vollmacht muss im Außenverhältnis als solche **eindeutig, frei von unbestimmten Rechtsbegriffen und Wertungen** formuliert sein,[101] um jeden erläuternden Rückgriff auf das Innenverhältnis überflüssig werden zu lassen. Über die mit der Divergenz zwischen Innen- und Außenverhältnis verbundenen Gefahren hat der Notar alle Beteiligten zu belehren (**§ 17 Abs. 1 S. 1 BeurkG**).[102]

Die **im Außenverhältnis unbeschränkt erteilte Vollmacht** berechtigt den Bevoll- 48 mächtigten dennoch nicht zu Erklärungen gegenüber dem Grundbuchamt, die durch die mitbeurkundeten Beschränkungen im Innenverhältnis untersagt und evident sind, wenn dem Vollmachtgeber durch die **Überschreitung der Innenverhältnisabrede** (erkennbar) ein Vermögensschaden entsteht.[103] Eine etwaige **Überschreitung der Innenverhältnisabrede** berechtigt das **Grundbuchamt** allerdings nur im Rahmen des sehr engen **Legalitätsprinzips,** also bei entsprechend sicherer Kenntnis und darauf beruhender „sehender Mitwirkung", die Unrichtigkeit des Grundbuch herbeizuführen, zu einer Beanstandung.[104] Bleibt die Innenverhältnisabrede der Beteiligten trotz entsprechender Hinweise des Notars „sehr vage und unpräzise", trägt demnach der Vollmachtgeber das Risiko, dass der tatsächliche Inhalt nur durch weitere Ermittlungen geklärt werden kann und gerade dies nicht eine vom Legalitätsprinzip gedeckte Aufgabe des Grundbuchamtes ist.[105]

Zur **Überwachung von Innenverhältnisabreden** kann eine Vereinbarung zweckmä- 49 ßig sein, nach der von der „weiten" Vollmacht nur vor dem beurkundenden Notar Gebrauch gemacht werden darf („überwachbare Vollmacht")[106] Bei **Belastungsvollmachten** für Finanzierungsgrundpfandrechte ist eine solche Gestaltung sachlich gerechtfertigt und gängige Praxis.[107] Zurückhaltend sollten solche Innenverhältnisabreden verwendet werden, die der Notar aufgrund eigener Bewertung äußerer Umstände zu überwachen hat.[108] Besondere Bedeutung haben Innenverhältnisabreden im Bereich von **General- und Vorsorgevollmachten** (hierzu → § 16 Rn. 37 ff.).

Die Beurkundung von **Änderungsvollmachten bei Teilungserklärungen** zugunsten 50 eines Bauträgers, die weder ihrem Inhalt nach beschränkt sind noch durch Innenverhältnisanordnungen die Interessen des Erwerbers/Vollmachtgebers berücksichtigen, erwecken den Anschein der Parteilichkeit des Notars.

Grundsätzlich trägt der Vollmachtgeber das **Risiko eines Missbrauchs der Vertre-** 51 **tungsmacht** durch **Überschreiten der Innenverhältnisabrede.**[109] Den Vertragspartner des Vertretergeschäfts trifft demgegenüber keine Prüfungspflicht, ob und inwieweit der Vertreter im Innenverhältnis gebunden ist, von seiner nach außen unbeschränkten Vertretungsmacht nur begrenzten Gebrauch zu machen.[110] Etwas anderes gilt dann, wenn der Vertreter **kollusiv** mit dem Vertragspartner zum Nachteil des Vollmachtgebers zusammenwirkt; ein solches Vertretergeschäft ist sittenwidrig und nichtig (§ 138 Abs. 1 BGB).[111] Zudem ist der Vollmachtgeber gegen einen erkennbaren Missbrauch der Vertretungs-

---

[100] BayObLG RNotZ 2003, 183; Formulierungsvorschläge im Rundschreiben Nr. 1/2005 der Rheinischen Notarkammer vom 24. 1. 2005.
[101] BayObLG DNotZ 1995, 610.
[102] Belehrungsvermerke bei v. Heynitz MittBayNot 2003, 269.
[103] OLG München MittBayNot 2006, 426.
[104] Vgl. Schöner/ Stöber GrundbuchR Rn. 3580a.
[105] Vgl. OLG München RNotZ 2013, 169.
[106] Vgl. DNotI-Report 1996, 109.
[107] Vgl. statt aller Amann MittBayNot 1996, 420.
[108] Instruktive Beispiele zu Änderungsvollmachten bei Teilungserklärungen: Brambring DNotZ 1997, 478.
[109] BGH NJW 2017, 3373 Rn. 20; NJW 2014, 2790.
[110] BGH NJW 2017, 3373; NJW 2011, 66 Rn. 29.
[111] Vgl. BGH NJW 2000, 2896; NZG 2014, 389 Rn. 10.

macht geschützt, wenn der Vertreter von seiner Vertretungsmacht in **ersichtlich verdächtiger Weise** Gebrauch gemacht hat, die begründete Zweifel weckt. Notwendig ist insoweit eine massive Verdachtsmomente voraussetzende **objektive Evidenz des Missbrauchs.**[112] Die objektive Evidenz ist insbesondere gegeben, wenn sich nach den gegebenen Umständen die Notwendigkeit einer Rückfrage des Geschäftspartners bei dem Vertretenen geradezu aufdrängt.[113]

III. Gesamtvertretung

52 Ein oder mehrere Vollmachtgeber können einen oder mehrere verschiedene Vertreter bevollmächtigen. Sind mehrere Personen bevollmächtigt, liegt **Gesamtvertretung** vor, wenn sich aus dem Inhalt der Vollmacht(en) nicht etwas anderes ergibt. Gesamtvertretung ist in der Praxis ein **Instrument der Missbrauchskontrolle.** Sollen bei einer Mehrheit von Vertretern **einzelne oder alle alleinvertretungsberechtigt** sein, muss die Vollmacht dies zum Ausdruck bringen.[114] Gesamtvertreter können Vertretererklärungen gemeinsam, einzeln oder auch zeitlich nacheinander abgeben. Aufgrund spezieller gesetzlicher Vorschriften (vgl. §§ 125 Abs. 2 S. 2, 150 Abs. 2 S. 1 HGB; §§ 78 Abs. 4 S. 1, 269 Abs. 4 AktG; § 25 Abs. 3 S. 1 GenG), die jedoch als allgemeiner Grundsatz aufgefasst werden, können mehrere Gesamtvertreter einen oder einzelne von ihnen zur Abgabe, Entgegennahme oder Genehmigung von Willenserklärungen **ermächtigen.** Hierbei bedeutet **Ermächtigung** nicht etwa die Erteilung einer Untervollmacht, sondern eine funktionale Erweiterung hin zur Einzelvertretung. Diese Art einer Übertragung der Gesamtvertretungsbefugnis ist allerdings nur wirksam, wenn sie nicht so weit gefasst ist, dass damit die Vorschriften über die Gesamtvertretung insgesamt unterlaufen werden;[115] die **Gesamtermächtigung ist unzulässig.** Hiervon zu unterscheiden ist der Fall, dass Gesamtvertreter einen Dritten unterbevollmächtigen. Dient die Gesamtvertretung dem Schutz des Vertretenen, kann sie von den Gesamtvertretern nicht durch Vollmachtserteilung geändert werden. Ihnen ist es deshalb versagt, eine Einzelvollmacht zu erteilen, die so weit geht, dass sie einer Alleinvertretung gleichkommt.[116] Das gilt insbesondere für sog. **organverdrängende Vollmachten** bei juristischen Personen des Privatrechts (hierzu → Rn. 168).

53 Strenge Maßstäbe an eine Vollmachtserteilung zur Alleinvertretung sind dann anzulegen, wenn die **Gesamtvertretung öffentlich-rechtlich angeordnet** ist, was insbesondere im **Kommunalrecht** der Bundesländer der Fall sein kann. So sind beispielsweise nach § 64 Abs. 1 GO NRW (vgl. auch §§ 57 Abs. 2, 56 BbgKVerf; § 72 Abs. 2 S. 2 HessGO) Erklärungen, durch die eine Gemeinde verpflichtet werden soll, von dem Bürgermeister oder seinem Stellvertreter und einem vertretungsberechtigten Beamten oder Angestellten zu unterzeichnen, soweit kein „Geschäft der laufenden Verwaltung" betroffen ist oder soweit die erteilte Einzelvollmacht nicht für ein zuvor bestimmtes Geschäft oder auf einen klar definierten **Kreis von Geschäften** beschränkt bleibt. Regelmäßig gehören auch bei großen Gemeinden **Grundstücksgeschäfte** nicht zur **laufenden Verwaltung,** weshalb eine Vollmacht, die für eine nordrhein-westfälische Stadt Erklärungen „*in allen Grundstücksangelegenheiten*" abzugeben ermächtigt, unwirksam ist.[117] Eine rein wertmäßige Begrenzung für Vertretergeschäfte in einer erteilten Einzelvollmacht stellt kein geeignetes Abgrenzungskriterium für das Merkmal „**Kreis von Geschäften**" dar.[118] Der Vertretungsmangel aufseiten der Gemeinde führt zur Anwendung der §§ 177 ff. BGB.

---

112 BGHZ 127, 239 (241) = NJW 1995, 250; BGH NJW 2014, 2790 Rn. 18.
113 BGH BeckRS 2016, 12899 Rn. 22.
114 Vgl. *Schaub* DStR 1999, 1699.
115 Vgl. BGH ZIP 1997, 2166 (2168).
116 BGH NJW-RR 1986, 778.
117 BGH NJW 2009, 29 – Gelsenkirchener Trabrennbahn; *Heggen* ZNotP 2009, 333.
118 Vgl. OLG Brandenburg NotBZ 2011, 40.

Im Übrigen sind Fälle eines Vertretungsmangels im Zusammenhang mit Vertretergeschäf- 54
ten, die im Ergebnis keine „**Geschäfte der laufenden Verwaltung**" darstellen, nicht
auf Fälle kommunalrechtlich angeordneter Gesamtvertretungen beschränkt. Für **Bayern**
nahm bis 2016 die hM[119] zu Art. 38 Abs. 1 BayGO aF an, dass der *(erste) Bürgermeister*
nur mit Gemeinderatsbeschluss im Außenverhältnis, soweit es sich nicht um die *Erledigung*
der laufenden Angelegenheit der Verwaltung handelte, wirksam vertreten kann. Damit konnte bereits die Vertretungsmacht zur Abgabe einer Löschungsbewilligung für eine zugunsten der Gemeinde eingetragene Grundschuld fehlen, weil dies ggf. keine **laufende An-**
gelegenheit ohne grundsätzliche Bedeutung darstellte.[120] Dieser restriktiven Handhabung
ist der BGH[121] klar entgegengetreten. Allerdings hat sodann der bayerische Landesgesetzgeber Art. 38 Abs. 1 BayGO als Reaktion auf die Rechtsprechung des BGH zum 1. 4.
2018 mit Außenwirkung auf eine Vertretungsmacht beschränkt, die den Befugnissen des
Bürgermeisters entspricht; damit ist die Rechtsprechung des BGH abermals überholt.[122] Es
gelten daher in Bayern wieder die Einschränkungen, wie sie zuvor von den bayerischen
Gerichten vertreten wurden.

Die Rechtsprechung des BGH[123] zur kommunalrechtlichen Gesamtvertretung ist **nicht** 55
auf juristische Person des Privatrechts übertragbar, sofern dort einem Dritten durch
organschaftliche (Gesamt-)Vertreter eine Einzelvollmacht erteilt wird. Hier bleibt es
grundsätzlich dabei, dass die rechtsgeschäftliche Bevollmächtigung eines Dritten nur unwirksam ist, wenn diesem auch organschaftliche Befugnisse übertragen werden (vgl. auch
→ Rn. 168).[124]

Gesetzliche Fälle der Gesamtvertretung finden sich in §§ 709 ff. BGB (GbR), 56
§ 1629 Abs. 1 S. 2 BGB (Eltern), § 1908i Abs. 1 BGB (Betreuer), § 1797 Abs. 1 S. 1 BGB
(Vormünder); §§ 48 Abs. 2, 125 Abs. 2, 150 HGB; § 78 Abs. 2 S. 2 AktG; §§ 35 Abs. 2
S. 2, 68 Abs. 1 S. 2 GmbHG; § 25 Abs. 1 S. 2 GenG. Eine für mehrere Geschäftsführer
einer GmbH erteilte Alleinvertretungsbefugnis setzt sich im Falle der Liquidation nicht
fort. Auch wenn die Geschäftsführer sog. „geborene Liquidatoren" sind, entsteht gemäß
§ 68 Abs. 1 S. 2 GmbHG zunächst Gesamtvertretungsbefugnis.[125] Für den mehrgliedrigen
Vereinsvorstand gilt das **Mehrheitsprinzip,** §§ 26 Abs. 1, 32 Abs. 1 S. 3 BGB. Zur **Pas-**
sivvertretung ist jeder Gesamtvertreter allein berechtigt: §§ 26 Abs. 2, 166 Abs. 1 BGB
(Kenntnis), § 1629 Abs. 1 S. 2 BGB; § 125 Abs. 2 S. 3 HGB; § 78 Abs. 2 S. 2 AktG; § 35
Abs. 2 S. 3 GmbHG.

Wird eine **Gesamtvollmacht rechtsgeschäftlich erteilt,** ist es regelungsbedürftig, 57
welche Folgen auf die Wirksamkeit der Vollmacht der Wegfall eines von mehreren Gesamtbevollmächtigten haben soll.[126]

IV. Sonderfall: Bevollmächtigung und Verbraucherverträge

Nach § 17 Abs. 2a S. 2 Nr. 1 BeurkG gelten **verfahrensrechtlich,** nicht jedoch materi- 58
ell-rechtlich **wirkende Besonderheiten** bei der Beurkundung von Verbraucherverträgen
(§ 310 Abs. 3 BGB), soweit der Verbraucher (§ 13 BGB) von einem Bevollmächtigten
vertreten werden soll (vgl. auch → § 6 Rn. 36; → § 31 Rn. 124 ff. und → § 1 Rn. 609,
707 ff., 899). Die Norm richtet sich gegen die **systematische** und **missbräuchliche Ge-**
staltung des Beurkundungsverfahrens durch Beteiligung vollmachtloser oder beliebiger Vertreter auf Verbraucherseite. Der Verbraucher soll bei der Abgabe rechtsgeschäftli-

---

[119] VGH München NVwZ 2002, 742; NVwZ-RR 2014, 693; OLG München MittBayNot 2009, 222;
NJOZ 2013 1046.
[120] OLG München MittBayNot 2009, 222.
[121] BGH MittBayNot 2017, 299 mAnm *Grziwotz.*
[122] Zusammenfassend BeckOK GBO/*Reetz* GBO Vertretungsmacht Rn. 267 ff.
[123] NJW 2009, 289.
[124] OLG Hamm NotBZ 2011, 180.
[125] BGH ZNotP 2009, 24.
[126] Vgl. DNotI-Report 2006, 37; *Bühler* FamRZ 2001, 1585 (1597).

cher Erklärungen in Verbraucherverträgen[127] möglichst persönlich mitwirken. Ist dies nicht möglich, sind beurkundungsrechtlich nur noch solche Bevollmächtigte geeignet, die zugleich **Vertrauenspersonen des Verbrauchers** sind.

59   **Als Vertrauenspersonen nicht geeignet** iSd § 17 Abs. 2a S. 2 Nr. 1 BeurkG sind deshalb geschäftsmäßige Vertreter, der Vertragspartner selbst oder jede Person, die diesem näher steht als dem Verbraucher.[128] Auch die **Angestellten des Notars** sind als Vertrauenspersonen des Verbrauchers nicht geeignet,[129] von ihnen kann nämlich keine Interessenswahrnehmung gegenüber dem Vertragspartner des Verbrauchers erwartet werden. Sie sind – wie der Notar selbst – zur Neutralität verpflichtet.

60   **Als Vertrauenspersonen geeignet** iSd § 17 Abs. 2a S. 2 Nr. 1 BeurkG sind typischerweise Ehegatte, Kinder oder andere Verwandte, beauftragte Rechtsanwälte und Steuerberater oder auch der Inhaber einer Generalvollmacht. In Zweifelsfällen sollte der Notar Rücksprache mit dem Vollmachtgeber nehmen, ihm insbesondere den Vertragsentwurf übersenden.

61   Der Notar hat im Zweifel die personengebundene Vertrauensstellung des Vertreters aufzuklären. Bedient sich der Verbraucher keiner Vertrauensperson, besteht für den Notar die unbedingte Dienstpflicht,[130] auf die persönliche Mitwirkung des Verbrauchers oder einer geeigneten Vertrauensperson hinzuwirken (**„Hinwirkungspflicht"**). Diese Hinwirkungspflicht ist nicht disponibel. Der Notar muss deshalb in Konkretisierung seiner sich aus § 17 Abs. 2a S. 2 Nr. 1 BeurkG ergebenden Amtspflichten versuchen, einen Beurkundungstermin zu finden, an dem der Verbraucher persönlich teilnehmen kann. Hat der Verbraucher trotz „Hinwirkens" des Notars dennoch kein Interesse an der persönlichen Teilnahme bei der Beurkundung, kann der Notar allein aus diesem Grund die Beurkundung nicht verweigern; anderenfalls mutiert § 17 Abs. 2a S. 2 Nr. 1 BeurkG zu einer Formvorschrift.[131] Bei begründeten Zweifeln an der Vertrauensstellung eines Vertreters hat der Notar die Beurkundung allerdings abzulehnen.[132]

62   Die vielfach geübte Praxis der Beurkundung von **Finanzierungsgrundpfandrechten** aufgrund einer formularmäßig den **Notariatsangestellten** oder gar dem Verkäufer erteilten Vollmacht verstößt regelmäßig gegen § 17 Abs. 2a S. 2 Nr. 1 BeurkG.[133] Seltene sachliche Ausnahmefälle sind aufgrund sorgfältiger Sachverhaltsaufklärung und unter Einhaltung der „Hinwirkungspflicht" denkbar (zB längerer, absehbarer Auslandsaufenthalt des Vollmachtgebers, Vorschlag des Verbrauchers im Einzelfall). Solche Ausnahmefälle von § 17 Abs. 2a S. 2 Nr. 1 BeurkG sind zu dokumentieren. Kein Ausnahmefall ist die systematische und regelmäßige Beurkundung durch Angestellte eines „Zentralnotars" wegen einer vermeintlich erleichterten Vollzugssteuerung durch diesen. Sinn und Zweck der auf Unmittelbarkeit angelegten Beurkundungs- und Belehrungserfordernisse können bei der Bestellung von Grundpfandrechten mit Schuldanerkenntnis und Vollstreckungsunterwerfung nicht systematisch durch vorgezogene, abstrakte Erläuterungen (im Kaufvertrag, der die Belastungsvollmacht enthält) über mögliche Folgen einer späteren Vollmachtsausübung ersetzt werden.[134] Auch eine **systematische Verwendung „gestaffelter" Vollmachten,** bei denen neben dem Käufer ein Notariatsangestellter bevollmächtigt wird, der dann routinemäßig die Vollmacht ausübt, ist ein gekünsteltes Fernhalten der Betroffenen

---

[127] Hierzu gehört regelmäßig auch die Grundschuldbestellung: OLG Schleswig ZNotP 2007, 430.
[128] *Hertel* ZNotP 2002, 286 (288).
[129] OLG Schleswig ZNotP 2007, 430; *Brambring* ZfIR 2002, 597 (605); *ders.* FGPrax 2003, 147; *Böttcher* BWNotZ 2003, 49 (52); BNotK-Rundschreiben 20/2003 vom 28.4.2003, ZNotP 2003, 257 – www.bnotk.de/Service/Hinweise%20und%20Empfehlungen.
[130] Ausführlich OLG Schleswig ZNotP 2007, 430.
[131] Überzeugend Eylmann/Vaasen/*Frenz* BeurkG § 17 Rn. 39e.
[132] *Brambring* ZfIR 2002, 597 (606 f.).
[133] Eylmann/Vaasen/*Frenz* BeurkG § 17 Rn. 39e; deutlich *Schmucker* ZNotP 2003, 243.
[134] Dies betont auch OLG Schleswig ZNotP 2007, 430 (433); aA wohl Eylmann/Vaasen/*Frenz* BeurkG § 17 Rn. 39e.

von der unmittelbaren Beurkundungsverhandlung.[135] Beurkundungen aufgrund von **Vollzugsvollmachten im engeren Sinne** (→ Rn. 198 f.) sind nach richtiger Auslegung des § 17 Abs. 2a S. 2 Nr. 1 BeurkG möglich.[136]

Beurkundet der Notar die **Vollmachtserteilung durch einen Verbraucher,** sollte **63** die Eigenschaft des Vertreters als Vertrauensperson in der Urkunde klargestellt werden. § 17 Abs. 2a S. 2 Nr. 1 BeurkG und die damit einhergehenden Amtspflichten des Notars sind auch bei der **Beurkundung von Vollmachten im Verbrauchervertrag** selbst, nämlich zur nachfolgenden Vertretung bei Auflassung, Vertragsänderung, Änderung einer Teilungserklärung etc, zu beachten.[137] Unbedenklich ist, dass der Verkäufer als Verbraucher dem Unternehmer als Käufer eine Belastungsvollmacht erteilt. § 17 Abs. 2a BeurkG gilt nur für die Aufnahme von Niederschriften, nicht jedoch für **sonstige Beurkundungen iSd §§ 36 ff. BeurkG,** also nicht für Unterschriftsbeglaubigungen, zB die Erteilung von Registervollmachten.

Checkliste: Vollmacht und Verbraucherverträge **64**

(1) Rechtsgrundlage: §§ 310 Abs. 3, 13 BGB, § 17 Abs. 2a S. 2 Nr. 1 BeurkG
(2) § 17 Abs. 2a BeurkG nicht anwendbar auf sonstige Beurkundungen iSd § 36 BeurkG
(3) Zielsetzung: Schutz des Verbrauchers durch
 – Gestaltung des Beurkundungsverfahrens (keine materielle Frage aber unbedingte Dienstpflicht)
 – Mitwirkung eines Bevollmächtigten mit personengebundenen Merkmalen (Vertrauenspersonen) auf Verbraucherseite
 – verfahrensrechtlich grundsätzlich unzulässig:
  – geschäftsmäßige Vertreter für Verbraucher
  – Vertreter, der dem Vertragspartner näher steht als dem Verbraucher
  – Angestellte des Notars als Vertreter des Verbrauchers (insbesondere: Finanzierungsgrundpfandrechte)
  – Ausnahme: Vollzugsvollmacht im engeren Sinne zulässig
 – Durchsetzung über Dienstpflicht des Notars
 – „Hinwirken" auf persönliche Mitwirkung des Verbrauchers
 – „Hinwirken" auf Mitwirken einer Vertrauensperson
 – Dokumentationspflicht bei Ausnahmen
(4) § 17 Abs. 2a S. 2 Nr. 1 BeurkG auch anwendbar bei Beurkundung von Vollmachten
 – zum Abschluss eines Verbrauchervertrages
 – in einem Verbrauchervertrag

B. Form der Vollmacht

I. Grundsatz der Formfreiheit

Nach **§ 167 Abs. 2 BGB** (s. auch § 182 Abs. 2 BGB) bedarf die Vollmacht materiell- **65** rechtlich nicht der Form des Vertretergeschäfts. Der formgerecht abgeschlossene Grundstückskaufvertrag ist auch dann wirksam, wenn etwa erteilte Erwerbs- und/oder Veräußerungsvollmachten nicht der Form des § 311b Abs. 1 BGB entsprechen. Abweichend von § 167 Abs. 2 BGB kann sich jedoch die Formbedürftigkeit der Vollmacht aus Gesetz, Verfahren, Satzung einer juristischen Person oder aufgrund rechtsgeschäftlicher Vereinbarung zwischen den Beteiligten ergeben.

---

[135] AA *Maaß* ZNotP 2004, 216 mwN.
[136] Vgl. *Hertel* ZNotP 2002, 286 (287).
[137] Vgl. *Winkler* BeurkG § 17 Rn. 128 ff.; *Sorge* DNotZ 2002, 593 (601 f.).

66 **Gesetzliche Formerfordernisse:**
- § 492 Abs. 4 BGB (Verbraucherdarlehen),
- § 1484 Abs. 2 BGB (Gütergemeinschaft),
- § 1945 Abs. 3, 1955 BGB (Erbausschlagung, Anfechtung),
- § 1904 Abs. 5, 1906 Abs. 5 BGB (Vorsorgevollmacht),
- § 1901a Abs. 1 BGB (Patientenverfügung),
- § 2 Abs. 2 GmbHG (Errichtung GmbH),
- § 47 Abs. 3 GmbHG (Stimmrechtsvollmacht),
- § 55 Abs. 1 GmbHG (Übernahme Stammeinlagen),
- § 23 Abs. 1 AktG (Gründung Aktiengesellschaft),
- § 280 Abs. 1 S. 3 AktG (Gründung KGaA),
- §§ 134 Abs. 3 S. 2, 135 AktG (Stimmrechtsvollmacht),
- bei umwandlungsrechtlichen Vorgängen.[138]

67 **Verfahrensrechtliche Formerfordernisse:**
- § 77 BGB (Anmeldung Vereinsregister),
- § 12 Abs. 1 S. 2 HGB (Anmeldung Handelsregister),
- §§ 29, 30 GBO (Bewilligung, ausnahmsweise Einigung),
- §§ 10, 11 S. 1 FamFG (Verfahrensvollmacht),
- § 80 Abs. 1 ZPO (Prozessvollmacht),
- §§ 71 Abs. 2, 81 Abs. 3 ZVG (Bietungsvollmacht).

68 **Sonderfall:** Vollmacht zur Bürgschaftserteilung durch Nichtkaufmann.[139]

II. Ausnahme: Formerfordernis nach § 311b Abs. 1 BGB

69 Wird der Vollmachtgeber bereits durch die Erteilung einer Vollmacht zum Erwerb oder zur Veräußerung eines Grundstücks **rechtlich oder tatsächlich** in gleicher Weise gebunden wie durch den späteren Abschluss des formbedürftigen Vertretergeschäfts (**„vorverlagerte Bindung"**), bedarf die Vollmachtserteilung der Form des § 311b Abs. 1 BGB.[140] Nur auf diese Weise werden die Belehrungs-, Beweis- und Warnfunktion der notariellen Form sinnvoll, nämlich im Wege der teleologischen Reduktion des § 167 Abs. 2 BGB, gewahrt. Man spricht auch plakativ davon, dass die Vollmacht lediglich „das äußere Gewand ist, in das die Verpflichtung zu Übertragung oder Erwerb des Grundeigentums gekleidet ist".[141]

70   **Formulierungsbeispiel: Vollmacht zum Grundstückserwerb**

     Der/Die Erschienene erklärte:

§ 1. Vorbemerkung

[*ggf., wenn die Vollmacht für den Erwerb eines bestimmten Grundstücks gedacht ist:* Ich beabsichtige, den im Grundbuch des Amtsgerichts Köln von *** Blatt *** verzeichneten Grundbesitz Gemarkung *** Flur ***, Flurstück ***, Gebäude- und Freifläche, ***, groß *** Ar, zu erwerben.]

§ 2. Erwerbsvollmacht

(1) Ich erteile deshalb hiermit
***

– nachstehend auch „Bevollmächtigter" genannt –,

Vollmacht

[*Alt. 1, wenn die Vollmacht für den Erwerb eines bestimmten Grundstücks gedacht ist:* mich in allen Angelegenheiten, die den Erwerb des in § 1 Abs. 1 dieser

---

138 Vgl. zu Einzelheiten: Widmann/Mayer/*Heckschen* UmwG § 13 Rn. 108, 112.1, 113 ff.
139 BGH NJW 1996, 1467 (1468).
140 BGH WM 1965, 1007; NJW 1979, 2306.
141 BGH DNotZ 1966, 92.

Urkunde näher bezeichneten Grundbesitzes nebst allen sonstigen wesentlichen Bestandteilen und allem gesetzlichen Zubehör sowie etwaigen beweglichen Gegenständen [*ggf.:* zu einem Kaufpreis von bis zu *** EUR] betreffen, gerichtlich und außergerichtlich umfassend zu vertreten, die Vertragsbedingungen zu vereinbaren, die Auflassung zu erklären sowie überhaupt alle zur Durchführung des Vertrages erforderlichen Erklärungen und Bewilligungen abzugeben und entgegenzunehmen und alle hierzu erforderlichen Rechtshandlungen für mich vorzunehmen.]

[*Alt. 2, wenn keine solche Beschränkung gewollt ist:* in der Bundesrepublik Deutschland Grundstücke und grundstücksgleiche Rechte nebst aufstehenden Gebäuden, allen sonstigen wesentlichen Bestandteilen und allem gesetzlichen Zubehör sowie etwaigen beweglichen Gegenständen zu beliebigen Kaufpreisen für mich zu erwerben, die Vertragsbedingungen zu vereinbaren, die Auflassung zu erklären sowie überhaupt alle zur Durchführung des Vertrages erforderlichen Erklärungen und Bewilligungen abzugeben und entgegenzunehmen und alle hierzu erforderlichen Rechtshandlungen für mich vorzunehmen.]

(2) Der Bevollmächtigte ist ferner berechtigt, den kaufgegenständlichen Grundbesitz mit Grundpfandrechten in beliebiger Höhe nebst Zinsen und Nebenleistungen zu belasten, diesen Grundpfandrechten den Vorrang vor der zu meinen Gunsten auf dem Grundbesitz einzutragenden Eigentumsübertragungsvormerkung einzuräumen, sonstigen Rangänderungen zuzustimmen sowie Löschungen zu bewilligen und hierzu gegenüber den Gläubigern und Berechtigten sowie gegenüber dem Grundbuchamt alle erforderlichen oder zweckdienlichen Erklärungen und Bewilligungen abzugeben und entgegenzunehmen.

(3) Der Bevollmächtigte ist auch befugt, mit Wirkung für und gegen mich persönliche Schuldversprechen/Schuldanerkenntnisse gemäß §§ 780, 781 BGB gegenüber Gläubigern abzugeben und mich persönlich und dinglich der sofortigen Zwangsvollstreckung zu unterwerfen.

Der Bevollmächtigte ist zudem berechtigt, gegenüber den Grundpfandrechtsgläubigern die Darlehensvaluten zum Zweck der Bezahlung des Kaufpreises an den Verkäufer oder an von diesem zu benennende Dritte abzutreten, überhaupt alle im Zusammenhang mit der Finanzierung des Kaufpreises erforderlichen oder zweckdienlichen Erklärungen gegenüber den Grundpfandrechtsgläubigern abzugeben und von diesen entgegenzunehmen.

(4) Der Bevollmächtigte ist berechtigt, Rechtsgeschäfte mit sich im eigenen Namen oder als Vertreter eines Dritten vorzunehmen (Befreiung von den Beschränkungen des § 181 BGB).

Der Bevollmächtigte ist auch berechtigt, Untervollmacht zu erteilen und den Unterbevollmächtigten ebenfalls von den Beschränkungen des § 181 BGB zu befreien.

(5) Die Vollmacht ist widerruflich und soll durch meinen Tod nicht erlöschen.

(6) Der Notar hat mich über die Wirkungen und den Vertrauenscharakter der Vollmachtserteilung belehrt. Er hat mich insbesondere darauf hingewiesen, dass mich der Bevollmächtigte Dritten gegenüber so lange wirksam vertreten kann, wie er eine Ausfertigung dieser Vollmachtsurkunde in Händen hat.

(7) Dem Bevollmächtigten können im beliebig viele Ausfertigungen dieser Urkunde erteilt werden.

(8) Sollte eine Bestimmung in dieser Urkunde unwirksam sein oder werden, so bleiben die übrigen Bestimmungen hiervon unberührt.

71   Hiernach bedarf wohl auch die **Beitrittsvollmacht zu einer Grundstücksgesellschaft,** deren Zweck darauf gerichtet ist, den Gesellschaftern im Wege der Auseinandersetzung bestimmten Grundbesitz zu verschaffen, der notariellen Form.[142] Anders ist es hingegen, wenn die Beitrittsvollmacht lediglich allgemein zum Erwerb von Immobilien ermächtigt; § 29 GBO ist zu beachten.

72   Eine **reine, isolierte Auflassungsvollmacht,** die nicht zugleich zum Abschluss eines zugrunde liegenden Verpflichtungsgeschäfts ermächtigt, bedarf nicht der Form des § 925 BGB (und grundsätzlich auch nicht der Form des § 311b Abs. 1 BGB); zu beachten ist auch hier § 29 GBO.

73   Regelmäßig ergibt sich die **vorverlagerte Bindung,** ausdrücklich oder stillschweigend, aus dem der Vollmachtserteilung zugrunde liegenden Rechtsverhältnis oder den Umständen, unter denen die Vollmachtserteilung tatsächlich zustande kommt. Besteht ein **untrennbarer Sachzusammenhang** zwischen Vollmacht und zugrunde liegendem Rechtsverhältnis, sind beide Rechtsgeschäfte beurkundungsbedürftig.[143] Keine Beurkundungsbedürftigkeit entsteht hingegen dann, wenn Vollmachten lediglich zur vereinfachten Abwicklung und zum Vollzug eines bereits beurkundeten Vertrages erteilt werden. Zulässige **Verwertungsvollmachten für Grundpfandrechtsgläubiger** dürften aufgrund vorverlagerter Bindung und dem untrennbaren Sachzusammenhang mit der zugrunde liegenden Verwertungsvereinbarung über den Verkaufserlöses, beurkundungsbedürftig sein (→ Rn. 27).

74   Maßgebend für das Vorliegen einer vorverlagerten Bindungswirkung ist insbesondere die **subjektive Vorstellung des Vollmachtgebers** darüber, inwieweit für ihn bereits durch die Vollmachtserteilung ein Gebundensein an das spätere Vertretergeschäft eintritt, bzw. die Vollmachtserteilung das bereits gewollte Grundstücksgeschäft nur „verdeckt". Ein subjektiv wahrgenommenes Gebundensein des Vollmachtgebers liegt jedenfalls dann vor, wenn er meint, „nicht mehr zurück" zu können, eine „letzte Entscheidung" getroffen zu haben, oder wenn er glaubt, „nicht mehr Herr des Geschehens" zu sein.[144]

75   Um Zweifel an der Formgültigkeit einer Grundstücksvollmacht zu vermeiden, sollte sie stets beurkundet werden. Liegen Anhaltspunkte einer subjektiven Bindungswirkung des Vollmachtgebers vor, sollte auch das der Vollmachtserteilung zugrunde liegende Rechtsverhältnis beurkundet werden. An der Beurkundung müssen sodann der Vollmachtgeber und der Bevollmächtigte mitwirken. Liegt eine **entgeltliche Geschäftsbesorgung** zugrunde, ist die Höhe der Vergütung mit zu beurkunden, § 671 Abs. 1 BGB ist über § 675 BGB nicht anwendbar.

76   **1. Unwiderrufliche Vollmacht.** Wird eine unwiderrufliche, wenn auch zeitlich oder sachlich begrenzte Vollmacht zum Erwerb oder zur Übertragung von Grundstückseigentum erteilt, bedarf das zugrunde liegende Rechtsgeschäft der **notariellen Beurkundung,**[145] weil die unwiderrufliche Vollmachtserteilung eine vorverlagerte, rechtliche Bindung erzeugt. Allein die Beurkundung der Vollmacht genügt in diesem Fall nicht,[146] da sich der Verzicht auf den Widerruf (= Vertrag, kein einseitiges Rechtsgeschäft; vgl. § 671 Abs. 1 BGB) aus dem Grundgeschäft ergibt. Es sind die Erklärungen beider Vertragsparteien zu beurkunden. Ist der Widerrufsverzicht unwirksam, erstreckt sich dies im Zweifel nicht auf die Vollmachtserteilung.[147] Unter Berücksichtigung des Vorgesagten ist daher das Grundgeschäft zu einer „unwiderruflich" erteilten Vollmacht zugunsten eines Kreditinsti-

---

[142] Vgl. BGH NJW 1978, 2505.
[143] BGH NJW 1992, 3237; NJW 1997, 312 – Baubetreuung; OLG Karlsruhe MittBayNot 1986, 229.
[144] Vgl. auch OLG Schleswig DNotZ 2000, 775; gegen die Überbetonung subjektiver Elemente MüKoBGB/*Kanzleiter* BGB § 311b Rn. 44f.
[145] BayObLG DNotZ 1997, 312 mwN; OLG Karlsruhe NJW-RR 1986, 100.
[146] BayObLG MittBayNot 1996, 197; BGH NJW 1997, 312; s. auch KG DNotZ 1986, 290; *Schöner/Stöber* GrundbuchR Rn. 3537.
[147] *Sieghörtner* ZEV 1999, 461; str.

tuts zur Veräußerung grundpfandrechtsbelasteten Grundbesitzes nach Fälligkeit (beachte § 1149 BGB) beurkundungspflichtig.

Ist das der Vollmachtserteilung zugrunde liegende Rechtsgeschäft samt Widerrufsverzicht beurkundet, genügt für die Vollmacht, zB die Auflassungsvollmacht, regelmäßig die Form des § 29 GBO.[148] In der Praxis wird die Vollmacht zumeist und richtigerweise mitbeurkundet. Eine allein im Interesse des Vollmachtgebers liegende Vollmacht kann im Übrigen nicht unwiderruflich erteilt werden,[149] dies wäre ein Widerspruch in sich. Der unwiderruflichen Vollmachtserteilung gleichgestellt sind die Fälle des Verfalls einer Vertragsstrafe bei Vollmachtswiderruf.[150] **77**

2. Bindung tatsächlicher Art – Einzelfälle. Zur Bindungswirkung „tatsächlicher Art" **78** liegt eine weitreichende Kasuistik vor. Folgende Fallgruppen haben sich herausgebildet:[151]
– Vollmachtgeber ist vom Bevollmächtigten infolge körperlicher Gebrechen abhängig oder wegen einer schweren Erkrankung letztlich handlungsunfähig;[152]
– Vollmacht wird der jeweils anderen Vertragspartei des Vertretergeschäfts erteilt (Käufer bevollmächtigt Verkäufer; beachte § 17 Abs. 2a S. 2 Nr. 1 BeurkG);
– Bevollmächtigter unterliegt allein den Weisungen des Käufers; dem Vollmachtgeber verbleibt kein eigener Entscheidungsspielraum (Vollmachtserteilung an einen vom Käufer abhängigen Angestellten; beachte § 17 Abs. 2a S. 2 Nr. 1 BeurkG);
– zwischen Bevollmächtigung und intendiertem Vertretergeschäft liegt eine so kurze Zeitspanne, dass das Widerrufsrecht faktisch leerläuft;[153]
– durch die Vollmachtserteilung ist die Entschließungsfreiheit des Vollmachtgebers tatsächlich und nicht nur nach den Vorstellungen des Vollmachtgebers aufgehoben.

3. Befreiung von den Beschränkungen des § 181 BGB. Indiz für das Vorliegen einer **79** tatsächlichen – vorverlagerten – Bindung des Vertretenen und damit **für die Beurkundungsbedürftigkeit** der Vollmacht mag die Befreiung des Vertreters von den Beschränkungen des § 181 BGB sein.[154] Hierbei genügt es allerdings nicht, dass durch die Befreiung die Vertretungsmacht erweitert (dies ist bei der Befreiung von Beschränkungen des § 181 BGB immer der Fall) und/oder der Vollmachtgeber entschlossen ist, von seiner bestehenden Widerrufsmöglichkeit keinen Gebrauch zu machen.[155] Nicht ausreichend ist es auch, wenn die Befreiung von den Beschränkungen des § 181 BGB aus praktischen Gründen zur Vereinfachung des Vertragsabschlusses und -vollzugs erteilt wird. Wird jedoch die Vollmacht ausschließlich oder **überwiegend im Interesse des Bevollmächtigten** erteilt und zudem durch die Befreiung von den Beschränkungen des § 181 BGB verstärkt, liegt Beurkundungsbedürftigkeit vor. Ein solcher Fall liegt jedenfalls vor, wenn die Vollmachtserteilung dazu dient, den Vertragsabschluss innerhalb kurzer Zeit im Wege des Selbstkontrahierens herbeizuführen, also eine ähnlich, faktische Bindungswirkung wie bei der Erteilung einer unwiderruflichen Vollmacht erzielt wird.

4. Heilung des Formmangels. Liegt eine **formunwirksame Vollmacht** vor, ist das **80** Vertretergeschäft **schwebend unwirksam,** nicht jedoch nichtig; **Genehmigung** ist möglich (§ 177 Abs. 1 BGB, → Rn. 17 ff.). Die gleichen Grundsätze gelten, wenn auch das der Vollmachtserteilung zugrunde liegende Rechtsverhältnis formunwirksam ist. Wird

---

[148] BGH DNotZ 1988, 551.
[149] BGH NJW-RR 1991, 439 (441).
[150] Vgl. MüKoBGB/*Kanzleiter* BGB § 311b Rn. 45.
[151] Zusammenfassend *Rösler* NJW 1999, 1150.
[152] BGH DNotZ 1966, 92; s. auch OLG Schleswig DNotZ 2000, 775.
[153] MüKoBGB/*Kanzleiter* BGB § 311b Rn. 46; vgl. auch OLG Frankfurt a.M. RNotZ 2013, 297, hiernach sind 17 Tage nicht kurz.
[154] Vgl. OLG Frankfurt a.M. RNotZ 2013, 297; OLG Schleswig DNotZ 2000, 775 – Generalvollmacht durch schwer erkrankten Vollmachtgeber.
[155] BGH WM 1979, 579; *Schöner/Stöber* GrundbuchR Rn. 3538.

das unter Verwendung einer formunwirksamen Vollmacht beurkundete Vertretergeschäft, zB ein Grundstückskaufvertrag, im Grundbuch vollzogen, tritt hierdurch keine Heilung der formunwirksamen Vollmacht ein. Das fälschlicherweise vollzogene Vertretergeschäft bleibt wegen des **Vertretungsmangels** unwirksam; auf einen solchen Mangel ist § 311b Abs. 1 S. 2 BGB nicht anwendbar.[156] Bei Verwendung formunwirksamer Vollmachten kann im Einzelfall auf die Rechtsscheinhaftung der §§ 171–173 BGB zurückgegriffen werden.[157]

III. Formerfordernis in weiteren Ausnahmefällen

81 Die vorgenannten Grundsätze zur Annahme der Formbedürftigkeit sind auf die Vollmachterteilung zur **Erbteilsübertragung** nach § 2033 Abs. 1 BGB[158] und § 2037 BGB anwendbar. Gleiches gilt für die §§ 2348, 2351, 2352 BGB und die §§ 2037, 2385 BGB. Sie gelten hingegen nicht für eine Vollmachterteilung zur Veräußerung und Abtretung von GmbH-Geschäftsanteilen (§ 15 Abs. 2, Abs. 3 GmbHG), soweit es sich nicht um eine **Blankovollmacht** handelt.[159] Sie finden ferner keine Anwendung bei § 1410 BGB[160] und §§ 780, 781 BGB.

IV. Verfahrensrechtliches Formerfordernis, § 29 Abs. 1 (§ 30) GBO; § 12 HGB; Vollstreckungsrecht

82 Nach § 29 Abs. 1 S. 1 GBO (§ 30 GBO) müssen dem **Grundbuchamt** „sonstige zur Eintragung erforderliche Erklärungen" mindestens in **öffentlicher** oder **öffentlich beglaubigter Form** vorgelegt werden. Hierher gehören Vollmachten und Vollmachtsbestätigungen zur Abgabe von Bewilligungen oder Erklärung der Auflassung (§ 925 BGB). Das Grundbuchverfahren überlagert vielfach die materiell-rechtlichen Formfragen. Erteilte Vollmachten sind ggf. in öffentlich beglaubigter Form zu bestätigen; unter privatschriftlichen Vollmachten sind die anerkannten Unterschriften nachträglich zu beglaubigen. Die von einer Betreuungsbehörde im Rahmen des § 6 Abs. 2 BetreuungsbehördenG, den Unterschriften nach beglaubigte **Vorsorgevollmacht** zur Verwaltung des Vermögens des Vollmachtgebers genügt den Erfordernissen des § 29 GBO.[161] Eine dem § 29 GBO vergleichbare Rechtslage gilt für Vollmachten zu (elektronischen) Anmeldungen in das **Handelsregister** (§ 12 Abs. 1 S. 2 HGB; beachte auch §§ 10, 378 FamFG).

83 Ein **Formerfordernis** kann sich auch **aus vollstreckungsrechtlichen Gründen** ergeben. Hat ein Vertreter die Unterwerfung unter die sofortige Zwangsvollstreckung erklärt (§§ 794, 800 ZPO), darf der Notar im Klauselerteilungsverfahren (§ 52 BeurkG, §§ 797 Abs. 2, 724, 725, 727 ZPO) eine vollstreckbare Ausfertigung nur dann erteilen, wenn die Wirksamkeit der Vertretung durch öffentliche oder zumindest öffentlich beglaubigte Urkunden nachgewiesen ist.[162] Vollmacht und/oder Genehmigung sind im Übrigen dem Schuldner spätestens mit Beginn einer Vollstreckung zuzustellen, § 750 Abs. 2 ZPO.[163] Zweck des § 750 Abs. 2 ZPO ist es, dem Vollstreckungsschuldner, der im Klauselerteilungsverfahren nicht beteiligt ist, die Prüfung der Vollstreckungsvoraussetzungen zu ermöglichen.[164]

---

[156] Vgl. *Schöner/Stöber* GrundbuchR Rn. 3542 mwN; aA mit guten Argumenten *Reithmann* MittBayNot 1986, 229; *Kuhn* RNotZ 2001, 305 (311).
[157] BGH WM 1985, 10.
[158] LG Erfurt MittBayNot 1994, 177 mAnm *Hügel*.
[159] Str., BGHZ 13, 49 (53); BGHZ 19, 69 (72).
[160] *Kanzleiter* NJW 1999, 1612, vgl. auch BGH NJW 1998, 157.
[161] Zuletzt: OLG Naumburg NotBZ 2014, 234.
[162] BGH DNotI-Report 2004, 161.
[163] BGH NotBZ 2006, 427 mwN.
[164] *Bolkart* MittBayNot 2007, 338.

V. Im Ausland erteilte Grundstücksvollmacht

Im Ausland erteilte Grundstücksvollmachten für ein inländisches Grundstücksge- 84
schäft sind formwirksam, wenn sie entweder nach den Formvorschriften des ausländischen Rechts errichtet sind (Art. 11 Abs. 1 EGBGB – Anknüpfung: Ortsrecht/Orts-
form)[165] oder die Formvorschriften des Vornahmeorts (Wirkungsstatut) wahren. Art. 11
Abs. 1 EGBGB enthält eine **Sachnormverweisung,** eine Rückverweisung in das ggf.
strengere deutsche Recht findet nicht statt. Der deutsche Notar kann bei einer ihm vorgelegten, im Ausland vor einem Notar, einer Behörde oder einer gleichwertigen Urkundsperson errichtete Vollmacht, davon ausgehen, dass die notwendigen Formvorschriften des Ortsrechts beachtet sind. **§ 29 GBO** ist als verfahrensrechtliche Norm allerdings
auch für die im Ausland erteilte Vollmacht maßgeblich; sie muss also mindestens öffentlich beglaubigt (öffentliche Urkunde iSv § 415 ZPO) und insgesamt anerkennungsfähig
sein (zu Einzelheiten → § 28 Rn. 88 ff.). Für die **Beurteilung des Umfangs** einer im
Ausland erteilten Vollmacht ist allein das Wirkungsstatut maßgeblich.[166]

Für eine im Inland errichtete Grundstücksvollmacht für **Auslandsimmobilien** gilt ggf. 85
die Form des § 311b Abs. 1 BGB.

Checkliste: Form der Vollmacht 86

(1) Formfreiheit (Grundsatz: § 167 Abs. 2 BGB)
(2) Ausnahmen:
   – Gesetzliche Formerfordernisse
      zB: § 492 Abs. 4 BGB, § 2 Abs. 2 GmbHG, § 23 Abs. 1 AktG
   – Verfahrensrechtliche Formerfordernisse
      zB: § 77 BGB, § 12 Abs. 1 S. 2 HGB, §§ 29, 30 GBO
   – rechtsgeschäftlich vereinbarte Formerfordernisse (auch satzungsrechtlich)
(3) Formerfordernis nach § 311b Abs. 1 BGB (und ähnliche Formvorschriften des
   Vertretergeschäfts):
   – untrennbarer Sachzusammenhang zwischen beurkundungspflichtigem, zugrunde
      liegendem Rechtsverhältnis und Vollmacht
   – „vorverlagerte Bindung"
   – Achtung: subjektive Vorstellung des Vollmachtgebers maßgeblich
   – Unwiderrufliche Vollmacht
   – Bindung tatsächlicher Art (Fallgruppen)
   – Befreiung von den Beschränkungen des § 181 BGB (Indizwirkung)
(4) Rechtsfolgen eines Formverstoßes:
   – Vertretergeschäft schwebend unwirksam (§ 177 BGB – Genehmigung)
   – Keine Heilung der Vollmacht durch Vollzug des Vertretergeschäfts
(5) Im Zweifel Beurkundung von Grundstücksveräußerungs- und -erwerbsvollmachten
(6) Für im Ausland erteilte Grundstücksvollmacht gilt Art. 11 Abs. 1 EGBGB (§ 29 GBO
   anwendbar; mit „Echtheitsnachweis" durch Legalisation oder Apostille)

C. Untervollmacht

Erteilt der gesetzliche oder gewillkürte (Haupt-)Vertreter einem Dritten Vollmacht, liegt 87
Unterbevollmächtigung **(mehrstufige Vertretung)** vor. Die Unterbevollmächtigung ist
konstruktiv keine Vollmachtsübertragung im Sinne eines Verfügungsgeschäfts über die

---

[165] Vgl. OLG Stuttgart Rpfleger 1981, 145; *Schütze* DNotZ 1992, 66 (73).
[166] BGH DNotZ 1994, 485.

Vertretungsbefugnis des Hauptbevollmächtigten; dessen Vertretungsbefugnis bleibt regelmäßig unberührt. Die Vollmacht ist zudem kein abtretbares Recht.[167]

88 Bei der **Ausübung der Untervollmacht** ist zu unterscheiden: Entweder handelt der Unterbevollmächtigte direkt mit Wirkung für und gegen den Vertretenen (Geschäftsherr) oder er handelt – ausnahmsweise – im Namen des Hauptbevollmächtigten.[168] Im zweiten Fall treffen den Geschäftsherrn die Rechtswirkungen des Vertretergeschäfts gleichsam durch beide Vertretungsverhältnisse hindurchlaufend (Durchgangsvertretung).[169] Der erste Fall entspricht der in der Praxis zumeist anzutreffenden Variante, denn sie korrespondiert regelmäßig mit der Art und Weise der **Vollmachtserteilung:** der Bevollmächtigte erteilt grundsätzlich *im Namen des Vertretenen* Untervollmacht zur Vertretung des Vertretenen;[170] die Untervollmacht ist damit nach § 164 Abs. 1 BGB eine Vollmacht des Vertretenen (= Geschäftsherr). Der Untervertreter muss in diesem Fall in der notariellen Niederschrift nur **im Namen des Geschäftsherrn** (Offenkundigkeit), nicht auch oder nur im Namen des Hauptvertreters auftreten. Hat der Hauptbevollmächtigte hingegen erkennbar nur **im eigenen Namen** Untervollmacht erteilt, wird man die Durchgangsvertretung wohl in die Niederschrift aufnehmen müssen. Wird die Unterbevollmächtigung offen gelegt (vgl. § 164 Abs. 2 BGB), haftet der Unterbevollmächtigte nicht für Mängel der Hauptbevollmächtigung. Die Untervollmacht kann vom Geschäftsherrn und/oder vom Hauptbevollmächtigten **widerrufen** werden. Der Untervertreter ist hingegen nicht berechtigt, namens des Vertretenen die dem Hauptbevollmächtigten erteilte Vollmacht zu widerrufen.[171]

89 Eine **Generalvollmacht** kann nicht, ohne dass sich dies aus dem Wortlaut ergibt, dahingehend ausgelegt werden, dass sie zugleich als **(General-)Untervollmacht** für alle dem Vollmachtgeber von Dritten erteilten Vollmachten wirken soll.[172]

90 Typische Fälle der Unterbevollmächtigung in der notariellen Praxis sind Vollzugs-, Belastungs- oder Löschungsvollmachten im Grundstückskaufvertrag. **Gesetzliche Verbote** der Unterbevollmächtigung ergeben sich aus dem Grundsatz der persönlichen Ausübung der Vertretungsmacht (zB Vaterschaftsanfechtung nach § 1600a Abs. 2 BGB, Betreuung iSd §§ 1896 ff. BGB),[173] aus § 52 Abs. 2 HGB und eingeschränkt aus § 58 HGB, § 135 Abs. 3 AktG.

91 Grundsätzlich geht der **Umfang** der abgeleiteten Vertretungsmacht des Unterbevollmächtigten nicht über die des Hauptbevollmächtigten hinaus;[174] niemand kann weitergehende Vertretungsmacht erteilen, als er selbst hat. Daher kann der nicht von den Beschränkungen des § 181 BGB befreite Hauptbevollmächtigte den Unterbevollmächtigten ebenfalls nicht befreien.[175] Der widerruflich bestellte Hauptvertreter kann keine unwiderrufliche Untervollmacht erteilen. In Einzelfällen mag sich aus der Hauptvollmacht etwas anderes ergeben. **Erlischt die Hauptvollmacht,** besteht die Untervollmacht regelmäßig fort. Obwohl sie vom Hauptbevollmächtigten erteilt ist, leitet sich die Vertretungsmacht vom Vertretenen (Geschäftsherr) ab. Die wirksam erteilte Untervollmacht ist in ihrem Fortbestand nicht an die Hauptvollmacht gebunden.[176] Gleichwohl kann die Untervollmacht derart beschränkt werden, dass sie nur solange wirksam ist, wie die Hauptvollmacht

[167] Vgl. MüKoBGB/*Schramm*, 6. Aufl. 2012, BGB § 164 Rn. 66 und § 167 Rn. 70.
[168] Vgl. MüKoBGB/*Schubert* BGB § 167 Rn. 92; zu Haftungsfragen BGHZ 68, 391 (394).
[169] Vgl. BGHZ 32, 250 (254); *Bous* RNotZ 2004, 483 (484); abl. Palandt/*Ellenberger* BGB § 167 Rn. 12; MüKoBGB/*Schubert* BGB § 167 Rn. 82 mwN; BeckOK BGB/*Schäfer* BGB § 167 Rn. 27; Soergel/*Leptien* BGB § 67 Rn. 60; Staudinger/*Schilken* (2014) BGB § 167 Rn. 62.
[170] S. etwa Staudinger/*Schilken* (2014) BGB § 167 Rn. 62.
[171] BGH NJW 2017, 3373 Rn. 16.
[172] Vgl. DNotI-Report 2018, 185.
[173] Hierzu *Neuhausen* RNotZ 2003, 157 (169); str.
[174] BGH NJW 2017, 3373.
[175] MüKoBGB/*Schubert* BGB § 167 Rn. 86 mwN und § 181 Rn. 47; MüKoBGB/*Schramm*, 6. Aufl. 2012, BGB § 181 Rn. 24.
[176] MüKoBGB/*Schubert* BGB § 167 Rn. 87 mwN; OLG Frankfurt a.M. NZG 2014, 909 (910); OLG München BeckRS 2015, 100002 Rn. 16 f.; Staudinger/*Schilken* (2014) BGB § 167 Rn. 68; *Bous* RNotZ 2004, 483 (485); *Wolf* MittBayNot 1996, 266.

Bestand hat (in der Praxis unüblich). Vorrangig ist insoweit immer der Wille des Geschäftsherrn im Einzelfall, der im Zweifel durch Auslegung von Haupt- und Untervollmacht zu ermitteln ist.[177] Dient die Untervollmacht lediglich der Abwicklung eines von dem Hauptbevollmächtigten im Rahmen der ihm erteilten Vollmacht geschlossenen **Grundstückskaufvertrags,** ist von der Befugnis zur zeitlich unbeschränkten Unterbevollmächtigung auszugehen, wenn auch ein im eigenen Namen handelnder Verkäufer im Regelfall hierzu Vollmacht erteilen würde. Das ist im Hinblick auf eine dem Käufer erteilte **Finanzierungsvollmacht** regelmäßig der Fall.[178]

Befugnis zur Erteilung einer Untervollmacht haben idR alle gesetzlichen Vertreter **92** und Organe juristischer Personen. Der gewillkürte Vertreter darf sie grundsätzlich nur dann erteilen, wenn ihm dies nach dem Inhalt der Hauptvollmacht gestattet ist (beachte auch § 664 Abs. 1 S. 1 BGB). Findet sich keine ausdrückliche Regelung, muss die **Auslegung** der Hauptvollmacht ergeben, ob und in welchem Umfang Untervollmacht erteilt werden darf. Ausgangspunkt der Auslegung ist das Interesse des Vertretenen am persönlichen Vertreterhandeln des Hauptvertreters.[179] Die Erteilung einer Untervollmacht ist jedenfalls immer zulässig, wenn gerade dies **im Interesse des Vertretenen** liegt. Je weiter die Vollmacht reicht, desto eher wird man eine Befugnis zur Unterbevollmächtigung für einzelne Angelegenheiten annehmen können. Eine Generalvollmacht legt die Befugnis zur Erteilung von Untervollmachten allerdings dann nicht nahe, wenn der **personengebundene Vertrauenscharakter** überwiegt.

In einem **Grundstückskaufvertrag,** der von einem Bevollmächtigten für den Verkäu- **93** fer abgeschlossen wird und bei dem die **Verkaufsvollmacht** keine ausdrückliche Regelung zur Unterbevollmächtigung enthält, ergeben sich regelmäßig keine Gesichtspunkte für die Annahme, dass der Geschäftsherr ein Interesse daran haben könnte, dass für ihn nur die Person des Hauptbevollmächtigten bei einer Grundschuldbestellung zugunsten des Käufers handeln sollte. Die vom Hauptbevollmächtigten erteilte **Belastungsvollmacht** (= Untervollmacht), deren zweckgebundene Ausübung zusätzlich von dem Urkundsnotar zu überwachen ist, entspricht vielmehr auch dem Interesse des Geschäftsherrn an einer routinemäßig schnellen Kaufvertragsabwicklung.[180]

Praxishinweis:

Der Notar sollte zur Vermeidung der Auslegung einer von ihm entworfenen oder beurkundeten Vollmacht die Frage der Befugnis zur Unterbevollmächtigung **ausdrücklich regeln.**

Bei der Erteilung einer Untervollmacht ist der **Nachweis** des wirksamen Bestehens **94** **der Hauptvollmacht** erforderlich (Original oder Ausfertigung; vgl. auch → Rn. 214). Der Nachweis ist für den **Zeitpunkt** der Unterbevollmächtigung zu führen. Handelt der Unterbevollmächtigte, genügt sodann die Vorlage der Untervollmacht, wenn sich aus ihr der Nachweis der wirksamen Hauptvollmacht zum Erteilungszeitpunkt durch eine entsprechende **Bescheinigung des Notars** (vgl. § 39 BeurkG) und der beigefügten **beglaubigten Abschrift der Hauptvollmacht** (§§ 47, 49 Abs. 3, 12 S. 1 BeurkG) ergibt. Ist dies nicht der Fall, muss sich der Notar bei der Beurkundung von Vertretergeschäften des Untervertreters die Haupt- und die Untervollmacht im Original oder in Ausfertigung vorlegen lassen.[181]

---

[177] OLG Frankfurt a.M. NJW-RR 2014, 1503.
[178] KG Rpfleger 2017, 447.
[179] OLG Hamm BeckRS 2013, 06343; LG Köln MittRhNotK 1985, 39; MüKoBGB/*Schubert* BGB § 167 Rn. 81.
[180] OLG Hamm BeckRS 2013, 06343; s. auch KG Rpfleger 2017, 447.
[181] Zu Rechtsscheintatbeständen *Bous* RNotZ 2004, 483 (489 ff.).

95 | Checkliste: Untervollmacht
(1) Grundsätzlich Handeln im Namen des Geschäftsherrn (Offenkundigkeit)
  – wichtige Fälle:
    – Vollzugsvollmachten im Interesse des Vertretenen; Belastungsvollmacht
    – alle von Organträgern erteilte Vollmachten
  – Prüfung der Untervollmacht zur Vornahme des konkreten Vertreterhandelns (Ebene des Vertreterhandelns)
  – Umfang der Untervollmacht ist auch durch den Umfang der Hauptvollmacht begrenzt
  – Untervollmacht ist vom Fortbestand der Hauptvollmacht unabhängig (Regelfall)
  – Prüfung der Befugnis des Hauptvertreters zur Erteilung von Untervollmachten (Ebene der Hauptvollmacht)
    – ausdrückliche Regelung in der Hauptvollmacht
    – Generalvollmacht ist regelmäßig nicht zugleich Untervollmacht für die dem Vollmachtgeber erteilten Vollmachten Dritter
    – Auslegung; Maßstab: Interesse an persönlichem Vertreterhandeln
  – Unzulässigkeit der Unterbevollmächtigung
    – Gesetz, zB: § 52 Abs. 2 HGB, eingeschränkt § 58 HGB, § 135 Abs. 3 AktG
    – rechtsgeschäftlich vereinbarte Verbote (auch satzungsrechtlich)
(2) Nachweis der Unterbevollmächtigung
  – bei der Erteilung: wirksame Hauptvollmacht im Original oder in Ausfertigung
  – bei der Ausübung:
    – durch Bescheinigung des Notars (vgl. § 39 BeurkG) und
    – durch beigefügte, beglaubigte Abschrift der Hauptvollmacht (§§ 47, 49 Abs. 3, 12 S. 1 BeurkG) oder
    – Vorlage der wirksamen Haupt- und Untervollmacht im Original oder in Ausfertigung

D. Vollmacht „über den Tod hinaus" oder „auf den Todesfall"

I. Grundsätze und Funktion

96   **1. Fortbestand bei Tod des Vollmachtgebers.** Verstirbt der Vollmachtgeber, gelten für den **Fortbestand der Vollmacht** die Maßgaben des der Erteilung zugrunde liegenden Rechtsverhältnisses. Grundsätzlich – und widerlegbar vermutet – bleiben sowohl das grundlegende Auftragsverhältnis und die erteilte Vollmacht bestehen (§§ 672 S. 1, 675 Abs. 1, 168 S. 1 BGB; siehe auch § 52 Abs. 3 HGB für die Prokura). Einer **ausdrücklichen Bestimmung zur Vollmachtsfortwirkung** über den Tod des Vollmachtgebers hinaus bedarf es in der Regel nicht; die Aufnahme einer solchen Bestimmung in den Vollmachtstext ist jedoch aus Transparenzgesichtspunkten empfehlenswert (→ Rn. 103). Handelt es sich um eine sog. „isolierte Vollmacht" ist trotz des fehlenden Grundverhältnisses ebenfalls regelmäßig von der Fortgeltung der Vollmacht auszugehen.[182]

97   Eine **„Vorsorgevollmacht"** (hierzu → § 16 Rn. 1 ff.), durch die die Bestellung eines Betreuers im Falle von Krankheit oder Gebrechlichkeit vermieden werden soll und die keine ausdrückliche Fortwirkungsanordnung enthält, soll nach vereinzelter Ansicht der Rechtsprechung mit dem Tod des Vollmachtgebers, und zwar auch für den Bereich der Vermögensverwaltung, erlöschen.[183] Dem kann indes nicht gefolgt werden. Der Tod des Vollmachtgebers lässt lediglich personenspezifische Aufgaben wie Aufenthaltsbestimmung

---

[182] Vgl. Bengel/Reimann/*Bengel/Dietz* TV-HdB § 1 Rn. 43 mwN.
[183] So OLG Hamm DNotZ 2003, 120 und der Grenzfall OLG Frankfurt a.M. DNotZ 2011, 745 mAnm *Müller.*

oder gesundheitliche Vorsorge entfallen, maßgebend für eine Fortwirkung in Vermögensangelegenheiten bleibt hingegen immer das der Vollmachtserteilung ansonsten zugrunde liegende Rechtsverhältnis bzw. die widerlegbare Vermutung der Fortwirkung nach §§ 672 S. 1, 675 Abs. 1, 168 S. 1 BGB.

Die **Vollzugsvollmacht des Notars** wirkt jedenfalls auch ohne eine ausdrückliche 98 Bestimmung über den Tod des Vollmachtgebers hinaus.[184]

2. Begrifflichkeiten und Vollmachtserteilung. War eine Vollmacht bereits zu Lebzei- 99 ten des Vollmachtgebers ausübbar erteilt und wirkt alsdann „über den Tod hinaus", spricht man von **transmortaler Vollmacht;** tritt die Wirksamkeit erst „auf den Todesfall" ein, handelt es sich um eine **postmortale Vollmacht.** Die transmortale Vollmacht unterscheidet sich also von der postmortalen Vollmacht nur durch den Beginn der Vollmachtswirkung, nämlich den Zeitpunkt des Erbfalls.[185]

Die trans- oder postmortale Vollmacht kann einem Dritten, dem Testamentsvollstre- 100 cker oder dem Erben (Miterben) erteilt sein. Ist sie **dem Erben erteilt,** bleibt sie zumindest bis zur endgültigen Klärung seiner Erbenstellung und deren Nachweis wirksam und ausübbar (zur sog. „Konfusionsproblematik" → Rn. 122 ff.).[186] Eine über den Tod hinaus wirkende Vollmacht kann im Einzelfall anstelle oder zur **Verstärkung einer Testamentsvollstreckung** erteilt sein.[187] Sie ist als **Testamentsvollstreckervollmacht** oder Vollmacht für einen Dritten zudem geeignet, die Zeitspanne bis zum Amtsbeginn des Testamentsvollstreckers zu überbrücken und die **Abwicklung von Auslandsvermögen** bzw. **Beteiligungen an Personengesellschaften** zu erleichtern.[188]

Auch für trans- und postmortale Vollmachten gelten das **Missbrauchsverbot** 101 (→ Rn. 51) und die Grundsätze der **Rechtsschein- und Legitimationswirkungen** nach den §§ 170–172, 173 BGB (vgl. auch → Rn. 216); letztere haben eine erhebliche praktische Bedeutung.

Der **Zugang** einer „auf den Todesfall" erteilten, postmortalen **Vollmacht in einem** 102 **Testament** (zB Auflassungsvollmacht auf den Todesfall für den Begünstigten eines Grundstücksvermächtnisses) ist durch die Eröffnungs- und Benachrichtigungsvorschriften der §§ 2260, 2262 BGB sichergestellt. § 2301 Abs. 1 BGB ist weder auf die transmortale noch die postmortale Vollmacht entsprechend anwendbar.[189] Die Erteilung einer postmortalen Vollmacht ist Rechtgeschäft unter Lebenden, es bedarf des Zugangs der Bevollmächtigung als empfangsbedürftiger Willenserklärung.[190]

3. Nachweis der Wirksamkeit. Für ein Vertreterhandeln aufgrund postmortaler Voll- 103 macht kann der **Nachweis der Wirksamkeit** durch die Sterbeurkunde des Vollmachtgebers geführt werden.[191] Für das wirksame Vertreterhandeln aufgrund einer transmortalen Vollmacht benötigt der Bevollmächtigte hingegen keinen zusätzlichen Nachweis durch eine Sterbeurkunde, einen Erbschein oder öffentliches Testament mit Eröffnungsniederschrift. Um einen ggf. erforderlichen **Nachweis des Fortbestandes** der Vollmacht über den Tod des Vollmachtgebers hinaus in öffentlicher oder öffentlich beglaubigter Form zu vermeiden,[192] sollte die **Fortwirkung ausdrücklich angeordnet** werden (so bereits → Rn. 96).

---

[184] AG Aschaffenburg MittBayNot 1971, 370.
[185] Statt aller MüKoBGB/*Schubert* BGB § 168 Rn. 39 ff.
[186] Vgl. *Keim* DNotZ 2008, 175 (181) mwN.
[187] DNotI-Report 1998, 171; zusammenfassend *Weidlich* MittBayNot 2013, 196.
[188] MüKoBGB/*Zimmermann* BGB vor § 2197 Rn. 16 mwN.
[189] MüKoBGB/*Schubert* BGB § 168 Rn. 47; Staudinger/*Schilken* (2014) BGB § 168 Rn. 30 mwN; *Mensch* NotBZ 2013, 420 (421).
[190] MüKoBGB/*Schubert* BGB § 168 Rn. 47.
[191] OLG Frankfurt a.M. ZEV 2014, 202.
[192] Vgl. *Schöner/Stöber* GrundbuchR Rn. 3570 mwN.

104　**4. Vertretung der Erben. a) Offenkundigkeit und Widerrufsbefugnis.** Der Bevollmächtigte **vertritt nach dem Erbfall den bzw. die Erben** in ihrer Gesamtheit,[193] nicht jedoch den verstorbenen Vollmachtgeber und Erblasser, von dem sich die Vertretungsmacht abgeleitet. Das bedeutet insbesondere, dass das Vertreterhandeln im Hinblick auf *das zum Nachlass gehörende Vermögen* für und gegen den oder die Erben (und Nacherben) wirkt.

105　Der Bevollmächtigte muss bei seinem Vertreterhandeln nicht im tatsächlichen Namen des/der Erben auftreten;[194] möglicherweise stehen die Erben im Zeitpunkt des Vertreterhandelns noch nicht fest oder sind dem Vertreter nicht bekannt. Aber selbst wenn die Erben bekannt sind, ist der **Grundsatz der Offenkundigkeit** hinreichend eingehalten, wenn der Vertreter für den oder die Erben auftritt. Tritt der Bevollmächtigte nach dessen Tod hingegen **im Namen des Erblassers** auf, kommt es für die Wirksamkeit des Vertretergeschäfts auf dessen Inhalt und die genauen Umstände des Zustandekommens an. Es können die Rechtsfolgen der §§ 177, 179 BGB oder § 164 Abs. 1 BGB Anwendung finden.[195] Das Auftreten im Namen des verstorbenen Erblassers und Vollmachtgebers sollte jedenfalls vermieden werden. Vermieden werden sollte es auch, dass der **bevollmächtigte Alleinerbe** (oder alleinige Vorerbe bzw. bevollmächtigte Miterbe) als Bevollmächtigter für sich in seiner Eigenschaft als Alleinerbe auftritt; hierdurch gefährdet er ggf. die **Legitimationswirkung** der auf ihn erteilten Vollmacht (insgesamt hierzu → Rn. 119 ff.).[196] Allerdings kann der namens der Erben auftretende Bevollmächtigte sehr wohl anmerken, dass seine Erklärungen auch für den Fall Geltung behalten, dass er Miterbe, Alleinerbe oder alleiniger Vorerbe des Vollmachtgebers sein sollte.[197] Durch eine solche Formulierung ist die Legitimationswirkung der Vollmachtsurkunde nicht gefährdet, jedoch klargestellt, dass der bevollmächtigte Erbe im Zweifel auch im eigenen Namen handelt. Allein wegen einer derart -klarstellenden- Erklärung kann von dem Bevollmächtigten jedenfalls kein Erbnachweis nach § 35 GBO verlangt werden (hierzu → Rn. 119 ff.).

106　Zum **Widerruf der post- oder transmortalen Vollmacht** ist der **Alleinerbe** stets befugt (ggf. auch der Testamentsvollstrecker, Nachlassverwalter und -pfleger, → Rn. 114 ff.), bei **Miterben** jeder einzelne für seine Person, und zwar auch während des Bestehens einer Erbengemeinschaft und ohne Rücksicht darauf, ob der Vollmacht ein einheitliches Rechtsgeschäft zu Grunde liegt oder nicht.[198] Für den Fall des Widerrufs ist § 175 BGB anwendbar bzw. ein einschränkender Vermerk auf der Vollmachtsurkunde anzubringen.[199]

107　**b) Umfang der Vertretungsmacht.** Der **Umfang der Vertretungsmacht** leitet sich allein von dem verstorbenen Vollmachtgeber/Erblasser ab und bezieht sich ausschließlich auf dessen Nachlass, nicht hingegen auf das sonstige Vermögen der Erben. Damit erstreckt sich die vom Erblasser abgeleitete Vertretungsmacht weder auf Verpflichtungs- noch Verfügungsgeschäfte über das „Eigenvermögen" des Erben.[200] Der Bevollmächtigte kann in Bezug auf den Nachlass und die Nachlassgegenstände demnach alle Rechtsgeschäfte derart vornehmen, wie dies der Erblasser zu seinen Lebzeiten selbst hätte tun können.[201] Eine Vollmacht des Erblassers genügt folglich nicht zur Erklärung einer grundbuchrechtlichen **Berichtigungsbewilligung** auf die Erben[202] oder zur **handelsregisterlichen Anmeldung** des Ausscheidens des verstorbenen Gesellschafters aus und des Eintritts des Erben in

---

[193] BGH NJW 1983, 1487 (1489); s. auch *Weidlich* ZEV 2016, 57 (59).
[194] LG Stuttgart BWNotZ 2007, 119 (120); OLG Frankfurt a.M. DNotZ 2012, 140 (141); ZEV 2014, 202.
[195] MüKoBGB/*Schramm*, 6. Aufl. 2012, BGB § 168 Rn. 31.
[196] Illustrativ OLG Hamm ZEV 2013, 341.
[197] Vgl. *Amann* MittBayNot 2013, 367 (371).
[198] OLG Stuttgart DNotZ 2012, 371.
[199] Vgl. BGH NJW 1990, 507.
[200] Vgl. MüKoBGB/*Zimmermann* BGB vor § 2197 Rn. 14.
[201] OLG Hamburg DNotZ 1967, 30.
[202] *Schöner/Stöber* GrundbuchR Rn. 3571; s. auch OLG Stuttgart DNotZ 2012, 371.

die Gesellschaft.[203] Solche Vorgänge hätte der Erblasser naturgemäß zu Lebzeiten nicht veranlassen können. Die Vertretungsmacht erfasst deshalb auch keine Verfügungsgeschäfte über Nachlassgegenstände, bei denen der Erbe bereits im Wege der Grundbuchberichtigung in das Grundbuch eingetragen ist;[204] hier fehlt es bereits an der notwendigen Voreintragung des Erblassers im Vornahmezeitpunkt. Auch kann der **bevollmächtigte Alleinerbe** (hierzu → Rn. 119) seine Haftung nicht etwa mittels der Vollmacht auf den Nachlass beschränken (→ Rn. 127).

Grundsätzlich bedarf es zur Vornahme einzelner Vertretergeschäfte **keines Einverständnisses der Erben;** gleichwohl hat der Bevollmächtigte nach dem Tod des Vollmachtgebers deren Interessen zu berücksichtigen und erkennbare Weisungen zu beachten.[205] **Einschränkungen** der Vollmachtsausübung oder sogar des Vollmachtsumfangs werden für den Fall diskutiert, dass der Bevollmächtigte mit ihr eine den Vertragserben oder Vermächtnisnehmer beeinträchtigende Schenkung nach §§ 2287 Abs. 1, 2288 Abs. 2 BGB vornehmen will; hier sollen die §§ 2287 f. BGB analog auf die Vollmacht anwendbar sein (anders beim Berliner Testament).[206] Im Übrigen gilt, dass die Vollmacht solange Vertretungsmacht (und Legitimation) vermitteln, bis die Erben (Testamentsvollstrecker, § 2205 BGB) sie widerrufen. 108

Im Grundbuch bereits **eingetragene Testamentsvollstrecker- und/oder Nacherbenvermerke** hindern die uneingeschränkte Vollmachtsausübung nicht und sind zu löschen.[207] 109

c) Voreintragung der Erben nach § 39 GBO. Der trans- oder postmortal Bevollmächtigte kann mit Wirkung für und gegen die Erben die **Auflassung und Bewilligung zur Eigentumsumschreibung eines Nachlassgrundstücks** auf einen Dritten als Vertretergeschäft bewirken, wenn zwar der Erblasser und Vollmachtgeber voreingetragen ist, die Voreintragung der Erben nach §§ 40 Abs. 1, 39 GBO jedoch nicht erforderlich ist.[208] Verfügungen über Grundstücksrechte oder grundstücksgleiche Rechte aufgrund trans- oder postmortaler Vollmachten nach § 40 Abs. 1 GBO, also ohne Voreintragung der Erben, können allerdings im Hinblick auf §§ 891 ff. BGB für den Erwerber/Berechtigten nachteilig sein.[209] Gegenüber dem Grundbuchamt muss die Vollmachterteilung durch den voreingetragenen Erblasser in öffentlicher oder öffentlich-beglaubigter Form nachgewiesen sein. 110

Die **Ausnahme vom Voreintragungsgrundsatz** bezieht sich nach § 40 Abs. 1 GBO lediglich auf die **Übertragung oder** die **Aufhebung eines Rechts** (zB Auflassung, Umschreibung eines Grundpfandrechts, Löschungen); sie umfasst jedoch nicht die praxisbedeutsame **Belastung des Nachlassgrundstücks** mit neuen Grundpfandrechten.[210] Allerdings halten die Oberlandesgerichte Frankfurt a.M., Köln und Stuttgart § 40 Abs. 1 Alt. 2 GBO bei Belastungen (zB mit Grundpfandrechten) für entsprechend anwendbar.[211] Diesen Oberlandesgerichten erscheint eine Differenzierung zwischen der Eintragung der Auflassungsvormerkung, bei der keine Voreintragung der Erben erforderlich sein soll, und der 111

---

[203] KG MittBayNot 2003, 495, auch zur Frage des Erbnachweises.
[204] AA OLG Frankfurt a.M. ZEV 2014, 202.
[205] Vgl. zum Meinungsstand MüKoBGB/*Schubert* BGB § 168 Rn. 57 ff.; *Sagmeister* MittBayNot 2013, 107 (110 f.); zu weitgehend *Flume*, Rechtsgeschäft II, 1992, § 51 Abschn. 5 mwN.
[206] *Sagmeister* MittBayNot 2016, 403 (405); aA OLG Frankfurt a.M. MittBayNot 2016, 401 = NotBZ 2015, 268 mAnm *Diefenbach;* s. auch *Weidlich* ZEV 2016, 57 (61) zum Innenverhältnis; MüKoBGB/*Schubert* BGB § 168 Rn. 52 mwN.
[207] Vgl. Bengel/Reimann/*Bengel/Dietz* TV-HdB § 1 Rn. 49.
[208] Zuletzt LG Stuttgart BWNotZ 2007, 119; OLG Frankfurt a.M. DNotZ 2012, 140.
[209] Vgl. *Finkeklee* ZErb 2007, 172.
[210] So bereits RGZ 88, 345 (348 f.); aA mit guten Argumenten *Milzer* DNotZ 2009, 325.
[211] OLG Frankfurt a.M. MittBayNot 2018, 247 mAnm *Milzer;* OLG Köln RNotZ 2018, 397; OLG Stuttgart DNotZ 2019, 194.

Eintragung von Belastungen, bei der die Voreintragung der Erben für zwingend erachtet wird, für nicht gerechtfertigt.

112 **d) Vertretung des Vor- und Nacherben.** Während einer bestehenden Vorerbschaft vertritt der Bevollmächtigte den **Vorerben,** ab dem Eintritt des Nacherbfalls den **Nacherben.**[212] Bereits vor Eintritt des Nacherbfalls ist der Bevollmächtigte grundsätzlich auch zur Wahrnehmung von Nacherbenrechten berechtigt (str., → Rn. 99 f.); was allerdings bei der Vollmachtserteilung ausdrücklich klargestellt werden sollte.[213] Jedenfalls sind Vertretergeschäfte aufgrund post- oder transmortaler Vollmacht sowohl gegenüber Vorerben als auch gegenüber Nacherben wirksam.[214]

113   Die Vollmacht kann auch dem **Vorerben** erteilt werden. Abgelehnt wird indes die Möglichkeit den Vorerben (Mitvorerben) zur Wahrnehmung der Nacherbenrechte vor Eintritt des Nacherbenfalls zu bevollmächtigen; dies soll gegen die Wertung des § 2136 BGB verstoßen (= Aushöhlungsargument).[215] Andererseits kann der Erblasser dem Nacherben seine Rechte auch mittels eines Nacherbenvollstreckers nach § 2222 BGB entziehen und durch einen Testamentsvollstrecker ausüben lassen; das spricht dafür, dies auch mittels Vollmachtserteilung zu können.[216]

114 **e) Vollmacht und Testamentsvollstreckung.** Eine von dem Erblasser und Vollmachtgeber **angeordnete Testamentsvollstreckung** (bzw. eine Vor- und Nacherbschaft) schränkt die umfassende Vertretungsbefugnis aufgrund einer **trans- oder postmortalen Vollmacht** grundsätzlich nicht ein; dies gilt auch im Hinblick auf die Verfügungsbeschränkungen der §§ 2113, 2114 BGB bzw. das Verbot der Abgabe und des Vollzugs von Schenkungsversprechen nach §§ 2205 S. 3, 2207 S. 2 BGB.[217] Andererseits werden auch die umfassenden **Befugnisse eines Testamentsvollstreckers** nicht durch eine trans- oder postmortale Vollmacht eingeschränkt.

115   Die Vertretungsmacht des Bevollmächtigten leitet sich beim **gleichzeitigen Bestand einer Testamentsvollstreckung** allein und ausschließlich vom Erblasser und nicht etwa vom Testamentsvollstrecker ab.[218] Für das Vertreterhandeln im Außenverhältnis ist es zudem ohne Bedeutung, ob Kenntnis vom gleichzeitigen Bestand einer Testamentsvollstreckung besteht oder nicht besteht. **Keine Einschränkung der Vollmacht** ergibt sich jedenfalls daraus, dass der Vollmachtgeber die Testamentsvollstreckung zeitlich nach der Vollmachtserteilung anordnet,[219] sofern eine im Einzelfall erforderliche, **umfassende Auslegung** kein anderes Ergebnis erbringt. Die **Auslegung** kann in Ausnahmefällen ergeben, dass in der Ernennung eines Testamentsvollstreckers oder in der Anordnung einer Vor- und Nacherbschaft der Widerruf oder zumindest eine Einschränkung erteilter Vollmachten liegt.[220] Die Rechtsprechung geht im Rahmen der umfassenden Auslegung zunächst davon aus, dass es regelmäßig nicht dem maßgeblichen Willen des Erblassers und Vollmachtgebers entspricht, dass voneinander unabhängige Befugnisse eines Testaments-

---

[212] Vgl. Palandt/*Weidlich* BGB § 2139 Rn. 3.
[213] Vgl. *Weidlich* ZEV 2016, 57 (64); *Amann* MittBayNot 2013, 367; *Keim* DNotZ 2008, 175 (178 f.); aA BeckOGK/*Müller-Christmann* BGB § 2112 Rn. 67; Staudinger/*Avenarius* (2013) BGB § 2112 Rn. 33.
[214] *Schöner*/*Stöber* GrundbuchR Rn. 3571.
[215] Palandt/*Weidlich* BGB § 2112 Rn. 4; *Keim* DNotZ 2008, 175 (181) mwN.
[216] Zusammenfassend DNotI-Report 2018, 60 mwN; vgl. zudem *Keim* DNotZ 2008, 175; *Weidlich* ZEV 2016, 57 (64).
[217] OLG München DNotZ 2012, 303 mwN; zusammenfassend *Becker* ZEV 2018, 292; *Glenk* NJW 2017, 452 (453 f.); ausführlich *Keim* DNotZ 2008, 175; *Weidlich* MittBayNot 2013, 196; MüKoBGB/*Zimmermann* BGB vor § 2197 Rn. 15 mwN.
[218] OLG Köln NJW-RR 1992, 1357; Palandt/*Weidlich* BGB Einf. v. § 2197 Rn. 12.
[219] Zusammenfassend OLG München DNotZ 2012, 303; aA zur Bedeutung der zeitlichen Abfolge Bengel/Reimann/*Bengel/Dietz* TV-HdB § 1 Rn. 38a ff.; MüKoBGB/*Zimmermann* BGB vor § 2197 Rn. 15.
[220] So bereits *Merkel* WM 1987, 1001.

vollstreckers und eines Bevollmächtigten **gegenseitiges Störungspotential** ergeben.[221] Der **transmortalen Spezialvollmacht,** beispielsweise die Löschungsvollmacht für eine zugunsten des Erblassers eingetragene Rückauflassungsvormerkung, steht eine angeordnete Testamentsvollstreckung jedenfalls nicht entgegen.[222] Erfolgt die Vollmachtserteilung vor einem Notar, kann eine eindeutige **Geltungsanordnung** für den Fall der Testamentsvollstreckung oder angeordneten Nacherbfolge in die Niederschrift der Vollmacht aufgenommen werden. Neben dem Erben kann im Übrigen auch der Testamentsvollstrecker die **trans- oder postmortale Vollmacht widerrufen**[223] oder Weisungen zur Vollmachtsausübung erteilen, soweit der Erblasser diese Befugnisse nicht wirksam eingeschränkt hat (hierzu → Rn. 128).

Die Erteilung einer post- oder transmortalen Vollmacht kann das Bedürfnis für eine **116** **Nachlasspflegschaft** entfallen lassen. Das Sicherungsbedürfnis nach § 1960 Abs. 1 S. 1 BGB fehlt, wenn dringliche und sicherstellende Nachlassangelegenheiten bereits von dem wirksam Bevollmächtigten zuverlässig erledigt werden und missbräuchliche Verfügungen nicht zu befürchten sind.[224]

Ist der eingesetzte **Testamentsvollstrecker zugleich** von dem Erblasser **bevoll-** **117** **mächtigt,** unterliegt er als Bevollmächtigter nicht den Beschränkungen des Testamentsvollstreckers; § 2205 S. 3 BGB ist auch nicht analog anwendbar. Gleiches gilt für *Verwaltungsanordnungen* des Erblassers nach § 2216 Abs. 2 BGB.[225] Die Vollmachtserteilung auf den Testamentsvollstrecker kann von dem Erblasser bewusst als Verstärkung von dessen Befugnisse erteilt werden und der Nachlasssicherung dienen.[226]

5. Minderjähriger oder betreuter Erbe und Vertreterhandeln. Ist der **Erbe** des Voll- **118** machtgebers **minderjährig** (oder **beschränkt geschäftsfähig** oder **unter Betreuung**), bedarf auch ein Vertreterhandeln im Rahmen von **Rechtsgeschäften nach §§ 1643, 1821, 1822 BGB** weder der Genehmigung durch den berufenen gesetzlichen Vertreter noch der Genehmigung durch das Familien- oder Betreuungsgericht, wie es für das Vertreterhandeln des gesetzlichen Vertreters (zB Eltern, Betreuer) erforderlich wäre.[227] Gleiches gilt für § 1641 BGB.[228] Leiten sich nämlich die Vertretungsmacht und der Umfang einer Vollmacht allein vom seinerzeit geschäftsfähigen Erblasser her, kann es nicht auf die mangelnde Geschäftsfähigkeit des oder der vertretenen Erben ankommen (vgl. zur Parallelproblematik der nachträglichen Geschäftsunfähigkeit des Vollmachtgebers → Rn. 154). Die §§ 1821, 1822 BGB beziehen sich zudem ihrem Wortlaut nach ausdrücklich nur auf Fälle der gesetzlichen Vertretung, nicht jedoch auf Vertretungsfälle aufgrund rechtsgeschäftlich wirksam erteilter und fortgeltender Vollmachten. Die §§ 168 S. 1, 672 S. 1, 675 Abs. 1 BGB sind wohl entsprechend anwendbar. Dass dem minderjährigen oder betreuten Erben deshalb im Einzelfall ein ggf. geringerer Schutzumfang zukommt, als bei der präventiven gerichtlichen Kontrolle nach den §§ 1821, 1822 BGB wird jenseits von Missbrauchstatbeständen dadurch kompensiert, dass der gesetzliche Vertreter des Erben die Vollmacht jederzeit widerrufen oder Ausübungsanweisungen erteilen kann. Zudem be-

---

[221] OLG München DNotZ 2013, 303 mwN; gegen diesen Ansatz überzeugend *Weidlich* MittBayNot 2013, 196 (197).
[222] OLG München MittBayNot 2013, 230.
[223] Statt aller NK-BGB/*Weidlich* BGB vor §§ 2197 Rn. 12 mwN; DNotI-Report 2013, 84.
[224] BGH ZEV 2013, 36; OLG Karlsruhe FamRZ 2004, 222.
[225] *Becker* ZEV 2018, 292 (293).
[226] Vgl. MüKoBGB/*Zimmermann* BGB vor § 2197 Rn. 14f.; *Becker* ZEV 2018, 292f.
[227] Grundlegend und zutreffend bereits RGZ 88, 345; RGZ 106, 185; s. auch *Keim* DNotZ 2008, 175 (178) mwN; *Weidlich* ZEV 2016, 57 (61f.); Palandt/*Weidlich* BGB Einf. v. § 2197 Rn. 11; MüKoBGB/ *Zimmermann* BGB vor § 2197 Rn. 14; MüKoBGB/*Schubert* BGB § 168 Rn. 52 mwN; Staudinger/*Schilken* (2014) BGB § 168 Rn. 33.
[228] MüKoBGB/*Schubert* BGB § 168 Rn. 52 mwN.

treffen die Wirkungen eines Vertreterhandelns lediglich den Nachlass nicht aber das „Eigenvermögen" des Erben.[229]

119 **6. Vollmacht auf den Alleinerben (alleinigen Vorerben).** Wird der **Bevollmächtigte Alleinerbe** (oder alleiniger Vorerbe) **des Vollmachtgebers,** kann er nach umstrittener und höchstrichterlich noch ungeklärter hM von der Vollmacht jedenfalls so lange Gebrauch machen, bis sein Erbrecht nachgewiesen ist und der Erbe sich in seiner Erbenstellung eindeutig durch einen Erbschein oder durch ein eröffnetes öffentliches Testament (Erbvertrag) legitimieren kann.[230] Ist die Erbfolge in der Form des § 35 Abs. 1 GBO nachgewiesen, verliert nach Ansicht des OLG München[231] eine zugleich vorgelegte transmortale Vollmacht ihre Wirksamkeit. Zudem hält das OLG München[232] den einer transmortalen Vollmacht auf den Alleinerben innewohnenden **Rechtsschein** (Legitimationswirkung) bereits dann für zerstört, wenn der Alleinerben sich ausdrücklich (auch) darauf beruft, Erbe geworden zu sein, also gerade kein Nachweis seiner Erbenstellung (§ 35 Abs. 1 GBO) vorliegt. Beruft der bevollmächtigte Alleinerbe sich – geschickterweise – lediglich auf seine Vollmacht (und hält seine Erbenstellung, nicht jedoch den Todesfall, in der Schwebe), bedarf es hingegen eines Nachweises seiner/einer Erbenstellung nicht.[233]

120 Nahezu unbestritten ist jedenfalls das eminent **praktische Bedürfnis** des Fortbestands der trans- oder postmortalen Vollmacht auch auf den Alleinerben, wenn dieser -mit oder ohne Erbnachweis- über Nachlassgegenstände nicht verfügen kann, weil beispielsweise **Testamentsvollstreckung** oder **Nacherbfolge** angeordnet ist. Hier bedeutet die trans- oder postmortale Vollmacht regelmäßig, dass der Alleinerbe unabhängig von der Testamentsvollstreckung (oder Nacherbfolge) über Nachlassgegenstände verfügen können soll.[234] Handelt der Alleinerbe ausschließlich aufgrund Vollmacht, ist darin keine Annahmehandlung zu verstehen; das Recht zur Ausschlagung bleibt unberührt.

121 Höchst umstritten ist die Frage, ob die **trans- oder postmortale Vollmacht auf den Alleinerben** (oder alleinigen Vorerben) bereits denknotwendig mit dem Zeitpunkt des Erbfalls erlischt. Ein solches Erlöschen soll auf **Konfusion,** die freilich gesetzlich nicht geregelt ist, beruhen.[235] Ob sich die Erlöschenswirkung insoweit aus der Sukzession in das der Vollmachtserteilung zugrunde liegende Rechtsverhältnis oder in die Stellung des Vertretenen ergibt, ist ebenfalls ungeklärt. Jedenfalls soll das Erlöschen der Vollmacht (auch) auf dem Grundsatz beruhen, dass letztlich eine „Eigenvertretung" des bevollmächtigten Alleinerben nach § 164 Abs. 1 BGB grundsätzlich ausgeschlossen ist.[236] Hierbei ist jedoch wiederum zu berücksichtigen, dass sich die Vertretungsmacht in den Fällen der trans- oder postmortalen Vollmacht gerade nicht vom Vertreter selbst, sondern vom personenverschiedenen Erblasser ableitet.

122 Bei der **Kontroverse um die Fortgeltung der Vollmacht auf den Alleinerben** ist mE zu bedenken, dass schon der gebräuchliche **Begriff eines Erlöschens durch Konfusion infolge Erbfalls** insoweit nicht recht passt, als der BGH[237] hierunter zunächst die Vereinigung von Schuld und Forderung in einer Person (also die **Forderungskonfusion**) versteht, und dass selbst im Fall einer solchen Forderungskonfusion ein Erlöschen erst

---

[229] So bereits RGZ 106, 185 (187).
[230] OLG München MittBayNot 2013, 230; Palandt/*Ellenberger* BGB § 168 Rn. 4; Palandt/*Weidlich* BGB Einf. v. § 2197 Rn. 12; aA und deutlich restriktiver OLG Hamm ZEV 2013, 341 unter Berufung auf OLG Stuttgart NJW 1948, 627.
[231] OLG München ZEV 2017, 280 mAnm *Reimann.*
[232] OLG München ZEV 2016, 659 mAnm *Reimann.*
[233] Vgl. OLG München ZEV 2016, 656.
[234] OLG München MittBayNot 2013, 230; LG Bremen Rpfleger 1993, 235; zusammenfassend *Herrler* DNotZ 2017, 508; s. zudem bereits → Rn. 96.
[235] Zuletzt OLG Hamm ZEV 2013, 341; OLG Stuttgart NJW 1948, 627; für den Fall der Vorerbschaft KG JFG 43, 160.
[236] So ebenfalls OLG Hamm ZEV 2013, 341 mAnm *Lange.*
[237] NJW 1967, 2399; NJW-RR 2009, 1059.

dann angenommen wird, wenn der Erbe (endgültig) den **Zugriff zum Nachlass** hat, wodurch er sich für seine Forderung befriedigen kann.[238] Der BGH betont damit, dass ein Erlöschen infolge erbbedingter Konfusion **interessengerecht** und gerade **nicht schematisch** auf den Zeitpunkt des Erbfalls eintritt.[239]

Überträgt man das Verständnis des BGH von der erbbedingten Forderungskonfusion 123 auf den Fall der **Vertretungskonfusion,**[240] lassen sich Parallelen feststellen. Auch der bevollmächtigte Alleinerbe hat nicht bereits mit dem Erbfall (endgültigen) **Zugriff zum Nachlass,** sondern immer erst dann, wenn er beispielsweise bei Verfügungen über ein Nachlassgrundstück den Nachweis seiner unbeschränkten Erbenstellung durch einen Alleinerbschein oder ein gleichwertiges Zeugnis führen kann (vgl. **§ 35 Abs. 1 GBO**). In diesem Sinne hat auch das OLG München[241] angenommen, dass jedenfalls dann, wenn die Erbfolge in der Form des § 35 Abs. 1 GBO nachgewiesen ist, eine zugleich vorgelegte transmortale Vollmacht ihre Wirksamkeit, jedenfalls aber ihre **Wirkung als Rechtsscheinträger** verliert. Allerdings kommt es auf die Rechtsscheinfunktion gar nicht an, wenn man das Erlöschen der Vollmacht durch „Konfusion" nicht voraussetzt; diese Frage klärt das OLG München indes nicht überzeugend.[242] Zu beachten ist zudem, dass auch ein nachgewiesener Alleinerbe erst dann (endgültigen) Zugriff zum Nachlass erlangt, wenn er in seiner **Verfügungsbefugnis über Nachlassgegenstände** nicht durch eine Testamentsvollstreckung oder Nacherbfolge beschränkt ist, also verschiedene Vermögensmassen bestehen bleiben.[243]

Hinzu kommt, dass für jede Art eines Konfusionserlöschens ein **Schlechterstellungs-** 124 **verbot**[244] gilt. Danach darf beispielsweise für den Fall einer Forderungskonfusion ein Erbe in seiner Gläubigerstellung gegenüber dem Erblasser durch den Erbfall nicht benachteiligt und schlechter gestellt werden als ein sonstiger, dritter Nachlassgläubiger stehen würde. Abermals übertragen auf den Fall der Vertretungskonfusion wäre dies aber der Fall, wenn nur der trans- oder postmortal bevollmächtigte Alleinerbe ständig seine Erbenstellung nachweisen müsste, nicht aber jeder beliebige Dritterbe, gegen den ein Vertreterhandeln des Bevollmächtigten unmittelbar ohne Nachweis der Erbenstellung wirken würde. Hinzu kommt, dass jede Art einer Erlöschenswirkung infolge Konfusion wohl der **Dispositionsbefugnis der Beteiligten** unterliegt und gerade im Fall einer Vollmachtserteilung auf oder über den Tod hinaus, in dem der Vollmachtserteilung zugrunde liegenden Rechtsverhältnis abbedungen ist.[245] Schließlich ist immer zu beachten, dass nicht nur der Alleinerbe, sondern gerade auch der personenverschiedene Erblasser und Vollmachtgeber durch die Vollmachtserteilung auf den Alleinerben ein **eigenes, berechtigtes und beachtenswertes Interesse** verfolgt. Er will regelmäßig die uneingeschränkte **Kontinuität bei der Verwaltung seines Nachlasses** sicherstellen,[246] indem er seinen Alleinerben ohne weitere Nachweise der Erbenstellung und ggf. ohne Rücksicht auf Fragen der Verfügungsbefugnis über Nachlassgegenstände bereits mit dem Eintritt des Erbfalls handlungsfähig stellt. Warum soll der Erblasser sein Interesse an Kontinuität und Handlungsfähigkeit nur mit Hilfe eines „Dritt-Bevollmächtigten" durchsetzen können?

Ausschlaggebender Gesichtspunkt dürfte allerdings die **Legitimationswirkung der** 125 **erteilten und abstrakten Vollmacht** sein, die der Erbe mit der ihm ausgehändigten Vollmachtsurkunde erhalten hat.[247] Die Legitimationswirkung schützt den (gutgläubigen) Dritten unter anderem vor jeder Art eines tatsächlichen oder vermeintlichen Erlöschens

---

[238] So ausdrücklich BGH NJW 1967, 2399.
[239] Hierzu auch *Kohlhosser* ZEV 1995, 391 (396).
[240] Vgl. zu diesem Begriff *Bosak* JA 2009, 596 (599).
[241] ZEV 2017, 280 mAnm *Reimann.*
[242] Vgl. OLG München ZEV 2016, 659 mAnm *Reimann.*
[243] Eingehend Nieder/Kössinger/*Kössinger,* Handbuch der Testamentsgestaltung, 5. Aufl. 2015, § 1 Rn. 191 ff.
[244] Vgl. hierzu ebenfalls ausdrücklich BGH NJW 1967, 2399; ebenso *Herrler* DNotZ 2017, 508 (524).
[245] *Zimmer* ZEV 2013, 307 (312); offenbar aA Bengel/Reimann/*Bengel/Dietz* TV-HdB § 1 Rn. 51a.
[246] Hierzu mit Beispielen MüKoBGB/*Zimmermann* BGB vor § 2197 Rn. 9.
[247] Vgl. auch §§ 170–172, 173 BGB; zusammenfassend LG Bremen Rpfleger 1993, 235.

der Vollmacht, gleichgültig worauf das Erlöschen beruhen mag. Die Legitimationswirkung besteht somit auch für den Fall eines unterstellten Erlöschens durch „Konfusion" fort, sofern sie nicht gegenüber dem Dritten, also dem Vertragspartner oder gegenüber dem Grundbuchamt (Registergericht), ernsthaft erschüttert ist. Das Grundbuchamt kann den Nachweis über den Fortbestand der vorgelegten Vollmacht nur im Rahmen des engen **Legalitätsprinzips** verlangen (→ Rn. 228 ff.). Eine Pflicht des bevollmächtigten Erben, anstelle der über den Tod des Erblassers hinaus wirkenden Vollmacht eine erbrechtliche Legitimation herbeizuführen, besteht indes nicht.

126   Unzutreffend ist jedenfalls die Ansicht des OLG Hamm,[248] dass der unter Einhaltung der Formvoraussetzungen des § 29 GBO **bevollmächtigte, vermeintliche oder tatsächliche Alleinerbe** zum Nachweis seiner Verfügungsbefugnis im Rahmen der Auflassung eines Nachlassgrundstücks (§§ 20, 35 Abs. 1 GBO) eines Erbscheins oder vergleichbaren Zeugnisses bedarf. Das Grundbuchamt kann in einem solchen Fall einen solchen Nachweis selbst dann nicht verlangen, wenn sich der Bevollmächtigte als Erbe bezeichnet (was er indes lassen sollte). Es fehlt insoweit an der **notwendigen Erforderlichkeit und Entscheidungserheblichkeit eines Erbnachweises.** Der ausreichend bevollmächtigte Alleinerbe (Miterbe) ist nämlich entweder aufgrund der Vollmacht oder ansonsten, falls man ein Erlöschen kraft Konfusion annehmen möchte, als Alleinerbe (Miterbe) verfügungsbefugt; eine dritte Variante besteht nicht (zur Urkundsgestaltung bereits → Rn. 104).[249]

127   Zutreffend ist im Übrigen die Auffassung, dass es für den **Alleinerben,** mit oder ohne tauglichen Nachweis seiner Erbenstellung und seiner Verfügungsbefugnis, nicht möglich ist, unter Rückgriff auf die ihm erteilte Vollmacht einer **Verpflichtung seines Eigenvermögens** zu entgehen.[250]

II. Verstärkung der Vollmacht auf den Todesfall

128   Will der Erblasser/Vollmachtgeber die Stellung des Bevollmächtigten verstärken, kann er die Vollmacht (ggf. befristet) unwiderruflich erteilen oder die Erben durch **Auflagen** (§ 1940 BGB) verpflichten, die erteilte Vollmacht bis zu einem bestimmten Ereignis oder Zeitpunkt nicht zu widerrufen. Zur Überwachung solcher Auflagen kann wiederum Testamentsvollstreckung angeordnet werden. Erb- oder Vermächtniseinsetzungen können unter der aufschiebenden oder auflösenden Bedingung erfolgen, dass eine vom Erblasser erteilte Vollmacht nicht widerrufen wird.[251] Mit den gleichen Verstärkungsmechanismen kann der Erblasser den Erben veranlassen, einem Dritten – auch dem Testamentsvollstrecker – eine Vollmacht zu erteilen. Dem Testamentsvollstrecker kann die Widerrufsbefugnis entzogen sein (§ 2208 Abs. 1 S. 1 BGB). Unzulässig ist die Erteilung einer **unwiderruflichen Generalvollmacht auf oder über den Todesfall hinaus.** Dies gilt jedenfalls dann, wenn kein anerkanntes Interesse des Erblassers an einer auf konkrete Nachlassgegenstände bezogenen, postmortalen Vermögenssorge erkennbar ist,[252] wie dies beispielsweise im Unternehmensbereich der Fall sein kann.

---

[248] ZEV 2013, 341.
[249] Zutreffend deswegen die Kritik von *Amann* MittBayNot 2013, 367 (370 f.); *Keim* DNotZ 2013, 692 (694 f.); *Herrler* DNotZ 2017, 508 (530 ff.); ähnlich *Trapp* ZEV 1995, 314 (316).
[250] Vgl. MüKoBGB/*Zimmermann* BGB vor § 2197 Rn. 18; so bereits *Kurze* ZErb 2008, 399 (405).
[251] Vgl. Staudinger/*Reimann* (2016) BGB Vorb. zu §§ 2197 ff. Rn. 77; skeptisch MüKoBGB/*Zimmermann* BGB vor § 2197 Rn. 18.
[252] MüKoBGB/*Zimmermann* BGB vor § 2197 Rn. 17 mwN.

E. Vertretungsbeschränkungen durch § 181 BGB

I. Grundsätze

Unwirksam, jedoch grundsätzlich genehmigungsfähig sind im Rahmen des § 181 BGB **129** Geschäfte
– des Vertreters mit sich selbst **(Selbstkontrahieren)** oder
– mit einem von ihm vertretenen Dritten **(Doppel- oder Mehrvertretung).**

Der sachliche Anwendungsbereich der Norm umfasst gleichermaßen gesetzliches (zB or- **130** ganschaftliche Vertreter juristischer Personen) und rechtsgeschäftliches Vertreterhandeln (Vollmacht) sowie das Handeln einer „Partei kraft Amtes", nämlich des Testamentsvoll-streckers, Nachlass-, Zwangs- und Insolvenzverwalters.[253]

§ 181 BGB ist **formale Ordnungsvorschrift,** auf das Vorliegen eines konkreten In- **131** teressenkonflikts oder auf die Schutzbedürftigkeit des Vertretenen kommt es nicht an. § 181 BGB ist deshalb nicht anwendbar, wenn ein Vertreter ausschließlich auf der Ver-käufer- oder Käuferseite für eine Vielzahl von Vertretenen (und ggf. im eigenen Namen) insoweit **gleichgerichtete** (nicht unbedingt gleichartige) **Willenserklärungen** abgibt. Ein Verstoß gegen § 181 BGB liegt hingegen vor, wenn der Vertreter zunächst einen **Un-terbevollmächtigten** bestellt und sodann das Rechtsgeschäft mit diesem abschließt.[254] Grundsätzlich ist die Norm auch auf **Binnengeschäfte (= Mehrvertretung) in Kon-zernverbünden** anwendbar.[255] § 181 BGB ist zu beachten, wenn der Vertreter auf einer Seite als **einer von mehreren Gesamtvertretern** auftritt.[256] Unter mehreren **Gesamt-vertretern** kann der nicht von den Beschränkungen des § 181 BGB befreite den anderen ermächtigen, das Rechtsgeschäft in Einzelvertretung für die GmbH oder Gesellschaft bür-gerlichen Rechts abzuschließen;[257] die **Ermächtigung** (also nicht Bevollmächtigung) soll kein Fall der Unterbevollmächtigung sein. Allerdings bleiben Zweifel, ob der ermächtigte Gesamtvertreter seine Vertretungsmacht, soweit er aufgrund der Ermächtigung handelt, in weiterem Umfange ausüben kann als der nach § 181 BGB von der Vertretung ausge-schlossene Ermächtigende selber.[258]

Eine **fallgruppenartige Ausnahme** von § 181 BGB gilt für Geschäfte, die für den **132** Vertretenen **lediglich rechtlich vorteilhaft** sind;[259] nach schematischer Betrachtungswei-se kann ein Interessenkonflikt nicht entstehen. Lediglich rechtlich vorteilhaft ist die Ein-bringung eines lastenfreien Grundstücks in eine Kommanditgesellschaft, wenn der Ein-bringungswert dem Kapitalkonto des einbringenden Gesellschafters gutgeschrieben wird.[260] Kein Verstoß gegen § 181 BGB liegt zudem vor, wenn der Vertreter **in Erfül-lung einer Verbindlichkeit** handelt. Lässt der Bevollmächtigte des Erblassers ein ihm vermächtnisweise zugewendetes Nachlassgrundstück an sich selbst auf, ist § 181 BGB nicht anwendbar.

Rein **verfahrensrechtliche Erklärungen** gegenüber Grundbuchamt (zB **Bewilli-** **133** **gung**) oder Handelsregister sind von der Verbotswirkung des § 181 BGB ebenfalls nicht erfasst. Bewilligt der Grundstückseigentümer als Vertreter eines Grundpfandrechtsgläu-bigers einen Rangrücktritt und stimmt dem gleichzeitig im eigenen Namen als Eigentü-mer zu, liegt kein Fall des § 181 BGB vor. Zu Beanstandungen führt jedoch regelmäßig das Fehlen der Befreiung von den Beschränkungen des § 181 BGB für die zugrunde liegen-den materiell-rechtlichen Erklärungen (zB dingliche Einigung, § 873 BGB).[261]

---

[253] BeckOK BGB/*Schäfer* BGB § 181 Rn. 4 f.; MüKoBGB/*Schubert* BGB § 181 Rn. 11 f., 57 ff.
[254] BGH NJW 1991, 692.
[255] Erman/*Palm* BGB § 181 Rn. 13.
[256] BGH NJW 1992, 618.
[257] Vgl. BGH NJW-RR 1986, 778; MüKoBGB/*Schubert* BGB § 181 Rn. 26 mwN; s. auch § 125 Abs. 2 S. 2 HGB; § 78 Abs. 4 S. 1 AktG; § 25 Abs. 3 S. 1 GenG.
[258] Vgl. ausführlich DNotI-Report 2000, 51.
[259] Vgl. § 108 BGB; BGHZ 94, 332.
[260] LG Nürnberg-Fürth MittBayNot 1982, 175; s. auch LG Berlin ZIP 1985, 1491.
[261] Ausführlich *Schöner/Stöber* GrundbuchR Rn. 3562.

134   Werden rechtsgeschäftliche Vollmachten im Bereich des **Handels- und Gesellschafts-rechts** (und Vereinsrechts) erteilt, ist stets zu prüfen, ob und inwieweit die Vollmacht erteilenden Organträger selbst den Beschränkungen des § 181 BGB unterliegen und schon deswegen keine weitergehende Vollmacht (zur Genehmigung → Rn. 138 f.) erteilen können. Die erforderliche **Befreiung der Organträger** kann sich entweder aus der Satzung selbst oder durch Beschluss[262] des zuständigen Bestellungsorgans (Aufsichtsrat, Gesellschafter-, Mitglieder- oder Generalversammlung) ergeben. Die Befreiung muss auf einer **satzungsrechtlichen Befugnisgrundlage** beruhen.[263] In der notariellen Praxis finden sich die erforderlichen satzungsrechtlichen Befugnisgrundlagen zumeist und sinnvollerweise als Öffnungsklauseln, nach der das Bestellungsorgan die Befreiung von den Beschränkungen des § 181 BGB durch einfachen, eintragungspflichtigen Beschluss erteilen kann. Zum **Nachweis der Befreiung** gegenüber dem Grundbuchamt genügt die Vorlage einer beglaubigten Abschrift der in öffentlicher Urkunde enthaltenen Satzung bzw. Vorlage des Gesellschafterbeschlusses und der Nachweis der satzungsrechtlichen Befugnisgrundlage, jeweils in der Form des § 29 GBO. Ebenso kann, wenn die generelle Befreiung vom § 181 BGB im Handelsregister eingetragen ist, auf das bei demselben Amtsgericht geführte Register Bezug genommen oder ein beglaubigter Handelsregisterauszug vorgelegt werden.

135   Im **Binnenbereich der juristischen Person** ist § 181 BGB auf sog. **Grundlagenbeschlüsse** bzw. Beschlüsse, die das Rechtsverhältnis der Gesellschafter untereinander betreffen, anwendbar. Das gilt beispielsweise für den Auflösungsbeschluss,[264] Unternehmensverträge, Umwandlungs-, Ausschließungs- und Fortsetzungsbeschluss,[265] Satzungsfeststellung oder -änderung und **Wahlen,**[266] nicht hingegen auf sog. **Geschäftsführungsbeschlüsse.** § 181 BGB findet allerdings Anwendung auf Stimmrechtsvollmachten zur **Geschäftsführerbestellung.**[267] Für Beschlüsse der Hauptversammlung einer AG gilt vorrangig § 135 AktG. Besondere Stimmrechtsverbote beinhalten wiederum § 34 BGB, § 136 Abs. 1 AktG, § 47 Abs. 4 GmbHG, § 43 Abs. 6 GenG.

136   § 181 BGB ist anwendbar auf den **Alleingesellschafter als Geschäftsführer seiner GmbH** im rechtsgeschäftlichen Verkehr mit sich selbst oder als Vertreter eines Dritten **(§ 35 Abs. 4 GmbHG).**[268] Zur rechtsgeschäftlichen Befreiung von § 181 BGB ist auch in diesem Fall eine satzungsrechtliche Befugnisgrundlage erforderlich. Ist eine solche nicht vorhanden, geht der einfache Beschluss des Alleingesellschafters zur Befreiung von den Beschränkungen des § 181 BGB ins Leere, sofern hierin nicht zugleich auch die Beschlussfassung über eine Satzungsänderung gesehen werden kann.[269] Das **Aktienrecht** verstärkt § 181 BGB im rechtsgeschäftlichen Verkehr eines Mitglieds des Vorstands mit sich selbst durch die Regelung des **§ 112 AktG.** Danach vertritt der Aufsichtsrat die Aktiengesellschaft zwingend, sobald auch nur ein Vorstandsmitglied an dem Rechtsgeschäft als Privatperson (Falle des Selbstkontrahierens) beteiligt ist. Die gleiche Rechtslage gilt nach **§ 39 Abs. 1 GenG** für das **Genossenschaftsrecht.**[270] Bestellt sich der Vorstand einer AG zum Geschäftsführer einer GmbH, deren alleinige Gesellschafterin die AG ist, soll darin kein Verstoß gegen § 112 AktG liegen,[271] wobei dennoch ein Verstoß gegen § 181 BGB vorliegen kann.[272]

---

[262] Generelle oder einzelfallbezogene Befreiung; s. auch OLG Düsseldorf Rpfleger 2005, 137 für den Geschäftsführer einer Komplementär-GmbH.
[263] BGH NJW 2000, 664 (665); OLG Köln NJW 1993, 1018.
[264] Scholz/*Schmidt* GmbHG § 47 Rn. 180.
[265] Scholz/*Schmidt* GmbHG § 47 Rn. 180.
[266] Str. vgl. BGHZ 112, 339; Staudinger/*Schilken* (2014) BGB § 181 Rn. 22 mwN.
[267] *Reymann* ZEV 2005, 457 (463) für die Ein-Personen-GmbH; Scholz/*Schmidt* GmbHG § 47 Rn. 181; str.
[268] BGH NJW 2000, 664 (665).
[269] Vgl. BGH GmbHR 2000, 136.
[270] Vgl. BGH NJW 1995, 2559.
[271] OLG München DNotZ 2012, 793.
[272] Vgl. LG Berlin NJW-RR 1997, 1534; OLG Frankfurt a.M. ZIP 2006, 1904.

Bevollmächtigen **Prokuristen** einer GmbH einen Dritten zur Vornahme von Rechtsge- 137
schäften mit dem Geschäftsführer, liegt kein Verstoß gegen § 181 BGB vor.[273] § 181 BGB
gilt nicht, wenn der Vertreter einen von ihm im eigenen Namen abgeschlossenen, zustimmungsbedürftigen Vertrag namens des Vertretenen zustimmt, sofern die Zustimmung gegenüber dem Vertragsgegner erklärt wird.[274] So kann etwa der WEG-Verwalter dem Verkauf seiner eigenen Eigentumswohnung durch Erklärung gegenüber dem Erwerber
zustimmen.

II. Rechtsfolgen eines Verstoßes; Genehmigung

Der Verstoß gegen § 181 BGB bewirkt keine Nichtigkeit des Rechtsgeschäfts, es ist infol- 138
ge einer Vollmachtsüberschreitung **schwebend unwirksam** (§ 177 BGB analog).[275] Das
Vertreterhandeln kann regelmäßig **nachträglich genehmigt** werden. Mit dem Tod des
Vertretenen geht die Genehmigungsbefugnis auf dessen Erben über. Liegt ein Fall der gesetzlichen Vertretung Minderjähriger vor, kann der geschäftsfähig Gewordene genehmigen; eine Genehmigung durch das Familiengericht ist ausgeschlossen.[276]

Ist der **Genehmigende selbst Vertreter**,[277] gelten Besonderheiten: Eine Befreiung 139
von den Beschränkungen des § 181 BGB in der Person des Genehmigenden als Vertreter
des Geschäftsherrn (zB Organ einer juristischen Person, rechtsgeschäftlich Bevollmächtigter, kraft Amtes) ist für den Fall der Genehmigung **vollmachtlosen Vertreterhandelns**
nicht erforderlich.[278] Es ist schon fraglich, ob Vertretung ohne Vertretungsmacht überhaupt Vertreterhandeln ist und es somit gar nicht auf § 181 BGB ankommt.[279] Entscheidend ist allerdings, dass die Wirksamkeit des Rechtsgeschäfts erst durch eine nachträgliche
Mitwirkungshandlung des genehmigenden Vertreters zustande kommt und bei dessen direkter Mitwirkung an dem Rechtsgeschäft in seiner Person die Voraussetzungen eines Insichgeschäfts nicht vorgelegen hätten.[280] Der genehmigende Vertreter darf also an dem
schwebend unwirksamen Rechtsgeschäft nicht selbst als Vertreter eines weiteren Beteiligten oder in seinem eigenen Namen aufgetreten sein; eine Parallelbetrachtung des Rechtsgeschäfts ist also erforderlich.

III. Befreiung von den Beschränkungen

Der Vollmachtgeber kann von einzelnen oder beiden Beschränkungen des § 181 BGB 140
rechtsgeschäftliche Befreiung erteilen (beachte die Ausnahmetatbestände in § 112 AktG
und § 39 Abs. 1 GenG für den Fall des Selbstkontrahierens, → Rn. 136). Vertritt der Bevollmächtigte mehrere Beteiligte auf verschiedenen Vertragsseiten, muss ihm durch alle
Vollmachtgeber Befreiung erteilt sein.[281] Ein nicht von den Beschränkungen des § 181
BGB befreiter Hauptbevollmächtigter kann einen Unterbevollmächtigten grundsätzlich
nicht befreien (→ Rn. 91 mwN). Beachtet ein befreiter Bevollmächtigter bei Insichgeschäften **ausübungsbeschränkende Innenabreden** nicht, kann er sich auf Rechts-
scheintatbestände nicht berufen.[282]

---

[273] BGH NJW 1984, 2085.
[274] Str., BGHZ 94, 137; BayObLG NJW-RR 1995, 1033.
[275] BGH NJW-RR 1994, 291.
[276] Vgl. BGHZ 21, 234.
[277] Vgl. BGH NJW-RR 1994, 291 (293).
[278] Sehr str., vgl. BayObLG MittRhNotK 1987, 127; OLG Düsseldorf MittBayNot 1999, 470; LG Saarbrücken MittBayNot 2000, 433; *Tebbe* DNotZ 2005, 173 mwN.
[279] Pointiert: *Lichtenberger* MittBayNot 1999, 470 und MittBayNot 2000, 434.
[280] *Tebbe* DNotZ 2005, 173 (179); *Baetzgen* RNotZ 2005, 193 (198); *Schöner/Stöber* GrundbuchR
Rn. 3559a.
[281] Instruktiv BayObLG MittRhNotK 1997, 127 mAnm *Kanzleiter*.
[282] BGH ZIP 1999, 112.

141 Die Erteilung einer *„Vollmacht für alle Rechtsgeschäfte, bei denen gesetzlich eine Vertretung zuge-lassen ist"*, reicht als Befreiung von § 181 BGB nicht aus.[283] Auch in der Erteilung einer **Generalvollmacht** ist nicht ohne Weiteres die Befreiung von den Beschränkungen des § 181 BGB enthalten. Die **unbeschränkte Stimmrechtsvollmacht** an einen Mitgesell-schafter für eine bestimmte Gesellschafterversammlung, für die Grundlagenbeschlussfas-sungen angekündigt sind, enthält die stillschweigende Befreiung von den Beschränkungen des § 181 BGB, wenn nicht ausnahmsweise den Umständen etwas anderes zu entnehmen ist (→ Rn. 194).[284] Erteilen die Beteiligten eines Grundstückskaufvertrages einem von ih-nen oder einem Dritten gemeinsam **Auflassungsvollmacht,** gilt dies zugleich – still-schweigend – als Befreiung von den Beschränkungen des § 181 BGB.[285] Gleichwohl soll-te der Notar die Befreiung ausdrücklich in den Entwurf oder die Niederschrift der Vollmacht aufnehmen.

142 Bei Rechtsgeschäften zwischen zwei GmbH & Co. KGs, deren Komplementär jeweils dieselbe GmbH ist, müssen sowohl deren Geschäftsführer (und/oder Prokuristen) als auch die Komplementär-GmbH selbst von beiden Seiten von den Beschränkungen des § 181 BGB befreit sein.[286]

143 Gleichzeitig neben der gesetzlichen Vertretungsbefugnis als Betreuer (§§ 1896 ff. BGB), Vormund (§§ 1789, 1793 BGB) oder Pfleger (§ 1915 Abs. 1 BGB) kann eine Befreiung von den Beschränkungen des § 181 BGB in einer wirksam gebliebenen rechtsgeschäftli-chen Vollmacht enthalten sein.[287]

F. Erlöschen der Vollmacht

144 Die Vollmacht erlischt durch Zeitablauf, Bedingungseintritt, Verzicht oder nach Maßgabe des zugrunde liegenden Rechtsverhältnisses bzw. durch Widerruf (§ 168 BGB). Dritten gegenüber wird das Erlöschen der Vollmacht nach den §§ 170–173 BGB wirksam. Fol-gende Fälle sind praxisrelevant:

I. Beendigung des zugrunde liegenden Rechtsverhältnisses

145 Regelmäßig erlischt die Vollmacht nach § 168 Abs. 1 BGB, wenn das der Erteilung zu-grunde liegende Rechtsverhältnis durch **Zeitablauf, Bedingungseintritt, Kündigung, Rücktritt** oder **auf andere Weise** endet. Ein ausdrücklicher Vorbehalt oder die **Ausle-gung** kann ergeben, dass Vollmachten auch ohne zugrunde liegendes Rechtsverhältnis bzw. nach seinem Wegfall wirksam bleiben sollen, um beispielsweise den Urkundsvollzug oder die Bestellung dinglicher Rechte sicherzustellen (sog. **isolierte Vollmacht**). Die Er-streckungswirkung des § 139 BGB gilt insoweit nicht.[288]

II. Widerruf der Vollmacht

146 Der Widerruf der Vollmacht (**Innen-** oder **Außenwiderruf**) erfolgt als einseitige emp-fangsbedürftige Willenserklärung nach Maßgabe des der Vollmachtserteilung zugrunde lie-genden Rechtsverhältnisses, grundsätzlich jedoch unabhängig von dessen Bestand, § 168 S. 2 BGB. Damit kann die Vollmacht selbst bei Fortbestand des zugrunde liegenden Rechtsverhältnisses jederzeit widerrufen werden, sofern sich aus dem Grundverhältnis nicht etwas anderes ergibt. Der Widerruf (bzw. die Widerrufbarkeit) kann vertraglich aus-geschlossen werden;[289] ein einseitiger Verzicht ist unzulässig. Ein **wirksam gewordener**

---

[283] *Schöner/Stöber* GrundbuchR Rn. 3556.
[284] Vgl. BGHZ 66, 82 (86).
[285] BayObLG NJW-RR 1995, 1167 zu Grundpfandrechten.
[286] Vgl. auch BayObLG DNotZ 1980, 88.
[287] AA wohl OLG Köln NJW-RR 2001, 652.
[288] Vgl. auch BGH DNotZ 1988, 551.
[289] BGH DNotZ 1989, 84.

Widerruf der Vollmacht kann nicht mehr widerrufen werden; es bedarf vielmehr der Neuerteilung.[290] Der Widerruf wirkt stets **ex nunc.**[291]

Die **widerrufliche Vollmacht** kann nach Belieben, die **unwiderrufliche Vollmacht** 147 nur aus wichtigem Grund widerrufen werden (beachte auch § 176 Abs. 2 BGB zur Kraftloserklärung). Nach dem Tod des Vollmachtgebers ist der Erbe, Testamentsvollstrecker oder Nachlassverwalter zum Widerruf befugt. Die Unwiderruflichkeit kann stillschweigend vereinbart sein, was insbesondere angenommen wird, wenn die Vollmacht „nach Grund und Zweck" gerade dem Interesse des Bevollmächtigten dienen soll.[292] Ob ein wichtiger Grund zum Widerruf einer unwiderruflichen Vollmacht vorliegt, ist ebenfalls nach Maßgabe des zugrunde liegenden Rechtsverhältnisses zu beurteilen. Eine unwiderruflich erteilte, isolierte Vollmacht ist jederzeit widerrufbar.[293]

Widerruft einer von mehreren Vollmachtgebern (zB ein Miteigentümer oder ein 148 Miterbe), bleibt die Vertretungsmacht hinsichtlich der Übrigen bestehen. Nach dem Widerruf könnten zugunsten eines Erklärungsgegners Vertrauensschutztatbestände nach den §§ 170–173 BGB eingreifen. Der widerrufende Vollmachtgeber hat daher Anspruch auf Vorlage der Vollmachtsurkunde zum Zwecke des Anbringens eines Widerrufsvermerks.[294] Praxisrelevant sind **Vereinbarungen über die Form** oder die Modalitäten einer wirksamen Widerrufserklärung (zB Widerruf nur gegenüber dem Notar bei Belastungsvollmachten).

Grundsätzlich ist die Vollmachtserteilung auch nach Abschluss eines Vertretergeschäfts 149 noch **anfechtbar.**[295] Die Anfechtung wirkt, anders als der Widerruf, ex tunc.

III. Erledigung (Gegenstandslosigkeit)

Die Spezialvollmacht zur Vornahme bestimmter Geschäfte erlischt bzw. wird gegen- 150 standslos durch Erledigung, wenn nämlich die entsprechenden Vertretergeschäfte vorgenommen sind oder endgültig nicht mehr vorgenommen werden können.[296] Ob eine Spezialvollmacht auch zur späteren, identischen Neuvornahme des zunächst vorgenommenen Vertretergeschäfts ausreicht, ist Auslegungsfrage.

IV. Einseitiger Verzicht des Bevollmächtigten

Verzichtet der Vertreter durch einseitige Erklärung oder vertragliche Abrede auf die ihm 151 erteilte Vollmacht, erlischt sie, und zwar auch dann, wenn der Vertreter aufgrund des zugrunde liegenden Rechtsverhältnisses zum fortdauernden Vertreterhandeln verpflichtet war.

V. Tod oder dauernde Geschäftsunfähigkeit des Bevollmächtigten

Der Tod oder die dauernde Geschäftsunfähigkeit des Bevollmächtigten führt grundsätzlich 152 zum Erlöschen der Vollmacht, §§ 168 S. 1, 673 S. 1, 675 BGB (zum Tod des Vollmachtgebers auch → Rn. 93 ff.). Für eine im Interesse des Bevollmächtigten erteilte Vollmacht (zB Auflassungsvollmacht für den Grundstückskäufer) ist Unwiderruflichkeit anzunehmen; sie bleibt daher zugunsten der Erben oder eines Betreuers des Bevollmächtigten bestehen[297] und kann weiterhin nur aus wichtigem Grund widerrufen werden. Ungeklärt ist die Rechtslage einer rechtsgeschäftlich erteilten Gesamtvollmacht, wenn lediglich einer von mehreren Gesamtbevollmächtigten wegfällt. Enthält die Vollmachtsurkunde hierzu

---

[290] DNotI-Report 2012, 113.
[291] Staudinger/*Schilken* (2014) BGB § 168 Rn. 6.
[292] ZB Aufteilungsvollmacht für Bauträger, vgl. BayObLG NJW-RR 2002, 444.
[293] BGH DNotZ 1989, 84.
[294] BGH NJW 1990, 507.
[295] BGH NJW 1989, 2879.
[296] MüKoBGB/*Schubert* BGB § 168 Rn. 32 mwN.
[297] BayObLG MittBayNot 1989, 308; Staudinger/*Schilken* (2014) BGB § 168 Rn. 19 mwN.

keine Regelung, hilft nur die Auslegung unter Berücksichtigung aller Umstände des Einzelfalls.[298]

VI. Tod oder dauernde Geschäftsunfähigkeit des Vollmachtgebers

153   Zum Fortbestand oder ggf. Erlöschen einer Vollmacht durch den **Tod des Vollmachtgebers** bereits → Rn. 93 ff.

154   Für den Fall des Eintritts der **Geschäftsunfähigkeit des Vollmachtgebers** nach einer zuvor von ihm wirksamen erteilten Vollmacht gelten ebenfalls die §§ 168 S. 1, 672 S. 1, 675 Abs. 1 BGB (auch → Rn. 96). Wirkt demnach – wie regelmäßig – die Vollmacht nach Maßgabe des zugrunde liegenden Rechtsgeschäftes fort, ist bei der Vornahme von Vertretergeschäften nicht der Wille eines ggf. bestellten **Kontrollbetreuers** nach § 1896 Abs. 3 BGB maßgeblich; dieser kann die Vollmacht jedoch – wenn ihm diese Befugnis durch Beschluss des Betreuungsgerichts ausdrücklich erteilt ist (Einzelheiten → § 16 Rn. 114 f.) – widerrufen[299] oder Ausübungsanweisungen treffen. Ab dem Zeitpunkt des Eintritts der Geschäftsunfähigkeit gelten für den rechtsgeschäftlich Bevollmächtigten auch nicht die gesetzlichen **Beschränkungen und Genehmigungsvorbehalte** (zB §§ 1641, 1643, 1795, 1821, 1822, 1908i BGB) wie sie für einen Betreuer oder andere gesetzliche Vertreter anwendbar sind.[300] Diese Rechtslage ergibt sich auch eindeutig aus den Gesetzesmaterialien zum Betreuungsgesetz vom 12. 9. 1990.[301]

155   Der Bevollmächtigte, der ausnahmsweise nach einer wirksamen Vollmachtserteilung zusätzlich zum Betreuer des später betreuten Vollmachtgebers bestellt wird („Doppelfunktion"), unterliegt bei der reinen Vollmachtsausübung gleichfalls nicht den Beschränkungen eines Betreuers oder gesetzlichen Vertreters.[302] In beiden Konstellationen ist für den Umfang und die Fortgeltung der uneingeschränkten Vertretungsmacht allein der **Erteilungszeitpunkt** entscheidend.[303] Der geschäftsfähige Vollmachtgeber hat im Bereich seiner Vermögensangelegenheiten die uneingeschränkte Befugnis (und das Recht) für den Fall seiner späteren Geschäftsunfähigkeit selbst Vorsorge zu schaffen; eine ausnahmsweise vom Betreuungsgericht für erforderlich gehaltene Kontrolle des Bevollmächtigten kann unter Beachtung des Subsidiaritätsgrundsatz nach § 1896 Abs. 2 S. 2 BGB durch die Bestellung eines Kontrollbetreuers erfolgen. Im Übrigen gelten natürlich die **Grundsätze des Missbrauchs der Vertretungsmacht** (→ Rn. 51).[304] **Vorsorgevollmachten** werden regelmäßig sogar für den Fall einer späteren Geschäftsunfähigkeit des Vollmachtgebers erteilt und unterliegen nur dann gesetzlichen Ausübungsbeschränkungen und gerichtlichen Genehmigungsvorbehalten, wenn dies, wie beispielsweise in den Fällen der §§ 1904 Abs. 5, 1906 Abs. 5 BGB, speziell angeordnet ist.[305] Es gilt insoweit der wenig beachtete Grundsatz vom „Vorbehalt des Gesetzes".

---

[298] DNotI-Report 2006, 37.

[299] Vgl. etwa BGHZ 211, 67 = DNotZ 2017, 199 mAnm *Renner;* BGH NJW 2015, 3657; zuvor bereits restriktiv KG NJW-RR 2007, 1089; s. auch DNotI-Report 2012, 113 f.

[300] Zutreffend die ganz hM: MüKoBGB/*Schubert* BGB § 168 Rn. 12, 52 mwN; BeckOK BGB/*Schäfer* BGB § 168 Rn. 14; Soergel/*Leptien* BGB § 168 Rn. 12; *Schöner/Stöber* GrundbuchR Rn. 3568; DNotI-Report 2003, 113 mwN; aA OLG Köln NJW-RR 2001, 652; Palandt/*Ellenberger* BGB § 168 Rn. 4; Staudinger/*Schilken* (2014) BGB § 168 Rn. 23.

[301] BGBl. 1990 I 2002; BT-Drs. 11/4528, 123 (135).

[302] AA für einen nicht verallgemeinerungsfähigen Einzelfall OLG Köln NJW-RR 2001, 652 unter Bezugnahme auf die durch das Betreuungsrecht überholte Auffassung von *Flume,* Rechtsgeschäft II, 1992, § 51 Abschn. 6 mwN; insgesamt überzeugend DNotI-Report 2003, 113.

[303] MüKoBGB/*Schramm,* 6. Aufl. 2012, BGB § 168 Rn. 12; in der Sache ebenso MüKoBGB/*Schubert* BGB § 168 Rn. 12.

[304] Staudinger/*Schilken* (2014) BGB § 168 Rn. 23; zusammenfassend hierzu BGH NJW 2017, 3373 Rn. 20.

[305] So im Ergebnis auch OLG Köln NJW-RR 2001, 652; aA *Bestelmeyer* Rpfleger 2012, 666 (678); *ders.* notar 2013, 147 (161 ff.); zudem → § 16 Rn. 1 ff.

VII. Umwandlungsrechtliche Maßnahmen

Umwandlungsrechtliche Maßnahmen haben unterschiedlichen Einfluss auf den Fortbe- 156
stand von Vollmachten, Prokuren und Handlungsvollmachten:

1. Verschmelzung. Sind dem übertragenden Rechtsträger Vollmachten erteilt, gehen die 157
Vollmachten und die zugrunde liegenden Rechtsverhältnisse mit Eintragung der Verschmelzung in das Handelsregister des übernehmenden Rechtsträgers auf diesen über
(§ 20 Abs. 1 Nr. 1 UmwG, § 168 BGB).[306] Prokuren und Handlungsvollmachten des
übertragenden Rechtsträgers gehen unter.[307] Für die von dem übertragenden Rechtsträger
erteilten Vollmachten gilt ebenfalls § 168 BGB. Zwar gehen auch hier die der Vollmachtserteilung zugrunde liegenden Rechtsverhältnisse über, gleichwohl kann, entgegen
der wohl hM, nicht davon ausgegangen werden, dass es dem Interesse des übernehmenden Rechtsträgers entspricht, wenn umfängliche Vollmachten zu seiner Vertretung bei
Gelegenheit der Verschmelzung begründet werden.[308]

2. Spaltung. Für die Spaltung (§ 123 UmwG) gelten die Regeln für die Verschmelzung 158
entsprechend. Bei **Grundstücksvollmachten** ist dem Grundbuchamt nachzuweisen, auf
welchen der übernehmenden Rechtsträger die fortbestehende Vollmacht bei der Aufspaltung (§ 123 Abs. 1 UmwG) übergegangen ist. Gleiches gilt für Abspaltung (§ 123 Abs. 2
UmwG) und Ausgliederung (§ 123 Abs. 3 UmwG). Der Nachweis kann ggf. durch Vorlage einer beglaubigten Abschrift des Spaltungsvertrages bzw. -plans (oder auch eines
Handelsregisterauszugs) geführt werden, wenn sich daraus eine genügend bestimmte Zuordnung von Vermögensbestandteilen (Grundstücken) und Vollmachten tatsächlich ergibt.

3. Formwechsel. Der wirksame Formwechsel erfolgt unter Wahrung der Rechtsträger- 159
identität (§ 202 Abs. 1 Nr. 1 UmwG). Dem oder von dem formwechselnden Rechtsträger
erteilte Vollmachten erlöschen daher grundsätzlich nicht, soweit sich nicht aus dem jeweils der Vollmachtserteilung zugrunde liegenden Rechtsverhältnis etwas anderes ergibt.[309] Gleiches gilt für Prokuren und Handlungsvollmachten.

VIII. Sonstige Fälle

Erlischt eine juristische Person als solche, erlöschen auch die von ihr, einem Dritten er- 160
teilten Vollmachten. Wechseln lediglich die **Organträger** einer juristischen Person nachträglich (§ 26 Abs. 2 BGB; § 78 Abs. 1 AktG; § 24 Abs. 1 GenG; § 35 Abs. 1 GmbHG;
§§ 125 Abs. 1, 161 Abs. 2, 170 HGB; § 7 Abs. 3 PartGG), bleiben die durch sie für die
juristische Person wirksam erteilten Vollmachten und Prokuren grundsätzlich bestehen.[310]
Alles andere wäre mit den Bedürfnissen der Rechtssicherheit weitgehend unvereinbar.
Solche Vollmachten und Prokuren bedürfen daher eines gesonderten Widerrufs. Besonderheiten gelten hingegen für die von einem organschaftlichen Vertreter erteilten Registervollmachten zu seiner Vertretung als Organ (hierzu → Rn. 184).

Vergleichbare Grundsätze gelten nach streitiger Ansicht beim Wechsel in der Person 161
eines gesetzlichen Vertreters oder Verwalters fremden Vermögens (= „Partei kraft Amtes"). Der **Insolvenzverwalter** (§ 56 InsO), der **Nachlassverwalter** (§ 1985 BGB), der
Zwangsverwalter (§ 152 ZVG) oder der **Testamentsvollstrecker** (§ 2205 BGB)
können ihre Befugnisse als „Partei kraft Amtes" nicht mittels einer umfassenden (amts-

---

[306] LG Koblenz MittRhNotK 1997, 321; LG Karlsruhe NJW-RR 1998, 38 zur Grundbuchvollmacht; Lut-
ter/*Grunewald* UmwG § 20 Rn. 25 f.
[307] Widmann/Mayer/*Vossius* UmwG § 20 Rn. 304.
[308] AA die hM, vgl. Lutter/*Grunewald* UmwG § 20 Rn. 25 f.; Semler/Stengel/*Külber* UmwG § 20 Rn. 16;
aA für Spezialvollmachten auch DNotI-Report 2000, 59 (60).
[309] Widmann/Mayer/*Vossius* UmwG § 202 Rn. 136.
[310] RGZ 107, 161 (166); LG Stuttgart DB 1982, 638 zum Verein.

bezogenen) Vollmacht weiterleiten;[311] sie können allerdings **Spezialvollmachten** erteilen. Beim **Wechsel einer „Partei kraft Amtes"** ohne gänzliche Beendigung der Verwaltung bleiben demnach die von diesen erteilten Vollmachten bestehen. Abzulehnen ist deswegen die Meinung, der von einem Testamentsvollstrecker Bevollmächtigte vertrete nicht etwa die Erben, sondern allein den Vollstrecker,[312] weshalb die Vollmacht immer mit dem Amt des jeweiligen Testamentsvollstreckers erlösche.[313] Wird hingegen eine gesetzliche Vertretung oder Vermögensverwaltung gänzlich beendet, erlöschen regelmäßig auch etwa erteilte Vollmachten.[314] Der Fortbestand einer von einer „Partei kraft Amtes" erteilten Vollmacht bei einem bloßen Wechsel in der Person des Verwalters kann indes keinesfalls als gesichert gelten, ebenso nicht die Anwendbarkeit des § 172 Abs. 2 BGB. Aus der Sicht einer sicheren Vertragsgestaltung wird daher empfohlen, sich bis zum Vollzug des jeweiligen Vertretergeschäfts über die Fortdauer des individuellen Amtes zu vergewissern.[315] Für das Registergericht und das Grundbuchamt gilt das Legalitätsprinzip (hierzu → Rn. 228 ff.).

162   Mit der **Eröffnung des Insolvenzverfahrens** erlöschen die **vom Insolvenzschuldner erteilten Vollmachten** und die dieser Erteilung zugrundeliegenden Rechtsverhältnisse (vgl. §§ 115 Abs. 1, 116 InsO, insbesondere **§ 117 Abs. 1 InsO**), weil zugleich mit der Eröffnung die Verfügungsbefugnis über das Vermögen des Schuldners (= Vollmachtgebers) auf den Insolvenzverwalter übergeht (§ 80 InsO). Die Legitimationswirkung des § 172 Abs. 2 BGB entfällt ebenfalls.[316] Das Erlöschen der Vollmacht kraft Gesetzes betrifft auch den Fall der von dem Insolvenzgericht angeordneten **Eigenverwaltung** (§§ 270 ff. InsO). Nach umstrittener Auffassung des OLG München[317] erlischt auch die von dem späteren Insolvenzschuldner erteilte **Vollmacht zur Vertretung der GbR**, in der er Gesellschafter ist, nach § 117 Abs. 1 InsO. Dem soll im Ergebnis nicht entgegenstehen, dass die erteilte Vollmacht zur Vertretung der insoweit rechtsfähigen, nicht insolventen GbR dient, und diese berechtigt und verpflichtet. Das Erlöschen soll auch die dem **Notar** in der von ihm errichteten Urkunde erteilte Vollmacht der GbR zur Erklärung der Bewilligung nach § 19 GBO erfassen.[318] Dem **Insolvenzschuldner** von dritter Seite **erteilte Vollmachten** bleiben grundsätzlich bestehen, sie fallen mangels Pfändbarkeit nicht in die Insolvenzmasse (§§ 35, 36 InsO). Folglich kann der Insolvenzverwalter von ihnen keinen Gebrauch machen.[319]

163   Die einer juristischen Person erteilten Vollmachten erlöschen nicht mit deren Liquidation, sondern erst mit dem Erlöschen der Bevollmächtigten infolge der Liquidation.[320] In der **Liquidation** einer juristischen Person beschränkt sich der Umfang der von ihr erteilten Vollmachten auf den Liquidationszweck, die Liquidation als solche bewirkt jedoch nicht deren Erlöschen.[321] An die konkrete Organstellung gebundene Registervollmachten erlöschen hingegen.[322]

164   Die von Eltern als gesetzlichen Vertretern (§ 1629 BGB) eines **Minderjährigen** erteilte Vollmacht bleibt nach Eintritt der Volljährigkeit des Vertretenen bestehen und endet ent-

---

[311] *Kesseler* RNotZ 2004, 177 (222).
[312] KG ZEV 2019, 27; abl. *Müller-Engels* ZEV 2019, 251.
[313] Noch weitergehend *Muschler* ZEV 2008, 213; aA OLG Düsseldorf ZEV 2001, 281 mAnm *Winkler*.
[314] Vgl. Palandt/*Ellenberger* BGB § 168 Rn. 4; Staudinger/*Schilken* (2014) BGB § 168 Rn. 24 mit Ausnahmefall bei beendeter Testamentsvollstreckung.
[315] Vgl. *Kessler* RNotZ 2004, 177 (225).
[316] Palandt/*Ellenberger* BGB § 172 Rn. 4.
[317] OLG München NZI 2018, 696 Rn. 18; aA *Kessler* NZI 2018, 680; s. auch BeckOK GBO/*Reetz* GBO § 47 Rn. 136 mwN.
[318] OLG München NZI 2018, 696 Rn. 19; aA *v. Proff* ZInsO 2017, 2007.
[319] AA BayObLG DB 1978, 194 für den Fall, dass die Vollmacht allein im Interesse des Bevollmächtigten erteilt ist.
[320] MüKoBGB/*Schubert* BGB § 168 Rn. 15 mwN.
[321] Vgl. Staudinger/*Schilken* (2014) BGB § 168 Rn. 27 mwN.
[322] Vgl. Hauschild/Kallrath/Wachter/*Schmiegelt*, Notarhandbuch Gesellschafts- und Unternehmensrecht, 2. Aufl. 2017, § 25 Rn. 118.

weder nach Maßgabe des zugrunde liegenden Rechtsverhältnisses oder durch Widerruf des nunmehr Volljährigen.[323] Eine von einem **Vorerben** erteilte Vollmacht erlischt mit dem Eintritt des Nacherbfalls, soweit nicht der Nacherbe der Vollmachtserteilung zugestimmt hatte.[324]

G. Arten und Inhalte von Vollmachten

I. Generalvollmachten

1. Generalvollmacht (allgemein). Die **Generalvollmacht** berechtigt zur grundsätzlich 165
unbeschränkten Vertretung in allen den Vollmachtgeber betreffenden Angelegenheiten, in denen Vertretung rechtlich zulässig ist.[325] Sie kann **nur widerruflich** erteilt werden, weil sie allein im Interesse des Vollmachtgebers und nicht etwa des Bevollmächtigten erteilt wird. **Außergewöhnliche Geschäfte** sind von Generalvollmachten möglicherweise nicht gedeckt, wenn sich aus deren Text nichts anderes ergibt. Während eine unbeschränkte Generalvollmacht grundsätzlich auch zur Gründung einer GmbH im Namen des Vollmachtgebers ermächtigt, ist dies im Namen eines 91-jährigen Vollmachtgebers[326] ebenso ein **außergewöhnliches Geschäft** wie die Mitwirkung bei einer strafbaren Schwarzgeldabrede mittels Vollmacht.[327] Eine Generalvollmacht kann nicht, ohne dass sich dies aus ihrem Wortlaut ergibt, dahingehend ausgelegt werden, dass sie zugleich als **(General-)Untervollmacht** für alle dem Vollmachtgeber von Dritten erteilten Vollmachten wirken soll (→ Rn. 89).[328] Bei **personenbezogenen Generalvollmachten** hat sich in der Praxis eine Kombination aus Bevollmächtigung in Vermögens- und vermögensähnlichen Angelegenheiten sowie persönlichen Angelegenheiten, jeweils unter Bezug auf betreuungsrechtliche Wirkungskreise, durchgesetzt. Dabei handelt es sich zumeist um kombinierte **„General- und Vorsorgevollmachten"** unter Bezugnahme auf §§ 1896 ff. BGB (ausführlich → § 16 Rn. 3 ff.). Gegebenenfalls umfassen derart erteilte „General- und Vorsorgevollmachten" gesondert ausgewiesene Betreuungs- (→ § 16 Rn. 119 ff.) und auch Patientenverfügungen (→ § 16 Rn. 127 ff.).

Wegen der Vielzahl wichtiger Ausnahmetatbestände zu § 167 Abs. 2 BGB (zB §§ 311b, 166
492 Abs. 4 S. 2, Abs. 1, Abs. 2 BGB) ist für die Erteilung von Generalvollmachten die **notarielle Beurkundung** nach den §§ 8 ff. BeurkG dringend zu empfehlen; anderenfalls ist die Vollmacht nicht umfassend (zur Diskussion bei der Vorsorgevollmacht → § 16 Rn. 34 f.).[329] Der Vollmachtgeber der Generalvollmacht sollte nach Maßgabe des Geldwäschegesetzes (GwG) legitimiert werden.[330] Die Befugnis zur Erteilung von **Untervollmachten** ist klar zu bestimmen. Handelt es sich um eine Generalvollmacht mit überwiegend **personengebundenem Vertrauenscharakter,** sollten die einer Unterbevollmächtigung zugänglichen Aufgabenkreise konkret benannt werden. Im Bereich betreuungsrechtlicher Angelegenheiten, also im Vorsorgeteil einer kombinierten General- und Vorsorgevollmacht, sollte die Befugnis zur Unterbevollmächtigung differenziert nach Wirkungskreisen angesprochen werden; möglicherweise wird hier die Befugnis zur Erteilung von Untervollmachten ausdrücklich auf einzelne (zB Fachwissen voraussetzende Vermögensangelegenheiten) beschränkt. Regelungsbedürftig ist die Frage der **Schenkungsbefugnis.** Ausdrücklich regelungsbedürftig ist zudem der Umfang der Befreiung von den Beschränkungen des **§ 181 BGB** und im Zweifel auch die **Fortgeltung** nach

---

[323] BayObLG NJW 1959, 2119; *Schöner/Stöber* GrundbuchR Rn. 3567.
[324] MüKoBGB/*Grunsky* BGB § 2139 Rn. 5.
[325] Vgl. Palandt/*Ellenberger* BGB § 167 Rn. 7; MüKoBGB/*Schubert* BGB § 164 Rn. 186 mwN.
[326] OLG Zweibrücken NJW-RR 1990, 931.
[327] OLG Hamm OLGR 1999, 269.
[328] Vgl. DNotI-Report 2018, 185.
[329] S. für Bürgschaftserklärungen OLG Düsseldorf DNotZ 2004, 313 mit ablehnender Anm. *Keim*.
[330] AA Müller/*Renner* Rn. 777 f.

Eintritt der Betreuungsbedürftigkeit, der Geschäftsunfähigkeit und des Todes des Vollmachtgebers (**transmortale Vollmacht;** ausführlich → Rn. 140ff., 153ff., 96). Dass eine über den Tod des Vollmachtgebers hinaus erteilte Vollmacht auch als Generalvollmacht erteilt werden kann, ist allgemein anerkannt.[331]

167   Ein **Testamentsvollstrecker** ist grundsätzlich befugt, für die Besorgung einzelner Geschäfte Vollmachten zur erteilen. Auch die **Erteilung einer Generalvollmacht** ist jedenfalls dann nicht ausgeschlossen, wenn der Erblasser hierzu keine abweichenden Anordnungen getroffen hat und die Erteilung widerruflich erfolgt (→ Rn. 161).[332] Die einem **Ehegatten erteilte Generalvollmacht** berechtigt diesen, sofern er vom § 181 BGB befreit ist, zur Abgabe einer **Zustimmungserklärung nach §§ 1365, 1369 BGB.**[333]

> **Muster: Generalvollmacht in vermögens- und vermögensähnlichen Angelegenheiten an nahen Angehörigen**
> Siehe hierzu das Gesamtmuster → Rn. 241.

168 **2. Generalvollmacht im Handels- und Gesellschaftsrecht (auch Unternehmervollmacht). a) Organverdrängende Vollmacht – Abspaltungsverbot.** Organträger juristischer Personen – unabhängig davon, ob es sich um Kapital- oder Personengesellschaften handelt – können ihre **originären Organbefugnisse** zur Willensbildung und -erklärung weder zeitlich begrenzt noch jederzeit widerruflich – erst recht nicht unwiderruflich[334] – im Wege einer umfassenden Generalvollmacht **auf Dritte übertragen** (sog. „organverdrängende Vollmacht").[335] Auf eine Zustimmung der Gesellschafter kommt es insoweit nicht an.[336] Originäre Organbefugnisse sind beispielsweise Unterzeichnen der Bilanz (§ 264 Abs. 1 HGB, § 42a GmbHG), Stellen des Insolvenzantrags, Einberufungspflicht (§ 49 GmbHG), strafbewehrte Geschäftsführerpflichten (§§ 79, 82, 84 GmbHG) und Maßnahmen zur Änderung des Stamm- bzw. Grundkapitals, Anmeldungen zum Handelsregister.[337] Allerdings kann die Anmeldung des Ausscheidens eines GmbH-Geschäftsführers im Einzelfall durch einen Bevollmächtigten erfolgen, allerdings nur, wenn die entsprechende Vollmacht einen solchen Inhalt aufweist und der Form des § 12 HGB genügt.[338]

169   Im Einzelfall kann jedoch eine **interessengerechte Auslegung** zu dem Ergebnis führen, dass die erteilte, umfassende (General-)Vollmacht als zulässige **(General-)Handlungsvollmacht** nach § 54 HGB aufrechterhalten bleibt.[339] Eine solche **(General-)Handlungsvollmacht,** die weder organverdrängend wirkt noch mit dem Eintritt der Betreuungsbedürftigkeit bzw. Geschäftsunfähigkeit des Vollmachtgebers erlischt,[340] erstreckt sich wiederum auf die Vornahme sämtlicher Geschäfte, die der betreffende Geschäftsbetrieb typischerweise mit sich bringt (§ 54 Abs. 1 HGB). Hierzu gehört auch die **Teilnahme an Gesellschafterversammlungen** und die **Stimmrechtsausübung bei Tochtergesellschaften.**[341] Eine (General-)Handlungsvollmacht kann selbstverständlich auch als solche – und ohne Rückgriff auf ein unkalkulierbares Auslegungsergebnis – im

---

[331] Vgl. etwa LG Stuttgart BWNotZ 2007, 119.
[332] KG ZEV 2019, 27; abl. *Müller-Engels* ZEV 2019, 251.
[333] *Müller* ZNotP 2005, 419.
[334] BGH NJW 1970, 468 zur unwiderruflichen Stimmrechtsvollmacht.
[335] Vgl. BGH MittBayNot 2002, 406 zum GmbH-Geschäftsführer; BGHZ 36, 292 zu Personenhandelsgesellschaften.
[336] Zusammenfassend *Schippers* DNotZ 2009, 353.
[337] OLG Frankfurt a.M. GmbHR 2012, 751.
[338] Vgl. OLG Düsseldorf NZG 2012, 1223.
[339] KG Rpfleger 1991, 461; BGH MittBayNot 2002, 406; BGH NotBZ 2009, 177.
[340] *Oetker/Schubert* HGB § 54 Rn. 48.
[341] BGH NotBZ 2009, 177; Baumbach/Hueck/*Zöllner/Noack* GmbHG § 47 Rn. 49.

Wege der Unternehmervorsorge erteilt werden.[342] Gleiches gilt für eine klarstellende Erteilung im Rahmen einer General- und Vorsorgevollmacht. Alternativ kommt die Erteilung **unternehmensspezifischer Spezial- oder Gattungsvollmachten** in Betracht (hierzu auch → Rn. 179 ff., 194 ff.),[343] beispielsweise als Stimmrechtsvollmacht.

Grundlage der **Unzulässigkeit einer Befugnisübertragung** mittels Vollmacht (auch **170** mittels Vorsorgevollmacht in „vermögensrechtlichen Angelegenheiten") ist das **Abspaltungsverbot**[344] und – im Bereich der Personengesellschaft – das Prinzip der **Selbstorganschaft** (→ Rn. 171). Im Rahmen des Abspaltungsverbots dürfen **Verwaltungs- und Stimmrechte** als solche nicht isoliert und „abgespalten" von der einheitlichen **Mitgliedschaft** des Gesellschafters (= Vollmachtgebers) übertragen werden. Allerdings schließt dies nicht von vornherein die Möglichkeit aus, mittels Vollmacht (auch mittels widerruflicher Generalvollmacht oder kombinierter „General- und Vorsorgevollmacht") **Verwaltungs- und Stimmrechte für den Vollmachtgeber auszuüben;** hierin liegt jedenfalls keine „abspaltende" Übertragung.[345] Das gilt zumindest für Gesellschafter einer GmbH, UG (haftungsbeschränkt) und AG etc, also für **Kapitalgesellschaften.** So ergibt sich beispielsweise die Zulässigkeit der Erteilung von **Stimmrechtsvollmachten** bei Kapitalgesellschaften aus § 47 Abs. 3 GmbHG bzw. § 134 Abs. 3 S. 1 AktG, jeweils unter Beachtung von Beschränkungen, wie sie sich ggf. aus der **Satzung/dem Gesellschaftsvertrag** der betreffenden Gesellschaft ergeben (Einzelheiten → Rn. 194).[346]

b) Generalvollmachten bei Personengesellschaften. Ungeklärt und umstritten ist **171** die Rechtslage insbesondere im Bereich der **Vollmachtserteilung bei Personengesellschaften** (ggf. auch bei personalistischen Kapitalgesellschaften). Auch wenn – widerrufliche – Stimmrechtsvollmachten bei krankheitsbedingter Abwesenheit des Vollmachtgebers für zwingend zulässig erachtet werden,[347] geht die wohl hM davon aus, dass die umfassende **Ausübung von Verwaltungs- und Stimmrechten** mittels (General-)Vollmacht der **Zustimmung aller Mitgesellschafter** bedarf,[348] wenn keine vollmachtspezifischen Regelungen im Gesellschaftsvertrag vorgesehen und eingehalten sind (hierzu → § 16 Rn. 100 ff.). Selbst die aufgrund satzungsrechtlicher Grundlage erteilte Vollmacht soll der Zustimmung der Gesellschafter bedürfen. **Ohne Zustimmung** soll ein Bevollmächtigter lediglich die Vermögens- und Informationsrechte des Vertretenen im Umfang des § 166 HGB wahrnehmen können.[349] Streitig ist zudem, ob die erteilte Zustimmung der Gesellschafter zur Vollmachtserteilung stets widerruflich ist.[350] Begründet wird das strikte Zustimmungserfordernis – neben dem **Abspaltungsverbot** – mit der **gesamtschuldnerischen und persönlichen Haftung** der Gesellschafter für Verbindlichkeiten der Gesellschaft (vgl. § 128 HGB) und allgemein der auf persönlichem Vertrauen basierenden Struktur von Personengesellschaften. Dem entspricht grundsätzlich auch das Prinzip der **Selbstorganschaft.**[351] Danach sollen unbeschränkt persönlich haftende Gesellschafter vor Haftungsrisiken bewahrt werden, die sie ohne mitgliedschaftlich begründete Geschäfts-

---

[342] Vgl. auch BGH DNotZ 2012, 223.
[343] *Jocher* notar 2014, 3 (9).
[344] BGH NJW 1970, 468; BeckOK BGB/*Schöne* BGB § 717 Rn. 6 mwN; MüKoBGB/*Schäfer* BGB § 717 Rn. 16 f.; MüKoHGB/*K. Schmidt* HGB § 105 Rn. 95; MüKoGmbHG/*Drescher* GmbHG § 47 Rn. 75; Scholz/*Schmidt* GmbHG § 47 Rn. 20.
[345] BGH MittBayNot 2011, 494 mAnm *Lautner;* NJW 2006, 2980 Rn. 18 jeweils zu einer GbR; so bereits *Joussen* WM 1994, 273; s. auch MüKoBGB/*Ulmer/Schäfer* BGB § 709 Rn. 5 mwN.
[346] Vgl. Baumbach/Hueck/*Zöllner/Noack* GmbHG § 47 Rn. 44 f.; *Müller/Renner* Rn. 1056.
[347] Vgl. *Westermann,* HdB Personengesellschaften, 72. EL (Stand: 1/2019), § 24 Rn. 490 mwN.
[348] Vgl. *Westermann,* HdB Personengesellschaften, 72. EL (Stand: 1/2019), § 24 Rn. 490 mwN; MüKoBGB/*Schäfer* BGB § 705 Rn. 124c; *Baumann/Selzener* RNotZ 2015, 605 (609 f.); aA *Heckschen* NZG 2012, 10 (15 f.); zusammenfassend *Raub,* Vorsorgevollmachten im Personengesellschaftsrecht, 2013, S. 111 ff.
[349] MüKoBGB/*Schäfer* BGB § 705 Rn. 124c mwN.
[350] Vgl. *Schäfer* ZHR 175 (2011), 557 (570); MüKoBGB/*Schäfer* BGB § 705 Rn. 124c.
[351] Vgl. etwa BGH NJW 1982, 877 (878); MüKoBGB/*Schäfer* BGB § 709 Rn. 5 mwN; *Raub,* Vorsorgevollmachten im Personengesellschaftsrecht, 2013, S. 76 ff.

führungsbefugnis nicht selbst beeinflussen könnten (vgl. § 709 Abs. 1 BGB, §§ 114 Abs. 1, 164 HGB und sogar § 9 Abs. 2 GenG). Im Einzelfall sollen die (Mit-)Gesellschafter jedoch aus dem Gesichtspunkt der **Treuepflicht** zur Zustimmung bei Vollmachtserteilung verpflichtet sein.[352]

172   Trotz Abspaltungsverbots und Selbstorganschaft können nach Ansicht des BGH (auch) **Gesellschafter einer Personengesellschaft** einem **Nichtgesellschafter** umfassende Vollmachten erteilen; was dann keinen rechtlichen Bedenken begegnet, wenn die Gesellschafter selbst die organschaftliche Vertretungsbefugnis behalten.[353] Die Bevollmächtigung darf deshalb nicht so weit gehen, dass sämtliche Gesellschafter von der Geschäftsführung und Vertretung der Gesellschaft ausgeschlossen und diese auf Dritte übertragen werden.[354]

173   Die Diskussion um Selbstorganschaft und Zustimmungspflicht bei Vollmachterteilungen im Personengesellschaftsrecht überzeugt insgesamt wenig, wenn andererseits – nach (einer älteren) Auffassung des BGH[355] – die **Wahrnehmung von Gesellschafterrechten eines** (geschäftsfähigen) **Gesellschafters durch einen Betreuer** von den (Mit-)Gesellschafter weder durch Gesellschaftsvertrag noch durch Gesellschafterbeschluss ausgeschlossen werden kann.[356] Der **Schutzzweck einer Betreuung,** der nach dem Grundsatz der Subsidiarität jedoch nicht weiter reichen kann, als eine autonome Vollmachterteilung, soll dem Interesse der andern Gesellschafter, ihnen nicht genehme Personen von der Wahrnehmung gesellschaftlicher Angelegenheiten auszuschließen, grundsätzlich übergeordnet sein. Allerdings könnte der Gesellschaftsvertrag für den Fall der Betreuung als Abwehrmaßnahme die **Einziehung** oder **Zwangsabtretung** vorsehen.[357] Ähnliche Erwägungen gelten für die Verwaltungsbefugnisse des **Testamentsvollstreckers** bei bestehender Testamentsvollstreckung am Gesellschaftsanteil des Erblassers.[358]

174   Für den Bereich der Personengesellschaften kommt hinzu, dass bei **Geschäftsunfähigkeit oder rechtlicher Betreuung eines vertretungsberechtigten Gesellschafters** die Rechtsfolge des § 6 Abs. 2 S. 1 GmbH und des § 76 Abs. 3 S. 1 AktG keine Anwendung finden. Er verliert kraft Gesetzes seine Vertretungsbefugnis nicht, kann allerdings seine Gesellschafterrechte auch nicht mehr selbst wahrnehmen.[359] Die Unsicherheit spitzt sich zu, wenn es sich um den Komplementär einer KG oder – wie beispielsweise bei der GmbH & Co. KG – faktisch um eine „Einmann-Gesellschaft" handelt. Gerade in derartigen Fällen erscheint die Wahrnehmung der Gesellschafterrechte durch einen von dem Gesellschafter autonom bestimmten **(Vorsorge-)Bevollmächtigten** immer die bessere Alternative gegenüber einem **gerichtlich bestellten – unternehmensfremden – Betreuer,** der beispielsweise den Beschränkungen der §§ 1908i, 1822 Nr. 3 und Nr. 11, 1823 BGB unterliegt[360] und zu dessen Überwachung ggf. ein Kontrollbetreuer bestellt wird. Anders sieht die Situation indes aus, wenn zum Schutz des Gesellschafters die Anordnung eines **Einwilligungsvorbehalts** nach § 1903 BGB erforderlich wird; hier ist die Bestellung eines Betreuers unumgänglich (→ § 16 Rn. 13).

175 **c) Handlungsanweisungen; Schaffung satzungsrechtlicher Voraussetzungen.** Unabhängig von der Rechtsform einer Gesellschaft und/oder eines Unternehmens sowie des vorausgesetzten Vertretungsfalls empfiehlt es sich, ausführliche Regelungen des Grundver-

---

[352] BGH NJW 1970, 706; Soergel/*Hadding/Kießling* BGB § 709 Rn. 28; BeckOK BGB/*Schöne* BGB § 709 Rn. 52; aA *Heckschen* NZG 2012, 10 (15).

[353] BGH MittBayNot 2011, 494 mAnm *Lautner;* NJW 2006, 2980 Rn. 18, jeweils zu einer GbR.

[354] BGH MittBayNot 2011, 494 mAnm *Lautner;* NJW 1982, 877 (878).

[355] BGHZ 44, 98 = NJW 1965, 1961 zu einem Gebrechlichkeitspfleger in einer OHG; hiergegen *Heckschen* NZG 2012, 10 (14 f.).

[356] Zweifelnd auch *Baumann/Selzener* RNotZ 2015, 605 Fn. 39.

[357] Hierzu *Heckschen/Kreußlein* NotBZ 2012, 321 (322).

[358] Zusammenfassend *Raub,* Vorsorgevollmachten im Personengesellschaftsrecht, 2013, S. 95 ff.

[359] Vgl. BayObLG MittRhNotK 1993, 98 (Alkoholabhängigkeit).

[360] Zusammenfassend *Heckschen* NZG 2012, 10 (12 f.); *Heckschen/Kreußlein* NotBZ 2012, 321 (321 f.); *Jocher* notar 2014, 3 f.; *Baumann/Selzener* RNotZ 2015, 605 f.; BeckFormB ErbR/*Mutter* Form. G III. 11.

hältnisses („Handlungsanweisungen") bei der Erteilung von **Generalvollmachten für den Unternehmens- und gesellschaftsrechtlichen Bereich** festzulegen und ggf. sogar in die Vollmachtsurkunde selbst aufzunehmen (hierzu → § 16 Rn. 103 ff.).[361] Soweit ein Bevollmächtigter **Teilnahme- und Stimmrecht** des Vollmachtgebers und Gesellschafters im gesellschaftsrechtlichen Kernbereich der Mitgliedschaftsrechte des Vollmachtgebers ausüben können soll,[362] sollten korrespondierende **satzungsrechtliche Bestimmungen** zur Bestellung und Behandlungen von (Vorsorge-)Bevollmächtigten geschaffen werden (Einzelheiten → § 16 Rn. 100 ff.).[363]

d) Vollmacht zur Außenvertretung einer Gesellschaft. Berechtigt die erteilte Voll- 176 macht in zulässiger Weise zur Vertretung im **Außenverhältnis der Gesellschaft,** geht sie insoweit über den gesetzlich definierten Umfang einer Prokura oder anderer handelsrechtlicher Vollmachten hinaus. § 46 Nr. 7 GmbHG ist entsprechend anwendbar. **Eintragungsfähigkeit** in das Handelsregister besteht nicht. Mittels einer solchen Vollmacht kann beispielsweise der „Generalbevollmächtigte" des Alleingesellschafters einer GmbH wirksam die **Abberufung des Fremd-Geschäftsführers** und die **Kündigung des Anstellungsvertrages** beschließen.[364]

Die von dem **persönlich haftenden Gesellschafter einer KG** erteilte Generalvoll- 177 macht zur Vertretung in allen persönlichen und Vermögensangelegenheiten, bei denen eine Stellvertretung zulässig ist, ermächtigt den Vertreter nach Auffassung des LG München[365] nicht zur Abgabe von Erklärungen des Vollmachtgebers als **vertretungsberechtigtem Gesellschafter der KG** (also zur Außenvertretung). Das gilt jedenfalls dann, wenn der Bevollmächtigte, ohne zum Geschäftsführer bestellt zu sein, alle Funktionen eines solchen wahrnehmen und damit anstelle eines Geschäftsführers wie ein Vertretungsorgan tätig sein kann.

e) Gesamtvertretungsberechtigte Organvertreter. Gesamtvertretungsberechtigte Or- 178 ganvertreter (Geschäftsführer, Vorstände) können einem von ihnen (wohl) keine Generalvollmacht erteilen (arg. § 125 Abs. 2 S. 2 HGB, § 78 Abs. 4 AktG)), wohl aber die **Ermächtigung** zur Vornahme bestimmter Geschäfte oder bestimmter Arten von Geschäften.[366]

II. Spezial-, Art- und Gattungsvollmachten

Spezialvollmachten ermächtigen den Bevollmächtigten zur **Vornahme eines oder** 179 **mehrerer zuvor bestimmter Rechtsgeschäfte.** Die inhaltliche Spezifizierung der Vollmacht kann sehr unterschiedlich ausgestaltet sein. Bei Bevollmächtigung zum Kauf können lediglich der Kaufgegenstand oder auch alle Einzelheiten des Kaufvertrages Inhalt der Spezialvollmacht sein. Zu den Spezialvollmachten gehören regelmäßig Erwerbs-, Veräußerungs- und Belastungsvollmachten im Grundstücksbereich sowie die im Rahmen einer Teilungserklärung erteilten Änderungsvollmachten. **Art- und Gattungsvollmachten** ermächtigen den Bevollmächtigten zur (wiederholten) **Vornahme einer bestimmten Art von Rechtsgeschäften.** Sie sind regelmäßig an die Funktion des Bevollmächtigten (zB Architekt, Baubetreuer, WEG-Verwalter) gebunden.

---

[361] Vgl. ausführlich *Langenfeld* ZEV 2005, 52; *Müller/Renner* Rn. 948 ff.; BeckFormB ErbR/*Mutter* Form. G III. 11; *Reymann* ZEV 2005, 457; ZEV 2015, 514 und ZEV 2006, 12; *Carlé* ErbStB 2008, 156.
[362] S. etwa OLG München GmbHR 2011, 590.
[363] Ausführlich *Heckschen/Kreußlein* NotBZ 2012, 321 (323) mwN; *Raub,* Vorsorgevollmachten im Personengesellschaftsrecht, 2013, S. 237 (Muster).
[364] BGH NotBZ 2009, 177.
[365] LG München II MittBayNot 1997, 246.
[366] Vgl. BGH ZIP 1988, 370 (371).

180 Praxisrelevant sind insbesondere nachfolgende Beispiele zu Spezialvollmachten. Zu Grundstücksverkaufs- und Erwerbsvollmachten bereits → Rn. 37 ff. und → Rn. 69 ff.; zur **Belastungsvollmacht** bei Grundstückskaufvertrag → § 1 Rn. 266 ff.

181 **1. Registervollmacht. Anmeldungen zum Handelsregister** können durch Bevollmächtigte vorgenommen werden (§ 10 FamFG, § 12 Abs. 1 S. 2 HGB − zur einschränkenden Auslegung des § 10 FamFG → Rn. 16 und → Rn. 201 f.); dies kann auch ein **General-**[367] oder **Vorsorgebevollmächtigter** sein. Anmeldungen zum Registergericht sind, mit Einschränkungen, auch aufgrund post- oder transmortaler Vollmachten möglich (→ Rn. 107).[368] Registervollmachten sind, in engen Grenzen, der Auslegung zugänglich,[369] weshalb sich aus dem Wortlaut der Vollmacht der Umfang der Vertretungsmacht möglichst präzise ergeben sollte.

182 In Angelegenheiten des „eigenen Handelsgeschäfts" bedarf ein **Prokurist** zur Vornahme von Registeranmeldungen der gesonderten Bevollmächtigung in der Form des § 12 Abs. 1 S. 2 HGB, wenn kein Fall der unechten Gesamtvertretung mit einem Geschäftsführer oder Vorstand vorliegt. Allerdings soll auch bei nachgewiesener unechter Gesamtvertretung der Prokurist nicht befugt sein, bei der Anmeldung der ihm erteilten Prokura mitzuwirken.[370] Keine gesonderte Bevollmächtigung benötigt er für Anmeldungen bei Beteiligungsunternehmen.[371]

183 Eine gesetzlich vermutete − widerlegbare − Vollmachtserteilung des zur Anmeldung Verpflichteten enthält § 378 FamFG (früher § 129 FGG) für den **Notar,** der anmeldepflichtige Tatsachen beurkundet oder beglaubigt hat (vgl. auch § 15 GBO für das Grundbuch- und § 25 SchiffsRegO für das Schiffsregisterverfahren). Diese Vollmacht reicht nicht aus zur Erstanmeldung einer GmbH oder AG, weil eine Anmeldepflicht in diesen Fällen nicht besteht. In der Praxis kommt § 378 FamFG lediglich zur Behebung von Beanstandungen durch das Registergericht eine gewisse Bedeutung zu.

184 Eine gewillkürte Vertretung ist nicht möglich bei der Pflicht zur Abgabe **höchstpersönlicher, zumeist strafbewehrter Versicherungen** im Zusammenhang mit einzelnen Handelsregisteranmeldungen (§§ 8 Abs. 2, Abs. 3, 39 Abs. 3, 57 Abs. 2, 67 Abs. 4 GmbHG, §§ 37 Abs. 2, 81 Abs. 3, 188 Abs. 2, 266 Abs. 3 AktG, § 16 Abs. 2 S. 1 UmwG; vgl. auch → Rn. 12 zur Sonderrechtsnachfolge bei Kommanditanteilen und zur Wiederverwendung eines GmbH-Mantels. **§ 181 BGB** findet im Rahmen der rechtsgeschäftlichen Vertretung bei Anmeldungen zum Handelsregister keine Anwendung.[372] Für das Erlöschen der Registervollmacht gelten die allgemeinen Grundsätze. Die von einem organschaftlichen Vertreter wirksam erteilte Registervollmacht zu seiner Vertretung als Organ erlischt mit dem Ausscheiden aus der Organstellung (vgl. auch → Rn. 160).

185 Anmeldungen zum Handelsregister einer OHG oder KG sind von sämtlichen Gesellschaftern (§§ 161 Abs. 2, 107 HGB) in notariell beglaubigter Form vorzunehmen (§§ 108, 161 Abs. 2 HGB). Bei **Publikumspersonengesellschaften** ist aus Praktikabilitätsgründen die **Erteilung von unwiderruflichen Registervollmachten** für geschäftsführende Gesellschafter, Treuhänder oder Initiatoren weitgehend üblich.[373] Bevollmächtigt der Kommanditist die KG selbst, ist dies als Bevollmächtigung des Vertretungsberechtigten iSd §§ 161 Abs. 2, 125 HGB auszulegen. Gleiches gilt, wenn die Vollmacht von „den jeweiligen Geschäftsführern" spricht.[374] Grundsätzlich ausreichend sind

[367] LG Frankfurt a.M. BB 1972, 512.
[368] OLG Frankfurt a.M. ZEV 2013, 686; KG MittBayNot 2003, 495; OLG Hamm FGPrax 2005, 39; vgl. auch → Rn. 107.
[369] KG DB 2005, 1620 (1621).
[370] OLG Frankfurt a.M. FGPrax 2005, 135; BayObLG 1973, 2068.
[371] Vgl. BGHZ 116, 190 (193).
[372] Vgl. BayObLG DNotZ 1977, 683.
[373] Vgl. *Rudolph/Melchior* NotBZ 2007, 350 (353); BGH BB 2006, 1925.
[374] KG DB 2005, 1620 (1621).

Formulierungen, die den Bevollmächtigten „*zu sämtlichen Anmeldungen zum Handelsregister sowie zu allen Erklärungen im Namen des Vollmachtgebers gegenüber Gerichten, Behörden und Privatpersonen*" ermächtigen. Die Registervollmacht soll in der Praxis der Publikumspersonengesellschaft typischerweise nicht nur auf die (Erst-)Anmeldung der Beteiligung des Vollmachtgebers beschränkt sein, sondern darüber hinaus auch dazu dienen können, alle im Zusammenhang mit seiner Beteiligung erforderlichen späteren Anmeldungen, die den Vollmachtgeber oder andere Gesellschafter betreffen, vorzunehmen.

Eine derartige Registervollmacht berechtigt möglicherweise nicht zur **Erhöhung der** 186 **Hafteinlage des vollmachtgebenden Kommanditisten,** soweit dies der Vollmachtswortlaut nicht ausdrücklich gestattet.[375] Zweifel können auch bei sog. „Grundlagengeschäften" der Publikumspersonengesellschaft bestehen, wie beispielsweise dem Wechsel des persönlich haftenden Gesellschafters oder der Auflösung der Gesellschaft. Enthält die Vollmacht keine entsprechende Klarstellung, kann das Registergericht ggf. eine Spezialvollmacht oder den persönlichen Beitritt zur Anmeldung verlangen.[376] Die Vollmacht sollte deswegen bereits in ihrem Wortlaut die wichtigsten Erklärungen, einschließlich der des Ausscheidens des Vollmachtgebers aus der Gesellschaft und ggf. der Nichtberechtigung zur **Veränderung der Hafteinlage des Vollmachtgebers,** benennen. Zu bedenken ist freilich, dass beispielsweise eine Erhöhung der Einlage einer KG bereits durch einen bloßen Mitgliederwechsel in der Weise bewirkt werden kann, dass ein ausscheidender Kommanditist seinen Gesellschaftsanteil ganz oder teilweise auf den Vollmachtgeber, der bereits als Kommanditist der Gesellschafter ist, abtritt. Gleiches gilt für andere Fälle der Erhöhung der Einlage durch Sonderrechts-, Sondererb- oder Gesamtrechtsnachfolge.[377]

Eine **Einschränkung der Vertretungsmacht in Registervollmachten der Publi-** 187 **kumsgesellschaft** durch die sehr allgemein gehaltene Formulierung: „*Die Vollmacht berechtigt nicht, eine Erhöhung der Kommanditeinlage zu Lasten der Kommanditisten durchzuführen.*", kann zu schwierigen Auslegungsfragen Anlass geben. Dabei ist zu beachten, dass bei mehreren Möglichkeiten der Auslegung einer Registervollmacht, der geringere Umfang maßgeblich ist; eine Auslegung über den Wortlaut hinaus ist jedenfalls unzulässig.[378] Im Zweifel verhindert eine solche Einschränkung jede sinnvolle Eintragung im Handelsregister, und zwar sowohl in Bezug auf die Einlage des Vollmachtgebers als auch auf diejenigen der Mitgesellschafter.[379]

Die isolierte oder in einem Gesellschaftsvertrag enthaltene Registervollmacht muss zu- 188 mindest in **öffentlich beglaubigter Form** erteilt sein (§ 12 Abs. 1 S. 2 HGB). Hieran hat auch die Einführung des elektronischen Rechtsverkehrs seit dem 1.1.2007 nichts geändert. Die Registervollmacht ist vielmehr als Dokument nach § 12 Abs. 2 HGB, § 39a BeurkG in Form einer elektronisch beglaubigten Abschrift[380] zusammen mit der eigentlichen Anmeldung mittels EGVP dem Registergericht zu übermitteln.

2. Nachlassvollmacht. Die Nachlassvollmacht ist **gegenständlich auf den Nachlass** 189 **des Erblassers bezogen;** in diesem Rahmen ist sie unbeschränkt, jedoch regelmäßig widerruflich. Sie wird vom Alleinerben bzw. den Miterben einem Dritten oder einem Mitglied der Erbengemeinschaft erteilt. Die vom **Vorerben** erteilte Vollmacht wirkt allerdings nach dem Eintritt des Nacherbfalls nicht gegen den Nacherben fort, er ist nicht der Rechtsnachfolger des Vorerben.[381]

Die Nachlassvollmacht findet immer dann Verwendung, wenn der Erbe oder einzelne 190 Miterben aus tatsächlichen Gründen nicht in der Lage sind, die Nachlassangelegenheiten

---

[375] So jedenfalls LG Berlin Rpfleger 1975, 365.
[376] *Rudolph/Melchior* NotBZ 2007, 350 (353).
[377] Vgl. *Krafka/Kühn* RegisterR Rn. 774.
[378] OLG Schleswig NZG 2010, 957; Baumbach/Hopt/*Hopt* HGB § 12 Rn. 3.
[379] So der Fall OLG Düsseldorf NZG 2013, 540.
[380] Hierzu *Gassen* RNotZ 2007, 142.
[381] MüKoBGB/*Schubert* BGB § 168 Rn. 52.

selbst zu regeln. In der Vollmacht ist/sind die Nachlasssache/der **Nachlass,** nicht jedoch der oder die einzelnen Nachlassgegenstände **eindeutig zu bezeichnen.** Werden dennoch einzelne Nachlassgegenstände, wie zB einzelne Nachlassgrundstücke, aufgeführt, kann es zu erheblichen Abwicklungsschwierigkeiten kommen, wenn ein Grundstück vergessen worden ist und genau hierüber verfügt werden soll. Hier kann im Zweifel nur die Auslegung des Begriffs der Nachlassvollmacht weiterhelfen.[382]

191   Die **Form der Nachlassvollmacht** richtet sich grundsätzlich nach der beabsichtigten Reichweite der Vollmacht bzw. der Vertretergeschäfte. Berechtigt die Vollmacht zu grundbuch- bzw. registerrechtlich relevanten Vertretergeschäften, zur Erbausschlagung (§ 1945 Abs. 3 BGB) und/oder zur Übertragung der Erbschaft (vgl. §§ 2371, 2033 Abs. 1 BGB), ist Beglaubigung erforderlich oder ggf. Beurkundung empfehlenswert. Wird die Nachlassvollmacht unwiderruflich erteilt, ist das der Erteilung zugrunde liegende Rechtsgeschäft formgerecht einzubeziehen.

192   Regelmäßig ermächtigt die Nachlassvollmacht zur **Inbesitznahme des Nachlasses,** zu dessen **Sicherung** und **Verwaltung,** zur Aufnahme von Verzeichnissen sowie zur Verfügung über Nachlassgegenstände, beispielsweise im Wege der Auseinandersetzung. Sie kann ergänzend eine Prozessvollmacht umfassen. Soll der Bevollmächtigte **über die Erbschaft** insgesamt verfügen oder die Erbschaft ausschlagen dürfen, sollte sich dies aus dem Wortlaut der Vollmacht eindeutig ergeben. Gleiches gilt – wie immer – für die Befreiung von den Beschränkungen des § 181 BGB, die Befugnis zur Unterbevollmächtigung und die Wirkung über den Tod des Vollmachtgebers hinaus.

193   Formulierungsbeispiel: Nachlassvollmacht

Die Erschienene erklärte:

§ 1. Vorbemerkung

(1) Am *** verstarb mit letztem Wohnsitz in Köln mein Vater ***, geboren am ***.

(2) Der Erblasser ist ausweislich der unter der Geschäfts-Nr. *** vom Amtsgericht Köln – Nachlassgericht – eröffneten Verfügungen von Todes wegen unter anderem beerbt worden von mir, der erschienenen Frau ***.

(3) Zum Nachlass des Erblassers gehören unter anderem Immobilien.

§ 2. Vollmacht

(1) Ich bevollmächtige hiermit
Herrn Rechtsanwalt ***,
mich in allen Angelegenheiten, die den Nachlass meines verstorbenen Vaters *** betreffen, gerichtlich und außergerichtlich umfassend zu vertreten, zu diesem Zweck den Nachlass und sämtliche Nachlassgegenstände in Besitz zu nehmen, zu sichern und umfassend zu verwalten.
Hierzu alle Rechtsgeschäfte und Rechtshandlungen ohne Ausnahme vorzunehmen, insbesondere – ohne dass es sich um eine abschließende Aufzählung handelt – über sämtliche Nachlassgegenstände in jeder Weise zu verfügen, diese – einschließlich des zum Nachlass gehörenden Grundbesitzes – zu veräußern und überhaupt alle in diesem Zusammenhang erforderlichen oder zweckdienlichen Erklärungen in der dazu notwendigen Form abzugeben und entgegenzunehmen.
Die Vollmacht umfasst das Recht über meine Erbschaft im Ganzen oder Teile davon zu verfügen.

(2) Der Bevollmächtigte ist ferner berechtigt, den zum Nachlass gehörenden Grundbesitz mit dinglichen Rechten jeder Art, insbesondere mit Grundpfandrechten, zu belasten, Rangänderungen zuzustimmen sowie Löschungen zu bewilligen und hierzu gegenüber den Gläubigern und Berechtigten sowie gegenüber dem Grundbuchamt alle erforderlichen oder zweckdienlichen Erklärungen und Bewilligungen abzugeben und

---

[382] Hierzu der Fall OLG München ZEV 2012, 429.

entgegenzunehmen und mich dinglich der sofortigen Zwangsvollstreckung zu unterwerfen.

(3) Der Bevollmächtigte ist berechtigt, Rechtsgeschäfte mit sich im eigenen Namen und als Vertreter Dritter vorzunehmen (Befreiung von den Beschränkungen des § 181 BGB).

(4) Der Bevollmächtigte ist auch berechtigt, Untervollmacht zu erteilen und den Unterbevollmächtigten ebenfalls von den Beschränkungen des § 181 BGB zu befreien.

(5) Dem Bevollmächtigten können beliebig viele Ausfertigungen dieser Urkunde erteilt werden.

(6) Der Notar hat mich über die Wirkungen der Vollmachtserteilung belehrt. Er hat mich insbesondere darauf hingewiesen, dass der Bevollmächtigte mich Dritten gegenüber so lange wirksam vertreten kann, wie er eine Ausfertigung dieser Vollmachtsurkunde in Händen hat.

3. Stimmrechtsvollmacht. Für das Verhältnis von Stimmrecht und Mitgliedschaft in **194** Personen- und Kapitalgesellschaften gilt das **Abspaltungsverbot** (→ Rn. 170).[383] Gleichwohl kann eine **nicht verdrängende Stimmrechtsvollmacht** im Einzelfall oder für eine Mehrzahl von Abstimmungsfällen erteilt werden; sie ist außerordentlich verbreitet und wird auch für den (betreuungsrechtlichen) Vorsorgefall dringend empfohlen (→ § 16 Rn. 97 f.). Zu beachten sind die satzungsrechtlichen Maßgaben zur Vollmachtserteilung; vielfach sehen diese Einschränkungen für Auftreten und Wahrnehmung der Rechte durch einen Bevollmächtigten vor.[384] **Textform** ist bei Kapitalgesellschaften – sofern die entsprechenden Satzungen nicht etwas anderes vorgeben[385] – mindestens einzuhalten (§ 47 Abs. 3 GmbHG, § 134 Abs. 3 S. 3 AktG); weitere Anforderungen kennen GmbHG und AktG hingegen nicht (→ Rn. 170). Als Bevollmächtigter kommen auch von der Gesellschaft benannte Dritte in Betracht (vgl. § 134 Abs. 3 S. 3 AktG). Sonderregelungen gelten im Aktienrecht für das sog. Depotstimmrecht der Banken (vgl. § 135 AktG). In einer **personalistischen GmbH** kann die Vollmachtserteilung im Gesellschaftsvertrag ausgeschlossen oder deutlich beschränkt werden.[386] Die **unbeschränkte Stimmrechtsvollmacht** an einen Mitgesellschafter für eine bestimmte Gesellschafterversammlung, für die Grundlagenbeschlüsse angekündigt sind, enthält die stillschweigende Befreiung von den Beschränkungen des § 181 BGB, wenn nicht ausnahmsweise den Umständen etwas anderes zu entnehmen ist.[387] Letztlich **ungeklärt** ist die **Situation bei Personengesellschaften** (ausführlich → Rn. 171 ff.).

Zulässig sind Stimmrechtsvollmachten für Nichtmitglieder in einem (Ideal-)**Verein** **195** nur, wenn sich die Satzung zumindest für die Mitwirkung Dritter öffnet;[388] vorzugswürdig ist eine eindeutige satzungsrechtliche Grundlage. Für **Beschlussfassungen innerhalb des mehrgliedrigen Organs** eines Vereins oder einer Stiftung (Vorstand, Aufsichtsrat, Beirat) sind Stimmrechtvollmachten unzulässig, wenn hierzu eine ausdrückliche satzungsrechtliche Grundlage fehlt.[389]

---

[383] Vgl. BGH NJW 1970, 468; BeckOK BGB/*Schöne* BGB § 717 Rn. 6 mwN; MüKoBGB/*Schäfer* BGB § 717 Rn. 16 f.; MüKoHGB/*K. Schmidt* HGB § 105 Rn. 95; MüKoGmbHG/*Drescher* GmbHG § 47 Rn. 75; Scholz/*Schmidt* GmbHG § 47 Rn. 20.

[384] Vgl. *Heckschen* NZG 2012, 10 (15).

[385] Vgl. Baumbach/Hueck/*Zöllner/Noack* GmbHG § 47 Rn. 44 f.; *Müller/Renner* Rn. 1056.

[386] Vgl. MüKoBGB/*Schubert* BGB § 164 Rn. 95; Baumbach/Hueck/*Zöllner/Noack* GmbHG § 47 Rn. 44.

[387] Vgl. BGHZ 66, 82 (86) – so bereits → Rn. 140 f.

[388] OLG Hamm NJW-RR 1990, 532 (533); Soergel/*Hadding* BGB § 32 Rn. 27 und § 38 Rn. 20; BeckOK BGB/*Schöpflin* BGB § 38 Rn. 23; aA Erman/*H. P. Westermann* BGB § 32 Rn. 5.

[389] Vgl. DNotI-Report 2007, 115 mwN.

196   Stimmrechtsvollmachten finden auch in der **WEG-Versammlung** zulässigerweise Anwendung und sind in der Praxis weit verbreitet;[390] eine bestimmte Form ist nach dem
WEG nicht vorgesehen. Der Nachweis der Vollmacht gegenüber dem WEG-Verwalter
als Versammlungsleiter oder die vereinbarte Form der Vollmacht sowie Fragen der Einschränkung auf zulässige Stimmrechtsvertreter sollten in der Gemeinschaftsordnung klar
geregelt sein.[391] Es gilt das Abspaltungsverbot. Mehrere Stimmrechtsvertreter eines Eigentümers können nur einheitlich abstimmen.[392]

197   **4. Bietvollmacht (Zwangsversteigerungsvollmacht).** Die Biet- oder Bietungsvollmacht ermächtigt den Bevollmächtigten, mit Wirkung für und gegen den Vollmachtgeber
in einem in der Vollmacht **zu bestimmenden Zwangsversteigerungsverfahren** (Bezeichnung des Grundstücks) Gebote abzugeben, die Erteilung des Zuschlags zu beantragen, Rechte aus dem Meistgebot zu übernehmen und/oder an Dritte abzutreten, Teile
des Versteigerungserlöses und Urkunden in Empfang zu nehmen, Eintragungen in das
Grundbuch zu bewilligen und zu beantragen, Vereinbarungen über das Bestehenbleiben
von Rechten zu treffen und das Aufgebotsverfahren zu beantragen. Der Nachweis der
Bietvollmacht ist mindestens in **öffentlich beglaubigter Form** zu erbringen (vgl. §§ 71
Abs. 2, 81 Abs. 2, Abs. 3, 91 Abs. 2 ZVG). Die Bietvollmacht kann die Prozessvollmacht
eines Rechtsanwalts enthalten. Eine **Generalvollmacht** genügt regelmäßig den Anforderungen an eine Bietvollmacht.[393] Die außerhalb der Zwangsversteigerung einem **Mitarbeiter eines Versteigerungshauses** erteilte „Bietvollmacht" zum Erwerb eines Grundstücks, tatsächlich wohl das zugrunde liegende Rechtsgeschäft, kann nach den Umständen
des Einzelfalls aus dem Gesichtspunkt der vorgelagerten Bindung (hierzu bereits
→ Rn. 69 ff.) beurkundungsbedürftig sein.[394]

198   **5. Durchführungs- und Vollzugsvollmacht.** Die Erteilung von **Durchführungs- und
Vollzugsvollmachten im engeren Sinne** in notariellen Urkunden ist gängige Praxis.
Sie ermächtigen dazu, Erklärungen gegenüber Grundbuchamt oder Registergericht abzugeben, zu ändern und zurückzunehmen oder Genehmigungen, Bescheinigungen, Zeugnisse und Erklärungen einzuholen. Sinn der Durchführungs- und Vollzugsvollmachten ist
insgesamt die **Fehlerkorrektur** und die **flexible Vollzugssteuerung.** Bevollmächtigt
werden insbesondere **Notariatsmitarbeiter** oder der **beurkundende Notar selbst.** Erklärungen aufgrund Durchführungs- und Vollzugsvollmachten können materiell-rechtlicher und/oder formeller Art sein. Im Zweifel und bei enger Auslegung dienen Durchfüh-
rungs- und Vollzugsvollmachten nur zur Vertretung, soweit Hindernisse formeller Art, die
den Vollzug des Vertrages behindern, beseitigt werden sollen.[395] Vollzugsvollmachten zu
Handelsregisteranmeldungen erstrecken sich – bei enger Auslegung – nicht auf die Abänderung der der Anmeldung zugrunde liegenden Gesellschafterbeschlüsse.

199   **Typische Grundstücks-Vollzugsvollmachten** für Notariatsangestellte umfassen
selbst unter Berücksichtigung des § 17 Abs. 2a S. 2 Nr. 1 BeurkG (→ Rn. 58 ff.) die Befugnis zur Abgabe materiell-rechtlicher Erklärungen, nämlich zur Erklärung der Auflassung nach Vollzugsreife, zur Änderung einer Teilungserklärung,[396] zur Bestellung von
Dienstbarkeiten,[397] zur Messungsanerkennung beim Teilflächenverkauf,[398] zur Erklärung
von Rangrücktritten und zur Einholung von Löschungsbewilligungen für Belastungen,

[390] Vgl. BGH NJW 1993, 1329 (1330); OLG Hamburg ZMR 2007, 477 f.; BeckOK BGB/*Hügel* WEG
§ 25 Rn. 5.
[391] Vgl. BeckOK BGB/*Hügel* WEG § 25 Rn. 5; kritisch KG NJW-RR 1997, 776.
[392] BGH NJW 2012, 2512.
[393] DNotI-Report 2012, 150 (151) mwN.
[394] Vgl. OLG Frankfurt a.M. RNotZ 2013, 297.
[395] Vgl. BGH DNotZ 2002, 866; *Rudolph/Melchior* NotBZ 2007, 350 (353) für die Registervollmacht.
[396] *Hertel* ZNotP 2002, 286 (287).
[397] *Brambring* ZfIR 2002, 597 (605).
[398] *Rieger* MittBayNot 2002, 325 (332).

die erst nach Vertragsschluss eingetragen worden sind.[399] Die einem Notariatsangestellten erteilte Vollmacht, für die Vertragsparteien „*alle Erklärungen abzugeben und entgegen zu nehmen, die zur Durchführung dieses Vertrages erforderlich und/oder sinnvoll sind, insbesondere auch Grundbucheintragungen und Löschungen sowie Vertragsänderungen zu bewilligen und zu beantragen*", umfasst nach der restriktiven Auffassung des OLG Celle[400] hingegen nicht die Befugnis, die **Löschung einer eingetragenen Belastung** zu beantragen, wenn sich hierfür in der ursprünglichen Vertragsurkunde kein Wille der Urkundsparteien feststellen lässt. Im Übrigen besteht die Gefahr, dass es zum Nachweis der Vertretungsbefugnis eines bestimmten, später tatsächlich handelnden Notarangestellten gegenüber dem Grundbuchamt nicht ausreicht, wenn die Beteiligten des notariell beurkundeten Vertrages lediglich dem „*jeweiligen Notarangestellten*" Vollmacht erteilen, ohne diesen genau zu bezeichnen.[401]

Keine Durchführungs- oder Vollzugstätigkeit ist die Beurkundung von **Finanzierungsgrundpfandrechten**[402] oder das Ersetzen eines dinglichen durch ein schuldrechtliches Sondernutzungsrecht als Verschaffungsgegenstand des Verkäufers.[403] Nicht von einer Durchführungs- oder Vollzugsvollmacht gedeckt ist die Abgabe von Löschungsbewilligungen, nachdem der Vollmachtgeber vom Vertrag zurückgetreten ist.[404] Ein **Gestaltungsmissbrauch** liegt vor, wenn der Notar Durchführungs- und Vollzugsvollmachten systematisch einsetzt, um die Beteiligten von der Beurkundung und Belehrung auszuschließen oder gebührenrechtliche Vorteile zu erlangen. **200**

§ 10 FamFG (früher § 13 FGG) findet auf materiell-rechtliche Änderungserklärungen aufgrund typischer **Grundstücks-Vollzugsvollmachten** für Notariatsangestellte im Beurkundungsverfahren vor dem Notar keine Anwendung. § 1 FamFG beschränkt nämlich den Anwendungsbereich des FamFG auf solche Angelegenheiten der Freiwilligen Gerichtsbarkeit, die durch Bundesgesetz „den Gerichten", nicht jedoch den Notaren übertragen sind.[405] § 10 FamFG findet auch für die aufgrund Vollmacht gestellten Anträge und erklärten Bewilligungen (§§ 13, 19 GBO) keine Anwendung, obwohl diese gegenüber „den Gerichten" abgegeben werden. Nach dem Regelungszweck der Norm ist § 10 FamFG einschränkend auszulegen.[406] Aber auch bei unterstellter Anwendbarkeit können bereits vorgenommene Eintragungen der Gerichte gemäß § 10 Abs. 3 S. 2 FamFG nachträglich nicht beanstandet werden. Auch für den Bereich der **Handelsregistervollmachten** (hierzu → Rn. 181 ff.) gilt die einschränkende Auslegung des § 10 FamFG. **201**

Unter Einbeziehung des Wortlauts des § 10 Abs. 2 Nr. 3 FamFG sollte neben Notariatsmitarbeitern stets auch der **Notar selbst zur Durchführungs- und Vollzugstätigkeit bevollmächtigt** werden. Er kann die auf ihn bezogene Vollzugsvollmacht selbst beurkunden oder beglaubigen, §§ 3 Abs. 1 Nr. 1, 7 Nr. 1 BeurkG stehen nicht entgegen. Der Urkundsnotar wird insoweit lediglich **im Rahmen seiner Betreuungstätigkeit** bevollmächtigt.[407] Zugleich handelt es sich um eine Aufforderung zum Tätigwerden gemäß § 24 BNotO. Der **Vollmachtsumfang** geht regelmäßig über denjenigen nach **§ 15 GBO,** § 25 SchiffsRegO und § 378 FamFG (→ Rn. 183) hinaus. Der bevollmächtigte Notar kann sodann im Wege einer sog. **Eigenurkunde** beispielsweise von ihm selbst beurkundete oder beglaubigte Grundbucherklärungen nachträglich ergänzen oder ändern. Notarielle Eigenurkunden über Grundbucherklärungen aufgrund von Durchführungsvollmachten werden heute allgemein für zulässig erachtet und erfüllen die Formanforderun- **202**

---

[399] OLG Köln NJW-RR 1995, 590.
[400] OLG Celle RNotZ 2010, 46.
[401] OLG Frankfurt a.M. DNotI-Report 2008, 135; *Gergaut* NotBZ 2008, 123 zu einer Belastungsvollmacht.
[402] OLG Schleswig ZNotP 2007, 430; LG Traunstein MittBayNot 2000, 574.
[403] BGH NotBZ 2002, 251.
[404] OLG Jena OLGR 1998, 347.
[405] Vgl. zur Vorgängernorm des § 13 FGG DNotI-Gutachten Nr. 11539 vom 24.9.2008; bereits → Rn. 16.
[406] Vgl. OLG München FGPrax 2012, 194; *Meyer/Bormann* RNotZ 2009, 470 (472).
[407] Ausführlich *Dieterle* BWNotZ 2001, 115.

gen des § 29 GBO.[408] Materiell-rechtliche Änderungen eines Grundstückskaufvertrages sind dagegen im Wege der Eigenurkunde des Notars, anders als die Abgabe einer Eintragungsbewilligung, nicht möglich; hierzu bedarf es auch weiterhin der Vollmachtserteilung an die Notariatsmitarbeiter (hierzu auch → Rn. 62).

203   Dem Vertreterhandeln der **Notariatsmitarbeiter** liegt ein gesonderter Vollzugsauftrag oder eine Weisung der Urkundsbeteiligten zugrunde, sie handeln folglich nicht im Rahmen der Amtstätigkeit des Urkundsnotars.[409] Eine **Eigenhaftung der Notariatsmitarbeiter** ist daher nicht von vornherein ausgeschlossen. Regelmäßig ist der Vollzugsauftrag oder die Weisung mit einer Verwendungsbeschränkung der Vollmacht vor dem Urkundsnotar gekoppelt. Der Notar hat das Vertreterhandeln insgesamt zu überwachen. Vollzugsvollmachten sollten idR in ihrer Wirksamkeit auf den Abschluss des Grundbuch- oder Registervollzugs beschränkt werden.

204   Grundbuchamt und Registergerichte legen Vollzugsvollmachten im Zweifel eng aus;[410] sie werden deswegen in der Praxis inhaltlich weit gefasst. Kein geeigneter Vollzugsauftrag ist jedenfalls derjenige zur Beurkundung von Finanzierungsgrundpfandrechten durch Notariatsmitarbeiter. In Zweifelsfällen sind Weisungen oder Einverständniserklärungen einzuholen oder auf persönliche Vornahme der Beteiligten hinzuwirken (beachte § 17 Abs. 2a S. 2 Nr. 1 BeurkG). Der **Vollzugsauftrag für den Notar** beinhaltet zumeist Empfangsvollmachten für den Notar, wonach alle zum Vollzug noch erforderlichen Handlungen und Erklärungen mit ihrem Eingang beim Notar allen Beteiligten gegenüber wirksam werden sollen. Hierdurch wird zugleich die Überwachungsfunktion des Notars bei der Ausübung von Durchführungs- und Vollzugsvollmachten verstärkt. Im Fall vollmachtlos vertretener Beteiligter kann klargestellt werden, dass der Vollzugsauftrag nicht die Befugnis zur Aufforderung nach § 177 Abs. 2 BGB umfasst.[411]

III. Vollmachten mit gesetzlich definiertem Umfang

205   **1. Prokura, Handlungsvollmacht.** Die Prokura (§§ 48 ff. HGB, § 42 Abs. 1 GenG; → Rn. 182) ist eine handelsrechtliche Vollmacht mit **gesetzlich typisiertem und zwingendem Umfang.** Sie ist nicht übertragbar (§ 52 Abs. 2 HGB) und ermächtigt zu Geschäften jeder Art, die der Betrieb eines Handelsgewerbes mit sich bringt (= Gattungsvollmacht). Sie erlischt nicht mit dem Tod des Inhabers des Handelsgeschäfts (§ 52 Abs. 3 HGB) und kann nicht unter Bedingungen oder Zeitbestimmungen erteilt werden (§ 50 Abs. 1, Abs. 2 HGB; für Handlungsvollmacht § 54 Abs. 3 HGB). Die Prokura ist zur **Eintragung in das Handelsregister** anzumelden; die Eintragung wirkt **deklaratorisch** (Vertrauensschutz: § 15 HGB). Der Prokurist ist kein Untervertreter des Geschäftsführers/Vorstands, er erfüllt die Vertretungsaufgaben in eigener Verantwortung gegenüber der Gesellschaft. Der gesetzliche Umfang von Prokura und Handlungsvollmacht reicht als Bevollmächtigung für die Anmeldung des Ausscheidens eines Geschäftsführers einer GmbH zum Handelsregister nicht aus.[412]

206   Der Prokurist ist zur **Veräußerung und Belastung von Grundstücken,** grundstücksgleichen Rechten oder Bruchteilsanteilen an denselben, die dem Inhaber des Handelsgeschäfts gehören, nur berechtigt, wenn ihm diese Befugnis besonders erteilt ist, § 49 Abs. 2 HGB. Die Befugniserweiterung ist gesondert in das Handelsregister einzutragen. § 49 Abs. 2 HGB gilt nicht für Verfügungen über den Anteil an einer Gesamthand, die ein Grundstück oder grundstücksgleiches Recht hält.[413] Veräußerungs- und Belastungsbe-

---

[408] BGH DNotZ 1981, 118; OLG Frankfurt a.M. MittBayNot 2001, 225; *Schöner/Stöber* GrundbuchR Rn. 164.
[409] BGH DNotI-Report 2003, 14.
[410] BayObLG MittRhNotK 1996, 218.
[411] Hierzu OLG Köln NJW 1995, 1499; anders wohl BGH DNotI-Report 1995, 26.
[412] OLG Düsseldorf NZG 2012, 1223.
[413] MüKoHGB/*Lieb/Krebs* HGB § 49 Rn. 41.

griff sind weit auszulegen, sie erfassen das **schuldrechtliche Verpflichtungs- und dingliche Verfügungsgeschäft**; Letzteres auch soweit es lediglich der Erfüllung einer wirksamen Verpflichtung dient (anders § 181 BGB). Vom Belastungsbegriff ist auch die Begründung grundstücksgleicher Rechte, die Bestellung einer Vormerkung, eines Vorkaufsrechts, einer Eigentümergrundschuld[414] und/oder die Übertragung der Eigentümergrundschuld[415] erfasst.

Kein Fall des § 49 Abs. 2 HGB ist der **Erwerb von Grundstücken**, die Rangände- 207 rung oder Löschung von Belastungen sowie Verfügungen über bestehende Grundpfandrechte. Gleiches gilt für die Bestellung einer Restkaufgeldhypothek auf dem für das Handelsgewerbe erworbenen Grundstück; diese Art des Finanzierungserwerbs steht dem Erwerb des belasteten Grundstücks gleich.[416]

Die Prokura kann als **Gesamtprokura** in Gemeinschaft mit einem weiteren Prokuris- 208 ten (§ 48 Abs. 2 HGB – nicht mit einem Handlungsbevollmächtigten) oder derart erteilt sein, dass dem Prokuristen in Gemeinschaft mit einem Vorstand/Geschäftsführer ein Vertreterhandeln auf organschaftlicher Ebene gestattet ist (unechte Gesamtvertretung). Hierzu bedarf es der satzungsrechtlichen Grundlage, der entsprechenden Bestellung sowie der deklaratorischen Eintragung in das Handelsregister.[417] Liegt Vertreterhandeln als Fall einer unechten Gesamtvertretung vor, kommen die Beschränkungen des § 49 Abs. 2 HGB nicht zum Zuge; der Prokurist handelt vielmehr auf der Geschäftsführer-/Vorstandsebene.[418]

Auf die **Handlungsvollmacht** (§§ 54 ff. HGB) sind über § 54 Abs. 2 HGB die Vor- 209 schriften zur Prokura entsprechend anzuwenden.

2. Weitere Beispiele. § 56 HGB (Ladenangestellter); § 15 GBO (Notar); § 378 FamFG 210 (Notar); § 25 SchiffsRegO (Notar); §§ 80–84 ZPO (Rechtsanwalt); § 68 Abs. 2 VAG (Hauptbevollmächtigter); § 53 Abs. 2 Nr. 1 KWG; § 6 Abs. 1 AuslInvestmG.

H. Nachweis der Vollmacht

I. Nachweis der erteilten Vollmacht

1. Prüfung durch Notar. Wird dem Notar eine Vollmacht zur Vornahme eines Vertre- 211 tergeschäftes vorgelegt, hat er pflichtgemäß zu prüfen, ob rechtsgeschäftliche **Vertretung zulässig**, die **Vollmacht wirksam** (insbesondere formgültig) erteilt, **fortbestehend** (= nicht widerrufen und kein sonstiges Erlöschen erkennbar) und ob der **Inhalt bzw. Umfang** der Bevollmächtigung zur Vornahme des Vertretergeschäfts ausreichend ist. Ist die vorgelegte Vollmacht nur vor einem anderen Notar verwendbar, muss eine solche **Anwendungsbeschränkung** selbst dann beachtet werden, wenn für die Anordnung der Anwendungsbeschränkung ein sachlicher Grund nicht ersichtlich ist. Werden Vollmachten für **Personenhandels-** oder **Kapitalgesellschaften** (einschl. Verein) vorgelegt, erstreckt sich die pflichtgemäße Prüfung auch auf die Vertretungsmacht der vollmachtserteilenden Organträger.[419]

Für den Notar ergibt sich die Prüfungspflicht aus **§ 17 Abs. 1 BeurkG,** der ihn ver- 212 pflichtet, bei der Vornahme von Beurkundungen, an denen Vertreter beteiligt sind, die Existenz des Vertretenen (zB Gesellschaft, Verein) und grundsätzlich auch die Vertretungsmacht des Vertreters (auch des vollmachterteilenden Organträgers) zu prüfen.[420]

---

[414] Baumbach/Hopt/*Hopt* HGB § 50 Rn. 4.
[415] MüKoHGB/*Lieb/Krebs* HGB § 49 Rn. 47.
[416] Schlegelberger/*Schröder* HGB § 49 Rn. 14.
[417] Vgl. *Schöner/Stöber* GrundbuchR Rn. 3594 f.
[418] Vgl. BGHZ 13, 61 (64); BGHZ 99, 76 (81).
[419] BayObLG Rpfleger 1993, 441 zur GmbH & Co. KG in Gründung.
[420] Zusammenfassend BGH NJW-RR 2018, 443 mwN.

Die Erfüllung der auf die Existenz und die Vertretungsmacht als Vertreter handelnder Urkundsbeteiligter bezogenen Prüfungspflicht aus § 17 Abs. 1 BeurkG ist auch hinsichtlich **juristischer Personen ausländischen Rechts** zumutbar; die Verfahrensgrundsätze zur Ablehnung einer Beurkundung nach § 17 Abs. 2 BeurkG sind auch bei Zweifeln über die Vertretungsmacht, die Existenz des Vertretenen (Vollmachtgebers) oder der organschaftlichen Vertretungsbefugnis zur Erteilung einer Vollmacht einzuhalten.[421]

213   Wird im Übrigen eine **Untervollmacht** (→ Rn. 87 ff.) vorgelegt, ist die Prüfung auf die Hauptvollmacht auszudehnen. Die Prüfung durch den Notar umfasst zudem das einer Vollmachtserteilung zugrunde liegende Rechtsgeschäft, wenn sich die Formbedürftigkeit ausnahmsweise hierauf erstreckt.

214   **Zweifel an Form, Inhalt und Umfang** der vorgelegten Vollmacht sind mit den Beteiligten zu erörtern (§§ 17 Abs. 2 S. 1, 12 BeurkG). Bei Zweifeln über den Umfang einer Vollmacht ist nach Auffassung der Rechtsprechung der geringere Umfang maßgeblich.[422] Bestehen die Beteiligten trotz Erörterung der Zweifel auf Beurkundung, sind die bestehen gebliebenen Vorbehalte in die Niederschrift aufzunehmen (§ 17 Abs. 2 S. 2 BeurkG).[423] Bestehen nicht nur Zweifel und erscheint auch die nachträgliche Genehmigung ausgeschlossen, muss der Notar die Beurkundung ablehnen.[424] Für die Verwendung von Vollmachten im Beurkundungsverfahren gelten im Übrigen die **Richtlinienempfehlungen der BNotK**[425] in der von der jeweiligen Notarkammer umgesetzten Fassung.

215   Der Bevollmächtigte muss dem Notar (dem Vertragspartner) in der Verhandlung die **Urschrift** oder eine **Ausfertigung der Vollmachtsurkunde** zur sinnlichen Wahrnehmung vorlegen.[426] Die Vorlage einer beglaubigten oder einfachen Abschrift genügt nicht. Wird dem Notar dennoch nur eine beglaubigte Abschrift der Vollmachtsurkunde vorgelegt, kann diese durch eine notarielle Bescheinigung des Inhalts ergänzt werden, dass das Original oder die Ausfertigung zu einem bestimmten Zeitpunkt vom Bevollmächtigten vorgelegt wurde.[427]

216   Die **Rechtsschein- und Legitimationswirkungen der Vollmachtsurkunde** (§§ 172, 171 BGB) knüpfen nur an die dem Bevollmächtigten **ausgehändigte** und sodann wiederum von ihm bei der Vornahme der Vertreterhandlung vorgelegte Urschrift oder Ausfertigung an.[428] In der Rechtsschein- und Legitimationswirkung der ausgehändigten Vollmacht liegt ihre große praktische Bedeutung. Das **Aushändigen** meint dabei die **Besitzverschaffung** und das gleichzeitige willentliche **Inverkehrbringen** der Urschrift oder der erteilten Ausfertigung. **Ausgehändigt** ist auch die weisungsgemäß dem Bevollmächtigten erteilte Ausfertigung (§ 51 BeurkG). Insbesondere ist zu regeln, ob der Bevollmächtigte weitere Ausfertigungen verlangen kann (§ 51 Abs. 2 BeurkG). Kein rechtsscheinerzeugendes Aushändigen liegt vor, wenn der Notar eine Ausfertigung erteilt, ohne dass dies von einer bestehenden Anweisung gemäß § 51 Abs. 2 BeurkG gedeckt ist[429] oder wenn die Ausfertigung abhandengekommen ist.

217   Lautet der **Ausfertigungsvermerk** der vorgelegten Vollmacht auf eine zwar ebenfalls bevollmächtigte, jedoch andere als die handelnde und die Ausfertigung vorlegende Person, ist dies zumindest nach Ansicht des OLG Köln[430] unschädlich. Zutreffend ist hingegen die Ansicht, dass die Legitimationswirkung regelmäßig nur den im Ausfertigungsver-

---

[421] BGH NJW-RR 2018, 443 Rn. 7 ff. und Rn. 12 ff.
[422] OLG Köln FamRZ 2000, 1525.
[423] Vgl. BGH DNotZ 1989, 43.
[424] BGH NJW 1993, 2744 (2745).
[425] DNotZ 1999, 258.
[426] Zusammenfassend OLG Frankfurt a.M. RNotZ 2008, 153.
[427] BayObLG MittBayNot 2002, 112.
[428] BGH DNotZ 1988, 551 (552) mwN.
[429] OLG München FGPrax 2009, 260.
[430] Rpfleger 2002, 197 mit ablehnender Anm. *Waldner/Mehler.*

merk namentlich benannten Empfänger/Bevollmächtigten erfasst.[431] Richtigerweise sollte der Notar daher die einem Dritten namentlich erteilte Ausfertigung der Vollmachtsurkunde, die auch den Handelnden als bevollmächtigt benennt, zurückweisen. Legt demnach nur einer von mehreren benannten Vertretern eine Ausfertigung vor, genügt die Bezugnahme des anderen auf diese Urkunde nicht.[432] Es liegt nämlich die Vermutung nahe, dass dem Handelnden entweder keine Ausfertigung erteilt und ausgehändigt (= fehlende Besitzverschaffung) wurde oder er eine möglicherweise ihm erteilte Ausfertigung zurückgeben musste (= Vollmachtswiderruf).[433] Der eine Vollmacht beurkundende Notar kann der uneinheitlichen Praxis dadurch begegnen, dass im Vollmachtstext die Ausübung auf die Vorlage einer **auf den Namen des Bevollmächtigten lautenden Ausfertigung** beschränkt wird (vgl. § 49 Abs. 2 S. 1 BeurkG). Eine solche Erteilungspraxis ist insbesondere bei stark personenbezogenen Vollmachten, wie **General- und Vorsorgevollmachten,** ratsam (hierzu → § 16 Rn. 56 ff.).

Der Bevollmächtigte kann sich grundsätzlich nicht auf die **Urschrift der Vollmacht** 218 **in der Urkundensammlung** des Notars (§ 45 Abs. 1 BeurkG) berufen; die verwahrte Urschrift ist nicht ausgehändigt iSd § 172 Abs. 1 BGB.[434] Hat der Bevollmächtigte jedoch einen Anspruch auf Erteilung einer (weiteren) Ausfertigung (§ 51 Abs. 1 BeurkG), steht der Erteilungsanspruch der Aushändigung gleich. In diesem Fall ist ausnahmsweise ein Berufen auf die in der Urkundensammlung des Notars verwahrte Urschrift möglich.[435] Befindet sich die ausgehändigte Vollmachtsurkunde allerdings bei Vornahme des Vertretergeschäfts bereits im Besitz oder in Verwahrung des Notars, ist eine Bezugnahme ausreichend, wenn die tatsächliche Einsichtnahme in die Vollmacht gewährleistet ist; ob eine Einsichtnahme erfolgt, ist hingegen belanglos.[436] Der Notar kann bescheinigen, dass ihm ein Vollmachtswiderruf nicht bekannt geworden ist, erforderlich ist dies nicht. Im Übrigen ist auch kein Nachweis darüber zu führen, dass die vorgelegte Vollmacht bis zum Vollzug des Vertretergeschäfts nicht widerrufen worden ist; hierauf kommt es nämlich regelmäßig nicht mehr an.[437] Eine nach beurkundeter dinglicher Einigung erlange Kenntnisnahme vom Widerruf einer Vollmacht, lässt die Wirksamkeit des Vertretergeschäfts unberührt (vgl. § 873 Abs. 2 BGB).[438]

Die Tatsache, dass eine **mündlich oder privatschriftlich erteilte Vollmacht** im 219 Zeitpunkt der Abgabe einer rechtsgeschäftlichen Erklärung vorlag, wird gleichfalls durch einen entsprechenden Vermerk in der notariellen Niederschrift belegt.[439] Die privatschriftlich erteilte Vollmacht wird der Niederschrift im Original oder in beglaubigter Abschrift beigefügt (§ 12 S. 1 BeurkG) und ist mit der Niederschrift zu verbinden (§ 19 Abs. 5 DONot).

Der **Widerruf** einer Vollmacht ist grundsätzlich **auf der Urschrift zu vermerken.** 220

2. Prüfung durch Grundbuchamt (und Registergericht). Grundbuchämter (und Re- 221 gistergerichte) prüfen die Wirksamkeit einer Vollmacht und den Umfang der Vertretungsmacht in ihrem Aufgabenbereich selbständig;[440] an die Auslegung des Notars sind sie nicht gebunden. Hieran hat sich durch § 79 Abs. 3 S. 2 ZPO und § 10 Abs. 3 S. 2 FamFG

---

[431] OLG Naumburg FGPrax 2016, 259 = NotBZ 2017, 197 mAnm *Zimmer;* OLG München NJW-RR 2016, 1511.
[432] KG FGPrax 2012, 7.
[433] Vgl. OLG München RNotZ 2008, 422.
[434] AA *Brenner* BWNotZ 2001, 186.
[435] OLG Stuttgart DNotZ 1999, 138.
[436] Vgl. OLG Frankfurt a.M. RNotZ 2008, 153 (154).
[437] Vgl. *Bous* Rpfleger 2006, 360; vgl. auch → Rn. 229.
[438] MüKoBGB/*Schramm,* 6. Aufl. 2012, BGB § 173 Rn. 4f.; Staudinger/Schilken (2014) BGB § 173 Rn. 8; Erman/Maier-Reimer BGB § 173 Rn. 7; so wohl auch MüKoBGB/*Schubert* BGB § 173 Rn. 7, 9; aA BeckOK BGB/*Schäfer* BGB § 173 Rn. 7.
[439] Vgl. auch *Schöner/Stöber* GrundbuchR Rn. 3536 Fn. 4.
[440] Vgl. BayObLG Rpfleger 1996, 332; grundsätzlich *Stiegeler* BWNotZ 1985, 129.

nichts geändert.[441] Auch die Bescheinigung nach § 15 Abs. 3 S. 1 GBO ändert daran nichts. Maßgebend ist im Übrigen der Zeitpunkt des Wirksamwerdens der vertretungsweise erklärten Bewilligung (§ 19 GBO) oder ausnahmsweise der dinglichen Einigung (§ 20 GBO). Die Bewilligung wird mit ihrem Eingang beim Grundbuchamt bzw. mit ihrer notariellen Beurkundung wirksam.

222   Gegenüber dem Grundbuchamt (oder Registergericht) wird der **Nachweis** der erteilten Vollmacht grundsätzlich **in der notariellen Niederschrift** über das Vertretergeschäft geführt. Der Nachweis erfolgt regelmäßig durch die **Bescheinigung** des Notars (vgl. insoweit § 39 BeurkG) darüber, dass ihm die Urschrift oder eine Ausfertigung durch den Vertreter vorgelegt wurde.[442] Die Urschrift, die Ausfertigung oder eine beglaubigte Abschrift der vorgelegten Vollmacht ist der Niederschrift beizufügen (vgl. §§ 47, 49, 12 S. 1 BeurkG) und mit derselben durch Schnur und Siegel zu verbinden. Für die Herstellung einer beglaubigten Abschrift der Vollmachtsurkunde gilt insbesondere § 49 Abs. 3 BeurkG. Die beigefügte Abschrift ist keine Anlage iSd § 9 BeurkG, sie braucht nicht verlesen zu werden.[443] Eines besonderen Nachweises über den Zugang der Vollmacht bei dem Bevollmächtigten bedarf es nicht. Das Grundbuchamt kann sodann die Vorlage der Vollmacht in Urschrift oder in Ausfertigung nicht mehr verlangen.[444]

223   **3. Nachweis durch notarielle Vollmachtsbescheinigung.** Seit dem 1.9.2013[445] kann der Nachweis rechtsgeschäftlich erteilter Vertretungsmacht (= Vollmacht) gegenüber dem Grundbuchamt und dem Registergericht auch ohne Beifügen der Urschrift, einer Ausfertigung oder einer beglaubigten Abschrift der vorgelegten Vollmachten, allein durch eine **notarielle Vollmachtsbescheinigung nach § 21 Abs. 3 BNotO** (vergleichbar den Registerbescheinigungen nach § 21 Abs. 1 und Abs. 2 BNotO) geführt werden. Korrespondierend wurden **§ 34 GBO und § 12 Abs. 1 S. 3 HGB** eingefügt bzw. ergänzt. Keine Verwendung findet die Vollmachtsbescheinigung in Schiffs-, Vereins- und Güterrechtssachen, auch nicht in Klauselerteilungsverfahren.[446] Wird von § 21 Abs. 3 BNotO und § 34 GBO Gebrauch gemacht, verlagert sich ein Teil der Prüfung der Vertretungsberechtigung von dem Grundbuchamt auf den Notar. Von dem befassten Notar wird eine inhaltliche Überprüfung der Vertretungsmacht verlangt; insofern trifft ihn eine Amtspflicht.[447]

224   Der Notar darf eine Vollmachtsbescheinigung immer nur dann erteilen, wenn er sich zuvor die unterschriftsbeglaubigte Vollmacht, die ausgehändigte Ausfertigung der beurkundeten Vollmacht oder die Niederschrift vorlegen lässt, § 21 Abs. 3 S. 2 BNotO.[448] Die **Art der Vorlage** und der **Vorlagetag** sind sodann in der Bescheinigung anzugeben. Insgesamt sollen die Anforderungen an den Nachweis einer Vollmacht nicht verringert werden, es wird lediglich eine zusätzliche Möglichkeit des Nachweises gegenüber den die Register führenden Stellen geschaffen.[449]

225   Die notarielle Vollmachtsbescheinigung ist immer nur auf Basis solcher Vollmachten zulässig, die ihrerseits den Anforderungen des § 29 GBO genügen.[450] Auch die Vollmachterteilung, die auf die gesetzlichen Vertreter einer im Handelsregister eingetragenen juristischen Person zurückgeht, kann dem Grundbuchamt durch eine notarielle Vollmachtsbescheinigung nachgewiesen werden; hierbei hat der Notar sämtliche Einzelschritte der

---

[441] So OLG München NotBZ 2012, 472 gegen BeckOK GBO/*Otto* GBO § 29 Rn. 78.
[442] Zusammenfassend BayObLG RNotZ 2002, 53.
[443] DNotI-Report 1996, 60.
[444] BayObLG DNotZ 2000, 293 mAnm *Limmer.*
[445] Vgl. G zur Übertragung von Aufgaben im Bereich der freiwilligen Gerichtsbarkeit auf Notare v. 26.6.2013, BGBl. I 1800.
[446] *Heinemann* FGPrax 2013, 139 (141).
[447] OLG Nürnberg MittBayNot 2017, 293 Rn. 6; KEHE/*Volmer* GBO § 34 Rn. 10.
[448] Hierzu OLG Bremen DNotZ 2014, 636; s. auch OLG Düsseldorf RNotZ 2016, 407; RNotZ 2014, 309.
[449] Vgl. BT-Drs. 17/1469, 14.
[450] BGH DNotZ 2017, 303.

Vollmachtskette nach § 21 Abs. 1 S. 1 Nr. 1 BNotO bzw. § 21 Abs. 3 BNotO zu bescheinigen.[451] Die **Bescheinigung einer Vollmachtskette** kann in einem Vermerk zusammengefasst werden; der Notar hat in diesem Fall die von ihm geprüften Einzelschritte aufzuführen. Eine Kombination von notariellen Bescheinigungen nach § 21 Abs. 1 S. 1 Nr. 1, Abs. 3 BNotO ist zulässig.[452] Der bescheinigende Notar hat bei entsprechenden Konstellationen auch die Regelung des § 181 BGB zu berücksichtigen, weil das Verbot zum Selbstkontrahieren das rechtliche Können des Vertreters beschränkt (→ Rn. 129 ff.). Für ein Insichgeschäft hat der Vertreter grundsätzlich keine Vertretungsmacht.[453]

Nicht ausreichend ist die Vorlage einer beglaubigten Abschrift oder einer rein privat- **226** schriftlich erteilten (Original)Vollmacht. Nicht ausreichend ist demzufolge auch die Vorlage einer beglaubigten Fotokopie des Gesellschaftsvertrages, aus dem sich ergibt, dass der Aufsichtsrat der Gesellschaft ermächtigt ist, eine entsprechende Vollmacht (hier: Befreiung des Geschäftsführers von den Beschränkungen des § 181 BGB) zu erteilen, während die erteilte Vollmacht gerade nicht vorgelegt wird.[454] Angesichts des gänzlich unverändert gebliebenen Wortlauts des **§ 12 BeurkG** wird der Anwendungsbereich des § 21 Abs. 3 BNotO wohl eher limitiert bleiben. Jedenfalls muss der bescheinigende Notar der Urschrift oder der von ihm gefertigten Erklärung die vorgelegte Vollmacht nach Maßgabe des § 12 S. 1 BeurkG auch weiterhin uneingeschränkt beifügen. Die dem Grundbuchamt oder Handelsregister eingereichte Erklärung oder erteilte Ausfertigung kann sodann anstelle der „mitausgefertigten" Vollmachten mit der Bescheinigung nach § 21 Abs. 3 BNotO versehen werden.[455] Die Ausfertigung mit der Bescheinigung nach § 21 Abs. 3 BNotO muss wohl als „auszugsweise erteilt" gekennzeichnet sein. Im Anwendungsbereich des § 21 Abs. 3 BNotO wird durch die Vollmachtsbescheinigung des Notars der Nachweis der rechtsgeschäftlich erteilten und fortbestehenden Vertretungsbefugnis für den Zeitpunkt erbracht, in dem der Notar die ihm vorgelegte Vollmacht eingesehen hat; sie führt den Nachweis auch für einen begrenzten Zeitpunkt danach. Weitere Nachweise kann das Grundbuchamt oder Registergericht nur im Rahmen des engen Legalitätsprinzips verlangen.

Durch die Notarbescheinigung nach § 21 Abs. 3 BNotO können **organschaftliche** **227** **Vertretungsverhältnisse** nicht nachgewiesen werden. Für sie ist eine notarielle Bescheinigung nach § 21 Abs. 1 S. 1 Nr. 1 BNotO erforderlich. Eine solche Bescheinigung wird durch diejenige nach § 21 Abs. 3 BNotO weder ersetzt noch entbehrlich. Geht somit eine Vollmacht bzw. die Vollmachtskette auf einen organschaftlichen Vertreter zurück, muss der Notar zusätzlich dessen Vertretungsmacht nach § 21 Abs. 1 S. 1 Nr. 1 BNotO bescheinigen.[456]

II. Nachweis der fortbestehenden Vollmacht

Ob eine (formgerecht, § 29 Abs. 1 GBO) nachgewiesene Vollmachtserteilung im Zeit- **228** punkt des Wirksamwerdens der Vertretererklärung (Bewilligung oder Einigung, § 20 GBO) noch Bestand hat, unterliegt der freien, nicht jedoch willkürlichen oder anhaltspunktlosen **Beweiswürdigung des Grundbuchamts**.[457] Legt der Bevollmächtigte eine Vollmachtsurkunde in Urschrift oder Ausfertigung (§§ 45 Abs. 1, 47 BeurkG) vor, gilt die Vollmacht nach § 172 Abs. 2 BGB bis zu ihrer Rückgabe oder Kraftloserklärung (§ 176 Abs. 1 BGB) als fortbestehend;[458] das ist der Kern ihrer **Legitimations- und Rechtsscheinsfunktion.**

---

[451] BGH DNotZ 2017, 303; OLG Hamm Rpfleger 2016, 550 (551).
[452] BGH DNotZ 2017, 303.
[453] OLG Nürnberg MittBayNot 2017, 293 Rn. 6 mwN.
[454] OLG Bremen DNotZ 2014, 636.
[455] Noch enger *Heinemann* FGPrax 2013, 139 (141).
[456] Hierzu insgesamt BGH DNotZ 2017, 303.
[457] BayObLG Rpfleger 1986, 90; KG DNotZ 1972, 18.
[458] Vgl. *Schöner/Stöber* GrundbuchR Rn. 3581.

229   Sind dem Grundbuchamt **konkrete Anhaltspunkte für das Erlöschen** bekannt, ist es lediglich im Rahmen des engen **Legalitätsprinzips** berechtigt, Nachweise zum Fortbestand der Vollmacht zu verlangen,[459] wenn und soweit ein anderer Nachweis überhaupt erforderlich und entscheidungserheblich ist. **Bloße Vermutungen,** Zweifel oder die abstrakte Möglichkeit eines Widerrufs genügen hingegen nicht.[460] Ebenso wie beim **Widerruf**[461] hat das Grundbuchamt daher eine **erklärte Anfechtung** grundsätzlich unberücksichtigt zu lassen; anders ist dies hingegen, wenn ein Anfechtungsgrund zu seiner Überzeugung dargetan, zumindest sein Vorliegen wahrscheinlich ist.[462] An **Plausibilität und Umfang von Gründen für einen Widerruf** – entsprechendes gilt für Anfechtungsgründe – dürfen keine zu geringen Anforderungen gestellt werden.[463] Dabei ist zu berücksichtigen, dass das Grundbuchverfahren nicht dem Erkenntnisverfahren des Zivilprozesses gleichsteht; es ist insoweit im Wesentlichen auf die aus den vorgelegten förmlichen Urkunden sowie aus dem Vorbringen der Beteiligten aufgrund freier Beweiswürdigung gewonnene Überzeugung beschränkt.[464] Zu eigenen Ermittlungen ist das Grundbuchamt jedenfalls nicht berufen; es wäre dazu auch angesichts der beschränkten Möglichkeiten im Eintragungsantragverfahren gar nicht in der Lage.[465]

230   **Keine hinreichenden Zweifel** am Fortbestand einer Vollmacht begründet allein die Tatsache, dass zwischen der Erteilung und der Vollmachtsausübung mehr als 50 Jahre vergangen sind und keiner der Beteiligten des Grundgeschäftes mehr am Leben ist.[466] Der Tod des Vollmachtgebers ist kein Anhaltspunkt dafür, einen Nachweis über den **Fortbestand einer trans- oder postmortalen Vollmacht** verlangen zu können (→ Rn. 96 ff.).[467]

231   Auch die Anordnung einer **Testamentsvollstreckung** vermag keine hinreichenden Zweifel am Umfang und Fortbestand einer vom Erblasser erteilten **trans- oder postmortalen Vollmacht** zu begründen (→ Rn. 114 ff.).[468] Es reicht im Rahmen des engen Legalitätsprinzips nicht aus, dass bei einer nur aus wichtigem Grund widerrufbaren Vollmacht das Grundbuchamt das Vorliegen eines wichtigen Widerrufsgrund für wahrscheinlich hält,[469] das Vorliegen eines wichtigen Grundes und der Widerruf müssen vielmehr zur Überzeugung dargetan sein.[470] Zweifelhaft ist die Ansicht, wonach das Grundbuchamt bei Kenntnis vom Widerruf einer Vollmacht berechtigt sein soll, einen Eintragungsantrag zurückweisen, obwohl die dingliche Einigung zwischen den Vertragsparteien als Vertretergeschäft nach §§ 873 Abs. 2, 172 BGB (gutgläubig) bindend geworden ist.[471]

232   Vom **Fortbestand der Vollmacht** ist ferner auszugehen, wenn der Bevollmächtigte als mittelbarer Besitzer berechtigt ist, vom Grundbuchamt (oder Registergericht) die dort in Papierform verwahrte Vollmachtsurkunde jederzeit heraus zu verlangen.[472] Die Bezugnahme auf Originalvollmachten, die sich bei dem Handelsregister in Papierform in den Registerakten befinden, ist seit Einführung des elektronisch geführten Handelsregisters nicht mehr möglich (§ 45 BeurkG).[473] Das einer Vollmachtserteilung zugrunde liegende Rechtsverhältnis (§ 168 S. 1 BGB) gilt im Übrigen ebenfalls als fortbestehend, soweit und solange die Vollmacht in einem weiterhin wirksamen Grundstücksveräußerungsvertrag

---

[459] OLG Frankfurt a.M. Rpfleger 1977, 103; OLG München RNotZ 2013, 169.
[460] Vgl. aber OLG Stuttgart MittBayNot 1997, 370 mAnm *Munzig.*
[461] Vgl. BayObLG MittBayNot 1983, 171 (173).
[462] OLG München RNotZ 2015, 355 (357); OLG Stuttgart MittBayNot 1997, 370 mAnm *Munzig;* Bauer/Schaub/*Schaub,* 4. Aufl. 2018, GBO AT G Rn. 175: „Vorliegen zumindest wahrscheinlich".
[463] OLG München BeckRS 2018, 27631 Rn. 63; RNotZ 2015, 355 (357); NJW-RR 2015, 1230.
[464] OLG München BeckRS 2018, 27631 Rn. 58.
[465] OLG München RNotZ 2015, 355 (357).
[466] Abzulehnen deshalb OLG Naumburg NotBZ 2004, 431.
[467] Abwegig *Bestelmeyer* notar 2013, 147 (159 ff.).
[468] *Weidlich* MittBayNot 2013, 196 (198).
[469] OLG Stuttgart MittBayNot 1997, 370 mAnm *Munzig.*
[470] OLG München MittBayNot 2010, 129 mAnm *Basty.*
[471] Zutreffend *Bous* Rpfleger 2006, 360 (363) mwN.
[472] Vgl. *Schöner/Stöber* GrundbuchR Rn. 3588 mwN.
[473] S. zu praktischen Problemen *Sikora/Schwab* MittBayNot 2007, 5.

enthalten ist.[474] Der Fortbestand einer dem Notar im Rahmen seiner Amtstätigkeit erteilten Vollmacht muss nicht nachgewiesen werden.[475] Regelmäßig könnte ein **Nachweis des Fortbestandes** oder des Nichtwiderrufs einer Vollmacht in der Form des § 29 GBO auch nicht geführt werden. Im Zweifel ist **Vollmachtsbestätigung** erforderlich. Vergleichbare Grundsätze gelten für den Nachweis des Fortbestands von Handelsregistervollmachten.[476]

III. Besondere Mitteilung nach § 171 Abs. 1 S. 1 BGB (Angestelltenvollmacht)

Ein in der Notarpraxis relevanter Fall der Kundgabe iSd § 171 Abs. 1 S. 1 BGB ist die in **233** der notariellen Niederschrift erteilte Vollmacht zur Abgabe rechtsgeschäftlicher oder verfahrensrechtlicher Vertretererklärungen durch Notarangestellte (**Angestelltenvollmacht** – beachte § 17 Abs. 2a S. 2 Nr. 1 BeurkG, bereits → Rn. 58 ff.). Die notarielle Niederschrift selbst ist die „besondere Mitteilung" über die Vollmachtserteilung. **Adressat der Kundgabe** ist der beurkundende Notar, das Grundbuchamt oder das Registergericht. Zugleich ist der Notar Übermittlungsbote des Vollmachtgebers. Es ist möglicherweise ausreichend aber nicht empfehlenswert, wenn der bevollmächtigte Notarangestellte nicht namentlich benannt ist (*„jeweilige Angestellte des Notars"*), sofern aus der Kundgabe zweifelsfrei auf die Person des Vertreters geschlossen werden kann.[477] Bei der konkreten Auswahl des Notarangestellten lässt sich der Vollmachtgeber wiederum vom Urkundsnotar vertreten, was der Anwendung des § 171 BGB nicht entgegensteht.[478] Ist die Angestelltenvollmacht namentlich erteilt, ist im Zweifel durch Auslegung zu ermitteln, ob sie mit der Beendigung des Dienstverhältnisses zu dem Anstellungsnotar erlischt (= Bedingungszusammenhang); regelmäßig ist davon nicht auszugehen. Die namentlich erteilte Angestelltenvollmacht kann bei **Beendigung des Amtes des Anstellungsnotars** nur mittels Untervollmacht (beachte § 29 GBO) auf einen (anderen) Angestellten des Aktenverwahrers oder des Amtsnachfolgers übertragen werden.[479]

Dem Notarangestellten darf eine Ausfertigung nicht erteilt werden. Die Kontrolle der **234** Vollmachtsbetätigung erfolgt durch den Urkundsnotar; nur vor ihm ist wiederum die Ausübung gestattet (= **Ausübungsbeschränkung**). Liegt kein Widerruf gegenüber dem Mitteilungsadressaten nach § 171 Abs. 2 BGB vor, gilt die Vollmacht als fortbestehend (Vertrauenstatbestand). Da es sich um keinen Fall der ausgehändigten Vollmacht iSd § 172 BGB handelt, genügt der Verweis auf die Urschrift in der Urkundensammlung des Notars; dem Grundbuchamt wird eine beglaubigte Abschrift vorgelegt (§ 49 Abs. 3 BeurkG ist anwendbar).[480]

Checkliste: Prüfung der erteilten Vollmacht **235**

(1) Ist Vertretung im konkreten Fall überhaupt zulässig
  – Unzulässigkeit: Pflicht zur höchstpersönlichen Vornahme, zB eidesstattliche Versicherung
  – Ausnahme: Umsetzung einer Patientenverfügung mittels Vorsorgevollmacht
  – Unzulässigkeit aufgrund gesetzlicher Anordnung (→ Rn. 6 ff.)
  – Unzulässigkeit wegen rechtsgeschäftlichen Ausschlusses

---

[474] BayObLG MittBayNot 1989, 308.
[475] *Schöner/Stöber* GrundbuchR Rn. 3591.
[476] Vgl. BayObLG DNotZ 1976, 116.
[477] Vgl. OLG Brandenburg NotBZ 2012, 133 (135); OLG Dresden NotBZ 2012, 135 (137); für namentlich Benennung OLG Frankfurt a.M. NotBZ 2008, 123; s. auch MüKoBGB/*Schubert* BGB § 171 Rn. 5 mwN; BeckOK BGB/*Schäfer* BGB § 171 Rn. 7.
[478] OLG Brandenburg NotBZ 2012, 133 (135); MüKoBGB/*Schubert* BGB § 171 Rn. 5; BeckOK BGB/*Schäfer* BGB § 171 Rn. 7.
[479] Vgl. OLG Jena NotBZ 2015, 343 mAnm *Otto*.
[480] Zusammenfassend *Stiegler* BWNotZ 1985, 129.

- Unzulässigkeit wegen beachtlicher Ausübungsbeschränkungen, ggf. Überwachung von Innenverhältnisabreden
(2) Vollmacht wirksam (insbesondere formgültig) erteilt, fortbestehend und ausübbar
  - Prüfung des Grundgeschäfts (§ 311b Abs. 1 BGB) bei unwiderruflicher Grundstücksvollmacht
  - Insichgeschäft, § 181 BGB
  - Untervollmacht (→ Rn. 87 ff.)
  - Ausübung der Vollmacht an einen bestimmten Notar gebunden (Belastungsvollmacht)
(3) Inhalt und Umfang der Vollmacht (Auslegung)
  - konkreter Vollmachtswortlaut
  - Berücksichtigung der Vollmachtsart und des Grundgeschäfts
  - Behandlung von Zweifeln an Form, Inhalt und Umfang der Vollmacht
  - Erörterung (§§ 17 Abs. 2 S. 1, 12 BeurkG)
  - Aufnahme in die Niederschrift
  - Ist Genehmigung ausgeschlossen, dann Ablehnung der Beurkundung
(4) Behandlung der wirksamen Vollmacht
  - Vorlage des „ausgehändigten" Originals (Urschrift) oder in Ausfertigung
  - Ausnahmen:
    - Urschrift in der Urkundensammlung ausreichend, wenn Bevollmächtigter Anspruch auf Erteilung einer (weiteren) Ausfertigung (§ 51 Abs. 1 BeurkG) hat
    - Urschrift in der Urkundensammlung ausreichend, wenn § 171 Abs. 1 S. 1 BGB anwendbar ist (Angestelltenvollmacht)
  - Nachweis in der notariellen Niederschrift
  - Bescheinigung des Notars (vgl. § 39 BeurkG)
  - Beifügen einer beglaubigten Abschrift (vgl. §§ 47, 49 Abs. 3, 12 S. 1 BeurkG – § 9 BeurkG nicht anwendbar)
  - ggf. Erstellen einer Vertretungsbescheinigung (§ 21 Abs. 3 BNotO, § 12 S. 1 BeurkG)

I. Internationale Vollmachten; Art. 8 EGBGB

236   Das Europäische Komitee der Internationalen Union des Lateinischen Notariats hat länderspezifische, deutsch- und fremdsprachige Vollmachtsformulare zu verschiedenen Vollmachtsgegenständen entwickelt und veröffentlicht.[481] Die Formulare genügen den Anforderungen des jeweiligen IPRs bzw. des materiellen Ortsrechts (vgl. Art. 11 Abs. 1 EGBGB) und sind laufend – wie derzeit – in Überarbeitung. Zu den nachfolgenden Ländern und Vollmachtsgegenständen wurden und sollen ggf. wieder Formulare berücksichtigt werden; sie können ausschließlich online und entgeltlich (www.irene.de: legal documents) bezogen werden.

237   **Länder** (Vollmachtstexte jeweils **in Landessprache**): Bulgarien, China (Kanton), Dänemark, Deutschland (auch in sorbischer Textsprache), Estland, Finnland, Frankreich, Griechenland, Großbritannien, Italien, Japan, Kroatien, Moldawien, Niederlande, Polen, Portugal, Rumänien, Schweden, Spanien, Russland, Tschechien, Türkei und Ungarn.

238   **Vollmachtsgegenstände** (Bezeichnung nach Internet-Auftritt): Generalvollmacht, Allgemeine Gerichtsvollmacht, Besondere Gerichtsvollmacht, Bankvollmacht, Vollmacht für die Gründung einer Kapitalgesellschaft, Vollmacht zur Hypothekenaufnahme, Vollmacht zum Erwerb eines Grundstücks, Vollmacht für einen Grundstücksverkauf, Nachlassvollmacht, Vollmachtsbestätigung und Nachgenehmigung.

---

[481] Vgl. DNotZ 1964, 672; DNotZ 1967, 545; DNotZ 1982, 137.

Zweisprachige Vollmachtstexte (deutsch-englisch) zu den zentralen, vorgenannten 239
Vollmachtsgegenständen finden sich bei BeckFormB BHW/*Rawert* Form. I. 41 – 45; Beck-
OF Vertrag/*Schervier* Form. 7.8.11.1.

Aus der Sicht des deutschen IPR gilt auch nach dem am 17. 6. 2017 in Kraft getretenen 240
neuen **Art. 8 EGBGB** (→ § 16 Rn. 32)[482] der bis dahin bereits geltende Grundsatz fort,
nach dem die Vollmacht (= gewillkürte Stellvertretung) als selbstständiges Rechtsgeschäft
grundsätzlich nicht dem Geschäftsstatut unterliegt, das für das Vertretergeschäft maßgebend ist, sondern einem besonderem **Vollmachtsstatut**.[483] Das ist primär das von dem
Vollmachtgeber **vor der Ausübung der Vollmacht** gewählte Recht, wenn und soweit
die Rechtswahl dem Dritten und dem Bevollmächtigten bekannt geworden ist (Art. 8
Abs. 1 EGBGB). In Art. 8 Abs. 2 – 4 EGBGB finden sich die ohne Rechtswahl nach
Art. 8 Abs. 1 EGBGB maßgeblichen Anknüpfungspunkte zur Bestimmung des objektiven
Vollmachtsstatuts; sie folgen besonderen persönlichen Eigenschaften des Vollmachtneh-
mers (Arbeitnehmer, Unternehmertätigkeit). Die Wahl des Vollmachtsstatuts nach Art. 8
Abs. 1 EGBGB erfolgt, ebenso wie die inländische Vollmachterteilung, als einseitiges
Rechtsgeschäft (§ 167 Abs. 1 BGB). Eine **spätere Rechtswahl,** also nach Ausübung der
Vollmacht durch Vornahme eines Vertretergeschäfts, ist nur durch dreiseitigen Rechts-
wahlvertrag zwischen Vollmachtgeber, Bevollmächtigtem und Dritten möglich (Art. 8
Abs. 1 S. 2 EGBGB). Besondere Formanforderungen für eine Rechtswahl ergeben sich
aus Art. 8 Abs. 1 EGBGB nicht (anders nach ESÜ, vgl. → § 16 Rn. 32); maßgeblich ist
daher Art. 11 EGBGB.

J. Gesamtmuster: Generalvollmacht in vermögens-/vermögensähnlichen Angelegenheiten an nahen Angehörigen

UR-Nr. * * *   241

notarieller Urkundseingang

Der Notar überzeugte sich durch die Verhandlung von der Geschäftsfähigkeit des Erschienenen.

Der Erschienene bat um die Beurkundung der nachstehenden

Generalvollmacht

und erklärte:

§ 1. Erteilung der Vollmacht

(1) Hierdurch bevollmächtige ich
meine Tochter, Frau * * * *,
mich in allen **meinen Vermögens- und vermögensähnlichen Angelegenheiten** in
jeder rechtlich zulässigen Weise gerichtlich und außergerichtlich umfassend zu vertreten.

(2) **Weitere Bevollmächtigte** und/oder **Ersatzbevollmächtigte** will ich derzeit nicht
bestimmen.

(3) Soweit ich **andere Bevollmächtigte** berufe oder berufen habe, ist keiner meiner Bevollmächtigten berechtigt, die Vollmacht eines anderen zu widerrufen.

§ 2. Einzelne Vollmachtsgegenstände

(1) Die Vollmacht umfasst in Vermögens- und vermögensähnlichen Angelegenheiten
das Recht, insbesondere zu den nachstehend aufgeführten Maßnahmen, ausdrücklich ohne dass es sich hierbei um eine abschließende Aufzählung handelt:

---

[482] Art. 5G zur Änderung von Vorschriften im Bereich des Internationalen Privat- und Zivilverfahrensrechts
v. 11. 6. 2017 (BGBl. 2017 I 1607).
[483] Einführung in die Neuregelung bei *Bücken* RNotZ 2018, 213.

a) über **Vermögensgegenstände jeder** Art zu verfügen;

b) über mir gehörende **Grundstücke** und grundstücksgleiche Rechte sowie Wohnungs- und Teileigentum und über mir gehörende Rechte an den vorbezeichneten Vermögensgegenständen zu verfügen, **Grundpfandrechte** einschließlich Zinsen und Nebenleistungen und sonstige Rechte für beliebige Gläubiger und Berechtigte zu bestellen und deren Eintragung im Grundbuch zu bewilligen und zu beantragen, persönliche Schuldversprechen/Schuldanerkenntnisse gegenüber Gläubigern abzugeben und mich persönlich und dinglich der sofortigen Zwangsvollstreckung zu unterwerfen;

c) über auf meinen Namen lautende **Konten und Depots** bei Banken, Sparkassen und sonstigen Stellen zu verfügen, alle Geschäfte, die mit der Konten- und Depotführung im Zusammenhang stehen, vorzunehmen, insbesondere über jeweilige Guthaben, zum Beispiel durch Überweisungsaufträge, Barabhebungen, Schecks zu verfügen, Geldbeträge anzulegen und in diesem Zusammenhang auch Festgeldkonten und Sparkonten einzurichten, eingeräumte Kredite in Anspruch zu nehmen, Wertpapiere und Devisen anzukaufen und zu verkaufen sowie die Auslieferung an sich zu verlangen, Abrechnungen, Kontoauszüge, Wertpapier-, Depot- und Erträgnisaufstellungen sowie sonstige Abrechnungen und Mitteilungen entgegenzunehmen und anzuerkennen, Zahlungs- und Einzugsaufträge zu erteilen, zu ändern und zu widerrufen;

d) **Zahlungen und Wertgegenstände** für mich anzunehmen, zu quittieren oder Zahlungen vorzunehmen;

e) **Verbindlichkeiten** jeder Art, auch in Verbraucherdarlehensverträgen, einzugehen;

f) zur Erklärung der **Ausschlagung von Erbschaften** und im Rahmen von Erbauseinandersetzungen;

g) **geschäftsähnliche Handlungen**, wie Mahnungen, Fristsetzungen, Anträge, Mitteilungen vorzunehmen;

h) zu sämtlichen Erklärungen und Vornahme aller Handlungen in **Fernmelde- und Telekommunikationsangelegenheiten** sowie im Bereich jeder Art **elektronischer Kommunikation**, einschließlich von mir betriebener Internet-Konten;

i) unentgeltliche Zuwendungen **(Schenkungen)** zugunsten Dritter oder sich selbst vorzunehmen;

j) zur Vornahme aller vorstehenden Handlungen und Abgabe aller Erklärungen, soweit diese **unternehmensbezogen sind und/oder den Bereich Gesellschaften** – gleichviel welcher Rechtsform – betreffen, an denen ich direkt oder indirekt beteiligt bin, insbesondere, ebenfalls ohne dass dieses eine abschließende Aufzählung sein soll, auch:

  – zur Ausübung sämtlicher mitgliedschaftlicher Rechte, soweit diese ihrer Art nach nicht höchstpersönlich sind;

  – in abzuhaltenden Gesellschafterversammlungen, sämtliche Rechte, insbesondere das Stimmrecht auszuüben;

  – beim Abschluss von Verträgen betreffend die Veräußerung und den Erwerb von mit gehaltener Gesellschafts- und/oder Geschäftsanteilen an Gesellschaften;

  – beim Abschluss sämtlicher Unternehmensverträge einschließlich Gewinnabführungs- und Beherrschungsverträge;

  – bei der Vornahme von Rechtsgeschäfte nach dem Umwandlungs- und Umwandlungssteuergesetz, also im Bereich der Unternehmensumwandlung;

  – bei sämtlichen Anmeldungen zum Handelsregister.

(2) Die Bevollmächtigte kann in Vermögens- und vermögensähnlichen Angelegenheiten für einzelne Rechtsgeschäfte oder für eine Vielzahl gleichartiger Rechtsgeschäfte

Untervollmacht erteilen. Die Bevollmächtigte ist zudem befugt, Rechtsgeschäfte mit sich im eigenen Namen und als Vertreter Dritter vorzunehmen (Befreiung von den Beschränkungen des § 181 BGB).

§ 3. Grundverhältnis; Ausfertigungen; Vollmacht über den Tod hinaus

(1) Dieser Generalvollmacht liegt zwischen dem Vollmachtgeber und der Bevollmächtigten im **Innenverhältnis**, ohne jegliche Einschränkung der Vertretungsmacht nach außen, ein **Auftragsverhältnis** mit folgenden Maßgaben zugrunde:
Die Vollmacht ist widerruflich und allein in meinem Interesse erteilt. Die Bevollmächtigte ist zur Vorlage von Belegen aus ihrer Vertretertätigkeit gegenüber jedem Dritten, der Rechte aus dem Auftragsverhältnis im eigenen Namen oder an meiner Stelle geltend macht, nur für Vorgänge verpflichtet, die im Einzelfall 1.000,– EUR überschreiten; sie ist zudem von der Erstellung eines Verzeichnisses befreit.

(2) Der Bevollmächtigten können im Übrigen beliebig viele **Ausfertigungen** dieser Urkunde erteilt werden.

(3) Die Vollmacht ist ausdrücklich **über meinen Tod hinaus** erteilt und erlischt auch nicht dadurch, dass die Bevollmächtigte ggf. mein Erbe wird oder ich durch Verfügung von Todes wegen Testamentsvollstreckung anordne.

(4) Sollte, gleichviel aus welchem Grund, für Vermögensangelegenheiten oder einzelne Angelegenheiten hieraus durch das Betreuungsgericht ein Betreuer für mich bestellt werden müssen, verfüge ich, dass meine Bevollmächtigte zu meinem Betreuer bestellt wird. Eine Registrierung dieser **Betreuungsverfügung** wünsche ich nicht.

§ 4. Belehrungen; weitere Bestimmungen

(1) Der Notar hat mich eingehend über die Wirkungen und den **Vertrauenscharakter der Vollmachtserteilung** und die Bedeutung des der Vollmachtserteilung zugrunde liegenden Rechtsgeschäfts belehrt. Er hat mich ferner darauf hingewiesen, dass mich die Bevollmächtigte Dritten gegenüber so lange wirksam vertreten kann, wie sie eine Ausfertigung dieser Vollmachtsurkunde in Händen hat und dass die Ausnutzung der Vollmacht im gesellschaftsrechtlichen Bereich ggf. einer satzungsrechtlichen Grundlage und/oder der Zustimmung der Mitgesellschafter bedarf.

(2) Sollte eine Bestimmung in dieser Urkunde unwirksam sein oder werden, so bleiben die übrigen Bestimmungen hiervon unberührt.

– – –

Diese Niederschrift wurde in Gegenwart des Notars dem Erschienenen vorgelesen, von ihm genehmigt, von ihm und dem Notar eigenhändig, wie folgt, unterschrieben:

§ 28. Auslandsberührung

Übersicht

Schrifttum:
Kommentare, Handbücher und Monographien zum Internationalen Privatrecht allgemein: *von Bar,* Internationales Privatrecht, Band II: Besonderer Teil, 1991; *von Bar/Mankowski,* Internationales Privatrecht, Band I: Allgemeine Lehren, 2. Aufl. 2003; *Ebke/Finkin,* Introduction to German law, 2005; *Ferid/Firsching/Dörner/Hausmann,* Internationales Erbrecht, Loseblatt, 107. EL (Stand: 12/2018); *Hausmann/Odersky,* Internationales Privatrecht in der Notar- und Gestaltungspraxis, 3. Aufl. 2018; *v. Hoffmann/Thorn,* Internationales Privatrecht, 9. Aufl. 2007; *Jayme/Hausmann,* Internationales Privat- und Verfahrensrecht, 19. Aufl. 2018; *Kegel/Schurig,* Internationales Privatrecht, 9. Aufl. 2004; *Kropholler,* Internationales Privatrecht, 6. Aufl. 2006; *Rauscher,* Europäisches Zivilprozess- und Kollisionsrecht, 4. Aufl. 2015; *Reimann/Ze-*

koll, Introduction to German law, 2. Aufl. 2006; *Reithmann/Martiny,* Internationales Vertragsrecht, 8. Aufl. 2015; *Schotten/Schmellenkamp,* Das Internationale Privatrecht in der notariellen Praxis, 2. Aufl. 2007.

Aufsätze: *Emmerling de Oliveira/Heggen,* Türkische Mandanten im Notariat, notar 2010, 38; *Ferid,* Einige praktische Winke zur Bedeutung des Auslandsrechts bei Beurkundungen, MittBayNot 1974, 191; *Hertel,* Rechtskreise im Überblick, Notarius International 2009, 157; *Stürner,* Die notarielle Urkunde im europäischen Rechtsverkehr, DNotZ 1995, 343; *Solomon,* Die Renaissance des Renvoi im Europäischen Internationalen Privatrecht, FS Schurig 2013, 159.

Vorbemerkung

1 Mit der **immer stärker werdenden Internationalisierung** der persönlichen und wirtschaftlichen Beziehungen einher geht in der notariellen Praxis ein Anstieg der Fälle mit Auslandsberührung, „auf dem Land" ebenso wie im „Stadtnotariat". Typische Beispiele sind etwa:
- ein ausländisches oder ein deutsch/ausländisches Ehepaar wollen inländischen Grundbesitz erwerben;
- ein Deutscher will ein im Ausland gelegenes Ferienhaus erwerben oder veräußern;
- ein ausländisches oder ein gemischt-nationales Ehepaar wollen einen Ehe- und/oder Erbvertrag abschließen;
- ein Deutscher mit Vermögen im In- und Ausland möchte ein Testament errichten;
- die Witwe eines Ausländers bittet um Beurkundung eines Erbscheinsantrags;
- ein Ausländer will das nichteheliche Kind seiner deutschen Freundin für ehelich erklären lassen/adoptieren;
- eine ausländische Gesellschaft will eine Zweigniederlassung/Tochtergesellschaft im Inland gründen;
- ein Ausländer soll zum Geschäftsführer einer GmbH bestellt werden;
- eine deutsche Gesellschaft soll grenzüberschreitend verschmolzen oder formgewechselt werden.

2 In diesen und ähnlichen Fällen kann nicht ohne weiteres davon ausgegangen werden, dass deutsches Recht anzuwenden ist. Vielmehr ist zunächst stets zu fragen, ob und welche Bedeutung die Auslandsberührung für das anzuwendende materielle Recht hat und welche verfahrensrechtlichen Besonderheiten zu beachten sind. Die sich anschließenden Ausführungen sollen dazu eine erste Orientierung bieten. Im Regelfall wird eine Vertiefung anhand Rechtsprechung und Kommentarliteratur erforderlich sein. Es kann sich auch empfehlen, das Deutsche Notarinstitut (DNotI) um Hilfe zu bitten oder auf dessen Webseite (www.dnoti.de) nach einschlägigen Gutachten zu suchen.

1. Teil. Zuständigkeit und Beurkundungsverfahren

Schrifttum:

Bengel, Das deutsche Notariat im Lichte der Berufsqualifikationsrichtlinie, DNotZ 2012, 26; *DNotI,* Deutsch-Niederländischer Rechtsverkehr in der Notariatspraxis, 1997; *dass.,* Notarielle Fragen des internationalen Rechtsverkehrs, 1995; *dass.,* Gutachten zum internationalen und ausländischen Privatrecht, 1993; *Eckhardt,* Nochmals: Der Dolmetscher im Beurkundungsverfahren, ZNotP 2005, 221; *Grüner/Köhler,* Falschbeurkundung im Amt und notarielle Sprachkundigkeitsprüfungs- und Identifizierungspflichten, notar 2018, 105; *Meyer,* die Belehrungspflichten des Notars bei Auslandssachverhalten, DNotZ 2018, 726; *Reithmann,* Beurkundung, Beglaubigung, Bescheinigung durch inländische und ausländische Notare, DNotZ 1995, 360; *Renner,* Der Dolmetscher im Beurkundungsverfahren, ZNotP 2005, 145; *Starke,* Sprachunkundigkeit von Beteiligten und Übersetzung der Niederschrift, FS Spiegelberger 2009, 1507.

A. Allgemeine Befugnisse des Notars

I. Tätigkeit im Inland

Der Notar ist in allen Fällen – auch denen mit Auslandsberührung – verpflichtet, im 3
Rahmen seiner Zuständigkeit tätig zu werden (§ 15 Abs. 1 BNotO). Die Auslandsberührung gibt ihm nicht das Recht, seine Tätigkeit zu verweigern.[1] Vielfach spricht man in Fällen mit Auslandsberührung auch von der **Internationalen Zuständigkeit** des Notars.[2]

Von der Zuständigkeit zu unterscheiden ist die Frage, welche Bedeutung die Auslands- 4
berührung für das Beurkundungsverfahren und das anzuwendende Recht hat. Für das Beurkundungsverfahren allein maßgebend sind die Bestimmungen des deutschen Rechts, also die der BNotO und des BeurkG.[3] Dies heißt insbesondere, dass die darin vorgesehenen Mitwirkungsverbote auch dann einzuhalten sind, wenn die betreffende ausländische Rechtsordnung darauf keinen Wert legt. Umgekehrt sind ausländische Bestimmungen, die dem Notar ein Mitwirken verbieten, unbeachtlich, wenngleich dann die Gefahr besteht, dass die Urkunde in dem betreffenden Land nicht anerkannt wird.[4] So können Rechtsordnungen ausländischer Staaten beispielsweise vorsehen, dass bestimmte Rechtsgeschäfte nur von Notaren beurkundet werden dürfen, die dort zugelassen sind. Solange der Notar nicht gegen das für ihn maßgebliche inländische Verfahrensrecht verstößt, ist es ihm erlaubt, von der fremden Rechtsordnung aufgestellte weitere Formerfordernisse erfüllen. So darf er etwa bei der Errichtung eines Testamentes für die USA die erforderliche Anzahl von Zeugen hinzuziehen und die Urkunde von ihnen mit unterschreiben lassen.[5]

II. Tätigkeit im Ausland

Als Träger eines öffentlichen Amtes (§ 1 BNotO) nimmt der Notar originäre Staatsaufga- 5
ben wahr.[6] In amtlicher Eigenschaft darf er somit im Ausland (außerhalb des Gebietes der Bundesrepublik Deutschland) **weder** Rechtsgeschäfte **noch** tatsächliche Vorgänge **beurkunden** selbst wenn an dem Rechtsgeschäft ausschließlich Deutsche beteiligt wären. Andernfalls übt er staatliche Tätigkeit auf fremdem Territorium aus und verstößt gegen Völkerrecht.[7] Eine im Ausland aufgenommene notarielle Urkunde ist nichtig;[8] sie kann als Privaturkunde wirksam sein.

Untersagt ist dem Notar auch die Beurkundung **tatsächlicher Vorgänge** (zB Verlosun- 6
gen, Niederschrift über eine Hauptversammlung), bei denen der Notar die tatsächlichen Vorgänge im Ausland wahrnimmt, seine Wahrnehmungen aber im Inland urkundlich niederlegt.[9] Diese wäre zwar wirksam, aber dienstrechtlich unzulässig.[10] Entsprechendes gilt für die Entgegennahme von **Unterschriften** im Ausland und anschließende Beglaubigung im Inland.[11] Für gutachterliche Äußerungen soll das Verbot nicht gelten.[12] Für eine Tätigkeit,

---

[1] Eylmann/Vaasen/*Limmer* BeurkG § 2 Rn. 10; Staudinger/*Hertel* BeurkG Vorb. zu §§ 127a, 128 BGB; *Schütze* DNotZ 1992, 71 f.

[2] Vgl. Armbrüster/Preuß/Renner/*Armbrüster* BeurkG § 1 Rn. 65 ff.; Eylmann/Vaasen/*Limmer* BeurkG § 2 Rn. 7; *Winkler* BeurkG Einl. Rn. 50.

[3] Armbrüster/Preuß/Renner/*Armbrüster* BeurkG § 1 Rn. 68 f.

[4] S. auch Armbrüster/Preuß/Renner/*Armbrüster* BeurkG § 1 Rn. 71.

[5] S. Übersicht zu ausländischen Beurkundungserfordernissen bei Staudinger/*Hertel* BeurkG Rn. 724 ff.

[6] Vgl. BVerfGE 17, 371 (376); BVerfGE 73, 280 (292); BGH DNotZ 2015, 944 (946).

[7] Schippel/Bracker/*Püls* BNotO § 11a Rn. 1; Eylmann/Vaasen/*Limmer* BeurkG § 2 Rn. 8; *Winkler* BeurkG § 2 Rn. 2; *Schütze* DNotZ 1992, 66. Zur Zulässigkeit von notariellen Beurkundungstätigkeiten auf deutschen Seeschiffen, deutschen Flugzeugen und Botschaftsgebäuden im Inland *Winkler* BeurkG Einl. Rn. 42 ff.

[8] BGHZ 138, 359 (361 f.).

[9] Armbrüster/Preuß/Renner/*Preuß* BeurkG § 2 Rn. 20; *Winkler* BeurkG § 2 Rn. 3; Eylmann/Vaasen/*Limmer* BeurkG § 2 Rn. 8b; vgl. auch Rundschreiben der BNotK DNotZ 1998, 913.

[10] *Winkler* BeurkG Einl. Rn. 47.

[11] Vgl. *Winkler* BeurkG Einl. Rn. 47; Eylmann/Vaasen/*Limmer* BeurkG § 2 Rn. 8b.

[12] Vgl. LG Aachen MittRhNotK 1987, 157 für Bescheinigung entsprechend § 21 BNotO.

die nicht Beurkundungstätigkeit ist,[13] gilt das Verbot nur eingeschränkt: Ersucht ein ausländischer Notar einen deutschen Notar, ihn bei seinen Amtsgeschäften zu unterstützen, darf sich der deutsche Notar zu diesem Zweck ins Ausland begeben (§ 11a BNotO), insbesondere zur Erteilung von Rechtsrat im deutschen Recht,[14] beurkunden darf er dort aber nicht. Ob eine nicht auf Ersuchen eines ausländischen Notars im Ausland erfolgende Rechtsberatung zulässig ist, bleibt offen, dürfte aber, da keine Beurkundung, zulässig sein.

7　　Das Territorialitätsprinzip hat auch jeder ausländische Notar zu beachten, selbst wenn er in einem EU-Mitgliedsstaat zugelassen ist. Zwar hat der EuGH[15] in seiner Entscheidung über die Zulässigkeit von Staatsangehörigkeitsvorbehalten (vgl. § 5 BNotO aF) die Urkundtätigkeit deutscher Notare nicht als Ausübung öffentlicher Gewalt iSd Art. 45 Abs. 1 EGV (= Art. 51 Abs. 1 AEUV) qualifiziert, die von der Niederlassungsfreiheit des Art. 43 EGV (= Art. 49 AEUV) ausgenommen ist. Der BGH hat aber das Verbot einer notariellen Urkundtätigkeit eines EU-Notars im Inland (vgl. § 11a S. 3 BNotO) als eine EU-rechtlich zulässige Beschränkung der Niederlassungsfreiheit angesehen.[16] Er kann aber auf Ersuchen eines inländischen Notars im Inland „kollegiale Hilfe leisten" (§ 11a S. 3 BNotO). Die Urkundtätigkeit eines deutschen Notars in den Niederlanden hat der BGH grundsätzlich für genehmigungspflichtig (§ 11 Abs. 2 BNotO) aber im konkreten Fall für nicht genehmigungsfähig gehalten, weil der Notar im Ausland seiner Pflicht nach § 17 Abs. 1 BeurkG nicht nachkommen könne, und offen gelassen, ob einer Genehmigung das Territorialitätsprinzip entgegensteht.[17] Sog. Unterstützungshandlungen im Ausland stehen dem inländischen Notar auf Ersuchen seines ausländischen Kollegen hingegen offen (§ 11a S. 1 BNotO).

B. Besondere Befugnisse

I. Abnahme von Eiden; eidliche Vernehmungen

8　　Ist nach dem Recht eines ausländischen Staates, den Bestimmungen einer ausländischen Behörde oder sonst zur Wahrnehmung von Rechten im Ausland ein Eid oder eine eidliche Vernehmung erforderlich, darf der Notar auf Antrag von Privatpersonen[18] den Eid abnehmen, also die Person vereidigen, bzw. die eidliche Vernehmung durchführen (§ 22 Abs. 1 BNotO). Entsprechendes gilt für eidesstattliche Versicherungen.[19] Bei Fällen mit reinem Inlandsbezug kann er dies nicht (Ausnahme: § 16 Abs. 3 BeurkG). Ob die Voraussetzungen dafür vorliegen, hat der Notar – da er hierzu Auslandsrecht kennen müsste – nicht zu prüfen. Er darf sich insofern auf plausible Angaben der Beteiligten verlassen.[20] Auf Wunsch von ausländischen Behörden oder Gerichten darf er nicht tätig werden. Diese sind auf Rechtshilfe angewiesen.[21]

9　　Das **Verfahren** für die **Abnahme von Eiden** richtet sich nach den für die Beurkundung von Willenserklärungen geltenden Vorschriften (§§ 38, 8 ff. BeurkG).[22] Ergänzend sind die Vorschriften der ZPO heranzuziehen (§§ 29 f. FamFG, §§ 478 – 484 ZPO). Es ist also eine entsprechende Niederschrift anzufertigen, zu verlesen, zu genehmigen und zu unterschreiben.[23] Zusätzlich hat der Notar über die Bedeutung des Eides zu belehren und dies in der Niederschrift zu vermerken (§ 38 Abs. 2 BeurkG).

---

[13] Vgl. Schippel/Bracker/*Püls* BNotO § 11a Rn. 6 ff.
[14] Vgl. Richtlinie der BNotK DNotZ 1999, 258 (264).
[15] DNotZ 2011, 462 (471).
[16] BGH DNotZ 2015, 944 (949).
[17] BGH ZNotP 2013, 112.
[18] Nicht auf Ersuchen einer ausländischen Stelle, vgl. Armbrüster/Preuß/Renner/*Preuß* BeurkG § 38 Rn. 4.
[19] Armbrüster/Preuß/Renner/*Preuß* BeurkG § 38 Rn. 11; Eylmann/Vaasen/*Limmer* BNotO § 22 Rn. 3; DNotI-Report 2012, 9 (10).
[20] Eylmann/Vaasen/*Limmer* BNotO § 22 Rn. 3.
[21] Vgl. Schippel/Bracker/*Reithmann* BNotO § 22 Rn. 5.
[22] Armbrüster/Preuß/Renner/*Preuß* BeurkG § 38 Rn. 18; Eylmann/Vaasen/*Limmer* BeurkG § 38 Rn. 2.
[23] *Winkler* BeurkG § 38 Rn. 1; Eylmann/Vaasen/*Limmer* BeurkG § 38 Rn. 8, 14.

In der Praxis von einiger Bedeutung sind die im anglo-amerikanischen Rechtskreis ver- **10** wendeten **Affidavits**. Dies sind beeidete Erklärungen, die in einer Vielzahl von Rechtsangelegenheiten als Beweismittel dienen, idR (nicht stets) Erklärungen mit besonderer Beteuerung und Bekräftigung, die mit einem Eid oder einer eidesstattlichen Versicherung nach deutschem Recht nicht vergleichbar sind, insbes. dann nicht, wenn ein „notary public" diese Erklärung entgegennehmen kann. Hierfür genügt ein bloßer Vermerk nach § 39 BeurkG.[24] Stellt das Affidavit nach der fremden Rechtsordnung ausnahmsweise mehr dar, ist das Verfahren nach § 38 BeurkG einzuhalten.[25]

Eine **Vernehmung** für Auslandszwecke von Personen mit dem Ziel, einen Sachverhalt **11** zu erforschen und die Aussage eidlich bekräftigen zu lassen,[26] wird in der Praxis kaum vorkommen. Auch hier dürften neben § 38 BeurkG ergänzend über §§ 29 f. FamFG die Bestimmungen über die Vernehmung von Zeugen und Sachverständigen (§§ 385 ff. ZPO) in vorsichtiger Analogie heranzuziehen sein.

II. Bescheinigungen und Bestätigungen

Zur Verwendung im Ausland (wie im Inland) kann der Notar, auch ohne dass ein Zu- **12** sammenhang mit einer Beurkundung besteht, Bescheinigungen über rechtserhebliche Umstände ausstellen, die sich aus einer Eintragung im Handelsregister oder in einem ähnlichen Register (Vereins-, Genossenschafts- oder Partnerschaftsregister, wohl nicht Güterrechts- Schiffs- und Luftfahrtregister)[27] ergeben (§ 21 Abs. 1 BNotO). Zweisprachige Muster sind auf der Website der BNotK (www.bnotk.de unter Intern-Vordrucke) abrufbar. Beispielhaft zählt § 21 BNotO eine Bescheinigung über Vertretungsbefugnisse, das Bestehen oder den Sitz einer juristischen Person oder Handelsgesellschaft, die Firmenänderung und Umwandlung auf. Diese Registerbescheinigungen sind keine Tatsachen, sondern Rechtsbescheinigungen.[28] Sie können sowohl in Vermerkform (§§ 39–43 BeurkG) oder in der Form der Niederschrift (§§ 36, 37 BeurkG) erteilt werden. Die allgemeinen Befugnisse zur Erteilung von Bescheinigungen und Bestätigungen bleiben unberührt. Der Notar ist also auch befugt, für Auslandszwecke etwa so genannte Notarbestätigungen, in denen er gutachterlich Stellung nimmt (§ 24 BNotO), auszustellen Der Notar darf eine solche Bescheinigung aufgrund Einsicht in ein ausländisches – dem deutschen Handelsregister vergleichbares – Register für inländische Zwecke ausstellen.[29] Besteht im Ausland kein entsprechendes Register, nimmt die Bescheinigung nicht an der Beweiswirkung des § 21 BNotO teil, sondern ist wie ein Rechtsgutachten zu behandeln.[30]

III. Zustellung ausländischer Schriftstücke

Die dem Notar eingeräumte Befugnis, im Privatrechtsverkehr Erklärungen zuzustellen **13** (vgl. § 20 Abs. 1 S. 2 BNotO), erfasst auch die Zustellung von Erklärungen aus dem Ausland an im Inland wohnende Personen, etwa die Zustellung von Klagen oder Ladungen

---

[24] Schippel/Bracker/*Reithmann* BNotO § 22 Rn. 21 ff.; DNotI-Report 1996, 4; Armbrüster/Preuß/Renner/*Preuß* BeurkG § 38 Rn. 7; aA *Brambring* DNotZ 1976, 735 mit deutschem Muster für Beurkundung; *Hagena* DNotZ 1978, 388; Eylmann/Vaasen/*Limmer* BeurkG § 38 Rn. 11.

[25] Armbrüster/Preuß/Renner/*Preuß* BeurkG § 38 Rn. 7; Eylmann/Vaasen/*Limmer* BeurkG § 38 Rn. 10; Staudinger/*Hertel* BeurkG Rn. 594.

[26] Vgl. Schippel/Bracker/*Reithmann* BNotO § 22 Rn. 5.

[27] Vgl. Armbrüster/Preuß/Renner/*Preuß* BeurkG § 39 Rn. 6; Eylmann/Vaasen/*Limmer* BNotO § 21 Rn. 9.

[28] Armbrüster/Preuß/Renner/*Preuß* BeurkG § 36 Rn. 21.

[29] OLG München RNotZ 2016, 97; OLG Düsseldorf NZG 2015, 199; OLG Nürnberg DNotZ 2014, 626 (628); OLG Schleswig DNotZ 2008, 709 f.; LG Aachen MittRhNotK 1988, 157; Armbrüster/Preuß/Renner/*Piegsa* BeurkG § 12 Rn. 38; Eylmann/Vaasen/*Limmer* BNotO § 21 Rn. 9a; *Winkler* BeurkG § 12 Rn. 25; aA *Wachter* NotBZ 2004, 41 (47); *Pfeiffer* Rpfleger 2012, 240 (244).

[30] OLG Nürnberg DNotZ 2014, 626 (630); Armbrüster/Preuß/Renner/*Piegsa* BeurkG § 12 Rn. 38; Eylmann/Vaasen/*Limmer* BNotO § 21 Rn. 9a; aA OLG München RNotZ 2016, 97; OLG Düsseldorf NZG 2015, 199.

im Zusammenhang mit einem vor einem ausländischen Gericht anhängigen Verfahren.[31] Eine Prüfungspflicht dahingehend, ob das Verfahrensrecht des Staates, aus dem der Antrag auf Zustellung stammt, die Art der vom Notar gewählten Zustellung zulässt, trifft den Notar nicht.

C. Aufklärungs-, Hinweis- und Belehrungspflichten

I. Aufklärungspflichten

14 Grundsätzlich trifft den Notar keine Pflicht, nach einer Auslandsberührung zu forschen.[32] Nur wenn objektiv erkennbare **Anhaltspunkte** für eine Auslandsberührung vorliegen, hat er diesen nachzugehen.[33] Anhaltspunkte können sein: Sprache, Ausweispapiere, Name (und zwar Vor- **und** Familienname),[34] Wohnort, Belegenheit des Grundbesitzes oder Gesellschaftssitz im Ausland. Aussehen (etwa Hautfarbe) ist heute kein sicheres Indiz mehr. Auf die tatsächlichen Angaben der Beteiligten darf er sich verlassen.[35] Dies gilt auch für Angaben über die Staatsangehörigkeit. Zwar besteht die Gefahr, dass die Auslandsberührung nicht erkannt und so die von den Beteiligten gewünschte Lösung verfehlt wird; das Risiko unvollständiger Sachverhaltsaufklärung mangels eindeutiger Anhaltspunkte dürfte aber bei ausländischen Beteiligten nicht größer sein als bei deutschen.

II. Hinweis- und Belehrungspflichten

15 Ist wegen der Auslandsberührung ausländisches Recht anzuwenden oder bestehen daran Zweifel, sind die Beteiligten darauf hinzuweisen (§ 17 Abs. 3 S. 1 BeurkG). Zur **Belehrung** über den Inhalt der in Frage kommenden ausländischen Rechtsordnung und deren rechtliche Tragweite für das beabsichtigte Rechtsgeschäft ist der Notar nicht verpflichtet (§ 17 Abs. 3 S. 2 BeurkG), und zwar auch dann nicht, wenn die Beteiligten ausländisches Recht – etwa gemäß Art. 14 Abs. 2, Abs. 3, 15 Abs. 2 EGBGB – gewählt haben.[36] Vollständig ist der Hinweis aber erst, wenn die Beteiligten auch darauf aufmerksam gemacht wurden, dass deutsches Recht doch anzuwenden ist, wenn dieses ausländische Recht auf deutsches Recht zurückverweist.[37] Denn diese Rückverweisung nimmt das deutsche Recht an (§ 4 Abs. 1 S. 2 EGBGB). Zum ausländischen Recht zählen nicht die Regeln des deutschen IPR, die anwendbaren bi- oder multilateralen Abkommen oder primäre und sekundäre EU-Vorschriften.[38] Diese muss der Notar – weil sie wie inländisches Recht behandelt werden – kennen.[39] Der Notar muss nicht darauf hinweisen – auch wenn es zweckmäßig sein dürfte –, dass ihm ein ausländisches Recht unbekannt ist. Dies versteht sich von selbst.[40]

16   Für einen gewissenhaften Berater ist die **Beschränkung** auf diesen Hinweis unbefriedigend. Denn die Beteiligten wünschen keine Urkunde, „die sich jenseits der Grenze als wertloses Papier entpuppt".[41] So gehört es zur Betreuungspflicht, den Beteiligten zu ra-

---

[31] Vgl. *BMJ* DNotZ 1962, 59.

[32] Eylmann/Vaasen/*Frenz* BeurkG § 17 Rn. 62; *Winkler* BeurkG § 17 Rn. 271.

[33] BGH DNotZ 1963, 315 (316); *Bardy* MittRhNotK 1993, 305.

[34] *Lichtenberger* MittBayNot 1986, 111.

[35] BGH DNotZ 1996, 563 (564); Eylmann/Vaasen/*Frenz* BeurkG § 17 Rn. 6; Armbrüster/Preuß/Renner/ *Armbrüster* BeurkG § 17 Rn. 19.

[36] *Meyer* DNotZ 2018, 726 (729); *Böhringer* BWNotZ 1988, 49 (50); *Bardy* MittRhNotK 1993, 305 (307); Eylmann/Vaasen/*Frenz* BeurkG § 17 Rn. 62.

[37] Armbrüster/Preuß/Renner/*Armbrüster* BeurkG § 17 Rn. 238 ff.; *Winkler* BeurkG § 17 Rn. 271.

[38] Armbrüster/Preuß/Renner/*Armbrüster* BeurkG § 17 Rn. 238; *Winkler* BeurkG § 17 Rn. 271; *Meyer* DNotZ 2018, 726 (729).

[39] BGH NJW 1993, 2305 (2306); *Schütze* DNotZ 1992, 66 (76); *Winkler* BeurkG § 17 Rn. 271; Eylmann/ Vaasen/*Frenz* BeurkG § 17 Rn. 62.

[40] AA OLG Düsseldorf DNotI–Report 1995, 118 f.; Armbrüster/Preuß/Renner/*Armbrüster* BeurkG § 17 Rn. 239.

[41] *Sturm* FS Ferid 1978, 428.

ten, **Auskünfte** über das anwendbare Recht und seinen Inhalt einzuholen, um so eine tragfähige Gesamtlösung zu erzielen.[42] Dabei dürfte den Beteiligten bei der Gestaltung eines Rechtsverhältnisses in der Regel am ehesten mit dem Rat gedient sein, einen Notar oder Rechtsanwalt in dem betreffenden Staat hinzuzuziehen und mit ihm die Vorschläge abzustimmen. Im Ausnahmefall mag auch das Gutachten eines mit Fragen des betreffenden Auslandsrechts vertrauten deutschen Experten hilfreich sein. Zeitschriften veröffentlichen von Zeit zu Zeit eine Liste der deutschen Experten.[43] Das Europäische Rechtsauskunftsübereinkommen[44] erlaubt bedauerlicherweise nur Gerichten, nicht aber Notaren, Auskünfte im betreffenden Land einzuholen. Abgemildert wird dies durch § 11a BNotO, wonach sich ein ausländischer Notar auf Ersuchen seines inländischen Kollegen zum Zwecke der Rechtshilfe ins Inland begeben darf, um dort Rechtsrat in seinem Heimatrecht zu erteilen. Auskünfte vermittelt und Gutachten erstellt auch das Deutsche Notarinstitut, Würzburg (www.dnoti.de/).

In der Urkunde soll vermerkt werden, dass auf die Anwendung ausländischen Rechts 17 hingewiesen wurde (§ 17 Abs. 3 BeurkG).

Formulierungsbeispiel: Hinweis auf ausländisches Recht 18

Der Notar hat die Beteiligten darauf hingewiesen, dass das Recht des Staates *** zur Anwendung kommen, danach das Rechtsgeschäft unwirksam sein oder der mit ihm verfolgte Zweck beeinträchtigt werden kann. Es ist aber auch möglich, dass dieses ausländische Recht deutsches Recht verbindlich für anwendbar erklärt. Das Recht des Staates *** kennt der Notar allerdings nicht und kann darüber auch keine Auskünfte geben.

Der Notar hat den Beteiligten geraten, sich Klarheit über die Auslandsrechtsfragen zu verschaffen und daher einen Rechtsanwalt/Notar in *** hinzuzuziehen oder das Gutachten eines mit dem Recht des Landes *** vertrauten Experten einzuholen.

Die Beteiligten wünschten dennoch die sofortige Beurkundung.

III. Auskünfte über ausländisches Recht

Der Notar ist – ohne gegen die BNotO zu verstoßen – **berechtigt,** Auskünfte über 19 fremdes Recht zu geben und auf dessen Basis rechtsgestaltend tätig zu werden. Weiß der Notar, dass die anzuwendende Rechtsordnung das Rechtsgeschäft nicht anerkennt (so kennen beispielsweise viele romanische Rechtsordnungen den Erbvertrag und den Erbverzicht nicht), sollte er die Beurkundung **ablehnen.** Bestehen die Beteiligten dennoch auf Beurkundung, könnte ein entsprechender **Hinweis** in die Urkunde aufgenommen werden.

Formulierungsbeispiel: Mangelnde Anerkennung im Ausland 20

Der Notar hat darauf hingewiesen, [*Alt. 1:* dass das Recht des Staates *** die Zuständigkeit des deutschen Notars verneint und deshalb das Rechtsgeschäft ins Leere geht] [*Alt. 2:* dass das Recht des Staates *** entgegensteht und deshalb Bedenken gegen die Gültigkeit des Rechtsgeschäfts bestehen können].

IV. Haftung

Da keine Pflicht zur Belehrung über ausländisches Recht besteht, kommt im Grundsatz 21 auch **keine Haftung** für etwaige negative Folgen des ausländischen Rechts in Frage. Be-

---

[42] *Schotten/Schmellenkamp* IPR Rn. 223; *Winkler* BeurkG § 17 Rn. 271.
[43] Zuletzt in DNotZ 2003, 310; ZEV 2006, 450.
[44] BGBl. 1974 II 937.

rät der Notar aber über ausländisches Recht, haftet er für falsche Auskünfte.[45] Vorsicht ist auch bei so genannten unverbindlichen Auskünften geboten.[46]

22   Haftungsfolgen können entstehen, wenn der objektiv erkennbaren Auslandsberührung nicht nachgegangen wurde oder der Hinweis nach § 17 Abs. 3 BeurkG nicht erfolgt oder unvollständig war.[47] Gemäß § 17 Abs. 3 S. 2 BeurkG muss der Notar die Beteiligten zwar nicht über den Inhalt ausländischer Rechtsordnungen belehren; er muss indes die Beteiligten darauf hinweisen, dass eine reine Orientierung am deutschen Recht zur Unwirksamkeit des beurkundeten Rechtsgeschäfts führen kann.[48] Hierfür und für eine Beratung über ausländisches Recht kann die Haftung nicht ausgeschlossen werden.[49] Der Vermerk nach § 17 Abs. 3 BeurkG dient lediglich **Beweiszwecken.** Fehlt er, muss der Notar im Schadensersatzprozess beweisen, dass er dennoch belehrt hat.[50]

D. Sprache, Schrift

I. Urkunden in fremder Sprache

23 Urkunden werden in deutscher Sprache errichtet (§ 5 Abs. 1 BeurkG). Wünschen die Beteiligten übereinstimmend die Errichtung in einer **fremden Sprache,** so steht es dem Notar frei, die Urkunde in der gewünschten Sprache zu errichten, wenn er ihrer **hinreichend kundig** ist (§ 5 Abs. 2 BeurkG). Er kann die Beurkundung in einer fremden Sprache ohne weiteres ablehnen,[51] auch wenn er diese Sprache beherrscht. Dies gilt für alle Arten und Formen notarieller Beurkundung, also sowohl für die Beurkundung von Willenserklärungen, einschließlich Verfügungen von Todes wegen, als auch sonstige Beurkundungen (§§ 36–42 BeurkG). Nicht erforderlich ist, dass die Beteiligten die Urkundssprache verstehen. Der Text muss ihnen dann aber übersetzt werden (→ Rn. 31 ff.).

24   Bei der Gestaltung der Urkunde hat der Notar großen Spielraum: Die Urkunde kann in der fremden Sprache,[52] oder teils in Deutsch und teils in einer oder mehreren Fremdsprachen abgefasst sein. Bedenkenfrei sind die in der Praxis häufig verwandten **zweisprachigen Urkunden,** in denen dem deutschen Text der fremdsprachige Text gegenübergestellt wird.[53] Um Auslegungsschwierigkeiten oder Zurückweisungen durch die Register zu vermeiden, sollte klargestellt werden, welche Sprache maßgeblich ist. Ist dies die fremde Sprache, kann es für die Abwicklung im Inland zweckmäßig sein, den übersetzten deutschen Text zu verwenden (§ 50 BeurkG, → Rn. 43). Besonderheiten bestehen beim **Time-Sharing-Vertrag** (§ 483 Abs. 1 BGB). Wurde dieser von einem deutschen Notar beurkundet, ist er dem Verbraucher in beglaubigter Übersetzung (in der von ihm gewählten Sprache) auszuhändigen (§ 483 Abs. 2 BGB), andernfalls ist er nichtig (§ 483 Abs. 3 BGB).

25   Der Notar beurteilt selbst, ob er der fremden Sprache hinreichend kundig ist. Dabei ist von Fall zu Fall zu unterscheiden: Schulkenntnisse mögen für die Abfassung eines Beglaubigungsvermerks ausreichen, die eines Grundstückskaufvertrags oder eines Gesellschaftsvertrags setzt **Vertrautheit** mit der fremden Rechtsterminologie voraus. Entscheidend

---

[45] Armbrüster/Preuß/Renner/*Armbrüster* BeurkG § 17 Rn. 244; *Haug/Zimmermann* Amtshaftung Rn. 964; Eylmann/Vaasen/*Frenz* BeurkG § 17 Rn. 62.

[46] *Haug/Zimmermann* Amtshaftung Rn. 552; differenzierend *Drasch* MittBayNot 1996, 187.

[47] *Winkler* BeurkG § 17 Rn. 271; Armbrüster/Preuß/Renner/*Armbrüster* BeurkG § 17 Rn. 237; aA *Reithmann/Albrecht* Rn. 165.

[48] Vgl. OLG Frankfurt a.M. NJW 2001, 392.

[49] Ähnl. *Bardy* MittRhNotK 1993, 305 (309).

[50] Armbrüster/Preuß/Renner/*Armbrüster* BeurkG § 17 Rn. 157; *Winkler* BeurkG § 17 Rn. 278; *Bardy* MittRhNotK 1993, 305 (307 f.).

[51] Eylmann/Vaasen/*Miermeister/de Buhr* BeurkG § 5 Rn. 1; Armbrüster/Preuß/Renner/*Preuß* BeurkG § 5 Rn. 5; *Winkler* BeurkG § 5 Rn. 6.

[52] Vgl. LG Düsseldorf NZG 1999, 730.

[53] Wie hier: Armbrüster/Preuß/Renner/*Preuß* BeurkG § 5 Rn. 8; *Winkler* BeurkG § 5 Rn. 1; Eylmann/Vaasen/*Miermeister/de Buhr* BeurkG § 5 Rn. 1; s. auch *Ott* RNotZ 2015, 189 (193).

wird sein, ob der Notar für die sachliche Richtigkeit die Verantwortung übernehmen kann.[54] Werden dem Notar von ihm selbst nicht gefertigte fremdsprachige Texte vorgelegt, muss er den gesamten Text verstehen, um erkennen zu können, ob er tätig werden darf (vgl. § 4 BeurkG). Dies gilt allerdings nicht, wenn er nur die Unterschriften unter dem Text beglaubigen soll.[55]

Geringere Kenntnisse der fremden Sprache reichen für die Fertigung beglaubigter 26 Abschriften fremdsprachiger Texte aus.[56] Verfügt der Notar über gewisse Kenntnisse der Sprache und kennt er die Schriftzeichen, soll er beglaubigen dürfen, wenn nach Würdigung der Gesamtumstände (einschließlich der äußeren Form der Urkunde) keine Anhaltspunkte für eine Ablehnung vorliegen. Kennt der Notar weder Schriftzeichen noch Sprache, soll er nur beglaubigen dürfen, wenn ein Grund für die Notwendigkeit der Beglaubigung glaubhaft gemacht wird. Geringere Anforderungen sind dann zu stellen, wenn die zu beglaubigenden Abschriften im Heimatland des Betreffenden oder einem Land gleicher Sprache benötigt werden.[57] Diese Kriterien erscheinen überzogen, behindern sie doch den stetig wachsenden Rechtsverkehr mit dem Ausland. Es sollte dem pflichtgemäßen Ermessen des Notars – wie bei der Unterschriftsbeglaubigung – überlassen bleiben, ob er tätig werden will.[58]

Beurkundet der Notar, obwohl er der Sprache nicht hinreichend kundig ist, ist die 27 Urkunde dennoch wirksam.[59] Dies kann aber dienst- und haftungsrechtliche Folgen nach sich ziehen.

II. Verhandlungssprache

Von der Urkundssprache zu unterscheiden ist die Sprache, in der die Verhandlung geführt 28 wird. Grundsätzlich kann in **jeder Sprache** verhandelt werden, auch in einer Sprache, die nicht Urkundssprache wird.[60] So kann etwa in Deutsch verhandelt und anschließend die Urkunde in der gewünschten fremden Sprache errichtet werden oder umgekehrt. Letzteres dürfte dann angezeigt sein, wenn der Notar in der fremden Sprache zwar verhandeln und belehren, nicht aber einen Text verfassen kann. Vermag der Notar in der fremden Sprache nicht zu verhandeln, hat er einen Dolmetscher hinzuzuziehen.

III. Fremdsprachige Texte/Muster

Für die Praxis mit Auslandsberührung dürften folgende Veröffentlichungen hilfreich sein: 29
- **Beglaubigungsvermerke** und **Registerbescheinigungen** in englischer Sprache: WürzNotar-HdB/*Hertel* Teil 7 Kap. 1; *Schervier* MittBayNot 1989, 198; *Röll* MittBayNot 1977, 107; Beglaubigungsvermerke in insgesamt 14 Sprachen: *Röll* DNotZ 1974, 423.
- Einheitliche Formulare für **Vollmachten** (unter anderem General-, Grundstücksverkaufs-, Grundstückserwerbs-, Gesellschaftsgründungs-, Nachlassvollmacht) zur Verwendung in den meisten europäischen Ländern in zehn verschiedenen Sprachen: *Internationale Union des Lateinischen Notariats,* Neuauflage BNotK.
- **Grundstücksrecht** mit Mustervertrag in Englisch: *Usinger/Schneider,* Real Property in Germany, 7. Aufl. 2008; *Mütze/Senff/Müller,* Real Estate Investments in Germany, 2. Aufl. 2012.

---

[54] *Winkler* BeurkG § 5 Rn. 8; *Ott* RNotZ 2015, 189; zu weitgehend: *Schütze* DNotZ 1992, 66 (72): „wirklich perfekt".
[55] Armbrüster/Preuß/Renner/*Preuß* BeurkG § 40 Rn. 21; *Winkler* BeurkG § 40 Rn. 44.
[56] Zum Streitstand s. *Winkler* BeurkG § 42 Rn. 17 ff.; DNotI–Report 2008, 145.
[57] S. *BMJ* DNotZ 1983, 523.
[58] Ähnlich *Winkler* BeurkG § 42 Rn. 20; Armbrüster/Preuß/Renner/*Preuß* BeurkG § 42 Rn. 11; *Grziwotz/Heinemann* BeurkG § 42 Rn. 22.
[59] *Winkler* BeurkG § 5 Rn. 7; Armbrüster/Preuß/Renner/*Preuß* BeurkG § 5 Rn. 6; Eylmann/Vaasen/*Miermeister/de Buhr* BeurkG § 5 Rn. 3.
[60] Armbrüster/Preuß/Renner/*Preuß* BeurkG § 5 Rn. 7; *Winkler* BeurkG § 5 Rn. 9; Eylmann/Vaasen/*Miermeister/de Buhr* BeurkG § 5 Rn. 4.

– Erläuterungen zum Recht der **GmbH** mit GmbHG und **Gesellschaftsvertrag** in Englisch:
  Peltzer/Brooks/Hopcroft, GmbHG Deutsch-Englisch, 4. Aufl. 2000; in Französisch: *de Lousanoff/
  Laurin*, La GmbH, 3. Aufl. 2010; Erläuterungen zum Recht der **AG** mit AktG in Englisch:
  Peltzer/Hickinbotham, AktG und MitbestG Deutsch-Englisch, 1999; *Schneider/Heidenhain*, The
  German Stock Corporation Act, 2000; zum **UmwG/UmwStG** in Englisch: *Benkert/Bürle*,
  Umwandlungsgesetz/Umwandlungssteuergesetz, 1999; *Lainé/Leutner*, Standardvertragsmuster
  zum Handels- und Gesellschaftsrecht Deutsch-Französisch, 2013; *Otto/Haneke/Sánchez*, Stan-
  dardmuster zum Gesellschaftsrecht Deutsch-Spanisch, 2016, *Stummel*, Standardvertragsmuster
  zum Handels- und Gesellschaftsrecht Deutsch-Englisch, 2014; *Walz*, Beck'sches Formularbuch
  Zivil-, Wirtschafts- und Unternehmensrecht Deutsch/Englisch, 4. Aufl. 2018.
– **Gesamtdarstellung** des deutschen Rechts in englischer Sprache: Auf der Homepage des Bundesministeriums für Justiz und Verbraucherschutz (bmju.de) unter Translation; *Campbell/Rüster*,
  Business Transactions in Germany, 2007; *Reimann/Zekoll*, Introduction to German Law, 2006.

IV. Fremde Schrift, Unterschrift

30 Kann die Urkunde in fremder Sprache errichtet werden, so schließt dies die Verwendung
der dieser Sprache eigentümlichen Schriftzeichen (zB arabisch, japanisch) ein.[61] Ausländer
dürfen ihre Unterschrift auch in fremden Schriftzeichen leisten.[62]

E. Übersetzung

I. Übersetzung bei Beurkundung

31 **1. Verfahren.** Ist bei Beurkundungen von Willenserklärungen, der Abnahme von Eiden
und bei der Aufnahme eidesstattlicher Versicherungen (§ 38 Abs. 1 BeurkG) ein Beteiligter der Sprache, in der die Niederschrift abgefasst ist, nach seinen Angaben oder nach
(pflichtgemäßer) Überzeugung des Notars nicht hinreichend kundig, ist folgendermaßen
zu verfahren (§ 16 BeurkG):
(1) Der deutsche Text der Niederschrift einschließlich ihrer zu verlesenden Anlagen ist
den **sprachkundigen** Beteiligten **vorzulesen.**
(2) Dieser Text einschließlich der zu verlesenden Anlagen ist dem **Sprachunkundigen**
vollständig mündlich, entweder durch den Notar oder von einem Dolmetscher, zu
übersetzen. Der Text der Niederschrift ist nicht zwingend wortwörtlich zu übersetzen – dies ist häufig angesichts unterschiedlicher rechtlicher Begrifflichkeiten fremder
Länder auch gar nicht möglich – sondern sinngemäß, aber vollständig und nicht zusammenfassend.[63] Die Übersetzung kann alternierend (zB Seite für Seite) oder nach
Abschluss der gesamten Niederschrift erfolgen.[64] Sind alle Beteiligten sprachunkundig,
kann sofort übersetzt werden, ohne dass zuvor der deutsche Text verlesen werden
muss (§ 16 Abs. 2 S. 1 BeurkG). Die Übersetzung ersetzt dann die Verlesung für
Sprachunkundige.[65] Versteht der Beteiligte nur bestimmte Teile der Niederschrift
nicht, soll es nicht ausreichend sein, wenn ihm nur diese übersetzt werden.[66] Dies
erscheint nicht recht verständlich. Auf die Übersetzung kann **in keinem Fall** verzichtet werden. Im Verzicht auf das Verlesen von Urkunden, auf die in der Niederschrift

---

[61] Armbrüster/Preuß/Renner/*Preuß* BeurkG § 5 Rn. 8; *Winkler* BeurkG § 5 Rn. 7.
[62] Armbrüster/Preuß/Renner/*Piegsa* BeurkG § 13 Rn. 49; *Winkler* BeurkG § 13 Rn. 52.
[63] Armbrüster/Preuß/Renner/*Piegsa* BeurkG § 16 Rn. 19; *Winkler* BeurkG § 16 Rn. 14; aA LG Dortmund
NotBZ 2005, 342 („wortgetreu").
[64] *Winkler* BeurkG § 16 Rn. 16.
[65] *Winkler* BeurkG § 16 Rn. 16; Armbrüster/Preuß/Renner/*Piegsa* BeurkG § 16 Rn. 18; *Grziwotz/Heine-
mann* BeurkG § 16 Rn. 19; DNotI-Report 2006, 183.
[66] So LG Dortmund NotBZ 2005, 342; Armbrüster/Preuß/Renner/*Piegsa* BeurkG § 16 Rn. 12, 20; Eyl-
mann/Vaasen/*Limmer* BeurkG § 16 Rn. 8; *Grziwotz/Heinemann* BeurkG § 16 Rn. 11; *Winkler* BeurkG
§ 16 Rn. 7; DNotI-Report 2013, 129 (130).

verwiesen wird (§§ 13a, 14 BeurkG), soll allerdings auch ein zulässiger Verzicht auf die Übersetzung dieser Urkunden zu sehen sein.[67] Die Sprachunkundigkeit soll in der Niederschrift festgestellt werden. Auch wenn alle Beteiligten der Sprache der Übersetzung mächtig sind und einige von ihnen auch der Urkundssprache, soll der Text in der Urkundssprache zu verlesen sein.[68]

(3) Der Sprachunkundige ist darauf hinzuweisen, dass er zusätzlich eine schriftliche Übersetzung zur **Durchsicht** verlangen kann (§ 16 Abs. 2 S. 3 BeurkG).

(4) Die schriftliche **Übersetzung** ist der Niederschrift **beizufügen** (§ 16 Abs. 2 S. 2 BeurkG); Verbindung mit Schnur und Siegel (§ 44 BeurkG) ist nicht zwingend, aber zweckmäßig.[69]

(5) Bei der Übersetzung durch **Dolmetscher** ist
– dessen Identität festzustellen;
– zu prüfen, ob Ausschlussgründe vorliegen (§§ 6, 7 BeurkG);
– dieser zu vereidigen, es sei denn, alle Beteiligten verzichten;
– die Niederschrift auch von dem Dolmetscher zu unterschreiben.

Die Umgehung dieses Verfahrens durch Auftreten eines (sprachkundigen) vollmachtlosen **32** Vertreters des Sprachunkundigen mit anschließender Genehmigung mag im Einzelfall geboten, als Regel dürfte es standeswidrig sein.[70]

Bei der Erklärung **letztwilliger Verfügungen** gilt das hier geschilderte Verfahren mit **33** der Abweichung, dass der letztwilligen Verfügung unaufgefordert eine schriftliche Übersetzung beizufügen ist, es sei denn, es wird darauf in der Niederschrift verzichtet (§ 32 BeurkG). Bei **Unterschriftsbeglaubigungen** findet § 16 BeurkG keine Anwendung.[71]

2. Sprachunkundigkeit. Nach der Rechtsprechung[72] ist derjenige kundig, der **fähig** ist, **34** seine Gedanken klar und deutlich auszudrücken, nicht derjenige, der lediglich Gesprochenes zu verstehen vermag. Hiernach liegt Kundigkeit vor, wenn die Sprache mit Akzent oder geringen grammatikalischen Fehlern gesprochen wird, nicht aber bei demjenigen, der die Sprache nur „gebrochen" spricht und deshalb seine Vorstellungen während der Verhandlung nicht schnell und mühelos einbringen kann. Andere lassen richtigerweise ausreichen, dass der Beteiligte den Inhalt der Niederschrift und die Belehrung des Notars versteht und sein Einverständnis zum Ausdruck bringen kann.[73] Mit dem Zusatz „hinreichend" (§ 16 Abs. 1 BeurkG) wird klargestellt, dass es von dem konkreten Geschäft abhängt, auf welche Qualität der Sprachkenntnisse es ankommt.[74] Passive Kenntnisse können deshalb durchaus genügen.[75]

Gibt ein Beteiligter an, der Sprache unkundig zu sein, ist der Notar – auch wenn er **35** von dem Gegenteil überzeugt ist – daran gebunden.[76]

3. Dolmetscher. Übersetzen muss entweder der Notar selbst (§ 16 Abs. 3 S. 1 BeurkG) **36** oder ein Dolmetscher. Ob der Notar einen Dolmetscher hinzuzieht, steht in seinem **Ermessen.** Er muss es tun, wenn er selbst der fremden Sprache nicht hinreichend kundig ist, was er selbst einzuschätzen hat. Die Übersetzung kann auf der Basis einer schriftlichen

---

[67] Eylmann/Vaasen/*Limmer* BeurkG § 16 Rn. 8; *Winkler* BeurkG § 16 Rn. 12.
[68] *Winkler* BeurkG § 16 Rn. 11, 16; Eylmann/Vaasen/*Limmer* BeurkG § 16 Rn. 8; DNotI-Report 2006, 183 (184).
[69] *Winkler* BeurkG § 16 Rn. 17; Eylmann/Vaasen/*Limmer* BeurkG § 16 Rn. 9.
[70] Armbrüster/Preuß/*Renner*/*Piegsa* BeurkG § 16 Rn. 40f.; *Grziwotz*/*Heinemann* BeurkG § 16 Rn. 7.
[71] OLG Karlsruhe DNotZ 2003, 296; *Winkler* BeurkG § 16 Rn. 2.
[72] BGH DNotZ 1964, 174 (176).
[73] BayObLG MittRhNotK 2000, 178; *Winkler* BeurkG § 16 Rn. 7; Eylmann/Vaasen/*Limmer* BeurkG § 16 Rn. 4; Staudinger/*Hertel* BeurkG Rn. 541.
[74] Armbrüster/Preuß/*Renner*/*Piegsa* BeurkG § 16 Rn. 11; Staudinger/*Hertel* BeurkG Rn. 541.
[75] Vgl. Armbrüster/Preuß/*Renner*/*Piegsa* BeurkG § 16 Rn. 10; *Winkler* BeurkG § 16 Rn. 6f; Eylmann/Vaasen/*Limmer* BeurkG § 16 Rn. 4.
[76] BGH DNotZ 1964, 174 (175); Armbrüster/Preuß/*Renner*/*Piegsa* BeurkG § 16 Rn. 13.

Übersetzung erfolgen, die von einem (sprachkundigen) Dritten erstellt wurde.[77] Verliest ein Mitarbeiter die schriftliche Übersetzung, wird darin nicht die Übersetzung des Notars gesehen, sondern die Übersetzung eines Dolmetschers,[78] wobei dann auch die Verfahrensregeln bei Übersetzung durch einen Dolmetscher eingehalten werden müssen. Der Notar muss die Sprache aber so hinreichend beherrschen, dass er überprüfen kann, ob sie mit den mündlichen Erklärungen tatsächlich übereinstimmt.[79] Bei der **Auswahl** des Dolmetschers ist zunächst darauf zu achten, dass dieser nach Überzeugung des Notars auch richtig übersetzen kann,[80] er kein Beteiligter oder eine bei der Beurkundung mitwirkende Person (zB Zeuge, auch Schreibzeuge, zweiter Notar) ist oder sonstige Ausschlussgründe vorliegen (vgl. §§ 6, 7 BeurkG). Ein geeigneter Dolmetscher ist nur derjenige, der die Kommunikation zwischen Notar und Sprachunkundigem in der Sprache herstellen kann, derer der Unkundige mächtig ist. Ein Sprachmittler ist unzulässig:[81] Übersetzung vom Deutschen ins Englische und vom Englischen ins Arabische, der Sprache des Betreffenden). Grundsätzlich sollte – wegen der damit verbundenen höheren Richtigkeitsgewähr – ein staatlich geprüfter Dolmetscher beigezogen werden,[82] bei komplexen Angelegenheiten vorzugsweise ein Fachdolmetscher. Dies ist jedoch – mangels entsprechender gesetzlicher Regelung – nicht zwingend. Bei einfachen Angelegenheiten kann die Hinzuziehung eines Privatdolmetschers – schon aus Kosten- und Zeitgründen – angemessener sein.[83] Dolmetscher kann auch ein Mitarbeiter des Notars sein.

37   Eine **Vereidigung** des Dolmetschers ist nur dann nicht vorzunehmen, wenn alle Beteiligten darauf verzichten, oder er bereits allgemein und nicht nur für bestimmte gerichtliche Angelegenheiten vereidigt ist. Die Vereidigung erfolgt entsprechend § 189 Abs. 2 GVG. Bei einer allgemeinen Vereidigung, dh die auch für die notarielle Amtstätigkeit gilt, ist Bezugnahme auf den bereits geleisteten Eid möglich. Im **Zweifel** sollte vereidigt werden. Ob sich die allgemeine Vereidigung auch auf notarielle Angelegenheiten erstreckt, richtet sich nach Landesrecht. In der Mehrheit der Länder sind die Dolmetscher auch für die Übersetzung notarieller Urkunden allgemein vereidigt.[84]

38   **4. Unwirksamkeit.** Die Sprachunkundigkeit soll in der Niederschrift festgestellt werden (§ 16 Abs. 1 BeurkG). Enthält die Urkunde diesen **Vermerk nicht,** bleibt sie dennoch **wirksam,** auch wenn der Notar die Sprachunkundigkeit erkannt bzw. der Beteiligte darauf hingewiesen hat.[85]

39   Ist die Sprachunkundigkeit in der Niederschrift aber vermerkt, muss, weil andernfalls die Urkunde unwirksam ist, Folgendes **zwingend** eingehalten werden:
- **Verlesung** der Niederschrift für die sprachkundigen Beteiligten;
- mündliche **Übersetzung** durch den Notar oder Dolmetscher; ein Verzicht auf die Übersetzung ist nicht möglich;[86]
- schriftliche Übersetzung bei **letztwilligen Verfügungen,** es sei denn, es wird verzichtet. Der Verzicht ist zwingend zu vermerken (§ 32 Abs. 2 Hs. 2 BeurkG).

---

[77] Armbrüster/Preuß/Renner/*Piegsa* BeurkG § 16 Rn. 23.
[78] Armbrüster/Preuß/Renner/*Piegsa* BeurkG § 16 Rn. 25; *Grziwotz/Heinemann* BeurkG § 16 Rn. 27.
[79] Armbrüster/Preuß/Renner/*Piegsa* BeurkG § 16 Rn. 25; *Grziwotz/Heinemann* BeurkG § 16 Rn. 38.
[80] *Hagena* DNotZ 1978, 391; Armbrüster/Preuß/Renner/*Piegsa* BeurkG § 16 Rn. 27; Eylmann/Vaasen/*Limmer* BeurkG § 16 Rn. 11.
[81] Vgl. OLG München MittBayNot 1986, 140 (141).
[82] *Renner* ZNotP 2005, 145 (146); *Eckhardt* ZNotP 2005, 221.
[83] Armbrüster/Preuß/Renner/*Piegsa* BeurkG § 16 Rn. 27; Eylmann/Vaasen/*Limmer* BeurkG § 16 Rn. 11.
[84] S. Nachw. bei Armbrüster/Preuß/Renner/*Piegsa* BeurkG § 16 Rn. 34.
[85] Vgl. BGH DNotZ 2002, 536 (538); OLG Köln MittBayNot 1999, 59f.; OLG München MittBayNot 1986, 140; *Winkler* BeurkG § 16 Rn. 11; Armbrüster/Preuß/Renner/*Piegsa* BeurkG § 16 Rn. 4f.
[86] Eylmann/Vaasen/*Limmer* BeurkG § 16 Rn. 3; Armbrüster/Preuß/Renner/*Piegsa* BeurkG § 16 Rn. 4f.; Staudinger/*Hertel* BeurkG Vorb. zu §§ 127a, 128 BGB Rn. 541f.

Die Verletzung der übrigen Bestimmungen des § 16 BeurkG macht die Urkunde nicht 40
unwirksam.[87] In der **Niederschrift** könnten die festgestellten Tatsachen etwa wie folgt
vermerkt werden:

> **Formulierungsbeispiel: Hinweis auf Sprachunkundigkeit** 41
>
> Der Erschienene versteht nur die französische Sprache. Es wurde daher als Dolmetscher ☺
> ***, geboren am ***, ausgewiesen durch ***, hinzugezogen, zu dessen Person Aus-
> schließungsgründe nicht vorlagen. Der Dolmetscher leistete den Dolmetschereid, indem
> er dem Notar die Worte nachsprach: Ich schwöre, treu und gewissenhaft zu übersetzen.
>
> Der Erschienene erklärte: [...].
>
> Diese Niederschrift wurde dem Erschienenen in Gegenwart des Notars anstelle des Vor-
> lesens von dem Dolmetscher in die französische Sprache übersetzt. Der Notar hat den
> Erschienenen darauf hingewiesen, dass er eine schriftliche Übersetzung verlangen kann,
> die der Niederschrift beigefügt wird. Hierauf wurde verzichtet. Diese Niederschrift wur-
> de von dem Erschienenen genehmigt und von ihm, dem Dolmetscher und dem Notar
> wie folgt unterschrieben:

II. Übersetzung von Urkunden

Die Gerichtssprache ist Deutsch, auch im FamFG-Verfahren (§§ 13, 184 GVG). Bei Vor- 42
lage ausländischer Urkunden kann (Ermessen) das Gericht eine Übersetzung verlangen
(§ 142 Abs. 3 ZPO). Flexible Registergerichte akzeptieren in der Regel einfache Erklärungen (Registerbescheinigungen, Vermerke) in Englisch oder Französisch auch ohne
Übersetzung; sonstige Erklärungen sind nur mit Übersetzung anzuerkennen.[88] Dies hat
insbesondere für Schriftstücke zu gelten, die jeder einsehen darf, zB Satzungen.

Für Übersetzungen gilt: Hat der **Notar** die Urkunde selbst in fremder Sprache errich- 43
tet oder ist er für die Erteilung einer Ausfertigung der Niederschrift zuständig (vgl. § 48
BeurkG), kann (Ermessen) er der von ihm oder einem Dritten angefertigten Übersetzung
ins Deutsche die **Richtigkeit** und **Vollständigkeit bescheinigen** (§ 50 Abs. 1 BeurkG).
Von einer derartigen Übersetzung können Ausfertigungen und Abschriften erteilt werden.
Die Übersetzung ist dann mit der Urschrift zu verwahren (§ 50 Abs. 3 S. 1 BeurkG).

> **Formulierungsbeispiel: Bescheinigung der Richtigkeit und Vollständigkeit der** 44
> **Übersetzung** ☺
>
> Hiermit bescheinige ich die Richtigkeit und Vollständigkeit der vorstehenden Überset-
> zung meiner Urkunde vom *** UR-Nr. *** aus dem Englischen.

Die Vollständigkeit und Richtigkeit der Übersetzung einer fremdsprachigen Urkunde – 45
auch einer notariellen – wird ferner dann vermutet, wenn dies ein dazu **besonders er-
mächtigter Übersetzer** bescheinigt (vgl. § 142 Abs. 3 S. 2 ZPO).

Hat der Notar die Urkunde nicht selbst errichtet oder verwahrt er die fremdsprachige 46
Urkunde nicht, kann er – nach dem Gesetzeswortlaut – auch wenn er der fremden Sprache
hinreichend kundig ist – **keine Übersetzungsbescheinigung** gemäß § 50 BeurkG mit
der darin vorgesehenen Beweisvermutung ausstellen. Aus praktischen und Kostengründen
wäre eine gesetzliche Korrektur dahingehend wünschenswert, dies dem Notar bei jeder
fremdsprachigen Urkunde zu ermöglichen, sofern ein Zusammenhang mit seiner Amtstätigkeit gegeben ist. Die Praxis hilft sich mit einer auf § 24 BNotO gestützten **Bestätigung,** in der darauf hingewiesen wird, dass der Notar die Übersetzung angefertigt hat
und die Vollständigkeit und Richtigkeit bestätigt.

---

[87] Armbrüster/Preuß/Renner/*Piegsa* BeurkG § 16 Rn. 4.
[88] Vgl. zB OLG Hamm RNotZ 2008, 360; LG Chemnitz NZG 2006, 517.

F. Aushändigung von Urschriften

47 Grundsätzlich darf der Notar weder Inländern noch Ausländern Urschriften seiner Urkunden aushändigen (§ 45 Abs. 1 BeurkG).

48 Der Notar darf **ausnahmsweise** einem Beteiligten die Urschrift einer Niederschrift aushändigen, wenn er darlegt, dass sie im Ausland verwandt werden soll, und sämtliche Personen, die eine Ausfertigung verlangen können (vgl. § 51 Abs. 1 BeurkG), zustimmen (§ 45 Abs. 2 S. 1 BeurkG). Damit soll der internationale Rechtsverkehr erleichtert werden. Denn viele Länder lassen nur das Original einer Urkunde als Beweismittel zu.[89] Für die Aushändigung der Urschrift kommt es also nicht darauf an, ob Ausländer beteiligt sind. Auch bei reiner Inländerbeteiligung kann die Urschrift unter den genannten Voraussetzungen ausgehändigt werden.

49 Für die **Darlegung** reicht es, wenn die **Auslandsverwendung** plausibel gemacht wird und kein Anlass zu Misstrauen besteht. Glaubhaftmachung ist also nicht erforderlich. Der Notar muss nicht prüfen, ob die Urkunde tatsächlich im Ausland verwandt wird oder ob das betreffende Ausland die Ausfertigung als nicht ausreichend ansieht.[90] Die Zustimmung der nach § 51 BeurkG Berechtigten kann formlos erfolgen; aus Nachweisgründen ist Schriftform ratsam.

50 Liegen beide Voraussetzungen vor, **muss** der Notar die Urschrift aushändigen.[91] Vorher hat er sie mit seinem Siegel zu versehen und von ihr für die Urkundensammlung eine Ausfertigung zurückzubehalten, die an die Stelle der Urschrift tritt. Auf ihr ist zu vermerken, wem und weshalb die Urkunde ausgehändigt wurde (vgl. § 45 Abs. 2 S. 2, S. 3 BeurkG). Die Urschrift einer Vermerkurkunde (§ 39 BeurkG) kann ausgehändigt werden, ohne dass die oben genannten Voraussetzungen vorliegen müssen (§ 45 Abs. 3 BeurkG).

2. Teil. Bestimmung des anwendbaren Rechts

A. Funktionsweise des Kollisionsrechts

I. Auffinden der einschlägigen Kollisionsnorm

Beispiel:

Eine 19 Jahre alte verheiratete türkische Staatsangehörige kommt in das Notariat und möchte ein Grundstück kaufen.

51 Da hier aufgrund der ausländischen Staatsangehörigkeit der Beteiligten eine „Auslandsberührung" vorliegt, ist für die Beantwortung der Frage, ob die Beteiligte volljährig ist und in welchem Güterstand sie lebt, das Internationale Privatrecht (IPR) anzuwenden (Art. 3 EGBGB). Das IPR bestimmt nicht unmittelbar, in welchem Alter Volljährigkeit eintritt oder welcher Güterstand für ausländische Staatsangehörige gilt (enthält also keine sog. **Sachnormen**). Vielmehr bestimmt das IPR, welches Recht bei Berührung des Sachverhalts zu mehreren Rechtsordnungen auf eine spezifische Rechtsfrage (Geschäftsfähigkeit bzw. güterrechtliche Wirkungen der Ehe) anzuwenden ist (**Kollisionsrecht**). Aus dem IPR ergibt sich lediglich die Verweisung auf eine bestimmte Rechtsordnung, also zB, ob im vorliegenden Fall auf die Beantwortung der konkreten Rechtsfrage das türkische Heimatrecht oder das deutsche Wohnsitzrecht anzuwenden ist. Diesem Recht ist dann die konkrete Rechtsfolge zu entnehmen.

---

[89] *Winkler* BeurkG § 45 Rn. 9.
[90] Armbrüster/Preuß/Renner/*Preuß* BeurkG § 45 Rn. 7; *Winkler* BeurkG § 45 Rn. 9.
[91] AA Armbrüster/Preuß/Renner/*Preuß* BeurkG § 45 Rn. 7; *Winkler* BeurkG § 45 Rn. 12: pflichtgemäßes Ermessen.

Bei der Anwendung einer Kollisionsnorm ist zunächst die konkrete Rechtsfrage einem 52
der im deutschen IPR verwandten kollisionsrechtlichen Systembegriffe zuzuordnen, um
die einschlägige Kollisionsnorm zu ermitteln (**Qualifikation**).

So ist im **Beispiel** die Frage nach der „Volljährigkeit" unter den Begriff der „Rechts- und
Geschäftsfähigkeit" iSv Art. 7 EGBGB zu subsumieren. Der Güterstand der Käuferin wie-
derum würde unter die „güterrechtlichen Wirkungen der Ehe" (Art. 15 EGBGB bzw. der
EuGüVO) fallen.

Anschließend ist die einschlägige Kollisionsnorm zu ermitteln. Eine systematische – 53
wenn auch nicht mehr vollständige – Kodifikation des Kollisionsrechts befindet sich in
Deutschland in den Art. 3 ff. EGBGB. **Vorrangig zu diesem „autonomen" IPR sind
Regelungen in völkerrechtlichen Vereinbarungen** zu beachten, soweit sie unmittelbar anwendbares innerstaatliches Recht geworden sind, Art. 3 Nr. 2 EGBGB. Das betrifft
einige bilaterale Abkommen und zahlreiche multilaterale Haager Übereinkommen (wie
zB das Haager Übereinkommen über das auf die Form letztwilliger Verfügungen anwendbare Recht vom 5. 10. 1961). Dazu wiederum vorrangig sind die in Art. 3 Nr. 1 EGBGB
aufgeführten **Rechtsakte der EU** auf dem Gebiet des IPR. Neben dem Schuldrecht
(Rom I-VO und Rom II-VO) und dem Erbrecht (die EuErbVO ist auf alle ab dem
17. 8. 2015 eingetretenen Erbfälle anwendbar, dazu → Rn. 214) werden auch auf dem
Gebiet des Familienrechts immer mehr Kollisionsnormen des EGBGB durch EU-Verord-
nungen ersetzt. Bislang betrifft dies das Unterhalts- und das Scheidungsrecht (EuUntVO
und Rom III-VO), für nach dem 29. 1. 2019 geschlossene Ehen auch das Güterrecht
(„EuGüVO").

Für das **Beispiel** ist zu beachten, dass auf dem Bereich des internationalen Güterrechts
zwar eine Verordnung der EU (EuGüVO) existiert, die erstmalig auf nach dem 29. 1. 2019
geschlossene Ehen anwendbar ist. Der Konsularvertrag mit der Türkischen Republik von
1929 enthält Sondervorschriften zur Bestimmung des auf die Erbfolge anwendbaren
Rechts (Nachlassabkommen), nicht aber zur Geschäftsfähigkeit oder zum Güterrecht. Das
Haager Kinderschutzübereinkommen (KSÜ) regelt zwar die vormundschaftliche Vertretung
Minderjähriger, nicht aber die dazu vorgreifliche Frage (Vorfrage), wer minderjährig ist bzw.
nach welchem Recht sich der Eintritt der Volljährigkeit bestimmt. Insoweit bleibt es daher
für die Geschäftsfähigkeit bei der Anwendung der in Art. 7 EGBGB und für den Güterstand
bei den in Art. 15 EGBGB bzw. in Art. 20 ff. EuGüVO enthaltenen nationalen (autonomen)
Kollisionsnormen.

Zur Bestimmung des anwendbaren Rechts stellt die Kollisionsnorm auf ein bestimmtes 54
Kriterium, wie zB die Staatsangehörigkeit einer Person, den gewöhnlichen Aufenthalt
oder den Ort, an dem ein Rechtsgeschäft vorgenommen wird (**Anknüpfungspunkt**) ab.
Die durch diesen Vorgang (Anknüpfung) bestimmte Rechtsordnung wird als „Statut" bezeichnet. Das auf die Geschäftsfähigkeit anwendbare Recht ist also das Geschäftsfähigkeitsstatut, das auf den Güterstand anwendbare Recht das Güterstatut und das auf die Erbfolge anwendbare Recht das Erbstatut. Wird das auf die persönlichen Rechtsverhältnisse
anwendbare Recht allgemein nach einem einheitlichen Anknüpfungspunkt bestimmt,
spricht man vom „Personalstatut". So wird im deutschen (autonomen) IPR das Personalstatut an die Staatsangehörigkeit einer Person angeknüpft, während in den Rechtsakten
der EU die Anknüpfung an den „gewöhnlichen Aufenthalt" favorisiert wird.

Zur Bestimmung der Rechts- und Geschäftsfähigkeit verweist Art. 7 Abs. 1 EGBGB auf das
Recht des Staates, dem der Betreffende angehört (Heimatrecht). Insoweit gilt also für die
türkische Käuferin im **Beispiel** das türkische Recht. Die güterrechtlichen Beziehungen werden gemäß Art. 15 Abs. 1 EGBGB iVm Art. 14 Abs. 1 Nr. 1 EGBGB bei einer vor dem 29. 1.
2019 geschlossenen Ehe vorrangig an die gemeinsame Staatsangehörigkeit der Eheleute
zum Zeitpunkt der Eheschließung angeknüpft. Insoweit wäre also im vorliegenden Fall zu

ermitteln, ob die Käuferin schon bei Heirat türkische Staatsangehörige war und welche Staatsangehörigkeit ihr Ehemann damals hatte.

55   Bei der Anwendung des so bestimmten Rechts, ausnahmsweise auch schon bei Anwendung der Kollisionsnorm, kann ein bestimmtes Rechtsverhältnis vorausgesetzt werden, das unter den Systembegriff einer anderen Kollisionsnorm fällt (sog. **Vorfrage**).

Im **Beispiel** hängt das das Entstehen eines ehelichen Vermögensregimes zB davon ab, dass die Ehe wirksam geschlossen wurde. Gleiches gilt in anderen Rechtsordnungen für einen vorzeitigen Eintritt der Geschäftsfähigkeit („Ehe macht mündig").

56   Die Vorfrage ist nach herrschender Meinung nach der Rechtsordnung zu beurteilen, die das deutsche IPR (hier also Art. 13 EGBGB) für anwendbar erklärt.[92] Die Anhänger der sog. unselbständigen Vorfragenanknüpfung[93] hingegen wollen das IPR des Staates anwenden, dessen Recht über die Hauptfrage entscheidet – im Beispiel dann also ggf. das türkische IPR.

II. Anknüpfungspunkte

57   Die Kollisionsnorm stellt die Verweisung auf das anwendbare Recht her, indem sie einen Anknüpfungspunkt bereitstellt. Der Gesetzgeber versucht auf diese Weise regelmäßig die Geltung des Rechts herzustellen, mit dem der Sachverhalt am engsten verbunden ist.

58   Im materiellen Schuldvertragsrecht dominiert die Vertragsautonomie. Daher ist auch im internationalen Vertragsrecht vorrangig eine **Rechtswahl** der Vertragsparteien zu beachten (Art. 3 Rom I-VO). „Objektive Anknüpfungen" sind dort erforderlich, wo die Vertragsparteien keine Rechtswahl getroffen haben (Art. 4 Rom I-VO) oder wo es verbraucherschützende Vorschriften gibt, denen der Verbraucher nicht durch eine Rechtswahlklausel entzogen werden soll (Art. 6 Rom I-VO). Im internationalen Ehe- und Erbrecht wird in neueren Rechtsakten zunehmend eine beschränkte Rechtswahlmöglichkeit zugestanden (zB Art. 22 EuGüVO, Art. 5 Rom III-VO, Art. 7, 8 HUP, Art. 22, 24, 25 EuErbVO). Da sich die Befugnis zur Rechtswahl unmittelbar aus dem deutschen bzw. europäischen IPR ergibt, ist es ohne Bedeutung, ob das bislang objektiv anwendbare (also das „abgewählte") ausländische Recht oder das durch Rechtswahl bestimmte Recht die Rechtswahl anerkennen oder nicht. Im internationalen Sachenrecht ist die **Belegenheit** der betroffenen Sache als Anknüpfungspunkt international weitgehend anerkannt (*lex rei sitae*, Art. 43 EGBGB).

59   In der notariellen Praxis dominieren Fragen aus dem internationalen Ehe-, Familien- und Erbrecht. Hier wird personenbezogen angeknüpft. Das auf die persönlichen Rechtsverhältnisse anwendbare Recht (**Personalstatut**) wird im deutschen (autonomen) IPR vorrangig an die **Staatsangehörigkeit** der betreffenden Person angeknüpft (Heimatrecht). Die Zugehörigkeit einer Person zu einem bestimmten Staat ergibt sich als öffentlich-rechtliche Vorfrage jeweils aus dem Staatsangehörigkeitsrecht des jeweiligen Staates. Die deutsche Staatsangehörigkeit ergibt sich also aus dem StAG und Art. 116 GG. Gehört eine Person mehreren Staaten an (Doppelstaater oder **Mehrstaater**), so ist im deutschen IPR stets vorrangig an die deutsche Staatsangehörigkeit anzuknüpfen (Art. 5 Abs. 1 S. 2 EGBGB). Bei einem Mehrstaater ohne deutsche Staatsangehörigkeit ist das Recht des Staates anzuwenden, mit dem er am engsten verbunden ist (so genannte effektive Staatsangehörigkeit). Bei **Staatenlosen** scheitert die Anknüpfung an die Staatsangehörigkeit. Ersatzweise ist an den gewöhnlichen Aufenthalt, hilfsweise an den schlichten Aufenthalt anzuknüpfen (Art. 5 Abs. 2 EGBGB, der auf Art. 12 der New Yorker Staatenlosenkonvention vom 28.9.1954 beruht). Das Personalstatut von internationalen Flüchtlingen wird gemäß Art. 12 der Genfer Flüchtlingskonvention vom 28.7.1951 ebenfalls nicht an die

---

[92] *Kegel/Schurig* IPR § 9 II S. 376; *Kropholler* IPR § 32 IV 2 S. 226.
[93] ZB MüKoBGB/*Sonnenberger* IPR Einl. Rn. 548.

Staatsangehörigkeit, sondern an den gewöhnlichen Aufenthalt angeknüpft. Den internationalen Flüchtlingen gleichgestellt sind gemäß § 2 Abs. 1 AsylVfG anerkannte **Asylbewerber.**[94]

Der **gewöhnliche Aufenthalt** wird im autonomen IPR als subsidiärer Anknüpfungs- 60 punkt zur Staatsangehörigkeit (vgl. Art. 14 Abs. 1 Nr. 2 EGBGB) sowie im Kindschaftsrecht (Art. 19 ff. EGBGB) eingesetzt. Im vereinheitlichen Europäischen Kollisionsrecht wird er wegen politisch bedingter Vorbehalte gegen das Staatsangehörigkeitsprinzip und der „Integrationswirkung" als primärer Anknüpfungspunkt favorisiert (vgl. zB Art. 21 EuErbVO, Art. 8 Rom III-VO, Art. 26 Abs. 1 lit. a EuGüVO). Hierbei handelt es sich um einen unbestimmten Rechtsbegriff. Maßgeblich soll der „Lebensmittelpunkt" einer Person sein.[95] Eine bestimmte Mindestdauer ist für die Begründung eines gewöhnlichen Aufenthalts nicht erforderlich. So kann bei einem Umzug in ein anderes Land – zB bei Zusammenzug von Ehegatten – schon mit dem Tag der Ankunft ein neuer gewöhnlicher Aufenthalt begründet und der alte gewöhnliche Aufenthalt aufgegeben sein. Andererseits wird ein Aufenthalt mit zeitlich beschränkter Perspektive wie ein Studienaufenthalt, eine Montagetätigkeit im Ausland oder die Entendung eines Diplomaten keinen gewöhnlichen Aufenthalt begründen. Grundsätzliche Fragen, wie Möglichkeit eines mehrfachen gewöhnlichen Aufenthalts, ob der Aufenthaltswille eine Rolle spielt und ob der gewöhnliche Aufenthalt in unterschiedlichen Bereichen des IPR nach denselben Maßstäben zu bestimmen ist, sind immer noch umstritten.[96]

III. Anwendung des ausländischen Kollisionsrechts

Ergibt sich aus der Anknüpfung die Verweisung auf das Recht eines anderen Staates, so 61 führt die Verweisung gemäß Art. 4 Abs. 1 EGBGB regelmäßig nicht unmittelbar zur Anwendung des ausländischen materiellen Rechts **(Sachrecht).** Vielmehr erfasst die Verweisung auch das ausländische Kollisionsrecht (Gesamtverweisung), so dass nach Verweisung auf ein ausländisches Recht zunächst das ausländische IPR angewandt werden muss. Kommt das ausländische IPR ebenfalls zu dem Ergebnis, dass dieses ausländische Recht anwendbar ist, so „nimmt das ausländische Recht die Verweisung an", die Rechtsfrage ist dann nach dem materiellen Recht dieses Staates zu entscheiden. Ist im ausländischen IPR für diese Rechtsfrage ein abweichender Anknüpfungspunkt vorgesehen, so kann es zu dazu kommen, dass das ausländische Recht deutsches Recht für anwendbar erklärt **(Rückverweisung)** oder aber (seltener) auf das Recht eines dritten Staates verweist **(Weiterverweisung).** Auf eine Rückverweisung ist unmittelbar das deutsche Sachrecht anzuwenden (Art. 4 Abs. 1 S. 2 EGBGB, ebenso Art. 34 Abs. 1 EuErbVO, renvoifeindlich dagegen Art. 32 EuGüVO).

So bestimmt zB das türkische IPR von 2007 für die Auseinandersetzung des ehelichen Vermögens hinsichtlich unbeweglicher Sachen die Geltung des Belegenheitsrechts, während im Übrigen das gemeinsame Heimatrecht der Eheleute bei Eheschließung anwendbar ist. Die Bedeutung dieser Regelung ist unklar. Ein Teil der deutschen Literatur entnimmt hieraus eine Verweisung auf das Belegenheitsrecht für die güterrechtlichen Wirkungen hinsichtlich der Immobilien.[97] Folgt man dieser Ansicht, so ergibt sich im **Beispiel** (→ Rn. 51) für die güterrechtlichen Verhältnisse in Bezug auf das von der türkischen Käuferin erworbene Grundstück – sollte diese vor dem 29.1.2019 geheiratet haben –, auch wenn das deutsche IPR wegen übereinstimmender türkischer Staatsangehörigkeit der Eheleute bei Eheschließung auf das türkische Recht verweist, eine auf die in Deutschland belegenen Grundstücke

---

[94] Texte der Genfer Flüchtlingskonvention und der New Yorker Staatenlosenkonvention zB bei Palandt/*Thorn* EGBGB Anh. zu Art. 5 Rn. 15 ff.
[95] BGH NJW 1993, 2047.
[96] Vgl. EuGH IPRax 2012, 340; EuErbVO Erwägungsgründe 23, 24.
[97] Gespaltenes Güterstatut, *Odendahl* FamRZ 2009, 571; aA nur OLG Karlsruhe ZEV 2018, 330 unter Verweisung auf ein Gutachten zur Rechtsprechung in der Türkei.

beschränkte Rückverweisung auf das deutsche Güterrecht. Für das übrige Vermögen nimmt das türkische Recht dagegen die Verweisung an. Es tritt eine kollisionsrechtliche Spaltung des ehelichen Vermögens ein. Für das deutsche Grundvermögen gilt Zugewinngemeinschaft nach BGB, für das übrige Vermögen der gesetzliche Güterstand der Errungenschaftsbeteiligung nach türkischem Recht (dazu → Rn. 168). Nach den Regeln der Zugewinngemeinschaft wäre der Erwerb des Grundstücks durch die Ehefrau zu Alleineigentum möglich (ebenso aber auch nach den türkischen Regeln zur Errungenschaftsbeteiligung). Bei späterer Veräußerung ergäbe sich aber möglicherweise ein Zustimmungserfordernis aus § 1365 BGB.

62   Im Fall der **Weiterverweisung** auf das Recht eines dritten Staates – zB wenn Gegenstand des Kaufvertrages auch ein in Frankreich belegenes Grundstück wäre – entscheidet das die Weiterverweisung aussprechende Recht (also hier das türkische IPR) darüber, ob unmittelbar das materielle Recht des dritten Staates anzuwenden ist (Sachnormverweisung) oder ob auch das IPR des Drittstaates zu beachten ist.

Praxishinweis:

Es darf daher nach Verweisung auf das ausländische Recht – zB wegen ausländischer Staatsangehörigkeit der Beteiligten oder einem gewöhnlichen Aufenthalt im Ausland – nicht unmittelbar das ausländische materielle Recht (Sachrecht) angewandt werden. Vielmehr ist regelmäßig auch das ausländische IPR zu ermitteln und anzuwenden.

---

63   Verweist das deutsche IPR aufgrund einer **Rechtswahl** auf das ausländische Recht, so ist unmittelbar das ausländische Sachrecht anwendbar. Eine Rück- oder Weiterverweisung wird dann nicht beachtet (Sachnormverweisung, so zB Art. 4 Abs. 2 EGBGB; Art. 34 Abs. 2 EuErbVO).

64–65   [Einstweilen frei.]

IV. Staaten mit mehreren Rechtssystemen

66 In einigen Staaten gibt es kein einheitliches Zivilrecht. So gibt es gebietsbezogene Rechtsordnungen (territoriale Rechtsspaltung) zB in Spanien (gemeinspanisches Recht und Recht der autonomen Regionen), im Vereinigten Königreich (England und Wales, Schottland, Nordirland), in Bosnien-Herzegowina (Republik Srpska und restlicher Teil), in den Einzelstaaten der USA und den kanadischen Provinzen. Unterschiedliche Regelungen für die einzelnen religiösen Gruppierungen (interpersonale Rechtsspaltung) existieren auf dem Gebiet des Ehe- und Familienrechts in den Staaten des Nahen Ostens, in Indien, Indonesien und vielen Staaten Afrikas. Verweist das deutsche IPR auf das gesamte Recht eines dieser Staaten (und nicht etwa unmittelbar auf das Recht eines bestimmten Ortes in einem der Teilrechtsgebiete), so bestimmt vorrangig ein einheitliches Recht dieses Staates für entsprechende Rechtskollisionen (interlokales Privatrecht) darüber, welche Teilrechtsordnung anzuwenden sind (§ 4 Abs. 3 S. 1 EGBGB; Art. 36 Abs. 1 EuErbVO; Art. 33 Abs. 1 EuGüVO). Entsprechende Regelungen gibt es zB in Spanien (Maßgeblichkeit der *vecindad civil* eines spanischen Staatsangehörigen, Art. 13 ff. span. *Código Civil*). Gibt es kein einheitliches System für die interlokale Rechtsanwendung – das trifft aktuell auf die Mehrzahl der Staaten zu – und ergibt sich nicht schon aus der Verweisung die Geltung einer bestimmten Teilrechtsordnung (zB bei gewöhnlichem Aufenthalt des Betreffenden in einem bestimmten US-Staat), so ist gemäß Art. 4 Abs. 3 S. 2 EGBGB bzw. Art. 36 Abs. 2 EuErbVO und Art. 33 Abs. 3 EuGüVO die Teilrechtsordnung anzuwenden, mit welcher der Sachverhalt „am engsten verbunden" ist.

Beispiel:

Der Erblasser war US-amerikanischer Staatsangehöriger und ist mit letztem Lebensmittelpunkt in München verstorben. Die Erbfolge hat der Erblasser durch Testament seinem US-amerikanischen Heimatrecht unterstellt, um das deutsche Pflichtteilsrecht zu umgehen. Gemäß Art. 22 Abs. 1 EuErbVO ist auf die Erbfolge das US-Recht als das gewählte Heimatrecht des Erblassers anzuwenden. In den USA fällt das Erbrecht wie auch das IPR in die Rechtsetzungskompetenz der 50 Einzelstaaten. Auch ein bundeseinheitliches interlokales Kollisionsrecht iSv Art. 36 Abs. 1 EuErbVO (bzw. Art. 4 Abs. 3 S. 1 EGBGB) gibt es in den USA nicht. Daher ist das Recht des US-Staates anzuwenden, mit dem der Sachverhalt am engsten verbunden ist, Art. 36 Abs. 2 lit. b EuErbVO (bzw. Art. 4 Abs. 3 S. 2 EGBGB). Dies ist – berücksichtigt man die personenbezogene Anknüpfung in Art. 21, 22 Abs. 1 EuErbVO – der US-Staat, in dem der Erblasser zum Zeitpunkt seines Todes seinen gewöhnlichen Aufenthalt hatte, bzw. bei gewöhnlichem Aufenthalt im Ausland, in dem er vor Wegzug aus den USA zuletzt dauerhaft gelebt hatte. Freilich kann die Bestimmung des maßgeblichen US-Staates häufig dahingestellt bleiben, weil nämlich in sämtlichen US-Staates für die Erbfolge der Immobilien auf das Recht des jeweiligen Belegenheitsstaates *(lex rei sitae)* verwiesen wird.[98] Aus deutscher Sicht ergibt sich damit unabhängig davon, welcher US-Staat maßgeblich ist, aus dem IPR der US-Staaten für die Vererbung des im Inland belegenen Immobilienvermögens eine Rückverweisung auf das deutsche Erbrecht. Da allerdings im vorliegenden Fall die Verweisung auf das US-amerikanische Erbrecht auf einer Rechtswahl des Erblassers beruht, bleibt gemäß Art. 34 Abs. 2 EuErbVO das im einschlägigen US-Staat geltende Erbkollisionsrecht außer Betracht. Damit kommt für die Bemessung der Pflichtteilsforderungen unmittelbar das materielle Erbrecht des US-Staats zur Anwendung, mit dem der Erblasser zum Zeitpunkt seines Todes am engsten verbunden war

V. Ordre public-Vorbehalt

Eine ausländische Rechtsnorm ist nicht anzuwenden, wenn ihre Anwendung zu einem **67** Ergebnis führt, das mit wesentlichen Grundsätzen des deutschen Rechts offensichtlich unvereinbar ist (Art. 6 EGBGB; Art. 35 EuErbVO; Art. 31 EuGüVO). Dies ist insbesondere dann der Fall, wenn Grundrechte in schwerwiegender Weise verletzt würden. Entscheidend ist das konkrete Ergebnis der Rechtsanwendung, nicht der Regelungsgehalt der ausländischen Regel an sich.[99] Die Gerichte machen von diesem Vorbehalt nur äußerst zurückhaltend Gebrauch. Praktischer Hauptanwendungsfall sind Vorschriften des islamischen Rechts, die unterschiedliche Erbquoten für Männer und Frauen vorsehen und Andersgläubige von der Erbfolge ausschließen,[100] die einseitige Verstoßung der Ehefrau durch den Ehemann gegen ihren Willen[101] oder die Anerkennung von ausländischen Adoptionsverfahren, bei denen keine Prüfung des Kindeswohls erfolgte.[102] Die Literatur diskutiert seit der Entscheidung des BVerfG zur Verfassungsmäßigkeit des Pflichtteilsrechts,[103] in welchem Umfang das erbrechtliche Pflichtteil des Ehegatten und enger Verwandter zum deutschen ordre public gehört.[104] Gerichtliche Entscheidungen liegen zu dieser Frage aber noch nicht vor.

Im Internationalen Privatrecht lassen sich durch Rechtswahl, Verlegung des Abschluss- **68** ortes in das Ausland, bzw. einen Wechsel des gewöhnlichen Aufenthalts oder der Staatsangehörigkeit auch im Familien- und Erbrecht lästige Formerfordernisse und Beschränkungen bei der freien Gestaltung umgehen **(Rechtsumgehung).** Im internationalen

---

[98] NK–BGB/*Odersky* ErbR Länderbericht USA Rn. 8.
[99] MüKoBGB/*Hein* EGBGB Art. 6 Rn. 117.
[100] OLG Frankfurt a.M. ZEV 2011, 135.
[101] BGHZ 160, 332.
[102] OLG Düsseldorf FamRZ 2009, 1078.
[103] NJW 2005, 1561.
[104] Bamberger/Roth/*Lorenz* EGBGB Art. 25 Rn. 60.

Vertragsrecht wird durch Art. 6 Rom I-VO für Verbrauchergeschäfte ein umgehungsfester Normbereich definiert. Im Übrigen ist die Gestaltung durch Rechtswahl ohne Rücksicht auf die Motive legitim. Grenzen setzt freilich auch hier der ordre public in Art. 6 EGBGB (→ Rn. 67). Bei Verlegung des gewöhnlichen Aufenthalts, des Abschlussortes oder Wechsel anderer Anknüpfungsmerkmale ist freilich darauf zu achten, dass diese tatsächlich verwirklicht werden und nicht statt einer „Umgehung" nur eine Simulation („unechte Umgehung") erfolgt, die die angestrebte Anknüpfung nicht verwirklicht.

B. Rechts- und Geschäftsfähigkeit natürlicher Personen

Schrifttum:
Bohlscheid, Ausländer als Gesellschafter und Geschäftsführer einer deutschen GmbH, RNotZ 2005, 505.

I. Anwendbares Recht

69 Die meisten Rechtsordnungen lassen mittlerweile die Geschäftsfähigkeit mit Vollendung des 18. Lebensjahres eintreten. Einige Länder sehen weiterhin spätere Termine vor. Als Faustregel kann aber davon ausgegangen werden, dass eine Person, die das 21. Lebensjahr vollendet hat, nach jeder Rechtsordnung unbeschränkt geschäftsfähig ist, während bei einer Person, die noch nicht 18 Jahre alt ist, die Geschäftsfähigkeit nur ausnahmsweise vorliegt.

70 Die Geschäftsfähigkeit unterliegt gemäß Art. 7 Abs. 1 EGBGB – unabhängig davon, welchem Recht das von ihr vorgenommene Rechtsgeschäft untersteht – dem Recht des Staates, dem die betreffende Person im Zeitpunkt der Abgabe ihrer Willenserklärung angehört **(Heimatrecht).** Eine staatsvertragliche Sonderregelung ergibt sich allein für iranische Staatsangehörige aus Art. 8 Abs. 3 des Deutsch-Persischen Niederlassungsabkommens vom 17. 2. 1929.[105] Praktische Auswirkungen ergeben sich hieraus allerdings nicht, da das Niederlassungsabkommen wie das autonome Recht das Heimatrecht für anwendbar erklärt.

71 Zu beachten ist auch eine **Rückverweisung** auf deutsches Recht. Diese kommt zB dann in Betracht, wenn im Heimatstaat für die Beurteilung der Geschäftsfähigkeit auf das Recht des Wohnsitzstaates verwiesen wird (so zB in Dänemark oder Norwegen)[106] oder aber die Geschäftsfähigkeit nicht eigenständig angeknüpft wird, sondern dem für das in Frage stehende Rechtsgeschäft maßgeblichen Recht unterstellt wird (so zB in England und in den USA).[107] Für eine Verfügung über ein deutsches Grundstück gilt dann das deutsche Recht als Belegenheitsrecht und für den Abschluss des Kaufvertrages das von den Parteien vereinbarte Vertragsstatut.

Beispiel:

Bei Beurkundung eines Kaufvertrages und einer Auflassung mit einem US-amerikanischen Beteiligten ist daher dessen Geschäftsfähigkeit kraft Rückverweisung gemäß Art. 4 Abs. 1 S. 2 EGBGB nach dem deutschen Recht zu beurteilen, so dass Volljährigkeit mit Vollendung des 18. Lebensjahres anzunehmen ist.

72 Soweit es nicht um die allgemeine Geschäftsfähigkeit geht, sondern um die Fähigkeit zum **Abschluss bestimmter Rechtsgeschäfte,** für die es Sonderregeln gibt, so gilt die Rechtsordnung, die für das konkrete Rechtsgeschäft maßgeblich ist (Wirkungsstatut). So bestimmt sich zB die Heiratsfähigkeit nach dem gemäß Art. 13 Abs. 1 EGBGB bestimmten Eheschließungsstatut und die Testierfähigkeit sowie die Fähigkeit des Erblassers zum

---

[105] RGBl. 1930 II 1002.
[106] Vgl. Reithmann/Martiny/*Hausmann* Rn. 7.916.
[107] Vgl. *Cheshire/North/Fawcett,* Private International Law, 15. Aufl. 2017, S. 762; *Scoles/Hay,* Conflict of Laws, 5. Aufl. 2010, § 19.3 S. 1234.

Abschluss von Erb- und Erbverzichtsverträgen nach dem Erbstatut (Art. 26 Abs. 1 lit. a EuErbVO).

Gibt ein Deutscher seine deutsche Staatsangehörigkeit durch **Wechsel der Staatsan-** 73 **gehörigkeit auf,** so lässt dies die einmal erlangte Geschäftsfähigkeit unberührt (Art. 7 Abs. 2 EGBGB – *semel major semper major*).

Das auf die Geschäftsfähigkeit anwendbare Recht bestimmt nicht nur, mit welchem 74 Alter die volle und die partielle Geschäftsfähigkeit eintritt, sowie die Umstände, die ggf. vorzeitig zur vollen Geschäftsfähigkeit führen (wie zB der Abschluss einer Ausbildung, der Beginn einer eigenen Berufstätigkeit oder die Eheschließung – „Heirat macht mündig"). Das Geschäftsfähigkeitsstatut bestimmt auch, welche Folgen die mangelnde Geschäftsfähigkeit hat. So muss das vom Geschäftsunfähigen abgeschlossene Rechtsgeschäft nicht unbedingt nichtig oder schwebend unwirksam sein. Die fehlende Geschäftsfähigkeit kann auch – wie zB im Recht der US-Staaten – dazu führen, dass die vom Minderjährigen abgeschlossenen Verträge zunächst wirksam sind, der Minderjährige sie aber nach Eintritt der Volljährigkeit anfechten kann *(voidable).*[108]

Die Frage, wer für den Minderjährigen handeln kann, wer sein **gesetzlicher Vertreter** 75 ist, welchen Beschränkungen der gesetzliche Vertreter unterliegt und ob ggf. eine behördliche Genehmigung erforderlich ist, unterliegt dagegen nicht dem gemäß Art. 7 EGBGB bestimmten Recht, sondern dem auf die elterliche Sorge, ggf. auf eine angeordnete Vormundschaft anwendbaren Recht (Art. 15–17 KSÜ, → Rn. 79).

Wird die sich aus dem ausländischen Recht ergebende Minderjährigkeit und damit die 76 mangelnde Geschäftsfähigkeit unverschuldet nicht erkannt, so kann dies aus Gründen des **Verkehrsschutzes** unter den in Art. 12 EGBGB genannten Voraussetzungen dem Vertragspartner nicht entgegengehalten werden. Für den Abschluss von Schuldverträgen, die unter die Rom I-VO fallen, bestimmt Art. 13 Rom I-VO, dass sich bei einem zwischen Personen, die sich in demselben Staat befinden geschlossenen Vertrag eine natürliche Person, die nach dem Recht dieses Staates rechts- geschäfts- und handlungsfähig wäre, nur dann auf ihre sich aus dem Recht eines anderen Staates ergebende Rechts- Geschäftsund Handlungsunfähigkeit berufen kann, wenn die andere Vertragspartei bei Vertragsabschluss diese Rechts- Geschäfts- und Handlungsunfähigkeit kannte oder infolge von Fahrlässigkeit nicht kannte. Der Schutz des gutgläubigen Vertragspartners entfällt bereits bei fahrlässiger Unkenntnis der mangelnden Geschäftsfähigkeit. Bei Geschäften des täglichen Lebens wird Fahrlässigkeit nicht schon bei Kenntnis der ausländischen Staatsangehörigkeit des anderen vorliegen. Bei Grundstücksverträgen und anderen beurkundeten Rechtsgeschäften wird der Notar aber über die mögliche Anwendung ausländischen Rechts unterrichten (§ 17 Abs. 3 BeurkG), so dass die Beteiligten eine Erkundigungspflicht trifft.[109] Schließlich ist es gerade Zweck der Beurkundung, die Unwirksamkeit von Rechtsgeschäften aufgrund fehlender Geschäftsfähigkeit zu vermeiden. Der praktische Anwendungsbereich von Art. 12 EGBGB und Art. 13 Rom I-VO ist in der notariellen Praxis daher gering.

Praxishinweis:

Zur Vermeidung einer Haftung sollte daher der Notar bei einem Vertragsbeteiligten ausländischer Staatsangehörigkeit, der noch nicht das 21. Lebensjahr vollendet hat, und unklarer Rechtslage (dazu die Länderaufstellung → Rn. 77) die anderen Urkundsbeteiligten darauf hinweisen, dass sich die Geschäftsfähigkeit nach einem ausländischen Recht beurteilt (zumindest nach einem ausländischen IPR, dazu → Rn. 71) und daher die Geschäftsfähigkeit nicht sicher festgestellt werden kann.

---

[108] Dazu *Hay,* US-amerikanisches Recht, 5. Aufl. 2011, Rn. 308.
[109] Reithmann/Martiny/*Hausmann* Rn. 7.1002; *Schotten/Schmellenkamp* IPR Rn. 67.

II. Länderübersicht

77 *Ägypten* (21 Jahre); *Äquatorialguinea* (18 Jahre); *Äthiopien* (18 Jahre); *Afghanistan* (18 Jahre); *Albanien* (18 Jahre); *Algerien* (19 Jahre); *Andorra* (18 Jahre); *Angola* (18 Jahre); *Antigua und Barbuda* (18 Jahre); *Argentinien* (18 Jahre); *Armenien* (18 Jahre); *Aserbaidschan* (18 Jahre); *Australien* (18 Jahre); *Bahamas* (18 Jahre); *Bahrain* (18 Jahre); *Bangladesch* (18 Jahre); *Barbados* (18 Jahre); *Belgien* (18 Jahre); *Benin* (18 Jahre); *Bermuda* (18 Jahre); *Bolivien* (18 Jahre); *Bosnien-Herzegowina* (18 Jahre); *Botsuana* (18 Jahre); *Brasilien* (18 Jahre); *Bulgarien* (18 Jahre); *Burkina Faso* (20 Jahre); *Burundi* (18 Jahre); *Cayman Islands* (18 Jahre); *Chile* (18 Jahre); *VR China,* einschließlich *Hongkong* und *Macao* (18 Jahre); *Costa Rica* (18 Jahre); *Dänemark* (18 Jahre); *Dominica* (18 Jahre); *Dominikanische Republik* (18 Jahre); *Ekuador* (18 Jahre); *Elfenbeinküste* (21 Jahre); *El Salvador* (18 Jahre); *Estland* (18 Jahre); *Fidschi* (18 Jahre); *Finnland* (18 Jahre); *Frankreich* (18 Jahre); *Gabun* (21 Jahre); *Gambia* (21 Jahre); *Georgien* (18 Jahre); *Ghana* (18 Jahre); *Gibraltar* (18 Jahre); *Griechenland* (18 Jahre); *Großbritannien* (18 Jahre, in *Schottland* 16 Jahre); *Guatemala* (18 Jahre); *Guinea* (21 Jahre); *Guinea Bissau* (21 Jahre); *Guyana* (18 Jahre); *Haiti* (18 Jahre); *Honduras* (21 Jahre); *Hongkong* (18 Jahre); *Indien* (18 Jahre); *Indonesien* (21 Jahre nach Rieck/*Lewenton,* Ausländisches Familienrecht, Länderbericht Indonesien, Rn. 3; nach anderen Übersichten dagegen 18 Jahre); *Irak* (18 Jahre); *Iran* (18 Jahre); *Irland* (18 Jahre); *Island* (18 Jahre); *Israel* (18 Jahre); *Italien* (18 Jahre); *Jamaika* (18 Jahre); *Japan* (20 Jahre); *Jemen* (18 Jahre); *Jordanien* (18 Jahre); *Kamerun* (21 Jahre); *Kanada* (in den Provinzen *British Columbia, New Brunswick, Newfoundland, Northwest Territories, Nova Scotia, Nunavut, Yukon:* 19 Jahre; in allen anderen Provinzen: 18 Jahre); *Kapverde* (18 Jahre); *Kasachstan* (18 Jahre); *Katar* (18 Jahre); *Kenia* (18 Jahre); *Kirgisistan* (18 Jahre); *Kolumbien* (18 Jahre); *Kongo, Republik* (18 Jahre); *Kongo, Demokratische Republik* (18 Jahre); *Korea, Volksrepublik* (17 Jahre); *Korea, Republik* (19 Jahre); *Kroatien* (18 Jahre); *Kuba* (18 Jahre); *Kuwait* (21 Jahre); *Laos* (18 Jahre); *Lesotho* (21 Jahre); *Lettland* (18 Jahre); *Libanon* (18 Jahre); *Liberia* (18 Jahre); *Libyen* (18 Jahre); *Liechtenstein* (18 Jahre); *Litauen* (18 Jahre); *Luxemburg* (18 Jahre); *Macao* (18 Jahre); *Madagaskar* (21 Jahre), *Malaysia* (18 Jahre); *Mali* (21 Jahre); *Malta* (18 Jahre); *Marokko* (18 Jahre); *Mauritius* (18 Jahre); *Mazedonien* (18 Jahre); *Mexiko* (18 Jahre); *Moldau* (18 Jahre); *Monaco* (18 Jahre); *Mongolei* (18 Jahre); *Montenegro* (18 Jahre); *Mosambik* (18 Jahre); *Myanmar (Birma)* (18 Jahre); *Namibia* (18 Jahre); *Nepal* (18 Jahre); *Neuseeland* 20 Jahre); *Nicaragua* (21 Jahre); *Niederlande* (18 Jahre); *Niger* (21 Jahre); *Nigeria* (18 Jahre); *Norwegen* (18 Jahre); *Österreich* (18 Jahre); *Pakistan* (18 Jahre); *Panama* (18 Jahre); *Papua-Neuguinea* (18 Jahre); *Paraguay* (20 Jahre); *Peru* (18 Jahre); *Philippinen* (18 Jahre); *Polen* (18 Jahre); *Portugal* (18 Jahre); *Ruanda* (21 Jahre); *Sambia* (21 Jahre); *Rumänien* (18 Jahre); *Russische Föderation* (18 Jahre); *San Marino* (18 Jahre); *Santa Lucia* (18 Jahre); *Saudi Arabien* (18 Jahre); *Schweden* (18 Jahre); *Schweiz* (18 Jahre); *Senegal* (21 Jahre); *Serbien* (18 Jahre); *Seychellen* (18 Jahre); *Simbabwe* (18 Jahre); *Singapur* (21 Jahre); *Slowakei* (18 Jahre); *Slowenien* (18 Jahre); *Somalia* (18 Jahre); *Spanien* (18 Jahre); *Sri Lanka* (18 Jahre); *St. Kitts and Nevis* (18 Jahre); *St. Vincent and the Grenadines* (18 Jahre); *Südafrika* (18 Jahre); *Sudan* (18 Jahre); *Swasiland* (21 Jahre); *Syrien* (18 Jahre); *Tadschikistan* (18 Jahre); *Taiwan (Republik China)* (20 Jahre); *Tansania* (18 Jahre); *Thailand* (20 Jahre); *Togo* (21 Jahre); *Trinidad und Tobago* (18 Jahre); *Tonga* (18 Jahre); *Tschad* (21 Jahre); *Tschechische Republik* (18 Jahre); *Türkei* (18 Jahre); *Tunesien* (20 Jahre); *Turkmenistan* (18 Jahre); *Uganda* (18 Jahre); *Ukraine* (18 Jahre); *Ungarn* (18 Jahre); *Usbekistan* (18 Jahre); *Venezuela* (18 Jahre); *Uruguay* (18 Jahre); *USA* (in *Alabama* und *Nebraska:* 19 Jahre; in *Mississippi* und *Puerto Rico:* 21 Jahre; in allen anderen Staaten: 18 Jahre – in einzelnen Staaten nicht vor Abschluss der High School); *Vereinigte Arabische Emirate* (18 Jahre); *Vietnam* (18 Jahre); *Weißrussland (Belarus)* (18 Jahre); *Zaire* (18 Jahre); *Zypern* (18 Jahre).

C. Gesetzliche Vertretung natürlicher Personen

Schrifttum:

Schulz, Haager Kinderschutzübereinkommen – im Westen nichts Neues, FamRZ 2006, 1309; *Wagner/Janzen,* Die Anwendung des Haager Kinderschutzübereinkommens in Deutschland, FPR 2011, 110.

I. Vertretung Minderjähriger

Bei der Feststellung des auf die Vertretung Minderjähriger anwendbaren Rechts ist zwi- **78** schen der Vertretung durch die unmittelbar kraft Gesetzes berufenen gesetzlichen Vertreter und der Vertretung durch vom Gericht oder einer Behörde bestellte Vertreter zu unterscheiden:

Art. 16 und 17 Haager Kinderschutzübereinkommen von 19. 10. 1996 (KSÜ) enthalten **79** Kollisionsnormen für die Zuweisung und die Ausübung der elterlichen Sorge durch **die unmittelbar kraft Gesetzes berufenen gesetzlichen Vertreter.** Anders als die übrigen Regeln des KSÜ gelten diese Regeln gemäß Art. 20 KSÜ unabhängig davon, ob das Mündel seinen gewöhnlichen Aufenthalt in einem Mitgliedstaat des KSÜ hat oder nicht. Es handelt sich also um sog. *loi uniforme,* die das nationale IPR (also Art. 21 EGBGB) in ihrem Anwendungsbereich vollständig verdrängt. Vorrang vor dem KSÜ erhält allein Art. 8 Abs. 3 Deutsch-Persisches Niederlassungsabkommen (dazu bereits → Rn. 70) mit seiner Verweisung auf das Heimatrecht bei iranischen Staatsangehörigen. Im Verhältnis zur Türkei gilt zwar statt des KSÜ weiterhin das Haager Minderjährigenschutzabkommen vom 5. 10. 1961 (MSA). Dieses enthält jedoch für die elterliche Sorge keine Kollisionsnormen, so dass der Vorrang des MSA in diesem Bereich nicht greift.

Für die **Zuweisung und das Erlöschen der elterlichen Verantwortung kraft Ge-** **80** **setzes** (also die Frage, *wer* ohne Dazwischentreten eines Gerichts oder einer Behörde sorgeberechtigt und damit ggf. vertretungsbefugt ist) gilt gemäß Art. 16 Abs. 1 KSÜ das Recht des Staates, in dem das Kind seinen gewöhnlichen Aufenthalt hat. Die Verlegung des gewöhnlichen Aufenthalts des Kindes in einen anderen Staat kann zwar dazu führen, dass das Kind nun nach dem neuen Aufenthaltsrecht kraft Gesetzes einen neuen Sorgeberechtigten zugewiesen erhält, Art. 16 Abs. 4 KSÜ. Bislang entstandene Sorgerechtsverhältnisse bleiben aber gemäß Art. 16 Abs. 3 KSÜ bestehen.

Die **Ausübung der Sorgerechtsbefugnisse** durch die nach den vorgenannten Re- **81** geln bestimmten Sorgeberechtigten unterliegt dem Recht des Staates, in dem das Kind aktuell seinen gewöhnlichen Aufenthalt hat, Art. 17 KSÜ. Aus dem Recht dieses Staates ergeben sich dann insbesondere der Umfang der elterlichen Vertretungsmacht, ihre Grenzen und das Erfordernis einer gerichtlichen oder behördlichen Genehmigung für bestimmte Rechtsgeschäfte. Eine Rückverweisung auf das deutsche Recht ist gemäß Art. 21 Abs. 1 KSÜ nicht zu beachten, wohl aber die Verweisung auf das Recht eines dritten Staates (Weiterverweisung). Art. 19 KSÜ sieht den Schutz des guten Glaubens eines mit dem Sorgeberechtigten kontrahierenden Dritten für den Fall vor, dass die elterliche Sorge nicht dem Recht des Staates unterlag, in dem das Rechtsgeschäft abgeschlossen wurde. Im Beurkundungsverfahren wird der Notar aber selbst dann, wenn er über das ausländische Recht nicht belehren muss (§ 17 Abs. 3 BeurkG) bei gewöhnlichem Aufenthalt des Minderjährigen im Ausland darauf aufmerksam machen, dass der Umfang der Vertretungsbefugnis der gesetzlichen Vertreter dem ausländischen Recht unterliegt. Damit dürfte die von Art. 19 KSÜ verlangte Gutgläubigkeit der Beteiligten regelmäßig zerstört werden.

Ist die Sorge für den Minderjährigen durch eine **Maßnahme eines Gerichts oder** **82** **eine Behörde geregelt worden,** so gilt für diese Maßnahme gemäß Art. 15 KSÜ das am Gerichtsort geltende Recht *(lex fori).*

Die internationale **Zuständigkeit zur Erteilung einer** ggf. erforderlichen **gerichtli-** **83** **chen Genehmigung** ergibt sich bei gewöhnlichem Aufenthalt des Mündels in einem Mitgliedstaat der EU (ausgenommen Dänemark) aus Art. 8ff. Brüssel IIa-VO. Die Art. 5ff. KSÜ gelten erst bei gewöhnlichem Aufenthalt des Kindes in einem Mitgliedstaat des KSÜ, für den die Brüssel IIa-VO nicht gilt (also zB Marokko). In beiden Fällen wird sich allerdings in aller Regel die Zuständigkeit allein des Staates ergeben, in dem das Kind seinen gewöhnlichen Aufenthalt hat. Für die Erteilung der Zustimmung wendet das Gericht gemäß Art. 15 KSÜ sein eigenes Recht *(lex fori)* an. Hat das Kind dagegen seinen gewöhnlichen Aufenthalt in einem Staat, für den weder die Brüssel IIa-VO noch das KSÜ gilt (also zB in den USA), so kann das deutsche Gericht seine internationale Zuständigkeit zur Bestellung eines Ergänzungspflegers oder zur Erteilung einer Genehmigung gemäß § 99 Abs. 1 FamFG auch aus einer deutschen Staatsangehörigkeit des Kindes oder daraus herleiten, dass das Kind der Fürsorge durch ein deutsches Gericht bedarf. Letzteres wird von der Rechtsprechung schon dann bejaht, wenn es um die Verfügung über ein in Deutschland belegenes Grundstück des Kindes geht.[110]

II. Gesetzliche Vertretung Erwachsener

84 Das auf die Betreuung Erwachsener anwendbare Recht regelt zwar Art. 24 EGBGB. Vorrangig ist aber das Haager Übereinkommen vom 13.1.2000 über den internationalen Schutz von Erwachsenen (**Erwachsenenschutzübereinkommen** – ESÜ) anzuwenden. Dieses gilt immer dann, wenn der Betroffene seinen gewöhnlichen Aufenthalt in Deutschland oder einem anderem Vertragsstaat des ESÜ (gegenwärtig Estland, Deutschland, Finnland, Frankreich, Lettland, Monaco, Österreich, Portugal, Schottland, die Schweiz, die Tschechische Republik und Zypern) hat. Für iranische Staatsangehörige gilt gemäß Art. 8 Abs. 3 Deutsch-Persisches Niederlassungsabkommen (→ Rn. 70) das Heimatrecht.

85 Gemäß Art. 13 Abs. 1 ESÜ wenden die nach dem ESÜ zuständigen Gerichte und Behörden stets ihr eigenes Recht *(lex fori)* – deutsche Gerichte also deutsches Recht – an. Zuständig sind gemäß Art. 5 Abs. 1 ESÜ wiederum die Behörden des Vertragsstaates, in dem der Erwachsene seinen gewöhnlichen Aufenthalt hat. Eine internationale Zuständigkeit der deutschen Behörden aufgrund deutscher Staatsangehörigkeit des Erwachsenen ergibt sich im Anwendungsbereich des ESÜ nur, sofern die Behörden des Aufenthaltsstaates zustimmen, Art. 7 ESÜ. Eine internationale Zuständigkeit für im Inland belegenes Vermögen kommt allein für Sicherungsmaßnahmen (Art. 9 ESÜ) oder Eilmaßnahmen (Art. 10 ESÜ) in Betracht.

86 Hat ein **deutscher Staatsangehöriger seinen Aufenthalt in einem Staat, der nicht Mitgliedstaat des ESÜ ist,** so ergibt sich mangels Anwendbarkeit des ESÜ die internationale Zuständigkeit der deutschen Gerichte aufgrund der Staatsangehörigkeit des Erwachsenen bereits aus § 104 Abs. 1 S. 1 Nr. 1 FamFG. Gemäß Art. 24 Abs. 1 S. 1 EGBGB untersteht die Entstehung, die Änderung und das Ende der Betreuung dann dem deutschen Heimatrecht.[111] Gemäß § 104 Abs. 1 S. 2 FamFG ergibt sich die internationale Zuständigkeit deutscher Gerichte auch, wenn ein Betroffener mit ausländischer Staatsangehörigkeit und gewöhnlichem Aufenthalt weder in Deutschland noch einem anderen ESÜ-Mitgliedstaat der Fürsorge durch ein deutsches Gericht bedarf. Das kann zB der Fall sein, wenn er Vermögen im Inland hat.[112] Es gilt dann gemäß Art. 24 Abs. 1 S. 1 EGBGB das ausländische Heimatrecht. Rück- und Weiterverweisungen sind im Rahmen von Art. 24 Abs. 1 EGBGB gemäß Art. 4 Abs. 1 EGBGB zu beachten. Für einen ausländischen Staatsangehörigen mit gewöhnlichem oder einfachen Aufenthalt im Inland kann das deutsche Gericht aber – und wird es regelmäßig – einen Betreuer auch nach deutschem Recht bestellen, Art. 24 Abs. 1 S. 2 EGBGB.

87 Für den Inhalt (Umfang der gesetzlichen Vertretungsmacht, Erfordernis einer gerichtlichen Genehmigung etc) einer in einem Nicht-ESÜ-Mitgliedstaat angeordneten und im Inland gemäß § 108 FamFG anzuerkennenden Vormundschaft oder Betreuung gilt das

---

[110] Keidel/*Engelhardt* FamFG § 104 Rn. 6.
[111] *Helms* FamRZ 2008, 1998.
[112] Keidel/*Engelhardt* FamFG § 104 Rn. 6.

Recht des anordnenden Staates, Art. 24 Abs. 3 EGBGB. Es handelt sich um eine Sachnormverweisung, so dass eine Rückverweisung unbeachtlich bleibt.[113] Ist die Betreuung durch einen anderen ESÜ-Mitgliedstaat angeordnet worden, so sind die Maßnahmen gemäß Art. 22 ESÜ in Deutschland anzuerkennen. Die Durchführung einer Maßnahme in einem anderen Staat als dem, der die Maßnahme vorgenommen hat, unterliegt gemäß Art. 14 ESÜ dem Recht des Staates, in dem die Maßnahme durchgeführt wird. Für betreuungsrechtliche Genehmigungserfordernisse etc gilt dann zB bei Verfügungen über deutsche Grundstücke das deutsche Recht.[114]

D. Vollmachten im internationalen Rechtsverkehr

Schrifttum:

Becker, Zum neuen internationalen Privatrecht der gewillkürten Stellvertretung (Art. 8 EGBGB), DNotZ 2017, 835; *Spickhoff,* Kodifikation des Internationalen Privatrechts der Vollmacht, RabelsZ 80 (2016), 481.

I. Bestimmung des Vollmachtsstatuts

Das auf die Vollmacht anwendbare Recht (Vollmachtsstatut) war lange Zeit gesetzlich **88** nicht geregelt. Ein Kodifikationsversuch in Art. 7 des Entwurfs 2005 zur Rom I-VO wurde nicht Gesetz. Nun aber ist das Vollmachtsstatut in Art. 8 EGBGB geregelt.[115]

Die Wirksamkeit und Wirkungen einer Vollmacht ergeben sich nicht aus dem vom **89** Vertreter abgeschlossenen Rechtsgeschäft, sondern unterliegen einem gesondert angeknüpften Vollmachtsstatut.[116] Maßgeblich ist in erster Linie das Recht des Staates, dessen Recht der Vollmachtgeber in der Vollmacht angegeben hat (Rechtswahl), Art. 8 Abs. 1 EGBGB. Die Vollmacht kann auch noch nachträglich unter Zustimmung des Bevollmächtigten und des Dritten einem Recht unterstellt werden, Art. 8 Abs. 1 S. 2 EGBGB.

Mangels Rechtswahl unterliegt die Vollmacht grundsätzlich dem Recht des Staates, in **90** dem von der Vollmacht tatsächlich Gebrauch gemacht wird (Gebrauchsort, **Wirkungslandsprinzip,** Art. 8 Abs. 5 EGBGB).[117] Als Gebrauchsort gilt der Ort, an dem der Vertreter seine Erklärung abgibt, sei es schriftlich oder mündlich.[118] Rück- und Weiterverweisungen des Rechts des Wirkungslandes werden nicht beachtet.[119]

Für bestimmte Arten von Vollmachten wird das Wirkungslandsprinzip durch Spezialre- **91** geln verdrängt:

– Für die **Grundstücksvollmacht** gilt das Recht des Staates, in dem das Grundstück belegen ist, Art. 8 Abs. 6 EGBGB.
– Eine auf Dauer angelegte Vollmacht (also zB eine **Generalvollmacht**) wird nach dem Recht des Staates beurteilt, in dem der Bevollmächtigte von der Vollmacht gewöhnlich Gebrauch macht, Art. 8 Abs. 4 EGBGB.[120]
– Die **Vollmacht von kaufmännischen Angestellten** (Prokura, Handlungsvollmachten etc) wird nach dem Recht des Staates beurteilt, in dem sich die Niederlassung des Unternehmens befindet, bei dem der Vertreter angestellt ist, Art. 8 Abs. 3 EGBGB.[121] Bei selbständig handelnden handelsrechtlichen Vertretern dagegen beurteilt sich die Vertretungsmacht nach dem Recht des Staates, in dem der Vertreter ansässig ist, Art. 8 Abs. 2 EGBGB.

---

[113] NK-BGB/*Benicke* EGBGB Art. 24 Rn. 23.
[114] Reithmann/Martiny/*Hausmann* Rn. 6294.
[115] Durch Gesetz v. 11.6.2017; dazu *Becker* DNotZ 2017, 835.
[116] BGH NJW 1982, 2733.
[117] BGH DNotZ 1994, 485; NJW 2004, 1315; Palandt/*Thorn* EGBGB Anh. zu Art. 32 Rn. 1.
[118] MüKoBGB/*Spellenberg* EGBGB Vor Art. 11 Rn. 119.
[119] Sachnormverweisung vgl. Art. 4 Abs. 2 EGBGB.
[120] Bamberger/Roth/*Mäsch* EGBGB Anh. zu Art. 10 Rn. 108.
[121] BGH NJW 1992, 618.

- Ob auch das Handeln des **vollmachtlosen Vertreters** dem Vollmachtsstatut unterliegt, ist fraglich, denn hier liegt gerade keine Vollmacht vor. Hier gilt wohl das für das Hauptgeschäft maßgebliche Recht.[122]
- Für den **gesetzlichen Vertreter einer Gesellschaft** gilt nicht das Vollmachtsstatut, sondern das Gesellschaftsstatut (→ Rn. 286).
- Art. 15 Abs. 1 ESÜ unterstellt das Bestehen, den Umfang, die Änderung und die Beendigung einer von einem Erwachsenen eingeräumten Vertretungsmacht, die ausgeübt werden soll, wenn dieser Erwachsene nicht mehr in der Lage ist, seine Interessen zu schützen, dem Recht des Staates, in dem der Erwachsene im Zeitpunkt der Erteilung seinen gewöhnlichen Aufenthalt hatte. Das trifft auf **Vorsorgevollmachten,** aber wohl auch für nach deutschem Muster auf den Vorsorgefall erteilte Generalvollmachten zu.[123] Der Vollmachtgeber kann die Vollmacht gemäß Art. 15 Abs. 2 lit. a–c ESÜ durch ausdrückliche und schriftliche Anordnung (Rechtswahl) dem Recht eines Staates unterstellen, dem er angehört, in dem er früher seinen gewöhnlichen Aufenthalt hatte oder hinsichtlich des dort belegenen Vermögens dem Recht des Staates, in dem sich sein Vermögen befindet.

II. Anwendungsbereich des Vollmachtsstatuts

92   Das Vollmachtsstatut regelt die Erteilung und den Umfang der Vollmacht, wie zB die Zulässigkeit eines **Selbstkontrahierens** bzw. die Möglichkeit einer Ermächtigung dazu. Mangels Vorliegen einer Vollmacht unterliegen die Wirkungen des vollmachtlosen Handelns nicht einem fiktiven Vollmachtsstatut. Vielmehr gilt in diesem Fall für die Wirksamkeit des vom vollmachtlosen Vertreter vorgenommenen Rechtsgeschäfts das Recht, das auf dieses Rechtsgeschäft anwendbar wäre, wenn es wirksam wäre.

93   Das Vollmachtsstatut gilt auch für die Beendigung der Vollmacht. Das betrifft zB auch die Frage, ob eine Vollmacht mit der Geschäftsunfähigkeit des Prinzipals oder seinem Tod automatisch ihre Wirksamkeit verliert **(postmortale Vollmacht).**[124] In vielen Rechtsordnungen verliert eine Vollmacht mit Verlust der Geschäftsfähigkeit des Prinzipals automatisch ihre Wirksamkeit.

Praxishinweise:

- Bei der Erteilung einer **postmortalen Vollmacht** ist zu beachten, dass diese in vielen Ländern nicht anerkannt wird.[125] Hier sollte man sich vorab informieren, ob und auf welche Weise (ausdrückliche Anordnung, Rechtswahl oÄ) die postmortale Wirkung im Verwendungsstaat erreicht werden kann.[126] Ggf. ist auf die testamentarische Ernennung eines Testamentsvollstreckers auszuweichen.
- Bei **Vorsorgevollmachten** können für den Fall, dass der Vollmachtgeber im Ausland Vermögen hat oder evtl. im Vorsorgefall sogar seinen gewöhnlichen Aufenthalt haben wird, dem Bevollmächtigten möglicherweise viele praktische Probleme aus dem Weg geräumt werden, indem schon bei Erteilung der Vollmacht die am Verwendungsort bestehenden Formulare und besonderen Anforderungen (Form, Registrierung, Inhalt) an die Errichtung einer derartigen Vollmacht (zB enduring power of attorney) beachtet werden.
- Die **Rechtswahl** erscheint auf den ersten Blick als ideales Gestaltungsinstrument, um eine weltweit einheitliche rechtliche Beurteilung zu gewährleisten – zumindest in den

---

122 BGH NJW 1992, 618.
123 *Wedemann* FamRZ 2010, 785 – jedenfalls ab dem Zeitpunkt, mit dem der Vollmachtgeber geschäftsunfähig geworden ist.
124 Dazu *Süß* ZEV 2008, 69.
125 *Süß* ZEV 2008, 69.
126 Vgl. zu Spanien *Börner* ZEV 2005, 146.

Staaten, die eine Rechtswahl zulassen. Freilich dürfte eine Vollmacht, die ausdrücklich deutschem Recht unterstellt worden ist, im Ausland auf dieselben Vorbehalte treffen, denen in Deutschland eine ausländischem Recht unterworfene Vollmacht begegnet. Es ist daher zu überlegen, ob die Rechtswahl nicht faktisch die Möglichkeiten des Bevollmächtigten zu sehr einschränkt.

– Aus deutscher Sicht genügt für die **Formwirksamkeit** der Vollmacht gemäß Art. 11 Abs. 1 EGBGB (dazu → Rn. 324) die Einhaltung der Ortsform wie auch die Einhaltung der vom Vollmachtsstatut stipulierten Formerfordernisse (→ Rn. 325). Eine Vollmacht zum Erwerb oder zur Auflassung eines deutschen Grundstücks kann daher gemäß § 167 Abs. 2 BGB auch im Ausland formfrei erklärt werden. Für den Grundbuchvollzug muss die Vollmacht aber öffentlich beglaubigt sein (§ 29 GBO). Das kann auch durch eine ausländische Urkundsperson geschehen. In anderen Rechtsordnungen dagegen wird häufig für die Vollmacht dieselbe Form wie für das vom Bevollmächtigten abzuschließende Rechtsgeschäft verlangt (zB Art. 1392 italienischer Codice Civile). Vorsichtshalber wäre daher die für eine Grundstückstransaktion im Ausland bestimmte Vollmacht zu beurkunden oder zumindest notariell zu beglaubigen und mit einer Legalisation bzw. Apostille (dazu → Rn. 332 ff.) zu versehen.

– Bei Verwendung im Ausland empfiehlt sich zur Vermeidung von Übersetzungen und den damit verbundenen Unsicherheiten die Verwendung **zweisprachiger Formulare** (mit Übersetzung in die Amtssprache des Verwendungsstaates oder zumindest ins Englische).

E. Verträge über inländische Grundstücke

Schrifttum:
Handbücher: *Frank/Wachter,* Handbuch des internationalen Immobilienrechts, 2004.
Aufsätze: *Bausback,* Der dingliche Erwerb inländischer Grundstücke durch ausländische Gesellschaften, DNotZ 1996, 254 ff.; *Böhringer,* Grundstückserwerb mit Auslandsberührung aus der Sicht des Notars und Grundbuchamts, BWNotZ 1988, 49; *Döbereiner,* Rechtsgeschäfte über inländische Grundstücke mit Auslandsberührung, ZNotP 2001, 465; *ders.,* „Die Europäischen Güterrechtsverordnungen, notar 2018, 244; *Eickmann,* Die Beteiligung von Ausländern am Grundbuchverfahren, Rpfleger 1983, 465; *Fetsch,* IPR-Bezüge in notariellen Kauf- und Übertragungsverträgen: Verträge über Immobilien – Teil 1, RNotZ 2007, 456; *Heinz,* Beurkundung von Erklärungen zur Auflassung deutscher Grundstücke durch im Ausland bestellte Notare, ZNotP 2001, 460; *Kaufhold,* Zur Anerkennung ausländischer öffentlicher Testamente und Erbnachweise im Grundbuchverfahren, ZEV 1997, 399; *Kysel/Röder,* Ausländische Insolvenz und deutsches Grundbuch, ZIP 2017, 1650; *Leible/Sommer,* Nachlassspaltung und Testamentsform: Probleme der Testamentsabwicklung bei Nachlassspaltung wegen Grundbesitzes im Ausland, ZEV 2006, 93; *Lichtenberger,* Einige Bemerkungen zur praktischen Behandlung des Grundstückserwerbs bei Ausländern, MittBayNot 1986, 111; *Pentz,* Pflichtteil bei Grundeigentum im Ausland, ZEV 1998, 449; *Reithmann,* Formerfordernisse bei Verträgen über Beteiligungen an ausländischen Gesellschaften und über Grundstücke im Ausland, NZG 2005, 873; *Selbherr,* Immobilien in Spanien im Erbfall, MittBayNot 2002, 165; *Süß,* Keine Nachlassspaltung bei Grundbesitz in Erbengemeinschaft, ZEV 2001, 84; *ders.,* Die Wahl des deutschen Güterrechts für inländische Grundstücke, ZNotP 1999, 385; *ders.,* Gestaltungsüberlegungen zur steueroptimalen Übertragung von Immobilien in Spanien, ZEV 2003, 137; *Weber,* Erwerb von Grundstücken durch Ehegatten mit ausländischem Güterstand – Teil I: Ermittlung des anwendbaren Güterrechts und Prüfung durch das Grundbuchamt, MittBayNot 2016, 482; Teil II: Risiken und Gestaltungsfragen, MittBayNot 2017, 22.

I. Schuldrechtlicher Vertrag

1. Maßgebliches Recht. Mangels Rechtswahl bestimmt sich bei Auslandsberührung das 94 auf einen Grundstückserwerbsvertrag (zB Kauf, Schenkung) anwendbare Recht nach dem Recht des Staates, auf dessen Territorium das Grundstück belegen ist (Art. 4 Abs. 1c Rom I-VO; Art. 43 EGBGB). Entsprechendes gilt für Verträge über den Erwerb von Miteigentumsanteilen an einem Grundstück und Teilnutzungsverträge (sog. „time sharing-Verträge"). Das deutsche Recht erhebt keinen Anspruch auf seine ausschließliche Geltung (Art. 11 Abs. 5 Rom I-VO) für schuldrechtliche Verträge über inländische Grundstücke.[127] Bei ansonsten reinem **Inlandsbezug** kann es zur Anwendung des IPR auf schuldrechtliche Verträge über inländische Grundstücke (Erbbaurecht, Wohnungseigentum) nur kommen, wenn die Vertragsparteien **ausländisches Recht wählen** (Art. 3 Rom I-VO). Dies wird grundsätzlich für zulässig gehalten.[128] In der Praxis wird es kaum vorkommen. Denn die zwingenden Regelungen des deutschen Rechts können damit nicht umgangen werden (s. Art. 3 Abs. 3 Rom I-VO). Trotz des auf den Grundstückserwerbsvertrag anwendbaren deutschen Rechts (deutsches Vertragsstatut) kann die Form des § 311b BGB durch Rechtswahl abbedungen werden (→ Rn. 103 f.).[129]

95   Bei **Auslandsbezug** (zB Erwerber ist Ausländer oder Deutscher mit Wohnsitz im Ausland) im Zusammenhang mit dem Erwerb eines inländischen Grundstücks wird im Regelfall – weil das Grundstück im Inland liegt – deutsches Recht auf den Vertrag anzuwenden sein (Art. 4 Abs. 1 lit. c Rom I-VO), es sei denn, die Parteien haben (auch stillschweigend) ein anderes Recht gewählt (Art. 3 Abs. 1 S. 2 Rom I-VO) oder der Vertrag weist nach der Gesamtschau der Umstände eine engere Verbindungen zu einem anderen Staat auf (Art. 4 Abs. 3 Rom I-VO). Dann ist dieses Recht maßgebend. Ein wichtiges Indiz für eine engere Verbindung soll der Sitz des beurkundenden Notars sein.[130] In diesen und ähnlichen Fällen ist eine klarstellende Rechtswahl in der Urkunde angezeigt.

96   Werden in **verschiedenen Staaten** gelegene Grundstücke schuldrechtlich übertragen, kann nicht ohne weiteres davon ausgegangen werden, dass das Recht des Staates Anwendung findet, in dem das wirtschaftlich überwiegende Grundstück liegt.[131] Daher ist auch hier ratsam, das anzuwendende **Recht** im Vertrag **festzulegen**.

97   Das **Vertragsstatut** regelt Gültigkeit und Rechtswirkungen des Vertrages wie Fälligkeit des Kaufpreises, Verzug, Gewährleistung (s. Art. 12 Rom I-VO), **nicht** die **Schuldübernahme**. Die Feststellung, welchem Recht sie unterliegt, bereitet nicht selten wegen der Beteiligung verschiedener Interessen Schwierigkeiten.[132] Ob die Schuldübernahme den Verkäufer von seiner Schuld gegenüber dem Gläubiger befreit, entscheidet sich nach dem für das Darlehnsverhältnis Verkäufer-Gläubiger maßgebenden Recht.[133] Bei **Realkrediten** ist dies mangels Rechtswahl oder sonstiger Anhaltspunkte das am Lageort des belastenden Grundstücks geltende Recht.[134] Entsprechendes gilt bei der Übernahme von Mietverhältnissen (Art. 4 Abs. 4 Rom I-VO).

98   Die Unterwerfung des Käufers unter die sofortige **Zwangsvollstreckung** ist eine prozessuale Willenserklärung. Sie richtet sich allein nach dem Recht des Staates, der die Unterwerfung auch gerichtlich durchsetzen muss.[135] Im Inland wird also nur die von einem deutschen Notar beurkundete Unterwerfung anerkannt (§ 794 Abs. 1 Nr. 5 ZPO), auch bei ansonsten ausländischem Vertragsstatut. Zur Vollstreckung inländischer notarieller Urkunden im Ausland → Rn. 350.

99   **2. Zwingende Vorschriften. Zwingende,** im öffentlichen Interesse oder zum Schutz eines Vertragspartners erlassene **inländische Vorschriften** sind im Wege der Sonderanknüpfung auch dann zu berücksichtigen, wenn der Vertrag über den Erwerb eines im deutschen Inland belegenen Grundstücks ausländischem Recht untersteht (Art. 9 Abs. 2 Rom I-VO „Eingriffsnormen").[136]

---

[127] Palandt/*Thorn* Rom I-VO Art. 11 Rn. 16.
[128] Vgl. Palandt/*Thorn* Rom I-VO Art. 3 Rn. 4.
[129] Nachweise bei Palandt/*Thorn* Rom I-VO Art. 3 Rn. 10.
[130] OLG Köln RIW 1993, 415; LG Amberg IPRax 1982, 29; kritisch Reithmann/Martiny/*Limmer* Rn. 6.818.
[131] S. Reithmann/Martiny/*Limmer* Rn. 6.820.
[132] Einzelheiten bei Reithmann/Martiny/*Limmer* Rn. 6.838 f.
[133] Vgl. BGH DNotZ 1981, 738 (740).
[134] Palandt/*Thorn* Rom I-VO Art. 4 Rn. 26 und Art. 14 Rn. 7; Reithmann/Martiny/*Limmer* Rn. 6.838.
[135] BGH DNotZ 1981, 738 (739).
[136] Einzelheiten bei Palandt/*Thorn* Rom I-VO Art. 9 Rn. 6 ff.; Reithmann/Martiny/*Limmer* Rn. 6.832 f.

Zu diesen Vorschriften zählen die Regelungen des **Bodenordnungsrechts** (BauGB) und 100 des **Grundstücksverkehrsrechts,** nicht aber das Formerfordernis (§ 311b BGB).[137] Ob hierzu auch die inländischen Verbraucherschutzvorschriften (MaBV, §§ 305 ff. BGB) gehören, ist strittig. Deren Geltung wird man wohl nur annehmen können, wenn das Bauvorhaben im Inland ausgeführt werden soll.[138]

Haben die Parteien das Recht eines ausländischen Staates vereinbart oder liegt der Erfüllungsort in einem ausländischen Staat, sind zudem dessen zwingende Vorschriften zu berücksichtigen. Die inländischen gehen den ausländischen aber stets vor (s. Art. 9 Abs. 3 Rom I-VO).[139] Selbst wenn deutsches Recht als vereinbart gilt, aber ein Ausländer beteiligt ist, können **Devisenvorschriften** des betreffenden Auslandes zu berücksichtigen sein.[140] Dies folgt aus dem IWF-Abkommen von Bretton Woods:[141] Nach diesem Abkommen sind Verträge – wozu auch Grundstücksverträge gehören sollen[142] –, die gegen Devisenvorschriften eines der Mitgliedstaaten verstoßen, in keinem der übrigen Mitgliedsländer des Abkommens durchsetzbar (vgl. Art. 8 Abs. 2 lit. b des Abkommens); sie sind allerdings nicht nichtig.[143] Diese devisenrechtlichen Vorschriften betreffen aber nur das schuldrechtliche Geschäft; dingliche Rechtsgeschäfte, insbesondere Auflassung, die Bestellung von Grundpfandrechten und beschränkten dinglichen Rechten sowie die Eintragung im Grundbuch werden nicht erfasst.[144]

3. Form. Ob der schuldrechtliche Teil des Grundstücksvertrages formwirksam abge- 102 schlossen wurde, richtet sich nicht zwingend nach dem Vertragsstatut, sondern ist selbständig anzuknüpfen. Die Formwirksamkeit beurteilt sich entweder nach dem auf den Vertrag anzuwendenden Recht (Vertragsstatut) **oder** dem am Ort des Vertragsschlusses geltenden Recht (Art. 11 Abs. 1 Rom I-VO).

§ 311b BGB ist zwar zwingendes deutsches Recht. Diese Vorschrift soll aber, trotz 103 ihres auch konsultativen Elements (§ 17 BeurkG), nicht zu den Vorschriften gehören, die sich im internationalen Rechtsverkehr stets durchsetzen müssen (vgl. Art. 11 Abs. 4 EGBGB).[145] § 311b BGB findet demnach nach hM **keine Anwendung** bei Verträgen über inländische Grundstücke,
– wenn ausländisches Recht einschließlich seiner Formvorschriften – etwa kraft Vereinbarung – auf den Kaufvertrag Anwendung findet, oder
– der Vertrag zwar deutschem Recht untersteht, die Parteien aber den Vertrag im Ausland abgeschlossen oder sie die Formfrage abgespalten und einem fremden Recht unterstellt haben (→ Rn. 94).
In diesen Fällen entscheidet die Formfrage für den schuldrechtlichen Teil das entspre- 104 chende Auslandsrecht. Es kann also ein deutsches Grundstück durch einen von einem ausländischen Notar beurkundeten Vertrag, durch einen privatschriftlich, sogar mündlich geschlossenen Vertrag verkauft werden, wenn das anwendbare ausländische Recht oder das Ortsrecht dies vorsehen (zur Form der Auflassung → Rn. 107 ff.).

4. Bauträgervertrag. Auch wenn sich Bauträger, Grundstück/Eigentumswohnung und 105 Erwerber im Inland befinden, können die Beteiligten fremdes Recht wählen (Art. 3 Rom I-VO). Für den Bauträgervertrag gilt keine Ausnahme.[146] Die MaBV gilt auch bei ausländischem Vertragsstatut. Denn die MaBV ist eine öffentlich-rechtliche Regelung für Ge-

---

[137] Weitere Einzelheiten bei Reithmann/Martiny/*Limmer* Rn. 6.833.
[138] S. hierzu Reithmann/Martiny/*Limmer* Rn. 6.822 ff. mwN.
[139] Vgl. Palandt/*Thorn* Rom I-VO Art. 9 Rn. 16.
[140] S. Reithmann/Martiny/*Thode* Rn. 5.142.
[141] BGBl. 1978 II 13.
[142] Reithmann/Martiny/*Thode* Rn. 5.152.
[143] OLG München WM 1989, 1282.
[144] Reithmann/Martiny/*Thode* Rn. 5.155.; *Hegmanns* MittRhNotK 1987, 49.
[145] S. Palandt/*Thorn* Rom I-VO Art. 11 Rn. 9, 16; aA wohl Reithmann/Martiny/*Limmer* Rn. 6.847 f.
[146] MüKoBGB/*Martiny* Rom I-VO Art. 4 Rn. 120; Reithmann/Martiny/*Limmer* Rn. 6.822.

werbeausübung im Inland.[147] Bei ausländischem Vertragsstatut gilt nach richtiger Ansicht zumindest die MaBV insofern, als ein ausländischer Bauträger das Bauvorhaben im Inland durchführt.[148] Als zum öffentlichen Gewerberecht gehörende Verordnung ist ihr Geltungsbereich allerdings auf das Inland beschränkt. Tätigkeiten eines Bauträgers im Ausland werden vom betreffenden ausländischen Gewerberecht geregelt.[149] Mangels Rechtswahl gilt bei Auslandberührung (etwa: Bauträger mit Sitz im Ausland) die objektive Anknüpfung (Art. 4 Rom I-VO). Aus Vorsichtsgründen erscheint es ratsam, eine Rechtswahlklausel in den Vertrag aufzunehmen. Hat der Bauträger seinen Sitz im Ausland, empfiehlt sich zudem die Bestellung eines inländischen Zustellungsbevollmächtigten.

106   **5. Teilnutzungs-(time-sharing)Verträge.** Auch für Teilnutzungs-(time-sharing)Verträge (Verträge iSd §§ 481 ff. BGB) gilt freie Rechtswahl (Art. 3 Rom I-VO). Für diese Verträge gilt eine Sonderanknüpfung, mit der EU-Standards im Verbraucherschutz für diese Vertragstypen auch bei Geltung des Rechts eines nicht EU-/EWR-Staates durchgesetzt werden sollen (vgl. Art. 46b EGBGB).

II. Auflassung

107   Im Gegensatz zum Verpflichtungsgeschäft (→ Rn. 94 ff.) unterliegt die Übereignung von Grundbesitz stets zwingend dem **Recht** des **Belegenheitsstaates** (Art. 43 Abs. 1 EGBGB). Hier ist keine Rechtswahl möglich.[150] Soll ein inländisches Grundstück übertragen werden, ist nach der Rechtsprechung,[151] die Auflassung nur vor einem deutschen Notar möglich (§ 925 BGB). Die Auflassung vor einem ausländischen Notar genügt selbst dann nicht, wenn dieser von seiner Ausbildung her und das von ihm einzuhaltende Verfahren den inländischen Verhältnissen gleichwertig ist.[152]

108   Können die Beteiligten zur Beurkundung der Auflassung im Inland nicht erscheinen, helfen Vollmacht (in beglaubigter Form, § 29 GBO und ggf. Legalisation) oder Abgabe der Auflassungserklärung vor einem deutschen Konsul (§ 12 Nr. 1 KonsularG). Hat ein ausländischer Notar den Verpflichtungsvertrag beurkundet, ist die Beurkundung der Auflassung nicht auf eine 0,5 Gebühr kostenermäßigt, sondern beträgt die 1,0 Gebühr (Nr. 21102 KV GNotKG).

109   Bei im Ausland beurkundeten, privatschriftlich oder mündlich abgeschlossenen Verträgen über inländischen Grundbesitz kann **§ 925a BGB** keine Anwendung finden.[153] Der Notar hat sich aber – um eine Umgehung des § 925a BGB zu verhindern – die Urkunden (falls vorhanden) vorlegen zu lassen bzw. bei behauptetem mündlichen Abschluss in die Auflassungsurkunde aufzunehmen, worauf sich der Anspruch auf Auflassung nach Angabe der Beteiligten stützt.[154]

110   Eine Pflicht zur Prüfung der Wirksamkeit des im Ausland abgeschlossenen oder nach ausländischem Recht abgeschlossenen Vertrages trifft den die Auflassung entgegennehmenden Notar nicht. Er hat aber zu prüfen, ob die Urkunde bzw. der behauptete mündliche Vertragsabschluss im Inland wirkt. Liegen die Mängel auf der Hand, ist zur Beseitigung dieser Mängel zu raten, also uU nachzubeurkunden.[155] Das Grundbuchamt kann die Vorlage des schuldrechtlichen Vertrages nicht verlangen.[156]

---

[147] Reithmann/Martiny/*Freitag* Rn. 5.74; Reithmann/Martiny/*Limmer* Rn. 6.826.
[148] Reithmann/Martiny/*Freitag* Rn. 5.74.
[149] S. Reithmann/Martiny/*Limmer* Rn. 6.824 ff.
[150] BGH NJW 1997, 461 (462); BR-Drs. 759/98, 39 f.
[151] Nachw. bei Palandt/*Thorn* EGBGB Art. 11 Rn. 10, 20; Reithmann/Martiny/*Limmer* Rn. 6.853.
[152] BGH WPM 1968, 1170 (1171); KG DNotZ 1987, 44 (45).
[153] Vgl. MüKoBGB/*Kanzleiter* BGB § 925a Rn. 2; Reithmann/Martiny/*Limmer* Rn. 6.855.
[154] Vgl. MüKoBGB/*Kanzleiter* BGB § 925a Rn. 2.
[155] MüKoBGB/*Kanzleiter* BGB § 925a Rn. 3 f.
[156] *Schöner/Stöber* GrundbuchR Rn. 1514.

III. Dingliche Rechte

Das **Recht des Belegenheitsstaates** bestimmt ferner die **Arten** der dinglichen Rechte 111
einschließlich der Besitzformen. Nach ihm richten sich Begründung, Belastung, Änderung, Übertragung, Verlust und Aufhebung dinglicher Rechte sowie Genehmigungspflichten nach den Bodenordnungs- und Bodenverkehrsgesetzen, wenn sie nicht bereits
über Art. 9 Abs. 2 Rom I-VO zu berücksichtigen sind.[157]

Bei inländischen Grundstücken richten sich nach deutschem Recht demnach Entste- 112
hung, Wirkung und Übertragung einer Vormerkung, von Dienstbarkeiten und Grundpfandrechten, jedoch nicht zwingend die zugrunde liegende Forderung. Dies gilt grds.
auch für **Realkreditforderungen** also durch Grundschuld oder Hypothek gesicherte
Darlehensschuldverhältnisse,[158] wenngleich im Regelfall davon auszugehen sein dürfte,
dass stillschweigend eine Rechtswahl dahingehend getroffen ist, dass sich das auf die gesicherte Forderung anwendbare Recht nach dem Recht des Staates richtet, in dem das
Grundstück liegt.[159] Der Sicherungsvertrag („Sicherungszweckerklärung" in der Praxis)
wiederum untersteht mangels Rechtswahl der für die Grundstücksübertragung geltenden
lex rei sitae (Art. 4 Abs. 1 lit. c Rom-I VO).[160]

Richten sich Forderung und Hypothek nach zwei verschiedenen Rechtsordnungen, 113
beurteilen sich die Voraussetzungen für deren Übertragung nach der jeweiligen Rechtsordnung. Entsprechendes gilt für die Vormerkung.[161]

IV. Ausländer als Erwerber

Da zur Zeit keine Erwerbsbeschränkungen zu Lasten von ausländischen natürlichen und 114
juristischen Personen bestehen (s. Art. 86 EGBGB), ergeben sich Besonderheiten nur,
wenn verheiratete Ausländer oder mit Ausländern verheiratete Deutsche Grundbesitz erwerben wollen.[162] Denn nach zahlreichen Rechtsordnungen (→ Rn. 168) findet kraft
Eheschließung eine **Verschiebung der Eigentumszuordnung** unter den Eheleuten
statt.

Erwerben beide Eheleute, ist in der **Auflassung** das **Gemeinschaftsverhältnis** anzu- 115
geben.[163] Zwingend klarzustellen ist darin, ob die Erwerber in Bruchteilsgemeinschaft
oder in welchem Gemeinschaftsverhältnis sie ansonsten erwerben (§ 47 GBO). Andernfalls besteht ein Vollzugshemmnis. Beides bestimmt das auf die Ehe anzuwendende Güterrecht (Art. 15 EGBGB; Einzelheiten → Rn. 138 ff.). Bei der Vorbereitung des Kaufvertrages sind die Beteiligten also zunächst zu fragen, ob das **Güterrecht** eheverträglich
festgelegt ist. Andernfalls hat der Notar anhand der Angaben der Beteiligten die entsprechenden Tatsachen zusammenzutragen, um das Güterrecht zu bestimmen. Denn er hat im
Interesse aller Beteiligten sicherzustellen, dass das Eigentum, wie gewünscht, übergeht
(zur Aufklärungspflicht → Rn. 14).[164] Nur wenn der Notar zu keinem eindeutigen Ergebnis kommt, sollte er – um eine sichere Anknüpfung zu ermöglichen – zur Wahl des
Güterrechts raten (Art. 15 Abs. 2, Abs. 3 EGBGB), zur Not auf das im Inland belegene
unbewegliche Vermögen beschränkt (→ Rn. 159).

---

[157] Palandt/*Thorn* EGBGB Art. 43 Rn. 3.
[158] Palandt/*Thorn* EGBGB Art. 43 Rn. 3; MüKoBGB/*Wendehorst* EGBGB Art. 43 Rn. 84; Reithmann/Mar-
tiny/*Limmer* Rn. 6.838.
[159] BGHZ 17, 89 (94).
[160] MüKoBGB/*Wendehorst* EGBGB Art. 43 Rn. 84; Palandt/*Thorn* EGBGB Art. 43 Rn. 3.
[161] Einzelheiten bei Staudinger/*Mansel* Internationales Sachenrecht Rn. 247.
[162] Reithmann/Martiny/*Limmer* Rn. 6.880f; s. auch Reithmann/Martiny/*Hausmann* Rn. 7.697 ff.; *Weber*
MittBayNot 2016, 482 und MittBayNot 2017, 22.
[163] *Schöner*/*Stöber* GrundbuchR Rn. 3311.
[164] Vgl. auch *Wolfsteiner* DNotZ 1987, 84.

116   Steht der Güterstand fest, ist er **in der Urkunde** anzugeben. Dabei sollte man weder die ausländische Terminologie verwenden – wer versteht sie? –, noch wegen der damit möglichen Irreführung versuchen, den fremden Begriff einzudeutschen.[165]

117   **Formulierungsbeispiel: Angabe Güterstand**

◊   Die Käufer erwerben gemäß gesetzlichem Güterstand des Rechts des Staates ***.[166] *[Alt., wenn das Gesamthandsverhältnis zweifelsfrei feststeht:* Die Käufer erwerben als Gesamthandsberechtigte gemäß gesetzlichem Güterstand des Rechts des Staates ***.]

118   Kann das Gemeinschaftsverhältnis nicht mit Sicherheit festgestellt werden, erscheint es zweckmäßig, die Eheleute nach Miteigentumsanteilen (§§ 741 ff. BGB) erwerben zu lassen.[167] Denn die **Auflassung** bleibt auch wirksam, wenn das Gemeinschaftsverhältnis nicht richtig angegeben wurde.[168] Ggf. hat eine Umdeutung stattzufinden.[169] Das Grundbuchamt kann den Antrag auf Eintragung nur zurückweisen, wenn es sicher weiß, dass das Grundbuch unrichtig würde.[170]

119   Hat nur ein Ehegatte erworben und wird der andere Ehegatte kraft anwendbaren Güterrechts mitberechtigt, ist die Auflassung ebenfalls wirksam.[171] Ist der Ehegatte als Alleineigentümer schon eingetragen, kann das **Grundbuch** auf formlosen Antrag ohne Mitwirkung des Veräußerers berichtigt werden.[172] Bei, wohl nur ausnahmsweise,[173] vorliegenden **güterrechtlichen Erwerbsbeschränkungen** – keiner der Eheleute kann allein erwerben – ist die Auflassung grundsätzlich unwirksam. Diese Unwirksamkeit kann dem Veräußerer aber weder der Erwerber noch das Grundbuchamt entgegenhalten, wenn sich der Veräußerer auf Art. 16 Abs. 1 EGBGB oder auf Art. 13 Rom I-VO[174] berufen kann. Dann ist dennoch der Eigentumswechsel einzutragen.[175]

120   Fehlt dem Erwerber die Rechts-, Geschäfts- und Handlungsfähigkeit, kann sich der Veräußerer auf den Schutz des Art. 13 Rom I-VO berufen.[176]

V. Ausländer als Veräußerer

121   **Verfügungsbeschränkungen** kraft ausländischen Güterrechts sind grundsätzlich (ausgenommen ist der totale Ausschluss der Verfügungsmacht) anzuerkennen.[177] Veräußert ein im Grundbuch als Alleineigentümer eingetragener verheirateter Ausländer sein Grundstück, sollte daher – wenn die Verfügungsfreiheit nicht zweifelsfrei festgestellt werden kann – der Ehegatte mitwirken. Wird die Auslandberührung nicht erkannt und wirkt der Ehegatte nicht mit, wird der gutgläubige Erwerber grundsätzlich durch Art. 13 Rom I-VO geschützt.[178] Auch hier gilt, dass das Grundbuchamt die Eintragung nur bei sicherer Kenntnis vom Bestehen der Verfügungsbeschränkung ablehnen darf (→ Rn. 118).[179]

---

[165] S. hierzu auch LG Köln MittRhNotK 1996, 372; *Schöner/Stöber* GrundbuchR Rn. 3422 und Reithmann/Martiny/*Limmer* Rn. 6.889.
[166] Ähnlich *Schöner/Stöber* GrundbuchR Rn. 3422.
[167] *Wolfsteiner* DNotZ 1987, 87.
[168] BGH DNotZ 1982, 692 (696).
[169] Reithmann/Martiny/*Limmer* Rn. 6.886.
[170] BayObLG DNotZ 2001, 391; OLG Hamm MittRhNotK 1996, 364; *Schöner/Stöber* GrundbuchR Rn. 3421b; Reithmann/Martiny/*Limmer* Rn. 6.890.
[171] BGH DNotZ 1982, 692 (694).
[172] BGH DNotZ 1982, 692 (694, 697).
[173] Reithmann/Martiny/*Limmer* Rn. 6.883 mwN.
[174] So Palandt/*Thorn* Rom I-VO Art. 13 Rn. 6; *Schöner/Stöber* GrundbuchR Rn. 3421a.
[175] *Amann* MittBayNot 1986, 224; *Böhringer* BWNotZ 1988, 53.
[176] Einzelheiten hierzu bei Palandt/*Thorn* Rom I-VO Art. 13 Rn. 2ff.
[177] Reithmann/Martiny/*Limmer* Rn. 6.893.
[178] Palandt/*Thorn* Rom I-VO Art. 13 Rn. 6.

F. Verträge über ausländische Grundstücke

Schrifttum:
Vgl. das Schrifttum vor → Rn. 94.

Ein selbstkritischer Notar wird Verträge über die Veräußerung von im Ausland belege- **122** nen Grundbesitz grundsätzlich **nicht fertigen und/oder beurkunden.** Denn dies setzt genaue Kenntnis des fremden Rechts, insbesondere der Voraussetzung des Eigentumserwerbs, seiner Form, der dazu erforderlichen Registrierungs- und Bodenverkehrserfordernisse und Steuervorschriften, die sich stets nach dem Recht des Belegenheitsstaates richten, voraus. Eine derartige gründliche Kenntnis fremden Rechts dürfte nur im Ausnahmefall gegeben sein.

Nicht ohne weiteres ist anzunehmen, dass mangels ausdrücklicher Rechtswahl stets das **123** Recht des Belegenheitsstaates gilt (Art. 4 Abs. 1c Rom I-VO). Die Rechtsprechung hat wiederholt bei Abschlüssen von Verträgen zwischen Deutschen im Inland über ausländischen Grundbesitz **deutsches Recht** (mit Beurkundungspflicht nach § 311b BGB) als stillschweigend vereinbart angenommen.[180] Durch ausdrückliche Rechtswahl wird ein solches Ergebnis vermieden.

Ist der Vertrag über die Veräußerung von im Ausland belegenen Grundbesitzen wegen **124** Verstoßes gegen § 311b BGB nichtig (→ Rn. 103), kann dieser Mangel auch im Ausland durch Vollzug des Eigentumserwerbs geheilt werden.[181] Ob dieser Vollzug eingetreten ist, beurteilt sich nach dem Recht des Lageortes.[182] Bei Bauträgerverträgen und Bauherrenmodellen wird die Anwendung der von der notariellen Praxis entwickelten Sicherungsgrundsätze immer dann für zwingend gehalten, wenn der Erwerb des im Ausland belegenen Objekts im Inland von einem inländischen Bauträger erfolgt.[183]

In der Regel sollte zur **Beurkundung vor Ort** gegebenenfalls mit Hilfe einer im In- **125** land beurkundeten Veräußerungsvollmacht oder einem Konsul des Belegenheitsstaates geraten werden, oder – falls das ausländische Recht dies vorsieht – zum Abschluss durch einen vollmachtlosen Vertreter mit anschließender Genehmigung im Inland.

Wird dennoch im Inland beurkundet, sollte dem Käufer vorsichtshalber eine notariell **126** beurkundete Durchführungsvollmacht mitgegeben werden,[184] damit dieser im Belegenheitsstaat den Vertrag abwickeln kann. Ferner ist zu bedenken, dass in vielen Ländern das **Eigentum** bereits **mit Abschluss des Kaufvertrages** übergeht. Um den Käufer zu sichern, ist der Kaufpreis vor oder mit Abschluss des Kaufvertrages beim Notar zu hinterlegen,[185] wenngleich dies nur ratsam sein dürfte, wenn der Notar die Auszahlungsreife prüfen kann.[186] Bei der Bevollmächtigung ist auch zu berücksichtigen, unter welchen Voraussetzungen der Belegenheitsstaat die notarielle Vollmachtsurkunde anerkennt.[187]

G. Internationales Ehe- und Familienrecht

Schrifttum:
Kommentare, Handbücher und Monographien: *Andrae,* Internationales Familienrecht, 3. Aufl. 2014; *Bergmann/Ferid/Henrich,* Internationales Ehe- und Kindschaftsrecht, Loseblatt, 228. EL (Stand: 10/2018);

---

[179] *Schöner/Stöber* GrundbuchR Rn. 3421; zur Eintragung der Verfügungsbeschränkung im Grundbuch s. Reithmann/Martiny/*Limmer* Rn. 6.896.
[180] BGH DNotZ 1979, 539 (541); OLG Nürnberg NJW-RR 1997, 1484; OLG München NJW-RR 1989, 665; kritisch dazu: Palandt/*Thorn* Rom I-VO Art. 4 Rn. 16.
[181] Reithmann/Martiny/*Limmer* Rn. 6.859.
[182] Vgl. BGH DNotZ 1979, 539 (542); weitere Einzelheiten bei Palandt/*Thorn* Rom I-VO Art. 11 Rn. 5; zum früheren Recht *Reithmann* NZG 2005, 875.
[183] *Reithmann* FS Ferid 1988, 363; Reithmann/Martiny/*Limmer* Rn. 6.860.
[184] S. Muster bei Reithmann/Martiny/*Limmer* Rn. 6.874ff.
[185] Vgl. *Hegmanns* MittRhNotK 1987, 11.
[186] Vgl. *Zimmermann* DNotZ 1982, 108.
[187] Zur Länderübersicht bezüglich Grundstückskauf im Ausland Reithmann/Martiny/*Limmer* Rn. 6.908ff.

Dutta/Weber, Die europäischen Güterrechtsverordnungen, 2017; *Henrich,* Internationales Scheidungsrecht, 4. Aufl. 2017; *Henrich/Schwab,* Eheliche Gemeinschaft, Partnerschaft und Vermögen im europäischen Vergleich, 1999; *Rieck,* Ausländisches Familienrecht, Loseblatt, 17. EL (Stand: 7/2018); *Süß/Ring,* Eherecht in Europa, 3. Aufl. 2016.

Aufsätze: *Andrae,* Der sachliche Anwendungsbereich der Europäischen Güterrechtsverordnung, IPRax 2018, 221; *Arnold,* Entscheidungseinklang und Harmonisierung im internationalen Unterhaltsrecht, IPRax 2012, 311; *Bardy,* Das Ehegüterrecht der Vereinigten Staaten von Amerika aus der Sicht des deutschen Notars, RNotZ 2005, 137; *Bonomi,* Explanatory Report on the Hague Protocol of 23 November 2007 on the Law Applicable to Maintenance Obligations, www.hcch.net; *Buschbaum,* Kollisionsrecht der Partnerschaften außerhalb der traditionellen Ehe, Teil 1, RNotZ 2010, 73; Teil 2, RNotZ 2010, 149; *Döbereiner,* Das Internationale Güterrecht nach den Güterrechtsverordnungen, MittBayNot 2018, 405; *Dutta,* Das neue internationale Güterrecht der Europäischen Union – ein Abriss der europäischen Güterrechtsverordnungen, FamRZ 2016, 1973; *Emmerling de Oliveira,* Adoptionen mit Auslandsberührung, MittBayNot 2010, 429; *Gärtner,* Elterliche Sorge bei Personenstandsfällen mit Auslandsbezug – Änderungen durch das Inkrafttreten des Kinderschutzübereinkommens, StAZ 2011, 65; *Gutdeutsch,* Versorgungsausgleich bei Fällen mit Auslandsbezug, FamRBInt 2006, 54; *Gruber,* Die neue EG-Unterhaltsverordnung, IPRax 2010, 128; *Helms,* Reform des internationalen Scheidungsrechts durch die Rom III-Verordnung, FamRZ 2011, 1765; *Heiderhoff,* Die EU-Güterrechtsverordnungen, IPRax 2018, 1; *Helms,* Reform des internationalen Betreuungsrechts durch das Haager Erwachsenenschutzabkommen, FamRZ 2008, 1995; *Henrich,* Kollisionsrechtliche Fragen der eingetragenen Lebenspartnerschaft, FamRZ 2002, 137; *Kroll-Ludwigs,* Das Verhältnis von Haager Unterhaltsprotokoll (2007) und Haager Unterhaltsübereinkommen 1973: lex posterior derogat legi priori?, IPRax 2016, 34; *Ludwig,* Internationales Adoptionsrecht in der notariellen Praxis nach dem Adoptionswirkungsgesetz, RNotZ 2002, 253; *Martiny,* Die Kommissionsvorschläge für das internationale Eegüterrecht sowie für das internationale Güterrecht eingetragener Partnerschaften, IPRax 2011, 437; *ders.,* Die Anknüpfung güterrechtlicher Angelegenheiten nach den Europäischen Güterrechtsverordnungen, ZfPW 2017, 1; *Scheugenpflug,* Güterrechtliche und erbrechtliche Fragen bei Vertriebenen, Aussiedlern und Spätaussiedlern, MittRhNotK 1999, 372; *Süß,* Notarielle Herausforderungen aufgrund der Europäischen Güterrechtsverordnungen, FS 25 Jahre DNotI 2018, 815; *Wagner,* Konturen eines Gemeinschaftsinstruments zum internationalen Güterrecht unter besonderer Berücksichtigung des Grünbuchs der Europäischen Kommission, FamRZ 2009, 269; *Wagner/Janzen,* Die Anwendung des Haager Kinderschutzübereinkommens in Deutschland, FPR 2011, 110; *Weber,* Die europäischen Güterrechtsverordnungen – eine erste Annäherung, DNotZ 2016, 659; *ders.,* Sachenrecht und Verkehrsschutz aus der Perspektive der Europäischen Güterrechtsverordnungen, RNotZ 2017, 365; *Winkler von Mohrenfels,* Die Rom III-VO und die Parteiautonomie, FS Hoffmann 2011, 527.

I. Statut der allgemeinen Ehewirkungen

127   **1. Bedeutung des Statuts der allgemeinen Ehewirkungen.** Der unmittelbare Anwendungsbereich des in Art. 14 EGBGB geregelten allgemeinen Ehewirkungsstatuts ist gering (→ Rn. 129). Bei der Neukonzeption des internationalen Familienrechts im Jahre 1986 sollten die Regelungen für das allgemeine Ehewirkungsstatut die Grundlage für die weiteren ehe- und familienrechtlichen Kollisionsnormen bilden. Diese Funktion ist allerdings, nachdem immer weitere Bereiche des internationalen Familienrechts im EGBGB neu gestaltet oder durch den europäischen Gesetzgeber geregelt wurden, weitgehend entfallen. Darüber hinaus werden nun einige der bislang zum unmittelbaren Anwendungsbereich des Art. 14 EGBGB gehörenden Regelungsgegenstände von der EuGüVO erfasst. Die Bedeutung des allgemeinen Ehewirkungsstatuts ergibt sich daher aus notarieller Sicht nur aus der Verweisung in Art. 15 EGBGB aF für die objektive Anknüpfung des Güterstatuts von Ehen, die zwischen dem 9.4.1983 und dem 29.1.2019 geschlossen worden sind.

128   Eine vorrangige Abkommensvorschrift ergibt sich allein aus Art. 8 Abs. 3 des **Deutsch-Persischen Niederlassungsabkommens** vom 17.2.1929.[188] Für beiderseits iranische Ehen gilt danach aus deutscher Sicht das iranische Recht.[189]

129   In den unmittelbaren Anwendungsbereich von Art. 14 EGBGB fallen zB die Vertretungsbefugnis und Verpflichtungsermächtigung der Ehegatten **(Schlüsselgewalt),**[190] ehebedingte und güterstandsunabhängige Beschränkungen der Vertragsfreiheit sowie güter-

---

[188] RGBl. 1930 II 1002; Bekanntmachung zum Inkrafttreten: RGBl. 1931 II 9. Zur Wiederanwendung nach dem Zweiten Weltkrieg: BGBl. 1955 II 829 – Abdruck zB bei *Jayme/Hausmann* Nr. 22.
[189] NK-BGB/*Andrae* EGBGB Art. 14 Rn. 1.
[190] BGH NJW 1992, 909.

standsunabhängige **Verfügungsbeschränkungen** (wie zB bei Verfügungen eines Ehegatten über die Ehewohnung im niederländischen, türkischen und Schweizer Recht,[191] die Unwirksamkeit von Verträgen zwischen Eheleuten und der Zahlungsanspruch der Ehefrau aus einem Morgengabeversprechen[192]). Freilich werden diese für ab dem 29.1.2019 geschlossene Ehen bzw. für Eheleute, die nach dem 28.1.2019 ehevertraglich das auf die güterrechtlichen Wirkungen der Ehe anwendbare Recht gewählt haben, von der EuGüVO erfasst.

2. Objektive Anknüpfung des auf die allgemeinen Ehewirkungen anwendbaren Rechts. Vorbehaltlich einer abweichenden Rechtswahl (→ Rn. 133) wird das auf die allgemeinen Wirkungen der Ehe anwendbare Recht gemäß Art. 14 Abs. 2 EGBGB im Wege einer sog. Kaskadenanknüpfung **(Kegelsche Leiter)** bestimmt. Ergibt sich auf der vorrangigen Stufe kein Ergebnis, so ist die Anknüpfung auf der jeweils nachfolgenden Stufe so lange fortzusetzen, bis ein Ergebnis erreicht wird. Dabei ist zu berücksichtigen, dass die Kaskaden mit dem Einführungsgesetz zur EuGüVO neu formuliert worden sind. Es ergibt sich daher für alle Ehegatten für den Zeitraum beginnend mit dem 29.1.2019 aus den Art. 14 Abs. 2 Nr. 1–3 EGBGB folgende Prüfungsreihenfolge: 130

- **1. Stufe:** Das Recht des Staates, in dem beide Ehegatten zum jeweils aktuellen Zeitpunkt ihren gewöhnlichen Aufenthalt haben (Art. 14 Abs. 2 Nr. 1 EGBGB). Dabei ist unter dem „gewöhnlichen Aufenthalt" in diesem Sinne der Lebensmittelpunkt der Ehegatten zu verstehen. Eine Mindestdauer ist nicht erforderlich. Ausreichend ist vielmehr, dass einer der Ehegatten gerade aus einem anderen Staat hergezogen ist, um hier mit seinem Ehegatten zusammen zu leben. Auch macht die Formulierung (anders als in Art. 26 Abs. 1 EuGüVO) deutlich, dass die Ehegatten nur im selben Staat, nicht aber unbedingt zusammen leben müssen. Da an den jeweils aktuellen gewöhnlichen Aufenthalt angeknüpft wird, ist die Anknüpfung wandelbar. Ein Umzug beider Ehegatten in einen anderen Staat führt also dazu, dass ab diesem Zeitpunkt das neue Aufenthaltsrecht anzuwenden ist.
- **2. Stufe:** Haben die Eheleute ihren gewöhnlichen Aufenthalt nicht im selben Staat, so gilt ersatzweise das Recht des Staates, in dem beide Ehegatten ihren gewöhnlichen Aufenthalt während der Dauer der Ehe zuletzt hatten, vorausgesetzt freilich, dass einer von ihnen dort weiterhin seinen gewöhnlichen Aufenthalt hat (Art. 14 Abs. 2 Nr. 2 EGBGB).
- **3. Stufe:** Das Recht des Staates, dem beide Ehegatten angehören (Art. 14 Abs. 1 Nr. 3 EGBGB). Zu berücksichtigen ist hierbei, dass bei einem Ehegatten, der Mehrstaater ist, nicht jede Staatsangehörigkeit, sondern nur die gemäß Art. 5 Abs. 1 EGBGB maßgebliche Staatsangehörigkeit, ggf. also nur die deutsche Staatsangehörigkeit, berücksichtigt werden kann.
- **4. Stufe:** Das Recht des Staates, mit dem beide Eheleute auf andere Weise am engsten verbunden sind (Art. 14 Abs. 1 Nr. 4 EGBGB). Diese Stufe kommt zB dann zum Zuge, wenn die Eheleute nicht im selben Staat leben und keine gemeinsame Staatsangehörigkeit haben, aber planen, zusammen zu ziehen. Seltener sind auf Dauer als grenzüberschreitende Distanz-Ehen angelegte Ehen. Zur Bestimmung der engsten Verbindung sind sämtliche Aspekte des Einzelfalls zu berücksichtigen. Regelmäßig wird nicht ein einziger Faktor den Ausschlag geben. Von Bedeutung können auch gemeinsame Sprache, gemeinsame Kultur, gemeinsame Herkunft sowie soziale Bindungen durch berufliche Tätigkeit etc sein. Die Praxis der Gerichte stellt insbesondere darauf ab, in welchem Land die Eheleute die Ehe führen wollen.[193]

---

[191] Reithmann/Martiny/*Hausmann* Rn. 5869.
[192] BGH NJW 2010, 1528.
[193] OLG Köln FamRZ 1998, 1590; AG Hannover FamRZ 2000, 1576.

131　Die Anknüpfung gemäß Art. 14 Abs. 1 EGBGB erfolgt an die jeweils aktuellen Umstände. Das allgemeine Ehewirkungsstatut ist also **wandelbar.** Eine Änderung der für die Anknüpfung maßgeblichen Umstände – also zB der Wechsel der oder Erwerb einer gemeinsamen Staatsangehörigkeit bzw. der gemeinsame grenzüberschreitende Umzug von Eheleuten ohne gemeinsame Staatsangehörigkeit führt also mit Wirkung *ex nunc* zu einem Wechsel des allgemeinen Ehewirkungsstatuts **(Statutenwechsel).**

132　　Eine **Rück- und Weiterverweisung** des ausländischen Rechts ist gemäß Art. 4 Abs. 1 EGBGB zu beachten (→ Rn. 61).

133　**3. Wahl des auf die allgemeinen Ehewirkungen anwendbaren Rechts.** Gemäß Art. 14 Abs. 1 EGBGB können die Eheleute das auf die allgemeinen Ehewirkungen anwendbare Recht wählen. Die sich bis zum 29.1.2019 ergebenden Beschränkungen bei der Rechtswahl sind aufgehoben worden. Dennoch wird die Rechtswahl in der Praxis wegen des beschränkten Anwendungsbereichs von Art. 14 EGBGB von geringer Bedeutung bleiben.

134　　Folgende Rechte stehen zur Wahl:
1. Das Recht des Staates, in dem beide Ehegatten zum Zeitpunkt der Rechtswahl ihren gewöhnlichen Aufenthalt haben (Art. 14 Abs. 1 Nr. 1 EGBGB). Auf diese Weise können sie für den Fall, dass sie beide in einen anderen Staat umziehen, vermeiden, dass es zu einem Statutenwechsel kommt.
2. Das Recht des Staates, in dem beide Ehegatten ihren gewöhnlichen Aufenthalt während der Dauer der Ehe zuletzt hatten, vorausgesetzt freilich, dass einer von ihnen dort zum Zeitpunkt der Rechtswahl noch seinen gewöhnlichen Aufenthalt hat (Art. 14 Abs. 1 Nr. 2 EGBGB).
3. Das Recht des Staates, dessen Staatsangehörigkeit einer der Ehegatten im Zeitpunkt der Rechtswahl besitzt (Art. 14 Abs. 1 Nr. 3 EGBGB). Dabei ist es ausdrücklich unbeachtlich, ob diese Staatsangehörigkeit auf Seiten des betreffenden Ehegatten die effektive Staatsangehörigkeit iSv Art. 5 Abs. 1 EGBGB darstellt oder nicht.

135　Die Rechtswahl muss im Inland in notarieller Form getroffen werden, Art. 14 Abs. 1 S. 3 EGBGB. Nach einer verbreiteten Ansicht ist auch § 1410 BGB zu beachten, also die gleichzeitige, nicht aber unbedingt persönliche Anwesenheit der Beteiligten erforderlich.[194]

136　　Da die meisten ausländischen Rechtsordnungen eine Rechtswahl für die allgemeinen Ehewirkungen nicht anerkennen, wird diese vor ausländischen Gerichten regelmäßig unbeachtlich bleiben (hinkende Rechtswahl). Es kann sich allerdings aus Sicht des ausländischen Gerichts die Geltung des gewählten Rechts schon aus der objektiven Anknüpfung ergeben. In diesen Fällen kann durch die Rechtswahl uU ein internationaler Entscheidungseinklang erreicht werden.

137　**Formulierungsbeispiel: Wahl des auf die allgemeinen Ehewirkungen anwendbaren**
⟳　**Rechts**[195]

Für die allgemeinen Wirkungen unserer Ehe wählen wir mit Wirkung ab sofort das deutsche Recht.

Wir sind davon unterrichtet worden, dass diese Rechtswahl voraussichtlich durch ein ausländisches Gericht nicht beachtet werden wird.

---

[194] Dies galt zumindest zu Art. 14 Abs. 4 EGBGB in der bis zum 29.1.2019 geltenden Fassung: *v. Bar* IPR II Rn. 201; *Schotten/Schmellenkamp* IPR Rn. 123; Bamberger/Roth/*Mörsdorf-Schulte* EGBGB Art. 14 Rn. 54; Staudinger/*Mankowski* EGBGB Art. 14 Rn. 120.

[195] Weitere Beispiele für eine Rechtswahl bei Hausmann/Odersky/*Hausmann* IPR § 8 Rn. 28, 35, 37.

II. Internationales Güterrecht

1. Bedeutung. Der Bestimmung des Güterstatuts kommt dagegen in der notariellen Pra- **138**
xis eine erhebliche Bedeutung zu. Das Güterstatut ist nicht nur bei der Beurkundung von
Eheverträgen mit Auslandsberührung und im Erbrecht von Bedeutung. Auch wenn ein
Ehegatte ein Grundstück kauft oder darüber verfügt bzw. einen Anteil an einer Kapitalgesellschaft erwirbt oder veräußert, muss ermittelt werden, ob er nach dem maßgeblichen
Güterrecht diesen zu Alleineigentum erwerben kann bzw. für die Verfügung der Zustimmung des anderen Ehegatten bedarf.

Für alle ab dem 29.1.2019 geschlossenen Ehen bestimmt sich das auf die güterrechtli- **139**
chen Wirkungen der Ehe anwendbare Recht nach der Europäischen Verordnung zur
Durchführung einer verstärkten Zusammenarbeit im Bereich der Zuständigkeit, des anzuwendenden Rechts und der Anerkennung und die Vollstreckung von Entscheidungen in
Fragen des ehelichen Güterstands (EuGüVO) vom 24.6.2016.[196] Die EuGüVO gilt auch
dann, wenn die Eheleute nach dem 29.1.2019 eine güterrechtliche Rechtswahl vereinbaren. Für alle vor dem 29.1.2019 geschlossenen Ehen bleibt es dagegen weiterhin bei der
Geltung von Art. 15 EGBGB aF, **Art. 229 § 47 EGBGB.**

Für vor dem 8.3.1983 geschlossene Ehen sind die komplizierten **Übergangsregeln** **140**
des **Art. 220 Abs. 3 EGBGB** zu beachten (→ Rn. 150).

Eine gemäß Art. 3 EGBGB bzw. Art. 62 EuGüVO vorrangige Abkommensvorschrift **141**
ergibt sich allein aus Art. 8 Abs. 3 des **Deutsch-Persischen Niederlassungsabkom-**
mens vom 17.2.1929 (→ Rn. 129). Das Abkommen erklärt bei übereinstimmender iranischer Staatsangehörigkeit der Eheleute das iranische Güterrecht für anwendbar.

Das „**Deutsch-französische Abkommen**" über den Güterstand der Wahl-Zugewinn- **142**
gemeinschaft" (vgl. § 1519 BGB) enthält keine Kollisionsnormen, sondern vereinheitlich-
te güterrechtliche Regeln auf sachrechtlicher Ebene. Diese gelten unabhängig davon, ob
der Fall eine Berührung mit Frankreich, mit irgendeinem anderen Staat oder gar keine
Auslandsberührung hat. Voraussetzung für deren Anwendbarkeit ist, dass entweder deutsches oder französisches Recht Güterstatut ist. Hierfür ist weiterhin das Güterstatut nach
den nationalen Kollisionsnormen zu ermitteln. Vorsichtshalber sollte die Vereinbarung
dieser Regeln in internationalen Fällen daher mit einer ausdrücklichen Wahl zugunsten
des deutschen oder französischen Güterrechts verbunden werden.[197]

2. Anknüpfung des Güterstatuts für vor dem 29.1.2019 geschlossene Ehen. a) Ver- 143
weisung durch das deutsche Recht. Für Ehen, die nach dem 9.4.1983 und vor dem
29.1.2019 geschlossen wurden, bestimmt sich das Güterstatut weiterhin nach Art. 15
EGBGB in der Fassung von 1986. Vorbehaltlich einer abweichenden Rechtswahl (Art. 15
Abs. 2 EGBGB) gilt für die güterrechtlichen Wirkungen gemäß Art. 15 Abs. 1 EGBGB
1986 das zum Zeitpunkt der Eheschließung für die allgemeinen Wirkungen der Ehe geltende Recht. Es wird also auf die in Art. 14 Abs. 1 EGBGB 1986 statuierte Anknüpfungsleiter (dazu → Rn. 130) verwiesen. Dabei fallen wegen der Fixierung des Anknüpfungszeitpunkts auf den Beginn der Ehe logischerweise die zweite und vierte Sprosse in der
Anknüpfungsleiter weg. Im Ergebnis ergibt sich für das Güterstatut damit folgende Stu-
fenfolge:

– **1. Stufe:** Das Recht des Staates, dem beide Eheleute bei Eheschließung angehörten,
Art. 15 Abs. 1 iVm Art. 14 Abs. 1 Nr. 1 EGBGB 1986. Bei Mehrstaatern ist zuvor die
effektive Staatsangehörigkeit zu bestimmen.
– **2. Stufe:** Das Recht des Staates, in dem bei Eheschließung beide Eheleute ihren gewöhnlichen Aufenthalt hatten, Art. 15 Abs. 1 iVm Art. 14 Abs. 1 Nr. 2 EGBGB 1986.

---

[196] ABl. EU L 183/1 v. 8.7.2016.
[197] Vgl. *Süß* ZErb 2010, 284.

– **3. Stufe:** Das Recht des Staates, mit dem beide Eheleute bei Eheschließung auf andere Weise am engsten verbunden waren, Art. 15 Abs. 1 iVm Art. 14 Abs. 1 Nr. 3 EGBGB 1986. Dabei wird man wegen der Unwandelbarkeit des Güterstatuts, die dazu führt, dass dieses grundsätzlich für die gesamte Dauer der Ehe fortdauert, sinnvollerweise noch eher als bei der Bestimmung des allgemeinen Ehewirkungsstatuts die konkreten Zukunftspläne bei Eheschließung der Eheleute berücksichtigen müssen und vergangenheitsbezogene Aspekte außer Acht lassen.[198] Eine besondere Bedeutung kommt daher dem Staat zu, in dem die Eheleute nach der Eheschließung zusammen leben wollen – zumindest wenn sie alsbald nach der Heirat eine Übersiedlung in diesen Staat konkret in Angriff genommen haben.[199]

144   Art. 15 Abs. 1 EGBGB 1986 fixiert zur Bestimmung des Güterstatuts die Anknüpfung auf den Zeitpunkt der Eheschließung. Dies führt dazu, dass Änderungen der für die Anknüpfung maßgeblichen Umstände während der Dauer der Ehe sich auf das Güterstatut nicht mehr auswirken (sog. **Unwandelbarkeit des Güterstatuts**). Dies hat den Vorteil der Stabilität des Güterstands. Nachteilig ist, dass auf diese Weise die Eheleute unter Umständen in dem gesetzlichen Güterstand eines Staates leben, in dem sie schon lange nicht mehr leben oder den es nicht mehr gibt. Diesen Nachteilen können sich die Eheleute aber dadurch entziehen, dass sie das Güterstatut jederzeit durch ehevertragliche Rechtswahl gemäß Art. 15 Abs. 2 EGBGB 1986 ändern können.

145   **b) Rück- bzw. Weiterverweisung durch das ausländische Recht.** Bei Verweisung auf das Recht eines ausländischen Staates ist gemäß Art. 4 Abs. 1 EGBGB auch das ausländische internationale Güterrecht anzuwenden und ggf. eine **Rück- oder Weiterverweisung** durch das IPR der ausländischen Rechtsordnung zu beachten (→ Rn. 61). Bestritten wird hier allein die Beachtlichkeit eines Renvoi bei Anknüpfung an die „engste Verbindung" auf der 3. Stufe.[200]

146   Eine Rück- oder Weiterverweisung kann sich im ausländischen Recht ergeben
1. aus einer vorrangigen Anknüpfung an den Wohnsitz der Eheleute (zB schon damalige Rechtslage in Frankreich, Belgien);
2. aus einer (wandelbaren) Anknüpfung an die aktuellen Verhältnisse, so dass ein Wechsel der Staatsangehörigkeit oder des gewöhnlichen Aufenthalts der Ehegatten nach der Eheschließung einen Statutenwechsel bewirken kann (zB damals in Italien, Kroatien, Polen, Serbien);
3. aus einer Verweisung auf das jeweilige Belegenheitsrecht für Immobilien (USA, Schottland, wohl auch England); die auf die in Deutschland belegenen Grundstücke beschränkte Rückverweisung führt dann zu einer Spaltung des Güterstatuts, wenn für das übrige Vermögen das Güterrecht des Heimatstaats anwendbar bleibt;
4. wenn das ausländische Recht bei Eheleuten ohne gemeinsame Staatsangehörigkeit die Staatsangehörigkeit des Ehemannes entscheiden lässt (Ägypten, Irak, Thailand).

147   **c) Vorrangiges Einzelstatut für im Ausland belegenes Vermögen.** Nach Art. 3a Abs. 2 EGBGB aF (bis zum 1.1.2009: Art. 3 Abs. 3 EGBGB) galt die Verweisung aus Art. 15 EGBGB 1986 nicht für Gegenstände, die sich in einem Staat befinden, dessen Recht nicht berufen ist, soweit diese nach dem Recht des dieses Staates „besonderen Vorschriften" unterliegen. Nach der Rechtsprechung und überwiegenden Auffassung in der Lehre sind „besondere Vorschriften" in diesem Sinne auch Kollisionsnormen des ausländischen Belegenheitsstaates, die das dort belegene Vermögen unabhängig von der Person der Ehegatten dem dortigen Güterrecht unterwerfen (**Einzelstatut**). Das gilt vor allen Dingen für die Länder, in denen die güterrechtliche Regelung des *Common Law* gilt, wo-

---

[198] OLG Köln FamRZ 1998, 1590; Soergel/*Schurig* EGBGB Art. 15 Rn. 12.
[199] NK-BGB/*Sieghörtner* EGBGB Art. 15 Rn. 15; Palandt/*Thorn* EGBGB Art. 15 Rn. 19.
[200] Vgl. NK-BGB/*Sieghörtner* EGBGB Art. 15 Rn. 29.

nach sich die güterrechtlichen Verhältnisse von Grundstücksvermögen nach der *lex rei sitae* richten.[201] Dies ist zB in Schottland und in den US-amerikanischen Staaten (→ Rn. 168) der Fall. Für ein von deutschen Eheleuten in Santa Barbara gekauftes Ferienhaus gilt also nicht die Zugewinngemeinschaft deutschen, sondern die Gütergemeinschaft kalifornischen Rechts.

d) Sonderregelung für deutschstämmige Vertriebene. Für deutschstämmige Vertriebene iSv §§ 1, 3 und 4 des Bundesvertriebenengesetzes, die in einem gesetzlichen Güterstand ausländischen Rechts leben, trat mit Beginn des vierten Monats, nach dem beide ihren gewöhnlichen Aufenthalt in Deutschland genommen haben, das eheliche Güterrecht des BGB in Kraft (§§ 1 Abs. 1, 3 des Gesetzes über den ehelichen Güterstand von Vertriebenen und Flüchtlingen vom 4. 8. 1969).[202] Hier trat also ein **Statutenwechsel** aus dem ausländischen zum deutschen Güterrecht ein. 148

Umstritten ist, ob auch die erst nach dem 31. 12. 1992 nach Deutschland gekommenen **Spätaussiedler** von dieser Regelung erfasst werden. Die Verweisung in § 1 des Güterstandsgesetzes erfasst nur die in der alten Fassung von § 4 BVFG genannten, Sowjetzonenflüchtlingen gleichgestellten Personen. Der wohl überwiegende Teil der Lehre bejaht die analoge Anwendung des Gesetzes auf Spätaussiedler.[203] Die Rechtsprechung hat sich einer Stellungnahme bislang stets dadurch entzogen, dass sie in den entschiedenen Fällen darauf verwies, dass mit Übersiedlung der Eheleute nach Deutschland eine Rückverweisung des bisherigen ausländischen Heimatrechts auf das deutsche Güterrecht (→ Rn. 145) eingetreten sei.[204] Für die Zeit nach dem 29. 1. 2019 wird das Gesetz aufgehoben. 149

3. Übergangsregeln für vor dem 1. 9. 1986 geschlossene Ehen. Durch das am 9. 4. 1983 verkündete Urteil des BVerfG war die Unwirksamkeit von Art. 15 EGBGB aF rückwirkend zum 1. 4. 1953 festgestellt worden. Für die vor dem Inkrafttreten der Neuregelung des IPR am 1. 9. 1986 geschlossenen Ehen wurde daher in Art. 220 Abs. 3 EGBGB eine komplexe Übergangsregelung geschaffen. Vereinfacht gilt danach Folgendes: 150

Für **vor dem 1. 4. 1953** geschlossene Ehen gilt weiterhin Art. 15 EGBGB idF von 1900 und damit das Heimatrecht des Ehemannes bei Eheschließung, Art. 220 Abs. 3 S. 6 EGBGB. Die Eheleute können aber eine Rechtswahl gemäß Art. 15 Abs. 2 EGBGB idF von 1986 treffen. 151

Für **nach dem 8. 4. 1983** geschlossene Ehen ist das Güterstatut nach Art. 15 EGBGB 1986 zu bestimmen, Art. 220 Abs. 3 S. 2 EGBGB. 152

Für **nach dem 31. 3. 1953 und vor dem 9. 4. 1983** geschlossene Ehen gilt das gemeinsame Heimatrecht der Eheleute, wenn diese bei Eheschließung eine gemeinsame Staatsangehörigkeit besaßen, Art. 220 Abs. 3 S. 1 Nr. 1 EGBGB, Art. 15 Abs. 1 iVm Art. 14 Abs. 1 Nr. 1 EGBGB 1986. Bei unterschiedlicher Staatsangehörigkeit der Eheleute bei Eheschließung gilt bis zum 8. 4. 1983 das Heimatrecht des Ehemannes, Art. 220 Abs. 3 S. 1 Nr. 3 EGBGB. Für die Zeit danach gilt – rückwirkend auf den Beginn der Ehe – Art. 15 EGBGB idF von 1986, wobei es für die Anknüpfung auf die Umstände am 9. 4. 1983 ankommt, Art. 220 Abs. 3 S. 2, S. 3 EGBGB. Haben sich aber die Eheleute noch vor dem 9. 4. 1983 gemeinsam einem bestimmten Recht „unterstellt" oder sind sie gemeinsam „von dessen Anwendung ausgegangen", so gilt dieses Recht, Art. 220 Abs. 3 S. 1 Nr. 2 EGBGB. Dieser Tatbestand wird von der Rspr. sehr weit ausgelegt.[205] Alle äußeren Umstände seien einzubeziehen, wie etwa der gewöhnliche Aufenthalt der Ehe- 153

---

[201] MüKoBGB/*Sonnenberger* EGBGB Art. 3a Rn. 13; Palandt/*Thorn* EGBGB Art. 3a Rn. 6.
[202] Text zB bei Palandt/*Thorn* Anh. zu Art. 15 EGBGB.
[203] Erman/*Hohloch* EGBGB Art. 15 Rn. 51; Staudinger/*Mankowski* EGBGB Art. 15 Rn. 440; Bamberger/Roth/*Mörsdorf-Schulte* EGBGB Art. 15 Rn. 76; *Scheugenpflug* MittRhNotK 1999, 377; aA Palandt/*Thorn* EGBGB Anh. II zu Art. 15 Rn. 2; MüKoBGB/*Siehr* EGBGB Anh. zu Art. 16 Rn. 10.
[204] ZB OLG Hamm MittBayNot 2010, 223 – Russland; OLG Düsseldorf ZEV 2011, 471 – Kasachstan.
[205] Vgl. BGH NJW 1987, 584.

gatten, der Erwerb von Immobilien zur Schaffung eines Familienheimes, Grundbucheintragungen und andere gemeinsame Erklärungen gegenüber Behörden oder Handlungen, die ohne Bezug zu einer bestimmten Güterrechtsordnung nicht denkbar wären. Es reiche, dass die Eheleute „wie selbstverständlich von der ihnen am nächsten liegenden Rechtsordnung ausgegangen sind".[206] Als – mit dem gemeinsamen Unterstellen bzw. dem Vertrauen „konkludent und formlos gewähltes" – Recht gilt dieses Recht über den Stichtag des 8.4.1983 hinaus unter den materiellen Voraussetzungen des Art. 15 Abs. 2 EGBGB idF von 1986 fort.[207] Um eine faktische Weiterwirkung der gleichheitswidrigen Anknüpfung an die Staatsangehörigkeit des Ehemannes nach altem Recht zu vermeiden, darf diese Unterstellung unter ein bestimmtes Recht aber nicht darauf beruhen, dass die Eheleute sich an der alten gesetzlichen Regelung orientierten.[208]

154   Die durch diese Auslegung provozierten praktischen Unsicherheiten lassen sich am einfachsten durch eine ausdrückliche Rechtswahl bzw. eine ausdrückliche gemeinsame Erklärung der Eheleute auf der Grundlage von Art. 22ff. EuGüVO (dazu → Rn. 160) ausräumen.

155   **Formulierungsbeispiel: Erklärung zum Güterstand in Alt-Ehen**

Wir haben im Jahre 1975 geheiratet. Schon damals waren die Ehefrau deutsche und der Ehemann spanischer Staatsangehörige. Wir sind bis zum 9.4.1983 weder gemeinsam von der Geltung eines bestimmten Rechts für unsere güterrechtlichen Verhältnisse ausgegangen noch haben wir uns einem bestimmten Recht unterstellt. Insbesondere haben wir keine Erklärungen über unseren Güterstand abgegeben oder einen Ehevertrag abgeschlossen. Am 9.4.1983 haben wir beide unseren Lebensmittelpunkt in Deutschland gehabt. Wir gehen daher davon aus, dass für uns deutsches Güterrecht gilt.

Sollte – aus welchem Grunde auch immer – deutsches Güterrecht nicht gelten, so vereinbaren wir nun hilfsweise dessen Geltung, nach Möglichkeit mit Rückwirkung auf den Beginn der Ehe.

155a   **4. Objektive Anknüpfung des Güterstatuts nach der EuGüVO.** Für Ehen, die am 29.1.2019 oder danach geschlossen worden sind bzw. bei denen das anwendbare Reht am oder nach dem 29.1.2019 durch Rechtswahl vereinbart worden ist, bestimmt sich das anwendbare Recht nach der EuGüVO. Haben die Eheleute keine Rechtswahl getroffen, so kommt folgende Anknüpfungsleiter zur Anwendung:

156   In **erster Linie** gilt gemäß Art. 26 Abs. 1 lit. a EuGüVO das Recht des Staates, in dem die Ehegatten nach der Eheschließung ihren ersten gemeinsamen gewöhnlichen Aufenthalt haben. Leben diese schon bei Eheschließung gemeinsam dauerhaft in demselben Staat, so gilt also das Recht dieses Staates, auch wenn die Eheleute die Staatsangehörigkeit eines anderen Staates haben.

Beispiele:

Zwei türkische Staatsangehörige, die in Deutschland geboren und hier aufgewachsen sind, haben in Izmir geheiratet. Anschließend sind sie wieder nach Deutschland zurückgekehrt, wo beide arbeiten und zusammen wohnen. Für sie gilt das deutsche Güterrecht.

Eine Deutsche heiratet einen deutschen Staatsangehörigen. Beide arbeiten in der Tochterfirma eines deutschen Autozulieferers in Shanghai. Hier ist zu prüfen, ob der Aufenthalt in China dauerhaft oder vorübergehend ist. Handelt es sich um keine Entsendung aus Deutschland, sondern um eine dauerhafte Anstellung in dem chinesischen Tochterunternehmen, so haben die Eheleute ihren gewöhnlichen Aufenthalt in der VR China. Für sie gilt

---

[206] BGHZ 119, 400; BGH NJW 1988, 639; FamRZ 1993, 292; OLG Köln FamRZ 1996, 1480.
[207] BGH FamRZ 1986, 1202.
[208] BVerfG NJW 2003, 1656.

die gesetzliche Gütergemeinschaft des chinesischen Rechts. Im Fall einer zeitlich befristeten Entsendung werden sie möglicherweise ihren gewöhnlichen Aufenthalt in Deutschland beibehalten haben.

Zweifelhaft ist die Situation, wenn Eheleute in demselben Staat an verschiedenen Orten leben, also keinen „gemeinsamen" gewöhnlichen Aufenthalt haben. Die Literatur will auch in diesem Fall eine Geltung des Rechts des Aufenthaltsstaates bejahen.[209] Die Frage ist aber letztlich noch offen. **156a**

Unklar ist auch, wieviel Zeit bei zunächst getrennt lebenden Eheleuten nach der Eheschließung verstreichen darf, damit man noch von einem „ersten" gewöhnlichen Aufenthalt sprechen kann und nicht auf die nächste Stufe übergegangen werden muss. **156b**

Sind die Voraussetzungen für eine Anknüpfung auf der ersten Stufe nicht erfüllt, so ist gemäß Art. 26 Abs. 1 lit. b EuGüVO **ersatzweise** das Recht des Staates anzuwenden, dessen Staatsangehörigkeit beide Ehegatten zum Zeitpunkt der Eheschließung besitzen. **157**

Beispiel:

Hat in den oben genannten Beispielen einer der Ehegatten seinen Lebensmittelpunkt in Deutschland, der andere aber in der Türkei bzw. in China und ziehen sie auch nicht zeitnah nach der Eheschließung zusammen, so gilt für die güterrechtlichen Wirkungen der Ehe das türkische bzw. das deutsche Recht als gemeinsames Heimatrecht.

Haben die Eheleute auch keine gemeinsame Staatsangehörigkeit oder haben sie mehrere gemeinsame Staatsangehörigkeiten (Art. 26 Abs. 3 EuGüVO), so gilt gemäß Art. 26 Abs. 1 lit. c EuGüVO **(3. Stufe)** das Recht des Staates, mit dem die Ehegatten unter Berücksichtigung aller Umstände zum Zeitpunkt der Eheschließung gemeinsam am engsten verbunden sind. **158**

Aufgrund der Anknüpfung an die Umstände bei bzw. kurz nach der Eheschließung ist die Anknüpfung des Güterstatuts auch nach der EuGüVO unwandelbar. Eine spätere Verlegung des gewöhnlichen Aufenthalts bzw. ein Wechsel der Staatsangehörigkeit durch die Eheleute wirkt sich auf das Güterstatut daher nicht mehr aus. Art. 26 Abs. 3 EuGüVO sieht aber ausnahmsweise eine Verschiebung des Anknüpfungszeitpunkts vor. So kann das Gericht, das für Fragen des ehelichen Güterstands zuständig ist, auf Antrag eines der Ehegatten entscheiden, dass statt des Rechts am ersten gemeinsamen gewöhnlichen Aufenthalt der Eheleute das Recht eines anderen Staates für den ehelichen Güterstand gilt, sofern die Ehegatten ihren letzten gemeinsamen gewöhnlichen Aufenthalt in diesem anderen Staat über einen erheblich längeren Zeitraum hatten und beide Ehegatten auf das Recht dieses anderen Staates bei der Regelung oder Planung ihrer vermögensrechtlichen Beziehungen vertraut hatten. In diesem Fall gilt das Recht des letzten gemeinsamen gewöhnlichen Aufenthalts der Eheleute, und zwar gemäß Art. 26 Abs. 3 UAbs. 2 EuGüVO rückwirkend auf den Zeitpunkt der Eheschließung. Es tritt also kein Statutenwechsel ein. Dies gilt aber nicht, wenn sich das Güterstatut mangels eines ersten gemeinsamen gewöhnlichen Aufenthalts nach der Staatsangehörigkeit oder der engsten Verbindung der Eheleute bestimmt, oder wenn diese vor der Verlegung des gewöhnlichen Aufenthalts in den anderen Staat einen Ehevertrag abgeschlossen haben. **159**

Die Anknüpfung des Güterstatuts nach der EuGüVO führt zu einer Sachnormverweisung. Gemäß Art. 32 EuGüVO ist nach Verweisung auf ein ausländisches Recht unmittelbar das materielle Güterrecht dieses Staates anzuwenden (Sachnormverweisung). Eine Rückverweisung auf das deutsche Recht, das Recht eines anderen Mitgliedstaates im Sinne der EuGüVO oder eine Weiterverweisung auf das Recht eines Drittstaates bleiben unbeachtlich. **159a**

---

[209] *Heiderhoff* IPRax 2018, 5; *Martiny* ZfPW 2017, 1 (22); *Weber* DNotZ 2016, 671.

160 **5. Rechtswahl im Güterrecht. a) Wahlmöglichkeiten.** Die Möglichkeiten einer güterrechtlichen Rechtswahl bestimmen sich ab dem 29. 1. 2019 ausschließlich nach den
Regeln der EuGüVO. Das gilt auch dann, wenn die Ehe vor dem Stichtag geschlossen
wurde und damit bislang sich das anwendbare Recht nach Art. 15 EGBGB aF bestimmt
hat. Folgende Rechtsordnungen stehen zur Wahl:
1. Das Recht des Staates, in dem mindestens einer der Ehegatten oder der künftigen Ehegatten zum Zeitpunkt der Rechtswahl seinen gewöhnlichen Aufenthalt hat, Art. 22
   Abs. 1 lit. a EuGüVO.
2. Das Recht des Staates, dessen Staatsangehörigkeit mindestens einer der Ehegatten oder
   der künftigen Ehegatten zum Zeitpunkt der Rechtswahl besitzt, Art. 22 Abs. 1 lit. b
   EuGüVO.

161 Eine auf ein Grundstück oder den gesamten in einem Staat belegenen Grundbesitz bezogene Rechtswahl zugunsten der jeweiligen *lex rei sitae,* wie sie gemäß Art. 15 Abs. 2 Nr. 3
EGBGB 1986 bis zum 28. 1. 2019 möglich war, ist nun nicht mehr möglich. Bis zu diesem Zeitpunkt vereinbarte Rechtswahlklauseln behalten aber weiterhin ihre Wirksamkeit.

162 Die Voraussetzungen für die Rechtswahl (Staatsangehörigkeit bzw. gewöhnlicher Aufenthalt) müssen ausschließlich zum Zeitpunkt der Ausübung der Rechtswahl gegeben
sein. Ein späterer Wegfall der Voraussetzungen berührt die Wirksamkeit der einmal wirksam getroffenen Rechtswahl nicht mehr.[210] Die Verweisung aufgrund der Rechtswahl
führt unmittelbar zum materiellen Recht der gewählten Rechtsordnung. Eine Rück- oder
Weiterverweisung wird nicht beachtet. Es ist auch ohne Bedeutung, ob die Rechtswahl
vom bisher geltenden oder vom gewählten Recht anerkannt wird.

163 **b) Durchführung der Rechtswahl.** Die Rechtswahl muss zumindest in Schriftform,
mit Datum und Unterschriften beider Eheleute vorgenommen werden, Art. Art. 23
Abs. 1 EuGüVO. Sieht das Recht des Mitgliedstaats, in dem beide Ehegatten zum Zeitpunkt der Rechtswahl ihren gewöhnlichen Aufenthalt haben, zusätzliche Formvorschriften für Vereinbarungen über den ehelichen Güterstand vor, so sind diese Formvorschriften anzuwenden, Art. 23 Abs. 2 EuGüVO. Leben die Eheleute also in Deutschland, so ist
die Vereinbarung gemäß § 1410 BGB notariell zu beurkunden. Haben die Ehegatten ihren gewöhnlichen Aufenthalt in verschiedenen Mitgliedstaaten, so ist die Vereinbarung
formgültig, wenn sie den Vorschriften des Rechts eines dieser Mitgliedstaaten genügt,
Art. 23 Abs. 3 EuGüVO. Lebt nur einer der Ehegatten in einem Mitgliedstaat des Abkommens, so sind die Formvorschriften für Vereinbarungen über den ehelichen Güterstand dieses Mitgliedstaates anzuwenden, Art. 23 Abs. 4 EuGüVO. Die Einhaltung der
Formvorschriften des Staates, in dem der andere Ehegatte lebt oder die Einhaltung der
Formvorschriften des Staates, in dem der Ehevertrag abgeschlossen wird, genügt dann also
nicht.

163a Die Rechtswahl ist zu jedem Zeitpunkt, also vor, bei und nach der Eheschließung
möglich. Insbesondere kann sie während der Ehe jederzeit wieder aufgehoben und abgeändert werden. Wird sie nach der Eheschließung getroffen, so hat sie Wirkung ex nunc.
Es tritt also ggf. ein Statutenwechsel ein, der dann uU auch einen Wechsel des (gesetzlichen) Güterstands zur Folge hat.

163b Art. 23 Abs. 3 EuGüVO lässt auch eine ausdrücklich Vereinbarung der Rückwirkung
des anzuwendenden Rechts durch Rechtswahl zu. Allerdings darf die rückwirkende
Rechtswahl Ansprüche Dritter, die sich aus dem bislang geltenden Recht ergeben haben,
nicht beeinträchtigen, Art. 23 Abs. 4 EuGüVO.

---

[210] Das gilt mE aufgrund des Wortlauts in Art. 22 Abs. 1 EuGüVO auch für den Fall, dass die Rechtswahl
vor der Eheschließung getroffen wurde und die Voraussetzungen für die Wahl dieses Rechts bei Eheschließung nicht mehr vorlagen.

Formulierungsbeispiel: Wahl des Güterstatuts vor der Eheschließung[211]   164

Für die güterrechtlichen Wirkungen unserer künftigen Ehe wählen wir das deutsche Recht, da wir beide unseren Lebensmittelpunkt und gewöhnlichen Aufenthalt in Deutschland haben. Wir wollen künftig im gesetzlichen Güterstand der Zugewinngemeinschaft leben.

Wir beantragen die Eintragung der Rechtswahl in das Güterrechtsregister des zuständigen deutschen Amtsgerichts oder bei Wohnung im Ausland in das dort zuständige Register. Der beurkundende Notar soll den Antrag auf Eintragung erst dann einreichen, wenn er von einem von uns dazu schriftlich angewiesen worden ist.

Der Notar weist auf folgendes hin: Die Rechtswahl wird durch ein ausländisches Gericht möglicherweise nicht anerkannt.

Formulierungsbeispiel: Rechtswahl während der Ehe   165

Die Ehefrau ist österreichische Staatsangehörige und war dies auch schon zu Beginn der Ehe. Der Ehemann ist deutscher Staatsangehöriger und war dies auch schon zu Beginn der Ehe. Wir leben seit Beginn der Ehe gemeinsam in Brüssel.

Für die güterrechtlichen Wirkungen unserer Ehe wählen wir das nun das deutsche Recht. Wir wollen ab sofort im gesetzlichen Güterstand der Zugewinngemeinschaft leben; er soll von heute an Wirkung entfalten. Zur der Berechnung des Zugewinnausgleichs sind jedoch die Vermögensverhältnisse zu Beginn unserer Ehe zugrunde zu legen.

Wir beantragen die Eintragung der Rechtswahl in das Güterrechtsregister des zuständigen deutschen Amtsgerichts. Der beurkundende Notar soll den Antrag erst dann einreichen, wenn er von einem von uns dazu schriftlich angewiesen worden ist.

Der Notar weist auf folgendes hin:
- Die Rechtswahl wird durch ein ausländisches Gericht möglicherweise nicht anerkannt.
- Der Notar unterstellt – ohne dass er eine Prüfung des ausländischen Rechts vorgenommen hat – dass die Eheleute bislang im gesetzlichen Güterstand des belgischen Rechts gelebt haben. Dieser Güterstand ist durch die heutige Vereinbarung beendet worden. Die Eheleute werden eine ggf. entstandene Gütergemeinschaft selbständig abwickeln und dazu erforderlichenfalls juristischen Rat in Belgien beiziehen.

c) Anzeigepflichten der Notare. Nach Vornahme einer Rechtswahl in Bezug auf das 166 Güterrecht sind in gleicher Weise wie bei einer anderen Vereinbarung in Bezug auf den Güterstand wegen der möglichen Auswirkungen auf das gesetzliche Erbrecht gemäß § 34a Abs. 1 S. 1 BeurkG die Verwahrangaben dem Zentralen Testamentsregister mitzuteilen.[212]

6. Übersicht über gesetzliche Güterstände im Ausland. In der folgenden Übersicht 167 werden (grob) folgende Güterstände unterschieden:[213]
1. Bei der **Errungenschaftsgemeinschaft** wird nur das während der Ehe erworbene Vermögen gemeinschaftliches Vermögen. Das in die Ehe eingebrachte sowie das während der Ehe durch Schenkung oder Erbfolge erworbene Vermögen wird Eigengut des jeweiligen Ehegatten. Über das Eigengut kann jeder der Ehegatten ohne Zustimmung des anderen verfügen. Zu welchen Verfügungen über Gesamtgut die Zustimmung bei-

---

[211] Weitere Formulierungsbeispiele bei Hausmann/Odersky/*Hausmann* IPR § 9 Rn. 104, 110.

[212] Bamberger/Roth/*Litzenburger* BeurkG § 34a Rn. 3.

[213] Weiterführende Informationen bei *Bergmann/Ferid/Henrich* Internationales Ehe- und Kindschaftsrecht; WürzNotar-HdB/*Hertel* Teil 4 Kap. 7; Münch/*Süß* FamR § 20 Rn. 16 ff.; *Rieck* Ausländisches Familienrecht; *Schotten/Schmellenkamp* Anh. II; *Süß/Ring* Eherecht in Europa.

der Ehegatten erforderlich ist, ist in den einzelnen Rechtsordnungen sehr unterschiedlich geregelt. Im Zweifel sollte man auf der Zustimmung des anderen Ehegatten bestehen.

2. Bei der **Gütergemeinschaft** geht das gesamte Vermögen der Ehegatten, also auch das in die Ehe eingebrachte, in das Eigentum beider Ehegatten über, wird also Gesamtgut.

3. In der **Gütertrennung** bleiben sowohl das in die Ehe eingebrachte wie das während der Ehe erworbene Vermögen getrennt. Einige Rechtsordnungen sehen bei Auflösung der Ehe einen Ausgleich für einen während der Ehe erzielten Vermögenszuwachs vor. Das gilt zB in den meisten *common law*-Staaten. Das Gericht teilt das eheliche Vermögen nach eigenem Ermessen auf der Basis des eigenen Rechts *(lex fori)*.

4. Bei der **Anknüpfung** wird jeweils nur die erste Stufe der Anknüpfung angegeben, sowie die grundsätzliche Zulässigkeit einer Rechtswahl. Bei Staaten, in denen die EuGüVO gilt, ist auch das für vor dem 29. 1. 2019 geschlossene Ehen anwendbare Recht dargestellt.

168

Staat	(Primäre) Anknüpfung	Güterstand
Ägypten	Staatsangehörigkeit des Ehemannes bei Eheschließung; keine Rechtswahl	Gütertrennung
Australien	*Domicile;* für Immobilien *lex rei sitae.* Ausgleich bei Scheidung nach *lex fori*	Gütertrennung, Vermögensteilung durch das Gericht bei Scheidung
Belgien	Ab 29. 1. 2019: EuGüVO Erster ehelicher Wohnsitz; Rechtswahl	Errungenschaftsgemeinschaft
Bosnien und Herzegowina	Aktuelle gemeinsame Staatsangehörigkeit; keine Rechtswahl	Errungenschaftsgemeinschaft; keine Wahlgüterstände, wohl aber vertragliche Modifikation des Güterstands möglich
Brasilien	Wohnsitz der Eheleute bei Eheschließung	Errungenschaftsgemeinschaft; vertragliche Güterstände, Ehevertrag nach Heirat nur mit gerichtlicher Genehmigung wirksam
Bulgarien	Ab 29. 1. 2019: EuGüVO Aktuelle gemeinsame Staatsangehörigkeit; Rechtswahl	Errungenschaftsgemeinschaft; vertragliche Modifikation möglich
China, VR	Aktueller gewöhnlicher Aufenthalt beider Eheleute; Rechtswahl	Errungenschaftsgemeinschaft; vertragliche Modifikation möglich
Dänemark	Wohnsitz des Ehemannes bei Eheschließung; keine Rechtswahl; EuGüVO gilt nicht	Gütertrennung mit Teilung des Vermögens bei Beendigung des Güterstands („aufgeschobene Gütergemeinschaft"); Vereinbarung über Umfang des Vorbehaltsguts möglich
Estland	Aktueller gemeinsamer Wohnsitz; Rechtswahl möglich; EuGüVO gilt nicht	Errungenschaftsgemeinschaft; vertragliche Güterstände
Finnland	Ab 29. 1. 2019: EuGüVO Erster gemeinsamer Wohnsitz der Eheleute; Wandel bei fünfjährigem Wohnsitz in einem anderen Staat; Rechtswahl	Gütertrennung mit schuldrechtlichem Ausgleich der Vermögensdifferenz („aufgeschobene Gütergemeinschaft")

Staat	(Primäre) Anknüpfung	Güterstand
Frankreich	Ab 29.1.2019: EuGüVO Haager Güterrechtsübereinkommen: Erster ehelicher Wohnsitz; Rechtswahl	Errungenschaftsgemeinschaft; vertragliche Güterstände möglich, aber nicht in den ersten beiden Jahren der Ehe
Georgien	Aktuelle gemeinsame Staatsangehörigkeit; Rechtswahl	Errungenschaftsgemeinschaft; vertragliche Modifikation möglich
Griechenland	Ab 29.1.2019: EuGüVO Gemeinsame Staatsangehörigkeit bei Eheschließung; keine Rechtswahl	Zugewinngemeinschaft; Gütergemeinschaft als Wahlgüterstand; keine Gütertrennung
Großbritannien	*Domicile*, für Immobilien *lex rei sitae*. Ausgleich bei Scheidung nach *lex fori*	Gütertrennung, Vermögensteilung durch das Gericht bei Scheidung; in England strenge Anforderungen an ehevertragliche Vereinbarungen; in Schottland lockerer
Indien	*Domicile*, für Immobilien *lex rei sitae*	Eherecht nach Glaubensgruppen getrennt. Im wesentlichen Gütertrennung
Irak	Staatsangehörigkeit des Ehemannes bei Eheschließung	Gütertrennung
Iran	Deutsch-Persisches Niederlassungsabkommen: Gemeinsames Heimatrecht. In anderen Fällen: Staatsangehörigkeit des Ehemannes	Gütertrennung
Irland	*Domicile*, für Immobilien *lex rei sitae*. EuGüVO gilt nicht.	Gütertrennung, Vermögensteilung durch das Gericht bei Scheidung
Israel	Gemeinsamer Wohnsitz bei Eheschließung	Gütertrennung mit Teilung des ehelichen Vermögens bei Scheidung
Italien	Ab 29.1.2019: EuGüVO Aktuelle gemeinsame Staatsangehörigkeit; Rechtswahl	Errungenschaftsgemeinschaft; Gütertrennung und Gütergemeinschaft als vertragliche Güterstände
Japan	Gemeinsame Staatsangehörigkeit; Rechtswahl	Gütertrennung; Ausgleich bei Scheidung
Kanada	Anglophone Provinzen: *Domicile*, für Immobilien *lex rei sitae*; Québec: Erster ehelicher Wohnsitz, Rechtswahl	Québec: Zugewinngemeinschaft; übrige Provinzen: Gütertrennung mit gerichtlicher Vermögensteilung
Kasachstan	Wohnsitz	Errungenschaftsgemeinschaft; vertragliche Güterstände
Kenia	*Domicile*, für Immobilien *lex rei sitae*	Gütertrennung
Kosovo	Gemeinsame Staatsangehörigkeit	Errungenschaftsgemeinschaft

Staat	(Primäre) Anknüpfung	Güterstand
Kroatien	Ab 29.1.2019: EuGüVO Aktuelle gemeinsame Staatsangehörigkeit, keine Rechtswahl	Form der Errungenschaftsgemeinschaft (Miteigentum zu Bruchteilen). Vertragliche Regelung hinsichtlich des Umfangs der Gütergemeinschaft möglich, aber keine Wahlgüterstände
Lettland	Für Eheleute mit Wohnsitz in Lettland oder Vermögen in Lettland gilt lettisches Güterrecht, Art. 13 ZGB; EuGüVO gilt nicht	Errungenschaftsgemeinschaft; Gütertrennung und Gütergemeinschaft als Wahlgüterstände
Litauen	Aktueller Wohnsitz; Rechtswahl; EuGüVO gilt nicht	Errungenschaftsgemeinschaft, vertragliche Modifikation möglich
Luxemburg	Ab 29.1.2019: EuGüVO Haager Güterrechtsübereinkommen: Erster ehelicher Wohnsitz; Rechtswahl	Errungenschaftsgemeinschaft, gesetzliche Güterstände
Malta	Ab 29.1.2019: EuGüVO Aktuelles *Domicile* der Eheleute, für Immobilien *lex rei sitae*	Errungenschaftsgemeinschaft; vertragliche Güterstände
Marokko	Staatsangehörigkeit des Ehemannes bei Eheschließung; Rechtswahl	Gütertrennung; Vereinbarung der Gütergemeinschaft möglich
Mazedonien	Aktuelle gemeinsame Staatsangehörigkeit; ehevertragliche Rechtswahl	Errungenschaftsgemeinschaft; vertragliche Vereinbarungen möglich
Moldawien	Aktueller Wohnsitz; Rechtswahl in Ehevertrag	Errungenschaftsgemeinschaft; vertragliche Vereinbarungen möglich
Montenegro	Gemeinsames Heimatrecht	Errungenschaftsgemeinschaft: vertragliche Modifikation möglich
Niederlande	Ab 29.1.2019: EuGüVO Haager Güterrechtsübereinkommen: Erster ehelicher Wohnsitz, bei Niederländern vorrangig das gemeinsame niederländische Heimatrecht; Rechtswahl	Gütergemeinschaft; vertragliche Güterstände (Gütertrennung, Zugewinnähnliches); für ab dem 1.1.2018 eingegangene Ehen: Errungenschaftsgemeinschaft
Norwegen	Erster ehelicher Wohnsitz	Gütertrennung mit Teilung des Vermögens bei Beendigung des Güterstands („aufgeschobene Gütergemeinschaft"); Vereinbarung über Umfang des Vorbehaltsguts möglich
Österreich	Ab 29.1.2019: EuGüVO Gemeinsame Staatsangehörigkeit bei Eheschließung; Rechtswahl	Gütertrennung mit Teilung der ehelichen Ersparnisse bei Scheidung
Pakistan	*Domicile*, für Immobilien *lex rei sitae;* für Moslems gilt islamisches Recht	Gütertrennung
Philippinen	Es gilt philippinisches Recht, es sei denn beide Eheleute sind Ausländer; Rechtswahl möglich, wenn mindestens ein Ehegatte Ausländer	Allgemeine Gütergemeinschaft; Wahlgüterstände können durch Ehevertrag vor der Eheschließung vereinbart werden

Staat	(Primäre) Anknüpfung	Güterstand
Polen	Aktuelle gemeinsame Staatsangehörigkeit; Rechtswahl EuGüVO gilt nicht	Errungenschaftsgemeinschaft; vertragliche Güterstände
Portugal	Ab 29. 1. 2019: EuGüVO Gemeinsames Heimatrecht bei Eheschließung; Wahl portugiesischen Rechts möglich	Errungenschaftsgemeinschaft; war einer der Ehegatten bei Heirat über 60 Jahre alt, gilt zwingend Gütertrennung. Vertragliche Vereinbarungen nur vor der Eheschließung zulässig
Rumänien	Aktueller gemeinsamer gewöhnlicher Aufenthalt; Rechtswahl EuGüVO gilt nicht	Errungenschaftsgemeinschaft; vertragliche Güterstände
Russische Föderation	Aktueller Wohnsitz, Rechtswahl, falls die Eheleute keine gemeinsame Staatsangehörigkeit oder keinen gemeinsamen Wohnsitz haben	Errungenschaftsgemeinschaft; vertragliche Güterstände
Schweden	Ab 29. 1. 2019: EuGüVO Erster ehelicher Wohnsitz, Statutenwechsel, wenn neuer Wohnsitz zwei Jahre angedauert hat; Rechtswahl	Gütertrennung mit Teilung des Vermögens *(giftorättsgods)* nach Beendigung der Ehe („aufgeschobene Gütergemeinschaft"). Verfügungen über Grundstücke oder mit gemeinschaftlichem Geld angeschaffte Gegenstände erfolgen aber gemeinsam. Vertragliche Vereinbarung hinsichtlich des Eheguts *(giftorättsgods)* möglich
Schweiz	Aktueller Wohnsitz; Rechtswahl	Errungenschaftsbeteiligung (entspricht Gütertrennung mit Ausgleich des Zuerwerbs bei Scheidung); vertragliche Güterstände
Serbien	Aktuelle gemeinsame Staatsangehörigkeit; keine Rechtswahl	Errungenschaftsgemeinschaft; ehevertragliche Modifikation möglich
Slowakei	Aktuelle gemeinsame Staatsangehörigkeit, keine Rechtswahl EuGüVO gilt nicht	Errungenschaftsgemeinschaft; ehevertragliche Modifikation möglich
Slowenien	Ab 29. 1. 2019: EuGüVO Aktuelle gemeinsame Staatsangehörigkeit; keine Rechtswahl	Errungenschaftsgemeinschaft; ehevertragliche Vereinbarungen allenfalls bzgl. Verfügung und Verwaltung möglich
Spanien	Ab 29. 1. 2019: EuGüVO Gemeinsame Staatsangehörigkeit bei Eheschließung, Rechtswahl vor Eheschließung möglich	Errungenschaftsgemeinschaft; vertragliche Güterstände. Besonderheiten in einigen autonomen Gebieten (zB Katalonien und Balearen: Gütertrennung)
Südafrika	*Domicile*	Allgemeine Gütergemeinschaft

Staat	(Primäre) Anknüpfung	Güterstand
Thailand	Staatsangehörigkeit des Ehemannes bei Eheschließung, für Immobilien gilt Belegenheitsrecht; Rechtswahl bei unterschiedlicher Staatsangehörigkeit durch vor der Ehe abgeschlossenen Vertrag	Errungenschaftsgemeinschaft; vertragliche Vereinbarungen nur vor der Eheschließung oder mit gerichtlicher Genehmigung
Tschechische Republik	Ab 29.1.2019: EuGüVO Seit 1.1.2014: gemeinsamer gewöhnlicher Aufenthalt, Rechtswahl	Errungenschaftsgemeinschaft; seit 2014 auch vertragliche Gütertrennung möglich
Türkei	Gemeinsame Staatsangehörigkeit bei Eheschließung; für „Auseinandersetzung von Immobilien" gilt *lex rei sitae*. Rechtswahl vor der Heirat oder nach beiderseitigem Staatsangehörigkeitswechsel	Errungenschaftsbeteiligung (entspricht Gütertrennung mit Ausgleich des Zuerwerbs bei Beendigung der Ehe); vertragliche Gütertrennung und Gütergemeinschaft
Ukraine	Aktuelle gemeinsames Staatsangehörigkeit, Rechtswahl	Errungenschaftsgemeinschaft; vertragliche Vereinbarungen möglich
Ungarn	Gemeinsame Staatsangehörigkeit bei Beendigung des Güterstands EuGüVO gilt nicht	Errungenschaftsgemeinschaft; vertragliche Güterstände
USA	*Domicile*, für Immobilien *lex rei sitae*	Gütertrennung. In Arizona, Idaho, Kalifornien, Louisiana, Nevada, New Mexico, Texas, Washington State und Wisconsin: Errungenschaftsgemeinschaft
Vietnam	Keine gesetzliche Regelung	Errungenschaftsgemeinschaft
Zypern	Ab 29.1.2019: EuGüVO *Domicile*, für Immobilien *lex rei sitae*	Gütertrennung

III. Unterhalt

169 **1. Rechtsquellen.** Die am 18.6.2011 in Kraft getretene Europäische Verordnung über die Zuständigkeit, das anwendbare Recht, die Anerkennung und Vollstreckung von Entscheidungen und die Zusammenarbeit in Unterhaltssachen (Unterhaltsverordnung bzw. EuUntVO)[214] enthält entgegen ihrem Titel keine Regeln zur Bestimmung des Unterhaltsstatuts. Art. 15 EuUntVO verweist stattdessen zur Bestimmung des auf die Unterhaltspflichten anzuwendenden Rechts auf das Haager Protokoll vom 23.11.2007 über das auf Unterhaltspflichten anzuwendende Recht **(Haager Unterhaltsprotokoll – HUP).** Das HUP gilt gemäß Art. 2 HUP universell im Verhältnis auch zu Drittstaaten (sog. *loi uniforme*). Art. 18 EGBGB wurde mit Wirkung vom 18.6.2011 an aufgehoben.

170 Gemäß Art. 18 HUP bleibt für Deutschland im Verhältnis zu Japan, der Schweiz und der Türkei das **Haager Unterhaltsübereinkommen 1973** weiterhin anwendbar, da diese Staaten das HUP nicht ratifiziert haben.[215] Abweichungen ergeben sich dabei insbesondere im Hinblick auf die dort fehlende Rechtswahlmöglichkeit und die abweichende Bestimmung des auf den Scheidungsunterhalt anwendbaren Rechts (→ Rn. 175).

---

[214] ABl. 2009 L 7, 1.
[215] Vgl. BGH DNotI-Report 2014, 30.

Gemäß Art. 8 Abs. 3 **Deutsch-Persisches Niederlassungsübereinkommen** vom 17.2. 171
1929 (→ Rn. 128) haben deutsche Gerichte auf Unterhaltsansprüche zwischen zwei Personen mit (ausschließlich) iranischer Staatsangehörigkeit iranisches Recht anzuwenden (vgl. den Vorbehalt in Art. 19 HUP).

2. Grundsätzliche Geltung des Aufenthaltsrechts. Gemäß Art. 3 Abs. 1 HUP unter- 172
liegt der Unterhaltsanspruch grundsätzlich dem Recht des Staates, in dem die unterhaltsberechtigte Person ihren gewöhnlichen Aufenthalt hat. Diese Anknüpfung an den gewöhnlichen Aufenthalt bezieht sich auf den jeweils aktuellen gewöhnlichen Aufenthalt des Unterhaltsberechtigten. Das bedingt eine **Wandelbarkeit** des Unterhaltsstatuts. Art. 3 Abs. 2 HUP weist insoweit klarstellend darauf hin, dass dann, wenn die berechtigte Person ihren gewöhnlichen Aufenthalt in einen anderen Staat verlegt, vom Zeitpunkt des Aufenthaltswechsels an das Recht des Staates des neuen gewöhnlichen Aufenthalts anzuwenden ist. Gegen überraschende unterhaltsrechtliche Folgen eines grenzüberschreitenden Umzugs bewahrt in bestimmten Fällen eine Fixierung des Unterhaltsstatuts durch eine vertragliche Rechtswahl (→ Rn. 177). Darüber hinaus hält das HUP für die einzelnen Unterhaltsverhältnisse Sonderregeln vor, die die Verweisung auf das Aufenthaltsrecht in Art. 3 HUP ergänzen und unangemessene Folgen des Statutenwechsels abfedern.

Der Begriff „Recht" im Rahmen des gesamten HUP bedeutet gemäß Art. 12 HUP das 173
in einem Staat geltende Recht mit Ausnahme des Kollisionsrechts. Sämtliche Verweisungen des HUP sind also sog. **Sachnormverweisungen.** Rück- oder Weiterweisungen des ausländischen Rechts bleiben unbeachtet.

3. Besonderheiten beim Unterhalt von Minderjährigen und Eltern. Für den Kindes- 174
unterhalt und den Elternunterhalt gilt gemäß Art. 3 HUP das am gewöhnlichen Aufenthalt des Unterhaltsberechtigten geltende Recht. Art. 4 HUP sieht zu Gunsten der Unterhaltsberechtigten aber Ersatzanknüpfungen vor. Hat der Unterhaltsbedürftige nach seinem Aufenthaltsrecht keinen Anspruch auf Unterhalt, so ist gemäß Art. 4 Abs. 2 HUP ersatzweise die *lex fori* und – sieht auch dieses Recht keinen Unterhaltsanspruch vor – gemäß Art. 4 Abs. 4 HUP das gemeinsame Heimatrecht der Beteiligten anzuwenden. Hat der Unterhaltsberechtigte das Gericht oder die zuständige Behörde des Staates angerufen, in dem der Unterhaltsschuldner seinen gewöhnlichen Aufenthalt hat, ist gemäß Art. 4 Abs. 3 HUP vorrangig das Aufenthaltsrecht des Beklagten und das Aufenthaltsrecht der Berechtigten nur subsidiär anzuwenden. Der Unterhaltsberechtigte kann also durch Klageerhebung entscheiden, welches Recht angewandt wird.

4. Trennungs- und Scheidungsunterhalt. Das aktuelle Aufenthaltsrecht des Unter- 175
haltsklägers gilt auch für den Scheidungsunterhalt. Damit hätte der Ex-Ehegatte es in der Hand, durch Umzug gemäß Art. 3 Abs. 2 HUP das auf seinen Unterhalt anwendbare Recht zu wechseln und sich so ein ihm günstigeres Unterhaltsregime zu erschleichen. Dies können die Eheleute durch eine Rechtswahl gemäß Art. 8 HUP verhindern (→ Rn. 177). Des Weiteren kann ein Ehegatte gemäß Art. 5 HUP gegen die Anwendung des Aufenthaltsrechts einwenden, dass das Recht eines anderen Staates, insbesondere des Staates, in dem die Eheleute zuletzt ihren gemeinsamen gewöhnlichen Aufenthalt gehabt haben, zur Ehe eine engere Verbindung aufweise und die Anwendung dieses Rechts verlangen.

Im Verhältnis zu Japan, zur Schweiz und zur Türkei gilt gemäß Art. 8 Haager 176
Unterhaltsübereinkommen 1973 für den Scheidungsunterhalt das Recht, nach dem die Ehe tatsächlich geschieden worden ist. Sind also beispielsweise türkische Eheleute in der Türkei (oder vor Inkrafttreten der Rom III-VO in Deutschland gemäß Art. 17 Abs. 1 EGBGB) nach ihrem türkischen Heimatrecht geschieden worden, so richtet sich der Un-

terhaltsanspruch auch dann, wenn sie ihren gewöhnlichen Aufenthalt in Deutschland haben, nach dem türkischen Recht.[216]

177 **5. Vertragliche Vereinbarung des Unterhaltsstatuts. a) Allgemeine Rechtswahl.** Gemäß Art. 8 Abs. 1 HUP können die Parteien das auf die Unterhaltspflicht anzuwendende Recht wählen. Zur Wahl stehen das Recht eines Staates, dem eine der Parteien im Zeitpunkt der Rechtswahl angehört **(Heimatrecht)**, das Recht des Staates, in dem eine der Parteien im Zeitpunkt der Rechtswahl ihren gewöhnlichen Aufenthalt hat **(Aufenthaltsrecht)**, das auf den ehelichen Güterstand anzuwendende Recht **(Güterstatut)** und schließlich das Recht, das die Parteien als das auf ihre Ehescheidung anzuwendende Recht gewählt haben bzw. das tatsächlich auf die Ehescheidung angewandte Recht **(Scheidungsstatut)**. Die Rechtswahl muss gemäß Art. 8 Abs. 2 HUP **in Schriftform** erfolgen und ist von beiden Parteien zu unterschreiben.

178 **Formulierungsbeispiel: Unterhaltsrechtliche Rechtswahl**

In Hinblick darauf, dass derzeit beide Parteien ihren Lebensmittelpunkt und damit ihren gewöhnlichen Aufenthalt in Deutschland haben, unterstellen die Parteien die folgende Vereinbarung über den Unterhalt und die wechselseitigen Unterhaltsbeziehungen dem Recht der Bundesrepublik Deutschland. Dieses Recht soll auch dann weiterhin gelten, wenn im Inland kein gewöhnlicher Aufenthalt mehr besteht.

179 Ausgeschlossen von der Rechtswahl sind gemäß Art. 8 Abs. 3 HUP Personen, die das 18. Lebensjahr noch nicht vollendet haben und Erwachsene, die „aufgrund einer Beeinträchtigung oder der Unzulänglichkeit ihrer persönlichen Fähigkeiten nicht in der Lage sind, ihre Interessen zu schützen". Als praktischer Hauptanwendungsfall für die Rechtswahl verbleibt damit der Unterhalt zwischen getrennt lebenden oder geschiedenen Ehegatten und eingetragenen Lebenspartnern.

180 Gemäß Art. 8 Abs. 4 HUP gilt das Recht des Staates, in dem die berechtigte Person im Zeitpunkt der Rechtswahl ihren gewöhnlichen Aufenthalt hat, für die Frage, ob sie auf ihren Unterhaltsanspruch verzichten kann. Das betrifft dann nicht nur den vollständigen **Unterhaltsverzicht**, sondern auch solche Vereinbarungen, die den Unterhalt im Ergebnis reduzieren, also einen teilweisen Verzicht konstituieren.

181 Gemäß Art. 8 Abs. 5 HUP ist das von den Parteien bestimmte Recht schließlich nicht anzuwenden, wenn seine Anwendung für eine der Parteien „offensichtlich unbillige oder unangemessene Folgen" hätte. Das gilt wiederum dann nicht mehr, wenn die Parteien im Zeitpunkt der Rechtswahl umfassend unterrichtet und sich der Folgen ihrer Wahl vollständig bewusst waren. Dabei soll nach einer Äußerung in der Literatur die Aufklärung durch den Notar im Rahmen einer Beurkundung des Ehevertrages verlangen, dass dieser über die Unterscheide zwischen der gewählten und der abbedungenen Rechtsordnung umfassend informiert und die Parteien beraten hat.[217] Geht es – wie wohl in den meisten Fällen – allein darum, das aktuell geltende Recht festzuschreiben und ist nicht vorhersehbar, welche Rechtsordnung später über Art. 3 HUP zur Anwendung gelangen würde, so dürfte aber wohl eine Aufklärung über den Inhalt des gewählten Rechts allein genügen.

182 **b) Auf ein Unterhaltsverfahren bezogene Rechtswahl.** Gemäß Art. 7 HUP können die Beteiligten für die Zwecke eines einzelnen Unterhaltsverfahrens in einem bestimmten Staat das anzuwendende Recht bestimmen. Die Rechtswahl kann nur in Bezug auf ein bestimmtes Unterhaltsverfahren erfolgen. Dieses muss aber zum Zeitpunkt der Rechtswahl noch nicht eingeleitet sein.

---

[216] Umstritten, vgl. hierzu BGH DNotI-Report 2014, 30.
[217] Rauscher/*Andrae* HUP Art. 8 Rn. 26.

Gewählt werden kann ausschließlich die *lex fori*. Effizient wird diese Rechtswahl vor Ein- **183** leitung eines Unterhaltsverfahrens daher erst durch Kombination mit einer Gerichtsstandsvereinbarung gemäß Art. 4 EuUntVO. Die Rechtswahl ist auch in den Rechtsbeziehungen möglich, in denen gemäß Art. 8 Abs. 3 HUP keine Rechtswahl zulässig ist. Die Rechtswahl muss ausdrücklich erfolgen. Vor der Einleitung des Verfahrens muss sie in Schriftform oder auf einem Datenträger, dessen Inhalt für eine spätere Einsichtnahme zugänglich ist, erfolgen.

> **Formulierungsbeispiel: Unterhaltsrechtliche Rechtswahl mit** **184**
> **Gerichtsstandsvereinbarung** ⟲
>
> Für die Entscheidung über einen Anspruch der Ehefrau auf Unterhalt während der Dauer der Trennung der Eheleute oder nach einer Scheidung sollen ausschließlich die deutschen Gerichte zuständig sein.
>
> Das Gericht soll in diesem Verfahren auf den Unterhaltsanspruch das deutsche Recht anwenden.

IV. Versorgungsausgleich

Als vorrangiges internationales Abkommen ist allein das **Deutsch-Persische Nieder-** **185** **lassungsabkommen** von 1929 zu beachten (→ Rn. 128). Zwischen Eheleuten mit iranischer Staatsangehörigkeit findet daher kein Versorgungsausgleich statt.[218] Vom Anwendungsbereich der EuGüVO ist der Versorgungsausgleich ausdrücklich ausgeschlossen worden (Art. 1 Abs. 2 lit. f EuGüVO). Auch andere internationale Normen sind nicht zu beachten.

Die einschlägige autonome Kollisionsnorm in Art. 17 Abs. 3 EGBGB ist zuletzt im **186** Jahre 2009 durch das Gesetz über die Versorgungsausgleichsstrukturreform und zum 29. 1. 2013 durch das das Ausführungsgesetz zur Rom III-VO (dazu → Rn. 192) geändert worden. Der Versorgungsausgleich ist nunmehr ausschließlich **nach deutschem Recht** durchzuführen (Art. 17 Abs. 3 S. 1 Hs. 2 EGBGB). Es ist also nicht mehr festzustellen, *welches* Recht auf den Versorgungsausgleich anzuwenden ist, sondern nur noch, *ob* deutsches Recht angewandt werden muss.

Der Versorgungsausgleich ist gemäß Art. 17 Abs. 3 S. 1 EGBGB **von Amts wegen** **187** **nach deutschem Recht durchzuführen,** wenn die Ehe nach deutschem Recht zu scheiden ist – wenn also nach den Regeln der Rom III-VO zB die Ehegatten zum Zeitpunkt der Anrufung des Gerichts zur Scheidung beide ihren gewöhnlichen Aufenthalt in Deutschland hatten oder die Ehegatten zuletzt ihren gewöhnlichen Aufenthalt in Deutschland hatten, sofern dieser nicht vor mehr als einem Jahr vor Anrufung des Gerichts endete und einer der Ehegatten zum Zeitpunkt der Anrufung des Gerichts noch seinen gewöhnlichen Aufenthalt in Deutschland hatte (vgl. Art. 8 Rom III-VO). Die Wahl deutschen Scheidungsstatuts durch die Eheleute gemäß Art. 6 Rom III-VO (→ Rn. 193) hat ebenfalls die Durchführung des Versorgungsausgleichs von Amts wegen zur Folge.

Ist auf die Scheidung ausländisches Recht anwendbar, so kann sich die Geltung des **188** deutschen Rechts für den Versorgungsausgleich auch aus einer **Rückverweisung** durch das ausländische Kollisionsrecht ergeben. Maßgeblich dafür ist nicht die ausländische Regelung zum Scheidungsstatut, sondern die für den Versorgungsausgleich maßgebliche ausländische IPR-Norm. Kennt das ausländische Recht keinen Versorgungsausgleich, so wird das dort geltende IPR keine Kollisionsnorm zum Versorgungsausgleich enthalten. Dann ist maßgeblich, nach welcher Kollisionsnorm ein Gericht dieses ausländischen Staates das auf den Versorgungsausgleich anwendbare Recht bestimmen würde.

---

[218] BGH FamRZ 2005, 1666.

189 Ein Versorgungsausgleich erfolgt dennoch nicht von Amts wegen, wenn das Heimatrecht keines der Ehegatten den Versorgungsausgleich kennt (Art. 17 Abs. 3 S. 1 Hs. 2 EGBGB; **Heimatrechtsklausel**). Die Anforderungen an die Kenntnis sind hoch. Anerkannt als Staaten, die den Versorgungsausgleich „kennen" sind bislang allein Neuseeland, die Schweiz und Südafrika, mittlerweile wohl auch England, sowie eine zunehmende Anzahl von Einzelstaaten der USA und Kanadas.[219] Die Niederlande fallen nicht hierunter.[220]

190 Kann von Amts wegen kein Versorgungsausgleich erfolgen – weil auf die Scheidung kein deutsches Recht anzuwenden ist oder die Heimatrechtsklausel seine Durchführung ausschließt – erfolgt gemäß Art. 17 Abs. 3 S. 2 EGBGB der Versorgungsausgleich dennoch **nach deutschem Recht auf Antrag** eines der Ehegatten, wenn die Durchführung des Versorgungsausgleichs nach deutschem Recht im Hinblick auf die wirtschaftlichen Verhältnisse beider Eheleute während der gesamten Ehezeit „nicht unbillig" ist und einer der Ehegatten während der Dauer der Ehe im Inland eine Versorgungsanwartschaft erworben hat.

191 **Praxishinweis:**

Die Bezugnahme auf das nach der Rom III-VO auf die Scheidung anwendbare Recht in Art. 17 Abs. 3 EGBGB bedingt, dass durch vertragliche Vereinbarung deutschen Scheidungsrechts (→ Rn. 193) mittelbar auch die Durchführung des Versorgungsausgleich nach deutschem Recht vereinbart werden kann. Die Vereinbarung **ausländischen Scheidungsrechts** hingegen schließt allenfalls die Anwendung deutschen Rechts von Amts wegen aus, hindert aber nicht aber seine Durchführung auf Antrag eines der Ehegatten. Insoweit ist daher auch bei Vereinbarung ausländischen Scheidungsrechts ggf. vorsorglich eine materielle Vereinbarung zum Versorgungsausgleich gemäß § 6 ff. Vers-AusglG zu treffen.

V. Scheidung

192 Das auf die Scheidung anwendbare Recht bestimmt sich in Deutschland seit dem 21.6. 2012 nach den Regeln der sog. Rom III-VO (Verordnung [EU] Nr. 1259/2010 des Rates vom 20.12.2010 zur Durchführung einer verstärkten Zusammenarbeit im Bereich des auf die Ehescheidung und Trennung ohne Auflösung des Ehebandes anzuwendenden Rechts). Auch wenn sich der Notar sonst wenig mit der Durchführung der Scheidung selbst befasst, so gibt es dennoch einen doppelten Anlass, sich mit dem auf die Scheidung anwendbaren Recht zu befassen: Zunächst kann sich nach Art. 17 Abs. 3 S. 1 EGBGB die Bestimmung des Scheidungsstatuts auf die Durchführung des Versorgungsausgleichs von Amts wegen auswirken (→ Rn. 191). Zum anderen gewährt Art. 6 Rom III-VO nun die Möglichkeit, das Scheidungsstatut durch **vertragliche Rechtswahl** festzulegen. Die Rechtswahl kann durch im Inland lebende Eheleute gemäß Art. 46d EGBGB ausschließlich in Form eines notariell beurkundeten Ehevertrags getroffen werden.

192a Zu berücksichtigen ist allerdings, dass der Anwendungsbereich des gewählten Rechts ausschließlich die Zulässigkeit der Scheidung erfasst, die Folgen der Scheidung aber (abgesehen von den begrenzten mittelbaren Auswirkungen auf das Statut des Versorgungsausgleichs) unberührt lässt. Insoweit ist das praktische Bedürfnis einer Rechtswahl regelmäßig gering.

193 Gemäß Art. 6 Rom III-VO stehen für eine ehevertragliche Wahl des Scheidungsstatuts die folgenden Rechtsordnungen zur Verfügung:
1. das Recht des Staates, in dem die Ehegatten zum Zeitpunkt der Rechtswahl ihren gewöhnlichen Aufenthalt haben;

---

[219] Überblick bei Staudinger/*Mankowski* EGBGB Art. 17 Rn. 305 ff.
[220] BGH FamRZ 2009, 677 und FamRZ 2009, 681.

2. das Recht des Staates, in dem die Ehegatten zuletzt ihren gewöhnlichen Aufenthalt hatten, sofern einer von ihnen zum Zeitpunkt der Rechtswahl dort noch seinen gewöhnlichen Aufenthalt hat;
3. das Recht des Staates, dessen Staatsangehörigkeit einer der Ehegatten zum Zeitpunkt der Rechtswahl besitzt;
4. die *lex fori* (das Recht des Staates des angerufenen Gerichts).

Gemäß Art. 6 Abs. 1 Rom III-VO unterliegen Zustandekommen und die Wirksamkeit **194** einer Rechtswahlvereinbarung dem gewählten Recht. Gegen die unerwartete Unterstellung einer „konkludenten" Rechtswahl oder der Herleitung einer Rechtswahl aus einer „rügelosen Einlassung" schützt Art. 6 Abs. 2 Rom III-VO: Ergibt sich aus den Umständen, dass es nicht gerechtfertigt wäre, die Wirkung des Verhaltens eines Ehegatten nach dem angeblich vereinbarten Recht zu bestimmen, so kann sich dieser Ehegatte für die Behauptung, er habe der Vereinbarung nicht zugestimmt, auf das Recht des Staates berufen, in dem er zum Zeitpunkt der Anrufung des Gerichts seinen gewöhnlichen Aufenthalt hat.

Formulierungsbeispiel: Vereinbarung des Scheidungsstatuts **195**

Für die Scheidung unserer Ehe vereinbaren wir die Anwendung des deutschen Rechts. Ü
Wir verzichten gegenseitig auf die Durchführung eines Versorgungsausgleichs.

Der Notar weist auf folgendes hin:
– Die Rechtswahl wird durch ein ausländisches Gericht möglicherweise nicht anerkannt.
– Die Vereinbarung deutschen Scheidungsrechts zieht grundsätzlich die Durchführung des Versorgungsausgleichs nach deutschem Recht nach sich. Eine Vereinbarung über den Ausschluss des Versorgungsausgleichs ist gemäß § 8 VersAusglG nur dann wirksam, wenn sie einer Inhalts- und Ausübungskontrolle durch das Gericht standhält.

VI. Adoption

Im internationalen Adoptionsrecht ist bei Beteiligung ausschließlich iranischer Staatsange- **196** höriger vorrangig das **Deutsch-Persische Niederlassungsabkommen** zu beachten (→ Rn. 128). Das Haager Übereinkommen über den Schutz von Kindern und die Zusammenarbeit auf dem Gebiet der internationalen Adoption vom 29.5.1993 **(Haager Adoptionsübereinkommen)** soll die staatliche Kontrolle internationaler Adoptionen erhöhen und reguliert das Verfahren bei Adoptionen, in deren Folge das Kind in ein anderes Land verbracht wird. Das auf die Adoption anwendbare Recht wird nicht geregelt.

Gemäß Art. 22 Abs. 1 S. 2 EGBGB unterliegt die Adoption durch eine **verheiratete** **197** **Person** bzw. durch beide Eheleute gemeinsam dem gemäß Art. 14 Abs. 2 EGBGB für allgemeinen Wirkungen ihrer Ehe geltenden Recht. Eine Rechtswahl nach Art. 14 Abs. 1 EGBGB (→ Rn. 133) bleibt für die Bestimmung des Adoptionsstatuts also unberücksichtigt. Die Adoption durch eine **unverheiratete Person** unterliegt dagegen dem Recht des Staates, dem der Annehmende im Zeitpunkt der Annahme angehört (Art. 22 Abs. 1 S. 1 EGBGB). Eine Rück- und Weiterverweisung (Art. 4 Abs. 1 EGBGB) ist nach Verweisung auf ein ausländisches Recht zu beachten. Das Heimatrecht des Kinds wird über Art. 23 EGBGB in der Weise berücksichtigt, dass das Erfordernis und die Erteilung einer Zustimmung des Kindes und der Personen, zu denen es in einem familienrechtlichen Verhältnis steht, zusätzlich zum Adoptionsstatut zu beachten sind.

Das gemäß Art. 22 Abs. 1 EGBGB bestimmte Recht regelt auch die Folgen der An- **198** nahme für das Verwandtschaftsverhältnis zwischen dem Kind und dem Annehmenden. Die übrigen Wirkungen der Adoptionen ergeben sich aus den speziellen Kollisionsnormen (Name: Art. 10 EGBGB; Unterhalt: HUP; elterliche Sorge: KSÜ; Erbrecht: Art. 21 ff. EuErbVO etc).

199 Das gemäß Art. 22 Abs. 1 EGBGB bestimmte Recht regelt auch die Wirksamkeit einer im Ausland durch Rechtsgeschäft vorgenommenen Adoption **(Vertragsadoption)**. Die Wirksamkeit und die adoptionsrechtlich zu qualifizierenden Wirkungen einer im Ausland durch ein Gericht oder eine Behörde ausgesprochenen Adoption **(Dekretadoption)** werden dagegen nach verfahrensrechtlichen Kriterien ermittelt. Es gilt das Recht, auf dessen Basis die Adoption im Ausland tatsächlich durchgeführt und ausgesprochen wurde, §§ 108, 109 FamFG.

200 § 2 Adoptionswirkungsgesetz (AdwirkG) hat die Möglichkeit einer **Anerkennungs- und Wirkungsfeststellung** geschaffen, mit der die Wirksamkeit und Wirkungen einer im Ausland vorgenommenen Adoption in Deutschland allgemeinverbindlich festgestellt werden können. Prüfungsmaßstab ist bei Adoptionen aus einem anderen Mitgliedstaat des Haager Adoptionsübereinkommens (HAÜ) der Art. 23 HAÜ. Bei Dekretadoptionen in einem Drittstaat oder Adoptionen, die nicht in den Anwendungsbereich des HAÜ fallen, ergeben sich die Voraussetzungen für die Anerkennung aus § 109 FamFG. Umstritten ist, ob für die Anerkennung von Adoptionen, die unter Umgehung des im HAÜ vorgesehenen Verfahrens in einem anderen Abkommensstaat des HAÜ „erschlichen" wurden („Privatadoptionen"), auf § 109 FamFG zurückgegriffen werden darf oder ob hier das HAÜ die Anerkennung ausschließt.[221] Durch **Umwandlungsausspruch** nach § 3 AdwirkG kann eine ausländische Adoption, die in ihren Wirkungen hinter den Wirkungen einer „Volladoption" nach deutschem Recht zurück bleibt, mit den Wirkungen einer Minderjährigenadoption nach deutschem Recht ausgestattet werden.[222]

201 Auf dem Gebiet des Erbrechts kann gemäß Art. 22 Abs. 3 S. 1 EGBGB durch testamentarische Anordnung ein als Minderjähriger Angenommener einem nach deutschem Recht adoptierten Kind gleichgestellt werden, soweit deutsches Recht Erbstatut ist **(Gleichstellungserklärung)**.[223] Trotz der Einordnung dieser Vorschrift in das EGBGB handelt es sich hierbei um eine Regelung des deutschen materiellen Erbrechts (Sachnorm). Sie wird daher nicht durch die Regeln der EuErbVO verdrängt. Zwar könnten die Unsicherheiten über die erbrechtlichen Folgen der nach dem ausländischen Recht vorgenommenen Adoption auch durch eine testamentarische oder erbvertragliche Erbeinsetzung überwunden werden. Die Gleichstellungserklärung verschafft dem Angenommenen aber auch eine pflichtteilsrechtliche Position und reduziert bzw. beseitigt damit ggf. Pflichtteile anderer Angehöriger. Eine solche Anordnung kann nicht nur der Annehmende, sondern auch dessen Ehegatte oder ein weiterer Verwandter treffen:

---

202 **Formulierungsbeispiel: Gleichstellungserklärung**

Durch Beschluss der Gerichts *** in *** habe ich am *** den/die *** als Kind angenommen. *** soll in Ansehung der Rechtsnachfolge nach meinem Tode einem nach den deutschen Sachvorschriften angenommenen Kind gleich stehen.

Die in dieser Urkunde zugunsten des Angenommenen getroffenen Zuwendungen sollen unabhängig davon wirksam sein, ob die vorgenannte Adoption wirksam ist und ob die vorstehende Gleichstellungserklärung wirksam ist.

VII. Faktische Lebensgemeinschaft

203 In manchen Rechtsordnungen – zB in Slowenien und Neuseeland – führt die faktische Lebensgemeinschaft zu den gleichen Rechtsfolgen wie eine Eheschließung. Da das geschriebene deutsche IPR hierfür keine Regeln enthält, ist die kollisionsrechtliche Einordnung der faktischen Lebensgemeinschaft (Qualifikation) ungeklärt. Die EuPartVO findet keine Anwendung, da diese eine Registrierung verlangt. Die mittlerweile wohl überwie-

---

[221] JurisPK-BGB/*Behrentin* EGBGB Art. 22 Rn. 123.
[222] Ausführlich: *Ludwig* RNotZ 2002, 353.
[223] *Süß* MittBayNot 2002, 92.

gende Ansicht favorisiert mit Rücksicht auf die personenbezogene Rechtsnatur eine familienrechtliche Qualifikation.[224] Nach der Reform des Art. 14 EGBGB muss daher das am gewöhnlichen Aufenthalt der Lebensgefährten geltende Recht angewandt werden.[225]

Für einen Anspruch auf Unterhalt und das Entstehen eines gesetzlichen Erbrechts gelten die speziellen Kollisionsnormen des HUP und der EuErbVO. Die im Rahmen der so bestimmten Sachnormen aufgeworfene Frage nach dem Bestehen einer faktischen Lebensgemeinschaft wird dann wohl nicht als „Vorfrage" nach einem gesondert zu bestimmenden Recht zu behandeln sein, sondern ist als Tatbestandsvoraussetzung unmittelbar dem auf die Folgefrage anwendbaren Sachrecht (also zB dem Unterhaltsstatut oder dem Erbstatut) zu entnehmen. 204

VIII. Gleichgeschlechtliche eingetragene Lebenspartnerschaften und gleichgeschlechtliche Ehen

In vielen Staaten wird gleichgeschlechtlichen Paaren die Eintragung einer Lebenspartnerschaft ermöglicht, die in ihren Rechtsfolgen die Ehe weitest möglich nachbildet (zB in Österreich, der Schweiz, Luxemburg, Finnland, Irland, der Tschechischen Republik, Slowenien und Ungarn). In anderen Staaten wird für die Ehe keine Heterosexualität mehr verlangt, so dass auch eine gleichgeschlechtliche Ehe geschlossen werden kann (so zB in Argentinien, Belgien, Deutschland, England, Frankreich, Island, den Niederlanden, Norwegen, Portugal, Schweden und Spanien, in Massachusetts, New York und einzelnen anderen Staaten der USA). Der *pacte civile de solidarité* des französischen Rechts (PACS) und die *cohabitation legale* nach belgischem Recht hingegen begründen Rechtsverhältnisse, die hinter den Wirkungen einer Ehe deutlich zurück bleiben. 205

Art. 17b Abs. 1 S. 1 EGBGB unterstellt die Begründung wie Auflösung einer „eingetragenen Lebenspartnerschaft" dem Recht des registerführenden Staates. Diese auf den Zeitpunkt der Begründung der Lebenspartnerschaft bezogene Anknüpfung sorgt dafür, dass spätere Änderungen der Lebensverhältnisse der Partner sich auf den Bestand der Lebenspartnerschaft nicht mehr auswirken können (Unwandelbarkeit). Erst die Neuregistrierung in einen weiteren Staat führt gemäß Art. 17b Abs. 3 EGBGB dazu, dass die Wirksamkeit und Wirkungen der eingetragenen Lebenspartnerschaft von diesem Zeitpunkt an nach dem Recht des neuen Registrierungsortes zu beurteilen sind. Die Bezugnahme auf die ausländischen „Sachnormen" schließt gemäß Art. 3 Abs. 1 S. 2 EGBGB Rück- und Weiterverweisungen aus. Diese Regeln gelten gemäß Art. 17b Abs. 4 EGBGB gleichermaßen für die eingetragene homosexuelle Lebenspartnerschaft als auch für die gleichgeschlechtliche Ehe. Die kollisionsrechtliche Behandlung heterosexueller eingetragener Lebensgemeinschaften ist umstritten. 206

Für die **güterrechtlichen Wirkungen** gilt für bis zum 29.1.2019 eingetragene Lebenspartnerschaften bzw. bis dahin geschlossene gleichgeschlechtliche Ehen gemäß Art. 17b Abs. 1 S. 1 EGBGB zwingend das Recht des Registrierungsstaates. Eine Rechtswahl ist nicht vorgesehen. Ein Wechsel des anwendbaren Rechts konnte gemäß Art. 17b Abs. 3 EGBGB allenfalls durch Neuregistrierung der Lebenspartnerschaft in einem anderen Staat erfolgen. Seit dem 29.1.2019 stehen die Rechtswahlmöglichkeiten gemäß Art. 22 EuPartVO aber auch den Partnern einer vor dem 29.1.2019 begründeten eingetragenen Lebenspartnerschaft zu, Art. 69 Abs. 3 EuPartVO. 207

Ist die eingetragene Lebenspartnerschaft am oder nach dem 29.1.2019 begründet worden, so ergibt sich das auf die güterrechtlichen Wirkungen anwendbare Recht aus der Europäischen Partnerschaftsverordnung (EuPartVO) vom 24.6.2016. Für eine am oder nach dem 29.1.2019 geschlossene gleichgeschlechtliche Ehe dagegen gilt gemäß Art. 17b Abs. 4 S. 2 EGBGB die EuGüVO. Es gilt daher nicht mehr das Recht des Registerstaates, sondern das gewählte Recht, hilfsweise das am ersten gemeinsamen gewöhnlichen Auf- 207a

---

[224] Für eine schuldrechtliche Qualifikation Palandt/*Thorn* EGBGB Art. 17b Rn. 13.
[225] *Henrich* IntFamR S. 46 ff.; *v. Hoffmann/Thorn* IPR § 8 Rn. 18; *Kropholler* IPR § 46 V S. 376.

enthalt der Eheleute geltende Recht. Problematisch ist der Fall, dass das am ersten gemeinsamen gewöhnlichen Aufenthalt der Eheleute geltende Recht die gleichgeschlechtliche Ehe nicht kennt. Die rechtliche Beurteilung dieser Fälle ist aktuell noch ungeklärt. Soweit einer der Ehegatten die Staatsangehörigkeit oder den gewöhnlichen Aufenthalt in einem Staat hat, der die gleichgeschlechtliche Ehe anerkennt, kann das Problem durch eine Rechtswahl gemäß Art. 22 ff. EuGüVO umgangen werden (dazu → Rn. 160).

208   Für den **Namen** gilt das Heimatrecht des jeweiligen Partners, Art. 10 Abs. 1 EGBGB. Mit einem ausländischen Partner kann ggf. über eine Rechtswahl (Art. 10 Abs. 2 Nr. 1 EGBGB bzw. Art. 10 Abs. 2 Nr. 2 EGBGB) die Geltung deutschen Rechts zu einem gemeinsamen Partnerschaftsnamen führen. Probleme werden sich aber für den ausländischen Lebenspartner bei Passerteilung etc ergeben, wenn der ausländische Heimatstaat die Namensänderung nicht anerkennt.

209   Das auf den Unterhalt während und nach Beendigung der Partnerschaft anwendbare Recht bestimmt nun das Haager Unterhaltsprotokoll. Es gilt daher gemäß Art. 3 HUP das am gewöhnlichen Aufenthalt des Berechtigten geltende Recht. Art. 8 HUP eröffnet die Möglichkeit einer abweichenden Rechtswahl (→ Rn. 179).

210   Der **Versorgungsausgleich** wird wie bei Eheleuten gemäß Art. 17b Abs. 3 S. 3 EGBGB ausschließlich nach deutschem Recht durchgeführt. Deutsches Recht ist von Amts wegen anzuwenden, wenn die Lebenspartnerschaft in Deutschland registriert worden ist. Anderenfalls kommt die Durchführung gemäß Art. 17b Abs. 1 S. 4 EGBGB auf Antrag in Betracht – hier gilt Ähnliches wie in Art. 17 Abs. 3 S. 3 Nr. 1 EGBGB (→ Rn. 186).

211   Da im deutschen Recht die eingetragene Lebenspartnerschaft funktionell einer Ehe für gleichgeschlechtliche Partner entspricht, werden **gleichgeschlechtliche Ehen** gemäß Art. 17b Abs. 4 S. 1 EGBGB ebenfalls nach dem Recht der Registrierungsortes behandelt.[226]

212   Die EuPartVO lässt für die güterrechtlichen Wirkungen einer Partnerschaft wie für die Ehe eine Rechtswahl zu. Die Voraussetzungen der Art. 22–24 EuPartVO entsprechen dabei weitgehend den Regeln in den Art. 22 ff. EuGüVO. Bei der objektiven Anknüpfung ergeben sich aber insoweit Unterschiede, als Art. 26 EuPartVO mangels einer Rechtswahlvereinbarung die güterrechtlichen Wirkungen einer eingetragenen Partnerschaft dem Recht des Staates unterstellt, nach dessen Recht die eingetragene Partnerschaft begründet wurde.

213   Für eine **faktische homosexuelle Lebensgemeinschaft** kann schon mangels Registrierungsakts das anwendbare Recht gemäß Art. 17b Abs. 1 EGBGB bzw. Art. 26 Abs. 1 EuPartVO weder unmittelbar noch in entsprechender Anwendung bestimmt werden. Hier dürfte vielmehr wie bei einer heterosexuellen faktischen Lebensgemeinschaft (→ Rn. 203) das Recht am gewöhnlichen Aufenthalt der Lebensgefährten anzuwenden sein.[227]

H. Internationales Erbrecht

Schrifttum:
Kommentare, Handbücher und Monographien: *Dutta/Herrler,* Die Europäische Erbrechtsverordnung, 2014; *Dutta/Weber,* Internationales Erbrecht, 2016; *Dutta/Weber,* Die Europäischen Güterrechtsverordnungen, 2017; *Ferid/Firsching/Dörner/Hausmann,* Internationales Erbrecht, Loseblatt, 107. EL (Stand: 12/2018); *Flick/Piltz,* Der Internationale Erbfall, 2. Aufl. 2008; *Garb/Wood,* International Succession, 4. Aufl. 2015; *Merkle,* Pflichtteilsrecht und Pflichtteilsverzicht im Internationalen Erbrecht, 2008; *Süß,* Erbrecht in Europa, 3. Aufl. 2016.

---

[226] So auch schon vor dem Gesetz zur Einführung der gleichgeschlechtlichen Ehe die Rechtsprechung, vgl. OLG München FGPrax 2011, 249; MüKoBGB/*Coester* EGBGB Art. 17b Rn. 143; aA *Buschbaum* RNotZ 2010, 81.
[227] Hausmann/Hohloch/*Martiny,* Handbuch des Erbrechts, 2. Aufl. 2010, Kap. 12 Rn. 112.

Aufsätze: *Buschbaum/Simon,* Das Europäische Nachlasszeugnis, ZEV 2012, 525; *Coester,* Das Erbrecht registrierter Lebenspartner unter der EU-Erbrechtsverordnung, ZEV 2013, 115; *Döbereiner,* (Bindende?) Rechtswahlen nach der EU-Erbrechtsverordnung, DNotZ 2014, 323; *Dörner,* Die Verordnung zum Internationalen Erb- und Erbverfahrensrecht ist in Kraft!, ZEV 2012, 505; *ders.,* Der deutsch-türkische Konsularvertrag, ZEV 1996, 90; *Dutta,* Das neue internationale Erbrecht der Europäischen Union – Eine erste Lektüre der Europäischen Erbrechtsverordnung, FamRZ 2013, 4; *Emmerling de Oliveira/Heggen,* Türkische Mandanten im Notariat, notar 2010, 38; *Janzen,* Die neue EU-Erbrechtsverordnung, DNotZ 2012, 484; *Krüger,* Studien über Probleme des türkischen Internationalen Erbrechts, FS Ansay 2006, 131; *Remde,* Die Europäische Erbrechtsverordnung nach dem Vorschlag der Kommission vom 14. 10. 2009, RNotZ 2012, 65; *Nordmeier,* Neues Kollisionsrecht für gemeinschaftliche Testamente, ZEV 2012, 513; *Nordmeier,* Grundfragen der Rechtswahl in der neuen EU-Erbrechtsverordnung – eine Untersuchung des Art. 22 ErbRVO, GPR 2013, 148; *Odersky,* Der wirksam-wirkungslose Erb- und Pflichtteilsverzicht nach der EUErbVO, notar 2014, 139; *Odersky,* Die Europäische Erbrechtsverordnung in der Gestaltungspraxis, notar 2013, 3; *Schotten/Wittkowski,* Das deutsch-iranische Niederlassungsabkommen im Familien- und Erbrecht, FamRZ 1995, 264; *Simon/Buschbaum,* Die neue EU-Erbrechtsverordnung, NJW 2012, 2393; *Süß,* Nachlassabwicklung im Ausland mittels postmortaler Vollmachten, ZEV 2008, 69; *ders.,* Das Europäische Nachlasszeugnis, ZEuP 2013,725; *Weber,* Erb- und Pflichtteilsverzichtsverträge im Spiegel der EUErbVO, ZEV 2015, 503.

I. Rechtsgrundlagen

1. Die Europäische Erbrechtsverordnung. Die „Verordnung des Europäischen Parlamentes und des Rates über die Zuständigkeit, das anzuwendende Recht, die Anerkennung und Vollstreckung von Entscheidungen und die Annahme und Vollstreckung öffentlicher Urkunden in Erbsachen sowie zur Einführung eines Europäischen Nachlasszeugnisses" (EuErbVO) vom 4. 7. 2012[228] trat am 17. 8. 2012 in Kraft. Die **EuErbVO gilt für alle ab dem 17. 8. 2015 eingetretenen Erbfälle.** Die Art. 25, 26 EGBGB haben über Art. 83 Abs. 3 EuErbVO weiterhin für vor dem Anwendungsstichtag errichtete Verfügungen von Todes wegen und gemäß Art. 83 Abs. 2 EuErbVO für eine davor angeordnete Rechtswahl Bedeutung – auch wenn der Erbfall nach dem 17. 8. 2015 eingetreten ist. **214**

2. Das bis zum 16. 8. 2015 geltende Recht. Art. 25 EGBGB aF bestimmt gemäß Art. 83 Abs. 1 EuErbVO weiterhin für alle vor dem 16. 8. 1983 eingetretenen Erbfälle das auf die Erbfolge anwendbare Recht. Angeknüpft wird an die Staatsangehörigkeit des Erblassers. Für in Deutschland belegenes unbewegliches Vermögen ergab sich für ausländische Staatsangehörige die Möglichkeit, auf diesen Vermögensteil gegenständlich beschränkt deutsches Erbrecht zu wählen (Art. 25 Abs. 2 EGBGB). Art. 26 EGBGB enthielt Sondervorschriften für die Form und die materielle Wirksamkeit von Testamenten und andere Verfügungen von Todes wegen. Das auf die materielle Wirksamkeit der Verfügungen anwendbare Recht wurde an die Staatsangehörigkeit zum Zeitpunkt der Errichtung der Verfügung angeknüpft. **215**

3. Das Haager Testamentsformübereinkommen. Die kollisionsrechtlichen Regeln des Haager Übereinkommens über das auf die Form letztwilliger Verfügungen anwendbare Recht vom 5. 10. 1961 sind in Deutschland seit dem 1. 1. 1966 in Kraft.[229] **216**

Die EU hat das Übereinkommen nicht gezeichnet. Es gilt aber in mehr als der Hälfte der Mitgliedstaaten. Art. 75 Abs. 1 UAbs. 1 EuErbVO enthält für die Abkommensstaaten des Haager Übereinkommens daher einen ausdrücklichen Vorbehalt, der für die Abkommenstaaten den Vorrang des Übereinkommens vor den Vorschriften der EuErbVO deklariert. Im Übrigen übernimmt Art. 27 EuErbVO („inkorporiert") in gleicher Weise wie bisher Art. 26 EGBGB die Kollisionsnormen des Haager Übereinkommens wörtlich, die damit mittelbar für die übrigen EU-Mitgliedstaaten als EU-Verordnungsrecht anwendbar werden. Darüber hinaus wird der sachliche Anwendungsbereich der Regeln über die Tes- **217**

---

[228] ABl. 2012 L 201, 107.
[229] BGBl. 1966 II 11.

tamente hinaus auf Erbverträge und alle anderen Arten von Verfügungen von Todes wegen erstreckt.

218 **4. Bilaterale Abkommen mit der Türkei, dem Iran und den Nachfolgestaaten der Sowjetunion.** Der zwischen dem Deutschen Reich und der Türkischen Republik vereinbarte Konsularvertrag vom 28. 5. 1929[230] enthält im Anhang das sog. **Deutsch-Türkische Nachlassabkommen.** § 14 Nachlassabkommen bestimmt für die Erbfolge des beweglichen Nachlasses die Geltung des Rechts des Landes, dem der Erblasser zur Zeit seines Todes angehörte. Die Erbfolge des unbeweglichen Nachlasses unterliegt dem Recht des Landes, in dem dieser Nachlass liegt. Hat ein deutscher Erblasser eine Immobilie in der Türkei – wie zB eine Eigentumswohnung an der türkischen Riviera – so gilt hierfür also türkisches Recht, während für das in der Türkei belegene bewegliche Vermögen das deutsche Heimatrecht des Erblassers anwendbar ist. Damit tritt Nachlassspaltung ein, dh es gelten für die Vererbung einzelner Teile des Nachlasses desselben Erblassers unterschiedliche Rechtsordnungen. Hinterlässt ein türkischer Erblasser dagegen ein in Deutschland belegenes Grundstück, so gilt hierfür deutsches Erbrecht, während sich das in Deutschland belegene bewegliche Vermögen nach seinem türkischen Heimatrecht vererbt.[231] Besaß der Erblasser sowohl die deutsche als auch die türkische Staatsangehörigkeit, so ist das Nachlassabkommen nicht anwendbar.[232] Das im Heimatstaat des Erblassers belegene Vermögen – also das in Deutschland belegene Vermögen eines deutschen Staatsangehörigen und das in der Türkei belegene Vermögen eines türkischen Staatsangehörigen – wird ebenfalls von dem Nachlassabkommen nicht erfasst.[233]

219   Art. 28 Abs. 3 des **Deutsch-Sowjetischen Konsularvertrags** vom 25. 4. 1958[234] bestimmt für das Erbrecht, dass hinsichtlich der unbeweglichen Nachlassgegenstände die Rechtsvorschriften des Staates Anwendung finden, in dessen Gebiet diese Gegenstände belegen sind. Nach Auflösung der Sowjetunion ist mit den meisten Nachfolgestaaten der UdSSR (Russische Föderation, aber auch Armenien, Aserbaidschan, Georgien, Kasachstan, Kirgisistan, Moldawien, Tadschikistan, die Ukraine, Usbekistan und Weißrussland, ausgenommen sind die drei baltischen Staaten Litauen, Lettland und Estland) die Fortführung des Vertrages vereinbart worden. Das Abkommen bestimmt das anwendbare Recht mithin bei in Deutschland belegenen Immobilien, die einem Angehörigen eines der genannten Nachfolgestaaten der UdSSR gehörten sowie bei in einem der vorgenannten Nachfolgestaaten belegenen Immobilien eines deutschen Erblassers.[235]

220   Im Verhältnis zum Iran gilt das **Deutsch-Persische Niederlassungsabkommen** mit seiner Verweisung auf das Heimatrecht des Erblassers in Art. 8 Abs. 3.[236]

221   Die **EuErbVO** ersetzt internationale Abkommen – bis auf zwei Ausnahmen – insoweit, als diese zwischen EU-Mitgliedstaaten bestehen, Art. 75 Abs. 2 EuErbVO. Abkommen im Verhältnis zu Drittstaaten – und das betrifft alle drei vorgenannten bilateralen Abkommen – bleiben unberührt, Art. 75 Abs. 1 EuErbVO. Auch nach Anwendbarkeit der EuErbVO werden also zB in Deutschland lebende Erblasser mit türkischer Staatsangehörigkeit in Bezug auf ihren deutschen Grundbesitz nach deutschem Recht beerbt, während für den in Deutschland belegenen beweglichen Nachlass das türkische Heimatrecht gilt.

---

[230] RGBl. 1930 II 747 (758); RGBl. 1931 II 538.
[231] Ausführlich *Dörner* ZEV 1996, 90; *Emmerling de Oliveira/Heggen* notar 2010, 38.
[232] Hausmann/Odersky/*Odersky* IPR § 15 Rn. 357.
[233] Hausmann/Odersky/*Odersky* IPR § 15 Rn. 352. Der begrenzte Anwendungsbereich ergibt sich aber aus Art. 20 Deutsch-Türkischer Konsularvertrag, der das Nachlassabkommen für anwendbar erklärt.
[234] BGBl. 1959 II 33.
[235] Hausmann/Odersky/*Odersky* IPR § 15 Rn. 366.
[236] RGBl. 1930 II 1002; Abdruck zB auch bei *Jayme/Hausmann* Nr. 22.

II. Bestimmung des Erbstatuts

1. Anknüpfung an den gewöhnlichen Aufenthalt des Erblassers. Art. 21 **EuErbVO** 222 verweist für die Erbfolge auf das Recht des Staates, in dem der Erblasser seinen letzten gewöhnlichen Aufenthalt hatte. Der gewöhnliche Aufenthalt im Sinne der EuErbVO ist nicht gesetzlich definiert. Insoweit ist die Behandlung zahlreicher Sonderfälle noch umstritten. Eine endgültige Klärung werden erst die Entscheidungen des Europäischen Gerichtshofs bringen. Aus Erwägungsgrund 23 und 24 EuErbVO ergibt sich aber, dass es auf eine **langfristige und dauerhafte Verbindung mit einem Staat** ankommt. Sämtliche Umstände des Einzelfalls sind in Rahmen einer langfristigen Betrachtung auszuwerten. Es kommt darauf an, wo eine Person in sozialer und familiärer Hinsicht ihren **Lebensmittelpunkt** hat.

- **Berufspendler** behalten daher regelmäßig ihren gewöhnlichen Aufenthalt in dem Staat, in dem ihre Familie lebt, und begründen keinen gewöhnlichen Aufenthalt in dem Staat, in dem sie arbeiten.[237]
- **Diplomaten und Montagearbeiter** behalten regelmäßig ihren gewöhnlichen Aufenthalt in der Heimat, auch wenn der Auslandsaufenthalt auf mehrere Jahre befristet ist.
- Bei **Rentnern,** die ihren Lebensabend in Spanien, in der Türkei oder in Thailand verbringen, ist zu prüfen, ob diese dauerhaft weggezogen sind oder aber eine Wohnung in Deutschland beibehalten haben, die sie regelmäßig aufsuchen.
- Schwierig ist die Beurteilung, wenn demenzkranke Personen zur **Pflege ins Ausland** verbracht werden, ohne dass diese sich dort integrieren können.[238]

Für in Deutschland lebende Ausländer gilt also nunmehr deutsches Erbrecht. Im Ausland 223 lebende Deutsche unterliegen dagegen – vorbehaltlich einer Rück- bzw. Weiterverweisung durch das ausländische IPR (→ Rn. 224) – dem ausländischen Recht. Der Erblasser kann die Geltung seines Heimatrechts gemäß Art. 22 EuErbVO sicherstellen, indem er eine Rechtswahlklausel zugunsten seines Heimatrechts trifft (→ Rn. 232).

2. Rück- und Weiterverweisungen. Gemäß Art. 34 Abs. 1 EuErbVO ist nach Verwei- 224 sung auf das ausländische Recht aufgrund Anknüpfung an den letzten gewöhnlichen Aufenthalt des Erblassers auch das ausländische Kollisionsrecht anzuwenden (**Kollisionsnormverweisung** bzw. IPR-Verweisung).

Hatte der Erblasser seinen gewöhnlichen Aufenthalt in einem Drittstaat im Sinne der 225 EuErbVO – also in einem Staat, in dem die EuErbVO nicht gilt – so kann es sein, dass das dort geltende IPR aufgrund Anknüpfung des Erbstatuts an die Staatsangehörigkeit des Erblassers, an die Belegenheit des Vermögens (insbesondere von Immobilien) oder an das *domicile* für die Erbfolge auf das deutsche Recht verweist. In diesem Fall ist die Erbfolge dann nach dem deutschen materiellen Erbrecht zu behandeln (**Rückverweisung**). Das gilt auch dann, wenn die Rückverweisung lediglich hinsichtlich eines Teils des Nachlasses erfolgt – zB weil der Erblasser seinen letzten gewöhnlichen Aufenthalt in einem US-Staat hatte und das dort geltende Recht lediglich hinsichtlich eines in Deutschland belegenen Nachlassgrundstücks auf das deutsche Recht zurückverweist (Fall der **Nachlassspaltung** aufgrund gespaltener Rückverweisung). In gleicher Weise ist vorzugehen, wenn das Recht des Drittstaats auf das Recht eines anderen Mitgliedstaates im Sinne der EuErbVO verweist (wenn also zB der in den USA lebende Erblasser eine Eigentumswohnung an der Algarve hinterlassen hat: es gilt dann das portugiesische Recht).

Selten sind die Fälle, dass das IPR des Drittstaats auf das Recht eines weiteren Dritt- 226 staats verweist (also zB bei einem Ferienhaus in Dänemark oder Brasilien). In diesem Fall **(Weiterverweisung)** kommt es gemäß Art. 34 Abs. 2 lit. b EuErbVO darauf an, ob der Drittstaat „sein eigenes Recht anwenden würde".

---

[237] Vgl. auch KG ZErb 2016, 199.
[238] Ausführlich *Weber/Francastel* DNotZ 2018, 163.

227 3. Offensichtlich engere Verbindung zu einem anderen Staat. Gemäß Art. 21 Abs. 2 EuErbVO ist das am letzten gewöhnlichen Aufenthalt des Erblassers geltende Recht nicht anzuwenden, wenn sich ausnahmsweise aus der Gesamtheit der Umstände ergibt, dass der Erblasser im Zeitpunkt seines Todes eine offensichtlich engere Verbindung zu einem anderen Staat hatte. Es gilt dann das Recht des Staates mit der engeren Verbindung.

228 Da Erwägungsgrund 23 S. 2 EuErbVO verlangt, dass bei der Bestimmung des gewöhnlichen Aufenthalts des Erblassers eine Gesamtbeurteilung der Lebensumstände des Erblassers in den Jahren vor seinem Tod vorgenommen wird und dabei alle relevanten Tatsachen berücksichtigt werden, um eine besonders enge und feste Bindung des Erblassers zu dem betreffenden Staat zu ermitteln, wird bereits über den gewöhnlichen Aufenthalt die engste Verbindung des Erblassers zu einem bestimmten Staat ermittelt. Es bleibt damit im Dunkel, welche noch engeren Verbindungen über Art. 21 Abs. 2 EuErbVO berücksichtigt werden sollen. Der Anwendungsbereich für diese noch im letzten Gesetzgebungsstadium auf Drängen der Vertreter des Vereinigten Königreichs in die EuErbVO eingefügte Klausel ist daher nicht klar.

229 4. Vorrangige Regeln iSv Art. 30 EuErbVO. Aus Art. 3a Abs. 2 EGBGB ergab sich für im Ausland belegenes Vermögen ein „vorrangiges Einzelstatut", wenn die im Ausland geltenden Kollisionsnormen das dort belegene Vermögen allein aufgrund seiner Belegenheit dem dort geltenden Erbrecht unterwerfen. Die EuErbVO geht vom Grundsatz der Nachlasseinheit aus und lehnt den Vorrang eines derartigen kollisionsrechtlichen Einzelstatuts ab. Art. 30 EuErbVO enthält einen Vorbehalt allein für Vorschriften, die die Vererbung von Immobilien oder Unternehmen aus wirtschaftlichen, familiären oder sozialen Gründen beschränken (also zB Erbhofgesetze, Sondererbfolge bzw. gesetzliche Nießbrauchsvermächtnisse bei Familienwohnungen etc).

Beispiel:

Hinterlässt ein in Deutschland lebender Erblasser ein in Thailand belegenes Grundstück, so gilt hierfür aus thailändischer Sicht zwar das thailändische Erbrecht als Belegenheitsrecht (Nachlassspaltung), aus deutscher Sicht kommt aber dessen ungeachtet aufgrund des gewöhnlichen Aufenthalts des Erblassers in Deutschland das deutsche Erbrecht zur Anwendung (Nachlasseinheit).

5. Checklisten für die Bestimmung des Erbstatuts

---

230 Checkliste: Bestimmung des Erbstatuts bei einem deutschen Erblasser/Testator nach der EuErbVO[239]

(1) Ist ein vorrangiges völkerrechtliches Abkommen einschlägig? Beispielsweise bei Immobilien in einem Nachfolgestaat der Sowjetunion (außer Baltikum) oder bei Nachlass in der Türkei? Für die Immobilien gilt dann das ausländische Belegenheitsrecht.

(2) Hat der Erblasser die Erbfolge nach seinem Tode dem deutschen Sachrecht unterstellt (Rechtswahl iSv Art. 22 Abs. 1 EuErbVO)? Dann ist deutsches Sachrecht anwendbar.

(3) Hatte der Erblasser seinen Lebensmittelpunkt (gewöhnlicher Aufenthalt im Sinne der Erwägungsgründe 23, 24 EuErbVO) im Zeitpunkt seines Todes in Deutschland? Dann ist deutsches Sachrecht anwendbar.

(4) Hatte der Erblasser keine Rechtswahl getroffen und seinen Lebensmittelpunkt (gewöhnlicher Aufenthalt im Sinne der Erwägungsgrunde 23, 24 EuErbVO) im Zeit-

---

[239] Zwar kommt es nach der EuErbVO auf die Staatsangehörigkeit des Erblassers nunmehr kaum noch an. Dennoch werden in der Praxis weiterhin die Fälle überwiegend nach der Staatsangehörigkeit unterschieden werden. Daher wird diese Unterscheidung im vorliegenden Prüfungsschema beibehalten.

punkt seines Todes in einem anderen Mitgliedstaat im Sinne der EuErbVO? Dann ist das Sachrecht dieses Mitgliedstaats anwendbar.

(5) Hatte der Erblasser keine Rechtswahl getroffen und seinen Lebensmittelpunkt (gewöhnlicher Aufenthalt im Sinne der Erwägungsgründe 23, 24 EuErbVO) im Zeitpunkt seines Todes in einem Staat, der kein Mitgliedstaat im Sinne der EuErbVO ist („Drittstaat")? Dann ist das IPR dieses Mitgliedstaats anwendbar; Prüfung, ob das ausländische Recht die Verweisung annimmt, eine Rückverweisung auf das deutsche Recht oder das Recht eines anderen Mitgliedstaats ausspricht oder aber auf das Recht eines weiteren Drittstaats verweist.

(6) Vorfragen im Rahmen der Prüfung des materiellen Erbrechts: Statusverhältnisse wie Abstammung, Bestehen und Auflösung einer Ehe, Adoption etc sind nach dem gemäß Art. 13, 17 Abs. 1, 19, 22 EGBGB, Rom III-VO bestimmten Recht zu prüfen. Die Anerkennung einer hierzu ergangenen ausländischen Entscheidung erfolgt gemäß Art. 107 ff. FamFG etc. Für die güterrechtlichen Verhältnisse gilt das gemäß Art. 15 EGBGB bzw. nach den Regeln der EuGüVO bestimmte Recht.

(7) Ergebniskorrektur: Bei unerträglichem Verstoß des Ergebnisses der Rechtsanwendung gegen den deutschen *ordre public* (Art. 35 EuErbVO; dazu → Rn. 67) bzw. Anpassung bei Wertungswidersprüchen aufgrund Anwendung nicht aufeinander abgestimmter Rechtsregeln.

(8) Bei Verfügungen von Todes wegen sind die Sonderregeln in den Art. 24, 25, 27 EuErbVO und dem Haager Testamentsformübereinkommen zu beachten.

(9) Gibt es im Ausland belegenes Vermögen, für das sich im Ausland eine abweichende Anknüpfung ergibt? Insbesondere bei Immobilien in einem Staat mit „französischem Rechtssystem" oder bei auch beweglichem Vermögen in einem *common law*-Rechtsgebiet. Aus Sicht des ausländischen Staates kommt dann die *lex rei sitae* zur Anwendung – aus deutscher Sicht hingegen nur bei gewöhnlichem Aufenthalt des Erblassers in jenem Staat.

Checkliste: Bestimmung des Erbstatuts bei einem ausländischen Erblasser/Testator 231

(1) Ist ein vorrangiges völkerrechtliches Abkommen einschlägig? Staatsangehörige des Iran, der Türkei oder eines Nachfolgestaates der Sowjetunion (außer Baltikum)? Dann ist ggf. ausländisches Heimatrecht anwendbar, auch bei gewöhnlichem Aufenthalt des Iraners/Türken in Deutschland (ausgenommen inländische Immobilien zB türkischer oder russischer Staatsangehöriger).

(2) Liegt eine erbrechtliche Rechtswahl vor? Dann ist das gewählte Heimatrecht anwendbar.

(3) Bestimmung des gewöhnlichen Aufenthalts des Erblassers.

   (a) Gewöhnlicher Aufenthalt in Deutschland: Es gilt deutsches materielles Erbrecht.

   (b) Gewöhnlicher Aufenthalt in einem anderen Mitgliedstaat im Sinne der EuErbVO: Es gilt das materielle Erbrecht dieses Mitgliedstaats.

   (c) Gewöhnlicher Aufenthalt in „Drittstaat": Beachtung von Rück- und Weiterverweisungen des ausländischen Aufenthaltsrechts.

(4) Vorfragen im Rahmen der Prüfung des materiellen Erbrechts: Statusverhältnisse wie Abstammung, Bestehen und Auflösung einer Ehe, Adoption etc sind nach dem gemäß Art. 13, 17 Abs. 1, 19, 22 EGBGB, Rom III-VO bestimmten Recht zu prüfen. Die Anerkennung einer hierzu ergangenen ausländischen Entscheidung erfolgt gemäß Art. 107 ff. FamFG etc. Für die güterrechtlichen Verhältnisse gilt das gemäß Art. 15 EGBGB bzw. nach den Regeln der EuGüVO bestimmte Recht.

(5) Ergebniskorrektur: Bei unerträglichem Verstoß des Ergebnisses der Rechtsanwendung gegen den deutschen *ordre public* (Art. 35 EuErbVO; dazu → Rn. 67) bzw.

> Anpassung bei Wertungswidersprüchen aufgrund Anwendung nicht aufeinander abgestimmter Rechtsregeln.

III. Erbrechtliche Rechtswahl

232 **1. Allgemeine erbrechtliche Rechtswahl.** Gemäß Art. 22 Abs. 1 EuErbVO kann ein Erblasser die Erbfolge seines gesamten Nachlasses dem Recht eines der Staaten unterstellen, deren Staatsangehörigkeit er besitzt. Besitzt der Erblasser mehrere Staatsangehörigkeiten, so kann er das Recht jedes der Staaten wählen, denen er angehört, und zwar auch dann wenn er keine weiteren Beziehungen mehr zu diesem Staat hat. Die Rechtswahl konnte gemäß Art. 83 Abs. 2 EuErbVO auch vor der Anwendbarkeit der EuErbVO getroffen werden.

233 **Formulierungsbeispiel: Wahl ausländischen Erbrechts nach der EuErbVO**

☿ Ich bin Staatsangehöriger von ***. Ich unterstelle daher die Wirksamkeit dieser Verfügung von Todes wegen und die Erbfolge in meinen gesamten Nachlass dem Recht von ***. Die im Folgenden getroffenen Verfügungen sollen unabhängig von der Wirksamkeit dieser Rechtswahl gelten und ihnen sollen bei Unwirksamkeit der Rechtswahl möglichst die Wirkungen zukommen, die ihnen nach dem Erbrecht von *** zukommen würde.

234 Die Rechtswahl muss **„in Form einer Verfügung von Todes wegen"** getroffen werden, Art. 22 Abs. 2 EuErbVO. Bei Testamentserrichtung im Ausland genügt also die Einhaltung der dort zur Testamentserrichtung vorgeschriebenen Form (Art. 27 Abs. 1 lit. a EuErbVO – zum Kollisionsrecht der Testamentsform → Rn. 261).

235 Art. 22 EuErbVO verlangt nicht, dass die Rechtswahl ausdrücklich angeordnet worden ist. Sie kann daher nach hM auch konkludent getroffen werden. Sie muss sich aber „aus den Bestimmungen einer Verfügung von Todes wegen ergeben" (Art. 22 Abs. 2 EuErbVO), damit das Erfordernis der testamentarischen Form nicht vollends ausgehebelt wird. Ein irrtümliches Ausgehen von der Geltung deutschen Rechts stellt aber mangels Erklärungswillen wohl noch keine konkludente Rechtswahl dar.

236 Die Rechtswahl kann in einem Erbvertrag oder einem gemeinschaftlichen Testament **mit Bindungswirkung** getroffen werden. Für die Bindungswirkung gilt das gewählte Recht (vgl. Art. 22 Abs. 3 EuErbVO). Bei Wahl deutschen Rechts gelten mithin die § 2278 Abs. 2 BGB und § 2270 Abs. 3 BGB. Diese lassen nunmehr eine vertragsmäßig bindende bzw. wechselbezügliche Rechtswahl ausdrücklich zu. Da gemäß Art. 25 Abs. 3 EuErbVO für die Bindungswirkung eines Erbvertrags das zum Zeitpunkt seines Abschlusses geltende Erbstatut (Errichtungsstatut) gilt, würde allerdings auch ein der Errichtung eines Erbvertrags bzw. eines gemeinschaftlichen Testaments nachfolgender Widerruf der Rechtswahl die weitere Geltung des gewählten Rechts für die Wirksamkeit und die Bindungswirkung der Verfügung aber ohnehin unberührt lassen.

237 **2. Wahl des Errichtungsstatuts.** Die vom Erblasser ausgeübte Rechtswahl erfasst über Art. 24 Abs. 1, 25 Abs. 1 bzw. Abs. 2 EuErbVO automatisch auch die Wirksamkeit, die Zulässigkeit und die Bindungswirkung eines Erbvertrages bzw. einer Verfügung von Todes wegen mit Ausnahme des Erbvertrages.

238 Der Erblasser kann die Geltung des gewählten Heimatrechts aber auch auf die Wirksamkeit einer von ihm getroffenen Verfügung von Todes wegen einschließlich eines Erbvertrages beschränken (Art. 24 Abs. 2, 25 Abs. 3 EuErbVO). Für den mehrseitigen Erbvertrag ergibt sich dabei insoweit eine Ausweitung der Rechtswahlmöglichkeiten, als es für die Möglichkeit der Rechtswahl genügt, dass ein einziger der am Erbvertrag beteiligten Erblasser Angehöriger des Staates ist, dessen Recht von sämtlichen Beteiligten übereinstimmend als Erbvertragsstatut gewählt wird, Art. 25 Abs. 3 EuErbVO (sog. Export des Erbvertrags).

Auf diese Weise kommt es zu einer Spaltung des Erbstatuts, indem auf unterschiedliche **239** Aspekte des Nachlasses (Wirksamkeit der Verfügung von Todes wegen einerseits und übrige Aspekte der Erbfolge einschließlich der Wirkungen der Verfügung von Todes wegen andererseits) verschiedene Rechtsordnungen zur Anwendung gelangen.

3. Rechtswahl nach Altrecht. Art. 25 Abs. 2 EGBGB ließ eine sehr beschränkte Mög- **240** lichkeit der Rechtswahl zu:
– nur für in Deutschland belegenes unbewegliches Vermögen;
– nur zugunsten deutschen Rechts;
– nur in Form einer Verfügung von Todes wegen.
Wurde die Rechtswahl vor dem 16. 8. 2015 angeordnet, so ist die Rechtswahl gemäß **241** Art. 83 Abs. 2 EuErbVO weiterhin beachtlich, vorausgesetzt, dass der Erblasser zum Zeitpunkt der Erklärung der Rechtswahl entweder die deutsche Staatsangehörigkeit besaß oder seinen gewöhnlichen Aufenthalt in Deutschland hatte.

Eine mit Rücksicht auf Art. 25 Abs. 2 EGBGB vorgenommene Beschränkung der **242** Rechtswahl auf das in Deutschland belegene unbewegliche Vermögen ist nach der EuErbVO nicht mehr länger möglich (→ Rn. 237). Ist die Rechtswahl vor dem 16. 8. 2015 angeordnet worden, so kommt eine Fortgeltung nach der Übergangsregelung in Art. 83 Abs. 2 EuErbVO in Betracht. In vielen Fällen wird sich für den ausländischen Erblasser aus der objektiven Anknüpfung des Erbstatuts an den letzten gewöhnlichen Aufenthalt in Art. 21 EuErbVO die Geltung deutschen Rechts ohnehin, und zwar für den gesamten Nachlass, ergeben. Die mit der Rechtswahl beigeführte Nachlassspaltung wird dann in sich zusammenfallen.

Soweit Verfügungen eine auf den deutschen Immobiliennachlass gegenständlich be- **243** schränkte Rechtswahl enthalten, sollten diese im Hinblick auf die Anwendbarkeit der EuErbVO geprüft und ggf. geändert werden.

IV. Anwendungsbereich des Erbstatuts

1. Gesetzliches Erb- und Pflichtteilsrecht Verwandter. Aus dem Erbstatut ergibt sich, **244** welche Verwandten zur gesetzlichen Erbfolge berufen sind und zu welchen Quoten sie erben. Nicht aus dem Erbstatut ergibt sich dagegen, ob ein entsprechendes Verwandtschaftsverhältnis besteht **(Vorfrage).** Für die **Abstammung** gilt – unabhängig davon, ob deutsches oder ausländisches Recht Erbstatut ist (selbständige Vorfragenanknüpfung) – gemäß Art. 19 EGBGB grundsätzlich das Recht des Staates, in dem der Abkömmling seinen gewöhnlichen Aufenthalt hat. Bei Geburt vor 1. 7. 1998 sind gemäß Art. 224 § 1 EGBGB die damals geltenden Vorschriften des EGBGB anzuwenden. Umstritten ist, wie zu verfahren ist, wenn das ausländische Erbstatut für das Erbrecht noch danach unterscheidet, ob die Abstammung ehelich ist oder nicht. Die darauf gemünzten Kollisionsnormen des EGBGB sind seit dem 1. 7. 1998 nicht mehr anwendbar.[240]

Auch die Wirksamkeit einer **Adoption** ist nicht nach dem Erbstatut zu entscheiden **245** (dazu → Rn. 197). Beurteilt sich die Wirksamkeit der Adoption nach einem anderen Recht als die Erbfolge, so ist umstritten, ob sich die Erbberechtigung aufgrund der Adoption aus dem Erbstatut oder aus dem auf die Adoptionswirkungen anwendbaren Recht ergibt.[241]

---

[240] Dazu Palandt/*Thorn* EGBGB Art. 19 Rn. 8; Staudinger/*Dörner* EGBGB Art. 25 Rn. 171.
[241] BGH NJW 1989, 2197; *Heiderhoff* FamRZ 2002, 1682.

246 **2. Gesetzliches Erbrecht des Ehegatten.** Die Wirksamkeit einer Eheschließung ist dem gemäß Art. 13 EGBGB bestimmten Recht zu entnehmen. Bei einer gleichgeschlechtlichen Ehe gilt gemäß Art. 17b Abs. 4 S. 1 EGBGB der Art. 17b Abs. 1 EGBGB. Die in einem anderen Mitgliedstaat der EU ausgesprochene Scheidung ist im Inland gemäß Art. 21 Brüssel IIa-VO unmittelbar wirksam. Eine in einem Drittstaat erfolgte Scheidung darf gemäß § 107 FamFG im Nachlassverfahren erst nach Anerkennung durch die Landesjustizverwaltung beachtet werden.[242]

247 Die güterrechtliche Auseinandersetzung ist vorrangig vor der Erbauseinandersetzung vorzunehmen. Sie unterliegt dem gemäß Art. 22 ff. EuGüVO bzw. dem gemäß Art. 15 EGBGB 1986 (bei Eheschließung vor dem 9. 4. 1983: Art. 220 Abs. 3 EGBGB) bestimmten Recht (zur Anknüpfung → Rn. 138).

248 Umstritten war, ob bei der Zugewinngemeinschaft deutschen Rechts sich die Erbquote des Ehegatten auch dann nach § 1371 Abs. 1 BGB erhöht **(erbrechtliche Lösung)**, wenn ausländisches Erbrecht gilt (güterrechtliche Qualifikation von § 1371 Abs. 1 BGB). Der BGH hatte sich im Anwendungsbereich von Art. 25 EGBGB für die güterrechtliche Qualifikation entschieden.[243] Der EuGH dagegen hat sich für die erbrechtliche Qualifikation ausgesprochen.[244] § 1371 Abs. 1 BGB ist daher nur dann anzuwenden, wenn deutsches Erbstatut berufen ist. Bei Geltung ausländischen Erbstatuts ist der Zugewinnausgleich auf Verlangen des überlebenden Ehegatten in entsprechender Anwendung von § 1371 Abs. 2 BGB auf güterrechtlichem Wege durchzuführen.[245]

249 **3. Gesetzliches Erbrecht von faktischen und eingetragenen Lebenspartnern.** Aus dem Erbstatut ergibt sich auch, ob der Partner einer **eingetragenen Lebenspartnerschaft** oder einer faktischen (nichtehelichen) Lebensgemeinschaft ein gesetzliches Erb- und Pflichtteilsrecht hat. Dabei ist das Bestehen einer gleichgeschlechtlichen eingetragenen Lebenspartnerschaft als Vorfrage zu behandeln. Kennt das Erbstatut für den Partner kein gesetzliches Erbrecht, so ergab sich bis zum 16. 8. 2015 ein gesetzliches Erbrecht des überlebenden eingetragenen Lebenspartners gemäß Art. 17b Abs. 1 S. 2 EGBGB ersatzweise aus dem Lebenspartnerschaftsstatut. Freilich ist Art. 17b Abs. 1 S. 2 EGBGB als erbrechtliche Kollisionsnorm ab dem 17. 8. 2015 durch die EuErbVO ersetzt und durch den Bundestag aufgehoben worden.[246] Daher steht die erbrechtliche Stellung des überlebenden Partners einer eingetragenen Lebenspartnerschaft nun unter dem Vorbehalt, dass das Erbstatut ein solches Erbrecht anerkennt. Das gleiche gilt für das Erbrecht des überlebenden Ehegatten bei einer gleichgeschlechtlichen Ehe.

250 Das Erbrecht mancher Staaten kennt auch ein gesetzliches Erbrecht für den überlebenden Partner einer **nicht registrierten (faktischen) Lebensgemeinschaft** (gleich ob homosexuell oder heterosexuell) (zB Israel, Slowenien, Australien, Neuseeland). Hier ist für das Bestehen der „faktischen" Lebensgemeinschaft eine Anknüpfung nach Art. 17b EGBGB nicht vorstellbar. Vielmehr ist hier das Bestehen einer entsprechenden Lebensgemeinschaft unmittelbar den familienrechtlichen Regeln der auf die Erbfolge anwendbaren Rechtsordnung zu entnehmen (→ Rn. 203).[247]

251 **4. Pflichtteilsrecht und Pflichtteilsverzicht.** Aus dem Erbstatut ergibt sich, wer pflichtteilsberechtigt ist, sowie welchen Umfang und welche Natur sein Pflichtteilsrecht hat (Art. 23 Abs. 2 lit. h EuErbVO). Während zB im deutschen und österreichischen Recht der Pflichtteilsberechtigte unmittelbar mit Eintritt des Erbfalls die Auszahlung seines Pflichtteils in Geld verlangen kann, muss er in anderen Rechtsordnungen durch An-

---

[242] Dazu Münch/*Süß* FamR § 20 Rn. 285.
[243] BGH NJW 2015, 2185.
[244] EuGH DNotZ 2018, 785 – Mahnkopf mAnm *Süß* DNotZ 2018, 742.
[245] S. *Dörner* ZEV 2018, 305; *Fornasier* FamRZ 2018, 634; *Süß* DNotZ 2018, 742; *Weber* NJW 2018, 1365.
[246] Dazu *Coester* ZEV 2013, 115.
[247] BayObLG NJW 1976, 2076 zu Israel.

fechtung des Testaments seine gesetzliche Erbenstellung in Höhe der Pflichtteilsquote wiederherstellen (sog. Noterbrecht) und die Auseinandersetzung des Nachlasses betreiben. Umstritten ist dabei, ob ein noch nicht geltend gemachtes Noterbrecht im Erbschein zu vermerken ist.[248] Aber auch die in zahlreichen *common law*-Staaten bestehenden Regeln, wonach bestimmte enge Angehörige des Erblassers gegen den Nachlass Ansprüche zur Deckung ihres Unterhaltsbedarfs geltend machen können *(family provision)* werden vom Erbstatut erfasst und sind nicht etwa unterhaltsrechtlich zu qualifizieren.

Da gemäß Art. 3 Abs. 1 lit. b **EuErbVO** auch eine Vereinbarung, die Rechte an einer 252 künftigen Erbschaft ausschließt, „Erbvertrag" im Sinne der EuErbVO ist, erfasst die Sondervorschrift für Erbverträge mit der Verweisung auf das zum Zeitpunkt des Vertragsabschlusses anwendbare Erbrecht in Art. 25 Abs. 1 EuErbVO auch Erbverzichts- und Pflichtteilsverzichtsvereinbarungen.[249] Maßgeblich für die Wirksamkeit des Verzichts ist also das Recht, das zum Zeitpunkt seines Abschlusses aufgrund Rechtswahl oder mangels Rechtswahl aufgrund des gewöhnlichen Aufenthalts des Erblassers für die Erbfolge maßgeblich gewesen wäre. Daher wird die Wirksamkeit von Verzichtsvereinbarungen durch einen späteren Wechsel der Staatsangehörigkeit, einen Widerruf der Rechtswahl oder einen Umzug des gewöhnlichen Aufenthalts nach Abschluss nicht mehr berührt. Die Änderungen können aber dazu führen, dass für die Erbfolge und damit auch für die Pflichtteilsrechte des Verzichtenden ein Recht zur Anwendung kommt, welches keine Möglichkeit erkennt, auf diese Rechte vertraglich zu verzichten. Der wirksam vereinbarte Verzicht würde in einem solchen Fall dann quasi ins Leere gehen und wirkungslos werden.[250] Ob die Wirkungen ebenfalls nach dem effektiven Erbstatut oder aber als „unmittelbare Verzichtswirkungen" nach dem Errichtungsstatut zu beurteilen sind,[251] ist noch nicht geklärt.

[Einstweilen frei.] 253–254

5. Erbanfall und Erbengemeinschaft. Das Erbstatut regelt schließlich, wie der Nachlass 255 auf die Erben übergeht. Während in Deutschland der Anfall *ipso iure* stattfindet, bedarf die Erbschaft in anderen Rechten der Annahme (Frankreich, Italien) oder gar der gerichtlichen Einantwortung (Österreich). In vergleichbarer Weise differenziert die Art der Beteiligung: Im französischen Recht gibt es zB keine Gesamthand, die Erben bilden eine qualifizierte Bruchteilsgemeinschaft *(indivision)*. Im *common law* ist allein der *personal representative* Eigentümer des Nachlasses und zahlt die Erbberechtigten nach Liquidation des Nachlasses aus. In Österreich besteht eine Anwartschaft der Erben auf Einantwortung, so dass bis dahin überhaupt keine dingliche Beteiligung am Nachlass entsteht und danach die Erben in gewöhnlicher sachenrechtlicher Gemeinschaft am Nachlass beteiligt sind. Ob die sachenrechtlichen Wirkungen eines Vermächtnisses sich aus dem Erbstatut oder dem Sachenstatut (Art. 43 EGBGB) ergeben, war umstritten. Die in Deutschland überwiegende Meinung hat diese Frage dem Erbstatut entnommen, bei in Deutschland belegenen Sachen aber zur Wahrung der Grundsätze des deutschen Sachenrechts, welches im Rahmen der Erbfolge nur eine Universalsukzession anerkennt, die Wirkungen des Legats auf die schuldrechtlichen Wirkungen reduziert.[252]

Der EuGH hat diese widersprüchliche Argumentation nicht akzeptiert und die erb- 256 rechtliche Qualifikation konsequent durchgeführt. Ein nach polnischem Recht mit dinglichen Rechtswirkungen angeordnetes Stückvermächtnis führt daher im Erbfall dazu, dass

---

[248] Ablehnend zB MüKoBGB/*J. Mayer* BGB § 2369 Rn. 34; OLG Frankfurt a.M. ZEV 2014, 159.
[249] *Dutta* FamRZ 2013, 10; *Nordmeier* ZEV 2013, 117; *Weber* ZEV 2015, 504.
[250] Hierzu *Odersky* notar 2014, 119; Mayer/Süß/Tanck/*Süß*, Handbuch Pflichtteilsrecht, 2003, § 15 Rn. 235 ff.
[251] Bonomi/Wautelet/*Bonomi*, Le droit européen des successions, 2. Aufl. 2016, EuErbVO Art. 25 Rn. 17; *Weber* ZEV 2015, 506.
[252] BGH NJW 1995, 58; *Dörner* IPRax 1996, 26; *ders.* ZEV 2012, 509; für einen Eigentumsübergang nach dem Erbstatut *J. P. Schmidt* ZEV 2014, 133.

das Eigentum an einem in Deutschland belegenen Nachlassgrundstück entgegen § 873 BGB ipso iure auf den Vermächtnisnehmer übergeht.[253]

V. Materielle Wirksamkeit von Testamenten und Erbverträgen

257   Die materielle Gültigkeit und Bindungswirkung eines Testaments unterliegt aus Gründen des Vertrauensschutzes nicht dem Erbstatut, sondern einem nach den Umständen zum Zeitpunkt seines Todes bestimmten **„Errichtungsstatut".** Gemäß Art. 24 Abs. 1 EuErb-VO gilt das Recht, das nach den Umständen bei Errichtung des Testaments aufgrund einer allgemeinen Rechtswahl (Art. 24 Abs. 1, 22 Abs. 1 EuErbVO) bzw. mangels Rechtswahl aufgrund des gewöhnlichen Aufenthalts des Erblassers bei Errichtung des Testaments (Art. 24 Abs. 1, 21 Abs. 1 EuErbVO) auf die Erbfolge anwendbar gewesen wäre. Es ist das auf die Wirksamkeit der Verfügung von Todes wegen anwendbare Recht so zu bestimmen (unter Einschluss von Rück- und Weiterverweisungen), als wenn der Erblasser unmittelbar nach Errichtung der Verfügung verstorben wäre.

258   Ein späterer Wechsel des gewöhnlichen Aufenthalts oder der Widerruf bzw. die Änderung einer Rechtswahl oder der nach dem am ausländischen gewöhnlichen Aufenthalt für eine Rück- bzw. Weiterverweisung ggf. entscheidende Erwerb ausländischen Vermögens bzw. eine Wohnsitzverlegung können daher die Wirksamkeit des Testaments nicht mehr beeinflussen. Ein wirksam errichtetes Testament bleibt also wirksam, ein nichtiges bleibt nichtig und ein widerruflich errichtetes Testament wird nicht bindend **(Unwandelbarkeit des Errichtungsstatuts).**

259   Für die Wirksamkeit eines Erbvertrags und seine Bindungswirkung enthält Art. 25 EuErbVO weitgehend dem Art. 24 EuErbVO vergleichbare Regeln. Gelten bei einem „mehrseitigen Erbvertrag" für die beteiligten Erblasser unterschiedliche Erbstatute, so müssen sämtliche Rechte die Wirksamkeit des Erbvertrages bejahen **(kumulative Anknüpfung,** Art. 25 Abs. 2 EuErbVO). Eine Erleichterung der Abschlussmöglichkeiten ergibt sich für den Erbvertrag aber daraus, dass gemäß Art. 25 Abs. 3, 22 EuErbVO die Vertragsparteien für einen mehrseitigen Erbvertrag das Recht des Staates wählen können, denen ein einziger von ihnen angehört. Auf diese Weise können auch solche Erblasser vertragsmäßig bindend verfügen, denen nach dem objektiv geltenden wie auch nach dem wählbaren Recht eine vertragsmäßige Verfügung versagt ist („Export des Erbvertrags").

260   Das **gemeinschaftliche Testament** wird zwar in Art. 3 Abs. 1 lit. c EuErbVO definiert. Eine kollisionsrechtliche Sonderregelung hat es in der EuErbVO aber nicht erfahren. Daher stellt sich die Frage, ob sich die Zulässigkeit der Errichtung nach den Regeln über den „Erbvertrag" (Art. 25 EuErbVO) oder den Regeln über die „Verfügungen von Todes wegen außer Erbverträgen" (Art. 24 EuErbVO) beurteilt. Rechtsvergleichend funktional gesehen betrifft die Möglichkeit der gemeinschaftlichen Errichtung allein die Art und Weise der Errichtung und ist damit mE eine Frage der Form (Art. 27 EuErbVO). Die Frage, ob und unter welchen Bedingungen die Verfügungen wechselbezüglich oder gar bindend sind, ist eine materiell-rechtliche Frage. Hier führen Art. 24 EuErbVO und Art. 25 EuErbVO regelmäßig zu den gleichen Ergebnissen, so dass die in Deutschland heftig umstrittene Qualifikation in diesem Bereich[254] rein akademischer Natur ist.

---

[253] EuGH DNotZ 2018, 33 – Kubicka; zu den Auswirkungen im deutschen Grundbuchrecht *Weber* DNotZ 2018, 16.

[254] Die Literatur ist sich zwar insoweit scheinbar einig, als weit überwiegend eine Qualifikation als Erbvertrag für möglich gehalten wird. Unüberschaubar sind allerdings die Ansichten dazu, unter welchen Voraussetzungen aus den Testamenten im Sinne der EuErbVO ein Erbvertrag wird (vgl. allein *Nordmeier* ZEV 2013, 120; *Leipold* ZEV 2014, 140; *Lechner* NJW 2013, 26; Hausmann/Odersky/*Odersky* IPR § 15 Rn. 228 ff.).

Praxishinweis:

In der notariellen Praxis empfiehlt man wegen dieser Unsicherheiten bis zur Klärung der Frage die Beurkundung eines Erbvertrages vorzuziehen. Für diesen enthält Art. 25 EuErbVO eine eindeutige Regelung, was die Zulässigkeit und die Bindungswirkung[255] angeht. Der „sicherste Weg" ist dies allerdings dennoch nicht, denn in einigen Mitgliedstaaten[256] bestehen weiterhin Bedenken gegen die vertragliche Bindungswirkung aus Gründen des nationalen *ordre public*, so dass hier ein unter Geltung deutschen Rechts errichtetes gemeinschaftliches Testament leichter vollzogen würde.

VI. Auf die Formwirksamkeit letztwilliger Verfügungen anwendbares Recht

Das auf die Formwirksamkeit eines Testaments anwendbare Recht bestimmt das Haager 261 Übereinkommen vom 5. 10. 1961.[257] Dessen Regeln sind gemäß Art. 75 Abs. 1 EuErbVO auch unter der Geltung der EuErbVO für die Beitrittsstaaten (dazu zählt unter anderem auch die Bundesrepublik Deutschland) weiterhin vorrangig vor den Regeln der EuErbVO anwendbar. Art. 1 des Übereinkommens hält einen bunten Strauß von acht (!) Anknüpfungen bereit. Ein Testament ist hinsichtlich seiner Form gültig, wenn es den Formerfordernissen irgendeiner dieser Rechtsordnungen entspricht (alternative Anknüpfung).

Von besonderer praktischer Bedeutung ist hierbei die Verweisung auf das Recht des 262 Ortes, an dem die Verfügung errichtet worden ist (**Ortsrecht**, Art. 1 lit. a des Übereinkommens = Art. 27 Abs. 1 lit. a EuErbVO). Diese Verweisungen sind Sachnormverweisungen. Rück- und Weiterverweisungen des ausländischen Rechts sind also nicht zu beachten. Ein in Deutschland notariell beurkundetes Testament ist also aus Sicht der Abkommenstaaten und der Mitgliedstaaten der EuErbVO ohne Rücksicht darauf formwirksam, welches Recht für seine materielle Wirksamkeit oder die Erbfolge gilt. Freilich wäre dann, wenn das Testament auch solche Staaten betrifft, in denen das Übereinkommen oder die EuErbVO nicht gilt, zu prüfen, ob auch dort das Testament als formwirksam anerkannt werden wird. Das ist insbesondere bei Immobilien in der USA zu beachten.

Das Haager Übereinkommen gilt nur für Testamente, und zwar gemäß Art. 4 auch für 263 gemeinschaftliche Testamente. Art. 27 Abs. 1 EuErbVO erstreckt den sachlichen Geltungsbereich auf alle „Verfügungen von Todes wegen" im Sinne der EuErbVO und damit gemäß Art. 3 Abs. 1 lit. d EuErbVO auch auf Erbverträge. Damit werden neben den klassischen verfügenden Erbverträgen iSv § 2274 BGB auch Erbverzichtsverträge und der Pflichtteilsverzicht erfasst. Ausgenommenen sind mündlich errichtete Verfügungen von Todes wegen (Art. 1 Abs. 2 lit. f EuErbVO).

VII. Ausländische Testamentsregister

Ein in Deutschland beurkundetes Testament ist gemäß § 34a Abs. 1 S. 1 BeurkG unab- 264 hängig davon zum Testamentsregister der Bundesnotarkammer zu melden, ob der Testator die deutsche Staatsangehörigkeit hat oder auf die Erbfolge deutsches Recht anwendbar ist. Hat der Erblasser seinen Wohnsitz oder Immobilien im Ausland, so kann sich empfehlen, das Testament auch dort zum Testamentsregister zu melden. Derartige Möglichkeiten bestehen auch für von deutschen Notaren beurkundete Testamente insbesondere in den europäischen Staaten, die das Basler Europäische Übereinkommen über die Einrichtung

---

[255] Auch wenn die Bindungswirkung in Art. 24 EuErbVO nicht ausdrücklich angesprochen ist, so ist es dennoch nahezu einhellige Auffassung in Deutschland und den anderen Staaten der Union, dass sich diese für die testamentarischen Verfügungen aus dem Errichtungsstatut ergibt (vgl. Bonomi/Wautelet/ *Bonomi*, Le droit européen des successions, 2. Aufl. 2016, EuErbVO Art. 24 Rn. 12).

[256] ZB Griechenland und Rumänien.

[257] Abdruck zB bei Palandt/*Thorn* EGBGB Anh. zu Art. 26.

einer Organisation zur Registrierung von Testamenten[258] ratifiziert haben, wie zB Belgien, Estland, Frankreich, Italien, Litauen, Luxemburg, Niederlande, Portugal, Türkei, Spanien und Zypern.

VIII. Erbscheinserteilung bei Auslandsberührung

265   Aus § 343 FamFG ergibt sich iVm § 105 FamFG für alle vor dem 16. 8. 2015 eingetretenen Erbfälle die Zuständigkeit der deutschen Gerichte für die Ausstellung eines **Erbscheins** und eines **Testamentsvollstreckerzeugnisses** immer dann, wenn der Erblasser seinen letzten Wohnsitz in Deutschland hatte, deutscher Staatsangehöriger war oder in Deutschland Vermögen hinterlassen hat. Ob deutsches Recht gilt oder nicht (Gleichlauftheorie), spielt seit Erlass des FamFG keine Rolle mehr. Der Erbschein bezieht sich grundsätzlich auch auf das im Ausland belegene Vermögen, selbst wenn für dieses ein anderes Erbrecht geltend sollte, als für den in Deutschland belegenen Nachlass **(Welterbschein).** Befindet sich Vermögen sowohl im Inland als auch im Ausland, so kann der Erbschein aber auch beschränkt für das im Inland befindliche Vermögen beantragt werden, § 352c FamFG. Das empfiehlt sich wegen der Reduzierung des Gegenstandswerts (§ 40 Abs. 3 GNotKG) vor allem dann, wenn mit einer Anerkennung des Erbscheins im Ausland nicht gerechnet werden kann.

266   Für nach dem 16. 8. 2015 eingetretene Erbfälle kann nach den Art. 62 ff. EuErbVO auch ein Europäisches Nachlasszeugnis (ENZ) erteilt werden. Dem ENZ kommen weitgehend die gleichen Wirkungen zu wie dem Erbschein nach BGB. Insbesondere kann es gegenüber allen Registern zum Nachweis der Erbfolge verwendet werden (Art. 63 EuErbVO, § 35 Abs. 1 GBO). Die Beantragung eines ENZ empfiehlt sich dann, wenn Nachlass in mehreren Mitgliedstaaten belegen ist, da das ENZ nicht nur in dem Mitgliedstaat, in dem es ausgestellt worden ist, sondern auch in allen anderen Mitgliedstaaten als Nachweis der Erbfolge anzuerkennen ist (Art. 69 EuErbVO).

266a Das ENZ ist in Deutschland vom Nachlassgericht auszustellen. Das Nachlassgericht hat dafür ein spezielles Formular mit zahlreichen Anhängen zu verwenden, das von der Kommission erstellt worden ist und sich in der Durchführungsverordnung zur EuErbVO befindet. Das Formular ist sehr umfangreich und enthält zahlreiche Rubriken, in denen bestimmte Angaben zu machen sind bzw. die ggf. leer gelassen werden. Durch Vergleich mit dem Formular der eigenen Sprache kann der Verwender in jedem anderen Mitgliedstaat feststellen, welchen Bereich die Angaben in der jeweiligen Rubrik betreffen.

267   Auch für den Antrag auf Ausstellung hat die Kommission ein Formular entworfen. Dieses spiegelt im Wesentlichen das Formular für das ENZ wider. Die Verwendung dieses Formulars durch den Notar erscheint wegen des Umfangs lästig. Sie ist aber dennoch zu empfehlen, da auf diese Weise der Notar eine Checkliste darüber erhält, ob alle einschlägigen Rubriken berücksichtigt sind und das Gericht die Angaben lediglich übernehmen muss. Ob die Verwendung des offiziellen Formulars für den Antrag obligatorisch ist, ist aufgrund einer vom Text der Verordnung abweichenden Formulierung in der Durchführungsverordnung zweifelhaft und war Gegenstand einer Vorlage des OLG Köln zum EuGH.[259] Der EuGH hat dem Text der EuErbVO den Vorzug gegeben und erwartungsgemäß entschieden, dass der Antrag nicht unter Verwendung des Formulars der Kommission gestellt werden muss.

267a Die internationale Zuständigkeit der Gerichte für die Ausstellung eines ENZ wird durch die Art. 4 ff. EuErbVO bestimmt. Zuständig sind danach die Gerichte des Staates, in dem der Erblasser seinen gewöhnlichen Aufenthalt hatte. Die Gerichte des Heimatstaates des Erblassers sind ausnahmsweise dann gemäß Art. 7 EuErbVO zuständig, wenn der Erblasser das Recht des Heimatstaates gewählt hatte und alle Beteiligten eine Gerichts-

---

[258] V. 16. 5. 1972, dazu Staudinger/*Dörner* (2007) EGBGB Vorb. zu Art. 25 f. Rn. 144.
[259] EuGH FGPrax 2019, 32.

standsvereinbarung getroffen haben oder sich das Gericht am gewöhnlichen Aufenthalt für unzuständig erklärt hat.[260]

Es war zunächst umstritten, ob diese Zuständigkeitsregeln auch für die Ausstellung ei- **268** nes Erbscheins nach BGB gelten. Der EuGH hat auf Vorlage durch das Kammergericht entschieden, dass die deutschen Gerichte mangels internationaler Zuständigkeit keinen Erbschein ausstellen können, wenn aufgrund der EuErbVO die Gerichte eines anderen Mitgliedstaats zuständig sind. Die Ausstellung eines Erbscheins durch ein deutsches Nachlassgericht ist nach einem mit gewöhnlichem Aufenthalt im Ausland verstorbenen Erblasser daher nur dann möglich, wenn dieser seinen gewöhnlichen Aufenthalt in einem Staat hatte, der nicht Mitgliedstaat im Sinne der EuErbVO ist und die Voraussetzungen des Art. 10 EuErbVO gegeben sind (ein Teil des Nachlasses ist in Deutschland belegen und der Erblasser hatte die deutsche Staatsangehörigkeit oder aber während der letzten fünf Jahre vor seinem Tode einmal seinen gewöhnlichen Aufenthalt in Deutschland gehabt). Das gleiche gilt im Fall einer Zuständigkeit nach Art. 7 EuErbVO in den Fällen, in denen der Erblasser deutsches Erbrecht gewählt hatte.

IX. Übersicht zum ausländischen Erbrecht

Weiterführende Länderübersichten:

Kommentare, Handbücher und Monographien: *Burandt/Rojahn,* Erbrecht, 3. Aufl. 2019 (England, Frankreich, Italien, Luxemburg, Montenegro, Österreich, Schweiz, Serbien, Spanien, USA); *Ferid/Firsching/Dörner/Hausmann,* Internationales Erbrecht, Loseblatt, 107. EL (Stand: 12/2018), Bände I-VIII; *Kroiß/Ann/Mayer,* NK-BGB, Band V: Erbrecht, 5. Aufl. 2018 (Bosnien und Herzegowina, Frankreich, Griechenland, Großbritannien, Israel, Italien, Kosovo, Kroatien, Luxemburg, Niederlande, Österreich, Polen, Portugal, Schweiz, Skandinavien, Slowenien, Spanien, Türkei, USA); *Mayer/Süß/Tanck/Bittler/Wälzholz,* Handbuch Pflichtteilsrecht, 4. Aufl. 2017, § 19; *Müller/Schlitt,* Handbuch Pflichtteilsrecht, 2. Aufl. 2017, § 15; *Süß,* Erbrecht in Europa, 3. Aufl. 2015.

Aufsätze: *Fetsch,* Auslandsvermögen im internationalen Erbrecht – Testamente und Erbverträge, Erbschein und Ausschlagung bei Auslandsvermögen, RNotZ 2006, 1 und RNotZ 2006, 77.

Erläuterungen zur nachfolgenden Übersicht: **269**
- *Domicile:* Das *domicile of orgin* wird durch Abstammung erworben. Die Begründung eines neuen *domicile (domicile of choice)* verlangt den gewöhnlichen Aufenthalt in einem anderem Rechtsgebiet, verbunden mit der Absicht, dort endgültig (Großbritannien, Irland) oder zumindest für unbestimmte Zeit (USA; Kanada) zu bleiben. Die Anforderungen an die Bleibeabsicht differieren in den einzelnen Staaten erheblich.
- *Lex rei sitae:* Geltung des jeweiligen Belegenheitsrechts für die betroffenen Gegenstände, führt bei in Deutschland belegenen Gegenständen zu einer gegenständlich beschränkten Rückverweisung und ggf. zur Nachlassspaltung.
- Zu den bilateralen Abkommen → Rn. 218.
- Werden bestimmte Verfügungsmöglichkeiten wie gemeinschaftliches Testament, Erbvertrag, Erbeinsetzung, Nacherbfolge, Testamentsvollstreckung, Erbverzicht etc nicht erwähnt, so ist davon auszugehen, dass diese in der genannten Rechtsordnung nicht zur Verfügung stehen. „Testament" bedeutet also, dass lediglich einseitige Testamente wirksam sind und gemeinschaftliche Testamente, Erbverträge und Erbverzichte nicht wirksam sind.

---

[260] EuGH DNotZ 2018, 699 – Oberle.

270

Staat	Anknüpfung	Verfügungsmöglichkeiten
Ägypten	Staatsangehörigkeit	Testament; Vermächtnisse ohne Zustimmung der Erben nur über ein Drittel des Nachlasses und wohl nicht an gesetzliche Erben möglich
Australien	Domicile; für Immobilien *lex rei sitae;* Haager Testamentsformabkommen	Einseitiges und gemeinschaftliches Testament; Einsetzung eines Nachlassverwalters (executor); Vermächtnisse und trusts
Belarus (Weißrussland)	Deutsch-Sowjetischer Konsularvertrag; Wohnsitz oder Wahl des Heimatrechts; für Immobilien *lex rei sitae*	Testament; Erbeinsetzung; Vermächtnis; Testamentsvollstreckung
Belgien	EuErbVO	Testament; Vermächtnis (Stück-, Quoten- und Universalvermächtnisse); keine Erbeinsetzung; Testamentsvollstrecker ohne Verfügungsbefugnis
Bosnien und Herzegowina	Staatsangehörigkeit; Haager Testamentsformabkommen	Testament; Erbeinsetzung; Vermächtnis; Erbverzicht durch Abkömmlinge möglich
Brasilien	Wohnsitz	Testament; Erbeinsetzung; Vermächtnis; Vor- und Nacherbfolge; Testamentsvollstreckung
Bulgarien	EuErbVO	Testament, Erbeinsetzung, Vermächtnis; Testamentsvollstrecker darf über Nachlass nicht verfügen
China, VR	Gewöhnlicher Aufenthalt; für Immobilien *lex rei sitae*	Testament; Wirkungen gemeinschaftlicher Testamente unsicher; Vermächtnis
Dänemark	Wohnsitz; Haager Testamentsformabkommen; EuErbVO gilt nicht	Einseitiges und gemeinschaftliches Testament; Erbverzicht; Testiervertrag; Erbeinsetzung; Vermächtnis; Vor- und Nacherbschaft; Testamentsvollstreckung
Estland	EuErbVO	Einseitiges und gemeinschaftliches Ehegattentestament; Erbvertrag; Erbverzicht; Erbeinsetzung; Vermächtnis; Testamentsvollstreckung
Finnland	EuErbVO	Einseitiges und gemeinschaftliches Testament; Stückvermächtnis; Quotenvermächtnis; Vor- und Nachvermächtnis; Nießbrauchsvermächtnis; Testamentsvollstreckung
Frankreich	EuErbVO	Testament; Vermächtnis (Stück-, Quoten- und Universalvermächtnisse); keine Erbeinsetzung; Vor- und Nachvermächtnisse; Testamentsvollstrecker mit beschränkten Befugnissen

Staat	Anknüpfung	Verfügungsmöglichkeiten
Georgien	Deutsch-Sowjetischer Konsular- vertrag; Staatsangehörigkeit	Testament; Erbeinsetzung; Vermächt- nis
Griechenland	EuErbVO	Testament; Erbeinsetzung; Vor- und Nacherbschaft; Vermächtnis; Testamentsvollstreckung
Großbritannien	Domicile; für Immobilien *lex rei sitae;* Haager Testamentsformab- kommen; EuErbVO gilt nicht	Einseitiges und gemeinschaftliches Testament; Einsetzung eines Nachlass- verwalters (executor); Vermächtnisse und trusts
Indien	Domicile; für Immobilien *lex rei sitae*	Unterschiedliche Erbrechtssysteme nach Religionszugehörigkeit des Erblassers; für Hindus: Testament; Einsetzung eines Nachlassverwalters (executor); Vermächtnisse und trusts
Irak	Staatsangehörigkeit	Testament; Vermächtnisse über ein Drittel des Nachlasses hinaus oder an gesetzliche Erben nur mit Zustimmung aller Erben möglich
Iran	Deutsch-Persisches Niederlassungs- abkommen; Staatsangehörigkeit	Testament; Vermächtnisse über ein Drittel des Nachlasses hinaus oder an gesetzliche Erben nur mit Zustimmung aller Erben – vor oder nach Eintritt des Erbfalls – möglich
Irland	Domicile; für Immobilien *lex rei sitae;* Haager Testamentsformab- kommen; EuErbVO gilt nicht	Einseitiges und gemeinschaftliches Testament; Einsetzung eines Nachlass- verwalters (executor); Vermächtnisse und trusts
Island	Wohnsitz; für Testamentsform nach Gewohnheitsrecht wohl Ortsform ausreichend	Einseitiges und gemeinschaftliches Testament; Erbverzicht; Erbeinset- zung; Vermächtnis; Vor- und Nach- erbschaft; Testamentsvollstreckung
Israel	Wohnsitz; Haager Testamentsform- abkommen	Einseitiges und gemeinschaftliches Testament; Erbeinsetzung; Vermächt- nis; Testamentsvollstreckung
Italien	EuErbVO	Testament; Erbeinsetzung; Vermächt- nis; Testamentsvollstrecker nur mit Überwachungsfunktion; Erbverzicht im Rahmen eines Übergabevertrages (patto di famiglia)
Japan	Staatsangehörigkeit; Haager Testamentsformabkommen	Testament; Pflichtteilsverzicht; Stück-, Quoten- und Universalvermächtnis; Testamentsvollstreckung
Kanada	Domicile; für Immobilien *lex rei sitae*	Erbrecht provinzial gespalten; in den anglophonen Provinzen einseitiges und gemeinschaftliches Testament; Einsetzung eines Nachlassverwalters (executor); Vermächtnisse und trusts

Staat	Anknüpfung	Verfügungsmöglichkeiten
Kasachstan	Deutsch-Sowjetischer Konsularvertrag; Wohnsitz; für Immobilien *lex rei sitae*	Testament; Erbeinsetzung; Vermächtnis
Kenia	Domicile; für Immobilien *lex rei sitae*	Testament; Einsetzung eines Nachlassverwalters (executor); Vermächtnisse und trusts
Kosovo	Staatsangehörigkeit; Wahl des Rechts am gewöhnlichen Aufenthalt;[261] Haager Testamentsformabkommen gilt nicht	Testament; Erbeinsetzung; Vermächtnis; Testamentsvollstreckung
Kroatien	EuErbVO	Testament; Erbeinsetzung; Vermächtnis; Testamentsvollstreckung
Lettland	EuErbVO	Testament; gemeinschaftliches Testament; Erbvertrag; Erbeinsetzung; Vor- und Nacherbfolge; Vermächtnis; Testamentsvollstreckung
Litauen	EuErbVO	Testament; gemeinschaftliches Ehegattentestament; Erbeinsetzung; Vermächtnis; Testamentsvollstreckung
Luxemburg	EuErbVO	Testament; Vermächtnis (Stück-, Quoten- und Universalvermächtnisse); keine Erbeinsetzung; Testamentsvollstrecker ohne Befugnisse
Malta	EuErbVO	Einseitiges Testament und gemeinschaftliches Ehegattentestament; Erbeinsetzung; Vermächtnis; Testamentsvollstreckung
Marokko	Staatsangehörigkeit	Testament; Vermächtnisse über ein Drittel des Nachlasses hinaus oder an gesetzliche Erben nur mit Zustimmung aller Erben möglich
Mazedonien	Staatsangehörigkeit; Haager Testamentsformabkommen	Testament; Erbeinsetzung; Vermächtnis; Testamentsvollstreckung
Moldawien	Deutsch-Sowjetischer Konsularvertrag; Heimatrecht; für Immobilien *lex rei sitae;* Rechtswahl mit unklarer Reichweite; Haager Testamentsformabkommen	Testament; Erbeinsetzung; Vermächtnis; Testamentsvollstreckung
Montenegro	Gewöhnlicher Aufenthalt, Wahl des Heimatrechts; Haager Testamentsformabkommen	Testament; Erbeinsetzung; Vermächtnis; Testamentsvollstreckung; Erbverzicht eines Abkömmlings durch „lebzeitige Ausschlagung"

---

[261] NK-BGB/*Morina/Tersteegen,* Band 5: Erbrecht, 5. Aufl. 2019, Länderbericht Kosovo Rn. 5.

Staat	Anknüpfung	Verfügungsmöglichkeiten
Niederlande	EuErbVO	Einseitiges Testament; Erbeinsetzung; Vermächtnis; Vor- und Nacherbfolge; Abwicklungsvollstreckung (executeur) oder Dauerverwaltung des Nachlasses (bewind)
Norwegen	Wohnsitz; Haager Testamentsform-abkommen	Einseitiges und gemeinschaftliches Testament; Erbeinsetzung; Vermächtnis; Testamentsvollstreckung; Erb- und Pflichtteilsverzicht
Österreich	EuErbVO	Einseitiges Testament; gemeinschaftliches Testament und Erbvertrag nur für Ehegatten; Erbeinsetzung; Vermächtnisse; Nacherbfolge (fideikommissarische Substitution); Testamentsvollstrecker mit schwacher Position
Pakistan	Domicile; für Immobilien *lex rei sitae;* für Moslems gilt islamisches Recht	Unterschiedliche Erbrechtssysteme nach religiöser Zugehörigkeit
Philippinen	Staatsangehörigkeit	Testament; Erbeinsetzung; Nacherbfolge; Vermächtnis; für Moslems gilt islamisches Erbrecht
Polen	EuErbVO	Testament; Erbeinsetzung; Vermächtnis; Testamentsvollstreckung; Erbverzicht
Portugal	EuErbVO	Testament; Erbvertrag unter Verlobten; Erbeinsetzung; Vor- und Nacherbfolge; Vermächtnis; Testamentsvollstreckung
Rumänien	EuErbVO	Testament; Vermächtnis (Stück-, Quoten- und Universalvermächtnisse); keine Erbeinsetzung; Vor- und Nachvermächtnisse; Testamentsvollstrecker mit beschränkten Befugnissen
Russische Föderation	Deutsch-Sowjetischer Konsularvertrag; Wohnsitz; für Immobilien *lex rei sitae*	Testament; gemeinschaftliches Ehegattentestament; Erbvertrag; Erbeinsetzung; Vermächtnis; Testamentsvollstrecker wohl ohne eigene Verfügungsbefugnis
Schweden	EuErbVO	Einseitiges und gemeinschaftliches Testament; Erbeinsetzung; Vermächtnis; Testamentsvollstreckung; Erbverzicht
Schweiz	Wohnsitz; Wahl des Heimatrechts möglich; Haager Testamentsform-abkommen	Testament und Erbvertrag; kein gemeinschaftliches Testament; Erbeinsetzung; Vor- und Nacherbfolge; Vermächtnisse; Testamentsvollstreckung (Willensvollstrecker); Erb- und Pflichtteilsverzicht

Staat	Anknüpfung	Verfügungsmöglichkeiten
Serbien	Staatsangehörigkeit; Haager Testamentsformabkommen	Testament; Erbeinsetzung; Vermächtnis; Auflage,
Slowakei	EuErbVO	Testament; nur Erbeinsetzung; kein Vermächtnis
Slowenien	EuErbVO	Testament; Erbeinsetzung; Vermächtnis; Testamentsvollstreckung
Spanien	EuErbVO	Sonderregeln in den autonomen Gebieten (Katalonien, Balearen, Baskenland etc); im gemeinspanischen Recht einseitiges Testament; Erbeinsetzung; Vermächtnisse; Nacherbschaft; Testamentsvollstrecker nur mit einzeln zugewiesenen Befugnissen
Südafrika	Domicile; für Immobilien *lex rei sitae;* Haager Testamentsformabkommen	Einseitiges und gemeinschaftliches Testament; Einsetzung eines Nachlassverwalters (executor); Vermächtnisse und trusts
Thailand	Wohnsitz; für Immobilien lex rei sitae	Testament; Stück- Quoten- und Universalvermächtnis; Testamentsvollstreckung für minderjährige Erben
Tschechische Republik	EuErbVO	Testament; Ehegattenerbvertrag; Erbeinsetzung; Vermächtnis; Nacherbeinsetzung; Testamentsvollstreckung etc
Türkei	Deutsch-Türkisches Nachlassabkommen; ansonsten Staatsangehörigkeit; für Immobilien *lex rei sitae;* Haager Testamentsformabkommen	Testament und Erbvertrag; kein gemeinschaftliches Testament; Erbeinsetzung; Vor- und Nacherbfolge; Vermächtnisse; Testamentsvollstreckung; Erb- und Pflichtteilsverzicht
Ukraine	Deutsch-Sowjetischer Konsularvertrag; Wohnsitz; Wahl des Heimatrechts möglich; für Immobilien *lex rei sitae;* Haager Testamentsformabkommen	Testament; Ehegattentestament über gemeinschaftliches Vermögen; Erbeinsetzung; Vermächtnis; Testamentsvollstrecker ohne Verfügungsbefugnisse
Ungarn	EuErbVO	Testament; Erbeinsetzung; Vermächtnis; Erb- und Pflichtteilsverzicht; Erbvertrag
USA	Domicile; für Immobilien *lex rei sitae*	Einseitiges und gemeinschaftliches Testament; Einsetzung eines Nachlassverwalters (executor); Vermächtnisse und trusts
Vietnam	Heimatrecht; Grundstücke nach lex rei sitae; Ortsform für Testamente zwingend	Testament; gemeinschaftliches Testament für Eheleute zur Verfügung über das gemeinschaftliche Vermögen
Zypern	EuErbVO	Einseitiges und gemeinschaftliches Testament; Einsetzung eines Nachlassverwalters (executor); Vermächtnisse und trusts

I. Gesellschaftsrecht

Schrifttum:

Kommentare, Handbücher und Monographien: *Eidenmüller,* Ausländische Kapitalgesellschaften im deutschen Recht, 2004; *Herrler,* Gesellschaftsrecht in der Notar- und Gestaltungspraxis, 2017, §§ 19, 20; *Leible/Reichert,* Münchener Handbuch des Gesellschaftsrechts, Band 6: Internationales Gesellschaftsrecht, Grenzüberschreitende Umwandlungen, 4. Aufl. 2013 (zit.: MHdB GesR VI); *Michalski/Heidinger/Leible/Schmidt,* GmbHG, 3. Aufl. 2017, Systematische Darstellung 2 (zit.: MHLS); *Piltz,* Münchener Anwaltshandbuch Internationales Wirtschaftsrecht, 2017 (zit.: MAH IntWirtschaftsR); *Schmidt-Tiedemann,* Geschäftsführung und Vertretung im Gesellschaftsrecht Deutschlands, Frankreichs und Englands, 2004; *Spahlinger/Wegen,* Internationales Gesellschaftsrecht in der Praxis, 2005; *Süß/Wachter,* Handbuch des internationalen GmbH-Rechts, 3. Aufl. 2016.

Aufsätze: *Albers,* Kauf und Übertragung von GmbH-Anteilen im Ausland – Praktische Hinweise zu den Formerfordernissen, GmbHR 2011, 1078; *Baums/Teichmann,* Der European Model Company Act (EMCA), AG 2018, 562; *Bayer,* Übertragung von GmbH-Geschäftsanteilen im Ausland nach der MoMiG-Reform, GmbHR 2013, 897; *ders.,* Privatschriftliche Abtretungen deutscher GmbH-Anteile in der Schweiz, DNotZ 2009, 887; *Bärwaldt/Hoefling,* Grenzüberschreitender Formwechsel: Das Urteil des EUGH in der Rs. „Polbud" in der praktischen Anwendung, DB 2017, 3051; *Becht/Stephanwimmer,* Die rechtliche Anerkennung Österreichischer notarieller Beurkundungen über die Gründung einer GmbH, GmbHR 2019, 45; *Becker,* Zum Internationalen Privatrecht der gewillkürten Stellvertretung (Art. 8 und 229 § 41 EGBGB), DNotZ 2017, 835; *Bönner,* Zweigniederlassungen ausländischer Gesellschaften in der notariellen Praxis, RNotZ 2015, 253; *Böttcher/Kraft,* Grenzüberschreitender Formwechsel und tatsächliche Sitzverlegung – Die Entscheidung VALE des EUGH, DB 2012, 2701; *Bormann/Stelmaszczyk,* Das kontinentaleuropäische Gesellschaftsrecht im Wettbewerb der Rechtsordnungen, ZIP 2018, 764; *Braun,* Die Abtreutung von Geschäftsanteilen einer GmbH im Ausland: wirksam oder nicht?, DNotZ 2009, 585; *Bücken,* Rechtswahlklauseln in Vollmachten, RNotZ 2018, 213; *Bungert/Schneider,* Grenzüberschreitende Verschmelzung und Beteiligung von Personengesellschaften, GS Gruson 2009, 37; *Ege/Klett,* Praxisfragen der grenzüberschreitenden Mobilität von Gesellschaften, DStR 2012, 2442; *Falter/Geks,* Die Übertragung eines deutschen GmbH-Anteils auf einen amerikanischen testamentary trust, NZG 2017, 1251; *Fedke,* Verwaltungssitz und Rechtsfähigkeit ausländischer Personengesellschaften bei Auslandbezug, ZIP 2019, 799; *Fehrenbach,* Kapitalmaßnahmen im grenzüberschreitenden Reorganisationsverfahren, ZIP 2014, 2485; *Freitag,* Zur Geltung der Gründungstheorie im Verhältnis der EU-Mitgliedsstaaten zu Kanada nach dem CETA-Abkommen, NZG 2017, 615; *Göthel,* Grenzüberschreitende Unternehmenskaufverträge durch Anteilserwerb – kollisionsrechtliche Anknüpfung nach der Rom I – Verordnung, ZIP 2011, 505; *Götze/Mörtel,* Zur Beurkundung von GmbH Anteilsübertragungen in der Schweiz, NZG 2011, 727; *Hagemann/von der Höhn,* Brexit: Handlungsoptionen für eine Sitzverlegung aus dem Vereinigten Königreich nach Deutschland, DB 2017, 830; *Heckschen,* Die Gründung der GmbH im Ausland, DB 2018, 685; *ders.,* Die PartG mbH – eine Gesellschaftsform für Freiberufler, Aktuelles zur PartG mbH, AnwBl Online 2018, 116; *ders.,* Der Brexit und ausgewählte gesellschaftsrechtliche Fragen aus deutscher Sicht, NotBZ 2017, 401; *ders.,* Die unwandlungsrechtliche Universalsukzession und ihre haftungsrechtliche Kompensation, GmbHR 2017, 953; *Heckschen/Strnad,* Aktuelles zum grenzüberschreitenden Formwechsel und seiner praktischen Umsetzung, notar 2018, 83; *dies.,* Die Private Company Limited by Guarantee im deutschen Rechtsverkehr, GmbHR 2016, 469; *Heinze,* Die Bedeutung der steuerlichen Anzeige- und Übersendungspflichten der Notare (insbesondere nach § 54 I EStDV) für die Zulässigkeit der Auslandsbeurkundung im Gesellschaftsrecht, NZG 2017, 371; *Herrler,* Gewährleistung des Wegzugs von Gesellschaften durch Art. 43, 48 EG nur in Form der Herauswandlung – Anmerkungen zum Urt. des EuGH v. 16. 12. 2008 – Rs. C-210/06 (Cartesio), DNotZ 2009, 484; *ders.,* Anforderungen an den satzungmäßigen Versammlungsort – Hauptversammlung im Ausland?, ZGR 2015, 919; *Herrler/Schneider,* Grenzüberschreitende Verschmelzungen von Gesellschaften mit beschränkter Haftung zwischen Deutschland und Österreich, GmbHR 2011, 795; *Hoger,* Offene Rechtsfragen zur Eintragung der inländischen Zweigniederlassung einer Kapitalgesellschaft mit Sitz im Ausland, NZG 2015, 1219; *Hushahn,* Grenzüberschreitende Formwechsel im EU/EWR-Raum, RNotZ 2014, 137; *König/Steffes-Holländer,* Beurkundung der Gründung einer deutschen GmbH durch schweizer Notar, DB 2018, 625; *Kussmannl/Richter/Heyd,* Ausgewählte Problemfelder der Hinausverschmelzung von Kapitalgesellschaften aus Deutschland, IStR 2010, 73; *Lieder,* Beurkundung der Gesellschaftsgründung durch einen schweizerischen Notar, ZIP 2018, 805; *ders.,* Auslandsbeurkundung unwandlungsrechtlicher Strukturmaßnahmen, ZIP 2018, 1517; *Mankowski,* Änderungen bei der Auslandsbeurkundung von Anteilsübertragungen durch das MoMiG oder durch die Rom I-VO, NZG 2010, 201; *Mörsdorf,* Nun also doch! – Die überraschende Umdeutung der Niederlassungsfreiheit zur Rechtswahlfreiheit durch den EUGH im Urteil Polbud, ZIP 2017, 2381; *Müller,* Auslandsbeurkundungen von GmbH-Abtretungen deutscher Geschäftsanteile in der Schweiz, NJW 2014, 1994; *Nentwig,* Die Kommanditgesellschaft mit einem ausländischen Komplementär – zulässig oder zwingender Auflösungsgrund?, GmbHR 2015, 1145; *Oechsler,* Die Polbud-Entscheidung und die Sitzverlegung der SE, ZIP 2018, 1629; *Ott,* Die Errichtung von (zweispaltig) zweisprachigen Niederschriften und die damit im Zusammenhang stehenden Verfahrensfragen, RNotZ 2015, 189; *Paulus,* Das Schicksal von Gesellschaftsanteilen in internationalen Erbfällen, notar 2016, 3; *Remmert,* Englisch als Gerichtssprache: nothing ventured, nothing gained, ZIP 2010, 1579; *Ries,* Der ausländische Geschäftsführer, NZG 2010, 298; *Schall,*

Ohne Mindestkapital von England nach Deutschland wechseln – die UG & Co. GmbH als Zielträger eines grenzüberschreitenden Formwechsels, GmbHR 2017, 25; *Schaper*, Grenzüberschreitende Formwechsel und Sitzverlegung: Die Umsetzung der Vale-Rechtsprechung des EuGH, ZIP 2014, 810; *Schmitz*, Erwerb einer Vorratsgesellschaft, insbesondere durch ausländische Beteiligte, notar 2018, 203; *Schwarz*, Die Vertretung der Restgesellschaft, DB 2013, 799; *Seggewiße/Faber*, Die niederländische Flex-BV im Überblick, GmbHR 2018, 726; *Seibold*, Der grenzüberschreitende Herein-Formwechsel in eine deutsche GmbH – Geht doch!, ZIP 2017, 456; *Sikora*, Die fremdsprachliche Tätigkeit des Notars im Gesellschaftsrecht – ein kostenrechtlicher Überblick, NZG 2018, 691; *Stenzel*, Formfragen des internationalen Gesellschaftsrechts, GmbHR 2014, 1024; *Stiegler*, Grenzüberschreitender Formwechsel: Zulässigkeit eines Herausformwechsels, AG 2017, 846; *ders.*, Wirksamkeit eines Herausformwechsels aus Deutschland, GmbHR 2017, 392; *Teichmann/Knaier*, Grenzüberschreitender Formwechsel nach „Polbud", GmbHR 2017, 1314; *Thiermann*, Möglichkeiten und Grenzen von Auslandsgesellschaften & Co, ZIP 2011, 988; *Wachter*, Grenzüberschreitender Herein-Formwechsel in die deutsche GmbH, GmbHR 2016, 738; *Weber*, GmbH-Gründung und Auslandsbeurkundung, MittBayNot 2018, 215; *Werner*, Anknüpfung des Stiftungsstatuts unter Anwendung des Internationalen Gesellschaftsrechts, ZEV 2017, 181; *Weyde/Hafemann*, Praxisrelevante gesellschaftsrechtliche und steuerrechtliche Aspekte bei grenzüberschreitenden Verschmelzungen, FS Meilicke 2010, 779; *Wolff*, Hineinverschmelzung von LLPs vor dem Brexit, GmbHR 2019, 52.

I. Anzuwendendes Recht

271   Wie erfolgt die Bestimmung der Rechtsordnung, die für die Rechtsverhältnisse einer Gesellschaft (OHG, KG), eines Vereins, einer Stiftung und einer juristischen Person gilt (auch **Personal-** oder **Gesellschaftsstatut** genannt)? Das deutsche IPR hält dazu (noch) keine gesetzlichen Bestimmungen bereit, auch nicht über die Rom I-VO und Rom II-VO, die diese Frage ausdrücklich ausklammern (vgl. Art. 1 Abs. 2 lit. f Rom I-VO und Art. 1 Abs. 2 lit. d Rom II-VO), wenngleich der EuGH die Frage der Bestimmung des Personalstatuts für Gesellschaften mit Sitz in der EU und dem EWR entschieden hat (→ Rn. 275).

272   Nach der (ständigen) Rechtsprechung des BGH[262] und der wohl überwiegenden Meinung in der Literatur[263] untersteht eine Gesellschaft grundsätzlich dem Recht des Staates, in dem sie den **Sitz ihrer Hauptverwaltung** hat, dh von wo aus sie tatsächlich gelenkt wird. Dies dürfte in der Regel der Ort sein, wo ihre Geschäftsführungs- und Vertretungsorgane sitzen. Auf den Satzungsvertragssitz soll es nicht ankommen.

273   Eine Gesellschaft mit Verwaltungssitz **im Inland** ist demnach allein nach **deutschem Recht** zu beurteilen, eine ausländische Gesellschaft nach dem an ihrem (Verwaltungs-)Sitz geltenden Recht. Rück- und Weiterverweisungen sind zu beachten (Art. 4 Abs. 1 S. 2 EGBGB).[264] Die vor allem in den *common law*-Ländern, aber auch in der Schweiz, den Niederlanden, Dänemark, der Russischen Föderation und den meisten Nachfolgestaaten der ehem. Sowjetunion[265] geltende **Gründungstheorie** verweist auf die Rechtsordnung des Staates, in dem die Gesellschaft gegründet wurde. Auch ein Teil der deutschen Literatur vertritt diese Theorie.[266]

274   In Einzelfällen regeln **vorgehende** (vgl. Art. 3 Abs. 2 EGBGB) Handels- und Niederlassungs**abkommen** die Anerkennung der Gesellschaften.[267] Am bekanntesten ist der Deutsch-Amerikanische Freundschafts-, Handels- und Schifffahrtsvertrag vom 29. 10. 1954,[268] wonach US-Gesellschaften stets anzuerkennen sind, auch wenn sie ihren Verwaltungssitz im Inland haben.[269] Ob eine reale Verbindung der Gesellschaft zum Gründungs-

---

[262] BGHZ 151, 204 (206); BGHZ 97, 269 (271).
[263] S. Reithmann/Martiny/*Hausmann* Rn. 7.3 ff.; MüKoBGB/*Kindler* IntGesR Rn. 351 ff.; MHdB GesR VI/*Thölke* § 1 Rn. 1 ff.; *Spahlinger/Wegen* IntGesR Rn. 104.
[264] Vgl. BGH NZG 2017, 347 (349); OLG Hamm NZG 2001, 562; OLG Frankfurt a.M. NJW 1990, 2204; Reithmann/Martiny/*Hausmann* Rn. 7.71 ff.; Palandt/*Thorn* EGBGB Anh. zu Art. 12 Rn. 12.
[265] Reithmann/Martiny/*Hausmann* Rn. 7.5; *Spahlinger/Wegen* IntGesR Rn. 59.
[266] S. Nachweise bei Palandt/*Thorn* EGBGB Anh. zu Art. 12 Rn. 1.
[267] Überblick bei MüKoBGB/*Kindler* IntGesR Rn. 326 ff.; zu den bilateralen Investitionsschutzabkommen MAH IntWirtschaftsR/*Wegen/Mosler* § 11 Rn. 23.
[268] BGBl. 1956 II 487.
[269] BGH ZIP 2004, 1549; NZG 2003, 531.

staat („genuine link") für die Anerkennung vorhanden sein muss, ist offen.[270] Das der Gründungstheorie folgende EU-Übereinkommen vom 29.2.1968 über die gegenseitige Anerkennung von Gesellschaften und juristischen Personen[271] ist noch nicht in Kraft getreten, angesichts der nachgenannten Entscheidungen des EuGH auch bedeutungslos.[272]

Die **(Verwaltungs-)Sitztheorie** wird ferner – jedenfalls soweit Gesellschaften (gleich 275 ob Kapital- oder Personengesellschaften, ausgenommen Innengesellschaften) mit Satzungs-/Vertragssitz in einem Mitgliedsstaat der **EU** oder des **EWR** (Mitgliedsländer: Liechtenstein, Norwegen, Island, vgl. Art. 34 EWR-Vertrag, nicht die Schweiz [!]) betroffen und dort wirksam gegründet worden sind – **nicht mehr aufrechterhalten**.[273] Der EuGH hat diese Auffassung für gemeinschaftswidrig erklärt:[274] Gesellschaften mit dortigem Sitz sind also im Inland als rechtsfähig anzuerkennen, auch wenn sie ihren Verwaltungssitz ausschließlich im Inland haben – sei es von Anfang an, oder sei es, dass sie ihn nachträglich hierhin verlegt haben. Für sie gilt also die **Gründungstheorie.** Der BGH ist dieser Auffassung gefolgt,[275] ebenso die Registerpraxis.[276]

Für Auslandsgesellschaften mit Sitz in anderen Ländern als der EU oder dem EWR 276 bleibt es noch bei der Anwendung der (Verwaltungs-)Sitztheorie.[277] Haben diese Gesellschaften ihren Verwaltungssitz im Inland, werden sie aber nicht als nullum angesehen, sondern – allerdings mit der unangenehmen Folge der unbeschränkten Haftung – „umqualifiziert". Eine solche ausländische Mehrpersonengesellschaft wird GbR oder OHG deutschen Rechts;[278] die Rechte und Pflichten einer ausländischen Ein-Personen-Gesellschaft werden dem Alleingesellschafter zugerechnet.[279] Die Bundesregierung hat bereits einen Referentenentwurf erarbeiten lassen, der die Aufgabe der Sitztheorie vorsieht.[280]

Die nach der Gründungs- oder **Sitztheorie** ermittelte Rechtsordnung regelt die Ver- 277 hältnisse der Gesellschaft **umfassend,** also Rechtsnatur, Gründung, Rechtsfähigkeit, Firma, Vertretungsmacht ihrer Organe, Verfassung und innere Organisation, Satzungsänderungen, Umwandlung, einschl. Verschmelzung, Spaltung.[281] Hiervon ausgenommen sind sog. „Spalt- oder Restgesellschaften". Hierbei handelt es sich um Gesellschaften, die in ihrem ausländischen Sitzstaat – aus welchen Gründen auch immer – nicht mehr existieren, aber denen noch Vermögen im Inland zugewiesen ist. Aus deutscher Sicht gilt diese Gesellschaft als weiterhin fortbestehend.[282] Für ihre Vertretung im Inland ist mangels vorhandener Organe ein Pfleger zu bestellen (Art. 24 Abs. 2, 43 Abs. 2 EGBGB; §§ 1911, 1913 BGB) oder ein Nachtragsliquidator.[283]

---

[270] Einzelheiten bei MüKoBGB/*Kindler* IntGesR Rn. 343; weitere Einzelheiten zB bei *Bungert* DB 2003, 1043; *Mankowski* EWIR 2003, 661, s. auch *Meilicke* GmbHR 2003, 793.

[271] BGBl. 1972 II 370.

[272] S. auch MüKoBGB/*Kindler* IntGesR Rn. 98.

[273] Palandt/*Thorn* EGBGB Anh. zu Art. 12 Rn. 5; MHdB GesR VI/*Thölke* § 1 Rn. 1 ff.

[274] Vgl. die Entscheidungen „Inspire Art", ZIP 2003, 1885; „Überseering", ZIP 2002, 2037 und „Centros", ZIP 1999, 438; MHLS/*Leible* GmbHG Syst. Darst. 2 Rn. 20 ff.; Palandt/*Thorn* EGBGB Anh. zu Art. 12 Rn. 5; MHdB GesR VI/*Thölke* § 1 Rn. 1 ff.

[275] BGHZ 154, 185 (190); für EWR: BGH DNotZ 2006, 143; für Stiftung: BGH DB 2016, 2356; s. auch OLG Karlsruhe ZIP 2018, 1179 (zur Parteifähigkeit bei fehlender Rechtsfähigkeit).

[276] *Krafka/Kühn* RegisterR Rn. 701.

[277] S. BGH ZIP 2008, 2411 – Schweiz; OLG Hamburg DB 2007, 1247; zu den Folgen des **Brexit** s. Palandt/*Thorn* EGBGB Anh. zu Art. 12 Rn. 1.

[278] BGHZ 151, 204 (206); Palandt/*Thorn* EGBGB Anh. zu Art. 12 Rn. 20; MHLS/*Leible* GmbHG Syst. Darst. 2 Rn. 95 f.

[279] BGH NZG 2017, 347 (349).

[280] Dazu etwa Palandt/*Thorn* EGBGB Anh. zu Art. 12 Rn. 2; MHLS/*Leible* GmbHG Syst. Darst. 2 Rn. 16 ff.; Reithmann/Martiny/*Hausmann* Rn. 7.58 ff; *Wagner/Timm* IPRax 2008, 81.

[281] Weitere Einzelheiten bei Palandt/*Thorn* EGBGB Anh. zu Art. 12 Rn. 10 ff.; MHLS/*Leible* GmbHG Syst. Darst. 2 Rn. 94 ff.

[282] BGH NZG 2017, 394 (395); NZG 2017, 347 (348); ZIP 2010, 1852; OLG Hamm NZG 2014, 703 (704); OLG Celle ZIP 2012, 1811; OLG Jena RIW 2007, 864.

[283] BGH NZG 2017, 347 (349); MHLS/*Leible* GmbHG Syst. Darst. 2 Rn. 179 ff.; WürzNotar-HdB/*Heggen* Teil 7 Kap. 6 Rn. 15 f.; s. hierzu und zur Frage des auf die Spalt-/Restgesellschaft anwendbaren Rechts *Schwarz* DB 2013, 799.

II. Einzelfragen

278 **1. Ausländer als Gesellschafter.** Die Beteiligung von ausländischen (natürlichen oder juristischen) Personen an inländischen Gesellschaften unterliegt grundsätzlich **keinen Beschränkungen.** Der Gesellschaftsvertrag einer GmbH soll aber nichtig (§ 134 BGB) sein, wenn ein Ausländer, dem ausländerrechtlich eine selbständige Erwerbstätigkeit im Inland untersagt ist (vgl. § 21 AufenthG), die GmbH beherrscht (vgl. auch → § 22 Rn. 8 mit weiteren Einzelheiten).

279 **2. Rechtsfähigkeit.** Ist eine Gesellschaft nach dem auf sie anzuwendenden Recht rechtsfähig, so ist dies für ihre Teilnahme am Rechtsverkehr auch im Inland anzuerkennen, selbst wenn das Inland die Rechtsfähigkeit ablehnen würde. Zu Problemen kann es in der Praxis kommen, wenn das anwendbare ausländische Recht nur eine **beschränkte Rechtsfähigkeit** kennt. Der inländische Rechtsverkehr dürfte durch analoge Anwendung des Art. 12 EGBGB vor den Nichtigkeitsfolgen geschützt sein.[284] Wer ganz sicher gehen will, sieht die Satzung der ausländischen Gesellschaft ein, oder lässt sich ein Gutachten zu dieser Frage vorlegen.

280 Für Rechtsgeschäfte im Inland (zB Beteiligungserwerb) muss ferner die Fähigkeit bestehen, bestimmte Rechte und Pflichten zu übernehmen **(besondere Rechtsfähigkeit).** Die Gesellschaft muss nach der inländischen und ausländischen Rechtsordnung diese besondere Rechtsfähigkeit haben.[285] Die Beschränkungen des Art. 86 EGBGB sind praktisch bedeutungslos. Für EU-Gesellschaften gelten sie ohnehin nicht (vgl. Gesetz vom 2.4. 1964).[286]

281 In der Praxis hat diese besondere Rechtsfähigkeit insbesondere Bedeutung bei der Beteiligung einer **ausländischen Kapitalgesellschaft** an einer **inländischen Personen(handels)gesellschaft.** Sie muss sowohl nach ausländischem wie nach inländischem Recht beteiligungsfähig sein. Dass sich eine ausländische juristische Person an einer deutschen OHG bzw. als Komplementärin an einer KG beteiligen kann (zur Firmierung → Rn. 283), ist nicht mehr umstritten.[287] Die Rechtsprechung, ihr folgend die Registerpraxis, und ein Teil der Literatur halten diese Typenvermischung für möglich.[288] Durch den Erwerb der Gesellschaftsstellung allein wird auch keine Registerpflicht der ausländischen Gesellschaft begründet.[289]

282 **3. Firma.** Welche Firma eine Gesellschaft führen darf, richtet sich nach hM ebenfalls nach dem Gesellschaftsstatut.[290] Auch die ausländische Firma ist im Inland anzuerkennen. Ihr Schutz im Inland reicht aber nicht weiter als nach deutschem Recht. Da die Firma nur noch zur Kennzeichnung des Kaufmanns geeignet sein, Unterscheidungskraft besitzen muss und nicht irreführen darf (§ 18 Abs. 1 HGB),[291] dürften sich Probleme bei der Fir-

---

[284] BGH NJW 1998, 2452; Palandt/*Thorn* EGBGB Anh. zu Art. 12 Rn. 6 bzw. Rom I-VO Art. 13 Rn. 2; *Spahlinger/Wegen* IntGesR Rn. 271; Herrler/*Süß* GesR § 19 Rn. 43; aA MHdB GesR VI/*Lehmann* § 5 Rn. 60.

[285] Einzelheiten bei *Spahlinger/Wegen* IntGesR Rn. 273 f.; Reithmann/Martiny/*Hausmann* Rn. 7.128; MHLS/*Leible* GmbHG Syst. Darst. 2 Rn. 125; aA MHdB GesR VI/*Lehmann* § 5 Rn. 61.

[286] BGBl. I 248.

[287] Palandt/*Thorn* EGBGB Anh. zu Art. 12 Rn. 19; MHLS/*Leible* GmbHG Syst. Darst. 2 Rn. 220; MAH IntWirtschaftsR/*Wegen/Mosler* § 11 Rn. 38; Reithmann/Martiny/*Hausmann* Rn. 7.129.

[288] Vgl. BayObLG DB 1986, 1325 (1326); LG Bielefeld NZG 2006, 504: private limited company als Komplementärin; OLG Saarbrücken DNotZ 1990, 194: Schweizerische AG & Co. KG; MHLS/*Leible* GmbHG Syst. Darst. 2 Rn. 113ff.; Herrler/*Süß* GesR § 19 Rn. 45; s. weitere Beispiele auch bei *Leuering* ZHR 2015, 90 (106ff.); *Thiermann* ZIP 2011, 988; s. auch *Nentwig* GmbHR 2015, 1145.

[289] OLG Frankfurt a.M. ZIP 2008, 1287.

[290] BGH NJW 1971, 1522; OLG München NJW-RR 2007, 1677; MHdB GesR VI/*Servatius* § 11 Rn. 7; *Michalski* NZG 1998, 762 (763).

[291] OLG München GmbHR 2007, 979; Einzelheiten bei MHLS/*Leible* GmbHG Syst. Darst. 2 Rn. 146 und *Frenz* ZNotP 1998, 178.

menanerkennung kaum noch stellen. Zu beachten ist jedoch, dass eine Firmenbildung aus nicht lateinischen Buchstaben nicht eintragungsfähig ist. Die Firma ist zuvor entsprechend den Regeln für fremdsprachige Personenstandsurkunden[292] in lateinische Buchstaben zu transliterieren (buchstabengetreu zu übertragen), ggf. zu transkribieren.

Insbesondere in Fonds- und Holdingstrukturen erscheinen zunehmend ausländische **283** Kapitalgesellschaften als Gesellschafter deutscher Personenhandelsgesellschaften. Beteiligt sich eine ausländische Kapitalgesellschaft als persönlich haftender Gesellschafter an einer OHG, KG, (→ Rn. 281) ist der **ausländische Rechtsformzusatz** (etwa Ltd., Inc., Corp., S.A.) und nicht dessen „Eindeutschung" in die Firma der deutschen OHG/KG zu übernehmen.[293] Er stellt in der Regel einen ausreichenden Hinweis auf die Haftungsbeschränkungen (§ 19 Abs. 5 S. 5 HGB) dar. Gegebenenfalls ist das Herkunftsland – um Missverständnissen des Geschäftsverkehrs vorzubeugen – in Klammern zu setzen oder sind weitere aufklärende Angaben erforderlich. Einige Register erlauben, dass die Gesellschaft mit dem Zusatz „beschränkt haftende OHG/KG" oder auch als „XY OHG GmbH" firmiert.[294] Irreführend und deshalb ohne zusätzliche Kennzeichnung unzulässig ist „AG & Co. KG" bei schweizerischer AG.[295]

4. Ausländer als Geschäftsführer, Vorstandsmitglieder, Prokuristen. Gegen die Be- **284** stellung von natürlichen ausländischen Personen zu Geschäftsführern, Vorstands- oder Aufsichtsratsmitgliedern und Prokuristen bestehen aus Sicht des Gesellschaftsrechts bei deutschen Gesellschaften **keine Bedenken.** Fehlender Wohnsitz oder ständiger Aufenthalt im Inland, fehlende Arbeits- oder Gewerbeerlaubnis sind kein Hindernis für die Handelsregistereintragung.[296] Für EU-Angehörige gelten ohnehin keine Beschränkungen. Ihnen gleichgestellt sind Ausländer, die bis zu drei Monate keiner Visumspflicht unterliegen (entsprechende Staatenliste abrufbar unter www.auswaertiges-amt.de). Aber auch die Bestellung sonstiger Staatsangehöriger ist unbedenklich. Richtiger Ansicht nach ist fehlende jederzeitige Einreisemöglichkeit kein Hindernis für die Registereintragung.[297] Einer ausländischen Gesellschaft steht eine Organfähigkeit hingegen nicht zu.[298]

Wird ein Ausländer zum Geschäftsführer einer GmbH bzw. zum Vorstandsmitglied ei- **285** ner AG bestellt, hat der die Anmeldung beglaubigende Notar, sofern noch keine Belehrung durch einen ausländischen Notar oder Rechtsanwalt (vgl. § 8 Abs. 3 S. 2 GmbHG, § 37 Abs. 2 AktG) erfolgt ist, sicherzustellen, dass dieser auch die Bedeutung der von ihm abzugebenden **Versicherung** kennt (§ 8 Abs. 2, Abs. 3 GmbHG, § 37 Abs. 2 AktG). Der Notar kann seiner Belehrungspflicht auch schriftlich nachkommen (§ 8 Abs. 3 S. 2 GmbHG).[299] Die Belehrung kann auch in fremder Sprache erfolgen. Für Registerzwecke ist dann aber ein Nachweis in der deutschen Gerichtssprache erforderlich.[300] Ist der ausländische Geschäftsführer der deutschen Sprache nicht hinreichend kundig, muss bei der Anmeldung zu seiner Eintragung kein Dolmetscher hinzugezogen werden.[301]

---

[292] *Krafka/Kühn* RegisterR Rn. 219; zur Transliteration s. die Empfehlungen der Internationalen Organisation für Normung (ISO).

[293] *Krafka/Kühn* RegisterR Rn. 230.

[294] Beispiel bei *Schmidt/Hennesdorf* RIW 1990, 707; auch BGH DB 1987, 1243.

[295] S. auch *Krafka/Kühn* RegisterR Rn. 230; *Eschelbach* MittRhNotK 1993, 186.

[296] HM, s. EuGH NZG 1998, 809; OLG Zweibrücken GmbHR 2010, 1260; OLG München NZG 2010, 210; OLG Düsseldorf NZG 2009, 678; OLG Stuttgart NZG 2006, 789; OLG Dresden GmbHR 2003, 537 mAnm *Wachter;* für **Nicht EU**-Angehörige OLG Jena GmbHR 2006, 541; OLG Hamm DB 1999, 2001; OLG Köln GmbHR 1999, 182 und DB 1999, 38; *Lutter/Hommelhoff* GmbHG § 6 Rn. 14f.; *Scholz/Schneider* GmbHG § 6 Rn. 18.

[297] Wie hier MHLS/*Tebben* GmbHG § 6 Rn. 32; *Krafka/Kühn* RegisterR Rn. 958; *Herrler/Süß* GesR § 19 Rn. 47 ff.; *Wachter* ZIP 1999, 1577, s. auch *Bohlscheid* RNotZ 2005, 505.

[298] MHdB GesR VI/*Servatius* § 12 Rn. 29.

[299] Belehrungsmuster dt./engl. zB bei *Herrler/Süß* GesR § 19 Rn. 54; *Kersten/Bühling/Langhein/Hupka* § 158 Rn. 31M.

[300] *Krafka/Kühn* RegisterR Rn. 963.

[301] OLG Karlsruhe DB 2003, 140; *Leitzen* NZG 2009, 728 (731).

286 **5. Vertretungsmacht der Organe, Insichgeschäfte.** Das Gesellschaftsstatut bestimmt ferner, welches Organ der Gesellschaft zu ihrer Vertretung zuständig ist und welchen Umfang diese hat,[302] insbesondere, ob Insichgeschäfte zulässig sind. § 181 BGB gilt hierfür nicht, sondern nur für die rechtsgeschäftliche Vertretungsmacht.[303] Vielfach lässt sich nicht feststellen, ob die fremde Rechtsordnung, der die Gesellschaft untersteht, ein Selbstkontrahieren erlaubt.[304] Kann nicht geklärt werden, ob das Insichgeschäft zulässig ist, sollte vorsichtshalber eine zweite Person handeln, die keinen Konflikt hat. Die häufig zu beobachtende Praxis, routinemäßig in eine von den Organen der ausländischen Gesellschaft erteilten Vollmachten eine Befreiung von dem Verbot des Insichgeschäfts bzw. der Drittvertretung vorzusehen, ist nicht hilfreich, wenn nicht sicher ist, ob das bevollmächtigende Organ dazu nach dem anwendbaren ausländischen Recht rechtlich befugt ist. Das Registergericht jedenfalls ist nicht berechtigt, diesbezüglich eigene Ermittlungen anzustellen.[305] Zum Schutz des (gutgläubigen) Erklärungsgegners gilt Art. 12 EGBGB/Art. 13 Rom I-VO.[306]

287 **6. Anteilsübertragung.** Welches Recht auf eine Anteilsabtretung anwendbar ist, beurteilt sich nach dem **Gesellschaftsstatut.**[307] Eine Rechtswahl ist nicht möglich. Das schuldrechtliche Geschäft hingegen unterliegt dem Vertragsstatut (Art. 3 und Art. 4 Rom I-VO). Für die (selbständig anzuknüpfende) Form gilt Art. 11 Abs. 1 EGBGB/Art. 11 Rom I-VO (→ Rn. 324 ff.). Ob sich die Pflicht zur Beurkundung gemäß § 15 Abs. 3, Abs. 4 GmbHG auch auf Kauf und Abtretung von Anteilen an einer ausländischen Kapitalgesellschaft erstreckt, ist in der Rechtsprechung umstritten.[308] Der ablehnenden Ansicht ist zuzustimmen, da § 15 Abs. 3, Abs. 4 GmbHG kein Regelungsanspruch hinsichtlich ausländischer Kapitalgesellschaften zukommt[309] und aus einer evtl. Wahl deutschen Rechts nicht ohne Weiteres der Schluss gezogen werden kann, dass die pauschale Wahl deutschen materiellen Rechts auch automatisch die (selbständig anknüpfbare) Formfrage erfasst. Zur Beurkundung im Ausland → Rn. 298 ff. Aus Vorsichtsgründen sollte allerdings stets beurkundet werden.

288 **7. Grenzüberschreitende Sitzverlegung. Vorsicht** ist geboten bei der Beurkundung von Beschlüssen über die Verlegung des (statuarischen) Sitzes einer deutschen Gesellschaft vom Inland in das Ausland. Denn mit diesem Beschluss kann nach überwiegender Meinung gleichzeitig die **Liquidation** der Gesellschaft mit deren anschließendem Erlöschen einhergehen.[310] Die Verlegung des Verwaltungssitzes einer deutschen (Kapital-)Gesellschaft ist nach Inkrafttreten des MoMiG unbedenklich, führt also nicht zu einer Auflösung der Gesellschaft (vgl. § 4a GmbHG, § 5 AktG). Die (isolierte) Verlegung des Satzungssitzes ins Ausland verstößt gegen zwingendes Recht (§ 4a GmbHG, § 5 AktG) und ist (analog § 241 Nr. 3 AktG) nichtig. Bei OHG und KG müssen Verwaltungs- und Vertragssitz im Inland sein. Die Verlegung des Verwaltungssitzes ins Ausland führt zur Liquidation und

---

[302] BGH DNotZ 1994, 485 (487); Palandt/*Thorn* EGBGB Anh. zu Art. 12 Rn. 17; MüKoBGB/*Kindler* IntGesR Rn. 582; s. auch zum Erwerb von Vorratsgesellschaften durch ausländische Beteiligte: *Schmitz* notar 2018, 203 (206).

[303] OLG Düsseldorf MittRhNotK 1995, 114; zustimmend *Großfeld/Wilde* IPRax 1995, 374.

[304] S. hierzu auch *Hauschild* ZIP 2014, 954.

[305] OLG Düsseldorf MittRhNotk 1995, 114.

[306] Reithmann/Martiny/*Hausmann* Rn. 7.149 ff.; MüKoBGB/*Kindler* IntGesR Rn. 560; Herrler/*Süß* GesR § 19 Rn. 72.

[307] BGH NJW 1994, 1939; Palandt/*Thorn* EGBGB Anh. zu Art. 12 Rn. 19; MHLS/*Leible* GmbHG Syst. Darst. 2 Rn. 154; *Spahlinger/Wegen* IntGesR Rn. 320; *Göthel* ZIP 2011, 505 (509).

[308] So wohl BGH ZIP 2004, 2324 (2325); bejahend OLG Celle DNotZ 1993, 625; aA OLG München DNotZ 1993, 627; *Dutta* RIW 2005, 101.

[309] Ebenso *Olk* NJW 2010, 1639; *Merkt* ZIP 1994, 1417.

[310] BGH DStR 2008, 1935 (1936); OLG Brandenburg DB 2005, 604; BayObLG DB 2004, 699; OLG Düsseldorf ZIP 2001, 790.

Auflösung.[311] Die aus dem EU/EWR-Ausland durch Verlegung ihres **Verwaltungssitzes** zuziehende Gesellschaft ist ebenfalls im Inland uneingeschränkt anzuerkennen (auch → Rn. 275). Umgekehrt kann eine ausländische Gesellschaft ihren **Satzungssitz** unter Wahrung ihrer Rechtsform nicht ins Inland verlegen, weil das deutsche Recht diesen Zuzug nicht zulässt.[312] Etwas anderes gilt für die EWIV (→ Rn. 310) und die Europäische Gesellschaft (SE) (auch → Rn. 313). Beide können ihren Sitz innerhalb der EU unter Wahrung ihrer Identität wechseln (zum identitätswahrenden grenzüberschreitenden Formwechsel mit Satzungssitzverlegung → Rn. 296).

8. Grenzüberschreitende Beherrschungs- und Ergebnisabführungsverträge. Ob 289 diese Verträge zulässig sind, entscheidet das Personalstatut der abhängigen Gesellschaft.[313] Sie sind nach hiesiger Meinung zulässig.[314] Voraussetzung und Rechtsfolgen derartiger Unternehmensverträge richten sich grds. nach dem auf die beherrschte Gesellschaft anwendbaren Recht. Eine Rechtswahl ist nicht möglich.[315] Für die Praxis bedeutet dies, dass der Zustimmungsbeschluss der Gesellschafterversammlung der deutschen beherrschten Gesellschaft stets zu beurkunden und der Unternehmensvertrag zur Eintragung in das Handelsregister anzumelden ist.[316] Die für inländische herrschende Gesellschaften aufgestellten **Zustimmungspflichten** gelten hingegen für entsprechende ausländische Gesellschaften nicht, da diese nicht dem deutschen Recht unterstehen.[317] Sieht allerdings das ausländische Recht einen Zustimmungsvorbehalt bei der herrschenden Gesellschaft vor, ist dieser im Inland zu berücksichtigen. Die Zustimmungserklärung ist der Anmeldung zum Handelsregister beizufügen.

9. Umwandlungen mit Auslandsberührung. Hierunter werden zunächst Umwand- 290 lungsmaßnahmen im Sinne des UmwG (Verschmelzung, Spaltung, Formwechsel) verstanden, an denen ein Rechtsträger beteiligt ist, der seinen Satzungssitz im Ausland hat. Sitzt bei **Verschmelzung** und **Spaltung** der übernehmende Rechtsträger im Ausland und der Übertragende im Inland, spricht man von Hinausverschmelzung/-spaltung, im umgekehrten Fall von Hereinverschmelzung/-spaltung. Auch der grenzüberschreitende **Formwechsel** kennt beide Wege, den Wechsel eines inländischen Rechtsträgers in eine ausländische Rechtsform und den eines ausländischen Rechtsträgers in eine inländische Rechtsform.

Zu den Umwandlungsmaßnahmen mit Auslandsberührung zählen auch die **grenz-** 291 **überschreitenden Anwachsungsmodelle:** Hier wird das Vermögen einer inländischen Personen(handels)gesellschaft (OHG, KG) auf ihren nach Austritt aller übrigen Gesellschafter aus der Personengesellschaft noch verbleibenden ausländischen Allein-Gesellschafter oder auf einen ausländischen Dritten kraft (Hinaus-)Anwachsung durch Vereinigung aller Anteile in einer Hand übertragen. Denkbar ist auch die (Herein-)Anwachsung, falls die ausländische Rechtsordnung dieses Modell kennt.[318] Auch soll eine grenzüber-

---

[311] Palandt/*Thorn* EGBGB Anh. zu Art. 12 Rn. 6.

[312] BGHZ 97, 269 (272); OLG Brandenburg DB 2005, 605; OLG Zweibrücken DNotZ 1991, 625.

[313] Palandt/*Thorn* EGBGB Anh. zu Art. 12 Rn. 21; *Spahlinger/Wegen* IntGesR Rn. 364; MHLS/*Leible* GmbHG Syst. Darst. 2 Rn. 243.

[314] BGHZ 138, 136; BGH NJW 1982, 1817; OLG Frankfurt a.M. EWIR 1988, 587; Palandt/*Thorn* EGBGB Anh. zu Art. 12 Rn. 21; Staudinger/*Großfeld* IntGesR Rn. 571; MüKoBGB/*Kindler* IntGesR Rn. 756 ff., 784 ff.; aA *Ebenroth/Offenloch* RIW 1997, 13; differenzierend *Rundshagen/Strunk* RIW 1995, 666.

[315] LG München ZIP 2011, 1511 (1512); MHLS/*Leible* GmbHG Syst. Darst. 2 Rn. 242; MüKoBGB/*Kindler* IntGesR Rn. 774.

[316] Vgl. BGH DNotZ 1989, 102 (111).

[317] S. auch MüKoBGB/*Kindler* IntGesR Rn. 785 zur Gegenansicht.

[318] S. hierzu MHdB GesR VI/*Hoffmann* § 55 Rn. 3 ff.; *Spahlinger/Wegen* IntGesR Rn. 516.

schreitende Verschmelzung zwischen einer deutschen Kapitalgesellschaft und ihrem im Ausland ansässigen Alleingesellschafter möglich sein (§ 130 UmwG).[319]

292   Zu den Umwandlungsmaßnahmen mit Auslandsberührung zählen ferner rein inländische Umwandlungsmaßnahmen, die im Ausland belegenes Vermögen eines der beteiligten Rechtsträger oder deren Gesellschafter betreffen und ausländische Umwandlungsmaßnahmen, die im Inland belegenes Vermögen eines der beteiligten Rechtsträger oder deren Gesellschafter berühren. In all diesen Fällen sind stets mindestens zwei Rechtsordnungen zu berücksichtigen.

293   **10. Grenzüberschreitende Umwandlung.** Gesetzliche Vorgaben dafür, welchen Regeln grenzüberschreitende Umwandlungsmaßnahmen im Sinne des UmwG (Verschmelzung, Spaltung, Formwechsel, Vermögensübertragung) unterliegen, bestehen nur für die grenzüberschreitende **Verschmelzung von Kapitalgesellschaften,** die dem Recht eines der Mitgliedsstaaten der Europäischen Union (EU) oder eines Vertragsstaates des Europäischen Wirtschaftsraums EWR (Mitglieder: Norwegen, Liechtenstein, Island) unterliegen (§§ 122a ff. UmwG). Damit hat der deutsche Gesetzgeber europarechtliche Vorgaben (Richtlinie 2005/56/EG) des europäischen Parlaments und des Rates vom 26.10.2005[320] umgesetzt. Die §§ 122a ff. UmwG regeln nur die grenzüberschreitende Verschmelzung von Kapitalgesellschaften deutschen Rechts (GmbH, AG, KGaA und SE) (→ § 24 Rn. 138 ff.).

294   Die grenzüberschreitende Verschmelzung anderer Rechtsträger als Kapitalgesellschaften sowie die grenzüberschreitende **Spaltung** und der grenzüberschreitende **Formwechsel** sind ungeregelt geblieben. Nach der Rechtsprechung des EuGH sollen diese grundsätzlich zulässig sein. Aus dem „Sevic"-Urteil des EuGH[321] wird geschlossen, dass auch die grenzüberschreitende Spaltung (Auf-, Abspaltung/Ausgliederung) zulässig ist. In seiner „Vale"-Entscheidung[322] und früher schon obiter in seiner „Cartesio"-Entscheidung[323] hat der EuGH entschieden, dass einer Gesellschaft aus der EU/dem EWR der grenzüberschreitende Formwechsel in einen anderen EU/EWR Staat nicht untersagt werden darf, wenn die Rechtsordnung des (Zuzug-)Staates seinen Gesellschaften den Formwechsel gestattet. Damit hat der EuGH die Gründung einer deutschen Gesellschaft durch Sitzverlegung aus dem EU/EWR-Ausland zugelassen. Entsprechendes gilt für eine ihren Sitz verlegende deutsche Gesellschaft.[324]

294a   In seiner „Polbud"-Entscheidung[325] hat der EuGH seine Auffassung weiterentwickelt: Auch die isolierte (Satzungs-)Sitzverlegung durch gleichzeitigen Formwechsel ins Ausland unter Beibehaltung des tatsächlichen Sitzes im Inland ist von der Niederlassungsfreiheit gedeckt.[326]

295   Voraussetzung und Verfahren der **nicht geregelten** Umwandlungsvorgänge richten sich für jede der beteiligten Gesellschaften nach deren Gesellschaftsstatut. Bei unterschiedlichen Voraussetzungen soll sich das strengere Recht durchsetzen.[327] Selbst wenn nach den allgemeinen Regeln des Umwandlungskollisionsrechtes deutsches (Sach-) Recht für anwendbar erklärt wird, soll aus § 1 Abs. 1 UmwG folgen, dass alle grenzüberschreitenden

---

[319] Kallmeyer/*Marsch-Barner* UmwG § 120 Rn. 5 mwN.
[320] ABl. 2005 L 310.
[321] DB 2005, 2804.
[322] ZIP 2012, 1394.
[323] ZIP 2009, 24.
[324] S. hierzu zB auch MHdB GesR VI/*Hoffmann* § 54 Rn. 2 ff.; Heckschen/Heidinger/*Heckschen,* Die GmbH in der Gestaltungs- und Beratungspraxis, 4. Aufl. 2018; Kap. 2 Rn. 293 ff.
[325] NZG 2017, 2819.
[326] S. hierzu etwa *Heckschen/Strnad* notar 2018, 83 (85); *Teichmann/Knaier* GmbHR 2017, 1314; *Bärwaldt/Hoefling* DB 2017, 3051.
[327] Einzelheiten zB bei Lutter/*Drygala* UmwG § 1 Rn. 32 ff.; MüKoBGB/*Kindler* IntGesR Rn. 807; MAH IntWirtschaftsR/*Wegen/Mossler* § 11 Rn. 195.

Umwandlungsmaßnahmen – mit Ausnahme der in den §§ 122a ff. UmwG geregelten – bis zu einer Regelung auf EU- oder nationaler Ebene untersagt sind.[328]

Einige (Handels-)Registergerichte haben trotz fehlender Kodifizierung allein auf der **296** Basis der Rechtsprechung des EuGH einen grenzüberschreitenden Formwechsel eingetragen.[329] Ob die grenzüberschreitende Spaltung kommen wird, bleibt abzuwarten. Literatur und Registerpraxis haben bereits praktikable Voraussetzungen für den grenzüberschreitenden Formwechsel erarbeitet.[330] Es dürfte sich empfehlen, die Regelungen der Verschmelzungsrichtlinie und der §§ 122a ff. UmwG – soweit möglich – entsprechend anzuwenden und vorab das Vorgehen mit den zuständigen Stellen in den betreffenden Ländern abzustimmen.[331]

Hat die umzuwandelnde deutsche Gesellschaft Vermögen im Ausland, führt die Ge- **297** samtrechtsnachfolge bei Verschmelzung (§ 20 Abs. 1 Nr. 1 UmwG) bzw. partieller Gesamtrechtsnachfolge bei Spaltung (§ 131 Abs. 1 UmwG) nicht zwingend auch zum Übergang des Auslandsvermögens.[332] Geht diesbezüglich das Recht des Belegenheitsstaates vor (vgl. Art. 3a EGBGB; → Rn. 64), sind möglicherweise ergänzende Regelungen notwendig: Bei Verschmelzung/Spaltung sollte im Zweifel (vorab) ein separater Übertragungsvertrag unter Beachtung des Rechts am Belegenheitsort abgeschlossen werden. Beim Formwechsel (§§ 192 ff. UmwG) stellen sich diese Probleme mangels Rechtsnachfolge (Identität des Rechtsträgers) nicht, möglicherweise aber Nachweisprobleme.

11. Beurkundung im Ausland. Die Zulässigkeit der Auslandsbeurkundung bei nach **298** deutschem Recht beurkundungspflichtigen, gesellschaftsrechtlichen Vorgängen (zB Gründungen, Beschlüssen mit satzungsänderndem Charakter und Anteilsübertragungen) ist heftig umstritten. Die Rechtsprechung ist in dieser Frage gespalten.[333] Strittig ist bereits, ob Art. 11 EGBGB auf gesellschaftsrechtliche Vorgänge Anwendung findet. Angesichts der Gesetzesmaterialien ist dies zweifelhaft.[334] Der BGH neigt zu dessen Anwendbarkeit.[335]

Die Formfrage ist selbständig anzuknüpfen (Art. 11 Abs. 1 EGBGB). Richtiger Ansicht **299** nach reicht die Einhaltung der **Ortsform** (Art. 11 Abs. 1 S. 2 EGBGB) dann nicht aus, wenn der betreffende gesellschaftsrechtliche Vorgang in seinen Wirkungen über den Kreis der unmittelbar Beteiligten hinausgeht. Anzunehmen ist dies insbesondere bei organisationsrechtlichen Vorgängen wie Gründung, Satzungsänderung, Kapitalmaßnahmen, Umwandlungsvorgängen (Verschmelzung, Spaltung, Formwechsel) und Abschluss von Unternehmensverträgen, allein schon wegen der damit verbundenen Publizitätspflichten. Dritte müssen darauf vertrauen können, dass alle einen Gesellschaftstyp betreffenden Vorgänge den gleichen rechtlichen Anforderungen unterworfen sind, also das **Gesellschaftsstatut** – bei inländischen Gesellschaften deutsches Recht – maßgeblich ist.[336] Ferner führen diese

---

[328] S. MüKoBGB/*Kindler* IntGesR Rn. 846 ff. und KK-UmwG/*Simon*/*Rubner* UmwG Vor § 122a Rn. 34 ff.; MAH IntWirtschaftsR/*Wegen*/*Mossler* § 11 Rn. 206.

[329] OLG Frankfurt a.M. ZIP 2017, 611 (Heraus-)Formwechsel; OLG Düsseldorf GmbHR 2017, 1274 und OLG Nürnberg ZIP 2014, 128 (Herein-)Formwechsel.

[330] S. zB OLG Frankfurt a.M. NZG 2017, 423 Rn. 32; KG NZG 2016, 834; *Krafka*/*Kühn* RegisterR Rn. 1211a ff.; *Heckschen*/*Strnad* notar 2018, 83 (87 f.); *Baerwaldt*/*Hoefling* DB 2017, 3051 (3054); *Melchior* GmbHR 2014, R311.

[331] Vgl. MAH IntWirtschaftsR/*Wegen*/*Mossler* § 11 Rn. 221; s. zB OLG Frankfurt a.M. NZG 2017, 423 Rn. 32; KG NZG 2016, 834; *Krafka*/*Kühn* RegisterR Rn. 1211a ff.; *Heckschen*/*Strnad* notar 2018, 83 (87 f.); *Baerwaldt*/*Hoefling* DB 2017, 3051 (3054); *Melchior* GmbHR 2014, R311.

[332] *Racky* DB 2003, 923.

[333] Zum Streitstand und zum Folgenden: Palandt/*Thorn* EGBGB Art. 11 Rn. 13 ff.; *Bayer* GmbHR 2013, 897; *Goette* DStR 1996, 709.

[334] Vgl. BT-Drs. 10/504, 49.

[335] S. ZIP 2004, 2324 (2325); s. aber andererseits BGHZ 105, 324 (326).

[336] Zutreffend KG NZG 2018, 1195 Rn. 6 ff.; NZG 2018, 304 Rn. 15; OLG Hamm NJW 1974, 1057; LG Augsburg DB 1996, 1666; AG Fürth MittBayNot 1991, 30; Staudinger/*Großfeld* IntGesR Rn. 467; ähnlich *Spahlinger*/*Wegen* IntGesR Rn. 663; *Goette* FS Boujong 1996, 138; s. auch Art. 11 Abs. 6 EGBGB

Vorgänge zu einer dinglichen Zuordnung von Vermögensgegenständen und Änderung der Vermögenszuständigkeiten.

300 Auch die dingliche Übertragung von Geschäftsanteilen an einer GmbH und deren Verpfändung unterliegen dem Gesellschaftsstatut. Bei der Übertragung von Geschäftsanteilen an einer deutschen GmbH gilt dann deutsches Recht, die selbständig anzuknüpfende Formfrage richtet sich nach Art. 11 Abs. 1 Alt. 1 EGBGB.[337] Das Verpflichtungsgeschäft unterliegt dem Vertragsstatut (Art. 3 und Art. 4 Rom I-VO).

301 Sollen bei Geltung des Gesellschaftsstatuts die inländischen Formvorschriften durch Beurkundung im **Ausland** erfüllt werden, muss die **Beurkundung** dort hinsichtlich der Urkundsperson und des Urkundsverfahrens **gleichwertig** sein („Substitution"). Der BGH prüfte bei einer im Ausland beurkundeten Satzungsänderung die Gleichwertigkeit anhand eher formaler Kriterien: Solange die ausländische Urkundsperson nach Vorbildung und Stellung im Rechtsleben eine der Tätigkeit des deutschen Notars entsprechende Funktion ausübt und für die Errichtung der Urkunde ein Verfahren zu beachten ist, das den tragenden Grundsätzen des deutschen Beurkundungsrechts entspricht, sei Gleichwertigkeit gegeben.[338] Allerdings hat der BGH in seiner „Supermarkt-Entscheidung"[339] unterstrichen, dass die notarielle Beurkundung satzungsändernder Beschlüsse keine Formalie darstelle, sondern der Einhaltung des materiellen Rechts diene. Demnach dürfte eine Beurkundung der vorgenannten organisationsrechtlichen Vorgänge durch einen ausländischen Notar nicht ausreichen.[340] Auch für die Beurkundung der Abtretung von Geschäftsanteilen an einer deutschen GmbH im Ausland wird die Gleichwertigkeit seit Inkrafttreten des MoMiG verneint.[341]

302 Höchstrichterlich geklärt ist die Frage, dass das Registergericht die Einreichung einer Gesellschafterliste (§ 40 Abs. 2 GmbHG) durch den eine Übertragung von Anteilen an einer deutschen GmbH beurkundenden ausländischen Notar nicht zurückweisen darf.[342]

303 Nach Teilen der Rechtsprechung kann es selbst dann zur Beurkundungspflicht durch einen deutschen Notar kommen, wenn Anteile an einer ausländischen, der deutschen GmbH ähnelnden Kapitalgesellschaft übertragen werden und der Übertragungsvertrag deutschem Recht (etwa kraft Rechtswahl) untersteht.[343] Der BGH scheint dem OLG Celle zu folgen (→ Rn. 287).[344]

RefE; Hauschild/Kallrath/Wachter/Bayer/Mayer-Wehrsdorfer Notar-HdB GesR § 10 Rn. 6; Lutter/Priester UmwG § 126 Rn. 13; aA MHLS/Leible GmbHG Syst. Darst. 2 Rn. 108.

[337] Geschäfts- oder Gesellschaftsstatut, BGH GmbHR 1990, 25 (28); s. auch Bayer GmbHR 2013, 897; Mankowski NZG 2010, 201; aA BayObLG DNotZ 1978, 170 (171); OLG Düsseldorf GmbHR 1990, 170f. lassen Ortsrecht ausreichen; offen gelassen in BGH DNotZ 1981, 451 (452) und GmbHR 1990, 25 (28); weitergehend Mankowski RIW 1996, 8 und Pilger BB 2005, 1286: auch das Verpflichtungsgeschäft unterliege dem Gesellschaftsstatut.

[338] Vgl. BGH NZG 2014, 219; DNotZ 1981, 451 (452); ihm folgend: KG NZG 2018, 1195 Rn. 6 (GmbH-Gründung); NZG 2018, 1304 Rn. 15 (Verschmelzung); OLG Frankfurt a.M. GmbHR 2005, 764; OLG Köln GmbHR 1989, 125; LG Köln Rpfleger 1990, 122; LG Kiel DB 1997, 1223; s. zur Schweizbeurkundung Müller NJW 2014, 1994; zur Beurkundung in Österreich Becht/Stephan-Wimmer GmbHR 2019, 45.

[339] DNotZ 1989, 102.

[340] S. auch LG Augsburg DB 1996, 1666; Bayer GmbHR 2013, 897; Götte DStR 1996, 712.

[341] S. LG Frankfurt a.M. NZG 2009, 1353; so auch Bayer GmbHR 2013, 897 (912); offen gelassen in BGH NZG 2014, 219; aA wohl KG NGZ 2018, 304 Rn. 18; ablehnend Hermanns RNotZ 2018, 271 (273).

[342] BGH NZG 2014, 219; so auch OLG Düsseldorf NZG 2011, 388; aA OLG München NZG 2013, 340: nur die Geschäftsführer; s. auch Bayer GmbHR 2013, 897 und Werner GmbHR 2013, 966; Mankowski NZG 2010, 201.

[343] S. LG Oldenburg RNotZ 2018, 500 für Rn. 35; OLG Celle DNotZ 1993, 625 für eine polnische GmbH; mit Recht ablehnend OLG München DNotZ 1993, 627 für kanadische Limited.

[344] BGH ZIP 2004, 2324 für Beurkundungspflicht bei deutschem Recht unterliegenden **Treuhandvertrag** über Anteile an einer polnischen GmbH; → Rn. 287.

III. Zweigniederlassungen ausländischer Gesellschaften

Auch wenn die Anzahl inländischer Zweigniederlassungen von ausländischen Gesellschaf- 304
ten seit Einführung der Unternehmergesellschaft (§ 5a GmbHG) deutlich abgenommen
hat, sind sie nicht bedeutungslos geworden. Ausländische EU/EWR-Gesellschaften mit
Verwaltungssitz im Inland (→ Rn. 275) müssen ihre faktische Hauptniederlassung im Inland als Zweigniederlassung im Handelsregister eintragen lassen.[345] Entsprechendes gilt bei
den übrigen Auslandsgesellschaften, wenn diese als OHG im Inland behandelt werden
(→ Rn. 275).

Die Zweigniederlassungen sind im Inland bei dem Amtsgericht im Handelsregister ein- 305
zutragen, in dessen Bezirk die Zweigniederlassung besteht (§ 13d Abs. 1 HGB),[346] und
zwar für jede Niederlassung gesondert. Die Registrierung ausländischer Zweigniederlassungen inländischer Unternehmen ist deutschen Registern hingegen nicht möglich.[347]

Bei Vorbereitung der Anmeldung ist zunächst zu entscheiden, in welche **Abteilung** 306
des **Handelsregisters** (A oder B) die Zweigniederlassung einzutragen ist. Zudem sieht
das Gesetz für ausländische Kapitalgesellschaften Besonderheiten vor (vgl. §§ 13e, 13f und
13g HGB). Es ist also vorab zu prüfen, mit welchem **Gesellschaftstyp** deutschen Rechts
(Personenhandels- oder Kapitalgesellschaft) die ausländische Gesellschaft vergleichbar ist.
Kriterien sind dabei Zahl der Gesellschafter, Organisationsstruktur, Kapitalverhältnisse.[348]
Im Zweifel soll eine ausländische Kapitalgesellschaft vorsichtshalber als AG und nicht als
GmbH bewertet werden. Schwierigkeiten können sich gelegentlich bei der Einordnung
der Vertretungsbefugnis der handelnden Personen ergeben, wenn das ausländische Register keine Eintragung der Vertretungsverhältnisse kennt.[349] Der **Unternehmensgegenstand** der Zweigniederlassung ist nicht derjenige der Hauptniederlassung, sondern die Tätigkeit der Gesellschaft im Inland, dh die der Zweigniederlassung.[350]

Dem Register ist **nachzuweisen,** dass die ausländische Gesellschaft im Ausland **exis-** 307
tiert und **rechtsfähig** ist.[351] Es gilt der Grundsatz des Gleichlaufs von Haupt- und
Zweigniederlassungsregister. Die Eintragung der Zweigniederlassung soll dem Spiegelbild
der Hauptniederlassung entsprechen.[352] Der Nachweis ist im Regelfall durch Vorlage eines
Registerauszuges, ggf. in die deutsche Sprache (§ 184 GVG) von einem gerichtlich bestellten Dolmetscher übersetzt,[353] zu führen. Ist dies rechtlich nicht möglich, weil der
Heimatstaat der Hauptniederlassung kein Register kennt, so kann die Existenz auch durch
Vorlage der Gründungsdokumente oder einer Bescheinigung eines ausländischen Rechtskundigen – entsprechend legalisiert – gefertigt werden (etwa Notar). Die Bescheinigung
eines deutschen Notars (entsprechend § 21 BNotO) aufgrund Einsicht der in Europa geführten elektronischen Register (Zugang → Rn. 317) ist stets ausreichend, wenn das ausländische Register dem inländischen vergleichbar ist.[354] Eine eigene materielle Prüfung
der Existenz von EU-Gesellschaften ist dem Register untersagt.[355] Die Zweigniederlas-

---

[345] OLG Zweibrücken ZIP 2003, 849 (851); s. hierzu vor allem MHdB GesR VI/*Kienle* § 21 Rn. 5 ff.;
Herrler/Eickelberg GesR § 16 Rn. 188 ff.; *Süß* DNotZ 2005, 180.
[346] Übersicht bei *Krafka/Kühn* RegisterR Rn. 311 ff.; Hauschild/Kallrath/Wachter/*Kilian* Notar-HdB GesR
§ 8 Rn. 32.
[347] LG Köln DB 1979, 984.
[348] Beispiele bei Lutter/*Hommelhoff* GmbHG Anh. I zu § 4a Rn. 9 und → Rn. 319 ff.
[349] Zum „ständigen Vertreter" vgl. etwa *Krafka/Kühn* RegisterR Rn. 317; *Heidinger* MittBayNot 1998, 72;
Bönner RNotZ 2015, 253 (263).
[350] OLG Frankfurt a.M. ZIP 2006, 333; LG Ravensburg GmbHR 2005, 490; WürzNotar-HdB/*Heggen*
Teil 7 Kap. 6 Rn. 141; zur Eintragung der Befreiung vom Verbot des Selbstkontrahierens im Handelsregister s. LG Freiburg NZG 2004, 1171; LG Leipzig NZG 2005, 759.
[351] BayObLG DNotZ 1986, 174 (175); WürzNotar-HdB/*Heggen* Teil 7 Kap. 6 Rn. 139.
[352] *Krafka/Kühn* RegisterR Rn. 311a.
[353] OLG Hamm DNotZ 2008, 630.
[354] OLG Düsseldorf NZG 2015, 199; OLG Nürnberg DNotZ 2014, 626 (628); *Krafka/Kühn* RegisterR
Rn. 314; *Bönner* RNotZ 2015, 253 (267).
[355] EuGH GmbHR 1999, 474; ihm folgend BGH NZG 2000, 36.

sung untersteht, da sie unselbständig ist, dem Recht der ausländischen Gesellschaft, grundsätzlich (→ Rn. 283) auch hinsichtlich der Firmierung.[356]

308   Die **Zweigniederlassung** wird hinsichtlich der eintragungspflichtigen Tatsachen **wie eine Hauptniederlassung** bei Ersteintragung behandelt (§ 13d Abs. 3 HGB). Im Einzelnen gilt: Ähnelt die ausländische Gesellschaft

(1) einer **OHG/KG,** muss die Anmeldung die Angaben gemäß §§ 106, 162 HGB enthalten und von den Gesellschaftern in vertretungsberechtigter Zahl unterzeichnet sein;[357]

(2) einer **GmbH,** gelten ergänzend die §§ 13e, 13g HGB. Anzumelden ist die Zweigniederlassung von den Geschäftsführern in vertretungsberechtigter Zahl. Die Versicherung über Bestellungshindernisse ist von allen Geschäftsführern höchstpersönlich abzugeben;

(3) einer **AG,** gelten ergänzend die §§ 13e, 13f HGB. Anzumelden ist die Zweigniederlassung von den Mitgliedern des Vorstands in vertretungsberechtigter Zahl. Die Versicherung über Bestellungshindernisse ist von allen Vorständen höchstpersönlich abzugeben.

IV. Einzelkaufmann

309   Betreibt ein Ausländer im Inland ein einzelkaufmännisches Gewerbe, unterliegt er den Bestimmungen des HGB **wie ein Inländer** (zB hinsichtlich Kaufmannseigenschaft, Firma, Unternehmerwechsel).[358]

V. Europäische Gesellschaftsformen

310   **1. Europäische Wirtschaftliche Interessenvereinigung (EWIV).** Für eine grenzüberschreitende Zusammenarbeit kann die Europäische Wirtschaftliche Interessenvereinigung (EWIV) in Frage kommen. Rechtsgrundlagen sind die EG-Verordnung vom 25. 7. 1985[359] und das EWIV-AG vom 14. 4. 1988.[360] Bei der EWIV handelt es sich um die erste **supranationale Gesellschaftsform.** Sie ähnelt einer OHG mit Fremdgeschäftsführung. An ihr müssen mindestens zwei Gesellschafter aus verschiedenen EU/EWR-Mitgliedsstaaten beteiligt sein. Gründungsvoraussetzungen sind der (privat-)schriftliche Gesellschaftsvertrag, der bestimmte Angaben enthalten muss (Art. 5 EWIV-VO) und die **Eintragung** in das **Handelsregister** des Sitzstaates (Art. 6 EWIV-VO).

311   Neben der EWIV-VO ist das Recht des Sitzstaates entscheidend. Bei EWIV mit Sitz in Deutschland und Eintragung im deutschen Handelsregister gilt allein deutsches Namens- und Firmenrecht. Die Anmeldung ist von allen Geschäftsführern zu bewirken und öffentlich zu beglaubigen. Die Geschäftsführer haben ihre Unterschrift zur Aufbewahrung bei Gericht zu zeichnen. Grundsätzlich vertritt jeder Geschäftsführer die EWIV allein.

312   Gesamtvertretungsmacht kann vereinbart werden. Sie ist im Handelsregister einzutragen (Art. 20 Abs. 2 EWIV-VO). Die EWIV kann ihren Sitz von einem Mitgliedstaat in den anderen verlegen, ohne ihre Identität zu verlieren. Sie wechselt lediglich das auf sie subsidiär anwendbare Recht.[361] Deutschen Notaren steht die EWIV als Kooperationsform mit ausländischen Kollegen ebenfalls offen. In der Praxis ist sie aber eher bedeutungslos.[362]

---

[356] MHLS/*Leible* GmbHG Syst. Darst. 2 Rn. 247; Reithmann/Martiny/*Hausmann* Rn. 7.171.

[357] KG NZG 2004, 49.

[358] S. ergänzend MHdB GesR VI/*Kienle* § 20 Rn. 1.

[359] ABl. 1985 L 199, 1; s. zur EWIV etwa: MAH IntWirtschaftsR/*Wegen/Mossler* § 11 Rn. 313; MHdB GesR VI/*Teichmann* § 48 Rn. 1 ff.; *Krafka/Kühn* RegisterR Rn. 868 ff.

[360] BGBl. I 514.

[361] S. hierzu etwa: MHdB GesR I/*Salger/Neye* §§ 94 ff.; *Böhringer* BWNotZ 1990, 129.

[362] OLG Nürnberg DNotZ 2014, 626 (628); weitere Einzelheiten zur EWIV bei MHdB GesR VI/*Teichmann* § 48.

2. Europäische Aktiengesellschaft (Societas Europea, SE). Die Europäische Aktien- 313
gesellschaft ist ebenfalls eine supranationale Gesellschaftsform, die in allen Mitgliedsstaaten
der EU und des EWR errichtet werden kann. Rechtsgrundlagen im Inland sind die SE-
VO und das SE-Ausführungsgesetz (weitere Einzelheiten in → § 23 Rn. 583 ff.).

VI. Existenz- und Vertretungsnachweise

Nimmt eine ausländische Gesellschaft an in das Handelsregister oder Grundbuch einzutra- 314
genden Vorgängen teil (etwa Grundstückserwerb, Gründung einer GmbH), sind in der
Regel **Rechtsfähigkeit** der Gesellschaft und **Vertretungsmacht** der für sie Handelnden
nach dem für die Gesellschaft maßgeblichen Recht in öffentlich beglaubigter Form nachzuweisen (vgl. zB § 29 GBO, § 2 Abs. 2 GmbHG, § 23 Abs. 1 S. 2 AktG). Die Anforderungen, die an die Nachweise gestellt werden, richten sich nach der lex fori, also deutschem Recht.[363] In der Praxis erscheint eine Abstimmung mit dem zuständigen
Registerrichter empfehlenswert.

Kennt das betreffende Land ein dem inländischen **Handelsregister** vergleichbares Ver- 315
zeichnis mit den entsprechenden Angaben zur Vertretungsmacht oder den notariellen **Bescheinigungen** nach § 21 BNotO vergleichbare Bescheinigungen, ist der Nachweis relativ einfach zu führen.[364]

In allen anderen Fällen sollte, da es sich der Sache nach um eine gutachterliche Äuße- 316
rung handelt, die Bescheinigung die tatsächlichen Grundlagen der notariellen Feststellungen enthalten, so dass eine Beweiswürdigung möglich wird. In der Regel anerkennen die
inländischen Gerichte entsprechende Nachweise, sofern sie ordnungsgemäß übersetzt und
gegebenenfalls legalisiert sind.

VII. Länderberichte

Weitere **Länderberichte und Einzelheiten** bei Reithmann/Martiny/*Hausmann*, Inter- 317
nationales Vertragsrecht, 8. Aufl. 2015, Rn. 7.188 ff.; MHdB GesR VI/*Süß*, 4. Aufl. 2013,
§§ 47 ff.; *Wegen/Spahlinger/Barth*, Gesellschaftsrecht des Auslands, Loseblatt, 2. EL (Stand:
1/2018); WürzNotar-HdB/*Heggen*, 5. Aufl. 2017, Teil 7 Kap. 6 Rn. 17 ff.; *Süß/Wachter*,
Handbuch des internationalen GmbH-Rechts, 3. Aufl. 2016.

Belgien. Es wird eine elektronische zentrale Datenbank der Unternehmen in den 317B
Sprachen niederländisch, französich, deutsch und englisch („Banque-Carrefour des Ent-
reprises") geführt (kbopub.economie.fgov.be), in die alle Handelsgesellschaften eingetragen werden. Registerauszüge können angefordert werden. Sie geben Gesellschaftszweck die Vertretungsorgane und deren Vertretungsmacht wieder. Die Eintragung
wirkt nicht konstitutiv, sondern deklaratorisch. Die Existenz der Gesellschaft und die
Vertretungsmacht werden in der belgischen notariellen Praxis auch durch Vorlage der
„Anexes" zum Belgischen Staatsanzeiger („moniteur belge") nachgewiesen, in denen
die Gründungsdokumente veröffentlicht werden.[365]

Dänemark. Eintragungen erfolgen beim Gewerbe- und Gesellschaftsamt im Register in 317D
Kopenhagen für die der AG und GmbH vergleichbaren Gesellschaften. Die Eintragung
der Gründung hat konstitutive Wirkung;[366] Auszüge werden erteilt. www.eogs.dk.

Finnland. Es besteht ein Zentralregister in Helsinki beim Patent- und Registeramt. Die 317F
Eintragung der Errichtung einer Kapitalgesellschaft hat konstitutive Wirkung. Auszüge

---

[363] OLG Düsseldorf NZG 2015, 199; zum Vertretungsnachweis einer englischen Limited im Grundbuchverkehr durch einen englischen Notar s. aber OLG Nürnberg DNotZ 2014, 628.
[364] Zur Einsichtnahme eines deutschen Notars in ausländische Register und Erteilung einer Bescheinigung
nach § 21 BNotO s. KG RNotZ 2013, 426.
[365] WürzNotar-HdB/*Heggen* Teil 7 Kap. 6 Rn. 21 f.; *Krahe* MittRhNotK 1987, 70.
[366] Süß/Wachter/*Ring/Olsen-Ring* S. 498 Rn. 10; s. auch WürzNotar-HdB/*Heggen* Teil 7 Kap. 6 Rn. 24 ff.

werden **erteilt**. Mit ihnen können die Existenz der Gesellschaft, die Vertretungsorgane und deren Vertretungsbefugnis nachgewiesen werden.[367] www.prh.fi.

Frankreich. Das für den Sitz zuständige Handelsgericht führt ein Handels- und Gesellschaftsregister. Auszüge („Extrait Kbis") sind erhältlich, die auch die Vertretungsorgane wiedergeben. www.infogreffe.fr/societes. Der Vorsitzende des Verwaltungsrats (Président Directeur Générals, PDG) ist kraft Gesetzes stets einzelvertretungsbefugt,[368] der Geschäftsführer der S.à.r.l. ebenfalls.[369]

317G **Griechenland.** Es besteht ein elektronisch geführtes Allgemeines Handelsregister für Personen und Kapitalgesellschaften, das vom Dachverband der griechischen Kammern geführt wird. Die Eintragung der Gründung wirkt konstitutiv. Eintragungen im Register gelten als richtig (www.gtai.de). Dies erteilt auch **Auszüge**.

317I **Irland.** Für Irland gilt das unten zum Vereinigten Königreich Ausgeführte entsprechend. Ein Register (Companies Registration Office) existiert in Dublin (www.cro.ie).[370]

Italien. Es **existiert** ein Unternehmensregister (registro delle imprese) jeweils bei den Handelskammern in den Provinzhauptstädten. Seine Einragungen bewirken positive und negative Publizität.[371] Die Vertretungsbefugnis der Organe der Gesellschaften wird angegeben. Auszüge werden erteilt. Die Eintragung der Gesellschaft hat konstitutive Wirkung. www.infocamere.it.

317J **Japan.** Es existiert ein dem deutschen Handelsregister vergleichbares Register mit negativer Publizität. Die Existenz der Gesellschaft und deren Organe mit Vertretungsbefugnis kann nachgewiesen werden. Auszüge werden erteilt.

317L **Lettische Republik.** Es besteht ein zentrales Unternehmensregister in Riga. Registerauszüge werden erteilt. Eintragungen haben konstitutive Wirkung. www.lursoft.lv und www.ur.gov.lt.

Liechtenstein. Ein Register wird beim Registeramt in Vaduz geführt. Es ist dem deutschen Handelsregister vergleichbar.[372] Auszüge sind erhältlich.

Luxemburg. Es existiert ein zentrales Handelsregister in Luxemburg. Auszüge sind erhältlich. Die Eintragung der Gründung einer Gesellschaft hat nur deklaratorische Bedeutung, da diese mit Unterzeichnung der Gründungsurkunde entsteht.[373] www.rcsl.lu.

317N **Niederlande.** Es besteht ein zentrales elektronisch geführtes Handelsregister aller (regional zuständigen) Handelskammern. Auszüge werden erteilt. www.kvk.nl.

Norwegen. Es wird ein elektronisches zentrales Unternehmensregister geführt. Als Auszug wird ein „Firmaattest" erteilt. www.brreg.no.

317Ö **Österreich.** Handelsregister vergleichbar wie in der Bundesrepublik („Firmenbuch"). Geführt wird es bei den erstinstanzlichen Gerichten. Auszüge werden erteilt. www.firmenbuch.at.

317P **Polen.** Es besteht ein zentrales elektronisch geführtes öffentliches Unternehmensregister. Auszüge werden erteilt. Eintragungen und Auszüge genießen positive Publizität.[374] www.ms.gov.pl.

Portugal. Es besteht ein dezentrales Register, das dem deutschen Handelsregister vergleichbar ist. Der Nachweis wird durch eine Bescheinigung des Handelsregisters geführt.[375] http://www.portaldaempresa.pt.

317R **Russische Förderation.** Es besteht ein zentrales staatliches Register für juristische Personen, das bei den Finanzbehörden geführt wird und öffentlich zugänglich ist. Es enthält

---

[367] Wegen/Spahlinger/Barth/*Aalto* GesR Ausland Finnland Rn. 7 f., 79.
[368] WürzNotar-HdB/*Heggen* Teil 7 Kap. 6 Rn. 46.
[369] Reithmann/Martiny/*Hausmann* Rn. 7.220.
[370] Wegen/Spahlinger/Barth/*Harrington/Ranalow* GesR Ausland Irland Rn. 14 ff.
[371] WürzNotar-HdB/*Heggen* Teil 7 Kap. 6 Rn. 59 ff. und Herrler/*Süß* GesR § 20 Rn. 103 ff. jeweils mit Hinweis darauf, dass unter www.itkam.de Auszüge in deutscher Sprache angefordert werden können.
[372] Reithmann/Martiny/*Hausmann* Rn. 7.315; MHdB GesR VI/*Süß* § 47 Rn. 345 ff.
[373] MHdB GesR VI/*Süß* § 47 Rn. 361.
[374] WürzNotar-HdB/*Heggen* Teil 7 Kap. 6 Rn. 92.
[375] Süß/Wachter/*Stieb* S. 1270 Rn. 48 ff.

auch Angaben zur Person der Organe. Die Vertretungsmacht der Organe ist aber nicht eingetragen.[376] Diese ist ggf. durch gutachterliche Stellungnahme nachzuweisen.

Schweden. Es gibt ein zentrales Handelsregister, das auch beglaubigte Auszüge erteilt. **317S** Registerauszüge werden auch in deutscher Sprache erteilt. www.bolagsverket.se.

Schweiz. Handelsregister ähnlich wie in Deutschland in den einzelnen Kantonen mit Angaben zur Vertretungsmacht. Auszüge werden auch elektronisch erteilt. www.zefix. admin.ch.

Spanien. Es besteht ein zentrales elektronisch geführtes Handelsregister in Madrid („registro mercantil"), vergleichbar dem in Deutschland, und in jeder Provinzhauptstadt, die auch die Vertretungsorgane wiedergibt. Auszüge werden erteilt. www.rmc.es.

Tschechische Republik/Slowakische Republik. Es wird bei den Gerichten ein Han- **317T** delsregister geführt, in dem die Gesellschaften, deren Organe und deren Vertretungmacht eingtragen sind. Auszüge werden erteilt.[377] www.portal.justice.cz.

Ungarn. Es besteht ein Handelsregister. Auszüge werden erteilt. www.e-cegjegyzek.hu/ **317U** info/page/ceginfo.

USA. Gesellschaftsrecht ist Staatenrecht; ein Handelsregister ist in den einzelnen Staaten der USA unbekannt. Die Existenz einer **Kapitalgesellschaft** wird durch ein vom Secretary of State des betreffenden Staates ausgestelltes „Certificate of Incorporation" und ein „Certificate of Good Standing" nachgewiesen. Der Secretary der Gesellschaft bestätigt zusätzlich, dass der für die Gesellschaft Handelnde ausdrücklich aufgrund wirksamen Verwaltungsratsbeschlusses, der in Abschrift beigefügt ist, ermächtigt ist, das betreffende Geschäft vorzunehmen. Eine der deutschen notariellen Bescheinigung nach § 21 BNotO vergleichbare Bescheinigung reicht nicht aus, weil der US-Notary Public innerstaatlich hierzu nicht die Befugnisse hat und aufgrund seiner Stellung hierzu auch keine verlässliche Auskunft geben kann. Möglich ist hier aber eine gutachterliche Stellungnahme eines Anwalts.[378] Einige Register verzichten auf die genannten Certificates, wenn der Secretary der Gesellschaft bestätigt, dass die Gesellschaft wirksam errichtet ist. Bei einer **partnership** funktioniert dieses Verfahren nicht. Hier wird ein sicherer Nachweis nur durch eine von allen Partnern unterschriebene Vollmacht und beglaubigte Abschrift des Gesellschaftsvertrages oder Gutachten eines Rechtsanwalts geführt.[379]

Vereinigtes Königreich. Für England und Wales gibt es ein zentrales Registry of Com- **317V** panies in Cardiff, für Schottland in Edinburgh, für Nordirland in Belfast, allerdings nur für Kapitalgesellschaften (Ltd., Plc). Erhältlich ist dort nur eine Bescheinigung über die Existenz dieser Gesellschaften („Certificate of Incorporation"). Die Vertretungsmacht wird in der Praxis vielfach wie folgt nachgewiesen: Der Secretary der Gesellschaft bestätigt, dass der Handelnde aufgrund eines ordnungsgemäß verabschiedeten Verwaltungsratsbeschlusses, der in Abschrift beigefügt ist, legitimiert ist, das betreffende Geschäft zu unternehmen. Im Vereinigten Königreich sind insbesondere die Notare der City of London („Scrivener Notaries") dazu befähigt, gutachterliche Stellungnahmen zur Existenz- und Vertretungsbefugnis auszustellen.[380]

Gelegentlich bestehen Probleme bei solchen **Registerauszügen,** die **mittels EDV** **318** hergestellt sind und kein Siegel tragen. Hier bietet sich an, ausdrücklich um Erteilung eines Auszugs mit Unterschrift und Siegel zu bitten oder einen örtlichen Notar um eine beglaubigte Abschrift des Auszuges zu bitten.

---

[376] Reithmann/Martiny/*Hausmann* Rn. 7.328; Herrler/*Süß* GesR § 20 Rn. 159.

[377] Herrler/*Süß* GesR § 20 Rn. 204.

[378] Einzelheiten bei Reithmann/Martiny/*Hausmann* Rn. 7.336; WürzNotar-HdB/*Heggen* Teil 7 Kap. 6 Rn. 116 ff.; Herrler/*Süß* GesR § 20 Rn. 224.

[379] Reithmann/Martiny/*Hausmann* Rn. 7.336.

[380] Zu den Anforderungen s. OLG Düsseldorf NZG 2015, 199; OLG Nürnberg DNotZ 2014, 626 (628); weitere Einzelheiten bei Reithmann/Martiny/*Hausmann* Rn. 7.208 ff.; WürzNotar-HdB/*Heggen* Teil 7 Kap. 6 Rn. 31 ff.; Herrler/*Süß* GesR § 20 Rn. 61 ff.; s. auch KG RNotZ 2013, 426.

VIII. Vergleichbare ausländische Gesellschaftstypen

319 Weitere **Einzelheiten** GmbHR 1994, R18 und GmbHR 1998, R87; Reithmann/Martiny/*Hausmann*, Internationales Vertragsrecht, 8. Aufl. 2015, Rn. 7.178 ff.; *Lutter/Hommelhoff*, GmbHG, 19. Aufl. 2016, Anh. I zu § 4a Rn. 9; WürzNotar-HdB/*Heggen* Teil 7 Kap. 6 Rn. 15 ff.; MHdB GesR VI/*Süß*, 4. Aufl. 2013, §§ 47 ff.; *Wegen/Spahlinger/Barth*, Gesellschaftsrecht des Auslands, Loseblatt, 2. EL (Stand: 1/2018).

320   Vergleichbar mit der **OHG** sind:

in *Belgien, Frankreich* und *Luxemburg:* die Société en nom collectif (S.N.C.); in *Dänemark:* die interessentskab; in *Italien:* die Società in nome collettivo (S.N.C.); in *Liechtenstein, Schweiz:* die Kollektivgesellschaft; in den *Niederlanden:* die Vennootschap onder eene firma (v.o.F.); in *Irland, Kanada, USA, Vereinigtem Königreich:* die (general) partnership; in *Spanien:* die Sociedad colectiva (S.C.); in *Portugal:* Sociedade en nome colectivo (S.N.C.); in *Polen:* Spolka jawna.

321   Vergleichbar mit der **KG** sind:

in *Belgien, Frankreich* und *Luxemburg:* die Société en commandite simple (S.C.S.); in *Italien:* die Società in accomandità semplice (S.A.S); in *Liechtenstein, Schweiz:* die Kommanditgesellschaft; in den *Niederlanden:* die Commanditaire vennootschap (C.V.); in *Irland, Kanada, USA* und *Vereinigtem Königreich:* die limited partnership; in *Spanien:* die Sociedad en commandita (S. enC.); in *Portugal:* Sociedade em comandita simples (S.C.S.); in *Polen:* spolka komandytowa.

322   Vergleichbar mit der **GmbH** sind:

in *Belgien:* die Société privee à responsabilite limitee (S.P.R.L.); in *Dänemark:* Anpartsselskab (ApS); in *Frankreich, Luxemburg:* Société à responsabilité limitée (S.á.r.l.); in *Italien:* Società à responsabilità limitata (S.R.L.); in *Liechtenstein, Österreich, Schweiz:* GmbH; in den *Niederlanden:* Besloten Vennootschap (met besperkte aansprakelijkheid, B.V.); in *Irland, Kanada, Vereinigtes Königreich:* private limited company (Ltd.); in *Spanien:* die sociedad de responsabilidad limitada (S.R.L.); in *Portugal:* sociedade de responsabilidade limitada (L.d.a); in *Polen:* Spolka z organiczona odpowiedzialnoscia (Sp.z.o.o.).

323   Vergleichbar mit der **AG** sind:

in *Belgien, Frankreich, Luxemburg:* die Société anonyme (S.A.); in *Frankreich:* noch die societé par actions simplifeé (SAS); in *Dänemark:* die Aktieselskab (A/S); in *Finnland:* osakeyhtiö (oy); in *Italien:* Società per Azioni (S.p.A.); in *Liechtenstein, Österreich, Schweiz:* die Aktiengesellschaft; in den *Niederlanden:* die Naamloze Vennootschap (N.V.); in *Schweden:* die Aktienbolag; in *Irland, Vereinigtem Königreich:* die public limited company (plc); in den *USA:* die corporation; in *Portugal:* Sociedade anonima (S.A.); in *Polen:* spolka akcyjna (s.A.).

J. Die Formwirksamkeit von Rechtsgeschäften im internationalen Rechtsverkehr

Schrifttum:
Bayer, Übertragung von GmbH-Geschäftsanteilen im Ausland nach der MoMiG-Reform, GmbHR 2013, 897; *ders.,* Privatschriftliche Abtretung deutscher GmbH-Anteile in der Schweiz, DNotZ 2009, 887; *Süß,* Abtretung von GmbH-Geschäftsanteilen vor dem Basler Notar, DNotZ 2011, 414; *Weber,* GmbH-Gründung und Auslandsbeurkundung, MittBayNot 2018, 215.

324   Das auf die Formwirksamkeit eines Rechtsgeschäfts anwendbare Recht bestimmt für Schuldverträge Art. 11 Rom I-VO. Für Testamente, auch gemeinschaftliche, gilt das Haager Testamentsformübereinkommen (dazu → Rn. 261), für Erbverträge Art. 27 Abs. 1 EuErbVO. Komplizierte Regeln gelten für den Abschluss von Eheverträgen nach Art. 25 EuGüVO und der EuPartVO. Für die übrigen Rechtsgeschäfte des bürgerlichen Rechts gilt Art. 11 EGBGB.

Gemeinsam ist diesen Regeln (ausgenommen die beiden Güterrechtsverordnungen), dass 325 sie die Formwirksamkeit einem Recht unterstellen, welches abgesondert von dem auf die materiellen Wirksamkeitsvoraussetzungen anwendbaren Recht bestimmt wird **(Formstatut)**. Ein Rechtsgeschäft ist formwirksam, wenn es die Formerfordernisse der Rechtsordnung einhält, die auf die materielle Wirksamkeit und Wirkungen des Rechtsgeschäfts anwendbar ist **(Geschäftsstatut)**. Es genügt aber auch die Einhaltung der am Ort der Vornahme des Rechtsgeschäfts geltenden Vorschriften **(Ortsrecht)**. Diese alternative Anknüpfung soll den Abschluss des Rechtsgeschäfts im internationalen Rechtsverkehr erleichtern. Auf diese Weise kann zB ein durch Rechtswahl deutschem Vertragsstatut unterstellter Grundstückskaufvertrag auch in einem Land abgeschlossen werden, in dem es keine Notare gibt, die eine Beurkundung iSv § 311b BGB vornehmen (sog. *favor negotii*). Der Kreis der Anknüpfungsalternativen wird bei Distanzgeschäften (Art. 11 Abs. 2 EGBGB/Art. 11 Abs. 2 Rom I-VO) und Vertretergeschäften (Art. 11 Abs. 3 EGBGB/ Art. 11 Abs. 2 Rom I-VO) noch erweitert. Im Erbrecht ergeben sich zahlreiche alternative Anknüpfungen, um die Errichtung von Testamenten weiter zu erleichtern (*favor testamenti*, dazu → Rn. 261). Bei diesen Verweisungen handelt es sich um **Sachnormverweisungen**. Rück- und Weiterverweisungen bleiben unbeachtet, um zu verhindern, dass der Kreis der anwendbaren Rechtsordnungen wieder vermindert wird.[381]

Ausgenommen von der Ortsform sind Verbraucherverträge (Art. 11 Abs. 4 Rom 326 I-VO). Auch für Verfügungen über Sachen (unbewegliche und bewegliche) gilt gemäß Art. 11 Abs. 5 EGBGB ausschließlich das Geschäftsrecht, also über Art. 43 EGBGB das Recht des Staates, in dem die Sache belegen ist *(lex rei sitae)*. Eine Auflassung bedarf daher zwingend der Beurkundung durch einen deutschen Notar (§ 925 BGB). Für Schuldverträge über **Grundstücke** hingegen reicht gemäß Art. 11 Rom I-VO die Beachtung der Ortsform (→ Rn. 94, 103).

Umstritten ist, ob Art. 11 EGBGB auch im Gesellschaftsrecht gilt. Die alleinige Maß- 327 geblichkeit der vom Gesellschaftsstatut stipulierten Form wird weithin vertreten, soweit das Rechtsgeschäft die innere Verfassung von **Gesellschaften** betrifft.[382] In entsprechender Anwendung von Art. 11 Abs. 5 EGBGB dürfte dies aber auch für Verfügungen über Anteile an einer GmbH gelten.[383]

Soweit deutsche Formvorschriften anzuwenden sind und diese die notarielle Beurkun- 328 dung verlangen (zB § 15 Abs. 4 GmbHG, § 925 BGB), stellt sich die Frage, ob diese Form auch bei Beurkundung durch einen ausländischen Notar gewahrt wird. Nach der Rechtsprechung ist dies dann der Fall, „wenn die ausländische Urkundsperson nach Vorbildung und Stellung im Rechtsleben eine der Tätigkeit des deutschen Notars entsprechende Funktion ausübt und für die Errichtung der Urkunde ein Verfahrensrecht zu beachten ist, das den tragenden Grundsätzen des deutschen Beurkundungsrechts entspricht" **(Gleichwertigkeit)**.[384] Für die Auflassung wird eine ausschließliche Zuständigkeit deutscher Urkundspersonen angenommen.[385] Wegen der mit der Feststellung der Gleichwertigkeit[386] verbundenen Unsicherheiten empfiehlt sich zumeist das Ausweichen auf die Ortsform. Wo die alternative Geltung des Ortsrechts nicht in Frage kommt (wie zB im Gesellschaftsrecht) oder das Ortsrecht ein entsprechendes Rechtsgeschäft nicht kennt („Formenleere"), kann das Geschäft im Inland durch einen Bevollmächtigten oder einen vollmachtlosen Vertreter vorgenommen werden. Die Vollmacht oder Genehmigung kann

---

[381] *V. Bar* IPR II Rn. 596.
[382] *Goette* DStR 1996, 711; *Hüffer* AktG § 23 Rn. 10; Baumbach/Hueck/Zöllner GmbHG § 53 Rn. 40.
[383] Umstr., vgl. OLG Düsseldorf DNotZ 2010, 447 mit abweichender Anm. *Süß* DNotZ 2011, 414; ausschließlich vom Gesellschaftsstatut geht der BGH in seiner Entscheidung DNotI-Report 2014, 28 aus, ausführlich → Rn. 299.
[384] BGH DNotZ 1981, 451.
[385] Palandt/*Herrler* BGB § 925 Rn. 2.
[386] Dazu ausführlich Reithmann/Martiny/*Reithmann* Rn. 805 ff.; Staudinger/*Winkler/v. Mohrenfels* EGBGB Art. 11 Rn. 285.

im Ausland formlos erteilt werden (§§ 167 Abs. 2, 182 Abs. 2 BGB). Alternativ kann die Beurkundung durch einen deutschen Konsul mit Amtssitz im Ausland erfolgen. Diese steht gemäß § 10 Abs. 2 KonsularG der Beurkundung durch einen deutschen Notar gleich.

329   Von den materiell-rechtlichen Formerfordernissen zu unterscheiden sind die **Formerfordernisse, die sich aus dem Verfahrensrecht ergeben.** So sind gemäß § 29 GBO Erklärungen im Grundbuchverfahren in öffentlicher Form abzugeben. Maßgeblich ist hierfür nicht das gemäß Art. 11 EGBGB bestimmte Formstatut, sondern die verfahrensrechtliche *lex fori*. Es gilt also bei Tätigwerden eines deutschen Grundbuchamts ausschließlich das vom deutschen Verfahrensrecht aufgestellte Formerfordernis, so dass unabhängig von dem Ort, an dem die Erklärung abgegeben wird, die von § 29 GBO verlangte Form einzuhalten ist. Dabei wird bei Beglaubigungen durch ausländische Urkundspersonen aber regelmäßig die Gleichwertigkeit anerkannt (→ Rn. 330).

3. Teil. Internationaler Urkundsverkehr

Schrifttum:
Monographien: *Geimer,* Internationales Zivilprozessrecht, 7. Aufl. 2014; *Leutner,* Die vollstreckbare Urkunde im europäischen Rechtsverkehr, 1997.
Aufsätze: *Fleischhauer,* Vollstreckbare Notarurkunden im europäischen Rechtsverkehr, notarielle Zuständigkeiten nach der „Brüssel I"-Verordnung, MittBayNot 2002, 15; *Franzmann,* Der Europäische Vollstreckungstitel für unbestrittene Forderungen – Hinweise für die notarielle Praxis, MittBayNot 2005, 470; *ders.,* Die Verordnung (VO) Nr. 805/2004 notarielle Urkunden europaweit vollstreckbar, MittBayNot 2004, 404; *Roth,* Legalisation und Apostille im Grundbuchverfahren, IPRax 1994, 86.

A. Verwendung ausländischer Urkunden im Inland

I. Wirkungen ausländischer Urkunden im Inland

330 Bei Verwendung einer von einer ausländischen Behörde errichteten Urkunde stellt sich die Frage, ob diese auch im Inland als „öffentliche Urkunde" im Sinne der jeweiligen deutschen Vorschrift behandelt werden kann. Soweit die ausländische Urkunde die äußeren Merkmale einer öffentlichen Urkunde enthält (ausgestellt von einer Behörde oder einer Urkundsperson wie dem Notar), gilt sie auch im Inland als öffentliche Urkunde.[387]

331   Dennoch können sich bei der Bewertung, ob die vom deutschen Recht verlangten Anforderungen eingehalten werden, in Einzelfällen Probleme ergeben (Problem der **Gleichwertigkeit**). Hat zB der US-amerikanische *notary public* unter der Unterschrift einer Person ohne weiteren Hinweis sein Siegel und seine Unterschrift angebracht, so handelt es sich zwar um eine öffentliche Urkunde. Es stellt sich aber die Frage, ob diese die Identität des Unterschreibenden beweist. Bescheinigt ein niederländischer Notar im Rahmen einer „Fernbeglaubigung", dass die vorliegende Unterschrift der ihm bekannten Unterschrift der Frau X entspricht, so ist damit nicht nachgewiesen (§ 29 GBO), dass Frau X tatsächlich unterschrieben hat.[388] Endet die Verhandlung eines Unternehmenskaufes vor einem Notar in Zürich damit, dass die Gesellschafter das Protokoll nach „Selbstlesung" ohne weitere Hinweise des Notars zum Inhalt und zur Bedeutung des Vertrags unterschreiben, so ist fragwürdig, ob der Notar, der sich von der Haftung für den Inhalt des Vertrages hat freizeichnen lassen, hier eine Beurkundung iSv § 311b BGB vorgenommen hat oder nicht eher eine Unterschriftsbeglaubigung.[389]

---

[387] *Huhn/v. Schuckmann* BeurkG § 1 Rn. 58.
[388] *Meikel/Hertel* GBO § 29 Einl. L Rn. 346.
[389] Ausführlich Reithmann/Martiny/*Reithmann* Rn. 5.331.

II. Legalisation ausländischer Urkunden

Auf eine deutsche Behörde als Aussteller lautende Urkunden haben gemäß § 437 Abs. 1 **332** ZPO die Vermutung der Echtheit für sich. Bei Verwendung einer von einer ausländischen Behörde ausgestellten Urkunde im deutschen Verfahren – zB bei der Vorlage von Urkunden beim Grundbuchamt (§ 29 GBO) und beim Handelsregister (§ 12 HGB) – greift diese Vermutung nicht. Hier kann die Echtheit durch eine Legalisation bewiesen werden, 438 Abs. 2 ZPO.[390] Unter **Legalisation** versteht man die Bestätigung der Echtheit der Urkunde durch den Konsul des Staates, in dem die Urkunde verwendet werden soll. Bei der Verwendung ausländischer öffentlicher Urkunden im Inland erfolgt also die Legalisation durch das Konsulat der Bundesrepublik Deutschland im Errichtungsstaat (§ 13 KonsularG). Die Legalisation bestätigt die Echtheit der Unterschrift, der Eigenschaft, in welcher der Unterzeichner der Urkunde gehandelt hat, und gegebenenfalls die Echtheit des Siegels, mit dem die Urkunde versehen ist. Die Legalisation bestätigt nicht, ob die Behörde hierbei innerhalb ihres Zuständigkeitsbereichs gehandelt hat. Auf Antrag bestätigt der deutsche Konsul aber, dass der Aussteller zur Aufnahme der Urkunde zuständig war und die Urkunde in der den Gesetzen des Ausstellungsstaates entsprechenden Form aufgenommen worden ist (**„Legalisation im weiteren Sinne"**, § 13 Abs. 4 KonsularG).

Nachdem dem deutschen Konsularbeamten nicht sämtliche Urkundspersonen seines **333** Amtsbezirks bekannt sein können, erfolgt die Legalisation notwendigerweise nach **Überbeglaubigung** durch das Außenministerium des Ausstellungsstaates bzw. einer anderen zentralen Stelle des ausländischen Staates, der ggf. wiederum eine Vorbeglaubigung durch eine weitere, der ausstellenden Behörde übergeordnete Stelle vorangehen muss.

III. Befreiung von der Legalisation

Die Legalisation ist – vor allem auch wegen der Vor- und Überbeglaubigungen – mit **334** einem unter Umständen erheblichen Aufwand an Zeit und Kosten verbunden. Mit einigen europäischen Staaten hat die Bundesrepublik Deutschland daher bilaterale Abkommen abgeschlossen, die Urkunden eines Abkommensstaates bei der Verwendung im anderen Abkommensstaat vom Erfordernis der Legalisation befreien (Übersicht → Rn. 344). Zu beachten ist, dass einige Abkommen nicht alle Urkunden aus den Abkommensstaaten erfassen. So gelten die Abkommen mit der Schweiz und Griechenland nicht für notarielle Urkunden. Da diese Staaten das Haager Abkommen vom 5.10.1961 ratifiziert haben, genügt aber auf jeden Fall die Anbringung der Apostille.

IV. Apostille nach dem Haager Übereinkommen

Das Haager Übereinkommen vom 5.10.1961 zur Befreiung ausländischer öffentlicher **335** Urkunden von der Legalisation[391] ersetzt die Legalisation durch die Anbringung einer Apostille (Art. 3 Übereinkommen; ein Muster für die Apostille befindet sich im Anhang zum Übereinkommen). Es handelt sich hierbei um eines der erfolgreichsten Abkommen der Haager Konferenz (der aktuelle Stand der Mitgliedstaaten ergibt sich aus der Aufstellung → Rn. 345 sowie auf der Homepage der Haager Konferenz).[392] Zu beachten ist, dass die Bundesrepublik Deutschland dem Beitritt einiger Staaten widersprochen hat, so dass das Übereinkommen für Urkunden aus diesen Staaten aus deutscher Sicht nicht gilt (→ Rn. 344).

Die Apostille wird von einer Stelle des Errichtungsstaates erteilt. Diese wird vom Bei- **336** trittsstaat benannt und der Haager Konferenz gemeldet. Eine Aufstellung für die jeweiligen Beitrittsstaaten kann ebenfalls auf der Homepage der Haager Konferenz eingesehen

---

[390] *Reithmann* IPRax 2012, 133.
[391] BGBl. 1965 II 875.
[392] http://www.hcch.net/index_de.php?act=conventions.status&cid=41.

werden.[393] In Deutschland wird die Apostille für notarielle Urkunden vom Präsidenten des zuständigen Landgerichts erteilt.

V. Einstellung der Legalisation durch die deutschen Konsularbehörden

337 In einigen Staaten ist das Urkundswesen so ungeordnet, dass die zuständigen Auslandsvertretungen mit Billigung des Auswärtigen Amts die Legalisation bis auf weiteres eingestellt haben. Da die deutschen Stellen zudem kaum bereit sein werden, gerade bei Urkunden aus diesen Staaten nach ihrem Ermessen ausnahmsweise auf einen Echtheitsnachweis zu verzichten, können Urkunden aus diesen Staaten im Inland nicht unmittelbar eingesetzt werden. Auf Ersuchen der deutschen Behörde wird aber von den konsularischen Stellen im Ausstellungsstaat eine gutachterliche Überprüfung des Sachverhalts unter Einschaltung ortsansässiger Rechtsanwälte oder „sonstiger Vertrauenspersonen" veranlasst. Die Kosten dafür werden von der deutschen Behörde regelmäßig den Beteiligten auferlegt.

VI. Konsularische Urkunden

338 Für Urkunden, die von konsularischen oder diplomatischen Vertretungen fremder Staaten in Deutschland ausgestellt worden sind, wird eine Legalisation durch deutsche Stellen nicht durchgeführt. Das Haager Übereinkommen über die Apostille gilt für konsularische Urkunden nicht (Art. 1 Abs. 3 lit. a Übereinkommen). Das Auswärtige Amt bestätigt aber auf Anfrage, ob der Aussteller der Urkunde ordnungsgemäß zur Diplomaten- oder Konsularliste angemeldet ist. Bei Zweifeln an der Echtheit einer konsularischen Urkunde bleibt der Praxis nur die Rückfrage direkt beim Aussteller der Urkunde.

B. Verwendung deutscher Urkunden im Ausland

339 Deutsche notarielle Urkunden bedürfen bei Verwendung im Ausland – sofern keine davon befreienden bilateralen Abkommen bestehen (→ Rn. 334) – ebenfalls häufig der Legalisation. Diese Legalisation wird von den in Deutschland angesiedelten Konsularbehörden des ausländischen Verwendungsstaates vorgenommen. Im Fall notarieller Urkunden geht der Legalisation – da dem ausländischen Konsul nicht die Unterschriften sämtlicher in seinem Amtsgebiet tätiger Notare vorliegen – die **Zwischenbeglaubigung** durch den Präsidenten des für den Notar zuständigen Landgerichts voraus. Die konsularischen Stellen einiger Staaten verlangen zudem die **Endbeglaubigung** durch das Bundesverwaltungsamt in Köln.[394]

340 Insbesondere dann, wenn die Zeit drängt, kann sich als Alternative zum Legalisationsverfahren anbieten, die Echtheit der Urkunde durch den deutschen Konsul im Verwendungsstaat bestätigen zu lassen (vgl. § 14 KonsularG).[395]

341 Ist im Verhältnis zum Verwendungsstaat das Haager Abkommen vom Oktober 1961 in Kraft, so genügt die Anbringung der **Apostille.** Für eine durch einen deutschen Notar erstellte Urkunde wird die Apostille durch den Präsidenten des für ihn zuständigen Landgerichts angebracht.

342 Hat die Bundesrepublik Deutschland mit dem Verwendungsstaat ein bilaterales Abkommen abgeschlossen, wonach Urkunden des anderen Staates von der Legalisation befreit werden und erfasst dieses Abkommen auch die betroffene Urkunde, so ist weder die Legalisation noch die Anbringung der Apostille erforderlich.

---

[393] http://www.hcch.net/index_de.php?act=conventions.authorities&cid=41.
[394] **Postanschrift:** Bundesverwaltungsamt/Beglaubigungen, ZMV II 6 – Beglaubigungen, 50728 Köln; **Besucheranschrift:** Eupener Straße 125, 50933 Köln.
[395] Näheres bei *Huhn/v. Schuckmann* BeurkG § 1 Rn. 96 ff.

C. Länderübersicht zur Legalisation

I. Vorbemerkungen

In der folgenden Übersicht zur Verwendung ausländischer Urkunden im Inland und zur 343
Verwendung inländischer Urkunden im Ausland wird zwischen den Staaten wie folgt unterschieden:

– **A** Es gilt das Haager Übereinkommen über die Befreiung ausländischer öffentlicher Urkunden von der Legalisation. Es genügt daher im beiderseitigen Verkehr die Anbringung einer Apostille.

– **AX** Der ausländische Staat hat zwar das Haager Übereinkommen ratifiziert. Da die Bundesrepublik Deutschland dem Beitritt widersprochen hat, gilt das Abkommen aber im beiderseitigen Verkehr nicht. Daher kann keine Apostille verwandt werden. Ggf. ist die Legalisation durchzuführen.

– **B** Aufgrund eines bilateralen Abkommens (Aufstellung → Rn. 344) zwischen dem ausländischen Staat und der Bundesrepublik Deutschland sind sämtliche – je nach Abkommen auch nur bestimmte – Urkunden im beiderseitigen Rechtsverkehr von der Legalisation und der Apostille befreit.

– **L** Es ist die Legalisation erforderlich. Die Legalisation für deutsche Urkunden erfolgt nach Vorbeglaubigung *ohne* Endbeglaubigung durch das Bundesverwaltungsamt.

– **LE** Es ist die Legalisation erforderlich. Die Legalisation erfolgt für deutsche Urkunden nach Vorbeglaubigung *und* Endbeglaubigung durch das Bundesverwaltungsamt.

– **LX** Urkunden aus diesem Staat werden zur Zeit von den deutschen Behörden nicht legalisiert. Einer Verwendung deutscher Urkunden in dem betreffenden Staat bzw. einer Legalisation deutscher Urkunden durch die konsularischen Stellen des ausländischen Staates steht dies aber nicht entgegen.

II. Bilaterale Abkommen zur Befreiung von der Legalisation

Belgien. Befreit sind Urkunden eines Gerichts, eines Urkundsbeamten der Geschäftsstel- 344B
le, deutschen Rechtspflegers, eines Gerichtsvollziehers, einer Verwaltungsbehörde, eines Notars, eines Diplomaten oder Konsularbeamten, Scheck- und Wechselproteste oder Proteste zu anderen handelsrechtlichen Wertpapieren, ferner die in Art. 3 und Art. 4 des Abkommens bezeichneten Urkunden und amtlichen Bescheinigungen.[396] Von deutscher Seite wird dieses Abkommen als verbindlich angesehen. Belgische Behörden halten sich für nicht gebunden, weil das belgische Ratifikationsverfahren fehlerhaft gewesen sei. Bei Verwendung deutscher Urkunden in Belgien muss daher vorsichtshalber die Apostille nach dem Haager Abkommen eingeholt werden.

Dänemark. Befreit sind unter anderem Urkunden einer Gerichtsbehörde, einer obersten 344D
oder höheren Verwaltungsbehörde, eines obersten Verwaltungsgerichts, eines Notars und der Staatsanwaltschaft. Für bestimmte Urkunden genügt die Zwischenbeglaubigung durch den zuständigen Präsidenten des Land- oder Amtsgerichts.[397]

Frankreich. Befreit sind unter anderem Urkunden eines Gerichts, eines Urkundsbeam- 344F
ten der Geschäftsstelle sowie eines deutschen Rechtspflegers, eines Gerichtsvollziehers, einer Verwaltungsbehörde, eines Notars, sowie Scheck- und Wechselproteste.[398]

Griechenland. Unter anderem sind folgende Urkunden befreit: Urkunden der Gerichte 344G
ab Landgericht aufwärts, der obersten Verwaltungsbehörden und der obersten Verwaltungsgerichte. Für Urkunden der übrigen Gerichte, eines Gerichtsvollziehers, des Grundbuchamts oder eines Notars ist daher eine Zwischenbeglaubigung durch den zuständigen Landgerichtspräsidenten oder eine Apostille erforderlich.[399]

---

[396] Abkommen v. 13.5.1975, BGBl. 1980 II 813.
[397] Abkommen v. 17.6.1936, RGBl. 1936 II 213, BGBl. 1953 II 186.
[398] Abkommen v. 13.9.1971, BGBl. 1974 II 1074; *Arnold* DNotZ 1975, 581.
[399] Abkommen v. 11.5.1938, RGBl. 1939 II 848.

344I **Italien.** Befreit sind unter anderem Urkunden eines Gerichts, eines Rechtspflegers, der Verwaltungsbehörden, der Notare, Scheck- und Wechselproteste und Urkunden, die von einer diplomatischen oder konsularischen Vertretung eines Vertragsstaates errichtet worden sind.[400]

344Ö **Österreich.** Befreit sind Urkunden der Gerichte, der Verwaltungsbehörden, der Notare sowie die Urkunden der Geschäftsstellen der Gerichte, Gerichtsvollzieher und anderer gerichtlichen Hilfsbeamten.[401]

344S **Schweiz.** Befreit sind lediglich die von Gerichten aufgenommenen, ausgestellten oder beglaubigten Urkunden einschließlich der von den Urkundsbeamten der Geschäftsstelle unterschriebenen Urkunden sowie Urkunden bestimmter höherer Verwaltungsbehörden.[402] Für alle übrigen, insbesondere also notarielle Urkunden, ist daher die Apostille erforderlich.

III. Länderliste

345 *Äthiopien* (LX); *Afghanistan* (LX); *Albanien* (A); *Andorra* (A); *Anguilla* (A); *Antigua und Barbuda* (A); *Äquatorialguinea* (LX); *Argentinien* (A); *Armenien* (A); *Aserbaidschan* (AX, LX); *Australien* (A); *Bahamas* (A); *Bahrain* (A); *Bangladesch* (LE, LX); *Barbados* (A); *Belarus* (A); *Belgien* (B, A); *Belize* (A); *Benin* (LX); *Bermuda* (A); *Bolivien* (A); *Bosnien-Herzegowina* (A); *Botswana* (A); *Brasilien* (A); *British Virgin Islands* (A); *Brunei Darussalam* (A); *Bulgarien* (A); *Burkina Faso* (L); *Burundi* (AX, LX); *Cayman Islands* (A); *Chile* (A); *VR China* (LE; *Hongkong* und *Macau:* A); *Cookinseln* (A); *Costa Rica* (A); *Dänemark* (außer Grönland und Färöer) (B, A); *Dominica* (A); *Dominikanische Republik* (AX, LX); *Dschibuti* (LX); *Ecuador* (A); *El Salvador* (A); *Elfenbeinküste* (LX); *Eritrea* (LX); *Estland* (A); *Falklandinseln* (A); *Fidschi* (A); *Finnland* (A); *Frankreich* (B, A); *Gabun* (LX); *Gambia* (LX); *Georgien* (A); *Ghana* (LX); *Gibraltar* (A); *Grenada* (A); *Griechenland* (B, A); *Guatemala* (A); *Guyana* (A); *Guernsey* (A); *Guinea* (LX); *Guinea-Bissau* (LX); *Haiti* (LX); *Honduras* (A); *Hongkong* (A); *Indien* (AX, LX); *Indonesien* (L); *Irak* (LE, LX); *Iran* (LE); *Irland* (A); *Island* (A); *Isle of Man* (A); *Israel* (A); *Italien* (B); *Jamaika* (L); *Japan* (A); *Jemen* (L); *Jersey* (A); *Jordanien* (LE); *Kambodscha* (LE, LX); *Kamerun* (LX); *Kanada* (L); *Kap Verde* (A); *Kasachstan* (A); *Katar* (LE); *Kenia* (LX); *Kirgisistan* (AX, LX); *Kolumbien* (A); *Kongo, Demokratische Republik* (Zaire) (LX); *Kongo, Republik* (Brazzaville) (LX); *Korea, Republik* (A); *Korea, Volksrepublik* (L); *Kosovo* (AX, LX); *Kroatien* (A); *Kuba* (L); *Kuwait* (L); *Laos* (LX); *Lesotho* (A); *Lettland* (A) *Libanon* (LE); *Liberia* (AX, LX); *Libyen* (X); *Liechtenstein* (A); *Litauen* (A); *Luxemburg* (A); *Macao* (A); *Madagaskar* (LX); *Malaysia* (L); *Malawi* (A); *Malediven* (L); *Mali* (LE, LX); *Malta* (A); *Marokko* (AX, L, keine Legalisation von Lebens- oder Wohnortbescheinigungen); *Marshall Islands* (A); *Mauretanien* (L); *Mauritius* (A); *Mexiko* (A); *Moldawien* (AX, L); *Monaco* (A); *Mongolei* (AX, LX); *Montenegro* (A); *Montserrat* (A); *Mosambik* (L); *Myanmar* (LE, LX); *Namibia* (A); *Nauru* (L); *Nepal* (LE, LX); *Neuseeland* (ohne Tokelau) (A); *Nicaragua* (A); *Niederlande* (auch für Aruba und die Niederländischen Antillen) (A); *Niger* (LX), *Nigeria* (LX); *Niue* (A); *Nordmazedonien* (A); *Norwegen* (A); *Oman* (A); *Österreich* (B); *Pakistan* (LX); *Panama* (A); *Papua-Neuguinea* (L); *Paraguay* (AX, L); *Peru* (A); *Puerto Rico* (A); *Philippinen* (AX, LX); *Polen* (A); *Portugal* (A); *Ruanda* (LE, L); *Rumänien* (A); *Russische Föderation* (A); *Saint Helena* (A); *Saint Kitts und Nevis* (A); *Saint Lucia* (A); *Saint Vincent and the Grenadines* (A); *Salomonen* (L); *Sambia* (L); *Samoa* (A); *San Marino* (A); *Sao Tome und Principe* (A); *Saudi Arabien* (LE); *Schweden* (A); *Schweiz* (B, A); *Senegal* (L); *Serbien* (A); *Seychellen* (A); *Simbabwe* (L); *Sierra Leone* (LX); *Singapur* (L); *Slowakei* (A); *Slowenien* (A); *Somalia* (LE, LX); *Spanien* (A); *Sri Lanka* (LX); *Südafrika* (A); *Sudan* (LX); *Südsudan* (LX); *Suriname* (A); *Swasiland* (A); *Syrien* (LE, LX, nur Personenstandsurkunden werden legalisiert); *Tadschikistan* (AX, LX); *Taiwan* (Republik China) (L; zu Taiwan unterhält die Bundesrepublik Deutschland keine diplomatischen

---

[400] Abkommen v. 7.6.1969; BGBl. 1974 II 1069.
[401] Abkommen v. 21.6.1923, RGBl. 1924 II 61.
[402] Abkommen v. 14.2.1907, RGBl. 1907, 411.

Beziehungen. Es gibt dort jedoch eine inoffizielle Vertretung, das Deutsche Institut Taipeh. Diesem Büro sind Beamte zugeordnet, die auch konsularische Amtshandlungen vornehmen. In gleicher Weise existiert in Frankfurt das Handelsbüro-Taipeh (Taiwan Trade Office), das für deutsche Urkunden zur Verwendung in Taiwan die Legalisation vornimmt; *Tansania* (L); *Thailand* (L); *Togo* (LE, LX); *Tonga* (A); *Trinidad und Tobago* (A); *Tschad* (LX); *Tschechische Republik* (A); *Tunesien* (AX, L); *Turks- and Caicos Islands* (A); *Tschad* (LX); *Türkei* (A); *Turkmenistan* (LX); *Uganda* (LX); *Ukraine* (A); *Ungarn* (A); *Uruguay* (A); *USA* (A); *Usbekistan* (AX, LX); *Vanuatu* (A); *Venezuela* (A); *Vereinigte Arabische Emirate* (L); *Vereinigtes Königreich* (A); *Vereinigte Staaten (USA)* (A); *Vietnam* (LX); *Weißrussland* (A); *Zaire* (LX); *Zentralafrikanische Republik* (LX); *Zypern* (A).

D. Zustellung und Vollstreckung aus deutschen notariellen Urkunden im Ausland

I. Zustellung deutscher Urkunden im Ausland

Da es sich bei der Zustellung um einen staatlichen Hoheitsakt handelt, kann die Zustel- 346
lung durch deutsche Behörden im Ausland nur mit Zustimmung des ausländischen Staates erfolgen.[403]

Für die Zustellung in einem anderen Mitgliedstaat der EU gilt die Europäische Verord- 347
nung (EG) Nr. 1393/2007 vom 13.11.2007 über die Zustellung gerichtlicher und außergerichtlicher Schriftstücke in Zivil- oder Handelssachen in den Mitgliedsstaaten **(EuZustVO)**.[404] Gemäß Art. 14 EuZustVO steht es jedem Mitgliedstaat frei, Personen, die ihren Wohnsitz in einem anderen Mitgliedstaat haben, gerichtliche Schriftstücke unmittelbar durch Postdienst per Einschreiben mit Rückschein zuzustellen. Gemäß Art. 16 EuZustVO gilt das gleichermaßen für außergerichtliche Schriftstücke – also zB notarielle vollstreckbare Urkunden. Nachdem gemäß § 183 Abs. 1 ZPO die Zustellung durch Einschreiben mit Rückschein genügt, kann also aus Deutschland in der gesamten EU auf dem Postweg zugestellt werden.[405] Der Notar kann die Sendung allerdings nicht selber zur Post aufgeben, sondern muss sich dazu der Übermittlungsstelle bedienen. Neben der Zustellung auf dem Postweg ist weiterhin auch die formale Zustellung auf dem Übermittlungsweg gemäß Art. 2 ff. EuZustVO möglich. Zuständige Übermittlungsstelle für außergerichtliche Urkunden ist gemäß § 1069 Abs. 1 Nr. 2 ZPO das Amtsgericht, in dessen Bezirk der beurkundende Notar seinen Amtssitz hat.

Im Verhältnis zu einigen Nicht-EU-Staaten gilt das **Haager Zustellungsüberein-** 348
kommen vom 15.11.1965 welches im Verhältnis der Vertragsparteien dem **Haager Übereinkommen über den Zivilprozess** vom 1.3.1954 als Spezialnorm vorgeht.[406]

Im Verhältnis zu den übrigen Staaten **(vertragsloser Verkehr)** kommt nur eine form- 349
lose Zustellung durch einfache Übergabe an den Empfänger in Betracht, sofern er zur Annahme bereit ist.[407]

II. Vollstreckung aus deutschen Urkunden im Ausland

Die Vollstreckung aus deutschen notariellen Urkunden kann im Ausland auf der Basis fol- 350
gender internationaler Regelwerke erfolgen:
– Praktisch am bedeutendsten ist die Europäische Verordnung zur Einführung eines europäischen Vollstreckungstitels für unbestrittene Forderungen (VO Nr. 805/2004/EG

---

[403] *Geimer* IZPR Rn. 2075.
[404] ABl. 2007 L 324, 79.
[405] Rauscher/*Heiderhoff* EG-ZustVO 2007 Art. 14 Rn. 10.
[406] Text und Aufstellung der Vertragsstaaten unter https://www.hcch.net/en/instruments/conventions/statustable/?cid=17.
[407] *Geimer* IZPR Rn. 2134.

vom 21. 4. 2004 – **EuVTVO**).[408] Sie gilt in allen EU-Staaten außer Dänemark. Zur Vollstreckung aus einer vom deutschen Notar ausgestellten Ausfertigung einer notariellen vollstreckbaren Urkunde im EU-Ausland bedarf es danach – neben Klausel und Zustellung – lediglich der Anfügung eines vom deutschen Notar ausgefüllten, im Anhang zur VO befindlichen Formblatts.[409]

- Vollstreckbare Urkunden über **Unterhaltsforderungen** werden in einem anderen Mitgliedstaat der EU, der durch das HUP gebunden ist, gemäß Art. 17 ff. EuUntVO anerkannt und vollstreckt, ohne dass es eines vorherigen Anerkennungsverfahrens – Exequatur – bedarf.

- Art. 58 der Verordnung über die gerichtliche Zuständigkeit und die Anerkennung und Vollstreckung von Entscheidung in Zivil- und Handelssachen (VO Nr. 1215/2012/EG vom 12. 12. 2012 – **Brüssel Ia-VO**)[410] ermöglicht ebenfalls die europaweite (außer Dänemark) Vollstreckung aus notariellen Urkunden. Es galt bislang das für gerichtliche Urteile vorgesehene Verfahren in den Art. 38 ff. Brüssel I-VO.[411] Ein Exequatur ist nunmehr nicht mehr erforderlich.

- Das revidierte Luganer Übereinkommen über die gerichtliche Zuständigkeit und die Vollstreckung gerichtlicher Entscheidungen in Zivil- und Handelssachen vom 30. 10. 2007 **(Lugano II),**[412] das im Verhältnis zu Island, Norwegen und der Schweiz gilt, enthält für die Vollstreckung notarieller Urkunden weitgehend der Brüssel I-VO (in der bis zum 20. 12. 2012 geltenden Fassung) vergleichbare Regelungen. Art. 57 Lugano II verlangt daher ein Exequatur nach den Regeln in den Art. 38 ff. Lugano II.

- Im Verhältnis zu den übrigen Staaten ist im Zweifel davon auszugehen, dass dort – mangels entsprechender völkerrechtlicher Vereinbarungen – allenfalls gerichtliche Urteile aus Deutschland als Vollstreckungstitel anerkannt werden, aus deutschen notariellen Urkunden hingegen nicht vollstreckt wird.

III. Vollstreckung notarieller Kostenforderungen im Ausland

351 Die vorgenannten Europäischen Verordnungen und internationalen Abkommen sehen die Vollstreckung aus notariellen Urkunden oder sonstigen Titel ausschließlich dann vor, wenn es sich hierbei um Ansprüche aus „Zivil oder Handelsrecht" handelt. Kostenforderungen deutscher Notare sind jedoch nach allgemeiner Auffassung öffentlich-rechtlicher Natur.[413] Dies wird für die ausländischen Vollstreckungsbehörden schon dadurch manifestiert, dass sich der deutsche Notar mit der Kostenrechnung den Vollstreckungstitel einseitig selbst geschaffen hat. Die Vollstreckung im Ausland scheidet daher in aller Regel aus. Bei im Ausland ansässigen Kostenschuldnern empfiehlt sich daher die Erhebung eines Kostenvorschusses. Im Übrigen kommt nur in Betracht, nach Zustellung der Kostenforderung am ausländischen Sitz des Schuldners in das in Deutschland belegene Vermögen des Schuldners zu vollstrecken.

---

[408] ABl. 2004 L 143, 15.
[409] Im Internet erhältlich unter https://eur-lex.europa.eu/legal-content/DE/TXT/PDF/?uri=CELEX:32004R0 05&from=DE. Formblatt und Einzelheiten auch bei *Franzmann* MittBayNot 2005, 470; DNotI-Report 2007, 121.
[410] ABl. 2012 L 351, 1.
[411] *Fleischhauer* MittBayNot 2002, 15.
[412] ABl. 2007 L 339, 3.
[413] BGH DNotZ 1990, 313.

§ 29. Steuerrecht für Notare

Übersicht

Schrifttum:

Kommentare, Handbücher und Monographien: *Boruttau,* Grunderwerbsteuergesetz, 19. Aufl. 2019; *Hauschild/Kallrath/Wachter,* Notarhandbuch Gesellschafts- und Unternehmensrecht, 2. Aufl. 2017; *Langenfeld,* Vertragsgestaltung, 3. Aufl. 2003; *Schmidt,* EStG, 38. Aufl. 2019; *Spiegelberger,* Vermögensnachfolge, 2. Aufl. 2010; *Spiegelberger/Schallmoser,* Immobilien im Zivil- und Steuerrecht, 3. Aufl. 2018; *Tipke/Lang,* Steuerrecht, 23. Aufl. 2018.

Aufsätze: *Crezelius,* Steuerrecht zwischen Konsens und Konfrontation, Festvortrag 50 Jahre DStR, DStR-Beilage zu Heft 51/52/2013, 99; *Drüen,* Verfassungskonforme Auslegung und Rechtsfortbildung durch die Finanzgerichte, StuW 2012, 269; *Eisgruber,* Rechtsformneutrale Besteuerung: Die steuerpolitische Diskussion seit 2003, FS Spiegelberger 2009, 103.

A. Steuerliche Pflichten des Notars

Schrifttum:

Kommentare, Handbücher und Monographien: *Armbrüster/Preuß/Renner,* Beurkundungsgesetz und Dienstordnung für Notarinnen und Notare, 7. Aufl. 2015; *Arndt/Lerch/Sandkühler,* BNotO, 8. Aufl. 2016; *Eylmann/Vaasen,* Bundesnotarordnung, Beurkundungsgesetz, 4. Aufl. 2016; *Ganter/Hertel/Wöstmann,* Handbuch der Notarhaftung, 4. Aufl. 2018; *Haug/Zimmermann,* Die Amtshaftung des Notars, 4. Aufl. 2018; *Reithmann/Albrecht,* Handbuch der notariellen Vertragsgestaltung, 8. Aufl. 2002; *Schippel/Bracker,* BNotO, 9. Aufl. 2011; *Wachter* in Hauschild/Kallrath/Wachter, Notarhandbuch Gesellschafts- und Unternehmensrecht, 2. Aufl. 2017, § 35. Steuerrecht; *Weingärtner,* Vermeidbare Fehler im Notariat, 8. Aufl. 2009; *Weingärtner/Gassen,* Dienstordnung für Notarinnen und Notare, 13. Aufl. 2017.

Aufsätze: *Weingärtner,* Notariat und Dienstaufsicht – Ein Spannungsverhältnis? Oder: Warum man nach einer Geschäftsprüfung nicht in die Oper gehen sollte, FS Spiegelberger 2009, 1559.

I. Einführung

1 In notariellen Urkunden liest man häufig den Hinweis, dass der Notar keine steuerliche Beratung übernommen hat und die Haftung für die Steuerfolgen der Urkunde ausschließt. Andererseits hat der BGH bei besonders gelagerten Fallkonstellationen dem Notar steuerliche Hinweispflichten auferlegt, deren Missachtung eine Steuerhaftung des Notars auslöst. Welche Funktion hat der Gesetzgeber dem Notar im Bereich des Steuerrechts zugewiesen?

2 Während Rechtsanwälte, Steuerberater und Wirtschaftsprüfer gemäß § 3 StBerG zu geschäftsmäßigen Hilfeleistungen in Steuersachen befugt sind, weist § 4 Nr. 1 StBerG dem Notar die Kompetenz zur Hilfeleistung in Steuersachen nur im **Rahmen der Beurkundung** zu. Die geschäftsmäßige Bearbeitung von Einkommensteuererklärungen bis zur Unterschriftsreife gehört somit nicht zu den Befugnissen des Notars.[1]

3 Notare sind auch von der Vertretung in Steuersachen vor dem Bundesfinanzhof ausgeschlossen (vgl. § 62a FGO). Ob der Notar bei von ihm errichteten Urkunden vor den Finanzgerichten für die Beteiligten auftreten darf, ist ungeklärt, mE aber als Annex zur Beurkundungskompetenz zu bejahen, zB wenn Gegenstand des finanzgerichtlichen Verfahrens die Steuerpflicht für ein vom Notar beurkundetes Rechtsgeschäft ist, zumal Notare bei grunderwerb- und erbschaftsteuerlichen Fragen regelmäßig die größte Berufserfahrung haben.

4 Die steuerjuristische Ausbildung ist in Deutschland nicht einheitlich geregelt. Während im bayerischen Zweiten Juristischen Staatsexamen **alle** Teilnehmer durch eine schriftliche Steuerklausur geprüft werden, findet eine derartige Prüfung in den übrigen Bundesländern nur bei den – wenigen – Absolventen, die Steuerrecht als Wahlfach gewählt haben, statt. Die in § 5 Notarfachprüfungsverordnung[2] aufgeführten Prüfungsgebiete umfassen nicht das Steuerrecht.

5 Das Fachinstitut für Notare im Deutschen Anwaltsinstitut und einzelne Notarkammern veranstalten seit 1982 steuerliche Fortbildungsveranstaltungen für Notare.

---

[1] Vgl. OLG Stuttgart DNotZ 1985, 242.
[2] BGBl. 2010 I 576.

II. Anzeigepflichten des Notars gegenüber der Finanzverwaltung

Schrifttum:

Küperkoch, Notarielle Mitteilungspflichten, RNotZ 2002, 297; *Litzenburger,* Verletzung von Prüfungs- und Belehrungspflichten eines Notars bei Beurkundung eines Erbauseinandersetzungsvertrags, Anm. zu BGH v. 24.7.2017, ZEV 2018, 29; *Stöber,* Anzeigepflichten im Bezug auf Steuergestaltungen im deutschen und europäischen Recht, BB 2018, 1559; *Wachter,* Notarielle Beratungspflicht bei Möglichkeit für eine Kettenschenkung, Anm. zu OLG Frankfurt a.M. v. 29.5.2015, ZEV 2016, 103.

1. Anzeigepflicht gemäß § 18 GrEStG. a) Steuer-Identifikationsnummer. Gemäß 6 § 139a Abs. 1 S. 3 AO erteilt das Bundeszentralamt für Steuern jeder natürlichen Person eine Identifikationsnummer, wirtschaftlich Tätigen eine Wirtschafts-Identifikationsnummer.

Für Zwecke der grunderwerbsteuerlichen Erfassung ist der Notar verpflichtet, bei 7 Grundstücksgeschäften aller Art (auch wenn keine Grunderwerbsteuer anfällt) die Steuer-Identifikationsnummer von *jedem* Veräußerer und *jedem* Erwerber zu erfassen. Bei Geschäften im Rahmen von Unternehmen tritt an deren Stelle die Wirtschafts-Identifikationsnummer. Solange diese Nummer noch nicht vergeben ist, wird die Umsatzsteuer-ID-Nummer verwendet. Bei Unternehmen, denen keine USt-ID-Nummer zugeteilt wurde, entfällt die Angabe. Bei der Abtretung von Anteilen an unmittelbar oder mittelbar grundbesitzhaltenden Gesellschaften ist auch die Wirtschafts-Identifikationsnummer der Gesellschaft anzugeben, ebenso gemäß § 20 Abs. 2 GrEStG die Firma und den Ort der Geschäftsführung, bei mehreren beteiligten Rechtsträgern eine Beteiligungsübersicht.

Die Steueridentifikationsnummer wird an alle Inländer vergeben und bleibt auf Le- 8 benszeit unverändert. Es handelt sich um eine elfstellige Zahl, die nicht mit der Einkommensteuernummer identisch ist.

b) Anzeigepflichtige Rechtsvorgänge gemäß § 18 GrEStG

Schrifttum:

Everts, Notarielle Vollmachten und Anzeigepflichten nach dem GrEStG, UVR 2009, 336; *Fertig,* Neue grunderwerbsteuerliche Anzeigepflichten beim Asset Deal?, BB 2016, 286; *Gottwald,* Grunderwerbsteuerliche Anzeigepflichten in den Fällen des § 1 Abs. 2a und § 1 Abs. 3 GrEStG, UVR 2005, 324; *Heine,* Anzeigepflicht bei der Grunderwerbsteuer, UVR 2002, 246; *Hofmann,* Anzeigepflichten des Notars nach dem Grunderwerbsteuergesetz und deren Hintergrund, NotBZ 2001, 164; *Pierner/Könemann,* Eine Steuer für Ehrliche und Pechvögel? Zum strukturellen Vollzugsdefizit bei der Grunderwerbsteuer im Zusammenhang mit Umstrukturierungen internationaler Konzerne, IStR 2013, 423; *Wohltmann,* Die Anzeigepflichten im Grunderwerbsteuerrecht – Ein Überblick, UVR 2006, 183.

Gemäß § 18 Abs. 1 GrEStG haben die Gerichte, Behörden und Notare dem zuständi- 9 gen Finanzamt Anzeige nach amtlich vorgeschriebenem Vordruck zu erstatten über

1. Rechtsvorgänge, die sie **beurkundet** oder über die sie eine Urkunde entworfen und darauf eine Unterschrift **beglaubigt** haben, wenn die Rechtsvorgänge ein Grundstück im Geltungsbereich des GrEStG betreffen;
2. Anträge auf Berichtigung des Grundbuchs, die sie beurkundet oder über die sie eine Urkunde entworfen und darauf eine Unterschrift beglaubigt haben, wenn der Antrag darauf gestützt wird, dass der Grundstückseigentümer gewechselt hat;
3. **Zuschlagsbeschlüsse** im Zwangsversteigerungsverfahren, Enteignungsbeschlüsse und andere Entscheidungen, durch die ein Wechsel im Grundstückseigentum bewirkt wird;
4. nachträgliche Änderungen oder Berichtigungen der vorstehend aufgeführten Vorgänge.

Gemäß § 18 Abs. 2 GrEStG bezieht sich die Anzeigepflicht auch auf Vorgänge, die ein 10 **Erbbaurecht** oder ein **Gebäude auf fremdem Boden** betreffen.

Gemäß § 102 Abs. 4 AO ist der Notar verpflichtet, über die Urkunde hinaus auch 11 weitere Auskünfte zu erteilen und Schriftstücke vorzulegen, soweit diese den Inhalt der notariellen Urkunde ergänzen und verdeutlichen und sie es dem Finanzamt ermöglichen, den Grundstückserwerbsvorgang wenigstens in den Grundzügen grunderwerbsteuerlich zu beurteilen.[3] Anzuzeigen ist auch, ob alle für die Wirksamkeit des Rechtsgeschäftes erforderlichen Genehmigungen vorliegen.[4] **Auskunftsverpflichtungen gehen den Verschwiegenheitsverpflichtungen vor.**[5]

12   **c) Kaufvertragsangebote.** Die Anzeigepflicht des Notars geht über die Grunderwerbsteuerbarkeit des Rechtsvorganges hinaus; zB unterliegen auch Kaufvertragsangebote der Anzeigepflicht.

13   **d) Gesellschaftsrechtliche Beurkundungen. aa) Anzeigepflicht.** Eine Anzeigepflicht besteht außerdem für Vorgänge, die die Übertragung von **Anteilen** an einer **Kapitalgesellschaft** (vgl. auch → Rn. 30), einer bergrechtlichen Gewerkschaft, einer **Personenhandelsgesellschaft** oder einer Gesellschaft des bürgerlichen Rechts betreffen, wenn zum Vermögen der Gesellschaft ein im Geltungsbereich des Grunderwerbsteuergesetzes liegendes Grundstück gehört.

14   Bei der Beurkundung von **GmbH-Anteilsabtretungen** besteht eine Anzeigepflicht gegenüber allen Belegenheitsfinanzämtern mit einer jeweils auszufüllenden Veräußerungsanzeige, wenn die Gesellschaft Grundbesitz hat oder **in den vergangenen fünf Jahren** an einer grundbesitzhaltenden Personen- oder Kapitalgesellschaft beteiligt war.

Praxishinweis:

Es empfiehlt sich, folgenden formularmäßigen Hinweis bei Gesellschaftsanteilsübertragungen in die Urkunde aufzunehmen:

„Die Gesellschaft hat [*ggf.:* keinen] Grundbesitz und war in den vergangenen fünf Jahren auch [*ggf.:* nicht] an einer grundbesitzhaltenden Personen- oder Kapitalgesellschaft beteiligt."

---

15   **bb) Beratung.** Bei der Übertragung von Kapital- oder Personengesellschaftsanteilen, ebenso bei Umwandlungsvorgängen, ist es tunlich, dass der Notar den Urkundenentwurf vor der Beurkundung den Steuerberatern der Beteiligten zusendet, um die steuerlichen Auswirkungen überprüfen zu lassen. Wenn der Notar selbst – unter Übernahme der Steuerhaftung – über die grunderwerbsteuerlichen Folgen beraten will, sollte er auf die Grunderwerbsteuerpflicht in folgenden Fällen hinweisen:
– Anwachsung gemäß § 1 Abs. 1 Nr. 3 GrEStG;
– wesentliche Änderung des Gesellschafterbestandes einer Personengesellschaft gemäß § 1 Abs. 2a GrEStG (Fünfjahresfrist);
– Anteilsvereinigung gemäß § 1 Abs. 3 und Abs. 3a GrEStG (zeitlich unbegrenzt) sowie
– Nacherhebung von Grunderwerbsteuer bei Nichteinhaltung der Fünfjahresfrist der §§ 5 Abs. 3 und 6 Abs. 3, Abs. 4 GrEStG.

16   Anteile an Gesellschaften, zu deren Vermögen Grundstücke gehören, können grundsätzlich grunderwerbsteuerfrei übertragen werden, es sei denn, dass durch die Übertragung unmittelbar oder mittelbar mindestens 95 % der Anteile der Gesellschaft in der Hand des Erwerbers allein vereinigt werden. Der Erwerber wird so behandelt, als habe er die Grundstücke von der Gesellschaft erworben.

Beispiel:

Der Alleingesellschafter einer grundbesitzenden GmbH schenkt je 25 % der Anteile seinen vier Töchtern und macht dabei die Auflage, dass die Töchter die schenkweise erworbenen

---

[3] Vgl. Boruttau/*Viskorf* GrEStG § 18 Rn. 20; BFH BStBl. II 1982, 406.
[4] Vgl. Arndt/Lerch/Sandkühler/*Sandkühler* BNotO § 18 Rn. 97; Schippel/Bracker/*Kanzleiter* BNotO § 18 Rn. 13.
[5] Schippel/Bracker/*Kanzleiter* BNotO § 18 Rn. 13.

Anteile auf eine Kommanditgesellschaft (KG) übertrugen, an der sie jeweils zu 25 % beteiligt waren. Der BFH[6] entschied, dass der fiktive Erwerb der Grundstücke der GmbH durch die KG der Grunderwerbsteuer unterliege. Zwar sei eine Anteilsvereinigung, die auf einer schenkweisen Übertragung von Gesellschaftsanteilen beruhe, gemäß § 3 Nr. 2 S. 1 GrEStG von der Grunderwerbsteuer befreit. Die Töchter hätten aber lediglich die Teilgeschäftsanteile von ihrem Privatvermögen in das ihnen ebenfalls zuzurechnende Gesamthandsvermögen übertragen. Damit läge keine auflagenbedingte Schenkung an die KG vor, die den Anfall von Grunderwerbsteuer ausgeschlossen hätte.[7]

Praxishinweis:

Bei der Übernahme der steuerlichen Beratung sollte der Notar auch die Frage der Vermeidung einer Anteilsvereinigung aufwerfen, zB in der Weise, dass der Erwerbsinteressent insgesamt nur 94 % der Gesellschaftsanteile übernimmt und ein Verwandter die restlichen 6 %.

---

e) Zuständigkeit. Zuständiges Finanzamt ist regelmäßig das **Lagefinanzamt,** in dessen 17 Bezirk das Grundstück oder der wertvollste Teil des Grundstückes liegt. Bei Grundstückserwerben durch Umwandlung und in den Fällen des § 1 Abs. 2a, Abs. 3 GrEStG ist das Finanzamt, in dessen Bezirk sich die **Geschäftsleitung** der Gesellschaft befindet, zuständig (vgl. §§ 18 Abs. 5, 17 GrEStG).

f) Anzeigepflicht der Beteiligten. Gemäß § 19 GrEStG müssen die **Steuerschuldner** 18 in den dort aufgeführten Fällen die Anzeige selbst erstatten, also regelmäßig in den Fällen, in denen eine Anzeigepflicht durch eine Behörde oder einen Notar nicht besteht. Bei dem Erwerb eines unbebauten Grundstückes und dem Abschluss eines Generalunternehmervertrages über die schlüsselfertige Erstellung eines Gebäudes auf dem Grundstück haben die **Beteiligten** die Anzeigepflicht gemäß § 19 Abs. 1 Nr. 1 GrEStG.

g) Verletzung der Anzeigepflicht. § 16 GrEStG enthält die seltene Ausnahme, dass die 19 Aufhebung des Erwerbsvorgangs unter den angegebenen Voraussetzungen zur Aufhebung der Steuerfestsetzung führt. Dieses Privileg entfällt gemäß § 16 Abs. 5 GrEStG, wenn der Erwerbsvorgang nicht ordnungsgemäß angezeigt wurde.

h) Unbedenklichkeitsbescheinigung. Gemäß § 22 Abs. 1 S. 1 GrEStG darf der Erwer- 20 ber erst in das Grundbuch eingetragen werden, wenn eine Unbedenklichkeitsbescheinigung vorgelegt wird. Einzelne Bundesländer verzichten bei bestimmten steuerbefreiten Rechtsvorgängen auf die Vorlage einer Unbedenklichkeitsbescheinigung zum Grundbuchvollzug (nicht aber auf die Anzeige durch den Notar!).

Nach OLG Celle[8] kann das Grundbuchamt die Vorlage einer steuerlichen Unbedenk- 21 lichkeitsbescheinigung auch dann verlangen, wenn ein Miterbe seinen Erbteil im Rahmen eines Erbauseinandersetzungs- bzw. Erbteilsübertragungsvertrags auf Dritte überträgt, um die Umschreibung des Eigentums an Nachlassimmobilien auf den Erbteilserwerber vorzunehmen. Das Finanzamt wird überprüfen, ob die Erbteilsübertragung nach § 1 Abs. 1 Nr. 3 GrEStG zu qualifizieren oder ob Steuerfreiheit gemäß § 3 Nr. 3 GrEStG gegeben ist. Nur dann, wenn von vorneherein kein steuerbarer Vorgang gegeben ist, kann eine Unbedenklichkeitsbescheinigung nicht verlangt werden.[9]

---

[6] DStR 2017, 653.
[7] *Plewka* NJW 2017, 2519; *Möller* GWR 2017, 213; *Schmidt* DStRK 2017, 151 halten zu Recht diese Entscheidung für schwer nachvollziehbar.
[8] NJW-Spezial 2011, 391.
[9] Vgl. OLG Frankfurt a.M. NJW-RR 1995, 1168; BayObLG Rpfleger 1983, 103.

Beispiele für anzeigepflichtige Rechtsvorgänge im Überblick:
- Anwachsung
- Auflagenschenkung
- Auseinandersetzung
- Erbbaurechtsverträge
- Erbteilsveräußerung
- Gemischte Schenkung
- Grundstückseinbringung
- Grundstückstausch
- Kaufvertrag
- Kaufvertragsangebot
- Realteilung
- Spaltung
- Verschmelzung
- Zwischengeschäfte

2. Anzeigepflicht gemäß § 34 ErbStG

Schrifttum:

Bayerisches Landesamt für Steuern v. 18.12.2014, Anzeigepflicht für Beglaubigungen von Unterschriften, ZEV 2015, 128; *Gohlisch*, Erbschaftsteuerliche und schenkungsteuerliche Anzeige- und Erklärungspflichten und die sich daraus ergebenden Folgen für den Eintritt der Festsetzungsfrist, ZErb 2011, 102 und ZErb 2011, 133; *Halaczinsky*, Erbschaftsteuer-Durchführungsverordnung, Änderungen in 2010, ZErb 2011, 31; *Klöckner*, Die Anzeigepflichten der Notare gemäß § 34 ErbStG, ZEV 2011, 299; *Klamer*, Die Anzeigepflichten des ErbStG im Spiegel der neueren Rechtsprechung, ZEV 2019, 13; *Mannek/Höne*, Anzeigepflichten und Anzeigefristen für Erwerber nach der Erbschaftsteuerreform, ZEV 2009, 329; *Müller*, Anzeigepflichten für Berufsträger in Erbfällen und bei Schenkungen, ErbStB 2011, 29; *Schuck*, Die Änderungen der Erbschaftsteuer-Durchführungsverordnung, ZEV 1999, 99.

22 **a) Übersendung von Urkunden.** Gemäß § 34 Abs. 1, Abs. 2 Nr. 3 ErbStG haben die Gerichte, Behörden, Beamten und Notare dem für die Verwaltung der Erbschaftsteuer nach § 35 ErbStG zuständigen Finanzamt diejenigen Beurkundungen, Zeugnisse und Anordnungen anzuzeigen, die für die Festsetzung einer Erbschaftsteuer/Schenkungsteuer von Bedeutung sein können. Insbesondere sind anzuzeigen:
- die eröffneten Verfügungen von Todes wegen;
- die abgewickelten Erbauseinandersetzungen;
- die beurkundeten Vereinbarungen der Gütergemeinschaft und
- die beurkundeten Schenkungen und Zweckzuwendungen.

23 Gemäß § 8 Abs. 1, Abs. 4 ErbStDV haben die Notare dem zuständigen Finanzamt eine beglaubigte Abschrift der Urkunde über eine Schenkung oder Zweckzuwendung unter Lebenden alsbald nach der Beurkundung zu übersenden und dabei das Verwandtschaftsverhältnis des Erwerbers zum Schenker und den der Kostenberechnung zugrunde liegenden Wert mit einem Vordruck nach amtlichem Muster mitzuteilen. Unterbleiben darf die Übersendung von Urkundenabschriften in Fällen, in denen den Gegenstand der Schenkung nur Hausrat im Wert von nicht mehr als 12.000 EUR und anderes Vermögen im Wert von nicht mehr als 20.000 EUR bildet (vgl. § 7 Abs. 4 ErbStG iVm § 8 Abs. 3 ErbStDV).

24 **b) Entwürfe mit Unterschriftsbeglaubigung.** Überraschenderweise fehlt in der ErbStDV ein Hinweis auf vom Notar entworfene und nur beglaubigte Urkunden, die in § 18 GrEStG und § 54 EStDV ausdrücklich angesprochen sind. Diese Lücke ist umso gravierender, als in der Praxis häufig Nießbrauchsrechte und andere in Abt. II des Grundbuches eingetragene Rechte, zB Reallasten, aufgrund von **Löschungsbewilligungen,** die nur der Beglaubigung bedürfen, vorzeitig gelöscht werden, wodurch erhebliche Schenkung-

steuern entstehen können.[10] Im Merkblatt des Bayerischen Landesamts für Steuern[11] werden auch vom Notar entworfene und beglaubigte Urkunden erwähnt. Der unentgeltliche Verzicht auf ein vorbehaltenes Nießbrauchsrecht erfüllt nach BFH[12] als Rechtsverzicht den Tatbestand des § 7 Abs. 1 Nr. 1 ErbStG. Für vor der Erbschaftsteuerreform 2009 vereinbarte Nießbrauchsrechte ist zu beachten, dass einerseits die gestundete Schenkungsteuer zur Zahlung fällig wird, andererseits der Verzicht auf die künftigen Nutzungen wiederum eine über die gestundete Schenkungsteuer hinausgehende Schenkung beinhalten kann (→ Rn. 433 ff.).[13]

c) Anzeigepflicht der Beteiligten. aa) Gesetzliche Regelung. Gemäß § 30 Abs. 1 **25** ErbStG ist jeder der Erbschaftsteuer unterliegende Erwerb von dem Erwerber, bei einer Zweckzuwendung vom Beschwerten binnen einer Frist von drei Monaten nach erlangter Kenntnis von dem Anfall oder von dem Eintritt der Verpflichtung dem zuständigen Finanzamt anzuzeigen. Erfolgt der steuerpflichtige Erwerb durch Rechtsgeschäft unter Lebenden, so ist auch derjenige zur Anzeige verpflichtet, aus dessen Vermögen der Erwerb stammt (§ 30 Abs. 2 ErbStG). Bei Unterschreitung der Freibeträge besteht nach der Auffassung von *Bernhardt/Protzen*[14] keine Anzeigepflicht aufgrund einer teleologischen Reduktion des § 30 ErbStG.

Gemäß § 13a Abs. 6 ErbStG müssen die Veräußerung von Betriebsvermögen, gemäß **26** § 13a Abs. 7 ErbStG das Unterschreiten der Mindest-Lohnsumme sowie Verstöße gegen die Behaltensfristen dem Finanzamt angezeigt werden.[15]

bb) Wegfall der Anzeigepflicht. Einer Anzeige bedarf es nach § 30 Abs. 3 ErbStG **27** nicht, wenn der Erwerb auf einer von einem deutschen Gericht, einem deutschen Notar oder einem deutschen Konsul eröffneten Verfügung von Todes wegen beruht und sich aus der Verfügung das Verhältnis des Erwerbers zum Erblasser unzweifelhaft ergibt. Diese auf den ersten Blick überraschende Befreiung der Beteiligten von der Anzeigepflicht beruht auf der in Deutschland einmaligen staatlichen Registrierung aller öffentlichen Testamente und Erbverträge. Die beteiligten Amtsträger müssen nämlich das jeweilige Geburtsstandesamt über die Errichtung der letztwilligen Verfügung benachrichtigen. Wenn der Testator verstirbt, benachrichtigt der Standesbeamte bei der Registrierung des Todeszeitpunktes das Nachlassgericht, das die Eröffnung der letztwilligen Verfügung daraufhin vornimmt. Den Beteiligten obliegt auch dann keine Anzeigepflicht, wenn eine Schenkung oder Zweckzuwendung notariell beurkundet wurde. Das bei der Bundesnotarkammer in Berlin angesiedelte Zentrale Testamentsregister (ZTR) registriert seit 1.1.2012 tagesaktuell bis zu 3.000 erbfolgerelevante Urkunden und bis zu 5.000 Sterbefälle.

d) Verjährung der Schenkungsteuer? Aufgrund der Regelung in § 30 Abs. 3 S. 2 **28** ErbStG besteht die Gefahr, dass bei einem Unterbleiben der Anzeige seitens des beurkundenden Notars der Steuerfall dem Fiskus nicht bekannt wird. Allerdings beginnt die Festsetzungsfrist gemäß § 170 Abs. 5 Nr. 2 AO bei einer Schenkung nicht vor Ablauf des Kalenderjahres, in dem der Schenker gestorben ist oder die Finanzbehörde von der vollzogenen Schenkung Kenntnis erlangt hat, so dass zu Lebzeiten des Schenkers keine Festsetzungsverjährung eintritt. Dies soll nach Auffassung von FG Köln[16] selbst dann gelten, wenn die vom Notar abgesandte Anzeige sich nicht in den Akten des zuständigen Finanz-

---

[10] Vgl. *Ziegeler* DB 1998, 1056.
[11] Vgl. *Notarkasse,* Handbuch für das Notariat in Bayern und in der Pfalz, Nr. 550 Teil B Rn. 2.1.
[12] BStBl. II 2004, 429.
[13] Vgl. *Spiegelberger* Vermögensnachfolge Rn. 123.
[14] ZEV 2001, 426.
[15] Vgl. FJPW/*Wachter* ErbStG § 13a Rn. 301.
[16] ErbStB 2010, 65.

amtes befindet. Die Schenkungsteuer hat damit faktisch die längste Verjährungsfrist aller Steuerarten.[17]

29 e) Haftung. Nach Auffassung von OLG Schleswig[18] und OLG Oldenburg[19] haftet der Notar für eine durch die Beurkundung entstehende Schenkungsteuer, wenn er die Beteiligten nicht darauf hinweist. OLG Oldenburg[20] meint, dass sich eine generelle Belehrungspflicht im Falle einer Schenkung nicht aus dem Beurkundungsgesetz oder der Bundesnotarordnung ergebe, wohl aber aus § 8 Abs. 1, Abs. 4 ErbStDV. Diese Entscheidungen sind abzulehnen,[21] da es auf den haftungsausfüllenden Ursachenzusammenhang zwischen einer Amtspflichtverletzung und dem geltend gemachten Schaden ankommt. Die Schenkungsteuerpflicht besteht auch ohne Hinweis des Notars. Nur wenn die Beteiligten darlegen und beweisen, dass die Schenkung bei Kenntnis der Schenkungsteuerpflicht unterblieben wäre, kommt ein Schadensersatzanspruch in Betracht[22] und dies aufgrund der Schadensminderungspflicht gemäß § 254 BGB auch nur dann, wenn sich die Beteiligten ergebnislos um eine steuerfreie Aufhebung der Schenkungsurkunde bemüht haben. Auch das OLG Hamm[23] verneint eine allgemeine Amtspflicht des Notars über etwaige steuerliche Folgen des Geschäftes im Einzelnen zu belehren, nimmt aber eine Amtspflichtverletzung des Notars an, wenn er im Rahmen der Beurkundung nicht auf den möglichen Anfall von Schenkungsteuer hingewiesen hat. Da der Schenkungsvertrag mit Zustimmung des Finanzamtes nicht durchgeführt wurde und Schenkungsteuer danach nicht anfiel, musste der beurkundende Notar nur die Kosten des hinzugezogenen Steuerberaters und Rechtsanwalts sowie die Notargebühren als Schaden ersetzen.

3. Anzeigepflicht bei Ertragsteuern

Schrifttum:

BMF-Schreiben v. 14.3.1997, DStR 1997, 822; *Heidinger,* Müssen Treuhandsverträge über GmbH-Anteile nach § 54 EStDV dem Finanzamt gemeldet werden, DStR 1996, 1353; *Heinze,* Die Bedeutung der steuerlichen Anzeige- und Übersendungspflichten der Notare (insbesondere nach § 54 I EStDV) für die Zulässigkeiten der Auslandsbeurkundung im Gesellschaftsrecht, NZG 2017, 371; *Küperkoch,* Notarielle Mitteilungspflichten, RNotZ 2002, 297.

30 a) Überblick. Mit der Aufhebung des Kapitalverkehrsteuergesetzes durch das Finanzmarktförderungsgesetz 1991 bestand vorübergehend bis zum Inkrafttreten des § 54 EStDV eine erhebliche Informationslücke der Finanzverwaltung, nicht nur im Bereich der Körperschaft- und Gewerbesteuer, sondern auch für die Einkommensteuer, da bei Übergang von Kapitalgesellschaftsanteilen gemäß §§ 16 und 17 EStG sowie gemäß §§ 21 und 22 UmwStG Einkommensteuer anfallen kann. Der Vorgang zeigt, dass nur durch die Einbeziehung der Notarorganisation das Steueraufkommen gesichert ist.

31 Gemäß § 54 Abs. 1 S. 1 EStDV übersenden die Notare dem **Betriebsfinanzamt** beglaubigte Abschriften aller aufgrund gesetzlicher Vorschrift aufgenommenen oder beglaubigten Urkunden, die die

– Gründung,
– Kapitalerhöhung oder -herabsetzung,
– Umwandlung und
– Auflösung von Kapitalgesellschaften oder die
– Verfügung über Anteile an Kapitalgesellschaften

---

[17] Vgl. *Jülicher* ZErb 2001, 9.
[18] ZEV 2006, 221.
[19] ZEV 2009, 473.
[20] ZEV 2009, 473.
[21] Kritisch auch *Wachter* DNotZ 2010, 314 (315).
[22] Vgl. BGH ZEV 2000, 452 (453).
[23] 27.7.2012 – 11 U 74/11.

zum Gegenstand haben. Nach § 54 Abs. 1 S. 2 EStDV besteht dieselbe Anzeigepflicht für Dokumente, die im Rahmen einer Anmeldung einer inländischen Zweigniederlassung einer Kapitalgesellschaft mit dem Sitz im Ausland zur Eintragung in das Handelsregister diesem zu übersenden sind. Somit werden insbesondere auch englische private limited companies erfasst.[24]

Nach § 54 Abs. 4 EStDV muss der Notar auch bei (entgeltlichen und unentgeltlichen) **32** Verfügungen über Anteile an Kapitalgesellschaften durch einen Anteilseigner, der nur **beschränkt einkommensteuerpflichtig** ist, zusätzlich bei dem Finanzamt Anzeige erstatten, das bei Beendigung einer zuvor bestehenden unbeschränkten Steuerpflicht des Anteilseigners oder bei unentgeltlichem Erwerb dessen Rechtsvorgängers nach § 16 AO für die Besteuerung des Anteilseigners zuständig war. Nach § 1 Abs. 1 Nr. 1 KStG werden nicht nur deutsche, sondern auch europäische Kapitalgesellschaften erfasst.[25] Somit ist sowohl das Betriebsfinanzamt als auch das Wohnsitzfinanzamt zu informieren.[26]

b) Gründung von Kapitalgesellschaften. Kapitalgesellschaften unterliegen gemäß § 1 **33** Abs. 1 Nr. 1 KStG der Körperschaftsteuer und gemäß § 2 GewStG der Gewerbesteuer, unabhängig von dem Gegenstand des Unternehmens, so dass auch Freiberufler, wie zB Anwälte und Steuerberater, die in der Rechtsform der GmbH die freiberufliche Tätigkeit ausüben, Gewerbesteuer entrichten.[27] Lediglich bei Unternehmen, die ausschließlich eigenen Grundbesitz oder neben eigenem Grundbesitz eigenes Kapitalvermögen verwalten und nutzen, kann der Teil des Gewerbeertrags, der auf die Verwaltung und Nutzung des eigenen Grundbesitzes entfällt, gemäß § 9 Nr. 1 S. 2 GewStG gekürzt werden.

Zur Sicherung der Besteuerung ist eine Information der Finanzverwaltung über jede **34** Gründung einer Kapitalgesellschaft erforderlich. Die Finanzverwaltung wird von dem beurkundenden Notar durch Übersendung einer beglaubigten Abschrift der Gründungsurkunde informiert. Die Abschrift soll mit der Steuernummer gekennzeichnet sein, mit der die Kapitalgesellschaft bei dem Finanzamt geführt wird.

c) Geschäftsführerbestellung. Das Finanzamt verlangt von den Beteiligten auch die **35** Vorlage der **Geschäftsführerverträge.** Bei Gesellschafter-Geschäftsführern werden die getroffenen Vereinbarungen nur ab dem Zeitpunkt der schriftlichen Fassung steuerlich anerkannt. Obwohl eine gesetzliche Verpflichtung nicht besteht, empfiehlt es sich – im Einvernehmen mit den Beteiligten – auch vom Notar entworfene oder beurkundete Geschäftsführerverträge der Finanzverwaltung zuzuleiten.[28]

d) Veräußerung von Anteilen an einer Kapitalgesellschaft. Seinem Wortlaut zufolge **36** erfasst § 54 EStDV nicht nur Verfügungsgeschäfte, sondern auch Verpflichtungsgeschäfte, soweit die Verpflichtung eine Verfügung über Anteile an Kapitalgesellschaften zum Gegenstand hat.[29]

Die Beurkundung nur eines **Angebotes** auf Übertragung eines Anteils an einer Kapi- **37** talgesellschaft soll nicht unter § 54 EStDV fallen, weil das Angebot noch keine Verfügung über den Anteil enthalte. Dagegen ist die **Annahme** eines Angebots auf Übertragung eines Anteils an einer Kapitalgesellschaft nach § 54 EStDV anzeigepflichtig, weil durch die Annahme des Angebots das Verpflichtungsgeschäft zustande kommt.

Bei Treuhandverträgen über Anteile an Kapitalgesellschaften sind nach Auffassung der **38** Finanzverwaltung sowohl die Übertragungstreuhand als auch die Vereinbarungstreuhand

---

[24] Vgl. *Wachter* ZNotP 2008, 113.
[25] Vgl. *Stewen* FR 2007, 1047.
[26] Vgl. DNotI-Report 2007, 7.
[27] Vgl. BFH BStBl. III 1964, 530.
[28] Vgl. *Spiegelberger* MittBayNot 1989, 237.
[29] Vgl. BMF-Schreiben DNotI-Report 1997, 83.

anzeigepflichtig, da bei Beendigung des Treuhandverhältnisses der Treugeber die Übertragung des GmbH-Anteils auf sich verlangen kann.[30]

39 **e) Kapitalerhöhung.** Die Kapitalerhöhung stellt eine Abänderung des Gesellschaftsvertrages dar, so dass die notarielle Beurkundung gemäß § 53 Abs. 2 S. 1 GmbHG erforderlich ist. Wird eine Erhöhung des Stammkapitals beschlossen, so bedarf es zur Übernahme jeder auf das erhöhte Kapital zu leistenden Stammeinlage gemäß § 55 Abs. 1 GmbHG einer notariell beurkundeten oder beglaubigten Erklärung des Übernehmers. Diese Urkunden sind der Finanzverwaltung in beglaubigter Abschrift zu übersenden.

40 Bei einer **Kapitalerhöhung aus Gesellschaftsmitteln** wird das Stammkapital durch Umwandlung von Rücklagen in Stammkapital gemäß § 57c GmbHG erhöht. Die Erhöhung des Stammkapitals kann erst beschlossen werden, nachdem der Jahresabschluss für das letzte vor der Beschlussfassung über die Kapitalerhöhung abgelaufene Geschäftsjahr (letzter Jahresabschluss) festgestellt und über die Ergebnisverwendung Beschluss gefasst worden ist. Gemäß § 57e GmbHG kann dem Beschluss die letzte Jahresbilanz zugrunde gelegt werden, wenn die Jahresbilanz geprüft und die festgestellte Jahresbilanz mit dem **uneingeschränkten Bestätigungsvermerk** der Abschlussprüfer versehen ist und wenn ihr Stichtag höchstens acht Monate vor der Anmeldung des Beschlusses zur Eintragung in das Handelsregister liegt.

41 Die Veräußerung von **„Anwartschaften"** auf eine GmbH-Beteiligung ist gemäß § 17 Abs. 1 S. 3 EStG steuerpflichtig. Erfolgt ein **Verzicht** auf Teilnahme an einer Kapitalerhöhung gegen Ausgleichszahlung, so wird dadurch ein **Veräußerungstatbestand** iSd § 17 Abs. 1 S. 3 EStG begründet.[31]

42 Ein **teilentgeltlicher Erwerb** soll vorliegen, wenn Angehörige im Rahmen einer Kapitalerhöhung beim Erwerb neuer Anteile weniger in die GmbH einlegen als die Anteile wert sind.[32]

43 **f) Kapitalherabsetzung.** Zu unterscheiden ist zwischen einer **ordentlichen** Kapitalherabsetzung gemäß § 58 GmbHG mit dem Ziel, verfügbares Aktivvermögen zur Ausschüttung an die Gesellschafter freizugeben, und einer **vereinfachten** Kapitalherabsetzung gemäß §§ 58a–58f GmbHG, die dazu dienen soll, Wertminderungen auszugleichen oder sonstige Verluste zu decken.

44 Soweit dem Anteilseigner bei einer ordentlichen Kapitalherabsetzung Rückzahlungen zufließen, ist die Rückzahlung gemäß § 20 Abs. 1 Nr. 2 EStG zu versteuern, als sie eine **Gewinnausschüttung** iSd § 28 Abs. 2 S. 2, S. 4 KStG darstellt; die Rückzahlung von Nennkapital ist steuerfrei.

45 **g) Umwandlung.** Gemäß § 54 Abs. 1 EStDV sind alle Umwandlungsmaßnahmen, gleichgültig, ob es sich um eine **homogene** Umwandlung (Beibehaltung der Rechtsstruktur als Kapital- oder Personengesellschaft) oder um eine **heterogene** Umwandlung (Übergang von Kapitalgesellschaft in Personengesellschaft oder umgekehrt) handelt, anzeigepflichtig.

46 **h) Beglaubigungen.** Nach Auffassung der Finanzverwaltung fallen Beglaubigungen nicht unter § 54 EStDV, da ihr Gegenstand nicht auf Verfügungen wie eine Gründung oder Kapitalerhöhung, also nicht auf materielle Rechtsvorgänge gerichtet sei. Sofern jedoch auch die privatschriftliche Urkunde mit dem Beglaubigungsvermerk von dem Notar entworfen wurde, zB die Übernahmeerklärung gemäß § 55 Abs. 1 GmbHG, ist mE eine Anzeigepflicht gegeben. Ob durch den Wortlaut des § 54 Abs. 1 S. 2 EStDV die Anzeige-

---

[30] Kritisch hierzu Hauschild/Kallrath/Wachter/*Wachter* Notar-HdB GesR § 30 Rn. 29.
[31] Vgl. BFH BStBl. II 1993, 477.
[32] Vgl. BFH GmbHR 1991, 482.

pflicht erweitert wurde, da das Gesetz die Übersendung der „Dokumente" verlangt, die im Rahmen der Eintragung in das Handelsregister erstellt werden, ist strittig.[33]

4. Mehrfache Anzeigepflicht. Sofern ein Rechtsvorgang sowohl der Grunderwerbsteu- **47** er als auch der Schenkungsteuer unterliegt und/oder § 54 EStDV eingreift, besteht eine mehrfache Anzeigepflicht, nämlich gegenüber der zuständigen Grunderwerbsteuerstelle, der Schenkungsteuerstelle und dem Betriebs- oder Wohnsitzfinanzamt.

Beispiel:

Ehegatten, die zusammen eine Bauträger-GmbH innehaben, beauftragen einen Notar mit dem Entwurf einer Scheidungsvereinbarung, in der sie Gütertrennung und Übertragung aller GmbH-Anteile auf einen Ehegatten vereinbaren, so dass eine Anteilsvereinigung iSd § 1 Abs. 3 GrEStG eintritt.

In dem Beispielsfall hat der Notar gegenüber **48**
– sämtlichen Finanzämtern, in deren Bezirke die Grundstücke der GmbH liegen (Grunderwerbsteuerstellen);
– dem zuständigen Zentralfinanzamt (Schenkungsteuerstelle) und
– dem Betriebsfinanzamt (Finanzamt für Körperschaften)
durch Übersendung von Urkundenabschriften Anzeige zu erstatten, da die Übertragungen im Rahmen der Scheidungsvereinbarung (mittelbar) Grundstücke betreffen, eine Verfügung iSd § 54 EStDV beinhalten und zugleich eine Schenkung darstellen könnten. Eine besondere Ermittlungspflicht hinsichtlich des etwaigen Grundbesitzbestandes der Gesellschaft trifft den Notar nicht.[34]

5. Keine umsatzsteuerliche Anzeigepflicht

Schrifttum:
Handbücher: *Koch,* Die Photovoltaik-Anlage, in Spiegelberger/Schallmoser, Immobilien im Zivil- und Steuerrecht, 3. Aufl. 2018, Kap. 10.
Aufsätze: *Flache,* Photovoltaik- und Windenergieanlagen im notariellen Alltag, notar 2017, 83; *Hipler,* Umsatzsteuerrechtliche Geschäftsveräußerung beim Grundstückskaufvertrag, FS Spiegelberger 2009, 232; *Schöndorn,* Umsatzsteuerliche Risiken aus der Veräußerung von Immobilien, DStR 1999, 437.

Umsatzsteuerliche Anzeigepflichten bestehen für den Notar nicht. Dennoch können **49** im notariellen Alltag Umsatzsteuerprobleme nicht ausgeklammert werden. Gemäß § 9 Abs. 3 S. 2 UStG kann bei rechtsgeschäftlichen Immobilienübertragungen der Verzicht auf die Steuerbefreiung gemäß § 9 Abs. 1 UStG nur in dem gemäß § 311b Abs. 1 BGB notariell zu beurkundenden Vertrag erklärt werden. Eine Nachholung durch eine Nachtragsurkunde ist ausgeschlossen.[35]

Darüber hinaus kann der Verkauf eines vermieteten Grundstücks eine nichtsteuerbare **49a** Geschäftsveräußerung gemäß § 1 Abs. 1a UStG darstellen.[36] Dem Verkäufer droht grundsätzlich keine Vorsteuerberichtigung, ein Verzicht auf die Steuerbefreiung ist weder möglich noch nötig.

Da ein Bauträger regelmäßig kein Vermietungs-, sondern ein Verkaufsunternehmen **49b** darstellt, kann eine Vorsteuerberichtigung nur vermieden werden, wenn bei der Veräußerung eines vermieteten Objekts in der Zehn-Jahres-Frist des § 15a Abs. 1 S. 2 UStG auf die Umsatzsteuerbefreiung des § 9 UStG verzichtet wird und der Umsatz an einen anderen Unternehmer für dessen Unternehmen ausgeführt wird.

Bei der Veräußerung eines Grundstückes, auf dem sich eine Photovoltaikanlage befin- **50** det, ist zu differenzieren, ob die Photovoltaikanlage

---

[33] Ablehnend *Wachter* ZNotP 2008, 113 (116).
[34] Vgl. BGH DNotZ 2008, 370.
[35] Vgl. BFH UR 2016, 107; Spiegelberger/Schallmoser/*Küffner* Kap. 1 Rn. 1.819.
[36] Vgl. BFH DStR 2008, 400 (402).

– eine bewegliche Sache ist, ohne Scheinbestandteil zu sein;
– einen Scheinbestandteil darstellt oder
– die Anlage wesentlicher Bestandteil ist.[37]

51 **6. Verletzung der Anzeigepflicht. a) Umfang der Anzeigepflichten.** Der Gesetzgeber hat in § 18 Abs. 1 Nr. 4 S. 3 GrEStG und § 9 S. 2 ErbStDV die elektronische Übermittlung der Anzeige ausgeschlossen. Im Einzelnen ist **streitig,** in welchem Umfang der Notar anzeigepflichtig ist. Um sicherzustellen, dass die Beteiligten nicht einen Verstoß des Notars gegen § 18 BeurkG oder gar gemäß § 203 StGB geltend machen können, empfiehlt es sich, in den **Verteiler** am Ende der Urkunde auch die Zusendung an die zuständigen Finanzämter vorzusehen. Wenn die Beteiligten durch die Genehmigung der Urkunde der Weiterleitung einer Urkundenabschrift an die Finanzverwaltung zustimmen, ist eine Verletzung der Verschwiegenheitspflicht von vornherein ausgeschlossen.

52 **b) Einsatz von Zwangsmitteln.** Im Rahmen ihrer Anzeigepflichten nehmen die Notare behördliche Aufgaben wahr und üben damit hoheitliche Tätigkeiten aus. Nach Auffassung der Finanzverwaltung können gegenüber Notaren bei der Nichterfüllung ihrer Anzeigepflichten **keine Zwangsmittel** angewendet werden, da Notare durch § 255 Abs. 1 AO geschützt sind, der die Vollstreckung gegen juristische Personen des öffentlichen Rechts regelt.[38] § 255 Abs. 1 AO beinhaltet aber nicht etwa einen Freibrief für Notare. Selbstverständlich haftet ein Notar persönlich, wenn er Teilnehmer einer Steuerhinterziehung oder leichtfertigen Steuerverkürzung ist.

c) Unvollständige Erfüllung der Anzeigepflichten

Beispiel:

Nach der Beurkundung einer Verschmelzung übersendet der Notar dem bayerischen Betriebsfinanzamt und den einzelnen bayerischen Grunderwerbsteuerstellen den Übergang von Grundbesitz durch Übersendung einer Abschrift des Verschmelzungsvertrages. Da dem Notar nicht bekannt ist, dass auch in Hessen eine Produktionsstätte der Beteiligten liegt, unterbleibt insoweit eine Urkundenübersendung. Das Land Hessen verklagt den Notar auf Zahlung der dem Land Hessen entgangenen Grunderwerbsteuer.

53 Die ordnungsgemäße Erfüllung der Anzeigepflichten ist auch für die Beteiligten von großem Interesse, da sie zumindest aufgrund der Reaktion der Finanzverwaltung, zB durch Erlass eines Grunderwerbsteuerbescheides, über das Bestehen einer Grunderwerbsteuer informiert werden und damit in der Lage sind, zB durch eine **Aufhebungsvereinbarung** gemäß § 16 GrEStG, die Grunderwerbsteuerpflicht rückwirkend zu beseitigen. Die Aufhebung oder Änderung der Steuerfestsetzung der in § 1 Abs. 2, Abs. 2a, Abs. 3 und Abs. 3a GrEStG bezeichneten Erwerbsvorgänge kann nur rückgängig gemacht werden, wenn diese ordnungsgemäß angezeigt waren (§ 16 Abs. 5 GrEStG).

54 Fraglich ist, ob eine **Notarhaftung** gegenüber dem Fiskus für entgangene Grunderwerbsteuer besteht. Nach Auffassung von OLG München[39] obliegt die Mitteilungspflicht nach § 18 GrEStG dem Notar nicht im Interesse des Finanzfiskus des betroffenen Bundeslandes, sondern im öffentlichen Interesse. Die Verletzung der Mitteilungspflicht kann daher keinen Haftungsanspruch des Fiskus gegen den Notar auslösen, da § 839 Abs. 1 S. 1 BGB nur bei einer Drittgerichtetheit der Amtspflichten gegenüber dem Staat eingreift. Bei der Erfüllung der Anzeigepflichten durch den Notar und der daraus resultierenden

---

[37] *Flache* notar 2017, 83 (88).
[38] Vgl. *Klöckner* ZEV 2012, 299 (302); *Christoffel/Geckle/Pahlke* ErbStG § 34 S. 963 mit dem Hinweis auf den Erlass des FinM Niedersachsen v. 11.1.1990 – S. 3841–5.
[39] ZNotP 1997, 73.

Steuererhebung der Finanzverwaltung handeln beide aufgrund der ihnen gemeinsam übertragenen Aufgabe gleichsinnig.[40]

d) Unterlassung einer Anzeige

Beispiel:

Zu notarieller Urkunde wird die Aufhebung eines Erbbaurechtes vereinbart und die Löschung im Grundbuch bewilligt und beantragt. In einem zusätzlichen Vertrag wurden für die betrieblich genutzten Bauwerke eine Entschädigung von 2 Mio. und in einem dritten Vertrag eine Entschädigung für 1 Mio. für die privat genutzten Bauwerke vereinbart. Das Amtsgericht löschte die Erbbaurechte, ohne eine Unbedenklichkeitsbescheinigung angefordert zu haben. Der Notar zeigte die drei Verträge dem Finanzamt nicht an.

Das FG Bremen[41] stellte eine leichtfertige Steuerverkürzung des beurkundenden Notars **55** fest: Dieser habe den objektiven Tatbestand des § 378 Abs. 1 AO iVm § 370 Abs. 1 Nr. 2, Abs. 4 S. 1 AO verwirklicht, indem er durch unterlassene Anzeige das Finanzamt über steuerlich erhebliche Tatsachen im Unklaren ließ, wodurch die Steuer erst verspätet festgesetzt werden konnte. Das Finanzamt habe daher zu Recht einen Bußgeldbescheid (über 3.000 DM) erlassen.

III. Hinweispflichten gegenüber den Beteiligten

Schrifttum:

Allianz Versicherungs-Aktiengesellschaft, Zur Belehrung und Beratung in Steuerfragen, DNotZ 1978, 584; *Kanzleiter,* Pflicht des Notars zur Belehrung über Steuerfolgen, FS Wolfsteiner 2008, 65; *Kapp,* Zur Problematik der steuerlichen (grunderwerbsteuerlichen) Belehrung durch den Notar, BB 1980, 1815; *Knur,* Nochmals: Notar und Steuerrecht, DNotZ 1972, 167; *Kowanda,* Steuerberatungskosten im Ertrag- und Erbschaft-/Schenkungsteuerrecht, ErbStB 2017, 318; *Lichtenberger,* Belehrung und Haftung im dispositiven Tätigkeitsbereich des Notars, FS Schippel 1996, 729; *Schlee,* Haftung des Notars für Grunderwerbsteuer?, ZNotP 1997, 51; *Schuck,* Haftung des Notars für steuerliche Belehrungspflichten, BB 1996, 2332; *Wagner,* Pflichten bei der notariellen Beurkundung von Gesellschaftsverträgen im Hinblick auf steuerliche Belastungsrisiken, DStR 1995, 807.

Die obergerichtliche Rechtsprechung hat nicht nur Anzeigepflichten des Notars gegen- **56** über den Finanzbehörden, sondern auch steuerliche Hinweispflichten gegenüber den Urkundsbeteiligten angenommen. Ein Notar darf gemäß § 4 BeurkG und §§ 1, 14 Abs. 2 BNotO nicht sehenden Auges ein nichtiges Rechtsgeschäft beurkunden.[42] Der Notar hat nicht nur über die Voraussetzungen eines Rechtsgeschäfts, sondern auch über die unmittelbaren Rechtsfolgen zu belehren, insbesondere über solche, die sich unabhängig oder sogar gegen den Willen der Urkundsbeteiligten einstellen. Unter mehreren Gestaltungsmöglichkeiten hat der Notar diejenigen hervorzuheben, mit denen das von den Beteiligten angestrebte Ergebnis am sichersten erreicht werden kann.[43]

1. Hinweis auf Steuerschuldenhaftung. a) Primäre betriebliche Steuerschulden. **57**

Bei dem Erwerb eines **Betriebes** haftet der Erwerber gemäß § 75 AO für die Steuern, bei denen sich die Steuerpflicht auf den Betrieb des Unternehmens gründet, und für Steuerabzugsbeträge unter der Voraussetzung, dass die Steuern seit dem Beginn des letzten vor der Übereignung liegenden Kalenderjahres entstanden sind und bis zum Ablauf eines Jahres nach Anmeldung des Betriebes durch den Erwerber festgesetzt oder angemeldet werden. Zur betreuenden Belehrungspflicht über die Rechtsbelehrungspflicht hinaus vgl.

---

[40] *Reithmann* DNotZ 1970, 9; *Seybold/Schippel* BNotO § 19 Rn. 11; *Schlee* ZNotP 1997, 51.
[41] 19. 1. 1993 – II 163/90 K.
[42] BGH NJW-RR 2000, 1658; *Ganter/Hertel/Wöstmann,* Handbuch Notarhaftung, 3. Aufl. 2014, Rn. 525, 527.
[43] *Ganter/Hertel/Wöstmann,* HdB Notarhaftung, 3. Aufl. 2014, Rn. 973, 1082.

Haug/Zimmermann.[44] Einschränkend meint OLG München[45] für den Bereich der Umsatzsteuer, dass im Jahr 1998 den Notar bei der Beurkundung der Veräußerung einer vermieteten Immobilie keine Hinweispflicht auf § 75 AO traf. Dabei muss berücksichtigt werden, dass der Betriebsbegriff der Umsatzsteuer – abweichend von dem ertragsteuerlichen Betriebsbegriff – auch vermietete Immobilien als Geschäftsveräußerung im Ganzen gemäß § 1 Abs. 1a UStG umfassen kann und dieser Betriebsbegriff nicht zum Standardwissen des Ziviljuristen zählt. Sofern dem Notar aufgrund des in der Urkunde vereinbarten Haftungsausschlusses gemäß § 25 Abs. 2 HGB der Ausschluss der Haftung für Betriebsschulden bekannt ist, muss auch ein Hinweis auf die nicht ausschlussfähige Haftung gemäß § 75 AO erfolgen.[46]

b) Eigentümerhaftung gemäß § 74 AO

Schrifttum:
Haritz, Renaissance der Gesellschafterhaftung nach § 74 AO, DStR 2012, 883.

58   Gehören Gegenstände, die einem Unternehmen dienen, nicht dem Unternehmer, sondern einer an dem Unternehmen wesentlich – nämlich zu mehr als einem Viertel am Kapital oder Vermögen des Unternehmens – beteiligten Person, so haftet gemäß § 74 AO der Eigentümer der Gegenstände mit diesen für diejenigen Steuern des Unternehmens, bei denen sich die Steuerpflicht auf den Betrieb des Unternehmens gründet. Nach der Entscheidung BFH[47] erstreckt sich die Haftung des an einem Unternehmen wesentlich beteiligten Eigentümers nach § 74 AO nicht nur auf die dem Unternehmen überlassene und diesem dienende Gegenstände, sondern sie erfasst in Fällen der Weggabe oder des Verlustes von Gegenständen nach der Haftungsinanspruchnahme auch die Surrogate wie zB Veräußerungserlöse oder Schadensersatzzahlungen. Wenn die wesentlich beteiligte Person an der Beurkundung teilnimmt, muss der Notar auch auf die Haftung gemäß § 74 AO hinweisen. Auch diese Haftung kann vertraglich nicht ausgeschlossen werden.

59   **c) Grunderwerbsteuer.** Gemäß § 19 BeurkG soll der Notar darauf hinweisen, dass bei Rechtsgeschäften, bei denen **Grunderwerbsteuer** anfallen kann, eine Eintragung in das Grundbuch erst dann vorgenommen werden darf, wenn die **Unbedenklichkeitsbescheinigung** des Finanzamtes vorliegt. Diese Vorschrift beinhaltet nicht, dass der Notar über den möglichen Anfall und die Höhe einer solchen Steuer oder steuersparende Gestaltungen zu unterrichten hätte.[48] Ein Notar haftet regelmäßig nicht für eine entstehende Grunderwerbsteuer, wenn er auf die Möglichkeit der Entstehung nicht hingewiesen hat.[49] Zwar hat der Notar gemäß § 18 Abs. 1 Nr. 1 GrEStG dem Finanzamt eine Anzeige über Rechtsvorgänge, die ein inländisches Grundstück betreffen, zu erstatten; die Eigentumsumschreibung im Grundbuch darf erst erfolgen, wenn eine Unbedenklichkeitsbescheinigung erteilt wurde, sofern die Obersten Finanzbehörden hiervon keine Ausnahme vorgesehen haben. Diese Bestimmungen regeln aber lediglich Amts- und Beistandspflichten des Notars gegenüber der Finanzbehörde und dienen nicht dem Schutz der Steuerschuldner. Bei einer Verletzung der Anzeigepflicht gegenüber einem Beteiligten ist der Notar somit nicht schadenersatzpflichtig.[50]

---

[44] Vgl. *Haug/Zimmermann* Amtshaftung Rn. 554 ff.
[45] MittBayNot 2007, 423.
[46] Vgl. *Ganter* DNotZ 1998, 851 (857).
[47] BStBl. II 2012, 223.
[48] Vgl. BGH NJW 1985, 1225.
[49] Vgl. RGZ 134, 311 (323); BGH DNotZ 1979, 228.
[50] Ablehnend für die Zweithaftung hinsichtlich der Grunderwerbsteuer nach § 44 Abs. 1 AO auch *Ganter/Hertel/Wöstmann,* HdB Notarhaftung, 3. Aufl. 2014, Rn. 1247.

d) Erbschaft- und Schenkungsteuer. Bei Schenkungen und Zweckzuwendungen hat 60
der Notar die Beteiligten gemäß § 8 Abs. 1, Abs. 4 ErbStDV auf die mögliche **Schen-kungsteuerpflicht** hinzuweisen (→ Rn. 22 f.). Die vorstehend genannten Anzeige- und Hinweispflichten bedeuten nicht, dass der Notar über die Höhe der genannten Steuern oder über steuersparende Gestaltungen zu belehren hätte.[51]

e) Subsidiäre Steuerhaftung. Das Steuerrecht enthält in mehreren Vorschriften eine 61
subsidiäre Haftung für die Steuerschuld, die aufgrund der vertraglichen Vereinbarung von einem Vertragsteil übernommen wird. Gemäß § 20 Abs. 1 S. 1 ErbStG ist Steuerschuldner der Erwerber, bei einer Schenkung jedoch auch der Schenker. Gemäß § 13 Nr. 1 GrEStG sind die an einem Erwerbsvorgang als Vertragsteile beteiligten Personen Steuer-schuldner, so dass trotz der Übernahme der Grunderwerbsteuer durch den Käufer auch der Verkäufer in Anspruch genommen werden kann. Für den Fall der subsidiären Haf-tung des Käufers für die Wertzuwachssteuer, die der Verkäufer übernommen, aber nicht entrichtet hat, wurde vom Reichsgericht[52] die Haftung eines preußischen Notars ver-neint, wenn er auf diese subsidiäre Steuerpflicht nicht hingewiesen hat.

2. Allgemeine steuerliche Belehrungspflichten des Notars? Nach ständiger, bereits 62
vom Reichsgericht begründeter Rechtsprechung ist der Notar **nicht zur Belehrung** und Beratung in **Steuerfragen** verpflichtet.[53] Die Rechtsprechung hat immer wieder darauf hingewiesen, dass der Notar nicht der Steuer- oder Wirtschaftsberater der Beteiligten ist. Der Rechtsprechung liegt der Gedanke zugrunde, dass der Gesetzgeber die Steuer nicht an die Vornahme eines Rechtsgeschäftes knüpft, um dadurch auf das Verhalten der Betei-ligten einzuwirken und sie in der Vornahme oder Unterlassung eines Rechtsgeschäftes zu beeinflussen, so dass ein Rechtsgeschäft per se nach den für die Steuerveranlagung maß-gebenden Grundsätzen die Erhebung einer Steuer rechtfertigt. Deshalb durfte der Notar nach RG[54] davon ausgehen, dass der rechtsgeschäftliche Wille der an der Beurkundung Beteiligten unabhängig von den steuerlichen Folgen bestehe.[55]

Die Vertragspraxis der letzten Jahrzehnte zeigt, dass die dargelegte These des Reichsge- 63
richts überholt ist. Der Staat hat mit einer Fülle von Subventions- und Lenkungsnormen und auch durch hohe Steuersätze, die zu einer Steuerquote von über 50 % führen kön-nen, die Besteuerung nicht zur Nebensache, sondern häufig zum eigentlichen Kern des Rechtsgeschäftes gemacht. Vielfach ermöglicht nur der Blick auf die steuerlichen Folgen eines Rechtsgeschäftes die Rechtsgestaltung, die die Beteiligten auf die Dauer zufrieden-stellt. Das Fachinstitut für Notare im DAI hat daher auch das Steuerrecht in das Fortbil-dungsprogramm aufgenommen.[56]

a) Einkommensteuerliche Hinweispflichten. In welchem Umfang einkommensteuer- 64
liche Hinweispflichten bestehen, ist bislang ungeklärt. *Kapp*[57] ist mit seiner Forderung der Ausweitung der Belehrungspflicht des Notars auf die steuerlichen Folgen, zB im Fall des Anfallens von **Einkommensteuer** aus Veräußerungsgeschäften gemäß §§ 16, 17 EStG, isoliert geblieben.[58] Der Notar als eine den Beteiligten gegenüber zur Neutralität ver-pflichtete Amtsperson ist nicht befugt oder gar berufen, einzelnen Beteiligten Steuerhin-weise zu erteilen, die sich uU ungünstig auf die anderen Beteiligten auswirken könnten.

---

[51] Vgl. *Haug* DNotZ 1972, 478.
[52] RGZ 142, 424.
[53] Vgl. RGZ 142, 425; BGH DNotZ 1985, 635; *Ganten* DNotZ 1998, 856; FG Münster BeckRS 2017, 137779; Eylmann/Vaasen/*Frenz* BeurkG § 17 Rn. 19.
[54] JW 1935, 1483.
[55] Vgl. *Knur* DNotZ 1966, 711.
[56] Vgl. Eylmann/Vaasen/*Frenz* BNotO § 6 Rn. 48 f.
[57] BB 1974, 113 und StVj 1989, 360.
[58] Vgl. BGH DNotZ 1981, 775.

Die gegenteilige Auffassung verwischt die Grenzen zwischen Beurkundung und Steuerberatung.

65 aa) Private Veräußerungssteuer gemäß § 23 EStG bei Grundstücksübertragungen. Bei dem offensichtlichen Entstehen einer **privaten Veräußerungssteuer** (früher Spekulationssteuer) nimmt der BGH offensichtlich eine unmittelbare Belehrungspflicht des Notars an. Auf dieser Linie liegt jedenfalls die Entscheidung des BGH[59], wonach ein Notar, der vor oder während der Beurkundung eines Grundstückskaufvertrages davon Kenntnis erhält, dass der Verkäufer das Grundstück vor weniger als zwei (nun: zehn) Jahren erworben hat und die Anschaffungskosten unter dem Verkaufspreis liegen, den Verkäufer grundsätzlich auf die Gefahr der Steuerpflicht gemäß § 23 EStG hinzuweisen hat. Der Notar muss dabei die von den Beteiligten eingereichten Unterlagen persönlich zur Kenntnis nehmen, sich über ihren Inhalt unterrichten und diesen – soweit erforderlich – bei der Errichtung der Urkunde berücksichtigen. Sofern der Notar der Grundbucheinsicht entnehmen kann, dass das Erwerbsgeschäft innerhalb der Zehn-Jahres-Frist des § 23 EStG liegt, ist eine einkommensteuerliche Hinweispflicht des Notars wohl anzunehmen, nicht hingegen, wenn die Zehn-Jahres-Frist aufgrund der zum 1. 1. 1999 eingetretenen Steueränderung (vgl. § 52a Abs. 11 EStG) durch Entnahme aus dem Betriebsvermögen oder aufgrund einer Betriebsaufgabe in Gang gesetzt wurde. *Sontheimer*[60] meint, dass der Kautelarjurist abklären müsse, ob der Vertrag nicht auch noch sinnvoll nach Ablauf des Zehn-Jahres-Zeitraums des § 23 EStG geschlossen werden könnte.

> **Praxishinweis:**
> Vorsorglich empfiehlt sich bei jeder entgeltlichen Grundstücksübertragung der Belehrungshinweis des Notars:
> „Auf eine etwaige Einkommensteuer für private oder betriebliche Veräußerungsgewinne wurde hingewiesen."

66   Der Notar muss aber bei der Beurkundung eines Grundstückskaufvertrages **nicht Tatsachen ermitteln,** die für das eventuelle Eingreifen von Steuertatbeständen zB gemäß § 23 Abs. 1 EStG von Bedeutung sein könnten.[61] Eine Ermittlungspflicht trifft den Notar auch im Rahmen des § 17 BeurkG nicht.[62]

67 bb) Unrichtige Steuerauskunft. Sofern der Notar bei der Frage der Beteiligten, ob sie mit der Heranziehung zur Einkommensteuer rechnen müssten, die Frage pflichtwidrig verneint und für die Beteiligten unerwartet eine Einkommensteuerschuld in Höhe von 110.500 DM entsteht, hat der BGH[63] eine Steuerhaftung des Notars bejaht und wegen der Frage, ob die Möglichkeit besteht, eine entstandene Einkommensteuerschuld durch Rückgängigmachung des steuerpflichtigen Rechtsgeschäftes zu beseitigen, den Rechtsstreit an das Berufungsgericht zurücküberwiesen.

68 b) Umsatzsteuerliche Hinweispflichten? Nach BGH[64] erstreckt sich die Belehrungspflicht des Notars, der ein Vertragsangebot beurkundet, jedenfalls dann nicht auf die umsatzsteuerrechtlichen Folgen des auf der Grundlage des Angebots zustande kommenden Vertrags, wenn es sich bei den Partnern um geschäftsgewandte und einschlägig beratene

---

[59] DNotZ 1989, 452.
[60] *Sontheimer/Kollmar,* Vertragsgestaltung und Steuerrecht, 3. Aufl. 2017, Rn. 4.
[61] Vgl. BGH MittBayNot 1985, 143; NJW 1995, 2794; OLG Koblenz ZNotP 2002, 448.
[62] Vgl. *Haug* DNotZ 1972, 479.
[63] VR 1983, 181.
[64] VersR 1971, 740.

Personen handelt. Im Entscheidungsfall hatte der Kläger, was der Notar wusste, einen Steuerfachmann zu Rate gezogen.

Die Entscheidung des BGH[65] enthält folgende amtliche Leitsätze: **69**
1. Der Notar ist regelmäßig nicht nach § 17 Abs. 1 S. 1 BeurkG aufgrund seiner Pflicht zur Rechtsbelehrung oder seiner allgemeinen Betreuungspflicht aus § 14 Abs. 1 S. 2 BNotO gehalten, auf steuerrechtliche Folgen des beurkundeten Geschäfts hinzuweisen. Ihn trifft hinsichtlich des Entstehens einer Umsatzsteuerpflicht keine allgemeine Belehrungspflicht.
2. Korrigiert ein Notar einen Teilaspekt einer ihm von den Urkundsbeteiligten vorgegebenen steuerlichen Gestaltung des Geschäfts, so beschränkt sich seine Prüfungs- und Belehrungspflicht regelmäßig auf diesen Teilaspekt.
3. Den Notar trifft keine allgemeine Belehrungspflicht, wer eine in Folge des beurkundeten Rechtsgeschäfts anfallende Umsatzsteuerpflicht zu tragen hat oder dafür haftet, soweit nicht besondere Umstände eine Belehrung erfordern. Ein Hinweis auf die Haftung nach § 75 AO ist jedoch erforderlich, wenn in einem Unternehmenskaufvertrag die Haftung nach § 25 Abs. 1 HGB gemäß § 25 Abs. 2 HGB ausgeschlossen wird.

Nach dieser Entscheidung ist der Notar auch nicht verpflichtet, die steuerliche Recht- **70** sprechung zur Umsatzsteuer zu verfolgen.[66]

c) Sonstige allgemeine steuerliche Belehrungspflichten? Über die genannten Be- **71** stimmungen hinaus obliegt dem Notar **keine allgemeine steuerliche Belehrungspflicht,** insbesondere umfasst die Belehrungspflicht gemäß § 17 BeurkG nicht die Steuerfolgen einer Urkunde. Gibt der Notar einen für sich betrachtet zutreffenden steuerlichen Hinweis zu einem Einzelpunkt, folgt daraus nicht die Verpflichtung, die steuerlichen Annahmen der Parteien insgesamt auf ihre Richtigkeit zu überprüfen.[67]

d) Erweiterte Betreuungspflicht. Gemäß § 17 Abs. 1 S. 2 BeurkG iVm §§ 14 und 24 **72** BNotO kann sich ausnahmsweise aufgrund der allgemeinen **Betreuungspflicht** eine Verpflichtung des Notars ergeben, auf die Gefahr einer Steuerpflicht hinzuweisen. Dies ist der Fall, wenn der Notar aufgrund besonderer Umstände Anlass zu der Besorgnis haben muss, einem Beteiligten drohe ein Schaden, weil er sich wegen mangelnder Kenntnis der Rechtslage oder von Sachumständen, welche die Bedeutung des zu beurkundenden Rechtsgeschäftes für seine Vermögensinteressen beeinflussen, einer Gefährdung seiner Interessen nicht bewusst ist.[68] Unter diesen Voraussetzungen muss der Notar auch über die wirtschaftlichen Folgen des zu beurkundenden Geschäfts belehren.[69]

Nach Auffassung des BGH[70] konnte schon vor Erlass des Lastenausgleichsgesetzes uU **73** für den Notar, der den Vertrag über die Veräußerung eines Geschäfts beurkundete, die Verpflichtung bestehen, die Beteiligten über die Rechtslage bezüglich der Soforthilfelasten und der zu erwartenden Lastenausgleichsabgabe zu belehren und für eine Erörterung der Frage zu sorgen, ob eine Vereinbarung darüber getroffen werden soll, wer diese **Abgaben** endgültig **zu tragen** hat. Aufgrund der Amtspflicht zur vollständigen Erfassung und Niederlegung des Parteiwillens bestehe in Fällen, in denen die Beteiligten einen Punkt übergangen haben, der üblicherweise zum Gegenstand der vertraglichen Abreden gemacht wird, die Notwendigkeit der Prüfung, ob diese Auslassung etwa auf einem Versehen oder einer Verkennung der Rechtslage beruhe.

---

[65] NJW 2008, 1085.
[66] Vgl. BFH ZNotP 2007, 468.
[67] Vgl. OLG München MittBayNot 2007, 423.
[68] Vgl. BGHZ 58, 348; BGH VersR 1983, 182; DNotZ 1992, 813 (815).
[69] Vgl. *Weingärtner/Gassen*, 12. Aufl. 2013, DONot § 32 Rn. 882.
[70] DNotZ 1958, 23.

74 **e) Erkennbare Steuerrelevanz.** Eine **Hinweispflicht** besteht auch dann, wenn die Beteiligten anlässlich einer Beurkundung auf eine Klärung der steuerrechtlichen Fragen erkennbar entscheidendes Gewicht legen und den Notar um eine Auskunft darüber ersuchen. In diesen Fällen hat der Notar, falls er nicht selbst beraten will, die Beteiligten an
einen Steuerberater oder an die Finanzbehörde zu verweisen. Berät er selbst, haftet er für
jede Fahrlässigkeit.[71]

75 **f) Abweichung von Vertragsentwürfen.** Ist dem Notar bekannt, dass der **Entwurf,**
den er der Beurkundung eines Hofübergabevertrages zugrunde legen soll, **von** einem
Steuerberater stammt, kann er, wenn einer der Beteiligten eine Änderung des Vertrages anregt, gehalten sein, den Beteiligten zu empfehlen, dass sie die Tragweite der Änderung durch den Steuerberater überprüfen lassen, bevor der Vertrag in der geänderten
Form beurkundet wird.[72] Da der Notar eine wesentliche Änderung des Vertragsentwurfes
des Steuerberaters auf Verlangen der Beteiligten vorgenommen hat, nämlich ein im geduldeten landwirtschaftlichen Betriebsvermögen befindliches Mietshaus beim Übergeber
beließ und damit eine Entnahme aus dem landwirtschaftlichen Betriebsvermögen bewirkte, hat der BGH den Notar zum Schadensersatz für die Gewinnrealisierung verurteilt. Seit
dieser Entscheidung ist der Notar gehalten, bei Änderung der Vertragsentwürfe der steuerberatenden Berufe die Beurkundung zu unterbrechen, damit die Beteiligten neuen
Steuerrat einholen können. Beurkundet er den Vertrag in der geänderten Form, haftet er
für die steuerlichen Folgen.

76 **g) Formulierungspflicht.** Aus § 17 Abs. 1 S. 2 BeurkG ergibt sich darüber hinaus, dass
der Notar **unklare Formulierungen,** die zu ungewollten Steuernachteilen führen, vermeiden muss. Haben die Vertragsteile einen beurkundeten Vertrag wegen sich daraus ergebender steuerlicher Nachteile aufgehoben und denselben Notar mit der Beurkundung
des diese Nachteile vermeidenden geänderten Vertrages beauftragt, dürfen sie – und auch
der bei dem Amtsgeschäft anwesende Mitarbeiter des Steuerberaters eines der Beteiligten
– darauf vertrauen, dass der Notar den ihm erklärten Willen der Vertragschließenden in
rechtlich einwandfreier Form protokolliert hat, es sei denn, dass die Fassung so gehalten
ist, dass sich ihnen als juristische Laien Zweifel daran aufdrängen müssen.[73] Die Entscheidung wird von *Kanzleiter*[74] zurecht kritisiert, weil der eigentliche steuerliche Fehler nicht
aufgedeckt wurde. Die von den Beteiligten begehrte Rücklage kann gemäß § 6b Abs. 1
S. 2 EStG nur gebildet werden, wenn das veräußerte Wirtschaftsgut im Zeitpunkt der
Veräußerung mindestens sechs Jahre ununterbrochen zum Anlagevermögen einer inländischen Betriebsstätte gehört hat. Kommt es bei der Bemessung der Sechsjahresfrist auf den
Zeitpunkt des schuldrechtlichen Veräußerungsvertrages, den Zeitpunkt der Auflassung,
Eintragung im Grundbuch oder auf den Zeitpunkt des Übergangs von Besitz, Nutzungen
und Lasten an? Diese steuerliche Differenzierung hätte nur durch Rückfrage bei der für
die steuerlichen Auswirkungen verantwortlichen Steuerberatungsgesellschaft geklärt werden können.

h) Pflicht zur Erforschung des Willens der Beteiligten gemäß § 19 Abs. 1 BNotO

Beispiel:

Bauträger B errichtet ein Ladengebäude, das er mit einer Umsatzsteueroption gemäß § 9
UStG langfristig an eine Supermarktkette verpachtet und anschließend an einen Investor
veräußert. Auf Verlangen des Supermarktbetreibers errichtet B auch noch Kühlanlagen, die
ebenfalls an den Supermarktbetreiber verpachtet werden. Die Kaufvertragsurkunde des

---

[71] Vgl. BGH DNotZ 1985, 636.
[72] Vgl. BGH DNotZ 2003, 845.
[73] Vgl. BGH DNotZ 1991, 314.
[74] DNotZ 1991, 315.

Notars N enthält nur einen Hinweis auf die entstehende Grunderwerbsteuer, aber keine umsatzsteuerliche Regelung.

Der Notar hat bei der Ermittlung des Willens der Urkundsbeteiligten Anlass zu einer 77 Nachfrage, wenn das beabsichtigte Rechtsgeschäft einen Aspekt aufwirft, der üblicherweise zum Gegenstand der vertraglichen Abreden gemacht wird. Erst recht besteht eine Pflicht zur Nachfrage, wenn der Notar konkrete Anhaltspunkte dafür hat, dass einer der Beteiligten ein rechtliches Ergebnis herbeiführen möchte, das in dem vorbereiteten Urkundenentwurf noch keine Berücksichtigung gefunden hat.[75] In dem entschiedenen Fall hatte der Notar – im Gegensatz zu früheren Beurkundungen – weder die Übernahme einer Dienstbarkeit durch den Erwerber noch den Gewährleistungsausschluss vorgesehen.

Die Pflicht zur Erforschung des Willens der Beteiligten kann im Einzelfall auch für 78 steuerliche Sachverhalte gelten.

In dem Einleitungsfall wurde von den Beteiligten und dem Notar nicht erkannt, dass 79 die errichteten Kühlanlagen zwar einen wesentlichen Bestandteil des Gebäudes gemäß § 93 BGB darstellen, aber bei steuerlicher Beurteilung Betriebsvorrichtungen, also bewegliche Gegenstände darstellen und somit der Umsatzsteuer unterliegen. Zugleich wurde nicht erkannt, dass bei dem Bauträger eine Vorsteuerberichtigung gemäß § 15a UStG eintritt, da der Kaufvertrag keine Geschäftsveräußerung im Ganzen gemäß § 1 Nr. 1a UStG darstellt.[76]

i) Umfassende Rechtsbetreuung gemäß § 24 Abs. 1 BNotO

Schrifttum:
Handbücher: *Ganter* in Ganter/Hertel/Wöstmann, Handbuch der Notarhaftung, 4. Aufl. 2018, Pflicht zur gestaltenden Beratung, Rn. 943 ff.
Aufsätze: *Rittershaus/Teichmann*, Anwaltliche und notarielle Vertragsgestaltung – Gemeinsamkeiten und Unterschiede, FS Spiegelberger 2009, 1457.

In Anlehnung an die Rechtsprechung vertritt *Rehbinder*[77] eine differenzierende Auffas- 80 sung. Ausgehend von dem Grundsatz, dass einem **Rechtsanwalt** eine generelle Belehrungspflicht über steuerliche Rechtsfolgen treffe, da er zu einer umfassenden Beratung verpflichtet sei und die Belehrung über steuerliche Rechtsfolgen sich als Teil des umfassenden Mandats darstelle, will *Rehbinder* bei der Tätigkeit des Notars danach unterscheiden, ob der Notar nur einen Vertrag beurkundet oder eine umfassende Vertragsgestaltung übernommen hat.

Im ersteren Fall bestehe eine Belehrungspflicht nur, wenn ein Beteiligter besonderen 81 Gefahren ausgesetzt ist oder die Beteiligten erkennbar auf die steuerlichen Auswirkungen des Geschäfts besonderes Gewicht legen. Bei umfassender Vertragsgestaltung soll eine Belehrungspflicht immer schon dann anzunehmen sein, wenn steuerliche Gesichtspunkte erkennbar eine Rolle spielen.[78] Wenn der Notar eine umfassende Rechtsbetreuung gemäß § 24 Abs. 1 BNotO übernimmt, zB eine vereinbarte Vorwegnahme der Erbfolge in eine geeignete rechtliche Form zu bringen und die entsprechenden Verträge vorzubereiten und für deren Vollzug zu sorgen, hat der Notar für eine auftragsgerechte und zuverlässige Rechtsgestaltung zu sorgen.[79]

---

[75] Vgl. BGH MittBayNot 2011, 339.
[76] Vgl. Spiegelberger/Schallmoser/*Küffner* Kap. 1 Rn. 1.181.
[77] *Rehbinder*, Vertragsgestaltung, 2. Aufl. 1993, S. 58.
[78] Vgl. BGH NJW 1989, 586; DNotZ 1980, 563 (565).
[79] Vgl. BGH ZEV 2000, 452 (455).

j) Subsidiarität der Notarhaftung

Beispiel:

Steuerberater S übergibt Notar N den Entwurf eines Ergebnisabführungsvertrages, der einen Hinweis auf § 302 Abs. 3 AktG, nicht aber auf die Verjährungsvorschrift des § 302 Abs. 4 AktG enthält. Während das FG den beurkundeten Vertrag als steuerwirksam ansah, ist nach Auffassung des BFH[80] kein steuerwirksamer Ergebnisabführungsvertrag entstanden. Haftet auch Notar N?

> Praxishinweis:
>
> Ältere Formularbücher enthalten nicht den Hinweis auf § 302 Abs. 4 AktG. Der BFH und die Finanzverwaltung vertreten bei dem Hinweis auf § 302 AktG eine restriktivere Auffassung. Danach muss entweder insgesamt auf § 302 AktG, in jedem Fall aber auf Abs. 4 mit der darin enthaltenen Verjährungsvorschrift verwiesen werden. Durch eine Änderung des § 17 KStG iVm § 34 Abs. 9 Nr. 10b KStG idF vom 20.2.2013 erließ der Gesetzgeber die Heilungsvorschrift, wonach durch eine nachträgliche dynamische Bezugnahme auf § 302 AktG bei allen noch nicht bestandskräftig veranlagten Fälle eine wirksame Gewinnabführung erreicht werden konnte.

82   Dem Umstand, dass § 839 BGB eine zwar subsidiäre, aber betragsmäßig unbegrenzte Haftung des Notars anordnet, wurde bisher zu wenig Aufmerksamkeit geschenkt. Alle rechts- und steuerberatenden sowie wirtschaftsprüfenden Berufe können – mit Ausnahme der Notare – die berufliche Haftung betragsmäßig durch Vereinbarung mit den Beteiligten oder von vorneherein durch die Wahl einer haftungsbegrenzenden Rechtsform wie zB einer GmbH, GmbH & Co. KG oder PartGG begrenzen. Soweit § 839 BGB auf Beamte Anwendung findet, erfolgt in jedem Fall eine Haftungsfreistellung durch den Staat bei leichter Fahrlässigkeit gemäß Art. 34 GG. Teilweise wichen Rechtsanwaltskanzleien, denen die Rechtsform der GmbH & Co. KG vom BGH bisher verweigert wurde, auf die Rechtsform der liability limited partnership (LLP) aus. Mit dem Gesetz vom 15.7.2013[81] hat der Gesetzgeber die Möglichkeit geschaffen, die Haftung für fehlerhafte Berufsausübung auf das Vermögen der Partnerschaft zu begrenzen. Im Hinblick auf die berufsrechtlich erforderlichen Berufshaftpflichtversicherungen steht diese Rechtsform gegenwärtig nur Rechts- und Patentanwälten sowie Steuerberatern und Wirtschaftsprüfern offen.[82] Da die Versicherungsgesellschaften Berufshaftpflichtversicherungen nur mit Höchstsummenbegrenzungen akzeptieren, ist eine gesetzliche Haftungsbeschränkung für Notare umso dringlicher. Dies gilt insbesondere für den Fall, dass zwar der primär verantwortliche Haftungsschuldner, zB ein Rechtsanwalt oder ein Steuerberater, aufgrund der mit den Mandanten getroffenen Haftungsbeschränkung oder wegen der haftungsbegrenzenden Rechtsform nur einen Teil des entstandenen Schadens trägt und die subsidiäre Haftung des Notars in vollem Umfang durchschlägt.

83   Die erwähnte Entscheidung des BFH[83] zeigt eindrucksvoll, dass die Beurkundung von Ergebnisabführungsverträgen zu millionenhohen Haftungsansprüchen gegen den beurkundenden Notar führen kann, da die primär Verantwortlichen entweder ihre Haftung begrenzt haben oder wirtschaftlich nicht in der Lage sind, den entstandenen Schaden abzudecken.

84   Zwar kann der Notar einen Hinweis in die Urkunde aufnehmen, dass er keine steuerliche Beratung übernommen hat, und damit faktisch die Haftung für die Steuerfolgen ei-

---

[80] BStBl. II 2010, 932.
[81] BGBl. I 2386.
[82] Vgl. *Sommer/Treptow* NJW 2013, 3269.
[83] BStBl. II 2010, 932.

ner Urkunde ausschließen, da er zu steuerrechtlichen Fragen eines Beteiligten nur dann richtig, klar und vollständig beraten bzw. Auskunft erteilen muss, soweit er dies konkret übernimmt.[84] Dennoch bleibt die Gefahr der Haftung, wenn ein Beteiligter die dem Notar erkennbaren steuerlichen Folgen nicht wünscht, aber sich wegen mangelnder Kenntnis der Rechtlage der Gefährdung seiner Interessen nicht bewusst ist.[85]

k) Zusammenfassung. Aus einzelnen enumerativen steuerlichen Hinweispflichten kann   85 nach der höchstrichterlichen Rechtsprechung grundsätzlich nicht eine allgemeine Belehrungspflicht über die steuerlichen Folgen eines zu beurkundenden Rechtsgeschäfts abgeleitet werden. Ausnahmsweise besteht jedoch in bestimmten Konstellationen eine Belehrungspflicht mit steuerlichen Haftungsfolgen aufgrund der allgemeinen notariellen Betreuungspflicht gemäß §§ 17 Abs. 1 S. 1, 19 BeurkG sowie gemäß §§ 14 Abs. 1 S. 2, 24 BNotO in Betracht, wenn der Notar
- die notarielle Formulierungspflicht verletzt und damit der erkennbare Wille der Beteiligten nicht richtig oder vollständig niedergelegt wird;
- die ersichtliche **Unerfahrenheit** der Beteiligten eine entsprechende Belehrung angezeigt sein lässt;
- die Beteiligten ersichtlich auf die **steuerlichen Auswirkungen** Wert legen und dem Notar die Gestaltungsfreiheit überlassen;
- der Notar die umfassende Rechtsberatung und Gestaltung oder gar die steuerrechtliche **Beratung** übernimmt. Ein Indiz für die Übernahme der steuerlichen Beratung ist ein gesonderter Gebührenansatz.

IV. Möglichkeiten der Haftungsbegrenzung

Für die Gestaltung der notariellen Urkunde gilt der Grundsatz des **„sicheren Weges"**.   86 Von mehreren in Frage kommenden Wegen ist immer derjenige zu wählen, der für den Auftraggeber der weniger gefährliche ist; zumindest ist der Auftraggeber auf die Gefahren, die sich aus der Wahl eines anderen Weges ergeben, aufmerksam zu machen.[86] Zwar kann nicht verlangt werden, dass der Notar nach dem Grundsatz „doppelt reißt nicht" oder „doppelt genäht hält besser" verfährt.[87] Dennoch sollte der Notar den Grundsatz einhalten, auch hinsichtlich der steuerlichen Auswirkungen nicht die äußerste Grenze des Machbaren auszuschöpfen. Bei steuerrelevanten Beurkundungen kann der Notar eine drohende Haftung für die steuerlichen Folgen durch die im Folgenden dargelegten Maßnahmen abwehren.

1. Verbindliche Auskunft des Finanzamtes

Schrifttum:
Monographien: *Thiele,* Steuerrechtliche Auskünfte und Zusagen. Ein Rechtsvergleich zwischen den Auskunftssystemen Deutschlands, der Niederlande und des Vereinigten Königreichs de legal lata und de lege ferenda, 2016.
Aufsätze: *Bergan/Martin,* Rechtsschutz gegen eine Negativauskunft nach § 89 Abs. 2 AO, DStR 2012, 2164; *BMF-Schreiben* und *Oberste Finanzbehörden der Länder,* Verbindliche Auskunft nach § 89 II AO, Zuständigkeit für die Erteilung einer verbindlichen Auskunft, BStBl. I 2007, 470; *dies.,* Verbindliche Auskünfte der Finanzämter und des Bundeszentralamts für Steuern, BStBl. I 2008, 2; *BMF-Schreiben,* Verordnung zur Durchführung von § 89 II der AO – StAuskV, BStBl. I 2007, 820; *Golombek,* Zum Umfang der richterlichen Inhaltskontrolle einer verbindlichen Auskunft – ein Rettungsversuch, BB 2015, 1946; *Grotherr,* Anonymisierte Veröffentlichung von verbindlichen Auskünften und elektronisches Auskunftsverfahren, BB 2015, 471; *Joisten/Bergmann,* Wann darf das Finanzamt die Erteilung einer verbindlichen Auskunft ablehnen?, FR 2014, 923; *Krumm,* Verbindliche Auskunft und gerichtliche Kontrolle, DStR 2011, 2429; *Olgemüller,* Steuerplanung und verbindliche Auskunft, AG 2014, 393; *Roser,* Die verbindliche Auskunft in der

---

[84] Vgl. BGH NJW 2008, 1085 Rn. 16.
[85] Vgl. BGH NJW 2008, 1085; Palandt/*Sprau* BGB § 839 Rn. 161.
[86] Vgl. RGZ 151, 264.
[87] Vgl. RGZ 87, 183.

GmbH-Beratung, GmbH-StB 2016, 244; *Rüsken,* Steuerlicher Dispositionsschutz durch verbindliche Auskunft?, Festschrift Haarmann 2015, 809; *Spilker,* Verfassungsrechtliche Anforderungen an eine gesetzliche Regelung der verbindlichen Auskunft, StuW 2013, 19; *Stemplewski,* Kooperation im Steuerverfahren am Beispiel der verbindlichen Auskunft, BB 2012, 2220; *Werder/Dannecker,* Entwicklungen bei der verbindlichen Auskunft, BB 2015, 1687, BB 2014, 926 und BB 2013, 284.

87   **a) Auskunftsanspruch.** Obwohl die AO einen gesetzlichen Anspruch auf Auskunftserteilung nur in Zoll- und Lohnsteuerfragen vorsieht, konnte bereits aufgrund des BMF-Schreibens BStBl. I 1987, 474 in allen Steuerfragen eine verbindliche Auskunft des Finanzamtes eingeholt werden. Die Finanzverwaltung hat durch BMF-Schreiben BStBl. I 2003, 742 eine ergänzende Regelung getroffen, die im Kern den früheren Vorschriften entspricht. Gemäß Rn. 2.1 muss der Antrag schriftlich gestellt werden und **folgende Angaben** enthalten:

– die genaue Bezeichnung des Antragstellers (Name, Wohnort, ggf. Steuernummer);
– eine umfassende und in sich geschlossene Darstellung eines ernsthaft geplanten, im Wesentlichen noch nicht verwirklichten Sachverhalts (keine unvollständige, alternativ gestaltete oder auf Annahme beruhende Darstellung; Verweisung auf Anlagen nur als Beleg);
– die Darlegung des besonderen steuerlichen Interesses;
– eine ausführliche Darlegung des Rechtsproblems mit eingehender Begründung des eigenen Rechtsstandpunktes;
– die Formulierung konkreter Rechtsfragen (wobei globale Fragen nach den eintretenden Rechtsfolgen nicht ausreichen);
– die Erklärung, dass über den zur Beurteilung gestellten Sachverhalt bei keiner anderen Finanzbehörde eine verbindliche Auskunft beantragt wurde; sowie
– die Versicherung, dass alle für die Erteilung der Auskunft und für die Beurteilung erforderlichen Angaben gemacht wurden und der Wahrheit entsprechen.

88   Hierzu empfiehlt es sich, den Urkundenentwurf dem zuständigen Finanzamt zuzusenden.

b) Gebührenpflicht

Schrifttum:

Blömer, Zweifelsfragen im Zusammenhang mit der Gebührenpflicht verbindlicher Auskünfte nach § 89 III bis V AO, DStR 2008, 1866; *BMF-Schreiben* und *Oberste Finanzbehörden der Länder,* Gebühren für die Bearbeitung von Anträgen auf Erteilung einer verbindlichen Auskunft nach § 89 III bis V AO, BStBl. I 2007, 227; *BMF-Schreiben,* Zweifelsfragen im Zusammenhang mit verbindlichen Auskünften nach § 89 AO, DStR 2008, 1883; *Bruhns,* Die verbindliche Auskunft aus Perspektive der Finanzverwaltung – Zügige Bearbeitung und aktuelle Gebührenfragen, DStR 2017, 2360; *Simon,* Die neue Gebührenpflicht für die Bearbeitung von verbindlichen Auskünften, DStR 2007, 557.

89   Die verbindliche Auskunft wird erst erteilt, wenn der Steuerpflichtige zuvor die vom Finanzamt angeforderte Gebühr entrichtet hat. Nach Auffassung des BMF[88] ist der Gegenstandswert für die Auskunft in der Weise zu ermitteln, dass der Steuerbetrag, der bei Anwendung der vom Antragsteller vorgetragenen Rechtsauffassung entstehen würde, dem Steuerbetrag gegenüberzustellen ist, der entstehen würde, wenn die Finanzbehörde eine entgegengesetzte Rechtsauffassung vertreten würde. *Simon*[89] weist demgegenüber darauf hin, dass nach der aktuellen Rechtsprechung des BFH[90], zB bei der Frage der Anerkennung eines Verlustes einer GmbH & Co. KG, grundsätzlich nur 25 % des in Frage stehenden Verlustes und nicht der Gesamtbetrag des Verlustes als Gegenstandswert anzusetzen sei.

---

[88] BStBl. I 2007, 227.
[89] DStR 2007, 560.
[90] DStRE 2007, 254.

Der BFH[91] hat diese Rechtsprechung mit folgenden Leitsätzen bestätigt: **89a**
1. Der Gegenstandswert einer erteilten Auskunft richtet sich nach dem gestellten Antrag und den sich daraus ergebenden steuerlichen Auswirkungen. Dafür ist auf die Differenz zwischen dem Steuerbetrag, der aufgrund der von dem Antragsteller vorgetragenen Rechtsauffassung entstehen würde, und dem Steuerbetrag abzustellen, der sich bei einer von der Finanzbehörde vertretenen entgegengesetzten Rechtsauffassung ergeben würde.
2. Steuerliche Auswirkungen, die sich mittelbar ergeben können, die jedoch nicht selbst zum Gegenstand des Antrags auf verbindliche Auskunft gemacht worden sind, werden bei der Bemessung der Auskunfsgebühr nicht berücksichtigt.
3. Der Gegenstandswert wird nach den Grundsätzen der gerichtlichen Streitwertermittlung für ein Hauptsacheverfahren berechnet.

Gemäß Rn. 35 dieser Entscheidung ist der Gegenstandswert unter Berücksichtigung der **89b** hierzu ergangenen Rechtsprechung grundsätzlich nach der typisierten einkommensteuerlichen Auswirkung mit 25% des streitigen Gewinns zu bemessen. Sofern sowohl Organträger als auch Organgesellschaft beim Finanzamt eine verbindliche Auskunft über den gleichen Sachverhalt beantragen, müssen beide Antragsteller die volle Auskunftsgebühr entrichten.[92]

> **Praxishinweis:**
> Es empfiehlt sich, dem Finanzamt die Abrechnung nach Stundensätzen anzubieten und um Mitteilung der Kontonummer zu bitten, da das Finanzamt erst nach dem Eingang einer Zahlung eine Auskunft erteilt.

Gemäß Rn. 2.5 werden verbindliche Auskünfte nicht erteilt in Angelegenheiten, bei **90** denen die Erzielung eines Steuervorteils im Vordergrund steht, zB Prüfung von Steuersparmodellen, Feststellung der Grenzpunkte für einen Gestaltungsmissbrauch oder für das Handeln eines ordentlichen Geschäftsleiters. Die Befugnis, nach pflichtgemäßem Ermessen – auch in anderen Fällen – die Erteilung einer verbindlichen Auskunft abzulehnen, bleibt nach Auffassung der Finanzverwaltung unberührt, zB wenn zu dem Rechtsproblem eine gesetzliche Regelung, eine höchstrichterliche Entscheidung oder eine Verwaltungsanweisung in absehbarer Zeit zu erwarten ist.

c) Bindungswirkung. Aus einer finanzbehördlichen Auskunft können Rechtsfolgen nur **91** abgeleitet werden, wenn der Steuerpflichtige eine verbindliche Zusage beantragt und das Finanzamt eine solche ohne Einschränkung oder Vorbehalte erteilt hat.[93]

Die Auskunft des Finanzamtes ist **nur** dann **verbindlich,** wenn sie der für die spätere **92** Veranlagung **zuständige Beamte** oder der Vorsteher erteilt hat.[94] Der Steuerpflichtige hat einen Anspruch auf ermessensfehlerfreie Bescheidung.[95] Gemäß Rn. 5.2 BMF-Schreiben BStBl. I 2003, 743 ist die Auskunft mit dem vom Finanzamt als zutreffend erachteten Inhalt zu erteilen. Eine – für den Antragsteller negative – Auskunft soll kein Verwaltungsakt sein, eine Rechtsbehelfsmöglichkeit sei damit nicht gegeben. Der Antragsteller sei auf das Festsetzungs- oder Feststellungsverfahren zu verweisen. Ein **anfechtbarer Verwaltungsakt** liege nur vor, wenn eine verbindliche Auskunft abgelehnt werde, weil die formellen Voraussetzungen nicht erfüllt sind oder weil die Auskunft aus anderen Gründen

---

[91] BStBl. II 2015, 989.
[92] DStR 2016, 1416.
[93] Vgl. BFH BStBl. II 1993, 218.
[94] Vgl. BFH BStBl. II 1990, 274.
[95] Vgl. Beermann/*Sauer* AO Vor §§ 204–207 Rn. 22.

nicht erteilt werden kann, zB wegen einer zu erwartenden gesetzlichen Regelung, höchstrichterlichen Entscheidung oder Verwaltungsanweisung.

93　Dem BMF-Schreiben kann nicht gefolgt werden, soweit der Rechtsschutz gemäß Rn. 5.3 eingeschränkt wird. Macht das Finanzamt von seinem Ermessen fehlerhaft Gebrauch, kann gemäß § 102 FGO nach erfolglosem Einspruchsverfahren Klage auf Neubescheidung erhoben werden.[96]

93a　Sofern die Auskunft nicht dem Antragsteller, sondern irrtümlich einer anderen Person, zB einem Gesellschafter, erteilt wird, ist die erteilte Auskunft nichtig, so dass die entrichtete Gebühr vom Finanzamt zurückzugewähren ist.[97]

d) Anrufungsauskunft

Schrifttum:

BMF-Schreiben, Anrufungsauskunft als feststellender Verwaltungsakt, DStR 2011, 414.

94　Erteilt das Betriebsstättenfinanzamt gemäß § 42e EStG eine Anrufungsauskunft über die Lohnsteuer, stellt diese nicht eine unverbindliche Wissenserklärung, sondern einen feststellenden Verwaltungsakt iSd § 118 S. 1 AO dar.[98]

2. Verweisung der Beteiligten an einen Steuerberater oder das Finanzamt

Schrifttum:

Gaupp, Notar und Steuerberater, FS Spiegelberger 2009, 1410; *Wagner,* Pflichten bei der notariellen Beurkundung von Gesellschaftsverträgen im Hinblick auf steuerliche Belastungsrisiken, DStR 1995, 807.

95　Wenn der Notar erkennt, dass einem Beteiligten mangels Kenntnis der Rechtslage ein Schaden droht oder wenn die Beteiligten anlässlich einer Beurkundung auf die Klärung steuerlicher Fragen erkennbar entscheidendes Gewicht legen und den Notar um eine Auskunft ersuchen, muss der Notar, wenn er nicht selbst beraten will, die Beteiligten an einen Steuerberater oder an die Finanzbehörde verweisen. *Wagner*[99] rät zu Recht, dass der Notar jedenfalls bei Gesellschaftsverträgen den Beteiligten empfiehlt, sich bezüglich steuerlicher Risiken vom eigenen Steuerberater beraten zu lassen, um nicht in die Grauzone zwischen steuerlicher Beratung bzw. steuerlicher Risikoberatung hineinzugeraten.

96　Dem Notar ist generell anzuraten, die **Zusammenarbeit mit dem Steuerberater** der Beteiligten bereits im Vorfeld der Beurkundung zu suchen, zumal Steuerberater die beste Informationsquelle sind.[100] Dies gilt ganz besonders für die Frage, ob Gegenstand der Beurkundung Betriebsvermögen ist. Die Übersendung des Vertragsentwurfes an den Steuerberater vor der Beurkundung ist eine wichtige Vorsichtsmaßnahme, um steuerrelevante Umstände nicht zu übersehen und die Steuerhaftung des Notars regelmäßig auszuschließen.[101] Von Vereinfachung des Steuerrechts kann keine Rede sein. *Gaupp*[102] weist zurecht darauf hin, dass der Notar durch vertiefte eigene steuerrechtliche Kenntnisse und durch Kooperation mit den steuerberatenden Berufen dem Rechnung tragen muss.

97　**3. Belehrungshinweis in der Urkunde.** Aus Beweisgründen empfiehlt es sich, wenn die Beteiligten erkenntlich oder ausdrücklich Wert auf die steuerlichen Auswirkungen legen, in die Urkunde einen Hinweis auf die getroffenen steuerlichen Vorsichtsmaßnahmen aufzunehmen.

---

[96] Vgl. Beermann/*Brandt* FGO § 102 Rn. 44.
[97] BFH BStBl. 1990, 274 (276): Der die Auskunft erteilende Beamte muss für den Steuerpflichtigen zuständig sein.
[98] Vgl. BFH BStBl. II 2010, 996; DStR 2010, 2243.
[99] DStR 1995, 807 (814).
[100] So auch *Weingärtner,* Vermeidbare Fehler im Notariat, 6. Aufl. 2001, Rn. 237.
[101] Vgl. BGH VersR 1971, 740 – Umsatzsteuer.
[102] FS Spiegelberger 2009, 1410 (1417).

Formulierungsbeispiel: Haftungsausschluss für Steuerfolgen 98

Die Beteiligten legen nach ihren Erklärungen besonderen Wert auf die steuerlichen Aus- ✋
wirkungen ihrer Vereinbarungen. Eine steuerliche Beratung oder Betreuung wurde vom
Notar jedoch nicht übernommen. Dieser hat die Beteiligten auf die Möglichkeit der Einholung einer Auskunft bei dem zuständigen Finanzamt oder der Zuziehung von Steuerberatern hingewiesen.

[*ggf.:* Aufgrund dieses Hinweises [*Alt. 1:* wurde der Vertragsentwurf folgenden Steuerberatern übersandt: ***.] [*Alt. 2:* haben die Steuerberater X und Y an der Beurkundung
teilgenommen.]]

[*Alt.:* Trotz des Hinweises des Notars auf etwaige steuerliche Nachteile bestanden die
Beteiligten auf der sofortigen Beurkundung ohne Zuziehung von Steuerberatern und
ohne vorherige Auskunftserteilung durch das zuständige Finanzamt.]

Der Notar schließt jede Haftung, soweit gesetzlich zulässig, für die aus dem beurkundeten Rechtsgeschäft entstehenden Steuern und für von den Beteiligten erwartete, tatsächlich nicht eintretende Steuervorteile aus.

Hiltz[103] beklagt den in vielen Notarverträgen routinemäßig eingefügten Satz „Der No- 98a
tar hat nicht über Steuerfolgen belehrt.", da der BFH[104] den von dem Notar in die Urkunde aufgenommenen Haftungsausschluss als Erklärung der Beteiligten bewertete, dass
die Frage des Entstehens bzw. der Höhe der Steuer erkennbar nicht zur Grundlage des
Vertrages gemacht worden sei. Meines Erachtens sollten routinemäßige Haftungshinweise
und Haftungsausschlüsse des beurkundenden Notars in von der Urkunde getrennten
Schriftstücken erfolgen, um der Finanzverwaltung und -rechtsprechung keine Handhabe
zu bieten, negative Interpretationen aus der Urkunde zu Lasten der Beteiligten zu treffen.

In einer Betriebsaufspaltungsentscheidung des X. Senats[105] wird in der Tatbestandsschil- 98b
derung erwähnt, der beurkundende Notar habe ausdrücklich darauf hingewiesen, dass es
zur Aufdeckung stiller Reserven komme, wenn die Finanzverwaltung die Betriebsaufspaltung aufgrund des Vertrags nicht mehr anerkennen würde. Dieser ausschließlich dem Haftungsausschluss des Notars dienende Hinweis wurde offensichtlich sowohl von der Finanzverwaltung als auch vom BFH dahingehend verstanden, dass die Beteiligten aufgrund
des notariellen Hinweises mit einer Aufdeckung stiller Reserven rechnen mussten. Tatsächlich hat der Notar mit dieser Formulierung nicht die Erklärung der Beteiligten beurkundet, sondern sich selbst von einer Steuerhaftung exkulpiert. Die – von der anzeigepflichtigen (!) Urkunde getrennten – Haftungsausschlüsse des Notars können bei der
Ablage der Urkunde in der Urkundensammlung mit der Urkunde verbunden werden,
um auch nach Jahrzehnten bei Haftungsansprüchen gegen den Notar als Beweismittel zur
Verfügung stehen, da die Beiakten des Notariats regelmäßig nach fünf Jahren vernichtet
werden. Lediglich die Notarurkunde unterliegt der zeitlich unbeschränkten Aufbewahrungspflicht des Notars.

B. Interdependenz von Zivil- und Steuerrecht

Schrifttum:
Monographien: *Knobbe-Keuk,* Das Steuerrecht – eine unerwünschte Rechtsquelle des Gesellschaftsrechts?,
1986.
Aufsätze: *Fischer,* Auslegungsziele und Verfassung, FS Tipke 1995, 187; *Fleischer,* Verdeckte Gewinnausschüttung: Die Geschäftschancenleere im Spannungsfeld zwischen Gesellschafts- und Steuerrecht, DStR
1999, 1249; *Groh,* Das Steuerrecht als unerwünschte Quelle des Gesellschaftsrechts, BB 1984, 304; *Heuer-*

---

[103] FS Spindler 2009, 693 (698).
[104] BFH/NV 2010, 896.
[105] GmbHR 2015, 776.

mann, Irretationen über einen alten Rechtsgrundsatz – Verträge zwischen nahestehenden Personen ohne zivilrechtliche Wirksamkeit?, DB 2007, 1267; *Kirchhof,* Die verfassungsrechtlichen Grenzen rückwirkender Steuergesetze, DStR 2015, 717; *Klingelhöffer,* Die Bedeutung des Steuerrechts bei der Auslegung und Anwendung zivilrechtlicher Normen, DStR 1997, 544; *Krüger,* Das unbekannte Risiko des zivilrechtlichen Vergleichs: Die steuerrechtlichen Folgen, NJW 2015, 203; *Pelka,* Die Steuerrechtsprechung als unerwünschte Rechtsquelle für die Vertragsgestaltung, FS Tipke 1995, 251; *Raupach,* Darf das Steuerrecht andere Teile der Rechtsordnung stören? Zur Eigenständigkeit des Steuerrechts und deren Grenzen, FS Tipke 1995, 105; *Rodewald/Pohl,* Unternehmenssteuerreform 2008: Auswirkungen auf Gesellschafterbeziehungen und Gesellschaftsverträge, DStR 2008, 724; *Schulze-Osterloh,* Zivil- und Steuerrecht, AcP 1990, 140.

I. Maßgeblichkeit des Zivilrechts

99   Grundsätzlich gilt im Verhältnis zwischen dem Zivil- und Steuerrecht der Grundsatz der **Maßgeblichkeit** des Zivilrechts für das Steuerrecht,[106] da das Steuerrecht in der Regel der bürgerlich-rechtlichen Betrachtung folgt oder die dem bürgerlichen Recht entlehnten Rechtsbegriffe vom Steuerrecht grundsätzlich als Anknüpfungspunkt übernommen werden.[107] Teilweise wird jedoch die Eigenständigkeit steuerrechtlicher Gesetzesauslegung und -anwendung betont. Der IX. BFH-Senat[108] meinte sogar, dass dem Zivilrecht keinerlei Leitfunktion für das Einkommensteuerrecht zukomme. Hingegen folgt der für die Umsatzsteuer zuständige V. Senat des BFH bei der Beurteilung von Leistungsbeziehungen grundsätzlich dem Zivilrecht.[109]

100   Insgesamt knüpfen die **Verkehrssteuern** eng an die spezifisch zivilrechtlich vorgeprägten Begriffe an. *Flume*[110] betont zu Recht das Prinzip der Einheit der Rechtsordnung und geht von einem Vorrang der allgemeinen Rechtsordnung vor der Besteuerung und damit auch von einem Vorrang des Zivilrechts aus. Nach Auffassung von BVerfG BStBl. II 1992, 212 besteht zwar keine Maßgeblichkeit des Zivilrechts für die Auslegung steuerrechtlicher Tatbestände; gemäß BVerfGE 18, 231 liegt es jedoch im Interesse der Klarheit und Reinheit und vor allem der inneren Autorität der Rechtsordnung, die Entsprechung von Privat- und Steuerrecht durchgehend zu wahren. Insbesondere sind die im Zivilrecht entwickelten Auslegungsmethoden auch für das Steuerrecht maßgeblich. Meines Erachtens ist ein geordnetes Steuerwesen ohne enge Anlehnung an die über 2000-jährige Tradition und Rechtskultur des Zivilrechts nicht denkbar. Dass darüber hinaus vom Zivilrecht abweichende Begriffe, Zuordnungen und Wertungen bestehen, ist unbestritten.

II. Wirtschaftliche Betrachtungsweise

Schrifttum:

Deubert/Lewe, Zeitpunkt der Erlangung des wirtschaftlichen Eigentums beim Erwerb von GmbH-Anteilen, BB 2014, 1835; *Eibelshäuser,* Wirtschaftliche Betrachtungsweise im Steuerrecht – Herkunft und Bedeutung, DStR 2002, 1426; *Gläser/Birk,* Wirtschaftliches Eigentum an Kapitalgesellschaftsanteilen, EStB 2011, 451; *Klein,* Wirtschaftliches Eigentum bei Aktiengeschäften im Rahmen von „Cum/Ex-Geschäften" im Lichte der Rechtsprechung des I. Senats des BFH, BB 2015, 726; *Spiegelberger,* Wirtschaftliches Eigentum durch schuldrechtliche und dingliche Nutzungsrechte, MittBayNot 1997, 278; *Wagner,* Übergang des wirtschaftlichen Eigentums im Fall der Einräumung von Ankaufs- und Andienungsrechten (Call- und Put-Optionen), Der Konzern 2007, 199.

101   **1. Gesetzliche Regelung.** Die Abgabenordnung enthält in den §§ 39–42 AO den Grundsatz der **„wirtschaftlichen Betrachtungsweise",** wonach das Steuerrecht bei bestimmten Sachverhalten eine vom Zivilrecht abweichende Wertung vornimmt. Gemäß § 39 Abs. 2 AO wird ein Wirtschaftsgut nicht dem Eigentümer, sondern dem Eigenbesitzer, Sicherungseigentum dem Sicherungsgeber, das Treuhandvermögen nicht dem Treuhänder, sondern dem Treugeber zugerechnet **(wirtschaftliches Eigentum).** Die wirt-

---

[106] Vgl. BFH BStBl. II 1962, 310.
[107] Vgl. BVerfG BStBl. II 1970, 652.
[108] BStBl. II 1989, 768.
[109] Vgl. BStBl. II 1989, 677; Osterloh JuS 1994, 994.
[110] Steuerwesen und Rechtsordnung, 1952, S. 24.

schaftliche Betrachtungsweise muss die Gleichheit der Besteuerung vor rechtsformalisti-schen Differenzierungen sichern. Sie muss aber dort zurücktreten, wo unabweisbare Rechtssicherheitserfordernisse gegeben sind.[111] Ein zivilrechtlicher **Durchgangserwerb** (in Gestalt einer logischen Sekunde) hat nicht zwangsläufig auch einen steuerrechtlichen Durchgangserwerb iSd Innehabens wirtschaftlichen Eigentums in der Person des zivil-rechtlichen Durchgangserwerbers zur Folge; vielmehr ist die steuerrechtliche Zuordnung nach Maßgabe des § 39 Abs. 2 Nr. 1 AO zu beurteilen.[112]

Wirtschaftsgüter, die mehreren zur **gesamten Hand** zustehen, werden den Beteiligten 102 gemäß § 39 Abs. 2 Nr. 2 AO **anteilig** zugerechnet, **soweit** eine getrennte Zurechnung für die Besteuerung erforderlich ist. Einkommensteuerlich gilt bei vermögensverwalten-den Personengesellschaften die Bruchteilsbetrachtung, dh die Gesellschafter werden wie Bruchteilseigentümer behandelt, während gewerblich tätige oder geprägte Personengesell-schaften selbst Subjekt der Einkünfteermittlung sind. Die beteiligungsidentische Um-wandlung einer Bruchteilsgemeinschaft in eine vermögensverwaltende Personengesell-schaft stellt danach keinen Veräußerungsvorgang dar,[113] während bei einer Änderung der Beteiligungsverhältnisse oder bei der Erbringung von Gegenleistungen zu prüfen ist, ob § 23 EStG eingreift. Entscheidend ist, ob der Grundbesitz entgeltlich oder unentgeltlich übertragen wird.[114]

Sofern steuerliches Privatvermögen in eine gewerblich tätige oder geprägte Personen- 103 gesellschaft unter Gewährung von Gesellschaftsanteilen eingebracht wird, handelt es sich immer um einen **tauschähnlichen Umsatz,** so dass die Anteilsverhältnisse vor und nach der Einbringung grundsätzlich keine Rolle spielen.[115]

2. Treuhandverhältnisse

Schrifttum:

Fuhrmann, Treuhandgestaltungen im Zivil- und im Steuerrecht, KÖSDI 2006, 15293; *Fuhrmann/Müller,* Steuerliche Beurteilung von Treuhandverhältnissen: Poolung von Treugeberrechten und Arbeitslohn, NZG 2015, 15; *Hupka,* Zur rechtlichen Einheit von Geschäftsanteilsübertragung und Treuhandvertrag und den Amtspflichten des Notars, NZG 2017, 55; *Müller/Wangler,* Voraussetzungen für ein steuerlich beachtliches Treuhandverhältnis, DStR 2010, 1067.

Gemäß § 39 Abs. 2 Nr. 1 S. 2 AO sind bei Treuhandverhältnissen die Wirtschaftsgüter 103a dem Treugeber zuzurechnen. Gemäß § 159 AO obliegt der Nachweis der Treuhänder-schaft dem Treuhänder. Die Verfügungsmacht des Treuhänders ist derart eingeschränkt, dass das rechtliche Eigentum als „leere Hülle" erscheint.[116] Es muss zweifelsfrei erkennbar sein, dass der Treuhänder ausschließlich für Rechnung des Treugebers handelt.[117]

3. Finanzrechtsprechung. Auch die Finanzrechtsprechung folgt der **wirtschaftlichen** 104 **Betrachtungsweise,** insbesondere im betrieblichen Bereich. Allerdings führen nur auf Richterrecht beruhende Institute, zB die Unternehmensform der **Betriebsaufspaltung,** zu einer von vielen beklagten Rechtsunsicherheit.[118]

---

[111] Vgl. *Eibelshäuser* DStR 2002, 432.
[112] Vgl. BFH GmbHR 2011, 553.
[113] Vgl. BFH BStBl. II 2005, 324.
[114] Vgl. *Spiegelberger* Vermögensnachfolge § 11 Rn. 157 ff.
[115] Vgl. BFH BStBl. II 2000, 230; GmbHR 2008, 548.
[116] BFH BStBl. II 2010, 590.
[117] BFH BStBl. II 2001, 468.
[118] Vgl. *Meßmer* StuW 1988, 235; *Söffing* DStR 1996, 1225; *Carlé* FS Spiegelberger 2009, 55; *Salzmann* FS Spiegelberger 2009, 401.

4. Beispiele für wirtschaftliches Eigentum. a) Steuerliche Zuordnung eines Grundstücks

Beispiel:

Eine GmbH & Co. KG nutzt entgeltlich eine Lagerhalle, die sich im Miteigentum eines Gesellschafters und seiner Ehefrau befindet.

105   Im Beispielsfall kann die steuerliche Beurteilung des Grundstückes nicht einheitlich für alle Steuerarten erfolgen, sondern erfordert folgende Differenzierungen:

106 aa) Handelsbilanz. In der Handelsbilanz der GmbH & Co. KG ist das Grundstück nicht auszuweisen, da es sich nicht im Eigentum der GmbH & Co. KG befindet.

107 bb) Sonderbilanz. Aufgrund der Verpachtung des Hälfteanteils an der Lagerhalle bezieht der Gesellschafter Einkünfte insoweit gemäß § 15 Abs. 1 S. 1 Nr. 2 EStG, so dass der Grundstücksanteil **Sonderbetriebsvermögen** darstellt und in einer Sonderbilanz erfasst werden muss.

108 cc) Haftung gemäß §§ 74, 75 AO. Gehören Gegenstände, die einem Unternehmen dienen, nicht dem Unternehmer, sondern einer an dem Unternehmen wesentlich beteiligten Person, so haftet der Eigentümer der Gegenstände gemäß § 74 AO mit diesen Gegenständen für diejenigen Steuern des Unternehmens, bei denen sich die Steuerpflicht auf den Betrieb des Unternehmens gründet. Es ergibt sich somit eine Steuerhaftung des wesentlich beteiligten Gesellschafters für seinen betrieblich genutzten Miteigentumsanteil an dem Grundstück.

108a   Bei Unternehmensübertragungen kommt eine Haftung des Erwerbers für betriebliche Steuern in Betracht, die seit dem Beginn des letzten, vor der Übereignung liegenden Kalenderjahres entstanden sind und bis zum Ablauf von einem Jahr nach Anmeldung des Betriebs durch den Erwerber festgesetzt oder angemeldet werden. Eine Erwerberhaftung nach § 75 Abs. 1 S. 1 AO besteht nicht, wenn bei Erlass des Haftungsbescheides kein übernommenes Vermögen, in das vollstreckt werden kann, vorhanden ist.[119]

109 dd) Schenkung- und Erbschaftsteuer. In Anlehnung an die Einkommensteuer wird der an die GmbH & Co. KG verpachtete Hälfteanteil des Gesellschafters an dem Grundstück auch erbschaftsteuerlich als Betriebsvermögen behandelt, so dass das mit dem Gesellschaftsanteil übertragene Sonderbetriebsvermögen an den erbschaftsteuerlichen Vergünstigungen der §§ 13a und 13b ErbStG teilnimmt.[120]

110 ee) Umsatzsteuer. Der einkommensteuerliche Begriff des Betriebsvermögens deckt sich nicht mit dem umsatzsteuerlichen; letzterer ist wesentlich weiter gefasst. Wird das an die GmbH & Co. KG verpachtete Grundstück veräußert, kann eine Geschäftsveräußerung iSd § 1 Abs. 1a UStG vorliegen,[121] die nicht der **Umsatzsteuer** unterliegt, so dass auch keine Vorsteuerberichtigung gemäß § 15a UStG stattfindet; zur Umsatzsteueroption gemäß § 9 Abs. 1 UStG → Rn. 136.

ff) Grunderwerbsteuer

Schrifttum:

Graessner, Wirtschaftliche Betrachtungsweise als genereller Grundsatz im Grunderwerbsteuerrecht?, NWB 2013, 3130.

---

[119] BFH DStRE 2013, 624.
[120] Gemäß § 13b Abs. 1 Nr. 2 ErbStG iVm § 97 Abs. 1a Nr. 2 BewG; nicht begünstigt ist die isolierte Übertragung von Sonderbetriebsvermögen, vgl. *v. Oertzen/Loose,* ErbStG, 2017, § 13b Rn. 41.
[121] Vgl. *Hipler* ZNotP 2004, 222.

Im Beispielsfall wird der GmbH & Co. KG nur ein Nutzungsrecht eingeräumt, ohne dass 110a
das Eigentum an der Immobilie übertragen wird, so dass keine Grunderwerbsteuer anfällt.

Bei der Übertragung eines Grundstückes mit der Übernahme eines Nutzungsrechtes, 110b
zB eines Nießbrauchs, stellt die Nutzungsrechtsübernahme eine Gegenleistung dar, die
der Grunderwerbsteuer unterliegt. Der Übergang von Beteiligungen an grundstückshaltenden Gesellschaften ist grunderwerbsteuerpflichtig gemäß § 1 Abs. 1 Nr. 3 GrEStG.
Gleiches gilt, wenn bei Umwandlungen Immobilien auf andere Rechtsträger übergehen,
es sei denn, dass bei Konzernsachverhalten die Steuervergünstigung des § 6a GrEStG eingreift, bei der die Beteiligungsverhältnisse innerhalb von fünf Jahren vor und nach der
Transaktion weitgehend unverändert bleiben.

Der Formwechsel gemäß § 190 UmwG ist grundsätzlich grunderwerbsteuerfrei, es sei 110c
denn, dass sich gemäß § 5 Abs. 3 GrEStG der Anteil des Veräußerers am Vermögen der
Gesamthand innerhalb von fünf Jahren nach dem Übergang des Grundstückes auf die
Gesamthand vermindert.[122]

b) Eigentumsähnliche Nutzungsrechte. Durch langfristige oder gar zeitlich unbe- 111
grenzte Nutzungsrechte kann einkommensteuerlich – abweichend von der bürgerlichrechtlichen Zuordnung – **wirtschaftliches Eigentum** des Nutzungsberechtigten begründet werden, wenn der Nutzungsberechtigte den Eigentümer im Regelfall für die gewöhnliche Nutzungsdauer von der Einwirkung auf das Wirtschaftsgut wirtschaftlich ausschließen kann (vgl. § 39 Abs. 2 Nr. 1 S. 2 AO). Auch wenn ein Grundstück im
notariellen Übergabevertrag nicht aufgeführt ist, steht es im wirtschaftlichen Eigentum des
Erwerbers, wenn im Vertrag die Übertragung **aller** Aktiva und Passiva vereinbart ist, die
Beteiligten dementsprechend verfahren und auch dementsprechend bilanzieren.[123]

Insbesondere wenn dem Erbauer eines Gebäudes auf fremdem Grund und Boden ein 112
schuldrechtliches oder dingliches Nutzungsrecht auf die betriebsgewöhnliche Nutzungsdauer eingeräumt wird, steht dem Nutzungsberechtigten gemäß § 39 Abs. 2 Nr. 1 S. 1
AO in der Regel das wirtschaftliche Eigentum zu, da er den Eigentümer für die gewöhnliche Nutzungsdauer von der Einwirkung auf das Wirtschaftsgut wirtschaftlich ausschließen kann.[124] Nach BFH[125] sind dem Nutzungsberechtigten Substanz und Ertrag des Gebäudes nicht nur zuzurechnen, wenn das Gebäude nach Ablauf der voraussichtlichen
Nutzungsdauer wirtschaftlich verbraucht ist, sondern auch dann, wenn zwar die voraussichtliche Nutzungsdauer des Gebäudes die Dauer der Nutzungsbefugnis überschreitet,
der Nutzungsberechtigte, der die Kosten des Gebäudes getragen hat, bei Beendigung der
Nutzung einen Anspruch auf Ersatz des Verkehrswertes des Gebäudes hat.

Auch Wirtschaftsgüter, an denen der Unternehmer nicht das zivilrechtliche, sondern 112a
nur das wirtschaftliche Eigentum hat, sind Teil seines Betriebsvermögens und können
nach § 24 UmwStG zum Buchwert in eine Personengesellschaft eingebracht werden.[126]

Wem Gesellschaftsanteile **im Rahmen einer vorweggenommenen Erbfolge** unter 112b
dem Vorbehalt des Nießbrauchs übertragen werden, erwirbt sie nicht iSv § 17 Abs. 2 S. 5
EStG, wenn sie weiterhin dem Nießbraucher nach § 39 Abs. 2 Nr. 1 AO zuzurechnen
sind, weil dieser nach dem Inhalt der getroffenen Abrede alle mit der Beteiligung verbundenen wesentlichen Rechte (Vermögens- und Verwaltungsrechte) ausüben und im Konflikt effektiv durchsetzen kann.[127]

Wirtschaftliches Eigentum kann auch durch ein **eigentumsähnliches Dauerwohn-** 113
oder Dauernutzungsrecht gemäß § 31 WEG eingeräumt werden. Nach BFH ist die
wirtschaftliche Gleichstellung eines Dauerwohnberechtigten mit einem Wohnungseigen-

---

[122] BFH DStR 2014, 32; Behrens/Wachter/*Schley,* GrEStG, 2018, § 5 Rn. 102.
[123] Vgl. FG Baden-Württemberg MittBayNot 2004, 69.
[124] Vgl. BFH MittBayNot 1997, 314.
[125] BStBl. II 2001, 481.
[126] BFH/NV 2015, 1409.
[127] BFH ErbR 2012, 189.

tümer in der Regel anzunehmen, wenn die Rechte und Pflichten des Dauerwohnberechtigten bei wirtschaftlicher Betrachtung den Rechten und Pflichten eines Wohnungseigentümers entsprechen und wenn der Dauerwohnberechtigte aufgrund des Dauerwohnrechtsvertrages bei einem Heimfall des Dauerwohnrechts eine angemessene Entschädigung erhält.[128]

c) Leasingverträge

Schrifttum:

Harriehausen, Die aktuellen Entwicklungen im Leasingrecht, NJW 2016, 1421 und NJW 2017, 1443.

114   Ein **Leasing-Vertrag,** der bürgerlich-rechtlich als Mietvertrag bewertet wird, kann je danach, ob die Summe der Leasingraten die Anschaffungs- und Finanzierungskosten erreicht, ob die Grundmietzeit weniger als 40 % oder mehr als 90 % der gewöhnlichen Nutzungsdauer beträgt und ob Kauf- oder Mietverlängerungsoptionen bestehen, steuerlich entweder als Mietvertrag oder als Kaufvertrag beurteilt werden.[129]

114a   Wirtschaftliches Eigentum nach § 39 Abs. 2 Nr. 1 S. 1 AO des Leasingnehmers an dem Leasinggegenstand kommt nicht in Betracht, wenn die betriebsgewöhnliche Nutzungsdauer des Leasinggegenstandes länger als die Grundmietzeit ist und dem Leasinggeber ein Andienungsrecht eingeräumt ist.[130]

115   **d) Vor- und Nacherbfolge.** Der BFH[131] hat den Nacherben, der auf dem Grundstück einer nicht befreiten Vorerbin ein Gebäude errichtet, als wirtschaftlichen Eigentümer angesehen, da er die rechtlich gesicherte und nicht entziehbare Erwartung hatte, nach dem normalen Verlauf der Dinge künftig selbst rechtlicher Eigentümer des Nachlasses und damit des Grundstücks zu werden.

116   **e) Aufschiebende Bedingungen.** Wird ein Gesellschaftsanteil unter einer aufschiebenden Bedingung veräußert, geht das wirtschaftliche Eigentum an dem Gesellschaftsanteil grundsätzlich erst mit dem Eintritt der Bedingung auf den Erwerber über, wenn ihr Eintritt nicht allein vom Willen und Verhalten des Erwerbers abhängt.[132]

III. Unterschiedliche Begriffsbildung im Zivil- und Steuerrecht

117   Der Grundsatz der **Maßgeblichkeit** des Zivilrechts für das Steuerrecht wird auch dadurch erheblich **eingeschränkt,** dass die im Zivilrecht einerseits und in den einzelnen Steuerarten andererseits verwendeten Begriffe trotz desselben Wortlauts häufig inhaltsverschieden sind. Bei einem Vergleich des Steuerrechts mit dem Zivilrecht ergeben sich synonyme, divergierende und steuerrechtliche Eigenbegriffe.[133]

118   **1. Synonyme Begriffe.** Zahlreiche Begriffe werden im Zivil- und Steuerrecht synonym verwendet, wie überhaupt eine Vermutung für die Synonymität besteht. Bei Rechtsbegriffen wie Kaufvertrag, Auflassung, Gesamtschuldnerschaft, Rechtsnachfolge oder Fristen besteht in der zivilrechtlichen und steuerlichen Terminologie im Wesentlichen Übereinstimmung, auch wenn nicht verkannt werden darf, dass im Randbereich Unterschiede vorhanden sind.

---

[128] BStBl. III 1965, 10; ebenso die Finanzverwaltung BMF-Schreiben BStBl. I 1990, 626 Rn. 27; Staudinger/*Spiegelberger* (2018) WEG § 41 Rn. 26.

[129] Vgl. BFH BStBl. II 1971, 34; BGH NJW 1987, 2082; Schmidt/*Weber-Grellet* EStG § 5 Rn. 721; als Prüfungsschema vgl. *Jacobsen* SteuerStud 2006, 148 (154). Zur ertragsteuerlichen Behandlung von Teilamortisations-Leasing-Verträgen über unbewegliche Wirtschaftsgüter vgl. BMF-Schreiben BStBl. I 1992, 13.

[130] BFH DStR 2017, 300.

[131] EStB 2004, 17.

[132] Vgl. BFH GmbH-StB 2009, 323.

[133] Vgl. *Fiegle,* Die steuerliche Prüfung von Verträgen, 1958, S. 41.

2. Divergierende Begriffe. In der Begriffsbildung können Divergenzen sowohl im Verhältnis Zivilrecht-Steuerrecht als auch innerhalb der einzelnen Steuerarten bestehen, so dass in vielen Fällen ein und derselbe Begriff je nach Steuerart Unterschiedliches meint. Beispiele für die unterschiedliche Beurteilung sind: **119**

a) Ertragsteuerlicher Grundstücksbegriff. § 94 Abs. 1 BGB, wonach zu den **wesentlichen Bestandteilen** eines Grundstückes die mit dem Grund und Boden fest verbundenen Sachen, insbesondere die Gebäude, gehören, gilt nicht für die steuerrechtliche Betrachtung. Grundstücke und Gebäude werden – je nach Steuerart – als einheitlicher Gegenstand wie im Zivilrecht (§ 94 BGB) oder **getrennt** erfasst und bewertet, ja sogar die einzelnen Gebäudeteile werden unterschiedlich beurteilt. **120**

In der Einkommensteuerbilanz wird zwischen **121**
– dem Grundstück,
– dem Gebäude und
– sonstigen Bauteilen und Einbauten (zB Schaufensteranlage)
differenziert.

Der Lastenaufzug, die Laderampe oder die Kinobestuhlung sind **Betriebsvorrichtungen** und werden somit wie bewegliche Gegenstände behandelt; der Personenaufzug ist ein unselbständiger Teil des Gebäudes; die Schaufensteranlage ist ein vom übrigen Gebäude getrennt zu bewertendes Wirtschaftsgut.[134] **122**

b) Das Gebäude im Steuerrecht

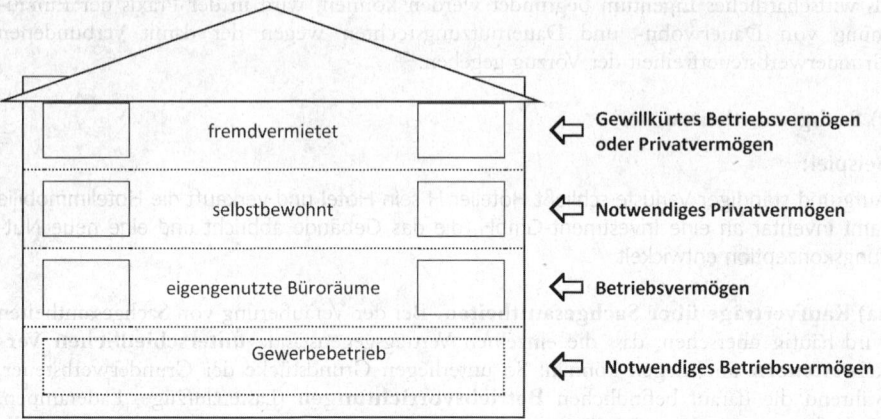

aa) Einkommensteuerliche Zuordnung. (1) Einzelne Gebäudeteile. Abweichend von der sachenrechtlichen Behandlung beurteilt das Ertragsteuerrecht ein Gebäude nach den darin vorhandenen Funktionseinheiten, die als selbständige Wirtschaftsgüter behandelt werden. Der Wohnnutzung unterliegende Einheiten werden danach beurteilt, ob sie eigenen Wohnzwecken dienen oder vermietet sind und steuerliches Privatvermögen darstellen. Eigenbetrieblich genutzte Räume sind notwendiges Betriebsvermögen. An andere Unternehmen verpachtete Räume oder auch vermietete Wohnräume können Betriebsvermögen darstellen. **123**

(2) Gebäude auf fremdem Grund und Boden. Wenn ein Gebäude auf einem fremden Grundstück nur zu einem vorübergehenden Zweck errichtet wird, entsteht gemäß § 95 Abs. 1 S. 1 BGB ein Scheinbestandteil und ist im Eigentum des Errichtenden. Das **124**

---

[134] Vgl. Schmidt/*Weber-Grellet* EStG § 5 Rn. 136 ff.

gleiche gilt gemäß § 94 S. 2 BGB, wenn das Gebäude in Ausübung eines Rechts an einem fremden Grundstück von dem Berechtigten mit dem Grundstück verbunden wird. Hingegen kann die nachträgliche Einräumung eines dinglichen Nutzungsrechtes grundsätzlich nichts mehr an der Eigentumszuordnung ändern, da keine „Verbindung" durch den Nutzungsberechtigten stattfindet und somit das ohne Nutzungsrecht errichtete Gebäude gemäß § 94 BGB Bestandteil des Grundstückes geworden ist.[135] Nur durch die Bestellung eines Erbbaurechtes kann die Eigentumszuordnung auch im Nachhinein gemäß § 12 Abs. 1 S. 2 ErbbauRG geändert werden.

125 **bb) Grunderwerbsteuer.** Der grunderwerbsteuerliche Grundstücksbegriff weicht erheblich von der Regelung in § 94 BGB ab. Zu den Grundstücken iSd Grunderwerbsteuergesetzes gehören auch:
- Erbbaurechte,
- Wohnungs- und Teileigentum,
- Gebäude auf fremdem Grund und Boden und
- Nutzungsrechte gemäß § 1010 BGB und § 15 WEG.

126 Andererseits werden grunderwerbsteuerlich aus dem zivilrechtlichen Grundstücksbegriff ausgeklammert:
- Betriebsvorrichtungen gemäß § 68 Abs. 2 Nr. 2 BewG,
- Mineralgewinnungsrechte und
- Dauerwohn- und Dauernutzungsrechte.

127 Da **Dauerwohn- und Dauernutzungsrechte** erbbaurechtsähnlich ausgestaltet und sogar als wirtschaftliches Eigentum begründet werden können, wird in der Praxis der Einräumung von Dauerwohn- und Dauernutzungsrechten wegen der damit verbundenen Grunderwerbsteuerfreiheit der Vorzug gegeben.[136]

c) Sachgesamtheiten

Beispiel:

Aufgrund ständiger Verluste schließt Hotelier H sein Hotel und verkauft die Hotelimmobilie samt Inventar an eine Investment-GmbH, die das Gebäude abbricht und eine neue Nutzungskonzeption entwickelt.

128 **aa) Kaufverträge über Sachgesamtheiten.** Bei der Veräußerung von Sachgesamtheiten wird häufig übersehen, dass die einzelnen Vertragsgegenstände **unterschiedlichen Verkehrssteuern** unterliegen können: So unterliegen Grundstücke der Grunderwerbsteuer, während die darauf befindlichen **Betriebsvorrichtungen** (Lastenaufzüge, Laderampen, Hofbefestigung) oder mitveräußertes Inventar **umsatzsteuerpflichtig** sind, wenn die Veräußerung durch einen Unternehmer erfolgt.

129   Wird bei einem Grundstückskaufvertrag die mitverkaufte – serienmäßig gefertigte – **Einbauküche**[137] betragsmäßig ausgeschieden, werden zwei verschiedene Wirtschaftsgüter veräußert, so dass nur die Immobilie der **Grunderwerbsteuer** unterliegt. Gleichzeitig ergibt sich für die grunderwerbsteuerfrei gebliebene Einbauküche eine getrennte Afa-Bemessungsgrundlage, die im Falle der Vermietung einer wesentlich kürzeren Abschreibungsdauer unterliegt. In all diesen Fällen sollten die auf die einzelnen Vermögensgegenstände entfallenden **Einzelwerte** in der Urkunde **ausgewiesen werden**.

130 **bb) Sondereigentum.** Bei dem Kaufvertrag über eine Eigentumswohnung sollte der Stand der **Reparaturrücklage** angegeben werden, da der Anteil des Verkäufers an dem

---

[135] Vgl. *Spiegelberger* MittBayNot 1997, 278.
[136] Vgl. *Spiegelberger/Schallmoser* Kap. 6 Rn. 6.15 ff.
[137] Vgl. BFH BStBl. II 1977, 152.

Guthaben, das auf den Käufer übergeht, **nicht** der **Grunderwerbsteuer unterliegt,** so dass ein entsprechender Anteil des Kaufpreises grunderwerbsteuerfrei bleibt.[138]

d) Unternehmerbegriff. Je nach Steuerart bestehen unterschiedliche Unternehmerbe- 131 griffe:

aa) Einkommensteuer. Landwirte, Gewerbetreibende und Freiberufler sind einkom- 132 mensteuerlich im weitesten Sinne Unternehmer, die jedoch durch die jeweilige Einkunftsart eine unterschiedliche Beurteilung erfahren. Landwirte und Freiberufler unterliegen wegen des prägenden Charakters ihrer Tätigkeit keiner Gewerbesteuer, sofern nicht eine gewerbliche Betätigung oder eine gemischte Tätigkeit vorliegt.[139]

bb) Gewerbesteuer. Bei der **Verpachtung** eines Gewerbebetriebes hat der Verpächter 133 das Wahlrecht zwischen einer Betriebsfortführung im einkommensteuerlichen Sinne und einer Betriebsaufgabe,[140] wenn er den Betrieb selbst bewirtschaftet hat;[141] das **Wahlrecht** besteht auch bei einem Betriebsübergang durch Erbfolge.[142]

In jedem Fall führt die Betriebsverpachtung jedoch zu dem **Erlöschen der Gewerbe-** 134 **steuerpflicht,** es sei denn, es liegt ein Fall der Betriebsaufspaltung vor.[143]

cc) Umsatzsteuer

Beispiel:

Ein Bauträger errichtet Ladenräume, die er noch vor Veräußerung an eine Supermarktkette vermietet. Der Erwerber tritt in den Mietvertrag ein. In der notariellen Urkunde vertreten die Beteiligten die Auffassung, dass eine nicht umsatzsteuerbare Geschäftsveräußerung gemäß § 1 Abs. 1a UStG vorliege und nur Grunderwerbsteuer anfalle. Der Käufer führt die Vorsteuerberichtigungszeiträume des Verkäufers gemäß § 15a Abs. 10 UStG fort. In einer nach Jahren stattfindenden Betriebsprüfung verneint der Betriebsprüfer die Voraussetzungen einer Geschäftsveräußerung im Ganzen und führt eine Vorsteuerberichtigung bei dem Bauträgerunternehmen gemäß § 15a UStG durch, da sich durch den Verkauf die für den ursprünglichen Vorsteuerabzug maßgebenden Verhältnisse innerhalb des Zehn-Jahres-Zeitraums des § 15a Abs. 1 S. 2 UStG verändert hätten.

Der ertragsteuerliche Unternehmerbegriff unterscheidet sich grundlegend von der **um-** 135 **satzsteuerlichen** Betrachtung. Dies liegt im spezifischen Normzweck der jeweiligen Steuer und unterstreicht die begriffliche und systematische Selbständigkeit jeder Steuerart. Wenn ein Kapitalanleger Ladenräume erwirbt und dieses Teileigentum an einen Supermarkt vermietet, bleibt der Käufer als Vermieter einkommensteuerlich im Bereich der Vermögensverwaltung und begründet nicht etwa einen Gewerbebetrieb.

Verzichtet dieser Käufer als Vermieter auf die Umsatzsteuerbefreiung der Vermietung 136 gemäß § 4 Nr. 12a UStG, so dass die Vermietung aufgrund der Option gemäß § 9 Abs. 1 UStG umsatzsteuerpflichtig wird und der Käufer als Vermieter zum Vorsteuerabzug berechtigt ist, wird der Käufer als **umsatzsteuerlicher** Unternehmer tätig. Bei der Veräußerung des erworbenen Teileigentums innerhalb von zehn Jahren an einen Dritten sollte der nunmehrige Verkäufer wiederum auf die Umsatzsteuerfreiheit des Kaufvertrages gemäß § 4 Nr. 9a UStG verzichten, so dass zusätzlich zur Grunderwerbsteuer eine Umsatzsteuerschuld des Käufers entsteht, um die Vorsteuerberichtigung gemäß § 15a UStG zu

---

[138] Vgl. BFH BStBl. II 1992, 152; *Gottwald/Behrens,* Grunderwerbsteuer, 5. Aufl. 2015, Rn. 71.
[139] Schmidt/*Wacker* EStG § 15 Rn. 99 ff.
[140] Vgl. BFH BStBl. III 1964, 124.
[141] Vgl. BFH BStBl. II 1989, 863; Schmidt/*Wacker* EStG § 16 Rn. 705.
[142] Vgl. BFH DB 1992, 453.
[143] Vgl. *Spiegelberger* MittBayNot 1980, 104; *Glanegger/Güroff,* GewStG, 8. Aufl. 2013, § 2 Rn. 217.

vermeiden, es sei denn, der Verkauf stellt eine Geschäftsveräußerung im Ganzen gemäß § 1 Abs. 1a UStG dar; eine derartige Geschäftsveräußerung ist nämlich per se nicht umsatzsteuerbar.[144]

137   In dem Beispielsfall führt die zwischenzeitliche Vermietung der Ladenräume durch den Bauträger nicht dazu, dass dieser als Gegenstand des Unternehmens eine Vermietungstätigkeit ausübt. Die unternehmerische Tätigkeit besteht vielmehr in der Bebauung und Veräußerung von Grundstücken. Ein Vermietungsunternehmen unterhält der Veräußerer nicht, so dass die Qualifizierung des Veräußerungsvertrages als Geschäftsveräußerung im Ganzen ausscheidet.[145]

138   Die Vertragsteile haben es unterlassen, für den Fall, dass die Finanzverwaltung eine Geschäftsveräußerung im Ganzen verneint, gemäß § 9 UStG auf die Umsatzsteuerbefreiung für Rechtsgeschäfte, die der Grunderwerbsteuer unterliegen gemäß § 4 Nr. 9a UStG zu verzichten und den Kaufvertrag freiwillig zusätzlich zur Grunderwerbsteuer der Umsatzsteuer zu unterwerfen. In diesem Fall entfällt eine Vorsteuerberichtigung gemäß § 15a UStG, da der Verkäufer die Veräußerung der Umsatzbesteuerung unterworfen hat. Wenn der Verzicht auf die Steuerbefreiung gemäß § 9 Abs. 3 S. 2 UStG in dem beurkundeten Kaufvertrag enthalten ist, kann die Umsatzsteuer offen ausgewiesen werden, so dass der Käufer als Unternehmer zum Vorsteuerabzug berechtigt ist.

139   *Küffner*[146] empfiehlt vorsorglich, da eine nachträgliche Option nicht möglich ist, die Option gemäß § 4 Nr. 9a UStG auszuüben. Wenn die Finanzverwaltung nachträglich feststellen sollte, dass eine Geschäftsveräußerung im Ganzen gemäß § 1 Abs. 1a UStG nicht vorliegt, ist die vorsorglich erklärte Option unschädlich, da im Fall des § 1 Abs. 1a UStG nicht steuerbar ist und daher eine Umsatzsteuer nicht erhoben werden kann. Für den Fall, dass jedoch keine Geschäftsveräußerung im Ganzen gemäß § 1 Abs. 1a UStG vorliegt, kann wegen der rechtzeitig erklärten Option keine Umsatzsteuerberichtigung gemäß § 15a UStG erfolgen.

140   **e) Mitunternehmer.** Nicht jeder an einem Gewerbebetrieb beteiligter Gesellschafter ist automatisch Mitunternehmer im ertragsteuerlichen Sinn. Während früher als Hauptkriterium für die Mitunternehmereigenschaft die Beteiligung an den stillen Reserven, mindestens für den Fall der Liquidation, im Vordergrund stand,[147] stellt die Rechtsprechung nunmehr darauf ab, ob der Betroffene eine gewisse **Unternehmerinitiative** entwickeln kann und ein **Unternehmerrisiko** trägt.[148] Die Mitunternehmerstellung einer Komplementär-GmbH wird nicht dadurch ausgeschlossen, dass sie weder am Gewinn und Verlust noch am Vermögen beteiligt ist und auch kein Stimmrecht ausübt, da die Komplementär-GmbH die Geschäftsführung innehat und sie die Haftung trifft.[149]

141   Nach der Rechtsprechung des Großen Senats des BFH[150] sind die Erben eines Einzelunternehmers oder einer gewerblichen Beteiligung „geborene" (Mit-)Unternehmer. Bei einer nach dem Erbfall vorgenommenen Erbauseinandersetzung unter Entrichtung einer Abfindungszahlung aus dem Vermögen des Erwerbers wird dem weichenden (Mit-)Erben ein betrieblicher Veräußerungserlös zugerechnet.

142   Sofern das **Unternehmen vermächtnisweise** zugewendet und der Vermächtnisnehmer mit einer über den Buchwert hinausgehenden Auszahlungspflicht beschwert wird, erwirbt der Vermächtnisnehmer nach Auffassung des BMF[151] entgeltlich, so dass bei dem

---

[144] Vgl. *Hipler* ZNotP 2004, 222.
[145] Vgl. BFH BStBl. II 2007, 61; BStBl. II 2009, 254.
[146] Spiegelberger/Schallmoser/*Küffner* Kap. 1 Rn. 1.852 ff.
[147] Vgl. BFH BStBl. II 1974, 404.
[148] Vgl. BFH BStBl. II 1984, 751; BStBl. II 1991, 66.
[149] Vgl. BFH DStRE 2006, 912. Zu den Voraussetzungen einer **verdeckten** Mitunternehmerschaft vgl. BFH DStR 1996, 137.
[150] BStBl. II 1990, 837.
[151] BStBl. I 2006, 253 Rn. 63.

beschwerten Erben eine Gewinnrealisierung eintritt.[152] Bleibt die Abfindung hinter dem Buchwert zurück, erwirbt der Vermächtnisnehmer unentgeltlich gemäß § 6 Abs. 3 EStG. Bei einer Teilungsanordnung gemäß § 2048 BGB gelten die Grundsätze der Teilerbauseinandersetzung, so dass der übertragende Miterbe einen Veräußerungsgewinn erzielt, wenn die Ausgleichszahlung über den anteiligen Buchwert hinausgeht.[153] Wenn die Erben bei objektiver zweifelhafter Sach- und Rechtslage durch einen Vergleich regeln, was ihrer übereinstimmenden Auffassung Inhalt strittiger Verfügungen des Erblassers war, hat der Vergleich seinen Rechtsgrund noch im Erbrecht und ist daher auch bei der Erbschaftsbesteuerung zu Grunde zu legen.[154]

C. Steuerliche Anerkennung von Rechtsgeschäften

I. Zivilrechtliche Wirksamkeit und steuerrechtliche Qualifizierung

Schrifttum:

Bisle, Steuerliche Anerkennung von Pensionszusagen an Gesellschaftergeschäftsführer, SteuK 2011, 207; *Ege/Klett,* Aktuelle gesellschaftsrechtliche und steuerliche Aspekte von Anwachsungsmodellen, DStR 2010, 2463; *Gemeinhardt,* Verträge unter nahen Angehörigen – steuerliche Anerkennung, BB 2012, 739; *Pöschke,* Bilanzierung und Besteuerung von Forderungserlass und Rangrücktritt zur Sanierung von Kapitalgesellschaften, NZG 2017, 1408; *Sontheimer,* Zur Begrenzung der Rückwirkung von Rechtsprechungsänderungen, FS Spiegelberger 2009, 460; *Spiegelberger,* Gewerbliche Prägung einer Einheits-GmbH & Co. KG, MittBayNot 2018, 391; *Taplan/Baumgartner,* Zur steuerlichen Behandlung von Kettenschenkungen, DStR 2014, 2153; *Wachter,* Stimmrechtsvollmachten bei der Übertragung von KG-Anteilen unter Vorbehaltsnießbrauch, DStR 2016, 2065; *Wighardt/Berger,* Angemessenheit von Vorstandsvergütungen und Beschränkung der steuerlichen Absetzbarkeit, NZG 2017, 1370.

Der Weg vom Rechtsgeschäft zur Begründung oder Vermeidung von Steueransprü-   **143** chen verläuft über mehrere Stationen.

1. Scheingeschäft

Schrifttum:

Crezelius, Scheingeschäfte und Strohmanngeschäfte, insbesondere im Steuerrecht, FS Otte 2005, 39; *Freund,* Die Scheinpartnerschaft, NZG 2017, 1001; *Heuermann,* Simulation im Steuer- und Zivilrecht, DB 2007, 416; *Ihle,* Vollzug einer Schenkung bei unentgeltlicher Zuwendung einer atypisch stillen Beteiligung, Anm. zu BFH v. 17.7.2014, MittBayNot 2015, 349; *Kainer/Schweipert,* Werkverträge und verdeckte Leiharbeit nach dem neuen AÜG, NZA 2017, 13; *Kaiser,* Scheingeschäft und Vormerkung, JuS 2012, 341.

Ein Scheingeschäft liegt vor, wenn die Parteien einverständlich nur den äußeren   **144** Schein des Abschlusses eines Rechtsgeschäfts hervorrufen, aber die mit dem betreffenden Rechtsgeschäft verbundenen Rechtswirkungen nicht eintreten lassen wollen.[155] Gemäß § 117 Abs. 1 BGB ist ein Scheingeschäft nichtig. Wird durch ein Scheingeschäft ein anderes Rechtsgeschäft verdeckt, so finden nach § 117 Abs. 2 BGB die für das verdeckte Rechtsgeschäft geltenden Vorschriften Anwendung. Eine ähnliche Vorschrift enthält § 41 Abs. 2 AO, wonach Scheingeschäfte für die Besteuerung unerheblich sind. Wird jedoch durch ein Scheingeschäft ein anderes Rechtsgeschäft verdeckt, so ist das verdeckte Rechtsgeschäft für die Besteuerung maßgebend.

2. Unwirksame Rechtsgeschäfte

Schrifttum:

Barth, Bürgerlich-rechtlich unwirksam gewordene Rechtsgeschäfte in steuerlicher Sicht, BB 1987, 1397; *Boor,* Gewinnabführungs- und Beherrschungsverträge in der notariellen Praxis, RNotZ 2017, 65; *Klarner,* Steuerliche Folgen der Selbstanfechtung wechselbezüglicher Verfügungen durch den überlebenden Ehegat-

---

[152] *Spiegelberger* DStR 1992, 586.
[153] BMF-Schreiben BStBl. I 2006, 253 Rn. 56.
[154] BFH/NV 2001, 501; *Schuhmann* ErbR 2012, 176; *Spiegelberger* ErbR 2012, 165 (172).
[155] BGH NJW 1980, 1572 (1573); Palandt/*Ellenberger* BGB § 117 Rn. 3.

ten, ZEV 2018, 53; *Krüger,* Das unbekante Risiko des zivilrechtlichen Vergleichs: Die steuerlichen Folgen, NJW 2015, 203; *Peter,* Probleme bei der Behandlung und Rückabwicklung wegen Verstoßes gegen § 134 BGB nichtiger Dienst- und Werkverträge, JA 2014, 248; *Schallmoser,* Keine steuerliche Anerkennung einer formunwirksam vereinbarten Unterbeteiligung zwischen Ehegatten, SteuK 2010, 371.

145 **a) Grundsatz.** Für zivilrechtlich unwirksame Rechtsgeschäfte, zB wegen eines Formmangels, geht das Steuerrecht eigene Wege. Ist ein Rechtsgeschäft unwirksam, so ist dies gemäß § 41 Abs. 1 S. 1 AO für die Besteuerung unerheblich, soweit und solange die Beteiligten das wirtschaftliche Ergebnis dieses Rechtsgeschäfts gleichwohl eintreten und bestehen lassen. Das wirtschaftliche Ergebnis ist für das Steuerrecht der allein maßgebliche Parameter.[156] Demgemäß werden gemäß § 41 Abs. 1 AO **unwirksame Rechtsgeschäfte** wie wirksame besteuert, wenn die Vereinbarungen trotz der bürgerlich-rechtlichen Mängel vollzogen werden.[157] Das Steuerrecht unterstellt zutreffend, dass bei einem Rechtsgeschäft jeder Beteiligte grundsätzlich die eigenen Interessen wahrnimmt, so dass aufgrund dieses Interessengegensatzes die zivilrechtliche Unwirksamkeit für die Besteuerung keine Rolle spielt. Insbesondere werden auch sittenwidrige Rechtsgeschäfte besteuert, wenn die Beteiligten das wirtschaftliche Ergebnis dieses Rechtsgeschäfts eintreten und bestehen lassen.

145a   Eine Kapitalgesellschaft kann auch dann wirtschaftliches Eigentum an den in das Gesellschaftsvermögen eingelegten Anteilen einer GmbH erlangen, wenn die Übertragung der Anteile formunwirksam ist.[158] Ein formunwirksames, aber gleichwohl vollzogenes Testament kann der Besteuerung zu Grunde gelegt werden.[159] Die wirtschaftliche Betrachtungsweise gilt aber dann nicht, wenn in einem Steuergesetz etwas anderes bestimmt ist, § 41 Abs. 1 S. 2 AO. Eine steuerliche anerkannte Organschaft setzt zwingend das Bestehen eines zivilrechtlich wirksamen Gewinnabführungsvertrages gemäß § 17 S. 1 KStG voraus.[160]

146 **b) Gleichgerichtete Interessenlage.** Eine davon abweichende steuerrechtliche Beurteilung gilt dann, wenn kein natürlicher Interessengegensatz besteht oder wenn alle Beteiligten eine **gleichgerichtete Interessenlage** haben. Somit wendet die Rechtsprechung § 41 AO grundsätzlich nicht an

- für Vereinbarungen einer **GmbH** mit ihren Gesellschaftern oder diesen nahe stehenden Personen (→ Rn. 171) und
- für Rechtsgeschäfte unter nahen **Familienangehörigen** (→ Rn. 186 f.).

147 Die geschilderte strenge Rechtsprechung hat der Bundesfinanzhof modifiziert, wonach die zivilrechtliche Unwirksamkeit nur ein Beweisanzeichen (Indiz) gegen die Ernsthaftigkeit der getroffenen Vereinbarungen darstellen soll.[161] Dieses Indiz kann dadurch entkräftet werden, dass die Vertragsparteien nach dem Erkennen der Unwirksamkeit zeitnah die Voraussetzungen für die zivilrechtliche Wirksamkeit des Vertrages nachholen, zB wenn die fehlende Genehmigung durch einen Ergänzungspfleger nachgeholt wird.[162] Die Finanzverwaltung wendet diese Rechtsprechung an.[163]

---

[156] Vgl. *Heuermann* DB 2007, 416 (418).
[157] Vgl. BFH DB 1989, 2416.
[158] BFH/NV 2012, 1099.
[159] BFH/NV 2011, 261.
[160] Hauschild/Kallrath/Wachter/*Wachter* Notar-HdB GesR § 35 Rn. 100.
[161] Vgl. BFH BStBl. I 2007, 294.
[162] Ähnlich BFH DStR 2007, 986.
[163] Vgl. BMF DStR 2007, 805.

c) Erbvergleich

Schrifttum:

Benne, Erbschaftsteuerfolgen des Erbvergleichs, FR 2004, 1102; *von Proff,* Der erbrechtliche Auslegungsvertrag/Erbvergleich und seine steuerlichen Auswirkungen, ZEV 2010, 348; *Spiegelberger,* Auslegungsvertrag und Erbvergleich, ErbR 2012, 165.

Beispiel:

Die Erblasserin äußert anlässlich eines Familiengeburtstags, ihre Stieftochter würde später ohnehin alles bekommen, so dass sie kein Testament benötige. Von den vier aufgrund gesetzlicher Erbfolge berechtigten Neffen und Nichten überlassen zwei ihre Erbanteile der Stieftochter. Das Finanzamt besteuerte diesen Vorgang doppelt in der Weise, dass sowohl der Erbanfall als auch die anschließende Übertragung auf die Stieftochter der Erbschaft- und Schenkungsteuer unterworfen wird.

Im Hinblick auf § 11 ErbStG 1925, der Vorgängernorm des § 41 Abs. 1 AO, ist die **148** Rechtsprechung des Bundesfinanzhofs bei Erbvergleichen besonders großzügig. Eine getroffene Vereinbarung der Erben über die Nachlassverteilung kann der Erbschaftbesteuerung zugrunde gelegt werden, auch wenn sie der „wahren" Erbrechtslage nicht entspricht. Zur Vermeidung einer erbschaftsteuerlichen Doppelbesteuerung, nämlich nach Maßgabe des Erbscheins und der davon abweichenden Erbauseinandersetzung bietet der Erbvergleich somit einen gewissen Gestaltungsspielraum.[164]

Der BFH[165] hob im Revisionsverfahren den ergangenen Erbschaftsteuerbescheid in der **149** Weise auf, dass nur der Übergang von der Stiefmutter zur Stieftochter der Besteuerung zugrunde gelegt wurde. Nach Ansicht des BFH[166] sind die Finanzgerichte nicht zwingend an die durch den Erbschein ausgewiesene Rechtslage gebunden.

Die Entscheidung des BFH[167], wonach die Abfindungszahlung an den verzichtenden **149a** Erbprätendenten keiner Erbschaftsteuer unterliegt, ist überholt, da der Gesetzgeber[168] § 3 Abs. 2 Nr. 4 ErbStG entsprechend ergänzt hat.

3. Verstoß gegen gesetzliche Vorschriften. Gemäß § 134 BGB ist ein Rechtsgeschäft, **150** das gegen ein gesetzliches Verbot verstößt, nichtig, wenn sich nicht aus dem Gesetz ein anderes ergibt.

Wenn ein Anwalt, der zuvor als Notar einen GmbH-Gesellschafts-Vertrag beurkunde- **151** te, einen Gesellschafter bei der Abwehr eines auf Einzahlung der Stammeinlage gerichteten Anspruchs vertritt, führt dieser Verstoß gegen das Vorbefassungsverbot zur Nichtigkeit des Anwaltsvertrags gemäß § 45 Abs. 1 Nr. 1 BRAO.[169] Trotz der Nichtigkeit des Anwaltsvertrages unterliegt das Honorar der Einkommensteuer, wenn der Mandant trotz der Nichtigkeit der Mandatserteilung die Gebührenrechnung des Anwalts begleicht.

Auch der Verstoß gegen Strafrechtsvorschriften führt gemäß § 134 BGB zur Nichtig- **152** keit eines Vertrages mit der Folge, dass zivilrechtlich die ausgetauschten Leistungen gemäß §§ 812 ff. BGB zurück zu gewähren sind. Bei der Übertragung von Anwalts-, Steuerberater- und Arztpraxen wird immer wieder übersehen, dass ohne Zustimmung der Mandanten und Patienten der Vertrag wegen der Preisgabe der Mandanten- und Patientendaten eine Strafbarkeit gemäß § 203 StGB auslöst und damit die Nichtigkeit der Praxisübertragung zur Folge hat. Wenn die Beteiligten trotz der Nichtigkeit den Leistungsaustausch bestehen lassen, besteht an der Verpflichtung, das Leistungsentgelt der Einkommensteuer zu unterwerfen, gemäß § 41 Abs. 1 AO kein Zweifel.

---

[164] Vgl. *Söffing/Volker/Weinmann,* Erbschaft- und Schenkungsteuerrecht, 1999, S. 115; *Spiegelberger* ErbR 2012, 165 (170).
[165] BFH/NV 2011, 261.
[166] BStBl. II 1996, 242.
[167] BFH MittBayNot 2012, 161.
[168] Gesetz v. 23.6.2017, BGBl. I 1682.
[169] Vgl. BGH NJW 2011, 373.

4. Genehmigungsbedürftige Rechtsgeschäfte

Schrifttum:

Kölmel, Neues zur Bekanntgabe des familiengerichtlichen Genehmigungsbeschlusses, MittBayNot 2012, 108; *Inoue,* Der Rechtscharakter familien- und betreuungsgerichtlicher Genehmigungen, Rpfleger 2017, 369; *Horn,* Genehmigungsverfahren bei Ausschlagung für Betreute und Minderjährige, ZEV 2016, 20; *Weber,* Aktuelle Fragen beim Grundstücksverkauf durch Eltern und Betreuer, DNotZ 2015, 498; *Wertenbruch,* Familiengerichtliche Genehmigung für Grundstücksveräußerung durch GbR mit minderjährigem Gesellschafter?, NJW 2015, 2150.

153   Nicht selten scheitert die steuerliche Anerkennung eines Rechtsgeschäftes an dem fehlenden bürgerlich-rechtlichen Vollzug. Werden nämlich **nicht unverzüglich** nach Beurkundung eines Rechtsgeschäftes die zu dessen Wirksamkeit erforderlichen behördlichen Genehmigungen eingeholt, so wird das Rechtsverhältnis steuerrechtlich frühestens ab Antragstellung anerkannt. Auch die **wesentlich verspätete Einholung** der familiengerichtlichen Genehmigung führte früher nicht zu einer Heilung des Rechtsgeschäftes für die Vergangenheit, kann aber wohl im Hinblick auf die Entscheidung BFH[170] zur Heilung auch für die Vergangenheit führen.

154 **a) Nachlass- und familiengerichtliche Genehmigungen. aa) Gesellschaftsverträge.** Für den **Abschluss** und die **Änderung** von **Personenhandels- und Kapitalgesellschaftsverträgen** ist die familiengerichtliche Genehmigung bei Beteiligung Minderjähriger gemäß § 1822 Nr. 3 BGB erforderlich sowie bei stillen Gesellschaften und Unterbeteiligung mit Verlustbeteiligung des Minderjährigen.[171]

155   Die vom Familiengericht erteilte familiengerichtliche Genehmigung wird gemäß **§ 1829 Abs. 1 S. 2 BGB** erst wirksam, wenn sie **dem anderen Teil** gegenüber durch den Ergänzungspfleger **mitgeteilt wurde.** In der notariellen Praxis ist es üblich, dass die Mitteilung durch den Notar aufgrund einer sog. **Doppelvollmacht** erfolgt.

155a   Die schenkweise Übertragung eines volleingezahlten Kommanditanteils an einer Vermögensverwaltungs-KG unter der aufschiebenden Bedingung der Eintragung in das Handelsregister ist lediglich rechtlich vorteilhaft iSd § 107 BGB, so dass die entscheidenden Angebote von einem beschränkt geschäftsfähigen Minderjährigen selbst angenommen werden können.[172]

156 **bb) Kaufverträge.** Durch den Abschluss eines Kaufvertrages mit einem Nachlasspfleger über ein zum Nachlass gehörendes Grundstück wird ein Erwerbsvorgang iSd § 23 Abs. 1 EStG nicht verwirklicht, bis die nachlassgerichtliche Genehmigung erteilt ist und der Nachlasspfleger dem anderen Vertragsteil hiervon **Mitteilung gemacht** hat.[173] Dies gilt auch für ein **Veräußerungsgeschäft gemäß § 23 EStG,** so dass die Erteilung der nachlassgerichtlichen Genehmigung nach Ablauf der damals geltenden Zweijahresfrist eine Spekulationsbesteuerung ausschloss.[174]

157 **b) Sonstige behördliche Genehmigungen.** Behördliche Genehmigungen, die zum Wirksamwerden oder jedenfalls zum Vollzug des Rechtsgeschäftes erforderlich sind, wirken in aller Regel auf den Zeitpunkt des Abschlusses des Rechtsgeschäftes zurück, so dass Genehmigungen nach

– §§ 51, 144, 145 BauGB und
– § 2 GrdstVG

---

[170] BStBl. I 2007, 294.
[171] Vgl. BFH NJW 1957, 672; einschränkend für die Beteiligung an einer GmbH BGH GmbHR 1989, 327.
[172] OLG Köln FGPrax 2018, 118.
[173] Vgl. BFH DB 1999, 1685.
[174] Vgl. BFH BStBl. II 2002, 10.

rückwirkend zum Zeitpunkt des Abschlusses des Rechtsgeschäftes die Steuerpflicht begründen, allerdings nur unter der Voraussetzung, dass die behördlichen Genehmigungen **zeitnah** zum Abschluss des Rechtsgeschäftes **beantragt** wurden.

In dem Genehmigungsverfahren nach dem Grundstücksverkehrsgesetz kann der Erwer- 157a ber eines landwirtschaftlichen Grundstücks auch dann als Landwirt anzusehen sein, wenn er für die Bewirtschaftung des Grundstücks ausschließlich Lohnunternehmer einsetzt, sofern er die unternehmerische Verantwortung selbst ausübt und das wirtschaftliche Risiko der Bewirtschaftung trägt; ob es sich bei dem Erwerber um einen Einzellandwirt oder um eine Personen- oder Kapitalgesellschaft handelt, ist insoweit unerheblich.[175]

c) Privatrechtliche Genehmigungen von Beteiligten. Die privatrechtliche Bindungs- 158 wirkung, die zur Entstehung eines Steueranspruches führen kann, tritt erst mit der Wirksamkeit des Rechtsgeschäftes ein. Ein Vertragsabschluss durch einen **vollmachtlosen Vertreter** vorbehaltlich Genehmigung des Vertretenen führt zur **Bindungswirkung** erst **zum Zeitpunkt der Genehmigung,** wobei die zivilrechtliche Rückwirkung gemäß § 184 BGB nicht für die steuerliche Beurteilung taugt. Die durch einen Ergänzungspfleger Jahre nach dem schwebend unwirksamen Darlehensvertrag erteilte Genehmigung wirkt somit nicht auf den Zeitpunkt der Vornahme des Darlehensvertrages zurück.[176]

d) Privatrechtliche Genehmigung Dritter. Eine andere Beurteilung gilt für privat- 159 rechtliche Genehmigungen **Dritter.** Für Genehmigungen Dritter gemäß
- § 5 ErbbauRG,
- § 12 WEG und
- §§ 15, 17 GmbHG
gilt dieselbe Beurteilung **wie** für **behördliche Genehmigungen,** ebenfalls unter der Voraussetzung, dass diese Genehmigungen zeitnah eingeholt wurden.[177]

5. Fehlender Registervollzug. Wegen der Maßgeblichkeit des Zivilrechts für das Steu- 160 errecht kann in vielen Fällen auch der Registervollzug eines Rechtsgeschäftes für die steuerliche Anerkennung maßgebend sein.

a) Organschaft mit Ergebnisabführungsvertrag

Schrifttum:
Brühl, Neues zu den Voraussetzungen der ertragsteuerlichen Organschaft, NWB 2018, 331; *Hesse*, Finanzielle Eingliederung bei der ertragsteuerlichen Organschaft, EStB 2018, 113; *Hoheisel/Tippelhofer*, Die ertragsteuerliche Organschaft, StuB 2016, 889; *Scheifele/Kirch-Heim*, Heilung fehlerhafter Gewinnabführungsverträge nach dem 31.12.2014, Rien ne va plus?, DStR 2015, 932; *Schimmele/Weber*, Haftung bei Organschaft – Offene Fragen zu § 73 AO, BB 2013, 2263; *Wagner*, Notwendige Anpassung von Gewinnabführungsverträgen aufgrund der Änderung von § 17 Abs. 2 Nr. 2 KStG, DNotZ 2014, 802.

Fehlt bei einem **Ergebnisabführungsvertrag** gemäß § 14 Abs. 1 Nr. 3 KStG die 161 konstitutiv wirkende Handelsregistereintragung (Satzungsänderung!), wird dieser von der Finanzverwaltung nicht anerkannt. Entscheidend für das – rückwirkend zu Beginn des Kalenderjahres – Wirksamwerden ist nicht die Antragstellung beim Registergericht, sondern die **Eintragung** im Handelsregister für das laufende Jahr (vgl. § 14 Abs. 1 Nr. 5 S. 2 KStG). Auch bei verzögerter Registereintragung liegt keine sachliche Unbilligkeit vor.[178]

Sofern in Ergebnisabführungsverträgen nicht auf den vollständigen Wortlaut des § 302 162 AktG verwiesen wurde, nahm die Finanzverwaltung in der Vergangenheit eine unwirksame Regelung an. Der neu gefasste § 17 S. 2 Nr. 2 KStG verlangt eine **dynamische Ver-**

---

[175] BGH DNotZ 2017, 476.
[176] Vgl. BFH BStBl. II 2011, 24 (25).
[177] Vgl. *Tiedtke/Wälzholz* Stbg 2002, 217.
[178] BFH DStR 2017, 2803.

weisung auf den § 302 AktG, also „auf die Vorschriften des § 302 des Aktiengesetzes in seiner jeweils gültigen Fassung"; für den Fall der nachträglichen Regelung bis Ende 2014 trat eine Heilung für Vergangenheitssachverhalte ein.

163 **b) Verlustnutzung bei einer KG.** Vereinbaren die Gesellschafter einer Kommanditgesellschaft eine Haftsummenerweiterung, um einen **Verlustausgleich** für das laufende Geschäftsjahr zu erreichen, muss die Eintragung der Erhöhung der Kommanditeinlage noch in dem laufenden Jahr im Handelsregister erfolgen, da andernfalls die Verlustbegrenzung des § 15a Abs. 1 S. 1 EStG eintritt. Der Verlustausgleich kann allerdings auch ohne Handelsregistereintragung geltend gemacht werden, wenn tatsächlich noch in dem betreffenden Wirtschaftsjahr eine entsprechende **Einlage erbracht** wird.

164 **c) Befreiung von § 181 BGB.** Die zivilrechtlich wirksame Befreiung von den Beschränkungen des § 181 BGB ist auch für die steuerliche Anerkennung von Bedeutung. In-sich-Geschäfte von Gesellschafter-Geschäftsführern stellen verdeckte Gewinnausschüttungen dar, wenn nicht jedenfalls nachträglich eine ordnungsgemäße Befreiung erfolgt.[179] Die generelle Befreiung bedarf der Eintragung in das Handelsregister.

165 **d) Kettenschenkung.** Bei Kettenschenkungen ist höchstrichterlich ungeklärt, welcher Zeitraum zwischen den beiden aufeinanderfolgenden Schenkungen für die steuerliche Anerkennung eingehalten werden muss. Wenn die Zwischenschenkung im Handelsregister oder Grundbuch eingetragen ist, kann mE die weitere Schenkung zeitnah nach dem Registervollzug erfolgen, da der Erstschenker den Handlungsablauf nicht mehr beherrscht.[180]

166 **e) Nießbrauchbestellung.** Wird bei der Grundstücksüberlassung unter Vorbehalt des Nießbrauches aus Kostenersparnisgründen das **Nießbrauchsrecht** nicht im Grundbuch eingetragen, entsteht nur ein **schuldrechtlicher** Vorbehaltsnießbrauch, der jedoch gemäß IV. Nießbraucherlass[181] wie ein dinglicher Nießbrauch mit AfA-Berechtigung behandelt wird.

167 **f) Notarhaftung.** Sofern die Beteiligten verlangen, dass ihre beurkundeten Erklärungen nicht beim Grundbuchamt oder Registergericht eingereicht werden, hat der Notar gemäß § 53 BeurkG auf die mit der Verzögerung verbundenen Gefahren **hinzuweisen.** Sofern ein Beteiligter den Notar auf Schadensersatz in Anspruch nimmt, weil er diese Hinweispflicht nicht gehörig erfüllt habe, trägt der Anspruchsteller die Beweislast für dieses Unterlassen.[182]

II. Vereinbarungen zwischen Kapitalgesellschaften und ihren Gesellschaftern

1. Treuhandvertrag bezüglich GmbH-Anteil

Schrifttum:
Hupka, Zur rechtlichen Einheit von Geschäftsanteilsübertragung und Treuhandvertrag und den Amtspflichten des Notars, NZG 2017, 55; *Lieder,* Treuhandverträge über GmbH-Geschäftsanteile – Eine Frage der Form?, GmbHR 2018, 169.

168   Ein Treuhandvertrag hinsichtlich eines GmbH-Geschäftsanteils unterliegt nicht dem Formzwang des § 15 Abs. 4 GmbHG, wenn der Treuhandvertrag **vor** der Beurkundung des Gesellschaftsvertrages geschlossen wird. Eine Treuhandabrede, die der Gesellschafter

---

179 Vgl. BFH GmbHR 1998, 546.
180 Vgl. *Spiegelberger* FS Spindler 2011, 809 (816).
181 BStBl. I 2013, 1184 Rn. 52.
182 Vgl. BGH DB 1990, 110.

nach Gründung, aber vor Eintragung der GmbH hinsichtlich des künftig entstehenden Geschäftsanteiles schließt, ist beurkundungsbedürftig.[183] Die **Übertragung** der **Treugeberstellung** auf einen Dritten bedarf nach dem Zweck des § 15 Abs. 3 GmbHG der **notariellen Beurkundung.**[184] Dasselbe gilt für eine Vereinbarung mit einem GmbH-Gesellschafter, wonach er den Gesellschaftsanteil künftig als Treuhänder eines anderen innehaben soll **(Übertragungstreuhand).**[185]

Vereinbaren Ehegatten die Unterbeteiligung an einem von einem Dritten treuhänderisch für einen der Ehegatten als Treugeber gehaltenen Kapitalgesellschaftsanteil in einer zivilrechtlich nicht hinreichenden Form und behaupten sie, den Vertrag entsprechend dem Vereinbarten auch tatsächlich vollzogen zu haben, so können sie zum Beweis nicht lediglich ihre eigene Schilderung des Verfahrensablaufs mit Blick auf die zwischen ehegattenintern üblichen Gepflogenheiten (keine schriftliche Kommunikation) anbieten.[186] **169**

2. Ein-Personen-GmbH. Befinden sich **alle Geschäftsanteile** der Gesellschaft **in der Hand eines Gesellschafters** oder daneben in der Hand der Gesellschaft, so hat dieser gemäß § 48 Abs. 3 GmbHG unverzüglich nach der Beschlussfassung eine **Niederschrift** aufzunehmen und zu unterschreiben. Die Nichteinhaltung dieser Formvorschrift kann dazu führen, dass trotz des Vollzugs des Gesellschaftsverhältnisses die Finanzverwaltung die steuerliche Anerkennung versagt. **170**

3. Fehlende vertraglich vereinbarte Formerfordernisse. Aus steuerlicher Sicht ist vor vertraglich vereinbarten Formerfordernissen zu warnen, da die in der Praxis häufig zu beobachtende Nichteinhaltung dazu führt, dass die Finanzverwaltung den fehlenden Vollzug des Vertragsverhältnisses und damit die steuerliche Unwirksamkeit annimmt. Wenn in den **Geschäftsführervertrag** eines beherrschenden GmbH-Gesellschafter-Geschäftsführers vorgesehen ist, dass jede Änderung der Schriftform bedarf, ist die in einer Gesellschafterversammlung mündlich beschlossene angemessene **Gehaltserhöhung** dennoch eine **verdeckte Gewinnausschüttung,** weil die vorgesehene schriftliche Änderungsvereinbarung nicht zustande gekommen ist.[187] **171**

Unter Familienangehörigen sollte von verschärfenden Formvorschriften Abstand genommen werden, zumal bürgerlich-rechtlich die Aufhebungsvereinbarung hinsichtlich einer freiwillig begründeten Formpflicht keiner Form bedarf. **172**

4. Verdeckte Gewinnausschüttung statt Schenkung. Nach Auffassung des BFH[188] gibt es im Verhältnis einer Kapitalgesellschaft zu ihren Gesellschaftern oder zu den Gesellschaftern einer an ihr beteiligten Kapitalgesellschaft neben betrieblich veranlassten Rechtsbeziehungen lediglich offene und verdeckte Gewinnausschüttungen sowie Kapitalrückzahlungen, aber keine freigebigen Zuwendungen. **173**

III. Angehörigenverträge

Schrifttum:

Christ, Zuwendungen in der Familie und Steuern, NZFam 2014, 322; *Fuhrmann,* Verträge zwischen nahen Angehörigen – Grenzfälle der Gestaltungspraxis, KÖSDI 2005, 14 784; *Geck,* Die steuerlichen Rahmenbedingungen der vorweggenommenen Erbfolge 2003–2013 – ein Rückblick auf ereignisreiche Jahre, ZEV 2013, 169; *Gelhaar,* Die Zugewinngemeinschaft im Erbschaftsteuerrecht, ZErb 2016, 10; *Günther,* Schriftform bei Versorgungsverträgen, ErbStB 2011, 340; *ders.,* Steuerfalle „Verträge zwischen nahen Angehörigen": Chancen und Risiken gilt es genau abzuwägen, GStB 2012, 297; *Hamdan/Hamdan,* Die steuerliche Anerkennung von Verträgen zwischen nahen Angehörigen, DStZ 2008, 113; *Heuermann,* Irritationen über

---

[183] Vgl. BGH DB 1999, 1210.
[184] Vgl. Rowedder/Schmidt-Leithoff/*Schmidt-Leithoff* GmbHG § 15 Rn. 56.
[185] Vgl. Roth/Altmeppen/*Altmeppen* GmbHG § 15 Rn. 49.
[186] Vgl. BFH BStBl. II 2010, 823.
[187] Vgl. BFH GmbHR 1988, 246.
[188] BStBl. II 2013, 930.

einen alten Rechtsgrundsatz – Verträge zwischen nahestehenden Personen ohne zivilrechtliche Wirksamkeit?, DB 2007, 1267; *Holler*, Verzicht eines Ehegatten auf einen höheren Zugewinnausgleichsanspruch, ErbR 2018, 82; *Münch*, Die steuerrechtliche Qualifikation familienrechtlicher Kompensationsvereinbarungen, FPR 2012, 302; *Tiedtke/Möllmann*, Zivilrechtliche Wirksamkeit als Voraussetzung der steuerlichen Anerkennung von Verträgen zwischen nahen Angehörigen, DStR 2007, 1940; *Zipfel/Pfeffer*, Verträge unter nahen Angehörigen, BB 2010, 343.

174   Bei **Verträgen zwischen nahen Angehörigen** muss wegen des fehlenden Interessengegensatzes sichergestellt sein, dass die Vertragsbeziehungen und die auf ihr beruhenden Leistungen rechtswirksam vereinbart wurden. Weiteres Indiz für die Zuordnung ist, ob der Vertrag sowohl nach seinem Inhalt als auch nach seiner tatsächlichen Durchführung dem entspricht, was zwischen Fremden üblich ist.[189] Vereinbarungen unter nahen Angehörigen werden der Besteuerung grundsätzlich nur dann zugrunde gelegt, wenn sie bürgerlich-rechtlich wirksam abgeschlossen sind und sowohl die Gestaltung als auch die Durchführung des Vereinbarten dem zwischen Fremden Üblichen entspricht.[190]

174a   Obwohl § 761 BGB nur bei der Erteilung eines Leibrentenversprechens die Schriftform verlangt, will der BFH[191] **Änderungen** von Versorgungsverträgen nur anerkennen, wenn die nachträgliche Einschränkung einer Rentenverpflichtung schriftlich getroffen wurde.

1. Darlehensverträge

Schrifttum:

BMF-Schreiben, Steuerrechtliche Anerkennung von Darlehensverträgen zwischen Angehörigen, BStBl. I 2011, 37; *Everts*, Der private Darlehensvertrag – Investitionssicherung in Ehe, Partnerschaft und Familie, MittBayNot 2012, 258 und MittBayNot 2012, 337; *Jonas*, Gerichtliche Überprüfung von gesetzlichen Typisierungen in der Niedrigzinsphase, DB 2016, 3000; *Paus*, Anerkennung von Darlehensverträgen unter Angehörigen, EStB 2011, 262; *Weidmann*, Kriterien der Rechtsprechung für eine erfolgsabhängige Vergütung beim partiarischen Darlehen, BB 2012, 1059.

175   **a) Enger zeitlicher Zusammenhang zwischen Schenkung und Darlehensvertrag.** Sofern ein Einzelunternehmer eine Geldschenkung mit der Auflage verbindet, den geschenkten Betrag dem Schenker wieder als Darlehen zu überlassen, will der Bundesfinanzhof selbst bei notarieller Beurkundung das Vertragsverhältnis **nicht anerkennen**, weil mit der einen Hand genommen werde, was mit der anderen Hand gegeben wird.[192] Verpflichtet sich der beherrschende Gesellschafter einer Personengesellschaft in einem notariellen Vertrag, seinem Kind zu Lasten seines Darlehenskontos einen Geldbetrag unter der Bedingung zuzuwenden, dass er der Gesellschaft sogleich wieder als Darlehen zur Verfügung zu stellen ist, können die **Zinsen** bei der steuerlichen Gewinnermittlung der Gesellschaft **nicht** als **Betriebsausgaben** abgezogen werden. Das gilt auch bei längeren Abständen zwischen Schenkungs- und Darlehensvertrag, wenn zwischen beiden Verträgen eine auf einem **Gesamtplan** beruhende sachliche Verknüpfung besteht.[193]

176   Auch die Finanzverwaltung meint bei schenkweise begründeten Darlehensschulden der Eltern gegenüber ihren Kindern spreche bereits ein enger zeitlicher Zusammenhang zwischen der Schenkung einerseits und der Rückgewähr des geschenkten Betrages an den Schenker aufgrund des Darlehens andererseits gegen eine ernst gemeinte Übertragung einer Einkunftsquelle und damit gegen die einkommensteuerrechtliche Anerkennung des Darlehensvertrages. Dabei sei es **unerheblich, ob** Schenkungs- und Darlehensvertrag in einer oder in **mehreren Urkunden** vereinbart werden.[194] Eine gewisse Lockerung ergibt sich aus dem Anwendungsschreiben des BMF BStBl. I 2011, 37 für volljährige und wirt-

---

[189] BFH/NV 2011, 1873.
[190] Vgl. BFH/NV 1987, 159; BFH BStBl. II 1988, 877.
[191] BStBl. II 2011, 641; ebenso BMF v. 2.8.2011, ErbStB 2011, 340.
[192] Vgl. BFH BStBl. II 1984, 705.
[193] Vgl. BFH MittBayNot 2003, 502.
[194] Vgl. BMF BStBl. I 1988, 210.

schaftlich voneinander unabhängige Angehörige. Hier kann es im Einzelfall unschädlich sein, wenn ein Darlehen unter anderen Bedingungen als unter Fremden überlassen wird. Entscheidend sei, ob die Zinsen regelmäßig gezahlt würden; die Darlehenstilgung und die Besicherung seien in diesen Fällen nicht zu prüfen.

b) Darlehenssicherung. Darlehensverträge unter nahen Angehörigen will die Recht- 177 sprechung ferner – jedenfalls bei langfristigen Darlehen – nur anerkennen, wenn die wie bei fremden Dritten üblichen Sicherheiten bestellt werden, zB durch Eintragung einer Sicherungshypothek im Grundbuch.[195]

c) Formmangel. Die fehlende Formwirksamkeit eines Darlehensvertrages ist lediglich 178 ein Indiz gegen die Ernsthaftigkeit des Vertrages.[196] Nach dem BMF-Schreiben BStBl. I 2011, 37 wird diese Rechtsprechung von der Finanzverwaltung mit der Maßgabe angewendet, dass es auf eine Gesamtwürdigung des Einzelfalls ankommt.

d) Kritik. Die dargelegte restriktive BFH-Rechtsprechung ist zivilrechtlich nicht nach- 179 vollziehbar, da Schenkung und Darlehensgewährung immer zwei Paar Stiefel sind. Eine – nach § 4 Abs. 1 AnfG vier Jahre lang anfechtbare – Schenkung, die in der Buchführung des Unternehmens ausgewiesen wird, führt zu einer **Änderung der Vermögens- und Beteiligungsverhältnisse** und eröffnet Vollstreckungsmöglichkeiten für Dritte. Die Beteiligung von Familienangehörigen am Unternehmen, sei es als Darlehensgeber, stiller Gesellschafter oder Mitunternehmer, ist, auch wenn die Vermögensübertragung unentgeltlich erfolgt, ein alltäglicher Vorgang, der keine Differenzierung hinsichtlich der „Qualität" der Vermögenszuwendung erlaubt. Schenkt eine **Mutter** ihren minderjährigen Kindern einen **Geldbetrag,** der zeitnah dem Vater zur Finanzierung der Anschaffung eines Grundstücksanteils als Darlehen gewährt wird, überträgt der Vater alsdann die Hälfte des Grundstücks auf die Mutter und investiert diese einen Betrag in die Renovierung des Gebäudes, der dem Wert ihres Anteiles entspricht, ist die Darlehensgewährung **nicht rechtsmissbräuchlich.**[197]

Auch der Umstand, dass durch die Mitwirkung eines dritten Familienangehörigen eine 180 wirksame Darlehensbegründung möglich ist, zB bei Schenkungen durch Großeltern, sollte die Rechtsprechung zur Überprüfung ihrer restriktiven Auffassung veranlassen.

e) Von Schenkung unabhängige Darlehensgewährung. Die dargelegten engen An- 181 erkennungsvoraussetzungen gelten nicht, wenn Schenkung und Darlehensgewährung **unabhängig** voneinander erfolgen. Für den Fall, dass den Kindern **steuerliches Privatvermögen** zugeführt wird und diese – nach zwischenzeitlicher Anlage des Schenkungsbetrages auf Bankkonten – zwei Monate nach der Schenkung die Beträge durch Darlehensvereinbarung dem Betrieb des Schenkers zur Verfügung stellen und ein Unterhaltsanspruch der Kinder nicht bestand, hat der BFH[198] das Darlehensverhältnis steuerlich sogar für den Fall anerkannt, dass keine dinglichen Sicherheiten bestellt wurden. Die wechselseitige Übernahme von Darlehensverbindlichkeiten kann einen Gestaltungsmissbrauch darstellen.[199]

f) Zinssatz

Schrifttum:
Hartmann, Steuerpflichtige Vorteile bei zinsgünstigen Darlehen, ErbStB 2012, 72.

---

[195] Vgl. BFH BStBl. II 1991, 291.
[196] Vgl. BFH BStBl. II 2007, 294; BFH/NV 2009, 1427.
[197] Vgl. BFH DStR 2002, 1344.
[198] DB 1991, 1099.
[199] Vgl. BFH DStRE 2008, 313.

182 Nach Auffassung des BFH[200] ist die Einräumung eines niedrig verzinslichen Darlehens als unentgeltliche Zuwendung anzusehen. Die für die Steuerberechnung maßgebliche Zinsdifferenz ist demnach aus dem Unterschied zwischen dem vereinbarten Zinssatz und dem Zinssatz von 5,5 % zu bilden. Es bedarf keines weiteren Hinweises, dass diese Betrachtung der gegenwärtigen Zinssituation nicht mehr entspricht. § 13 Abs. 3 S. 2 BewG, wonach bei dem Kapitalwert von wiederkehrenden Nutzungen und Leistungen der Ansatz eines geringeren oder höheren Wertes als 5,5 % unzulässig sei, gilt nicht, wenn der Steuerpflichtige nachweist, dass der marktübliche Zinssatz unter 5,5 % liegt.[201]

183   Der Steuerwert der Bereicherung ergibt sich aus der Kapitalisierung des Jahreswertes des Nutzungsvorteils, bezogen auf die vereinbarte Laufzeit des Darlehens gemäß Anlage 9a BewG. Bei zeitlich unbefristeter Kreditgewährung wird der Kapitalwert mit dem 9,3-fachen des Jahreswertes gemäß § 13 Abs. 2 BewG angesetzt.

184   Nach Auffassung von *Hartmann*[202] haben die Ehegatten Wulff und die Ehegatten Geerkens Steuerhinterziehung begangen, weil sie ein privates Darlehen mit 4 % Jahreszinsen vereinbart haben! Nach Auffassung von *Ebeling*[203] kann unter Berufung auf § 313 Abs. 3 S. 2 BGB, wenn die Finanzverwaltung einen zu niedrigen Zinssatz beanstandet, eine Anpassung an den marktüblichen Zinssatz vereinbart werden, was zur Folge habe, dass die Steuer nach § 29 Abs. 1 Nr. 1 ErbStG für die Vergangenheit erlischt.

185 **g) Durchführung des Darlehensvertrages.** Zur erforderlichen tatsächlichen Durchführung eines von einem Kind seinen Eltern gewährten Darlehens gehört es, dass die vereinbarten **Zinsen** tatsächlich an das Kind **geleistet** und anschließend weder für den Unterhalt des Kindes noch für die eigene Lebenshaltung verwendet werden.[204] Wird zwischen Vater und Sohn, der über kein eigenes Vermögen verfügt, erst **vier Monate nach Überweisung** des Darlehensbetrages in Höhe von 100.000 DM ein **Darlehensvertrag** ohne Gewährung von Sicherheiten geschlossen und werden Zinsen in geringerer Höhe gezahlt als nach dem Darlehensvertrag geschuldet, so kann dieser nicht als ernsthaft vereinbart angesehen und somit steuerlich nicht anerkannt werden.[205]

186 **2. Familiengesellschaften.** Besonders enge Grenzen zieht die Rechtsprechung bei der Bildung einer Familiengesellschaft durch Schenkung von Gesellschaftsanteilen an nicht **mitarbeitende Familienangehörige.** Um die ertragsteuerliche Anerkennung zu erreichen, darf die Rechtsstellung der aufgenommenen Gesellschafter nicht wesentlich hinter den Rechten, die das Gesetz dem Gesellschafter für den Regelfall **(Normalstatut)** zubilligt, zurückbleiben.

a) Abschluss eines Gesellschaftsvertrages

Beispiel:

An einer Erbengemeinschaft, Eigentümerin eines Zweifamilienhauses, sind Vater V zu 3/4 und die beiden Kinder zu je 1/8 beteiligt. V bewohnt eine Erdgeschosswohnung, ein Kind eine Dachgeschosswohnung, ein weiteres Kind nutzt das Anwesen in keiner Weise, erhält aber auch keine Nutzungsentschädigung. Die Miterben vereinbaren, dass V alle Aufwendungen für die Unterhaltung und Instandsetzung des Hauses trägt und die das Dachgeschoss bewohnende Tochter wegen der Mitwirkung an persönlichen Unterhaltungsmaßnahmen die Dachgeschosswohnung mietfrei nutzt. Nach Auffassung des BFH[206] ist eine

---

[200] ZEV 2001, 414.
[201] Vgl. BFH BStBl. II 2014, 374 Rn. 24; BMF BStBl. I 2014, 809.
[202] Leiter der BP-Stelle des FA Wiesbaden I – ErbStB 2012, 72 (75).
[203] DB 2002, 553.
[204] Vgl. BFH BStBl. II 1989, 137.
[205] Vgl. BFH GmbHR 2002, 280.
[206] BStBl. II 1992, 890.

von den Beteiligungsverhältnissen abweichende Verteilung der Einnahmen und Ausgaben steuerrechtlich nur zu beachten, wenn sie in Gestaltung und Durchführung dem zwischen fremden Personen Üblichen entspricht.

Die Eltern eines Minderjährigen können diesen gemäß § 1795 Abs. 1 Nr. 1 BGB bei **187** einem Rechtsgeschäft mit einem Verwandten in gerader Linie nicht vertreten, es sei denn, dass das Rechtsgeschäft ausschließlich in der Erfüllung einer Verbindlichkeit besteht oder lediglich einen rechtlichen Vorteil darstellt. Der Formunwirksamkeit eines unter nahen Angehörigen abgeschlossenen Vertrags kommt eine Indizwirkung gegen dessen steuerrechtliche Anerkennung zu.[207]

Sofern Minderjährige am Unternehmen des Vaters oder der Mutter als Gesellschafter **188** beteiligt werden sollen, ist für jeden Minderjährigen ein gesonderter Ergänzungspfleger erforderlich, da ein Pfleger von den Beschränkungen des § 181 BGB nicht befreit werden kann.[208] Bei typischen stillen Gesellschaften ist von vornherein ein Pfleger für mehrere Kinder ausreichend, da diese nur zu dem Geschäftsinhaber, nicht aber zueinander in Rechtsbeziehungen treten, also kein gegenseitiger Vertrag, sondern ein Vertragsbündel vorliegt.[209]

Keinesfalls erforderlich ist eine **Dauerpflegschaft,** da die Eltern die minderjährigen **189** Kinder bei der Beschlussfassung – mit Ausnahme von satzungsändernden Beschlüssen[210] – vertreten können.[211] Die Pflegerbestellung beschränkt sich daher auf den **Abschluss** des Gesellschaftsvertrages.

b) Mitunternehmer. Familienangehörige, insbesondere Kinder, die schenkweise als **190** Kommanditisten in eine Familien-KG aufgenommen werden, sind nur Mitunternehmer iSd § 15 Abs. 1 Nr. 2 EStG, wenn ihnen wenigstens annäherungsweise diejenigen Rechte eingeräumt sind, die einem Kommanditisten nach den weitgehend dispositiven Vorschriften des HGB zukommen (Normalstatut).[212] Vertragsklauseln, die das **Stimmrecht** des Kommanditisten de jure oder de facto **ausschließen,** beschränken die Rechtsstellung des Gesellschafters so sehr, dass er nicht mehr als Mitunternehmer angesehen werden kann. Darf ein Kommanditist in der Gesellschafterversammlung nicht mitstimmen und ist für ihn das Widerspruchsrecht nach § 164 HGB abbedungen, ist er kein Mitunternehmer. Dem **Ausschluss des Stimmrechts steht gleich,** wenn Kommanditisten in keinem Fall den Mehrheitsgesellschafter an einer Beschlussfassung hindern können, zB auch dann nicht, wenn es um die Änderung der Satzung oder die Auflösung der Gesellschaft geht.[213]

c) Stille Gesellschaft. aa) Vertragsgestaltung. Die stille Gesellschaft wird steuerlich **191** nur anerkannt, wenn bei schenkweiser Übertragung dem aufgenommenen Familienangehörigen in etwa die Rechte eines stillen Gesellschafters gemäß §§ 230 ff. HGB (Normalstatut) zustehen.[214] Wendet ein Steuerpflichtiger seinen minderjährigen Kindern Geldbeträge zu mit der Auflage, diese ihm sogleich wieder als Einlage im Rahmen einer „typischen stillen Gesellschaft" zur Verfügung zu stellen, sind die „Gewinnanteile" bei der Ermittlung der Einkünfte aus Gewerbebetrieb jedenfalls dann Zuwendungen iSd § 12 Nr. 2 EStG, wenn eine **Verlustbeteiligung ausgeschlossen** ist.[215] Auch **Auszahlungs-**

---

[207] Vgl. BFH BStBl. II 2011, 20.
[208] Vgl. OLG Hamm Rpfleger 1975, 127.
[209] Vgl. BayFinMin MittBayNot 1977, 261; Palandt/*Götz* BGB § 1795 Rn. 14.
[210] Vgl. BGH DNotZ 1989, 26.
[211] Vgl. BGH DB 1975, 1452.
[212] Vgl. BFH BStBl. II 1979, 405 (670); BMF BStBl. I 1989, 378.
[213] Vgl. BFH BStBl. II 1989, 762.
[214] Vgl. BFH BStBl. II 1975, 34 und BStBl. II 1975, 569.
[215] Vgl. BFH FR 1993, 226; BMF BStBl. I 1992, 729 Rn. 12.

beschränkungen hinsichtlich der **Gewinnanteile** des (minderjährigen) Gesellschafters können die Versagung des Betriebsausgabenabzugs zur Folge haben.[216]

bb) Schenkungsweise Einräumung einer stillen Beteiligung

Schrifttum:
Ihle, Vollzug einer Schenkung bei unentgeltlicher Zuwendung einer atypisch stillen Beteiligung, Anm. zu BFH v. 17. 7. 2014, MittBayNot 2015, 353.

192   Nach der Rechtsprechung des BGH[217] und des BFH[218] stellen **stille Beteiligungen und Unterbeteiligungen,** die **unentgeltlich** eingeräumt werden, **Schenkungsversprechen** dar, die der **notariellen Beurkundung** bedürfen. Die Formnichtigkeit kann weder durch die Abbuchung der geschenkten Einlage vom Kapitalkonto noch durch die Auszahlung der Gewinnanteile geheilt werden.[219] Die von der Rechtsprechung für die steuerliche Anerkennung von Darlehensverhältnissen zwischen nahen Angehörigen aufgestellten Grundsätze sind auf typische stille Gesellschaften zwischen Familienangehörigen mit Verlustbeteiligung nicht uneingeschränkt übertragbar.[220] Wird bei einer stillen Beteiligung die Teilnahme am Verlust der Gesellschaft ausgeschlossen, gelten nach Auffassung der Finanzverwaltung die Grundsätze zur schenkweise begründeten Darlehenseinräumung.[221] Nach Auffassung des BGH[222] ist die unentgeltliche Zuwendung einer durch den Abschluss eines Gesellschaftsvertrages entstehenden Unterbeteiligung, mit der dem Unterbeteiligten über eine schuldrechtliche Mitberechtigung an den Vermögensrechten des dem Hauptbeteiligten zustehenden Gesellschaftsanteils hinaus **mitgliedschaftliche** Rechte in der Unterbeteiligungsgesellschaft eingeräumt werden, mit dem Abschluss des Gesellschaftsvertrages iSv §§ 2301 Abs. 2, 518 Abs. 2 S. 2 BGB vollzogen.[223] Der BFH[224] hat die steuerliche Anerkennung einer atypisch stillen Gesellschaft mit minderjährigen Kindern in dem Fall verneint, dass der Gesellschaftsvertrag ein Wettbewerbsverbot enthielt, wonach die bedachten Kinder für die Dauer des Gesellschaftsverhältnisses einem Wettbewerbsverbot und für den Fall des Abschlusses eines Arbeitsvertrages mit einem Konkurrenzunternehmen einer Anzeigepflicht unterliegen.

192a   Mit der schenkweisen Einräumung einer Unterbeteiligung an einem Gesellschaftsanteil, die nicht die Voraussetzungen einer atypischen Unterbeteiligung erfüllt, wird nach der Rechtsprechung des BFH[225] noch kein Vermögensgegenstand zugewendet. Bereichert ist der Zuwendungsempfänger erst, wenn ihm aus der Unterbeteiligung tatsächlich Gewinnausschüttungen und Liquidationserlöse zufließen.

193   **d) Übertragung von GmbH-Anteilen auf Kinder.** Überträgt ein Gesellschafter auf seine Kinder Anteile an einer GmbH, werden aber die Dividenden auf ein Konto des Vaters überwiesen und verbleiben sie dort bzw. wird keine **konkrete Verwendung für** die einzelnen **Kinder** nachgewiesen, so sind die Dividenden wegen der fehlenden klaren

---

[216] Vgl. BFH BStBl. II 1996, 269; ZEV 2003, 476.
[217] NJW 1953, 139.
[218] BStBl. II 1975, 141.
[219] Differenzierend *K. Schmidt* GesR § 62 III. 1. a, je nachdem, ob lediglich eine Forderung gutgeschrieben wird oder ob die stille Beteiligung als Mitgliedschaft, insbesondere wie eine kommanditistenähnliche Beteiligung ausgestaltet wird.
[220] Vgl. BFH BStBl. II 1990, 10.
[221] Vgl. BMF BStBl. I 1992, 729 Rn. 12.
[222] MittBayNot 2012, 479; DNotZ 2014, 949.
[223] *Ihle* MittBayNot 2015, 353 (354) weist darauf hin, dass der BGH mit der Suhrkamp-Entscheidung (MittBayNot 2012, 479) erstmals von seiner früheren starren Haltung abgewichen ist und auf das Urt. des BFH ZEV 2008, 252 verwiesen hat.
[224] NJW 2016, 3470.
[225] BStBl. II 2008, 632.

und eindeutigen Abgrenzung der Vermögenswerte steuerlich auch weiterhin dem Vater zuzurechnen.[226]

3. Untypische Dienstleistungen. „Arbeitsverträge" über Hilfeleistungen der Kinder im elterlichen Betrieb (hier: Arztpraxis) sind steuerrechtlich nicht anzuerkennen, wenn sie wegen ihrer Geringfügigkeit oder Eigenart üblicherweise nicht auf **arbeitsvertraglicher Grundlage** erbracht werden.[227] Ein Unterarbeitsverhältnis zwischen einer Lehrerin und ihrer Erziehungswissenschaft studierenden Tochter mit dem Inhalt, dass die Tochter gegen Zahlung einer monatlichen Vergütung sämtliche Arbeiten erledigt, die zur Vorbereitung und Durchführung von Lehrertätigkeiten anfallen, ist steuerlich nicht anzuerkennen, weil ein derartiges **Unterarbeitsverhältnis** zwischen Fremden nicht üblich ist und eine unangemessene Gestaltung darstellt.[228] Nach Auffassung des BFH eignen sich Hilfeleistungen, die üblicherweise auf **familienrechtlicher Grundlage** erbracht werden, nicht als Inhalt eines mit einem Dritten zu begründenden Arbeitsverhältnisses. Im Streitfall hatte die Tochter in dem dreijährigen Betriebsprüfungszeitraum 171 Gespräche für den Vater entgegengenommen.

4. Steuerliche Anerkennung von Mietverträgen

Schrifttum:

Günther, Neuregelung der verbilligten Vermietung ab VZ 2012, EStB 2012, 109; *Heuermann,* Vermieten als unangemessenes Gestalten durch gegenläufige Rechtsgeschäfte auf der Nutzungsebene, StuW 2004, 124; *Siebenhüter,* Fremdvergleich bei Mietvertrag Sohn/Mutter, EStB 2017, 15; *Spindler,* Neuere Tendenzen in der steuerrechtlichen Beurteilung von Mietverträgen zwischen nahen Angehörigen, DB 1997, 643; *Thürmer,* Wohnungsvermietung an ein unterhaltsberechtigtes Kind, DB 2003, 1012.

Mietverträge unter nahen Angehörigen können wegen der Zulässigkeit der verbilligten Vermietung von besonderem steuerlichen Interesse sein. § 21 Abs. 2 S. 1 EStG erlaubt gegenüber der ortsüblichen Marktmiete eine Reduzierung um 34% bei vollem Abzug aller Werbungskosten. Der gesetzgeberische Grund liegt darin, dass die Eigentümer von vermietetem Wohnraum nicht die Grenze der Marktmiete ausschöpfen müssen, um den Werbungskostenabzug zu erhalten. Nur wenn das Entgelt für die Überlassung einer Wohnung zu Wohnzwecken weniger als 66% der ortsüblichen Marktmiete beträgt, ist die Nutzungsüberlassung in einen entgeltlichen und in einen unentgeltlichen Teil aufzuteilen. Beträgt das Entgelt bei auf Dauer angelegter Wohnungsvermietung mindestens 66% der ortsüblichen Miete, gilt die Wohnungsvermietung als entgeltlich. Vollzieht sich die Nutzungsüberlassung im Rahmen der familiären Haushaltsgemeinschaft, so ist sie grundsätzlich der nicht steuerbaren Privatsphäre gemäß § 12 EStG zuzuordnen und kann auch nicht durch einen Mietvertrag in den Bereich der Einkünfteerzielung verlagert werden. Der zu eigenen Wohnzwecken genutzte Wohnraum wird seit dem Inkrafttreten des WohneigFG[229] nicht mehr einkommensteuerlich erfasst.[230] Mietverträge unter nahen Angehörigen werden nach der ständigen BFH-Rechtsprechung – ebenso wie andere Vertragsgestaltungen – steuerrechtlich nur dann anerkannt, wenn sie zum einen der Erzielung von Einkünften dienen, zum anderen bürgerlich-rechtlich wirksam vereinbart sind und sowohl die Gestaltung als auch die Durchführung des Vereinbarten dem zwischen Fremden Üblichen entsprechen und wenn ihr Abschluss nicht einen Missbrauch von Gestaltungsmöglichkeiten des bürgerlichen Rechts iSv § 42 AO darstellt.[231]

---

[226] Vgl. BFH GmbHR 2003, 243.
[227] Vgl. BFH DB 1994, 761.
[228] Vgl. BFH DB 1995, 1010.
[229] BGBl. 1986 I 730.
[230] Vgl. *Spiegelberger* DNotZ 1988, 210.
[231] BFH BStBl. II 1992, 549.

196   Aufgrund der Entscheidung BVerfG[232] hat der BFH auch seine Rechtsprechung bei der Anerkennung von Mietverträgen unter Angehörigen gelockert. Entscheidend für die Anerkennung eines Vertrages ist, dass die Hauptpflichten geregelt und durchgeführt wurden. Die steuerrechtliche Anerkennung eines Mietvertrages zwischen Angehörigen scheitert nicht unbedingt daran, dass **Nebenpflichten** (zB Regelungen über die Nebenkosten) nicht eindeutig vereinbart oder exakt durchgeführt werden,[233] oder dass lediglich mündliche Abreden über die Nebenkosten getroffen wurden.[234] Ein Mietvertrag zwischen Angehörigen ist steuerlich nicht anzuerkennen, wenn er in zahlreichen Punkten von den zwischen fremden Dritten üblichen Vertragsinhalten abweicht.[235]

197   **5. Nießbrauchbestellung.** Die **steuerliche Anerkennung** eines Nießbrauches für ein minderjähriges Kind setzt ausnahmslos die **bürgerlich-rechtliche Wirksamkeit** voraus.[236] Auch bei der Bestellung eines **Zuwendungsnießbrauches** für Minderjährige an Vermögensgegenständen der Eltern oder eines Elternteils ist eine Pflegerbestellung erforderlich, da ein Zuwendungsnießbrauch nach Auffassung der Rechtsprechung nicht einen lediglich rechtlichen Vorteil darstellt.[237]

198   Bei der Bestellung von Nießbrauchsrechten an Betriebsvermögen, nämlich sowohl bei Betriebsaufspaltungen[238] als auch bei Einzelunternehmen,[239] hat der X. BFH-Senat die Entnahme des gesamtes Betriebs aus dem Betriebsvermögen angenommen. Auch bei der Nießbrauchbestellung an Gesellschaftsanteilen bei gewerblichen und gewerblich geprägten Personengesellschaften bestehen Risiken, wenn der Übergeber alle Stimmrechte zurückbehält,[240] so dass die Vergünstigungen des § 13a ErbStG ausscheiden. Risikofrei kann derzeit bei einer vorweggenommenen Erbfolge über betriebliches Vermögen nur eine Versorgungsrente gemäß § 10 Abs. 1a Nr. 2 S. 2 lit. a und lit. b EStG vereinbart werden.[241]

6. Ehegattenrechtsverhältnisse. a) Grundstücksgemeinschaft

Schrifttum:

Kiesow, Zur entgeltlichen Übertragung von Mietimmobilien zwischen Ehegatten – Vermögenstransaktionen im Spannungsfeld zwischen Steuergestaltung und Steuerumgehung, DStR 2013, 2252; *Kowanda,* Die ertragsteuerliche Behandlung der Ehegatten- (und Lebenspartner-) Grundstücksgemeinschaft, DStR 2017, 961.

199   Ehegatten erwerben gemeinsamen Grundbesitz regelmäßig in der Rechtsform der Bruchteilsgemeinschaft gemäß §§ 741 ff. BGB. Das OLG Düsseldorf[242] hat sogar einen gemeinsamen Zweck iSd § 705 BGB verneint, wenn eine Vereinbarung sich lediglich auf das Halten eines gemeinschaftlichen Gegenstandes richte. Der BGH[243] hat das Halten, Verwalten und Bewohnen eines Familienheimes durch Ehegatten zu Recht als gemeinsamen Zweck im Sinne einer GbR anerkannt. Eine Bruchteilsgemeinschaft hat den geringsten Bestandsschutz aller Gemeinschafts- und Gesellschaftsverhältnisse: Ein vollstreckbarer Titel gegen einen Miteigentümer reicht aus, um die gesamte Bruchteilsgemeinschaft in eine Teilungsversteigerung zu stürzen. Da aufgrund der Entscheidung des BGH[244] die

---

[232] DB 1995, 2572.
[233] Vgl. BFH BStBl. II 1998, 349.
[234] Vgl. BFH/NV 1997, 285.
[235] BFH EStB 2017, 15.
[236] Vgl. BFH DB 1990, 915; IV. Nießbraucherlass BStBl. I 2013, 1184 Rn. 4 und 5.
[237] Vgl. BFH BStBl. II 1981, 297; BMF BStBl. I 1992, 370.
[238] GmbHR 2015, 776.
[239] DStR 2017, 1308.
[240] DStR 2013, 1380.
[241] Vgl. *Spiegelberger* notar 2017, 419.
[242] DNotZ 1973, 91.
[243] NJW 1982, 170; ebenso *Flume* DB 1973, 2470.
[244] DStR 2001, 310.

Gesellschafter persönlich haften, so dass die Haftung durch den Gesellschaftsvertrag nicht begrenzt werden kann, minderjährige Gesellschafter gemäß § 723 Abs. 1 S. 3 Nr. 2 BGB mit Vollendung des 18. Lebensjahrs die GbR aus wichtigem Grund fristlos kündigen können und auch die Verwaltung einer GbR durch einen Gesellschafter (notarielle) Verwaltungsvollmachten durch die übrigen Gesellschafter erfordert, wendet sich die Praxis der Rechtsform der vermögensverwaltenden KG zu.[245]

Bei der betrieblichen Benutzung von Räumen oder des gesamten Gebäudes auf dem **199a** Gemeinschaftsgrundstück der Ehegatten entstehen regelmäßig steuerliche Probleme, insbesondere bei der Geltendmachung der AfA,[246] bei der Büronutzung von Gemeinschaftsräumen durch einen Ehegatten[247] und beim Vorsteuerabzug, wonach der Vorsteuerabzug dem Unternehmer-Ehegatten nur anteilig in Höhe seines Miteigentumsanteils zusteht.[248] *Kowanda*[249] empfiehlt wegen der sich vielfach ändernden Rechtsauffassungen der einzelnen BFH-Senate eine ertragsteuerliche Aufteilung der Grundstücke in einzelne Wirtschaftsgüter.

Kiesow[250] empfiehlt zu Recht die Übertragung von Immobilien unter Ehegatten, um **199b** eine Haftungsbeschränkung des Familienvermögens zu erreichen. Darüber hinaus ist die entgeltliche Übertragung von Mietimmobilien bei Vermeidung der Veräußerungssteuer gemäß § 23 EStG um das Abschreibungsvolumen zu erhöhen und ursprünglich privat veranlasste Finanzierungskosten in steuerlich abzugsfähige Werbungskosten umzuwandeln. Dabei müssen die steuerlichen Rahmenbedingungen für Angehörigenverträge beachtet werden (→ Rn. 174 f.).

b) Oder-Konten

Schrifttum:
Demuth/Schreiber, Wege aus der „Schenkungsteuerfalle Oderkonto", ZEV 2012, 405.

Zahlungen eines Ehegatten an den anderen Ehegatten aufgrund eines Arbeits- oder ei- **200** nes Mietverhältnisses waren nach Auffassung des BFH[251] keine Betriebsausgaben des Arbeitgeber- oder Mieterehegatten, wenn dieser das Gehalt an den Arbeitnehmer-Ehegatten oder die Miete an den Vermieter-Ehegatten auf ein Bankkonto **(Oderkonto)** überwies, über das jeder der beiden Ehegatten allein verfügungsberechtigt war. Die **Mitverfügungsberechtigung** des **Arbeitgeberehegatten** aufgrund einer Kontovollmacht ist jedoch **unschädlich,** weil die Vergütung endgültig in den Einkommens- und Vermögensbereich des Arbeitnehmerehegatten übergegangen ist.[252] Nach BVerfG[253] ist bei Ehegattenarbeitsverhältnissen ein **Oderkonto** für die steuerliche Anerkennung nicht ausschlaggebend. Seit dieser Entscheidung hat sich der **strenge Maßstab** bei der Anerkennung von Angehörigenverträgen in der Rechtsprechung des Bundesfinanzhofs generell **gelockert.** Die mangelnde Fixierung der Arbeitszeiten kann unschädlich sein.[254]

Soweit durch die **Errichtung** eines **Oder-Kontos** ein Ehegatte bereichert wird,[255] ist **201** die damit verbundene **Schenkung** dem Finanzamt anzuzeigen. Ohne diese Anzeige beginnt die Steuerfestsetzungsfrist gemäß § 170 Abs. 5 Nr. 2 AO nicht zu laufen.[256]

---

[245] *Spiegelberger* Vermögensnachfolge § 12 Rn. 3 f.
[246] S. H.4.7 „Drittaufwand", EStH 2015.
[247] S. Kowanda DStR 2017, 961 (967).
[248] BFH BStBl. II 2006, 103; BMF BStBl. I 2007, 90.
[249] DStR 2017, 961 (971).
[250] DStR 2013, 2252.
[251] BStBl. II 1990, 160; BStBl. II 1990, 429; BStBl. II 1990, 548 und BStBl. II 1990, 741.
[252] Vgl. BFH BStBl. II 1990, 164.
[253] DB 1995, 2572.
[254] Vgl. BFH DStRE 1999, 457.
[255] FG Hessen EFG 2002, 34.
[256] Kritisch zur Behandlung von Oder-Konten durch die Finanzverwaltung vgl. *v. Oertzen/Straub* BB 2007, 1473.

202   Die Feststellungslast für die Tatsache, die zur Annahme einer freigebigen Zuwendung iSd § 7 Abs. 1 Nr. 1 ErbStG erforderlich ist, trägt nach Auffassung des BFH[257] das Finanzamt auch dafür, dass der nicht einzahlende Ehegatte im Verhältnis zum einzahlenden Ehegatten tatsächlich und rechtlich frei zur Hälfte über das eingezahlte Guthaben verfügen kann. Gibt es hingegen deutlich objektive Anhaltspunkte dafür, dass beide Ehegatten entsprechend der Auslegungsregel des § 430 BGB zu gleichen Anteilen am Kontoguthaben beteiligt sind, trägt der zur Schenkungsteuer herangezogene Ehegatte die Feststellungslast dafür, dass im Innenverhältnis nur der einzahlende Ehegatte berechtigt sein soll.

202a   Überträgt ein Ehegatte den Vermögensgegenstand eines Einzelkontos/-depots unentgeltlich auf das Einzelkonto/-depot des anderen Ehegatten, trägt der zur Schenkungsteuer herangezogene Ehegatte die Feststellungslast für Tatsachen, die der Annahme einer freigebigen Zuwendung entgegenstehen. Zu diesen Tatsachen zählen auch solche, die belegen sollen, dass dem bedachten Ehegatten das erhaltene Guthaben bereits vor der Übertragung im Innenverhältnis vollständig oder teilweise zuzurechnen war.[258]

7. Rückfallklauseln

Schrifttum:

Billig, Der Schenker als unfreiwilliger Erwerber – Steuerpflicht bei Rückgängigmachung der Schenkung bzw. bei erbrechtlichem Vermögensrückfall, UVR 2011, 346; *Spiegelberger,* Die Rückabwicklung der vorweggenommenen Erbfolge, MittBayNot 2000, 1; *Wachter,* Schenkung von Betriebsvermögen, ErbStB 2006, 236 und ErbStB 2006, 259.

203   Bei Schenkungen enthält nicht nur das Gesetz Rückfallklauseln für den Fall der Verarmung des Schenkers (§ 528 BGB) und des groben Undanks (§ 530 BGB) sowie der Nichterfüllung von Auflagen (§ 527 BGB); vielmehr sind auch in der notariellen Praxis darüber hinausgehende vertragliche Widerrufs- und Rücktrittsklauseln üblich.

204   Zu unterscheiden ist zwischen einem freien Widerrufrecht und enumerativen Widerrufsklauseln einerseits sowie zwischen Privat- und Betriebsvermögen andererseits.

205   **a) Privatvermögen.** Behält sich der Schenker den **jederzeitigen freien** Widerruf vor, ist zu prüfen, ob beim Erwerber **einkommensteuerlich** eine Einkunftsquelle entsteht. Sofern sich der Übergeber zusätzlich zu einem lebenslangen Vorbehaltsnießbrauch ein freies Widerrufsrecht vorbehält, ist zweifellos das wirtschaftliche Eigentum beim Übergeber verblieben, der auch die alleinige Einkunftsquelle innehat.

206   **Schenkungsteuerlich** liegt selbst dann eine vollzogene Schenkung vor, wenn das **wirtschaftliche Eigentum** beim Schenker verbleibt.[259]

207   **b) Betriebsvermögen.** Vereinbaren die Vertragsteile einzelne, vom Willen des Schenkers unabhängige Rücktritts- oder Widerrufsklauseln, sind diese nach hM steuerlich **unschädlich.** Die entgegenstehende Entscheidung des II. Senats des BFH[260] wird von der Finanzverwaltung nicht angewandt.[261]

208   Anders verhält es sich mit einem freien Widerrufsrecht. Bei **betrieblichen Einkunftsarten** ist ein freies Widerrufsrecht **steuerschädlich,** da der Beschenkte keine Mitunternehmerinitiative ergreifen kann, so dass die Einkunftsquelle nicht verlagert wird.[262]

209   Wenn aufgrund eines freien Widerrufsrechtes eine Mitunternehmerschaft des Erwerbers nicht entsteht, geht damit auch die **Steuervergünstigung des § 13a ErbStG verloren,**

---

[257] ZEV 2012, 280.
[258] BFH DStR 2016, 2041.
[259] Vgl. BFH BStBl. II 1983, 179; BStBl. II 1989, 1034; BStBl. II 2007, 669 (672); OFD München MittBayNot 1994, 87.
[260] BStBl. II 2001, 414.
[261] Vgl. BMF-Schreiben BStBl. I 2001, 350.
[262] Vgl. *Crezelius,* Unternehmenserbrecht, 2. Aufl. 2009, Rn. 26.

da dieses schenkungsteuerliche Privileg an die einkommensteuerliche Betriebsvermögens-eigenschaft anknüpft.

8. Vertragsverlängerung bei befristeten Rechtsgeschäften. Unter nahen Angehöri- 210
gen sind **Verlängerungsklauseln** sinnvoll, wonach bei Fristablauf oder Tod eines Beteiligten das Rechtsverhältnis auf unbestimmte Zeit fortgesetzt wird, da andernfalls im Falle
einer stillschweigenden Fortsetzung die Finanzverwaltung die fehlende bürgerlich-rechtliche Grundlage monieren kann.

D. Rechtsnatur des Steueranspruchs

Schrifttum:

Monographien: *Flume,* Steuerwesen und Rechtsordnung, 1952; *Grashoff/Kleinmanns,* Aktuelles Steuer-recht, 2013; *Graf von Kanitz,* Bilanzkunde für Juristen, 3. Aufl. 2014; *Vogel,* Die Auslegung privatrechtlich geprägter Begriffe im Ertragssteuerrecht, 2015.
Aufsätze: *Birk,* Die Finanzgerichtsbarkeit – Erwartungen, Bedeutung, Einfluss, DStR 2014, 65; *Bodden,* Steuergerechtigkeit im Billigkeitsverfahren nach § 163 AO, DStR 2016, 1714; *Herzig,* Rechtsformneutrali-tät, Rechtsformwahl und Rechtsformoptimierung nach der Unternehmenssteuerreform 2008, FS Spiegel-berger 2009, 210; *Heuermann,* Was ist eigentlich eine Entrichtungssteuerschuld?, StuW 2006, 332; *Kruse,* Zum Entstehen und Erlöschen von Steueransprüchen, FS Tipke 1995, 277; *Lohr,* Die Bedeutung der Or-ganschaft im Steuerrecht, FS Spiegelberger 2009, 344; *von Löwe,* Die steuerliche Behandlung der Familien-stiftung, FS Spiegelberger 2009, 1370; *Schön,* Leitideen des Steuerrechts oder: Nichtwissen als staatswissen-schaftliches Problem, StuW 2013, 289; *Söffing,* Gewerblicher Grundstückshandel: Überblick und kritische Bemerkungen, FS Spiegelberger 2009, 441; *Viskorf,* Neueste Rechtsentwicklungen an der Grenzlinie zwi-schen Erbschaftsteuer und Grunderwerbsteuer (§ 3 Nr. 2 GrEStG), FS Spiegelberger 2009, 518; *Waldhoff,* Struktur und Funktion des Steuertatbestandes, FS Spindler 2011, 853; *Wassermeyer,* Die Anwendung deut-scher Doppelbesteuerungsabkommen auf ausländische Personengesellschaften, FS Spiegelberger 2009, 566.

I. Steuerschuldverhältnis

1. Steueranspruch. Gemäß § 37 AO sind die Ansprüche aus dem Steuerschuldverhältnis 211
der Steueranspruch, der Steuervergütungsanspruch, der Haftungsanspruch, der Anspruch
auf eine steuerliche Nebenleistung, der Erstattungsanspruch nach § 37 Abs. 2 AO sowie
die in Einzelsteuergesetzen geregelten Steuererstattungsansprüche. Gemäß § 38 AO entstehen die Ansprüche aus dem Schuldverhältnis, sobald der Tatbestand verwirklicht ist, an
den das Gesetz die Leistungspflicht knüpft.

2. Tatbestand und Typus. Sowohl im Zivilrecht[263] als auch im Steuerrecht[264] wird zwi- 212
schen abstrakten Begriffen und Typusbegriffen unterschieden. Verwendet der Gesetzgeber
einen abstrakten Begriff, so müssen sämtliche Merkmale erfüllt sein, damit der begriffliche
Tatbestand verwirklicht ist. Wenn jemand rechtswidrig und schuldhaft eines der in § 823
BGB geschützten Rechtsgüter verletzt, also die in dieser Bestimmung genannten Tatbestandsmerkmale erfüllt, liegt eine unerlaubte, zum Schadensersatz verpflichtende Handlung vor. Hingegen hat der Typusbegriff keine abstrakt-deskriptive Funktion. Von den
Merkmalen, die insgesamt für die rechtliche Erfassung des Typus als charakteristisch angesehen werden, kann im Einzelfall das eine oder andere fehlen oder von minderer Bedeutung sein. Der Typusbegriff ist merkmalsoffen wie eine Karikatur, die mitunter nur ein
einziges Merkmal verwendet, um den Typus mit einem Werturteil zu verknüpfen abzubilden.[265]

---

[263] *Larenz,* Methodenlehre der Rechtswissenschaft, Studienausgabe 1983, 326 f.
[264] *Tipke/Lang* § 6 Rn. 27 f.
[265] Vgl. *Tipke/Lang* § 5 Rn. 53.

Beispiele:

Einkommensteuerlicher Mitunternehmer ist, wer zusammen mit anderen Personen Mitunternehmerinitiative entfalten kann und Mitunternehmerrisiko trägt.[266] Beide Merkmale können mehr oder weniger ausgeprägt sein: Mitunternehmer kann sein, wer ein geringes Risiko trägt, aber eine ausgeprägte Unternehmerinitiative entfalten kann.[267]

Dem Erwerber eines Anteils an einer Personengesellschaft kann die Mitunternehmerstellung bereits vor der zivilrechtlichen Übertragung des Geschäftsanteils zuzurechnen sein. Voraussetzung dafür ist, dass der Erwerber rechtsgeschäftlich eine auf den Erwerb des Gesellschaftsanteils gerichtete, rechtlich geschützte Position erworben hat, die ihm gegen seinen Willen nicht mehr entzogen werden kann, und Mitunternehmerrisiko sowie Mitunternehmerinitiative vollständig auf ihn übergegangen sind.[268]

II. Entstehung und Irreversibilität des Steueranspruchs

Beispiel:

In einem Hofübergabevertrag wird vereinbart, dass der Hofübernehmer seinem Bruder Lukas bei dessen Verheiratung eine Teilfläche aus dem landwirtschaftlichen Grundbesitz im Wert von 100.000 EUR zur Errichtung eines Familienwohnhauses zu übertragen hat. Lukas verzichtet (aufschiebend bedingt zum Zeitpunkt der Auflassung) auf seine gesetzlichen Pflichtteilsansprüche am Nachlass seiner Eltern.
a) Zu welchem Zeitpunkt erfolgt eine Entnahme aus dem landwirtschaftlichen Betriebsvermögen?
b) Fällt Schenkungsteuer an?
c) Wann ist Lukas im schenkungsteuerlichen Sinne bereichert?
d) Fällt wegen des Verzichtes auf Pflichtteilsansprüche Grunderwerbsteuer an?
e) Zu welchem Zeitpunkt wird ein Einheitswert für das abgetrennte Grundstück festgestellt?

213   **1. Überblick.** Die Ansprüche aus dem Steuerschuldverhältnis entstehen, sobald der **Tatbestand verwirklicht** ist, an den das Gesetz die Leistungspflicht knüpft, § 38 AO. Je nach Steuerart kommen für die Zurechnung in Betracht:
– Abschluss eines schuldrechtlichen Rechtsgeschäfts,
– Beginn oder Beendigung des Leistungsaustausches oder
– Ablauf des Festsetzungszeitraums.

214   *Klein/Ratschow*[269] entnehmen dieser Bestimmung, dass das Steuerschuldverhältnis unabhängig vom Willen sowohl des Steuerpflichtigen als auch des Finanzamtes entsteht, sobald die tatbestandsmäßigen Voraussetzungen erfüllt sind, es sei denn, dass der Tatbestand subjektive Elemente enthält.[270]

215   Für die einzelnen Steuerarten ergeben sich wesentliche Unterschiede hinsichtlich des Entstehungszeitpunktes des Steueranspruches. Ein auf einem **Rechtsgeschäft** beruhender Steueranspruch kann erst entstehen, wenn übereinstimmende Willenserklärungen der Beteiligten abgegeben wurden, so dass zB ein Angebot kein Veräußerungsgeschäft beinhalten kann. Voraussetzung für das Entstehen eines Steueranspruches ist eine **beiderseitige Bindungswirkung,** die aber ihrerseits noch nicht automatisch zu einer Steuerpflicht führen muss.

216   Der Zeitpunkt des Entstehens der Steuerschuld ist für die Beurkundung von entscheidender Bedeutung, da die Vertragsteile **nach** dem **Entstehen** des Steueranspruches über

---

[266] Vgl. BFH GrS BStBl. II 1993, 616; Schmidt/*Wacker* EStG § 15 Rn. 262.
[267] Vgl. BFH BStBl. II 1999, 286.
[268] BFH DStRE 2018, 1032.
[269] AO § 38 Rn. 1 ff.
[270] Vgl. BFH BStBl. II 1990, 939.

diesen, etwa durch Vereinbarung von Nachtragsurkunden, regelmäßig **nicht mehr disponieren können.**

Hinweise zum Beispiel:

Zu a): Einkommensteuerlich erfolgt eine Entnahme aus dem Betriebsvermögen erst mit dem Übergang von Besitz, Nutzungen und Lasten auf den Sohn Lukas, spätestens mit der Eigentumsumschreibung im Grundbuch, also beim Übergang des wirtschaftlichen oder des bürgerlich-rechtlichen Eigentums. Bis zu diesem Zeitpunkt kann die im Hofübergabevertrag getroffene Entnahmevereinbarung einkommensteuerfrei aufgehoben werden.

Zu b): Die im Hofübergabevertrag vereinbarte Grundstücksübertragung zu Gunsten eines weichenden Erben unterliegt der Schenkungsteuer in der Schenkungsteuerklasse I, da die Eltern aus ihrem Vermögen die Zuwendung anordnen. Die Grundstücksübertragung erfolgt in der Schenkungsteuerklasse I, für die derzeit ein Freibetrag in Höhe von 400.000 EUR gemäß § 16 Abs. 1 Nr. 2 ErbStG besteht. Bewertungsrechtlich handelt es sich gemäß § 4 BewG um einen aufschiebend bedingten Erwerb, da gemäß § 9 Abs. 2 Nr. 2 ErbStG der Schenkungsteueranspruch erst mit dem Zeitpunkt der Ausführung der Zuwendung entsteht, so dass gegenwärtig keine Schenkungsteuer anfällt.

Zu c): Die Schenkungsteuer entsteht gemäß § 9 Abs. 1 Nr. 2 ErbStG bei einer Schenkung unter Lebenden mit dem Zeitpunkt der Ausführung der Zuwendung, nicht bereits mit der Vereinbarung der Schenkung, so dass bis zu der Ausführung der Schenkung die vereinbarte Schenkung steuerfrei aufgehoben werden kann.

Zu d): Schenkungen unter einer Auflage unterliegen gemäß § 3 Nr. 2 GrEStG der Grunderwerbsteuer hinsichtlich des Wertes solcher Auflagen, die bei der Schenkungsteuer abziehbar sind; der Pflichtteilsverzicht stellt keine grunderwerbsteuerpflichtige Gegenleistung dar. Ein Pflichtteilsverzicht ist ein unentgeltliches Rechtsgeschäft, da weder der künftige Erbteil noch der Pflichtteil eine Vermögensposition darstellen, die für eine Wertverrechnung in Betracht kommt.[271] Darüber hinaus entsteht bei einem bedingten Rechtsgeschäft der Grunderwerbsteueranspruch erst mit Eintritt der Bedingung (vgl. § 14 Nr. 1 GrEStG). Die Grunderwerbsteuer entsteht mit der schuldrechtlichen Vereinbarung, kann aber innerhalb der Zweijahresfrist des § 16 Abs. 1 Nr. 1 GrEStG steuerfrei aufgehoben werden.

Zu e): Hinsichtlich der Grundstücksübertragung findet eine Zurechnungsfortschreibung gemäß § 22 Abs. 2 BewG nach Vollzug der Auflassung statt, und zwar gemäß § 22 Abs. 4 S. 3 Nr. 1 BewG zum Beginn des Kalenderjahres, das auf die Änderung folgt. Bei einer Aufhebung der Grundstücksübertragung innerhalb dieser Frist entfällt auch die Zurechnungsfortschreibung.

2. Einkommensteuer. Für das Entstehen der Einkommensteuerschuld kommen zwei **217** verschiedene Zeitpunkte in Betracht, nämlich entweder der Abschluss des **obligatorischen Rechtsgeschäfts** oder ein **Vollzugsakt.**

a) Abschluss des obligatorischen Rechtsgeschäfts. Ein **Grundstückskaufvertrag** ist **218** mit Abgabe der notariellen Vertragserklärungen abgeschlossen, sofern eine Bindung der Vertragspartner besteht.[272] Bei **privaten Veräußerungsgeschäften** iSd § 23 EStG wird auf die **schuldrechtlichen** Erwerbs- und Veräußerungsgeschäfte abgestellt. Selbst ein Vorvertrag stellt eine Veräußerung gemäß § 23 Abs. 1 Nr. 1 EStG dar.[273]

Sofern ein Grundstücksverkauf durch einen vollmachtslosen Vertreter erst **nach Ablauf 219 der Spekulationsfrist genehmigt** wird, entsteht keine Steuerpflicht gemäß § 23 Abs. 1 Nr. 1 EStG. Die Genehmigung wirkt steuerrechtlich **nicht** auf den Zeitpunkt der Vor-

---

[271] Vgl. BFH DStRE 2001, 1075.
[272] Vgl. BFH BStBl. II 1982, 390.
[273] Vgl. BFH BStBl. II 1984, 311.

nahme des Rechtsgeschäftes **zurück.**[274] Ein **Veräußerungsverlust nach § 17 EStG** entsteht schon mit Abschluss des schuldrechtlichen Verpflichtungsgeschäfts.[275]

220 **b) Vollzugsakt.** Bei einem Grundstückskaufvertrag außerhalb des Anwendungsbereiches des § 23 EStG wird die Einkommensteuerschuld mit dem **Übergang von Besitz und Gefahr, Nutzen und Lasten** auf den Erwerber „im Keim" begründet.[276] Bei **schwebenden Geschäften** erfolgt die Bilanzierung, wenn ein Vertragteil erfüllt hat; zum Zeitpunkt der Gewinnrealisierung bei Veräußerungsgeschäften, vgl. BFH.[277]

221 Bei einer **Betriebs- oder Praxisübergabe** zum **Jahreswechsel** ist der Wille der Vertragsparteien zu erforschen, ob die Übergabe noch zum 31.12., 24 Uhr des alten Jahres oder zum 1.1., 00 Uhr des neuen Jahres erfolgen soll.[278]

3. Erbschaft- und Schenkungsteuer

Schrifttum:

Bruschke, Haftungs- und Steuerschuld bei der Erbschaft- und Schenkungsteuer, StB 2016, 342; Koordinierte Ländererlasse v. 22.6.2017, BStBl. I 2017, 902; *Ihle,* Auswirkungen der Erbschaftsteuerreform in der notariellen Praxis, notar 2018, 3; *Neumann-Tom,* Die Fiktion des Schenkungsstichtags als Rettungsanker für lebzeitig nicht vollendete Grundstücksschenkungen, ZEV 2018, 257; *Seer/Michalowski,* Die erbschaftsteuerliche Behandlung des Unternehmensvermögens nach neuem Recht – Unkalkulierbar und nach wie vor im verfassungsrechtlichen Fokus!, GmbHR 2017, 609; *Spiegelberger,* Auslegungsvertrag und Erbvergleich, ErbR 2012, 165; *Wachter,* Neue Erlasse der Finanzverwaltung zum ErbStG, GmbHR 2017, 841; *Watrin/Linnemann,* Steuerplanung der Unternehmensnachfolge nach neuem Recht, DStR 2017, 569.

221a Die rückwirkend zum 1.7.2016 in Kraft getretene Erbschaftsteuerreform betrifft die Besteuerung des Betriebsvermögens, das zwei wesentlichen Verschärfungen unterliegt: Die Vergünstigungen der §§ 13a und 13b ErbStG gelten nur bis zu einem Erwerb von 26 Mio. EUR. Bei dem Übergang von Großerwerben reduziert sich die Steuervergünstigung gemäß § 13c ErbStG linear und endet bei einem Erwerb in Höhe von 90 Mio. EUR. Darüber hinaus ist die bisherige praxisorientierte Vergünstigung von Verwaltungsvermögen zu 50% des Betriebsvermögens außer Kraft getreten und wurde auf 10% reduziert. Überschreitet der Erwerb von begünstigtem Vermögen 26 Mio. EUR, ist die auf das begünstigte Vermögen entfallende Steuer gemäß § 28a ErbStG zu erlassen, soweit der Erwerber nachweist, dass er persönlich nicht in der Lage ist, die Steuer aus seinem verfügbaren Vermögen gemäß § 28a Abs. 2 ErbStG zu begleichen. Diese im BMF-Schreiben vom 14.3.2016 erläuterte Steuervergünstigung wird Anlass zu Missbrauchsgestaltungen gemäß § 42 AO sein. *Seer/Michalowski*[279] und *Jülicher*[280] betrachten die Neuregelung kritisch unter verfassungsrechtlichen Gesichtspunkten.

---

[274] Vgl. BFH DB 2002, 18.
[275] Vgl. FG Hessen EFG 1985, 606.
[276] Vgl. BFH GmbHR 1984, 189.
[277] Vgl. BFH BStBl. II 1986, 552.
[278] Vgl. FG Berlin EFG 1987, 505; KÖSDI 1987, 6972.
[279] GmbHR 2017, 609.
[280] ZEV 2018, 170.

Schematische Darstellung der Neuregelung nach *Jehler/Löcherbach/Viskorf:*[281]   221b

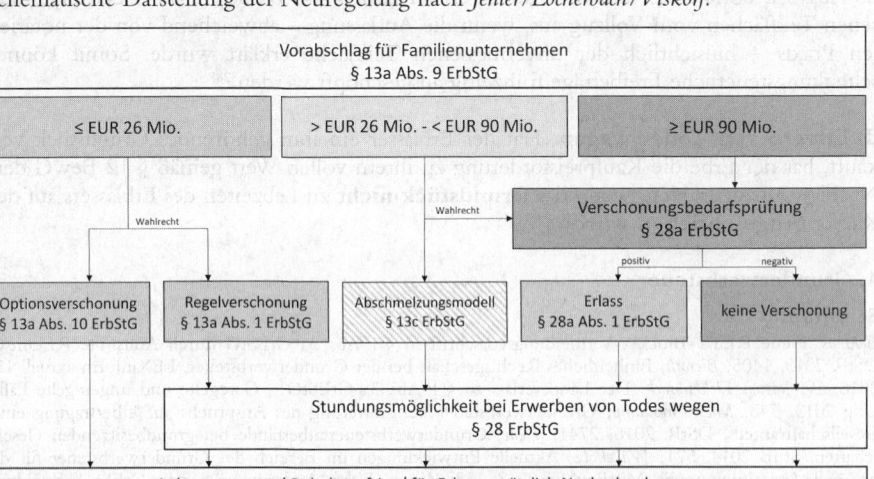

a) Eintritt der Bereicherung. Die Schenkungsteuer entsteht gemäß § 9 Abs. 1 Nr. 2   222
ErbStG mit dem Zeitpunkt der Ausführung der Zuwendung. Ein Schenkungsversprechen
über ein Grundstück gilt unabhängig von der Einräumung des unmittelbaren Besitzes als
ausgeführt, wenn der Beschenkte aufgrund der mitbeurkundeten Auflassung **in der
Lage** ist, die **Eigentumsumschreibung** zu **beantragen;**[282] dabei ist es nicht erforderlich, dass der Beschenkte den Antrag auf Eintragung der Rechtsänderung beim Grundbuchamt gestellt hat.[283] Eine Schenkung ist auch dann bereits ausgeführt, wenn mit der
Auflassung auch die Besitzverschaffung des Grundstücks erfolgt, Nutzen und Lasten auf
den Beschenkten übergehen und die Vertragspartner einen **Dritten bevollmächtigt** haben, die für die Rechtsänderung erforderlichen Erklärungen abzugeben und entgegenzunehmen.[284]

Unterbleibt aber die **Umschreibung,** weil die Schenkungsabrede zuvor aufgehoben   223
wird, liegt in der Aufhebung **weder** eine **Rückschenkung** des Grundstücks **noch** eine
anderweitige **Zuwendung** seitens des ursprünglich Bedachten. Die Rechtsprechung, wonach eine Grundstücksschenkung ausgeführt ist, sobald die Auflassung beurkundet und
die Eintragungsbewilligung erteilt ist, hat also zur Voraussetzung, dass die **Umschreibung**
nachfolgt.[285] Die Beteiligten können somit durch die Blockade des dinglichen Vollzuges
einen **steuerlichen Schwebezustand** schaffen.

b) Genehmigung. Die Schenkungsteuerpflicht für eine von einem **vollmachtlosen**   224
Vertreter erklärte und nachträglich vom Eigentümer genehmigte Grundstücksschenkung
entsteht erst im **Zeitpunkt** der Erteilung der **Genehmigung,** die hinsichtlich der Steu-
erentstehung nicht zurückwirkt.[286]

c) Teilflächenerwerb. Die Schenkung einer **Teilfläche** ist erst nach Vermessung, Mes-   225
sungsanerkennung und Auflassungserklärung vollzogen. Zugunsten der Beteiligten geht H

---

[281] *Jehler/Löcherbach/Viskorf* DStR 2016, 2425 (2429).
[282] Vgl. BFH BStBl. II 1979, 642.
[283] Vgl. BFH BStBl. II 1991, 320.
[284] Vgl. FinM Saarland DB 1990, 1944.
[285] Vgl. BFH ZEV 2002, 518.
[286] Vgl. FG Rheinland-Pfalz DStRE 2002, 1398.

23 Abs. 3 ErbStH 2003 und wohl auch RE 9.1 Abs. 3 S. 4 ErbStR 2011[287] bei unvermessenen Teilflächen vom Vollzug aus, wenn die Auflassung – abweichend von der notariellen Praxis – hinsichtlich der unvermessenen Teilfläche erklärt wurde. Somit können schenkungsteuerliche Freibeträge frühzeitig ausgeschöpft werden.[288]

226 **d) Erwerb von Todes wegen.** Hat der Erblasser ein ihm gehörendes Grundstück verkauft, hat der Erbe die Kaufpreisforderung zu ihrem vollen Wert gemäß § 12 BewG dem Nachlass hinzuzuzählen, wenn das **Grundstück nicht** zu Lebzeiten des Erblassers auf den Käufer **umgeschrieben wurde.**[289]

4. Grunderwerbsteuer

Schrifttum:

Behrens, Neue RETT-Blocker-Vermeidungsvorschrift in § 1 Abs. 3a GrEStG durch Amtshilfe RLUmsG, DStR 2013, 1405; *Bieroth,* Einheitliches Rechtsgeschäft bei der Grunderwerbsteuer, LEXinform aktuell 15/2018, 19; *Joisten/Liekenbrock,* Der Ländererlass zu § 1 Abs. 3a GrEStG – Geregelte und ungeregelte Fälle, Ubg 2013, 743; *Mies/Greskamp,* Grunderwerbsteuer bei Abtretung des Anspruchs auf Übertragung eines Gesellschaftsanteils, DStR 2016, 2741; *Tiede,* Grunderwerbsteuertatbestände bei grundbesitzenden Gesellschaften, StuB 2014, 571; *Wälzholz,* Aktuelle Entwicklungen im Bereich der Grunderwerbsteuer für die notarielle Gestaltungspraxis, MittBayNot 2018, 113; *Wagner/Lieber,* Änderungen bei der GrESt: Vermeidung von RETT-Blockern und Erweitergung von § 6a GrEStG, DB 2013, 1387.

227 **a) Aktuelle Änderungen im Grunderwerbsteuerrecht.** Durch das Amtshilferichtlinie-Umsetzungsgesetz wurde § 1 GrEStG um einen weiteren Steuertatbestand in Abs. 3a ergänzt. Danach werden bei Anteilserwerben grundbesitzender Gesellschaften die Anteilsquoten „durchgerechnet". Durch diese Regelung soll es nicht mehr möglich sein, Kapitalgesellschaften, an denen Dritte nur geringfügig beteiligt sind, bei Beteiligungstransaktionen zwischenzuschalten, um so die Entstehung der Grunderwerbsteuer nach § 1 Abs. 3 GrEStG zu verhindern (sog. RETT-Blocker); siehe gleichlautende Erlasse der obersten Finanzbehörden.[290] In Rn. 1 dieses Erlasses wird § 1 Abs. 3 GrEStG als „neuer, eigenständiger Fiktionstatbestand" bezeichnet, mit dessen Hilfe „insbesondere Erbwerbsvorgänge mit sog. Real Estate Transfer Tax Blocker-Strukturen der Besteuerung unterworfen werden". In Rn. 5 wird dargestellt, dass im Rahmen von § 1 Abs. 3a GrEStG die sachenrechtliche Betrachtungsweise, die bei Anwendung von § 1 Abs. 3 GrEStG zu beachten ist, nicht gilt.

227a Nach dem Urteil des BFH sind Kapital- und Personengesellschaften iSd § 1 Abs. 2a GrEStG als transparent zu betrachten. Eine Veränderung der Beteiligungsverhältnisse trete nur ein, wenn im wirtschaftlichen Ergebnis vollständig sich die Beteiligungsverhältnisse ändern. Nach dem Erlass der obersten Finanzbehörden der Länder vom 9.10.2013[291] wird dieses Urteil über den entschiedenen Einzelfall hinaus nicht angewendet. Es war sogar ein klarstellendes Gesetz geplant.[292]

227b Der Anwendungsbereich des § 6a GrEStG wurde durch Art. 26 Nr. 3 Amtshilferichtlinien-Umsetzungsgesetz vom 26.6.2013[293] erweitert. Begünstigungsfähig sind danach neben Umwandlungen auch Einbringungen sowie andere Erwerbsvorgänge auf gesellschaftsvertraglicher Grundlage, die nach § 1 Abs. 1 Nr. 3 S. 1, Abs. 2a, Abs. 3 GrEStG oder – dem neu eingefügten – § 1 Abs. 3a GrEStG zu einem steuerbaren Rechtsvorgang führen. Mit einem gleichlautenden Erlass der obersten Finanzbehörden der Länder vom

---

[287] BStBl. I 2011 Sondernr. 1.
[288] Vgl. *Spiegelberger* DStR 1995, 1702.
[289] Vgl. BFH BStBl. II 1990, 434; BStBl. II 1997, 820; BStBl. II 2001, 834; aA zurecht FG Baden-Württemberg EFG 2000, 1019, weil das dingliche Anwartschaftsrecht auf den Erben übergegangen ist.
[290] BStBl. II 2013, 1364.
[291] BStBl. I 2013, 1278.
[292] BStBl. II 2013, 833.
[293] BGBl. I 1809.

9. 10. 2013[294] hat die Finanzverwaltung die Grundsätze der Anwendung des § 6a GrEStG in den Fällen des § 1 Abs. 3 GrEStG für Erwerbsvorgänge iSd § 1 Abs. 3a GrEStG für entsprechend anwendbar erklärt.

Bei einer zwischengeschalteten Personengesellschaft, die unmittelbar oder mittelbar an **227c** einer grundbesitzenden Gesellschaft beteiligt ist, ist als Anteil iSv § 1 Abs. 3 Nr. 1 und Nr. 2 GrEStG – wie bei einer zwischengeschalteten Kapitalgesellschaft – die Beteiligung am Gesellschaftskapital und nicht die sachenrechtliche Beteiligung am Gesamthandsvermögen maßgebend (Änderung der Rechtsprechung des BFH[295]). Auch bei dieser Entscheidung ist abzuwarten, ob die Finanzverwaltung mit einem Nichtanwendungserlass reagiert oder – hoffentlich – der Auffassung des BFH folgt.

b) Entstehung der Steuerpflicht. Die Verwirklichung eines Erwerbsvorgangs setzt stets **227d** rechtsgeschäftlich wirksame Willenserklärungen der Vertragschließenden voraus, durch die eine **Bindung** der Beteiligten an das vorgenommene Rechtsgeschäft eingetreten ist. Bei einem unbedingten bzw. keiner Genehmigung bedürftigen Rechtsgeschäft ist eine solche Bindung regelmäßig mit dem Vertragsabschluss gegeben. Bedarf ein Rechtsgeschäft der Genehmigung durch das Familien- oder Nachlassgericht, besteht eine derartige Bindung erst, wenn nach Erteilung der Genehmigung der **Pfleger** gemäß § 1829 BGB die **Genehmigung** den übrigen Vertragsteilen **mitgeteilt** hat. Ohne vorgängige familien- oder nachlassgerichtliche Genehmigung abgegebene Willenserklärungen erzeugen somit noch keine steuerliche Bindung. Die zivilrechtliche Rückwirkung gemäß § 184 BGB ist steuerrechtlich ohne Bedeutung, so dass gemäß § 14 Nr. 2 GrEStG die Grunderwerbsteuerpflicht erst mit der Mitteilung der Genehmigung eintritt.[296]

Das Entstehen von Grunderwerbsteuer kann nicht durch eine Zeitbestimmung aufge- **228** schoben werden. Bei Rechtsgeschäften, die unbedingt, jedoch mit einer **aufschiebenden Zeitbestimmung** abgeschlossen werden, entsteht die Grunderwerbsteuer mit Vertragsabschluss. In die Bemessungsgrundlage zur Ermittlung der Grunderwerbsteuer sind neben dem Kaufpreis für Grund und Boden auch die Gebäudeerrichtungskosten einzubeziehen, wenn von vornherein feststand, dass und wie das Grundstück bebaut werden soll.[297]

c) Vorvertrag. Durch den Abschluss eines Vorvertrages wird ein Rechtsvorgang iSd § 1 **229** GrEStG nicht verwirklicht, es sei denn, dass Nutzungen und Lasten bereits auf den künftigen Erwerber übergehen (vgl. Einführungserlass zum GrEStG 1983).[298] Ein der Grunderwerbsteuer unterliegender Anspruch auf Übereignung eines bürgerlich-rechtlich **noch zu bildenden Grundstücks** setzt voraus, dass die Grenzen des künftigen Grundstücks hinreichend bestimmt sind.[299]

d) Benennungsrecht

Beispiel:

A bietet Bauträger B ein Baugrundstück zum Kaufpreis von 100.000 EUR zum Erwerb an, wobei sich B das Recht vorbehält, einen Dritten als Käufer zu benennen.

Das Angebot auf Veräußerung eines Grundstücks an den vom Angebotsempfänger zu **230** **benennenden Dritten** löst bei Annahme des Angebots eine **zusätzliche** Grunderwerbsteuerpflicht gemäß § 1 Abs. 1 Nr. 6 GrEStG aus, wenn der Benennungsberechtigte das Kaufangebot für eigene wirtschaftliche Interessen verwertet. Dieses Tatbestandsmerkmal

---

[294] DStR 2013, 2636.
[295] BFH ErbStB 2018, 105.
[296] Vgl. BFH DB 1999, 1685.
[297] Gleichlautende Erlasse der obersten Finanzbehörden der Länder v. 14. 3. 2017, BStBl. I 2017, 436.
[298] BStBl. I 1982, 970 Rn. 14.
[299] Vgl. BFH DB 1991, 79.

ist erfüllt, wenn der Berechtigte sich das Kaufangebot einräumen lässt, um damit **eigene** wirtschaftliche Interessen zu verfolgen.[300] Entscheidend ist nicht, ob der Vertragsbeteiligte ein Selbstbenennungsrecht hat, sondern nur, ob ihm die Rechtsmacht zukommt, mit dem Kaufangebot zu handeln.[301] Die Bemessungsgrundlage für den Kaufvertrag beträgt 100.000 EUR. Sofern sich für die Benennung **keine Gegenleistung ermitteln lässt,** ist gemäß § 8 Abs. 2 Nr. 1 GrEStG der Grundbesitzwert gemäß § 138 Abs. 2–4 BewG maßgebend. Typische Grundstücksvermittlungsgeschäfte von **Maklern,** deren wirtschaftliches Interesse an einer üblichen Provision für die Vermittlung des Grundstückskaufvertrages nicht hinausgeht, sind nicht steuerbar.[302]

5. Bewertungsrechtliches Stichtagsprinzip

Beispiel:

Nach der Beurkundung bei Notar N beschwert sich Verkäufer V, weil die Belegenheitsgemeinde weiterhin Grundsteuer erhebt.

231   Wegen des bewertungsrechtlichen Stichtagsprinzips richtet sich das Bewertungsrecht ausschließlich nach den Rechtsverhältnissen, die am 1.1. **nach** dem Abschluss eines Rechtsgeschäftes bestehen. Gemäß § 22 BewG führen Veräußerungen oder Umgestaltungen im Laufe eines Jahres zu dem darauffolgenden 1.1. zu einer **Art-, Wert- oder Zurechnungsfortschreibung,** dh in praxi: der bestehende Einheitswert wird zum darauffolgenden 1.1. entsprechend geändert. Fortschreibungszeitpunkt ist gemäß § 22 Abs. 4 S. 3 Nr. 1 BewG immer der Beginn des Kalenderjahres, das auf die Änderung folgt.

232   Eine Wertfortschreibung findet statt, wenn die **Fortschreibungsgrenzen** des § 22 Abs. 1 BewG überschritten werden. Zum Bewertungsstichtag können nur die Wirtschaftsgüter erfasst werden, die dem Steuerpflichtigen als Eigentümer gehören. Maßgebend ist regelmäßig das **bürgerlich-rechtliche Eigentum.** Für die Zurechnung genügt aber auch das **wirtschaftliche Eigentum,** so dass auf den Eigenbesitz zum 1.1. des auf die Veräußerung folgenden Jahres abzustellen ist.

233   Die Formulierung „die Besitzübergabe solle mit dem 1. Januar des Folgejahres erfolgen" ist dahin gehend auszulegen, dass die Besitzübergabe mit Beginn des 1.1. des Folgejahres erfolgt.[303]

III. Rückgängigmachung einer Gewinnrealisierung?

Beispiel:

Unternehmer U überträgt seiner Tochter T ein Betriebsgrundstück unter Nießbrauchsvorbehalt. Als Steuerberater S davon erfährt, empfiehlt er, das Grundstück wieder auf den Vater zurückzuübertragen.[304]

> **Praxishinweis:**
>
> Eingetretene Gewinnrealisierungen sind irreversibel, so dass die stillen Reserven der Einkommensteuer unterliegen. Die Rückgabe des Grundstücks ohne Entgelt stellt eine zusätzliche steuerpflichtige Schenkung dar.

234 **1. Rechtsgeschäftliche Vereinbarung.** Während die bürgerlich-rechtlichen Folgen einer Beurkundung durch eine Nachtragsurkunde nahezu beliebig umgestaltet und – zu-

---

[300] Vgl. BFH BStBl. II 1989, 984.
[301] BFH BStBl. II 2000, 359; Behrens/Wachter/*Böing,* GrEStG, 2018, § 1 Rn. 179.
[302] Vgl. BFH BStBl. II 1989, 984; *Gottwald/Behrens,* GrEStG, 5. Aufl. 2015, § 1 Rn. 137.
[303] Vgl. FG Niedersachsen DB 1990, 352.
[304] Vgl. BFH BStBl. II 1974, 481.

mindest mit schuldrechtlicher Wirkung – auch für die Vergangenheit abgeändert werden können, sind **entstandene** steuerrechtliche Ansprüche grundsätzlich der **Disposition** der Beteiligten **entzogen,** es sei denn, dass gesetzliche Bestimmungen eine steuerfreie Aufhebung vorsehen, wie dies in § 16 GrEStG und § 29 ErbStG der Fall ist.

Die – vermeintliche – **Aufhebung** eines **entstandenen** Schenkungsteueranspruchs **235** führt steuerrechtlich nicht zur Beseitigung des Steueranspruches, sondern stellt eine **erneute Schenkung** dar, es sei denn, dass von vornherein ein Rechtsanspruch auf Aufhebung oder Widerruf gemäß § 29 ErbStG bestanden hat. Gibt also der Beschenkte den unentgeltlich erworbenen Gegenstand an den Schenker zurück, ohne dass ein im Schenkungsvertrag vereinbarter oder aufgrund Gesetzes bestehender Rückgabeanspruch besteht, wird steuerlich nicht etwa die Schenkung aufgehoben: vielmehr werden sowohl die Schenkung als auch die Rückschenkung besteuert.[305] Schon *Jean Paul* hat gewarnt, dass man die schlimmsten Fehler begeht, wenn man begangene Fehler beheben will.

2. Abweichende Festsetzung von Steuern aus Billigkeitsgründen. Gemäß § 163 S. 1 **236** AO können Steuern niedriger festgesetzt werden und einzelne Besteuerungsgrundlagen, die die Steuern erhöhen, können bei der Festsetzung der Steuer unberücksichtigt bleiben, wenn die Erhebung der Steuer nach Lage des einzelnen Falls unbillig wäre. Zu unterscheiden ist zwischen einer persönlichen und einer sachlichen Unbilligkeit. Eine sachliche Unbilligkeit kann sich aufgrund einer Funktionsverlagerung ins Ausland gemäß § 1 Abs. 3 AStG mit der Folge ergeben, dass sowohl der deutsche Fiskus als auch das Ausland Steuern erheben und eine Doppelbesteuerung eintritt. Außer durch ein Doppelbesteuerungsabkommen oder durch ein zwischenstaatliches Schiedsverfahren kann nach der ergänzenden Erläuterung des Gesetzgebers nur durch einen Billigkeitserlass gemäß § 163 AO eine Doppelbesteuerung verhindert werden.[306] Ein weiterer Fall einer Doppelbesteuerung könnte durch Verluste eintreten, die eine Muttergesellschaft durch Verzicht auf eine wertlose Forderung gegen ihre Tochter erleidet. Dieser Verzicht ist seit 2008 gemäß § 8b Abs. 3 S. 4–8 KStG nicht mehr abzugsfähig. Dafür muss die Tochtergesellschaft einen entsprechenden Gewinn versteuern, obwohl in der Gesamtbetrachtung der beiden Gesellschaften ein solcher nicht entstanden ist. Auch hier sieht der Gesetzgeber zur Vermeidung einer wirtschaftlichen Doppelbelastung den Weg über eine sachliche Unbilligkeit.[307]

3. Realakte. Realakte sind im Steuerrecht ebenso wenig rücknehmbar wie im Zivilrecht, **237** so dass zB eine **Entnahme** aus dem Betriebsvermögen auch nicht ausnahmsweise bei unbilliger Härte rückgängig gemacht werden kann.[308]

Die **Entnahme** eines Gegenstandes aus dem Betriebsvermögen führt daher zu einer **238** **irreversiblen** einkommensteuerlichen Belastung als **laufenden Gewinn** ohne die Möglichkeit, eine Rücklage gemäß § 6b EStG zu bilden. Auch wenn der Steuerpflichtige die steuerlichen Folgen einer Entnahmehandlung nicht überblicken konnte, kann die Entnahme nicht mit steuerlicher Wirkung rückgängig gemacht werden. Die Entnahmefolgen sind jedoch unter gewissen Voraussetzungen im Rahmen einer **Billigkeitsentscheidung** über die Steuerfolgen des § 163 Abs. 1 S. 1 AO zu berücksichtigen.[309]

IV. Vereinbarungen mit Rückwirkung

Schrifttum:
Gelsheimer/Meyen, Verfassungsrechtliche Anforderungen an steuerverschärfende Vorschriften mit rückwirkendem Anwendungsbereich, DStR 2011, 193.

---

[305] Vgl. BFH BStBl. II 1986, 622.
[306] Vgl. *Hoffmann* GmbH-StB 2009, 234.
[307] Vgl. *Hoffmann* GmbH-StB 2009, 234.
[308] Vgl. BFH BStBl. II 1983, 735.
[309] Vgl. BFH/NV 1987, 768.

239   Auch der Gesetzgeber unterliegt wegen des verfassungsrechtlichen Vertrauensschutzes gemäß Art. 20 Abs. 3 GG einem **Rückwirkungsverbot** für steuerverschärfende Vorschriften. Das BVerfG[310] hat § 17 Abs. 1 S. 4 EStG iVm § 52 Abs. 1 S. 1 EStG für verfassungswidrig und nichtig erklärt, soweit in einem Veräußerungsgewinn Wertsteigerungen steuerlich erfasst werden, die bis zur Verkündung des StEntlG am 31.3.1999 entstanden sind und die entweder nach der zuvor geltenden Rechtslage steuerfrei realisiert worden sind oder bei einer Veräußerung nach Verkündung des Gesetzes sowohl zum Zeitpunkt der Verkündung als auch zum Zeitpunkt der Veräußerung nach der zuvor geltenden Rechtslage steuerfrei hätten realisiert werden können.

240   **1. Rückabwicklung.** Die Rückabwicklung eines noch nicht beiderseits vollständig erfüllten Kaufvertrags ist aus der Sicht des früheren Veräußerers keine Anschaffung der zurückübertragenen Anteile, sondern sie führt bei ihm zum rückwirkenden Wegfall eines bereits entstandenen Veräußerungsgewinns; beim früheren Erwerber liegt keine Veräußerung vor.[311]

241   **2. Geringfügige Rückwirkung.** In der Praxis werden aus **Vereinfachungsgründen** und um die Kosten der Erstellung einer Zwischenbilanz zu sparen, häufig Vereinbarungen mit Wirkung für einen früheren Zeitpunkt getroffen. Verträge mit einer **geringfügigen** Rückwirkung werden im Allgemeinen von der Finanzverwaltung dann geduldet, wenn der Hauptzweck der Rückwirkung nicht in der Erlangung von besonderen Steuervorteilen besteht. Im Hinblick auf die Entscheidung des BFH[312] wird man zB bei einer Betriebsaufspaltung eine zweimonatige Rückwirkung zum Jahresanfang noch als zulässig ansehen müssen.

242   **3. Vergleich mit Rückwirkung.** Rückwirkende Vereinbarungen werden dann anerkannt, wenn es sich um einen Vergleich zur Regelung eines **streitigen Rechtsverhältnisses** handelt. Da eine Entscheidung eines streitigen Sachverhaltes durch Urteil mit rückwirkender Kraft geschieht, gilt dies nach der Finanzrechtsprechung auch bei der vergleichsweisen Regelung eines streitigen Sachverhaltes. Wird bei Streitigkeiten über das Ausscheiden eines Gesellschafters in einem gerichtlichen Vergleich dargelegt und vereinbart, dass der **Mitgesellschafter** bereits zu einem **früheren Zeitpunkt ausgeschieden** ist, so ist diese Vereinbarung in steuerlicher Hinsicht auch für die Vergangenheit zu berücksichtigen.[313] Eine vereinbarte Rückwirkung bedarf aber immer einer **wirtschaftlichen Rechtfertigung**; ist die Rückbeziehung durch private Gründe veranlasst, darf sie nicht berücksichtigt werden.[314]

4. Familien- und erbrechtliche Rückwirkungen

Schrifttum:

Bisle, Der Güterstandswechsel als Gestaltungsmittel, DStR 2011, 2359; *Gelhaar,* Die Zugewinngemeinschaft im Erbschaftsteuerrecht, ZErb 2016, 10; *Hölscher,* Güterstandsklauseln und Unternehmereheverträge auf dem Prüfstand, NJW 2016, 3057; *Kieser,* Der Güterstandswechsel als Gestaltungsmittel, ZErb 2013, 49.

243   **a) Erbrechtlicher Zugewinnausgleich gemäß § 5 Abs. 1 ErbStG.** Aufgrund der Vertragsfreiheit bei eherechtlichen Vereinbarungen kann gemäß § 1408 BGB zivilrechtlich wirksam ein Zugewinnausgleich auch rückwirkend für einen Zeitpunkt vereinbart werden, zu dem keine Zugewinngemeinschaft bestand. Gemäß § 5 Abs. 1 S. 4 ErbStG gilt als Zeitpunkt des Eintritts des gesetzlichen Güterstands der Zugewinngemeinschaft der Tag

---

[310] DStR 2010, 1727.
[311] Entgegen BFH BStBl. II 2000, 424: BFH GmbHR 2017, 878.
[312] BB 1979, 1128.
[313] Vgl. FG Rheinland-Pfalz DStRE 2002, 487.
[314] Vgl. BFH BStBl. II 1973, 287.

des notariellen Vertragsabschlusses, so dass bei einem erbrechtlichen Zugewinnausgleich ein von den Ehegatten vereinbarter früherer Zeitpunkt für die erbschaftsteuerliche Beurteilung gemäß § 5 Abs. 1 S. 4 ErbStG des Zugewinnausgleiches keine Beachtung findet.

b) Güterrechtlicher Zugewinnausgleich. Im Fall des güterrechtlichen Zugewinnaus- 244 gleichs findet die vorstehende Beschränkung keine Anwendung.[315] Auch bisher in Gütertrennung lebende Ehegatten können **rückwirkend** Zugewinngemeinschaft, zB zum Tag der Eheschließung, vereinbaren, so dass bei einem späteren güterrechtlichen Zugewinnausgleich durch Aufhebung der Zugewinngemeinschaft der gesamte während der Ehe erzielte Zugewinn an der Schenkungsteuerbefreiung des § 5 Abs. 2 ErbStG teilnimmt.[316] Die in den Erbschaftsteuerrichtlinien 2003[317] angeordnete Gleichbehandlung des § 5 Abs. 1 ErbStG mit § 5 Abs. 2 ErbStG hat keine gesetzliche Grundlage.[318]

c) Erbrechtliche Rückwirkung. Seit der Entscheidung des Großen Senats des BFH[319] 245 sieht das Steuerrecht im Erbfall und in der Erbauseinandersetzung zwei völlig getrennte Rechtsvorgänge, so dass die Einheitstheorie aufgegeben wurde. Wendet der Erblasser einem Miterben seinen Betrieb zu, so wird dieses Vermächtnis oder diese Teilungsanordnung erst der steuerrechtlichen Behandlung zugrunde gelegt, wenn eine Erfüllungshandlung stattgefunden hat. Ausnahmsweise erkennt die Finanzverwaltung eine rückwirkende Erbauseinandersetzung zum Zeitpunkt des Erbanfalls an, wenn die Erfüllungshandlungen innerhalb von sechs Monaten nach dem Erbfall stattfinden.[320]

5. Rückwirkungsverbot bei Gesellschaftsverträgen. a) Keine rückwirkende Ge- 246 **winnverteilungsänderung.** Wird der Gewinn- und Verlustverteilungsschlüssel einer KG während des Wirtschaftsjahres mit Rückbeziehung auf den Beginn des Wirtschaftsjahres geändert, so ist die **Rückbeziehung** für die einkommensteuerrechtliche Gewinn- und Verlustzurechnung **ohne Bedeutung.**[321] Beim Eintritt eines Gesellschafters in eine Gesellschaft im Lauf eines Wirtschaftsjahres empfiehlt sich die Bildung eines **Rumpfwirtschaftsjahres** mit Erstellung einer Zwischenbilanz oder die **anteilige** – pro rata temporis bemessene – **Gewinnbeteiligung** des Eintretenden.[322]

b) Nachzahlungsverbot. Das Nachzahlungsverbot im **Körperschaftsteuerrecht** be- 247 sagt, dass einem **beherrschenden Gesellschafter-Geschäftsführer** selbst dann rückwirkend keine Vergütungen gewährt werden dürfen, wenn dies branchenüblich ist oder wenn auch fremde dritte Geschäftsführer eine derartige Zusage erhalten. Ein Verstoß gegen das Nachzahlungsverbot stellt eine **verdeckte Gewinnausschüttung** dar.[323]

c) Anteilsverkauf. Die Ermittlung eines Veräußerungsgewinns nach § 8b Abs. 2 S. 1 248 KStG 2002 erfolgt stichtagsbezogen auf den Veräußerungszeitpunkt. Eine nachträgliche Wertveränderung der Kaufpreisforderung aus einem Anteilsverkauf wegen Uneinbringlichkeit wirkt deswegen gewinnmindernd auf den Veräußerungszeitpunkt zurück.[324]

---

[315] Vgl. FJPW/*Götz* ErbStG § 5 Rn. 60; *Kapp/Ebeling,* ErbStG, Stand: 6/2017, § 5 Rn. 83.3.
[316] Vgl. FG Düsseldorf EFG 2006, 1447 unter Berufung auf ein obiter dictum des BFH BStBl. II 2005, 843; zu der dadurch eintretenden „escape"-Wirkung vgl. *Götz* DStR 2001, 417; *Geck* DNotZ 2007, 279; *Spiegelberger* Vermögensnachfolge § 16 Rn. 28.
[317] BStBl. I 2003, 2.
[318] Vgl. *Jebens* DStZ 2009, 522.
[319] BStBl. II 1990, 837.
[320] Vgl. BMF-Schreiben Erbauseinandersetzung, BStBl. I 2006, 253 Rn. 7–9.
[321] Vgl. BFH BStBl. II 1984, 53.
[322] Vgl. BFH BStBl. II 1980, 66.
[323] Gosch/Schwedhelm/Spiegelberger/*Nagel,* GmbH-Beratung, Loseblatt, 53. EL (Stand: 1/2018), V 39.
[324] Vgl. BFH NJW 2011, 2751.

6. Steuerliche Rückwirkungsfiktionen

Schrifttum:

Hoffmann, Die Rückwirkung als Steuergestaltungsinstrument, GmbH-Stb 2007, 257.

249   In verschiedenen Bestimmungen finden sich gesetzliche Rückwirkungsfiktionen.

a) Organschaft

Schrifttum:

Deilmann, Die Beendigung des Beherrschungs- und/oder Gewinnerfüllungsvertrags in der M & A-Transaktion, NZG 2015, 460; *Füger/Rieger/Schell,* Die Behandlung von Ergebnisabführungsverträgen beim Unternehmensverkauf – gesellschafts-, steuer- und insolvenzrechtliche Aspekte, DStZ 2015, 404; *Göhmann/Winnen,* Anforderungen an die Beendigung von Unternehmensverträgen mit einer abhängigen GmbH, RNotZ 2015, 53; *Hermanns,* Die notarielle Beurkundung von Beherrschungs- und Ergebnisabführungsverträgen, RNotZ 2015, 632; *Hoffmann/Theusinger,* Die Behandlung des Verlustausgleichsanspruchs gemäß § 302 I AktG, NZW 2014, 1170; *Mues,* Gewinnabführungs- und Beherrschungsverträge mit einer hauptverpflichteten GmbH aus handels- und steuerrechtlicher Sicht, RNotZ 2005, 2; *Rüsch,* Aktuelle Entwicklungen zur steuerlichen Organschaft, DStZ 2015, 27; *Walter,* Organschaft zwischen Schwestergesellschaften de lege lata, GmbHR 2015, 182; *ders.,* Alternativen zur unterjährigen Aufhebung des Gewinnabführungsvertrags mit einer GmbH, GmbHR 2015, 965.

250   Verpflichtet sich eine Kapitalgesellschaft iSd § 14 Abs. 1 S. 1 KStG (Organgesellschaft) durch einen Gewinnabführungsvertrag iSd § 291 Abs. 1 AktG ihren gesamten Gewinn an ein einziges, anderes gewerbliches Unternehmen abzuführen, so ist das Einkommen der Organgesellschaft mit Ausnahme von Ausgleichszahlungen dem Träger des Unternehmens (Organträger) zuzurechnen, wenn die Organgesellschaft finanziell in den Organträger eingefügt ist; das Erfordernis der wirtschaftlichen und organisatorischen Eingliederung ist entfallen. Von der körperschaftsteuerlichen und gewerbesteuerlichen Organschaft ist die umsatzsteuerliche Organschaft gemäß § 2 Abs. 2 Nr. 2 UStG zu unterscheiden, die nach dem Gesamtbild der tatsächlichen Verhältnisse die finanzielle, wirtschaftliche und organisatorische Eingliederung erfordert.

251   Gemäß § 14 Abs. 1 S. 2 KStG muss der Ergebnisabführungsvertrag, wonach eine Rückwirkung bis zum Anfang des Wirtschaftsjahres, in dem der Vertrag abgeschlossen wird, zulässig ist, im Handelsregister eingetragen sein; die Antragstellung beim Registergericht ist nicht ausreichend.[325]

b) Umwandlungen nach dem handelsrechtlichen Umwandlungsgesetz. aa) Einbringung in eine Kapitalgesellschaft gemäß § 20 UmwStG

Schrifttum:

Binnewies/Zapf, Der Weg vom Einzelunternehmen in die GmbH, GmbH-StB 2016, 169 und GmbH-StB 2016, 197; *Herbst,* Schenkungsteuerliche Risiken bei Kapitalerhöhungen, DNotZ 2015, 324; *Lubberich,* Sachagio bei GmbH-Gründungen und Kapitalerhöhungen – Gestaltungsmöglichkeiten und Risiken im Überblick, DNotZ 2016, 164; *Ott,* Steuerliche Haftungsgefahren bei Kapitalherabsetzung und Rückzahlung der Kapitalrücklage, GmbHR 2014, 971.

252   Wird ein Betrieb oder Teilbetrieb oder ein Mitunternehmeranteil in eine Kapitalgesellschaft eingebracht, kann gemäß § 20 Abs. 6 UmwStG ein Bilanzstichtag gewählt werden, der längstens **acht Monate vor** dem Tag der **Anmeldung zum Handelsregister** liegt, wobei zu beachten ist, dass ein **Geschäftsführervertrag,** der zum Zeitpunkt der Einbringung des Betriebes abgeschlossen wird, **nicht rückwirkend** zum Bilanzstichtag wirksam wird, also steuerlich nur mit Wirkung ex nunc geschlossen werden kann.[326]

252a   Die übernehmende Gesellschaft hat das eingebrachte Betriebsvermögen gemäß § 20 Abs. 2 S. 1 UmwStG mit dem gemeinen Wert anzusetzen. Abweichend von S. 1 kann das

---

[325] Vgl. Gosch/Schwedhelm/Spiegelberger/*Schiffers,* GmbH-Beratung, Stand: 11/2018, O. 7.
[326] Vgl. BMF BStBl. I 1978, 235 Rn. 1.

übernommene Betriebsvermögen auf Antrag einheitlich mit dem **Buchwert** oder einem höheren Wert, höchstens jedoch mit dem Wert iSd S. 1, angesetzt werden, soweit die weiteren Tatbestandsmerkmale des § 20 Abs. 2 UmwStG vorliegen, insbesondere sichergestellt ist, dass das eingebrachte Betriebsvermögen später bei der übernehmenden Körperschaft der Besteuerung mit Körperschaftsteuer unterliegt. Voraussetzung für diese Vergünstigung ist, dass alle wesentlichen Betriebsgrundlagen eingebracht werden.

bb) Einbringung von Betriebsvermögen in eine Personengesellschaft

Schrifttum:

Fuhrmann/Möller, Einbringung einer freiberuflichen Einzelpraxis nach § 24 UmwStG: Zurückbehaltene Forderungen, Betriebsvermögensqualifikation und Zwangsentnahme, DStR 2013, 848; *Kamps/Stenert,* Übertragung von Einzelwirtschaftsgütern zwischen beteiligungsidentischen Schwesterpersonengesellschaften – Neue Lösungswege, FR 2015, 1058; *Rogall/Dreßler,* Neue Grenzen und neue Möglichkeiten für Einbringungen in Personengesellschaften gemäß § 24 UmwStG, DB 2015, 1981; *Stein/Stein,* Neues vom BFH zur Übertragung von Einzelwirtschaftsgütern nach § 6 Abs. 5 EStG und zur Buchwertneutralität von Schenkungen – Praxisfolgen und Ausblicke, FR 2013, 156.

Wird ein Betrieb oder Teilbetrieb oder Mitunternehmeranteil in eine Personengesell- 253 schaft eingebracht, kann gemäß § 24 Abs. 4 UmwStG, der auf § 20 Abs. 6 UmwStG verweist, bei der Einbringung von Betriebsvermögen ein acht Monate zurückliegender Bilanzstichtag gewählt werden, jedoch nur für Fälle der **Gesamtrechtsnachfolge.** Die Personengesellschaft hat das eingebrachte Betriebsvermögen in ihrer Bilanz einschließlich der Ergänzungsbilanzen für ihre Gesellschafter gemäß § 24 Abs. 2 S. 1 UmwStG mit dem gemeinen Wert anzusetzen. Abweichend von S. 1 kann das übernommene Betriebsvermögen auf Antrag mit dem **Buchwert** oder einem höheren Wert, höchstens jedoch mit dem Wert iSd S. 1 angesetzt werden, soweit die weiteren Tatbestandsmerkmale der Nr. 1 und Nr. 2 des Abs. 2 erfüllt sind, insbesondere das Recht des Bundesrepublik Deutschland hinsichtlich der Besteuerung des eingebrachten Betriebsvermögens nicht ausgeschlossen oder beschränkt wird. Die Zurückbehaltung von Betriebsvermögen im Sonderbetriebsvermögen des einbringenden Gesellschafters ist für die Buchwertfortführung unschädlich.

V. Gesetzliche Änderungstatbestände

Schrifttum:

Bruschke, Die Anwendung des § 175 Abs. 1 S. 1 Nr. 2 AO – Wann ist ein Ereignis mit steuerlicher Rückwirkung anzunehmen?, SteuK 2011, 209; *ders.,* Neue Tatsachen und Beweismittel im Steuerrecht – Berichtigung nach § 173 AO?, StB 2017, 334; *Welzer,* Rückwirkende Ereignisse iSv § 175 Abs. 1 S. 1 Nr. 2 AO durch Steuerklauseln in Unternehmenskaufverträgen, DStR 2016, 1393.

1. Berichtigungsvorschriften der Abgabenordnung. §§ 172 AO ff. enthalten Vor- 254 schriften, wonach bestandskräftige Steuerbescheide aufgehoben und geändert werden können. Von besonderer Bedeutung sind:

a) Änderung wegen neuer Tatsachen oder Beweismittel. Nach § 173 Abs. 1 Nr. 2 255 AO sind Steuerbescheide aufzuheben oder zu ändern, wenn Tatsachen oder Beweismittel nachträglich bekannt werden, die zu einer niedrigeren Steuer führen und den Steuerpflichtigen kein grobes Verschulden daran trifft, dass die Tatsachen oder Beweismittel erst nachträglich bekannt werden.

Eine Änderung eines Steuerbescheides nach § 173 Abs. 1 Nr. 1 AO ist nach Treu und 255a Glauben ausgeschlossen, wenn der Finanzbehörde die nachträglich bekannt gewordene Tatsache bei ordnungemäßer Erfüllung ihrer Ermittlungspflicht nicht verborgen geblieben wäre, der Steuerpflichtige seinerseits aber die ihm obliegenden Mitwirkungspflichten in zumutbarer Weise erfüllt hat.[327]

---

[327] BFH DStRE 2012, 707.

256 b) Rückwirkende Ereignisse. Gemäß § 175 Abs. 1 Nr. 2 AO können Steuerbescheide aufgehoben oder geändert werden, soweit ein Ereignis eintritt, das steuerliche Wirkung für die Vergangenheit hat (rückwirkendes Ereignis).

257 Wenn der **Kaufpreis** für einen Betrieb aufgrund von Einwendungen des Käufers gegen die Rechtswirksamkeit des Kaufvertrages nachträglich **herabgesetzt** wird, so ist der bereits ergangene Einkommensteuerbescheid gemäß § 175 Abs. 1 Nr. 2 AO zu berichtigen;[328] dasselbe gilt bei der Rückgängigmachung eines Kaufvertrages über eine wesentliche Beteiligung iSd § 17 EStG.[329]

258 2. Aufschiebende und auflösende Bedingungen gemäß §§ 4–7 BewG. Der **bedingte Erwerb** und **bedingte Lasten** werden bewertungsrechtlich – und damit zB auch schenkung- und erbschaftsteuerlich –, nicht aber **einkommensteuerlich (!)** erst berücksichtigt, wenn die **aufschiebende** Bedingung eingetreten ist. Der Eintritt **auflösender** Bedingungen führt zu einer entsprechenden Berichtigung. Bei einer Befristung auf einen unbestimmten Zeitpunkt gilt gemäß § 8 BewG dasselbe.

3. Aufhebung oder Änderung der Steuerfestsetzung gemäß § 16 GrEStG

Schrifttum:

Burmiller, Die Rückgängigmachung eines Grundstückserwerbs nach § 16 GrEStG – auf Gestaltungssicherheit achten, SteuK 2014, 423; *Behrens*, Zur Rückgängigmachung von Erwerbsvorgängen iSv § 1 Abs. 2a GrEStG gemäß § 16 GrEStG, DStR 2009, 1611; *Mayer*, Rückabwicklung von Kaufverträgen – Grunderwerb Steuerfalle beim Share Deal, DB 2009, 1495.

Beispiel:

Ehemann E erwirbt von der Bauträgerfirma X eine Eigentumswohnung. Da die Bank den Kaufvertrag nur finanzieren will, wenn auch die Ehefrau die persönliche Haftung übernimmt, vereinbart E mit X die Aufhebung des Kaufvertrages und den erneuten Abschluss eines Kaufvertrages unter Beteiligung seiner Ehefrau F. Das Finanzamt erkennt die Vertragsaufhebung nicht an und erhebt für beide Kaufverträge Grunderwerbsteuer.

> **Praxishinweis:**
>
> Ohne unwirksame Aufhebung und ohne Neuabschluss eines Kaufvertrages hätte E einen Hälftemiteigentumsanteil steuerfrei gemäß § 3 Nr. 4 GrEStG auf die Ehefrau übertragen können.

259 Gemäß § 16 GrEStG wird die Grunderwerbsteuer nicht erhoben oder erstattet, wenn der Erwerbsvorgang unter den dort genannten Voraussetzungen aufgehoben wird; dabei wird die **Rückgängigmachung** eines Erwerbsvorganges grunderwerbsteuerlich nur anerkannt, wenn die vertraglichen Pflichten und Wirkungen aufgehoben werden und der Erwerbsvorgang auch wirtschaftlich rückgängig gemacht wird.[330]

260 Wenn der Aufhebungs- und Weiterveräußerungsvertrag unmittelbar nacheinander beurkundet werden, wurde der erste Grundstückserwerb nicht aufgehoben.[331]

261 Sofern ein Kaufvertrag gemäß § 16 GrEStG aufgehoben wird und der Veräußerer das wiedererlangte Grundstück sofort an einen Dritten veräußert, tritt Grunderwerbsteuerfreiheit gemäß § 16 GrEStG nur ein, wenn der Verkäufer die **ursprüngliche Rechtsstellung wiedererlangt.**[332] Missbräuchlich ist zB die Aufhebung eines Kaufvertrages, den

---

[328] Vgl. BFH BStBl. II 1989, 41.
[329] Vgl. BFH DStR 2003, 2162.
[330] Vgl. OFD Nürnberg DB 1991, 1419; *Viskorf* DStR 1988, 206; *Behrens/Wachter/Koppermann*, GrEStG, 2018, § 16 Rn. 50.
[331] Vgl. BFH GmbHR 2008, 221.
[332] Vgl. BFH MittBayNot 1977, 83; OFD Nürnberg DB 1991, 1419.

eine GmbH als Käuferin abgeschlossen hat, wenn anschließend das Grundstück durch die Gesellschafter der GmbH von dem ursprünglichen Grundstückseigentümer erworben wird. Bei **Vertragsübernahme** oder **Vertragsbeitritt** liegt keine Vertragsaufhebung vor.[333] Bei einer „unechten" Rückgängigmachung sind Steuerbefreiungen, die im Verhältnis des Ersterwerbers zum Zweiterwerber begründet sind, nicht anzuwenden.[334]

4. Änderung der umsatzsteuerlichen Bemessungsgrundlage gemäß § 17 UStG

Schrifttum:

Sauer/Unterberg, Korrektur einer Rechnung unter Verwendung der Bezeichnung „Gutschrift" – Unwichtiger oder unberechtigter Steuerausweis nach § 14c UStG?, MwStR 2013, 366; *Schneider,* Umsatzsteuerliche Rechtsfolgen der Geschäftsveräußerung im Ganzen anhand von Fallbeispielen, BB 2013, 2326; *Thurow,* Berichtigung der Umsatzsteuer, BC 2012, 5.

Gemäß § 17 UStG ist die Umsatzsteuer zu berichtigen, wenn sich die **Bemessungs-** **262** **grundlage ändert.** Hat der Steuerpflichtige eine Leistung, die er außerhalb seines Unternehmens erbracht hat, als steuerpflichtigen Umsatz behandelt, indem er sie dem Leistungsempfänger mit gesondertem Ausweis der Umsatzsteuer in Rechnung gestellt hat, und hat er die Steuer erklärungsgemäß an das Finanzamt abgeführt, so verlangt der Grundsatz der Neutralität der Mehrwertsteuer, dass die zu Unrecht in Rechnung gestellte **Mehrwertsteuer berichtigt wird,** wenn der Vorsteuerabzug beim Leistungsempfänger rückgängig gemacht worden ist und der entsprechende Betrag an den Fiskus tatsächlich zurückgezahlt worden ist.[335] Die Berichtigung der Steuer kann im **Billigkeitsverfahren** gemäß § 227 AO erfolgen.[336]

5. Erlöschen der Erbschaftsteuer gemäß § 29 ErbStG

Schrifttum:

Bodden, Steuerliche Probleme bei der Rückabwicklung von Schenkungen, KÖSDI 2016, 19582; *Götz,* Rückgängigmachung von Schenkungen, ZEV 2017, 371; *Spiegelberger,* Die Rückabwicklung der vorweggenommenen Erbfolge, MittBayNot 2000, 1.

Gemäß § 29 Abs. 1 ErbStG erlischt die Schenkungsteuer mit **Wirkung** für die Vergan- **263** genheit, soweit
1. ein Geschenk wegen eines Rückforderungsrechts herausgegeben werden musste;
2. bei Verarmung des Schenkers der Beschenkte gemäß § 528 Abs. 1 S. 2 BGB die Herausgabe durch Zahlung des für den Unterhalt erforderlichen Betrags abwendet;
3. in den Fällen des § 5 Abs. 2 ErbStG unentgeltliche Zuwendungen auf die Ausgleichsforderung gemäß § 1380 Abs. 1 BGB angerechnet worden sind. Entsprechendes gilt für § 5 Abs. 1 ErbStG;
4. unentgeltlich erworbene Vermögensgegenstände innerhalb von 24 Monaten nach dem Zeitpunkt der Entstehung der Steuer in eine gemeinnützige Stiftung eingebracht werden.

Die Vertragspraxis zeigt, dass die berechtigten Sicherungsinteressen der Übergeber bei der **263a** vorweggenommenen Erbfolge durch die gesetzlichen Widerrufsrechte gemäß § 528 BGB und § 530 BGB nicht ausreichend gewährleistet sind. In der Regel soll der Erwerber zu Lebzeiten der Übergeber nur begrenzt über den geschenkten Gegenstand verfügen dürfen. Darüber hinaus müssen auch die allgemeinen Lebensrisiken, wie Vorversterben des Erwerbers, dessen Insolvenz oder etwaige Scheidungen es ermöglichen, den geschenkten Gegenstand zurückzufordern.[337]

---

[333] Vgl. BayFinMin MittBayNot 1995, 415.
[334] Vgl. BFH BStBl. II 1988, 547; DNotI-Report 22/1994, 2.
[335] Vgl. BFH BStBl. II 2004, 343.
[336] Vgl. BFH DB 2002, 566.
[337] Vgl. *Spiegelberger* Vermögensnachfolge § 2 Rn. 74 ff.; *von Hoyenberg,* Vorweggenommene Erbfolge, 2010, § 3 Rn. 155; *Mayer/Geck,* Der Übergabevertrag, 3. Aufl. 2013, § 13 Rn. 18.

VI. Irrtumsanfechtung

Schrifttum:

Kanzler, Zur Anfechtung bzw. zum Widerruf einer Betriebsaufgabeerklärung, FR 2017, 573; *Kanzleiter,* Der Irrtum über die Bindungswirkung als Grundlage der Selbstanfechtung von wechselbezüglichen Verfügungen in einem gemeinschaftlichen Testament durch den Erblasser, MittBayNot 2012, 264; *Musielak,* Der Irrtum des Erblassers und der Erben, ZEV 2016, 353; *Piltz,* Zum Irrtum über Steuerfolgen, FS Spindler 2011, 693.

264   Wer bei der Abgabe einer Willenserklärung über deren Inhalt im Irrtum war oder eine Erklärung dieses Inhalts überhaupt nicht abgeben wollte, kann gemäß § 119 Abs. 1 BGB die Erklärung anfechten, wenn anzunehmen ist, dass er sie bei Kenntnis der Sachlage und bei verständiger Würdigung des Falles nicht abgegeben haben würde. Da der Irrtum über Steuerfolgen nach hM bei Verträgen unter fremden Dritten einen unbeachtlichen Motivirrtum darstellt, ist die Irrtumsanfechtung nur in gesondert gelagerten Fällen von Erfolg. Die Steuerrechtsprechung ist selbst bei Rechtsgeschäften unter nahestehenden Personen, bei denen die Rechtssicherheit nicht an erster Rangstelle steht, sehr zurückhaltend.

264a   Nach Auffassung des BFH[338] kann die Schenkung eines betrieblichen Wirtschaftsguts nicht wegen Erklärungsirrtums (§ 119 Abs. 1 BGB) angefochten werden, wenn die Vertragsparteien die Schenkung als Vertragstyp mit ihren wesentlichen Rechtsfolgen gewollt und wie gewollt vereinbart haben. Nach § 119 Abs. 2 BGB gilt als Irrtum über den Inhalt der Erklärung auch der Irrtum über solche Eigenschaften der Person oder der Sache, die im Verkehr als wesentlich angesehen werden. *Hiltz*[339] weist zu Recht darauf hin, dass zB die einkommensteuerliche Verstrickung eines Wirtschaftsguts als Betriebsvermögen eine verkehrswesentliche Eigenschaft iSd § 119 Abs. 2 BGB darstellen kann. Zudem kann der **gemeinsame** Irrtum über Steuerfolgen **Geschäftsgrundlage** eines Rechtsgeschäftes sein, so dass jedenfalls eine Anpassungsmöglichkeit gemäß § 313 BGB geprüft werden muss (→ Rn. 268).

265   **1. Rechtsirrtum.** Der BFH[340] sah in einer unentgeltlichen Übertragung, die in dem irrigen Glauben ausgeführt wurde, zur Übertragung verpflichtet zu sein, einen auch **steuerlich beachtlichen Irrtum.** Das FG Köln[341] hat eine nach sieben Jahren erfolgte Richtigstellung, wonach anstelle der irrtümlich geltend gemachten AfA nach § 7b EStG eine Abschreibung gemäß § 7 Abs. 5 EStG beantragt wurde, als rückwirkend anzuerkennenden Erklärungsirrtum angesehen.

266   Die Unkenntnis über eine steuerrechtliche Norm stellt keinen beachtlichen Irrtum dar. Wer ein Grundstück im Jahr 1998 (auch teilentgeltlich) erwarb und im Jahr 2005 veräußerte, konnte den Vertrag im Hinblick auf die Verlängerung der sog. Spekulationsfrist des § 23 Abs. 1 S. 1 Nr. 1 EStG auf zehn Jahre durch das Steuerentlastungsgesetz 1999/2000/2002 weder wegen eines Irrtums über eine wesentliche Eigenschaft des Grundstücks anfechten noch nach den Grundsätzen über den Wegfall der Geschäftsgrundlage rückabwickeln.[342] Dem entschiedenen Fall lag eine teilentgeltliche Grundstücksübertragung unter Ehegatten zugrunde, die der veräußernde Ehegatte rückwirkend angefochten hatte. Er sei aufgrund objektiv falscher Zusagen eines Rechtsanwalts einem Rechtsfolgeirrtum des Inhalts erlegen, das 1998 erworbene Grundstück nach Ablauf von zwei Jahren steuerfrei veräußern zu können. Da im Streitfall zum Zeitpunkt der Gesetzesänderung die alte, zweijährige Spekulationsfrist noch nicht abgelaufen war, lag auch keine verfassungswidrige rückwirkende Gesetzesänderung vor.[343]

---

[338] BStBl. II 1990, 368.
[339] FS Spindler 2009, 693 (696).
[340] BStBl. II 2001, 454.
[341] EFG 1998, 552.
[342] Vgl. FG Hamburg EFG 2009, 1382.
[343] Vgl. BFH BStBl. II 2004, 284.

Nach der Entscheidung des FG Nürnberg[344] berechtigt ein Rechtsirrtum nur dann zur 266a
Anfechtung nach § 119 Abs. 1 BGB, wenn das vorgenommene Rechtsgeschäft selbst wesentlich andere als die beabsichtigten Wirkungen erzeugt. Dagegen ist der nicht erkannte Eintritt zusätzlicher und mittelbarer Rechtswirkungen, die zu den gewollten und eingetretenen Rechtsfolgen hinzutreten, kein Irrtum über den Inhalt der Erklärung mehr, sondern ein unbeachtlicher Motivirrtum. Nach dem mitgeteilten Sachverhalt räumte der Steuerpflichtige hinsichtlich des angefochtenen Steuerbescheides wegen eines Veräußerungsgewinnes gemäß § 23 EStG ein, dass er bei dem Veräußerungsgeschäft nicht an die Steuerpflicht gemäß § 23 EStG gedacht habe.

2. Entnahmen. Entnahmen sind gemäß § 4 Abs. 1 S. 2 EStG alle Wirtschaftsgüter (Bar- 267
entnahmen, Waren, Erzeugnisse, Nutzungen und Leistungen), die der Steuerpflichtige dem Betrieb für sich, für seinen Haushalt oder für andere betriebsfremde Zwecke im Laufe des Wirtschaftsjahres entnommen hat. Das Bewusstsein der Aufdeckung stiller Reserven ist nicht erforderlich.[345] Während BFH BStBl. II 1983, 737 es ausdrücklich offen gelassen hat, ob die Entnahme eines Grundstückes durch Anfechtung des Schenkungsvertrages und der Auflassung wegen Irrtums über die steuerlichen Folgen rückgängig gemacht werden könne, kann nach BFH KÖSDI 1990, 7909 die **Entnahmewirkung** durch Anfechtung und Rückabwicklung wegen Erklärungsirrtums **nicht rückwirkend beseitigt** werden.

VII. Fehlen und Wegfall der Geschäftsgrundlage

Schrifttum:
Loyal, Vertragsaufhebung wegen Störung der Geschäftsgrundlage, NJW 2013, 417; *Wachter,* Störungen der Geschäftsgrundlage im Schenkungsteuerrecht, ZEV 2002, 176.

Beispiel:
Ein Notariatsbürovorsteher erteilt den Beteiligten vor der Beurkundung eine unrichtige Erbschaftsteuerauskunft. Können die Beteiligten den Vertrag aufheben ohne eine erneute Schenkungsteuerpflicht auszulösen?

1. Zivilrecht. Grundlage eines Vertrags sind nur die nicht zum eigentlichen Vertragsinhalt 268
gewordenen, bei Vertragsschluss aber zutage getretenen gemeinsamen Vorstellungen beider Vertragsparteien oder die der einen Partei erkennbaren und von ihr nicht beanstandeten Vorstellungen der anderen Partei von dem Vorhandensein oder dem Eintritt bestimmter Umstände, auf denen der Geschäftswille der Parteien aufbaut.[346]

Schenkungen von Schwiegereltern an ihr Schwiegerkind zur Bedienung eines Immo- 268a
bilienkredits können ihre Geschäftsgrundlage im dauerhaften Wohnen des eigenen Kindes nur im Umfang des Tilgungsanteils haben. Mit dem Zinsanteil werden demgegenüber Kosten des laufenden Lebensunterhalts bestritten, welche grundsätzlich nicht zu einer Rückforderung berechtigen.[347]

Wird ein Vermögensgegenstand einer Person im Wege der Schenkung übertragen und 268b
wendet diese den Vermögensgegenstand freigiebig einem Dritten zu, ist für die Bestimmung des jeweiligen Zuwendenden und des jeweiligen Bereicherten darauf abzustellen, ob die weitergebende Person eine eigene Entscheidungsbefugnis bezüglich der Verwendung des geschenkten Gegenstandes hat. Ob ein Bedachter über einen zugewendeten Gegenstand frei verfügen kann oder diesen einem Dritten zuwenden muss, ist unter Berücksichtigung der abgeschlossenen Verträge, ihrer inhaltlichen Abstimmung untereinander sowie der mit der Vertragsgestaltung erkennbaren angestrebten Ziele der Vertragsparteien

---

[344] BeckRS 2011, 95669.
[345] Vgl. BFH/NV 2005, 126.
[346] Vgl. Palandt/*Grüneberg* BGB § 313 Rn. 3.
[347] BGH MittBayNot 2015, 409.

zu entscheiden. Eltern haben regelmäßig kein Interesse daran, ihr Vermögen im Wege der vorweggenommenen Erbfolge auf ihre Schwiegerkinder zu übertragen; gewollt ist vielmehr die Übertragung des Vermögens auf die eigenen Kinder.[348]

269　　Haben sich die Umstände, die zur Grundlage des Vertrags geworden sind, nach Vertragsschluss schwerwiegend geändert und hätten die Parteien den Vertrag nicht oder mit anderem Inhalt geschlossen, wenn sie diese Veränderung vorausgesehen hätten, kann gemäß **§ 313 BGB** eine **Anpassung des Vertrags** verlangt werden, soweit einem Teil unter Berücksichtigung aller Umstände des Einzelfalles, insbesondere der vertraglichen oder gesetzlichen Risikoverteilung, das Festhalten am unveränderten Vertrag nicht zugemutet werden kann.

270　　**2. Steuerrechtliche Anspruchsgrundlage.** Wegen der Irreversibilität eines entstandenen Steueranspruches berührt die Vertragsaufhebung grundsätzlich nicht den Steueranspruch, so dass der Grund der Vertragsaufhebung in dem Vertrag selbst angelegt sein muss.[349] Wurde der Vertrag zivilrechtlich unter einer auflösenden Bedingung geschlossen, entfällt mit dem Eintritt der Bedingung grundsätzlich auch der Steueranspruch. Wird der Verkauf eines Anteils an einer Kapitalgesellschaft (wesentliche Beteiligung iSv § 17 EStG) nach Übertragung des Anteils und vollständiger Bezahlung des Kaufpreises durch den Abschluss eines außergerichtlichen Vergleiches, mit dem die Vertragsparteien den Rechtsstreit über den Eintritt einer im Kaufvertrag **vereinbarten auflösenden Bedingung** beilegen, rückgängig gemacht, so ist dies ein Ereignis mit steuerlicher Rückwirkung auf den Zeitpunkt der Veräußerung.[350]

271　　Das gleiche gilt, wenn die Vertragsteile eine **Steuerklausel** im engeren Sinne vereinbaren, die den Vertrag bei einer bestimmten steuerrechtlichen Einordnung von vornherein entfallen lässt.[351] Ist der Steuerbescheid bereits unanfechtbar, stellt die Vertragsaufhebung ein rückwirkendes Ereignis gemäß § 175 Abs. 1 Nr. 2 AO dar, das eine Rechtsgrundlage für die Aufhebung des Steuerbescheides darstellt. Wenn verfahrensrechtlich die Veranlagung noch offen ist, bedarf es der verfahrensrechtlichen Grundlage des § 175 Abs. 1 S. 1 Nr. 2 AO nicht.[352]

272　　Die steuerlichen Folgen eines Rechtsgeschäfts gehören dann zur Geschäftsgrundlage, wenn die Maßgeblichkeit bestimmter steuerlicher Umstände für den Inhalt des Rechtsgeschäfts eindeutig erkennbar ist.[353] Die obergerichtliche Rechtsprechung hat in folgenden Fällen den Wegfall der Geschäftsgrundlage als rückwirkendes Ereignis iSd § 175 Abs. 1 S. 1 Nr. 2 AO anerkannt.

273　　**a) Schenkungsteuer.** Die vom Schenker übernommene Schenkungsteuer für eine Grundstückszuwendung kann auch dann gemäß § 29 Abs. 1 Nr. 1 ErbStG rückwirkend erlöschen, wenn das Grundstück wegen eines Irrtums über die Höhe der Steuerlast zurückübertragen wird.[354] In dem entschiedenen Fall erfolgte eine Schenkung aufgrund einer **unrichtigen Steuerauskunft** des Bürovorstehers eines Notariats. Wegen Wegfalls der Geschäftsgrundlage haben die Beteiligten die Rückabwicklung durchgeführt. Ein Rückforderungsrecht iSd § 29 Abs. 1 Nr. 1 ErbStG kann auch durch das Fehlen oder den Wegfall der Geschäftsgrundlage eines Schenkungsversprechens entstehen. Zur Geschäftsgrundlage eines solchen einseitig verpflichtenden Vertrages können auch die Vorstellungen

---

[348] BFH MittBayNot 2015, 83.
[349] Vgl. BFH BStBl. II 2004, 107.
[350] Vgl. BFH BStBl. II 2004, 107.
[351] Vgl. BFH BStBl. II 1993, 296.
[352] Vgl. BFH BStBl. II 2010, 539 Rn. 19.
[353] Vgl. *Kapp* BB 1979, 1208.
[354] Vgl. FG Rheinland-Pfalz DStRE 2001, 765.

der Zuwendungsbeteiligten über die steuerlichen Folgen des Vermögenstransfers gehören.[355]

Der BFH[356] vertritt eine engere Auffassung. Da der Notar gesprächsweise darauf verwiesen habe, dass allenfalls eine geringe Erbschaftsteuer anfallen werde und zudem der Notar in die Urkunde den Hinweis aufgenommen habe, dass von den Vertragsbeteiligten eine steuerliche oder steuerrechtliche Beratung nicht verlangt und auch von diesem nicht vorgenommen wurde, sieht der Bundesfinanzhof die von den Beteiligten als unerwartet hoch angefallene Schenkungsteuer in Höhe von 81.884 EUR nicht als Geschäftsgrundlage eines Schenkungsvertrages an. 274

Die Entscheidung stellt einen Rückfall in die längst überholte Rechtsprechung des Reichsgerichts[357] dar und verkennt die Funktion des Notars. Da dieser zu einer steuerrechtlichen Beratung nicht verpflichtet ist, konnte er diese ablehnen. Daraus kann nicht geschlossen werden, dass den Beteiligten die steuerlichen Folgen egal waren. Die Äußerung des Notars, dass allenfalls eine „geringe" Schenkungsteuer anfallen werde, bestätigt den Vortrag der Beteiligten, dass sie mit einer Schenkungsteuer in Höhe von 81.884 EUR zu keinem Zeitpunkt gerechnet haben.[358] 275

Praxishinweis:

Wenn die Beteiligten den Vollzug der Grundstücksschenkung erst vornehmen, wenn der Schenkungsteuerbescheid ergangen ist, kann die Schenkungsurkunde noch beliebig geändert werden, da nach der Rechtsprechung des Bundesfinanzhofs[359] die Grundstücksschenkung erst ausgeführt ist, wenn die Eigentumsumschreibung im Grundbuch erfolgt ist (→ Rn. 223).

Um der Gefahr vorzubeugen, dass ein Widerruf einer Schenkung wegen Fehlens der Geschäftsgrundlage als erneute Schenkung von der Finanzverwaltung beurteilt wird, empfiehlt *Wachter*[360] folgenden **Widerrufsvorbehalt:** 276

Formulierungsbeispiel: Vorsorglicher Widerrufsvorbehalt 277

Der Veräußerer *[= Erwerber der ursprünglichen Zuwendung]* ist berechtigt, den Vertragsgegenstand vom Erwerber *[= Veräußerer der ursprünglichen Zuwendung]* jederzeit zurückzuverlangen, wenn das zuständige Finanzamt entgegen den übereinstimmenden Vorstellungen beider Vertragsparteien davon ausgehen sollte, dass die heutige Rückübertragung nicht in Erfüllung eines gesetzlichen Rückforderungsanspruches aufgrund einer Störung der Geschäftsgrundlage der ursprünglichen Zuwendung (§ 313 BGB iVm § 29 Abs. 1 S. 1 ErbStG) erfolgt.

---

b) Einkommensteuer. Sofern die Vertragsparteien nach Ablauf von sechs Jahren einen Kaufvertrag über GmbH-Anteile zu notarieller Urkunde aufheben, sieht der BFH[361] darin einen beachtlichen Wegfall der Geschäftsgrundlage, wenn der Kaufvertrag einen Anknüpfungspunkt für die spätere Vertragsänderung enthält. Auch wenn die Vertragsteile einen Vertrag unterschiedlich auslegen oder die Wirksamkeit bestreiten und sich dann in Verhandlungen auf eine Vertragsaufhebung verständigen und einen Vergleich schließen, wirkt 278

---

[355] Vgl. BFH BStBl. II 1973, 14; BStBl. II 1978, 217.
[356] BFH/NV 2010, 896.
[357] RG JW 1935, 1483.
[358] Zu weiteren Fällen der Rückgängigmachung von Schenkungen wegen Störung der Geschäftsgrundlage vgl. *Fuhrmann* ErbStB 2003, 17.
[359] BFH ZEV 2002, 518.
[360] ZEV 2002, 176 (179).
[361] BStBl. II 2010, 539.

nach Auffassung des Bundesfinanzhofs dies auf den früheren Veranlagungszeitraum zurück. Wird der Verkauf eines Anteils an einer Kapitalgesellschaft durch die Parteien des Kaufvertrages wegen Wegfalls der Geschäftsgrundlage tatsächlich und vollständig rückgängig gemacht, kann dieses Ereignis steuerlich auf den Zeitpunkt der Veräußerung zurückwirken (Schweinemastfall).

> **Praxishinweis:**
> Steuerliche Unwägbarkeiten sollten in den Vertragstext aufgenommen werden.[362]

279   [Einstweilen frei.]

E. Gestaltungsmissbrauch

I. Tatbestandsmerkmale

Schrifttum:

Monographien: *Blencke,* Gestaltungsfreiheit und ihre Grenzen im Steuerrecht, 3. Aufl. 1974; *Hüttemann,* Gestaltungsfreiheit und Gestaltungsmissbrauch im Steuerrecht, Tagungsband der Deutschen Steuerjuristischen Gesellschaft 2010 (mit Beiträgen von *Seer, Kirchhof, Schön, Neumann, Rödder, Wendt, Hey, Tanzer, Kofler, Klein, Schwenke, Dorenkamp, Möhlenbrock).*
Aufsätze: *BMF-Schreiben,* Änderung des Anwendungserlasses zur Abgabenordnung (AEAO), BStBl. I 2008, 694; *Dörr/Fehling,* Änderung des § 42 AO, NWB Fach 2, 9671; *Englisch,* Zulässigkeit und Grenzen steuerverschärfender Rechtsfortbildung, StuW 2015, 302; *Günther,* Gestaltungsmissbrauch im Einkommensteuerrecht: Chancen-Risiken-Abgrenzungskriterien, GStB 2012, 369; *Jehke,* Umstrukturierungen und steuerlicher Gestaltungsmissbrauch, DStR 2012, 677; *Heintzen,* Die Neufassung des § 42 AO und ihre Bedeutung für grenzüberschreitende Gestaltungen, FR 2009, 599; *Horlemann,* § 4 IV a EStG – Bekämpfung rechtsmissbräuchlicher Gestaltung?, DStR 2010, 726; *Hüttemann,* Steuerrechtsprechung und Steuerumgehung, DStR 2015, 1146; *Jehke,* Umstrukturierungen und steuerlicher Gestaltungsmissbrauch, DStR 2012, 677; *Kirschstein,* Gestaltungsmissbrauch beim Verkauf von Aktien aus vorgeschalteter Schenkung, Anm. zu FG Rheinland-Pfalz v. 23.11.2016, ErbStB 2017, 333; *Lüdicke,* Steuerliche Gestaltungsberatung im Spannungsfeld zwischen Legalität und Legitimität?, DStZ 2015, 664; *Münchner Unternehmenssteuerforum,* Grenzen steuerlicher Gestaltungsfreiheit – Verhältnis des § 42 AO zu den speziellen Missbrauchsvermeidungsvorschriften, DStR 2014, Beihefter zu Heft 3/2014, 1 (mit Beiträgen von *Jehlin/Geffken, Hey, Kraft);* *Schüler-Täsch/Schulze,* Die Entwicklung des Steuerverfassungsrechts und Missbrauchsregelungen im Steuerrecht, DStR 2015, 1137; *Wienbracke,* Von § 5 RAO 1919 zu § 42 AO idF des JStG 2008, DB-online 0286756.

280   Die Sentenz von *Ovid* „dat census honores" (es ist ehrenhaft, Steuern zu zahlen) kann nicht mehr als Allgemeingut gelten.[363] Maxime des heutigen Wirtschaftslebens ist es, Steuern zu sparen. Der Steuerpflichtige ist sogar berechtigt, seine Freiheit über sein Einkommen und sein Vermögen mit dem Willen gegen die Steuer auszuüben.[364] Das Motiv, Steuern zu sparen, ist legitim und macht eine Gestaltung noch nicht unangemessen.[365]

281   Durch Missbrauch von Gestaltungsmöglichkeiten des Rechts kann jedoch die Besteuerung nicht umgangen werden. Liegt ein **Missbrauch** vor, wird der Steueranspruch gemäß § 42 AO so begründet, wie er bei einer den wirtschaftlichen Vorgängen angemessenen rechtlichen Gestaltung entstanden wäre. Ein Gestaltungsmissbrauch liegt gemäß § 42 Abs. 2 S. 2 AO nicht vor, wenn der Steuerpflichtige für die gewählte Gestaltung außersteuerliche Gründe nachweist, die nach dem Gesamtbild der Verhältnisse beachtlich sind.

282   § 42 AO wurde neu gefasst, um eine präzise und effektive Regelung zur Vermeidung des Missbrauchs im Interesse der Gleichmäßigkeit, aber auch der Rechtssicherheit der Besteuerung zu erreichen. Die Neufassung beinhaltet keine wesentlichen Änderungen gegenüber der früheren Praxis. Um Steuerumgehungen von vorne herein auszuschließen, hat der Gesetzgeber in den vergangenen Jahren Vorschriften erlassen, die den Umge-

---

[362] Vgl. *Kuhsel* StB 2000, 4.
[363] Vgl. *Durst* KÖSDI 2002, 13519.
[364] Vgl. *Kirchhoff* StuW 1983, 173.
[365] Vgl. BFH DStR 2001, 1885.

hungssachverhalt steuerlich erfassen, ohne dass noch eine Missbrauchsgestaltung nachgewiesen werden müsste.

Hierzu zählen insbesondere die Einführung zahlreicher Fünf-Jahresfristen im Ertrag- **283** steuer- und Grunderwerbsteuerrecht sowie die Zinsschranke gemäß § 4h EStG und § 8a KStG.

Die Missbrauchsverhinderungsregelungen in den Einzelgesetzen gehen der allgemeinen **284** Regelung des § 42 AO vor.[366]

1. Rechtsmissbrauch

Schrifttum:
Plewka, Die Entwicklung des Steuerrechts, NJW 2011, 2562.

Rechtsmissbrauch liegt vor, wenn eine Gestaltung gewählt wird, die, gemessen an dem **285** erstrebten Ziel, unangemessen ist, und wenn hierdurch ein steuerlicher Erfolg erstrebt wird, der bei sinnvoller, Zweck und Ziel der Rechtsordnung berücksichtigender Auslegung vom Gesetz missbilligt wird.[367] Die Unangemessenheit einer Rechtsgestaltung ist insbesondere dann anzunehmen, wenn diese keinem wirtschaftlichen Zweck dient. Missbrauchsverdächtig sind insbesondere **wechselseitige Rechtsgeschäfte,** mit denen die Vertragsteile jeweils gleiche Leistungen austauschen, deren wirtschaftliche Ergebnisse sich gegenseitig aufheben.[368]

Die **Anteilsrotation** stellt jedoch keinen Missbrauch gemäß § 42 AO dar **286** (→ Rn. 292).[369] Der Tauschvertrag ist eine Erscheinung des täglichen Lebens und darf nicht von vorne herein als missbrauchsverdächtig beurteilt werden.

2. Umgehung des Steuergesetzes

Schrifttum:
Fischer, Die Umgehung des Steuergesetzes, DB 1996, 644; *ders.,* § 42 Abs. 1 AO idF des Entwurfs eines JStG 2008 – ein rechtskultureller Standortnachteil, FR 2007, 857.

a) Missbrauchsverdikt. Nach *Fischer*[370] hat die Frage nach dem „umgangenen" Steuer- **287** gesetz unbedingte rechtliche Priorität. Sucht der Steuerpflichtige der Verwirklichung gesetzlicher Tatbestandsmerkmale dadurch auszuweichen, dass er diese pro forma auf ein anderes Rechtssubjekt auslagert, so ist ein solcher Umweg im Verhältnis zum Belastungsgrund unangemessen. Die Bewertung als Missbrauch erhält ihre rechtliche Begründung aus dem gesetzlichen Tatbestand. Da Steuergestaltung nicht von vorne herein einen Missbrauch darstellt und Steuern sparen legitim ist, kann nur der Missbrauchsvorwurf, also eine nach den wirtschaftlichen Verhältnissen unangemessene Gestaltung ohne außersteuerliche Gründe beanstandet werden. Ist die gewählte Gestaltung typisch und vom Gesetzgeber in gewollter Weise zB nach §§ 7 ff. AStG **(ausländische Zwischengesellschaften)** zu besteuern, so hebt die vom Gesetzgeber mit den Vorschriften verfolgte Regelungsabsicht das Missbrauchsverdikt auf.[371]

b) Umgehungsabsicht. Während der I. Senat des BFH[372] annimmt, dass der Missbrauch **288** iSd § 42 AO eine zweckgerichtete Handlung zur Umgehung eines Steuergesetzes erfordert, wobei ein Indizienbeweis verwendet werden kann, wenn eine bestimmte gewählte Gestaltung regelmäßig den Schluss auf eine bestimmte Umgehungsabsicht zulässt, meint

---

[366] Vgl. *Günther* GStB 2012, 369.
[367] Vgl. BFH BStBl. II 1976, 513; BStBl. II 1977, 261.
[368] Vgl. BFH BStBl. II 2002, 126.
[369] Vgl. BFH GmbH-StB 2011, 101.
[370] DStR 1996, 649.
[371] Vgl. BFH BStBl. II 1992, 1029 (1031) zur Zwischenschaltung von Kapitalgesellschaften im Ausland.
[372] BStBl. II 1992, 532.

der V. Senat des BFH,[373] dass eine Umgehungsabsicht nicht erforderlich sei. Durch subjektive Umstände, wie Rechtsunkenntnis oder Unerfahrenheit, könne die Anwendung der Vorschrift auf eine Gestaltung, deren objektive Umstände sie unangemessen erscheinen lassen, nicht vermieden werden. Das Problem ist theoretischer Natur, weil auch die Befürworter einer Umgehungsabsicht die Verwendung des Indizienbeweises zulassen, wonach die objektive Verwirklichung des Tatbestands des § 42 Abs. 1 S. 1 AO die Umgehungsabsicht indiziert.[374]

II. Körperschaftsteuer

Schrifttum:
Rose/Glorius-Rose, Bemerkungen zur aktuellen Missbrauchs-Rechtsprechung (§ 42 AO) des BFH, DB 2003, 409.

289   *Rose/Glorius-Rose,*[375] die die Missbrauchsrechtsprechung des BFH seit 1991 analysiert haben, stellen eine Verminderung der Frequenz der Inanspruchnahme dieser Vorschrift fest. Darüber hinaus falle auf, dass von den einzelnen Fachsenaten § 42 AO unterschiedlich oft angewandt werde. Von den elf betrachteten Judikaten von Mitte 2000 bis Ende 2002 stammten mehr als die Hälfte, nämlich sechs, vom I. Senat des BFH, der nur in einem Fall § 42 AO bejaht habe. Auch bei den übrigen Senaten sei eine zurückhaltende Tendenz festzustellen.

290   Das Hauptventil bei Kapitalgesellschaften, unangemessene Rechtsgestaltungen abzufangen, ist das Rechtsinstitut der **verdeckten Gewinnausschüttung,** die immer dann in Betracht kommt, wenn der Geschäftsführer nicht die Sorgfalt eines ordentlichen Geschäftsmannes gemäß § 43 GmbHG erbringt. Vorrangig prüft der I. Senat des BFH somit immer, ob eine Gestaltung nicht bereits als verdeckte Gewinnausschüttung erfasst werden kann.

291   **1. Zulässige Gestaltungen.** Die Rechtsprechung des I. Senats des BFH ist sehr zurückhaltend und beschränkt das Verdikt des § 42 AO auf ganz offensichtliche Missbrauchsgestaltungen, zB auf funktionslose Briefkasten-Gesellschaften.[376] Hingegen wurde die auf Dauer angelegte **Zwischenschaltung inländischer Kapitalgesellschaften** nicht als Missbrauch erachtet.[377] Auch die **Verlagerung von Einkünften einer Schwestergesellschaft** auf die andere ist nicht deswegen ein Gestaltungsmissbrauch, weil sie ausschließlich oder überwiegend dem Ziel dient, Verlustvorträge zu neutralisieren;[378] allerdings ist hier vorab zu prüfen, ob nicht bereits eine verdeckte Gewinnausschüttung vorliegt. Ebenso ist die Einschaltung einer **ausländischen Finanzierungsgesellschaft** kein Gestaltungsmissbrauch, wenn die Finanzierungsgesellschaft eine eigene wirtschaftliche Tätigkeit ausübt.[379] Selbst die Praktizierung des Schüttaus-Holzurück-Verfahrens bei **inkongruenten Gewinnausschüttungen** – um Verlustvorträge auszuschöpfen – ist nach dem BFH[380] zulässig. Auch die Zusammenfassung unterschiedlicher Betriebe gewerblicher Art ist kein Gestaltungsmissbrauch.[381] Liegt eine Personen-Obergesellschaft ihr **Wirtschaftsjahr** abweichend von den Wirtschaftsjahren der Untergesellschaften fest, so liegt hierin jedenfalls dann kein Missbrauch von Gestaltungsmöglichkeiten des Rechts, wenn dadurch die Entstehung eines Rumpfwirtschaftsjahres vermieden wird.[382]

---

[373] BStBl. II 1989, 396.
[374] Vgl. *Clausen* DB 2003, 1593.
[375] DB 2003, 412.
[376] Vgl. BStBl. II 2002, 819 und BFH/NV 2003, 289.
[377] Vgl. BFH BStBl. II 1998, 90.
[378] Vgl. BFH/NV 2003, 205.
[379] Vgl. BFH/NV 2002, 1197.
[380] BStBl. II 2001, 43.
[381] Vgl. BFH DStR 2004, 2052.
[382] BFH GmbHR 2007, 549.

2. Anteilsrotation. Nach der Rechtsprechung des I. Senats des BFH[383] ist eine Anteilsro- **292** tation zulässig, wonach eine GmbH sämtliche Anteile einer anderen GmbH von deren nicht wesentlich beteiligten Gesellschaftern erwirbt, sich die Gewinne der erworbenen GmbH voll ausschütten lässt, eine **ausschüttungsbedingte Teilwertabschreibung** auf die Beteiligung vornimmt und anschließend die GmbH liquidiert. Dagegen nimmt der IV. Senat des BFH[384] zu Recht einen Missbrauch von Gestaltungsmöglichkeiten an, wenn die Besteuerung von Zuflüssen aus einer Kapitalgesellschaft als Einkünfte aus Kapitalvermögen im Ergebnis dadurch vermieden wird, dass

– zunächst das Entstehen einer wesentlichen Beteiligung dadurch verhindert wird, dass ein Aktionär (Vater) einen Teil der Aktien auf seine Kinder überträgt;
– die drei Hauptaktionäre der AG, nämlich der Vater und zwei Schwäger, über Jahre hinweg keine Dividendenausschüttungen beschließen und sich stattdessen die freien Mittel der Gesellschaft in Form von Darlehen zukommen lassen;
– die Aktien sodann an eine vom Vater beherrschte Personengesellschaft gegen Übernahme seiner Darlehensverpflichtung gegenüber der AG veräußert werden und
– die AG nach Veräußerung die Ausschüttung einer „**Superdividende**" in Höhe der den Gesellschaftern gewährten Darlehen beschließt, die bei der Erwerberin mit den übernommenen Darlehen verrechnet wird, zudem zur Wertlosigkeit der Aktien führt und es deshalb der Erwerberin ermöglicht, eine ausschüttungsbedingte Teilwertabschreibung vorzunehmen.

Der IX. Senat des BFH hat den Gestaltungsmissbrauch bei der Anteilsrotation bei Kapi- **293** talgesellschaften weiter eingeschränkt. Während das FG Münster[385] eine missbräuchliche Gestaltung angenommen hat, wenn die Gesellschafter einer GmbH die Liquidation der Gesellschaft nicht selbst durchführen, sondern die Gesellschaftsanteile an jemanden, der die Liquidation durchführt, veräußern, ausschließlich um die Besteuerung nach § 20 Abs. 1 EStG zu vermeiden, hat der BFH[386] die ringweise Anteilsveräußerung als nicht rechtsmissbräuchlich angesehen und entschieden:

„Die verlustbringende Veräußerung eines Kapitalgesellschaftsanteils iSd § 17 Abs. 1 Satz 1 EStG an einen Mitgesellschafter ist nicht deshalb rechtsmissbräuchlich iSd § 42 AO, weil der Veräußerer in engem zeitlichen Zusammenhang von einem anderen Mitgesellschafter dessen in gleicher Höhe bestehenden Gesellschaftsanteil an derselben Gesellschaft erwirbt."

Nach FG Baden-Württemberg[387] stellt es einen Missbrauch von rechtlichen Gestal- **293a** tungsmöglichkeiten dar, wenn unentgeltlich erworbene Aktienbezugsrechte am selben Tag verkauft und wieder gekauft werden, um für eine spätere Veräußerung Anschaffungskosten zu generieren.

3. Missbräuchliche Zwischenschaltung einer GmbH. Selbst nach der Rechtspre- **294** chung des BGH[388] ist die Rechtsform der juristischen Person im Zivilrecht unbeachtlich, wenn sie missbraucht wird.[389]

Nach Auffassung des BFH[390] kann die Zwischenschaltung einer Kapitalgesellschaft zur **295** **Vermeidung** eines **gewerblichen Grundstückshandels** rechtsmissbräuchlich sein. Hingegen sieht der IV. Senat des BFH[391] keine Missbrauchsgestaltung in der Zwischenschaltung einer GmbH, wenn die Gesellschaft nicht funktionslos ist, sondern eine wesentliche

---

[383] BFH/NV 2001, 1636.
[384] BStBl. II 2003, 854.
[385] EFG 1992, 605.
[386] GmbH-StB 2011, 101.
[387] DStRE 2017, 626; Revision eingelegt, Az. BFH: IX R 5/16.
[388] BGHZ 20, 13.
[389] Zum treaty shopping vgl. *Carlé* KÖSDI 1999, 12056.
[390] BFH/NV 1996, 776.
[391] BStBl. II 2010, 622.

wertschöpfende eigene Tätigkeit, zB durch Bebauung des erworbenen Grundstücks, ausübt.

296   Nach Auffassung des X. Senats des BFH[392] liegt ein Gestaltungsmissbrauch vor, wenn ein Steuerpflichtiger mehrere Grundstücke in einem einzigen rechtsgeschäftlichen Vorgang an eine ihm **nahe stehende GmbH** veräußert, um einen gewerblichen Grundstückshandel in seiner Person zu vermeiden, und die GmbH anschließend die Grundstücke einzeln weiterverkauft. Die Entscheidung ist abzulehnen, wenn die zwischengeschaltete GmbH die sich aus dem Erwerbsvertrag ergebenden Rechtsfolgen auf sich nimmt. Der Vorgang wäre als **verdeckte Gewinnausschüttung** zu beurteilen, wenn der Geschäftsführer eine für die GmbH ungewöhnliche oder gar verlustreiche Gestaltung akzeptieren würde.

297   Ein Missbrauch von rechtlichen Gestaltungsmöglichkeiten gemäß § 42 AO ist anzunehmen, wenn ein Handwerker mit einer von ihm beherrschten GmbH nicht nur einen „Werkvertrag" abschließt, wonach die GmbH insbesondere verpflichtet ist, die vom Handwerker in Auftrag gegebenen Reparaturarbeiten durchzuführen, sondern zusätzlich ausschließlich aus steuerlichen Gründen weitere Verträge, welche die mit dem Erstvertrag verbundenen **wirtschaftlichen Folgen** wieder aufheben und **in ihr Gegenteil** verkehren.[393]

298 **4. GmbH-Mantelkauf.** Der Kauf wertloser Anteile an einer GmbH, deren Betrieb seit Jahren eingestellt war und die kein die Fortführung eines Gewerbebetriebes ermöglichendes Vermögen mehr besaß, um den **Verlustvortrag** der GmbH aus den Vorjahren auszuschöpfen, wurde von der Rechtsprechung als rechtsmissbräuchlich angesehen.[394] Nunmehr ist der Verlustabzug durch § 8c KStG eingeschränkt.

299   Bei Anteilsübertragungen innerhalb von fünf Jahren von mehr als 25 % geht der Verlustabzug anteilig verloren, bei einer mehr als 50 %-igen Übertragung insgesamt.

300   Der Verkauf aller Anteile an einer GmbH zwecks Vermeidung einer Versteuerung des **Liquidationserlöses** nach § 20 Abs. 1 Nr. 2 EStG ist rechtsmissbräuchlich iSv § 42 AO, wenn die GmbH im Zeitpunkt der Veräußerung ihre geschäftliche Tätigkeit bereits eingestellt hat, ihr gesamtes Vermögen faktisch (durch darlehensweise Überlassung) an die Gesellschafter verteilt ist und der mit dem Erwerber der Anteile vereinbarte „Kaufpreis" durch Übernahme der Darlehensverbindlichkeiten der Gesellschaft gegenüber der GmbH zu entrichten ist.[395]

301 **5. Gewinnverlagerung ins Ausland.** Eine rechtsmissbräuchliche Zwischenschaltung von **Basisgesellschaften** im niedrig besteuernden Ausland ist anzunehmen, wenn für die Zwischenschaltung wirtschaftliche oder sonst beachtliche Gründe fehlen.[396]

III. Einkommensteuer

Schrifttum:

Horlemann, § 4 IV a EStG – Bekämpfung rechtsmissbräuchlicher Gestaltung?, DStR 2010, 726; *Ismer/Riemer*, Der zweigliedrige Liebhabereibegriff: Negative Totalgewinnprognose und fehlende Einkünfteerzielungsabsicht, FR 2011, 455.

302 **1. Bauherrenmodell.** Ein eindrucksvolles Beispiel für missbräuchliche Gestaltungen im Einkommensteuerbereich ergibt sich aus der Geschichte des **Bauherrenmodells.** Die Einkommensteuerrechtsprechung benötigte lange Zeit, um die als Bauherren bezeichneten zahlreichen Erwerber von einzelnen Eigentumswohnungen durch die Entscheidung

---

[392] BStBl. II 1998, 667.
[393] Vgl. BFH GmbHR 1989, 132.
[394] Vgl. BFH BStBl. III 1961, 540.
[395] Vgl. BFH MittRhNotK 1998, 433.
[396] Vgl. BFH BStBl. II 1981, 339; BStBl. II 1993, 84.

des BFH[397] als gewöhnliche Käufer zu entlarven und einzelne Provisionen eines zwischengeschalteten gewerblichen Immobilienfonds als Anschaffungs- oder Herstellungskosten zu erfassen. Die angemessene Gestaltung für die einzelnen Investoren hätte in dem Abschluss eines notariell zu beurkundenden Bauträgerkaufvertrages – mit den Schutzbestimmungen der MaBV! – und in der Vereinbarung eines Gesamtkaufpreises bestanden.[398]

2. Umqualifizierung von Anschaffungs- und Herstellungskosten als Werbungs- 303
kosten oder Betriebsausgaben. Da Werbungskosten und Betriebsausgaben sofort in voller Höhe vom Einkommen abgezogen werden dürfen und sofort den betrieblichen Gewinn oder das zu versteuernde Einkommen mindern, während sich Anschaffungskosten nur in Höhe der jährlichen AfA steuermindernd auswirken, wird von jeher eine Verlagerung von Teilen der Anschaffungskosten in den Werbungskosten- und Betriebsausgabenbereich versucht.

a) Anschaffungsnaher Aufwand. Das Ringen um den **anschaffungsnahen Aufwand** 304
bei den Einkünften aus Vermietung und Verpachtung hat zu der gesetzlichen Regelung in § 6 Abs. 1a EStG geführt. Danach gehören zu den Herstellungskosten eines Gebäudes auch Aufwendungen für Instandsetzungs- und Modernisierungsmaßnahmen, die innerhalb von drei Jahren nach der Anschaffung des Gebäudes durchgeführt werden, wenn die Aufwendungen ohne die Umsatzsteuer 15 % der Anschaffungskosten des Gebäudes übersteigen (**anschaffungsnahe Herstellungskosten**). Zu diesen Aufwendungen gehören nicht die Aufwendungen für Erweiterungen iSd § 255 Abs. 2 S. 1 HGB sowie Aufwendungen für Erhaltungsarbeiten, die jährlich üblicherweise anfallen.

Auch **spätere Aufwendungen** können als anschaffungsnaher Aufwand beurteilt wer- 305
den. Die Finanzverwaltung[399] schließt sich der Rechtsprechung des IX. Senats des BFH an, der die Abgrenzung zwischen Werbungskosten und Herstellungsaufwand unmittelbar dem § 255 Abs. 2 HGB entnimmt. Danach sind Instandsetzungs- und Modernisierungsaufwendungen als Herstellungskosten zu beurteilen, wenn
– ein neues Wirtschaftsgut hergestellt wird, zB durch Entkernung;[400]
– eine Erweiterung vorliegt[401] oder
– über den ursprünglichen Zustand hinausgehende wesentliche Verbesserungen vorgenommen werden, so dass der Gebrauchswert des Hauses insgesamt deutlich erhöht wird.[402]

b) Beratervertrag. Auch bei einer **Unternehmensveräußerung** werden Ausweichge- 306
staltungen versucht. Da Firmenwerte gemäß § 7 Abs. 1 S. 3 EStG lediglich über einen Zeitraum von fünfzehn Jahren abgesetzt werden können, vereinbaren die Vertragsteile gelegentlich bei der Veräußerung von Betrieben, dass der Veräußerer weiterhin als Berater für das veräußerte Unternehmen tätig bleibt oder dass der Veräußerer eine Vergütung für die Aufgabe seiner Geschäftsführertätigkeit und für ein vereinbartes **Wettbewerbsverbot** erhält.[403] Der Erwerber kann die Zahlungen sofort als Betriebsausgaben geltend machen, ebenso die Aufwendungen für Beraterverträge, soweit die Bezüge angemessen sind. Entgelte für zeitlich befristete Wettbewerbsverbote können innerhalb der vereinbarten Laufzeit abgeschrieben werden. Die Finanzverwaltung wird in derartigen Fällen mit Recht prüfen, inwieweit die Beraterleistung des Veräußerers die vereinbarte Vergütung rechtfertigen oder ob in Wirklichkeit ein Firmenwert abgegolten werden soll.

---

[397] BStBl. II 1990, 299.
[398] Vgl. BFH BStBl. II 2001, 717 und BMF-Schreiben BStBl. I 2003, 546 Rn. 1.
[399] BStBl. I 2003, 386.
[400] Vgl. BFH BStBl. II 1991, 60.
[401] Vgl. BFH BStBl. II 1992, 73.
[402] Vgl. BFH DB 1995, 1841; Spiegelberger/Schallmoser/*Küffner* Kap. 1 Rn. 1.553 ff.
[403] Vgl. *Stahl* KÖSDI 1990, 7997.

3. Missbräuchliche Vermietung

Schrifttum:

Schießl, Die Grenzen durch § 42 AO im Rahmen der Vermietungs- und Verpachtungseinkünfte, Stbg 2007, 462.

307 **a) Fehlende fortdauernde Einkünfteerzielungsabsicht.** Nach Auffassung des BFH[404] spricht es gegen die Einkünfteerzielungsabsicht, wenn der Steuerpflichtige ein bebautes Grundstück innerhalb eines engen zeitlichen Zusammenhangs – von in der Regel bis zu fünf Jahren – seit der Anschaffung oder Herstellung wieder veräußert, so auch dann, wenn er seine vermietete Immobilie in einem entsprechenden Zeitraum an eine die Vermietung fortführende gewerblich geprägte Personengesellschaft (§ 15 Abs. 3 Nr. 2 EStG) veräußert, an der er selbst beteiligt ist.

308 **b) Mietkaufmodell.** Die Vermietung von Wohnraum bis zum Ende der voraussichtlichen Verlustphase, um **negative** Einkünfte aus Vermietung zu erlangen, und die anschließende Veräußerung an den ursprünglichen Mieter oder dessen Rechtsnachfolger führt nicht zu (negativen) Einkünften aus Vermietung.[405]

309 **c) Überkreuzvermietungsmodell.** Die Gestaltung, dass zwei Steuerpflichtige ihre nahe gelegenen Häuser nicht selbst bewohnen, sondern jeweils dem anderen vermieten, um negative Einkünfte aus Vermietung zu erzielen, hält *Klatt*[406] als „Investitionsgutphase mit Privatgutende" für zulässig. Der Bundesfinanzhof steht dieser Gestaltung ablehnend gegenüber.[407] Die von der Rechtsprechung des IX. Senats des BFH angeprangerte **Überkreuzvermietung** ist nicht von vorneherein ein Gestaltungsmissbrauch, da die Parteien einerseits ein zulässiges wirtschaftliches Interesse haben können, zB die berufliche Tätigkeit nicht in eigenen Räumen (Betriebsvermögen!), sondern in gemieteten Räumen (Privatvermögen!) auszuüben. Darüber hinaus nehmen die Beteiligten die zivilrechtlichen Rechtsfolgen derartiger Gestaltungen in Kauf, zB den gesetzlichen Mieterschutz, den Nutzungsverlust bei Insolvenz und unterschiedliche Laufzeiten der Vermietung etc.

310 **d) Vorangehende Veräußerung.** Veräußert die Mutter ihre Eigentumswohnung an die Tochter und deren Ehemann und vermieten anschließend die Erwerber die Wohnung an die Mutter, sind die Einkünfte aus Vermietung und Verpachtung den Erwerbern zuzurechnen, wenn der Mietvertrag die an Verträge zwischen nahen Angehörigen zu stellenden Anforderungen erfüllt.[408]

311 **e) Wechselseitige Nutzungsüberlassung.** Nach Auffassung des IX. Senats des BFH[409] liegt kein Gestaltungsmissbrauch vor, wenn ein Zweifamilienhaus in zwei Eigentumswohnungen aufgeteilt wird, die Mutter nicht die von dem Sohn bewohnte Eigentumswohnung, sondern die selbstgenutzte Eigentumswohnung überträgt und diese von ihrem Sohn anmietet. Vermietet ein Steuerpflichtiger sein Haus zu fremdüblichen Bedingungen an seine Eltern, kann er die Werbungskostenüberschüsse bei seinen Einkünften aus Vermietung und Verpachtung auch dann abziehen, wenn er selbst ein Haus seiner Eltern unentgeltlich zu Wohnzwecken nutzt; ein Missbrauch steuerrechtlicher Gestaltungsmöglichkeiten iSd § 42 AO liegt insoweit nicht vor.[410]

---

[404] NJW 2011, 3535.
[405] Vgl. BMF BStBl. I 1980, 3.
[406] DB 1985, 1658.
[407] Vgl. BStBl. II 1991, 904.
[408] Vgl. FG Rheinland-Pfalz EFG 1989, 179.
[409] DB 1996, 74.
[410] Vgl. BFH BStBl. II 2003, 509.

f) Zuwendungsnießbrauch. Anders ist die Rechtslage, wenn keine Eigentumsübertra- 312 gung stattfindet. Bestellen die Eltern ihrem Kind unentgeltlich einen zeitlich bis zum 27. Lebensjahr befristeten Zuwendungsnießbrauch an einem Grundstück, welches das Kind anschließend an die Eltern **zurückvermietet,** so stellt eine solche Gestaltung regelmäßig einen Missbrauch von rechtlichen Gestaltungsmöglichkeiten iSd § 42 AO dar.[411]

g) Stuttgarter Modell und Münchner Modell. Auch das sog. „Stuttgarter Modell", 313 wonach der Übergeber weiterhin in der übergebenen Wohnung wohnt und Miete entrichtet, ist kein Gestaltungsmissbrauch, selbst wenn der Übergeber die wiederkehrenden Zahlungen verwendet, um die Miete zu entrichten.[412] Tatsächlich liegen **zwei getrennte Rechtsverhältnisse** (Grundstücksübertragung gegen Versorgungsleistungen und Mietvertrag) vor, die ein getrenntes rechtliches Schicksal haben. Der Abschluss eines Mietvertrages unter Angehörigen stellt nicht schon deshalb einen Gestaltungsmissbrauch iSv § 42 AO dar, weil der Mieter das Grundstück zuvor gegen wiederkehrende Leistungen auf den Vermieter übertragen hat.[413] Durch das JStG 2008 wurde in dem neu gefassten § 10 Abs. 1 Nr. 1a EStG der Sonderausgabenabzug für Immobilienübertragungen gestrichen, so dass seit dem 1.1.2008 ein Stuttgarter Modell mit Sonderausgabenabzug nicht mehr vereinbart werden kann. Eine Ersatzlösung ist das Münchner Modell, wonach statt der Versorgungsleistung eine Gegenleistungsrente vereinbart wird.[414]

4. Zwischenschaltung von Angehörigen. Durch Vermögensübertragungen auf Ehegat- 314 ten und Abkömmlinge können in legaler Weise Steuervorteile in Anspruch genommen werden, insbesondere wenn aufgrund von Übertragungen eigene Einkunftsquellen der Angehörigen entstehen oder steuerliche Kumulierungen vermieden werden.

In der Einschaltung von Kindern in eigene Grundstücksgeschäfte des Steuerpflichtigen 315 sieht die Finanzrechtsprechung regelmäßig keine Missbrauchsgestaltung. Nach Auffassung von *Fischer*[415] bedarf es keines Rückgriffs auf § 42 AO, wenn der Steuerpflichtige den steuerbaren Tatbestand des gewerblichen Grundstückshandels aufgrund „mittelbarer Tatherrschaft" verwirklicht und ihm deswegen der steuerliche Handlungserfolg zuzurechnen ist.

Der BFH[416] sieht keinen Missbrauch von Gestaltungsmöglichkeiten, wenn der Inhaber 316 einer Rechtsanwaltspraxis seinem Ehegatten ein Gebäude schenkt, um anschließend die Räume für die Praxis zu mieten.

5. Verdeckte Veräußerung. Die Abgabe eines Verkaufsangebotes gegen zinslose Darle- 317 hensgewährung in Höhe des späteren Kaufpreises mit entsprechender dinglicher Sicherung des Käufers und Eintragung einer Auflassungsvormerkung zur Sicherung seines Anspruches auf Eigentumsübergang kann zu einer so starken Bindung führen, dass eine Veräußerung iSv § 14a Abs. 2 S. 3 EStG anzunehmen ist.[417]

IV. Umsatzsteuer

Das missbrauchsverdächtige **Bauherrenmodell** wurde durch die Einschaltung eines ge- 318 werblichen Zwischenmieters dazu verwendet, den Vorsteuerabzug zu erreichen.[418] Für bis zum 31.3.1985 fertig gestellte Wohnungsbauvorhaben wurde durch die Einschaltung gewerblicher Zwischenmieter die Erstattung der in den Baukosten enthaltenen Vorsteuern

---

[411] Vgl. BFH BStBl. II 1981, 205; IV. Nießbraucherlass BStBl. I 2013, 1184 Rn. 17.
[412] Vgl. BFH DStRE 2004, 455; bereits *Spiegelberger,* Vermögensnachfolge, 1. Aufl. 1994, Rn. 139.
[413] Vgl. BFH BStBl. II 2004, 64.
[414] Vgl. *Spiegelberger* DB 2008, 1068.
[415] NJW 2005, 3085.
[416] BStBl. II 1996, 5.
[417] Vgl. BFH BStBl. II 1992, 553.
[418] Vgl. BFH BStBl. II 1989, 396.

bezweckt. Diese Zwischenvermietung stellt nach Auffassung des Bundesfinanzhofs einen Rechtsmissbrauch gemäß § 42 AO dar, wenn wirtschaftliche und sonstige beachtliche Gründe fehlen und die Einschaltung nur noch dem Ziel der **Vorsteuererstattung** dient.[419]

319   Auch der **Erwerb** einer **Zahnarztpraxis** durch die Ehefrau **mit** anschließender **Vermietung** an den Ehegatten zur Erlangung des Vorsteuerabzuges ist missbräuchlich, wenn die Ehefrau auf zusätzliche Zuwendungen ihres Ehemannes angewiesen ist.[420] Der BFH[421] sieht in der **Vermietung eines PKW** durch die Ehefrau an den Unternehmerehegatten zur Erlangung des Vorsteuerabzuges keinen Missbrauch von Gestaltungsmöglichkeiten des bürgerlichen Rechts, wenn die Ehefrau die Aufwendungen aus eigenem Vermögen decken kann; ebenso für die Vermietung eines Kopiergerätes.[422]

320   Der BFH[423] hat den Vorsteuerabzug wegen Gestaltungsmissbrauch auch in dem Fall versagt, in dem **minderjährige Kinder** eines Steuerberaters eine für den Einsatz in der Steuerkanzlei bestimmte EDV-Anlage erworben und an den Vater vermietet haben. Die Kinder hätten nicht als handelnde Subjekte und Träger eigener Entscheidungen gehandelt, sondern seien als Käufer vorgeschoben worden. Diese Entscheidung ist nur dann zutreffend, wenn es zu einer Vermögensvermischung zwischen dem Vermögen der minderjährigen Kinder und dem der Eltern kommt. Bei einer ordnungsgemäßen Vermögensverwaltung durch die Eltern ist die Gestaltung keinesfalls missbräuchlich. Der Vorsteuerabzug darf allerdings nach Auffassung des FG Münster[424] nicht zur Finanzierungshilfe bei der Anschaffung von Gegenständen missbraucht werden.[425]

V. Grunderwerbsteuer

Schrifttum:

Viskorf, Die Gesamthandsgemeinschaft als grunderwerbsteuerrechtlich vorteilhaftes Instrument der Mobilisierung von Grundstücken, DStR 1994, 6.

321   Wegen der selbständigen Rechtsträgerschaft der Gesamthand löst in der Regel die Änderung der Anteilsverhältnisse keine Grunderwerbsteuerpflicht aus. Dieser Umstand erlaubt **grunderwerbsteuerfreie** Gestaltungen bei Personengesellschaften, allerdings immer nur unter der Voraussetzung, dass tatsächlich die Fortführung der bestehenden Gesellschaft und nicht die Gründung einer neuen Gesamthand bürgerlich-rechtlich gewollt ist.

322   Die sich aus der Gesamthand ergebende Mobilität wurde in der Vergangenheit genutzt, um die Grunderwerbsteuer missbräuchlich zu vermeiden.[426] Den vollständigen **Wechsel aller Gesellschafter** einer nur grundbesitzhaltenden Personengesellschaft hat der Bundesfinanzhof schon seit langem unter Berufung auf § 42 Abs. 1 AO als Kaufvertrag zwischen Alt- und Neugesellschaftern beurteilt.[427] Diese Rechtsprechung ist zwischenzeitlich weitgehend obsolet, da **§ 5 Abs. 3 GrEStG** nunmehr eine Fünf-Jahres-Frist enthält, wonach die Befreiung von der Grunderwerbsteuer insoweit entfällt, als sich der **Anteil des Veräußerers** am Vermögen der Gesamthand **innerhalb von fünf Jahren** nach dem Übergang des Grundstücks auf die Gesamthand **vermindert.** Entsprechendes gilt für den Übergang von einer Gesamthand gemäß § 6 Abs. 3 S. 2 und Abs. 4 GrEStG.

---

[419] Vgl. BStBl. II 1991, 539; BStBl. II 1992, 931.
[420] Vgl. BStBl. II 1992, 541 und BStBl. II 1993, 253.
[421] DStR 1994, 1456.
[422] Vgl. BFH DStR 1992, 142.
[423] BStBl. II 1992, 446.
[424] EFG 1985, 522.
[425] Ebenso FG Hessen EFG 1989, 87.
[426] Vgl. *Viskorf* DStR 1994, 6.
[427] Vgl. BFH BStBl. II 1991, 891.

Darüber hinaus wurde die Grunderwerbsteuerpflicht durch die neugefasste Bestimmung 323
der § 1 Abs. 2a GrEStG **(Gesellschafterwechsel)** erweitert. Wenn innerhalb von fünf
Jahren mindestens 95 % der Anteile am Gesellschaftsvermögen auf neue Gesellschafter
übergehen, gilt dies als ein auf die Übereignung des Grundstücks auf eine neue Personengesellschaft gerichtetes Rechtsgeschäft.

Soweit die Vertragsteile aufgrund eines vorgefassten Plans unter Einhaltung der gesetzli- 324
chen Vorschriften gestalten, entfällt ein Missbrauchsvorwurf.[428]

Auch die **Anteilsvereinigung** gemäß § 1 Abs. 3 GrEStG wurde verschärft. Danach 325
reicht es für eine steuerpflichtige Anteilsvereinigung aus, wenn 95 % der Anteile der Gesellschaft sich in der Hand eines Erwerbers vereinigen, ohne dass es auf den zeitlichen
Ablauf ankommt. Verkauft ein Kommanditist einer grundbesitzenden GmbH & Co. KG
seine Beteiligung an den einzigen anderen Kommanditisten und ist die KG die einzige
Gesellschafterin der Komplementär-GmbH (sog. Einheits-KG), ist der Tatbestand einer
Anteilsvereinigung nach § 1 Abs. 3 Nr. 1 GrEStG erfüllt.[429]

1. Maskierte Kaufvertragsangebote. Ein lege artis beurkundetes Kauf- oder Ver- 326
kauf**angebot** bringt keinerlei ertrag- oder verkehrsteuerliche Auswirkungen mit sich, da
es an dem Besteuerungsmerkmal der Veräußerung fehlt. Sofern jedoch besondere Umstände oder Vereinbarungen hinzutreten, kann bereits das Angebot bei **wirtschaftlicher
Betrachtungsweise** einer Veräußerung gleichstehen. Immer dann nämlich, wenn mit
dem Angebot wirtschaftlich der gleiche Erfolg wie bei einem Verkauf erzielt wird oder
wenn der Erwerber an das Angebot so fest gebunden ist, dass mit einer Ablehnung nicht
mehr ernstlich zu rechnen ist, wenn also der Kauf an sich schon eine beschlossene Sache
ist und die Annahme des Angebots nur als juristische Formalität ohne wirtschaftliche Ei-
genbedeutung erscheint, ist steuerlich bereits bei Beurkundung des Angebots von dem
Vorliegen eines Kaufvertrages auszugehen.[430] Ein Missbrauch von Gestaltungsformen des
bürgerlichen Rechts ist auch bei **wechselseitigen Angeboten** gegeben, zB wenn A dem
B die Veräußerung anbietet und B wiederum dem A den Kauf dieses Grundstückes. Wohl
aus diesem Grund erstreckt sich die Anzeigepflicht des Notars auch auf Angebote von
Immobilienübertragungen.

2. Missbräuchlicher Zwischenerwerb. Anstelle der an sich geplanten – grunderwerb- 327
steuerpflichtigen – Übertragungen unter Geschwistern treten die **Eltern als Zwischenerwerber** auf, um den Grundbesitz steuerfrei gemäß § 3 Nr. 6 GrEStG zu erwerben.
Nach einer kurzen „Schamfrist" übertragen die Eltern den erworbenen Grundbesitz an
ein anderes Kind wieder unter Inanspruchnahme der Grunderwerbsteuerbefreiung gemäß
§ 3 Nr. 6 GrEStG.

VI. Erbschaft- und Schenkungsteuer

Schrifttum:

Bruschke, Risiken der Kettenschenkung vermeiden, ErbStB 2014, 261; *Heiß/Lan*, Praxiswissen für Erstbera-
tung: Schwiegerelternschenkungen, NZFam 2017, 446; *N. Mayer*, Schwiegerkinderzuwendungen: Ein
Dauerbrenner in der familienrechtlichen Gestaltungspraxis, ZEV 2016, 177; *Mensch*, Die Kettenschenkung
an das Schwiegerkind, notar 2015, 172; *Taplan/G. und E. Baumgartner*, Zur steuerlichen Behandlung von
Kettenschenkungen, DStR 2014, 2153.

---

[428] So zutreffend *Gottwald* MittBayNot 2003, 438.
[429] Vgl. BFH GmbHStB 2014, 230.
[430] Vgl. BFH BStBl. III 1967, 73.

1. Kettenschenkungen

Beispiel:

Eltern E schenken ihrer Tochter T einen Bauplatz. In einer weiteren Urkunde vom selben Tage räumt T ihrem Ehemann S einen Miteigentumsanteil von 1/2 an dem Grundstück ein, um gemeinsam ein Einfamilienhaus auf dem Grundstück zu errichten.

328   Zur Ausschöpfung von Schenkungsteuerfreibeträgen werden mitunter Kettenschenkungen, dh Schenkungen mit der **Vereinbarung** der **Weiterschenkung,** ins Auge gefasst. Auch bei einer aufschiebend bedingten Verpflichtung zur Weiterübertragung bleibt die zwischengeschaltete Person außer Betracht.[431]

329   Sofern Schenkung und Weiterschenkung in **einer** notariellen Urkunde erfolgen, ist im Ergebnis dem BFH[432] zuzustimmen, wonach eine unmittelbare Zuwendung der Schwiegereltern an den Schwiegersohn vorliegt. Dies gilt aber nicht, wenn in einer getrennten Urkunde die Tochter ihren Ehemann an dem geschenkten Grundbesitz beteiligt. Mit dieser Schenkung führt die Tochter nach der allgemeinen Lebenserfahrung nicht einen Wunsch der eigenen Eltern aus, sondern trifft mit ihrem Ehemann eine selbständige familienbezogene Maßnahme. Der BFH[433] hat inzwischen diese Betrachtung anerkannt.

330   **2. Grundstücksschenkung vor beabsichtigter Weiterveräußerung.** Zulässig war die unentgeltliche Überlassung eines Grundstückes auf der Basis des Grundbesitzwertes zB an Abkömmlinge auch dann, wenn die sofortige entgeltliche Weiterveräußerung durch den Erwerber geplant war, selbst dann, wenn der Kaufpreis – wie im Entscheidungsfall – das Zwanzigfache des Einheitswertes betrug.[434]

331   War der Beschenkte jedoch im Verhältnis zum Schenker rechtlich **verpflichtet,** das Grundstück an einen bestimmten Dritten zu veräußern, oder konnte er sich der Veräußerung infolge einer tatsächlichen Zwangssituation nicht entziehen, so kann dies die Würdigung der Schenkungsabrede dahingehend rechtfertigen, dass nicht das Grundstück, sondern der durch den Verkauf erzielte **Erlös geschenkt** sein sollte.[435]

---

[431] Vgl. BFH BStBl. II 1993, 523; *Spiegelberger* Vermögensnachfolge Rn. 375 f.
[432] BStBl. II 2005, 412.
[433] ZEV 2012, 562; NJW 2014, 174.
[434] Vgl. BFH BStBl. II 1974, 521.
[435] Vgl. BFH BStBl. II 1991, 320.

VII. Zusammenfassendes Schaubild[436]

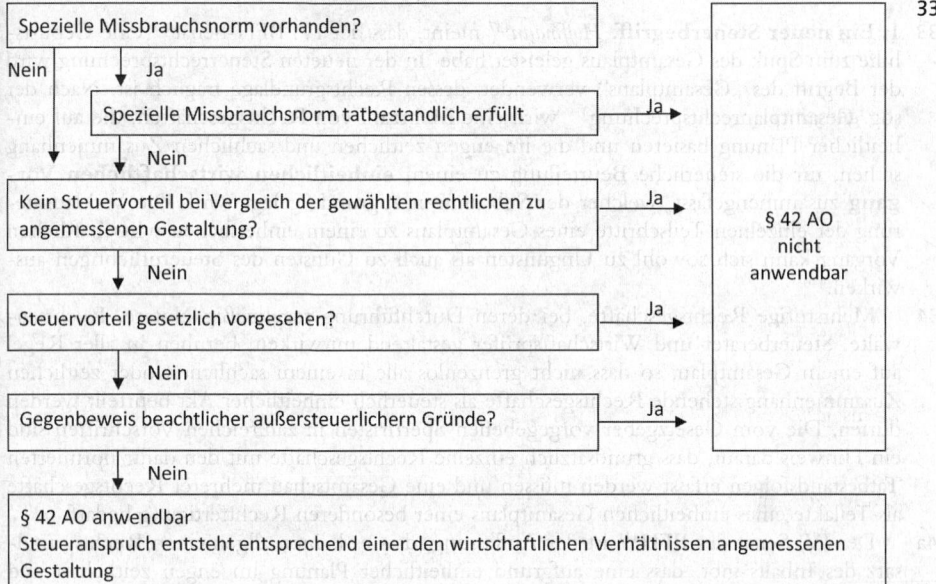

332

F. Gesamtplan

Schrifttum:

Brandenberg, Abschied vom Gesamtplan – neuer Betriebsbegriff, DB 2013, 17; *Crezelius,* Das Argumentationsmuster des sog. Gesamtplans, FR 2003, 537; *Demuth,* Gesamtplanrechtsprechung bei Buchwertausgliederungen, EStB 2015, 254; *Dornheim,* Ist die Gesamtplanrechtsprechung bei betrieblichen Umstrukturierungen am Ende?, DStZ 2014, 46; *Fischer,* Plus est in re quam in existimatione: „Es gilt, was ist, nicht was geschwätzt wird" (Enno Becker), FR 2014, 146; *Herlinghaus,* Betriebsbegriff und „Gesamtplan" bei Unternehmensveräußerungen und -umstrukturierungen, FR 2014, 441; *Kempelmann,* Gesamtplan: Vom Schlagwort zu einer Dogmatik, StuW 2016, 385; *Krüger,* Die Gesamtplanrechtsprechung des BFH und das verkannte subjektive Tatbestandsmerkmal im Steuerrecht: Eine vergleichende Analyse zum Strafrecht, DStZ 2014, 194; *Mielke,* Gesamtplanrechsprechung bei der Übertragung betrieblicher Einheiten – eine Bestandsaufnahme, DStR 2015, 673; *Oenings/Lienicke,* Betriebliche Umstrukturierungen nach Einschränkungen der Gesamtplan-Argumentation durch den BFH, DStR 2014, 1997; *Offerhaus,* Der „Gesamtplan" – eine zulässige Figur im Steuerrecht?, FS Spindler 2011, 677; *Potsch,* Einschränkung der Gesamtplanrechtsprechung zu Gunsten des Steuerpflichtigen bei vorweggenommener Erbfolge, NZG 2014, 332; *Schießl,* Erwerb der Beteiligung an einer Personengesellschaft und anschließende Veräußerung gesamthänderisch gehaltener Grundstücke – „Mischfall", DStR 2014, 512; *Schmidtmann,* Normative Verankerung der Gesamtplanrechtsprechung, FR 2015, 57; *Schulze zur Wiesche,* Betriebs- und Anteilsveräußerungen, Tarifbegünstigung, Gesamtplanrechtsprechung, DStR 2015, 1161; *ders.,* Umstrukturierung von Unternehmen und Gesamtplanrechtsprechung, DStR 2012, 1420; *Söffing,* Die Steuerumgehung und die Figur des Gesamtplans, BB 2010, 2777; *Spiegelberger,* Rechtsmissbräuchlicher Gesamtplan bei der Kettenschenkung, FS Spindler 2011, 809; *Spindler,* Der „Gesamtplan" in der Rechtsprechung des BFH, DStR 2005, 1; *ders.,* Die „Gesamtplan-Rechtsprechung" des Bundesfinanzhofs, ZNotP 2006, 442; *Trossen,* Annahme eines „Gesamtplans" und Tarifbegünstigung nach §§ 16, 34 EStG, Anm. zu BFH v. 30.8.2012, GmbH-StB 2013, 101; *Wacker,* Zur Gesamtplanrechtsprechung bei Übertragung betrieblicher Einheiten – eine Zwischenbilanz aus der ertragsteuerlichen Sicht des BFH, Ubg 2016, 245; *Wiese/Berner,* Der Plan in Einzelakten als Begrenzung der Gesamtplanrechtsprechung, DStR 2014, 1148.

---

[436] Nach *Dörr/Fehling* NWB Fach 2, 9671.

I. Überblick

333 **1. Ein neuer Steuerbegriff.** *Hoffmann*[437] meint, dass der IV. BFH-Senat[438] eine Geburtshilfe zum Spuk des Gesamtplans geleistet habe. In der neueren Steuerrechtsprechung wird der Begriff des „Gesamtplans" verwendet, dessen Rechtsgrundlage fraglich ist. Nach der sog. Gesamtplanrechtsprechung[439] wird eine Mehrzahl von Rechtsgeschäften, die auf einheitlicher Planung basieren und die im engen zeitlichen und sachlichen Zusammenhang stehen, für die steuerliche Beurteilung zu einem **einheitlichen wirtschaftlichen Vorgang** zusammengefasst, welcher der Subsumtion zugrunde gelegt wird. Die Verklammerung der einzelnen Teilschritte eines Gesamtplans zu einem einheitlichen wirtschaftlichen Vorgang kann sich sowohl zu Ungunsten als auch zu Gunsten des Steuerpflichtigen auswirken.[440]

334 Mehrstufige Rechtsgeschäfte, bei deren Durchführung regelmäßig Notare, Rechtsanwälte, Steuerberater und Wirtschaftsprüfer gestaltend mitwirken, beruhen in aller Regel auf einem Gesamtplan, so dass nicht grenzenlos alle in einem sachlichen oder zeitlichen Zusammenhang stehende Rechtsgeschäfte als steuerlich einheitlicher Akt beurteilt werden dürfen. Die vom Gesetzgeber vorgegebenen Sperrfristen in zahlreichen Vorschriften sind ein Hinweis darauf, dass grundsätzlich einzelne Rechtsgeschäfte mit den dafür normierten Tatbestandsfolgen erfasst werden müssen und eine Gesamtschau mehrerer Rechtsgeschäfte als Teilakte eines einheitlichen Gesamtplans einer besonderen Rechtfertigung bedarf.

334a Der IV. Senat des BFH[441] ist der Auffassung, dass es keinen allgemeinen Rechtsgrundsatz des Inhalts gibt, dass eine aufgrund einheitlicher Planung im engen zeitlichen und sachlichen Zusammenhang stehende Mehrheit von Rechtsgeschäften für die steuerliche Beurteilung zu einem einheitlichen wirtschaftlichen Vorgang zusammenzufassen und sodann unter dem Steuertatbestand zu subsumieren ist. Grundlage der Steuerrechtsanwendung sei jeweils die zivilrechtliche Gestaltung. Erfüllt diese die Voraussetzungen des § 42 AO, entsteht der Steueranspruch nach § 42 Abs. 1 S. 2 AO so, wie er bei einer den wirtschaftlichen Vorgängen angemessenen rechtlichen Gestaltung entsteht. Anderenfalls sei das Steuergesetz auf das zivilrechtlich verwirklichte Rechtsgeschäft anzuwenden. Ein daneben bestehendes oder darüber hinausgehendes Rechtsinstitut eines „Gesamtplans" gebe es nicht.

335 **2. Differenzierung nach Steuerarten.** Einigkeit besteht auch darüber, dass nicht alle Steuerarten über einen Leisten geschlagen werden können, also steuerartspezifische Differenzierungen erforderlich sind. Während der Bundesfinanzhof beim gewerblichen Grundstückshandel in der Regel einen Fünf-Jahres-Zeitraum ins Auge fasst, wird im Schenkungsteuerrecht von einzelnen Autoren eine Frist von höchstens einem Jahr für die Zusammenfassung mehrerer Schenkungen als einheitlicher Vorgang angenommen (→ Rn. 358).

3. Merkmale des Gesamtplans

Schrifttum:

Jebens, Müssen die Gesamtplan-Tatbestandsmerkmale wegen divergierender Auffassungen im BFH gesetzlich fixiert werden?, BB 2010, 2025; *Röhrig/Demant,* Unternehmensumstrukturierung von Personenunternehmen, Aktueller Überblick zur Gesamtplanrechtsprechung, EStB 2011, 33 und EStB 2011, 77.

---

[437] GmbH-StB 2011, 381.
[438] BStBl. II 2001, 229.
[439] Vgl. *Spindler* DStR 2005, 1.
[440] Hauschild/Kallrath/Wachter/*Wachter* Notar-HdB GesR § 35 Rn. 126.
[441] DStR 2016, 385.

Nach hM[442] erfordet die Annahme eines Gesamtplans dem Grunde nach drei Merkmale: **336**
– einen vorherigen, zielgerichteten Plan;
– die Beherrschbarkeit der Teilschritte durch den Steuerpflichtigen und
– den Eintritt des geplanten Erfolgs.

a) Beweisanzeichen für einen Gesamtplan. Sämtliche Teilschritte des Gesamtplans **337**
müssen zu Beginn des ersten Schrittes festliegen, da sich sonst eine zusammenfassende Betrachtung sämtlicher Einzelschritte nicht rechtfertigen ließe.[443] Dabei sieht der Bundesfinanzhof als Beweisanzeichen für einen Gesamtplan den zeitlichen und wirtschaftlichen Zusammenhang zwischen den tatsächlich verwirklichten Einzelschritten.

b) Beherrschbarkeit der Teilschritte. Insbesondere *Spindler*[444] misst der Beherrschbar- **338**
keit aller Teilschritte durch den Steuerpflichtigen entscheidende Bedeutung zu. Ein enger
Zeitrahmen vermindere die vom Steuerpflichtigen nicht beeinflussbaren Umstände und
spreche tendenziell für die Beherrschbarkeit seines Handelns. Je dynamischer und risikoreicher sich das betreffende Marktumfeld darstelle, umso weniger Gewicht komme dem
zeitlichen Zusammenhang zu.

c) Eintritt des geplanten Erfolgs. Eine zusammenfassende Betrachtung der Einzel- **339**
schritte lässt sich nur rechtfertigen, wenn das geplante und beherrschbare Endziel auch
tatsächlich erreicht wird. Der II. Senat des BFH hat in früheren Entscheidungen[445] dem
tatsächlichen Vollzug keine eigene tatbestandsbegründende Bedeutung beigemessen. In
den entschiedenen Fällen wurde der jeweilige Gesamtplan jedoch tatsächlich vollzogen.

II. Einkommensteuer

Schrifttum:
Hoffmann, Der Gesamtplan, GmbH-StB 2011, 381.

1. Anwendungsumfang. a) Anwendung zu Gunsten und zu Ungunsten des Steu- **340**
erpflichtigen. Im Einkommensteuerrecht erfolgt die Gesamtplanbetrachtung sowohl zu
Gunsten als auch zu Lasten des Steuerpflichtigen. *Förster/Schmidtmann*[446] schlagen als Zeitgrenze für das Vorliegen einer einkommensteuerlichen Betriebsaufgabe mit den Tarif- und
Freibetragsvergünstigungen der §§ 16 und 34 EStG den Ablauf von 36 Monaten vor. *Fischer*[447] meint, dass ein zeitlicher Zusammenhang nicht mehr angenommen werden kann,
wenn 18 Monate seit dem ersten Teilschritt vergangen sind.

Zu Lasten des Steuerpflichtigen zieht das BMF-Schreiben „Erbauseinandersetzung"[448] **341**
umgekehrte Teilauseinandersetzungen, die innerhalb von fünf Jahren erfolgen, zu einem
einheitlichen Vorgang zusammen. Im Hinblick auf die Rechtsprechung zum gewerblichen Grundstückshandel hat *Spindler*[449] als oberste zeitliche Grenze einen Zeitraum von
fünf Jahren vorgeschlagen.

b) Missbrauchskomponente. Zu Ungunsten des Steuerpflichtigen kann die Gesamt- **342**
planrechtsprechung nur Platz greifen, wenn der aus der zeitlichen Abfolge ersichtliche
Gesamtplan missbräuchlich iSd § 42 AO erscheint. Mehrere selbständige Rechtsgeschäfte
können somit nur zu einer einheitlichen Betrachtung führen, wenn der enge zeitliche

---

[442] Vgl. *Röhrig/Demant* EStB 2011, 33 (34).
[443] Vgl. BFH BStBl. II 1999, 834.
[444] DStR 2005, 1 (4).
[445] BStBl. II 1996, 533; BStBl. II 1997, 87.
[446] StuW 2003, 114 (123).
[447] Hübschmann/Hepp/Spitaler/*Fischer* AO § 42 Rn. 370.
[448] BStBl. I 2006, 253 Rn. 58.
[449] DStR 2005, 1 (4).

Zusammenhang ein Indiz für eine Zusammenrechnung gibt. Die Gesamtplanvermutung ist widerlegt, wenn ein Teilakt eines mehrstufigen Ablaufs dem durch den Teilakt Begünstigten eine eigene **Dispositionsmöglichkeit** eröffnet, also der „Zwischengeschaltete" vom vermuteten Gesamtplan abweichende Dispositionen hätte treffen können[450] und somit das Gesamtgeschehen nicht von einer Person oder einer Personengruppe beherrscht wird.

343 **2. Zeitgrenze.** Die Anwendung der **Gesamtplanrechtsprechung** muss mithin auf jene Fälle beschränkt werden, die sich dadurch auszeichnen, dass den Teilschritten keine eigene wirtschaftliche Bedeutung zukommt,[451] und darüber hinaus wohl auch bei einem besonders engen zeitlichen Zusammenhang, zB einer Gestaltung in mehreren Teilschritten innerhalb von sechs Wochen.[452] Je weiter der zeitliche Abstand zwischen den einzelnen Maßnahmen ist, desto größer wird ihre **eigenständige Bedeutung.**[453]

344 Eine – gemäß §§ 16, 34 EStG begünstigte – **Betriebsaufgabe** kann allenfalls anerkannt werden, wenn sich die einzelnen Realisationsvorgänge auf zwei Veranlagungszeiträume erstrecken. Somit besteht wohl kein enger zeitlicher Zusammenhang mehr, wenn zwischen dem Entziehen der stillen Reserven (durch Ausgliederung von wesentlichen Betriebsgrundlagen zu Buchwerten) und der Veräußerung des Restbetriebsvermögens oder des verbliebenen Mitunternehmeranteils mehr als zwei Jahre liegen.[454]

345 Bei den bisherigen Entscheidungen wurden nur relativ **kurze Zeiträume** als Indiz für einen Gesamtplan angenommen. Der BFH[455] hielt es für möglich, dass die Veräußerung eines Mitunternehmeranteils in drei Tranchen an zwei Erwerber über einen Zeitraum von vier Monaten durch einen einheitlichen Veräußerungsplan verklammert ist und der erzielte Veräußerungsgewinn als Gewinn aus der Aufgabe eines Mitunternehmeranteiles anzusehen ist. Auch die Veräußerung eines Mitunternehmeranteils an zwei Übernehmer und die unentgeltliche Übertragung des Sonderbetriebsvermögens an einen der Übernehmer innerhalb eines Zeitraums von ca. sechs Monaten wurde als einheitlicher Plan angesehen.[456] Nach BFH[457] ist der Zeitraum von einem Jahr die zeitliche Grenze für einen Gesamtplan für den Fall einer zweistufigen Gründung einer Sozietät. Nach *Förster/Schmidtmann*[458] kann auf einen Gesamtplan mangels tatsächlicher Anhaltspunkte nicht mehr geschlossen werden, wenn der erste und der letzte Teilschritt drei oder mehr Jahre auseinander liegen.

346 Gegen die Übernahme der Gesamtplanrechtsprechung auf die vorweggenommene Erbfolge gemäß § 6 Abs. 3 EStG ist *Wendt*.[459] Dementsprechend gewährt der IV. Senat des BFH[460] die Tarifbegünstigung des § 34 Abs. 3 EStG, wenn bei der Veräußerung eines Mitunternehmeranteils im zeitlichen Zusammenhang Mitunternehmeranteile zu Buchwerten in das Gesamthandsvermögen einer weiteren Kommanditgesellschaft ausgegliedert werden; anders jedoch BFH[461] und die Auffassung der Finanzverwaltung;[462] s. auch → Rn. 348.

---

[450] Vgl. *Spindler* DStR 2005, 1 (4).
[451] Vgl. *Strahl* KÖSDI 2003, 13921.
[452] Vgl. BFH BStBl. II 2001, 231.
[453] Vgl. *Fischer* FR 2001, 405.
[454] Vgl. *Förster/Schmidtmann* StuW 2003, 122; *Wischmann* GmbH-StB 2001, 6; *Strahl* KÖSDI 2003, 13923. Der IV. BFH-Senat (GmbH-StB 2013, 101) meint, dass bei einem Zeitraum von nicht mehr als 18 Monaten zwischen dem ersten und dem letzten Teilakt von einem engen zeitlichen Zusammenang auszugehen sei, der die einheitliche Betrachtung der im Rahmen eines Gesamtplans vollzogenen Veräußerung gebietet.
[455] DStRE 2002, 568.
[456] Vgl. BFH FR 2001, 295.
[457] BStBl. II 2004, 1068.
[458] StuW 2003, 124.
[459] FR 2005, 471 und KÖSDI 2005, 14727.
[460] BStBl. II 2010, 726.
[461] BStBl. II 2001, 229.

III. Umstrukturierungen

Schrifttum:

Monographien: *Fuhrmann,* Umstrukturierung und Gesamtplan, 2011.

Aufsätze: *Honert/Geimer,* Neue Möglichkeiten der steuerorientierten Umstrukturierung, FS Spiegelberger 2009, 247; *Klein,* Umwandlung und Zeitraumprobleme, FS Spiegelberger 2009, 282; *Strahl,* Umstrukturierung und Gesamtplan, KÖSDI 2011, 17363.

Der auch im Steuerrecht geltende Grundsatz der Vertragsfreiheit würde ad absurdum **347** geführt werden, wenn jede vorbereitende Maßnahme zu einer Umstrukturierung als Teil eines missbräuchlichen Gesamtplans erfasst würde. Das Motiv, Steuern zu sparen, ist legitim und macht eine Gestaltung noch nicht unangemessen.[463] Die Finanzverwaltung sah bisher die im Vorfeld einer Einbringung oder Umwandlung nach §§ 20 und 24 UmwStG erfolgten Auslagerungen funktional wesentlicher Betriebsgrundlagen als Missbrauch iSv § 42 AO, die zur Anwendung der Gesamtplan-Doktrin berechtigte. Mehrere Senate des BFH sind dieser Auffassung entgegengetreten.

Der I. und IV. Senat des BFH haben inzwischen die Gesamtplanbetrachtung reduziert. **348** Der I. Senat[464] hat bei einer Umwandlungsentscheidung sogar eine zeitnahe weitere Umwandlung für unschädlich erachtet und nur die **kurzzeitige Rückgängigmachung** einer Umwandlung als steuerschädlich angesehen.

In einer Entscheidung des VIII. Senats des BFH[465] zur Veräußerung einer Beteiligung **349** iSd § 17 EStG, die im Zusammenhang mit der Ablösung eines bestehenden Nießbrauchsrechts erfolgte, wurde die Annahme eines Gesamtplans aufgrund „veränderter Umstände" verneint.

In einer Entscheidung des IV. Senats[466] widerspricht der BFH der Verwaltungsmeinung **350** im BMF-Schreiben BStBl. I 2005, 458 Rn. 16 für folgenden Sachverhalt:

Im ersten Schritt wurde ein Mitunternehmeranteil von 80 % gemäß § 6 Abs. 3 EStG übertragen und das im Sonderbetriebsvermögen befindliche Grundstück zurückbehalten. In einem zweiten Schritt wurde wenig später dieses Grundstück in eine andere Mitunternehmerschaft eingebracht und der dem Übergeber verbliebene 20 %-ige Mitunternehmeranteil an den Erwerber des ersten Teilanteils von 80 % übertragen.

Nach Auffassung des BFH ergibt sich die Buchwertfortführung im ersten Schritt ohne **351** Zweifel unmittelbar aus § 6 Abs. 3 S. 2 EStG, wonach der in der Mitunternehmerschaft verbleibende Übergeber das Sonderbetriebsvermögen zurückbehalten kann. Wenn taggleich das Sonderbetriebsvermögen nach § 6 Abs. 5 S. 3 EStG zum Buchwert übertragen wird, kann dies von der Finanzverwaltung nicht in Frage gestellt werden. Der BFH sieht in Abs. 3 und Abs. 5 des § 6 EStG gleichberechtigte Normen, die auch parallel angewendet werden können. Diese Entscheidung des IV. Senats wurde im Bundessteuerblatt nicht veröffentlicht; die Finanzverwaltung[467] wendet diese Rechtsprechung des IV. Senats nicht an.

Auch der X. Senat des BFH[468] widerspricht bei der Einbringung eines Einzelunterneh- **352** mens in eine Personengesellschaft bei vorheriger Veräußerung einer wesentlichen Betriebsgrundlage unter Aufdeckung der stillen Reserven der bisherigen Auffassung der Finanzverwaltung:

1. Der Anwendbarkeit des § 24 Abs. 1 UmwStG steht weder § 42 AO noch die Rechtsfigur des Gesamtplans entgegen, wenn vor der Einbringung eine wesentliche Betriebs-

---

[462] BStBl. I 2005, 458 Rn. 7.
[463] Vgl. BFH DStR 2001, 1885.
[464] MittBayNot 2011, 82 mAnm *Spiegelberger.*
[465] BStBl. II 2006, 15.
[466] BFH DStR 2012, 2118.
[467] DStR 2013, 2002.
[468] BStBl. II 2012, 638.

grundlage des einzubringenden Betriebs unter Aufdeckung der stillen Reserven veräußert wird und die Veräußerung auf Dauer angelegt ist.

2. Maßgeblicher Zeitpunkt für die Beurteilung, ob ein Wirtschaftsgut eine wesentliche Betriebsgrundlage des einbringenden Betriebs im Rahmen des § 24 Abs. 1 UmwStG darstellt, ist in Fällen der Einbringung durch Einzelrechtsnachfolge der Zeitpunkt der tatsächlichen Einbringung.

353 Sofern auch der VIII. und der X. Senat des BFH auf die neue Rechtsprechung der übrigen Senate einschwenken, wird die Finanzverwaltung die neue Rechtsprechung akzeptieren müssen.

IV. Schenkungsteuer

Schrifttum:
Spiegelberger, Rechtsmissbräuchlicher Gesamtplan bei der Kettenschenkung, FS Spindler 2011, 809.

354   Eine besondere Bedeutung hat die Gesamtplanrechtsprechung im Schenkungsteuerrecht in den vergangenen Jahren erlangt.

355 **1. Mehraktige Gestaltungen.** Selbst wenn für einen Teilakt ein selbständiger Steueranspruch entstanden, also zB eine Schenkung an eine zwischengeschaltete Person vollzogen und damit grundsätzlich gemäß § 9 ErbStG zu besteuern wäre, ist zu prüfen, ob dem Zwischengeschalteten eine eigene Dispositionsmöglichkeit verblieben ist. Eine Bereicherung für eine juristische Sekunde oder einen anderen kurzen Zeitraum reicht nicht aus, um eine selbständige Schenkung anzunehmen. Eine eigene Dispositionsmöglichkeit entsteht nicht, wenn das zwischengeschaltete Rechtsgeschäft die Verpflichtung enthält, im Sinne eines Gesamtplans zu verfahren. Dies ergibt sich schon aus § 7 Abs. 1 S. 2 ErbStG, wonach auf Auflagen oder Bedingungen beruhende Bereicherungen nicht bei der zwischengeschalteten Person, sondern bei dem Endbegünstigten zu besteuern sind.

356   Ergibt sich nach Auffassung des FG Hessen[469] aus dem Abschluss zweier Schenkungsverträge in einem Zuge, der inhaltlichen Abstimmung der Verträge aufeinander sowie aus den sonstigen Umständen, dass die zunächst beschenkte Person das Erhaltene nach dem von dem Willen aller Beteiligten getragenen Gesamtplan als bloße Durchgangs- oder Mittelsperson ohne eigene Dispositionsmöglichkeit an einen Dritten weiterzugeben hat, liegt keine schenkungsteuerrechtlich beachtliche Kettenschenkung, sondern nur eine Zuwendung aus dem Vermögen des Zuwendenden an den Dritten vor.

357   Die vom FG Hessen festgestellte „inhaltliche Abstimmung der Verträge aufeinander" ist kein Indiz für einen Gesamtplan. Bei mehraktigen Sachverhalten ist der beurkundende Notar selbstverständlich verpflichtet, die einzelnen Akte aufeinander abzustimmen, um den Vollzug der beurkundeten Rechtsgeschäfte zu ermöglichen. Die inhaltliche Bezugnahme auf von den Beteiligten chronologisch geordnete Sachverhalte ist kein Tatbestandsmerkmal eines Gesamtplans, sondern vielmehr eine den Berufspflichten entsprechende Erledigung der Amtsgeschäfte, so dass lediglich auf den zeitlichen Ablauf abgestellt werden kann.

358 **2. Erforderliche Schamfrist?** Ist es zur steuerlichen Anerkennung einer Schenkung erforderlich, dass der Beschenkte den erworbenen Gegenstand eine bestimmte Frist behält und erst danach eine Weiterübertragung an einen Dritten ins Auge fasst? *Daragan*[470] empfiehlt, zwischen zwei Schenkungen eine Schamfrist einzuhalten, über deren Länge in der Literatur unterschiedliche Auffassungen bestehen.[471] Nach Auffassung von *Ober-*

---

[469] ZErb 2008, 174.
[470] Bonefeld/Daragan/Wachter/*Daragan,* Der Fachanwalt für Erbrecht, 2006, Kap. 25 Rn. 382.
[471] Ebenso *Kapp/Ebeling* ErbStG § 7 Rn. 396.3; *Piltz* ZEV 1994, 55 hält einen Zeitraum von einem Jahr für angemessen.

meier[472] könne auch ein Zeitraum von einem Monat genügen, wenn der Schenker den Erstempfänger nicht zur Weiterschenkung an den Zweitempfänger veranlasst habe. Bei einer Gestaltung, dass die Eltern auf ihre Kinder ein Grundstück im Wege der vorweggenommenen Erbfolge übertragen und diese das Grundstück nach vier Tagen an einen Bauträger weiterveräußern, hat der BFH[473] das Finanzgericht angewiesen festzustellen, ob bei diesem zeitlichen Ablauf die Kinder rechtlich in der Lage waren, über das von den Eltern erhaltene Grundstück zu verfügen oder ob tatsächlich den Kindern nur der Kauferlös zugeflossen ist.

Die sofortige Weitergabe eines geschenkten Gegenstandes kann in der Tat ein Indiz 359
dafür sein, dass der Zwischenerwerber nicht zu einer eigenen Dispositionsmöglichkeit in der Lage war und faktisch den Willen des Erstzuwendenden durch die Weitergabe erfüllt. Entscheidend ist wiederum die rechtliche Selbständigkeit des jeweiligen Zwischenschrittes.

3. Entgeltlicher Zwischenerwerb. Zwei **getrennte** Erwerbsvorgänge sind anzuneh- 360
men, wenn ein Ehegatte **entgeltlich** von seinem Ehegatten erwirbt und anschließend den erworbenen Gegenstand an gemeinsame Kinder verschenkt. Wenn Ehegatten die **Zugewinngemeinschaft beenden** und den steuerfreien Zugewinnausgleich gemäß § 5 Abs. 2 ErbStG durchführen, liegt einkommensteuerlich eine entgeltliche Gestaltung vor, bei der die Finanzverwaltung den Veräußerungsgewinn gemäß §§ 16, 17, 20 oder 23 EStG[474] versteuert.

Auch die eherechtliche Wirkung der Beendigung des Güterstandes der Zugewinnge- 361
meinschaft mit dem dadurch entstandenen Zugewinnausgleichsanspruch kann nicht negiert werden. Der ausgleichsberechtigte Ehegatte verfügt über eigenes Vermögen, das der Steuerung durch den ausgleichsverpflichteten Ehegatten entzogen ist. Der Ehegatte, der **entgeltlich** durch Einsatz seines Zugewinnausgleichsanspruches erworben hat, kann ohne Zweifel anschließend Schenkungen an die gemeinsamen Kinder vornehmen, ohne dem Vorwurf des Missbrauchs gemäß § 42 AO unterworfen zu sein. Das Erfordernis eines zeitlichen Abstandes zwischen beiden Übertragungen kann dem Gesetz nicht entnommen werden. Der gemäß § 42 Abs. 2 S. 2 AO maßgebende außersteuerliche Grund für die Gestaltung besteht darin, dass der weiterübertragende Ehegatte über entgeltlich erworbenes Vermögen verfügt und nicht eine Auflage eines Schenkers erfüllt. Der entscheidende bürgerlich-rechtliche Gesichtspunkt ist die Beendigung des Güterstandes der Zugewinngemeinschaft mit der damit verbundenen freien Dispositionsmöglichkeit über entgeltlich erworbenes Vermögen. *Lehnen/Hanau*[475] halten die sofortige Rückkehr zur Zugewinngemeinschaft für steuerunschädlich.[476]

4. Weiterschenkung an den Ehegatten. Beschenken Eltern ihre Tochter mit einem 362
Bauplatz und beteiligt diese ihren Ehemann am selben Tag an dem Grundstück, so beruht diese Gestaltung auf der zutreffenden bürgerlich-rechtlichen Überlegung, dass das gesetzliche Erb- und Pflichtteilsrecht des Kindes im Vordergrund steht und dieses selbst ohne zeitliche Begrenzung über den geschenkten Gegenstand mit dem Ehegatten weitere Vereinbarungen treffen kann.[477]

---

[472] Vorweggenommene Erbfolge und Erbauseinandersetzung, 1993, Rn. 1663.
[473] BStBl. II 1991, 320.
[474] Vgl. *Zugmaier/Wälzholz* NWB Fach 10, 1521.
[475] ZErb 2006, 154.
[476] Ebenso BFH BStBl. II 2005, 843.
[477] Vgl. FG Rheinland-Pfalz EFG 1999, 617; BFH ZEV 2012, 562.

G. Sperr- und Haltefristen

Schrifttum:
Monographien: *Strahl/Carlé/Brill/Bodiden*, Unternehmens- und Anteilskauf, 2014.
Aufsätze: *Crezelius*, Nachsteuertatbestände und Umwandlungssteuerrecht, FR 2011, 401; *ders.,* UmwStG und ErbStG, DStZ 2015, 399; *ders.*, Besteuerung aus Drittverhalten?, FR 2002, 805; *Geck*, Versteckte Gefahren bei der vorweggenommenen Erbfolge aufgrund nachgelagerter Besteuerungstatbestände, FS Spiegelberger 2009, 128; *Korn/Fuhrmann*, Checkliste Steuerlicher Behalte- und Nachversteuerungsfristen mit Gestaltungshinweisen, KÖSDI 2010, 17077.

363　Zahlreiche Gesetzesbestimmungen wurden in den letzten Jahren verstärkt mit Sperr- und Behaltefristen in der Weise versehen, dass die Veräußerung eines Wirtschaftsgutes oder Umgestaltungen innerhalb einer bestimmten Frist zu einem **Wegfall gewährter Steuervergünstigungen,** also zu einer **Nachversteuerung** führen. Insbesondere im Erbschaftsteuerrecht sind zahlreiche Fristen für die Testaments- und Vertragsgestaltung zu beachten (→ Rn. 388). Insgesamt sind ohne Anspruch auf Vollständigkeit die folgenden Fristen zu beachten:

– **Zwei-Jahres-Frist** bei der vorweggenommenen Erbfolge und Testamentsgestaltung (→ Rn. 388).
– **Drei-Jahres-Frist** bei der Übertragung einzelner Wirtschaftsgüter gemäß § 6 Abs. 5 EStG (→ Rn. 366) und nach einer Realteilung gemäß § 16 Abs. 3 S. 3 EStG (→ Rn. 369).
– **Fünf-Jahres-Frist** bei der Grunderwerbsteuer (→ Rn. 381 ff.); Umwandlungen gemäß §§ 15 Abs. 2 S. 4, 18 Abs. 3 UmwStG; Anteilsabtretungen sowie Kapitalerhöhungen oder –herabsetzungen gemäß § 8c KStG (→ Rn. 385 ff.); Anteilsabtretungen gemäß § 17 EStG nach Umwandlungen ohne Aufdeckung der stillen Reserven (→ Rn. 371); Spaltung gemäß § 15 UmwStG; Verschmelzung und Formwechsel gemäß §§ 3, 9 UmwStG.
– **Fünf- bzw. Sieben-Jahres-Frist** gemäß §§ 13a Abs. 5, 19a Abs. 5 ErbStG bei der Veräußerung der Aufgabe unentgeltlich erworbenen Betriebsvermögens (→ Rn. 388 f.).
– Nach **sieben Jahren:** Beteiligungsänderung gemäß § 6 Abs. 5 S. 5 EStG nach Buchwerterwerb; Veräußerung von im Rahmen einer Realteilung zu Buchwerten erworbenen Anteilen an einer Körperschaft gemäß § 16 Abs. 5 EStG; Veräußerung durch Sacheinlage unter dem gemeinen Wert erworbener Anteile gemäß § 22 Abs. 1 UmwStG (→ Rn. 376); Veräußerung einer durch Sacheinlage unter dem gemeinen Wert erworbenen Mitunternehmerschaft gemäß § 24 Abs. 5 UmwStG (→ Rn. 380).
– **Fünf bis zehn Jahre:** Übergang zum gewerblichen Grundstückshandel.
– Innerhalb von **20 Jahren:** Wegfall des Abschlags für Familienunternehmen gemäß § 13a Abs. 9 ErbStG bei Verfügungen über Gesellschaftsanteile.

I. Einkommensteuer

364　Zur Vermögensnachfolge und zur Umstrukturierung von Betriebsvermögen zum Buchwert hat der Gesetzgeber mehrere Vorschriften in das Einkommensteuerrecht eingefügt, die mit Haltefristen versehen sind.

365　**1. Vorwegerbfolge.** Wenn der Übergeber gemäß § 6 Abs. 3 S. 2 EStG Wirtschaftsgüter, die weiterhin zum Betriebsvermögen derselben Mitunternehmerschaft gehören, nicht überträgt, verbleibt es bei der Buchwertfortführung, es sei denn, dass der Rechtsnachfolger den übernommenen Mitunternehmeranteil innerhalb eines Zeitraums von fünf Jahren veräußert oder aufgibt. Die kautelarjuristische Sicherung gegen eine Nachversteuerung erfolgt am besten durch ein gesellschaftsvertragliches Zustimmungserfordernis mit Rückfallklausel.

2. Übertragung einzelner Wirtschaftsgüter gemäß § 6 Abs. 5 EStG zum 366
Buchwert. § 6 Abs. 5 EStG erlaubt bei der Übertragung einzelner Wirtschaftsgüter von
einem Betriebsvermögen in ein anderes Betriebsvermögen unter den dort näher aufgeführten Voraussetzungen die Buchwertfortführung. Bei **Veräußerung** oder Entnahme des
übertragenen **Wirtschaftsgutes** durch den Übernehmer innerhalb von **drei Jahren,** gerechnet ab Abgabe der Steuererklärung des Übertragenden für den Veranlagungszeitraum
der Übertragung erfolgt gemäß § 6 Abs. 5 S. 4 EStG die Nachversteuerung; dasselbe gilt,
wenn innerhalb von **sieben Jahren** seit der Übertragung des Wirtschaftsgutes der **Anteil**
einer **Körperschaft** an dem übertragenen Wirtschaftsgut **begründet** oder erhöht wird
(§ 6 Abs. 5 S. 5 EStG).

3. Realteilung gemäß § 16 Abs. 3 S. 2 EStG
Schrifttum:
BMF-Schreiben v. 20.12.2016 zur Realteilung, Anwendung von § 16 Abs. 3 S. 2–4 und Abs. 5 EStG,
GmbHR 2017, 164; *Krämer,* BFH erleichtert Aufteilung von Personengesellschaften, Anm. zu BFH v.
16.3.2017, ErbStB 2017, 231; *Levedag,* Der Realteilungserlass v. 20.12.2016 – Anmerkungen aus Sicht der
Rechtsprechung, GmbHR 2017, 113; *Neu/Hamacher,* Ausscheiden von Mitunternehmern gegen Übertragung von Sachgesamtheiten und Einzelwirtschaftsgütern – Rechtslage und Beratungskonsequenzen, FR
2017, 605; *Schimmele,* Echte oder unechte Realteilung? Aufgabe des Gewerbebetriebs bei Auflösung der
Mitunternehmerschaft?, Anm. zu BFH v. 16.3.2017, GmbH-StB 2017, 235; *Stenert,* Der „neue" Realteilungserlass ist überholt!, DStR 2017, 1785; *Wendt,* Ausscheiden aus Mitunternehmerschaft gegen Sachwert-
abfindung mit Einzelwirtschaftsgütern folgt Realteilungsgrundsätzen, Anm. zu BFH v. 30.3.2017, MittBay-
Not 2017, 635.

Große Aufmerksamkeit hat die neue Rechtsprechung des IV. BFH-Senats[478] erlangt. 367
Wird eine Mitunternehmerschaft aufgelöst, führt dies zur Aufgabe ihres Gewerbebetriebs
iSd § 16 Abs. 3 S. 1 EStG. Die Grundsätze der Realteilung gelten sowohl für die Auflösung der Mitunternehmerschaft und Verteilung des Betriebsvermögens („echte Realteilung") als auch für das Ausscheiden (mindestens) eines Mitunternehmers unter Mitnahme
von mitunternehmerischem Vermögen aus einer zwischen den übrigen Mitunternehmern
fortbestehenden Mitunternehmerschaft („unechte Realteilung"). Ob im Einzelfall eine
echte oder eine unechte Realteilung vorliegt, richtet sich danach, ob die Mitunternehmerschaft aufgelöst wird oder ob sie fortbesteht und nur (mindestens) ein Mitunternehmer unter Mitnahme von mitunternehmerischem Vermögen ausscheidet.

In der Gesetzesbegründung[479] werden unter dem Begriff „Realteilung" die Sachverhal- 368
te gefasst,

„in denen die Gesellschafter einer Mitunternehmerschaft ihr gemeinschaftliches Engagement beenden und dabei die Mitunternehmerschaft entweder gänzlich auflösen und alle Wirtschaftsgüter
in ihre anderen Betriebsvermögen oder gegebenenfalls in ihr Privatvermögen überführen oder die
Mitunternehmerschaft zwar bestehen bleibt, jedoch Teile des Betriebsvermögens dem ausscheidenden Gesellschafter als Abfindung überlassen werden."

Demnach ist zu hoffen, dass sich die Finanzverwaltung der Rechtsprechung des IV.
Senats anschließt.

Die vom Gesetzgeber gewährte Buchwertfortführung bei der Realteilung einer Mitun- 369
ternehmerschaft wird widerrufen, wenn übertragene **Wirtschaftsgüter** innerhalb von
drei Jahren nach Abgabe der Steuererklärung der Mitunternehmerschaft für den Veranlagungszeitraum der Realteilung **veräußert** oder entnommen werden (§ 16 Abs. 3 S. 3
EStG).

Werden bei einer Realteilung, bei der Teilbetriebe auf einzelne Mitunternehmer über- 370
gehen, Anteile an einer Körperschaft auf einen von § 8b Abs. 2 KStG begünstigten Mitunternehmer übertragen, wird rückwirkend der gemeine Wert angesetzt, wenn der über-

---

[478] DStR 2016, 385; DStR 2017, 1381.
[479] BT-Drs. 14/23, 178.

nehmende Mitunternehmer die Anteile innerhalb eines Zeitraums von sieben Jahren nach der Realteilung veräußert oder gemäß § 22 Abs. 1 S. 6 Nr. 1–5 UmwStG weiter überträgt (vgl. § 16 Abs. 5 EStG).

371 4. Gewinnbringende Veräußerung einer wesentlichen Beteiligung im Privatvermögen gemäß § 17 Abs. 1 und Abs. 6 EStG. Auch wenn der Veräußerer innerhalb der letzten fünf Jahre mit Kapitalgesellschaftsanteilen von mindestens 1% im Privatvermögen nicht beteiligt war, erfolgt die Besteuerung gemäß § 17 Abs. 1 EStG wenn

1. die Anteile aufgrund eines Einbringungsvorgangs iSd Umwandlungssteuergesetzes, bei dem nicht der gemeine Wert zum Ansatz kam, erworben wurden und
2. zum Einbringungszeitpunkt für die eingebrachten Anteile die Voraussetzungen von § 17 Abs. 1 S. 1 EStG erfüllt waren oder die Anteile auf einer Sacheinlage iSv § 20 Abs. 1 UmwStG beruhen.

II. Umwandlungen

Schrifttum:
Monographien: *Klein/Müller/Lieber,* Änderung der Unternehmensform, 9. Aufl. 2012.
Aufsätze: *Rogall,* Wesentliche Aspekte des neuen Umwandlungssteuererlasses, NZG 2011, 810; *Schwedhelm/Wollweber,* Typische Beratungsfehler in Umwandlungsfällen und ihre Vermeidung, BB 2008, 2208.

372   Das komplizierte Umwandlungsrecht ist mit Haftungsrisiken verbunden. Insbesondere droht die Aufdeckung stiller Reserven, wenn Sperr- oder Haltefristen nicht eingehalten werden. Auf folgende Fristen ist hinzuweisen:

373 1. Ertragsteuern. a) § 6 Abs. 3 UmwStG. Die in § 6 Abs. 1 und Abs. 2 UmwStG erlaubte mindernde Rücklage aufgrund des Erlöschens von Forderungen und Verbindlichkeiten entfällt rückwirkend, wenn der übernehmende Rechtsträger den auf ihn übergegangenen Betrieb innerhalb von fünf Jahren nach dem steuerlichen Übertragungsstichtag in eine Kapitalgesellschaft einbringt oder ohne triftigen Grund veräußert oder aufgibt.

374 b) Aufspaltung, Abspaltung und Teilbetriebsübertragung gemäß § 15 UmwStG. Geht Vermögen einer Körperschaft durch Aufspaltung oder Abspaltung oder durch Teilübertragung auf andere Körperschaften über, kann gemäß § 11 Abs. 2 UmwStG für übergehende Wirtschaftsgüter der Buchwert angesetzt werden. Diese Begünstigung geht verloren, wenn gemäß § 15 Abs. 1 S. 4 UmwStG innerhalb von fünf Jahren nach dem steuerlichen Übertragungsstichtag Anteile an einer an der Spaltung beteiligten Körperschaft, die mehr als 20% der vor Wirksamwerden der Spaltung an der Körperschaft bestehenden Anteile ausmachen, veräußert werden.

375 c) Erhebung von Gewerbesteuer gemäß § 18 Abs. 3 UmwStG. Wird der Betrieb der Personengesellschaft oder der natürlichen Person innerhalb von fünf Jahren nach der Umwandlung aufgegeben oder veräußert, unterliegt ein Aufgabe- oder Veräußerungsgewinn der Gewerbesteuer.

376 d) Anteilsveräußerung gemäß § 22 Abs. 1 UmwStG. Soweit in den Fällen einer Sacheinlage unter dem gemeinen Wert (§ 20 Abs. 2 S. 2 UmwStG) der Einbringende die erhaltenen Anteile innerhalb eines Zeitraums von sieben Jahren nach dem Einbringungszeitpunkt veräußert, ist der Gewinn aus der Einbringung rückwirkend im Wirtschaftsjahr der Einbringung als Gewinn des Einbringenden iSv § 16 EStG zu versteuern (Einbringungsgewinn I).

377 e) Anteilsveräußerung durch übernehmende Gesellschaft gemäß § 22 Abs. 2 UmwStG. Soweit im Rahmen einer Sacheinlage (§ 20 Abs. 1 UmwStG) oder eines Anteilstausches (§ 21 Abs. 1 UmwStG) unter dem gemeinen Wert eingebrachte Anteile innerhalb eines Zeitraums von sieben Jahren nach dem Einbringungszeitpunkt durch die übernehmende Gesellschaft veräußert werden und soweit beim Einbringenden der Gewinn aus der Veräußerung dieser Anteile im Einbringungszeitpunkt nicht nach § 8b Abs. 2 KStG steuerfrei gewesen wäre, ist der Gewinn aus der Einbringung im Wirtschaftsjahr der Einbringung rückwirkend als Gewinn des Einbringenden aus der Veräußerung von Anteilen zu versteuern (Einbringungsgewinn II).

Die unentgeltliche Übertragung auf eine natürliche Person ist kein Fall des § 22 Abs. 1 **378** S. 6 Nr. 1 UmwStG und führt daher nicht zu einer Realisierung; jedoch tritt der unentgeltliche Erwerber in die Rechtsstellung des Zedenten ein.[480]

f) Verletzung der Nachweispflicht gemäß § 22 Abs. 3 UmwStG. Der Einbringende **379** hat in den dem Einbringungszeitpunkt folgenden sieben Jahren **jährlich** spätestens bis zum 31. 5. den Nachweis darüber zu erbringen, wem mit Ablauf des Tages, der dem maßgebenden Einbringungszeitpunkt entspricht, die betroffenen Anteile zuzurechnen sind.

g) Einbringung in eine Personengesellschaft gemäß § 24 Abs. 5 UmwStG. Soweit **380** im Rahmen einer Einbringung nach § 24 Abs. 1 UmwStG unter dem gemeinen Wert eingebrachte Anteile an einer Körperschaft, Personenvereinigung oder Vermögensmasse innerhalb eines Zeitraums von sieben Jahren nach dem Einbringungszeitpunkt durch die übernehmende Personengesellschaft veräußert oder durch einen Vorgang nach § 22 Abs. 1 S. 6 Nr. 1–5 UmwStG weiter übertragen werden und der Einbringende keine durch § 8b Abs. 2 KStG begünstigte Person ist, erfolgt eine Nachversteuerung gemäß § 24 Abs. 5 UmwStG.

2. Grunderwerbsteuer bei Umwandlungen

Schrifttum:

Gleichlautende Erlasse der *Obersten Finanzbehörden der Länder,* Anwendung des § 6a GrEStG, BStBl. I 2012, 662; *Gottwald,* Aktuelle Entwicklungen des Grunderwerbsteuerrechts 2011/2012, MittBayNot 2013, 1; *Lieber/Wagner,* GrESt bei Umwandlungen, DB 2012, 1772; *Neitz-Hackstein/Lange,* Neues zur Anwendung des § 6a Grunderwerbsteuergesetz, GmbHR 2012, 998.

Sowohl die gesetzliche Regelung als auch der Erlass der Obersten Finanzbehörden ent- **381** halten unsystematische Vorgaben:
– Während bei den bisherigen Verbleibensvorschriften, zB in §§ 1 Abs. 2a, 5 Abs. 3, 6 Abs. 3 und Abs. 4 GrEStG die fünfjährige Verbleibensdauer des **Grundstücks** berücksichtigt werden muss, ist die Steuervergünstigung des § 6a GrEStG nicht grundstücksbezogen (vgl. Rn. 1 des Erlasses).
– Der Umwandlungsvorgang, durch den der Verbund zwischen dem herrschenden und dem abhängigen Unternehmen begründet oder beendet wird, ist nicht begünstigt (vgl. Rn. 2.1 des Erlasses).

---

[480] Vgl. Engl/*Traßl*, Formularbuch Umwandlungen, 3. Aufl. 2013, A. 8 Rn. 196.

Beispiel 1:

Die T2-GmbH wird auf die M-GmbH verschmolzen.

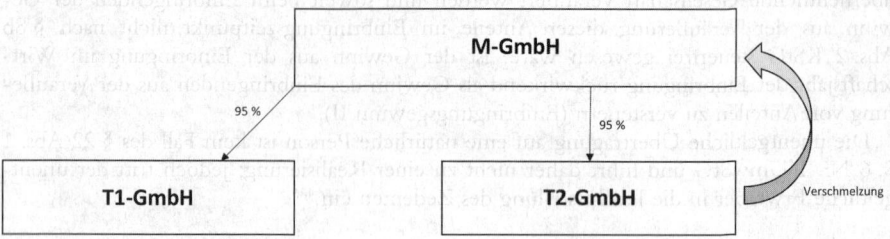

382   Die Verschmelzung der T2-GmbH auf die M-GmbH unterliegt nach § 1 Abs. 1 Nr. 3
S. 1 GrEStG der Grunderwerbsteuer. § 6a GrEStG ist nicht anwendbar, da der Verbund
durch die Verschmelzung erlischt. Die T1-GmbH ist weder am Umwandlungsvorgang
beteiligt, noch hat sie die Beteiligung der M-GmbH an der T2-GmbH als abhängige Gesellschaft vermittelt.

Beispiel 2:

Die T1-GmbH wird im Jahr 01 auf die T2-GmbH verschmolzen. Im Jahr 03 wird die T2-
GmbH auf die M-GmbH verschmolzen.

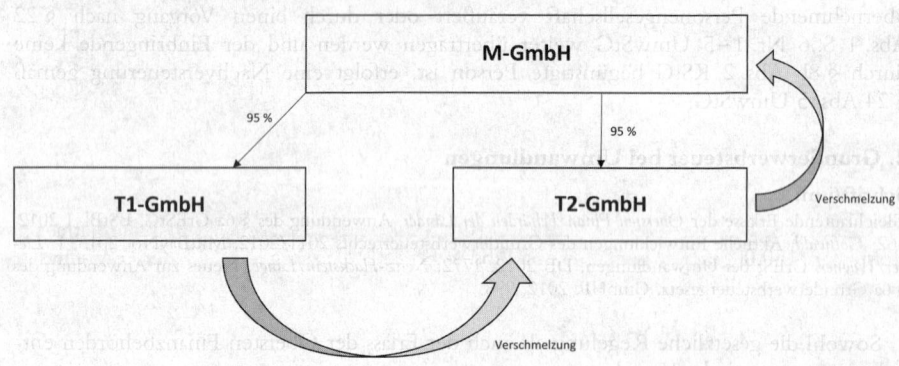

383   Die Verschmelzung der T1-GmbH auf die T2-GmbH unterliegt nach § 1 Abs. 1 Nr. 3
S. 1 GrEStG der Grunderwerbsteuer. § 6a GrEStG ist anwendbar, da der Rechtsvorgang
durch einen Umwandlungsvorgang ausgelöst wird, an dem nur abhängige Gesellschaften
beteiligt sind.

384   Die Verschmelzung der T2-GmbH auf die M-GmbH unterliegt nach § 1 Abs. 1 Nr. 3
S. 1 GrEStG der Grunderwerbsteuer. § 6a GrEStG ist nicht anwendbar, da der Verbund
durch die Verschmelzung der einzigen abhängigen Gesellschaft auf das herrschende Un-
ternehmen erlischt. Hierdurch entfällt außerdem nachträglich die Begünstigung im
Jahr 01, da die Nachbehaltensfrist des § 6a S. 4 GrEStG nicht eingehalten wird (vgl. § 6a
GrEStG Anwendungserlass).[481]

---

[481] GmbHR 2012, 1034 (1038).

III. Körperschaftsteuer

1. Verlustabzug bei Körperschaften gemäß § 8c KStG. a) Anteilsübertragung. Ver- 385
lustabzüge entfallen, und zwar
- **anteilig** bei Körperschaften, wenn innerhalb von fünf Jahren mehr als 25 % Kapitalgesellschaftsanteile an einen Erwerber oder diesem nahe stehende Personen übertragen
werden;
- **vollständig,** wenn mehr als 50 % übertragen werden gemäß § 8c KStG.

b) Kapitalerhöhung. Eine Kapitalerhöhung steht der Übertragung des gezeichneten Ka- 386
pitals gemäß § 8c Abs. 1 S. 4 KStG gleich, soweit sie zu einer Veränderung der Beteiligungsquoten am Kapital der Körperschaft führt.

2. Weitere wichtige Haltefristen. Zu weiteren wichtigen Haltefristen mit Bezug auf 387
Kapitalgesellschaftsanteile vgl. *Olbing* GmbH-Stb 2005, 379.

IV. Erbschaftsteuer

Aufgrund der zum 1.1.2016 eingetretenen Erbschaftsteuerreform (→ Rn. 263) wurde der 388
Umfang des nicht begünstigten Verwaltungsvermögens erheblich erweitert und damit
auch die steuerliche Begünstigung für Erwerbe bis zu 26 Mio. EUR gemäß §§ 13a und
13b ErbStG entsprechend eingeschränkt. Verwaltungsvermögen, das dem Betrieb weniger
als zwei Jahre zuzurechnen war (junges Verwaltungsvermögen und junge Finanzmittel),
ist gemäß § 13b Abs. 7 S. 2 EStG nicht begünstigt. Sofern beim Erwerb von Todes wegen
innerhalb von zwei Jahren Investitionen in begünstigungsfähiges Vermögen aufgrund eines vom Erblasser vorgefassten Plans erfolgen, kann gemäß § 13 Abs. 5 S. 1 und S. 2
ErbStG Verwaltungsvermögen in begünstigtes Betriebsvermögen umgewandelt werden.

Der im geltenden Erbschaftsteuerrecht noch vorgesehene Verschonungsabschlag in 389
Höhe von 85 % der Bemessungsgrundlage (Regelbesteuerung) oder von 100 % gemäß
§ 13a Abs. 1 S. 1 und Abs. 8 Nr. 4 ErbStG (Optionsbesteuerung) und der Abzugsbetrag in
Höhe von 150.000 EUR gemäß § 13a Abs. 2 ErbStG unterliegen folgenden Einschränkungen:

1. Zeitanteilige Kürzung. Gemäß § 13a Abs. 5 S. 1 Nr. 1, Nr. 2, Nr. 4 und Nr. 5 390
ErbStG entfallen der **Verschonungsabschlag** und der **Abzugsbetrag** zeitanteilig, dh im
Verhältnis der im Zeitpunkt der schädlichen Verfügung verbleibenden Behaltensfrist einschließlich des Jahres, in dem die Verfügung erfolgt, zur gesamten Behaltensfrist von fünf
bzw. sieben Jahren, wenn
- über Betriebsvermögen oder Personengesellschaftsanteile steuerschädlich verfügt wird.
Dasselbe gilt für land- und forstwirtschaftliches Vermögen;
- über erbschaftsteuerbegünstigte Kapitalgesellschaftsanteile steuerschädlich verfügt wird
oder
- zur Erlangung von Erbschaftsteuervorteilen vereinbarte Poolverträge mit Verfügungsbeschränkungen und Stimmrechtsbündelungen aufgehoben oder missachtet werden.
Wenn **wesentliche Betriebsgrundlagen** veräußert werden, gilt die vorstehende Rege- 391
lung **entsprechend,** es sei denn, dass der Veräußerungserlös innerhalb von sechs Monaten
reinvestiert wird.

2. Rückwirkender Wegfall bei Überentnahmen. Sofern bis zur Beendigung der fünf- 392
bzw. siebenjährigen Behaltensfrist gemäß § 13a Abs. 5 und Abs. 8 Nr. 2 ErbStG Entnahmen getätigt werden, die die Summe der Einlagen und der zuzurechnenden Gewinne um
mehr als 150.000 EUR übersteigen, entfallen die gewährten erbschaftsteuerlichen Begünstigungen rückwirkend in vollem Umfang.

> **Praxishinweis:**
>
> Den Beteiligten ist dringend anzuraten, vor Ablauf der jeweiligen Behaltefrist Überentnahmen durch Einlagen zu kompensieren.

V. Grunderwerbsteuer

393 **1. § 1 Abs. 2a GrEStG.** Der Übergang von mindestens 95 % der Anteile am Gesellschaftsvermögen auf neue Gesellschafter innerhalb von fünf Jahren unterliegt der Grunderwerbsteuer.

394 **2. § 5 Abs. 3 GrEStG.** Die bei der Einbringung in eine Personengesellschaft gewährte (anteilige) Grunderwerbsteuer**befreiung** entfällt, wenn sich der Anteil des Veräußerers am Vermögen der Gesamthand innerhalb von **fünf Jahren** nach dem Übergang des Grundstücks **vermindert.** Sofern innerhalb der Fünfjahresfrist ein Gesamthänder zugunsten eines Abkömmlings gemäß § 3 Nr. 6 GrEStG seinen Anteil mindert, verbleibt es dennoch bei der Vergünstigung des § 5 Abs. 3 GrEStG. Der in gerader Linie verwandte Gesamthänder muss jedoch die erworbene Gesellschafterstellung unverändert aufrechterhalten.[482]

395   Steuerschädlich ist auch ein **Formwechsel** innerhalb der Fünfjahresfrist.

396 **3. § 6 Abs. 4 GrEStG.** Der Übergang von einer Gesamthand ist nicht grunderwerbsteuerbegünstigt, wenn der **Anteil** an der **Gesamthand** innerhalb von **fünf Jahren** vor dem Erwerbsvorgang durch Rechtsgeschäft unter Lebenden **erworben** wurde.

397 **4. § 6a S. 4 GrEStG.** Wenn sich die Beteiligungsquote des herrschenden am abhängigen Unternehmen auf weniger als 95 % innerhalb von fünf Jahren ermäßigt, erlischt die Steuervergünstigung rückwirkend.

H. Grundzüge der steuerlichen Vertragsgestaltung

Schrifttum:

Handbücher und Monographien: *Fiegle,* Die steuerliche Prüfung von Verträgen, 1958; *Gosch/Schwedhelm/Spiegelberger,* GmbH-Beratung, 52. EL (Stand: 11/2018); *Rehbinder,* Vertragsgestaltung, 2. Aufl. 1993; *Spiegelberger,* Vermögensnachfolge, 2. Aufl. 2010; *ders.,* Unternehmensnachfolge, 2. Aufl. 2009; *Spiegelberger/Schallmoser,* Immobilien im Zivil- und Steuerrecht, 3. Aufl. 2018; *Sontheimer/Kollmar,* Vertragsgestaltung und Steuerrecht, 3. Aufl. 2017; *Wachter* in Hauschild/Kallrath/Wachter, Notarhandbuch Gesellschafts- und Unternehmensrecht, 2. Aufl. 2017, § 35. Steuerrecht.

Aufsätze: *Amann,* Entlastung des überforderten Nießbrauchers – Zugleich ein Beitrag zur Substitution nicht abzugsfähiger Versorgungszahlungen durch einen Quotennießbrauch, FS Spiegelberger 2009, 1161; *Demuth,* Vermögensübergabe gegen Versorgungsleistungen nach dem Jahressteuergesetz 2008, FS Spiegelberger 2009, 73; *Fischer,* Auslegungsziele und Verfassung, FS Tipke 1995, 187; *Fleischer,* Vermögensübergabe gegen private Versorgungsleistungen: Steuersystem, steuerliche Änderung und Steuerplanungssicherheit, FS Spiegelberger 2009, 120; *Gaupp,* Notar und Steuerberater, FS Spiegelberger 2009, 1410; *Gaupp/Neubert/Stüpmer,* Die Zusammenarbeit zwischen Notar und Steuerberater bei der Gestaltungsberatung, FS Fessler 2013, 129; *Knur,* Notar und Steuerrecht, DNotZ 1966, 707; *Mayer,* Notarielle Vertragsgestaltung und Steuern, MittBayNot 1997, 78; *Rittershaus/Teichmann,* Anwaltliche und notarielle Vertragsgestaltung – Gemeinsamkeiten und Unterschiede, FS Spiegelberger 2009, 1457; *Wachter,* Die Immobilie im neuen Erbschaft- und Schenkungsteuerrecht, FS Spiegelberger 2009, 524; *Wälzholz,* Versorgungsleistungen nach dem JStG 2008: Aktuelle Probleme der Gestaltungspraxis, insbesondere zur Übergangsregelung, FS Spiegelberger 2009, 556.

---

[482] Vgl. BFH BStBl. II 2003, 528.

I. Sachverhaltsermittlung

1. Ermittlungspflicht? Der Notar ist nicht verpflichtet, über die von den Beteiligten ge- 398
machten Angaben hinaus steuerliche Ermittlungen anzustellen (→ Rn. 66).[483] Häufig sind
die Angaben der Beteiligten aber so unvollständig, dass eine befriedigende Urkundenge-
staltung nur erfolgen kann, wenn weitere Informationsquellen hinzugezogen werden.
Dies gilt insbesondere, wenn es sich um gesellschaftsrechtliche Vorgänge oder um Betriebsvermögen handelt.

Im Allgemeinen ist es sinnvoll, dass folgende Unterlagen zugezogen werden: 399
– Gesellschaftsvertrag,
– neueste Bilanz,
– Ehevertrag,
– Testament,
– Handelsregister- und Grundbucheinsichten.
Darüber hinaus ist dem Notar für die Informationsbeschaffung der Kontakt zu dem jewei- 400
ligen Steuerberater der Beteiligten zu empfehlen, zumal die Mandanten selbst über den
Umfang des Betriebsvermögens und über andere Details oft nur ungenaue Angaben ma-
chen können.

2. Vermeidung von Sachverhaltslücken

Beispiel:
Die zu einem Bauernhof gehörenden Grundstücke sind regelmäßig auf verschiedenen
Grundbuchblättern aufgeführt. Nicht im Übergabevertrag erfasste Betriebsgrundstücke ver-
bleiben bei dem Übergeber und führen zu einer Entnahme.

Bei der Übertragung eines Betriebes oder von Personengesellschaftsanteilen im Wege 401
der vorweggenommenen Erbfolge unter Buchwertfortführung empfiehlt es sich, in den
Vertrag eine Vorsorgeregelung aufzunehmen, wonach das gesamte Betriebsvermögen,
auch soweit nicht ausdrücklich aufgeführt, auf den Erwerber übertragen wird. Dies gilt
auch für etwaige Passiva. Vorsorglich sollte dem Erwerber Auflassungsvollmacht erteilt
werden.

II. Steuerliche Vorsorgeklauseln

1. Steuerklauseln

Schrifttum:

Heinrichshofen, Notwendigkeit von Umsatzsteuerklauseln bei Verträgen über die Ausgabe, Abtretung ua von
Gesellschaftsanteilen, FS Spiegelberger 2009, 198; *Hülsmann,* Die Steuerklausel im Unternehmenskaufver-
trag, DStR 2008, 2402; *Ott,* Steuerklauseln beim Anteilstausch iSv § 21 UmwStG, DStZ 2009, 90; *Schaaf/
Engler,* Die Steuerklausel im Gesellschaftsvertrag der Personengesellschaft, EStB 2009, 173; *Stümper/Walter,*
Erfordernis von Steuerklauseln im Anteilskauf und anderen Übertragungsverträgen, NotBZ 2008, 285;
Wälzholz, Vertragsklauseln für vGA in der Gestaltungspraxis, GmbH-StB 2013, 120; *Welzer,* Rückwirkende
Ereignisse iSv § 175 Abs. 1 S. 1 Nr. 1 AO durch Steuerklauseln in Unternehmenskaufverträgen, DStR
2016, 1393.

In dem „Schiffsverkaufsfall"[484] wurde vom Bundesfinanzhof ausdrücklich anerkannt, 402
dass die Beteiligten eine **bestimmte Steuerwirkung** – zB die Zusage des Finanzamtes,
den Veräußerungserlös tarifbegünstigt gemäß § 34 EStG zu behandeln – als **Bedingung
des Rechtsgeschäftes** mit der Folge vereinbaren können, dass bei Nichteintritt der Be-

---

[483] Vgl. BGH NJW 1995, 2794; *Weingärtner/Schöttler,* Dienstordnung für Notarinnen und Notare, 9. Aufl.
2004, § 32 Rn. 580.
[484] BFH BStBl. III 1962, 112.

dingung, nämlich der beabsichtigten Steuerwirkung, das Rechtsgeschäft mit Wirkung ex tunc entfällt.

> **Praxishinweis:**
>
> Nach BFH[485] entfalten Steuerklauseln dann keine Wirkung, wenn sie dem Finanzamt nicht sofort aufgedeckt werden.

403   Wegen des Grundsatzes der **Maßgeblichkeit des Zivilrechts** für das Steuerrecht kann der Steueranspruch über die jeweilige bürgerlich-rechtliche Rechtsfolge nicht hinausgehen. *Herzberg*[486] empfiehlt Steuerklauseln bei Anteilskaufverträgen und beim Formwechsel, um den Käufer vor einer zeitlichen Verschiebung der Steuerbelastung aufgrund einer Betriebsprüfung zu schützen. *Stümper/Walter*[487] formulieren Steuerklauseln für die Fälle der Unternehmens- und Gesellschaftsanteilsübertragung.[488]

2. Satzungsklauseln zur Vermeidung verdeckter Gewinnausschüttungen?

Schrifttum:

Hoffmann, Satzungsklausel und rückwirkendes Ereignis, GmbH-StB 2010, 181.

404   Beispiele für verdeckte Gewinnausschüttungen aus der notariellen Praxis sind:[489]
- Übernahme der Gründungskosten durch die Gesellschaft (an Stelle der Gründer), obwohl dies in der Satzung nicht bzw. nicht in dieser Höhe festgelegt ist;
- Übernahme der Kosten für eine Übernahmeerklärung durch die Gesellschaft (an Stelle des Übernehmers) im Rahmen der Kapitalerhöhung;
- Übernahme der Kosten für die Veräußerung und Abtretung von Geschäftsanteilen durch die Gesellschaft (an Stelle des Erwerbers).

Beispiel:

Bei einer Betriebsprüfung erklärt der nur geringfügig beteiligte Gesellschafter-Geschäftsführer D, dass er aufgrund seiner Golfbegeisterung nur noch wenige Stunden im Betrieb anwesend sein könne. Das Finanzamt behandelt die Geschäftsführervergütung zeitanteilig als verdeckte Gewinnausschüttung, so dass sich eine Körperschaftsteuer- und Gewerbesteuererhöhung ergibt. Die zu viel entrichtete Lohnsteuer wird G erstattet.

405   Vor den Entscheidungen BFH BStBl. II 1984, 723 und BStBl. II 1985, 345 wurde in der Literatur häufig die Vereinbarung von statutarischen Steuerklauseln **(Satzungsklauseln)** empfohlen, die – analog zu § 62 AktG – den Organen der Gesellschaft uneingeschränkt jede verdeckte Gewinnausschüttung untersagten und im Falle des Verstoßes eine Ausgleichsverpflichtung des begünstigten Gesellschafters verankerten.[490] Da der BFH jedoch in den genannten Urteilen eine **Bilanzberichtigung** aufgrund einer Steuerklausel **ablehnt** und selbst dem gesetzlichen Rückforderungsanspruch gemäß §§ 30, 31 GmbHG den Charakter einer (verdeckten) Einlage zumisst, können durch Satzungsklauseln **verdeckte Gewinnausschüttungen nicht rückgängig gemacht werden.** *Weber-Grellet*[491] weist darauf hin, dass ein Anspruch auf „Rückgewähr" einer vGA in der Regel erst zu aktivieren ist, wenn die Kapitalgesellschaft den Anspruch tatsächlich geltend macht.[492]

---

[485] BStBl. II 1993, 296.
[486] DStR 2000, 1129.
[487] GmbHR 2008, 31.
[488] Ebenso *Hülsmann* DStR 2008, 2402. Weitergehende Vorschläge, insbesondere für den Bereich der Kapitalgesellschaften, enthalten die Ausführungen von *Carlé/Demuth* KÖSDI 2008, 15979.
[489] Hauschild/Kallrath/Wachter/*Wachter* Notar-HdB GesR § 35 Rn. 250.
[490] Vgl. *Döllerer* DStR 1980, 395 (399); *Theisen* GmbHR 1980, 182 (193); *Spiegelberger* MittBayNot 1982, 8.
[491] Schmidt/*Weber-Grellet* EStG § 5 Rn. 270 „Satzungs- und Steuerklauseln".
[492] BFH BStBl. II 1990, 247.

Selbst bei früherer Aktivierung tritt keine Gewinnerhöhung ein, weil der Anspruch eine Einlage ist.[493]

Meines Erachtens sind Steuer- oder Satzungsklauseln aus **zivilrechtlichen** Gründen 406 sinnvoll. Für eine Rückabwicklung einer verdeckten Gewinnausschüttung zu Lasten des begünstigten Gesellschafters gibt es nämlich keine zivilrechtliche Grundlage.[494] Der Gesellschafter-Geschäftsführer, der eine verdeckte Gewinnausschüttung **„provoziert"**, im Beispielsfall durch die Schilderung seiner Golfbegeisterung, ist begünstigt, weil er den unangemessen erhaltenen Mehrbetrag nur im Teileinkünfteverfahren versteuern muss, während die Kapitalgesellschaft selbst die volle Ertragsteuerbelastung zu tragen hat. Im Beispielsfall ergibt sich in der Regel eine Lohnsteuererstattung. Jedenfalls bei provozierten verdeckten Gewinnausschüttungen besteht ein legitimes Interesse der übrigen Gesellschafter auf Erstattung der unangemessenen Leistungsvergütungen. Empfohlen werden kann eine Steuerklausel, wonach bei der Aufdeckung einer verdeckten Gewinnausschüttung durch die Betriebsprüfung – zum Schutz von Minderheitsgesellschaftern – eine Reduzierung der vereinbarten Leistungsvergütung – jedenfalls für die Zukunft – auf das angemessene Maß verlangt werden kann.

3. Ausgleichsklauseln bei Gesellschafterwechsel

Schrifttum:

Carlé, Ausgleichsklauseln bei Gesellschafterwechsel, NWB 2009, 2967; *Schildknecht/Riehl,* Untergang von Verlust- und Zinsvorträgen bei Gesellschafterwechsel in der Kapitalgesellschaft – Ausgestaltung und Quantifizierung des Ausgleichsanspruchs, DStR 2009, 117.

a) Verlustabzug

Schrifttum:

Graf/Bisle, Neukonzeption der Verlustabzugsbeschränkung bei Körperschaften durch § 8c KStG, FS Spiegelberger 2009, 159.

Der Verlustabzug bei Körperschaften geht gemäß § 8c Abs. 1 S. 1 KStG teilweise ver- 407 loren, wenn innerhalb von fünf Jahren mittelbar oder unmittelbar mehr als 25 % des gezeichneten Kapitals an einen Erwerber oder diesem nahestehende Personen übertragen wird oder ein vergleichbarer Sachverhalt vorliegt (schädlicher Beteiligungserwerb). Bei einer Übertragung in der vorbezeichneten Weise von mehr als 50 % sind nicht genutzte Verluste gemäß § 8c Abs. 1 S. 2 KStG vollständig nicht mehr abziehbar. Die Vorschrift ersetzt den früheren § 8 Abs. 4 KStG, der den Handel mit wertlosen GmbH-Mänteln unterbinden wollte, um den Verlustvortrag dieser Gesellschaften durch Fortführung mit neuem Betriebsvermögen zu nutzen. Gemäß § 8c Abs. 1a KStG bleibt der Verlustabzug erhalten, wenn ein Beteiligungserwerb zum Zwecke der **Sanierung** des Geschäftsbetriebs erfolgt.

b) Zinsschranke. § 4h Abs. 1 EStG enthält eine Zinsschranke, wonach Zinsaufwendun- 408 gen eines Betriebs in Höhe des Zinsertrags abziehbar sind, darüber hinaus nur bis zur Höhe des verrechenbaren EBITDA. Soweit das verrechenbare EBITDA die um die Zinserträge geminderten Zinsaufwendungen des Betriebs übersteigt, ist es in die folgenden fünf Wirtschaftsjahre vorzutragen. Gemäß § 4h Abs. 5 EStG geht bei Aufgabe oder Übertragung des Betriebs ein nicht verbrauchter EBITDA-Vortrag und ein nicht verbrauchter Zinsvortrag unter. Scheidet ein Mitunternehmer aus einer Gesellschaft aus, gehen der EBITDA-Vortrag und der Zinsvortrag anteilig unter. Die Zinsschranke findet gemäß § 4h Abs. 2 S. 1 lit. a EStG keine Anwendung, wenn der Betrag der Zinsaufwendungen, so-

---

[493] BFH BStBl. II 2001, 173.
[494] Vgl. GmbH-StB 2001, 66.

weit er den Betrag der Zinserträge übersteigt, weniger als 3 Mio. EUR beträgt. Die Zinsschranke ist daher nur bei Großbetrieben von Bedeutung.

409 **c) Gestaltungsvorschlag.** Ein schädlicher Beteiligungserwerb kann bei GmbHs durch eine Vinkulierungsklausel gemäß § 15 Abs. 5 GmbHG vermieden werden. Bei einer Personengesellschaft sieht die gesetzliche Regelung ohnehin vor, dass nur mit Zustimmung der übrigen Gesellschafter ein Personengesellschaftsanteil übertragen werden kann.

410   Um für den Fall der Zustimmung zur Abtretung eines Geschäftsanteils die Gesellschaft vor Schaden zu bewahren, empfiehlt sich in Anlehnung an *Carlé*[495] folgende Formulierung:

---

411   **Formulierungsbeispiel: Schadensausgleichsverpflichtung**

   Jeder Gesellschafter, der ganz oder zum Teil einen schädlichen Beteiligungserwerb iSd § 8c KStG auslöst, ist verpflichtet, den auf seinen Geschäftsanteil entfallenden Anteil an dem der Gesellschaft entstehenden Schaden auszugleichen. Im Falle eines schädlichen Erwerbs sämtlicher Anteile durch einen Erwerber entsteht keine Ausgleichsverpflichtung.[496]

---

4. Umsatzsteuerklauseln

Schrifttum:

Heinrichshofen, Notwendigkeiten von Umsatzsteuerklauseln bei Verträgen über die Ausgabe, Abtretung ua von Gesellschaftsanteilen, FS Spiegelberger 2009, 198; *Zugmaier/Fiets,* Neue Anforderungen an Umsatzsteuerklauseln in Grundstückskaufverträgen, MittBayNot 2013, 427.

412   Aufgrund mehrerer Entscheidungen des EuGH[497] sowie der Nachfolgeentscheidung des BFH[498] besteht das allgemeine Verständnis, dass das bloße Erwerben, Halten und Veräußern von gesellschaftsrechtlichen Beteiligungen grundsätzlich keine unternehmerische Tätigkeit begründet.[499] Auch die Ausgabe von Anteilen ist kein steuerbarer Umsatz bzw. fällt nicht in den Anwendungsbereich des Mehrwertsteuerrechts. Lediglich der Verkauf von Beteiligungen eines gewerblichen Wertpapierhändlers bei Vorliegen der weiteren Voraussetzungen ist umsatzsteuerbar.[500] Im Bereich des Vertriebs von Beteiligungen werden häufig Vermittler eingeschaltet. Die Finanzverwaltung sieht in der Vermittlung der Anteile steuerbare, aber steuerfreie Umsätze gemäß § 4 Nr. 8 lit. f UStG (vgl. Abschn. 66 Abs. 5 UStR).

413   Da nach Auffassung der Finanzverwaltung die Übertragung von Anteilen im Konzern umsatzsteuerbar ist und die umsatzsteuerliche Beurteilung der Sacheinlagen von Gesellschaftern offen ist, empfiehlt *Heinrichshofen*[501] Umsatzsteuerklauseln.

414 **5. Steuerübernahmeklausel.** Eine besondere Form der Lückenhaftigkeit ist gegeben, wenn eine Steuerübernahmeklausel fehlt oder ungenau gefasst ist. Derartige vertragliche Lücken belasten den Fiskus in keiner Weise, da das jeweilige Steuergesetz in jedem Fall den Steuerpflichtigen bestimmt. Diese Rechtsfolge entspricht aber nicht immer dem Willen der Beteiligten. Meist ist die fehlende Steuerübernahmeklausel eine Folge davon, dass das Entstehen bestimmter Steuern von den Beteiligten und dem Notar überhaupt nicht erkannt wurde.

---

[495] NWB 2009, 2967.
[496] Nach *Carlé* NWB 2009, 2967.
[497] UR 2003, 443 und UR 2005, 382.
[498] BStBl. II 2004, 1022.
[499] Vgl. *Heinrichshofen* FS Spiegelberger 2009, 198 (199).
[500] Vgl. EuGH UR 2004, 292.
[501] FS Spiegelberger 2009, 198 (209).

> **Praxishinweis:**
>
> Zu weit gefasste Steuerübernahmeklauseln, zB „die durch diese Urkunde entstehenden Steuern trägt der Erwerber", führen in der Regel zu Streit. Der Erwerber übernimmt regelmäßig nur die Verkehrssteuern, nicht etwa eine private Veräußerungssteuer gemäß § 23 EStG.

6. Betriebsprüfungsklausel

Beispiel:

Gesellschafter G scheidet im Streit aus der Gesellschaft aus. Um eine möglichst hohe Abfindung zu erreichen, erzwingt G durch gezielte Informationen, dass das Betriebsfinanzamt eine Betriebsprüfung durchführt.

a) Ertragsteuern. Bei Gesellschaftsverträgen, die zur Berechnung des **Ausscheidungs-** 415 **guthabens** auf steuerliche Anteilsbewertungen, zB **nach** dem – früher häufig verwendeten – **Stuttgarter Verfahren,** dem **vereinfachten Ertragswertverfahren gemäß § 199 BewG** oder dem **Buchwert,** Bezug nehmen sowie bei Geschäftsführerverträgen, die die **Tantieme** an dem betrieblichen Gewinn messen, besteht die Gefahr, dass bei Betriebsprüfungen Änderungen der Bemessungsgrundlagen eintreten, so dass sich steuerliche **Nachzahlungen** ergeben.

Der **Ausschluss** von zivilrechtlichen **Ausgleichsansprüchen** im Falle einer Betriebs- 416 prüfung trägt zum **Rechtsfrieden** bei, da für ausscheidende Gesellschafter kein Anreiz geschaffen wird, Anzeigen bei den Finanzbehörden (mit Straffreiheit für den Anzeigenden!) zu erstatten und sich selbst aus der angezeigten strafbaren Handlung einen Vorteil zu verschaffen.

Bei der Übertragung von Einzelunternehmen oder Personengesellschaftsanteilen im 417 Wege der vorweggenommenen Erbfolge sollte im Allgemeinen eine Betriebsprüfungsklausel vereinbart werden; sofern jedoch ein **negatives Kapitalkonto** des Übergebers besteht, führt die Übernahme privater Steuerschulden durch den Erwerber zur Aufdeckung der stillen Reserven.[502]

b) Erbschaftsteuer. Der Übergang eines Gesellschaftsanteiles mit einer Vergütung **unter** 418 dem bewertungsrechtlichen Wert führt zB zu einer schenkungsteuerlichen oder erbschaftsteuerlichen Erfassung gemäß § 7 Abs. 7 ErbStG oder § 3 Abs. 1 Nr. 2 S. 2 und S. 3 ErbStG. Die Finanzverwaltung gewährt für die den verbleibenden Gesellschaftern anwachsende Bereicherung die Vergünstigungen der §§ 13a und 13b ErbStG. Bei einem rechtsgeschäftlichen Erwerb gilt § 7 Abs. 1 Nr. 1 ErbStG.

III. Regelung sämtlicher Steuerfolgen

Ungewollte Steuerfolgen können sich aus der **Lückenhaftigkeit** der vertraglichen Rege- 419 lung ergeben, insbesondere wenn aus der Urkunde wesentliche Grundlagen für die Besteuerung oder steuerliche Tatbestandsmerkmale nicht ersichtlich sind.

IV. Steuerlicher Belastungsvergleich

Wenn die Beteiligten auf die steuerlichen Auswirkungen einer Urkunde ersichtlich Wert 420 legen, sollte der Steuerberater der Beteiligten vorab in einem Steuerbelastungsvergleich alle Steuerauswirkungen auf sämtlichen Steuerebenen ermitteln, insbesondere also die
– ertragsteuerlichen (Einkommensteuer, Körperschaftsteuer, Gewerbesteuer) und die

---

[502] Vgl. BFH DStR 1993, 716; BMF-Schreiben BStBl. I 1993, 80 Rn. 31; *Spiegelberger* Unternehmensnachfolge § 4 Rn. 136 ff.

– verkehrsteuerlichen (Umsatzsteuer, Grunderwerbsteuer, Erbschafts- und Schenkungsteuer)

Auswirkungen feststellen.

421   Einzelnen beabsichtigten Steuervorteilen können erhebliche Nachteile auf einer anderen Steuerebene gegenüberstehen.

422   Sofern eine Sachverhaltsanalyse ergibt, dass der bestehende Rechtszustand zu steuerlich
ungünstigen Ergebnissen führt, kann eine Umstrukturierung von Interesse sein.

V. Heilung von steuerlichen Mängeln

423   Während man zivilrechtlich nicht gewollte Auswirkungen eines Rechtsgeschäftes relativ
einfach durch einen Urkundennachtrag beseitigen kann, wenn Einverständnis unter den
Beteiligten besteht, ist die Möglichkeit der Korrektur von steuerlichen Mängeln relativ
gering. Zumindest müssen gefährliche Klippen umschifft werden.

424   **1. Rückwirkende Korrekturen.** Wegen der Unabänderlichkeit eines einmal entstandenen Steueranspruchs ist eine Änderung mit Rückwirkung grundsätzlich ausgeschlossen
und ausnahmsweise nur in den → Rn. 239 ff. dargelegten engen Grenzen zulässig. Bei
Rechtsprechungsänderungen ergehen meist Übergangserlasse der Finanzverwaltung, die
teils die **Anpassung** an die neue Rechtslage,[503] teils die **Fortgeltung** der bisherigen Regelung[504] zum Gegenstand haben.

425   **2. Steuerneutrale Rückabwicklung von Schenkungen. a) Rückabwicklung vor Vollzug.** Da der Schenkungsteueranspruch erst nach Eintritt der Bereicherung entsteht (vgl. § 9
Nr. 2 ErbStG), ist eine steuerliche **Rückabwicklung** nach Auffassung des BFH[505] bis **zum
grundbuchamtlichen Vollzug** einer Grundstücksschenkung möglich (→ Rn. 222 f.).

426   **b) Rücktritts- und Widerrufsrechte.** Sofern die Vertragsteile die entstandene Schenkungsteuer rückwirkend beseitigen wollen, ist zu prüfen, ob **zivilrechtliche Rückgewähransprüche,** insbesondere aufgrund der Bestimmung des § 29 ErbStG, bestehen.

427   Der vorsorglichen **Vereinbarung** von **Widerrufs- und Rücktrittsrechten** kommt
auch wegen der Erweiterung des Handlungsspielraums der Beteiligten in der kautelarjuristischen Praxis eine große Bedeutung zu.[506] Ein Rücktrittsrecht kann selbst für den Fall
vereinbart werden, dass bei einem Rechtsgeschäft unerwartete Schenkungsteuern anfallen.[507] Ein **nach** Abschluss des Schenkungsvertrages vereinbartes Rücktrittsrecht ist ohne
steuerliche Bedeutung.[508]

428   Ist das Bestehen eines **Rückübertragungsanspruches zweifelhaft,** sollte die Rückübertragung ihrerseits unter einem vertraglichen Widerrufvorbehalt oder einer auflösenden Bedingung vorgenommen werden.[509]

429   Zur Rückabwicklung bei unrichtigen Steuerauskünften → Rn. 273 f.[510]

430   **3. Änderungen mit Wirkung für die Zukunft. a) Einseitige Rechtsgeschäfte.** Sofern das zugrunde liegende Rechtsverhältnis keine gegenseitigen, sondern nur **einseitige**
Leistungs- oder Duldungsverpflichtungen beinhaltet, kommt eine Änderung für die **Zu-**

---

[503] Vgl. II. Nießbrauchserlass BStBl. I 1984, 561 Rn. 61.
[504] Vgl. BMF IV. Rentenerlass BStBl. I 2010, 227 Rn. 81.
[505] ZEV 2002, 518.
[506] Vgl. *Spiegelberger* MittBayNot 2000, 1; *Kamps* ErbStB 2003, 70.
[507] Vgl. *Schotthöfer* DB 2003, 1409 (1412); Viskorf/*Knobel* ErbStG § 29 Rn. 20.
[508] Vgl. *Meincke* ErbStG § 29 Rn. 7; *Jülicher* DStR 1998, 1984.
[509] Vgl. *Kamps* FR 2001, 719; *Wachter* ZEV 2002, 179; zur Rückgängigmachung von Schenkungen wegen
Störung der Geschäftsgrundlage vgl. *Fuhrmann* ErbStB 2003, 17.
[510] Zur Steuerpflicht bei Verzicht auf ein vorbehaltenes oder unentgeltlich eingeräumtes Nutzungsrecht vgl.
Ziegeler DB 1998, 1056; BFH DStR 1999, 21 und → Rn. 433 f.

kunft in Betracht. Auch bei einem **Zuwendungsnießbrauch,** für den die gesetzlichen Bestimmungen gelten und der damit eine steuerschädliche Lastenverteilungsregelung beinhaltet,[511] kann diese mit Wirkung für die Zukunft geändert werden.

b) Gegenseitige Verpflichtungen. Selbst bei auf gegenseitigen Verpflichtungen beru- 431 henden Rechtsgeschäften wurde die Abänderung von **Nebenbestimmungen** mit Wirkung für die Zukunft für zulässig erachtet, beispielsweise die Änderung der Lastenverteilung bei einem Vorbehaltsnießbrauch.[512]

Ganz anders verhält es sich bei grundlegenden Veränderungen **gegenseitiger** Leis- 432 tungsverpflichtungen, die eine Umqualifizierung darstellen.[513] Entgeltliche Rechtsgeschäfte können nicht in unentgeltliche umgestaltet werden.

4. Ablösung von Nutzungsrechten. a) Nießbrauchrechte

Schrifttum:

LfStBayern, Ertragsteuerliche Behandlung einer entgeltlichen Ablösung eines Vorbehaltsnießbrauchs beim Übernehmer, DStR 2011, 312; *Meyer/Ball,* Die entgeltliche Ablösung des Vorbehaltsnießbrauchs an Immobilien, DStR 2011, 1211; Gleichlautende Erlasse der Länder, Einräumung eines Nießbrauchsrechts, Überlassung der Ausübung des Nießbrauchs oder Verzicht auf einen Nießbrauch an einem Anteil an einer Personengesellschaft iSd § 15 Abs. 1 S. 1 Nr. 2 und Abs. 3 oder § 18 Abs. 4 S. 2 EStG, BStBl. I 2012, 1101.

Von der steuerlich irrelevanten Änderung abgeschlossener Verträge ist die **Ablösung** 433 von – obligatorischen oder dinglichen – Rechten mit Wirkung für die Zukunft zu unterscheiden.

Zutreffend weist der BFH[514] darauf hin, dass der **Verzicht** auf einen **Vorbehaltsnieß-** 434 **brauch** Gegenstand eines **entgeltlichen** Vertrages und damit einer entgeltlichen Vermögensumschichtung im privaten Bereich oder eine **Vermögensübergabe gegen Versorgungsleistungen** sein kann. Der Vorbehaltsnießbrauch ist ein vermögenswerter Gegenstand des Rechtsverkehrs, ebenso wie das belastete Vermögen selbst.

Die entgeltliche Abfindung, die der Erwerber zahlt, stellt einen Anschaffungsaufwand 435 dar mit AfA-Berechtigung. Beim Nießbrauchsberechtigten – dem früheren Eigentümer – betrifft die Abfindungszahlung die private Vermögensebene, so dass nicht etwa künftig eingehende Mieteinnahmen gemäß § 24 EStG zu versteuern wären.[515]

b) Wohnungsrechte. Zahlungen zur **Ablösung** eines dinglichen **Wohnungsrechtes** 436 stellen nach Auffassung des BFH[516] grundsätzlich nachträgliche Anschaffungskosten des Grundstückseigentümers dar;[517] im Einzelfall kann die Ablösung eines dinglichen Wohnungsrechtes gegen Zahlung einer dauernden Last und Vereinbarung eines lebenslangen Mietvertrages nach Auffassung des BFH[518] rechtsmissbräuchlich sein.[519] Hingegen stellt es keinen Gestaltungsmissbrauch iSv § 42 AO dar, wenn auf die Ausübung eines im Zusammenhang mit einer Grundstücksübertragung eingeräumten unentgeltlichen Wohnungsrechts verzichtet und stattdessen zwischen dem Übertragenden und dem neuen Eigentümer des Grundstücks ein Mietvertrag geschlossen wird; der Fortbestand des dinglichen Wohnungsrechtes allein hindert die Wirksamkeit des Mietvertrages nicht.[520]

---

[511] Vgl. MVHdB VI BürgerlR II/*Spiegelberger,* 7. Aufl. 2014, Form. VI.2. Anm. 13.3.
[512] Vgl. *Korn* KÖSDI 1984, 5372.
[513] Vgl. *Spiegelberger* MittBayNot 1984, 237.
[514] DB 1993, 816.
[515] Vgl. BFH BStBl. II 1990, 1026; FG München EFG 2007, 1603; *Meyer/Ball* DStR 2011, 1211 (1215).
[516] BStBl. II 1993, 488.
[517] Vgl. hierzu *Spiegelberger* Vermögensnachfolge § 5 Rn. 79.
[518] MittBayNot 1994, 362.
[519] Ebenso BFH DStRE 2004, 454.
[520] Vgl. BFH ZEV 2004, 214.

437 **5. Auslösung eines neuen Steuertatbestandes.** Nicht übersehen werden darf, dass die Änderung und **Aufhebung** eines **Vertragsverhältnisses** wiederum einen neuen Steuertatbestand erfüllen kann. Die Aufhebung einer als steuerschädlich erkannten vorweggenommenen Erbfolge stellt steuerlich nicht etwa die Rückgängigmachung des ursprünglichen Erwerbes dar, sondern führt nach der steuerpflichtig vereinbarten Schenkung des Anwesens zu einer **Rückschenkung,** die wiederum der Schenkungsteuer unterliegt, wobei die unentgeltliche Rückübertragung an Verwandte in aufsteigender Linie wegen der geringeren Freibeträge und der höheren Steuerprogression in der Steuerklasse II erheblich ins Gewicht fällt.

438 **6. Stufenweise Rückabwicklung.** Berücksichtigt man, dass nicht nur die Vereinbarung eines Rechtsverhältnisses, sondern auch die Aufhebung desselben einen Steuertatbestand darstellt, kann die erstrebte Rückabwicklung uU nur stufenweise vollzogen werden, um unerwünschte Steuerfolgen zu vermeiden. Wenn Unternehmerehegatten, die voreilig **Gütergemeinschaft** vereinbart haben, den gesetzlichen Güterstand oder Gütertrennung vereinbaren und das Gesamtgut in der Weise auseinander setzen, dass der Ehemann den eingebrachten Betrieb und die Ehefrau das Wohnhaus je zum Alleineigentum erhalten, kann die Übertragung des Mitunternehmeranteils Zug um Zug gegen die Einräumung des Alleineigentums am steuerlichen Privatvermögen ein **Veräußerungsgeschäft** iSd § 16 Abs. 1 Nr. 2 EStG darstellen.[521] In dem geschilderten Fall stellt das Alleineigentum an dem Wohnhaus die Gegenleistung für die Übertragung des Mitunternehmeranteiles dar.[522]

439 Dieser Konsequenz kann man entgehen, wenn voneinander unabhängige **unentgeltliche** Übertragungen mit einer sehr erheblichen zeitlichen Distanz (am besten fünf Jahre!) durchgeführt werden. Für die Zwischenzeit kann der benachteiligte Ehegatte durch ehe- und erbvertragliche Regelungen gesichert werden.

440 Die einzelnen **Abwicklungsstufen** können der Besteuerung nur zugrunde gelegt werden, wenn den einzelnen Teilschritten eine **eigene wirtschaftliche Bedeutung** zukommt und die stufenweise Regelung keinen Gestaltungsmissbrauch gemäß § 42 AO darstellt.[523] Wenn jedem Ehegatten bis zur Gesamtbereinigung ein Spielraum hinsichtlich der rechtlichen Dispositionen verbleibt, also jeder die Rechtsmacht hat, ohne Mitwirkung des anderen beliebig zu verfügen, und ein enger zeitlicher Zusammenhang vermieden wird, scheidet eine Beurteilung als Gestaltungsmissbrauch oder als Gesamtplan aus, da es an der Beherrschbarkeit des Gesamtgeschehens fehlt.[524]

441 Die Finanzverwaltung hat ähnliche Ausweichgestaltungen bei **Umwandlung einer Erbengemeinschaft** in eine Bruchteilsgemeinschaft innerhalb eines Zeitraumes von drei Jahren noch als rechtliche Einheit betrachtet;[525] einzelne **Teilerbauseinandersetzungen** mit Abfindungszahlungen werden gemäß BMF[526] der Besteuerung nur zugrunde gelegt, wenn ein Zeitraum von mehr als fünf Jahren vergangen ist. Teilschritte sind bei eigenständiger wirtschaftlicher Bedeutung der Teilschritte kein Missbrauch.[527]

7. Unheilbare Mängel?

Beispiel:

Die gesellschaftsvertraglich vereinbarte Gewinnbeteiligung der Komplementär-GmbH einer GmbH & Co. KG wird durch Gesellschafterbeschluss für die Zukunft reduziert.

---

[521] Vgl. *Stuber* BB 1969, 715.
[522] Vgl. *Thoma* DStR 1980, 279.
[523] So zutreffend *Strahl* KÖSDI 2003, 13921.
[524] Vgl. *Spindler* DStR 2005, 1 (4).
[525] Vgl. Abschn. 44 Abs. 1 EStR 1984.
[526] BStBl. I 2006, 253 Rn. 58.
[527] BFH BStBl. II 2003, 53.

Nicht selten muss die gewünschte Änderung einer steuerungünstigen Regelung deswegen 442 unterbleiben, weil der mit der Änderung eintretende Steuertatbestand zu noch ungünstigeren Rechtsfolgen führt. Wird bei einer GmbH & Co. KG die **Gewinnverteilungsabrede** in der Weise geändert, dass die Gewinnanteile der Kommanditisten erhöht und der Gewinnanteil der GmbH vermindert werden, weil die üppig bemessene Gewinnbeteiligung der Komplementär-GmbH zu einem riesigen Verwaltungsvermögen führt, so ist die Zustimmung der GmbH zu dieser Vertragsänderung nur dann keine **verdeckte Gewinnausschüttung,** wenn ein ordentlicher und gewissenhafter Geschäftsleiter der Änderung zugestimmt hätte.

Im Entscheidungsfall lag keine verdeckte Gewinnausschüttung vor, weil sich der der 443 GmbH verbleibende Gewinnanteil immer noch als hochwertig darstellte und weil die GmbH nach den Umständen des Einzelfalles bei einem Ausscheiden der Kommanditisten durch Kündigung außerstande gewesen wäre, das Unternehmen mit ähnlichem Erfolg allein fortzuführen.[528] Die GmbH & Co. KG konnte ohne die Patente, die die Kommanditisten kurzfristig kündbar zur Nutzung überlassen hatten, den Geschäftsbetrieb nicht fortführen. Fehlen derartige wirtschaftliche Gesichtspunkte, liegt in der Zustimmung zur Gewinnverteilungsänderung eine verdeckte Gewinnausschüttung. Abhilfe kann allenfalls durch einen Liquidationsbeschluss und Neugründung unter Beteiligung anderer Gesellschafter geschaffen werden.

In einer weiteren Entscheidung hat der BFH[529] die Entscheidung des Finanzgerichts 444 aufgehoben, weil dieses die Argumentation der Kläger nicht berücksichtigt hatte, dass die Tätigkeitsvergütungen der Geschäftsführer erheblich niedriger waren als die Tätigkeitsvergütungen, die ein fremder Geschäftsführer gefordert hätte. Im Endergebnis ist mE den BFH-Entscheidungen zu entnehmen, dass es bei Änderungen des Gewinnverteilungsschlüssels darauf ankommt, ob vernünftige außersteuerliche Gründe vorgetragen werden. Auch gesellschaftsrechtliche Maßnahmen, wie zB Verschmelzungen oder Anwachsung aufgrund der Beschlüsse der Gesellschafter, stellen mE keine verdeckte Gewinnausschüttung dar, weil Umstrukturierungen in die alleinige Verantwortung der Gesellschafter fallen und Strukturmaßnahmen nur bei einer eindeutigen Missbrauchgestaltung beanstandet werden könnten.

---

[528] Vgl. BFH BStBl. II 1977, 477.
[529] Vgl. BFH BStBl. II 1977, 504.

§ 30. Kostenrecht

Übersicht

Schrifttum:

Bormann/Diehn/Sommerfeldt, GNotKG, 3. Aufl. 2019; *Hartmann/Toussaint*, Kostenrecht, 49. Aufl. 2019; *Korintenberg*, GNotKG, 20. Aufl. 2017; *Notarkasse München*, Streifzug durch das GNotKG, 12. Aufl. 2017; *Renner/Otto/Heinze*, Leipziger Gerichts- & Notarkosten-Kommentar, 2. Aufl. 2016; *Rohs/Wedewer*, GNotKG, Loseblatt, 124. EL (Stand 6/2019); *Schneider/Volpert/Fölsch*, Gesamtes Kostenrecht, 2. Aufl. 2016; *Waldner*, GNotKG für Anfänger, 9. Aufl. 2015.

A. Allgemeine Grundsätze des GNotKG

I. Notar- und Gerichtsgebührenordnung

Rechtsquelle des Notarkostenrechts ist seit 1.8.2013 das GNotKG. Es fasst das Gerichts- **1** kostengesetz der freiwilligen Gerichtsbarkeit und das Vergütungsgesetz für Notare wegen ihres sachlichen Zusammenhangs und wegen der für Gerichte und Notare in gleicher Weise geltenden Kostentabelle zusammen. Das erste Kapitel behandelt in §§ 1–54 Gerichts- und Notarkosten in malerischem Durcheinander; das dritte Kapitel (§§ 85–131) behandelt dann ausschließlich Notarkosten. Der Aufbau des GNotKG entspricht dem aller „modernen" Kostengesetze: Die Vorschriften über den Geschäftswert, die Gebührenhöhe und den Kostenschuldner finden sich im Text des Gesetzes, die Gebührensätze in einem Kostenverzeichnis (KV GNotKG), das dem Gesetz als Anlage beigefügt ist.

2   Der Notar, der in amtlicher Eigenschaft tätig wird, darf seine Gebühren nur nach dem GNotKG berechnen (→ Rn. 39). Mit der Beurkundungsgebühr ist regelmäßig alles abgegolten, was der Notar für die Vorbereitung und den Vollzug an Aktivität entwickelt. Nur ausnahmsweise können Nebengebühren (besonders Nr. 22100 ff., 22200, 22201 KV GNotKG[1]) in Ansatz gebracht werden; soweit hierfür keine gesetzliche Grundlage besteht, dürfen Gebühren und Auslagen nicht erhoben werden. Nur für im GNotKG überhaupt nicht geregelte Geschäfte (zB Verwahrung anderer Gegenstände als Geld) ist die Möglichkeit eröffnet, einen öffentlich-rechtlichen Vertrag abzuschließen (§ 126 GNotKG).

II. Gebührenstaffelung nach dem Geschäftswert

3 Die Gebühr richtet sich meist nicht nach dem Arbeitsaufwand des Notars, sondern ist nach dem Geschäftswert gestaffelt. Daneben gibt es eine Reihe von Festgebühren, vor allem für solche Fälle, in denen eine Wertermittlung schwierig oder nicht möglich ist.

4   Der Geschäftswert kann entweder als bestimmter Geldbetrag in der Urkunde selbst zum Ausdruck kommen, beispielsweise als der Kaufpreis im Kaufvertrag, das Stammkapital bei der Gründung einer GmbH oder als Höhe des zu zahlenden Betrags beim entgeltlichen Erbverzicht. In anderen Fällen, zB bei der unentgeltlichen Grundstücksübertragung, erscheint der Wert regelmäßig nicht in der Urkunde, sondern muss ermittelt werden. Manchmal lässt sich der Geschäftswert nur schätzen (§ 36 GNotKG), wobei in nicht vermögensrechtlichen Angelegenheiten die Schätzung nicht über 1.000.000 EUR hinausgehen darf; wenn jede Schätzung versagt, ist der Auffangwert von 5.000 EUR (§ 36 Abs. 3 GNotKG) anzunehmen.

5 **1. Bruttoprinzip.** Bei der Ermittlung des Geschäftswerts können Verbindlichkeiten, die auf einem Gegenstand lasten, nicht abgezogen werden (§ 38 GNotKG, sog. „Bruttoprinzip"). Dieser Grundsatz ist verfassungsgemäß.[2] Ist ein Unternehmen Gegenstand der Beurkundung, ist deshalb die Aktivseite der Bilanz maßgebend; abzuziehen sind nur Wertberichtigungen und der Posten „nicht durch Eigenkapital gedeckter Fehlbetrag", nicht aber ein Bilanzverlust.[3] Der Reinwert, also der Wert, der sich nach Abzug der Verbindlichkeiten ergibt, ist nur ausnahmsweise maßgeblich, nämlich bei Eheverträgen (§ 100 Abs. 1 GNotKG), bei Verfügungen von Todes wegen (§ 102 Abs. 1 GNotKG) und bei Erbscheinsanträgen (§ 103 GNotKG), wobei in den beiden ersten Fällen der Abzug auf die Hälfte des Aktivvermögens beschränkt ist.

6 **2. Bewertung von Grundbesitz.** Ausgangspunkt bei der Bewertung von Grundbesitz ist ebenso wie bei der Bewertung von beweglichen Sachen der Verkehrswert des Grundbesitzes (§ 46 Abs. 1 GNotKG). Als Anhaltspunkte für den Verkehrswert kommen in Betracht (vgl. § 46 Abs. 2, Abs. 3 GNotKG):
– die Angaben der Beteiligten,
– die Höhe der eingetragenen Belastungen, wobei allerdings heute Belastungen über den Wert des Grundbesitzes hinaus nicht selten sind und dieses Mittel bei Gesamtbelastungen ohnehin versagt,
– die Bodenwertkarten der Gutachterausschüsse,

---

[1] Alle nachfolgenden Nr. ohne gesonderte Angabe sind solche des KV GNotKG.
[2] OLG Zweibrücken Rpfleger 2002, 99 (101).
[3] LG Dresden NotBZ 2007, 457.

– die Brandversicherungssummen der Gebäude,
– frühere Beurkundungen in gleicher oder vergleichbarer Sache.

Innerhalb von § 46 GNotKG besteht kein Rangverhältnis in dem Sinne, dass bestimmte 6a
Kriterien grundsätzlich vorrangig zu berücksichtigen wären.[4]

3. Bewertung landwirtschaftlichen Betriebsvermögens. Für Geschäfte „im Zusam- 7
menhang" mit der Übergabe oder Zuwendung eines land- oder forstwirtschaftlichen Betriebs erklärt die verfassungsgemäße[5] Vorschrift des § 48 Abs. 1 GNotKG statt des Verkehrswerts den vierfachen Einheitswert für maßgeblich.[6] § 48 Abs. 1 GNotKG ist aber
nur eine Bewertungsvorschrift; der Geschäftswert des Vertrags kann höher sein, namentlich bei hochbelasteten Betrieben, da hier die Gegenleistung des Übernehmers (insbesondere: Schuldübernahme der eingetragenen Belastungen) den Geschäftswert bestimmt
(§ 97 Abs. 3 GNotKG). Eine „Korrektur" dieser schwer verständlichen Regelung hat die
Rechtsprechung stets abgelehnt.[7]

4. Bewertung anderer Gegenstände. Als Wert beweglicher Sachen oder Sachinbegriffe 8
ist ebenfalls der gemeine Wert anzusetzen (§ 46 Abs. 1 GNotKG). Das Bruttoprinzip ist
zu beachten. So ist Geschäftswert bei der Übertragung eines Handelsgeschäfts die Summe
der Aktiva, bei der Übertragung eines Erbanteils die Beteiligung des Übertragenden an
den Nachlassaktiva (§ 38 S. 2 GNotKG). Der Geschäftswert von Forderungen ist grundsätzlich der Nominalbetrag; er kann niedriger sein, wenn die Forderung nicht vollwertig
ist.

III. Gebührensätze und Gebührenhöhe

Das Gerichts- und Notarkostengesetz kennt folgende Gebührensätze: 9

(1) **0,2-Gebühr:** Sie wird für die Beglaubigung einer Unterschrift erhoben, ohne dass
der Notar den Entwurf gefertigt hat (Nr. 25100).

(2) **0,3-Gebühr:** Sie wird erhoben für einige typischerweise wenig zeitaufwendige Geschäfte:
– die Erzeugung von XML-Daten (Nr. 22114),
– als Vollzugsgebühr für andere Geschäfte als Verträge (Nr. 22111),
– die Rückgabe eines Erbvertrags aus der amtlichen Verwahrung (Nr. 23100),
– die Rangbestätigung von Grundpfandrechten (Nr. 25201).

(3) **0,5-Gebühr:** Sie wird erhoben für
– die Beurkundung der Annahme von Vertragsangeboten durch den Notar, der das
Angebot beurkundet hat (Nr. 21201 Ziff. 1),
– Grundbucherklärungen (Nr. 21201 Ziff. 4),
– die Auflassung, wenn das Verpflichtungsgeschäft vom selben Notar beurkundet ist
(Nr. 21201 Ziff. 2),
– Anmeldungen zum Handelsregister (Nr. 21201 Ziff. 5),
– den Widerruf eines Testaments und den Rücktritt vom Erbvertrag (Nr. 21201
Ziff. 1),
– Wechsel- und Scheckproteste (Nr. 23400),
– den Vollzug von Verträgen (Nr. 22110),
– die Erklärungen gegenüber dem Nachlassgericht (Nr. 21201 Ziff. 7),
– Zustimmungserklärungen zur Anerkennung der Vaterschaft und zur Annahme als
Kind (Nr. 21201 Ziff. 8),

---

[4] OLG Nürnberg JurBüro 2018, 531.
[5] BVerfG DNotZ 1996, 471.
[6] Zu den Voraussetzungen vgl. OLG München MittBayNot 2014, 380; OLG Nürnberg MittBayNot 2017,
422.
[7] OLG Düsseldorf Büro 1994, 171; BayObLG Rpfleger 1999, 238.

- als Betreuungsgebühr (Nr. 22200),
- als Treuhandgebühr (Nr. 22201),
- die Umschreibung von Vollstreckungsklauseln (Nr. 23803).

(4) **1,0-Gebühr:** Sie wird erhoben für
- einseitige Erklärungen, soweit keine Sonderregelung besteht (Nr. 21200), und deshalb auch für Testamente, Zustimmungserklärungen und Vollmachten,
- die Aufhebung eines Vertrags und deshalb auch von Erbverträgen (Nr. 21102 Ziff. 2),
- Eide und eidesstattliche Versicherungen (Nr. 23300),
- Tatsachenbescheinigungen (Nr. 25104),
- die Auflassung, wenn das Verpflichtungsgeschäft nicht vom gleichen Notar beurkundet oder eine Verfügung von Todes wegen ist (Nr. 21102 Ziff. 1),
- die Mitwirkung als Urkundsperson bei der Aufnahme von Vermögensverzeichnissen (Nr. 23502),
- die Gründungsprüfung nach § 33 AktG (Nr. 25206).

(5) **2,0-Gebühr:** Sie wird erhoben für
- die Beurkundung von Verträgen (und deshalb auch von Erbverträgen) und Beschlüssen (Nr. 21100),
- Gemeinschaftliche Testamente (Nr. 21100; Vorb. 2.1.1 Nr. 2),
- Angebote zum Abschluss eines Vertrags (Vorb. 2.1.1 Nr. 1),
- Verlosungen (Nr. 23200),
- die Aufnahme von Vermögensverzeichnissen (Nr. 23500).

(6) **3,0-Gebühr, 4,0-Gebühr und 6,0-Gebühr:** Sie werden für die Versteigerung beweglicher Sachen (Nr. 23700), die Vermittlung von Auseinandersetzungen (Nr. 23900) und das Vermittlungsverfahren bei der Sachenrechtsbereinigung (§ 100 SachenRBerG) erhoben.

10 Die Höhe der Gebühren ergibt sich aus § 34 Abs. 2 GNotKG. Die Mindestgebühr beträgt 15 EUR; allerdings sind für die praktisch wichtigsten Fälle der notariellen Tätigkeit spezifische Mindestgebühren festgesetzt (120 EUR für Verträge, Nr. 21100; 60 EUR für einseitige Erklärungen, Nr. 21200; 30 EUR für Grundbuch- und andere privilegierte Erklärungen, Nr. 21201; 20 EUR für die Beglaubigung von Unterschriften, Nr. 25100). Neben einigen ausdrücklich angeordneten Höchstgebühren (zB 70 EUR für reine Unterschriftsbeglaubigungen nach Nr. 25100; 30 EUR für die Beurkundung zur Unzeit) und einer mittelbaren Begrenzung der Gebühr durch **Höchstwerte** (zB 1.000.000 EUR für Handelsregisteranmeldungen; 10.000.000 EUR für die Beurkundung von Gesellschaftsverträgen; 5.000.000 EUR für die Beurkundung von Beschlüssen) besteht ein allgemeiner Höchstwert von 60.000.000 EUR (§ 35 Abs. 2 GNotKG). Durch die Gebührenstaffelung wird erreicht, dass Beteiligte in Bagatellsachen keinen außer Verhältnis zum wirtschaftlichen Wert ihrer Angelegenheit stehenden Betrag an den Notar zahlen müssen, während die Gebühren bei hohen Geschäftswerten für eine angemessene Alimentation des Notars sorgen. Die 1,0-Gebühr bis zu einem Geschäftswert von 3.000.000 EUR kann aus der Anlage zum GNotKG entnommen werden; in der Praxis werden jedoch meist Kostentabellen verwendet, die auch die Bruchteils- und Mehrfachgebühren enthalten.

IV. Kostenschuldner

11 Kostenschuldner ist jeder, der die Tätigkeit des Notars veranlasst hat, insbesondere jeder Teil, dessen Erklärung beurkundet ist (§ 30 GNotKG), auch ein unerkannt Geschäftsunfähiger.[8] Bei einem Vertrag sind deshalb – ohne Rücksicht auf die vertraglich getroffene Kostenregelung – **beide** Vertragsteile Kostenschuldner, und zwar gesamtschuldnerisch (§ 32 Abs. 1 GNotKG). Es entsprach früher allgemeiner Meinung, dass der Notar auch

---

[8] OLG München ZEV 2012, 109.

den Zweitschuldner bis an die Grenze der Arglist[9] in Anspruch nehmen kann. Ob das auch dann gilt, wenn der Notar nach der ihm bekannten Vermögenslage des Erstschuldners bei der Beurkundung einen Vorschuss hätte erheben müssen, darüber kann man streiten.[10] Entwürfe bedürfen eines ausdrücklichen Auftrags; das Schweigen auf den Vorschlag des Notars, den Entwurf einer Urkunde zu fertigen, reicht grundsätzlich nicht aus.[11]

Auf das wirtschaftliche Interesse an der Beurkundung kommt es nicht an: Für die Kosten der Beurkundung einer GmbH haftet deshalb deren Allein-Gesellschafter-Geschäftsführer auch dann nicht, wenn nach materiellem Recht ein „Durchgriff" in Betracht käme.[12] Bei der Beurkundung eines Vertrags im Wege von Angebot und Annahme haftet zunächst nur der Anbietende für die Kosten des Angebots, der Annehmende nur für Kosten der Annahme. Allerdings verschafft die beurkundete Vereinbarung, dass ein Vertragsteil die Kosten für Angebot *und* Annahme zu tragen hat, auch dem Notar einen weiteren Kostenschuldner (§ 30 Abs. 3 GNotKG). Dies gilt allerdings nur für den Notar, der die Urkunde, in der die Kostenübernahme erklärt wurde, errichtet hat. Durch die Erklärung des Käufers im Kaufvertrag, er trage die Kosten der Verwalterzustimmung, wird er nicht Kostenschuldner eines anderen Notars, der die Unterschrift des Verwalters beglaubigt.[13] Gibt jemand Erklärungen in fremdem Namen ab, haftet nur der Vertretene, nicht der Vertreter, vorausgesetzt, die Vertretungsmacht hat tatsächlich bestanden. Für das Handeln eines Vertreters ohne Vertretungsmacht haftet nur dieser; der angeblich Vertretene haftet auch dann nicht, wenn der Vertreter das Einverständnis mit der Beurkundung in dieser Weise behauptet hat.[14]

Neben dem Erklärungsschuldner nach § 30 GNotKG haften 13
- derjenige, der die Kosten gegenüber dem Notar übernommen hat (§ 29 Nr. 2 GNotKG) bzw.
- derjenige, der kraft Gesetzes für die Kostenschuld eines anderen haftet (§ 29 Nr. 3 GNotKG), also zB die Gesellschafter einer OHG für Kostenschulden der Gesellschaft (§ 128 HGB) oder der Erbe für die Kostenschulden des Erblassers (§ 1922 BGB).

Wenn mehrere an einer Beurkundung beteiligt sind, haftet jeder nur für die Kosten, die 14 durch die Alleinbeurkundung seiner Erklärung entstanden wären (§ 30 Abs. 2 GNotKG). Entstehen durch Anträge eines Beteiligten besondere Kosten (zB die Gebühren Nr. 26000, 26002, 26003), dann haftet er auch allein für diese Kosten.[15] Für Vollzugs- und Betreuungstätigkeiten bei einem Vertrag haften hingegen stets beide Vertragspartner (§ 30 Abs. 1 GNotKG).

V. Hinweispflicht auf die Gebühren

Der Notar muss grundsätzlich weder darauf hinweisen, dass für seine Tätigkeit Gebühren 15 anfallen, noch welche Höhe diese haben werden. Auch über die gesamtschuldnerische Haftung mehrerer Beteiligter nach §§ 30, 32 GNotKG muss nur dann belehrt werden, wenn eine erhöhte Gefahr der Inanspruchnahme desjenigen, der die Kosten im Innenverhältnis der Beteiligten nicht zu tragen hat, für den Notar offensichtlich ist. Eine Ausnahme gilt aber dann, wenn die Kosten ungewöhnlich hoch und/oder (teilweise) vermeidbar sind und der Notar deshalb davon ausgehen muss, dass die Beteiligten ihn gar nicht oder mit einem anderen als dem ursprünglich gewünschten Geschäft beauftragen würden,

---

[9] OLG Köln DNotZ 1986, 763.
[10] OLG Hamm JurBüro 2005, 41; BayObLG Rpfleger 1992, 223 mit ablehnender Anm. *Röseler* bejahen dies.
[11] OLG Hamm JurBüro 2019, 264.
[12] KG Büro 1998, 600.
[13] OLG Hamm RNotZ 2018, 638; KG FGPrax 2019, 43.
[14] KG MittBayNot 2004, 141.
[15] AA Korintenberg/*Sikora* GNotKG KV Nr. 26002 Rn. 32 für die Gebühr Nr. 26002.

wenn sie sich der Kostenfolge bewusst wären.[16] Eine Pflicht zur Belehrung besteht dagegen nicht, wenn sich eine ungewöhnliche Gebührenhöhe aus den eigenen Angaben des Kostenschuldners zum Gegenstand des Geschäfts ergibt.[17] Zweifelhaft ist die Hinweispflicht auf Gebühren, deren Entstehen die Beteiligten durch eigenes Tätigwerden oder andere Vertragsgestaltung vermeiden können, so für die Vollzugsgebühr Nr. 22100 und die Verwahrungsgebühr Nr. 25300. Eine entsprechende Information ist in jedem Fall zweckmäßig, um späteren Einwendungen von vornherein aus dem Wege zu gehen, zumal teilweise eine Pflicht zum Hinweis auf gleichwertige kostengünstigere Gestaltungen angenommen wird.[18] Entsteht die Vollzugsgebühr Nr. 22100 (nur) für die Einholung der Genehmigungserklärung eines vollmachtlos Vertretenen, darf sie nach OLG Köln[19] nicht erhoben werden, wenn der Notar die Vertragsbeteiligten nicht auf die kostensparende Möglichkeit einer unaufgeforderten Übersendung der Genehmigungserklärung hingewiesen hat. Ein Rechtsanwalt muss allerdings selbst wissen, dass für die Erstellung von Entwürfen Gebühren anfallen.[20]

16   Wird der Notar ausdrücklich nach den Kosten gefragt, muss er eine zutreffende Auskunft geben.[21] Eine unrichtige Auskunft berührt zwar nicht die Höhe der Kostenrechnung, der Kostenschuldner muss aber nur die ihm vom Notar genannte Gebühr zahlen und kann im Übrigen mit dem Schadensersatzanspruch wegen falscher Gebührenauskunft aufrechnen. Anders ist es, wenn die Beteiligten das Rechtsgeschäft in jedem Fall und mit der gleichen Kostentragungsregelung vorgenommen hätten; dann ist die falsche Auskunft für den eingetretenen Schaden nicht kausal. Dabei kommt es nur auf die Kosten an, die der einzelne Beteiligte im Innenverhältnis auf sich nehmen wollte; die gesamtschuldnerische Haftung nach §§ 30, 32 GNotKG bleibt hier außer Betracht.[22]

B. Einzelfragen des Kostenrechts

I. Beurkundung und Beglaubigung

17   Die Vorschriften des Gerichts- und Notarkostengesetzes regeln stets die Gebühr, die für die Beurkundung einer Erklärung anfällt. Da die notarielle Beurkundung die öffentliche Beglaubigung ersetzt (§ 129 Abs. 2 BGB), kann jede Erklärung eines Beteiligten beurkundet werden. In der Regel werden die nach materiellem Recht nur der öffentlichen Beglaubigung bedürftigen Erklärungen, die (nur) wegen § 29 GBO beglaubigungsbedürftigen oder die überhaupt formfreien Erklärungen nicht beurkundet, sondern lediglich beglaubigt.

18   Während es für Beurkundungsgebühren nicht darauf ankommt, ob der Notar die beurkundete Erklärung selbst entworfen hat oder einen Entwurf der Beteiligten beurkundet, bestehen für die Beglaubigung verschiedene Gebührenvorschriften:
– Für die Beglaubigung ohne Entwurfsfertigung erhält der Notar eine 0,2-Gebühr, höchstens 70 EUR (Nr. 25100), ohne Rücksicht darauf, ob ein Vertrag oder eine einseitige Erklärung vorliegt und ob eine oder mehrere Unterschriften beglaubigt werden.
– Hat der Notar dagegen den Entwurf der Erklärung gefertigt, so erhält er dafür dieselbe Gebühr wie für die Beurkundung einer entsprechenden Erklärung (§ 92 Abs. 2 GNotKG, Nr. 24100–24102). Der Gebührensatz richtet sich daher nach der Art der beglaubigten Erklärung (→ Rn. 9).

---

[16] OLG Dresden NotBZ 2017, 51.
[17] OLG Hamm JurBüro 1999, 97 (99).
[18] OLG Karlsruhe JurBüro 1992, 549.
[19] OLG Köln Rpfleger 2003, 539.
[20] LG Halle NotBZ 2007, 303.
[21] OLG Dresden NotBZ 2017, 51.
[22] AA LG Hannover JurBüro 2004, 385.

II. Mehrere Erklärungen in einer Urkunde

Mehrere Erklärungen in einer Urkunde haben grundsätzlich verschiedene Gegenstände **19** (§ 86 Abs. 2 GNotKG); ihre Werte sind zusammenzurechnen (§ 35 Abs. 1 GNotKG). Haben mehrere Erklärungen in einer Urkunde dagegen denselben Gegenstand, so ist die Beurkundungsgebühr nur einmal zu berechnen (§§ 93 Abs. 1, 109 Abs. 1 GNotKG); sind die Werte verschieden, ist eine Vergleichsberechnung nach § 94 Abs. 2 GNotKG durchzuführen. Denselben Gegenstand haben alle Erklärungen, die der Abwicklung, Förderung, Sicherung oder Erfüllung eines anderen Geschäfts gelten. So haben beim Grundstückskaufvertrag der schuldrechtliche Vertrag, die Erklärung der Auflassung, die Bewilligungen der Eintragung und Löschung der Auflassungsvormerkung und die mitbeurkundete Abtretung der Kaufpreisforderung an einen Grundschuldgläubiger zur Lastenfreistellung[23] denselben Gegenstand. Eine restriktive Auslegung des § 109 Abs. 1 S. 2 GNotKG missbrauchen manche Notare zur Erhebung von Gebühren aus unangemessenen, von der wirtschaftlichen Bedeutung des Geschäfts abgehobenen Werten.[24]

Fehlt für die Zusammenfassung mehrerer Beurkundungsgegenstände in einer Urkunde **19a** ein sachlicher Grund, erfolgt die Berechnung wie bei der Aufnahme mehrerer Urkunden; dass dies bei der Beurkundung mehrerer personenidentischer Gesellschafterversammlungen in einer Urkunde der Fall sein soll,[25] überzeugt nicht.

Haben mehrere Erklärungen in einer Urkunde verschiedenen Gegenstand, so sind die **20** Werte zusammenzurechnen; die Beurkundungsgebühr ist aus dem zusammengerechneten Wert zu berechnen (§ 35 Abs. 1 GNotKG). Unterliegen sie dagegen verschiedenen Gebührensätzen, so ist eine Vergleichsberechnung durchzuführen (§ 94 Abs. 1 GNotKG): Die Gebühr, die sich bei Anwendung des höheren Gebührensatzes aus dem zusammengerechneten Wert der Gegenstände ergibt, ist der getrennten Berechnung beider Gegenstände gegenüberzustellen. Die für den Kostenschuldner günstigere Berechnungsweise ist zu wählen.

Erklärt der Eigentümer in einer Grundpfandrechtsbestellungsurkunde die Löschungszu- **21** stimmung für ein anderes Grundpfandrecht, so liegen verschiedene Gegenstände vor; Rangerklärungen und Eigentümerzustimmungen hierzu sind dagegen auf das neu bestellte Grundpfandrecht zu beziehen und deshalb nicht gesondert zu bewerten (§ 109 Abs. 1 Nr. 3 GNotKG).

§§ 35, 94 GNotKG gelten ausnahmslos, also auch bei Zusammentreffen letztwilliger **22** Verfügungen und Rechtsgeschäften unter Lebenden (zB Erbvertrag und Pflichtteilsverzicht) und bei Zusammentreffen von rechtsgeschäftlichen Erklärungen und Gesellschafterbeschlüssen. §§ 35, 94 GNotKG gelten allerdings nicht für die Vollzugs- und die Betreuungsgebühr: diese werden in jedem Beurkundungsverfahren nur einmal erhoben (§ 93 Abs. 1 GNotKG).

III. Änderung beurkundeter Erklärungen

Für die Änderung oder Ergänzung beurkundeter Erklärungen wird derselbe Gebührensatz **23** erhoben wie für die ursprüngliche Beurkundung; die frühere Begünstigung von Nachträgen hat das GNotKG abgeschafft. Keine Gebühr darf erhoben werden, wenn die Notwendigkeit der Änderung oder Ergänzung auf unrichtiger Sachbehandlung durch den Notar beruht (§ 21 GNotKG; → Rn. 45).

Der Wert bestimmt sich nach dem Umfang der Änderung. Wird dagegen etwas völlig **24** Neues beurkundet, das nur in sachlichem Zusammenhang mit der früheren Beurkundung

---

[23] BayObLG JurBüro 1983, 1235.
[24] Abschreckende Beispiele: LG Mönchengladbach RNotZ 2017, 331 (Kaufvertrag einer Erbengemeinschaft und Überweisung des Kaufpreises auf mehrere Konten); LG München I MittBayNot 2019, 194 (Vervielfachung des Werts bei mehreren Gesellschaftervereinbarungen im Zusammenhang mit einer Kapitalerhöhung).
[25] BGH NJW-RR 2018, 103.

steht, etwa „Bestätigung" eines früheren Vertrags nach Ausübung eines Rücktrittsrechts,[26] Neubeurkundung eines Vertrags, der infolge Verweigerung einer Zustimmung nicht rechtswirksam geworden ist,[27] Auswechslung des Vertragspartners,[28] so ist der volle Wert maßgebend. Zweifelhaft ist der Fall, dass zunächst an mehrere Käufer zu Miteigentum verkauft wurde und durch einen Nachtrag vereinbart wird, dass der Erwerb stattdessen in BGB-Gesellschaft erfolgen soll.[29]

IV. Beurkundungen unter besonderen Umständen

25 **1. Beurkundungen außerhalb der Amtsstelle.** Für Beurkundungen außerhalb der Amtsstelle ist eine Zeitgebühr von 50 EUR je angefangene halbe Stunde zu erheben (Nr. 26002). Sie ist auf mehrere Geschäfte zu verteilen; es handelt sich also nicht um eine „echte" Zusatzgebühr. Für letztwillige Verfügungen, Vorsorgevollmachten und ähnliche Geschäfte ist der Zuschlag auf 50 EUR je Auftraggeber beschränkt (Nr. 26003). Ob bei einem gemeinschaftlichen Testament einer oder mehrere Auftraggeber vorliegen, ist umstritten.[30]

26 Die Gebühr darf nicht angesetzt werden, wenn der Notar außerhalb seiner Amtsstelle regelmäßig Sprechtage abhält (§ 87 GNotKG), ist aber bei Gebührenermäßigung nicht zu ermäßigen. Nach OLG Köln[31] darf die Gebühr nicht berechnet werden, wenn die auswärtige Erledigung (auch) zur Bequemlichkeit des Notars („morgens auf dem Weg ins Büro") erfolgt.

27 **2. Beurkundungen zu ungewöhnlicher Zeit.** Für Beurkundungen an Werktagen außerhalb der Zeit von 8–18 Uhr, an Samstagen nach 13 Uhr und an Sonn- und Feiertagen ist eine Zusatzgebühr von 30%, maximal 30 EUR, zu erheben (Nr. 26000; sog. „Unzeitgebühr"). Die Gebühr kann nur erhoben werden, wenn die Beteiligten um eine Beurkundung zu entsprechender Zeit ansuchen; schlägt der Notar einen solchen Beurkundungstermin vor, kann sie nicht beansprucht werden.

28 **3. Beurkundungen in fremder Sprache.** Für Beurkundungen in fremder Sprache erwächst eine Zusatzgebühr von 30% der Beurkundungsgebühr (Nr. 26001); sie ist nach oben auf 5.000 EUR begrenzt. Nr. 26001 ist nur dann anwendbar, wenn der Notar die Urkunde in der Fremdsprache aufnimmt oder in deutscher Sprache aufnimmt und selbst übersetzt, nicht dagegen, wenn ein Dolmetscher beigezogen wird, der die fremdsprachliche Erklärung eines Beteiligten in die deutsche Sprache übersetzt, in der dann beurkundet wird. Nr. 26001 ist nicht nur bei der Beurkundung von Willenserklärungen anwendbar, sondern auch bei Unterschriftsbeglaubigungen, Wechselprotesten und Beurkundungen von Gesellschaftsbeschlüssen.

V. Entwurf, vorzeitige Beendigung, Beratung

29 Die Gebühren für diese Geschäfte sind **Satzrahmengebühren;** beim Entwurf von Verträgen reicht der Rahmen von 0,5–2,0. Er ist unter Berücksichtigung des Umfangs der erbrachten Leistung nach billigem Ermessen auszufüllen (§ 92 Abs. 1 GNotKG). Bei geringen Geschäftswerten ist das Ermessen durch die spezifischen Mindestgebühren reduziert oder gar nicht gegeben.

---

[26] OLG Karlsruhe Rpfleger 1985, 417.
[27] OLG Hamm JurBüro 1999, 490.
[28] BayObLG MittBayNot 1994, 357.
[29] Für Neubeurkundung KG Büro 1998, 430.
[30] Für mehrere Auftraggeber Korintenberg/*Sikora* GNotKG KV Nr. 26003 Rn. 10; für einen Auftraggeber *Rohs/Wedewer* GNotKG KV Nr. 26000–26003 Rn. 4.
[31] OLG Köln Rpfleger 2001, 567.

1. Entwurfsgebühr. Beauftragen die Beteiligten den Notar nicht mit der Beurkundung, sondern mit der Fertigung eines Urkundsentwurfs, so ist für die vollständige Erstellung des Entwurfs dieselbe Gebühr wie für das Geschäft selbst zu berechnen (§ 92 Abs. 2 GNotKG; Nr. 24100–24102). Wird das entworfene Rechtsgeschäft „demnächst" beurkundet, so wird die Entwurfsgebühr auf die Beurkundungsgebühr angerechnet (Vorb. 2.4.1 Abs. 2); der Entwurf führt dann nicht zu Mehrkosten. Was „demnächst" ist, hängt auch von der Art des Geschäfts ab; bei einer Scheidungsvereinbarung, die lange zwischen den Parteien verhandelt wurde und bei der mehrfach Änderungen am Entwurf erfolgten, kann auch eine Beurkundung nach mehr als einem Jahr noch „demnächst" sein.[32] Wunschgemäß vorgenommene Änderungen am Entwurf (auch mehrfache) sind gebührenfrei.[33] Fällig ist die Entwurfsgebühr mit Fertigstellung des Entwurfs, nicht erst mit Aushändigung.[34] **30**

Die Entwurfsgebühr fällt für den Entwurf rechtsgeschäftlicher Erklärungen in gleicher Weise an wie für letztwillige Verfügungen oder Beschlüsse; es spielt auch keine Rolle, ob das Geschäft beurkundungsbedürftig ist oder nicht. Der Entwurf muss sich auf ein bestimmtes Rechtsgeschäft beziehen; der Entwurf eines „Blankovertrags" ist kein notarielles Amtsgeschäft; das GNotKG ist darauf nicht anwendbar, wohl aber auf Serienentwürfe für mehrere beabsichtigte Beurkundungen; → Rn. 61S. **31**

2. Überprüfung von Entwürfen. Für die Überprüfung, Änderung oder Ergänzung eines vorliegenden Entwurfs wird ebenfalls die Entwurfsgebühr erhoben (Vorb. 2.4.1 Abs. 3). Die unterschiedliche Bedeutung der notariellen Tätigkeit kann sich im angewendeten Gebührensatz niederschlagen; hier wird auch der je nach Qualität des vorgelegten Entwurfs unterschiedliche Arbeitsaufwand berücksichtigt. Eine Wesentlichkeitsgrenze besteht nicht; bei unwesentlichen oder rein sprachlichen Korrekturen kommt aber nur eine Gebühr an der unteren Grenze des Gebührenrahmens in Frage. **32**

3. Vorzeitige Beendigung. Die Gebühren Nr. 24100–24102 dürfen nur bei einem Auftrag zur Entwurfsfertigung erhoben werden. Erteilen die Beteiligten dem Notar Beurkundungsauftrag, nehmen diesen aber später zurück, so schulden sie nur eine Gebühr Nr. 21300 in Höhe von 20 EUR, wenn noch kein Entwurf an sie abgesandt wurde und sie auch vom Notar noch nicht schriftlich oder persönlich beraten wurden. Ist hingegen eine dieser Voraussetzungen eingetreten, haben sie die Rahmengebühren Nr. 21302–21304 zu zahlen, deren Gebührenrahmen mit der jeweiligen Entwurfsgebühr völlig identisch ist. Dies gilt auch dann, wenn der Notar nach § 17 Abs. 2a BeurkG zur Fertigung eines Entwurfs verpflichtet war.[35] Fällig werden die Gebühren, wenn der Beurkundungsauftrag zurückgenommen wurde oder feststeht, dass die Beurkundung unterbleibt.[36] Bei einem unbestimmten Entwurfsauftrag (Anliegen ist zB eine vorweggenommene Erbfolge) entsteht die Gebühr nur einmal, auch wenn mehrere Entwürfe gefertigt wurden.[37] **33**

4. Beratung. Beratungsgebühren werden auf die Beurkundungsgebühr angerechnet, wirken sich also nur aus, wenn entweder gar keine Beurkundung geplant war oder sie wegen oder trotz erfolgter Beratung unterbleibt und auch kein Entwurf versandt wurde (dann vorzeitige Beendigung; → Rn. 33). Der Gebührensatz leitet sich, wenn die Beratung Gegenstand einer Beurkundung sein könnte, von deren Gebührensatz ab; andernfalls beträgt der Gebührenrahmen 0,3–1,0 (Nr. 24200). Eine Beratungsgebühr fällt nicht schon deswegen an, weil der Notar im Rahmen der Beurkundung einer Vorsorgevollmacht auch **34**

---

[32] OLG Hamm ZNotP 2007, 399.
[33] Teilweise aA LG Krefeld RNotZ 2008, 111.
[34] KG RNotZ 2006, 302 meint gar, es reiche, dass der Entwurf bereits diktiert worden sei.
[35] KG JurBüro 2018, 637.
[36] OLG Dresden NotBZ 2003, 363.
[37] OLG Dresden NotBZ 2018, 475.

die erbrechtliche Lage mit den Beteiligten bespricht, wenn diese gar nicht nach einer solchen Beratung verlangt haben.[38] Eine besondere Rahmengebühr ist für die Beratung bei der Durchführung einer Hauptversammlung bestimmt (Nr. 24203).

VI. Auslagen

35 Neben den Beurkundungsgebühren steht dem Notar Ersatz seiner Auslagen nach Maßgabe von Nr. 32000 ff. zu. Es dürfen nur die tatsächlich angefallenen Auslagen angesetzt werden; eine Pauschalierung ist nur bei den Post- und Telekommunikationsentgelten zugelassen (Nr. 32005).

36 Die Regelung der Auslagen für gefertigte Kopien (Dokumentenpauschale) unterscheidet danach, ob die Kopien in einem Beurkundungsverfahren gefertigt wurden oder nicht, ob sie schwarz-weiß oder farbig und in welchem Format sie hergestellt wurden. Außerhalb eines Beurkundungsverfahrens wird weiterhin zwischen den ersten 50 Seiten (pro Seite 0,50 EUR) und den, folgenden Seiten (pro Seite 0,15 EUR) unterschieden, während innerhalb eines Beurkundungsverfahrens jede Seite mit 0,15 EUR abzurechnen ist. Jede Kopie ist vergütungspflichtig; die in der Kostenordnung vorgesehenen „Freiexemplare" gibt es nicht mehr. Für die Übermittlung per Telefax wird eine Dokumentenpauschale in derselben Höhe wie für Kopien auf Papier erhoben. Für die Übermittlung von Dateien in elektronischer Form beträgt die Dokumentenpauschale ohne Rücksicht auf deren Umfang 1,50 EUR (mit Begrenzung auf 5 EUR für jeden „Arbeitsgang"). Entstehen die elektronisch übermittelten Dateien erst durch das Einscannen von Papierdokumenten, dann ist mindestens die Dokumentenpauschale für ein entsprechendes Papierdokument außerhalb eines Beurkundungsverfahrens zu erheben. Insgesamt wirkt die Regelung der Dokumentenpauschale perfektionistisch und läuft dem Bestreben des GNotKG, das Kostenrecht möglichst zu vereinfachen, diametral entgegen.

37 Reisekosten sind für Amtsgeschäfte außerhalb der politischen Gemeinde des Amtssitzes und des Wohnsitzes des Notars zu erheben; sie setzen sich aus einem Kilometergeld und einem nach der Abwesenheit von der Amtsstelle gestaffelten Tagegeld zusammen (Nr. 32006, 32008). Das Tagegeld fällt aber praktisch kaum jemals an, nämlich nur dann, wenn keine Auswärtsgebühr Nr. 26002, 26003 zu erheben ist; dies ist insbesondere bei Wechselprotesten der Fall.

38 Die Post- und Telekommunikationsentgelte können entweder konkret (Nr. 32004) oder pauschal (Nr. 32005) in Rechnung gestellt werden. Pauschale Erhebung ist nur zulässig, wenn überhaupt Entgelte angefallen sind. Konkret berechnet werden dürfen alle Auslagen mit Ausnahme des Portos für die Übersendung der Kostenrechnung (Nr. 32004 Anm. Abs. 1), also nicht nur Porto für den Urkundenversand, sondern auch für den Versand von Ladungen, Mitteilungen und dergleichen.

38a Auslagen sind auch die Justizverwaltungskosten für den Abruf von Grundbuchdaten aus dem **elektronischen Grundbuch** und dem Handelsregister (Nr. 32011). Dagegen sind Gebühren für die Beschaffung von Grundbuch- und Registerauszügen verauslagte Gerichtskosten, die ebenso wie die Gebühren des Zentralen Vorsorge- und des Zentralen Testamentsregisters als „sonstige Aufwendungen" (Nr. 32015) in Rechnung gestellt werden.

VII. Verbot der Gebührenvereinbarung

39 Die Vereinbarung anderer Gebühren als der nach der GNotKG geschuldeten ist verboten und unwirksam (§ 125 GNotKG), also auch die Vereinbarung höherer Gebühren. Unterschiedliche Gebühren für das gleiche Amtsgeschäft können daher lediglich auf unterschiedlicher Betätigung des Ermessens im Rahmen des § 36 GNotKG sowie auf der Bemessung des Geschäftswerts beruhen. Verbotene Gebührenvereinbarung ist − außerhalb

---

[38] OLG Dresden NotBZ 2017, 188.

des Anwendungsbereichs von § 48 Abs. 1 GNotKG – die Zugrundelegung des Einheitswerts, da in aller Regel Anhaltspunkte für einen höheren Wert vorliegen.[39]

VIII. Gebührenermäßigung und -freiheit

Heute gibt es – von dem praktisch bedeutungslosen Fall des § 56 DMBilG abgesehen – **40** im Bereich der Notargebühren nur noch persönliche Gebührenbegünstigungen; die sachlichen Gebührenbegünstigungen sind aufgehoben bzw. außer Kraft getreten.

1. § 91 GNotKG. Die begünstigten Kostenschuldner und die Ausnahmen von der Ermä- **41** ßigung ergeben sich aus dem Text des § 91 GNotKG; nicht begünstigt ist die Bundesanstalt für Immobilienaufgaben, weil sie einen eigenen Haushalt hat,[40] ebensowenig die Deutsche Post AG und die Deutsche Bahn AG wegen ihrer Rechtsform, wohl aber das Bundeseisenbahnvermögen.[41] Von den gemeinnützigen Vereinigungen sind nur die mildtätigen und kirchlichen, nicht diejenigen, die andere gemeinnützige Zwecke verfolgen, begünstigt; diese Unterscheidung ist verfassungsgemäß.[42] Ausgeschlossen ist die Gebührenermäßigung bei wirtschaftlichen Unternehmen der begünstigten Kostenschuldner. Durch eine Entscheidung des BGH[43] geklärt ist, dass Kindergärten und Kitas keine wirtschaftlichen Unternehmen sind; damit dürfte die Frage auch für andere Einrichtungen der Daseinsvorsorge geklärt sein.[44] Sicher nicht richtig ist es darauf abzustellen, ob die betreffende Tätigkeit mit Gewinnerzielungsabsicht betrieben werden könnte;[45] dann gäbe es im Bereich der Daseinsvorsorge keine Gebührenermäßigung. Die Ermäßigung ist von 30– 60% gestaffelt; bei Geschäftswerten bis (einschließlich) 25.000 EUR wird keine Ermäßigung gewährt. Nur die in § 91 Abs. 1 GNotKG ausdrücklich genannten Gebühren sind zu ermäßigen, aber insbesondere nicht die Gebühren Nr. 22110, 22200, 23100, 25200, 25300. Kommt eine Höchstgebühr in Betracht, so ist diese zu ermäßigen, nicht etwa auf die Höchstgebühr.

Das Zusammentreffen mehrerer Kostenschuldner regelt § 91 Abs. 3 GNotKG. Über- **42** nimmt ein Gebührenbegünstigter Kosten, die nach der gesetzlichen Kostentragungsregelung ein nicht gebührenbegünstigter Beteiligter schuldet, so erhält er keine Gebührenermäßigung;[46] umgekehrt erhält der nicht Begünstigte die Ermäßigung, wenn er Kosten des Begünstigten übernimmt.

Zahlreiche Einzelfragen (Zusammenbeurkundung begünstigter und nicht begünstigter **43** Geschäfte, Aufspaltung von Verträgen in Angebot und Annahme, Tausch mit Aufzahlung, Probleme des § 91 Abs. 1 S. 2 GNotKG) sind zweifelhaft und umstritten.[47]

2. Vorb. 2 KV GNotKG. Völlig gebührenfrei sind Beurkundungen in Sozialhilfesachen **44** (Vorb. 2 Abs. 2), auch für den Erben, der auf Erstattung von Kosten in Anspruch genommen wird,[48] und die in § 62 BeurkG genannten Beurkundungen, insbesondere Vaterschaftsanerkennung und Unterhaltsverpflichtungen gegenüber Kindern (Vorb. 2 Abs. 3); Sorgeerklärungen gehören nicht hierher. Diese Bestimmungen sind verfassungsgemäß.[49]

---

[39] OLG Hamm DNotZ 1971, 125.
[40] BGH JurBüro 1997, 373.
[41] BGH JurBüro 1998, 653.
[42] BGH NJW-RR 2014, 183.
[43] BGH NJW-RR 2017, 1016.
[44] OLG Naumburg NotBZ 2007, 220 (Abwasserbeseitigung als wirtschaftliches Unternehmen) ist deshalb überholt.
[45] So aber KG NVwZ-RR 2013, 240.
[46] OLG Zweibrücken Rpfleger 1996, 305.
[47] Vgl. *Waldner* GNotKG Rn. 374–386.
[48] OLG Hamm ZNotP 2004, 39.
[49] BVerfG NJW 1986, 307.

IX. Unrichtige Sachbehandlung

45 Keine Gebühren stehen dem Notar dann zu, wenn sie „bei richtiger Behandlung der Sache nicht entstanden" wären (§ 21 GNotKG). Nach der früheren Rechtsprechung war dies nur bei offensichtlichen Versehen oder grober Verkennung der rechtlichen Bestimmungen der Fall. Zweifelsfrei falsche Sachbehandlung ist deshalb die Verletzung eindeutiger zwingender Rechtsvorschriften (zB Beurkundung eines Ehevertrags im Wege von Angebot und Annahme entgegen § 1410 BGB). Die neuere Rechtsprechung neigt jedoch dazu, den Anwendungsbereich der Vorschrift auf unter Kostengesichtspunkten ungünstige Vertragsgestaltung auszudehnen, mag diese auch sachlich-rechtlich zu Beanstandungen keinen Anlass geben, etwa eine sinnlose Hinterlegung des Kaufpreises beim Notar.[50] Allerdings muss der Notar, der um die Beurkundung einer (nach § 130 AktG) nicht beurkundungsbedürftigen Hauptversammlung einer AG nur auf den Umstand der fehlenden Beurkundungsbedürftigkeit hinweisen, nicht auch noch ungefragt auf die Höhe der anfallenden Kosten.[51] Bei Bestehen mehrerer Möglichkeiten muss der Notar auf den billigeren Weg hinweisen, wenn er in gleicher Weise geeignet ist.[52]

45a Bei Beurkundung unter Verstoß gegen eines der Mitwirkungsverbote des § 3 BeurkG ist zu unterscheiden: Lassen die Beteiligten die verbotswidrig erfolgte Beurkundung von einem anderen Notar überprüfen oder neu vornehmen, dann bleiben die Kosten der verbotswidrigen Beurkundung bis zur Höhe der bei dem anderen Notar angefallenen Kosten unerhoben; belassen es die Beteiligten dagegen bei der verbotswidrigen Beurkundung, sind die Kosten ungeschmälert zu erheben, da die Beurkundung trotz des Verstoßes wirksam ist. Eine Beurkundung, die gegen das Verbot des § 17 Abs. 2a BeurkG verstößt, ist falsche Sachbehandlung, wenn der Vertrag nicht durchgeführt wird.[53]

46 Unrichtige Sachbehandlung ist ausgeschlossen, wenn die Beteiligten entgegen dem Rat des Notars auf einer Beurkundung bestehen, die sich später als unbrauchbar oder ergänzungsbedürftig erweist.

47 Berechnet der Notar Kosten, obwohl er weiß, dass unrichtige Sachbehandlung vorliegt, so kann er sich wegen Gebührenüberhebung strafbar machen (§ 352 StGB).[54] Folgt ein Notar uneinsichtig und starr einer von dem für ihn zuständigen OLG nicht gebilligten Rechtsmeinung, die zu höheren oder zusätzlichen Gebühren führt, begeht er ein Dienstvergehen[55] und begründet Zweifel an seiner Eignung zum Notar.[56]

X. Gebührenfreie Urkundsgewährung

48 § 17 BNotO ordnet an, dass der Notar in entsprechender Anwendung der Bestimmungen der ZPO über Prozesskostenhilfe seine Urkundtätigkeit gebührenfrei bzw. in Monatsraten zu gewähren hat. Allerdings passt das Prozesskostenhilfebewilligungsverfahren (Prüfung von Mutwilligkeit; Vorlage von Belegen über die persönlichen und wirtschaftlichen Verhältnisse) nur schlecht für die notarielle Beurkundung. Gebührenfreiheit und Ratenzahlung werden nur auf Antrag gewährt und nur für ein beabsichtigtes Geschäft; nach der Beurkundung kann der Antrag also nicht mehr gestellt werden. Über die Gewährung entscheidet der Notar selbst und muss den Gebührenausfall auch selbst tragen.

---

[50] LG Kassel JurBüro 2003, 432.
[51] OLG Düsseldorf RNotZ 2002, 60.
[52] OLG Zweibrücken ZNotP 2010, 398.
[53] KG DNotZ 2009, 49.
[54] Vgl. dazu OLG Köln NJW 1988, 503.
[55] OLG Köln JurBüro 2001, 540.
[56] BGH NJW 1997, 1075 (1076).

C. Einforderung der Kosten

I. Fälligkeit der Kosten und Verjährung

Die Gebühren des Notars werden mit dem Abschluss des jeweiligen Amtsgeschäfts fällig **49** (§ 10 GNotKG), die Beurkundungsgebühr also mit der Beurkundung ohne Rücksicht auf den Vollzug. Auf die Gebühren wird die gesetzliche Umsatzsteuer von derzeit 19 % erhoben (Nr. 32014).

Von der Möglichkeit, einen Vorschuss auf die Kostenforderung zu verlangen (§ 15 **50** GNotKG), wird in der Praxis nur selten Gebrauch gemacht. Ausfertigungen und Abschriften können zurückbehalten werden, bis die Kosten bezahlt sind (§ 11 S. 1 GNotKG). Der Notar darf aber den Grundbuchvollzug einer vollzugsreifen Urkunde nicht zurückstellen, bis seine Kosten bezahlt sind (§ 11 S. 2 GNotKG); in einem solchen Fall muss er bereits die Beurkundung von einem Kostenvorschuss abhängig machen, wenn er seinen Kostenanspruch sichern will.

Für die Verjährung gilt die vierjährige Frist des § 17 GNotKG; die Verjährung beginnt **51** mit dem Ende des Jahres, in dem der Anspruch fällig wurde. Innerhalb der Verjährungsfrist können irrtümlich nicht erhobene Kosten unbeschränkt nachgefordert werden; anders als bei den Gerichtskosten (§ 20 GNotKG) gibt es hier keine zeitliche Grenze.[57] Die Zustellung der vollstreckbaren Ausfertigung führt dazu, dass die Verjährungsfrist neu beginnt, also von diesem Tag an nochmals vier Jahre beträgt; sie schafft aber keinen 30 Jahre lang vollstreckbaren Titel; § 197 Nr. 4 BGB ist nicht anwendbar.[58]

Die Verjährung beginnt auch neu, wenn der Notar dem Kostenschuldner einseitig die **51a** Stundung der Kosten mitteilt, allerdings nur einmal und auch nur dann, wenn eine formgerechte Kostenrechnung zugegangen ist.[59] Verjährte Kosten in Rechnung zu stellen, ist nicht verboten, aber im Hinblick darauf, dass sie im Streitfall wegen der richterlichen Hinweispflicht auf die Verjährung (§ 139 ZPO; str.) nicht durchsetzbar wären, unangebracht. Der Anspruch auf Rückzahlung überzahlter Kosten verjährt bei seit 2. 1. 2002 fällig gewordenen ebenfalls in vier Jahren.

II. Kostenrechnung

Die Anforderungen an die Kostenrechnung ergeben sich aus § 19 GNotKG, der zwischen **52** Muss- und Sollbestimmungen unterscheidet (vgl. § 19 Abs. 2 mit Abs. 3 GNotKG). Fehlt ein in § 19 Abs. 2 GNotKG genanntes Erfordernis, liegt keine wirksame Kostenrechnung vor; Mängel hinsichtlich der in § 19 Abs. 3 GNotKG genannten Angaben lassen die verjährungsunterbrechende Wirkung unberührt. Werden verschiedene Gebühren aus verschiedenen Geschäftswerten angesetzt, muss für jede Gebühr der Geschäftswert angegeben werden; nur so kann der Kostenschuldner ja überprüfen, ob der richtige Gebührenbetrag eingesetzt ist. Das Zitiergebot gilt nicht nur für die Gebühren, sondern auch für die Auslagen, ist hinsichtlich Dokumentenpauschale und Porto durch § 19 Abs. 2 Nr. 4 GNotKG aber wesentlich abgemildert.

Bei den angewendeten Vorschriften muss auch § 34 GNotKG genannt werden;[60] die **53** Kostenrechnung muss unterschrieben werden.

III. Kostenbeitreibung

Der Notar braucht im Gegensatz zum Rechtsanwalt seine Kosten nicht einzuklagen, sondern kann sie selbst beitreiben. Es ist also Sache des Kostenschuldners, das Gericht anzurufen, wenn er die Kostenrechnung des Notars, seine Inanspruchnahme oder die Durch- **54**

---

[57] OLG Dresden NotBZ 2017, 462.
[58] BGH NJW-RR 2004, 1578.
[59] BGH NJW 2006, 1138.
[60] BGH NJW 2008, 2192.

führung der Vollstreckung für unzulässig oder unrichtig hält. Dies ist auch der Grund für die Formstrenge bei der Aufstellung der Kostenrechnung: Die Angabe des Geschäftswerts und der angewendeten Gebührenvorschriften hat die Funktion einer Begründung für den festgestellten Zahlungsanspruch.

55　　Zur Kostenbeitreibung muss der Notar eine Kostenberechnung mit der Vollstreckungsklausel und seinem Dienstsiegel versehen und zustellen lassen (§ 89 GNotKG). Nach der Wartefrist des § 798 ZPO (zwei Wochen) darf die Vollstreckung beginnen. Die Kosten der Zustellung und Vollstreckung werden mit beigetrieben. Inwieweit dem Notar Zinsen zustehen, regelt § 88 GNotKG. Zu den verjährungsrechtlichen Folgen → Rn. 51.

IV. Überprüfung der Kostenrechnung

56　　Gegen die Kostenrechnung kann der Beteiligte formlos Beanstandungen beim Notar erheben. Hält der Notar diese für begründet, berichtigt er von sich aus die Kostenrechnung. Im anderen Fall kann der Kostenschuldner die Entscheidung des Landgerichts beantragen (§ 127 Abs. 1 S. 1 GNotKG); dieses entscheidet im Verfahren der freiwilligen Gerichtsbarkeit. Hat der Kostenschuldner stattdessen Klage erhoben, ist zu verweisen.[61] Der Notar selbst ist zur Anrufung des Gerichts berechtigt (§ 127 Abs. 1 S. 2 GNotKG), wenn der Kostenschuldner Einwendungen erhoben hat, und dazu verpflichtet, wenn er sie nicht anerkennen will. Auch der Landgerichtspräsident als Dienstaufsichtsbehörde kann den Notar anweisen, die gerichtliche Entscheidung herbeizuführen (§ 130 Abs. 2 GNotKG). Der Notar muss diese Weisung befolgen, ist aber nicht gehindert, im Verfahren seinen eigenen abweichenden Rechtsstandpunkt darzulegen.

57　　Der Antrag ist formlos und das Verfahren erster Instanz gebührenfrei. Bei freiwilliger Zahlung ist der Antrag auch nicht fristgebunden;[62] lediglich nach Zustellung einer vollstreckbaren Ausfertigung läuft eine Frist von einem Jahr (§ 127 Abs. 2 GNotKG), und nicht einmal diese Frist läuft, wenn der Notar Beanstandungen des Kostenschuldners einfach ignoriert, anstatt pflichtgemäß eine Entscheidung des Landgerichts herbeizuführen oder wenigstens den Kostenschuldner auf diese Rechtsschutzmöglichkeit aufmerksam zu machen[63] oder wenn der Kostenschuldner schon vor Zustellung der vollstreckbaren Ausfertigung Beanstandungen erhoben hat.[64]

58　　Im Antragsverfahren werden alle Einwendungen des Kostenschuldners geprüft, also zB auch der Einwand falscher Sachbehandlung (§ 21 GNotKG) oder die Aufrechnung mit Schadensersatzansprüchen wegen Amtspflichtverletzung.[65] Alle Beteiligten haben Anspruch auf rechtliches Gehör (Art. 103 Abs. 1 GG). Kostenrechnungen, die nicht den Anforderungen des § 19 GNotKG entsprechen (→ Rn. 52), werden ohne sachliche Prüfung aufgehoben.

58a　　Gegen die Entscheidung des Landgerichts kann ohne Zulassung und ohne Vorliegen eines Mindestbeschwerdewerts Beschwerde zum OLG (in Rheinland-Pfalz zum OLG Zweibrücken) erhoben werden (§ 129 Abs. 1 GNotKG). Die Beschwerdefrist beträgt einen Monat (§ 130 Abs. 3 GNotKG); neue Tatsachen können unbeschränkt vorgebracht werden. Auch in der Beschwerdeinstanz kann eine den Anforderungen des § 19 GNotKG nicht entsprechende Kostenrechnung noch durch eine formgerechte ersetzt werden.

59　　Die Rechtsbeschwerde zum BGH findet nur statt, wenn das OLG sie zugelassen hat (§ 130 Abs. 3 GNotKG). Mit ihr kann nur eine Gesetzesverletzung durch das OLG gerügt werden. Hat das OLG das rechtliche Gehör verletzt, so ist zwar keine zulassungsfreie weitere Beschwerde gegeben; der Beteiligte kann aber im Wege der Anhörungsrüge

---

[61] BGH NJW-RR 2005, 721.
[62] BayObLG DNotZ 1987, 175; aA OLG Celle NJW-RR 2004, 70.
[63] KG JurBüro 1998, 320; aA – mit rechtsstaatlichen Grundsätzen unvereinbar – KG NJW 2013, 878.
[64] OLG Düsseldorf JurBüro 2007, 373.
[65] BGH NJW 1988, 563.

(§ 131 GNotKG) eine Überprüfung der oberlandesgerichtlichen Entscheidung verlangen, die auch in der Zulassung der Rechtsbeschwerde bestehen kann. Für die Beteiligten besteht Anwaltszwang, nicht dagegen für den Notar.

Mit der Beschwerde wird auch über die Kosten des Beschwerdeverfahrens entschieden; **59a** diese Kostenentscheidung ist selbständig anfechtbar. Regelmäßig entspricht es der Billigkeit, dem unterliegenden Teil die Verfahrenskosten aufzuerlegen. Allerdings kann vom Notar regelmäßig erwartet werden, dass er seine Kostenrechnung selbst verteidigt; beauftragt er einen Anwalt, sind dessen Kosten nicht erstattungsfähig.[66]

Die Beschwerdeentscheidung wird materiell rechtskräftig. Weder kann der Kosten- **60** schuldner nach Zurückweisung seiner Beschwerde erneut Beschwerde aus Gründen einlegen, die bereits zum Zeitpunkt der ersten Beschwerdeentscheidung bestanden haben,[67] noch kann der Notar nach Zurückweisung der Beschwerde eine neue Rechnung mit höherem Geschäftswert stellen.[68] Wegen neuer Streitgegenstände kann dagegen erneut Beschwerde eingelegt werden.[69]

D. Kosten-ABC

Abtretung von Grundpfandrechten: → § 6 Rn. 83 ff. **61A**

Abtretungsanzeige: 0,5-Gebühr Nr. 22200 Ziff. 5 aus dem vollen Grundschuldkapital, wenn der Notar dem Grundpfandrechtsgläubiger anzeigt, dass die Auszahlungsansprüche aus einer Finanzierungsgrundschuld des Käufers an den Verkäufer abgetreten sind.

Aktiengesellschaft: Errichtung durch mehrere Gründer: 2,0-Gebühr Nr. 21100. Feststellung der Satzung durch einen Gründer: 1,0-Gebühr Nr. 21200. Geschäftswert ist das Grundkapital, bei Ausgabe mit einem Agio das um die Agio erhöhte Grundkapital.[70] Umstritten ist, ob die Bestellung der Mitglieder des ersten Aufsichtsrats ein gesondert zu bewertender Beschluss[71] oder notwendiger Bestandteil der Gründung ist. Nimmt der Notar eine nach § 33 AktG notwendige Gründungsprüfung vor, so erhält er dafür eine 1,0-Gebühr Nr. 25206 aus dem Grundkapital, mindestens 1.000 EUR.

Amtliche Vermittlung der Erbauseinandersetzung: → § 17 Rn. 437.

Angebot zum Vertragsschluss: 2,0-Gebühr Nr. 21100. Kostenschuldner ist, auch wenn das Angebot später angenommen wird, zunächst nur der Anbietende (aber mit Beurkundung einer anderweitigen Kostenregelung erhält der Notar einen weiteren Kostenschuldner, § 30 Abs. 3 GNotKG). „Verlängerung" des Angebots nach Ablauf der Bindungsfrist ist wegen § 148 BGB neues Angebot und löst wiederum dieselbe Gebühr aus.[72] Eine Vollzugsgebühr Nr. 22100 kann beim Angebot nicht anfallen.[73]

Ankaufsrecht: Bestellung durch Vertrag: 2,0-Gebühr Nr. 21100 aus dem vollen Grundstückswert (§ 51 Abs. 1 GNotKG). wenn nicht „besondere Umstände des Einzelfalls" die Wahrscheinlichkeit der Ausübung unverhältnismäßig gering erscheinen lassen.

Annahme als Kind: 1,0-Gebühr Nr. 21200 für den Antrag des Annehmenden. Der Antrag des volljährigen Anzunehmenden und die erforderlichen Einwilligungen haben denselben Gegenstand. Werden die Einwilligungen in gesonderter Urkunde erklärt: 0,5-Gebühr Nr. 21201 Ziff. 8. Geschäftswert bei minderjährigem Kind stets 5.000 EUR (§ 101 GNotKG), bei volljährigem Kind nach den wirtschaftlichen Verhältnissen zu schätzen.

---

[66] OLG Hamburg NJW 2019, 1155.
[67] OLG Zweibrücken DNotZ 1988, 193.
[68] OLG Düsseldorf JurBüro 1997, 154.
[69] OLG Hamm FGPrax 2012, 267.
[70] LG Hannover JurBüro 2004, 206; ein genehmigtes Kapital ist hinzuzurechnen.
[71] Dafür OLG München MittBayNot 2006, 444.
[72] Korintenberg/*Tiedtke* GNotKG KV Nr. 21100 Rn. 34; anders bei Verlängerung vor Ablauf der Bindungsfrist (Rohs/Wedewer/*Wudy* GNotKG KV Nr. 21100–21102 Rn. 264: Gebühr aus einem Bruchteil von 10–20% des Kaufpreises).
[73] OLG Hamm FGPrax 2005, 87.

Für die Beschaffung der erforderlichen Unterlagen für das Familiengericht: 0,5-Gebühr Nr. 22100 aus demselben Wert.

Annahme eines Vertragsangebots: 0,5-Gebühr Nr. 21101 Ziff. 1, wenn das Angebot beim gleichen Notar beurkundet wurde, sonst 1,0-Gebühr Nr. 21102. Die in der Annahmeurkunde aufgrund Vollmacht des Anbietenden erklärte Auflassung ist gegenstandsgleich. Erfolgt die Annahme durch den Käufer und unterwirft er sich wegen des Kaufpreises der Zwangsvollstreckung, dann gleicher Gegenstand (§ 109 Abs. 1 Nr. 4 GNotKG).

Anwaltsvergleich: Für das Verfahren auf Vollstreckbarerklärung: 60 EUR (Nr. 23800). Vollstreckbare Ausfertigung grundsätzlich gebührenfrei, bei Vollstreckungsklauselumschreibung (siehe dort) aber 0,5-Gebühr Nr. 23803.

Apostille: Für die Erwirkung der Apostille oder der Legalisation fällt die Gebühr Nr. 25207 an, wenn weitere Beglaubigungen erforderlich sind, die Gebühr Nr. 25208. Diese Gebühr gilt das Begleitschreiben an den Landgerichtspräsidenten ab; es fällt nicht etwa die Gebühr Nr. 22124 zusätzlich an.[74]

Aufhebung von Verträgen: 1,0-Gebühr Nr. 21102 Ziff. 2. Es spielt keine Rolle, ob der Vertrag schon ganz oder teilweise erfüllt war. Die Aufhebung eines Grundstückskaufvertrags ist allerdings formfrei möglich, wenn keine Auflassungsvormerkung eingetragen ist oder diese zuvor gelöscht wird.

Auflassung: Bei Mitbeurkundung im Kaufvertrag ist die Auflassung gegenstandsgleich. Bei Beurkundung in gesonderter Verhandlung 0,5-Gebühr Nr. 21101, wenn das zugrunde liegende Rechtsgeschäft vom gleichen Notar beurkundet wurde, bei anderweitiger Beurkundung 1,0-Gebühr Nr. 21102 Ziff. 1; dies kann auch in einem Prozessvergleich geschehen sein;[75] zu der umstrittenen Frage, ob auch die Beurkundung vor einem ausländischen Notar genügt, → § 1 Rn. 437). Zur Frage der gesonderten Beurkundung der Auflassung beim vermessenen Grundstück → § 1 Rn. 447.

Auseinandersetzung unter Miteigentümern: 2,0-Gebühr Nr. 21100. Die Ermittlung des Geschäftswerts ist umstritten. Teils wird der volle Wert des auseinander gesetzten Gegenstands angenommen,[76] teils der Wert des höchstwertigen ausgetauschten Miteigentumsanteils.[77]

Ausschlagung der Erbschaft: → § 17 Rn. 479.

61B **Bauverpflichtung:** Bewertung mit 20% des Werts des unbebauten Grundstücks bei Wohnimmobilien, mit 20% der voraussichtlichen Herstellungskosten bei gewerblichen Immobilien (§ 50 Nr. 3 GNotKG). Wohnimmobilien sind auch solche, die der zur Errichtung der Immobilien Verpflichtete verkaufen oder vermieten will.[78]

Beglaubigung von Ablichtungen: Keine Gebühr, wenn sich die Urkunde in der dauernden Verwahrung des Notars befindet, andernfalls 10 EUR für die ersten 10 Seiten, sonst 1 EUR je Seite (Nr. 25102). Ob es sich um eine Beglaubigung auf Papier oder eine elektronische Beglaubigung handelt, spielt keine Rolle.[79]

Benutzungsregelung nach § 1010 BGB: Bewertung mit 30% des Grundstückswerts (§ 51 Abs. 2 GNotKG). Vereinbarung idR durch Vertrag (2,0-Gebühr aus Nr. 21100).

Bescheinigungen: Für Tatsachenbescheinigungen 1,0-Gebühr Nr. 25104. Geschäftswert ist die wirtschaftliche Bedeutung der Bescheinigung für den Antragsteller; für Lebensbescheinigungen idR 5.000 EUR. Zur Bescheinigung nach § 54 GmbHG s. unter „GmbH". Für die Bescheinigung der Vorlage einer Privaturkunde ist eine Festgebühr von 20 EUR (Nr. 25103), für die Bescheinigung über eine Vertretungsberechtigung

---

[74] OLG Celle JurBüro 2019, 262; abwegig LG Düsseldorf RNotZ 2016, 125.
[75] BayObLG NotBZ 2003, 274.
[76] BayObLG MittRhNotK 1971, 234.
[77] OLG Stuttgart RdL 1977, 333; ebenso BayObLG JurBüro 1991, 1527 beim Austausch von Anteilen an mehreren Grundstücken, die in ihrem Bestand unverändert bleiben.
[78] BGH Rpfleger 2018, 235.
[79] AA OLG Düsseldorf JurBüro 2010, 312.

aufgrund Einsicht in das Handels-, Genossenschafts-, Vereins- oder ein ähnliches Register eine Festgebühr von 15 EUR zu erheben (Nr. 25200). Damit ist auch die Einsicht des Registers (einschließlich Fahrtkosten und dergleichen) abgegolten. Die Gebühr wird für jedes eingesehene Registerblatt erhoben; insbesondere fallen bei der GmbH & Co. KG zwei Gebühren Nr. 25200 an. Bescheinigungen über das Bestehen und den Sitz juristischer Personen, Verschmelzungen und ähnliche Vorgänge sind ebenso zu bewerten.

Betreuungsverfügung: 1,0-Gebühr Nr. 21200. Wird gleichzeitig eine Patientenverfügung beurkundet, so ist die Betreuungsverfügung gegenstandsgleich, hingegen gegenstandsverschieden zu einer Vorsorgevollmacht (§ 110 Nr. 3 GNotKG). Für die Übermittlung des Antrags auf Eintragung in das Zentrale Versorgungsregister darf keine Gebühr erhoben werden, wenn eine Entwurfs- oder Beurkundungsgebühr angefallen ist (sonst: 20 EUR, Nr. 22124).

Dienstbarkeiten: 0,5-Gebühr Nr. 21201 Ziff. 4 für Eintragungsbewilligung des Eigentü- 61D
mers; 2,0-Gebühr Nr. 21100 bei vertraglicher Einräumung. Geschäftswert ist nicht die durch die Einräumung der Dienstbarkeit herbeigeführte Wertminderung des Grundstücks, sondern der Wert der Dienstbarkeit für den Berechtigten (§ 52 Abs. 1 GNotKG). Dieser kann in der für die Einräumung der Dienstbarkeit vom Berechtigten gezahlten (einmaligen oder laufenden) Gegenleistung zum Ausdruck kommen,[80] bei einem Parkplatzrecht in dem nach § 52 GNotKG kapitalisierten Betrag, der für die Anmietung eines Stellplatzes aufgewendet werden müsste.[81] Diese Grundsätze gelten in gleicher Weise für Geh- und Fahrtrechte, Masterrichtungsrechte und Windkraftanlagenerrichtungsrechte.

Ehevertrag: 61E
- 2,0-Gebühr aus Nr. 21100 GNotKG. Geschäftwert ist der Reinwert des von dem Vertrag betroffenen Vermögens der Ehegatten (§ 100 Abs. 1 S. 1 GNotKG). Schulden können vom Aktivvermögen bis zur Hälfte abgezogen werden; diese Berechnung ist für jeden Ehegatten getrennt durchzuführen; künftiges Vermögen, über das schon Regelungen getroffen werden, wird mit 30 % seines Wertes hinzugerechnet (§ 100 Abs. 3 GNotKG).[82] Bei Vereinbarung eines neuen Güterstands ist das gesamte Vermögen maßgebend; bei Modifizierung des gesetzlichen Güterstands muss eine Schätzung erfolgen. Umfasst ein Ehevertrag nur bestimmte Gegenstände (zB Erklärung zu Vorbehaltsgut), so ist der Wert dieser Gegenstände (ohne Schuldenabzug) maßgebend. Der (seltene) Antrag auf Eintragung in das Güterrechtsregister ist gegenstandsverschieden (§ 111 Nr. 3 GNotKG). Kein Ehevertrag ist die Aufnahme eines Vermögensverzeichnisses der Ehegatten (1,0-Gebühr Nr. 23502). Wechseln Ehegatten aus dem Güterstand der Gütergemeinschaft oder Zugewinngemeinschaft in den der Gütertrennung und setzen sie das Gesamtgut auseinander oder nehmen den Zugewinnausgleich vor, so sind die beiden Geschäfte gegenstandsgleich.[83]
- Der Geschäftswert des Ausschlusses des Versorgungsausgleichs vor der Ehe kann mangels möglicher Aussage über die Entwicklung der Anwartschaften nur mit dem Auffangwert von 5.000 EUR angesetzt werden. Bei bestehender Ehe muss eine Schätzung aufgrund des Kapitalwerts der Anwartschaften erfolgen. Erfolgt der Verzicht entgeltlich, so gibt die Gegenleistung des anderen Teils einen Anhaltspunkt und stellt den Mindestwert dar (§ 97 Abs. 3 GNotKG).
- Unterhaltsverzichte vor der Ehe können nur mit dem Auffangwert von 5.000 EUR (§ 36 Abs. 3 GNotKG) bewertet werden. Werden dagegen – vor allem in Schei-

---

[80] OLG Brandenburg ZNotP 2005, 76; OLG Celle FGPrax 2012, 178.
[81] BayObLG RNotZ 2001, 172; OLG München NotBZ 2018, 157.
[82] Zur Durchführung siehe *Waldner* GNotKG Rn. 173.
[83] Zum alten Recht OLG Köln Büro 1997, 206; zum neuen Recht str.

dungsvereinbarungen – bestimmte Unterhaltszahlungen vereinbart, so ist der Wert nach § 52 GNotKG zu bestimmen.

– Vereinbarungen über Ehewohnung und Hausrat sowie Vorschläge an das Familiengericht zur Sorgerechtsregelung sind mit dem Auffangwert von 5.000 EUR (§ 36 Abs. 3 GNotKG) zu veranschlagen.

Eidesstattliche Versicherung:

– 1,0-Gebühr Nr. 23300. Der Geschäftswert ist nach der wirtschaftlichen Bedeutung der Sache für den Antragsteller zu bemessen; wenn Anhaltspunkte fehlen, ist der Auffangwert anzusetzen (§ 36 GNotKG). Unterschriftsbeglaubigung unter Eidesstattliche Versicherung eines Beteiligten ist zulässig; 0,2-Gebühr Nr. 25100.

– Eidesstattliche Versicherung zur Erlangung eines Erbscheins →§ 17 Rn. 427 f.

Eigenurkunde: Für Urkunden, mit denen der Notar aufgrund einer Vollmacht eine von den Beteiligten abzugebende Erklärung ersetzt, erhält er die Entwurfsgebühr (Nr. 25204). Dies gilt aber nicht, wenn er eine Vollzugs- oder Betreuungsgebühr erhält. Die Identitätserklärung (→ § 1 Rn. 548) löst allerdings auch dann eine Gebühr Nr. 25204 aus, wenn bereits eine Vollzugs- oder Betreuungsgebühr für den Kaufvertrag angefallen ist; diese hat der Notar nicht für die Abgabe der Identitätserklärung erhalten.[84]

Elektronischer Rechtsverkehr: Siehe Beglaubigung von Ablichtungen; XML-Daten; → Rn. 36.

Entpfändungserklärung: Siehe Pfandfreigabe.

Erbauseinandersetzung: → § 17 Rn. 436.

Erbbaurecht: → § 4 Rn. 203 ff.

Erbscheinsantrag: → § 17 Rn. 427 f.

Erbteilsübertragung: → § 17 Rn. 461 f.

Erbvertrag: → § 17 Rn. 412.

Erbverzicht: Gebühr Nr. 21100. Geschäftswert ist der Anteil des Verzichtenden am Nachlass des Erblassers, wenn dieser im Zeitpunkt des Verzichts versterben würde (§ 102 Abs. 4 GNotKG); Herabsetzung aber dann angebracht, wenn Ehegatten in einer Scheidungsvereinbarung gegenseitig verzichten.[85] Für den entgeltlichen Erbverzicht gilt § 97 Abs. 3 GNotKG; beim gegenseitigen Erbverzicht ist Geschäftswert der Verzicht mit dem höheren Wert. Erbverzichte müssen mit erbvertraglichen Regelungen in derselben Urkunde zusammengerechnet werden (§ 35 Abs. 1 GNotKG). Ein gegenständlich beschränkter Pflichtteilsverzicht ist nicht nach § 102 GNotKG, sondern gemäß § 36 Abs. 1 GNotKG zu bewerten; dabei entspricht die Berücksichtigung der (voraussichtlichen) Abschmelzung nach § 2325 Abs. 3 BGB billigem Ermessen.[86]

61G **Geh- und Fahrtrecht:** Siehe Dienstbarkeit.

Gemeinschaftliches Testament: Siehe Testament.

Gemeinschaftsaufhebungsverbot: Vereinbarung idR durch Vertrag (2,0-Gebühr Nr. 21100). Geschäftswert: 30 % des Grundstückswerts; die Dauer des Verbots (befristet; für immer) spielt keine Rolle.

Genehmigung: 1,0-Gebühr Nr. 21200 aus dem halben Wert der zu genehmigenden Erklärung (§ 98 Abs. 1 GNotKG). Bei einer Genehmigung aufgrund einer Mitberechtigung ist der Anteil des Genehmigenden maßgeblich (§ 98 Abs. 2 GNotKG), auch wenn er Mitverpflichteter ist (zB einer von mehreren Käufern, die gesamtschuldnerisch für den Kaufpreis haften).

Geschäftsanteilsabtretung: 2,0-Gebühr Nr. 21100. Geschäftswert ist die Gegenleistung, wenn diese aus der Urkunde zu ersehen ist, andernfalls ist der Anteil des Veräußerers am Eigenkapital der Gesellschaft maßgeblich (§ 54 GNotKG). Umstritten ist, ob bei

---

[84] OLG Dresden NotBZ 2017, 309.
[85] OLG München MittBayNot 2006, 354.
[86] LG Amberg MittBayNot 2019, 79 mAnm *Sikora*.

der Abtretung nicht voll eingezahlter Geschäftsanteile die restliche Einlageverpflichtung dem Geschäftswert hinzuzurechnen ist.[87]

GmbH:

- **Gesellschaftsvertrag:** 2,0-Gebühr aus Nr. 21100. Feststellung des Gesellschaftsvertrags bei Einpersonen-GmbH: 1,0-Gebühr Nr. 21200. Geschäftswert ist das Stammkapital, mindestens 30.000 EUR (Ausnahme: Verwendung des Musterprotokolls; § 107 Abs. 1 S. 2 GNotKG). Bei Einbringung eines Handelsgeschäfts mit allen Aktiva und Passiva: die Aktivseite der Bilanz; bei Einbringung von Grundbesitz ist die Auflassung gegenstandsgleich (§ 109 Abs. 1 Nr. 2 GNotKG).
- **Bestellung der Geschäftsführer** im Gesellschaftsvertrag ist gegenstandsgleich und nicht besonders zu bewerten. Bestellung durch beurkundeten Beschluss der Gesellschafter: 2,0-Gebühr Nr. 21100; Geschäftswert: 1% des Stammkapitals, mindestens 30.000 EUR (§ 105 Abs. 4 Nr. 1 GNotKG). Bestellung durch beurkundeten Beschluss ohne Hinweis auf die Kostenfolge ist unrichtige Sachbehandlung.[88]
- **Anmeldung zum Handelsregister:** 0,5-Gebühr Nr. 21201 Ziff. 5. Geschäftswert ist das Stammkapital. Die Anmeldung der Geschäftsführer ist nicht besonders zu bewerten. Die Anfertigung der mit der Anmeldung vorzulegenden Liste der Gesellschafter ist Vollzugstätigkeit zur Anmeldung (0,3-Gebühr Nr. 22111, 22113, maximal 250 EUR[89]). Die nach § 8 Abs. 3 GmbHG vorzunehmende Belehrung gehört zum Entwurf der Anmeldung.[90]
- **Satzungsänderung vor Eintragung** erfolgt durch Nachtrag zur Gründungsurkunde: 2,0-Gebühr Nr. 21100 aus einem Bruchteil des Stammkapitals (je nach dem Umfang und der Bedeutung der Änderung); Handelsregisteranmeldung nicht erforderlich. Satzungsänderung der GmbH **nach Eintragung** erfolgt durch Beschluss der Gesellschafter: 2,0-Gebühr Nr. 21100. Geschäftswert ist bei Änderungen des Stammkapitals der Erhöhungsbetrag, bei sonstigen Veränderungen der Wert des § 105 Abs. 4 Nr. 1 GNotKG und zwar auch dann nur einmal, wenn mehrere nach § 10 Abs. 1 GmbHG gesondert einzutragende Tatsachen angemeldet werden.[91] Übernahmeerklärungen auf das erhöhte Stammkapital sind gesondert zu bewerten: 1,0-Gebühr Nr. 21200 aus dem Gesamtbetrag der übernommenen Stammeinlagen (Beglaubigung ausreichend). Zusammenrechnung mehrerer Erklärungen in einer Urkunde (§ 35 Abs. 1 GNotKG) ohne Rücksicht auf deren Inhalt.
- **Anmeldung von Veränderungen** zum Handelsregister: 0,5-Gebühr Nr. 21201 Ziff. 5. Die Anmeldung mehrerer Veränderungen in den vertretungsberechtigten Personen (zB Bestellung oder Abberufung mehrerer Prokuristen und Geschäftsführer) führt zu einer entsprechenden Mehrzahl von (zu addierenden) Anmeldungen.[92]
- Die **Fertigung des neuen Wortlauts des Gesellschaftsvertrags** (§ 54 GmbHG) im Zusammenhang mit einer Satzungsänderung ist gebührenfrei (Vorb. 2.1 Abs. 2 Nr. 4).
- Geschäftswert von **Anmeldungen ohne wirtschaftliche Bedeutung** (zB Änderung des Namens eines Geschäftsführers wegen Verehelichung oder des Sitzes der Gesellschaft wegen Eingemeindung) 5.000 EUR. Bei **Löschung** einer GmbH ist Geschäftswert der Wert des § 105 Abs. 4 Nr. 1 GNotKG.
- Der **Höchstwert einer Handelsregisteranmeldung** ist – auch bei mehreren angemeldeten Tatsachen – 1.000.000 EUR (§ 106 GNotKG), von Beschlüssen 5.000.000 EUR (§ 108 Abs. 5 GNotKG), für die Beurkundung von Gesellschaftsverträgen 10.000.000 EUR (§ 107 GNotKG).

---

[87] Bejahend zB OLG Dresden MittBayNot 1994, 360; verneinend zB *Lappe* NJW 1987, 1865.
[88] LG Bamberg 6. 8. 2007 – 1 T 2/07; aA KG JurBüro 2006, 266.
[89] OLG Nürnberg RNotZ 2019, 165 mAnm *Volpert;* str.; aA: Vollzugstätigkeit zum Gesellschaftsvertrag.
[90] OLG Celle DNotZ 1991, 415.
[91] OLG Nürnberg NZG 2017, 585.
[92] BGH DNotZ 2003, 297.

Grundbuchberichtigung: 0,5-Gebühr Nr. 21200 Ziff. 4. Geschäftswert ist bei der Berichtigung wegen Eintretens oder Ausscheidens eines Gesellschafters in der BGB-Gesellschaft der Anteil des Eintretenden oder Ausscheidenden.[93] Geschäftswert für die Berichtigung durch Löschung eines durch Tod, Zeitablauf oder Bedingungseintritt gegenstandslos gewordenen Rechts ist Null (§ 52 Abs. 6 S. 4 GNotKG).

Grundschuld:

- 1,0-Gebühr Nr. 21200 für Grundschulden mit Zwangsvollstreckungsunterwerfung, 0,5-Gebühr Nr. 21201 Ziff. 4 für Grundschulden ohne Zwangsvollstreckungsunterwerfung, wenn die Urkunde nur Grundbucherklärungen enthält. Bei Aufnahme von abstrakten Schuldanerkenntnissen, Abtretung von Rückgewähransprüchen und dergleichen 1,0-Gebühr Nr. 21200. Ob derartige Nebenbestimmungen durch entsprechenden Vermerk aus dem Verantwortungsbereich des Notars herausgenommen werden können ("Auf die folgenden Erklärungen bezieht sich der Beglaubigungsvermerk nicht"), ist str.[94] Bei Überprüfung oder Ergänzung vorgelegter Entwürfe Entwurfsgebühr (→ Rn. 32).

- Für die **Auszahlungsbestätigung** (Feststellung des Notars über den sich bei antragsgemäßer Erledigung der gestellten Anträge ergebenden Rang der Grundschuld) ist eine 0,3-Gebühr aus dem Grundschuldbetrag zu erheben (Nr. 25201).

- Grundschuldbestellung und Übernahme der persönlichen Haftung für den Grundschuldbetrag sind gegenstandsgleich, auch wenn sie (zB bei Grundschulden zur Kaufpreisfinanzierung) von verschiedenen Personen erklärt werden. Dagegen hat die Abtretung der Auszahlungsansprüche an den Verkäufer verschiedenen Gegenstand und müsste gesondert bewertet werden;[95] Aufnahme in die Grundschuldbestellungsurkunde ist aber falsche Sachbehandlung, da die Abtretung in den Kaufvertrag gehört.[96] Den schlichten Hinweis auf die Einschränkung der Sicherungsabrede bei der Übersendung der Grundschuldurkunde an die Bank mit einer Betreuungsgebühr Nr. 22200 Ziff. 5 abzurechnen,[97] ist unangebrachte Kostenschinderei.

- **Ausschluss der Brieferteilung** oder Aufhebung des Ausschlusses: 0,5-Gebühr Nr. 21201 Ziff. 4. Als Geschäftswert sind 10 % des Grundschuldbetrags angemessen.[98] Die Einholung einer Genehmigung (Familiengericht, § 144 BauGB und dergleichen) oder einer zur rangrichtigen Eintragung erforderlichen Rangrücktrittserklärung ist Vollzug (0,3-Gebühr Nr. 22111).

Grundstücksschenkung: Siehe Übergabe- und Überlassungsvertrag.

61H **Handelsgeschäft, einzelkaufmännisches:**

- Übertragung durch beurkundeten Vertrag: 2,0-Gebühr Nr. 21100 aus der Summe der Aktiva (abzüglich Wertberichtigungen), kein Schuldenabzug (§ 38 GNotKG).

- Anmeldung zum Handelsregister: 0,5-Gebühr Nr. 21201 aus 30.000 EUR, gleichgültig, ob erste oder spätere Anmeldung (§ 105 Abs. 3 Nr. 1, Abs. 4 Nr. 4 GNotKG). "Erste" Anmeldung ist auch die des Übergangs des Handelsgeschäfts auf einen neuen Inhaber und die Verpachtung des Handelsgeschäfts an einen Pächter, der es unter der bisherigen Firma fortführt.

Hypothek: Siehe Grundschuld.

61I **Identitätserklärung:** → § 1 Rn. 548.

Investitionsverpflichtung: Bewertung mit 20 % der Investitionssumme (§ 50 Nr. 4 GNotKG).

---

[93] OLG München RNotZ 2008, 170.
[94] Abl. OLG Düsseldorf DNotZ 1987, 380; vgl. OLG München ZNotP 2009, 495.
[95] OLG Stuttgart MittRhNotK 1991, 263.
[96] OLG Köln JurBüro 1993, 100.
[97] Gebilligt von OLG Bamberg MittBayNot 2019, 295.
[98] OLG Hamm FGPrax 2019, 87 hält 30 %, OLG Bamberg FGPrax 2017, 234 hält 20 % für angemessen.

Kaufvertrag: 61K
- 2,0-Gebühr Nr. 21100. Kaufvertrag und Auflassung, Zwangsvollstreckungsunterwerfung wegen des Kaufpreises, Eintragung und Löschung der Auflassungsvormerkung
  usw sind gegenstandsgleich und nicht besonders zu bewerten.
- **Geschäftswert ist der Kaufpreis.** Übernimmt der Käufer ein Darlehen in Anrechnung auf den Kaufpreis, so sind die Erklärungen hierzu (einschließlich der Zwangsvollstreckungsunterwerfung gegenüber dem Gläubiger des Grundpfandrechts) nicht
  gesondert zu bewerten. Übernimmt der Käufer dagegen eine unvalutierte Grundschuld für eigene Kreditzwecke, übernimmt gegenüber der Bank die persönliche
  Haftung und unterwirft sich hierwegen der Zwangsvollstreckung, dann ist aus dem
  Betrag des Schuldanerkenntnisses eine weitere Gebühr Nr. 21200 zu erheben (§ 110
  Nr. 2 Buchst. a GNotKG). Rechte, die sich der Verkäufer vorbehält, erhöhen die
  Gegenleistung, außer, es handelt sich nur um eine Beschränkung der dem Käufer
  übertragenen Rechte; die Bestellung subjektiv-dinglicher Rechte ist auch in diesem
  Fall hinzuzurechnen (§ 110 Nr. 2 Buchst. b GNotKG). Nebenentschädigungen, die
  eine Verzinsung des Kaufpreises für die Zeit zwischen Besitzübergang und Kaufpreiszahlung darstellen sollen,[99] erhöhen den Geschäftswert nicht, wohl aber eine etwaige
  Option zur Umsatzsteuer (§ 110 Nr. 2 Buchst. c GNotKG). Die Übernahme bestehender Rechte in Abteilung II des Grundbuchs, die nicht einseitig ablösbar sind, erhöht den Geschäftswert nicht.
- Zu **Maklerprovisionsklauseln** → § 1 Rn. 479. Zum Kauf auf Rentenbasis, zur Löschungszustimmung hinsichtlich von Belastungen durch den Verkäufer, zur Belastungsvollmacht für den Käufer, zur Übernahme von Erschließungskosten, zur Vollzugsgebühr, den Betreuungsgebühren und der Bewertung einer Bauverpflichtung
  → § 1 Rn. 540 ff.

Kommanditgesellschaft: Siehe zunächst „Offene Handelsgesellschaft". Ermächtigt der
Kommanditgesellschaftsvertrag zur Aufnahme weiterer Gesellschafter, so ist der volle
Betrag der Ermächtigung als Geschäftswert anzusetzen (str.). Für die Anmeldung zum
Handelsregister gilt § 105 Abs. 1 Nr. 5 GNotKG: Der Betrag der Kommanditeinlagen
zuzüglich 30.000 EUR für den ersten und 15.000 EUR für jeden weiteren persönlich
haftenden Gesellschafter. Erteilt ein Kommanditist **Vollmacht** zu allen Handelsregistervollmachten der Gesellschaft, ist Geschäftswert nur der Betrag der Kommanditeinlage des Vollmachtgebers.[100] Die Anmeldung des Erlöschens einer KG hat keinen bestimmten Geldwert, obwohl auch die Kommanditeinlagen gelöscht werden;
Geschäftswert ist vielmehr 30.000 EUR (§ 105 Abs. 4 Nr. 3 GNotKG).

Landwirtschaftliche Übergabe: Bei landwirtschaftlichen Übergaben ist die Leistung 61L
des Übergebers nur mit dem vierfachen Einheitswert anzusetzen (§ 48 Abs. 1
GNotKG), wenn der Erwerber eine natürliche Person ist, also nicht bei Übergabe
durch Begründung einer GbR. Ebenso schließt eine Verpachtung die Privilegierung
aus, weil dann keine unmittelbare Fortführung durch den Erwerber selbst erfolgt. Der
Kostenprivilegierung steht aber nach Sinn und Zweck der Regelung nicht entgegen,
dass der von der Mutter an die Tochter überlassene Betrieb (Hofstelle nebst Land)
hauptsächlich von einem Familienangehörigen (Ehemann der Tochter) auf der Grundlage eines Pachtvertrages fortgeführt wird.[101] Begünstigt ist nur die Übergabe mit einer
Hofstelle; die Übergabe zahlreicher landwirtschaftlicher Grundstücke ohne eine Hofstelle ist deshalb nicht privilegiert. Ausreichend ist in jedem Fall ein Betrieb, der die
Mindestgröße für die Beitragspflicht nach dem ALG erreicht.[102] Nicht erforderlich ist
im Geltungsbereich der HöfeO die Eintragung des Hofvermerks in das Grundbuch.[103]

---

[99] OLG München MittBayNot 2008, 152.
[100] BayObLG Rpfleger 2000, 127 mAnm *Simon.*
[101] OLG Nürnberg MittBayNot 2017, 422 mit zu Unrecht ablehnender Anm. *Tiedtke.*
[102] OLG Hamm NJW-RR 2001, 1367.
[103] OLG Celle ZEV 2018, 166.

Löschung:
- 0,5-Gebühr Nr. 21201 Ziff. 4. Geschäftswert ist bei noch bestehenden Rechten der Wert des Rechts, bei Grundpfandrechten der Nominalbetrag auch dann, wenn sie nicht mehr valutieren, bei Rechten über wiederkehrende Leistungen der Wert des Rechts im Zeitpunkt der Abgabe der Löschungsbewilligung (§ 52 Abs. 6 S. 2 GNotKG), bei Auflassungsvormerkungen zur Sicherung von Ankaufs- oder Rückerwerbsrechten in der Regel der Grundstückswert (§ 51 Abs. 1 GNotKG), wenn nicht die Wahrscheinlichkeit des Bedingungseintritts nach den besonderen Umständen des Einzelfalls besonders hoch oder gering ist (§ 51 Abs. 3 GNotKG). Ob das zu löschende Recht noch ausgeübt wird, ist unerheblich. Bei der Löschung von Hypotheken deckt die 0,5-Gebühr nur die schlichte Löschungsbewilligung. Benötigt der Eigentümer zur Umschreibung auf sich selbst eine löschungsfähige Quittung, ist eine 1,0-Gebühr aus Nr. 21200 zu erheben.
- Geschäftswert bei infolge Zeitablaufs oder Eintritts einer auflösenden Bedingung gegenstandslosen Rechten ist Null (§ 52 Abs. 6 S. 4 GNotKG).
- Für die Löschungszustimmung des Eigentümers: 0,5-Gebühr Nr. 21201 Ziff. 4, auch bei gleichzeitiger Bestellung eines anderen Grundpfandrechts; § 109 Abs. 1 Nr. 3 GNotKG gilt nicht. Bei gleichzeitiger Beurkundung sind Löschungsbewilligung und Löschungszustimmung gegenstandsgleich. Muss nur die Unterschrift des Eigentümers beglaubigt werden: Festgebühr von 20 EUR (Nr. 25101), die auch bei der Löschung mehrerer Grundpfandrechte nur einmal anfällt.[104]

61M Miet- und Pachtvertrag: 2,0-Gebühr Nr. 21100. Geschäftswert ist bei unbestimmter Vertragsdauer die fünffache Jahresmiete (§ 99 Abs. 1 GNotKG), bei festbestimmter Dauer oder Kündigungsmöglichkeit erst nach Ablauf einer bestimmten Zeit der Mietzins für die gesamte Vertragsdauer, höchstens für 20 Jahre (§ 99 Abs. 1 S. 1, S. 3 GNotKG). Die Vereinbarung eines Vorkaufsrechts für den Mieter ist dem Geschäftswert hinzuzurechnen. Wird dem Mieter das Optionsrecht für eine Verlängerung eingeräumt, so handelt es sich um einen Mietvertrag von unbestimmter Dauer. Beträgt also die festvereinbarte Dauer mehr als fünf Jahre, ist der Mietzins für diese Zeit maßgebend, ist sie geringer, dann ist die fünffache Jahresmiete maßgeblich. Wertsicherungsklauseln dürfen nicht bewertet werden (§ 52 Abs. 7 GNotKG). Für den Pachtvertrag gelten keine Besonderheiten.

61O Offene Handelsgesellschaft:
- Für den – nicht beurkundungspflichtigen – **Gesellschaftsvertrag:** 2,0-Gebühr aus Nr. 21100. Geschäftswert ist die Summe der Einlageverpflichtungen, bei Einbringung eines bestehenden Handelsgeschäfts die Aktivseite der Bilanz ohne Schuldenabzug. Eingebrachte Forderungen eines Gesellschafters gegen einen anderen sind zu berücksichtigen. Wird eine OHG von Eltern und Kindern gegründet und die Einlage der Kinder diesen von den Eltern geschenkt, so ist die Schenkung gegenstandsverschieden und nach § 35 Abs. 1 GNotKG gesondert zu bewerten. Höchstwert: 10.000.000 EUR (§ 107 GNotKG).
- Für die **Änderung des Gesellschaftsvertrags:** 2,0-Gebühr Nr. 21100. Der Geschäftswert ist nach der wirtschaftlichen Bedeutung der vorgenommenen Änderungen für die Gesellschaft zu schätzen.
- Geschäftswert eines Vertrags über den Eintritt, das Ausscheiden oder den Wechsel eines Gesellschafters ist die Beteiligung dieses Gesellschafters am Aktivvermögen der Gesellschaft ohne Schuldenabzug (das meint der schlecht formulierte § 38 S. 2 GNotKG).
- Für die **Anmeldung zum Handelsregister:** 0,5-Gebühr Nr. 21201 Ziff. 5 aus 45.000 EUR bei zwei Gesellschaftern zuzüglich 15.000 EUR für jeden weiteren Gesellschafter für die Erstanmeldung; aus 30.000 EUR für spätere Anmeldungen (bei

---

[104] OLG Celle 10. 4. 2019 – 2 W 88/19.

Eintritt oder Ausscheiden von mehr als zwei Gesellschaftern jedoch 15.000 EUR für jeden). Erstanmeldung ist auch die Anmeldung des Entstehens einer OHG durch Aufnahme eines weiteren Gesellschafters in ein einzelkaufmännisches Handelsgeschäft. Dagegen sind Änderung der Firma, des Sitzes, der Vertretungsbefugnis und die Bestellung und Abberufung von Prokuristen spätere Anmeldungen. Anmeldung der Auflösung der OHG und Weiterführung als Einzelfirma durch einen Gesellschafter sind zwei Anmeldungen: eine spätere zur OHG und eine erste der neuen Einzelfirma.

Patientenverfügung: 1,0-Gebühr Nr. 21200. Wird gleichzeitig eine Betreuungsverfügung beurkundet, so ist die Betreuungsverfügung gegenstandsgleich, hingegen gegenstandsverschieden zu einer Vorsorgevollmacht (§ 110 Nr. 3 GNotKG). Der Geschäftswert beträgt stets 5.000 EUR.[105] Für die Übermittlung des Antrags auf Eintragung in das Zentrale Vorsorgeregister darf keine Gebühr erhoben werden, wenn eine Entwurfs- oder Beurkundungsgebühr angefallen ist (sonst: 20 EUR, Nr. 22124). **61P**

Pfandfreigabe: 0,5-Gebühr Nr. 21201 Ziff. 4. Zu vergleichen sind der Wert des Rechts und der Wert des freigegebenen Gegenstands; der geringere Wert ist maßgebend (§ 44 Abs. 1 S. 1 GNotKG). Bei einer Freigabe von mehreren Rechten ist der Wertvergleich für jedes Recht gesondert vorzunehmen, auch wenn diese dem gleichen Berechtigten zustehen. Ein gleichzeitig erklärter Rangrücktritt hinter eine Auflassungsvormerkung ist gegenstandsgleich.

Pfandunterstellung: Siehe Pfandfreigabe.

Pflichtteilsverzicht: Siehe Erbverzicht.

Rangbescheinigung: 0,3-Gebühr Nr. 25201. Geschäftswert ist der volle Wert des beantragten Rechts (§ 122 GNotKG). **61R**

Rangrücktritt: 0,5-Gebühr Nr. 21201 Ziff. 4. Geschäftswert ist der Wert des vortretenden oder des zurücktretenden Rechts, je nachdem, was für den Kostenschuldner günstiger ist (§ 45 Abs. 1 GNotKG). Bei gleichzeitiger Beurkundung des Rangrücktritts mit dem vortretenden Recht erfolgt keine besondere Bewertung (§ 109 Nr. 3 GNotKG).

Sachenrechtsbereinigung: 4,0-Gebühr aus § 100 SachenRBerG (bei vorzeitiger Erledigung 1,0- bzw. 0,5-Gebühr). Gilt die gesamte Tätigkeit einschließlich Beurkundung des Kauf- oder Erbbaurechtsvertrags ab. **61S**

Scheidungsvereinbarung: Siehe Ehevertrag.

Schenkung: Siehe Übergabe- und Überlassungsvertrag.

Schiedsspruch mit vereinbartem Inhalt: 2,0-Gebühr Nr. 23801. Geschäftswert ist der Wert der Ansprüche, die Gegenstand der Vollstreckbarerklärung sein sollen.

Serienentwurf: Geschäftswert ist die Hälfte der Summe der Werte der zum Zeitpunkt der Entwurfsfertigung beabsichtigten Einzelverträge (§ 119 Abs. 2 GNotKG). Der Notar ist hier ausnahmsweise berechtigt, die Gebühren bis zu einem Jahr nach Fälligkeit zu stunden (Vorb. 2.4.1 Abs. 7).

Siegelung: 0,5-Gebühr Nr. 23503. Geschäftswert ist die Summe der zu siegelnden Aktiva ohne Schuldenabzug. Eine Auswärtsgebühr darf nicht erhoben werden (Vorb. 2.3.5).

Testament: → § 17 Rn. 412. **61T**

Übergabe- und Überlassungsvertrag: **61U**
- 2,0-Gebühr Nr. 21100. Zu vergleichen sind die Leistung des Übergebers und der Wert der Gegenleistung des Erwerbers; der höhere Wert ist der Geschäftswert (§ 97 Abs. 3 GNotKG). Auf dem übergebenen Vermögen ruhende Belastungen dürfen nicht abgezogen werden, auch nicht bei der Übergabe eines Gewerbebetriebs oder eines Handelsgeschäfts. Austauschleistung des Erwerbers kann auch ein Erb- oder Pflichtteilsverzicht sein (s. „Erbverzicht"). Ist Austauschleistung des Erwerbers ein Wohnungsrecht, eine Leibrente, eine dauernde Last oder sonst eine wiederkehrende

---

[105] OLG Hamm FGPrax 2017, 236 erlaubt eine „maßvolle" Erhöhung bei herausgehobenen Vermögensverhältnissen.

Leistung, so ist § 52 GNotKG anzuwenden; bei Verwandten gibt es im Gegensatz zu früher keine Ermäßigung. Kein Zuschlag bei Vereinbarung einer Wertsicherungsklausel (§ 52 Abs. 7 GNotKG).

– Ein mitbeurkundeter Erb- oder Pflichtteilsverzicht von Geschwistern des Erwerbers, auch ein „gegenständlich beschränkter" hat einen anderen Gegenstand. Der Geschäftswert ist nach § 36 GNotKG zu schätzen; dabei kommt es nicht auf die vom Erwerber zu erbringende Hinauszahlung an, sondern auf die Höhe des Werts des übergebenen und des zurückbehaltenen Vermögens und das Alter des Übergebers, die Höhe und Wahrscheinlichkeit der Entstehung von Pflichtteils(ergänzungs)ansprüchen (§ 2325 Abs. 3 BGB) beeinflussen.[106]

Umsatzsteueroption: Siehe Kaufvertrag.

Umwandlung: 2,0-Gebühr Nr. 21100 für den Umwandlungsbeschluss (gleichgültig ob Verschmelzung, Spaltung, Vermögensübertragung oder Formwechsel; §§ 13, 125, 176, 177, 193 UmwG). Ausnahme: bei Ausgliederung aus dem Vermögen eines Einzelkaufmanns zur Neugründung 1,0-Gebühr Nr. 21200 (anders bei Spaltung zur Aufnahme).[107] Geschäftswert ist der Betrag des betroffenen Vermögens ohne Schuldenabzug. Wird eine Kapitalgesellschaft neu gegründet, so ist ihr Stammkapital hinzuzurechnen. Verzichtserklärungen und Zustimmungen (§§ 8, 9, 12, 13, 50, 51 UmwG) sind gegenstandsgleich und müssen, wenn möglich, zusammen beurkundet werden; andernfalls falsche Sachbehandlung.[108] Der Höchstwert des § 108 Abs. 5 GNotKG für Beschlüsse (5.000.000 EUR) bezieht sich bei Kettenverschmelzungen auf die einzelne Verschmelzung, nicht auf die Summe ihrer Werte.[109]

Unterhaltsverpflichtung: Gegenüber Kindern jeden Alters, ob deren Eltern bei ihrer Geburt miteinander verheiratet waren oder nicht, gebührenfrei (Vorb. 2 Abs. 3).

Unternehmergesellschaft: Bei Verwendung einer individuellen Satzung gleiche Bewertung wie bei einer GmbH, allerdings Mindestwert, ohne Rücksicht auf das Stammkapital, 30.000 EUR (§ 107 Abs. 1 S. 1 GNotKG); bei Verwendung des Musterprotokolls sowohl für die Gründung und deren Anmeldung als auch bei Änderungen des Gesellschaftsvertrags (ohne Abweichung vom Musterprotokoll) dagegen das Stammkapital ohne Mindestwert, lediglich spezifische Mindestgebühr von 60 EUR (Einpersonengesellschaft) bzw. 120 EUR (Mehrpersonengesellschaft) (§§ 107 Abs. 1 S. 2, 105 Abs. 6 GNotKG).

Unterschriftsbeglaubigung: 0,2-Gebühr Nr. 25100 (Höchstgebühr 70 EUR). Für die auftragsgemäße Versendung der Urkunde an einen Dritten: Festgebühr von 20 EUR (Nr. 22124).

61V **Vaterschaftsanerkenntnis:** Gebührenfrei, Vorb. 2 Abs. 3.

Verein: 0,5-Gebühr Nr. 21201 Ziff. 5 für die Anmeldung. Der Geschäftswert beträgt grundsätzlich 5.000 EUR (§ 36 Abs. 3 GNotKG); Abweichungen sind bei Großvereinen mit bedeutendem Vermögen oder großer Mitgliederzahl möglich.[110] Bei Anmeldung des Ausscheidens und der Wahl mehrerer Vorstandsmitglieder sollen mehrere Anmeldungen vorliegen.[111]

Verlosung: 2,0-Gebühr Nr. 23200; gegebenenfalls auch die Auswärtsgebühr Nr. 26002. Geschäftswert ist der Wert der verlosten Gegenstände, kein Höchstwert. Bei der Verlosung von Studienplätzen und dergleichen ist der Wert nach § 36 Abs. 3 GNotKG zu bestimmen.

---

[106] OLG Frankfurt a.M. JurBüro 1998, 430; aA BGH ZNotP 2013, 198: mindestens die Hinauszahlung.
[107] OLG Zweibrücken JurBüro 1999, 488.
[108] OLG Zweibrücken JurBüro 2003, 148.
[109] OLG Hamm FGPrax 2003, 183.
[110] Vgl. aber OLG München Rpfleger 2006, 287.
[111] OLG Hamm JurBüro 2009, 435; zweifelhaft.

Vermächtniserfüllung: Für die Erfüllung eines Vermächtnisses in einem privatschriftlichen Testament 2,0-Gebühr Nr. 21100, bei öffentlichem Testament oder Erbvertrag: 1,0-Gebühr Nr. 21102 Ziff. 1.

Vermittlung: Siehe Amtliche Vermittlung und Sachenrechtsbereinigung.

Vermögensverzeichnis: 2,0-Gebühr bei Aufnahme, 1,0-Gebühr bei Mitwirkung bei der Aufnahme (Nr. 23500, 23502). Vermögensverzeichnisse, die einem Ehevertrag beigegeben werden, gehören zu diesem; keine besondere Bewertung. Wird kein Ehevertrag geschlossen, sondern lediglich das Vermögensverzeichnis zur Widerlegung der Vermutung des § 1377 Abs. 3 BGB aufgenommen, ist die Gebühr Nr. 23502 zu berechnen.

Verpfändung des Auflassungsanspruchs: 1,0-Gebühr aus Nr. 21200, jedoch gegenstandsgleich mit einem gleichzeitig bestellten Grundpfandrecht. Verpfändung des Anspruchs aus erklärter Auflassung nur durch Vertrag möglich, 2,0-Gebühr Nr. 21100. Geschäftswert ist der Betrag der Forderung, höchstens aber der Wert des Pfandes (§ 53 Abs. 2 GNotKG). Löschung des Verpfändungsvermerks: 0,5-Gebühr Nr. 21201 Ziff. 4 aus dem gleichen Geschäftswert.

Verwahrung: Geld, Wertpapiere und Kostbarkeiten: 1,0-Gebühr Nr. 25300 (bei Beträgen über 13.000.000 EUR besondere Berechnung nach dem Auszahlungsbetrag. Andere Gegenstände (auch Sparkassenbücher): Keine Gebührenvorschrift, aber Möglichkeit, einen öffentlich-rechtlichen Vertrag (§ 126 GNotKG) abzuschließen.

Verweisungsurkunde: 1,0-Gebühr Nr. 21200 auch dann, wenn eine Grundlagen- oder Verweisungsurkunde keine rechtsgeschäftlichen Willenserklärungen enthält.[112]

Vollmacht: 1,0-Gebühr Nr. 21200. Geschäftswert ist der halbe Wert der Erklärung des Vertretenen, höchstens 1.000.000 EUR (§ 98 Abs. 1, Abs. 4 GNotKG). Bei Mitberechtigung des Vollmachtgebers ist sein Anteil maßgebend (§ 98 Abs. 2 GNotKG). Vollmachtsbestätigungen sind wie Vollmachten zu behandeln; bei Generalvollmachten kommt es auf den Umfang der Ermächtigung und das Vermögen des Vollmachtgebers an (§ 98 Abs. 3 GNotKG). Bei **Vorsorgevollmachten** wird die Tatsache, dass von ihnen nur unter bestimmten Bedingungen Gebrauch gemacht werden soll, durch einen Abschlag von 10–50% vom Aktivvermögen berücksichtigt;[113] dieser Abschlag ist ohne Rücksicht darauf vorzunehmen, ob die Beschränkungen des Vollmachtgebers nur das Innenverhältnis oder auch das Außenverhältnis betreffen[114] und ob dem Bevollmächtigten sogleich eine Ausfertigung erteilt werden soll.[115] Für die Übermittlung des Antrags auf Eintragung in das Zentrale Vorsorgeregister darf neben einer Beurkundungs- oder Entwurfsgebühr keine Gebühr erhoben werden (sonst hierfür Festgebühr von 20 EUR, Nr. 22124). Eine mitbeurkundete Patientenverfügung und/oder Betreuungsverfügung ist gegenstandsverschieden (§ 110 Nr. 3 GNotKG). Zu Registervollmachten → Rn. 61K.

Vollstreckungsklauselumschreibung: 0,5-Gebühr Nr. 23803, wenn eine Rechtsnachfolge oder der Eintritt einer Tatsache zu prüfen ist; Gebühr Nr. 23804 für die Erteilung einer zweiten vollstreckbaren Ausfertigung. Rechtsnachfolge ist Wechsel des Schuldners oder des Gläubigers, nicht dagegen Änderung des Namens des Schuldners bei fortbestehender Identität (zB infolge Eheschließung), Änderung des Grundbuchbeschriebs, Änderung der Firma des Gläubigers. Diese Umschreibungen sind gebührenfrei.[116] Geschäftswert ist die Höhe des Betrags, dessentwegen die Zwangsvollstreckung aus der umgeschriebenen Ausfertigung möglich ist (bei Teilabtretung von Grundpfandrechten der abgetretene Teil). Die Dokumentenpauschale (Nr. 32000 ff.) fällt neben der Gebühr Nr. 23803 an.

---

[112] BGH NJW 2006, 1208.
[113] OLG Stuttgart JurBüro 2000, 428.
[114] AA *Bund* RNotZ 2004, 23 (26): ersterenfalls kein Abschlag.
[115] AA OLG Frankfurt a.M. ZNotP 2007, 198: in diesem Fall kein Abschlag.
[116] OLG Schleswig JurBüro 1992, 483; KG JurBüro 1993, 226.

Vorkaufsrecht: Bestellung durch Vertrag (2,0-Gebühr Nr. 21100) oder Eintragungsbewilligung (0,5-Gebühr Nr. 21201 Ziff. 4)[117] aus dem halben Grundstückswert (§ 51 GNotKG), wenn nicht „besondere Umstände des Einzelfalls" die Ausübung besonders wahrscheinlich oder unwahrscheinlich machen.

Vorsorgevollmacht: Siehe Vollmacht.

Vorvertrag: 2,0-Gebühr Nr. 21100. Geschäftswert ist der Geschäftswert des in Aussicht genommenen Vertrags, auch wenn sich nur ein Vertragsteil gebunden hat. Keine Ermäßigung bei Beurkundung des endgültigen Vertrags.

61W **Wechselprotest:** 0,5-Gebühr Nr. 23400, kein Wegegeld, keine Auswärtsgebühr (Vorb. 2.3.4), aber Tagegeld und Fahrtkosten (Nr. 32006–32008) bei Wechselprotest an einem anderen Ort als dem Amtssitz. Bei Zahlung keine Verwahrungsgebühr (Vorb. 2.3.4).

Wertsicherung: Darf nicht bewertet werden (§ 52 Abs. 7 GNotKG).

Windkraftanlagenerrichtungsrecht: Siehe Dienstbarkeit.

Wohnungsbesetzungsrecht: Siehe Dienstbarkeit.

Wohnungseigentum: Begründung durch Vertrag (§ 3 WEG): 2,0-Gebühr aus Nr. 21100. Begründung durch Teilungserklärung (§ 8 WEG): 0,5-Gebühr Nr. 21201 Ziff. 4, wenn nur Grundbucherklärungen enthalten sind; 1,0-Gebühr aus Nr. 21200, wenn – wie regelmäßig – die Gemeinschaftsordnung beurkundet wird. Geschäftswert: Voller Wert des (bebauten) Grundstücks (§ 42 Abs. 1 GNotKG), auch wenn die Gebäude noch nicht errichtet sind und sogar dann, wenn zum Zeitpunkt des Kostenansatzes feststeht, dass die Bebauung unterbleiben wird.[118] Ist Vollzugstätigkeit erforderlich (insbesondere: Beschaffung der Abgeschlossenheitsbescheinigung) Vollzugsgebühr Nr. 22100 bzw. Nr. 22111. Veräußerung von Wohnungseigentum: wie Kaufvertrag. Ist die Zustimmung des Verwalters erforderlich, so ist sie gegenstandsgleich, wenn sie im Kaufvertrag erfolgt; sonst für die Einholung 0,5-Vollzugsgebühr Nr. 22100.

61X **XML-Daten:** Die Erzeugung von strukturierten Daten ist Vollzugstätigkeit: 0,3-Gebühr Nr. 22114, höchstens 250 EUR. Ohne Anfall einer Beurkundungs- oder Entwurfsgebühr: 0,6-Gebühr Nr. 22125, höchstens 250 EUR. Besonderer Auftrag ist nicht erforderlich (Vorb. 2.2. Abs. 1).

61Z **Zweigniederlassung:** Für die Anmeldung 0,5-Gebühr Nr. 21201 Ziff. 5. Keine besonderen Geschäftswertvorschriften, sondern die allgemeinen Vorschriften für Handelsregisteranmeldungen; bei Anmeldung mehrerer Zweigniederlassungen sind die Werte zu addieren (§ 35 Abs. 1 GNotKG).

---

[117] Wirksam nach BGH NJW 2016, 2035.
[118] OLG Zweibrücken Rpfleger 2004, 321.

Kapitel 6. Beurkundungsverfahren und Berufsrecht

§ 31. Beurkundung

Übersicht

Schrifttum:

Armbrüster/Preuß/Renner, BeurkG/DONot, 7. Aufl. 2015; *Eylmann/Vaasen,* Bundesnotarordnung/Beurkundungsgesetz, 4. Aufl. 2016; *Faßbender/Grauel/Kemp/Ohmen/Peter,* Notariatskunde, 19. Aufl. 2017; *Grziwotz/Heinemann,* BeurkG, 3. Aufl. 2018; *Haug/Zimmermann,* Die Amtshaftung des Notars, 4. Aufl. 2018; *Kersten/Bühling,* Formularbuch und Praxis der Freiwilligen Gerichtsbarkeit, 25. Aufl. 2015; *Schippel/Bracker,* BNotO, 9. Aufl. 2011; *Schöner/Stöber,* Grundbuchrecht, 15. Aufl. 2012; *Weingärtner/Gassen/Sommerfeldt,* DONot, 13. Aufl. 2016; *Winkler,* Beurkundungsgesetz, 19. Aufl. 2019.

A. Grundsätze

I. Beratungs-Checkliste

---

1   Beratungs-Checkliste:

(1) Zuständigkeit (→ Rn. 10 ff.)

(2) Zulässigkeit der Beurkundung
- (a) Keine Versagung der Amtstätigkeit (→ Rn. 28 ff., 83)
- (b) Kein Mitwirkungsverbot (→ Rn. 43 ff.)
- (c) Kein Ausschließungsgrund (→ Rn. 33 ff.)
- (d) Kein Ablehnungsrecht/Befangenheit (→ Rn. 71 f.)

(3) Willenserforschung; Sachverhaltsaufklärung (→ Rn. 82 ff.)

(4) Niederschrift
- (a) Notar, Ort und Tag der Verhandlung (→ Rn. 215 ff.)
- (b) Identitätsfeststellung (→ Rn. 218 ff.)
- (c) Feststellungen und Nachweise – Geschäftsfähigkeit, Vertretungsberechtigung, Genehmigungserfordernisse, Vorkaufsrechte und andere (→ Rn. 117 ff.)
- (d) Grundbucheinsicht, Briefvorlage (→ Rn. 231 ff.)
- (e) Erklärungen der Beteiligten (→ Rn. 242)
- (f) Äußere Formvorschriften (→ Rn. 194 ff.)

(5) Einhaltung der Amtspflichten
- (a) Unparteilichkeit, Verschwiegenheit (→ Rn. 74 ff.)
- (b) Prüfung Geschäftsfähigkeit (→ Rn. 117 ff.)
- (c) Prüfung Vertretungsberechtigung (→ Rn. 124 ff.)
- (d) Genehmigungserfordernisse (→ Rn. 147 ff.)
- (e) Vorkaufsrechte (→ Rn. 167 ff.)
- (f) Verbraucherverträge; besondere Verfahrenspflichten (→ Rn. 101 ff.)
- (g) Weitere Belehrungs- und Betreuungspflichten (→ Rn. 181 ff.)

(6) Beurkundung
- (a) Verlesen der Niederschrift (→ Rn. 273 ff.)
- (b) Verweisungen (→ Rn. 251 ff.)
- (c) Genehmigung und Unterzeichnung (→ Rn. 284 ff.)

(7) Abwicklung und Vollzug
- (a) Erteilung und Behandlung der Urkunden (→ Rn. 300 ff.)
- (b) Mitteilungspflichten (→ Rn. 315 ff.)
- (c) Vollzug und Überwachung (→ Rn. 332 ff.)

---

2   Bei der Beurkundung von Willenserklärungen ist eine Niederschrift über die Verhandlung aufzunehmen. Die Niederschrift ist in Gegenwart des Notars den Beteiligten vorzulesen, von ihnen zu genehmigen und eigenhändig zu unterschreiben. Grundlage des Beurkundungsverfahrens ist die Erforschung des Willens der Beteiligten, die Sachverhaltsermittlung und die Konkretisierung dieses vertraglichen Willens.

II. Verfahrens- und Beurkundungszuständigkeit

3   **1. Verfahrensvorschriften.** Durch das am 1.1.1970 in Kraft getretene **Beurkundungsgesetz** wurden die früheren bundes- und landesrechtlichen Regelungen zur Beurkundungszuständigkeit und zum Beurkundungsverfahren zusammengefasst und das Verfahren vereinfacht.

4   Das Beurkundungsgesetz unterscheidet zwischen den zwingenden Wirksamkeitsvoraussetzungen einer Beurkundung („muss" oder „ist unwirksam") und den Ordnungsvorschriften („soll"). Auch durch Sollvorschriften werden unabdingbare Amtspflichten des

Notars begründet, deren Verletzung aber nicht zur Unwirksamkeit der Beurkundung führt. Weiter sieht das BeurkG auch Verfahrenspflichten bei der Beteiligung von Verbrauchern vor (§ 17 Abs. 2a S. 2, S. 3 BeurkG).

Das Beurkundungsgesetz ist in **sieben Abschnitte** unterteilt: Die §§ 1–5 BeurkG gel- 5 ten für alle Beurkundungen, die §§ 36–43 BeurkG für die Beurkundungen sonstiger Erklärungen. Die §§ 6–35 BeurkG regeln die Beurkundung von Willenserklärungen, die §§ 44–54 BeurkG enthalten Vorschriften über die Behandlung der Urkunden, die §§ 55 und 56 BeurkG sind neue Bestimmungen im Hinblick auf das elektronische Urkundenarchiv, die §§ 57–62 BeurkG enthalten nunmehr die Regelungen zur notariellen Verwahrung und die §§ 63–76 BeurkG beinhalten jetzt Schlussvorschriften.

Weitere Vorschriften des Beurkundungsverfahrens finden sich im sonstigen Bundes- 6 recht, so für Versammlungsbeschlüsse (§§ 130, 278 Abs. 3 AktG), für die Aufnahme von Wechsel- und Scheckprotesten (Art. 79 ff. WG, Art. 40 ff. ScheckG) und im bestehen gebliebenen Landesrecht (§§ 66, 67 BeurkG). Neben Verfahrensvorschriften enthält die Bundesnotarordnung in erster Linie die Regelung der Notariatsverfassung und des Berufsrechts der Notare.

Bundesnotarordnung und Beurkundungsgesetz werden ergänzt durch die **Dienstord-** 7 **nung für Notarinnen und Notare (DONot).** Die DONot ist eine bundeseinheitliche Verwaltungsverfügung der Landesjustizverwaltungen, die mit verschiedenen Abweichungen in den einzelnen Ländern erlassen und verkündet wurde. Die DONot ist Dienstanweisung, deren Beachtung Amtspflicht des Notars ist. Die Rechtsgrundlage ist das allgemeine Aufsichtsrecht der Landesjustizverwaltungen über die Notare (§§ 92 ff. BNotO). Die Missachtung der Bestimmungen der DONot berührt die Gültigkeit der notariellen Amtshandlung nicht.[1] Die DONot enthält Muss- und Sollvorschriften. Ein Verstoß gegen Muss- und Sollvorschriften der DONot führt nicht zur Unwirksamkeit der Beurkundung. Ein Verstoß beeinträchtigt an sich auch den Beweiswert einer notariellen Urkunde nicht; dies kann nur bei einem Verstoß gegen gesetzliche Vorschriften, insbesondere solche des BeurkG, angenommen werden.[2]

Daneben binden die von den Notarkammern erlassenen **Richtlinien über die Amts-** 8 **pflichten und sonstigen Pflichten ihrer Mitglieder** als Rechtssätze die Kammermitglieder. Gegenüber der DONot sind sie höherrangiges Recht.[3]

Das Beurkundungsgesetz und die weiteren Verfahrensvorschriften des Bundes- und 9 Landesrechts legen die **Förmlichkeiten des Beurkundungsverfahrens** fest. Die Methodik des richtigen am Postulat der Vertragsgerechtigkeit orientierten Beurkundens ist, abgesehen vom generalklauselartigen Grundsatz des § 17 Abs. 1 und Abs. 2 BeurkG und dem gesetzgeberischen Appell, das Beurkundungsverfahren so zu gestalten, dass die Einhaltung dieser Pflichten gewährleistet ist (§ 17 Abs. 2a BeurkG), nicht geregelt. Auf der Grundlage der Einhaltung der formellen Vorschriften hat der Notar in eigener Verantwortlichkeit im Einzelfall das Verfahren selbst zu bestimmen.

2. Die Beurkundungszuständigkeit des Notars. Der Notar ist zuständig, **Beurkun-** 10 **dungen jeder Art** vorzunehmen (§ 20 Abs. 1 BNotO). Diese Bestimmung zählt eine Reihe von Beurkundungsaufgaben beispielhaft auf. Dies sind neben Beurkundungen
- die Beglaubigung von Unterschriften, Handzeichen und Abschriften;
- die Beurkundung von Versammlungsbeschlüssen;
- die Vornahme von Verlosungen und Auslobungen;
- die Aufnahme von Vermögensverzeichnissen;
- die Anlegung und Abnahme von Siegeln;
- die Aufnahme von Protesten;

---

[1] BGH DNotZ 1972, 551; DNotZ 1960, 668; vgl. Eylmann/Vaasen/*Frenz/Miermeister* DONot Einl. Rn. 5.
[2] Vgl. Armbrüster/Preuß/Renner/*Eickelberg* DONot Vorb. Rn. 42.
[3] BGH NJOZ 2010, 2064 Rn. 7; vgl. *Weingärtner/Gassen/Sommerfeldt* DONot Einl. Rn. 3 mwN.

- die Zustellung von Erklärungen;
- die Beurkundung amtlich wahrgenommener Tatsachen;
- die Durchführung freiwilliger Versteigerungen;
- die Vermittlung nach dem Sachenrechtsbereinigungsgesetz;
- Bescheinigungen iSd § 21 BNotO;
- Abnahme von Eiden und eidesstattlichen Versicherungen;
- die Vermittlung von Nachlass- und Gesamtgutauseinandersetzungen (nach den landesrechtlichen Vorschriften).

11   Die **Urkundszuständigkeit** ist enthalten in allen Normen des materiellen Rechts, nach denen eine notarielle Beurkundung erforderlich ist. Die Beurkundungszuständigkeit des Notars ist umfassend und gilt nicht nur für Willenserklärungen, sondern auch für sonstige Erklärungen aller Art.

12   **Beurkunden bedeutet** die Herstellung eines Schriftstücks, das Wahrnehmung von Tatsachen bezeugt, die der Errichtende gemacht hat, gleich, ob Willenserklärungen, Erklärungen nicht rechtsgeschäftlichen Inhalts oder sonstige Vorgänge und Zustände der Außenwelt. Unerheblich ist es, ob die Urkunde in Form einer Niederschrift oder in der Form eines Vermerks (Beglaubigung) errichtet wird. Das Beurkundungsgesetz gilt nicht für notarielle Eigenurkunden,[4] notarielle Bescheinigungen und Erklärungen (§ 21 BNotO) und Bestätigungen im Rahmen notarieller Betreuungsgeschäfte (Rangbescheinigungen, Fälligkeitserklärungen, Vorlagebescheinigungen) sowie für alle sonstigen notariellen Handlungen, die nicht Beurkundungen sind, wie Verwahrungsgeschäfte, Betreuungsgeschäfte und die Ausstellung von Teilhypothek- oder Teilgrundschuldbriefen.

13   Der Notar kann auch **elektronische Urkunden** erstellen (§§ 39a, 42 Abs. 4 BeurkG, § 15 Abs. 3 BNotO).

14   **3. Die örtliche Zuständigkeit des Notars.** Jeder Notar ist für jede Beurkundung örtlich zuständig, für die er auch sachlich zuständig ist.[5] Nach § 2 BeurkG ist eine Beurkundung nicht deshalb unwirksam, weil der Notar sie außerhalb seines Amtsbezirks oder außerhalb des Landes vorgenommen hat, in dem er zum Notar bestellt ist. Die Bestimmungen der §§ 10a, 11 BNotO über Amtsbereich und Amtsbezirk sind gleichwohl als Dienstpflicht einzuhalten.

15   Der Notar soll seine Urkundstätigkeit (§§ 20–22 BNotO) nur innerhalb seines **Amtsbereichs** (§ 10a Abs. 2 BNotO) ausüben, sofern nicht besondere berechtigte Interessen der Rechtsuchenden ein Tätigwerden außerhalb des Amtsbereichs gebieten. Eine derartige Tätigkeit ist der Aufsichtsbehörde und/oder Notarkammer unverzüglich unter Angabe der Gründe mitzuteilen.[6] Urkundstätigkeiten außerhalb des **Amtsbezirks** darf der Notar nur vornehmen bei Gefahr im Verzug oder wenn die Aufsichtsbehörde es genehmigt hat (§ 11 Abs. 2 BNotO).

16   Vorschriften über Beurkundungen außerhalb der **Geschäftsstelle** enthält die BNotO nicht mehr. Der Notar darf Amtsgeschäfte außerhalb der Geschäftsstelle vornehmen, wenn sachliche Gründe vorliegen. Eine Amtstätigkeit außerhalb der Geschäftsstelle ist unzulässig, wenn dadurch der Anschein von amtswidriger Werbung, der Abhängigkeit oder der Parteilichkeit entsteht oder der Schutzzweck des Beurkundungsverfahrens gefährdet wird (Abschnitt IX. der Richtlinienempfehlung der Bundesnotarkammer). Für ein grundsätzliches Verbot von Beurkundungen außerhalb der Geschäftsstelle innerhalb des Amtsbereichs gibt es keine gesetzliche Grundlage.[7]

17   **§ 11a BNotO** eröffnet die Möglichkeit auch grenzüberschreitender Zuziehung ausländischer Kollegen und die Möglichkeit, sich für Zwecke der Rechtshilfe in das Ausland zu

---

[4] BeckOGK/*Gößl* BeurkG § 1 Rn. 8.
[5] BT-Drs. V/3282, 28; *Winkler* BeurkG § 2 Rn. 10.
[6] Eingehend dazu Eylmann/Vaasen/*Bremkamp* BNotO §§ 10a, 11 Rn. 20 ff.
[7] BVerfG DNotZ 2000, 787; vgl. vertiefend Eylmann/Vaasen/*Bremkamp* BNotO §§ 10a, 11 Rn. 65 ff.

begeben. Die Beurkundung im Ausland bleibt unzulässig. Da die Befugnis zur öffentlichen Beurkundung von der Staatsgewalt abgeleitet ist, kann sie völkerrechtlich nur in dessen Grenzen ausgeübt werden. Dies gilt grundsätzlich auch für Tatsachenbeurkundungen.[8] Lässt der Notar eine Vollstreckungsunterwerfung vom Schuldner im Ausland unterschreiben, so ist die Urkunde als notarielle Urkunde unwirksam.[9]

III. Der Formzweck der notariellen Beurkundung

Die Sicherstellung des Formzwecks notarieller Beurkundung bestimmt Inhalt und Umfang der notariellen Amtspflichten im Beurkundungsverfahren. Die überwiegende Mehrzahl der Rechtsgeschäfte wird in der einfachsten Form der mündlichen Erklärung vom Gesetz zugelassen und getätigt. Nur in typischen Ausnahmefällen ist die Einhaltung einer bestimmten qualifizierten Form, insbesondere die notarielle Beurkundung, vorgeschrieben. Die gesetzlichen Formbestimmungen haben folgende **Funktionen:** 18

1. Überlegungssicherung. Gesetzliche Formvorschriften dienen häufig dem Schutz des 19 Erklärenden vor übereilter Bindung bei besonders riskanten Geschäften **(Warnfunktion).** Der Formzweck soll das Bewusstsein wecken, zur besonnenen Überlegung auffordern und eine der Bedeutung der Entscheidung entsprechende Ernsthaftigkeit des Willensentschlusses fördern. Die Rechtsordnung hat die Aufgabe, die Nachteile, die der Grundsatz der Privatautonomie mit sich bringt, auszugleichen. Überall dort, wo das Recht sichern will, dass der Erklärende den Text der Willenserklärung kennt, schreibt es entweder die eigenhändige Schriftform oder die notarielle Beurkundung vor. Im Verfahren der notariellen Beurkundung ist durch das Verlesen der Urkunde, die Kenntnisnahme und Unterzeichnung die Überlegungssicherung, insbesondere auch im Interesse des wirtschaftlich schwächeren Vertragsteils, institutionell gesichert.

2. Beweissicherung. Bei Geschäften von großer Tragweite und häufig umfangreichem 20 Inhalt bezweckt das gesetzliche Formerfordernis, den Geschäftsabschluss mit seinem gesamten Inhalt deutlich zu kennzeichnen und samt allen Nebenabreden klar, eindeutig und abschließend festzulegen. Die **Beweissicherung** erfolgt vor allem im Parteiinteresse, um den Vertragsabschluss von Vorverhandlungen abzugrenzen und den Vertragsinhalt zuverlässig feststellbar und für Dritte erkennbar zu machen. Daneben erfolgt die Beweissicherung im öffentlichen Interesse zur Erleichterung der Registerführung durch den Nachweis der Identität des Unterzeichners durch öffentliche Beglaubigung. Die Beweisfunktion wird erzielt durch Anordnung der Schriftform, öffentlicher Beglaubigung oder Beurkundung.

Anders als die Schriftform und die öffentliche Beglaubigung hat die notarielle Urkunde 21 **besondere Beweiskraft.** Die Beweiskraft einer notariellen Urkunde erstreckt sich im Prozess unter Ausschluss der richterlichen Beweiswürdigung darauf, dass die in der Urkunde bezeichneten Personen vor dem Notar Erklärungen des wiedergegebenen Inhalts abgegeben haben (§ 415 ZPO).[10]

3. Belehrungssicherung. Die Form der Beurkundung wird vom Gesetz insbesondere 22 dann vorgeschrieben, wenn über die reine Warn- und Beweisfunktion hinaus aus rechtspolitischen Gründen bei bedeutsamen und rechtlich komplizierten Vorgängen die fachkundige Beratung und Belehrung durch Mitwirkung eines unabhängigen und unparteiischen Organs der Rechtspflege erforderlich ist (Beratungs- und Belehrungsfunktion). Die gesetzgeberischen Ziele sind:

---

[8] Vgl. im Einzelnen BeckOGK/*Gößl* BeurkG § 2 Rn. 16 ff.
[9] BGH DNotZ 1999, 346.
[10] Zum Umfang der Vermutung der Richtigkeit und Vollständigkeit einer Urkunde vgl. BGH DNotI-Report 2002, 149.

23 **a) Sicherung der Wirksamkeit des Rechtsgeschäfts.** Die Form der öffentlichen Beurkundung sichert die äußere Wirksamkeit von Rechtsgeschäften. Der Wille der Beteiligten soll richtig, vollständig und rechtswirksam niedergelegt werden. Die Form der öffentlichen Beurkundung übernimmt eine Gültigkeitsgewähr. Kern des Beurkundungsverfahrens ist die Erforschung des Willens der Beteiligten, die Klärung des Sachverhalts und die Niederlegung des ermittelten Ergebnisses in einer rechtlich wirksamen schriftlichen Form. Die Protokollform der rechtsgeschäftlichen Beurkundung hat hier den Vorteil, die Vorzüge der mündlichen und der schriftlichen Willenserklärung zu verbinden und die Nachteile beider zu vermeiden.

24 **b) Innere Vertragsgerechtigkeit.** Die vom Gesetzgeber vorgeschriebene Belehrung über die rechtliche Tragweite des Geschäfts und die vornehmste Aufgabe des Notars, Irrtümer und Zweifel zu vermeiden und unerfahrene und ungewandte Beteiligte nicht zu benachteiligen, geht weit über eine reine Gültigkeitsgewähr hinaus. Die Grundsätze der Privatautonomie beruhen auf der Auffassung formal gleich geordneter Vertragsteile. Im klassischen Verständnis ging die Auffassung davon aus, dass sich durch die Notwendigkeit des Einigungsprozesses zum Vertrag der vertragliche Interessenausgleich automatisch einstellt.

25   Legitimation der Vertragsfreiheit ist jedoch die Gewähr innerer Vertragsgerechtigkeit. Vertragsfreiheit allein führt nicht automatisch zur Richtigkeitsgewähr. Wichtigste Voraussetzung, ohne die von einer Richtigkeitschance des Vertrages nicht gesprochen werden kann, ist relatives Machtgleichgewicht zwischen den Vertragsparteien, wobei es nicht nur um die wirtschaftliche Gleichgewichtigkeit, sondern auch um die intellektuelle Waffengleichheit der Parteien geht. An Instrumenten zur Sicherstellung des Gleichgewichts und der inneren Vertragsfreiheit stehen dem Gesetzgeber zur Verfügung:
– Einschränkung der Vertragsfreiheit durch zwingende Normen,
– Inhaltskontrolle von Verträgen oder
– Formvorschriften zur Sicherstellung der konsultativen Mitwirkung eines unparteiischen Rechtskundigen und Mittlers.

26 Bei wichtigen Geschäften des Immobilienrechts, Familienrechts, Erbrechts und Gesellschaftsrechts begnügt sich das Gesetz nicht mit der unterstellten Vertragsparität. Zur Vermeidung von Ungleichgewichten aufgrund unterschiedlichen Rechtswissens und unterschiedlicher wirtschaftlicher Macht ordnet es die Beurkundung des Rechtsgeschäfts als dessen Wirksamkeitsvoraussetzung an. Die Anordnung des Beurkundungsverfahrens ist hier ein Kunstgriff des Gesetzgebers zur Aufrechterhaltung des Grundsatzes der Privatautonomie bei schwierigen Rechtsgeschäften. In der Beurkundungsverhandlung erfüllt der Notar eine soziale Funktion als Mittler zur Sicherung einer gerechten inhaltlichen Ausgestaltung des Rechtsgeschäfts.

27 **c) Verbraucherschutz.** Unmittelbar damit im Zusammenhang steht die in § 17 Abs. 2a BeurkG normierte notarielle Belehrung und Verfahrenssicherung als Funktion des Verbraucherschutzes. Die Rechtsprechung zur notariellen Belehrungspflicht macht deutlich, dass der notariellen Beurkundung die Aufgabe zugewiesen ist, umfassend dafür zu sorgen, dass unerfahrene und ungewandte Beteiligte nicht benachteiligt werden, und die notarielle Beurkundung damit insbesondere eine Verbraucherschutzfunktion zu erfüllen hat. Gerade im Immobilienbereich, insbesondere in den Anlagemodellen des Immobilienbereichs, zeigt sich, dass dies Ziel des Gesetzgebers ist, und dass die Funktion der Beurkundung hier vornehmlich dem Ausgleich unterschiedlichen Rechtswissens, dem Schutz des wirtschaftlich Schwächeren und der Sicherung des Erwerbers durch Rechtsbelehrung durch den Notar dient.

IV. Stellung des Notars im Beurkundungsverfahren

1. Träger eines öffentlichen Amts. Der Notar ist im Beurkundungsverfahren nicht Be- 28
auftragter der Beteiligten, sondern Träger eines öffentlichen Amts (§ 1 BNotO) und Organ der vorsorgenden Rechtspflege.[11] Er erfüllt eine öffentliche Aufgabe, die durch Be-
stallung vom Staat auf ihn delegiert wird.

Das Beurkundungsverfahren ist ein **Verfahren der freiwilligen Gerichtsbarkeit**.[12] Es 29
wird eingeleitet durch das Beurkundersuchen, den Antrag auf Vornahme einer
Rechtshandlung und nicht den Antrag auf Abschluss eines privatrechtlichen Vertrags. Das
Rechtsverhältnis ist öffentlich-rechtlich. Für Pflichtverletzung haftet der Notar nach den
Grundsätzen der Amtshaftung (§ 19 BNotO). Ebenso wie ein Justizgewährungsanspruch
besteht ein Urkundsgewährungsanspruch.

Der Notar darf die Urkundstätigkeit nicht ohne ausreichenden Grund verweigern (§ 15 30
Abs. 1 BNotO). Ausgenommen hiervon sind Geschäfte iSd §§ 23, 24 BNotO (Verwahrungstätigkeiten, sonstige Betreuung). Ist die Amtstätigkeit mit den Amtspflichten unvereinbar, so muss sie abgelehnt werden (§ 4 BeurkG, § 14 Abs. 2 BNotO).

2. Unabhängigkeit. Der Notar ist in seiner Amtsausübung **unabhängig** (§ 1 BNotO), 31
frei von Weisungen vorgesetzter Behörden und mit sachlicher und persönlicher Unabhängigkeit ausgestattet.[13] Er hat sein Amt gemäß seinem Eid auszuüben und ist nicht Vertreter
einer Partei, sondern unparteiischer Betreuer der Beteiligten (§ 14 BNotO). Der Sicherung seiner Unabhängigkeit dienen insbesondere die Zulassungsregelungen (§§ 4 ff.
BNotO) und die gesetzlichen Ausschlussgründe von Amtstätigkeiten in allen Fällen, in
denen eine Beeinträchtigung seiner Unabhängigkeit zu befürchten wäre.

V. Unwirksamkeitsgründe und Mitwirkungsverbote

Checkliste: Ausschließung und Mitwirkungsverbote			32
Anhaltspunkt	**Voraussetzung**	**Rechtsfolge**	
Notar	Notar ist an der Beurkun-dung beteiligt	Beurkundung unwirksam (§ 6 Abs. 1 Nr. 1 BeurkG)	
	Notar wird durch Beurkun-dung rechtlicher Vorteil verschafft	Beurkundung ist insoweit unwirksam (§ 7 Nr. 1 BeurkG)	
Notar	Eigene Angelegenheit des Notars, auch wenn dieser nur mitberechtigt oder mitver-pflichtet wird	Mitwirkungsverbot nach § 3 Abs. 1 Nr. 1 BeurkG	
	Angelegenheit einer Person, deren gesetzlicher Vertreter der Notar ist	Mitwirkungsverbot nach § 3 Abs. 1 Nr. 5 BeurkG	
	Angelegenheiten einer Per-son, deren vertretungsbe-rechtigtem Organ der Notar angehört	Mitwirkungsverbot nach § 3 Abs. 1 Nr. 6 BeurkG	

---

[11] BVerfGE 17, 371 (381); Schippel/Bracker/*Bracker* BNotO § 1 Rn. 5.
[12] Armbrüster/Preuß/Renner/*Preuß* BeurkG § 1 Rn. 2.
[13] BGH DNotZ 1972, 549; vgl. *Kindler* RNotZ 2015, 465 (466).

Anhaltspunkt	Voraussetzung	Rechtsfolge
	Angelegenheit einer Person, für die der Notar außerhalb seiner Amtstätigkeit in derselben Angelegenheit bereits tätig war oder ist	Mitwirkungsverbot nach § 3 Abs. 1 Nr. 7 BeurkG, es sei denn Tätigkeit wurde im Auftrag aller Urkundsbeteiligten ausgeübt
	Angelegenheiten einer Person, die den Notar in derselben Tätigkeit bevollmächtigt hat	Mitwirkungsverbot nach § 3 Abs. 1 Nr. 8 BeurkG
	Angelegenheiten einer Person, zu der der Notar in ständigem Dienst- oder Geschäftsverhältnis steht	Mitwirkungsverbot nach § 3 Abs. 1 Nr. 8 BeurkG
	Angelegenheiten einer Gesellschaft, an der der Notar beteiligt ist	Mitwirkungsverbot nach § 3 Abs. 1 Nr. 9 BeurkG, falls Beteiligung mit mehr als 5 % der Stimmrechte oder mehr als 2.500 EUR Haftkapital
Ehegatte des Notars	Ehegatte des Notars ist an Beurkundung beteiligt	Beurkundung unwirksam (§ 6 Abs. 1 Nr. 2 BeurkG)
	Ehegatten des Notars wird durch Beurkundung rechtlicher Vorteil verschafft	Beurkundung ist insoweit unwirksam (§ 7 Nr. 2 BeurkG)
	Es handelt sich um Angelegenheiten des Ehegatten	Mitwirkungsverbot nach § 3 Abs. 1 Nr. 2 BeurkG
Lebenspartner des Notars	Lebenspartner des Notars ist an Beurkundung beteiligt	Beurkundung unwirksam (§ 6 Abs. 1 Nr. 2a BeurkG)
	Lebenspartner des Notars wird durch Beurkundung rechtlicher Vorteil verschafft	Beurkundung ist insoweit unwirksam (§ 7 Nr. 2a BeurkG)
	Es handelt sich um Angelegenheiten des Lebenspartners	Mitwirkungsverbot nach § 3 Abs. 1 Nr. 2a BeurkG
Früherer Ehegatte des Notars	Früherem Ehegatten des Notars wird durch Beurkundung rechtlicher Vorteil verschafft	Beurkundung ist insoweit unwirksam (§ 7 Nr. 2 BeurkG)
	Es handelt sich um Angelegenheiten des früheren Ehegatten	Mitwirkungsverbot nach § 3 Abs. 1 Nr. 2 BeurkG
Früherer Lebenspartner des Notars	Früherem Lebenspartner des Notars wird durch Beurkundung rechtlicher Vorteil verschafft	Beurkundung ist insoweit unwirksam (§ 7 Nr. 2a BeurkG)

Anhaltspunkt	Voraussetzung	Rechtsfolge
	Es handelt sich um Angelegenheiten des früheren Lebenspartners	Mitwirkungsverbot nach § 3 Abs. 1 Nr. 2a BeurkG
Verlobter des Notars	Es handelt sich um Angelegenheiten des Verlobten des Notars	Mitwirkungsverbot nach § 3 Abs. 1 Nr. 2 BeurkG
Verwandter (auch früherer) des Notars in gerader Linie	Person ist an Beurkundung beteiligt	Beurkundung unwirksam (§ 6 Abs. 1 Nr. 3 BeurkG)
	Person wird durch Beurkundung rechtlicher Vorteil verschafft	Beurkundung ist insoweit unwirksam (§ 7 Nr. 3 BeurkG)
	Es handelt sich um Angelegenheiten der Person	Mitwirkungsverbot nach § 3 Abs. 1 Nr. 3 BeurkG
Verwandter (auch früherer) des Notars in Seitenlinie (bis zum 3. Grade)	Person wird durch Beurkundung rechtlicher Vorteil verschafft	Beurkundung ist insoweit unwirksam (§ 7 Nr. 3 BeurkG)
	Es handelt sich um Angelegenheiten der Person	Mitwirkungsverbot nach § 3 Abs. 1 Nr. 3 BeurkG
Person, die mit Notar bis zum 2. Grade verschwägert ist oder war	Person wird durch Beurkundung rechtlicher Vorteil verschafft	Beurkundung ist insoweit unwirksam (§ 7 Nr. 3 BeurkG)
	Es handelt sich um Angelegenheiten der Person	Mitwirkungsverbot nach § 3 Abs. 1 Nr. 3 BeurkG
Vertreter des Notars	Vertreter ist an der Beurkundung beteiligt	Beurkundung ist unwirksam (§ 6 Abs. 1 Nr. 4 BeurkG iVm § 6 Abs. 1 Nr. 1 BeurkG)
Vertreter des Ehegatten des Notars	Vertreter ist an der Beurkundung beteiligt	Beurkundung ist unwirksam (§ 6 Abs. 1 Nr. 4 BeurkG iVm § 6 Abs. 1 Nr. 2 BeurkG)
Vertreter ist oder war mit Notar in gerader Linie verwandt	Vertreter ist an der Beurkundung beteiligt	Beurkundung ist unwirksam (§ 6 Abs. 1 Nr. 4 BeurkG iVm § 6 Abs. 1 Nr. 3 BeurkG)
Verbindung zur gemeinsamen Berufsausübung	Es handelt sich um Angelegenheiten des Sozius	Mitwirkungsverbot nach § 3 Abs. 1 Nr. 4 BeurkG
	Angelegenheit einer Person, deren gesetzlicher Vertreter der Sozius ist	Mitwirkungsverbot nach § 3 Abs. 1 Nr. 5 BeurkG

Anhaltspunkt	Voraussetzung	Rechtsfolge
	Angelegenheiten einer Person, deren vertretungsberechtigtem Organ der Sozius angehört	Mitwirkungsverbot nach § 3 Abs. 1 Nr. 6 BeurkG
Verbindung zur gemeinsamen Berufsausübung	Angelegenheit einer Person, für die der Sozius außerhalb seiner Amtstätigkeit in derselben Angelegenheit bereits tätig war oder ist	Mitwirkungsverbot nach § 3 Abs. 1 Nr. 7 BeurkG, es sei denn Tätigkeit wurde im Auftrag aller Urkundsbeteiligten ausgeübt
	Angelegenheiten einer Person, zu der der Sozius in ständigem Dienst- oder Geschäftsverhältnis steht	Mitwirkungsverbot nach § 3 Abs. 1 Nr. 8 BeurkG
Gemeinsame Geschäftsräume	Es handelt sich um Angelegenheiten des Partners der Bürogemeinschaft	Mitwirkungsverbot nach § 3 Abs. 1 Nr. 4 BeurkG
	Angelegenheit einer Person, deren gesetzlicher Vertreter die Person ist, mit der Bürogemeinschaft besteht	Mitwirkungsverbot nach § 3 Abs. 1 Nr. 5 BeurkG
	Angelegenheiten einer Person, deren vertretungsberechtigtem Organ die Person angehört, mit der Bürogemeinschaft besteht	Mitwirkungsverbot nach § 3 Abs. 1 Nr. 6 BeurkG
	Angelegenheit einer Person, für die der Partner der Bürogemeinschaft außerhalb seiner Amtstätigkeit in derselben Angelegenheit bereits tätig war oder ist	Mitwirkungsverbot nach § 3 Abs. 1 Nr. 7 BeurkG, es sei denn Tätigkeit wurde im Auftrag aller Urkundsbeteiligten ausgeübt
	Angelegenheiten einer Person, zu der der Partner der Bürogemeinschaft in ständigem Dienst- oder Geschäftsverhältnis steht	Mitwirkungsverbot nach § 3 Abs. 1 Nr. 8 BeurkG

33 **1. Ausschließungsgründe (§ 6 BeurkG).** § 6 BeurkG konkretisiert einzelne schwerwiegende Mitwirkungsverbote des § 3 BeurkG. Anders als ein Verstoß gegen § 7 BeurkG führt die Verletzung von § 6 BeurkG zur **vollständigen Unwirksamkeit der Beurkundung.** § 6 BeurkG gilt nur für Willenserklärungen, nicht für die Beurkundung anderer Erklärungen (Beglaubigungen). Für Eide und eidesstattliche Versicherungen gilt § 6 BeurkG entsprechend (§ 38 BeurkG).

Ausschließungsgründe sind: 34
- Beteiligung des Notars (§ 6 Abs. 1 Nr. 1 BeurkG), gleich ob er in eigenem oder fremdem Namen Erklärungen abgibt. Der Notar darf nicht seine eigene Willenserklärung beurkunden. Dem stehen Erklärungen gleich, die in fremdem Namen abgegeben werden. Nicht unter § 6 BeurkG fällt die „Eigenbeurkundung" des Notars als Bevollmächtigter des gesetzlichen Vertreters die Mitteilung der vormundschaftsgerichtlichen Genehmigung gemäß § 1829 BGB an den Vertragspartner zu erklären und zu beurkunden;[14]
- Beteiligung des Ehegatten des Notars (§ 6 Abs. 1 Nr. 2 BeurkG), bzw. des Lebenspartners des Notars (§ 6 Abs. 1 Nr. 2a BeurkG);
- Beteiligung einer Person, die mit dem Notar in gerader Linie verwandt ist oder war (§ 6 Abs. 1 Nr. 3 BeurkG);
- Vertretung eines ausgeschlossenen Beteiligten (§ 6 Abs. 1 Nr. 4 BeurkG); dies gilt entsprechend auch bei Handeln aufgrund Untervollmacht, Handeln eines Vertreters ohne Vertretungsmacht und bei Handeln vorbehaltlich Genehmigung[15] und für den Verwalter kraft Amtes (Testamentsvollstrecker, Insolvenzverwalter, Nachlassverwalter). Ausgeschlossen sind damit die vorstehenden Beteiligten auch bei Beurkundung eines Vertrags über einen Vermögensgegenstand, den sie als Verwalter kraft Amtes verwalten oder nachträglich genehmigen müssen.

Bei einer **Beteiligung des Notars an Gesellschaften** ist zu unterscheiden: 35
- Bei Beteiligung an **Personengesellschaften** und nicht rechtsfähigen Vereinen liegt stets der Ausschließungsgrund vor, da durch die von einem Mitgesellschafter abgegebenen Erklärungen alle Gesellschafter vertreten werden.[16]
- Bei Beteiligung an **juristischen Personen** wird die juristische Person und nicht deren Mitglieder vertreten, so dass die Beurkundung von Erklärungen der Organe der juristischen Person nicht gegen § 6 BeurkG verstößt.[17] Es kann jedoch ein Verstoß gegen das Mitwirkungsverbot vorliegen (vor allem § 3 Abs. 1 Nr. 9 BeurkG). Nicht ausgeschlossen ist der Notar nach § 6 BeurkG als Mitglied des Gemeinderats von der Beurkundung eines Vertrags der Gemeinde.[18]

Ausgeschlossen nach § 6 BeurkG sind die **formell Beteiligten** (§ 6 Abs. 2 BeurkG). For- 36 mell beteiligt sind ausschließlich die Erschienenen, die mündliche Erklärungen vor dem Notar abgeben, nicht aber Dritte, deren Rechte und Pflichten betroffen sind. In diesen Fällen kann jedoch ein Verstoß gegen § 7 BeurkG oder § 3 BeurkG vorliegen.

Ein **Verstoß gegen § 6 BeurkG** führt zur Unwirksamkeit der Beurkundung. Soweit 37 nach materiellem Recht die notarielle Beurkundung Wirksamkeitsvoraussetzung ist, ist die Erklärung nichtig und kann nur als Privaturkunde aufrechterhalten bleiben. Soweit, wie zB bei § 925 BGB, die Beurkundung nicht Wirksamkeitserfordernis ist, bleibt eine erklärte Auflassung trotz Verstoßes gegen § 6 BeurkG rechtswirksam.[19] Kein Verstoß gegen § 6 BeurkG ist die **notarielle Eigenurkunde.** Es ist keine Beurkundung einer eigenen Willenserklärung, sondern eine im Rahmen der Betreuungsaufgaben nach §§ 20 f. BeurkG abgegebene Erklärung zur Durchführung einer vorangegangenen Beurkundung.[20]

Bei mangelnder Fähigkeit, wirksame Amtshandlungen vorzunehmen **(Erblindung,** 38 **Geisteskrankheit des Notars),** kann dieser bei der Beurkundung nicht mitwirken. Die Beurkundung ist nichtig.[21] Bei sonstigen Gebrechen, insbesondere Geistesschwäche oder Stummheit, gilt dies erst, wenn der Notar seines Amts enthoben ist.[22]

---

[14] *Winkler* BeurkG § 6 Rn. 15.
[15] *Winkler* BeurkG § 6 Rn. 21 f.
[16] BeckOGK/*Schaller* BeurkG § 6 Rn. 13.
[17] Armbrüster/Preuß/Renner/*Armbrüster* BeurkG § 6 Rn. 7.
[18] *Winkler* BeurkG § 6 Rn. 24.
[19] BGHZ 22, 312 (315).
[20] Grziwotz/Heinemann/*Grziwotz* BeurkG § 6 Rn. 8.
[21] BGHZ 38, 347 (352).
[22] *Winkler* BeurkG § 6 Rn. 26.

39 **2. Unwirksamkeitsgründe (§ 7 BeurkG). § 7 BeurkG** gilt ebenso nur für die Beurkundung von Willenserklärungen. Anders als § 6 BeurkG geht § 7 BeurkG von dem Begriff der **materiellen Beteiligung** aus. Nicht die formelle Beteiligung ausgeschlossener Personen, sondern die Verschaffung eines rechtlichen Vorteils für ausgeschlossene Personen führt zur **Unwirksamkeit oder Teilunwirksamkeit** („insoweit") der Beurkundung.

40 **Unwirksam** sind Erklärungen, die
- dem Notar selbst (§ 7 Nr. 1 BeurkG);
- seinem Ehegatten oder früheren Ehegatten (§ 7 Nr. 2 BeurkG);
- seinem Lebenspartner oder früherem Lebenspartner (§ 7 Nr. 2a BeurkG);
- einer in gerader Linie verwandten oder verschwägerten oder in Seitenlinie bis zum dritten Grad verwandten oder bis zum zweiten Grad verschwägerten Person einen rechtlichen Vorteil verschaffen (§ 7 Nr. 3 BeurkG).

41 Die Unwirksamkeit tritt ein, falls die Erklärung unmittelbar Rechte begründet, erweitert oder Verpflichtungen mindert. Der Wortlaut stellt ausdrücklich nicht auf einen wirtschaftlichen Vorteil ab. Jedes Verfügungs- und Verpflichtungsgeschäft, das einen **abstrakten rechtlichen Vorteil** für eine ausgeschlossene Person bewirkt, führt zur (Teil-)Unwirksamkeit. Ein rechtlicher Vorteil, der einer juristischen Person eingeräumt wird, an der eine ausgeschlossene Person beteiligt ist, fällt, anders als bei Personengesellschaften, nicht unter § 7 BeurkG.

42 Einzelfälle:
- Unwirksam ist die Begründung oder Aufhebung eines Rechts für den Notar oder einen seiner Angehörigen.
- Rechtlich vorteilhaft ist die Benennung des Notars zum Testamentsvollstrecker, nicht die Bestellung des Sozius des Notars.[23]
- Die Benennung des Urkundsnotars in der beurkundeten Verfügung von Todes wegen ist unwirksam gemäß §§ 7 Nr. 1, 27 BeurkG; alternativ kann die Benennung des Notars als Testamentsvollstrecker außerhalb der Urkunde (durch gesonderte privatschriftliche Verfügung) erfolgen.[24]
- Die Regelung der Bestimmung der Person des Testamentsvollstreckers durch den Notar (§ 2198 Abs. 1 S. 1 BGB) ist gemäß § 7 Nr. 1 BeurkG unwirksam.[25]
- Die Beurkundung einer Vollmacht auf sich, auch eine Nachlassregelungsvollmacht, ist nach hA unzulässig.[26]
- Durchführungs- und Vollzugsvollmachten, die den Notar zur Stellung von Anträgen beim Grundbuchamt oder Registergericht sowie Einholung von Genehmigungen, Zeugnissen oder Zustimmungserklärungen, ermächtigen, also solche, die den Notar zur Vorbereitung und Durchführung von Amtsgeschäften berechtigen, sind im Tätigkeitsbereich des § 24 BNotO keine Begünstigung und fallen nicht unter § 7 BeurkG. Der Notar wird nicht im Sinne dieser Vorschrift begünstigt, sondern ermächtigt, im Rahmen seiner übernommenen Vollzugsaufgaben tätig zu werden.[27]

43 **3. Mitwirkungsverbote (§ 3 BeurkG, § 16 BNotO). a) Geltungsbereich.** Die Mitwirkungsverbote des § 3 BeurkG gelten für die gesamte Urkundstätigkeit des Notars und sind ein **zentraler Katalog** zur Sicherung der Unparteilichkeit. Die berufsrechtliche Vorschrift des § 16 Abs. 1 BNotO erweitert den Anwendungsbereich des Mitwirkungsverbots, indem sie anordnet, dass die Vorschrift für alle Amtstätigkeiten des Notars entspre-

---

[23] BGH DNotZ 1997, 446; DNotZ 1987, 768; DNotI-Report 1999, 101: mögliche Mitwirkungsproblematik nach § 3 Abs. 1 Nr. 4 BeurkG.
[24] OLG Bremen MittBayNot 2016, 344 mAnm *Reimann;* OLG Köln RNotZ 2018, 336.
[25] BGH DNotZ 2013, 149; DNotI-Report 2012, 195.
[26] *Winkler* BeurkG § 7 Rn. 8.
[27] Armbrüster/Preuß/Renner/*Armbrüster* BeurkG § 7 Rn. 6.

chend gilt, auch soweit es sich nicht um Beurkundungen nach dem BeurkG handelt (insbesondere also auch bei den in §§ 20–24 BNotO aufgeführten sonstigen Amtstätigkeiten), da der Notar bei allen Amtsgeschäften zur Unparteilichkeit verpflichtet ist.[28] Auch beim Vollzug eines von ihm beurkundeten Rechtsgeschäfts und bei der sonstigen Betreuung der Beteiligten iSd § 24 Abs. 1 BNotO hat der Notar daher seine Amtspflicht zur Unparteilichkeit zu wahren und somit die Mitwirkungsverbote des § 3 BeurkG zu beachten.[29]

b) Bedeutung des Mitwirkungsverbots. § 3 BeurkG ist eine **Soll-Vorschrift,** das **44** heißt, die Verletzung führt nicht zur Unwirksamkeit der Beurkundung. Die Beachtung dieser Vorschrift ist jedoch unbedingte Amtspflicht. Die §§ 6, 7 BeurkG enthalten materiell und formell besonders bedeutsame Verstöße gegen die von § 3 BeurkG umfassten Mitwirkungsverbote. Die Mitwirkungsverbote sind erheblich erweitert und verschärft worden, um die Unparteilichkeit der notariellen Amtsausübung zu stärken.[30] Bei einem wiederholten und groben Verstoß des Notars gegen die Mitwirkungsverbote des § 3 Abs. 1 BeurkG ist die Aufsichtsbehörde gemäß § 50 Abs. 1 Nr. 9 lit. a BNotO zur **Amtsenthebung** verpflichtet.[31]

Als **Anknüpfungspunkt** aller Mitwirkungsverbote des § 3 Abs. 1 BeurkG nennt die **45** Vorschrift die **„Angelegenheit" einer Person,** ohne jedoch selbst eine Definition dafür zu liefern. Eine Definition muss sich an dem zugrunde liegenden materiellen Beteiligtenbegriff orientieren.[32] Nicht entscheidend kann daher – wie im Rahmen des Beteiligtenbegriffs des § 6 Abs. 2 BeurkG – allein auf diejenigen abgestellt werden, die vor dem Notar erscheinen und Erklärungen abgeben. Vielmehr ist der Begriff der Angelegenheit auf jeden Fall weiter und wird teilweise synonym zum Begriff der Rechtssache iSv § 356 StGB oder § 45 BRAO verstanden.[33] Einen Anhaltspunkt für eine Definition liefert § 3 Abs. 1 Nr. 1 BeurkG, nach dem eigene Angelegenheiten des Notars auch solche sind, bei denen er mitberechtigt oder mitverpflichtet wird. Die wohl überwiegende Auffassung geht daher davon aus, dass es sich dann um die Angelegenheit einer Person handelt, wenn deren Rechte oder Pflichten durch den Urkundsvorgang **unmittelbar betroffen** werden.[34] Angelegenheit iSv § 3 BeurkG ist der Lebenssachverhalt, auf den sich die Beurkundung bezieht.[35] Es genügt dabei, dass die Rechte, Pflichten oder Verbindlichkeiten faktisch unmittelbar günstig oder ungünstig beeinflusst werden.[36] Um eine uferlose Ausdehnung des Begriffs zu vermeiden, darf aber nicht jedes mittelbare wirtschaftliche oder rechtliche Interesse für eine Betroffenheit ausreichen. Nimmt man hingegen den Sinn und Zweck der Vorschrift in den Blick, das Vertrauen der rechtssuchenden Bevölkerung in die Unabhängigkeit und Unparteilichkeit des Notars zu stärken, darf der Begriff zugleich nicht zu eng ausgelegt werden.[37]

Einzelfälle: **46**

– Daraus, dass es für den Angelegenheitenbegriff auf die materielle Beteiligung ankommt, folgt bei der Beurkundung von **Willenserklärungen** zweierlei: Zum einen sind solche Angelegenheiten der Vertragsparteien, das heißt, bei empfangsbedürftigen Willenserklärungen ist nicht nur der Erklärende, sondern auch der Erklärungsempfänger sachbeteiligt. Zum anderen sind Willenserklärungen nach hM auch Angelegenheiten der sie abgeben-

---

[28] BeckOGK/*Gößl* BeurkG § 3 Rn. 13.
[29] *Baumann/Limmer* RNotZ 2005, 356 (357).
[30] Ausführlich *Vaasen/Starke* DNotZ 1998, 661 (668 ff.); *Eylmann* NJW 1998, 2929 (2931 ff.).
[31] Vgl. BGH NJW 2004, 1954; *Custodis* RNotZ 2005, 35.
[32] BT-Drs. 5/3282, 28.
[33] Vgl. Eylmann/Vaasen/*Miermeister/de Buhr* BeurkG § 3 Rn. 7.
[34] *Winkler* BeurkG § 3 Rn. 24 mwN.
[35] BGH DNotZ 2013, 310 (311).
[36] BGH NJW 1985, 2027 (2027).
[37] Vgl. BeckOK BGB/*Litzenburger* BeurkG § 3 Rn. 4.

den Personen, das heißt im Fall der Vertretung solche des Vertreters[38], auch bei der vollmachtslosen Vertretung.[39] Verwalter kraft Amtes (zB Testamentsvollstrecker, Insolvenzverwalter, Zwangsverwalter) sind nicht Vertreter der Erben, des Gemeinschuldners oder Eigentümers. Vielmehr handeln sie in eigener Angelegenheit.

– Bei **Personengesellschaften** oder **nicht-rechtsfähigen Vereinen** werden trotz der bei einzelnen von ihnen gegebenen teilweisen rechtlichen Verselbstständigung die dahinter stehenden Gesellschafter berechtigt und verpflichtet, so dass immer alle Gesellschafter an deren Willenserklärungen beteiligt sind.[40] Dies gilt bei einer treuhänderischen Übertragung sowohl für den Treuhänder als auch für den Treugeber. Entsprechendes gilt für Rechtsgeschäfte einer Wohnungseigentümergemeinschaft. Willenserklärungen einzelner Wohnungs- und Teileigentümer aber auch Bruchteilseigentümer sind nur deren Angelegenheiten, nicht auch Angelegenheiten der jeweiligen Gemeinschaft oder der anderen Bruchteils- bzw. Wohnungseigentümer.[41]

– Anders verhält es sich bei Erklärungen **juristischer Personen.** Durch die Beurkundung von Willenserklärungen erwerben nur diese Rechte und Pflichten, nicht aber deren Gesellschafter. Eine Angelegenheit des Gesellschafters liegt hingegen dann vor, wenn dieser wirtschaftlicher Inhaber des Unternehmens mit beherrschender Stellung ist bzw. er einen wirtschaftlich beherrschenden Einfluss auf die Gesellschaft hat. Das ist nicht nur bei einer Einmanngesellschaft der Fall, sondern schon dann, wenn die Beteiligung so groß ist, dass er wirtschaftlich berechtigt und verpflichtet wird, zB bei einer qualifizierten Mehrheitsbeteiligung.[42]

– Aus dem Grundsatz der Sachbeteiligung folgt auch, dass es sich bei **Rechtsgeschäften, die unmittelbar gegen Dritte wirken,** wie etwa beim echten Vertrag zugunsten Dritter gemäß § 328 BGB, um eine Angelegenheit des Dritten handelt. An der Bestellung oder Aufhebung von Sicherheiten oder dinglichen Rechten durch Dritte sind stets auch Schuldner und Gläubiger beteiligt. Das bedeutet, die Grundpfandrechtsbestellung und die Unterwerfung unter die Zwangsvollstreckung sind auch Angelegenheiten des Gläubigers sowie die Löschungsbewilligung auch eine Angelegenheit des Eigentümers ist.[43] Ein Kaufvertrag ist stets auch eine Angelegenheit des aufgrund des Abschlusses provisionsberechtigten Maklers, unabhängig davon, ob in die Kaufvertragsurkunde eine Maklerklausel aufgenommen wird oder nicht.[44] Für einen Dritten, dessen Rechtsposition das Rechtsgeschäft nicht verändert (zB bei Abtretung der Schuldner) stellt sich eine von einem anderen abgegebene Willenserklärung aber nicht als Angelegenheit dar.

– **Einseitige Erklärungen** sind auch Angelegenheiten des Empfängers. Ein Vertragsangebot betrifft somit auch den Angebotsempfänger. Die Verfügung von Todes wegen ist daher sowohl eine Angelegenheit des Erblassers als auch des Erben und des Vermächtnisnehmers, nicht dagegen der durch die Auflage Begünstigten, da mangels eines Forderungsrechts keine unmittelbare Beziehung zwischen Verfügung und Begünstigung besteht.[45] Ferner ist die Verfügung von Todes wegen auch Angelegenheit der Pflichtteilsberechtigten, deren Erbrecht durch diese Verfügung ausgeschlossen wird.[46]

– Die **Unterschriftsbeglaubigung** ist nach hM unabhängig davon, ob der Entwurf vom Notar stammt oder nicht, nicht nur Angelegenheit der Unterzeichnenden, sondern auch derjenigen Personen, die an dem entsprechenden Geschäft materiell beteiligt sind.[47] Die

---

[38] OLG Köln RNotZ 2005, 298 (299).
[39] BeckOK BGB/*Litzenburger* BeurkG § 3 Rn. 12.
[40] *Winkler* BeurkG § 3 Rn. 34.
[41] *Winkler* BeurkG § 3 Rn. 36.
[42] *Winkler* BeurkG § 3 Rn. 33.
[43] Eylmann/Vaasen/*Miermeister/ de Buhr* BeurkG § 3 Rn. 14.
[44] BGH NJW 1985, 2027 (2027).
[45] *Winkler* BeurkG § 3 Rn. 29.
[46] BeckOK BGB/*Litzenburger* BeurkG § 3 Rn. 6.
[47] *Winkler* BeurkG § 3 Rn. 37; einschränkend Armbrüster/Preuß/Renner/*Armbrüster* BeurkG § 3 Rn. 35: nur wenn der Entwurf vom Notar stammt.

Erteilung einer beglaubigten Abschrift oder Ausfertigung ist nach hM Angelegenheit nur des Antragstellers, da die nach dem Inhalt der Urkunde Verpflichteten und Berechtigten durch die Erteilung in ihrer Rechtsstellung nicht berührt werden.[48]

– Die Beurkundung von **Versammlungsbeschlüssen** ist Angelegenheit der Gesellschaft, ihrer Organe und der Versammlungsteilnehmer. Insoweit ist zu differenzieren: Gesellschafterbeschlüsse von Personengesellschaften und nichtrechtsfähigen Vereinen sind nach einhelliger Ansicht Angelegenheiten aller Gesellschafter, gleich ob diese an der Beschlussfassung beteiligt sind oder nicht, da solche Beschlüsse eine unmittelbare Mitberechtigung und Mitverpflichtung begründen; Beschlüsse der Gesellschafter juristischer Personen sind grundsätzlich Angelegenheit der Gesellschaft selbst. Daneben stellen Versammlungsbeschlüsse stets auch eine Angelegenheit der aufsichts- und vertretungsberechtigten Organe dar, da diese durch die Beschlüsse unmittelbar gebunden werden.[49] Ob und inwieweit Beschlüsse auch Angelegenheit der Gesellschafter sind, ist im Übrigen umstritten.[50] Diese Grundsätze gelten nach hM auch für die Genossenschaft, da hier die Generalversammlung, also die erschienenen Genossen, das maßgebliche Organ ist.[51] Das Meinungsbild bei der GmbH ist uneinheitlich: Weite Teile behandeln die GmbH im Grundsatz wie die AG oder differenzieren teilweise nach personalistischer oder kapitalistischer Struktur, ob auch solche Beschlüsse Angelegenheit des Gesellschafters sind, an deren Beschlussfassung er nicht teilgenommen hat.[52] In jedem Fall sollte auch bei Versammlungsbeschlüssen die Einschränkung gelten, dass die wirtschaftliche Inhaberschaft des Unternehmens einen Beschluss zur Angelegenheit des beherrschenden Gesellschafters macht.

– Die **eidesstattliche Versicherung** im Rahmen des Erbscheinantrags ist nach hM Angelegenheit des Antragstellers und sämtlicher Personen, die ein Erbrecht für sich in Anspruch nehmen, unabhängig davon, ob sie im Antrag aufgeführt werden, nicht aber des Vermächtnisnehmers oder des Testamentsvollstreckers oder der Pflichtteilsberechtigten.[53] Ansonsten sind allgemein eidesstattliche Versicherungen Angelegenheiten nicht nur der erklärenden Personen, sondern auch derjenigen, deren Rechte und Pflichten hierdurch berührt werden.[54] Ähnliches gilt auch im Rahmen der Aufnahme eines Vermögensverzeichnisses. Hier handelt es sich um die Angelegenheit des Antragstellers, des Eigentümers sowie der Personen, die daraus verpflichtet oder berechtigt werden, insbesondere des Erben, Pflichtteilsberechtigten und Nießbrauchers.[55]

c) § 3 Abs. 1 Nr. 1 BeurkG. Der Notar darf nicht an Angelegenheiten mitwirken, an 47 denen er **mitberechtigt** oder **mitverpflichtet** ist. Das gilt auch, wenn er selbst als Vermittler am Erlös (mittelbar) beteiligt ist.[56]

d) § 3 Abs. 1 Nr. 2, Nr. 2a, Nr. 3 BeurkG. Ausgeschlossen ist der Notar bei Angele- 48 genheiten seines **Ehegatten**, früheren Ehegatten oder Verlobten (§ 3 Abs. 1 Nr. 2 BeurkG), seines Lebenspartners oder früheren Lebenspartners (§ 3 Abs. 1 Nr. 2a BeurkG). Der Notar darf nicht beurkunden bei Angelegenheiten von **Verwandten** und Verschwägerten in gerader Linie oder Verwandten in der Seitenlinie bis zum 3. Grad und Verschwägerten in der Seitenlinie bis zum 2. Grad. Es genügt, dass der Angehörige durch die Beurkundung mitberechtigt oder mitverpflichtet wird.

---

[48] *Winkler* BeurkG § 3 Rn. 59 mwN.
[49] *Winkler* BeurkG § 3 Rn. 39 ff.
[50] Vgl. Grziwotz/Heinemann/*Grziwotz* BeurkG § 3 Rn. 17; Armbrüster/Preuß/Renner/*Armbrüster* BeurkG § 3 Rn. 43 ff.
[51] *Winkler* BeurkG § 3 Rn. 51.
[52] Vgl. *Winkler* BeurkG § 3 Rn. 49 f.
[53] Vgl. BeckOK BGB/*Litzenburger* BeurkG § 3 Rn. 7 ff.
[54] Grziwotz/Heinemann/*Grziwotz* BeurkG § 3 Rn. 18.
[55] *Winkler* BeurkG § 3 Rn. 58.
[56] BGH NJW 1985, 2027.

49 **e) § 3 Abs. 1 Nr. 4 BeurkG.** In § 3 Abs. 1 S. 1 Nr. 4 BeurkG ist ein Mitwirkungsverbot in Angelegenheiten einer Person statuiert, mit der sich der Notar **zur gemeinsamen Berufsausübung** verbunden oder mit der er gemeinsame Geschäftsräume hat. Die Reichweite dieses Mitwirkungsverbots verdeutlicht am besten die Tatsache, dass der Sozius dem Notar und seinen nahen Angehörigen gleichgestellt wird. Immer dann, wenn der Notar nach § 3 Abs. 1 Nr. 1, Nr. 2 und Nr. 3 BeurkG nicht mitwirken dürfte, darf er dies auch dann nicht, wenn an dieser Stelle der Sozius steht.[57]

50 Verwandte und Verschwägerte der mit dem Notar zur Berufsausübung verbundenen Person fallen nicht unter das Mitwirkungsverbot. Daher ist es auch nicht untersagt, dass der Notar in Angelegenheiten des Ehegatten des Sozius oder seiner Kinder beurkundet. Vorsichtshalber sollte der Notar aber zur Vermeidung des Anscheins mangelnder Unparteilichkeit die Beteiligten in entsprechender Anwendung des § 3 Abs. 2 BeurkG auf diese Umstände hinweisen und einen Vermerk in die Urkunde aufnehmen.[58] Sind minderjährige Kinder des Sozius beteiligt, ist § 3 Abs. 1 Nr. 5 BeurkG zu beachten. Das Mitwirkungsverbot greift aber wiederum bei angestellten Personen ein, mit denen sich der Notar zur Berufsausübung verbinden könnte, so zB angestellte Rechtsanwälte beim Anwaltsnotar oder freie Mitarbeiter.[59]

51 Das Mitwirkungsverbot greift nach hM dann nicht, wenn sich die Tätigkeit des Sozius auf Erklärungen beschränkt, die dem Vollzug, der Durchführung oder Abwicklung des zugrundeliegenden Rechtsgeschäfts dienen. Demnach ist die Beurkundung von Durchführungs- und Abwicklungsvollmachten zugunsten des Sozius zulässig.[60] Auch Erklärungen des Sozius aufgrund der erteilten Vollzugsvollmachten sind vom Mitwirkungsverbot ausgenommen.[61] Das Mitwirkungsverbot betrifft auch keine Beurkundungen mit Angestellten des Notars, Aushilfen und Reinigungskräften sowie mit zur Ausbildung zugewiesenen Notarassessoren oder Rechtsreferendaren.

52 Der **Sozietätsbegriff** hat auch für die weiteren Mitwirkungsverbote nach § 3 Abs. 1 Nr. 5, Nr. 6, Nr. 7 und Nr. 8 BeurkG Bedeutung. Die hierunter fallenden Verbindungen zur gemeinsamen Berufsausübung sind Sozietäten im Sinn einer BGB-Gesellschaft, Partnerschaftsgesellschaften, Rechtsanwalts-GmbH und die Mitarbeit von Rechtsanwälten im Rahmen von Dienstverhältnissen. Der Begriff ist weit zu verstehen.[62] Für das Mitwirkungsverbot reicht **die gemeinsame Nutzung von Geschäftsräumen,** so dass zB auch angestellte Rechtsanwälte, Steuerberater oder freie Mitarbeiter Mitwirkungsverbote begründen können. In zeitlicher Hinsicht gilt das Mitwirkungsverbot für die Dauer der gemeinsamen Berufsausübung oder Nutzung der gemeinsamen Geschäftsräume und endet danach.

53 **f) § 3 Abs. 1 Nr. 5 BeurkG.** Es besteht ein Mitwirkungsverbot in allen Angelegenheiten einer natürlichen oder juristischen Person, deren **gesetzlicher Vertreter der Notar** ist. Gesetzliche Vertreter juristischer Personen werden von § 3 Abs. 1 Nr. 6 BeurkG erfasst.[63]

54 Das Mitwirkungsverbot ist auf die Fälle erweitert, in denen eine Person iSd § 3 Abs. 1 Nr. 4 BeurkG (gemeinsame Berufsausübung oder gemeinsame Geschäftsräume) gesetzlicher Vertreter ist.

---

[57] *Winkler* BeurkG § 3 Rn. 78. Zu der zu bejahenden Frage, ob ein Verstoß gegen das Mitwirkungsverbot vorliegt, wenn der Sozius des Urkundsnotars zum Testamentsvollstrecker ernannt wird, vgl. nur DNotI-Report 1999, 101 (103).

[58] Vgl. *Harborth/Lau* DNotZ 2002, 412 (417).

[59] *Vaasen/Starke* DNotZ 1998, 661 (669f.).

[60] OLG Celle DNotZ 2006, 55; BeckOGK/*Gößl* BeurkG § 3 Rn. 50.

[61] Vgl. OLG Köln RNotZ 2005, 298.

[62] *Winkler* BeurkG § 3 Rn. 75.

[63] Grziwotz/Heinemann/*Grziwotz* BeurkG § 3 Rn. 35.

g) § 3 Abs. 1 Nr. 6 BeurkG. Bei allen Angelegenheiten einer Person, deren **vertre-** 55 **tungsberechtigtem Organ** der Notar oder eine Person, mit der sich der Notar zur gemeinsamen Berufsausübung verbunden hat oder mit der er gemeinsame Geschäftsräume hat, besteht ein Mitwirkungsverbot. Hierunter fallen zB der mehrgliedrige Vorstand einer AG und auch der Aufsichtsrat, soweit dieser Geschäfte als gesetzlicher Vertreter vornimmt oder seine Zustimmung erteilen muss.

Das Verbot gilt nicht in den Fällen des § 3 Abs. 3 BeurkG, insbesondere bei der Mit- 56 gliedschaft in Kommunalvertretungen und Vertretungsorganen religiöser oder weltanschaulicher Körperschaften des öffentlichen Rechts. Hier besteht allerdings eine Hinweispflicht gemäß § 3 Abs. 2 BeurkG mit der Fragepflicht, ob die Beurkundung gleichwohl vorgenommen werden soll. Dies ist in der Urkunde zu vermerken.

h) § 3 Abs. 1 Nr. 7 BeurkG. Die zentrale Bestimmung der Mitwirkungsverbote ist § 3 57 Abs. 1 Nr. 7 BeurkG. Danach besteht ein Mitwirkungsverbot in Angelegenheiten einer Person, für die der Notar (unter Einbeziehung aller Personen, mit denen der Notar zur gemeinsamen Berufsausübung verbunden ist oder eine Bürogemeinschaft unterhält) außerhalb der Amtstätigkeit **in derselben Angelegenheit bereits tätig war oder ist,** es sei denn, diese Tätigkeit wurde im Auftrag aller Personen ausgeübt, die an der Beurkundung beteiligt sein sollen.

Die Bestimmung des § 3 Abs. 1 Nr. 7 BeurkG gilt auch für Sozietäten im Rahmen 58 sogenannter **„Sternsozietäten"** dh auch in den Fällen, in denen Personen vorbefasst waren oder sind, die zwar nicht selbst dem Notar beruflich verbunden sind, jedoch mit einer Person, die Sozius des Notars ist oder in einer Bürogemeinschaft verbunden ist.

Die Bestimmung hat einschneidende Bedeutung gerade für die Tätigkeit des **Anwalts-** 59 **notars.** War oder ist der Anwalt selbst oder sein Sozius, Partner oder Mitarbeiter als Rechtsanwalt, Patentanwalt, Steuerberater, Wirtschaftsprüfer, vereidigter Buchprüfer oder in sonstiger Weise in einer Angelegenheit tätig, dann folgt daraus ein Mitwirkungsverbot nach § 3 Abs. 1 S. 1 Nr. 7 BeurkG.[64]

Nach der Rechtsprechung wird jede **Vorbefassung** beruflicher, geschäftlicher oder 60 sonstiger Art vom Mitwirkungsverbot erfasst. Das Mitwirkungsverbot wegen Vorbefassung wirkt mandats- und nicht mandantenbezogen. Die konkrete Angelegenheit muss mithin Gegenstand der Vorbefassung gewesen sein.[65] Der Begriff „derselben Angelegenheit" bedeutet, dass sich die außernotarielle Tätigkeit und das notarielle Urkundsgeschäft auf einen einheitlichen Lebenssachverhalt beziehen müssen.[66] Sinn und Zweck der Norm ist es, bereits den Anschein einer Gefährdung der Unabhängigkeit und Unparteilichkeit der Amtsführung des Notars zu vermeiden. Deshalb ist der Begriff „derselben Angelegenheit" nicht zu eng auszulegen. Entscheidend sind der einheitliche Lebenssachverhalt und der Gesamtzusammenhang.[67] Die Amtstätigkeit muss demnach Rechte, Pflichten oder Verbindlichkeiten einer Person betreffen, die bereits Gegenstand einer anwaltlichen oder sonstigen außeramtlichen Vortätigkeit des Notars war. Es ist ausreichend, wenn Rechte und Pflichten durch das notarielle Amtsgeschäft faktisch unmittelbar betroffen werden, wobei es nicht nur um mittelbare, reflexhafte Auswirkungen des Beurkundungsgeschäfts auf den Gegenstand der anwaltlichen Vorbefassung gehen darf.[68]

Das Verbot gilt nicht, wenn die Vorbefassung im Rahmen der **Amtstätigkeit des No-** 61 **tars** oder seines Notarsozius (unter Einschluss der sonstigen notariellen Betreuung iSd § 24 BNotO) erfolgt; hieraus kann in teleologischer Reduktion des § 3 Abs. 1 S. 1 Nr. 7

---

[64] *Eylmann* NJW 1998, 2929; *Mihm,* Berufsrechtliche Kollisionsprobleme beim Anwaltsnotar, 2000.
[65] OLG Celle BeckRS 2013, 01126.
[66] BGH DNotZ 2013, 310 Rn. 9 mwN.
[67] OLG Schleswig RNotZ 2010, 666 (668).
[68] *Winkler* BeurkG § 3 Rn. 114.

BeurkG gefolgert werden, dass für die Tätigkeit des Nurnotars das Mitwirkungsverbot und die Frage- und Vermerkpflicht des § 3 Abs. 1 S. 2 BeurkG regelmäßig nicht gilt.[69]

62   Das Mitwirkungsverbot greift bei allen **außernotariellen Tätigkeiten** im weitesten Sinn in derselben Angelegenheit durch den Notar oder einer mit ihm iSd § 3 Abs. 1 Nr. 4 BeurkG verbundenen Person ein. Ausdrücklich fallen darunter auch in der Vergangenheit, zB durch Mandatsbeendigung, abgeschlossene Sachverhalte. Es reicht damit bereits jede frühere oder gegenwärtige rechtliche, wirtschaftliche oder steuerliche Beratung. Je umfassender diese ist oder war, so insbesondere bei dauernder steuer- oder wirtschaftsberatender Tätigkeit der Kanzlei, umso weiter greift das Mitwirkungsverbot, das nicht nur den Schein der Parteilichkeit vermeiden will, sondern die Unparteilichkeit gewährleistet.

63   Das Mitwirkungsverbot gilt nicht, wenn die Vorbefassung im **Auftrag aller Personen** erfolgte, die an der Beurkundung (im materiellen Sinn) beteiligt sein sollen.

64   Der Notar hat vor der Beurkundung nach einer Vorbefassung zu fragen und die Antwort in der Urkunde zu vermerken (§ 3 Abs. 1 S. 2 BeurkG). Die **Frage- und Vermerkpflicht** gilt für Beurkundungen und Beglaubigungen und nach dem Wortlaut grundsätzlich auch für fremdsprachliche Erklärungen. Die Frage- und Vermerkpflicht gilt aber beim **Anwaltsnotar** *nicht,* wenn der Notar die Unterschrift unter einer Urkunde beglaubigen soll, die in einer ihm *unbekannten Fremdsprache* abgefasst ist. Hier entfällt analog § 30 S. 4 BeurkG die Prüfungspflicht des Notars und damit auch die Frage- und Dokumentationspflicht.[70]

65   **Formulierungsbeispiel: Vorbefassung (mehrsprachig)**[71]

⟳ Der Notar fragte die Erschienenen, ob er oder eine der mit ihm beruflich verbundenen Personen in einer Angelegenheit, die Gegenstand dieser Beurkundung ist, außerhalb der Amtstätigkeit als Notar tätig ist oder war. Dies wurde von ihm verneint.

[*Alt. bei bejahender Antwort:*... Die Vorbefassung wurde bejaht. Es liegt indes ein Ausnahmefall iSd § 3 Abs. 1 S. 1 Nr. 7 BeurkG vor. Hierzu erklärten die Beteiligten, dass Herr Steuerberater *** sie im allseitigen Auftrag beraten habe.]

[*Bei Unterschriftsbeglaubigungen genügt folgende Kurzfassung:* Die Frage des Notars nach einer Vorbefassung iSd § 3 Abs. 1 S. 1 Nr. 7 BeurkG wurde von dem/den Erschienenen verneint.]

[*Englisch:* The Notary asked the Appearer whether he or any member of his firm had acted in the matter which is the subject of this instrument, except in a notarial capacity. The Appearer replied in the negative.]

[*Französisch:* Sur réquisition du notaire le comparant a déclaré dans le cadre de la présente authentification ne pas être en relation extranotariale ni avec le notaire, ni avec une personne associée au notaire soussigné.]

[*Italienisch:* Io Notaio ho chiesto ai Comparenti se io o altro mio collaboratore dello Studio ci siamo occupati o ci siamo occupando della questione oggetto del presente Atto al di fuori della nostra funzione notarile. I Comparenti hanno dato risposta negativa.]

66   **i) § 3 Abs. 1 Nr. 8 BeurkG.** Das Mitwirkungsverbot des § 3 Abs. 1 Nr. 8 BeurkG besteht bei Angelegenheiten einer Person, die den Notar in derselben Angelegenheit bevollmächtigt hat oder zu der er in einem Dienst- oder Geschäftsverhältnis steht. Während nach früherer Rechtslage unter diesen Tatbestand insbesondere auch die vorangegangene anwaltliche Bevollmächtigung fiel, geht nach der Neufassung der Vorbefassungsausschluss

---

[69] Grziwotz/Heinemann/*Grziwotz* BeurkG § 3 Rn. 56.
[70] *Winkler* BeurkG § 3 Rn. 134.
[71] Vgl. DNotI-Report 1999, 72 (115).

nach § Abs. 1 Nr. 7 BeurkG als umfassendere Regelung vor.[72] Danach verbleibt für § 3 Abs. 1 Nr. 8 BeurkG nur ein geringer Anwendungsbereich:

Das Mitwirkungsverbot greift nur für Bevollmächtigungen, bei denen der Notar noch 67 nicht gehandelt hat. Vor allem muss auch für § 3 Abs. 1 Nr. 8 BeurkG von einer Bevollmächtigung „außerhalb der Amtstätigkeit" ausgegangen werden, da die Vorschrift anders nicht sinnvoll anzuwenden ist.[73] Wie in § 3 Abs. 1 Nr. 7 BeurkG sind für den Begriff derselben Angelegenheit der einheitliche Lebenssachverhalt und der Gesamtzusammenhang entscheidend, wobei das Mitwirkungsverbot nicht zu eng auszulegen ist. Die Erweiterung auf beruflich verbundene Personen iSv § 3 Abs. 1 Nr. 4 BeurkG betrifft nach dem Wortlaut von § 3 Abs. 1 Nr. 8 BeurkG nur den zweiten Fall der Vorschrift, mithin nur den Fall ständigen Dienst- oder Geschäftsverhältnisses. Daher ist umstritten, ob die Bevollmächtigung einer mit dem Notar zur gemeinsamen Berufsausübung verbundenen Person zu einem Mitwirkungsverbot führt. Nach dem Gesetzeswortlaut scheint alleine die Bevollmächtigung des Notars ein Mitwirkungsverbot zu begründen; die Beteiligung einer beruflich verbundenen Person ist nur in der Alt. 2 genannt. Hier wird ein Redaktionsversehen des Gesetzgebers angenommen, denn nach dem Sinn und Zweck der Vorschrift führt auch die Bevollmächtigung einer beruflich mit dem Notar verbundenen Person zu einem Mitwirkungsverbot.[74]

Bedeutsamer ist der zweite vom Mitwirkungsverbot geregelte Fall: Auch das Bestehen 68 eines Dienst- oder eines sonstigen Geschäftsverhältnisses zwischen einem materiell Beteiligten und dem Notar oder seinem Sozius führt zu einem Mitwirkungsverbot. Da bereits die Unabhängigkeit des Notars der Eingehung eines Anstellungsverhältnisses entgegensteht, hat die Vorschrift praktische Relevanz nur für den Fall, dass eine mit dem Notar zur gemeinsamen Berufsausübung verbundene Person in einem ständigen Dienst- oder Geschäftsverhältnis steht; auch dann darf der Notar für das Unternehmen keinerlei Beurkundung vornehmen.[75] Das Mitwirkungsverbot zielt darauf ab, ein „Unternehmensnotariat" zu verhindern, bei dem der Notar oder die mit ihm zur Berufsausübung verbundenen Personen vertragsrechtlich in ein Unternehmen eingegliedert ist. Die erfassten Geschäftsverhältnisse setzen daher Weisungsabhängigkeit des Notars oder seines Sozius voraus.[76] Andere formulieren weniger eng und fordern, dass aufgrund des Dienst- bzw. Geschäftsverhältnisses eine enge wirtschaftliche und rechtliche Bindung besteht, die die Unabhängigkeit des Notars in Frage stellt.[77] Ein bloßes Dauermandat reicht hingegen nicht, um ein Mitwirkungsverbot zu begründen.[78]

j) § 3 Abs. 1 Nr. 9 BeurkG. Das Mitwirkungsverbot in Angelegenheiten einer Gesell- 69 schaft, an der der Notar mit mehr als 5 % der Stimmrechte oder mit mehr als 2.500 EUR anteiligem Haftkapital beteiligt ist, führt faktisch zu einem Beurkundungsausschluss in vielen Fällen einer Gesellschaftsbeteiligung. Richtigerweise meint die Vorschrift den Nominalbetrag der Kapitalbeteiligung und damit neben der Kommanditeinlage die Beteiligung an einer AG, KGaA, GmbH oder Genossenschaft. Zu beachten ist indes, dass bei einer qualifizierten Mehrheitsbeteiligung für die genannten Personen als wirtschaftliche Inhaber einer Kapitalgesellschaft ein Mitwirkungsverbot ausgelöst wird.

k) § 3 Abs. 2, Abs. 3 BeurkG. Nach **§ 3 Abs. 2 und Abs. 3 BeurkG** besteht ein **Ab-** 70 **lehnungsrecht,** falls es sich um die Angelegenheiten mehrerer Personen handelt und der Notar

---

[72] Eingehend dazu *Mihm* DNotZ 1999, 8 (22 f.).
[73] *Winkler* BeurkG § 3 Rn. 148.
[74] Vgl. BeckOGK/*Gößl* BeurkG § 3 Rn. 81 mwN.
[75] *Mihm* DNotZ 1999, 8 (23).
[76] Eylmann/Vaasen/*Miermeister*/*de Buhr* BeurkG § 3 Rn. 57.
[77] BeckOGK/*Gößl* BeurkG § 3 Rn. 81 mwN.
[78] Grziwotz/Heinemann/*Grziwotz* BeurkG § 3 Rn. 61.

– früher in derselben Angelegenheit als Bevollmächtigter oder gesetzlicher Vertreter tätig war (§ 3 Abs. 2 BeurkG);

– in einer anderen Angelegenheit als Bevollmächtigter eines Betroffenen tätig ist (§ 3 Abs. 2 BeurkG);

– einem nicht vertretungsberechtigten Organ einer Person angehört, deren Angelegenheit beurkundet wird (§ 3 Abs. 3 Nr. 1 BeurkG);

– einem vertretungsberechtigten Organ einer Gemeinde, eines Kreises oder einer religiösen oder weltanschaulichen Körperschaft des öffentlichen Rechts angehört, deren Angelegenheit beurkundet wird (§ 3 Abs. 3 Nr. 2 und Nr. 3 BeurkG).

71 **l) § 16 Abs. 2 BNotO.** Fühlt sich der Notar **befangen,** dann hat er nach § 16 Abs. 2 BNotO die Beurkundung abzulehnen. In den vorgenannten Fällen des § 3 Abs. 2, Abs. 3 BeurkG hat der Notar die Beteiligten zu belehren, dass sie seine Tätigkeit ablehnen können. In der Urkunde ist ein Vermerk darüber aufzunehmen, dass dies geschehen ist.

72 § 16 Abs. 2 BNotO räumt dem Notar darüber hinaus das Recht ein, sich der Amtstätigkeit wegen Befangenheit zu enthalten. Besondere Bedeutung kommt dieser Bestimmung nicht zu. Sie ist aber in den Fällen, die nicht unter die normierten Mitwirkungsverbote fallen, aber gleichwohl die notwendige Unparteilichkeit gefährdet erscheint, ein notwendiges Korrektiv zur Pflicht zur Amtsausübung.

73 **m) § 27 BeurkG.** Von der Beurkundung von Willenserklärungen zu seinen Gunsten oder zu Gunsten naher Angehöriger ist der Notar gemäß § 7 BeurkG ausgeschlossen. § 27 BeurkG stellt insoweit klar, dass der Notar von der Beurkundung einer Verfügung von Todes wegen ausgeschlossen ist, falls er oder die von § 7 BeurkG erfassten Personen **in der Verfügung bedacht,** das heißt als Erben oder Vermächtnisnehmer eingesetzt oder als Testamentsvollstrecker ernannt werden. Entsprechendes gilt für einen beigezogenen Dolmetscher (§ 16 Abs. 2 S. 3 BeurkG), für die bei Tauben oder Stummen beigezogene Vertrauensperson (§ 24 BeurkG) oder für den zugezogenen Zeugen oder zweiten Notar (§ 26 BeurkG). Ein Verstoß gegen § 27 BeurkG führt zur Nichtigkeit der einzelnen hiervon betroffenen Zuwendung.[79] Dies hat abweichend von § 139 BGB regelmäßig nicht die Unwirksamkeit der Gesamtverfügung zur Folge (§ 2085 BGB).

VI. Allgemeine Amtspflichten

74 **1. Wahrung der verfassungsmäßigen Ordnung.** Gemäß seinem Amtseid (§ 13 BNotO) übernimmt der Notar die Pflicht zur Wahrung der verfassungsmäßigen Ordnung. Diese Pflicht besteht gegenüber dem Staat und begründet keine Amtspflicht iSd § 19 BNotO.

75 **2. Unparteilichkeit (§§ 1, 14 BNotO).** Der Notar ist nicht Vertreter einer Partei, sondern unparteiischer Betreuer der Beteiligten. Schon der Anschein der Parteilichkeit ist zu vermeiden. Der Notar hat durch geeignete Vorkehrungen die Wahrung der Unabhängigkeit und Unparteilichkeit seiner Amtsführung sicherzustellen (§ 28 BNotO). Der Vermeidung jeden Anscheins einer Parteilichkeit dienen vor allem die Mitwirkungsverbote und die Pflichten des Notars zur Gestaltung des Beurkundungsverfahrens, so dass die Anforderungen des § 17 Abs. 1, Abs. 2 BeurkG gewährleistet sind.

76 Die Pflicht zur Unparteilichkeit steht wie keine andere Amtspflicht des Notars im Spannungsfeld der **gegensätzlichen Anforderungen an notarielle Beratung und Belehrung.** So kann aus der Pflicht zur Unparteilichkeit abgeleitet werden, dass der Notar nicht seine Auffassung einer ausgewogenen Vertragsgestaltung den Parteien aufdrängen darf **(Belehrungsverbot)** oder dass der Notar auf die Parteien so einzuwirken habe, dass

---

[79] *Winkler* BeurkG § 27 Rn. 12.

ein gerechter Ausgleich der Interessen entsteht **(Belehrungspflicht).** Je nach Art des Rechtsgeschäfts und der geschäftlichen Gewandtheit der Beteiligten hat der Notar zwischen den Polen einer pflichtmäßigen und einer pflichtwidrig aufgedrängten Beratung einen Weg zu finden.[80]

In der **Rechtsprechung** wird die Pflicht zur Unparteilichkeit äußerst kontrovers beurteilt. So sind Regelungen anzuregen, um die Gefährdung des Käufers durch Vorleistungen zu verhüten.[81] Umgekehrt verletzt der Notar die Pflicht zur Unparteilichkeit, wenn er von sich aus zugunsten eines Beteiligten Sicherheiten vorschlägt.[82] Allgemein gültige Leitlinien lassen sich nach der Rechtsprechung nicht aufzeigen.[83] Es gilt: Im Zweifel Belehrung und Warnung. Die Belehrung und Warnung der Vertragsteile, mag sie auch intensiv sein, wird regelmäßig nicht die Pflicht zur Unparteilichkeit verletzen. Der Notar wird schon aus haftungsrechtlichen Gründen gut beraten sein, in allen Vertragsgestaltungen, die er nicht als ausgewogen erachtet, seine Hinweise als Belehrungsvermerke in die Urkunde aufzunehmen. **77**

3. Verschwiegenheit (§ 18 BNotO). Die Amtspflicht zur Verschwiegenheit besteht **ausschließlich im Interesse der Beteiligten,** nicht aber von Dritten. Die Beteiligten können den Notar hiervon befreien (§ 18 Abs. 2 BNotO). Ist der Beteiligte verstorben, tritt an dessen Stelle die Aufsichtsbehörde des Notars (§ 18 Abs. 2 BNotO). Der Erbe hat kein Mitwirkungs- oder Anfechtungsrecht.[84] Im Beurkundungsverfahren entsteht nicht selten ein Widerspruch zwischen der Pflicht zur Belehrung und zur Verschwiegenheit. Die Belehrungspflicht ist unverzichtbar und hat regelmäßig Vorrang. Unterlässt der Notar wegen der ihm obliegenden Schweigepflicht die Belehrung, so verletzt er seine Amtspflicht. Der Notar hat hier nur die Wahl, sich von seiner Schweigepflicht befreien zu lassen (§ 18 Abs. 2 BNotO) oder die Amtsausübung zu verweigern (§ 15 BNotO).[85] Auch die Haftungsrechtsprechung bejaht durchgehend den **Vorrang der Belehrungs- und Aufklärungspflichten** vor der Pflicht zur Verschwiegenheit.[86] **78**

4. Amtsbereitschaft und Amtsausübung. Der Notar hat die Pflicht zur Amtsbereitschaft als allgemeine Amtspflicht (§ 1 BNotO). Die Pflicht zur Amtsbereitschaft und die durch die Novelle zur BNotO gelockerte Residenzpflicht (§ 10 Abs. 2 BNotO) dienen der geordneten Rechtspflege und begründen keine Pflichten gegenüber Beteiligten und Dritten. Zur Amtsausübung ist der Notar bei den Amtsgeschäften der §§ 20–22a BNotO verpflichtet. Der Notar darf seine Tätigkeit nicht ohne ausreichenden Grund verweigern (§ 15 BNotO). Eine über die Amtstätigkeit hinausgehende Auskunftspflicht des Notars besteht auch gegenüber den Beteiligten einer abgeschlossenen Beurkundung nicht.[87] Die Übernahme weiterer Tätigkeiten iSd §§ 23, 24 BNotO steht dem Notar frei. **79**

B. Prüfungs- und Belehrungspflichten

I. Grundsätze

Der Notar hat den Willen der Beteiligten zu erforschen, den Sachverhalt zu klären und die Beteiligten über die rechtliche Tragweite des Geschäfts zu belehren (§ 17 BeurkG). Der **Wandel der Rechtsprechung zu § 17 BeurkG** verdeutlicht die besondere Bedeu- **80**

---

[80] Zur Warnpflicht nach § 14 BNotO *Reithmann* DNotZ 2003, 804.
[81] BGH DNotZ 1959, 173; s. nur Armbrüster/Preuß/Renner/*Armbrüster* BeurkG § 17 Rn. 92ff.
[82] BGH DNotZ 1987, 157; vgl. auch BGH NJW 1987, 1266.
[83] Vgl. *Haug/Zimmermann* Amtshaftung Rn. 528.
[84] BGH DNotZ 2009, 876.
[85] Vgl. eingehend Eylmann/Vaasen/*Bremkamp* BNotO § 18 Rn. 66ff.
[86] BGH DNotZ 1973, 174 (179); DNotZ 1973, 494; DNotZ 1978, 373; vgl. Ganter/Hertel/Wöstmann/ *Wöstmann* Rn. 422ff.
[87] OLG Hamm MittBayNot 1999, 89.

tung der Prüfungs- und Belehrungspflichten. Sah die Rechtsprechung anfänglich die Aufgabe des Beurkundungsverfahrens in der Sicherung der rechtswirksamen Formulierung und Beurkundung,[88] so rückte zunehmend die Belehrungs- und Aufklärungspflicht als zentrale Aufgabe in den Vordergrund. Die Anforderungen hieran steigerten sich zunehmend,[89] und neben der aus § 17 BeurkG abgeleiteten Belehrungspflicht aus Urkundtätigkeit entwickelte die Rechtsprechung die noch weiter reichenden **Belehrungspflichten aus Betreuungsverpflichtung.**[90]

81   § 17 BeurkG soll gewährleisten, dass der Notar eine rechtswirksame Urkunde über den wahren Willen der Beteiligten errichtet. Aus diesem Zweck folgt die inhaltliche **Begrenzung der Pflicht zur Rechtsbelehrung:** Sie geht nur so weit, wie eine Belehrung für das Zustandekommen einer formgültigen Urkunde erforderlich ist, die den wahren Willen vollständig und unzweideutig in der für das beabsichtigte Rechtsgeschäft richtigen Form rechtswirksam wiedergibt. Dabei ist darauf zu achten, dass unerfahrene und ungewandte Beteiligte nicht benachteiligt werden (§ 17 Abs. 1 S. 2 BeurkG).

II. Willenserforschung und Sachverhaltsaufklärung

82   Jede Beurkundung beginnt mit der Aufnahme und Ermittlung der **objektiven und subjektiven Sachverhaltsgrundlagen.** Nicht alles, was die Beteiligten wollen, können und dürfen sie. Willenserforschung ist die Aufgabe des Notars, die Beteiligten zu einem übereinstimmenden Ergebnis zu führen, das ihren wahren Willen irrtums- und zweifelsfrei und rechtlich einwandfrei enthält.

83   Dieses Ziel wird auf **mehreren Stufen** erreicht:

(1) Auf der ersten Stufe hat der Notar seine **Amtstätigkeit zu versagen,** wenn mit der Beurkundung unerlaubte oder unredliche Zwecke verfolgt werden (§ 4 BeurkG, § 14 Abs. 2 BNotO).

(2) Die zweite Stufe der Überprüfung erfolgt auf der **Grundlage der Rechtsordnung.** Verstößt die Erklärung gegen ein Gesetz (§ 134 BGB), die guten Sitten (§ 138 BGB) oder Treu und Glauben (§ 242 BGB), so ist im Wege der Beratung ein der Rechtsordnung konformer Weg zu finden oder die Beurkundung abzulehnen. Die Beurkundung ist so zu gestalten, dass die Einhaltung der Pflichten nach § 17 Abs. 1, Abs. 2 BeurkG gewährleistet ist und den besonderen Anforderungen an die Verfahrensgestaltung bei Verbraucherverträgen Rechnung getragen wird (§ 17 Abs. 2a BeurkG).

(3) Als dritte Stufe ist zu prüfen, ob durch die Erklärung das angestrebte **rechtsgeschäftliche Ziel sicher erreichbar** ist. Bei mehreren Alternativen ist die sicherste Gestaltung aufzuzeigen. Bei mehreren gleichermaßen sicheren Gestaltungen ist derjenigen der Vorzug zu geben, die am kostengünstigsten ist.

(4) Nicht vom Gesetz gefordert und nicht immer erreichbar, doch gleichwohl vornehmste Aufgabe des Notars ist es, auf dieser Grundlage ein Ergebnis zu erzielen, das nicht nur rechtmäßig, sondern auch **ausgewogen und gerecht** ist. Der Notar kann bezeugen, nicht entscheiden, nicht seinen Willen an die Stelle des Willens der Beteiligten setzen.

84   Die Stufen **Rechtmäßigkeit** und **Richtigkeit** müssen geprüft werden. Kommt der Notar zur Überzeugung, dass die Erklärung nicht dem Gesetz oder dem wahren Willen der Beteiligten entspricht, so hat er die Beurkundung abzulehnen. Bestehen Zweifel, so hat der Notar seine Bedenken zu unterbreiten. Bestehen die Beteiligten trotz schonungsloser Aufklärung auf der Beurkundung, so hat er die Zweifel in der Niederschrift zu vermerken (§ 17 Abs. 2 S. 1 BeurkG). Meistens zeitigt bereits die Drohung der Aufnahme eines derartigen Vermerks einen entsprechenden Erfolg.

---

[88] RG JW 1915, 1513.
[89] Vgl. BGH DNotZ 1954, 329.
[90] Ausführlich *Allerkamp,* Die sogenannte erweiterte Belehrungspflicht des Notars, 1989; vgl. auch *Winkler* BeurkG § 17 Rn. 242 ff.; BeckOGK/*Regler* BeurkG § 17 Rn. 87 ff.

Erforschung des Willens und Aufnahme und Klärung des Sachverhalts erfolgen gemein- 85
sam. Es gibt im Beurkundungsverfahren **keine Amtsermittlung.** Der Notar muss davon
ausgehen können, dass die Sachverhaltserklärungen der Beteiligten richtig sind.[91] Erhält
der Notar auf seine Fragen zur Sachverhaltsaufklärung klare Antworten, so besteht für ihn
kein Anlass, an der Richtigkeit und Vollständigkeit zu zweifeln.[92] Angaben zum Sachverhalt werden häufig lückenhaft und nicht selten schief oder unrichtig gemacht. Soweit es
sich um Rechtstatsachen handelt, muss recherchiert oder nachgefragt werden, um eine
richtige Grundlage der Beurkundung zu schaffen. Dies betrifft insbesondere Grundbuchstand, Güterstand, bei Verfügungen von Todes wegen das Vorhandensein früherer bindender Verfügungen, Güter- und Erbrechtsstatut, Einsicht in Nachlassakten, Nachweis der
Inhaberschaft von Gesellschaftsanteilen usw. Dabei muss der Notar zwar damit rechnen,
dass rechtliche Begriffe, die auch unter Laien gebräuchlich sind und die als Tatsachen vorgetragen werden, möglicherweise falsch verstanden werden; ohne besondere Anhaltspunkte kann er sich allerdings darauf verlassen, dass die von den Beteiligten hierzu gemachten tatsächlichen Angaben, zB Fehlen einer bindenden Verfügung von Todes wegen,
richtig sind.[93] Werden dem Notar Unterlagen vorgelegt, hat er sich darüber zu unterrichten und sie zu berücksichtigen, soweit dies die Klärung derjenigen Tatsachen erfordert,
die für die Errichtung einer wirksamen, dem Willen der Beteiligten entsprechenden Urkunde bedeutsam sind.[94]

III. Belehrung

1. Adressat der Belehrung. Der Notar hat die **formell Beteiligten** über die **rechtliche** 86
Tragweite des Geschäfts zu belehren. Die Belehrungspflicht besteht grundsätzlich nur
gegenüber den formell an der Beurkundung Beteiligten (§ 6 Abs. 2 BeurkG). Das sind die
Erschienenen, deren Erklärungen beurkundet werden sollen. Es besteht dem Grundsatz
nach keine Pflicht zur Belehrung derjenigen Personen, deren rechtliche Interessen durch
die beurkundete Erklärung materiell berührt werden, die aber selber keine Erklärungen
abgeben und formell nicht beteiligt sind.

In Ausnahmefällen besteht aber eine Belehrungspflicht auch gegenüber formell nicht 87
Beteiligten.[95] Diese Erweiterung der Prüfungs- und Belehrungspflicht lässt sich aber nicht
auf § 17 Abs. 1 BeurkG, sondern nur auf die **Betreuungspflichten gegenüber Dritten**
stützen (→ Rn. 181 ff.).

Die in § 17 Abs. 2a BeurkG neu gefassten **Beurkundungsverfahrenspflichten** beste- 88
hen ebenfalls gegenüber den materiell Beteiligten. Die Pflicht zur sachgerechten Gestaltung des Beurkundungsverfahrens zielt darauf ab, dass die materiell Beteiligten an der Beurkundungsverhandlung teilnehmen.

2. Inhalt der Belehrungspflicht. Die Belehrungspflicht ist unverzichtbar und entfällt 89
auch dann nicht, wenn das beurkundete Rechtsgeschäft der allgemeinen Praxis entspricht
und eine Gefahr nach Lage des Falles nicht droht. Auf der anderen Seite ist der Notar
nicht verpflichtet, ohne Rücksicht auf die konkreten Belange „ins Blaue hinein" zu beraten.[96] Der Inhalt und Umfang der gebotenen Belehrung hängt sowohl vom konkreten
Rechtsgeschäft wie von den konkreten Beteiligten ab. Sie muss nach der Rechtsprechung
„fallbezogen" ausgestaltet sein.[97]

---

[91] BGH DNotZ 2018, 74 (75); DNotZ 1996, 563 (564).
[92] BGH DNotZ 1981, 515; *Winkler* BeurkG § 17 Rn. 213.
[93] BeckOK BGB/*Litzenburger* BeurkG § 17 Rn. 2.
[94] BGH NJW 1996, 520; Armbrüster/Preuß/Renner/*Armbrüster* BeurkG § 17 Rn. 19.
[95] Vgl. Armbrüster/Preuß/Renner/*Armbrüster* BeurkG § 17 Rn. 49.
[96] BGH DNotZ 2012, 356 (358) mwN; ausf. *Regler* MittBayNot 2017, 115 (120).
[97] BGH DNotZ 2012, 356 (358).

90 Die Belehrungspflicht entfällt, soweit es sich um Rechtsfragen handelt, die dem Beteiligten nach seiner persönlichen Sachkunde ohne weiteres bekannt sein müssen. Beteiligte, die sich über die rechtlichen Voraussetzungen und rechtlichen Folgen ihrer beurkundeten Erklärung vollständig im Klaren sind und eine konkrete Regelung ernsthaft wünschen, bedürfen grundsätzlich keiner weiteren Belehrung durch den Notar.[98] So kann der Notar von einer Belehrung über die Tragweite eines Haftungsausschlusses absehen, wenn er sich überzeugt hat, dass der Beteiligte sich über Risiko und Tragweite der Freizeichnung bewusst ist.[99] Der Notar ist nicht Vormund oder Erzieher der Beteiligten, der von sich aus jede Klausel erläutern muss.[100]

91 Belehrung über die rechtliche Tragweite bedeutet Belehrung, unter welchen Voraussetzungen der rechtliche Erfolg der Erklärung eintritt und welche unmittelbaren rechtlichen Folgen sich daran knüpfen. Die Pflicht geht so weit, wie eine Belehrung für das Zustandekommen einer formgültigen Urkunde erforderlich ist, die den **wahren Willen** der Beteiligten vollständig und unzweideutig in der für das beabsichtigte Rechtsgeschäft **richtigen Form** wiedergibt.[101] Zur pflichtgemäßen Erfüllung seiner Belehrungspflichten hat der Notar über die erforderlichen Rechtskenntnisse zu verfügen und sich ausreichend Kenntnis zu verschaffen von der Rechtsprechung der obersten Gerichte.[102]

92 **Ungesicherte Vorleistungen** bedeuten für die leistende Partei erhebliche Risiken. Der Notar hat daher vor dem Hintergrund seiner Pflichten aus § 17 BeurkG grundsätzlich ungesicherte Vorleistungen eines Beteiligten zu vermeiden, wenn diese erkennbar sind. Ungesicherte Vorleistungen sind unter anderem angenommen worden bei
– Fälligkeit des Kaufpreises vor oder ohne Eintragung einer Auflassungsvormerkung;
– Fälligkeit des Kaufpreises vor Erteilung einer sanierungsrechtlichen Genehmigung;
– vollständige Kaufpreiszahlung vor Durchführung einer vom Verkäufer geschuldeten Werkleistung;
– Besitzübergabe vor Kaufpreiszahlung;
– Eigentumsumschreibung vor vollständiger Kaufpreiszahlung;
– Kaufpreiszahlung vor Sicherstellung der Lastenfreistellung;
– Kaufpreiszahlung vor dem Vorliegen erforderlicher Genehmigungen oder Zustimmungserklärungen;
– Verfügungsbefugnis des Erwerbers vor Sicherstellung des Anspruchs des Veräußerers auf die Gegenleistung;
– Löschung der Auflassungsvormerkung für den Erwerber ohne Sicherstellung, dass keine vertragswidrigen Zwischenrechte eingetragen oder beantragt waren.[103]

93 Den Notar trifft insoweit eine **doppelte Belehrungspflicht.** Er muss über die Risiken belehren, die sich aus der ungesicherten Vorleistung ergeben und Wege aufzeigen, wie diese ungesicherte Vorleistung vermieden werden kann. Die Rechtsprechung verlangt hier teils sehr umfangreiche Hinweise des Notars hinsichtlich **alternativer Sicherungsmöglichkeiten.**[104] Zwar ist der Notar nicht verpflichtet, nach allen auch nur entfernt in Betracht kommenden Sicherungsmöglichkeiten zu suchen, er ist aber verpflichtet, mehrere nach dem Inhalt des Rechtsgeschäft und dem Willen der Vertragsparteien realistisch in Betracht kommende Sicherungen zu nennen.[105] Lehnen die Beteiligten angebotene Sicherungsmittel ab, so sollte diese Ablehnung der konkret aufgeführten Sicherungsmöglichkeiten und der Hinweis des Notars auf die hiermit verbundenen Ri-

---

[98] OLG Frankfurt a.M. BeckRS 2011, 24253; BeckOGK/*Regler* BeurkG § 17 Rn. 25.
[99] BGH DNotZ 2007, 822.
[100] BGH NJW 1975, 2016; BeckOK BGB/*Litzenburger* BeurkG § 17 Rn. 5.
[101] BGH DNotZ 1989, 45 (46).
[102] BGH NJW 1992, 3237 (3239); NJW 1993, 648.
[103] Vgl. auch Eylmann/Vaasen/*Frenz* BeurkG § 17 Rn. 12; *Winkler* BeurkG § 17 Rn. 234a f.
[104] Vgl. nur BGH DNotZ 2008, 925; *Haug/Zimmermann* Amtshaftung Rn. 79.
[105] DNotZ 2004, 841; vgl. BeckOGK/*Regler* BeurkG § 17 Rn. 66.

siken ausdrücklich in der Urkunde dokumentiert werden, um das Haftungsrisiko zu minimieren.[106]

Die **wirtschaftliche Bedeutung** des Geschäfts und die damit verbundenen wirtschaftlichen Gefahren sind von der Belehrungspflicht nicht umfasst.[107] Eine Belehrungspflicht kann daher nur im Einzelfall bei Vorliegen besonderer Umstände angenommen werden, zB Belehrungspflicht bei Bauträgerkaufvertrag und eingetragenen Zwangsversteigerungsvermerk.[108] Die Aufklärung über die rechtliche Tragweite eines Rechtsgeschäfts beinhaltet auch nur ausnahmsweise die Aufklärung über **steuerliche Folgen.** Den Notar trifft grundsätzlich keine Belehrungspflicht über steuerliche Folgen.[109] Ebenso wenig folgt aus § 17 BeurkG die Pflicht, über entstehende **Kosten** zu belehren. Fragen die Beteiligten indes nach den Kosten und der Kostenhaftung, muss der Notar diese Fragen selbstverständlich zutreffend beantworten.[110] 94

Die Belehrung hat zum **Zeitpunkt der Beurkundung** zu erfolgen. Eine bei früherer Gelegenheit vorgenommene Belehrung genügt in der Regel nicht.[111] Der Notar hat die **Formulierungspflicht,** die Erklärung der Beteiligten klar und unzweideutig in der Niederschrift wiederzugeben. 95

IV. Gestaltung des Beurkundungsverfahrens (§ 17 Abs. 2a BeurkG)

Die Prüfungs- und Belehrungspflichten des § 17 Abs. 1, Abs. 2 BeurkG bestehen nur gegenüber den formell an der Beurkundung Beteiligten. Die Gestaltung des Beurkundungsverfahrens kann jedoch dazu führen, dass gerade Personen, die einer Belehrung bedürfen, nicht daran teilnehmen. § 17 Abs. 2a BeurkG begründet für drei Fallgruppen Pflichten zur Verfahrensgestaltung gegenüber den materiell Beteiligten des Beurkundungsverfahrens: 96
(1) Für **alle Beurkundungen** besteht die Pflicht zur Verfahrensgestaltung, dass die Pflichten nach § 17 Abs. 1, Abs. 2 BeurkG gewährleistet sind (§ 17 Abs. 2a S. 1 BeurkG).
(2) Für **alle Verbraucherverträge** bestehen besondere Pflichten zur Verfahrensgestaltung gegenüber dem Verbraucher als materiell Beteiligten (§ 17 Abs. 2a S. 2 Nr. 1 und Nr. 2 Hs. 1 BeurkG).
(3) Für **Verbraucherverträge iSd § 311b Abs. 1 S. 1, Abs. 3 BGB** bestehen noch weiter gehende Verfahrenssicherungsrechte (§ 17 Abs. 2a S. 2 Nr. 2 Hs. 2 BeurkG).

1. Allgemeine Verfahrensgestaltung (§ 17 Abs. 2a S. 1 BeurkG). Der Notar hat nach § 17 Abs. 2a S. 1 BeurkG das Beurkundungsverfahren so zu gestalten, dass die Einhaltung der Pflichten nach § 17 Abs. 1, Abs. 2 BeurkG gewährleistet ist. Zweck dieser Bestimmung ist es zu verhindern, dass durch eine **missbräuchliche Gestaltung des Beurkundungsverfahrens** die zentrale Belehrungspflicht des § 17 BeurkG der materiell Beteiligten umgangen oder unterlaufen wird. Diese Verpflichtung wird durch die **Berufsrichtlinien und Anwendungsempfehlungen der Notarkammern** ergänzt.[112] 97

§ 17 Abs. 2a S. 1 BeurkG verbietet daher besondere Gestaltungen, bei der materiell Beteiligte von der Beurkundungsverhandlung fern gehalten werden, also insbesondere die „planmäßige und systematische" 98

---

[106] Vgl. DNotZ 1995, 407.
[107] BGH BeckRS 2018, 21225 Rn. 32 mwN; DNotZ 1991, 759; DNotZ 1992, 813 (815); *Ganter* DNotZ 2013, 165 (176).
[108] BGH DNotZ 2011, 192; s. andererseits aber BGH BeckRS 2018, 21225; vgl. auch BeckOK BGB/ *Litzenburger* BeurkG § 17 Rn. 5.
[109] Vgl. zu den Ausnahmen BeckOGK/*Regler* BeurkG § 17 Rn. 77 ff.
[110] *Winkler* BeurkG § 17 Rn. 268.
[111] BGH DNotZ 1997, 51 (52, 62 f.).
[112] BeckOGK/*Regler* BeurkG § 17 Rn. 111; vgl. die Richtlinienempfehlung der BNotK unter Abschnitt II und dazu Armbrüster/Preuß/Renner/*Armbrüster* BeurkG § 17 Rn. 169.

– Beurkundung in vollmachtloser Vertretung;
– Beurkundung unter Verwendung isolierter Vollmachten oder durch bevollmächtigte Mitarbeiter des Notars;
– Beurkundung durch Aufspaltung eines Vertrags in Angebot und Annahme;
– Auslagerung wesentlicher Vereinbarungen in Verweisungsurkunden iSd § 13a BeurkG.

99 Auch im Übrigen hat der Notar das Beurkundungsverfahren so zu gestalten, dass **keine einseitigen Belehrungsdefizite** auftreten können. Daher sind insbesondere auch gleichzeitige **Sammelbeurkundungen** einer Vielzahl von Rechtsgeschäften unzulässig.

100 Alle vorgenannten Gestaltungen sind materiell möglich und im Einzelfall, soweit ein **sachliches Bedürfnis** gegeben ist und die Beachtung der Pflichten des § 17 BeurkG gewährleistet ist, weiterhin gangbar. § 17 Abs. 2a S. 1 BeurkG verbietet eine systematische und planmäßige Gestaltung, bei der die Einhaltung dieser Pflichten nicht mehr gewährleistet ist.

(1) Wird ein geschäftsgewandter Beteiligter **vollmachtlos vertreten** oder ist die Beratung und Belehrung durch Erörterungen im Vorfeld der Beurkundung erfolgt oder erfolgt die Beurkundung ausdrücklich auf seinen Wunsch (Urlaub, Krankheit), so liegt idR kein Verstoß gegen § 17 Abs. 2a S. 1 BeurkG vor. Anders ist es, wenn Beurkundungen systematisch oder ohne sachlichen Grund vorbehaltlich Genehmigungen erfolgen.[113]

(2) Die gleiche Abgrenzung gilt bei der systematischen Verwendung **isolierter Vollmachten**.[114] Bei den Vollmachten auf Angestellte des Notars bleibt die reine verfahrensrechtliche Vollzugsvollmacht weiterhin zulässig, während weitergehende systematische Vollmachtserteilungen (zu Finanzierungsgrundpfandrechten, beliebigen Nachträgen etc) gegen die Pflichten aus § 17 Abs. 2a S. 1 BeurkG verstoßen.[115]

(3) Die systematische Aufspaltung von Verträgen in **Angebot und Annahme** (insbesondere durch den sog. „Zentralnotar" im Rahmen gewerbsmäßiger Immobilienprojekte) verstößt dann gegen § 17 Abs. 2a S. 1 BeurkG, wenn der belehrungsbedürftige Vertragsteil (idR der Käufer) die Annahme erklärt, aber alle wesentlichen Vertragsgrundlagen im Angebot enthalten waren. In solchen Fällen muss das Angebot vom belehrungsbedürftigen Vertragsteil abgegeben werden und nicht umgekehrt, da der Notar dem unerfahrenen Beteiligten schützen muss.[116]

(4) Gleiches gilt bei der systematischen „Auslagerung" wesentlicher materieller Vertragsteile (Geschäftsbesorgungsverträge, Garantien etc) in **Verweisungsurkunden** iSd § 13a BeurkG.[117]

101 **2. Verbraucherverträge (§ 17 Abs. 2a S. 2 BeurkG).** Die Vorschrift des § 17 Abs. 2a BeurkG begründet grundlegende **Verfahrenspflichten** des Notars gegenüber dem Verbraucher als materiell Urkundsbeteiligten. Der Notar hat das Beurkundungsverfahren so zu gestalten, dass ein materiell Beteiligter nicht vollmachtlos vertreten wird oder durch Erteilung einer Vollmacht vom Beurkundungsverfahren ferngehalten wird.

102 Für alle Verbraucherverträge gilt die Pflicht darauf hinzuwirken, dass die Erklärungen des Verbrauchers persönlich vor dem Notar abgegeben werden und der Verbraucher ausreichend Gelegenheit erhält, sich mit dem Gegenstand der Beurkundung auseinander zu setzen. Nur für Verbraucherverträge, die § 311b BGB unterliegen, gelten die weitergehenden Amtspflichten gemäß § 17 Abs. 2a S. 2 Nr. 2 Hs. 2 BeurkG: Übersendung des Vertragsentwurfs und Prüfungs- und Abkühlungsphase vor Beurkundung.[118]

---

[113] Vgl. BeckOK/*Litzenburger* BeurkG § 17 Rn. 23.
[114] Vgl. Eylmann/Vaasen/*Frenz* BeurkG § 17 Rn. 32.
[115] Vgl. *Winkler* BeurkG § 17 Rn. 49 ff., dort auch zu aA.
[116] Vgl. BeckOGK/*Regler* BeurkG § 17 Rn. 126.
[117] Eylmann/Vaasen/*Frenz* BeurkG § 17 Rn. 39.
[118] Vgl. *Sorge* DNotZ 2002, 593 (606).

Die Amtspflichten gelten nur für **Beurkundungen** bei Aufnahme einer Niederschrift 103
nach §§ 8 ff. BeurkG, nicht für sonstige Beurkundungen nach §§ 36 ff. BeurkG und damit
auch nicht für Unterschriftsbeglaubigungen in Zusammenhang mit einem Verbrauchervertrag.[119] Hier bleibt es bei den in § 40 BeurkG geregelten Amtspflichten.

§ 17 Abs. 2a S. 2 BeurkG gilt für **Verbraucherverträge.** Die Begriffe Verbraucherver- 104
trag, Verbraucher und Unternehmer sind durch § 310 Abs. 3 BGB und §§ 13, 14 BGB
definiert. Die Einordnung des Vertrags als Verbrauchervertrag ist nicht Sache der Beteiligten, sondern Teil der Sachverhaltsaufklärung durch den Notar. Im Einzelnen kann die
Einordnung schwierig sein.[120] Keine Anwendung findet § 17 Abs. 2a S. 2 BeurkG auf
(1) Verträge, an denen ausschließlich Verbraucher beteiligt sind;
(2) Verträge, an denen ausschließlich Unternehmer beteiligt sind;
(3) einseitige Rechtsgeschäfte, die nicht auf Abschluss eines Verbrauchervertrags gerichtet
    sind.

Beim Verbrauchervertrag bestehen **zwei Amtspflichten** im Vorfeld der Beurkundungs- 105
verhandlung:
– Die Hinwirkungspflichten auf eine **persönliche Abgabe** der rechtsgeschäftlichen Erklärung durch den Verbraucher oder eine Vertrauensperson des Verbrauchers und
– die Sicherung der **ausreichenden Auseinandersetzung** mit dem Gegenstand der Beurkundung.

Die Amtspflichten bestehen gegenüber dem Verbraucher als „materiell Beteiligten". 106
Auch wenn eine Vertretung nach den Vorschriften des materiellen Rechts zulässig ist, ist
die Amtspflicht der persönlichen Abgabe der Erklärung durch den Verbraucher zu beachten.

Wird der Verbraucher vertreten, kann dies nur durch eine Vertrauensperson erfolgen. 107
Dies gilt in gleicher Weise für das Handeln aufgrund Spezialvollmacht und Generalvollmacht, aber auch für das Handeln des **vollmachtlosen Vertreters.** Auch hier wird die
vom Gesetz vorgegebene Verfahrenssicherung nur eingehalten, wenn eine Vertrauensperson, vorbehaltlich Genehmigung, bei der Beurkundungsverhandlung anwesend ist. Dies
ist praxisgerecht, denn es kann gerade aufgrund der Amtspflichten gegenüber der Vertrauensperson bei Zweifeln über den konkreten Umfang der Vertretungsmacht sachgerecht
sein, diesen Weg zu wählen. Eine vollmachtlose Vertretung durch den Unternehmer ist
nicht zulässig.[121]

> **Praxishinweis:**
> In Zweifelsfällen dürfte es sich empfehlen, sich vom Verbraucher, soweit möglich,
> schriftlich bestätigen zu lassen, dass es sich bei dem eingesetzten Vertreter um eine Ver-
> trauensperson handelt.

Einzelfälle: 108

– Eine **Vollmacht an den Unternehmer** in Verbraucherverträgen verstößt idR dann gegen
  § 17 Abs. 2a Nr. 1 BeurkG, wenn durch die Ausübung der Vollmacht die Verfahrenssicherungsrechte der Vorschrift beeinträchtigt werden. Dies betrifft insbesondere Vollmachten, die zum Abschluss von Verbraucherverträgen vor einem **Zentralnotar** erteilt
  werden.
– Die **Finanzierungsvollmacht** des Verbrauchers an den Unternehmer führt bei Ausübung
  der Vollmacht zum Abschluss eines eigenen Verbrauchervertrags zwischen dem vertretenen Verbraucher und der Finanzierungsbank. Die Erteilung einer Vollmacht im Verbrau-

---

[119] *Solveen* RNotZ 2002, 318 (320); Armbrüster/Preuß/Renner/*Preuß* BeurkG § 17 Rn. 194.
[120] Ausführlich zum Verbrauchervertrag BeckOGK/*Regler* BeurkG § 17 Rn. 145 ff.
[121] *Winkler* BeurkG § 17 Rn. 141.

cherkaufvertrag verstößt auch dann gegen § 17 Abs. 2a Nr. 1 BeurkG, wenn der Verbraucher über die Bedeutung der Vollmacht ausreichend belehrt wurde.[122]

– **Durchführungs- und Vollzugsvollmachten,** Vollmachten zur Messungsanerkennung und Auflassung, zur Änderung von Teilungserklärungen, Bestellung von Dienstbarkeiten etc, sind auch weiterhin zulässig, soweit sie der Umsetzung, dem Vollzug oder der näheren Leistungsbestimmung dienen und nicht zum Abschluss eines eigenständigen neuen Verbrauchervertrags oder zur grundlegenden Abänderung des abgeschlossenen Vertrags führen.[123]

109   Der Verbraucher soll ausreichend Gelegenheit erhalten, sich vorab mit dem **Gegenstand der Beurkundung auseinander zu setzen.** Hierunter fallen alle Verbraucherverträge, auch soweit die Zweiwochenfrist des § 17 Abs. 2a Nr. 2 Hs. 2 BeurkG für sie nicht gilt. Die Vorschrift hat eine klarstellende Funktion und setzt insoweit die Richtlinienempfehlung der BNotK um. Für die Feststellung, ob eine ausreichende Gelegenheit zur Auseinandersetzung mit dem Beurkundungsgegenstand bestand, kann und muss flexibel nach Art und Bedeutung des Rechtsgeschäfts und Kenntnis- und Erfahrungsstand des Verbrauchers beantwortet werden.

110   **3. Verbraucherverträge nach § 311b BGB.** Für Verträge, die der Beurkundungspflicht nach § 311b Abs. 1 S. 1 und Abs. 3 BGB unterliegen, gilt die weitergehende Pflicht der Einhaltung der **Bedenkfrist** von zwei Wochen. Der wichtigste Anwendungsfall ist der Immobilienkaufvertrag, soweit es sich um einen Verbrauchervertrag handelt.

111   Der Notar hat im Regelfall darauf hinzuwirken, dass der **Vertragstext** dem Verbraucher zwei Wochen vor Beurkundung zur Verfügung gestellt wird. Das kann nur durch den Urkundsnotar oder dessen Sozius selbst erfolgen. Es reicht ausdrücklich nicht aus, wenn die Übermittlung durch den Unternehmer oder einen Dritten (Makler etc) erfolgt. Bei einer anderen Übermittlungsart als Versendung per Brief, zB per E-Mail, muss der Verbraucher sich mit dieser Übermittlungsart einverstanden erklärt haben und der Notar dies wissen.[124]

112   Der „beabsichtige Text" im Sinn der Vorschrift ist nicht nur Vertragsmuster, sondern muss neben den Vertragsteilen und dem Vertragsobjekt zumindest alle Hauptleistungen und die für die Kaufentscheidung maßgeblichen Nebenleistungen enthalten. Die Zurverfügungstellung des beabsichtigten Texts umfasst auch **alle Verweisurkunden** nach § 13a BeurkG und Anlagen.[125]

113   **Änderungen des Vertragstextes** sind grundsätzlich zulässig und werden als Ergebnis des Verhandelns im Rahmen der Beurkundung regelmäßig vorkommen. Gehen Änderungswünsche über bloße Geringfügigkeiten hinaus und führen Änderungswünsche des Unternehmers zu einem völlig anderen Entwurfsinhalt, ist es geboten, die Frist erneut beginnen zu lassen.[126] Teilweise wird hinsichtlich des neuen Fristanlaufs danach differenziert, ob wesentliche Abweichungen zulasten des Verbrauchers vorgenommen worden sind.[127] Andere stellen darauf ab, ob die Änderung aus der Sphäre des Verbrauchers oder des Unternehmers stammt.[128] Der BGH hat nunmehr entschieden, dass Änderungen des beabsichtigten Vertragstextes, die vom Verbraucher ausgehen, bis zum Vertragsabschluss ohne weiteres möglich sind, ohne dass erneut eine Zweiwochenfrist einzuhalten wäre.[129]

114   Die Zweiwochenfrist bezweckt eine „**cooling-off-Periode"** zur Sicherstellung einer ausreichenden Prüfung durch den Verbraucher. Sie ist eine „Regelvoraussetzung" und be-

---

[122] *Sorge* DNotZ 2002, 593 (602).
[123] Vgl. *Winkler* BeurkG § 17 Rn. 128 ff.
[124] BeckOGK/*Regler* BeurkG § 17 Rn. 203; *Winkler* BeurkG § 17 Rn. 162.
[125] Armbrüster/Preuß/Renner/*Ambrüster* BeurkG § 17 Rn. 219.
[126] Vgl. Eylmann/Vaasen/*Frenz* BeurkG § 17 Rn. 52.
[127] Grziwotz/Heinemann/*Grziwotz* BeurkG § 17 Rn. 83.
[128] BeckOGK/*Regler* BeurkG § 17 Rn. 204 mwN.
[129] BGH BeckRS 2018, 21225 Rn. 21 mit Hinweis auf *Haug/Zimmermann* Amtshaftung Rn. 606.

gründet keine unbedingte Amtspflicht. Die Frist kann im Einzelfall unterschritten werden. Insbesondere soll sie sich nicht als unnötige „Beurkundungssperre" auswirken.[130] In begründeten Ausnahmefällen ist es daher zulässig, dass die Frist unterschritten wird. Der BGH lässt eine Unterschreitung der Regelfrist allerdings nur zu, wenn ein sachlicher Grund vorliegt und der Übereilungsschutz der Wartefrist auf andere Weise sichergestellt ist.[131] Bei Unterschreitungen muss daher trotz der Nichteinhaltung überlegtes Handeln sichergestellt sein. Hier muss in der Verhandlung festgestellt werden, dass eine besondere Eilbedürftigkeit (zB Ablauf steuerlicher Fristen) gegeben ist und der Verbraucher durch sachkundige Berater oder den Notar in besonderer Weise Gelegenheit hatte, sich mit dem Gegenstand der Beurkundung auseinander zu setzen.[132] Vgl. hierzu auch → § 1 Rn. 710 ff.

Die Nichteinhaltung der Frist hat keine Auswirkung auf die Wirksamkeit der Beurkundung. Die Urkunde sollte einen **Vermerk** über die Einhaltung der Frist enthalten. Die Regelfrist von zwei Wochen steht nicht zur Disposition der Vertragsteile und eine **Abweichung** kommt nur dann in Betracht, wenn im Einzelfall nachvollziehbare Gründe es rechtfertigen, die Schutzfrist zu verkürzen. Andernfalls hat der Notar die Amtspflicht die Beurkundung abzulehnen. Dies gilt auch, wenn es von den Urkundsbeteiligten gewünscht wird.[133] **115**

Formulierungsbeispiel: Verbrauchervertrag – Zwei-Wochen-Frist **116**

Der Käufer erklärt und bestätigt ausdrücklich, dass er am *** vom Notar einen Entwurf des heutigen Vertrags und eine Abschrift der Verweisungsurkunde (Urkunde des Notars *** vom *** UR-Nr. ***) und damit mindestens 14 Tage vor dem heutigen Tag der Beurkundung erhalten hat und dass er ausreichend Gelegenheit hatte, sich mit dem Gegenstand der Beurkundung auseinanderzusetzen.

V. Geschäftsfähigkeit

Der Notar hat die **Geschäftsfähigkeit zu prüfen** (§§ 11, 28 BeurkG). Fehlt es hieran, **117** ist die Beurkundung abzulehnen. Ein Vermerk zur Geschäftsfähigkeit ist in der Urkunde nur zwingend aufzunehmen, bei Zweifeln an der Geschäftsfähigkeit (§ 11 Abs. 1 S. 2 BeurkG), bei schwerer Krankheit (§ 11 Abs. 2 BeurkG) und bei Verfügungen von Todes wegen (§ 28 BeurkG).

Von der **Geschäftsfähigkeit** hat sich der Notar vor der Beurkundung **zu überzeu-** **118** **gen.**[134] Eingehende Nachforschungen sind bei Volljährigen nicht erforderlich.[135] Drängen sich insbesondere aufgrund Alters, Gebrechlichkeit oder Zeichen von Desorientierung Zweifel auf, so ist diesen nachzugehen. Aussagen und Atteste von Ärzten oder sonstigen Sachverständigen können hilfreich sein und sollten aus Beweisgründen zur Urkunde genommen werden, vermögen aber nicht die eigene Feststellung zu ersetzen.[136]

Bei der **Entscheidung über die Geschäftsfähigkeit** wird ein medizinischer Sachver- **119** halt juristisch gewürdigt. Der Notar kann die Beurkundung nur ablehnen, wenn er die sichere Überzeugung hat, dass Testierunfähigkeit gegeben ist. Beispiele sind: Agonie des Testators oder Ausschluss der Verständigungsmöglichkeit mit dem Testator. Es gelten strenge Anforderungen an die Überzeugungsbildung, da die Ablehnung der Beurkundung faktisch eine Beschränkung des Beteiligten in seiner gesetzlich garantierten Testierfreiheit

---

[130] BGH BeckRS 2018, 21225 Rn. 19.
[131] BGH DNotZ 2015, 892; NJW 2013, 1452.
[132] *Hertel* ZNotP 2002, 286 (289); *Sorge* DNotZ 2002, 593 (604).
[133] BGH NJW 2013, 1451; *Rieger* MittBayNot 2013, 325.
[134] *Winkler* BeurkG § 11 Rn. 8; ausführlich zu Fragen der Feststellung *Lichtenwimmer* MittBayNot 2002, 24.
[135] OLG Hamm RNotZ 2016, 60 (63) mwN.
[136] *Kanzleiter* DNotZ 1993, 441; zum Umfang der Dokumentation und Testverfahren wie MMSE-Test *Lichtenwimmer* MittBayNot 2002, 240 (243 ff.).

bedeutet. Im Regelfall sollte der Notar unter Schilderung seiner Wahrnehmungen und Zweifel die Beurkundung vornehmen.

120   Legt der Testator kein auffälliges Benehmen an den Tag, ist der Notar nicht verpflichtet, besondere Beobachtungen in die Niederschrift aufzunehmen. Allein äußere Tatsachen, wie ein Aufenthalt des Testators in einem Krankenhaus oder Pflegeheim, lösen für sich allein keine erhöhten Feststellungspflichten aus. In problematischen Fällen wird der Notar große Sorgfalt auf die Niederlegung seiner Wahrnehmungen verwenden. Lediglich allgemeine, pauschale oder formale Hinweise sind zu vermeiden. Der Notar sollte vielmehr möglichst eine konkrete Aussage zur psychischen Gesamtverfassung des Testators niederlegen.

121   Ob als Hilfsmittel zur Absicherung der Feststellung über die Geschäftsfähigkeit der Mini-Mental-State-Examination-(MMSE-)Test zur Quantifizierung der **Demenzsymptomatik** dienen kann, ist umstritten.[137] In diesem standardisierten Test wird geprüft:
- örtliche und zeitliche Orientierung;
- Merkfähigkeit drei vorgegebener einfacher Begriffe;
- Umgang mit einfachen Hilfsmitteln (Uhr, Stift etc);
- kognitiver Status: Unterschiede bestimmter Begriffe erklären oder einfache Wörter buchstabieren;
- mehrgliedrige Anweisungen richtig ausführen;
- einfache Rechenoperationen.[138]

122 Deutliche Hinweise auf eine bestehende psychische Erkrankung können sich auch aus dem Maß der Beeinträchtigung von Aktivitäten des täglichen Lebens ergeben. Indikatoren dafür können nachlässige Kleidung, mangelnde Körperpflege und eine verringerte emotionale Kontrolle sein.

123   Bei **Verfügungen von Todes wegen** ist die erforderliche Geschäftsfähigkeit (nicht nur die Testierfähigkeit) in der Niederschrift ausdrücklich zu vermerken. Grundsätzlich können Verfügungen von Todes wegen nur durch voll geschäftsfähige Personen errichtet werden (§§ 2229, 2275 Abs. 1 BGB). Ausnahmen bestehen nur für das Minderjährigentestament (§ 2229 Abs. 1 BGB). Die noch gemäß § 2275 Abs. 2 und Abs. 3 BGB aF bestehende Möglichkeit der Errichtung einer Verfügung von Todes wegen eines beschränkt geschäftsfähigen Erblassers durch Abschluss eines Erbvertrages mit seinem Ehegatten oder Verlobten wurde mit Wirkung zum 22.7.2017 durch das Gesetz zur Bekämpfung von Kinderehen abgeschafft.[139]

VI. Vertretungsberechtigung

124 Bei rechtsgeschäftlicher und gesetzlicher Vertretung ist die **Vertretungsberechtigung**, bei Verfügungen die **Verfügungsmacht** zu überprüfen (§ 17 BeurkG). § 12 BeurkG ist eine reine Zeugnispflicht zur Dokumentation der Erfüllung dieser Amtspflicht. Die Vorschrift gilt nur für die Beurkundung rechtsgeschäftlicher Erklärungen. Keine Nachweis- und Prüfungspflicht besteht bei der Beurkundung von Versammlungsprotokollen. Bei Niederschriften über Verlosungen, Hauptversammlungen einer Aktiengesellschaft oder Gesellschafterversammlungen einer GmbH ist die Überprüfung von Vollmachten Sache des Versammlungsleiters. Für die Beurkundung von Eiden und eidesstattlichen Versicherungen gilt § 12 BeurkG entsprechend (§ 38 BeurkG).

125   Zur **rechtsgeschäftlichen Vertretung** → § 27.

126 **1. Gesetzliche Vertretung durch die Eltern.** Das minderjährige Kind steht unter **elterlicher Sorge** (Personen- und Vermögenssorge) und wird durch Vater und Mutter ge-

---

[137] Vgl. nur BeckOGK/*Bord* BeurkG § 11 Rn. 20; *Winkler* MittBayNot 2008, 492 (495).
[138] Zum Screeningverfahren: *Stoppe/Lichtenwimmer* DNotZ 2005, 806; Erwiderung von *Müller* DNotZ 2006, 325.
[139] BT-Drs. 18/12607, 7 (21).

meinschaftlich vertreten (§ 1629 Abs. 1 S. 2 BGB). Die Eltern haben ihre Vertretungsmacht dem Notar nicht besonders nachzuweisen.[140]

Ein Elternteil vertritt das Kind allein, wenn   127
– der andere Elternteil gestorben oder für tot erklärt ist (§§ 1677, 1681 BGB);
– die elterliche Sorge des anderen Teils nach §§ 1673–1675 BGB ruht;
– das Sorgerecht gemäß §§ 1671, 1672 BGB nach Scheidung oder bei getrennt lebenden
  Eltern nach § 620 Abs. 1 Nr. 1 ZPO einem Elternteil übertragen worden ist;
– eine Anordnung nach § 1638 BGB besteht;
– bei Übertragung auf einen Elternteil durch das Vormundschaftsgericht (§ 1628 BGB).

Ist ein Elternteil **verstorben,** wird sich der Notar in der Regel auf die Angaben des vor   128
ihm erschienenen Elternteils verlassen müssen. Besteht Anlass, an der Glaubwürdigkeit des
erschienenen Elternteils zu zweifeln, ist die Vorlage einer Sterbeurkunde oder sonstiger
Nachweisurkunden zu verlangen. Sind die Eltern **geschieden,** sollte der Beschluss über
die Übertragung der elterlichen Sorge vorgelegt werden. Auf Angelegenheiten, für die
dem Kind ein Pfleger bestellt ist, erstreckt sich die elterliche Sorge nicht (§ 1630 Abs. 1
BGB). Die elterliche Vermögenssorge und damit die Vertretung erstreckt sich auch nicht
auf Vermögen, welches das Kind von Todes wegen oder unter Lebenden unentgeltlich
mit der Bestimmung erworben hat, dass es die Eltern nicht verwalten sollen (§ 1638
Abs. 1 BGB).

Treten **Eltern** als gesetzliche Vertreter auf, so sind die Bestimmungen der **§§ 1629**   129
Abs. 2, 1795 BGB zu berücksichtigen. Eltern können nicht als gesetzliche Vertreter im
Namen des Kindes mit sich im eigenen Namen oder als Vertreter eines Dritten ein
Rechtsgeschäft vornehmen, es sei denn, das Rechtsgeschäft besteht ausschließlich in der
Erfüllung einer Verbindlichkeit.

Ein Elternteil kann das Kind nicht vertreten bei einem Rechtsgeschäft zwischen seinem   130
Ehegatten oder einem seiner Verwandten in gerader Linie einerseits und dem Kind andererseits, es sei denn, dass das Geschäft ausschließlich in der Erfüllung einer Verbindlichkeit
besteht. Ist demnach ein Elternteil von der Vertretung ausgeschlossen, so ist auch der andere Elternteil an der gesetzlichen Vertretung gehindert. Das Verbot des Selbstkontrahierens gilt nicht für ein In-sich-Geschäft der Eltern oder eines Elternteils, das dem Kind
lediglich einen rechtlichen Vorteil bringt.[141] In Fällen, in denen nicht sicher feststeht, ob
für das erwerbende Kind lediglich ein rechtlicher Vorteil gegeben ist, ist der sicherste
Weg, einen Pfleger nach § 1909 BGB mitwirken zu lassen.[142]

Das Kind **nicht miteinander verheirateter Eltern** steht unter der elterlichen Sorge   131
der Mutter, wenn keine gemeinsame Sorgeerklärung abgegeben wurde (§ 1626a BGB).

2. Vertretung durch Vormund, Betreuer oder Pfleger. Minderjährige, die nicht unter   132
elterlicher Sorge stehen oder deren Eltern nicht zur Vertretung berechtigt sind, werden
durch einen **Vormund** vertreten. Der Vormund ist in den Fällen der §§ 1795, 181 BGB
von der Vertretung des Mündels ausgeschlossen.

Ein **Pfleger** wird für Angelegenheiten eines Minderjährigen bestellt, an deren Besor-   133
gung die Eltern verhindert sind (§ 1909 BGB). Volljährige, die aufgrund einer psychischen Krankheit oder körperlicher, geistiger oder seelischer Behinderung in der Besorgung ihrer Angelegenheiten gehindert sind, werden durch einen Betreuer vertreten
(§§ 1896, 1902 BGB).

Dem Notar **nachzuweisen** ist die Bestellung als Vormund, Gegenvormund oder Pfle-   134
ger durch Vorlage der Bestellungsurkunde. Handelt das Jugendamt als Amtsvormund, so
erfolgt der Nachweis durch Vorlage der Amtsbescheinigung. Der Betreuer weist sich aus

---

[140] *Winkler* BeurkG § 12 Rn. 11.
[141] Ausführlich *Schöner/Stöber* GrundbuchR Rn. 3606 ff.
[142] Ausführlich dazu → § 1 Rn. 629 ff.

durch Vorlage seiner Bestallungsurkunde (§ 290 FamFG). Hieraus ergibt sich auch der Aufgabenkreis.

135 **3. Vertretung von Gesellschaften.** Werden Gesellschaften vertreten, so hat der Notar festzustellen, wer die Gesellschaft vertritt und dass die Beteiligten zur Vertretung der Gesellschaft berechtigt sind.[143] Ergibt sich die Vertretungsbefugnis aus der Eintragung in das Handels-, Vereins- oder Genossenschaftsregister, so genügt hierfür die Bescheinigung des Notars nach § 21 Abs. 1 Nr. 1 BNotO. Der Notar darf die **Bescheinigung** nur erteilen, wenn er sich über die Eintragung Gewissheit verschafft hat. Diese kann auf einer Einsicht in das Register oder in einen beglaubigten Registerauszug beruhen (§ 21 Abs. 2 BNotO). Der Notar muss das Register nicht persönlich einsehen. Dies entspricht der hM und wurde durch die Neufassung von § 21 Abs. 2 BNotO klargestellt.[144] Der Tag der Einsichtnahme bzw. der Tag der Ausstellung der beglaubigten Abschrift ist anzugeben. Dieser Tag darf nicht zu weit zurückliegen. Überwiegend werden bisher vier bis sechs Wochen als noch zulässig angesehen.[145]

136 Bei einem elektronisch geführten Register **(EDV-Register)** erfolgt die Einsicht über das Internet durch eine verkürzte aktuelle oder eine chronologische Einsicht durch Abruf. Erfolgt dieser Abruf der Daten durch den Notar oder seine Hilfskräfte, so verschafft er sich entsprechend § 9 Abs. 1 HGB iVm § 10 Abs. 2 HRV Einsicht in den aktuellen oder chronologischen Datenbestand und damit in das Handelsregister. Bescheinigungen nach § 21 BNotO können auch im Rahmen von Zertifizierungen im elektronischen Rechtsverkehr abgegeben werden (§§ 39a, 42 Abs. 4 BeurkG).

137 **Formulierungsbeispiel: Registerbescheinigung**

Hierzu bescheinige ich, Notar, aufgrund Einsicht in das Handelsregister des Amtsgerichts *** HRB Nr. *** vom ***, dass dort die Firma *** GmbH eingetragen ist und Herr *** und Herr *** gemeinsam zur Vertretung der Gesellschaft berechtigt sind.

138 Nach § 21 Abs. 1 Nr. 2 BNotO eine notarielle Registerbescheinigung auch erteilt werden über
– das Bestehen oder den Sitz einer juristischen Person oder Handelsgesellschaft;
– die Firmenänderung;
– eine Umwandlung oder
– sonstige rechtserhebliche Umstände,
wenn sich die Umstände aus einer Eintragung im Handelsregister oder einem ähnlichen Register ergeben.

139 Die **Vertretungsbescheinigung** nach § 21 BNotO wird regelmäßig in die Urkunde bzw. in den Beglaubigungsvermerk selbst aufgenommen. Sie kann aber auch nachträglich erstellt werden. Bei nicht im Handelsregister eingetragenen Gesellschaften, wie dem wirtschaftlichen Verein (§ 22 BGB), der BGB-Gesellschaft und Stiftungen, kann eine notarielle Vertretungsbescheinigung nach § 21 BNotO nicht erteilt werden. Der Nachweis muss aufgrund sonstiger Urkunden geführt werden.[146]

140 Auch bei **ausländischen Gesellschaften** ist die Vertretungsberechtigung zu prüfen. Nach der Rechtsprechung des BGH darf sich ein Notar wegen der rechtlichen Schwierigkeiten der Beurteilung wirksamer Vertretung nicht lediglich auf Angaben an der Beurkundung Beteiligter verlassen. Vielmehr ist die Erfüllung der auf die Existenz und die Vertretungsmacht als Vertreter handelnder Urkundsbeteiligter bezogenen Prüfungspflicht

---

[143] Zur Vertretung von Gesellschaften vgl. die Übersichten bei *Schöner/Stöber* GrundbuchR Rn. 3621 ff.
[144] Eylmann/Vaasen/*Limmer* BNotO § 21 Rn. 13 mwN.
[145] Vgl. auch Armbrüster/Preuß/Renner/*Piegsa* BeurkG § 12 Rn. 31.
[146] Vgl. für Stiftung DNotI-Report 2002, 27; Armbrüster/Preuß/Renner/*Piegsa* BeurkG § 12 Rn. 25.

hinsichtlich juristischer Personen ausländischen Rechts nach Ansicht des BGH nicht unzumutbar.[147]

4. Vertretung öffentlich-rechtlicher Körperschaften. Öffentlich-rechtliche Körper- 141
schaften werden nach den für sie geltenden Bestimmungen in Gesetzen und Verordnungen vertreten. Die Bundesrepublik wird vom Bundeskanzler und von den obersten Bundesbehörden vertreten. Diese können die Vertretung auf ihnen nachgeordnete Behörden übertragen. Die Vertretung der Bundesländer ergibt sich aus den Länderverfassungen. Bei Handeln im Rahmen der gesetzlichen Zuständigkeit hat die Behörde ihre Vertretungsmacht nicht noch gesondert nachzuweisen. Die Vertretung der Bezirke und Landkreise richtet sich nach den jeweiligen Bezirks- und Landkreisordnungen. Die Vertretung einer Gemeinde steht deren Bürgermeister zu. Im Fall seiner Verhinderung wird dieser durch den zweiten oder dritten Bürgermeister bzw. Beigeordnete vertreten.[148]

5. Verwalter kraft Amtes. Die Befugnis des **Testamentsvollstreckers** zur Verfügung 142
über Nachlassgegenstände ist durch Vorlage des Testamentsvollstreckerzeugnisses in Urschrift oder Ausfertigung nachzuweisen. Für das Grundbuchverfahren ausreichend ist auch die Vorlage einer beglaubigten Abschrift eines öffentlichen Testaments und der Niederschrift über die Eröffnung der Verfügung (§ 35 Abs. 2, Abs. 1 S. 2 GBO). Der Nachweis über die Bestellung als **Insolvenzverwalter** erfolgt durch die Bestellungsurkunde (§ 56 Abs. 2 InsO). Die Befugnis eines **Verwalters nach dem WEG** wird nachgewiesen durch die Niederschrift des Beschlusses über seine Bestellung mit Beglaubigung der Unterschriften gemäß § 24 Abs. 6 WEG.

6. Verfügungsbefugnis. Es besteht keine allgemeine Pflicht zur Prüfung der Verfügungs- 143
macht der Urkundsbeteiligten durch den Notar. In der Urkunde niederzulegen sind jedoch die Angaben der Beteiligten über die Tatsachen, aus denen sie ihre Verfügungsmacht herleiten.

Im Grundstücksverkehr führt die Feststellung über den Inhalt des Grundbuches (§ 21 144
BeurkG) zur Feststellung der Rechtsinhaberschaft. Ergeben sich hieraus Zweifel, da der Beteiligte nicht als Rechtsinhaber ausgewiesen ist oder Verfügungsbeschränkungen unterliegt, so sind diese aufzuklären und Bedenken in der Urkunde zu vermerken.

Handelt eine Partei kraft Amtes, so hat der Notar entsprechenden Nachweis der Verfü- 145
gungsbefugnis zu fordern und ggf. auf weitere Umstände hinzuweisen, von denen die Wirksamkeit der Verfügung abhängig ist (zB Nachweis der Entgeltlichkeit bei Verfügungen des Testamentsvollstreckers).

Die Pflicht, die Beteiligten über die rechtliche Tragweite des Geschäfts zu belehren, 146
umfasst auch die Belehrung über Verfügungsbeschränkungen, die sich aus dem Inhalt des Rechts selbst oder aus anderen Rechtsvorschriften, zB Güterrecht, Erbrecht, Familienrecht ergeben (zB § 1365 BGB).

VII. Genehmigungserfordernisse

Zu den Genehmigungserfordernissen beim Grundstückskauf ausführlich → § 1 Rn. 105 ff. 147

1. Prüfungs- und Belehrungspflicht. Auf die erforderlichen gerichtlichen oder behörd- 148
lichen Genehmigungen oder Bestätigungen oder darüber bestehende Zweifel soll der Notar die Beteiligten hinweisen und dies in der Niederschrift vermerken (§ 18 BeurkG). Bei Genehmigungen handelt es sich regelmäßig um Wirksamkeitserfordernisse der Erklärung. Die Prüfungs- und Belehrungspflicht besteht aus Urkundstätigkeit (§ 17 BeurkG) und

---

[147] BGH BeckRS 2017, 139773 Rn. 11 f.; s. auch → § 28 Rn. 271 ff.
[148] Armbrüster/Preuß/Renner/*Piegsa* BeurkG § 12 Rn. 40 ff.; vgl. im Übrigen die Übersicht bei *Schöner/Stöber* GrundbuchR Rn. 3662 ff.

nicht nur dann, wenn der Notar den Auftrag zur Erholung der Genehmigung übernommen hat. Die erfolgte Belehrung ist gemäß § 18 BeurkG in der Urkunde zu vermerken.[149] Nicht ausreichend ist der allgemeine Hinweis: „Der Notar hat die Beteiligten auf etwa erforderliche gerichtliche und behördliche Genehmigungen hingewiesen."[150]

149   Unterlassungen hinsichtlich des Hinweises auf konkret erforderliche Genehmigungen zu dem Rechtsgeschäft führen nicht selten zu Haftungsfällen mit Auseinandersetzungen darüber, ob belehrt wurde und wer die Genehmigung einzuholen hatte.[151]

150   **Formulierungsbeispiel: Hinweis „Genehmigungspflicht"**

Ʊ   Der Notar hat die Beteiligten darauf hingewiesen, dass dieser Vertrag der Genehmigung nach *** bedarf. Der Notar wird beauftragt, erforderliche Genehmigungen einzuholen, die mit ihrem Eingang beim Notar als zugegangen gelten und wirksam sind. Versagungen oder Genehmigungen unter Auflagen sind den Beteiligten zuzustellen.

151   Der **Notar hat über alle Genehmigungserfordernisse zu belehren,** mit denen im konkreten Fall zu rechnen ist. Insbesondere hat er die Grundbucheintragungen zu beachten. Ergibt sich hieraus oder aus der Gestaltung des Rechtsgeschäfts ein Genehmigungserfordernis, so hat er hierauf hinzuweisen. Es besteht jedoch keine Amtsermittlungspflicht.

152   Ist damit zu rechnen, dass eine Genehmigung **unter Auflagen** erteilt wird, sollte in der Urkunde festgelegt werden, wer die Auflagen zu erfüllen und hierfür die Kosten zu tragen hat. Hängt die Genehmigungsfähigkeit von Erklärungen oder Angaben der Beteiligten ab (zB Genehmigungen nach dem Grundstücksverkehrsgesetz), so sollten diese ebenfalls in der Urkunde aufgenommen werden.

153   Die **betreuungsgerichtliche bzw. familiengerichtliche Genehmigung** wird erst wirksam, wenn der gesetzliche Vertreter sie dem anderen Vertragspartner mitteilt (§§ 1829 Abs. 1 S. 2, 1643 Abs. 3, 1915 BGB). Der Notar sollte darauf hinweisen, dass der gesetzliche Vertreter und der Vertragspartner sich bei Mitteilung und Entgegennahme der Genehmigung durch einen gemeinsamen Bevollmächtigten vertreten lassen können, der auch der Notar selbst sein kann (sog. Doppelvollmacht).[152]

154   **Formulierungsbeispiel: Doppelvollmacht Genehmigung Betreuungs-/Familiengericht**

Ʊ   Die zu diesem Vertrag erforderliche Genehmigung des Betreuungs-/Familiengerichts wird hiermit beantragt. Der Notar wird ermächtigt und beauftragt, die Genehmigung zu erholen und entgegenzunehmen, den Beteiligten mitzuteilen und in Empfang zu nehmen.

155   Die Einholung von Genehmigungen ist nur dann Aufgabe des Notars, wenn er diese Aufgabe übernimmt. Hierfür muss er sich durch Vollmacht ermächtigen lassen. Die Einholung der Genehmigung ist dann von ihm zu überwachen.

156   **2. Genehmigungserfordernisse im Einzelnen. a) Teilungsgenehmigung.** Das Erfordernis der Teilungsgenehmigung nach § 19 BauGB ist 2004 entfallen. Ein Genehmigungsnachweis kann daher vom Grundbuchamt nicht mehr verlangt werden. Eine baurechtswidrige Teilung ist grundbuchrechtlich wirksam.[153] Im Regelfall trifft den Notar mangels Kenntnis von den bauplanungsrechtlichen Vorgaben keine Belehrungspflicht hinsichtlich einer etwaigen bauplanungswidrigen Teilung.[154] Daneben bestehen nach lan-

---

[149] HM; *Winkler* BeurkG § 18 Rn. 46 mwN.
[150] Eylmann/Vaasen/*Frenz* BeurkG § 18 Rn. 3; BGH NJW 1992, 648 ff.
[151] Vgl. *Haug/Zimmermann* Amtshaftung Rn. 535.
[152] Vgl. Armbrüster/Preuß/Renner/*Piegsa* BeurkG § 18 Rn. 103 ff.
[153] *Winkler* BeurkG § 18 Rn. 4.
[154] Armbrüster/Preuß/Renner/*Piegsa* BeurkG § 18 Rn. 58.

desrechtlichen Vorschriften Genehmigungserfordernisse für Grundstücksteilungen, insbesondere für Waldgrundstücke und Teilungen, die zu baurechtswidrigen Verhältnissen führen.[155]

b) Weitere Genehmigungserfordernisse nach dem BauGB. Verfügungsbeschränkungen zur **Sicherung von Gebieten mit Fremdenverkehrsfunktion (§ 22 BauGB).** 157
§ 22 BauGB ermächtigt die Gemeinden unter bestimmten Voraussetzungen, die Bildung von Wohnungs- und Teileigentum, die Begründung von Wohnungs- und Teilerbbaurechten und von Dauerwohn- und Dauernutzungsrechten genehmigungspflichtig zu machen. Voraussetzung für eine Genehmigungspflicht nach § 22 BauGB ist die Festlegung der betroffenen Grundstücke in einem Bebauungsplan oder einer sonstigen gemeindlichen Satzung. § 22 Abs. 6 S. 1 BauGB enthält eine Grundbuchsperre. Eintragungen zur Bildung der Rechte nach dem Wohnungseigentumsgesetz dürfen dann nur vorgenommen werden, wenn die Genehmigung oder ein Negativzeugnis vorgelegt wird.

Der Genehmigungsvorbehalt für sog. **Milieuschutzsatzungen (§ 172 Abs. 1 S. 4** 158
BauGB) gewinnt an Bedeutung: Von der Verordnungsermächtigung hatte ursprünglich lediglich Hamburg Gebrauch gemacht.[156] Inzwischen haben Baden-Württemberg, Bayern, Nordrhein-Westfalen und Berlin ebenfalls entsprechende Verordnungen erlassen.[157]

Mit Bekanntmachung der Einleitung eines **Umlegungsverfahrens** tritt eine Verfügungs- und Veränderungssperre ein (§ 51 BauGB) und jede Verfügung über ein in einer 159
Umlegung befindliches Grundstück oder über Rechte an ihm bedarf der Genehmigung.[158]

In einem förmlich festgesetzten **Sanierungsgebiet (§ 142 Abs. 3 BauGB)** und im 160
städtebaulichen Entwicklungsbereich (§ 169 Abs. 1 Nr. 3 BauGB) bedürfen insbesondere Grundstücksveräußerungen und Belastungen der Genehmigung der Gemeinde (§ 144 BauGB). Für den Notar ist die Genehmigungspflicht aus dem Grundbuch durch den Sanierungs- bzw. Entwicklungsvermerk ersichtlich. Die Eintragung im Grunbuch hat aber nur deklaratorische Bedeutung. Das Fehlen eines Vermerks gewährt deshalb nicht den Schutz des guten Glaubens an das Nichtbestehen einer Verfügungsbeschränkung.[159] Der Notar sollte darüber belehren, dass die Genehmigung versagt werden kann, wenn der Rechtsvorgang oder die damit bezweckte Nutzung den Sanierungszwecken oder -zielen zuwiderlaufen würde (§ 145 Abs. 2 BauGB), und dass hier eine Prüfung der Gegenleistung (Kaufpreis) erfolgt.[160]

c) Heimstättenrecht. Nach der Aufhebung des Reichsheimstättengesetzes bestehen die 161
bisherigen Verfügungsbeschränkungen nicht mehr und der Reichsheimstättenvermerk ist ab 1.1.1999 von Amts wegen kostenfrei zu löschen.

d) Grundstückverkehrsgesetz. In der Praxis größere Bedeutung hat das Genehmi- 162
gungserfordernis nach § 2 Abs. 1 S. 1 GrdstVG (bzw. § 3 Abs. 1 S. 1 ASVG in Baden-Württemberg). Die rechtsgeschäftliche Veräußerung und der zugrundeliegende schuldrechtliche Vertrag über die Veräußerung eines **land- oder forstwirtschaftlichen Grundstücks** bedürfen der Genehmigung, ebenso die Einräumung und Veräußerung eines Miteigentumsanteils, die Veräußerung eines Erbteils an einen anderen als an einen Miterben, wenn der Nachlass im Wesentlichen aus einem land- oder fortwirtschaftlichen

---

[155] Übersicht: www.dnoti.de/arbeitshilfen; vgl. vor allem das bauordnungsrechtliche Genehmigungserfordernis nach § 8 BauO NRW.
[156] ÄndV zur UmwandlungsV v. 2.12.2003, HmbGVBl 2003, 554.
[157] Vgl. BeckOK/*Oehmen* BauGB § 172 Rn. 9.
[158] Vgl. *Schöner/Stöber* GrundbuchR Rn. 3861 ff.
[159] *Winkler* BeurkG § 18 Rn. 10.
[160] BVerwG NJW 1979, 2578; DVBl 1985, 114; zur Preisprüfung nach Ablösung des Ausgleichsbetrags DNotI-Report 2003, 147.

Betrieb besteht und die Bestellung eines Nießbrauchs. Landesrechtliche Regelungen können bestimmen, dass die Veräußerung bis zu einer bestimmten Grundstücksgröße keiner Genehmigung bedarf gemäß § 2 Abs. 3 Nr. 2 GrdstVG.[161]

163 **e) Wertsicherung.** Durch das Preisklauselgesetz wurde die Genehmigungspflicht für Wertsicherungsklauseln abgeschafft. Materiell ist das Indexierungsverbot mit den im Wesentlichen bisherigen Ausnahmen bestehen geblieben. Damit ist die Wirksamkeit der Klausel selbständig zu prüfen und sofort ohne Genehmigungsvorbehalt wirksam. Auch etwaige unwirksame Klauseln bleiben ex nunc wirksam bis eine Unwirksamkeit gerichtlich festgestellt ist.[162]

164 **f) Grundstücksverkehrsordnung.** Nach § 2 Abs. 1 GVO bedürfen in den neuen Bundesländern die Auflassung eines Grundstücks und der schuldrechtliche Vertrag hierüber, die Bestellung und Übertragung eines Erbbaurechts und den zugrundeliegenden schuldrechtlichen Vertrag einer Genehmigung, soweit nicht nach § 2 Abs. 1 S. 1 Nr. 1–6 GVO Genehmigungsfreiheit besteht. § 3 Abs. 1 S. 1 Nr. 6 GVO wurde mit Wirkung zum 1. 7. 2018 ergänzt; danach ist eine Genehmigung auch dann nicht erforderlich, wenn im Zeitpunkt der Eintragung einer Vormerkung zur Sicherung des Rechtserwerbs oder im Zeitpunkt der Eintragung des Rechtserwerbs kein Anmeldevermerk gemäß § 30b Abs. 1 VermG im Grundbuch eingetragen ist.[163] Der Auflassung eines Grundstücks stehen die Einräumung oder die Auflassung eines Miteigentumsanteils an einem Grundstück und die Auflassung von Teil- und Wohnungseigentum an einem Grundstück gleich (§ 3 S. 2 GVO).[164] Über die Genehmigungspflicht ist zu belehren (§ 18 BeurkG).

165 **g) Heimgesetz.** Unwirksam sind Geldleistungen oder geldwirksame Leistungen, die sich der Heimträger von Heimbewohnern oder Heimplatzbewerbern versprechen oder gewähren lässt, soweit nicht eine Ausnahmegenehmigung erteilt wurde (§ 14 Abs. 6 HeimG). Im Rahmen der Föderalismusreform ist die Gesetzgebungskompetenz auf die Länder übergegangen, die überwiegend entsprechende landesrechtliche Regelungen erlassen haben.[165]

166 **h) Sonstige Verfügungsbeschränkungen.** Im Übrigen bestehen noch zahlreiche öffentlich-rechtliche Verfügungsbeschränkungen, so zB für Sozialversicherungsträger, Bausparkassen, Versicherungsunternehmen, Hypothekenbanken, Kirchen, Innungen und Handwerkskammern.[166] Weitere Genehmigungserfordernisse können sich aus zahlreichen weiteren spezialgesetzlichen Sonderregelungen ergeben. Diese finden sich zB in § 23 Abs. 1 BBergG, Art. 1 BayAlmG, §§ 17 Abs. 2, 52 FlurbG, Art. 85 EGBGB und Art. 6 § 1 AGBGB NRW, § 41 Abs. 1 GWB, § 5 Abs. 2, Abs. 3 AWG.[167]

VIII. Gesetzliche Vorkaufsrechte

167 **1. Prüfungs- und Belehrungspflicht.** Bei der Beurkundung eines Grundstückskaufvertrages hat der Notar die Beteiligten über die Möglichkeit des Bestehens gesetzlicher Vorkaufsrechte zu belehren und dies in der Niederschrift zu vermerken (**§ 20 BeurkG**). Eine darüber hinaus gehende Verpflichtung, über die Voraussetzungen, das Verfahren und die

---

[161] Übersicht zu den unterschiedlichen Freigrenzen nach Landesrecht unter www.dnoti.de/arbeitshilfen.
[162] Ausf. zum Verbotsumfang: *Kirchhoff* DNotZ 2007, 11; *Reul* MittBayNot 2007, 445.
[163] Ausf. dazu *Krauß* notar 2018, 315 (316 f.).
[164] Zum Genehmigungsverfahren vgl. *Schöner/Stöber* GrundbuchR Rn. 4236 ff.
[165] Vgl. im Einzelnen *Winkler* BeurkG § 18 Rn. 37b.
[166] Vgl. im Einzelnen *Schöner/Stöber* GrundbuchR Rn. 4095 ff.; ausführlich auch *Winkler* BeurkG § 18 Rn. 32 ff.
[167] Grziwotz/Heinemann/*Heinemann* BeurkG § 18 Rn. 29 ff.

Bedeutung des Vorkaufsrechts zu belehren, folgt erforderlichenfalls aus der allgemeinen Belehrungspflicht gemäß § 17 BeurkG.[168] Da regelmäßig nicht bekannt ist, ob im Einzelfall ein Vorkaufsrecht besteht bzw. ausgeübt wird, kann der Notar nur auf die Möglichkeit hinweisen und wird sich von den Beteiligten mit der Einholung beauftragen lassen.[169]

Formulierungsbeispiel: Hinweis Vorkaufsrecht 168

Die Vertragsteile wurden auf die Möglichkeit des Bestehens von gesetzlichen Vorkaufsrechten hingewiesen. Sie ermächtigen und beauftragen den Notar, der zuständigen Gemeinde den Abschluss des Kaufvertrages mit der Aufforderung zur Abgabe einer Erklärung über das Bestehen oder die Ausübung eines solchen Vorkaufsrechtes mitzuteilen und deren Erklärung darüber in Empfang zu nehmen.

Ein **fehlender Vermerk** berührt nicht die Wirksamkeit des Rechtsgeschäftes, kann 169 aber in Haftpflichtfällen zu einer Umkehr der Beweislast zu Lasten des Notars führen.[170] Wollen die Vertragsteile das Vorkaufsrecht mit einer auflösenden Bedingung verhindern, so ist hinsichtlich der rechtlichen Tragweite über die gesetzlichen Bestimmungen in § 465 BGB zu belehren.[171] Vorausleistungen des Käufers sind bei bestehenden Vorkaufsrechten risikobehaftet, so dass der Notar in der Regel auf diese wirtschaftliche Gefahr im Rahmen seiner Belehrungspflicht hinzuweisen hat.[172]

2. Vorkaufsrechte im Einzelnen. Die gesetzlichen Vorkaufsrechte bestehen kraft Geset- 170 zes und sind aus dem Grundbuch nicht ersichtlich. Der Schutz des gemeindlichen Rechts wird verfahrensrechtlich durch eine **Grundbuchsperre** bewirkt. Nach § 28 Abs. 1 S. 2 BauGB darf eine Eigentumsumschreibung im Grundbuch nur vorgenommen werden, wenn das Nichtbestehen oder die Nichtausübung des Vorkaufsrechtes durch eine Bescheinigung der Gemeinde nachgewiesen wird. Im Übrigen erzeugen Vorkaufsrechte keine Grundbuchsperre.

Die **wichtigsten gesetzlichen Vorkaufsrechte** sind:[173] 171
- gemeindliche Vorkaufsrechte nach §§ 24 ff. BauGB;
- Vorkaufsrecht nach dem Reichssiedlungsgesetz (§§ 4 ff. RSG iVm §§ 12, 21 GrStVG);
- Vorkaufsrecht des Bundeslandes nach § 66 BNatSchG (an bestimmten naturschutzrelevanten Grundstücken);[174]
- landesrechtliche Vorkaufsrechte;[175]
- Vorkaufsrecht nach § 2b Wohnungsbindungsgesetz;
- Vorkaufsrecht des Mieters nach § 577 BGB;
- Vorkaufsrecht des Miterben nach § 2034 BGB;
- Vorkaufsrechte nach dem PlanvereinfachungsG für Verkehrswege (Eisenbahn, Bundesfernstraßen, Bundeswasserstraßen, Luftverkehrs- und Personenbeförderungsunternehmen);
- Vorkaufsrecht nach §§ 20, 20a Vermögensgesetz und § 57 Abs. 1 SchuldRAnpG und § 5 des Gesetzes über die Übertragung des Eigentums und die Verpachtung volkseigener landwirtschaftlicher Grundstücke.

---

[168] Grziwotz/Heinemann/*Heinemann* BeurkG § 20 Rn. 5.
[169] Vgl. *Winkler* BeurkG § 20 Rn. 53.
[170] *Haug/Zimmermann* Amtshaftung Rn. 544.
[171] Grziwotz/Heinemann/*Heinemann* BeurkG § 20 Rn. 5.
[172] *Haug/Zimmermann* Amtshaftung Rn. 512.
[173] Vgl. die Übersicht bei *Winkler* BeurkG § 20 Rn. 41 ff.
[174] Ausf. hierzu *Hecht* DNotZ 2010, 323.
[175] S. hierzu die tabellarische Übersicht landesrechtlicher Vorkaufsrechte an Grundstücken auf der Webseite des DNotI unter Arbeitshilfen/Immobilienrecht.

IX. Vorsorgevollmacht

172 Bei Vorsorgevollmachten, Vollmachten, die für eine künftige Pflege- und Betreuungsbedürftigkeit unter Einschluss einer künftigen Geschäftsunfähigkeit Gültigkeit haben sollen,
besteht eine Hinweispflicht nach § 20a BeurkG auf die Registrierung bei dem zentralen
Vorsorgeregister nach § 78a BNotO. Dies gilt nach dem Wortlaut ausdrücklich nur für
beurkundete Vollmachten, nicht für beglaubigte Erklärungen.[176]

X. Steuerliche Folgen

173 Über steuerliche Folgen des beurkundeten Rechtsgeschäfts trifft den Notar grundsätzlich
keine Belehrungspflicht.[177] Diese gehören nicht zur rechtlichen Tragweite des Geschäfts. Es ist nicht Schutzzweck des § 17 BeurkG, den Beteiligten bestimmte Steuervorteile zu sichern.[178] Ebensowenig besteht eine Hinweispflicht auf Möglichkeiten zur Steuervermeidung.[179]

174 **Hinweispflichten** bestehen ausschließlich
– nach § 19 BeurkG auf die erforderliche Unbedenklichkeitsbescheinigung; dies umfasst
ausdrücklich keine Belehrung über die Grunderwerbsteuerpflicht;[180]
– nach § 8 EStDV auf eine möglicherweise bestehende Pflicht zur Zahlung von Erb-
schaft- bzw. Schenkungsteuer.

175 Aus diesen Hinweispflichten lassen sich jedoch keine weitergehenden Belehrungspflichten
im Steuerrecht herleiten.[181] Belehrungspflichten über Steuern können sich ausschließlich
aus erweiterter Betreuungsverpflichtung ergeben. Fallgruppen sind hierbei:
– Gibt der Notar **Auskünfte** über Steuerfragen, so ist er für die Richtigkeit verantwortlich.[182] Der Notar kann und sollte die Beteiligten zur Klärung von Steuerfragen an einen steuerlichen Berater verweisen. Berät er selbst, so trägt er die Haftung. Aus der
Aufnahme von Steuerbefreiungsanträgen in die Urkunde folgt allein noch keine Prüfungspflicht.[183]
– Die Steuerpflicht folgt aus einer besonders ungewöhnlichen, vom Notar vorgeschlagenen **Gestaltung des Geschäfts.**[184] Hier wird erwartet, dass der Notar, der dem Beur-
kundungsantrag nachkommt, gemäß § 17 Abs. 1 BeurkG eine dem Willen der Beteiligten entsprechende Urkunde entwirft und dabei die Grundregeln des Erbschaft- und
Schenkungsteuerrechts und des Grunderwerbsteuerrechts berücksichtigt.[185]
– Der Inhalt des Rechtsgeschäfts wirkt sich unmittelbar auf bestehende Steuerschulden
aus. Dies wird bejaht für Steuerschulden bei der Haftung für die Übernahme einer Firma gemäß § 25 HGB und §§ 75 ff. AO.[186]
– Dem Notar ist ausnahmsweise aus eigener **Kenntnis** bewusst, dass ein Beteiligter die
Steuerpflicht vollständig übersieht. So bejaht die Rechtsprechung eine Pflicht des Notars bei Kenntnis der Tatsachen, den Verkäufer auf Versteuerung des Spekulationsgewinns hinzuweisen.[187]

176 Der Notar ist jedoch nicht verpflichtet, die tatsächlichen Voraussetzungen zu ermitteln,
insbesondere das Grundbuch auf Tatsachen durchzusehen, die für das Entstehen eines

---

[176] Ausführlich zu einer analogen Anwendung *Winkler* BeurkG § 20a Rn. 1.
[177] BGH DNotZ 2008, 370 (371) mwN; Grziwotz/Heinemann/*Grziwotz* BeurkG § 17 Rn. 41.
[178] BeckOGK/*Regler* BeurkG § 17 Rn. 77 mwN.
[179] *Winkler* BeurkG § 17 Rn. 264.
[180] BGH DNotZ 1979, 228 (231).
[181] Armbrüster/Preuß/Renner/*Armbrüster* BeurkG § 17 Rn. 64.
[182] BGH NJW 1985, 1225; BayObLG DNotZ 1980, 568.
[183] OLG München DNotZ 1973, 181.
[184] OLG Hamm BeckRS 2011, 21433.
[185] BGH NJW-RR 1992, 1178 (1180); Armbrüster/Preuß/Renner/*Armbrüster* BeurkG § 17 Rn. 65.
[186] BGH MittBayNot 2008, 69; vgl. *Winkler* BeurkG § 17 Rn. 264.
[187] BGH DNotZ 2003, 845 mwN; kritisch Armbrüster/Preuß/Renner/*Armbrüster* BeurkG § 17 Rn. 67;
ebenso *Winkler* BeurkG § 17 Rn. 266.

Spekulationsgewinns bedeutsam sein können.[188] Wenn dem Notar die Voraussetzungen für das Vorliegen eines steuerpflichtigen Spekulationsgewinns und den Nichtablauf der gesetzlichen Frist positiv vorliegen, muss er über die mögliche Besteuerung belehren.[189]

Schließlich sollten **unklare Formulierungen,** wer von den Vertragsteilen die anfallen- 177 den Steuern zu tragen hat, vermieden werden. Eine Vertragsklausel, dass „sämtliche Kosten und Steuern, die mit diesem Vertrag und mit seiner Ausführung verbunden sind, der Käufer zu übernehmen hat", ist missverständlich hinsichtlich einer auf den Veräußerungsgewinn entfallenden Einkommensteuer.[190]

XI. Ausländisches Recht

Kommt ausländisches Recht zur Anwendung oder bestehen hierüber Zweifel, so hat der 178 Notar gemäß § 17 Abs. 3 S. 1 BeurkG die Beteiligten darauf hinzuweisen und dies in der Niederschrift zu **vermerken.** Darüber hinaus besteht keine Pflicht zur Belehrung über den Inhalt der ausländischen Rechtsordnung. Dies ist keine Haftungsbeschränkung, sondern eine gesetzliche Möglichkeit der Einschränkung der Amtspflicht des Notars. Belehrt der Notar in eigenständiger Beratung (§ 24 BNotO) über Auslandsrecht, so haftet er für falsche Angaben. Kann ausländisches Recht zur Anwendung kommen, empfiehlt es sich, ein Gutachten oder eine Rechtsauskunft über das anzuwendende Recht einzuholen.

Der von § 17 Abs. 3 BeurkG vorgeschriebene **Belehrungsvermerk** sollte wegen der 179 Möglichkeit einer Rückverweisung nicht nur den Hinweis auf die Anwendung ausländischen Rechts, sondern auch auf die Möglichkeit einer Rückverweisung enthalten.[191] Der Notar muss das deutsche internationale Privatrecht, dh die deutschen, nicht aber die ausländischen **Kollisionsnormen** kennen. Die Frage einer etwaigen Rück- oder Weiterverweisung muss der deutsche Notar daher nicht kennen. Er muss hierüber aber ggf. belehren. In der Regel wird auch der Hinweis auf die Möglichkeit der Anfertigung eines Gutachtens oder einer Rechtsauskunft geboten sein.

Das primäre und sekundäre **EU-Recht** ist unmittelbar geltendes Recht oder kann un- 180 mittelbare Rechtswirkungen erzeugen (Richtlinien). Es geht entgegenstehendem nationalen Recht vor und ist kein ausländisches Recht und damit nicht vom Vorbehalt des § 17 Abs. 3 BeurkG erfasst.[192] Von besonderer Bedeutung für den Notar sind die europäischen Rechtsetzungsakte und die Rechtsprechung im Verbraucherschutzrecht und Gesellschaftsrecht. Zu den Auswirkungen der **EuErbVO** → § 28 Rn. 214 ff.

XII. Erweiterte Belehrungspflicht aus Betreuungsverpflichtung

1. Betreuungsverpflichtung. Neben die gesetzlich normierten Prüfungs- und Beleh- 181 rungspflichten nach §§ 17 ff. BeurkG treten im Einzelfall erweiterte Belehrungspflichten aus Betreuungsverpflichtung. Diese Pflichten können nicht nur entstehen bei Tätigkeiten des Notars im Rahmen des § 24 BNotO, sondern je nach den Umständen des Einzelfalls bei jeder Beurkundungstätigkeit als eine über den Rahmen der §§ 17 ff. BeurkG hinausgehende Amtspflicht. Die erweiterten Belehrungspflichten haben ihren Rechtsgrund in den §§ 1, 14 BNotO und beziehen sich nicht nur auf die reine Urkundstätigkeit. Diese Vorschriften weisen dem Notar bei jeder seiner Tätigkeiten die Aufgabe und Verpflichtung zu, die Beteiligten unparteiisch zu betreuen. Hieraus hat die Rechtsprechung mit unterschiedlichen Einschränkungen die jedes Amtsgeschäft begleitende Aufgabe abgelei-

---

[188] BGH DNotZ 1996, 116 (117); eingehend BeckOGK/*Regler* BeurkG § 17 Rn. 83.
[189] OLG Koblenz MittBayNot 2003, 69; kritisch *Winkler* BeurkG § 17 Rn. 266; vgl. auch *Haug/Zimmermann* Amtshaftung Rn. 561.
[190] OLG Düsseldorf MittRhNotK 1975, 739; → § 1 Rn. 466.
[191] *Winkler* BeurkG § 17 Rn. 271.
[192] Vgl. Armbrüster/Preuß/Renner/*Armbrüster* BeurkG § 17 Rn. 238.

tet, die Beteiligten nicht untätig in die Gefahr eines folgenschweren Schadens geraten zu lassen, der durch sachgemäße Belehrung zu vermeiden ist.

182 Die von der Rechtsprechung[193] entwickelte **Begründung zur besonderen Belehrungspflicht** lautet:

„Der Notar hat aufgrund der allgemeinen Betreuungspflicht, die ihn als Amtsträger der vorsorgenden Rechtspflege trifft, dem Beteiligten, der ihn im Vertrauen darauf angegangen hat, vor nicht bedachten Folgen seiner Erklärung bewahrt zu bleiben, die nötige Aufklärung zu geben. Er darf es nicht geschehen lassen, dass Beteiligte, die über die rechtlichen Folgen ihrer Erklärung falsche Vorstellungen haben, durch die Abgabe ihrer Erklärung ihre Vermögensinteressen vermeidbar gefährden. Die betreuende Belehrungspflicht besteht, wenn der Notar aufgrund besonderer Umstände des Falles Anlass zu der Vermutung haben muss, einem Beteiligten drohe ein Schaden vor allem deshalb, weil er sich wegen mangelnder Kenntnis der Rechtslage der Gefahr nicht bewusst ist."

183 Diese zum Teil erweiterte Belehrungspflicht, außerordentliche Belehrungspflicht oder allgemeine Betreuungspflicht genannten besonderen Belehrungs- und Hinweispflichten bestehen nur dann, wenn besondere Umstände vorliegen.[194] Diese **besonderen Umstände** müssen darauf hindeuten, dass
– einem Beteiligten ein Schaden droht und er sich dessen aus tatsächlichen oder rechtlichen Gründen nicht bewusst ist und
– diese Umstände sich aus der besonderen rechtlichen Gestaltung des Vertrags oder seiner beabsichtigten Durchführung ergeben.

184 In **subjektiver Hinsicht** setzt die besondere Belehrungspflicht immer voraus, dass der Notar Anlass zu der Besorgnis haben muss, einem Beteiligten drohe ein Schaden, weil er sich wegen mangelnder Kenntnis der Rechtslage oder von Sachumständen, welche die Bedeutung des betreffenden Rechtsgeschäfts für seine Vermögensinteressen beeinflussen, einer Gefährdung dieser Interessen nicht bewusst wird.[195]

185 **2. Belehrungs- und Betreuungspflichten gegenüber Dritten.** Nicht nur gegenüber den formell Beteiligten, sondern auch gegenüber Dritten können Belehrungs- und Betreuungspflichten bestehen. Auch hier wird der Rechtsgrund für diese Pflichten aus den §§ 1, 14 BNotO abgeleitet. Dem Dritten muss ein Schaden drohen, dessen er sich aus tatsächlichen oder rechtlichen Gründen nicht bewusst ist, und es müssen besondere Umstände in der rechtlichen Gestaltung oder Durchführung des beurkundeten Geschäfts vorliegen.[196]

186 Einschränkend gilt dabei jedoch, dass solche Belehrungs- und Betreuungspflichten nur gegenüber solchen Personen bestehen können, die ein gegenwärtiges rechtliches Interesse am Urkundsgeschäft haben, das für den Notar zumindest erkennbar sein muss.[197] Die insoweit mittelbar beteiligten Personen müssen im Vorfeld oder bei der Beurkundung mit dem Notar aufgrund ihres rechtlichen Interesses in Kontakt getreten sein, da in solchen Fällen ein schutzwürdiges Vertrauen die Grundlage für eine notarielle Belehrungs- und Betreuungspflicht sein kann.[198] Liegt nicht einmal eine mittelbare Beteiligung vor, besteht keine besondere Belehrungs- und Betreuungspflicht.[199]

---

[193] Vgl. BGH DNotZ 1987, 157; DNotZ 1989, 45; DNotZ 2003, 426 (427).
[194] Vgl. zu den von der Rechtsprechung entschiedenen Einzelfällen Eylmann/Vaasen/*Frenz* BNotO § 14 Rn. 21 ff.; BeckOGK/*Regler* BeurkG § 17 Rn. 91 ff.
[195] BGH DNotZ 1991, 759 (761).
[196] Vgl. ausführlich Grziwotz/Heinemann/*Heinemann* BeurkG § 17 Rn. 21 f.
[197] BeckOGK/*Regler* BeurkG § 17 Rn. 7.
[198] Vgl. *Winkler* BeurkG § 17 Rn. 14 f.
[199] Vgl. BGH DNotZ 1981, 311 (314); *Ganter* DNotZ 2004, 421 (424).

3. Betreuungspflichten aus Auftrag. Übernimmt der Notar die Betreuung und Vertre- 187
tung der Beteiligten im Rahmen des § 24 BNotO, so haftet er ohne Beschränkung auf
die Subsidiarität für alle Pflichtverletzungen. Es obliegen ihm hier die Amtspflichten, die
sich aus der konkret übernommenen Beratungs-, Betreuungs- oder Treuhandtätigkeit ergeben.

Tätigkeiten des Notars im Rahmen des § 24 BNotO sind neben der Beratung und der 188
Gutachten- und Entwurfsfertigung insbesondere die Erteilung von Bestätigungen und Be-
scheinigungen, wie Vorlage- und Rangbescheinigungen, und von ihm übernommene
Vollzugstätigkeiten und Treuhandaufgaben, wie zB die Einholung von Genehmigungen,
Vorkaufsrechtsäußerungen, Löschungen, Rangrücktritten, Pfandfreigaben, die Herstellung
der Bindungswirkung durch Aushändigung von Ausfertigungen, Briefverwahrungen für
Gläubiger, Fälligkeitsüberwachungen, Überwachung von Vollmachten und Treuhandab-
wicklungen zur Ablösung von Gläubigern.[200]

Keine dieser Aufgaben ist eine Pflichtaufgabe des Notars. Er muss sie nicht übernehmen. 189
men. Übernimmt er sie, so hat er die daraus resultierenden Pflichten sorgfältig zu erfüllen.[201]

C. Beurkundung von Willenserklärungen

I. Checkliste

Checkliste: Beurkundung von Willenserklärungen	190
(1) Urkundeneingang – Überschrift – Bezeichnung von Notar/Notarvertreter (bei Vertretung Überprüfung der Bestellung) – Ort und Tag der Verhandlung (2) Beteiligte – Bezeichnung – Identitätsfeststellung – Güterstand – Prüfung der Geschäftsfähigkeit/ggf. Feststellungen hierzu – Prüfung der Staatsangehörigkeit – bei Sprachunkundigkeit Feststellung hierzu und Verfahren nach § 16 BeurkG – bei Vorlage von Behinderungen Feststellung und Verfahren nach §§ 22 ff. BeurkG (3) Bei Vertretung von Beteiligten – Feststellung der Vertretung – Prüfung der Vertretungsberechtigung – Beifügung der Nachweise (4) Grundbucheinsicht (5) Verfügungsmacht (6) Zulässigkeit der Beurkundung – keine Versagung Amtstätigkeit – keine Mitwirkungsverbote oder Ausschließungsgründe – kein Ablehnungsrecht oder Befangenheit (7) Beurkundung – Sachverhaltsaufklärung	

---

[200] Zur Zulässigkeit eines einseitigen Widerrufs des Treuhandauftrags über Löschungsbewilligung nach Fälligkeitsmitteilung und teilweiser Kaufpreiszahlung DNotI-Report 1997, 1.
[201] Vgl. Eylmann/Vaasen/*Frenz* BNotO § 14 Rn. 26.

    – Willenserforschung
    – Überprüfung der Gestaltung auf Gesetzesverstöße
    – Überprüfung der Erreichbarkeit des rechtsgeschäftlichen Ziels
    – Ausgewogenheit und Vertragsgerechtigkeit
(8) Amtspflichten, Prüfungs- und Belehrungspflichten
    – allgemeine Amtspflichten
    – Prüfung und Belehrung über Genehmigungserfordernisse
    – Prüfung und Belehrung über gesetzliche Vorkaufsrechte
    – Anwendbarkeit ausländischen Rechts
    – Einhaltung der weiteren Belehrungs- und Betreuungspflichten
    – Verfahrensgestaltung bei Verbraucherverträgen
(9) Äußere Formvorschriften
    – Schreibwerk
    – Änderungs- und Zusatzvermerke
    – Nummerierung der Urkunde
(10) Verlesen der Niederschrift
(11) Verweisungen
    – Bezugnahme oder echte Verweisung
    – Verfahren bei Verweisung nach § 13 Abs. 1 Hs. 2 BeurkG
    – Vorlage zur Durchsicht und
    – Feststellung in Niederschrift
    – Verfahren bei Verweisung nach § 13a BeurkG
    – Vorlage in beglaubigter Abschrift
    – Verweisung
    – Erklärung, dass Inhalt bekannt
    – Verzicht auf Vorlesen
    – Beifügung oder Verzicht auf Beifügung
    – Feststellung hierüber in Niederschrift
    – Verfahren bei Verweisung nach § 14 BeurkG
    – Vorlage zur Kenntnis
    – Verweisung
    – Unterzeichnung jeder Seite
    – Verzicht auf Vorlesen
    – Beifügung
    – Feststellung hierüber in Niederschrift
(12) Genehmigung und Unterzeichnung

II. Aufnahme einer Niederschrift

191 **1. Beurkundungsverhandlung und Niederschrift.** Bei der Beurkundung von Willenserklärungen ist eine Niederschrift über die Verhandlung aufzunehmen (§§ 8 ff. BeurkG).
Dies gilt für die Beurkundung einseitiger und zweiseitiger Erklärungen unter Lebenden
und von Todes wegen. Für Letztere gelten zusätzlich die Sonderbestimmungen der
§§ 27 ff. BeurkG.

192   Die Niederschrift ist das schriftliche Ergebnis der Beurkundungsverhandlung. Diese
Niederschrift bezeugt mit der **Beweisvermutung des § 415 ZPO,** dass die Willenserklärungen, so wie in der Niederschrift formuliert, abgegeben sind, dass sie zusammenstim-
men und damit einen Vertrag ergeben. Ein Zurückgreifen in der Auslegung auf frühere
Entwürfe oder Änderungswünsche verbietet sich regelmäßig, denn die Niederschrift be-

zeugt, dass der Vertrag, so wie er niedergelegt und genehmigt ist, zustande gekommen ist.[202]

Regelmäßig wird der Text der Niederschrift vor der Beurkundung vorbereitet, so dass   193 in der Verhandlung selbst nur die Ergänzung in einzelnen Punkten erforderlich ist. Die Niederschrift kann aber auch in der Weise aufgenommen werden, dass ein von den Parteien oder von Kreditinstituten geliefertes Formular mit den Eingangs- und Schlussbestimmungen einer Niederschrift versehen wird. Wie, wann und von wem ein vorbereiteter Text gefertigt wurde, ist unerheblich. Entscheidend ist, ob und wie ein vorliegender Text in der Beurkundungsverhandlung bestätigt, geändert oder ergänzt wird. Der Notar ist an einen Vorentwurf in keiner Weise gebunden. Soweit gesetzlich nicht ausgeschlossen (zB §§ 925, 1410, 2276, 2290 BGB), kann mit den einzelnen Beteiligten getrennt verhandelt werden.[203]

2. Äußere Form der Niederschrift. a) Herstellung der Urschrift (§ 29 DONot). 194 Die Urschrift der Urkunde ist so herzustellen, dass sie gut lesbar, dauerhaft und fälschungssicher ist. Die Urkunden sind auf festem weißen oder gelblichen Papier in DIN-Format herzustellen (§ 29 Abs. 2 S. 1 DONot). Die zu verwendenden Materialien (Tinte, Farbbänder, Kugelschreiber, Druck- und Kopierverfahren) sind in § 29 Abs. 2 S. 2 DONot detailliert aufgeführt. Stempel sind nur für Unterschriftsbeglaubigungen und Abschlussvermerke zulässig.

Formularvordrucke müssen den Anforderungen des § 29 Abs. 4 DONot genügen. 195 Insbesondere dürfen die Vordrucke keine auf den Urheber des Vordrucks hinweisenden individuellen Gestaltungsmerkmale wie Namensschriftzug, Logo, Signet oÄ aufweisen. Beglaubigungen ohne Entwurf sind hiervon ausgenommen.

Verstöße gegen § 29 DONot haben auf die Echtheit und Beweiskraft der Urkunde 196 keinen Einfluss.

b) Heften und Siegeln (§ 44 BeurkG, § 30 DONot). Besteht die Urschrift aus mehre- 197 ren Blättern, so ist sie mit Schnur und Prägesiegel zu verbinden. Der Heftfaden ist anzusiegeln. Das Heften und Siegeln ist in der Weise vorzunehmen, dass kein Blatt der Urkunde herausgenommen werden kann, ohne das Siegel zu beschädigen.

Das Gleiche gilt für **Schriftstücke (Anlagen)**, auf die nach § 9 Abs. 1 S. 2, S. 3 198 BeurkG (Schriftstücke, Karten, Zeichnungen oder Abbildungen), nach § 14 BeurkG oder nach § 37 Abs. 1 S. 2, S. 3 BeurkG verwiesen wird. Anlagen, die nicht zur Niederschrift gehören, wie beigefügte Vollmachten, Genehmigungen, Bescheinigungen, Vollzugsmitteilungen etc, sind dauerhaft zu verbinden.

§ 31 DONot trifft Regelungen zum **Siegeln** von Urkunden. Für alle Siegelsysteme 199 wird vorausgesetzt, dass die Siegel dauerhaft mit dem Papier und Schnur verbunden sein müssen, Abdruck oder Prägung deutlich erkennen lassen müssen und eine Entfernung des Siegels ohne sichtbare Spuren der Zerstörung nicht möglich sein darf. Die neuen Siegelungstechniken (neben Farbdrucksiegel und Prägesiegel mit Mehloblade) bedürfen einer Zertifizierung.

c) Nummerierung (§ 28 Abs. 2 DONot). Auf jeder Urschrift ist die Nummer der Ur- 200 kundenrolle mit dem Jahrgang anzugeben (zB UR-Nr. 372/91). Die Urkundennummer wird zweckmäßigerweise am Kopf der Urkunde angebracht.

3. Änderungen in Urkunden (§ 44a BeurkG). a) Änderungen vor Abschluss der 201 **Niederschrift.** Die notarielle Urkunde hat die Vermutung der Echtheit iSd § 437 ZPO für sich. Diese umfasst die gesamte Niederschrift samt Unterschrift des Notars unter Ein-

---

[202] Vgl. BGH DNotZ 2003, 37.
[203] Vgl. *Reithmann* DNotZ 2003, 603 (611); *Winkler* BeurkG § 8 Rn. 7.

schluss von Teilen, die erst während der Beurkundungsverhandlung in den vorbereiteten Text eingefügt wurden.

202   Radieren, Wegschaben mit der Rasierklinge, Überkleben, Verwendung von „Tipp Ex" oder Überschreiben des zu korrigierenden Textes ist unzulässig (§ 28 Abs. 1 S. 1 DONot). **Streichungen** sind so vorzunehmen, dass das Gestrichene noch lesbar bleibt. Teilweise sind Streichungen in der Weise üblich, dass die Teile, die nicht gelten sollen, eingeklammert werden und dahinter das Wort „lies" gesetzt wird. **Wichtige Zahlen** wie Kaufpreis, Schuldbetrag, Datum der Urkundserrichtung etc sind in Ziffern und Buchstaben zu schreiben (§ 28 Abs. 1 S. 2 DONot). **Lücken** und leere Seiten sind zur Verhinderung nachträglicher Zusätze mit Füllstrichen zu versehen.

203   **Änderungen und Zusätze („Berichtigungsvermerk")** vor Abschluss der Niederschrift sollen am Schluss vor den Unterschriften oder am Rand vermerkt werden (§ 44a Abs. 1 S. 1 BeurkG). Werden sie am Rand der Niederschrift angebracht, so sind sie vom Notar zu unterzeichnen (§ 44a Abs. 1 S. 1 Hs. 2 BeurkG).[204] Werden Änderungen und Zusätze ausnahmsweise hinter dem Schlussvermerk der Urkunde angebracht, so muss dieser wiederholt werden und durch Schlussvermerk und Unterschriften gedeckt sein. Bei fehlender Unterzeichnung kann die Beweiskraft der Urkunde nach § 415 Abs. 1 ZPO entfallen.[205]

204   Formulierungsbeispiel: Berichtigungsvermerk

☙   Auf Seite *** ist nach Zeile *** einzufügen: ***.

    Zusatz vom Notar mitvorgelesen, von den Beteiligten genehmigt und eigenhändig unterschrieben:

205   Es empfiehlt sich regelmäßig, bei umfangreichen Änderungen und Zusätzen die betreffenden Seiten neu zu schreiben oder bei Verwendung von EDV-Anlagen ausdrucken zu lassen. **Änderungen in Anlagen** brauchen nicht unterzeichnet zu werden, wenn ihre Genehmigung aus der Niederschrift hervorgeht (§ 44a Abs. 1 S. 2 BeurkG).

206   Formulierungsbeispiel: Schlussvermerk bei Änderungen

☙   Niederschrift samt Anlage und den in der Anlage enthaltenen Änderungen vom Notar vorgelesen, von den Beteiligten genehmigt und eigenhändig unterschrieben:

207   **b) Änderungen nach Abschluss der Niederschrift.** Grundsätzlich sind Änderungen, Zusätze oder Berichtigungen der Niederschrift nach Abschluss der Niederschrift nicht mehr zulässig. Es muss vielmehr eine Nachtragsurkunde aufgenommen werden, die von sämtlichen Beteiligten erneut zu unterzeichnen ist.

208   Eine Ausnahme gilt für **offensichtliche Unrichtigkeiten** (§ 44a Abs. 2 BeurkG). Solche kann der Notar auch nach Abschluss der Niederschrift durch einen von ihm zu unterschreibenden Nachtragsvermerk richtigstellen. Anders als § 164 ZPO, wonach Unrichtigkeiten ohne Einschränkung berichtigt werden können, gewährt § 44a Abs. 2 BeurkG nur die Berichtigung bei „offensichtlichen Unrichtigkeiten". Dies ist eine durch die Neuregelung deutliche Erweiterung zu dem früheren § 30 Abs. 4 DONot, der eine Berichtigung nur bei „offensichtlichen Schreibfehlern" eröffnete.

209   Stets von § 44a Abs. 2 S. 1 BeurkG als offensichtliche Unrichtigkeit erfasst sind daher **offensichtliche Schreibfehler.** Hierbei handelt es sich um **Schreibfehler und Auslassungen,** die aus dem Zusammenhang der Urkunde ohne Weiteres erkennbar sind. Erfasst werden hiervon insbesondere Wortverwechslungen, wie etwa Käufer/Verkäufer, Gläubiger/Schuldner, Veräußerer/Erwerber oder Vermieter/Mieter. Ein offensichtlicher Schreib-

---

[204] Zu handschriftlichen Änderungen in einer notariellen Urkunde s. DNotI-Report 1997, 28.
[205] BGH DNotZ 1995, 28.

fehler wird auch dann angenommen, wenn er sich aus dem Gesamtzusammenhang der Beurkundung zweifelsfrei erkennen lässt. So können etwa **irrtümliche Falschangaben aufgrund von „Zahlendrehern"** zum Vertragsgegenstand (Grundbuchblattnummer, Flurstücknummer oder Grundstücksgröße) oder zu Registerangaben als offensichtliche Unrichtigkeit berichtigt werden.[206]

Im Übrigen können über § 44a Abs. 2 S. 1 BeurkG nicht nur offensichtliche Schreib-   210
fehler, sondern auch weitergehende Fehler als offensichtliche Unrichtigkeit einer Urkunde berichtigt werden. Grundsätzlich kann zur Frage der Auslegung von § 44a Abs. 2 S. 1 BeurkG auf § 319 Abs. 1 ZPO zurückgegriffen werden, wonach „Schreibfehler, Rechenfehler und ähnliche offensichtliche Unrichtigkeiten" in einem Urteil durch das Gericht jederzeit berichtigt werden können.[207] Maßgeblich für die Beurteilung, ob bei einer Urkunde eine offensichtliche Unrichtigkeit gegeben ist, dass der Fehler **für den beurkundenden Notar oder die Beteiligten offensichtlich** ist.[208] Die Offensichtlichkeit des Fehlers kann sich dabei aus dem **Zusammenhang der Urkunde** oder aus anderen auch **außerhalb der Urkunde liegenden Umständen** ergeben.[209]

Der Nachtragsvermerk ist in der Form einer selbständigen Vermerkurkunde (§ 39   211
BeurkG) mit Unterschrift und Siegel des Notars zu erstellen.[210]

III. Inhalt der Niederschrift

Für den notwendigen Inhalt der Niederschrift gelten die §§ 9–11, 13, 16, 17, 22–25   212
BeurkG (für Verfügungen von Todes wegen zusätzlich noch die §§ 28–33 BeurkG). Die Niederschrift **muss** enthalten:
– die Bezeichnung des Notars und der Beteiligten;
– die Erklärung der Beteiligten;
– die Vorlesung, Genehmigung und Unterzeichnung der Niederschrift in Gegenwart des Notars.

Die Niederschrift **soll** enthalten: 213
– die Angabe von Ort und Tag der Verhandlung;
– die genaue Bezeichnung der Beteiligten;
– die Feststellung von Zweifeln an der Geschäftsfähigkeit der Beteiligten;
– bei Verfügungen von Todes wegen die Feststellung der Geschäftsfähigkeit;
– die Feststellung der Vorlesung, Genehmigung und Unterzeichnung;
– die Vorlegung der Niederschrift auf Verlangen;
– die Beifügung der Amtsbezeichnung zur Unterschrift des Notars.

1. Überschrift. Urkunden werden regelmäßig mit einer Überschrift, wie „Kaufvertrag",   214
„Überlassung", „Gesellschafterversammlung" etc versehen. Nichtssagende Überschriften, wie „Vereinbarung", „Vertrag" etc sollten vermieden werden.

2. Bezeichnung des Notars. Die Niederschrift muss die Bezeichnung des Notars oder   215
der Notarin enthalten (§ 9 Abs. 1 Nr. 1 BeurkG). Nicht ausreichend ist, dass der Notar die Niederschrift lediglich unterzeichnet. Die Beurkundung ist fehlerhaft, wenn auch die Wirksamkeit gegeben sein kann.[211] Der amtlich bestellte Vertreter hat sich als solcher zu bezeichnen und ausdrücklich als Notarvertreter zu unterschreiben (§ 41 Abs. 1 S. 2 BNotO). Beurkundungen eines Notarvertreters vor seiner wirksamen Bestellung oder nach Beendigung der Vertretung sind unwirksam.[212] Dies gilt auch dann, wenn der No-

---

[206] Vgl. *Winkler* BeurkG § 44a Rn. 17.
[207] Armbrüster/Preuß/Renner/*Preuß* BeurkG § 44a Rn. 13.
[208] *Kanzleiter* DNotZ 1999, 292 (305).
[209] Grziwotz/Heinemann/*Heinemann* BeurkG § 44a Rn. 23.
[210] *Winkler* BeurkG § 44a Rn. 31; ausführlich zum Verfahren *Reithmann* DNotZ 1999, 27.
[211] DNotI-Report 2006, 9.
[212] BGH DNotZ 1999, 346; Schippel/Bracker/*Schäfer* BNotO § 40 Rn. 15.

tarvertreter eine Urkunde erst unterschreibt, nachdem der letzte Tag seiner Bestellung verstrichen ist.[213]

216 **3. Ort und Tag der Verhandlung.** Ort und Tag der Verhandlung sind aufzuführen (§ 9 Abs. 2 BeurkG). Es genügt die Angabe des Ortsnamens, jedoch ist eine genaue Ortsbezeichnung angebracht. Der Tag der Errichtung ist nach Tag, Monat und Jahr zu bezeichnen. Wird die Beurkundungsverhandlung unterbrochen und am nächsten Tag fortgesetzt, so sind beide Tage anzugeben. Bei Beurkundungen außerhalb der Geschäftsstelle kann es zweckmäßig sein, diesen Umstand genau zu bezeichnen und anzugeben, welcher der Beteiligten darum ersucht hat (vgl. § 32 Abs. 2 GNotKG). Die Pflicht zur Angabe des Ortes der Verhandlung in der Niederschrift gemäß § 9 Abs. 2 BeurkG wird aber bereits durch die **Angabe der Gemeinde** erfüllt, in der die Verhandlung stattfindet.[214]

217 § 9 Abs. 2 BeurkG ist eine Soll-Vorschrift. Nimmt der Notar einen **falschen Ort** oder einen **falschen Tag** der Verhandlung in die Niederschrift auf, beurkundet er **keine** „**rechtlich erhebliche**" Tatsache falsch und kann sich demnach **nicht** gemäß § 348 Abs. 1 StGB **strafbar machen**.[215]

218 **4. Bezeichnung der Beteiligten; Identitätsfeststellung. a) Bezeichnung.** Die Beteiligten sind in der Niederschrift so genau zu bezeichnen, dass Zweifel und Verwechslungen ausgeschlossen sind. Bei der **Beteiligung natürlicher Personen** gehören dazu Vor- und Familienname, Geburtsname, Geburtsdatum, Wohnort und Wohnung (§ 26 Abs. 2 DONot). Auf die Angabe des Berufs kann verzichtet werden. Besteht ein Anlass für eine Auslandsberührung der Beurkundung, sollte die Staatsangehörigkeit angegeben werden. Bei gefährdeten Beteiligten kann gemäß § 26 Abs. 2 S. 2 DONot von der Angabe der Wohnung abgesehen werden.

219 Handeln die Beteiligten als organschaftliche oder gesetzliche **Vertreter** von Gesellschaften, reicht die Angabe des Vor- und Familiennamens, des Geburtsdatums und der Geschäftsanschrift. Für Organvertreter und Bevollmächtigte genügt die Angabe der Geschäftsadresse. § 10 BeurkG verlangt eine so genaue Bezeichnung, dass Zweifel und Verwechslungen ausgeschlossen sind. Dem ist mit der Geschäftsanschrift Genüge getan. § 10 BeurkG geht insoweit § 26 DONot vor.[216] Bei dem Handeln **Bevollmächtigter** sind die Angaben auch hinsichtlich des Vollmachtgebers aufzunehmen. Bei der Bevollmächtigung durch Unternehmen und Institutionen reicht regelmäßig die Angabe der Dienst- oder Geschäftsanschrift des Bevollmächtigten.

220 Nicht vom Bezeichnungszwang des § 9 BeurkG erfasst sind **sonstige Personen,** die an der Verhandlung nach dem BeurkG ggf. mitzuwirken haben, also Zeugen, ein zweiter Notar, ein Dolmetscher oder eine Vertrauensperson. Diese Personen müssen für die Wirksamkeit der Beurkundung nicht zwingend in der Niederschrift bezeichnet werden, selbst wenn die Teilnahme der Person an der Beurkundung für die Wirksamkeit zwingend erforderlich ist (wie zB bei § 24 BeurkG). Dennoch ist die Aufnahme der Bezeichnung auch dieser Personen in die Urkunde sinnvoll und sollte unter Angabe, in welcher Eigenschaft die jeweilige Person mit dem Urkundsvorgang befasst war, erfolgen.[217]

221 **b) Identitätsfeststellung.** Der Notar hat die Identität der Beteiligten mit besonderer Sorgfalt zweifelsfrei festzustellen (§ 10 BeurkG, § 26 DONot). Mit Rücksicht auf die besondere Beweiskraft notarieller Urkunden und des öffentlichen Glaubens ist auf die zweifelsfreie Feststellung der erschienenen Personen „äußerste Sorgfalt" zu verwenden.[218]

---

[213] BGH DNotZ 1999, 346.
[214] Armbrüster/Preuß/Renner/Piegsa BeurkG § 9 Rn. 58.
[215] BGH DNotZ 1999, 811 (812).
[216] Renner NotBZ 2002, 432.
[217] Winkler BeurkG § 9 Rn. 13.
[218] BGH DNotZ 1956, 502; OLG Celle NJW-RR 2006, 448 (449).

Welches Identifizierungsmittel der Notar im konkreten Einzelfall nutzt, obliegt seinem **pflichtgemäßen Ermessen.**[219]

Ist der Beteiligte dem Notar **persönlich bekannt,** so reicht dies als Identitätsfeststel- 222 lung. Der Beteiligte ist dem Notar in diesem Sinne jedoch gerade nicht persönlich bekannt, wenn er ihn erst anlässlich der vorzunehmenden Amtshandlung kennen lernt oder wenn der Beteiligte durch Angestellte oder Dritte vorgestellt wird. Die unrichtige Feststellung in welcher Form sich der Notar über die Identität Gewissheit verschafft hat, ist keine strafbare Falschbeurkundung.[220]

Ist der Erschienene dem Notar nicht persönlich bekannt, so muss er sich ausweisen 223 durch einen **amtlichen, mit Lichtbild versehenen Ausweis.** Hierzu gehören Reisepass, Personalausweis, Führerschein und Dienstausweise von Behörden. Sonstige Urkunden, insbesondere Urkunden ohne Lichtbild, sind zur Identitätsfeststellung nicht ausreichend. Hat ein Beteiligter seinen Ausweis vergessen, so kann der Ausweis auch nach Beurkundung nachgereicht werden. Die **Tatsache,** dass sich der Notar nachträglich Gewissheit über die Person des Beteiligten verschafft hat, kann durch einen Vermerk nach §§ 36, 39 BeurkG bezeugt werden. Dieser Vermerk kann entweder in die **Ursprungsurkunde** selbst aufgenommen oder aber der **Ursprungsurkunde beigefügt** werden. Gemäß § 39 BeurkG ist der Vermerk zu unterschreiben und mit dem Siegel und dem Ort und Tag der Ausstellung zu versehen.[221]

Ausreichend für die Identitätsfeststellung ist auch die **Vorstellung durch Erken-** 224 **nungszeugen,** wenn ein amtlicher Ausweis nicht vorgelegt werden kann. Die Anforderung der „besonderen Sorgfalt" bezieht sich in diesem Fall auch auf die Glaubwürdigkeit des Erkennungszeugen. In Betracht kommen damit nur Personen, die dem Notar als zuverlässig bekannt sind, insbesondere Hilfskräfte des Notars. Als Erkennungszeugen ungeeignet sind Personen, die an der Amtshandlung beteiligt sind oder zu dem Beteiligten in einer verwandtschaftlichen oder sonstigen Beziehung stehen.

Die Identitätsfeststellung durch den **Nachweis besonderer Sachkunde** ist grundsätz- 225 lich möglich. In der Praxis kommt dies kaum vor. Es besteht die Gefahr, dass eine besondere Sachkunde gerade bei der betrügerischen Absicht der Identitätstäuschung vorgespiegelt wird.

c) Geldwäschegesetz. Der Notar unterliegt nach der Änderung des Gesetzes über das 226 Aufspüren von Gewinnen aus schweren Straftaten besonderen **Identifizierungspflichten,** soweit er für seine „Mandanten" im Sinne dieses Gesetzes an der Planung und Durchführung folgender Geschäfte mitwirkt:[222]
- Grundstückskaufvertrag iSd § 311b Abs. 1 BGB (§ 2 Abs. 1 Nr. 10 lit. a sublit. aa GwG);
- Geschäftsanteilsabtretungsvertrag iSd § 15 Abs. 3, Abs. 4 GmbHG (§ 2 Abs. 1 Nr. 10 lit. a sublit. aa GwG);
- Gesellschaftsvertrag iSd § 2 Abs. 1 S. 1 GmbHG (§ 2 Abs. 1 Nr. 10 lit. a sublit. ee GwG);
- Satzungsfeststellung iSd § 23 Abs. 1 S. 1 AktG (§ 2 Abs. 1 Nr. 10 lit. a sublit. ee GwG);
- Verschmelzungsvertrag iSd § 6 UmwG (§ 2 Abs. 1 Nr. 10 lit. a sublit. ee GwG);
- wenn das zu beurkundende Rechtsgeschäft
  - einen Verwahrungsantrag iSd § 57 Abs. 2 BeurkG enthält (§ 2 Abs. 1 Nr. 10 lit. a sublit. bb GwG),
  - eine Spezialvollmacht iSd § 167 BGB zum Abschluss eines der zuvor genannten Rechtsgeschäfte enthält (§ 2 Abs. 1 Nr. 10 lit. a GwG – „an der […] Durchführung […] mitwirken").

---

[219] *Winkler* BeurkG § 10 Rn. 17.
[220] BGH DNotZ 2005, 213; vgl. auch *Grüner/Köhler* notar 2018, 105 (106).
[221] Armbrüster/Preuß/Renner/*Eickelberg* DONot § 26 Rn. 31.
[222] Vgl. ausführlich die Anwendungsempfehlungen der BNotK zum GWG, S. 7 f.

227 Ist der Anwendungsbereich des GwG eröffnet, richten sich die Anforderungen an die
Identifizierung und deren Dokumentation maßgeblich nach dem im Einzelfall bestehenden **Risiko der Geldwäsche** und Terrorismusfinanzierung (sog. „risikobasierter Ansatz").[223] Vor Durchführung der Identifizierung sollte der Notar daher das Geldwäsche-
oder Terrorismusfinanzierungsrisiko im Hinblick auf das **konkret zu beurkundende
Rechtsgeschäft** feststellen.[224] Die Aufzeichnungs- und Aufbewahrungspflichten richten
sich nach §§ 5 Abs. 2, 8 GwG.[225]

228 **d) Ablehnung der Beurkundung.** Liegt kein Fall des § 4 BeurkG vor, so muss der Notar auch ohne Identitätsfeststellung die Beurkundung vornehmen, wenn alle Beteiligten
dies verlangen. Dies gilt grundsätzlich auch im Anwendungsbereich des GwG.[226] Die fehlende Identitätsfeststellung sollte in jedem Fall vermerkt werden.

229 **e) Bedeutung der Feststellung.** Die Personenfeststellung begründet den vollen Beweis
gemäß § 415 ZPO, dass die Beteiligten die in der Urkunde niedergelegten Erklärungen
vor dem Notar abgegeben haben. Jede andere, insbesondere die freie Beweiswürdigung
ist ausgeschlossen. Eine Nachprüfung der Identitätsfeststellung durch das Grundbuchamt
oder sonstige Behörden, denen die Urkunde vorgelegt wird, findet nicht statt.

230 **5. Feststellungen über die Geschäftsfähigkeit.** Bei Rechtsgeschäften unter Lebenden
sind Feststellungen über die Geschäftsfähigkeit in der Urkunde regelmäßig nicht zu treffen. Eine Ausnahme gilt, wenn Erklärungen schwer kranker Personen beurkundet werden
oder Zweifel an der Geschäftsfähigkeit bestehen. Hier soll der Notar die Tatsache der
Erkrankung und seine Feststellungen zur Geschäftsfähigkeit in der Niederschrift angeben
(§ 11 Abs. 2 BeurkG). Bei Verfügungen von Todes wegen sind die Feststellungen in jedem Fall nach § 28 BeurkG in der Niederschrift zu vermerken.

231 **6. Grundbucheinsicht; Briefvorlage (§ 21 BeurkG).** Der Notar hat bei Geschäften,
die im Grundbuch eingetragene Rechte zum Gegenstand haben, den Grundbuchinhalt
festzustellen. Die in § 21 BeurkG vorgeschriebene Verpflichtung zur Grundbucheinsicht
dient der Sicherung des Rechtsverkehrs und der Belehrungsverpflichtung des Notars. Anhaltspunkte für das Eingreifen von Belehrungspflichten wie Verfügungsbeschränkungen
etc ergeben sich häufig aus dem Grundbuch.

232 Die **Einsichtnahme** sollte so kurz wie möglich vor Beurkundung erfolgen. Es werden
diesbezüglich Richtwerte von zwischen zwei und vier bis maximal sechs Wochen vertreten.[227] Ob die Fristen bei einer Teilnahme am automatisierten Abrufverfahren gemäß
§§ 133 ff. GBO anders zu bewerten sind, hat der BGH jüngst noch offengelassen. Aufgrund des einfachen automatisierten Abrufverfahrens dürfte aber zu empfehlen sein, dort,
wo für den Notar die Möglichkeit eröffnet ist, eine Grundbucheinsicht möglichst zeitnah
zur Beurkundung vorzunehmen.

233 Der Notar muss das Grundbuch nicht selbst einsehen. Eine Einsicht durch Angestellte
reicht, wenn die beauftragte Person hinreichend zuverlässig ist. Soweit die Grundbucheinsicht durch Herstellung von Fotokopien von den Grundbüchern erfolgt, ist eine besondere Sachkunde, anders als früher, nicht mehr zu fordern. Für das Verschulden von

---

[223] Ausführlich die Anwendungsempfehlungen der BNotK zum GWG, S. 14 ff.
[224] BT-Drs. 18/11555, 88.
[225] Vgl. hierzu ausführlich die Anwendungsempfehlungen der BNotK zum GWG, S. 10 f.
[226] Anwendungsempfehlungen der BNotK zum GWG, S. 21; vgl. auch Armbrüster/Preuß/Renner/*Piegsa*
BeurkG § 10 Rn. 29: anders, wenn der Notar weiß, dass der Mandant die Rechtsberatung bewusst für
den Zweck der Geldwäsche oder Terrorismusfinanzierung in Anspruch nimmt.
[227] Vgl. *Winkler* BeurkG § 21 Rn. 14; Eylmann/Vaasen/*Frenz* BeurkG § 10 Rn. 2 sowie die Nachweise bei
BGH DNotZ 2019, 37 Rn. 27: Der Senat tendiert zu einer Frist von drei bis vier Wochen.

Hilfspersonen bei der Grundbucheinsicht haftet der Notar wie für eigenes Verschulden entsprechend § 278 BGB.[228]

Soweit **EDV-Grundbücher** in elektronischer Form geführt werden, erfolgt die 234 Grundbucheinsicht durch ein EDV-Abrufverfahren, das die Einsicht in das Grundbuch darstellt. Erforderlich ist hier eine vollständige Eigentümer- oder Flurstückrecherche. Die Einsicht nur in die Markentabelle reicht nicht. Ein besonderer Vermerk in der Urkunde, dass die Einsicht durch Abruf erfolgte, ist nicht erforderlich.

Bei **auswärtigen Grundbuchämtern** reicht Einsicht in eine Grundbuchblattabschrift 235 aus. In Ausnahmefällen genügt auch ein sog. Grundbuchaufschluss oder eine telefonische Auskunft des Grundbuchamtes.[229]

Eine Pflicht zur **Einsicht in die Grundakten** oder in die Markentabelle besteht 236 grundsätzlich nicht, wenn keine „besondere Umstände" im Einzelfall vorliegen.[230] Die Einsicht in das Grundbuch reicht, auch wenn sich Vollzugsprobleme ergeben können, falls noch unerledigte Eintragungsanträge in den Grundakten liegen. Insbesondere bei größeren Grundbuchämtern ist eine Überprüfung sämtlicher beim Grundbuchamt eingelaufener Anträge praktisch nicht durchführbar. Ausnahmsweise sollten die Grundakten dann eingesehen werden, wenn ein Bleistiftvermerk im Grundbuch oder ein Eintrag in der Markentabelle auf einen unerledigten Antrag hinweist.

Formulierungsbeispiel: Grundbucheinsicht – Vermerk 237

Der Notar hat sich über den Grundbuchstand durch Einsicht in das elektronisch geführte **◊** Grundbuch unterrichtet. Eine Einsicht in Grundakten ist nicht erfolgt.

Hat sich der Notar nicht über das Grundbuch unterrichten können, so hat er ein 238 Recht zur vorläufigen Ablehnung der Beurkundung. **Ohne Grundbuchkenntnis** soll nur beurkundet werden, wenn die Beteiligten trotz Belehrung auf sofortiger Beurkundung bestehen. Hier trifft den Notar eine besondere Belehrungspflicht. Der Verzicht der Beteiligten auf die Grundbucheinsicht ist in der Niederschrift zu vermerken.

Formulierungsbeispiel: Ohne Grundbucheinsicht – Vermerk 239

Der Notar hat den Grundbuchinhalt nicht festgestellt. Trotz Hinweis auf die damit ver- **◊** bundenen Gefahren bestanden die Beteiligten auf sofortiger Beurkundung.

In diesen Fällen ist zu raten, dass sich der Notar nach der Beurkundung unverzüglich 240 über den Grundbuchinhalt unterrichtet. Im seltenen Fall der Beurkundung der Abtretung oder Belastung eines Briefrechts soll der Notar in der Niederschrift vermerken, ob der Brief vorgelegen hat (§ 21 Abs. 2 BeurkG).

7. Sonstige Feststellungen. Soweit erforderlich, muss die Urkunde auch sonstige Fest- 241 stellungen des Notars enthalten, wie Nachweise über die Vertretungsberechtigung (§ 12 BeurkG), Genehmigungserfordernisse (§ 18 BeurkG), gesetzliche Vorkaufsrechte (§ 20 BeurkG), Unbedenklichkeitsbescheinigungen (§ 19 BeurkG), Kosten und Gebühren, ausländisches Recht (§ 17 Abs. 3 BeurkG) und über die den Beteiligten erteilten Belehrungen. Ob und in welchem Umfang der Notar Belehrungen als Feststellungen in die Niederschrift aufnimmt, ist ihm grundsätzlich freigestellt. Dies hängt vom konkreten Fall und von den möglichen Gefahren und Risiken des Rechtsgeschäfts ab.

8. Erklärungen der Beteiligten. Erklärungen der Beteiligten sind deren Willenserklä- 242 rungen. In der Urkunde sollte durch einen einleitenden Satz festgestellt werden, dass die

---

[228] BGH NJW 1996, 464.
[229] *Winkler* BeurkG § 21 Rn. 18.
[230] BGH DNotI-Report 2009, 20.

Beteiligten Erklärungen abgeben. In der Niederschrift sind die Erklärungen nicht wörtlich zu protokollieren, sondern klar und zweckentsprechend in rechtlich eindeutiger Form in der Niederschrift wiederzugeben. Formell ist die Wirksamkeit der Beurkundung nicht davon abhängig, dass die Erklärungen der Beteiligten richtig wiedergegeben werden. Auch bei formeller Wirksamkeit kann das Rechtsgeschäft selber materiell nichtig oder anfechtbar sein.

243   **9. Urkundssprache.** Grundsätzlich sind Urkunden **in deutscher Sprache** zu errichten (§ 5 Abs. 1 BeurkG). Der Notar kann jedoch auch in einer Fremdsprache verhandeln, sei es allein oder mit Hilfe eines Dolmetschers. Hierüber ist dann eine Niederschrift in deutscher Sprache herzustellen. Darüber hinaus kann der Notar nach § 5 Abs. 2 BeurkG Urkunden auch in einer anderen Sprache errichten, jedoch nur wenn er der **fremden Sprache** hinreichend kundig ist. Seine Sprachkenntnisse sind vom Notar selber sorgfältig zu beurteilen. In Einzelfällen, wie bei Vollmachten etc, mag es ausreichen, dass der Notar die Erklärung dahin gehend überprüfen kann, ob sie das Gewollte wiedergibt.

244   Die Niederschrift kann auch **zum Teil fremdsprachig** und zum Teil deutsch sein. Auch die Errichtung zweisprachiger Urkunden mit gleichberechtigtem deutschen und ausländischen Text ist zulässig. Zuverlässiger ist jedoch in jedem Fall die Errichtung des verbindlichen Urkundstexts in einer Sprache und Herstellung einer **Übersetzung** in die deutsche oder die andere Sprache.[231] Zu Urkunden in fremder Sprache → § 28 Rn. 23 ff.

245   Nach § 50 BeurkG ist der Notar berechtigt, die Richtigkeit und Vollständigkeit der deutschen Übersetzung zu **bescheinigen,** wenn er die Urkunde selbst in fremder Sprache errichtet hat oder für die Erteilung einer Ausfertigung oder Niederschrift zuständig ist.

246   **10. Beteiligung Sprachunkundiger.** Ein Beteiligter ist sprachunkundig, wenn er es behauptet oder der Notar hiervon überzeugt ist. Die Niederschrift ist den übrigen Beteiligten in der Urkundssprache vorzulesen. Für den sprachunkundigen Beteiligten ist die gesamte Urkunde mündlich zu **übersetzen** (§ 16 Abs. 2 S. 1 BeurkG). Zusätzlich ist die Übersetzung der Niederschrift auf Verlangen schriftlich vorzunehmen. Die schriftliche Übersetzung ist den Beteiligten vorzulegen und der Niederschrift beizufügen. Die Übersetzung kann vom Notar selbst vorgenommen werden, wenn er der anderen Sprache hinreichend kundig ist.

247   Übersetzt der Notar nicht selbst, so muss er einen **Dolmetscher** zuziehen. Für den Dolmetscher gelten die Ausschließungsgründe der §§ 6 und 7 BeurkG entsprechend. Der Dolmetscher ist im Regelfall zu vereidigen. Ist der Dolmetscher bereits allgemein vereidigt, so genügt es, dass er sich auf diesen allgemeinen Eid bezieht (§ 189 Abs. 2 GVG). Hier ist jedoch Vorsicht geraten, da Dolmetscher häufig nicht allgemein, sondern nur für gerichtliche Angelegenheiten vereidigt sind. Die Vereidigung des Dolmetschers erfolgt entsprechend § 189 GVG mit dem Inhalt, dass er treu und gewissenhaft überträgt wird. Die Vereidigung ist entbehrlich, wenn alle Beteiligten darauf verzichten. Bei Zuziehung eines Dolmetschers ist die Niederschrift vom Dolmetscher zu unterzeichnen.

248   In der Urkunde sind als **Feststellung** niederzulegen:
– die Erklärung des Beteiligten oder die Feststellung des Notars über die Sprachunkundigkeit des Beteiligten;
– dass die Niederschrift mündlich übersetzt wurde;
– dass der Beteiligte über das Recht auf schriftliche Übersetzung belehrt wurde;
– dass schriftlich übersetzt und die Übersetzung zur Durchsicht vorgelegt oder dass auf eine schriftliche Übersetzung verzichtet wurde;

---

[231] Muster für Vollmachten in den EU-Sprachen: Texte uniforme de Procurations, Union Internationale du Notariat Latin, 1981 und Texte uniforme de Procurations pour agir en justice, Union Internationale du Notariat Latin, 1985; Beglaubigungsvermerke bei *Röll* DNotZ 1974, 423 und MittBayNot 1977, 107.

– die Vereidigung des Dolmetschers oder seine Bezugnahme auf einen allgemeinen Eid oder der Verzicht der Beteiligten auf die Vereidigung;
– Angaben über die Identität des Dolmetschers.
Bei einer **Beglaubigung** finden die vorstehenden Bestimmungen auch nicht entspre- 249
chend Anwendung.[232]

Formulierungsbeispiel: Übersetzung Urkunde 250

Der Beteiligte zu *** ist nach seiner Erklärung der deutschen Sprache nicht hinreichend ☝
kundig. Als Dolmetscher habe ich daher zugezogen Herrn ***, mir, Notar, persönlich bekannt. Ein Grund, durch den der Dolmetscher nach dem Beurkundungsgesetz von der Mitwirkung ausgeschlossen wäre, lag nicht vor. Der Dolmetscher ist nicht allgemein vereidigt. Da nicht alle Beteiligten auf die Vereidigung des Dolmetschers verzichtet haben, habe ich, der Notar, ihn vereidigt. Der Dolmetscher wurde über die Bedeutung des Eides und die strafrechtlichen Folgen eines Eides belehrt. Er leistete darauf den Eid, dass er treu und gewissenhaft übertragen werde.

Die Urkunde wurde vom Dolmetscher in die *** Sprache übersetzt.

Der Beteiligte zu *** wurde darauf hingewiesen, dass er eine schriftliche Übersetzung verlangen könne. Er hat die Anfertigung einer schriftlichen Übersetzung verlangt. Diese schriftliche Übersetzung wurde ihm zur Durchsicht vorgelegt. Sie ist dieser Niederschrift als Anlage beigeheftet.

IV. Verweisung

1. Grundsätze. Die dem Notar nach den §§ 9, 13, 13a, 14 BeurkG zur Verfügung ste- 251
henden **Verfahrensweisen der Beurkundung** sind:
– Aufnahme der Erklärungen in die Niederschrift (§ 9 Abs. 1 S. 1 BeurkG);
– Aufnahme der Erklärungen teils in die Niederschrift und teils in eine Anlage (§ 9 Abs. 1 S. 2 BeurkG). Erforderlich ist die Verweisung auf die Anlage in der Haupturkunde, Beifügung der Anlage und Verlesung;
– Aufnahme von Bilanzen, Verzeichnissen und Grundpfandrechtserklärungen iSd § 14 Abs. 1 S. 1, S. 2 BeurkG in eine Anlage, Verweisung oder Beifügung, Vorlegung zur Kenntnisnahme, Unterzeichnung jeder Seite der Anlage und Verzicht auf Verlesung (§ 14 BeurkG);
– Aufnahme eines Teils der Erklärungen in der Haupturkunde und im Übrigen Verweisung auf eine andere notarielle Niederschrift (§ 13a BeurkG). Auf die Verlesung und Beifügung der anderen notariellen Niederschrift kann hier verzichtet werden.
Die Bestimmungen der §§ 9, 13a und 14 BeurkG regeln, wie zu beurkunden ist, wenn 252
die konkreten Erklärungen beurkundungspflichtig sind. Die Frage, was zu beurkunden ist, bestimmt sich nach dem materiellen Recht.[233] Eine Verweisung im Sinne des Beurkundungsgesetzes ist daher nötig, wenn der rechtsgeschäftliche Inhalt der abgegebenen Erklärungen durch die Anlage mitbestimmt wird.[234]

2. Bezugnahme (unechte Verweisung). Wird in der Niederschrift auf Erklärungen, 253
Rechtsverhältnisse oder tatsächliche Umstände hingewiesen, die nicht zum beurkundungsbedürftigen Inhalt des Rechtsgeschäfts gehören, sondern die getroffenen Erklärungen verdeutlichen oder erläutern, so liegt eine Bezugnahme (**unechte Verweisung**) vor. Ergibt sich aus dem materiellen Recht, dass diese Erklärungen oder Rechtsverhältnisse

---

[232] BeckOGK/*Seebach/Rachlitz* BeurkG § 16 Rn. 2; OLG Karlsruhe DNotZ 2003, 296 zur Handelsregisteranmeldung eines der deutschen Sprache nicht Kundigen.
[233] *Winkler* BeurkG § 9 Rn. 26 f.
[234] Armbrüster/Preuß/Renner/*Piegsa* BeurkG § 9 Rn. 23 ff.; BGHZ 74, 351.

nicht beurkundungsbedürftig sind, so brauchen die Verweisungsvorschriften §§ 9, 13a
BeurkG nicht eingehalten zu werden.

254   Die schlichte **Bezugnahme** ist insbesondere in folgenden Fällen ausreichend:

(1) Bezugnahme auf notarielle Niederschriften, an denen die Vertragsparteien **selbst beteiligt** waren. Wird eine bereits notariell beurkundete Vereinbarung von denselben Beteiligten geändert, ergänzt oder aufgehoben, so kann darauf Bezug genommen werden. Das Verfahren nach § 13a BeurkG ist nicht anzuwenden.[235]

(2) Wird in der Urkunde **auf ein Recht oder Rechtsverhältnis Bezug** genommen, ohne dass die Rechte und Pflichten hieraus verändert oder erweitert werden, so reicht die einfache Bezugnahme aus. Bei Beurkundung einer Vertragsannahme muss das Angebot nicht erneut mitbeurkundet werden.[236] Bei der Übernahme eines Erbbaurechts oder sonstigen dinglichen Rechts, eines GmbH-Anteils, eines Vertragsverhältnisses, einer Forderung oder Schuld reicht hinsichtlich des Eintritts in Rechte und Pflichten die Bezugnahme aus. Das Rechtsverhältnis mit dem Dritten, auf das Bezug genommen wird, braucht nicht mitbeurkundet zu werden. Die Bezeichnung des Rechtsverhältnisses dient nur als **Identifizierungsmittel.**[237] So ist auch der Inhalt einer in den Vertrag übernommenen Baugenehmigungsplanung nicht Regelungsinhalt des Vertrags, sondern nicht beurkundungsbedürftiger „Identifizierungsbehelf".[238] Das Gleiche gilt hinsichtlich der Vereinbarung einer Schuldübernahme,[239] bei der Beurkundung der Genehmigung eines Rechtsgeschäfts,[240] bei Bezugnahme auf einen Handelsregisterauszug bei einer Geschäftsanteilsabtretung[241] und bei dem Verweis auf ein Bodengutachten, das nach der Baubeschreibung zu beachten ist, nicht aber die vertragliche Beschaffenheit des Gebäudes bestimmt.[242]

(3) Eine einfache Bezugnahme ist immer dann ausreichend, wenn der Inhalt der Erklärungen, auf die Bezug genommen wird, **durch Grundbucheintrag bereits sachenrechtlich verbindlich** ist. Dies gilt für die Übernahme von allen in Abteilung II und III des Grundbuches eingetragenen Rechten und den Eintritt in Gemeinschaftsordnungen für bereits grundbuchamtlich vollzogene Teilungserklärungen. Fehlt es allerdings am Grundbuchvollzug, bedarf es bei der Veräußerung von Wohnungseigentum der Verweisung und Verlesung bzw. der Verweisung nach § 13a BeurkG.[243]

(4) Wird in der Urkunde Bezug genommen auf **Vollmachten,** Bestallungen oder sonstige Legitimationspapiere, reicht eine einfache Bezugnahme aus, da der Inhalt der rechtsgeschäftlichen Erklärung hiervon nicht betroffen ist.[244]

(5) Zulässig ist auch die einfache Bezugnahme auf **Rechtsvorschriften,** wie die im Bundesanzeiger veröffentlichte VOB und sonstige allgemein bekannte und zugängliche Regelungswerke, wie zB den Lebenshaltungskostenindex.

255   Bei der Bezugnahme (unechte Verweisung) wird durch die Verweisung **kein neues Rechtsverhältnis** begründet oder bestehendes Rechtsverhältnis geändert oder gestaltet. Erklärungen der Beteiligten, die unter Bezug auf ein Rechtsverhältnis, auf das verwiesen wird, dieses vertraglich übernehmen oder ändern (Übernahme des Mietverhältnisses, Eintritt in Erbbaurechtsvertrag, Schuldübernahme etc), müssen Inhalt der Beurkundung sein. Es kann auf das Rechtsverhältnis verwiesen werden, nicht jedoch kann der Eintritt in das Rechtsverhältnis Teil der Verweisung sein.

---

[235] *Winkler* BeurkG § 9 Rn. 73 mwN.
[236] Armbrüster/Preuß/Renner/*Piegsa* BeurkG § 9 Rn. 38; BGH DNotZ 1994, 764 (767).
[237] BGH DNotZ 1994, 476; *Brambring* FGPrax 1996, 161 (164).
[238] BGH DNotZ 1999, 50.
[239] OLG Köln NJW-RR 1992, 623.
[240] BGH NJW 1989, 165.
[241] KG DNotI-Report 1998, 29.
[242] BGH DNotZ 2003, 698.
[243] Armbrüster/Preuß/Renner/*Piegsa* BeurkG § 9 Rn. 41.
[244] BayObLG DNotZ 1981, 321; *Winkler* BeurkG § 9 Rn. 32; vgl. *Stauf* RNotZ 2001, 129 (131 f.).

3. Anlage zur Niederschrift (§ 9 Abs. 1 S. 2 BeurkG). Anlagen iSv § 9 Abs. 1 S. 2 256
BeurkG können Erklärungen der Beteiligten oder von Dritten sein, wie Baubeschreibungen, Verzeichnisse, Bilanzen oder rechtsgeschäftliche Erklärungen, wie zB die Satzung einer GmbH. Anlagen können auch Karten, Zeichnungen, Abbildungen und Lagepläne
sein.

In der Niederschrift muss **auf die Anlage verwiesen** werden.[245] Das Schriftstück muss 257
vorgelesen, genehmigt und beigefügt werden. Karten, Zeichnungen und Pläne müssen
zur Durchsicht vorgelegt, genehmigt und beigefügt werden. Eine besondere Unterzeichnung der Anlagen ist nicht erforderlich, bietet aber eine besondere Gewähr über die Zugehörigkeit der Anlage zur Niederschrift. Dies gilt insbesondere auch für Pläne und Karten. Eine Unterzeichnung unter einen Vermerk, dass das Schriftstück zur Kenntnisnahme
vorgelegt wurde, ist zur Beweissicherung dringend zu empfehlen.[246]

> **Formulierungsbeispiel: Verweisung auf Anlage** 258
>
> Auf den dieser Urkunde als Anlage beigefügten Lageplan wird verwiesen. Er wurde den Ʊ
> Beteiligten zur Durchsicht vorgelegt, von ihnen genehmigt und der Niederschrift beige-
> fügt.

Auch **Datenträger** (Dokumentation der im Rahmen einer Due Dilligence – Prüfung 259
offengelegten Tatsachen oder von in einem Datenraum hinterlegten Daten) können, soweit sie keine rechtsgeschäftlichen Erklärungen enthalten, als Anlage beigefügt werden.[247]

4. Andere notarielle Niederschrift (§ 13a BeurkG). Gegenstand der Verweisung nach 260
§ 13a BeurkG ist die Verweisung auf eine notarielle Niederschrift als Bezugsurkunde. Verwiesen werden kann nur auf notariell beurkundete Erklärungen, nicht auf öffentlich beglaubigte Erklärungen und sonstige Urkunden. Die Urkunde, auf die verwiesen wird,
kann wiederum Karten, Zeichnungen oder Abbildungen enthalten. Ein häufiger Anwendungsfall des § 13a BeurkG ist der Bauträgervertrag, in dem auf eine grundbuchamtlich
noch nicht vollzogene Teilungserklärung samt Plänen und Baubeschreibung verwiesen
wird.[248] Gemäß **§ 13a Abs. 4 BeurkG** kann auch auf behördliche Karten oder Zeichnungen, zB Veränderungsnachweise, Aufteilungspläne nach WEG und behördlich genehi-
migte Baupläne, verwiesen werden.

Die **Vorlesung der Verweisungsurkunde** darf unterbleiben, wenn sämtliche Beteili- 261
ligten erklären, dass ihnen der Inhalt der Urkunde bekannt ist und sie auf die Verlesung
verzichten. In der Urkunde ist die Verzichtserklärung aufzunehmen, und die Beurkundung soll nur dann durchgeführt werden, wenn die Bezugsurkunde bei der Beurkundung
zumindest in beglaubigter Abschrift vorliegt. Die **Beifügung** der Verweisungsurkunde ist
entbehrlich, wenn die Beteiligten ebenfalls darauf verzichten. Auch dieser Verzicht soll in
die Niederschrift aufgenommen werden. Auf die Wirksamkeit des Verweises hat es allerdings keine Auswirkungen, wenn die Kenntnisnahme- und Verzichtserklärung in der
Niederschrift **weder protokolliert noch festgestellt** wurden.[249]

---

[245] Ausdrückliche Verweisung erforderlich, so BGH DNotZ 1995, 35 (36).
[246] Zur Beurkundungsvermutung eines als Anlage bezeichneten Schriftstücks BGH NJW 1994, 1288; zur
Wirksamkeit der Urkunde bei Fehlens einer Anlagen DNotI-Report 2006, 167; zur Beinahme von Foto-
grafien als Anlage DNotI-Report 2007, 60.
[247] *Hermanns* DNotZ 2013, 9 (20).
[248] Vgl. *Reul* DNotI-Report 1998, 50; umfassend zum Umfang und Grenzen der Verweisungsmöglichkeit
Stauf RNotZ 2001, 129.
[249] BGH DNotZ 2004, 188 (189); vgl. Armbrüster/Preuß/Renner/*Piegsa* BeurkG § 13a Rn. 7, 24.

262   **Formulierungsbeispiel: Verweisungsurkunde**

Ɔ   Hinsichtlich der Teilungserklärung, Baubeschreibung und der Aufteilungspläne, die Gegenstand dieses Vertrages sind, verweisen die Beteiligten auf die Urkunde des amtierenden Notars vom ***, UR-Nr. ***, die in Urschrift bei der heutigen Beurkundung vorlag. Der Käufer hat bereits vor der heutigen Verhandlung vom Notar eine beglaubigte Abschrift dieser Urkunde erhalten. Der Notar hat die Beteiligten darüber belehrt, dass der Inhalt dieser Urkunde als Teil ihrer heutigen Vereinbarung mit dem Abschluss dieses Vertrages für sie verbindlich wird. Die Beteiligten erklären, dass ihnen der Inhalt dieser Urkunde bekannt ist und dass sie auf das Verlesen verzichten. Sie verzichten auch auf die Beifügung dieser Urkunde zur heutigen Niederschrift. Die Aufteilungspläne wurden den Beteiligten zur Durchsicht vorgelegt.

263   Ob und inwieweit der Notar von dem vereinfachten Beurkundungsverfahren nach § 13a BeurkG **Gebrauch macht,** obliegt seiner Ermessensentscheidung. Der Notar hat unter Berücksichtigung der Anforderungen an ein Beurkundungsverfahren, das die Einhaltung der Pflichten nach § 17 Abs. 1, Abs. 2 BeurkG gewährleistet (§ 17 Abs. 2a BeurkG), den im Einzelfall sachgerechtesten Weg zu wählen. Wählt der Notar das Verfahren nach § 13a BeurkG, so obliegt ihm auch hinsichtlich der Verweisungsurkunde uneingeschränkt die gesetzliche Belehrungs- und Aufklärungspflicht. Der Weg der Verweisung nach § 13a BeurkG anstelle der vollständigen Beurkundung der Erklärung der Beteiligten wird dem Ziel einer möglichst klaren Beweissicherung weniger gerecht.

264   Versteht ein Beteiligter die Verweisungsurkunde nicht richtig oder nimmt er von ihr nicht genau Kenntnis, so können zusätzliche Zweifel entstehen. Andererseits ist in vielen Fällen die Verweisung zweckmäßig, da eine Überfrachtung der Urkunde mit Nebensächlichkeiten vermieden wird und es gerade im Interesse der Aufklärung der Beteiligten liegen kann, sich bei der Beurkundung auf die wesentlichen Punkte zu konzentrieren. Sind in der Verweisungsurkunde **wesentliche Vertragsgrundlagen** enthalten, wie zB Gewährleistungsregelungen, Fälligkeitsregelungen, Regelungen des Fertigstellungstermins, ist die Verweisung formell wirksam, kann aber eine Amtspflichtverletzung darstellen.[250]

265   Wird im Rahmen der Urkunde (zB Bauträgerkauf) auf eine Bezugsurkunde (Teilungserklärung, Gemeinschaftsordnung, Baubeschreibung, Dienstbarkeitsbestellung) verwiesen, dann gelten für den Vertragsentwurf und die Verweisungsurkunde die Einhaltung der Pflichten gemäß § 17 Abs. 2a BeurkG. Entstehen durch den Verweis auf andere Urkunden rechtsgeschäftliche Pflichten des Käufers oder werden diese hierdurch konkretisiert (zB Verweis auf Baubeschreibung), dann ist eine ausreichende Gelegenheit zur Kenntnisnahme im Sinn der gesetzlichen Bestimmungen nur dann gegeben, wenn der **Vertragsentwurf und die Verweisungsurkunde** unter Einhaltung der **Zwei-Wochen-Frist** durch den Notar oder dessen Sozius ausgehändigt wurden.[251]

266   **5. Verweisung nach § 14 BeurkG.** § 14 BeurkG erweitert das bisherige Verfahren bei der Bestellung von Grundpfandrechten auf **Bilanzen, Inventare, Nachlassverzeichnisse und sonstige Bestandsverzeichnisse.** Mussten diese früher nach § 9 BeurkG mitverlesen werden, wenn sie Vertragsbestandteil waren (wie zB beim Unternehmenskauf, insbesondere dem asset deal), kann unter Beachtung des § 14 BeurkG von dem vereinfachten Verfahren Gebrauch gemacht werden.[252]

267   Anlage iSd § 14 Abs. 1 S. 1 BeurkG können sein Bilanzen, Inventare, Nachlassverzeichnisse oder sonstige Bestandsverzeichnisse über Sachen, Rechte und Rechtsverhält-

---

[250] Vgl. BeckOGK/*Seebach/Rachlitz* BeurkG § 13a Rn. 125 ff.; Abschnitt II Nr. 2 der Richtlinienempfehlungen der BNotK.

[251] Armbrüster/Preuß/Renner/*Piegsa* BeurkG § 13a Rn. 32; *Winkler* BeurkG § 17 Rn. 170.

[252] Umfassend zum Umfang und Grenzen der Verweisungsmöglichkeit *Stauf* RNotZ 2001, 129 (144 ff.).

nisse. Dies sind beim Unternehmenskauf insbesondere Zahlenwerke, wie Gewinn- und Verlustrechnungen, Verzeichnisse der Wirtschaftsgüter, der Forderungen und Verbindlichkeiten, der gewerblichen Schutzrechte, Arbeitnehmerlisten etc. Dies können aber auch bei sonstigen Verträgen Inventarlisten, Nachlassverzeichnisse, Vermögensverzeichnisse (§ 1377 BGB) und sonstige Bestandsverzeichnisse sein.[253]

Soweit nicht auf einen „Bestand" Bezug genommen wird, sondern das Verzeichnis erst **268** noch zu beschaffende oder herzustellende Gegenstände (zB Bauleistung des Bauträgers in einer Baubeschreibung) und damit **künftige Leistungen** erfasst, ist insoweit § 14 BeurkG nicht anwendbar. Diese Leistungspflichten sind zu beurkunden.[254]

§ 14 Abs. 1 S. 2 BeurkG erleichtert für die **Bestellung von Grundpfandrechten** das **269** Verfahren. Vorlesungspflichtig sind die Erklärungen, die im Grundbuch oder Register einzutragen sind (§§ 1115, 874 BGB), Schuldanerkenntnis und Unterwerfungserklärung unter die sofortige Zwangsvollstreckung. Die weiteren Erklärungen können in einer Anlage, auf die verwiesen wird, aufgenommen werden.

Erforderlich für das Verfahren nach § 14 BeurkG ist die Einhaltung folgender **Muss-** **270** **vorschriften:**
– die Verweisung auf die Anlage in der Niederschrift;
– der Verzicht der Beteiligten auf das Vorlesen;
– die Feststellung des Verzichts in der Niederschrift (§ 14 Abs. 3 BeurkG);
– die Beifügung des Schriftstücks zur Niederschrift (§ 14 Abs. 1 S. 1 BeurkG).
Weiter sind folgende **Soll-Vorschriften** als Amtspflicht zu beachten: **271**
– die Vorlage der Anlage zur Kenntnisnahme der Beteiligten;
– die Feststellung der Vorlage zur Kenntnisnahme in der Niederschrift;
– die Unterzeichnung jeder Seite durch die Beteiligten.

> **Formulierungsbeispiel: Verweisung nach § 14 BeurkG** **272**
>
> Auf die dieser Urkunde beigefügte Anlage 1 (Bilanz und Gewinn- und Verlustrechnung) und Anlage 2 (Verzeichnis des Anlage- und Umlaufvermögens) wird verwiesen. Auf das Vorlesen dieser Anlagen wurde von allen Beteiligten verzichtet. Diese Anlagen wurden den Beteiligten zur Kenntnisnahme vorgelegt und von ihnen auf jeder Seite unterzeichnet.

V. Vorlesen, Genehmigung, Unterschrift

1. Vorlesen der Niederschrift. Die Niederschrift muss in Gegenwart des Notars den **273** Beteiligten vorgelesen werden. Der Notar muss während der **gesamten Verlesung,** wie auch bei der Genehmigung und Unterzeichnung der Niederschrift, zugegen sein. Karten, Zeichnungen und Abbildungen sind anstelle des Vorlesens zur Durchsicht vorzulegen. Vorzulesen ist die gesamte Niederschrift, samt allen in der Niederschrift enthaltenen Feststellungen des Notars. Der Schlussvermerk selbst braucht nicht verlesen zu werden. Die Vorlesung kann in Abschnitten erfolgen. Die Beteiligten müssen bei der Verlesung, Genehmigung und Unterzeichnung zugegen sein. Die Erklärung mehrerer Beteiligter kann, soweit das Gesetz nicht gleichzeitige Anwesenheit vorschreibt, auch nacheinander verlesen, genehmigt und unterzeichnet werden. Der Vertrag kann auch nach erst teilweiser Verlesung genehmigt werden.[255] Bei einer übersetzten Erklärung ist der (verbindliche) deutsche Originaltext zu verlesen. Dies gilt auch, wenn alle Beteiligten der Sprache der Übersetzung mächtig sind.[256]

---

[253] Weitere Beispiele für Bestandsverzeichnisse bei BeckOGK/*Seebach/Rachlitz* BeurkG § 14 Rn. 43.
[254] Als Inhalt der Niederschrift nach § 9 BeurkG oder durch Verweisung auf eine andere notarielle Niederschrift nach § 13a BeurkG, *Winkler* BeurkG § 14 Rn. 27 ff.
[255] OLG Hamburg NJW 1993, 3076; Armbrüster/Preuß/Renner/*Piegsa* BeurkG § 13 Rn. 84 f.
[256] DNotI-Report 2006, 183.

274 Eine auch nur **zeitweise Abwesenheit** des Notars führt zur Unwirksamkeit der Beurkundung. Eine zeitweilige Abwesenheit der sonstigen Beteiligten, wie Zeugen etc, führt nur dort zur Unwirksamkeit der Beurkundung, wo ihre Mitwirkung zwingend vorgeschrieben ist. Der Notar braucht nicht selbst vorzulesen, sondern kann sich hinsichtlich des Vorlesens eines Büroangestellten oder eines Dritten bedienen. Belehrungen muss er selbst erteilen.

275 **Zweck des Vorlesens** der Niederschrift ist
– genaue Kenntnis der Beteiligten von allen Details ihrer Erklärung;
– Selbstkontrolle des Notars hinsichtlich des Inhalts und von Fehlern oder Irrtümern;
– Anknüpfung für die Aufklärungs- und Belehrungspflicht.[257]

276 Die Verlesung ist gemäß § 13 Abs. 1 S. 1 BeurkG **zwingendes und wesentliches Formerfordernis,** dessen Nichtbeachtung zur Formnichtigkeit des beurkundeten Rechtsgeschäfts führt.[258] Eine Heilung durch Vollzug erfolgt nur in den gesetzlich geregelten Fällen gemäß §§ 311b Abs. 1 S. 2, 518 Abs. 2, 766 Abs. 1 S. 3, 2301 Abs. 2 BGB, § 15 Abs. 4 S. 2 GmbHG, § 1027 Abs. 1 S. 2 ZPO. Der Formfehler kann nicht durch Zustimmung der Beteiligten geheilt werden.[259] Durch den notariellen Feststellungsvermerk gemäß § 13 Abs. 1 S. 2 BeurkG ist die Wahrung der Form durch ordnungsgemäße Verlesung gemäß § 415 ZPO erwiesen. Bei fehlendem Vermerk knüpft § 13 Abs. 1 S. 3 BeurkG an die eigenhändige Unterschrift der Beteiligten die Vermutung der ordnungsgemäßen Verlesung. Es ist dringend zu empfehlen, den Feststellungsvermerk, insbesondere bei Aufspaltung der Niederschrift in Urkunde und (verlesungspflichtige) Anlagen oder Mantel und Satzung präzise zu formulieren.

277 **Formulierungsbeispiel: Schlussvermerk bei Anlagen**

ↄ Vorstehende Niederschrift samt der Anlage 1 (Satzung) und Anlage 2 (Schiedsvertrag) vorgelesen vom Notar, von den Beteiligten genehmigt und eigenhändig unterschrieben.

278 Für **Sammelbeurkundungen** reicht nach § 13 Abs. 2 BeurkG aus, wenn der übereinstimmende Inhalt den Beteiligten einmal vorgelesen wird. Sammelbeurkundungen sind standesrechtlich dann nicht zulässig, wenn aufgrund der Zahl der Beteiligten eine ordnungsgemäße Beratung und Belehrung nicht mehr möglich ist. Der Notar darf durch Sammelbeurkundungen seine Verschwiegenheitspflicht (§ 18 BNotO) nicht verletzen. Voneinander abweichende Textteile der Urkunde sind daher nur in Gegenwart der jeweiligen Beteiligten vorzulesen, soweit nicht alle Beteiligten darauf verzichten.[260] Eine Sammelbeurkundung setzt voraus, dass den Beteiligten bei der ersten Verlesung klar ist, dass der übereinstimmende Inhalt nur einmal verlesen wird.[261]

279 Bei dem **Einsatz von Computern** in der Beurkundungsverhandlung gilt folgende Abgrenzung: Das **Verlesen vom Bildschirm** eines Computers genügt nicht den Anforderungen des § 13 BeurkG.[262] Nicht der später in die Niederschrift übertragene Entwurf, sondern der (körperliche) Urkundentext ist zu verlesen.[263]

280 Bei einer bereits verlesenen, anschließend geänderten und **neu ausgedruckten Seite einer Niederschrift** genügt es in analoger Anwendung von § 13 Abs. 2 BeurkG, den geänderten Inhalt zu verlesen.[264] Stimmt der nicht verlesene Teil des Neuausdrucks nicht

---

[257] Vgl. im Einzelnen *Kanzleiter* DNotZ 1997, 261.
[258] Armbrüster/Preuß/Renner/*Piegsa* BeurkG § 13 Rn. 15 ff.; s. auch OLG Frankfurt a.M. MittBayNot 2012, 401 (403).
[259] OLG Hamm DNotZ 1978, 54; BeckOGK/*Seebach/Rachlitz* BeurkG § 13 Rn. 63.
[260] Zur Zulässigkeit s. OLG Frankfurt a.M. DNotI-Report 1999, 113.
[261] BGH DNotZ 2000, 512.
[262] OLG Frankfurt a.M. DNotZ 2000, 513; *Winkler* BeurkG § 13 Rn. 12.
[263] *Kanzleiter* DNotZ 1997, 261 (265).
[264] Vgl. im Einzelnen *Winkler* BeurkG § 13 Rn. 13 ff.; Rundschreiben der BNotK ZNotP 1997, 91.

mit dem verlesenen Vorausdruck überein, tritt ebenfalls Formnichtigkeit ein (§§ 125, 139 BGB). Zur Verringerung dieses Risikos kommen folgende Möglichkeiten in Betracht:
– Anbringung von hand- oder maschinenschriftlichen Änderungsvermerken gemäß § 30 Abs. 3, Abs. 4 DONot am Rand bzw. Schluss der Urkunde.
– Der zu ändernde Text wird gestrichen, der neue Text wird auf dem Computer geschrieben und unter Verweisung am Schluss der Urkunde eingefügt und isoliert verlesen.
– Bei umfangreichen Änderungen werden die geänderten Seiten der Urkunde neu ausgedruckt und neu verlesen.

Der Notar kann bei Änderungen während der Beurkundungsverhandlung einen **Neuaus-** 281
druck der Urkunde unter Einarbeitung der Änderungen herstellen. Die Aufbewahrung und Beifügung der ursprünglichen Fassung ist nicht erforderlich.[265] Da die Beurkundung die inhaltliche Richtigkeit der Erklärung wiedergeben muss, reicht dieses Verfahren aus. Sinn und Zweck des Beurkundungsverfahrens ist nicht die „stoffliche Identität" der verlesenen Seiten, sondern die inhaltlich richtige Niederschrift der abgegebenen Erklärungen.

Bei bereits vorgelesenen und anschließend geänderten Texten, beschränkt sich die **Ver-** 282
lesungspflicht nur auf die **Änderungen.** Wird die Urkunde handschriftlich bei Beurkundung geändert, die Urkunde (teils) neu ausgedruckt, der geänderte Text verlesen, so braucht der nicht geänderte Text nicht nochmals verlesen werden, wenn sich der Notar über die Übereinstimmung überzeugt hat. Analog § 13 Abs. 2 BeurkG kann die Niederschrift zumindest bis zum Ende der Beurkundungsverhandlung durch Neuausdruck neu hergestellt werden. Wird bei der Erstellung (Neuausdruck) ein Textteil der beurkundeten Erklärung versehentlich nicht mit ausgedruckt und ist die Beurkundung abgeschlossen, kann dies durch einen Nachtragsvermerk (§ 44a BeurkG) nachgeholt werden. Der nicht ausgedruckte Textteil war (materiell) beurkundet und nur infolge eines Schreibversehens nicht in der neu ausgedruckten Niederschrift enthalten.

2. Vorlage zur Durchsicht. Gemäß § 13 Abs. 1 S. 4 BeurkG können die Beteiligten 283
verlangen, dass ihnen die Niederschrift zur Durchsicht vorgelegt wird. Die Vorlage erfolgt zusätzlich zur Verlesung und kann diese nicht ersetzen.

3. Genehmigung und Unterzeichnung. Die Urkunde ist von den Beteiligten zu **ge-** 284
nehmigen. Genehmigt werden müssen nur die rechtsgeschäftlichen Erklärungen, nicht aber die Feststellungen des Notars in der Niederschrift.

Die Urkunde muss von den Beteiligten **eigenhändig unterschrieben** werden. Auch 285
behinderte Personen, die schreiben können, müssen die Niederschrift unterschreiben. Dies gilt auch für Blinde. Leserlichkeit der Unterschrift ist nicht erforderlich, soweit noch eine Unterschrift vorliegt und nicht nur ein Handzeichen. Die Niederschrift ist mit dem Familiennamen zu unterzeichnen. Der Vorname sollte hinzugesetzt werden. Der Vorname allein und der Anfangsbuchstabe des Nachnamens genügt nicht.[266] **Ausländische Betei-**
ligte können auch in einer anderen als der lateinischen Schrift unterschreiben.[267] Ein Vertreter hat mit eigenem Namen zu unterzeichnen und nicht mit dem Namen des Vertretenen. Der Einzelkaufmann kann mit seinem Namen oder der Firma unterzeichnen, wenn sich die Beurkundung auf sein Handelsgeschäft bezieht. Bei Bürgermeistern ist die Beifügung der Amtsbezeichnung üblich, aber nicht erforderlich. Das Dienstsiegel braucht nicht beigefügt zu werden (§ 72 BeurkG).

---

[265] BGH NJW 2003, 2764.
[266] OLG Stuttgart DNotZ 2002, 543; zur Unwirksamkeit der Unterschrift nur mit Vornamen BGH DNotZ 2003, 269.
[267] *Winkler* BeurkG § 13 Rn. 52.

286 Bei versehentlich **unterlassener Unterschrift** eines Beteiligten kann Heilung durch eine Nachtragsbeurkundung ohne nochmalige Zustimmung der übrigen Beteiligten herbeigeführt werden.[268]

287 Auch **Kranke und Gebrechliche** müssen eigenhändig unterzeichnen. Bei der Stützung der Hand eines Gebrechlichen durch „Gewährung von Schreibhilfe" ist entscheidend, ob der Beteiligte unterschreiben will und der Schriftzug von seinem Willen abhängig bleibt.[269] Bestehen Zweifel, sollte nach § 25 BeurkG verfahren werden.

288 Die Unterschrift der Beteiligten bewirkt die **gesetzliche Vermutung,** dass die Niederschrift in Gegenwart des Notars vorgelesen und genehmigt wurde (§§ 13 Abs. 1 S. 3 BeurkG). Dies soll in der Niederschrift festgestellt werden (§ 13 Abs. 1 S. 2 BeurkG). Eine Blankounterschrift des Beteiligten zur Beifügung zu einer späteren Reinschrift genügt nicht den Anforderungen des § 13 BeurkG.[270]

289 **Formulierungsbeispiel: Schlussvermerk**

❂ Vorgelesen vom Notar, von den Beteiligten genehmigt und eigenhändig unterschrieben.

290 Die **weiteren mitwirkenden Personen** Zeugen, zweiter Notar, Vertrauenspersonen und Dolmetscher unterschreiben nach den Beteiligten.

291 Der **Notar** hat die Niederschrift zuletzt zu unterzeichnen. Mit dieser Unterschrift wird die Urkunde zur öffentlichen Urkunde, und hiermit bezeugt der Notar, dass die in der Niederschrift bezeichneten Personen vor ihm erschienen sind, die in der Niederschrift enthaltenen Erklärungen abgegeben haben, dass diese vorgelesen, genehmigt und eigenhändig unterschrieben worden sind. Fehlt die Unterschrift des Notars, so ist die Beurkundung unwirksam (Ausnahme: § 35 BeurkG). Der Notar kann die versehentlich unterbliebene Unterschrift jedoch **nachholen.**[271] Die Nachholung ist nach einer Ansicht nicht mehr möglich, wenn die vermeintlich wirksame Urkunde in den Rechtsverkehr gegeben wurde.[272] Nach hM kann der Notar demgegenüber seine Unterschrift *auch noch dann nachholen,* wenn *bereits Ausfertigungen* der Niederschrift erteilt und in den Verkehr gebracht worden sind.[273] Ob davon eine Ausnahme aus materiell-rechtlichen Gründen bei **Verfügungen von Todes** wegen zu machen ist, wird nicht einheitlich beurteilt.[274]

VI. Beteiligung behinderter Personen

292 **1. Art der Behinderung. Taub** ist, wer nicht hinreichend zu hören vermag. Hochgradige Schwerhörigkeit steht der Taubheit gleich. Die Verständigung des Notars mit dem Tauben erfolgt schriftlich oder durch Zeichensprache.

293 **Stumm** ist, wer dauernd oder vorübergehend am Sprechen verhindert ist. Die Verständigung mit dem Stummen erfolgt schriftlich.

294 **Blind** ist, wer nicht sehen kann oder so hochgradig schwachsichtig ist, dass er Geschriebenes nicht zu lesen vermag.

295 **2. Feststellung der Behinderung.** Für die Anwendbarkeit der §§ 22 ff. BeurkG reicht es aus, dass der Beteiligte entweder nach seinen Angaben oder nach der Überzeugung des

---

[268] OLG Düsseldorf DNotZ 2000, 299 (301); zur Unterschrift mit einem tatsächlich nicht geführten Doppelnamen DNotI-Report 2005, 113.

[269] BGHZ 27, 274 (276).

[270] OLG Hamm DNotI-Report 2000, 177; umfassend zu den Anforderungen an die Unterschriften von Beteiligten und Notar unter der notariellen Niederschrift *Kanzleiter* DNotZ 2002, 520.

[271] S. DNotI-Report 1998, 33; vgl. Eylmann/Vaasen/*Limmer* BeurkG § 13 Rn. 24 f.

[272] OLG Naumburg DNotI-Report 2000, 129.

[273] *Winkler* BeurkG § 13 Rn. 88 ff. mwN.

[274] Vgl. Armbrüster/Preuß/Renner/*Piegsa* BeurkG § 13 Rn. 76; Grziwotz/Heinemann/*Heinemann* BeurkG § 35 Rn. 20.

Notars an einem der aufgeführten Mängel leidet. Die aufgeführten Tatsachen sollen in der Niederschrift vermerkt werden.

3. Verfahrensvorschriften. Bei **Taubheit, Stummheit oder Blindheit** soll der Notar 296
einen Zeugen oder einen zweiten Notar zuziehen und dies in der Niederschrift feststellen. Die Beteiligten können auf die Zuziehung eines Zeugen oder zweiten Notars verzichten. Dies ist ebenfalls in der Niederschrift festzustellen. Bei Zuziehung eines Zeugen oder zweiten Notars ist die Niederschrift von diesem zu unterzeichnen. Bei Taubheit muss die Niederschrift anstatt des Vorlesens zur Durchsicht vorgelegt werden. Dies ist in der Niederschrift festzustellen.

Kann sich ein Tauber oder Stummer auch **nicht schriftlich verständigen,** so ist dies 297
in der Niederschrift festzustellen. Es muss eine Vertrauensperson zugezogen werden, die sich mit dem Behinderten zu verständigen vermag. Die Niederschrift ist von der Vertrauensperson zu unterzeichnen (§ 24 BeurkG). Die Zuziehung einer Vertrauensperson nach § 24 BeurkG ist erforderlich bei einem Tauben, der nicht lesen kann oder blind ist, oder bei einem Stummen, der nicht schreiben kann. Kann der Beteiligte seinen Namen nicht schreiben, so muss neben der Vertrauensperson ein Schreibzeuge nach § 25 BeurkG zugezogen werden.

Kann ein Beteiligter seinen **Namen nicht schreiben,** muss ein Zeuge oder zweiter 298
Notar zugezogen werden. Dies ist in der Niederschrift zu vermerken (§ 25 BeurkG). Ein Schreibzeuge genügt für mehrere schreibunfähige Beteiligte. Ist die Zuziehung eines Zeugen gemäß § 22 BeurkG wegen Taubheit, Stummheit oder Blindheit erforderlich, so kann dieser den Schreibzeugen mit ersetzen. Während die Unterschrift des Zeugen oder zweiten Notars nach § 22 Abs. 2 BeurkG eine Sollvorschrift ist, muss er als Schreibzeuge die Niederschrift unterzeichnen (§ 25 Abs. 2 BeurkG). Als Zeuge oder zweiter Notar soll bei der Beurkundung nicht zugezogen werden eine Person, die nach § 26 BeurkG ausgeschlossen ist.

Zu den Besonderheiten bei der **Beurkundung von Verfügungen von Todes wegen** 299
→ § 17 Rn. 73 ff.[275]

D. Abwicklung und Vollzug

I. Behandlung der Urkunden

1. Urschrift. Die Urschrift der notariellen Urkunde bleibt in der **Verwahrung des Notars** (§ 45 Abs. 1 BeurkG), der sie zur Urkundensammlung nimmt. Eine Ausnahme gilt 300
für Testamente, die zur Verwahrung des Gerichts zu geben sind, und für Erbverträge, sofern die gerichtliche Verwahrung nicht ausgeschlossen wird.

Ausnahmsweise ist die Urschrift den Beteiligten **auszuhändigen,** wenn dargelegt 301
wird, dass sie im Ausland verwendet werden soll, und sämtliche Beteiligten zustimmen, die eine Ausfertigung der Urkunde verlangen können (§ 45 Abs. 2 BeurkG). In diesem Fall ist eine Ausfertigung zur Urkundensammlung zu nehmen, auf der zu vermerken ist, an wen und weshalb die Urschrift ausgehändigt wurde.

Ist die Urschrift **zerstört oder abhanden gekommen,** so kann sie durch eine Aus- 302
fertigung oder eine beglaubigte Abschrift ersetzt werden. Das Verfahren bestimmt sich nach § 46 BeurkG.[276]

Urschriften von Urkunden, die in der Form eines **Vermerks** errichtet sind (§ 39 303
BeurkG), werden in der Regel ausgehändigt, weil bei ihnen die Urschrift für den Rechtsverkehr bestimmt ist. Nach § 19 Abs. 2 DONot fertigt der Notar eine Abschrift oder ein

---

[275] Formulierungsmuster bei Beteiligung von behinderten Personen bei *Faßbender/Grauel/Kemp/Ohmen/Peter* Notariatskunde § 3 Rn. 75 ff.
[276] Zur Ersetzung der Urschrift eines abhanden gekommenen Erbvertrags DNotI-Report 2005, 129.

Vermerkblatt an, das er zur Urkundensammlung nimmt. Eine beglaubigte Abschrift der Urkunde wird zur Urkundensammlung genommen, wenn der Notar die Urkunde entworfen hat (§ 19 Abs. 1 DONot).

304 **2. Ausfertigung.** Die Ausfertigung der Niederschrift **vertritt die Urkunde im Rechtsverkehr** (§ 47 BeurkG). In allen Fällen, in denen es nach dem materiellen Recht auf den Besitz der Urkunde oder auf den Zugang einer notariellen Erklärung ankommt, reicht die Vorlage einer beglaubigten Abschrift nicht aus, sondern es ist eine Ausfertigung erforderlich. So kann der Nachweis einer Vollmacht nur durch Vorlage der Urschrift oder einer Ausfertigung der Vollmachtsurkunde (§§ 172, 175 BGB) erfolgen. Ebenso kann die Herbeiführung der Bindung nach § 873 Abs. 2 BGB, die Einwilligungserklärung zur Adoption (§§ 1746, 1747, 1749, 1750 BGB), der Rücktritt vom Erbvertrag (§ 2296 Abs. 2 BGB) und der Widerruf eines gemeinschaftlichen Testaments (§§ 2271, 2296 BGB) nur durch Vorlage einer Ausfertigung erreicht werden.

305   Die Ausfertigung besteht in einer **Abschrift** der Urschrift mit der Überschrift „Ausfertigung" und dem Vermerk am Schluss der Abschrift, dass sie mit der Urschrift übereinstimmt. Sie enthält Tag und Ort der Erteilung und gibt die Personen an, denen sie erteilt wird. Sie ist mit der Unterschrift und dem Siegel des Notars zu versehen (§ 49 Abs. 1, Abs. 2 BeurkG). Auf der Urschrift vermerkt der Notar, wem und an welchem Tag er eine Ausfertigung erteilt hat (§ 49 Abs. 4 BeurkG).

306   Einen **Anspruch auf Erteilung einer Ausfertigung** von Niederschriften von Willenserklärungen hat jeder, der eine Erklärung in eigenem Namen abgegeben hat oder in dessen Namen eine Erklärung abgegeben wurde (§ 51 Abs. 1 Nr. 1 BeurkG). Dies gilt auch bei Widerspruch eines Vertragsteils, da die Pflicht des Notars zur Erteilung einer Ausfertigung oder Abschrift der Verschwiegenheitspflicht vorgeht.[277] Der Anspruch auf Erteilung einer Ausfertigung steht auch dem **Gesamtrechtsnachfolger** zu. Auch der **Sonderrechtsnachfolger** ist Rechtsnachfolger iSd § 51 Abs. 1 BeurkG unter der Voraussetzung, dass die Rechte und Pflichten aus der beurkundeten Erklärung auf ihn übergegangen sind. So hat im Fall der Schuldübernahme der Übernehmer einen Anspruch auf Erteilung einer Ausfertigung, nicht aber der Käufer eines Grundstücks hinsichtlich der Erwerbsurkunden seines Rechtsvorgängers.[278] Auch **Dritten** kann ausdrücklich in der Urkunde das Recht auf Erteilung einer Ausfertigung eingeräumt werden. Dies geschieht häufig bei der Beurkundung von Schuldanerkenntnissen, durch die der Gläubiger berechtigt wird, eine Ausfertigung zu verlangen, und bei Vollmachtserteilungen mit der Ermächtigung des Bevollmächtigten, eine Ausfertigung zu erlangen.

307   Die Ausfertigung kann auf Antrag auch **auszugsweise erteilt** werden. Im Ausfertigungsvermerk ist der Gegenstand des Auszugs anzugeben und vom Notar zu bezeugen, dass die Urkunde über diesen Gegenstand keine weiteren Bestimmungen enthält (§ 49 Abs. 5 BeurkG iVm § 42 Abs. 3 BeurkG).

308   Verweigert der Notar die Erteilung einer Ausfertigung, so entscheidet auf Beschwerde eines Beteiligten eine Zivilkammer des Landgerichts, in dessen Bezirk der Notar seinen Amtssitz hat (§ 54 BeurkG).

309 **3. Beglaubigte und einfache Abschriften.** Beglaubigte Abschriften sind Abschriften mit dem **Vermerk des Notars,** dass sie mit der Urschrift übereinstimmen. Der Beglaubigungsvermerk hat Ort und Tag der Ausstellung anzugeben und ist mit Unterschrift und Siegel des Notars zu versehen (§ 39 BeurkG). In der Notariatspraxis werden insbesondere dann beglaubigte Abschriften gefertigt, wenn eine Ausfertigung nicht erforderlich ist und ein Nachweis in öffentlich beglaubigter Form, insbesondere beim Grundbuchamt, Registergericht oder zur Erlangung von Genehmigungen, geführt werden muss, die Beteiligten

---

[277] OLG Karlsruhe MittBayNot 2008, 70.
[278] *Winkler* BeurkG § 51 Rn. 16.

weitere Abschriften wünschen oder die vorgeschriebenen Meldepflichten durch Vorlage beglaubigter Abschriften erfüllt werden müssen.

Enthält die Abschrift nur einen Auszug aus der Urkunde, insbesondere bei Vorlage aus- 310 zugsweiser Abschriften ohne Auflassung zur Eintragung der Auflassungsvormerkung, so ist dies im Beglaubigungsvermerk anzugeben.

4. Elektronische Zeugnisse. Durch das Justizkommunikationsgesetz wurden das elek- 311 tronische Zeugnis (§ 39a BeurkG) und der beglaubigte Ausdruck eines elektronischen Dokuments (§ 42 Abs. 4 BeurkG) eingeführt. Als Ergänzung zur bisherigen Vermerkur- kunde regelt § 39a BeurkG die elektronische Vermerkurkunde (→ Rn. 379 ff.).

II. Eintragung in Bücher des Notars

Alle Beurkundungen, das heißt die Beurkundungen in Form einer Niederschrift und die 312 Beurkundungen in Form eines Vermerks, sind in die **Urkundenrolle** einzutragen. Nicht eingetragen werden die Erteilung von Ausfertigungen, Beglaubigung von Abschriften, Wechsel- und Scheckproteste und mit der Urschrift verbundene Vertretungsbescheinigun- gen. Alle Eintragungen sind in ununterbrochener Reihenfolge vorzunehmen und für je- des Jahr mit fortlaufenden Nummern zu versehen (§ 8 DONot).

Schließen die Beteiligten die besondere amtliche Verwahrung eines Erbvertrags aus, so 313 sind die Erbverträge in ein nach Jahrgängen nummeriertes **Erbvertragsverzeichnis** ein- zutragen. Zu vermerken ist der Tag der Errichtung und die Urkundennummer des Erb- vertrags und Name und Geburtsdatum des Erblassers (§ 9 DONot). Das Verzeichnis ist vom Notar am Jahresende auf solche Erbverträge durchzusehen, die sich länger als 30 Jah- re in seiner Verwahrung befinden (§ 20 Abs. 5 DONot).

Zu Büchern und Akten des Notars → § 34 Rn. 82 ff.   314

III. Mitteilungspflichten

1. Finanzamt. a) Grunderwerbsteuer. Der Notar hat dem zuständigen Finanzamt[279] 315 gem. § 18 GrEStG anzuzeigen:
– Rechtsvorgänge, die er beurkundet oder über die er eine Urkunde entworfen und dar- auf eine Unterschrift beglaubigt hat, wenn die Rechtsvorgänge ein Grundstück im Gel- tungsbereich des Grunderwerbsteuergesetzes (GrEStG) betreffen;
– Anträge auf Berichtigung des Grundbuchs, die der Notar beurkundet oder über die er eine Urkunde entworfen und darauf eine Unterschrift beglaubigt hat, wenn der Antrag darauf gestützt wird, dass der Grundstückseigentümer gewechselt hat;
– nachträgliche Änderungen oder Berichtigungen eines dieser Vorgänge.

Die Anzeigepflicht umfasst **alle Rechtsvorgänge, die unmittelbar oder mittelbar das** 316 **Eigentum an einem inländischen Grundstück betreffen.** Dazu gehören auch Vor- verträge, Optionsverträge, Kauf- und Verkaufsangebote und die Übertragung eines Anteils an einem Nachlass, zu dem ein Grundstück oder ein Anteil an einem anderen Nachlass gehört, der ein Grundstück enthält. Die Einräumung eines Vorkaufsrechts unterliegt nicht der Anzeigepflicht. Die Anzeigepflicht bezieht sich auch auf Vorgänge, die ein Erbbau- recht oder ein Gebäude auf fremdem Boden betreffen. Sie gilt weiter für Vorgänge, die die Übertragung von Anteilen an Gesellschaften betreffen, wenn zum Vermögen der Ge- sellschaft ein Grundstück gehört. Die Anzeige, deren Inhalt und Form vorgeschrieben ist, ist binnen zwei Wochen nach Beurkundung oder Beglaubigung zu erstatten. Der Anzeige ist eine Abschrift der Urkunde über den Rechtsvorgang oder den Antrag beizufügen.

Schließen die Beteiligten neben einem notariell beurkundeten Kaufvertrag über ein 317 unbebautes Grundstück einen Generalunternehmervertrag ab über die Errichtung eines

---

[279] Verzeichnis der zuständigen Finanzämter mit Suchfunktion und Zuständigkeitsregelungen: www.bzst. bund.de.

Gebäudes auf dem Grundstück, der mit dem Grundstücksvertrag in rechtlichem oder objektiv-sachlichem Zusammenhang steht, so haben sie den Abschluss des Generalunternehmervertrags als gegenleistungserhöhende Vereinbarung auch dann anzuzeigen, wenn auch dieser notariell beurkundet wurde.[280]

318   Bei der Anzeigepflicht handelt es sich um eine **Beistandspflicht** des Notars gegenüber dem Finanzamt, die lediglich steuerlichen Zwecken dient. Eine Verletzung der Pflicht führt daher nicht zu einer Haftung des Notars.[281]

319   Zum Inhalt der Anzeige beim Grundstückskauf → § 1 Rn. 560 ff.; ausführlich → § 29 Rn. 6 ff.

320   **b) Erbschaft- und Schenkungsteuer.** Nach § 34 ErbStG, §§ 7, 8 ErbStDV, § 102 AO besteht eine Anzeigepflicht der Notare **bei Schenkungen und Zweckzuwendungen unter Lebenden.** Die Notare haben dem für die Verwaltung der Erbschaftsteuer zuständigen Finanzamt eine beglaubigte Abschrift der Urkunde über eine Schenkung (§ 7 ErbStG) oder eine Zweckzuwendung unter Lebenden (§ 8 ErbStG) unter Angabe des der Kostenberechnung zugrunde gelegten Werts mit einem Vordruck nach Muster 6 der ErbStDV **(amtliches Muster)** zu übersenden. Dies gilt auch bei Rechtsgeschäften, die zum Teil oder der Form nach entgeltlich sind, bei denen aber Anhaltspunkte dafür vorliegen, dass eine Schenkung oder Zweckzuwendung unter Lebenden vorliegt. Eine Anzeigepflicht besteht weiter bei Vereinbarungen über die Abwicklung von **Erbauseinandersetzungen** (§ 8 ErbStDV). Die Anzeige hat nach dem Vordruck nach Muster 5 der ErbStDV **(amtliches Muster)** zu erfolgen.

321   Enthält die Urkunde keine **Angaben** darüber, sind die Beteiligten über das persönliche Verhältnis (Verwandtschaftsverhältnis) des Erwerbers zum Schenker und den Wert der Zuwendung zu befragen und die Angaben in der Anzeige mitzuteilen. Die **Anzeige** hat unverzüglich nach der Beurkundung zu erfolgen. Auf der Urschrift der Urkunde ist zu vermerken, wann und an welches Finanzamt die Abschrift übersandt worden ist.

322   Nach dem Wortlaut des § 8 ErbStDV sind die Beteiligten bei der Beurkundung von Schenkungen und Zweckzuwendungen unter Lebenden auf die mögliche Steuerpflicht hinzuweisen. Eine Amtspflicht des Notars kann aus dieser höchst missverständlich formulierten **„Hinweispflicht"** nicht abgeleitet werden.[282] Die Begründung etwaiger Amtspflichten im Verordnungsweg ist von der Ermächtigungsgrundlage des § 36 Abs. 1 Nr. 1 lit. e ErbStG nicht gedeckt.[283] Es dürfte sich aber regelmäßig empfehlen, in die Urkunde aufzunehmen, dass der Notar darauf hingewiesen hat, dass Schenkungen und Zuwendungen unter Lebenden grundsätzlich der Schenkungsteuer unterliegen.

323   Die Anzeigepflicht erstreckt sich auch auf Urkunden über Rechtsgeschäfte, die **zum Teil oder der Form nach entgeltlich** sind, bei denen aber Anhaltspunkte dafür vorliegen, dass eine Schenkung oder Zweckzuwendung unter Lebenden vorliegt. Ausführlich → § 29 Rn. 22 ff.

324   **c) Gesellschaftsrecht.** Nach § 54 EStDV ist der Notar verpflichtet, dem Finanzamt eine beglaubigte Abschrift aller beurkundeten oder beglaubigten Erklärungen zu übersenden, die die Gründung, Kapitalerhöhung oder -herabsetzung, Umwandlung oder Auflösung von Kapitalgesellschaften oder die Verfügung über Anteile an Kapitalgesellschaften zum Gegenstand haben. § 54 EStDV umfasst darüber hinaus auch die Verpflichtung zur Verfügung über Anteile an Kapitalgesellschaften (aufschiebend bedingte Verfügung; Treuhandvertrag, soweit er eine Verfügung enthält; Annahme eines Angebots). Nach § 54 Abs. 4 EStDV besteht eine zusätzliche Meldepflicht neben dem Sitzfinanzamt an das letz-

---

[280] BFH DNotI-Report 1997, 54.
[281] OLG München MittBayNot 1998, 134; vgl. *Küperkoch* RNotZ 2002, 298 (299 f.).
[282] Grziwotz/Heinemann/*Heinemann* BeurkG § 19 Rn. 19; s. aber OLG Oldenburg DNotZ 2010, 312.
[283] Troll/Gebel/Jülicher/Gottschalk/*Jülicher* ErbStG § 34 Rn. 15 mwN.

te Wohnsitzfinanzamt bei Anteilseignern, die nicht im Inland uneingeschränkt steuerpflichtig sind. Die Abschrift ist längstens zwei Wochen nach Beurkundung oder Beglaubigung einzureichen. Beglaubigte Abschriften oder Ausfertigungen dürfen erst nach der Anzeige erteilt werden. Ausführlich → § 29 Rn. 30 ff.

d) Mehrfache Steuerpflicht. Derselbe Rechtsvorgang kann mehreren Steuern unterlie- 325
gen. Bei mehrfacher Steuerpflicht ist der Rechtsvorgang jedem für eine der in Betracht kommenden Steuern zuständigen Finanzamt anzuzeigen.

2. Zentrales Testamentsregister. Bei jeder Errichtung und Änderung einer **erbrele-** 326
vanten Urkunde sind die Verwahrangaben elektronisch dem Zentralen Testamentsregister der Bundesnotarkammer zu übermitteln. Die Registrierungspflicht ersetzt die frühere Anzeigepflicht an das Geburtsstandesamt. Auf die Registrierung können weder der Notar noch die Beteiligten verzichten. Registrierungspflicht besteht für:
– Testamente und Erbverträge;
– Aufhebungsverträge von Verfügungen von Todes wegen, Rücktritt vom Erbvertrag;
– Anfechtung einer Verfügung von Todes wegen;
– Erbverzicht und Zuwendungsverzicht;
– Ehe- und Lebenspartnerschaftsverträge (soweit erbrelevant, zB: Gütertrennung);
– Rechtswahlklausel, soweit das Güterrechts- oder Erbstatut betroffen ist.
Die Eintragungsbestätigung (§ 3 Abs. 2 S. 1 ZTRV) wird an den Notar in elektronischer Form übermittelt. Der Notar übergibt sie dem Erblasser und bewahrt sie bei der Urkunde auf (§ 20 Abs. 2 DONot).

3. Gutachterausschuss. Verträge, durch die sich jemand verpflichtet, das Eigentum an 327
einem Grundstück gegen Entgelt zu übertragen, sind vom Notar in Abschrift dem Gutachterausschuss zu übersenden. Dies gilt auch für Tausch- und Erbbaurechtsverträge.

4. Handelsregister. a) Unvollständige oder unterlassene Anmeldungen. Dem Han- 328
dels- oder Genossenschaftsregister sind unvollständige oder unterlassene Anmeldungen zum Handels- oder Genossenschaftsregister zu melden, wenn der Notar hiervon erfährt (§ 379 Abs. 1 FamFG).

b) Publizität der GmbH-Gesellschafter. Durch die Neufassung von § 40 Abs. 2 329
GmbHG soll der Notar verstärkt in die Aktualisierung der Gesellschafterliste einbezogen werden. Es bot sich nach Ansicht des Gesetzgebers des MoMiG daher an, dass der eine Anteilsabtretung beurkundende Notar auch die neue Gesellschafterliste erstellt und dem Registergericht übermittelt. Die bisherige Regelung in § 40 Abs. 1 S. 2 GmbHG aF, wonach der Notar eine Anteilsabtretung dem Registergericht lediglich anzuzeigen hatte, was die Übermittlung der Liste durch die Geschäftsführer nicht ersetzte, war unbefriedigend.[284]

5. Sonstige Mitteilungspflichten. Bei Herstellung eines **Teilhypotheken-, Teil-** 330
grundschuld- oder Teilrentenschuldbriefs ist dem Grundbuchamt, das den Stammbrief ausgestellt hat, die Herstellung unter Angabe der Gruppe und Nummer des Teilbriefs sowie des Betrags, auf den er sich bezieht, mitzuteilen.

IV. Durchführungspflichten

Bei der Beurkundung von Rechtsgeschäften, die beim Grundbuchamt oder dem Regis- 331
tergericht einzureichen sind, hat der Notar nach § 53 BeurkG für den Vollzug zu sorgen.

---

[284] Vgl. Begründung RegE MoMiG, BT-Drs. 16/6140, 44.

Dies gilt auch für beglaubigte Erklärungen, die der Notar selbst entworfen hat. Bei bloßer Unterschriftsbeglaubigung besteht keine dementsprechende Verpflichtung ohne gesonderten Auftrag.

332   **1. Vollzug.** Die gesetzliche Pflicht des Notars erschöpft sich mit der Einreichung beim Gericht. Hiervon streng zu unterscheiden ist die vom Notar im Rahmen seiner **Betreuungstätigkeit** übernommene Tätigkeit zum Betreiben des Vollzugs. Eintragungen im Grundbuch oder sonstigen öffentlichen Registern erfolgen auf Antrag. Wird der Antrag nicht von dem Antragsberechtigten, sondern von dem Notar gestellt, bedarf er dazu einer Vollmacht. Die Vollmacht ist dem Grundbuchamt oder Registergericht nicht nachzuweisen, da gesetzlich eine widerlegliche Vermutung der Vollmacht besteht (§ 15 GBO, § 378 Abs. 2 FamFG). Voraussetzung der Vollmachtsvermutung ist die Beurkundung oder Beglaubigung einer zur Eintragung oder Anmeldung erforderlichen Erklärung. Der **Umfang der Vollmachtsvermutung** ist auf die Stellung eines Antrags beschränkt. Will sich der Notar ermächtigen lassen, darüber hinaus Eintragungserklärungen abzugeben, zurückzunehmen und erforderliche Nebenerklärungen einzuholen, so muss er sich gesondert hierzu bevollmächtigen lassen.

333   Der Notar kann auch dann einen Antrag unter Berufung auf die Vollmachtsvermutung stellen, wenn in der Urkunde **Anträge der Berechtigten** enthalten sind. Dies kann insbesondere zu Schwierigkeiten führen, wenn in der Urkunde Anträge aufgenommen sind, die derzeit noch nicht vollzogen werden können oder nicht vollzogen werden sollen. Die herrschende Meinung behilft sich unter Berufung auf den Charakter des Antrags als zugangsbedürftige Verfahrenserklärung damit, dass dem in der Urkunde enthaltenen Antrag der Zugangswille dann fehlt, wenn der Notar in der Urkunde mit der Durchführung betraut ist. Das Problem kann dadurch vermieden werden, dass in der Urkunde keine Verfahrensanträge aufgenommen werden. Besser ist der Weg, bei der Einreichung der Urkunden unter Berufung auf die erteilte Vollmacht klare Anträge zu stellen. Im **Antrag** sollte angegeben werden,

– dass der Notar als Antragsteller auftritt;
– für wen er tätig wird;
– welche genauen Anträge er stellt;
– dass die in der Urkunde enthaltenen weiteren Anträge dem Grundbuchamt als nicht zugegangen gelten sollen.

334   Die grundlose, fortwährende Untätigkeit des Notars beim Vollzug von ihm aufgenommener Urkunden ist wegen Art. 19 Abs. 4 GG nach § 15 Abs. 2 BNotO beschwerdefähig.[285] Von einer Vertragspartei nachträglich einseitig geltend gemachte Anfechtungs- oder Unwirksamkeitsgründe berechtigen den Notar nur in besonderen Ausnahmefällen, den Vollzug der Urkunde abzulehnen.[286]

335   **2. Einreichung bei Gericht.** Die **Einreichungspflicht** in § 53 BeurkG erstreckt sich auf alle Erklärungen, deren Rechtswirkungen mit Eintrag im Grundbuch oder Register entstehen. Soweit Rechtsänderungen durch Urkunden außerhalb des Grundbuchs entstehen, wie zB bei Erbteilsübertragungen, besteht eine Einreichungspflicht nur dann, wenn in der Urkunde ein ausdrücklicher Eintragungsantrag enthalten ist.

336   Die Urkunde ist einzureichen, wenn sie vollzugsreif ist. Die zum Vollzug erforderlichen Zustimmungen, Genehmigungen etc sind vorher einzuholen. Eine Pflicht zur Einholung dieser **Nebenerklärungen** besteht allerdings nur, wenn der Notar diese Aufgabe übernommen hat.

---

[285] OLG Düsseldorf DNotZ 1998, 747.
[286] BayObLG DNotZ 2004, 194; ausführlich Armbrüster/Preuß/Renner/*Seger* BeurkG § 53 Rn. 30 ff.

Die Einreichung der Urkunde soll **ohne schuldhaftes Zögern** erfolgen.[287] Die Frist, die 337
dem Notar hierzu für die bürotechnische Abwicklung zusteht, wird nicht einheitlich gesehen. Der BGH[288] hielt den Notar für verpflichtet, Grundpfandrechtsbestellungsurkun-
den spätestens am Tag nach der Beurkundung einzureichen, hat diese Ansicht jedoch später stark relativiert und fordert nun eine Einreichung mit der dem Notar „zumutbaren
und möglichen Beschleunigung".[289] Es müssen bei dieser Frage vor allem die bürotechni-
schen Möglichkeiten im Blick behalten werden. An die Büroorganisation können nur die
Anforderungen gestellt werden, die bei Anerkennung der hohen Sorgfaltspflichten, die
gerade die Rechtsprechung dem Notar auferlegt, auch tatsächlich erfüllt werden können.
Man kann nicht auf der einen Seite höchste Anforderungen an Büroorganisation und
Überwachung stellen und auf der anderen Seite verlangen, dass die Vorlagen in dieser
kurzen Frist erfolgen.[290] Daher sieht die überwiegende Meinung eine Einreichung grundsätzlich noch als unverzüglich an, wenn sie innerhalb von zehn Werktagen nach Eintritt
der Vollzugsreife vorgenommen wird.[291]

Der Notar darf die Einreichung einer von ihm beurkundeten Auflassung eines Grund- 338
stücks beim Grundbuchamt verweigern, wenn es für den Notar in hohem Maße wahrscheinlich ist, dass der beurkundete Kaufvertrag wegen Unterverbriefung als Scheingeschäft nichtig ist und der gewollte Vertrag nur durch die Eintragung ins Grundbuch gültig
würde.[292] Der Notar darf seine Vollzugstätigkeit nicht deshalb verweigern, weil eine der
Vertragsparteien behauptet, dass eine beurkundungsbedürftige Nebenabrede außerhalb der
Urkunde getroffen worden wäre, wenn dies die andere Vertragspartei bestreitet.[293]

Nach Vollzugsreife darf der Notar von der Einreichung der Urkunde beim Grund- 339
buchamt grundsätzlich nicht auf Weisung nur eines Beteiligten absehen. Ein Ausnahmefall
kann gegeben sein, wenn der Kaufvertrag, ggf. nach Anfechtung, ersichtlich unwirksam
ist oder eine hohe Wahrscheinlichkeit besteht, dass beim Vollzug der Urkunde das
Grundbuch unrichtig werden würde.[294] Der Notar handelt nicht pflichtwidrig, wenn er
eine Urkunde trotz Verdachts der Formnichtigkeit wegen einer nicht beurkundeten Zusatzvereinbarung vollzieht.[295]

3. Weisungen. § 53 Hs. 2 BeurkG räumt die Möglichkeit ein, dem Notar **übereinstim-** 340
mende Anweisungen zu erteilen. Häufig sind dies Anweisungen des Inhalts, die Urkunde zum Vollzug der Auflassung erst nach Bestätigung oder Nachweis der vollständigen
Kaufpreiszahlung einzureichen. Derartige Weisungen sollten in die Niederschrift oder in
eine sonstige schriftliche Erklärung aufgenommen werden.

Handelt es sich bei dem beurkundenden Vorgang um einen Vertrag, so ist der Notar an 341
die Weisung nur gebunden, wenn sie alle Beteiligten gemeinsam erteilen. Bei einseitigen
Erklärungen genügt die Weisung eines Beteiligten.

4. Vollzugsüberwachung. Reicht der Notar lediglich die Urkunden gemäß § 53 342
BeurkG ein, ohne einen Vollzugsantrag zu stellen, so ist er zur **Überwachung des Voll-**
zugs nicht verpflichtet. Übernimmt der Notar als weitere Betreuungsverpflichtung in der
Urkunde ausdrücklich die Aufgabe, den Vollzug zu überwachen, so ist er hierzu verpflichtet.

---

[287] *Winkler* BeurkG § 53 Rn. 16.
[288] DNotZ 1979, 311.
[289] BGH NJW 2002, 3391 (3392).
[290] *Winkler* BeurkG § 53 Rn. 18; *Kanzleiter* DNotZ 1979, 314.
[291] BeckOGK/*Regler* BeurkG § 53 Rn. 18 mwN.
[292] BayObLG DNotZ 1998, 645.
[293] OLG Frankfurt a.M. DNotI-Report 1998, 62.
[294] BayObLG DNotZ 1998, 646; ausführlich zur Aussetzung des Vollzugs von Amts wegen Armbrüster/
Preuß/Renner/*Seger* BeurkG § 53 Rn. 34 ff.
[295] BayObLG DNotI-Report 2000, 2.

343   Differenzierter muss gesehen werden, ob der Notar zur Überwachung des Vollzugs auch dann verpflichtet ist, wenn er einen eigenen Eintragsantrag aufgrund der gesetzlichen Vollmacht stellt oder aus einer umfassenden Beauftragung zur Erholung aller zum Vollzug erforderlichen Erklärungen eine Vollzugsüberwachung stillschweigend angenommen werden kann.[296]

E. Sonstige Beurkundungen

I. Vorbemerkung

344   Für die **Beurkundung anderer Erklärungen als Willenserklärungen** sowie sonstiger Tatsachen und Vorgänge gelten die §§ 36 ff. BeurkG. Dazu zählen insbesondere die Beurkundung von Versammlungsbeschlüssen, die Vornahme von Versteigerungen und Verlosungen, die Aufnahme von Vermögensverzeichnissen, Proteste, Anlegung und Abnahme von Siegeln, die Beglaubigung von Unterschriften und Abschriften sowie das Ausstellen von Vertretungsbescheinigungen.

345   Für die Beurkundung von Willenserklärungen und für die Beurkundung sonstiger Erklärungen gilt gleichermaßen: Der Notar kann nur **Tatsachen** beurkunden, das heißt Vorgänge der Außenwelt, die er unmittelbar wahrgenommen hat. Er kann keine Schlussfolgerungen, keine Rechtszeugnisse oder Rechtsgutachten beurkunden (Ausnahme: § 21 BNotO). Jede Schlussfolgerung tatsächlicher oder rechtlicher Art wäre eine gutachterliche Stellungnahme des Notars. Gibt der Notar eine derartige Stellungnahme ab, so kann damit eine unabsehbare Haftungsgefahr verbunden sein.

346   Auch für die sonstigen Beurkundungen gelten die allgemeinen Vorschriften des I. Abschnitts uneingeschränkt. Das **formelle Beurkundungsverfahren** nach den §§ 36 ff. BeurkG ist für die Niederschrift sonstiger Beurkundungen gegenüber der Beurkundung von Willenserklärungen vereinfacht. Es gilt entweder die einfache Form der Niederschrift (§§ 36, 37 BeurkG) oder des Vermerks (§§ 39 ff. BeurkG).

347   In der notariellen Praxis wird häufig auch bei Niederschriften über sonstige Erklärungen, zB bei Gesellschafterversammlungsbeschlüssen einer GmbH, die strengere Form der Beurkundung von Willenserklärungen eingehalten. Erforderlich ist es nur, wenn neben Versammlungsbeschlüssen rechtsgeschäftliche Erklärungen beurkundet werden.

Beispiel:
Die Gesellschafter einer GmbH beschließen eine Kapitalerhöhung und in der gleichen Urkunde erklärt ein Gesellschafter, dass er die neue Einlage übernimmt.

II. Niederschriften iSd § 36 BeurkG

348   **1. Inhalt der Niederschrift.** Die Niederschrift muss die Bezeichnung des Notars, den Bericht des Notars über seine Wahrnehmungen und die eigenhändige Unterschrift des Notars enthalten. Darüber hinaus soll die Niederschrift den Ort und den Tag der Wahrnehmungen des Notars sowie den Ort und den Tag der Errichtung der Urkunde enthalten (§ 37 Abs. 2 BeurkG). Der Bericht kann auch in einem Schriftstück enthalten sein, das der Niederschrift als Anlage beigefügt wird. Änderungen der Niederschrift sind bis zur Bekanntgabe an die Beteiligten, das heißt bis zur Ausfertigung der Urkunde, möglich.

349   **2. Versammlungsniederschriften.** Hauptanwendungsfall des § 37 BeurkG ist die Beurkundung von **Versammlungsbeschlüssen,** insbesondere Gesellschafterversammlungen von Kapitalgesellschaften (GmbH, AG, KGaA). Bei der Beurkundung über den Hergang und die Beschlussfassung von Gesellschafterversammlungen beurkundet der Notar keine

---

[296] Eingehend *Winkler* BeurkG § 53 Rn. 56 ff.

Willenserklärungen, sondern Tatsachen. Der Versammlungsbeschluss ist kein Vertrag, sondern ein gesellschaftsrechtlicher Gesamtakt. Zwar sind Stimmabgaben Willenserklärungen, aber diese werden nicht beurkundet, sondern der tatsächliche Hergang der Abstimmung als Gesellschaftsakt. Zur **GmbH-Gesellschafterversammlung** → § 22 Rn. 310 ff.; zur **Hauptversammlung einer AG** → § 23 Rn. 169 ff.

III. Niederschrift sonstiger Tatsachen und Vorgänge

1. Vornahme von Verlosungen und Auslosungen. Die Vornahme von Verlosungen 350 und Auslosungen kann in der Weise vor sich gehen, dass der Veranstalter die Verlosung vornimmt oder der Notar die Verlosung selbst vornimmt. Hierüber ist eine Niederschrift iSd § 37 BeurkG zu errichten. In der Niederschrift wird der Vorgang der Verlosung unter Angabe des Gewinnplans, der Verlosungsbestimmungen, der an der Ziehung beteiligten Personen und dem tatsächlichen Ablauf der Verlosung berichtet. Überprüft der Notar durch Stichproben das Ziehungsgerät und die Lose, so ist dies festzustellen. Zweckmäßig ist es, das Vorliegen der behördlichen Genehmigung zur Verlosung in der Niederschrift zu vermerken.[297]

2. Aufnahme von Vermögensverzeichnissen. Nach verschiedenen gesetzlichen Vor- 351 schriften bestehen **Verpflichtungen zur Aufnahme von Vermögensverzeichnissen** zur Urkunde eines Notars. So ist der Vorerbe auf Verlangen des Nacherben verpflichtet, ein Verzeichnis der zur Erbschaft gehörenden Gegenstände aufnehmen zu lassen (§ 2121 Abs. 3 BGB). Der Testamentsvollstrecker ist auf Verlangen des Erben verpflichtet, ein Nachlassverzeichnis zu erstellen (§ 2215 BGB). Der Erbe ist hierzu verpflichtet, wenn ein Pflichtteilsberechtigter es verlangt (§ 2314 Abs. 1 S. 3 BGB). Nach den §§ 1640 Abs. 3, 1667 BGB kann ein Verzeichnis der Eltern über das Kindesvermögen vom Familiengericht gefordert werden. Nach § 1035 BGB kann die Aufnahme eines Nießbrauchsverzeichnisses verlangt werden. Ehegatten im gesetzlichen Güterstand können die Aufnahme eines Verzeichnisses des Anfangsvermögens und des Endvermögens verlangen (§ 1377 BGB iVm §§ 1035, 1379 BGB).

Das Vermögensverzeichnis wird in der Form einer Niederschrift nach § 37 BeurkG 352 aufgenommen. Neben der Aufnahme der Angaben und Auskünfte der Beteiligten über die Vermögensgegenstände trifft den Notar die Pflicht, die vorhandenen Vermögensgegenstände gewissenhaft festzustellen. Der Notar ist in der Ausgestaltung des Verfahrens zur Ermittlung des Vermögens und zur Niederlegung des Ergebnisses dieser Ermittlungen frei; er entscheidet hierüber nach seinem Ermessen und kann insbesondere Hilfspersonen einschalten.[298]

3. Anlegung von Siegeln. Der Notar ist für alle Arten von Siegelung zuständig (§ 20 353 Abs. 1 S. 2 BNotO). Über die Anlegung und Abnahme von Siegeln nimmt der Notar eine Urkunde in der Form einer Niederschrift nach § 37 BeurkG auf, in der er die vorgefundenen Gegenstände und die Siegelung beschreibt.[299]

4. Freiwillige Versteigerungen. Bei der Beurkundung einer **Versteigerung,** die durch 354 jemand anderen als den Notar vorgenommen wird, gelten für die Niederschrift keine Besonderheiten (§ 37 BeurkG).

---

[297] Formulierungsbeispiele bei Kersten/Bühling/*Terner* § 18 Rn. 20 ff.; s. auch das Rundschreiben der BNotK v. 2. 8. 1994; zur Genehmigungsfähigkeit und Wirksamkeit einer Verlosung von Grundbesitz vgl. DNotI-Report 2009, 33.

[298] Schlitt/Müller/*Müller*, Handbuch Pflichtteilsrecht, 2. Aufl. 2017, § 10 Rn. 176; *Sagmeister* MittBayNot 2013, 519.

[299] Muster bei Kersten/Bühling/*Terner* § 20 Rn. 45 ff.

355 Für **freiwillige Versteigerungen** durch den Notar (§ 20 Abs. 3 BNotO) gilt Folgendes:[300] Für die freiwillige Versteigerung von Grundstücken einschließlich Wohnungseigentum ist der Notar unbeschränkt zuständig, wenn er darum ersucht wird. Die Niederschrift enthält sowohl die Beurkundung von Tatsachen (Feststellung der Terminsbekanntmachung, Mitteilung der Versteigerungsbedingungen, Aufforderung zur Abgabe von Geboten, Feststellung des Meistbietenden und der Zuschlagerteilung) als auch die Beurkundung von Willenserklärungen. Auch bei der Versteigerung durch den Notar handelt der Notar kraft Amts und nicht als Bevollmächtigter des Versteigerers. Er ist deshalb nicht gehindert, gleichzeitig die Versteigerung und den Zuschlag zu beurkunden.

356 Als **Beteiligte** der Versteigerung gelten nach der Sondervorschrift des § 15 Abs. 1 BeurkG nur diejenigen Bieter, die an ihr Gebot gebunden bleiben. Nur der Ersteigerer selbst ist daher Beteiligter iSd §§ 3, 6 BeurkG. Die Niederschrift braucht deshalb die Bezeichnung der überbotenen Bieter und ihre Erklärungen nicht zu enthalten. Sie braucht ihnen nicht vorgelesen, von ihnen genehmigt und unterschrieben werden. Für die Bieter, die an ihr Gebot gebunden bleiben, gelten die Vorschriften der Beurkundung von Willenserklärungen. Jedoch sind sie vom Vorlesen, Genehmigen und Unterschreiben befreit, wenn sie sich vor dem Schluss der Verhandlung entfernt haben. Diese Tatsache muss in der Niederschrift festgestellt werden (§ 15 Abs. 1 S. 2 BeurkG).[301]

357 Aus dem Beurkundungsbedürfnis der im Rahmen einer Versteigerung geschlossenen Kaufverträge über Grundstücke folgt, dass bei einem Verbrauchervertrag die Vorschrift des **§ 17 Abs. 2a S. 2 Nr. 2 BeurkG** auch bei Versteigerungen **anzuwenden** ist. Der BGH hat in einer Entscheidung, welche eine unechte Versteigerung zum Gegenstand hatte, obiter angemerkt, bei der echten Versteigerung nach § 156 BGB, bei der der Notar seine Beratungs- und Belehrungspflichten bereits während des in seiner Anwesenheit stattfindenden Versteigerungsverfahrens selbst sicherstelle, könne eine „begründete Ausnahme vom Regelfall des § 17 Abs. 2a Nr. 1 BeurkG in Betracht kommen".[302] Der BGH hat sich indes nicht dazu verhalten, wie der Notar das Verfahren gestalten kann, um die geforderte „anderweitige" Erfüllung der Zwecke der Zweiwochenfrist zu erreichen.[303]

358 Im Übrigen kann der Notar seinen **Belehrungs- und Aufklärungspflichten** insbesondere dadurch nachkommen, dass er bereits zu Beginn der Versteigerung und damit noch vor Abgabe der Willenserklärung der Bieter die Versteigerungsbedingungen ihnen gegenüber erläutert.[304]

359 Keine Versteigerungen in diesem Sinn sind sog. **„Grundstückauktionen", „Online-Auktionen"** etc, die nicht entsprechend dem gesetzlichen Leitbild erfolgen, sondern durch das grundsätzlich mögliche Abbedingen des § 156 S. 1 BGB gekennzeichnet sind. Das hat zur Folge, dass durch die Versteigerung nur eine Vorauswahl unter den Bietern erfolgt und der Vertragsschluss zwischen „Verkäufer" und „Ersteher" erst im Rahmen einer nachfolgenden notariellen Beurkundung erfolgt. Der Begriff „Versteigerung" oder „Auktion" ist irreführend, weil das Verfahren gerade nicht dem Abschluss eines Vertrages dient, sondern vielmehr einer Art Ausschreibung zur Ermittlung des Vertragspartners und des höchstmöglich erreichbaren Kaufpreises gleichkommt. Vor Abschluss des nachgeschalteten notariellen Kaufvertrages können bei dieser Gestaltungsvariante keine Bindungswirkungen für den Erwerber entstehen. Dies bedeutet, dass die Besonderheiten des § 15 BeurkG gerade nicht gelten, sondern es sich vielmehr um die Beurkundung eines „normalen" Kaufvertragsabschlusses handelt.[305] Ganz generell gilt bei der Beurkundung von Verträgen im Anschluss an solche „Versteigerungen", dass von dem Notar sämtliche Vor-

---

[300] Vgl. auch Leitfaden der BNotK DNotZ 2005, 161.
[301] Muster bei Kersten/Bühling/*Basty* § 32 Rn. 1 ff.
[302] BGH MittBayNot 2015, 514 (516); vgl. eingehend auch *Rachlitz* MittBayNot 2015, 457.
[303] S. dazu BeckOGK/*Seebach/Rachlitz* BeurkG § 15 Rn. 62 ff.
[304] Vgl. DNotI–Report 2000, 181 (184).
[305] Eingehend dazu BeckOGK/*Seebach/Rachlitz* BeurkG § 15 Rn. 66 f.; Leitfaden der BNotK DNotZ 2005, 161 (169).

schriften des materiellen sowie des Beurkundungsverfahrensrechts zu beachten sind, und zwar unabhängig von den insoweit unbeachtlichen, weil nicht bindenden „Versteigerungsbedingungen".

Hinsichtlich der **freiwilligen Versteigerung sonstiger Rechte und Gegenstände** 360 gilt: Die Versteigerung **beweglicher Sachen** ist grundsätzlich gewerblichen Versteigerern vorbehalten. Der Notar soll bewegliche Sachen nur versteigern, wenn die Versteigerung durch eine von ihm vermittelte oder beurkundete Auseinandersetzung oder durch eine Versteigerung von Immobilien veranlasst ist (§ 20 Abs. 3 S. 2 BNotO). **Forderungen und Rechte** können unbeschränkt durch den Notar versteigert werden.

5. Vermittlung der Auseinandersetzung. Seit September 2013 sind die Notare gemäß 361 § 23a Abs. 3 GVG iVm § 342 Abs. 2 Nr. 1 FamFG für die Vermittlung von Nachlassauseinandersetzungen und Gesamtgutsauseinandersetzungen gemäß §§ 342 Abs. 2 Nr. 1, 363 ff., 373 FamFG ausschließlich sachlich zuständig.[306]

6. Notarielles Vermittlungsverfahren. Das Sachenrechtsänderungsgesetz sieht in seinem 362 Anwendungsbereich ein besonderes **notarielles Vermittlungsverfahren** vor.[307] Ziel dieses Verfahrens, in dem dem Notar richterliche Aufgaben übertragen sind, ist die Ausarbeitung eines Vermittlungsvorschlags durch den Notar, der einen den gesetzlichen Bestimmungen entsprechenden Vertragsentwurf anzufertigen hat. Die Durchführung des Vermittlungsverfahrens ist Klagevoraussetzung für das anschließende richterliche Vertragshilfeverfahren.

Die in dem Verfahren in Betracht kommenden Beurkundungen sind: 363
– das Eingangsprotokoll als Niederschrift, in dem der Sachstand und die unstreitigen und streitigen Punkte festzuhalten sind;
– Beurkundung des Vorschlags als vertragliche Vereinbarung auf Antrag eines Beteiligten im Säumnisverfahren;
– Niederschrift über den Bestätigungsbeschluss im Säumnisverfahren;
– Beurkundung der Vereinbarung nach Einigung;
– das Abschlussprotokoll als Niederschrift bei fehlender Einigung.

IV. Eide und eidesstattliche Versicherungen

Die Zuständigkeit des Notars ergibt sich aus § 22 BNotO. § 38 BeurkG bestimmt, dass 364 für die Aufnahme eidesstattlicher Versicherungen und die Abnahme von Eiden die Vorschriften über die Beurkundung von Willenserklärungen entsprechend anzuwenden sind.

1. Abnahme von Eiden. Neben der Zuständigkeit zur Vereidigung von Dolmetschern 365 gemäß § 16 Abs. 3 BeurkG ist der Notar zur Eidesabnahme nur bei **ausländischen Rechtsangelegenheiten** zuständig. Ausreichend ist die Versicherung der Beteiligten, dass die Vereidigung und Beurkundung zum Zweck der Rechtsverfolgung im Ausland geschehen soll.

Der praktische Hauptanwendungsfall der Eidesabnahme ist das so genannte **Affidavit.** 366 Nach englischem Recht muss die Eidesleistung „sworn before me" auf dem für die eidliche Erklärung vorgesehenen Formular in der dort vorgesehenen Form bescheinigt werden. Nach früherer Ansicht in der Literatur war in diesem Fall stets die Abnahme eines Eides erforderlich, was dem Notar nur im Verfahren gemäß § 38 BeurkG möglich ist.[308] Nach heute hM handelt es sich beim Affidavit demgegenüber weder um einen Eid noch um eine eidesstattliche Versicherung im Sinne des deutschen Rechts. Vielmehr liegt eine Bekräftigung eigener Art vor, der nach dem ausländischen Recht keine mit dem Eid oder

---

[306] Dazu → § 17 Rn. 434 f.; s. *Kutschmann* RNotZ 2019, 301 ff.
[307] Vgl. zum Verfahren DNotI-Report 1994, 13.
[308] *Brambring* DNotZ 1976, 726.

der eidesstattlichen Versicherung vergleichbare Funktion zukommt; auch der ausländische notary public würde keine Prüfung und Belehrung vornehmen. Daher wird die Vornahme der Beurkundung in Vermerkform (§ 39 BeurkG) nunmehr für ausreichend gehalten.[309] Bestehen indes Zweifel, welche Rechtswirkung die ausländische Rechtsordnung dem Affidavit beimisst, sollte es auf Wunsch als beeidete Erklärung behandelt werden.[310]

367   **2. Abnahme von eidesstattlichen Versicherungen.** Zur Abnahme eidesstattlicher Versicherungen ist der Notar nur in bestimmten Fällen zuständig. Die **Zuständigkeit** besteht zum einen, wenn die Versicherung „vor einem Notar" abzugeben ist, wie bei Erbscheinsanträgen (§ 2356 Abs. 2 BGB), und Anträgen auf Erteilung eines Testamentsvollstreckerzeugnisses (§ 2368 Abs. 3 BGB). Eidesstattliche Versicherungen im Übrigen darf der Notar nur in den Fällen aufnehmen, in denen einer Behörde oder sonstigen Dienststelle eine tatsächliche Behauptung oder Aussage glaubhaft gemacht werden soll. Dies sollte in die Urkunde aufgenommen werden. Ob die Behörde zur Abnahme der eidesstattlichen Versicherung befugt ist mit der Folge der Strafbewehrung gemäß § 156 StGB, ist nicht zu prüfen. Der Notar ist zur Aufnahme zuständig.

368   Über die Aufnahme der eidesstattlichen Versicherung ist eine Niederschrift nach den allgemeinen Regeln der Niederschriften über die Aufnahme von Willenserklärungen zu errichten. Über die Bedeutung der eidesstattlichen Versicherung und die strafrechtlichen Folgen falscher Erklärungen soll belehrt und dies in der Niederschrift vermerkt werden (§ 38 Abs. 2 BeurkG).[311]

V. Beglaubigung von Unterschriften

369   **1. Öffentliche Beglaubigung.** Verschiedene Rechtsgeschäfte bedürfen der öffentlichen Beglaubigung (zB § 29 GBO, § 12 HGB). Die Beglaubigung einer Unterschrift ist die öffentliche Beurkundung der Tatsache, dass die Unterschrift von einer bestimmten Person herrührt und der Unterzeichnende persönlich seine Unterschrift vor dem Notar vollzogen oder anerkannt hat. Die notarielle Beurkundung (§ 128 BGB) ersetzt die öffentliche Beglaubigung (§ 129 Abs. 2 BGB) als höherrangige Geschäftsform. **Zuständig** für die öffentliche Beglaubigung sind grundsätzlich die Notare (§ 20 Abs. 1 BNotO). Die juristischen Personen des öffentlichen Rechts können im Rahmen ihrer Zuständigkeit öffentliche Urkunden für die öffentlichen Register selbst erstellen. Trotz öffentlicher Beglaubigung bleibt die Erklärung selbst eine **Privaturkunde**. Lediglich der Beglaubigungsvermerk ist eine öffentliche Urkunde und begründet den Beweis der darin bezeugten Tatsache. Im Gegensatz zur Beglaubigung erstreckt sich die Beurkundung auch auf den Inhalt der Niederschrift, während bei der Unterschriftsbeglaubigung nur die Echtheit der Unterschrift bezeugt wird.

370   **2. Der unterzeichnete Text.** Grundsätzlich kann jede Privaturkunde beglaubigt werden. Da die Unterschriftsbeglaubigung keine Beglaubigung des Inhalts der Erklärung zur Folge hat, kann die Beglaubigung ohne Rücksicht auf Form und Inhalt des Textes vorgenommen werden. Der Notar hat, soweit er die Erklärung nicht selbst entworfen hat, **keine Prüfungs- und Belehrungspflicht**. Insbesondere hat er nicht zu überprüfen, ob die Erklärung materiell rechtlich wirksam ist.[312] Die Geschäftsfähigkeit, Vertretungs- und Verfügungsmacht des Unterzeichners ist nicht zu prüfen. Jedoch hat der Notar die Beglaubigung zu verweigern, wenn Gründe bestehen, die Amtstätigkeit zu versagen, insbesondere, wenn mit der zu beglaubigenden Erklärung erkennbar unerlaubte oder unredliche Zwe-

---

[309] *Winkler* BeurkG § 38 Rn. 21; Gutachten DNotI-Report 1996, 4.
[310] Dazu → § 28 Rn. 10.
[311] Zum Beurkundungsverfahren bei notarieller Prioritätsfeststellung DNotI-Report 2001, 69.
[312] Armbrüster/Preuß/*Renner*/*Preuß* BeurkG § 40 Rn. 26.

cke unterstützt werden. Ebenso kann die Unterschriftsbeglaubigung bei offensichtlicher materiell-rechtlicher Unwirksamkeit abgelehnt werden.[313] Der Text der zu beglaubigenden Erklärung darf mit Zustimmung des Unterzeichnenden auch **nachträglich geändert** werden.[314]

Auch **Zeichnungen, Pläne** und **Karten** können zB bei der Bestellung von Grund- 371 dienstbarkeiten mit zum Bestandteil der Erklärung gemacht werden, wenn sie ihr als Anlage beigefügt sind und der Text auf die Anlage Bezug nimmt.[315]

Die **Unterschrift** muss handschriftlich geleistet sein. Lesbarkeit ist nicht erforderlich. 372 Ausreichend ist ein die Identität des Unterschreibenden ausreichend kennzeichnender individueller Schriftzug.[316] Die Unterschrift sollte mit Vor- und Familiennamen geleistet werden. Auch **Handzeichen** können nach § 40 Abs. 6 BeurkG beglaubigt werden. **Blanko-Unterschriften** können beglaubigt werden, wenn dem Notar dargelegt wird, dass die Beglaubigung vor der Festlegung des Urkundeninhalts benötigt wird. Im Beglaubigungsvermerk ist anzugeben, dass bei der Beglaubigung ein durch die Unterschrift gedeckter Text nicht vorhanden war. Die Angabe der Gründe für die Notwendigkeit der Blanko-Unterschrift ist ratsam.

3. Vollzug, Anerkennung. Die Beglaubigung setzt voraus, dass die Unterschrift in Ge- 373 genwart des Notars vollzogen oder anerkannt wurde. **Vollzug** bedeutet eigenhändige Leistung der Unterschrift.

Anerkennung meint das Bekenntnis zu einer bereits vollzogenen Unterschrift als ei- 374 gene. Sie kann nur persönlich durch denjenigen erfolgen, der die Unterschrift geleistet hat. Eine Anerkennung durch einen Vertreter des Unterzeichnenden oder eine Anerkennung gegenüber einem Angestellten des Notars reicht nicht aus. Keinesfalls reicht eine schriftliche oder telefonische Anerkennung zur Beglaubigung aus, da die Identitätsfeststellung nicht mit der vom Gesetz geforderten Sicherheit gewährleistet ist. Bestätigt der Notar im Beglaubigungsvermerk, dass die Unterschrift vor ihm vollzogen oder anerkannt worden ist, obwohl dies nicht zutrifft (so genannte Fernbeglaubigung), so begibt er sich in Gefahr einer Falschbeurkundung im Amt.[317]

4. Beglaubigungsvermerk. Der Beglaubigungsvermerk enthält: 375
– die Beglaubigung der Echtheit der Unterschrift;
– die Bezeichnung der Person, die die Unterschrift vollzogen oder anerkannt hat; anzugeben sind Vor- und Zuname, Geburtsname, Wohnort und Wohnung, und bei Eintragungen in Register der Geburtstag (§ 25 Abs. 2 DONot);
– die Identitätsfeststellung (§§ 40 Abs. 4, 10 Abs. 2 S. 1 BeurkG);
– die Angabe, ob die Unterschrift vor dem Notar vollzogen oder anerkannt worden ist (§ 40 Abs. 3 S. 2 BeurkG);
– den Ort und Tag der Ausstellung des Vermerks;
– Unterschrift und Siegel des Notars (§ 39 BeurkG).
Der Beglaubigungsvermerk kann auch in einer **Fremdsprache** errichtet werden, wenn 376 der Notar der Sprache kundig ist.[318] Empfehlenswert ist es, den Beglaubigungstext zweispaltig in Deutsch und der Fremdsprache zu verfassen. Der Beglaubigungsvermerk ist im Anschluss an die Unterschrift auf die zu beglaubigende Urkunde zu setzen. Wird der Be-

---

[313] LG München MittBayNot 1972, 181; vgl. *Winkler* BeurkG § 40 Rn. 42.
[314] RGZ 60, 392; vgl. Grziwotz/Heinemann/*Grziwotz* BeurkG § 40 Rn. 34.
[315] Umstr.; vgl. *Winkler* BeurkG § 40 Rn. 19 ff.
[316] OLG Frankfurt a.M. FGPrax 1995, 185.
[317] OLG Frankfurt a.M. DNotZ 1986, 421.
[318] Mustertexte für Beglaubigungsvermerke in Afrikaans, Belgisch, Dänisch, Englisch, Esperanto, Finnisch, Französisch, Italienisch, Kroatisch, Niederländisch, Norwegisch, Polnisch, Portugiesisch, Schwedisch, Spanisch in DNotZ 1974, 423; Mustertexte für Beglaubigungsvermerke mit Vertretungsbescheinigung in Englisch *Röll* MittBayNot 1977, 107.

glaubigungsvermerk auf ein besonderes Blatt gesetzt, so muss der Vermerk mit der unterschriebenen Urkunde durch Schnur und Prägesiegel verbunden werden.

377 **5. Unterschriftsbeglaubigung mit Entwurf.** Insbesondere im Grundbuch- und Registerverfahren, aber auch bei der Einholung von Genehmigungen, wird der zu beglaubigende Text vom Notar selbst entworfen. Hier sind die Herstellung des Entwurfs und die Beglaubigung der Unterschrift eine einheitliche Amtstätigkeit mit der Folge, dass dem Notar bei der Beglaubigung dieselben **Prüfungs- und Belehrungspflichten** obliegen wie bei einer Beurkundung der Erklärung.[319]

378 Die Beglaubigung von **Unterschriftszeichnungen** (§ 41 BeurkG) ist durch die Abschaffung der Unterschrifts- und Firmenzeichnung im Handels- und Gesellschaftsrecht durch das Gesetz über elektronische Handelsregister und Genossenschaftsregister sowie das Unternehmensregister (EHUG) vom 10. 11. 2006 weitgehend gegenstandslos.

VI. Elektronische Zeugnisse

379 Mit dem Justizkommunikationsgesetz wurde die **elektronische öffentliche Urkunde** geschaffen. Nach § 371a Abs. 3 ZPO finden die Vorschriften über die Beweiskraft und Echtheit öffentlicher Urkunden entsprechende Anwendung. Ein elektronisches Zeugnis nach § 39a BeurkG hat damit die gleiche Beweiskraft wie ein Beglaubigungsvermerk im Rahmen einer beglaubigten Abschrift nach § 42 Abs. 1 BeurkG.

380 Ist das Dokument mit einer qualifizierten elektronischen Signatur versehen, gilt gemäß § 371a Abs. 3 S. 2 ZPO die Vermutung der Echtheit durch die entsprechende Anwendung der Beweisregel des § 437 ZPO.[320] Ausreichend hierfür ist der inhaltliche Gleichlaut der Erklärung. Neben dem Einscannen des Dokuments und der Herstellung einer Tiff-Datei kann der Notar ein elektronisches Zeugnis auch durch Verwendung eines inhaltlich gleichlautenden Ausgangsdokuments (Word-Datei) mit Ergänzung der individuellen Daten (Siegel L.S., Unterschriften) herstellen.[321]

---

381 Formulierungsbeispiel: Elektronische Signatur (Abschrift)

🔾 Ich beglaubige hiermit durch die beigefügte qualifizierte elektronische Signatur die Übereinstimmung des vorstehenden elektronischen Dokuments mit der mir vorliegenden Urschrift [*Alt. 1:* Ausfertigung] [*Alt. 2:* beglaubigten Abschrift].

Ort, Tag der Signatur

Notar

---

382 Der Hauptfall des § 39a BeurkG ist die **elektronische beglaubigte Abschrift einer notariellen Urkunde.** Ausgangsdokument ist eine notarielle Urkunde, die in Urschrift, Ausfertigung oder beglaubigter Abschrift vorliegt, von der ein elektronisches Dokument erzeugt wird zur Weiterleitung. Dieses Dokument erfüllt damit die Voraussetzungen zur Einreichung in das Grundbuch, Handelsregister (§ 12 Abs. 2 HGB), Vereinsregister oder andere Register. Das Dokument kann auch an Beteiligte oder andere Empfänger übermittelt werden und steht damit mit den Beweiswirkungen einer öffentlichen Urkunde zur Verfügung. Nicht ersetzt werden können die Rechtswirkungen einer Ausfertigung, dh wo es auf den Besitz der Urkunde ankommt (Vollmacht, Bindung nach § 873 BGB, Einwilli-

---

[319] BGH DNotZ 1997, 51 (52); *Winkler* BeurkG § 40 Rn. 48.
[320] Ausführlich zur elektronischen Signatur *Malzer* DNotZ 2006, 9; *Gassen,* Elektronische Beglaubigungen und elektronische Handelsregisteranmeldung im Notariat, 2006; *Rossnagel/Wilke* NJW 2006, 2145; *Sikora/Schwab* MittBayNot 2007, 1, *Bettendorf/Apfelbaum* DNotZ 2008, 19.
[321] LG Chemnitz MittBayNot 2007, 340; LG Hagen RNotZ 2007, 491; LG Regensburg MittBayNot 2007, 522.

gung zur Adoption, Rücktritt vom Erbvertrag, Widerruf eines gemeinschaftlichen Testaments etc), reicht das elektronische Zeugnis nicht.

Weiterer Anwendungsbereich ist die **elektronisch beglaubigte Abschrift sonstiger** 383
Dokumente. In gleicher Weise wie die Beglaubigung von Abschriften iSd § 39 BeurkG kann ein elektronisches Zeugnis nach § 39a BeurkG gefertigt werden. Dies sind insbesondere bei Gericht einzureichende Unterlagen, wie Genehmigungen, Vertretungsnachweise, Rechtsnachfolgenachweise, Gesellschafterlisten etc. Die Form des Ausgangsdokuments ist im elektronischen Beglaubigungsvermerk genau zu bezeichnen.[322]

> **Formulierungsbeispiel: Elektronische Signatur (sonstiges Dokument)** 384
>
> Ich beglaubige hiermit durch die beigefügte qualifizierte elektronische Signatur die Übereinstimmung des vorstehenden elektronischen Dokuments mit dem mir im Original [*Alt.:* in Kopie] vorliegenden Dokument.
>
> *Ort, Tag der Signatur*
>
> *Notar*

Weiter sieht § 42 Abs. 4 BeurkG den Fall der **Beglaubigung des Ausdrucks eines** 385 **elektronischen Dokuments** vor, wobei aufgrund der technischen Gegebenheiten des Datentransfers der Beglaubigungsvermerk auf den am Bildschirm angezeigten Text eingeschränkt werden sollte.[323]

> **Formulierungsbeispiel: Elektronische Signatur (Bildschirminhalt)** 386
>
> Ich beglaubige hiermit die Übereinstimmung des vorstehenden mir vorgelegten elektronischen Dokuments mit dem mir am Bildschirm angezeigten Inhalt dieses Dokuments.
>
> *Ort, Tag der Signatur*
>
> *Notar*

Schließlich kann auch die **elektronische Beglaubigung eines elektronischen Do-** 387 **kuments,** das ohne oder mit qualifizierter elektronischer Signatur vorliegt, mit einem Zeugnis iSd § 39a BeurkG versehen werden.

> **Formulierungsbeispiel: Elektronische Signatur (mit Zeugnis § 39a BeurkG)** 388
>
> Ich beglaubige hiermit die Übereinstimmung des vorstehenden elektronischen Dokuments mit dem mir heute vorgelegten elektronischen Dokument. Dieses ist mit einer qualifizierten elektronischen Signatur nach dem Signaturgesetz versehen. Die von mir heute vorgenommene Signaturprüfung hat ergeben, dass die Signatur von der Zertifizierungsstelle dem nicht gesperrten Zertifikat von *** zugeordnet wurde.
>
> *Ort, Tag der Signatur*
>
> *Notar*

VII. Beglaubigung von Abschriften

Bei der Beglaubigung von Abschriften wird die **Übereinstimmung der Abschrift mit** 389 **dem vorgelegten Original** bezeugt (§ 42 BeurkG). Das Original kann eine Urschrift, Ausfertigung oder einfache oder beglaubigte Abschrift sein. Dies soll im Beglaubigungsvermerk festgestellt werden (§ 42 Abs. 1 BeurkG).

---

[322] Vgl. *Winkler* BeurkG § 39a Rn. 15 ff.
[323] Vgl. iE *Malzer* DNotZ 2006, 9.

390 Der **Beglaubigungsvermerk** muss den Ort und Tag seiner Ausstellung und Unterschrift
und Siegel des Notars enthalten. Enthält die Abschrift nur einen Auszug aus der Urkunde, so soll der Beglaubigungsvermerk den Gegenstand des Auszugs angeben und bezeugt
werden, dass die Urkunde über diesen Gegenstand keine weiteren Bestimmungen enthält.

391 Beglaubigte Abschriften können von Privaturkunden und öffentlichen Urkunden erstellt werden.[324] Der Beglaubigungsvermerk darf erst erteilt werden, wenn die Übereinstimmung von Hauptschrift und Abschrift festgestellt wurde. Die Herstellung der Abschrift durch Herstellung einer Fotokopie der Hauptschrift an der Amtsstelle des Notars
erleichtert dieses Verfahren.

392 Problematisch ist die Beglaubigung von **Abschriften fremdsprachlicher Texte,** da
der Notar nach § 4 BeurkG verpflichtet ist, der Herstellung öffentlich-rechtlicher Urkunden mit rechts- oder sittenwidrigem Verwendungszweck vorzubeugen und keinen zusätzlichen Vertrauenstatbestand durch die Beurkundung zu schaffen.[325] Dieses Ziel ist nur
dann gewährleistet, wenn der Notar in der Lage ist festzustellen, ob ein Ablehnungsgrund
nach § 4 BeurkG vorliegt. Kann der Notar die zu beglaubigende Urkunde sprachlich in
keiner Weise verstehen, kann es angezeigt sein, die Beglaubigung nicht vorzunehmen
oder einen entsprechenden Vermerk mitaufzunehmen.[326]

VIII. Bescheinigungen

393 **1. Registerbescheinigung.** Nach **§ 21 Abs. 1 Nr. 1 BNotO** ist der Notar zuständig zur
Erteilung von Bescheinigungen über die Vertretungsberechtigung, sofern sich diese aus
einer Eintragung im Handelsregister oder in einem ähnlichen Register ergibt. Nach **§ 21
Abs. 1 Nr. 2 BNotO** gilt dies auch für Bescheinigungen über das Bestehen oder den Sitz
einer juristischen Person oder Handelsgesellschaft, die Firmenänderung, Umwandlung
oder sonstige rechtserhebliche Tatsachen, soweit sich diese aus dem Handelsregister oder
einem ähnlichen Register ergeben.

394 Die Bescheinigung kann nur erteilt werden aufgrund **Einsicht in das Register** oder
in einen beglaubigten Auszug aus dem Register. Sie kann nicht erteilt werden aufgrund
der Vorlage von Satzungen, Bestallungsurkunden oder sonstigen Zeugnissen. So kann bei
dem nicht in einem Register eingetragenen wirtschaftlichen Verein oder der Stiftung eine
notarielle Vertretungsbescheinigung nicht erteilt werden. Der Notar braucht das Register
nicht persönlich einzusehen, sondern kann sich zur Einsicht zuverlässiger Hilfspersonen
bedienen. Der Tag der Einsichtnahme in das Register oder der Tag der Ausstellung des
beglaubigten Registerauszugs ist in der Bescheinigung anzugeben (§ 21 Abs. 2 S. 2
BNotO).

395 Die Vertretungsbescheinigung wird regelmäßig in die Urkunde oder den Beglaubigungsvermerk selbst mitaufgenommen. Sie kann jedoch auch gesondert erteilt werden
und nachträglich mit der Urkunde verbunden werden.

396 **2. Satzungsbescheinigung.** Bei der Anmeldung der **Änderung des Gesellschaftsvertrags einer GmbH** ist nach § 54 Abs. 1 S. 2 GmbHG der vollständige Wortlaut des Gesellschaftsvertrags beizufügen, samt einer Bescheinigung des Inhalts, dass die geänderten
Bestimmungen mit dem Änderungsbeschluss und die unveränderten Bestimmungen mit
dem zuletzt zum Handelsregister eingereichten vollständigen Wortlaut des Gesellschaftsvertrags übereinstimmen. Die Satzungsbescheinigung ist eine Tatsachenbescheinigung gemäß § 20 Abs. 1 BNotO. Die Bescheinigung wird in der Regel durch den Notar erteilt,

---

[324] Zur Zulässigkeit der Beglaubigung von Personenstandsurkunden durch den Notar vgl. DNotI-Report
2000, 109; dies gilt auch dann, wenn das vom Standesamt verwendete Urkundenpapier bewirkt, dass
Fotokopien automatisch den Vermerk „KOPIE/COPY" tragen, vgl. DNotI-Report 2015, 1.
[325] Zum Streitstand betreffend die Zulässigkeit der Vornahme von Abschriftsbeglaubigungen bei fremdspra-
chigem Text in einer dem Notar nicht verständlichen Sprache s. ausführlich DNotI-Report 2008, 14.
[326] Vgl. eingehend *Winkler* BeurkG § 42 Rn. 18 ff.

der die Satzungsänderung beurkundet hat. Von ihm sind die geänderten Satzungsbestimmungen in die zuletzt zum Handelsregister eingereichte Satzung redaktionell einzuarbeiten. Ist bei Gründung einer GmbH die Beurkundung in der Weise vorgenommen worden, dass die Gründung in eine Errichtungsurkunde (Mantel) und die Satzung aufgespalten wurde, so braucht nur die Satzung in der neuesten Form mit der Bescheinigung verbunden werden, unter der Voraussetzung, dass im Mantel keine Satzungsbestimmungen aufgenommen waren.

3. Übersetzungsbescheinigung. Nach § 50 BeurkG kann eine **Übersetzungsbeschei-** 397 **nigung** erteilt werden, wenn der Notar der Fremdsprache, aus der das Deutsche übersetzt wurde, mächtig ist und er die Urkunde selbst in der fremden Sprache errichtet hat oder für die Erteilung einer Ausfertigung der Niederschrift zuständig ist.

4. Feststellung der Vorlegungszeit einer Privaturkunde. Auch die in den §§ 39, 43 398 BeurkG ausdrücklich gestattete Feststellung des Zeitpunkts, zu dem eine Privaturkunde dem Notar vorgelegt wurde, ist eine **Tatsachenbescheinigung** iSv § 20 BNotO. Die Bescheinigung erfolgt in der Form eines Vermerks, der unmittelbar auf die vorgelegte Privaturkunde gesetzt oder mit ihr verbunden wird. Die Bescheinigung kann jedoch auch als selbständige Urkunde erteilt werden. Das praktische Bedürfnis für diese Bestätigung ist äußerst gering, da auch bei der schlichten Unterschriftsbeglaubigung der Zeitpunkt der Beglaubigung beweiskräftig gesichert wird. Zum Teil werden derartige Bescheinigungen bei der urheberrechtlichen Prioritätserklärung erteilt, wenn der Zeitpunkt der Vorlage von Entwürfen, Kompositionen, Drehbüchern, Software etc gesichert werden soll.[327]

Bei **Prioritätserklärungen** wird der Vermerk nach § 43 BeurkG häufig verbunden 399 sein mit einer eidesstattlichen Versicherung, einer Urheberschaftserklärung und einer beweiskräftigen Verbindung von Erklärung und Werk.[328]

5. Sonstige Bescheinigungen. Der Notar kann grundsätzlich Tatsachenbescheinigungen 400 über **jede amtlich von ihm wahrgenommene Tatsache** erteilen. Beispiele hierfür sind: die Lebensbescheinigung, eine Bescheinigung, dass ein Bevollmächtigter im Besitz der Urschrift oder Ausfertigung einer Urkunde gewesen ist, die Vernichtung bestimmter Muster, die Zahlung einer bestimmten Geldsumme, die Hinterlegung einer Aktie zum Zweck der Stimmrechtsausübung, den Inhalt einer bestimmten Urkunde oder sonstiger Tatsachen.

Die **Haftpflichtrisiken** aus notariellen Bescheinigungen sind hoch. Bei der Abfassung 401 muss der Notar sich bewusst sein, dass er mit seinem Amt den bescheinigten Tatsachen erst den „amtlichen" Wert gibt. Die Haftpflichtrechtsprechung stellt zum Schutz der Öffentlichkeit höchste Ansprüche an die Exaktheit und Unmissverständlichkeit der Bescheinigungen, und für die Richtigkeit der Tatsachenbescheinigung haftet der Notar jedem Dritten, dem die Bescheinigung vorgelegt wird.[329] Zur Verminderung von Haftungsrisiken ist stets zu empfehlen, die **einfachste Form** zu wählen, das heißt statt einer Tatsachenbeurkundung über ein vorgelegtes Schriftstück eine beglaubigte Abschrift zu fertigen oder statt einer allgemeinen Bestätigung mit Unterschrift und Siegel „für den, den es angeht" eine briefliche Mitteilung an den namentlich zu bezeichnenden Interessenten zu senden.

Keine Bescheinigungen sind **Notarbestätigungen.** Unter Notarbestätigungen versteht 402 man die meist in Briefform abgefassten notariellen Mitteilungen, über den Eintritt von Kaufpreisfälligkeiten, Ablösung von Treuhandauflagen, Rangbestätigungen für die Eintragung von Grundpfandrechten und Bestätigungen, dass einer Eintragung keine Hindernisse

---

[327] Zu notarieller Prioritätsverhandlung ausführlich *Meyer* RNotZ 2011, 385; *Leistner* MittBayNot 2003, 3.
[328] Eingehend BeckOGK/*Lutz* BeurkG § 36 Rn. 23; Muster bei *Milzer* ZNotP 2004, 348 (353 ff.).
[329] BGH DNotZ 1973, 245; vgl. auch Armbrüster/Preuß/Renner/*Preuß* BeurkG § 39 Rn. 13 ff.

entgegenstehen.[330] Derartige Notarbestätigungen sind gutachterliche Äußerungen im Rahmen der betreuenden Amtstätigkeit nach § 24 BNotO.[331]

IX. Wechsel- und Scheckproteste

403   Der Wechsel- und Scheckprotest ist eine **Tatsachenbeurkundung.** Die gesetzliche Regelung findet sich in den Art. 43–54, 79–88 WG für den Wechselprotest und in den Art. 40–48 ScheckG für den Scheckprotest.[332]

404   Der **Scheckprotest** gemäß § 40 Nr. 1 ScheckG kommt äußerst selten vor. Der Nachweis der bezogenen Bank gemäß § 40 Nr. 2, Nr. 3 ScheckG reicht für den Rückgriff gegen Aussteller und Indossanten.

405   Häufiger ist der **Wechselprotest.** Bei Nichteinlösung des Wechsels durch den Bezogenen können Aussteller, Indossanten und Wechselbürgen nur dann in Rückgriff genommen werden, wenn ein Protestbeamter im Auftrag des Inhabers den Wechsel dem Bezogenen vorlegt, zur Zahlung auffordert und dies in einer Urkunde niederlegt **(Protest mangels Zahlung).** Protestbeamter ist der Notar und daneben in den meisten Bundesländern der Gerichtsvollzieher (§ 66 Abs. 1 Nr. 3 BeurkG).

406   Sonderformen sind der **Protest mangels Annahme** (der Bezogene verweigert die Annahme; Art. 21 ff., 44 WG) und der **Protest mangels Sichtbestätigung** (der Aussteller weigert sich bei einem Wechsel, der auf eine bestimmte Zeit nach Sicht lautet, die Sicht zu bestätigen; Art. 23, 25 Abs. 2, 78 Abs. 2 WG).

407   Die Protesturkunde enthält

(1) **Name des Wechselinhabers,** für den protestiert wird;

(2) Name dessen, gegen den protestiert wird **(Protestat);**

(3) **Ort der Protesterhebung.** Der Protest mangels Zahlung muss am Zahlungsort erhoben werden. Ist keine Zahlstelle angegeben, so sind das die Geschäftsräume des Protestgegners. Sind Geschäftsräume vorhanden, so kann hier der Protest erhoben werden, auch wenn der Protestgegner nicht anwesend ist, diese vorübergehend geschlossen sind oder dem Notar der Zutritt verweigert wird. Sind keine Geschäftsräume vorhanden, dann ist der Protest in der Wohnung zu erheben. Lässt sich auch die Wohnung nicht ermitteln, so besteht keine weitere Nachforschungspflicht (Art. 87 Abs. 3 WG).

Im Regelfall wird der Wechsel bei einem Kreditinstitut als **Zahlstelle** zahlbar gestellt (Art. 4, 24 WG). Der Wechsel ist vom Notar an der Zahlstelle vorzulegen. In diesem Fall reicht zur wirksamen Protesterhebung, dass der Wechsel einem berechtigten Vertreter der Zahlstelle vorgelegt wurde.

Diese Wechsel werden häufig aufgrund des **Wechseleinzugsabkommens** der Kreditinstitute vom 1. 10. 1977[333] eingezogen. Hier übergibt das Kreditinstitut, das den Wechsel zur Zahlung vorlegen will, den Wechsel dem als Zahlstelle angegebenen Kreditinstitut ohne Übertragung durch Indossament, sondern zum Einzug aufgrund Vollmacht. In der Protesturkunde aufzunehmen ist als Wechselinhaber das Kreditinstitut, das den Wechsel zum Einzug übersandt hat, und das den Wechsel zu Protest gebende Kreditinstitut als dessen Vertreter. Der Wechsel enthält den Aufdruck „Vollmacht gemäß Wechselabkommen". Dieser Aufdruck ist nicht unterzeichnet.

(4) **Tag der Protesterhebung.** Der Protest mangels Zahlung ist an einem der beiden auf den Zahlungstag folgenden Werktage (Art. 44 Abs. 3 WG), das heißt Montag bis Freitag (Art. 72 WG) in der Zeit von 9.00 bis 18.00 Uhr zu erheben. Für Sichtwechsel gilt Art. 34 WG.

(5) Tatsache der **Vorlegung des Wechsels** zur Zahlung oder zur Annahme.

---

[330] Vgl. Schreiben der BNotK v. 17. 2. 1999.
[331] BayObLG DNotZ 1971, 249.
[332] Eingehend Armbrüster/Preuß/Renner/*Eickelberg* DONot § 21 Rn. 1 ff.; *Becker* notar 2015, 387.
[333] DNotZ 1977, 744.

(6) Tatsache der **erfolglosen Aufforderung** zur Zahlung oder zur Annahme oder die Feststellung des Nichtantreffens oder der Nichtermittlung des Protestgegners. Wird die Wechselschuld beglichen, so ist die Zahlung entgegenzunehmen und die Zahlung auf dem Wechsel zu quittieren (Art. 84, 39 WG). Wird bei der Vorlage zur Annahme die Annahme erklärt, so ist sie auf den Wechsel zu setzen.

Die Protesturkunde ist vom Notar zu unterzeichnen und zu siegeln und ist mit dem **408** Wechsel zu verbinden. Die Verbindungsstelle ist zu siegeln. Eine beglaubigte Abschrift der Protesturkunde und ein Vermerkblatt über den Wechselinhalt verbleibt beim Notar und wird gesondert in der Protestsammelakte verwahrt (§ 20 DONot).

X. Genehmigung

Handelt ein Beteiligter für einen anderen ohne Vollmacht, deckt die Vollmacht das Ver- **409** tretergeschäft nicht oder will der Bevollmächtigte nicht aufgrund Vollmacht handeln, so kommt häufig nur **Handeln vorbehaltlich nachträglicher Genehmigung** des Vertretenen in Betracht.

Dies gilt insbesondere dann, wenn eine getrennte Beurkundung von Angebot und An- **410** nahme nicht gewünscht wird oder, wie bei der Erklärung der Auflassung, nicht zulässig ist. Das Rechtsgeschäft ist **schwebend unwirksam** und wird durch Genehmigung voll wirksam (§ 184 Abs. 2 BGB). Über das Erfordernis der Genehmigung bei Verkauf eines Grundstücks mit Auflassung durch den Nichtberechtigten und die Folgen bei Versagung der Genehmigung ist zu belehren.[334] Unterliegt die Vornahme des Geschäfts einer Frist (zB Annahme innerhalb der Laufzeit des Angebots), muss die Genehmigung innerhalb der Frist abgegeben werden. Bei Verweigerung der Genehmigung oder Nichterteilung innerhalb einer gesetzten Frist (§ 177 Abs. 2 BGB) ist das Rechtsgeschäft endgültig unwirksam. Vorbehaltlich Genehmigung sollte nur beurkundet werden, wenn diese atypische Form der Beurkundung vereinbart oder durch besondere Umstände gerechtfertigt ist.[335]

Die Genehmigung bedarf nicht der **Form** des zu genehmigenden Rechtsgeschäfts **411** (§ 182 Abs. 2 BGB). Dem Grundbuchamt ist sie jedoch in der Form des § 29 GBO nachzuweisen. Bedarf das Rechtsgeschäft gemäß § 311b BGB der notariellen Beurkundung, ist die Genehmigung nach hM formlos wirksam.[336]

Die Genehmigung ist eine **einseitige empfangsbedürftige Willenserklärung.** Sie **412** wird mit Zugang wirksam. In der Urkunde sollte sich der Notar bevollmächtigen lassen, die Genehmigung für den vollmachtlos Vertretenen entgegenzunehmen.

Formulierungsbeispiel: Nachgenehmigung	**413**
Hier handelnd vorbehaltlich Genehmigung, die mit ihrem Zugang beim Notar allen Beteiligten als mitgeteilt gelten und wirksam sein soll.	↻

Bei der Beurkundung von **Verbraucherverträgen** vorbehaltlich Genehmigung des **414** Verbrauchers sind die besonderen Verfahrenssicherungen nach § 17 Abs. 2a BeurkG zu beachten.

F. Die vollstreckbare Urkunde

Schrifttum:
Monographien: *Wolfsteiner,* Die vollstreckbare Urkunde, 4. Aufl. 2019.
Aufsätze: *Winkler,* Die vollstreckbare Ausfertigung in der notariellen Praxis, RNotZ 2019, 117.

---

[334] BGH DNotZ 1997, 62.
[335] BayObLG NJW-RR 1993, 1429; vgl. Abschnitt II. der Richtlinenempfehlungen der BNotK.
[336] Vgl. MüKoBGB/*Kanzleiter* BGB § 311b Rn. 39.

I. Vorbemerkung

415　Aus **notariellen Urkunden** kann die Zwangsvollstreckung betrieben werden, sofern die Urkunde über einen Anspruch errichtet ist, der einer vergleichsweisen Regelung zugänglich, nicht auf Abgabe einer Willenserklärung gerichtet ist, nicht den Bestand eines Mietverhältnisses über Wohnraum betrifft und der Schuldner sich der sofortigen Zwangsvollstreckung unterworfen hat (§ 794 Abs. 1 Nr. 5 ZPO).[337]

416　　Der Eigentümer kann sich in Ansehung einer Hypothek, Grund- oder Rentenschuld der sofortigen Zwangsvollstreckung in der Weise unterwerfen, dass die Zwangsvollstreckung aus der Urkunde gegen den jeweiligen Eigentümer zulässig sein soll (§ 800 ZPO). **Unterwerfungsfähig** sind im Grundsatz alle Ansprüche auf Handeln, Dulden oder Unterlassen, die auch Gegenstand einer Leistungsklage sein können.[338]

417　　Gemäß § 796c Abs. 1 ZPO kann ein **Anwaltsvergleich** mit Zustimmung der Parteien von einem Notar, der seinen Amtssitz im Bezirk eines nach § 796a Abs. 1 ZPO zuständigen Gerichts hat, in Verwahrung genommen und für vollstreckbar erklärt werden. Dazu muss der Vergleich eine Unterwerfungserklärung des Schuldners enthalten und mit einem Datum versehen sein.[339] Aus § 794 Abs. 1 Nr. 4b ZPO ergibt sich jedoch, dass Vollstreckungstitel gerade nicht der Anwaltsvergleich sondern der gerichtliche bzw. notarielle Beschluss über die Vollstreckbarerklärung ist.

418　　Daneben besteht die Möglichkeit, einen **Schiedsspruch** gemäß § 1053 Abs. 4 ZPO durch den Notar für vollstreckbar erklären zu lassen. Das Verfahren der Vollstreckbarerklärung richtet sich im Wesentlichen nach dem Verfahren zum vollstreckbaren Anwaltsvergleich.[340]

419　　Als prozessuale Erklärung kann die Unterwerfungserklärung auch von einem **Bevollmächtigten** abgegeben werden.[341] Der Notar hat sich spätestens vor Erteilung der vollstreckbaren Ausfertigung die Vollmacht in öffentlich bzw. öffentlich beglaubigter Form vorlegen zu lassen, sofern diese nicht bei der Beurkundung bereits vorlag.[342] Umstritten ist die Frage, ob die Unterwerfungserklärung auch durch einen Nichtberechtigten mit anschließender Heilungsmöglichkeit abgegeben werden kann.[343]

II. Zuständigkeit

420　Zuständig zur Erteilung der vollstreckbaren Ausfertigung ist der Notar für die von ihm verwahrten vollstreckbaren Urkunden (§ 797 Abs. 2 ZPO). Dies ist der **Notar, der die Urkunde errichtet hat** (§§ 52, 48 BeurkG), bzw. die die Urkunde **verwahrende Stelle,** im hauptberuflichen Notariat in der Regel der Amtsnachfolger, im Bereich des Anwaltsnotariats in der Regel das für den Amtssitz zuständige Amtsgericht.

421　　Für die Vollstreckung im **europäischen Ausland** gilt seit der EuVTVO (Verordnung EG Nr. 805/2004) eine erleichterte grenzüberschreitende Vollstreckung aus notariellen Urkunden.[344]

422　　Hat der Erwerber eines Grundstücks in dem Veräußerungsvertrag die dinglich gesicherte Verbindlichkeit des Veräußerers durch **Schuldübernahme** übernommen, gilt Folgendes: Die vollstreckbare Urkunde für den dinglichen Anspruch gemäß § 800 ZPO aus dem Grundpfandrecht muss durch den Notar erteilt werden, der die Grundpfandrechtsbestellung beurkundet hat. Hinsichtlich des dinglichen Anspruchs kann nur von ihm die Voll-

---

[337] Zur Vollstreckbarerklärung ausländischer notarieller Urkunden und zum Europäischen Vollstreckungstitel für unbestrittene Forderungen s. Armbrüster/Preuß/Renner/*Preuß* BeurkG § 52 Rn. 84 ff.

[338] *Wolfsteiner* DNotZ 1999, 306 (310); ausf. zu Problemen und Grenzen der Vollstreckungsunterwerfung *v. Rintelen* RNotZ 2001, 3.

[339] Ausführlich *Winkler* BeurkG § 52 Rn. 81 ff.

[340] BT-Drs. 13/5274, 55.

[341] BGH DNotZ 2008, 840; NJW 2003, 1594.

[342] Ausführlich *Winkler* BeurkG § 52 Rn. 36 mwN.

[343] Vgl. Eylmann/Vaasen/*Limmer* BeurkG § 52 Rn. 6a.

[344] S. dazu Armbrüster/Preuß/Renner/*Preuß* BeurkG § 52 Rn. 87.

streckungsklausel auf den Sonderrechtsnachfolger umgeschrieben werden. Hat sich der Veräußerer hinsichtlich der persönlichen Haftung der sofortigen Zwangsvollstreckung übernommen, so ist eine Umschreibung der Klausel gegen den Schuldübernehmer durch den Notar nur möglich, wenn der Gläubiger den Nachweis der Genehmigung zur Schuldübernahme in öffentlich beglaubigter Form führt. Um diese Schwierigkeiten zu vermeiden, wird im Veräußerungsvertrag vom Schuldübernehmer üblicherweise ein Schuldanerkenntnis mit erneuter Vollstreckungsunterwerfung abgegeben. In diesem Fall ist zur Erteilung der vollstreckbaren Ausfertigung ausschließlich der Notar zuständig, der den Veräußerungsvertrag errichtet hat.

III. Unterwerfungserklärung

1. Inhalt. Voraussetzung für die Erteilung einer vollstreckbaren Ausfertigung ist die **Un-** 423 **terwerfung unter die sofortige Zwangsvollstreckung zu notarieller Urkunde** hinsichtlich eines bestimmten zu bezeichnenden Anspruchs. Der praktisch häufigste Fall ist, dass sich der Schuldner hinsichtlich eines bestimmten, in der Urkunde niedergelegten Zahlungsanspruchs der sofortigen Zwangsvollstreckung unterwirft. Auch ein abstraktes Schuldversprechen mit Unterwerfung unter die sofortige Zwangsvollstreckung ist ein, insbesondere bei Grundpfandrechtsbestellungen, zulässiges und übliches Sicherungsmittel des Gläubigers.[345]

Die **Beurkundung** kann in jeder für die Beurkundung von Willenserklärungen beur- 424 kundungsrechtlich zulässigen Form erfolgen. Die Unterwerfungserklärung kann auch in einer Anlage enthalten sein, auf die nach § 9 Abs. 1 S. 2 BeurkG oder § 13a BeurkG verwiesen ist.[346] Beurkundungspflichtig ist nur die Unterwerfungserklärung selbst, nicht auch andere Erklärungen, auf die sich die Unterwerfungserklärung bezieht, insbesondere nicht der Schuldgrund.[347] Möglich und zulässig ist damit die Unterwerfung unter die Zwangsvollstreckung hinsichtlich eines Anspruchs, der in einer Privaturkunde begründet ist. Zur Erteilung einer vollstreckbaren Ausfertigung ist es dann nötig, die Privaturkunde in der Form einer Anlage aufzunehmen.[348]

Die Zwangsvollstreckungsunterwerfung verlängert die **Verjährungsfrist** gemäß § 197 425 BGB auf 30 Jahre, soweit in der Unterwerfungserklärung keine Fristverkürzung aufgenommen ist.

Besondere Gefahren für den Schuldner können entstehen, wenn er in der üblichen 426 Formulierung auf den Nachweis aller Voraussetzungen für die Erteilung der vollstreckbaren Ausfertigung verzichtet.[349] Der Gläubiger hat damit die Möglichkeit, zu einem Zeitpunkt zu vollstrecken, in dem er einen vollstreckbaren Titel mangels Fälligkeit oder des Eintritts sonstiger Tatsachen nicht erreichen würde. Nach Ansicht der Rechtsprechung sind solche **Nachweisverzichtsklauseln** im Rahmen von Grundschulden und Schuldanerkenntnissen unproblematisch.[350] Dies gilt nach herrschender Ansicht auch nach der Neufassung von § 1193 BGB.[351] Nach Ansicht des BGH ist die Unterwerfungserklärung jedoch in einem **Bauträgervertrag** unwirksam, wenn diese mit einem (formularmäßigen) vollständigen Nachweisverzicht hinsichtlich der Fälligkeit der Zahlungen einhergeht.[352] Nicht anders zu beurteilen ist die Lage, wenn bei einem teilweisen Nachweisverzicht allein die Darlegung der die Fälligkeit begründenden Umstände durch den

---

[345] BGH DNotZ 1980, 307 (310).
[346] Armbrüster/Preuß/Renner/*Preuß* BeurkG § 52 Rn. 10.
[347] BGHZ 73, 156.
[348] Zur Frage der Beurkundung eines Mietvertrags wegen Zwangsvollstreckungsunterwerfung DNotI-Report 1999, 9.
[349] Vgl. eingehend *Winkler* RNotZ 2019, 117 (124 f.).
[350] Vgl. grundlegend BGH DNotZ 2009, 103 (106).
[351] Eingehend *Winkler* BeurkG § 52 Rn. 46 f.; MüKoBGB/*Lieder* BGB § 1193 Rn. 10 mwN; → § 6 Rn. 30.
[352] BGH DNotZ 1999, 53.

Bauträger selbst oder eine in seinem Lager stehende Person ausreichen und daraufhin die vollstreckbare Ausfertigung erteilt werden soll.[353] Das Gleiche gilt bei formularmäßiger Unterwerfung in Werkverträgen.[354]

427   Die Ermächtigung zur Erteilung einer vollstreckbaren Ausfertigung kann ab Aushändigung einer Ausfertigung der Urkunde an die Gläubiger nicht mehr widerrufen werden.[355]

428   **Formulierungsbeispiel: Vollstreckbare Ausfertigung – Erteilung**

Ü   Der Notar ist berechtigt, jederzeit ohne Nachweis der Fälligkeit oder sonstiger Tatsachen eine vollstreckbare Ausfertigung zu erteilen.

429   Vorsorglich sollte in notarielle Urkunden eine Unterwerfung unter die sofortige Zwangsvollstreckung nur dann aufgenommen werden, wenn der einzeln vollstreckbar zu stellende **Anspruch konkret bezeichnet** wird. Eine pauschale Unterwerfung birgt die Gefahr, dass dieser nicht ausreichend genau bezeichnet iSd § 794 Abs. 1 Nr. 5 ZPO ist.[356] Eine Klausel, mit der sich der Schuldner pauschal wegen etwaiger Verpflichtungen zur Zahlung bestimmter Geldsummen aus der Urkunde der Zwangsvollstreckung unterwirft, genügt nicht.[357]

430   Für jeden Anspruch sollte bei Gestaltung der Urkunde überprüft werden, von welchen **Voraussetzungen** die Erteilung der vollstreckbaren Ausfertigung abhängt. Handelt es sich um Umstände, die sich bei Erteilung der vollstreckbaren Ausfertigung durch öffentliche oder öffentlich beglaubigte Urkunden nachweisen lassen (§ 726 ZPO) oder die offenkundig sein werden, so besteht kein Anlass, einen Verzicht auf Nachweis der die Entstehung und Fälligkeit begründenden Tatsachen vorzuschlagen.[358] Dies gilt insbesondere, wenn es sich um Umstände handelt, deren Prüfung nicht dem Notar, sondern dem Vollstreckungsorgan obliegt (datumsmäßige Fälligkeit nach § 751 ZPO; Zug-um-Zug-Leistung nach § 756 ZPO).

431   Die **Unterwerfungserklärung** muss enthalten den zu vollstreckenden Anspruch, das heißt Angabe des Gläubigers, des Schuldners und des Anspruchs. Weiter erforderlich ist die Erklärung, dass sich der Schuldner der sofortigen Zwangsvollstreckung wegen des Anspruchs unterwirft. Die häufig gebrauchte Formulierung „in das gesamte Vermögen" ist überflüssig und nach der Neufassung des § 794 Abs. 1 Nr. 5 ZPO bei anderen Ansprüchen als Zahlungsansprüchen unrichtig.

432   Weiter sind anzugeben die **Umstände, von denen die Vollstreckung abhängig** sein soll (vgl. § 726 ZPO). Soweit der Anspruch rechtswirksam ist, stehen die Vollstreckbarkeitsbedingungen zur Disposition des Schuldners. Er kann erklären, dass er auf den Nachweis einzelner Entstehungs- oder Fälligkeitsvoraussetzungen verzichtet. Er kann auch zusätzliche Vollstreckungshindernisse erklären, zB, dass die Zwangsvollstreckung erst nach Ablauf eines bestimmten Zeitraums nach Zustellung des Schuldtitels beginnen darf.

433   Die Vollstreckungsunterwerfung kann auch **gegenständlich beschränkt** erklärt werden.[359]

434   **2. Sonderfälle.** Werden **Angebot und Annahme** eines Kaufvertrags **in getrennten Urkunden** erklärt, gilt Folgendes:
(1) Hat der Verkäufer das Angebot mit Unterwerfung unter die sofortige Zwangsvollstreckung hinsichtlich der Kaufpreisschuld des Käufers erklärt und der Käufer das Ange-

---

[353] OLG München DNotZ 2010, 42; Eylmann/Vaasen/*Limmer* BeurkG § 52 Rn. 8.
[354] BGH DNotZ 2002, 878; Armbrüster/Preuß/Renner/*Preuß* BeurkG § 52 Rn. 42.
[355] BayObLGZ 2003, 847.
[356] Zu den Anforderungen an die Bestimmtheit eines in notarieller Urkunde begründeten Vollstreckungstitels BGH DNotZ 1999, 37.
[357] BGH DNotZ 2015, 417.
[358] Eingehend zu den Voraussetzungen nach § 726 ZPO *Winkler* RNotZ 2019, 117 (125).
[359] Für Betriebsvermögen vgl. DNotI-Report 2000, 1; vgl. *v. Rintelen* RNotZ 2001, 2 (19).

bot angenommen, so kann gegen den Käufer keine vollstreckbare Ausfertigung erteilt werden, da sich die Annahme nur auf materiell rechtliche Vertragsbestandteile, nicht aber auf eine Prozesshandlung beziehen kann. Die Unterwerfung unter die sofortige Zwangsvollstreckung muss in der Annahmeurkunde vom Annehmenden selbst erklärt werden.[360]

(2) Gibt der Käufer das Angebot zum Abschluss des Kaufvertrags ab und erklärt er in dieser Angebotsurkunde die Unterwerfung unter die sofortige Zwangsvollstreckung wegen der Verpflichtung zur Zahlung des Kaufpreises, darf der Notar, der das Angebot beurkundet hat, die vollstreckbare Ausfertigung erteilen, wenn ihm die Annahme des Angebots nachgewiesen ist (§§ 726, 795 ZPO).

Übt bei einem Kaufvertrag der Vorkaufsberechtigte das **Vorkaufsrecht** aus, so kann aus **435** der im ursprünglichen Kaufvertrag enthaltenen Unterwerfung unter die sofortige Zwangsvollstreckung eine vollstreckbare Ausfertigung gegen den Vorkaufsberechtigten nicht erteilt werden. Als Prozesshandlung muss die Unterwerfungserklärung vom Vorkaufsberechtigten neu erklärt werden.

Zur Zwangsvollstreckungsunterwerfung bei **Eigentümergrundschulden** → § 6 **436** Rn. 104 f.[361]

3. Dingliche Unterwerfungserklärung (§ 800 ZPO). Gemäß § 800 Abs. 1 S. 1 ZPO **437** kann sich der Eigentümer in Ansehung eines Grundpfandrechts der sofortigen Zwangsvollstreckung in der Weise unterwerfen, dass die Zwangsvollstreckung **gegen den jeweiligen Eigentümer** zulässig sein soll. Die Unterwerfung bedarf in diesem Fall der Eintragung in das Grundbuch. Der Vorteil der dinglichen Unterwerfungserklärung gemäß § 800 ZPO liegt darin, dass die vollstreckbare Ausfertigung in einem einfachen Verfahren gegen den Sonderrechtsnachfolger umgeschrieben werden kann und die Zwangsvollstreckung gegen den Sonderrechtsnachfolger nicht der Zustellung der den Eigentumserwerb nachweisenden Urkunden bedarf.

IV. Inhalt der vollstreckbaren Urkunde

1. Anspruch. a) Bezeichnung und Bestimmtheit. Der Schuldner muss sich in der **438** vollstreckbaren Urkunde der sofortigen Zwangsvollstreckung wegen eines bestimmten Anspruchs unterworfen haben, der nicht auf Abgabe einer Willenserklärung gerichtet ist und der nicht den Bestand eines Mietverhältnisses betrifft. Aus der Unterwerfungserklärung muss zum einen bestimmt hervorgehen, wegen welchen konkreten Anspruchs die Unterwerfung erklärt wird (**„Bezeichnung"**), und der Inhalt des betroffenen Anspruchs muss entsprechend den bisher geltenden Grundsätzen bestimmt sein (**„Bestimmtheit"**). Der Inhalt des zu vollstreckenden Anspruchs im prozessualen Sinn ist so zu bezeichnen, dass er unmittelbar der Zwangsvollstreckung zugänglich ist. Zumindest muss er so bestimmbar sein, dass er im Verfahren der Erteilung der Vollstreckungsklausel inhaltlich in einer für die Zwangsvollstreckung erforderlichen Genauigkeit bestimmt werden kann.[362] Eine pauschale Unterwerfung „wegen aller in dieser Urkunde enthaltenen, der Zwangsvollstreckung zugänglichen Ansprüche" reicht hierfür nicht.[363]

b) Zahlungsansprüche. Die vollstreckbare Urkunde ist zunächst für die Vollstreckung **439** von Geldforderungen ein tauglicher Titel. Das gilt auch für die Verpflichtung zur Zahlung von Unterhalt gegenüber einem Minderjährigen in Höhe des jeweiligen Regelsatzes gemäß § 1612a BGB. Ansprüche auf **Zahlung einer bestimmten Geldsumme** müssen

---

[360] Eingehend *Winkler* BeurkG § 13a Rn. 23a, 99a; vgl. auch Armbrüster/Preuß/Renner/*Preuß* BeurkG § 52 Rn. 11.
[361] S. auch DNotI-Report 2001, 37.
[362] *Wolfsteiner* DNotZ 1999, 306 (318).
[363] BGH DNotZ 2015, 417; DNotZ 2013, 120.

ziffernmäßig bestimmt sein oder sich aus der Urkunde ohne Schwierigkeiten errechnen lassen.[364] Dagegen darf die Forderung bedingt, befristet oder künftig sein. Es genügt, wenn die Bestimmbarkeit mit Hilfe offenkundiger, insbesondere aus dem Bundesgesetzblatt oder dem Grundbuch ersichtlicher Umstände möglich ist.[365]

440 Bei einem **Teilflächenverkauf** kann die Unterwerfungserklärung hinsichtlich des vorläufigen Kaufpreises, nicht aber hinsichtlich des tatsächlichen Kaufpreises, nach künftiger Vermessung erklärt werden. Zur Vollstreckungsunterwerfung hinsichtlich von **Verzugszinsen** → § 1 Rn. 250.

441 Möglich sind Zwangsvollstreckungsunterwerfung wegen bestimmter **Dauerleistungen,** wie Renten, Raten, Mieten und wegen Zinsforderungen, falls der Zinsbeginn in der Urkunde festgelegt ist. Bei einer Veränderbarkeit des Zahlungsanspruchs aufgrund von Wertsicherungsklauseln oder einer Abänderbarkeit als dauernde Last (§ 323 ZPO) kann man sich dadurch behelfen, dass hinsichtlich des Ausgangsbetrags die Unterwerfung unter die sofortige Zwangsvollstreckung erklärt wird mit der Verpflichtung, sich wegen der jeweiligen Erhöhungsbeträge gesondert der Zwangsvollstreckung zu unterwerfen.[366]

442 **c) Ansprüche auf Herausgabe, Übergabe, Lieferung.** Ansprüche auf Herausgabe und Übergabe von Sachen sind ebenfalls unterwerfungsfähig. Im Immobiliarkaufrecht sind somit insbesondere die Ansprüche auf Verschaffung des unmittelbaren Besitzes, Übergabe und Räumung der Zwangsvollstreckungsunterwerfung zugänglich. Zu beachten ist dabei möglicher Mitbesitz.[367]

443 Ausgeschlossen sind hiervon Ansprüche, die den **„Bestand eines Mietverhältnisses über Wohnraum"** betreffen. Dies sind Räumungs- und Herausgabeansprüche gegen den Mieter von Wohnraum gleich aus welchem Rechtsgrund. Nicht davon erfasst sind Gewerbemietverträge und Nutzungen des Verkäufers als Eigenbesitzer über den Tag des Besitzübergangs hinaus gegen Nutzungsentgelt.[368] Umstritten ist dies in Fällen von gemischten Mietverhältnissen, bei denen die gewerbliche Nutzung die Nutzung zu Wohnzwecken lediglich überwiegt.[369] Unterwerfungsfähig bleibt aber der Mietzinsanspruch als Zahlungsanspruch.

444 Hängt der Anspruch auf Besitzübergabe von weiteren Tatsachen (zB Zahlung des Kaufpreises) ab, so muss dies durch öffentliche oder öffentlich beglaubigte Urkunden nachgewiesen werden (§ 726 Abs. 1 ZPO) oder ein Nachweisverzicht oder eine entsprechende Beweiserleichterung vorgesehen werden.

445 **Formulierungsbeispiel: Vollstreckungsunterwerfung Räumung/Übergabe**

Wegen des vorstehenden Anspruchs auf Räumung und Übergabe des unmittelbaren Besitzes Zug um Zug gegen Zahlung des Kaufpreises unterwirft sich der Verkäufer der sofortigen Zwangsvollstreckung aus dieser Urkunde. Der Notar ist berechtigt, vollstreckbare Ausfertigung dieser Urkunde hinsichtlich des vorstehenden Anspruchs dem Käufer zu erteilen ohne Nachweis der Fälligkeit des Anspruchs oder sonstiger Tatsachen.

446 **d) Bau- und Werkleistungen, Unterlassungen.** Unterwerfungsfähig sind auch Ansprüche auf Werk- oder Bauleistungen, vorausgesetzt, diese Ansprüche sind nach Gegenstand und Leistungszeitpunkt ausreichend konkretisiert. Dies gilt auch für den Bauträgervertrag

---

[364] BGH NJW 2006, 695 (697); DNotZ 2001, 379 (380).
[365] BGH WM 1981, 189; DNotI-Report 1995, 45; zur Bestimmtheit von Zinsansprüchen BGH DNotZ 2001, 379 mAnm *Wolfsteiner* DNotZ 2001, 696.
[366] Zur Zwangsvollstreckungsklausel bei Wertsicherungen ausführlich DNotI-Report 1996, 1; zum Thema Wertsicherungsklauseln und Bestimmtheitsgrundsatz s. *Winkler* BeurkG § 52 Rn. 31 f.
[367] Vgl. BGH NJW 2008, 1958.
[368] *Wolfsteiner* DNotZ 1999, 306 (316).
[369] Vgl. *Winkler* BeurkG § 52 Rn. 20 mwN: entscheidend ist der überwiegende Charakter; andererseits OLG Oldenburg NJW 2015, 709: Klärung muss Erkenntnisverfahren vorbehalten bleiben.

hinsichtlich der Erstellung, samt Nachbesserung von baulichen Leistungen. Die Vollstreckung erfolgt durch Ersatzvornahme oder Zwangsgeld nach §§ 887, 888 ZPO. Dies kann bei Eigentumswohnanlagen dahingehend modifiziert werden, dass die Vollstreckungsbefugnis dem Verwalter als Prozessstandschafter zusteht.[370] Auch Unterlassungsansprüche insbesondere aus Unterlassungs- und Duldungsdienstbarkeiten sind unterwerfungsfähig. Die Durchsetzung erfolgt dann über § 890 ZPO.

e) Willenserklärungen. Ansprüche auf Abgabe von Willenserklärungen sind nicht unterwerfungsfähig (§ 794 Abs. 1 Nr. 5 ZPO). 447

2. Schuldner. Der Schuldner muss partei- und prozessfähig sein. Handelt ein gesetzlicher 448 Vertreter, so bedarf die Zwangsvollstreckungsunterwerfungserklärung keiner Genehmigung des Familiengerichts. Bedarf jedoch die Urkunde selbst wegen des Anspruchs der Genehmigung des Familiengerichts, sollte die Vollstreckungsklausel erst erteilt werden, wenn die familiengerichtliche Genehmigung und deren Wirksamkeit nachgewiesen ist. Ebenso sollte bei Handeln eines Vertreters vorbehaltlich Genehmigung die vollstreckbare Ausfertigung erst erteilt werden, wenn die Genehmigung in der Form des § 726 ZPO nachgewiesen ist.[371] Mehrere Schuldner können sich gesamtschuldnerisch der Zwangsvollstreckung unterwerfen. Dies ist ausdrücklich klarzustellen. Bei Gütergemeinschaft genügt gemäß § 740 Abs. 1 ZPO zur Vollstreckung in das Gesamtgut die Unterwerfung durch den alleinverwaltenden Ehegatten. Sind die Ehegatten gemeinsam verwaltungsberechtigt, bedarf es der Unterwerfungserklärung beider Ehegatten (§ 740 Abs. 2 ZPO).

3. Gläubiger. Der Gläubiger muss als Inhaber des Anspruchs rechts- und parteifähig sein. 449 Weiter muss der Gläubiger bei der Beurkundung der Unterwerfungserklärung bereits feststehen oder bestimmbar sein.

V. Vollstreckbare Ausfertigung

Die vollstreckbare Ausfertigung besteht aus der einfachen Ausfertigung der Urkunde mit 450 **Vollstreckungsklausel** (§§ 724, 725 ZPO). Ob der Anspruch auf Erteilung der vollstreckbaren Ausfertigung iSv § 724 Abs. 1 ZPO sowohl den Anspruch auf Erteilung der Vollstreckungsklausel als auch den Anspruch auf Erteilung der Ausfertigung, mit der die Vollstreckungsklausel zu versehen ist, enthält, ist umstritten.[372]

Der Notar darf nur **eine vollstreckbare Ausfertigung** erteilen. Dies gilt auch für den 451 Fall, dass sich mehrere als Gesamtschuldner der Vollstreckung unterworfen haben oder wenn die Klausel auf den Rechtsnachfolger umgeschrieben wird. Von einer vollstreckbaren Urkunde können jedoch mehrere vollstreckbare Ausfertigungen über rangmäßig gegeneinander abgegrenzte Teilbeträge erstellt werden. Die Vollstreckungsklausel wird auf (formlosen) **Antrag** erteilt. Die Erteilung der Vollstreckungsklausel ist ein Hoheitsakt.[373]

Die Prüfungspflicht des Notars vor Erteilung der Klausel beschränkt sich grundsätzlich 452 nur auf die formellen Vollstreckungsvoraussetzungen, also Antrag, Titel und Vollstreckungsreife. Das Bestehen des zugrunde liegenden Anspruchs und die damit verbundenen materiell-rechtlichen Fragestellungen hat der Notar grundsätzlich nicht zu prüfen.[374] Bei der **Erteilung der vollstreckbaren Ausfertigung** hat der Notar also zu prüfen, ob die formell zwingenden Voraussetzungen für die Erteilung der Vollstreckungsklausel gegeben sind. Hierzu gehören

---

[370] Vgl. BGH NJW 1981, 1841.
[371] *Winkler* BeurkG § 52 Rn. 36.
[372] Vgl. eingehend BeckOGK/*Regler* BeurkG § 52 Rn. 5.
[373] Vgl. *Winkler* RNotZ 2019, 117 (119).
[374] BGH DNotZ 2009, 935 (937).

- das Vorliegen einer wirksamen Unterwerfungserklärung;
- das Vorliegen unverzichtbarer Genehmigungen;
- das Vorliegen von Vollstreckbarkeitsbedingungen iSd § 726 ZPO.

453   Besteht offenkundig der materielle Anspruch nicht, kann die Erteilung einer vollstreckbaren Ausfertigung abgelehnt werden;[375] umgekehrt kann bei **Vorliegen der formellen Voraussetzungen** die Erteilung nur verweigert werden, wenn zweifelsfrei feststeht, dass der titulierte Anspruch nicht besteht.[376] Demgegenüber ist bei substantiiertem Bestreiten des Gläubigers, dass der Anspruch erloschen sei, eine vollstreckbare Ausfertigung zu erteilen und der Schuldner ist auf das Rechtsmittel der Vollstreckungsabwehrklage zu verweisen.[377] Auch einem Dritten (Sozialhilfeträger), der die Überleitung von Ansprüchen nachweist, ist eine vollstreckbare Ausfertigung zu erteilen.[378]

454   Erteilt der Notar unzulässig eine vollstreckbare Ausfertigung, so haftet er trotz Verletzung seiner Amtspflicht nicht gemäß § 19 Abs. 1 S. 3 BNotO, weil Einwendungen gegen die Zulässigkeit der erteilten Klausel gemäß § 732 ZPO geltend gemacht werden können.[379]

455   Eine **weitere vollstreckbare Ausfertigung** kann der Notar grundsätzlich erst nach Rückgabe der ersten vollstreckbaren Ausfertigung erteilen. Besteht ein Rechtsschutzbedürfnis für die Erteilung einer zusätzlichen vollstreckbaren Ausfertigung, so entscheidet er hierüber seit 1.9.2013 selbst (§§ 797 Abs. 3 S. 2, 733 ZPO).[380] Die weitere vollstreckbare Ausfertigung ist als solche ausdrücklich zu bezeichnen (§ 733 Abs. 3 ZPO).[381]

456   Die **Vollstreckungsklausel** wird der Urkunde am Schluss beigefügt, ist vom Notar zu unterschreiben und mit dem Siegel zu versehen (§§ 795, 725 ZPO).

VI. Klauselumschreibung

457   Die vollstreckbare Ausfertigung kann für und gegen einen **Gesamtrechtsnachfolger** erteilt werden. Gesamtrechtsnachfolger sind zB der Erbe, die neue Gesellschaft nach Umwandlung, der Gesellschafter einer Personengesellschaft, der im Wege der Anwachsung die Anteile der ausscheidenden Gesellschafter erworben hat, und der Ehegatte bei Begründung der Gütergemeinschaft. Hierzu gehören auch der Nacherbe und der Testamentsvollstrecker nach § 728 ZPO und der Vermögens- und Firmenübernehmer nach § 729 ZPO. Bei beschränkter Haftung mit Sondervermögen ist dies in der Vollstreckungsklausel auszudrücken.[382]

458   **Formulierungsbeispiel: Klauselumschreibung Gesamtrechtsnachfolger**

Die Herren A und B sind Erben des am *** verstorbenen Herrn C. Dies ist nachgewiesen durch Vorlage einer Ausfertigung des Erbscheins, der dieser Urkunde in beglaubigter Abschrift beigefügt ist.

Vorstehende, mit der Urschrift übereinstimmende Ausfertigung wird Herrn A und Herrn B als den Erben des Herrn C zum Zweck der Zwangsvollstreckung in dinglicher und persönlicher Weise gegen den Schuldner S in der Weise erteilt, dass jeder der Gläubiger die Zwangsvollstreckung betreiben kann mit der Maßgabe, dass die Leistung an die Erben gemeinschaftlich erfolgt.

---

[375] BayObLG DNotZ 1998, 194; OLG München DNotZ 2006, 204; vgl. eingehend *Winkler* RNotZ 2019, 117 (121).
[376] BayObLG DNotZ 2000, 368.
[377] OLG Frankfurt a.M. DNotI-Report 1997, 119.
[378] DNotI-Report 2002, 75.
[379] OLG Düsseldorf DNotI-Report 1997, 40.
[380] Ausführlich zu Voraussetzungen und Verfahren *Winkler* RNotZ 2019, 117 (136 ff.).
[381] Zur Anfechtbarkeit der Erteilung einer weiteren vollstreckbaren Ausfertigung OLG Köln DNotZ 2007, 218.
[382] Ausführlich zu den einzelnen Beispielen *Winkler* RNotZ 2019, 117 (131 ff.).

Bei der Umschreibung der Vollstreckungsklausel auf den **Insolvenzverwalter** des 459
Schuldners kommt wegen des Verbots der Einzelzwangsvollstreckung nur eine Umschreibung in dinglicher Hinsicht in Betracht.[383] Nunmehr hat der BGH[384] entschieden, dass es
andererseits für den Nachweis der Freigabe eines Grundstücks aus dem Insolvenzbeschlag
ausreicht, wenn der Insolvenzvermerk im Grundbuch gelöscht ist und damit die Umschreibung einer noch gegen den Insolvenzverwalter lautenden Vollstreckungsklausel erfolgen kann. Diese Entscheidung sollte dem Notar die Prüfung der Voraussetzungen einer
Klauselumschreibung im Zusammenhang mit einem Insolvenzvermerk deutlich erleichtern.

Bei **Sonderrechtsnachfolger auf der Gläubigerseite** kann die Vollstreckungsklausel 460
für den Rechtsnachfolger erteilt werden. Handelt es sich um ein im Grundbuch eingetragenes dingliches Recht, so ist die Rechtsnachfolge mit Eintragung im Grundbuch nachgewiesen (§ 799 ZPO). Die Grundbucheintragung weist jedoch nur die dingliche Rechtslage nach. Hatte der Schuldner die persönliche Haftung übernommen und sich insoweit
der sofortigen Zwangsvollstreckung unterworfen, so muss der neue Gläubiger durch öffentliche oder öffentlich beglaubigte Urkunde nachweisen, dass er auch insoweit Sonderrechtsnachfolger geworden ist. Der Notar muss sich in diesen Fällen vom Gläubiger durch
Vorlage der beglaubigten Abtretungserklärung nachweisen lassen, dass auch die Ansprüche
aus einem abgegebenen Schuldanerkenntnis mit abgetreten wurden. Der Wechsel der Zuordnung einer titulierten Forderung zum Geschäftsbetrieb einer bestimmten Zweigniederlassung einer Bank begründet keine Rechtsnachfolge iSd § 727 Abs. 1 ZPO.[385]

Nach einer Entscheidung des BGH[386] war im Klauselerteilungsverfahren zu prüfen, ob 461
der Zessionar einer Sicherungsgrundschuld in den Sicherungsvertrag eingetreten ist. Damit war eine erhebliche Erweiterung der notariellen Prüfungspflicht verbunden. Mit einer
weiteren Entscheidung[387] wurde jedoch klargestellt, dass sich die Rechtsnachfolge in das
Grundpfandrecht nur nach der materiell-rechtlichen Inhaberschaft bestimmt. Der (wirksame) Eintritt in den Sicherungsvertrag kann nur Vollstreckbarkeitsbedingung iSd § 726
ZPO sein. Für die notarielle Prüfung im Klauselerteilungsverfahren bleibt damit alles
beim Alten.[388] Wenn die Rechtsnachfolge durch öffentliche oder öffentlich-beglaubigte
Urkunden nachgewiesen ist, ist die Vollstreckungsklausel zu erteilen.

Formulierungsbeispiel: Klauselumschreibung Sonderrechtsnachfolger (Gläubiger) 462

Aufgrund Einsicht in das Grundbuch des Amtsgerichts von *** stelle ich fest, dass die 🖰
vorstehende Grundschuld von der bisherigen Gläubigerin A-Bank an die B-Bank mit
Zinsen seit dem *** abgetreten wurde. Die B-Bank ist als Gläubigerin eingetragen.

Gemäß amtlicher Abtretungserklärung vom ***, UR-Nr. *** wurden von der A-Bank
an die B-Bank alle Ansprüche aus dem in dieser Urkunde enthaltenen Schuldanerkenntnis samt Zinsen seit dem *** abgetreten. Beglaubigte Abschrift der gesiegelten Abtretungserklärung ist dieser Ausfertigung beigefügt.

Vorstehende, mit der Urschrift übereinstimmende Ausfertigung wird der B-Bank zum
Zweck der Zwangsvollstreckung in persönlicher und dinglicher Hinsicht gegen Herrn X
auf Ansuchen erteilt, in Ansehung der Grundschuldzinsen und in Ansehung der Zinsen
aus dem persönlichen Schuldanerkenntnis nur für die ab dem *** laufenden Zinsen.

Bei **Sonderrechtsnachfolge auf der Schuldnerseite** kommt regelmäßig nur eine 463
Klauselumschreibung in dinglicher Hinsicht in Betracht. Hat sich der Schuldner hinsicht-

---

[383] DNotI-Report 2003, 45; vgl. Armbrüster/Preuß/Renner/*Preuß* BeurkG § 52 Rn. 69.
[384] NZI 2017, 910 mAnm *Kesseler*.
[385] OLG Hamm DNotI-Report 2001, 59.
[386] DNotZ 2010, 542.
[387] BGH DNotZ 2011, 751.
[388] Ausführlich *Winkler* RNotZ 2019, 117 (132).

lich eines Grundpfandrechts gemäß § 800 ZPO der Zwangsvollstreckung unterworfen und geht das Eigentum an dem belasteten Grundstück auf einen neuen Eigentümer über, so ist der Nachweis des Schuldnerwechsels durch Grundbucheintragung geführt; in diesem Zusammenhang hat der BGH jüngst klargestellt, dass auch im Fall einer Unterwerfungserklärung nach § 800 Abs. 1 ZPO eine Klauselumschreibung stets erforderlich ist.[389]

464 **Formulierungsbeispiel: Klauselumschreibung Sonderrechtsnachfolger (Schuldner)**

☝ Aufgrund Einsicht in das Grundbuch des Amtsgerichts von *** stelle ich fest, dass als Grundstückseigentümer des mit vorstehendem Grundpfandrecht belasteten Grundstücks Herr A eingetragen ist.

Vorstehende, mit der Urschrift übereinstimmende Ausfertigung wird hiermit der B-Bank zum Zweck der Zwangsvollstreckung aus der im Grundbuch des Amtsgerichts von *** Band *** Blatt *** in Abteilung III unter Nr. 1 eingetragenen Grundschuld in dinglicher Hinsicht gegen Herrn A auf Ansuchen erteilt.

465 Da die Schuldübernahme als Einzelrechtsnachfolger auf der Schuldnerseite keine Rechtsnachfolge iSd § 727 ZPO ist,[390] kommt eine Klauselumschreibung in persönlicher Hinsicht regelmäßig nicht in Betracht.[391]

466 Übersicht zur **Rechtsnachfolge** (Klauselumschreibung):[392]

Abtretung	Gläubigerseite: Einzelrechtsnachfolge; Abtretungserklärung öffentlich beglaubigt
Erbfall	Gläubigerseite: Gesamtrechtsnachfolge (§ 1922 BGB) Nachweis: Erbschein/öffentliche Verfügung von Todes wegen und Eröffnungsprotokoll
	Schuldnerseite: Gesamtrechtsnachfolge (§§ 1922, 1967 BGB) Nachweis: Erbschein/öffentliche Verfügung von Todes wegen und Eröffnungsprotokoll
Forderungsübergang	Gläubigerseite: Einzelrechtsnachfolge (Nachweis des gesetzlichen Übergangs)
Insolvenzverwalter	Gläubigerseite: Gesamtrechtsnachfolge Partei kraft Amts Nachweis: Eröffnungsbeschluss und Bestallungsurkunde (bei Klauselerteilung) Entsprechend für Treuhänder im vereinfachten Insolvenzverfahren
	Schuldnerseite: Rechtsnachfolge Partei kraft Amts wegen dinglicher Ansprüche (§ 49 InsO) Nachweis: Eröffnungsbeschluss und Bestallungsurkunde (bei Klauselerteilung) Bei Freigabe oder Aufhebung der Verwaltung mangels Masse erneute Rechtsnachfolgeklausel zu erteilen
Pfändung	Gläubigerseite: Einzelrechtsnachfolge (§§ 1281, 1282 BGB)
Schuldübernahme/ -beitritt	Keine Rechtsnachfolge

---

[389] BGH RNotZ 2018, 536.

[390] BGHZ 61, 140; eingehend Armbrüster/Preuß/Renner/*Preuß* BeurkG § 52 Rn. 34.

[391] Zur Umschreibung der Vollstreckungsklausel nach Eigentumserwerb durch den Käufer s. DNotI-Report 1995, 68 f.

[392] Ein Gesamtübersicht mit zahlreichen Formulierungsbeispielen zur Klauselumschreibung auf Schuldner- und Gläubigerseite findet sich bei: *Soutier* MittBayNot 2011, 181 ff. und MittBayNot 2011, 275 ff.

Testaments-vollstrecker	Gläubigerseite: Gesamtrechtsnachfolge Partei kraft Amts
	Schuldnerseite § 749 ZPO
Umwandlungs-vorgang	Gläubigerseite: Gesamtrechtsnachfolge Nachweis durch Registereintragung
	Schuldnerseite: Gesamtrechtsnachfolge Nachweis durch Registereintragung
Verpfändung	Gläubigerseite: Einzelrechtsnachfolge (§§ 829, 835 ZPO)

§ 32. Berufsrecht der Notare

Übersicht

Schrifttum:

Armbrüster/Preuß/Renner, BeurkG/DONot, 7. Aufl. 2015; *Arndt/Lerch/Sandkühler*, BNotO, 8. Aufl. 2015; *Bettendorf*, EDV und Internet in der notariellen Praxis, 2002; *Blaeschke*, Praxishandbuch Notarprüfung, 2. Aufl. 2010; *Bohrer*, Das Berufsrecht der Notare, 1991; *Bremkamp/Kindler/Winnen*, BeckOK BeurkG/DONot, im Erscheinen; *Diehn*, BNotO, 2. Aufl. 2019; *Egerland*, Die Notarbestellung im hauptberuflichen Notariat, 2009; *Eylmann/Vaasen*, Bundesnotarordnung/Beurkundungsgesetz, 4. Aufl. 2016; *Frenz*, Neues Berufs- und Verfahrensrecht für Notare, 1999; *Grziwotz/Heinemann*, BeurkG, 3. Aufl. 2018; *Gsell/Krüger/Lorenz/Reymann*, BeckOGK BeurkG, Stand: 15.9.2018; *Haug/Zimmermann*, Die Amtshaftung des Notars, 4. Aufl. 2018; *Kilian/Sandkühler/vom Stein*, Praxishandbuch für Anwaltskanzlei und Notariat, 2. Aufl. 2011;

Kißener/Roth, Notare in der nationalsozialistischen „Volksgemeinschaft", 2017; *Reithmann*, Vorsorgende Rechtspflege durch Notare und Gerichte, 1998; *ders.*, Notarpraxis, 2. Aufl. 2001; *Römer*, Notariatsverfassung und Grundgesetz, 1963; *Schippel/Bracker*, BNotO, 9. Aufl. 2011; *Schüler*, Die Entstehungsgeschichte der Bundesnotarordnung vom 24.2.1961, 2001; *Schmoeckl*, Aktuelle Fragen zur Notarhaftung, 2018; *Seybold/Hornig*, Reichsnotarordnung, 1937; Staudinger/*Hertel*, Beurkundungsgesetz, 15. Aufl. 2016; *Waldner*, Beurkundungsrecht für die notarielle Praxis, 2007; *Weingärtner*, Notarrecht, 9. Aufl. 2009; *Weingärtner/Gassen/Sommerfeldt*, DONot, 13. Aufl. 2017; *Weingärtner/Wöstmann*, Richtlinienempfehlungen BNotK/Richtlinien Notarkammern, 2003; *Winkler*, Beurkundungsgesetz, 18. Aufl. 2017; *Wolfsteiner*, Die vollstreckbare Urkunde, 4. Aufl. 2019.

A. Grundlagen

1 Notarielles Berufsrecht ist eine nur auf den ersten Blick schwer fassbare Materie. Dabei finden sich die Grundlagen der notariellen Tätigkeit bereits zusammengefasst in den ersten fünf Normen der Bundesnotarordnung (§§ 1–5 BNotO), die sich jeder, der sich für diese Rechtsmaterie interessiert, zu Anfang genau durchlesen sollte: Der Notar ist auf einem eng umgrenzten Rechtsgebiet hoheitlich tätig (→ Rn. 2 ff.). Er übt dieses öffentliche Amt nicht als Beamter, sondern als selbständiger Freiberufler aus, ohne hierbei gewerblich tätig sein zu dürfen (→ Rn. 6 f.). Je nach geographischer Lage seiner Geschäftsstelle hat der Notar seine hoheitliche Tätigkeit als Hauptberuf oder aber als Nebenberuf auszuüben (→ Rn. 8 ff.). Die Anzahl der zur Verfügung stehenden Notarstellen ist beschränkt und der Zugang ist an bestimmte Qualifikationsvoraussetzungen geknüpft (→ Rn. 11 f.). Die Rechtsquellen des notariellen Berufsrechts, die dieses Rechtsgebiet als so schwer zugänglich erscheinen lassen, sind zwar verstreut, aber nicht unzählig (→ Rn. 13 ff.).

I. Hoheitlich

2 Gemäß § 1 BNotO ist der Notar „für die Beurkundung von Rechtsvorgängen und anderen Aufgaben auf dem Gebiet der vorsorgenden Rechtspflege" zuständig. Als Teilbereich der freiwilligen Gerichtsbarkeit ist das Notariat demnach eine eigenständige staatliche Rechtspflegeeinrichtung und der Notar folglich Träger eines ihm vom Staat verliehenen öffentlichen Amtes. Im Gegensatz zu den Angehörigen aller anderen rechts- und wirtschaftsberatenden Berufe nimmt der Notar im gesamten Spektrum seiner beruflichen Tätigkeit **staatliche Aufgaben** wahr, also Zuständigkeiten, die nach der geltenden Rechtsordnung hoheitlich ausgestaltet sein müssen.[1]

3 Bei der Beurkundung von Willenserklärungen, dem Kerngebiet seiner Tätigkeit, sorgt der Notar dafür, dass die Beteiligten sich der juristischen Tragweite ihrer Erklärungen bewusst sind und dass ihr Wille unzweideutig festgehalten wird. Hierdurch werden im Interesse des Einzelnen, aber auch im gesellschaftlichen Gemeinwohlinteresse, Konflikte vermieden oder bereits entstandene Konflikte geschlichtet.[2] Hierbei kommt dem Notar vor allem auch eine **soziale Funktion** zu: Seine Einbeziehung soll dem schwächeren, rechtlich unerfahrenen Vertragspartner eine ausgleichende Rechtsberatung garantieren und damit Nachteile verhindern, die eine unbeschränkte Privatautonomie mit sich bringen würde. Diese soziale Funktion kommt in § 17 Abs. 1 S. 2 BeurkG zum Ausdruck, wonach der Notar dazu verpflichtet ist darauf zu achten, dass „unerfahrene und ungewandte Beteiligte nicht benachteiligt werden".[3]

4 Da der Notar als Amtsträger beurkundet und als solcher verpflichtet ist, die Wahrheit zu bezeugen, kommt der von ihm errichteten öffentlichen Urkunde eine **besondere Beweiskraft** zu (§§ 415, 418 ZPO). Die notarielle Urkunde besitzt aber nicht nur eine hö-

---

[1] BVerfGE 16, 6 (22 f.); BVerfGE 73, 280 (294 ff.); BVerfG DNotZ 2009, 702 mAnm *Meyer;* BVerfG DNotZ 2012, 945 (950).
[2] Hierzu *Keim* MittBayNot 1994, 2 (4 ff.).
[3] Eingehend hierzu und zu weiteren öffentlichen und sozialen Funktionen des Notars *Baumann* MittRhNotK 1996, 1; *Kanzleiter* DNotZ 2001, 69; *Löwer* DNotZ 2011, 424 (429 ff.); *Ott* DNotZ 2001, 83; *Richter* DNotZ 2002, 29.

here, sondern auch eine dauerhaftere Beweiskraft als die Privaturkunde, da der Notar verpflichtet ist, für eine zeitlich unbeschränkte Aufbewahrung aller Urkunden – auch die seiner Amtsvorgänger – Sorge zu tragen (§ 51 BNotO). Diese Beweissicherungsfunktion ist nicht nur im Privatrechtsverkehr, sondern auch im Hinblick auf die öffentlichen Register von besonderer Bedeutung: Die dort eingereichten notariellen Urkunden nehmen selbst an der Kundbarmachungs- und Verlautbarungsfunktion des Registers teil.

Die hoheitliche Ausgestaltung des Notaramtes zeigt sich auch darin, dass der Notar ne- 5 ben seinen Beurkundungs- und Betreuungsaufgaben eine Reihe von **originär richterlichen Funktionen** wahrnimmt, zum Teil in konkurrierender Zuständigkeit mit den Gerichten. Dies betrifft vor allem die Befugnis, durch Errichtung einer vollstreckbaren Urkunde einen staatlichen Vollstreckungstitel zu schaffen (§ 794 Abs. 1 Nr. 5 ZPO).[4] Zu nennen sind des Weiteren
- die Aufnahme eidesstattlicher Versicherungen[5] und die Abnahme von Eiden in bestimmten Fällen (§ 22 BNotO),
- die Beurkundung von Erbscheinsanträgen (§ 2356 BGB),
- die Vermittlung von Vermögensauseinandersetzungen im Nachlassverfahren nach Maßgabe landesrechtlicher Bestimmungen (§ 20 Abs. 5 BNotO),
- die Durchführung des notariellen Vermittlungsverfahrens (§§ 87ff. SachenRBerG),
- die Aufnahme eines Nachlassinventars (§ 20 Abs. 5 BNotO, § 2003 BGB),
- die Ausstellung von Teilhypotheken- und Teilgrundschuldbriefen (§ 20 Abs. 2 BNotO, § 1145 BGB, § 61 GBO) und
- die Vollstreckbarerklärung von Schiedssprüchen mit vereinbartem Wortlaut sowie von Anwaltsvergleichen (§§ 1053 Abs. 4, 796c ZPO).[6]

II. Selbständig und freiberuflich

Gemäß § 1 BNotO ist der Notar „unabhängiger Träger" eines öffentliches Amtes. Diese 6 Unabhängigkeit hat eine **persönliche** und eine **sachliche** Komponente: Der Notar kann grundsätzlich frei darüber entscheiden, wie er seinen Berufsalltag organisiert und seine Urkunden ausgestaltet. Er kann selbst darüber bestimmen, zu welchen Zeiten und in welchem Umfang er Beurkundungen und Besprechungen vornimmt. Ferner liegt es ausschließlich im Verantwortungsbereich des Notars, sein Notariat wirtschaftlich so zu führen, dass er seine Mitarbeiter und die Kosten bezahlen und von dem Gewinn leben kann. Er kann selbst darüber entscheiden, ob er seine Geschäftsstelle in einem ansprechenden Altbau in der Innenstadt oder schmucklosen Neubau im Industriegebiet unterhält oder wie viele und welche Mitarbeiter er beschäftigt. Aufgrund dieser persönlichen und sachlichen Unabhängigkeit gehört der Beruf des Notars zu der Gruppe der **selbständigen Berufe.**

Gemäß § 2 Abs. 1 S. 1 BNotO ergeben sich die Grenzen der persönlichen und sachli- 7 chen Unabhängigkeit des Notars aus der Bundesnotarordnung. An deren Anfang steht – gewissermaßen als Überschrift aller nachfolgenden Ge- und Verbote – der die gesamte Berufsausübung prägende Leitsatz: „Ihr Beruf ist kein Gewerbe" (§ 2 Abs. 1 S. 3 BNotO). Durch diese zwingende Vorgabe der Nichtgewerblichkeit wird das Notaramt innerhalb der Gruppe der selbständigen Berufe gesetzlich den **freiberuflichen Tätigkeiten** zugeordnet:

---

[4] Hierzu *Wolfsteiner* Urkunde Rn. 9.7; *ders.* DNotZ 1999, 99.
[5] Nach der Legaldefinition des § 27 Abs. 3 S. 1 VwVfG besteht die Versicherung an Eides Statt darin, dass der Versichernde die Richtigkeit seiner Erklärung über eine bestimmte beweisbedürftige Tatsache durch eine Bekräftigungsformel bestätigt, vgl. Stelkens/Bonk/Sachs/*Kallerhoff*, 9. Aufl. 2018, VwVfG § 27 Rn. 1, 11. Wird der Notar mit der Aufnahme einer eidesstattlichen Versicherung beauftragt, richtet sich seine begrenzte Zuständigkeit zur Aufnahme nach § 22 BNotO (ausschließlich zur Glaubhaftmachung gegenüber einer Behörde, vgl. hierzu *Bonefeld* ZErb 2017, 243 f.) und das zwingende Verfahren zur Aufnahme nach § 38 BeurkG (ausschließlich durch Aufnahme einer Niederschrift) nach dem zweiten Abschnitt des BeurkG; zur Unzulässigkeit einer Beglaubigung vgl. *Dieterle* BWNotZ 1987, 11).
[6] Zur Funktion des Notars als Außenstelle der Justiz eingehend *Preuß* DNotZ 2008, 258.

Der Notar erbringt auf Grundlage einer besonderen beruflichen Qualifikation persönlich und eigenverantwortlich eine Dienstleistung höherer Art im Interesse sowohl seines Auftraggebers als auch der Allgemeinheit (vgl. § 1 Abs. 2 S. 1 PartGG, § 18 Abs. 1 Nr. 1 S. 2 EStG).

III. Haupt- oder Nebenberuflich

8   Während im römisch-germanischen Rechtskreis das Notariat fast überall hauptberuflich ausgeübt wird, hat sich in Preußen im 18. Jahrhundert die Verbindung des Notariats mit dem Amt des Justizkommissars, der für die außerprozessuale Rechtsberatung und Vertretung zuständig war, herausgebildet. Die Verbindung blieb in Preußen auch dann erhalten, als das Amt des Justizkommissars immer stärker dem Beruf des freien Advokaten angenähert wurde und schließlich in ihm aufging. Nachdem die Absicht, das hauptberufliche Notariat freiberuflicher Prägung in ganz Deutschland einzuführen (vgl. § 7 der Reichsnotarordnung vom 13.2.1937), vor Ende des Zweiten Weltkriegs nicht mehr realisiert werden konnte, beließ es die BNotO 1961 im Wesentlichen bei dem Status quo. In Deutschland existieren heute gemäß § 3 Abs. 1 und Abs. 2 BNotO **zwei Notariatsformen:** Das hauptberufliche Notariat und das Anwaltsnotariat, wobei – auch mit Blick auf den internationalen Vergleich – das **hauptberufliche Notariat als Regelform** des Notariats bezeichnet wird.[7]

9   Das **hauptberufliche Notariat** findet sich auf einer Fläche von **zwei Dritteln** der Bundesrepublik Deutschland und hat insgesamt 1.719 Berufsträger (2018). In den Bundesländern Baden-Württemberg[8], Bayern, Brandenburg, Hamburg, Mecklenburg-Vorpommern, Rheinland-Pfalz, Saarland, Sachsen, Sachsen-Anhalt und Thüringen werden Notare ausschließlich zu hauptberuflicher Amtsausübung bestellt. Das **Anwaltsnotariat** demgegenüber hat insgesamt 5.460 Berufsträger (2018) und erstreckt sich über das verbleibende **eine Flächendrittel** Deutschlands. In den Bundesländern Berlin, Bremen, Hessen, Niedersachsen und Schleswig-Holstein werden ausschließlich Rechtsanwälte zu Notaren zu gleichzeitiger Amtsausübung neben dem Beruf des Rechtsanwalts bestellt. Eine **Sonderrolle** nimmt **Nordrhein-Westfalen** ein, in dem sich sowohl hauptberufliche Notare als auch Anwaltsnotare finden: In den Oberlandesgerichtsbezirken Köln und Düsseldorf werden ausschließlich hauptberufliche Notare und im Oberlandesgerichtsbezirk Hamm ausschließlich Anwaltsnotare bestellt – und selbst diese geographische Abgrenzung innerhalb Nordrhein-Westfalens trifft es noch nicht ganz: Im Oberlandesgerichtsbezirk Düsseldorf finden sich im Amtsgerichtsbezirk Emmerich und im rechtsrheinischen Teil des Landgerichtsbezirks Duisburg wiederum ausschließlich Anwaltsnotare. Das Oberlandesgericht Düsseldorf und die Rheinische Notarkammer nehmen im gesamten Bundesgebiet insoweit eine Sonderrolle ein, als das beide Institutionen in der Praxis mit beiden Notariatsformen beschäftigt sind und die Besonderheiten und gelegentlichen Abgrenzungsprobleme der beiden Notariatsformen in diesen Behörden am häufigsten offen zu Tage treten.

10   Zwischen hauptberuflichen Notaren und Anwaltsnotaren bestehen nach dem Gesetz grundsätzlich keine berufsrechtlichen Unterschiede.[9] Zuständigkeit, Verfahrensbestimmungen, institutionelle Grundsätze und die sonstigen berufsrechtlichen Anforderungen

---

[7] BVerfGE 80, 269 (270).

[8] Bis zum Ablauf des Jahres 2017 wurden in Baden-Württemberg staatliche Notariate eingerichtet, die mit nicht-selbständigen Notaren im Landesdienst besetzt waren. Diese mussten im Oberlandesgerichtsbezirk Karlsruhe die Befähigung zum Richteramt und im Oberlandesgerichtsbezirk Stuttgart die Befähigung zum Amt eines Bezirksnotars (eine Sonderlaufbahn innerhalb der öffentlichen Verwaltung) haben. Seit dem 1.1. 2018 werden in Baden-Württemberg ausschließlich Notare zur hauptberuflichen Amtsausübung bestellt, wobei die im Oberlandesgerichtsbezirk Stuttgart zu diesem Zeitpunkt bestellten Anwaltsnotare (§ 116 Abs. 1 BNotO aF) bis zum Ende ihrer jeweiligen Amtszeit in dieser Ausübungsform noch weiterhin ihr Amt ausüben können.

[9] Zum Berufsbild vgl. Eylmann/Vaasen/*Frenz* BNotO § 3 Rn. 4 ff.; *Rinne* AnwBl 2000, 18.

sind für hauptberufliche Notare wie Anwaltsnotare prinzipiell identisch. Sie üben das gleiche Amt aus. Besonderheiten können sich lediglich daraus ergeben, dass der Anwaltsnotar zugleich den Beruf des Rechtsanwalts und möglicherweise weitere eigenständige Berufe ausübt (§ 8 Abs. 2 BNotO). Dem trägt das Berufsrecht durch Sonderregelungen Rechnung, beispielsweise zum Schutz von Unabhängigkeit und Unparteilichkeit (§ 3 Abs. 1 S. 1 Nr. 7 BeurkG) oder zum Werbeverhalten (§ 29 Abs. 2 BNotO), über den Zugang zum Notariat (§ 6 Abs. 2 BNotO) und das Erlöschen des Notaramtes (§§ 47 Nr. 3, 50 Nr. 5 BNotO).

IV. Zugangs- und ausübungsbeschränkt

Die Wahrnehmung hoheitlicher Funktionen durch den Notar bedingt nicht nur eine **11** staatliche Aufgabenzuweisung, sondern vor allem auch eine entsprechend staatliche Ausgestaltung des Zugangs und der Ausübung des Notaramts.[10] Der **Zugang zum Notarberuf** wird ausschließlich durch den Staat eröffnet und gesteuert. Als persönliches Amt ist das Notariat nicht veräußerlich, nicht vererblich und jeder Verfügung des Amtsträgers entzogen.[11] Der Zugang zum Notaramt erfolgt sowohl im hautberuflichen Notariat als auch im Anwaltsnotariat nach der persönlichen und fachlichen Eignung sowie dem Prinzip der Bestenauslese. Gemäß § 6 Abs. 1 BNotO werden nur solche Bewerber zu Notaren bestellt, die nach ihrer Persönlichkeit und ihren Leistungen für das Amt des Notars geeignet sind. Hierfür ist im hauptberuflichen Notariat in der Regel eine mindestens dreijährige Ausbildung im sogenannten Anwärterdienst (§ 7 Abs. 1 BNotO) – zum Zugang hierzu ausführlich → Rn. 24 ff. –, im Anwaltsnotariat in der Regel eine mindestens fünfjährige Tätigkeit als Rechtsanwalt und das Bestehen der notariellen Fachprüfung (§ 6 Abs. 2 BNotO) erforderlich. Gemäß § 6 Abs. 3 BNotO hat die Auswahl unter mehreren Bewerbern um eine Notarstelle nach dem Prinzip der Bestenauslese zu erfolgen. Im **hauptberuflichen Notariat** erfolgt die Auswahl nach der gesetzlichen Vorgabe vorrangig nach den im zweiten Staatsexamen und im Anwärterdienst erzielten Ergebnissen (§ 6 Abs. 3 S. 1 BNotO) und erst nachrangig, das heißt wenn anhand dieser Ergebnisse keine bessere Eignung eines Bewerbers festgestellt werden kann, nach der Dauer des geleisteten Anwärterdienstes (§ 6 Abs. 3 S. 2 BNotO). Im **Anwaltsnotariat** erfolgt die Auswahl unter mehreren Bewerbern durch einen Vergleich eines aus dem Ergebnis des zweiten Staatsexamens (40 %) und der notariellen Fachprüfung (60 %) ermittelten Punktwerts (§ 6 Abs. 3 S. 3 und S. 4 BNotO).

Nicht nur der Zugang, sondern auch die **Ausübung des Notarberufs** erfährt staatli- **12** cher Steuerung. Augenscheinlich wird diese staatliche Lenkung durch die Prinzipien der Zahlenbeschränkung („numerus clausus") und der Ortsgebundenheit („Amtsbereichsprinzip") der Notare: Gemäß § 4 Abs. 1 S. 1 BNotO werden nur so viele Notare bestellt, wie es den Erfordernissen einer geordneten Rechtspflege entspricht. Gemäß § 10 Abs. 1 BNotO wird dem Notar bei seiner Bestellung (§ 12 S. 2 BNotO) eine bestimmte politische Gemeinde als Amtssitz zugewiesen. Innerhalb der geographischen Grenzen dieser politischen Gemeinde hat er seine Geschäftsstelle zu unterhalten (§ 10 Abs. 2 BNotO) und innerhalb der geographischen Grenzen des für diese politische Gemeinde zuständigen Amtsgerichts hat er seine Amtstätigkeit auszuüben (§ 10a Abs. 2 BNotO). Die Prinzipien der **Zahlenbeschränkung** und der **Ortsgebundenheit** stehen und fallen hierbei miteinander: Nur wenn der Staat die Geschäftsstellen der Notare in der Fläche verteilt und deren Amtstätigkeit ortsnah begrenzt, kann und hat er eine zahlenmäßige Beschränkung der

---

[10] Vgl. nur BVerfG DNotZ 2012, 945 Rn. 47 ff. Zum Verhältnis zwischen Notaramt und Berufsfreiheit Armbrüster/Preuß/Renner/*Renner* Einl. Rn. 4 ff.; Eylmann/Vaasen/*Frenz* BNotO § 1 Rn. 12 ff.; Schippel/Bracker/*Bracker* BNotO § 1 Rn. 13 ff.; Kilian/Sandkühler/vom Stein/*Franz* § 6 Rn. 1 ff., vgl. auch *Jaeger* ZNotP 2001, 2; *Kleine-Cosack* DNotZ 2004, 327; *Limmer* DNotZ 2004, 334; *Gaier* ZNotP 2006, 402; *Lerch* ZNotP 2008, 298.
[11] Näher *Bohrer* NotarBerufsR Rn. 312 ff.

Berufsträger vorzunehmen. Denn erst die örtliche Gebundenheit der Notare ermöglicht es dem Staat, das dortige Bedürfnis nach notariellen Leistungen – das regelmäßig in den Urkundenzahlen seinen Ausdruck findet – festzustellen und seine Notarstellenplanung daran auszurichten. Erst die örtliche Gebundenheit der Notare macht es dem Staat zur Pflicht, durch eine ausgewogene Notarstellenplanung dafür zu sorgen, dass der Notar vor Ort den Umsatz erzielen kann, um die für die Amtsausübung erforderliche wirtschaftliche Unabhängigkeit zu haben.[12]

V. Rechtsquellen

13 Notarielles Berufsrecht ist im Regelfall kein Gegenstand der juristischen Ausbildung. Es findet sich in verschiedenen Rechtsquellen, wobei an der Spitze die Bundesnotarordnung als „materielles" und das Beurkundungsgesetz als „prozessuales" Berufsrecht stehen. Nachfolgend werden die maßgeblichen Rechtsquellen, aus denen sich das notarielle Berufsrecht zusammensetzt, dargestellt und deren jeweilige Inhalte kurz erläutert:

14 – **Bundesnotarordnung:** Die BNotO enthält die grundlegenden Bestimmungen des notariellen Berufsrechts, insbesondere zur Bestellung zum Notar, zur Ausübung des Amtes und den hierbei zu beachtenden Pflichten, zur Notaraufsicht einschließlich des Disziplinarverfahrens und zur beruflichen Selbstverwaltung. Zur Abgrenzung zum BeurkG könnte man die BNotO auch als das **„materielle notarielle Berufsrecht"** bezeichnen.

15 – **Beurkundungsgesetz:** Das BeurkG enthält das für die öffentlichen Beurkundungen durch den Notar geltende Verfahrensrecht. In Zusammenhang mit der Wahrnehmung der dem Notar übertragenen Aufgaben ergeben sich weitere Verfahrensbestimmungen aus zahlreichen anderen Gesetzen (zB § 15 BNotO, §§ 79 ff. WG, § 55 Abs. 3 ScheckG, § 61 GBO).[13] In Abgrenzung zur BNotO könnte man das BeurkG auch als das **„prozessuale notarielle Berufsrecht"** bezeichnen.

16 – **Rechtsverordnungen** des Bundes oder eines Landes: Die BNotO ermächtigt den Bund oder die Länder an verschiedenen Stellen zum Erlass von Rechtsverordnungen. Diese Rechtsverordnungen enthalten weitere **Bestimmungen zur Ausführung** der entsprechenden Regelungen der BNotO. So enthält beispielsweise die auf Grundlage von §§ 7a Abs. 4 S. 2, 7g Abs. 2 S. 2 und 7i BNotO erlassene Rechtsverordnung des Bundesministeriums der Justiz („NotFV") nähere Regelungen zur Organisation des Prüfungsamtes sowie zur Durchführung der notariellen Fachprüfung zum Zugang zum Beruf des Anwaltsnotars (§§ 6 Abs. 2 Nr. 3, 7a BNotO). Ferner enthält beispielsweise die auf Grundlage von §§ 6 Abs. 4, 7 Abs. 5 S. 2, 9 Abs. 1 S. 2, 25 Abs. 2 S. 1 und 112 BNotO erlassene Rechtsverordnung des nordrhein-westfälischen Ministeriums der Justiz („NotVO NRW") nähere Regelungen zur Organisation und Durchführung des Anwärterdienstes, zum Zugang zum Beruf des hauptberuflichen Notars (§ 7 Abs. 1 BNotO), zum Zusammenschluss mehrerer hauptberuflicher Notare (§§ 9, 27 BNotO) sowie zur Beschäftigung von volljuristischen Mitarbeitern (§ 25 BNotO).

17 – **Richtlinien** der Notarkammern: Die von jeder regionalen Notarkammer für ihre jeweiligen Notare erlassenen Richtlinien sind gemäß § 67 Abs. 2 S. 1 BNotO unmittelbar geltendes **Satzungsrecht.** Diese Richtlinien werden von der jeweiligen Kammerversammlung beschlossen, bedürfen der Genehmigung der Landesjustizverwaltung und sind zu veröffentlichen (§ 67 Abs. 2 S. 2 BNotO iVm § 66 Abs. 2 S. 2 BNotO). Dadurch wird es den jeweiligen Notaren für ihren Bezirk ermöglicht, die in § 67 Abs. 2 S. 3 Nr. 1–11 BNotO im Einzelnen aufgeführten und in der BNotO abstrakt enthaltenen Amtspflichten **näher zu konkretisieren und auszugestalten;** durch die Richtlinien können hingegen keine originäre Neuregelungen notarieller Amtspflichten geschaffen werden. Die Möglichkeit der Schaffung von regionalem Satzungsrecht zur

---

[12] Eylmann/Vaasen/*Bremkamp* BNotO §§ 10a, 11 Rn. 1 ff.
[13] Näher *Bohrer* NotarBerufsR Rn. 37 ff.

Konkretisierung des „materiellen notariellen Berufsrechts" durch die Notare vor Ort ist unmittelbarer Ausdruck des **Prinzips der Selbstverwaltung.** So enthält beispielsweise Ziffer II lit. c der Richtlinie der Rheinischen Notarkammer zur näheren Konkretisierung des in § 14 Abs. 3 BNotO enthaltenen Gebotes (jedes Verhalten zu vermeiden, das den Anschein der Abhängigkeit oder Parteilichkeit erzeugt) die Regelung, dass im Bezirk der Rheinischen Notarkammer eine systematische Beurkundung mit Mitarbeitern des Notars als Vertreter eines Beteiligten in der Regel unzulässig ist und folglich einen Verstoß gegen § 14 Abs. 3 BNotO darstellt. Den Richtlinien der regionalen Notarkammern liegt eine gemäß § 78 Abs. 1 S. 2 Nr. 5 BNotO Richtlinienempfehlung der Bundesnotarkammer[14] zugrunde, die von ihnen zu großen Teilen – aber auch mit zum Teil beachtlichen Abweichungen – übernommen worden sind.[15]

– **Dienstordnung für Notare:** „Die Dienstordnung ist eine an Notarinnen und Notare   18 gerichtete Verwaltungsvorschrift, die von allen Landesjustizverwaltungen im Wesentlichen inhaltsgleich erlassen worden ist."[16] Die in den Dienstordnungen für Notare (DONot) enthaltenen Bestimmungen sind rechtstechnisch **allgemeine Weisungen** der Landesjustizverwaltung gegenüber den Notaren, wie sie ihr öffentliches Amt zu führen haben (Verwaltungsinnenrecht). So enthält § 3 DONot beispielsweise die allgemeine Weisung, in welcher Art und Weise der Notar seine Geschäftsstelle zu beschildern hat (Amtsschild oder Namensschild) und § 5 DONot weist den Notar an, bestimmte Bücher und Verzeichnisse (Urkundenrolle, Verwahrungsbuch, Massenbuch etc) zu führen. Die Befugnis zur Erteilung von konkreten Weisungen (Verwaltungsakt iSd § 35 S. 1 VwVfG)[17] sowie allgemeinen Weisungen (Verwaltungsvorschrift im Sinne einer innerdienstlichen Richtlinie)[18] folgt aus dem Aufsichtsrecht der Länder gemäß §§ 92, 93 BNotO: „Das Weisungsrecht zählt zu den typischen Instrumentarien des öffentlichen Dienstrechts. Dabei umfasst die Befugnis nicht nur Einzelweisungen, sondern eröffnet auch die Möglichkeit, Sachverhalte durch allgemeine Weisung zu regeln."[19] Als reines Verwaltungsinnenrecht kann die DONot Dritte weder verpflichten noch Rechte Dritter begründen.[20] Die Beachtung der DONot gehört dennoch zu den unmittelbaren Amtspflichten des Notars,[21] deren hinreichende gesetzliche Ermächtigungsgrundlage sich allein in den §§ 92, 93 BNotO findet.

– **Allgemeinverfügungen** der Landesjustizverwaltungen über die Angelegenheiten der   19 Notare: Diese Allgemeinverfügungen (häufig „AVNot" abgekürzt) der einzelnen Landesjustizverwaltungen enthalten ausschließlich Organisationsrecht. Bei der AVNot handelt es sich rechtstechnisch um allgemeine Weisungen der Landesjustizverwaltung (in der Regel das Justizministerium) gegenüber nachgeordneten Behörden (in der Regel den Präsidenten der Oberlandes- und Landesgerichte), wie das öffentliche Notariat zu organisieren ist (Verwaltungsinnenrecht). Die AVNot enthält beispielsweise Regelungen zur Bedürfnisprüfung (Festlegung eines Urkundenschlüssels), zur Ausschreibung von Notarstellen und Stellen im Anwärterdienst, zur Durchführung des Anwärterdienstes, zur Durchführung der Bestellung zum Notar und zur Durchführung der Aufsicht. Auch für den Notar (als nachgeordnete Behörde) können durch die AVNot vereinzelt

---

[14] Abrufbar unter www.bnotk.de > Die Bundesnotarkammer > Aufgaben und Tätigkeiten.
[15] Eine kommentierte Übersicht findet sich unter anderem in *Eylmann/Vaasen* (Teil 3), *Schippel/Bracker* (Teil 3) und bei *Starke* ZNotP-Sonderheft 2002, 1.
[16] BVerfG DNotZ 2012, 945 Rn. 7.
[17] BVerfG DNotZ 2012, 945 Rn. 39.
[18] BeckOK VwVfG/*von Alemann/Scheffczyk* VwVfG § 35 Rn. 225 f.
[19] BVerfG DNotZ 2012, 945 Rn. 64.
[20] Armbrüster/Preuß/Renner/*Eickelberg* DONot Vorb. Rn. 20 ff.; *Bohrer* NotarBerufsR Rn. 171; zum Verhältnis zwischen der BNotO, den Richtlinien der Notarkammern und der DONot vgl. Schippel/Bracker/*Bracker* DONot Einl. Rn. 3 ff.; *Starke* FS Bezzenberger 2000, 622 ff.; *Maaß* ZNotP 2002, 335.
[21] So die hM; vgl. BVerfG DNotZ 2012, 945; BGH DNotZ 1972, 551; DNotZ 1973, 174; OLG Celle DNotZ 1989, 55; Arndt/Lerch/Sandkühler/*Sandkühler* BNotO § 14 Rn. 22; kritisch *Bohrer* NotarBerufsR Rn. 171 ff.; Schippel/Bracker/*Bracker* DONot Einl. Rn. 2 ff.

Amtspflichten begründet werden,[22] die – wie die DONot – ihre gesetzliche Ermächtigungsgrundlage wiederum allein im Aufsichtsrecht der Länder gemäß §§ 92, 93 BNotO findet. So hat beispielsweise der Notar gemäß § 22 Abs. 1 S. 1 AVNot NRW bereits die Absicht (!) seiner Abwesenheit von mehr als einer Woche unverzüglich seinem Landgerichtspräsidenten anzuzeigen.

20 – **Europäisches Primärrecht:** Insbesondere die Niederlassungsfreiheit (Art. 49 ff. AEUV) kann das deutsche notarielle Berufsrecht beeinflussen. Nach einer Entscheidung des Europäischen Gerichtshofes vom 24.5.2011 ist die „Beurkundungstätigkeit der Notare [...] als solche nicht iSv Art. 45 Abs. 1 EG [heute Art. 51 Abs. 1 AEUV] mit einer unmittelbaren und spezifischen Ausübung öffentlicher Gewalt verbunden."[23] Folge dieser Entscheidung ist, dass sich das notarielle Berufsrecht im Grundsatz an der Niederlassungsfreiheit messen lassen muss, da die existierende europäische Bereichsausnahme für die Ausübung öffentlicher Gewalt (Art. 51 AEUV) auf die Beurkundungstätigkeit der deutschen Notare aus europarechtlicher Sicht keine Anwendung findet.[24] Der Europäische Gerichtshof hat jedoch in derselben Entscheidung auch ausdrücklich darauf hingewiesen, „dass mit den notariellen Tätigkeiten im Allgemeininteresse liegende Ziele verfolgt werden, die insbesondere dazu dienen, die Rechtmäßigkeit und die Rechtssicherheit von Akten zwischen Privatpersonen zu gewährleisten" und dass diese Erwägung „einen zwingenden Grund des Allgemeininteresses dar(stellt), der etwaige Beschränkungen von Art. 43 EG [heute Art. 49 AEUV] rechtfertigen kann, die sich aus den Besonderheiten der notariellen Tätigkeit ergeben, wie etwa den für die Notare aufgrund der Verfahren zu ihrer Bestellung geltenden Vorgaben, der Beschränkung ihrer Zahl und ihrer örtlichen Zuständigkeit oder auch der Regelung ihrer Bezüge, ihrer Unabhängigkeit, der Unvereinbarkeit von Ämtern und ihrer Unabsetzbarkeit, soweit diese Beschränkungen zur Erreichung der genannten Ziele geeignet und erforderlich sind."[25] Die Stellung des deutschen Notars als Träger eines öffentlichen Amtes wird durch das Urteil des Europäischen Gerichtshof nicht berührt: Der Europäische Gerichtshof hat in seiner Entscheidung ausdrücklich klargestellt, dass sie den „Status und die Organisation des Notars in der deutschen Rechtsordnung" nicht betrifft.[26] Das Bundesverfassungsgericht hat diese Klarstellung in einer kurze Zeit später ergangenen Entscheidung aufgenommen und bestätigt, dass den deutschen Notaren Zuständigkeiten übertragen sind, die nach der geltenden nationalen Rechtsordnung (§ 1 BNotO) hoheitlich ausgestaltet sind.[27]

21 – **Europäischer Kodex des notariellen Standesrechts:** Der 1995 von der Konferenz der Notariate der europäischen Union (CNUE) unter Mitwirkung der Bundesnotarkammer verabschiedete europäische Kodex des notariellen Standesrechts[28] begründet mangels Rechtsnormqualität keine Amtspflichten der Notare. Er spiegelt die gemeinsame Grundüberzeugung der Notariate in der Europäischen Union wider und kann daher insbesondere in Zusammenhang mit einer grenzüberschreitenden Tätigkeit des Notars (§ 11a BNotO) als Auslegungshilfe herangezogen werden.

---

[22] AA noch *Starke* in der 6. Aufl. Näher *Bohrer* NotarBerufsR Rn. 165, 258 ff.

[23] EuGH DNotZ 2011, 462 Rn. 93.

[24] Der EuGH hat diese Rechtsprechung (zu den lettischen Notaren) später noch einmal bestätigt, EuGH EuZW 2015, 764.

[25] EuGH DNotZ 2011, 462 Rn. 98.

[26] DNotZ 2011, 462 Rn. 75.

[27] DNotZ 2012, 945 Rn. 46, 49. Zum Urteil des EuGH und dessen Auswirkungen auf das nationale Recht vgl. *Bengel* DNotZ 2012, 26; *Gärditz* EWS 2012, 209; *Henssler/Kilian* NJW 2012, 481; *Lorz* DNotZ 2011, 491; *Preuß* ZNotP 2011, 322.

[28] DNotZ 1995, 329 mit Erläuterungen von *Schippel* DNotZ 2003, 772.

B. Zugang zum Notariat

Der Zugang zum Notarberuf wird ausschließlich **durch den Staat eröffnet und ge-** 22
steuert. Als persönliches Amt ist das Notariat nicht veräußerlich, nicht vererblich und
jeder Verfügung des Amtsträgers entzogen.[29] Den Beruf des Anwaltsnotars oder des hauptberuflichen Notars kann gemäß § 5 S. 1 BNotO nur ergreifen, wer die **Befähigung**
zum Richteramt nach dem Deutschen Richtergesetz erlangt hat. Notar kann gemäß § 5
Abs. 1 DRiG somit grundsätzlich nur werden, wer das erste und das zweite juristische
Staatsexamen erfolgreich abgelegt hat.[30] Wer beide Staatsexamen abgelegt hat, kann sich
entweder für die Ausübungsform des Anwaltsnotars oder des hauptberuflichen Notars
entscheiden. Für beide Ausübungsformen stellt die BNotO unterschiedliche Zugangsvoraussetzungen auf. Die nachfolgende Darstellung beschränkt sich auf den Zugang zum
hauptberuflichen Notariat; der Zugang zum Anwaltsnotariat ist erschöpfend von *Christoph*
Sandkühler im nachfolgenden Kapitel (→ § 33 Rn. 14 ff.) dargestellt.

I. Zugang zum hauptberuflichen Notariat

Gemäß § 7 Abs. 1 BNotO soll zum hauptberuflichen Notar nur bestellt werden, wer ei- 23
nen dreijährigen Anwärterdienst als Notarassessor geleistet hat und sich im Anwärterdienst
des Landes befindet, in dem er sich um die Bestellung bewirbt. Der Zugang zum hauptberuflichen Notariat erfolgt daher nicht – wie im Anwaltsnotariat – über die erfolgreiche
Ablegung einer notariellen Fachprüfung (§ 7a BNotO), sondern ausschließlich über die
Ableistung einer mehrere Jahre andauernden **praktischen Vollzeitausbildung zum**
Notar. Eine erfolgreiche Bewerbung um eine ausgeschriebene hauptberufliche Notarstelle setzt voraus, dass diese praktische Ausbildung mindestens über einen Zeitraum von drei
Jahren (**„Mindestanwärterdienstzeit",** § 7 Abs. 1 Alt. 1 BNotO) und in dem Bundesland durchgeführt wird, in dem sich die ausgeschriebene hauptberufliche Notarstelle befindet (**„Landeskinderlklausel",** § 7 Abs. 1 Alt. 2 BNotO). Der Zugang zum hauptberuflichen Notariat erfolgt daher im Regelfall ausschließlich über den Zugang zum
Anwärterdienst. Wer den Zugang zum Anwärterdienst geschafft hat und während des Anwärterdienstes die erforderlichen fachlichen Leistungen erbringt sowie sich durchgehend
als persönlich für den Notarberuf geeignet erweist, der wird auch in „seinem" Bundesland
zum hauptberuflichen Notar bestellt (sog. **„Anwartschaft** des Notarassessors auf Bestellung zum Notar"). Zwar erfolgt auch die Auswahl unter mehreren Notarassessoren, die
sich nach Ablauf ihrer praktischen Ausbildung um eine ausgeschriebene hauptberufliche
Notarstelle bewerben, gemäß § 6 Abs. 3 S. 1 BNotO wiederum allein nach dem **Prinzip**
der Bestenauslese unter Berücksichtigung des Ergebnisses des zweiten Staatsexamens sowie der im Anwärterdienst erzielten Ergebnisse.[31] Es wird hierbei jedoch gewährleistet,
dass auch der Notarassessor mit vergleichsweise weniger guten Ergebnissen im zweiten
Staatsexamen nach einem angemessenen erfolgreichen Ausbildungszeitraum die Möglichkeit erhält, zum Notar bestellt zu werden (es gibt **keine „ewigen Notarassessoren").**[32]
Maßgeblich für denjenigen, der sich für den Beruf des hauptberuflichen Notars interessiert, ist daher die Frage, welche Zugangsvoraussetzungen für die Übernahme in den Anwärterdienst des Bundeslandes bestehen, in dem er später zum Notar bestellt werden
möchte.

---

[29] Näher *Bohrer* NotarBerufsR Rn. 312 ff.
[30] Die Befähigung zum Richteramt und somit auch die Voraussetzung zur Bestellung zum Notar hat gemäß
§ 7 DRiG darüber hinaus auch ein ordentlicher Professor, der nur das erste und nicht auch das zweite
Staatsexamen abgelegt haben muss. Zur Streichung der Voraussetzung der deutschen Staatsangehörigkeit
im Nachgang zu der Entscheidung des EuGH im Jahre 2011 vgl. nur Eylmann/Vaasen/*Baumann* BNotO
§ 5 Rn. 5 ff.
[31] Vgl. hierzu Eylmann/Vaasen/*Bremkamp* BNotO § 10 Rn. 44.
[32] Vgl. hierzu Eylmann/Vaasen/*Bremkamp* BNotO § 10 Rn. 44, insbes. Fn. 114.

II. Zugang zum Anwärterdienst

24   In den Anwärterdienst kann nur übernommen werden, wer voraussichtlich nach Ableistung eines dreijährigen Anwärterdienstes sowohl **persönlich** als auch **fachlich** für das Amt des Notars **geeignet** erscheint (§ 6 Abs. 1 BNotO). Die Auswahl unter mehreren in diesem Sinne geeigneten Bewerbern um eine ausgeschriebene Anwärterdienststelle hat gemäß § 7 Abs. 2 S. 1 BNotO nach der persönlichen und fachlichen Eignung unter besonderer Berücksichtigung der Leistungen in der die juristische Ausbildung abschließenden Staatsprüfung zu erfolgen. Für die Auswahlentscheidung zur Übernahme in den Anwärterdienst hat folglich nach der gesetzlichen Wertung das **zweite juristische Staatsexamen** eine besondere Aussagekraft. Jedes Bundesland organisiert das Auswahlverfahren in eigener Zuständigkeit. An dieser Stelle kann allein ein Einblick in den Ablauf des Auswahlverfahrens für die Übernahme in den **Anwärterdienst in Nordrhein-Westfalen** gegeben werden, der jedoch in anderen Bundesländern ähnlich strukturiert sein dürfte.

25   **1. Ausschreibung.** Das Nordrhein-Westfälische Ministerium der Justiz nimmt im Regelfall zweimal jährlich (am 15. 3. und 15. 9.) eine Ausschreibung von Notarassessorenstellen im Justizministerialblatt vor. Federführend für die Durchführung des Bewerbungsverfahrens ist jeweils abwechselnd die Präsidentin des Oberlandesgerichts Köln und die Präsidentin des Oberlandesgerichts Düsseldorf (§ 4 Abs. 2 AVNot NRW). In der Verwaltungspraxis hat sich der Grundsatz etabliert, dass zu den Auswahlgesprächen im Regelfall **doppelt so viele Bewerber** eingeladen werden, wie Notarassessorenstellen ausgeschrieben wurden (zB bei fünf ausgeschrieben Stellen werden zehn Einladungen ausgesprochen). Diese erste Auswahlentscheidung, wer von den Bewerbern zu den Auswahlgesprächen eingeladen wird und die Möglichkeit erhält, sich persönlich vorzustellen, erfolgt maßgeblich anhand der in den **beiden juristischen Staatsexamen** erzielten Ergebnisse, wobei wiederum das Ergebnis des zweiten Staatsexamens nach der gesetzlichen Wertung stärker gewichtet wird (vgl. § 7 Abs. 2 S. 1 BNotO, § 5 Abs. 1 AVNot NRW). Wie viele Notarassessorenstellen ausgeschrieben werden, wird zum jeweiligen Ausschreibungsdatum anhand einer Vielzahl an Parametern der gesetzlich vorgeschriebenen Bedarfsplanung (§ 4 BNotO) ermittelt. Sehr verkürzt richtet sich die Bedarfsplanung danach, wie viele Notare prognostisch in drei Jahren – wenn die in diesem Bewerbungsverfahren neu eingestellten Notarassessoren zum Notar bestellt werden können (Mindestanwärterdienstzeit, → Rn. 23) – ihr Amt niederlegen. Daher kann es durchaus vorkommen und es liegt im Wesen einer funktionierenden Bedarfsplanung, dass in einer Ausschreibung gegebenenfalls nur eine Stelle und in der nächsten Ausschreibung sieben Stellen ausgeschrieben werden.

26   **2. Auswahlgespräche.** Die Auswahlgespräche werden in der Verwaltungspraxis durch die **Rheinische Notarkammer** unter Beteiligung der **beiden Oberlandesgerichte** durchgeführt (§ 5 Abs. 2 S. 4 AVNot NRW). Die Auswahlkommission setzt sich aus sechs Vertretern zusammen: Drei Notare mit gewählten Funktionen in der Standesvertretung, die beiden Notardezernenten (RiOLG) an den Oberlandesgerichten Köln und Düsseldorf sowie die Gleichstellungsbeauftragte (RiOLG) des für das jeweilige Bewerbungsverfahren federführenden Oberlandesgerichts.

27   Die Auswahlgespräche werden mit **jedem Bewerber einzeln** geführt, Gruppengespräche finden nicht statt. Das jeweilige Gespräch dauert etwa eine Stunde und enthält sowohl fachliche als auch persönliche Fragestellungen. Für den **fachlichen Teil** hat der Bewerber im Regelfall darzulegen, wie er mit einem Sachverhalt aus dem notariellen Alltag umgeht. Hier geht es auch darum, zu zeigen, dass man sich juristisch in den notariellen Rechtsgebieten auskennt. Im Vordergrund steht jedoch vielmehr, den Kommissionsmitgliedern zu vermitteln, dass man den gegebenen Sachverhalt aus dem notariellen Alltag auch praktisch handhaben und lösen kann. Im Regelfall wird dem Bewerber der Sachver-

halt nach einer kurzen Begrüßung schriftlich ausgehändigt und er hat einige Minuten Zeit, sich in einem gesonderten Raum damit zu beschäftigen. Im **persönlichen Teil** werden dem Bewerber Fragen zu seinem bisherigen Lebenslauf gestellt, insbesondere zu seiner Motivation und seinen Gründen, hauptberuflicher Notar werden zu wollen. Hier geht es maßgeblich darum, plausibel und überzeugend dazulegen, warum man den Beruf des hauptberuflichen Notars ergreifen möchte.

Praxishinweis:

Von Vorteil ist es im Regelfall, wenn der Bewerber bereits einige Zeit bei einem hauptberuflichen Notar gearbeitet hat, sei es in der **Wahlstation** oder nach dem zweiten Staatsexamen als **Praktikant.** Diese Bewerber erzielen sowohl im fachlichen als auch im persönlichen Teil des Auswahlgesprächs regelmäßig bessere Ergebnisse – sie haben nicht nur gelesen, sondern selbst erlebt, wie man im Notariat Sachverhalte praktisch angeht und warum sie diesen schönen Beruf ergreifen möchten.

---

3. Ernennung. Unmittelbar nach Abschluss aller Auswahlgespräche trifft die Auswahl- 28 kommission eine Entscheidung, welche Bewerber in welcher Reihenfolge der für dieses Bewerbungsverfahren federführenden Präsidentin des Oberlandesgerichts zur Übernahme in den Anwärterdienst vorgeschlagen werden. Dieser **Übernahmevorschlag** wird von dem Präsidenten der Rheinischen Notarkammer – nach vorheriger Beteiligung des Vorstandes und eines ihn beratenden Gremiums der Notarkammer – der Präsidentin des Oberlandesgerichts übermittelt (§ 5 Abs. 3 S. 3 AVNot NRW). Zugleich werden die voraussichtlich erfolgreichen Bewerber durch den Präsidenten der Rheinischen Notarkammer aufgefordert, ein **amtsärztliches Zeugnis** über ihren Gesundheitszustand beizubringen (§ 5 Abs. 3 S. 1 AVNot NRW). Spätestens mit dieser Aufforderung werden sämtliche Bewerber, die sich im Auswahlgespräch persönlich vorgestellt haben, über den Verfahrenstand telefonisch durch den Geschäftsführer der Rheinischen Notarkammer in Kenntnis gesetzt. Entscheidet die Präsidentin des Oberlandesgericht entsprechend dem von der Auswahlkommission unterbreiteten Vorschlag (§ 5 Abs. 4 AVNot NRW), benachrichtigt sie die nicht erfolgreichen Bewerber darüber, dass sie nicht zur Übernahme in den Anwärterdienst vorgesehen sind. Erst nach Ablauf von **drei Wochen** nach dieser Benachrichtigung der nicht erfolgreichen Bewerber wird dem Bewerbungsverfahren weiter Fortgang gegeben („Stillhaltefrist", § 6 Abs. 1 AVNot NRW).

Der Präsident der Rheinischen Notarkammer **überweist** jeden erfolgreichen Bewerber 29 einem bestimmten hauptberuflichen Notar mit Amtssitz im Bezirk des Oberlandesgerichts Köln oder Düsseldorf (§ 7 Abs. 3 S. 2 BNotO), bei dem er für die **ersten zwei Jahre** seines Anwärterdienstes ausgebildet wird (§ 4 Abs. 3 NotVO NRW). Am ersten Diensttag seines Anwärterdienstes – keinen Tag früher – erhält der Notarassessor von dem Notardezernenten des Oberlandesgerichtes, in dem der ihm zugewiesene Ausbildungsnotar seinen Amtssitz hat, seine **Ernennungsurkunde** ausgehändigt (§ 7 Abs. 1 AVNot NRW). Erst mit der Übergabe dieser Urkunde wird der Bewerber Notarassessor, steht in einem **öffentlich-rechtlichen Dienstverhältnis** zum Land Nordrhein-Westfalen sowie zur Rheinischen Notarkammer und wird Mitglied des Notarversorgungswerks Köln (§ 15 lit. a der Satzung des Notarversorgungswerks Köln).

Vom Tag der Ausschreibung bis zur Aushändigung der Ernennungsurkunde vergeht ein 30 **Zeitraum von mindestens vier Monaten:** Die Ausschreibungsfrist beträgt einen Monat, die Organisation und Durchführung der Auswahlgespräche nimmt in der Regel zwei Monate und das Ernennungsverfahren einen weiteren Monat („Stillhaltefrist") in Anspruch. Realistisch erfolgt eine Übernahme in den Anwärterdienst des Landes Nordrhein-Westfalen daher innerhalb von **vier bis sechs Monaten** ab dem Tag der Ausschreibung der Notarassessorenstelle im Justizministerialblatt Nordrhein-Westfalen.

III. Prinzip der Amtsnachfolge

31 Erst nach Ablauf der Mindestanwärterdienstzeit von drei Jahren (§ 7 Abs. 1 Alt. 1 BNotO) kann sich ein Notarassessor erfolgreich auf eine in seinem Bundesland (§ 7 Abs. 1 Alt. 2 BNotO) ausgeschriebene hauptberufliche Notarstelle bewerben. Anders als im Anwaltsnotariat wird im hauptberuflichen Notariat in der Regel **keine abstrakte,** sondern eine **konkrete** – mit einem bestimmten hauptberuflichen Notar besetzte und daher bereits sachlich und personell ausgestattete – **Notarstelle** ausgeschrieben (eine Ausnahme bildet im hauptberuflichen Notariat allein die Ausschreibung sog. „Nullstellen"). Zwar erfolgt genau besehen auch im hauptberuflichen Notariat die Ausschreibung einer Notarstelle lediglich für einen bestimmten Amtsbereich („Notarstelle in Bonn"), ohne den Amtsvorgänger namentlich zu benennen (nicht etwa „Notarstelle Uerlings in Bonn"). Der erfolgreiche Notarassessor muss daher die im Eigentum seines Amtsvorgängers stehende sachliche Ausstattung (Räume, Tische, Stühle, Computer etc) sowie die Mitarbeiter des Amtsvorgängers (kein Betriebsübergang iSv § 613a BGB)[33] rechtlich nicht zwingend übernehmen. Gleichwohl entspricht es in der **Praxis dem Regelfall,** dass der Notarassessor die sachliche Ausstattung sowie die Mitarbeiter des Amtsvorgängers übernimmt und folglich seinem Vorgänger **vollumfänglich im Amt nachfolgt.** In diesem tatsächlichen Regelfall wird das im hauptberuflichen Notariat praktizierte Prinzip der Amtsnachfolge am deutlichsten sichtbar. Rechtlich ist dieses Prinzip allerdings ausschließlich darin verankert, dass dem Notarassessor in der Regel die **Urkunden und Akten** seines Amtsvorgängers gemäß § 51 Abs. 1 S. 2 BNotO iVm § 44 Abs. 1 AVNot NRW durch den Landgerichtspräsidenten zur Verwahrung übertragen werden.[34] Genau besehen wird ihm dadurch der **„Kundenstamm"** seines Amtsvorgängers übertragen, der sich – in Form der Urkunden und Akten – nicht im zivilrechtlichen Eigentum des Amtsvorgängers, sondern in der öffentlich-rechtlichen Verwahrung des Landes befindet und daher einer Verfügung durch den Amtsvorgänger von vornherein entzogen ist. Für die Übernahme des Notaramtes durch einen Notarassessor ist es folglich unzulässig, dass sich der Amtsvorgänger seinen „Kundenstamm" oder „Goodwill" vom Notarassessor bezahlen lässt. Im **Anwaltsnotariat** erfolgt die Aktenverwahrung hingegen gemäß § 51 Abs. 1 S. 1 BNotO iVm § 44 Abs. 1 S. 1 AVNot NRW im Regelfall durch das örtliche Amtsgericht, so dass in dieser Ausübungsform auch rechtlich betrachtet das Prinzip der Amtsnachfolge die Ausnahme darstellt.

C. Prägende Berufspflichten

32 Die notarielle Amtsausübung ist durch ein System strenger Amtspflichten abgesichert, von denen die Grundsätze der Unparteilichkeit (→ Rn. 33 ff.), Unabhängigkeit (→ Rn. 41 ff.), Verschwiegenheit (→ Rn. 44 ff.) und Integrität (→ Rn. 48 ff.) zu den prägenden Berufspflichten gehören. Sie gelten für Richter und Notare in vergleichbarer Weise.[35] Die Erfüllung der Amtspflichten steht nicht zur Disposition privater Vereinbarungen. Auf den staatlich gewährten Schutz können die Beteiligten nicht verzichten. Amtspflichtverletzungen des Notars unterliegen der Amtshaftung gemäß § 19 Abs. 1 BNotO. Eine Haftungsbeschränkung kann mit den Beteiligten nicht vereinbart werden.

I. Unparteilich

33 Dem Gebot der Unparteilichkeit (§§ 8 Abs. 3 S. 2, 9 Abs. 3, 13 Abs. 1, 14 Abs. 1 S. 2, 28 BNotO) kommt unter den statusbildenden Normen für das Notariat eine herausragende Bedeutung zu. Sie grenzt den Notar nicht nur vom Rechtsanwalt ab, dessen Kernaufgabe

---

[33] BAG DNotZ 2000, 540 mAnm *Hermanns/Bezani.*
[34] Der Amtsnachfolger ist im Regelfall verpflichtet, die Urkunden und Akten seines Amtsvorgängers zu verwahren, vgl. BGH NJW-RR 2011, 414; Eylmann/Vaasen/*Bremkamp* BNotO § 51 Rn. 9.
[35] *Odersky* DNotZ 1994, 7 (9 ff.).

die parteiliche Interessenwahrnehmung ist, sondern unterscheidet ihn zugleich von allen anderen rechts- und wirtschaftsberatenden Berufen. Während beispielsweise dem Wirtschaftsprüfer auch im Rahmen seiner Vorbehaltsaufgaben lediglich eine Neutralitätspflicht gegenüber seinem Auftraggeber auferlegt ist, verlangt die notarielle Unparteilichkeit ein **Verhalten, das über passive Neutralität und die Vermeidung einseitiger Parteinahme bei widerstreitenden Interessen hinausgeht.**

Das Gebot der notariellen Unparteilichkeit wird geprägt durch den in § 17 Abs. 1 S. 2 **34** BeurkG verallgemeinerungsfähig formulierten sozialen **Schutzauftrag des Notars:** Er hat bei Ausübung seines Amtes darauf zu achten, dass „Irrtümer und Zweifel vermieden sowie unerfahrene und ungewandte Beteiligte nicht benachteiligt werden". Im Spannungsfeld zwischen passiver Neutralität, Vermeidung einseitiger Parteinahme bei widerstreitenden Interessen, Orientierung an dem Gebot materieller Gerechtigkeit und den Aufklärungs- und Belehrungspflichten des Notars (§ 17 Abs. 1 S. 2 BeurkG) hat sich neben einer umfangreichen Kasuistik[36] der Grundsatz herausgebildet, dass die Verpflichtung des Notars zur Unparteilichkeit seinem **sozialen Schutzauftrag** zur erweiterten Belehrung unerfahrener und ungewandter Beteiligter (§ 17 Abs. 1 S. 2 BeurkG) nicht widerspricht, sondern diesen vielmehr einschließt. Im Sinne einer **ausgleichenden** („wertorientierten")[37] **Unparteilichkeit** hat der Notar den sozialen Auftrag, einen gerechten Ausgleich auch gegensätzlicher Bestrebungen der Beteiligten zu finden.[38]

Der so ausgefüllte Grundsatz der Unparteilichkeit dient als Anknüpfungspunkt zahlreicher weiterer Einzelvorschriften des notariellen Berufsrechts, wie beispielsweise der Mitwirkungsverbote und Ausschließungsgründe gemäß §§ 3, 6, 7 BeurkG, der erforderlichen organisatorischen Vorkehrungen nach § 28 BNotO, Abschnitt VI Nr. 1.2 RL-E und der Bestimmungen zur Gestaltung des Beurkundungsverfahrens, wie sie insbesondere in § 17 BeurkG und Abschnitt II RL-E enthalten sind.

1. Ausgleichende Neutralität. Das Verhältnis zwischen dem Gebot der Unparteilichkeit **36** (§ 14 Abs. 1 S. 2 BNotO) und den Prüfungs- und Belehrungspflichten des Notars (§ 17 Abs. 1 S. 2 BeurkG) lässt sich kurz wie folgt charakterisieren: Der Notar hat bei der Ermittlung des Willens der Beteiligten, bei der Beratung und Aufklärung über die rechtliche Tragweite ihrer beabsichtigten Willenserklärungen und bei der Unterbreitung von Gestaltungsvorschlägen **unvoreingenommen und objektiv** vorzugehen. Insbesondere bei gegenläufigen Vorstellungen hat er zu **sämtlichen Beteiligten die gleiche Distanz** zu wahren und darf seine Bewertung und Abwägung der Interessen den Beteiligten nicht aufdrängen.[39] Die aus § 17 Abs. 1 S. 2 BeurkG abzuleitende **Pflicht zum Ausgleich** des Notars setzt dann ein, wenn die Fähigkeit der Beteiligten, die rechtliche Tragweite ihrer Erklärungen einzuschätzen, unterschiedlich ausgeprägt ist. Auch dann ist der Notar zwar nicht berechtigt, einseitig die Interessen des Schwächeren zu wahren. Zu seinen Aufgaben gehört es aber, derartige **Defizite** zwischen den Beteiligten im Hinblick auf das konkrete Amtsgeschäft **auszugleichen**, um auf diese Weise die Autonomie der Beteiligten zu schützen und die Voraussetzung für **ausgewogene Rechtsgeschäfte** zu schaffen.[40]

Dem Notar kommt bei Entscheidung der Frage, ob eine ausgleichende Belehrung mit **37** seinen Neutralitätspflichten vereinbar ist, ein **Ermessensspielraum** zu.[41] Dieser Ermessensspielraum wird allerdings von der Haftungsrechtsprechung nicht immer anerkannt, die

---

[36] Vgl. im Einzelnen Haug/Zimmermann/*Zimmermann* Amtshaftung Rn. 419ff.
[37] *Bohrer* NotarBerufsR Rn. 97.
[38] Schippel/Bracker/*Kanzleiter* BNotO § 14 Rn. 35; Eylmann/Vaasen/*Frenz* BNotO § 14 Rn. 10.
[39] Haug/Zimmermann/*Zimmermann* Amtshaftung Rn. 427.
[40] Vgl. hierzu auch *Baumann* MittRhNotK 1996, 7 (23). Zu der zum Teil widersprüchlichen Rechtsprechung zum Verhältnis zwischen Unparteilichkeit und Belehrungspflicht vgl. BGH DNotZ 1967, 446; DNotZ 1987, 157; DNotZ 1989, 45; DNotZ 1990, 58; DNotZ 1995, 407 und DNotZ 1995, 489; NJW 1996, 522; ZNotP 1999, 330. S. ferner Haug/Zimmermann/*Zimmermann* Amtshaftung Rn. 419ff.
[41] So zu Recht Haug/Zimmermann/*Zimmermann* Amtshaftung Rn. 431ff.

darüber hinaus zunehmend die wirtschaftlichen Gefahren der rechtlichen Tragweite in § 17 Abs. 1 S. 1 BeurkG gleichstellt.[42]

38 Beispiel:

Zwei wirtschaftlich erfahrene Geschäftsleute bewegen ein älteres Ehepaar dazu, ihnen ein vollkommen ungesichertes Darlehen zu gewähren. Hier ist es keinesfalls ein Verstoß gegen die Neutralitätspflicht, wenn der Notar von sich aus die Stellung einer Bürgschaft vorschlägt, wenngleich er hierzu auch unter dem Aspekt von § 17 Abs. 1 S. 2 BeurkG nicht verpflichtet sein dürfte.[43]

39 2. Tätigwerden auf einseitigen Antrag. Während der Rechtsanwalt ausschließlich die einseitigen Interessen seines Mandanten vertritt, sofern ihm dieser nicht etwas anderes gestattet, hat der Notar **auch bei Tätigwerden auf einseitigen Antrag** die möglichen **Interessen Dritter** im Auge zu behalten. Wenn er beispielsweise nur von einer Vertragspartei einen Entwurfsauftrag erhält, hat der Notar bei der Entwurfserstellung auch die Interessen der anderen Vertragspartei zu berücksichtigen. Die Richtlinien der Notarkammern heben dementsprechend hervor, dass der Notar auch bei der Beratung, Entwurfs- und Gutachtenerstellung auf einseitigen Antrag seine Unparteilichkeit zu wahren hat.[44] Zwar wird der Notar seine rechtliche Beratung in diesen Fällen zunächst an den rechtlichen und wirtschaftlichen Zielen seines Klienten orientieren. Seine **Gestaltungsvorschläge** dürfen aber nicht nur die Belange seines Auftraggebers berücksichtigen, sondern müssen eine geeignete **Grundlage für eine ausgewogene Regelung** bilden können.[45] Ob der Rechtsrat, den der Notar nach den beschriebenen Grundsätzen in Angelegenheiten der vorsorgenden Rechtspflege erteilt, in einer streitigen Auseinandersetzung (etwa in einem Prozess) verwendet wird, ist dagegen unerheblich.[46]

40 In Angelegenheiten der vorsorgenden Rechtspflege ist der Notar grundsätzlich befugt, die Beteiligten **vor Gerichten und Verwaltungsbehörden** zu **vertreten** (§ 24 Abs. 1 S. 2 BNotO). Die Voraussetzungen und Grenzen dieser Vertretung ergeben sich im Einzelnen aus den jeweils einschlägigen materiell-rechtlichen oder verfahrensrechtlichen Vorschriften.[47] In Betracht kommen insbesondere Grundbuch- und Registersachen, Erbscheinsverfahren, Grunderwerbsteuer-, Erbschaft- und Schenkungssteuerangelegenheiten sowie Genehmigungsverfahren im Anschluss an die Beurkundung. Auch im Rahmen einer solchen Vertretung hat der Notar seine Unparteilichkeit zu wahren.[48]

II. Unabhängig

41 Die in § 1 BNotO dem Notar garantierte Unabhängigkeit charakterisiert zunächst seine Stellung **gegenüber dem Bundesland,** dessen Hoheitsgewalt er ausübt. Ähnlich wie die ihr wesensnahe richterliche Unabhängigkeit[49] lässt sie sich in eine **persönliche Unabhängigkeit** (Bestellung auf Lebenszeit: § 3 BNotO, Unversetzbarkeit: § 10 Abs. 1 S. 2 BNotO, Unabsetzbarkeit: §§ 47 ff. BNotO) und eine **sachliche Unabhängigkeit** aufgliedern. Die sachliche Unabhängigkeit gegenüber dem Staat wirkt sich vor allem darin aus, dass die Aufsicht als reine Rechtsaufsicht ausgestaltet und der Notar außerhalb dieses Rahmens keinerlei Weisungen unterworfen ist.[50]

---

[42] Vgl. zB BGH DNotZ 1995, 407 mAnm *Haug.*
[43] Beispiel nach BGH WM 1975, 926 und Haug/Zimmermann/*Zimmermann* Amtshaftung Rn. 429.
[44] Abschnitt I Nr. 1.2 RL-E; Eylmann/Vaasen/*Hertel* BNotO § 24 Rn. 8, 11.
[45] Näher hierzu *Reithmann* FS 125 Jahre bayerisches Notariat 1987, 159.
[46] BGH NJW 1969, 929.
[47] Näher Arndt/Lerch/Sandkühler/*Sandkühler* BNotO § 24 Rn. 47 ff.
[48] Abschnitt I Nr. 1.2 RL-E.
[49] Vgl. *Pfeiffer* DNotZ 1981, 5.
[50] Vgl. BGH DNotZ 1972, 549; näher Arndt/Lerch/Sandkühler/*Sandkühler* BNotO § 14 Rn. 32 ff.; *Bohrer* NotarBerufsR Rn. 147 f.; Schippel/Bracker/*Bracker* BNotO § 1 Rn. 16 ff.; *Preuß* ZNotP 2008, 98.

Der Grundsatz der Unabhängigkeit prägt darüber hinaus aber auch das Verhältnis des No- 42
tars **zu den Beteiligten** (vgl. zB § 14 Abs. 1 BNotO). Insofern kann die Unabhängigkeit
für den Notar Pflichten begründen: Sie verlangt von ihm, gegenüber seinen Auftraggebern das erforderliche Maß an persönlicher und wirtschaftlicher Distanz zu halten. Die
**persönliche und wirtschaftliche Unabhängigkeit des Notars von seinen Auftrag-
gebern** ist zugleich die Grundvoraussetzung dafür, dass er sein Amt unparteiisch ausüben
kann.[51]

Die Unabhängigkeit des Notars bedingt ferner, dass er die eigenständige Organisations- 43
gewalt über seine Geschäftsstelle im Hinblick auf seine Angestellten und seine sächlichen
Hilfsmittel besitzt.[52] Hieraus lässt sich das **Gebot der beruflichen Selbständigkeit** ableiten, das insbesondere bei der Einbindung des (Anwalts-)Notariats in multiprofessionelle
Berufsverbindungen eine Rolle spielt und seinen Niederschlag in § 9 Abs. 3 BNotO gefunden hat.[53]

III. Verschwiegen

Die in § 18 BNotO normierte Verschwiegenheitspflicht gehört neben dem Pflichtenkata- 44
log des § 14 BNotO zu den **Kardinalpflichten** des notariellen Berufsrechts. Sie ist durch
das **Strafrecht** sowie das **Verfahrens- und Prozessrecht** fest in der Rechtsordnung verankert: Gemäß § 203 Abs. 1 Nr. 3 und Abs. 2 Nr. 1 StGB[54] wird mit Freiheitsstrafe bis zu
einem Jahr oder Geldstrafe bestraft, wer ein fremdes Geheimnis offenbart, das ihm als
Notar anvertraut oder sonst bekannt worden ist. Ein Verstoß gegen diesen Straftatbestand
kann gemäß §§ 47 Nr. 4, 49 BNotO iVm § 24 Abs. 1 Nr. 1 BeamtStG zu einem **Verlust
des Notaramtes** führen. Gemäß § 53 Abs. 1 Nr. 3 StPO und § 383 Abs. 1 Nr. 6 ZPO
sowie den darauf Bezug nehmenden Regelungen anderer Verfahrens- und Prozessord-
nungen (zB § 29 Abs. 2 FamFG, § 98 VwGO, § 65 Abs. 1 VwVfG, § 46 Abs. 2 ArbGG,
§ 118 SGG, § 21 Abs. 3 SGB X) ist der Notar in einem gerichtlichen Verfahren zur **Verweigerung des Zeugnisses** befugt, soweit seine notarielle Verschwiegenheitspflicht
reicht.[55] Gemäß § 102 Abs. 1 Nr. 3b AO steht dem Notar darüber hinaus in diesem Umfang ein **Auskunftsverweigerungsrecht** gegenüber den Finanzbehörden zu.[56] Der Notar ist unter den Voraussetzungen des § 386 Abs. 3 ZPO sogar von seiner Pflicht befreit,
als Zeuge vor Gericht zu erscheinen.[57]

Gemäß § 18 Abs. 1 S. 2 BNotO bezieht sich die Pflicht zur notariellen Verschwie- 45
genheit auf alles, was dem Notar bei Ausübung seines Amtes bekannt geworden ist. Die

---

[51] *Bohrer* NotarBerufsR Rn. 140 ff., 305 ff. sowie Eylmann/Vaasen/*Frenz* BNotO § 1 Rn. 28 f.
[52] *Vaasen/Starke* DNotZ 1998, 661 (667).
[53] Zum Selbständigkeitsprinzip näher *Bohrer* NotarBerufsR Rn. 305 ff.
[54] Notare sind in § 203 Abs. 1 Nr. 3 StGB nur wegen der Einbeziehung ihrer Mitarbeiter gemäß § 203
Abs. 3 S. 2 StGB ausdrücklich genannt, werden aber als Amtsträger iSd § 11 Abs. 1 Nr. 2b StGB auch
von § 203 Abs. 2 Nr. 1 StGB tatbestandlich erfasst, vgl. Schönke/Schröder/*Eisele*, 30. Aufl. 2019, StGB
§ 203 Rn. 37.
[55] Nach BGH DNotZ 2005, 288 nehmen diese Vorschriften vollumfänglich auf sämtliche der notariellen
Verschwiegenheitspflicht gemäß § 18 Abs. 1 S. 1 BNotO unterfallende Informationen Bezug. Eine engere
Auslegung aufgrund der in § 53 StPO, § 383 ZPO enthaltenen Beschränkung auf „anvertraute" Informationen ist danach abzulehnen. Die Zeugnisverweigerungsrechte gewähren auf dieser Grundlage einen
vollumfänglichen verfahrensrechtlichen Schutz der notariellen Verschwiegenheit; vgl. auch hierzu Schip-
pel/Bracker/*Kanzleiter* BNotO § 18 Rn. 58a und Eylmann/Vaasen/*Bremkamp* BNotO § 18 Rn. 5.
[56] Vgl. zu den Offenbarungspflichten gegenüber den Finanzbehörden Eylmann/Vaasen/*Bremkamp* BNotO
§ 18 Rn. 100 ff.
[57] Instruktiv hierzu BFH 27.1.2004 – II B 120/02, BeckRS 2004, 25003041. Erforderlich und ausreichend
für § 386 Abs. 3 ZPO ist danach eine Erklärung des Notars, dass er aufgrund seiner Verschwiegenheitspflicht gemäß § 18 Abs. 1 S. 1 BNotO ohne Befreiung gemäß § 18 Abs. 2 BNotO nicht aussagen
könne. Der Notar ist aufgrund dieser Erklärung „solange von seiner Pflicht, vor Gericht zu erscheinen,
befreit, bis im Zwischenstreit über die Zeugnisverweigerung nach § 387 ZPO rechtskräftig sein Verwei-
gerungsgrund für unberechtigt erklärt und er sodann erneut als Zeuge geladen ist [...]. Ein Zeuge, der
sich nach § 386 Abs. 1 ZPO ordnungsgemäß auf ein Zeugnisverweigerungsrecht berufen hat, kann auch
ohne ausdrückliche Genehmigung des Gerichts dem Termin fernbleiben."

notarielle Verschwiegenheitspflicht ist **weiter gefasst** als der flankierende Straftatbestand des § 203 Abs. 1 Nr. 3 StGB, der tatbestandlich enger nur fremde Geheimnisse
schützt.[58] Schutzgut des § 18 Abs. 1 S. 1 BNotO ist nicht nur ein fremdes Geheimnis im
Sinne einer Tatsache, an deren Geheimhaltung der Geheimnisgeschütze ein sachlich begründetes Interesse hat.[59] Auf ein **objektives Geheimhaltungsinteresse** oder gar einen **subjektiven Geheimhaltungswillen**[60] der von § 18 Abs. 1 S. 1 BNotO geschützten Person kommt es nicht an. Die berufsrechtliche Verschwiegenheitspflicht erstreckt
sich vielmehr auf **jede dem Notar noch so unwichtig oder gleichgültig erscheinende Tatsache oder Erkenntnis,** die er in Betreff der geschützten Person wahrnimmt und erfährt.[61] Beispielsweise fallen unter die notarielle Verschwiegenheitspflicht
bereits „Tatsache, Zeit und Ort einer Inanspruchnahme des Notars als Amtsträger sowie
die Identität der betreffenden Personen. Auch der Inhalt von Gesprächen zwischen den
Urkundsbeteiligten und dritten Personen, die bei der Verhandlung zugegen sind, fällt
darunter. Der Schweigepflicht unterliegen schließlich grundsätzlich auch die eigenen
Erklärungen und Handlungen des Notars."[62]

46   Gemäß § 18 Abs. 2 Hs. 1 BNotO entfällt die Pflicht zur Verschwiegenheit, wenn die
Beteiligten Befreiung hiervon erteilen. Diese Regelung erscheint auf den ersten Blick
klar und eindeutig, wirft jedoch in der notariellen Praxis viele Fragen auf, die an dieser
Stelle nicht weiter ausgeführt werden können.[63] Gemäß § 18 Abs. 2 Hs. 2 BNotO tritt an
die Stelle eines **verstorbenen Beteiligten** die für den Notar zuständige Aufsichtsbehörde. Nach Auffassung des Bundesgerichtshofs ist das eine „eindeutige, klare Regelung" dahingehend, „dass die Befreiung des Notars von der Verschwiegenheitspflicht nach dem
Tode eines Beteiligten *allein der Aufsichtsbehörde* [sic!] obliegt" und folglich **keine übertragbare Rechtsposition** darstellt.[64] Diese bereits in der Reichsnotarordnung[65] enthaltene Möglichkeit der **Ersetzung der Befreiungserklärung** der geschützten Person durch
eine Befreiungserklärung der Aufsichtsbehörde des Notars ist **einzigartig** unter den zur
Verschwiegenheit verpflichteten Berufsgruppen. Den Rechtsanwalt (§ 43a Abs. 2 BRAO),
Steuerberater (§ 9 BOStB) oder Arzt (§ 9 MusterBO) kann stets nur die von der jeweiligen Verschwiegenheitspflicht geschützte Person von der Verschwiegenheitspflicht befrei-
en; eine Befreiung durch die Aufsichtsorgane dieser Berufsgeheimnisträger sehen die jeweiligen standesrechtlichen Regelungen nicht vor. Das durch § 18 Abs. 2 Hs. 2 BNotO
insoweit begründete **Alleinstellungsmerkmal** des Notars unter den **Berufsgeheimnis-
trägern** rechtfertigt an vielen Stellen eine **abweichende** und zum Teil deutlich **striktere**
Handhabung der Verschwiegenheitspflicht des Notars gegenüber den Verschwiegenheitspflichten anderer Berufsgeheimnisträger.[66]

---

[58] So auch die überwiegende Auffassung für die rechtsanwaltliche Verschwiegenheitspflicht gemäß § 43a
    Abs. 2 BRAO, vgl. nur *Rubenbauer,* Reichweite und Bedeutung der berufsrechtlichen und strafrechtlichen
    Verschwiegenheitspflicht des Rechtsanwaltes, 2014, S. 12 mwN; aA aber Henssler/Prütting/*Henssler,*
    4. Aufl. 2013, BRAO § 43a Rn. 45.

[59] So die hM zu § 203 Abs. 1 StGB; vgl. Schönke/Schröder/*Eisele,* 30. Aufl. 2019, StGB § 203 Rn. 5; Beck-
    OK StGB/*Weidemann* StGB § 203 Rn. 4, jeweils mwN.

[60] So zum Teil in der Literatur für den Tatbestand des § 203 StGB verlangend, vgl. hierzu aber zutreffend
    kritisch Schönke/Schröder/*Eisele,* 30. Aufl. 2019, StGB § 203 Rn. 5.

[61] So bereits *Seybold/Hornig* RNotO § 19 Ziff. II.; vgl. auch Schippel/Bracker/*Kanzleiter* BNotO § 18
    Rn. 6; Diehn/*Schwipps* BNotO § 18 Rn. 7.

[62] BGH DNotZ 2005, 288; vgl. auch BGH DNotZ 2013, 711; *Seybold/Hornig* RNotO § 19 Ziff. II; Arndt/
    Lerch/Sandkühler/*Sandkühler* BNotO § 18 Rn. 17, 18; Diehn/*Schwipps* BNotO § 18 Rn. 6.

[63] Vgl. hierzu ausführlich Eylmann/Vaasen/*Bremkamp* BNotO § 18 Rn. 27 ff.

[64] BGH NJW 1975, 930 sowie diese Rechtsauffassung ausdrücklich bestätigend BGH DNotZ 2009, 876;
    vgl. hierzu auch Eylmann/Vaasen/*Bremkamp* BNotO § 18 Rn. 39 ff.

[65] § 19 Abs. 1 S. 2 Hs. 2 RNotO.

[66] Vgl. zu den gesetzlichen Offenbarungstatbeständen Eylmann/Vaasen/*Bremkamp* BNotO § 18 Rn. 65 ff.
    sowie zu der Offenbarung wegen Notstands und berechtigten Eigeninteressen Eylmann/Vaasen/*Bremkamp*
    BNotO § 18 Rn. 132 ff.

In der Praxis von großer Bedeutung ist die in § 18 Abs. 3 BNotO vorgesehene Möglich- 47
keit, bestehende Zweifel über die Verschwiegenheitspflicht durch eine **Entscheidung
der Aufsichtsbehörde** ausräumen zu lassen. Zweifelt der Notar, ob er eine bestimmte
Handlung vornehmen kann, ohne gegen seine Verschwiegenheitspflicht zu verstoßen,
kann er gemäß § 18 Abs. 3 S. 1 BNotO seine Aufsichtsbehörde um eine Entscheidung
nachsuchen. Die Aufsichtsbehörde fällt diese Entscheidung in der Regel aufgrund einer
eingeholten Stellungnahme der regionalen Notarkammer. Handelt der Notar entsprechend der Entscheidung der Aufsichtsbehörde, kann darin **kein Amtspflichtverstoß** liegen und er wird folglich gemäß § 18 Abs. 3 S. 2 BNotO von jeder Haftung freigestellt.

> **Praxishinweis:**
> Da sich im Ergebnis jede Kommunikation nach außen an der Verschwiegenheitspflicht
> messen lassen muss, ist die dem Notar gesetzlich eingeräumte Möglichkeit der Einho-
> lung der Entscheidung seiner Aufsichtsbehörde in der Praxis häufig ein taugliches Mit-
> tel, sich gegenüber Auskunft verlangenden Dritten die „Rückendeckung" seiner Auf-
> sichtsbehörde zu holen.

IV. Integer

Die unmittelbare Ausübung hoheitlicher Tätigkeit durch den Notar, seine vom Gesetz 48
vorgeschriebene Mitwirkung in zahlreichen Rechtsbereichen und der ihm auferlegte soziale Schutzauftrag bedingen, dass der Bürger, der die Dienste des Notars in Anspruch
nimmt, sich auf seine **Integrität in besonderem Maße verlassen können muss.** Die
zentralen Aussagen des berufsrechtlichen Integritätsgebots sind in § 14 Abs. 3 S. 1, Abs. 2
BNotO niedergelegt: Der Notar hat sich durch sein Verhalten innerhalb und außerhalb
seines Amtes der **Achtung und des Vertrauens,** die dem Notaramt entgegengebracht
werden, **würdig zu zeigen.** Er hat seine Amtstätigkeit zu versagen, wenn sie mit seinem
Amtspflichten nicht vereinbar wäre, insbesondere wenn seine Mitwirkung bei Handlungen verlangt wird, mit denen erkennbar unerlaubte oder unredliche Zwecke verfolgt
werden. Das Integritätsgebot[67] umfasst grundsätzlich die allgemeine Pflicht zur redlichen
und sorgfältigen Amtsführung und zum integren Verhalten. Es kann wiederum in drei
konkretere Gebote unterteilt werden: Dem Wahrheitsgebot (→ Rn. 49), dem Mitwirkungsverbot (→ Rn. 50 ff.) und dem Allumfassungsgebot (→ Rn. 58).

1. Wahrheitsgebot. Die durch § 348 StGB strafrechtlich sanktionierte Amtspflicht zur 49
wahrheitsgemäßen Bezeugung beschreibt eine der **Kernanforderungen** des öffentlichen
Amtes. Der Notar darf nur beurkunden, was er nach gewissenhafter Prüfung als zutreffend erkannt hat.[68] Dies setzt voraus, dass der Notar den Sachverhalt aufklärt, den Willen
der Beteiligten ermittelt und diesen Willen nach unparteiischer Beratung und Belehrung
der Beteiligten in entsprechende rechtliche Gestaltungsvorschläge umsetzt. Die **Pflicht
zur wahrheitsgemäßen Bezeugung** in diesem umfassenden Sinne korrespondiert daher
mit den **Aufklärungs-, Prüfungs-, Belehrungs- und Hinweispflichten** nach dem
BeurkG (→ § 31 Rn. 80 ff.).

2. Mitwirkungsverbot. Der Notar darf nach § 14 Abs. 2 BNotO nicht bei Handlungen 50
mitwirken, mit denen erkennbare unerlaubte Zwecke (also solche, die nach der Rechtsordnung verboten sind) oder unredliche Zwecke (also solche, die zwar nicht verboten,
aber mit der Rechts- und Sittenordnung nicht zu vereinbaren sind) verfolgt werden.[69]

---

[67] Zur Herleitung Eylmann/Vaasen/*Frenz* BNotO § 14 Rn. 15.
[68] BGH DNotZ 1992, 819.
[69] BGH DNotZ 1973, 245; eingehend hierzu *Schröder* DNotZ 2005, 596 (601 ff.).

Der Versagungsgrund nach § 14 Abs. 2 BNotO setzt allerdings stets voraus, dass der Notar den unerlaubten oder unredlichen Zweck erkennen konnte. Der Notar ist nicht gehalten, ohne Anlass Nachforschungen anzustellen;[70] lediglich **konkreten Verdachtsgründen** muss er nachgehen. Erkennt der Notar den unerlaubten oder unredlichen Zweck erst nachträglich, so hat er seine weitere Mitwirkung einzustellen, beispielsweise den weiteren Vollzug eines Vertrages abzulehnen.[71]

51   Der Notar darf nicht daran mitwirken, nichtigen Rechtsgeschäften wissentlich den äußeren Schein der Wirksamkeit zu verleihen (unerlaubte Zwecke iSd § 14 Abs. 2 BNotO).[72] Erkennt er das Vorliegen eines Nichtigkeitsgrundes, hat er daher seine Amtstätigkeit zu verweigern. Als **Nichtigkeitsgründe** kommen neben den Tatbeständen des materiellen Rechts (zB §§ 104, 105 Abs. 2, 116–118, 125, 134, 138, 306 BGB) auch verfahrensrechtliche Unwirksamkeitsgründe des Beurkundungsgesetzes (§§ 6, 7, 27 BeurkG) in Betracht. Aus den gleichen Gründen muss der Notar seine Amtstätigkeit versagen, wenn er erkennt, dass einer der Beteiligten nicht die erforderliche Geschäftsfähigkeit besitzt oder dass die Vertretungsmacht oder Verfügungsbefugnis für das beabsichtigte Geschäft fehlt und auch eine nachträgliche Genehmigung durch den Berechtigten nicht möglich ist (vgl. §§ 11, 12 BeurkG). Die bloße **schwebende Unwirksamkeit** ist dagegen noch kein Versagungsgrund nach § 14 Abs. 2 BNotO, solange die Möglichkeit besteht, dass das Geschäft später wirksam wird.[73]

52   Der Notar ist nicht verpflichtet sicherzustellen, dass die im Rahmen der Privatautonomie verfolgten privaten Interessen der Beteiligten stets mit der ratio legis und den sie tragenden rechts- und wirtschaftspolitischen Zielsetzungen übereinstimmen. Er hat seine Mitwirkung aber dann zu versagen, wenn ein Rechtsgeschäft, obwohl es nicht unwirksam ist, **eindeutig der Rechts- und Sittenordnung widerspricht** (unredliche Zwecke iSd § 14 Abs. 2 BNotO). Hierbei kommen insbesondere folgende Tatbestände in Betracht:

53   – An Rechtsgeschäften, die erkennbar wegen **arglistiger Täuschung oder Drohung anfechtbar** sind (§ 123 BGB), darf der Notar nicht mitwirken.[74] Bei anfechtbaren Rechtsgeschäften nach §§ 129ff. InsO und §§ 3ff. AnfG muss der Notar seine Amtstätigkeit jedenfalls dann versagen, wenn er die Insolvenz bzw. die drohende Insolvenz des Schuldners kennt, da die Handlung dann regelmäßig einen Straftatbestand nach §§ 283ff. StGB erfüllen wird.[75]

54   – Ein unredlicher Zweck liegt ferner dann vor, wenn das Amt des Notars zur **Vortäuschung von Sicherheiten** benutzt werden soll. Deshalb darf der Notar insbesondere Geld, Wertpapiere und Kostbarkeiten nicht zur Aufbewahrung oder zur Ablieferung an Dritte übernehmen, wenn der Eindruck von Sicherheiten entsteht, die durch die Verwahrung nicht gewährt werden. Anlass für eine entsprechende Prüfung entsteht insbesondere, wenn die Verwahrung nicht in Zusammenhang mit einer Beurkundung erfolgt, vgl. Abschnitt III Nr. 2 RL-E.

55   – Der Notar darf darüber hinaus nicht bei Geschäften mitwirken, die zwar als solche wirksam sind, aber erkennbar der **Sicherung oder Erfüllung gesetz- oder sittenwidriger Geschäfte** dienen, wie beispielsweise bei der Beurkundung eines abstrakten

---

[70] Schippel/Bracker/*Kanzleiter* BNotO § 14 Rn. 20.
[71] BGH DNotZ 1987, 558; BayObLG DNotZ 1998, 645.
[72] BGH WM 1992, 1662 (1663).
[73] BGH WM 1992, 1513. Zu weiteren Tatbeständen nicht rechtmäßiger Amtshandlungen nach § 14 Abs. 2 BNotO vgl. Schippel/Bracker/*Kanzleiter* BNotO § 14 Rn. 11ff.; Eylmann/Vaasen/*Frenz* BNotO § 14 Rn. 28ff.
[74] *Winkler* BeurkG § 4 Rn. 23; Arndt/Lerch/Sandkühler/*Sandkühler* BNotO § 14 Rn. 93; Schippel/Bracker/*Kanzleiter* BNotO § 14 Rn. 13.
[75] Vgl. *Heckschen* MittRhNotK 1999, 11 (14ff.); Eylmann/Vaasen/*Frenz* BNotO § 14 Rn. 34; *Grziwotz* NotBZ 2000, 9. Zur strafrechtlichen Haftung des Notars bei der Entsorgung einer insolvenzreifen GmbH vgl. *Schröder* DNotZ 2005, 596.

Schuldanerkenntnisses (§ 781 BGB) zur Sicherung eines erkennbar wegen Wuchers (§ 138 Abs. 2 BGB) nichtigen Kreditgeschäftes.[76]
– Der Notar darf keine vollstreckbare Ausfertigung einer Urkunde erteilen, wenn für ihn **56** offenkundig ist, dass der **materielle Anspruch nicht (mehr) besteht.**[77]

Der Notar hat seine Mitwirkung gemäß § 14 Abs. 2 BNotO allerdings nur dann zu ver- **57** weigern, wenn aufgrund der erkennbaren Umstände **für ihn feststeht,** dass der verfolgte Zweck unerlaubt oder unredlich ist. Hegt er lediglich entsprechende Zweifel, so hat er (auch wenn es nicht um die Wirksamkeit, sondern nur um die Redlichkeit eines Geschäfts geht) entsprechend den Grundsätzen des **§ 17 Abs. 2 BeurkG** zu verfahren. Er hat seine Bedenken mit den Beteiligten zu erörtern und, wenn diese auf der Vornahme der Amtstätigkeit bestehen, seine Belehrung und die dazu abgegebenen Erklärungen der Beteiligten in der Niederschrift festzuhalten (sofern die Amtstätigkeit keine Niederschrift erfordert, genügt ein gesonderter Belehrungsvermerk in den Akten). Nachträgliche Zweifel an der Wirksamkeit des Geschäfts berechtigen und verpflichten nicht zur Versagung einer Vollzugstätigkeit, zu der sich der Notar im Rahmen von § 25 BNotO verpflichtet hat.[78]

3. Allumfassungsgebot. Das Integritätsgebot erstreckt sich gemäß § 14 Abs. 3 S. 1 **58** BNotO auch auf das **Verhalten außerhalb des Amtes.** Angesichts der zunehmenden Trennung zwischen beruflicher und privater Sphäre in unserer Gesellschaft kommt dieser Ausdehnung heute eine geringere Bedeutung als früher zu. Dennoch bleibt zu beachten, dass das **Vertrauen in die Seriosität und Redlichkeit** des Notars zu den Existenzbedingungen für das Notariat als Rechtspflegeinstitution gehört und dass dieses Vertrauen auch durch **Verhaltensweisen außerhalb des Berufs** beeinträchtigt werden kann. So ist beispielsweise ein rücksichtsloses Gewinnstreben, das vorsätzliche Schädigen Dritter oder das Verfolgen verfassungsfeindlicher Bestrebungen auch dann mit dem Notaramt unvereinbar, wenn es nicht im Zusammenhang mit der Amtstätigkeit erfolgt.

D. Weitere ausgewählte Berufspflichten

Die vier vorstehend dargestellten Amtspflichten prägen die notarielle Amtstätigkeit **59** schlechthin. Sie sind allerdings bei weitem nicht die einzigen Regeln, denen der Notar in Rahmen seiner Berufsausübung unterliegt. An dieser Stelle können nicht sämtliche weiteren Berufspflichten behandelt, sondern wiederum nur die nachfolgend ausgewählten, in der Praxis besonders bedeutsamen Berufspflichten dargestellt werden. Dazu gehören die Grundsätze der persönlichen Amtsausübung (→ Rn. 60 ff.) und der Amtsbereitschaft (→ Rn. 64 ff.), das Amtsbereichs- und Amtsbezirksprinzip (→ Rn. 73 ff.), die Pflicht zur Gebührenerhebung und -beitreibung (→ Rn. 81 ff.) sowie die grundsätzlichen Verbote der Ausübung von Nebentätigkeiten (→ Rn. 83 ff.), der Berufsverbindung (→ Rn. 89 ff.) und der Vornahme von Werbung (→ Rn. 93 ff.).

I. Pflicht zur persönlichen Amtsausübung

Die persönliche Amtsausübung gehört zu den **institutionellen Grundsätzen** des Notari- **60** ats. Das Bestehen des Grundsatzes der persönlichen Amtsausübung wird vom Gesetz als **selbstverständlich vorausgesetzt.** Er findet sich daher gesetzlich an keiner Stelle ausdrücklich geregelt und wird lediglich an verschiedenen Stellen in Bezug genommen (vgl. §§ 8 Abs. 1 S. 1, 9 Abs. 3, 25 Abs. 1, 64 Abs. 1 S. 1, 56 Abs. 1 S. 1 BNotO). § 67 Abs. 2

---

[76] Arndt/Lerch/Sandkühler/*Sandkühler* BNotO § 14 Rn. 92. Vgl. aber BGH WM 1992, 1666 zur beabsichtigten Heilung eines als Scheingeschäft (§ 117 Abs. 1 BGB) nichtigen Grundstückskaufvertrages durch Auflassung (§ 311b Abs. 1 S. 2 BGB).
[77] BayObLG DNotZ 1998, 194.
[78] OLG Frankfurt a.M. DNotZ 1998, 196.

S. 3 Nr. 4 BNotO überträgt den regionalen Notarkammern das Recht, den Grundsatz der persönlichen Amtsausübung durch eigenes Satzungsrecht (→ Rn. 17) näher zu konkretisieren und auszugestalten. Von diesem Recht haben sämtliche regionale Notarkammern in ihren Richtlinien Gebrauch gemacht. Diesen regionalen Kammerrichtlinien liegen die Richtlinienempfehlung der Bundesnotarkammer zugrunde (Abschnitt IV Nr. 1–4 RL-E), die von sämtlichen Kammern mit einzelnen Abweichungen übernommen wurden.

61 **1. Beschäftigung von Mitarbeitern.** Mit Übertragung eines Notaramtes durch den Staat wird seinem Träger die **höchstpersönliche Befugnis** verliehen, die Zuständigkeiten eines Notars wahrzunehmen. Dementsprechend muss der Notar die zur Ausübung des Amtes erforderlichen Tätigkeiten **im Kern selbst erbringen.** Er darf seine Verantwortung nicht auf andere übertragen oder mit anderen teilen. Lediglich **vorbereitende, begleitende und vollziehende Tätigkeiten** darf er delegieren. Auch hierbei darf jedoch kein Zweifel daran entstehen, dass alle Tätigkeiten der Mitarbeiter vom Notar selbst verantwortet werden. In jedem Fall muss es den Beteiligten möglich bleiben, sich **persönlich** an den Notar zu wenden. Der Grundsatz der persönlichen Amtsausübung kann auch als „**Flaschenhals**" umschrieben werden: So ist etwa jeder durch seine Mitarbeiter vorbereitete Urkundenentwurf und auch jede andere durch seine Mitarbeiter vorbereitete Amtstätigkeit vom **Notar (dem Flaschenhals)** zu verantworten und von ihm selbst zu kontrollieren.[79]

62 Aus dem Grundsatz der persönlichen Amtsausübung folgen bestimmte weitere Einschränkungen der notariellen Berufsausübung. So sind beispielsweise der **Beschäftigung juristischer Mitarbeiter** Grenzen gesetzt. Mitarbeiter mit Befähigung zum Richteramt („Volljuristen") darf der Notar gemäß § 25 Abs. 1 BNotO nur beschäftigen, soweit seine persönliche Amtsausübung nicht gefährdet wird. Die meisten Bundesländer im Bereich des hauptberuflichen Notariats haben von der in § 25 Abs. 2 BNotO vorgesehenen Ermächtigung der Landesregierung Gebrauch gemacht, durch Rechtsverordnung eine **Genehmigungspflicht für die Beschäftigung von Volljuristen** durch einen hauptberuflichen Notar einzuführen. So sieht beispielsweise § 17 Abs. 3 NotVO NRW vor, dass jeder hauptberufliche Notar in **Nordrhein-Westfalen nur einen Volljuristen** beschäftigen darf und dieser Volljurist darüber hinaus nicht zur Rechtsanwaltschaft zugelassen sein darf. Ferner bestimmt § 20 NotVO NRW, dass der bei dem hauptberuflichen Notar beschäftigte Volljurist den Notar in der Amtsausübung **nicht vertreten** darf. Andere Bundesländer haben zum Teil ein vollkommen anderes Verständnis von den aus dem Grundsatz der persönlichen Amtsausübung folgenden Schranken bei der Beschäftigung von volljuristischen Mitarbeiter durch den Notar und lassen zum Teil mehrere volljuristische Mitarbeiter und sogar deren Vertretung des Notars zu.

63 **2. Notarvertretung.** Ferner folgen aus dem Grundsatz der persönlichen Amtsausübung Einschränkungen im Hinblick auf die mögliche **Vertretung des Notars** im Falle seiner Verhinderung (Urlaub, Krankheit). Zunächst ist eine Aufgabenübertragung durch den Notar selbst ausgeschlossen. Gemäß § 39 Abs. 1 BNotO werden lediglich **auf Antrag des Notars von der Aufsichtsbehörde** (in der Regel dem Landgerichtspräsidenten) die dem Notar persönlich verliehenen amtlichen Befugnisse zeitweise einer anderen Person zur Ausübung übertragen.[80] Der Vertreter muss fähig sein, das Amt eines Notars zu bekleiden (§ 39 Abs. 3 BNotO), mithin die Voraussetzungen der §§ 3, 5, 6 BNotO erfül-

---

[79] Näher Schippel/Bracker/*Görk* RL-E IV Rn. 3 ff.; Eylmann/Vaasen/*Starke* BNotO § 25 Rn. 7 ff.
[80] *Bohrer* NotarBerufsR Rn. 271 ff. Ein Anspruch auf Vertreterbestellung besteht nicht, BGH DNotZ 1996, 186; dem Vorschlagsrecht des Notars und seinem Interesse an einer störungsfreien Aufrechterhaltung des Notariatsbetriebs ist aber bei der Entscheidung ein erhebliches Gewicht zu geben, BGH DNotZ 2007, 872.

len.[81] Dem Vertreter werden die hoheitlichen Befugnisse wiederum **persönlich** übertragen (§§ 39 Abs. 4, 41 Abs. 2 BNotO),[82] so dass auch für ihn während der Zeit seiner Amtsinhaberschaft der Grundsatz der persönlichen Amtsausübung greift.[83] Während der Zeit der Vertretung hat sich der Notar jeder eigenen Amtsausübung (das Amt bleibt auch während der Vertretung weiter bestehen) zu enthalten.[84] Darüber hinaus folgt aus dem Grundsatz der persönlichen Amtsausübung mit Blick auf die Vertretung des Notars, dass seine Vertretung iSd § 39 BNotO nicht ein solches **Maß** annehmen darf, dass dieser Grundsatz in Frage steht: Der Notar muss von der rechtsuchenden Bevölkerung noch selbst als Amtsinhaber wahrgenommen werden. In einzelnen Bundesländern bestehen daher bestimmte **Richtwerte,** an wie vielen Tagen eine Vertretung des Notars diesen Rahmen sprengt.[85] Die Einhaltung dieser Richtwerte wird dabei im Regelfall durch die Notarkammern kontrolliert.

II. Pflicht zur Amtsbereitschaft

Von allen übrigen rechts- und wirtschaftsberatenden Berufen unterscheidet sich das Notaramt schließlich auch durch die **Pflicht zur Amtsbereitschaft,** die dem allgemeinen Interesse an einer geordneten und funktionsfähigen Rechtspflege dient.[86] Die Pflicht zur Amtsbereitschaft konkretisiert das Gesetz zum einen dadurch, dass der Notar gemäß § 15 Abs. 1 BNotO seine Urkundstätigkeit grundsätzlich nicht verweigern darf (→ Rn. 65 ff.) und er gemäß § 10 Abs. 2 S. 2, Abs. 3 BNotO vor Ort als Amtsträger auch persönlich während den üblichen Öffnungszeiten erreichbar zu sein hat (→ Rn. 70 ff.) **64**

1. Urkundsgewährungspflicht. Ähnlich der Justizgewährungspflicht des Staates obliegt dem Notar gemäß § 15 Abs. 1 BNotO eine Urkundsgewährungspflicht. Er muss prinzipiell immer als Urkundsperson tätig werden, wenn er es ohne Verletzung materiell-rechtlicher oder dienstrechtlicher Pflichten kann.[87] **65**

Die Pflicht des § 15 BNotO gilt nur für die **„Urkundstätigkeit",** also für die in §§ 20–22 BNotO aufgeführten Zuständigkeiten des Notars. In diesem Rahmen umfasst die **Urkundsgewährungspflicht** neben der eigentlichen Amtstätigkeit auch diejenigen Handlungen, die der Notar zur Vorbereitung, Förderung und Abwicklung verfahrensrechtlich vorzunehmen verpflichtet ist, und die nach dem GNotKG entweder keine Gebühr auslösen oder die zwar eine Gebühr auslösen, aber keines besonderen Auftrags bedürfen.[88] Soweit im Rahmen der Urkundstätigkeit die Errichtung in einem elektronischen Dokument zulässig ist (vgl. §§ 39a, 42 Abs. 4 BeurkG), ist der Notar auf Ansuchen der Beteiligten auch hierzu verpflichtet (vgl. § 15 Abs. 3 BNotO). **66**

---

[81] Zur Auswahl des Vertreters vgl. Eylmann/Vaasen/*Wilke* BNotO § 39 Rn. 34 ff.; Schippel/Bracker/*Schäfer* BNotO § 39 Rn. 13 ff.; BGH DNotZ 1996, 203; DNotZ 2001, 726; DNotZ 2003, 226; zur persönlichen Eignung des Vertreters BGH ZNotP 2010, 72.

[82] Zur Stellung des Notarvertreters im Beurkundungsverfahren Eylmann/Vaasen/*Wilke* BNotO § 39 Rn. 9 ff.

[83] Die Amtsbefugnis des Vertreters beginnt mit der äußerlich erkennbaren Übernahme des Amtes (§ 44 Abs. 1 BNotO), also spätestens mit dem nach § 33 Abs. 4 DONot erforderlichen Vermerk in der Urkundenrolle. Sie endet mit der Übergabe des Amtes an den Notar (§ 44 Abs. 1 BNotO), es sei denn, der Ablauf ist bereits in der Bestellungsverfügung angegeben oder die Bestellung wird vorher widerrufen.

[84] Ein Verstoß gegen diese Amtspflicht zur Enthaltung berührt die Wirksamkeit der Amtshandlung nicht, kann für den Notar aber zu disziplinarrechtlichen Konsequenzen führen, vgl. Arndt/Lerch/Sandkühler/ *Lerch* BNotO § 44 Rn. 7.

[85] Im Bereich der Rheinischen Notarkammer gilt beispielsweise der Grundsatz, dass sich der Notar in der Regel nicht mehr als 50 Arbeitstagen im Kalenderjahr vertreten lassen kann, ohne dass in seiner Person der Grundsatz der persönlichen Amtsausübung in Frage steht.

[86] BVerfG DNotZ 1993, 259 (260); DNotZ 2012, 945 (948 ff.).

[87] *Winkler* BeurkG Einl. Rn. 31; Schippel/Bracker/*Reithmann* BNotO § 15 Rn. 15 ff.

[88] Vgl. Vorbemerkung 2.2 KV GNotKG; zum früheren Kostenrecht vgl. BGH VersR 1981, 85; Haug/Zimmermann/*Zimmermann* Amtshaftung Rn. 176.

67 Zu diesen Hilfs- und Nebentätigkeiten gehören neben den Aufklärungs- und Belehrungspflichten des § 17 Abs. 1 BeurkG insbesondere die Pflichten, sich über den Grundbuchinhalt zu unterrichten, einen vorbereitenden Entwurf zu fertigen und Hinweise nach
§§ 18–20 BeurkG zu geben. Hinsichtlich der **Vollzugshandlungen** ist zu differenzieren:
Die Urkundsgewährungspflicht verlangt von dem Notar nicht, die Vollzugsreife selbst
herbeizuführen, sein Antragsrecht nach § 15 GBO, § 378 Abs. 2 FamFG auszuüben[89]
oder den Vollzug eines Eintragungsantrages zu überwachen.[90] Er muss allerdings nach
§ 53 BeurkG die Einreichung beurkundeter Willenserklärungen bei dem Grundbuchamt
oder dem Registergericht veranlassen, sobald die Vollzugsreife eingetreten ist.[91] Ein **selbständiger Vollzugsauftrag** an den Notar zur teilweisen oder vollständigen Abwicklung
des beurkundeten Rechtsgeschäfts fällt dagegen, ähnlich wie zB die Verwahrungstätigkeit
oder die Aufstellung von Notarbestätigungen mit gutachtlichem Charakter (zB Rangbestätigungen), unter die vorsorgende Rechtsbetreuung nach § 24 BNotO, die der Notar
übernehmen kann, aber nicht muss.[92] Ein solcher Vollzugsauftrag kann auch stillschweigend erteilt werden.[93]

68 Wird dem Notar eine Urkundstätigkeit im vorgeschriebenen Sinne angetragen, so darf
er diese nicht ohne ausreichenden Grund verweigern. Ein **ausreichender Grund** liegt
zunächst immer dann vor, wenn der Notar nach Vorschriften des materiellen Rechts oder
des Verfahrensrechts nicht tätig werden darf, also insbesondere in den Fällen von § 14
Abs. 2 BNotO, § 4 BeurkG (Mitwirkung bei Handlungen, mit denen erkennbar oder unerlaubte unredliche Zwecke verfolgt werden), beim Eingreifen von Mitwirkungsverboten
(§ 3 BeurkG, § 16 BNotO) bzw. Ausschließungsgründen (§§ 6, 7, 27 BeurkG) und bei
einer Kollision mit den übrigen zwingenden Normen des notariellen Berufsrechts einschließlich der Richtlinien der Notarkammern nach § 67 Abs. 2 BNotO. Ein ausreichender **Grund zur Verweigerung der Urkundstätigkeit** ist ferner dann gegeben, wenn
das Gesetz dem Notar einen Ermessensspielraum einräumt, ob er die Amtstätigkeit vornimmt oder nicht, so insbesondere in den Fällen des § 15 GNotKG (Abhängigmachen
der Tätigkeit von einem ausreichenden Kostenvorschuss), § 15 Abs. 2 BNotO (Beurkundung in fremder Sprache), § 16 Abs. 2 BNotO (Befangenheit), § 17 Abs. 3 S. 2 BeurkG
(keine Verpflichtung zur Belehrung über den Inhalt ausländischer Rechtsordnungen)[94]
und allgemein dann, wenn der Notar schwerwiegende Bedenken rechtlicher oder tatsächlicher Art gegen die Vornahme der Urkundstätigkeit hegt und diese weder durch Aufklärung des Sachverhalts noch durch Belehrung der Beteiligten auszuräumen vermag.[95] Ein
Ablehnungsgrund liegt schließlich auch dann vor, wenn dem Notar im Zusammenhang
mit der Vornahme des Urkundsgeschäfts ernsthafte Gefahren für Gesundheit oder Leben
drohen (zB ansteckende Krankheiten) oder wenn der Notar im Einzelfall so stark überlastet ist, dass er das Urkundsgeschäft nicht ordnungsgemäß vornehmen kann.[96]

69 Über **Beschwerden wegen Verweigerung der Urkundstätigkeit** und auch einer
sonstigen Tätigkeit des Notars entscheidet eine Zivilkammer des Landgerichts, in dessen
Bezirk der Notar seinen Amtssitz hat, § 15 Abs. 2 BNotO.[97] Das Beschwerdeverfahren

---

[89] Armbrüster/Preuß/Renner/*Preuß* BeurkG § 53 Rn. 25; Arndt/Lerch/Sandkühler/*Sandkühler* BNotO § 15
Rn. 37.
[90] BGHZ 123, 1 (9); *Winkler* BeurkG § 53 Rn. 12 ff.; anders, wenn der Notar den Eintragungsantrag zB
nach § 15 GBO selbst gestellt hat, BayObLG DNotZ 1989, 366.
[91] Arndt/Lerch/Sandkühler/*Sandkühler* BNotO § 15 Rn. 35.
[92] BGH DNotZ 1976, 506; DNotZ 1985, 48.
[93] Vgl. OLG Frankfurt a.M. FGPrax 1997, 238; OLG Hamm FGPrax 1998, 194. Zur Pflicht zur Vollzugsüberwachung vgl. *Reithmann* NotBZ 2004, 100.
[94] Näher Schippel/Bracker/*Reithmann* BNotO § 15 Rn. 66 f.
[95] Näher Arndt/Lerch/Sandkühler/*Sandkühler* BNotO § 15 Rn. 74.
[96] BGHZ 46, 29; hier wird freilich zunächst zu prüfen sein, ob das Urkundsgeschäft auf einen späteren
Zeitpunkt verschoben werden kann.
[97] Zum Kreis der Beschwerdeberechtigten Arndt/Lerch/Sandkühler/*Sandkühler* BNotO § 15 Rn. 100 ff.

richtet sich nach den Vorschriften des FamFG (§ 15 Abs. 2 S. 2 BNotO).[98] Die Beschwerde ist schriftlich oder zur Niederschrift bei dem Notar einzulegen, § 64 Abs. 1 FamFG. Sie ist weder an einen Beschwerdewert noch an eine Frist gebunden.[99] Hält der Notar die Beschwerde für begründet, ist er berechtigt und verpflichtet, ihr **abzuhelfen;** andernfalls legt er sie dem Landgericht vor. Das Landgericht verwirft die Beschwerde als unzulässig oder unbegründet oder gibt ihr statt und weist den Notar an, die betreffende Amtshandlung vorzunehmen bzw. zu unterlassen (§ 68 FamFG). Die Anweisung des Gerichts **bindet** den Notar und **entlastet** ihn gleichzeitig haftungsrechtlich.[100] Gegen die Entscheidung des Landgerichts ist die Rechtsbeschwerde zum Bundesgerichtshof gegeben, wenn das Landgericht sie nach § 70 Abs. 2 FamFG zugelassen hat. Die Zulassung ist für den Bundesgerichtshof bindend. Eine Nichtzulassungsbeschwerde ist ausgeschlossen. Über die Verfahrenskosten entscheidet das Gericht grundsätzlich zusammen mit der Endentscheidung (§ 82 FamFG).[101] Der Notar ist berechtigt, durch einen notariellen Vorentscheid zunächst anzukündigen, dass er eine bestimmte Amtshandlung vornehmen bzw. unterlassen werde.[102]

2. Residenzpflicht. Bis zum Inkrafttreten des Dritten Gesetzes zur Änderung der Bundesnotarordnung am 8. 9. 1998[103] war die Residenzpflicht des Notars in § 10 Abs. 2 S. 2 BNotO aF noch wie folgt ausgestaltet: „Er hat **am gleichen Ort** auch seine Wohnung zu nehmen; die Aufsichtsbehörde kann ihm aus besonderen Gründen gestatten, außerhalb des Amtssitzes zu wohnen." Heute regelt § 10 Abs. 2 S. 2 BNotO die Residenzpflicht des Notars nur noch in abgeschwächter Form: „Er hat seine Wohnung so zu nehmen, dass er in der **ordnungsgemäßen Wahrnehmung** seiner Amtsgeschäfte **nicht beeinträchtigt** wird." Gemäß § 10 Abs. 2 S. 2 Hs. 2 BNotO kann die Aufsichtsbehörde den Notar allerdings anweisen, seine Wohnung an seinem Amtssitz (der ihm als Notar zugewiesenen politischen Gemeinde) zu nehmen, wenn dies im Interesse der Rechtspflege geboten ist. Die Residenzpflicht des Notars dient dem Zweck der **Sicherstellung der ständigen Amtsbereitschaft** des Notars.[104]

Die Pflicht zur ständigen Amtsbereitschaft beinhaltet allerdings **nicht,** dass der Notar – einem ärztlichen Notfalldienst vergleichbar – **rund um die Uhr** auf Wunsch der Rechtsuchenden zur Aufnahme seiner Amtstätigkeit verfügbar sein muss. Die Pflicht zur ständigen Amtsbereitschaft ist **kein Bereitschaftsdienst.**[105] Gemäß § 10 Abs. 3 BNotO soll der Notar seine Geschäftsstelle lediglich während den üblichen Geschäftsstunden offenhalten, wobei es „dem Notar überlassen bleiben (soll), zu welchen Zeiten er seine Dienstleistungen anbietet und erbringt".[106] Ferner sieht § 38 BNotO vor, dass der Notar der Aufsichtsbehörde seine Abwesenheit erst dann anzuzeigen hat, wenn sie länger als eine Woche dauert; genehmigungsbedürftig ist eine Abwesenheit des Notars danach erst ab einer Dauer von einem Monat. Gemäß § 54 Abs. 1 Nr. 3 BNotO kann die Aufsichtsbehörde den Notar erst dann vorläufig seines Amtes entheben, wenn er sich länger als zwei Monate ohne Zustimmung der Aufsichtsbehörde außerhalb seines Amtssitzes aufhält. Vor diesem Hintergrund kann die notarielle Pflicht zur ständigen Amtsbereitschaft dahingehend näher

70

71

[98] Näher *Müller-Magdeburg* ZNotP 2009, 216; Arndt/Lerch/Sandkühler/*Sandkühler* BNotO § 15 Rn. 85 ff.
[99] Zum Streitstand vgl. Arndt/Lerch/Sandkühler/*Sandkühler* BNotO § 15 Rn. 105 f.
[100] KG DNotZ 1971, 494; Schippel/Bracker/*Reithmann* BNotO § 15 Rn. 98.
[101] Näher Arndt/Lerch/Sandkühler/*Sandkühler* BNotO § 15 Rn. 117.
[102] Arndt/Lerch/Sandkühler/*Sandkühler* BNotO § 15 Rn. 51 ff.; Eylmann/Vaasen/*Limmer* BeurkG § 53 Rn. 15.
[103] BGBl. I 2585.
[104] BVerfG DNotZ 1993, 259 Rn. 4; BGH DNotZ 1984, 772 Rn. 9; DNotZ 1991, 333 Rn. 8; BT-Drs. 13/4184, 43. Die Residenzpflicht ist damit ein Ausschnitt der sich aus mehreren Normen der BNotO zusammensetzenden Pflicht zur generellen Amtsbereitschaft, vgl. Schippel/Bracker/*Reithmann* BNotO § 15 Rn. 8.
[105] *Grete,* Die Verfassungsmäßigkeit berufsrechtlicher Residenzpflichten der deutschen Rechtsordnung, 1999, S. 59; *Ketteler* AnwBl 1984, 774 (776).
[106] BT-Drs. 13/11034, 38.

konkretisiert werden, dass **während der üblichen Öffnungszeiten** eine **kurzfristige Erreichbarkeit** des Notars in seiner Geschäftsstelle und **außerhalb der üblichen Öffnungszeiten** lediglich eine **im Grundsatz bestehende Erreichbarkeit** des Notars in seiner Geschäftsstelle gewährleistet sein muss.[107]

72   Ausdruck der Pflicht zur Amtsbereitschaft ist darüber hinaus die in § 10 Abs. 3 BNotO enthaltene Amtspflicht des Notars, seine **Geschäftsstelle während den üblichen Öffnungszeiten offen zu halten.** Diese Amtspflicht ist erst mit der Liberalisierung der Residenzpflicht im Jahre 1998 „wegen ihrer Bedeutung für die Erreichbarkeit des Notars"[108] in die BNotO eingefügt worden.[109] Der ursprüngliche Gesetzentwurf der Bundesregierung sah darüber hinaus vor, dass der Notar auch Beurkundungen grundsätzlich während der üblichen Öffnungszeiten vornehmen soll.[110] Diese Amtspflicht wurde am Ende jedoch nicht Gesetz, da man zu der Überzeugung gelangte, dass es „insofern dem Notar überlassen sein (soll), zu welchen Zeiten er seine Dienstleistungen anbietet und erbringt."[111] Bereits der Entstehungsgeschichte der Norm kann daher entnommen werden, dass aus § 10 Abs. 3 BNotO eine **Pflicht zur ständigen persönlichen Amtsbereitschaft** des Notars während der üblichen Öffnungszeiten **gerade nicht folgt.**[112] Vielmehr hat der Notar gemäß § 10 Abs. 3 BNotO lediglich dafür Sorge zu tragen, dass seine **Geschäftsstelle als organisatorische Einheit** und „Tür" zur notariellen Amtstätigkeit während der üblichen Öffnungszeiten für Rechtsuchende erreichbar ist. Welche Öffnungszeiten üblich sind, ist hierbei ausschließlich anhand den **örtlichen Gepflogenheiten am Amtssitz des jeweiligen Notars** zu beurteilen.[113]

III. Amtsbereich- und Amtsbezirksprinzip

73   Die räumliche Verteilung der Notare im Land erfolgt durch die Zuweisung eines Amtssitzes gemäß § 10 Abs. 1 S. 1 BNotO an einen Notar, das heißt durch die Zuweisung eines Notars in eine bestimmte politische Gemeinde. Innerhalb der Grenzen dieser politischen Gemeinde hat der Notar gemäß § 10 Abs. 2 S. 1 BNotO seine Geschäftsstelle zu unterhalten. Damit ist allerdings noch nicht gewährleistet, dass der Notar seine Amtstätigkeit auch regelmäßig an der ihm von der Justizverwaltung zugewiesenen Stelle ausübt. Diese Funktion übernimmt das in den §§ 11, 10a BNotO niedergelegte Amtsbereichs- und Amtsbezirksprinzip, das ein **elementarer Baustein** der deutschen Notariatsverfassung ist.[114]

74   Sinn und Zweck des Amtsbereichs- und Amtsbezirksprinzips ist die Gewährleistung der von den jeweiligen Landesjustizverwaltungen nach den Erfordernissen einer geordneten Rechtspflege (§§ 4 S. 1, 10 Abs. 1 S. 2, 10a Abs. 1 S. 2 BNotO) vorgenommenen **räumlichen Verteilung der Notarstellen** und damit zugleich die **Sicherung ihrer Lebens-**

---

[107] Dazu ausführlicher Eylmann/Vaasen/*Bremkamp* BNotO § 10 Rn. 60ff.

[108] BT-Drs. 13/4184, 22.

[109] Durch das Dritte Gesetz zur Änderung der Bundesnotarordnung und anderer Gesetze vom 31.8.1998, BGBl. I 2585 ff.; diese Regelung war bis dahin wortgleich in § 5 Abs. 1 S. 1 DONot aF enthalten.

[110] § 10 Abs. 3 S. 2 BNotO-E, vgl. BT-Drs. 13/4184, 6.

[111] So die Begründung des Rechtsausschusses zur vorgeschlagenen Streichung dieser Regelung, vgl. BT-Drs. 13/11034, 7 (38).

[112] Zu dem aus dem Prinzip der ständigen Amtsbereitschaft folgenden Amtspflicht einer kurzfristen Erreichbarkeit des Notars während den üblichen Öffnungszeiten vgl. Eylmann/Vaasen/*Bremkamp* BNotO § 10 Rn. 60. Anders aber Diehn/*Bormann* BNotO § 10 Rn. 21, wonach der Notar in diesen Zeiten grundsätzlich anwesend sein müsse.

[113] Diehn/*Bormann* BNotO § 10 Rn. 21.

[114] Vgl. hierzu nur BGH DNotZ 2013, 630, wonach die durch das Amtsbereichsprinzip begründete Beschränkung der örtlichen Zuständigkeit der Notare auf Grundlage der Entscheidung des EuGH NJW 2011, 2941 offensichtlich als zwingender Grund des Allgemeininteresses Beschränkungen der Niederlassungs- und Dienstleistungsfreiheit rechtfertige und daher eine Vorlage dieser Rechtsfrage an den Europäischen Gerichtshof nicht veranlasst sei.

fähigkeit und gleichbleibenden Leistungsfähigkeit.[115] Ohne dieses Prinzip würde die staatliche Notarstellenplanung „illusorisch gemacht, wenn beispielsweise ein Notar, der in einem kleinen Ort wegen des dort bestehenden Bedürfnisses bestellt ist, etwa das Schwergewicht seiner Tätigkeit nach der im gleichen Bezirk gelegenen Großstadt verlegen könnte."[116] Das Gesetz zieht um die Geschäftsstelle des Notars drei räumliche Grenzkreise (→ Rn. 75 ff.), innerhalb derer der Notar seine Urkundstätigkeit (→ Rn. 78 ff.) mit jeweils unterschiedlich hohen Rechtfertigungshürden ausüben darf.

1. Drei räumliche Grenzkreise. Die §§ 11, 10a BNotO sowie die diese Vorschriften **75** gemäß § 67 Abs. 2 S. 3 Nr. 9 BNotO konkretisierenden einzelnen Richtlinien der regionalen Notarkammern[117] ziehen um die jeweilige notarielle Geschäftsstelle **drei unterschiedlich große Grenzkreise** und verhindern dadurch die Etablierung eines „Reisenotariats"[118]. Für jeden dieser Grenzkreise sind jeweils **unterschiedlich hohe Zäune** – Rechtfertigungsanforderungen für deren Überschreitung – eingezogen.

Eine Amtstätigkeit außerhalb der **Geschäftsstelle** ist dem Notar gemäß Abschnitt IX **76** Nr. 3 und Nr. 2 der von den meisten regionalen Notarkammern in ihr Satzungsrecht übernommenen Richtlinienempfehlungen der Bundesnotarkammer untersagt, wenn dadurch der Anschein amtswidriger Werbung, der Abhängigkeit oder der Parteilichkeit entsteht oder der Schutzzweck des Beurkundungserfordernisses gefährdet wird (erster Grenzkreis).[119] Für eine Urkundstätigkeit außerhalb des **Amtsbereichs** (Amtsgerichtsbezirks) des Notars bedarf es gemäß § 10a Abs. 2 BNotO sodann stets besonderer berechtigter Interessen der Rechtsuchenden, die eine Amtsbereichsüberschreitung gebieten (zweiter Grenzkreis).[120] Außerhalb seines **Amtsbezirks** (Oberlandesgerichtsbezirks) darf der Notar eine Urkundstätigkeit schließlich gemäß § 11 Abs. 2 BNotO nur dann vornehmen, wenn die Urkundstätigkeit aufgrund von Gefahr im Verzug geboten ist oder aber wenn diese Grenzüberschreitung von der Aufsichtsbehörde vorab genehmigt wurde (dritter Grenzkreis).[121]

Um eine **effektive Überprüfung** der Einhaltung der jeweiligen Grenzen zu ermögli- **77** chen, ist die Aufsichtsbehörde gemäß § 10a Abs. 3 BNotO unverzüglich und unter Mitteilung der die Amtsbereichs- oder Amtsbezirksüberschreitung rechtfertigenden Gründe **zu benachrichtigen** sowie in der vom Notar zu führenden **Urkundenrolle** der Ort des Amtsgeschäfts **einzutragen.** Eine **unüberwindbare Grenze** der notariellen Amtstätigkeit bildet schließlich – auch unter Berücksichtigung der europäischen Niederlassungs- und Dienstleistungsfreiheit gemäß Art. 49, 56 AEUV – die **Hoheitsgrenze** der Bundesrepublik Deutschland.[122]

2. Erfasste Tätigkeiten. Die in §§ 10a, 11 BNotO enthaltene grundsätzliche räumliche **78** Beschränkung der notariellen Tätigkeit auf den jeweiligen Amtsbereich und Amtsbezirk bezieht sich, anders als noch die Vorgängervorschrift der Reichsnotariatsordnung[123] und

---

[115] BT-Drs. 11/8307, 18; BGH NJW-RR 2016, 182 Rn. 3; DNotZ 2013, 630; Diehn/*Bormann* BNotO § 10a Rn. 1 f.; Schippel/Bracker/*Püls* BNotO § 10a Rn. 2; *Weingärtner/Wöstmann* D. IX. Rn. 1.

[116] So bereits *Seybold/Hornig* RNotO § 12 Ziff. I. 2, zur Rechtfertigung des Amtsbereichsprinzips, das zu dieser Zeit lediglich in einer ständigen Verwaltungspraxis seine Grundlage hatte; vgl. ebenso auch BGH DNotZ 2013, 630.

[117] Die sich in der Regel an Abschnitt IX der Richtlinienempfehlungen der Bundesnotarkammer orientieren, abrufbar unter www.bnotk.de > Die Bundesnotarkammer > Aufgaben und Tätigkeiten.

[118] BGH DNotZ 2013, 630.

[119] Hierzu Eylmann/Vaasen/*Bremkamp* BNotO §§ 10a, 11 Rn. 65 ff.

[120] Hierzu Eylmann/Vaasen/*Bremkamp* BNotO §§ 10a, 11 Rn. 20 ff.

[121] Hierzu Eylmann/Vaasen/*Bremkamp* BNotO §§ 10a, 11 Rn. 4 ff.

[122] Vgl. BGH DNotZ 2013, 630; *Winkler* BeurkG Einl. Rn. 40.

[123] Vgl. *Seybold/Hornig* RNotO § 12 Abs. 1.

die bis zum Januar 1991 geltende Fassung von § 11 Abs. 2 BNotO aF[124] nicht auf jede
Amtstätigkeit, sondern nur auf **Urkundstätigkeiten.**[125]

79   Die Amtstätigkeit der Notare lässt sich unterteilen in **Urkundstätigkeit** (§§ 20–22
BNotO) einerseits und **Betreuungstätigkeit** (§§ 23, 24 BNotO) andererseits.[126] In diesem Sinne findet sich in § 10a Abs. 2 BNotO eine Legaldefinition des Begriffs der
Urkundstätigkeit als sämtliche von §§ 20–22 BNotO erfasste Tätigkeiten.[127] Von der
Amtsbereichs- und Amtsbezirksbeschränkung erfasste Urkundstätigkeiten sind somit insbesondere Beurkundungen von Willenserklärungen (§§ 6ff. BeurkG) und Tatsachen
(§§ 36, 37 BeurkG) sowie Unterschrifts- und Abschriftsbeglaubigungen (§§ 39, 42
BeurkG), aber auch Registerbescheinigungen (§ 21 BNotO) und die Aufnahme eidesstattlicher Versicherungen (§ 22 BNotO).[128] Betreuungstätigkeiten iSd §§ 23, 24 BNotO werden von der räumlichen Beschränkung hingegen nicht erfasst.

80   Bei der Beurkundung von **tatsächlichen Vorgängen** (§§ 36ff. BeurkG) setzt sich die
Urkundstätigkeit aus der **Wahrnehmung** von Tatsachen oder Vorgängen (zB die Entgegennahme einer Unterschrift) und der **Anfertigung** der Niederschrift oder des Vermerks
(zB dem Beglaubigungsvermerk) zusammen.[129] Die Beschränkung der notariellen Tätigkeit auf den Amtsbereich und Amtsbezirk bezieht sich nach der höchstrichterlichen
Rechtsprechung auf **beide Teilakte,** so dass der Notar beide Teilakte innerhalb der
Grenzen seines Amtsbereichs und Amtsbezirks vorzunehmen hat.[130] Der Notar verstößt
daher gegen seine Amtspflicht, wenn er zwar den Vermerk in seiner Geschäftsstelle fertigt,
die dem zugrunde liegenden Tatsachen oder Vorgänge jedoch zuvor außerhalb seines
Amtsbereichs oder Amtsbezirks wahrgenommen hat, ohne dass ein Rechtfertigungsgrund
einschlägig ist.[131]

IV. Pflicht zur Gebührenerhebung und -beitreibung

81   Der Gebührenanspruch des Notars ist nicht privatrechtlicher, sondern **öffentlich-rechtlicher Natur.** Gemäß § 17 Abs. 1 S. 1 BNotO ist der Notar verpflichtet, für seine Tätigkeit die gesetzlich vorgesehenen Gebühren zu erheben. „Durch diese Amtspflicht soll namentlich verhindert werden, dass es zu einem **Verdrängungswettbewerb** unter den
Notaren kommt; die Vorschrift bezweckt die Sicherung einer funktionsfähigen Rechtspflege, in dem leistungsfähige Notariate und die Versorgung der rechtsuchenden Bevölkerung mit notariellen Dienstleistungen gesichert werden."[132] Stellt der Notar gegenüber
seinem Kostenschuldner **keine oder eine zu geringe** Gebührenrechnung, handelt er
amtspflichtwidrig. Unterlässt es der Notar, eine Gebührenrechnung beizutreiben oder
treibt der Notar sie in **verzögerter Art und Weise** ein, handelt er ebenfalls amtspflichtwidrig. Nach dem Bundesgerichtshof könne „§ 17 Abs. 1 BNotO ausreichend eindeutig

---

[124] Vgl. BT-Drs. 11/8307, 7.
[125] Als Begründung für diese Änderung findet sich in BT-Drs. 11/8307, 18 lediglich der Hinweis, dass die
Änderung des Wortlauts „Folge der Einfügung des § 10a und der dort enthaltenen Legaldefinition der
Urkundstätigkeit" sei. Nach Schippel/Bracker/*Püls* BNotO § 11 Rn. 2 wurde die bis 1991 geltende Gesetzesfassung entgegen dem Wortlaut bereits in dieser Weise ausgelegt, was wiederum die knappe Gesetzesbegründung erklären mag.
[126] Eylmann/Vaasen/*Hertel* BNotO § 24 Rn. 3.
[127] Vgl. BT-Drs. 11/8307, 18; Schippel/Bracker/*Reithmann* BNotO Vor §§ 20–24 Rn. 47; Eylmann/Vaa-
sen/*Hertel* BNotO § 24 Rn. 3.
[128] Vgl. hierzu nur Schippel/Bracker/*Reithmann* BNotO Vor §§ 20–24 Rn. 47ff. mwN.
[129] Vgl. hierzu grundlegend *Winkler* BeurkG Einl. Rn. 46. Danach komme es für die Wirksamkeit einer
Tatsachenbeurkundung nur auf die Niederschrift im Inland an, die Tatsachenwahrnehmung könne im
Ausland vorgenommen werden. Die notwendigen Teilakte einer Beurkundung von Willenserklärungen
gemäß § 8ff. BeurkG müssen nach BGH DNotZ 1999, 346 hingegen vollständig im Inland vorgenommen werden.
[130] BGH DNotZ 1973, 174 (176). So auch *Weingärtner/Wöstmann* D. IX. Rn. 8; *Zimmer* ZErb 2012, 5 (6f.);
Schreinert RNotZ 2008, 61 (67).
[131] Schippel/Bracker/*Püls* BNotO § 11 Rn. 2 aE; vgl. auch *Winkler* BeurkG Einl. Rn. 47 aE.
[132] BGH NJW 2018, 1767 Rn. 10; vgl. auch BGH DNotZ 2015, 461 Rn. 40.

entnommen werden, dass die Pflicht des Notars zur Gebührenerhebung diejenige zur Durchsetzung der Gebührenforderung beinhaltet. Aus dem grundsätzlich bestehenden Verbot von Vereinbarungen über den Gebührenerlass und die Gebührenermäßigung lässt sich ein Verbot von Verhaltensweisen ableiten, die zu einer Umgehung der genannten ausdrücklichen Verbote führen."[133] Im Hinblick auf die Gebührenerhebung liege im Falle einer lediglich verzögerten Beitreibung „jedenfalls dann" eine Pflichtverletzung vor, wenn diese „im tatsächlichen Ergebnis auf einen Gebührenerlass oder eine Gebührenermäßigung" hinauslaufe.[134] Die von den regionalen Notarkammern auf Grundlage von § 67 Abs. 2 S. 3 Nr. 6 BNotO in ihr Satzungsrecht übernommene Bestimmung von Abschnitt VI Nr. 3.1 der Richtlinienempfehlungen der Bundesnotarkammer bestimmt demgemäß: „Der Notar hat Gebühren in angemessener Frist einzufordern und sie bei Nichtzahlung im Regelfall beizutreiben." Welche Frist hierbei angemessen ist, bestimmt sich stets nach dem konkreten Einzelfall und ist von vornherein einer pauschalen Betrachtung entzogen.

Der Bundesgerichtshof hat darüber hinaus für den Fall der Gebührenunterschreitung **82** ausdrücklich entschieden, dass dieser nicht nur ein mit berufsrechtlichen Mitteln zu ahndender Amtspflichtverstoß, sondern zugleich auch eine **strafbare Handlung** sein kann. Mit der Erhebung der gesetzlich vorgeschriebenen Gebühren gemäß § 17 Abs. 1 S. 1 BNotO nehme der Notar eine Diensthandlung iSd § 332 Abs. 1 StGB vor. Unterschreitet der Notar die gesetzlichen Gebühren, verletze er zudem auch eine Dienstpflicht iSd § 332 Abs. 1 StGB. Der von § 332 Abs. 1 StGB für die Strafbarkeit darüber hinaus geforderte Vorteil liege hierbei bereits „in der Erteilung eines Beurkundungsauftrages, auf die der Notar keinen Rechtsanspruch hat."[135] Der Notar, der zum Zwecke des Erhalts eines bestimmten Beurkundungsauftrages vorsätzlich eine geringere als die gesetzlich vorgesehene Gebühr erhebt oder zwar die gesetzlich vorgesehene Gebühr erhebt, diese sodann jedoch gar nicht, nur zum Teil oder in lediglich verzögerter Art und Weise (in dem zuvor beschriebenen Sinne) beitreibt, macht sich folglich der **Bestechlichkeit strafbar.** Wird der Notar wegen Bestechlichkeit gemäß § 332 Abs. 1 StGB zu einer Freiheitsstrafe von sechs Monaten verurteilt, **endet sein Amt** gemäß § 49 BNotO iVm § 24 Abs. 1 S. 1 Nr. 2 BeamtStG kraft Gesetzes mit der Rechtskraft dieses Urteils.[136]

V. Nebentätigkeitsverbot

§ 8 BNotO ist der Grundsatz zu entnehmen, dass es dem Notar grundsätzlich verboten **83** ist, neben seiner Amtstätigkeit einer weiteren vergüteten Tätigkeit nachzugehen. Dieser Grundsatz wird zum einen erweitert im Hinblick auf bestimmte unvergütete Tätigkeiten. Zum anderen werden im Hinblick auf andere Tätigkeiten von diesem Grundsatz Ausnahmen statuiert und Genehmigungen zugelassen. Genehmigungsfrei ist stets die Verwaltung des eigenen Vermögens.[137] § 8 BNotO differenziert zwischen Nebenbeschäftigung des Notars (→ Rn. 84ff.) und der Ausübung eines weiteren Berufs (→ Rn. 87f.). Diese **Abgrenzung** ist in Anlehnung an die zu Art. 12 GG entwickelten Grundsätze[138] dahin zu treffen, dass die Schwelle zum Beruf dann überschritten ist, wenn die Tätigkeit auf Dauer angelegt und nach Umfang und Ertrag nicht unmaßgeblich zur Schaffung und Erhaltung einer Lebensgrundlage beiträgt.

1. Nebenbeschäftigung. Gemäß § 8 Abs. 4 BNotO ist die Übernahme des Amtes als **84** Testamentsvollstrecker, Insolvenzverwalter, Schiedsrichter oder Vormund oder einer ähn-

---

[133] BGH DNotZ 2015, 461 Rn. 43.
[134] BGH DNotZ 2015, 461 Rn. 42.
[135] BGH NJW 2018, 1767 Rn. 9ff.
[136] Vgl. hierzu Eylmann/Vaasen/*Bremkamp* BNotO § 49 Rn. 12.
[137] Arndt/Lerch/Sandkühler/*Lerch* BNotO § 8 Rn. 45; Schippel/Bracker/*Schäfer* BNotO § 8 Rn. 39.
[138] Vgl. BVerfGE 54, 301 (313).

lichen auf behördlicher Anordnung beruhenden Stellung (zB Pfleger, Betreuer, vom Gericht bestellter Sequester, Treuhänder) sowie eine wissenschaftliche, künstlerische oder Vortragstätigkeit **ohne Genehmigung** der Aufsichtsbehörde zulässig, **auch wenn hierfür eine Vergütung gezahlt wird.**

> **Praxishinweis:**
>
> Im Hinblick auf die unbestimmten Rechtsbegriffe der wissenschaftlichen, künstlerischen oder vortragenden Tätigkeit bestehen in den einzelnen Kammerbezirken zum Teil unterschiedliche Auslegungen. Daher ist dem Notar – und auch dem Notarassessor, für den diese Norm gemäß § 7 Abs. 4 S. 2 BNotO ebenfalls Geltung hat – zu empfehlen, die von ihm beabsichtigte Tätigkeit stets vorab im Hinblick auf eine etwaige Genehmigungsbedürftigkeit mit seiner Notarkammer abzuklären.

85   Gemäß § 8 Abs. 3 S. 1 Nr. 1 BNotO ist eine **Nebenbeschäftigung gegen Vergütung** nur **mit Genehmigung** der Aufsichtsbehörde zulässig. Nebenbeschäftigung ist jede Tätigkeit, die neben dem Notarberuf ausgeübt wird, also **nicht zur Ausübung des Amtes gehört.** Dementsprechend fällt insbesondere die sonstige Betreuung der Beteiligten auf dem Gebiet der vorsorgenden Rechtspflege nach § 24 Abs. 1 BNotO nicht unter § 8 Abs. 3 Nr. 1 BNotO. Anhaltspunkt für die Abgrenzung ist auch die gebührenrechtliche Einordnung. Für die Amtstätigkeit darf der Notar seine Gebühren nur nach dem GNotKG berechnen, während die Vergütung für eine Nebenbeschäftigung frei vereinbar ist. Die Nebenbeschäftigung ist nur genehmigungspflichtig, wenn sie **gegen Vergütung** ausgeübt wird, wobei unter Vergütung jede Entschädigung zu verstehen ist, die über den angemessenen Ersatz von Aufwendungen hinausgeht. Die Erteilung der **Genehmigung** ist in das Ermessen der Aufsichtsbehörde gestellt. Im Regelfall haben die Landesjustizverwaltungen die ermessensleitenden Gesichtspunkte in ihren Allgemeinverfügungen (→ Rn. 19) konkretisiert.[139]

86   Gemäß § 8 Abs. 3 S. 1 Nr. 2 BNotO ist dem Notar der Eintritt in den Vorstand, Aufsichtsrat, Verwaltungsrat oder in ein sonstiges Organ einer auf Erwerb gerichteten Gesellschaft, Genossenschaft oder eines in einer anderen Rechtsform betriebenen wirtschaftlichen Unternehmens nur **mit Genehmigung** der Aufsichtsbehörde gestattet, auch wenn ihm für diese Tätigkeit **keine Vergütung bezahlt** wird. Nicht hierunter fallen lediglich die Vereinigungen, die gemeinnützige, wissenschaftliche, künstlerische oder gesellige Zwecke verfolgen (mit der Folge, dass Nebentätigkeiten nur bei Vergütung genehmigungsbedürftig sind).

87 **2. Weiterer Beruf.** Gemäß § 8 Abs. 2 S. 1 Hs. 1 BNotO darf der **hauptberufliche Notar** keinen weiteren Beruf ausüben. Der **Anwaltsnotar** darf hingegen gemäß § 8 Abs. 2 S. 1 Hs. 2, S. 2 BNotO zugleich nicht nur als **Rechtsanwalt,** sondern auch als **Patentanwalt, Steuerberater, Wirtschaftsprüfer** und **vereidigter Buchprüfer** tätig sein. Die Aufzählung des Gesetzes ist abschließend. Der Anwaltsnotar darf sämtliche der genannten Berufe zugleich nebeneinander ausüben, sofern hierdurch seine Verpflichtung zur Amtsbereitschaft (→ Rn. 64 ff.) nicht verletzt wird.

88   Gemäß § 8 Abs. 1 S. 1 BNotO darf weder der **hauptberufliche Notar** noch der **Anwaltsnotar** Inhaber eines **besoldeten Amtes** (in der Praxis sind das zB die Berufung zum hauptamtlichen Bürgermeister, Landes- oder Bundesminister oder Hochschullehrer) sein. Von diesem Verbot kann die Justizverwaltung gemäß § 8 Abs. 1 S. 2 Hs. 1 BNotO im Einzelfall jederzeit widerrufliche Ausnahmen zulassen. Ist eine Ausnahme bewilligt, so darf der Notar gemäß § 8 Abs. 1 S. 2 Hs. 2 BNotO sein Amt nicht persönlich ausüben.

---

[139] Vgl. etwa §§ 32, 33 AVNot NRW. Zu den Grenzen der Konkretisierungsbefugnis vgl. BGH DNotZ 2000, 148; zum Umfang der gerichtlichen Nachprüfung BVerfG DNotZ 2003, 65.

Gemäß § 56 Abs. 1 BNotO ist für einen hauptberuflichen Notar – und auch für einen Anwaltsnotar (hier ist richtigerweise von einer gesetzlichen Regelungslücke auszugehen)[140] – für die Zeit der Inhaberschaft des besoldeten Amtes ein Notariatsverwalter zu bestellen.

VI. Berufsverbindungsverbot

Die **notarielle Amtsausübung** als solche ist **nicht verbindungsfähig.** Die Ausübung 89 des zur höchstpersönlichen Ausübung vom Staat übertragenen Amtes kann nicht gemeinsamer Zweck einer privatrechtlichen Vereinbarung, etwa nach § 705 BGB, in dem Sinne sein, dass zu den verbundenen Notaren einheitliche Verfahrensverhältnisse begründet oder die beruflichen Rechte und Pflichten auf eine Gemeinschaft von Berufsträgern bezogen würden.[141] Die in § 9 BNotO geregelten Berufsverbindungen zwischen Notaren können sich daher – unabhängig davon, in welcher Rechtsform sie bestehen – ausschließlich auf die personellen und sächlichen Hilfsmittel zur Amtsausübung beziehen.

Hauptberufliche Notare dürfen sich gemäß § 9 Abs. 1 S. 1 BNotO nur mit am sel- 90 ben Amtssitz bestellten **Notaren** zur gemeinsamen Berufsausübung verbinden oder mit ihnen gemeinsame Geschäftsräume haben. Die Länder können zudem gemäß § 9 Abs. 1 S. 2 BNotO durch Rechtsverordnung die Voraussetzungen für derartige Berufsverbindungen, insbesondere auch die Höchstzahl der beteiligten Berufsangehörigen, bestimmen und einen **Genehmigungsvorbehalt der Aufsichtsbehörde** einführen. Die meisten Länder im Bereich des hauptberuflichen Notariats (Baden-Württemberg, Bayern, Nordrhein-Westfalen, Rheinland-Pfalz, Hamburg, Brandenburg, Thüringen, Sachsen, Sachsen-Anhalt und Mecklenburg-Vorpommern) haben von dieser Ermächtigung Gebrauch gemacht. Hierbei haben sie vielfach eine **Höchstzahl von zwei Notaren** je Berufsverbindung festgelegt, was verfassungsrechtlich nicht zu beanstanden ist.[142]

Anwaltsnotare dürfen sich hingegen gemäß § 9 Abs. 2 BNotO mit anderen Anwalts- 91 notaren, mit weiteren Mitgliedern einer Rechtsanwaltskammer (vgl. §§ 60, 206, 209 BRAO), Patentanwälten, Steuerberatern, Steuerbevollmächtigten, Wirtschaftsprüfern und vereidigten Buchprüfern zur gemeinsamen Berufsausübung verbinden oder mit ihnen gemeinsame Geschäftsräume haben.[143] Eine **Genehmigungspflicht besteht nicht** und kann nach dem Gesetz für das Anwaltsnotariat auch nicht durch Rechtsverordnung eingeführt werden. Die Aufsichtsbehörde hat allerdings gemäß § 9 Abs. 3 BNotO die **Möglichkeit, die Berufsverbindung zu untersagen,** soweit hierdurch die persönliche und eigenverantwortliche Amtsführung, Unabhängigkeit und Unparteilichkeit des Notars beeinträchtigt wird. Derartige Beeinträchtigungen können sich etwa aus der konkreten Ausgestaltung der Zusammenarbeit ergeben, so zB dann, wenn die Sozien des Notars nicht bereit sind, im erforderlichen Umfang an den Vorkehrungen mitzuwirken, die der Notar nach § 28 BNotO zu treffen hat, um die Wahrung der Unabhängigkeit und Unparteilichkeit seiner Amtsführung sicherzustellen. Gefährdungen, die zu einer Untersagung der Berufsverbindung berechtigen, können aber zB auch aus einer weiteren beruflichen Tätigkeit des Sozius herrühren: Wegen der unterschiedlichen Maßstäbe des anwaltlichen und des notariellen Berufsrechts ist es durchaus denkbar, dass ein nach den Bestimmungen der BRAO zulässigerweise ausgeübte Nebentätigkeit des anwaltlichen Sozius[144] mit der zu gewährleistenden unabhängigen und unparteilichen Stellung des Notars nicht zu verein-

---

[140] Vgl. ebenso Eylmann/Vaasen/*Baumann* BNotO § 8 Rn. 7.
[141] Näher *Bohrer* NotarBerufsR Rn. 312 ff.; Schippel/Bracker/*Görk* BNotO § 9 Rn. 2; Eylmann/Vaasen/ *Baumann* BNotO § 9 Rn. 2.
[142] BVerfG 24.10.1994 – 1 BvR 1793/94 – Nichtannahmebeschluss; vgl. ferner BGH MittRhNotK 1994, 258; ZNotP 2008, 89; BVerfG DNotZ 2009, 702 mAnm *Meyer.*
[143] Zur Erweiterung der Berufsverbindungsmöglichkeiten für den Anwaltsnotar durch die BNotO-Novelle vom 8.9.1998 vgl. *Vaasen/Starke* DNotZ 1998, 661 (664 ff.); vgl. ferner Schippel/Bracker/*Görk* BNotO § 9 Rn. 9 ff.; Eylmann/Vaasen/*Baumann* BNotO § 9 Rn. 24 ff.
[144] Vgl. hierzu Feuerich/Weyland/*Feuerich,* 9. Aufl. 2016, BRAO § 7 Rn. 119 ff.

baren ist.[145] Speziell in den großen, multiprofessionellen Berufsverbindungen besteht zudem die Gefahr, dass der einzelne Anwaltsnotar sich nicht mit ausreichendem Gewicht für die Durchsetzung der nur ihn bindenden Grundsätze des öffentlichen Amtes einsetzen kann und faktisch die Stellung eines weisungsabhängigen Angestellten einnimmt.

92   Sowohl der **hauptberufliche Notar** als auch der **Anwaltsnotar** hat eine Verbindung zur gemeinsamen Berufsausübung oder zur gemeinsamen Nutzung der Geschäftsräume gemäß § 27 Abs. 1 BNotO unverzüglich der Aufsichtsbehörde und der Notarkammer **anzuzeigen** und hierbei Name, Beruf, weitere berufliche Tätigkeiten und Tätigkeitsorte der beteiligten Berufsangehörigen anzugeben. Auf Anforderung hat er darüber hinaus gemäß § 27 Abs. 2 BNotO die **Vereinbarung über die Berufsverbindung vorzulegen,** woraus sich gleichzeitig ergibt, dass diese stets schriftlich abzufassen ist.

VII. Werbeverbot

93   § 29 Abs. 1 BNotO normiert für den Notar das **Verbot einer dem öffentlichen Amt widersprechenden Werbung.** Der Gesetzgeber schafft hiermit bewusst einen Gegensatz zu den Regelungen für andere rechts- und wirtschaftsberatende Berufe, insbesondere für die Anwaltschaft (vgl. § 43b BRAO). In der Begründung des Gesetzesentwurfs[146] heißt es hierzu, dass sich das nach außen gerichtete Verhalten des Notars an den Anforderungen des von ihm wahrgenommenen Amtes und dessen Nähe zum öffentlichen Dienst auszurichten habe. Ihm sei daher ein anderer und wesentlich **engerer Maßstab** zur Einhaltung aufgegeben **als den Angehörigen freier rechts- oder wirtschaftsberatender Berufe.** Anders als etwa Rechtsanwälte und Steuerberater dürfe der Notar nicht um potentielle Mandanten werben, da das aufrechtzuerhaltende Vertrauen in die Objektivität und Integrität notarieller Amtsführung ihm jegliches Werben um Praxis verbiete. Mit dem öffentlichen Amt vereinbar könne aber durchaus ein Verhalten mit Außenwirkung sein, wenn dadurch das Vertrauen in die aufgezeigte spezifische Berufsfunktion des Notars nicht beeinträchtigt werde. Dem Notar solle nicht jedes nach außen gerichtete Verhalten bereits deshalb untersagt sein, weil damit ohne entsprechende Zielsetzung ein gewisser werbender Nebeneffekt verbunden sei. Entscheidend werde es insoweit auf die jeweiligen Umstände des Einzelfalles ankommen.

94   Für den **Anwaltsnotar** besteht der Gegensatz zwischen dem liberalisierten anwaltlichen Werberecht und dem grundsätzlichen notariellen Werbeverbot. Die BNotO löst dieses Spannungsverhältnis nach dem allgemein gültigen Prinzip, dem zufolge das **strengere Berufsrecht vorgeht:** Nach § 29 Abs. 2 BNotO darf eine dem Notar in Ausübung seiner Tätigkeit nach § 8 BNotO (also insbesondere als Rechtsanwalt, Steuerberater, Wirtschaftsprüfer usw) erlaubte Werbung sich nicht auf seine Tätigkeit als Notar beziehen. Weitergehende Werbemöglichkeiten, die dem Anwaltsnotar nach anderen Berufsrechten zustehen, darf er daher nur dann wahrnehmen, wenn er bei diesem Werbeverhalten auf die Führung seiner Amtsbezeichnung „Notar" verzichtet und auch ansonsten **keine werbeträchtige Beziehung zum Notaramt** hergestellt wird.[147]

95   Die Notarkammern haben das eingeschränkte Werbeverbot in § 29 BNotO in den nach § 67 Abs. 2 S. 3 BNotO erlassenen Richtlinien (→ Rn. 17) näher konkretisiert und sich hierbei grundsätzlich an den Richtlinienempfehlungen der Bundesnotarkammer (§ 78 Abs. 1 S. 2 Nr. 5 BNotO) orientiert.[148] Die Berufsrichtlinien der Notarkammern gehen bei regionalen Unterschieden im Detail von folgenden Grundsätzen aus (vgl. Abschnitt

---

[145] So auch die Begründung zum Regierungsentwurf des Dritten Gesetzes zur Änderung der BNotO, BT-Drs. 13/4184, 22.

[146] BT-Drs. 13/4184, 27 f.

[147] Vgl. OLG Celle NJW-RR 2001, 1721; *Starke* FS Bezzenberger 2000, 616; ebenso Arndt/Lerch/Sandkühler/*Sandkühler* BNotO § 29 Rn. 30 ff.; Schippel/Bracker/*Schäfer* BNotO § 29 Rn. 21 f.; Kilian/Sandkühler/vom Stein/*Sandkühler* § 15 Rn. 35 f.

[148] Zum Umfang der zulässigen Konkretisierung von § 29 BNotO durch Satzungsrecht der Notarkammern vgl. BGH DNotZ 2010, 75.

VII Nr. 1 RL-E): Werbung ist dem Notar (nur) insoweit verboten, als sie **Zweifel an seiner Unabhängigkeit und Unparteilichkeit** zu wecken geeignet oder aus anderen Gründen mit seiner Stellung in der vorsorgenden Rechtspflege als Träger eines öffentlichen Amtes nicht vereinbar ist. Dementsprechend ist es dem Notar gestattet, allgemein über die Aufgaben, Befugnisse und Tätigkeitsbereiche der Notare **öffentlichkeitswirksam zu informieren,** etwa durch eine eigene Homepage oder durch Veröffentlichungen, Vorträge und Äußerungen in den Medien.

E. Notaraufsicht

Die in §§ 92 ff. BNotO geregelte staatliche Aufsicht über den Notar folgt unmittelbar aus **96** der Übertragung staatlicher Rechtspflegeaufgaben, insbesondere der Verleihung der Urkundsbefugnis. Instrument der Aufsicht ist insbesondere die regelmäßige Geschäftsprüfung (§ 93 BNotO). **Staatliche Aufsichtsstellen** sind die jeweiligen Präsidenten des Landgerichts, des Oberlandesgerichts und der oberste Vertreter der Landesjustizverwaltung (§ 92 BNotO). Die Aufsichtsbehörden werden bei ihrer Tätigkeit durch die Notarkammern unterstützt (§ 67 Abs. 1 BNotO). Der staatlichen Aufsicht unterliegen jeweils für den Zeitraum ihrer Bestellung alle Notare, Notarassessoren, Notariatsverwalter und Notarvertreter.

Die staatliche Aufsicht findet ihre **Grenze** in der **Unabhängigkeit des Notars** (§ 1 **97** BNotO, → Rn. 41 ff.). Dies hat zur Folge, dass Amtshandlungen des Notars nicht auf ihre Zweckmäßigkeit und nur eingeschränkt auf ihre Rechtmäßigkeit hin überprüft werden dürfen.[149] So hat die Aufsicht die Auslegung von Rechtsbegriffen des materiellen Rechts durch den Notar nur daran zu messen, ob die Entscheidung des Notars sorgfältig getroffen und vertretbar war; unerheblich ist, ob sie auch im Ergebnis von der Dienstaufsicht gebilligt wird.[150] Der **Schwerpunkt** der Aufsicht bezieht sich auf die **Einhaltung des Verfahrensrechts** als gesetzlicher Rahmen der Amtstätigkeit. Auch hier sind dem Notar eröffnete Beurteilungsspielräume zu beachten.[151]

I. Ermahnung, Missbilligung

Leichtere Verstöße gegen das notarielle Berufsrecht (also Fälle, in denen entweder die ob- **98** jektive Pflichtverletzung oder das Verschulden geringfügig ist), können durch die Notarkammer mit einer **Ermahnung** (§ 75 BNotO) oder durch die Aufsichtsbehörde mit einer **Missbilligung** (§ 94 BNotO) geahndet werden. Bei Ermahnung und Missbilligung handelt es sich **nicht um Disziplinarmaßnahmen** (§§ 94 Abs. 3, 97 BNotO). Innerhalb eines Monats nach Zustellung der Entscheidung kann der Notar gegen eine Ermahnung schriftlich Einspruch bei dem Vorstand der Notarkammer bzw. gegen eine Missbilligung schriftlich Beschwerde bei der Aufsichtsbehörde einlegen. Werden Einspruch bzw. Beschwerde zurückgewiesen, kann der Betroffene innerhalb eines Monats nach Zustellung der Entscheidung die Entscheidung des Oberlandesgerichts als Disziplinargericht für Notare (§ 99 BNotO) beantragen; der Antrag ist schriftlich einzureichen und zu begründen. Das Oberlandesgericht entscheidet endgültig durch Beschluss (vgl. §§ 75 Abs. 4, Abs. 5, 94 Abs. 2 BNotO).

---

[149] *Bohrer* NotarBerufsR Rn. 221 ff.
[150] Eylmann/Vaasen/*Baumann* BNotO § 93 Rn. 9; Arndt/Lerch/Sandkühler/*Lerch* BNotO § 93 Rn. 44 ff.; *Reithmann* Notarpraxis A Rn. 48 ff.
[151] BGH DNotZ 1972, 549; DNotZ 1987, 438; DNotZ 1993, 465; *Weirich* DNotZ 1962, 16; *Zimmermann* DNotZ 2000, 166.

II. Disziplinarmaßnahmen

99 Im **Disziplinarverfahren**[152] können folgende Maßnahmen verhängt werden (§ 97 BNotO):

– **Verweis.** Er bezeichnet als mildeste Disziplinarmaßnahme den Tadel eines bestimmten Verhaltens in ernster und deutlicher Form.[153]

– **Geldbuße.** Sie kann gegen Notare bis zu 50.000 EUR, gegen Notarassessoren bis zu 5.000 EUR verhängt werden. Beruht die zu ahndende Handlung auf Gewinnsucht, kann auf Geldbuße bis zum Doppelten des erzielten Vorteils erkannt werden (§ 97 Abs. 4 BNotO).[154]

– **Entfernung vom bisherigen Amtssitz.** Sie kommt gemäß § 97 Abs. 2 BNotO nur für den hauptberuflichen Notar in Betracht. Diese Beschränkung ist heute überholt: Der Anwaltsnotar kann nach dem liberalisierten Berufsrecht (§ 10 Abs. 2 S. 3 BNotO) heute seine notarielle Geschäftsstelle auch am Ort seiner „weiteren Kanzlei" (§ 27 Abs. 2 BRAO) unterhalten. Gegen den Anwaltsnotar wäre folglich berufsrechtlich eine Entfernung vom bisherigen Amtssitz heute durchaus möglich; (auch) dies hat der Gesetzgeber bei der Neufassung des § 10 Abs. 2 S. 3 BNotO im Jahre 2017 nicht erkannt.[155]

– **Befristete Entfernung aus dem Amt.** Sie kann nur gegen den Anwaltsnotar verhängt werden. Nach Ablauf der Frist bedarf es einer erneuten Bestellung, die nur versagt werden darf, wenn sich der Betroffene zwischenzeitlich eines Verhaltens schuldig gemacht hat, das ihn unwürdig erscheinen lässt, das Amt des Notars wieder auszuüben (§ 97 Abs. 3 BNotO). Eine Bedürfnisprüfung findet bei dieser erneuten Bestellung nicht statt.

– **Dauernde Entfernung aus dem Amt.** Sie wird als schwerwiegendste Disziplinarmaßnahme nur verhängt, wenn ein einzelner Verstoß oder mehrere Pflichtverletzungen zusammengenommen so gravierend erscheinen, dass eine weitere Amtsausübung durch den Notar untragbar ist.[156] Eine Wiederbestellung zum Notar kann nach Ablauf einer längeren Wohlverhaltensfrist in Betracht kommen (vgl. auch die Parallelvorschrift des § 7 Nr. 3 BRAO für die Wiederzulassung zur Rechtsanwaltschaft nach vorherigem Ausschluss).[157] Für den Anwaltsnotar hat die dauernde Entfernung aus dem Amt zugleich die Ausschließung aus der Rechtsanwaltschaft zur Folge (§ 97 Abs. 5 BNotO).

100 Verweis und Geldbuße können nebeneinander verhängt werden (§ 97 Abs. 1 BNotO), die Geldbuße auch neben der Entfernung vom bisherigen Amtssitz (§ 97 Abs. 2 S. 3 BNotO).

III. Verfahren

101 Kraft der dynamischen Verweisung in § 96 BNotO sind grundsätzlich die Vorschriften des **Bundesdisziplinargesetzes** entsprechend anzuwenden.[158] Das konkrete Verfahren hängt von der zu treffenden Disziplinarmaßnahme und damit von der Schwere des Verstoßes ab: **Verweis** und **Geldbuße** können durch die **Disziplinarverfügung** der Aufsichtsbehörden verhängt werden. Hierbei ist die Disziplinargewalt des Präsidenten des Landgerichts auf Geldbußen gegen Notare bis zu 10.000 EUR, gegen Notarassessoren bis zu 1.000 EUR begrenzt (§ 98 Abs. 2 BNotO). Rechtfertigt das Dienstvergehen eine höhere

---

[152] Vgl. allgemein Arndt/Lerch/Sandkühler/*Sandkühler* BNotO § 96 Rn. 4 ff.; Eylmann/Vaasen/*Lohmann* BNotO § 96 Rn. 1 ff.
[153] Arndt/Lerch/Sandkühler/*Sandkühler* BNotO § 97 Rn. 26.
[154] Zu den Bemessungsmaßstäben vgl. BGH DNotZ 2000, 535 mAnm *Feuerich*.
[155] Vgl. hierzu kritisch *Bremkamp* NJW 2017, 1802 f.
[156] Zu den Maßstäben vgl. BGH DNotZ 2001, 566 (567); DNotZ 2001, 569 (571); DNotZ 2003, 73.
[157] Vgl. BGH NJW-RR 1999, 932.
[158] Zu den in der BNotO geregelten Abweichungen vgl. Arndt/Lerch/Sandkühler/*Sandkühler* BNotO § 96 Rn. 5.

Disziplinarverfügung, wird das Verfahren an den Präsidenten des Oberlandesgerichts abgegeben. Die Entfernung vom bisherigen Amtssitz sowie die befristete und die dauernde Entfernung aus dem Amt setzen die Durchführung des **Disziplinarklageverfahrens** voraus.

Das behördliche **Disziplinarverfahren** wird durch den **örtlich zuständigen Präsi-** 102 **denten des Landgerichts als untere Aufsichtsbehörde** von Amts wegen eingeleitet (§§ 96 Abs. 1 S. 2, 92 Nr. 1, 17 Abs. 1 S. 1 BDG), kann aber auch auf Antrag des betroffenen Notars durchgeführt werden (§ 18 BDG). Der beauftragte Ermittlungsführer, der die Befähigung zum Richteramt haben muss (§ 96 Abs. 2 S. 1 BDG), hört den Betroffenen an und erhebt die notwendigen Beweise (§§ 20, 24, 30, 96 BDG). Die Notarkammer wird üblicherweise über den Fortgang des Verfahrens unterrichtet, eine förmliche Beteiligung ist jedoch nicht vorgesehen.[159] Nach Abschluss der Ermittlungen wird das Verfahren eingestellt (§ 32 BDG) oder es wird eine schriftliche, mit Begründung versehene Disziplinarverfügung erlassen (§ 33 BDG). Gegen die Disziplinarverfügung kann der Betroffene innerhalb eines Monats nach Bekanntgabe **Widerspruch bei der Landesjustizverwaltung** einlegen (§§ 41, 42 BDG), sofern das Landesrecht diese Möglichkeit nicht ausgeschlossen hat (§ 96 Abs. 3 BDG).[160] Hat der Widerspruch keinen Erfolg, kann die Verfügung innerhalb eines Monats nach Zustellung des Widerspruchsbescheids mit **Anfechtungsklage vor dem Oberlandesgericht** angegriffen werden (§ 52 BDG iVm §§ 74, 81, 82 VwGO). In dem Verfahren vor dem Oberlandesgericht wird nicht nur die Rechtmäßigkeit, sondern auch die Zweckmäßigkeit der Disziplinarverfügung überprüft (§ 60 Abs. 3 BDG). Das Oberlandesgericht entscheidet grundsätzlich durch Urteil. Eine **Berufung zum Bundesgerichtshof** muss entweder vom Oberlandesgericht oder vom Bundesgerichtshof zugelassen werden (§§ 99, 105 BNotO iVm § 64 Abs. 2 BDG). Das Berufungsurteil des Bundesgerichtshofs ergeht nach mündlicher Verhandlung (§ 66 BDG).

Die **Disziplinarklage zur Aufklärung schwerer Dienstvergehen** wird durch die 103 Landesjustizverwaltung (bei Zuständigkeitsübertragung nach § 96 Abs. 4 BNotO durch die nachgeordnete Aufsichtsbehörde) bei dem für den Amtssitz des Notars zuständigen **Oberlandesgericht** erhoben (§ 99 BNotO, § 52 BDG).[161] Das Gericht entscheidet aufgrund mündlicher – grundsätzlich öffentlicher[162] – Verhandlung durch Urteil. Hiergegen ist die **Berufung zum Bundesgerichtshof** zulässig, die innerhalb eines Monats nach Zustellung des erstinstanzlichen Urteils schriftlich beim Oberlandesgericht einzulegen ist (§ 64 Abs. 1 BDG). Das Urteil des Bundesgerichtshofs ergeht wiederum nach mündlicher Verhandlung (§ 66 BDG).

F. Notarberuf und Familie

Auch das Notariat muss sich mit der Frage auseinandersetzen, inwiefern die berufliche 104 Amtsausübung mit den **privaten familiären Belangen des Amtsinhabers** vereinbar ist. **Die Bundesnotarordnung sieht ein Teilzeitnotariat nicht vor.**[163] Der Notar hat es gleichwohl grundsätzlich selbst in der Hand, wie und wann er seine Termine vergibt und den Rechtsuchenden persönlich als Ansprechpartner zur Verfügung steht. Gemäß § 10 Abs. 3 BNotO hat er lediglich dafür Sorge zu tragen, dass seine Geschäftsstelle als organisatorische Einheit und „Tür" zur notariellen Amtstätigkeit während der üblichen Öffnungszeiten durchgehend für Rechtsuchende erreichbar ist (→ Rn. 70 ff.). Zudem hat er gemäß § 39 Abs. 1 BNotO die Möglichkeit, sich für den Fall seiner Verhinderung im Amt vertreten zu lassen (→ Rn. 63). Vor diesem Hintergrund weist das Notaramt in sei-

---

[159] Zum Verhältnis zwischen Disziplinarverfahren und Strafverfahren vgl. Arndt/Lerch/Sandkühler/*Sandkühler* BNotO § 96 Rn. 41 ff.
[160] Hierzu Schippel/Bracker/*Hermann* BNotO § 98 Rn. 6.
[161] Zum Inhalt der Klageschrift vgl. Eylmann/Vaasen/*Bormann* BNotO § 99 Rn. 7 ff.
[162] Kritisch Arndt/Lerch/Sandkühler/*Sandkühler* BNotO § 96 Rn. 79.
[163] Vgl. zur Pflicht zur Amtsbereitschaft bereits → Rn. 64 ff.

ner rechtlichen Struktur daher **durchaus eine große Flexibilität** auf, die es in vielen – auch selbständigen – Berufen nicht gibt und die den Notarberuf „auf dem Papier" als **familienfreundlich erscheinen lassen.**

105 In der Praxis sieht es gleichwohl häufig anders aus. Der Notar wird sein Amt in der Regel dauerhaft nur dann **wirtschaftlich unabhängig** führen können, wenn er den Rechtsuchenden auch persönlich während den üblichen Öffnungszeiten zur Verfügung steht. Häufig erst außerhalb der üblichen Öffnungszeiten kann sich der Notar den Urkundsentwürfen und den organisatorischen Aufgaben, die mit der Führung eines Notariates zwingend zusammenhängen und im laufenden Geschäft regelmäßig nicht zu erledigen sind, widmen. Allein diese **tatsächlichen Umstände** sind es, die die Ausübung des Notaramtes an vielen Tagen **nicht sonderlich familienfreundlich** sein lassen. Das hat jedoch nichts mit dem Notaramt an sich oder mit dem notariellen Berufsrecht zu tun, sondern ausschließlich mit der **selbständigen Berufstätigkeit.** Jeder Bewerber um eine ausgeschriebene Anwärterdienststelle sollte daher für sich selbst vor einer Bewerbung überlegen und entscheiden, ob er eine **selbständige berufliche Tätigkeit** mit den damit zusammenhängenden **Nachteilen für die private Lebensführung** ausüben möchte.

106 Im Jahre 1998 wurden die §§ 48b, 48c BNotO in die Bundesnotarordnung eingefügt.[164] Der Gesetzgeber beabsichtigte damit „der Vereinbarkeit von Beruf und Familie auch im Notariat – insbesondere im Hinblick auf die kindererziehenden Notarinnen und Notare – mehr als bisher Geltung zu verschaffen. Es soll den Notarinnen und Notaren, die dies wünschen, die Möglichkeit verschafft werden, ihr Amt vorübergehend niederzulegen, um sich für eine Dauer von bis zu zwölf Jahren familiären Aufgaben zu widmen."[165] Die §§ 48b, 48c BNotO sollen es dem Notar ermöglichen, für bestimmte Zeiträume sein Amt **vorübergehend niederzulegen,** um sodann wieder zum Notar bestellt zu werden:

107 – Eine „echte" **vorübergehende Amtsniederlegung** (mit Wiederbestellungsgarantie) ist nach dem gesetzlichen Konzept allerdings nur für einen Zeitraum von **höchstens einem Jahr** möglich. Die gesetzliche Grundlage hierfür findet sich in den §§ 48b, 48c, 47 Nr. 7, 6b Abs. 1 Hs. 2, 56 Abs. 3 BNotO. Durch diese Normen wird gewährleistet, dass der vorläufig aus dem Amt ausgeschiedene Notar ohne eine Ausschreibung, Bewerbung und Auswahlentscheidung am bisherigen Amtssitz wieder zum Notar bestellt wird und sein wiederbelebtes Amt in seiner bisherigen Geschäftsstelle fortsetzen kann.[166]

108 – Darüber stellt das Gesetz auch eine „unechte" **vorübergehende Amtsniederlegung** (ohne Wiederbestellungsgarantie) über einen Zeitraum von **höchstens zwölf Jahren** zur Verfügung. Die gesetzliche Grundlage hierfür findet sich in den §§ 48b, 47 Nr. 7, 6 Abs. 4 BNotO. Im Unterschied zur „echten" vorübergehenden Amtsniederlegung hat der Notar hierbei **keine rechtliche Garantie** auf eine erneute Bestellung zum Notar am bisherigen Amtssitz. Die Rückkehr in das Notaramt ist bei einer „unechten" vorübergehenden Amtsniederlegung vielmehr nur möglich, indem sich der vorübergehend aus dem Amt geschiedene Notar auf eine von der Landesjustizverwaltung ausgeschriebene Notarstelle bewirbt und im Rahmen der Auswahlentscheidung wiederum den Vorrang gegenüber anderen Bewerbern erhält.[167]

109 Nach einer Entscheidung des Bundesverfassungsgerichts aus dem Jahr 2013 ist das vorstehend zusammengefasste Regelungskonzept der §§ 48b, 48c BNotO **mit dem Grundgesetz vereinbar.**[168] Der Vorsitzende der entscheidenden Kammer des Ersten Senats des Bundesverfassungsgerichts ließ es sich jedoch nicht nehmen, in einer Anmerkung zu diesem Beschluss festzustellen: „Das (nach der amtlichen Begründung) **selbst gesetzte Ziel**

---

[164] Durch das Dritte Gesetz zur Änderung der Bundesnotarordnung (BGBl. 1998 I 2585).
[165] BT-Drs. 13/4184, 28.
[166] Vgl. hierzu ausführlich Eylmann/Vaasen/*Bremkamp* BNotO §§ 48b, 48c Rn. 4 ff.
[167] Vgl. hierzu ausführlich Eylmann/Vaasen/*Bremkamp* BNotO §§ 48b, 48c Rn. 49 ff.
[168] BVerfG DNotZ 2014, 298.

wird allerdings in eklatanter Weise verfehlt; denn die vorgeschlagene und Gesetz gewordene Regelung gibt den Notarinnen und Notaren, die durch Kinderbetreuung oder Pflegeaufgaben beansprucht werden, eher **Steine statt Brot.** Dies gilt gleich in doppelter Hinsicht. Erstens ist das Konzept der §§ 48b, 48c inhaltlich **völlig unzulänglich,** weil allenfalls für ein Jahr durch den gesicherten Rückzug aus dem Notaramt ein Freiraum für die Erfüllung familiärer Pflegelasten geschaffen wird [...]. Zweitens – und das ist nicht weniger ärgerlich – stellt das geltende Recht durch missverständliche Formulierung namentlich des § 48b den betroffenen Notarinnen und Notaren **geradezu eine Falle.**[169] Es ist zu erwarten, dass der Gesetzgeber an dieser Stelle nachbessert und den Notaren in Zukunft eine längere „echte" vorübergehende Amtsniederlegung ermöglicht. Ob davon – angesichts der nicht unerheblichen wirtschaftlichen Risiken, die eine längere Abwesenheit des Notars von „seiner" Notarstelle stets mit sich bringt – Gebrauch gemacht wird, darf bezweifelt werden.

---

[169] *Gaier* ZNotP 2014, 282 (283).

§ 33. Sonderfragen des Anwaltsnotars

Übersicht

Schrifttum:

Armbrüster/Preuß/Renner, BeurkG/DONot, 7. Aufl. 2015; *Arndt/Lerch/Sandkühler,* BNotO, 8. Aufl. 2016; *Bohrer,* Das Berufsrecht der Notare, 1991; *Diehn,* BNotO, 2. Aufl. 2019; *Eylmann/Vaasen,* Bundesnotarordnung/Beurkundungsgesetz, 4. Aufl. 2016; *Feuerich/Weyland,* BRAO, 9. Aufl. 2016; *Ganter/Hertel/Wöstmann,* Handbuch der Notarhaftung, 4. Aufl. 2018; *Grziwotz/Heinemann,* BeurkG, 3. Aufl. 2018; *Henssler/Prütting,* BRAO, 4. Aufl. 2014; *Kilian/Sandkühler/vom Stein,* Praxishandbuch Notarrecht, 3. Aufl. 2018; *Kleine-Cosack,* Das Werberecht der rechts- und steuerberatenden Berufe, 2. Aufl. 2004; *Mihm,* Berufsrechtliche Kollisionsprobleme beim Anwaltsnotar, 2000; *Schippel/Bracker,* BNotO, 9. Aufl. 2011; *Winkler,* Beurkundungsgesetz, 19. Aufl. 2019.

A. Das Notaramt des Anwaltsnotars

1   Gemäß § 3 Abs. 2 BNotO werden in den Gerichtsbezirken, in denen am 1.4.1961 das Amt des Notars nur im Nebenberuf ausgeübt worden ist, ausschließlich Rechtsanwälte für die Dauer ihrer Mitgliedschaft bei der für den Gerichtsbezirk zuständigen **Rechtsanwaltskammer** als Notare zu gleichzeitiger Amtsausübung neben dem Beruf des Rechtsanwalts bestellt (Anwaltsnotare). Anwaltsnotare (am 1.1.2019: 5.331[1]) werden in Berlin, Bremen, Hessen, Niedersachsen, Schleswig-Holstein, Westfalen-Lippe und in den Bezirken der Landgerichte Essen und Duisburg sowie im Bezirk des Amtsgerichts Emmerich ernannt. Sie entscheiden in eigener Verantwortung darüber, in welchem Umfang sie sich neben dem Beruf des Rechtsanwalts dem Notaramt widmen. Allerdings dürfen sie sich nicht darauf beschränken, nur den Titel eines Notars zu führen, das Amt aber tatsächlich nicht auszuüben.[2] Als Rechtsanwälte sind Anwaltsnotare Freiberufler, als Notare sind sie gemäß § 1 BNotO unabhängige Träger eines öffentlichen Amtes. Bezogen auf ihre notarielle Tätigkeit sind Anwaltsnotare Amtsträger, die die ihnen gesetzlich übertragenen Aufgaben im Rahmen der vorsorgenden Rechtspflege hoheitlich, aber in den Strukturen eines freien Berufes, wahrnehmen.[3] Als Notare üben sie einen staatlich gebundenen Beruf aus.[4] Die notarielle Berufsausübung steht daher unter dem Schutz des Art. 12 GG, der aber durch Sonderregelungen in Anlehnung an Art. 33 GG zurückgedrängt werden kann.[5]

2   Anwaltsnotare haben sowohl das **Berufsrecht** der Rechtsanwälte als auch das in vielerlei Hinsicht strengere Berufsrecht der Notare zu beachten. Bei Konflikten geht das Berufsrecht der Notare dem anwaltlichen Berufsrecht vor.[6]

3   Anwaltsnotare üben dasselbe Amt aus wie gemäß § 3 Abs. 1 BNotO zur hauptberuflichen Amtsausübung bestellte Notare. Dieser Grundsatz gilt unbeschadet des Umstandes, dass für die eine oder andere Notariatsverfassung strukturbedingt exklusive Regeln gelten. Aus diesen partiellen Verselbständigungen des Berufsrechts mögen sich Versuche erklären lassen, ein eigenständiges Berufsbild[7] der Anwaltsnotare zu definieren. Tatsächlich trennt die Praxis der Berufsausübung insbesondere die in großen interprofessionell und überörtlich/international organisierten Berufsausübungsgemeinschaften tätigen Anwaltsnotare von den Nurnotaren wie auch von den in kleinen Einheiten oder allein tätigen Anwaltsnotaren. Zurückzuweisen sind Erwägungen, die unterschiedlichen Ausübungsformen des Notaramts zu institutionell voneinander geschiedenen Berufen zu erheben, um dadurch Ungleichbehandlungen der unterschiedlichen Notariatsverfassungen zu rechtfertigen.[8]

---

[1] Vgl. http://www.bnotk.de/Notar/Statistik/index.php.

[2] *Arndt/Lerch/Sandkühler/Sandkühler* BNotO § 14 Rn. 6; *Schippel/Bracker/Kanzleiter* BNotO § 14 Rn. 1.

[3] Vgl. dazu *Kilian/Sandkühler/vom Stein/Sandkühler* § 1 Rn. 2.

[4] BVerfG DNotZ 1987, 121; *Bohrer* NotarBerufsR Rn. 13.

[5] BVerfGE 73, 280 (292); BVerfG DNotZ 2009, 702 mAnm *Meyer;* kritisch zu den Beschränkungen der Berufsausübungsfreiheit *Kleine-Cosack* DNotZ 2004, 327.

[6] *Eylmann/Vaasen/Frenz* BNotO § 3 Rn. 5.

[7] Vgl. zur Problematik der Einheitlichkeit des notariellen Berufsbilds eingehend *Mihm* Berufsrechtliche Kollisionsprobleme S. 254 ff.; *Eylmann/Vaasen/Frenz* BNotO § 3 Rn. 4 ff.

[8] So aber das BVerfG in der sog. Logo-Entscheidung DNotZ 1998, 69 zum Werberecht der Anwaltsnotare mAnm *Schippel,* in der Wirtschaftsprüfer-Entscheidung DNotZ 1998, 754 zur Zulässigkeit der beruflichen

Notaren wird gemäß § 10 Abs. 1 S. 1 BNotO ein **Amtssitz** zugewiesen, an dem sie ge- 4
mäß § 10 Abs. 2 S. 2 BNotO eine Geschäftsstelle zu unterhalten haben.

Einer **Residenzpflicht** am Ort des Amtssitzes unterliegt der Notar nicht. Allerdings 5
muss er gemäß § 10 Abs. 2 S. 2 BNotO seine Wohnung so nehmen, dass die ordnungsgemäße Wahrnehmung der Amtsgeschäfte nicht beeinträchtigt ist. Davon wäre auszugehen,
wenn die Sicherstellung der ständigen Amtsbereitschaft nicht mehr gewährleistet wäre.[9]
Seiner Pflicht zur kurzfristigen Erreichbarkeit kann der Notar auch dadurch nachkommen, dass er am Ort des Amtssitzes einen Zweitwohnsitz nimmt.[10]

Im Anwaltsnotariat müssen gemäß § 10 Abs. 2 S. 3 BNotO die notarielle Geschäftsstel- 6
le und die anwaltliche Kanzlei iSd § 27 Abs. 1 BRAO („Zulassungskanzlei") oder § 27
Abs. 2 BRAO („weitere Kanzlei") örtlich übereinstimmen; Geschäftsstelle und Kanzlei
dürfen nicht voneinander getrennt werden. Die Unterhaltung der notariellen Geschäftsstelle am Ort einer anwaltlichen Zweigstelle ist daher nicht zulässig. Durch die Öffnung
des anwaltlichen Berufsrechts für die Errichtung einer weiteren Kanzlei[11] als weiterer
Schwerpunkt anwaltlicher Tätigkeit kann ein Rechtsanwalt nunmehr auch die Bestellung
zum Anwaltsnotar an einem Ort anstreben, an dem er eine weitere Kanzlei, nicht aber
seine zuerst errichtete Kanzlei iSd § 27 Abs. 1 BRAO unterhält.[12] Allerdings müssen die
weitere Kanzlei und die Zulassungskanzlei im Bezirk einer Rechtsanwaltskammer liegen,
denn der Anwaltsnotar wird gemäß § 3 Abs. 2 BNotO für die Dauer seiner Mitgliedschaft
bei der für den Gerichtsbezirk, in der er das Notaramt ausübt, zuständigen Rechtsanwaltskammer bestellt. Die Ausübung des Notaramtes in einem Gerichtsbezirk, der nicht im
Bezirk der Rechtsanwaltskammer liegt, deren Mitglied der Rechtsanwalt ist, ist mithin
nicht denkbar.

Beispiele:

Errichtet der Rechtsanwalt seine erste Kanzlei im Bezirk der Rechtsanwaltskammer Hamm
wird er deren Mitglied. Errichtet er später eine weitere Kanzlei im Bezirk der Rechtsanwaltskammer Oldenburg, bleibt er Mitglied der Rechtsanwaltskammer Hamm, wie sich aus § 27
Abs. 2 S. 2 BRAO ergibt. Der Rechtsanwalt könnte daher nicht am Ort seiner weiteren
Kanzlei in Oldenburg zum Notar bestellt werden, es sei denn, er betreibt den Wechsel seiner Zulassung von der Rechtsanwaltskammer Hamm in die Rechtsanwaltskammer Oldenburg, indem er gemäß § 27 Abs. 3 BRAO seine Zulassungskanzlei in deren Bezirk verlegt.

Errichtet der Rechtsanwalt eine weitere Kanzlei in einem anderen Amtsbereich als in demjenigen, in dem er seine Zulassungskanzlei unterhält, allerdings im Bezirk „seiner" Rechtsanwaltskammer, kann er die Bestellung zum Anwaltsnotar in diesem Bezirk anstreben. Er
wird sich erfolgreich um eine ausgeschriebene Notarstelle dort bewerben können, wenn er
die örtliche Wartezeit iSv § 6 Abs. 2 Nr. 2 BNotO am Ort der weiteren Kanzlei nachweisen
kann. Seine Bestellung zum Notar setzt nicht voraus, dass er seine weitere Kanzlei zur Zulassungskanzlei „aufwertet".

Durch die Bindung des Notaramts des Anwaltsnotars an die Mitgliedschaft in einer 7
Rechtsanwaltskammer verliert der Anwaltsnotar sein Amt, wenn er erfolgreich seine Um-
zulassung in eine andere Rechtsanwaltskammer betreibt.[13] Diese Konsequenz lässt sich allerdings allein aus dem Wortlaut des § 10 Abs. 3 BNotO nicht ableiten, sondern nur aus
der Zusammenschau mit § 3 Abs. 2 BNotO, so dass es zu einem „unbeabsichtigten Amtsverlust"[14] kommen kann.

Verbindung zwischen Anwaltsnotaren und Wirtschaftsprüfern und in DNotZ 2000, 787 zur Zulässigkeit
  der Beurkundung außerhalb der Geschäftsstelle.
[9] Eylmann/Vaasen/*Bremkamp* BNotO § 10 Rn. 57.
[10] Eylmann/Vaasen/*Bremkamp* BNotO § 10 Rn. 60; Diehn/*Bormann* BNotO § 10 Rn. 33.
[11] Vgl. dazu eingehend *Bremkamp* NJW 2017, 1802 f.; Diehn/*Bormann* BNotO § 10 Rn. 23.
[12] Kilian/Sandkühler/vom Stein/*Sandkühler* § 5 Rn. 3.
[13] Kilian/Sandkühler/vom Stein/*Sandkühler* § 5 Rn. 4.
[14] *Bremkamp* NJW 2017, 1802 f.

Beispiel:

Dem Anwaltsnotar, Mitglied der Rechtsanwaltskammer Hamm, ist die Stadt Dortmund als Amtssitz zugewiesen. In Dortmund unterhält er auch seine Zulassungskanzlei iSd § 27 Abs. 1 BRAO. Er führt zudem eine weitere Kanzlei im Bezirk der Rechtsanwaltskammer Kassel. Nunmehr verlegt der Anwaltsnotar seine Zulassungskanzlei nach Kassel, beantragt die Aufnahme in die Rechtsanwaltskammer Kassel und macht aus der Kanzlei in Dortmund eine „weitere Kanzlei". Nach dem Wortlaut des § 10 Abs. 2 S. 2 BNotO droht vermeintlich keine Gefahr, denn seine Geschäftsstelle stimmt immer noch örtlich mit einer Kanzlei iSv § 27 Abs. 2 BRAO (der weiteren Kanzlei) überein. Nimmt ihn indes die Rechtsanwaltskammer Kassel in ihre Reihen auf, erlischt gemäß § 27 Abs. 2 S. 3 BRAO seine Mitgliedschaft in der Rechtsanwaltskammer Hamm und damit auch das Notaramt.

8   Anders als Rechtsanwälte dürfen Anwaltsnotare gemäß § 10 Abs. 4 BNotO ohne Genehmigung der Aufsichtsbehörde keine **Zweigstelle** ihrer notariellen Geschäftsstelle einrichten oder auswärtige Sprechtage abhalten. Verboten ist erst recht die Unterhaltung mehrerer Geschäftsstellen; eine denkbare Genehmigung der Aufsichtsbehörde wird regelmäßig nicht erteilt, weil die Versorgung der Bevölkerung mit notariellen Dienstleistungen im Anwaltsnotariat flächendeckend sichergestellt ist. Der (Anwalts-)Notar darf allerdings innerhalb seines Amtsbereichs iSv § 10a Abs. 1 BNotO, aber außerhalb seiner Geschäftsstelle, beurkunden; → Rn. 12.

9   Gemäß § 29 Abs. 3 BNotO darf ein Anwaltsnotar, der sich nach § 9 Abs. 2 BNotO mit nicht an seinem Amtssitz tätigen Personen verbunden hat oder der als Rechtsanwalt weitere Kanzleien oder Zweigstellen unterhält, auf Geschäftspapieren, in Verzeichnissen, in der Werbung und auf nicht an seiner Geschäftsstelle befindlichen Geschäftsschildern seine **Amtsbezeichnung** als Notar nur unter Hinweis auf seinen Amtssitz angeben. Der Hinweis muss der Amtsbezeichnung unmittelbar nachfolgen, ihr im Erscheinungsbild entsprechen und das Wort „Amtssitz" enthalten. Bei entsprechender Kennzeichnung darf ein Anwaltsnotar seine Amtsbezeichnung auch auf Geschäftsschildern führen, die die Berufsausübungsgemeinschaft, der er angehört, in Orten angebracht hat, in denen nur Notare zur hauptberuflichen Amtsausübung bestellt werden. Die Kennzeichnungspflicht gilt nicht, soweit die Geschäftspapiere, die Verzeichnisse oder die Werbung keinen Hinweis auf die Verbindung nach § 9 Abs. 2 BNotO oder weitere Kanzleien oder Zweigstellen enthalten. Die Pflicht zur Kennzeichnung des Amtssitzes besteht bei überörtlichen Berufsausübungsgemeinschaften auch hinsichtlich der Geschäftspapiere etc, die vom Amtssitz des Notars aus seiner Geschäftsstelle versandt werden. In intraurbanen Berufsausübungsgemeinschaften darf die Amtsbezeichnung auch kanzleiübergreifend ohne einen Hinweis auf die notarielle Geschäftsstelle geführt werden.

10   § 29 Abs. 4 BNotO verbietet die Führung von Amts- und Namensschildern, die das **Landeswappen** enthalten (§ 3 DONot), an oder in Gebäuden, in denen sich nicht die notarielle Geschäftsstelle befindet. Denn das Landeswappen kennzeichnet die hoheitlichen Befugnisse des Notars bei der Ausübung seines öffentlichen Amtes.[15]

11   Notare, Anwaltsnotare wie zur hauptberuflichen Amtsausübung bestellte Notare, führen gemäß § 2 S. 2 BNotO die **Amtsbezeichnung** „Notar". Nicht erlaubt ist die Ersetzung dieser Amtsbezeichnung durch die Bezeichnung **„Notariat"** zur Kennzeichnung des Amtsträgers, denn die Verwendung dieser Bezeichnung bringt nach der Auffassung des BGH[16] eine Institutionalisierung zum Ausdruck, die dem personengebundenen Amt des Notars nicht zukommt. Die Verwendung des Begriffs Notariat auf Geschäftsschildern, auf Drucksachen, in Internetauftritten oder in Ansagetexten der Telefonanlage als Ersatz für die Amtsbezeichnung ist daher unzulässig. Ob die Verwendung des Begriffs Notariat

---

[15] Diehn/*Diehn* BNotO § 29 Rn. 68.
[16] BGH NJW 2018, 191 mAnm *Görk;* kritisch zu dem Beschluss *Terner* DNotZ 2018, 938.

als Bezeichnung der Geschäftsstelle (mehrerer) Notare zulässig ist, hat der BGH offengelassen.[17]

Grundsätzlich zulässig sind Beurkundungen **außerhalb der Geschäftsstelle** aber innerhalb des Amtsbereichs, solange der Notar den Anschein von Abhängigkeit oder Parteilichkeit vermeidet, den Schutzzweck des Beurkundungserfordernisses nicht gefährdet und jede amtswidrige Werbung unterlässt.[18] Danach sind grundsätzlich auch Beurkundungen in einer anwaltlichen Zweigstelle oder in einer weiteren Kanzlei iSv § 27 Abs. 2 BRAO zulässig, solange der Anwaltsnotar nicht den Eindruck erweckt, er halte auswärtige Sprechtage ab oder unterhalte eine zweite notarielle Geschäftsstelle. **12**

Beurkundet ein Notar außerhalb seines Amtssitzes, aber innerhalb seines Amtsbereiches, in den Räumlichkeiten zB einer überörtlichen Sozietät, bei der er gleichzeitig als Anwalt tätig ist, ohne dass er eine Genehmigung zur Unterhaltung einer weiteren Geschäftsstelle hat, verstößt er jedenfalls dann gegen das Verbot aus § 10 Abs. 4 BNotO, wenn er seine Amtstätigkeit in der Zweigstelle aktiv anbietet und es unterlässt, die Urkundsbeteiligten auf die Entstehung einer Auswärtsgebühr nach Nr. 26002, 26003 KV GNotKG hinzuweisen und nach außen den Eindruck erweckt, gebührenrechtlich mache es keinen Unterschied, ob er an seiner Geschäftsstelle oder in den auswärtigen Kanzleiräumen beurkundet.[19] **13**

Auf der Grundlage des Rundschreibens der BNotK Nr. 24/2010 vom 5.10.2010 ist das **Urkundsaufkommen** in der Zweigstelle ein wesentliches Indiz dafür, dass der Notar seine Beurkundungstätigkeit dort anbietet und dadurch in dieser Örtlichkeit faktisch eine weitere Geschäftsstelle eröffnet bzw. einen auswärtigen Sprechtag abhält. Wird ein bestimmter Anteil an der Gesamtzahl der Urkundsgeschäfte des Notars überschritten, dürfte dies nämlich im Zweifel nur aufgrund aktiven Anbietens der Amtstätigkeit an der anderen Örtlichkeit möglich sein. **14**

Bei einer typisierenden Betrachtungsweise[20] wird man von einer weiteren Geschäftsstelle bzw. von einem auswärtigen Sprechtag auszugehen haben, wenn sich der Anteil der an einer bestimmten Örtlichkeit vorgenommenen Urkundsgeschäfte auf mindestens **20%** **des jährlichen Urkundsaufkommens** des betroffenen Notars beläuft.[21] Die Vermutung kann widerlegt werden, wenn der Notar nachweist, dass er seine Urkundtätigkeit nicht an dieser Örtlichkeit angeboten hat, sondern die Initiative jeweils von den Beteiligten ausging. Liegt dieser Anteil unter 20%, ist indiziell von einer gewöhnlichen Auswärtsbeurkundung auszugehen. **15**

Beispiel:

Der Anwaltsnotar, der seine Geschäftsstelle nahe dem Landgericht im Zentrum von Dortmund unterhält, betreibt eine anwaltliche Zweigstelle verkehrsgünstig im Einzugsbereich mehrerer Autobahnen in einem Vorort. Er beurkundet dort zahlreiche Urkunden unter Beteiligung eiliger Mandanten. Überschreitet er dabei die 20%-Grenze, besteht die Vermutung für die Unterhaltung einer Zweigstelle. Bleibt er unter dieser Grenze, kann gleichwohl der Eindruck einer Zweigstelle entstehen, wenn der Notar dort Siegelgerätschaften und/oder Akten, Bücher oder Verzeichnisse iSv § 5 DONot vorhält. Derselbe Eindruck kann entstehen, wenn der Notar die Urschriften in dieser anwaltlichen Zweigstelle von gemäß § 26 BNotO förmlich verpflichteten Angestellten abwickeln lässt.

Ebenso wie zur hauptberuflichen Amtsausübung bestellte Notare unterliegen Anwaltsnotare der **Altersgrenze** des § 48a BNotO. Ihr Amt erlischt gemäß § 47 Nr. 2 BNotO iVm § 48a BNotO mit dem Ende des Monats, in dem sie das 70. Lebensjahr vollenden. **16**

---

[17] Rn. 21 des Beschlusses.
[18] BVerfG NJW 2000, 3486.
[19] BVerfG ZNotP 2011, 193; Eylmann/Vaasen/*Bremkamp* BNotO § 10 Rn. 81.
[20] Dazu Eylmann/Vaasen/*Bremkamp* BNotO § 10 Rn. 81; Diehn/*Bormann* BNotO § 10 Rn. 29.
[21] Eylmann/Vaasen/*Bremkamp* BNotO § 10 Rn. 81; Diehn/*Bormann* BNotO § 10 Rn. 29.

Die Altersgrenze ist verfassungsgemäß.[22] Weiter **erlischt** das Notaramt der Anwaltsnotare gemäß § 47 Nr. 4 BNotO mit dem bestandskräftigen Wegfall der Mitgliedschaft in einer Rechtsanwaltskammer. Wegen dieses Gleichlaufs der Zulassung als Rechtsanwalt und der Amtsausübung ist eine steuergünstige **Teilbetriebsaufgabe** durch Verzicht auf die Anwaltszulassung nicht darstellbar. Ein Anwaltsnotar kann sich berufsrechtlich auch nicht darauf beschränken, nur als Notar tätig zu sein. Deshalb ist auch der isolierte **Verkauf** der Anwaltspraxis mit der Vereinbarung, als Rechtsanwalt nicht mehr tätig sein zu dürfen, berufsrechtlich nicht zulässig.

17   Exklusive Regelungen für Anwaltsnotare enthält § 54 BNotO hinsichtlich der **vorläufigen Amtsenthebung**. § 54 Abs. 2 und Abs. 3 BNotO schaffen den Gleichklang zwischen notarrechtlichen Disziplinarverfahren und anwaltsgerichtlichen Verfahren, indem vorläufige Maßnahmen nach dem einen Berufsrecht auch vorläufige Maßnahmen nach dem anderen Berufsrecht nach sich ziehen können. Kraft Gesetz treten die Wirkungen der vorläufigen Amtsenthebung gemäß § 54 Abs. 4 BNotO ein; praktisch relevant ist vor allem § 54 Abs. 4 Nr. 3 BNotO, wonach die vorläufige Amtsenthebung fingiert wird, wenn gegen einen Anwaltsnotar der Widerruf der Zulassung zur Anwaltschaft mit sofortiger Vollziehung verfügt ist.

18   Auch auf der Ebene des **Disziplinarrechts** bzw. der Zuständigkeit der Notarkammer nach § 75 BNotO teilen die beiden gemeinsam ausgeübten Berufe ihr jeweiliges Schicksal. Ein Anwaltsnotar, gegen den im Disziplinarverfahren gemäß § 97 Abs. 1 S. 1 Nr. 3 BNotO die Entfernung aus dem Amt verhängt worden ist, verliert damit automatisch gemäß § 97 Abs. 5 BNotO auch die Zulassung zur Anwaltschaft.

19   Verfahrensrechtlich steuert § 110 BNotO, ob die Eröffnung eines Disziplinarverfahrens oder die Einleitung eines anwaltsgerichtlichen Verfahrens nach Verfehlungen eines Anwaltsnotars angezeigt ist. Abgestellt wird darauf, ob die Verfehlungen vorwiegend mit dem einen oder dem anderen Beruf in Zusammenhang stehen. Ist dies zweifelhaft oder besteht ein solcher Zusammenhang nicht, so ist im anwaltsgerichtlichen Verfahren, andernfalls im notariellen Disziplinarverfahren zu entscheiden. Nur ein nicht zweifelhafter Zusammenhang des Pflichtenverstoßes mit dem Notaramt begründet die Disziplinargewalt der Dienstaufsicht über die Notare.[23]

20   Nach der Auffassung des BGH[24] stellt die Verletzung des **anwaltlichen Tätigkeitsverbotes** nach § 45 Abs. 1 Nr. 1 BRAO wegen notarieller Vorbefassung in derselben Rechtssache durch einen Anwaltsnotar eine Verletzung der anwaltlichen Verpflichtung zur Unabhängigkeit dar. Daher sei, wenn nicht besondere Anhaltspunkte eine andere Wertung erfordern, von einem Übergewicht der anwaltlichen Pflichtverletzung im Verhältnis zum gleichzeitig verwirklichten Verstoß des Anwaltsnotars gegen die Pflicht zur nachwirkenden Neutralität gemäß § 14 Abs. 1 BNotO auszugehen (dazu → Rn. 128). Ein anwaltliches Tätigkeitsverbot wegen notarieller Vorbefassung bestehe im Übrigen nur dann, wenn die notarielle Vortätigkeit eine **rechtliche Bedeutung** für das anwaltliche Mandat hat.

21   Nach dem Ausscheiden eines Anwaltsnotars aus dem Notaramt kann zur Abwicklung noch nicht erledigter Amtsgeschäfte gemäß § 56 Abs. 2 BNotO ein **Notariatsverwalter** (hierzu → Rn. 151) bestellt werden. Nicht erforderlich ist die Bestellung eines Notariatsverwalters, wenn einem anderen Notar gemäß § 51 Abs. 1 BNotO die **Verwahrung** der Urkunden, Akten und Bücher des ausgeschiedenen Notars übertragen wird. Der verwahrende Notar ist als Amtsnachfolger[25] berechtigt und verpflichtet, begonnene Amtsgeschäfte des ausgeschiedenen Notars fortzuführen.[26]

---

[22] Zuletzt BVerfG Nichtannahmebeschl. v. 27.6.2014 – 1 BvR 1313/14, BeckRS 2015, 40918; BGH DNotZ 2015, 633.

[23] BGH NJW-RR 2013, 622.

[24] NJW-RR 2013, 622.

[25] KG RNotZ 2014, 570; Eylmann/Vaasen/*Bremkamp* BNotO § 51 Rn. 14; Diehn/*Dahlkamp* BNotO § 51 Rn. 29.

[26] Vgl. eingehend Schippel/Bracker/*Bracker* BNotO § 51 Rn. 54 ff.

Beispiel:

Sieht eine Belastungsvollmacht in einem Grundstückskaufvertrag, der von dem aus dem Amt ausgeschiedenen Notar beurkundet worden ist, vor, dass der Käufer von der Vollmacht nur vor dem amtierendem Notar oder seinem Amtsnachfolger Gebrauch machen darf, bezieht sich diese Vertretungsmacht auch auf die Beurkundung der Grundschuld durch den verwahrenden Notar als Amtsnachfolger. Auch gehen alle dem ehemaligen Notar erteilten Vollmachten auf ihn über.

Die Verwahrung durch einen Nur-Rechtsanwalt ist ausgeschlossen, die Bestellung eines **22** Nur-Rechtsanwalts zum Notariatsverwalter ist hingegen möglich. Für die Gesamtheit der Notare ist die Verwahrung gemäß § 51 BNotO in der Regel günstiger, weil der Notarkammer – anders als bei Notariatsverwaltungen gemäß § 59 BNotO – keine Kosten entstehen.

Mit dem Erlöschen des Notaramts verliert auch der Anwaltsnotar gemäß § 52 Abs. 1 **23** BNotO die Befugnis, die **Amtsbezeichnung** „Notar" zu führen. Ist allerdings sein Amt durch Entlassung oder wegen Erreichens der Altersgrenze erloschen oder ist ihm nach Verzicht auf die Rechte aus der Zulassung zur Rechtsanwaltschaft durch die Rechtsanwaltskammer die Erlaubnis erteilt worden, sich weiterhin Rechtsanwalt zu nennen (§ 17 BRAO), kann ihm gemäß § 52 Abs. 2 BNotO auf Antrag die Erlaubnis erteilt werden, seine Amtsbezeichnung mit dem Zusatz „außer Dienst (a.D.)" zu führen. Die Erteilung der Erlaubnis setzt nicht voraus, dass der Notar sein Amt in jeder Hinsicht pflichtgemäß ausgeübt hat. Sie kann allerdings versagt werden, wenn der frühere Notar seine Dienstpflichten in grob unredlicher Weise verletzt und dadurch das Vertrauen in die Verlässlichkeit und Sicherheit notarieller Amtsausübung schwer erschüttert hat.[27] Bei der Ablehnung des Antrags darf sich die Landesjustizverwaltung auf eine rechtskräftige strafrechtliche Verurteilung des Notars stützen. Sie ist grundsätzlich nicht gehalten, die Entscheidung auf mögliche tatsächliche oder rechtliche Fehler zu überprüfen.[28]

Da das Notaramt als staatliches Amt höchstpersönlich ausgeübt wird und vertraglichen **24** Vereinbarungen nicht zugänglich ist, stellt es kein fungibles Gut dar.[29] Gleichwohl wird in der Literatur angenommen, dass der **„good will"** einer Rechtsanwaltskanzlei mit Notariat höher anzusetzen ist als der einer Kanzlei ohne Notariat, wenn ein amtierender Anwaltsnotar das Büro übernimmt oder in eine Berufsausübungsgemeinschaft eintritt.[30] Diese Bewertung ist angesichts der Umsatz- und Einkommensunterschiede zwischen Anwaltsnotaren einerseits und Rechtsanwälten andererseits[31] richtig.

Ein **Wettbewerbsverbot** in einem Sozietätsvertrag, wonach es einem Anwaltsnotar **25** nach seinem Ausscheiden aus der Berufsausübungsgemeinschaft – zeitlich und räumlich beschränkt – verboten sein soll, das Notaramt auszuüben, ist unwirksam, denn der Notar hat gemäß § 15 Abs. 1 BNotO amtsbereit zu sein.[32] Ebenso unwirksam dürfte ein solches Wettbewerbsverbot bezogen auf die Ausübung der anwaltlichen Tätigkeit sein, wenn der Notar faktisch aus seinem Amtssitz verdrängt würde, weil seine Geschäftsstelle, die er als Notar zu unterhalten hat und seine Kanzlei, die er als Rechtsanwalt gemäß § 27 BRAO führen muss, gemäß § 10 Abs. 2 S. 3 BNotO am selben Ort sein müssen (dazu → Rn. 6).

---

[27] BGH DNotZ 1989, 316; Arndt/Lerch/Sandkühler/*Lerch* BNotO § 52 Rn. 9; Eylmann/Vaasen/*Bremkamp* BNotO § 52 Rn. 15.

[28] BGH DNotZ 2018, 711.

[29] Eylmann/Vaasen/*Bremkamp* BNotO § 47 Rn. 30; Arndt/Lerch/Sandkühler/*Lerch* BNotO § 47 Rn. 23.

[30] Vgl. Bundesrechtsanwaltskammer BRAK-Mitt. 2004, 222; Hartung/Römermann/*Wollny*, Marketing und Management, 1999, § 16 Rn. 26; *Möller*, Kauf, Verkauf und Fusion von Anwaltskanzleien, 1998, § 3 Rn. 261; *Eich*, Die Bewertung von Anwaltspraxen, 1999, Rn. 31.

[31] Vgl. https://www.brak.de/w/files/04_fuer_journalisten/star-bericht2016/abb.-4.1.5_star_honorarumsatz-mit-oder-ohne-notariat.pdf.

[32] Diese Amtspflicht verkennt OLG Schleswig AnwBl 2001, 258.

B. Zugang zum Anwaltsnotariat

I. Zulassungssystem

26   Nach Inkrafttreten der BNotO im Jahr 1961 wurden Rechtsanwälte nach Absolvierung einer zunächst 15-jährigen, dann zehnjährigen Wartezeit zu Notaren bestellt, wenn sie ihre fachliche Eignung nachweisen konnten. Dieses „Wartezeitnotariat" ist 1991 durch die Zulassung nach Bedarf und nach **Bestenauslese** (§§ 4 ff. BNotO) ersetzt worden. Die Zahl der Notarstellen im Anwaltsnotariat wurde im Laufe der Zeit durch die schrittweise Anhebung der Bedarfszahlen (Messzahlen) verringert. Das BVerfG[33] hat festgestellt, dass zwar die den Zugang zum Notaramt steuernden Vorschriften der BNotO verfassungsgemäß waren, dass aber die von den Ländern auf der Grundlage von Verwaltungsvorschriften geübte Auswahlpraxis verfassungswidrig und mit dem Prinzip der Bestenauslese nicht vereinbar war. Darauf hat der Gesetzgeber im Jahr 2009[34] mit der Einführung der notariellen Fachprüfung als Kriterium der fachlichen Eignung reagiert.[35]

27   Es werden gemäß § 4 BNotO nur so viele Notare bestellt, wie es den Erfordernissen einer geordneten Rechtspflege entspricht. Zu berücksichtigen ist insbesondere das Bedürfnis nach einer angemessenen Versorgung der Rechtsuchenden mit notariellen Leistungen und die Wahrung einer geordneten Altersstruktur. Die Landesjustizverwaltungen entscheiden nach pflichtgemäßem Ermessen über **Anzahl** und Amtssitz der Notare; einen subjektiven Anspruch auf Ausschreibung einer Notarstelle gibt es nicht.[36] Grundrechte der Bewerber werden durch die Festlegung der Notarstellen nach Bedarf nicht verletzt.[37]

II. Bedürfnisprüfung

28   Bedarf für die Einrichtung neuer Notarstellen besteht, wenn die Geschäfte in angemessener Zeit durch die vorhandenen Notare nicht mehr erledigt werden können. Einzelheiten sind in den Verwaltungsvorschriften der Bundesländer mit Anwaltsnotariat geregelt. Zur Ermittlung des Bedarfs wird in den meisten Bundesländern der Durchschnitt der gemäß § 8 DONot in die Urkundenrolle einzutragenden Notariatsgeschäfte der letzten zwei (bzw. in Niedersachsen drei) Jahre im jeweiligen **Amtsgerichtsbezirk** durch die Bedürfniszahl geteilt. Liegt die Zahl der Notare unter dem Ergebnis dieser Berechnung, werden die fehlenden Stellen für den gesamten Amtsgerichtsbezirk ausgeschrieben. In Nordrhein-Westfalen werden seit 2011 die Urkundszahlen je Amtsgerichtsbezirk für die Ermittlung des Bedarfs gemäß § 15 Abs. 1 AVNot NRW gewichtet: Unterschriftsbeglaubigungen ohne Entwurf werden mit dem Faktor 0,2, Unterschriftsbeglaubigungen mit Entwurf mit dem Faktor 0,5 und Niederschriften voll in die Berechnung eingestellt.

29   Zur Sicherung einer geordneten Altersstruktur der Notare im jeweiligen Amtsgerichtsbezirk werden in einigen Bundesländern über den errechneten Bedarf hinaus weitere Stellen als Altersstrukturstellen ausgeschrieben (vgl. zB § 15a AVNot NRW).

30   Die zu besetzenden Notarstellen werden in dem jeweiligen Verkündungsblatt der Landesjustizverwaltung (Amtsblatt, Justizministerialblatt, Staatsanzeiger usw) ausgeschrieben. Da die Zahl der auszuschreibenden Notarstellen von der Zahl der Urkundsgeschäfte im Amtsgerichtsbezirk und der nicht sicher absehbaren Zahl der Fälle eines vorzeitigen Ausscheidens amtierender Notarinnen und Notare abhängt, sind Prognosen über bevorstehende Ausschreibungen von Notarstellen über mehrere Jahre hinweg mit Unsicherheiten belastet.

---

[33] NJW 2004, 1935.
[34] BGBl. 2009 I 696.
[35] Vgl. die Broschüre „Die notarielle Fachprüfung – Der Zugang zum Anwaltsnotariat" des Prüfungsamtes für die notarielle Fachprüfung bei der Bundesnotarkammer: https://www.pruefungsamt-bnotk.de/filead min/user_upload_pa/Downloads/Broschuere_zur_notariellen_Fachpruefung.pdf.
[36] BVerfG DNotZ 1987, 121; BGH DNotZ 1996, 902; DNotZ 1999, 239; *Rinne* ZNotP 2002, 326; Kilian/Sandkühler/vom Stein/*Lohmann* § 4 Rn. 1.
[37] BVerfGE 121, 123 = NJW 1987, 887 (888).

III. Ausschreibung

Gemäß § 6b Abs. 1 BNotO sind die Bewerber durch Ausschreibung[38] zu ermitteln; dies 31
gilt nicht bei einer erneuten Bestellung nach einer vorübergehenden Amtsniederlegung
gemäß § 48c BNotO. Gemäß § 6b Abs. 2 BNotO ist die Bewerbung innerhalb der in der
Ausschreibung gesetzten oder von der Landesjustizverwaltung bekannt gegebenen **Frist**
einzureichen; sie beträgt regelmäßig einen Monat. Die Bewerbungsfrist ist eine Ausschlussfrist; für die Feststellung der persönlichen und fachlichen Eignung ist der Ablauf
der Bewerbungsfrist maßgeblich, zu der die notwendigen Nachweise vorliegen müssen.[39]
Verfügt der Bewerber noch nicht über die notwendigen Nachweise, zB über ein Testat
über die Teilnahme an einer Fortbildungsveranstaltung, dürfte es genügen, dass er die
Nachreichung vor dem Ablauf der Bewerbungsfrist ankündigt.[40] Keine Bewerbungsvoraussetzung ist der Nachweis der Praxisausbildung im Notariat (→ Rn. 43). Wiedereinsetzung in den vorigen Stand kann gemäß § 6b Abs. 3 BNotO bei Fristversäumnis beantragt
werden. Bei der Auswahl unter mehreren Bewerbern können gemäß § 6b Abs. 4 BNotO
nur solche Umstände berücksichtigt werden, die bei Ablauf der Bewerbungsfrist vorlagen.

IV. Persönliche Zugangsvoraussetzungen

Folgende persönliche Zugangsvoraussetzungen sind von den Bewerbern um eine Notar- 32
stelle im Anwaltsnotariat zu erfüllen:
- **Befähigung zum Richteramt**, § 5 BNotO. 33
- **Persönliche Eignung**, § 6 Abs. 1 S. 1 BNotO: Der Ernennung eines Bewerbers ste- 34
  hen alle Tatbestände entgegen, die nach §§ 47, 49, 50 BNotO zum Amtsverlust eines
  bereits bestellten Notars führen würden. Darüber hinaus können andere charakterliche,
  körperliche oder geistige Mängel bei einer Bewertung aller Gesamtumstände zu einer
  Ablehnung des Bewerbers führen.[41] Ein früheres Fehlverhalten steht nach Verstreichen
  eines angemessenen **Bewährungszeitraums** je nach Schwere des Fehlverhaltens der
  Bestellung zum Notar nicht mehr entgegen.[42] Der Bewerber hat die Merkmale der
  persönlichen Eignung wahrheitsgemäß und vollständig mitzuteilen; er ist zu uneingeschränkter Wahrhaftigkeit und Redlichkeit verpflichtet.[43]
- **Fachliche Eignung**, § 6 Abs. 1, Abs. 3 BNotO: Die fachliche Eignung eines Bewer- 35
  bers um eine Notarstelle manifestiert sich im Ergebnis der Zweiten Juristischen Staatsprüfung[44] und der notariellen Fachprüfung gemäß § 7a BNotO. Das Bestehen der notariellen Fachprüfung ist Regelvoraussetzung für die Ernennung zum Notar. Von dieser
  Soll-Vorschrift kann allenfalls „aus wichtigem Grund oder in atypischen Ausnahmefällen"[45] abgesehen werden. Diese Voraussetzungen sind nicht dadurch erfüllt, dass der
  rechnerische Bedarf an Notarstellen im Amtsgerichtsbezirk nicht gedeckt ist.[46] Ab dem
  auf das Bestehen der notariellen Fachprüfung folgenden Kalenderjahr muss der Bewerber gemäß § 6 Abs. 2 S. 1 BNotO im Umfang von mindestens 15 Zeitstunden jährlich
  an von den Notarkammern oder Berufsorganisationen durchgeführten notarspezifischen
  Fortbildungsveranstaltungen teilgenommen haben. Im Jahr einer erfolgreichen Bewerbung muss der Bewerber nach allgemeiner, aber nicht mit Gesetzescharakter verschrift-

---

[38] Vgl. dazu Kilian/Sandkühler/vom Stein/*Lohmann* § 4 Rn. 48.
[39] BGH DNotZ 2000, 145; Eylmann/Vaasen/*Frenz* BNotO § 6b Rn. 6, 12; Diehn/*Bormann* BNotO § 6b
Rn. 6.
[40] So geregelt in § 17 Abs. 5 AVNot NRW.
[41] Vgl. zu Einzelfällen Eylmann/Vaasen/*Frenz* BNotO § 6 Rn. 8; Kilian/Sandkühler/vom Stein/*Lohmann*
§ 4 Rn. 10.
[42] Vgl. BGH DNotZ 1997, 884 und DNotZ 1997, 894; Schippel/Bracker/*Görk* BNotO § 6 Rn. 17;
Diehn/*Bormann* BNotO § 6 Rn. 8.
[43] Vgl. BGH NJW 2012, 2972.
[44] BGH DNotZ 1994, 332.
[45] OLG Köln DNotZ 2013, 231.
[46] OLG Köln DNotZ 2013, 231.

lichter Auffassung[47], nicht an Fortbildungsveranstaltungen teilnehmen (0 Stunden). Schlägt die Bewerbung in dem betreffenden Jahr fehl, muss die Fortbildungspflicht erfüllt werden, um in den Folgejahren bewerbungsfähig zu bleiben.

36 – **Erfahrungszeiten,** § 6 Abs. 2 Nr. 2 BNotO: Die Bestellung zum Anwaltsnotar setzt voraus, dass der Rechtsanwaltsberuf mindestens fünf Jahre in nicht unerheblichem Umfang für verschiedene Auftraggeber ausgeübt worden ist. Die anwaltliche Tätigkeit muss darüber hinaus mindestens drei Jahre ohne Unterbrechung in dem in Aussicht genommenen Amtsbereich, also dem Amtsgerichtsbezirk, in dem die Notarstelle zu besetzen ist, ausgeübt worden sein. Syndikusanwälte iSv § 46 BRAO können die Wartezeiten nur erfüllen, wenn sie entsprechend den Vorgaben des § 6 Abs. 2 BNotO nebenberuflich in nicht unerheblichem Umfang für mehrere Auftraggeber anwaltlich tätig waren.[48] In begründeten **Ausnahmefällen** – die schon aus Gründen der Gleichbehandlung zwingend erscheinen müssen – kann sowohl die allgemeine als auch die örtliche Erfahrungszeit abgekürzt werden.[49] Die Justizverwaltungen haben im Rahmen ihrer Ermessensausübung das Vorliegen eines Ausnahmefalles von Amts wegen zu prüfen.[50] Die Verpflichtung zur Einhaltung der örtlichen Wartezeit will nicht überörtliche Konkurrenz ausschalten, sondern dient dem Ziel, die Vertrautheit des Bewerbers mit den örtlichen Verhältnissen und seine wirtschaftliche und finanzielle Solidität unterstellen zu können.[51] Die örtliche Wartezeit erfüllt nicht, wer in dem in Aussicht genommenen Amtsbereich eine anwaltliche Zweigstelle oder eine weitere Kanzlei unterhält, ohne dort in erheblichem Umfang für verschiedene Auftraggeber anwaltlich tätig zu sein.[52]

37 – **Bestellungshindernisse:** Ständige Dienstverhältnisse, mit dem Notaramt unvereinbare Tätigkeiten (§ 8 BNotO) und unzulässige Berufsverbindungen (§ 9 BNotO) stehen der Verleihung eines Notaramts entgegen. **Syndikusanwälten** kann daher das Notaramt nicht verliehen werden.[53] Auch das Anstellungsverhältnis zu einem anderen Rechtsanwalt ist ein Grund, die Bestellung zum Notar zu verweigern.[54] Eine Ausnahme hiervon gilt, wenn der Bewerber Gesellschafter und zugleich angestellter Geschäftsführer einer Rechtsanwaltskapitalgesellschaft ist (dazu → Rn. 60), solange seine organisatorische Selbständigkeit in der Amtswahrnehmung gesichert ist.[55]

V. Die notarielle Fachprüfung

38 Zuständig für die Abnahme der notariellen Fachprüfung ist das rechtlich selbständige Prüfungsamt bei der BNotK – www.pruefungsamt-bnotk.de. Einzelheiten regelt die Notarfachprüfungsverordnung – NotFV, die auf der Homepage des Prüfungsamtes verlinkt ist. Die notarielle Fachprüfung besteht aus einem schriftlichen und einem mündlichen Teil. Der Prüfungsstoff umfasst den gesamten Bereich der notariellen Amtstätigkeit. Die schriftliche Prüfung geht mit einem Anteil von 75 % und die mündliche Prüfung mit einem Anteil von 25 % in die Gesamtnote der Fachprüfung ein. Die Prüfung darf bei Nichtbestehen einmal **ohne Einhaltung einer Karenzzeit** wiederholt werden. Zur Notenverbesserung kann sie einmal nach **Ablauf von drei Jahren** wiederholt werden.

39 Die schriftliche Prüfung erfolgt in vier fünfstündigen Aufsichtsarbeiten. Die mündliche Prüfung beinhaltet einen Vortrag zu einer notariellen Aufgabenstellung und ein Gruppen-

---

[47] Vgl. zB § 18 Abs. 3 Nr. 3 AVNot NRW.
[48] *Koch* DNotZ 2018, 84; Kilian/Sandkühler/vom Stein/*Lohmann* § 4 Rn. 20.
[49] Zuletzt BGH DNotZ 2007, 75; Kilian/Sandkühler/vom Stein/*Lohmann* § 4 Rn. 19, 24.
[50] BGH DNotZ 1996, 894.
[51] Diehn/*Bormann* BNotO § 6 Rn. 20.
[52] BGH NJW 2012, 1888.
[53] *Koch* DNotZ 2018, 84.
[54] Schippel/Bracker/*Kanzleiter* BNotO § 14 Rn. 30; Eylmann/Vaasen/*Frenz* BNotO § 14 Rn. 13.
[55] Dazu Arndt/Lerch/Sandkühler/*Sandkühler* BNotO § 14 Rn. 37.

prüfungsgespräch. Zur Prüfung kann nur zugelassen werden, wer mindestens drei Jahre als Rechtsanwalt zugelassen ist.

Für die Prüfung werden **Gebühren** erhoben, deren Höhe von der Bundesnotarkam- 40 mer mit Genehmigung des Bundesministeriums der Justiz festgesetzt wird. Sie betragen 2019 2.700 EUR.

Weitere Auskünfte über den Zugang zum Anwaltsnotariat und über das Prüfungsver- 41 fahren gibt die instruktive Broschüre „Die notarielle Fachprüfung – Der Zugang zum Anwaltsnotariat", die auf der Homepage des Prüfungsamtes zum Herunterladen zur Verfügung steht.

VI. Auswahl unter mehreren Bewerbern

Die Reihenfolge bei der Auswahl unter mehreren geeigneten Bewerbern richtet sich ge- 42 mäß § 6 Abs. 3 BNotO nach der persönlichen und der fachlichen Eignung unter Berücksichtigung der Note der Zweiten juristischen Staatsprüfung und dem Ergebnis der notariellen Fachprüfung. Dabei bestimmt sich die fachliche Eignung nach einem Punktwert, der sich zu 60% aus dem Ergebnis der notariellen Fachprüfung und zu 40% aus dem Ergebnis der Staatsprüfung zusammensetzt. Eine Auswertung der bisher durchgeführten Prüfungskampagnen zeigt, dass die Note der notariellen Fachprüfung sehr häufig der Note der Zweiten juristischen Staatsprüfung entspricht.

VII. Praxisausbildung nach Bestehen der notariellen Fachprüfung

Vor der Bestellung zum Notar muss ein Bewerber nachweisen, dass er mit der notariellen 43 Berufspraxis hinreichend vertraut ist. Dieser Nachweis soll in der Regel dadurch erbracht werden, dass der Bewerber nach Bestehen der notariellen Fachprüfung 160 Stunden Praxisausbildung bei einem Notar, den die für den in Aussicht genommenen Amtsbereich zuständige Notarkammer bestimmt, durchläuft. Die Praxisausbildung kann auf bis zu 80 Stunden verkürzt werden, wenn der Bewerber vergleichbare Erfahrungen als Notarvertreter oder Notariatsverwalter oder durch die erfolgreiche Teilnahme an Praxislehrgängen nachweisen kann. Näheres regen die Ausbildungsordnungen, die die Notarkammern des Anwaltsnotariats nahezu wortgleich als Satzung erlassen haben. Die Praxisausbildung ist keine Bewerbungsvoraussetzung, sondern es genügt, wenn der Nachweis noch nach Ablauf der Bewerbungsfrist vor der Aushändigung der Bestellungsurkunde geführt wird.

C. Abgrenzung zwischen notarieller und anwaltlicher Tätigkeit

I. Vermutung des § 24 Abs. 1 BNotO

Notare sind gemäß § 1 BNotO als unabhängige Träger eines öffentlichen Amtes für die 44 Beurkundung von Rechtsvorgängen und für andere Aufgaben auf dem Gebiet der vorsorgenden Rechtspflege zuständig. Für den Bereich der freiwilligen Gerichtsbarkeit erfolgt die konkrete **Aufgabenzuweisung** abschließend[56] in den §§ 20–24 BNotO.

Die in den §§ 20–23 BNotO genannten Aufgaben sind Amtsgeschäfte, die nicht von 45 Rechtsanwälten wahrgenommen werden können. Anders ist dies bei den in § 24 Abs. 1 BNotO genannten Aufgaben: Zu dem Amt des Notars gehört danach auch die sonstige **Betreuung** der Beteiligten auf dem Gebiet vorsorgender Rechtspflege, insbesondere die Anfertigung von Urkundsentwürfen und die Beratung der Beteiligten. In diesem Umfang ist der Notar auch berechtigt, soweit sich nicht aus anderen Vorschriften Beschränkungen ergeben, die Beteiligten vor Gerichten und Verwaltungsbehörden zu vertreten. Die Erstellung von Urkundsentwürfen, die Beratung der Beteiligten und erst recht die Vertretung von Beteiligten vor Gerichten und Verwaltungsbehörden sind notarielle Zuständig-

---

[56] *Bohrer* NotarBerufsR Rn. 6.

keiten, die in gleicher Weise auch von Rechtsanwälten wahrgenommen werden. Wegen der jeweils unterschiedlichen Berufspflichten sowie der differenzierten Haftungs- und Kostenfolgen muss im Einzelfall eindeutig klar sein, ob der Anwaltsnotar in seiner Eigenschaft als Rechtsanwalt oder in seiner Eigenschaft als Notar tätig wird. Deshalb ordnen die **Richtlinien** der Notarkammern gemäß § 67 Abs. 2 BNotO an, dass er rechtzeitig gegenüber den Beteiligten klarzustellen hat, ob er als Rechtsanwalt oder als Notar tätig wird. Erfolgt diese Klärung pflichtwidrig nicht, hilft die Vermutung des § 24 Abs. 2 BNotO weiter. Nimmt danach ein Anwaltsnotar Handlungen der in § 24 Abs. 1 BNotO bezeichneten Art vor (Entwurf von Urkunden, Beratung der Beteiligten, Vertretung der Beteiligten vor Gerichten und Verwaltungsbehörden), so ist anzunehmen, dass er als Notar tätig wird, wenn die Handlung dazu bestimmt ist, Amtsgeschäfte der in den §§ 20–23 BNotO bezeichneten Art vorzubereiten oder auszuführen. Im Übrigen ist im Zweifel anzunehmen, dass der Anwaltsnotar als Rechtsanwalt tätig wird.

46　　Sowohl in der anwaltlichen als auch in der notariellen Praxis gewinnt die **Mediation** zunehmend an Bedeutung. Die über den Pflichtenkatalog des § 17 BeurkG hinaus gehende Betreuung der Beteiligten, die auf einen Ausgleich unterschiedlicher Interessen unter Berücksichtigung der rechtlichen Rahmenbedingungen gerichtet ist, kann als notarielle Mediation bezeichnet werden. Die notarielle Mediation ist als Betreuung auf dem Gebiet der vorsorgenden Rechtspflege iSd § 24 Abs. 1 BNotO Amtstätigkeit des Notars.[57] Das Mediationsgesetz hat keine besonderen Auswirkungen auf die notarielle Mediation; es gelten weiterhin für Notare die berufsrechtlichen Anforderungen neben den berufsrechtlichen Mindeststandards, die das Mediationsgesetz eingeführt hat.

47　　Ein Anwaltsnotar, der ein Meditationsverfahren durchführt, muss in der Mediationsvereinbarung klarstellen, ob der die Mediation als Rechtsanwalt oder als Notar übernimmt. Fehlt eine solche Klarstellung, ist die Auslegungsregelung des § 24 Abs. 2 BNotO heranzuziehen.

II. Insbesondere: Vertretung der Beteiligten, § 24 Abs. 1 S. 1 BNotO

48　Die Übernahme einer Vertretung von Beteiligten vor Gerichten oder Behörden setzt ein entsprechendes Ansuchen voraus, das sich an den Notar richtet. Die Vertretung kommt nur in Angelegenheiten der vorsorgenden Rechtspflege in Betracht, denn die Vertretungszuständigkeit korrespondiert mit der Betreuungszuständigkeit des § 24 Abs. 1 S. 1 BNotO.[58]

49　　Die Vertretungskompetenz besteht nur, soweit sich nicht aus anderen Vorschriften Beschränkungen ergeben, § 24 Abs. 1 S. 2 BNotO. Beschränkungen ergeben sich gerade für Anwaltsnotare aus der **Neutralitätspflicht** des § 14 Abs. 1 S. 2 BNotO, wie auch Abschnitt I Nr. 1.2 der Richtlinien der Notarkammern klarstellt. Der Notar darf Interessen der Beteiligten zwar gegenüber Gerichten und Behörden, nicht aber gegenüber anderen Personen wahrnehmen und vertreten.[59] Eine Vertretungsbefugnis endet, wenn in einem zunächst einseitigen Verfahren eine andere Partei oder ein anderer Interessent auf gleicher Ebene auftritt und gegensätzliche Interessen oder Begehren verfolgt.[60]

Beispiele:

Der (Anwalts-)Notar stellt den Antrag auf Erteilung eines Erbscheins im Auftrag seines Klienten. Dazu legt er das handschriftliche Testament des Erblassers aus. Das Nachlassge-

---

[57] Eylmann/Vaasen/*Hertel* BNotO § 24 Rn. 48; Diehn/*Kilian* BNotO § 24 Rn. 14; Kilian/Sandkühler/vom Stein/*Meyer* § 17 Rn. 23; *Meyer/Schmitz-Vornmoor* DNotZ 2012, 895.

[58] Arndt/Lerch/Sandkühler/*Sandkühler* BNotO § 24 Rn. 53; Eylmann/Vaasen/*Hertel* BNotO § 24 Rn. 50.

[59] BGHZ 51, 301.

[60] BGHZ 51, 301; Arndt/Lerch/Sandkühler/*Sandkühler* BNotO § 24 Rn. 59 f.; Kilian/Sandkühler/vom Stein/*Bohnenkamp* § 20 Rn. 29; Diehn/*Kilian* BNotO § 24 Rn. 25; Eylmann/Vaasen/*Hertel* BNotO § 24 Rn. 53; aA *Litzenburger* NotBZ 2005, 239; ihm folgend Schippel/Bracker/*Reithmann* BNotO § 24 Rn. 121 ff. vor allem bezogen auf Erbscheinsverfahren.

richt ist nicht gewillt, dieser Auslegung zu folgen. Der Notar darf in Vertretung seines Klienten der Argumentation des Gerichts entgegentreten.

Der (Anwalts-)Notar stellt den Antrag auf Erteilung eines Erbscheins im Auftrag seines Klienten. Dazu legt er das handschriftliche Testament des Erblassers mit dem Ergebnis aus, dass sein Klient Alleinerbe ist und dessen Geschwister nur einen Pflichtteilsanspruch haben. Gegen die Erteilung des Erbscheins wendet sich eines der Geschwister. In dem Fall darf der Notar seinen Klienten nicht weiter vertreten, denn es handelt sich quasi um ein kontradiktorisches Verfahren.

Nach Abschnitt I Nr. 1.2 der **Richtlinienempfehlung** der BNotK hat der Notar bei 50 der gesetzlich zulässigen Vertretung eines Beteiligten in Verfahren, insbesondere in Grundbuch- und Registersachen, in Erbscheinsverfahren, in Grunderwerbsteuer-, Erbschaftund Schenkungsteuerangelegenheiten sowie in Genehmigungsverfahren vor Behörden und Gerichten seine Unparteilichkeit zu wahren.

D. Weitere Berufstätigkeiten, Nebentätigkeiten

Zur Übernahme eines besoldeten Amtes gemäß § 8 Abs. 1 BNotO, zur Ausübung weite- 51 rer Berufe gemäß § 8 Abs. 2 BNotO und zur Ausübung von Nebentätigkeiten gemäß § 8 Abs. 3 und Abs. 4 BNotO → § 32 Rn. 83 ff.

E. Berufsverbindungen

I. Zulässige Berufsverbindungen

Anwaltsnotare dürfen sich gemäß § 9 Abs. 2 BNotO mit anderen Anwaltsnotaren, mit 52 anderen Mitgliedern einer Rechtsanwaltskammer, mit Patentanwälten, Steuerberatern, Steuerbevollmächtigten, Wirtschaftsprüfern und vereidigten Buchprüfern zur gemeinsamen Berufsausübung verbinden oder mit ihnen gemeinsame Geschäftsräume unterhalten.[61] Die Verbindung darf, wie sich aus § 29 Abs. 3 BNotO ergibt, auch überörtlich erfolgen.

Die Verbindung zur gemeinsamen Berufsausübung oder die gemeinsame Nutzung der 53 Geschäftsräume ist nur zulässig, soweit hierdurch die persönliche und eigenverantwortliche Amtsführung sowie die Unabhängigkeit und Unparteilichkeit des Anwaltsnotars und das Recht auf freie Notarwahl nicht beeinträchtigt werden (§ 9 Abs. 3 BNotO; Abschnitt V Nr. 1 der Richtlinienempfehlungen der BNotK). Es obliegt dem Notar als Amtspflicht, die Ausgestaltung der Zusammenarbeit in der beruflichen Verbindung aktiv zu beeinflussen und zu organisieren, um seine Unabhängigkeit zu sichern (Abschnitt V Nr. 2 der Richtlinienempfehlungen der BNotK); er muss sicherstellen, dass er in der Berufsausübungsgemeinschaft unabhängig von deren Größe seine Amtspflichten ohne Abstriche wahren kann.[62] Mehrheitsentscheidungen der Gesellschafter im Bereich notarieller Kernpflichten (zB hinsichtlich des Kosteneinzugs und der Gebührenpolitik oder hinsichtlich der Amtsbereitschaft nach § 15 BNotO) sind mit § 9 Abs. 3 BNotO nicht zu vereinbaren.[63]

Kann der Notar seine Amtspflichten in der Berufsausübungsgemeinschaft nicht einhal- 54 ten, muss er aus ihr ausscheiden. Ein Notar, der nicht in der Lage ist, seine eigenverantwortliche Amtsführung zu gewähren, verstößt schon dadurch gegen § 9 Abs. 3 BNotO. Ein Verbleib des Anwaltsnotars in einer beruflichen Verbindung dürfte insbesondere dann nicht in Betracht kommen, wenn die übrigen Berufsträger nicht bereit sind, dem An-

---

[61] Vgl. zu den beruflichen Verbindungen im Anwaltsnotariat BVerfG DNotZ 1998, 754; hierzu *Jaeger* ZNotP 2001, 2; kritisch zu der Entwicklung Eylmann/Vaasen/*Baumann* BNotO § 9 Rn. 4.
[62] Kilian/Sandkühler/vom Stein/*Sandkühler* § 10 Rn. 1 ff.
[63] Kilian/Sandkühler/vom Stein/*Sandkühler* § 10 Rn. 5.

waltsnotar die notwendigen Informationen zur Führung des Beteiligtenverzeichnisses iSd § 28 BNotO, § 15 DONot zur Verfügung zu stellen.

55   Das persönlich verliehene Notaramt als solches ist **nicht vergesellschaftungsfähig,** sondern wird außerhalb der jeweiligen Berufsausübungsgemeinschaft ausgeübt, § 59a BRAO, § 1 Abs. 2 PartGG, § 56 Abs. 1 S. 2 StBerG; das Notaramt kann nicht Gegenstand privatrechtlicher Vereinbarungen sein.[64]

56   Die mangelnde Sozietätsfähigkeit des Notaramts bezogen auf die Ausübung des Amts besagt aber nicht, dass Anwaltsnotarinnen und -notare ihre notariellen Einkünfte nicht in ihre Sozietät, Partnerschaft etc einbringen dürfen.[65] Jedenfalls solange der Notar mit seinen Sozien bzw. Partnern vertraglich angemessene Abmachungen trifft, welche Einnahmen und Ausgaben zum Gegenstand haben, geht er keine Selbstbindung ein, die seine Unabhängigkeit und Unparteilichkeit beeinträchtigen könnten.[66]

II. Formen beruflicher Zusammenarbeit

57   [Einstweilen frei.]

58   **1. Sozietäten.** Anwaltsnotare dürfen gemäß § 59a Abs. 1 S. 3 BRAO eine Sozietät (Gesellschaft bürgerlichen Rechts) nur bezogen auf ihre anwaltliche Berufsausübung eingehen. Es gilt der Vorbehalt zugunsten des notariellen Berufsrechts gemäß § 59a Abs. 1 S. 4 BRAO.

59   **2. Partnerschaftsgesellschaften.** Anwaltsnotare dürfen nur in ihrer Eigenschaft als Rechtsanwalt oder als Träger eines anderen der in § 8 Abs. 2 BNotO genannten Berufe Mitglied einer Partnerschaftsgesellschaft mit oder ohne Beschränkung der Berufshaftung sein, denn Notare sind in § 1 Abs. 2 PartGG, der die Voraussetzungen für die Gründung einer Partnerschaftsgesellschaft beschreibt, nicht als partnerschaftsfähige Freiberufler genannt. Die Amtsbezeichnung des Notars darf im Namen der Partnerschaft nicht erscheinen; eine solche Firmierung stellt ein Eintragungshindernis dar.[67] Eine Beschränkung der Berufshaftung gemäß § 8 Abs. 4 PartGG erfasst die notarielle Amtsführung nicht; der Notar haftet stets höchstpersönlich und unbeschränkt, weshalb er das Notarrisiko auch als Partner einer Partnerschaftsgesellschaft mbB eigenständig absichern muss (§ 19a BNotO).

Beispiel:

Briefbögen einer Partnerschaft unter Einbeziehung von Anwaltsnotaren müssen so gestaltet sein, dass der unbefangene Betrachter nicht den Eindruck erlangt, das Notaramt werde als Teil der Partnerschaft ausgeübt. Es wäre zudem irreführend, wenn der Eindruck entstehen würde, die Amtsbezeichnung sei Teil des Namens der Partnerschaft („XY Partnerschaft, Rechtsanwälte, Steuerberater, Notare"). Die Amtsbezeichnung muss vom Namen oder – falls verwendet – von der Kurzbezeichnung der Partnerschaft im Briefkopf deutlich abgesetzt werden.

60   **3. Rechtsanwaltsgesellschaft mbH.** Anwaltsnotare dürfen sich als Rechtsanwälte nach Maßgabe des § 59e Abs. 1 S. 3 BRAO iVm § 59a Abs. 1 S. 3 und S. 4 BRAO als Gesellschafter an Rechtsanwaltsgesellschaften mit beschränkter Haftung beteiligen.[68] Die notarielle Amtsausübung darf nicht auf die Kapitalgesellschaft übertragen werden.[69] Die Beteiligung des Anwaltsnotars an der Kapitalgesellschaft richtet sich nach den Bestimmungen

[64] Eylmann/Vaasen/*Baumann* BNotO § 9 Rn. 4; Diehn/*Bormann* BNotO § 9 Rn. 10.
[65] Schippel/Bracker/*Schäfer* BNotO § 17 Rn. 30a; Kilian/Sandkühler/vom Stein/*Sandkühler* § 10 Rn. 13 f.; *Maaß* AnwBl 2007, 702; *Bohnenkamp* BRAK-Mitt. 2007, 235.
[66] AA OLG Celle NJW 2007, 2929, revidiert durch OLG Celle BRAK-Mitt. 2010, 97.
[67] OLG Bremen AnwBl 1998, 158.
[68] Kilian/Sandkühler/vom Stein/*Sandkühler* § 10 Rn. 29 ff.
[69] Eylmann/Vaasen/*Baumann* BNotO § 9 Rn. 20; Schippel/Bracker/*Görk* BNotO § 9 Rn. 5.

und Anforderungen des notariellen Berufsrechts. Die Ausübung der notariellen Amtstätigkeit unterliegt **keiner Haftungsbeschränkung.**

Ein Anwaltsnotar darf als **Geschäftsführer** ein Anstellungsverhältnis zu der Kapitalge- **61** sellschaft begründen. Denn nach § 59f Abs. 4 BRAO ist die Unabhängigkeit der Rechtsanwälte, die Geschäftsführer der GmbH sind, bei der Ausübung des Rechtsanwaltsberufs zu gewährleisten. Unzulässig sind Einflussnahmen der Gesellschafter, namentlich durch Weisungen oder durch vertragliche Bindungen. Die Rechtsstellung der Geschäftsführer der Rechtsanwalts-GmbH muss nach den statusbildenden Normen der BRAO unabhängig sein. Weiter kann das Notaramt schon nicht Gegenstand der Kapitalgesellschaft sein. Deshalb darf die erforderliche Genehmigung gemäß § 8 Abs. 3 Nr. 1 BNotO für die Tätigkeit als Geschäftsführer einer Rechtsanwalts-GmbH jedenfalls dann nicht versagt werden, wenn der Anwaltsnotar zugleich Gesellschafter ist.[70]

Beispiel:

Ein Anwaltsnotar, der zugleich Gesellschafter einer Rechtsanwalts-Kapitalgesellschaft ist, muss gegenüber den Rechtsuchenden in hinreichend deutlicher Form klar stellen, dass seine Amtstätigkeit nicht Gegenstand der Gesellschaft ist und keinen Haftungsbeschränkungen unterliegt. Weiter muss er durch die Gestaltung der Rechnungen deutlich machen, dass er Gläubiger des Kostenanspruchs ist und nicht die Gesellschaft.

4. Kooperationen. Kooperationen (vgl. hierzu § 9 BORA) stehen auch Anwaltsnotaren **62** offen. Sie sind allerdings dann unzulässig, wenn sie gegen Bestimmungen des notariellen Berufsrechts verstoßen oder gar den Zweck verfolgen, Berufspflichten wie zB die Einhaltung der Mitwirkungsverbote oder das Verbot der Vermittlung von Urkundsgeschäften iSd § 14 Abs. 4 BNotO zu umgehen.[71] Zumindest die Kooperationen, die in Drucksachen oder elektronisch (zB im Internet) oder sonst wie nach außen verlautbart werden **(verfestigte Kooperationen),** sind Verbindungen zur gemeinsamen Berufsausübung, auch iSv § 3 Abs. 1 S. 1 Nr. 4 BeurkG.[72] Als Berufsausübungsgemeinschaft unterliegen sie den Restriktionen des § 9 Abs. 2 BNotO.[73] Die Eingehung einer Kooperation mit anderen Berufsträgern als den dort genannten ist unzulässig. Zulässig ist auch die Eingehung einer Kooperation mit einer Steuerberatungsgesellschaft, nicht aber mit einer Unternehmensberatungs-GmbH, selbst wenn diese von Personen getragen werden, die den in § 9 Abs. 2 BNotO genannten Berufsgruppen angehören.[74]

Auch innerhalb einer Kooperation muss der Notar Vorkehrungen gemäß § 28 BNotO **63** treffen. Er muss dafür Sorge tragen, dass ihm die Einhaltung seiner Mitwirkungsverbote durch Kenntniserlangung von hindernden beruflichen Vortätigkeiten möglich ist. Daher wird der Notar auch in einer Kooperation darauf hinzuwirken haben, dass ein Beteiligtenverzeichnis iSv § 28 BNotO, § 15 DONot geführt wird.

5. EWIV. Die Einbeziehung des Notaramts in eine Europäische wirtschaftliche Interes- **64** senvereinigung (EWIV) ist nur in den Grenzen des notariellen Berufsrechts zulässig.[75] Eine EWIV kann eine Berufsausübungsgemeinschaft – auch iSd § 3 Abs. 1 S. 1 Nr. 4 BeurkG – sein, wenn sie sich auch als Mandatsverbund versteht.[76]

---

[70] Kilian/Sandkühler/vom Stein/*Sandkühler* § 10 Rn. 32; Diehn/*Bormann* BNotO § 9 Rn. 10; Schippel/Bracker/*Görk* BNotO § 9 Rn. 12a.

[71] Eylmann/Vaasen/*Baumann* BNotO § 9 Rn. 23.

[72] So auch das Rundschreiben der Bundesnotarkammer vom 12.7.2000, abzurufen unter www.bnotk.de; Armbrüster/Preuß/Renner/*Armbrüster* BeurkG § 3 Rn. 67.

[73] Arndt/Lerch/Sandkühler/*Sandkühler* BNotO § 16 Rn. 58; Schippel/Bracker/*Görk* BNotO § 9 Rn. 1.

[74] AA OLG Celle 11.9.2000 – Not 20/00.

[75] Weitergehende Einschränkungen macht Eylmann/Vaasen/*Baumann* BNotO § 9 Rn. 22.

[76] Eylmann/Vaasen/*Miermeister/de Buhr* BeurkG § 3 Rn. 33.

65   **6. Erstreckung der notariellen Berufspflichten auf Sozii etc?** Der Notar selbst muss sich von jeder Beeinflussung seiner Unparteilichkeit durch wirtschaftliche Interessen freihalten. Er darf deshalb gemäß § 14 Abs. 4 BNotO ebenso wenig wie seine Angestellten Darlehen oder Grundstücksgeschäfte vermitteln. Unter Bezugnahme auf diese Vorschrift geht der BGH[77] davon aus, dass auch Rechtsanwälte, die sich mit einem Anwaltsnotar zur gemeinsamen Berufsausübung verbunden haben, keine Maklerverträge über Grundstücke schließen dürfen; verbotswidrig getroffene Vereinbarungen seien nichtig. Diese Entscheidung begegnet Zweifeln, denn der Gesetzgeber hat bei der Neufassung des § 14 Abs. 4 BNotO im Jahre 1998 von einer Erstreckung der Vermittlungsverbote auf andere Berufsträger trotz der Neufassung des § 3 BeurkG abgesehen. Eine Erweiterung der anwaltlichen Berufspflichten durch Analogie ist nicht zuletzt im Hinblick auf den Beschluss des BVerfG zur Mitgliedschaft von Notaren in Aufsichtsräten von Genossenschaftsbanken[78] abzulehnen.[79]

III. Anzeigepflicht

66   Alle Notare haben gemäß § 27 Abs. 1 BNotO eine Verbindung zur gemeinsamen Berufsausübung oder zur gemeinsamen Nutzung von Geschäftsräumen unverzüglich und ohne Aufforderung[80] der Aufsichtsbehörde und der Notarkammer anzuzeigen und hierbei Name, Beruf, weitere berufliche Tätigkeiten und Tätigkeitsorte der beteiligten Berufsangehörigen anzugeben. Die Anzeigepflicht gilt für alle beruflichen Verbindungen einschließlich der sog. Sternsozietäten, wie sich aus der Bezugnahme auf § 3 Abs. 1 S. 1 Nr. 7 BeurkG ergibt. Gemäß § 27 Abs. 2 BNotO hat der Notar darüber hinaus auf Anforderung die **Vereinbarung über die Berufsverbindung** vorzulegen. Eine generelle Pflicht zur Einhaltung der Schriftform für Vereinbarungen über berufliche Zusammenarbeit kann dieser Vorschrift nicht entnommen werden. Die auf Abschnitt V Nr. 2 der Richtlinienempfehlungen der BNotK basierenden Richtlinien der Notarkammern schreiben aber die Schriftform für diejenigen Vereinbarungen vor, die die persönliche und eigenverantwortliche Amtsführung sowie die Unabhängigkeit und Unparteilichkeit des Notars und das Recht auf freie Notarwahl absichern sollen. Insoweit besteht die Vorlagepflicht ohne Einschränkung.[81]

F. Beteiligung an einer Steuerberatungs- oder Wirtschaftsprüfungsgesellschaft

67   Nach § 14 Abs. 5 BNotO ist es einem Notar verboten, sich an einer Steuerberatungs- oder Wirtschaftsprüfungsgesellschaft zu beteiligen, wenn der Notar allein oder zusammen mit den Personen, mit denen er sich zur beruflichen Zusammenarbeit verbunden oder mit denen er gemeinsame Geschäftsräume hat, mittelbar oder unmittelbar einen **beherrschenden Einfluss** ausübt. Beteiligt sich ein Anwaltsnotar, der nicht zugleich Steuerberater ist, an einer Steuerberatungsgesellschaft in diesem Sinne, scheidet ein beherrschender Einfluss in der Regel aus, denn eine Steuerberatungsgesellschaft muss von Steuerberatern verantwortlich geführt werden (§§ 32 Abs. 3 S. 2, 50 Abs. 1–4 StBerG). „Verantwortliche Führung" bedeutet, dass die persönlich haftenden Gesellschafter oder die Geschäftsführer Steuerberater sein müssen. Weil die Steuerberater bestimmenden Einfluss innerhalb der Gesellschaft haben müssen, können keine Entscheidungen gegen ihren Willen getroffen werden. In einer so geführten Steuerberatungsgesellschaft kann der Anwaltsnotar keinen

---

[77] NJW 2001, 1569.
[78] DNotZ 2003, 65.
[79] Arndt/Lerch/Sandkühler/*Sandkühler* BNotO § 14 Rn. 274; vgl. auch *Bultmann* AnwBl 2003, 607.
[80] Arndt/Lerch/Sandkühler/*Sandkühler* BNotO § 27 Rn. 2; Eylmann/Vaasen/*Baumann* BNotO § 27 Rn. 7.
[81] Weitergehend Eylmann/Vaasen/*Baumann* BNotO § 27 Rn. 11.

beherrschenden Einfluss ausüben; er darf sich also an einer Steuerberatungsgesellschaft beteiligen.[82]

Ist der Anwaltsnotar zugleich auch Steuerberater, darf er sich an einer Steuerberatungsgesellschaft auch dann beteiligen, wenn er beherrschenden Einfluss in der Gesellschaft ausübt, denn mit seiner Beteiligung nimmt er sein Recht zur Eingehung einer **Berufsausübungsgemeinschaft** gemäß § 9 Abs. 2 BNotO wahr.[83] Für die Beteiligung an einer Wirtschaftsprüfungsgesellschaft gelten sinngemäß die gleichen Grundsätze. 68

G. Verhinderung des Notars

Gemäß § 39 Abs. 1 BNotO kann die Aufsichtsbehörde (Präsident des Landgerichts) dem Notar auf seinen Antrag hin für Zeiten seiner Abwesenheit oder Verhinderung einen Vertreter bestellen; die Vertreterbestellung steht im **Ermessen** der Aufsichtsbehörde. Eine Pflicht des Notars, einen Antrag auf Bestellung eines Vertreters bei Abwesenheiten oder Verhinderungen gleich welcher Dauer zu bestellen, besteht nicht. § 38 BNotO bestimmt lediglich, dass ein Notar, der sich länger als eine Woche von seinem Amtssitz entfernen will oder aus tatsächlichen Gründen länger als eine Woche an der Ausübung seines Amtes gehindert ist, dies der Aufsichtsbehörde unverzüglich anzuzeigen hat. Verhinderungen oder Abwesenheiten von weniger als einer Woche verlangen überhaupt keine Maßnahmen des Notars. Wenn eine Abwesenheit länger als einen Monat dauern soll, muss der Notar gemäß § 38 S. 2 BNotO die Genehmigung der Aufsichtsbehörde einholen. 69

Ein Anwaltsnotar, der wegen **auswärtiger Gerichtstermine** an der Amtsausübung verhindert ist, hat zwar keinen Anspruch darauf, dass die Aufsichtsbehörde ihm jedes Mal kurzfristig einen Vertreter bestellt.[84] Wenn aber Beurkundungstermine bereits vereinbart sind und der Notar sein Amt in der Regel persönlich und nicht durch Vertreter ausübt, wäre die Verweigerung der Vertreterbestellung ermessensfehlerhaft. Die Bestellung eines **ständigen Vertreters** (§ 39 Abs. 1 Hs. 2 BNotO) kommt nur in Ausnahmefällen in Betracht,[85] denn die Vertreterbestellung soll nicht zu einer Verdoppelung der Arbeitskraft des Notars führen. Einzelheiten regeln die Verwaltungsanweisungen der Länder. 70

H. Wahrung der Unparteilichkeit

I. Neutralitätspflicht

Das Berufsbild der Anwaltsnotare wird durch die Verpflichtung und den Anspruch geprägt, notarielle Amtswahrnehmung von der Wahrnehmung einseitiger Parteiinteressen als Rechtsanwalt strikt zu trennen. Die in § 14 Abs. 1 S. 1 BNotO verankerte Neutralitätspflicht manifestiert sich im Anwaltsnotariat in notariellen Mitwirkungsverboten und in anwaltlichen Tätigkeitsverboten. 71

Zu vermeiden ist gemäß § 14 Abs. 3 S. 2 BNotO schon der **Anschein** der Parteilichkeit. Ergänzt wird § 14 Abs. 1 S. 2 BNotO durch § 16 BNotO. Die Neutralitätspflicht gilt danach umfassend bei allen Amtsgeschäften. Neutral zu sein bedeutet die unparteiische Betreuung der Beteiligten. Beteiligte sind sowohl die formell als auch die materiell Beteiligten. Die Beteiligung muss sich auf dieselbe Angelegenheit erstrecken. Darunter ist der einheitliche Lebenssachverhalt zu verstehen, auf den sich das Amtsgeschäft bezieht. 72

---

[82] Arndt/Lerch/Sandkühler/*Sandkühler* BNotO § 14 Rn. 309.

[83] Arndt/Lerch/Sandkühler/*Sandkühler* BNotO § 14 Rn. 310ff.; so auch Eylmann/Vaasen/*Frenz* BNotO § 14 Rn. 49 mit Hinweis auf die Wirtschaftsprüferentscheidung des BVerfG.

[84] BVerfG 24.6.2003 – 1 BvR 1020/03; vgl. dazu *Jaeger* ZNotP 2003, 402; BGH Beschl. v. 14.7.2003 – NotZ 45/02, BeckRS 2003, 06241.

[85] Schippel/Bracker/*Schäfer* BNotO § 39 Rn. 19; Eylmann/Vaasen/*Wilke* BNotO § 39 Rn. 38ff.; Arndt/Lerch/Sandkühler/*Lerch* BNotO § 39 Rn. 26ff.

II. Vermeidung des Anscheins parteilichen Verhaltens

73 Die **Trennung** zwischen Notaramt einerseits und Rechtsanwaltsberuf andererseits muss lückenlos sein. Für das rechtsuchende Publikum muss erkennbar sein, dass der Anwaltsnotar zwei verschiedene, miteinander nicht vergleichbare rechtsberatende Berufe ausübt. Deshalb ist der Notar gemäß § 14 Abs. 3 S. 2 BNotO verpflichtet, jedes Verhalten zu vermeiden, das den Anschein eines Verstoßes gegen die ihm gesetzlich auferlegten Pflichten erzeugt, insbesondere den Anschein der Abhängigkeit oder Parteilichkeit.

74 Ein Notar, der den Anschein erweckt, er fördere die Interessen eines Beteiligten mehr als die eines anderen Beteiligten, begeht eine Amtspflichtverletzung. Auch wenn eine Parteilichkeit objektiv auszuschließen oder nicht feststellbar ist, handelt der Notar doch pflichtwidrig, wenn sein Verhalten aus der Sicht eines Beteiligten bei verständiger Würdigung für parteilich gehalten werden kann. Die Amtspflichtverletzung ist im Disziplinarverfahren zu prüfen. Der Notar wird sich deshalb im Zweifel der Ausübung des Amtes wegen Befangenheit gemäß § 16 Abs. 2 BNotO enthalten.

75 Der Anschein einer Neutralitätspflichtverletzung kann seinen Ursprung in **verfestigten Mandantenbeziehungen** zu einem der Beteiligten haben. Auch wenn ein Mitwirkungsverbot iSd § 3 Abs. 1 S. 1 Nr. 7 BeurkG wegen Vorbefassung nicht besteht, kann die Nähe des dem Beurkundungsersuchen zugrunde liegenden Sachverhalts zu einem laufenden oder bereits abgeschlossenen Mandat Zweifel an der Neutralität des Anwaltsnotars erwecken.

76 Der Anschein der Parteilichkeit kann auch dann entstehen, wenn der Notar den Eindruck erweckt, in die Organisation eines Beteiligten eingegliedert zu sein. Das Auftreten als **„Hausnotar"** eines Beteiligten ist deshalb bedenklich. In Fällen, in denen ein Beteiligter (zB ein Bauträger, ein Kreditinstitut oder eine Kommune) regelmäßig die Beurkundung durch einen bestimmten Notar wünscht, sollte der Notar darauf achten, dass er nicht gegen seinen Willen von diesem Beteiligten als Hausnotar vereinnahmt wird und dass die Freiheit der Notarwahl bestehen bleibt. Der Notar muss deshalb darauf achten, dass sein Name nicht in Verkaufsprospekten zB für Kapitalanlagen oder für Immobilien erwähnt wird. Ebenso unpassend ist es, wenn eine politische Gemeinde bei der Vergabe von Bauplätzen ohne Abstimmung mit dem Erwerber den Notar per Rundschreiben vorgibt. Der Eindruck einer Neutralitätspflichtverletzung kann auch entstehen, wenn der Notar auf Wunsch eines Beteiligten in *dessen* Geschäftsräumen Amtsgeschäfte, die nicht nur einseitig sind, vornimmt. Gleiches gilt, wenn der Notar auf Wunsch eines Bauträgers oder einer Immobilienvertriebsorganisation für (Sammel-)Beurkundungen außerhalb seiner Geschäftsstelle in räumlicher Nähe zu den Immobilien zur Verfügung steht und ihm die Interessenten nach der Besichtigung der Objekte durch den Initiator „zugeführt" werden.

77 Auch beim **Vollzug** eines von ihm beurkundeten Rechtsgeschäfts darf der Notar nicht einseitig die Interessen eines Beteiligten gegen die eines anderen wahrnehmen. Er darf deshalb einen säumigen Vertragspartner nicht mahnen oder gar Verzugsfolgen geltend machen. Deshalb ist der Notar nicht dazu berufen, über Grund und Höhe von **Verzugszinsen** zu entscheiden, zB im Rahmen der Abwicklung eines Verwahrungsgeschäftes.

III. Vorkehrungen iSd § 28 BNotO

78 § 28 BNotO verpflichtet den Notar, durch geeignete Vorkehrungen die Wahrung der Unabhängigkeit und Unparteilichkeit seiner Amtsführung, insbesondere die Einhaltung der Mitwirkungsverbote **sicherzustellen.** Der Gesetzgeber hat § 28 BNotO „vor allem im Hinblick auf die erweiterten Möglichkeiten zur beruflichen Verbindung in interprofessionellen und überörtlichen Sozietäten und die sich möglicherweise daraus ergebenden Gefährdungen" eingefügt; die Vorschrift richtet sich also in erster Linie an Anwaltsnotare. Gemäß § 67 Abs. 1 Nr. 6 BNotO können die Notarkammern in den von ihnen zu erlassenden Richtlinien Regelungen „über die Art der nach § 28 zu treffenden Vorkehrun-

gen" vorsehen. Die Richtlinienempfehlung der BNotK sieht in Abschnitt VI vor, dass der Notar sich vor Übernahme einer notariellen Amtstätigkeit in zumutbarer Weise zu vergewissern hat, dass Kollisionsfälle iSd § 3 Abs. 1 BeurkG nicht bestehen. Zudem muss er nach der (für ihn unverbindlichen) Richtlinienempfehlung **Beteiligtenverzeichnisse** oder sonstige zweckentsprechende Dokumentationen führen, die eine Identifizierung der in Betracht kommenden Personen ermöglichen. Konkretisiert wird diese Verpflichtung in § 15 DONot. Das Beteiligtenverzeichnis muss alle außernotariellen Mandate nicht nur des Notars selbst, sondern aller Berufsträger erfassen, mit denen er iSd § 3 Abs. 1 S. 1 Nr. 4 BeurkG zur beruflichen Zusammenarbeit verbunden ist.

Sinnvollerweise wird dieses Verzeichnis elektronisch geführt. Es muss auf Dauer ange- 79 legt sein, um eine frühere Vorbefassung verlässlich prüfen zu können.[86] Die Einhaltung der notariellen Amtspflichten überwiegt den Grundsatz der Datenminimierung gemäß Art. 5 Abs. 1 lit. c DS-GVO. Die Betroffen haben daher keinen Anspruch auf Löschung ihrer Daten aus dem Beteiligtenverzeichnis gemäß Art. 17 DS-GVO.

Die Richtlinienempfehlung sieht weiter vor, dass der Notar dafür Sorge zu tragen hat, 80 dass eine zur Erfüllung der Verpflichtungen aus § 3 Abs. 1 BeurkG erforderliche **Offenbarungspflicht** zum Gegenstand einer entsprechenden schriftlichen Vereinbarung gemacht wird, die der gemeinsamen Berufsausübung oder der Nutzung gemeinsamer Geschäftsräume zugrunde liegt. Die Richtlinienempfehlung ist in unterschiedlicher Weise durch die Notarkammern umgesetzt worden (Internetabruf der Richtlinien unter www. bnotk.de/Notar/Berufsrecht).

IV. Relative Mitwirkungsverbote, § 3 BeurkG

Gemäß § 3 BeurkG **soll** der Notar in den dort genannten Fällen (vgl. die Übersicht 81 → § 31 Rn. 32) seine Mitwirkung verweigern. Die Mitwirkungsverbote begründen eine **unbedingte Amtspflicht,** sich der Beurkundung zu enthalten; ein Ermessen ist dem Notar nicht eingeräumt.[87] Ebenso wenig ist das Mitwirkungsverbot in das Belieben der Beteiligten gestellt; es ist **nicht disponibel.**[88] Auch wenn alle Beteiligten mit der Beurkundung trotz eines bestehenden Mitwirkungsverbotes einverstanden sind, bleibt es bei der Amtspflichtverletzung durch den Notar. Die Mitwirkungsverbote gelten auch für Amtsgeschäfte, die im Allgemeinen nicht geeignet sind, die Unparteilichkeit des Notars zu beeinträchtigen, wie Testamente, Eigentümergrundschuld mit Zwangsvollstreckungsunterwerfung oder Unterschriftsbeglaubigungen.[89] Die Verletzung des Mitwirkungsverbotes führt nicht zur Unwirksamkeit der Beurkundung.

1. Persönlicher Anwendungsbereich. Die Mitwirkungsverbote des § 3 BeurkG gelten 82 für alle **Beurkundungspersonen.**[90] Sie sind daher von Notaren sowie von Notarvertretern und Notariatsverwaltern zu beachten, die jeweils denselben Amtspflichten unterliegen wie die Notare selbst (§§ 39 Abs. 4, 57 Abs. 1 BNotO). In Fällen, in denen zwar nicht in der Person des vertretenen Notars, wohl aber in der Person des Notarvertreters ein Mitwirkungsverbot zB wegen anwaltlicher Vorbefassung besteht, muss der Notarvertreter die Beurkundung ablehnen. Der **Vertreter** muss sich der Amtsausübung gemäß § 41 Abs. 2 BNotO darüber hinaus auch dann enthalten, wenn dem von ihm vertretenen Notar die Amtsausübung untersagt wäre. Dies bedeutet für die Mitwirkungsverbote, dass der Notarvertreter an einer Amtshandlung gehindert ist, wenn zwar nicht in seiner Per-

---

[86] Diehn/*Diehn* BNotO § 28 Rn. 12.
[87] Eylmann/Vaasen/*Miermeister/de Buhr* BeurkG § 3 Rn. 2; *Mihm* DNotZ 1999, 8.
[88] Arndt/Lerch/Sandkühler/*Sandkühler* BNotO § 16 Rn. 5; *Mihm* Berufsrechtliche Kollisionsprobleme S. 96.
[89] Vgl. Arndt/Lerch/Sandkühler/*Sandkühler* BNotO § 16 Rn. 5; ausführlich zu den Mitwirkungsverboten Kilian/Sandkühler/vom Stein/*Elsing* § 12.
[90] Armbrüster/Preuß/Renner/*Armbrüster* BeurkG § 3 Rn. 4 ff.

son, wohl aber in der Person des von ihm vertretenen Notars ein Mitwirkungsverbot besteht.

83   **2. Sachlicher Anwendungsbereich.** Der sachliche Anwendungsbereich des § 3 BeurkG umfasst die **gesamte Urkundstätigkeit** des Notars. Die Mitwirkungsverbote sind daher nicht nur bei der Niederschrift von Willenserklärungen gemäß § 8 BeurkG und bei der Beurkundung von Verfügungen von Todes wegen gemäß §§ 27 ff. BeurkG zu beachten, sondern auch bei der Protokollierung anderer Erklärungen iSd §§ 36 ff. BeurkG (einschließlich Eide und eidesstattlicher Versicherungen) und der Niederlegung von Vermerken über tatsächliche Vorgänge iSd §§ 39 ff. BeurkG.[91] Hierzu zählen die Unterschriftsbeglaubigung (§ 40 BeurkG), die Beglaubigung der Zeichnung einer Namensunterschrift (§ 41 BeurkG) und die Beglaubigung einer Abschrift (§ 42 BeurkG). Deshalb ist auch bei Beglaubigungen die Frage nach der Vorbefassung iSd § 3 Abs. 1 S. 2 BeurkG zu stellen und der Pflichtvermerk aufzunehmen.[92]

84   § 16 Abs. 1 BNotO erstreckt die Mitwirkungsverbote darüber hinaus auf **sämtliche Amtsgeschäfte,** die nicht Beurkundungen im Sinne des BeurkG sind. Das Eingreifen eines Mitwirkungsverbotes ist somit bei der Übernahme eines Verwahrungsgeschäftes ebenso zu prüfen wie bei Notarbestätigungen oder bei der Betreuung der Beteiligten iSd § 24 Abs. 1 BNotO (einschließlich Entwurfstätigkeit auf einseitiges Verlangen). Hieraus folgt, dass die Mitwirkungsverbote auch diejenigen Amtsgeschäfte erfassen, die zur Abwicklung eines Amtsgeschäftes erforderlich sind. Stellt sich nach der Beurkundung während der Abwicklungsphase heraus, dass der Notar einem Mitwirkungsverbot unterliegt (zB wegen anwaltlicher Vorbefassung), muss er die weitere Abwicklung unterlassen; sie kann durch einen Ersatznotar iSd § 45 Abs. 1 BNotO erfolgen.

85   **3. Begriff der Angelegenheit.** Die Mitwirkungsverbote knüpfen an „Angelegenheiten" der verschiedenen Personenkreise an. Um bereits den Anschein mangelnder Unabhängigkeit und Unparteilichkeit zu verhindern, darf der Begriff der Angelegenheiten nicht zu eng ausgelegt werden. Angelegenheit im Sinne der Vorschrift ist zunächst der **Lebenssachverhalt,** auf den sich die Beurkundungstätigkeit des Notars bezieht.[93] Um Angelegenheiten einer Person handelt es sich, wenn sie sachlich an dem Amtsgeschäft beteiligt ist. Das sind diejenigen, deren Rechte, Pflichten oder Verbindlichkeiten durch den Inhalt der Amtstätigkeit unmittelbar begründet, erweitert oder vermindert werden. Es genügt, dass die Rechte, Pflichten oder Verbindlichkeiten faktisch unmittelbar günstig oder ungünstig beeinflusst werden.[94] Eine nur mittelbare, reflexartige Auswirkung der Amtstätigkeit auf die rechtlichen oder wirtschaftlichen Interessen eines Beteiligten reicht nicht aus, sie muss vielmehr eine rechtliche Bedeutung erlangen.[95]

86   Konkret bedeutet dies:
- Willenserklärungen sind immer Angelegenheiten der Personen auf Erklärungs- und Empfängerseite.
- Willenserklärungen eines Vertreters oder gegenüber einem Vertreter sind Angelegenheiten sowohl des Vertreters als auch des Vertretenen (Ausnahme: Vollzugsvollmachten, auch bezogen auf Personen iSd § 3 Abs. 1 S. 1 Nr. 4 BeurkG; hierzu zählen nach der

---

[91] Arndt/Lerch/Sandkühler/*Sandkühler* BNotO § 16 Rn. 8 f.; *Winkler* BeurkG § 3 Rn. 16 f.; Armbrüster/Preuß/Renner/*Armbrüster* BeurkG § 3 Rn. 13 ff.; *Mihm* DNotZ 1999, 8 (10); *dies.* Berufsrechtliche Kollisionsprobleme S. 98.

[92] *Winkler* BeurkG § 3 Rn. 17.

[93] Arndt/Lerch/Sandkühler/*Sandkühler* BNotO § 16 Rn. 14; Schippel/Bracker/*Schäfer* BNotO § 16 Rn. 17.

[94] Arndt/Lerch/Sandkühler/*Sandkühler* BNotO § 16 Rn. 16; *Winkler* BeurkG § 3 Rn. 24; *Mihm* Berufsrechtliche Kollisionsprobleme S. 99; Armbrüster/Preuß/Renner/*Armbrüster* BeurkG § 3 Rn. 21 stellt auf Rechtsverhältnisse ab.

[95] BGH NJW-RR 2013, 622.

Auffassung von OLG Hamm und OLG Frankfurt a.M. auch Handelsregistervollmachten).
– Verwalter kraft Amtes (Insolvenzverwalter, Nachlassverwalter, Testamentsvollstrecker) sind Beteiligte hinsichtlich der von ihnen verwalteten Vermögen.
– Bei der Verfügung von Todes wegen sind auch die Bedachten (Erben, Vermächtnisnehmer) und die etwa als Testamentsvollstrecker benannten Personen sachbeteiligt,[96] nicht aber die durch eine Auflage Begünstigten.
– Von der Aufnahme eines Erbscheinsantrags sind sämtliche Bedachten, Erbprätendenten und Pflichtteilsberechtigte betroffen.
– Rechtsgeschäfte einer juristischen Person sind grundsätzlich deren Angelegenheit, nicht aber solche ihrer Mitglieder oder Gesellschafter.
– Rechtsgeschäfte einer nicht rechtsfähigen Vereinigung (Verein, Gesellschaft bürgerlichen Rechts, OHG, KG, Partnerschaftsgesellschaft) sind Angelegenheiten der Mitglieder bzw. Gesellschafter; dies gilt trotz deren Teilrechtsfähigkeit auch für BGB-Gesellschaften.[97] Das Gleiche gilt für werdende juristische Personen (e.V., GmbH, AG im Gründungsstadium).
– Bei der Beglaubigung von Unterschriften handelt es sich um Angelegenheiten des Zeichners und der Personen, deren Rechtsstellung nach dem Inhalt der Urkunde berührt wird.[98]
– Versammlungsbeschlüsse einer rechtsfähigen Vereinigung (rechtsfähiger Verein, Kapitalgesellschaft, eingetragene Genossenschaft) sind Angelegenheiten der Vereinigung, ihrer Organe und der teilnehmenden Mitglieder.

Im Bereich des Anwaltsnotariats sind die Mitwirkungsverbote des § 3 Abs. 1 S. 1 Nr. 4, **87** Nr. 7 und Nr. 8 BeurkG von herausragender Bedeutung (vgl. im Übrigen → § 31 Rn. 43 ff.).

4. Mitwirkungsverbot im Binnenbereich einer Berufsausübungsgemeinschaft. In **88** Angelegenheiten einer Person, mit der sich der Notar zur gemeinsamen Berufsausübung verbunden oder mit der er gemeinsame Geschäftsräume hat, darf der Notar gemäß § 3 Abs. 1 S. 1 Nr. 4 BeurkG nicht mitwirken. Das Mitwirkungsverbot knüpft an eine **bestehende** Berufsausübungs- oder Bürogemeinschaft an; eine beendete berufliche Zusammenarbeit löst keine Mitwirkungsverbote mehr aus.[99] Sie sind uneingeschränkt auch im Rahmen überörtlicher und internationaler Berufsverbindungen zu beachten. Eine Verbindung zu gemeinsamer Berufsausübung kann in folgenden Konstellationen vorliegen:
– örtliche und überörtliche Sozietät im Sinne einer BGB-Gesellschaft,
– Partnerschaftsgesellschaft mit oder ohne Haftungsbeschränkung,
– Rechtsanwalts-GmbH oder sonstige Rechtsanwaltskapitalgesellschaft,
– Anstellungsverhältnis zu einem Rechtsanwalt,
– Beschäftigung eines freien Mitarbeiters,
– Bürogemeinschaft.

Die Vereinbarung einer **Kooperation** (→ Rn. 62) löst ebenfalls das Mitwirkungsverbot **89** iSd § 3 Abs. 1 S. 1 Nr. 4 BeurkG aus,[100] zumindest dann, wenn sie planmäßig angelegt und nach außen verlautbart wird. Von einer planmäßigen Kooperation ist insbesondere auszugehen, wenn sie auf Drucksachen wie zB Briefbögen oder Kanzleibroschüren oder

---

[96] Arndt/Lerch/Sandkühler/*Sandkühler* BNotO § 16 Rn. 23; *Winkler* BeurkG § 3 Rn. 29; Reimann/Bengel/Mayer/*Limmer*, Testament und Erbvertrag, 6. Aufl. 2015, Syst. A II. Rn. 188.
[97] Schippel/Bracker/*Schäfer* BNotO § 16 Rn. 20a.
[98] Arndt/Lerch/Sandkühler/*Sandkühler* BNotO § 16 Rn. 32; *Winkler* BeurkG § 3 Rn. 37; Armbrüster/Preuß/Renner/*Armbrüster* BeurkG § 3 Rn. 34 differenziert nach reinen Unterschriftsbeglaubigungen und nach Unterschriftsbeglaubigungen mit Entwurf.
[99] Diehn/*Diehn* BNotO § 28 Rn. 13 zum Sozietätswechsler.
[100] Eylmann/Vaasen/*Miermeister/de Buhr* BeurkG § 3 Rn. 33.

auf Kanzleischildern verlautbart wird.[101] Der Kritik an dieser Auffassung[102] ist zuzugeben, dass eine verlautbarte Kooperation dem notariellen Berufsethos eher entspricht als eine verheimlichte, deren Abhängigkeitsverhältnisse weder von den Rechtsuchenden noch von der Dienstaufsicht erkannt werden können. Andererseits sind Kooperationshinweise Marketingmaßnahmen, die die Einschränkung der Berufsausübungsfreiheit rechtfertigen.

90   Eine **EWIV** (→ Rn. 64) kann eine Berufsausübungsgemeinschaft sein.[103] Es kommt darauf an, welchen Zweck sie verfolgt. Versteht sich die EWIV als Mandatsverbund, so begründet die Mitgliedschaft ein Mitwirkungsverbot in Angelegenheiten sämtlicher anderer Mitglieder der EWIV.

91   **Gemeinsame Geschäftsräume** gemäß § 3 Abs. 1 S. 1 Nr. 4 BeurkG bestehen jedenfalls im Sinne einer Bürogemeinschaft dann, wenn auf der Basis verabredeter gemeinsamer Raumnutzung die gemeinsame Nutzung von Einrichtungsgegenständen und/oder der Arbeitskraft von Hilfspersonen hinzutritt.[104] Aber auch eine bloße gemeinsame Raumnutzung reicht bereits aus, wenn alle Berufsträger Zutritt zu allen Räumen haben.[105] Ein Untermietverhältnis löst kein Mitwirkungsverbot aus.[106]

92   Der Notar darf für eine Person iSd § 3 Abs. 1 S. 1 Nr. 4 BeurkG auch nicht in deren Eigenschaft als **Verwalter kraft Amtes** (Insolvenz- und Zwangsverwalter, Nachlassverwalter, Testamentsvollstrecker) tätig werden. Denn bei Geschäften, die die verwalteten Vermögen betreffen, handelt es sich um eigene Angelegenheiten der Verwalter.[107] Dem Notar ist es deshalb auch untersagt, die Bestellung einer Person iSd § 3 Abs. 1 S. 1 Nr. 4 BeurkG zum Testamentsvollstrecker zu beurkunden.[108]

93   Eine Person iSd § 3 Abs. 1 S. 1 Nr. 4 BeurkG darf grundsätzlich auch nicht als **Vertreter** von Beteiligten an Amtsgeschäften des Notars mitwirken, denn ein Vertreterhandeln stellt sowohl für den Vertretenen als auch für den Vertreter eine eigene Angelegenheit dar (→ Rn. 86). Allgemein anerkannt ist indes eine Einschränkung des Mitwirkungsverbots für die Fälle, in denen dem Sozius als Vertreter der Beteiligten lediglich eine **Vollzugs-, Durchführungs- oder Abwicklungsvollmachten** erteilt wird oder er von dieser Vollmacht vor seinem Sozius als Notar Gebrauch macht.[109] Die Unabhängigkeit und Unparteilichkeit des Notaramts kann durch derartige Vollmachten nicht beeinträchtigt werden.

94   § 3 Abs. 1 S. 1 Nr. 4 BeurkG enthält kein Verbot der Beurkundung unter Beteiligung nicht volljuristischer **Angestellter** des Notars oder ihm zur Ausbildung zugewiesener Referendare.[110] Auch ist es ihm nicht untersagt, Beurkundungen unter Beteiligung der **Ehegatten** oder anderer naher Verwandter (mit Ausnahme minderjähriger Kinder wegen § 3 Abs. 1 S. 1 Nr. 5 BeurkG) der Personen iSd § 3 Abs. 1 S. 1 Nr. 4 BeurkG vorzunehmen.[111] Zur Vermeidung des bösen Scheins der Parteilichkeit bietet es sich in diesen Fällen freilich an, weitere Beteiligte auf das familiäre Näheverhältnis hinzuweisen.

---

[101] Arndt/Lerch/Sandkühler/*Sandkühler* BNotO § 16 Rn. 58; Schippel/Bracker/*Schäfer* BNotO § 16 Rn. 39b; Armbrüster/Preuß/Renner/*Armbrüster* BeurkG § 3 Rn. 67.

[102] *Frenz* ZNotP 2000, 383.

[103] Arndt/Lerch/Sandkühler/*Sandkühler* BNotO § 16 Rn. 58; Eylmann/Vaasen/*Miermeister/de Buhr* BeurkG § 3 Rn. 33; Armbrüster/Preuß/Renner/*Armbrüster* BeurkG § 3 Rn. 67.

[104] *Winkler* BeurkG § 3 Rn. 76; Armbrüster/Preuß/Renner/*Armbrüster* BeurkG § 3 Rn. 65.

[105] Eylmann/Vaasen/*Miermeister/de Buhr* BeurkG § 3 Rn. 33; Armbrüster/Preuß/Renner/*Armbrüster* BeurkG § 3 Rn. 68.

[106] *Winkler* BeurkG § 3 Rn. 76; Armbrüster/Preuß/Renner/*Armbrüster* BeurkG § 3 Rn. 68.

[107] Arndt/Lerch/Sandkühler/*Sandkühler* BNotO § 16 Rn. 20.

[108] Bengel/Reimann/*Sandkühler,* Handbuch der Testamentsvollstreckung, 6. Aufl. 2017, § 11 Rn. 30; Diehn/*Seger* BNotO § 16 Rn. 14; Eylmann/Vaasen/*Miermeister/de Buhr* BeurkG § 3 Rn. 34.

[109] Arndt/Lerch/Sandkühler/*Sandkühler* BNotO § 16 Rn. 61; Schippel/Bracker/*Schäfer* BNotO § 16 Rn. 69; Armbrüster/Preuß/Renner/*Armbrüster* BeurkG § 3 Rn. 71.

[110] Arndt/Lerch/Sandkühler/*Sandkühler* BNotO § 16 Rn. 59; *Harborth/Lau* DNotZ 2002, 416.

[111] *Winkler* BeurkG § 3 Rn. 79; Eylmann/Vaasen/*Miermeister/de Buhr* BeurkG § 3 Rn. 33.

5. Mitwirkungsverbot wegen Vorbefassung. a) Anwendungsbereich. Nach § 3 **95** Abs. 1 S. 1 Nr. 7 BeurkG unterliegt der Notar einem Mitwirkungsverbot bei oder nach außernotarieller Vorbefassung. Es besteht in Angelegenheiten, in denen er oder sein Sozius etc (Person iSd § 3 Abs. 1 S. 1 Nr. 4 BeurkG) außerhalb des Notaramts tätig war oder ist. Auch das Mitwirkungsverbot wegen Vorbefassung ergreift ohne Ausnahme sämtliche Amtstätigkeiten des Notars; erfasst werden auch Unterschrifts- und sonstige Beglaubigungen. Die Gegenmeinung, die auf den Charakter der Unterschriftsbeglaubigung als reine Identitätsfeststellung abstellt, zu der eine Vorbefassung nicht denkbar sei,[112] verkennt die dem Notar durch § 40 Abs. 2 BeurkG auferlegte Prüfungspflicht.[113]

b) Tatbestand. Das Mitwirkungsverbot setzt voraus, dass der Notar oder eine Person iSd **96** § 3 Abs. 1 S. 1 Nr. 4 BeurkG in derselben Angelegenheit außerhalb der Amtstätigkeit bereits tätig war oder ist.[114] Mit dem Inkrafttreten des Rechtsdienstleistungsgesetzes erstreckt sich das Mitwirkungsverbot auch auf die Vorbefassung im Rahmen einer sog. Sternsozietät, die nunmehr zulässig ist.[115]

Der Begriff „derselben Angelegenheit" darf nicht eng ausgelegt werden (→ Rn. 85).[116] **97** Wenn die Amtstätigkeit des Notars Rechte, Pflichten oder Verbindlichkeiten einer Person betreffen würden, die bereits Gegenstand einer anwaltlichen oder sonstigen Vortätigkeit des Notars oder eines mit ihm zur beruflichen Zusammenarbeit verbundenen Person ist oder war, muss der Notar seine Amtstätigkeit versagen. In Zweifelsfragen hat er das Gebot der Vermeidung des bösen Scheins einer Neutralitätspflichtverletzung (§ 14 Abs. 3 S. 2 BNotO) zu beachten.

Erfasst wird jede Vorbefassung beruflicher, geschäftlicher oder sonstiger Art, etwa als **98** Rechtsanwalt, Steuerberater oder Wirtschaftsprüfer. Auch **abgeschlossene** anwaltliche Mandate oder Vortätigkeiten lösen ein Mitwirkungsverbot aus; die Vorbefassung kann bereits vor der Bestellung zum Notar beendet gewesen sein.[117] Gemäß § 3 Abs. 2 S. 1 Alt. 1 BeurkG besteht dem Wortlaute nach zwar kein Mitwirkungsverbot, sondern lediglich eine Belehrungs- und Vermerkpflicht in den Fällen, in denen der Notar in derselben Angelegenheit, die Gegenstand der amtlichen Tätigkeit sein soll, ein bereits abgeschlossenes Mandat geführt hat. Indes ist § 3 Abs. 1 S. 1 Nr. 7 BeurkG lex specialis.[118] Es ist unerheblich, ob die Vorbefassung in parteilicher Interessenwahrnehmung erfolgt ist oder nicht. Es kommt auch nicht darauf an, ob ein parteiliches Verhalten des Notars unter Berücksichtigung der Vorbefassung überhaupt denkbar ist.

Ein auf Vorbefassung beruhendes Mitwirkungsverbot kann auch im **außerberuflichen 99 Handeln** des Notars seinen Ursprung finden.[119] So unterliegt ein Notar einem Mitwirkungsverbot in Angelegenheiten, mit denen er als Mitglied des **Aufsichtsrates** oder eines sonstigen gemäß § 3 Abs. 3 Nr. 1 BeurkG privilegierten Organs befasst war.[120] Von dieser Einschränkung der Privilegierung durch § 3 Abs. 2 BeurkG scheint auch das BVerfG auszugehen, das in seiner Entscheidung zur Mitgliedschaft von Notaren in Aufsichtsräten von Genossenschaftsbanken[121] ausgeführt hat, der Notar unterliege auch in diesen Funktionen den Ge- und Verboten des § 3 BeurkG.

---

[112] *Lerch* BWNotZ 1999, 41; *Maass* ZNotP 1999, 178.
[113] Arndt/Lerch/Sandkühler/*Sandkühler* BNotO § 16 Rn. 71.
[114] Zum Erfordernis einer „Tätigkeit" vgl. *Mihm* DNotZ 1999, 8 (17).
[115] Vgl. dazu *Winkler* BeurkG § 3 Rn. 101a; Arndt/Lerch/Sandkühler/*Sandkühler* BNotO § 16 Rn. 75.
[116] *Mihm* DNotZ 1999, 8 (18).
[117] *Maaß* ZNotP 1999, 178.
[118] Arndt/Lerch/Sandkühler/*Sandkühler* BNotO § 16 Rn. 103; *Winkler* BeurkG § 3 Rn. 172.
[119] Schippel/Bracker/*Schäfer* BNotO § 16 Rn. 50.
[120] Arndt/Lerch/Sandkühler/*Sandkühler* BNotO § 16 Rn. 78 f.; Schippel/Bracker/*Schäfer* BNotO § 16 Rn. 85; *Mihm* DNotZ 1999, 8 (16); *Maaß* ZNotP 1999, 178; aA *Winkler* BeurkG § 3 Rn. 185; Eylmann/Vaasen/*Miermeister/de Buhr* BeurkG § 3 Rn. 42; Grziwotz/Heinemann/*Grziwotz* BeurkG § 3 Rn. 45.
[121] DNotZ 2003, 65.

Beispiel:

Der Notar, der Mitglied eines Kirchenvorstandes ist, darf einen Erbbaurechtsvertrag nicht beurkunden, wenn er organschaftlich über die Ausgabe des Erbbaurechts beschlossen hat. Ebenso wenig darf er als Mitglied des Aufsichtsrates einer Genossenschaftsbank die Sicherungsrechte für einen Kredit beurkunden, mit dessen Vergabe er befasst war. Abzustellen ist jeweils auf die konkrete Angelegenheit.

100   Das Mitwirkungsverbot wegen Vorbefassung wirkt **mandatsbezogen,** nicht mandantenbezogen.[122] Die konkrete Angelegenheit muss Gegenstand der Vorbefassung gewesen sein. Allein der Umstand, dass ein Beteiligter in anderen Angelegenheiten zB anwaltlich durch eine Sozietät betreut wird, ist für die Übernahme des notariellen Amtsgeschäftes unschädlich, wie § 3 Abs. 2 BeurkG zeigt.

101   Im Anwaltsnotariat erfolgt die Vorbefassung regelmäßig im Rahmen der Berufe gemäß §§ 8 Abs. 2, 9 Abs. 2 BNotO, die dem Notar zur eigenen Ausübung bzw. zur Eingehung einer Sozietät oder sonstigen beruflichen Verbindung offen stehen. Während die anwaltliche Vorbefassung häufig parteiliche Interessenwahrnehmung ist, kann die Vorbefassung durch einen Steuerberater oder Wirtschaftsprüfer durchaus **neutral** erfolgen. Dies ändert jedoch nichts an dem Entstehen des Mitwirkungsverbotes (vorbehaltlich der Ausnahmeregelung des § 3 Abs. 1 S. 1 Nr. 7 BeurkG). Die Beurkundung von Geschäftsvorgängen, die mit der Festlegung wirtschaftlicher oder steuerlicher Ziele eines Unternehmens nach entsprechender Beratung durch den Steuerberater oder Wirtschaftsprüfer korrespondieren, ist dem Anwaltsnotar untersagt.[123]

102   Für dauernde Beratungsverhältnisse, wie sie insbesondere für Steuerberater oder Wirtschaftsprüfer typisch sind, aber auch in der anwaltlichen Praxis nicht selten vorkommen, hat dies zur Folge, dass aus dem mandatsbezogenen Mitwirkungsverbot ein mandantenbezogenes werden kann. Letztlich hängt dies von der Intensität der Beratung ab.[124]

103   Unbenommen ist es Anwaltsnotaren, notwendige Sachverhaltsklärungen und konzeptionelle Gespräche im Vorfeld eines notariellen Amtsgeschäftes gemäß § 24 Abs. 1 BNotO (selbständige Betreuungstätigkeit) als Notar vorzunehmen. Auch ist es einem Anwaltsnotar unbenommen, zur Vorbereitung einer Urkunde die Beratung eines Steuerberaters oder Wirtschaftsprüfers, der Mitglied der Berufsausübungsgemeinschaft ist, in Anspruch zu nehmen.[125] Eine eigenständige Beauftragung des Steuerberaters oder Wirtschaftsprüfers durch die Beteiligten mit daraus folgenden eigenen Honoraransprüchen würde freilich zum Ausschluss des Anwaltsnotars führen.

104   Unschädlich ist die **notarielle Vorbefassung;** sie löst kein Mitwirkungsverbot aus, denn das Neutralitätsgebot ist umfassend. Ein Notar, der einen Grundstückskaufvertrag beurkundet, ist nicht gehindert, die Grundschulden für die Käufer zu protokollieren. Hat er ein Ehegattentestament beurkundet, ist er nicht gehindert, auf Ersuchen eines Ehegatten den Widerruf der letztwilligen Verfügungen zu beurkunden und den Widerruf zustellen zu lassen. Berät der Anwaltsnotar über die Möglichkeiten der Vertragsgestaltung, ist zu prüfen, ob er als Notar oder als Rechtsanwalt tätig geworden ist (§ 24 Abs. 2 BNotO).

105   **c) Ausnahmeregelung.** Das Mitwirkungsverbot gemäß § 3 Abs. 1 S. 1 Nr. 7 BeurkG aE besteht dann nicht, wenn die Vorbefassung im Auftrag aller Personen stattgefunden hat, die an der Beurkundung beteiligt sein sollen. Abzustellen ist auf das anwaltliche Mandat oder den Auftrag an den Wirtschaftsprüfer oder Steuerberater etc. Es dürfte ausreichen, wenn nach Abschluss der Beratung durch einen Steuerberater oder Wirtschaftsprüfer nun-

---

[122] *Mihm* DNotZ 1999, 8 (18); Armbrüster/Preuß/Renner/*Armbrüster* BeurkG § 3 Rn. 87.
[123] Eylmann/Vaasen/*Miermeister/de Buhr* BeurkG § 3 Rn. 49; differenzierend *Mihm* Berufsrechtliche Kollisionsprobleme S. 107 ff.
[124] Arndt/Lerch/Sandkühler/*Sandkühler* BNotO § 16 Rn. 76; *Mihm* DNotZ 1999, 8 (19); *Vaasen/Starke* NJW 1998, 671.
[125] BT-Drs. 13/4184, 37.

mehr alle Beteiligten übereinstimmend den mit dem Wirtschaftsprüfer in Sozietät verbundenen Anwaltsnotar mit der Beurkundung beauftragen.[126]

Der Auftrag zur Vorbefassung muss durch alle an dem Notariatsgeschäft **materiell Be-** 106 **teiligten** erteilt worden sein; die Beauftragung allein durch die formell Beteiligten reicht nicht aus. Unschädlich ist es, wenn sich materiell Beteiligte bei der späteren Beurkundung vertreten lassen.[127]

Beispiele:

In folgenden Beispielsfällen kann der Ausnahmetatbestand bejaht werden:
- Beurkundung von gesellschaftsrechtlichen Vorgängen einer Ein-Mann-GmbH;
- gesellschaftsrechtliche Beurkundungen innerhalb eines Konzerns, sämtliche Vorstände oder Geschäftsführer etc aller beteiligten Gesellschaften haben den Auftrag zur Vorbefassung erteilt;
- erbrechtliche Beratung sämtlicher Mitglieder einer Familie, sodann Beurkundung letztwilliger Verfügungen (und von Folgegeschäften).

Nicht denkbar ist im Hinblick auf § 356 StGB, dass scheidungswillige Ehegatten ge- 107 meinsam ein anwaltliches Beratungsmandat erteilen. Der Anwaltsnotar, der das **familienrechtliche Mandat** übernommen hat, darf deshalb keine Trennungs- oder Scheidungsfolgenvereinbarung beurkunden. Die Ausnahmeregelung rechtfertigt auch nicht die Beglaubigung der Unterschrift eines Gläubigers unter einer Löschungsbewilligung, in dessen Auftrag der Anwaltsnotar oder eine mit ihm zur beruflichen Zusammenarbeit verbundene Person eine Sicherungshypothek an einem Grundstück des Schuldners hat eintragen lassen. Denn auch der Eigentümer des belasteten Grundstücks ist sachlich an der Beglaubigung der Unterschrift beteiligt.[128]

Nach Auffassung des OLG Schleswig[129] verstößt ein Notar nicht gegen das Mitwir- 108 kungsverbot gemäß § 3 Abs. 1 S. 1 Nr. 7 BeurkG, wenn er einen Kaufvertrag über den Verkauf einer im Miteigentum geschiedener Eheleute stehenden vermieteten Doppelhaushälfte beurkundet, nachdem er zuvor als Rechtsanwalt im Scheidungsverfahren und im Unterhaltsprozess, dessen Gegenstand unter anderem die Mieteinnahmen waren, die Ehefrau vertreten hat. Nach dem mitgeteilten Sachverhalt waren Ansprüche aus dem ehelichen Güterrecht nicht Gegenstand des Scheidungsverfahrens.

d) Reichweite der Mitwirkungsverbote bei Sozietätswechsel. Wechselt der sachbe- 109 arbeitende Berufsträger die Sozietät, wird die abgebende Sozietät mit dessen Ausscheiden von einem Mitwirkungsverbot wegen Vorbefassung frei, weil eine frühere Berufsverbindung nicht von § 3 Abs. 1 S. 1 Nr. 7 iVm Nr. 4 BeurkG erfasst ist. Die aufnehmende Sozietät hingegen wird von der früheren, eigenen Vorbefassung des Sozietätswechslers betroffen, weil das Mitwirkungsverbot nach § 3 Abs. 1 S. 1 Nr. 7 BeurkG nicht darauf abstellt, dass diese Tätigkeit in der gleichen Sozietät ausgeübt wurde. Waren nur frühere Sozien des Sozietätswechslers mit einer Angelegenheit befasst, nicht aber der Sozietätswechsler selbst, wird der Sozietätswechsler mit der Beendigung der Berufsverbindung von dem Mitwirkungsverbot wegen Vorbefassung frei und damit auch die neue Sozietät nicht betroffen. Eine eigene Vorbefassung des Berufsträgers setzt eine über die bloße Mitmandatierung hinausgehende aktive Befassung voraus. Erfasst sind auch vorbereitende oder unterstützende Tätigkeiten ohne Außenwirkung. Der Umstand, dass in einer Sozietät das Mandat in der Regel der gesamten Sozietät und damit auch dem Sozietätswechsler erteilt

---

[126] Arndt/Lerch/Sandkühler/*Sandkühler* BNotO § 16 Rn. 84; Armbrüster/Preuß/Renner/*Armbrüster* BeurkG § 3 Rn. 89; Schippel/Bracker/*Schäfer* BNotO § 16 Rn. 57a.

[127] Arndt/Lerch/Sandkühler/*Sandkühler* BNotO § 16 Rn. 85; Schippel/Bracker/*Schäfer* BNotO § 16 Rn. 59; *Brambring* FGPrax 1998, 201; *Mihm* DNotZ 1999, 8 (20); *Vaasen/Starke* DNotZ 1998, 670.

[128] Arndt/Lerch/Sandkühler/*Sandkühler* BNotO § 16 Rn. 32; zu weiteren Anwendungsfällen vgl. *Mihm* DNotZ 1999, 820.

[129] NJW 2007, 3651.

wird, löst als solches keine eigene Vorbefassung aus. Handelt es sich bei dem Sozietäts-wechsler um einen Sozius oder Scheinsozius der früheren Sozietät, ergibt sich ein Mitwir-kungsverbot unmittelbar weder aus § 3 Abs. 1 S. 1 Nr. 7 iVm Nr. 4 BeurkG noch gene-rell aus der Pflicht zur Anscheinsvermeidung gemäß § 14 Abs. 3 BNotO iVm § 16 Abs. 2 BNotO. Je nach den besonderen Umständen kann sich jedoch im Einzelfall eine Pflicht zur Enthaltung von der Amtsausübung ergeben.[130]

110   **6. Mitwirkungsverbot bei ständigen Dienst- oder Geschäftsverhältnissen etc.** § 3 Abs. 1 S. 1 Nr. 8 BeurkG enthält drei voneinander zu unterscheidende Sachverhalte:

1. Angelegenheiten einer Person, die den Notar in derselben Angelegenheit bevollmäch-tigt hat;
2. Angelegenheiten einer Person, zu der der Notar in einem ständigen Dienst- oder ähn-lichen ständigen Geschäftsverhältnis steht;
3. Angelegenheiten einer Person, zu der eine Person iSd § 3 Abs. 1 S. 1 Nr. 4 BeurkG in einem ständigen Dienst- oder ähnlichen ständigen Geschäftsverhältnis steht.

111   Die erste Variante ist Gegenstand von § 3 Abs. 1 S. 1 Nr. 7 BeurkG, die insoweit als lex specialis anzusehen ist (→ Rn. 98). Ein Anwendungsbereich verbleibt für die Fälle, in de-nen einem Anwaltsnotar ein anwaltliches Mandat übertragen worden ist, er eine anwaltli-che Tätigkeit aber noch nicht aufgenommen hat.[131] Weiter ist an die Fälle zu denken, in denen eine Person dem Notar eine Generalvollmacht erteilt hat.

112   Die Variante, dass der Notar selbst in einem ständigen Dienstverhältnis oder ähnlichen ständigen Geschäftsverhältnis steht, hat wegen der Verpflichtung des Notars zur Wahrung seiner Unabhängigkeit keine praktische Bedeutung. Praktisch relevant ist freilich der Fall, dass eine Person, mit der der Notar eine Berufsausübungsgemeinschaft unterhält (Person iSd § 3 Abs. 1 S. 1 Nr. 4 BeurkG), in einem ständigen Dienstverhältnis steht. Der Notar ist mithin an einer Tätigkeit für ein Unternehmen gehindert, wenn sein Sozius dort als **Syndikusanwalt** tätig ist.

113   Ein ständiges Dienstverhältnis liegt nur dann vor, wenn der Betroffene von dem Dienstherrn abhängig und ihm weisungsunterworfen ist. Auch für ein „ähnliches" ständi-ges Geschäftsverhältnis bedarf es dieser Abhängigkeit. Daraus folgt, dass auf Dauer ange-legte **Beratungsmandate** § 3 Abs. 1 S. 1 Nr. 8 BeurkG ebenso wenig unterfallen wie die **Anstellungsverhältnisse** der Mitarbeiterinnen und Mitarbeiter des Notars.

V. Frage- und Vermerkpflicht, § 3 Abs. 1 S. 2 BeurkG

114   § 3 Abs. 1 S. 2 BeurkG verpflichtet den Notar – auch den **allein** praktizierenden An-waltsnotar –[132] vor jeder Beurkundung nach einer Vorbefassung iSd § 3 Abs. 1 S. 1 Nr. 7 BeurkG zu fragen und in der Urkunde die Antwort zu vermerken. Die Befragung der Beteiligten hat nach dem klaren Wortlaut der Vorschrift nicht nur bei allen Niederschrif-ten, sondern auch bei **Unterschriftsbeglaubigungen** zu erfolgen.[133] Dies gilt auch dann, wenn an dem Amtsgeschäft nur eine Person beteiligt ist, wie zB bei der Beurkundung eines Testamentes. Darüber hinaus muss der Notar wegen der Erstreckung des Anwen-dungsbereichs des § 3 BeurkG auf sämtliche Amtstätigkeiten gemäß § 16 BNotO auch bei der Übernahme sonstiger Amtstätigkeiten die Frage- und Vermerkpflicht beachten.

115   Bei **Unterschriftsbeglaubigungen** ist der Vermerk im Sinne einer Bestätigung des Notars über die durchgeführte Befragung und die ihm erteilte Antwort in den Beglaubi-gungsvermerk aufzunehmen.[134]

---

[130] Vgl. Rundschreiben der BNotK 22/2001, abzurufen unter www.bnotk.de; vgl. auch Schippel/Bracker/ *Schäfer* BNotO § 16 Rn. 39a.

[131] *Vaasen/Starke* NJW 1989, 672.

[132] Eylmann/Vaasen/*Miermeister/de Buhr* BeurkG § 3 Rn. 52.

[133] Arndt/Lerch/Sandkühler/*Sandkühler* BNotO § 16 Rn. 86; Eylmann/Vaasen/*Miermeister/de Buhr* BeurkG § 3 Rn. 53.

[134] *Brambring* FGPrax 1998, 201 (202).

Die Pflicht zur Befragung der Erschienenen besteht nicht nur dann, wenn konkrete An- 116
haltspunkte für eine Vorbefassung bestehen, sondern in allen Fällen. Andererseits kann der
Notar nur die **formell Beteiligten** – also die Erschienenen – über eine Vortätigkeit für
die an der Urkunde materiell Beteiligten befragen; dieser Umstand rechtfertigt Zweifel an
dem Sinn der Vorschrift.[135]

Die Frage- und Vermerkpflicht läuft leer, wenn an der Beurkundung eine **Vielzahl** 117
von Beteiligten mitwirkt, wie zB bei der Beurkundung von Hauptversammlungen oder
Gesellschafterversammlungen großer Publikumsgesellschaften. Es kann dem Notar nicht
zugemutet werden, alle erscheinenden Gesellschafter, die zum Teil Messehallen füllen,
nach einer Vorbefassung zu befragen und sodann deren Antworten zu vermerken. Zudem
würde sich die Frage stellen, wie zu verfahren wäre, wenn ein Gesellschafter oder Aktionär mit dem Ziel der Störung der Hauptversammlung eine Vorbefassung lediglich behaupten würde, indem er eine Beratung durch einen Sozius des amtierenden Notars über
die effektive Wahrnehmung seiner Minderheitenrechte behauptet.

Erscheinen **Ausländer,** deren Unterschriften der Notar beglaubigen soll und die der 118
deutschen Sprache nicht mächtig sind, kann man die Beiziehung eines Dolmetschers nur
zum Zwecke der Befragung nach einer Vorbefassung nicht verlangen; in diesem Fall kann
die Frage unterbleiben.[136]

Formulierungsbeispiele, auch in englischer, französischer und italienischer Sprache, 119
→ § 31 Rn. 65.

VI. Hinweis- und Vermerkpflicht, § 3 Abs. 2 BeurkG

Der Anwendungsbereich der Vorschrift läuft insoweit leer, als eine in der Vergangenheit 120
liegende Tätigkeit als Bevollmächtigter der Vorbefassungsregel in § 3 Abs. 1 S. 1 Nr. 7
BeurkG als lex specialis unterfällt (→ Rn. 95). Hingegen bleibt es bei der Hinweis- und
Fragepflicht und der darauf basierenden Vermerkpflicht bei Beurkundungen mit mehreren
Beteiligten dann, wenn der Notar in der Angelegenheit als **gesetzlicher Vertreter** tätig
war oder für einen der Beteiligten in **anderer Sache** als Bevollmächtigter **tätig ist;** abgeschlossene Mandate werden **nicht** erfasst.

Der Notar ist nicht zu Detailangaben über den Gegenstand der Bevollmächtigung ver- 121
pflichtet; es genügt die Angabe, dass er in anderer Sache als Bevollmächtigter eines Beteiligten tätig sei. Will sich ein Beteiligter damit nicht begnügen, kann er die Beurkundung
ablehnen. In der Beauftragung des Notars durch den Vollmachtgeber dürfte die konkludente Befreiung von der Verschwiegenheitsverpflichtung liegen.[137] Die vorhergehende
Einholung einer Verschwiegenheitsentbindungserklärung ist nicht erforderlich.[138]

VII. Auskunftspflicht der Personen iSd § 3 Abs. 1 S. 1 Nr. 4 BeurkG

§ 93 Abs. 4 S. 2 BNotO verpflichtet Personen, mit denen sich der Notar zur gemeinsa- 122
men Berufsausübung verbunden oder mit denen er gemeinsame Geschäftsräume hat oder
hatte, den Aufsichtsbehörden Auskünfte zu erteilen und Akten vorzulegen, soweit dies
für die Prüfung der Einhaltung der Mitwirkungsverbote erforderlich ist. Das Einsichtsrecht bezieht sich insbesondere auf Handakten.

Das Recht und die Pflicht der genannten Personen zur **Berufsverschwiegenheit** wer- 123
den durch diese Regelung erheblich eingeschränkt.[139] Große praktische Relevanz hat die
Vorschrift bisher noch nicht erlangt.

---

[135] In dieser Richtung auch *Hermanns* MittRhNotK 1999, 359.
[136] Arndt/Lerch/Sandkühler/*Sandkühler* BNotO § 16 Rn. 86; Eylmann/Vaasen/*Miermeister/de Buhr* BeurkG § 3 Rn. 53.
[137] Arndt/Lerch/Sandkühler/*Sandkühler* BNotO § 16 Rn. 104.
[138] AA Eylmann/Vaasen/*Miermeister/de Buhr* BeurkG § 3 Rn. 64; *Brieske* AnwBl 1995, 481 (483, 488).
[139] Die Zulässigkeit des Informationsrechts der Aufsichtsbehörden bejaht *Eylmann* NJW 1998, 2929 (2932).

VIII. Folgen eines Verstoßes gegen Mitwirkungsverbote

124 **1. Amtshaftung.** § 3 BeurkG enthält relative Ausschließungsgründe, die nicht zur Nichtigkeit der Beurkundung führen. Gleichwohl sind Verstöße gegen Mitwirkungsverbote Amtspflichtverletzungen, die haftpflichtrechtliche Folgen haben können, wenn zB die misstrauisch gewordenen Beteiligten die Urkunde durch einen Rechtsanwalt oder durch einen anderen Notar überprüfen lassen und dafür Kosten aufwenden müssen.

125 **2. Kosten.** Ein Verstoß des Notars gegen Mitwirkungsverbote führt im Allgemeinen nicht zur Kostenfreiheit der Beteiligten gemäß § 21 Abs. 1 GNotKG. Denn es dürfen nur diejenigen Kosten nicht erhoben werden, die bei richtiger Behandlung der Sache nicht entstanden wären. Da eine unter Verstoß gegen das Mitwirkungsverbot vorgenommene Beurkundung nicht unwirksam ist und somit auch bei richtiger Sachbehandlung kein rechtlich anders zu beurteilendes Ergebnis der notariellen Tätigkeit vorliegen würde, ist der Notar verpflichtet, entstandene Kosten zu erheben.[140] Die Kosten sind allerdings niederzuschlagen, wenn der Notar erst einen Entwurf gefertigt hat und sich dann darüber klar wird, dass er insbesondere wegen Vorbefassung an dieser und weiterer Amtstätigkeit gehindert ist.[141]

126 **3. Disziplinarmaßnahmen.** Verstöße gegen Mitwirkungsverbote sind Verstöße gegen die in § 14 Abs. 1 BNotO verankerte notarielle Neutralitätspflicht. Verletzt wird eine zentrale Amtspflicht, die als Dienstvergehen gemäß § 95 BNotO disziplinarisch verfolgt wird. Als Disziplinarmaßnahme wird in der Regel ein Verweis oder ein Verweis mit Geldbuße (§ 97 Abs. 1 BNotO) verhängt, seltener nur eine Missbilligung (§ 94 BNotO).

127 **4. Amtsenthebung.** Gemäß § 50 Abs. 1 Nr. 9 BNotO ist der Notar **zwingend** seines Amtes zu entheben, wenn er wiederholt grob gegen Mitwirkungsverbote gemäß § 3 Abs. 1 BeurkG verstößt.[142] Wenn der Tatbestand erfüllt ist, besteht für die Aufsichtsbehörden kein Ermessen. Bei evidenten Verstößen gegen das Mitwirkungsverbot gemäß § 3 Abs. 1 S. 1 Nr. 4 BeurkG oder wegen Vorbefassung gemäß § 3 Abs. 1 S. 1 Nr. 7 BeurkG wird man einen groben Verstoß iSd § 50 Abs. 1 Nr. 9 BNotO bejahen müssen. Allerdings kommt wegen der zu beachtenden Verfassungsgrundsätze – insbesondere die durch Art. 12 Abs. 1 GG geschützte Berufsfreiheit und das Verhältnismäßigkeitsgebot – eine Amtsenthebung gemäß § 50 Abs. 1 Nr. 9 BNotO erst in Betracht, wenn nach einer Gesamtbewertung der Pflichtverletzungen die Entfernung aus dem Amt notwendig ist, um den mit den Mitwirkungsverboten des § 3 Abs. 1 BeurkG verfolgten Zweck zu erreichen.[143] In dem von dem BGH entschiedenen Fall hatte der Notar in fünf Fällen evident gegen das Mitwirkungsverbot wegen anwaltlicher Vorbefassung verstoßen.

IX. Anwaltliches Tätigkeitsverbot nach vorausgegangener notarieller Tätigkeit

128 **1. Fortdauernde Neutralitätspflicht.** Die in § 14 Abs. 1 S. 2 BNotO angeordnete strikte Unparteilichkeit endet nicht mit Beendigung der Amtstätigkeit, sondern wirkt fort. Ein Anwaltsnotar, der in einer Angelegenheit als Notar tätig war, darf nicht im Anschluss daran in derselben Angelegenheit ein anwaltliches Mandat übernehmen. Das gilt auch dann, wenn das Notaramt als solches zB wegen Erreichens der Altersgrenze nicht mehr ausgeübt wird. Die notarielle Neutralitätspflicht findet ihre Konkretisierung im anwaltlichen Berufsrecht:

---

[140] *Mihm* DNotZ 1999, 8 (24); differenzierend Eylmann/Vaasen/*Miermeister/de Buhr* BeurkG § 3 Rn. 69.
[141] LG Arnsberg 25. 5. 1999 – 2 T 1/99.
[142] Vgl. hierzu eingehend *Custodis* RNotZ 2005, 35.
[143] BGH NJW 2004, 1954.

2. § 45 Abs. 1 Nr. 1 BRAO – notarielle Vorbefassung. Gemäß § 45 Abs. 1 Nr. 1 **129**
BRAO unterliegt der Rechtsanwalt einem anwaltlichen Tätigkeitsverbot, wenn er in derselben Rechtssache bereits als Notar, Notarvertreter oder Notariatsverwalter tätig geworden ist. Es muss sich nicht um eine Urkundstätigkeit gehandelt haben, sondern es genügt jede notarielle Amtstätigkeit iSd §§ 21–24 BNotO einschließlich Entwurfstätigkeit.[144] Das Tätigkeitsverbot greift auch dann ein, wenn ein Interessenkonflikt tatsächlich nicht besteht.[145]

Dieselbe Rechtssache iSd § 45 Abs. 1 Nr. 1 BRAO liegt bereits dann vor, wenn der **130** historische Vorgang, der dem notariellen Amtsgeschäft einerseits und dem anwaltlichen Auftrag andererseits zugrunde liegt, zumindest teilweise identisch ist. Es ist daher jeweils zu prüfen, ob eine Identität der **Lebenssachverhalte** bejaht werden muss.[146] Allerdings ist es nach der Rechtsprechung des BGH[147] erforderlich, „dass die vorangegangene notarielle Tätigkeit und der insoweit anvertraute Verfahrensstoff in dem neuen Auftragsverhältnis eine rechtliche Bedeutung erlangen kann".

Verstöße gegen das anwaltliche Tätigkeitsverbot wegen notarieller Vorbefassung kön- **131** nen insbesondere in familienrechtlichen Verfahren, aber auch im Bereich des Erbrechts vorkommen. Ein Notar, der eine **Scheidungsfolgenvereinbarung** beurkundet hat, darf im Anschluss daran nicht das anwaltliche Mandat für einen der Beteiligten in dem familienrechtlichen Verfahren übernehmen. Dies gilt auch dann, wenn das familienrechtliche Verfahren „einseitig" in der Weise bleiben soll, dass nur einer der Ehegatten einen Rechtsanwalt bestellt. Gleiches gilt in der Regel nach der Beurkundung eines Ehevertrages. Der gemeinsam durch die Ehegatten geäußerte Wunsch, der Anwaltsnotar möge das familienrechtliche Mandat trotz der Beurkundung übernehmen, ist unbeachtlich.

Gelegentlich ist die Frage zu beantworten, ob die anwaltliche Vertretung eines schei- **132** dungswilligen Ehepartners übernommen werden darf, obwohl der Rechtsanwalt zuvor als Notar ein **Ehegattentestament** oder einen Erbvertrag beurkundet hat. Die Übernahme des anwaltlichen Mandates in diesen Fällen ist problematisch: Die wechselseitigen oder gemeinsamen letztwilligen Verfügungen bleiben bis zur Rechtshängigkeit des Scheidungsantrags wirksam. Hierüber zu belehren und ggf. den Widerruf der letztwilligen Verfügungen zu empfehlen, dürfte zur anwaltlichen Beratungspflicht gehören, so dass das anwaltliche Tätigkeitsverbot eingreifen dürfte.

Auch die **Entwurfstätigkeit** ist Amtswahrnehmung, die ein Tätigkeitsverbot auslösen **133** kann. Dabei ist es unerheblich, wem der Entwurf zur Kenntnis gelangt. Selbst wenn nur der Auftraggeber, nicht aber auch die in Aussicht genommenen übrigen Vertragsbeteiligten den Entwurf kennen, darf der Anwaltsnotar kein anwaltliches Mandat in der Angelegenheit mehr übernehmen.

Anwaltliche Mandate werden in der Regel **sämtlichen Angehörigen** einer Berufsaus- **134** übungsgemeinschaft übertragen.[148] Die Übernahme eines anwaltlichen Mandates durch den Sozius des Anwaltsnotars unter Verstoß gegen die dargestellten Grundsätze führt somit unmittelbar zu einer Amtspflichtverletzung in der Person des Notars. Wegen der Erstreckung des anwaltlichen Tätigkeitsverbotes auf alle Mitglieder der Berufsausübungsgemeinschaft (§ 45 Abs. 3 BNotO) muss vor der Annahme eines anwaltlichen Mandats eine Kollisionskontrolle stattfinden, die auch alle notariellen Angelegenheiten erfassen muss. Ein Notar, der die Installation einer solchen Kollisionskontrolle versäumt, verstößt gegen die Amtspflichten aus § 14 Abs. 1 S. 2 BNotO und gegen das anwaltliche Berufsrecht,[149]

---

[144] Feuerich/Weyland/*Träger* BRAO § 45 Rn. 9.
[145] Feuerich/Weyland/*Träger* BRAO § 45 Rn. 7.
[146] Henssler/Prütting/*Henssler* BRAO § 45 Rn. 14 und § 43a Rn. 169ff.; Feuerich/Weyland/*Träger* BRAO § 45 Rn. 8.
[147] NJW-RR 2013, 622.
[148] *Grunewald* AnwBl 2005, 437 (441).
[149] Feuerich/Weyland/*Träger* BRAO § 45 Rn. 40; Henssler/Prütting/*Kilian* BRAO § 45 Rn. 47.

das Übergewicht iSv § 110 Abs. 1 BNotO kommt dem Verstoß gegen die notarielle Amtspflicht zu (→ Rn. 141).

135   Ob ein Anwaltsnotar, der einen Erbscheinsantrag beurkundet hat, danach für sämtliche Rechtsstreitigkeiten, die sich aus dem Erbgang ergeben, als Rechtsanwalt gesperrt ist, erscheint zweifelhaft. Die Abwehr von Pflichtteilsansprüchen im Auftrag des Erben dürfte zulässig sein, denn der Erbscheinsantrag erlangt insoweit keine rechtliche Bedeutung (die Enterbung erfolgte durch letztwillige Verfügung, nicht durch den Erbscheinsantrag). Verboten dürfte es dem Anwaltsnotar aber sein, nach Beurkundung des Erbscheinsantrags als Rechtsanwalt den Antrag eines Erbprätendenten auf Erteilung eines anders lautenden Erbscheins abzuwehren (dazu auch → Rn. 49).

136   **3. § 45 Abs. 1 Nr. 2 BRAO – Streit über Bestand oder Auslegung einer Urkunde.**
§ 45 Abs. 1 Nr. 2 BRAO ordnet ein anwaltliches Tätigkeitsverbot an, wenn der Rechtsanwalt als Notar, Notarvertreter oder Notariatsverwalter eine Urkunde aufgenommen hat und deren Rechtsbestand oder Auslegung streitig ist oder die Vollstreckung aus ihr betrieben wird.

137   **4. Persönlicher Anwendungsbereich.** Die anwaltlichen Tätigkeitsverbote gelten gemäß § 45 Abs. 3 BRAO auch für die mit dem Rechtsanwalt in Sozietät oder in sonstiger Weise zur gemeinschaftlichen Berufsausübung verbundenen oder verbunden gewesenen Rechtsanwälte und Angehörige anderer Berufe. Das anwaltliche Tätigkeitsverbot bleibt somit auch nach **Auflösung** einer Berufsausübungs- oder Bürogemeinschaft bestehen. Der ausscheidende Rechtsanwalt hat die Tätigkeitsverbote wegen notarieller Vorbefassung durch seinen ehemaligen Sozius zeitlich unbeschränkt zu beachten. So unterliegt er dem Tätigkeitsverbot, wenn es für die Entscheidung eines Rechtsstreits auf die Auslegung einer Urkunde ankommt, die sein ehemaliger Sozius Jahre zuvor beurkundet hat.

138   Streitig war, ob ein **Sozietätswechsler** die Mitglieder der ihn aufnehmenden Berufsausübungsgemeinschaft mit dem anwaltlichen Tätigkeitsverbot aus allen Mandaten der abgebenden Berufsausübungsgemeinschaft „infiziert". Nachdem der BGH diese Frage bejaht hatte,[150] hat das BVerfG durch Beschluss vomm 3. 7. 2003[151] die Auffassung des BGH verworfen. Abzustellen sei darauf, ob der Sozietätswechsler selbst ein Mandat bearbeitet hat oder nicht und ob die Mandanten mit der Weiterführung des Mandats einverstanden sind.

139   Ein Rechtsanwalt, der in eine Berufsausübungsgemeinschaft **eintritt,** nachdem der Anwaltsnotar sie verlassen hat, braucht anwaltliche Tätigkeitsverbote in Bezug auf die Angelegenheiten des ausgeschiedenen Notars nicht zu beachten, weil er nicht in den Anwendungsbereich des § 45 Abs. 3 BRAO fällt. „Infiziert" bleiben aber die Rechtsanwälte, die zuvor mit dem ausgeschiedenen Notar und nun mit dem neu eingetretenen Rechtsanwalt die Berufsausübungsgemeinschaft bilden. Da in der Regel alle Rechtsanwälte Mandatsträger sind (→ Rn. 134), wird der hinzugekommene Anwalt in der Regel faktisch durch die „Altsozii" infiziert.

140   **5. Folgen des Verstoßes gegen ein Tätigkeitsverbot.** Ein unter Verletzung der notariellen Neutralitätspflicht und unter Verstoß gegen das anwaltliche Tätigkeitsverbot abgeschlossener Anwaltsvertrag ist wegen Verstoßes gegen ein gesetzliches Verbot gemäß § 134 BGB **nichtig.**[152] Deshalb erwachsen dem Anwaltsnotar aus einem solchen anwaltlichen Mandat keine Gebührenansprüche.[153] Ebenfalls nichtig dürften die dem Rechtsanwalt erteilte **Prozessvollmacht** und die daraufhin vorgenommenen Rechtshandlungen sein.[154]

---

[150] NJW 2001, 82.
[151] NJW 2003, 2520.
[152] BGH NJW 2011, 373.
[153] Arndt/Lerch/Sandkühler/*Sandkühler* BNotO § 16 Rn. 113.
[154] OLG Hamm 8. 2. 2013 – 16 U 54/12; Arndt/Lerch/Sandkühler/*Sandkühler* BNotO § 16 Rn. 113.

Das Gericht kann einen Prozessvertreter, der einem Tätigkeitsverbot unterliegt, **zurück-weisen.**[155]

Nach Auffassung des BGH[156] sind Verstöße eines Anwaltsnotars gegen die die notarielle 141 Neutralitätspflicht konkretisierenden Tätigkeitsverbote des § 45 BRAO gemäß § 110 Abs. 1 BNotO im anwaltsgerichtlichen Verfahren für Rechtsanwälte zu ahnden, da der gleichzeitig verwirkte Verstoß gegen die Pflicht zur notarielle Unparteilichkeit kein Übergewicht zukomme. Die knapp begründete Entscheidung überzeugt nicht. Sie verkennt, dass die nachwirkende Neutralitätspflicht gerade im Anwaltsnotariat von prägender Bedeutung ist.

Die Ausübung beider Berufe durch einen Berufsträger lässt sich nur dadurch rechtferti- 142 gen, dass das rechtsuchende Publikum sich auf die strikte Neutralität als Wesensmerkmal des Notaramtes verlassen kann. Die Erfahrung zeigt, dass die Einhaltung der nachwirkenden Neutralitätspflicht deutlich größere Probleme aufwirft als die Einhaltung des Mitwirkungsverbotes wegen anwaltlicher Vorbefassung. Das liegt unter anderem darin begründet, dass Rechtsanwälte vor der Annahme eines Mandats nicht verpflichtet sind, ähnliche Maßnahmen zu ergreifen, wie sie in § 28 BNotO geregelt sind. Insbesondere müssen sie weder die Verzeichnisse des Notars einsehen noch die Auftraggeber nach einer eventuellen notariellen Vorbefassung befragen. Es obliegt daher dem Notar als eigene Amtspflicht für Strukturen Sorge zu tragen, die Verstöße gegen die anwaltlichen Tätigkeitsverbote wegen notarieller Vorbefassung gemäß § 45 BRAO zu verhindern. Versagen diese Mechanismen, verstößt der Notar – persönlich oder als Teil einer Berufsausübungsgemeinschaft – nicht nur gegen das anwaltliche Tätigkeitsverbot, sondern zugleich auch gegen seine Organisationspflicht. Darin liegt das Übergewicht des notariellen Pflichtenverstoßes begründet.

Versagen indes nicht nur die Organisationsstrukturen, sondern setzt sich der Anwalts- 143 notar bewusst über seine Pflicht zur nachwirkenden Neutralität hinweg, zB um einen ständigen Mandanten zufrieden zu stellen, dokumentiert er dadurch seine fehlende Eignung für das Notaramt; es überwiegt erst recht der notarielle Pflichtenverstoß.

I. Werbeverhalten, Auftreten in der Öffentlichkeit

Wie alle Notare unterliegen auch Anwaltsnotare dem in § 29 Abs. 1 BNotO normierten 144 Verbot einer dem öffentlichen Amt widersprechenden Werbung. Es handelt sich um ein **eingeschränktes Werbeverbot,**[157] das die von der Logo-Entscheidung des BVerfG[158] vorgegebenen Leitlinien übernommen hat.[159] Eine mit dem Notaramt vereinbare Werbung ist dem Notar erlaubt; sie ist Ausdruck seiner durch Art. 12 GG geschützten Freiheit der Berufsausübung. Verfassungsrechtliche Bedenken dagegen, dass der Notar als Träger eines öffentlichen Amtes strengeren Maßstäben bei der Bestimmung berufswidriger Werbung unterliegt als der Rechtsanwalt, bestehen nicht. Denn das Verbot berufswidriger Werbung dient der Sicherung der unabhängigen und unparteilichen Amtsausübung.[160]

Beschränkungen des Rechts zur Werbung sind Beschränkungen der Berufsausübungs- 145 freiheit und müssen sich daher an Art. 12 GG messen lassen. Mehr noch als ein zur hauptberuflichen Amtsausübung bestellter Notar ist ein Anwaltsnotar, der sein Amt in freiberuflichen Strukturen im Wettbewerb mit einer großen Anzahl anderer Anwaltsnotare ausübt, darauf angewiesen, dem rechtsuchenden Publikum seine notariellen Dienstleistungen bekannt zu machen. Hierauf ist bei der Unterscheidung zwischen amtswidriger

---

[155] OLG Hamm DNotZ 1989, 632 (634).
[156] NJW-RR 2013, 622.
[157] Vgl. hierzu Kilian/Sandkühler/vom Stein/ *Sandkühler* § 8 Rn. 1 ff.
[158] DNotZ 1998, 69 mAnm *Schippel.*
[159] Eylmann/Vaasen/ *Miermeister/de Buhr* BNotO § 29 Rn. 2 f.
[160] BVerfG DNotZ 1998, 69 (71); BGH NJW 2004, 2974; Arndt/Lerch/Sandkühler/ *Sandkühler* BNotO § 29 Rn. 7; *Kleine-Cosack* AnwBl 2004, 601; *ders.* Werberecht Rn. 466.

und erlaubter Werbung gemäß § 29 Abs. 1 BNotO Rücksicht zu nehmen.[161] Da sich die Werbung immer an Dritte richtet, verfolgt die Statuierung von Verhaltensmaßregeln im Bereich der Werbung das Ziel, einer Verfälschung des Berufsbildes vorzubeugen. Bei der Anwendung des eingeschränkten Werbeverbotes für Notare und der dieses Verbot konkretisierenden Richtlinien der Notarkammern ist mithin vor allem auf den Empfängerhorizont der **Rechtsuchenden** abzustellen.

146   Die Werbung eines Notars ist dann amtswidrig, wenn sie geeignet ist, bei dem Adressaten **Fehlvorstellungen** über das Notaramt und die Pflichten des Notars sowie die Rechte der Beteiligten zu erzeugen.[162] Es begegnet freilich keinen Bedenken, wenn ein Anwaltsnotar zu besonderen Ereignissen in seine Geschäftsstelle einlädt, in für alle Notare zugänglichen Verzeichnissen gestaltete Einträge in Auftrag gibt, Anzeigen in Fachzeitschriften zB für Landwirte schaltet, Tage der offenen Tür veranstaltet oder sich als Sponsor für wohltätige Zwecke einsetzt. Ebenfalls zulässig sind Praxisbroschüren und Internetpräsenzen[163] oder Rundscheiben an Auftraggeber zB aus Anlass von Gesetzesänderungen oder einer neuen gerichtlichen Entscheidung. Auch darf der Notar seine Kontaktdaten in einem Telefonverzeichnis veröffentlichen lassen, das seinen Amtsbereich nicht betrifft.[164] Bei allem hat der Notar darauf zu achten, dass das Notaramt als öffentliches Amt erkennbar bleibt und nicht von den wirtschaftlichen Interessen des Notars überlagert wird. Zweifel an der Unabhängigkeit, Unparteilichkeit und Pflichtentreue des Notars sowie an der dem Amt geschuldeten Zurückhaltung dürfen nicht entstehen.

147   Vor diesem Hintergrund betreibt ein Notar zB **amtswidrige Werbung,** wenn er ein Amts- und Namensschild in den Räumen eines Kreditinstituts aufstellt und/oder den Zugang zu seiner Geschäftsstelle durch die Räume eines Kreditinstituts ermöglicht. Mit der gebotenen Zurückhaltung nicht zu vereinbaren ist es, wenn ein Notar mannshohe Kanzleischilder verwendet und dies noch in einer Zahl, die für die Orientierung der Rechtssuchenden vor Ort nicht erforderlich ist.[165] Unzulässig ist nach der Rechtsprechung des BGH[166] die Verwendung der Bezeichnung „Notariat" oder ähnlicher Bezeichnungen (→ Rn. 11). Amtswidrig verhält sich ein Anwaltsnotar, der den Eindruck erweckt, er übe das Notaramt hauptberuflich aus.[167]

148   § 29 Abs. 1 BNotO erhält seine Konturen auch durch die **Richtlinien** der Notarkammern gemäß § 67 Abs. 2 BNotO.[168] In den Beratungen der Richtlinienempfehlungen der Bundesnotarkammer hat sich gezeigt, dass zwischen den einzelnen Notarkammern auch im Bereich des Anwaltsnotariats Meinungsunterschiede zur Reichweite eines erlaubten öffentlichkeitswirksamen Verhaltens von Notaren bestehen, denn häufig spielen regionale Besonderheiten eine Rolle. Davon abgesehen haben alle Notarkammern die wesentlichen Regelungen aus Abschnitt VII der Richtlinienempfehlungen der BNotK übernommen.[169]

149   Die unterschiedlichen Auffassungen zur Reichweite des Anwaltsnotaren erlaubten öffentlichkeitswirksamen Verhaltens resultieren auch aus dem **Spannungsverhältnis** zwischen dem liberalisierten anwaltlichen Werberecht und dem eingeschränkten notariellen Werbeverbot. Grundsätzlich geht das strengere Berufsrecht der Notare vor. Deshalb bestimmt § 29 Abs. 2 BNotO ausdrücklich, dass eine dem Notar in Ausübung seiner Tätigkeit nach § 8 BNotO erlaubte Werbung sich nicht auf seine Tätigkeit als Notar beziehen darf. Nach dem anwaltlichen Berufsrecht zulässige Werbemaßnahmen dürfen somit nicht

---

[161] Kilian/Sandkühler/vom Stein/*Sandkühler* § 8 Rn. 6 ff.
[162] Vgl. *Jaeger* ZNotP 2001, 2.
[163] Vgl. zur Internetpräsenz von Notaren *Fabis* DNotZ 2001, 85; Rundschreiben der BNotK Nr. 21/2000, abzurufen unter www.bnotk.de.
[164] BVerfG DNotZ 2006, 226.
[165] BGH NJW-RR 2002, 58.
[166] BGH NJW 2018, 191 mAnm *Görk.*
[167] BGH NJW 2018, 191 mAnm *Görk.*
[168] Kritisch *Kleine-Cosack* AnwBl 2004, 601 (605); *ders.* Werberecht Rn. 483 ff.
[169] Vgl. zu diesen Richtlinien Arndt/Lerch/Sandkühler/*Sandkühler* BNotO § 29 Rn. 11 ff. und Eylmann/ Vaasen/*Miermeister/de Buhr* RL-E VII passim, jeweils mit zahlreichen praktischen Hinweisen.

auf das Notaramt ausstrahlen. Anwaltsnotare sind in Zweifelsfällen gut beraten, bei Werbemaßnahmen im Bereich der anwaltlichen Berufsausübung auf die Verwendung der Amtsbezeichnung zu verzichten.

Für **mehrgliedrige Berufsverbindungen** bestimmt § 29 Abs. 3 S. 1 BNotO, dass ein 150 Anwaltsnotar, der sich nach § 9 Abs. 2 BNotO mit nicht an seinem Amtssitz tätigen Personen verbunden hat oder der weitere Kanzleien oder Zweigstellen unterhält, auf Geschäftspapieren, in Verzeichnissen, in der Werbung und auf nicht an einer Geschäftsstelle befindlichen Geschäftsschildern seine Amtsbezeichnung als Notar nur unter Hinweis auf seinen **Amtssitz** angeben darf. Der Hinweis muss der Amtsbezeichnung unmittelbar nachfolgen, ihr im Erscheinungsbild entsprechen und das Wort „Amtssitz" enthalten. Das gilt nicht, soweit die Geschäftspapiere, die Verzeichnisse oder die Werbung keinen Hinweis auf die Verbindung nach § 9 Abs. 2 BNotO oder weitere Kanzleien oder Zweigstellen enthalten.

J. Notariatsverwaltung und Aktenverwahrung

Scheidet ein Anwaltsnotar aus dem Notaramt aus, so kann gemäß § 56 Abs. 2 BNotO an 151 seiner Stelle zur Abwicklung der laufenden Notariatsgeschäfte bis zur Dauer eines Jahres ein Notariatsverwalter bestellt werden. Die **Jahresfrist** kann in begründeten Ausnahmefällen verlängert werden. Dies ist anzunehmen, wenn noch nicht alle laufenden Notariatsgeschäfte abgewickelt sind und die weitere Abwicklung durch einen anderen Notar, der die Urkunden, Akten und Bücher in Verwahrung nimmt, nicht in Betracht kommt. Zu erwägen ist die Fortführung der Notariatsverwaltung über die Jahresfrist hinaus zudem immer dann, wenn noch Verwahrungsgeschäfte abzuwickeln sind.

Die Übernahme eines Notariatsverwalters stellt **keine Betriebsübernahme** iSd § 613a 152 BGB dar. Der Notariatsverwalter übernimmt somit nicht die Verantwortung für das Personal des ausgeschiedenen Notars.[170]

Innerhalb der ersten drei Monate nach seiner Bestellung darf der Notariatsverwalter ge- 153 mäß § 56 Abs. 2 S. 3 BNotO neue Notariatsgeschäfte vornehmen. Die Drei-Monats-Frist beginnt erst mit der Bestellung zum Notariatsverwalter durch Aushändigung der Bestallungsurkunde, nicht aber schon mit dem Erlöschen des zu verwaltenden Notaramtes.[171] Neu ist ein Notariatsgeschäft dann, wenn – bezogen auf den Lebenssachverhalt – bisher kein Verfahrensverhältnis zu den Urkundsbeteiligten bestand.[172] Die Pflicht zur Einhaltung der Dreimonatsfrist ist eine berufsrechtliche; ein Verstoß berührt nicht die Wirksamkeit des Amtsgeschäfts.[173]

Die Bestellung eines **Nur-Rechtsanwalts** nach einer gewissen Zeit der anwaltlichen 154 Zulassung (im Bezirk des OLG Hamm mindestens ein Jahr) zum Notariatsverwalter ist im Bereich des Anwaltsnotariats üblich, denn auch die Verwaltung dient der Vorbereitung auf das Notaramt. Daraus folgt, dass der Rechtsanwalt den Nachweis der fachlichen Eignung iSd § 6 BNotO nicht zu erbringen braucht. Gemäß § 56 Abs. 2 S. 4 BNotO kann der durch die Rechtsanwaltskammer bestellte Abwickler der Anwaltskanzlei zugleich zum Notariatsverwalter bestellt werden. Empfehlenswert ist die Vereinigung der Kanzleiabwicklung mit der Notariatsverwaltung in einer Hand freilich nicht, weil Interessenkonflikte und Qualitätsprobleme nicht auszuschließen sind.

Nach § 57 Abs. 1 BNotO untersteht der Notariatsverwalter den für die Notare gelten- 155 den Vorschriften. Seine Bestellung erfolgt in der Regel durch den Präsidenten des OLG durch Aushändigung einer Urkunde und Abnahme des Amtseides (§ 57 Abs. 2 BNotO). Gemäß § 58 Abs. 2 BNotO führt der Notariatsverwalter die von dem ausgeschiedenen

---

[170] LAG Köln ZNotP 1999, 170 für die Übernahme einer Amtsstelle durch einen neu ernannten Notar.
[171] Eylmann/Vaasen/*Wilke* BNotO § 56 Rn. 33; Schippel/Bracker/*Bracker* BNotO § 56 Rn. 5.
[172] Eylmann/Vaasen/*Wilke* BNotO § 56 Rn. 33.
[173] Vgl. LG Dortmund 26. 11. 2003 – 9 T 905/03; KammerReport der Notarkammer Hamm Heft 1/2004.

Notar begonnenen Amtsgeschäfte fort. Die **Kostenforderungen** stehen ihm zu, soweit sie nach Übernahme der Amtsgeschäfte durch ihn gemäß § 10 GNotKG fällig werden; durch den Amtsvorgänger vereinnahmte Vorschüsse muss sich der Verwalter anrechnen lassen. Gebühren, die durch Amtshandlungen des Amtsvorgängers fällig geworden sind, stehen gemäß § 58 Abs. 3 BNotO diesem oder dessen Rechtsnachfolgern zu.

156   Der Notariatsverwalter führt sein Amt auf Rechnung und auf Kosten der **Notarkammer** gegen eine von der Kammer festzusetzende angemessene Vergütung. Regelmäßig haben die Notarkammern mittlerweile Vergütungsrichtlinien gemäß § 59 Abs. 3 BNotO erlassen. Für Amtspflichtverletzungen des Notariatsverwalters haften gemäß § 61 Abs. 1 BNotO die Notarkammer und der Notariatsverwalter gesamtschuldnerisch. Die Notarkammer unterhält gemäß § 61 Abs. 2 BNotO eine **Haftpflichtversicherung** für sich und die Notariatsverwalter in ihrem Bezirk. Die dem Notariatsverwalter zustehenden Kostenforderungen werden nach der Beendigung seines Amtes – in der Regel durch Zeitablauf – von den Notarkammern gemäß § 64 Abs. 4 BNotO im eigenen Namen eingezogen.

157   In geeigneten Fällen kann statt der Einrichtung einer Notariatsverwaltung ein Notar gemäß § 51 Abs. 1 BNotO mit der **Verwahrung** der Urkunden, Bücher und Akten des ausgeschiedenen Notars beauftragt werden (dazu näher → Rn. 21). Als Amtsnachfolger wickelt der verwahrende Notar die verbliebenen Amtsgeschäfte des ehemaligen Notars im eigenen Namen und auf eigene Rechnung ab.

§ 34. Amtsführung und Büro

Übersicht

Schrifttum:
Handbücher und Monographien: *Bettendorf,* Berufsrecht und EDV-Einsatz, in: Bettendorf (Hrsg.), EDV und Internet in der notariellen Praxis, 2002; *ders.,* Elektronischer Rechtsverkehr, in: Erber-Faller (Hrsg.), Elektronischer Rechtsverkehr, 2000; *Blaeschke,* Praxishandbuch Notarprüfung, 2010; *Kilian/Sandkühler/vom Stein* (Hrsg.), Praxishandbuch Notarrecht, 3. Aufl. 2018; *Koreng/Lachenmann* (Hrsg.), Formularhandbuch Datenschutzrecht, 2. Aufl. 2018; *Langenbach* (Hrsg.), Elektronische Signaturen, 2002; *Lüke/Püls* (Hrsg.), Der elektronische Rechtsverkehr in der notariellen Praxis, 2. Dresdner Forum zum Notarrecht, 2009; *dies.* (Hrsg.), E-Justiz: Notare als Mittler und Motoren im elektronischen Rechtsverkehr, 3. Dresdner Forum zum Notarrecht, 2011 (weitere Tagungsberichte http://www.notarkammer-sachsen.de/veranstaltungen/dresd ner-forum-fuer-notarrecht); *Püls,* EDV-Einsatz im Notariat, in: Bettendorf (Hrsg.), EDV und Internet in der notariellen Praxis, 2002; *Weingärtner/Gassen/Sommerfeldt,* Dienstordnung für Notarinnen und Notare, 12. Aufl. 2013.
Aufsätze: *Bettendorf,* Die Neufassung der Dienstordnung, Sonderheft zu RNotZ Heft 10/2001; *ders.,* Elektronische Dokumente und Formqualität, RNotZ 2005, 277; *Bettendorf/Apfelbaum,* Elektronischer Rechtsverkehr und das Berufsrecht des Notars – Änderungen der Richtlinienempfehlungen der Bundesnotarkammer und der Dienstordnung für Notarinnen und Notare, DNotZ 2008, 19; *BNotK,* Höchstpersönliche Verwendung von Signaturkarten, DNotZ 2008, 161; *Büttner,* Anforderungen an moderne EDV-Programme im Notariat, BWNotZ 2001, 97; *Damm,* Die Digitalisierung des Notariats, DNotZ 2017, 426; *Flache,* Die Apokalypse der notariellen Welt findet nicht statt – Ein kritischer Blick auf die Anforderungen der Datenschutz-Grundverordnung im Notariat, Teil 1, notar 2018, 343; Teil 2, notar 2018, 383; *Frohn/Primaczenko,* Das besondere elektronische Notarpostfach (beN), notar 2017, 329; *Hansen/Meins,* Digitale Identitäten – Überblick und aktuelle Trends, Identity-Lifecycle, Authentisierung und Identitätsmanagement, DuD 2006, 543; *Heinze,* Notariatsverwaltung und Aktenverwahrung, notar 2018, 27; *Klingler,* Datenschutz im Notariat, RNotZ 2013, 57; *Masuch,* Die neue elektronische Rechnungsstellung, DB 2012, 1540; *Mayer,* Steuerliche Fragen bei der Übernahme von Notarstellen, MittBayNot 2000, 504; *Mielke,* Verraten und verkauft? Fehlgeleitete E-Mail und Geheimhaltung, c't 2008, 180; *Püls,* Die digitale Verschwiegenheitspflicht: Datenschutz und Datensicherheit im Notariat, DNotZ Sonderheft Notartag 2012, 120; *ders.,* Elektronischer Rechtsverkehr in der notariellen Praxis, notar 2011, 75; *ders.,* Signatur statt Siegel? – Notarielle Leistungen im elektronischen Rechtsverkehr, DNotZ Sonderheft Notartag 2012, 168; *Püls/Gerlach,* Die eIDAS-VO – ein Update zu elektronischen Signaturen, NotBZ 2019, 85; *Roßnagel,* Die digitale notarielle Form, DNotZ-Sonderheft 2016, 142; *Schervier,* Wissensmanagement im Notariat, MittBayNot 2003, 442; *Wagner/Richter,* Datenschutz im Notariat, NotBZ 2017,446.
Sonstiges: Internetseite der BNotK (www.elrv.info).

A. Grundsätzliches

I. Rechtsgrundlagen, Stellung des Notars

Mit Verabschiedung des Gesetzes zur Neuordnung der Aufbewahrung von Notariatsunterlagen und zur Einrichtung des Elektronischen Urkundenarchivs bei der Bundesnotarkammer[1] sind bereits einige Normen des notariellen Berufsrecht aus der Dienstordnung („DONot") in die Bundesnotarordnung und das Beurkundungsrecht integriert worden,[2] weitere Vorschriften werden erst mit Einführung der ersten Stufe des Urkundenarchiv-Gesetzes in der Bundesnotarordnung bzw. den zu erlassenden Ausführungsverordnungen geregelt.[3] In den nachfolgenden Ausführungen wird gleichwohl im Zusammenhang auf die dann geltende Rechtslage hingewiesen. Die Ausführungen nehmen Bezug auf den Text der **bundeseinheitlichen Dienstordnung,** im Folgenden auch nur „Dienst- 1

---

[1] Gesetz v. 1.6.2017 (BGBl. I 1396), nachfolgend auch kurz URAG.
[2] Vgl. zB § 33 BNotO (zuvor § 2a DONot), zum Ganzen *Damm* DNotZ 2017, 426.
[3] Vgl. zB §§ 35, 36 BNotO-2020 und https://urkundenarchiv.bnotk.de/.

ordnung" oder „DONot", die in allen Bundesländern mit nur geringen Abweichungen gelten (die jeweils aktuelle Fassung ist abrufbar unter www.bnotk.de > Notar > Berufsrecht). Soweit in den Bundesländern Abweichungen bestehen, wird darauf eingegangen, wenn es für das Normverständnis und die praktische Handhabung hilfreich ist. Allerdings wird auf die konkrete Ausgestaltung der dienstordnungsrechtlichen Vorschriften durch die Landesjustizverwaltung hingewiesen und die Hinzuziehung der aktuellen landesrechtlichen Fassung empfohlen. Das BVerfG hat im Jahr 2012 die Zulässigkeit solcher dienstrechtlicher Regelungen ausdrücklich für zulässig erklärt.[4]

2   Weitere Regelungen, die für die Organisation des Büros und der Verfahrensabläufe grundlegend sind, finden sich in Gesetzen (BeurkG, BNotO, GwG, TKG/TMG, EU-DS-GVO und Bundes- bzw. LandesDSG), aber auch in den Richtlinien der Notarkammern (vgl. RL-Empfehlungen der BNotK),[5] sowie in Empfehlungen und Handlungsanweisungen der BNotK.

II. Datenschutz im Notariat

3   **1. Verschwiegenheitspflicht, externe Dienstleister.** Der Notar hat das informationelle Selbstbestimmungsrecht eines Urkundsbeteiligten zu beachten. Schon weit vor Inkrafttreten der EU-DS-GVO[6] und der bis vor deren Verabschiedung geltenden Landesdatenschutzgesetze hat dieses Grundrecht in den datenschutzrechtlichen Bestimmungen der Bundesnotarordnung, des Beurkundungsgesetzes und der Dienstordnung und insbesondere in der notariellen Verschwiegenheitspflicht (§ 18 BNotO) seinen Niederschlag gefunden.[7] Die Bedeutung der Verschwiegenheitspflicht wird unter anderem in der strafrechtlichen Sanktion und des damit korrelierenden Zeugnisverweigerungsrechtes sowie in der Aufsicht, die nur von Richtern auf Lebenszeit (§ 93 Abs. 3 S. 1 BNotO, § 32 Abs. 2 S. 1 DONot) durchgeführt werden darf, zum Ausdruck gebracht.

3a   Der Verpflichtung zur Verschwiegenheit korrelieren auch die berufsrechtlichen Pflichten aus §§ 26, 26a BNotO. War der Notar schon bisher gehalten, die von ihm beschäftigten Personen bei der Einstellung förmlich nach § 1 des Gesetzes über die förmliche Verpflichtung nichtbeamteter Personen (Verpflichtungsgesetz) zur Verschwiegenheit zu verpflichten, so wird durch die 2017 verabschiedete Neufassung klargestellt, dass die Vorschrift nur arbeitsvertraglich beschäftigte Mitarbeiter erfasst,[8] hier der Notar allerdings auch nach § 26 S. 4 BNotO eine Überwachungspflicht hat.[9] Den Mitarbeitern werden gemäß § 26 S. 5 BNotO Personen gleichgestellt, die im Rahmen einer berufsvorbereitenden Tätigkeit oder sonstigen Hilfstätigkeiten mitwirken, wobei für Referendare, Praktikanten und Notarassessoren wiederum eine Gegenausnahme besteht. Auch wenn also keine förmliche Verpflichtung mehr geboten ist, hat der Notar auf die Einhaltung der Verschwiegenheit hinzuwirken, § 26 S. 6 BNotO.

3b   Mit § 26a BNotO wurde eine Befugnisnorm für Notare geschaffen, um externe Dienstleistungen in Anspruch nehmen zu können, auch wenn der Dienstleister Zugang zu Tatsachen erhält, die der Geheimhaltungspflicht nach § 18 BNotO unterliegen. Das Muster einer derartigen Verschwiegenheitsvereinbarung könnte etwa wie folgt lauten:

---

[4] NJW 2012, 2639; kritisch im Vorfeld der Entscheidung SchlHA 2011, 393.
[5] http://www.bnotk.de/Bundesnotarkammer/Aufgaben-und-Taetigkeiten/Richtlinien.php und Übersicht der Kammerrichtlinien im Volltext.
[6] Verordnung (EU) 2016/679.
[7] *Püls* DNotZ 2012, 120.
[8] BT-Drs. 18/11936, 37.
[9] BT-Drs. 18/11936, 31 f.

Formulierungsbeispiel: Verschwiegenheitsvereinbarung mit Dienstleister 3c

zwischen

Notar/Notarin ***

– Notar –

und

***

– Dienstleister –

Der Notar hat den Dienstleister mit der Erbringung von Dienstleistungen im Sinne des § 26a BNotO im Zusammenhang mit *** *[jeweilige Tätigkeit des externen Dienstleisters anpassen, zB: Betreuer der Homepage; IT-Dienstleister und Betreuer; Notariatssoftware Hersteller und Betreuer; Notaranderkonto führende Banken; Buchbinder; Steuerberater des Notars; externe Reinigungskräfte; Unternehmen, welches die Kopierer betreut; Unternehmen, die die Aktenvernichtung im Notariat durchführen; Internet Provider-Dienste; Firma, die Alarmanlagen des Notars betreut]* betraut.

In Bezug auf die Inanspruchnahme der Dienstleistungen wird unter Umständen der Zugang zu Tatsachen eröffnet, auf die sich die Verpflichtung des Notars zur Verschwiegenheit nach § 18 BNotO bezieht.

Vor diesem Hintergrund treffen die Parteien folgende Verschwiegenheitsvereinbarung:

Der Dienstleister ist zur Verschwiegenheit über alle Tatsachen verpflichtet, die dem Notar bei Ausübung seines Amtes bekannt geworden sind und zu denen der Notar ihm den Zugang eröffnet hat. Dies gilt nicht für Tatsachen, die offenkundig sind oder ihrer Bedeutung nach keiner Geheimhaltung bedürfen. Er ist ferner verpflichtet, sich nur insoweit Kenntnis von fremden Geheimnissen zu verschaffen, als dies zur Vertragserfüllung erforderlich ist.

Der Dienstleister ist verpflichtet, von ihm beschäftigte Personen, die er zur Vertragserfüllung heranzieht, in schriftlicher Form zur Verschwiegenheit zu verpflichten.

Der Dienstleister ist befugt, weitere Personen zur Vertragserfüllung heranzuziehen. In diesem Fall ist der Dienstleister verpflichtet, auch diese Personen in schriftlicher Form zur Verschwiegenheit zu verpflichten, Art. 28 Abs. 3 lit. b EU-DS-GVO.

Auf die strafrechtlichen Folgen der Verletzung dieser Pflichten wurde hingewiesen, insbesondere auf §§ 203 und 204 Strafgesetzbuch. Dem Dienstleister ist bekannt, dass diese Strafvorschriften auch für ihn und seine Mitarbeiter gelten.

Die Vorschriften zum Schutz personenbezogener Daten bleiben hiervon unberührt.

Diese Vereinbarung geht in Bezug auf die Verschwiegenheitpflicht anderslautenden Bestimmungen in den Allgemeinen Geschäftsbedingungen des Dienstleisters vor.

Nachfolgende Verpflichtungen sind „Mindestmaßnahmen" zur Erfüllung dieses Garantieversprechens. Darüber hinaus gehende Maßnahmen, etwa technischer Art, die nur den Organisationsbereich der EDV-Firma betreffen, wird sie in eigener Verantwortung treffen. Weitere Maßnahmen, die auch den Organisationsbereich der Kammer betreffen, trifft die EDV-Firma nach Absprache mit dem Notar.

Die EDV-Firma ist verpflichtet, für sämtliche Mitarbeiter oder Auftragnehmer, die mit der Hard- und/oder Software des Notars in Berührung kommen/kommen können oder in sonstiger Weise von Daten des Notars Kenntnis erlangen könnten, in gleicher Weise die Verschwiegenheit zu gewährleisten.

Die EDV-Firma ist weiter verpflichtet, zur Installation, Wartung, Datenübertragung und Entsorgung von EDV-Anlagen

– nur vertraglich zur Verschwiegenheit verpflichtete Mitarbeiter einzusetzen und

– nach Erfüllung eines jeden Auftrags (bei Wartungsverträgen über längere Zeit nach jeder Wartungsarbeit) diejenigen Mitarbeiter bekanntzugeben, die mit den gespeicherten Informationen in Berührung gekommen sind.

Maßnahmen, die eine Einsichtnahme in Daten des Notars ermöglichen, sind sofort in einem **Protokoll** unter ergänzender Angabe von Datum, Uhrzeit und Name des durchführenden Mitarbeiters/Technikers detailliert aufzuzeichnen (logfile) und diese Aufzeichnungen je nach Art und Ort der Tätigkeit dem Notar unmittelbar und sofort auszuhändigen, per Post zu übersenden oder elektronisch zu übermitteln.

Ein Zugriff auf das EDV-System des Notars im Wege der **Fernwartung** bedarf stets der vorherigen Vereinbarung mit dem Notar. Soll eine Administrierung im Bereich des geschlossenen Netzes erfolgen, ist von der EDV-Firma darauf ausdrücklich hinzuweisen. Die Initiative zum Leitungsaufbau geht ausschließlich vom Notar aus. Insoweit besteht folgende technische Absicherung:

*** *[Beschreibung des technischen Verfahrens/Verschlüsselung/Zugangssicherung etc; ggf. gesondertes Blatt verwenden]*

Sollte eine **technische** Möglichkeit zur Initiative für den Zugriffsaufbau ausschließlich durch den Notar nicht gegeben sein, besteht Einigkeit darüber, dass ein Verbindungsaufbau nur nach ausdrücklicher Genehmigung durch den Notar erfolgen darf.

Im Falle der Zuwiderhandlung erfolgt eine zivil- und strafrechtliche Verfolgung.

Soweit es erforderlich ist, bestimmte Daten auf Datenträgern zwischenzuspeichern, hat die EDV-Firma sofort nach Abschluss der Arbeiten diese Datenträger physikalisch zu löschen oder diese Datenträger dem Notar auszuhändigen.

Ort, Datum   Ort, Datum
***, Notar   ***, Dienstleister

3d Zu den Details der Vorschriften finden sich umfangreiche Hinweise im BNotK-Rundschreiben Nr. 4/2018 vom 17. 4. 2018.[10] Soweit ein Dienstleister zugleich auch Auftragsbearbeitung durchführt, empfiehlt es sich, insbesondere bei Neuaufnahme entsprechender Vertragsbeziehungen, die entsprechende **Auftragsbearbeitung** gemäß EU-DS-GVO gleich einzubinden.

3e Mit Blick auf die besondere Verpflichtung zur Wahrung des Amtsgeheimnisses und der Verschwiegenheit gelten auch besondere Anforderungen, die der Notar im Falle einer **Durchsuchung**[11] und auch gegenüber Datenschutzbeauftragten[12] zu beachten hat. Insbesondere bei der Durchsuchung, Sicherstellung und **Beschlagnahme von Datenträgern** muss dem Verhältnismäßigkeitsgrundsatz in besonderer Weise Rechnung getragen werden. So ist der dauerhafte Zugriff auf den gesamten Datenbestand dann nicht verhältnismäßig, wenn die Sicherstellung nur der beweiserheblichen Daten auf eine die Beteiligten weniger belastende Weise erreicht werden kann. Die Änderung des § 160a StPO, die das Beweiserhebungs- und -verwertungsverbot bei Rechtsanwälten erweitert hat, gilt nicht für

---

[10] BNotK-Rundschreiben Nr. 4/2018 v. 17. 4. 2018, http://www.bnotk.de/3-1211/Rundschreiben/2018/2018_04.html.

[11] Vgl. BNotK-Runschreiben Nr. 15/1998 v. 22. 5. 1998; zu den Grenzen einer Durchsuchung im Lichte der Verhältnismäßigkeit vgl. BVerfG NJW 2012, 2096.

[12] Gegenüber den in § 203 Abs. 4 StGB genannten Personen bestehen die Untersuchungsbefugnisse der Aufsichtsbehörden gemäß Art. 58 EU-DS-GVO nicht, soweit die Inanspruchnahme der Befugnisse zu einem Verstoß gegen die Geheimhaltungspflichten dieser Personen führen würde, vgl. *Backu* DStR 2017, 2699 sowie zur alten Rechtslage, aber insoweit unverändert gültigen Grundpositionen, *Püls* in der Vorauflage.

Notare, bestimmte Verhaltensanweisungen sind aber übertragbar[13] und die vom Bundesverfassungsgericht angemahnte besondere Schutzbedürftigkeit des Vertrauensverhältnisses gilt für die Mandatsbeziehung bei Notaren entsprechend.[14]

An der **Verpflichtung der eigenen Mitarbeiter des Notars zur Verschwiegenheit** 3f hat sich nichts geändert. Auch wenn die bisher zum Teil geforderte zusätzliche Verpflichtung nach Landesdatenschutzgesetzen (vgl. dazu die Vorauflage) auf das Datengeheimnis weggefallen ist, ist eine gesonderte Verpflichtung nach EU-DS-GVO meines Erachtens entbehrlich.[15] Jedenfalls empfiehlt es sich für den Notar, die besonderen Aspekte des Datenschutzes in die Verpflichtungserklärung einzubeziehen und auch seiner Pflicht zur Unterrichtung der Mitarbeiter über die Belange der **Wahrung des Datengeheimnisses** nachzukommen. Gegebenenfalls wird in die übliche Verschwiegenheits-Verpflichtungserklärung folgende Passage mit aufgenommen:

Formulierungsbeispiel: Verpflichtung auf das Datengeheimnis 3g

(…) ♦

Ich wurde vom Notar über meine Pflichten im Umgang mit personenbezogenen Daten unterrichtet. Ich verpflichte mich, personenbezogene Daten vertraulich zu behandeln und ausschließlich im Rahmen der dienstlich gebotenen Verfahren zu verarbeiten und zu verwenden. Verstöße gegen meine Verpflichtung können nach Art. 83 der Datenschutz-Grundverordnung (DS-GVO), §§ 42 und 43 des Bundesdatenschutzgesetzes (BDSG) und anderen Gesetzen mit Geldbuße bis zu 20.000.000 EUR, Geld- oder Freiheitsstrafe geahndet werden. Eine Verletzung meiner Vertraulichkeitsverpflichtung kann zugleich eine Verletzung arbeitsvertraglicher Pflichten oder spezieller Geheimhaltungspflichten darstellen und beispielsweise zu Abmahnung, fristloser oder fristgerechter Kündigung und/oder Schadensersatzpflichten führen.

(…)

---

2. Datenschutz. Bereits vor Inkrafttreten der DS-GVO fielen die Notare grundsätzlich 4 in den Anwendungsbereich der Landesdatenschutzgesetze.[16] Der Schutz persönlicher Daten wird als wesentlicher Faktor für die Akzeptanz zukünftiger IKT-Anwendungen (→ Rn. 29 ff.) gesehen. In der Konsequenz muss sich der Anspruch auf den Schutz der Persönlichkeit und der persönlichen Daten noch stärker im gesellschaftlichen, politischen und individuellen Bewusstsein sowie in institutionellen Regelungen verankern. Dazu gehört es perspektivisch, auch netzbasierte Verfahrensabläufe einer besonderen „Datenschutzrechnungslegung" zu unterwerfen.[17] Auch wenn Notare dem hoheitlichen Bereich zuzurechnen sind und daher auch ein traditionell engeres Verständnis als für den privaten Datenschutz in Betracht kommt,[18] kann der notarielle Datenschutz nicht ohne Rücksicht auf die besondere Rolle des Notars als Vertrauensperson gedacht werden. Diese Rolle hat einerseits eine Verschärfung allgemeiner Grundsätze des Datenschutzes für die Arbeit des Notars zur Folge, andererseits muss sie zu einer von dem Vertrauensverhältnis geprägten Sicht gerade bei der Erhebung und Verwendung (und langfristigen Speicherung) der dem

---

[13] Zur Durchsuchung bei Rechtsanwälten vgl. https://rak-muenchen.de/rechtsanwaelte/mitgliederservice/kanzleidurchsuchung.html, zuletzt besucht am 2.4.2019; Verhaltenstipps bei *Dresenkamp*, Hurra, der ist da, verfügbar unter http://docplayer.org/54166321-Hurra-der-staatsanwalt-ist-da-verhalten-bei-durchsuchung-und-beschlagnahme.html, zuletzt besucht am 2.4.2019.

[14] BVerfG Beschl. v. 6.11.2014 – 2 BvR 2928/10, BeckRS 2014, 59255.

[15] Die EU-DS-GVO sieht keine ausdrückliche Verpflichtung der Mitarbeiter auf das Datengeheimnis vor, gleichwohl wird von der ganz herrschenden Meinung eine Verpflichtung aus Art. 32 Abs. 4 EU-DS-GVO sowie Art. 5, 24 EU-DS-GVO gefordert, vgl. Koreng/Lachenmann/*Bergt* DatenschutzR-FormHdB C. VII. 1. Verpflichtung auf das Datengeheimnis mit Merkblatt Anm. 1–8.

[16] BGH NJW 1991, 568; *Klingler* RNotZ 2013, 57.

[17] *Spindler*, 69. DJT, Gutachten F, These 38 und F 127 ff.

[18] Zu dieser Unterscheidung *Masing* NJW 2012, 2305 (2308).

Notar anvertrauten Daten führen (vgl. die nach § 17 Abs. 2 BeurkG zu erhebenden Daten oder die dauerhafte Aufbewahrung der Papierurkunden und deren Entsprechung elektronisch gespeicherte Daten). Dieses Spannungsverhältnis ist grundsätzlich auch im Anwendungsbereich der DS-GVO zu beachten.

5   Die DS-GVO findet in ihrem Geltungsbereich auch für die Notariate unmittelbare Anwendung.[19] Das Bundesdatenschutzgesetz enthält weitere Vorgaben, die teilweise die Bestimmungen der DS-GVO ausfüllen, teilweise auch Ausnahmen und Durchbrechungen von allgemeinen Grundsätzen zulassen. Auch die Landesdatenschutzgesetze füllen Regelungsspielräumen der DS-GVO aus, so auch im grundrechtsrelevanten Bereich der Betretungsrechte (vgl. § 19 SächsDSG) oder bezüglich der Ausgestaltung der unabhängigen Datenschutzaufsichtsbehörde.

6   Die Überprüfung der aus § 18 Abs. 1 BNotO resultierenden Amtspflichten des Notars obliegt gemäß §§ 92 ff. BNotO den Aufsichtsbehörden. Im Rahmen der Prüfung der Amtsführung der Notare gemäß § 93 Abs. 1 BNotO obliegt der Aufsicht auch die Prüfung der Einhaltung der datenschutzrechtlichen Vorschriften durch den Notar.[20] Sinn und Zweck der Prüfung der Amtsführung der Notare ist insoweit nicht allein die Verhinderung von Pflichtwidrigkeiten zum Schutz des Ansehens der Notare, sondern in allererster Linie die Wahrung der verfassungsrechtlich geschützten Persönlichkeitsrechte der Auftraggeber bei notariellen Amtsgeschäften. Auch dieses besondere Verhältnis ist schon im Rahmen der Verhältnismäßigkeit bei Prüfungen durch die (rein) datenschutzrechtliche Aufsicht (iSd Art. 51 Abs. 1 DS-GVO (zB der Sächsische Datenschutzbeauftragte, § 14 ff. SächsDSG) zu beachten.

6a   Die in der DS-GVO vorgesehenen Einsichts- und Zugriffsrechte (Art. 58 Abs. 1 lit. e DS-GVO) sowie die Zugangs- und Betretungsrechte (Art. 58 Abs. 1 lit. f DS-GVO) für die (rein) datenschutzrechtliche Aufsicht sind gemäß § 29 Abs. 3 BDSG nicht anwendbar, soweit die Inanspruchnahme dieser Befugnisse zu einem Verstoß gegen die Verschwiegenheitspflichten des Notars führen können (§ 29 Abs. 3 BDSG). Allerdings wird dies einer Betretung zur Überprüfung der allgemeinen Pflichterfüllung – soweit nicht auftragsbezogen und konkret der Verschwiegenheit unterliegend – nicht entgegenstehen, vgl. zB § 19 SächsDSG.[21] Um zu vermeiden, dass die Aufsichtsbehörde (sei es auch nur mittelbar) Zugriff auf der Verschwiegenheit unterliegende Sachverhalte nehmen kann, erstreckt § 29 Abs. 3 BDSG die Einschränkung der Kontrollbefugnisse auch auf Dienstleister des Notars. Im Gegenzug hat der Notar hier die Pflichten (→ Rn. 3b) aus § 26a BNotO neben denen einer etwaigen Auftragsverarbeitung (Art. 28 DS-GVO) zu beachten.

6b   Sämtliche Pflichten, die den Notar treffen, leiten sich aus den genannten gesetzlichen Bestimmungen ab. Die Informationen des Berufsstandes dazu[22] bzw. berufsständische Lösungen, die die Notare im Zusammenhang mit der Erfüllung der umfangreichen Pflichten unterstützen,[23] können an dieser Stelle nicht abschließend erörtert werden. Allerdings wird auf folgende Kernpflichten des Verantwortlichen hingewiesen:
1. Umfassende Verantwortung des für die Verarbeitung Verantwortlichen (Notar), Art. 24 DS-GVO;
2. Datenschutz durch Technikgestaltung und datenschutzfreundliche Voreinstellungen, Art. 25 DS-GVO;
3. Auftragsverarbeitung, Art. 28 DS-GVO;[24]

---

[19] Zum Ganzen *Wagner/Richter* NotBZ 2017, 446 ff.
[20] Schippel/Bracker/*Herrmann* BNotO § 93 Rn. 30; zum Verhältnis von Kontrollen des Datenschutzbeauftragen vgl. *Püls* DNotZ Sonderheft Notartag 2012, 120; *Blaeschke* Praxis-HdB Notarprüfung Rn. 112.
[21] Für den Bereich der anwaltlichen Verschwiegenheitspflichten vgl. *Kazemi* NJW 2018, 443 (445).
[22] Rundschreiben Nr. 5/2018 v. 11.5.2018, Interner Bereich http://www.bnotk.de/3-1215/Rundschreiben/2018/2018_05.html.
[23] Für Notare im Bereich der Ländernotarkasse Leipzig etwa das Angebot der GNotDS (Gesellschaft für notariellen Datenschutz mbH), vgl. https://www.gnotds.de/.
[24] Klarstellend sei außerdem noch darauf hingewiesen, dass die abzuschließenden Vereinbarungen nicht deckungsgleich mit den zwingend schriftlich abzuschließenden Verschwiegenheitsvereinbarungen iSd § 26a

4. Verzeichnis der Verarbeitungstätigkeiten, Art. 30 DS-GVO;
5. Sicherheit der Verarbeitung, Art. 32 DS-GVO;[25]
6. Meldung von Verletzungen und Benachrichtigung betroffener Personen, Art. 33 DS-GVO;
7. Benennung eines Datenschutzbeauftragten, Art. 37 DS-GVO;
8. Erfüllung von Dokumentationspflichten:
   a) Dokumentation der Rechtmäßigkeit der Verarbeitung, Art. 5 Abs. 2 DS-GVO;
   b) Implementierung technisch organisatorischer Maßnahmen (TOM) zum Daten-schutz, unter anderem Art. 5, 25, 28 DS-GVO;
   c) Erstellung von Verzeichnissen der Verarbeitungstätigkeiten, Art. 30 DS-GVO;
9. Beachtung der Informationspflichten, Art. 13 ff. DS-GVO:
   a) Transparente Information der Betroffenen und Verfahren bei der Geltendmachung von Betroffenenrechten;
   b) Informationspflicht im Fall der Datenerhebung bei der betroffenen Person.

3. Stichpunkte zur Geschäftsprüfung

§§ 14 Abs. 4, 18 BNotO	Mitarbeiter (Hinweise, die üblicherweise im Rahmen der Verpflichtung erteilt werden)	6c
§ 4 BNotO iVm § 26 BNotO iVm § 1 VerpflG	Geheimnisverpflichtung der Mitarbeiter neben Verpflichtung nach VerpflG?	
§ 26a BNotO	Beachtung der Pflichten bei Inanspruchnahme von externen Dienstleistern	
DS-GVO	Beachtung der Pflichten des allgemeinen Datenschutzes	

III. Anforderungen des Geldwäschegesetzes

1. Allgemeine Anforderungen. Die Umsetzung der vierten EU-Geldwäscherichtlinie 7 (EU) 2015/849 hat den Fokus notarieller Amtstätigkeit für die zu beachtenden Pflichten und umzusetzenden Maßnahmen geschärft. Die Empfehlungen der Bundesnotarkammer, die in der Vergangenheit bereits in den Notariaten Anwendung fanden und hier für hohe Standards gesorgt haben, wurden durch eine bundeseinheitlich unter den Landesjustiz-verwaltungen abgestimmte Anwendungsempfehlung an die aktuell geltende Rechtslage angepasst.[26] Umfassende Ausführungen und weitere aktuelle Links sind auch auf der ent-sprechenden Seite der BNotK im internen Bereich unter dem Thema „Geldwäschebe-kämpfung" abrufbar.[27]

Grundsätzlich zu begrüßen ist die im Rahmen der Neuregelung erfolgte Klarstellung, 7a dass im Rahmen der Identifizierungspflichten die Ausweisdokumente der Beteiligten ko-piert (oder auch gescannt) werden dürfen und müssen. Hierzu gab es zuletzt aufgrund widersprüchlicher Bestimmungen im Personalausweisgesetz, aber auch mit Blick auf die Umsetzung der Datenschutzgrundverordnung, Verwirrung. Auch wenn die Pflichten nach dem GwG grundsätzlich nicht alle Amtstätigkeiten erfassen, empfiehlt sich, auch un-ter Beachtung des Grundsatzes der Datensparsamkeit, mit Blick auf die Identifizierungs-Pflichten, denen der Notar nach den Bestimmungen des Beurkundungsgesetzes unter-

---

BNotO sind. Hinsichtlich der Adressaten und des Inhalts solcher Vereinbarungen wird auf das Rund-schreiben Nr. 4/2018 v. 17.4.2018 der Bundesnotarkammer verwiesen.
[25] Einen für alle notariellen Geschäftsstellen allgemeingültigen Katalog von technischen und organisatori-schen Maßnahmen kann es nicht geben, die Maßnahmen sind vom Notar anhand seiner Risikoanalyse individuell festzulegen.
[26] http://www.bnotk.de/Intern/Downloads/Geldwaeschebekaempfung/Anwendungsempfehlungen_zum_Geldwaeschegesetz_BNotK.pdf.
[27] http://www.bnotk.de/Intern/Geldwaeschebekaempfung/index.php.

liegt, die sichere Dokumentation der der Erfüllung seiner Amtspflichten. Mit § 18a Personalausweisgesetz ist auch eine Bestimmung in Kraft getreten, die den Notaren – nach Erlangung eines entsprechenden Berechtigungszertifikat beim Bundeszentralamt – das Auslesen der eID von (neuen) Ausweisen mit Einverständnis der Beteiligten erlaubt.[28] Dieses Verfahren bedeutet für Notare die Chance, in Zukunft mit den entsprechenden Ausweisscannern die Daten (auch für den weiteren Workflow im Büro) zu erfassen und gleichzeitig die Identifizierung auf sichere Art und Weise vorzunehmen. Die Ausweisscanner überprüfen üblicherweise auch verschiedene Sicherheitsmerkmale von vorgelegten Ausweisdokumenten.

7b   Für den Notar steht in erster Linie die Erstellung einer allgemeinen Risikoanalyse für sein Notariat sowie deren jährliche Aktualisierung im Vordergrund. Das entsprechende Papier sollte zur Generalakte genommen werden und ist bei Geschäftsprüfungen vorzulegen. Die genannte Anwendungsempfehlungen der Bundesnotarkammer in Zusammenarbeit mit den Justizministerien enthält ein entsprechendes Muster, das auf die konkrete Situation im Notariat angepasst werden kann.[29]

7c   Darüber hinaus ist eine Schulung der Mitarbeiter des Notars und eine Sensibilisierung für die Erscheinungsformen der Geldwäsche sowie typische Indizien unverzichtbar, → Rn. 8.

7d   Bei Verdachtsfällen besteht eine Meldepflicht gemäß § 43 GwG. Auch hierzu enthalten die Anwendungsempfehlungen detaillierte Hinweise. Zu beachten ist allerdings, dass mit Blick auf die besonderen Anforderungen der Verschwiegenheitspflicht nach § 18 BNotO ein Kollisionsrisiko mit der Beachtung der Pflichten nach Geldwäschegesetz entstehen kann.

> **Praxishinweis:**
>
> Leider haben weder der Gesetzgeber noch die Anwendungsempfehlungen für den Notar dieses Dilemma lösen können, zumal den Notaren bisweilen vorgeworfen wurde, nicht hinreichend oft Verdachtsfälle zu melden. Gleichwohl ist es bei den strengen Anforderungen bezüglich der Verschwiegenheitspflicht im Grundsatz geblieben, sodass im Einzelfall eine Einschaltung der zuständigen Notarkammer und des zuständigen Aufsichtsorgans (Präsident des Landgerichts) dringend zu empfehlen ist, um hier nicht mit Amtspflichten in Kollision zu geraten.[30]

2. Umzusetzende Maßnahmen

8   1. Risikoanalyse und interne Sicherungsmaßnahmen.
    2. Schulung der Mitarbeiter:
       a) zum Anwendungsbereich des GwG;
       b) zur richtigen Identifizierung der formell Beteiligten, § 10 Abs. 1 Nr. 1 GwG;
       c) zu spezifischen Risikoindikatoren;
       d) zu Sorgfaltspflichten bei erhöhtem Risiko, § 15 GwG;
       e) zu vorgangsbezogenen Aufzeichnungen und Aufbewahrungspflichten.

9   **3. Exkurs zur richtigen Identifizierung nach Geldwäschegesetz.** Da – nicht zuletzt im Zusammenhang mit den sog. „Reichsbürgern", aber auch mit Inhabern ausländischer Ausweispapiere – immer wieder Fragen auftauchen, wie nach Geldwäschegesetz richtig zu identifizieren ist, hier eine Aufstellung der Anforderungen:

---

[28] https://www.personalausweisportal.de/DE/Verwaltung/Diensteanbieter_werden/diensteanbieter_node.html.
[29] Die Datei im Format Word ist abrufbar im internen Bereich der BNotK unter http://www.bnotk.de/Intern/Downloads/Geldwaeschebekaempfung/Anlage_Anwendungsempfehlungen.docx.
[30] So auch der ausdrückliche Hinweis in der Anwendungsempfehlung, S. 24.

Bei **Deutschen** richtet sich die Pass- und Ausweispflicht nach §§ 1 Abs. 2, 4 Abs. 1 **9a** PassG und § 1 PAuswG. Danach sind die folgenden, durch deutsche Behörden ausgestellten Ausweise als Legitimationspapier geeignet:
– Personalausweise, einschließlich vorläufiger Personalausweise, und
– Pässe im Sinne des Passgesetzes, einschließlich vorläufiger Pässe, amtlicher Pässe und Kinderpässe.

Deutsche können im Inland die Ausweispflicht nur dann mit ausländischen Ausweisen **9b** erfüllen, soweit diese in einer nach § 12 Abs. 3 GwG erlassenen Verordnung über weitere zur Überprüfung der Identität geeignete Dokumente enthalten sind.

Bei **nichtdeutschen Unionsbürgern oder Staatsangehörigen der Vertragsstaaten** **9c** **des Abkommens über den Europäischen Wirtschaftsraum** und ihren jeweiligen Familienangehörigen richtet sich die Pass- und Ausweispflicht nach § 8 Abs. 1 FreizügG/EU. Danach sind die folgenden Ausweise als Legitimationspapiere geeignet:
– anerkannte Pässe oder Passersatzpapiere, bei Unionsbürgern insbesondere der Personalausweis (§ 8 Abs. 1 FreizügG/EU), und
– durch deutsche Behörden ausgestellte Passersatzpapiere (§ 4 AufenthV iVm § 79 AufenthV).

Bei **Schweizern** richtet sich die Pass- und Ausweispflicht nach dem Freizügigkeitsabkommen **9d** EU/Schweiz. Danach erfüllen Schweizer die Ausweispflicht mit ihrem Pass oder ihrem Schweizer Personalausweis (Identitätskarte). Zudem genügen sie der Ausweispflicht mit durch deutsche Behörden ausgestellten Passersatzpapieren (§ 4 AufenthV).

Bei **nicht freizügigkeitsberechtigten Drittstaatsangehörigen** richtet sich die Pass- **9e** und Ausweispflicht nach §§ 3, 48 AufenthG. Danach sind die folgenden Ausweise als Legitimationspapiere geeignet:
– vom Bundesministerium des Innern durch im Bundesanzeiger bekannt gegebene Allgemeinverfügungen anerkannte Pässe oder Passersatzpapiere (§§ 3 Abs. 1, 71 Abs. 6 AufenthG);
– nach § 3 AufenthV allgemein zugelassene Pässe oder Passersatzpapiere;
– für Ausländer eingeführte deutsche Passersatzpapiere (§ 4 AufenthV);
– als Ausweisersatz erteilte und mit Angaben zur Person und einem Lichtbild versehene Bescheinigungen über einen Aufenthaltstitel oder über die Aussetzung der Abschiebung gemäß § 48 Abs. 2 AufenthG iVm § 78 Abs. 6 AufenthG und § 55 AufenthV und
– Aufenthaltsgestattungen nach § 63 des Asylverfahrensgesetzes.

IV. Elektronischer Rechtsverkehr im Notariat

1. EDV-Einsatz im Notariat. Die Geltung des Mooreschen Gesetzes verbietet konkrete **10** Empfehlungen zum Thema Einsatz elektronischer Medien im Notariat in einem Werk wie dem vorliegenden. Entwicklungspläne, die die Einhaltung des Mooreschen Gesetzes sicherstellen sollen, reichen nach Einschätzungen von Technikern bis ins Jahr 2025.[31] Jedenfalls empfiehlt es sich bei der Konstruktion rund um die IT – es geht nicht mehr nur um Computer und Drucker sondern um ein vernetztes Büro im 21. Jahrhundert – den Rat von externen Beratern rechtzeitig vor Erneuerungen einzuholen. Verschiedene Meinungen einzuholen kann – wie immer – nicht schaden.

Weil die Verwendung des Standards PDF/A als Dokumentenformat im ERV eine zentrale **11** Rolle einnimmt (ERV mit den Grundbuchämtern; Dokumente für die Beteiligten etc) und hier Rationalisierungspotential für den Notar besteht, sollte diesem Dokument im Sinne der büroeinheitlichen Handhabung der Vorzug vor anderen Formaten (TIF etc) gebühren. Dies gilt insbesondere mit Blick auf das einzurichtende elektronische Urkundenarchiv, das ab dem Jahr 2022 bei der Bundesnotarkammer geführt wird. Außerdem

---

[31] *Stiller* c't 10/2015, 72 ff.

sollte die Berücksichtigung von XML-basierten Lösungen bei allen Büroanwendungen, die auf externen Datenaustausch setzen, selbstverständlich sein.

12   Es ist davon auszugehen, dass die Bundesnotarkammer im Rahmen ihrer Förderung des Elektronischen Rechtsverkehrs und auch in Vorbereitung auf ein eventuelles Urkundenarchiv das Format PDF/A in ihren Systemen unterstützen wird.

13   Eine Übersicht über Systemhäuser für **Notariatssoftware** und Support findet sich unter http://www.elrv.info/de/it-nutzung-im-notariat/softwarehaeuser.php.[32]

---

14 | Checkliste: Hardware
(1) Server und Netzwerk
    (a) Dimensionierung für Zahl der Arbeitsplätze und Anwendungen
    (b) Zuverlässige Stromversorgung, USV (unterbrechungsfreie Stromversorgung) ggf. separate Versorgungsleitungen
    (c) Kühlung (18–27 Grad Celsius)
    (d) Rack als Basis für organisierte und hochverfügbare IT-Lösung
    (e) Physische Sicherheit – die Kosten von Ausfallzeiten sind hoch!
    (f) Überwachung der USV und des Serverraumes, Systemalarm an Administrator
(2) PC und Peripherie
    (a) Auswahlkriterien
      – Prozessor/Geschwindigkeit
      – Arbeitsspeicher
      – Festplattengröße
      – Betriebssystem
      – Grafikkarte/Bildschirmauflösung
      – Schnittstellen/Netzwerkfähigkeit
    (b) Festplatte, CD-Rom und DVD
    (c) Sound und Grafik
    (d) Signatureinheit
(3) Bildschirm
(4) Drucker/Kopierer/Scanner/Ausweisscanner
(5) Mobile Endgeräte (mit Sicherheitsinfrastruktur)
(6) Medien der Datensicherung, verschlüsselt
(7) Internetanbindung: Anschluss im NotarNetz; Registerbox

---

15   **2. Informationsmanagement.** Ein Grundstoff, aus dem alle „Produkte" eines Notariats bestehen, ist die Information. Die Fülle der zu verarbeitenden Informationen hat das Wissensmanagement (als Teil des Informationsmanagements) zu einem Thema gemacht, an dem auch kein Mitglied der rechtsberatenden Berufe vorbeikommt. Durch den Einsatz von IKT (Informations- und Kommunikationstechnik) und die elektronische Speicherung wächst das Bedürfnis nach einem (professionellen) Informationsmanagement, auch wenn und weil Speicherplatz „billig" ist.[33]

16   Grundsätzlich unterscheidet man beim Wissensmanagement sechs Phasen, die teilweise parallel laufen, sich in jedem Fall aber wechselseitig beeinflussen können:
– Wissensidentifikation (Wo sind die Informationen?),
– Wissensakquisition (Wie komme ich an diese?),
– Wissensstrukturierung (Welche Form sollen die Informationen haben?),
– Wissensentwicklung (Wie stimuliere ich neue Ideen?),
– Wissensspeicherung (Wo lege ich Informationen ab?) und
– Wissensverteilung (Wie bringe ich sie zum Anwender?).

---

[32] Zu den Anforderungen an Notariatssoftware vgl. *Büttner* BWNotZ 2001, 97.
[33] Vgl. *Schulz/Klugmann*, Wissensmanagement für Anwälte, 2. Aufl. 2012.

Zu jedem der vorgenannten Punkte sollte eine Strategie existieren, die die im Büro 17
vorhandenen Ressourcen effizient nutzt und die durch interne Schulungen vermittelt,
wiederholt und vertieft werden muss. Die ersten beiden Punkte lassen sich für lokale Informationen (den eigenen Wissensschatz) über systematische Ablagen (mit hoher Mitar-
beiterdisziplin), Datenmanagementsysteme (die letztlich die Disziplin, dh die Erfassungs-
schritte vorgeben, leider nicht immer anwenderfreundlich, dafür aber kostenintensiver
sind) oder durch eine Kombination des erstgenannten Weges mit einer guten lokalen
Suchmaschine lösen. Wer es bei der servertiefen und netzwerkweiten Suche komfortabel
haben möchte, kann auf spezielle Lösungen setzen.[34]

3. Elektronischer Rechtsverkehr (ERV). Die Bundesnotarkammer hat sich seit 1984 18
konsequent mit den Fragen des Einsatzes von EDV-Anlagen und den Anforderung des
Elektronischen Rechtsverkehrs (ERV oder auch ELRV) im Notariat befasst, insbesondere
soweit sie in Geschäftsprüfungen oder allgemein in der notariellen Verwaltung auftreten.
Die Intensivierung des ERV durch den – bidirektionalen – Datenaustausch mit den öffentlichen Registern im Bereich des Handels- und Gesellschaftsrechts, des Grundbuches
und den von der BNotK geführten Registern (ZVR, ZTR) haben aber neben rein technischen Fragen, auch solche des Datenschutzrechts in den Fokus der Organisation seiner
Geschäftsstelle durch den Notar gerückt. Daneben spielt die Sicherheit der IT-Systeme
und deren Schutz vor Cyber-Angriffen eine Rolle, der auch das Notariat Beachtung
schenken muss.[35]

Aktuell existieren keine Vorgaben für eine rein **elektronische Bücher- und Akten-** 19
führung.[36] Allerdings sind in den §§ 35, 36 BNotO-2022 die Rechtsgrundlagen für die
elektronische Führung von Akten und Verzeichnissen gelegt (dazu → Rn. 82 ff.). Derzeit
findet die Umsetzung statt, insbesondere die nach § 36 BNotO zu erlassende Verordnung
wird weite Teile der DONot ersetzen. Während die elektronische Notaranderkontenführung bereits in der aktuellen DONot umgesetzt wurde, sind weitere Aspekte des ERV
auch auf Verwaltungsebene – wie etwa die Umsetzung einer Vertreterbestellung für den
Notar auf rein elektronisch basierter Kommunikation – noch nicht umgesetzt. Es ist daher
heute noch grundsätzlich vom **„papiergebundenen Notariat"** und den dazu bestehenden Regelungen, insbesondere im Rahmen der Amtsprüfung, auszugehen.[37] Bei der Organisation seines Büros darf der Notar aber die bereits erreichte Dichte des elektronischen
Rechtsverkehrs nicht verkennen. Dies gilt insbesondere mit Blick auf §§ 39a, 42 Abs. 4
BeurkG. Die dort geregelten einfachen elektronischen Zeugnisse sind leicht in das bestehende System einzuordnen und führten lediglich zu einigen geringen Anpassungen in der
Dienstordnung (→ Rn. 105 – elektronische Vermerkurkunde und notarielle (öffentlich)
elektronisch beglaubigte Abschrift, kurz „nebA"). Zu den damit verbundenen Amts-
pflichten des Notars, vgl. die in → Rn. 52 (Signaturverfahren) gegebenen Erläuterungen.
Die Führung elektronischer Nebenakten ist voraussichtlich ab dem 1. 1. 2022 möglich.

Aus dem geltenden Grundsatz des papiergebundenen Notariats folgt, dass die allein im 20
Papier niedergelegten Arbeitsergebnisse des Notars rechtliche Bedeutung haben und somit
der aufsichtsrechtlichen Prüfung unterliegen. Lediglich die in der → Rn. 97, 123 erörterten Vorgaben für die Fachanwendungen zur Führung der Bücher und Verzeichnisse sind
aus Sicht der Dienstordnung zwingend erforderlich (Herstellerbescheinigung gemäß § 17
Abs. 1 S. 1 DONot).

Die Zweckmäßigkeit von Notariatssoftware und deren Funktionalität können und sol- 21
len aus rechtlichen Gründen daher nicht zum Inhalt der Dienstordnung gemacht werden.
Vorgaben zur Zweckmäßigkeit einer Fachanwendung und zur richtigen Umsetzung der

---

[34] Vgl. zB das mächtige Suchwerkzeug inter:gator, http://www.intergator.de.
[35] Zur Gefährdungslage *BMI,* Cyber-Sicherheitsstrategie für Deutschland, 2016, https://www.bmi.bund.de/
cybersicherheitsstrategie/BMI_CyberSicherheitsStrategie.pdf.
[36] Zur Technikoffenheit dieses Ansatzes *Bettendorf* DNotZ 2011, 331.
[37] *Blaeschke* Praxis-HdB Notarprüfung Rn. 46.

Dienstordnung bei automationsgestützter Führung der Bücher, Verzeichnisse und Übersichten wurden aber in Form von **Empfehlungen** veröffentlicht. Den von der Bundesnotarkammer in Zusammenarbeit mit der Arbeitsgruppe „EDV im Notariat" erstellten EDV-Empfehlungen haben die Landesjustizverwaltungen zugestimmt. Die Bundesnotarkammer hat die Empfehlungen veröffentlicht;[38] unter www.elrv.info finden sich weitere Hinweise zur IT-Nutzung im Notariat:

- EDV-Empfehlungen für Notarinnen und Notare, Notarprüferinnen und Notarprüfer und Softwarehersteller im Hinblick auf eine dienstordnungsgerechte Führung der Bücher, Verzeichnisse und Übersichten (http://www.bnotk.de/Bundesnotarkammer/Aufga ben-und-Taetigkeiten/Rundschreiben/2005-05.php; Stand: Mai 2005);
- Empfehlungen zur sicheren Nutzung des Internet (http://www.bnotk.de/Bundesnotar kammer/Aufgaben-und-Taetigkeiten/Rundschreiben/2004-13.php);
- Internet-Domains der Notare (http://www.bnotk.de/3:241/Rundschreiben/2003/2003 _26.html);
- Sicherung der notariellen Verschwiegenheitspflicht bei EDV-Installation und – Wartung (http://www.bnotk.de/3:293/Rundschreiben/1996/1996_41.html);
- Zugriff des Betriebsprüfers auf die EDV im Notariat (http://www.bnotk.de/3:260/ Rundschreiben/2001/2001_46.html).

V. Geschäftsprüfung

22 **1. Vorbereitung.** Zur Vorbereitung der Geschäftsprüfung werden von der Aufsicht häufig sog. Vorabfragebögen verwendet, die sich vorwiegend auf Fragen zu den vom Notar beschäftigten Mitarbeitern, die sächliche Ausstattung sowie zu den Anderkonten beschränkten. Diese Fragebögen werden zunehmend detaillierter, was einerseits die Vorbereitung und später auch die Durchführung der Geschäftsprüfung erleichtert (Geldwäscheprävention, Datenschutz), andererseits einen nicht unerheblichen Verwaltungsaufwand für den Notar darstellen kann. Wenn und soweit sich nach einer bereits erfolgten Prüfung und der Darlegung der relevanten Punkte keine Änderungen ergeben haben, sollte auf die stereotype Wiederholung verzichtet werden und eine Bezugnahme auf bereits Erklärtes genügen. Wichtig ist aber in jedem Fall, die Geschäftsprüfung im Notariat so vorzubereiten, dass die Einhaltung der formalen Erfordernisse zügig geprüft werden kann. Die Überprüfung und Abstellung bereits in der Vergangenheit gerügter Säumnisse sollte für den Notar an erster Stelle stehen, führen wiederholte Verstöße doch regelmäßig zu schärferen Beanstandungen und enden nicht selten in Disziplinarmaßnahmen. Grundsätzlich ist die **sachliche, personelle und organisatorische Unabhängigkeit** des Notars hervorzuheben. Jede Prüfung hat im Lichte dieser Grundentscheidung[39] zu erfolgen. Die sachliche Unabhängigkeit ist mit der des Richters zu vergleichen; nur Rechtsanwendungen, die gegen den klaren, bestimmten und völlig eindeutigen Wortlaut eines Gesetzes verstoßen, können zu Beanstandungen führen und ggf. eine Amtspflichtverletzung begründen.[40] Als Ausforschung ohne Anlass untunlich, wenn auch bisweilen anzutreffen, sind daher allgemeine Fragen im Rahmen der anzutreffenden Vorabfragbögen, ob seit der letzten Prüfung der Amtsführung **Amtshaftungsklagen** (§ 19 BNotO) erhoben wurden oder ob Amtshaftungsansprüche vom Notar oder seiner Haftpflichtversicherung außergerichtlich reguliert worden seien.

Beispiel eines Vorabfragebogens:

Wie lautet der Name ihres Ehegatten bzw. früheren Ehegatten, Verlobten oder Lebenspartners im Sinne von § 1 LPartG (vgl. §§ 3 Abs. 1 S. 1 Nr. 2, 2a, 6, 7 BeurkG)?

---

[38] DNotZ 2005, 497.
[39] *Blaeschke* Praxis-HdB Notarprüfung Rn. 18; *Zwerger/Höpfl* MittBayNot-Sonderheft 2011, 14.
[40] Schippel/Bracker/*Herrmann* BNotO § 93 Rn. 11; *Preuß* DNotZ 2008, 258 (276).

Welche beruflichen Tätigkeiten oder Nebentätigkeiten üben Sie neben dem Beruf des Notars/der Notarin aus (§ 8 BNotO)?

Besteht ein ständiges Dienst- oder Geschäftsverhältnis zwischen Ihnen (oder einer mit Ihnen zur gemeinsamen Berufsausübung verbundenen Person) zu einer dritten Person, mit dem Sie (oder die mit Ihnen verbundene Person) zur Erbringung von Diensten verpflichtet werden, wenn ja, mit wem? (§ 3 Abs. 1 S. 1 Nr. 8 BeurkG)?

Verfügen Sie über Gesellschaftsbeteiligungen (ausgenommen Anteile an börsennotierten Aktiengesellschaften), wenn ja, über welche? (§ 14 Abs. 5 BNotO, § 3 Abs. 1 S. 1 Nr. 9 BeurkG)?

Sind Sie Mitglied des Organs einer juristischen Person des Privatrechts (§ 3 Abs. 1 S. 2 Nr. 6 BeurkG)?

Sind Sie Mitglied des Organs einer Gemeinde, eines Landkreises, einer Religion- oder Weltanschauungsgemeinschaft (§ 3 Abs. 3 BeurkG)?

Sind Sie (bzw. eine mit Ihnen zur gemeinsamen Berufsausübung verbundenen Person) Verwalter nach dem WEG, Insolvenzverwalter, Testamentsvollstrecker oder Schiedsrichter tätig, wenn ja, notieren Sie bitte den Namen der Person, für die die Tätigkeit ausgeübt wird (§ 3 Abs. 1 S. 1 Nr. 7 BeurkG)?

Sind Sie (bzw. eine mit Ihnen zur gemeinsamen Berufsausübung verbundene Person) als Vormund oder Betreuer tätig, wenn ja, notieren Sie bitte den Namen der Person, für die die Tätigkeit ausgeübt wird (§ 3 Abs. 1 S. 1 Nr. 5 BeurkG)?

Führen Sie ein Beteiligtenverzeichnis im Sinne des § 15 DNotO; in welcher Form (§ 28 DONot)?

Über wie viele Signaturkarten (§ 3 BNotO) von welchem Zertifizierungsdiensteanbieter verfügen Sie und wo werden diese aufbewahrt?

Wie schützen sie die Signatureinheit vor Missbrauch (§ 33 Abs. 3 BNotO, § 39a BeurkG)?

Liste mit den Namen der in der Kanzlei beschäftigten Mitarbeiter, einschließlich des Reinigungspersonals.

Die Verpflichtungserklärungen aller Beschäftigten.

Die schriftliche Verschwiegenheitsvereinbarung externer Dienstleister gemäß § 26a BNotO.

Nachweise zur Umsetzung und Erfüllung datenschutzrechtlicher Vorgaben, insbesondere der Kernpflichten (→ Rn. 6b).

Risikoanalyse gemäß § 5 GwG.

Verzeichnis über die sachliche Ausstattung nach dem übersandten Vordruck.

Abdruck aller in der Kanzlei geführten Siegel auf einem Kopfbogen (mit Datum und Unterschrift).

Bei automationsgestützter Führung der Bücher und Verzeichnisse die Bescheinigung des Erstellers der Software darüber, dass keine nachträglichen Veränderungen der mit dem Ausdruck abgeschlossenen Eintragungen möglich ist (§ 17 Abs. 1 S. 2 DONot).

Prüfzeugnis nach § 29 Abs. 2 DONot für die eingesetzten Drucker und Kopiergeräte – Prüfzeugnis der Papiertechnischen Stiftung (PTS) in Heidenau (früher der Bundesanstalt für Materialforschung und -prüfung in Berlin) zur Herstellung von Urschriften von Urkunden.

2. Übersicht zur Geschäftsprüfung. Der nachfolgende mögliche Aufbau eines Ge- **23** schäftsprüfungsberichts dient als Leitlinie und für die anschließende Vertiefung einzelner Aspekte.[41]

---

[41] Weitere Checklisten finden sich bei Diehn/*Zimmer* BNotO Nachbemerkung zu § 93 (für den Bezirk des OLG Hamm); Weingärtner/Gassen/Sommerfeldt/*Ulrich* DONot § 32 Rn. 35 ff.; bei *Blaeschke* Praxis-HdB

24 | Checkliste: Aufbau eines Geschäftsprüfungsberichts

Vorbemerkung ...

Beanstandungen im letzten Prüfungsbericht...

Sind alle Beanstandungen aus der letzten Prüfung beseitigt und erteilte (hilfreiche und sinnvolle) Hinweise beachtet worden?

Prüfungsergebnis ...

(I) Allgemeine Angaben
  (1) Geschäftsstelle des Notars
    (a) örtliche Lage
    (b) Wohnsitz
    (c) Nebentätigkeiten und Beteiligungen
    (d) Vorkehrungen zur Einhaltung der Mitwirkungsverbote nach § 3 Abs. 1 Nr. 7, Nr. 8 Alt. 1, Abs. 2 BeurkG (§ 15 DONot)
    (e) Amtsschild (§ 3 DONot; Verbot der amtswidrigen Werbung, § 29 BNotO)
    (f) Internetauftritt (Pflichtangaben § 5 TMG; Verbot der amtswidrigen Werbung, § 29 BNotO)
    (g) Amtsräume
      – Geschäftsstelle
      – Archivräume
      – Aktenvernichtung
      – Datenschutz/Datensicherheit
    (h) Öffnungszeiten
    (i) Sprechtage
    (j) Weitere Geschäftsstelle
    (k) Amtsbereich (§ 10a BNotO)
  (2) Sachliche Ausstattung
    (a) Siegelgerätschaften
      – Zahl, Aufbewahrung, Musterprägungen
      – Bei Verwendung von Siegelmaschine: Nachweis der PTS Heidenau (Prüfzeugnis)
      – Signaturkarte (siehe EDV)
    (b) EDV und Datenschutz
      – EDV Anlage
      – Datenvernichtung
      – Fernwartung (§ 26a BNotO; technisches Verfahren; ggf. Dokumentation)
      – Herstellerbescheinigungen für Notariatssoftware (§ 17 Abs. 1 S. 2 DONot)
      – Bescheinigung der PTS für Drucker, Kopierer (§ 29 Abs. 2 DONot)
      – Signaturkarte und Sicherung der Signatureinheit
      – TK-Anlage
      – Datenschutz/Datensicherheit; Umsetzung der DS-GVO
    (c) Verwahrung von Wertsachen (§ 27 DONot)
      – Tresor
      – Bankschließfach
    (d) Bibliothek/Pflichtpublikationen/Fortbildung
      – Papierbezug (§ 32 BNotO)
      – Elektronischer Bezug und Speicherung

Notarprüfung und in der Anlage 7 der Bekanntmachung betreffend die Angelegenheiten der Notare in Bayern, Datenbank BAYERN-RECHT 3031-J. Vertiefende Hinweise finden sich bei *Bücker/Viefhues* ZNotP 2003, 449; ZNotP 2004, 51 und ZNotP 2004, 311.

B. Die Geschäftsstelle

I. Allgemeines

Der Notar hat eine Geschäftsstelle zu unterhalten (§ 10 Abs. 2 BNotO). Die räumliche **25** Verankerung des Notaramtes ist – neben der persönlichen Amtsausübung durch den unabhängigen und unparteiischen Notar – die wesentliche Voraussetzung für die Funktion des Notars im System der vorsorgenden Rechtspflege, die sich in den Anforderungen an eine Geschäftsstelle mit angemessenen Öffnungszeiten, in der Zuweisung eines Amtssitzes und der Beachtung des Amtsbereiches (§ 10a BNotO) niederschlägt. Deswegen bedarf die Abhaltung von Sprechtagen und die Einrichtung einer weiteren Geschäftsstelle (§ 10 Abs. 4 BNotO) der Genehmigung und auch die im Einzelfall zulässige Beurkundung außerhalb des eigenen Amtsbereiches der Anzeige gegenüber der zuständigen Aufsicht

(§ 10a Abs. 3 BNotO).[42] Die Verdichtung der Amtstätigkeit an einem weiteren Ort innerhalb des Amtsbereichs kann zu einer faktischen (weiteren) Geschäftsstelle des Notars führen und ist daher genehmigungspflichtig.[43] Die Einführung des § 8 Abs. 4 DONot mit der Vermerkpflicht in der Urkundenrolle dient hier der effektiven Kontrolle durch die Aufsicht. Auch ist die Führung der Bücher und Akten nur an der Geschäftsstelle möglich (§ 5 Abs. 3 DONot).

25a   Auch die jüngste Gesetzesänderung bei § 10 BNotO hält daran fest, dass ein Anwaltsnotar in seiner Eigenschaft als Rechtsanwalt und Notar eine Geschäftsstelle auch für die Anwaltskanzlei am Ort des notariellen Amtssitzes unterhalten muss.[44]

26   Die Geschäftsstelle ist in der üblichen Weise zu kennzeichnen (vgl. § 3 DONot). Dies geschieht entweder durch ein **Amtsschild,** das das Landeswappen und die Aufschrift „Notarin" oder „Notar" enthält, oder durch ein oder mehrere Namensschilder oder durch beides. Zahl, Größe und Form der Namensschilder müssen – abgesehen von besonderen landesrechtlichen Vorschriften (vgl. insoweit die Anmerkungen zur Textfassung der DONot auf der Homepage der BNotK) – so gewählt sein, dass der Eindruck einer Werbung vermieden und das Ansehen des Notaramtes nicht verletzt wird. Unterhält der Notar eine **Website,** so hat er die Pflichtangaben des § 5 TMG in das Impressum aufzunehmen. Hinweise zur Zulässigkeit von Domain-Namen und Gestaltungen in der Anlage zum Rundschreiben Nr. 26/2003 der BNotK vom 23.5.2003 und Rundschreiben Nr. 21/2000 vom 13.7.2000.[45]

27   Über die „üblichen **Geschäftsstunden",** in denen der Notar seine Geschäftsstelle offen zu halten hat, ist im Gesetz und der DONot nichts Näheres bestimmt. Der Notar ist daher nicht gehalten, sich starr nach der Dienstzeit der Behörden (vgl. zB § 6 Allgemeine Geschäftsordnung für die Behörden des Freistaates Bayern – AGO – vom 12.12.2000: Besucherverkehr an Arbeitstagen von 8:00 Uhr bis 16:00 Uhr, am Freitag bis 14:00 Uhr) zu richten; er kann eine für seine Verhältnisse passende Regelung treffen, sofern nur die Geschäftsstelle in einer den Bedürfnissen der Rechtsuchenden entsprechenden Zeit zugänglich ist. Abschnitt IV. Nr. 2 S. 2 RLE/BNotK unterstreicht die Notwendigkeit der Erreichbarkeit, die auch § 15 Abs. 1 BNotO voraussetzt.

II. Sächliche Ausstattung

28 Die Geschäftsstelle muss so eingerichtet sein, wie es zur ordnungsmäßigen Amtsausübung, insbesondere zur Wahrung des Amtsgeheimnisses und zur Durchführung und Abwicklung der Urkundstätigkeit iSd § 15 BNotO technisch und organisatorisch erforderlich ist. Hierauf erstreckt sich die Prüfung der Amtsführung (§ 32 Abs. 2 S. 2 DONot). Darüber hinaus ist zu beachten, dass die Geschäftsstelle und ihre konkrete Ausstattung sichtbarer Ausdruck vom Amt des Notars und zugleich ein Element des Leistungswettbewerbs sind.[46] Zu den vom Notar zu haltenden Pflichtbezugsblättern (§ 32 BNotO) und der ausreichenden Vorhaltung in elektronischer Form vgl. BNotK-Rundschreiben Nr. 27/2003 vom 25.5.2003.[47]

III. EDV und Datenschutz

29 **1. Notariatssoftware.** Ähnlich wie bei der Hardware ist die Auswahl- und Kombinationsmöglichkeit im Bereich der Notariatssoftware so vielschichtig, dass sich eine Behandlung hier verbietet. Gleichwohl macht der zunehmend bidirektionale ERV und die damit

---

[42] Zu Einzelheiten vgl. Schippel/Bracker/*Püls* BNotO § 10 Rn. 17, § 10a Rn. 17 ff.
[43] OLG Celle DNotZ 2010, 949 mAnm *Terner.*
[44] Art. 9 Gesetz zur Umsetzung der Berufsanerkennungsrichtlinie und zur Änderung weiterer Vorschriften im Bereich der rechtsberatenden Berufe v. 12.5.2017 (BGBl. I 1121) mWv 18.5.2017.
[45] http://www.bnotk.de/Intern/Rundschreiben.
[46] BVerfG 9.8.2000 – 1 BvR 647/98, Rn. 32.
[47] http://www.dnoti.de/DOC/2003/BNotK_RS_2003_27.pdf.

verbunden Veränderung im Arbeitsablauf des Notarbüros eine viel stärkere Vernetzung bei gleichzeitiger Flexibilisierung (infolge der Anwenderwünsche) erforderlich. Auch der Datenschutz[48] – Art. 25 Abs. 1 DS-GVO zu Privacy by Design – verpflichtet die Notariatssoftware-Anbieter (NSWA), ihre Konzepte zu überdenken und dringend notwendige Anpassungen an Effizienz mit datenschutzrechtlichen Vorgaben zu verbinden. *Gassen* und *Büttner* haben auf dem Deutschen Notartag 2012 einen Eindruck von den Herausforderungen vermittelt und zugleich grundsätzliche Anforderungen definiert.

Bei der Wahl der technisch organisatorischen Maßnahmen (TOMs) sind etwa folgende   **29a** Kriterien zu berücksichtigen:[49]
– Stand der Technik;
– Implementierungskosten;
– Art, Umfang, Umstände und Zweck der Datenverarbeitung;
– Eintrittswahrscheinlichkeit und Schwere der mit der Verarbeitung verbundenen Risiken für den Betroffenen.

Im Wesentlichen deckt die Software im Notariat folgende Module ab: **30**
– Erfassung und Bearbeitung der Bücher des Notars (voraussichtlich ab 1.1.2022: Übergabe der entsprechenden Daten an die entsprechenden Module des Urkundenverzeichnisses);
– Urkundenvorbereitung;
– Kostenwesen (einschließlich Anbindung an die Buchhaltung);
– Anderkonten des Notars (soweit nicht im Rahmen des elektronischen Notaranderkontos (ENA) Funktionalitäten über XNotar angeboten werden);
– Urkundenvollzug mit direkter Umsetzung der inzwischen zunehmend papierlos ablaufenden Kommunikationswege;
– Archivierung der elektronischen Akten, derzeit noch als Hilfsmittel neben der führenden Papierakte, voraussichtlich ab 1.1.2022 mit Vorgaben für die Führung in rein elektronischer Form durch die Rechtsverordnung zu § 36 BNotO-2022, sei es offline im Büro oder online im elektronischen Notaraktenspeicher (ENAS) der Bundesnotarkammer.

Mit der Einführung des Elektronischen Urkundenarchivs (ELUA) in seiner ersten Umset-   **30a** zungsstufe (geplant 1.1.2022) wird es darauf ankommen, dass die Notariatssoftwarehersteller die für die Führung des Urkundenverzeichnisses (im Rahmen des zentral von der Bundesnotarkammer betriebenen elektronischen Archivs, § 78h BNotO) vordefinierten Schnittstellen bedienen. Nur wenn dies gelingt, kann eine Mehrarbeit (durch Doppeleingaben) für die Notariatsmitarbeiter, aber auch für den Notar, vermieden werden.

Gerade die letzten beiden Aspekte spielen bereits jetzt eine erhebliche Rolle, auch   **31** wenn die Dienstordnung noch von der papiergebundenen Akte ausgeht. Mit Einführung des ZTR (und beispielsweise den Suchmöglichkeiten zu Notaren, Aktenverwahrern oder Vollzugsstellen unter http://www.notar.de/) wurde eine Kommunikationsplattform der Notare mit datenschutzrechtlich hohem Niveau eingeführt, die auch für weitere Vollzugsaktivitäten genutzt werden könnte.

Die verwendete Notariatssoftware darf keine Programmteile zur Erleichterung nach-   **32** träglicher Änderungen von bestätigten Eingaben bereitstellen. So darf zB in die Fachanwendung kein Tool eingebettet werden, mit dessen Hilfe eine einmal vorgenommene Eintragung rückwirkend und womöglich spurlos beseitigt werden kann. Hierüber soll gemäß § 17 Abs. 1 S. 1 DONot eine **Bescheinigung des Herstellers der Software** eingeholt werden. Eine Bescheinigung des Notars ist nicht vorgesehen, da nur der Hersteller und nicht der anwendende Notar dies feststellen und bestätigen kann. Die Bescheinigung muss auch spätere Veränderungen umfassen; ist dies bei der Erstbescheinigung noch nicht

---

[48] Privacy by design, vgl. *Hansen/Meins* DuD 2006, 543 und für das EU-Datenschutzrecht *Kort* DB 2012, 1020.
[49] *Schenck/Mueller-Stöfen* GWR 2017, 171 (177).

geschehen, muss bei Änderung der eingesetzten Software eine neue Bescheinigung vorgelegt werden. Die Bescheinigung ist gemäß § 23 DONot zu den Generalakten zu nehmen (→ Rn. 20). Der Notar, der die Fachanwendung selber erstellt hat, muss keine Eigenbescheinigung erstellen. Auf Anforderung der Aufsicht hat er jedoch eine entsprechende dienstliche Erklärung abzugeben.

33   Die softwaremäßige Einbindung von **Ausweisscannern** ermöglicht einerseits die nach dem GeldwäscheG erforderlichen Dokumentationen, andererseits erhöht sie durch exakte Erfassung der Daten die Qualität notarieller Arbeit und erleichtert schließlich auch die Verfahrensabläufe bei der Datenerfassung und -verarbeitung. Die technologische Ausstattung des neuen Personalausweises ermöglicht eine sichere Authentisierung auch beim Notar (elektronische Identitätsnachweis „eID"). Inzwischen hat der Gesetzgeber auch auf die in der Vorauflage noch monierte fehlende Praktikabilität bezüglich des Auslesen der eID reagiert und mit § 18a PAuswG eine Möglichkeit geschaffen, dass Notare Daten im Einverständnis mit anwesenden Ausweisinhabern direkt auslesen können. Der Notar hat zu diesem Zweck eine Genehmigung für ein Berechtigungszertifikat beim Bundesverwaltungsamt[50] zu beantragen und kann sich anschließend dieses Berechtigungszertifikat bei einem dafür zugelassenen Zertifizierungsdiensteanbieter[51] ausstellen lassen. Die Einbindung eines Ausweisscanners in die Notariatssoftware sollte dann eigentlich keine Schwierigkeit für die NSWA darstellen. Die eID kann im Bereich notarieller Amtstätigkeit bei verfahrensgerechter Ausgestaltung und Verbreitung eine unterstützende Funktion haben, die Vorlage des Ausweisdokumentes selbst kann sie nicht ersetzen.

34   **Formulierungsbeispiel: Herstellerbescheinigung nach §§ 17 Abs. 1, 23 Abs. 1**
⚓   **DONot**
Hiermit bescheinige ich, als Inhaber der Firma
*** *[vollständige Angabe und Rechtsform]*
dass die unter der Bezeichnung *** *[Name und Version der Fachanwendung]* von Notar *** mit Amtssitz in *** eingesetzten notarspezifischen Fachanwendungen keine Verfahren zur nachträglichen Veränderung der mit dem Ausdruck abgeschlossenen Eintragung enthalten und dass die Fachanwendungen derartige Veränderung nicht ermöglichen.
Ich verpflichte mich, auch bei zukünftigen Änderungen keine derartigen Verfahren aufzunehmen.
***, den ***
Unterschrift Vertretungsberechtigter

35   **2. Datenvernichtung.** Regelmäßig ist die Vernichtung der **Nebenakten** gemäß den Anforderungen des § 5 Abs. 4 S. 1 DONot zu prüfen, wobei – auch mit Blick auf das Risiko der Haftung und die Beweislast des Notars – keine strengen Maßstäbe anzulegen sind. Die Möglichkeit der schriftlichen Anordnung einer längeren Aufbewahrung ist hier sachgemäß und eröffnet dem Notar das im Rahmen seiner Amtsausübung erforderliche Ermessen. § 36 Abs. 1 Nr. 2 BNotO-2022 enthält die Ermächtigungsgrundlage zur Regelung der Fristen für die Aufbewahrung/Vernichtung der Nebenakten (dann auch in elektronischer Form) im Rahmen einer noch zu erlassenden Verordnung. Bei der Vernichtung von Nebenakten sind allerdings auch die Fristen des § 6 Abs. 1 S. 1 Geldwäschegesetz zu beachten.

---

[50] Zum Verfahren vgl. https://www.personalausweisportal.de/DE/Verwaltung/Diensteanbieter_werden/diensteanbieter_node.html; zur Technik https://www.personalausweisportal.de/DE/Wirtschaft/Technik/Technik_node.html.
[51] Derzeit ist dies beispielsweise die Bundesdruckerei; hier gilt es eventuell Angebote einzuholen und zu vergleichen.

Auch die Vernichtung der **Amtssiegel** ist zT geregelt, vgl. § 2 DONot SH. 36

Für die Vernichtung von **Datenträgern** gibt es keine expliziten Regelungen. Wichtig- 37
ger als die Frage des *Ob* und des *Wann* ist aber die Frage des *Wie:* Nicht immer ist der
Umstand bekannt, dass moderne Kopierer heutzutage Festplatten enthalten, die eine Vielzahl gespeicherter Daten enthalten und dass im Falle einer Reparatur beziehungsweise des
Austausches eines geleasten oder gekauften Fotokopierers besondere Sicherheitsmaßnahmen zu treffen sind. Bezogen auf Computerfestplatten ist das Phänomen bekannt, wenngleich auch hier Datenpannen im Bereich der öffentlichen Hand regelmäßig vorkommen;[52] der Notar sollte hier besondere Vorkehrungen treffen und zumindest gesonderte
schriftliche Vereinbarungen über die die vorzunehmenden Löschungen mit dem von ihm
zur Verschwiegenheit verpflichteten Dienstleister treffen.[53]

3. Kommunikationsverfahren (IKT). Die Fälle für die Abwicklung elektronisch ba- 38
sierter Kommunikation (Informations- und Kommunikations-Technologie, kurz IKT)
sind inzwischen zahlreich und umfassen zB die Kommunikation mit den Registergerichten (Handels-, Vereins-, Genossenschafts-, Partnerschaftsregister, vgl. § 8a HGB,
§§ 7 ff. HRV, §§ 135 ff. GBO, § 55a BGB, § 5 PartGG) und Grundbuchämtern über
EGVP, mit dem ZVR und dem ZTR, mit der Vermessungsverwaltung (Geodaten), mit
der Landesjustizverwaltung und der Notarkammer (Stellung von Vertreteranträgen), mit
dem Notarverzeichnis und weiteren Verzeichnissen (http://www.notar.de), mit Banken
und Sparkassen (online-Banking im Bereich der notariellen Buchhaltung; Pilotprojekt
ENA – Elektronisch geführtes Notaranderkonto), mit Unternehmen und Privaten im
Rahmen der Abwicklung von Amtsgeschäften, mit Unternehmen zur Aufrechterhaltung des Bürobetriebes (Ferndiagnose und Wartung). Auf die zu schließenden Verschwiegenheitsvereinbarungen gemäß § 26a BNotO wird an dieser Stelle noch einmal
hingewiesen (→ Rn. 3b).

Die Liste lässt sich beliebig ausdifferenzieren und verlängern, hier sollen nur einige der 39
Verfahren unter Berücksichtigung folgender Aspekte hervorgehoben werden:
– sichere, authentische und nachweisbare Zustellung von Nachrichten;
– Nutzung bekannter Wege-E-Mail, EGVP/OSCI, Fax (mit Betonung der sicheren
  Ende-Ende Verschlüsselung);
– Unterstützung der XML Standardisierung;
– sicherer und kontrollierter Zugang zu Webservices;
– Authentizität und Erreichbarkeit der Verzeichnisse.

Der Einsatz von **online-Banking-Verfahren** zur Führung des Verwahrungs- und Mas- 40
senbuches ist grundsätzlich zulässig, wenn die notarielle Verschwiegenheitspflicht durch
Einsatz geeigneter Verschlüsselungstechniken gewahrt ist. Mit Einführung einer Kommunikationsplattform für die Notare, die etwa beim ZTR schon genutzt wird, kann diesem
Aspekt nunmehr Rechnung getragen werden und erste Pilotprojekte (ENA) sind im Bereich der Notarkammer Hamburg und der Rheinischen Notarkammer im Jahr 2014 erfolgreich angelaufen.

Sollte bei einer **Wartung** der EDV-Anlage im Büro oder online ein Wartungstechni- 41
ker der Firma auch Zugriff auf Daten erhalten, die der Geheimhaltung nach § 18 BNotO
unterliegen, sollen die Wartungsarbeiten unter Aufnahme des Datums, der Uhrzeit und
der Angaben zur Person des Technikers protokolliert werden. Das Protokoll ist aufzubewahren. Ergänzend ist die Ausspähung von Daten vertraglich zu verbieten und ggf. mit
einer angemessenen Vertragsstrafe zu belegen.[54] Eine Fernwartung sollte dabei nur durchgeführt werden, wenn die Aktivierung der Leitung nur durch das Notariat erfolgt und bei

---

[52] Vgl. http://www.datenleck.net.
[53] Vgl. M 2.167 Auswahl geeigneter Verfahren zur Löschung oder Vernichtung von Daten, https://www.bsi.
bund.de.
[54] http://www.dnoti.de/DOC/1996/BNotK_RS_1996_41.pdf.

der Wartung die ausgeführten Arbeiten kontrolliert und verfolgt werden können. Etabliert ist etwa der kontrollierte Zugriff über Teamviewer (http://www.teamviewer.de), ein Programm das Verschlüsselung, Zugangssicherung und Authentizität des Softwareherstellers gewährleistet.

42   Im Übrigen sind, sofern im Rahmen einer Hard- oder Softwarewartung auf Daten des Notariats zugegriffen werden kann oder muss, nicht nur der die Fernwartung ausführende Techniker, sondern auch der vor Ort tätige Wartungstechniker (bei einer Übergabe der gesamten EDV-Anlage an eine Wartungswerkstatt der dort tätige Techniker) tatsächlich von diesen der Verschwiegenheitspflicht unterfallenden Daten fern zu halten oder sind diese Techniker vertraglich zur Verschwiegenheit zu verpflichten. Vorrangig sind Maßnahmen zum Schutz der Daten zu ergreifen, indem zB geheimhaltungspflichtige Daten und Texte auf besondere Speichermedien während der Zeit der Wartung ausgelagert oder durch Passworte dem Zugriff entzogen werden. Bei der Anschaffung einer neuen Hardware muss darauf geachtet werden, dass die alten Speichermedien vollständig gelöscht, dh grundlegend neu formatiert werden, da nur so eine Rekonstruktion von Datenbeständen verlässlich ausgeschlossen wird, → Rn. 37.

43 Formulierungsbeispiel: Verpflichtung zur Verschwiegenheit von EDV-Firmen

Ⓤ Der Notariatsverwalter der Notarstelle ***,

                                                – nachfolgend Notariatsverwalter –

schließt mit

Herrn ***

                                                     – nachfolgend EDV-Firma –

nachfolgende

Vereinbarung zur Sicherung der Verschwiegenheitspflicht

Die EDV-Firma garantiert dem Notariatsverwalter, dass über alle im Zusammenhang mit der Datenübertragung und Installation, Wartung sowie Entsorgung von EDV-Anlagen bekannt werdende Daten oder Informationen absolute Verschwiegenheit gewahrt wird.

Nachfolgende Verpflichtungen sind „Mindestmaßnahmen" zur Erfüllung dieses Garantieversprechens. Darüber hinaus gehende Maßnahmen, etwa technischer Art, die nur den Organisationsbereich der EDV-Firma betreffen, wird sie in eigener Verantwortung treffen. Weitere Maßnahmen, die auch den Organisationsbereich der Kammer betreffen, trifft die EDV-Firma nach Absprache mit dem Notariatsverwalter.

Die EDV-Firma ist verpflichtet, für sämtliche Mitarbeiter oder Auftragnehmer, die mit der Hard- und/oder Software der Notarkammer in Berührung kommen oder kommen können oder in sonstiger Weise von Daten der Notarkammer Kenntnis erlangen könnten, in gleicher Weise die Verschwiegenheit zu gewährleisten.

Die EDV-Firma ist weiter verpflichtet, zur Installation, Wartung, Datenübertragung und Entsorgung von EDV-Anlagen
– nur vertraglich zur Verschwiegenheit verpflichtete Mitarbeiter einzusetzen und
– nach Erfüllung eines jeden Auftrags (bei Wartungsverträgen über längere Zeit nach jeder Wartungsarbeit) diejenigen Mitarbeiter bekanntzugeben, die mit den gespeicherten Informationen in Berührung gekommen sind.

Maßnahmen, die eine Einsichtnahme in Daten des Notariatsverwalters ermöglichen, sind sofort in einem **Protokoll** unter ergänzender Angabe von Datum, Uhrzeit und Name des durchführenden Mitarbeiters/Technikers detailliert aufzuzeichnen (logfile) und diese Aufzeichnungen je nach Art und Ort der Tätigkeit dem Notariatsverwalter unmittelbar und sofort auszuhändigen, per Post zu übersenden oder elektronisch zu übermitteln.

Ein Zugriff auf das EDV – System der Notarkammer im Wege der **Fernwartung** bedarf stets der vorherigen Vereinbarung mit dem Notariatsverwalter. Soll eine Administrierung im Bereich des geschlossenen Netzes erfolgen, ist von der EDV Firma darauf ausdrücklich hinzuweisen. Die Initiative zum Leitungsaufbau geht ausschließlich vom Notariatsverwalter aus. Insoweit besteht folgende technische Absicherung:

*** *[ggf. gesondertes Blatt verwenden]*

Sollte eine **technische** Möglichkeit zur Initiative für den Zugriffsaufbau ausschließlich durch den Notariatsverwalter nicht gegeben sein, besteht Einigkeit darüber, dass ein Verbindungsaufbau nur nach ausdrücklicher Genehmigung durch den Notariatsverwalter erfolgen darf.

Im Falle der Zuwiderhandlung erfolgt eine zivil- und strafrechtliche Verfolgung.

Soweit es erforderlich ist, bestimmte Daten auf Datenträgern zwischenzuspeichern, hat die EDV-Firma sofort nach Abschluss der Arbeiten diese Datenträger physikalisch zu löschen oder diese Datenträger dem Notariatsverwalter auszuhändigen.

Neben den geltenden strafrechtlichen und datenschutzrechtlichen Bestimmungen, deren Kenntnis bestätigt wird, wurde die EDV-Firma auf die Bestimmungen des § 18 BNotO hingewiesen. Die Bestimmung lautet:

*** *[Wiedergabe des aktuellen Gesetzeswortlauts]*

Herr *** unterzeichnet diese Vereinbarung und erklärt sich einverstanden, die vorstehen Verpflichtungen uneingeschränkt zu beachten.

***, den ***   ***, den ***
Unterschrift des Verpflichteten   *Notariatsverwalter*

Externe Datenverarbeitung durch **Fernbuchung** ist nach § 5 Abs. 3 DONot unzulässig (→ Rn. 25). **44**

Wo sichere **Authentisierung** erforderlich ist, greifen die Lösungen auf S.A.F.E. (Secure Access to Federated E-Justice/E-Government)[55] zurück (für den EGVP seit Juni 2011; für das ZTR seit 2012; geplant ist auch der Einsatz für die Verwirklichung des Zentralen Grundbuchportals). Diese Dienste werden dem Notar von der Justiz oder den berufsständischen Organisationen zur Verfügung gestellt. Die zentrale Benutzerverwaltung erfolgt hier für alle IT-Dienste der Bundesnotarkammer zentral, das Notarportal enthält einen Bereich, der hoheitlich gepflegt wird (Notarkammer), aber auch einen Bereich für Zusatzdaten, den der einzelne Notar in eigener Verantwortung anlegt und pflegen kann (www.notar.de). **45**

Zum Schutz vor Gefahren der **Internetkommunikation** (Virenbefall, Penetrationsschutz; Datensicherheit)[56] hat die Bundesnotarkammer ein gesichertes „NotarNetz" durch die NotarNet GmbH eingerichtet. Das Notarnetz erbringt Leistungen für das einzelne Notariat, die größere Unternehmen durch die eigene IT-Sicherheitsabteilung erfüllen lassen. Im Notarnetz wird der gesamte Internetverkehr des Notariats über Firewall- und Filtersysteme in parallel betriebenen Rechenzentren geleitet. Unerwünschte Datenverbindungen werden verhindert, übertragene Daten werden auf Viren und andere unerwünschte Inhalte (zB Spam) geprüft. Die Sicherheitskomponenten werden in kurzen Abständen aktualisiert und durch Fachpersonal überprüft und gewartet. Das Rechenzentrum überwacht das Notarnetz auf Störungen und versucht kurzfristig auf Zwischenfälle zu reagieren. Für die angeschlossenen Notare bedeutet dies ein erhöhtes Sicherheitsniveau, das mit den sachlichen und persönlichen Mitteln eines Notariatsbüros in der Regel nicht **46**

---

[55] Vgl. *Voss*, 4. Dresdner Forum für Notarrecht 2012, http://www.notarkammer-sachsen.de/veranstaltungen/dresdner-forum-fuer-notarrecht; *Büttner* DNotZ Sonderheft Notartag 2012, 104.
[56] http://www.dnoti.de/DOC/2004/BNotK_RS_13_2004_Anlage.pdf.

zu erreichen wäre. Der Notar wird insbesondere von der zusätzlichen Einarbeitung in Sicherheitssysteme oder der Beschäftigung eines Mitarbeiters entbunden, der solche Systeme einrichtet und verwaltet. Die in → Rn. 68 ff. beschriebenen Sicherungsmaßnahmen, die gegen Eingriffe aus dem eigenen Büro schützen, sind selbstverständlich weiter zu beachten. Die Teilnahme am Notarnetz ist auf Notare und deren Standesorganisationen begrenzt. Weitere Informationen finden sich auf den Internetseiten der NotarNet GmbH.[57]

47   Der Kommunikationsanschluss ermöglicht die offene Kommunikation mittels des **E-Mail**-Dienstes. Zu beachten ist, dass die Bekanntgabe einer E-Mail-Adresse ihren Anwender verpflichtet, regelmäßig den Mailserver, ähnlich wie den eigenen Briefkasten, auf Posteingänge zu prüfen. Mit Blick auf die Verpflichtung zur Verschwiegenheit des Notars sind Vereinbarungen über die Zulässigkeit der Verwendung von E-Mails zu treffen, die regelmäßig auch im Wunsch der Beteiligten nach Übersendung von Unterlagen oder Entwürfen per E-Mail zu sehen sind. Nicht hilfreich sind die weit verbreiteten „Disclaimer".[58] Auch De-Mail bringt im Puncto Vertraulichkeit keine Verbesserung.[59] Eine allgemeine Verschlüsselung des E-Mailverkehrs mit Privaten ist derzeit noch nicht umgesetzt, im Einzelfall sind jedoch Verfahren der ad hoc Verschlüsselung möglich, die der Notar bei Bedarf auch anwenden sollte. Virenscanner und Datensicherung des Mailverkehrs sind vom Notar im Büroalltag zu beachtender Standard. Über die Nutzung von E-Mail ist mit Mitarbeitern ggf. eine gesonderte Vereinbarung (→ Rn. 78) zu treffen, wonach die Maildienste nur für den Amtsgebrauch gestattet werden. Ein Disclaimer am Ende der E-Mail schafft per se keine Vertraulichkeit, hat aber Apellcharakter.[60]

48   Beim **Cloud Computing** werden Technologien und Dienstleistungen von Unternehmen angeboten, die auf der Nutzung des Internets basieren und IT-Anwendungen, Verarbeitungskapazitäten, Speicherplatz sowie Entwicklungsumgebungen umfassen können. Probleme, die mit der Auftragsdatenverarbeitung und deren Nachvollziehbarkeit verbunden sind, sollten im Notariat nicht auftreten, da eine solche Verarbeitung generell nicht vorgesehen ist. Aber es können Datenschutzprobleme aus einem möglichen unbefugten Zugriff resultieren, weswegen bei der Auswahl des Anbieters den Notar, wie auch den Rechtsanwalt und andere zur Verschwiegenheit verpflichtete Berufsgruppen, besondere Sorgfaltspflichten treffen.[61] Perspektivisch wird auch das Notariat an solchen Technologien nicht vorbeikommen – man denke nur an das Vorhaben des Elektronischen Urkundenarchivs einerseits und die weltweite Propagierung des Themas anderseits.[62] Aber der Notarstand ist jedoch gut beraten, diese Dienste berufsrechts- und datenschutzrechtskonform selbst aufzusetzen. Bis dahin treffen den einzelnen Notar bei der Verwendung solcher Dienste besondere Prüfungspflichten.

49   Die Kommunikationspartner des Notars im Rahmen der notariellen Vollzugstätigkeit können sich auf bloßen E-Mailverkehr nicht beschränken, wollen sie die Möglichkeiten des ERV effizient nutzen. Dies gilt insbesondere, aber nicht abschließend, für die Justizstellen. Die Länderjustizverwaltungen und der Bund haben sich in der Bund-Länderkommission für Datenverarbeitung und Rationalisierung in der Justiz (BLK) geeinigt, den internationalen Standard der Metasprache **XML** hierfür einzusetzen.[63] Mit XML können sowohl Inhalte als auch Struktur der Informationen definiert werden, ohne dass man durch eine vorgegebene Menge von Sprachelementen beschränkt wird. Unter Verwen-

---

[57] http://www.elrv.info/de/notarnetz.
[58] Zur Nutzlosigkeit der „Angstklauseln" *Mielke* c't 2008, 180.
[59] Vgl. zur Kritik *Warnecke* MMR 2010, 227 und Armbrüster/Preuß/Renner/*Eickelberg* DONot Vorb. Rn. 53.
[60] *Schmidl* MMR 2005, 501; differenzierter LG Saarbrücken BeckRS 2012, 01609.
[61] *Böken* iX Heft 1/2012.
[62] Vgl. Cloud Computing – Leitfaden für mittelständische Unternehmen, herausgegeben vom BMWI, 2011.
[63] Zur Verwendung dieses Standards schon *Püls* DNotZ Sonderheft Notartag 2002, 178; vgl. http://www. xjustiz.de/index. php.

dung von XML ist ein Justizdatensatz mit der Bezeichnung XJustiz geschaffen worden, der für den Register- und Grundbuchverkehr um Fachmodule erweitert wurde.[64]

Die Bundesnotarkammer hat in Abstimmung mit der Justizverwaltung eine **Fachan-** 50 **wendung XNotar** für den strukturierten Austausch der Daten programmieren lassen. Das Programm ermöglicht im Notariat – neben der elektronischen Signierung (SigNotar) – das Zusammenstellen der von der Justiz geforderten strukturierten Daten (zB Adressdaten, aber auch rechtliche Fachdaten) in den zur Weiterverarbeitung erforderlichen Formaten. Auch die Übernahme von bestehenden Daten aus der im Notariat eingesetzten Notariatssoftware ist möglich (regelmäßige Angebote zur Teilnahme an Workshops durch die BNotK an Softwarehäuser, vgl. auch www.elrv.info). Die Anpassung an die Schnittstellen ist Aufgabe des jeweiligen Softwarehauses. Die Software wurde für den ERV mit den **Registern** programmiert und im Laufe der Jahre weiterentwickelt. Seit dem 1.4.2012 ist die Einreichung von **Grundbuchanträgen** bei einzelnen Grundbuchämtern in Sachsen nur noch in strukturierter Form im Format XML möglich. Daneben sind die für den Vollzug bestimmten Urkunden und Dokumente mit elektronischen Beglaubigungsvermerken nach § 39a BeurkG zu versehen. Die Anträge sind über das EGVP (seit 1.9.2014 in XNotar integriert) an das zuständige Grundbuchamt zu senden. Pläne und Zeichnungen, die ein größeres Format als DIN A3 aufweisen und die damit gemäß § 44 BeurkG verbundenen Dokumente können weiterhin in Papierform eingereicht werden (vgl. zur Grundbuchversion von XNotar: www.elrv.info > XNotar > Häufig gestellte Fragen > Programmversionen > Änderungen in XNotar). Zu den weiteren Anforderung vgl. zB Verordnung des Sächsischen Staatsministeriums der Justiz und für Europa über den elektronischen Rechtsverkehr in Sachsen, http://www.revosax.sachsen.de, der eine MusterrechtsVO zugrundeliegt, die in den Ländern mit geringfügigen Abweichungen inhaltsgleich in Kraft treten wird.

Weiterhin bereitete XNotar die Übergabe der Informationen, die für eine Registeran- 51 meldung erforderlich sind, für das **EGVP** (Elektronisches Gerichts- und Verwaltungspostfach) vor. XNotar übermittelt und empfängt Nachrichten mit dem neu integrierten EGVP-Client künftig selbst. In einem zusammenhängenden Arbeitsablauf werden elektronische Grundbuchanträge, Handelsregisteranmeldungen und ZVR-Anträge erstellt und übermittelt.

IV. Die Verwendung der elektronischen Signatur

1. Akkreditierte Zertifizierungsdiensteanbieter. Gemäß § 33 BNotO hat der Notar 52 bei der Erstellung elektronischer Urkunden eine Signaturkarte eines **akkreditierten Zertifizierungsdiensteanbieters** zu verwenden. Mit dieser Verpflichtung wird eine erhöhte Fälschungssicherheit erreicht.[65] Wenn im Rahmen von „Strategiepapieren"[66] teilweise gegen die personenbezogene qualifizierte Signaturen (qeS) argumentiert wird, so wird der Stellenwert der mit dem sicheren ERV verbundenen Dimension verkannt: Die Sicherstellung der Authentizität und Integrität von elektronischen Dokumenten durch die Nutzung „gängiger Marktstandards" (zB PIN-/TAN-Verfahren, verbindliche E-Mails im künftigen De-Mail-Verfahren) ist für den Bereich der Justiz im allgemeinen und für die Tätigkeit der Notare (und auch der Rechtsanwälte) im Besonderen nicht gewährleistet. Hingegen hat sich die qeS gerade in den einzigen wirklich praktisch gewordenen Anwendungsgebieten des ERV im Justizbereich bewährt und Vertrauen geschafft.[67]

---

[64] http://www.xjustiz.de/fachmodule.
[65] Ausführlich *Bettendorf/Apfelbaum* DNotZ 2008, 85.
[66] http://www.justiz.de/elektronischer_rechtsverkehr/erv_gesamtstrategie.pdf.
[67] *Langenbach* (Hrsg.), Elektronische Signaturen, 2002, S. XXVI und passim zur Unverzichtbarkeit von vertrauenswürdigen Techniken angesichts der Dimension des kulturellen Umbruchs); ausführlich zu den Vorzügen der Signatur *Püls/Gerlach* NotBZ 2019, 85.

53 **2. Anforderungen an das Zertifizierungsverfahren.** Die qualifizierte elektronische Signatur (zum Begriff Art. 3 Nr. 12 eIDAS-VO, bisher § 5 SigG) setzt die Zuordnung des Signaturschlüssels nachweislich an eine bestimmte Person durch einen Zertifizierungsdiensteanbieter (Zertifizierungsstelle, Trust Center) voraus. Da sich eine öffentliche Urkunde durch ihren erhöhten Beweiswert auszeichnet, stellt das Recht zusätzliche Anforderungen an die einzusetzenden Materialien und technischen Voraussetzungen im Vergleich zu einer privaten Urkunde auf. Gemäß § 33 BNotO darf der Notar lediglich eine Signaturkarte eines qualifizierten Vertrauensdiensteanbieters[68] verwenden, bei dem er sich im Zertifizierungsverfahren durch eine öffentliche Beglaubigung der Unterschrift unter dem Antrag (§ 129 BGB) identifizieren musste. Angesichts der erhöhten Beweiskraft elektronischer notarieller Urkunden muss möglichst vermieden werden, dass im Rahmen des Antragsverfahrens sich eine Person in manipulativer Weise unter den personenbezogenen Daten eines Notars identifiziert und aufgrund dieser Identifikation unter falschen Namen auf eine entsprechende Bestätigung der zuständigen Notarkammer hin anschließend auch ein Notarattribut erlangt. Durch die öffentliche Beglaubigung der Unterschrift wird ein notwendiges Element der hoheitlichen Kontrolle in das Zertifizierungsverfahren bei Vergabe einer Signaturkarte an einen Notar inkorporiert, das Manipulationen praktisch ausschließt.[69]

54 **3. Vorgaben zum Notarattribut.** Gemäß § 33 Abs. 1 S. 3 BNotO muss das Notarattribut die Angabe der beruflichen Stellung des Notars, den Amtssitz, das Bundesland, in dem das Notaramt ausgeübt wird, sowie die zuständige Notarkammer ausweisen. Nach Art. 28 Abs. 3 iVm Art. 38 Abs. 3 eIDAS-VO können Zertifikate für qualifizierte elektronische Signaturen Attribute enthalten, die gemäß Art. 24 Abs. 1 eIDAS-VO zuvor überprüft werden. Den gesetzgeberischen Spielraum hat die Bundesrepublik in § 12 Abs. 1 VDG genutzt. Das Notarattribut kann in die qualifizierte elektronische Signatur aufgenommen werden, wenn die zuständige Stelle zuvor diese Angabe bestätigt hat.[70]

55 Mit diesen konkretisierenden Angaben zur Stellung des Notars, werden Informationen aufgenommen, die bei der papiergebundenen Urkunde aus dem Siegel zu entnehmen sind. Mit der Angabe der zuständigen Notarkammer erfolgt gegenüber der Papierurkunde ein mehr an Informationen. Da die regionale Notarkammer die Notareigenschaft für die Erteilung des Notarattribut bestätigt und dessen Sperrung zB wegen Erlöschen der Notareigenschaft oder wegen des Verlustes der Signaturkarte verlangen kann (§ 67 Abs. 5 S. 2 BNotO), wird diese als hierfür zuständige Stelle genannt.[71]

56 **4. Verlust der Signaturkarte.** Um einen Missbrauch der Signaturkarte und das Entstehen des Anscheins einer wirksamen notariellen Urkunde bei Verwendung durch eine dritte Person auszuschließen, hat der Notar gemäß § 34 Abs. 1 S. 2 BNotO bei Verlust der Signaturkarte eine sofortige Sperrung des qualifizierten Zertifikats bei dem Zertifizierungsdiensteanbieter zu veranlassen. Nach einer Sperrung können qualifizierte elektronische Signaturen nicht mehr wirksam erzeugt werden. Die Sperrung kann telefonisch (0800−3550 400) oder postalisch jeweils unter Angabe des **Sperrkennworts** erfolgen. Dieses sollte man dann − neben der Kundennummer − freilich möglichst parat haben.

57 Des Weiteren hat der Notar zugleich den Verlust der Signaturkarte dem Landgerichtspräsidenten und der Notarkammer anzuzeigen, damit diese gegebenenfalls eine Sperrung durchführen, falls entgegen der vorstehenden Verpflichtung der Notar eine solche nicht veranlasst haben sollte. Schließlich hat der Notar der Aufsichtsbehörde den Nachweis über die Sperrung des Zertifikats vorzulegen (§ 34 Abs. 1 Nr. 2 BNotO). Diesen Nach-

---

[68] Die Bundesnotarkammer ist ein solcher, vgl. https://www.bundesnetzagentur.de/DE/Service-Funktionen/ ElektronischeVertrauensdienste/QualifizierteVDA/QualifizierteSignatur/QualZertifikateSignatur_node.html.
[69] Vgl. *Bormann/Apfelbaum* RNotZ 2007, 15.
[70] *Roßnagel* MMR 2018, 31 (34).
[71] Ausführlich *Bettendorf/Apfelbaum* DNotZ 2008, 31.

weis erhält der Notar durch die Onlineabfrage des Status seines Zertifikats und des Ausdrucks der Abfrage. Die zuständige Stelle kann auch einen Widerruf gemäß § 14 Abs. 3 VDG anordnen, wenn die Voraussetzungen für das Notarattribut entfallen sind.

Um nach einer Fehleingabe der PIN oder im Falle des Verlustes arbeitsfähig zu bleiben, **58** wird der Notar vorsorglich eine **Ersatzkarte** beantragen und sicher verwahren. Zur Sperrung bei Amtsnachfolge → Rn. 262.

5. Signaturverfahren und persönliche Amtsausübung. Im elektronischen Rechtsver- **59** kehr müssen die übersandten Erklärungen mit vergleichbar hoher Sicherheit wie im konventionellen Rechtsverkehr den Verantwortlichen für den elektronischen Antrag und die übersandte elektronische Urkunde etc erkennen lassen. Dies ist nur durch den Einsatz von Signaturverfahren möglich, die die höchsten Sicherheitsanforderungen der sog. eIDAS-VO erfüllen.[72] Der Gesetzgeber hat für den Bereich der Justiz schon im Justizkommunikationsgesetz angeordnet, dass eine qualifizierte elektronische Signatur, die dauerhaft überprüfbar ist, zu verwenden ist. Die Notareigenschaft wird entweder als in die Signatur eingebetteter Teil oder durch ein zusätzliches Attribut[73] nachgewiesen, wie dies konventionell durch die Verwendung des Notarsiegels geschieht. Im Hinblick auf den **Urkundsgewährungsanspruch** (§ 15 BNotO) hat jeder Notar über eine Einrichtung zu verfügen, die ihm eine Erstellung eines **einfachen elektronischen Zeugnisses** nach den §§ 39a, 42 Abs. 4 BeurkG erlaubt. Soweit im Rahmen einer Geschäftsprüfung der praktische Umgang des Notars mit der Signaturerstellungseinheit überprüft wird, sollte diese Demonstration dem Notar (verständlicherweise) keine Probleme bereiten.[74]

Die Bundesnotarkammer ist qualifizierter Vertrauensdiensteanbieter iSd eIDAS-VO **60** und kann den Notaren die entsprechende Signatursoftware nebst Signaturschlüssel zur Verfügung stellen, § 78 Abs. 3 BNotO.[75]

Die zu verwendende Signaturerstellungseinheit besteht aus der Signaturkarte und dem **61** Zugangscode (PIN). Da mit der Signatur einschließlich des Notarattributes die Unterschrift des Notars und die Verwendung des Siegels ersetzt wird, kann die Weitergabe der Chipkarte und der PIN zur Verwendung durch einen Dritten der Erteilung von Blankounterschriften nebst Beidrücken des Siegels durch den Notar gleichgestellt werden.[76] Ebenso wie die Erteilung einer Blankounterschrift unzulässig ist, ist die Weitergabe der Signaturerstellungseinheit unzulässig. Dies ergibt sich auch aus folgenden Erwägungen:

Das Anbringen der qualifizierten elektronischen Unterschrift bei der Erstellung von **62** Urkunden nach § 39a BeurkG ist als Amtstätigkeit höchstpersönlich vorzunehmen. Bei der Signierung durch einen Dritten mit der Signaturerstellungseinheit des Notars würde eine nicht zur Vertretung zugelassene Person unter Verletzung der §§ 39 ff. BNotO handeln. Dies gilt auch wegen des Verstoßes gegen § 41 BNotO, wenn der Notarvertreter mit der Karte des Notars signiert. Wird die Signatur also nicht höchstpersönlich von dem Notar (als Inhaber) erzeugt, ist die elektronische Beurkundung unwirksam. Dies ergibt sich aus dem zwingenden Erfordernis der persönlichen Amtshandlung sowohl bei der Erstellung von Vermerkurkunden auf Papier als auch bei der Erstellung in elektronischer Form (§§ 39, 39a BeurkG). Ein Verstoß gegen eine Muss-Vorschrift des Beurkundungsgesetzes führt zur Nichtigkeit der Urkunde.[77]

---

[72] VO (EU) Nr. 910/2014 über elektronische Identifizierung und Vertrauensdienste für elektronische Transaktionen im Binnenmarkt und zur Aufhebung der RL 1999/93/EG, http://data.europa.eu/eli/reg/2014/910/oj, in Kraft seit 1.7.2016; vgl. auch Kilian/Sandkühler/vom Stein/*Püls* Praxis-HdB Notarrecht § 15 Rn. 65.

[73] Regelungen über Attribute in qualifizierten Zertifikaten sind allerdings weiterhin vorgesehen, § 12 VDG.

[74] Vgl. die Hilfestellung unter http://www.elrv.info/de/service/faq (typische Fragen bezüglich des elektronischen Rechtsverkehrs (ElRV) im Rahmen einer Geschäftsprüfung).

[75] → Rn. 72.

[76] Zur rechtlichen Problematik vgl. *Bettendorf* RNotZ 2005, 277.

[77] *Bettendorf/Apfelbaum* DNotZ 2008, 19 (26).

63 Auch nach den Richtlinienempfehlungen der BNotK Abschnitt IV. Nr. 2 darf der Notar
die Signaturkarte und die PIN nicht Mitarbeitern oder Dritten zur Verwendung überlassen und hat sie vor Missbrauch zu schützen. Zwischenzeitlich wurden diese Bestimmungen von allen Notarkammern in ihre Richtlinien aufgenommen. Des Weiteren hat die
BNotK auf diese **Amtspflicht** und auf die Rechtsfolgen ausdrücklich hingewiesen.[78]

64   Der Nachweis der Notareigenschaft über ein Attribut nach § 12 Abs. 1 VDG, welches
Bestandteil des qualifizierten Zertifikats ist, ist nach der Regelungsvorgabe des § 39a
Abs. 2 S. 1 BeurkG nicht zwingend. So wird er bei der elektronischen notariellen Urkunde, die der **Notarvertreter** errichtet, der Nachweis gewöhnlich über eine elektronisch
beglaubigte Abschrift der Vertreterbestellungsurkunde geführt, die über einen ZIP-Con-
tainer mit dem elektronischen Dokument verbunden ist. Jeder Notarvertreter muss über
eine eigene Signaturkarte (sichere Signaturerstellungseinheit iSd Art. 3 Nr. 12, 23 eIDAS-
VO) verfügen, weil die qualifizierte elektronische Signatur das elektronische Äquivalent
der eigenhändigen Unterschrift ist. Dies ergibt sich aus §§ 126 Abs. 3, 126a BGB. Der
nach § 39a Abs. 2 S. 1 BeurkG erforderliche Nachweis der Notareigenschaft wird über
eine elektronische beglaubigte Abschrift der Vertreterbestellungsurkunde geführt. Einzelne
Landesjustizverwaltungen wie zB in Schleswig-Holstein haben zudem angekündigt, dass
die **Vertreterbestellungsurkunde durch den Landgerichtspräsidenten künftig in
elektronischer Form** samt seiner qualifizierten elektronischen Signatur zur Verfügung
gestellt wird; dies wird auch in Sachsen vereinzelt schon praktiziert. Die Notwendigkeit
der Fertigung einer elektronischen beglaubigten Abschrift durch den vertretenen Notar
oder einen anderen Notar entfällt in diesem Fall. Dieses Verfahren erhöht – bei vollständiger Abbildung des Verfahrensablaufs von der Antragstellung durch den Notar direkt bei
der Notarkammer (vgl. zB Nr. 22 Buchst. a Doppelbuchst. kk SächsVwVAusfBNotOVO
iVm § 39 Abs. 1 S. 1 Hs. 1 BNotO) auf elektronischem Weg bis zur elektronischen Vertreterbestellung – die Effizienz und minimiert den Verwaltungsaufwand deutlich.

65 **6. Erzeugung einfacher elektronischer Zeugnisse.** Gemäß § 39a BeurkG, § 15 Abs. 3
BNotO muss der Notar in der Lage sein, einfache elektronische Zeugnisse zu erstellen.
Technisch erfolgt dies über die Programmkomponente **SigNotar** im Programm XNotar.

66   Die Anfertigung von elektronisch beglaubigten Ablichtungen von Papierdokumenten
wird von dem Programm unterstützt. Die Erstellung des elektronischen Dokuments kann
sowohl durch Einscannen des Papierdokumentes als auch durch Verwendung des bereits
in Computer vorliegenden elektronischen Quelldokuments (sog. pdf rendering) erfolgen.
Für die inhaltliche Ausgestaltung der bei der Erzeugung der elektronischen Urkunde zu
verwendenden Texte werden Vorschläge gemacht. Des Weiteren erlaubt das Programm
den Ausdruck von signierten elektronischen Dokumenten, sofern diese bestimmten Spe-
zifikationen genügen. Bei diesem Ausdruck wird ein Prüfprotokoll erzeugt, das den Anforderungen des § 42 Abs. 4 BeurkG genügt. Zu den rechtlichen Fragen, die bei der Erstellung einer beglaubigten Abschrift auftreten.[79] Zwischenzeitlich ist durch die genannte
Literatur und die gerichtlichen Entscheidungen bestätigt, dass der Notar bei der qeS neben seiner digitalen Unterschrift auch das Notarsiegel (Notarattribut) beifügt, so dass es
nicht zwingend eines Scans der Urkunden und dann deren Signierung bedarf, um eine
wirksame beglaubigte Abschrift zu erstellen. Dies geht auch durch direkte Signatur im
Wege des tif- bzw. pdf/a-renderings von elektronischen Dokumenten (die freilich im
Original idR in herkömmlicher Form vorliegen). Das geschilderte Verfahren gilt auch für
Antragsschreiben, die der Notar bisher gesiegelt hat.

---

[78] DNotZ 2008, 161; zur Amtspflichtverletzung auch *Blaeschke* Praxis-HdB Notarprüfung Rn. 174; zur
höchstpersönlichen Verwendung vgl. auch BGH BeckRS 2011, 02642.

[79] Vgl. *Apfelbaum/Bettendorf* RNotZ 2007, 89 sowie LG Chemnitz MittBayNot 2007, 340; LG Hagen
RNotZ 2007, 491; KG DNotZ 2011, 911; zum Medientransfer *Püls* notar 2011, 75 (81 f.).

7. Weitere Regelungen in der Dienstordnung. Wegen der weiteren Regelungen zum 67 elektronischen Rechtsverkehr wird verwiesen:
– für die Urkundenrolle auf → Rn. 105;
– für die Urkundensammlung auf → Rn. 189;
– für die Führung der Generalakten auf → Rn. 235 und
– für die elektronischen Urkunden des Notariatsverwalters auf § 33 Abs. 2 S. 3, S. 4 DONot und des Notarvertreters auf § 33 Abs. 4 S. 4 DONot und auf → Rn. 262.

V. Technisch organisatorische Datenschutzmaßnahmen

Ein aktives Tätigwerden des Notars ist gefordert, wenn man die Bestimmung des § 9 68 BDSG und seine Anlage als Leitlinie organisatorischer Maßnahmen für Datensicherheit im Notariat aufgreift. Entsprechende Bestimmungen und Grundsätze gelten auch nach allen Landesdatenschutzgesetzen und sind für den Notar verpflichtend, vgl. zB § 7 Bay-DSG. Die tragenden Säulen betreffen die folgenden Bereiche:

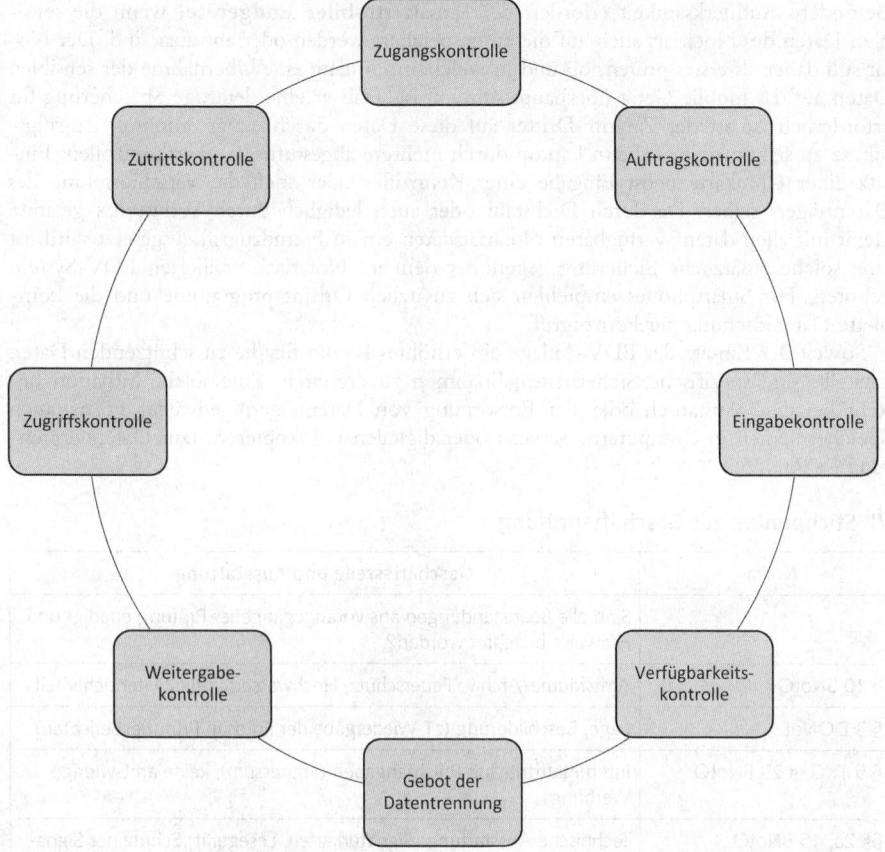

Wer sein eigenes **datensicherheits- und datenschutzrechtliches Konzept** einer 69 Prüfung unterziehen will, kann dies anhand des IT-Grundschutzkataloges des Bundesamtes für Sicherheit in der Informationstechnik (BSI) tun (https://www.bsi.bund.de > Themen > IT-Grundschutz-Kataloge). Eine komplexe, aber grafische Übersicht findet man unter https://commons.wikimedia.org/wiki/File:Mind_map_of_information_security.svg. Manche Punkte muten im Notariat aufgrund der erwähnten, traditionellen Verpflichtung zur Verschwiegenheit (→ Rn. 3) eher selbstverständlich an und manche Anforderungen passen nicht ohne weiteres auf die Organisationseinheit „Notar". Eine für das Notariat angepasste, bereichsspezifische Ausnahme zu den geltenden Datenschutzbestimmungen gibt es derzeit noch nicht. Daher ist der Notar verpflichtet, allgemein bestehende Standards im Datenschutz zu beachten, unabhängig davon, ob er seine Akten ausschließlich in Papier oder – wie allgemein üblich – unter Zuhilfenahme der elektronischer Datenverarbeitung führt, § 6 Abs. 1 DONot.

70   Ebenso wie bei den papiergebundenen Akten nimmt der Bereich der Zugangs-, Zutritts- und Zugriffskontrolle einen hohen Stellenwert ein. Maßnahmen gegen einen unbefugten **Datenzugriff** sind etwa
1. das Abschließen der EDV-Anlage;
2. das Wegschließen der Datensicherungsträger, deren Verschlüsselung bei Transport außerhalb der Geschäftsstelle;
3. der Zugangsschutz zum EDV-System mittels Passwort und ein Konzept dazu;
4. der Einsichtsschutz auf den Bildschirm mittels abgeschirmter Aufstellung (insbesondere im Empfangsbereich) und der Bildschirmsperre in den Pausen der Mitarbeiter.

71 Besondere Aufmerksamkeit erfordert der Einsatz **mobiler Endgeräte,** wenn die sensiblen Daten des Notariats auch auf diesen gespeichert werden oder abrufbar sind. Der Notar soll daher als erstes prüfen, ob und in welchem Umfang eine Übernahme der sensiblen Daten auf das mobile Gerät überhaupt sinnvoll ist. Hält er eine derartige Speicherung für erforderlich, so ist der Zugriff Dritter auf diese Daten durch einen erhöhten Zugangsschutz zu sichern wie zB beim Laptop durch mehrere abgestufte Passwortkontrollen, Einsatz einer Chipkarte nebst Eingabe einer Kennziffer oder auch die Verschlüsselung des Datenträgers selber. Da durch Diebstahl oder auch lediglich durch Verlust das gesamte Gerät mit allen darauf verfügbaren Notariatsdaten einem Fremdzugriff ausgesetzt wird, ist eine solche zusätzliche Sicherung gegenüber dem im Notariat installierten EDV-System geboten. Für Smartphones empfehlen sich zusätzlich Ortungsprogramme und die komplette Datenlöschung per Fernzugriff.

72   Soweit der Einsatz der EDV-Anlage ein erhöhtes Risiko für die zu schützenden Daten darstellt, sind spezifische Sicherheitsmaßnahmen zu ergreifen. Eine solche Situation besteht bei dem Austausch oder der Entsorgung von Datenträgern jedweder Form (auch Speichermedien in Computern, Servern oder digitalen Fotokopierern (zur Datenvernichtung → Rn. 35).

VI. Stichpunkte zur Geschäftsprüfung

73

Norm	Geschäftsstelle und Ausstattung
	Sind alle Beanstandungen aus vorangegangener Prüfung erledigt und Hinweise beachtet worden?
§ 10 BNotO	Amtsräume/Archiv: Feuerschutz, Hochwasserschutz, Datensicherheit
§ 3 DONot	Lage, Beschilderung (zT Wiedergabe der Fotos in Prüfungsberichten)
§ 5 TKG, § 29 BNotO	Internetauftritt mit Pflichtangaben (Impressum); keine amtswidrige Werbung
§§ 2a, 15 BNotO	Technische Ausstattung: Signaturkarten, Lesegerät; Schutz der Signatureinheit
§ 2 Abs. 3 DONot	Siegel (Prägesiegel, Farbdrucksiegel): Verwahrung nach Dienstschluss
§ 5 Abs. 3 S. 1 DONot	Führung der Unterlagen (Bücher und Akten des Notars) in der Geschäftsstelle

Norm	Geschäftsstelle und Ausstattung
§ 5 Abs. 5 DONot	Aktenvernichtung: Vertragsfirma mit vertraglicher Sicherung der Verschwiegenheitspflicht durch den Notar; gilt auch für Unterlagen/Nebenakten, die in elektronischer Form gespeichert werden
§ 17 Abs. 1 DONot	Notariatssoftware: Bescheinigung der für die EDV zuständigen Firma
§ 29 Abs. 2 DONot	Prüfzeugnis PTS (Drucker, Kopierer, Siegelmaschine)
§ 27 DONot	Verwahrung von Wertsachen
§ 32 BNotO	Pflichtbezugsblätter
	Datenschutz **(Aufgaben entspr. § 9 BDSG und Anlage nach dem LDSG)**
§ 18 BNotO	Internetanbindung für jeden Arbeitsplatz und Server erfordert besondere Sicherungsmaßnahmen[80]
§ 7 Abs. 3 SächsDSG	Bei Fernwartung beinhaltet zB § 7 Abs. 3 SächsDSG die Verpflichtung zur Anmeldung eines Fernwartungsvertrages an die zuständige Kontrollbehörde (gemäß § 38 BDSG iVm § 1 der VO der Sächsischen Staatsregierung über die Regelung der Zuständigkeit der Aufsichtsbehörden nach § 38 Abs. 6 BDSG ist die Landesdirektion zuständig)
§ 10 SächsDSG	Datenschutzbeauftragter bestellt und (oder) Verfahrensverzeichnis errichtet, soweit keine gesetzliche Befreiung nach Landesrecht vorgesehen ist
§ 83 Abs. 3 GBV, Ziff. 19a SächsVwVAusf-BNotO, § 133a Abs. 4 GBO	Stichprobenweise Überprüfung der Abrufe; Darlegung des berechtigten Interesses für den Fall einer *Weitergabe* erforderlich; § 43 GBV nimmt Notare von der Darlegungspflicht für die Einsicht als solche aus. Die für die Abrufe zuständigen Mitarbeiter verwahren die Zugangsdaten sicher, so dass diese Dritten nicht zugänglich sind; Protokolle zu isolierten Einsichten
	Signatureinheit
	Zu typischen Fragen bezüglich des elektronischen Rechtsverkehrs im Rahmen einer Geschäftsprüfung vgl. www.elrv.info > FAQ

C. Mitarbeiter; externe Dienstleister

I. Allgemeines

Notare beschäftigen in der Regel ausgebildete Mitarbeiter, die sie bei der Vorbereitung 74 und Abwicklung der Amtsgeschäfte entlasten. Dies gilt insbesondere für den umfangreichen Abwicklungsbereich bei Kaufverträgen und Grundpfandrechten. Für einen reibungslosen Notariatsablauf sollte auf Mitarbeiter geachtet werden, die selbständig einfache Amtsgeschäfte vorbereiten, bei der Vorbereitung schwieriger Amtsgeschäfte behilflich sind, Beurkundungsgeschäfte eigenständig abwickeln, das Kostenwesen verwalten und überhaupt möglichst viele der Tätigkeiten ausführen, die nicht von dem Notar persönlich wahrgenommen werden müssen. Damit ist der Notar für seine eigentlichen Aufgaben freigestellt: Beratung der Beteiligten, Erstellung von Entwürfen und die Beurkundung. Grenzen findet die Entlastung aber insbesondere bei der **Beschäftigung von Mitarbeitern mit Befähigung zum Richteramt,** Laufbahnprüfung für das Amt des Bezirksno-

---

[80] Vgl. das Konzept „NotarNetz"; Weingärtner/Gassen/Sommerfeldt/*Gassen* DONot Teil 2 Rn. 64 ff. und www.elrv.info.

tars oder einem Abschluss als Diplom-Jurist. Sie dürfen nur beschäftigt werden, soweit die **persönliche Amtsausübung** des Notars nicht gefährdet wird.[81] Hierzu gibt es in den Kammerbereichen auch zT Festlegungen, die die Landesjustizverwaltungen auf der Grundlage der Ermächtigung in § 25 Abs. 2 BNotO erlassen haben (vgl. zB §§ 6, 7 NotV-Bay; § 4 BNotOAVO-NW) und die regelmäßig bei der Geschäftsprüfung auch Gegenstand der Kontrolle sind. Mit Blick auf die Haftung des Notars[82] für Pflichtverletzungen seiner Mitarbeiter bzw. Hilfskräfte hat der Notar durch Organisation des Bürobetriebes sowie durch Auswahl, Einweisung und ständige Kontrolle der Mitarbeiter dafür zu sorgen, dass Fehler möglichst vermieden werden und dass keine dem Notar vorbehaltenen Tätigkeiten durch Mitarbeiter übernommen werden. Zu beachten ist auch das in § 17 Abs. 1 S. 4 BNotO niedergelegte **Gebührenbeteiligungsverbot.** Von den zu beachtenden arbeitsrechtlichen Vorschriften sei hier nur auf den regelmäßig anzutreffenden Fall der Schwangerschaft und die Meldepflicht des Notars nach §§ 5, 19 MuSchG gegenüber den Gewerbeaufsichtsämtern hingewiesen.[83]

75   Um qualifizierte Mitarbeiter zu erhalten, sollte sich jeder Notar an der **Ausbildung** beteiligen und Ausbildungsplätze zur Verfügung stellen. Die Ausbildung zum Notarfachangestellten ist nicht nur im Interesse des einzelnen Notars, sondern im Interesse des Berufsstandes von größter Wichtigkeit. Deshalb ist die sorgfältige Ausbildung der Auszubildenden in Erfüllung der Verpflichtungen der §§ 6 ff. des Berufsbildungsgesetzes iVm den Bestimmungen der ReNoPat-AusbildungsVO Dienstpflicht.[84] Die Ausbildungszeit beträgt drei Jahre und wird mit einer Notarfachangestelltenprüfung abgeschlossen. Der Umfang der Ausbildung und die zu vermittelnden Tätigkeiten sind im Ausbildungsrahmenplan festgelegt, von dem der ausbildende Notar in zeitlicher und sachlicher Hinsicht abweichen darf, sofern betriebspraktische Besonderheiten die Abweichung erfordern. Der Notar hat seinen Mitarbeitern neben fachspezifischen Kenntnissen auch die berufsrechtlichen Grundsätze und Besonderheiten zu vermitteln und für angemessene Arbeitsbedingungen zu sorgen (Richtlinienempfehlungen der BNotK Abschnitt VIII. Nr. 2). Soweit in den einzelnen Ländern Förderungsbeihilfen für die Begründung von Ausbildungsplätzen existieren, hält die Ländernotarkasse/Notarkasse, bei der die Ausbildungsverhältnisse auch zu registrieren sind, Antragsmuster und Informationen bereit. Die Förderung der Ausbildung durch die Berufsausbildungsbeihilfe wird dem Auszubildenden im dualen System unter bestimmten Voraussetzungen gewährt (§§ 56–72 SGB III).[85]

76   Für die Ausbildung der **Notarassessoren** trägt der Notar eine besondere Verantwortung, auch wenn es sich hier nicht um Mitarbeiter im klassischen Sinn handelt.[86] Auch hier übernimmt der Notar die Einweisung und hat die Pflicht zur Kontrolle. Der Ausbildungscharakter schlägt sich auch in den Haftungsregelungen, insbesondere in der Verpflichtung zur Freistellung nieder.[87]

77   Für die Mitarbeiter werden Arbeitsverträge erstellt, für die Auszubildenden werden die Verträge im Bereich der Notarkasse/Ländernotarkasse, die die Ausbildungsverhältnisse registriert, gestellt. Alle Mitarbeiter, seien es Voll- oder Teilzeitkräfte, Fachkräfte oder auch nur Hilfspersonal wie Reinigungspersonal, Buchbinder, Gerichtsbote etc, sind mit Ausnahme der Notarassessoren sowie zur Ausbildung zugewiesener Referendare nach § 26 BNotO auf die Bestimmungen der §§ 14 Abs. 4, 18 BNotO besonders hinzuweisen und nach § 1 des Verpflichtungsgesetzes förmlich zu verpflichten. Hierüber ist eine Nieder-

---

[81] Vgl. auch Richtlinienempfehlungen der BNotK Abschnitt VIII. Nr. 2; Schippel/Bracker/*Görk* RLEmB-NotK VIII. Rn. 4 ff.

[82] Schippel/Bracker/*Schramm* BNotO § 19 Rn. 160 ff.

[83] Informationen und ein Benachrichtigungsformular – Beschäftigung einer werdenden Mutter – vgl. zB http://amt24.sachsen.de > Formulare und Onlinedienst > Mutterschutz.

[84] Schippel/Bracker/*Kanzleiter* BNotO § 30 Rn. 2.

[85] http://amt24.sachsen.de > Berufsausbildungsbeihilfe – BAB.

[86] Zur Überweisung durch den Präsidenten der Notarkammer vgl. Schippel/Bracker/*Bracker* BNotO § 7 Rn. 63 ff.

[87] Schippel/Bracker/*Schramm* BNotO § 19 Rn. 156.

schrift **(Verpflichtungserklärung)** anzufertigen, die vom Notar und dem Verpflichteten zu unterzeichnen ist und bei den Generalakten des Notars aufbewahrt wird (§§ 4, 23 Abs. 1 DONot). Ergänzend regelt § 4 Abs. 2 DONot, dass die Verpflichtung auch zu erfolgen hat, wenn zwischen denselben Personen bereits früher ein Beschäftigungsverhältnis bestanden hat oder der Beschäftigte von einem anderen Notar übernommen worden ist. Bei Sozietäten genügt die Verpflichtung durch einen der Sozien. Die Bundesnotarkammer hat ein Formular entworfen, das unter http://www.dnoti.de/informationen/arbeitshilfen/ abrufbar ist. Zur zusätzlichen datenschutzrechtlichen Geheimnisverpflichtung vgl. die Landesdatenschutzgesetze, zB § 6 SächsDSG.

Sollte der Notar die **private Nutzung von E-Mail und Internet** untersagt haben, 78 kommt das TKG nicht zur Anwendung. Hat er seinen Beschäftigten die private Nutzung von Internet oder E-Mail nicht verboten, erbringt er nach jüngster Rechtsprechung gleichwohl keine geschäftsmäßig Telekommunikationsdienste (§ 3 Nr. 6 TKG).[88] Nach Auffassung des Gerichts erbringt der Arbeitgeber weder geschäftsmäßig Telekommunikationsleistungen noch wirkt er an diesen mit. Wäre er Diensteanbieter, würden zB die Pflichten des § 88 TKG für ihn greifen. Es empfiehlt sich mE jedoch in jedem Fall eine klare Regelung zum Umgang, insbesondere zur nicht privaten Verwendung der dienstlichen Mailadresse.

Die rasante Entwicklung im Bereich des der ERV und der IKT stellt besondere Anfor- 79 derungen an die Einbeziehung der Mitarbeiter und die **Organisation der Büroabläufe** sowie deren Überwachung durch den Notar. Mitarbeiter sollten in Entscheidungsvorgänge frühzeitig einbezogen werden, damit sie einerseits für die Umstellungen an ihren Arbeitsplätzen und die Arbeit an solchen Geräten motiviert werden und andererseits ihre eigenen Erfahrungen mit der bereits vorhandenen Notariats-EDV und den Büroabläufen im Notariat einbringen können. Hierdurch können die Arbeitsabläufe im Büro neu überdacht und organisiert werden. Unabdingbar ist die Bereitschaft des Notars, seine Mitarbeiter auf das EDV-System zeitlich ausreichend und intensiv ausbilden zu lassen und diese Schulung auch zu finanzieren. Wird der Einsatz überhastet ohne ausreichende Schulung vorgenommen, so ist das Vorhaben schon fast gescheitert. Dies bedeutet auch, den Mitarbeitern die notwendige Zeit für die nach der Schulung erfolgende Einarbeitungsphase zuzugestehen. Entsprechendes gilt für die laufende Schulung der Mitarbeiter oder bei Eintritt eines neuen Mitarbeiters in das Büro.

Es empfiehlt sich, einen oder mehrere **Organisationsbeauftragte(n)** oder **System-** 80 **beauftragte(n)** sowie deren Vertreter für die EDV und den ERV zu benennen. Diese Mitarbeiter haben die Aufgabe, nach der Schulung die Einführung des Systems im Notariat zu unterstützen, die notwendigen Organisationsfragen zu klären und die Betreuung der Anwendung vorzunehmen, bei einem Mitarbeiterwechsel den neuen Mitarbeiter einzuführen, an Weiterentwicklungen bezüglich der Büroorganisation im Hinblick auf die EDV-Anlage mitzuwirken und die technische Betreuung des Gerätes vorzunehmen wie zum Beispiel die Kontrolle der Bereinigung des Speicherinhaltes von erledigten Vorgängen. Schließlich hat der Beauftragte die erforderliche Datensicherung durchzuführen oder deren Durchführung verantwortlich zu überwachen. Falls dieser für die Organisation der EDV so wichtige Mitarbeiter wegfällt, sollte frühzeitig eine Ersatzperson mit eingearbeitet werden.

§ 26a BNotO enthält eine Befugnisnorm, um **externe Dienstleister,** die in Kontakt mit 80a geheimhaltungsbedürftigen Tatsachen iSd § 18 BNotO kommen, beauftragen zu können.[89] Ein Dienstleister ist eine andere Person oder Stelle, die vom Notar im Rahmen seiner Be-

---

[88] LAG Berlin-Brandenburg BeckRS 2011, 72743.
[89] → Rn. 3b sowie BNotK-Rundschreiben Nr. 4/2018 v. 17.4.2018 (http://www.bnotk.de/3-1211/Rund schreiben/2018/2018_04.html); dazu zählen insbesondere IT-Dienstleister (inklusive Kopierer Wartung), Reinigungs- und Sicherheitsdienste, Buchbinder für papiergebundene Bücher und Verzeichnisse des Notars, Aktenvernichtungsdienste; **ausgenommen** sind zur Berufsverschwiegenheit verpflichtete Personengruppen, also etwa Steuerberater.

rufsausübung mit Dienstleistungen beauftragt wird, § 26a Abs. 1 S. 2 BNotO. Soweit externe Dienstleister auf gesetzlicher Grundlage im Rahmen der notariellen Tätigkeit einzuschalten sind, wie etwa die Bundesnotarkammer als Register-und Urkundenarchiv-Behörde sowie als Betreiberin des elektronischen Notaraktenspeichers, des Notarverzeichnisses und des besonderen elektronischen Notarpostfachs, liegt hier keine Beauftragung durch den Notar vor, sondern ein Tätigwerden/eine Einschaltung auf gesetzlicher Grundlage. Ähnliches dürfte auch für die anderkontenführenden Banken gelten, da gemäß § 58 Abs. 2 S. 1 BeurkG die Konten vom Notar gesetzlich zwingend bei einem im Inland zum Geschäftsbetrieb befugten Kreditinstitut zu führen sind. Zwar liegt formal eine Beauftragung vor, diese erfolgt jedoch ebenso auf gesetzlich zwingender Grundlage.[90]

80b Für beauftragte Dienstleister gilt die sorgfältige Auswahl, die Überwachung des Dienstleisters, die Reduzierung des Zugriffs auf sensible Daten unter Beschränkung auf das erforderliche Maß und die Dokumentation der **Verschwiegenheitsverpflichtung** gemäß § 26a Abs. 3 BNotO in schriftlicher Form. Auf die Höchstpersönlichkeit der Amtsführung ist im Falle von Sozietäten davon auszugehen, dass jeder Notar individuell sicherzustellen hat, dass die von ihm beauftragten Dienstleister gemäß den gesetzlichen Anforderungen zur Vertraulichkeit verpflichtet werden. Freilich kann dies in einer einheitlichen Erklärung mit Wirkung für beide Sozien erfolgen. Ebenso dürfte die in Einzelfällen gebotene Vereinbarung zur Auftragsverarbeitung iSv Art. 28 DS-GVO mit der entsprechenden Verpflichtung zur Verschwiegenheit zu verbinden sein.

II. Stichpunkte zur Geschäftsprüfung

81

§§ 14 Abs. 4, 18 BNotO	Mitarbeiter (Hinweise, die üblicherweise im Rahmen der Verpflichtung erteilt werden)
§ 4 BNotO iVm § 26 BNotO iVm § 1 VerpflG; § 6 SächsDSG	Geheimnisverpflichtung der Mitarbeiter neben Verpflichtung nach VerpflG?
§ 25 BNotO iVm § 10 Abs. 1 BNotOVO	Genehmigung Juristische Mitarbeiter
§ 26a BNotO	Anforderungen an die Einschaltung von externen Dienstleistern

D. Bücher, Verzeichnisse und Akten des Notars

I. Gemeinsame Bestimmungen zu den Unterlagen des Notars

82 **1. Legaldefinition der Unterlagen.** Die §§ 5–25 DONot beinhalten Regelungen zur Behandlung der Bücher, Verzeichnisse, Akten und Übersichten der Notare. § 5 DONot enthält hierzu folgende Legaldefinition: Es werden als **Buch** geführt: die Urkundenrolle, das Verwahrungs- und das Massenbuch. Die Bücher werden ergänzt um die **Verzeichnisse:** das Erbvertragsverzeichnis, die Anderkontenliste und die Namensverzeichnisse zur Urkundenrolle und zum Massenbuch sowie Dokumentationen zur Einhaltung von Mitwirkungsverboten. Des Weiteren sind nach landesrechtlichen Bestimmungen Verzeichnisse der Nachlass- und Gütergemeinschaftsauseinandersetzungen sowie Kostenregister (Notarkasse/Ländernotarkasse zur Feststellung der Gebühren, die der Abgabe unterliegen), zu führen. Neben den Büchern und Verzeichnissen werden folgende Unterlagen unter der Bezeichnung **„Akten"** geführt: die Urkundensammlung, die Sammelbände für Wechsel- und Scheckproteste, die Nebenakten, die Generalakten. Schließlich hat der Notar jährlich

---

[90] Folgt man dieser Argumentation nicht, so ist laut Bundesnotarkammer eine Vereinbarung mit der Bank zu treffen.Eine Einwilligung für den konkreten Fall § 26a Abs. 4 BNotO ist mit Blick auf die Vereinbarung in der notariellen Urkunde oder einer isolierten Hinterlegung entbehrlich.

Übersichten über die Urkunds- und Verwahrungsgeschäfte zu erstellen (§ 5 Abs. 2 DONot).

Die auf Grundlage des nach § 36 Abs. 1 Nr. 1 BNotO zu erlassende Verordnung wird die näheren Bestimmungen treffen über die vom Notar zu führenden Akten und Verzeichnisse. Begrifflich werden hier einige Veränderungen stattfinden, so wird die Urkundenrolle zum **Urkundenverzeichnis** (vgl. Legaldefinition in § 55 BeurkG-2022), an die Stelle von Massen- und Verwahrungsbuch rückt das **Verwahrungsverzeichnis** (vgl. Legaldefinition in § 59a BeurkG-2022) über Verwahrungsmassen, die der Notar nach § 23 BNotO entsprechend den Bestimmungen in §§ 57, 62 BeurkG entgegennimmt. Sowohl das Urkundenverzeichnis als auch das Verwahrungsverzeichnis sind im **Elektronischen Urkundenarchiv** (vgl. Legaldefinition in § 78h BNotO) zu führen. Das **Beteiligtenverzeichnis** (vgl. § 15 DONot im Bereich des Anwaltsnotariats) ist von der zwingenden elektronischen Führung nicht betroffen. Allerdings wird auch hier die Führung in rein elektronischer Form gemäß § 35 Abs. 2, Abs. 4 BNotO-2022 in der Geschäftsstelle des Notars oder im **Elektronischen Notaraktenspeicher** (§ 78k Abs. 1 BNotO) zulässig.[91]

2. Ort der Führung, Drittbeauftragung. Nach § 5 Abs. 3 DONot sind die Unterlagen in der Geschäftsstelle des Notars von Personen zu führen, die bei dem Notar beschäftigt sind. Es wird klargestellt, dass eine **Drittbeauftragung** unzulässig ist. Dies wird in § 27 Abs. 2 DONot nochmals ausdrücklich bestätigt. Damit ist die frühere Streitfrage, ob das Verwahrungs- und Massenbuch durch **Fernbuchung** (externe Datenverarbeitung) geführt werden kann, abschließend entschieden. Darüber hinaus wird klargestellt, dass bei überörtlichen Sozietäten die Unterlagen am Ort der Geschäftsstelle des jeweiligen Notars zu führen sind, die Führung der Bücher, Verzeichnisse, Akten und Übersichten der Notare einer überörtlichen Sozietät an einem Ort zentral für alle Notare damit unzulässig ist.

Vom Ort der Führung der Unterlagen wird künftig mit Blick auf die elektronischen Möglichkeiten auch der **Ort der Speicherung** zu unterscheiden sein. Neben der zwingenden Führung des Urkundenverzeichnisses sowie des Verwahrungsverzeichnisses im Elektronischen Urkundenarchiv der Bundesnotarkammer wird es auch die Möglichkeit geben, die Akten iSd § 35 Abs. 2 BNotO-2022 (und beispielsweise auch das Beteiligtenverzeichnis) in rein elektronischer Form im Elektronischen Notaraktenspeicher (§ 78k Abs. 1 BNotO) zu führen.

3. Aufbewahrungsfristen. In § 5 Abs. 4 DONot sind die Aufbewahrungsfristen für die Bücher, Verzeichnisse und Akten des Notars zusammenfassend geregelt. Nach Ablauf der jeweiligen Aufbewahrungsfrist sind die Unterlagen zwingend zu **vernichten.** Ausnahmen sind nur im Einzelfall zulässig, wenn die weitere Aufbewahrung aus besonderen Gründen erforderlich ist.

Auch bezüglich der Aufbewahrungsfristen von Akten und Verzeichnissen wird eine neue Regelung im Rahmen der Umsetzung der Verordnung gemäß § 36 Abs. 1 Nr. 2 BNotO-2022 erfolgen.

Die Unterlagen, die bisher nach § 5 Abs. 1 DONot dauernd aufzubewahren waren, sind, sofern sie nach dem 31.12.1949 entstanden sind, nur noch 100 Jahre aufzubewahren. Die Frage, wer diese Unterlagen nach Beendigung des Notaramtes in Verwahrung nimmt – Justizverwaltung, Amtsnachfolger oder Notarstand –, ist noch in der Diskussion; zum ELUA → Rn. 18.

Die rein elektronische Verwahrung von Urkunden im **Elektronischen Urkundenarchiv** (vgl. Legaldefinition in § 78h BNotO) wird ab 1.1.2022 Pflicht, §§ 55 Abs. 3, 76 Abs. 5 S. 1

---

[91] Bisher war die elektronische Form ein „Hilfsmittel" und daher gemäß § 15 Abs. 2 DONot iVm § 6 DONot für die Führung von Verzeichnissen nicht zulässig.

BeurkG-2022.[92] Während die bis dahin errichteten Urkunden in Urkundensammlungen unverändert nach den bisherigen Grundsätzen und Fristen vom Notar aufzubewahren sind, gilt für die elektronisch eingestellten Dokumente ab 1.1.2022 eine Aufbewahrungsfrist für die errichteten Papierurkunden für einen Zeitraum von 30 Jahren.[93] Erbverträge hingegen sind unverändert zu verwahren. Zu Übergangsvorschriften für bestehende Urkundensammlungen vgl. auch § 119 BNotO.

86   Bei den Nebenakten hat der Notar das Recht und ggf. auch die Pflicht, bei der letzten inhaltlichen Bearbeitung schriftlich eine längere Aufbewahrungsfrist für Vorgänge, die spätere Rückfragen erwarten lassen oder bei denen Regressgefahren bestehen, zu bestimmen, zB bei Verfügungen von Todes wegen, Übertragungsverträgen, etc. Auch wenn eine solche Bestimmung bei der Ablage noch nicht erfolgt ist, kann die Vernichtungspflicht noch zu einem späteren Zeitpunkt aufgeschoben werden, wenn der Notar die weitere Aufbewahrung für erforderlich hält. Die Dauer der verlängerten Aufbewahrung legt der Notar nach pflichtgemäßem Ermessen fest. Die wiederholte Verlängerung ist nach der DONot nicht ausgeschlossen. Die Anordnung kann auch generell für alle gleichartigen Urkunden, zB alle Eheverträge oder alle Verfügungen von Todeswegen erfolgen (§ 5 Abs. 4 S. 1 DONot).

87   Die genannten Aufbewahrungsfristen und Verlängerungsmöglichkeiten gelten wohl entsprechend für die zulässige Dauer der **Speicherung** der Daten als Hilfsmittel in einer EDV-Anlage, wenngleich § 5 Abs. 4 DONot dazu nichts aussagt. Angesichts der dauerhaften Verwahrung der Urkunden, Haftungsgefahren und dem zunehmenden Interesse der Beteiligten an einer schnellen Verfügbarkeit elektronischer Akten und Vorgänge erscheint auch die notarielle Bestimmung einer für die elektronischen Daten längeren Frist möglich. Soweit die gespeicherten Daten der Eintragung in die vorgeschriebenen Verzeichnisse oder Bücher vorgehen, zu deren Herstellung oder auch deren Rekonstruktion dienen oder sie das Auffinden der Eintragungen und des Inhalts der Vorgänge erleichtern, ist deren parallele EDV-Speicherung ohnehin zulässig.

88   Eine rein **elektronische Archivierung** sowohl der Urkunden, Bücher, Verzeichnisse als auch der Akten ist nur aufgrund einer zukünftigen Änderung der Bundesnotarordnung und des Beurkundungsgesetzes möglich. Die dazu notwendigen gesetzlichen und technischen Maßnahmen (Elektronisches Urkundenarchiv) werden zurzeit diskutiert, → Rn. 18.

88a   Mit dem URAG (→ Rn. 1, 82a, 83a, 84a, 85a) wird zunächst die rein elektronische Führung (und damit auch die Archivierung) des Urkundenverzeichnisses sowie des Verwahrungsverzeichnisses (voraussichtlich ab 1.1.2022) im **Elektronischen Urkundenarchiv** der Bundesnotarkammer zur Pflicht. Ab 1.1.2022 dann auch die elektronische Speicherung der Urkunden. Daneben wird voraussichtlich ab 1.1.2022 die Führung der Beteiligtenverzeichnisse sowie insbesondere auch der Nebenakten in rein elektronischer Form möglich, wobei nur die Führung an der Notarstelle selbst oder im elektronischen Notaraktenspeicher (§ 78k Abs. 1 BNotO) möglich ist. Zulässig wird die Führung von einzelnen Nebenakten in rein elektronischer Form (während andere Akten weiter rein in Papierform mit der Nebenakte als bestimmende Akte geführt werden), aber auch die hybride Führung von Akten. Die Akte wird in ihrer bestimmenden Form (Leitakte) entweder in elektronischer oder papierener Form geführt, daneben gibt es zu dieser Akte dann eine komplementäre Papierakte (oder eben bei papiergebundenen Leitakten eine komplementäre elektronische Nebenakte). Die näheren Anforderungen werden in der gemäß § 36 BNotO-2022 zu erlassenden Verordnung enthalten sein.[94]

---

[92] Gesetz v. 1.6.2017 (BGBl. I 1396).

[93] Soweit diese nach § 56 Abs. 1 BeurkG-2022 in elektronische Dokumente übertragen worden sind, die in der elektronischen Urkundensammlung verwahrt werden, sollte die Aufbewahrungsfrist für das in Papierform vorhandene Schriftstück 30 Jahre betragen, vgl. dazu auch BT-Drs. 18/10607, 40.

[94] Zum Ganzen vgl. Kilian/Sandkühler/vom Stein/*Frohn* Praxis-HdB Notarrecht Rn. 36 ff.

II. Gemeinsame Bestimmungen zu den Büchern und Verzeichnissen

In der Systematik der DONot sind die Bestimmungen, die allgemein für die Führung der **89** Bücher gelten, nicht bei dem jeweils zu führenden Buch bzw. Verzeichnis angesiedelt, sondern werden den Einzelbestimmungen gemeinsam vorangestellt. Dies sind:

1. Änderungen in Büchern/Verzeichnissen. Zusätze und sonstige Änderungen in den **90** **Büchern** dürfen gemäß dem in § 7 Abs. 2 DONot enthaltenen **Änderungsverbot** nur so vorgenommen werden, dass die ursprüngliche Eintragung **lesbar** bleibt. In der Urkundenrolle, dem Verwahrungs- und Massenbuch sind sie durch einen von dem Notar zu datierenden und zu unterschreibenden Vermerk auf der geänderten Seite zu bestätigen (§ 7 Abs. 2 DONot); bei der automationsgestützten Führung der Bücher erfolgt die Datierung und Unterzeichnung erst mit dem Ausdruck einer vollbeschriebenen Seite (§ 17 Abs. 2 DONot). An welcher Stelle der Vermerk auf der Seite angebracht wird, ist nicht vorgeschrieben.

Das Vorstehende gilt ausschließlich für die Bücher und nicht für die Verzeichnisse. **91**

2. Buch- oder Loseblattform. Die Dienstordnung geht im Grundsatz davon aus, dass **92** die Urkundenrolle, das Verwahrungsbuch und das Massenbuch sowie die dazugehörenden Verzeichnisse in gebundener Form auf dauerhaftem Papier fortlaufend paginiert als Bücher geführt werden. Das jeweilige Buch ist so lange zu verwenden, bis es gefüllt ist, unabhängig vom Zeitablauf eines Jahres. Alternativ besteht die Möglichkeit, die Urkundenrolle und das Verwahrungsbuch in **Loseblattform** (§§ 6 Abs. 2, 14 Abs. 1 DONot), dann jedoch jeweils für den Zeitraum eines Kalenderjahres, und das Massenbuch als **Massenkartei** (§§ 6 Abs. 2, 14 Abs. 2 DONot), einer besonderen Form der Loseblattführung, zu führen. Gleiches gilt für die Verzeichnisse. Die Führung des Loseblattverwahrungsbuches und der Massenkartei im – vielleicht gelegentlich noch praktizierten – **Durchschreibeverfahren** ist weiterhin zulässig.

Beabsichtigt der Notar, das System der Führung seiner Bücher zu wechseln, zB durch **93** Umstellung auf EDV, so ist dies jederzeit zulässig. Eine Ausnahme besteht lediglich in Nordrhein-Westfalen: Dort darf der Wechsel nur zum Jahresende vorgenommen werden (Buchst. d. der Einführung zur DONot). Für diese Anordnung ist kein sachlicher Grund erkennbar ist. Sicher kann deren Anwendung ausgeschlossen werden, wenn eine Amtsnachfolge innerhalb eines Jahres erfolgt und der Amtsnachfolger mit dem Amtswechsel ein neues EDV-System einsetzt.

Werden die Bücher in gebundener Form geführt, so ist das Titelblatt nach dem Muster **94** der Dienstordnung **vor** der Ingebrauchnahme des jeweiligen Buches auszufüllen. Bei der Führung der Urkundenrolle beziehungsweise des Verwahrungsbuches in Loseblattform ist ein entsprechendes Titelblatt für die Urkundenrolle beziehungsweise für das Verwahrungsbuch **nach** Abschluss eines Jahres zu erstellen und zu unterschreiben. Dieses Titelblatt sowie die Einlageblätter sind sodann **unverzüglich** mit Schnur und Siegel zu verbinden. Bis dahin sind die vollbeschriebenen Einlageblätter in Schnellheftern oder Aktenordnern abzulegen. Diese Form der Aufbewahrung ist auch für das abgeschlossene mit Schnur und Siegel versehene Buch zulässig (§ 14 Abs. 1 DONot). Ein festes Einbinden des Buches ist nicht erforderlich. Für das anschließende Kalenderjahr wird eine neue Loseblattsammlung begonnen.

3. Muster der Dienstordnung. Die von der Dienstordnung vorgeschriebenen Muster **95** dürfen im Format (zB Hoch- oder Querformat, Breite der Spalten) geändert werden (§ 6 Abs. 3 DONot). So ist es zB zulässig, die Verzeichnisse mit kleinerer Druckeinteilung auf einer DIN-A4-Seite im Hoch- oder Querformat auszudrucken. Im Interesse von straffen Regelungen in der Dienstordnung verzichtete die Bundesnotarkammer auf die Aufnahme von Klarstellungen im Hinblick auf die Gestaltung der amtlichen Muster, da die Landesjustizverwaltung zu erkennen gab, dass „kleinliche" Beanstandungen in Geschäftsprüfungen, die den Sinn und Zweck der Muster vernachlässigen, keinen Bestand haben könnten. Als Beispiel wurde genannt eine Beanstandung bei der Führung der Verwahrungs- und Massenbücher, die den Ersatz der senkrechten Linie der Spalte zwischen Euro und Cent durch Kommata rügte.

96   Soweit die Muster mit Texten versehen sind, stellen diese Texte keine Anweisungen an den Notar dar, sondern besitzen nur den Charakter von Vorschlägen und Empfehlungen der Justizverwaltung. Aus diesen Vorschlägen bzw. Empfehlungen können keine Dienstpflichten des Notars abgeleitet werden.

97   **4. Führung der Bücher und Verzeichnisse mittels einer EDV-Anlage; Fristen für Registrierung, Ausdruck.** Durch den Einsatz von EDV-Anlagen im Notariat können die Möglichkeiten moderner Technologien genutzt werden, um bessere berufliche Leistungen zu erbringen. Dabei ist die Verwendung von EDV-Anlagen zur Führung der Bücher des Notars unbedenklich, sofern die Bestimmungen der Dienstordnung eingehalten und die Technik lediglich als Hilfsmittel zur Erstellung der im Übrigen in **Papierform** geführten Bücher eingesetzt wird. Dieser Grundsatz hat seinen Niederschlag in § 6 Abs. 1 Hs. 2 DONot sowie § 17 DONot gefunden (vgl. weiter zum Ausdruck der Urkundenrolle, des Verwahrungs- und Massenbuches, der Anderkontenliste, der Namensverzeichnisse und des Erbvertragsverzeichnisses → Rn. 99, und allgemein zur EDV und Notarrecht und den EDV-Empfehlungen der BNotK → Rn. 21 ff.).

98   Die Erfassung der notwendigen Angaben für die jeweiligen Register besagt bei EDV-gestützter Bücherführung noch nichts über den Zeitpunkt, zu dem ein Ausdruck vom Notar zu fertigen ist. Hier enthält die DONot ein feinsinniges Konstrukt von Fristen, deren Einhaltung der Notar zu beachten hat; hier schlägt der Grundsatz der papiergebundenen Bücherführung durch.[95] Nachfolgende Übersicht soll die Orientierung erleichtern:

99

Fristen für Eingabe und Ausdruck				
§ 17 Abs. 1 DONot	Eintragungen			
	Register	Registrierung (Eintragung)	spätestens	Ausdruck
§ 8 Abs. 3 DONot	Urkundenrolle	zeitnah	14 Tage nach Beurkundung	§ 17 Abs. 1 iVm § 14 Abs. 3 DONot (alle 14 Tage)
§ 10 Abs. 2 Hs. 1 DONot	Verwahrbuch Massenbuch	Bargeldannahme nach § 57 BeurkG grds. unmöglich! (früher: noch am Tag der Einnahme/Ausgabe)		am Tag des Eingangs oder der Ausgabe

---

[95] Vgl. auch Weingärtner/Gassen/Sommerfeldt/*Weingärtner* DONot § 17 Rn. 7 ff.

Fristen für Eingabe und Ausdruck				
§ 17 Abs. 1 DONot	Eintragungen			
	Register	Registrierung (Eintragung)	spätestens	Ausdruck
§ 10 Abs. 3 S. 1 DONot	Verwahrbuch Massenbuch	Giralgeld Taggenaue Buchung unter dem Tag des Kontoauszugs (§ 10 Abs. 4 DONot); Sachsen: alternativ Datum der Wertstellung		am Tag der Registrierung
§ 10 Abs. 4 S. 1 DONot	Verwahrbuch Massenbuch	Schecks am und mit dem Datum der Entgegennahme		am Tag der Registrierung
§ 13 DONot	Namensverzeichnis	zeitnah, spätestens zum Vierteljahresende		jährlich, § 17 Abs. 2 DONot bei Geschäftsprüfung muss Ausdruck auch innerhalb des lfd. Jahres möglich sein
§ 12 Abs. 5 DONot	Anderkontenliste	Bei Anlegung der Masse		jährlich, § 17 Abs. 2 DONot, bei Geschäftsprüfung muss Ausdruck auch innerhalb des lfd. Jahres möglich sein
§ 9 DONot	Erbvertragsverzeichnis		14 Tage nach Beurkundung	

III. Urkundenrolle

Die Urkundenrolle wird gemäß der Anlage (Muster 2) zur Dienstordnung geführt. Der **100** Umfang der notwendigen Angaben ergibt sich aus § 8 DONot.

1. Eintragungspflichtige Vorgänge. § 8 DONot regelt in Abs. 1 Nr. 1–7 in der Form **101** eines **Positivkataloges,** welche Vorgänge eintragungspflichtig sind. Grundsätzlich sind alle Urkunden, die nach den §§ 20–21a BNotO iVm §§ 8–43 BeurkG errichtet werden, in der Urkundenrolle zu vermerken. **Nicht** in der Urkundenrolle vermerkt werden, mangels ausdrücklicher Nennung gemäß § 8 DONot, die Erteilung von Ausfertigungen, die Beglaubigung von Abschriften, einschließlich der ihnen gleichgestellten Transformationsbeglaubigungen gemäß §§ 39a, 42 BeurkG, Vermerke nach § 39 BeurkG, die auf die Urschrift oder Ausfertigung einer Urkunde oder ein damit verbundenes Blatt gesetzt werden sowie Wechsel- und Scheckproteste. Ebenso sind **Vertretungsbescheinigungen** nach § 21 BNotO, die unabhängig von einer Urkunde erstellt werden, nicht in die Urkundenrolle einzutragen, da sie nicht zu den in § 39 BeurkG genannten sonstigen einfachen Zeugnissen zählen. **Sonstige einfache Zeugnisse** sind zB notarielle Tatsachenbescheinigungen über die Zahlung einer Geldsumme, die Übergabe von Gegenständen, die Hinterlegung von Aktien und Schuldverschreibungen zur Teilnahme an einer Hauptversammlung oder zur Stimmrechtsausübung. Regional unterschiedlich wird die Eintragung von **Satzungsbescheinigungen** (§ 54 GmbHG, § 181 AktG) und **Gesellschafterlisten** (§ 40 Abs. 2 GmbHG) beurteilt. Mit *Bracker*[96] ist richtigerweise von einer Eintragung auszugehen, da dies dem Sinn der gesetzlichen Vorschriften am besten entspricht und die dauerhafte Auffindbarkeit gewährleistet.[97]

101a   Das Urkundenverzeichnis ersetzt die bisherige Urkundenrolle, das hierzu geführte Namensverzeichnis und das Erbvertragsverzeichnis, die bis 31.12.2019 in Papierform geführt werden. Es erfüllt die gleichen Zwecke wie diese und wird wohl im Wesentlichen die gleichen Angaben enthalten. Ab 1.1.2022 erfolgt außerdem die Zuschlüsselung der dann zu führenden (elektronischen) Urkundensammlung.

101b   Welche Vorgänge eintragungspflichtig sind, wird künftig in einer Verordnung geregelt werden; § 36 Abs. 1 Nr. 1 BNotO-2022 sieht vor, dass in dieser Verordnung die näheren Bestimmungen über die vom Notar zu führenden Akten und Verzeichnisse, über den Inhalt sowie die Art und Weise der Führung und insbesondere die vom Notar zu den Akten zu nehmenden Unterlagen **sowie die in die Verzeichnisse einzutragenden Angaben** einschließlich der zu erhebenden Daten und der insoweit zu beachtenden Fristen zu regeln sind.

102   Zusätzlich zu den vorgenannten Urkunden sind in die Urkundenrolle einzutragen: **Vollstreckbarkeitserklärungen** (Anwaltsvergleich, schiedsrichterlicher Vergleich) sowie aus dem Vermittlungsverfahren des Sachenrechtsbereinigungsgesetzes die **Einigung** (§ 98 Abs. 2 S. 1 SachenRBerG) bzw. das **Abschlussprotokoll** (§ 99 SachenRBerG), die **Vertragsbeurkundung** (§ 96 Abs. 3 S. 1 SachenRBerG) und die **Vertragsbestätigung** (§ 96 Abs. 5 S. 2 SachenRBerG).

103   Die „**Eigenurkunde**" des Notars ist nicht in die Urkundenrolle einzutragen.[98] Die abweichende Meinung von *Weingärtner*[99] und differenzierend *Blaeschke*[100] wird damit begründet, dass die Eigenurkunde als öffentliche Urkunde iSd § 415 ZPO einzutragen sei. Diese wird damit aber nicht zu einer Urkunde im Sinne des Beurkundungsgesetzes, die von der abschließenden Aufzählung des § 8 DONot erfasst wird.

104   Nach § 39a BeurkG können Vermerkurkunden, zurzeit beglaubigte Abschriften und sonstige Zeugnisse iSd § 39 BeurkG, elektronisch errichtet werden (**elektronische Urkunde**). § 42 Abs. 4 BeurkG enthält zusätzliche Bestimmungen zur Beglaubigung eines Ausdruckes eines elektronischen Dokuments. Zur Erstellung eines einfachen elektronischen Zeugnisses und der damit verbunden Amtspflicht zum sorgfältigen Umgang mit der sog. Signatureinheit bestehend aus der Chipkarte und der Zugangskennziffer (PIN) → Rn. 52 ff. Mit diesen Vorschriften wird im Wesentlichen die Transformation elektronischer Dokumente, also der Medientransfer zwischen elektronischen Dokumenten und Papierurkunden und umgekehrt, sowie eine Umwandlung eines elektronischen Dokumentes in ein anderes elektronisches Format, wie zum Beispiel von einem Word-Format in ein PDF-Format geregelt, → Rn. 11.

105   Einer dienstordnungsrechtlichen unterschiedlichen Behandlung der **einfachen elektronischen Zeugnisse** im Verhältnis zu den einfachen Zeugnissen des § 39 BeurkG bedarf es nicht, da diese den gleichen Sachverhalt regeln und inhaltlich übereinstimmen. Die Änderungen in § 8 Abs. 1 Nr. 4a, Nr. 5a, Abs. 4 DONot stellen nunmehr lediglich klar, dass dieselben Arten von Zeugnisurkunden, die bislang auf der Grundlage von § 8

---

[96] Schippel/Bracker/*Bracker* BNotO § 8 Rn. 3.
[97] AA Armbrüster/Preuß/Renner/*Eickelberg* DONot § 8 Rn. 5.
[98] *Bettendorf* RNotZ Sonderheft 2001, 10; Eylmann/Vaasen/*von Campe* DONot § 8 Rn. 10; Armbrüster/Preuß/Renner/*Eickelberg* DONot § 8 Rn. 6.
[99] Weingärtner/Gassen/Sommerfeldt/*Weingärtner* DONot § 8 Rn. 4.
[100] Praxis-HdB Notarprüfung Rn. 289, 488.

DONot in die Urkundenrolle einzutragen waren, auch dann einzutragen sind, wenn sie in elektronischer Form gefertigt werden. Über die Notwendigkeit der Eintragung in die Urkundenrolle entscheiden demnach wie nach der bisherigen Regelungssystematik der Inhalt des Vermerks und nicht sein Medium.

Derzeit sind daher elektronische Urkunden nur in seltenen Fällen, wie zB bei elektro- 106 nischen notariellen Lebensbescheinigungen oder elektronischen Bestätigungen des Notars über den Zeitpunkt der Vorlage von Privaturkunden, in die Urkundenrolle einzutragen. Für den in § 8 Abs. 1 Nr. 4a DONot angesprochenen Fall der Beglaubigung einer elektronischen Signatur gibt es noch keinen praktischen Anwendungsbereich. Denn eine vergleichbare Formvorschrift zu § 129 BGB für eine elektronische öffentliche Beglaubigung existiert noch nicht.

Der Hauptanwendungsfall, die Fertigung elektronischer beglaubigter Abschriften von 107 Papierurkunden für den elektronischen Handelsregisterverkehr, begründet ebenfalls keine Eintragungspflicht. Die Pflicht des Notars gemäß § 42 Abs. 4 BeurkG, das Ergebnis der Signaturprüfung bei einer Transformation eines elektronischen Dokumentes in ein Papierdokument zu dokumentieren, führt ebenfalls nicht zur Annahme eines „sonstigen einfachen Zeugnisses". Es fehlt an einem eigenständigen Vermerkcharakter. Die Dokumentation gehört inhaltlich zu dem Beglaubigungsvermerk, wie es sich aus dem Vergleich zu § 42 Abs. 1 BeurkG ergibt. Auch dort soll die Formqualität der beglaubigten Hauptschrift im Vermerk festgestellt werden. Diese Feststellung ist allein Inhalt des Beglaubigungsvermerks und nicht in die Urkundenrolle aufzunehmen. Mit der Dokumentation der Signaturprüfung erfolgt eine vergleichbare Qualifizierung der Hauptschrift zB als ein der Schriftform zugehöriges Papierdokument (§ 126a BGB) im Unterschied zur Textform nach § 126b BGB.

Wegen der Behandlung der elektronischen Urkunde in der Urkundensammlung 108 → Rn. 189.

2. Urkundennummer – Spalte 1 und 2 der Rolle. Jeder eintragungspflichtige Vorgang 109 erhält eine Nummer. Diese Nummer ist auf die Urschrift, die Ausfertigungen und beglaubigten Abschriften einer Urkunde zu übertragen. Auch Urkunden, die frühere Urkunden ändern, ergänzen oder aufheben, erhalten eine eigene neue Urkundennummer. Die Eintragungen sind in **ununterbrochener** Reihenfolge vorzunehmen und für jedes Jahr mit den **fortlaufenden** Nummern zu versehen (Spalte 1). Die Eintragung erfolgt zeitlich geordnet nach dem **Beurkundungsdatum** (Spalte 2); innerhalb eines Tages ist die Vergabe der Urkundennummern in zeitlicher Reihenfolge nicht ausdrücklich vorgeschrieben, aber üblich und sinnvoll. In der neu eingeführten Spalte 2a ist der **Ort der Amtstätigkeit** aufzuführen. Hintergrund ist die Beachtung des in § 10 BNotO niedergelegten Amtssitzprinzips und des Genehmigungsvorbehaltes für weiterer Geschäftsstellen.[101]

Checkliste: Behandlung von Fehlern bei der Nummernvergabe	110

(1) **Nicht belegte Urkundennummern** (versehentlich übersprungene Nummern) bleiben offen, sobald eine Urkunde des nachfolgenden Tages registriert wurde. Sie können und dürfen nicht mit einer Urkunde eines späteren Tages belegt werden.

(2) **Doppelt belegte Urkundennummern** werden manuell mit einer Unternummer gekennzeichnet. Wurde zB die bei der Erstellung einer Unterschriftsbeglaubigung vergebene Urkundennummer 1300 versehentlich nicht in die Urkundenrolle eingetragen, wurde daher bei der Registrierung die nächste Urkunde mit der gleichen Nummer versehen, so darf nach Feststellung des Fehlers in diesem Falle diese Urkunde mit dem Zusatz „a" als Urkundennummer 1300a bezeichnet werden.

---

[101] Vgl. Schippel/Bracker/*Püls* BNotO § 10a Rn. 17, 18 ff.

(3) Im Falle des Nichtbelegens einer Urkundennummer bzw. bei der Doppelbelegung ist zu beachten, dass dies Auswirkungen auf die jährlich zu erstellende **Geschäftsübersicht** (§ 24 DONot) hat, da die Summe der Urkundengeschäfte, die getrennt nach der Klassifizierung angegeben werden, nicht mit der letzten laufenden Urkundennummer des Jahres übereinstimmen kann. Dies sollte durch eine Bemerkung in der Übersicht über die Urkundsgeschäfte klargestellt werden.

(4) Ist eine Urkunde versehentlich nicht am Beurkundungstag eingetragen (**übersehene Urkunde**) und schon eine weitere Urkunde eines nachfolgenden Beurkundungstages registriert worden, so erfolgt bei Feststellung dieses Fehlers die Registrierung dieser Urkunde unter der **nächsten freien** Urkundennummer. In der Spalte 2 (Tag der Ausstellung der Urkunde) ist das korrekte Beurkundungsdatum einzutragen. Die Vergabe einer Unternummer vom Tag der Beurkundung ist nicht zulässig.

(5) Bei Auftreten derartiger Fehler mit Ausnahme im Fall der doppelt belegten Urkundennummer ist ein **Richtigstellungsvermerk** von der Dienstordnung nicht vorgesehen, da die Behandlung dieser Fehler kein Zusatz oder sonstige Änderungen zu erfolgten Eintragungen darstellen (§ 7 Abs. 2 DONot). Es empfiehlt sich jedoch, das Büro anzuweisen, einen solchen Vermerk zu erstellen, da damit dem Notar, der die Urkundenrolle durch sein Büropersonal führen lässt, die Kontrolle erleichtert und er gleichzeitig über Büroversehen informiert wird. Im Übrigen dürfen Veränderungen nur so vorgenommen werden, dass der ursprüngliche Text erkennbar bleibt (§ 7 Abs. 2 DONot).

111 **3. Aufzuführende Personen – Spalte 3 der Rolle.** § 8 Abs. 4 DONot regelt ausführlich, welche Personen in die Spalte 3 (Name, Wohnort oder Sitz) der Urkundenrolle aufzunehmen sind. Zu beachten ist hierbei, dass bei Vorliegen einer Vertretung der vertretene Beteiligte **sowie dessen Vertreter** (§ 8 Abs. 4 S. 4 Hs. 1 DONot) und bei Beurkundung in gesellschaftsrechtlichen Angelegenheiten auch die Gesellschaft (§ 8 Abs. 4 S. 4 Hs. 2 DONot) in die Urkundenrolle einzutragen sind. Bei der Beurkundung anderer Erklärungen als Willenserklärungen (§§ 36, 39, 43 BeurkG) ist derjenige zu nennen, der die Beurkundung veranlasst hat (§ 8 Abs. 4 S. 1 5. Gedankenstrich). Dies führt zB dazu, dass bei Unterschriftsbeglaubigungen, bei denen der Unterzeichnende in der Funktion eines Vertreters handelt (Geschäftsführer einer GmbH, Eltern als gesetzliche Vertreter ihres Kindes), die Person, die unterzeichnet hat, sowie der Vertretene oder bei einer Gründung einer GmbH die Gesellschafter und die GmbH aufzunehmen sind, während bei der Gesellschafterversammlung einer GmbH (ohne Willenserklärung) lediglich die GmbH als Veranlasser einzutragen ist. Liegt ein gestuftes Vertretungsverhältnis vor, so ist zu unterscheiden, ob die anwesende Person aufgrund der Untervollmacht unmittelbar für den materiell Beteiligten oder für den Bevollmächtigten, der die Untervollmacht erteilt hat, handelt. Bei der Beteiligung einer GmbH & Co. KG sind daher die Kommanditgesellschaft, deren persönlich haftende Gesellschafterin, die GmbH, sowie die für die GmbH handelnden Vertreter in die Urkundenrolle einzutragen.

112 Die vertretenden Personen können in Spalte 3 besonders kenntlich gemacht oder die Art der Vertretung hinzugefügt werden. Das Muster 2 (Urkundenrolle) enthält unter der lfd. Nr. 2 einen exemplarischen Vorschlag. Eine Pflicht, derartige Angaben zu machen, besteht nach dem Wortlaut der Dienstordnung jedoch nicht.

113 Sollten mehr als zehn Personen zu einer Urkundennummer aufzuführen sein, genügt eine zusammenfassende Bezeichnung (§ 8 Abs. 4 S. 3 DONot). Diese Erleichterung gilt ebenfalls für das Namensverzeichnis (§ 13 Abs. 3 DONot). Sofern ein EDV-Programm eingesetzt wird, besteht eine echte Erleichterung durch eine Sammelbezeichnung regelmäßig nicht. In der Urkunde oder der Unterschriftsbeglaubigung müssen alle Beteiligten ohne Einschränkung genannt und somit in das Programm aufgenommen werden, so dass

bei EDV-gestützter Übernahme aller Beteiligten in die Urkundenrolle ohne zusätzlichen Aufwand alle Beteiligten eingetragen werden.

§ 8 Abs. 4 S. 2 DONot ordnet bei aufzuführenden natürlichen Personen an, dass der 114 Familienname, bei Abweichung von Familiennamen auch der Geburtsname, der Wohnort oder der Sitz und bei häufig vorkommenden Familiennamen weitere der Unterscheidung dienenden Angaben aufzunehmen sind. Hier bietet sich bei natürlichen Personen an, den Vornamen und das Geburtsdatum zu verwenden.

Sollte eine **Berichtigung** oder **Ergänzung** in Spalte 3 (Beteiligte) erforderlich wer- 115 den, so empfiehlt sich, besonders im Fall des versehentlichen Nichteintrages eines Beteiligten oder seines Vertreters, die Eintragung an der nächsten freien Stelle der Urkundenrolle vorzunehmen. Bei manueller Führung einer Urkundenrolle wird in der Regel nicht ausreichend Platz für eine entsprechende Ergänzung vorhanden sein. Bei programmgestützter Führung würde eine Zwischeneintragung zu einer unzulässigen Veränderung des bisherigen Ausdrucks führen. Bei diesem an nächst offener Stelle erfolgenden Eintrag kann auch die dazugehörige Urkundennummer wiederholt werden, um den Zusammenhang mit dem zu berichtigenden bzw. zu ergänzenden Eintrag herzustellen. Bei der ursprünglichen Eintragung soll in der Spalte „Bemerkungen" ein entsprechender Hinweis erfolgen. Bei der EDV-gestützten Buchführung kann damit gleichzeitig erreicht werden, dass der notwendige Eintrag im Namensverzeichnis automatisch erfolgt und nicht vergessen wird.

4. Angaben zum Gegenstand – Spalte 4 der Rolle. In Spalte 4 ist der Gegenstand des 116 Geschäftes in Stichworten so genau zu bezeichnen, dass dieses deutlich unterscheidbar beschrieben wird. Die Erörterung zur Neufassung der Vorschrift ergab, dass eine Bezeichnung ausreichend unterscheidbar ist, wenn nicht ein ganz allgemeiner Oberbegriff wie Vertrag, Verfügung von Todes wegen oÄ verwandt wird. Hierbei sind regionale Gepflogenheiten bei der sprachlichen Bezeichnung eines Vertrages zu beachten. So wird in vielen Notariaten der Grundstückskaufvertrag allgemein als Kaufvertrag bezeichnet, während ein Kaufvertrag über andere Gegenstände wie zB über Geschäftsanteile zur Differenzierung als „Geschäftsanteilskaufvertrag" bezeichnet wird. Aufgrund dieser Gepflogenheit ist dann der allgemeine Begriff „Kaufvertrag" für einen Kaufvertrag über Immobilien ausreichend.

Bei einer Beglaubigung mit Entwurf ist der Gegenstand der entworfenen Urkunde auf- 117 zuführen. Bei der Beglaubigung ohne Entwurf kann der Gegenstand fakultativ aufgeführt werden. Zur Unterscheidung muss aber auch, wenn dieser fakultativer Zusatz entfällt, stets angegeben werden, ob es sich um eine Beglaubigung mit oder ohne Entwurf handelt (§ 8 Abs. 5 S. 2 DONot). Im Übrigen können generell gebräuchliche Abkürzungen verwendet werden.

Bei einer **Berichtigung** oder **Ergänzung** ist entsprechend den Ausführungen zur Be- 118 richtigung und Ergänzung der Spalte 3 zu verfahren (→ Rn. 115).

5. Bemerkungen – Spalte 5 der Rolle. Hinweise auf berichtigte, geänderte, ergänzte 119 oder aufgehobene Urkunden sind in Spalte 5 wechselseitig dadurch vorzunehmen, dass in Spalte 5 hierüber sowohl bei der Haupturkunde als auch bei der neuen ergänzenden Urkunde ein Hinweis eingefügt wird (§ 8 Abs. 6 DONot). Entsprechende Hinweise sind auch auf den Urkunden selbst gemäß § 18 Abs. 2 S. 1 DONot wechselseitig vorzunehmen. Im Hinblick auf das Änderungsverbot und das nachstehend beschriebene Verbot, vollständig ausgedruckte Seiten mit dem bisherigen Ausdruck der vollständigen Seite auszutauschen (→ Rn. 125), kann in der Regel der Hinweis nur bei dem Neueintrag der Berichtigung oder Ergänzung systemunterstützt erfolgen. Ein Eintrag bei der „Alturkunde" ist in der Regel nur manuell möglich.

Es wird als zulässig anzusehen sein, auch Zusätze einzutragen, die nicht durch eine Be- 120 richtigung, Änderung oder Ergänzung veranlasst sind. So kann bei der Auflassung auf die

Kaufvertragsurkunde oder bei der aufgrund Beleihungsvollmacht bestellten Grundschuld auf den Kaufvertrag hingewiesen werden. Auch wenn dies zweckmäßig ist, darf jedoch daraus nicht gefolgert werden, dass eine entsprechende Pflicht besteht.

121   Ein **Berichtigungs- bzw. Richtigstellungsvermerk** (→ Rn. 115) kann in der Spalte 5 eingetragen werden; vorgeschrieben ist dieser Ort nicht. Der Vermerk über eine **Berichtigung** iSd § 7 Abs. 2 DONot kann in der Spalte 3 eingetragen werden; auch dieser Ort ist nicht vorgeschrieben. Der Vermerk muss sich lediglich auf der Seite befinden, auf der die Berichtigung erfolgt ist (§§ 7 Abs. 2, 17 Abs. 3 DONot).

122 **6. Notarvertretung.** Der Vermerk über Beginn bzw. Beendigung der Notarvertretung hat nicht mehr unverzüglich, sondern zeitgleich mit der Registrierung der ersten Urkunde zu erfolgen, die nach dem Amtswechsel errichtet wird. Er muss jedoch spätestens innerhalb der 14-Tagesfrist, die für die Registrierung einer Urkunde gilt, eingetragen werden. In der Datumspalte oder bei dem Vermerk ist das Datum des Beginns oder der Beendigung anzugeben. Eine besondere Spalte für den Eintrag ist nicht vorgeschrieben. Eine namentliche Bezeichnung des Vertreters ist nicht erforderlich. Die Eintragung könnte daher lauten „Beginn einer Notarvertretung" bzw. „Ende der Notarvertretung". Hat der Vertreter keine Beurkundung vorgenommen, sind dennoch die entsprechenden Eintragungen vorzunehmen. Eine Unterzeichnung des Vermerks ist nicht erforderlich (§ 33 Abs. 4 DONot).

123 **7. Zeitpunkt der Eintragung/Speicherung.** Die **Eintragungen** in die Urkundenrolle sind zeitnah, spätestens 14 Tage nach der Beurkundung vorzunehmen (§ 8 Abs. 3 DONot). Gemäß § 17 Abs. 1 S. 3 DONot hat die **Speicherung** der Daten ebenfalls innerhalb dieser Frist zu erfolgen. Gemessen an dieser relativ langen Frist (man bedenke: eine Urkunde, die vierzehn Tage nicht in der Urkundenrolle erfasst ist), erscheint die Frist zum Ausdruck, die ebenfalls 14 Tage beträgt, als zu kurz bemessen. Sie erklärt sich aber wieder aus der Übertragung des Grundsatzes der papiergebundenen Bücherführung, bei der die Eingabe wichtig, der Ausdruck aber dann doch entscheidend, weil alleine verbindlich ist.

124 **8. Ausdruck bei automationsgestützter Bücherführung.** § 17 Abs. 1 S. 3 DONot bestimmt bei automationsgestützter Führung der Urkundenrolle, dass diese an dem Tag auszudrucken ist, an dem bei manueller Führung der Urkundenrolle die Eintragung vorzunehmen wäre. Der **Ausdruck** hat daher spätestens 14 Tage nach der Beurkundung zu erfolgen (§§ 17, 8 Abs. 3 DONot). Wenn eine Eingabe in den Datenspeicher vor diesem Zeitpunkt erfolgt, muss der Ausdruck noch nicht veranlasst werden.

125   Die vollbeschriebenen Seiten und gegebenenfalls die letzte abgeschlossene jedoch nicht voll beschriebene Seite bilden die Urkundenrolle (§ 17 Abs. 1 S. 4 DONot). Die Seiten müssen dabei fortlaufend nummeriert sein. Sie sind in Schnellheftern oder Aktenordnern abzulegen (§ 14 Abs. 1 S. 3, S. 4 DONot). Sollten wiederholende Ausdrucke schon vollbeschriebener und wegen Ablauf der Eintragungsfrist abgelegter Seiten entstehen, so sind die Neuausdrucke dieser Seiten zu vernichten und nicht mit den bisher abgelegten Seiten auszutauschen. Dies ergibt sich aus dem Änderungsverbot des § 7 Abs. 2 DONot iVm den Bestimmungen zur Loseblattführung in § 14 DONot, die den Dokumentationscharakter der Bücher und damit auch der Urkundenrolle sicherstellen sollen. Wenn bei dem Druck eine Wiederholung der letzten noch nicht vollbeschriebenen und noch nicht abgeschlossenen Seite entsteht, muss dagegen der frühere Ausdruck der noch nicht abgeschlossenen Seite und nicht der neue Ausdruck vernichtet werden. Dies wurde bei Neufassung des § 17 Abs. 1 DONot 2005 sprachlich klargestellt. Übersicht zu den Fristen → Rn. 99.

9. Stichpunkte Geschäftsprüfung Urkundenrolle

§§ 7 Abs. 1 S. 3, 14 Abs. 1 S. 3 DONot	Titelblatt des Jahrgangs mit Feststellungen und **Farbdrucksiegel** versehen; Prägesiegel gerade bei Loseblattführung zulässig und naheliegend	126
§ 7 Abs. 1 iVm Muster 1 zur DONot	**Titelblatt** entspricht dem Muster	
§ 8 Abs. 2 Muster 2 zur DONot	**Aufbau der Urkundenrolle** nach Muster 2 ist zu beachten	
	§ 8 Abs. 4 Spalte 2a: „Geschäftsstelle", andernfalls genaue Bezeichnung des **Ortes, an dem das Amtsgeschäft vorgenommen** wurde und dessen Anschrift	
	§ 8 Abs. 4 S. 4 Spalte 3: **Beteiligte**: Benennung des Vertretenen und des Vertreters; Exakte Eintragung der Beteiligten (Gemeinden! Firmen! Titel!)	
	§ 8 Abs. 5 Spalte 4: **Geschäftsgegenstand**: zutreffend und unterscheidbar bezeichnen	
	§ 8 Abs. 6 Spalte 5: **Bemerkungen/Verweise**: Verwahrung bei anderer Urkunde (§ 18 Abs. 2 iVm § 30): „... verwahrt bei UR Nr. ..."; wechselseitige Verweise bei Berichtigungen, Änderungen, Aufhebungen oder Ergänzungen	
	§ 33 Abs. 5 Spalte 5: **Vertretungszeiten** (Vertretervermerke)	
	§ 7 Abs. 2 Spalte 5: **Änderungsvermerke** sind präzise zu fassen und zu bezeichnen	
	Sachbearbeiter ggf. in zusätzlicher Spalte; die Übersichtlichkeit wird nicht beeinträchtigt	
§§ 8 Abs. 3, 14, 17 Abs. 1 DONot	Führung in **Loseblattform** nach Muster 4: Der – verbindliche – Ausdruck muss zeitnah, spätestens 14 Tage nach der Beurkundung erfolgen. Lücken sollten aus Gründen der Fälschungssicherheit vermieden werden oder zumindest mit Füllstrichen versehen werden.	
§§ 14 Abs. 1 S. 5, 30 Abs. 1 DONot iVm § 44 BeurkG	Führung in **Loseblattform**: Heftung und Siegelung der Urkundenrolle unverzüglich nach Ablauf des Kalenderjahres, dh regelmäßig innerhalb von 14 Tagen, vgl. § 8 Abs. 3 DONot	
§ 8 Abs. 3 DONot	Eintragungen in die Urkundenrolle erfolgen unter **fortlaufender Nummerierung** unter dem Datum der Beurkundung; korrekte Behandlung von Reihenfolgefehlern beachten	
§ 8 Abs. 6 DONot	**Wechselseitige Vermerke** bei Nachträgen, Änderungen, Verwahrung bei anderen Urkunden in Spalte 5 (und auch auf den Urkunden selbst, siehe Urkundensammlung)	
§ 8 Abs. 5 DONot	Eindeutige Bezeichnung des **Geschäftsgegenstandes** (Möglichkeit: Vordefinition in EDV, Register bei Abkürzungen)	
§ 8 Abs. 1 DONot	Geschäfte ohne **Eintragungspflicht** (einige Geschäfte werden in Bezug auf die Registrierungspflicht/-möglichkeit unterschiedlich behandelt, zB Satzungsbescheinigungen; Gesellschafterlisten: Dort, wo keine UR. Nr. vergeben wird, kann Eintrag unter „/" Nummer oder „a" Nummer in Spalte 1b erfolgen (Bruchnummer, rein kostenrechtliche Vorgänge)	

| § 8 Abs. 1 DONot | Geschäfte ohne **Eintragungspflicht** (einige Geschäfte werden in Bezug auf die Registrierungspflicht/-möglichkeit unterschiedlich behandelt, zB Satzungsbescheinigungen; Gesellschafterlisten: Dort, wo keine UR. Nr. vergeben wird, kann Eintrag unter „/" Nummer oder „a" Nummer in Spalte 1b erfolgen (Bruchnummer, rein kostenrechtliche Vorgänge) |
| § 35 Abs. 1, Abs. 2 BNotO iVm VO § 36 Abs. 1 BNotO-2022 | Voraussichtlich 1.1.2022: Führung der Urkundenrolle entsprechend den Vorgaben der RVO; bei Führung von elektronischen Nebenakten Beachtung der Vorgaben des § 35 BNotO sowie der entsprechenden Bestimmungen der RVO 1.1.2022: Archivierung der Urkunden im Elektronischen Urkundenarchiv unter Beachtung der technischen und rechtlichen Vorgaben. |

IV. Erbvertragsverzeichnis

127   Die bisherigen Regelungen in § 9 DONot zur gesonderten Führung eines Erbvertragsverzeichnisses werden mit der Einrichtung des Urkundenverzeichnisses voraussichtlich ab 1.1.2022 außer Kraft gesetzt. Eine entsprechende gesonderte Erstellung eines Verzeichnisses nur für Erbverträge wird daher entbehrlich.

127a   Zum Erbvertragsverzeichnis nach § 9 DONot aufgrund der bisherigen Rechtslage → Rn. 193 ff.

V. Verwahrungs- und Massenbuch

128   Die gesetzlichen Bestimmungen zur Verwahrung sind grundlegend und abschließend in §§ 57–62 BeurkG geregelt.[102] Die technischen Anweisungen für die Führung des Verwahrungs- und Massenbuches sind in den §§ 10–12 DONot enthalten. Diese Anweisungen sind zwingend einzuhalten. Die Verbote zur Drittbeauftragung und Führung der Bücher mittels Datenfernübertragung sind in §§ 5 Abs. 3, 27 Abs. 2 S. 2 DONot geregelt und von § 93 BNotO gedeckt.[103]

128a   Mit der entsprechenden Rechtsverordnung zu § 36 BNotO wird auch eine neue Regelung des Verwahrungsverzeichnisses, das an die Stelle des bisherigen Verwahrungs- und Massebuchs tritt, erfolgen, → Rn. 101a. Das Verwahrungsverzeichnis ersetzt nicht nur das Verwahrungs- und Massenbuch, sondern auch die Anderkontenliste und das Namensverzeichnis zum Massenbuch. Mit dem Verwahrungsverzeichnis wird somit eine zentrale und rechtssichere Dokumentation der notariellen Verwahrungsgeschäfte gewährleistet.

129   Die Vorschriften zur Führung des Verwahrungs- und Massenbuches nehmen auf die in der Anlage zur Dienstordnung befindlichen **Muster** Bezug. Die in den Mustern enthaltenen Beispiele sind lediglich Vorschläge und Empfehlungen der Justizverwaltung, die die Vorschriften verständlich machen sollen, und sind daher keine dienstlich zu beachtenden Anweisungen. Wegen der Änderung der Muster bei Übernahme in ein Notarprogramm wird ebenfalls auf → Rn. 95 verwiesen.

130   § 27 Abs. 2 S. 1 DONot verweist hinsichtlich der Vertragsbedingungen, die die Notare bei der Führung von Anderkonten mit Kreditinstituten aus berufsrechtlicher Sicht zu vereinbaren haben, auf einen von der Vertreterversammlung der Bundesnotarkammer zu fassenden Beschluss. Als Vertragsbedingungen wurden die seit 2004 bestehenden Empfehlungen von Bedingungen für Anderkonten und Anderdepots von Notaren des Zentralen Kreditausschusses beschlossen und erneut veröffentlicht.[104]

131   Folgende Besonderheiten sind bei der Führung dieser Bücher zu beachten:

---

[102] Zu Fragen im Zusammenhang mit Verwahrungsanweisungen vgl. *Franken* RNotZ 2010, 597.
[103] Schippel/Bracker/*Bracker* DONot § 5 Rn. 4.
[104] DNotZ 2011, 481; http://www.bnotk.de/_downloads/DNotZ/2011/DNotZ_07_2011.pdf.

1. Buch- oder Loseblattform, Durchschreibeverfahren. Die Muster für das Verwah- 132
rungs- und Massenbuch in gebundener Form bzw. für die Bücher in Loseblattform sind
in ihrer Spalteneinteilung unterschiedlich, worauf zu achten ist. Es ist gestattet, die beiden
Bücher im **Durchschreibeverfahren** zu führen. Sofern keine softwarebasierte Buchführung erfolgt, vereinfacht dies die Buchung und vermeidet Übertragungsfehler zwischen
den beiden Büchern. Praktisch gesehen macht sich die EDV letztlich auch das Prinzip des
Durchschreibeverfahrens zunutze.

2. Taggerechte Buchung. Im Unterschied zur Urkundenrolle sind Eintragungen in das 133
Verwahrungsbuch und in das Massenbuch nach dem Prinzip der **taggerechten Buchung**
am Tage der Einnahme oder der Ausgabe vorzunehmen. Zu beachten ist, dass gemäß
§ 57 Abs. 1 BeurkG die Annahme von Bargeld für die Verwahrung nicht mehr möglich
ist.

Im **bargeldlosen Zahlungsverkehr** ist die Eintragung an dem Tage, an dem der 134
Kontoauszug bei dem Notar eingeht, unter diesem Datum vorzunehmen (§ 10 Abs. 3 S. 1
DONot). In Sachsen können die Eintragungen auch unter dem Wertstellungsdatum des
Kontoauszuges vorgenommen werden (§ 10 Abs. 3 S. 3 SächsDONot), was einem praktischen Bedürfnis mit Blick auf die Nachvollziehbarkeit und Transparenz der Abrechnung
entspricht. Die jeweilige landesrechtliche Ausgestaltung der Verbuchung ist zwar verfas-
sungsmäßig (→ Rn. 1), sollte aber doch einer offeneren Praxis zugeführt werden. Der
Kontoauszug ist in allen Bundesländern zu seinem **Eingangsdatum** im Notariat mit Ein-
gangsstempel oder Eingangsvermerk zu versehen (§ 10 Abs. 3 S. 2 DONot). Anlässlich
der Buchung ist im Hinblick auf §§ 22 Abs. 2 S. 2 Nr. 6, 27 Abs. 4 DONot die Nummer
der Masse auf dem Kontoauszug zu vermerken.

3. Nummerierung, Datum, Querverweise. Im **Verwahrungsbuch** ist für jeden Bu- 135
chungsvorgang eine für das Kalenderjahr fortlaufende Nummer zu vergeben. Dafür reicht
die Angabe des Tages und des Monats. Die im Muster enthaltene Jahresangabe ist nicht
im Text der DONot vorgeschrieben. Da das Verwahrungsbuch (Loseblattform) am Ende
des Jahres mit einem Titelblatt versehen und durch Schnur und Siegel verbunden zu einem Buch wird, ist die Zugehörigkeit zu einem Jahr festgestellt. Die Jahresangabe kann
auch, wie bei der Urkundenrolle, in der Titelzeile aufgenommen werden. In Spalte 6 des
Verwahrungsbuches wird durch Eintragung der Nummer der jeweiligen Masse der Verweis auf das entsprechende Masseblatt gegeben. Es empfiehlt sich, die Massennummer mit
einer Kennzeichnung für den Jahrgang der Masse, zB …/08, zu ergänzen, da eine Masse
nicht jahrgangsgebunden ist und somit in einem Verwahrungsbuch bei gleicher Nummer
zwei Massen verschiedener Jahre betroffen sein können.

Bei **Verwahrungen von Quellcodes/Software** handelt es sich nicht um eine Ver- 136
wahrung im Sinne von § 23 BNotO, § 62 BeurkG, so dass insoweit nicht die Aufzeich-
nungspflichten im hier genannten Sinn gelten.[105]

4. Übertrag bei Seitenwechsel. Gemäß §§ 11 Abs. 3, 12 Abs. 3 DONot sind bei einem 137
Seitenwechsel sowohl im **Verwahrungsbuch** als auch im **Massebuch** jeweils die Ein-
nahme- und die Ausgabespalte aufzurechnen. Die jeweilige Aufrechnung ist in die Ein-
nahme- bzw. Ausgabespalte der nächsten Seite zu übertragen.

5. Schecks und Sparbücher. Schecks und Sparbücher sind wie Bargeld zu behandeln 138
(§ 11 Abs. 3 S. 2 DONot). Die Sparkassenbuchbezeichnung und die Sparbuchnummer
bzw. die Schecknummer und die Kreditinstitutsbezeichnung sind jedoch in der Spalte 5,
also in der Rubrik Wertpapiere, zu vermerken. Sofern Sparbücher und Schecks nicht als

---

[105] Zu den Gestaltungsmöglichkeiten vgl. *Meyer* RNotZ 2011, 385.

Zahlungsmittel hereingereicht werden, sind diese ausschließlich nach den Regeln der Wertpapierbuchung zu behandeln.

139   Die als Zahlungsmittel übergebenen Schecks sind an dem Tag, an dem sie entgegengenommen wurden, unter diesem Datum einzutragen. Die Scheckeinlösung ist sofort zu veranlassen. Der später eingehende Kontoauszug über die Scheckeinlösung ist nicht nochmals gesondert zu buchen. Es empfiehlt sich, auf den Kontoauszug der Scheckeinlösung einen entsprechenden Klarstellungsvermerk zu setzen, um die Zuordnung zu erleichtern. Stellt sich der Scheck als ungedeckt heraus, ist eine Ausbuchung wie bei einer echten kaufmännischen Gegenbuchung in der Spalte „Ausgabe" vorzunehmen.

140   **6. Bankspesen, Zinsgutschrift, Zinsabschlagsteuerbescheinigung.** Werden **Bankspesen** erhoben, sind diese nicht mit einer Zinsgutschrift zu saldieren, sondern als Ausgabe zu buchen.

141   **Zinsgutschriften** werden in voller Höhe als Einnahme gebucht, während die **Zinsabschlagsteuer** sowie der Solidaritätszuschlag jeweils als Ausgabe zu buchen sind. Bei einer Zinsgutschrift sind daher drei Buchungen vorzunehmen, nämlich die Zinsgutschrift als Einnahme, die Zinsabschlagsteuer und der Solidaritätszuschlag zur Zinsabschlagsteuer als Ausgabe.

142   Die von dem Kreditinstitut erteilte **Zinsabschlagsteuerbescheinigung** ist nicht als Wertpapier zu buchen und wird in beglaubigter Abschrift zur Nebenakte der Masse genommen. Das Original wird nach Maßgabe der getroffenen Vereinbarung zur Zinsauszahlung an den Zinsberechtigten ausgehändigt; sind mehrere Zinsberechtigte vorhanden, so werden neben dem Original beglaubigte Abschriften an alle Zinsberechtigten versandt.[106]

143   **7. Festgeldanderkonto.** Die Umbuchung vom Anderkonto auf ein Festgeldanderkonto ist ein interner Vorgang bei der betreffenden Masse und führt nicht zur Vergabe einer neuen Massenummer für das Festgeldanderkonto. Eine Buchung als Ausgabe bzw. bei der Auflösung des Festgeldkontos als Einnahme erfolgt weder im Verwahrungs- noch im Massenbuch. Im Massenbuch wird die Festgeldanderkontonummer vermerkt, § 12 Abs. 2 DONot. Auch wenn keine Verpflichtung zu Hinweisen auf die Umbuchung besteht, ist es praktisch und nachvollziehbar, die Umbuchungen auf das Festgeldkonto kenntlich zu machen[107]

144   **8. Buchungsfehler.** Buchungsfehler im Verwahrungs- und Massenbuch hat der Notar gemäß § 7 Abs. 2 DONot so zu berichtigen, dass auch hier der ursprüngliche Text erkennbar bleibt. Zu beachten ist, dass auch die rechnerischen Überträge und Salden entsprechend zu berichtigen sind.

145   Bei automationsgestützter Buchführung werden Fehler im Zahlenwerk in der Regel nicht nachträglich per Hand korrigiert, da diese Berichtigungen auch die in der EDV-Anlage gespeicherten Daten erfassen müssen, um in Zukunft korrekte Rechenergebnisse zu erhalten. Eine programmgestützte rückwirkende Berichtigungsbuchung würde, da der neue Ausdruck nicht mehr mit dem bisherigen Ausdruck übereinstimmt, durch einen unzulässigen Austausch schon abgelegter Seiten zu einer spurlosen Veränderung des Buches führen (§ 17 DONot). Eine **Korrekturbuchung** ist daher unter der nächsten laufenden Nummer des Verwahrungs- und Massenbuches vorzunehmen. Diese führt wie eine neue Buchung zu einer Ergänzung der bisher gespeicherten Daten. Die Korrekturbuchung stellt keine Änderung der Bücher im engeren Sinne dar. Dennoch wird ein Korrekturvermerk analog zu § 7 Abs. 2 DONot anzubringen sein.

---

[106] Näheres hierzu ist in den Schreiben des BMF v. 26.10.1992 und 19.11.1992 geregelt, Text des Schreibens vom 26.10.1992 in MittRhNotK 1992, 284 = MittBayNot 1993, 57, Erläuterung DNotZ 1993, 1; weitere Erläuterung im BNotK-Rundschreiben Nr. 3/2009 v. 13.1.2009, http://www.dnoti.de/DOC/2009/BNotK_RS_2009_03.pdf.

[107] Vgl. Armbrüster/Preuß/Renner/*Renner* DONot § 10 Rn. 11.

Checkliste: Behandlung von Buchungsfehlern bei automationsgestützter Bücherführung 146

(1) Der Eingang eines Kontoauszuges wurde **übersehen**. Besteht noch keine Masse, so ist die Masse unter der nächsten freien Massennummer anzulegen. Als Datum für die Anlage der Masse wird der Tag des tatsächlichen Kontoauszugseingangs gebucht. In das neu angelegte Karteiblatt der Masse bzw., sollte der Kontoauszug zu einer schon bestehenden Masse gehören, in das bestehende Karteiblatt der Masse sowie in das Verwahrungsbuch, sind die Buchungen bezüglich des übersehenen Kontoauszuges jeweils unter der nächsten freien laufenden Nummer und dem Datum des tatsächlichen Kontoauszugseingangs vorzunehmen. Wird – wie in Sachsen erlaubt – unter dem Datum der Wertstellung gebucht, können sich programmtechnisch bei fehlenden Kontoauszügen auch Reihenfolgefehler ergeben, die manuell zu korrigieren sind. Die Notariatssoftware geht bisweilen (auch bei Buchung unter der Wertstellung) in der Sortierung nach der Datumreihenfolge vor.

(2) Wurde ein geringerer Betrag, als im Kontoauszug ausgewiesen, gebucht, so erfolgt eine ergänzende Buchung unter der nächsten laufenden Nummer (vgl. Ziff. 1) in der entsprechenden Spalte (Einnahme oder Ausgabe).

(3) Wurde ein höherer Betrag, als im Kontoauszug ausgewiesen, gebucht, erfolgt eine Stornobuchung des Differenzbetrages mit **negativen** Vorzeichen in der Spalte (Einnahme oder Ausgabe), in der die fehlerhafte Buchung erfolgt ist. Da das Verwahrungsbuch keine kaufmännische Buchführung ist, sondern den tatsächlichen Bestand der verwahrten Geldbeträge wiedergeben soll, ist nur mit der Buchung unter negativen Vorzeichen sichergestellt, dass die Summe der Einnahmen bzw. Ausgaben des Verwahrungsbuches dem tatsächlichen Bestand entspricht.

(4) Die Bank korrigiert eigene Buchungsfehler vom Anderkonto durch Stornobuchungen. Diese **Stornobuchungen** können ebenfalls wie zu Ziffer (3) dargestellt, mit negativem Vorzeichen in der Spalte (Einnahme oder Ausgabe) gebucht werden. Bei internen Fehlern wie versehentlichen Zahlendrehern ist dies das einfachste Verfahren. Es ist aber ohne weiteres zulässig, echte Stornobuchungen wie eine Ausgabe zu behandeln.

(5) Es ist eine Buchung versehentlich in dem Karteiblatt einer **falschen Masse** erfolgt. Die Korrektur wird dort durch eine Stornobuchung mit negativen Vorzeichen wie in Ziffer (3) beschrieben sowohl im Verwahrungsbuch als auch in der Massenkartei vorgenommen. Anschließend erfolgt eine Buchung wie in Ziffer (2) beschrieben.

(6) Es gehen Gelder, die zu **verschiedenen Verwahrungsgeschäften** gehören, auf einem einer anderen Masse zuzuordnenden Bankkonto ein. Die Buchungen werden, wie im Kontoauszug ausgewiesen, in das Karteiblatt der zu diesem Konto gehörenden Masse übernommen, um einen Gleichlauf zwischen dem Kontoauszug und dem Karteiblatt der Masse zu erreichen. Anschließend werden der Bank die entsprechenden Zahlungsanweisungen zur Trennung der Gelder erteilt, da verschiedene Verwahrungsgeschäfte nicht über eine Masse abgewickelt werden dürfen (§ 58 Abs. 2 BeurkG, § 12 Abs. 2 DONot). Die Ausbuchungen werden dann im Verwahrungs- und in der Massenkartei gemäß Ziffer (3) mit negativen Vorzeichen in der Einnahmespalte nachvollzogen. Die Eingangsbuchungen zu den neu anzulegenden Massen erfolgen anschließend analog zu Ziffer (1). Anstelle der Anweisung an die Bank zur Trennung ist es zulässig und oft praktikabler, wenn der Notar mit dem mit Hinterleger eine Vereinbarung über die „Umbuchung" trifft und die Überweisung in neues Konto vornimmt. Diese Variante ist transparent und vermeidet auch die unzulässige Vermischung zweier Massen.

(7) Zu allen vorgeschriebenen Vorgängen ist ein **Richtigstellungsvermerk** im Verwahrungsbuch und in der Masse anzubringen. Dieser ist wie bei der Urkundenrolle be-

schrieben zu behandeln und vom Notar zu unterschreiben. Dieser Vermerk ist im Hinblick auf die Abrechnungsmitteilung wichtig, da derartige Buchungen ansonsten zu Rückfragen der Beteiligten führen würden, die mit dem Richtigstellungsvermerk schon vorab beantwortet werden.

147 **9. Auftraggeber, Empfänger – Spalte 3 Verwahrungs- und Massenbuch.** Die Überschrift zur Spalte 3 lautet für die Loseblattbücher „Bezeichnung des Auftraggebers oder Empfängers" und in den gebundenen Büchern getrennt jeweils „Bezeichnung des Auftraggebers" bzw. „Bezeichnung des Empfängers". Im Text der Dienstordnung ist der Inhalt dieser Spalten nicht näher beschrieben. Daher sind die aufgeführten Beispiele im Muster nicht zwingende Vorgaben, sondern lediglich Erläuterungen (→ Rn. 95). So ist es zB ausreichend an Stelle von „Finanzamt in" „Zinsabschlagsteuer bzw. Kapitalertragsteuer, Solidaritätszuschlag" oder bei Zahlungen an die Bank zB für Kontoführungsgebühren nur kurz „Bankgebühren" zu schreiben. Dies ergibt sich aus dem Vergleich zu dem im Muster (lfd. Nr. 12) vorgeschlagenen Eintrag „Verrechnung auf Notargebühren".

148   Für die Eintragung von **Wertpapieren** geben § 11 Abs. 3 S. 3 DONot und § 12 Abs. 3 DONot genaue Anweisung.

149 **10. Hinweise zu den Mustern für das Massenbuch.** Jede Verwahrungsmasse ist im **Massenbuch** bzw. in der **Massenkartei** unter einer jährlich fortlaufenden Nummer einzutragen und zwar in der Reihenfolge der Anlegung der einzelnen Masse. Auf dem jeweiligen Karteiblatt einer Masse ist nur diese zugehörige laufende Nummer zu vermerken. Eine früher für die Massenkartei zusätzlich geforderte, über die Jahre hin fortlaufende Nummer ist entfallen.

150   Sollte die Masse zu einem beurkundeten Vorgang gehören, was der Regelfall sein wird, ist die Urkundennummer zwingend auf der Massenkartei bzw. im Massenbuch anzugeben. Erfolgt zu einer isolierten Verwahrungsanweisung (zB Hinterlegung vor der Beurkundung) nachträglich eine Beurkundung ist die Urkundennummer entsprechend zu ergänzen.

151   Auf jedem Karteiblatt einer Masse ist stets die Seite zu nummerieren unabhängig davon, ob die Masse wegen ihres Umfangs aus einer oder mehreren Seiten besteht. Daher erhält auch die erste Seite die Ziffer 1.

152   Da in Spalte 6 des Verwahrungsbuches durch Eintragung der Massenummer ein Verweis auf die entsprechende Masse erfolgt, empfiehlt es sich, die Nummer der Masse mit einer Kennzeichnung des Jahrgangs der Masse (zB …/08; → Rn. 149) einzutragen. Da eine Masse nicht jahrgangsgebunden ist und somit in einem Verwahrungsbuch Massen mit gleicher Nummer aus verschiedenen Jahren aufgeführt sein können, wird damit eine Verwechslung vermieden.

153   Ein entsprechender Vermerk ist in Spalte 6 des Massenbuches bzw. der Massenkartei durch Verweis auf die laufende Nummer des Verwahrungsbuches einzutragen. Auch hier sollte dies unter gleichzeitiger Kennzeichnung des Jahrgangs des Verwahrungsbuches erfolgen, da eine Masse nicht jahrgangsgebunden ist und damit mehrere Jahrgänge (Verwahrungsbücher) in Bezug genommen werden können. Diese Jahrgangszusätze zur Massennummer bzw. Verwahrungsbuchnummer sind nicht zwingend, sondern eine zulässige empfehlenswerte weitere Klarstellung.

154   Jeder gesonderten Masse ist eine **Bezeichnung** voran zu stellen (§ 12 Abs. 2 S. 2 DONot). Diese Bezeichnung ist vergleichbar mit der Bezeichnung der Notariatsakte. Sie kann, wie im amtlichen Muster dargestellt, sachbezogen oder auch personenbezogen erfolgen, zB Hausbau GmbH/Meyer.

155 **11. Ausdruck bei automationsgestützter Bücherführung.** Der Ausdruck des Verwahrungsbuches und des jeweiligen Karteiblattes einer Masse hat **taggerecht** an dem Tag zu

erfolgen, an dem eine Buchung in das Verwahrungsbuch vorgenommen wurde. Auch hier gilt, dass Berichtigungsvermerke und Richtigstellungsvermerke erst dann zu unterschreiben sind, wenn die ausgedruckte Seite vollständig gefüllt oder aus anderen Gründen zB als letzte Seite am Jahresende abgeschlossen wird (§ 17 DONot).

12. Belege, Ausführungsbestätigung. Alle Ausgaben vom Notaranderkonto müssen 156 durch **Belege** nachgewiesen werden können (§ 58 Abs. 3 BeurkG, § 27 Abs. 3 DONot). Wegen der Ausgestaltung der Belege, die erforderlichen Quittungen und Ausführungsbestätigungen wird auf die genannten Vorschriften verwiesen. Gemäß § 27 DONot sind Eigenbelege sowie nicht bestätigte Durchschriften des Überweisungsträgers auch in Verbindung mit sonstigen Unterlagen für einen Nachweis nicht ausreichend. Es ist daher im bargeldlosen Zahlungsverkehr eine schriftliche Bestätigung des beauftragten Kreditinstitutes erforderlich, wonach es den Überweisungsauftrag jedenfalls in seinem Geschäftsbereich ausgeführt hat. Zulässig ist auch die Ausführungsbestätigung per Telefax mit der Unterschrift von zwei Angestellten der kontoführenden Bank.[108] Diese Ausführungsbestätigung muss allein oder in Verbindung mit anderen Belegen den Inhalt des Überweisungsauftrages vollständig erkennen lassen. Die Belege und **Kontoauszüge** sind versehen mit der Massenummer zur Blattsammlung zu nehmen.

13. Abschluss einer Masse, Abrechnungsbescheinigung. Gemäß § 12 Abs. 6 DONot 157 ist eine Masse nach Abwicklung zu röten oder die **Abwicklung** auf andere eindeutige Weise zu kennzeichnen. Dies könnte zB die Bildung eines auf null gestellten Massensaldos mit der eindeutigen Bezeichnung „Abschlusssaldo" sein.

Dies gilt auch für Massen, bei denen zwar eine Kontoeröffnung erfolgt, auf deren Kon- 158 ten jedoch nie eine Einzahlung erfolgte. Eine gesonderte Abrechnung erfolgt in diesen Fällen nicht. Es empfiehlt sich jedoch eine Information an die Vertragsbeteiligten.

Formulierungsbeispiel: Kontoschließung – Info an Beteiligte 159

(…) hiermit teile ich Ihnen mit, dass ich mit Schreiben vom *** die Bank angewiesen ☝ habe, dass Notaranderkonto Nr. *** zu schließen. Eine Einzahlung auf das Konto ist damit nicht mehr möglich.

Formulierungsbeispiel: Kontoschließung – Info an Bank 160

(…) auf oben genanntem Notaranderkonto wird keine Einzahlung mehr erfolgen. Ich ☝ bitte deshalb um Schließung des Kontos mit der Konto-Nr. ***.

Nach Abschluss einer Masse sieht die DONot die Erteilung einer **Abrechnungsbe-** 161 **scheinigung** als Amtspflicht vor (§ 27 Abs. 4 DONot), die in Kopie zur Nebenakte zu nehmen ist (§ 22 Abs. 2 Nr. 7 DONot). Darüber hinaus besteht eine Abrechnungspflicht (Rechenschaftspflicht).

§ 27 Abs. 4 DONot konkretisiert im Hinblick auf bisher bestehende Meinungsver- 162 schiedenheiten, welchen Personen gegenüber in welchem Umfang eine Abrechnungsbescheinigung erteilt werden muss. So ist den an dem Vollzug von Grundstücksverträgen beteiligten Kreditinstituten (abzulösender Gläubiger, Finanzierungsgläubiger) nur auf deren ausdrückliches Verlangen eine Abrechnung zu erteilen. Im Übrigen erhalten die Vertragsbeteiligten eine vollständige Abrechnung. Diese kann auch durch Übersendung einer Kopie der Massenkartei erfolgen. Ein Anspruch auf (teilweise) Schwärzung im Hinblick auf vermeintlichen Datenschutz der Beteiligten besteht nicht. Beide Vertragsparteien ha-

---

[108] Armbrüster/Preuß/Renner/*Eickelberg* DONot § 27 Rn. 13.

ben den Anspruch auf Informationen über die erfolgten Einzahlungen und Auszahlungen. Der Notar kann aber bei berechtigtem Schutzinteresse so verfahren.[109]

163   Da die Buchung einer **Kontobewegung** im Verwahrungs- und Massenbuch erst zu dem Datum erfolgt, zu dem der Kontoauszug bei dem Notar eingegangen ist (mit Ausnahme in Sachsen, wenn zum Wertstellungsdatum gebucht wird), kommt es gelegentlich zu Rückfragen durch die Beteiligten. Es empfiehlt sich daher, vorbeugend auf diese Abrechnungsbesonderheit hinzuweisen.

164   **Formulierungsbeispiel: Buchungsdatum – Info an Beteiligte**

🖐 (…) ich weise darauf hin, dass es sich bei den in dem Massenbuch aufgeführten Buchungsdaten jeweils um das Datum handelt, an dem der Kontoauszug über den gebuchten Betrag in meinem Büro eingegangen ist.

165   Sofern der Zeitpunkt der Wertstellung oder der Erstellung des Kontoauszuges zur Verfolgung von Rechtsansprüchen (zB Verzugszinsen) durch die an der Hinterlegung beteiligten Personen maßgeblich ist, können die entsprechenden Kopien der Kontoauszüge den Beteiligten zur Verfügung gestellt werden.

166   **14. Jahresabschluss.** Das Verwahrungsbuch ist am Schluss des Kalenderjahres abzuschließen. Der aus den Summen der Einnahmen und den Summen der Ausgaben gebildete Saldo ist in das Verwahrungsbuch des neuen Jahres gemäß § 11 Abs. 5 S. 2 DONot vorzutragen. Der Abschluss muss von dem Notar unter Angabe von Ort, Tag und Amtsbezeichnung **unterschrieben** werden.

167   Ein entsprechender Abschluss der Massen ist gemäß § 12 Abs. 4 DONot vorgeschrieben. Für die Masse wird ein Zwischensaldo zum Jahresende gebildet. Die Massenkartei bzw. das Massenbuch sind anders als das Verwahrungsbuch nicht durch Übernahme des Saldos sondern dadurch vorzuführen, dass die Summe der Einnahmen bzw. die Summe der Ausgaben in der jeweiligen Spalte weitergeführt werden. Die Anlegung einer neuen Seite ist zulässig. In diesem Fall muss aber auf der bisherigen Seite ein Füllstrich oder ein anderer eindeutiger Eintrag vorgenommen werden, wenn die Seite noch nicht voll beschrieben war. Auf der neuen Seite werden nicht der Saldo sondern die Summe der Einnahmen bzw. die Summe der Ausgaben vorgetragen.

168   Die einzelnen Jahressalden aller laufenden Massen sind in das Verwahrungsbuch zu übertragen und in ihrer Gesamtsumme dem Saldo des Verwahrungsbuches gegenüberzustellen. Diese **Gegenüberstellung** ist ebenfalls **zu unterschreiben.** Die Unterzeichnung des Jahresabschlusses und die Gegenüberstellung kann auch einheitlich vorgenommen werden, wenn dies durch eine entsprechende Formulierung vor der Unterschrift klargestellt wird.

169   Wenn Kontoauszüge zB Bescheinigungen über Zinsgutschriften bzw. Bankspesenabrechnungen erst im Januar des **Folgejahres** bei dem Notar eingehen, ist auch für die Buchung dieser Positionen der Tag des Einganges der jeweiligen Mitteilung maßgeblich. Sie sind gemäß § 10 Abs. 3 DONot mit dem Datum des Kontoauszugseingangs in das Verwahrungsbuch des neuen Jahres zu buchen. Die Jahresabschlusssalden der Massen werden ohne Berücksichtigung später eingehender Nachweise über Zinsgutschriften oder Spesen gemäß § 25 Abs. 2 S. 1 Nr. 1 DONot gebildet und in die Übersicht über die Verwahrungsgeschäfte aufgenommen. In Sachsen gelten bei Buchungen unter dem Wertstellungsdatum besondere Bestimmungen (§ 25 Abs. 2 S. 2 SächsDONot).

170   **15. Anderkontenliste.** Gemäß § 12 Abs. 5 DONot ist eine Liste der Kreditinstitute zu führen, bei denen der Notar Anderkonten oder Anderkontendepots errichtet hat. Das

---

[109] Schippel/Bracker/*Bracker* DONot § 27 Rn. 9.

Verzeichnis kann als Loseblattsammlung (Kartei) gestaltet werden (§ 6 Abs. 2 DONot). Der Inhalt des Verzeichnisses ergibt sich aus § 12 Abs. 5 DONot. Ein amtliches Muster besteht jedoch nicht. Die Registrierung in der Liste ist bei Anlegung der Masse vorzunehmen. Folgeeinträge sind jeweils zum Zeitpunkt des entsprechenden Ereignisses zB bei der Umbuchung auf ein Festgeldanderkonto oder bei dem Abschluss der Masse zu bewirken. Zu diesen Zeitpunkten ist gemäß § 17 DONot bei automationsgestützter Führung der Anderkontenliste die Speicherung und der Ausdruck vorzunehmen. § 17 Abs. 2 DONot stellt klar, dass frühere Ausdrucke insgesamt zu vernichten sind, also nicht nur bei einer inhaltsgleichen Wiederholung des früheren Ausdruckes. Nach Abschluss einer Masse ist der jeweilige Eintrag oder die Karteikarte zu röten oder der Abschluss auf andere Weise eindeutig kenntlich zu machen zB durch den Vermerk „Abgeschlossen" oder den Eintrag des Beendigungsdatums.

16. Stichpunkte zur Geschäftsprüfung

§ 43 EStG	Abrechnung nach Jahressteuerbescheinigung/Zinsabrechnung Bank	171
§ 12 Abs. 5 S. 3 DONot	**Anderkontenliste**	
	Aufbewahrung bei Massenbuch/in separatem Ordner	
	Jahrgangsweise Führung zweckmäßig	
	Nach Kreditinstituten bzw. nach Massen sortiert	
	Handschriftliche Rötung/Streichung geschlossener Massen oder anderweitige, eindeutige Kennzeichnung, nochmaliger Ausdruck bereits vollständig beschriebener Seiten ist nicht zulässig	
	Zusätzliche Aufnahme der UR. Nr. (über Wortlaut § 12 Abs. 5 hinaus zweckmäßig)	
§ 13 Abs. 5 S. 4 DONot	**Anderkonto**	
	Abrechnung an Beteiligte des Verwahrungsgeschäftes (strittig ggü. Banken)	
	Gebührenfreie Führung durch Banken – Verhandlungssache des Notars; (dafür Zinsfreiheit?); jedenfalls keine Belastung vor Geldeingang, keine Belastung nach Schlussauskehrung	
	Keine telefonische Eröffnung, notwendige Informationen: wirtschaftliche Berechtigte (Käufer/Verkäufer), im Übrigen Vorgaben der Bank für die Eröffnung beachten	
	Keine Anlage „ins Blaue"	
	Angabe Festgeldkontonummer[110]	
§ 10 Abs. 2, 3 DONot	Buchungsdatum im Massen- und Verwahrungsbuch: Datum der Wertstellung (soweit von Aufsicht in DONot gestattet); sonst: Kontoauszugs-Eingangsdatum	
§ 10 Abs. 2 S. 3 DONot	Posteingangsstempel und Masse-Nr. auf den Kontoauszügen	
	Erledigte Masse	
	Absonderung von offenen Massen	

---

[110] Vgl. Weingärtner/Gassen/Sommerfeldt/*Weingärtner* DONot § 12 Rn. 5.

	Absonderung von offenen Massen: Verwahrung bei Nebenakte zulässig
	Geschlossene Masse
	Rötung des Masseblattes oder anderweitige, eindeutige Kennzeichnung
	Trennung zw. Massenblatt und Blattsammlung (zB erst alle geschlossenen Massen, dann Blattsammlung mit Belegen; aA für lfd. Massen vertretbar)
	Laufende Masse
	Gruppenbildung bei größerer Anzahl offener Massen hinsichtlich der jeweiligen Kreditinstitute
	Räumliche Verbindung von Masseblatt und jeweils zugehöriger Blattsammlung vertretbar
	Führung bis zum Abschluss
	Führung über Jahresende
	Saldierung auf Kontoblatt bei jedem Übertrag auf neues Blatt bzw. bei Jahreswechsel
	Massenblatt (Kartei)
	Bei Neuausdruck Vernichtung des alten Blattes
	Saldierung am Ende; Jahresabschluss nicht notwendig, aber empfehlenswert
	Spalte 3 nennt den Hinterleger auf der Einnahmeseite und den Empfänger auf der Ausgabenseite, Bsp.: gutgebrachte Bankzinsen (Hinterlrergrer); Bankspesen (Empfänger)[111]
§ 13 Abs. 6 DONot	Massenblatt (Kartei): Korrekturen/Änderungen sichtbar, vom Notar abgezeichnet
§ 7 Abs. 2 DONot	Verwahrungsbuch: Anlage des Titelblattes im laufenden Jahr
§ 11 Abs. 5 DONot	Verwahrungsbuch: Abschlussvermerk
§ 22 Abs. 2 DONot	**Vollständigkeit der Blattsammlung bei Anderkonto**
	Ziffer 1: sämtliche Verwahrungsanträge/-anweisungen
	Ziffer 2: Treuhandaufträge
	Ziffer 3: Änderungen und Ergänzungen von Verwahrungsanweisungen
	Ziffer 4: Annahmeerklärungen (§ 57 Abs. 2 Nr. 3, Abs. 5 BeurkG)
	Ziffer 5: Einnahme- und Ausgabebelege mit Nummer der Masse
	Ziffer 6: Kontoauszug mit Nummer der Masse und Eingangsstempel
	Ziffer 7: Abrechnung an die Beteiligten (§ 27 Abs. 4 DONot)

---

[111] Str., vgl. Weingärtner/Gassen/Sommerfeldt/*Weingärtner* DONot § 11 Rn. 6 einerseits; *Blaeschke* Praxis-HdB Notarprüfung Rn. 1589 andererseits.

	Ziffer 8: Kostenrechnungen, soweit die Kosten der Masse entnommen wurden.
	Kontoeröffnungsanträge; Kontoauszüge, geordnet nach Eingang; Durchschrift Überweisungsaufträge mit Ausführungsbestätigung der Bank; Schriftwechsel mit Bank und Beteiligten wegen Hinterlegung
§ 36 Abs. 1 BNotO iVm RVO, § 59a BeurkG	Vorschriften über die Führung des elektronischen Verwahrungsverzeichnisses (vgl. § 78h Abs. 1 BNotO)

VI. Namensverzeichnisse

1. Buch- oder Loseblattform. Zur **Urkundenrolle** und zum **Massenbuch** oder zur **172** **Massenkartei,** nicht jedoch zum Verwahrungsbuch, ist jeweils ein **alphabetisches Namensverzeichnis** anzulegen. § 13 DONot stellt klar, dass der Zweck des Verzeichnisses das Auffinden von Vorgängen erleichtern soll. Werden Bücher mit festem Einband geführt, so ist in der Regel das Namensverzeichnis in jedem einzelnen Band enthalten. Die Dienstordnung gestattet jedoch auch das Führen eines Namensverzeichnisses für Urkundenrolle und Massenbuch gemeinsam sowie für mehrere Bände der Urkundenrolle oder des Massenbuches gemeinsam oder unabhängig von den Bänden in Karteiform. Bei der Verwendung von Loseblattsammlungen wird das Namensverzeichnis in der Regel fortlaufend über mehrere Jahre hin als **Kartei** geführt. Alternativ kann das Namensverzeichnis nach Abschluss des Jahres als alphabetisches Verzeichnis erstellt und zB der durch Schnur und Siegel verbundenen Loseblattsammlung der Urkundenrolle oder des Verwahrungsbuches beigefügt werden. In dieser Form wird häufig bei der Erstellung der Bücher über eine EDV-Anlage verfahren.

Auch hier fallen infolge der Umsetzung des URAG mit Wirkung zum 1.1.2022 die Pflichten **172a** zur Führung der entsprechenden Namensverzeichnisse fort, → Rn. 101a.

2. Zeitpunkt der Eintragung, Ausdruck. Die Eintragungen sind nach § 13 Abs. 2 **173** DONot zeitnah, spätestens zum Vierteljahresschluss vorzunehmen. Dieser Zeitpunkt bestimmt jedoch nicht den Zeitpunkt des Ausdrucks. Die Namensverzeichnisse sind als Ganzes erst zum Jahresschluss auszudrucken (§ 17 Abs. 2 S. 2 DONot).

Das Namensverzeichnis wird als alphabetisches Verzeichnis anders als die Urkundenrol- **174** le, das Verwahrungsbuch oder die Massenkartei nicht fortlaufend in Folge ergänzt, sondern aufgrund der alphabetischen Einordnung bei dem jeweiligen Buchstaben erweitert. Der Ausdruck eines Verzeichnisses muss daher immer die Buchstaben von A–Z umfassen. Wenn im laufenden Jahr ein Namensverzeichnis schon ausgedruckt wurde, so ist dieser Ausdruck zu vernichten, da der neue Ausdruck keinen wiederholenden Ausdruck darstellt (§ 17 Abs. 2 S. 3 DONot).

3. Urkundenrolle. In das Namensverzeichnis der Urkundenrolle sind alle an einer Beur- **175** kundung Beteiligten aufzunehmen. Sind diese vertreten worden, sind auch die Vertreter einzugeben. Dies gilt auch bei Unterschriftsbeglaubigungen (→ Rn. 101). Die Angabe einer Sammelbezeichnung gemäß § 8 Abs. 4 S. 3 DONot ist weiterhin zulässig (→ Rn. 20). Wegen der nachträglichen Eintragung eines versehentlich vergessenen Beteiligten → Rn. 115.

4. Massenbuch. Im Namensverzeichnis zum Massenbuch sind die Auftraggeber der Ver- **176** wahrung zu registrieren. Bei Vollzug eines Urkundsgeschäftes sind jedoch nur die Urkundenbeteiligten einzutragen (§ 13 Abs. 4 DONot), also nicht der den Kaufpreis hinterlegende Finanzierungsgläubiger.

177 **5. Bezeichnung der Einzutragenden.** Einzutragen in das Namensverzeichnis der Urkundenrolle sind gemäß § 8 Abs. 4 DONot der Familienname, ggf. der Geburtsname und der Ort sowie die betreffende Urkundennummer.

178 Für das Namensverzeichnis zum Massenbuch bzw. zur Massenkartei werden keine Vorgaben gemacht. Die Regelungen zum Namensverzeichnis zur Urkundenrolle sind aber wohl entsprechend anzuwenden.

VII. Dokumentation zur Einhaltung von Mitwirkungsverboten

179 Seit In-Kraft-Treten des § 28 BNotO ist ein sog. Beteiligtenverzeichnis zur Überprüfung bestimmter Mitwirkungsverbote zu führen. Die Dienstordnung enthält erstmals eine Regelung über die Dokumentation zur Einhaltung der Mitwirkungsverbote. Mit dem Beteiligtenverzeichnis soll lediglich die Einhaltung der Mitwirkungsverbote des § 3 Abs. 1 Nr. 7 (vorherige Tätigkeit außerhalb der Amtstätigkeit in derselben Angelegenheit), Nr. 8 (vorherige Bevollmächtigung des Notars in derselben Angelegenheit) und § 3 Abs. 2 BeurkG (frühere Tätigkeit in dieser Angelegenheit oder gegenwärtige Bevollmächtigung in anderer Sache) überprüfbar sein. Bei allen anderen Mitwirkungsverboten wird auf die Dokumentationspflicht verzichtet. Zur Möglichkeit der rein elektronischen Führung des Beteiligtenverzeichnisses → Rn. 82a.

180 § 15 DONot ordnet an, dass die von dem Notar getroffenen „Vorkehrungen" zumindest Angaben zur Identität der Personen und zum Gegenstand der Tätigkeit für diese Person beinhalten müssen. Die Angaben sollen so gestaltet sein, dass ein Abgleich mit der Urkundenrolle und dem Namensverzeichnis möglich ist.

181 Die Dokumentation muss nicht papiergebunden erfolgen. Für die Dokumentation wird in § 15 Abs. 2 DONot die Anwendung des § 6 DONot ausdrücklich ausgeschlossen. Damit ist die Führung der Dokumentation mittels einer EDV-Anlage gestattet.

182 Da § 28 BNotO von dem Notar verlangt, „geeignete" Vorkehrungen zu treffen, ist die Führung einer derartigen Dokumentation nicht zwingende Pflicht für jeden Notar. Fallen bei einem Notar keine solchen Verbotstatbestände an, hat er auch kein Beteiligtenverzeichnis zu führen. Er muss dies auch nicht besonders in der Generalakte vermerken.

183 Ob die Justizverwaltung zum Erlass einer derartigen Bestimmung berechtigt ist, ist umstritten, da die Richtlinien der Notarkammern sich ebenfalls mit der Frage des Beteiligtenverzeichnisses befassen, und diese als Satzungsbestimmungen allgemeinen Verwaltungsanweisungen durch die DONot vorgehen.[112]

VIII. Urkundensammlung

184 **1. Allgemeines.** In der Urkundensammlung werden gemäß § 18 Abs. 1 DONot die Urkunden nach der Nummernfolge der Urkundenrolle geordnet aufbewahrt. Dies sind:

(1) alle beim Notar verbleibenden Urschriften der Urkunden, wozu auch die Urschriften von Erbverträgen zählen, deren amtliche Verwahrung von den Beteiligten ausgeschlossen wurde; letztere können aber gesondert verwahrt werden; in diesem Fall ist ein Vermerkblatt oder auf Wunsch der Beteiligten eine beglaubigte Abschrift zur Urkundensammlung zu nehmen (→ Rn. 200);

(2) die in § 8 Abs. 1 Nr. 6 DONot genannten Vollstreckbarkeitserklärungen sowie die in § 8 Abs. 1 Nr. 7 DONot genannten Urkunden nach dem Sachenrechtsbereinigungsgesetz;

(3) Ausfertigungen, die gemäß § 45 Abs. 2 S. 2, S. 3 BeurkG an die Stelle der hinausgegebenen Urschriften getreten sind;

(4) Vermerkblätter für Verfügungen von Todes wegen, die in die besondere amtliche Verwahrung des Nachlassgerichtes gegeben worden sind;

---

[112] Für Vorrang der RL Schippel/Bracker/*Schäfer* BNotO § 28 Rn. 4; Zweifel am Vorrang der DONot: *Mihm/Bettendorf* DNotZ 2001, 22 (38); für eine Kompetenz der LJV *Harborth/Lau* DNotZ 2002, 412.

(5) beglaubigte Abschriften von Erbverträgen, deren Urschrift der Notar nach Eintritt des Erbfalls aus seiner Verwahrung an das Nachlassgericht abgeliefert hat, sowie beglaubigte Abschriften von Verfügungen von Todes wegen, die auf Wunsch des Erblassers zurückbehalten worden sind,

(6) einfache Abschriften der vom Notar gefertigten Entwürfe, unter denen er eine Unterschrift beglaubigt hat,

(7) Vermerkblätter über Urkunden oder einfache Abschriften dieser Urkunden, die weder in Urschrift noch in Abschrift beim Notar zurückbleiben (insbesondere bei bloßen Unterschriftsbeglaubigungen, Zeugnissen und Bescheinigungen); für das **Vermerkblatt** schreibt die DONot kein Muster vor; die Aufnahme einer einfachen Abschrift ist bei Urkunden zu empfehlen, die nicht sehr umfangreich sind, da damit auch der gesamte Inhalt der Urkunde später noch festgestellt werden kann.

Die von den Bundesländern im Jahre 2005 beschlossene Änderung des § 5 Abs. 4 DONot **185** ersetzt die bisherige Pflicht zur dauernden Aufbewahrung entsprechend gleichlaufenden Bestrebungen für das bei Gerichten anfallende Schriftgut durch eine Aufbewahrungsfrist von allgemein 100 Jahren. Abweichend hiervon müssen nur die vor 1950 angefallenen Urkunden dauerhaft aufbewahrt werden.[113]

Wegen weiterer Einzelheiten der Verwahrung von Urkunden, insbesondere hinsichtlich **186** der Hinweisvermerke auf den Haupturkunden bzw. auf den Berichtigungs-, Änderungs-, Ergänzungs- oder Aufhebungsurkunden, der Verwahrung inhaltlich zusammenhängender Urkunden und der Verwahrung von Genehmigungserklärungen und sonstigen Urkunden bei der Urschrift der Haupturkunde, die für die Rechtswirksamkeit oder die Durchführung des beurkundeten Rechtsvorgangs bedeutsam sind, vgl. § 18 Abs. 2 DONot. Auch für das Gesellschaftsrecht, das zunehmend Komponenten des Vollzuges enthält, kann sich ein Anheften bestimmter Dokumente und Nachweise an die Urschrift empfehlen (die Liste nach § 40 Abs. 2 GmbHG, wenn diese nicht ohnehin mit einer Urkundennummer versehen wurde; → Rn. 101).[114] Zu beachten ist, dass an die Stelle der bei der Haupturkunde verwahrten Urkunde in die Urkundensammlung ein **Hinweisblatt** oder eine Abschrift, auf der ein Hinweis auf die Haupturkunde anzubringen ist, aufzunehmen ist.

Hinsichtlich des Vermerkes bei der Erteilung von Ausfertigungen auf der Urschrift **187** (§ 49 Abs. 4 BeurkG) → § 1 Rn. 558.

Der Notar ist nicht grundsätzlich verpflichtet, eine Urkunde – auch zum Zwecke der **188** Erstellung einer (elektronischen) beglaubigten Abschrift – zu entheften, selbst wenn Teile der Urschrift auf der Kopie nicht zu lesen sind und handschriftlich ergänzt werden müssen.[115] Allerdings ist es nicht zu beanstanden, wenn ein Notar den Weg der Entheftung wählt, um eine saubere Abschrift zu erstellen, und er den Vorgang der erneuten Siegelung dokumentiert. Es gilt nichts anderes als bei Wiederanbringung eines abgefallenen Siegels (auch des Amtsvorgängers) oder der in Ausnahmefällen bestehenden Pflicht zur Entheftung.[116]

Die in → Rn. 105 beschriebenen einfachen elektronischen Zeugnisse (§ 39a BeurkG) **189** zählen wie die einfachen Zeugnisse des § 39 BeurkG zu den Vermerkurkunden (§§ 39–43 BeurkG), die gemäß § 45 Abs. 3 BeurkG grundsätzlich den Beteiligten auszuhändigen sind und nur dann in der Verwahrung des Notars verbleiben, wenn dies ausdrücklich verlangt wird. Bei ihnen ist die Urschrift für den Rechtsverkehr bestimmt. Von ihnen kann auch keine Ausfertigung erteilt werden, die die Urschrift im Rechtsverkehr vertreten

---

[113] Zur Aufbewahrung durch die Notarkammern in rein elektronischer Form vgl. zur österreichischen Praxis *Schill* MittBayNot 2005, 295 (297); für die künftige Entwicklung in Deutschland (ELUA) Armbrüster/Preuß/Renner/*Kruse* DONot § 5 Rn. 51; Schippel/Bracker/*Bracker* BNotO § 51 Rn. 88a; BNotK DNotZ 2012, 563.

[114] Abschriften von Zahlungsbelegen für die Stammeinlage, vgl. *Leitzen* RNotZ 2010, 254 (257).

[115] BGH NJW-RR 2011, 641.

[116] Armbrüster/Preuß/Renner/*Preuß* BeurkG § 44 Rn. 6; Armbrüster/Preuß/Renner/*Eickelberg* DONot § 30 Rn. 7; BGH NJW-RR 2011, 641.

könnte, da dies nur bei einer Niederschriftsurkunde möglich ist, so dass in der Regel lediglich ein Vermerkblatt oder eine einfache Abschrift in der Urkundensammlung verbleiben (§ 47 BeurkG). Insbesondere sind auch nicht die von einem Dritten für eine Transformation vorgelegten elektronischen Dokumente zu verwahren. Diese werden wie die von einem Dritten für die Erstellung einer beglaubigten Abschrift vorgelegte Hauptschrift dem Dritten zurückgegeben.

190   Wird eine elektronische Urkunde, die in die Urkundenrolle einzutragen ist (→ Rn. 105), den Beteiligten in elektronischer Form ausgehändigt, ist ein Vermerkblatt oder ein Ausdruck der elektronischen Urkunde in die Urkundensammlung zu nehmen (§ 19 Abs. 2, Abs. 4 DONot). Wünscht der Beteiligte die Verwahrung der elektronischen Urkunde in der Urkundensammlung des Notars, wird man dem Notar heute das Recht zubilligen müssen, eine derartige Verwahrung abzulehnen, da das Beurkundungsgesetz noch keine Regelungen für die Verwahrung elektronischer Urkunden enthält. Hier wären die Beteiligten auf die Aufnahme eines einfachen Ausdruckes der elektronischen Urkunde in die Urkundensammlung zu verweisen.

191   Sollte in Zukunft auch materiell-rechtlich eine Unterschrifts- bzw. Signaturbeglaubigung in elektronischer Form ermöglicht werden, so hat der Notar, auch wenn er die Urkunde entworfen hat, nicht eine elektronisch beglaubigte Abschrift, sondern einen Ausdruck des elektronischen Dokumentes zu verwahren (§ 19 Abs. 4 DONot). Hat der Notar den elektronischen Text nicht entworfen, gelten die vorstehenden Ausführungen auch bei einer Signaturbeglaubigung entsprechend (§ 19 Abs. 4 DONot).

191a   Zur (zusätzlich) elektronischen Archivierung der Urschrift in Umsetzung des URAG ab 1.1. 2022 → Rn. 85a.

2. Stichpunkte zur Geschäftsprüfung

192

	Aspekte der technischen, sicheren Verwahrung der Urkunden
	Vollständigkeit, Systematik der Verwahrung der Urkunden
§ 18 Abs. 2 DONot	Verwahrung von Urkunden bei anderen Urkunden: beglaubigte Abschrift nebst Kostenberechnung und Hinweis auf Verwahrungsort gut sichtbar (Urkunde)
§ 18 Abs. 2 S. 2 DONot, § 12 S. 1 BeurkG	Vorgelegte Vollmachten und Ausweise eines gesetzlichen Vertreters werden mit Schnur und Siegel angeheftet
§ 19 DONot	Beglaubigte Abschrift der Urkunde einschließlich der Kostenberechnung anstelle der Urschrift; Kostenberechnung zur Urschrift
§ 20 DONot	Verfügungen von Todes wegen: Vermerkblatt; bei Verwahrung einfacher Kopien in der Urkundensammlung ist das Einverständnis der Beteiligten einzuholen, praktischerweise gleich in der Urkunde; Entwürfe sind in der Nebenakte zulässig
§ 44 BeurkG, § 30 DONot	Urkunden mit Schnur und Siegel zeitnah zusammengeheftet
§ 19 Abs. 4 DONot	Urkundensammlung: Mit Blick auf § 19 Abs. 4 DONot ist sofortige Verbringung der Urschrift in Urkundensammlung nicht praktisch
	Vermerk gemäß § 8 Abs. 1 ErbStDV – Wann an welches Finanzamt wurde Abschrift unter Verwendung des Formblattes versandt (Schenkung/Teilentgeltliches Geschäft/Zweckzuwendung iSd § 8 ErbStG)
	Vermerk über Benachrichtigung des Finanzamtes von Geschäftsanteilsabtretung, § 40 Abs. 1 GmbHG empfehlenswert

§§ 9 Abs. 3, 19 Abs. 2, 3 DONot	Verweis auf bezogene Urkunden (wechselseitig und auf Urkunden selbst vermerken)

IX. Verfügung von Todes wegen, erbfolgerelevante Urkunden

1. Überblick. Das Zentrale Testamentsregister (ZTR) hat seit 1.1.2012 das Benachrichti- **193** gungswesen in Nachlasssachen grundlegend modernisiert. Zuvor war am 1.9.2009 das FamFG in Kraft getreten und hat ein gänzlich neu gestaltetes Verfahrensrecht in Nachlasssachen geschaffen.[117] Das ZTR enthält die Verwahrangaben zu **sämtlichen erbfolgerelevanten Urkunden,** die vom Notar errichtet werden oder in gerichtliche Verwahrung gelangen. Erbfolgerelevante Urkunden sind nach § 78b BNotO Testamente, Erbverträge und alle Urkunden mit Erklärungen, welche die Erbfolge beeinflussen können, insbesondere Aufhebungsverträge, Rücktritts- und Anfechtungserklärungen, Erb- und Zuwendungsverzichtsverträge, Ehe- und Lebenspartnerschaftsverträge und Rechtswahlen (→ Rn. 225, 226).

Bei Testamenten und Erbverträgen stellt die Registrierung zusammen mit der Abliefe- **194** rungs- (§ 34a Abs. 3 S. 1 BeurkG, § 2259 BGB, § 350 FamFG) und/bzw. Eröffnungspflicht (§ 348 Abs. 1 S. 1 FamFG, § 2263 BGB) sicher, dass das zuständige Nachlassgericht alle Testamente und Erbverträge des Erblassers würdigen kann.[118]

Die Testamentsregister-Verordnung (ZTRV) enthält wichtige Ausführungsbestimmun- **195** gen. Die Gebührensatzung (ZTR-GebS) basiert auf § 78e BNotO. Ausführliche Informationen sind unter http://www.testamentsregister.de/erbe/institutionelle-nutzer/notare zu finden, insbesondere auch Hinweise zu Registrierung und Technik sowie zu häufig gestellten Fragen.

Die Verwaltungsvorschriften über Benachrichtigungen in Nachlasssachen (AVNachl) **196** beruhen auf einer landesrechtlichen Rechtsverordnung iSd § 347 Abs. 4 S. 2, S. 3 FamFG.

Ausgehend von § 34 BeurkG wird im Folgenden unterschieden zwischen Testamenten **197** und Erbverträgen, die aufgrund gesetzlicher Bestimmung (Testament) oder Entscheidung der Beteiligten (Erbvertrag) in die besondere amtliche Verwahrung des Nachlassgerichts gegeben werden, und Erbverträgen, die aufgrund Entscheidung der Beteiligten in der amtlichen Verwahrung des Notars verbleiben sowie der sonstigen, erbfolgerelevanten Urkunden.

2. Urschrift bei nachlassgerichtlicher Verwahrung. Testamente und Erbverträge, wel- **198** che in die besondere amtlichen Verwahrung des Nachlassgerichtes gegeben werden, sind in einem mit dem Prägesiegel (nicht zwingend mit dem Lacksiegel) **versiegelten Umschlag** dem Amtsgericht abzuliefern (§ 34 BeurkG). Verwahrungsstelle ist idR das Amtsgericht (§ 23a Abs. 1 Nr. 2 GVG iVm Abs. 2 Nr. 2 GVG) am Amtssitz des Notars (§ 344 FamFG), auf Wunsch des Erblassers ein anderes Amtsgericht (§ 344 Abs. 1 S. 2 FamFG), zB das Amtsgericht seines Wohnsitzes. Regelungen über den Inhalt der auf dem Testamentsumschlag zu machenden Angaben regelt in Sachsen beispielsweise die gemeinsame Verwaltungsvorschrift des Sächsischen Staatsministeriums der Justiz und für Europa und des Sächsischen Staatsministeriums des Innern über die Benachrichtigung in Nachlasssachen (in Sachsen zB VwV Nachlasssachen, http://www.revosax.sachsen.de):

1.1 Der Notar, vor dem ein Testament errichtet wird, vermerkt auf dem Umschlag, in dem das Testament gemäß § 34 des Beurkundungsgesetzes zu verschließen ist, die folgenden Angaben:

1.1.1 Geburtsname, Vornamen und Familiennamen des Erblassers,

---

[117] *Fröhler* BWNotZ 2008, 183.
[118] *Diehn* DNotZ 2011, 676; zum ZTR auch Schippel/Bracker/*Görk* BNotO § 78 Rn. 13 ff.

1.1.2 den Geburtstag und den Geburtsort des Erblassers, die Postleitzahl, die Gemeinde und den Landkreis des Geburtsortes, das für den Geburtsort zuständige Standesamt und die Geburtenregisternummer,

1.1.3 die Art der Verfügung von Todes wegen, das Datum der Urkunde und die Urkundenrollennummer sowie den Namen des Notars nebst Amtssitz,

1.1.4 das verwahrende Nachlassgericht und die ZTR-Verwahrnummer nach § 3 Abs. 1 S. 1 und 2 der Testamentsregister-Verordnung (ZTRV).

Satz 1 gilt entsprechend, wenn vor dem Notar ein Erbvertrag geschlossen wird (§ 2276 BGB), es sei denn, die Vertragsschließenden haben die besondere amtliche Verwahrung ausgeschlossen (§ 34 Abs. 2 des Beurkundungsgesetzes) und sich bei der Verwahrung durch den Notar mit einer offenen Aufbewahrung schriftlich einverstanden erklärt (§ 34 Abs. 2 des Beurkundungsgesetzes, § 20 Abs. 1 S. 5 der Dienstordnung für Notarinnen und Notare – DONot).

199   Hierfür gibt es einen Mustervordruck, von dessen Verwendung aber abgesehen werden kann, wenn ein Umschlag (Format DIN C 5) mit dem vom ZTR zur Verfügung gestellten Aufdruck für den Testamentsumschlag versehen wird. Die Notariatssoftware sollte also den Webservice des ZTR umsetzen und nutzen können. Besonderheiten gelten bei einem Erbvertrag zwischen Personen, die nicht Ehegatten oder Lebenspartner sind. In diesem Fall sind die auf die Ehegatten- oder die Lebenspartnereigenschaft hinweisenden Textteile des Vordrucks entsprechend zu ändern. Sofern an einer Verfügung von Todes wegen mehr als zwei Personen als Erblasser beteiligt sind, ist für die dritte und jede weitere Person ein besonderer Umschlag zu beschriften. Die Umschläge werden mindestens an drei Stellen des unteren Randes durch Heftung oder in anderer Weise dauerhaft miteinander verbunden. Um zu verhüten, dass die Verfügung von Todes wegen hierbei beschädigt wird, sollen die Umschläge vor dem Einlegen der Verfügung zusammengeheftet werden. Die Verfügung von Todes wegen ist in den obersten Umschlag zu legen; dieser ist zu versiegeln. Anstelle der weiteren Umschläge können auch die von der Registerbehörde zur Verfügung gestellten weiteren Aufdrucke für Testamentsumschläge verwendet werden. (1.4 VwV Nachlasssachen SN)

200   Auf Wunsch der Testatoren soll eine beglaubigte Abschrift der Verfügung von Todes wegen zurückbehalten werden, die grundsätzlich in einem verschlossenen Umschlag zur Urkundensammlung zu nehmen ist. Die häufig anzunehmende Ausnahme, bei der sich die Beteiligten mit der offenen Aufbewahrung schriftlich einverstanden erklären, vermerkt man am besten gleich in der Urkunde, zB mit folgendem Wortlaut: „Der Notar soll eine unverschlossene beglaubigte Abschrift dieser Urkunde zu seiner Urkundensammlung nehmen."

201   Die beglaubigte Abschrift ist auf Wunsch der Beteiligten an diese auszuhändigen (§ 20 Abs. 1 S. 5 DONot).

202   Abschriften, die aufgrund der Bestimmung des § 16 DONot aF bisher zu den Nebenakten genommen worden sind, sind gemäß § 5 Abs. 4 S. 2 DONot durch Herausnahme aus der Nebenakte und Übernahme in die Urkundensammlung vor der Vernichtung zu bewahren.

203   Die Verwahrstelle bestätigt den Eingang einer vom Notar für die besondere amtliche Verwahrung registrierten erbfolgerelevanten Urkunde. Diese Bestätigung wird dem Notar per EGVP oder per E-Mail-Benachrichtigung mit Webabruf zur Verfügung gestellt und enthält das bei der Empfangsbestätigung vom Gericht angegebene eigene Verwahrkennzeichen des Gerichts. Es hängt also von den Einstellungen des Notars im **Notarportal** https://intern.bnotk.de bei „Eigene Daten" ab, ob diese Mitteilungen des ZTR via EGVP oder E-Mail mit Webabruf bezogen werden. E-Mails des ZTR enthalten aus Verschwiegenheitsgründen niemals Inhalte, sondern nur Downloadlinks oder Hinweise auf die Verfügbarkeit neuer Informationen des Registers. Perspektivisch soll eine komfortable Funk-

tion dem Notar die Auswahl, wie diese empfangen werden sollen, für jedes Schriftstück bzw. für jede Kategorie von Schriftstücken der Register (ZTR/ZVR) ermöglichen.

3. Urkundensammlung bei nachlassgerichtlicher Verwahrung. In die Urkunden- 204
sammlung wird ein von dem Notar zu unterschreibendes Vermerkblatt über die in die besondere amtliche Verwahrung des Nachlassgerichtes gebrachten Verfügungen von Todes wegen eingelegt. Der Inhalt des Vermerkblattes ergibt sich aus § 20 Abs. 1 DONot. In der Regel werden die hierzu von Notariatsverlagen hergestellten Formulare verwendet. Abgabedatum und Nachlassgericht sind dort aufzuführen. Als praktisch hat sich erwiesen, obwohl nicht vorgeschrieben, auch die Verwahrungsbuchnummer des Nachlassgerichtes dort zu notieren. Eine gesonderte Benachrichtigung der Geburtsstandesämter durch den Notar erfolgt nicht, da diese Benachrichtigung von dem verwahrenden Nachlassgericht vorgenommen wird.

Auch nach vollständiger Umsetzung des URAG wird bei Testamenten und Erbverträgen weiter 204a
ausschließlich die Papierform in der jeweiligen Form bzw. bei der jeweiligen Stelle nach den oben geschilderten Grundsätzen verwahrt. Es sollte allerdings dem Notar – wie bisher auch – ermöglicht werden, eine dann auch rein elektronische Fassung (nicht Urschrift, sondern zB beglaubigte elektronische Abschrift) im Elektronischen Notaraktenspeicher (ENAS) zu verwahren. Im Falle der Herausgabe zB von Erbverträgen sind allerdings die entsprechenden Löschungspflichten zu beachten.

4. Urschrift/Urkundensammlung bei notarieller Erbvertragsverwahrung. Nimmt 205
der Notar einen Erbvertrag auf Wunsch der Beteiligten in seine amtliche Verwahrung, so hat er die **Urschrift** in der Urkundensammlung zu verwahren. Er kann jedoch gemäß § 18 Abs. 4 S. 1 DONot diese Erbverträge gesondert aufbewahren. In diesem Falle hat er entweder **ein Vermerkblatt** oder **eine beglaubigte Abschrift** zur Urkundensammlung zu nehmen (§ 18 Abs. 4 S. 2 DONot).

Die Aufbewahrung der Urschrift (und der beglaubigten Abschrift bei von der Urkun- 206
densammlung gesonderten Verwahrung) des Erbvertrages erfolgt in einem verschlossenen Umschlag, es sei denn, dass die Beteiligten sich mit der offenen Aufbewahrung schriftlich einverstanden erklären. Die Einverständniserklärung hinsichtlich der offenen Aufbewahrung kann separat oder zweckmäßigerweise direkt in der Urkunde mit folgendem Wortlaut erklärt werden: Der Erbvertrag und eine beglaubigte Abschrift davon sollen unverschlossen in der amtlichen Verwahrung des Notars bleiben.

Da ohnehin später bei Eintritt des Erbfalls und Ablieferung an das Gericht gemäß § 20 207
Abs. 4 DONot bzw. bei Herausgabe an die Urkundsbeteiligten gemäß §§ 20 Abs. 3, 18 Abs. 4 S. 2 DONot eine beglaubigte Abschrift des Erbvertrages gefertigt werden muss bzw. kann, erscheint es zweckmäßig, schon bei Beginn des Abwicklungsverfahrens eine solche beglaubigte Abschrift anstelle eines Vermerkblattes anzufertigen.

Ist die Urschrift des Erbvertrages in einem verschlossenen Umschlag zu verwahren, da 208
keine Befreiung von der verschlossenen Verwahrung erfolgte, ist ein Umschlag, der ansonsten für die Übersendung des Erbvertrages verwandt wird, zu verwenden (AVNachl I 1.3 Anlage 1) bzw. ist ein Umschlag mit dem von der Registerbehörde (ZTR) zur Verfügung gestellten Aufdruck für den Testamentsumschlag zu verwenden.

5. Mitteilungspflicht. Der Notar übermittelt nach Errichtung einer erbfolgerelevanten 209
Urkunde im Sinne von § 78b Abs. 2 S. 1 BNotO die Verwahrangaben im Sinne von § 78 Abs. 2 S. 2 BNotO unverzüglich elektronisch an die das Zentrale Testamentsregister führende Registerbehörde, § 34a Abs. 1 BeurkG. Die Mitteilungspflicht besteht auch bei jeder Beurkundung von Änderungen erbfolgerelevanter Urkunden. Es handelt sich um eine Amtspflicht des Notars, auf deren Erfüllung die Beteiligten nicht verzichten können. Erbfolgerelevante Urkunden brauchen deshalb auch keinen Hinweis auf die zwingend vorge-

schriebene Registrierungspflicht zu enthalten. Die Mitteilungspflicht ist zugleich eine gesetzlich angeordnete Ausnahme von der Verschwiegenheitspflicht des Notars gemäß § 18 Abs. 1 S. 1 BNotO.[119]

210   Der Notar teilt zwingend die in § 1 S. 1 ZTRV vorgeschriebenen Daten dem Zentralen Testamentsregister auf elektronischem Wege (Ausnahmen sind in § 9 ZTRV geregelt) unverzüglich (ohne schuldhaftes Zögern, § 121 BGB) mit. Die Geburtenregisternummer kann dabei nachgemeldet werden (insbesondere in Eilfällen), jedoch sollte der Notar bereits bei Vereinbarung des Termins für das Vorgespräch auf die Vorlage der Geburtsurkunde bestehen. Im Zweifel darf sich der Notar auf die ihm gemachten Angaben des Erblassers verlassen (§ 2 Abs. 3 ZTRV). Verweigert der Erblasser die Angaben, so sollte der Notar dies dem Zentralen Testamentsregister mitteilen.[120]

211   **6. Erbvertragsverzeichnis bei notarieller Erbvertragsverwahrung.** Der Notar hat über die Erbverträge, die er gemäß § 34 Abs. 3 BeurkG in die gesonderte Verwahrung nimmt, im Hinblick auf das Erfordernis der Ablieferung der Urschrift bei dem Versterben des Testators ein Verzeichnis zu führen (§ 9 DONot). Vom Wortlaut und Sinn der Vorschrift nicht gedeckt ist die Forderung von *Weingärtner*[121], wonach auch Urkunden in das Erbvertragsverzeichnis einzutragen sind, wenn sie Erklärungen enthalten, nach deren Inhalt die Erbfolge geändert wird (entsprechend § 20 Abs. 2 DONot).[122] In das innerhalb eines **Jahrganges** fortlaufend nummerierte Verzeichnis sind die Namen und Geburtsdaten der Erblasser sowie der Beurkundungstag und die Urkundennummer aufzunehmen. Das Verzeichnis muss nicht mehr als Anlage zur Urkundenrolle aufbewahrt werden.

212   Anstelle dieses Verzeichnisses können Durchschriften der den Standesämtern und der Hauptkartei für Testamente zu übersendenden Verwahrungsnachrichten zeitlich geordnet und mit der **laufenden Nummer** versehen in einer **Kartei** verwahrt werden. Die Verpflichtung aus § 20 Abs. 2 DONot, eine Abschrift der Verwahrungsnachricht bei der Urschrift in der Urkundensammlung zu verwahren, bleibt hiervon unberührt.

213   Nach § 9 Abs. 1 S. 2 DONot sind die Eintragungen in das Verzeichnis ebenso wie bei der Urkundenrolle spätestens vierzehn Tage nach der Beurkundung vorzunehmen. Bei automationsgestützter Führung des Erbvertragsverzeichnisses ist dieses zu diesem Zeitpunkt auszudrucken und der frühere Ausdruck des Erbvertragsverzeichnisses zu vernichten (§ 17 Abs. 2 DONot, vgl. auch → Rn. 99).

214   Wenn der Erbvertrag an das **Nachlassgericht** abgeliefert wird, sind entweder in dem Verzeichnis oder in der Erbvertragskartei das Nachlassgericht und der Tag der Abgabe einzutragen. Bei der nach § 2300 Abs. 2 BGB erfolgenden **Herausgabe** des Erbvertrages an die Urkundsbeteiligten selbst ist ein entsprechender Eintrag vorzunehmen, um über den Verbleib des in der Sammlung fehlenden Erbvertrages zu informieren (§ 20 Abs. 3 DONot).

214a Zum Wegfall des Erbvertragsverzeichnisses infolge der Umsetzung des URAG mit Wirkung zum 1.1.2022 → Rn. 101a.

215   **7. Ablieferung nach Eintritt des Erbfalles oder auf Verlangen.** Nach Kenntniserlangung von dem Tod des Erblassers (Nachricht durch das Geburtsstandesamt via ZTR, Vorlage der Sterbeurkunde) ist die Urschrift an das Nachlassgericht, das Gericht des letzten Wohnsitzes des Erblassers (§ 343 FamFG), hilfsweise das seines letzten Aufenthaltsortes, abzuliefern. Eine beglaubigte Abschrift der Urkunde und der Kostenberechnung wird zur Urkundensammlung genommen (§ 20 Abs. 4 DONot), es sei denn, diese befände sich schon gemäß § 18 Abs. 4 DONot bei der Urkundensammlung. Diese beglaubigte Ab-

---

[119] Vgl. BeckOK BGB/*Litzenburger* BeurkG § 34a Rn. 1.
[120] BeckOK BGB/*Litzenburger* BeurkG § 34a Rn. 3.
[121] *Weingärtner/Gassen/Sommerfeldt/Weingärtner* DONot § 9 Rn. 1.
[122] Vgl. wie hier Armbrüster/Preuß/Renner/*Eickelberg* DONot § 9 Rn. 5 mwN.

schrift ist stets offen zu verwahren. Auf die Vermerkpflicht im Erbvertragsverzeichnis wird hingewiesen (→ Rn. 211). Wenn die Beteiligten erst zu einem späteren Zeitpunkt die besondere amtliche Verwahrung des Erbvertrages unter Aufhebung der Verwahrung bei dem Notar wünschen, sind die Bestimmungen anzuwenden, die bei sofortiger Ablieferung des Erbvertrages maßgeblich gewesen wären (→ Rn. 198).

Die Mitteilungen an den Notar nach § 347 Abs. 4 S. 2 FamFG enthalten   216
1. Geburtsname, Vornamen und Familiennamen, auch frühere, des Erblassers;
2. Geburtstag und Geburtsort des Erblassers;
3. den letzten Wohnort des Erblassers und
4. soweit sie Urkunden betreffen, die zu verwahren sind, das Datum der Inverwahrnahme und die Geschäftsnummer oder die Urkundsnummer der verwahrenden Stelle.

Für die Mitteilungen sind in Sachsen die amtlichen Vordrucke zu verwenden, die vom   217
Staatsministerium der Justiz und für Europa im Einvernehmen mit dem Staatsministerium des Innern festgelegt wurden (§ 1 Verordnung des Sächsischen Staatsministeriums der Justiz und für Europa zu Mitteilungen in Nachlasssachen – MiNaVO).

Der Notar, bei dem die Sterbefallnachricht eines Standesamts oder des Hauptverzeich-   218
nisses für Testamente beim Amtsgericht Schöneberg in Berlin eingeht, hat diese unverzüglich an das Nachlassgericht weiterzuleiten, ohne Rücksicht darauf, ob eine Verfügung von Todes wegen bereits an das Nachlassgericht abgeliefert oder in die besondere amtliche Verwahrung gebracht worden ist. Ist den Angaben des Standesamts oder des Hauptverzeichnisses für Testamente beim Amtsgericht Schöneberg in Berlin nicht zu entnehmen, welches Gericht als Nachlassgericht zuständig ist, so ist die Stelle zu benachrichtigen, bei der die Verfügung von Todes wegen verwahrt wird, vgl. Abschnitt III VwV Nachlasssachen SN.

8. Verwahrung länger als 30 Jahre. Befindet sich ein Erbvertrag seit mehr als 30 Jahren   219
(§ 351 FamFG, die bisherigen §§ 2300a, 2263a BGB sind aufgehoben) in notarieller Verwahrung, so ist eine Überprüfung gemäß § 20 Abs. 5 DONot vorzunehmen. Für Erbverträge, bei denen eine Ablieferung auch nach erfolgter Durchsicht noch nicht veranlasst ist, ist das Verfahren spätestens alle fünf Jahre zu wiederholen (§ 20 Abs. 5 DONot).[123] Die erfolgte Durchsicht muss der Notar vermerken (§ 351 FamFG; zB „Erbvertragsverzeichnis für 19JJ am TT.MM.JJ durchgesehen, fünf nicht abgelieferte Erbverträge aufgefunden"), richtigerweise im Erbvertragsverzeichnis oder in der Benachrichtigungskartei. Nachteilig und nicht nachvollziehbar ist die Weigerung der Behörden den Notaren den kostenfreien Zugriff auf die Personenstandsregister zur Erfüllung ihrer hoheitlichen Aufgabe zu gewähren. Hier ist Abhilfe im Interesse der funktionierenden Rechtspflege und der Gerechtigkeit dringend nötig.

9. Herausgabe des Erbvertrages an die Urkundsbeteiligten. Gemäß § 2300 Abs. 2   220
BGB kann wie bei einem beurkundeten Testament die Urschrift des Erbvertrages den Vertragsschließenden ausgehändigt werden (zu den Voraussetzungen und dem Verfahren → § 17 Rn. 104 ff.).[124] Gemäß § 20 Abs. 3 DONot ist wie folgt zu verfahren:

Die **Herausgabe** ist gemäß § 2256 Abs. 1 BGB **aktenkundig** zu machen. Erstellt der   221
Notar über den Vorgang einen schlichten Aktenvermerk, wird der Vermerk entweder auf dem nach § 18 Abs. 4 S. 2 DONot in der Urkundensammlung verwahrten Vermerkblatt oder der dort befindlichen beglaubigten Abschrift des Erbvertrages angebracht oder bei diesen verwahrt (§ 20 Abs. 3 DONot). Sind Vermerkblatt bzw. beglaubigte Abschrift mangels gesonderter Verwahrung des Erbvertrages noch nicht gebildet, so wird eines von diesen wie bei der Ablieferung des Erbvertrages an das Nachlassgericht gemäß § 18 Abs. 4 S. 2 DONot erstellt.

---

[123] Zur Ermittlungspflicht *Kordel* DNotZ 2009, 644.
[124] *Dickhuth-Harrach* RNotZ 2002, 384 mit Formulierungsbeispiel.

222 Errichtet der Notar bei der Herausgabe des Erbvertrages eine Urkunde nach dem Beurkundungsgesetz, erhält diese wie jede andere Urkunde eine Urkundennummer und ist an
der entsprechenden Stelle der **Urkundensammlung** zu verwahren (§ 18 Abs. 1
DONot). Bei dem in der Urkundensammlung anstelle des Erbvertrages aufgenommenen
Surrogat (Vermerkblatt oder beglaubigte Abschrift §§ 18 Abs. 4, 20 Abs. 1 DONot) ist
gemäß § 8 Abs. 6 S. 1 DONot ein Verweis aufzunehmen. Der Notar kann aber auch ge-
mäß § 18 Abs. 2 DONot diese Urkunde in der Urkundensammlung bei dem anstelle des
Erbvertrages aufgenommenen Surrogat aufbewahren. In diesem Falle ist gemäß § 18
Abs. 2 S. 3 DONot an der entsprechenden Stelle der neu errichteten Urkunde in der Ur-
kundensammlung ein Hinweisblatt oder eine Abschrift, auf der ein Hinweis auf die
Haupturkunde anzubringen ist, aufzunehmen. Im Übrigen entfällt die Anfertigung eines
Vermerkblattes (§ 20 Abs. 3 S. 3 DONot).

223   Die Rücknahme und der Tag der Rücknahme sind gemäß § 20 Abs. 3 S. 5 DONot in
das Erbvertragsverzeichnis einzutragen.

224 **10. ZTR – Mitteilung bei Herausgabe oder späterem Abliefern des Erbvertrages.**
War bisher eine Standesamtmitteilung nicht erforderlich, wenn der Erbvertrag auf späte-
res Verlangen in die besondere amtliche Verwahrung gegeben wurde oder die Herausgabe
gemäß § 2300 BGB an die Erbvertragsbeteiligten erfolgte, hat sich dies mit der Einfüh-
rung des ZTR 2012 geändert: § 34a Abs. 2 BeurkG sieht die **Mitteilungspflicht** des
Notars an die Registerbehörde vor. Bei **Ablieferung** eines Erbvertrages nach Eintritt des
Erbfalls (§ 34a Abs. 3 S. 1 BeurkG) nimmt die Notarin oder der Notar eine beglaubigte
Abschrift der Urkunde und der Kostenberechnung zu der Urkundensammlung (§ 20
Abs. 4 DONot).

225 **11. ZTR – Mitteilung bei erbfolgerelevanten Urkunden.** Eine Benachrichtigungspflicht des Notars besteht auch dann, wenn eine andere Urkunde Erklärungen enthält,
nach deren Inhalt die Erbfolge geändert wird, § 34a Abs. 1 BeurkG. Zu den erbfolgerelevanten Urkunden vgl. § 78b Abs. 2 S. 2 BNotO und → Rn. 193.

226   Zu beachten ist, dass zB nicht jeder Ehevertrag dem Standesamt mitzuteilen ist. Der
Ehevertrag über den Ausschluss des Zugewinnausgleichs bei Scheidung hat keine erb-
rechtliche Auswirkung und ist daher nicht dem ZTR mitzuteilen, ebenso wenig ein
Pflichtteilsverzichtsvertrag. Mit Blick auf § 18 Abs. 1 BNotO hat der Notar nur solche
Vorgänge mitzuteilen, die unter die Bestimmung des § 78 Abs. 2 S. 1 BNotO fallen.

227 **12. Ablieferung bei geänderter Erbfolge ohne letztwillige Verfügung.** Enthält eine
sonstige Urkunde erbfolgerelevante Erklärungen, ohne dass diese letztwillige Verfügungen
sind, und wird der Notar über den Sterbefall informiert, so wird nicht die Urschrift sondern nur eine **beglaubigte Abschrift** dieser Urkunde gemäß § 34a Abs. 3 S. 2 BeurkG
dem Nachlassgericht übersandt. Die Urschrift verbleibt weiterhin in der Urkundensammlung des Notars. Dies ermöglicht es dem Notar, bei verbundenen Rechtsgeschäften durch
Fertigung einer auszugsweisen Abschrift dem Nachlassgericht nur denjenigen Teil der Urkunde zur Kenntnis zu bringen, der abzuliefern ist.[125] Dies gilt auch bei einer Urkunde,
die lediglich eine **Erbvertragsaufhebung** oder einen **Erbverzicht** jedoch keine weitere
letztwillige Verfügung von Todeswegen enthält.

X. Protestsammelbände

228 In den Protestsammelbänden werden gemäß § 21 DONot die bei der Aufnahme von
Wechsel- und Scheckprotesten zurückbehaltenen beglaubigten Abschriften der Protestur-
kunden einschließlich der Vermerke, die über den Inhalt des Wechsels oder des Schecks

---

[125] BeckOK BGB/*Litzenburger* BeurkG § 34a Rn. 7.

mit den dazugehörenden Kostenberechnungen erstellt werden, in der zeitlichen Reihenfolge innerhalb eines Jahrgangs unter fortlaufender Nummerierung aufbewahrt. Entsprechende Formulare für diese Vermerke und die Protesturkunde, die im Durchschreibeverfahren erstellt werden, sind im Fachhandel erhältlich. Die Sammelbände sind nach Ablauf von fünf Jahren zu vernichten (§ 5 Abs. 4 DONot).

XI. Nebenakten

Zu den Verwahrungsgeschäften ist zwingend eine **Blattsammlung** (Nebenakte) für jede 229 einzelne Masse anzulegen (§ 22 Abs. 2 DONot). Zu den Urkundsgeschäften ist eine derartige Blattsammlung nur anzulegen, wenn dies zur Vorbereitung und Abwicklung einer Beurkundung geboten ist (§ 22 Abs. 2 DONot). Im Übrigen sind alle Schriftstücke, die mit den einzelnen Amtsgeschäften des Notars zusammenhängen, aber nicht in die Urkundensammlung gehören, in Blatt- oder Sammelakten aufzubewahren. Neben der papiergebundenen Führung der Nebenakten greift insbesondere durch die Ausweitung des ERV im Register- und Grundbuchwesen die elektronische Aktenführung Platz. Im Zuge des geplanten elektronischen Urkundenarchivs (ELUA) sind dann auch Anpassungen im Bereich der DONot notwendig.[126]

Da bei der Geschäftsprüfung die Berechtigung einer Grundbucheinsicht in das elektro 230 nische Grundbuch stichprobenweise geprüft wird (zB ergänzende Bestimmungen NRW zur DONot lit. h Nr. 10 mit Bezug auf § 83 GBV), empfiehlt es sich, für solche Vorgänge eine **Sammelakte – Grundbucheinsichten** anzulegen, bei denen es **nicht** zur einer Beurkundung gekommen ist und wenn auch nicht auf andere Weise eine Auskunft zum Anlass der Einsicht möglich erscheint. Hinsichtlich der Grundbucheinsicht bei beurkundeten Vorgängen lässt sich über die Eigentümerbezeichnung der zugehörige Vorgang leicht auffinden. Eine Aufnahme in die vorgeschlagene Sammelakte oder die Führung besonderer Register ist daher in diesen Fällen nicht erforderlich.[127]

Wegen des Inhalts der **Verwahrungsnebenakte** vgl. § 22 Abs. 2 DONot (vgl. auch 231 die Übersicht bei → Rn. 171). Die dort genannten Verwahrungsanträge und Anweisungen sind nur in einfacher Abschrift zur Nebenakte zu nehmen. Zu beachten ist jedoch, dass gemäß § 57 Abs. 6 BeurkG die Bestimmungen der Abs. 3–5, die den Inhalt, die Schriftform und die Annahme einer Verwahrungsanweisung regeln, auch für Treuhandaufträge gelten, die dem Notar im Zusammenhang mit dem Vollzug des der Verwahrung zugrunde liegenden Geschäftes von Personen erteilt werden, die an diesen nicht beteiligt sind. Es sind daher auch die **Treuhandanweisungen** der abzulösenden Gläubiger, zB bei der Durchführung eines Kaufvertrages, wie bei Verwahrungsanweisungen mit Datum, Unterschrift und Annahmeerklärung hinsichtlich des Treuhandauftrages zu versehen. Korrespondierend mit dieser Bestimmung sind diese **Treuhandaufträge** in die Nebenakte des Verwahrungsgeschäftes aufzunehmen (§ 22 Abs. 2 DONot). Wichtig ist die strikte Beachtung erteilter Anweisungen und die Möglichkeit eines Vorbescheides; Entscheidungen gegen die Anweisungen bei Verwahrungen kann der Notar grundsätzlich nicht treffen.[128]

Wie die Nebenakten im Einzelnen geführt werden, zum Beispiel in der Form der 232 Hängeregistratur, wie die einzelnen Akten gekennzeichnet werden und ähnliche büroorganisatorische Fragen wird der Anwaltsnotar aufgrund der vor seiner Ernennung zum Notar gemachten beruflichen Erfahrungen als Rechtsanwalt und der hauptberufliche Notar aufgrund der Erfahrungen in seiner Ausbildungszeit als Notarassessor beantworten können. Der Notar hat auch zu entscheiden, ob er die Seiten paginiert und nach welchen Ordnungsverfahren er die Nebenakten inhaltlich führt. Dienstliche Vorschriften bestehen insoweit nicht. Die Aufbewahrungspflicht richtet sich nach § 5 Abs. 4 DONot. An die

---

[126] Vgl. BNotK DNotZ 2012, 563.
[127] Zur Protokollierung bei bestimmten Einsichten vgl. *Püls* NotBZ 2013, 329.
[128] BGH BeckRS 2010, 29183.

Verlängerung der Aufbewahrungsfrist sind keine hohen Anforderungen zu stellen. Die Verlängerung kann der Notar allgemein für eine bestimmte Art von Rechtsgeschäften zB für letztwillige Verfügungen, anordnen.[129]

232a Zur Führung der Nebenakten in rein elektronischer Form infolge der Umsetzung des URAG und auf Grundlage der noch zu erlassen RVO mit Wirkung zum 1. 1. 2022 → Rn. 82a.

XII. Generalakten

233 In den Generalakten (§ 23 DONot) sind die Mitteilungen der Aufsichtsbehörden, Prüfungsberichte und andere, die Amtstätigkeiten im Allgemeinen betreffende Vorgänge zu verwahren, insbesondere die Bestellung von Vertretern und die Niederschriften über die Verpflichtung der bei dem Notar beschäftigten Personen. Auch die Unterlagen über die Berufshaftpflichtversicherung einschließlich des Versicherungsscheins und der Belege über die Prämienzahlung sind in die Generalakte aufzunehmen. Auf die ausführliche Auflistung in § 23 DONot wird verwiesen.

234 Gemäß § 23 DONot zählt hierzu des Weiteren die nach § 17 Abs. 1 DONot von dem Notar einzuholende Bescheinigung des Erstellers einer notarspezifischen Fachanwendung, wonach die jeweils eingesetzte notarspezifische Fachanwendung keine Verfahren zur nachträglichen Veränderung der mit dem Ausdruck abgeschlossenen Eintragung enthalten, und die Fachanwendung derartiger Veränderungen nicht ermöglichen (→ Rn. 32).

235 In die Generalakten sind nunmehr gemäß § 23 Abs. 1 S. 2 DONot die mit der Zertifizierung der Signaturkarte verbundenen Unterlagen aufzunehmen. Verwahrt der Notar auch die Briefe, welche die PIN zur Verschlüsselung und zur Authentisierung der Signaturkarte enthalten, werden diese von der Aufnahmeverpflichtung nicht erfasst, da der Zugangscode gegen jedermann geheim zu halten ist (→ Rn. 59 ff.).

236 Gemäß § 23 Abs. 2 DONot sind die Blätter in zeitlicher Reihenfolge fortlaufend zu **nummerieren** und ein **Inhaltsverzeichnis** zu erstellen oder alternativ nach **Sachgebieten** zu ordnen.

236a Auch die Generalakten werden auf Grundlage der entsprechenden RVO zu § 36 BNotO voraussichtlich mit Wirkung zum 1. 1. 2022 (→ Rn. 82a) in rein elektronischer Form geführt werden können. Die rein papiergebundene Führung bleibt zulässig. Während bei Nebenakten die hybride Aktenführung grundsätzlich zulässig ist (→ Rn. 88a), spricht für die Konsistenz der Generalakte und deren zentrale Rolle bei der Führung des Notariats sowie der Überprüfung der Amtsführung der Notare durch die zuständigen Aufsichtsorgane, nur die Führung in der einen oder anderen Form, also entweder papiergebunden oder rein elektronisch, zuzulassen. Wird die Akte rein elektronisch geführt, ist sie im Elektronischen Notaraktenspeicher oder in elektronischer Form in der Geschäftsstelle des Notars zu führen.

237

§ 23 Abs. 2 Alt. 1 DONot	Nach Sachgebieten gegliedert; enthält im Wesentlichen die die Amtsführung im Allgemeinen
§§ 14 Abs. 4, 26 BNotO iVm § 1 VerpflgG	Verpflichtungserklärungen
§ 17 Abs. 1 S. 2 DONot	Notariatssoftware: Herstellerbescheinigung etc
§ 29 Abs. 2 DONot	Kopierer/Drucker: Bescheinigung der PTS Heidenau
EU-DS-GVO	Unterlagen zum Datenschutz, zB Verfahrensverzeichnisse
	Konsistente Aktenführung in rein elektronischer oder rein papiergebundener Form, voraussichtlich ab 1. 1. 2022

---

[129] Vgl. Schippel/Bracker/*Bracker* DONot § 5 Rn. 7.

XIII. Jahresübersichten

Gemäß §§ 5 Abs. 2, 24, 25 DONot hat der Notar nach Abschluss eines jeden Kalender- 238
jahres je eine Übersicht über die Urkundsgeschäfte und über die Verwahrungsgeschäfte an
den Landgerichtspräsidenten einzureichen. Die Frist ist einheitlich auf den **15.2.** eines
Jahres gelegt. Die entsprechenden Formulare werden dem Notar durch den Landgerichtspräsidenten zur Verfügung gestellt.

1. Urkundsgeschäfte. In § 24 Abs. 2 DONot werden einige Erläuterungen zur Aufstel- 239
lung des Formulars gegeben. Die in die Urkundenrolle einzutragenden Verfahren nach
dem **Sachenrechtsbereinigungsgesetz** wurden unter die Gruppierung I. 1c, in der bisher nur die förmlichen Vermittlungen von Auseinandersetzungen enthalten waren, aufgenommen. Die **Vollstreckbarkeitserklärungen** (Anwaltsvergleich, schiedsrichterlicher
Vergleich) fallen in die Gruppierung I. 1d „sonstige Beurkundungen". Die Übersicht enthält nicht mehr die Angabe über die Anzahl der Eintragungen im Verwahrungsbuch.

2. Verwahrungsgeschäfte. In der Übersicht über die Verwahrungsgeschäfte sind die ein- 240
zelnen Massen mit dem Bestand anzugeben, der sich aus dem Jahresabschluss der Masse
ergibt (→ Rn. 166 ff.). Bei dem Bestand der Masse ist auch das Datum des der letzten
Buchung im Verwahrungs- und Massenbuch zugrunde liegenden Kontoauszuges anzugeben – in Sachsen bei Wertstellungsbuchung das Datum des Kontoauszuges, der den Jahresabschluss enthält – (§ 25 Abs. 2 S. 2 DONot). Insoweit kommt es anders als bei der
Buchung im Verwahrungsbuch nicht auf das Eingangsdatum des Kontoauszuges an.

XIV. Stichpunkte zur allgemeinen Geschäftsbehandlung

Die im Rahmen der Urkundsgeschäfte zu beachtenden Vorgaben sind in → § 31 behan- 241
delt. Besondere Stellung nehmen wegen des formalen und daher von der Aufsicht vorrangig prüfbaren Inhalts darüber hinaus die vom Notar zu beachtenden berufsrechtlichen
und verfahrensrechtlichen Anzeige-, Hinweis- und Mitteilungspflichten ein (Übersicht zu
letzteren → § 32 Rn. 83 ff.). Steuerrechtlichen Hinweise und die Beachtung der Mitteilungspflichten sollte wegen der Gefahr einer möglicher Steuerverkürzung bzw. der Haftung vom Notar und seinen Mitarbeitern besondere Beachtung geschenkt werden.[130]
Weitere Stichpunkte sind:

Allgemein		242
§ 13 Abs. 2 BeurkG	Sammelbeurkundungen	
	Beurkundungen außerhalb des Amtsbereichs (§ 10a BNotO)	
§ 21 BeurkG	Grundbucheinsicht, Teilnahme am automatisierten Abrufverfahren	
§ 20a BeurkG	Hinweis auf Registrierung bei dem zentralen Vorsorgeregister	
§§ 3, 9 GwG	Beachtung der Bestimmungen des Geldwäschegesetzes	
§ 20 Abs. 5 DONot	Durchsicht des Erbvertragsverzeichnisses nach 30-Jahresfrist	
	Erfüllung von Anzeige-, Hinweis- und Mitteilungspflichten	
Urkundeninhalt		
§ 17 Abs. 2a BeurkG	Urkunden enthalten regelmäßig die Vermerke über die Vorversendung von Urkundsentwürfen, insbesondere bei Verbraucherverträgen	

---

[130] So zu den Pflichten nach § 34 ErbStG auch bei bloßen Unterschriftsbeglaubigungen *Klöckner* ZEV 2011,
299.

	Planmäßige und missbräuchliche Beteiligung von Angestellten als Bevollmächtigte[131]
Urkundenvollzug	
§ 2 ZTRV	ERV/Mitteilungspflichten ZTR/etc
§ 34 Abs. 1 S. 4 BeurkG	Zeitnahe Ablieferung letztwilliger Verfügungen („unverzüglich")

E. Steuern und Buchhaltung

243   Da der Anwaltsnotar aufgrund seiner Tätigkeit als Rechtsanwalt beziehungsweise der hauptberufliche Notar aus seiner Tätigkeit als Notarassessor sich über mehrere Jahre hin mit den Fragen des Einkommensteuerrechtes und der Buchhaltung vertraut machen konnte, wird auf *Korn*[132] verwiesen. Zur Änderung der Umsatzbesteuerung mit Wirkung zum 1.1.2010 und den Auswirkungen bei Notartätigkeiten mit grenzüberschreitendem Bezug vgl. BNotK-Rundschreiben Nr. 7/2010[133] und *Masuch*[134] (mit Anleitung zur Qualifizierten Bestätigungsabfrage von Kundendaten beim Bundeszentralamt für Steuern, http://evatr.bff-online.de/eVatR/).[135]

244   Es gibt auch bei der **Notariatssoftware** integrierte Module für Finanzbuchhaltung und Steuer. Jedenfalls sollte aber eine Schnittstelle zu Standard-Finanz Software vorhanden sein, zB DATEV XML-Schnittstelle (http://www.datev.de). Beim Einsatz von diesbezüglicher Standard-Software besteht der Nachteil, dass mit mehreren Programmen im Notariat gearbeitet werden muss und dass zB durchlaufende Posten und das Rechnungswesen in Teilbereichen redundant geführt werden müssen.[136]

245   Mit Rückwirkung zum 1.7.2011 wurden die Anforderungen an die **elektronische Rechnungsstellung** in Deutschland erheblich vereinfacht. Gemäß § 14 Abs. 1 S. 7 UStG sind Rechnungen auf Papier oder vorbehaltlich der Zustimmung des Empfängers elektronisch zu übermitteln. Damit ist der Weg frei auch für Rechnungen, die per E-Mail, als PDF-Anhang einer E-Mail übermittelt werden.[137] Die vom Notar ausgestellten Kostenrechnungen müssen den Anforderungen des § 14 UStG genügen.[138]

F. Die Übernahme einer Notarstelle (Verwaltung; Amtsvorgänger)

I. Übernahme einer Notarstelle

246   **1. Administrative Aspekte des freien Berufes im Allgemeinen.** Hier soll nur auf einige, grundlegende organisatorische Hinweise eingegangen werden, die Berufseinsteiger, aber auch amtssitzwechselnde Notare beachten sollten.[139] Eine umfangreiche **Checkliste** ist am Ende dieses Kapitels unter → Rn. 264 beigefügt, nachstehend wird auf einige der dort genannten Stichpunkte vertieft eingegangen.

247   Wichtig ist die Zuteilung einer **Betriebsnummer**. Notare benötigen zur Meldung der bei ihnen beschäftigten Arbeitnehmer an die Sozialversicherung eine Betriebsnummer. Die Betriebsnummer ist ein Ordnungsmerkmal im Bereich der sozialen Sicherung, die bei

---

131 Weingärtner/Gassen/Sommerfeldt/*Weingärtner* DONot § 32 Rn. 86, 92.
132 BeckRA-HdB/*Korn*, 11. Aufl. 2016, § 65. Steuern und Buchhaltung.
133 BNotK-Rundschreiben notar 2010, 75.
134 *Masuch* notar 2010, 263ff.
135 DNotI-Report 19/2010 und *Brodersen/Loeffelholz* BB 2010, 800.
136 *Büttner* BWNotZ 2001, 97.
137 Zu den zu beachtenden Anforderungen vgl. *Masuch* DB 2012, 1540.
138 Vgl. *Ihle* MittBayNot 2013, 97.
139 Vgl. auch *Bäumler* notar 2012, 3.

der Bundesanstalt für Arbeit gespeichert wird und bei allen weiteren Vorgängen mit dem Arbeitsamt (Meldeverfahren, Auszubildende etc) bedeutsam ist. Die Betriebsnummer ist auch Voraussetzung für die Anmeldung von Mitarbeitern bei gesetzlichen Krankenkassen oder Ersatzkassen. Eine Betriebsnummer kann telefonisch, schriftlich, per Fax oder Mail zentral beantragt werden. Das Antragsformular befindet sich im Internet unter http://www.arbeitsagentur.de > Unternehmen > Sozialversicherung.

Das zuständige **Betriebsstättenfinanzamt** sendet auf telefonische Nachfrage einen 248 Fragebogen für die Aufnahme einer freiberuflichen Tätigkeit zu (weitere Informationen zur steuerlichen Erfassung unter http://amt24.sachsen.de > Anzeigen über die Erwerbstätigkeit nach § 138 Abs. 1 AO > Aufnahme einer freiberuflichen Tätigkeit, Meldung beim Finanzamt. Die Umsatzsteuer-Identifikationsnummer (USt-IdNr.) besteht in Deutschland aus dem Kürzel DE und neun Ziffern (Beispiel: DE 123 456 789) und wird auf schriftlichen Antrag vom Bundeszentralamt für Steuern erteilt. Möchte man die Umsatzsteuer-Identifikationsnummern ausländischer Unternehmer bestätigen lassen, kann man diese Anfrage beim Bundeszentralamt für Steuern auch online stellen (http://evatr.bff-online.de/eVatR/).[140] Weiter erhält der Notar Informationen für die Anmeldung der Lohnsteuer und Umsatzsteuervoranmeldung. Wer die Gehaltsbuchhaltung über die ZGB der Ländernotarkasse führt, erfährt durch die dortigen Mitarbeiter sehr gute Unterstützung. Für die Umsatzsteuer sollte die Dauerfristverlängerung (unter Zahlung eines pauschalen Einmalbetrages vorab) beantragt werden.[141]

Mit der Betriebsnummer ist die Anmeldung der Mitarbeiter bei der **Krankenkasse** 249 möglich. Der Arbeitnehmer muss sein Versicherungsnachweisheft vorlegen. Die Auswahl der Krankenkasse für die Mitarbeiter kann dem Arbeitgeber wegen der ihn treffenden Arbeitgeberanteile zT nicht unerhebliche Kosten sparen bzw. verursachen. Ggf. lohnt sich – bei Würdigung der Leistungen – ein Vergleich auch aus Sicht des Arbeitgebers.

Die gesetzliche Unfallversicherung der Arbeitnehmer erfolgt durch Anmeldung bei der 250 zuständigen **Verwaltungsberufsgenossenschaft.** Die Anmeldung muss spätestens eine Woche nach Amtsantritt erfolgen (http://www.vbg.de > Mitglied werden > Unternehmen online anmelden). Die Satzung sowie weitere Informationen können bei der zuständigen Bezirksverwaltung angefordert werden. Wichtig: Der Notar hat einen Arbeits- oder Wegeunfall der Berufsgenossenschaft zu melden, wenn ein Mitarbeiter so verletzt wird, dass er für mehr als drei Tage arbeitsunfähig ist. Für die Unfallanzeige gibt es Vordrucke, ebenso für die Unterweisung der Mitarbeiter (http://www.vbg.de/DE/Header/4_Medien-Center/medien-center_node.html).

Finanzierungsfragen werden mit der Hausbank (Geschäftskontoeröffnung) geklärt, 251 wobei die günstigen Kredite der KfW für Existenzgründungen (bis 100.000 EUR) nicht ungeprüft bleiben sollten (http://www.kfw.de > Suche).

2. Administrative Aspekte des Notars im speziellen. Berufsrechtliche Fragen des Zu- 252 gangs zum Notaramt werden nicht behandelt,[142] gleichwohl sei hier der Hinweis auf den Nachweis der **Berufshaftpflichtversicherung** als Bestellungsvoraussetzung hingewiesen, § 6a BNotO.

Mit dem Ausscheiden aus dem Amt sind regelmäßig nicht alle **Kostenforderungen** 253 **des Amtsvorgängers** gestellt oder gar beglichen oder beigetrieben. Vielmehr hat der Amtsvorgänger oft Leistungen abgerechnet, die erst in der Verwaltung fällig werden (zB Umschreibungssperre, Fälligkeitsüberwachung, Porto, Auslagen und dergleichen). In diesen Fällen müssen die vom Amtsvorgänger vereinnahmten Gebühren und Auslagen dem Notariatsverwalter für die Abrechnungspositionen erstattet werden, die erst in der Notariatsverwaltung fällig geworden sind. Es ist daher eine Aufstellung über diese Positionen

---

[140] Dazu *Masuch* notar 2010, 263.
[141] Zu steuerlichen Fragen bei der Übernahme von Amtsstellen vgl. *Mayer* MittBayNot 2000, 504.
[142] Dazu Kilian/Sandkühler/vom Stein/*Egerland/Püls* Praxis-HdB Notarrecht § 6.

anzulegen und fortzuführen. Mit diesen Forderungen könnte auch zB gegen Ansprüche des Amtsvorgängers aus einer Nutzungsvereinbarung aufgerechnet werden. Umgekehrt müssen dem Amtsvorgänger selbstverständlich Gebühren erstattet werden zB noch nicht erhobene Beurkundungsgebühren aus der Amtszeit des Amtsvorgängers.

254   Der „Nachfolger" eines ausgeschiedenen oder versetzten Notars darf dessen **Namensschilder** noch für eine begrenzte Zeit belassen, um für die Rechtsuchenden Unzuträglichkeiten, die mit dem Wechsel verbunden sein könnten, zu vermeiden (vgl. auch RLE/ BNotK Abschnitt XI. Nr. 1). Das Gleiche gilt, wenn die Geschäftsstelle des Notars verlegt wird. Die Notarkammer kann Ausnahmen bewilligen. Das bloße Durchstreichen der Aufschrift der Schilder genügt nicht. Das „Amtsschild" (§ 3 Abs. 1 S. 1 DONot) ist dagegen sofort zu entfernen, wenn die Geschäftsstelle verlegt worden ist.[143]

255   Zum Auftreten in der **Öffentlichkeit** aus Anlass der Übernahme einer Notarstelle vgl. *Vollhardt* MittBayNot 2002, 482.

256 **3. Büroorganisatorische Aspekte.** Die Änderung des Briefkopfes erfolgt unverzüglich nach Amtsübernahme, die Beschaffung der Signatureinheit und Beantragung des Zugangs zum automatisierten Grundbuchabrufverfahren bzw. Handelsregisterabruf und zum ZVR/ ZTR (http://www.vorsorgeregister.de/_downloads/Administration/A.pdf) zeitnah zur Übernahme. Hierzu wird auf die umfassenden und praxisnahen Hinweise der NotarNet GmbH verwiesen.[144] Administrative Einstellungen bezüglich der Notarstelle, dem Erscheinen im Notarverzeichnis etc nimmt der Notar über das Notarportal der Bundesnotarkammer wahr.[145] Hier finden sich Angaben zum Notar, insbesondere auch dessen Notar-ID und weitere Merkmale, die der Verwaltung und Außendarstellung dienen und die der Notar selbst anpassen kann. Zum Stammdatenverzeichnis gelangt man über die Seite https://sdv. bnotk.de/sdv. Man kann hier Mitarbeiter nach Benutzernamen anlegen und ihnen Zugangsberechtigungen zu verschiedenen Bereichen wie etwa ZVR, ZTR oder beN-SBK erteilen.

256a **4. Berufsrechtliche Aspekte.** Das Amt des Notars ist ein persönliches Amt, das mit dem Ausscheiden des Notars erlischt.[146] Auch wenn mit einer Wiederbesetzung der Notarstelle ein neues Amt „verliehen" wird, wird eine Ämterkontinuität[147] durch die Möglichkeit der Aktenverwahrung (§ 51 BNotO) und eine auf tatsächliche Gegebenheiten beschränkte Nachfolge im Interesse der beteiligten Akteure, aber auch im Interesse der vorsorgenden Rechtspflege gewünscht und sollte während des gesamten Prozesses auch als Leitmotiv Beachtung finden. Das Kollegialitätsgebot gemäß Abschnitt XI. Nr. 1.1 der Berufsrichtlinien der Notarkammern ist auch bei der Übergabe und der Übernahme von Notarstellen zu beachten. Auch Abschnitt XI. Nr. 3.1 und Nr. 3.2 der Berufsrichtlinien bringen dieses besondere Verständnis deutlich zum Ausdruck. Auch zu Fragen der kostenrechtlichen Abgrenzung sollte eine Verständigung zeitnah stattfinden.[148] Insoweit sind Pauschalierungen zulässig und im Interesse einer reibungslosen Abwicklung zielführend.

II. Besonderheiten bei der Übernahme einer Notariatsverwaltung

257 Auch der Notariatsverwalter hat (sofern nicht ein Notar ausnahmsweise sein eigenes Amt noch für eine Übergangszeit auf eigene Rechnung verwaltet) eine eigene **Umsatzsteuernummer** zu beantragen (zum Verfahren → Rn. 248) Im Bereich der Län-

---

[143] Schippel/Bracker/*Püls* BNotO § 10 Rn. 15.
[144] Vgl. http://www.elrv.info/de/elektronischer-rechtsverkehr/praxisfragen-elrv.php (Amtsniederlegung und Amtssitzwechsel – Hinweise zum Umgang mit den Einrichtungen des elektronischen Rechtsverkehrs).
[145] Das Notarportal ist erreichbar unter https://portal.bnotk.de.
[146] Schippel/Bracker/*Bracker* BNotO § 1 Rn. 9.
[147] Kilian/Sandkühler/vom Stein/*Egerland/Püls* Praxis-HdB Notarrecht § 6 Rn. 29.
[148] *Heinze* notar 2018, 27.

dernotarkasse/Notarkasse wird dem Finanzamt regelmäßig ein Schreiben der Ländernotarkasse beigefügt werden, wenn die Verwaltung auf Kosten diese Einrichtungen des Berufsstandes erfolgt. Am Jahresende ist eine Umsatzsteuer- und Gewinnfeststellungserklärung abzugeben; eine jüngst aufgekommene Entwicklung, die im Bereich der Notarkassen (und bei Verwaltungen auf deren Kosten) im Rahmen einer Deregulierung möglichst schnell wieder abgeschafft werden sollte, ruft sie doch einen erheblichen Verwaltungsaufwand für Notarkammern, Notarkassen und auch Notarassessoren auf, ohne in der Sache zu einer Besteuerung zu führen. Bis dahin sollte die Ländernotarkasse/Notarkasse für die Abgabe der Umsatzsteuermeldung bevollmächtigt sowie als Zustellungsbevollmächtigte angegeben werden.

Zur Betriebsnummer und Anmeldung bei der **Verwaltungsberufsgenossenschaft** gilt 258 das oben ausgeführte.

Die Bestimmungen der **Dienstordnung** gelten auch für Notariatsverwalter und No- 259 tarvertreter (§ 33 Abs. 1 DONot).

Die **Bestallungsurkunde** mit ggf. erneuter Leistung des Amtseides ist konstitutive 260 Voraussetzung für das Amt und damit den Amtsbeginn des Verwalters. Die Führung des Siegels richtet sich nach § 33 Abs. 2 DONot, die qualifizierte elektronische Signatur ist diejenige des Verwalters, der jedoch seine Verwaltereigenschaft – wie auch der Vertreter durch eine mit qualifizierter elektronischer Signatur der zuständigen Aufsichtsbehörde versehene Abschrift oder eine elektronische beglaubigte Abschrift der Verwalterbestellungsurkunde geführt wird (§ 33 Abs. 4 DONot).

Zu den **Jahresübersichten** enthält § 24 Abs. 3 DONot eine Spezialregelung für Nota- 261 riatsverwalter, die auch im Falle der direkten Aktenverwahrung für den Amtsnachfolger gilt. Der Verwalter und Amtsnachfolger übernehmen die Verwahrung der **Urkundensammlung** als öffentliche Sache. Die Anordnung der Übernahme als Regelfall durch eine Allgemeinverfügung (konkret § 44 Abs. 1 NWAVNot (2004)) ist zulässig.[149]

Der Verwalter kann eine eigene **Signaturkarte** mit dem Berufsträgerattribut „Notari- 262 atsverwalter" beantragen (https://zertifizierungsstelle.bnotk.de/). Wenn ein Notariatsverwalter das verwaltete Amt als Notar übernimmt, wird die Sperrung dieses Attributs notwendig. Die Sperrung wird auch dann erforderlich, wenn durch Amtsniederlegung das Attribut „Notar" entfällt, der Notar a.D. die Amtsgeschäfte aber als „Notariatsverwalter" fortführt.

III. Besonderheiten bei der Vertretung eines Notars

Zu den insoweit zu beachtenden Besonderheiten vgl. ausführlich *Peterßen*.[150] Das OLG 263 Hamm hat klargestellt, dass der Vertreter bei der Einreichung von Papierurkunden zum Register bzw. zum Grundbuchamt seine Bestallungsurkunde nicht vorlegen muss.[151] *Klingler* weist in seiner Anmerkung zu der Entscheidung richtigerweise auf den Unterschied zum Erfordernis des Nachweises der Vertreterbestellung hin, wenn der Notarvertreter selbst Beglaubigungen oder sonstige Zeugnisse elektronisch errichtet (§ 39a BeurkG).

---

[149] BGH NJW-RR 2011, 414.
[150] RNotZ 2008, 181.
[151] BB 2011, 20.

IV. Checkliste Amtsübernahme

264 | Checkliste: Übernahme der Notarstelle (Amtsvorgänger; Notariatsverwalter)

1.	Organisatorisches
1.1	Bezug zum Amtsvorgänger
1.1.1	Unterzeichnung offener Vorgänge durch Amtsvorgänger; Siegelung
1.1.2	Abrechnung/Abgrenzung offener Gebührenforderung
1.1.3	Abschluss der Register; Unterzeichnung des Übernahmevermerks in der Urkundenrolle, § 34 DONot
1.1.4	Kontovollmachten/Abgrenzungen
1.2	ggf. Besonderheiten bei Sozietätsstelle
1.3	Siegel
1.3.1	Verwaltersiegel (in angemessener Zahl; auf unterscheidbare Siegel achten) aus Gummi (vgl. Dienstsiegel-VwV des Justizministeriums – soweit vorhanden; Bestellung veranlassen); Umschrift: „Notariatsverwalter in [ORT]"; ohne Namen
1.3.2	Siegelpresseneinsatz (Prägesiegel): Umschrift wie oben
1.3.3	Siegelprobe an LG Präsidenten, §§ 1, 2 DONot; ggf. Ablieferung alter Siegel, §§ 51 Abs. 2, 57 BNotO)
1.3.4	Stempel/Siegel (in angemessener Zahl)
	[Name] Notariatsverwalter
	der Notarstelle [Name Amtsvorgänger]
	als amtl. best. Vertreter
	des Notariatsverwalters
1.4	Signaturkarte
	Signaturkarte(n) mit Notarattribut unter http://www.elrv.info/de/signatur karte/signaturkarte-bestellen.php bestellen
1.5	Pflichtbezugsblätter
1.6	Vorstellung beim Präsidenten des LG
2.	Büroräume/Mietausstattung
2.1	Zählerstände etc (Hausverwaltung/Übergabeprotokoll)
	• Wasser • Strom: Ummelden • Heizkosten • ggf. wegen vorhandenen Mängeln in besonderen Fällen Sachverständigen hinzuziehen
2.2	Vermieter wegen Mietvertrag

	• Ergänzung Mietvertrag ggf. wg. Zusatzräumen/keine Schönheitsreparaturen etc • bei Verwalter ggf. zweckbefristet, vgl. Ländernotarkasse
2.3	Schlüssel
	• Abgleich hinsichtlich Zahl mit Eigentümer/Hausverwaltung • Mitarbeiter (Schlüsselbuch) • Externe Hausverwaltung • Reinigungsfirma • Sicherheitsdienst
3.	**Betriebsnummer**
4.	**Finanzamt**
4.1	Steuernummer neu
4.2	Umsatzsteuer-Identifikationsnummer (USt-IdNr.)
4.3	Umsatzsteuer Voranmeldung
4.4	Antrag „Dauerfristverlängerung" empfehlenswert; sonst ggf. Einzelfallverlängerung
5.	**Banken und Sparkassen**
5.1	Hausbank
5.1.1	Finanzierung/Existenzgründung erforderlich?
5.1.2	Geschäftskonto/Verwalterkonto (Inhaber: [NAME], Notariatsverwalter)
5.2	Anderkonten führende Banken des Amtsvorgängers
	• Liste • Benachrichtigungsschreiben (Abschrift Verwalterbestellung; Personalausweis) • persönliches Gespräch
6.	**Mitarbeiter**
6.1	Einsicht in Personalakte
6.2	Arbeitsverträge (Urlaubsrückstände des bisherigen Amtsinhabers?)
6.3	Verpflichtungserklärung/Schulung Geldwäsche/Datenschutz
6.4	Auszubildende
6.5	Vorlage der Sozialversicherungsausweise (Kopie zur Personalakte)
6.6	Lohnbuchhaltung über Mitarbeiter informieren (ZGB der Ländernotarkasse)
6.7	VBG Verwaltungsberufsgenossenschaft
6.8	Urlaubsplan anlegen, Prüfungstermine Auszubildende etc
7.	**EDV**
7.1	Bestand an Verträgen prüfen

7.1.1	Mietverträge für Hardware
7.1.2	Mietverträge für Software/Lizenzen für Notariatssoftware
	• EDV-Firma mit Statusbericht zu Hard- und Software beauftragen
7.1.3	Wartungsverträge
	• Zuständiger Supporthändler • Vor Ort Service, Netzwerktechnik und Hardware
7.2	Software
7.3	Hardware
7.4	Sicherung
	• Passwörter, Passwortmanagement des Amtsvorgängers • Wechsel • Datensicherung • (Verschlüsselte) Sicherung in Banksafe
7.5	Sicherung der Verschwiegenheit der EDV-Betreuer; Neuabschluss von Vereinbarungen zur Verschwiegenheit (→ Rn. 3 sowie zur Auftragsverarbeitung, Art. 4 Nr. 2, 28 DS-GVO)
7.6	Bestellung eines Datenschutzbeauftragten
8.	**Büroorganisation**
8.1	Aktenordnung (Vorhandene Systematik)
8.2	Generalakte
8.3	Kostenwesen: Rückstandsverzeichnis/Kostenrechtliche Fragen rund um die Amtsnachfolge
	• Mahnwesen • Vollstreckung • Abrechnung von Entwürfen • ggf. Kostenpauschale
8.4	Formelle Notarstellenübernahme
	• Eidesleistung, § 13 BNotO • Unterschrift-Siegel Probe zum Präsidenten des Landgerichts, § 1, 2 DONot • Siegelprobe an Präsidenten des Landgerichts • Übergabe-/Übernahmeprotokoll zwischen Vorgänger und neuem Amtsinhaber • Protokoll mit Anzeige des Dienstantritts an Präsidenten LG • Prüfung der Notar Anderkonten • Abschluss der Register und Übernahmevermerk, § 33 Abs. 5 DONot
8.5	Aktenbehandlung/Vollzug: Sonder- und Problemfälle erkennen und begleiten

	• Ideal: Besprechung mit Amtsvorgänger, ggf. Sachbearbeiter • Haftungsverfahren • Beschwerdesachverhalte
9.	**Inventar**
9.1	Möbel/Ausstattungsgegenstände des Amtsvorgängers: Übernahme?
	• Liste mit Werten des genutzten Inventars und Neuwert/Zeitwert • Liste der Einrichtung, die sofort mitnehmen will/zum Kauf anbietet • Nutzungspauschale für Rest • Übergabeprotokoll
9.2	Ausstattung/Büromöbelkauf: Wichtige Informationen für den Berater
	• Lage der Räumlichkeiten (Adresse, Stockwerk); Grundriss • Anzahl der Arbeitsplätze • technische Ausstattung (PC, Drucker, Kopierer) • benötigte Bestuhlung • Zugang zu den Räumen (Aufzug, Treppen) • Angabe zur Raumhöhe • Position der Elektro-, EDV- und Telefonanschlüsse • Angaben zur Tätigkeit des Anwenders (Auszubildender, Sachbearbeiter; Hilfskraft) • Beschaffenheit des Fußbodens (Teppich, Holz) • Position der Leuchtkörper (Deckenlampen)
9.3	Qualitätsmerkmale für Möbel/Ausstattung festlegen
9.4	Terminvorgaben: Für die Umsetzung dem jeweiligen Berater feste Termine vorgeben:
	• Für die Präsentation des Einrichtungsvorschlages geben Sie zehn Arbeitstage vor. Besprechen Sie hierbei die Änderungswünsche für das bevorstehende Angebot. • Für die Vorlage des Preisangebots planen Sie fünf Arbeitstage nach der Planungspräsentation ein • Holen Sie sich auf der Basis des Kostenvoranschlags die Angebote der Mitbewerber ein. • Für die Vergabeverhandlung für den Auftrag geben Sie sich maximal 15 Arbeitstage Zeit, um die Angebote der Mitbewerber bis zu diesem Termin prüfen zu können. • Auch für die Auftragserteilung direkt nach der Entscheidungsphase der Vergabe sollten Sie einen Termin festlegen.
10.	**Laufende Verträge (Mobiles Inventar, Wartung)**
10.1	Allgemeines

	• Kopien der bisherigen Verträge • Umfang der tatsächlichen Beanspruchung • Reguläres Vertragsende mit Amtsvorgänger • Vorzeitige Kündigungsmöglichkeit für Notar im Falle der Entbehrlichkeit/Beendigung des Notaramtes/der Notariatsverwaltung • Fortführung mit Notar und Gebrauchsüberlassung an Verwalter: Konditionen oder • Begründung eines neuen, zweckbefristeten Vertragsverhältnisses
10.2	Sachversicherungen (ursprünglichen Bestand ermitteln)
	• Bürohaftpflicht • Bürogegenstände (gebündelte Sachversicherung) • Elektronikversicherung
10.3	Energieversorger (Elektrizität, Heizung)
10.4	Telefonanlage und -anbieter IKT – Leistungen
	• Nummernübernahme; Rechungsumstellung • Zahl der Anschlüsse, etc
10.5	Online Anbieter: Notarnet!
10.6	Sonstige Wartungsverträge/sonstige Dauerschuldverhältnisse (Liste)
10.6.1	Frankiermaschine oder ähnliche Frankiersysteme
	• Guthabensstand per Amtsübernahme feststellen • Stempel ändern • Posteinzug: neue Bankverbindung mitteilen
10.6.2	Gebäudeüberwachung, Wachdienst
	• Vertrag • Verschwiegenheitsverpflichtung durch Vertrag • Alarmanlage: Funktionseinweisung/Aufschaltung bei Mitarbeiter oder Verwalter
10.6.3	EDV: siehe dort
10.6.4	Büromaschinen
	• Kopierer • Vertragsangebot/Vergleichsangebot • Papierpreise
10.6.5	Reinigungsfirma
	• Verpflichtung, wenn eine Kraft regelmäßig • Reinigungsplan/-umfang
10.6.6	Hausmeisterservice
11.	**Zulassung zu automatisierten Abrufverfahren**
11.1	Abmeldung des vormaligen Notars anzeigen
11.2	Einzugsermächtigung neu erteilen

11.3	Passwörter ändern und neue Berechtigte registrieren
12.	**Notarportal und Notarverzeichnis; SDV (Stammdatenverzeichnis)**
	• Eintragungen anlegen, verwalten und überprüfen! • Stammdatenverzeichnis: https://sdv.bnotk.de/sdv • Zugang zur Kommunikationsplattform der BNotK über das Notarportal
13.	**Mandantenkommunikation, Außendarstellung**
13.1	Briefköpfe anpassen
	• Formulare • Bausteine etc für Grußformeln • Kostenrechnung über Notariatssoftware anpassen
13.2	Telefonnummern (Übernahme/Neubeantragung)
13.3	Inserat in der Zeitung; Homepage (ggf. über Notarnetz: http://www.elrv.in fo/de/notarnetz/Webpraesenzen_und_Baukasten.php)
13.4	Eintragung in die örtlichen Telefonbücher und Gelben Seiten sind ebenso wie in allgemeinzugängliche elektronische Verzeichnisse
13.5	Schreiben an Beteiligte der laufenden Akten
14.	Wenn alles geschafft ist und endlich Urlaub naht …
	Anzeige an den LG Präsidenten gemäß § 38 BNotO bei Abwesenheit von mehr als einer Woche

§ 35. Notarhaftung

Übersicht

Schrifttum:

Arndt/Lerch/Sandkühler, Bundesnotarordnung, 8. Aufl. 2016; *Borgmann/Jungk/Schwaiger,* Anwaltshaftung, 5. Aufl. 2014; *Eylmann/Vaasen,* Bundesnotarordnung, Beurkundungsgesetz, 4. Aufl. 2016; *Ganter/Hertel/ Wöstmann,* Handbuch der Notarhaftung, 4. Aufl. 2018; *Haug/Zimmermann,* Die Amtshaftung des Notars, 4. Aufl. 2018; *Reithmann/Albrecht,* Handbuch der notariellen Vertragsgestaltung, 8. Aufl. 2001; *Schlüter/ Knippenkötter,* Die Haftung des Notars, 2004; *Schippel/Bracker,* Bundesnotarordnung, 9. Aufl. 2011; *Winkler,* Beurkundungsgesetz, 18. Aufl. 2017.

A. Praktische Bedeutung der notariellen Berufshaftpflicht

Der wirtschaftlich vom Staat unabhängige, da nicht beamtete freie Notar übt ein mit Ge-   **1** bührenhoheit verknüpftes Amt aus.[1] Diesem historisch gewachsenen Berufsbild entspricht es auf der anderen Seite, dass eine verschuldensabhängige, persönliche Haftung des Berufsträgers außerhalb der Staatshaftung besteht.[2] Für die notarielle Berufspraxis ergeben sich aus dieser Haftungsausgestaltung mehrere Konsequenzen:

– Der Notar muss die finanziellen Folgen seiner Haftpflicht selbst unmittelbar tragen. Bei unzureichender Versicherungshöhe (→ Rn. 69) können auch die Familie oder ggf. die Erben des Notars in Mitleidenschaft gezogen werden.
– Notare sind häufig auf Gebieten tätig, in denen es um hohe wirtschaftliche Werte geht; somit sind hohe Regressansprüche keine Seltenheit. Die Wertentwicklung auf dem Immobiliensektor, die der „Erben-Generation" zufließenden Vermögenswerte sowie die Wertzuwächse bei wirtschaftlichen Beteiligungen sprechen für eine Fortsetzung dieses Trends auch in der Zukunft; die in Deutschland sich steigernde Anspruchsmentalität der Bevölkerung bewirkt ein Übriges. Zudem trägt die individuelle Wirtschaftslage das Ihre bei: die Beteiligten suchen die Kompensation für möglicherweise entstandene Pannen nicht in weiterer Zusammenarbeit, man strebt vielmehr danach, Geldzuflussmöglichkeiten zu nutzen, wobei ein notarieller Formfehler ein willkommener Anlass sein kann, sich eine neue Geldquelle zu erschließen.
– Das hohe Haftpflichtrisiko tangiert nicht nur den Stand der Notare allgemein, sondern in erster Linie den Notar als Individuum. Der in freier Berufsausübung stehende Notar

---

[1] Allgemein zum Amt des Notars s. *Baumann* MittRhNotK 1996, 1.
[2] Dazu *Zimmermann* DNotZ 1982, 4.

kann durch den Vorwurf, jemanden schuldhaft geschädigt zu haben, persönlich stark belastet werden.

– Die Anforderungen der Rechtsprechung[3] an die Wahrung der Berufspflichten sind streng.[4] Der BGH geht von einem „sozialen Schutzauftrag" des Notars gemäß § 17 Abs. 1 S. 2 BeurkG aus, insbesondere zugunsten unerfahrener und ungewandter Beteiligter.

B. Verhaltensregeln im Haftpflichtfall

2   Nach § 104 VVG, §§ 5, 6 AVB-N ist der Notar bei Eintritt eines Versicherungsfalles verpflichtet, unverzüglich, spätestens innerhalb einer Woche ab Kenntnis, seine Versicherung in Textform zu unterrichten. Versicherungsfall ist der Verstoß (= Pflichtverletzung), der Haftpflichtansprüche gegen den Notar zur Folge haben könnte.

3   Ein Haftpflichtanerkenntnis sollte ohne Zustimmung des Versicherers nicht abgegeben werden, auch wenn durch §§ 105, 112 VVG das früher in den Allgemeinen Versicherungsbedingungen enthaltene Anerkenntnisverbot aufgehoben worden ist. Die nach § 100 VVG vom Berufshaftpflichtversicherer anzustellende Prüfung (→ Rn. 70), ob ein begründeter Regressanspruch vorliegt (mit der Konsequenz, dass der Versicherer den Notar von dessen Ansprüchen im Rahmen des Versicherungsvertrages freizustellen hat), oder ob die Forderung unbegründet ist (so dass der Versicherer die Forderung vom Notar abzuwehren hat), sollte zur Vermeidung von Folgeauseinandersetzungen allein auf Basis des haftpflichtrelevanten Sachverhalts geschehen können.

4   Wird dem Notar ein Mahnbescheid, eine Streitverkündung, ein PKH-Antrag oder eine Klage zugestellt, oder wird gegen den Notar wegen des den Anspruch begründenden Schadensereignisses ein Ermittlungsverfahren eingeleitet, hat er auch dies gemäß § 104 Abs. 2 VVG zusätzlich seiner Versicherung unverzüglich anzuzeigen und das weitere Vorgehen mit dieser abzustimmen, insbesondere die Einschaltung und die Auswahl externer anwaltlicher Vertreter. Der Versicherer hat hier ein Weisungsrecht (das Recht der freien Anwaltswahl gemäß § 127 VVG bezieht sich nur auf die Rechtsschutzversicherung; eine vergleichbare Regelung fehlt im Regelungsbereich der Haftpflichtversicherung); wegen des Überblicks des Haftpflichtversicherers auf dem Gebiet der Notarhaftung wird er dem Notar schon aus eigenem Interesse versierte spezialisierte Rechtsanwälte an die Seite stellen. Da die subjektive Befangenheit stets in Betracht zu ziehen ist, sollte man sich als Anwaltsnotar im Haftpflichtprozess grundsätzlich nicht selbst vertreten!

5   Ein in etwa ausgewogener Vergleich ist dem Risiko eines der Klage stattgebenden Haftpflichturteils vorzuziehen.

C. Allgemeine Haftungsgrundsätze

I. Amtshaftung

6   Der Notar haftet für Fehler bei seiner Amtstätigkeit nach Amtshaftungsrecht. **§ 19 BNotO** ist die **ausschließliche Anspruchsgrundlage,** dh dass zB auch bei individueller Beratung oder Hinterlegung eine Vertragshaftung ausscheidet.[5] Es soll jedoch nach der Rechtsprechung des BGH[6] in sinngemäßer Anwendung von § 278 BGB der Notar ohne Verschulden bei zulässigem Einsatz von Hilfskräften zur Grundbucheinsicht haften (→ Rn. 82G). Für die Haftung des Anwaltsnotars kann es haftpflichtrechtlich relevant

---

[3] Zur BGH-Rechtsprechung s. *Kapsa* ZNotP 2007, 2 und ZNotP 2008, 462 sowie *Ganter* DNotZ 2009, 173.

[4] *Ganter* bestreitet aber für den BGH zu Recht Notarfeindlichkeit, s. ZNotP 2006, 42.

[5] BVerfG DNotZ 1992, 56; BGH NJW 1996, 3343; s. auch Ganter/Hertel/Wöstmann/*Wöstmann* Rn. 289 ff.

[6] DNotZ 1996, 581.

sein, ob seine Tätigkeit dem Notar- oder Anwaltsbereich zugeordnet wird (§ 24 Abs. 2 BNotO; → Rn. 82A, 82S). Da die Voraussetzungen für die Notarhaftung gegenüber der Anwaltshaftung grundlegend verschieden sind, muss nicht nur in Bezug auf die Pflichten, sondern auch auf Haftungsfragen im Anwaltsnotariat darauf geachtet werden, dass Klarheit über die entfaltete Tätigkeit besteht (→ Rn. 82A).

Ungeachtet seiner öffentlich-rechtlichen Amtstätigkeit auf dem Gebiet der freiwilligen 7 Gerichtsbarkeit **haftet der Notar persönlich**; es tritt **keine Staatshaftung** ein (§ 19 Abs. 1 S. 4 BNotO);[7] entsteht jedoch ein Schaden aufgrund einer mangelhaften Dienstaufsicht über Notare, so kann der Staat haften.[8] Diese Sonderstellung beruht auf der Selbständigkeit des Notars und dem Umstand, dass der Geschädigte nicht in vergleichbarem Maße der Organisation des Staates ausgeliefert ist, weil er sich den Notar aussuchen kann.[9] Aufgrund der Pflichtversicherung (→ Rn. 69) ist zum Schutz des Publikums weitgehend die Realisierung von Schadensersatzforderungen sichergestellt.

Eine haftpflichtrechtliche Ausnahme bildeten bis zum 31. 12. 2017 die „Notare im Landesdienst", auch Amtsnotare genannt, in **Baden-Württemberg** (Bezirksnotariat in Württemberg und Richternotariat in Baden; §§ 114 f. BNotO). Dort bestand Staatshaftung (Art. 34 GG iVm § 839 BGB) mit der Rückgriffshaftung des Notars bei grob fahrlässigen oder vorsätzlichen Pflichtverletzungen (§ 96 Abs. 2 LandesbeamtenG).[10] Zum 1. 1. 2018 wurde das Amtsnotariat abgeschafft und in das Nurnotariat überführt (§ 114 BNotO in der ab 1. 1. 2018 gültigen Fassung). Die Notariatsreform ist mit Art. 33 Abs. 5 GG vereinbar.[11]

Keine Amtshaftung tritt bei einer dem Notar genehmigten oder genehmigungsfreien 9 **Nebentätigkeit** ein (§ 8 Abs. 2, Abs. 3 BNotO). Die Haftung in diesem nicht notariellen Tätigkeitsbereich richtet sich nach den einschlägigen bürgerlich-rechtlichen Bestimmungen.[12]

Die **Voraussetzungen für die Haftpflicht des Notars** sind: 10
– Verletzung einer Amtspflicht (→ Rn. 11);
– Anspruchsteller ist geschützter Dritter (→ Rn. 13);
– Verschulden (→ Rn. 21, s. aber ausnahmsweise Haftung für Fremdverschulden → Rn. 82G);
– Fehlen einer anderweitigen Ersatzmöglichkeit (§ 19 Abs. 1 S. 2 BNotO, mit Ausnahmen → Rn. 41);
– kein Haftungsausschluss nach § 839 Abs. 3 BGB (→ Rn. 42);
– kausaler Schaden (vgl. → Rn. 82S).

II. Pflichtverletzung und geschützter Personenkreis

Über den **Inhalt der notariellen Amtspflichten** gibt § 19 BNotO selbst keine Aus- 11 kunft. Grundpflichten sind in der BNotO statuiert, vor allem die Pflicht zur Unabhängigkeit und Unparteilichkeit (→ Rn. 82U) sowie zur Redlichkeit (→ Rn. 82R) und Verschwiegenheit (→ Rn. 61, 82B, 82R). Weiterhin ergeben sich aus dem BeurkG, dem FamFG, der GBO und anderen Vorschriften, die der Notar zu beachten hat, unzählige Pflichten, die bei der Amtstätigkeit einzuhalten sind.

Entscheidend hat die **höchstrichterliche Rechtsprechung** den Inhalt und Umfang 12 der notariellen Pflichten geprägt. Strenge Maßstäbe wurden im Bereich der notariellen Betreuungs- und Belehrungspflichten aufgestellt (→ Rn. 82B).

---

[7] BGH DNotZ 1953, 498; vgl. BVerfGE 7, 377 (397) und BVerfGE 17, 371 (377).
[8] OLG Schleswig DNotZ 1999, 726.
[9] S. *Maunz/Dürig* GG Art. 34 Rn. 279.
[10] Vgl. Haug/Zimmermann/*Zimmermann* Amtshaftung Rn. 437 ff.
[11] BVerfG DNotZ 2017, 706.
[12] Vgl. Eylmann/Vaasen/*Frenz* BNotO § 19 Rn. 6.

13 Zu dem aufgrund der Amtspflichten bzw. bei Amtspflichtverletzungen **geschützten Personenkreis** bestimmt § 19 Abs. 1 S. 1 BNotO, dass der Notar bei Verletzung der „ihm einem anderen gegenüber obliegenden Amtspflicht" Schadensersatz zu leisten hat. Die Bestimmung dieser „anderen" entscheidet über die Anspruchsberechtigung. In der Peripherie des Personenkreises wird die rechtliche Abgrenzung schwierig (→ Rn. 19f.).

14 Nach der BGH-Rechtsprechung und der hM in der Literatur ist die Frage, ob die anspruchserhebende Person zu den geschützten Dritten gehört, nach der **Funktion und dem Zweck der konkreten Amtspflicht** zu beantworten.[13] Danach besteht eine Beziehung der Amtspflichtverletzung zum Dritten, wenn sie dessen „Schutz bezweckt oder mitbezweckt". Nach der besonderen Natur des Amtsgeschäftes sollen die Interessen des Dritten „gerade durch die statuierte Amtspflicht gegen Beeinträchtigungen geschützt werden".[14] Man unterscheidet die geschützten Personen nach **drei Gruppen**.[15]

15 Zur **ersten Gruppe** gehören die **unmittelbar, materiell am Amtsgeschäft beteiligten Personen,** die in eigener Sache mit Ansuchen an den Notar herantreten. Dies können Urkundsbeteiligte, Beteiligte an Verwahrungs- (§ 23 BNotO)[16] oder anderen Betreuungsgeschäften (§ 24 BNotO) sein. Obwohl dieser Personenkreis grundsätzlich im Sinne von § 19 Abs. 1 S. 1 BNotO geschützt sein wird, ist auch hier zu prüfen, ob die – verletzte – Amtspflicht gerade auch gegenüber dem anspruchstellenden Beteiligten bestand. Die Eintragung einer Auflassungsvormerkung bezweckt zB den Schutz des Käufers und nicht denjenigen des Verkäufers.[17]

16 Zum geschützten Personenkreis gehören nicht ohne weiteres die formell Beteiligten, die lediglich Erklärungen im fremden Namen abgeben (vgl. § 6 Abs. 2 BeurkG). **Vertreter, Organe, Geschäftsführer oder Bevollmächtigte** gehören nur dann zu diesem Kreis, wenn sie in einer dem Notar ersichtlichen Weise ein eigenes Interesse am Amtsgeschäft haben.[18] Es genügt in dieser Beziehung nicht, dass sie sich in Ausübung ihrer Vertretungsmacht im Innenverhältnis zum Vertretenen schadensersatzpflichtig machen.[19] Dagegen sind Notarpflichten, die gegenüber den materiell Beteiligten bestehen – zB Belehrungen (→ Rn. 82B) –, gegenüber den Vertretern auszuüben. Makler stehen bezüglich ihrer in der Urkunde geregelten Provisionsansprüche nur ausnahmsweise im Schutzbereich.[20]

17 Zur **zweiten Gruppe** gehören die **mittelbar Beteiligten,** die zwar selbst am Amtsgeschäft nicht direkt beteiligt sind, aber am Geschäft eines anderen ein eigenes Interesse haben und deshalb mit dem Notar „vertrauensvoll" in Verbindung treten,[21] zB die kreditgebende Bank beim Finanzierungskauf.[22] Diese „Dritten" werden auch **Kontaktpersonen** genannt. Für den Kontakt genügt schon ein Telefongespräch.[23]

18 **Keine mittelbaren Beteiligten** sind solche Personen, die nicht selbst im eigenen Interesse an den Notar herantreten.[24] Es besteht zB keine Pflicht gegenüber einem am Amtsgeschäft nicht beteiligten Finanzier, im Kaufvertrag die Grundstücksbelastungen aufzunehmen oder den Vollzug zu überwachen.[25] Ebenso kommt grundsätzlich keine

---

[13] BGH NJW 1999, 2041 (2043); DNotZ 1998, 621; DNotZ 1960, 260 und DNotZ 1960, 157; Haug/Zimmermann/*Zimmermann* Amtshaftung Rn. 16 ff. und Ganter/Hertel/Wöstmann/*Wöstmann* Rn. 316 ff.

[14] BGH NJW 1993, 2617; NJW 1990, 324; DNotZ 1960, 157.

[15] S. dazu auch Ganter/Hertel/Wöstmann/*Wöstmann* Rn. 318 ff.

[16] → Rn. 82V – auch der Hinterleger, OLG Zweibrücken VersR 1997, 324.

[17] S. Haug/Zimmermann/*Zimmermann* Amtshaftung Rn. 20.

[18] BGH DNotZ 1964, 178.

[19] OLG Celle DNotZ 1973, 503; zu weitgehend BGH DNotZ 1971, 591, s. Haug/Zimmermann/*Zimmermann* Amtshaftung Rn. 29.

[20] BGH WM 1991, 1129; Nichtannahme-Beschl. v. 13.5.1993 – IX ZR 170/92; Schippel/Bracker/*Schramm* BNotO § 19 Rn. 23; Haug/Zimmermann/*Zimmermann* Amtshaftung Rn. 24f.

[21] BGH DNotZ 1990, 437; DNotZ 1969, 769 (771).

[22] Ganter/Hertel/Wöstmann/*Wöstmann* Rn. 329.

[23] BGH DNotZ 1969, 507.

[24] BGH DNotZ 1981, 773; DNotZ 1966, 183.

[25] BGH DNotZ 1958, 557.

(Belehrungs-)Pflicht gegenüber demjenigen in Betracht, der ohne Kontaktaufnahme ein beurkundetes Angebot annimmt[26] oder gegenüber dem Gläubiger des Vertragsbeteiligten.[27] Das Gleiche gilt bei einer Amtsverweigerung (§ 15 Abs. 1 S. 1 BNotO), ein Angebot zu beurkunden, in Bezug auf den Angebotsempfänger.[28] Rechtsproblematisch ist, ob der sog. **„Zentralnotar"** (Haft-)Pflichten gegenüber einer Vielzahl von Erwerbern haben kann, die durch Treuhänder oder sonstige Dritte vertreten werden. Dies wird mit OLG Hamm[29] zu bejahen sein, wenn für den Notar erkennbar die Gefahr besteht, dass die Erwerber unbelehrt Risiken eingehen. Lösungsmöglichkeiten liegen in einer ausgewogenen Vertragsgestaltung[30] und notfalls in einer Amtsverweigerung gemäß § 15 BNotO. Bei der sukzessiv erfolgenden Beurkundung von Vertragsangebot und -annahme kann unter engen Voraussetzungen dem „Zentralnotar", der die Vertragsannahme beurkundet, gegenüber dem Anbietenden eine betreuende Belehrungpflicht bezüglich zwischenzeitlich eingetragener Belastungen[31] oder bezüglich der rechtlichen Wirksamkeit einer Vertragsklausel[32] obliegen. Zu den Pflichten gegenüber dem Zedenten und Zessionar bei einer Anderkontentätigkeit → Rn. 82V.

Die **dritte Gruppe** von Anspruchsberechtigten umfasst einen weiten Kreis von Personen, zu deren Gunsten oder Schutz das Amtsgeschäft dient. Nach der Rechtsprechung des BGH gehören auch solche Personen zu den **geschützten Dritten,** deren Interesse durch das Amtsgeschäft nach seiner besonderen Natur berührt wird und in deren Rechtskreis eingegriffen werden kann, auch wenn sie bei der Beurkundung nicht anwesend waren.[33] Der Notar wird oft diese Personen nicht kennen. Zur Bestimmung dieser Gruppe kann die **Vertrauens-, Bezeugungs-** oder **Kundbarmachungstheorie** herangezogen werden. Mit der in → Rn. 14 dargestellten, vom BGH vertretenen **Funktions- oder Zwecktheorie** wird auch in diesem Bereich die klarste Lösung zu finden sein. Ungeklärt ist bislang noch, ob der Begriff des „Auftraggebers" auch auf solche Dritte ausgedehnt werden kann, auf die der Notar nicht von sich aus zugegangen ist, die aber − wenn ein privatrechtliches Rechtsverhältnis vorläge − in den Schutzbereich des Vertrages einzubeziehen wären.[34] Allgemein zur Rechtsprechung der beruflichen Dritthaftung s. *Ganter*[35]. 19

Nach der Funktion und dem Zweck des Amtsgeschäfts werden als geschützte Dritte umfasst **Erben, Vermächtnisnehmer,** die durch fehlerhaft beurkundete letztwillige Verfügungen beeinträchtigt werden;[36] Personen, die auf unwirksame oder einen falschen Anschein erweckende (!) **Vollmachtsurkunden, Tatsachenbeurkundungen** oder notarielle **Bescheinigungen** vertrauen.[37] Bei Satzungsänderung einer GmbH sollen zumindest Gesellschaft und Gesellschafter geschützt werden; dies gilt auch bei Befreiung eines neuen Alleingesellschafters und Geschäftsführers von den Beschränkungen des § 181 BGB.[38] 20

III. Verschulden

Steht die objektiv pflichtwidrige Handlung oder Unterlassung fest, so wird der Notar angesichts der von der Rechtsprechung gestellten **hohen Anforderungen an die Sorgfaltspflicht** selten entschuldigt. Das Verschulden bezieht sich auf nicht erkannte oder ver- 21

---

[26] BGH DNotZ 1981, 773; DNotZ 1966, 183.
[27] OLG Koblenz DNotZ 1996, 128 mAnm *Vollhardt*.
[28] BGH DNotZ 1970, 444.
[29] OLG Hamm DNotZ 1997, 658.
[30] Reithmann/Albrecht/*Reithmann* Rn. 195.
[31] BGH NJW 2004, 1865.
[32] BGH DNotZ 2016, 711 (714).
[33] Vgl. BGH DNotZ 1998, 621.
[34] Angesprochen in BGH NJW 1999, 2183; s. dazu auch *Zugehör* ZNotP 2000, 250.
[35] NJW 2000, 1601.
[36] BGH NJW 1996, 1062; NJW 1993, 2617; NJW 1990, 324; DNotZ 1988, 372; s. Haug/Zimmermann/*Zimmermann* Amtshaftung Rn. 46 ff.
[37] BGH NJW 1985, 730; sehr weitgehend NJW 1999, 2041 (2043); DNotZ 1973, 245; → Rn. 82N.
[38] BGH NJW 2000, 735.

nachlässigte Amtspflichten. Eine Schadenszufügung muss nicht vorausgesehen werden.[39] Das Bewusstsein der Pflichtwidrigkeit begründet schon den Vorwurf einer **vorsätzlichen Amtspflichtverletzung.**[40] Ohne eigenes Verschulden haftet der Notar in sinngemäßer Anwendung von § 278 BGB für Fehler von zulässig betrauten Hilfspersonen bei der Grundbucheinsicht (→ Rn. 82G).

22 Nach dem **Fahrlässigkeitsbegriff** des § 276 Abs. 2 BGB ist objektivierend von einem pflichtbewussten, erfahrenen und gewissenhaften Durchschnittsnotar auszugehen.[41] Die Beurteilung darf sich nicht von der Ex-post-Betrachtung oder dem Bestehen der Berufshaftpflichtversicherung beeinflussen lassen; sie hat sich auf die Situation zu beziehen, in der sich der Notar bei der Pflichtverletzung befand.

23 Die Rechtsprechung fordert vom Notar die vollständige Beachtung aller **Gesetze,** auch wenn sie noch nicht in Kraft getreten, aber schon veröffentlicht worden sind. Zudem hat der Notar bei Prüfung einer Rechtsfrage – genau wie der Rechtsanwalt, von dem mandatsbezogene umfassende Rechtskenntnis verlangt wird – die **Auswertung der Rechtsprechung der obersten Gerichte** – die in den amtlichen Sammlungen und den für seine Amtstätigkeit wesentlichen Zeitschriften veröffentlicht ist – und der **üblichen Erläuterungsbücher**[42] vorzunehmen. Auf eine gefestigte höchstrichterliche Rechtsprechung darf er sich aber verlassen.[43] Bei fehlender oder uneinheitlicher Rechtsprechung hat er die **Fachliteratur** heranzuziehen. Im Jahr 1993 musste der Notar allerdings noch nicht wie der BGH im Jahr 2000 wissen, dass ein im Rahmen eines Bauträgermodells berufsmäßig tätiger Geschäftsbesorger einer Erlaubnis nach dem (damals geltenden) RBerG bedurfte,[44] zumal in Literatur und Rechtsprechung nicht von einer Erlaubnispflicht ausgegangen wurde. Vor Veröffentlichung der Entscheidungen des BVerfG vom 6. 2. 2001[45] und vom 29. 3. 2001[46] musste ein Notar bei der Beurkundung eines Ehevertrags auch nicht darüber belehren, dass ein Verzicht auf den Versorgungsausgleich unwirksam sein könnte, da dies aufgrund der seinerzeitigen Rechtslage nicht erkennbar war.[47] Im Jahr 2008 war einem Notar nach Auffassung des BGH[48] nicht vorzuwerfen, dass er nicht auf die mögliche Unwirksamkeit einer in einem notariellen Angebot enthaltenen befristeten Fortgeltungsklausel hingewiesen hatte – anders als im Fall einer unbefristeten Fortgeltungsklausel.[49]

24 Nach der ursprünglichen Rechtsprechung hat der Notar den **sichereren Weg,**[50] später in vielen BGH-Entscheidungen den **relativ sichersten Weg**[51] bzw. den **nach den Umständen sichersten Weg**[52] zu wählen.

25 **Subjektive Zumutbarkeitskriterien** führen nur dann zu einer Entschuldigung, wenn das ursächliche Ereignis nicht einkalkulierbar war. So mindern bei der rechtlichen Beurteilung weder die Jugend noch das Alter die Anforderungen.[53] Dasselbe gilt bei Ermüdungserscheinungen.[54] Auch Bombenangriffe gereichten einem Notar, der wegen der

---

[39] BGH DNotZ 1969, 499 (502); DNotZ 1969, 173 (178).
[40] BGH DNotZ 1998, 334; VersR 1963, 339 (341); Strafurteil: BGH NJW 1990, 319; OLG Hamm AnwBl 1996, 237; Ganter/Hertel/Wöstmann/*Ganter* Rn. 2132.
[41] BGH NJW 1992, 3237; WM 1983, 343 (345); Eylmann/Vaasen/*Frenz* BNotO § 19 Rn. 23; Ganter/Hertel/Wöstmann/*Ganter* Rn. 2134.
[42] BGH NJW-RR 1994, 1021; NJW 1992, 3237 (3239); OLG Hamm NJW-RR 1987, 1234.
[43] BGH DNotZ 1983, 618; DNotZ 1981, 515.
[44] BGH DNotZ 2001, 49 (54).
[45] NJW 2001, 957.
[46] NJW 2001, 2248.
[47] BGH DNotZ 2014, 679.
[48] DNotZ 2018, 130 (133).
[49] BGH DNotZ 2018, 130 (132); DNotZ 2016, 711 (714).
[50] BGH DNotZ 1958, 554; RGZ 148, 321 (325).
[51] NJW 1991, 1172.
[52] NJW 1992, 3237.
[53] BGH DNotZ 1998, 637.
[54] *Deutsch* JZ 1968, 103.

Unterbrechung der Beurkundung die Unterzeichnung der Testamentsurkunde vergaß, nicht zur Entschuldigung.[55] Plötzliche Erkrankungen oder andere unvorhersehbare Notsituationen sind jedoch Entschuldigungsgründe.[56]

Nach dem vom Reichsgericht[57] geprägten Grundsatz wird die Pflichtverletzung eines **26** Amtsträgers entschuldigt, wenn ein **Kollegialgericht** sein Verhalten als pflichtgemäß gebilligt hat. In zwei länger zurückliegenden BGH-Urteilen kam die entschuldigende Wirkung von Kollegialgerichtsentscheidungen zum Zuge: einmal im Zusammenhang mit der Frage der Formgültigkeit eines Testaments[58] und sodann bei einer unterlassenen Mitbeurkundung einer Baubeschreibung. Inzwischen neigt er zur dogmatischen Ablehnung dieses Grundsatzes,[59] der in der Haftpflichtpraxis ohnehin nahezu keine Rolle spielte.[60] In neuerer Zeit wurde die Anwendbarkeit der Kollegialgerichtsrichtlinie im Notarhaftungsrecht vom BGH aber wieder bejaht.[61] Selbst wenn die Gerichte den ihnen unterbreiteten Sachverhalt sehr sorgfältig gewürdigt haben und somit die Kollegialgerichtslinie entlastend wirken müsste,[62] hilft dies dem Notar jedoch nichts, wenn er nicht den „sichersten Weg" (→ Rn. 24) gegangen ist.[63]

IV. Vertreterhaftung

Der Vertreter haftet für Amtspflichtverletzungen als **Gesamtschuldner** neben dem ver- **27** tretenen Notar (§ 46 BNotO). Dem Anspruchsteller steht es frei, beide oder nur einen von ihnen haftbar zu machen. Es tritt keine Staatshaftung ein (§ 19 Abs. 1 S. 4, Abs. 2 S. 2 BNotO iVm § 39 Abs. 4 BNotO).

Der **Haftungsumfang** entspricht voll der Notarhaftung nach § 19 BNotO. Der Ver- **28** schuldensmaßstab ist hinsichtlich des Vertreters nicht gegenüber dem vertretenen Notar gemindert.[64] Das Haftpflichtrisiko ist aber höher, wenn der Vertreter in einem ihm personell und organisatorisch fremden Notariat tätig werden oder vom Vertretenen begonnene Amtsgeschäfte weiterführen muss. Geringe Erfahrung mindert nicht die Verantwortlichkeit.[65] Für die Haftung reicht es aus, wenn bei einer mehrstufigen Amtstätigkeit eine in den Vertretungszeitraum fällt.[66] Bei einer Tätigkeit ohne wirksame Vertreterbestellung durch den LG- oder OLG-Präsidenten besteht gegenüber dem Vertreter grundsätzlich keine Anspruchsgrundlage.[67] Die von einem Notarvertreter ohne öffentliche Bestellung bzw. vor oder nach dieser vorgenommenen Beurkundungen sind unwirksam und auch nicht durch rückwirkende Vertreterbestellung heilbar.[68] Es kann aber der zu vertretende Notar haften, wenn er sich nicht über die Bestellungsverfügung vergewissert hat.[69]

Die Bestimmung in § 46 S. 2 BNotO, dass der Vertreter im **Innenverhältnis** zum ver- **29** tretenen Notar allein haftet, setzt voraus, dass diesen kein Mitverschulden trifft. Bei einer Mitverantwortlichkeit sind die Schadenaufwendungen im Innenverhältnis nach dem Maß des jeweiligen Mitverschuldens aufzuteilen.[70] Eine vertragsgemäße Einschränkung der

---

[55] BGH NJW 1955, 788.
[56] So die Rspr. zur Anwaltshaftung, s. *Borgmann* AnwBl 1985, 30 und *Borgmann/Jungk/Schwaiger* V. Rn. 32; *Ganter/Hertel/Wöstmann/Wöstmann* Rn. 352.
[57] RGZ 106, 406 (410).
[58] BGH DNotZ 1958, 554.
[59] S. zB BGH NJW 1994, 2283; NJW 1990, 3206; DNotZ 1992, 811; *Ganter* DNotZ 1998, 861; dagegen *Eylmann/Vaasen/Frenz* BNotO § 19 Rn. 28 unter Hinweis auf die Komplexität des heutigen Rechts.
[60] S. auch BGH NJW 2011, 1355; NJW-RR 2003, 1434.
[61] BGH DNotZ 2017, 73 (76).
[62] Wie in BGH NJW-RR 2005, 1148.
[63] BGH NJW 2005, 3495 (3497).
[64] *Peterßen* RNotZ 2008, 181 (202).
[65] BGH DNotZ 1998, 637.
[66] BGH NJW 1998, 2830.
[67] BGH DNotZ 1958, 33 (35).
[68] Vgl. Schippel/Bracker/*Schäfer* BNotO § 40 Rn. 4.
[69] BGH DNotZ 1960, 260; s. auch Haug/Zimmermann/*Zimmermann* Amtshaftung Rn. 337.
[70] OLG Celle DNotZ 1985, 246; Arndt/Lerch/Sandkühler/*Lerch* BNotO § 46 Rn. 6.

Rückgriffshaftung – zB auf leicht fahrlässige Pflichtverletzung – ist statthaft und bei Vertretung durch Notarassessoren üblich (vgl. § 19 Abs. 2 S. 4 BNotO).[71]

V. Haftung des Notarassessors, Notariatsverwalters und Personals

30 Die **Haftung des Notarassessors** gegenüber den Beteiligten beschränkt sich nach § 19 Abs. 2 BNotO auf eine selbständige Abwicklung von Betreuungsgeschäften gemäß §§ 23, 24 BNotO. Für die Regelung der gesamtschuldnerischen Haftung nach außen und des Rückgriffs gilt dasselbe wie bei der Vertreterhaftung (→ Rn. 27 ff.). Ist der Assessor als bestellter Notariatsverwalter (§§ 56, 57, 61 BNotO) oder als Notarvertreter (§§ 39 Abs. 3 S. 2, Abs. 4 BNotO iVm § 46 BNotO) tätig, so haftet er ohne Einschränkung im Außenverhältnis.

31 **Keine persönliche Haftung des Assessors** besteht bei unselbständigen Vorbereitungs- und sonstigen Hilfsarbeiten im Notariat. Diese gehören grundsätzlich zum Verantwortungsbereich des Notars. Es gilt in dieser Beziehung haftpflichtrechtlich das Gleiche wie für das Personal (→ Rn. 33 ff., 72).

32 Der **Notariatsverwalter** haftet bei Amtspflichtverletzungen neben der Notarkammer als Gesamtschuldner (§ 61 Abs. 1 S. 1 BNotO). Im Innenverhältnis haftet der Notariatsverwalter alleine. Hinsichtlich einer Rückgriffshaftung im Innenverhältnis (§ 61 Abs. 1 BNotO) haben jedoch dieselben Grundsätze zu gelten wie im Verhältnis zwischen dem Notar und seinem Vertreter (→ Rn. 29). Bei der Fortführung bereits begonnener Geschäfte (§ 58 Abs. 2 S. 1 BNotO) kann es für Ausgleichsansprüche nach § 426 BGB gegen den Vorgänger oder dessen Erben darauf ankommen, ob die Fehlerursache bereits vor der Notariatsverwaltung gesetzt wurde (vgl. zur Vertreterhaftung → Rn. 28). Fehler des Vorgängers werden dem Notariatsverwalter jedoch grds. nicht zugerechnet. Den Notariatsverwalter trifft ohne Anlass auch keine Pflicht, nachzuforschen, ob in dem verwalteten Notariat zu früheren Zeitpunkten Beurkundungen vorgenommen wurden, die für die aktuelle Beurkundung relevant sein könnten.[72] Im Übrigen scheidet auch hier eine Staatshaftung aus (§ 61 Abs. 3 BNotO). Die Notarkammern haben aber gemäß § 61 Abs. 2 BNotO Haftpflichtversicherungen in Höhe der Pflichtversicherungssummen für Notare (§§ 19a, 67 Abs. 3 Nr. 3 BNotO) zugunsten der Notariatsverwalter abzuschließen.

33 Die **Notariatsangestellten** trifft bei Pflichtverletzungen im Außenverhältnis weder vertraglich noch öffentlich-rechtlich eine Haftung (Ausnahme: → Rn. 36). Auch der hoheitlich handelnde Notar haftet an sich nicht für sein Personal nach den §§ 278, 831 BGB.[73] Zumindest beim – zulässigen – Einsatz von Hilfspersonen zur Grundbucheinsicht hat der BGH[74] jedoch entschieden, dass dem Notar ein Verschulden der Hilfskräfte gemäß **§ 278 BGB analog** zugerechnet wird, um eine Haftpflichtlücke zu schließen.

34 In der Regel wird der Notar aber wegen eines Organisations- oder Überwachungsverschuldens oder einer unzulässigen Delegation persönlicher Pflichten wegen eigenen Verschuldens haftbar gemacht.

Beispiele:

Rechtsauskünfte durch Personal;[75] Bürovorsteher legt nicht alle vom Beteiligten eingereichte Unterlagen dem Notar vor;[76] zur Kontrolle der Vorbereitungstätigkeiten;[77] Organisationsverschulden bei zeitweiligem Nichtauffinden von Unterlagen.[78]

---

[71] Vgl. Schippel/Bracker/*Schramm* BNotO § 46 Rn. 9.
[72] OLG Koblenz RNotZ 2016, 58 (59).
[73] BGH DNotZ 1989, 452; DNotZ 1976, 506; DNotZ 1958, 33.
[74] DNotZ 1996, 581.
[75] RG DNotZ 1940, 79.
[76] BGH NJW 1989, 586.
[77] BGH DNotZ 1960, 260; WM 1963, 754.
[78] OLG Köln DNotZ 1975, 369; zur weiteren umfangreichen Rechtsprechung s. Haug/Zimmermann/*Zimmermann* Amtshaftung Rn. 355 ff.

Eine **Rückgriffshaftung des Personals** gegenüber dem Notar wegen einer fahrlässigen 35
Dienstpflichtverletzung scheidet praktisch aus, weil insoweit die Angestellten in den
Schutz der Berufshaftpflichtversicherung des Notars einbezogen sind (→ Rn. 71).

Soweit Notariatsangestellte zu **Auflassungs- oder Vollzugsbevollmächtigten** einge- 36
setzt werden, tritt bei einer fehlerhaften Vertretung Vertragshaftung gegenüber den Beteiligten, die die Vollmacht erteilt haben, ein. Der BGH geht davon aus, dass vom Grundsatz her eine **eigenständige Haftung** zB **des Auflassungsbevollmächtigten** aus
positiver Vertragsverletzung besteht.[79] Der Notar kann sich aber nicht auf die Bevoll-
mächtigtenhaftung als „anderweitige Ersatzmöglichkeit" (→ Rn. 39) berufen, so dass er in
der Regel aus eigenem Verschulden haftet, weil die Prüfung, ob die kaufvertraglich festgelegten Voraussetzungen vorliegen, von ihm selbst durchzuführen ist. Diese eigenständige Haftung des Notariatsangestellten kann etwa dann bedeutsam werden, wenn der Notar
keinen ausreichenden Versicherungsschutz hat und selbst illiquide ist.[80] Offen ist die Frage,
ob ein Notar verpflichtet ist, seine Angestellten zur Ausübung einer wirksam erteilten
Vollmacht anzuweisen.[81]

D. Besondere Haftungsvoraussetzungen

I. Subsidiäre Haftung

Verletzt der Notar fahrlässig seine Amtspflicht, so haftet er in der Regel (zu den Ausnah- 37
men → Rn. 41) nur insoweit, wie der Geschädigte nicht auf andere Weise Ersatz erlangen
kann (§ 19 Abs. 1 S. 2 BNotO). Die Darlegung und der Nachweis des Fehlens einer anderweitigen Ersatzmöglichkeit durch den Anspruchsteller ist **Voraussetzung für die Erhebung der Haftpflichtforderung** gegen den Notar.[82]

Der Begriff der anderweitigen Ersatzmöglichkeit wird weit verstanden. **Jede rechtli-** 38
che oder tatsächliche Möglichkeit, anderweitig Ersatz zu erlangen, schließt die Notarhaftung aus.[83]

Beispiele:

Mitwirkung zur wirksamen Grundschuldbestellung;[84] Bereicherungsansprüche;[85] Rückübertragungsanspruch des Vaters gegen den Sohn;[86] Anfechtung des Rechtsgeschäfts;[87] Erfüllungsansprüche gegen den Vertragspartner, wenn durch die Amtpflichtverletzung der
Schaden bereits entstanden ist, also nicht oder nicht ausschließlich auf der Nichterfüllung
dieses Anspruchs beruht.[88]

Auch im Verhältnis zu **Ersatzansprüchen gegen andere Berater,** die ebenfalls ihre 39
Pflichten verletzt haben, haftet der Notar subsidiär. Primär haftet zB der Rechtsanwalt,[89]
der Steuerberater[90] oder Makler.[91] Dasselbe gilt für **Vertreter, Organe oder Angestellte**
des Geschädigten, die dem Vertretenen oder Dienstherrn primär haften.[92] Der Schadener-

---

[79] BGH NotBZ 2003, 111 mit zustimmender Anm. *Schlee.*
[80] BGH NJW 2003, 578 (579).
[81] BGH DNotZ 2017, 549 (550).
[82] BGH DNotZ 1964, 61 (62); → Rn. 58.
[83] Ganter/Hertel/Wöstmann/*Wöstmann* Rn. 2240 ff.
[84] BGH WM 1989, 1862; WM 1989, 945.
[85] BGH NJW 1993, 1589.
[86] BGH NJW 1986, 1329.
[87] BGH WM 1960, 1012.
[88] BGH DNotZ 1999, 931.
[89] BGH DNotZ 1996, 563 (566); DNotZ 1988, 379; DNotZ 1985, 231; NJW 1993, 1587; WM 1963, 754.
[90] BGH NJW 2000, 664; einschränkend BGH DNotZ 1991, 314 mAnm *Kanzleiter;* BGH WM 1981, 942
(944); OLG Frankfurt a.M. DNotZ 1996, 589.
[91] Vgl. BGH DNotZ 1996, 438; WM 1978, 1069; DB 1974, 1476; OLG Frankfurt a.M. BeckRS 2018,
16571; OLG Düsseldorf VersR 1977, 1108.
[92] BGH VersR 1980, 649; DNotZ 1969, 769.

satzanspruch gegen den Vertreter der durch eine notarielle Amtspflichtverletzung geschädigten Vertragspartei ist aber dann keine anderweitige Ersatzmöglichkeit, wenn dieser zwar Rechtsanwalt ist, aber nicht selbständig tätig und im Zusammenhang mit dem beurkundeten Geschäft mandatiert ist, sondern als organschaftlicher Vertreter, Arbeitnehmer oder in vergleichbarer Weise in den Geschäftsbetrieb des Vertretenen eingegliedert ist und in diesem Rahmen mit dessen Belangen befasst ist.[93] In diesem Fall ist er nämlich in den Schutzbereich der notariellen Amtspflichten einbezogen wegen des Näheverhältnisses der Interessen des Vertretenen und des Vertreters. Auch wenn dem Geschädigten gegen einen Dritten ein Schadensersatzanspruch zusteht, stellt dieser keine anderweitige Ersatzmöglichkeit dar, wenn dieser Dritte seinerseits einen Rückgriffsanspruch gegen den Notar hätte.[94] Die selbständige Haftung des als **Vollzugsbevollmächtigter** handelnden Büroangestellten des Urkundsnotars stellt **keine** „anderweitige Ersatzmöglichkeit" dar.[95] Die Kosten eines gegen einen möglichen Schädiger geführten aussichtsreichen Vorprozesses können nachfolgend auch insoweit als kausal adäquater Schadenersatz gegen einen Notar geltend gemacht werden, als der Geschädigte damit wegen Vermögensunzulänglichkeiten des anderen Schädigers belastet bleibt.[96] Hat auch das **Grundbuchamt** einen Ursachenbeitrag zur Schadensentstehung geleistet, besteht gesamtschuldnerische Haftung des Notars mit dem Justizfiskus; der Subsidiaritätsgrundsatz greift nicht. Hinsichtlich des Gesamtschuldnerausgleichs zwischen Notar und Grundbuchamt kommt es vordringlich auf das jeweilige Maß der Verursachung an. Beurkundet der Notar unter Missachtung von Formvorschriften einen Vertrag und wird die Formunwirksamkeit vom Grundbuchamt nicht erkannt, wird im Innenverhältnis der Notar überwiegend haften.[97] Wenn aber das Grundbuchamt einen vom Notar richtig gestellten Antrag fehlerhaft behandelt und dem Notar dies im Rahmen der Vollzugsüberwachung nicht auffällt, überwiegt die Verantwortung des Grundbuchamtes.[98] Die Haftung eines Notars, der unrichtigerweise bestätigt hat, die Eintragung einer Gesamtgrundschuld zur Absicherung eines noch auszuzahlenden Darlehens sei an erster Rangstelle sichergestellt, wird nicht dadurch eingeschränkt, dass bei pflichtgemäßem Verhalten des Grundbuchamtes die angestrebte dingliche Sicherung teilweise erreicht worden wäre.[99]

40   **Schuldhaft versäumte Ersatzmöglichkeiten** muss sich der Geschädigte – ohne Abwägung des beiderseitigen Verschuldens[100] – in der Weise entgegenhalten lassen, als ob sie noch vorhanden wären;[101] jedoch nicht in dem Fall, dass ein (Anwalts-)Notar die Verjährung der Ansprüche gegen sich selbst in der Eigenschaft als Anwalt als Unterlassung einwendet.[102] Diese Regel gilt auch bei einem – auch teilweisen – Anspruchsverzicht durch einen Vergleich mit dem anderen Schädiger, wenn dem Geschädigten die weitere Rechtsverfolgung zuzumuten war.[103] **Schuldhaft** ist die Versäumung, wenn es der Geschädigte in Kenntnis der Entstehung des Schadens zumindest fahrlässig unterlassen hat, gegen den Dritten vorzugehen und die Ersatzansprüche gegen ihn beispielsweise verjähren lässt. Nach der Rechtsprechung des OLG Hamm[104] ist es dem Geschädigten regelmäßig vorzuwerfen, wenn er den anderweitigen Ersatzanspruch verjähren lässt.

---

[93] BGH NJW-RR 2005, 1150; ablehnend *Knoche* RNotZ 2006, 294.
[94] BGH NJW-RR 2001, 204; *Schlüter/Knippenkötter* Rn. 629.
[95] BGH NJW 2003, 578; → Rn. 36.
[96] BGH NJW 2002, 2787.
[97] Haug/Zimmermann/*Zimmermann* Amtshaftung Rn. 215.
[98] *Schmitz* VersR 2008, 1049 unter Hinweis auf einen Hinweisbeschluss des OLG Frankfurt a.M. v. 24. 4. 2007 – 13 U 112/06.
[99] BGH NJW 2001, 2714.
[100] BGH DNotZ 1999, 931.
[101] BGH NJW 1999, 2038; NJW 1995, 2713; OLG Karlsruhe VersR 2003, 1406.
[102] BGH DNotZ 1993, 754.
[103] BGH NJW 1995, 2713; WM 1965, 290; KG ZWE 2018, 183 mAnm *Baer*.
[104] BeckRS 2012, 18122.

Die subsidiäre Notarhaftung gemäß § 19 Abs. 1 S. 2 BNotO **besteht nicht** 41
- bei Ansprüchen des „Auftraggebers" im Bereich der Verwahrungs- und Betreuungstätigkeit gemäß §§ 23, 24 BNotO (→ Rn. 82V).[105] Weisen die Vertragsparteien den Notar übereinstimmend an, die Auflassungsurkunde beim Grundbuchamt erst dann einzureichen, wenn bestimmte Bedingungen erfüllt sind, insbesondere die Zahlung des Kaufpreises nachgewiesen ist (Vorlagesperre), so handelt es sich um eine selbständige Betreuungstätigkeit, für die das Verweisungsprivileg des § 19 Abs. 1 S. 2 BNotO nicht gilt, weil der Notar mit der Vorlagesperre eine über den bloßen Urkundenvollzug hinausgehende Überwachungspflicht und damit eine selbständige Betreuung übertragen bekommt;[106]
- bei vorsätzlichen Pflichtverletzungen (→ Rn. 21, 77);
- wenn dem anderen Ersatzpflichtigen ebenfalls der Subsidiaritätseinwand zusteht, zB einem anderen Notar oder dem Fiskus. Eine gegenseitige Verweisung ist nicht statthaft.[107] In diesem Fall kommt eine gesamtschuldnerische Haftung in Betracht;[108]
- bei einer Unzumutbarkeit der Anspruchsverfolgung, zB im Insolvenzverfahren,[109] bei Prozessführung mit zweifelhaftem Ausgang,[110] ungewissen Vollstreckungsmöglichkeiten im Ausland,[111] keine Realisierbarkeit in absehbarer Zeit.[112]

II. Unterlassenes Rechtsmittel nach § 839 Abs. 3 BGB

Die Notarhaftung tritt gemäß § 19 Abs. 1 S. 3 BNotO iVm § 839 Abs. 3 BGB nicht ein, 42 wenn der Geschädigte es schuldhaft unterlassen hat, den **Schaden durch Gebrauch eines Rechtsmittels abzuwenden.**[113] Der Begriff des „Rechtsmittels" ist nach hM weit auszulegen. Rechtsmittel im Sinne der Vorschrift sind nicht nur verfahrensrechtliche, wie § 15 Abs. 2 BNotO,[114] sondern auch Mahnungen, Gegenvorstellungen, Erinnerungen oder Dienstaufsichtsbeschwerden.[115] Auch mündliche Vorhaltungen fallen unter den Begriff des Rechtsmittels.[116] *Ganter*[117] fordert in Fällen, in denen die notarielle Pflichtverletzung in einem Unterlassen besteht, eine restriktivere Auslegung des Begriffs „Rechtsmittel". Die Eigenverantwortlichkeit der Beteiligten solle mit Hilfe einer Abwägung des beiderseitigen Verschuldens Berücksichtigung finden. Dem ist der BGH jedoch nicht gefolgt.[118]

Voraussetzung für den Haftungsausschluss ist, dass das Rechtsmittel sich **unmit-** 43 **telbar** gegen die schädigende Amtshandlung oder Unterlassung selbst richtet und vom Geschädigten **schuldhaft** versäumt wurde.[119] Es kann kein „Rechtsmittel" eingelegt werden, solange eine Amtspflichtverletzung überhaupt noch nicht begangen ist Wenn also ein Beteiligter es sorgfaltswidrig unterlassen hat, Unzulänglichkeiten in dem ihm zugänglich gemachten Urkundsentwurf des Notars aufzudecken, durch deren Prüfung und Berichtigung weitere Mängel in der daraufhin beurkundeten vertraglichen Regelung, die dem Notar als Amtspflichtverletzung angelastet werden, hätten vermieden werden können, wäre dies nicht nach § 839 Abs. 3 BGB, sondern nur nach § 254 BGB zu beurteilen. Ein

---

[105] BGH ZNotP 2003, 156; NJW 1999, 1579; Haug/Zimmermann/*Zimmermann* Amtshaftung Rn. 195.
[106] BGH NJW-RR 2006, 1431.
[107] BGH DNotZ 1992, 813; DNotZ 1960, 260.
[108] OLG Brandenburg BeckRS 2012, 04303.
[109] BGH VersR 1966, 361.
[110] BGH DNotZ 2006, 918; DNotZ 1996, 118; DNotZ 1993, 754.
[111] BGH NJW 1988, 1143.
[112] OLG Rostock DNotZ 1996, 123 mAnm *Müller*.
[113] Ganter/Hertel/Wöstmann/*Wöstmann* Rn. 2281 ff.
[114] S. *Haug* DNotZ 1992, 18.
[115] BGH DNotZ 1983, 129; DNotZ 1976, 506; Schippel/Bracker/*Schramm* BNotO § 19 Rn. 129.
[116] BGH NJW 2002, 1655.
[117] DNotZ 1998, 851 (865); abl. dazu *Jungk* DNotZ 2001, 99.
[118] BGH DNotZ 2004, 362.
[119] BGH DNotZ 2004, 362.

Rechtsmittel gegen eine im Zusammenhang mit dem Notarversehen stehende Pflichtverletzung des Grundbuchbeamten richtet sich nicht „unmittelbar" gegen die schädigende Amtshandlung des Notars.[120] Der Notar kann seine Pflicht bereits verletzt haben, bevor der Schaden, der gerade durch das „Rechtsmittel" abgewendet werden soll, eingetreten ist. Hat der Geschädigte davon Kenntnis oder hätte er sich diese aufgrund einer Erkundigungspflicht – zB durch Einschaltung eines Rechtsberaters – verschaffen müssen, so greift § 839 Abs. 3 BGB ein;[121] ebenso bei unterlassener Erinnerung an Testamentsbeurkundung durch inzwischen verstorbenen Erblasser,[122] bei unterlassener Vorhaltung während der Beurkundung[123] und unterlassenem Hinweis, dass Gesamtgrundschuld nur an einem Grundstück eingetragen wurde.[124] Im Bereich der **Einreichungstätigkeit** hat der BGH[125] von den Beteiligten verlangt, sich bei dem Notar nach einiger Zeit zu erkundigen, ob die Eintragungen entsprechend den in der Urkunde gestellten Anträgen erfolgt sind und ihn ggf. an die Erledigung zu erinnern, ihn uU sogar dazu aufzufordern.

44   Ist eine notarielle Urkunde aus vom Urkundsnotar zu vertretenden Gründen inhaltlich fehlerhaft, hat jener den Eintritt des Schadens möglichst durch umgehende **Nachbeurkundung** (Berichtigung, Ergänzung, notfalls Neubeurkundung) zu vermeiden. Hat der Auftraggeber in einem solchen Fall dem Urkundsnotar keine Gelegenheit gegeben, das Erforderliche vorzunehmen, kann er die Kosten einer Neubeurkundung durch einen anderen Notar grundsätzlich nicht als Schaden geltend machen wegen Verstoßes des Geschädigten gegen § 839 Abs. 3 BGB. Das Unterlassen einer Erinnerung ist allerdings für einen Schaden nicht kausal, wenn feststeht, dass der Notar der Erinnerung tatsächlich nicht abgeholfen hätte.[126]

45   Der Haftungsausschluss setzt voraus, dass das Rechtsmittel **schuldhaft,** also vorsätzlich oder fahrlässig nicht eingelegt wurde. Für die Sorgfaltsanforderungen legt die Rechtsprechung einen subjektiven Maßstab an. Danach ist die Versäumung eines Rechtsmittels nur dann schuldhaft, wenn der Geschädigte bei Anwendung der nach seinem Bildungsstand und seiner Geschäftsgewandtheit gebotenen Sorgfalt hätte erkennen können und müssen, dass die Annahme einer Amtspflichtverletzung nahe liegt.[127]

46   Liegen die Voraussetzungen des § 839 Abs. 3 BGB vor, so findet **keine Abwägung des Mitverschuldens nach § 254 BGB** statt. Schon eine geringe Vernachlässigung der eigenen Belange führt zum Haftungsausschluss. Der Geschädigte hat sich das Verschulden eines Erfüllungsgehilfen – zB seines Anwalts – anrechnen zu lassen.[128] Fehlen die Voraussetzungen für einen Haftungsausschluss, so kann gleichwohl ein Mitverschulden nach § 254 BGB zu einer Haftungsminderung führen, zB wenn der Beteiligte zwar nicht von vornherein mit einer Säumnis des Notars rechnen musste, aber Anlass zu einer Sachstandsfrage gehabt hätte.[129]

III. Verjährung

47   **Vor dem 1.1.2002** entstandene Regressansprüche gegen den Notar verjähren **nach altem Recht** gemäß § 19 Abs. 1 S. 3 BNotO, § 852 BGB aF in drei Jahren von dem Zeitpunkt an, in welchem der Geschädigte von dem Schaden und der Person des Ersatzpflichtigen Kenntnis erlangt hat; ohne Rücksicht auf diese Kenntnis läuft eine 30-jährige Frist ab der Pflichtverletzung.

---

[120] BGH NJW 2009, 71; DNotZ 1960, 663 (666).
[121] BGH DNotZ 1983, 129 (131); DNotZ 1976, 500 (510); DNotZ 1974, 374.
[122] BGH NJW 1997, 2327; vgl. *Schlee* ZNotP 1998, 94.
[123] OLG Hamm NJW-RR 1997, 1152.
[124] OLG Düsseldorf VersR 1998, 117.
[125] DNotZ 1974, 374.
[126] BGH NJW 2002, 1655 (1658).
[127] BGH NJW-RR 2004, 275.
[128] *Ritzinger* BWNotZ 1988, 13; vgl. BGH NJW 1993, 1587.
[129] OLG München 16.10.1986 – 1 U 3183/86.

Bei Notarfehlern **ab dem 1.1.2002** kommen gemäß §§ 195, 199 BGB nF drei verschie- 48
dene Verjährungsfristen in Betracht:[130]
– die regelmäßige Verjährungsfrist von **drei Jahren** beginnt mit dem Schluss des Jahres,
 in dem der Anspruch entstanden ist und der Geschädigte von den den Anspruch begründenden Umständen und der Person des Notars **Kenntnis** erlangt oder ohne grobe
 Fahrlässigkeit erlangen müsste (Ultimoverjährung, §§ 195, 199 Abs. 1 BGB nF);
– ohne Rücksicht auf die Kenntnis oder grob fahrlässige Unkenntnis **zehn Jahre ab
 Entstehung** des Schadensersatzanspruchs (§ 199 Abs. 3 Nr. 1 BGB nF). Diese Zehn-
 Jahres-Frist kommt dann zur Anwendung, wenn der Schaden schon bald nach der Verletzungshandlung eintritt, das Vorliegen eines Schadensersatzanspruchs aber erst nach
 mehr als zehn Jahren erkennbar wird. Dies ist beispielsweise dann der Fall, wenn ein
 Notar pflichtwidrig eine Grundschuld zur Löschung bringt, der Grundpfandrechtsgläubiger von diesem Umstand aber erst zehn Jahre später Kenntnis erlangt;
– ohne Rücksicht auf die Entstehung und die Kenntnis oder grobe Unkenntnis **dreißig
 Jahre ab der Verletzungshandlung** (§ 199 Abs. 3 Nr. 2 BGB nF). Diese für Spät-
 schäden konzipierte Frist kommt üblicherweise im Zusammenhang mit Amtspflichtverletzungen bei der Beurkundung letztwilliger Verfügungen zur Anwendung. Schadensersatzansprüche entstehen in diesen Fällen idR erst mit Eintritt des Erbfalls. Liegen
 zwischen der Beurkundung und dem Erbfall mehr als 30 Jahre, ist der Anspruch gegen
 den Notar bereits verjährt, bevor er entstanden ist.

Für den Beginn der dreijährigen Regelverjährung ist nach der BGH-Rechtsprechung die 49
Schadensverwirklichung erforderlich. Der Schaden ist eingetreten, wenn sich die Vermögenslage des Betroffenen durch die Pflichtverletzung des Notars objektiv verschlechtert hat; es reicht aus, wenn sich der Schaden dem Grunde nach verwirklicht hat, auch
wenn Umfang und Endgültigkeit des Schadens noch ungewiss sind. Ist der Vermögensverlust dagegen noch offen, wird die Verjährungsfrist noch nicht in Lauf gesetzt.[131] Die
bloße **Gefährdung der Rechtsposition** genügt also **nicht.**[132] Danach beginnt in Notar-
haftpflichtfällen bei einem unwirksamen Ehevertrag – auch bei Kenntnis im Sinne von
§ 852 BGB aF – die Drei-Jahres-Frist erst mit Rechtskraft des Scheidungsurteils[133] und
bei einer unterlassenen Belehrung erst mit einer damit im Zusammenhang stehenden Auflösung des Kaufvertrages.[134] Feststellungsklage kann schon vor Beginn der kurzen Verjährungsfrist zulässig sein, wenn der Eintritt eines künftigen Schadens wahrscheinlich ist.[135]
Bei vom Notar verschuldeter unklarer Vertragsgestaltung entsteht der Schaden erst, sobald
der Vertragsgegner aus dem für ihn – vermeintlich – günstigen Vertragsinhalt Rechte gegen seinen Vertragspartner herleitet;[136] das ist zB nach Erhebung einer Klage durch den
Vertragspartner der Fall.[137] Ein Schaden ist bereits dann eingetreten, wenn ein Notar
pflichtwidrig eine Grundschuld löschen lässt.[138] Ob dieser Schaden auch endgültig bestehen bleibt oder später ggf. dadurch entfällt, dass sich die – nun ungesicherte – Darlehensforderung anderweitig durchsetzen lässt, ist für den Zeitpunkt der Schadensentstehung
ohne Belang. Wenn ein Notar unter Verletzung eines ihm von der Bank erteilten Treuhandauftrags ein Darlehen vom Notaranderkonto auszahlt, obwohl die Bedingung dafür,
nämlich die Sicherstellung der Eintragung einer erstrangigen Grundschuld noch nicht erfüllt ist, besteht der Schaden der Bank darin, dass sie nur eine ungesicherte und damit in
ihrem Wert zweifelhafte Darlehensforderung erhält. Ein Schaden ist nicht etwa deshalb zu

---

[130] Vgl. *Hertel* ZNotP 2002, 1 (20); Ganter/Hertel/Wöstmann/*Wöstmann* Rn. 2325 ff.
[131] BGH NJW-RR 2004, 1069.
[132] BGH NJW 1992, 2828; NJW 1987, 1887; s. *Zugehör* Beilage zu NJW 1995, Heft 21.
[133] BGH NJW 1992, 3034.
[134] BGH NJW 1993, 648.
[135] BGH WM 1996, 548; NJW 1992, 3034 (3035).
[136] BGH NJW 2000, 1498.
[137] BGH NJW 2004, 1069.
[138] BGH NJW 1999, 2183.

verneinen, weil theoretisch immer noch die Möglichkeit besteht, dass der Grundstückskaufvertrag doch noch durchgeführt und damit auch die Grundschuld im Grundbuch
eingetragen wird.[139] Ein Schaden ist auch dann eingetreten, wenn auf eine fehlerhafte Fälligkeitsmitteilung des Notars hin eine noch gar nicht fällige Kaufpreisrate gezahlt wird[140]
oder ein Käufer aufgrund eines unwirksamen Kaufvertrags Leistungen erbringt oder Aufwendungen für den Kaufgegenstand vornimmt.[141]

50   Für den Beginn der dreijährigen Regelverjährung gilt außerdem die Regel, dass der
Geschädigte die **Kenntnis oder zumindest keine grob fahrlässige Unkenntnis von
den Tatsachen** haben muss, die bei verständiger Würdigung ausreichen, um gegen den
Schädiger Haftpflichtklage, sei es auch nur auf Feststellung, zu erheben.[142] Erforderlich ist
dafür die Kenntnis von den tatsächlichen Umständen, aus denen sich der Schaden ergibt.
Unerheblich ist in der Regel, ob der Geschädigte die Tatsachen rechtlich richtig einordnet. Eine fehlerhafte rechtliche Einschätzung der Fakten hindert den Verjährungsbeginn
schon deshalb nicht, weil er sich rechtlich beraten lassen kann. Nur wenn die Rechtslage
so unsicher ist, dass sie auch ein rechtskundiger Dritter nicht einschätzen kann, kann der
Verjährungsbeginn ausnahmsweise auch wegen Rechtsunkenntnis hinausgeschoben sein,
weil es an der Zumutbarkeit der Klageerhebung fehlt.[143] Für die Kenntnis der Pflichtverletzung des Notars genügt noch nicht ein Verdacht[144] oder eine Vermutung, sondern zB
erst die angeforderte Abrechnung über die Auszahlungen vom Notaranderkonto gibt die
Kenntnis.[145] Die Übermittlung einer Eintragungsnachricht des Grundbuchamts nach § 55
GBO kann im Einzelfall – insbesondere in sehr einfach gelagerten Fällen – für die Erfüllung der subjektiven Voraussetzungen des Verjährungsbeginns nach § 199 Abs. 1 Nr. 2
BGB (Kenntnis oder grob fahrlässige Unkenntnis von einer Amtspflichtverletzung des
Notars) ausreichen. Dies gilt jedoch nicht ohne Weiteres bei komplexen, für den Geschädigten schwer überschaubaren Grundbuchvorgängen.[146] In einem vom OLG Düsseldorf
entschiedenen Fall behaupteten die Käufer einer Immobilie, dass ihnen der Entwurf der
Urkunde entgegen § 17 Abs. 2a Nr. 2 BeurkG nicht zwei Wochen vor der Beurkundung
zur Verfügung gestellt worden sei, obwohl sie dies laut Urkunde erklärt hatten. Auch
ohne jede Rechtskenntnis hätten die Käufer nach Ansicht des Senats diese im Tatsächlichen liegenden Unrichtigkeiten gegenüber dem von ihnen behaupteten Geschehensablauf
erkennen können. Falls dies wegen des klägerseits behaupteten zu schnellen und zu un-
deutlichen Verlesens nicht möglich gewesen sein sollte, hätte es ihnen bei der nachfolgenden Lektüre der Urkunde auffallen müssen. Falls sich die Käufer danach mit der Urkunde
nicht mehr befasst, insbesondere diese nicht mehr gelesen haben sollten, würde dies den
Vorwurf der groben Fahrlässigkeit iSd § 199 Abs. 1 Nr. 2 BGB als schweren Obliegenheitsverstoß in eigenen Angelegenheiten begründen.[147] Im Bereich der Anwaltshaftung
hat der IX. Zivilsenat des BGH[148] klargestellt, dass eine Kenntnis der den Anspruch begründenden Umstände nicht schon dann vorliegt, wenn dem Mandanten Umstände bekannt werden, nach denen er einen Rechtsverlust erlitten hat. Vielmehr müsse auch
Kenntnis von solchen Tatsachen vorliegen, aus denen sich für ihn als juristischer Laie ergibt, dass der Rechtsberater einen Pflichtverstoß begangen hat.

51   Die **Kenntnis vom Schaden** ist erlangt, wenn allgemein das Wissen um die Schädigung besteht, ohne dass der Umfang oder eventuelle Folgeschäden schon überblickt wer-

---

[139] BGH DNotZ 1987, 560.
[140] BGH NJW-RR 1999, 1579.
[141] BGH NJW-RR 2005, 1148 (1149); Ganter/Hertel/Wöstmann/*Wöstmann* Rn. 2328.
[142] BGH NJW 2008, 2576.
[143] BGH NJW 1999, 2041; NJW 1980, 189.
[144] BGH DRiZ 1976, 215.
[145] BGH VersR 1967, 162 (164).
[146] BGH DNotZ 2015, 37 (39).
[147] OLG Düsseldorf Beschl. v. 6.6.2016 – I-14 U 10/16; die Nichtzulassungsbeschwerde wurde vom BGH
    zurückgewiesen (Beschl. v. 26.1.2017 – III ZR 343/16).
[148] NJW 2014, 1800; NJW 2014, 993.

den können.[149] Das ist zB der Fall, wenn der amtliche Ablehnungsbescheid über eine be-antragte Wertsicherungsklausel zugeht.[150]

Die Kenntnis von der Person des Schädigers ist ebenfalls Voraussetzung für den 52 Beginn der dreijährigen Regelverjährung. Bei einer fahrlässigen Amtspflichtverletzung des Notars beginnt die Verjährung wegen dessen grundsätzlicher **Subsidiärhaftung** (§ 19 Abs. 1 S. 2 BNotO) im Regelfall erst dann zu laufen, wenn der Geschädigte weiß, dass keine anderweitige Ersatzmöglichkeit besteht oder dass diese den Schaden jedenfalls nicht vollständig abdeckt. Solange dies nicht der Fall ist, kennt der Geschädigte die Person des Ersatzpflichtigen iSd § 199 Abs. 1 Nr. 2 BGB nicht.[151] Solange **rechtlich ungeklärt** ist, ob der Notar aufgrund des Sachverhalts, den der Geschädigte kennt, unmittelbar (bei Vorsatz) oder subsidiär (bei Fahrlässigkeit des Handelns) haftet und wenn der Geschädigte in letzterem Falle den Ausschluss der anderweitigen Ersatzmöglichkeit nicht darzulegen vermag, liegt Kenntnis von der Person des Ersatzpflichtigen noch nicht vor.[152] Die einsei-tige Erklärung des vorrangig Haftpflichtigen, sein Vermögen reiche nicht aus, um den geltend gemachten Schaden zu ersetzen, begründet allein regelmäßig noch nicht die Kenntnis des Geschädigten vom Fehlen einer anderweitigen Ersatzmöglichkeit; dem Ge-schädigten steht ein Recht zur Überprüfung dieser Angaben zu.[153] Die Möglichkeit einer Streitverkündung an den Notar im Vorprozess kann nicht mit der Kenntnis vom Fehlen einer anderweitigen Ersatzmöglichkeit gleichgestellt werden.[154]

Der Kenntnis steht es ausnahmsweise gleich, wenn der Geschädigte es versäumt hat, 53 eine gleichsam auf der Hand liegende Erkenntnismöglichkeit wahrzunehmen.[155] Die er-forderliche Kenntnis vom Fehlen einer anderweitigen Ersatzmöglichkeit und damit den Verjährungsbeginn kann der Geschädigte **nicht durch Untätigkeit willkürlich hinaus-schieben.**[156]

Über den Verjährungsablauf etwaiger Haftpflichtansprüche hat der Notar nicht zu be- 54 lehren.[157]

IV. Haftungsbeschränkungen

Haftungsbeschränkungen, wie sie zB ein Rechtsanwalt im Rahmen des § 51a BRAO 55 vereinbaren kann, sind bei der notariellen Amtstätigkeit nach der hM **unzulässig.**[158] Sol-che vertraglichen Vereinbarungen widersprechen der Amtsstellung.

Zu unterscheiden von einem mit Beteiligten zu vereinbarenden Haftungsausschluss ist 56 die durch § 15 BNotO eingeschränkte **Möglichkeit, gewisse Amtspflichten nicht auszuüben,** zB selbständige Betreuungsgeschäfte (§§ 23, 24 BNotO) oder eine Steuerbe-ratung (→ Rn. 82S) oder eine Belehrung über ausländisches Recht (→ Rn. 82A). Damit kann praktisch ein Haftpflichtrisiko eingeschränkt werden. Werden solche Tätigkeiten aber übernommen, so besteht die Amts- und gegebenenfalls die Haftpflicht. Es gibt keine unverbindliche Amtsübernahme.

---

[149] Prinzip der Schadenseinheit: BGH NJW 1977, 532.
[150] BGH WM 1960, 883.
[151] Ganter/Hertel/Wöstmann/*Wöstmann* Rn. 2336.
[152] BGH WM 2005, 1328 (1330).
[153] BGH NJW 2002, 2787.
[154] BGH NJW-RR 2005, 1148 (1150).
[155] BGH NJW 1999, 2041.
[156] BGH DNotZ 2006, 918.
[157] OLG Hamm DNotZ 1995, 416; DNotZ 1983, 749.
[158] *Römer,* Notariatsverfassung und Grundgesetz, 1963, S. 27; Schippel/Bracker/*Schramm* BNotO § 19 Rn. 100f.; aA zB *Reithmann* MittBayNot 1999, 159 (160) für den Bereich der betreuenden Tätigkeit nach §§ 23, 24 BNotO.

E. Haftpflichtprozess und Beschwerde nach § 15 Abs. 2 BNotO

57 Für **Haftpflichtklagen** gegen den Notar ist ausschließlich im Zivilrechtsweg das **Landgericht zuständig** (§ 19 Abs. 3 BNotO). Dies gilt auch für Regressklagen gegen den Notarvertreter (§ 39 Abs. 4 BNotO iVm § 19 Abs. 3 BNotO), den Notarassessor (§ 19 Abs. 2, Abs. 3 BNotO) und den Notariatsverwalter (§ 62 BNotO). Weiterhin bleibt es bei der Zuständigkeit des Landgerichts, wenn der Notar mit seinem Vertreter oder seinem Assessor oder der Notariatsverwalter mit der Notarkammer als Gesamtschuldner verklagt werden (→ Rn. 27, 30, 32). Dieselbe Zuständigkeit besteht für Ausgleichsansprüche zwischen den Gesamtschuldnern (§§ 42, 62 BNotO).

58 Die Haftpflichtklage geht auf **Geldersatz**.[159] Eine Klage auf **Vornahme einer Amtshandlung** ist unzulässig.[160] Zur Klageschlüssigkeit gehört die Darlegung, dass **keine andere Ersatzmöglichkeit** besteht.[161] Das Fehlen einer anderweitigen Ersatzmöglichkeit ist eine negative Anspruchsvoraussetzung.[162] Besonders im Zusammenhang mit einer anderweitigen Ersatzmöglichkeit, die voraussichtlich den Schaden nicht voll deckt, ist zur Unterbrechung der Verjährung eine **Feststellungsklage** zu erheben (→ Rn. 50). Schon vor Beginn der kurzen Verjährungsfrist hält der BGH[163] eine Feststellungsklage für zulässig, wenn der Eintritt eines künftigen Schadens wahrscheinlich ist (→ Rn. 49). Bei Teilklagen gegen den Notar kann dieser eine negative Feststellungswiderklage erheben.[164] **Einwendungen gegen die Kostenberechnung** einschließlich solcher gegen die Zahlungspflicht sind nur im Kostenprüfungsverfahren gemäß §§ 127 ff. GNotKG möglich. In diesem Verfahren ist auch über solche Einwendungen zu entscheiden, die aus dem Vorwurf einer Amtspflichtverletzung des Notars hergeleitet werden.[165] Dies gilt auch dann, wenn die Kostenforderung bereits beglichen ist.[166] Nach Auffassung des LG Lübeck kann entgegen der hM eine Aufrechnung mit Schadensersatzansprüchen nach § 19 BNotO dagegen im Verfahren nach § 127 GNotKG nur dann berücksichtigt werden, wenn die aufgerechnete Forderung zwischen den Beteiligten unstreitig oder rechtskräftig festgestellt ist.[167]

59 Die Kosten eines gedeckten Haftpflichtprozesses werden nach Maßgabe des Streitwertes, begrenzt durch die Versicherungssumme, vom Versicherer übernommen.

60 Im Prozess gegen den subsidiär haftenden Notar ist die **Streitverkündung** gegen einen vorrangig haftenden Schädiger unzulässig.[168]

61 Die **notarielle Schweigepflicht** (§ 18 BNotO) entfällt, wenn die Verteidigung gegen Haftpflichtansprüche dies erfordert.[169] Wird dem Notar im Vorprozess der Streit ohne Befreiung von der Verschwiegenheitspflicht verkündet, so darf er nach wohl hM im Hinblick auf die behauptete Haftpflicht und zur Wahrheitsfindung gleichwohl aussagen. Ansonsten müsste die Bindungswirkung der Streitverkündung entfallen (§§ 68, 74 Abs. 2 ZPO).[170]

62 Die **Beweislast** für die Anspruchsbegründung hat nach den allgemeinen Beweisregeln der **Kläger**.[171] Dies gilt auch für das Fehlen einer anderweitigen Ersatzmöglichkeit[172] oder

---

[159] Palandt/*Sprau* BGB § 839 Rn. 78.
[160] Haug/Zimmermann/*Mayer* Amtshaftung Rn. 882.
[161] BGH DNotZ 1996, 563; DNotZ 1988, 388; DNotZ 1985, 231; → Rn. 37.
[162] Haug/Zimmermann/*Mayer* Amtshaftung Rn. 897a.
[163] DNotZ 1997, 44.
[164] Vgl. BGH VersR 1985, 39.
[165] BGH DNotZ 1988, 379.
[166] OLG Frankfurt a.M. BeckRS 2016, 114720.
[167] LG Lübeck NJOZ 2017, 1197 (1198); so auch LG Kleve BeckRS 2014, 20012.
[168] BGH NJW 2008, 519.
[169] OLG Düsseldorf DNotZ 1972, 443; OLG Frankfurt a.M. DNotZ 1961, 612; Arndt/Lerch/Sandkühler/*Sandkühler* BNotO § 18 Rn. 61.
[170] S. Haug/Zimmermann/*Mayer* Amtshaftung Rn. 905.
[171] BGH NJW-RR 1996, 781; WM 1988, 1639 (1642); s. auch sehr instruktiv zu Fragen der Beweislast im Notarhaftpflichtprozess *Ganter* ZNotP 2000, 176.
[172] BGH DNotZ 1996, 563.

den **Beweis von Negativen,** zB hinsichtlich der Behauptung einer unterbliebenen Belehrung.[173] Dem Geschädigten wird der Beweis der Behauptung, der Notar habe nicht belehrt, allerdings dadurch erleichtert, dass der Notar diese Behauptung substanziiert bestreiten muss. Daran sind keine geringen Anforderungen zu stellen. Eine nur floskelhafte und pauschale Behauptung einer eingehenden Belehrung genügt der Substanziierungslast des Notars nicht.[174] Er muss konkret vortragen, welche Belehrungen erteilt wurden. Der Kläger muss dann die Unrichtigkeit des Vorbringens des Notars beweisen.[175] Auch im Hinblick auf die **Kausalität** (→ Rn. 82S), also den Ursachenzusammenhang zwischen der Pflichtverletzung und dem Eintritt eines Vermögensschadens, liegt die **Darlegungs- und Beweislast beim Geschädigten,** allerdings gelten Beweiserleichterungen. Der BGH geht zugunsten des Haftpflichtklägers im Wege des Anscheinsbeweises von der **Vermutung des beratungsgemäßen Verhaltens,** also der objektiven Vernunft als Handlungsmaßstab, aus.[176] Diese gilt auch bei Verträgen zwischen Familienangehörigen.[177] Die Vermutung greift nicht, wenn im Falle zutreffender notarieller Belehrung mehrere Handlungsvarianten offen stehen, die sämtlich mit Vor- und Nachteilen verbunden sind[178] oder wenn der Mandant einen richtigen Vorschlag abgelehnt hat.[179]

Eine **Beweislastumkehr im Rahmen der Kausalität** hat der BGH in einer Entscheidung zur Nichteinhaltung der Regelfrist des § 17 Abs. 2a S. 2 Nr. 2 BeurkG vorgenommen.[180] Er geht davon aus, dass der Notar, der eine Beurkundung ohne Einhaltung der Regelfrist von zwei Wochen vornimmt, sich zwar darauf berufen darf, dass der Käufer, falls der Notar die Beurkundung abgelehnt hätte, diese nach Ablauf der Regelfrist genauso wie geschehen hätte vornehmen lassen. Für diesen hypothetischen Verlauf treffe ihn aber die Darlegungs- und Beweislast. Allerdings dürfen, wie der BGH betont, die Anforderungen an die Beweisführung nicht überspannt werden; es gilt das herabgesetzte Beweismaß des § 287 ZPO. Die Entscheidung blieb nicht unkritisiert,[181] was nachvollziehbar ist. Die Frage, ob der Käufer die Beurkundung nach Ablauf der Regelfrist genauso wie geschehen hätte vornehmen lassen, ist allein dessen Lebensbereich zuzuordnen. Der Notar steht außerhalb dieses Lebensbereichs und kann deshalb weder beweisen, noch ausschließen, dass der Käufer im Falle der Verschiebung des Beurkundungstermins den Vertrag ebenso abgeschlossen hätte. Zumindest wird man aber verlangen müssen, dass der Käufer im Rahmen seiner sekundären Darlegungslast substantiiert darlegt, dass und aus welchen Gründen er bei der Einräumung der Überlegungsfrist von seinem bereits getroffenen Kaufentschluss wieder Abstand genommen hätte, weil der Notar die hierfür maßgeblichen Erwägungen eben nicht kennt.[182] 62a

Die Beweislast für das Vorliegen eines **Mitverschuldens** (→ Rn. 82M) des Geschädigten trifft den Notar.[183] 63

Eine **Umkehr der Beweislast** tritt ein, wenn eine schriftliche Niederlegung, die in Bezug auf die Amtsausübung gesetzlich vorgeschrieben ist, fehlt;[184] dies trifft vor allem auf die vorgeschriebenen Belehrungsvermerke (§§ 17 Abs. 2 S. 2, Abs. 3 S. 1, 18, 19, 20, 21 Abs. 1 S. 2 Hs. 2, Abs. 2, 38 Abs. 2 BeurkG; → Rn. 82B) und Verwahrungstätigkeit (→ Rn. 82V) zu. Fehlt der Vermerk, so hat der Notar die Beweislast dafür, dass er gleich- 64

---

173 BGH DNotZ 2006, 912; NJW 1996, 522 (523).
174 OLG Saarbrücken BeckRS 2002, 17731.
175 Schippel/Bracker/*Schramm* BNotO § 19 Rn. 170.
176 BGH NJW 2000, 2110; NJW 1992, 3237 (3241); OLG Rostock DNotZ 1996, 123 mAnm *Müller*.
177 BGH NJW 1996, 3009.
178 BGH NJW-RR 2003, 1569; OLG Dresden BeckRS 2017, 144536.
179 BGH BB 2007, 1468 für die Rechtsanwaltshaftung; dieser Gedanke ist aber durchaus auch auf den Notarbereich übertragbar.
180 BGH MittBayNot 2016, 79 (80) mAnm *Meininghaus*.
181 *Meininghaus* MittBayNot 2016, 81; *Achenbach* DNotZ 2016, 4.
182 OLG München Urt. v. 15. 12. 2016 – 1 U 2956/16.
183 BGH NJW-RR 2009, 199.
184 BGH DNotZ 2006, 912 mAnm *Krebs*.

wohl belehrt hat.[185] Erfolgte die Belehrung eine gewisse Zeit vor der Beurkundung, so trifft den Notar dafür die Beweislast.[186] Hat die Amtspflichtverletzung des Notars dem davon Betroffenen auch Vorteile gebracht, trifft den Notar die Beweislast für die behauptete Vorteilsausgleichung,[187] zB für die Tilgung anderweitiger Verbindlichkeiten.[188] Bei Abweichung von einer schriftlichen Treuhandauflage aufgrund mündlicher Weisung trägt der Notar im Haftpflichtprozess die Beweislast dafür, dass eine entsprechende mündliche, der schriftlichen Treuhandauflage nicht entsprechende Anweisung vorlag.[189] Der BGH geht auch bei groben Pflichtverletzungen und selbst bei vorsätzlichen Amtspflichtverletzungen bei der Notarhaftung **nicht** von einer Beweislastumkehr für die Kausalität aus.[190]

65   Die **Beschwerdemöglichkeit gemäß § 15 Abs. 2 BNotO** eröffnet ein Verfahren nach dem FamFG.[191]

66   Die Beschwerde ist bei dem Notar (§ 64 Abs. 1 FamFG) einzulegen. Der BGH[192] hat mittlerweile entschieden, dass – auch wenn § 15 Abs. 2 BNotO für das Verfahren auf die Vorschriften des Gesetzes über das Verfahren in Familiensachen und in den Angelegenheiten der freiwilligen Gerichtsbarkeit verweist – die Bestimmungen über die Beschwerdefrist von einem Monat in § 63 FamFG und über den Beschwerdewert von 600 EUR in § 61 FamFG keine Anwendung finden.

67   Die angefochtene Entschließung (das Verhalten) des **Notars** ist quasi als **erstinstanzliche Entscheidung,** das **Landgericht** als **zweite** und ggf. der **BGH** als **dritte Instanz** anzusehen. Der Notar ist somit keine Partei und kein Kostenschuldner.[193] Haftpflichtrechtlich ist bedeutsam, dass sich der Notar mit dem Hinweis auf die Beschwerdemöglichkeit gegen sein Verhalten entlasten kann. Nimmt sie der Betroffene nicht wahr, wird grundsätzlich die **Haftungsfreiheit nach § 839 Abs. 3 BGB** eingreifen (→ Rn. 42). Hat die Beschwerde Erfolg, so muss der Notar der Entscheidung folgen, auch wenn sie rechtswidrig erscheint. Er hat keinen Rechtsbehelf.[194] Die Beschwerdemöglichkeit entfällt, wenn die Handlung des Notars bereits eine vollendete Tatsache geschaffen hat, zB nach Beendigung des Verwahrungsgeschäfts.[195] Nach inzwischen hM kann die Beschwerde jedoch schon gegen ein vom Notar angekündigtes Vorgehen eingelegt werden.[196] Die Beschwerde ist auch ohne Vorbescheid bei fortwährender Untätigkeit möglich.[197] Es besteht keine Rechtskrafterstreckung der Beschwerdeentscheidung auf einen Haftpflichtprozess. Ist der Notar aber einer – eventuell falsch erscheinenden – Entscheidung gefolgt, so war er dazu rechtlich gezwungen. Zur Regelung im Rahmen der Verwahrungstätigkeit s. § 54c BeurkG und → Rn. 82V.

68   Als **Rechtsmittel** gegen die Entscheidung des Beschwerdegerichts sieht § 70 FamFG die Rechtsbeschwerde zum BGH (§ 133 GVG) vor, allerdings nur, wenn das Beschwerdegericht sie zugelassen hat. Eine Nichtzulassungsbeschwerde ist nicht vorgesehen. Die Rechtsbeschwerde ist gemäß § 71 Abs. 1 FamFG binnen einer Frist von einem Monat nach der schriftlichen Bekanntgabe des Beschlusses durch Einreichen einer Beschwerdeschrift beim BGH einzulegen.

---

[185] BGH DNotZ 2006, 912; DNotZ 1974, 296 mAnm *Haug.*
[186] BGH NJW 1996, 2037.
[187] BGH NJW 2000, 734.
[188] BGH NJW-RR 2003, 1497.
[189] BGH DNotZ 2006, 56.
[190] S. Nachweise bei *Ganter* ZNotP 2000, 176 (197 f.).
[191] Vgl. *Regler* MittBayNot 2010, 261; *Müller-Magdeburg* ZNotP 2009, 216.
[192] BGH DNotZ 2016, 220 mAnm *Schönemann.*
[193] BayObLG DNotZ 1997, 77.
[194] Zu den Ausnahmen, wenn eigene Rechte des Notars verletzt werden: OLG Düsseldorf DNotI-Report 1998, 243 und DNotZ 1991, 557; OLG Frankfurt a.M. DNotI-Report 1998, 139.
[195] KG DNotI-Report 1998, 203.
[196] BayObLG NJW-RR 2000, 945; LG Frankfurt a.M. DNotZ 1998, 236.
[197] OLG Düsseldorf NJW 1998, 1138.

F. Berufshaftpflichtversicherung

Seit dem 1.1.1983 besteht für Notare eine **Pflichtversicherung** zur Abdeckung von 69 Haftpflichtansprüchen aufgrund fahrlässiger Amtspflichtverletzungen (bzgl. vorsätzlicher Verstöße → Rn. 77). Die **Mindestversicherungssumme** beträgt seit 1.3.1993 insgesamt 1.000.000 EUR. Die Summe setzt sich mit je 500.000 EUR zusammen: aus der individuell vom Notar abgeschlossenen Basisversicherung (§ 19a Abs. 3 BNotO) und der von den Notarkammern abgeschlossenen Gruppen-Anschlussversicherung (§ 67 Abs. 3 S. 3 BNotO). Diese Versicherungssummen sind mit einer Jahreshöchstleistung für alle Versicherungsfälle maximiert (§§ 19a Abs. 3; 67 Abs. 3 S. 3 BNotO).[198] Die **Selbstbeteiligung** des Notars darf bis zu 1% der Versicherungssumme von derzeit 500.000 EUR betragen. Maßgebend für den Umfang des Versicherungsschutzes ist der Zeitpunkt des Verstoßes.[199]

Nach § 100 VVG ist der Versicherer verpflichtet, den Notar von Ansprüchen freizu- 70 stellen, die von einem Dritten auf Grund der Verantwortlichkeit des Notars für eine während der Versicherungszeit eintretende Tatsache geltend gemacht werden, und unbegründete Ansprüche abzuwehren. Der **Deckungsumfang** der Pflichtversicherung umfasst praktisch die gesamte Berufshaftpflicht des Notars (zu den Ausschlüssen → Rn. 72). Jeder Notar muss gegenüber seiner Kammer und der Landesjustizverwaltung nachweisen, dass er eine Berufshaftpflichtversicherung mit dem erweiterten Versicherungsschutz unterhält (s. §§ 6a, 19a BNotO). Im Versicherungsvertrag muss gemäß § 19a Abs. 3 S. 3 BNotO die Verpflichtung des Versicherers enthalten sein, der Landesjustizverwaltung und der Notarkammer den Beginn und die Beendigung oder Kündigung des Versicherungsvertrages sowie jede Änderung des Versicherungsvertrages, die den vorgeschriebenen Versicherungsschutz beeinträchtigt, unverzüglich mitzuteilen.

Die Versicherung bezieht **Nebentätigkeiten** des Notars (§ 8 BNotO) in den Schutz 71 ein und gibt Deckung für „die Tätigkeit von Personen, für die er haftet" (§ 19a Abs. 1 S. 1 BNotO). Damit besteht Versicherungsschutz für Haftpflichtansprüche gegen den Notar auch für vorsätzliche Verstöße seines **Vertreters** (§ 46 BNotO), allerdings subsidiär im Verhältnis zur Vertrauensschadenversicherung (→ Rn. 77) und nur soweit dem Notar selbst höchstens Fahrlässigkeit zur Last fällt. Mitversichert sind Angestellte und Hilfskräfte, für die der Notar haftet. Rückgriff gegen diese Personen nimmt der Versicherer nur, wenn diese ihre Pflichten vorsätzlich verletzt haben (vgl. → Rn. 33 ff., 72). Zusätzlich wird Deckung für das Risiko von Vollzugsbevollmächtigten gegeben (→ Rn. 36). Die Tätigkeit des Notariatsverwalters wird durch die Notarkammer pflichtversichert (§ 61 Abs. 2 BNotO).

Folgende **Deckungsausschlüsse** können nach § 19a Abs. 2 BNotO vereinbart wer- 72 den:
– Ersatzansprüche wegen wissentlicher Pflichtverletzung (→ Rn. 21, 77);
– Ersatzansprüche aus der Tätigkeit im Zusammenhang mit der Beratung über außereuropäisches Recht, es sei denn, dass die Amtspflichtverletzung darin besteht, dass die Möglichkeit der Anwendbarkeit dieses Rechts nicht erkannt wurde;
– Ersatzansprüche wegen Veruntreuung durch Personal des Notars, soweit nicht der Notar wegen fahrlässiger Verletzung seiner Amtspflicht zur Überwachung des Personals in Anspruch genommen wird.

Erweiternde Einschlüsse gegenüber der oben genannten Deckungseinschränkung bzgl. 73 Auslandsrecht werden von Versicherern geboten.

Die Pflichtversicherung schränkt gemäß **§ 117 VVG** die Rechte des Versicherers ein, 74 indem versicherungsvertragliche Obliegenheitsverletzungen des Versicherungsnehmers (Notars), wie zB unterlassene Schadensanzeige oder mangelnde Aufklärung, nicht die Leistungspflicht gegenüber dem Geschädigten ausschließen. Dies bezieht sich nicht auf

---

[198] Beispiele bei Haug/Zimmermann/*Mayer* Amtshaftung Rn. 789a.
[199] S. Schippel/Bracker/*Schramm* BNotO § 19a Rn. 29 ff.

objektive Risikobeschränkungen, wie zB die Höchstversicherungssumme oder den Deckungsausschluss bei wissentlicher Pflichtverletzung (§ 4 Nr. 3 AVB).

75   Zum Ausgleich der vorgenannten erweiterten Leistungspflicht des Versicherers hat der **Anspruchsteller** gemäß § 119 VVG die **Obliegenheit,** dem Versicherer innerhalb von zwei Wochen anzuzeigen, wenn er Haftpflichtansprüche geltend macht. Ebenso ist bei Einreichung einer Haftpflichtklage unverzüglich Anzeige zu erstatten. Verlangt der Versicherer **Informationen zur Aufklärung der Sach- und Rechtslage,** so sind diese von der Anspruchstellerseite zu erteilen. Anderenfalls haftet der Versicherer nur bis zur Höhe des Betrags, der bei Erfüllung der Obliegenheit zu zahlen gewesen wäre (§ 120 VVG), sofern der Geschädigte vom Versicherer vorher ausdrücklich und in Textform auf die Folgen der Verletzung hingewiesen worden ist.

76   Ein **Direktanspruch** des Geschädigten gegen den Versicherer besteht gemäß § 115 VVG nur dann, wenn über das Vermögen des Versicherungsnehmers (= Notars) das Insolvenzverfahren eröffnet oder der Eröffnungsantrag mangels Masse abgewiesen worden ist oder ein vorläufiger Insolvenzverwalter bestellt worden ist oder wenn der Aufenthalt des Versicherungsnehmers unbekannt ist.

77   Zur Deckung von **vorsätzlichen** Pflichtverletzungen des Notars (→ Rn. 21) haben die Notarkammern zugunsten des Geschädigten für jedes ihrer Mitglieder, soweit bei dem Notar kein Ersatz zu verlangen ist, nach § 67 Abs. 3 Nr. 3 BNotO eine **Vertrauensschadenversicherung** über 250.000 EUR Mindestversicherungssumme abzuschließen. Wenn bei Vorliegen einer notariellen Amtspflichtverletzung nur streitig ist, ob eine wissentliche oder eine fahrlässige Pflichtverletzung vorliegt, besteht gemäß § 19a Abs. 2 S. 2 BNotO für nach dem 1. 3. 1999 entstandene Haftpflichtfälle[200] eine **Vorleistungspflicht** des Berufshaftpflichtversicherers bis zur Höhe der Mindestversicherungssumme des Vertrauensschadenversicherers. Nach der Rechtsprechung des BGH[201] kommt die Vorleistungspflicht des Berufshaftpflichtversicherers bereits dann in Betracht, wenn er unter Berufung auf eine wissentliche Pflichtverletzung die Regulierung ablehnt, gegen das Bestehen eines Deckungsanspruchs aus dem Haftpflichtversicherungsvertrag aber keine weiteren Einwendungen erhebt. Ein Streit zwischen Anspruchsteller und Berufshaftpflichtversicherer über diesen Punkt sei nicht erforderlich. Soweit der Berufshaftpflichtversicherer entsprechend vorleistet, geht der Anspruch des Geschädigten gegen den Notar bzw. den Vertrauensschadenversicherer gemäß § 19a Abs. 2 S. 3 BNotO auf ihn über und er kann gemäß § 19a Abs. 2 S. 4 BNotO von diesen Aufwendungsersatz beanspruchen. Die Bedingungen der Vertrauensschadenversicherungsverträge enthalten einen – wirksamen – Ausschluss, wonach eine Versicherungsleistung ausgeschlossen ist auf Grund von Schäden, die später als vier Jahre nach ihrer Verursachung dem Versicherer gemeldet werden. Der Vertrauensschadenversicherer kann sich auf eine Versäumung dieser Ausschlussfrist jedoch nicht berufen, wenn sie unverschuldet ist.[202] Die Vorleistungspflicht des Berufshaftpflichtversicherers entfällt somit, wenn er im Falle einer wissentlichen Pflichtverletzung des Notars nicht beim Vertrauensschadenversicherer Regress nehmen kann, weil die Meldefrist von vier Jahren schuldhaft versäumt wurde. Die Durchsetzbarkeit der Regressansprüche begrenzt also die Vorleistungspflicht des Berufshaftpflichtversicherers.[203] Der in den Bedingungen der Vertrauensschadenversicherungsverträge enthaltene Deckungsausschluss für mittelbare Schäden (entgangener Gewinn, Zinsverlust, Rechtsverfolgungskosten des Anspruchstellers usw) ist allerdings nach § 307 BGB unwirksam.[204]

---

[200] BGH NJW-RR 2003, 1572.
[201] BGH NJW-RR 2015, 123.
[202] BGH NJW 2011, 3367.
[203] BGH DNotZ 2014, 793 (795).
[204] BGH NJW 2011, 3648.

Die Entscheidung im Haftpflichtprozess über den Verschuldensgrad – fahrlässig oder vor- 78
sätzlich – ist für die versicherungsvertragliche Deckung bindend.[205] Diese **Bindungswirkung** geht aber nur soweit, wie **Voraussetzungsidentität** besteht, dh wie eine für die Entscheidung im Deckungsprozess maßgebliche Frage sich auch im Haftpflichtprozess als entscheidungserheblich erweist. Wenn das Gericht im Haftpflichtprozess „überschießende", nicht entscheidungserhebliche Feststellungen trifft oder nicht entscheidungserhebliche Rechtsausführungen macht, besteht keine Voraussetzungsidentität und insoweit keine Bindungswirkung.[206] Die Bindung an eine im Haftpflichtprozess festgestellte schadenverursachende Pflichtverletzung ist auch dann gegeben, wenn daneben noch andere Pflichtverletzungen bestehen; der Haftpflichtversicherer kann sich zur Begründung eines deckungsrechtlichen Ausschlusstatbestands nicht auf eine andere als die im Haftpflichtprozess festgestellte Pflichtverletzung zu berufen.[207] Der für den Deckungsprozess bindende Haftungstatbestand umfasst aber lediglich die vom Tatrichter des Haftpflichtprozesses festgestellten und seiner Entscheidung zu Grunde gelegten **tatsächlichen** Elemente. Maßgeblich ist der äußere Tatbestand der Pflichtwidrigkeit, nicht dessen rechtliche Einordnung.[208]

Die Notarkammern unterhalten weiterhin ohne gesetzliche Verpflichtung gemäß § 67 79
Abs. 4 Nr. 3 BNotO einen **Notarversicherungsfonds** (ehemals Vertrauensschadenfonds), aus dem satzungsgemäß Zahlungen geleistet werden sollen, wenn ein Vertrauensschaden durch Versicherungen nicht ausgeglichen wird und dem Fonds eine Zahlung angezeigt erscheint.[209]

Ob der Vermögensschadenhaftpflichtversicherer des Notars im Haftpflichtprozess dem 80
Rechtsstreit im Wege der Nebenintervention in zulässiger Weise auf Seiten des Geschädigten beitreten kann, wurde vom BGH bislang offen gelassen.[210]

Die Notare haben die – oft wahrgenommene – Möglichkeit, über die Höchstversiche- 81
rungssumme der Pflichtversicherung hinaus eine **Anschlussversicherung** abzuschließen. In diesem Bereich gelten gemäß § 113 Abs. 3 VVG ebenfalls die Regelungen für die Pflichtversicherung nach §§ 114 ff. VVG (→ Rn. 74, 75). Bei Einzelfallversicherungen kann der Notar gemäß Nr. 32013 KV GNotKG die Prämie für den 60 Mio. EUR übersteigenden Anteil der Versicherungssumme als Auslage erheben.[211]

G. Haftungs-ABC zu typischen Risiken

Allgemeine Geschäftsbedingungen: Notariell beurkundete Rechtsgeschäfte können 82A
Allgemeine Geschäftsbedingungen darstellen[212] und unterliegen nach ständiger Rechtsprechung der richterlichen Inhaltskontrolle nach den §§ 305 ff. BGB und den §§ 138, 242 BGB.[213] Werden Klauseln für nichtig angesehen, so ergeben sich – eventuell Jahre nach der Beurkundung (!) – hohe Haftpflichtrisiken insbesondere im Bereich des Gewährleistungs-, Kreditsicherungs- und Familienrechts.[214] Gegen diese Risiken kann nur schützen: ständige Verfolgung der Rechtsprechung (auch der obiter dicta!) und Literatur, individuelle Vertragsabfassung und Erläuterungen,[215] Belehrungsvermerke (→ Rn. 82B), ggf. Amtsverweigerung (s. nächstes Stichwort). Sog. **Fortgeltungsklau-**

---

[205] BGH DNotZ 1999, 129; zum Interessenkonflikt zwischen Notarkammer, Vertrauensschadenversicherer und Notar s. die Kritik von *Wagner* und *Wahl* DNotZ 1999, 794 an diesem Urteil; abl. auch *Hagen* DNotZ 2000, 809.
[206] BGH NJW 2011, 610.
[207] BGH NJW-RR 2003, 1572.
[208] BGH NJW 2011, 610.
[209] S. auch Schippel/Bracker/*Schramm* BNotO § 19a Rn. 14.
[210] BGH Beschl. v. 15.9.2010 – IV ZB 44/09, IBRRS 2010, 3863.
[211] S. dazu *Zimmermann* DNotZ 2005, 661.
[212] Ganter/Hertel/Wöstmann/*Ganter* Rn. 576 ff.
[213] *Medicus,* Zur gerichtlichen Inhaltskontrolle notarieller Verträge, 1989.
[214] BGH NJW 2010, 2873; OLG Hamm DNotZ 1987, 696 mAnm *Kanzleiter.*
[215] BGH DNotZ 1990, 558 zu § 3 AGBG.

seln, nach denen das Angebot zum Kauf einer Immobilie nach Ablauf der Bindungsfrist unbefristet fortbesteht, aber stets widerruflich ist, stellen regelmäßig AGBs dar und sind mit § 308 Nr. 1 BGB unvereinbar.[216] Die mögliche Unwirksamkeit von **unbefristeten** Fortgeltungsklauseln musste einem Notar nach Auffassung des BGH[217] bereits im Jahr 2006 bekannt sein. Diese Rechtsprechung wurde zu Recht vielfach kritisiert[218], weil damit die Anforderungen an die Sorgfalt eines pflichtbewussten, erfahrenen und gewissenhaften Durchschnittsnotars (→ Rn. 22) überspannt wurden. Der BGH hält aber an seiner Rechtsprechung fest und hat lediglich im Hinblick auf **befristete** Fortgeltungsklauseln entschieden, dass einen Notar im Jahr 2008 kein Verschulden traf, wenn er nicht auf deren mögliche Unwirksamkeit hingewiesen hat (→ Rn. 23).[219]

Amtsverweigerung: Beurkundungen sind zB abzulehnen, wenn nach der Überzeugung des Notars das Rechtsgeschäft gesetzwidrig (s. voriges Stichwort und → Rn. 82B; im Zweifel Belehrungsvermerk → Rn. 82B), oder unredlich (§ 4 BeurkG, § 14 Abs. 2 BNotO)[220] oder irreführend (Tatsachenbeurkundungen, Notarbestätigungen → Rn. 82N) ist oder nicht dem wahren Willen der Beteiligten entspricht. Wenn bei einem Verbrauchervertrag die **Zwei-Wochen-Frist des § 17 Abs. 2a S. 2 Nr. 2 BeurkG** nicht abgelaufen und der Zweck dieser Wartefrist nicht anderweitig erfüllt ist, besteht die Amtspflicht, eine Beurkundung trotz eines entgegenstehenden Wunsches der Urkundsbeteiligten abzulehnen; die Einhaltung dieser Frist steht nicht zur Disposition der Beteiligten. Voraussetzung für eine nur ausnahmsweise mögliche Nichteinhaltung der Frist ist neben der anderweitigen Erfüllung des Zwecks der Wartefrist auch ein sachlicher Grund für ihre Abkürzung.[221] Eine Fristunterschreitung kann zB dann unschädlich sein, wenn der Verbraucher geschäftserfahren ist und sich vor Beurkundung umfassend mit dem übersandten Entwurf auseinandergesetzt hat, was dadurch zum Ausdruck kommen kann, dass er Änderungswünsche zu diesem Entwurf formuliert.[222] Haftpflichtansprüche gegen Notare wegen der Nichteinhaltung der Frist des § 17 Abs. 2a Nr. 2 BeurkG bleiben aber häufig ohne Erfolg, weil die Gerichte in vielen Fällen davon überzeugt sind, dass die Käufer die Beurkundung nach Ablauf der Regelfrist genauso wie geschehen hätten vornehmen lassen.[223] Wurde die Frist trotz deutlicher Warnungen des Notars nicht eingehalten, kommt außerdem ein Mitverschulden des Käufers in Betracht.[224] Zur Änderung dieser Vorschrift → § 31 Rn. 96 ff.

§ 15 Abs. 1 BNotO gibt dem Notar die Übernahme oder Ablehnung von Amtsgeschäften nach §§ 23, 24 BNotO grundsätzlich frei. Er sollte zB ablehnen: risikohafte Verwahrungsgeschäfte (→ Rn. 82V) oder telefonische Auskünfte.[225] Aber Vorsicht bei einer Ablehnung aus rein ethischen oder moralischen Gründen (zB bei letztwilligen Verfügungen). Den Beteiligten steht es frei, gemäß § 15 Abs. 2 BNotO Beschwerde einzulegen (→ Rn. 65).

Anderkonten: → Rn. 82V.

Angestellte: → Rn. 33, 72.

---

[216] BGH DNotZ 2013, 923.
[217] BGH DNotZ 2016, 711.
[218] ZB *Seger* DNotZ 2016, 719; *Zimmer* NJW 2016, 1328.
[219] BGH DNotZ 2018, 130.
[220] S. BGH DNotZ 1966, 183 und → Rn. 82R; *Winkler* MittBayNot 1998, 141; BayObLG DNotZ 1998, 645 und DNotZ 1998, 648.
[221] BGH DNotZ 2013, 552.
[222] BGH DNotZ 2019, 37.
[223] OLG Frankfurt a.M. BeckRS 2018, 16564; OLG Köln Urt. v. 11.5.2017 – 7 U 186/16; OLG Hamm BeckRS 2017, 122006; OLG München Urt. v. 15.12.2016 – 1 U 2956/16; OLG Naumburg Urt. v. 23.11.2016 – 5 U 107/16; KG Beschl. v. 14.10.2016 – 9 U 37/16; OLG Düsseldorf Beschl. v. 6.6.2016 – I-14 U 10/16; OLG München Urt. v. 19.5.2016 – 1 U 3336/15; OLG Naumburg Urt. v. 20.4.2016 – 5 U 193/15; OLG Celle Beschl. v. 12.10.2015 – 3 W 69/15.
[224] Ganter/Hertel/Wöstmann/*Ganter* Rn. 1441.
[225] S. BGH DNotZ 1969, 507.

Anwaltsnotar: Konflikte ergeben sich aus dem Doppelberuf, wenn die Mitwirkungsverbote (§ 16 Abs. 1 BNotO), die Verbote in § 3 BeurkG,[226] § 45 Abs. 1 Nr. 1 und Nr. 2, Abs. 3 BRAO[227] mit ihren Nachwirkungen[228] und die Abgrenzung beider Tätigkeitsbereiche nicht strikt beachtet werden.[229] So darf beispielsweise ein Anwaltsnotar, der in einem Scheidungsverfahren einen Ehegatten anwaltlich vertreten hatte, als Notar nicht an einem Grundstücksübertragungsvertrag zwischen den ehemaligen Ehepartnern mitwirken, der auch der Erledigung von Zugewinnausgleichsansprüchen dient.[230] Gemäß § 24 Abs. 2 BNotO besteht die **unwiderlegliche Vermutung,** dass ein Anwaltsnotar **als Notar** tätig geworden ist, wenn er Handlungen der in § 24 Abs. 1 BNotO bezeichneten Art vornimmt, soweit diese Handlungen bestimmt sind, Amtsgeschäfte der in den §§ 20–23 BNotO bezeichneten Art vorzubereiten oder auszuführen.[231] Ist dies nicht der Fall, so war er im Zweifel **als Rechtsanwalt** tätig. Entscheidend ist der objektiv festzustellende Gegenstand des erteilten Auftrags.[232] Daneben sind aber auch die Vorstellungen der an dem Geschäft beteiligten Personen zu berücksichtigen.[233] Notarielle Tätigkeit liegt demnach vor, wenn es nicht um einseitige Interessenwahrnehmung geht, sondern bei Erfüllung der Aufgabe, die Belange sämtlicher Beteiligter neutral und unparteiisch zu berücksichtigen sind.[234] Wird der Anschein bei einem Anlagegeschäft erweckt, der Anwaltsnotar trete gegenüber den Anlegern als unabhängige, überparteiliche Instanz auf, liegt notarielle Tätigkeit vor.[235] In der Praxis zeigen sich Schwierigkeiten, einerseits pflichtgemäß parteiisch aus Mandat und dann andererseits unparteiisch als Amtsträger aufzutreten.[236] Auch wegen der grundlegenden Verschiedenartigkeit von Anwalts- und Notarhaftung – Unterschiede bestehen bezüglich der geschützten Personen (→ Rn. 13 ff.), des Pflichtenkatalogs (→ Rn. 11), der Haftungsprivilegien des Notars (→ Rn. 37 ff., 42 ff.) und der Verjährung (→ Rn. 47 ff.) – muss sich der Anwaltsnotar stets bewusst sein, in welcher Eigenschaft er tätig wird. Folgt man zB dem BGH,[237] so wäre die Mitwirkung bei dubiosen Devisengeschäften für einen Notar eine wohl vorsätzliche Pflichtverletzung gewesen, für den Anwalt aber eine zulässige Tätigkeit mit dem Eingreifen von vertraglich vereinbarten Haftungsbeschränkungen.[238] Zur Sozietätshaftung → Rn. 82S.

Die Assoziierung von Rechtsanwälten mit einem Anwaltsnotar führt zum Verbot des Abschlusses von Maklerverträgen über Grundstücke durch die Rechtsanwälte;[239] das Mitwirkungsverbot der §§ 14 Abs. 4 S. 2, 28 BNotO soll die Neutralität des Anwaltsnotars schützen.

Auslandsrecht: In diesem Bereich sind die Pflichten und damit die Haftung **eingeschränkt** (→ Rn. 56), wenn der Notar gemäß § 17 Abs. 3 BeurkG darauf hinweist, dass Auslandsrecht Anwendung findet und dies in der Niederschrift vermerkt (→ Rn. 82B); das ausländische Recht selbst muss er nicht kennen. Er sollte aber darüber hinaus auf das Risiko einer Beurkundung hinweisen und anraten, zunächst eine Klärung – zB durch Einholung eines Gutachtens – herbeizuführen.[240] Das deutsche

---

[226] S. *Mihm* DNotZ 1999, 8.
[227] S. *Feuerich* DNotZ 1989, 596; *Borgmann/Jungk/Schwaiger* II. Rn. 37 und 45 ff.
[228] OLG Hamm DNotZ 1977, 441 (443).
[229] Zur Abgrenzung s. auch *Jungk* AnwBl 1999, 343 bzw. 404.
[230] BGH DNotZ 2013, 310.
[231] Fischer/Vill/Fischer/Rinkler/Chab/*Rinkler,* Handbuch der Anwaltshaftung, 4. Aufl. 2015, § 1 Rn. 144.
[232] OLG Frankfurt a.M. RNotZ 2004, 46; OLG Hamm DNotZ 1997, 228.
[233] BGH DNotZ 1998, 634 (636) unter Hinweis auf *Zugehör* ZNotP 1997, 42 (44).
[234] BGH DNotZ 2000, 365 (367); NJW 2009, 71; NJW 1997, 661 (662).
[235] BGH NJW-RR 2001, 1639; zust. *Reithmann* EWiR 2001, 757.
[236] ZB BGH DNotZ 1993, 754; DNotZ 1988, 379; NJW 1985, 2027.
[237] BGH NJW 1998, 1864.
[238] Vgl. *Borgmann* BRAK-Mitt. 1998, 125.
[239] BGH NJW 2001, 1569.
[240] S. *Wolfsteiner* DNotZ 1987, 67 (84); *Winkler* DNotZ 1979, 190 (191); OLG Düsseldorf NJW-RR 1995, 1147.

IPR, EU-Normen und bindende Staatsverträge sind kein ausländisches Recht.[241] Zur versicherungsvertraglichen Deckung → Rn. 72.

82B Baulasten: → Rn. 82G.

Beglaubigung: Auch bei dieser Urkundtätigkeit bestehen die **vollen Belehrungspflichten** (s. nächstes Stichwort), wenn der Notar den **Entwurf fertigt** (→ Rn. 82E) oder zum Inhalt des Schriftstücks Stellung nimmt.[242] Es darf auch kein falscher Anschein – zB mit der Datierung[243] – erweckt werden. **Ansonsten** besteht bei der bloßen Unterschriftbeglaubigung **keine Belehrungspflicht;** der Text wird nicht von Amts wegen gewertet und gibt auch nicht die Beweisvermutung der §§ 415, 418 ZPO.[244] Der Notar muss die Urkunde dann lediglich dahingehend prüfen, ob Gründe für die **Versagung seiner Amtstätigkeit** – wie ein Mitwirkungsverbot (§ 3 BeurkG) oder die Verfolgung erkennbar unerlaubter oder gesetzwidriger Zwecke (§ 4 BeurkG, § 14 Abs. 2 BNotO) – bestehen. Nur bei besonderen Umständen, die Anlass zu einer eingehenden Belehrung über drohende Haftungsgefahren gegeben hätten, kann bei der Unterschriftsbeglaubigung die erweiterte Belehrungspflicht (§ 14 Abs. 1 S. 2 BNotO, s. nächstes Stichwort) zum Schutz der Beteiligten vor unerkannten, aber für den Notar erkennbaren Gefahren eingreifen.[245] Zur Ablehnung einer Beglaubigung s. *Winkler*[246] (→ Rn. 82A). Fernbeglaubigungen haben (unter anderem) den Verlust des Versicherungsschutzes (→ Rn. 77) zur Folge.[247]

Belehrungspflicht: Durch die Haftpflichtrechtsprechung wurde die Belehrungspflicht zu einer der Hauptaufgaben des Notars erhoben. Mindestens ein Viertel der Haftpflichtfälle werden auf die Verletzung dieser Pflicht gestützt.[248] Eine systematische Erfassung ist schwierig, da die Belehrungspflichten nach den Voraussetzungen und dem Inhalt sehr unterschiedlich und die Haftpflichturteile weitgehend kasuistisch sind.[249] Eine Säule der Belehrungspflicht ist das Gebot zur Unabhängigkeit und Unparteilichkeit (→ Rn. 82A, 82R, 82U). Voraussetzung für Belehrungen ist eine **Belehrungsbedürftigkeit.**[250] Nach der – manchmal überaus – strengen Rechtsprechung[251] hat sich der Notar jedoch darüber zu vergewissern;[252] auch bei voller Kenntnis des mit der Beurkundung eingegangenen Risikos bestehen Belehrungspflichten im Hinblick auf Sicherungsmöglichkeiten.[253] Zu belehren sind als „Beteiligte" alle Erschienenen, deren Erklärungen beurkundet werden sollen (§ 6 Abs. 2 BeurkG).[254] Die Pflicht zur Verschwiegenheit (§ 18 BNotO) hat grundsätzlich hinter eine erforderliche Belehrung zurückzutreten.[255]

Zu unterscheiden sind die Pflicht zur Rechtsbelehrung gemäß § 17 Abs. 1 BeurkG, die erweiterte Belehrungspflicht gemäß § 14 Abs. 1 S. 2 BNotO analog und die außerordentliche Belehrungspflicht. Die **Pflicht zur Rechtsbelehrung gemäß § 17 Abs. 1 BeurkG** geht dahin, dass entsprechend dem zu eruierenden wahren Willen der Beteiligten eine rechtswirksame Urkunde errichtet wird und die Beteiligten über die rechtli-

---

[241] *Schotten,* Das Internationale Privatrecht in der notariellen Praxis, 1995, S. 7f.
[242] BGH NJW 1996, 1675; DNotZ 1958, 101; *Haug* DNotZ 1972, 420.
[243] OLG Koblenz DNotZ 1974, 420.
[244] BGH NJW-RR 2005, 1003 (1004); LG München Rpfleger 1972, 255.
[245] BGH NJW-RR 2005, 1003 (1004); abl. dazu *Knoche* RNotZ 2005, 492.
[246] Rpfleger 1972, 256.
[247] BGH NJW 1968, 607; OLG Frankfurt a.M. DNotZ 1986, 421.
[248] S. *Schlee* MittBayNot 2002, 498.
[249] S. Haug/Zimmermann/*Eggenstein* Amtshaftung Rn. 449 ff.; *Armbrüster/Krause* NotBZ 2004, 325; *Ganter* WM 1996, 701; WM 2000, 641.
[250] BGH DNotZ 1982, 505; BeckRS 1984, 30387160; NJW 1975, 2016.
[251] S. zB BGH DNotZ 1996, 568; NJW-RR 1996, 781 sowie DNotZ 1995, 489 und DNotZ 1995, 407, jeweils mAnm *Haug.*
[252] BGH DNotZ 1954, 319; DNotZ 1958, 23.
[253] BGH NJW 1999, 2188.
[254] BGH DNotZ 1992, 457 (459).
[255] BGH DNotZ 1992, 813 (817).

che Bedeutung und die Voraussetzungen für den beabsichtigten Rechtserfolg aufzuklären sind. Insoweit sind die Beteiligten zu befragen und zu belehren. Ihre Erklärungen sind klar und unzweideutig wiederzugeben. Diese Pflicht umfasst jedoch keine allgemeine Nachforschungspflicht für vergangene, möglicherweise relevante Vertragsvorgänge.[256] § 17 Abs. 1 BeurkG verpflichtet den Notar bei der Vornahme von Beurkundungen, an denen Vertreter beteiligt sind, die Existenz des Vertretenen und grds. auch die Vertretungsmacht des Vertreters zu prüfen.[257] Die Pflicht zur Rechtsbelehrung gemäß § 17 Abs. 1 BeurkG bezieht sich grds. nicht auf die wirtschaftliche Tragweite des Rechtsgeschäfts, um dessen wirtschaftliche Zweckmäßigkeit sich der Notar nicht zu kümmern braucht. Da er nicht Wirtschaftsberater der Beteiligten ist, besteht in der Regel keine Verpflichtung, über die wirtschaftlichen Folgen, die wirtschaftliche Durchführbarkeit des beabsichtigten Geschäfts oder mögliche finanzielle Schwierigkeiten eines Vertragspartners zu belehren, weil es sich insoweit nicht um Rechtsfolgen handelt. Die Beurteilung der wirtschaftlichen Auswirkungen eines Geschäfts ist in erster Linie Sache der Parteien; ihnen bleibt auch die Beurteilung der Zuverlässigkeit des Vertragspartners überlassen.[258]

Die **erweiterte Belehrungspflicht gemäß § 14 Abs. 1 S. 2 BNotO analog** besteht – allerdings nur in Ausnahmefällen – dann, wenn der Notar aufgrund der besonderen Umstände des Falles – dh wegen der rechtlichen Anlage oder der Art der Durchführung des konkreten Geschäfts – erkennbaren Anlass zu der Besorgnis haben muss, einem Beteiligten entstehe ein Schaden, weil er sich wegen mangelnder Kenntnis der Rechtslage oder von Sachumständen, welche die Bedeutung des Rechtsgeschäfts für seine Vermögensinteressen beeinflussen, einer Gefährdung dieser Interessen nicht bewusst ist. Im Rahmen der erweiterten Belehrungspflicht gemäß § 14 Abs. 1 S. 2 BNotO analog kann – anders als im Rahmen der Pflicht zur Rechtsbelehrung – ausnahmsweise eine Pflicht zu einer Belehrung auf die wirtschaftlichen Folgen eines Rechtsgeschäfts in Betracht kommen.[259] Die erweiterte Belehrungspflicht umfasst aber im Grundsatz keine Aufklärung über die Werthaltigkeit des Kaufobjekts bzw. die Angemessenheit des Kaufpreises, um die sich der Notar in der Regel nicht zu kümmern hat.[260]

Die **außerordentliche Belehrungspflicht** wurde aus der allgemeinen Notarpflicht entwickelt, dem Unrecht zu wehren. Es handelt sich regelmäßig um Fälle, in denen mit dem Notargeschäft betrügerische Absichten verfolgt werden und dabei die Vertrauensstellung des Notars missbraucht wird.

Einzelfälle: Es ist zB der Rechtsbegriff „Besitz" zu erläutern,[261] in rechtlicher Hinsicht der Angabe „Wochenendgrundstück" nachzugehen[262] oder aufzuklären, ob „unsere Kinder" eheliche oder zB voreheliche eines Partners sind. Auf die Richtigkeit der **tatsächlichen Angaben der Beteiligten** kann sich der Notar grundsätzlich verlassen, ohne sie nachprüfen zu müssen.[263] Bei volljährigen Urkundsbeteiligten kann er grds. auch von deren voller Geschäftsfähigkeit ausgehen.[264] Er ist aber bei der Beurkundung einer Stammkapitalerhöhung verpflichtet, jeden von mehreren Urkundsbeteiligten über die Bedeutung des Begriffs der „Bareinlage" eindringlich aufzuklären, weil häufig Fehlvorstellungen über die Erfüllungsmöglichkeiten einer solchen Verpflichtung existieren.[265] Wenn eine Erhöhung des Stammkapitals einer GmbH mit Sacheinlagen erfolgen

---

[256] OLG Koblenz RNotZ 2016, 58 (59).
[257] BGH NJW-RR 2018, 443.
[258] BGH NJW 2010, 3243.
[259] BGH NJW 2010, 3243.
[260] BGH MittBayNot 2009, 394.
[261] BGH NJW 1987, 1266.
[262] BGH NJW 1995, 2713 mAnm *Reithmann* NJW 1995, 3370.
[263] BGH NJW 1981, 451 (452); BeckRS 1957, 31205002; OLG Frankfurt a.M. NJOZ 2018, 1305 (1313).
[264] OLG Frankfurt a.M. NJOZ 2018, 1305 (1313).
[265] OLG Naumburg DStR 2010, 564.

soll und Anlass zu Zweifeln an einer richtigen Bewertung der Sacheinlagen besteht, hat der Notar auf die Gefahr einer Differenzhaftung des Übernehmers hinzuweisen.[266] Wenn verkehrsgewandte Beteiligte erklären, eine im Aufteilungsplan mit einer bestimmten Nummer bezeichnete Eigentumswohnung mit dem dort angegebenen Miteigentumsanteil kaufen zu wollen, braucht der Notar regelmäßig nicht die Wohnungsgröße zu ermitteln.[267] Ein Bodengutachten, das nach der Baubeschreibung zu beachten ist, nicht aber die vertragliche Beschaffenheit des Gebäudes bestimmt, bedarf keiner Beurkundung.[268] Belehrungspflicht kann bei Übernahme eines Handelsgeschäftes bezüglich § 25 HGB bestehen.[269] Um den Willen der Beteiligten richtig erfassen zu können und um ihn in die passende rechtliche Form zu kleiden, muss der Notar den Tatsachenkern des zu beurkundenden Geschäfts aufklären und die Beteiligten über sich ergebende Hindernisse belehren.[270] Der Notar muss sich also hinsichtlich aller regelungsbedürftigen Punkte vergewissern, die **üblicherweise** zum Gegenstand vertraglicher Abreden gemacht werden, ob die Beteiligten hierzu eine Regelung bewusst nicht getroffen haben bzw. ob dies auf einem Versehen oder auf Unkenntnis beruht.[271] Erst recht besteht eine Pflicht zur Vergewisserung durch eine Nachfrage, wenn der Notar konkrete Anhaltspunkte dafür hat, dass einer der Beteiligten ein rechtliches Ergebnis herbeiführen möchte, das in dem vorbereiteten Urkundsentwurf noch keine Berücksichtigung gefunden hat.[272] Zur Frage der **Rechtswirksamkeit**[273] und **rechtlichen Tragweite** (§ 17 Abs. 1 S. 1 BeurkG) hat der Notar belehrend Stellung zu nehmen, zB zu § 1365 BGB,[274] Anfechtungstatbeständen;[275] uU ist ein Hinweis erforderlich, dass der gegenseitige Unterhaltsverzicht für zukünftige Eheleute unwirksam sein kann, wenn gemeinsame Kinder der Versorgung bedürfen,[276] allerdings nur unter sorgfältiger Abwägung der beiderseitigen Interessen, wenn der Rat letztlich auf eine Empfehlung auf Absehen von der Eheschließung abzielen würde.[277] Die von den Vertragsparteien gewollte Abhängigkeit eines Vertrages von einem anderen muss vom Urkundsnotar in der Urkunde zum Ausdruck gebracht werden, wenn diese Verknüpfungsabrede einen wesentlichen Bestandteil der vertraglichen Übereinkunft darstellt, wenn also ein rechtlicher und nicht bloß wirtschaftlicher Zusammenhang besteht.[278] Die gleiche Belehrungspflicht besteht bezüglich der **Wirksamkeitsvoraussetzungen** des Rechtsgeschäfts: zB wann das Eigentum am Grundstück übergeht oder die GmbH entsteht und wie zuvor die Gesellschafter haften,[279] der Eintragung der Satzungsänderung einer GmbH in das Handelsregister in Bezug auf § 181 BGB.[280] Wenn ernsthafte Zweifel an der Wirksamkeit einer Vertragsklausel bestehen, darf der Notar nur dann beurkunden, wenn die Parteien auf der Beurkundung bestehen, obwohl er sie über die offene Rechtsfrage und das damit verbundene Risiko belehrt hat.[281] Ebenso besteht eine Belehrungspflicht bezüglich der Nachschusspflicht der GmbH-Gesellschafter, wenn bei

---

[266] BGH DNotZ 2008, 376.
[267] BGH NJW-RR 1999, 1214.
[268] BGH DNotZ 2003, 698.
[269] Vgl. zB BGH DNotZ 2006, 629 mAnm *Kanzleiter* zu den Haftungsgefahren bei der – angeblichen – Weiterführung eines insolventen Gastronomiebetriebs in DNotZ 2006, 590.
[270] BGH WM 1992, 1662 (1665).
[271] BGH NJW 1995, 330.
[272] BGH MittBayNot 2011, 339 mAnm *Ganter*.
[273] ZB Knebelung: BGH NJW 1993, 1587.
[274] BGH BeckRS 2015, 05004; DNotZ 1975, 628.
[275] S. *Röll* DNotZ 1976, 453.
[276] OLG Düsseldorf DNotZ 1997, 657 mAnm *Peters-Lange*.
[277] OLG Düsseldorf RNotZ 2001, 394.
[278] BGH NJW-RR 2003, 1565.
[279] BGH BeckRS 1956, 31202525; DNotZ 1954, 329.
[280] BGH NJW 2000, 735.
[281] BGH DNotZ 2016, 711.

einer Kapitalerhöhung die Stammeinlage nicht voll einbezahlt wird,[282] der Erläuterung des für den Laien schwierigen Begriffs des „eigenkapitalersetzenden Darlehens" und allgemein der Frage, ob eine einzubringende Gesellschafterforderung gegen die GmbH mit Rücksicht auf deren wirtschaftliche Verhältnisse und den Grundsatz der Stammkapitalerhaltung (§§ 30, 31 GmbHG) auch „vollwertig" ist,[283] der Notwendigkeit der vormundschaftsgerichtlichen Genehmigung,[284] der Anzeige des Widerrufs einer Bezugsberechtigung gegenüber dem Lebensversicherer[285] oder der Verpfändung von Schuldbuchforderungen an die Depotbank.[286] Bei der Beurkundung eines Kapitalerhöhungsbeschlusses muss sich der Notar regelmäßig auch darüber vergewissern, ob eine Vorauszahlung an die Gesellschaft erfolgt ist und gegebenenfalls über die Voraussetzungen einer Zahlung auf künftige Einlagenschuld aufklären.[287] Bei der **Beurkundung der Annahme** eines von einem anderen Notar beurkundeten Vertragsangebots muss der Notar grds. nur über die rechtliche Bedeutung der Annahmeerklärung belehren, nicht über den Inhalt des Angebots – zumindest, wenn ihm das Vertragsangebot nicht vorliegt.[288] Wenn jedoch der Annahmenotar das Angebot entworfen hat und in seiner Person mehrere für den Abschluss und die Durchführung des Vertrages wesentliche Funktionen gebündelt sind, hat er im Rahmen der betreuenden Belehrung den Anbietenden über eine möglicherweise veränderte Sach- und Rechtslage zu informieren, um die weitere Vorgehensweise zu klären.[289] Die Pflicht des Notars, auf **vorhandene Belastungen** des zu erwerbenden Eigentums hinzuweisen, soll den Erwerber nicht nur davor schützen, dass er ein belastetes Objekt erwirbt, obwohl er lastenfrei hat erwerben wollen, sondern auch davor, dass die gekaufte Immobilie während der Zeit, in der eine Weiterveräußerung durch die eingetragene Belastung verhindert wird, im Wert sinkt; sie soll den Erwerber aber nicht davor bewahren, dass er eine Immobilie ankauft, die bereits im Zeitpunkt des Erwerbs – unabhängig vom Inhalt des Grundbuchs – wirtschaftlich gesehen ihren Preis nicht wert ist.[290] Der Notar ist verpflichtet, die Erwerber eines Erbbaurechts darauf hinzuweisen, dass der Grundstückseigentümer seine Zustimmung zur Veräußerung des Erbbaurechts erteilen, jedoch zur Belastung verweigern kann, wenn die Zustimmungsbedürftigkeit dieser Verfügungen Inhalt des Erbbaurechts ist (§ 5 ErbbauVO) und der Notar, zB aufgrund einer in dem Kaufvertrag enthaltenen Belastungsvollmacht, damit rechnen muss, dass die Erwerber das Recht zur Finanzierung des Kaufpreises belasten wollen. Der Notar ist in derartigen Fallgestaltungen weiter verpflichtet, die Erwerber über die Gefahren einer „gespaltenen" Eigentümerzustimmung zu belehren und ihnen Möglichkeiten, diesen entgegenzuwirken, aufzuzeigen.[291] Im Rahmen der erweiterten Belehrungspflicht gemäß § 14 Abs. 1 S. 2 BNotO analog muss der Notar bei Beurkundung eines Bauträgervertrages den Käufer besonders nachdrücklich auf die „Indizwirkung" der Eintragung eines Zwangsversteigerungsvermerks für eine wirtschaftliche Schieflage des Bauträgers hinweisen.[292] Es besteht grds. keine Verpflichtung, über die Entstehung gesetzlich festgelegter Notarkosten zu belehren.[293] Ausnahmsweise kommt im Rahmen der planenden Beratung jedoch eine Pflicht des Notars in Betracht, die Beteiligten über die Kosten der ins Auge gefassten Beurkundung zu informieren, wenn bereits die Anfertigung des Entwurfs er-

---

[282] OLG Schleswig RNotZ 2007, 115.
[283] BGH NJW 2007, 3566 (3567).
[284] BGH DNotZ 1956, 319.
[285] BGH DNotZ 1994, 377.
[286] BGH WM 1996, 518.
[287] BGH VersR 2008, 1363 mAnm *Matz;* s. dazu auch *Kapsa* ZNotP 2008, 468 (472f.).
[288] BGH MittBayNot 2013, 168 mAnm *Sorge.*
[289] BGH DNotZ 2016, 711 (714).
[290] BGH NJW-RR 2001, 1428.
[291] BGH RNotZ 2005, 493 mit zum Teil ablehnender Anm. *Kesseler.*
[292] BGH NJW 2010, 3243.
[293] BGH NJW 2010, 2218; KG DNotZ 2012, 290.

hebliche Kosten verursacht und die Beteiligten noch nicht wissen, ob eine Beurkundung für sie überhaupt zweckmäßig ist.[294]

Unmittelbar aus § 17 BeurkG leitet der BGH Belehrungspflichten bei **ungesicherten Vorleistungen** her.[295] Falls ein Urkundsbeteiligter eine ungesicherte Vorleistung erbringen soll, die als solche nicht ohne weiteres erkennbar ist, trifft den Notar eine **doppelte Belehrungspflicht.** Er hat nach der Rechtsprechung des BGH über die Folgen zu belehren, die im Falle der Leistungsunfähigkeit des durch die Vorleistung Begünstigten eintreten, und Wege aufzuzeigen, wie diese Risiken vermieden werden können.[296] Über das Risiko ungesicherter Vorleistungen hat der Notar nicht nur allgemein, sondern ganz konkret zu belehren.[297] Der Notar muss nicht nur für einen gesicherten Leistungsaustausch Sorge tragen, sondern auch Wege zur Risikovermeidung aufzeigen.[298] Dies gilt nach der Rechtsprechung des BGH[299] auch dann, wenn ein Urkundsbeteiligter weiß, dass er eine ungesicherte Vorleistung erbringt.[300] Der Notar darf sich nach der BGH-Rechtsprechung aber damit begnügen, die sich nach dem Inhalt des Geschäfts und dem erkennbaren Willen der Beteiligten unter Berücksichtigung auch ihrer Leistungsfähigkeit anbietenden, realistisch in Betracht kommenden Sicherungsmöglichkeiten zu nennen.[301] Der wirtschaftlichen Frage, ob die in einem Zahlungsplan vorgesehenen Raten wertmäßig tatsächlich dem jeweils erreichten Bauzustand entsprechen, muss der Notar jedoch nicht nachgehen.[302] Verpflichtet sich der Verkäufer eines bebauten Grundstücks, dem Käufer eine den Anforderungen des § 7 MaBV entsprechende Urkunde auszuhändigen, ist die Vorleistung des Käufers nicht ungesichert.[303] Eine ungesicherte Vorleistung liegt aber dann vor, wenn der Veräußerer im Rahmen eines Bauträgervertrags die **Erschließungs- und Anschlusskosten** für das Hausgrundstück übernimmt, der Erwerbspreis gleichwohl aber allein nach den Baufortschrittsstufen zu zahlen ist. Eine Belehrungspflicht des Beklagten entfällt nach der Rechtsprechung des BGH insbesondere nicht deshalb, weil sich die Kaufpreisraten an den Bestimmungen der Makler- und Bauträgerverordnung orientierten.[304] Nur bei ungewöhnlichen Vertragsgestaltungen ist der Frage einer unredlichen Benachteiligung von Beteiligten nachzugehen.[305] Für eine dem Notar typischerweise bei Austauschgeschäften obliegende „doppelte" Belehrung hinsichtlich ungesicherter Vorleistungen kann nach der Interessenlage auch bei einem notariellen Darlehensvertrag Anlass sein, in dem zugleich die Bestellung einer Grundschuld als Sicherheit vereinbart wird.[306] Vorzeitige Überlassung des **Besitzes** der Kaufsache vom Verkäufer an den Käufer kann eine ungesicherte Vorleistung sein.[307]

Für die Frage einer **Amtspflichtverletzung wegen einer unterlassenen Belehrung** des Notars kommt es nach der Rechtsprechung des OLG Frankfurt a.M.[308] nicht entscheidend darauf an, ob bei der Beurkundung ein Rechtsanwalt als Bevollmächtigter des anwesenden Vertragsbeteiligten auftritt. Entscheidend ist, ob die anwesende unmit-

---

[294] KG NJOZ 2015, 1781.
[295] Ausführlich Ganter/Hertel/Wöstmann/*Ganter* Rn. 1049 ff.; *Kanzleiter* DNotZ 1996, 242 zum Schutz des Verkäufers.
[296] NJW-RR 1989, 1492.
[297] OLG Rostock DNotZ 1996, 122; s. auch *Ganter* NotBZ 2000, 277.
[298] BGH DNotZ 1998, 637 mAnm *Reithmann* = NotBZ 1998, 67 mAnm *Schlee.*
[299] BGH NJW 1999, 2188.
[300] Abl. dazu *Suppliet* NotBZ 1999, 175; zweifelnd auch *Brieske* DNotZ 2001, 478.
[301] BGH NJW-RR 2004, 1071; zust. *Armbrüster/Krause* NotBZ 2004, 325.
[302] OLG München NJW-RR 1998, 352.
[303] BGH DNotZ 2005, 685 mAnm *Blank.*
[304] BGH DNotZ 2008, 280 mAnm *Grziwotz;* NJW-RR 1996, 781; NJW 1994, 2283; OLG Karlsruhe RNotZ 2004, 43; *Grziwotz* NJW 1995, 641.
[305] BGH DNotZ 1978, 375.
[306] BGH DNotZ 2006, 912.
[307] BGH NJW 2008, 1319.
[308] MittBayNot 2012, 408.

telbar urkundsbeteiligte Vertragspartei selbst entweder durch den Notar ausreichend belehrt wird oder ob der Notar zumindest davon ausgehen darf, dass die Vertragspartei durch den Rechtsanwalt ausreichend informiert war. Daher ist eine Belehrung des Vertragsbeteiligten durch den Notar nicht schon dann entbehrlich, wenn der Notar weiß, dass der Urkundsbeteiligte anwaltlichen Rat in derselben Angelegenheit erhalten hat. Er muss sich vielmehr selbst vergewissern, dass dieser Anwalt die Belehrung erteilt hat und der Urkundsbeteiligte diese Belehrung auch verstanden hat.

Zur Belehrung über Steuerfragen → Rn. 82S; zur Belehrung über Notariats- oder Gerichtskosten → § 30 Rn. 15 f.

Belehrungsvermerke sind in der Niederschrift nur anzubringen, wenn dies **gesetzlich vorgeschrieben** ist, zB über Zweifel an der Rechtswirksamkeit (§ 17 Abs. 2 S. 2 BeurkG), Auslandsrecht (§ 17 Abs. 3 BeurkG; → Rn. 56, 82A), Erfordernis amtlicher Genehmigungen (§§ 18, 19 BeurkG), bei gesetzlichen Vorkaufsrechten (§ 20 BeurkG), bei Beurkundung ohne Grundbucheinsicht (§ 21 Abs. 1 BeurkG) und über die Vorlage des Grundschuldbriefes (§ 21 Abs. 2 BeurkG). Ein fehlender Vermerk berührt zwar nicht die Wirksamkeit der Beurkundung, bewirkt aber eine Beweislastumkehr.[309]

Von **gesetzlich nicht vorgeschriebenen** Belehrungsvermerken sollte grundsätzlich zurückhaltend Gebrauch gemacht werden; ihr Fehlen bedeutet kein Indiz für eine Belehrungspflichtverletzung.[310] Es ist vielmehr davon auszugehen, dass der Notar seine Pflichten erfüllt hat.[311] Abzulehnen ist daher die Auffassung des BGH,[312] dass das Fehlen eines gesetzlich nicht vorgeschriebenen Belehrungsvermerks beim Bestehen einer „gegenteiligen notariellen Praxis" für die Beweiswürdigung von Bedeutung sein könne. Ergibt sich aus der Niederschrift der notariellen Urkunde, dass diese den Beteiligten vorgelesen und von ihnen unterzeichnet worden ist, so wird zugunsten des Notars auch vermutet, dass die als Anlage bezeichneter Schriftstücke bei Unterzeichnung der Urkunde beigefügt waren.[313] Bei ungewöhnlichen, die eine oder andere Partei benachteiligenden Vereinbarungen (zB ungesicherte Vorleistungen) ist aber zu Beweiszwecken eine schriftliche Niederlegung der Belehrung in der Urkunde dringend ratsam. Aufgrund der relativ kurzen Aufbewahrungsfrist für Nebenakten von sieben Jahren ist das schriftliche Festhalten dieser Belehrungen außerhalb der Urkunde riskant. Erfahrungsgemäß werden Regressansprüche in einer Vielzahl von Fällen erst nach Vernichtung der Nebenakten geltend gemacht.

Beschwerde gemäß § 15 Abs. 2 BNotO: → Rn. 65 ff.

Bestätigungen, Bescheinigungen: → Rn. 82N.

Beweislast: → Rn. 62 ff. und Stichwort „Belehrungsvermerk".

Bindungs- und Annahmefrist: → § 2 Rn. 29.

Dritte: → Rn. 13 ff. 82D

Einreichungstätigkeit: → Rn. 82V. 82E

Entwurfstätigkeit: Sie gehört einheitlich zur Beurkundungstätigkeit gemäß § 20 Abs. 1 S. 1 BNotO, wenn sie der Vorbereitung einer Beurkundung oder Beglaubigung dient.[314] Wird lediglich um einen Entwurf nachgesucht, so gehört dies zur Notartätigkeit nach § 24 Abs. 1 BNotO, auch bei Beauftragung eines Anwaltsnotars.[315] Bei Entwurfsarbeiten bestehen die vollen notariellen Aufklärungs- und Belehrungspflichten.[316] Beispiel: Entwurf eines Tierarzt-Sozietätsvertrages.[317]

---

[309] BGH DNotZ 2006, 912 mAnm *Krebs;* → Rn. 64.
[310] BGH DNotZ 1974, 296; BeckRS 1968, 31179691.
[311] Haug/Zimmermann/*Eggenstein* Amtshaftung Rn. 610.
[312] NJW 2006, 3065.
[313] BGH MittBayNot 1994, 271.
[314] Eylmann/Vaasen/*Hertel* BNotO § 24 Rn. 15.
[315] BGH LM Nr. 1 zu § 24 BNotO; OLG Frankfurt a.M. DNotZ 1979, 119; → Rn. 82A.
[316] BGH DNotZ 1997, 53 mAnm *Tönnies;* NJW 1993, 729.
[317] BGH VersR 1972, 1049, hier wohl zu weitgehend.

Erfüllungsgehilfe: Während die Notariatsangestellten rechtlich keine Erfüllungsgehilfen des Notars sind (aber → Rn. 33), kann der Notar als solcher der Beteiligten gelten.[318] Ist der Notar Erfüllungsgehilfe, so erweitert sich seine Haftung, weil die Partei, die sich dessen Verschulden anrechnen lassen muss, meist Rückgriff nehmen kann.[319]

82G **Garantie:** Dem Notar ist nach § 14 Abs. 4 S. 1 BNotO verboten, eine Gewährleistung, Garantie, eine Bürgschaft oder eine Maklertätigkeit zu übernehmen. Er haftet ausschließlich als Amtsperson nach § 19 BNotO (→ Rn. 6). Eine solche Zusicherung ist insbesondere bei Notarbestätigungen zu vermeiden (→ Rn. 82N). Sollte ein Notar dem Verbot zuwider aus Garantie haften, so würde dies zu seinem Privatbereich gehören und nicht unter die Berufshaftpflichtversicherung fallen (→ Rn. 69 ff.).

Grundbucheinsicht: Nach § 21 Abs. 1 BeurkG soll sich der Notar bei allen Geschäften, die – unmittelbar[320] – im Grundbuch eingetragene oder einzutragende Rechte betreffen, über den Grundbuchstand vergewissern. Das „soll" schränkt nicht die Pflicht ein, sondern bedeutet nur, dass bei einem Unterlassen die Wirksamkeit der Beurkundung unberührt bleibt. Ohne Grundbucheinsicht darf nur beurkundet werden, wenn die Beteiligten trotz Belehrung über die damit verbundenen Gefahren auf einer sofortigen Beurkundung bestehen. Dies ist in der Niederschrift zu vermerken. Ein unterlassener Vermerk führt zu einer Beweislastumkehr (→ Rn. 64, 82B). § 21 BNotO betrifft nur die Beurkundungstätigkeit, nicht zB eine spätere Antragstellung nach § 53 BeurkG.[321] Das schließt nicht aus, dass auch bei einer sonstigen Betreuung eine Unterrichtungspflicht bestehen kann, zB wenn die Angabe eines Beteiligten, er habe eine Grundschuld erworben, rechtlich zweifelhaft ist.[322] Die Vorschrift über die Grundbucheinsicht ist **nicht** analog auf die Einsicht in **andere Register,** auch nicht auf Baulastenverzeichnisse anzuwenden.[323] Es ist aber ratsam, im Rahmen der Belehrungspflicht auf die Möglichkeit von Baulasten hinzuweisen.

Haftpflichtrechtlich hat sich nicht selten ausgewirkt, dass nicht alle Abteilungen des Grundbuchs eingesehen wurden.[324] Einzusehen sind die **aktuellen Grundbuchblätter,** die für das jeweilige Geschäft bedeutsam sind, vom Bestandsverzeichnis bis zur Abteilung III.[325]

Eine Pflicht die **Grundakten** einzusehen besteht nur bei Verweisungen im Grundbuch mit einer Relevanz zum Urkundsgeschäft. Die Einsichtnahme ist aber nur erforderlich, wenn besondere Umstände, beim Verkauf einer Eigentumswohnung beispielsweise das Bestehen von Zweifeln am Umfang des Sondereigentums, vorliegen.[326] Ein Anlass zur Grundakteneinsicht besteht auch dann, wenn Hinweise auf unerledigte Eintragungsanträge vorliegen.[327]

Eine Pflicht zur Grundakteneinsicht kann außerdem gemäß § 14 BNotO ausnahmsweise dann bestehen, wenn nur so eine absehbare Gefährdung Beteiligter abgewendet werden kann und der Notar einen besonderen Anlass hat, gerade in die Grundakten Einsicht zu nehmen.[328]

---

[318] BGH DNotZ 1984, 511; DNotZ 1974, 482.

[319] Beispiel: BGH NJW 1993, 3061.

[320] BGH NJW 1992, 3237.

[321] BGH NJW 1991, 1113.

[322] Vgl. BGH NJW 1961, 601.

[323] OLG Schleswig NJW-RR 1991, 96; Ganter/Hertel/Wöstmann/*Ganter* Rn. 903; aA *Masloh* NJW 1995, 1976.

[324] BGH DNotZ 1969, 507; DNotZ 1969, 173.

[325] Vgl. BGH DNotZ 1985, 635 (637); OLG Köln MittRhNotK 1985, 23.

[326] BGH NJW 2009, 516.

[327] Eylmann/Vaasen/*Frenz* BeurkG § 21 Rn. 3.

[328] BGH BeckRS 1998, 30035959 zu einem Sonderfall, in dem der Notar selbst ungeprüft eine fehlerhafte Parzellenbezeichnung übernommen und damit eine Gefahrenlage herbeigeführt hatte; s. auch Ganter/Hertel/Wöstmann/*Ganter* Rn. 904.

Die Grundbucheinsicht kann vom Notar an **Hilfskräfte** delegiert werden. Für ein Fehlverhalten dieser Hilfskräfte haftet der Notar gemäß § 278 BGB analog (→ Rn. 33). Die Grundbucheinsicht soll aus jüngster Zeit stammen. Sie sollte jedenfalls im Normalfall nicht mehr als zwei Wochen zurückliegen.[329] Der BGH hält eine Frist von drei bis vier Wochen zwischen Grundbucheinsicht und Versendung des Entwurfs für zulässig, zumindest soweit keine Teilnahme am automatisierten Abrufverfahren gemäß §§ 133 ff. GBO stattgefunden hat.[330] Voraussetzung ist aber, dass keine besonderen Umstände Zwischeneintragungen oder unerledigte Anträge nahelegen. Statt einer − erneuten − Grundbucheinsicht vor Einreichung des Antrags auf Löschung der Auflassungsvormerkung im Rahmen des Vollzugs eines Grundstückskaufvertrags kann auch durch Stellung des Löschungsantrags unter dem Vorbehalt, dass keine Zwischenanträge eingegangen sind, denen der Vormerkungsberechtigte nicht zugestimmt hat, einem Rechtsnachteil durch Zwischeneintragungen vorgebeugt werden.[331]

Haftpflichtprozess: → Rn. 57 ff.   82H

Hinterlegungsvereinbarung: → Rn. 82V.

Kausalität: → Rn. 82S.   82K

Makler: → Rn. 16.   82M

Mitverschulden: Das mitwirkende Verschulden eines Beteiligten hat im Bereich der Notarhaftung drei Besonderheiten: bei Anwendung des § 839 Abs. 3 BGB (→ Rn. 42 ff.), bei Bestehen des Subsidiaritätseinwands gemäß § 19 Abs. 1 S. 2 BNotO (→ Rn. 37 ff.) und aufgrund der hohen Anforderungen an die Notarpflichten im Verhältnis zur Eigenverantwortung der Beteiligten.[332] Diesen wird insbesondere bzgl. der Belehrungspflichten ein fast blindes Vertrauen in die Unparteilichkeit und Betreuung des Notars zugebilligt.[333]

Während bei einer schuldhaften Versäumung eines Rechtsmittels im Sinne des § 839 Abs. 3 BGB und beim Eingreifen des Subsidiaritätseinwands gemäß § 19 Abs. 1 S. 2 BNotO keine Haftungsquotelung vorgenommen wird, sondern die Haftung des Notars entfällt, müssen im Rahmen des Mitverschuldenseinwands gemäß § 254 BGB die jeweiligen Verursachungsbeiträge gegeneinander abgewogen werden. Ein schadenursächliches Mitverschulden eines Erfüllungsgehilfen im Sinne des § 278 BGB muss sich der Geschädigte wie ein eigenes Verschulden zurechnen lassen.[334]

Der Notar, der bei der Durchführung eines Amtsgeschäfts das Recht fehlerhaft anwendet, kann einem Beteiligten ein Mitverschulden in aller Regel nicht vorwerfen. Dies gilt sogar dann, wenn der Beteiligte, weil er selbst rechtskundig ist, den Fehler hätte bemerken können.[335] Dagegen kommt ein Mitverschulden in Betracht, wenn sein Beitrag zur Schadensentstehung in den Bereich seiner Eigenverantwortung fällt. Das ist beispielsweise dann der Fall, wenn ein Anspruchsteller der anderen Vertragspartei einen veralteten Grundbuchauszug überlässt, den Vertragsentwurf nicht oder nicht mit gehöriger Genauigkeit prüft und die Verlesung des Vertragstexts im Beurkundungstermin nicht mit der notwendigen Aufmerksamkeit verfolgt.[336] Wenn ein Notar pflichtwidrig Auszahlungen vom Notaranderkonto vornimmt, ohne der einzahlenden Kreditgeberin einen Warnhinweis dahingehend zu erteilen, dass ihm Umstände bekannt geworden sind, die zu einer Gefährdung ihrer Vermögensinteressen führen könnten, ist ihm grds.

---

[329] OLG Frankfurt a.M. DNotZ 1985, 244; LG München I MittBayNot 1978, 237; Ganter/Hertel/Wöstmann/*Ganter* Rn. 911.

[330] BGH NJW-RR 2018, 1531 (1533).

[331] BGH NJW 1991, 1113.

[332] Haug/Zimmermann/*Zimmermann* Amtshaftung Rn. 250.

[333] S. BGH DNotZ 2004, 849 (850) mAnm *Kesseler;* DNotZ 1998, 621; DNotZ 1997, 64; DNotZ 1996, 568; NJW 1996, 520; NJW 1996, 464; NJW 1993, 1587; DNotZ 1986, 406 mAnm *Hanau;* DNotZ 1971, 591.

[334] BGH NJW 1993, 1587.

[335] BGH NJW-RR 2004, 1704.

[336] BGH NJW 2011, 1355.

der Einwand des Mitverschuldens wegen einer unzureichenden Prüfung der Kreditwürdigkeit möglich.[337] Eine Haftung des Notars wegen pflichtwidriger Untätigkeit im
Hinblick auf die Fertigstellung des Entwurfs einer letztwilligen Verfügung scheitert am
überwiegenden Mitverschulden der Beteiligten, wenn diese nicht mehr ernsthaft davon
ausgehen konnten, dass der Notar weiterhin an dem Entwurf arbeite und es ohne weiteres möglich gewesen wäre, rechtzeitig vor dem Erbfall einen anderen Notar zu beauftragen.[338]

82N **Notarangestellte:** → Rn. 33 ff., 72.

Notarassessor: → Rn. 30 f.

Notarbestätigungen, Tatsachenbeurkundungen, notarielle Bescheinigungen haben gemeinsam, dass sie ein hohes Haftpflichtrisiko darstellen, da die Rechtsprechung
zum Schutze des Publikums auf die Exaktheit, Vollständigkeit und Unmissverständlichkeit besonderen Wert legt; **Notarbestätigungen** müssen wahrheitsgemäß sein.[339] Als
Maßstab für die Sorgfaltspflicht wird der Vertrauensstatus des Notars als Amtsperson
angelegt. Hinzu kommt der oft unabsehbare Kreis von geschützten Personen im Sinne
von § 19 Abs. 1 S. 1 BNotO (→ Rn. 19 f.). Zur Risikominderung empfiehlt es sich
deshalb, die rechtlich mögliche einfachste Mitteilungsform – zB Abschriftsbeglaubigung
(→ Rn. 82B) statt Tatsachenbeurkundung (s. nächster Absatz) oder Brief statt förmlicher Notarbestätigung – zu wählen und als Empfänger bestimmte Adressaten zu bezeichnen. Den Notar trifft keine Amtspflicht, eine Rangbestätigung abzugeben, da es
sich dabei um eine gutachterliche Erklärung des Notars handelt, die ihre Rechtsgrundlage in § 24 BNotO hat, also eine betreuende Tätigkeit und nicht um Urkundstätigkeit. Es besteht deshalb keine Amtsgewährpflicht gemäß § 15 Abs. 2 BNotO. Es besteht auch keine Hinweispflicht des beurkundenden Notars auf die Möglichkeit einer
Rangbescheinigung und auf seine fehlende Bereitschaft, eine derartige Bescheinigung
abzugeben.[340] An dieser Stelle sei auch auf die Formulierungsvorschläge der Bundesnotarkammer für Notarbestätigungen und Treuhandaufträge hingewiesen.[341] Für die
Richtigkeit einer Notarbestätigung haftet der Notar dem Erklärungsempfänger.[342]

Die **Tatsachenbeurkundung** ist die höchste Form der Mitteilung.[343] Sie kann nur bei
einem ausreichenden Grund abgelehnt werden (§ 15 Abs. 1 S. 1 BNotO; → Rn. 82A).
Zur Vermeidung der genannten Risikoquellen ist sich streng an die objektive Wiedergabe des tatsächlich Gesehenen und Gehörten zu halten. Von jeder Wertung ist abzusehen. Der Notar kann zB nicht die Vorlage von „Smaragden" oder „Goldbarren" bestätigen, dies wäre eine Wertung oder gutachtliche Äußerung (s. nächster Absatz). Er kann
nur bescheinigen „grüne, durchsichtige Steinchen" bzw. „goldschimmernde Barren",
die von dem vorlegenden N.N. als Smaragde bzw. Goldbarren bezeichnet wurden, gesehen zu haben. Der Notar kann ebenso nicht feststellen, dass Schriftstücke „Originale"
sind.[344] Ein Beispiel für die hohen Anforderungen gibt der BGH zu einer Tatsachenbeurkundung über den Inhalt einer Versicherungspolice.[345] Er fordert, dass kein falscher
Anschein oder Irrtum hervorgerufen werden darf und der Notar deshalb auch das etwa
bei den Interessenten andere Verständnis (des richtig wiedergegebenen Inhalts!) in Betracht ziehen müsse.

Notarbestätigungen enthalten im Unterschied zu den Zeugnisurkunden neben Feststellungen tatsächlicher Art auch so genannte **gutachterliche Äußerungen,** mit denen

---

[337] BGH NJOZ 2017, 1521 (1523).
[338] BGH ZEV 2014, 378.
[339] BGH NJW 1997, 661 (663).
[340] OLG Naumburg Urt. v. 19.2.1998 – 3 U 1102/97 (in DNotI-Report 1998, 202).
[341] Rundschreiben Nr. 5/99, DNotZ 1999, 369 f.
[342] OLG Hamm DNotZ 1987, 54.
[343] Zur Terminologie s. *Winkler* BeurkG § 39 Rn. 9 ff.
[344] Vgl. OLG Düsseldorf DNotZ 1985, 240.
[345] BGH DNotZ 1973, 245.

meist der Eintritt bestimmter Rechtsfolgen vorausgesagt wird. Sie gehören zur betreuenden Amtstätigkeit des Notars (§ 24 Abs. 1 S. 1 BNotO)[346] und haben nicht die Wirkung des öffentlichen Glaubens.[347]

Typisch sind **Rangbestätigungen** oder **Kaufpreisfälligkeitsmitteilungen**[348] im Zusammenhang mit der Grundbucheinsicht (→ Rn. 82G). Mit ihnen darf der Notar nicht, wie in den vorgedruckten Formularen der Banken oft verlangt wird, versichern, dass zB der rangrichtigen Eintragung „keine Hindernisse entgegenstehen". Einmal darf dies der Notar nach § 14 Abs. 4 BNotO nicht garantieren (→ Rn. 82G), und zum anderen kann er dies auch nicht zuverlässig voraussagen. Stattdessen ist zB mitzuteilen, zu welchem Zeitpunkt das Grundbuch und eventuell auch die Grundakten (→ Rn. 82G) eingesehen wurden und was daraus bzgl. etwaiger Eintragungshindernisse (subjektiv!) ersichtlich war.[349] Der Fälligkeitsmitteilung sollte klar und konkret zu entnehmen sein, woher der Notar seine Kenntnisse hat, zB durch Bezeichnung von Blatt, Seite und Band des Grundbucheintrags. Die **Versendungsart** ist nicht vorgeschrieben; einfacher Brief genügt somit.[350] Dass die Versendung vollstreckbarer Ausfertigungen per Einschreiben eine notarielle Amtspflicht sein soll,[351] geht zu weit.[352]

Notariatsverwalter: → Rn. 32.

Personal: → Rn. 33 ff., 71 f.   82P

Prospekthaftung: Diese Anspruchsgrundlage ist für die Notarhaftung entbehrlich, weil ein Verstoß von § 19 BNotO umfasst würde (→ Rn. 6). Sollte ein Notar als „Garant" in Prospekten von Publikumsgesellschaften in Erscheinung treten, was zu dieser Haftungsart führt,[353] so wäre dies in der Regel eine vorsätzliche Verletzung seiner Grundpflichten zur Unabhängigkeit und Unparteilichkeit (→ Rn. 82G, 82R, 82U).

Prozesskosten: Die Kosten des gegen den Notar wegen einer fahrlässigen Pflichtverletzung geführten Haftpflichtprozesses übernimmt die Berufshaftpflichtversicherung (→ Rn. 69 ff.). Die Grenze ist die Gebühren- oder Kostenwertklasse der vereinbarten Versicherungssumme. Kosten des Geschädigten, die zB in einem Vorprozess entstanden, in dem die Nichtigkeit der Urkunde festgestellt wurde, können Teil des Haftpflichtschadens sein und fallen unter die Versicherungssumme. Dies gilt auch für den Prozess, mit dem der Geschädigte versuchte, anderweitigen Ersatz zu erlangen (→ Rn. 37 ff.). Die Kosten eines gegen einen möglichen Schädiger geführten aussichtsreichen Vorprozesses können nachfolgend auch insoweit als kausal adäquater Schadensersatz gegen einen Notar geltend gemacht werden, als der Geschädigte damit wegen Vermögensunzulänglichkeit des anderen Schädigers belastet bleibt.[354] Der Notar und sein Versicherer sollten den Geschädigten nicht mit dem Einwand der subsidiären Haftung zu einem aussichtslosen Prozess animieren. Andererseits sind der Anspruchsteller und sein Anwalt (§ 278 BGB) gehalten, keine unzweckmäßigen Rechtsstreite zu führen. Die unterlassene Minderung des Schadens (§ 254 Abs. 2 BGB) hat der Notar zu beweisen.[355]

Rangbestätigung: → Rn. 82N.   82R

Rechtsprechungskenntnis: → Rn. 23.

Redlichkeit: Gleich hoch wie die Grundpflichten der Unabhängigkeit und Unparteilichkeit (→ Rn. 82U) ist die nach § 14 Abs. 2 BNotO bestehende allgemeine Pflicht des Notars, „dem Unrecht zu wehren" anzusetzen;[356] er hat jeden falschen Anschein zu

---

[346] Schippel/Bracker/*Reithmann* BNotO § 24 Rn. 94; Ganter/Hertel/Wöstmann/*Ganter* Rn. 2074 ff.
[347] BayObLG DNotZ 1971, 249.
[348] OLG Koblenz BeckRS 1993, 06023 zur Kontenüberprüfung.
[349] Rundschreiben Nr. 5/99, DNotZ 1999, 369 f.
[350] LG Traunstein MittBayNot 1995, 244; *Lichtenwimmer* Anm. zu BGH MittBayNot 2005, 395.
[351] So LG Mönchengladbach RNotZ 2005, 126.
[352] So auch *Bous* RNotZ 2005, 100.
[353] BGH NJW 1984, 865; NJW 1980, 184; s. *Borgmann/Jungk/Schwaiger* VI. Rn. 21 ff.
[354] BGH NJW 2002, 2787.
[355] BGH VersR 1988, 607.
[356] BGH DNotZ 1978, 373 (375).

vermeiden.[357] Da von unseriösen oder von nur scheinbar seriösen Beteiligten immer wieder versucht wird, die amtliche Vertrauensstellung des Notars zu unredlichen oder kriminellen Zwecken zu missbrauchen, muss dieser im Rahmen der sog. erweiterten Belehrungspflicht auch aufmerksam die wirtschaftliche Seite des Geschäfts beachten (→ Rn. 82B) und gegebenenfalls belehren oder die Amtsausübung verweigern (→ Rn. 82A).[358] Zur Beachtung des Geldwäschegesetzes s. Rundschreiben der Bundesnotarkammer vom 29. 1. 1996.[359] In solchen Fällen ist auch der **Versicherungsschutz gefährdet,** weil keine versicherte Berufstätigkeit vorliegt und/oder von einer wissentlichen Pflichtverletzung auszugehen ist (→ Rn. 21, 72, 77).

82S **Schadenskausalität:** Die Haftung des Notars gemäß § 19 BNotO setzt einen auf der schuldhaften notariellen Amtspflichtverletzung kausal beruhenden Schaden voraus. Somit muss geprüft werden, **welchen Verlauf** die Dinge **bei pflichtgemäßem Verhalten** genommen hätten und wie die Vermögenslage des Betroffenen sein würde, wenn der Notar die Pflichtverletzung nicht begangen, sondern pflichtgemäß gehandelt hätte. Liegt die Pflichtverletzung in einer Unterlassung, ist festzustellen, welcher Verlauf bei pflichtgemäßem positivem Tun eingetreten wäre. Hat der Notar durch positives Tun gegen seine Amtspflichten verstoßen, ist zu prüfen, wie sich das Vermögen des Betroffenen ohne die pflichtwidrige Handlung entwickelt hätte.[360] Diesen haftungsausfüllenden Ursachenzusammenhang zwischen der notariellen Amtspflichtverletzung und dem geltend gemachten Schaden hat der Geschädigte darzulegen und gemäß § 287 ZPO zu beweisen.[361] Werden Treuhandgelder weisungswidrig verwendet, kommt es darauf an, wie sich die Vermögensentwicklung des Treugebers im Vergleich zum tatsächlichen Ablauf gestaltet hätte, wenn der Notar seine Amtspflicht entsprechend dem Treuhandauftrag erfüllt hätte. Hat die Amtspflichtverletzung dem Geschädigten auch Vorteile gebracht, zB die Tilgung anderweitiger Verbindlichkeiten, so kann der Notar den Einwand der **Vorteilsausgleichung** erheben, trägt dafür jedoch die Darlegungs- und Beweislast.[362] Kommt es für die Feststellung der Ursächlichkeit einer Amtspflichtverletzung darauf an, wie die Entscheidung eines Gerichts ausgefallen wäre, ist darauf abzustellen, wie nach Auffassung des über den Ersatzanspruch erkennenden Gerichts **richtigerweise** hätte entschieden werden müssen.[363] Beim Unterlassen einer Erinnerung an einen Notar, also einem unterlassenen Rechtsmittel iSd § 839 Abs. 3 BGB (→ Rn. 42 ff.), wird dieser Grundsatz aber dahingehend eingeschränkt, dass das Unterlassen dieser Erinnerung nicht für den Schadenseintritt ursächlich ist, wenn feststeht, dass der Notar der Erinnerung nicht abgeholfen hätte – unabhängig davon, wie er richtigerweise hätte entscheiden müssen.[364] Bei **Gesamt- oder Doppelkausalität,** also wenn ein bestimmter Schaden durch verschiedene, gleichzeitig wirkende Umstände verursacht worden ist, von denen jeder für sich allein ausgereicht hätte, den ganzen Schaden herbeizuführen, hat jeder den Schaden im Rechtssinne verursacht.[365] Kommen zu dem Fehler des Notars Maßnahmen des Betroffenen oder Dritter hinzu, insbesondere solche, die sich als weiterer „Fehler" darstellen, geht es um die Frage, ob der Schaden dem Notar als Erstschädiger haftungsrechtlich noch zugerechnet werden kann oder ob der **Kausalzusammenhang** durch die weiteren Maßnahmen **unterbrochen** wurde. Der BGH unterscheidet, ob die zusätzliche Maßnahme vom Betroffenen selbst oder von einem Dritten ausgeht.

---

[357] BGH DNotZ 1992, 819.
[358] BGH BeckRS 1980, 31074613; BeckRS 1973, 31124214.
[359] DNotZ 1996, 329.
[360] BGH NJW 2002, 1344; NJW-RR 2001, 204; NJW 2000, 664 (667); NJW 1996, 3343 (3344).
[361] BGH NJW 2000, 664 (667).
[362] BGH NJW 2000, 734 (736).
[363] BGH NJW 2003, 202; NJW 1996, 2501; vgl. dazu auch *Ganter* NJW 1996, 1310 (1312 ff.).
[364] BGH NJW 2002, 1655 (1658).
[365] BGH NJW 2002, 1655; NJW 2001, 2714; NJW 1990, 2882; Ganter/Hertel/Wöstmann/*Wöstmann* Rn. 2183 f.

Geht die **Zweithandlung vom Betroffenen** selbst aus, kann der Schaden einem Notar nach der Rechtsprechung des BGH haftungsrechtlich nicht mehr zugerechnet werden, wenn der Geschädigte selbst in den Kausalverlauf eingegriffen und dadurch letztlich den Schaden verursacht hat und die Zweithandlung eine ungewöhnliche Reaktion darstellt, die nicht durch die Ersthandlung des Notars herausgefordert wurde.[366] Ob beispielsweise der Abschluss eines Vergleichs, der den Schaden erst herbeiführt, hier einzuordnen ist oder ob er den Ursachenzusammenhang unterbricht, hängt von den Umständen des Einzelfalles ab, wobei die Erfolgsaussichten des Geschädigten im Falle einer gerichtlichen Entscheidung zu berücksichtigen sind.[367] Nicht ersatzfähig sind im Vorprozess aufgewendete Verfahrenskosten, wenn die Durchführung dieses Rechtsstreits nicht durch die notarielle Amtspflichtverletzung herausgefordert wurde, sondern die Klage von vornherein keine Aussicht auf Erfolg versprach.[368]

Ein **Fehlverhalten Dritter** unterbricht den Zurechnungszusammenhang grundsätzlich nicht.[369] Er kann jedoch ausnahmsweise bei wertender Betrachtung entfallen, wenn die Ursächlichkeit des ersten Umstands für das Eintreten des zweiten Ereignisses nach dem Schutzzweck der Norm gänzlich bedeutungslos ist, wenn also das schädigende erste Verhalten nur noch den äußeren Anlass für ein völlig ungewöhnliches und unsachgemäßes Eingreifen des Dritten bildet, das dann den Schaden erst endgültig herbeiführt.[370] Hat ein Notar unrichtigerweise bestätigt, die Eintragung einer Gesamtgrundschuld zur Absicherung eines noch auszuzahlenden Darlehens sei an erster Rangstelle sichergestellt, so wird seine Haftung nicht dadurch eingeschränkt, dass auch das Grundbuchamt einen Fehler begangen hat.[371]

Der BGH hat in zwei Fällen **hypothetische Reserveursachen** für beachtlich gehalten,[372] es dann aber offen gelassen, ob die überholende Kausalität überhaupt in der Notarhaftung gilt.[373]

Nur solche Schadenfolgen sind ersatzfähig, die innerhalb des **Schutzbereichs der verletzten Norm** liegen. Es muss sich um Folgen handeln, die in den Bereich der Gefahren fallen, zu deren Abwehr die Rechtsnorm erlassen wurde. Deshalb muss zwischen der durch den Notar geschaffenen Gefahrenlage und dem Schaden ein innerer Zusammenhang bestehen; eine bloß zufällige äußere Verbindung genügt nicht.[374] Ist eine Schenkung von Grundstücken infolge eines Beurkundungsfehlers des Notars unwirksam, liegt es im Schutzbereich der verletzten Amtspflicht, wenn die Schenkung nach dem Tode des Schenkers von dessen Erben nicht genehmigt wird und der Schenkungsgegenstand somit dem Beschenkten entgeht.[375] Die Verpflichtung des Notars, unwirksame Beurkundungen zu unterlassen oder es zu unterlassen, in anderer Weise zum Abschluss unwirksamer Rechtsgeschäfte beizutragen oder solche zu vollziehen, soll den Betroffenen davor schützen, dass er im Vertrauen auf die vermeintliche Wirksamkeit des Geschäfts Aufwendungen tätigt, die sich wegen dessen Unwirksamkeit als nutzlos herausstellen. Darunter fallen einmal die Aufwendungen, die getätigt wurden, um die Gegenleistung aufzubringen, und zum anderen die auf den vermeintlich erworbenen Gegenstand getätigten Verwendungen. Ob der Betroffene entsprechende Vermögensnachteile auch bei Wirksamkeit des Geschäfts erlitten hätte, weil er daraus herrührende Zahlungsverpflichtungen nicht vollständig hätte erfüllen können, ist unerheblich.[376] Im

---

[366] BGH NJW-RR 2001, 1639.
[367] BGH NJW-RR 2003, 563.
[368] OLG Hamm FamRZ 2010, 1851.
[369] BGH NJW-RR 2008, 1377.
[370] BGH DNotZ 1998, 621 (624); NJW 1990, 2882 (2884); NJW 1989, 2127.
[371] BGH NJW 2001, 2714.
[372] BGH NJW 1996, 3343 (3345); NJW 1986, 1329 (1332).
[373] BGH DNotZ 2015, 422 (425); NJW 2000, 2110.
[374] BGH DNotZ 2014, 837; NJW-RR 2008, 1644 (1645); NJW 1992, 555.
[375] BGH NJW-RR 2001, 204.
[376] BGH NJW-RR 2000, 1658.

Falle der **Beurkundung einer unwirksamen unbefristeten Fortgeltungsklausel**[377] wird der behauptete Schaden des Käufers nicht vom Schutzzweck der verletzten Amtspflicht umfasst, wenn der Verkäufer innerhalb der zulässig festgelegten Bindungsfrist das noch wirksame Angebot des Käufers angenommen hat, da sich die geltend gemachte Pflichtverletzung auf eine Vertragsklausel bezieht, die nicht relevant geworden ist.[378] Im Falle einer **verfrühten Kaufpreisfälligkeitsmitteilung** des Notars wird dem Käufer im Regelfall kein Schaden im Hinblick auf die von ihm zu früh erbrachten Zins- und Tilgungszahlungen entstehen, da sich in diesen Fällen in der Regel lediglich der Finanzierungszeitraum verschiebt und der gesamte Finanzierungsaufwand gleich bleibt. Dem Nachteil der zu früh erbrachten Zins- und Tilgungszahlungen steht der Vorteil der entsprechend früheren Beendigung der Zinszahlung und Tilgung des Kredites gegenüber.[379]

Sicherster Weg: → Rn. 24.

Sozietätshaftung: Der Notar hat als unabhängiger Amtsträger die Pflicht zur persönlichen Amtsausübung. Er haftet deshalb auch persönlich (→ Rn. 7). Eine Sozietätshaftung, die bei den Rechtsanwälten die Regel ist,[380] **scheidet aus.**[381] In einer Sozietät von Nuranwälten und Anwaltsnotaren muss der Anwalt Klienten mit Ansuchen, die nach § 24 BNotO dem Notarbereich zugeordnet sind, an seinen Notarsozius verweisen. Die Heranziehung eines Sozius für Hilfsarbeiten ist kein Fall der Gesamthaftung. Eine gesamtschuldnerische Haftung ist, abgesehen von den gesetzlichen Regelungen (→ Rn. 27, 30, 32), dann möglich, wenn an einem Amtsgeschäft mehrere Notare fehlerhaft mitgewirkt haben. Ein interner Ausgleich kann nach § 426 BGB erfolgen. Das Mitwirkungsverbot der §§ 14 Abs. 4 S. 2, 28 BNotO soll die Neutralität des Anwaltsnotars schützen mit der Folge, dass die Assoziierung von Rechtsanwälten mit einem Anwaltsnotar zum Verbot des Abschlusses von Maklerverträgen durch die Rechtsanwälte führt.[382]

Steuerberatung: Der Notar ist nach ständiger Rechtsprechung **grds. nicht zur steuerrechtlichen Beratung verpflichtet,**[383] insbesondere nicht zur Umsatzsteuer,[384] da die Steuerpflicht eben eine von der Steuergesetzgebung auferlegte Last ist, von deren Vorhandensein jeder Beteiligte weiß. Das hat auch zu gelten, wenn der Anwaltsnotar zugleich Fachanwalt für Steuerrecht ist.[385] Dieser Grundsatz erlaubt jedoch nicht, Steuerfragen, die im Zusammenhang mit Amtsgeschäften stehen, unbeachtet zu lassen. Ist erkennbar, dass ein Beteiligter auf eine Steuerberatung oder auf eine bestimmte Steuererfolg Wert legt, so hat der Notar entweder diese Beratung vorzunehmen oder mit einer Verweisung an einen Rechtsanwalt oder Steuerberater abzulehnen.[386] Gibt der Notar einen für sich betrachtet zutreffenden steuerlichen Hinweis zu einem Einzelpunkt, folgt daraus nicht die Verpflichtung, die steuerlichen Annahmen der Parteien insgesamt auf ihre Richtigkeit zu überprüfen.[387] Bei mehreren Vertragsbeteiligten kann die Neutralitätspflicht (→ Rn. 82U) eine Zurückhaltung von Belehrungen über Vertragsänderungen aus steuerrechtlichen Gründen gebieten.[388]

---

[377] BGH DNotZ 2016, 711; NJW 2013, 3434.
[378] OLG München MittBayNot 2015, 339 (341).
[379] Vgl. auch Ganter/Hertel/Wöstmann/*Ganter* Rn. 2088.
[380] S. *Borgmann/Jungk/Schwaiger* VII. Rn. 1 ff.
[381] BayObLG DNotZ 1981, 317.
[382] BGH NJW 2001, 1569; s. zur Abgrenzung Rechtsanwalts-/Notartätigkeit → Rn. 82A.
[383] BGH DNotZ 2008, 370; DNotZ 1985, 635; → Rn. 56 sowie Ganter/Hertel/Wöstmann/*Ganter* Rn. 1130 ff., 1277 ff.
[384] BGH DNotZ 2008, 370 mit zustimmender Anm. *Moes.*
[385] Ganter/Hertel/Wöstmann/*Ganter* Rn. 1288; *Schlee* ZNotP 1997, 51 (52).
[386] S. *Schuck* BB 1996, 2332; *Ganter* DNotZ 1998, 851 (860 f.).
[387] OLG München MittBayNot 2007, 423.
[388] OLG Oldenburg DNotI-Report 1999, 153.

Berät der Notar dennoch, so hat er die volle Amts- und Haftpflicht.[389] Ist dem Notar bekannt, dass der Entwurf, den er der Beurkundung eines Hofübergabevertrages zugrunde legen soll, von einem Steuerberater stammt, kann er, wenn einer der Beteiligten eine Änderung des Vertrages anregt, gehalten sein, den Beteiligten zu empfehlen, dass sie die Tragweite der Änderung durch den Steuerberater überprüfen lassen, bevor der Vertrag in der geänderten Form beurkundet wird.[390] Auch auf eine vom Beteiligten nicht erkannte ungewöhnliche Steuerfolge, die vermieden werden könnte, hat der Notar nach den Grundsätzen der erweiterten Belehrungspflicht ausnahmsweise aufmerksam zu machen (→ Rn. 82B). Dies kann zB den Anfall von Spekulationssteuer betreffen.[391] Die Voraussetzungen müssen aber ersichtlich sein; eine Nachforschungspflicht im Hinblick auf Tatsachen, die für das mögliche Eingreifen von Steuertatbeständen von Bedeutung sein könnten, trifft den Notar nicht.[392]

Gemäß **§ 8 Abs. 1 S. 6, Abs. 4 ErbStDV** hat der Notar bei der Beurkundung von Schenkungen und Zweckzuwendungen unter Lebenden die Beteiligten auf die mögliche Steuerpflicht hinzuweisen.[393] Er ist aber nicht verpflichtet, über die Höhe der eventuell anfallenden Schenkungsteuer zu belehren[394] oder auf mögliche Gestaltungen zur Steueroptimierung hinzuweisen. Kritisch zu sehen ist deshalb eine Entscheidung des OLG Frankfurt a.M.[395], wonach es zu den Standards der notariellen Vertragsgestaltung einer sog. Kettenschenkung gehöre, dass bei einer Schenkung der Eltern an das Schwiegerkind aus steuerlichen Gründen ein Zwischenerwerb des eigenen Kindes sowohl hinsichtlich der schuldrechtlichen Schenkung als auch der dinglichen Auflassung erfolgt und der Notar für den Fall hafte, dass die steuervermeidende Gestaltung nicht gelingt und eine höhere Schenkungssteuer festgesetzt wird.

Tatsachenbeurkundung: → Rn. 82U.   82T

Überwachungspflicht: Hat der Notar den Vollzug, die Einreichung von Anträgen – zB   82U
nach § 15 GBO – übernommen, so ist von ihm der richtige **Vollzug zu überwachen.** Diese Pflicht besteht grundsätzlich nicht, wenn er Anträge nach § 53 BeurkG als Bote weiterreicht;[396] anders kann es sein, wenn der Notar Erfüllungsgehilfe einer Vertragspartei ist (→ Rn. 82E), wenn er beispielsweise nach den vertraglichen Bestimmungen die Pflicht hatte, die Fälligkeit herbeizuführen.[397] Für die Beteiligten empfiehlt es sich deshalb, den Notar zum Vollzug zu ermächtigen.[398] Bei Verzicht auf die Eintragung durch den Notar kann im Einzelfall (keinesfalls aber bei Grundpfandrechten von Kreditinstituten) eine Warnpflicht dahin gehend bestehen, dass der Notar dann keine Vollzugsnachrichten vom Grundbuchamt erhält und somit auch nicht prüfen kann.[399] Nicht übersehen werden darf, dass der Eigentümer auch nach § 15 GBO eingereichte Anträge bis zur Eintragung zurücknehmen kann.[400] Schutz – zB für Kreditgeber – bietet die gemeinsame Antragstellung; anderenfalls ist eine Risikobelehrung erforderlich. Über die Kostenhaftung (§§ 22, 27 GNotKG) ist grundsätzlich nicht zu belehren.

Unabhängigkeit und Unparteilichkeit (§§ 1, 14, 28 BNotO; → Rn. 82B, 82R): Dieses Gebot bedeutet, dass der Notar unabhängig von Beziehungen zu den Beteiligten und deren Interessen sein Amt bei der Vertragsgestaltung, insbesondere bei den Beleh-

---

[389] BGH BeckRS 1982, 30378250; DNotZ 1980, 563; s. aber auch BGH-Report 2007, 1170 mAnm *Waldner.*
[390] BGH DNotZ 2003, 845.
[391] BGH NJW 1989, 586; BeckRS 1981, 30399434; OLG Oldenburg VersR 1971, 380.
[392] BGH NJW 1995, 2794.
[393] OLG Hamm BeckRS 2012, 18128; OLG Oldenburg DNotZ 2010, 312 mAnm *Wachter.*
[394] Ganter/Hertel/Wöstmann/*Ganter* Rn. 1216.
[395] OLG Frankfurt a.M. NJOZ 2016, 56.
[396] BGH DNotZ 1990, 441 mAnm *Heinemann;* DNotZ 1969, 173; *Bernhard* DNotZ 1988, 376.
[397] BGH NJW 1993, 3061.
[398] BGH DNotZ 1969, 173; → Rn. 82 V.
[399] *Reithmann* NotBZ 2004, 100 (101).
[400] *Haegele* BWNotZ 1975, 101.

rungspflichten auszuüben hat. Inwieweit er darüber hinaus auf den Willen der Vertragsbeteiligten mit Ratschlägen einwirken darf, ist – wieder nach dem Grundsatz der Unparteilichkeit – problematisch. Die Pflicht zur Rechtsbelehrung kann aber – weil sie dem jeweiligen Geschäft immanent ist – mit den Verpflichtungen zur Neutralität und Verschwiegenheit grundsätzlich nicht kollidieren; nur bei Fällen der erweiterten Belehrungspflichten (→ Rn. 82B) hat der Notar im Einzelfall abzuwägen, ob die soziale Schutzpflicht den Pflichten zur Unparteilichkeit und Verschwiegenheit vorgeht.[401] Somit hat die **Belehrung über die rechtliche Tragweite** grundsätzlich **Vorrang** vor der Verpflichtung des Notars zur **Unparteilichkeit.**[402] Die Pflicht zur Neutralität endet bei notarieller Urkundstätigkeit nicht mit der Vornahme der Beurkundung als solcher.[403]

Unterschriftsbeglaubigungen: → Rn. 82B. Der Notar hat grundsätzlich nur eine **eingeschränkte Prüfungs- und Belehrungspflicht.**[404] Ausnahmsweise kann die Belehrungspflicht über die rechtlichen Folgen der Genehmigungserklärung aus § 17 Abs. 1 BeurkG eingreifen, wenn der Notar die Genehmigungserklärung selbst formuliert hat. Nur bei besonderen Umständen, die Anlass zu einer eingehenden Belehrung über drohende Haftungsgefahren gegeben hätten, kann bei der Unterschriftsbeglaubigung die betreuende Belehrungspflicht (§ 14 Abs. 1 S. 2 BNotO) zum Schutz der Beteiligten vor unerkannten, aber für den Notar erkennbaren Gefahren eingreifen.[405]

82V   **Verjährung:** → Rn. 47 ff.

Verschwiegenheitspflicht: → Rn. 11, 61, 82B, 82R.

Verwahrungs- und Anderkontentätigkeit (§ 23 BNotO): Dem Notar steht es frei, ob er diese Tätigkeit übernehmen will (→ Rn. 82A). Die Freiheit der Amtsübernahme gibt die Möglichkeit, dubiose Hinterlegungsansuchen ohne weitere Prüfung abzulehnen oder durch Bedingungen für eine Übernahme auf das Verwahrungsgeschäft, zB bzgl. des Inhalts der Hinterlegungsvereinbarung, Einfluss zu nehmen. Ein Mittelverwendungs-Treuhandauftrag kann das objektive Sicherungsinteresse der Anleger wahren, wenn der Notar ausreichenden Einfluss auf die Einhaltung des Mittelverwendungsplanes hat.[406] Kontrovers diskutiert wird die Frage des **„berechtigten Sicherungsinteresse"** iSv § 57 Abs. 2 Nr. 1 BeurkG.[407] Missbräuchlich ist zB eine Anderkontenführung für Warentermingeschäfte, als Sammelbecken für Einlagen für Publikumsgesellschaften oder im Rahmen von Bauherrenmodellen. Bei Quittungen über hinterlegte Sachen ist größte Vorsicht geboten (→ Rn. 82N). Stets ist die Frage nach dem Zweck und Bedürfnis zu stellen, zB ob das Geschäft nicht ebenso eine Bank abwickeln könnte. Das Vorliegen eines berechtigten Sicherungsinteresses ist nach objektiven Gesichtspunkten zu beurteilen. Allein der Wunsch der Beteiligten, Zahlungen über ein Anderkonto abzuwickeln, ist nicht ausreichend.[408]

Die **Bedingungen des Notaranderkontos** werden gemäß § 27 Abs. 2 S. 1 DONot von der Vertreterversammlung der Bundesnotarkammer beschlossen.[409] Seit dem Inkrafttreten des Gesetzes zur Umsetzung der EG-Einlagensicherungsrichtlinie vom 16. 7. 1998 mit der umfassend ausgestalteten Pflicht der Kreditinstitute, Kunden über die Zugehörigkeit zu einer Sicherungseinrichtung und vor Aufnahme der Geschäftsbeziehung

---

[401] Ganter/Hertel/Wöstmann/*Ganter* Rn. 483; vgl. zB BGH NJW 1994, 2283 oder NJW 1995, 330 (331): Notar schuldet umfassende, ausgewogene und interessengerechte Vertragsgestaltung.

[402] BGH NJW 1993, 729.

[403] BGH NJW-RR 2016, 754.

[404] BGH DNotZ 2005, 286.

[405] BGH DNotZ 2005, 286; abl. dazu *Knoche* RNotZ 2005, 492.

[406] OLG Frankfurt a.M. DNotZ 2004, 203.

[407] *Brambring* DNotZ 1999, 381; *Weingärtner* DNotZ 1999, 393; *Tönnies* ZNotP 1999, 419; *Tröder* ZNotP 1999, 462; *Zimmermann* DNotZ 2000, 164; *Rack* ZNotP 2008, 474; vgl. auch Rundschreiben Nr. 31/2000 der BNotK v. 4. 9. 2000.

[408] OLG Celle NotBZ 2011, 214.

[409] Abgedruckt in DNotZ 2011, 481.

schriftlich über die für die Sicherung geltenden Bestimmungen einschließlich Umfang und Höhe der Sicherung zu informieren (§ 23a Abs. 1 KWG), ist der Notar verpflichtet, bei der Annahme anvertrauter Gelder, die einem Notaranderkonto zuzuführen sind, die **Sicherung für den Insolvenzfall** zu berücksichtigen.[410]
Die **§§ 57–62 BeurkG (§§ 54a–54e BeurkG aF)** regeln das notarielle Verwahrungsverfahren. Gemäß § 57 BeurkG sind die Voraussetzungen für eine zulässige Verwahrung zu prüfen und zu beachten. Die Einhaltung der vorgeschriebenen Schriftform, Dokumentation, ist haftpflichtrechtlich bedeutsam. Mangelt es daran, so kann zuungunsten des Notars eine Beweislastumkehr eintreten.[411] Der Hinterleger, Anweisende oder Einzahlende sind die „Auftraggeber" im Sinne von § 19 Abs. 1 S. 2 BNotO (→ Rn. 15, 41). Die Einzahlungs- und Auszahlungsfälligkeit mit dem Zahlungsempfänger ist klar festzulegen. Mit der Einzahlung tritt grundsätzlich keine Erfüllungswirkung ein.[412] Grundsätzlich erfolgt erst mit der Auszahlung die Darlehenshingabe durch die Bank und Erfüllung.[413] Bar- oder Scheckauszahlungen sind nur ausnahmsweise zulässig und schriftlich zu begründen (§ 58 Abs. 3 BeurkG). Zur Verzinsung → Rn. 82Z.
Auszahlungsfehler sind mannigfaltig. Die Rechtsprechung erlaubt dem Notar **kein Ermessen.**[414] Nur in Ausnahmefällen darf oder muss der Notar zur Schadenverhütung die Auszahlung zurückstellen, wenn nämlich hinreichende Anhaltspunkte dafür vorliegen, dass er bei Befolgung der unwiderruflichen Weisung an der Erreichung unerlaubter oder unredlicher Zwecke mitwirken würde, oder einem Auftraggeber durch die Auszahlung des verwahrten Geldes erkennbar ein unwiederbringlicher Schaden droht (s. § 61 BeurkG). Bei Umschuldungen ist mit der Auszahlung erst zu beginnen, wenn feststeht, dass die hinterlegte Summe ausreicht und die Kosten sichergestellt sind.[415] Ist fraglich, ob alle Voraussetzungen gegeben sind, darf eine Unterrichtung aller Beteiligten über das beabsichtigte Vorgehen nicht unterlassen werden. Will der Notar einem Auszahlungsverlangen aus den in § 61 BeurkG genannten Gründen nicht entsprechen, so sollte aus haftpflichtrechtlichen Gesichtspunkten auf das Verfahren nach § 15 Abs. 2 BNotO hingewirkt werden (→ Rn. 65 ff.). Nach Auffassung des OLG Zweibrücken[416] soll der Notar bei Vorliegen konkreter Anhaltspunkte verpflichtet sein, vor Auszahlung vom Notaranderkonto zu prüfen, ob ein Insolvenzverfahren über das Vermögen des anweisenden Zahlungsempfängers eröffnet ist; diese Kenntnis könne man sich über die allgemein bekannte Internetadresse „www.insolvenzbekanntmachungen.de" leicht verschaffen.[417] Die Überprüfung der Auszahlungsvoraussetzungen hat der **Notar persönlich** vorzunehmen; eine Delegation auf Mitarbeiter ist nicht zulässig. In diesem Fall läge eine wissentliche Pflichtverletzung des Notars vor mit der Folge des Ausschlusses des Versicherungsschutzes[418] Der Notar muss die Überprüfung des Überweisungsauftrags auch auf die Richtigkeit der verwendeten Kontonummer erstrecken; Fehler der Bank hierbei entlasten ihn nicht.[419] Der Notar darf den Inhalt der ihm erteilten Hinterlegungsanweisung nicht entgegen deren Wortlaut durch Auslegung des zwischen den Beteiligten geschlossenen Vertrages ermitteln.[420] Kann der Notar der Hinterlegungsan-

---

[410] BGH NJW 2006, 1129.
[411] Vgl. BGH DNotZ 1985, 234 mAnm *Haug* und → Rn. 64; zu den Anforderungen der Schriftlichkeit s. *Weimer* DNotI-Report 1998, 222.
[412] BGH NJW 1989, 230 (231); NJW 1983, 1605.
[413] BGH NJW 1994, 1403; NJW 1985, 1831.
[414] BGH DNotZ 1987, 560; DNotZ 1986, 406 mAnm *Hanau.*
[415] BGH DNotZ 1969, 499.
[416] MittBayNot 2007, 240 f.
[417] Zu Recht kritisch dazu *Sandkühler* MittBayNot 2007, 242 ff., der eine Amtspflicht zur regelmäßigen Kontrolle bekannt gemachter Insolvenzeröffnungen ablehnt, sondern erst bei wirklich konkreten Anhaltspunkten eine Überprüfung veranlasst sieht.
[418] OLG München VersR 2000, 1490.
[419] BGH NJW-RR 2008, 1377.
[420] BGH NJW 2000, 1644; OLG Hamm RNotZ 2002, 113.

weisung nicht entnehmen, wie er zu verfahren hat, so muss diese Frage zwischen den Beteiligten geklärt werden.[421] Der Notar ist auch nicht berechtigt, seinem Handeln ein nicht zweifelsfreies Verständnis vom Inhalt der Verwahrungsanweisung zugrunde zu legen, ohne mit dem Treugeber ein Einvernehmen herbeigeführt zu haben.[422]

Zu der früher in Literatur und Rechtsprechung nicht einhellig vertretenen Auffassung und deshalb haftpflichtrechtlich riskanten Lage, wann vom Notar ein **einseitiger Widerspruch zu ursprünglichen Auszahlungsanweisungen** zu beachten ist, wird in § 60 BeurkG eine Regelung vorgeschrieben.[423] Sie entspricht der bisher überwiegenden Meinung, kann aber Haftpflichtrisiken nicht ausschließen.[424] Nach Abs. 1 muss der Notar in der Streitfrage entscheiden, ob er Dritten gegenüber bestehende Amtspflichten verletzt. Abs. 2 und Abs. 3 betreffen den Widerruf von Verwahrungsansuchen mehrerer „Anweisender". Damit können durchaus weitere Beteiligte betroffen sein (→ Rn. 17 ff.). Diese müssten eventuell gemäß § 61 BeurkG geschützt werden. Nach § 60 Abs. 3 S. 3 BeurkG wird der Notar gegen einen Vorwurf, den Anderkontenbetrag zu Unrecht auszuzahlen oder weiter verwahrt zu halten, geschützt, indem die Beteiligten auf den Klageweg im Parteiprozess, dem **Prätendentenstreit,** verwiesen werden. Dessen Ausgang hätte der Notar abzuwarten.[425] Erhebt der Widerrufende innerhalb der zu setzenden Frist (zwei bis vier Wochen erscheinen angemessen) keine Klage, bleibt sein Verlangen unbeachtlich. Auch wenn damit offen bleibt, ob das Vorgehen des Notars der materiellen Rechtslage entsprach, müsste nach § 839 Abs. 3 BGB seine Haftung ausscheiden. Dasselbe hat zu gelten, wenn im Prätendentenstreit der Widerrufende obsiegt. Der Notar kann sich auf die Regelung in § 60 Abs. 3 BeurkG berufen. Der andere Weg der **Beschwerde nach § 15 Abs. 2 BNotO** (→ Rn. 65 ff.), der gemäß § 60 Abs. 5 BeurkG unberührt bleibt, entlastet den Notar, wenn im FamFG-Verfahren seine Entschließung bestätigt oder für ihn bindend durch die Beschwerdeentscheidung ersetzt wird. Im letzteren Fall könnten Verzögerungsschäden in Frage kommen. Aus haftpflichtrechtlicher Sicht empfiehlt sich gleichwohl, dass der Notar die Beteiligten auch auf die Beschwerdemöglichkeit hinweist. Wird sie nicht wahrgenommen, kommt wieder der Haftungsausschluss gemäß § 839 Abs. 3 BGB zum Zuge. Gibt eine **Bank Darlehensmittel** zur Finanzierung eines Grundstückskaufs durch Kaufpreishinterlegung bei einem Notar aus der Hand, kann sie die erbrachte Leistung grundsätzlich nicht durch spätere einseitige Verwahrungsanweisung einschränken.[426] Weist die den Kauf eines Erbbaurechts finanzierende Bank den Urkundsnotar an, die auf ein Anderkonto des Notars überwiesenen Darlehensvaluta erst auszuzahlen, wenn die Eintragung des Erwerbers im Grundbuch „**sichergestellt**" ist, so verletzt der Notar den mit der Bank bestehenden Treuhandauftrag, wenn er die Darlehenssumme auszahlt, obwohl die Unbedenklichkeitsbescheinigung des Finanzamts nicht vorliegt. Dies ist auch dann nicht anders zu beurteilen, wenn in dem vom Notar beurkundeten Kaufvertrag ausdrücklich bestimmt ist, dass die Fälligkeit des Kaufpreiszahlungsanspruchs nicht von der Erteilung der Unbedenklichkeitsbescheinigung abhängen soll.[427] Der BGH trennt sehr streng zwischen dem Treuhandverhältnis zu den Kaufvertragsparteien einerseits und zur finanzierenden Bank andererseits und bestätigt die schon früher[428] verwendete Begriffsdefinition, wonach die Eintragung eines Rechts bzw. die Rechtsänderung erst dann „sichergestellt" sei, wenn nur noch das pflichtgemäße Handeln des Notars und

---

[421] BGH RNotZ 2011, 326.
[422] BGH DNotZ 2015, 545 (547).
[423] S. *Weingärtner* NotBZ 1998, 127; OLG Hamm RNotZ 2006, 489; DNotZ 2000, 379.
[424] S. allgemein zu den schwierigen Fragen in Zusammenhang mit einseitigem Widerruf *v. Campe* NotBZ 2001, 208.
[425] Unsicherheiten bringt hierzu OLG Frankfurt a.M. NJW-RR 1998, 1582, wonach der Notar evtl. noch während der Anhängigkeit entscheiden müsste.
[426] BGH NotBZ 2002, 60 mit zustimmender Anm. *Reithmann;* dazu auch *Karlowski* NotBZ 2002, 133.
[427] BGH DNotZ 2004, 218 mit ablehnender Anm. *Hertel.*
[428] BGH NJW 1987, 3201.

des zuständigen Grundbuchamts erforderlich ist. Es genügt aber insoweit nicht, dass die Eintragung von dem pflichtgemäßen Verhalten eines weiteren Notars abhängt, den der mit dem Betreuungsgeschäft betraute Notar ohne Kenntnis seiner Treugeber und ohne Offenlegung der mit diesem getroffenen Absprachen einschaltet.[429]

Eine **Pfändung** oder angezeigte **Zession** hat der Notar zu beachten.[430] Er sollte die Drittschuldnererklärung abgeben und dem Zedenten und Zessionar mitteilen, wie er vorzugehen gedenkt.[431] Der Pfändungsgläubiger erhält nicht mehr Rechte, als sie der Schuldner hatte.[432]

Nach Auffassung des BGH treffen den Notar bei der **Verwahrung dieselben Belehrungspflichten** nach § 17 BeurkG, § 14 Abs. 2 BNotO **wie bei der Beurkundung.** Im Anwendungsbereich der MaBV müsse er deshalb darauf hinwirken, dass der Baufortschritt nicht nur von dem bauleitenden Architekten, sondern von einer unabhängigen Vertrauensperson, die kein eigenes Interesse an der Zahlung haben kann, zu bestätigen ist oder dass Auszahlungen von der Zustimmung der Erwerber abhängig gemacht werden. Im Zusammenhang mit der von den Erwerbern zu erteilenden Zahlungsanweisung hätte er sich vergewissern müssen, dass sie sich über die Person des die Auszahlungsvoraussetzung Bestätigenden ausreichend im Klaren sind.[433]

Vollzugs- und Einreichungstätigkeit: Zur Vermeidung von Haftpflichtrisiken ist von vornherein klarzustellen, wer wann welche Aufgaben übernimmt.[434] Übernehmen sie die Beteiligten, so hat der Notar „eingehend" über das erforderliche Vorgehen zu belehren.[435] Über die Verpflichtung zur bloßen Einreichung der Urkunde gemäß § 53 BeurkG hinaus – diese Einreichungstätigkeit ist Teil des Urkundsgeschäfts[436] – hat der Notar Vollzugstätigkeiten nur aufgrund eines besonderen Ansuchens iSd § 24 Abs. 1 BNotO durchzuführen. Wenn also der Notar übereinstimmend angewiesen wird, die Auflassungsurkunde beim Grundbuchamt erst dann einzureichen, wenn die Zahlung des Kaufpreises nachgewiesen ist, so ist diese Tätigkeit nicht mehr Teil des Urkundsgeschäfts, sondern eine selbständige Betreuungstätigkeit (→ Rn. 41). Der Notar sollte auf ein entsprechendes Ansuchen zur Sicherheit der Beteiligten aber Wert legen, zumal in Haftpflichturteilen „stillschweigende" Vollzugsübernahmen angenommen wurden.[437] Erfährt der Notar im Rahmen des Vollzugs, dass eine als „Hausgrundstück" gekaufte Fläche baurechtlich nur als Wochenendgrundstück genutzt werden darf, muss er unverzüglich die Käufer warnen.[438]

Vollzugsreife: Erst mit ihr hat der Notar nach § 53 BeurkG in der Regel Anträge zum Grundbuchamt oder Registergericht einzureichen.[439] Ist aber zB die Frage der vollständigen Kaufpreiszahlung oder des Rücktritts vom Kaufvertrag streitig, so darf er die Einreichung zurückstellen.[440] Keine Amtspflicht des Urkundsnotars zur weiteren Durchführung einer von ihm übernommenen Vollzugstätigkeit besteht dann, wenn sich mit hoher Wahrscheinlichkeit ergibt, dass der beurkundete Grundstückskaufvertrag formnichtig ist, weil er nach dem Willen der Beteiligten ein einheitliches Geschäft mit einem nicht beurkundeten Werkvertrag über die Gebäudeerrichtung darstellt.[441] **Ein-**

---

[429] BGH NJW–RR 2008, 1644.
[430] KG DNotZ 1999, 994.
[431] S. BGH DNotZ 1989, 234.
[432] Vgl. BGH DNotZ 1998, 626 (628); DNotZ 1985, 633.
[433] BGH DNotZ 2009, 45.
[434] S. auch *Schramm* ZNotP 1999, 342.
[435] BGH WM 1959, 1112.
[436] Haug/Zimmermann/*Zimmermann* Amtshaftung Rn. 625.
[437] BGH DNotZ 1976, 506 zur Löschung von Grundschulden und Beschaffung von Negativzeugnissen; BGH DNotZ 1956, 316 zur Antragstellung nach Einholung der familiengerichtlichen Genehmigung.
[438] BGH NJW 1995, 2713 mAnm *Reithmann* NJW 1995, 3370.
[439] *Winkler* BeurkG § 53 Rn. 16.
[440] OLG Frankfurt a.M. DNotZ 1992, 389; OLG Köln MittBayNot 1986, 269.
[441] BGH RNotZ 2008, 432.

seitige Gegenanweisungen sind nur zu beachten, wenn anderenfalls mit einem nicht wieder gutzumachenden Schaden zu rechnen ist (§ 14 Abs. 2 BNotO).[442] Bei bloßen Zweifeln an der Wirksamkeit des Grundstückkaufvertrages hat der Notar bei Vollzugsreife jedoch zu vollziehen,[443] es sei denn, Unrichtigkeit des Grundbuchs ist in hohem Maße wahrscheinlich. Ist die Rechtslage unklar, muss nach dem Prinzip des „sichersten Weges" so rasch vollzogen werden, wie es jedenfalls zur Fristwahrung nach der ungünstigeren Auffassung erforderlich ist.[444] **Ausnahmsweise** besteht auf Ansuchen die Pflicht, **noch nicht vollzugsreife Anträge** zu stellen, zB zur Rangwahrung[445] oder Vermeidung von Steuernachteilen.[446] Dem Notar steht hinsichtlich der Beantragung der Eigentumsumschreibung kein Zurückbehaltungsrecht wegen der Nichterfüllung von Gebührenansprüchen zu (§ 11 GNotKG).[447]

Vereinbaren die Kaufvertragsparteien vor Inkrafttreten von § 13a UStG, dass der Käufer die auf den Nettokaufpreis zu zahlende Mehrwertsteuer auch durch Abtretung eines Steuererstattungsanspruchs begleichen kann und der mit dem Vollzug beauftragte Notar erst „nach vollständiger Bezahlung des Kaufpreises" die Eigentumsabschreibung beantragen darf, ist der Antrag frühestens nach Vorliegen einer wirksamen Abtretung zu stellen. Durch eine verfrüht beantragte Umschreibung ist der Verkäufer spätestens dann geschädigt, wenn die Finanzbehörden zu erkennen geben, sie würden auf die Abtretung nicht in voller Höhe zahlen sowie gegen den Verkäufer einen Haftungsbescheid wegen der danach noch offen stehenden Umsatzsteuer erlassen und wenn die Vollstreckung gegen den wegen des Differenzbetrages verurteilten Käufer aufgrund seiner Zahlungsunfähigkeit scheitert.[448]

Vorkaufsrecht: Sorgfalt beim Umgang mit Fristen ist bei Vorkaufsrechten geboten. Der Vorkaufsberechtigte soll nach § 469 BGB über den Vertragsinhalt informiert werden. Der Notar muss deshalb den Vorkaufsberechtigten über alle Umstände in Kenntnis setzen, die für die Entscheidung des Vorkaufsberechtigten über die Ausübung von Bedeutung sind. Erhält der beurkundete Notar bei einem Kaufvertrag über ein mit einem Vorkaufsrecht belastetes Grundstück (nur) den Auftrag, dem Vorkaufsberechtigten eine Ausfertigung des Kaufvertrages zu übersenden und ggf. dessen Freigabeerklärung entgegenzunehmen, so betrifft dies eine im Zusammenhang mit der Beurkundung stehende „unselbständige" Betreuungstätigkeit, für die im Verhältnis zu den Kaufvertragsparteien das Haftungsprivileg des Notars eingreift; dies gilt auch dann, wenn der Notar in dem Übersendungsschreiben an den Vorkaufsberechtigten von sich aus – unzutreffende – Hinweise auf die im Falle der Ausübung des Vorkaufsrechts einzuhaltende Frist gibt.[449] Muss der Urkundsnotar erkennen, dass das Vorkaufsrecht eines Dritten, der mit Rücksicht auf dieses Recht zu der Verhandlung über die Veräußerung eines Grundstücks hinzugezogen wurde, entgegen der Annahme sämtlicher Beteiligter nicht wirksam ist, hat er den vermeintlich Vorkaufsberechtigten über die Unwirksamkeit des Rechts zu belehren.[450]

82W **Widerruf:** → Rn. 82V.

82Z **Zentralnotar:** → Rn. 18.

Zeitspannen: Dem Notar werden von den Gerichten in der Regel nur knappe Bearbeitungszeiten zugebilligt. Bei der Einreichungstätigkeit (→ Rn. 82V) etwa eine Woche

---

[442] OLG Hamm DNotZ 1983, 702.
[443] BayObLG DNotZ 1998, 648.
[444] BGH NJW 2002, 3391 (3392) zur Auflassungsvormerkung gemäß Art. 233 §§ 11, 12 EGBGB.
[445] Eylmann/Vaasen/*Limmer* BeurkG § 53 Rn. 6.
[446] BGH DNotZ 1983, 450 mAnm *Becker-Berke.*
[447] BGH MittBayNot 2015, 166.
[448] BGH DNotZ 2004, 191.
[449] BGH NJW-RR 2003, 563.
[450] BGH NJW 2003, 1940.

ab Vollzugsreife (→ Rn. 82V).[451] In Eilfällen ist – nicht auf Kosten der Sorgfalt! – schneller vorzugehen.[452] Eine rechtzeitige Anmeldung beim Handelsregister ist wegen des Haftungsausschlusses nach §§ 25 Abs. 2, 28 Abs. 2, 176 Abs. 2 HGB sowie § 11 Abs. 2 GmbHG erforderlich.[453] Bei der Anderkontentätigkeit (→ Rn. 82V) stellt der BGH unter Außerachtlassen der Neutralitätspflicht überaus hohe Anforderungen hinsichtlich der Schnelligkeit des Vorgehens.[454] Bei einer verfrühten oder verspäteten Auszahlung kann es zu Haftpflichtansprüchen wegen entstandener oder entgangener Zinsen kommen (s. Stichwort „Zinsen").

Zession: → Rn. 82V.

Zinsen: Entgangene oder belastende Zinsen werden als Hauptforderung besonders in Hochzinszeiten geltend gemacht. Es ist deshalb bei der Verwahrungs- und Einreichungstätigkeit (→ Rn. 82V) auch büroorganisatorisch dafür zu sorgen, dass bei Fälligkeit ohne Verzug ausbezahlt oder Anträge gestellt werden. Notarbestätigungen zB über die Kaufpreisfälligkeit dürfen nicht zu früh und nicht zu spät erteilt werden.[455] Zur Streitvermeidung soll bei der Anderkontentätigkeit schriftlich festgehalten werden, wem ab wann die Zinserträge zustehen (§ 57 Abs. 2 Nr. 2 BeurkG). Die Geldanlage hat grundsätzlich zur reibungslosen Verfügbarkeit auf Girokonto zu erfolgen; um eine andere Anlage haben gegebenenfalls die Beteiligten zu ersuchen (nunmehr eindeutig § 58 Abs. 1 S. 2 BeurkG). Nur ausnahmsweise kann der Notar bei einer erkennbar längeren Hinterlegungszeit verpflichtet sein, auf die Möglichkeit einer Festgeldanlage hinzuweisen.[456]

---

[451] *Winkler* BeurkG § 53 Rn. 17 ff.; Ganter/Hertel/Wöstmann/*Ganter* Rn. 1489 ff.; Haug/Zimmermann/*Zimmermann* Amtshaftung Rn. 654 ff.
[452] S. *Kanzleiter* DNotZ 1979, 318.
[453] BGH DNotZ 1959, 136.
[454] DNotZ 1995, 489 mAnm *Haug.*
[455] BGH DNotZ 1986, 406; BeckRS 1985, 30394337; zum Schaden bei verfrühten Fälligkeitsmitteilungen aber → Rn. 82S.
[456] BGH DNotZ 1997, 53 mAnm *Tönnies; Schlee* NotBZ 1997, 24.

Sachverzeichnis

Die fetten Zahlen beziehen sich auf die Paragrafen des Buches,
die mageren Zahlen auf die Randnummern.

Sachverzeichnis

Sachverzeichnis

Sachverzeichnis

Sachverzeichnis

Sachverzeichnis

Sachverzeichnis

Sachverzeichnis

Sachverzeichnis

Sachverzeichnis

Sachverzeichnis

Sachverzeichnis

Sachverzeichnis

Sachverzeichnis

Sachverzeichnis

Sachverzeichnis

Sachverzeichnis

Sachverzeichnis

Sachverzeichnis

Sachverzeichnis

Sachverzeichnis

Sachverzeichnis

Sachverzeichnis

Sachverzeichnis

Sachverzeichnis

Sachverzeichnis

Sachverzeichnis

Sachverzeichnis

Sachverzeichnis

Sachverzeichnis